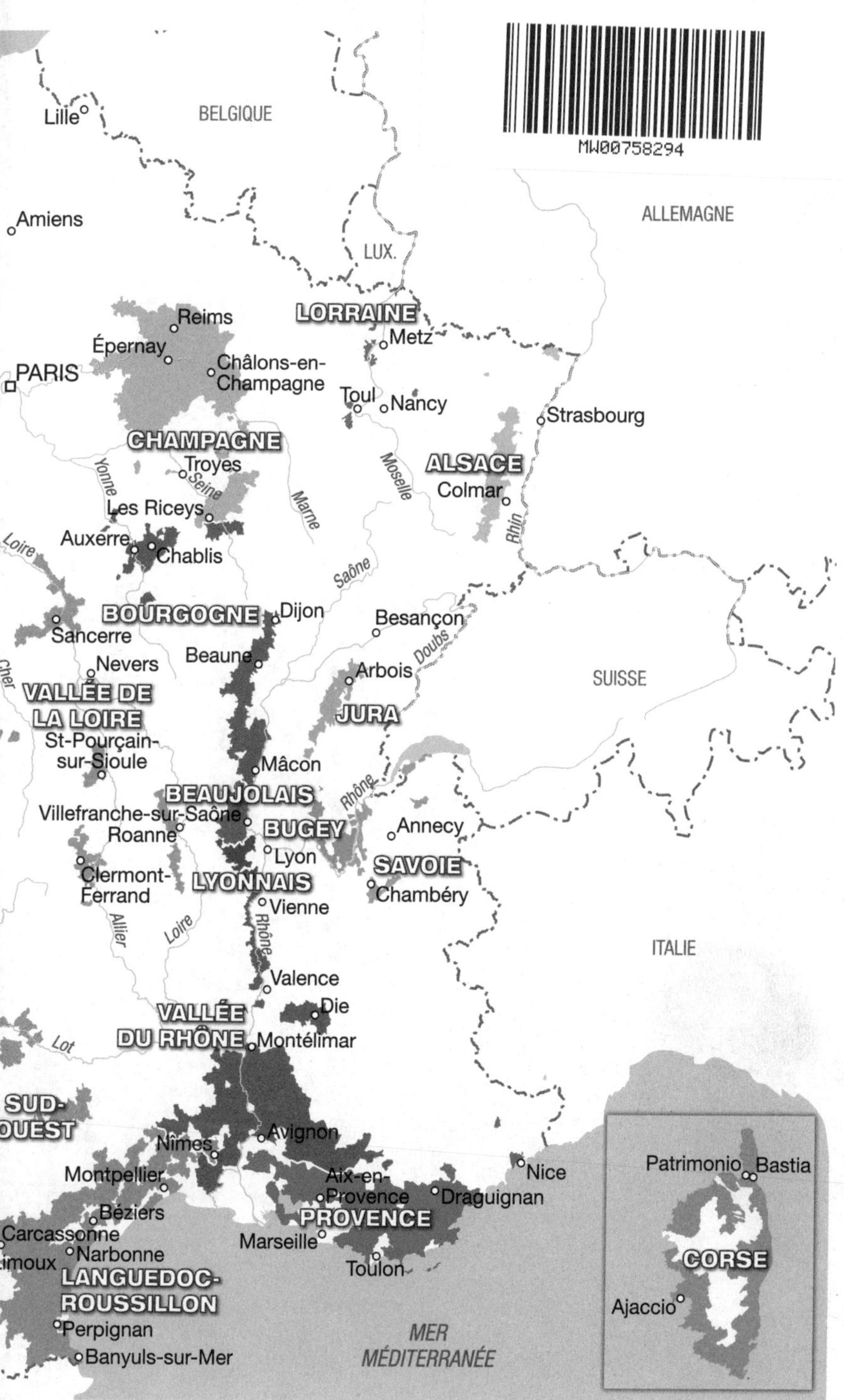

Lille
BELGIQUE
Amiens
LUX.
ALLEMAGNE
LORRAINE
Reims
Épernay
Metz
PARIS
Châlons-en-Champagne
Toul
Nancy
Strasbourg
CHAMPAGNE
ALSACE
Troyes
Yonne
Seine
Marne
Moselle
Colmar
Les Riceys
Rhin
Loire
Auxerre
Chablis
Saône
BOURGOGNE
Dijon
Besançon
Sancerre
Doubs
Nevers
Beaune
Cher
Arbois
SUISSE
VALLÉE DE LA LOIRE
JURA
St-Pourçain-sur-Sioule
Mâcon
Rhône
BEAUJOLAIS
Villefranche-sur-Saône
Roanne
BUGEY
Annecy
Lyon
SAVOIE
Clermont-Ferrand
LYONNAIS
Chambéry
Vienne
Allier
Loire
Rhône
ITALIE
Valence
VALLÉE DU RHÔNE
Die
Montélimar
Lot
SUD-OUEST
Avignon
Nîmes
Nice
Patrimonio
Bastia
Montpellier
Aix-en-Provence
Draguignan
Béziers
PROVENCE
Carcassonne
Marseille
Narbonne
Limoux
Toulon
CORSE
LANGUEDOC-ROUSSILLON
Ajaccio
Perpignan
MER MÉDITERRANÉE
Banyuls-sur-Mer

LE GUIDE HACHETTE DES VINS

Sélection 2019

LE GUIDE HACHETTE DES VINS

Direction Hachette Pratique : Catherine Saunier-Talec.

Direction de l'ouvrage : Stéphane Rosa.

Éditeurs : Séverine Corson-Schneider, Laura Gelie-Mouliet, Florine Marguin.

Ont collaboré : Guillaume Baroin ; Jean Batilliet ; Claude Bérenguer ; Thierry Berson ; Richard Bertin, *œnologue* ; Pierre Bichonnier ; Olivier Bompas ; Mireille Branger ; Anne Buchet, *chambre d'Agriculture du Loir-et-Cher* ; Marie-Aude Bussière, *œnologue* ; Jean-Jacques Cabassy, *œnologue* ; Philippe Cazali ; Éric Champion ; Pierre Carbonnier ; Étienne Carre, *laboratoire de Touraine* ; Béatrice de Chabert, *œnologue* ; Jacques Conscience ; François Constand ; Christine Cuperly ; Bernadette Delas, *œnologue* ; Gérard Delorme ; François Denis ; Régis d'Espinay ; Laurent Dutruel ; Michel Garat ; Laurent Gotti ; Chrystelle Gourrin, *œnologue* ; Bernard Hébrard, *œnologue* ; Christian Labadie ; Robert Lala, *œnologue* ; Évelyne Léard-Viboux ; Antoine Lebègue ; William Luret ; Cécile Marot ; François Merveilleau ; Paco Mouliet ; Mariska Pezzutto, *œnologue* ; Stéphane Pillias ; André Roth, *ingénieur des travaux agricoles* ; Magalie Sarfati ; Alex Schaeffer, *œnologue* ; Anne Seguin ; Jean-Michel Speich ; Yves Zier.

Lecture-correction : Stéphane Deschamps ; Bénédicte Gaillard ; Kathy Koch ; Martine Lavergne ; Hélène Nguyen.

Informatique éditoriale : Luc Audrain ; Bénédicte Brun ; Audrey Di Santo ; Marie-Line Gros-Desormeaux ; Valériane Lusbec ; Anaïs Tertrais.

Nous exprimons nos très vifs remerciements aux 1 500 membres des commissions de dégustation réunies spécialement pour l'élaboration de ce guide, lesquels, selon l'usage, demeurent anonymes, ainsi qu'aux organismes qui ont bien voulu apporter leur appui à l'ouvrage ou participer à sa documentation générale : l'Institut national de l'Origine et de la Qualité, INAO ; l'Institut national de la Recherche agronomique, INRA ; la direction de la Concurrence de la consommation et de la répression des fraudes ; UBIFRANCE ; la DGDDI ; les Comités, Conseils, Fédérations et Unions interprofessionnels ; FranceAgriMer ; l'Institut des hautes études de la vigne de Montpellier et l'Agro-Montpellier ; l'université Paul Sabatier de Toulouse et l'ENSAT ; les Syndicats viticoles ; les Chambres d'agriculture ; les laboratoires départementaux d'analyse ; les lycées agricoles d'Amboise, d'Avize, de Blanquefort, de Bommes, de Montagne-Saint-Émilion, de Montreuil-Bellay, d'Orange ; le lycée hôtelier de Tain-l'Hermitage ; le CFPPA d'Hyères ; l'Institut rhodanien ; l'Union française des œnologues et les Fédérations régionales d'œnologues ; pour le Grand-Duché de Luxembourg, l'Institut viti-vinicole luxembourgeois, la Marque nationale du vin luxembourgeois, le Fonds de solidarité.

Responsable artistique : Nicolas Beaujouan.

Couverture : Nicole Dassonville, Pauline Ricco.

Conception graphique : Pauline Ricco.

Cartographie : Légendes Cartographie/Romuald Belzacq.

Production : Cécile Alexandre.

Composition et photogravure : Nord Compo (Villeneuve-d'Asq).

Impression, reliure : NIIAG – Italie.

Crédits iconographiques : © Fotolia : p. 10 (Minerva Studio), © Scope Image : Jacques Guillard (p. 13, 16, 20), © Fotolia / Lafoudre (p. 26), © Getty : p. 28-29 (Dado Daniela), p. 354-355 (Nikitje), p. 536-537 (Matteo Colombo), p. 658-659 (Yann Guichaoua-Photos), p. 830-831 (Martial Colomb), p. 902-903 (Kévin Niglaut), p. 1128-1129 (Suraark), p. 1246-1247 (Hans-Peter Merten), © Istock : p. 92-93 (Gael_f), p. 134-135 (Esperanza33), p. 630-631 (VincentBidault), p. 820-821 (AM-C), p. 980-981 (Titoslack).

LE GUIDE HACHETTE DES VINS

Sélection 2019

TABLE DES CARTES

L'Alsace. . . . .
Lorraine . . . .
Le Beaujolais . . . .
Le Bordelais . . . .
Le Blayais et le Bourgeais . .
Le Libournais. . . . .
Entre Garonne et Dordogne.
La région des Graves. . . . . . .
Le Médoc et le Haut-Médoc
Les vins blancs liquoreux. . .
La Bourgogne . . . .
Le Chablisien . . . .
La Côte de Nuits. . . . .
La Côte de Beaune. . . . .
Le Chalonnais . . . .
Le Mâconnais . . . .
La Champagne. . . . .
Jura . . . .
Savoie et Bugey . . . .
Le Languedoc. . . . .
Le Roussillon . . . .
Le Poitou-Charentes . . . . . .
La Provence . . . .
La Corse . . . .
Le Sud-Ouest. . . . .
Vallée de la Loire . . . .
La région nantaise. . . . .
Anjou et Saumur . . . .
La Touraine. . . . .
Le Centre . . . .
Vallée du Rhône
Partie septentrionale. . . . . . .
Partie méridionale . . . .
Le Luxembourg. . . . .

SOMMAIRE

Mode d'emploi 6
Tableau des symboles 8
Comment identifier un vin ? 9
Lire l'étiquette 11
Acheter : les circuits d'achats 13
Conserver son vin 15
Les millésimes 17
La dégustation 19
Les vignerons de l'année 23

La sélection des vins

• L'ALSACE ET LA LORRAINE 29

L'Alsace 30
La Lorraine 88

• LE BEAUJOLAIS ET LE LYONNAIS 93

Le Beaujolais et le Lyonnais 94

• LE BORDELAIS 135

Les appellations régionales du Bordelais 138
Le Blayais et le Bourgeais 177
Le Libournais 195
Entre Garonne et Dordogne 272
La région des Graves 284
Le Médoc 302
Les vins blancs liquoreux 343

• LA BOURGOGNE 355

Les appellations régionales de Bourgogne 358
Le Chablisien 374
La Côte de Nuits 399
La Côte de Beaune 433
La Côte chalonnaise 494
Le Mâconnais 511

• LA CHAMPAGNE 537

La Champagne 538

• LE JURA, LA SAVOIE ET LE BUGEY 631

Le Jura 632
La Savoie et le Bugey 646

• LE LANGUEDOC ET LE ROUSSILLON 659

Le Languedoc 660
Le Roussillon 767

• LE POITOU ET LES CHARENTES 821

Le Poitou et les Charentes 822

• LA PROVENCE ET LA CORSE 831

La Provence 832
La Corse 889

• LE SUD-OUEST 903

Le piémont du Massif central 904
La moyenne Garonne 922
Le Bergeracois et Duras 930
Le piémont pyrénéen 951

• LA VALLÉE DE LA LOIRE ET LE CENTRE 981

Les appellations régionales du Val de Loire 983
La région nantaise 988
Anjou-Saumur 1000
La Touraine 1036
Les vignobles du Centre 1082

• LA VALLÉE DU RHÔNE 1129

Les appellations régionales de la vallée du Rhône 1131
La vallée du Rhône septentrionale 1161
La vallée du Rhône méridionale 1185
Les vins doux naturels de la vallée du Rhône 1237

• LE LUXEMBOURG 1247

Les vins du Luxembourg 1248

Annexes

Les mots du vin 1255
Les cépages 1269
Index des appellations 1283
Index des communes 1287
Index des producteurs 1303
Index des vins 1335

LE GUIDE HACHETTE DES VINS : MODE D'EMPLOI

Quels vins sont dégustés ?

Chaque édition est entièrement nouvelle : les vins sélectionnés ont été dégustés dans l'année. Le Guide remet ainsi tous les ans les compteurs à zéro pour déguster le dernier millésime mis en bouteilles. Le vin n'étant pas un produit industriel, chaque nouveau millésime possède des caractéristiques propres. Un producteur peut avoir très bien réussi une année et moins bien la suivante… ou l'inverse ! De plus, chaque année, de nouveaux producteurs s'installent ou arrivent aux commandes de domaines existants. Le Guide vous fait découvrir les meilleurs d'entre eux.

Comment les vins sont-ils dégustés ?

Les vins sont dégustés à l'aveugle. Les dégustateurs ne connaissent ni le nom du producteur, ni celui du vin ou de la cuvée qu'ils goûtent. Cela leur permet de s'affranchir de paramètres subjectifs, tels que la notoriété du domaine ou l'esthétique de l'étiquette. Les jurés connaissent seulement l'appellation et le millésime qu'ils jugent.

Qui déguste les vins ?

Les dégustateurs sont des professionnels du monde du vin (œnologues, négociants, courtiers, sommeliers…). Ils possèdent tous les repères pour juger de la qualité d'un vin et maîtrisent le vocabulaire de la dégustation, ce qui leur permet de bien décrire les vins et donc d'apporter au lecteur l'information la plus complète possible.

Comment sont notés les vins ?

Les vins sont décrits (couleur, qualités olfactives et gustatives) et notés par les jurés sur une échelle de 0 à 5.

Note du dégustateur	Qualité du vin	Note finale du vin
0	vin à défaut	éliminé
1	petit vin ou vin moyen	éliminé
2	vin réussi	cité (sans étoile)
3	vin très réussi	★
4	vin remarquable	★★
5	vin exceptionnel	★★★

Les notes doivent être comparées au sein d'une même appellation. Il est en effet impossible de juger des appellations différentes avec le même barème.

Pourquoi certaines étiquettes sont-elles reproduites et non les autres ?

L'étiquette signale un coup de cœur ♥ décerné à l'aveugle par les jurys à une cuvée. Elle est reproduite librement, sans qu'aucune participation financière directe ou indirecte ne soit demandée au producteur concerné. De même, la présentation des vins aux dégustations du Guide par les producteurs est entièrement gratuite.

Pourquoi certains vins ne sont-ils pas dans le Guide ?

Des vins connus, parfois même réputés, peuvent être absents de cette édition : soit parce que les producteurs ne les ont pas présentés, soit parce qu'ils ont été éliminés.

À quoi correspondent les durées de garde indiquées dans les notices ?

Ces temps de garde sont donnés par les dégustateurs, sous réserve de bonnes conditions de conservation, et sont indicatifs. Ils ne correspondent en aucune façon à une « date limite de consommation », mais au moment où l'on estime que le vin peut commencer à être bu pour être apprécié pleinement (apogée). Certains vins gardent en effet toutes leurs qualités des années après avoir atteint leur apogée (on parle alors de longévité).

Et le plaisir dans tout cela ?

Nous n'oublions pas que le vin est fait pour être bu à table, en bonne compagnie, et qu'une bouteille raconte une histoire qui dépasse le cadre strict de la dégustation technique. C'est pourquoi, une fois la dégustation terminée et l'anonymat levé par nos équipes, le Guide prend plaisir, pour chaque vin retenu, à parler des hommes et des femmes qui le font, des terroirs et des paysages, des meilleurs moments pour le découvrir et des plats pour le mettre en valeur.

• La dégustation à la propriété est bien souvent gratuite. On n'en abusera pas : elle représente un coût non négligeable pour le producteur qui ne peut ouvrir ses vieilles bouteilles.

• Les amateurs qui conduisent un véhicule n'oublieront pas qu'ils ne doivent pas boire le vin, mais le recracher comme le font les professionnels. Si des crachoirs ne sont pas spontanément proposés dans les caves, vous pouvez en demander.

• Les prix présentés sous forme de fourchette (pour les vins, gîtes ruraux et chambres d'hôtes) sont soumis à l'évolution des cours et donnés sous toutes réserves.

• Le pictogramme V signale les producteurs pratiquant la vente à la propriété. Toutefois, certains vins sélectionnés ont parfois une diffusion quasi confidentielle. S'ils ne sont pas disponibles au domaine, nous invitons le lecteur à les rechercher auprès des cavistes (en ville ou en ligne), des grandes surfaces et des négociants, ou sur les cartes des restaurants.

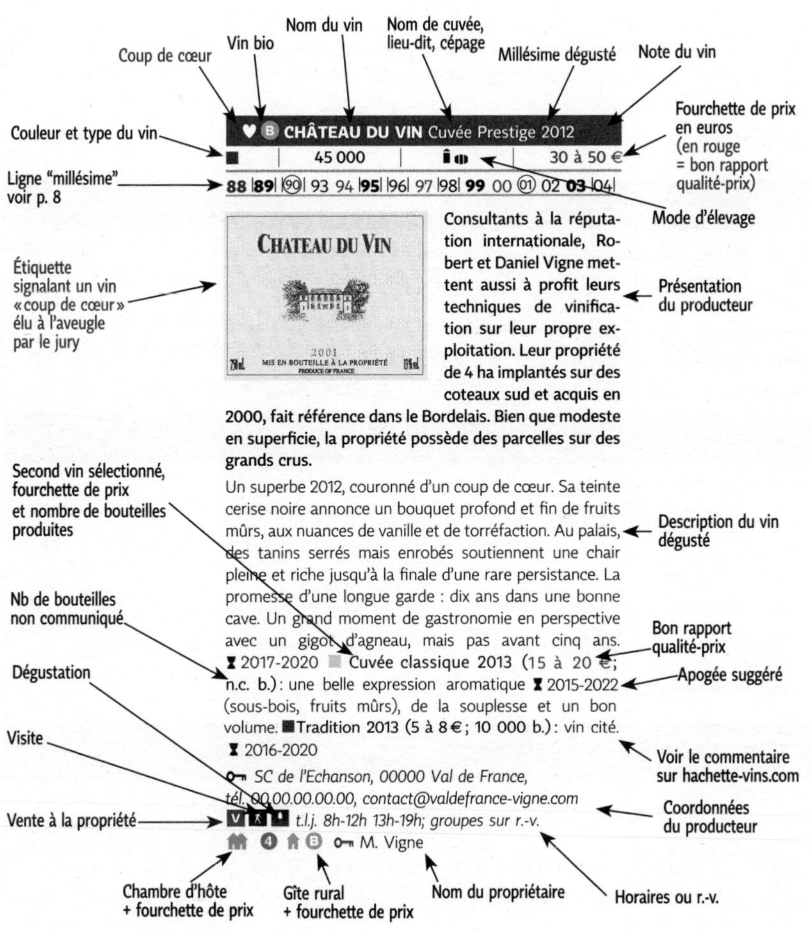

SYMBOLES UTILISÉS DANS LE GUIDE

LES VINS

La reproduction d'une étiquette et le symbole ♥ signalent un « coup de cœur » décerné à l'aveugle par les jurys.

★★★ vin exceptionnel
★★ vin remarquable
★ vin très réussi
vin réussi (cité sans étoile)

2009 millésime ou année du vin dégusté

- Ⓑ vin biologique
- ■ vin blanc sec tranquille
- ■ vin blanc doux tranquille
- ■ vin rouge tranquille
- ■ vin rosé tranquille
- ● vin blanc effervescent
- ● vin demi-sec effervescent
- ● vin rosé effervescent

50 000, 12 500... nombre moyen de bouteilles du vin présenté

- élevage en cuve
- élevage en fût
- ⧗ apogée suggéré

LES PRODUCTEURS

- V vente à la propriété
- dégustation à la propriété
- conditions de visite (r.-v. = sur rendez-vous)
- adresse du producteur
- nom du propriétaire, si différent de celui figurant dans l'adresse
- n.c. information non communiquée
- gîte rural
- chambres d'hôtes

LES PRIX

• Les prix (prix moyen de la bouteille en France par carton de 12) sont donnés sous toutes réserves.
L'indication de la fourchette de prix **en rouge signale un bon rapport qualité/prix**.

- 5 €	5 à 8 €	8 à 11 €	11 à 15 €	15 à 20 €	20 à 30 €	30 à 50 €	50 à 75 €	75 à 100 €	+ 100 €

• Chambres d'hôtes
Prix moyen par nuit en haute saison

① = – de 50 €
② = 51 à 65 €
③ = 66 à 80 €
④ = 81 à 100 €
⑤ = + de 100 €

• Gîte rural
Prix moyen par semaine en haute saison

Ⓐ = – de 300 €
Ⓑ = 301 à 400 €
Ⓒ = 401 à 500 €
Ⓓ = 501 à 600 €
Ⓔ = + de 600 €

LES MILLÉSIMES

㉜ **83 85** |**86**| **89** |90| 91 92 93 |**95**| |**96**| 97 **98 99 00** ⓪① 02 **03** 04 **05**

83 01 les millésimes en rouge sont prêts (01 = millésime 2001)

99 05 les millésimes en noir sont à garder (05 = millésime 2005)

|**95**|02 les millésimes en noir entre deux traits verticaux sont prêts pouvant attendre

83 95 les meilleurs millésimes sont en gras

(90) les millésimes exceptionnels sont dans un cercle

Les millésimes indiqués n'impliquent pas une disponibilité à la vente chez le producteur. On pourra les trouver aussi chez les cavistes ou les restaurateurs.

COMMENT IDENTIFIER UN VIN ?

Les rayons des cavistes et des grandes surfaces offrent une large palette de vins français, voire étrangers. Cette variété, qui fait le charme du vin pour l'amateur averti, rend aussi le choix difficile et déroute le néophyte : la France produit à elle seule plusieurs dizaines de milliers de vins qui ont tous des caractères propres. Leur carte d'identité ? L'étiquette. Les pouvoirs publics, français et désormais européens, et les instances professionnelles se sont attachés à la réglementer. Capsules et bouchons complètent l'identification.1

LES CATÉGORIES DE VIN

L'étiquette indique l'appartenance du vin à l'une des catégories réglementées en France : vin de France (ex-vin de table), indication géographique protégée IGP (ex-vin de pays), appellation d'origine contrôlée (AOC, AOP pour l'UE).

L'appellation d'origine protégée

La classe reine, celle de tous les grands vins. L'étiquette porte obligatoirement la mention « Appellation X protégée », parfois « X appellation protégée ». Si l'appellation porte le nom d'une entité géographique (région, ensemble de communes, commune, parfois lieu-dit), cette seule provenance ne suffit pas à la définir. Pour bénéficier de l'AOC, un vin doit provenir d'une aire délimitée, caractérisée par ses sols et son climat, plantée de cépages spécifiques cultivés et vinifiés selon les traditions régionales. C'est ce que l'on appelle les « usages locaux, loyaux et constants ».

L'appellation d'origine vin délimité de qualité supérieure

Une catégorie supprimée en 2011, naguère antichambre de l'appellation d'origine contrôlée, et soumise sensiblement aux mêmes règles. Nombreux il y a trente ans, les VDQS ont souvent accédé à l'AOC.

Du domaine et du terroir à l'étiquette.

LA RÉFORME DE LA CLASSIFICATION DES VINS

Mise en place en 2009, cette réforme a entraîné trois changements importants, concernant chaque étage de la pyramide qualitative. Les vins de table sont devenus vins de France, mais ils ont surtout gagné, au-delà du droit de porter comme étendard le nom de notre pays, ce qui n'est pas rien, la possibilité d'afficher cépage(s) et millésime. Deux mentions en général perçues comme qualitatives, ici autorisées pour les vins du bas de l'échelle : on peut légitimement s'interroger sur la pertinence de cette modification réglementaire. Les vins de pays (VDP) sont devenus des IGP, indications géographiques protégées. Un bouleversement majeur puisque auparavant les VDP faisaient partie de la même catégorie que les vins de table ; ils entrent dorénavant dans la famille des vins avec indication géographique, qui comprend également les AOC/AOP. Un changement qui leur donne des droits (protection juridique du nom comme les AOP, appellation d'origine protégée) mais aussi des devoirs : démonstration à faire de leur lien à l'origine et mise en place de procédures de contrôle renforcées. En 2011, les 150 VDP alors existants ont vu leur nombre se réduire à 75. Enfin, les AOP sont depuis cette réforme soumises à de nouveaux modes de contrôle, la tant décriée dégustation systématique d'agrément étant supprimée au profit de contrôles moins fréquents mais plus proches du produit commercialisé. On attendra pour voir l'efficacité de ces nouvelles mesures sur la qualité des vins.

Les IGP/vins de pays

Ils portent le nom de leur lieu de naissance, mais ne sont pas des AOC. La différence ? Les vins de pays ne font pas l'objet d'une délimitation parcellaire, en fonction des types de sol ; ils sont issus de cépages dont la liste est définie réglementairement ; cette liste est plus large que pour les AOC. En un mot, leur rapport au terroir est moins fort. L'étiquette précise la provenance géographique du vin. On lira donc « Indication géographique protégée » (IGP) suivie du nom d'une région (ex : Val de Loire), d'un département (ex : Ardèche) ou d'une zone plus restreinte (ex : Cité de Carcassonne).

Les vins de France

Sans provenance géographique affichée, ils peuvent être issus de coupages, c'est-à-dire de mélanges de vins de plusieurs régions. Cela en fait en général des vins assez standard – sans surprise mais sans personnalité. Si les vins de France sont souvent des produits d'entrée de gamme commercialisés en gros volumes, il existe aussi des vins de table de propreté – souvent « vins d'auteurs » élaborés hors des canons de l'appellation. Depuis une récente réforme, ces vins sont autorisés à afficher millésime et nom des cépages.

LE RESPONSABLE LÉGAL DU VIN

L'étiquette doit permettre d'identifier le vin et son responsable légal en cas de contestation. Le dernier intervenant dans l'élaboration du vin est celui qui le met en bouteilles ; ce sont obligatoirement son nom et son adresse qui figurent sur l'étiquette. Il peut s'agir d'un négociant, d'une coopérative ou d'un propriétaire-récoltant. Dans certains cas, ces renseignements sont confirmés par les mentions portées au sommet de la capsule de surbouchage.

LA MISE EN BOUTEILLES

L'étiquette mentionne si le vin a été mis en bouteilles à la propriété. L'amateur exigeant ne tolérera que les mises en bouteilles au domaine, à la propriété ou au château. Les formules « Mis en bouteilles dans la région de production, mis en bouteilles par nos soins, mis en bouteilles dans nos chais, mis en bouteilles par x (x étant un intermédiaire) », pour exactes qu'elles soient, n'apportent pas la garantie d'origine que procure la mise en bouteilles à la propriété où le vin a été vinifié.

LE MILLÉSIME

La mention du millésime, année de naissance du vin, c'est-à-dire de la vendange, n'est pas obligatoire. Elle est portée soit sur l'étiquette, soit sur une collerette collée au niveau de l'épaule de la bouteille. Les vins issus d'assemblage de différentes années ne sont pas millésimés. C'est le cas de certains champagnes et crémants, ou encore de certains vins de liqueur et vins doux naturels. À noter que l'Europe s'est alignée sur la règle en vigueur dans certains pays tiers, selon laquelle il suffit que 85 % du vin soit d'un millésime donné pour que l'étiquette puisse afficher le millésime.

LA CAPSULE

La plupart des bouteilles sont coiffées d'une capsule de surbouchage (capsule représentative de droits ou CRD) qui porte généralement une vignette fiscale, preuve que les droits de circulation auxquels toute boisson alcoolisée est soumise ont été acquittés. Cette vignette permet aussi de déterminer le statut du producteur (propriétaire ou négociant) et la région de production. Elle est verte pour les AOC, bleue pour les vins de pays. En l'absence de capsule fiscalisée, les bouteilles doivent être accompagnées d'un document délivré par le producteur.

LE BOUCHON

Les producteurs de vins de qualité ont éprouvé le besoin de marquer leurs bouchons, car si une étiquette peut être décollée et remplacée frauduleusement, le bouchon, lui, demeure ; l'origine du vin et le millésime y sont ainsi étampés.

LIRE L'ÉTIQUETTE

Sur les étiquettes, les indications foisonnent. Protection de l'origine géographique, de l'environnement, de la santé publique, exigence de traçabilité, souci de marketing : tous ces impératifs successifs les ont fait proliférer. Obligatoires ou facultatives, ces mentions donnent des indices sur le style du vin.

LES MENTIONS OBLIGATOIRES

Obligatoires pour toutes les catégories de vins, ces mentions suffisent à ce que le vin soit légalement mis en vente :

Volume

① La contenance standard d'une bouteille de vin est de 75 cl.

Degré alcoolique

② Cette mention contribue à apprécier le style du vin ; à 11 % vol. ou moins, c'est un vin léger ; à 13 % vol. ou plus, c'est un vin corsé et chaleureux.

Catégorie de vin

③ Elle indique la place du vin dans une hiérarchie réglementaire : vin de France, indication géographique protégée, vin d'appellation (AOC). Pour ces deux dernières catégories, elle informe aussi sur la provenance géographique du vin.

Embouteilleur

④ Le nom et l'adresse du responsable légal du vin permettent d'éventuelles réclamations.

Mentions sanitaires

⑤ La réglementation européenne a fait ajouter la mention «Contient des sulfites» lorsque le vin contient plus de 10 mg/l de SO2 (cas fréquent, le soufre étant un antiseptique et un antibactérien utile pour la bonne conservation du vin, et le seuil autorisé bien supérieur) ; les pouvoirs publics français imposent par ailleurs depuis 2007 une mise en garde à l'adresse des femmes enceintes.

LES MENTIONS FACULTATIVES

La marque et le domaine

⑥ Pour personnaliser le vin, nombre de producteurs lui donnent une marque : marque commerciale ou, notamment chez les récoltants, nom familial. Les termes de «château» ou «domaine» sont assimilés à des marques.

Le millésime

⑦ Souvent indiqué, il n'est pas pour autant obligatoire (*voir* p. précédente). Cette mention est fort utile, car elle permet d'évaluer les perspectives de garde en fonction de la cotation régionale des millésimes.

Le cépage

⑧ La mention du cépage est autorisée pour les vins de pays et certains vins d'appellation. Comme pour le millésime, l'Union européenne a adopté la règle des «85/15» : elle permet désormais d'indiquer le nom du cépage, même si 15 % du vin provient d'une autre variété.

Mise en bouteilles à la propriété

⑨ Un gage d'authenticité. Les caves coopératives, considérées comme le prolongement de la propriété, ont le droit d'utiliser cette mention. En Champagne, plusieurs sigles indiquent le statut du metteur en bouteilles, par exemple RM pour récoltant-manipulant (un vigneron), NM pour négociant-manipulant ou CM pour coopérative de manipulation (*voir* chapitre «Champagne»).

Classements

Dans certaines régions, il existe des classements officiels. En Bordelais (Médoc, Graves, Saint-Émilion, Sauternes), ce sont les propriétés et les châteaux qui sont classés. En Bourgogne, ce sont les terroirs : premiers ou grands crus, qui sont des lieux-dits (appelés localement *climats*). L'Alsace a également ses grands crus (terroirs classés), et la Champagne, ses premiers et grands crus (communes classées).

Bio

Jusqu'en 2012, faute d'accord à l'échelle européenne sur un cahier des charges en matière de vinification biologique, il n'y avait pas de «vin bio», seulement des «vins issus de raisins de l'agriculture biologique» (ou «de raisins biologiques» ou «cultivés en agriculture biologique»). Une telle mention, ainsi que le nom ou le numéro d'agrément de l'organisme certificateur qui vérifie le respect du cahier des charges, éventuellement accompagnée du logo AB, garantissaient une agriculture biologique (il faut cependant noter que certains domaines prestigieux pratiquent une viticulture bio sans le signaler). En 2012, un règlement européen a été publié. En conséquence, à partir de ce millésime, les mentions du type «vin issu de raisins de l'agriculture biologique» ne seront plus autorisées. Elles seront remplacées par le terme de «vin biologique» – à condition évidemment que les producteurs respectent la nouvelle réglementation pour l'élaboration de leurs vins –, accompagné du logo européen et du numéro de code de l'organisme certificateur. Le logo français AB reste facultatif.

Style de vins

D'autres mentions renseignent sur le style de vins, sur son élaboration. Certaines sont traditionnelles et ont un caractère officiel : «vendanges tardives» (vin blanc moelleux d'Alsace), «sélection de grains nobles» (liquoreux d'Alsace ou d'Anjou), «vin jaune», «vin de paille» (vins originaux du Jura), «méthode traditionnelle» (effervescent résultant d'une seconde fermentation en bouteille). Autres précisions réglementées, le dosage d'un champagne (extra-brut, brut, demi-sec, etc.), qui indique son caractère plus ou moins sec ; en blanc, la mention «sec» ou «doux», utile lorsque l'appellation produit les deux types de vins ; le terme «sur lie», appliqué au muscadet ; l'adjectif «ambré», pour un rivesaltes blanc, tandis que le «tuilé» est rouge. Non réglementées mais utiles, les mentions de l'élevage en fût de chêne, de l'absence de filtration, de soufre, etc. On se référera aux chapitres de chaque région pour une explication détaillée de ces mentions.

Nom de cuvée

⑩ On peut trouver sur l'étiquette des noms de lieux-dits, de communes ou de régions qui précisent la provenance : ce sont là des mentions réglementées. Cuvée Prestige, Vieilles Vignes, cuvée au nom des enfants du vigneron : ces mentions identifient un vin, mais elles ne garantissent pas une qualité supérieure. Si vous voulez acquérir une cuvée distinguée par le Guide, notez non seulement le nom du vin, mais aussi, s'il y a lieu, le nom de la cuvée et toutes les mentions qui figurent à côté du nom principal.

ÉTIQUETTE, CONTRE-ÉTIQUETTE, COLLERETTE

Si de nombreuses bouteilles comportent une étiquette unique, où figurent toutes les mentions obligatoires et facultatives, l'usage de la contre-étiquette se répand. Soit elle ne porte que des mentions facultatives (description du vin, conseils pour la température de service et les accords gourmands), soit elle affiche tout ou partie des mentions légales et obligatoires. Dans ce dernier cas, l'étiquette la plus visible a une fonction avant tout esthétique et porte des mentions succintes (marque, nom de cuvée, de commune). L'étiquette légale, placée «au dos» de la bouteille, ressemble à une contre-étiquette. Elle n'en comprend pas moins des précisions essentielles et mérite une lecture attentive. Certaines bouteilles portent une collerette, qui indique en général le millésime si celui-ci ne figure pas sur l'étiquette.

ACHETER : LES CIRCUITS D'ACHATS

En grande surface, chez le caviste, le producteur... Les circuits de distribution du vin sont multiples, chacun présentant ses avantages. À chaque consommateur de trouver la formule qui lui convient.

CHEZ LE PRODUCTEUR

La vente directe permet-elle de faire des économies ? Pas nécessairement, car les producteurs veillent à ne pas concurrencer leurs diffuseurs. Nombre de châteaux bordelais, quand ils vendent aux particuliers, proposent ainsi leurs crus à des prix supérieurs à ceux pratiqués par les détaillants. D'autant que les revendeurs obtiennent, grâce à des commandes massives, des prix plus intéressants que le particulier. En résumé, on achètera sur place les vins de producteurs dont la diffusion est limitée, et non les vins de grands châteaux, sauf millésimes rares ou cuvées spéciales.

L'achat à la propriété, un moyen de découvrir les secrets du vin.

La visite au producteur apporte bien d'autres satisfactions que celle d'une simple bonne affaire : on découvre un paysage, un terroir, des méthodes de travail ; on comprend les relations étroites qui existent entre un homme et son vin.

Sur les routes des Vins, on se souviendra du slogan : « Celui qui conduit est celui qui ne boit pas. » Les producteurs prévoient des crachoirs pour permettre aux conducteurs de goûter comme le font les professionnels.

EN CAVE COOPÉRATIVE

Les coopératives regroupent des producteurs d'une aire géographique donnée : une commune ou une zone plus large. Les adhérents apportent leur raisin et les responsables techniques se chargent du pressurage, de la vinification, de l'élevage et de la commercialisation. L'instauration de chartes de qualité avec les vignerons et la possibilité d'élaborer des cuvées selon la qualité spécifique de chaque livraison de raisin ou selon une sélection de terroirs ouvrent aux meilleures coopératives le secteur des vins de qualité, voire de garde.

CHEZ LE NÉGOCIANT

Le négociant, par définition, achète des vins pour les revendre, mais il est souvent lui-même propriétaire de vignobles : il peut donc agir en producteur et commercialiser sa production, ou bien vendre le vin de producteurs indépendants sans autre intervention que le transfert (cas des négociants bordelais qui ont à leur catalogue des vins mis en bouteilles au château), ou encore signer un contrat de monopole de vente avec une unité de production. Le négociant-éleveur assemble des vins de même appellation fournis par divers producteurs et les élève dans ses chais. Il est ainsi le créateur du produit à double titre : par le choix de ses achats et par l'assemblage qu'il exécute. Le propre d'un négociant est de diffuser, donc d'alimenter les réseaux de vente qu'il ne doit pas concurrencer en vendant chez lui ses vins à des prix très inférieurs.

CHEZ LE CAVISTE

Pour le citadin, c'est le mode d'achat le plus facile et le plus rapide, le plus sûr également lorsque le caviste est qualifié. Il existe nombre de boutiques spécialisées dans la vente de vins de qualité, indépendantes ou franchisées. Qu'est-ce qu'un bon caviste ? C'est celui qui est équipé pour entreposer les vins dans de bonnes conditions et qui sait choisir des vins originaux de producteurs amoureux de leur métier. En outre, le bon détaillant saura conseiller l'acheteur, lui faire découvrir des vins que celui-ci ignore et lui suggérer des accords gastronomiques.

EN GRANDE SURFACE

Aujourd'hui, nombre de grandes surfaces possèdent un rayon spécialisé bien équipé, où les bouteilles sont couchées et souvent classées par région. L'amateur y trouve – notamment en hypermarché – une large gamme, des vins de table aux crus prestigieux. Seuls les appellations confidentielles et les vins de petites propriétés sont moins représentés. Les foires aux vins des grandes surfaces proposent une offre élargie. Si celles de printemps misent plutôt sur les vins d'été à boire jeunes, celles d'automne présentent une importante sélection de crus renommés et de garde à des prix intéressants, même si les grands millésimes des domaines les plus prestigieux ne sont pas toujours disponibles. On consultera au préalable les catalogues, Guide en main, pour repérer cuvées et millésimes, et l'on viendra dès l'ouverture – voire en avant-première.

DANS LES CLUBS

Quantité de bouteilles, livrées en cartons ou en caisses, arrivent directement chez l'amateur grâce aux clubs qui offrent à leurs adhérents un certain nombre d'avantages. Le choix est assez vaste et comporte parfois des vins peu courants. Il faut toutefois noter que beaucoup de clubs sont des négociants.

DANS LES FOIRES ET SALONS

Organisés périodiquement dans les villes, foires et salons permettent aux amateurs de rencontrer un grand nombre de vignerons et de goûter certaines de leurs cuvées sans aller sur le lieu de production. L'offre est abondante, et l'atmosphère souvent conviviale – à condition d'éviter les heures d'affluence... Mieux vaut préparer sa visite, aidé du Guide.

LES VENTES AUX ENCHÈRES

Ces ventes sont organisées par des commissaires-priseurs assistés d'un expert. Il importe de connaître l'origine des bouteilles. Si elles proviennent d'un grand restaurant ou de la riche cave d'un amateur, leur conservation est probablement parfaite, ce qui n'est pas toujours le cas si elles constituent un regroupement de petits lots divers. Les bouteilles dont le niveau n'atteint plus que le bas de l'épaule, ou d'une teinte « usée » (bronze pour les blancs, brune pour les rouges) ont sûrement dépassé leur apogée.

ACHETER EN PRIMEUR

Le principe est simple : acquérir un vin avant qu'il ne soit élevé et mis en bouteilles, à un prix supposé inférieur à celui qu'il atteindra à sa sortie de la propriété. Les souscriptions sont ouvertes pour un volume contingenté et pour un temps limité, généralement au printemps et au début de l'été qui suivent les vendanges. Elles sont organisées par les propriétaires, par des sociétés de négoce et des clubs de vente de vins. L'acheteur s'acquitte de la moitié du prix convenu à la commande et s'engage à verser le solde à la livraison des bouteilles, c'est-à-dire de douze à quinze mois plus tard. Ainsi, le producteur s'assure des rentrées d'argent rapides, et l'acheteur réalise une bonne opération... lorsque le cours des vins augmente !

On réalise rarement de bonnes affaires dans les grandes appellations, qui intéressent des restaurateurs. En revanche, les appellations moins connues, moins recherchées par les professionnels, sont parfois très abordables.

SUR INTERNET

Les cavistes en ligne donnent souvent quelques informations sur les bouteilles qu'ils vendent, voire sur les vignobles ou sur la dégustation, sans aller jusqu'au conseil personnalisé dont on peut bénéficier chez les meilleurs détaillants. Comme les clubs, ils font des offres commerciales (dégustations, visites). On privilégiera les sites connus, qui proposent des dispositifs de paiement sécurisé. On s'assurera des délais de livraison et l'on vérifiera si les prix sont intéressants en prenant en compte le coût du transport.

LES GRANDES BOUTEILLES

NOM DE LA BOUTEILLE	EN CHAMPAGNE	EN BORDELAIS
Magnum	2 bouteilles (1,5 l)	2 bouteilles (1,5 l)
Double magnum		4 bouteilles (3 l)
Jéroboam	4 bouteilles (3 l)	6 bouteilles (4,5 l)
Mathusalem	8 bouteilles (6 l)	12 bouteilles (9 l)
Salmanazar	12 bouteilles (9 l)	
Balthazar	16 bouteilles (12 l)	
Nabuchodonosor	20 bouteilles (15 l)	20 bouteilles (15 l)

CONSERVER SON VIN

À l'inverse de la grappe de raisin avide de la lumière solaire, le vin recherche l'ombre. Il mûrit dans un lieu sombre et frais, protégé des vibrations et des odeurs. Il lui faut une atmosphère assez humide sans excès, suffisamment aérée mais à l'abri des courants d'air, et il redoute particulièrement les brusques changements de températures. Faute d'une cave enterrée idéale pour le stockage, ces exigences conduiront souvent à réaliser des aménagements divers, voire à opter pour une solution alternative.

AMÉNAGER SA CAVE

Une bonne cave est un lieu clos, sombre, à l'abri des trépidations et du bruit, exempt de toute odeur, protégé des courants d'air mais bien ventilé, d'un degré hygrométrique de 75 % et surtout d'une température stable, la plus proche possible de 11 ou 12 °C.

Les caves citadines présentent rarement de telles caractéristiques. Il faut donc, avant d'entreposer du vin, améliorer le local : établir une légère aération ou, au contraire, obstruer un soupirail trop ouvert ; humidifier l'atmosphère, en déposant une bassine d'eau contenant un peu de charbon de bois, ou l'assécher par du gravier tout en augmentant la ventilation ; tenter de stabiliser la température en posant des panneaux isolants ; éventuellement, monter les casiers sur des blocs en caoutchouc pour neutraliser les vibrations. Si toutefois une chaudière se trouve à proximité ou si des odeurs de mazout se répandent dans le local, celui-ci ne fera jamais une cave satisfaisante.

ÉQUIPER SA CAVE

L'expérience prouve qu'une cave est toujours trop petite. Le rangement des bouteilles doit donc être rationnel. Le casier à bouteilles classique, à un ou deux rangs, offre bien des avantages : il est peu coûteux et permet un accès facile à l'ensemble des flacons.

Malheureusement, ce casier à alvéoles est volumineux au regard du nombre de bouteilles logées. Si l'on possède une grande quantité de flacons, notamment lorsqu'on achète les mêmes références en quantités importantes, il faut empiler les bouteilles pour gagner de la place. Afin de séparer les piles pour avoir accès aux différents vins, on montera des casiers à compartiments pouvant contenir 24, 36 ou 48 bouteilles en pile, sur deux rangs. Si la cave n'est pas humide à l'excès, si le bois ne pourrit pas, il est possible d'élever des casiers en planches. Il sera nécessaire de les surveiller, car des insectes peuvent s'y installer, qui attaquent les bouchons et rendent les bouteilles couleuses. Les constructeurs proposent aujourd'hui nombre de casiers à compartiments, fixes, empilables et modulables, dans les matériaux les plus divers.

Deux instruments indispensables complètent l'aménagement de la cave : un thermomètre à maxima et minima, et un hygromètre.

RANGER SES BOUTEILLES

Dans la mesure du possible, on entreposera les vins blancs près du sol, les vins rouges au-dessus ; les vins de garde dans les rangées (ou casiers) du fond, les moins accessibles ; les bouteilles à boire, en situation frontale. Si les bouteilles achetées en cartons ne doivent pas demeurer dans leur emballage, celles livrées en caisses de bois peuvent y être conservées un temps, notamment si l'on envisage de revendre le vin. Néanmoins, les caisses prennent beaucoup de place et sont une proie aisée pour les pilleurs de caves. Il faut donc surveiller régulièrement leur état. On repérera casiers et bouteilles par un système de notation (alphanumérique par exemple), à reporter sur le livre de cave.

CONSTITUER SA CAVE

Constituer une cave demande de l'organisation. Au préalable, on évaluera le budget dont on dispose et la capacité de sa cave. Il est utile aussi d'estimer dans les grandes lignes sa consommation annuelle. Ensuite, il convient d'acquérir des vins n'évoluant pas pareil, afin qu'ils n'atteignent pas tous en même temps leur apogée. Et pour ne pas boire toujours les mêmes, fussent-ils les meilleurs, on a intérêt à élargir sa sélection afin de disposer de bouteilles adaptées à différentes occasions et préparations culinaires. Plus le nombre de bouteilles est restreint, plus il faut veiller à les renouveler.

VINS À BOIRE, VINS À ENCAVER

Souhaite-t-on consommer ses vins sur une courte période ou suivre leur évolution dans le temps ? La démarche sera différente. Si l'on recherche une bouteille prête à boire, on privilégiera les bouteilles à boire jeunes ou de courte garde : vins primeurs (de type beaujolais nouveau), vins de pays ou d'appellation régionale. Faut-il écarter les appellations prestigieuses, les vins de garde ? Non, mais on se tournera vers des millésimes à évolution rapide – ces « petits » millésimes qui ont l'avantage d'être prêts plus tôt. Il est difficile de trouver sur le marché de grands vins parvenus à leur apogée. Certains cavistes ou propriétaires en proposent, mais à un prix évidemment très élevé. Lorsqu'on souhaite conserver ses vins dans l'espoir de les voir se bonifier, mieux vaut être très sélectif dans le choix des producteurs et acquérir les meilleurs millésimes (*voir* tableau des millésimes pages suivantes).

PAS DE CAVE ?

Si l'on ne dispose pas de cave ou que celle-ci est inutilisable, plusieurs solutions sont possibles :

- acheter une armoire à vin, dont la température et l'hygrométrie sont automatiquement maintenues ;
- construire de toutes pièces, en retrait dans son appartement, un lieu de stockage dont la température varie sans à-coups et ne dépasse pas 16 °C. Plus la température est élevée, plus le vin évolue rapidement. Or, un vin qui atteint rapidement son apogée dans de mauvaises conditions de garde ne sera jamais aussi bon que s'il avait vieilli lentement dans une cave fraîche ;
- acquérir une cave en kit, à installer dans son logement, ou faire aménager une cave préfabriquée que l'on dispose en général sous la maison. Ces espaces, qui pallient l'absence de cave enterrée, représentent un investissement plus lourd qu'une armoire à vins.

QUAND FAUT-IL BOIRE LE VIN ?

Les vins évoluent de manières très différentes. Ils atteignent leur apogée après une garde plus ou moins longue : de un à vingt ans. Quant à la phase d'apogée, elle varie de quelques mois pour les vins à boire jeunes, à plusieurs décennies pour quelques rares grandes bouteilles. Le temps de garde varie selon l'appellation – et donc selon le cépage, le terroir et de la vinification. La qualité du millésime influe aussi sur la conservation : un petit millésime peut évoluer deux ou trois fois plus rapidement qu'un autre millésime d'une même appellation. Néanmoins, il est possible d'évaluer le potentiel de garde des vins selon leur origine géographique. À chacun, ensuite, d'ajuster cette garde en fonction des conditions de conservation dans sa cave et de sa connaissance des millésimes.

LES MILLÉSIMES

Les vins de qualité sont millésimés à l'exception des vins de liqueur, de certains vins doux naturels et de nombreux effervescents élaborés par assemblage de plusieurs années. Dans ce cas, la qualité du produit dépend du talent de l'assembleur, mais ces vins ne gagnent pas à vieillir. Des conditions météorologiques au moment de la maturation et de la récolte, la qualité des millésimes varie selon les régions viticoles et selon les producteurs.

QU'EST-CE QU'UN GRAND MILLÉSIME ?

Il est généralement issu de faibles rendements, même si de bonnes conditions climatiques engendrent parfois l'abondance et la qualité, comme en 1989 et en 1990. Le grand millésime résulte souvent de vendanges précoces. Dans tous les cas, il a été élaboré à partir de raisins parfaitement sains, exempts de pourriture.

Peu importe les conditions météorologiques qui ont marqué le début du cycle végétatif : on peut même soutenir que des incidents tels que gel ou coulure (chute de jeunes baies avant maturation) ont des conséquences favorables puisqu'ils diminuent le nombre de grappes par pied. En revanche, la période qui s'étend du 15 août aux vendanges est capitale : un maximum de chaleur et de soleil est alors nécessaire. L'année 1961 demeure le grand millésime du xxe s. A contrario, les années 1963, 1965 et 1968 furent désastreuses, parce qu'elles cumulèrent froid et pluie, d'où une absence de maturité et un fort rendement en raisins gorgés d'eau. Pluie et chaleur ne valent guère mieux, car leur conjonction favorise la pourriture ; 1976 – le grand millésime potentiel du sud-ouest de la France – en a pâti. Quant à la canicule de 2003, elle a parfois grillé le raisin et produit des vins lourds.

COMMENT LIRE UN TABLEAU DE COTATION ?

Il est d'usage de résumer la qualité des millésimes dans des tableaux de cotation, mais il faut en connaître les limites. Ces notes, des moyennes, ne prennent pas en compte les microclimats, pas plus que les efforts de tris de raisins à la vendange ou les sélections des vins en cuve. On peut élaborer un excellent vin dans une année cotée zéro.

Propositions de cotation (de 0 à 20)

	Alsace	Beaujolais	Bordeaux rouge	Bordeaux liquoreux	Bordeaux sec	Bourgogne rouge	Bourgogne blanc	Champagne	Jura (vin jaune)	Languedoc-Roussillon	Provence rouge	Sud-Ouest rouge	Sud-Ouest blanc liquoreux	Loire rouge	Loire blanc liquoreux	Rhône (nord)	Rhône (sud)
1945	20		20	20	18	20	18	20					19				
1946	9		14	9	10	10	13	10					12				
1947	17		18	20	18	18	18	18					20				
1948	15		16	16	16	10	14	11					12				
1949	19		19	20	18	20	18	17					16				
1950	14		13	18	16	11	19	16					14				
1951	8		8	6	6	7	6	7					7				
1952	14		16	16	16	16	18	16					15				
1953	18		19	17	16	18	17	17					18				
1954	9	9	10			14	11	15					9				
1955	17	13	16	19	18	15	18	19					16				
1956	9	6	5										9				
1957	13	11	10	15		14	15						13				
1958	12	7	11	14		10	9						12				
1959	20	13	19	20	18	19	17	17					19				
1960	12	5	11	10	10	10	7	14					9				
1961	19	16	20	15	16	18	17	16					16				
1962	14	13	16	16	16	17	19	17					15				
1963		6					10										
1964	18	8	16	9	13	16	17	18					16				
1965					12								8				
1966	12	11	17	15	16	18	18	17					15				
1967	14	13	14	18	16	15	16						13				
1968																	

	Alsace	Beaujolais	Bordeaux rouge	Bordeaux liquoreux	Bordeaux sec	Bourgogne rouge	Bourgogne blanc	Champagne	Jura (vin jaune)	Languedoc-Roussillon	Provence rouge	Sud-Ouest rouge	Sud-Ouest blanc liquoreux	Loire rouge	Loire blanc liquoreux	Rhône (nord)	Rhône (sud)
1969	16	14	10	13	12	19	18	16					15				
1970	14	13	17	17	18	15	15	17					15				
1971	18	15	16	17	19	18	20	16					17				
1972	9	6	10		9	11	13						9				
1973	16	7	13	12		12	16	16					16				
1974	13	8	11	14		12	13	8					11				
1975	15	7	18	17	18		11	18					15				
1976	19	16	15	19	16	18	15	15					18				
1977	12	9	12	7	14	11	12	9					11				
1978	15	12	17	14	17	19	17	16					17				
1979	16	13	16	18	18	15	16	15					14				
1980	10	10	13	17	18	12	12	14					13			15	
1981	17	14	16	16	17	14	15	15					15				
1982	15	12	18	14	16	14	16	16			17	17	15	14		14	15
1983	20	17	17	17	16	15	16	15	16			16	18	12		16	16
1984	15	11	13	13	12	13	14	5		13		10		10		13	15
1985	19	16	18	15	14	17	17	17	17	18	17	17	17	16	16	17	16
1986	10	15	17	17	12	12	15	12	17	15	16	16	16	13	14	15	13
1987	13	14	13	11	16	12	11	10	16	14	14	14		13		16	12
1988	17	15	16	19	18	16	14	18	16	17	17	18	18	16	18	17	15
1989	16	16	18	19	18	16	18	16	17	16	16	17	17	20	19	18	16
1990	18	14	18	20	17	18	16	18	18	17	16	16	18	17	20	19	19
1991	13	15	13	14	13	14	15	11		14	13	14		12	9	15	13
1992	15	9	12	10	14	15	17	12		13	9	9		14		11	16
1993	13	11	13	8	15	14	13	12		14	11	14	14	13	12	11	14
1994	12	14	14	14	17	14	16	12		12	10	14	15	14	12	14	11
1995	12	16	16	18	17	14	16	16	17	15	15	15	16	17	17	15	16
1996	13	14	15	18	16	17	18	19	18	13	14	14	13	17	17	15	13
1997	16	13	14	18	14	14	17	15	16	13	13	13	16	16	16	14	13
1998	13	13	15	16	14	15	14	13	14	17	16	16	13	14		18	18
1999	10	11	14	17	13	13	12	15	17	15	16	14	10	12	10	16	14
2000	12	12	18	10	16	11	15	15	16	16	14	14	13	16	13	17	15
2001	13	11	15	17	16	13	16	9		16	14	16	18	13	16	17	11
2002	11	10	14	18	16	17	17	17	14	12	11	15	14	14	10	8	9
2003	12	15	15	18	13	17	18	14	17	15	13	14	17	15	17	16	14
2004	13	12	14	10	17	13	15	16	13	15	15	13	15	14	10	12	16
2005	15	18	18	17	18	19	18	14	17	15	12	16	17	16	18	16	18
2006	12	12	14	16	14	14	16	15	15	15	16	13	15	10	10	16	15
2007	16	14	14	17	15	12	13	13	14	16	14	12	14	12	13	15	18
2008	14	14	15	16	15	14	15	16		15	12	13	12	15	12	14	14
2009	15	18	18	18	19	17	16	15		15	14	18	17	17	14	18	16
2010	14	16	18	18	19	16	17	14		18	14	15	12	17	16	16	15
2011	15	15	16	17	15	14	15	13		15	16	14	13	15	15	14	14
2012	16	14	14	12	14	14	15	18		16	14	15	13	13	10	15	15
2013	15	15	11	17	13	14	15	14		17	13	13	15	15	13	15	15
2014	13	16	16	16	17	16	16	14		15	13	15	14	17	16	13	13
2015	16	17	18	18	17	18	16	17		17	15	16	17	16	15	19	19
2016	14	16	18	19	17	17	16	15		18	14	17	15	15	18	18	18
2017	15	17	15	17	16	15	16	13		17	14	15	16	17	15	17	17

LA DÉGUSTATION

Pour l'amateur, savoir déguster, c'est découvrir toutes les facettes du vin en trois étapes : l'œil, le nez, la bouche. Simple exercice de frime, manifestation de snobisme ? Parfois, mais surtout on comprend et on apprécie mieux tout ce que l'on parvient à traduire en mots, ses sensations par exemple. Cela demande un petit effort, mais le plaisir que l'on peut en retirer en vaut la peine. En tout état de cause, déguster doit rester un jeu, un moment de partage.

LES CONDITIONS IDÉALES

Le cadre

Pour une bonne dégustation, mieux vaut être dans une pièce bien éclairée (lumière naturelle ou éclairage ne modifiant pas les couleurs, dit lumière du jour), sans odeurs parasites telles que parfum, fumée (tabac ou cheminée), plat cuisiné ou fleurs. La température ne doit pas dépasser 18-20 °C. Si l'on déguste le vin pour lui-même, le meilleur moment est avant les repas (le matin vers 11 h, l'après-midi vers 18 h). À table, autour d'un plat, le vin révélera une facette de sa personnalité différente mais tout aussi – voire plus – intéressante.

Le verre

Le verre est comme un outil pour le dégustateur. Il est primordial qu'il soit le mieux adapté possible. Un vin ne s'exprimera pas aussi bien – voire pas du tout – dans un verre à moutarde que dans un verre à pied. Un verre incolore, afin que la robe du vin soit bien visible, et si possible fin. Sa forme sera celle d'une tulipe légèrement refermée pour mieux retenir les arômes. Son corps sera séparé du pied par une tige : ainsi, le vin ne se réchauffera pas lorsqu'on tiendra le verre par son pied et pourra facilement être agité pour s'oxygéner et révéler son bouquet. La forme du verre a une telle influence sur l'appréciation olfactive et gustative du vin que l'Association française de normalisation (Afnor) et les Instances internationales de normalisation (Iso) ont adopté, après étude, un type de verre qui offre de bonnes garanties d'efficacité, appelé verre INAO. L'Union des œnologues de France a également mis au point des verres à dégustation.

LES ÉTAPES DE LA DÉGUSTATION

La dégustation fait successivement appel à la vue, à l'odorat et au goût – et même au sens tactile, par l'entremise de la bouche, sensible à la température, à la consistance et à la présence de gaz.

L'œil

L'examen de la robe (ensemble des caractères visuels), marquée par le cépage d'origine et le mode d'élaboration, est riche d'enseignements. Il porte sur :

– La limpidité. Aujourd'hui, les vins mis sur le marché sont limpides. Tout au plus peut-on trouver de petits cristaux de bitartrates (insolubles), précipitation que connaissent les vins victimes d'un coup de froid ; leur qualité n'en est pas altérée. On détermine la transparence (vin rouge) en inclinant son verre sur un fond blanc, nappe ou feuille de papier.

– La nuance de la robe. Le mode d'élaboration a parfois une influence sur la teinte : les vins blancs élevés en fût ont souvent une teinte plus foncée. La couleur de la robe informe surtout sur l'âge du vin et sur son état de conservation. La teinte des vins blancs jeunes, jaune pâle, présente parfois des reflets

TEMPÉRATURES DE SERVICE

Grands vins rouges de Bordeaux à leur apogée	16-17 °C
Grands vins rouges de Bourgogne à leur apogée	15-16 °C
Grands vins rouges avant leur apogée, vins rouges de qualité	14-16 °C
Grands vins blancs secs	12-14 °C
Vins rouges légers, fruités, jeunes	11-12 °C
Vins primeurs et rosés	10 °C
Vins blancs secs vifs et légers	10-12 °C
Champagnes, crémants, vins effervescents	8-9 °C
Vins liquoreux	8-9 °C

verts. Avec l'âge, elle fonce, devient jaune d'or, puis cuivrée, voire bronzée. Ces teintes ambrées, normales pour un vin liquoreux, doivent alerter pour un vin sec : il a sans doute dépassé son apogée. Quant aux vins rouges, leur robe affiche des nuances violettes lorsqu'ils sont jeunes. Des reflets orangés ou brique annoncent un vin évolué, qu'il ne faut pas tarder à boire.

– L'intensité de la couleur. On ne confondra pas intensité et nuance (le ton) de la robe. Une couleur claire reflète parfois un vin dilué. Mais l'intensité de la couleur est aussi fonction du cépage : en rouge, par exemple, le cabernet-sauvignon, la syrah et le tannat donnent des robes plus profondes que le pinot noir. Elle peut aussi varier en fonction de la vinification : une macération courte donne des robes légères, une cuvaison longue, des robes foncées, signe d'une plus forte extraction. La robe légère n'est pas forcément un défaut pour un vin gouleyant à boire jeune : pour juger, on tiendra compte du type du vin.

DÉGUSTER POUR ACHETER

Lorsqu'on déguste un vin dans une perspective d'achat, il faut s'assurer qu'on l'apprécie dans de bonnes conditions. On évitera de le goûter au sortir d'un repas, après l'absorption d'eau-de-vie, de café, de chocolat ou de bonbons à la menthe, ou encore après avoir fumé. Attention aux aliments qui modifient la sensibilité du palais, comme le fromage ou les noix (ces dernières améliorent les vins).

Si l'on souhaite acquérir un vin pour le conserver, on se rappellera que ce sont l'alcool, l'acidité et, pour les rouges, la présence des tanins et la bonne qualité qui assurent la garde.

– Les larmes ou jambes. Il s'agit des écoulements que le vin forme sur la paroi du verre quand on l'anime d'un mouvement rotatif pour humer les arômes. Les larmes traduisent la présence de glycérol, un composé visqueux au goût sucré qui se forme pendant la fermentation et qui donne au vin son onctuosité (le « gras » du vin).

Le nez

Deuxième étape de la dégustation, l'examen olfactif permet aux dégustateurs professionnels de détecter certains défauts rédhibitoires, telles la piqûre acétique ou l'odeur du liège moisi (goût de bouchon). Pour les amateurs, heureusement, il ne s'agit la plupart du temps que de démêler des impressions plus agréables. Le nez du vin rassemble un faisceau de parfums en mouvance permanente, dont les effluves se présentent successivement selon la température et l'aération. On commencera par humer ce qui se dégage du verre immobile, puis on imprimera au vin un mouvement de rotation : l'air fait alors son effet et d'autres parfums apparaissent. Les composants aromatiques du vin s'expriment selon leur volatilité. Il s'agit en quelque sorte d'une évaporation du vin, ce qui explique que la température de service soit si importante : trop froide, les arômes ne s'expriment pas ; trop chaude, ils s'évaporent trop rapidement, s'oxydent, et les parfums très volatils disparaissent, tandis que ressortent des éléments aromatiques lourds. La qualité d'un vin est fonction de l'intensité et de la complexité du bouquet. Le vocabulaire relatif aux arômes est riche, car il procède par analogie. Divers systèmes de classification des arômes ont été proposés ; pour simplifier, retenons les familles florale, fruitée, végétale (ou herbacée), épicée, balsamique, animale, empyreumatique (en référence au feu), minérale, lactée et la pâtisserie.

QUALIFICATIFS SE RAPPORTANT À L'EXAMEN VISUEL DE LA ROBE

Nuances		Intensité	Limpidité
Blancs	jaune clair, paille, or, ambré	Légère Soutenue Intense Foncée Profonde	Opaque Louche Voilée Cristalline
Rosés	églantine, œil-de-perdrix, saumon, rose, framboise, grenadine		
Rouges	rubis, cerise, pivoine, pourpre, grenat, violet		

Les principales familles d'arômes	
Florale	Fleurs blanches (aubépine, jasmin, acacia...), tilleul, violette, iris, pivoine, rose
Fruitée	Fruits rouges (cerise, fraise, framboise, groseille), noirs (cassis, mûre, myrtille), jaunes (pêche, abricot, mirabelle), blancs (pomme, poire, pêche blanche), exotiques (fruit de la Passion, mangue, ananas, litchi), agrumes (citron, pamplemousse, orange, mandarine)
Végétale	Herbe, fougère, mousse, sous-bois, champignon, humus, garrigue
Épicée	Poivre, gingembre, cannelle, vanille, girofle, réglisse
Balsamique	Résine, pin, térébenthine, santal
Animale	Viande, gibier, musc, fourrure, cuir
Empyreumatique	Brûlé, fumé, grillé, toasté, torréfié (café, cacao), caramel, tabac, foin séché
Minérale	Pierre à fusil, graphite, pétrole, iode
Pâtisserie	Brioche, miel
Lactée	Beurre frais, crème

La bouche

Une faible quantité de vin est mise en bouche. Pour permettre sa diffusion dans l'ensemble de la cavité buccale, on aspire un filet d'air. À défaut, le vin est simplement mâché. Dans la bouche, il s'échauffe et diffuse de nouveaux éléments aromatiques, recueillis par la voie rétronasale qui utilise le passage reliant le palais aux fosses nasales – étant entendu que les papilles de la langue ne sont sensibles qu'aux quatre saveurs élémentaires : l'amer, l'acide, le sucré et le salé. Voilà pourquoi une personne enrhumée ne peut goûter un vin, la voie rétronasale étant inopérante.

Outre les quatre saveurs élémentaires, la bouche est sensible à la température du vin, à sa viscosité, à la présence ou à l'absence de gaz carbonique et à l'astringence (effet tactile : absence de lubrification par la salive et contraction des muqueuses sous l'action des tanins).

Les degrés de l'acidité

Manque	Satisfaisant			Excès
Plat Mou	Tendre	Frais Vif	Nerveux	Vert, mordant Agressif

Les degrés du sucré

Absence	Satisfaisant			Excès
Sec	Tendre Souple	Doux Moelleux	Liquoreux	Sirupeux, pommadé Lourd

Les degrés de la puissance alcoolique

Manque	Satisfaisant			Excès
Pauvre Mince	Léger	Généreux Vineux	Puissant Chaleureux Capiteux	Alcooleux Brûlant

Les tanins (vins rouges)

Absence	Présence harmonieuse			Présence excessive
Gouleyant, souple	Soyeux, velouté, fondu	Construit, structuré	Charpenté, tannique, solide, viril	Rustique, anguleux, grossier, astringent, âpre, séchant, dur, acerbe

S'EXERCER À LA DÉGUSTATION

Comment commencer ? Il existe dans le commerce des flacons d'arômes qui aident à développer son nez. On peut organiser chez soi des séances d'entraînement, avec jeux de reconnaissance de parfums et dégustations de vins. On apprend beaucoup en comparant : on choisira pour commencer des couples de vins très différents, comme un bourgogne (cépage chardonnay) et un sancerre (cépage sauvignon) en blanc ; un pomerol (dominante de merlot) et un côte-rôtie (syrah) en rouge, ou encore un vin boisé et un autre non boisé. On s'intéressera au goût des aliments ainsi qu'à l'harmonie des vins et des mets. Les passionnés s'inscriront à des stages proposés par de multiples organismes.

C'est en bouche que se révèlent l'équilibre, l'harmonie, l'élégance ou, au contraire, le caractère de vins mal bâtis. L'harmonie des vins blancs et rosés s'apprécie à leur équilibre entre acidité et alcool pour les vins secs, acidité et moelleux (sucre) pour les vins doux. Pour les vins rouges, elle tient à l'équilibre entre l'acidité, l'alcool et les tanins. Ces éléments supportent sa richesse aromatique ; un grand vin se distingue par sa construction rigoureuse et puissante, quoique fondue, par son ampleur et par sa complexité aromatique.
Après cette analyse en bouche, le vin est avalé. Le dégustateur se concentre alors pour mesurer sa persistance aromatique, appelée aussi longueur en bouche. Plus le vin est riche en arômes, plus il est dense et séveux, plus il tapisse les muqueuses du palais et prolonge l'excitation des sens. En somme, plus un vin est long, plus il est estimable. Cette mesure (exprimée en secondes ou caudalies) ne porte que sur la longueur aromatique, à l'exclusion des éléments de structure du vin (acidité, amertume, sucre et alcool).

LA RECONNAISSANCE D'UN VIN

La dégustation consiste le plus souvent à apprécier un vin. Est-il grand, moyen ou petit ? Si son origine est précisée, on cherche parfois à savoir s'il est conforme à son type.
Quant à la dégustation d'identification, ou de reconnaissance, c'est un jeu de société. Elle demande un minimum d'informations. On peut reconnaître un cépage, par exemple le cabernet-sauvignon. Mais de quel pays provient-il ? L'identification des grandes régions françaises est possible, mais il est difficile d'être plus précis : si l'on propose six verres de vin en précisant qu'ils représentent les six appellations communales du Médoc (listrac, moulis, margaux, saint-julien, pauillac, saint-estèphe), combien y aura-t-il de sans-faute ?
Une expérience classique prouve la difficulté de la dégustation de reconnaissance : le dégustateur, les yeux bandés, goûte en ordre dispersé des vins rouges peu tanniques et des vins blancs non aromatiques, de préférence élevés dans le bois. Il doit simplement distinguer le blanc du rouge : il est très rare qu'il ne se trompe pas !

LES ACCORDS METS ET VINS

En France, le vin se déguste le plus souvent à table. S'il n'y a pas de vérité absolue pour l'alliance des mets et des vins, il existe quelques règles simples qui permettent de mettre en valeur aussi bien le plat que le vin et d'éviter quelques rares incompatibilités. Pour choisir le vin d'accompagnement, on tiendra compte non seulement de l'ingrédient principal de la recette, de ses arômes et de sa texture, mais aussi de sa préparation (cru ou cuit), son mode de cuisson (grillé, rôti, bouilli ou mijoté), des assaisonnements, des sauces et des garnitures qui peuvent modifier son goût.

Les Vignerons de l'année

Chaque année, le Guide Hachette des Vins, avec l'appui éclairé de ses auteurs, tous des spécialistes régionaux et fins connaisseurs des appellations, élit les vignerons – au sens large : viticulteurs, négociants, coopératives – de l'année. Des personnalités qui ont particulièrement brillé avec leurs cuvées, qui ont marqué de leur empreinte la sélection sévère du Guide (40 000 vins dégustés, seulement 10 000 élus).

Des talents qui nous content plusieurs histoires, la leur, parfois celle des générations précédentes, et toujours celle d'un terroir et d'une culture locale. Alors bravo à eux, et qu'ils continuent à faire chanter la vigne pour notre plus grand plaisir !

Vous pourrez retrouver tous les portraits de ces vignerons sur notre site Internet : www.hachette-vins.com et dans le Guide Hachette des Vins Spécial Coups de cœur (à paraître en octobre 2018).

Alsace

Nicolas Scharsch (Dom. Joseph Scharsch) pour l'alsace riesling Wolxheim 2016

Si son fleuron est le riesling du grand cru Altenberg, également sélectionné dans cette édition, Nicolas Scharsch se distingue cette année avec une cuvée issue non du grand cru, mais bénéficiant de la dénomination communale Wolxheim. Un troisième coup de cœur grâce au riesling pour la famille Scharsch, enracinée depuis… 1755 à Wolxheim. Dans le verre, un vin racé, persistant, d'une rare harmonie.

Beaujolais

Jean-Marc Monnet (Dom. Châtaignier Durand) pour le juliénas Tradition 2017 et le juliénas Vieilles Vignes 2017

Jean-Marc Monnet exploite un domaine à cheval sur le Mâconnais et le Beaujolais. Saint-véran pour le blanc et deux crus du Beaujolais pour le rouge : chiroubles et juliénas. Dans le millésime 2017, il réalise un magnifique doublé avec deux cuvées de juliénas de haut vol.

Bordelais

Laurent Dufau (Ch. Calon Ségur) pour le saint-estèphe 2015

Fortement soudée autour de Laurent Dufau, une belle équipe vigneronne s'attache à rehausser le prestige de cette ancienne maison noble, jadis chef-lieu gallo-romain et berceau de Saint-Estèphe. Un grand cru classé appartenant aujourd'hui à la société Suravenir, qui y a engagé un vaste programme de rénovation. Y naît un saint-estèphe qui a largement retrouvé ses lettres de noblesse avec cette nouvelle équipe, témoin le magnifique millésime 2015, un vin majuscule.

Brigitte Rullier-Loussert (Ch. Dalem) pour le fronsac 2015

Brigitte Rullier-Loussert est aux commandes depuis 2002 de ce cru du Fronsadais, l'un des plus anciens, créé en 1610, et sans nul doute l'un des plus qualitatifs. Elle signe des vins qui séduisent par leur raffinement, à l'image du 2015, ample, onctueux, dense et long, aux tanins fermes et fins. Un fronsac d'une grande élégance, bâti pour la garde, comme l'était son devancier de 2014, lui aussi élu coup de cœur. Un grand du Fronsadais.

Bourgogne

Anne-Laure et Jean Chartron (Dom. Jean Chartron) pour le bâtard-montrachet 2016 et le chevalier-montrachet 2016

Conduit par Jean-Michel Chartron et sa sœur Anne-Laure, l'excellent domaine Jean Chartron obtient deux nouveaux coups de cœur pour ses grands crus de la Côte de Beaune. Le bâtard-montrachet et le chevalier-montrachet du millésime 2016, à la concentration rare, ont séduit les jurés du Guide Hachette des Vins. Deux terroirs aux expressions diamétralement opposées pour deux cuvées particulièrement réussies.

Anne et Hervé Sigaut (Dom. Anne et Hervé Sigaut) pour les morey-saint-denis 1er cru Les Charrières 2016 et 1er cru Les Millandes 2016

À la tête d'un domaine familial fondé au début du XIXe s., Anne et Hervé Sigaut mettent en valeur quelques-uns des plus beaux terroirs de Chambolle-Musigny. Leurs vins sont unanimement salués pour leur éclat et leur pureté, leurs chambolle bien sûr, mais aussi leurs morey-saint-denis, dont deux cuvées décrochent un coup de cœur, deux vins admirables d'élégance et de finesse, de volume et d'énergie.

Champagne

Édouard Labruyère (J.M Labruyère) pour le champagne grand cru Prologue

Premier millésime, premier coup de cœur. La valeur n'attend pas le nombre des années pour Édouard Labruyère. Le grand cru Prologue est une cuvée issue du millésime 2012 en provenance de pinot noir de la Montagne de Reims et de chardonnay. Un champagne riche, net et droit né sur les terres du domaine Christian Busin, cédé en 2012 à la famille Labruyère, propriétaire en Bourgogne (maison Jacques Prieur), à Pomerol (Ch. Rouget) et dans le Beaujolais, son fief d'origine.

Didier Depond (Salon) pour le champagne Blanc de Blancs Le Mesnil 2006

Didier Depond est depuis 1997 à la tête de Salon, l'une des marques emblématiques de la Champagne, assise sur les terroirs crayeux de Mesnil-sur-Oger et célèbre pour ne proposer qu'une cuvée de blanc de blancs millésimé, élaborée seulement les bonnes années. Il inscrit résolument ce grand cru de la Côte des Blancs dans la durée pour le faire briller comme jamais. Le 2006 est un champagne admirable, soyeux, complexe, élégant, à la fois frais et puissant.

Jura

Nicole Deriaux (Dom. de Montbourgeau) pour l'étoile vin de paille 2014

Propriété familiale depuis 1920, le Dom. de Montbourgeau est actuellement dirigé par Nicole Deriaux. Un domaine de référence de l'appellation l'étoile, qui décroche avec son vin de paille un troisième coup de cœur de suite dans le Guide! Un vin majestueux, ample, dense, d'une longueur infinie. Incontournable.

Savoie

Philippe Viallet pour le vin-de-savoie Chignin Bergeron Les Fils de René Quénard La Bergeronnelle 2016 et pour la roussette-de-savoie Dom. G. & G. Bouvet Monterminod 2017

À la tête d'un vaste ensemble viticole composé de plusieurs domaines, Philippe Viallet est un nom qui compte dans le vignoble savoyard. Mais derrière l'homme d'affaires se cache un vigneron-négociant émérite, qui signe cette année deux magnifiques cuvées, l'une née de la roussanne, l'autre de l'altesse. Une très belle façon de découvrir la face blanche des vins de Savoie.

Languedoc

Sylvain Fadat (Dom. d'Aupilhac) pour le languedoc Montpeyroux Les Cocalières 2015

Aupilhac, ce serait, en langue d'Oc, «la maison du renard». Du goupil, Sylvain Fadat a conservé l'astuce. Il s'attache à la mettre au service d'une vibrante complicité avec les terroirs de Montpeyroux et les cépages languedociens, mis en relief avec brio par sa superbe cuvée Les Cocalières 2015, née du trio syrah-grenache-mourvèdre, remarquable par son ampleur et par son caractère.

Roussillon

Élodie et Matthieu Collet (Dom. Fontanel) pour le maury sec 2016, le maury Grenat 2015 et le côtes-du-roussillon-villages Tautavel Prieuré 2015

Un vignoble familial perdure grâce à des successions réussies. Au Dom. Fontanel, la famille du cru, aux commandes depuis 1864, a passé la main. Marie-Claude et Pierre Fontaneil ont cédé en 2016 leur exploitation à un jeune couple venu de Picardie, Élodie et Matthieu Collet. Un passage de relais remarqué : trois coups de cœur, dans trois AOC, pour cette seule édition!

Poitou-Charentes

Pierre Morgeau (Dom. de la Tour Beaumont) pour le haut-poitou Sauvignon blanc 2017

Depuis des lustres – la propriété existe depuis les années 1860 –, La Tour Beaumont raconte aux œnophiles la belle histoire de ses vignes du Haut-Poitou. À la suite de son père Gilles, Pierre Morgeau, formé en Bourgogne, y exerce son talent depuis 2011, en solo depuis 2015. Il élabore des vins blancs, rouges et rosés qui ne laissent jamais indifférent, à l'image de ce sauvignon blanc 2017 explosif et énergique.

Provence

Jérôme Pascal et Céline Devictor (Dom. Le Galantin) pour le bandol blanc 2017 et le bandol rosé 2017

Gardiens de valeurs familiales depuis 2000 (le domaine a été créé par leurs parents Liliane et Achille en 1965), Jérôme Pascal et sa sœur Céline Devictor ont hissé leurs bandol au rang de références incontestées. Dans les trois couleurs. Ils décrochent deux coups de cœur cette année, en blanc et en rosé : deux vins aux personnalités affirmées, à la fois complexes et aériens, nés à quelques encablures de la mer.

Corse

Charlotte, Clémence, Guillaume et Amaury de Poix (Dom. Peraldi) pour l'ajaccio rouge 2016

Sur les coteaux de Mezzavia que le maquis disputait naguère à la vigne, Charlotte, Clémence, Guillaume et Amaury, les enfants de Louis de Poix, promoteur de l'appellation ajaccio aujourd'hui disparu, maintiennent haut la qualité de ce grand (55 ha) et prestigieux domaine qui porte le nom du Comte François Joseph Peraldi, aïeul de la famille et ardent défenseur du patrimoine culturel de la Corse. Dans le verre, un ajaccio complexe, velouté et généreux.

Sud-Ouest

Christian Roche (Dom. de l'Ancienne Cure) pour les monbazillac 2015 et L'Extase 2015 et pour le côtes-de-bergerac L'Extase 2015

L'une des références incontestables du Bergeracois. Christian Roche, à la tête d'un vaste vignoble de près de 50 ha, plane au-dessus de l'appellation monbazillac avec deux coups de cœur, dans une dégustation qui a particulièrement épaté les dégustateurs cette année, avec un niveau de qualité réellement remarquable. Et ce «vigneron-paysan», comme il aime à se décrire, à la personnalité affirmée et haute en couleur, ajoute le rouge à son palmarès avec un côtes-de-bergerac dense et puissant.

Henri Lapouble-Laplace (Clos Thou) pour le jurançon sec Cuvée Guilhouret 2016 et pour le jurançon doux Vendanges tardives Terroir de la Cerisaie 2016

Enracinées sur les coteaux de la Chapelle de Rousse, dans le Piémont pyrénéen, les vignes du Clos Thou jouissent des soins méticuleux d'Henri Lapouble-Laplace, ardent défenseur des terroirs jurançonnais, qu'il met aujourd'hui en valeur avec une belle constance dans la qualité. En témoignent ces deux coups de cœur en jurançon, sec et doux.

Vallée de la Loire

Jean-Pascal Godineau (Dom. des Petits Quarts) pour le bonnezeaux Cuvée fût de chêne 2016 et le bonnezeaux 2017

Terre d'élégances raffinées, l'appellation bonnezeaux a trouvé en la personne de Jean-Pascal Godineau un chantre aussi passionné qu'exigeant, qui signe un magnifique doublé avec deux vins liquoreux de grande distinction, conjuguant générosité, finesse et fraîcheur. La confirmation, s'il le fallait, que ce vigneron, valeur (très) sûre de l'Anjou viticole, met magnifiquement en relief ce formidable cépage qu'est le chenin pour les douceurs ligériennes.

Valéry Renaudat pour le reuilly blanc Les Lignis 2017 et pour le reuilly rosé Les Lignis 2017

Fruits d'un savoir-faire précis, les vins de Valéry Renaudat, justes et délicats (en reuilly et en quincy), sont parmi les meilleurs du Centre-Loire. Pour preuve, ce double coup de cœur pour sa cuvée Les Lignis dans ses versions blanche et rosée. Des vins amples, frais et diablement gourmands.

Vallée du Rhône

Vincent et Xavier Anglès (Dom. du Bois Saint-Jean) pour le côtes-du-rhône-villages Gadagne 2016

Hommes de la terre avant d'être hommes du chai, héritiers d'une lignée familiale établie à Jonquettes depuis... 1620, vigneronne depuis 1910, les frères Vincent et Xavier Anglès traquent les variances des terroirs afin de les adapter au «goût du jour». À la tête de 48 ha de vignes, ils proposent avec une constance métronomique des vins intenses comme ce Gadagne 2016 ample et riche, d'un équilibre rare.

Pierre Vidal pour le châteauneuf-du-pape 2016, le crozes-hermitage 2016 et le côte-rôtie Cuvée spéciale 2016

Œnologue formé en Bourgogne, Pierre Vidal s'est installé en 2010 à Châteauneuf-du-Pape avec son épouse vigneronne pour créer son négoce. Un négociant à l'âme vigneronne qui se comporte comme un compositeur réglant chaque instrument de l'orchestre – les sélections parcellaires de ses vignerons partenaires, en grande majorité en bio ou en biodynamie – en vue d'une harmonie totale. Ce qu'il réussit à nouveau cette année avec trois coups de cœur au palmarès.

Retrouvez les portraits des vignerons de l'année sur www.hachette-vins.com et dans le Guide Hachette des Vins Spécial Coups de cœur (à paraître en octobre 2018)

LE KAYSERSBERG
TERRASSE

L'Alsace et la Lorraine

• L'ALSACE

SUPERFICIE : 15 500 ha
PRODUCTION : 1 150 000 hl
TYPES DE VINS : blancs (secs majoritairement, moelleux et liquoreux), effervescents (25 %), rouges ou rosés (10 %)
CÉPAGES :
Blancs : riesling, pinot blanc, gewurztraminer, pinot gris, auxerrois, sylvaner, muscats, chasselas, klevener de Heiligenstein
Rouges : pinot noir

• LA LORRAINE

SUPERFICIE : 100 ha
PRODUCTION : 4 200 hl
TYPES DE VINS : blancs secs, rosés (vins gris) et rouges tranquilles
CÉPAGES :
Blancs : auxerrois, muller-thurgau, pinot blanc, pinot gris
Rouges et rosés : gamay, pinot noir

L'ALSACE

Vendus dans leur bouteille élancée appelée «flûte», les vins d'Alsace, blancs en majorité, s'identifient par leur cépage: la plupart d'entre eux sont aujourd'hui élaborés à partir d'une seule variété. La région fournit aussi de beaux vins de terroir, en particulier les grands crus, et des effervescents, les crémant-d'alsace.

À l'abri des Vosges. Le vignoble alsacien s'étire sur plus de 170 km, de Thann au sud à Marlenheim au nord, avec à l'extrême nord un îlot limitrophe de l'Allemagne, près de Wissembourg. Il a déserté la plaine pour se concentrer sur les collines qui bordent à l'est le massif vosgien. Les Vosges arrêtent l'humidité océanique, si bien que l'Alsace est l'une des régions les moins arrosées de France, malgré des orages estivaux.

Une mosaïque de sols. La géologie crée une grande diversité de terroirs. La présence d'un champ de failles à la limite du massif ancien et de la plaine du Rhin, fossé d'effondrement, explique que chaque village compte de nombreux types de sols: granites, gneiss, grès, calcaires, marnes, argiles, sables... Chaque cépage s'y exprime différemment.

Une histoire mouvementée. Ce n'est qu'au Moyen Âge que le vignoble alsacien prend son essor, sous l'influence des évêchés et des abbayes, puis des villes. Le XVIe s. est un âge d'or. Les riches maisons de style Renaissance, qui font l'attrait des communes viticoles, témoignent de la prospérité de ce temps où les vins d'Alsace étaient exportés dans toute l'Europe.

La guerre de Trente Ans (1618-1648), avec son cortège de pestes et de famines, ruine durablement la viticulture. La paix revient à la fin du Grand Siècle dans une Alsace devenue française; le vignoble s'étend, mais privilégie les cépages communs. Il couvre 30 000 ha en 1828, puis décline à la fin du XIXe s., concurrencé par les vins du Midi et ravagé par le phylloxéra. Vers 1948, sa surface est tombée à 9 500 ha.

Après 1945, il bénéficie de la croissance économique et adopte le cadre français des AOC. Les coopératives, apparues précocement en Alsace, représentent aujourd'hui 41 % du marché, à côté des négociants, souvent propriétaires de vignes (39 %), et des vignerons indépendants (20 %).

Des cépages aromatiques. En Alsace, l'expression des arômes est favorisée par la maturation lente des raisins sous des climats tempérés et frais. Le goût des vins dépend largement du cépage et l'une des particularités de la région est de nommer les siens d'après leur variété d'origine. Le seul cépage rouge, le pinot noir, couvre moins de 10 % des surfaces. Les autres variétés sont le riesling, le pinot blanc, l'auxerrois, le gewurztraminer, le pinot gris, le sylvaner et, plus rares, les muscats, le chasselas, le klevener de Heiligenstein et le chardonnay (pour les effervescents).

L'AOC alsace. Elle représente 72 % de la production. L'étiquette porte le nom du cépage, sauf pour les rares vins d'assemblage (edelzwicker). À côté des vins blancs secs, majoritaires, on trouve des vins plus ou moins tendres, des moelleux et des liquoreux. Le pinot noir est vinifié en rouge et en rosé.

L'AOC crémant-d'alsace. Elle désigne les vins effervescents de la région, issus de la méthode traditionnelle.

LA PREMIÈRE ROUTE DES VINS

La création dès 1953 de la route des Vins d'Alsace a fait de l'Alsace une pionnière en matière de tourisme viticole. Tout au long de l'année, de nombreuses manifestations se déroulent dans les localités qui la jalonnent: foires aux vins (Guebwiller, Ammerschwihr, Ribeauvillé, Barr, Molsheim, Colmar), fêtes des vendanges, marchés de Noël... On citera l'activité de la confrérie Saint-Étienne, née au XIVe s. et restaurée en 1947.

VENDANGES TARDIVES ET SÉLECTIONS DE GRAINS NOBLES

Les premières sont des moelleux issus de vendanges surmûries, les secondes des liquoreux issus de vendanges atteintes par la pourriture noble. Ces vins sont soumis à des conditions de production rigoureuses (et en particulier, pour les raisins, à une richesse en sucre minimale très élevée). Ils sont obligatoirement issus de «cépages nobles»: gewurztraminer, riesling, pinot gris et muscat.

Les 51 AOC alsace grand cru. Ce sont de rares vins de terroir (4 % de la production) portant l'empreinte de leur lieu de naissance. Officiellement délimités à partir de 1975, souvent de réputation très ancienne, ils bénéficient de sols, de pentes et d'expositions privilégiés. Ils sont essentiellement réservés aux cépages riesling, gewurztraminer, pinot gris et muscat.

Les dénominations communales et les lieux-dits. Apparus en 2011, ce sont des communes ou secteurs réputés : Blienschwiller et Côtes de Barr (pour le sylvaner), Ottrott, Rodern et Saint-Hippolyte (pour le pinot noir), Wolxheim et Scherwiller (pour le riesling), Heiligenstein (pour le klevener), Côte de Rouffach, Vallée Noble et Val Saint-Grégoire. Des noms de lieux-dits cadastrés, mais non classés en grand cru, peuvent aussi apparaître sur l'étiquette. Tous ces vins sont soumis à des conditions de production plus exigeantes.

L'Alsace

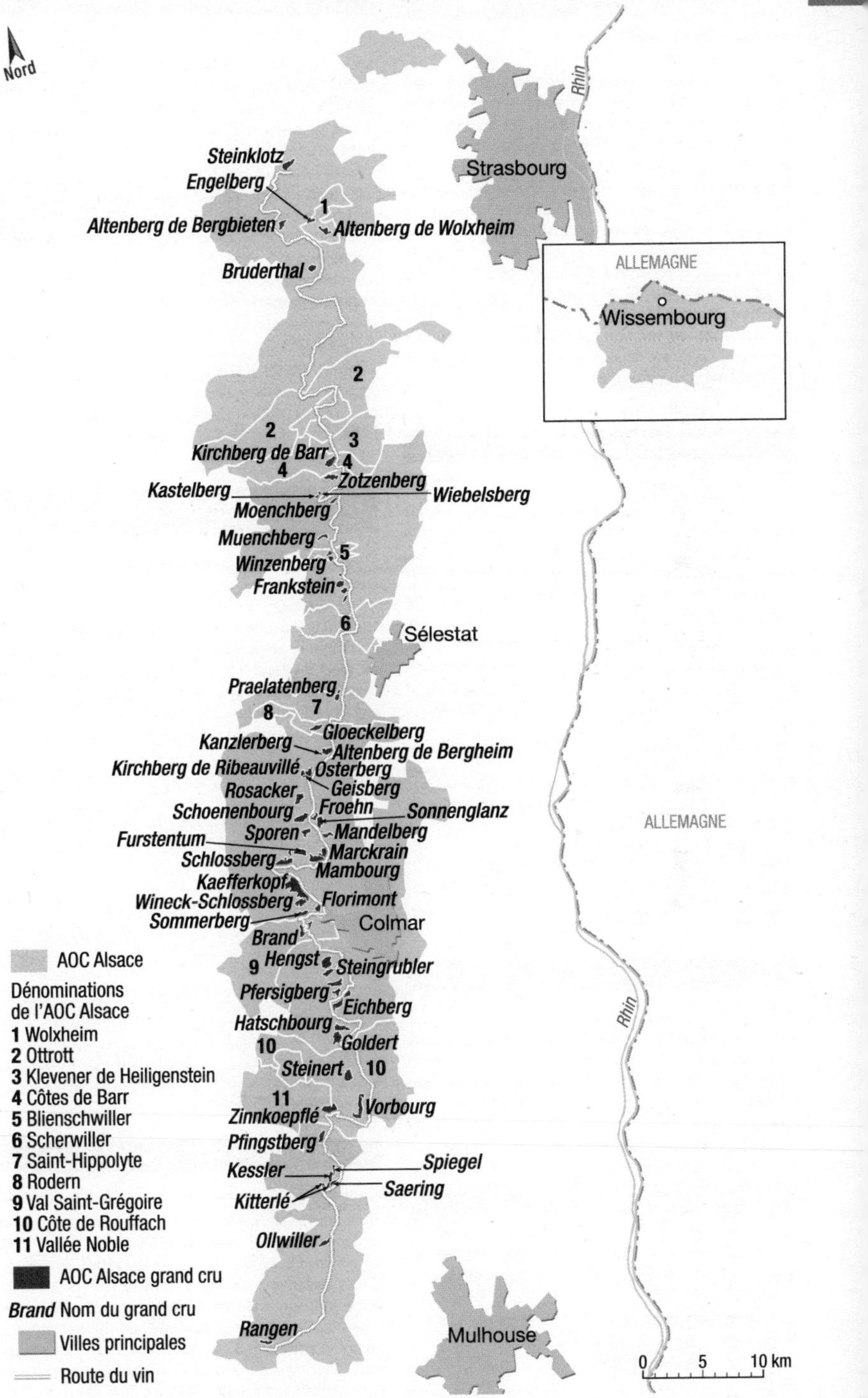

Rhin

Strasbourg

ALLEMAGNE

Wissembourg

Steinklotz
Engelberg
1
Altenberg de Bergbieten
Altenberg de Wolxheim
Bruderthal
2
2
3
Kirchberg de Barr
4
4
Zotzenberg
Kastelberg
Wiebelsberg
Moenchberg
Muenchberg
5
Winzenberg
Frankstein
6
Sélestat
Praelatenberg
7
8
Gloeckelberg
Kanzlerberg
Altenberg de Bergheim
Kirchberg de Ribeauvillé
Osterberg
Rosacker
Geisberg
Schoenenbourg
Froehn
Sonnenglanz
Sporen
Mandelberg
Furstentum
Marckrain
Schlossberg
Mambourg
Kaefferkopf
Wineck-Schlossberg
Florimont
Sommerberg
Colmar
Brand
Hengst
9
Steingrubler
Pfersigberg
Eichberg
Hatschbourg
Goldert
10
Steinert
10
11
Zinnkoepflé
Vorbourg
Pfingstberg
Kessler
Spiegel
Saering
Kitterlé
Ollwiller
Rangen
Mulhouse

ALLEMAGNE

Rhin

0 5 10 km

AOC Alsace

Dénominations de l'AOC Alsace

1 Wolxheim
2 Ottrott
3 Klevener de Heiligenstein
4 Côtes de Barr
5 Blienschwiller
6 Scherwiller
7 Saint-Hippolyte
8 Rodern
9 Val Saint-Grégoire
10 Côte de Rouffach
11 Vallée Noble

AOC Alsace grand cru

Brand Nom du grand cru

Villes principales

Route du vin

ALSACE EDELZWICKER

Production : 23 080 hl

Cette dénomination ancienne désigne les vins issus d'un assemblage (*Zwicker* en alsacien) de cépages. N'oublions pas qu'il y a un siècle, les parcelles du vignoble alsacien plantées d'une seule variété étaient rares. Aujourd'hui, on utilise le terme « edelzwicker » pour désigner tout assemblage de cépages blancs de l'AOC alsace, qui peuvent être vinifiés ensemble ou séparément. On a ajouté l'adjectif *Edel* (noble) pour marquer la présence plus fréquente aujourd'hui de cépages nobles, tels que le riesling, le gewurztraminer ou le pinot gris, dans sa composition. Particulièrement apprécié des Alsaciens, l'edelzwicker est servi en carafe dans la plupart des winstubs. Le terme de « gentil » désigne aussi traditionnellement des vins d'assemblage.

HOSPICES DE COLMAR Gentil 2016

| 1974 | | 8 à 11 € |

Géré depuis 1980 par Jean-Rémy Haeffelin, rejoint par son fils Nicolas, le domaine a été fondé en 1895 par Chrétien Oberlin, célèbre ampélographe, et a été repris en 2011 par Arthur Metz, filiale des Grands Chais de France. Il dispose en propre de près de 30 ha (dont le vignoble des Hospices, qui remonte à 1255), avec des parcelles dans plusieurs grands crus.

Vin d'assemblage, le gentil entre dans la catégorie des edelzwickers: il doit être issu exclusivement de cépages nobles. Le pinot gris et le gewurztraminer, associés à parité dans cette cuvée, sont de ceux-là. Une gente bouteille réservée au nez, qui s'ouvre sur les fleurs blanches, les fruits mûrs et le miel. Le prélude à un palais onctueux en attaque, structuré et gras sans lourdeur, discrètement citronné en finale. (Sucres résiduels: 7,4 g/l.) ⧗ 2018-2020

DOM. VITICOLE DE LA VILLE DE COLMAR, 2, rue du Stauffen, 68000 Colmar, tél. 03 89 79 79 49, nhaeffelin@domaineviticolecolmar.fr
V *t.l.j. 9h30-12h30 14h-18h*

KLEE FRÈRES Hola Trio 2016

| 1600 | | 5 à 8 € |

Les trois frères Klee, Gérard, Laurent et Francis – l'œnologue –, perpétuent la micro-exploitation (moins de 2 ha) de leur père qui était vigneron-boulanger à Katzenthal, petit village proche de Colmar.

Accompagné du muscat, du riesling et du pinot gris, le sylvaner (45 %) est très présent dans cette cuvée à la robe pastel, dont le nez discret s'épanouit à l'aération sur des senteurs de fleurs blanches (chèvrefeuille), avec une pointe anisée. L'attaque dynamique ouvre sur un palais acidulé, à la finale minérale et pure. Un ensemble fruité, frais et droit. (Sucres résiduels: 6 g/l.) ⧗ 2018-2020

SCEA KLEE FRÈRES, 18, Grand-Rue, 68230 Katzenthal, tél. 07 83 68 19 69, info@klee-freres.com V *r.-v.*
1 B

KRESS-BLEGER ET FILS 2016

| 11000 | | 5 à 8 € |

Situé au pied du Haut-Kœnigsbourg, ce domaine familial s'est lancé dans la vente en bouteilles en 1983. Sa surface est passée de 4,5 ha à 14 ha aujourd'hui. Jean-Luc Kress, aux commandes depuis 2007, dispose d'une palette de terroirs diversifiée, entre Wettolsheim et Saint-Hippolyte.

Pas moins de sept cépages composent cette cuvée dont le nez, discret et frais, laisse poindre des effluves de rose. La bouche prolonge bien l'olfaction: une attaque légèrement muscatée, des accents floraux et exotiques, une touche de sous-bois, une rondeur avenante, ce qu'il faut d'acidité, de la douceur en finale. Un demi-sec flatteur, facile à placer à table. (Sucres résiduels: 14 g/l.) ⧗ 2018-2020

EARL KRESS-BLEGER ET FILS, 10, rue du Pinot-Noir, 68590 Rodern, tél. 03 89 73 03 21, kress-bleger@wanadoo.fr
V *t.l.j. sf dim. 9h-12h 13h30-18h* 2
Jean-Luc Kress

DOM. MULLER-KŒBERLÉ Langenberg Clos des aubépines 2014 ★★

| 1362 | | 15 à 20 € |

Deux frères Muller, originaires de Suisse, font souche du côté de Colmar en 1660. Au début des années 1960, Rose Muller épouse Jean Kœberlé: le début du domaine actuel, établi autour de Saint-Hippolyte, au pied du Haut-Kœnigsbourg. Arrivé à la tête de l'exploitation en 2010, David Kœberlé dispose d'un vignoble d'une belle superficie: 28 ha.

Issu d'assemblage, ce 2014 entre dans la catégorie des edelzwickers, mais c'est une cuvée originale et ambitieuse, loin du vin de carafe. Son millésime suffit à montrer le potentiel de cette bouteille née du Langenberg, coteau escarpé aménagé en terrasses au-dessus de Saint-Hippolyte. Autres curiosités: la présence du pinot noir, aux côtés du riesling (40 %), du pinot gris et d'une goutte de gewurztraminer, ainsi qu'un long élevage en pièce de chêne. Avec pour résultat un ensemble riche et mûr: reflets jaune d'or, nez intense gorgé de fruits du soleil (abricot, pêche), brioché, vanillé et grillé, bouche dans le même registre, complexe, concentrée et onctueuse, à la longue finale citronnée, épicée et torréfiée. (Sucres résiduels: 1,5 g/l.) ⧗ 2018-2020

DAVID KŒBERLÉ, 22, rte du Vin, 68590 Saint-Hippolyte, tél. 03 89 73 00 37, koeberle@muller-koeberle.fr V *t.l.j. sf dim. 9h-11h30 14h-17h45* 2

B ÉRIC ROMINGER Ozmose 2016 ★★

| 1400 | | 15 à 20 € |

Situé dans la Vallée Noble, au sud de Colmar, le domaine a été créé en 1970 par le père d'Éric Rominger. Ce dernier en a pris les rênes en 1986 et s'est rapidement distingué dans le Guide. Après sa disparition prématurée en 2014, Claudine Rominger poursuit son œuvre. Exploité en biodynamie, le vignoble couvre 11,5 ha, dont plus du tiers en grand cru (Saering et surtout Zinnkoepflé, majestueux coteau plein sud culminant à plus de 400 m).

Une cuvée issue d'une complantation: les gewurztraminer (60 %), pinot gris, riesling et sylvaner qui la composent sont plantés en mélange sur une même parcelle de 35 ares. Une pratique courante autrefois en Alsace, qui intéresse de nouveau certains vignerons, à l'heure où certains cépages alsaciens prennent pied hors de la région. Le vin? De brillants reflets dorés, un nez original, sur la cire d'abeille, le miel et l'abricot sec, avec une pointe de curry. En bouche, une même tonalité surmûrie, du fruit exotique, de la richesse, de la concentration et, dès l'attaque, une acidité citronnée, qui confère à l'ensemble un remarquable équilibre. La marque du cépage majoritaire, et surtout d'un grand terroir, dont le nom commence par Z, et qui favorise l'osmose... (Sucres résiduels: 12 g/l.) ⧗ 2018-2021

CLAUDINE ROMINGER, 16, rue Saint-Blaise, 68250 Westhalten, tél. 03 89 47 68 60, vins-rominger.eric@orange.fr V r.-v.

ALSACE GEWURZTRAMINER

Superficie : 2 897 ha / Production : 172 116 hl

Le cépage qui est à l'origine de ce vin est une forme particulièrement aromatique de la famille des traminers. Un traité publié en 1551 le désigne déjà comme une variété typiquement alsacienne. Celle-ci atteint dans ce vignoble un optimum de qualité, ce qui lui a conféré une réputation unique dans la viticulture mondiale. Son vin est corsé, bien charpenté, sec ou moelleux, et caractérisé par un bouquet merveilleux, plus ou moins puissant selon les situations et les millésimes. Le gewurztraminer, qui a une production relativement faible et irrégulière, est un cépage précoce aux raisins très sucrés.

B YVES AMBERG Fronholz 2015 ★★

■	5860	🍾	11 à 15 €

Yves Amberg s'est installé en 1989 à Epfig, la plus grande commune viticole d'Alsace, avec 560 ha consacrés à la vigne. Les 13 ha du domaine sont exploités de longue date en bio.

Avancée des collines sous-vosgiennes vers la plaine, le Fronholz, ensoleillé sans être trop chaud, est l'un des terroirs les plus recherchés d'Epfig. Il a donné ici naissance à un vin jaune d'or brillant, au nez expressif: de la mangue, du litchi, puis des notes plus concentrées de pâte de fruits, le tout relevé d'une pointe d'épices douces. Un même fruité s'épanouit en bouche, en harmonie avec une structure ample et une riche matière, bien tenue par une trame acide qui soutient la longue finale. Une fraîcheur qui confère à ce moelleux un remarquable équilibre. (Sucres résiduels: 20 g/l.) ⧗ 2018-2025

YVES AMBERG, 19, rue du Fronholz, 67680 Epfig, tél. 03 88 85 51 28, amberg.yves@wanadoo.fr V *t.l.j. 8h30-12h 13h30-18h*

DOM. BADER Vendanges tardives 2015 ★★★

■	725	🍾	20 à 30 €

Œnologue, Pierre Scharsch a racheté en 2004 cette ancienne exploitation (XVIIe s.) et repris la mise en bouteilles à la propriété. Implanté dans la région de Barr, son vignoble couvre 11 ha. En conversion bio.

La robe or profond donne le ton: ces vendanges tardives ont la densité d'un vin liquoreux. Intense et précis, le nez associe les parfums typés du cépage et des notes de surmaturation: litchi, rose séchée, mirabelle, abricot confit. On retrouve cette qualité aromatique en bouche, en harmonie avec une grande matière, ample, puissante et voluptueuse. Promis à une longue garde, un vin puissant et persistant, qui pourra être dégusté pour lui-même. (Sucres résiduels: 91 g/l.) ⧗ 2018-2028

DOM. BADER, 1, rue de l'Église, 67680 Epfig, tél. 06 70 52 09 56, vinsbader@gmail.com V r.-v. *Pierre Scharsch*

♥ BARON KIRMANN Vendanges tardives 2015 ★★★

■	1000	20 à 30 €

Le premier de la lignée cultivait la vigne en 1630. Installé en 1993, son descendant, Philippe, exploite 11 ha sur les coteaux de Rosheim, cité du Bas-Rhin au riche patrimoine. Il dédie les meilleures cuvées du domaine à son glorieux ancêtre, officier sous la Révolution et l'Empire, qui fut fait baron par Napoléon Ier.

Elles ont tout pour elles, ces vendanges tardives: une robe doré brillant, un nez riche, mêlant le côté floral (rose) et épicé du cépage à des notes de surmaturation (fruits jaunes confits, mangue, mirabelle...) qui gagnent en intensité à l'aération; de la concentration, de l'ampleur, une finale épicée. Ce qui fait toute la différence? Une fraîcheur qui confère à ce liquoreux persistance et potentiel de garde, tout en laissant une impression de rare élégance. (Sucres résiduels: 115 g/l.) ⧗ 2019-2028

PHILIPPE KIRMANN, 2, rue du Gal-de-Gaulle, 67560 Rosheim, tél. 03 88 50 43 01, info@baronkirmann.com V *r.-v.*

MAISON LÉON BAUR Vendanges tardives 2015 ★★

■	1000	20 à 30 €

Fondé en 1738, ce domaine familial établi au cœur de la cité médiévale d'Eguisheim s'étend sur 10 ha répartis dans plusieurs communes. À sa tête depuis quarante ans, Jean-Louis Baur a été rejoint en 2010 par sa fille Caroline. Adossée à l'ancien rempart du village, la cave abrite des cuves modernes en Inox et des foudres de chêne.

À la robe jaune d'or répond un nez concentré où le litchi typé du cépage s'efface devant des notes de fruits jaunes et d'agrumes très mûrs, voire confits, qui reflètent bien la surmaturation. Très ample, puissant, onctueux et fondu, le palais est soutenu par un trait de fraîcheur qui fait ressortir les arômes. De belle longueur, la finale laisse un sillage confit et miellé – l'empreinte d'un liquoreux fort élégant, qui mérite d'attendre un peu. (Sucres résiduels: 85 g/l.) ⧗ 2018-2028

EARL JEAN-LOUIS BAUR, 22, rue du Rempart-Nord, 68420 Eguisheim, tél. 03 89 41 79 13, jean-louis.baur@terre-net.fr V *t.l.j. 9h-12h 13h30-18h30*

HUBERT BECK
Sélection de grains nobles 2015 ★★

■ | 2700 | 🍾 | 30 à 50 €

Faisant remonter son arbre généalogique à 1596, la famille Beck est aussi ancienne que les maisons à pignons de la vieille cité fortifiée de Dambach-la-Ville où elle est établie. Sa maison s'appuie sur un vignoble en propre de 39 ha, avec des parcelles dans le grand cru local, le Frankstein. Depuis 2011, elle confie ses vendanges à la maison Ruhlmann.

Ce 2015 affiche tous les caractères d'un grand liquoreux: une robe jaune d'or intense aux reflets orangés; un nez mêlant la rose et la pivoine à de riches notes de surmaturation (abricot et citron confits, mangue et miel), rehaussées de touches d'épices et d'un soupçon de sous-bois. On retrouve cette présence et cette complexité dans un palais rond en attaque, puissant, voluptueux, tendu par une franche acidité qui souligne la finale poivrée d'un long trait de fraîcheur acidulée. Une vivacité encore marquée qui promet à ce gewurztraminer une belle longévité. (Sucres résiduels: 155 g/l.) ⧗ 2019-2030

RUHLMANN, 34, rue du Mal-Foch, 67650 Dambach-la-Ville, tél. 03 88 92 41 86, alsace.beck@free.fr ■ *t.l.j. sf dim. 9h-12h 14h-19h*

Ⓑ DOM. BERNHARD ET REIBEL
Hahnenberg 2016

■ | 1500 | 11 à 15 €

Un domaine couvrant 23 ha à Châtenois, bourg fortifié proche de Sélestat et du Haut-Kœnigsbourg, et dans le village voisin de Scherwiller. Créé par Cécile Reibel et Robert Bernhard en 1981, il a connu un bel essor, Cécile officiant à la cave. Il est conduit depuis 2001 par leur fils Pierre. Ce dernier s'est orienté vers la bio (certification en 2007). Il a fait aménager à la périphérie de la ville une cuverie moderne, tout en conservant des foudres de chêne.

Issu d'un terroir granitique, un gewurztraminer plaisant tant au nez, bien typé, floral et épicé, qu'au palais, franc et bien construit, à la fois ample et frais, offrant une finale poivrée. Assez tendu, de belle longueur, c'est un moelleux qui tend vers le demi-sec: il se placera facilement à table. (Sucres résiduels: 17 g/l.) ⧗ 2018-2023

DOM. BERNHARD ET REIBEL, 20, rue de Lorraine, 67730 Châtenois, tél. 03 88 82 04 21, bernhard-reibel@wanadoo.fr V ■ ■ *t.l.j. 8h-12h 13h30-18h; dim. sur r.-v.*

Ⓑ CAMILLE BRAUN
Tschaumer Cuvée Saint-Nicolas 2015

■ | 8000 | 🍾 | 8 à 11 €

Héritier d'une lignée remontant au XVII[e]s., Camille Braun a spécialisé et développé l'exploitation à partir de 1960. Le vignoble familial (15 ha aujourd'hui) est essentiellement situé dans le tronçon sud de la route des Vins. Christophe Braun, installé en 1985, l'exploite en bio (certification en 2008) et selon une démarche biodynamique. Il a plusieurs coups de cœur à son actif.

Un beau jaune d'or pour ce 2015 moelleux mêlant au nez la rose fanée, la mangue et l'abricot mûr. En bouche, de la souplesse, un équilibre penchant légèrement sur le sucre pour certains, une belle présence aromatique – la rose encore et, en finale, une touche bienvenue d'agrumes rappelant la mandarine. (Sucres résiduels: 17 g/l.) ⧗ 2018-2023

CHRISTOPHE BRAUN, 16, Grand-Rue, 68500 Orschwihr, tél. 03 89 76 95 20, cbraun@camille-braun.com V ■ ■ *t.l.j. sf dim. 9h-12h 13h30-18h30*

♥ BURGHART-SPETTEL
Vendanges tardives 2015 ★★★

■ | 3400 | 🛢 | 15 à 20 €

Le domaine est implanté entre Colmar et Riquewihr, dans le village viticole de Mittelwihr, connu pour sa colline des Amandiers. Héritier d'une tradition remontant au XIX[e]s., Bertrand Spettel, rejoint par Jérôme en 2009, exploite près de 14 ha de vignes répartis sur sept communes, avec des parcelles dans trois grands crus.

Les dégustateurs sont tombés sous le charme de ces vendanges tardives aux reflets or, au nez bien ouvert sur les fruits jaunes confits (abricot, mirabelle) rehaussés de touches miellées et épicées. Ample, velouté, consistant et concentré, gras sans lourdeur grâce à une belle fraîcheur, le palais dévoile déjà une rare harmonie. Les fruits confits s'épanouissent avec persistance, soulignés en finale par des notes d'épices bien typées. Cette bouteille superbe se bonifiera encore avec le temps. (Sucres résiduels: 76 g/l.; bouteilles de 50 cl.) ⧗ 2018-2028 ■ **Cuvée Prestige 2016 (8 à 11 €; 5500 b.)** : vin cité.

BURGHART-SPETTEL, 9, rte du Vin, 68630 Mittelwihr, tél. 03 89 47 93 19, burghart-spettel@wanadoo.fr V ■ ■ *t.l.j. sf dim. 10h-18h*

CLOS DES TERRES BRUNES Tradition 2016 ★★

■ | 3900 | 🍾 | 8 à 11 €

Un Balthazar Siegler naquit à Mittelwihr en 1643; quant au domaine, il remonte à 1784. Aujourd'hui, Marie-Josée, Hugues et Stève-Jean exploitent 11 ha autour de la même commune. Le cru précoce du Mandelberg, ou colline des Amandiers, est leur fleuron.

Un nez discret, tout en finesse, sur la rose. En bouche, de la rose encore, alliée à une touche de miel millefleur, la belle matière ample typée du gewurztraminer et surtout, dès l'attaque, une fraîcheur acidulée qui donne à ce moelleux de l'allant et une réelle élégance. Du potentiel aussi. (Sucres résiduels: 20 g/l.) ⧗ 2018-2025 ■ **Jean Siegler Vieilles Vignes 2016 ★ (11 à 15 €; 1850 b.)** : des vignes de soixante-cinq ans, à l'origine d'un moelleux un peu plus riche que la cuvée Tradition, avec ses arômes de pêche, de surmaturation, aux côtés des notes florales du cépage. De l'intensité, de l'ampleur, une certaine longueur et une acidité de bon augure pour la garde. (Sucres résiduels: 34 g/l.) ⧗ 2018-2025

JEAN SIEGLER, Clos des Terres Brunes, 26, rue des Merles, 68630 Mittelwihr, tél. 03 89 47 90 70, jean.siegler@wanadoo.fr V ■ ■ *t.l.j. 8h-12h 13h30-19h*

DOM. DE L'ÉCOLE Côte de Rouffach 2016 ★

■	10898	🍾	8 à 11 €

Le Dom. de l'École n'est autre que le vignoble du lycée viticole de Rouffach: 5 ha à sa création en 1953, 14,5 ha aujourd'hui, avec plusieurs parcelles dans le Vorbourg, le grand cru qui s'étage au-dessus de la ville. Il constitue un support pour les travaux pratiques des futurs vignerons et professionnels formés dans l'établissement.

Bien abrités, les coteaux de Rouffach ont valu à la cité du sud de l'Alsace une dénomination communale. Cette Côte de Rouffach n'admet que certains cépages, dont le gewurztraminer. Celui-ci plaît, tant par son nez typé, sur la rose et les épices, que par son palais ample et équilibré, qui prolonge bien l'olfaction. Un moelleux gourmand. (Sucres résiduels: 20 g/l.) ⧗ 2018-2023

DOM. DE L' ÉCOLE, EPLEFPA Les Sillons de Haute Alsace, 8, aux Remparts, 68250 Rouffach, tél. 03 89 78 73 48, expl-viti.rouffach@educagri.fr V t.l.j. sf sam. dim. 9h30-12h 14h-17h (18h juin-août)

FAHRER-ACKERMANN Sélection de grains nobles 2015 ★

■	1000	🍾	15 à 20 €

En 1999, Vincent Ackermann, fils de vigneron et salarié viticole, rachète l'exploitation de son employeur, située au pied du Haut-Kœnigsbourg, et, cinq ans plus tard, une maison datée de 1709 sise à Rorschwihr, pour aménager des chambres d'hôtes. Son domaine couvre près de 10 ha.

Une robe jaune d'or à reflets ambrés pour ce liquoreux d'abord discret, qui s'ouvre sur des notes de rose fanée, de bois de rose, de cire, rehaussées d'épices (cardamome, clou de girofle) que l'on retrouve au palais. Les fruits exotiques s'affirment dans une bouche souple et presque aérienne à l'attaque, plus élégante qu'imposante. La finale poivrée est marquée par une pointe de noble amertume qui donne tonus et allonge. Un liquoreux accessible, qui exprime bien les caractères du cépage, à côté de ceux de la pourriture noble. (Sucres résiduels: 92 g/l.; bouteilles de 50 cl.) ⧗ 2018-2028

DOM. FAHRER-ACKERMANN, 10, rte du Vin, 68590 Rorschwihr, tél. 03 89 73 83 69, vincent.ackermann@wanadoo.fr V r.-v.

DOM. FLECK Vendanges tardives 2015 ★

■	1700	20 à 30 €

En 1995, après ses études d'œnologie et un long stage aux États-Unis, Nathalie, la plus jeune des filles de René Fleck, reprend l'exploitation familiale. Elle vinifie, tandis que son mari, Stéphane Steinmetz, travaille à la vigne. Situé à Soultzmatt, au pied du grand cru Zinnkoepflé, le domaine compte 8,5 ha, dont 4 ha en grands crus.

D'un doré lumineux, ces vendanges tardives se montrent discrètes au nez, dévoilant à l'aération de délicates nuances de rose fanée typées du cépage, alliées à des notes confites. En bouche, ce 2015 n'affiche pas une matière imposante, mais il séduit par son ampleur et par ses arômes de surmaturation. Il devrait gagner en expression avec le temps. (Sucres résiduels: 98 g/l.) ⧗ 2018-2028

NATHALIE ET STÉPHANE STEINMETZ, 27, rue d'Orschwihr, 68570 Soultzmatt, tél. 03 89 47 01 20, renefleck@orange.fr V t.l.j. 8h30-11h45 13h30-18h30; dim. sur r.-v.

FLESCH Vendanges tardives 2015 ★

■	1500	🛢🍾	15 à 20 €

Établie à Pfaffenheim, village viticole situé à une quinzaine de kilomètres au sud de Colmar, près de Rouffach, cette famille se consacre à la viticulture depuis trois générations. Jean-Luc Flesch assure depuis 1998 la continuité du domaine qu'il conduit en culture raisonnée.

La robe dorée est intense; plus discret, le nez libère à l'aération de plaisants arômes évocateurs de la pourriture noble: abricot et mirabelle confits, zeste de mandarine. Au palais, le vin s'affirme, déroulant une matière ample, onctueuse, puissante et chaleureuse, en harmonie avec des arômes persistants de rose et de fruits jaunes confits. Une pointe de fraîcheur bienvenue apporte de l'équilibre et teinte la finale de nuances d'agrumes. (Sucres résiduels: 97 g/l.) ⧗ 2018-2028

JEAN-LUC FLESCH, 20, rue du Stade, 68250 Pfaffenheim, tél. 03 89 49 66 36, vins@flesch.fr V t.l.j. 9h-12h 14h-19h; sam. dim. sur r.-v.

ROBERT FREUDENREICH Vendanges tardives 2015 ★

■	3680	🛢	20 à 30 €

Un domaine familial situé à 15 km au sud de Colmar, dont les origines remontent à 1730. Dirigé par Robert Freudenreich jusqu'en 1992, il est aujourd'hui conduit par son fils Christophe. Fidèle aux traditionnels foudres en bois, ce dernier a agrandi les caves. Il cultive 7,5 ha.

Si l'or de la robe est intense, le nez, plus timide, demande de l'aération pour livrer des senteurs de mirabelle et d'abricot sec rappelant la pourriture noble. Les fruits jaunes confits, alliés au miel, s'affirment dans une bouche ample, tonifiée en finale par une belle fraîcheur. Un ensemble élégant et prometteur. (Sucres résiduels: 89 g/l.) ⧗ 2018-2028

ROBERT FREUDENREICH ET FILS, 31, rue de l'Église, 68250 Pfaffenheim, tél. 06 16 95 09 56, robert.freudenreich@wanadoo.fr V r.-v.

JOSEPH FREUDENREICH Vendanges tardives 2015

■	4164	🍾	20 à 30 €

Des ancêtres se sont installés en 1737 à Eguisheim, cité médiévale où la famille reçoit les visiteurs dans une ancienne cour dîmière. Joseph Freudenreich vend son vin en bouteilles dès 1900 pour les ouvriers des mines de potasse. Son petit-fils Marc commence à vinifier en 1978 et prend la tête du domaine dix ans plus tard. Il a été rejoint par sa fille Amélie en 2015. Le vignoble familial est implanté autour d'Eguisheim et de Saint-Hippolyte.

Or limpide, des vendanges tardives au nez bien ouvert sur les fruits jaunes confits et le coing. D'une belle finesse, ces arômes confits s'épanouissent en bouche, en harmonie avec une matière puissante et concentrée en attaque, un peu plus svelte en finale. De la délicatesse. (Sucres résiduels: 70 g/l.; bouteilles de 37 cl. également disponibles.) ⧗ 2018-2028

JOSEPH FREUDENREICH ET FILS, 3, cour Unterlinden, 68420 Eguisheim, tél. 03 89 41 36 87, info@joseph-freudenreich.fr V t.l.j. 9h-12h 13h-19h ❹

GINGLINGER-FIX 2016 ★

	12000		8 à 11 €

La tradition vigneronne remonte à 1610 dans cette famille établie à Voegtlinshoffen, village veillé par les Trois Châteaux, au sud de Colmar. En 2016, André Ginglinger a passé le relais à sa fille Éliane, œnologue, et à son fils Hubert, ingénieur viticole. Le tandem exploite 7,5 ha de vignes selon une démarche bio, sans certification.

Une robe jaune paille pour ce 2016 au nez expressif et typé mêlant la rose, l'abricot bien mûr, le miel et des touches poivrées. La rose et les fruits jaunes s'épanouissent dans une bouche très équilibrée, alliant ampleur, souplesse et fraîcheur. Un moelleux gourmand, aromatique et aérien. (Sucres résiduels: 20 g/l.) ⧗ 2018-2023

GINGLINGER-FIX, 38, rue Roger-Frémeaux, 68420 Voegtlinshoffen, tél. 03 89 49 30 75, info@ginglinger-fix.fr V r.-v.

♥ **HARTWEG** 2016 ★★

	30000		8 à 11 €

Fondée au nord de Colmar en 1930, cette exploitation est conduite depuis 1972 par Jean-Paul Hartweg, rejoint par son fils Frank en 1996. Le tandem exploite autour du joli village de Beblenheim un vignoble de 9,5 ha dont les fleurons sont en grand cru (Sonnenglanz, Mandelberg).

Ses pinots gris se sont plus d'une fois distingués. Le domaine montre cette année que son savoir-faire s'applique à d'autres cépages. Voyez ce gewurztraminer 2016: une robe jaune d'or intense, des effluves de rose et de litchi bien typés, relayés par des notes de fruits jaunes très mûrs; un palais harmonieux, gras, ample et onctueux, où s'épanouissent avec persistance les fruits exotiques. Une remarquable expression du millésime. (Sucres résiduels: 21 g/l.) ⧗ 2018-2025

JEAN-PAUL ET FRANK HARTWEG, 39, rue Jean-Macé, 68980 Beblenheim, tél. 03 89 47 94 79, frank.hartweg@free.fr V t.l.j. sf dim. 9h-11h45 14h-17h45; *sam. sur r.-v.* Ⓑ

HAULLER FRÈRES Signature 2016

	3950		15 à 20 €

Tonneliers depuis le XVIIIe s., les Hauller sont devenus viticulteurs au début du siècle dernier. En 1996, ils créent une structure de négoce, la Cave du Tonnelier, et en 2004 aménagent de nouveaux locaux à Sélestat. Le domaine en propre s'est agrandi depuis 2014, passant de 10 à 27 ha, du Bas-Rhin à Soultzmatt. Avec Ludovic et Guillaume, la nouvelle génération s'est installée en 2015.

D'un jaune d'or avenant, il demande un peu d'aération pour libérer ses parfums de pêche jaune, d'abricot et de mangue très mûrs; au palais, toujours du fruit jaune, avec des accents plus floraux: rose, pivoine, et même un soupçon de violette. Un moelleux tout en souplesse et en rondeur joviale. (Sucres résiduels: 14 g/l.) ⧗ 2018-2023

FAMILLE HAULLER, 3, rue de Charleroi, 67600 Sélestat, tél. 03 88 92 40 00, claude@famillehauller.com V r.-v. ❷ Ⓑ

HUEBER Vieilles Vignes 2016 ★

	8000		5 à 8 €

Fondé en 1936, ce domaine de 11 ha a son siège au milieu des vignes, à l'entrée de Riquewihr, la cité viticole la plus visitée de la région. Installé en 1996, Valentin Hueber a étudié la sommellerie et suivi les traces de son père en développant l'œnotourisme sur la propriété.

Une robe dorée pour ce moelleux; des épices bien présentes au nez, avec une touche de réglisse et du fruit exotique; une bouche très équilibrée entre une rondeur suave et une fine acidité donnant de l'allonge à la finale; un retour insistant du litchi: « l'archétype du gewurztraminer », conclut un dégustateur. (Sucres résiduels: 28 g/l.) ⧗ 2018-2023

JEAN-PAUL HUEBER ET FILS, 6, rte de Colmar, 68340 Riquewihr, tél. 03 89 47 92 30, jeanpaul.hueber68@orange.fr V t.l.j. 9h-12h 13h-18h ❶ Ⓑ

DOM. HENRI KLÉE Vieilles Vignes 2016

	4200		11 à 15 €

Urbain Klée, né au XVIe s., aurait acquis les premières vignes en 1624... Henri Klée se lance dans la vente directe au milieu du siècle dernier. Philippe lui succède en 1985, rejoint en 2016 par Martin qui prépare la relève. Fort d'un vignoble de 10,5 ha aux environs de Katzenthal, à l'ouest de Colmar, le domaine s'est équipé d'une nouvelle cuverie en 2013. Une propriété bien connue de nos lecteurs.

Ces vieux ceps de quarante-cinq ans ont valu au domaine plus d'un coup de cœur. Le millésime 2016 a donné un moelleux fort honnête, avec son nez sur la rose et les fruits jaunes compotés ou confits puis sa bouche dans le même registre, aromatique, ample, équilibrée, de bonne longueur. Pas très complexe, mais plaisant et typé. (Sucres résiduels: 35 g/l.) ⧗ 2018-2023

EARL HENRI KLÉE, 11, Grand-Rue, 68230 Katzenthal, tél. 03 89 27 03 81, contact@vins-klee-henri.com V *t.l.j. 8h-12h 13h30-18h* Ⓔ *Philippe Klée*

KUENTZ Vendanges tardives 2015 ★

	3700		20 à 30 €

Héritière d'une tradition viticole remontant au milieu du XVIIe s., la famille Kuentz est établie à Pfaffenheim, au sud de Colmar. Romain et son fils Michel exploitent 8 ha de vignes autour de leur village (avec

des parcelles dans le grand cru Steinert), ainsi qu'à Rouffach, Gueberschwihr et Herrlisheim.

Des reflets or brillant pour ces vendanges tardives qui s'ouvrent sur des notes de mangue, de mirabelle et d'abricot confits, avec une touche plus fraîche de mandarine. Ces riches arômes de surmaturation se déploient à nouveau en bouche, en harmonie avec une structure puissante et ample, marquée par une pointe chaleureuse en finale. Un vin de garde, qui pourrait gagner une deuxième étoile dans votre cave. (Sucres résiduels: 93,5 g/l.) ⧗ 2018-2028 ■ **Sélection 2016 (8 à 11 €; 7000 b.)** : vin cité.

MICHEL KUENTZ, 22, rue du Fossé, 68250 Pfaffenheim, tél. 03 89 49 61 90, vinskuentz@yahoo.fr V *t.l.j. 9h-12h 14h-19h; dim. sur r.-v.*

VIGNOBLES REINHART Lippelsberg 2016 ★

■	2970		8 à 11 €

Installé en 1983, Pierre Reinhart perpétue une tradition viticole qui remonte au début du XVIIIe s. Établi à Orschwihr, l'un des villages les plus méridionaux de la route des Vins, il exploite 5,5 ha de vignes, avec des parcelles dans de beaux terroirs (grands crus Kitterlé et Saering, Bollenberg).

Déjà remarqué, ce gewurztraminer provient d'un coteau exposé au sud-est et situé en contrebas du Pfingstberg, le grand cru d'Orschwihr. Un moelleux de très belle facture, qui libère des parfums de rose bien typés, puis des notes de surmaturation (abricot, mangue...). En bouche, il fait preuve d'un réel équilibre, avec de la rondeur et du gras, contrebalancés par une fraîcheur qui lui donne tonus et potentiel. (Sucres résiduels: 20 g/l.) ⧗ 2018-2024

PIERRE REINHART, 7, rue du Printemps, 68500 Orschwihr, tél. 03 89 76 95 12, pierre@vignobles-reinhart.com V *r.-v.*

RENTZ ET FILS Rotenburg 2016

■	9267		11 à 15 €

Descendant d'une lignée vigneronne remontant au XVIIIe s., Edmond Rentz vend son vin en bouteilles dès 1936. Son fils Raymond étend la propriété et transmet en 1995 à Patrick un domaine de 20 ha répartis sur cinq communes au cœur de la route des Vins: Bergheim, Ribeauvillé, Hunawihr, Zellenberg, Riquewihr.

Une robe jaune doré pour ce moelleux au nez expansif, sur la pêche et l'abricot confits, et au palais ample et gras, tout en fruits jaunes. Toute la puissance aromatique et la générosité du cépage, dans un équilibre respecté. À garder un peu. (Sucres résiduels: 31,6 g/l.) ⧗ 2019-2025

RENTZ ET FILS, 7, rte du Vin, 68340 Zellenberg, tél. 03 89 47 90 17, info@edmondrentz.com V *t.l.j. sf dim. 8h-12h 14h-18h*

DOMAINES SCHLUMBERGER Vendanges tardives Cuvée Christine 2015 ★

■	10000		30 à 50 €

Sous l'Empire, Nicolas Schlumberger installe à Guebwiller une fabrique de machines textiles et achète 20 ha de vignes aux environs. Prenant la suite des abbés de Murbach, qui avaient mis en valeur ces terroirs du sud de l'Alsace avant la Révolution, ses descendants agrandissent la propriété familiale. Sans doute le plus vaste domaine de la région: 130 ha plantés sur des coteaux escarpés – plus de la moitié en grand cru. Une partie du vignoble est conduite en biodynamie.

Sa situation méridionale et ses terroirs de choix permettent à ce vaste vignoble de se distinguer avec des vendanges tardives, telle cette cuvée bien connue de nos fidèles lecteurs. À la robe doré profond répondent des parfums floraux typés du cépage (rose fanée), alliés à des notes de fruits jaunes confits évoquant la pourriture noble. La bouche est particulièrement harmonieuse: on loue son gras, son côté onctueux et miellé, tonifié par une fraîcheur qui souligne la longue finale délicatement épicée. Très riche et bien né, ce liquoreux ne donnera sa pleine mesure que dans quelques années. (Sucres résiduels: 108 g/l.) ⧗ 2018-2028

FAMILLE SCHLUMBERGER, 100, rue Théodore-Deck, BP 10, 68501 Guebwiller Cedex, tél. 03 89 74 27 00, mail@domaines-schlumberger.com V *t.l.j. sf sam. dim. 8h-18h (ven. 17h)*

SEILLY Schenkenberg Vendanges tardives 2015 ★★

■	7000		20 à 30 €

Du fondateur, tonnelier sous le Second Empire, à l'exploitant actuel, l'œnologue Marc Seilly, installé depuis 1987, chaque génération a contribué à forger ce domaine. Aujourd'hui, 12 ha en bio (certifiés en 2012) autour de la petite cité bas-rhinoise d'Obernai.

Colline pentue dominant Obernai, le Schenkenberg offre un remarquable point de vue; son exposition au sud permet d'obtenir dans les années favorables des vendanges tardives comme ce 2015 dont la robe d'un doré profond laisse présager la richesse. Très agréable, le nez mêle les parfums floraux du cépage (rose fanée), des nuances confites de surmaturation et des touches citronnées. La bouche suit la même ligne: ample, voluptueuse, elle est servie par un trait acidulé qui confère à ce liquoreux une réelle finesse. Un superbe vin de garde en devenir. (Sucres résiduels: 118 g/l.) ⧗ 2018-2028

DOM. SEILLY, 18, rue du Gal-Gouraud, 67210 Obernai, tél. 03 88 95 55 80, contact@seilly.fr V *t.l.j. 9h-12h 14h-18h*

ALINE ET RÉMY SIMON Silbergrub 2016 ★★

■	4000		8 à 11 €

Installés dans la maison des grands-parents datant de 1772, Aline et Rémy Simon exploitent depuis 1996 le petit vignoble familial situé au pied du Haut-Kœnigsbourg, à la limite des deux départements alsaciens: 2 ha à l'origine, près de 8 ha aujourd'hui. Leurs fils Xavier et Grégory les ont rejoints sur l'exploitation.

Silbergrub? «Mine d'argent»: on extrayait jadis ce métal précieux dans ce terroir de Saint-Hippolyte. Aujourd'hui, on tire du coteau portant ce nom de beaux raisins, qui ont engendré un vin aux reflets d'or. Son fruité franc, sur la pêche et la poire, gagne en intensité à l'aération, et se prolonge en bouche, complété par des notes de mirabelle. Son palais persistant allie ampleur, richesse et élégance. Un moelleux d'une belle présence qui pourra être apprécié pour lui-même. (Sucres résiduels: 28 g/l.) ⧗ 2018-2025

DOM. ALINE ET RÉMY SIMON, 12, rue Saint-Fulrade, 68590 Saint-Hippolyte, tél. 03 89 73 04 92, alineremy.simon@wanadoo.fr V t.l.j. 9h-12h15 13h30-19h

CH. WAGENBOURG Tradition 2016 ★

	7000	5 à 8 €

À 25 km au sud de Colmar, Soultzmatt s'étire le long de la Vallée Noble, ainsi désignée en raison des sept châteaux qui la gardaient. De ces forteresses, une seule est restée debout: Wagenbourg, acquise par la famille Klein, établie dans le village en 1605. Bien abritées par les plus hauts reliefs des Vosges, les vignes (11 ha) sont exploitées depuis 1987 par Jacky et Mireille Klein.

L'or est clair, avec des reflets verts; au nez, la pêche est plutôt blanche; au palais, la rondeur et l'ampleur du gewurztraminer répondent à l'appel, tout comme les fruits exotiques et les fruits jaunes, mis en valeur par une fraîcheur bienvenue qui donne à ce moelleux de la tenue, de l'allant et de la longueur. (Sucres résiduels: 20 g/l.) ⧗ 2018-2025

EARL JOSEPH ET JACKY KLEIN, 25A, rue de la Vallée, 68570 Soultzmatt, tél. 03 89 47 01 41, chateauwagenbourg@orange.fr V t.l.j. sf dim. 8h-12h 13h30-18h

♥ WELTY Sélection de grains nobles 2015 ★★

	6400		20 à 30 €

Champion de taille (Sécateur d'or en 2013), Jérémy Welty a rejoint son père Jean-Michel. Ce dernier s'était installé en 1984 sur l'exploitation familiale, dont les lointaines origines remontent à 1738. Implanté à Orschwihr, à 25 km au sud de Colmar, au pied de la colline du Bollenberg, le vignoble (10 ha) bénéficie d'un climat très sec. Il est en conversion vers la biodynamie.

Solaire, le millésime 2015 a livré quantité de sélections de grains nobles, comme celle-ci, issue de la colline sèche du Bollenberg: un modèle accompli de ce style de vin, alliant richesse et fraîcheur. Dans le verre, un jaune doré soutenu traversé de quelques reflets de jeunesse. Le nez expansif mêle la mangue, l'agrume confit et des touches miellées, rehaussés d'épices (clou de girofle). Bien typée liquoreux, puissante, riche, ample et onctueuse, l'attaque est relayée par une fraîcheur acidulée et épicée qui exalte les arômes fruités: litchi, fruit de la Passion, fruits jaunes, relevés de gingembre et de poivre en finale. Complexité, intensité, longueur: l'harmonie même, et pour longtemps. (Sucres résiduels: 144 g/l.) ⧗ 2018-2028 ■ **Vendanges tardives 2015 ★ (20 à 30 €; 2700 b.)** : né du Bollenberg, un vin salué pour ses arômes intenses et typés (rose, fruits jaunes confits, épices) et pour sa bouche très équilibrée, riche, tendue et persistante, à la finale épicée et vive. De l'avenir. (Sucres résiduels: 62 g/l.) ⧗ 2018-2028 ■ **Cuvée Aurélie 2016 (11 à 15 €; 3700 b.)** : vin cité.

JEAN-MICHEL WELTY, 24, Grand-Rue, BP 15, 68500 Orschwihr, tél. 03 89 76 09 03, vinswelty@gmail.com V t.l.j. 8h30-11h45 13h30-18h30; dim. sur r.-v.

DOM. ZINCK Terroir 2016 ★★

	4000		15 à 20 €

Philippe Zinck, rejoint par Pascale, a repris en 1997 le vignoble fondé en 1964 par son père Paul autour de la vieille cité médiévale d'Eguisheim. L'ayant agrandi (20 ha, avec des parcelles dans quatre grands crus), il mise sur l'export. La lutte raisonnée a précédé la conversion progressive au bio (non certifié), engagée en 2011. Le domaine s'oriente vers la biodynamie.

La gamme Terroir s'applique à des cuvées issues de vignes en coteaux proches des grands crus. Ici, une robe paille dorée, un nez discret, tout en finesse, sur la mangue, le fruit jaune et le coing, un palais très équilibré, frais et plein d'allant en attaque, d'une belle ampleur. De la jeunesse, du potentiel pour ce remarquable représentant d'un millésime 2016 parfois trop chaud. Il devrait gagner en expression avec le temps. (Sucres résiduels: 17 g/l.) ⧗ 2018-2025

PHILIPPE ZINCK, 18, rue des Trois-Châteaux, 68420 Eguisheim, tél. 03 89 41 19 11, info@zinck.fr V t.l.j. sf dim. 9h-12h 14h-18h

ALSACE KLEVENER-DE-HEILIGENSTEIN

Superficie : 42 ha / Production : 2 893 hl

Le klevener-de-heiligenstein n'est autre que le vieux traminer (ou savagnin rose) connu depuis des siècles en Alsace. Il a fait place progressivement à sa variante épicée ou gewurztraminer dans l'ensemble de la région, mais il est resté vivace à Heiligenstein et dans cinq communes voisines. Ses vins sont originaux, à la fois très bien charpentés, élégants et discrètement aromatiques.

CHARLES BOCH Vieilles Vignes 2016 ★

	5000		8 à 11 €

Ce domaine de 13 ha, constitué en 1987, est situé au pied du mont Sainte-Odile, entre Barr et Obernai. Il est toujours dirigé par son fondateur, un spécialiste du klevener-de-heiligenstein.

Or brillant, ce vin délivre des parfums suaves de fruits d'été bien mûrs qui annoncent une matière riche. En bouche, il séduit par sa chair ample et par sa longue finale sur la pêche jaune. Un moelleux charmeur, riche sans lourdeur. (Sucres résiduels: 18 g/l.) ⧗ 2018-2022 ■ **Charme d'automne 2016 ★ (15 à 20 €; 2000 b.)** : proche de la Cuvée Vieilles Vignes, avec davantage de richesse en sucre, un moelleux au caractère un peu liquoreux, servi par une finale élégante sur les agrumes. (Sucres résiduels: 48 g/l.) ⧗ 2018-2022

CHARLES BOCH, 6, rue Principale, 67140 Heiligenstein, tél. 06 80 72 01 10, charles.boch@wanadoo.fr V t.l.j. sf. dim. 9h-12h 14h-19h; f. sem. 35

PAUL DOCK ET FILS Cuvée Prestige 2016 ★★

	2600	11 à 15 €

Héritier d'une lignée installée au XVIIIe s. à Heiligenstein, au pied du mont Sainte-Odile, Paul Dock a fondé son domaine en 1972. Le vignoble s'étend sur 9 ha et le klevener-de-heiligenstein représente 35 %

de sa production. Patrick est venu rejoindre son père il y a plusieurs années.

La robe or intense signale un vin opulent, ce que confirme le nez, belle expression de la surmaturation avec ses senteurs de pêche et d'abricot confits: les raisins ont été cueillis le 15 novembre. Ample, puissant, voluptueux, presque liquoreux, le palais prolonge bien l'olfaction; on y retrouve les fruits jaunes confits, mêlés de coing. La finale aux accents d'agrumes apporte une sensation de fraîcheur. (Sucres résiduels: 45 g/l.) ⧗ 2018-2023

EARL PAUL DOCK ET FILS, 55, rue Principale, 67140 Heiligenstein, tél. 03 88 08 02 49, vinsdock@orange.fr V t.l.j. sf dim. 10h-12h 14h-18h

DANIEL RUFF L'Authentique 2016

	3000		11 à 15 €

Un domaine de 15 ha situé au pied du mont Sainte-Odile, dans le pays de Barr. Si son savoir-faire s'étend à d'autres variétés, Daniel Ruff y cultive avec ferveur le klevener, cépage fétiche de Heiligenstein qui a valu au village une dénomination communale.

Or limpide, ce vin séduit par son nez expressif et fin, sur les fleurs blanches, puis sur les fruits jaunes et les agrumes. Après une attaque ample et ronde, la bouche trouve son équilibre dans une pointe fraîche et citronnée qui lui donne du tonus et une certaine longueur. Demi-sec ou moelleux léger, ce vin facile trouvera sa place de l'apéritif au dessert. (Sucres résiduels: 26 g/l.) ⧗ 2018-2022

DANIEL RUFF, 64, rue Principale, 67140 Heiligenstein, tél. 03 88 08 10 81, ruffvigneron@wanadoo.fr V t.l.j. 8h-12h 13h45-19h

ALSACE MUSCAT

Superficie : 351 ha / Production : 18 487 hl

Deux variétés de muscat servent à élaborer ce vin sec et aromatique qui donne l'impression de croquer du raisin frais. Le premier, dénommé de longue date muscat d'Alsace, n'est autre que celui que l'on connaît mieux sous le nom de muscat blanc à petits grains (parfois dénommé muscat de Frontignan). Comme il est tardif, on le réserve aux meilleures expositions. Le second, plus précoce et de ce fait plus répandu, est le muscat ottonel.

A. L. BAUR Les Jardins de Jeanne 2016 ★

	2000		5 à 8 €

Balcon dominant sur la plaine d'Alsace, Voegtlinshoffen, au sud-est de Colmar, réunit de très beaux terroirs et concentre des talents, comme ceux de Régine Baur, qui exploite avec son beau-frère Dominique Pierrat (à la vigne) un domaine de 7 ha, avec des parcelles dans le grand cru Hatschbourg.

Une cuvée dédiée à Jeanne Baur, exploitante jusqu'en 1992 et encore active au domaine. Robe cristalline, jaune pâle, nez délicatement floral et fruité, bouche expressive et élégante, tout en finesse: parfait à l'apéritif ou pour des desserts fruités, peu sucrés. (Sucres résiduels: 5 g/l.) ⧗ 2018-2020

A. L. BAUR, 4, rue Roger-Frémeaux, 68420 Voegtlinshoffen, tél. 03 89 49 30 97, albauralsace@orange.fr V t.l.j. 9h30-19h30; dim. sur r.-v.

CHARLES FAHRER Vieilles Vignes 2016 ★

	1682		5 à 8 €

De vieille souche vigneronne, Charles Fahrer a lancé son étiquette en 1965 et transmis son exploitation à son fils en 2000. Aujourd'hui, Thierry et Nathalie Fahrer cultivent 9 ha de vignes disséminés sur une trentaine de parcelles en contrebas du Haut-Kœnigsbourg, y compris dans le grand cru Praelatenberg.

D'un jaune limpide, ce 2016 séduit par son nez élégamment fruité, reflet d'un muscat bien mûr, auquel répond un palais riche, puissant et ample, où l'on retrouve le fruité croquant du cépage. Idéal à l'apéritif. (Sucres résiduels: 13 g/l.) ⧗ 2018-2020

THIERRY FAHRER, 5-7, Grand-Rue, 67600 Orschwiller, tél. 03 88 92 08 25, charles.fahrer@evc.net V t.l.j. 8h-12h 13h-18h30

LUC FALLER Vieilles Vignes 2016 ★

	2000		11 à 15 €

Luc Faller a succédé en 1989 à son père Henri sur le domaine familial situé autour d'Itterswiller, petit village très fleuri proche de Barr. Avec sa femme Myriam, il cultive 8 ha en bio certifié et en biodynamie.

Nuancé d'une pointe de cire d'abeille, le fruité du nez évoque la surmaturation. On retrouve ce caractère dans une bouche intense, riche, puissante et longue. (Sucres résiduels: 9 g/l.) ⧗ 2018-2020

LUC FALLER, 51, rte des Vins, 67140 Itterswiller, tél. 03 88 85 51 42, vin.faller@orange.fr V r.-v.

DOM. FLECK 2016 ★

	2700	5 à 8 €

En 1995, après ses études d'œnologie et un long stage aux États-Unis, Nathalie, la plus jeune des filles de René Fleck, reprend l'exploitation familiale. Elle vinifie, tandis que son mari, Stéphane Steinmetz, travaille à la vigne. Situé à Soultzmatt, au pied du grand cru Zinnkoepflé, le domaine compte 8,5 ha, dont 4 ha en grands crus.

Le 2015 avait obtenu deux étoiles. Son successeur, un peu plus discret, offre en bouche les mêmes qualités de puissance, d'ampleur et de longueur, avec cette fraîcheur fruitée qui lui assure un très bel équilibre. (Sucres résiduels: 13 g/l.) ⧗ 2018-2020

NATHALIE ET STÉPHANE STEINMETZ, 27, rue d'Orschwihr, 68570 Soultzmatt, tél. 03 89 47 01 20, renefleck@orange.fr V t.l.j. 8h30-11h45 13h30-18h30; dim. sur r.-v.

DOM. ARMAND GILG 2016 ★

	10930		8 à 11 €

Famille d'origine autrichienne établie à Mittelbergheim depuis 1601; encore plus anciennes (XVIe s.) sont les caves abritant de vieux foudres sculptés. Un domaine régulier en qualité, fort de 29 ha, dont plus de 5 ha dans les grands crus Zotzenberg et Moenchberg.

Jaune pâle aux reflets verts, ce 2016 séduit par son nez discrètement fruité, aux nuances de rose. Intensité des arômes, ampleur, puissance, finale longue et fraîche: la bouche confirme les qualités pressenties à l'olfaction. Un vin floral et élégant, belle expression du muscat. (Sucres résiduels: 6,5 g/l.) ⌛ 2018-2020

DOM. ARMAND GILG, 2, rue Rotland, 67140 Mittelbergheim, tél. 03 88 08 92 76, info@domaine-gilg.com V t.l.j. 8h-12h 13h30-18h; sam. dim. sur r.-v.

SYLVAIN HERTZOG Duc d'Ober Les Douceurs 2016

| 2300 | | 11 à 15 € |

Un domaine de 8 ha établi au sud-ouest de Colmar, à Obermorschwihr, village connu pour son clocher à colombages. Installé en 1977 sur l'exploitation familiale, Sylvain Hertzog a attiré plus d'une fois l'attention grâce à certaines de ses cuvées, couronnées comme la grenouille qui orne parfois ses étiquettes.

D'emblée, ce 2016 affirme son originalité par sa robe jaune d'or, qui annonce ses intenses parfums de fruits mûrs, de raisins secs et de cire qui lui font presque un nez de vin de paille. On retrouve ce caractère de surmaturation dans un palais ample, puissant, riche et concentré, équilibré par ce qu'il faut de fraîcheur. Un vin que l'on pourra déguster pour lui-même. (Sucres résiduels: 12 g/l.) ⌛ 2018-2020

SYLVAIN HERTZOG, 36, rte du Vin, 68420 Obermorschwihr, tél. 03 89 49 31 93, sylvainhertzog@wanadoo.fr V t.l.j. sf dim. 9h-12h30 13h30-19h

HUBER ET BLÉGER 2016 ★

| 10900 | | 5 à 8 € |

Un domaine créé en 1967 par Marcel Huber et son cousin Robert Bléger autour de Saint-Hippolyte, à la limite des deux départements alsaciens. Aujourd'hui, Claude et Marc Huber, Sébastien (fils de Marc) et Franck Bléger assurent la pérennité de l'exploitation qui couvre 30 ha. Des vignobles dominés par le Haut-Kœnigsbourg.

Il a tous les caractères d'un bon alsace muscat, ce 2016 à la robe claire et cristalline, au nez expressif et fin, dévoilant des fragrances florales puis le fruité du cépage, servi par une matière riche et ample, où l'on retrouve l'intensité et la délicatesse de l'olfaction. De l'élégance et de la présence. (Sucres résiduels: 6,9 g/l.) ⌛ 2018-2020

DOM. HUBER ET BLÉGER, 6, rte du Vin, 68590 Saint-Hippolyte, tél. 03 89 73 01 12, domaine@huber-bleger.fr V t.l.j. sf dim. 9h-12h 14h-18h

KIENTZ 2015 ★★

| 2000 | | 5 à 8 € |

Établis à Blienschwiller, petit village viticole au sud de Barr, les Kientz font remonter leur arbre généalogique à 1500. André Kientz, installé en 1985, a été rejoint par sa fille Émeline en 2007. La famille conduit son vignoble en lutte raisonnée. Son fleuron: des vignes dans le grand cru Winzenberg.

Un vin aussi intense à l'œil qu'à l'olfaction, il offre le fruité caractéristique du cépage (muscat ottonel 70 %, muscat d'Alsace 30 %). On retrouve ce fruité croquant dans une bouche puissante et tout en finesse. Un ensemble net, élégant et typé. (Sucres résiduels: 5 g/l.) ⌛ 2018-2021

RENÉ KIENTZ FILS, 51, rte des Vins, 67650 Blienschwiller, tél. 03 88 92 49 06, alsacekientz@wanadoo.fr V r.-v. André Kientz

RIEFLÉ Vendanges tardives 2015

| 1000 | | 15 à 20 € |

De vieille souche vigneronne, Christophe Rieflé a créé son exploitation en 2003, avec chai et cuverie. Premier millésime vinifié en 2005 et de nombreuses sélections dans le Guide. Il exploite 15,5 ha autour de Pfaffenheim, à 15 km au sud de Colmar.

Le millésime 2015 a été favorables aux vendanges tardives. Comme celles-ci, dont les reflets orangés annoncent le caractère particulièrement surmûri. Discret, le nez s'ouvre sur les fruits jaunes et la gelée de coing. On retrouve ces arômes dans un palais de belle tenue, gourmand, ample, équilibré et long. Parfait à l'apéritif. (Sucres résiduels: 75 g/l.) ⌛ 2018-2023

CHRISTOPHE RIEFLÉ, 32 A, rue de la Lauch, 68250 Pfaffenheim, tél. 06 86 17 27 42, christopheriefle@aol.com V r.-v.

JEAN-PAUL SCHAFFHAUSER Réserve spéciale 2016 ★

| 8000 | | 5 à 8 € |

Jean-Paul Schaffhauser a débuté la mise en bouteilles en 1984. Il a transmis son domaine en 1996 à Catherine et Jean-Marc, rejoints en 2018 par leur fils Antoine. Ces derniers exploitent plus de 12 ha de vignes réparties sur autant de villages autour de Wettolsheim, près de Colmar, et achètent aussi du raisin à des viticulteurs de la commune. Dans leur gamme, des vins de terroir (grands crus Hengst et Steingrübler, notamment).

Une robe claire, un nez exprimant le raisin muscat avec discrétion et finesse. Ce fruité croquant s'affirme et persiste longuement en bouche. Un muscat typé et élégant, pour l'apéritif et les entrées. (Sucres résiduels: 11 g/l.) ⌛ 2018-2020

SARL JEAN-PAUL SCHAFFHAUSER, 8, rte du Vin, 68920 Wettolsheim, tél. 03 89 79 99 97, schaffhauser.jpaul@free.fr V t.l.j. sf dim. 8h30-12h 14h-18h30

STRAUB 2016

| 2000 | | 5 à 8 € |

Installé en 1980 sur le domaine familial, entre Barr et Sélestat, Jean-Marie Straub cultive 7 ha de vignes autour de Blienschwiller, dont plusieurs parcelles dans le grand cru local, le Winzenberg. Dans sa cave voûtée de 1714 s'alignent les foudres traditionnels en bois.

Robe jaune pâle, nez bien typé, alliant des notes florales et le fruité caractéristique du cépage, attaque ample, ouvrant sur un palais plein, croquant, d'une belle fraîcheur, laissant en finale une impression de finesse: tout ce que l'on attend de l'alsace-muscat. (Sucres résiduels: 2 g/l.) ⌛ 2018-2020

JEAN-MARIE STRAUB, 61, rte des Vins, 67650 Blienschwiller, tél. 03 88 92 40 42, jean-marie.straub@wanadoo.fr V r.-v.

XAVIER WYMANN
Le Jardin de Paul 2016

	2000		11 à 15 €

Le grand-père de Jean-Luc Schaerlinger a misé sur la viticulture après la Seconde Guerre mondiale. Il a d'abord vendu son raisin, puis son vin en vrac, avant de se lancer dans les années 1960 dans la mise en bouteilles. L'actuel vigneron a pris la suite de son oncle en 1996; il cultive avec Michèle 7 ha de vignes autour de Ribeauvillé – en bio certifié depuis 2004.

Le raisin à l'origine de cette cuvée a été vendangé le 20 octobre. Cette récolte plutôt tardive lui a donné une robe jaune d'or, un nez de surmaturation (fruité concentré, miel) rappelant un peu les vins de liqueur et une bouche imposante et riche, aux arômes un peu lourds de muscat très mûr. Fruit d'une belle matière, ce moelleux pourra accompagner un dessert. (Sucres résiduels: 30 g/l.) ⧗ 2018-2020

XAVIER WYMANN, 41, rue de la Fraternité, 68150 Ribeauvillé, tél. 06 62 83 60 56, vins.wymann@yahoo.fr t.l.j. sf dim. 10h-12h 15h-18h

MAISON ZEYSSOLFF Réserve 2016

	3300		8 à 11 €

Fondée en 1778 à Gertwiller, cette maison abrite des foudres anciens dont l'un, sculpté, figura à l'Exposition universelle de Paris en 1900. Elle a développé dans la cité du pain d'épice un petit temple de la gastronomie: épicerie fine, caveau-musée et bar à manger ouvert en 2015. Elle complète la production de son vignoble de 9 ha par une affaire de négoce.

Muscat ottonel et muscat d'Alsace à parité composent cette cuvée bien typée: robe cristalline, jaune pâle, nez discret, tout en finesse, sur le fruité du cépage, bouche dans le même registre, où le fruité prend des tons floraux très élégants. Un vin léger et printanier. (Sucres résiduels: 3 g/l.) ⧗ 2018-2020

G. ZEYSSOLFF, 156, rte de Strasbourg, 67140 Gertwiller, tél. 03 88 08 90 08, celine@zeyssolff.com t.l.j. 10h-12h 14h-18h; f. tous les dim. avant Pâques

ALSACE PINOT BLANC OU KLEVNER

Superficie : 3 303 ha / Production : 267 672 hl

Sous ces deux dénominations (la seconde étant un vieux nom alsacien), le vin de cette appellation peut provenir de deux cépages: le pinot blanc vrai et l'auxerrois blanc. Ce sont des variétés assez peu exigeantes, capables de donner des résultats remarquables dans des situations moyennes, car leurs vins allient agréablement fraîcheur, corps et souplesse. Dans la gamme des vins d'Alsace, le pinot blanc représente le juste milieu et il n'est pas rare qu'il surclasse certains rieslings.

CAVE DE CLÉEBOURG
Auxerrois Sélection 2016 ★

	45200		5 à 8 €

La cave de Cléebourg a été fondée en 1946 pour sauver le vignoble situé à l'extrémité nord de l'Alsace, à la limite de l'Allemagne et à 80 km du tronçon principal de la route des Vins. La coopérative vinifie les vendanges de près de 200 ha de vignes implantés dans les villages proches de Wissembourg.

Un auxerrois flatteur avec son nez d'aubépine, de pêche blanche et d'ananas. Au palais, l'équilibre est très réussi: du volume, de la rondeur, une certaine structure, des arômes de fruits blancs et une finale fraîche et minérale, de belle longueur. (Sucres résiduels: 5 g/l.) ⧗ 2018-2020

CAVE VINICOLE DE CLÉEBOURG, rte du Vin, 67160 Cléebourg, tél. 03 88 94 50 33, info@cave-cleebourg.com t.l.j. 8h-12h 14h-18h

FRITZ-SCHMITT Auxerrois 2016 ★

	5000		8 à 11 €

Établi au pied du mont Sainte-Odile et à l'ouest d'Obernai, Bernard Schmitt a repris en 1993 le domaine de René Fritz, qu'il exploite aujourd'hui avec son fils Antoine. S'il cultive tous les cépages d'Alsace sur ses 15 ha, il consacre la moitié de ses surfaces au pinot noir, variété introduite dans son village d'Ottrott au XIIes. par des bénédictins venus de Bourgogne.

Discret mais franc, sur la pêche et les fleurs blanches, avec des touches minérales et citronnées, le nez est agréable et caractéristique de l'auxerrois. La mise en bouche révèle un vin tendre et suave, bien équilibré par un côté acidulé. De la structure, une longue finale fruitée: ce moelleux ne manque pas de caractère. Idéal à l'apéritif. (Sucres résiduels: 24 g/l.) ⧗ 2018-2020

FRITZ-SCHMITT, 1, rue des Châteaux, 67530 Ottrott, tél. 03 88 95 98 06, contact@fritzschmitt.com t.l.j. 9h-18h
Bernard et Antoine Schmitt

BRUNO HERTZ 2016

	1300		5 à 8 €

La famille Hertz cultive la vigne depuis le XVIIIes., vit du vin depuis le début du XXes. et a pignon sur rue dans le centre historique de la cité médiévale d'Eguisheim, au sud de Colmar. Installé en 1979, Bruno Hertz, œnologue, exploite 6 ha, dont plusieurs parcelles en grand cru (Pfersigberg, Rangen).

Les reflets or de la robe annoncent le nez un peu surmûri (fruits mûrs, pêche, aux côtés de notes d'agrumes et d'une touche minérale). On retrouve au palais ce caractère dans des arômes de fruits jaunes, en harmonie avec une structure puissante. (Sucres résiduels: 5 g/l.) ⧗ 2018-2020

BRUNO HERTZ, 9, pl. de l'Église, 68420 Eguisheim, tél. 03 89 41 81 61, contact.bruno@lesvinshertz.fr t.l.j. sf lun. 16h-19h; mar. 18h-19h

DOM. GÉRARD METZ 2016

	5000		5 à 8 €

C'est le gendre de Gérard Metz, Éric Casimir, d'origine champenoise, qui conduit les 13 ha du domaine familial. L'exploitation est implantée à Itterswiller, petit village bas-rhinois très fleuri, situé à flanc de coteau.

Il ne manque pas de couleur, ce pinot jaune d'or. Intense au nez, il reflète l'arrière-saison ensoleillée du millésime dans des notes de pêche mûre et même de fruits jaunes confits. Dans une belle continuité, le palais, alerte et direct en attaque, se montre riche, charnu et puissant, dévoilant ce même fruité rehaussé d'un soupçon de boisé. (Sucres résiduels: 2 g/l.) ⧗ 2018-2021

ÉRIC CASIMIR, Dom. G. Metz, 40, rte du Vin, 67140 Itterswiller, tél. 03 88 57 80 25, info@vinsgerardmetz.net V *t.l.j. sf dim. 10h-12h 16h-19h* *Éric Casimir*

PAUL SPANNAGEL Tradition 2016 ★

| 2000 | | 5 à 8 €

Le premier de la lignée vivait en 1598 à Katzenthal, village lové dans un vallon à quelques kilomètres à l'ouest de Colmar. Paul Spannagel se lance dans la vente en bouteilles en 1960. Depuis 1988, ce sont Yves et Claudine Spannagel, rejoints en 2011 par Jérôme et Marie, qui perpétuent l'exploitation (7,5 ha avec des parcelles dans deux grands crus).

Des nuances dorées pour ce pinot blanc, dont le nez gagne en intensité à l'agitation, évoluant des fleurs blanches aux fruits jaunes. La pêche blanche s'épanouit dans un palais puissant, charnu, droit et long, marqué en finale par une légère pointe boisée, peut-être due à une vinification en foudre neuf. (Sucres résiduels: 3 g/l.) ⧗ 2018-2020

DOM. PAUL SPANNAGEL, 1, Grand-Rue, 68230 Katzenthal, tél. 03 89 27 01 70, paul.spannagel@gmail.com V *t.l.j. sf dim. 8h-12h 14h-18h*

ANTOINE STOFFEL
Pinot blanc Auxerrois Eguisheim 2016 ★★

| n.c. | | 8 à 11 €

Cité médiévale préservée au plan circulaire, Eguisheim se flatte d'être le berceau du vignoble alsacien. Établie à quelques pas du centre, Annick Stoffel, la fille d'Antoine, s'est installée en 1990 à la tête du domaine familial et l'a transmis en 2015 à Mathieu Kuehn, petit-fils d'Antoine. Le vignoble de 8 ha est en conversion bio depuis 2017.

Il a enchanté le jury, cet auxerrois paré d'or, avec son nez franc et complexe, bien ouvert sur la pêche blanche rehaussée de notes de fruits secs, de grillé. On retrouve les fruits d'été (pêche, voire abricot) dans une bouche souple à l'attaque, puissante et charnue, tendue par une fraîcheur minérale qui donne de l'allonge à la finale. Une réelle harmonie. (Sucres résiduels: 11 g/l.) ⧗ 2018-2020

ANTOINE STOFFEL, 21, rue de Colmar, 68420 Eguisheim, tél. 03 89 41 32 03, domaine@antoinestoffel.com V *t.l.j. sf dim. 9h-12h 14h-18h*

ALSACE PINOT GRIS

Superficie : 2 355 ha / Production : 165 954 hl

La dénomination locale tokay qui fut donnée au pinot gris pendant quatre siècles ne laisse pas d'étonner, puisque cette variété n'a jamais été utilisée en Hongrie orientale... Selon la légende, le tokay aurait été rapporté de ce pays par le général Lazare de Schwendi, grand propriétaire de vignobles en Alsace. Son aire d'origine semble être, comme celle de tous les pinots, le territoire de l'ancien duché de Bourgogne. Ce cépage a connu une expansion spectaculaire. Le pinot gris peut produire un vin capiteux, très corsé, plein de noblesse, susceptible de remplacer un vin rouge sur les plats de viande. Lorsqu'il est somptueux comme en 1989, 1990 ou 2000, années exceptionnelles, c'est l'un des meilleurs accompagnements du foie gras.

♥ B LE PINOT GRIS DE JEAN-BAPTISTE ADAM
Letzenberg 2016 ★★

| 3000 | | 15 à 20 €

Sise à Ammerschwihr, important village viticole au nord-ouest de Colmar, cette maison a fêté son quatre centième anniversaire en 2014. Ses caves du XVIIes. abritent d'anciens foudres de chêne encore en usage. Elle associe une structure de négoce et un domaine exploité en biodynamie.

Issue d'un coteau escarpé aux sols argilo-calcaires, une cuvée de moelleux souvent remarquée. D'un jaune paille aux reflets or, le 2016 a enchanté les jurés avec son nez puissant, solaire, sur les fleurs jaunes et la mangue. Les agrumes confits viennent compléter cette palette aromatique dans une bouche d'une rare élégance: l'attaque, d'une rondeur affirmée, est équilibrée par une franche acidité qui souligne la longue finale marquée par une pointe de salinité. (Sucres résiduels: 18 g/l.) ⧗ 2018-2025

JEAN-BAPTISTE ADAM, 5, rue de l'Aigle, 68770 Ammerschwihr, tél. 03 89 78 23 21, jbadam@jb-adam.fr V *t.l.j. 8h30-12h 14h-18h; f. dim. de janv. à Pâques*

DOM. PIERRE ADAM
Katzenstegel Cuvée Théo 2016 ★★

| 7000 | | 11 à 15 €

Une exploitation fondée en 1948 par Pierre Adam à Ammerschwihr, important bourg viticole au nord-ouest de Colmar. Elle s'est notablement agrandie: Rémy Adam, à la tête de la propriété depuis 1996, dispose de 17 ha de vignes, avec des parcelles dans deux grands crus: le Kaefferkopf d'Ammerschwihr et le Schlossberg, situé dans le village voisin de Kientzheim.

Née sur un coteau granitique très bien exposé au midi, cette cuvée de pinot gris a obtenu plus d'un coup de cœur. D'un jaune d'or lumineux, le 2016 séduit par son nez bien ouvert, mêlant la bergamote à des notes plus suaves de miel, de caramel et de figue. En bouche, il s'impose par sa maturité, sa générosité, son fruité complexe et par une fine acidité qui lui assure un remarquable équilibre. Avec sa finale fraîche, gourmande et longue, ce moelleux trouvera sa place à table. (Sucres résiduels: 28 g/l.) ⧗ 2018-2025

RÉMY ADAM, 8, rue du Lt-Louis-Mourier, 68770 Ammerschwihr, tél. 03 89 78 23 07, info@domaine-adam.com V t.l.j. 8h-12h 13h30-19h

BARON DE HOEN Issu de Vieilles Vignes 2016

	22500		8 à 11 €

Créée en 1952 au cœur de la route des Vins, près de Riquewihr, la coopérative de Beblenheim vinifie aujourd'hui le fruit de plus de 400 ha répartis sur cinq communes et propose quatre grands crus de Beblenheim et des communes voisines. Baron de Hoen et Heimberger sont ses marques.

Moelleux léger ou demi-sec, ce pinot gris s'ouvre sur un joli fruité teinté de surmaturation (fruits jaunes, mirabelle). Malgré sa rondeur marquée, il se montre harmonieux grâce à son acidité minérale et à sa finale saline. Il se placera facilement à table. (Sucres résiduels: 18 g/l.) 2018-2022 **Cave de Beblenheim 2016 (5 à 8 €; 82100 b.)** : vin cité.

CAVE DE BEBLENHEIM, 14, rue de Hoen, 68980 Beblenheim, tél. 03 89 47 90 02, info@cave-beblenheim.com V t.l.j. sf sam. dim. 9h-12h 14h-18h

A.L. BAUR Vendanges tardives 2015 ★

	2060		15 à 20 €

Balcon dominant sur la plaine d'Alsace, Voegtlinshoffen, au sud-est de Colmar, réunit de très beaux terroirs et concentre des talents, comme ceux de Régine Baur, qui exploite avec son beau-frère Dominique Pierrat (à la vigne) un domaine de 7 ha, avec des parcelles dans le grand cru Hatschbourg.

Une robe jaune aux reflets or, un nez raffiné, alliant noisette grillée, églantine, fleur d'oranger et touche fumée, complétés en bouche par des accents réglissés. Au palais, ce vin se signale par son ampleur et par sa puissance; il n'en laisse pas moins une impression d'élégance grâce à la fraîcheur citronnée et à la touche d'amertume qui soulignent sa longue finale. Un liquoreux charmeur, tout en finesse, qui se bonifiera encore. (Sucres résiduels: 81 g/l.) 2019-2028

A. L. BAUR, 4, rue Roger-Fréméaux, 68420 Voegtlinshoffen, tél. 03 89 49 30 97, albauralsace@orange.fr V t.l.j. 9h30-19h30; *dim. sur r.-v.*

BECKER Rimelsberg 2016

	4182	11 à 15 €

Établie à Zellenberg près de Riquewihr, une exploitation dont les origines remontent à 1610, aujourd'hui gérée par deux frères, Jean-Philippe et Jean-François Becker. Ces vignerons disposent en propre de 11 ha, en bio certifié depuis 2001.

Le terroir argilo-marneux très lourd du Rimelsberg a donné naissance à un moelleux conciliant puissance et finesse. Or pâle, ce 2016 s'ouvre sur de délicats parfums de fleurs et de fruits secs. Sa matière imposante est équilibrée par une grande fraîcheur, en harmonie avec des arômes floraux et des notes de fruits blancs. Un vin complexe, riche et persistant, encore jeune. (Sucres résiduels: 33 g/l.) 2019-2022

GAEC JEAN-PHILIPPE ET JEAN-FRANÇOIS BECKER, 2, rte d'Ostheim, 68340 Zellenberg, tél. 06 07 39 59 06, jphilippebecker@aol.com V r.-v.

ANDRÉ BLANCK ET SES FILS Clos Schwendi 2016 ★

	9000	8 à 11 €

Établie dans le centre historique de Kientzheim, cette propriété a son siège dans l'ancienne cour des chevaliers de Malte, voisine du château Schwendi et du musée du Vin. Les Blanck cultivent la vigne depuis 1675 et Michel et Charles, fils d'André, perpétuent ce savoir-faire sur les 14 ha de l'exploitation.

Des reflets d'or intense pour ce pinot gris au nez complexe sur la poire, le coing et le sous-bois. Mûr, charnu, ample et salivant, le palais est marqué en finale par des arômes de surmaturation évoquant la datte et la pâte d'amandes. Un vin sec capiteux et voluptueux. (Sucres résiduels: 14 g/l.) 2018-2021

ANDRÉ BLANCK ET SES FILS, Ancienne-Cour-des-Chevaliers-de-Malte, Kientzheim, 68240 Kaysersberg-Vignoble, charles.blanck@free.fr V t.l.j. sf dim. 8h-12h 13h-18h

FRANÇOIS BLÉGER Burgreben 2016

	2000		8 à 11 €

Originaires de Suisse, les Bléger sont arrivés en 1562 à Saint-Hippolyte, au pied du Haut-Kœnigsbourg. Alors que ses parents vendaient leur vin en vrac au négoce, François Bléger – qui avait étudié la sociologie avant de se former à la viticulture – s'est lancé dans la mise en bouteilles à son installation, en 1996. Il dispose de 8 ha répartis dans quatre communes.

Encore fermé, ce pinot gris nécessite une forte aération pour délivrer des senteurs de fleurs jaunes et de coing. Après une attaque vigoureuse et vive, le vin évolue avec rondeur, sur des notes de pêche et d'abricot pour finir sur une sensation de suavité. (Sucres résiduels: 23 g/l.) 2018-2021

FRANÇOIS BLÉGER, 63, rte du Vin, 68590 Saint-Hippolyte, tél. 03 89 73 06 06, domaine.bleger@wanadoo.fr V r.-v.

PAUL DOCK ET FILS 2016

	2500	5 à 8 €

Héritier d'une lignée installée au XVIII[e]s. à Heiligenstein, au pied du mont Sainte-Odile, Paul Dock a fondé son domaine en 1972. Le vignoble s'étend sur 9 ha et le klevener-de-heiligenstein représente 35 % de sa production. Patrick est venu rejoindre son père il y a plusieurs années.

Une robe jaune pâle pour ce pinot gris vinifié en sec, aux parfums de fruits jaunes bien mûrs. Dans le même registre que le nez, le palais se montre généreux et suave. Malgré un petit manque de nerf, l'ensemble reste équilibré, d'une rondeur flatteuse. Un vin fruité et gourmand. (Sucres résiduels: 15 g/l.) 2018-2019

EARL PAUL DOCK ET FILS, 55, rue Principale, 67140 Heiligenstein, tél. 03 88 08 02 49, vinsdock@orange.fr V t.l.j. sf dim. 10h-12h 14h-18h

♥ HENRI EHRHART
Réserve particulière Cuvée Prestige 2016 ★★

| 50 000 | 8 à 11 € |

Établie à Ammerschwihr, important bourg viticole proche de Colmar, la famille Ehrhart possède 7 ha en propre. Elle a créé en 1978 une structure de négoce et, forte de ses connaissances de producteur-récoltant, privilégie l'achat de raisins provenant des domaines environnants. Cyrille et Sophie Ehrhart ont pris les rênes de la maison en 2012.

Le pinot gris à l'origine de ce 2016 a été récolté à la mi-octobre. La robe jaune d'or, à la fois profonde et cristalline, annonce les notes de surmaturation du nez, qui s'ouvre sur l'amande douce, puis sur la mandarine et la figue. On retrouve cette richesse confite et cette complexité dans une bouche remarquablement équilibrée grâce à une acidité qui donne beaucoup de dynamisme à ce vin de style demi-sec. Une légère touche amère rehausse la finale de cette cuvée de gastronomie. (Sucres résiduels: 22 g/l.) ⧗ 2018-2022 **Réserve particulière Grande Réserve 2016 (8 à 11 €; 55 000 b.)** : vin cité.

HENRI EHRHART, quartier des Fleurs, 68770 Ammerschwihr, tél. 03 89 78 23 74, sophie@henri-ehrhart.com

Ⓑ DOM. FERNAND ENGEL
Schofweg Sélection de grains nobles 2015 ★★

| 2800 | 30 à 50 € |

Fernand Engel, le fondateur; son fils Bernard, l'exploitant; Xavier Baril, le gendre et l'œnologue, Amélie, sa fille, et aussi les petits-enfants: quatre générations se côtoient sur ce domaine très régulier en qualité, situé au pied du Haut-Kœnigsbourg. Entre Kintzheim et Bergheim, pas moins de 65 ha répartis sur 150 parcelles, en bio certifié (biodynamie) depuis 2003. Deux étiquettes: Fernand Engel et Joseph Rudloff.

Une fois de plus, le domaine livre un superbe pinot gris – un liquoreux aux reflets dorés, né d'un bon terroir de Bergheim. Du verre montent des senteurs de fleurs blanches puis, à l'aération, des parfums plus concentrés de miel, d'abricot, d'agrumes confits et de noisette grillée. Après une attaque ample et puissante, tout en rondeur suave, une belle acidité tonifie et allège le palais, portant loin les arômes complexes qui prolongent bien le nez. Un vin remarquable par sa richesse et son expression. (Sucres résiduels: 150 g/l.; bouteilles de 50 cl.) ⧗ 2019-2028

FERNAND ENGEL, 1, rte du Vin, 68590 Rorschwihr, tél. 03 89 73 77 27, xb@fernand-engel.fr
V t.l.j. sf dim. 8h-11h30 13h-18h Ⓑ

PAUL FAHRER Vieilles Vignes 2016

| 1200 | 5 à 8 € |

En 1938, Marcel Fahrer s'installe dans l'ancienne résidence du bailli de la forteresse du Haut-Kœnigsbourg; il effectue les premières mises en bouteilles en 1950. Paul le rejoint vingt ans plus tard, spécialise l'exploitation et élabore ses premiers crémants en 1980. Dirigé depuis 2009 par son fils Jean-Yves, œnologue, le domaine compte 6,5 ha de vignes.

Elles ont été plantées en 1968, les vignes de pinot gris à l'origine de moelleux au nez franc et complexe, bien ouvert sur le sureau, l'abricot confit et le coing. Complétée par la poire et la pêche, cette gamme aromatique s'épanouit longuement en bouche, mise en valeur par une texture ample, équilibrée par ce qu'il faut de fraîcheur. Du potentiel. (Sucres résiduels: 23 g/l.) ⧗ 2018-2023

JEAN-YVES FAHRER, 3, pl. de la Mairie, 67600 Orschwiller, tél. 03 88 92 86 57, vins@paulfahrer.fr
V r.-v.

J. FRITSCH Lieu-dit Altenburg 2016 ★

| 1500 | 8 à 11 € |

Une lignée de vignerons remontant à 1703, établie dans le petit bourg fortifié de Kientzheim. Joseph Fritsch, installé en 1977, agrandit l'exploitation et aménage une cuverie moderne. Depuis 2010, c'est son fils Pascal qui préside aux destinées du domaine: 9,5 ha, pas moins de quarante parcelles disséminées dans quatre communes, avec des vignes dans deux grands crus.

Remarquée une fois de plus, une cuvée issue d'un coteau argilo-calcaire. Le 2016 ne manque pas d'atouts: un nez subtilement floral, s'ouvrant à l'aération sur des notes de prune, de poire et de miel, avec une touche fumée; une bouche intense et fraîche en attaque, montrant une belle harmonie entre une acidité saillante et un moelleux épanoui, de jolis arômes qui font écho à ceux de l'olfaction (fleurs et fruits blancs, puis sous-bois), une finale élégante, reflet d'une vendange mûre. Du potentiel. (Sucres résiduels: 37 g/l.) ⧗ 2018-2023

PASCAL FRITSCH, 31, Grand-Rue, 68240 Kientzheim, tél. 03 89 78 24 27, contact@joseph-fritsch.com
V t.l.j. 10h-12h 14h-18h; dim. sur r.-v.

DOM. FRITZ
Cuvée Elian Exceptionnel 2013

| 820 | 15 à 20 € |

Créé en 1958, ce domaine implanté à Sigolsheim, au nord-ouest de Colmar, est conduit par Thierry Fritz, qui a succédé en 2006 à son père Daniel. Il a son siège dans un ancien moulin, aménagé à la fin des années 1960 en cave à vins. Le vignoble de près de 8 ha comprend plusieurs parcelles en grand cru Mambourg.

Le millésime précédent avait obtenu un coup de cœur. Pour le 2013, une robe d'un jaune d'or profond, un nez complexe et mûr, bien ouvert sur le miel, la truffe et la torréfaction (cacao). Le prélude à une bouche ample et puissante, dont l'opulence est équilibrée par ce qu'il faut de fraîcheur. Un vin original et séduisant, arrivé à son apogée. (Sucres résiduels: 30 g/l.) ⧗ 2018-2020

DOM. FRITZ, 3, rue du Vieux-Moulin, 68240 Sigolsheim, tél. 03 89 47 11 15, contact@domaine-fritz.fr V t.l.j. 8h-19h Ⓑ

FROEHLICH Vendanges tardives 2015 ★

| 1500 | 20 à 30 € |

Michel Froehlich a pris en 1992 la succession de son père Fernand, qui s'était lancé dans la mise en

bouteilles. Si le siège du domaine est situé dans la plaine, au nord de Colmar, les 11 ha de vignes sont disséminés dans quatre villages réputés: Beblenheim, Zellenberg, Ribeauvillé et Riquewihr.

Or brillant, ces vendanges tardives enchantent par leur nez aromatique et tout en finesse, sur la mirabelle, l'abricot et les agrumes confits. Dans le même registre, la bouche séduit par la vivacité de son attaque, qui équilibre sa matière puissante et onctueuse. La finale fraîche laisse une impression d'élégance et donne à ce vin un côté aérien. (Sucres résiduels: 87 g/l.) ⧗ 2018-2025

MICHEL FROEHLICH, 29, rte de Colmar, 68150 Ostheim, tél. 03 89 86 01 46, froehlich.michel@neuf.fr V ♿ ▪ *t.l.j. sf dim. 8h-11h30 13h30-18h30*

GINGLINGER-FIX 2016 ★

■	8900	▮	8 à 11 €

La tradition vigneronne remonte à 1610 dans cette famille établie à Voegtlinshoffen, village veillé par les Trois Châteaux, au sud de Colmar. En 2016, André Ginglinger a passé le relais à sa fille Éliane, œnologue, et à son fils Hubert, ingénieur viticole. Le tandem exploite 7,5 ha de vignes selon une démarche bio, sans certification.

Une robe or pâle pour ce pinot gris vinifié en sec. Le nez frais, tout en finesse florale, livre à l'aération des notes de pêche. La bouche déploie une belle matière ronde, soutenue par une fraîcheur minérale qui souligne en finale des arômes persistants de fruits et de sous-bois. (Sucres résiduels: 8 g/l.) ⧗ 2018-2020

GINGLINGER-FIX, 38, rue Roger-Frémeaux, 68420 Voegtlinshoffen, tél. 03 89 49 30 75, info@ginglinger-fix.fr V ♿ ▪ *r.-v.*

GOCKER Vieilles Vignes 2016

■	2000	11 à 15 €

Philippe et Andrée Gocker, installés en 1978, perpétuent une tradition vigneronne remontant au XVIᵉs. Situé au cœur de la route des Vins, leur domaine de 8 ha est implanté à Mittelwihr et dans trois communes voisines: Hunawihr, Bennwihr et Riquewihr.

D'un or pâle brillant, ce moelleux séduit par son nez ouvert sur la fleur blanche, l'amande et le sous-bois, teintés de notes beurrées. L'attaque dévoile une matière ample et corsée, en harmonie avec des arômes de raisin passerillé. Une belle fraîcheur allège l'ensemble et met en valeur la finale marquée par une note d'abricot sec. Une certaine élégance. (Sucres résiduels: 30 g/l.) ⧗ 2018-2023

PHILIPPE GOCKER, 1, pl. des Cigognes, 68630 Mittelwihr, tél. 03 89 49 01 23, domaine.gocker@hotmail.fr V ♿ ▪ *t.l.j. sf dim. 8h-12h 14h-19h; f. août*

GRUSS Vendanges tardives 2015 ★

■	2000	20 à 30 €

Fondée en 1947, une maison bien connue des lecteurs du Guide, notamment pour ses crémants. Le vigneron et négociant André Gruss a pris en 1997 la suite de son père Bernard. Il exploite plus de 16 ha de vignes sur quatre communes au sud de Colmar: Eguisheim, Wettolsheim, Herrlisheim et Rouffach.

Le millésime 2015 a fourni abondance de vendanges tardives dont voici une cuvée très réussie. On aime ses reflets dorés, et surtout son nez intense et élégant, entre acacia, réglisse, épices douces et notes de surmaturation (fruits jaunes et agrumes confits). On retrouve cette finesse et cette complexité dans une bouche onctueuse à souhait, sans la moindre lourdeur. De belle longueur, ce liquoreux gagnera encore en harmonie avec le temps. (Sucres résiduels: 85 g/l.) ⧗ 2018-2025

JOSEPH GRUSS ET FILS, 25, Grand-Rue, 68420 Eguisheim, tél. 03 89 41 28 78, domainegruss@hotmail.com V ♿ ▪ *t.l.j. 8h-12h 13h30-18h30; dim. 8h-12h*

HARTWEG 2016 ★★

■	15000	◐	8 à 11 €

Fondée au nord de Colmar en 1930, cette exploitation est conduite depuis 1972 par Jean-Paul Hartweg, rejoint par son fils Frank en 1996. Le tandem exploite autour du joli village de Beblenheim un vignoble de 9,5 ha dont les fleurons sont en grand cru (Sonnenglanz, Mandelberg).

Les pinots gris du domaine figurent souvent en très bonne place dans le Guide. D'un jaune d'or lumineux, ce moelleux 2016 ne fait pas exception. Intense et complexe, le nez, d'abord floral, s'épanouit à l'aération sur des notes d'amande fraîche, d'abricot et de figue. Ce côté confituré s'épanouit dans une bouche ample et suave, remarquablement équilibrée, où l'on découvre aussi des arômes de pêche blanche, de mangue et de fruits secs. Une belle maturité pour cette bouteille promise à une longue garde. (Sucres résiduels: 24 g/l.) ⧗ 2018-2026

JEAN-PAUL ET FRANK HARTWEG, 39, rue Jean-Macé, 68980 Beblenheim, tél. 03 89 47 94 79, frank.hartweg@free.fr V ♿ ▪ *t.l.j. sf dim. 9h-11h45 14h-17h45; sam. sur r.-v.*

HAULLER FRÈRES Signature 2016 ★

■	800	▮	15 à 20 €

Tonneliers depuis le XVIIIᵉs., les Hauller sont devenus viticulteurs au début du siècle dernier. En 1996, ils créent une structure de négoce, la Cave du Tonnelier, et en 2004 aménagent de nouveaux locaux à Sélestat. Le domaine en propre s'est agrandi depuis 2014, passant de 10 à 27 ha, du Bas-Rhin à Soultzmatt. Avec Ludovic et Guillaume, la nouvelle génération s'est installée en 2015.

Une réelle concentration pour cette cuvée de moelleux aux senteurs caractéristiques du pinot gris: sous-bois, fumé, aux côtés de notes de fruits jaunes, d'amande et de poire séchée. Les sucres, très présents, sont bien fondus dans un corps riche, rond et persistant. Une belle acidité et de la minéralité donnent profondeur et élégance à la finale. (Sucres résiduels: 32 g/l.) ⧗ 2018-2022

FAMILLE HAULLER, 3, rue de Charleroi, 67600 Sélestat, tél. 03 88 92 40 00, claude@famillehauller.com V ♿ ▪ *r.-v.*

VICTOR HERTZ Tradition 2016 ★★

■	4200	▮	5 à 8 €

En 2007, Béatrice Hertz a pris la suite de son père Victor sur le domaine familial situé à 10 km au sud de Colmar. Elle recherche dans ses vins l'expression des

différents terroirs de son exploitation, qui compte 8 ha répartis sur trois villages viticoles des environs de la grande ville haut-rhinoise: Herrlisheim, Wettolsheim et Wintzenheim.

Vinifié en sec, ce pinot gris, récolté à la mi-octobre, présente un nez intense et riche sur les fruits jaunes très mûrs, qui se teintent d'ananas confit à l'aération. En bouche, cette note d'ananas donne un côté exotique à ce vin à la fois tendre, puissant et dynamique: une remarquable cuvée, typique du cépage et du millésime. Elle accompagnera tout un repas. (Sucres résiduels: 10 g/l.) ⌛ 2018-2021

BÉATRICE HERTZ, Dom. Victor Hertz, 8, rue Saint-Michel, 68420 Herrlisheim-près-Colmar, tél. 03 89 49 31 67, beatrice@vinsvictorhertz.com t.l.j. 9h-12h 14h-18h; dim. sur r.-v.

HERTZOG Cuvée particulière 2016

	6500		5 à 8 €

Un domaine de 8 ha établi au sud-ouest de Colmar, à Obermorschwihr, village connu pour son clocher à colombages. Installé en 1977 sur l'exploitation familiale, Sylvain Hertzog a attiré plus d'une fois l'attention grâce à certaines de ses cuvées, couronnées comme la grenouille qui orne parfois ses étiquettes.

Une robe or aux reflets légèrement ambrés pour ce vin au nez discrètement fruité, qui s'affirme à l'aération sur des notes d'orange confite. L'attaque ronde et opulente introduit un palais ample, aux arômes de fruits surmûris et de sous-bois, marqué en finale par une touche saline. (Sucres résiduels: 17 g/l.) ⌛ 2018-2021

SYLVAIN HERTZOG, 36, rte du Vin, 68420 Obermorschwihr, tél. 03 89 49 31 93, sylvainhertzog@wanadoo.fr t.l.j. sf dim. 9h-12h30 13h30-19h

ROGER HEYBERGER Bildstoecklé 2016 ★

	1600	8 à 11 €

Les lointaines origines du domaine, conduit depuis 1990 par Denis Heyberger, remontent à 1621. Aujourd'hui, avec près de 16 ha de vignes disséminés dans sept communes du sud de Colmar, entre Obermorschwihr et Rouffach, le vigneron peut jouer sur une belle palette de terroirs (dont trois grands crus).

D'un jaune clair aux reflets dorés, ce pinot gris présente un nez encore jeune et discret, entre fragrances florales, fruits jaunes et touche fumée caractéristique du cépage. En bouche, il dévoile dès l'attaque une matière imposante, ample et opulente, équilibrée par une vivacité bienvenue. La finale agréable est marquée par des notes de fruits jaunes confits. (Sucres résiduels: 16 g/l.) ⌛ 2018-2021

ROGER HEYBERGER ET FILS, 5, rue Principale, 68420 Obermorschwihr, tél. 03 89 49 30 01, info@vins-heyberger.fr t.l.j. sf dim. 8h-11h45 14h-18h

HORCHER Sélection 2016 ★

	4500		8 à 11 €

Domaine situé au cœur de la route des Vins, près de Riquewihr. À sa création par Alfred Horcher en 1920, il ne comptait que 1 ha de vignes. Ernest Horcher débute la vente en bouteilles en 1953, transmet la propriété à Alfred Hubert en 1981. Depuis 2014, les enfants de ce dernier, Thomas, Lise et Irène, travaillent sur l'exploitation: 11 ha disséminés sur six communes et plus de quarante parcelles, dont certaines en grand cru (Mandelberg, Sporen et Kaefferkopf).

Une robe jaune d'or brillant pour ce pinot gris au nez intense mêlant notes de grillé, de mousse et d'abricot sec. L'attaque onctueuse ouvre sur un palais puissant, ample et opulent, dont la richesse en sucre est équilibrée par une acidité tranchante. La longue finale marquée par une pointe d'amertume laisse deviner un potentiel de garde intéressant. (Sucres résiduels: 30 g/l.) ⌛ 2018-2023

LISE HORCHER, 6, rue du Vignoble, 68630 Mittelwihr, tél. 03 89 47 93 26, info@horcher.fr t.l.j. sf dim. 8h-11h45 14h-18h

HUMBRECHT 1619 Côté terre 2016 ★

	4993		8 à 11 €

Une famille établie à Gueberschwihr, cité viticole dominée par un superbe clocher roman, au sud de Colmar. Les origines de la propriété se perdent dans la nuit des temps: en 1619, des ancêtres vignerons dans le village; plus récemment, Georges, installé en 1965, puis Claude, en 1992. Un domaine de 8 ha cultivé en bio certifié (depuis 2013); de beaux terroirs à dominante argilo-calcaire.

Son terroir argilo-marneux d'origine a conféré à cette cuvée intensité et puissance. Le nez est déjà bien ouvert sur le raisin surmûri, le sous-bois et le champignon. En bouche, ce pinot gris dévoile un corps harmonieux aux rondeurs charmeuses, équilibrées par une belle fraîcheur, et offre une finale longue et épicée. Moelleux léger ou demi-sec, un vin parfait pour la table. (Sucres résiduels: 22 g/l.) ⌛ 2018-2022

CLAUDE HUMBRECHT, 33, rue de Pfaffenheim, 68420 Gueberschwihr, tél. 03 89 49 31 51, claude.humbrecht@orange.fr t.l.j. sf dim. 9h-12h 14h-18h

MARCEL IMMÉLÉ Mathias 2016

	3800		5 à 8 €

Originaire de Suisse, la famille Immélé a fait souche en 1831 au sud de Colmar, à Voegtlinshoffen, un village perché qui offre une vue imprenable sur le vignoble et la plaine d'Alsace. Aujourd'hui, Marcel exploite près de 9 ha de vignes avec son fils Marc qui l'a rejoint en 1997.

Originale, la palette aromatique de ce demi-sec traduit un élevage de neuf mois en foudre neuf, mêlant au nez comme en bouche les arômes du chêne à des notes de fruits jaunes bien mûrs. Dès l'attaque, une ligne de fraîcheur soutient le palais et équilibre des sensations moelleuses. La finale fait de nouveau ressortir le boisé singulier. (Sucres résiduels: 15 g/l.) ⌛ 2018-2022

MARCEL IMMÉLÉ, 8, rue Roger-Frémeaux, 68420 Voegtlinshoffen, tél. 06 80 03 72 48, immele@vins-immele.net t.l.j. sf dim. 8h30-12h 14h-18h

KAMM Les Terrasses volcaniques 2016 ★

	800		11 à 15 €

Fondé en 1905, ce domaine compte aujourd'hui 7 ha autour de Dambach-la-Ville, important village viticole

fortifié situé entre Barr et Sélestat. Comme de nombreux producteurs alsaciens, Jean-Louis Kamm et son fils Éric – qui conduit la propriété depuis 2005 – ont franchi le pas: ils ont engagé en 2010 la conversion bio de leur vignoble, jusqu'alors exploité en lutte raisonnée.

Une cuvée issue d'un vignoble d'altitude aux sols volcaniques – une rareté en Alsace. Robe or pâle, nez fin, frais et léger, entre menthol et abricot, bouche dans le même style, aérienne et vive, à la finale saline. Un pinot gris typé du cépage, vinifié en sec, avec précision. Parfait pour l'apéritif. (Sucres résiduels: 8 g/l.) ⧗ 2018-2020

⊶ JEAN-LOUIS ET ÉRIC KAMM, 59, rue du Mal-Foch, 67650 Dambach-la-Ville, tél. 06 75 79 01 09, jl.kamm@orange.fr V r.-v.

CH. DE KINTZHEIM 2016

	9500		8 à 11 €

Rebaptisée Les Faîtières, la cave vinicole d'Orschwiller, fondée en 1957, s'approvisionne dans trois villages situés en contrebas du château du Haut-Kœnigsbourg: Orschwiller, Kintzheim et Saint-Hippolyte (130 ha au total). C'est aussi le nom de sa marque.

Vinifiée par la coopérative, cette cuvée provient du vignoble historique du château de Kintzheim, qui domine ce village. Née d'un terroir de gneiss, elle s'ouvre lentement sur les fruits frais, le sous-bois, la mousse humide. Au palais, des sensations de rondeur sont équilibrées par une franche acidité. La finale gourmande est marquée par des arômes de fruits légèrement surmûris. (Sucres résiduels: 17 g/l.) ⧗ 2018-2021

⊶ LES FAÎTIÈRES, 3, rte du Vin, 67600 Orschwiller, tél. 03 88 92 09 87, cave@cave-orschwiller.fr V t.l.j. 10h-12h 14h-19h

ALBERT KLUR
Hinterburg Vendanges tardives 2015

	1900		20 à 30 €

Les deux frères Nicolas et Guillaume Klur ont repris en 2003 le domaine familial, qui a son siège à Katzenthal, village enserré dans un vallon près de Colmar. Réparti dans quatre communes proches de la préfecture du Haut-Rhin (outre Katzenthal, Ammerschwihr au nord, Wettolsheim et Eguisheim au sud), leur vignoble couvre 10 ha, avec des parcelles dans cinq grands crus.

Élégance et fraîcheur, deux mots pour résumer ces vendanges tardives issues d'un terroir granitique: robe or vert, nez tout en finesse, sur le coing et les épices douces, palais suave et délicat en attaque, gras et onctueux, aux arômes de fruits jaunes et d'agrumes confits rehaussés de touches épicées. Un trait d'acidité apporte de la fraîcheur et souligne la longue finale aux nuances de noisette grillée. (Sucres résiduels: 75 g/l.) ⧗ 2018-2028

⊶ NICOLAS ET GUILLAUME KLUR, 61, rue d'Ammerschwihr, 68230 Katzenthal, tél. 03 89 27 22 51, vinsalbertklur@orange.fr V t.l.j. 9h-12h 13h30-18h B

B CLÉMENT KLUR 2016

	4000		11 à 15 €

Les Klur sont vignerons depuis le XVIIe s., mais c'est en 1999 que Clément Klur a créé le domaine, qui couvre 7 ha autour de Katzenthal, village enserré dans un vallon près de Colmar. Ici, tout est bio et «écolo»: la conduite de la vigne (biodynamie), la cave ronde, la vinification et jusqu'aux logements de vacances. En 2017, la famille s'est recentrée sur les activités d'accueil: elle a confié la gestion de l'exploitation viticole au domaine voisin Léon Heitzmann, exploité lui aussi en biodynamie, ainsi que la commercialisation de ses cuvées.

D'un doré lumineux, ce vin laisse de nombreuses larmes sur les parois du verre. Assez complexe au nez, il mêle le fruit jaune surmûri, des touches fumées, toastées et briochées. Après une attaque souple et élégante, sur un fruit gourmand, il dévoile un bel équilibre entre fraîcheur et suavité. (Sucres résiduels: 12 g/l.) ⧗ 2018-2021

⊶ CLÉMENT KLUR, 2, Grand-Rue, 68770 Ammerchwihr, tél. 06 73 50 86 42, contact@vinsklur.com V t.l.j. sf dim. 8h-12h 13h30-18h ⊶ Léon Heitzmann

DOM. LANDMANN Prestige 2016

	3000		11 à 15 €

Après avoir travaillé comme cadre dans une banque pendant une dizaine d'années, Armand Landmann revient sur ses terres en 1992. Il rénove l'ancienne demeure, regroupe les vignes de son père et de sa tante pour constituer un domaine de 12 ha, avec des parcelles dans deux grands crus. Le siège de la propriété est à Nothalten, près de Barr.

Issue de raisins récoltés en surmaturation le 30 octobre et de rendements parfaitement maîtrisés, cette cuvée séduit d'emblée par sa robe or brillant et par ses belles larmes. Son nez délicat mêle fleurs blanches, pêche, abricot, miel et notes fumées. Fruits jaunes et miel s'épanouissent dans une bouche ample et suave, tout en rondeur moelleuse. De la concentration et un certain potentiel. (Sucres résiduels: 40 g/l.) ⧗ 2018-2025

⊶ EARL ARMAND LANDMANN, 74, rte du Vin, 67680 Nothalten, tél. 06 08 61 29 14, armand-landmann@yahoo.fr V r.-v.

B JEAN-LOUIS ET FABIENNE MANN
Ortel 2016

	1800		20 à 30 €

Fabienne et Jean-Louis Mann ont repris les vignes familiales en 1982: d'abord coopérateurs, ils se sont mis à leur compte en 1998. Conversion au bio (certification en 2008), puis en 2009 à la biodynamie, à l'arrivée du fils Sébastien. Aujourd'hui, près de 13 ha, des parcelles disséminées entre Katzenthal et Eguisheim, au nord et au sud de Colmar, avec des vignes dans neuf lieux-dits et deux grands crus. En ligne de mire: l'expression du terroir.

Vinifiée en sec, une cuvée élevée pour moitié en barrique. La couleur, soutenue, tire sur le vieil or. Le nez, en revanche, apparaît encore jeune, livrant à l'aération des notes de pain d'épice et de fruits secs. Vif en attaque, plus rond dans son développement, aromatique, le palais s'exprime sur des notes de raisin de Corinthe, de noisette, et finit sur des notes d'élevage. (Sucres résiduels: 3 g/l.) ⧗ 2019-2022

⊶ EARL SÉBASTIEN MANN, 11, rue du Traminer, 68420 Eguisheim, tél. 03 89 24 26 47, vinsmann@gmail.com V r.-v.

DOM. DU MANOIR
Clos du Letzenberg Cuvée Victoria 2016

| 850 | | 8 à 11 € |

En 1979, Jean-Francis Thomann, fils d'un petit viticulteur d'Ingersheim, a repris le Clos du Letzenberg, aménagé en 1852 sur un coteau escarpé dominant la vallée de la Fecht, puis laissé à l'abandon après 1914. Il a fini par lâcher son travail à la banque et a impliqué ses proches dans l'aventure. La famille a restauré les murs de soutènement en pierre sèche, défriché, planté et bichonne aujourd'hui 10 ha de vignes.

Vinifiée et élevée en barrique, une microcuvée originale: robe vieil or, nez intensément boisé, toasté, avec du fruit sec et du fruit mûr à l'arrière-plan; en bouche, de l'ampleur, de la suavité, en harmonie avec des arômes d'abricot subtilement mariés aux notes du merrain. (Sucres résiduels: 1,6 g/l.) ⧗ 2019-2022 ■ **Clos du Letzenberg 2016 (8 à 11 €; 1300 b.)** : vin cité.

THOMANN, 56, rue de la Promenade, 68040 Ingersheim, tél. 03 89 27 23 69, domainedumanoir@gmail.com V *t.l.j. sf dim. 10h-12h 14h-18h*

MARZOLF 2016 ★★

| 2390 | | 5 à 8 € |

Viticulteurs depuis 1730, les Marzolf se sont établis en 1904 à Gueberschwihr, village aussi connu pour son clocher roman de grès rose que pour l'ancienneté de son vignoble. Après Paul et René, Denis, installé en 1985, conduit l'exploitation, qui comprend des parcelles dans le grand cru local, le Goldert.

La robe jaune doré laisse des larmes sur les parois du verre. Bien ouvert, le nez offre des notes caractéristiques du cépage: fleurs blanches, aspérule, fruits mûrs, sous-bois, touches fumées. Après une attaque fraîche, le palais se déploie avec puissance et opulence sur des notes de fruits jaunes jusqu'à la finale persistante. Vinifié en sec, ce 2016 offre un excellent équilibre entre richesse, acidité et minéralité. (Sucres résiduels: 13 g/l.) ⧗ 2018-2022

MARZOLF, 9, rte de Rouffach, 68420 Gueberschwihr, tél. 03 89 49 31 02, vins@marzolf.fr V *t.l.j. 9h-12h 13h30-18h*

NICOLLET Sélection de grains nobles 2015 ★

| 4700 | | 20 à 30 € |

Reconstitué en 1920 après le phylloxéra, ce domaine est situé dans la Vallée Noble, à environ 20 km au sud de Colmar. Gérard Nicollet commence la vente en bouteilles dans les années 1960. Installé en 2004, Marc exploite avec sa compagne Sara 14 ha de vignes, dont plusieurs parcelles en grand cru Zinnkoepflé.

Un millésime solaire, un vignoble de la Vallée Noble propice à la surmaturation. Il en résulte un liquoreux jaune d'or soutenu, dont le nez encore discret s'ouvre sur des senteurs suaves de pruneau, de confiture de baies d'églantine, rehaussées de touches d'agrumes confits et de pistache grillée. Après une attaque fraîche, le vin déploie une matière chaleureuse et opulente, un peu lourde, en harmonie avec des arômes de miel et de fruits jaunes confiturés. Une note citronnée apporte du tonus et allonge la finale. (Sucres résiduels: 160 g/l.; bouteilles de 50 cl.) ⧗ 2019-2028

MARC NICOLLET, 33, rue de la Vallée, 68570 Soultzmatt, tél. 03 89 47 03 90, vinsnicollet@wanadoo.fr V *t.l.j. sf dim. 9h-12h 14h-18h*

ROBERT ROTH Orschwillerbourg 2016 ★

| 7131 | | 8 à 11 € |

Une lignée d'agriculteurs-viticulteurs-éleveurs, établie depuis 1845 à Soultz-Haut-Rhin, à l'extrémité sud de l'Alsace. Vers 1950, Victor Roth développe la vente des vins; Robert agrandit le domaine, qu'il transmet à Christophe et Patrick en 1986; œnologue, Victor, l'arrière-petit-fils, a rejoint l'exploitation en 2017. Abrité par le Grand Ballon d'Alsace, le vignoble couvre aujourd'hui 17,5 ha. En conversion bio.

Issu d'un lieu-dit marno-gréseux, exposé plein sud, ce moelleux or pâle demande un peu d'aération pour libérer des parfums d'une belle fraîcheur, entre fleurs blanches, aspérule, notes minérales et sous-bois. Après une attaque plutôt vive, le palais apparaît dominé par des impressions de richesse et de générosité, rehaussé en finale par des arômes de fruits jaunes acidulés. (Sucres résiduels: 15 g/l.) ⧗ 2018-2021

DOM. ROBERT ROTH, 38 A, rte de Jungholtz, 68360 Soultz-Haut-Rhin, tél. 03 89 76 80 45, domaine-robertroth@orange.fr V *t.l.j. sf dim. 9h-12h 14h-19h* *Patrick et Christophe Roth*

DANIEL RUFF
Weinberg Sélection de grains nobles 2015 ★

| 1500 | | 20 à 30 € |

Un domaine de 15 ha situé au pied du mont Sainte-Odile, dans le pays de Barr. Si son savoir-faire s'étend à d'autres variétés, Daniel Ruff y cultive avec ferveur le klevener, cépage fétiche de Heiligenstein qui a valu au village une dénomination communale.

Une récolte le 1er décembre pour les raisins à l'origine de ce liquoreux d'un jaune d'or profond, qui demande de l'aération avant de déployer peu à peu ses parfums: fruits jaunes, coing, agrumes confits, miel, épices. Après une attaque vive et fine, le vin se développe avec rondeur, richesse et puissance, sur de discrètes notes épicées, confites et grillées, nuancées de caramel. Une fraîcheur bienvenue revient en finale. Un ensemble harmonieux et fondu. (Sucres résiduels: 90 g/l.; bouteilles de 50 cl.) ⧗ 2018-2028

DANIEL RUFF, 64, rue Principale, 67140 Heiligenstein, tél. 03 88 08 10 81, ruffvigneron@wanadoo.fr V *t.l.j. 8h-12h 13h45-19h*

SÉLECTION DE RUNNER 2016

| 4800 | | 8 à 11 € |

Dirigé par Francis Runner depuis 1997, ce domaine familial créé en 1935 couvre près de 12 ha autour de Pfaffenheim, au sud de Colmar, avec des vignes dans le grand cru local, le Steinert.

Fermé et végétal au premier nez, ce pinot gris s'ouvre à l'aération sur des senteurs typées du cépage: fruits jaunes frais, sous-bois, avec une touche fumée. La bouche ample et ronde est tendue par une franche acidité qui donne de l'allant à une finale gourmande. Un moelleux léger, pour la table. (Sucres résiduels: 17,5 g/l.) ⧗ 2018-2020

RUNNER, 1, rue de la Liberté, 68250 Pfaffenheim, tél. 03 89 49 62 89, francoisrunner@aol.com V r.-v.

DOM. SAINTE-MARGUERITE 2015

| 2277 | | 8 à 11 € |

Arthur Metz est une maison de négoce créée en 1904, dans le giron des Grands Chais de France depuis 1991. Elle regroupe trois sites dans le Bas-Rhin et se fournit auprès de quelque 650 viticulteurs cultivant environ 1 000 ha.

La robe est légère, or clair. Le nez fait la part belle à un fruité très mûr, entre poire, mirabelle et coing, rehaussé de touches épicées. On retrouve la prune, le fruit jaune, alliés au raisin frais dans une bouche vineuse, souple, ronde sans lourdeur. Moelleux léger ou demi-sec, ce vin n'a rien d'imposant, mais il plaît par son fruité complexe et par son équilibre. (Sucres résiduels: 13 g/l.) 2018-2020

SAS ARTHUR METZ, 102, rue du Gal-de-Gaulle, 67520 Marlenheim, tél. 03 88 59 28 60, mstrub@arthurmetz.fr V *t.l.j. 10h-12h30 14h-18h*

♥ SCHALLER 2016 ★★

| 5200 | | 8 à 11 € |

La famille Schaller fait remonter son arbre généalogique à 1609. Les ancêtres étaient charpentiers et tonneliers. Le domaine s'est spécialisé en viticulture au début du siècle dernier. Patrick Schaller a transmis en 2003 à son fils Charles un vignoble de 9 ha à Mittelwihr et dans trois villages voisins, au cœur de la route des Vins – ainsi qu'un vif intérêt pour le crémant.

Vinifié en sec, ce vin or brillant est un modèle de pinot gris, avec son nez typé, «automnal», sur le fruit jaune et le sous-bois, suivi d'un palais gourmand, ample et puissant, à la finale longue et soyeuse. Une bouteille qui séduit avant tout par son rare équilibre entre une richesse contenue et une acidité minérale qui lui donne relief et intensité. (Sucres résiduels: 8 g/l.) 2018-2023

EARL EDGARD SCHALLER ET FILS, 1, rue du Château, 68630 Mittelwihr, tél. 03 89 47 90 28, charles.schaller@orange.fr V *t.l.j. 9h-12h 14h30-18h30*

SCHEIDECKER Sélection de grains nobles 2015 ★★

| 2500 | | 20 à 30 € |

Philippe Scheidecker, rejoint en 2013 par son fils Laurent, est établi à Mittelwihr, commune viticole située au nord-ouest de Colmar. Le vignoble familial comporte des parcelles dans trois grands crus: Froehn, Sporen et Mandelberg.

Il offre à profusion tout ce que l'on attend de ce style de vin: une robe jaune d'or soutenu aux reflets ambrés; un nez intense, miellé et confit (coing, raisins secs, fruits jaunes, agrumes), nuancé d'un discret sous-bois; une attaque ample et puissante, au caractère liquoreux marqué, ouvrant sur un palais riche et persistant, en harmonie avec l'olfaction; une longue finale où le coing s'allie au fruit sec grillé. Cette bouteille donnera toute sa mesure dans un an ou deux. (Sucres résiduels: 120 g/l.; bouteilles de 50 cl.) 2018-2028

SCHEIDECKER ET FILS, 13, rue des Merles, 68630 Mittelwihr, tél. 03 89 49 01 29, contact@scheidecker-fils.com V *t.l.j. 9h-12h 14h-18h*

FRANÇOIS SCHMITT Vendanges tardives 2015

| 1000 | | 20 à 30 € |

Descendant d'une lignée d'agriculteurs établis dans la partie sud du vignoble, François Schmitt reprend en 1972 la ferme familiale dotée de 3 ha de vignes. Il achète des parcelles bien situées (Pfingstberg, Bollenberg, puis Zinnkoepflé) et se lance dans la vinification. Installé en 1998, son fils Frédéric exploite 13 ha. Il a engagé graduellement la conversion bio du vignoble à partir de 2005.

Une robe jaune d'or et de belles larmes pour ces vendanges tardives qui gagnent en complexité à l'aération, déployant des notes de miel, de fruits jaunes confits et de mirabelle, nuancées de touches de caramel et de noisette grillée. Le palais se montre ample, suave, cossu. On y retrouve les notes confites et miellées, en harmonie avec un caractère concentré et liquoreux. Un petit manque de nerf? La finale intensément fruitée, riche et longue n'en laisse pas moins une belle impression. (Sucres résiduels: 118 g/l.) 2018-2028

FRÉDÉRIC SCHMITT, 19, rte de Soultzmatt, 68500 Orschwihr, tél. 03 89 76 08 45, info@francoisschmitt.fr V *t.l.j. 8h-12h 13h30-19h; dim. sur r.-v.*

DOM. SCHOEPFER Tradition 2016 ★

| 3200 | | 8 à 11 € |

Installé en 2006 dans l'ancienne cour de l'abbaye de Marbach, au cœur de la cité médiévale d'Eguisheim, Vincent Schoepfer perpétue une lignée vigneronne remontant à 1656. En 2012, un peu à l'étroit, il a construit un nouveau vendangeoir et une cuverie thermorégulée.

Cette cuvée aux reflets dorés s'ouvre à l'aération sur des parfums complexes de fruits jaunes surmûris, nuancés d'une pointe de champignon. Les arômes fruités s'affirment au palais, en harmonie avec une structure puissante, onctueuse et riche, et persistent dans une finale exubérante. Un moelleux flatteur, «consensuel». (Sucres résiduels: 15 g/l.) 2018-2022

VINCENT SCHOEPFER, 43, Grand-Rue, 68420 Eguisheim, tél. 03 89 41 09 06, domaine.schoepfer@gmail.com V *t.l.j. sf dim. 8h30-11h 14h-18h*

EDMOND SCHUELLER Anna 2016 ★

| 1900 | 11 à 15 € |

Au pied des trois donjons qui dominent le vignoble de Husseren-les-Châteaux, point culminant de la route des Vins au sud de Colmar, Damien Schueller, installé en 1999, triple la surface du domaine (6 ha) patiemment constitué par son père Edmond, ancien salarié viticole. La propriété est en bio certifié depuis 2013.

Récolté le 1er octobre sur un terroir argilo-gréseux, le pinot gris a donné naissance à cette cuvée or brillant;

le nez sur les fruits confits et les fruits secs traduit la bonne maturité du raisin. Ce côté confit s'épanouit longuement dans une bouche riche et équilibrée, à la sucrosité bien fondue. Un vin séducteur et élégant. (Sucres résiduels: 9 g/l.) ⧗ 2018-2021

DAMIEN SCHUELLER, 26, rte du Vin, 68420 Husseren-les-Châteaux, tél. 03 89 49 32 60, info@alsace-schueller.com V r.-v. 3 B

ALINE ET RÉMY SIMON Vieilles Vignes 2016 ★

	2000		8 à 11 €

Installés dans la maison des grands-parents datant de 1772, Aline et Rémy Simon exploitent depuis 1996 le petit vignoble familial situé au pied du Haut-Kœnigsbourg, à la limite des deux départements alsaciens: 2 ha à l'origine, près de 8 ha aujourd'hui. Leurs fils Xavier et Grégory les ont rejoints sur l'exploitation.

Des vignes âgées de cinquante ans ont permis d'élaborer ce très joli moelleux qui s'ouvre sur les fruits confits, le coing, l'amande et des notes grillées. Dans le même registre, le palais apparaît frais à l'attaque, dense et rond dans son développement. Des arômes persistants de pêche, de pain grillé et de fruits secs donnent de l'élégance à la finale. (Sucres résiduels: 24 g/l.) ⧗ 2018-2023

DOM. ALINE ET RÉMY SIMON, 12, rue Saint-Fulrade, 68590 Saint-Hippolyte, tél. 03 89 73 04 92, alineremy.simon@wanadoo.fr V *t.l.j. 9h-12h15 13h30-19h* 2 A

PIERRE SPARR Le Clos Sainte-Odile 2016

	11300		11 à 15 €

Les lointaines origines de cette maison remontent à 1680, et l'activité de négoce à 1861. Après 1945, Pierre Sparr a remonté l'affaire, mise à mal, comme le reste de Sigolsheim, par les combats de la Poche de Colmar. Aujourd'hui, les deux générations qui perpétuent l'entreprise disposent de 10 ha de vignes en propre et d'une centaine d'hectares cultivés par des viticulteurs.

Un terroir réputé: aménagé en terrasses, le Clos Sainte-Odile est un coteau calcaire pentu, venté, bien exposé au sud-sud-est, dominant la ville d'Obernai. La maison Pierre Sparr, qui vinifie ses raisins, en a tiré un vin doré aux reflets cuivrés. Le nez discret s'ouvre à l'aération sur des notes fumées, grillées, sur des nuances d'amande. Ample et corsée en attaque, la bouche déploie des arômes suaves, floraux et fruités, rehaussés d'épices douces. La finale est délicate, un rien amère. (Sucres résiduels: 10 g/l.) ⧗ 2018-2020

MAISON PIERRE SPARR SUCCESSEURS, 14, rue de Hoen , 68980 Beblenheim, tél. 03 89 78 24 22, info@vins-sparr.com V *t.l.j. sf sam. dim. 9h-12h 14h-18h*

B DOM. AIMÉ STENTZ Sélection de grains nobles 2013 ★

	610	30 à 50 €

Fondé en 1919, ce domaine de 14 ha (en bio depuis 2010), situé à la périphérie ouest de Colmar, est dirigé depuis 2014 par Marc Stentz (petit-fils d'Aimé), secondé aux vinifications par son père Étienne. Le vignoble compte 55 parcelles sur cinq communes et cinq grands crus.

Le gewurztraminer liquoreux du même millésime avait obtenu trois étoiles. Le pinot gris, pas mal du tout, présente bien le profil de ce style de vins: une robe jaune d'or soutenu; un nez expressif, passant du miel aux fruits jaunes confits, avant de prendre à l'aération des tons plus automnaux de noisette grillée, avec un léger sous-bois; une bouche dans le même registre, puissante, riche et onctueuse en attaque, chaleureuse en finale, soutenue par ce qu'il faut de fraîcheur. Un bel équilibre, malgré l'opulence de la matière. (Sucres résiduels: 158 g/l.) ⧗ 2018-2028

MARC STENTZ, 37, rue Herzog, 68920 Wettolsheim, tél. 03 89 80 63 77, vins.stentz@calixo.net V *t.l.j. sf dim. 9h-12h 14h-18h*

STINTZI Cuvée spéciale 2016

	3300		8 à 11 €

Husseren-les-Châteaux, village haut perché au sud de Colmar, est à un saut de puce de Rouffach, où se trouve le lycée viticole. Olivier Stintzi n'a pas eu à aller bien loin pour faire ses études, mais il a voyagé ensuite jusqu'à la Napa Valley pour voir la vigne pousser sous d'autres climats. Il est installé depuis 2004 sur l'exploitation agrandie et spécialisée par ses parents (8 ha).

Récolté le 19 octobre, le pinot gris à l'origine de cette cuvée a donné naissance à un moelleux au nez flatteur, mêlant un fruité frais teinté d'agrumes et des touches de sous-bois. Ample et suave en attaque, plus svelte dans son développement, le palais est tendu par une belle fraîcheur qui lui assure un équilibre plaisant. (Sucres résiduels: 20 g/l.) ⧗ 2018-2021

OLIVIER STINTZI, 29, rue Principale, 68420 Husseren-les-Châteaux, tél. 03 89 49 30 10, olivier.stintzi@wanadoo.fr V *r.-v.*

DOM. DE LA TOUR Vieilles Vignes 2016 ★

	6300		5 à 8 €

Installé en 1985, Jean-François Straub a pris la suite avec son épouse Anne-Marie d'une lignée de vignerons et de tonneliers remontant à 1510. Il a été rejoint en 2005 par son fils Jean-Sébastien. Fort de 15 ha de vignes, le domaine s'est équipé d'une cuverie moderne, tout en conservant ses foudres traditionnels.

Vinifié en sec, un pinot gris issu d'un sol granitique et de vignes âgées de plus de quarante ans. Robe or pâle, nez jeune, entre melon, fruits jaunes et amande, palais dans le même registre, suave, plein et équilibré, finale minérale: un vin flatteur et consensuel, pour la table. (Sucres résiduels: 15 g/l.) ⧗ 2018-2022

JEAN-FRANÇOIS ET JEAN-SÉBASTIEN STRAUB, 35, rte des Vins, 67650 Blienschwiller, tél. 03 88 92 48 72, contact@vins-straub.fr V *r.-v.* 2 B

CAVE DU VIEIL ARMAND Éveil des papilles 2016 ★

	n.c.		8 à 11 €

Créée en 1959, la coopérative la plus méridionale du vignoble tire son nom du sommet vosgien du Vieil Armand, siège de violents combats pendant la Première Guerre mondiale. Elle regroupe près d'une centaine d'adhérents cultivant 140 ha dans les cantons de Cernay, Soultz et Guebwiller.

Une robe dorée pour ce pinot gris sudiste, qui s'ouvre doucement sur des senteurs de fruits jaunes bien mûrs, voire confits, rehaussées de touches épicées et grillées. La bouche suit la même ligne, ample et corsée en attaque, ronde et suave avec élégance, marquée en finale par une note d'abricot sec teintée d'un léger fumé. Du potentiel. (Sucres résiduels: 17,5 g/l.) ⧗ 2018-2023

LA CAVE DU VIEIL ARMAND, 1, rte de Cernay, 68360 Soultz-Wuenheim, tél. 03 89 28 22 04, noemie.boll@cavevieilarmand.com t.l.j. 8h-12h 14h-18h30; dim. 10h-12h 14h-18h30

J.-P. WASSLER Fronholz 2016 ★★

	1000		8 à 11 €

Installé depuis 1990 à la tête du vignoble familial, Marc Wassler cultive 12 ha de vignes sur les terroirs de Blienschwiller, de Dambach-la-Ville et d'Epfig, et dispose de parcelles dans deux grands crus.

Le terroir du Fronholz, coteau ensoleillé et frais aux sols argilo-calcaires, a permis une bonne maturation du pinot gris à l'origine de ce vin: robe solaire, or éclatant, nez intense, complexe, aux nuances de surmaturation, de sous-bois et de truffe, bien prolongé par une bouche concentrée et persistante, à la fois ample, tendre et dynamique. Un vin charmeur, à la «finale souriante», selon un dégustateur. (Sucres résiduels: 14 g/l.) ⧗ 2018-2021 **Anne et Marc Wassler 2016** ★ **(5 à 8 €; 5000 b.)** : vinifiée en sec, une cuvée typée du cépage sur terroir granitique. Nez bien ouvert sur les fruits jaunes, la prune et les épices, bouche gourmande, puissante, équilibrée par une fraîcheur marquée, belle finale sur les fruits mûrs. (Sucres résiduels: 4 g/l.) ⧗ 2018-2021

EARL JEAN-PAUL WASSLER FILS, 1, rte d'Epfig, 67650 Blienschwiller, tél. 03 88 92 41 53, marc.wassler@wanadoo.fr r.-v. Marc Wassler

DOM. WEINBACH
Cuvée Sainte-Catherine 2016 ★

	6300		30 à 50 €

Ancien vignoble monastique, mentionné au IXe s. et acquis en 1898 par la famille Faller. Avec 30 ha, il dispose aujourd'hui d'une belle palette de terroirs (le Schlossberg et le Furstentum notamment). À partir de 1979, Colette Faller, puis ses filles Catherine et Laurence lui ont donné une notoriété internationale, adoptant la biodynamie (sur l'ensemble de la propriété depuis 2005). Après le décès en 2014 de Laurence, la vinificatrice, puis celui de Colette en 2015, Catherine et ses fils Eddy et Théo assurent la continuité du domaine.

Une forte intensité colorante et de belles larmes pour ce pinot gris vinifié en sec, issu de vignes de quarante ans et élevé en foudres anciens. Bien ouvert, le nez dévoile des senteurs fruitées évoquant la surmaturation, rehaussées de notes épicées et fumées. Généreuse, ample, vineuse, la bouche développe des arômes très complexes et persistants de grillé et de sous-bois. Un vin riche et gourmand. (Sucres résiduels: 12 g/l.) ⧗ 2018-2022

DOM. WEINBACH, 25, rte du Vin, 68240 Kaysersberg, tél. 03 89 47 13 21, contact@domaineweinbach.com r.-v. Famille Faller

DOM. ZINCK Terroir 2016

	3000		15 à 20 €

Philippe Zinck, rejoint par Pascale, a repris en 1997 le vignoble fondé en 1964 par son père Paul autour de la vieille cité médiévale d'Eguisheim. L'ayant agrandi (20 ha, avec des parcelles dans quatre grands crus), il mise sur l'export. La lutte raisonnée a précédé la conversion progressive au bio (non certifié), engagée en 2011. Le domaine s'oriente vers la biodynamie.

La gamme Terroir naît de raisins cultivés sur des coteaux voisins de grands crus. Pour ce pinot gris, une robe dorée aux reflets ambrés, un nez discret, s'ouvrant sur des notes fumées et grillées, une bouche équilibrée, de bonne longueur, aux arômes de fruits secs et d'épices. L'ensemble, encore jeune, demande à se fondre. Du potentiel. (Sucres résiduels: 6,5 g/l.) ⧗ 2019-2021

PHILIPPE ZINCK, 18, rue des Trois-Châteaux, 68420 Eguisheim, tél. 03 89 41 19 11, info@zinck.fr t.l.j. sf dim. 9h-12h 14h-18h

ZINK Collection 2016

	17000		8 à 11 €

Installés dans une maison de 1616 abritant des foudres deux fois centenaires, Pierre-Paul Zink et son fils Étienne (depuis 2004) sont les héritiers de onze générations de vignerons. Ils exploitent avec talent 8,5 ha sur les coteaux vosgiens au sud de Colmar, dont le grand cru Steinert.

Une belle palette aromatique pour ce moelleux qui retient aussi l'attention par sa richesse. Au nez, de la pêche, de l'abricot, des touches de foin et de pain grillé. On retrouve les fruits jaunes dans un palais qui affiche dès l'attaque une rondeur marquée, contrebalancée par une acidité vive et citronnée. La longue finale aux accents de fruits secs donne une sensation de plénitude. (Sucres résiduels: 28 g/l.) ⧗ 2018-2022

ZINK, 27, rue de la Lauch, 68250 Pfaffenheim, tél. 03 89 49 60 87, infos@vins-zink.fr r.-v.

ALSACE PINOT NOIR

Superficie : 1 509 ha / Production : 108 326 hl

L'Alsace est surtout réputée pour ses vins blancs; mais sait-on qu'au Moyen Âge les rouges y occupaient une place considérable? Après avoir presque disparu, le pinot noir (le meilleur cépage rouge des régions septentrionales) a connu une notable expansion. On connaît bien le type rosé ou rouge léger, vin agréable, sec et fruité, susceptible d'accompagner une foule de mets comme d'autres rosés. Cependant, la tendance est à élaborer un véritable vin rouge de garde à partir de ce cépage.

DOM. AGAPÉ B 2016

	2500		15 à 20 €

Fils de vignerons et ingénieur de formation, Vincent Sipp rejoint l'exploitation familiale avant de créer en 2007 son propre domaine, qu'il baptise Agapé («Amour, Amitié» en grec). Situé entre Ribeauvillé

et Riquewihr, son vignoble s'étend sur 10 ha, avec des parcelles dans trois grands crus. En conversion bio depuis 2017.

Après un séjour de dix mois en barrique, cette cuvée affiche une robe profonde et reste dominée par l'élevage, tant au nez, finement toasté, qu'en bouche, où le chêne prend des tons épicés. Derrière le merrain toutefois, on trouve un vin intense, charnu, chaleureux, poivré, à la finale agréable. ⧗ 2019-2023

⊶ VINCENT SIPP, EARL Dom. Agapé, 10, rue des Tuileries, 68340 Riquewihr, tél. 03 89 47 94 23, domaine@alsace-agape.fr t.l.j. sf dim. 9h-18h

PIERRE ET FRÉDÉRIC BECHT Altitude 333 2015 ★

■ | 2400 | | 15 à 20 €

Pierre Becht et son fils Frédéric sont établis à Dorlisheim, village viticole jouxtant Molsheim, à 25 km à l'ouest de Strasbourg. Ils exploitent 22 ha de vignes, pour moitié dans leur village et pour l'autre au lieu-dit Stierkopf, près de Mutzig.

Voici au moins vingt ans que les Becht se distinguent par leurs vins rouges ambitieux – comme cette cuvée issue de vignes haut perchées. Après un séjour de dix-huit mois en barrique, sa robe est intense; son nez complexe délivre un élégant boisé aux nuances de torréfaction (café et cacao), qui laisse percer le fruit du pinot, entre griotte et noyau. L'attaque ouvre sur un palais ample, chaleureux et long, où l'on retrouve jusqu'en finale le fruit rouge, finement souligné des notes d'élevage. ⧗ 2018-2025

⊶ FRÉDÉRIC BECHT, 26, fg des Vosges, 67120 Dorlisheim, tél. 03 88 38 18 22, info@domaine-becht.com t.l.j. sf dim. 8h30-12h 14h-18h

♥ BECKER Zellenberg F 2016 ★★

■ | 3495 | | 15 à 20 €

Établie à Zellenberg près de Riquewihr, une exploitation dont les origines remontent à 1610, aujourd'hui gérée par deux frères, Jean-Philippe et Jean-François Becker. Ces vignerons disposent en propre de 11 ha, en bio certifié depuis 2001.

Parmi les six grands crus où les Becker détiennent des vignes, l'un d'eux, le Froehn, n'apparaît que par l'initiale F sur l'étiquette de cette cuvée de vin rouge – pourtant un must du domaine. En effet, la mention «alsace grand cru» est réservée à quatre cépages blancs. Cela n'empêche pas ce pinot noir élevé en pièces de chêne de remporter un coup de cœur, qui n'est pas son premier. Les atouts du 2016? Une robe profonde tirant sur le violet; des parfums intenses et complexes de cerise noire et de pruneau, soulignés d'un fin boisé vanillé; un palais dans le même registre, ample et long, plein de mâche, soutenu par des tanins harmonieux et par une fraîcheur qui lui donnent élégance et potentiel. ⧗ 2019-2025

⊶ GAEC JEAN-PHILIPPE ET JEAN-FRANÇOIS BECKER, 2, rte d'Ostheim, 68340 Zellenberg, tél. 06 07 39 59 06, jphilippebecker@aol.com r.-v.

LÉON BLEESZ Terroir Sohlenberg 2015

■ | 2000 | | 5 à 8 €

La lignée cultive la vigne depuis le XVIIIe s. Le domaine s'agrandit quand un ancêtre, en 1870, se fait payer pour remplacer un notable sur le champ de bataille et s'achète des vignes. Représentant la sixième génération, Christophe Bleesz s'est installé en 1987 à la tête de la propriété: 10 ha sur les coteaux environnant Reichsfeld, village niché dans un vallon dans l'arrière-pays de Barr.

Un terroir sableux et gréseux pour ce pinot noir élevé en cuve, belle expression de son cépage avec sa robe rubis vif, son nez frais sur la cerise et le kirsch, sa bouche équilibrée, à la fois souple et fraîche, aux tanins marqués mais enrobés. Un 2015 encore jeune. ⧗ 2018-2021

⊶ CHRISTOPHE BLEESZ, 1, pl. de l'Église, 67140 Reichsfeld, tél. 03 88 85 53 57, vin-location@bleesz.fr r.-v.

RENÉ BOEHLER Seiler 2016 ★

■ | 900 | | 11 à 15 €

Malgré l'héritage industriel des Bugatti, Molsheim reste attachée au vin. Le vin, rêve séculaire des Bohler, tanneurs de père en fils sous l'Ancien Régime. Antoine (mort en 1827) lève les yeux vers le cru Bruderthal, y achète les premiers rangs de vignes. Création du domaine en 1892, première mise en bouteilles en 1970. Installés en 1989, René et Josiane spécialisent, agrandissent et modernisent la propriété (8 ha aujourd'hui), avec le renfort de leur fils Julien depuis 2016.

Titulaire d'un master «Vigne, vin et terroir» passé à Dijon, Julien Boehler a soigné son pinot noir: profondeur de la robe, netteté du nez sur la cerise noire et la mûre, puissance et densité du palais, ce 2016 ne manque pas d'arguments. On lui trouve de la générosité, des notes compotées; et aussi ce qu'il faut de fraîcheur pour donner tonus, longueur et potentiel. ⧗ 2019-2024

⊶ RENÉ BOEHLER, 4, pl. de la Liberté, 67120 Molsheim, tél. 03 88 38 53 16, boehlerjulien@gmail.com t.l.j. sf dim. 8h-12h 13h-18h30

DOM. BROBECKER L'Exception 2016 ★★

■ | 1200 | | 8 à 11 €

Pascal Joblot a repris en 1997 les rênes du domaine qui porte le nom de son beau-père. L'agriculture raisonnée a précédé la conversion bio, engagée en 2009. Bien que modeste en superficie (4 ha), la propriété possède des parcelles sur les deux grands crus d'Eguisheim.

Issue de très petits rendements, cette cuvée n'a pas été élevée en barrique mais en foudre de bois, un contenant qui n'a laissé qu'une légère empreinte grillée. Elle a enchanté les dégustateurs par son fruité intense et typé, présent tout au long de la dégustation, ainsi que par son équilibre et par sa persistance. Un «vin plaisir» qui a des réserves. ⧗ 2018-2022

⊶ SCEA VINS BROBECKER, 3, pl. de l'Église, 68420 Eguisheim, tél. 06 87 52 80 72, joblot.brobecker@gmail.com r.-v.
⊶ Pascal Joblot

PAUL BUECHER
Rosenberg Les Terrasses 2015 ★

■ | 3000 | | 15 à 20 €

D'origine suisse, la famille Buecher s'est établie près de Colmar après la guerre de Trente Ans. Après Paul Buecher, qui a vendu en 1959 les premiers vins en bouteilles, se sont succédé Henri, Jean-Marc, puis Jérôme, à la tête du domaine depuis 2004. L'exploitation, agrandie à chaque génération, est passée de 5 à 30 ha; elle s'est étendue dans les grands crus et convertie au bio.

Issu d'un haut de coteau calcaire, ce 2015 dévoile dans sa robe une nuance orangée qui semble montrer qu'il a «de la bouteille». Expansif et chaleureux au nez, il libère des parfums typés de cerise rehaussés de notes poivrées. Dans une belle continuité, la bouche apparaît riche, puissante et ample, sans manquer de fraîcheur. Un vin bien structuré, avec une certaine profondeur. ⧗ 2018-2022

PAUL BUECHER, 15, rue Sainte-Gertrude, 68920 Wettolsheim, tél. 03 89 80 64 73, vins@paul-buecher.com V t.l.j. sf dim. 8h-12h 13h-17h

CHARLES FAHRER Vieilles Vignes 2016 ★★

■ | 5905 | | 5 à 8 €

De vieille souche vigneronne, Charles Fahrer a lancé son étiquette en 1965 et transmis son exploitation à son fils en 2000. Aujourd'hui, Thierry et Nathalie Fahrer cultivent 9 ha de vignes disséminés sur une trentaine de parcelles en contrebas du Haut-Kœnigsbourg, y compris dans le grand cru Praelatenberg.

La robe profonde aux reflets violets annonce la concentration de ce 2016 au nez intense et typé, chaleureux avec élégance, sur la cerise et le kirsch relevés d'une touche poivrée. Le prélude à un palais complexe, ample, puissant et persistant, soutenu par une belle structure tannique qui laisse deviner un réel potentiel. ⧗ 2019-2025

THIERRY FAHRER, 5-7, Grand-Rue, 67600 Orschwiller, tél. 03 88 92 08 25, charles.fahrer@evc.net V *t.l.j. 8h-12h 13h-18h30*

PAUL FAHRER Vinifié en barriques 2016

■ | 1541 | | 8 à 11 €

En 1938, Marcel Fahrer s'installe dans l'ancienne résidence du bailli de la forteresse du Haut-Kœnigsbourg; il effectue les premières mises en bouteilles en 1950. Paul le rejoint vingt ans plus tard, spécialise l'exploitation et élabore ses premiers crémants en 1980. Dirigé depuis 2009 par son fils Jean-Yves, œnologue, le domaine compte 6,5 ha de vignes.

Plus d'une fois en bonne place dans le Guide, cette cuvée a séjourné huit mois en fût. Le 2016 s'annonce par une robe foncée prometteuse. Encore fermé au nez, il libère à l'aération des notes de torréfaction puis de fruits rouges, cerise noire en tête. Après une attaque ronde et chaleureuse, des tanins vifs montent à l'assaut du palais, un peu sévères en finale. Ce pinot noir n'en laisse pas moins le souvenir d'un vin gourmand. ⧗ 2019-2023

JEAN-YVES FAHRER, 3, pl. de la Mairie, 67600 Orschwiller, tél. 03 88 92 86 57, vins@paulfahrer.fr V *r.-v.*

GINGLINGER-FIX 2016

■ | 7500 | | 8 à 11 €

La tradition vigneronne remonte à 1610 dans cette famille établie à Voegtlinshoffen, village veillé par les Trois Châteaux, au sud de Colmar. En 2016, André Ginglinger a passé le relais à sa fille Éliane, œnologue, et à son fils Hubert, ingénieur viticole. Le tandem exploite 7,5 ha de vignes selon une démarche bio, sans certification.

Né d'une vendange bien mûre, élevé en cuve, un pinot noir primesautier, tout en fruits: cerise, fraise, cassis, se bousculent au nez et se prolongent dans une bouche légère, souple et croquante, montrant quelques petits tanins vifs en finale. Une bouteille facile à marier avec toutes sortes de mets. ⧗ 2018-2022

GINGLINGER-FIX, 38, rue Roger-Frémeaux, 68420 Voegtlinshoffen, tél. 03 89 49 30 75, info@ginglinger-fix.fr V *r.-v.*

GSELL P 2015 ★

■ | 900 | | 15 à 20 €

La propriété, acquise en 1821 par la famille, est aujourd'hui conduite en bio par Nathalie et Julien Gsell, installés en 2004. Elle couvre 9 ha autour d'Orschwihr, gros village viticole au sud de la route des Vins, et comprend des parcelles dans des terroirs réputés, comme le Bollenberg et les grands crus Pfingstberg et Spiegel.

Derrière cette initiale P se cache le Pfingsberg, grand cru local (une mention non autorisée pour le pinot noir). Né sur ce coteau marno-gréseux, ce 2015 a séjourné dix-huit mois en fût. Dans le verre, une robe grenat dévoilant quelques reflets orangés d'évolution. Au nez, un boisé bien intégré, des notes de fruits rouges et de prune. En bouche, de la chair, du volume, de la rondeur équilibrée par une belle fraîcheur, des tanins fondus. Un vin élégant. ⧗ 2018-2022

JULIEN GSELL, 26, Grand-Rue, 68500 Orschwihr, tél. 03 89 76 95 11, joseph.gsell@wanadoo.fr V *t.l.j. sf dim. 9h-11h30 13h30-17h30*

ANDRÉ HARTMANN Armoirie Hartmann 2016

■ | 2800 | | 8 à 11 €

La famille Hartmann est établie depuis 1640 au village de Voegtlinshoffen, «Balcon de l'Alsace» perché sur un coteau, à quelque 10 km au sud de Colmar. Son domaine de 9 ha comprend plusieurs parcelles dans le grand cru Hatschbourg.

Le style du pinot noir traditionnel d'Alsace: robe rubis clair, nez précis sur la cerise, bien typé du pinot noir, bouche fraîche et fruitée de bout en bout, croquante et acidulée, laissant percevoir en finale quelques petits tanins. ⧗ 2018-2020

ANDRÉ HARTMANN, 11, rue Roger-Frémeaux, 68420 Voegtlinshoffen, tél. 03 89 49 38 34, contact@andre-hartmann.fr V *t.l.j. sf dim. 9h-12h 14h-18h*

HAULLER FRÈRES Signature F 2016

■ | 869 | | 20 à 30 €

Tonneliers depuis le XVIIIe s., les Hauller sont devenus viticulteurs au début du siècle dernier. En 1996, ils

créent une structure de négoce, la Cave du Tonnelier, et en 2004 aménagent de nouveaux locaux à Sélestat. Le domaine en propre s'est agrandi depuis 2014, passant de 10 à 27 ha, du Bas-Rhin à Soultzmatt. Avec Ludovic et Guillaume, la nouvelle génération s'est installée en 2015.
Une microcuvée de grande origine, comme le laisse supposer l'initiale F, devinette qui, pour les pinots noirs, incite à rechercher le grand cru de naissance, interdit d'étiquette. Après un séjour de douze mois en barrique, ce 2016 affiche une robe profonde. Le nez chaleureux associe des notes de fruits noirs traduisant un raisin très mûr à un boisé vanillé bien fondu. Fraîche en attaque, charnue, la bouche monte en puissance pour laisser le souvenir d'un vin riche, ample et long. ⧗ 2019-2023

FAMILLE HAULLER, 3, rue de Charleroi, 67600 Sélestat, tél. 03 88 92 40 00, claude@famillehauller.com V *r.-v.*

DOM. LÉON HEITZMANN 2015

■	2100		8 à 11 €

Sept générations se sont succédé sur ce domaine dont le siège est proche de la célèbre tour des Fripons, à Ammerschwihr. Conduit en bio depuis 2006 et en biodynamie depuis 2008, le vignoble couvre 12 ha répartis sur cinq communes, avec des parcelles dans deux grands crus voisins: le Kaefferkopf et le Schlossberg.
Les rouges occupent une bonne part des sélections du domaine. Pour ce 2015, une vinification sans sulfites et un élevage de dix mois en foudre. Il en résulte une robe rubis clair, un nez sur la cerise et la framboise légèrement confiturées, une bouche elle aussi sur le fruit, avec ce qu'il faut d'étoffe et un bon équilibre entre rondeur et fraîcheur. ⧗ 2018-2023

DOM. LÉON HEITZMANN, 2, Grand-Rue, 68770 Ammerschwihr, tél. 03 89 47 10 64, leon.heitzmann@wanadoo.fr V *t.l.j. sf dim. 8h-12h 13h30-18h*

JACQUES ILTIS Saint-Hippolyte 2015

■	5000		8 à 11 €

Établis à la limite des deux départements alsaciens, au pied du château du Haut-Kœnigsbourg, Benoît et Christophe Iltis, les fils de Jacques, conduisent depuis 1999 le domaine familial: 12 ha de vignes et une cave recelant d'anciens foudres de chêne légués par des ancêtres tonneliers.
La famille Iltis défend de longue date son «rouge de Saint-Hippolyte» – le village a obtenu en 2011 une dénomination communale pour son pinot noir. Élevé quinze mois en fût, le 2015 évoque le fruit noir, tant à l'œil qu'au nez: robe soutenue, parfums puissants et chaleureux de griotte au kirsch que l'on retrouve au palais. Frais en attaque, ample et charnu dans son développement, de bonne longueur, il s'adosse à des tanins souples, encore un peu sévères en finale. ⧗ 2019-2023

DOM. JACQUES ILTIS ET FILS, 1, rue Schlossreben, 68590 Saint-Hippolyte, tél. 03 89 73 00 67, jacques.iltis@iltis.fr V *t.l.j. 8h-12h 14h-18h; sam. dim. sur r.-v.*

KIRSCHNER Saveur boisée 2015

■	1775		8 à 11 €

Établie depuis 1820 à Dambach-la-Ville dans une maison à colombages du XVIIIe s., la famille Kirschner a conservé une étiquette de 1824. Laurent, installé en 2000, exploite 9,5 ha de vignes et cultive plusieurs cépages dans le grand cru Frankstein.
Saveur boisée? La mention pourrait faire songer à une aromatisation, alors que ce vin a bel et bien séjourné douze mois en barrique. Elle donne pourtant le profil de ce 2015 à la robe profonde, qui dévoile d'emblée des notes d'élevage épicées masquant quelque peu le fruit rouge et noir. Chaleureux et ample, adossé à des tanins fondus, le palais laisse lui aussi un sillage boisé en finale. ⧗ 2018-2022

LAURENT KIRSCHNER, 26, rue Théophile-Bader, 67650 Dambach-la-Ville, tél. 03 88 92 40 55, kirschner.pierre@wanadoo.fr V *t.l.j. sf dim. 9h-12h 13h30-19h*

ALBERT KLÉE
Élevé en fût de chêne 2016 ★★

■	3000		11 à 15 €

En 1624, Urbain Klée cultivait la vigne à Katzenthal, village proche de Colmar. Installés en 1978, Albert et Odile Klée ont passé le relais en 2014 à leur fils Jean-François, ingénieur agronome et œnologue, ancien directeur technique au Ch. Léoville Las Cases. Leur propriété couvre 5 ha, avec des parcelles dans les grands crus Wineck-Schlossberg et Kaefferkopf.
Pour cette cuvée, une longue cuvaison et un élevage mi-barrique mi-foudre pour préserver le fruit. Il en résulte un nez élégant, qui s'ouvre sur la griotte rehaussée d'un fin boisé aux nuances d'épices et de torréfaction. La mise en bouche dévoile une matière ronde, souple et fruitée, tonifiée par une belle fraîcheur qui donne de l'allonge au vin. La finale est marquée par un retour du boisé. Un ensemble harmonieux et prometteur. ⧗ 2019-2025

JEAN-FRANÇOIS KLÉE, 13, Grand-Rue, 68230 Katzenthal, tél. 03 89 27 25 27, vinsklee@free.fr V *r.-v.*

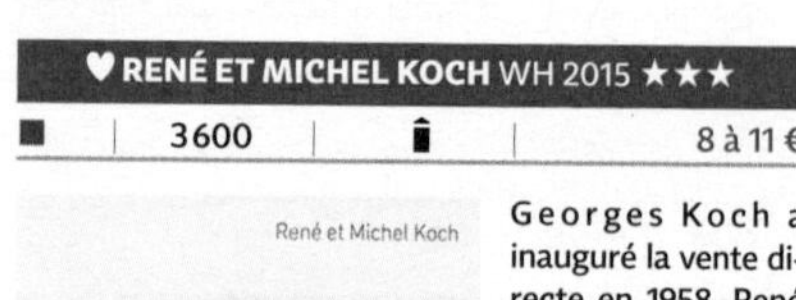

♥ **RENÉ ET MICHEL KOCH** WH 2015 ★★★

■	3600		8 à 11 €

Georges Koch a inauguré la vente directe en 1958. René lui a succédé en 1970, rejoint en 1996 par Michel. Depuis 2006, ce dernier tient les rênes du domaine qui couvre 12 ha autour de Nothalten, village-rue du pays de Barr. Son fleuron: le riesling du grand cru local, le Muenchberg.
W, pour le Winzenberg, coteau classé en grand cru, et H pour le Heissenberg, lieu-dit de Nothalten. Des terroirs granitiques à l'origine d'une cuvée que l'on voit percer au fil des éditions. Le 2015, de couleur soutenue, a d'emblée charmé les dégustateurs par son nez intense mêlant cassis, cerise noire et poivre, puis par son palais frais et long, à la fois puissant, charpenté et élégant. Un millésime solaire, des terroirs de choix, tout ce qu'il faut pour que le raisin se défende sans le renfort de la barrique. ⧗ 2018-2023

EARL RENÉ ET MICHEL KOCH, 5, rue de la Fontaine, 67680 Nothalten, tél. 03 88 92 41 03, contact@vin-koch.fr V *r.-v.*

JEAN-CLAUDE KOEHLER ET FILS
Cuvée 1621 2015 ★

■ | 1150 | ◍ | 20 à 30 €

Depuis 1621 jusqu'à 1999, date d'installation de Christian Koehler, de nombreuses générations de vignerons se sont succédé sur ce domaine situé à une vingtaine de kilomètres au sud de Colmar – à l'entrée de la Vallée Noble, réputée pour son climat préservé. La famille exploite 7 ha de vignes, dont des parcelles en grand cru Zinnkoepflé.

Évoquant la date de fondation du domaine, voici une cuvée ambitieuse, fruit d'une longue macération et d'un élevage de dix-sept mois en barrique avec bâtonnages. Le vin en ressort puissamment marqué par ce séjour, du premier nez à la finale. Mais derrière le merrain, on perçoit le vin, son fruité naissant, son palais ample en attaque, charnu, riche et puissant, à la fois chaleureux et frais. Un très bel équilibre. ⧗ 2020-2026

⊶ EARL JEAN-CLAUDE KOEHLER ET FILS, 7, rue de Soultzmatt, 68250 Westhalten, tél. 03 89 47 01 23, info@vins-koehler.fr V t.l.j. *8h-12h 13h30-18h; dim. sur r.-v. ⊶ Christian Koehler*

Ⓑ ALBERT MAURER 2016

■ | 6200 | ◍ | 5 à 8 €

En 1960, Albert Maurer a créé ce vignoble à Eichhoffen, près d'Andlau, et vendu ses premières bouteilles trois ans plus tard. Il a passé le relais en 2003 à Philippe, qui exploite près de 17 ha autour de cette commune et dans trois villages voisins. La conversion bio de la propriété, engagée graduellement à partir de 2005, a débouché sur une certification en 2011.

À la robe profonde répond un nez intense et chaleureux, un rien animal, kirsché et épicé. On retrouve ce côté «noyau» au palais, en harmonie avec un corps ample et généreux, aux tanins fondus. ⧗ 2018-2022

⊶ ALBERT MAURER, 11, rue du Vignoble, 67140 Eichhoffen, tél. 03 88 08 96 75, vinsmaurer@free.fr V *r.-v.* Ⓖ

PIERRE-YVES MEYER
Nu-en-C 2016 ★★

■ | 1600 | ◍ | 11 à 15 €

Depuis le XVᵉs., on ne compte plus les générations de Meyer qui se sont succédé dans le village viticole de Blienschwiller, au sud du Bas-Rhin. La famille est attachée aux traditions, notamment aux foudres traditionnels, ce qui n'a pas empêché Pierre-Yves d'aller explorer les vignobles australiens avant de prendre en 2001 la suite de François sur l'exploitation (12 ha).

Un vin rouge vinifié en barrique sans sulfites. Le contenu de la bouteille fait l'unanimité, de la robe intense et profonde au palais ample et riche, étayé par des tanins denses et fins, sans oublier le nez complexe, mariant fruits rouges bien mûrs, épices et fine touche boisée. Une belle matière bien élevée. ⧗ 2020-2025

⊶ PIERRE-YVES MEYER, 9, rue du Winzenberg, 67650 Blienschwiller, tél. 06 76 04 75 41, contact@vins-meyer.fr V *r.-v.* Ⓐ

Ⓑ MOLTÈS
Terroir Sonnenglaenzlé 2015 ★★★

■ | 4500 | ◍ | 11 à 15 €

Un domaine de 17 ha implanté à une dizaine de kilomètres au sud de Colmar. Antoine Moltès commercialise les premiers vins en 1925, son fils Roland explore les terroirs. Installés au tournant de ce siècle, Mickaël et Stéphane ont aménagé un nouveau chai, se sont orientés graduellement vers la bio, engageant la conversion du vignoble en 2012.

2009, 2011, 2012, 2013, 2014: les vins rouges du domaine passent rarement inaperçus. Quant à cette cuvée 2015 au nom évocateur de soleil, on pourrait la résumer par un seul mot: intensité. Un élevage de dix-huit mois en barrique marque sa palette aromatique d'un léger trait boisé soulignant de plaisants parfums fruités – cerise noire, cassis et myrtille. Ce mariage harmonieux du fruit et du merrain se prolonge dans un palais soyeux, ample, gras, de belle longueur. Les amateurs de vins boisés apprécieront cette bouteille dès maintenant, les autres l'attendront un peu. ⧗ 2019-2023

⊶ DOM. MOLTÈS, 8, rue du Fossé, 68250 Pfaffenheim, tél. 03 89 49 60 85, domaine@vin-moltes.com V *t.l.j. sf dim. 8h30-12h 14h-18h*

DOM. MOSBACH Vorlauf 2016 ★

■ | 5096 | ◍ | 8 à 11 €

Établis à Marlenheim, – la porte nord de la route des Vins –, les Mosbach font remonter leur vocation viticole à 1577. Aujourd'hui, deux générations s'activent sur l'exploitation: les deux frères Paul et Jean-Marie, Christophe et Sylvia, les enfants. Leur vignoble compte environ 23 ha en coteaux. La spécialité de la maison, c'est l'alsace pinot noir rosé, déjà apprécié, selon la tradition familiale, par les envahisseurs suédois pendant la guerre de Trente Ans!

Un rosé de pressurage vinifié dans les foudres de chêne de la cave. Pas d'arômes boisés pour autant, puisque ces contenants traditionnels sont centenaires; ce que les dégustateurs respirent avec plaisir dans le verre, ce sont des parfums intenses et frais de fruits rouges typés du pinot noir, «qui donnent envie de goûter». Une attaque ample ouvre sur un palais assez étoffé et d'une vivacité très agréable en finale. ⧗ 2018-2020

⊶ MOSBACH, 10, pl. du Kaufhaus, 67520 Marlenheim, tél. 03 88 87 50 13, contact@vinsmosbach.com V *t.l.j. sf. dim. 8h-12h 13h-18h30*

VIGNOBLES REINHART Barrique 2015 ★★★

■ | 2800 | ◍ | 11 à 15 €

Installé en 1983, Pierre Reinhart perpétue une tradition viticole qui remonte au début du XVIIIᵉs. Établi à Orschwihr, l'un des villages les plus méridionaux de la route des Vins, il exploite 5,5 ha de vignes, avec des parcelles dans de beaux terroirs (grands crus Kitterlé et Saering, Bollenberg).

Dans le verre, de la couleur et quelques nuances tuilées. Malgré un élevage de dix-huit mois en barrique, le fruit s'épanouit au nez, sur des notes de cerise et de fruits noirs confiturés, rehaussés de touches d'épices et de cuir. Dans le même registre confit, la bouche charme par son attaque fraîche, son ampleur, ses tanins soyeux et par sa longue finale épicée. De la puissance, de l'élégance et du potentiel. ⧗ 2018-2025

⊶ PIERRE REINHART, 7, rue du Printemps, 68500 Orschwihr, tél. 03 89 76 95 12, pierre@vignobles-reinhart.com V ⚑ ▪ *r.-v.*

CHRISTOPHE RIEFLÉ Barrique 2015 ★

■ | 1200 | | 11 à 15 €

De vieille souche vigneronne, Christophe Rieflé a créé son exploitation en 2003, avec chai et cuverie. Premier millésime vinifié en 2005 et de nombreuses sélections dans le Guide. Il exploite 15,5 ha autour de Pfaffenheim, à 15 km au sud de Colmar.

Une longue macération de pinot noir très mûr, suivie d'un élevage de dix-huit mois pour cette cuvée Barrique dont la robe commence à se tuiler. Après un premier nez sauvage et animal, le vin libère de discrètes notes fruitées accompagnées de touches torréfiées. Au palais, la rondeur chaleureuse soulignée par des arômes de fruits confits est équilibrée par une fraîcheur bienvenue, sur un fond de tanins enrobés. Un ensemble puissant et gourmand. ⧗ 2018-2022

⊶ CHRISTOPHE RIEFLÉ, 32 A, rue de la Lauch, 68250 Pfaffenheim, tél. 06 86 17 27 42, christopheriefle@aol.com V ⚑ ▪ *r.-v.* B

THIERRY SCHERRER
Élevé en fût de chêne 2016 ★

■ | 2000 | | 5 à 8 €

Les parents de Thierry Scherrer, apporteurs de raisins à la coopérative, ont constitué le vignoble au nord-ouest de Colmar, autour d'Ammerschwihr, important bourg viticole. Ce dernier, œnologue diplômé, a travaillé pour des négociants alsaciens et allemands avant de reprendre en 1993 l'exploitation familiale de 8,5 ha, qui comprend des parcelles dans le grand cru local, le Kaefferkopf.

Vinifié en cuve, ce 2016 a été élevé six mois en fût. Un séjour suffisant pour souligner d'un trait grillé et fumé ses arômes dominés par le fruit rouge, cerise en tête. Une touche vanillée s'ajoute à cette palette dans une bouche d'une agréable souplesse, à la finale fraîche et légèrement tannique. Un pinot noir pour des viandes blanches ou de la charcuterie plutôt que pour du gros gibier. ⧗ 2018-2022

⊶ THIERRY SCHERRER, 1, rue de la Gare, 68770 Ammerschwihr, tél. 06 73 40 15 44, thierry.scherrer@wanadoo.fr V ⚑ ▪ *r.-v.*

DOM. SCHOEPFER Tradition 2016 ★

■ | 7600 | | 8 à 11 €

Installé en 2006 dans l'ancienne cour de l'abbaye de Marbach, au cœur de la cité médiévale d'Eguisheim, Vincent Schoepfer perpétue une lignée vigneronne remontant à 1656. En 2012, un peu à l'étroit, il a construit un nouveau vendangeoir et une cuverie thermorégulée.

Cette cuvée élevée six mois dans les foudres de chêne traditionnels ne porte guère l'empreinte du bois: elle exprime des notes de fruits rouges bien mûrs (fraise et cerise), teintées de touches chocolatées. Dans le même registre, la bouche est tout en rondeur, adossée à des tanins bien fondus. De la richesse et du fruit. ⧗ 2018-2023

⊶ VINCENT SCHOEPFER, 43, Grand-Rue, 68420 Eguisheim, tél. 03 89 41 09 06, domaine.schoepfer@gmail.com V ⚑ ▪ *t.l.j. sf dim. 8h30-11h 14h-18h*

CHRISTIAN SCHWARTZ 2016 ★

■ | 2000 | | 5 à 8 €

Christian Schwartz conduit depuis 1988 le domaine familial situé à Blienschwiller et dans les communes voisines de Dambach-la-Ville et d'Epfig, au sud du Bas-Rhin. Le grand cru Winzenberg, coteau granitique dominant Blienschwiller, est le fleuron de la propriété.

Les pinots noirs du domaine sont souvent distingués. Il s'agit cette année de la cuvée «de base», élevée six mois en cuve puis quatre dans le bois. Un vin tout en fruit, avec le côté mûr du millésime: robe profonde; nez intense et chaleureux mêlant griotte macérée, noyau, quetsche et fruits noirs, rehaussés d'un léger boisé; palais ample, riche et rond, étayé par des tanins veloutés, sur la cerise compotée. Un ensemble harmonieux, à la fois structuré et accessible. ⧗ 2018-2023

⊶ CHRISTIAN SCHWARTZ, 8, rue de l'Ungersberg, 67650 Blienschwiller, tél. 06 86 55 86 00, christian.schwartz67@free.fr V ⚑ ▪ *t.l.j. sf dim. 11h-12h 13h-17h* E

♥ B **AIMÉ STENTZ**
Cuvée du Vicus romain 2015 ★★★

■ | 2120 | | 15 à 20 €

Fondé en 1919, ce domaine de 14 ha (en bio depuis 2010), situé à la périphérie ouest de Colmar, est dirigé depuis 2014 par Marc Stentz (petit-fils d'Aimé), secondé aux vinifications par son père Étienne. Le vignoble compte 55 parcelles sur cinq communes et cinq grands crus.

Aimé Stentz, qui lança la vente en bouteilles, mit au jour sur le domaine les ruines d'un abri remontant à l'époque romaine. Cette cuvée haut de gamme, fruit d'une macération de trois semaines et d'un élevage en barrique, rappelle l'antiquité du site. D'emblée, elle a conquis les jurés: la robe profonde montre des reflets violets de jeunesse; le nez monte en puissance, sur des notes chaleureuses de cerise et de mûre ourlées d'un léger boisé vanillé. D'une égale intensité aromatique, le palais brille par son équilibre, par son ampleur généreuse et par sa finale aussi ronde que longue, servi par des tanins élégants et mûrs. Un vin à la fois solaire et raffiné. ⧗ 2020-2026

⊶ MARC STENTZ, 37, rue Herzog, 68920 Wettolsheim, tél. 03 89 80 63 77, vins.stentz@calixo.net V ⚑ ▪ *t.l.j. sf dim. 9h-12h 14h-18h*

STINTZI Expression 2015

■ | 6400 | | 8 à 11 €

Husseren-les-Châteaux, village haut perché au sud de Colmar, est à un saut de puce de Rouffach, où se trouve le lycée viticole. Olivier Stintzi n'a pas eu à aller bien loin pour faire ses études, mais il a voyagé ensuite jusqu'à la Napa Valley pour voir la vigne pousser sous

d'autres climats. Il est installé depuis 2004 sur l'exploitation agrandie et spécialisée par ses parents (8 ha).

Un élevage en foudre pour ce 2015 dont la robe rubis se teinte de reflets orangés d'évolution. Au nez, des arômes légers et frais de fruits rouges, – du fruit bien mûr, mais sans côté confituré – avec une touche boisée. En bouche, rien d'imposant, mais une certaine ampleur, de la franchise et une finale de bonne longueur. ⧗ 2018-2022

OLIVIER STINTZI, 29, rue Principale, 68420 Husseren-les-Châteaux, tél. 03 89 49 30 10, olivier.stintzi@wanadoo.fr V r.-v.

VONVILLE Rouge d'Ottrott Cuvée Stéphane 2016 ★

■ | 8000 | | 15 à 20 €

En 2002, Stéphane Vonville a rejoint Jean-Charles sur ce domaine fondé en 1830 au pied du mont Sainte-Odile. Alors qu'en Alsace 90 % des vins sont blancs, le pinot noir représente 75 % de leurs 13 ha de vignes. Il faut dire que la propriété est implantée à Ottrott, village bas-rhinois connu depuis neuf cents ans pour ses vins rouges, qui bénéficie – depuis 2011 – d'une dénomination communale pour ce cépage. À la vigne comme à la cave, Stéphane Vonville suit une démarche bio, sans certification.

Cette cuvée achève sa fermentation en barrique (30 % de bois neuf) où elle séjourne dix-huit mois. Sa robe profonde montre une frange tuilée. Intense, le nez allie la griotte et les fruits noirs à une touche fumée. Fraîche en attaque, structurée, ample et ronde dans son développement, la bouche offre des arômes de fruits des bois et une finale jeune et vive, de belle longueur. Un vin harmonieux, qui devrait encore gagner en fondu. ⧗ 2020-2025

■ **Famille Vonville Rouge d'Ottrott De Charles à Carl 2015 (20 à 30 €; 4 500 b.)** : vin cité.

STÉPHANE VONVILLE, 4, pl. des Tilleuls, 67530 Ottrott, tél. 03 88 95 80 25, info@vins-vonville.com V *t.l.j. 9h-12h 13h30-18h30*

ANNE ET MARC WASSLER
Coteaux du Wustberg 2016 ★★

■ | 2400 | | 8 à 11 €

Installé depuis 1990 à la tête du vignoble familial, Marc Wassler cultive 12 ha de vignes sur les terroirs de Blienschwiller, de Dambach-la-Ville et d'Epfig, et dispose de parcelles dans deux grands crus.

Puissant et élégant, un pinot noir aussi intense à l'œil qu'au nez. Un élevage de douze mois en fût lui a donné de la complexité sans masquer son fruité frais aux accents de cassis. On retrouve la vivacité du cassis dans une bouche ample et ronde, à la finale tonique et persistante. L'harmonie même. ⧗ 2019-2023

EARL JEAN-PAUL WASSLER FILS, 1, rte d'Epfig, 67650 Blienschwiller, tél. 03 88 92 41 53, marc.wassler@wanadoo.fr V *r.-v.*

G. ZEYSSOLFF Cuvée Z 2016

■ | 943 | | 15 à 20 €

Fondée en 1778 à Gertwiller, cette maison abrite des foudres anciens dont l'un, sculpté, figura à l'Exposition universelle de Paris en 1900. Elle a développé dans la cité du pain d'épice un petit temple de la gastronomie: épicerie fine, caveau-musée et bar à manger ouvert en 2015. Elle complète la production de son vignoble de 9 ha par une affaire de négoce.

Z comme... Zeyssolff. L'initiale signale les cuvées haut de gamme de la maison, élaborées les années favorables. Comme 2016 pour les pinots. Ce vin rouge, après un élevage de douze mois en barrique sans filtration ni collage, affiche une robe soutenue. Puissant au nez, il mêle le fruit noir, un léger boisé et même une touche de garrigue. Charpenté, chaleureux, de bonne longueur, il rappelle à certains jurés les saint-joseph. ⧗ 2018-2023

G. ZEYSSOLFF, 156, rte de Strasbourg, 67140 Gertwiller, tél. 03 88 08 90 08, celine@zeyssolff.com V *t.l.j. 10h-12h 14h-18h; f. tous les dim. avant Pâques* D

ALSACE RIESLING

Superficie : 3 376 ha / Production : 247 952 hl

Le riesling est le cépage rhénan par excellence, et la vallée du Rhin, son berceau. Il s'agit d'une variété tardive pour la région, dont la production est régulière et bonne. Le riesling alsacien est souvent sec, ce qui le différencie d'une façon générale de son homologue allemand. Ses atouts résident dans l'harmonie entre son bouquet délicat, son corps et son acidité assez prononcée mais extrêmement fine. Or, pour atteindre cette qualité, il doit provenir d'une bonne situation. Le riesling a essaimé dans de nombreux autres pays viticoles, où la dénomination riesling, sauf s'il est précisé « riesling rhénan », n'est pas totalement fiable: une dizaine d'autres cépages ont été ainsi baptisés dans le monde!

DOM. AGAPÉ Vendanges tardives 2015 ★★

■ | 1200 | | 20 à 30 €

Fils de vignerons et ingénieur de formation, Vincent Sipp rejoint l'exploitation familiale avant de créer en 2007 son propre domaine, qu'il baptise Agapé (« Amour, Amitié » en grec). Situé entre Ribeauvillé et Riquewihr, son vignoble s'étend sur 10 ha, avec des parcelles dans trois grands crus. En conversion bio depuis 2017.

Ce 2015 offre à profusion tous les caractères des vendanges tardives: une robe brillante, d'un jaune d'or soutenu; des arômes précis, intenses et complexes de surmaturation, entre mangue, miel d'acacia et figue, qui s'épanouissent en bouche; une matière ample, puissante et onctueuse reflétant une matière concentrée. Avec, de surcroît, cette acidité cristalline propre au riesling, qui met en valeur l'expression aromatique et confère à ce vin de la pureté et une finale acidulée, d'une rare persistance. Déjà agréable, ce liquoreux gagnera en fondu avec le temps. (Sucres résiduels: 76 g/l.) ⧗ 2018-2028

VINCENT SIPP, EARL Dom. Agapé, 10, rue des Tuileries, 68340 Riquewihr, tél. 03 89 47 94 23, domaine@alsace-agape.fr V *t.l.j. sf dim. 9h-18h* C

B **DOM. ANSEN** Lerchensand 2016 ★★

■ | 2600 | | 8 à 11 €

Ingénieur et œnologue formé à Bordeaux, Daniel Ansen, après avoir découvert les rieslings de la Clare Valley (Australie) et les pratiques du Nouveau Monde, a travaillé pour le compte d'un négociant alsacien, puis

à la Chambre d'agriculture, a repris en 2010 le domaine paternel (7,5 ha), non loin de Strasbourg. Il l'a dédié à la vigne, conduite d'emblée en bio, et a quitté la coopérative pour élaborer ses propres vins.

Originaire d'un terroir ensoleillé, venté et frais aux sols marno-gypseux, ce riesling enchante d'emblée par son fruité intense et typé aux accents d'agrumes. Les agrumes s'affirment dans un palais frais, salin et long, qui finit sur des notes de citron confit. Une remarquable expression. (Sucres résiduels: 2 g/l.) ⧗ 2019-2026

DANIEL ANSEN, 2, pl. du Docteur-Nessmann, 67310 Westhoffen, tél. 06 52 60 99 90, daniel@ansen.fr r.-v.

♥ DOM. FRÉDÉRIC ARBOGAST ET FILS
Vieilles Vignes 2016 ★★

	6000		8 à 11 €

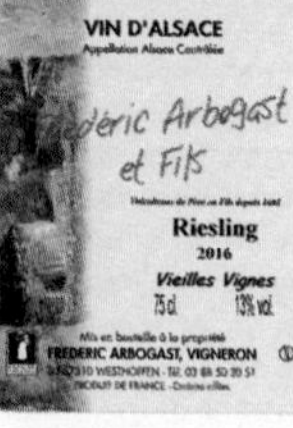

Installé en 2003 à Westhoffen, dans la partie septentrionale du vignoble alsacien, à 25 km de Strasbourg, Frédéric Arbogast perpétue une lignée vigneronne remontant à 1601. Il est établi au centre du village, près de l'église Saint-Martin, et travaille 17 ha en lutte raisonnée. Il vinifie sans levurage.

Fruit d'une sélection de vignes de quarante-cinq ans implantées sur un terroir argilo-calcaire, ce 2016 fait d'entrée bonne impression avec son nez intense et tonique, qui révèle déjà une petite touche minérale. C'est toutefois au palais qu'il dévoile toutes ses qualités: de l'ampleur – reflet d'une belle maturité – et de la fraîcheur – signe d'un parfait équilibre. Un vin racé, typé, harmonieux et long, qui a conquis le jury : coup de cœur, le quatrième attribué à ce vigneron. (Sucres résiduels: 3 g/l.) ⧗ 2019-2026

DOM. FRÉDÉRIC ARBOGAST, 3, pl. de l'Église, 67310 Westhoffen, tél. 06 45 58 94 95, frederic@vignoble-arbogast.fr r.-v.

DOM. BADER 2016 ★

	2040		5 à 8 €

Œnologue, Pierre Scharsch a racheté en 2004 cette ancienne exploitation (XVIIᵉs.) et repris la mise en bouteilles à la propriété. Implanté dans la région de Barr, son vignoble couvre 11 ha. En conversion bio.

À l'origine de ce 2016 riche et puissant, un riesling planté sur des sols argilo-sableux et récolté le 12 octobre. À sa teinte dorée répond un nez intense, légèrement muscaté, aux nuances de fruits jaunes renforcés par une touche de surmaturation. Ample, rond et gras en attaque, le palais est équilibré par une belle acidité qui étire la finale. (Sucres résiduels: 2 g/l.) ⧗ 2018-2020

DOM. BADER, 1, rue de l'Église, 67680 Epfig, tél. 06 70 52 09 56, vinsbader@gmail.com r.-v.

MAISON LÉON BAUR
Cuvée Élisabeth Stumpf 2016 ★

	6000	8 à 11 €

Fondé en 1738, ce domaine familial établi au cœur de la cité médiévale d'Eguisheim s'étend sur 10 ha répartis dans plusieurs communes. À sa tête depuis quarante ans, Jean-Louis Baur a été rejoint en 2010 par sa fille Caroline. Adossée à l'ancien rempart du village, la cave abrite des cuves modernes en Inox et des foudres de chêne.

Ce riesling d'origine marno-calcaire demande encore un peu de temps pour s'ouvrir – l'indice d'un potentiel intéressant, confirmé par la fraîcheur du palais. Droit, élégant et long, il est tout indiqué pour les produits de la mer. (Sucres résiduels: 3,5 g/l.) ⧗ 2019-2023

EARL JEAN-LOUIS BAUR, 22, rue du Rempart-Nord, 68420 Eguisheim, tél. 03 89 41 79 13, jean-louis.baur@terre-net.fr *t.l.j. 9h-12h 13h30-18h30* Ⓑ

FRANCIS BECK ET FILS
Hertenstein Sélection de grains nobles 2015 ★

	2200		20 à 30 €

Installé en 1974 sur le domaine familial proche de l'église romane Sainte-Marguerite, Francis Beck quitte la coopérative et fonde son domaine avec son épouse Monique. Installé en 2004, leur fils Julien, œnologue, perpétue avec Céline l'exploitation familiale. Le vignoble s'étend aujourd'hui sur près de 10 ha autour d'Epfig, important village viticole proche de Barr. Les vinifications se font sans levurage.

Issu d'un terroir sablonneux riche en galets, ce liquoreux jaune d'or aux reflets orangés s'ouvre sur des notes concentrées d'agrumes confits et d'abricot. Ces fruits maintiennent leur alliance dans un palais ample, gras et long, soutenu en finale par une délicate acidité citronnée. Une très belle matière pour ce vin profond, équilibré et droit, encore discret dans son expression aromatique. (Sucres résiduels: 145 g/l.; bouteilles de 50 cl.) ⧗ 2020-2028

FRANCIS BECK ET FILS, 79, rue Sainte-Marguerite, 67680 Epfig, tél. 03 88 85 54 84, vins@francisbeck.com *t.l.j. sf dim. 10h-12h 14h-19h* Ⓐ

Ⓑ BOECKEL Clos Eugénie 2014 ★

	1400		30 à 50 €

Occupant une maison Renaissance typique de Mittelbergheim, superbe village vigneron proche de Barr, la famille Boeckel est enracinée dans la région depuis quatre siècles. Frédéric Boeckel devient marchand de vins en 1853. Ses descendants, Jean-Daniel et Thomas, qui sont aussi négociants, exploitent en propre 24 ha de vignes entre Obernai et Andlau, dont plusieurs parcelles en grand cru. Une partie du vignoble est en bio certifié (depuis 2013).

Originaire d'un terroir calcaire exposé plein sud, un 2014 fort bien conservé: robe jaune clair, nez intense et frais, minéral à l'aération, palais ample en attaque, vif et structuré, de belle longueur. La finale laisse la sensation d'une grande complexité aromatique. (Sucres résiduels: 3 g/l.) ⧗ 2018-2023

DOM. BOECKEL, 2, rue de la Montagne, 67140 Mittelbergheim, tél. 03 88 08 91 02, boeckel@boeckel-alsace.com r.-v.

Ⓑ DOM. LÉON BOESCH Breitenberg 2015 ★★

	2007		15 à 20 €

Matthieu Boesch a pris avec Marie la succession de son père Gérard. Le couple exploite environ 15 ha à l'entrée de la Vallée Noble, avec des vignes dans le

grand cru Zinnkoepflé. Installée depuis le XVIIIe s. à Soultzmatt, la famille a déménagé dans le village voisin de Westhalten et construit en 2010 une cave enterrée bioclimatique qui cadre bien avec sa démarche biodynamique.

Issu du lieu-dit Breitenberg, à dominante gréseuse, ce riesling sudiste approche de la perfection. Sa robe jaune soutenu laisse des larmes sur les parois du verre; son nez marie les fruits mûrs et les agrumes, rehaussés d'une touche minérale. Au palais, ce vin allie une belle ampleur avec un caractère très sec, vivifié par une délicate acidité qui étire sa finale. Une grande matière. (Sucres résiduels: 1 g/l.) ⧗ 2018-2024

⊶ DOM. LÉON BOESCH, 6, rue Saint-Blaise, 68250 Westhalten, tél. 03 89 47 01 83, boesch@domaine-boesch.fr V ⛹ ▮ *r.-v.* ⌂ B
⊶ Matthieu Boesch

B DOM. BROBECKER Vendanges tardives 2015

■	2300	15 à 20 €

Pascal Joblot a repris en 1997 les rênes du domaine qui porte le nom de son beau-père. L'agriculture raisonnée a précédé la conversion bio, engagée en 2009. Bien que modeste en superficie (4 ha), la propriété possède des parcelles sur les deux grands crus d'Eguisheim.

Une robe jaune d'or pour ces vendanges tardives au nez floral (fleurs blanches, touche de violette) et miellé. On retrouve ces notes de miel et de cire d'abeille dans un palais puissant et gras en attaque, qui finit sur une note vive et minérale. Ce vin tirera parti d'un carafage. (Sucres résiduels: 67 g/l.) ⧗ 2018-2023

⊶ SCEA VINS BROBECKER, 3, pl. de l'Église, 68420 Eguisheim, tél. 06 87 52 80 72, joblot.brobecker@gmail.com V *r.-v.* ⌂ E
⊶ Pascal Joblot

AGATHE BURSIN Bollenberg 2016

■	800	🍾	11 à 15 €

Œnologue, Agathe Bursin a réalisé son rêve: reprendre les vinifications sur le domaine familial, qui apportait ses raisins à la coopérative depuis la mort de son arrière-grand-père. Installée en 2001, elle exploite avec passion et méticulosité le petit vignoble qu'elle agrandit peu à peu (6 ha). Elle propose des vins de terroir, issus notamment du grand cru Zinnkoepflé.

Originaire du terroir calcaire du Bollenberg, colline sèche réputée, ce riesling séduit par son nez bien ouvert sur des notes de pamplemousse soulignées par une petite touche minérale. Dans le même registre, le palais apparaît puissant, tendu, de belle longueur. Un certain potentiel. (Sucres résiduels: 0 g/l.) ⧗ 2019-2023

⊶ AGATHE BURSIN, 11, rue de Soultzmatt, 68250 Westhalten, tél. 03 89 47 04 15, agathe.bursin@wanadoo.fr V ⛹ ▮ *r.-v.*

JOSEPH CATTIN Lieu-dit Elsbourg 2016

■	15000	🍾	8 à 11 €

Originaire de Suisse, établie à Voegtlinshoffen en 1720, la famille Cattin se spécialise dans la viticulture dès 1850. L'exploitation prospère à partir de 1978, avec Jacques et son frère Jean-Marie: le domaine s'agrandit (70 ha aujourd'hui), tandis que se développe une structure de négoce. Ingénieur agronome, Jacques (du même prénom que son père) a rejoint l'affaire en 2007. Un bar à vins a ouvert en 2017. Autre étiquette: Jean Weingand.

Originaire d'un lieu-dit calcaire, un riesling encore jeune avec sa robe pâle aux reflets verts, son nez discret, sur les agrumes, sa bouche vive et bien équilibrée, marquée en finale par une pointe d'amertume. (Sucres résiduels: 4 g/l.) ⧗ 2019-2023

⊶ JACQUES CATTIN, 19, rue Roger-Frémeaux, 68420 Voegtlinshoffen, tél. 03 89 49 30 21, contact@cattin.fr V ⛹ ▮ *t.l.j. 10h-19h*

CLOS DES TERRES BRUNES Tradition 2016 ★

■	3350	🛢	8 à 11 €

Un Balthazar Siegler naquit à Mittelwihr en 1643; quant au domaine, il remonte à 1784. Aujourd'hui, Marie-Josée, Hugues et Stève-Jean exploitent 11 ha autour de la même commune. Le cru précoce du Mandelberg, ou colline des Amandiers, est leur fleuron.

Issu d'un terroir argilo-calcaire, ce riesling est déjà très expressif au nez, associant les agrumes à des notes florales suaves. Souple et rond en attaque, équilibré par une fine acidité, il séduit par son équilibre. (Sucres résiduels: 1,6 g/l.) ⧗ 2019-2023

⊶ JEAN SIEGLER, Clos des Terres Brunes, 26, rue des Merles, 68630 Mittelwihr, tél. 03 89 47 90 70, jean.siegler@wanadoo.fr V ⛹ ▮ *t.l.j. 8h-12h 13h30-19h* 3 ⌂ G

DOM. DE LA VILLE DE COLMAR 2015

■	14666	🍾	8 à 11 €

Géré depuis 1980 par Jean-Rémy Haeffelin, rejoint par son fils Nicolas, le domaine a été fondé en 1895 par Chrétien Oberlin, célèbre ampélographe, et a été repris en 2011 par Arthur Metz, filiale des Grands Chais de France. Il dispose en propre de près de 30 ha (dont le vignoble des Hospices, qui remonte à 1255), avec des parcelles dans plusieurs grands crus.

Originaire d'un terroir marno-calcaire, ce riesling séduit par son nez intensément fruité, sur les agrumes, le citron confit. S'il n'est pas des plus longs, il retient l'attention par son palais riche et ample, équilibré par une belle acidité. (Sucres résiduels: 3 g/l.) ⧗ 2018-2023

⊶ DOM. VITICOLE DE LA VILLE DE COLMAR, 2, rue du Stauffen, 68000 Colmar, tél. 03 89 79 79 49, nhaeffelin@domaineviticolecolmar.fr V ⛹ ▮ *t.l.j. 9h30-12h30 14h-18h*

B EBLIN-FUCHS Muehlforst Vieilles Vignes 2016 ★★

■	2000	🛢	11 à 15 €

Établis à Zellenberg, petit village perché voisin de Riquewihr, José, Henri et Christian Eblin sont les héritiers d'une lignée de vignerons remontant au XIIIe s. Ils ont adopté la biodynamie dès 1999. Leur domaine couvre environ 11 ha répartis dans six communes, avec des parcelles dans quatre grands crus.

Souvent cité, notamment pour ses rieslings, le Muehlforst est un lieu-dit bien exposé, aux sols marno-calcaires: le riesling y mûrit bien, témoin ce 2016 aux reflets dorés et au nez intense et flatteur, sur les fruits jaunes d'été, abricot en tête. Ample et très concentrée, la bouche suit la même ligne, équilibrée par une belle fraîcheur. Un vin harmonieux, fruit d'une grande matière première. (Sucres résiduels: 3,5 g/l.) ⧗ 2019-2026

EBLIN-FUCHS, 19, rte des Vins, 68340 Zellenberg, tél. 03 89 47 91 14, christian.eblin@orange.fr r.-v.

HENRI EHRHART Réserve particulière 2016

	45000		8 à 11 €

Établie à Ammerschwihr, important bourg viticole proche de Colmar, la famille Ehrhart possède 7 ha en propre. Elle a créé en 1978 une structure de négoce et, forte de ses connaissances de producteur-récoltant, privilégie l'achat de raisins provenant des domaines environnants. Cyrille et Sophie Ehrhart ont pris les rênes de la maison en 2012.

Une récolte à la mi-octobre pour ce riesling à la robe dorée, aux parfums chaleureux de fruits exotiques comme la mangue. Le prélude à un palais ample et plutôt gras, équilibré par une belle vivacité finale. Il s'entendra avec les viandes blanches et les poissons cuisinés. (Sucres résiduels: 6 g/l.) ⧗ 2018-2022

HENRI EHRHART, quartier des Fleurs, 68770 Ammerschwihr, tél. 03 89 78 23 74, sophie@henri-ehrhart.com

FREY-SOHLER INSTANT DOUCEUR Sélection de grains nobles 2015 ★★

	2900		30 à 50 €

Établis à Scherwiller, près de Sélestat, Damien et Nicolas Sohler – rejoints par leurs enfants respectifs, Aude et Baptiste – conduisent depuis 1998 un domaine d'une trentaine d'hectares dont ils complètent la production par une activité de négoce. Ils cultivent des vignes dans plusieurs lieux-dits, dont le grand cru Frankstein, terroir granitique autour du village voisin de Dambach-la-Ville.

Un vigneron souvent distingué pour ses vendanges tardives. Cette année, une sélection de grains nobles jaune paille qui sait concilier puissance et élégance. Au nez, du coing et de l'abricot confits, de l'écorce d'agrumes. Ce fruité complexe et riche se prolonge dans un palais très concentré, ample et généreux, épuré par une finale fraîche et saline aux accents de citron vert. Déjà harmonieux, ce 2015 se bonifiera avec le temps. (Sucres résiduels: 112 g/l.) ⧗ 2020-2030

FREY-SOHLER, 72, rue de l'Ortenbourg, 67750 Scherwiller, tél. 03 88 92 10 13, contact@frey-sohler.fr *t.l.j. 8h-12h 13h-19h*

ROLLY GASSMANN Silberberg de Rorschwihr Sélection de grains nobles 2015 ★★

	13800		+ de 100 €

Domaine né de l'union de Marie-Thérèse Rolly avec Louis Gassmann, établis à Rorschwihr, village dominé par le Haut-Kœnigsbourg. Héritiers de lignées remontant à 1611, ces vignerons ont constitué un vaste domaine de 52 ha. Pierre Gassmann élabore de multiples cuvées, vinifiées par lieux-dits et types de sol.

Le coteau du Silberberg a déjà valu à Pierre Gassmann un coup de cœur en riesling. Il a engendré un liquoreux aussi riche qu'élégant. Paré d'une robe jaune orangé aux reflets or, ce 2015 s'ouvre sur des senteurs délicates d'acacia, de tilleul et de miel, qui évoluent à l'aération vers des tons plus solaires de fruits jaunes et d'agrumes confits. L'ananas et la mangue entrent en scène dans un palais généreux, puissant et onctueux, où on retrouve l'alliance des fleurs et des fruits. La finale citronnée, d'une rare longueur, signe un vin de garde distingué, qui sera à son meilleur dans deux à trois ans, et pour longtemps. (Sucres résiduels: 182 g/l.) ⧗ 2020-2030

ROLLY GASSMANN, 2, rue de l'Église, 68590 Rorschwihr, tél. 03 89 73 63 28, rollygassmann@wanadoo.fr *t.l.j. sf dim. 9h-12h 13h30-18h*

JEAN-PAUL GERBER Sélection de grains nobles 2015 ★

	1200		20 à 30 €

Année mémorable, 1968 marque pour Jean-Paul et Charlotte Gerber le début de l'indépendance avec les premières mises en bouteilles à la propriété. En 1987, Dany et Annick ont pris le relais. La famille exploite environ 10 ha aux environs de Dambach-la-Ville, cité fortifiée riche d'un vaste vignoble.

Un jaune orangé aux reflets dorés: il a la couleur attendue de ce style de vin. Au nez de l'abricot, du coing et des agrumes confits, relevés d'une touche poivrée originale – puissance et finesse. Au palais, un côté chaleureux, des sucres encore très présents, mais une belle intensité aromatique et une finale persistante, soulignée par une fine acidité. Encore un peu massif, un liquoreux en devenir, qui a la richesse et la profondeur nécessaires pour gagner en harmonie avec les années. (Sucres résiduels: 179 g/l.) ⧗ 2020-2028

EARL JEAN-PAUL ET DANY GERBER, 16, rue Théophile-Bader, 67650 Dambach-la-Ville, tél. 03 88 92 41 84, famille.gerber67@hotmail.fr r.-v.

DOM. HAEGI Vendanges tardives 2015 ★

	2200		20 à 30 €

Boulangers de père en fils, les Haegi sont devenus vignerons en 1949 après le mariage de Charles avec la fille d'un viticulteur du village. Depuis 1985, c'est Daniel qui conduit les 9 ha de l'exploitation, à Mittelbergheim et dans le village voisin d'Eichhoffen. Il cultive trois cépages sur le Zotzenberg, grand cru local.

D'un jaune clair aux reflets dorés, ces vendanges tardives attirent l'attention par leur nez torréfié, légèrement fumé. On retrouve ce côté grillé dans un palais souple en attaque, offrant un très bon équilibre entre la douceur et l'acidité – même si les sucres demandent à se fondre. Son potentiel permettra à ce riesling de gagner en expression. (Sucres résiduels: 60 g/l.) ⧗ 2018-2028

DANIEL HAEGI, 33, rue de la Montagne, 67140 Mittelbergheim, tél. 03 88 08 95 80, info@haegi.fr *t.l.j. sf dim. 9h-12h 13h30-18h*

J.-P. ET FRANK HARTWEG Hagenschlauf 2015 ★★

	2500		11 à 15 €

Fondée au nord de Colmar en 1930, cette exploitation est conduite depuis 1972 par Jean-Paul Hartweg, rejoint par son fils Frank en 1996. Le tandem exploite

autour du joli village de Beblenheim un vignoble de 9,5 ha dont les fleurons sont en grand cru (Sonnenglanz, Mandelberg).

D'une grande régularité, ce vigneron brille une fois de plus, avec un riesling originaire d'un terroir argilo-calcaire. Ce 2015 emporte l'adhésion non par un caractère très sec, mais par sa densité et par son harmonie: robe jaune doré, nez intense et riche aux nuances de surmaturation (abricot, fruits confits), attaque assez ronde ouvrant sur un palais d'une rare concentration, gardant la fraîcheur qui sied au cépage. Très persistant, bien fondu, ce vin traduit une grande matière première. (Sucres résiduels: 10,5 g/l.) ⧗ 2019-2028

JEAN-PAUL ET FRANK HARTWEG, 39, rue Jean-Macé, 68980 Beblenheim, tél. 03 89 47 94 79, frank.hartweg@free.fr V t.l.j. sf dim. 9h-11h45 14h-17h45; sam. sur r.-v.

CHRISTIAN ET VÉRONIQUE HEBINGER Frohnenberg 2016

| 2300 | | 8 à 11 € |

Le domaine s'est spécialisé après 1945. Aujourd'hui, Christian et Véronique Hebinger, établis à Eguisheim depuis 1985 et rejoints par Denis, cultivent leurs 11 ha autour de la petite cité médiévale et vers Wintzenheim, en biodynamie (certification bio en 2009). Leurs fleurons: des parcelles en grand cru (Hengst, Eichberg, Pfersigberg).

Une belle présence pour ce riesling issu d'un terroir limono-calcaire: la robe est soutenue, jaune doré. Le nez libère des arômes d'agrumes confits. Le palais suit la même ligne, gras, intense, plutôt long: le produit d'une excellente matière première. (Sucres résiduels: 0,2 g/l.) ⧗ 2019-2023

CHRISTIAN ET VÉRONIQUE HEBINGER, 14, Grand-Rue, 68420 Eguisheim, tél. 03 89 41 19 90, famille@vins-hebinger.fr V r.-v.

VICTOR HERTZ Cuvée Siegfried 2016 ★

| 2800 | | 8 à 11 € |

En 2007, Béatrice Hertz a pris la suite de son père Victor sur le domaine familial situé à 10 km au sud de Colmar. Elle recherche dans ses vins l'expression des différents terroirs de son exploitation, qui compte 8 ha répartis sur trois villages viticoles des environs de la grande ville haut-rhinoise: Herrlisheim, Wettolsheim et Wintzenheim.

Du riesling planté sur un sol profond, argileux, et récolté le 21 octobre, a donné naissance à cette cuvée jaune doré, au nez intense et complexe fait d'abricot, de coing et d'agrumes confits. La puissance de ce vin se confirme au palais ample, bien structuré, et surtout d'une belle persistance aromatique. (Sucres résiduels: 10 g/l.) ⧗ 2018-2021

BÉATRICE HERTZ, Dom. Victor Hertz, 8, rue Saint-Michel, 68420 Herrlisheim-près-Colmar, tél. 03 89 49 31 67, beatrice@vinsvictorhertz.com V t.l.j. 9h-12h 14h-18h; dim. sur r.-v.

DOM. ARMAND HURST Lieu-dit Boland 2016 ★

| 1945 | | 11 à 15 € |

Héritiers d'une lignée vigneronne établie à Turckheim depuis le XVIIe s., Armand et Nicole Hurst ont géré entre 1989 et 2016 l'exploitation familiale, fondée en 1926. Ils l'ont cédée à l'entrepreneur Marc Rinaldi, déjà propriétaire du domaine Martin Schaetzel. Le vignoble (12,5 ha aujourd'hui) est en conversion bio.

D'origine argilo-calcaire, ce riesling séduit par sa présence et par sa complexité aromatique, mêlant au nez les fruits mûrs et les agrumes confits, rehaussés d'une délicate minéralité. Assez vif en attaque, il se montre expressif, frais, équilibré et persistant. De la matière et de la finesse. (Sucres résiduels: 7,5 g/l.) ⧗ 2019-2028

DOM. ARMAND HURST, 8, rue de la Chapelle, 68230 Turckheim, tél. 03 89 27 40 22, domaine@armand-hurst.fr V t.l.j. sf dim. 9h-12h 13h30-18h
Marc Rinaldi

GEORGES KLEIN 2016 ★

| n.c. | 5 à 8 € |

La famille Klein est établie depuis 1620 au pied du Haut-Kœnigsbourg. Conrad fonde en 1640 le domaine agrandi par Georges en 1956 et conduit depuis 1984 par Auguste et Véronique Klein. Après des études aux États-Unis et en Russie, Jean a rejoint ses parents. Certifiée Haute Qualité Environnementale depuis 2014, l'exploitation dispose de 12,5 ha de vignes à Saint-Hippolyte, Rorschwihr et Scherwiller

Marqué par son origine granitique, ce riesling est très ouvert au nez, libérant des parfums élégants de fleurs blanches nuancés de notes anisées et réglissées. Assez vif en attaque, il se montre harmonieux, de bonne persistance. Parfait pour tous les produits de la mer. (Sucres résiduels: 1 g/l.) ⧗ 2019-2023

EARL GEORGES KLEIN ET FILS, 10, rte du Vin, 68590 Saint-Hippolyte, tél. 03 89 73 00 28, geoklein@wanadoo.fr V t.l.j. sf dim. 8h-12h 13h30-18h

DOM. ROBERT KLINGENFUS Clos des Chartreux 2016 ★

| 5200 | 11 à 15 € |

Sous-préfecture du Bas-Rhin, Molsheim doit une partie de sa renommée aux usines Bugatti, mais sa vocation viticole est ancienne. Elle perdure grâce à des vignerons comme Robert Klingenfus, aujourd'hui rejoint par Guillaume. Constitué à partir de 1861, son domaine couvre aujourd'hui près de 19 ha.

Une cuvée évoquant le souvenir des Chartreux, dont on peut visiter l'ancien monastère à Molsheim. Originaire d'un terroir marno-calcaire, ce riesling séduit par l'intensité de son nez, entre fruits jaunes et citron confit. On retrouve ce dernier dans un palais puissant et d'une franche vivacité. Idéal sur un poisson en sauce. (Sucres résiduels: 2 g/l.) ⧗ 2019-2028

DOM. ROBERT KLINGENFUS, 60, rue de Saverne, 67120 Molsheim, tél. 03 88 38 07 06, alsace-klingenfus@orange.fr V t.l.j. sf sam. dim. 9h30-12h 14h-18h30

KOEBERLÉ-KREYER Silberberg de Rorschwihr Vendanges tardives 2015

| 1200 | 20 à 30 € |

À la tête du domaine familial depuis 1985, Francis Koeberlé perpétue une tradition vigneronne qui remonte à 1760. Établi à Rodern, l'un des villages blottis au pied du Haut-Kœnigsbourg, il demeure dans la rue principale qui s'appelle ici « rue du Pinot noir ». Un

cépage choyé par les viticulteurs de la commune, qui bénéficie d'une dénomination officielle pour ses vins rouges.

Ces vendanges tardives séduisent par leur nez sans exubérance mais frais et joliment fruité, sur la pêche et les agrumes. L'ananas apporte sa note acidulée dans une attaque fraîche, vite relayée par des sensations d'ampleur et de douceur. Si ce vin penche encore vers le sucre, il reste équilibré et plaisant. (Sucres résiduels: 32 g/l.) ⧗ 2019-2028

⊶ KOEBERLÉ-KREYER, 28, rue du Pinot-Noir, 68590 Rodern, tél. 03 89 73 00 55, koeberle.f@orange.fr V 🍷 *t.l.j. 8h-12h 13h-19h; dim. 8h-12h* 🏠 ❷

JEAN-CLAUDE KOEHLER ET FILS
Cuvée particulière 2016

	2800	🍾	5 à 8 €

Depuis 1621 jusqu'à 1999, date d'installation de Christian Koehler, de nombreuses générations de vignerons se sont succédé sur ce domaine situé à une vingtaine de kilomètres au sud de Colmar – à l'entrée de la Vallée Noble, réputée pour son climat préservé. La famille exploite 7 ha de vignes, dont des parcelles en grand cru Zinnkoepflé.

Originaire d'un terroir calcaire, un riesling typé et frais, plaisant par sa palette aromatique complexe, mariant fleurs blanches, agrumes et touche minérale. Vif en attaque, il garde jusqu'en finale une agréable fraîcheur dans un style assez léger. (Sucres résiduels: 5,5 g/l.) ⧗ 2018-2021

⊶ EARL JEAN-CLAUDE KOEHLER ET FILS, 7, rue de Soultzmatt, 68250 Westhalten, tél. 03 89 47 01 23, info@vins-koehler.fr V 🚶 🍷 *t.l.j. 8h-12h 13h30-18h; dim. sur r.-v.* ⊶ *Christian Koehler*

ANDRÉ MAULER Muhlforst 2016 ★

	1500		8 à 11 €

Quatre générations se sont succédé sur ce domaine proche de Riquewihr, qui compte aujourd'hui quelque 14 ha répartis en 40 parcelles, dont plusieurs en grand cru Sonnenglanz. Depuis 1999, c'est Christian Mauler, fils d'André, qui gère l'exploitation avec sa fille Claudine.

Un des rieslings de terroir du domaine, issu d'un coteau marno-calcaire réputé, exposé au sud-est. S'il s'exprime pour l'heure avec discrétion, sa robe jaune intense et ses parfums de fruits mûrs inspirent confiance. Des promesses confirmées par un palais bien structuré, ample en attaque, vif et persistant en finale. Du potentiel. (Sucres résiduels: 6,6 g/l.) ⧗ 2019-2024

⊶ SARL ANDRÉ MAULER, 3, rue Jean-Macé, 68980 Beblenheim, tél. 03 89 47 90 50, contact@domaine-mauler.fr V 🍷 *t.l.j. 8h-12h 14h-18h; sam. dim. sur r.-v.* 🏠 ❸

DOM. JOSEPH MOELLINGER ET FILS
Sélection 2016 ★★

	6500	🛢	5 à 8 €

Joseph Moellinger s'est lancé dans la mise en bouteilles en 1945. Depuis 1997, son petit-fils Michel conduit l'exploitation, qui couvre 14 ha autour de Wettolsheim, grosse bourgade qui jouxte Colmar au sud-ouest. Il détient des parcelles dans plusieurs grands crus.

Sélectionnée sur des terroirs sablo-limoneux, une cuvée de riesling souvent appréciée. Le 2016 est remarquable par sa présence. Bien ouvert et typé, le nez offre la fraîcheur des agrumes, entre citron et pamplemousse. Au palais, l'ampleur et le gras sont contrebalancés par une belle vivacité. La finale délicate, citronnée et persistante signe un vin généreux et raffiné. (Sucres résiduels: 2,5 g/l.) ⧗ 2019-2023

⊶ JOSEPH MOELLINGER ET FILS, 6, rue de la 5ᵉ-Division-Blindée, 68920 Wettolsheim, tél. 03 89 80 62 02, contact@vins-moellinger.com V 🚶 🍷 *t.l.j. 8h-12h 13h30-19h; dim. sur r.-v.*

CH. D'ORSCHWIHR Bollenberg 2016 ★★

	5760	🍾	8 à 11 €

Situé dans la partie sud de la route des Vins, un vrai château, dont certaines pierres remonteraient au pape Léon IX d'Eguisheim (XIᵉs.). L'édifice est acquis au milieu du XIXᵉs. par la famille Hartmann, qui développe la viticulture un siècle plus tard. Installé en 1986, Hubert Hartmann a agrandi le domaine (24 ha aujourd'hui, avec des parcelles dans cinq grands crus) et l'a transmis en 2011 à son fils Gautier.

Colline sèche et bien abritée, aux sols calcaires, le Bollenberg figure parmi les meilleurs terroirs de la contrée. Le domaine en tire des rieslings souvent remarqués. Le 2016 est particulièrement harmonieux. Intense au nez, il dévoile des notes grillées et minérales, complétées en bouches de notes d'abricot. Au palais, il convainc par sa structure, sa vivacité, sa droiture et sa longueur: toute la noblesse du riesling. (Sucres résiduels: 12 g/l.) ⧗ 2018-2023

⊶ GAUTIER HARTMANN, EARL Ch. d'Orschwihr, 1, rue du Centre, 68500 Orschwihr, tél. 03 89 74 25 00, contact@chateau-or.com V 🚶 🍷 *r.-v.*

VIGNOBLES REINHART
Vendanges tardives 2015 ★★

	1350	🍾	20 à 30 €

Installé en 1983, Pierre Reinhart perpétue une tradition viticole qui remonte au début du XVIIIᵉs. Établi à Orschwihr, l'un des villages les plus méridionaux de la route des Vins, il exploite 5,5 ha de vignes, avec des parcelles dans de beaux terroirs (grands crus Kitterlé et Saering, Bollenberg).

Or intense, ces vendanges tardives séduisent par leur nez bien ouvert, d'une rare complexité, panier de fruits exotiques (mangue, ananas, kiwi bien mûr, agrumes), nuancés d'une touche de cire d'abeille. Le miel et la cire s'épanouissent en bouche, en harmonie avec une attaque ample et puissante. L'écorce d'orange et l'ananas font leur retour dans une finale longue, délicate et fraîche. Déjà délicieux, ce vin proche d'un liquoreux gagnera encore en harmonie au fil des années. (Sucres résiduels: 100 g/l.) ⧗ 2018-2028

⊶ PIERRE REINHART, 7, rue du Printemps, 68500 Orschwihr, tél. 03 89 76 95 12, pierre@vignobles-reinhart.com V 🚶 🍷 *r.-v.*

EDMOND RENTZ
Vendanges tardives Prestige 2015 ★

	1074	🛢	20 à 30 €

Descendant d'une lignée vigneronne remontant au XVIIIᵉs., Edmond Rentz vend son vin en bouteilles dès 1936. Son fils Raymond étend la propriété et transmet

en 1995 à Patrick un domaine de 20 ha répartis sur cinq communes au cœur de la route des Vins: Bergheim, Ribeauvillé, Hunawihr, Zellenberg, Riquewihr.

Si la robe or jaune est classique, le nez est particulièrement séducteur: précis et tonique, il mêle les agrumes (bergamote), les fruits jaunes, les fruits exotiques (mangue, papaye) à une nuance de cire d'abeille. Le palais suit la même ligne aromatique, ample et tendu par une fine acidité qui lui donne équilibre et longueur. La finale, légèrement poivrée, est également marquée par de nobles amers. (Sucres résiduels: 71,5 g/l.) ⧗ 2018-2025

EARL EDMOND RENTZ, 7, rte du Vin, 68340 Zellenberg, tél. 03 89 47 90 17, info@edmondrentz.com V *t.l.j. sf dim. 8h-12h 14h-18h*

RIEFLÉ Lieu-dit Steinstück 2016

| 1087 | | 20 à 30 € |

Fondé en 1850, le domaine a pris son visage actuel dans les années 1980 avec Jean-Claude Rieflé. Il est aujourd'hui géré par les deux frères Thomas et Paul Rieflé, qui ont converti le vignoble à l'agriculture biologique. Il dispose en propre de 23 ha de vignes au sud de Colmar, avec des parcelles dans deux grands crus, le Steinert et le Zinnkoepflé. La famille a repris en 2011 le Dom. Seppi-Landmann, qui garde son identité.

Un riesling de terroir, issu d'un coteau pentu perché au-dessus de Westhalten, aux sols de grès calcaire. L'élevage, original pour un blanc d'Alsace, s'est déroulé en barrique, avec bâtonnages réguliers pour renforcer les échanges entre vin et lies fines. Il en résulte une cuvée au caractère boisé, à la fois onctueuse et fraîche, à la finale briochée: le cépage s'efface devant l'élevage. (Sucres résiduels: 5 g/l.) ⧗ 2019-2023

DOM. RIEFLÉ-LANDMANN, 7, rue du Drotfeld, 68250 Pfaffenheim, tél. 03 89 78 52 21, riefle@riefle.com V *t.l.j. sf dim. 9h-12h 14h-18h*

CH. DE RIQUEWIHR Les Murailles 2016

| 20000 | | 11 à 15 € |

Dès le XVIe s., les familles Dopff et Irion ont pignon sur rue à Riquewihr. La maison est installée dans l'ancien château (1549) des princes de Wurtemberg. En 1945, René Dopff prend en main sa destinée. Il partage le domaine du Ch. de Riquewihr en cinq vignobles spécialisés dans un cépage: les Murailles, les Sorcières, les Maquisards, les Amandiers et les Tonnelles. L'exploitation comprend 27 ha, dont un bon tiers en grands crus.

Issu d'une sélection de terroirs marneux, ce riesling s'exprime avec discrétion sur des arômes citronnés et fumés, soulignés par une touche minérale. Vif en attaque, puissant et persistant, il est bien typé de son cépage. (Sucres résiduels: 7 g/l.) ⧗ 2019-2023

DOPFF ET IRION, Ch. de Riquewihr, 1, cour du Château, 68340 Riquewihr, tél. 03 89 47 92 51, contact@dopff-irion.com V *t.l.j. 10h-18h*

ROBERT ROTH Lieu-dit Mittelbourg 2015 ★★

| 4398 | | 11 à 15 € |

Une lignée d'agriculteurs-viticulteurs-éleveurs, établie depuis 1845 à Soultz-Haut-Rhin, à l'extrémité sud de l'Alsace. Vers 1950, Victor Roth développe la vente des vins; Robert agrandit le domaine, qu'il transmet à Christophe et Patrick en 1986; œnologue, Victor, l'arrière-petit-fils, a rejoint l'exploitation en 2017. Abrité par le Grand Ballon d'Alsace, le vignoble couvre aujourd'hui 17,5 ha. En conversion bio.

Issu d'un terroir calcaro-gréseux exposé au midi, ce riesling sudiste offre un nez intense et mûr, dominé par des arômes de fruits jaunes légèrement torréfiés. Ample en attaque, généreux et très persistant, il laisse une impression de richesse, tout en montrant une acidité qui l'équilibre. (Sucres résiduels: 3 g/l.) ⧗ 2019-2026

DOM. ROBERT ROTH, 38 A, rte de Jungholtz, 68360 Soultz-Haut-Rhin, tél. 03 89 76 80 45, domaine-robertroth@orange.fr V *t.l.j. sf dim. 9h-12h 14h-19h*

JOSEPH RUDLOFF Sélection de grains nobles 2015 ★★

| 14000 | | 20 à 30 € |

Fernand Engel, le fondateur; son fils Bernard, l'exploitant; Xavier Baril, le gendre et l'œnologue, Amélie, sa fille, et aussi les petits-enfants: quatre générations se côtoient sur ce domaine très régulier en qualité, situé au pied du Haut-Kœnigsbourg. Entre Kintzheim et Bergheim, pas moins de 65 ha répartis sur 150 parcelles, en bio certifié (biodynamie) depuis 2003. Deux étiquettes: Fernand Engel et Joseph Rudloff.

Ambrée aux brillants reflets dorés, de belles larmes: la robe est celle d'un liquoreux. La suite de la dégustation confirme avec éclat cette première impression: nez intense et pur, légèrement épicé, sur le coing et les agrumes confits; bouche dans le même registre, généreuse, ample et voluptueuse, soutenue par une acidité délicate qui lui confère élégance et persistance, joli retour du coing en finale. Un réel potentiel. (Sucres résiduels: 100 g/l.; bouteilles de 50 cl.) ⧗ 2018-2030 **Vendanges tardives 2015 ★ (20 à 30 €; 8000 b.)** : des vendanges tardives jaune d'or nées d'une vendange botrytisée à 50 %. Un vin à la fois ample, riche et salin, de bonne longueur, plaisant par sa palette intense et complexe – citron, pêche, abricot et coing confits, bergamote. (Sucres résiduels: 61 g/l.) ⧗ 2018-2026

FERNAND ENGEL, 1, rte du Vin, 68590 Rorschwihr, tél. 03 89 73 77 27, xb@fernand-engel.fr V *t.l.j. sf dim. 8h-11h30 13h-18h*

♥ DOM. JOSEPH SCHARSCH Wolxheim 2016 ★★★

| 5390 | | 8 à 11 € |

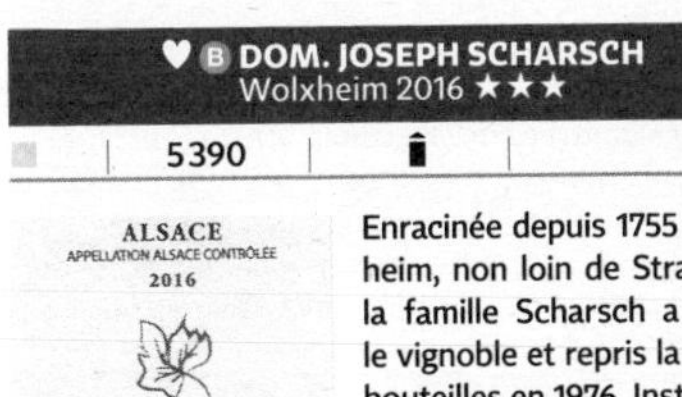

Enracinée depuis 1755 à Wolxheim, non loin de Strasbourg, la famille Scharsch a relancé le vignoble et repris la mise en bouteilles en 1976. Installé à sa tête en 2011, Nicolas Scharsch exploite en bio certifié 12 ha. Le fleuron de la propriété est le riesling du grand cru Altenberg.

Ces vignerons décrochent leur troisième coup de cœur grâce au riesling, variété reine de leur village. Pour une cuvée issue non du grand cru, mais bénéficiant de la dénomination communale accordée en 2011 au riesling de

Wolxheim – apprécié, dit-on, de Napoléon Ier. Récoltés le 20 octobre sur un terroir calcaire, les raisins ont engendré un vin qui affiche d'emblée sa richesse dans une robe jaune soutenu. Les parfums délicats d'agrumes, de fruits mûrs et d'abricot confirment cette impression. C'est surtout au palais que ce 2016 révèle tous ses atouts, ample à l'attaque, puis tendu par une vivacité qui contrebalance sa grande maturité. Une bouteille racée, persistante, d'une rare harmonie. (Sucres résiduels: 4 g/l.) ⧗ 2018-2023

⊶ NICOLAS SCHARSCH, 12, rue de l'Église, 67120 Wolxheim, tél. 03 88 38 30 61, cave@domaine-scharsch.com V r.-v.

SCHEIDECKER Bouxreben 2016 ★

	1400		8 à 11 €

Philippe Scheidecker, rejoint en 2013 par son fils Laurent, est établi à Mittelwihr, commune viticole située au nord-ouest de Colmar. Le vignoble familial comporte des parcelles dans trois grands crus: Froehn, Sporen et Mandelberg.

Conforme à son origine marneuse, ce riesling s'exprime encore avec discrétion. Il séduit par ses arômes de pêche blanche et par sa bouche ample et soyeuse. Un vin racé et très prometteur. (Sucres résiduels: 8 g/l.) ⧗ 2019-2023

⊶ SCHEIDECKER ET FILS, 13, rue des Merles, 68630 Mittelwihr, tél. 03 89 49 01 29, contact@scheidecker-fils.com V *t.l.j. 9h-12h 14h-18h* D

DOMAINES SCHLUMBERGER Vendanges tardives Cuvée Éric 2015 ★★

	4000		30 à 50 €

Sous l'Empire, Nicolas Schlumberger installe à Guebwiller une fabrique de machines textiles et achète 20 ha de vignes aux environs. Prenant la suite des abbés de Murbach, qui avaient mis en valeur ces terroirs du sud de l'Alsace avant la Révolution, ses descendants agrandissent la propriété familiale. Sans doute le plus vaste domaine de la région: 130 ha plantés sur des coteaux escarpés – plus de la moitié en grand cru. Une partie du vignoble est conduite en biodynamie.

Citée l'an dernier, cette cuvée a enchanté les jurés dans ce millésime 2015 très favorable aux vendanges tardives. On lui trouve les mêmes qualités d'élégance que sa devancière, avec un surcroît de complexité et de potentiel. L'approche est discrète : robe or clair, légers parfums de citron confit. Le fruit s'épanouit avec persistance en bouche, sur des notes de fruits jaunes, de mangue et d'ananas confit, en harmonie avec une matière à la fois ample et vive. Encore très présents, les sucres se fondront à la faveur d'une petite garde. (Sucres résiduels: 49 g/l.) ⧗ 2018-2028

⊶ FAMILLE SCHLUMBERGER, 100, rue Théodore-Deck, BP 10, 68501 Guebwiller Cedex, tél. 03 89 74 27 00, mail@domaines-schlumberger.com V *t.l.j. sf sam. dim. 8h-18h (ven. 17h)*

JEAN-VICTOR SCHUTZ Vieilles Vignes Prestige 2016

	6930		5 à 8 €

Les Schutz sont alliés aux Ruhlmann, établis depuis le XVIIe s. à Dambach-la-Ville, importante et pittoresque cité viticole. Créée en 1997, cette maison de négoce mise sur la grande distribution et sur l'export et dispose de 33 ha de vignes.

Originaire d'un terroir argilo-calcaire, ce riesling s'ouvre sur des arômes d'agrumes confits, soulignés par une touche minérale. Plutôt souple en attaque, il n'en est pas moins équilibré et persistant. Son caractère demi-sec le destine plutôt aux poissons cuisinés et aux viandes blanches. (Sucres résiduels: 10 g/l.) ⧗ 2019-2023

⊶ JEAN-VICTOR SCHUTZ, 34, rue du Mal-Foch, 67650 Dambach-la-Ville, tél. 03 88 92 41 86, vins@ruhlmann-schutz.fr 2

ALINE ET RÉMY SIMON Burgreben 2016

	4800		8 à 11 €

Installés dans la maison des grands-parents datant de 1772, Aline et Rémy Simon exploitent depuis 1996 le petit vignoble familial situé au pied du Haut-Kœnigsbourg, à la limite des deux départements alsaciens: 2 ha à l'origine, près de 8 ha aujourd'hui. Leurs fils Xavier et Grégory les ont rejoints sur l'exploitation.

D'origine argilo-calcaire, ce riesling s'ouvre sur des parfums fruités, teintés d'une touche fumée originale. Son attaque plutôt souple lui donne un profil plutôt tendre, relayée par une belle fraîcheur qui lui donne de la finesse et une certaine longueur. (Sucres résiduels: 6 g/l.) ⧗ 2018-2023

⊶ DOM. ALINE ET RÉMY SIMON, 12, rue Saint-Fulrade, 68590 Saint-Hippolyte, tél. 03 89 73 04 92, alineremy.simon@wanadoo.fr V *t.l.j. 9h-12h15 13h30-19h* 2 A

DOM. PHILIPPE SOHLER Heissenberg 2015 ★★

	2500		8 à 11 €

Depuis 1997, Philippe Sohler exploite le domaine familial – 11 ha autour de Nothalten, au sud de Barr. Il propose plusieurs vins de terroir: lieux-dits Fronholz, Heissenberg, Zellberg, Clos Rebberg et grand cru Muenchberg.

Terroir gréseux, d'exposition sud, le lieu-dit Heissenberg (qui signifie « colline chaude ») est propice au riesling. Pour preuve, celui-ci, aux parfums intenses de fruits frais, pêche en tête, nuancés d'une touche de surmaturation. Dans une belle continuité, le palais se montre tendre, ample et riche en attaque, sur des notes de fruits exotiques, bien soutenu par la vivacité caractéristique du cépage. Une remarquable harmonie. (Sucres résiduels: 5 g/l.) ⧗ 2018-2023

⊶ DOM. PHILIPPE SOHLER, 80A, rte des Vins, 67680 Nothalten, tél. 03 88 92 49 89, contact@sohler.fr V *r.-v.*

B ANDRÉ STENTZ Rosenberg 2016 ★

	3600		11 à 15 €

Les ancêtres de ces vignerons se sont fixés en 1674 à Wettolsheim, près de Colmar. Arrivé en 1976 à la tête du domaine (9 ha aujourd'hui), André Stentz, désormais épaulé par son fils Xavier, a adhéré au bio dès 1984. Parmi ses vins de terroir, les gewurztraminers et pinots gris du grand cru Steingrübler et les rieslings du Mandelberg.

Planté sur un terroir argilo-calcaire, récolté à la mi-octobre, ce riesling exprime au nez des notes fraîches d'agrumes qui prennent des tons confits. Ce côté confit et compoté se retrouve en bouche, sans nuire à l'impression générale de finesse et de vivacité. Un vin structuré et persistant, typé et racé. Parfait pour les produits de la mer en sauce. (Sucres résiduels: 12 g/l.) ⧗ 2018-2023

ANDRÉ STENTZ, 2, rue de la Batteuse, 68920 Wettolsheim, tél. 03 89 80 64 91, contact@andre-stentz.fr r.-v.

LA CAVE DU VIEIL ARMAND
Éveil des papilles 2016 ★

	n.c.		8 à 11 €

Créée en 1959, la coopérative la plus méridionale du vignoble tire son nom du sommet vosgien du Vieil Armand, siège de violents combats pendant la Première Guerre mondiale. Elle regroupe près d'une centaine d'adhérents cultivant 140 ha dans les cantons de Cernay, Soultz et Guebwiller.

Issu d'une sélection de terroirs marno-gréseux, ce riesling développe au nez des parfums délicats de fleurs blanches et d'agrumes. Ample, bien équilibré et typé, il s'achève sur une pointe de fraîcheur citronnée et de minéralité. (Sucres résiduels: 5 g/l.) ⧗ 2019-2023

LA CAVE DU VIEIL ARMAND, 1, rte de Cernay, 68360 Soultz-Wuenheim, tél. 03 89 28 22 04, noemie.boll@cavevieilarmand.com t.l.j. 8h-12h 14h-18h30; dim. 10h-12h 14h-18h30

DOM. DE LA VIEILLE FORGE
Vendanges tardives 2015 ★

	1500		15 à 20 €

Fort de son diplôme d'œnologue, Denis Wurtz fait revivre depuis 1998 le domaine de ses grands-parents, dont le nom évoque le métier de l'un de ses aïeuls. Installé dans une maison à colombages du XVI[e]s., il exploite 10 ha de vignes réparties dans six communes, de Beblenheim à Riquewihr, avec un tiers des surfaces dans quatre grands crus.

Or clair, ce riesling livre au nez des parfums d'acacia et de miel d'acacia. On retrouve le miel, allié aux agrumes confits, dans un palais souple en attaque, aussi puissant qu'opulent, de belle longueur. Des vendanges tardives très concentrées, à l'avenir assuré. (Sucres résiduels: 61 g/l.) ⧗ 2018-2028

DOM. DE LA VIEILLE FORGE, 5, rue de Hoen, 68980 Beblenheim, tél. 03 89 86 01 58, domainevieilleforge68@orange.fr t.l.j. sf dim. 10h-12h 13h30-18h30 Denis Wurtz

VORBURGER 2016 ★★

	3000		5 à 8 €

Vignerons à Voegtlinshoffen, village dominant la plaine d'Alsace au sud-ouest de Colmar, les Vorburger vendent leur vin en bouteilles depuis les années 1950. Aujourd'hui, Jean-Pierre et Philippe exploitent le vignoble en bio certifié.

Marqué par son origine argilo-calcaire, ce riesling s'annonce par un nez intense et d'une rare élégance, entre agrumes et violette. Les agrumes s'affirment au palais, sur des notes de citron et de pamplemousse, en harmonie avec une belle vivacité qui étire la finale. Un vin puissant, racé et persistant, issu d'une grande matière première. (Sucres résiduels: 1,8 g/l.) ⧗ 2019-2023 **Vendanges tardives 2015 ★ (11 à 15 €; 800 b.)** : une robe paille dorée pour ce riesling gourmand, aux parfums complexes (orange, fruits jaunes, mangue, avec des touches de raisin sec et d'épices) et au palais ample, gras et long, servi par une finale fraîche et minérale. (Sucres résiduels: 80 g/l ; bouteilles de 50 cl.) ⧗ 2018-2028

EARL JEAN-PIERRE VORBURGER ET FILS, 3, rue de la Source, 68420 Voegtlinshoffen, tél. 03 89 49 35 52, jean.pierre.vorburger68@gmail.com r.-v.

WOLFBERGER Sélection de grains nobles 2015 ★

	4000		30 à 50 €

La coopérative d'Eguisheim, créée en 1902 près de Colmar, compte aujourd'hui 450 adhérents et vinifie 8 % de la superficie du vignoble alsacien, soit environ 1 200 ha, dont quinze grands crus. Sa marque, Wolfberger, a été lancée en 1976.

Orange aux reflets dorés, la robe annonce la richesse de ce liquoreux aux parfums puissants de fruits confits, de prune et de coing. Riche, généreuse, onctueuse, la bouche se déploie sur des notes confites à l'unisson du nez. Une fine arête acide lui apporte l'équilibre et souligne sa longue finale marquée par de délicates notes de citron et d'écorce d'orange. Une grande matière pour ce vin élégant qui se bonifiera encore en cave. (Sucres résiduels: 189 g/l.) ⧗ 2018-2028

WOLFBERGER, 6, Grand-Rue, 68420 Eguisheim, tél. 03 89 22 20 20, contact@wolfberger.com t.l.j. 8h-12h 14h-18h

♥ FERNAND ZIEGLER Clos Saint-Ulrich 2016 ★★

	3300	8 à 11 €

Installée à Hunawihr, village emblématique de l'Alsace avec son église fortifiée, la famille cultive la vigne depuis 1634. C'est avec Fernand Ziegler, en 1961, qu'elle s'est lancée dans la vente en bouteilles. Daniel, qui a pris le relais en 1983, exploite 8 ha.

Que ce soit en grand cru Rosacker ou en vins de terroir, le riesling est une valeur sûre de ce domaine. Déjà jugé remarquable dans les deux millésimes précédents, celui-ci provient d'un vignoble escarpé en contrebas du château Saint-Ulrich qui domine Ribeauvillé. D'origine granitique, il charme d'emblée par l'intensité et par l'élégance de ses senteurs d'agrumes et de fleurs blanches. Ample et puissant, salin, tendu par une fine acidité, il offre une longue finale fruitée. Un vin très harmonieux, à la fois gourmand et apte à la garde. (Sucres résiduels: 1,5 g/l.) ⧗ 2019-2024 **Muhlforst Vieilles Vignes 2016 ★★ (8 à 11 €; 3200 b.)** : un lieu-dit souvent cité, aux sols argilo-calcaires assez profonds. Marqué par ce terroir, son riesling enchante: nez intense et complexe, alliant les fruits blancs, une note muscatée et une touche minérale; palais vif en attaque, citronné, d'une rare persistance. Un classique de haut niveau. (Sucres résiduels: 4,5 g/l.) ⧗ 2019-2023

EARL FERNAND ZIEGLER ET FILS, 7, rue des Vosges, 68150 Hunawihr, tél. 03 89 73 64 42, fernand.ziegler@wanadoo.fr r.-v.

ZINK Collection 2016 ★

	7300		8 à 11 €

Installés dans une maison de 1616 abritant des foudres deux fois centenaires, Pierre-Paul Zink et son fils Étienne (depuis 2004) sont les héritiers de onze générations de vignerons. Ils exploitent avec talent 8,5 ha sur les coteaux vosgiens au sud de Colmar, dont le grand cru Steinert.

Issu d'un terroir argilo-calcaire et d'un élevage sur lies fines, ce 2016 racé offre tout ce que l'on attend d'un riesling : un nez très expressif, finement floral et fruité, un palais puissant, à la fois ample, frais et salin, aux arômes persistants d'agrumes. (Sucres résiduels : 1 g/l.) ⧗ 2019-2022

ZINK, 27, rue de la Lauch, 68250 Pfaffenheim, tél. 03 89 49 60 87, infos@vins-zink.fr V r.-v.

MAISON ZOELLER Wolxheim 2016 ★★

	3000		5 à 8 €

Installé dans une maison à colombages du XVe s., ce domaine perpétue une tradition remontant à 1600. Le vignoble est implanté à Wolxheim, village réputé pour son riesling, à l'ouest de Strasbourg; il compte 11 ha, avec des parcelles dans le grand cru local. Mathieu Zoeller, installé en 1990, est passé à la lutte raisonnée (1995), puis au bio (certification en 2013).

Wolxheim a bénéficié en 2011 d'une dénomination communale pour ses rieslings. D'origine marno-calcaire, ce 2016 emporte l'adhésion par son nez d'une rare intensité, sur les agrumes, bergamote en tête. Une attaque vive ouvre sur un palais frais de bout en bout, structuré et persistant. Un modèle de riesling qui donnera le meilleur de lui-même dans deux ans. (Sucres résiduels : 6 g/l.) ⧗ 2020-2023

MAISON MATHIEU ZOELLER, 14, rue de l'Église, 67120 Wolxheim, tél. 03 88 48 88 59, vins.zoeller@wanadoo.fr V t.l.j. sf dim. 9h-12h 13h30-19h

ALSACE SYLVANER

Superficie : 1 376 ha / Production : 108 268 hl

Les origines du sylvaner sont très incertaines, mais son aire de prédilection a toujours été limitée au vignoble allemand et à celui du Bas-Rhin en France. C'est un cépage extrêmement intéressant grâce à son rendement et à sa régularité de production. Son vin est d'une grande fraîcheur, assez acide, doté d'un fruité discret. On trouve en réalité deux types de sylvaner sur le marché. Le premier, de loin supérieur, provient de terroirs bien exposés et peu enclins à la surproduction. Le second est un vin sans prétention, agréable et frais.

DOM. FERNAND ENGEL Renaissance 2015

	3000		11 à 15 €

Fernand Engel, le fondateur; son fils Bernard, l'exploitant; Xavier Baril, le gendre et l'œnologue, Amélie, sa fille, et aussi les petits-enfants: quatre générations se côtoient sur ce domaine très régulier en qualité, situé au pied du Haut-Kœnigsbourg. Entre Kintzheim et Bergheim, pas moins de 65 ha répartis sur **150 parcelles, en bio certifié (biodynamie) depuis 2003. Deux étiquettes: Fernand Engel et Joseph Rudloff.**

Le domaine voudrait contribuer à la renaissance du sylvaner, cépage longtemps décrié, d'où le nom de cette cuvée issue de raisins très mûrs. Le résultat? Un nez ouvert, complexe, surmûri (cire), bien prolongé par un palais de même style, riche et gras, sur les fruits et les fleurs jaunes. Avec une finale citronnée, l'acidité est au rendez-vous, elle aussi. (Sucres résiduels : 5 g/l.) ⧗ 2018-2022

FERNAND ENGEL, 1, rte du Vin, 68590 Rorschwihr, tél. 03 89 73 77 27, xb@fernand-engel.fr V t.l.j. sf dim. 8h-11h30 13h-18h

DANIEL RUFF La Grange Vieilles Vignes 2016 ★

	2000		5 à 8 €

Un domaine de 15 ha situé au pied du mont Sainte-Odile, dans le pays de Barr. Si son savoir-faire s'étend à d'autres variétés, Daniel Ruff y cultive avec ferveur le klevener, cépage fétiche de Heiligenstein qui a valu au village une dénomination communale.

Daniel Ruff a attendu le 25 novembre pour récolter le sylvaner d'où il a tiré un vin au nez expressif et complexe: fleurs blanches et jaunes (mimosa), tilleul, poire séchée... Nuancées de touches de foin frais et relevées de poivre blanc, des notes raffinées d'agrumes (citron caviar, citron vert) s'affirment dans une bouche structurée, tendue et longue. Matière et fraîcheur: de l'avenir. (Sucres résiduels : 5,5 g/l.) ⧗ 2018-2022

DANIEL RUFF, 64, rue Principale, 67140 Heiligenstein, tél. 03 88 08 10 81, ruffvigneron@wanadoo.fr V t.l.j. 8h-12h 13h45-19h

DOM. RUNNER 2016

	2700		5 à 8 €

Dirigé par Francis Runner depuis 1997, ce domaine familial créé en 1935 couvre près de 12 ha autour de Pfaffenheim, au sud de Colmar, avec des vignes dans le grand cru local, le Steinert.

Une vendange le 18 octobre pour ce sylvaner à l'origine d'un vin au nez intense, un rien évolué (fleurs blanches, fleurs fanées, citron mûr, minéralité) et au palais puissant, sur la pêche blanche, dont la rondeur marquée est équilibrée par une finale longue, légèrement amère. (Sucres résiduels : 6,6 g/l.) ⧗ 2018-2020

RUNNER, 1, rue de la Liberté, 68250 Pfaffenheim, tél. 03 89 49 62 89, francoisrunner@aol.com V r.-v.

ALSACE GRAND CRU

Superficie : 850 ha / Production : 43 278 hl

Dans le but de promouvoir les meilleures situations du vignoble, un décret de 1975 a institué l'appellation «alsace grand cru», liée à un certain nombre de contraintes plus rigoureuses en matière de rendement et de teneur en sucre. Une appellation réservée au gewurztraminer, au pinot gris, au riesling et au muscat, jusqu'au décret de mars 2005 qui autorise l'introduction du sylvaner, en assemblage avec le gewurztraminer, le pinot gris et le riesling dans le grand cru Altenberg de Bergheim et en remplacement du muscat dans le grand cru Zotzenberg. Les terroirs, délimités,

produisent le nec plus ultra des vins d'Alsace. En 1983, un décret a défini un premier groupe de 25 lieux-dits admis dans cette appellation. Il a été complété par trois décrets en 1992, 2001 et 2007. Avec le Kaefferkopf, reconnu en 2007, le vignoble d'Alsace compte 51 grands crus, répartis sur 47 communes. Leurs surfaces sont comprises entre 3 ha et 80 ha et leur terroir présente une certaine homogénéité géologique.

DOM. PIERRE ADAM
Kaefferkopf Gewurztraminer 2016 ★★

■ | 2500 | 15 à 20 €

Une exploitation fondée en 1948 par Pierre Adam à Ammerschwihr, important bourg viticole au nord-ouest de Colmar. Elle s'est notablement agrandie: Rémy Adam, à la tête de la propriété depuis 1996, dispose de 17 ha de vignes, avec des parcelles dans deux grands crus: le Kaefferkopf d'Ammerschwihr et le Schlossberg, situé dans le village voisin de Kientzheim.

Le Kaefferkopf est surtout connu pour ses gewurztraminers: le cépage occupe plus de la moitié des surfaces de ce grand cru. Celui-ci est implanté dans un secteur argilo-calcaire et le vigneron en tire de remarquables cuvées, semblant se jouer des millésimes. D'un jaune d'or intense, le 2016 séduit par son nez à la fois intense et fin, franc et bien typé, dominé par la rose. Le miel et les fruits jaunes, abricot en tête, viennent compléter cette palette dans un palais plutôt rond en attaque, complexe, riche, souple et gourmand. Un moelleux aussi puissant qu'harmonieux. (Sucres résiduels: 32 g/l.) ⧗ 2018-2026

RÉMY ADAM, 8, rue du Lt-Louis-Mourier, 68770 Ammerschwihr, tél. 03 89 78 23 07, info@domaine-adam.com V t.l.j. 8h-12h 13h30-19h 4 G

Ⓑ **JEAN-BAPTISTE ADAM**
Kaefferkopf Riesling Vieilles Vignes 2015 ★

■ | 4000 | | 15 à 20 €

Sise à Ammerschwihr, important village viticole au nord-ouest de Colmar, cette maison a fêté son quatre centième anniversaire en 2014. Ses caves du XVII[e]s. abritent d'anciens foudres de chêne encore en usage. Elle associe une structure de négoce et un domaine exploité en biodynamie.

Le Kaefferkopf se distingue par sa diversité géologique. Les ceps de soixante ans à l'origine de cette cuvée sont implantés sur des sols granitiques qui conviennent bien au riesling. Un 2015 au nez expressif, complexe et frais, alliant les agrumes et la menthe poivrée à une touche minérale. Les agrumes prennent des tons confits dans un palais particulièrement ample, chaleureux et gras, tendu par une acidité mûre qui étire la finale. (Sucres résiduels: 4 g/l.) ⧗ 2018-2023

JEAN-BAPTISTE ADAM, 5, rue de l'Aigle, 68770 Ammerschwihr, tél. 03 89 78 23 21, jbadam@jb-adam.fr V *t.l.j. 8h30-12h 14h-18h; f. dim. de janv. à Pâques*

DOM. ALLIMANT-LAUGNER
Praelatenberg Riesling 2016

■ | 2500 | | 11 à 15 €

Établie dans le vignoble depuis le XVIII[e]s., la famille Allimant a un ancêtre célèbre, Antoine, qui suivit Napoléon dans toutes ses campagnes, puis acheta des vignes sur les côtes du Haut-Kœnigsbourg. Agrandi par l'alliance entre les Allimant et les Laugner, le domaine (12 ha sur trois communes) est conduit depuis 1984 par Hubert Laugner, rejoint en 2013 par son fils Nicolas.

Le riesling est très présent dans ce grand cru, coteau escarpé aux sols de gneiss. Celui-ci est resté jusqu'au 31 octobre sur les ceps, pour donner un vin sec et frais, encore jeune: nez discrètement floral (acacia), rehaussé à l'aération d'une touche minérale, attaque souple, finale alerte. (Sucres résiduels: 2,6 g/l.) ⧗ 2020-2023

ALLIMANT-LAUGNER, 10, Grand-Rue, 67600 Orschwiller, tél. 03 88 92 06 52, alaugner@terre-net.fr V *t.l.j. sf dim. 9h-12h 13h30-18h* B *Hubert Laugner*

BECK - DOM. DU REMPART
Frankstein Pinot gris 2015 ★★

■ | 400 | | 15 à 20 €

À la tête du domaine familial depuis 1978, Gilbert Beck est l'héritier d'une lignée remontant à 1763, et sa maison de Dambach-la-Ville s'adosse au rempart de la cité médiévale. Il exploite 5 ha autour de la commune (dont une parcelle de grand cru Frankstein) et 5 autres dans le val de Villé, sur les pentes escarpées des terrasses d'Albé.

Son terroir d'origine granitique stimule l'expression aromatique de cette remarquable cuvée. Un pinot gris au nez intense et typé, avec des nuances d'écorce d'orange et d'agrumes confits traduisant la surmaturation. Au palais, ce vin dévoile une certaine douceur, tout en faisant preuve d'un équilibre parfait entre alcool, sucre et acidité. (Sucres résiduels: 10 g/l.) ⧗ 2018-2028

BECK - DOM. DU REMPART, 5, rue des Remparts, 67650 Dambach-la-Ville, tél. 03 88 92 42 43, beck.domaine@wanadoo.fr V *r.-v.* B

Ⓑ **BECKER** Mandelberg Riesling 2016 ★★

■ | 1592 | 15 à 20 €

Établie à Zellenberg près de Riquewihr, une exploitation dont les origines remontent à 1610, aujourd'hui gérée par deux frères, Jean-Philippe et Jean-François Becker. Ces vignerons disposent en propre de 11 ha, en bio certifié depuis 2001.

Le riesling se plaît sur le terroir précoce du Mandelberg, aux sols argilo-calcaires. Il a donné ici un vin encore dans sa jeunesse, mais dont l'avenir semble assuré. Si la robe est pâle, or blanc, le nez est déjà bien ouvert sur un fruité complexe et tonique: acacia, pêche blanche, ananas, agrumes bien mûrs (orange, pamplemousse). Les agrumes s'affirment dans un palais vif en attaque, puissant, riche et persistant, qui prolonge bien le nez. (Sucres résiduels: 4,5 g/l.) ⧗ 2019-2026 ■ **Froehn Pinot gris 2016 ★ (20 à 30 €; 2125 b.)** Ⓑ : originaire du grand cru de Zellenberg, terroir argilo-marneux propice au pinot gris, un moelleux structuré et harmonieux, au nez intense de fruits secs, abricot en tête. (Sucres résiduels: 37 g/l.) ⧗ 2018-2026

SAS JEAN BECKER, 4 route d'Ostheim, 68340 Zellenberg, tél. 03 89 47 90 16, vinsbecker@aol.com V *t.l.j. 8h-12h 14h-19h; f. sam. après-midi et dim. entre Noël et Pâques* E

LES CINQUANTE ET UN GRANDS CRUS ALSACIENS

Grands crus	Communes	Surface délimitée (ha)
Altenberg-de-bergbieten	Bergbieten (67)	30
Altenberg-de-bergheim	Bergheim (68)	35
Altenberg-de-wolxheim	Wolxheim (67)	31
Brand	Turckheim (68)	58
Bruderthal	Molsheim (67)	18
Eichberg	Eguisheim (68)	57
Engelberg	Dahlenheim, Scharrachbergheim (67)	14
Florimont	Ingersheim, Katzenthal (68)	21
Frankstein	Dambach-la-Ville (67)	56
Froehn	Zellenberg (68)	14
Furstentum	Kientzheim, Sigolsheim (68)	30
Geisberg	Ribeauvillé (68)	8
Gloeckelberg	Rodern, Saint-Hippolyte (68)	23
Goldert	Gueberschwihr (68)	45
Hatschbourg	Hattstatt, Vœgtlinshoffen (68)	47
Hengst	Wintzenheim (68)	76
Kaefferkopf	Ammerschwihr (68)	71
Kanzlerberg	Bergheim (68)	3
Kastelberg	Andlau (67)	6
Kessler	Guebwiller (68)	28
Kirchberg-de-barr	Barr (67)	40
Kirchberg-de-ribeauvillé	Ribeauvillé (68)	11
Kitterlé	Guebwiller (68)	25
Mambourg	Sigolsheim (68)	62
Mandelberg	Mittelwihr, Beblenheim (68)	22
Marckrain	Bennwihr, Sigolsheim (68)	53
Moenchberg	Andlau, Eichhoffen (67)	12
Muenchberg	Nothalten (67)	18
Ollwiller	Wuenheim (68)	36
Osterberg	Ribeauvillé (68)	24
Pfersigberg	Eguisheim, Wettolsheim (68)	74
Pfingstberg	Orschwihr (68)	28
Praelatenberg	Kintzheim (67)	18
Rangen	Thann, Vieux-Thann (68)	19
Rosacker	Hunawihr (68)	26
Saering	Guebwiller (68)	27
Schlossberg	Kientzheim (68)	80
Schœnenbourg	Riquewihr, Zellenberg (68)	53
Sommerberg	Niedermorschwihr, Katzenthal (68)	28
Sonnenglanz	Beblenheim (68)	33
Spiegel	Bergholtz, Guebwiller (68)	18
Sporen	Riquewihr (68)	23
Steinert	Pfaffenheim, Westhalten (68)	38
Steingrubler	Wettolsheim (68)	23
Steinklotz	Marlenheim (67)	40
Vorbourg	Rouffach, Westhalten (68)	72
Wiebelsberg	Andlau (67)	12
Wineck-schlossberg	Katzenthal, Ammerschwihr (68)	27
Winzenberg	Blienschwiller (67)	19
Zinnkoepflé	Soultzmatt, Westhalten (68)	68
Zotzenberg	Mittelbergheim (67)	36

Exposition	Sols	Cépages de prédilection
S.-E.	Marnes dolomitiques du keuper	Riesling, gewurztraminer
S.	Sols marno-calcaires caillouteux d'origine jurassique	Gewurztraminer
S.-S.-O.	Terroir du lias, marno-calcaires riches en cailloutis	Riesling
S.	Granite	Riesling, gewurztraminer
S.-E.	Marno-calcaires caillouteux du muschelkalk	Riesling, gewurztraminer
S.-E.	Marnes mêlées de cailloutis calcaires ou siliceux	Gewurztraminer, puis riesling, pinot gris
S.	Calcaires du muschelkalk	Gewurztraminer
S. et E.	Marno-calcaires recouverts d'éboulis calcaires du bathonien et du bajocien	Gewurztraminer, puis riesling
S.-E.	Arènes granitiques	Riesling
S.	Marnes schisteuses	Gewurztraminer
S.	Sols bruns calcaires caillouteux	Gewurztraminer, puis riesling
S.	Marnes dolomitiques du muschelkalk	Riesling
S.-E.	Sols bruns à dominante sableuse de grès vosgien	Gewurztraminer, pinot gris
E.	Marnes riches en cailloutis calcaires	Gewurztraminer
S.-E.	Marnes	Gewurztraminer, pinot gris, muscat
S.-E.	Marno-calcaires oligocènes	Gewurztraminer, pinot gris
E. et S.-E.	Sols bruns d'origine granitique, calcaire ou gréseuse	Gewurztraminer, assemblages
S. et S.-O.	Marno-calcaires	Riesling, gewurztraminer
S.	Schistes caillouteux	Riesling
S.-E.	Sable de grès rose et matrice argileuse	Gewurztraminer
S.	Calcaires du jurassique moyen	Gewurztraminer, riesling, pinot gris
S.-S.-O.	Marnes dolomitiques	Riesling
S.-O.	Grès	Riesling
S.	Marno-calcaires	Gewurztraminer
S.-S.-E.	Marno-calcaires oligocènes	Riesling, gewurztraminer
E.	Marno-calcaires	Gewurztraminer
S.	Sols limono-sableux du quaternaire	Riesling
S.	Terroirs sablonneux du permien	Riesling
S.-S.-E.	Marnes caillouteuses	Riesling
E.-S.-E.	Sols triasiques assez marneux	Gewurztraminer, puis riesling
S.-E.	Sols caillouteux calcaires de l'oligocène	Gewurztraminer, puis riesling
S.-E.	Grès et calcaires du buntsandstein et du muschelkalk	Riesling
E.-S.-E.	Sables gneissiques	Riesling
S.	Sols volcaniques	Pinot gris, riesling
E.-S.-E.	Marnes et calcaires du muschelkalk	Riesling
S.-E.	Sols marno-sableux avec cailloutis	Riesling
S.	Arènes granitiques	Riesling
S. et S.-E.	Marnes du keuper recouvertes de calcaires coquilliers	Riesling
S.	Arènes granitiques	Riesling
S.-E.	Conglomérats et marnes de l'oligocène	Gewurztraminer, pinot gris
E.	Marnes de l'oligocène et sables gréseux du trias	Gewurztraminer
S.-E.	Sols marneux du lias	Gewurztraminer
E.	Cailloutis calcaires oolithiques	Gewurztraminer, pinot gris
S.	Marnes oligocènes	Gewurztraminer, riesling, pinot gris
S.	Marnes recouvertes d'éboulis calcaires du muschelkalk	Riesling, gewurztraminer
S.-S.-E.	Marno-calcaires	Gewurztraminer, puis riesling, pinot gris
S.	Sables gréseux triasiques	Riesling
S. et S.-E.	Granite	Riesling
S.-S.-E.	Arènes granitiques	Riesling
S.	Terroir calcaro-gréseux	Gewurztraminer
S.	Calcaires jurassiques et conglomérats marno-calcaires de l'oligocène	Riesling, sylvaner

DOM. JEAN-MARC BERNHARD
Wineck-Schlossberg Riesling
Sélection de grains nobles 2015 ★

■	1000	🍾	30 à 50 €

Fondé en 1802, le domaine avait développé une activité de négoce à partir de 1850. En 1982, Jean-Marc Bernhard a préféré redevenir vigneron. Avec 11 ha répartis sur cinq communes, la famille dispose d'une belle palette de terroirs et détient des parcelles dans six grands crus. Aux commandes depuis 2000, Frédéric, œnologue, a engagé la conversion bio du vignoble.

Un grand cru bénéficiant d'un microclimat précoce, un millésime solaire favorable à la production de liquoreux. Pour obtenir celui-ci, les vendangeurs ont escaladé le coteau granitique du Wineck-Schlossberg pour ne cueillir que les grains atteints par la pourriture noble. Or aux reflets orangés, ce 2015 libère des parfums d'agrumes confits et de miel encore discrets mais tout en finesse. Puissante, riche et dense, intensément fruitée, un rien mentholée en finale, la bouche est tendue par une belle arête acide qui confère à ce vin élégance et longueur. Un vin qui pourra être dégusté pour lui-même. (Sucres résiduels: 110 g/l.; bouteilles de 50 cl.) ⧗ 2020-2028 ■ **Mambourg Gewurztraminer 2015 (11 à 15 €; 5000 b.)** : vin cité.

🔑 DOM. JEAN-MARC BERNHARD, 21, Grand-Rue, 68230 Katzenthal, tél. 03 89 27 05 34, vins@jeanmarcbernhard.fr V ⛹ ■ r.-v.

BESTHEIM Zinnkoepflé Gewurztraminer 2015 ★

■	33000	11 à 15 €

Né en 1997 de la fusion des caves de Westhalten, d'Obernai et de Bennwihr et de la vénérable maison de négoce Heim, fondée en 1765, le groupe Bestheim est devenu, après d'autres fusions, un opérateur de premier plan en Alsace, vinifiant quelque 1 350 ha.

Le haut coteau «sudiste» du Zinnkoepflé, dont le vignoble grimpe à l'assaut du soleil jusqu'à plus de 400 m d'altitude, donne tout son éclat au gewurztraminer. Ce cépage couvre 60 % de la superficie du grand cru. La coopérative en a tiré de beaux volumes d'un moelleux riche et harmonieux. Un 2015 aux reflets vieil or, aussi flatteur par sa palette aromatique (litchi, ananas rôti, épices) que par sa bouche généreuse, ample et longue. (Sucres résiduels: 47 g/l.) ⧗ 2018-2024

🔑 BESTHEIM-CAVE DE BENNWIHR, 3, rue du Gal-de-Gaulle, 68630 Bennwihr, tél. 03 89 49 09 29, vignobles@bestheim.com V ■ r.-v.

JEAN BIECHER & FILS
Mambourg Gewurztraminer 2016 ★★★

■	2000	🍾	15 à 20 €

Propriétaires de vignes à Saint-Hippolyte depuis 1762, les Biecher – Olivier, depuis 2005 – sont aujourd'hui négociants et embouteilleurs. Ils commercialisent sous diverses marques des vins de plusieurs vignobles français et étrangers, exportés à 80 %.

Grâce à ses sols argilo-calcaires et à son exposition plein sud, le Mambourg permet au gewurztraminer de donner sa pleine puissance. Celui-ci enchante par son nez d'une rare élégance, sur la mangue et les fruits jaunes d'été. Souple et rond en attaque, il s'impose par sa richesse, sa concentration et sa persistance. On le trouve «aussi large que long». (Sucres résiduels: 30 g/l.) ⧗ 2018-2023

🔑 SA VINS BIECHER, 35, rte du Vin, 68590 Saint-Hippolyte, tél. 03 89 73 00 14, info@vins-biecher.com

BOTT FRÈRES Gloeckelberg Pinot gris 2016 ★★

■	2000	🍾	15 à 20 €

Au service du vin depuis 1835, les Bott sont aujourd'hui vignerons et négociants à Ribeauvillé. Trois générations gèrent la maison main dans la main.

Le pinot gris occupe plus de la moitié des surfaces du grand cru Gloeckelberg, coteau dominant les villages de Rodern et de Saint-Hippolyte. Il bénéficie d'un microclimat particulièrement sec et d'une exposition au sud ou au sud-est. Conforme à ce terroir granitique, cette cuvée offre un nez intense, avant de s'imposer en bouche par sa structure, sa richesse, son harmonie et sa persistance. (Sucres résiduels: 53 g/l.) ⧗ 2018-2028

🔑 DOM. BOTT FRÈRES, 13, av. du Gal-de-Gaulle, 68150 Ribeauvillé, tél. 03 89 73 22 50, vins@bott-freres.fr V ⛹ ■ r.-v.

AGATHE BURSIN Zinnkoepflé Pinot gris 2016

■	1500	🍾	20 à 30 €

Œnologue, Agathe Bursin a réalisé son rêve: reprendre les vinifications sur le domaine familial, qui apportait ses raisins à la coopérative depuis la mort de son arrière-grand-père. Installée en 2001, elle exploite avec passion et méticulosité le petit vignoble qu'elle agrandit peu à peu (6 ha). Elle propose des vins de terroir, issus notamment du grand cru Zinnkoepflé.

Le calcaire coquillier du Zinnkoepflé convient au pinot gris. Expressif au nez, celui-ci présente une palette bien typée, associant les fruits blancs, le sous-bois, l'amande et des notes fumées. Des arômes grillés et toastés s'ajoutent à cette gamme dans un palais puissant et équilibré, à la finale vive. Un vin riche et harmonieux. (Sucres résiduels: 19 g/l.) ⧗ 2019-2028

🔑 AGATHE BURSIN, 11, rue de Soultzmatt, 68250 Westhalten, tél. 03 89 47 04 15, agathe.bursin@wanadoo.fr V ⛹ ■ r.-v.

SIGNATURE DE COLMAR Hengst Pinot gris 2016 ★

■	3628	🍾	15 à 20 €

Géré depuis 1980 par Jean-Rémy Haeffelin, rejoint par son fils Nicolas, le domaine a été fondé en 1895 par Chrétien Oberlin, célèbre ampélographe, et a été repris en 2011 par Arthur Metz, filiale des Grands Chais de France. Il dispose en propre de près de 30 ha (dont le vignoble des Hospices, qui remonte à 1255), avec des parcelles dans plusieurs grands crus.

D'origine marno-calcaire, un pinot gris expressif et typé au nez, mêlant les fruits mûrs à des notes fumées. Cette intensité se retrouve au palais, loué pour sa belle matière équilibrée, fraîche et harmonieuse. (Sucres résiduels: 12,5 g/l.) ⧗ 2018-2023 ■ **Florimont Riesling 2016 ★ (11 à 15 €; 4429 b.)** : jeune et prometteur, un riesling tout en finesse, d'une belle fraîcheur: au nez, des agrumes mûrs, avec des touches mentholées, de la fougère; au palais, des arômes d'agrumes, de l'ampleur et du gras, alliés à une vivacité alerte, une belle longueur. (Sucres résiduels: 4 g/l.) ⧗ 2019-2025

DOM. VITICOLE DE LA VILLE DE COLMAR, 2, rue du Stauffen, 68000 Colmar, tél. 03 89 79 79 49, nhaeffelin@domaineviticolecolmar.fr t.l.j. 9h30-12h30 14h-18h Grands Chais de France

DOPFF AU MOULIN
Schoenenbourg Riesling 2015 ★

	9326		15 à 20 €

Fondée en 1634, une célèbre maison de négoce sise à Riquewihr. Les Dopff ont associé leur nom aux métiers du vin à partir de 1574 et se sont établis dans la cité au XVIIᵉs. Après quatre générations de maîtres tonneliers, Jean Dopff s'installe comme courtier en vins. La société détient en propre l'un des plus vastes domaines de la région: 65 ha (dont 12 ha en grand cru).

Du haut du Schoenenbourg, la vue plonge sur Riquewihr: le coteau est escarpé, plein sud; ses sols marno-gypseux sont propices au riesling. Ce 2015 affiche une robe jaune doré et déploie des parfums intenses, à la fois suaves et toniques: pêche blanche, citron confit, ananas. Les agrumes s'épanouissent dans un palais vif en attaque, ample et puissant dans son développement, équilibré par une belle fraîcheur en finale. Un vin encore jeune. (Sucres résiduels: 5 g/l.) ⧗ 2020-2025

FAMILLE DOPFF, 2, av. Jacques-Preiss, 68340 Riquewihr, tél. 03 89 49 09 69, domaines@dopff-au-moulin.fr t.l.j. 10h-19h

EBLIN-FUCHS Rosacker Riesling 2014

	2800		15 à 20 €

Établis à Zellenberg, petit village perché voisin de Riquewihr, José, Henri et Christian Eblin sont les héritiers d'une lignée de vignerons remontant au XIIIᵉs. Ils ont adopté la biodynamie dès 1999. Leur domaine couvre environ 11 ha répartis dans six communes, avec des parcelles dans quatre grands crus.

Le riesling est très présent sur le Rosacker, grand cru aux sols calcaires, en contrebas de la montagne boisée. Les raisins y mûrissent lentement. Millésime plutôt frais, ce 2014 a bien évolué. D'un doré soutenu, il dévoile la minéralité bien typée du cépage, alliée à des arômes d'agrumes mûrs et à des touches toastées. Souple en attaque, gras et riche, il est tendu par une franche vivacité aux accents d'écorce de citron, qui souligne sa longue finale minérale. Du caractère et, probablement, des réserves. (Sucres résiduels: 5 g/l.) ⧗ 2018-2023

EBLIN-FUCHS, 19, rte des Vins, 68340 Zellenberg, tél. 03 89 47 91 14, christian.eblin@orange.fr r.-v.

JEAN-PAUL ECKLÉ
Wineck-Schlossberg Riesling 2016

	2500		8 à 11 €

Établi près de Colmar, dans le village de Katzenthal blotti dans un vallon et dominé par le donjon du Wineck, Emmanuel Ecklé exploite depuis 1996 les 9,5 ha du domaine familial. Une valeur sûre, notamment pour ses rieslings du Wineck-Schlossberg et du lieu-dit Hinterburg.

D'origine granitique, ce riesling reste pourtant discret dans son expression aromatique, mêlant l'acacia, la pêche blanche et le citron. Confirmant le nez, la bouche reste sur cette ligne vive et fruitée, avec une certaine minéralité. La finale est marquée par la note un rien amère du pamplemousse. Un vin précis et droit, dans sa jeunesse. (Sucres résiduels: 8 g/l.) ⧗ 2019-2025

SCEA JEAN-PAUL ECKLÉ ET FILS, 29, Grand-Rue, 68230 Katzenthal, tél. 03 89 27 09 41, eckle.jean-paul@wanadoo.fr t.l.j. 9h-12h 13h30-17h30 Emmanuel Ecklé

DAVID ERMEL Rosacker Riesling 2015 ★

	4000		11 à 15 €

Vignerons de père en fils depuis 1795 à Hunawihr, village célèbre pour son église fortifiée assiégée par les ceps, les Ermel exploitent 15 ha de vignes, avec des parcelles dans le Rosacker, grand cru local. Sylvie et Jean-David, qui ont pris la succession de leurs parents en 1990, ont été rejoints en 2015 par leurs fils David et François.

Le riesling est le cépage majoritaire dans ce grand cru. Ces vignerons l'ont laissé mûrir jusqu'à la fin octobre pour en tirer un vin jaune paille, aux parfums d'agrumes rehaussés de notes de fruits jaunes confits et d'une touche minérale. On retrouve les agrumes et la minéralité dans une bouche souple et suave en attaque, dont la belle fraîcheur met en valeur les arômes. Un 2015 bien structuré, de bonne longueur, encore jeune. (Sucres résiduels: 8 g/l.) ⧗ 2018-2023

ERMEL, 30, rte de Ribeauvillé, 68150 Hunawihr, tél. 03 89 73 61 71, david.ermel@wanadoo.fr t.l.j. 8h-12h 14h-19h

FALLER Geisberg Riesling 2016

	2500		20 à 30 €

Dominée par les ruines de ses forteresses et par ses coteaux viticoles pentus, riche de trois grands crus, la cité de Ribeauvillé abrite de nombreux vignerons comme Nicolas Faller, au service du vin depuis 1697. À la tête d'une propriété de 11 ha, la famille dispose au centre-ville d'une demeure du XVIᵉs. dotée d'une cave voûtée.

C'est sans doute de sa pente escarpée, qui surplombe Ribeauvillé, que le Geisberg tire son nom, qui signifie «mont des Chèvres». Ce grand cru aux sols argilo-calcaires est dédié au riesling. Ici, un jeune vin aux reflets verts, qui s'ouvre sur l'acacia, puis sur le citron et sur les fruits jaunes frais. On retrouve ce plaisant fruité dans une bouche croquante, intense, vive et longue, marquée en finale par une pointe minérale. (Sucres résiduels: 8 g/l.) ⧗ 2018-2023

ROBERT FALLER ET FILS, 36, Grand-Rue, 68150 Ribeauvillé, tél. 03 89 73 60 47, sarlfaller@orange.fr t.l.j. 9h-12h 14h-18h; dim. 9h-12h

MICHEL FONNÉ
Marckrain Muscat 2015 ★★

	1200		11 à 15 €

Œnologue, Michel Fonné a fait ses classes en Champagne et en Californie avant de s'installer en 1989 sur les vignes de son oncle, René Barth, auxquelles il a adjoint plus tard celles de son père. Son domaine s'étend à présent sur 13 ha répartis sur

quatre communes, entre Riquewihr et Colmar, avec des parcelles dans trois grands crus.

Le vigneron met en valeur deux cépages dans le Marckrain, terroir marno-calcaire situé au sud de son village de Bennwihr: le gewurztraminer et le muscat. Beaucoup plus rare, ce dernier a engendré un vin légèrement moelleux qui a enchanté les jurés. Ses arguments? Une robe aux brillants reflets argentés et de belles larmes; des parfums intenses et nets (fleurs blanches, bourgeon de cassis, agrumes, pêche, avec une touche de cire); et surtout un palais croquant et persistant, tendu par une belle vivacité: l'équilibre même. (Sucres résiduels: 22 g/l.) ⧗ 2018-2025

MICHEL FONNÉ, 24, rue du Gal-de-Gaulle, 68630 Bennwihr, tél. 03 89 47 90 87, michel@michelfonne.com V ■ ■ *t.l.j. 9h-12h 13h-19h; dim. sur r.-v.*

DOM. MARCEL FREYBURGER
Kaefferkopf Pinot gris 2016 ★★

■ | 700 | ▮ | 15 à 20 €

Située dans le centre du village d'Ammerschwihr, important bourg viticole au nord-ouest de Colmar, l'exploitation est conduite depuis 1996 par Christophe Freyburger, fils de Marcel. Elle a doublé sa superficie depuis les origines et s'étend aujourd'hui sur plus de 7 ha, avec des parcelles dans le Kaefferkopf, le grand cru local. En conversion bio.

Christophe Freyburger bichonne dans le Kaefferkopf quelques rangs de pinot gris, cépage confidentiel dans ce grand cru. Il en a tiré un 2016 d'une rare harmonie. Déjà épanoui (mangue, notes de surmaturation et touche fumée typée), le nez reflète le terroir d'origine de ce vin, aux sols granitiques. Dans une belle continuité, la bouche dévoile une certaine douceur, bien équilibrée par une belle trame acide. Moelleux léger ou demi-sec, un vin fait pour la table. (Sucres résiduels: 15,5 g/l.) ⧗ 2019-2023 ■ **Kaefferkopf Gewurztraminer Le K précieux 2016 ★ (15 à 20 €; 1500 b.)** : issu de raisins surmûris récoltés le 20 novembre, un moelleux expressif, complexe et fin (litchi, fruits confits, touche fumée), d'une belle élégance malgré sa richesse et sa concentration. Pour l'apéritif ou le dessert. (Sucres résiduels: 53 g/l.) ⧗ 2018-2028

CHRISTOPHE FREYBURGER, 13, Grand-Rue, 68770 Ammerschwihr, tél. 03 89 78 25 72, info@freyburger.fr V ■ ■ *t.l.j. 9h-12h 13h30-18h; dim. sur r.-v.*

J. FRITSCH Furstentum Gewurztraminer 2016 ★

■ | 2800 | ▮ | 11 à 15 €

Une lignée de vignerons remontant à 1703, établie dans le petit bourg fortifié de Kientzheim. Joseph Fritsch, installé en 1977, agrandit l'exploitation et aménage une cuverie moderne. Depuis 2010, c'est son fils Pascal qui préside aux destinées du domaine: 9,5 ha, pas moins de quarante parcelles disséminées dans quatre communes, avec des vignes dans deux grands crus.

Le Furstentum est un coteau très pentu aux sols marno-calcaires caillouteux. Exposés au sud-sud-ouest, les raisins s'y gorgent de soleil. Le cépage y a pris des accents raffinés, très floraux. On apprécie aussi dans ce moelleux l'attaque souple, tout en finesse, et la matière concentrée et fraîche. Un vin harmonieux, qui devrait se bonifier avec le temps. (Sucres résiduels: 34 g/l.) ⧗ 2018-2023

PASCAL FRITSCH, 31, Grand-Rue, 68240 Kientzheim, tél. 03 89 78 24 27, contact@joseph-fritsch.com V ■ *t.l.j. 10h-12h 14h-18h; dim. sur r.-v.*

DOM. FRITZ
Mambourg Gewurztraminer
Vendanges tardives 2015 ★

■ | 1600 | ▮ | 20 à 30 €

Créé en 1958, ce domaine implanté à Sigolsheim, au nord-ouest de Colmar, est conduit par Thierry Fritz, qui a succédé en 2006 à son père Daniel. Il a son siège dans un ancien moulin, aménagé à la fin des années 1960 en cave à vins. Le vignoble de près de 8 ha comprend plusieurs parcelles en grand cru Mambourg.

Dominant Sigolsheim, le Mambourg bénéficie d'une exposition au sud: les raisins font le plein de soleil jusqu'en milieu d'après-midi. Les Fritz en tirent régulièrement de beaux moelleux ou liquoreux, comme ces vendanges tardives au nez puissant de rose fanée, d'abricot confit, de miel et de poivre. Dans le même registre confit et épicé, le palais se révèle riche, ample et puissant, offrant une longue finale poivrée. Un vin qui gagnera encore en expression avec le temps. (Sucres résiduels: 70 g/l.) ⧗ 2018-2028

DOM. FRITZ, 3, rue du Vieux-Moulin, 68240 Sigolsheim, tél. 03 89 47 11 15, contact@domaine-fritz.fr V ■ ■ *t.l.j. 8h-19h*

LUCIEN GANTZER Goldert Riesling 2015 ★

■ | 1800 | ▮ | 11 à 15 €

Jeannine Gantzer a repris en 1995 le domaine fondé par son père Lucien en 1960 à Gueberschwihr, au sud de Colmar. Le siège de l'exploitation, au nord du village, est tout près de la célèbre église au beau clocher roman. Il n'est pas non plus éloigné du Goldert, le grand cru où les Gantzer cultivent plusieurs cépages.

Quatre cépages prospèrent sur cette «Côte d'or» (Goldert), et ce vigneron en a placé trois dans cette édition. Le riesling a engendré en 2015 un moelleux à la robe soutenue, mêlant au nez les fleurs, les épices, les fruits jaunes et les fruits exotiques. Suave en attaque, gourmand, le palais déploie des arômes floraux et des notes de citron confit, gardant du cépage une pointe d'acidité citronnée bienvenue, qui étire la finale. (Sucres résiduels: 21 g/l.) ⧗ 2018-2022 ■ **Goldert Pinot gris 2015 (11 à 15 €; 2100 b.)** : vin cité. ■ **Goldert Gewurztraminer 2015 (11 à 15 €; 2600 b.)** : vin cité.

SCEA LUCIEN GANTZER, 9, rue du Nord, 68420 Gueberschwihr, tél. 03 89 49 31 81, jeannine.gantzer@orange.fr V ■ ■ *r.-v.* 1

DOM. ARMAND GILG
Zotzenberg Pinot gris 2016 ★

■ | 6100 | ▮ | 11 à 15 €

Famille d'origine autrichienne établie à Mittelbergheim depuis 1601; encore plus anciennes (XVIᵉs.) sont les caves abritant de vieux foudres sculptés. Un domaine régulier en qualité, fort de 29 ha, dont plus de 5 ha dans les grands crus Zotzenberg et Moenchberg.

De nature argilo-calcaire, le grand cru de Mittelbergheim confère au pinot gris ses lettres de noblesse. Celui-ci, moelleux léger, séduit par ses arômes typés, entre fumé et sous-bois, enrichis par des notes confites de surmaturation. Vif en attaque, équilibré, il déploie une belle matière et se prêtera à de nombreux accords gastronomiques. (Sucres résiduels: 17 g/l.) ⧗ 2018-2023

⊶ DOM. ARMAND GILG, 2, rue Rotland, 67140 Mittelbergheim, tél. 03 88 08 92 76, info@domaine-gilg.com V **t.l.j. 8h-12h 13h30-18h; sam. dim. sur r.-v.*

PAUL GINGLINGER
Pfersigberg Gewurztraminer 2016 ★

	5000		15 à 20 €

Domaine fondé en 1610 à 5 km au sud de Colmar, dans la cité médiévale d'Eguisheim. Michel Ginglinger, fils de Paul et œnologue diplômé, en a pris la tête en 2002 après avoir exercé ses talents comme maître de chai en Bourgogne, en Afrique du Sud et au Chili. Il exploite 12 ha (avec des parcelles dans deux grands crus) et a engagé la conversion bio de son vignoble.

Ce grand cru est une valeur sûre du domaine. De nature argilo-calcaire, bien abrité, il constitue un terroir de choix pour le gewurztraminer, témoin ce vin salué pour son nez explosif, à dominante de pêche et de fruits exotiques (mangue), avec une pointe d'épices et une touche d'agrumes. Souple en attaque, concentré et persistant, ce moelleux n'oublie pas la fraîcheur. (Sucres résiduels: 25 g/l.) ⧗ 2018-2023 **Pfersigberg Riesling 2016 (15 à 20 €; 5000 b.)** : vin cité.

⊶ PAUL GINGLINGER, 8, pl. Charles-de-Gaulle, 68420 Eguisheim, info@paul-ginglinger.fr V *r.-v.*

(B) PIERRE-HENRI GINGLINGER
Ollwiller Riesling 2014

	2400	15 à 20 €

Établi dans la vieille cité d'Eguisheim, au sud de Colmar, ce domaine familial dont les origines remontent à 1610 a son siège dans une maison de 1684. Mathieu Ginglinger a succédé en 2003 à son père Pierre-Henri et conduit l'exploitation en bio (certification en 2004). Après avoir acquis des vignes à l'extrême sud de la route des Vins, il dispose aujourd'hui de 15 ha, avec des parcelles dans trois grands crus.

Le riesling est majoritaire sur ce grand cru marno-gréseux, l'un des plus méridionaux du vignoble. Celui-ci, un 2014, sans afficher une grande puissance, montre une belle tenue, une fraîcheur préservée, avec le caractère minéral des rieslings évolués. D'un jaune doré, bien ouvert, il déploie une palette où fleurs blanches et fruits jaunes s'effacent derrière des notes «pétrolées». D'une belle richesse aromatique, la bouche est tendue par une acidité fine et longue. (Sucres résiduels: 2 g/l.) ⧗ 2018-2023

⊶ GINGLINGER, 33, Grand-Rue, 68420 Eguisheim, tél. 03 89 41 32 55, contact@vins-ginglinger.fr V *t.l.j. 9h30-12h 13h30-18h30* 3 E

DOM. JEAN-MARIE HAAG
Zinnkoepflé Gewurztraminer Vendanges tardives 2015 ★★★

	1400		20 à 30 €

À l'origine, un lopin entretenu le dimanche par le grand-père de Jean-Marie Haag, ouvrier des mines de potasse. Aujourd'hui, une propriété de 7 ha au cœur de la Vallée Noble, à 20 km au sud de Colmar, exploitée depuis 1988 par Jean-Marie Haag. De beaux vins de terroir, notamment les gewurztraminers nés sur le grand cru Zinnkoepflé, majestueux coteau abrité par le Grand et le Petit Ballon.

Le nom de ce grand cru fait référence au soleil. Le terroir jouit d'un microclimat presque aride qui permet aux vignerons d'en tirer régulièrement des vins doux issus de raisins surmûris ou botrytisés. Jean-Marie Haag excelle dans ce style, avec à son actif trois coups de cœur. Ces vendanges tardives confirment son savoir-faire. D'un or profond, elles déploient des fragrances de rose fanée, de fruits exotiques et de fruits jaunes confits, finement épicées. Le miel s'ajoute à cette palette dans une bouche marquée par la pourriture noble, qui s'impose par son ampleur et par sa puissance. Plus qu'un moelleux, un liquoreux au fort potentiel. (Sucres résiduels: 120 g/l.) ⧗ 2018-2028

⊶ JEAN-MARIE HAAG, 17, rue des Chèvres, 68570 Soultzmatt, tél. 03 89 47 02 38, info@domaine-haag.fr V *r.-v.*

(B) DOM. HAEGI Zotzenberg Riesling 2016 ★

	2400		11 à 15 €

Boulangers de père en fils, les Haegi sont devenus vignerons en 1949 après le mariage de Charles avec la fille d'un viticulteur du village. Depuis 1985, c'est Daniel qui conduit les 9 ha de l'exploitation, à Mittelbergheim et dans le village voisin d'Eichhoffen. Il cultive trois cépages sur le Zotzenberg, grand cru local.

Le grand cru de Mittelbergheim, aux sols marno-calcaires, est à l'origine de ce riesling jaune clair à reflets verts, au nez centré sur les agrumes, entre citron et pamplemousse. Dans une belle continuité aromatique, la bouche suit cette ligne vive et fruitée, un peu rectiligne mais persistante. De la finesse. (Sucres résiduels: 4 g/l.) ⧗ 2019-2024

⊶ DANIEL HAEGI, 33, rue de la Montagne, 67140 Mittelbergheim, tél. 03 88 08 95 80, info@haegi.fr V *t.l.j. sf dim. 9h-12h 13h30-18h* 1 B

(B) VÉRONIQUE ET CHRISTIAN HEBINGER
Hengst Riesling 2016

	1212		15 à 20 €

Le domaine s'est spécialisé après 1945. Aujourd'hui, Christian et Véronique Hebinger, établis à Eguisheim depuis 1985 et rejoints par Denis, cultivent leurs 11 ha autour de la petite cité médiévale et vers Wintzenheim, en biodynamie (certification bio en 2009). Leurs fleurons: des parcelles en grand cru (Hengst, Eichberg, Pfersigberg).

Les vins issus de ce coteau marno-calcaire situé à Wintzenheim, près de Colmar, passent pour être fougueux et nerveux dans leur jeunesse – comme l'étalon, Hengst en alsacien. Ils tardent aussi à se révéler. C'est bien le cas de ce riesling discrètement floral et minéral au nez, bien construit, gras, de bonne longueur, tendu par une franche vivacité qui se fait un peu mordante en finale. Le style de vin qui appelle des produits de la mer. (Sucres résiduels: 0 g/l.) ⧗ 2020-2023

⊶ CHRISTIAN ET VÉRONIQUE HEBINGER, 14, Grand-Rue, 68420 Eguisheim, tél. 03 89 41 19 90, famille@vins-hebinger.fr V *r.-v.*

B PH. HEITZ Bruderthal Riesling 2016 ★

| 1800 | 11 à 15 € |

Le père, Fernand, a planté les premiers ceps en 1958. Philippe, qui a repris l'exploitation en 1986, l'a agrandie, convertie à l'agriculture biologique tout en élargissant la gamme des vins. Le vignoble couvre 7 ha autour de Molsheim, à une petite trentaine de kilomètres de Strasbourg.

Dominant Molsheim, ce grand cru a été mis en valeur par les moines (les frères ou «Bruder», d'où son nom). Bien exposé au sud-est, le riesling à l'origine de cette cuvée est resté sur les ceps jusqu'au 18 octobre. Le vin est pourtant tout ce qu'il y a de sec, avec son nez intense d'agrumes mûrs et d'amande amère, déjà teinté de minéralité, et son palais ample en attaque, acidulé, assez long, marqué en finale par un retour de la minéralité. De la tenue. (Sucres résiduels: 5 g/l.) ⧗ 2018-2025

PHILIPPE HEITZ, 4, rue Ettore-Bugatti, 67120 Molsheim, tél. 03 88 38 25 38, contact@vins-heitz.com V t.l.j. 9h-12h 13h30-19h; dim. sur r.-v.

ROGER HEYBERGER
Pfersigberg Pinot gris 2016 ★

| 1160 | 11 à 15 € |

Les lointaines origines du domaine, conduit depuis 1990 par Denis Heyberger, remontent à 1621. Aujourd'hui, avec près de 16 ha de vignes disséminés dans sept communes du sud de Colmar, entre Obermorschwihr et Rouffach, le vigneron peut jouer sur une belle palette de terroirs (dont trois grands crus).

Le Pfersigberg, ou «colline des Pêchers», est un grand cru argilo-calcaire, abrité par la montagne et bien exposé à l'est-sud-est. Le lieu de naissance de ce pinot gris encore jeune, qui s'ouvre à l'aération sur des nuances de poire et de mirabelle, rehaussées de touches de fruits secs et d'épices. Le palais, à l'unisson du nez, se montre vif en attaque, puissant et persistant. Demi-sec ou moelleux léger, ce vin s'entendra aussi bien avec une viande qu'avec un dessert aux fruits. (Sucres résiduels: 23 g/l.) ⧗ 2018-2023

ROGER HEYBERGER ET FILS, 5, rue Principale, 68420 Obermorschwihr, tél. 03 89 49 30 01, info@vins-heyberger.fr V t.l.j. sf dim. 8h-11h45 14h-18h

B JEAN ET HUBERT HEYWANG
Kirchberg de Barr Riesling 2016

| 1500 | 11 à 15 € |

Située au pied du mont Sainte-Odile, dans le village de Heiligenstein renommé pour son cépage klevener, une exploitation fondée en 1955 par Jean Heywang et dirigée depuis 1990 par son fils Hubert. Couvrant 7 ha, elle a obtenu en 2011 la certification bio.

Coteau aux sols marno-calcaires, le Kirchberg de Barr est réputé pour la fraîcheur de ses vins. Ce riesling jaune pâle à reflets verts n'en manque pas. Au nez, des touches mentholées, minérales, fumées et épicées (clou de girofle) viennent rehausser des senteurs de miel d'acacia. Alliées à des arômes de citron confit, les nuances mentholées marquent aussi la bouche, ample en attaque, tonique et persistante, à la finale vigoureuse. De la personnalité. (Sucres résiduels: 4 g/l.) ⧗ 2019-2024

HUBERT HEYWANG, 7, rue Principale, 67140 Heiligenstein, tél. 03 88 08 91 41, contact@heywang-vins.fr V t.l.j. 10h-12h 14h-19h

HORCHER Sporen Gewurztraminer 2016

| 1000 | 15 à 20 € |

Domaine situé au cœur de la route des Vins, près de Riquewihr. À sa création par Alfred Horcher en 1920, il ne comptait que 1 ha de vignes. Ernest Horcher débute la vente en bouteilles en 1953, transmet la propriété à Alfred Hubert en 1981. Depuis 2014, les enfants de ce dernier, Thomas, Lise et Irène, travaillent sur l'exploitation: 11 ha disséminés sur six communes et plus de quarante parcelles, dont certaines en grand cru (Mandelberg, Sporen et Kaefferkopf).

Coteau en pente douce au sud de Riquewihr, le Sporen est l'un des deux grands crus de la célèbre cité. Un terroir précoce, aux sols argilo-calcaires profonds, favorables au gewurztraminer. Le cépage a engendré un moelleux élégant, avec son nez floral et épicé, nuancé de notes d'ananas, et son palais ample et soyeux, aux arômes de litchi teintés d'agrumes, tonifié par une belle fraîcheur. (Sucres résiduels: 44 g/l.) ⧗ 2018-2023

LISE HORCHER, 6, rue du Vignoble, 68630 Mittelwihr, tél. 03 89 47 93 26, info@horcher.fr V t.l.j. sf dim. 8h-11h45 14h-18h

♥ BERNARD HUMBRECHT
Goldert Riesling 2016 ★★

| 1800 | 11 à 15 € |

À Gueberschwihr, au sud de Colmar, le visiteur est impressionné par les maisons vigneronnes aussi anciennes que cossues, comme la demeure Renaissance à pignon de la famille Humbrecht. La lignée remonte à 1620, les mises en bouteilles à 1968. Jean Humbrecht, ingénieur en agriculture, et son frère Guillaume ont rejoint leur père Jean-Bernard en 2014 et 2016 respectivement. Le domaine couvre plus de 9 ha.

Ces vignerons pourront fêter en 2018 le cinquantième anniversaire d'une révolution: celle de la vente en bouteilles. Avec deux superbes cuvées, issues du fleuron de leur domaine, le Goldert, «Côte d'or» de l'Alsace. Le riesling, récolté à la mi-octobre sur ce terroir marno-calcaire, a engendré un moelleux léger de belle tenue, qui charme par sa fraîcheur: robe or brillant aux reflets verts, nez tout en finesse, sur l'acacia, la pêche blanche et le pamplemousse, palais élégant, floral et minéral, tendu, droit et long. Une remarquable expression du millésime. (Sucres résiduels: 16 g/l.) ⧗ 2018-2023 ■ **Goldert Muscat 2016 ★★ (11 à 15 €; 1300 b.)** : le muscat du Goldert est un autre must du domaine. Ce 2016 est un joli moelleux qui garde une robe pâle. Au nez, des senteurs plutôt discrètes mais franches et typées, d'une jolie complexité: fleurs blanches, bourgeon de cassis, pêche, notes muscatées. En bouche, une explosion d'arômes, et une matière ample, suave et harmonieuse, tout en rondeur. Parfait à l'apéritif. (Sucres résiduels: 19 g/l.) ⧗ 2018-2025

⊶ EARL JEAN-BERNARD HUMBRECHT ET FILS, 10, pl. de la Mairie, 68420 Gueberschwihr, tél. 03 89 49 31 42, vins.bernard.humbrecht@orange.fr V t.l.j. 8h-12h 13h-18h; dim. 10h-12h 14h-18h

ALBERT KLUR
Wineck-Schlossberg Riesling 2016 ★★

■	1800	🍾	8 à 11 €

Les deux frères Nicolas et Guillaume Klur ont repris en 2003 le domaine familial, qui a son siège à Katzenthal, village enserré dans un vallon près de Colmar. Réparti dans quatre communes proches de la préfecture du Haut-Rhin (outre Katzenthal, Ammerschwihr au nord, Wettolsheim et Eguisheim au sud), leur vignoble couvre 10 ha, avec des parcelles dans cinq grands crus.

Né sur le grand cru de Katzenthal, aux sols granitiques propices au riesling, ce 2016 offre une remarquable expression du millésime: robe or pâle, nez précis et frais, entre fleurs blanches et agrumes, rehaussé d'une pointe minérale, bouche dans le même registre, charnue et droite, dont l'acidité bien fondue équilibre les sucres résiduels, finale persistante marquée par un retour des agrumes et de la minéralité. (Sucres résiduels: 9 g/l.) ⧗ 2019-2025

⊶ NICOLAS ET GUILLAUME KLUR, 61, rue d'Ammerschwihr, 68230 Katzenthal, tél. 03 89 27 22 51, vinsalbertklur@orange.fr V t.l.j. 9h-12h 13h30-18h

RENÉ ET MICHEL KOCH Muenchberg Riesling 2014

■	2000	🍾	11 à 15 €

Georges Koch a inauguré la vente directe en 1958. René lui a succédé en 1970, rejoint en 1996 par Michel. Depuis 2006, ce dernier tient les rênes du domaine qui couvre 12 ha autour de Nothalten, village-rue du pays de Barr. Son fleuron: le riesling du grand cru local, le Muenchberg.

Ce grand cru est une des terres d'élection du riesling. Implanté sur une formation très ancienne, datant de l'ère primaire, qui donne des sols volcaniques caillouteux, le cépage a engendré un vin qui semble encore jeune, malgré son âge: robe or pâle, nez tout en finesse sur les fleurs blanches, le citron, la pêche blanche, palais gras, frais de bout en bout, de l'attaque vive à la finale nerveuse. (Sucres résiduels: 5 g/l.) ⧗ 2019-2025

⊶ EARL RENÉ ET MICHEL KOCH, 5, rue de la Fontaine, 67680 Nothalten, tél. 03 88 92 41 03, contact@vin-koch.fr V r.-v.

KUEHN Hengst Gewurztraminer 2016 ★

■	7710	🍾	11 à 15 €

Une maison de négoce d'Ammerschwihr, important bourg viticole au nord-ouest de Colmar, berceau de la confrérie Saint-Étienne, qui a sa foire aux vins. Elle a été fondée en 1675 par des notables de la cité. De cette époque datent les «caves de l'Enfer» où s'alignent quarante-cinq foudres traditionnels. Cinq grands crus figurent à sa carte.

Le gewurztraminer est très présent sur ce grand cru marno-gréseux dont les vins demandent souvent du temps pour se révéler. C'est bien le cas de ce moelleux, qui commence seulement à libérer ses arômes – de discrètes senteurs de rose et d'épices au nez, tandis que des arômes d'abricot, nuancés de touches plus vives de fruit de la Passion, concluent la dégustation. Onctueux et gras, ce vin montre également une grande fraîcheur, qui est aussi la signature de ce grand cru. Un vin équilibré et prometteur. (Sucres résiduels: 44 g/l.) ⧗ 2018-2028 ■ **Kaefferkopf 2016 (15 à 20 €; 25300 b.)** : vin cité.

⊶ SA VINS D'ALSACE KUEHN, 3, Grand-Rue, 68770 Ammerschwihr, tél. 03 89 78 23 16, vin@kuehn.fr V r.-v.

Ⓑ **LEIPP-LEININGER** Wiebelsberg Riesling 2016

■	1200	🍾	11 à 15 €

Ce domaine familial est établi à Barr, petit centre viticole proche du mont Sainte-Odile, et a son siège depuis 1911 dans une maison vigneronne cossue du XVIIIᵉs. Luc Leininger le conduit depuis 1981. Il a achevé la conversion bio, engagée en 2010, de ses 10 ha de vignes.

Outre le Kirchberg de Barr, ce vigneron met en valeur deux grands crus voisins, comme le Wiebelsberg, terroir gréseux d'Andlau propice au riesling. Récolté le 26 octobre, le cépage a pourtant donné naissance à un vin bien sec, remarqué pour la précision et pour la fraîcheur intense de son nez d'agrumes et de fruits frais, puis pour son gras, sa droiture et sa vivacité en bouche. (Sucres résiduels: 3 g/l.) ⧗ 2018-2023

⊶ LEIPP-LEININGER, 11, rue du Dr-Sultzer, 67140 Barr, tél. 03 88 08 95 98, info@leipp-leininger.com V r.-v. ⊶ Gilbert et Luc Leininger

Ⓑ **GUSTAVE LORENTZ**
Altenberg de Bergheim Pinot gris
Vieilles Vignes 2016 ★

■	13000	20 à 30 €

Fondée en 1836, cette maison de négoce a son siège au cœur de Bergheim. Elle dispose en propre d'un important vignoble (33 ha) conduit en bio certifié depuis 2012. Elle a particulièrement investi dans le grand cru local, l'Altenberg de Bergheim, dont elle exploite 12 ha, et a obtenu le premier coup de cœur du Guide dans cette AOC: un riesling 1976.

Certaines cuvées de grands crus ont pour défaut leur rareté. Tel n'est pas le cas de celle-ci, car la maison Gustave Lorentz met en valeur un bon tiers de l'Altenberg de Bergheim, y cultivant trois cépages. Né sur les sols marno-calcaires de ce terroir, ce pinot gris à la robe dorée prometteuse a été apprécié pour ses parfums intenses de fruits jaunes et pour son palais puissant et équilibré, moelleux sans lourdeur. Il pourra être servi au repas. (Sucres résiduels: 31 g/l.) ⧗ 2018-2028

⊶ GUSTAVE LORENTZ, 91, rue des Vignerons, 68750 Bergheim, tél. 03 89 73 22 22, info@gustavelorentz.com V t.l.j. sf dim. 10h-12h 14h-18h

Ⓑ **MADER** Rosacker Riesling 2016 ★★

■	2500	🍾	20 à 30 €

Installés sur le domaine familial en 1981, Jean-Luc et Anne Mader ont repris l'élaboration des vins à la propriété et la vente directe, qui s'était interrompue à la génération précédente. Couvrant environ 10 ha

au cœur de la route des Vins, leur vignoble est disséminé sur quatre communes: Ribeauvillé, Hunawihr, Riquewihr et Kientzheim. Après l'arrivée de leur fils Jérôme en 2005, l'exploitation a adopté la démarche bio (certification en 2010).

Coteau adossé à la montagne boisée de Hunawihr, au microclimat plutôt frais, le Rosacker est propice au riesling. Le 2015 avait été élu coup de cœur, il n'a manqué qu'une voix au 2016 pour renouveler l'exploit. Ce millésime brille lui aussi par son élégance et par sa complexité, alliant au nez l'acacia, les agrumes, le kiwi, la fougère à une touche miellée. Si quelques notes confites de surmaturation percent aussi en bouche, le vin garde de bout en bout sa fraîcheur citronnée. Bien construit, puissant sans excès, droit et long, il offre un équilibre parfait entre rondeur et acidité et enchante par sa finale saline et mentholée. (Sucres résiduels: 4 g/l.) ⧗ 2019-2027 ■ **Rosacker Gewurztraminer 2016 ★ (15 à 20 €; 1200 b.)** Ⓑ : ce gewurztraminer moelleux porte bien la marque de ce grand cru calcaire, avec son nez tout en finesse florale (rose, lilas) et son palais rond et soyeux, sans mollesse ni lourdeur. Un vin élégant et plein de promesses. (Sucres résiduels: 40 g/l.) ⧗ 2018-2025

⊶ JÉRÔME MADER, 13, Grand-Rue, 68150 Hunawihr, tél. 03 89 73 80 32, vins.mader@laposte.net V *r.-v.*

Ⓑ ALBERT MANN Furstentum Riesling 2016 ★

■	2600	🍾	30 à 50 €

Héritiers d'une tradition viticole remontant au milieu du XVIIe s., les frères Maurice et Jacky Barthelmé conduisent le domaine familial établi aux portes de Colmar. À partir de 1997, ils ont introduit graduellement l'agriculture biologique (certifications bio en 2000, biodynamique en 2010). Leur vignoble de 23 ha répartis sur neuf communes s'éparpille en une centaine de parcelles travaillées comme autant de petits jardins.

À l'entrée de la vallée de Kaysersberg, le coteau du Furstentum, aux sols marno-calcaires et gréseux, bénéficie d'une forte pente et d'une exposition au sud-sud-ouest. Les Barthelmé y cultivent trois cépages, dont le riesling. Ce 2016 s'ouvre sur des notes de zeste d'agrumes rehaussées de touches «pétrolées» bien typées. Ample et charnu, marqué par une pointe de sucres équilibrée par une franche vivacité, il offre une longue finale citronnée et minérale. De l'élégance. (Sucres résiduels: 8 g/l.) ⧗ 2018-2023

⊶ DOM. ALBERT MANN, 13, rue du Château, 68920 Wettolsheim, tél. 03 89 80 62 00, vins@albertmann.com V *r.-v.*

DOM. GÉRARD METZ
Muenchberg Riesling Vendanges tardives Cuvée Thibaud 2015

■	1200	🛢	15 à 20 €

C'est le gendre de Gérard Metz, Éric Casimir, d'origine champenoise, qui conduit les 13 ha du domaine familial. L'exploitation est implantée à Itterswiller, petit village bas-rhinois très fleuri, situé à flanc de coteau.

Terroir en forme de cirque bien abrité, le grand cru Muenchberg bénéficie d'un microclimat clément. Ses sols caillouteux volcaniques, qui se réchauffent vite, sont propices aux cépages tardifs comme le riesling. Ici, des vendanges tardives or clair, au nez réservé, un rien iodé, laissant poindre des notes d'agrumes et de fruits jaunes frais. Au palais, l'expression reste discrète (fleurs blanches, réglisse), les sucres demandent à se fondre, mais une belle acidité laisse espérer une heureuse évolution. Un vin élégant, encore en devenir. (Sucres résiduels: 60 g/l.; bouteilles de 50 cl.) ⧗ 2020-2028

⊶ ÉRIC CASIMIR, Dom. G. Metz, 40, rte du Vin, 67140 Itterswiller, tél. 03 88 57 80 25, info@vinsgerardmetz.net V *t.l.j. sf dim. 10h-12h 16h-19h*

ALFRED MEYER
Kaefferkopf Riesling 2016 ★★

■	4000	🍾	11 à 15 €

Après avoir été cuisinier, Daniel Meyer a repris en 2004 l'exploitation créée en 1968 par son père Alfred, qui lui-même avait hérité des vignes paternelles. Il l'a agrandie et cultive aujourd'hui 7,5 ha autour de Katzenthal, village niché au fond d'un vallon bien abrité, au nord-ouest de Colmar. En 2017, il a inauguré sa nouvelle cave bioclimatique et son caveau de dégustation (1, rue du Tokay).

Les rieslings en grand cru de ce vigneron sont souvent appréciés, notamment ceux qui proviennent du Kaefferkopf, originaires d'un secteur granitique de ce vaste terroir. Le 2016 est particulièrement salué pour sa puissance, son élégance et son potentiel. Or pâle, complexe, il délivre des senteurs de fleurs blanches et de pamplemousse, nuancées de notes plus chaleureuses de mangue épicée. Droit et salin, il est construit sur une acidité cristalline qui souligne la finale délicatement épicée. (Sucres résiduels: 5 g/l.) ⧗ 2019-2026

⊶ DANIEL MEYER, 98, rue des Trois-Épis, 68230 Katzenthal, tél. 03 89 27 24 50, daniel.meyer0813@orange.fr V *r.-v.* Ⓑ

HUBERT MEYER
Winzenberg Pinot gris 2016 ★★★

■	1250	🍾	11 à 15 €

Les Meyer se succèdent de père en fils depuis 1722. Hubert a développé la vente en bouteilles, Pierre l'a rejoint en 2009 avant de prendre la tête de l'exploitation en 2014. Les 11 ha du domaine sont répartis sur des terroirs variés, autour de Blienschwiller et des communes voisines de Dambach-la-Ville, Nothalten et Epfig, au sud de Barr.

Dominant le village où sont établis ces vignerons, le coteau du Winzenberg regarde au sud ou au sud-est; ses sols granitiques engendrent des vins de haute expression, à l'image de ce pinot gris. Si les jurés louent son fruité délicat aux nuances de mirabelle, c'est au palais que ce 2016 révèle sa puissance. Il affiche une rondeur généreuse, équilibrée par une vivacité qui lui donne de l'intensité et du relief. Il a le temps pour lui. (Sucres résiduels: 14 g/l.) ⧗ 2018-2025 ■ **Winzenberg Riesling 2016 (11 à 15 €; 2400 b.)** : vin cité.

⊶ EARL HUBERT MEYER, 34, rte des Vins, 67650 Blienschwiller, tél. 03 88 92 47 33, contact@vins-hubert-meyer.fr V *t.l.j. sf dim. 8h-12h 13h-18h*

MEYER-FONNÉ
Furstentum Gewurztraminer Vendanges tardives 2015

■	1600	🍾	20 à 30 €

Héritier d'une longue lignée au service du vin, Félix Meyer, installé en 1992, a longtemps suivi la démarche

bio, sans certification, avant d'engager la conversion de sa propriété. À la tête de plus de 15 ha répartis sur sept communes proches de Colmar, il peut jouer sur une large palette de terroirs, et notamment sur cinq grands crus.

À l'entrée de la vallée de Kaysersberg, ce grand cru marno-calcaire très pentu, exposé au sud-sud-ouest, permet d'obtenir des vins riches et puissants, à l'image de ces vendanges tardives. D'un doré intense, ce gewurztraminer libère des senteurs variétales de rose et de litchi, accompagnées de notes de fruits jaunes confits. Au palais, il affiche une matière opulente, encore massive. (Sucres résiduels: 95 g/l.) ⧗ 2019-2023

FÉLIX MEYER, 24, Grand-Rue, 68230 Katzenthal, tél. 03 89 27 16 50, felix@meyer-fonne.com V *r.-v.*

DOM. JOSEPH MOELLINGER ET FILS
Steingrübler Riesling 2016

	2200		8 à 11 €

Joseph Moellinger s'est lancé dans la mise en bouteilles en 1945. Depuis 1997, son petit-fils Michel conduit l'exploitation, qui couvre 14 ha autour de Wettolsheim, grosse bourgade qui jouxte Colmar au sud-ouest. Il détient des parcelles dans plusieurs grands crus.

Né sur le grand cru de Wettolsheim, aux sols marno-calcaro-gréseux, ce riesling apparaît discret au premier nez; il révèle sa profondeur à l'aération, libérant des senteurs d'agrumes, de fruits jaunes et d'amande verte. Au palais, il séduit par son palais frais en attaque, bien construit et alerte, où l'on retrouve les agrumes. Délicatement épicée, la finale laisse le souvenir d'un vin agréable. (Sucres résiduels: 3,7 g/l.) ⧗ 2018-2023

JOSEPH MOELLINGER ET FILS, 6, rue de la 5e-Division-Blindée, 68920 Wettolsheim, tél. 03 89 80 62 02, contact@vins-moellinger.com V *t.l.j. 8h-12h 13h30-19h; dim. sur r.-v.*

♥ B MOLTÈS
Steinert Gewurztraminer 2016 ★★★

	3000		15 à 20 €

Un domaine de 17 ha implanté à une dizaine de kilomètres au sud de Colmar. Antoine Moltès commercialise les premiers vins en 1925, son fils Roland explore les terroirs. Installés au tournant de ce siècle, Mickaël et Stéphane ont aménagé un nouveau chai, se sont orientés graduellement vers la bio, engageant la conversion du vignoble en 2012.

Grand cru aux sols calcaires et caillouteux (son nom signifie «pierreux»), le terroir du Steinert convient parfaitement au gewurztraminer – pour preuve ce moelleux, qui vaut un nouveau coup de cœur aux Moltès. Les jurés louent sa robe d'un or éclatant, ses parfums intenses, complexes, d'une grande finesse – de la rose, des fruits exotiques confits et des agrumes, rehaussés de touches épicées. Riche, ample, structuré et frais, le palais tient les promesses du nez. Son acidité bienvenue souligne une très longue finale teintée d'agrumes. Une rare élégance. (Sucres résiduels: 30 g/l.) ⧗ 2018-2028

DOM. MOLTÈS, 8, rue du Fossé, 68250 Pfaffenheim, tél. 03 89 49 60 85, domaine@vin-moltes.com V *t.l.j. sf dim. 8h30-12h 14h-18h*

B MURÉ
Vorbourg Clos Saint-Landelin Riesling Sélection de grains nobles 2015 ★

	1000		50 à 75 €

Cette maison de haute renommée, conduite par une famille établie à Rouffach en 1650, est installée en contrebas du célèbre Clos Saint-Landelin, planté par des moines dès le haut Moyen Âge – fleuron du domaine depuis 1935 (12 ha cultivés en biodynamie, à l'extrémité sud du grand cru Vorbourg). Secondé par ses enfants Véronique et Thomas, René Muré a repris en 1976 le vignoble de 25 ha.

Une rare concentration pour ce liquoreux né sur le terroir solaire du Vorbourg, au sein du Clos Saint-Landelin cultivé en terrasses. L'exposition sud permet aux raisins de se gorger de soleil et favorise la surmaturation; les sols marno-calcaires donnent des vins puissants – comme ce riesling dont la robe jaune orangé aux reflets ambrés annonce la richesse. Le nez intense marie l'abricot et les agrumes confits au miel et à une touche torréfiée (café). Le coing et l'ananas confit s'ajoutent à cette palette dans un palais qui s'impose par sa densité, son ampleur, son opulence, et aussi par sa belle acidité. Un liquoreux qui mérite d'évoluer en cave. (Sucres résiduels: 262 g/l.) ⧗ 2021-2038

VÉRONIQUE ET THOMAS MURÉ, Dom. du Clos Saint-Landelin, rte du Vin, 68250 Rouffach, tél. 03 89 78 58 00, domaine@mure.com V *r.-v.*

♥ NICOLLET
Zinnkoepflé Gewurztraminer 2016 ★★

	5400		11 à 15 €

Reconstitué en 1920 après le phylloxéra, ce domaine est situé dans la Vallée Noble, à environ 20 km au sud de Colmar. Gérard Nicollet commence la vente en bouteilles dans les années 1960. Installé en 2004, Marc exploite avec sa compagne Sara 14 ha de vignes, dont plusieurs parcelles en grand cru Zinnkoepflé.

Un gewurztraminer né sur le haut coteau solaire du Zinnkoepflé, où ce cépage est majoritaire. Le calcaire coquillier de ce grand cru confère une grande élégance à ce vin, qui charme par la finesse de son nez bien fruité et tonique, entre ananas et litchi. Plus expressif encore, le palais mêle aux notes de fruits exotiques des arômes de surmaturation évoquant le miel et l'abricot confit; il brille par son ampleur, son équilibre et sa longueur. Un moelleux tout en dentelle, parfait à l'apéritif ou sur des desserts fruités. (Sucres résiduels: 45 g/l.) ⧗ 2018-2028

MARC NICOLLET, 33, rue de la Vallée, 68570 Soultzmatt, tél. 03 89 47 03 90, vinsnicollet@wanadoo.fr V *t.l.j. sf dim. 9h-12h 14h-18h*

♥ CAVE DU ROI DAGOBERT
Altenberg de Wolxheim Riesling 2015 ★★

20000 | 11 à 15 €

Dagobert? Le roi mérovingien avait un palais et des vignes dans cette contrée située au nord de la route des Vins, à une vingtaine de kilomètres deStrasbourg. Fondée en 1952, la coopérative de Traenheim rassemble près de 1 000 ha et regroupe quelque 250 adhérents, ce qui ne l'empêche pas de proposer une gamme de vins de terroir. Elle travaille en association avec la Cave de Turckheim.

Cette cave «nordiste» obtient son cinquième coup de cœur avec ce grand cru. Ses *must*? Des rieslings de terroir, lieux-dits ou grands crus. L'Altenberg de Wolxheim, aux sols marno-calcaires, constitue une terre d'élection pour ce cépage, témoin ce 2015 plein d'agréments: une robe soutenue, paille dorée; un nez élégant et précis, d'abord sur les fleurs blanches et le tilleul, puis sur le citron, teinté d'une touche minérale; un palais harmonieux, ample, charnu et frais, à la finale longue et minérale. Une remarquable finesse. (Sucres résiduels: 13 g/l.) ⧗ 2018-2023

⊶ CAVE DU ROI DAGOBERT, rte de Scharrachbergheim, 67310 Traenheim, tél. 03 88 50 69 00, dagobert@cave-dagobert.com V t.l.j. 9h-19h

Ⓑ ÉRIC ROMINGER Saering Riesling 2016 ★★

1200 | 15 à 20 €

Situé dans la Vallée Noble, au sud de Colmar, le domaine a été créé en 1970 par le père d'Éric Rominger. Ce dernier en a pris les rênes en 1986 et s'est rapidement distingué dans le Guide. Après sa disparition prématurée en 2014, Claudine Rominger poursuit son œuvre. Exploité en biodynamie, le vignoble couvre 11,5 ha, dont plus du tiers en grand cru (Saering et surtout Zinnkoepflé, majestueux coteau plein sud culminant à plus de 400 m).

Le riesling est roi sur ce grand cru marno-gréseux de Guebwiller. Les plus anciens lecteurs se souviendront peut-être du coup de cœur obtenu par un Saering 1986 du même cépage. Trente ans plus tard, voici un remarquable représentant de l'appellation. Si la récolte s'est déroulée à la mi-octobre, ce 2016 apparaît d'emblée sec avec sa robe or vert. Très mûr, le nez mêle agrumes et miel d'acacia. Citron, orange, les agrumes s'affirment en bouche, soulignant la fraîcheur de ce vin, qui ne manque pas non plus d'ampleur. La finale laisse une impression d'harmonie. (Sucres résiduels: 3 g/l.) ⧗ 2019-2025 ■ **Zinnkoepflé Gewurztraminer Les Sinneles 2016 ★ (15 à 20 €; 1800 b.)** Ⓑ : un moelleux expressif. Au nez, des fruits exotiques, ananas en tête, alliés à la rose; en bouche, un bel équilibre entre ampleur et fraîcheur, du fruit jaune, et une finale marquée par des touches surprenantes d'amande et de pistache. (Sucres résiduels: 47 g/l.) ⧗ 2018-2028

⊶ CLAUDINE ROMINGER, 16, rue Saint-Blaise, 68250 Westhalten, tél. 03 89 47 68 60, vins-rominger.eric@orange.fr V r.-v.

JEAN-PAUL SCHAFFHAUSER
Steingrübler Riesling 2016 ★★

3310 | 8 à 11 €

Jean-Paul Schaffhauser a débuté la mise en bouteilles en 1984. Il a transmis son domaine en 1996 à Catherine et Jean-Marc, rejoints en 2018 par leur fils Antoine. Ces derniers exploitent plus de 12 ha de vignes réparties sur autant de villages autour de Wettolsheim, près de Colmar, et achètent aussi du raisin à des viticulteurs de la commune. Dans leur gamme, des vins de terroir (grands crus Hengst et Steingrübler, notamment).

Un seul mot pour décrire ce riesling? «Élégant»: l'adjectif revient sous toutes les plumes, à tous les stades de la dégustation. En dépit d'une récolte tardive, le 4 novembre, ce 2016 revêt une robe or pâle aux reflets verts, et libère des senteurs printanières d'acacia, puis de pêche blanche. Quant à la bouche, malgré la présence de sucres résiduels, elle laisse de bout en bout une sensation de fraîcheur, de l'attaque fine et tonique à la finale tout en dentelle, citronnée et longue. (Sucres résiduels: 15,5 g/l.) ⧗ 2018-2024 ■ **Steingrübler Gewurztraminer 2016 ★ (8 à 11 €; 7460 b.)** : issu d'une de ses terres d'élection, aux sols marno-calcaires, un gewurztraminer moelleux d'une belle finesse. Ses atouts? Un nez expressif et frais (rose, fruits exotiques, agrumes), un palais ample, équilibré et persistant. (Sucres résiduels: 29 g/l.) ⧗ 2018-2026

⊶ SARL JEAN-PAUL SCHAFFHAUSER, 8, rte du Vin, 68920 Wettolsheim, tél. 03 89 79 99 97, schaffhauser.jpaul@free.fr V t.l.j. sf dim. 8h30-12h 14h-18h30

Ⓑ DOM. JOSEPH SCHARSCH
Altenberg de Wolxheim Riesling 2016

3600 | 11 à 15 €

Enracinée depuis 1755 à Wolxheim, non loin de Strasbourg, la famille Scharsch a relancé le vignoble et repris la mise en bouteilles en 1976. Installé à sa tête en 2011, Nicolas Scharsch exploite en bio certifié 12 ha. Le fleuron de la propriété est le riesling du grand cru Altenberg.

Le grand cru marno-calcaire de Wolxheim est fort propice au riesling, cépage qui fait la réputation de ce village. Nicolas Scharsch en exploite une parcelle qu'il a vendangée le 22 octobre. Son vin n'a rien d'un moelleux, malgré sa robe d'un or soutenu, ses arômes reflétant une vendange très mûre (miel d'acacia, pêche jaune), malgré aussi une pointe de rondeur – au regret des amateurs de rieslings très secs. Les autres jurés apprécient son expression flatteuse, son palais équilibré et long. (Sucres résiduels: 4 g/l.) ⧗ 2018-2025

⊶ NICOLAS SCHARSCH, 12, rue de l'Église, 67120 Wolxheim, tél. 03 88 38 30 61, cave@domaine-scharsch.com V r.-v.

Ⓑ LOUIS SCHERB ET FILS Goldert Riesling 2016

1900 | 11 à 15 €

La famille est établie à Gueberschwihr depuis 1690. Louis Scherb vend son vin en tonneau avant-guerre, ses fils Joseph et André développent la vente en bouteilles dans les années 1970. Installée en 2002, la troisième génération, avec Agnès Burner et son mari, exploite 12 ha – en bio certifié depuis 2013.

«Côte d'Or» de l'Alsace dominant leur village, le grand cru Goldert est le fleuron de ces vignerons, qui y cultivent trois cépages. Or pâle, ce riesling présente un nez assez complexe, centré sur les agrumes et les fruits jaunes, avec une pointe de minéralité. En bouche, il apparaît riche et ample, un peu miellé, encore sur le sucre. Sa belle matière inspire confiance. (Sucres résiduels: 11 g/l.) ⧗ 2019-2023

⊶ LOUIS SCHERB ET FILS, 1, rte de Saint-Marc, 68420 Gueberschwihr, tél. 03 89 49 30 83, louis.scherb@wanadoo.fr V t.l.j. sf dim. 8h-12h 13h30-18h30

♥ SCHLEGEL-BOEGLIN
Zinnkoepflé Riesling 2015 ★★

| 3000 | 11 à 15 € |

Les parents de Jean-Luc Schlegel ont fondé le domaine en 1971 à Westhalten, à l'entrée de la Vallée Noble. Ce dernier, installé en 1991, exploite 13 ha de vignes, avec plusieurs parcelles dans les grands crus Zinnkoepflé et Vorbourg.

Coteau culminant à plus de 400 m, bien abrité par les plus hauts sommets vosgiens, ce grand cru sudiste est toujours à l'honneur dans le Guide. Jean-Luc Schlegel, qui cultive plusieurs cépages sur ses pentes, en a tiré une série de coups de cœur. Cette année, honneur au riesling. Un vin séducteur par la complexité de sa gamme aromatique (agrumes, fruits jaunes bien mûrs, touche minérale et pointe poivrée), puis par son palais dans la continuité du nez. Frais en attaque, ample et charnu, net et salin, il offre une longue finale minérale et citronnée, qui équilibre une pointe de sucres. L'harmonie même. (Sucres résiduels: 11 g/l.) ⧗ 2018-2023 ■ **Vorbourg Pinot gris 2016 ★ (11 à 15 €; 1800 b.)** : né sur un terroir solaire, argilo-calcaire, un pinot gris harmonieux et prometteur. Nez expressif, entre agrumes et acacia, bouche aux arômes de fruits jaunes, riche et suave en attaque, fraîche dans son développement, à la finale saline. Un moelleux élégant. (Sucres résiduels: 60 g/l.) ⧗ 2018-2028

⊶ JEAN-LUC SCHLEGEL, 22 A, rue d'Orschwihr, 68250 Westhalten, tél. 03 89 47 00 93, schlegel-boeglin@wanadoo.fr V r.-v.

Ⓑ FRANÇOIS SCHMITT
Pfingstberg Paradis Riesling 2016 ★★

| 1000 | 15 à 20 € |

Descendant d'une lignée d'agriculteurs établis dans la partie sud du vignoble, François Schmitt reprend en 1972 la ferme familiale dotée de 3 ha de vignes. Il achète des parcelles bien situées (Pfingstberg, Bollenberg, puis Zinnkoepflé) et se lance dans la vinification. Installé en 1998, son fils Frédéric exploite 13 ha. Il a engagé graduellement la conversion bio du vignoble à partir de 2005.

Le riesling est très présent sur le Pfingstberg, coteau aux sols calcaro-gréseux dominant Orchwihr. Celui-ci affiche une robe jaune d'or à laquelle répond un nez assez complexe, ouvert sur l'acacia, les agrumes et les fruits jaunes, rehaussés par une minéralité naissante. Frais en attaque, bien structuré, puissant et ample, le palais est tendu par une acidité tonique qui lui donne finesse et longueur. Une petite nervosité finale devrait s'estomper avec le temps. (Sucres résiduels: 2,5 g/l.) ⧗ 2020-2025

⊶ FRÉDÉRIC SCHMITT, 19, rte de Soultzmatt, 68500 Orschwihr, tél. 03 89 76 08 45, info@francoisschmitt.fr V t.l.j. 8h-12h 13h30-19h; dim. sur r.-v.

ALBERT SCHOECH
Mambourg Gewurztraminer 2016 ★

| 22700 | 11 à 15 € |

Maison de négoce fondée en 1840 par Joseph Schoech, fils d'un tonnelier, et restée dans la même famille. Elle dispose de caves du XVIIᵉs. et de foudres centenaires, ainsi que d'une cuverie moderne. À sa carte, cinq grands crus. La marque perpétue la mémoire d'Albert Schoech, qui fut maire d'Ammerschwihr et membre fondateur de la confrérie Saint-Étienne après 1945, tout en faisant prospérer l'entreprise viticole.

Le Mambourg est un grand cru calcaire, exposé au sud. Ce gewurztraminer est donc gorgé de soleil, comme en témoignent ses arômes intenses, épicés et fruités, ainsi que sa bouche généreuse, ronde, équilibrée et persistante. (Sucres résiduels: 37 g/l.) ⧗ 2018-2023 ■ **Wineck-Schlossberg Riesling 2014 (11 à 15 €; 16700 b.)** : vin cité.

⊶ SARL ALBERT SCHOECH, pl. du Vieux-Marché, 68770 Ammerschwihr, tél. 03 89 78 23 17, vin@schoech.fr

DOM. MAURICE SCHOECH
Kaefferkopf Gewurztraminer H 2016 ★★

| 600 | 20 à 30 € |

Pépiniéristes, sommeliers, courtiers, vignerons, les Schoech sont au service du vin depuis 1650. Aujourd'hui, Sébastien et Jean-Léon Schoech exploitent 11 ha aux environs d'Ammerschwihr, importante cité viticole qui ouvre chaque année le cycle des foires aux vins en avril. Ils détiennent des parcelles dans deux grands crus et ont engagé en 2014 la conversion bio de leur vignoble.

La plus récente des appellations de grand cru a pourtant une notoriété ancienne, puisque le cru était défini avant même la naissance des AOC. On comprend cette réputation à déguster cette microcuvée issue d'une sélection parcellaire dans un secteur granitique du cru: élégant, ample et long, ce gewurztraminer déploie toute la gamme aromatique du cépage. Rose, pêche, mangue, épices se disputent le nez et s'épanouissent en bouche – avec une touche mentholée qui donne à l'ensemble un côté aérien. Un vin raffiné. (Sucres résiduels: 30 g/l.) ⧗ 2018-2028 ■ **Schlossberg Pinot gris 2016 ★ (15 à 20 €; 1600 b.)** : issu d'un grand cru granitique, un pinot gris intense, équilibré, frais et persistant, marqué par des arômes de surmaturation (fruits confits). Demi-sec ou moelleux léger, il sera parfait à table. (Sucres résiduels: 10 g/l.) ⧗ 2018-2023

⊶ DOM. MAURICE SCHOECH, 4, rte de Kientzheim, 68770 Ammerschwihr, tél. 03 89 78 25 78

DOM. SCHOFFIT
Rangen Riesling Clos Saint-Théobald 2016 ★★

	3600		20 à 30 €

À la tête d'un domaine de 17 ha, la famille Schoffit ne se contente pas de son vignoble autour de Colmar. Son fleuron, le Clos Saint-Théobald, se trouve à l'extrémité méridionale de la route des Vins, dans le grand cru Rangen de Thann. Un terroir d'origine volcanique, aux sols pierreux, sombres et chauds, aux pentes vertigineuses, accueillantes aux gewurztraminer, riesling et pinot gris.

Récolté le 13 novembre, ce riesling n'a pas engendré pour autant une vendange tardive. Un terroir de feu a donné à ce 2016 maturité, intensité, richesse, et aussi toute la vivacité propre au cépage. Au nez, une complexité naissante, du citron mûr, de la fleur blanche, avec une touche de guimauve et un début de minéralité. Superbe acidité tonique, l'attaque ouvre sur un palais structuré, ample et gras, sur le fruit mûr, à la finale alerte et minérale. Un vin de garde. (Sucres résiduels: 5,3 g/l.) ⧗ 2020-2028 ■ **Rangen Gewurztraminer Clos Saint-Théobald 2016 ★ (20 à 30 €; 1600 b.)** : un gewurztraminer moelleux servi par son intensité et par sa palette aromatique complexe, marque du terroir: des nuances de surmaturation évoquant l'abricot, des notes plus fraîches d'ananas, des épices variées (cardamome, safran), une touche fumée. En bouche, une ampleur renforcée par la surmaturation. (Sucres résiduels: 49 g/l.) ⧗ 2018-2026 ■ **Rangen Pinot gris Vendanges tardives Clos Saint-Théobald 2015 ★ (30 à 50 €; 2600 b.)** : des vendanges tardives d'une réelle élégance, comme sait en produire ce terroir: finesse des arômes d'amande grillée, d'acacia et de miel; puissance, ampleur et longueur du palais, délicat et raffiné grâce à sa fraîcheur. (Sucres résiduels: 71 g/l.) ⧗ 2020-2028

DOM. SCHOFFIT, 68, Nonnenholzweg, 68000 Colmar, tél. 03 89 24 41 14, domaine.schoffit@free.fr V r.-v.

MAURICE SCHUELLER
Goldert Muscat 2016 ★

	1600		11 à 15 €

Une famille d'origine suisse installée au sud de Colmar après la guerre de Trente Ans. Le grand-père de l'actuel producteur acquiert la propriété en 1934, son fils Maurice développe la mise en bouteilles en 1965 et passe le relais à Marc Schueller en 1994. Le domaine compte 10 ha autour de Gueberschwihr, avec comme fleuron des vignes dans le grand cru Goldert.

Assez rare, le muscat est traditionnellement cultivé sur le coteau argilo-calcaire du Goldert. Il a donné ici naissance à un vin au nez intense, caractéristique du cépage avec ses notes d'agrumes, de bourgeon de cassis, de raisin muscat et de fleurs blanches. On retrouve ce fruit croquant dans une bouche bien structurée, dont la souplesse est équilibrée par une finale fraîche et persistante, un rien amère. (Sucres résiduels: 12,7 g/l.) ⧗ 2018-2023

EARL MAURICE SCHUELLER, 17, rue Basse, 68420 Gueberschwihr, tél. 03 89 49 31 80, marc@vins-schueller.com V *t.l.j. sf dim. 8h30-12h 14h-18h (sam. 17h30)*

Ⓑ DOM. FERNAND SELTZ
Zotzenberg Pinot gris 2016 ★

	887		15 à 20 €

Michel Seltz est établi à Mittelbergheim, village aussi connu pour ses maisons vigneronnes d'époque Renaissance que pour son coteau du Zotzenberg, classé en grand cru. Sur ce terroir de choix, il cultive plusieurs cépages. Le domaine est exploité en bio certifié depuis 2010.

Malgré son origine argilo-calcaire, ce pinot gris est déjà très épanoui au nez, mêlant le coing et des notes fumées bien typées. Frais en attaque, ample, chaleureux et persistant, il finit sur une belle fraîcheur qui laisse présager une heureuse évolution. (Sucres résiduels: 12 g/l.) ⧗ 2018-2023 ■ **Zotzenberg Sylvaner 2015 (15 à 20 €; 1246 b.)** Ⓑ : vin cité.

EARL FERNAND SELTZ ET FILS, 42, rue Principale, 67140 Mittelbergheim, tél. 03 88 08 93 92, seltz.michel@wanadoo.fr V *r.-v.*

JEAN-MARC SIMONIS Kaefferkopf 2016 ★

	2100		11 à 15 €

Héritier d'une lignée de viticulteurs remontant à 1660, Jean-Marc Simonis gère depuis 1993 le domaine familial implanté aux environs d'Ammerschwihr, à 8 km au nord-ouest de Colmar. Ce sont ses grands-parents qui ont débuté la vente en bouteilles. Le propriétaire choie particulièrement le grand cru local, le Kaefferkopf.

Pour l'appellation grand cru Kaefferkopf, les cahiers des charges autorisent l'assemblage de cépages, pratique jadis courante en Alsace. Jean-Marc Simonis associe dans cette cuvée deux tiers de gewurztraminer et un tiers de riesling. Il obtient un vin intense, complexe, très équilibré et long, alliant l'ampleur et la profusion aromatique du gewurztraminer (rose, fruits jaunes mûrs, touches épicées) à la précision, la salinité et la belle trame acide du riesling. (Sucres résiduels: 13 g/l.) ⧗ 2018-2023

JEAN-MARC SIMONIS, 1, rue des Chasseurs-Besombes-et-Brunet, 68770 Ammerschwihr, tél. 03 89 47 13 51, jmsimonis@orange.fr V *t.l.j. sf dim. 8h-12h 13h30-18h*

Ⓑ ÉTIENNE SIMONIS
Marckrain Gewurztraminer 2016 ★★

	2200		15 à 20 €

Des Simonis cultivaient déjà la vigne au XVIIᵉs. Le domaine actuel a été constitué par René Simonis, qui a obtenu les premières distinctions dans le Guide et passé le relais en 1996 à Étienne. Ce dernier exploite les 7 ha de la propriété en biodynamie certifiée depuis 2011. En vue, ses grands crus Kaefferkopf et Marckrain.

Au débouché de la vallée de Kaysersberg, le grand cru marno-calcaire du Marckrain est une terre d'élection pour le gewurztraminer. Celui-ci enchante par sa large palette aromatique alliant des notes variétales (rose, litchi, épices) à des nuances de fruits compotés ou confits. L'attaque riche et moelleuse dévoile un vin opulent, tonifié par une finale fraîche et longue aux accents d'écorce d'orange. (Sucres résiduels: 42 g/l.) ⧗ 2018-2023 ■ **Kaefferkopf Riesling 2016 (15 à 20 €; 2100 b.)** Ⓑ : vin cité.

⊶ ÉTIENNE SIMONIS, 2, rue des Moulins, 68770 Ammerschwihr, tél. 03 89 47 30 79, simonis.etienne@gmail.com V *t.l.j. sf dim. 9h-12h 13h30-18h*

JEAN SIPP
Kirchberg de Ribeauvillé Riesling 2015 ★★

■	4500		20 à 30 €

Établi dans une demeure Renaissance qui appartint jadis à la puissante famille des Ribeaupierre, seigneurs de Ribeauvillé, Jean-Guillaume Sipp perpétue depuis 2013 avec brio une tradition viticole inaugurée en 1654 par son ancêtre porteur du même prénom. Il dispose de 24 ha de vignes, avec des parcelles dans plusieurs crus renommés (Altenberg de Bergheim, Kirchberg de Ribeauvillé).

Une fois de plus, voici un superbe riesling de ce vigneron. Cette année, il provient de l'importante parcelle qu'il met en valeur dans un des trois grands crus de sa commune. Une robe d'un or profond, un nez complexe reflétant une surmaturation élégante, avec ses notes de pêche, d'abricot et de coing, rehaussées d'une touche minérale. Un vin doux? Il n'en est rien. Si ses arômes restent dans le registre du fruit jaune, la bouche puissante, riche et ample est tendue par une belle acidité qui lui donne finesse et longueur. Un riesling concentré, expressif et raffiné. (Sucres résiduels: 6 g/l.) ⧗ 2018-2023

⊶ JEAN SIPP, 60, rue de la Fraternité, 68150 Ribeauvillé, tél. 03 89 73 60 02, domaine@jean-sipp.com V *t.l.j. sf dim. 9h-12h 14h-17h30* ④

Ⓑ ANDRÉ STENTZ Steingrübler Pinot gris 2016 ★

■	800		15 à 20 €

Les ancêtres de ces vignerons se sont fixés en 1674 à Wettolsheim, près de Colmar. Arrivé en 1976 à la tête du domaine (9 ha aujourd'hui), André Stentz, désormais épaulé par son fils Xavier, a adhéré au bio dès 1984. Parmi ses vins de terroir, les gewurztraminers et pinots gris du grand cru Steingrübler et les rieslings du Mandelberg.

Le sol argilo-calcaire du Steingrübler convient au pinot gris, témoin ce moelleux jaune d'or aux arômes flatteurs de fruits confits. On retrouve cette intensité dans un palais puissant et bien structuré. (Sucres résiduels: 41 g/l.) ⧗ 2018-2025

⊶ ANDRÉ STENTZ, 2, rue de la Batteuse, 68920 Wettolsheim, tél. 03 89 80 64 91, contact@andre-stentz.fr V *r.-v.*

DOM. STIRN
Schlossberg Riesling Premières gelées 2015 ★

■	2300		15 à 20 €

Odile et Fabien Stirn se sont installés en 1999 sur l'exploitation familiale créée au XIX[e]s. Œnologues, ils ont repris les vinifications au domaine. Leurs vignes (10 ha aujourd'hui) sont disséminées entre Beblenheim et Turckheim, si bien qu'ils disposent d'une belle mosaïque de terroirs, avec des parcelles dans cinq grands crus (Brand, Mambourg, Sonnenglanz, Schlossberg et Marckrain).

Le granite décomposé du grand cru Schlossberg, coteau pentu de Kientzheim bien exposé au sud, donne naissance à des rieslings de haute expression. Ici, une cuvée dont le nom suggère une récolte tardive: de fait, les raisins ont été récoltés le 21 octobre, passerillés et botrytisés. Il en résulte une robe soutenue, jaune d'or, un nez marqué par la surmaturation (fruits jaunes, citron et ananas confits), avec une pointe minérale, une bouche ronde en attaque, riche, ample, chaleureuse, équilibrée par ce qu'il faut de fraîcheur. L'ensemble devrait bien évoluer. (Sucres résiduels: 38 g/l.) ⧗ 2019-2023

⊶ FABIEN STIRN, 3, rue du Château, 68240 Sigolsheim, tél. 03 89 47 30 58, domainestirn@free.fr V *t.l.j. 8h30-12h 13h30-17h; dim. sur r.-v.* Ⓒ

CAVE DE TURCKHEIM Brand Riesling 2015 ★★

■	27351		11 à 15 €

Fondée en 1955, cette coopérative d'importance propose des vins haut de gamme en volumes intéressants, tels les grands crus (neuf références, avec le Brand de Turckheim en vedette) ou les vendanges tardives, ainsi qu'une gamme de vins bio.

Le terroir granitique du Brand a légué à ce riesling à la robe jaune d'or une rare élégance: des fragrances d'acacia puis, à l'aération, des arômes intenses et frais de pamplemousse et de citron confit. En bouche, la richesse de l'attaque est vite relayée par une acidité cristalline qui donne à ce vin puissant et charnu finesse, présence, relief et persistance. Du potentiel. (Sucres résiduels: 5 g/l.) ⧗ 2018-2027 ■ **Brand Pinot gris 2015 (11 à 15 €; 20700 b.)** : vin cité.

⊶ CAVE DE TURCKHEIM, 16, rue des Tuileries, 68230 Turckheim, tél. 03 89 30 23 60, info@cave-turckheim.com V *t.l.j. 9h-12h 14h-18h*

DOM. DE LA VIEILLE FORGE
Sporen Gewurztraminer 2016 ★★

■	2000		11 à 15 €

Fort de son diplôme d'œnologue, Denis Wurtz fait revivre depuis 1998 le domaine de ses grands-parents, dont le nom évoque le métier de l'un de ses aïeuls. Installé dans une maison à colombages du XVI[e]s., il exploite 10 ha de vignes réparties dans six communes, de Beblenheim à Riquewihr, avec un tiers des surfaces dans quatre grands crus.

Le Sporen, terroir de Riquewihr aux sols profonds, argilo-marneux, est propice au gewurztraminer, témoin ce 2016, aussi remarquable que le millésime précédent. Encore jeune, il s'ouvre à l'aération sur des senteurs de fruits confits. Plus expressif au palais, où s'affirment des arômes élégants de rose, de litchi et de fruits exotiques, il s'impose par sa richesse et son équilibre: la souplesse de son attaque, son gras et sa douceur sont contrebalancés par une belle vivacité qui étire la finale. (Sucres résiduels: 57 g/l.) ⧗ 2018-2028 ■ **Sonnenglanz Pinot gris 2016 ★ (11 à 15 €; 900 b.)** : issu d'un lieu-dit marno-calcaire de Beblenheim, un pinot gris flatteur. Robe dorée, nez intense, aux nuances de surmaturation rappelant les vendanges tardives (abricot sec, miel), belle matière riche et charnue. (Sucres résiduels: 36 g/l.) ⧗ 2018-2028

⊶ DOM. DE LA VIEILLE FORGE, 5, rue de Hoen, 68980 Beblenheim, tél. 03 89 86 01 58, domainevieilleforge68@orange.fr V *t.l.j. sf dim. 10h-12h 13h30-18h30* Ⓒ *⊶ Denis Wurtz*

DOM. LAURENT VOGT
Altenberg de Wolxheim Riesling 2015

	2000		11 à 15 €

Une maison vigneronne du XVIIIᵉs. cossue et typique, dans la partie du vignoble proche de Strasbourg. Laurent et Marie-Anne Vogt ont spécialisé et agrandi le domaine. Thomas et Sylvie Vogt ont pris le relais en 1998 et engagé la conversion bio des 11 ha de vignes (certification en 2013).

Grand cru de Wolxheim, l'Altenberg, aux sols marno-calcaires, est majoritairement planté de riesling. Celui-ci, un 2015, revêt une robe intense, de couleur paille, et libère des arômes de fruits jaunes très mûrs, voire confits. Le palais suit la même ligne, suave en attaque, gras et riche dans son développement, tonifié par une finale fraîche et citronnée. (Sucres résiduels: 13,8 g/l.) 2018-2022

DOM. LAURENT VOGT, 4, rue des Vignerons, 67120 Wolxheim, tél. 03 88 38 81 28, thomas@domaine-vogt.com V *t.l.j. 8h-12h 13h-18h30; dim. sur r.-v.*

♥ GUY WACH
Wiebelsberg Riesling 2014 ★★

	1300		15 à 20 €

Installé en 1976 à Andlau, ancienne commune viticole longeant une vallée resserrée, Guy Wach est l'héritier d'une lignée remontant à 1748 - des tonneliers, puis des vignerons. Il a transmis en 2017 à son fils Pierre le domaine familial (8 ha), qui comprend des parcelles dans les trois grands crus de la commune, favorables au riesling. La démarche, déjà largement bio, devrait permettre d'engager prochainement la conversion de la propriété.

À Andlau, le riesling est à son aise, que ce soit sur des sols marno-calcaires, schisteux ou, comme ici, sur le coteau du Wiebelsberg, aux sols de grès rose - cette roche qui donne leurs couleurs à l'abbatiale et aux châteaux de la cité. Ajoutons un millésime favorable au cépage. Pierre Wach en a tiré un vin superbe: robe or jaune brillant, nez élégant, bien ouvert sur le citron confit et la pêche, rehaussés de touches poivrées et minérales, palais à l'unisson, complexe et bien structuré, ample, gras et charnu, équilibré par une acidité bien fondue. La finale délicatement minérale signe un grand riesling de terroir. (Sucres résiduels: 11 g/l.) 2018-2024

PIERRE WACH, 5, rue de la Commanderie, 67140 Andlau, tél. 03 88 08 93 20, info@guy-wach.fr V *r.-v.*

DOM. WEINBACH
Schlossberg Riesling 2016 ★

	14000		30 à 50 €

Ancien vignoble monastique, mentionné au IXᵉs. et acquis en 1898 par la famille Faller. Avec 30 ha, il dispose aujourd'hui d'une belle palette de terroirs (le Schlossberg et le Furstentum notamment). À partir de 1979, Colette Faller, puis ses filles Catherine et Laurence lui ont donné une notoriété internationale, adoptant la biodynamie (sur l'ensemble de la propriété depuis 2005). Après le décès en 2014 de Laurence, la vinificatrice, puis celui de Colette en 2015, Catherine et ses fils Eddy et Théo assurent la continuité du domaine.

L'un des quatre grands crus mis en valeur par le domaine, le premier à avoir été classé en 1971: un coteau pentu, aux sols granitiques. Le riesling y est roi. Il a engendré un vin à la robe soutenue, jaune doré, et au nez très expressif, sur les agrumes (pamplemousse, citron), avec une touche de noisette. Au palais, ce vin à l'attaque ample et riche se déploie avec puissance et vivacité et offre une longue finale saline. Une bouteille déjà harmonieuse qui devrait encore s'ouvrir. (Sucres résiduels: 5 g/l.) 2018-2025

DOM. WEINBACH, 25, rte du Vin, 68240 Kaysersberg, tél. 03 89 47 13 21, contact@domaineweinbach.com V *r.-v. Famille Faller*

WILLM Kirchberg de Barr Riesling 2015 ★

	12600		11 à 15 €

Fondée à Barr en 1896 par Adolphe Willm, viticulteur et restaurateur, cette maison de négoce a pour fleuron le Clos Gaensbronnel, dans le grand cru Kirchberg de Barr. Elle est aujourd'hui dans le giron du groupe Wolfberger.

Le fleuron de la maison, superbe coteau dominant la ville de Barr, a donné une très belle bouteille vinifiée en demi-sec. De couleur jaune paille, ce 2015 présente un nez expressif sur les agrumes, rehaussé d'une fine pointe minérale. La bouche ne déçoit pas: agréable par son attaque, par ses arômes assez complexes (outre les agrumes, les fleurs blanches et les fruits jaunes), elle dévoile une matière ample et charnue, bien tenue par une acidité qui étire la finale fraîche et citronnée. (Sucres résiduels: 10,8 g/l.) 2018-2022

ALSACE WILLM, 6, Grand-Rue, 68420 Eguisheim, tél. 03 89 41 24 31, contact@alsace-willm.com V *t.l.j. 10h-18h30; lun. 14h-18h30*

WOLFBERGER Rangen Pinot gris 2015

	19000		20 à 30 €

La coopérative d'Eguisheim, créée en 1902 près de Colmar, compte aujourd'hui 450 adhérents et vinifie 8 % de la superficie du vignoble alsacien, soit environ 1 200 ha, dont quinze grands crus. Sa marque, Wolfberger, a été lancée en 1976.

La coopérative produit un nombre considérable de bouteilles issues de ce terroir sudiste et solaire, le seul grand cru volcanique de la région, caractérisé également par des pentes vertigineuses. Ici, un pinot gris de style demi-sec, bien équilibré et très expressif au nez avec ses arômes fumés et toastés, soulignés par une touche de cannelle. (Sucres résiduels: 21 g/l.) 2018-2023

WOLFBERGER, 6, Grand-Rue, 68420 Eguisheim, tél. 03 89 22 20 20, contact@wolfberger.com V *t.l.j. 8h-12h 14h-18h*

WUNSCH ET MANN
Steingrubler Riesling 2014 ★★

	3000	15 à 20 €

Les Mann cultivent la vigne depuis 1793. Créée en 1948 à Wettolsheim près de Colmar, la maison Wunsch et Mann exploite 20 ha de vignes qu'elle

complète par une activité de négoce. Depuis 2008, elle travaille en bio (certification en 2011).

Une heureuse évolution pour ce riesling qui montre le potentiel de ce grand cru argilo-calcaire situé à Wettolsheim: sa robe s'est teintée de jaune d'or, son nez a pris les tons minéraux (pierre à fusil) typés du cépage, avec une touche de cire d'abeille. Ample et gras, le palais est équilibré par une acidité préservée, en harmonie avec des arômes persistants d'agrumes. La longue finale est marquée par un retour de la minéralité. Cette remarquable bouteille garde des réserves: cinq ans, peut-être davantage. (Sucres résiduels: 17 g/l.) ⧗ 2018-2023

WUNSCH ET MANN, 2, rue des Clefs, 68920 Wettolsheim, tél. 03 89 22 91 25, wunsch-mann@wanadoo.fr V ⛹ ▣ *t.l.j. sf dim. 8h-12h 13h30-18h30*
Mann

ALBERT ZIEGLER
Pfingstberg Gewurztraminer Cuvée Élodie 2016 ★

	3400	11 à 15 €

En 1988, Christine Ziegler et Michel Voelklin s'installent sur le domaine familial, puis en prennent les rênes dix ans plus tard. L'exploitation compte aujourd'hui 20 ha autour d'Orschwihr, au sud du vignoble, sur des coteaux réputés qui jouissent d'un microclimat très préservé (Bollenberg, grand cru Pfingstberg).

Un gewuztraminer issu du grand cru d'Orschwihr: un coteau aux sols marno-gréseux. Dans le verre, un vin or pâle. Au nez, de fins arômes de fleurs, de fruits jaunes frais, qui gagnent en intensité à l'aération, soulignés de notes confites de surmaturation. On retrouve la pêche, l'abricot et le côté confit dans un palais ample et soyeux. Un moelleux armé pour une longue garde. (Sucres résiduels: 44 g/l.) ⧗ 2019-2028

EARL ALBERT ZIEGLER, 10, rue de l'Église, 68500 Orschwihr, tél. 03 89 76 01 12, ziegler.voelklin@wanadoo.fr V ⛹ ▣ *t.l.j. 8h-12h 13h-19h; dim. sur r.-v.*
Voelklin

CRÉMANT-D'ALSACE

Superficie : 3 017 ha / Production : 235 705 hl

La reconnaissance de cette appellation, en 1976, a donné un nouvel essor à la production de vins effervescents élaborés selon la méthode traditionnelle, qui existait depuis longtemps à une échelle réduite. Les cépages qui peuvent entrer dans la composition du crémant-d'alsace sont le pinot blanc, l'auxerrois, le pinot gris, le pinot noir, le riesling et le chardonnay.

Ⓑ JEAN-BAPTISTE ADAM Les Natures

	4000	🍾	8 à 11 €

Sise à Ammerschwihr, important village viticole au nord-ouest de Colmar, cette maison a fêté son quatre centième anniversaire en 2014. Ses caves du XVIIe s. abritent d'anciens foudres de chêne encore en usage. Elle associe une structure de négoce et un domaine exploité en biodynamie.

Une robe jaune pâle, traversée de bulles fines et insistantes. Un nez précis, sur les fruits bien mûrs, auquel répond une bouche ronde et onctueuse, aux arômes d'abricot, tonifiée en finale par une pointe d'amertume. ⧗ 2018-2020

JEAN-BAPTISTE ADAM, 5, rue de l'Aigle, 68770 Ammerschwihr, tél. 03 89 78 23 21, jbadam@jb-adam.fr V ⛹ ▣ *t.l.j. 8h30-12h 14h-18h; f. dim. de janv. à Pâques*

Ⓑ DOM. YVES AMBERG ★

	21300	🍾	8 à 11 €

Yves Amberg s'est installé en 1989 à Epfig, la plus grande commune viticole d'Alsace, avec 560 ha consacrés à la vigne. Les 13 ha du domaine sont exploités de longue date en bio.

Un assemblage très réussi des trois pinots (blanc 50 %, gris et noir, avec une touche de chardonnay): nez expansif, fruité, avec des touches de fleurs blanches, de miel, de thym, d'herbe sèche, bouche équilibrée et fraîche, un peu douce en finale. ⧗ 2018-2021

YVES AMBERG, 19, rue du Fronholz, 67680 Epfig, tél. 03 88 85 51 28, amberg.yves@wanadoo.fr V ⛹ ▣ *t.l.j. 8h30-12h 13h30-18h* Ⓐ

CAVE DE BEBLENHEIM Cuvée Prestige

	286258	5 à 8 €

Créée en 1952 au cœur de la route des Vins, près de Riquewihr, la coopérative de Beblenheim vinifie aujourd'hui le fruit de plus de 400 ha répartis sur cinq communes et propose quatre grands crus de Beblenheim et des communes voisines. Baron de Hoen et Heimberger sont ses marques.

Une bulle fine et persistante pour ce crémant de pur auxerrois, aux parfums nets, discrètement floraux (aubépine, genêt) et à la bouche généreuse, équilibrée, dont les arômes légèrement abricotés s'accordent à la suavité flatteuse de la finale. Bien représentatif de son appellation. ⧗ 2018-2019

CAVE DE BEBLENHEIM, 14, rue de Hoen, 68980 Beblenheim, tél. 03 89 47 90 02, info@cave-beblenheim.com V ⛹ ▣ *t.l.j. sf sam. dim. 9h-12h 14h-18h*

DOM. BERNARD BECHT Chardonnay ★★

	5400	8 à 11 €

Établi à Dorlisheim, à quelque 25 km de Strasbourg, Bernard Becht a vendu sa production en bouteilles à partir de 1970. Il a transmis sa propriété en 2006 à sa fille Nathalie qui, assistée par l'œnologue Igor Monge, exploite 15 ha de vignes sur les terroirs de Dorlisheim, Molsheim et Mutzig.

Le chardonnay, qui a droit de cité en Alsace pour les crémants, est seul à l'œuvre dans cette cuvée. La robe dorée est traversée d'une mousse fine et généreuse. Complexe, élégant et typé, le nez s'épanouit sur des notes florales et fruitées (giroflée, fleurs jaunes, mirabelle) que l'on retrouve dans un palais ample et persistant. De la finesse. ⧗ 2018-2021

SCEA BERNARD BECHT, 84, Grand-Rue, 67120 Dorlisheim, tél. 03 88 38 20 37, contact@bernardbecht.com V ⛹ ▣ *t.l.j. sf dim. 8h-12h 13h-19h*

PIERRE ET FRÉDÉRIC BECHT
Extra-brut Chardonnay ★★

	3000	🍾	5 à 8 €

Pierre Becht et son fils Frédéric sont établis à Dorlisheim, village viticole jouxtant Molsheim, à

25 km à l'ouest de Strasbourg. Ils exploitent 22 ha de vignes, pour moitié dans leur village et pour l'autre au lieu-dit Stierkopf, près de Mutzig.

Ce crémant porte l'empreinte du chardonnay. Sa robe jaune intense est mise en valeur par une mousse crémeuse. Tout aussi intense, son nez s'épanouit sur des senteurs de fleurs blanches, d'aspérule, de pain brioché, rehaussées de notes de mirabelle et de coing, d'accents toastés. Ce cortège d'arômes, nuancé de touches beurrées, se déploie en bouche, servi par une fine acidité qui équilibre une belle matière. La finale est précise et longue. Du potentiel. ⧗ 2018-2025

⊶ FRÉDÉRIC BECHT, 26, fg des Vosges, 67120 Dorlisheim, tél. 03 88 38 18 22, info@domaine-becht.com V ⚲ ▣ *t.l.j. sf dim. 8h30-12h 14h-18h*

ⓑ JEAN BECKER Extra-brut B de Becker ★

●	6185	11 à 15 €

Établie à Zellenberg près de Riquewihr, une exploitation dont les origines remontent à 1610, aujourd'hui gérée par deux frères, Jean-Philippe et Jean-François Becker. Ces vignerons disposent en propre de 11 ha, en bio certifié depuis 2001.

Née d'un subtil assemblage d'auxerrois (52 %), de pinot blanc, de riesling et de chardonnay, cette cuvée s'ouvre sur des parfums frais de fleurs blanches, un rien épicés. Le citron confit s'ajoute à cette palette dans une bouche équilibrée, à la fois ample et fraîche, de belle longueur. ⧗ 2018-2020

⊶ SAS JEAN BECKER, 4 route d'Ostheim, 68340 Zellenberg, tél. 03 89 47 90 16, vinsbecker@aol.com V ⚲ ▣ *t.l.j. 8h-12h 14h-19h; f. sam. après-midi et dim. entre Noël et Pâques* ⌂ Ⓔ

ⓑ PAUL BUECHER Émotion

●	2000	▮	11 à 15 €

D'origine suisse, la famille Buecher s'est établie près de Colmar après la guerre de Trente Ans. Après Paul Buecher, qui a vendu en 1959 les premiers vins en bouteilles, se sont succédé Henri, Jean-Marc, puis Jérôme, à la tête du domaine depuis 2004. L'exploitation, agrandie à chaque génération, est passée de 5 à 30 ha; elle s'est étendue dans les grands crus et convertie au bio.

Un élevage de trois ans sur lattes avec un apport de vins de réserve pour ce crémant, né d'un assemblage de pinot blanc, de pinot noir et de chardonnay. Il en résulte une robe aux reflets dorés, un nez ouvert, toasté, légèrement évolué. Quant au palais, il dévoile une matière mûre, d'un beau volume malgré un dosage faible, et offre une bonne persistance. ⧗ 2018-2020

⊶ PAUL BUECHER, 15, rue Sainte-Gertrude, 68920 Wettolsheim, tél. 03 89 80 64 73, vins@paul-buecher.com V ⚲ ▣ *t.l.j. sf dim. 8h-12h 13h-17h*

CATTIN ★

●	266000	▮	5 à 8 €

Originaire de Suisse, établie à Vœgtlinshoffen en 1720, la famille Cattin se spécialise dans la viticulture dès 1850. L'exploitation prospère à partir de 1978, avec Jacques et son frère Jean-Marie: le domaine s'agrandit (70 ha aujourd'hui), tandis que se développe une structure de négoce. Ingénieur agronome, Jacques (du même prénom que son père) a rejoint l'affaire en 2007. Un bar à vins a ouvert en 2017. Autre étiquette: Jean Weingand.

Un assemblage original, où le chardonnay (30 %) et le pinot gris (20 %) viennent compléter le pinot blanc. Le nez est élégant, fruité, beurré et brioché. L'attaque souple et onctueuse est soutenue par un train de bulles massif qui s'harmonise à une finale dont la pointe d'amertume apporte de la fraîcheur. Un crémant bien structuré. ⧗ 2018-2021

⊶ JACQUES CATTIN, 19, rue Roger-Frémeaux, 68420 Vœgtlinshoffen, tél. 03 89 49 30 21, contact@cattin.fr V ⚲ ▣ *t.l.j. 10h-19h*

DISCHLER Extra-brut ★

●	4000	▮	5 à 8 €

Une propriété de 11,5 ha implantée à Wolxheim, l'une des dix-neuf communes viticoles proches de la capitale régionale, qui constituent la «Couronne d'or» de Strasbourg. Née en 1860, l'exploitation est restée en polyculture jusque dans les années 1970. André Dischler en a pris la tête en 1999.

Une goutte de riesling (10 %) vient titiller le pinot blanc dans ce crémant faiblement dosé: robe aux reflets dorés, animée d'un cordon de bulles fines, nez intense et complexe, sur la pomme verte et le sureau, avec des notes grillées, bouche dans le même registre, équilibrée et vive, de belle longueur. ⧗ 2018-2020

⊶ DOM. ANDRÉ DISCHLER, 23, Le Canal, 67120 Wolxheim, tél. 03 88 38 22 55, dischler@domaine-dischler.com V ⚲ ▣ *t.l.j. sf dim. 8h-12h 13h-19h* ⌂ Ⓒ

JOSEPH FREUDENREICH

●	2100	▮	8 à 11 €

Des ancêtres se sont installés en 1737 à Eguisheim, cité médiévale où la famille reçoit les visiteurs dans une ancienne cour dîmière. Joseph Freudenreich vend son vin en bouteilles dès 1900 pour les ouvriers des mines de potasse. Son petit-fils Marc commence à vinifier en 1978 et prend la tête du domaine dix ans plus tard. Il a été rejoint par sa fille Amélie en 2015. Le vignoble familial est implanté autour d'Eguisheim et de Saint-Hippolyte.

Le pinot noir à l'origine de ce crémant, élevé seize mois sur lattes, a été vendangé en 2015. Robe rose pastel traversée d'une bulle fine, nez sur la cerise et la mûre, nuancées de notes florales, attaque fraîche, palais puissant et long: un rosé harmonieux. ⧗ 2018-2020

⊶ JOSEPH FREUDENREICH ET FILS, 3, cour Unterlinden, 68420 Eguisheim, tél. 03 89 41 36 87, info@joseph-freudenreich.fr V ⚲ ▣ *t.l.j. 9h-12h 13h-19h* ⌂ ④

♥ FREY-SOHLER Riesling ★★★

●	17000	▮	8 à 11 €

Établis à Scherwiller, près de Sélestat, Damien et Nicolas Sohler – rejoints par leurs enfants respectifs, Aude et Baptiste – conduisent depuis 1998 un domaine d'une trentaine d'hectares dont ils complètent la production par une activité de négoce. Ils cultivent

des vignes dans plusieurs lieux-dits, dont le grand cru Frankstein, terroir granitique autour du village voisin de Dambach-la-Ville.

Le riesling est le cépage roi de Scherwiller, le plus réputé et le plus cultivé du village: les Sohler proposent un rare crémant issu exclusivement de cette variété. Née de la récolte 2015, cette cuvée a enchanté les dégustateurs: une robe lumineuse aux reflets verts, animée d'une bulle fine et persistante; un nez intense, entre aubépine, acacia et notes briochées légèrement grillées; en bouche, de délicates notes florales servies par une acidité fine, presque acérée, qui étire la finale. Droiture et élégance, tout le portrait du riesling. ⧗ 2018-2022

⊶ FREY-SOHLER, 72, rue de l'Ortenbourg, 67750 Scherwiller, tél. 03 88 92 10 13, contact@frey-sohler.fr V *t.l.j. 8h-12h 13h-19h*
⊶ Frères Sohler

MATHIEU ET LOUIS GOETZ ★

●	4200	5 à 8 €

Mathieu Goetz, rejoint en 2012 par son fils Louis, a agrandi l'exploitation familiale, située à 20 km de Strasbourg. Implanté à Wolxheim, village réputé pour son riesling, son vignoble compte 11 ha et comprend des parcelles dans le grand cru Altenberg de Wolxheim, au pied du rocher du Horn.

Issue à 90 % de chardonnay, cette cuvée séduit par la finesse de ses bulles et de ses arômes fruités. L'attaque est vive, le corps généreux. Un crémant équilibré et droit. ⧗ 2018-2020 ● **(5 à 8 €; 4200 b.)** : vin cité.

⊶ EARL MATHIEU ET LOUIS GOETZ, 2, rue Jeanne-d'Arc, 67120 Wolxheim, tél. 03 88 38 10 47, mathieu.goetz@wanadoo.fr V *r.-v.*

GRUSS Prestige ★★

●	9000	8 à 11 €

Fondée en 1947, une maison bien connue des lecteurs du Guide, notamment pour ses crémants. Le vigneron et négociant André Gruss a pris en 1997 la suite de son père Bernard. Il exploite plus de 16 ha de vignes sur quatre communes au sud de Colmar: Eguisheim, Wettolsheim, Herrlisheim et Rouffach.

Un mot pour résumer ce crémant? Intensité. Intensité de la robe, or paille, parcourue de bulles fines et véloces, et surtout du nez, délicatement floral et fruité, aux accents d'agrumes. Intensité du palais enfin, à la fois ample, riche et frais. Un crémant raffiné, servi par un dosage mesuré (5 g/l), qui contribue à l'agrément de sa finale longue, harmonieuse et vive. ⧗ 2018-2021

⊶ JOSEPH GRUSS ET FILS, 25, Grand-Rue, 68420 Eguisheim, tél. 03 89 41 28 78, domainegruss@hotmail.com V *t.l.j. 8h-12h 13h30-18h30; dim. 8h-12h*

KLEIN

●	n.c.	5 à 8 €

La famille Klein est établie depuis 1620 au pied du Haut-Kœnigsbourg. Conrad fonde en 1640 le domaine agrandi par Georges en 1956 et conduit depuis 1984 par Auguste et Véronique Klein. Après des études aux États-Unis et en Russie, Jean a rejoint ses parents. Certifiée Haute Qualité Environnementale depuis 2014, l'exploitation dispose de 12,5 ha de vignes à Saint-Hippolyte, Rorschwihr et Scherwiller.

Pinot blanc et chardonnay composent cette cuvée jaune doré, flatteuse par sa belle tenue de mousse et par sa bouche d'une rondeur marquée, beurrée et compotée, ample et longue. ⧗ 2018-2019

⊶ EARL GEORGES KLEIN ET FILS, 10, rte du Vin, 68590 Saint-Hippolyte, tél. 03 89 73 00 28, geoklein@wanadoo.fr V *t.l.j. sf dim. 8h-12h 13h30-18h*
⊶ Auguste Klein

KLEIN-BRAND

●	13000	▮	5 à 8 €

En 1610, des ancêtres cultivaient déjà la vigne sur les coteaux de Soultzmatt, au sud de Colmar. Le grand-père réalise les premières mises en bouteilles en 1955. L'association en 1978 de Fernand Klein avec sa sœur Marianne, épouse Brand, permet de doubler la surface du domaine, qui passe de 5 à 10 ha. Aujourd'hui, Éric et Laetitia, troisième génération, exploitent plus de 13 ha répartis en 46 parcelles.

Composée majoritairement de pinot blanc, complété par de l'auxerrois et du chardonnay, cette cuvée dévoile un nez d'une discrète élégance, entre agrumes et notes minérales. Bien construite, elle est tendue par une belle acidité qui étire sa finale marquée par un retour de la minéralité. ⧗ 2018-2020

⊶ ÉRIC ET LAETITIA KLEIN, 96, rue de la Vallée, 68570 Soultzmatt, tél. 03 89 47 00 08, kleinbrand@sfr.fr V *t.l.j. sf dim. 8h-12h 13h30-19h*

MARZOLF Blanc de noirs 2014

●	4461	▮	8 à 11 €

Viticulteurs depuis 1730, les Marzolf se sont établis en 1904 à Gueberschwihr, village aussi connu pour son clocher roman de grès rose que pour l'ancienneté de son vignoble. Après Paul et René, Denis, installé en 1985, conduit l'exploitation, qui comprend des parcelles dans le grand cru local, le Goldert.

Le pinot noir à l'origine de ce blanc de noirs ayant été récolté en 2014, on admire la fraîcheur préservée de ce crémant au nez discret, finement floral et fruité, entre fleurs blanches et fruits jaunes citronnés. En bouche, on apprécie son équilibre et son fruité, sa belle finale. Un vin tout en subtilité. ⧗ 2018-2021

⊶ MARZOLF, 9, rte de Rouffach, 68420 Gueberschwihr, tél. 03 89 49 31 02, vins@marzolf.fr V *t.l.j. 9h-12h 13h30-18h*

MEYER-FONNÉ Brut Extra

●	12000	▮	8 à 11 €

Héritier d'une longue lignée au service du vin, Félix Meyer, installé en 1992, a longtemps suivi la démarche bio, sans certification, avant d'engager la conversion de sa propriété. À la tête de plus de 15 ha répartis sur sept communes proches de Colmar, il peut jouer sur une large palette de terroirs, et notamment sur cinq grands crus.

Ce Brut Extra est aussi un extra-brut, à peine dosé (1,5 g/l). Un assemblage d'auxerrois (50 %), de pinot blanc et de chardonnay. Finesse du cordon traversant la robe or clair, délicatesse des parfums, entre fruits et fleurs blanches, subtilité et longueur du palais tout en pêche blanche. L'absence de fermentation malolactique renforce la sensation de vivacité. ⧗ 2018-2021

FÉLIX MEYER, 24, Grand-Rue, 68230 Katzenthal, tél. 03 89 27 16 50, felix@meyer-fonne.com r.-v.

DOM. DU MITTELBURG Cuvée Saint-Vincent

	25000	5 à 8 €

Il ne reste que quelques pierres du «château du centre» (Mittelburg) qui a donné son nom au domaine, situé au sud de Colmar. Plus intéressants sont les calcaires et argilo-calcaires des terroirs de Pfaffenheim, village où sont établis les Martischang depuis le XVIIIes. Michel a pris la succession d'Henri en 2007.

Issue d'un assemblage de pinot blanc (80 %) et d'auxerrois, une cuvée or clair à la bulle fine et persistante. Le nez intense mêle l'aubépine, la pomme, les agrumes et les fruits jaunes, en harmonie avec un palais à la fois souple et frais, tonifié en finale par une légère amertume. ⧗ 2018-2019

EARL HENRI MARTISCHANG ET FILS, 15, rue du Fossé, 68250 Pfaffenheim, tél. 03 89 49 60 83, vin.h.martischang@free.fr t.l.j. sf dim. 8h-12h 14h-18h30

GILBERT RUHLMANN FILS

	11000		8 à 11 €

Fondée en 1958 par Gilbert Ruhlmann et conduite aujourd'hui par la deuxième génération – Guy et Pascal Ruhlmann –, l'exploitation s'étend sur 15 ha autour de Scherwiller, pittoresque village traversé par un ruisseau, près de Sélestat. Elle a son siège dans un corps de ferme du XVIIIes.

Pinot blanc et riesling se partagent cette cuvée aux reflets verts. Poire, notes beurrées et épicées composent un nez plaisant. Onctueux en attaque, le palais se développe avec rondeur, tonifié en finale par une pointe d'amertume bienvenue. ⧗ 2018-2020

GILBERT RUHLMANN FILS, 31, rue de l'Ortenbourg, rte des Vins d'Alsace, 67750 Scherwiller, tél. 03 88 92 03 21, vin.ruhlmann@terre-net.fr t.l.j. 8h30-11h45 13h30-18h; dim. sur r.-v.

♥ **S DE SCHALLER** Extra Brut ★★

	2000		11 à 15 €

La famille Schaller fait remonter son arbre généalogique à 1609. Les ancêtres étaient charpentiers et tonneliers. Le domaine s'est spécialisé en viticulture au début du siècle dernier. Patrick Schaller a transmis en 2003 à son fils Charles un vignoble de 9 ha à Mittelwihr et dans trois villages voisins, au cœur de la route des Vins – ainsi qu'un vif intérêt pour le crémant.

Né de pur chardonnay récolté en 2015, vinifié en foudre de chêne sans fermentation malolactique, un superbe crémant à la bulle généreuse, au nez expressif, entre fleurs blanches, agrumes, fruits jaunes et notes toastées. Dans une belle continuité aromatique, le palais se déploie avec élégance et longueur, tendu par une fine acidité. Le dosage discret (extra-brut) renforce la sapidité de l'ensemble. De la matière, de la délicatesse et du potentiel. ⧗ 2018-2022

EARL EDGARD SCHALLER ET FILS, 1, rue du Château, 68630 Mittelwihr, tél. 03 89 47 90 28, charles.schaller@orange.fr t.l.j. 9h-12h 14h30-18h30

JEAN-LOUIS SCHOEPFER ★★

	9000		5 à 8 €

En 1656, Louis Schoepfer achète des vignes à Wettolsheim, près de Colmar. Installé en 1991, son lointain descendant, Christophe Schoepfer, conduit un domaine de 9,5 ha. Il reste attaché aux foudres de bois centenaires pour le vieillissement de certains de ses vins.

Un vieillissement sur lattes de trente-six mois pour cette cuvée 100 % pinot blanc au nez élégamment brioché, à la bouche bien construite, puissante et équilibrée, marquée par des notes de fruits secs. Une belle évolution pour cette bouteille que les amateurs d'arômes de vieillissement pourront garder plusieurs années, tandis que les autres l'apprécieront sans tarder. ⧗ 2018-2020

EARL JEAN-LOUIS SCHOEPFER, 35, rue Herzog, 68920 Wettolsheim, tél. 03 89 80 71 29, jlschoepfer@libertysurf.fr t.l.j. sf dim. 8h-12h 13h30-18h30 (sam. 17h30)

JEAN SIPP Évidence ★

	4500		15 à 20 €

Établi dans une demeure Renaissance qui appartint jadis à la puissante famille des Ribeaupierre, seigneurs de Ribeauvillé, Jean-Guillaume Sipp perpétue depuis 2013 avec brio une tradition viticole inaugurée en 1654 par son ancêtre porteur du même prénom. Il dispose de 24 ha de vignes, avec des parcelles dans plusieurs crus renommés (Altenberg de Bergheim, Kirchberg de Ribeauvillé).

Un crémant de belle facture, élaboré majoritairement à partir de pinot blanc et d'auxerrois, complétés par quelques gouttes de pinots noir et gris. Les vins de base ont été élevés trois mois en barrique. Discret mais fin, le nez exprime les fruits mûrs. Le palais est généreux, gras, servi par un faible dosage (2 g/l). Du potentiel. ⧗ 2018-2022

JEAN SIPP, 60, rue de la Fraternité, 68150 Ribeauvillé, tél. 03 89 73 60 02, domaine@jean-sipp.com t.l.j. sf dim. 9h-12h 14h-17h30 4

J.-M. SOHLER Blanc de blancs 2015 ★

	6000		8 à 11 €

Jean-Marie Sohler et son fils Hervé exploitent leur vignoble (10 ha) autour de Blienschwiller, village viticole au sud de Barr, où la famille est installée depuis plusieurs siècles. Dans leur cave de 1563, ils élèvent les vins dans les foudres traditionnels.

Une robe aux reflets dorés traversée d'un élégant cordon de bulles pour ce 2015 qui a connu le bois. Ce crémant séduit par son nez intense, mêlant fruits mûrs, brioche beurrée, miel et notes toastées. Un dosage mesuré met en valeur sa bouche riche, mûre et persistante, dans le même registre que l'olfaction. Une belle matière bien vinifiée. ⧗ 2018-2021

⊶ *JEAN-MARIE ET HERVÉ SOHLER, 16, rue du Winzenberg, 67650 Blienschwiller, jeanmarie.sohler@orange.fr* V ⚑ ◼ *r.-v.* ⌂ Ⓑ

PIERRE SPARR Réserve ★

●	111274	5 à 8 €

Les lointaines origines de cette maison remontent à 1680, et l'activité de négoce à 1861. Après 1945, Pierre Sparr a remonté l'affaire, mise à mal, comme le reste de Sigolsheim, par les combats de la Poche de Colmar. Aujourd'hui, les deux générations qui perpétuent l'entreprise disposent de 10 ha de vignes en propre et d'une centaine d'hectares cultivés par des viticulteurs.

Ce crémant aux bulles très fines formant une mousse crémeuse séduit par son nez intensément fruité, évocateur de pinot bien mûr, puis par sa bouche équilibrée, fraîche et longue, tendue par une arête acide atténuée par une rondeur bien fondue. Un crémant aérien. ⧗ 2018-2020

⊶ *MAISON PIERRE SPARR SUCCESSEURS, 14, rue de Hoen, 68980 Beblenheim, tél. 03 89 78 24 22, info@vins-sparr.com* V ⚑ ◼ *t.l.j. sf sam. dim. 9h-12h 14h-18h*

Ⓑ DOM. STOEFFLER Chardonnay ★

●	5000	⬮	8 à 11 €

Vincent Stoeffler dirige depuis 1986 l'exploitation fondée par son père dans les années 1960. À la suite de son mariage, le domaine s'est agrandi, se répartissant dans dix communes autour de deux pôles: Ribeauvillé et Riquewihr dans le Haut-Rhin, Barr dans le Bas-Rhin. Il compte aujourd'hui 17 ha de vignes, conduites intégralement en bio depuis 2000, et propose nombre de vins de terroir.

Issu de pur chardonnay élevé en foudre de chêne, ce crémant a bénéficié d'un vieillissement de deux ans sur lattes. La robe soutenue est animée d'un train de bulles persistant, qui laisse monter des arômes élégants de fruits exotiques bien mûrs et de pâtisserie. La bouche est intense, dynamique et longue. Du potentiel. ⧗ 2018-2022

⊶ *VINCENT STOEFFLER, 1, rue des Lièvres, 67140 Barr, tél. 03 88 08 52 50, info@vins-stoeffler.com* V ⚑ ◼ *t.l.j. sf dim. 10h-12h 13h30-18h*

JEAN-MARIE STRAUB ★

●	7300	▮	5 à 8 €

Installé en 1980 sur le domaine familial, entre Barr et Sélestat, Jean-Marie Straub cultive 7 ha de vignes autour de Blienschwiller, dont plusieurs parcelles dans le grand cru local, le Winzenberg. Dans sa cave voûtée de 1714 s'alignent les foudres traditionnels en bois.

Un cordon de bulles persistant traverse la robe aux reflets verts de ce crémant né d'un assemblage d'auxerrois (60 %) et de pinots blanc et gris. La prise de mousse s'est faite avec les sucres naturels du raisin. Le nez est intensément floral et fruité; la bouche de belle longueur dévoile une matière épanouie et ample qui met en valeur de beaux arômes de beurre et de fruits mûrs. ⧗ 2018-2021

⊶ *JEAN-MARIE STRAUB, 61, rte des Vins, 67650 Blienschwiller, tél. 03 88 92 40 42, jean-marie.straub@wanadoo.fr* V ⚑ ◼ *r.-v.*

JEAN WACH ★★

●	12000	5 à 8 €

Une propriété bas-rhinoise située à Andlau, village niché dans la vallée du même nom et bien connue pour son abbatiale. La famille Wach y cultive 10 ha de vignes, avec des parcelles dans deux grands crus.

Une cuvée issue à 90 % d'auxerrois, complété par le pinot blanc et le riesling. On aime sa bulle fine, son nez tout en fruit, sur les agrumes légèrement épicés, sa bouche charnue, vive et croquante. De la matière et de la finesse. ⧗ 2018-2021

⊶ *EARL JEAN WACH ET FILS, 16 A, rue du Mal-Foch, 67140 Andlau, tél. 03 88 08 09 73, raph.wach@wanadoo.fr* V ⚑ ◼ *t.l.j. 8h-12h 14h-19h; dim. 8h-12h* ⌂ Ⓑ

WILLM Prestige

●	4000	11 à 15 €

Fondée à Barr en 1896 par Adolphe Willm, viticulteur et restaurateur, cette maison de négoce a pour fleuron le Clos Gaensbronnel, dans le grand cru Kirchberg de Barr. Elle est aujourd'hui dans le giron du groupe Wolfberger.

Une robe jaune-vert parcourue de bulles légères; un nez discret, entre fruit, notes grillées et épicées, avec une touche d'eau-de-vie de vin. Le prélude à une attaque souple et généreuse, relayée par une belle fraîcheur: un crémant bien construit. ⧗ 2018-2019

⊶ *ALSACE WILLM, 6, Grand-Rue, 68420 Eguisheim, tél. 03 89 41 24 31, contact@alsace-willm.com* V ◼ *t.l.j. 10h-18h30; lun. 14h-18h30*

ALBERT ZIEGLER ★

●	12600	5 à 8 €

En 1988, Christine Ziegler et Michel Voelklin s'installent sur le domaine familial, puis en prennent les rênes dix ans plus tard. L'exploitation compte aujourd'hui 20 ha autour d'Orschwihr, au sud du vignoble, sur des coteaux réputés qui jouissent d'un microclimat très préservé (Bollenberg, grand cru Pfingstberg).

Chardonnay et auxerrois sont assemblés à parité dans cette cuvée jaune pâle à l'effervescence fine et légère, et au nez flatteur, intensément floral, avec une pointe d'agrumes. À l'unisson du nez, la bouche, tendue par une belle acidité, séduit par sa fraîcheur et par son élégance. Un crémant-d'alsace typique. ⧗ 2018-2020

⊶ *EARL ALBERT ZIEGLER, 10, rue de l'Église, 68500 Orschwihr, tél. 03 89 76 01 12, ziegler.voelklin@wanadoo.fr* V ⚑ ◼ *t.l.j. 8h-12h 13h-19h; dim. sur r.-v.*
⊶ *Voelklin*

LA LORRAINE

Les vignobles des Côtes de Toul et de la Moselle restent les deux seuls témoins d'une viticulture lorraine autrefois florissante par son étendue, supérieure à 30 000 ha en 1890. Elle l'était aussi par sa notoriété. Les deux vignobles connurent leur apogée à la fin du XIXᵉs.

Dès cette époque, plusieurs facteurs se conjuguèrent pour entraîner leur déclin: la crise phylloxérique, qui introduisit l'usage de cépages hybrides de moindre qualité; la crise économique viticole de 1907; la proximité des champs de bataille de la Première Guerre mondiale; l'industrialisation de la région, à l'origine d'un formidable exode rural. Ce n'est qu'en 1951 que les pouvoirs publics reconnurent l'originalité de ces vignobles. En 2011, les vins-de-moselle sont devenus AOC sous le nom de moselle.

CÔTES-DE-TOUL

Superficie : 57 ha
Production : 2 544 hl (85 % rouge et rosé)

Situé à l'ouest de Toul et du coude caractéristique de la Moselle, le vignoble a accédé à l'AOC en 1998. Il couvre le territoire de huit communes qui s'échelonnent le long d'une côte résultant de l'érosion de couches sédimentaires du Bassin parisien. On y rencontre des sols de période jurassique composés d'argiles oxfordiennes, avec des éboulis calcaires en notable quantité, très bien drainés et exposés au sud ou au sud-est. Le climat semi-continental, qui renforce les températures estivales, est favorable à la vigne. Toutefois, les gelées de printemps sont fréquentes. Le gamay domine toujours, bien qu'il régresse sensiblement au profit du pinot noir. L'assemblage de ces deux cépages produit des vins gris caractéristiques, obtenus par pressurage direct. Le pinot noir seul, vinifié en rouge, donne des vins corsés et agréables; l'auxerrois d'origine locale, en progression constante, des vins blancs tendres.

VINCENT LAROPPE
Pinot noir La Chaponière 2016 ★★

■ | 5300 | ◍ | 11 à 15 €

Les descendants du vigneron du château de Bruley sont restés attachés aux productions locales, vins et eaux-de-vie. Depuis François Laroppe, au XVIIIᵉs., de nombreuses générations se sont succédé. Plus près de nous, Marcel, artisan de la renaissance du vignoble toulois, et Michel, œnologue comme son fils Vincent. Ce dernier a repris la maison en 2003: 22 ha de vignes (en conversion bio depuis 2017) et une structure de négoce. Une valeur sûre.

Élevée douze mois en fûts de chêne, neufs pour la moitié, et née d'une parcelle très bien exposée au sud-est, cette cuvée sort souvent du lot. Le 2016 se distingue par sa robe soutenue, à laquelle répond un nez puissant, aux arômes de fruits rouges soulignés d'un léger boisé. L'attaque sur des notes de fruits mûrs introduit une bouche onctueuse, remarquablement équilibrée, où l'élevage apporte avec sa note vanillée une touche de complexité. ⧗ 2019-2023 ■ **Auxerrois 2017 ★★ (5 à 8 €; 13000 b.)** : d'un jaune pâle aux reflets verts, cet auxerrois est salué pour sa présence et sa fraîcheur, avec son nez tonique, sur les fruits blancs, et son palais fruité et citronné, de belle longueur. ⧗ 2018-2020

⊶ VINCENT LAROPPE, 253, rue de la République, 54200 Bruley, tél. 03 83 43 11 04, contact@domaine-laroppe.fr V ■ *t.l.j. sf dim. 9h-12h 14h-18h* ⌂ ❷

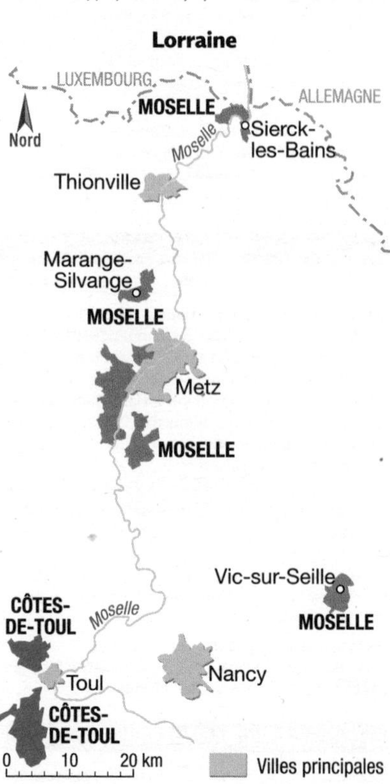

LELIÈVRE Gris de Toul 2017 ★

■ | 13000 | ▮ | 8 à 11 €

Si la propriété se transmet de père en fils depuis la Révolution, avant la dernière guerre, la vigne partageait ici l'espace avec le houblon et les vergers... Le domaine produit d'ailleurs toujours de la mirabelle de Lorraine. Première mise en bouteilles en 1971. Arrivée en 2008 sur l'exploitation de David (à la gestion) et Vincent (à la vigne et au chai), qui succèdent à leur

père Roland. À côté de leur propriété (près de 15 ha de vignes), les Lelièvre mènent une activité de négoce.

Pas de coup de cœur comme l'an dernier, mais un gris qui donnera toute satisfaction, offrant tous les caractères attendus de ce style de vin: une robe rose pâle aux reflets orangés; un nez discret mais fin, sur les petits fruits rouges; une bouche ronde en attaque, aux arômes persistants de framboise et de groseille et à la finale acidulée et tonique. ⧗ 2018-2019

⊶ *MAISON LELIÈVRE - LVD SARL, 1, rue de la Gare, 54200 Lucey, tél. 03 83 63 81 36, info@vins-lelievre.com* V t.l.j. 9h-12h 14h-18h

♥ DOM. DE LA LINOTTE Gris 2017 ★★★

■ | 6900 | | 5 à 8 €

Après avoir travaillé à Sancerre et en Champagne, Marc Laroppe est revenu planter dans son village de Bruley, en 1993, un petit vignoble de quelque 2 ha, qui contribue à la renaissance discrète du Toulois viticole. S'appuyant sur l'œnotourisme, la propriété est devenue une valeur sûre de la région.

Troisième coup de cœur pour Marc Laroppe qui a convaincu avec ce vin gris exemplaire. Si la robe limpide et brillante est irréprochable, c'est surtout par l'intensité de ses parfums de fruits rouges (fraise, framboise) et par la fraîcheur de sa bouche teintée de minéralité que cette bouteille sort du lot. ⧗ 2018-2019 ■ **Auxerrois 2017 ★ (5 à 8 €; 2500 b.)** : une robe jaune pâle aux reflets nacrés, un nez délicat, légèrement poivré. Au palais, une attaque alerte, sur des notes d'agrumes, un développement tout en rondeur et une finale vive: l'équilibre même. ⧗ 2018-2019

⊶ *MARC LAROPPE, 90, rue Victor-Hugo, 54200 Bruley, tél. 06 89 53 61 90, domainedelalinotte@orange.fr* V r.-v.

DOM. MIGOT Auxerrois 2017

■ | 1600 | 5 à 8 €

Jeune agriculteur, Camille Migot a repris en 2013 les 2 ha de vignes de son père Alain, bien connu des lecteurs. Il les a convertis à l'agriculture biologique tout en agrandissant peu à peu son domaine (6,5 ha aujourd'hui) en louant des terres en bio certifié à un viticulteur à la retraite et en plantant.

Robe cristalline aux reflets verts, nez discrètement floral: l'approche réservée d'un vin dans sa jeunesse. L'attaque agréable ouvre sur un palais tout en fraîcheur citronnée. ⧗ 2018-2019

⊶ *CAMILLE MIGOT, 108, Grande-Rue, 54200 Lucey, tél. 03 83 63 87 31, domaine-migot@orange.fr* V *ven. sam. 9h-12h 14h-18h30*

LES VIGNERONS DU TOULOIS Pinot Noir 2016 ★

■ | n.c. | | 5 à 8 €

Fondée en 1989, cette coopérative se flatte d'être la plus petite de France: huit adhérents, 10 ha. Sa taille réduite ne l'a pas empêchée d'aménager, en 2003, un centre de pressurage et un chai.

Une courte cuvaison (sept jours) et un élevage de six mois en cuve a engendré un vin rubis aux reflets roses. Le nez frais évoque le cassis; souple en attaque, le palais se déploie tout en rondeur, sur de jolies notes de fruits noirs et de fraise, avant de montrer en finale quelques tanins fermes. Une bouteille flatteuse. ⧗ 2018-2021 ■ **Vin Gris 2017 (5 à 8 €; 4000 b.)** : vin cité. ■ **Auxerrois 2017 (5 à 8 €; 4130 b.)** : vin cité.

⊶ *LES VIGNERONS DU TOULOIS, 43, pl. de la Mairie, 54113 Mont-le-Vignoble, tél. 03 83 62 59 93, vigneronsdutoulois@orange.fr* V *t.l.j. sf dim. lun. 14h-18h*

MOSELLE

Superficie : 42 ha / Production : 1 648 hl (55 % blanc)

Le vignoble s'étend sur les coteaux qui bordent la vallée de la Moselle; ceux-ci ont pour origine les couches sédimentaires formant la bordure orientale du Bassin parisien. L'aire délimitée se concentre autour de trois pôles principaux: le premier au sud et à l'ouest de Metz, le deuxième dans la région de Sierck-les-Bains, le troisième dans la vallée de la Seille, autour de Vic-sur-Seille. La viticulture est influencée par celle du Luxembourg tout proche, avec ses vignes hautes et larges et sa dominante de vins blancs secs et fruités. En volume, cette appellation reste très modeste et son expansion est contrariée par l'extrême morcellement de la région.

DOM. LES BÉLIERS Rubis 2017 ★★

■ | n.c. | | 11 à 15 €

Créée en 1983 par Michel et Robert Maurice sur les coteaux oubliés d'Ancy, en amont de Metz, cette propriété (5 ha aujourd'hui) est gérée depuis 2008 par Alain et Ève Maurice, cette dernière étant l'œnologue. Une approche agro-forestière, à forte inspiration biologique et biodynamique, est ici privilégiée, et le domaine est en conversion bio.

Ce pinot noir a séjourné un an en demi-muid. Bien nommé, il affiche une couleur rubis. Son élevage, peu perceptible aromatiquement, laisse toute sa place à une belle expression fruitée (fraise, framboise) qui se prolonge en bouche. Délicat, d'un rare équilibre, le palais s'appuie sur des tanins soyeux qui rendent cette cuvée très harmonieuse. ⧗ 2019-2021 ■ **Auxerrois 2017 ★ (8 à 11 €; n.c.)** : un blanc sec complexe, fruité et minéral, au nez comme en bouche, vif et élégant. ⧗ 2018-2019 ■ **Pinot gris 2017 ★ (8 à 11 €; n.c.)** : bien typé, le pinot gris classique du domaine, élevé en cuve. Au nez, de fins arômes de fruit de la Passion, que l'on retrouve dans un palais élégant, aussi rond que long. ⧗ 2018-2021

⊶ *ÈVE MAURICE, Dom. les Béliers, 3, pl. Foch, 57130 Ancy-Dornot, tél. 03 87 30 90 07, domaine-beliers@orange.fr* V *r.-v.*

DOM. BUZÉA Cuvée Lune 2016 ★★

■ | 600 | | 11 à 15 €

Située dans la vallée de la Moselle, en amont de Metz, une propriété familiale créée en 1998 par Georges-Constantin Buzea et reprise en 2014 par son fils

Georgian. La famille Buzea cultive à Ancy-Dornot et à Novéant de nombreux cépages – les variétés en honneur en Alsace, en Allemagne et au Luxembourg, dont elle tire des vins tranquilles ou effervescents.

Après un séjour de huit mois en fût de chêne, ce pinot noir s'habille d'une robe grenat aux reflets tuilés et libère de puissants arômes d'élevage et de fruits rouges. Le fruit noir s'affirme en bouche, rehaussé d'un boisé qui n'écrase pas le fruit; la texture est ronde à souhait: un remarquable équilibre. ⧗ 2019-2021

GEORGES-CONSTANTIN BUZÉA, 10, rue Raymond-Mondon, 57130 Ancy-sur-Moselle, tél. 03 87 30 98 98 V *r.-v.*

DOM. SONTAG
Pinot gris Fortunate 2016 ★

	1000		15 à 20 €

La petite ville de Contz-les-Bains épouse le cours sinueux de la Moselle, aux confins du Luxembourg et de l'Allemagne. Les coteaux bordant la rivière sont couverts de vignes. Claude Sontag, aux commandes du domaine familial depuis 2006, y exploite 5 ha. En conversion bio.

Élevé douze mois dans le bois, ce pinot gris séduit par son nez fruité et fumé, bien prolongé par un palais aromatique, rond et persistant, dans le même registre. ⧗ 2018-2021 **Auxerrois 2017 ★ (8 à 11 €; 4000 b.)** : la robe dorée annonce un nez expressif et un palais tout aussi disert, puissant et structuré, équilibré par une vivacité citronnée tonique à souhait. ⧗ 2018-2021 ■ **Pinot noir 2017 (5 à 8 €; 2000 b.)** : vin cité.

SONTAG, 5, rue Saint-Jean, 57480 Contz-les-Bains, tél. 06 78 59 35 95, claude.sontag@gmail.com V *r.-v.*

DOM. DU STROMBERG Auxerrois 2017 ★★

	6000		5 à 8 €

Dans ce domaine du pays des Trois Frontières, aux confins du Luxembourg et de l'Allemagne, l'alambic fonctionne aux côtés du pressoir. La mirabelle de Lorraine est une des spécialités du domaine, qui couvre 8,5 ha. Quant aux vins de Jean-Marie Leisen, à la tête de l'exploitation depuis 2000, ils figurent souvent en bonne place dans le Guide.

Cépage typique de Lorraine, l'auxerrois offre ici un vin particulièrement séducteur. Les dégustateurs louent son équilibre tonique et son expression florale intense et délicate, au nez comme au palais. ⧗ 2018-2021 **Les Contemplations 2016 ★★ (5 à 8 €; 6000 b.)** : plus d'une fois en très bonne place, cette cuvée assemble auxerrois (50 %), muller-thurgau, pinot gris (20 % chacun) et gewurztraminer. Elle en tire une palette intense et complexe, entre fleurs, agrumes et fruits exotiques, et un palais fin, vif et persistant. ⧗ 2018-2019 **Pinot gris 2017 ★ (8 à 11 €; 4000 b.)** : un élevage de quatre mois en cuve puis de six mois en fût pour ce blanc au nez minéral et fin et au palais riche, fruité, toasté et fumé, de bonne longueur. ⧗ 2018-2021 **Muller-Thurgau 2017 (5 à 8 €; 6000 b.)** : vin cité.

JEAN-MARIE ET THIERRY LEISEN-CABOZ, Dom. de Stromberg, 21, Grand-Rue, 57480 Petite-Hettange, tél. 03 82 50 10 15, j.marie.leisen@wanadoo.fr V *t.l.j. sf dim. 10h-12h 14h-19h*

♥ B **CH. DE VAUX**
Les Hautes Bassières 2017 ★★★

■	20000		11 à 15 €

Marie-Geneviève Molozay, descendante d'une lignée de négociants de Metz, est œnologue; Norbert Molozay a été «vinificateur volant», mettant son expertise en vinification au service de nombreux vignobles de France et du Nouveau Monde. Ils ont repris l'exploitation de ce vignoble où l'on produisait du Sekt (mousseux) à l'époque allemande. S'ils proposent des bulles, c'est surtout par leurs vins tranquilles ambitieux qu'ils ont assuré une belle notoriété à ce domaine du pays messin qui couvre aujourd'hui 14 ha (en bio certifié).

Élevé douze mois en fût, ce pinot noir grenat intense a emporté l'adhésion. La séduction commence dès le nez, avec son fruit rehaussé de boisé, qui se prolonge avec intensité et longueur au palais. Un 2017 superbe et gourmand qui ne manque pas pour autant de réserves. ⧗ 2018-2023 **Les Gryphées 2017 ★★ (8 à 11 €; 9000 b.)** B : valeur sûre de la maison, ce blanc d'assemblage marie dans ce millésime l'auxerrois (50 %) au muller-thurgau et au pinot gris à parts égales. Un vin aux reflets verts de jeunesse, timidement fruité. C'est en bouche qu'il révèle toute sa complexité et son remarquable équilibre entre rondeur et fraîcheur. Du potentiel. ⧗ 2018-2023 ■ **Le Clos 2016 ★★ (15 à 20 €; 6000 b.)** B : une cuvée élevée seize mois en fût. Si l'on conseille de ne pas oublier en cave trop longtemps ce millésime à la robe rubis clair, ce vin n'en brille pas moins par son intensité aromatique, au nez comme en bouche, et par son palais puissant, aussi rond que long. Malgré la longueur de l'élevage sous bois, le fruit rouge parle haut et fort, et l'on aime son propos. ⧗ 2019-2022

MOLOZAY, Ch. de Vaux, 4, pl. Saint-Rémi, 57130 Vaux, tél. 03 87 60 20 64, contact@chateaudevaux.com V *t.l.j. sf dim. lun. 14h30-18h*

IGP CÔTES DE MEUSE

DOM. DE COUSTILLE Auxerrois 2017 ★★

	3350		5 à 8 €

Ce domaine de 7 ha est conduit depuis 1996 par Jean Philippe. Outre l'élaboration de vins rouges et blancs, l'exploitation s'est également spécialisée dans les eaux-de-vie, de mirabelle de Lorraine, de quetsche, de poire williams, et dans les marcs.

D'un jaune soutenu aux reflets verts, cet auxerrois libère des parfums discrets de fleurs blanches nuancés d'arômes qui rappellent ceux du sauvignon. La pêche vient compléter les fleurs du verger dans une bouche d'une remarquable fraîcheur. ⧗ 2018-2019 ■ **Pinot noir Élevé en fût de chêne 2016 ★ (5 à 8 €; 9850 b.)** : pas trop de couleur, mais un joli petit nez sur la griotte et la mûre et un palais flatteur par son attaque souple, son fruité et sa rondeur. ⧗ 2018-2021

JEAN PHILIPPE, 23, Grande-Rue, 55300 Buxerulles, tél. 03 29 89 33 81, jean.philippe55@orange.fr V *r.-v.*

DOM. DE LA GOULOTTE Gris 2017 ★

■ | 3400 | | - de 5 €

Un petit domaine de 6,3 ha transmis de père en fils depuis deux siècles, et conduit depuis 1979 par Philippe et Évelyne Antoine, qui sont aussi distillateurs.

Ce gris saumoné doit tout au gamay. S'il n'est pas des plus longs, il séduit par son nez bien ouvert sur la cerise mûre, qui prend des tons de bonbon anglais dans un palais tout en vivacité. ⧗ 2018-2019 ■ **Pinot noir 2016 (- de 5 €; 6700 b.)** : vin cité.

PHILIPPE ET EVELYNE ANTOINE, Dom. de la Goulotte, 6, rue de l'Église, 55210 Saint-Maurice-sous-les-Côtes, tél. 03 29 89 38 31, domainedelagoulotte@orange.fr V *t.l.j. 8h-12h 13h30-18h30*

DOM. DE GRUY Auxerrois 2017 ★

■ | 4500 | | - de 5 €

Situé à proximité du lac de Madine, aux pieds des vergers de mirabelles, ce petit domaine de 5 ha est conduit par Laurent Degenève depuis 1982. Il s'est également spécialisé dans les eaux-de-vie de mirabelle de Lorraine, de poire, de framboise et de quetsche, dans les marcs et crèmes de fruit.

Une robe or pâle aux reflets verts, un nez aussi floral que fruité, une bouche aromatique, assez étoffée, qui laisse pourtant une impression de légèreté. ⧗ 2018-2019

EARL DE GRUY, 7, rue des Lavoirs, 55210 Creuë, tél. 03 29 89 30 67, laurent.degeneve@wanadoo.fr V *r.-v.* *Degeneve*

DOM. DE MONTGRIGNON Pinot noir Vieilles Vignes Élevé en fût de chêne 2016 ★

■ | 3000 | | 5 à 8 €

Les Pierson sont les héritiers d'une lignée de vignerons établis en Lorraine depuis la Révolution. Régulièrement présent dans le Guide, leur domaine a participé à la relance du vignoble meusien dans les années 1970 et notamment des vins de Billy-sous-les-Côtes, renommés dès le début du XIVᵉs. Aujourd'hui, Daniel Pierson et son fils Renaud, œnologue, qui l'a rejoint en 2010, exploitent 8 ha de vignes, en conversion bio depuis 2017. Ils produisent également des mirabelles.

Ces vignes, les plus vieilles du domaine, ont été plantées en 1976 – année de sécheresse. À quarante ans, elles ont engendré un vin à la robe profonde, presque noire. Marqué par un séjour d'une petite année en fût, le nez libère des notes d'élevage qui laissent percer un fruit rouge un peu poivré. Ce fruité se déploie dans un palais puissant et rond, qui laisse une impression d'élégance. ⧗ 2018-2022 ■ **Pinot gris Auxerrois 2017 (- de 5 €; 14000 b.)** : vin cité.

PIERSON, Dom. Montgrignon, 6, chem. des Vignes, 55210 Billy-sous-les-Côtes, tél. 03 29 89 58 02, info@domaine-montgrignon.com V *r.-v.*

♥ B DOM. DE MUZY Terre amoureuse 2017 ★★

■ | 11000 | | - de 5 €

Jean-Marc Liénard a fait renaître à partir de 1982 le vignoble de son père et de son grand-père, planté sur les côtes meurtries par la Grande Guerre, au cœur du village de Combres-sous-les-Côtes: quelque 11 ha de vignes aujourd'hui, conduits en biodynamie, auxquels s'ajoutent pour l'eau-de-vie des vergers, notamment des mirabelliers. Une référence incontournable en IGP Côtes de Meuse, qui a vu revenir en 2011 la nouvelle génération avec Thibaud et Angélique, qui ont débuté comme *winemakers* en Nouvelle-Zélande.

Si la «terre amoureuse» est sacrément collante, en raison sa nature plus ou moins argileuse, ce vin rose pâle, issu d'un pressurage de gamay (50 %), de pinot noir et d'auxerrois (20 %), a l'art d'attirer par sa finesse. Ses atouts: une robe saumon pâle; un nez sur le zeste de citron, bien prolongé par un palais aux frais arômes d'agrumes (pamplemousse) et à la finale longue et alerte. Un équilibre parfait. ⧗ 2018-2020 ■ **Pinot noir La Côte 2016 ★★ (11 à 15 €; 3700 b.)** B : le millésime 2015 de ce vin longuement élevé en fût avait obtenu un coup de cœur. Son successeur n'aura peut-être pas la même longévité, mais il n'en est pas moins remarquable et apte à la garde, avec sa robe profonde, son nez puissant, marqué par un boisé fumé, et son palais rond, persistant et harmonieux, où la mûre se lie avec bonheur à la vanille de la barrique. ⧗ 2019-2023 ■ **Auxerrois Les Marpaux 2017 ★★ (5 à 8 €; 4000 b.)** B : les dégustateurs saluent la finesse de cet auxerrois aux brillants reflets dorés. Le nez, intense et raffiné, mêle les fleurs blanches et les fruits exotiques; le prélude à une bouche vive de bout en bout, de l'attaque fraîche et citronnée à la finale qui laisse une impression d'élégance. ⧗ 2018-2021 ■ **Pinot noir 2017 ★ (8 à 11 €; 12000 b.)** B : le pinot noir classique, qui a connu le bois. Robe grenat intense, nez fumé, légèrement vanillé, bel éveil du fruit en bouche (mûre, cerise) sur des tanins bien fondus, finale plaisante. De l'étoffe et de la présence. ⧗ 2018-2021

LIÉNARD, Dom. de Muzy, 3, rue de Muzy, 55160 Combres-sous-les-Côtes, tél. 03 29 87 37 81, info@domainedemuzy.fr V *r.-v.*

Le Beaujolais et le Lyonnais

• LE BEAUJOLAIS

SUPERFICIE : 16 000 ha

PRODUCTION : 679 000 hl

TYPES DE VINS : Rouges très majoritairement, quelques blancs secs et rosés.

SOUS-RÉGIONS : Aires des dix crus (au nord), des beaujolais-villages (autour des crus) et des beaujolais (au sud de Villefranche-sur-Saône principalement).

CÉPAGES :

Rouges : gamay noir à jus blanc

Blancs : chardonnay

• LE LYONNAIS

SUPERFICIE : 300 ha

PRODUCTION : 14 000 hl

TYPES DE VINS : rouges (80 %), blancs secs et rosés.

CÉPAGES :

Rouges : gamay noir à jus blanc

Blancs : chardonnay, aligoté

LE BEAUJOLAIS ET LE LYONNAIS

À l'est de la Saône, entre Mâcon et Lyon, le Beaujolais est rattaché officiellement à la Bourgogne viticole. Il affirme pourtant sa personnalité par ses paysages vallonnés, par son habitat plus dispersé et par un cépage presque exclusif, le gamay, qui lègue aux vins un fruité pimpant. Si une promotion dynamique a rendu le beaujolais nouveau célèbre dans le monde entier, la région propose aussi des vins plus étoffés et complexes : les beaujolais, les beaujolais-villages et les dix crus.

Du vignoble de Lyon au beaujolais nouveau. Si le vignoble de Juliénas, selon la tradition, remonte aux légions de Jules César, les premières mentions écrites de vignobles ne sont pas antérieures au X^es. Le Beaujolais ne trouve son nom et n'apparaît dans l'Histoire qu'avec les sires de Beaujeu, qui se taillent un fief à partir de cette époque. La viticulture prend son essor aux XVIIes. et XVIIIes. quand des nobles et notables lyonnais, notamment des soyeux, plantent des vignobles qu'ils confient à des métayers. Ces vins trouvent un débouché facile à Lyon, mais la plupart d'entre eux doivent attendre le développement du réseau ferré pour s'écouler à Paris. Dans les années 1930, ils ont suffisamment d'identité pour être reconnus en AOC, et pendant les deux guerres, des journalistes parisiens repliés à Lyon les découvrent et contribuent à leur notoriété. Autorisée en 1951, la vente en primeur du beaujolais connaît un succès planétaire qui atteint son apogée dans les décennies 1980 et 1990.

Du beaujolais aux crus. À la base de la pyramide des appellations, l'AOC beaujolais fournit près de la moitié de la production du vignoble et presque les deux tiers des « nouveaux ». L'appellation beaujolais-villages forme un trait d'union entre le beaujolais et les crus. Comme les crus, les vins naissent sur des roches anciennes, notamment des arènes granitiques. Un peu plus d'un tiers s'écoule en vin primeur, mais l'AOC fournit aussi des vins plus étoffés. Les crus, qui constituent le sommet de la pyramide, sont au nombre de dix. On trouve du nord au sud : saint-amour ; juliénas ; moulin-à-vent ; chénas ; fleurie; chiroubles; morgon; régnié; côte-de-brouilly et brouilly.

Beaujolais nord, Beaujolais sud. Le climat du Beaujolais est semi-continental et très capricieux. Les monts du Beaujolais, auxquels s'adosse le vignoble, font écran à l'humidité océanique. Les hivers sont rudes et les étés chauds, ponctués d'orages et d'épisodes de grêle; le couloir Saône-Rhône apporte des influences méditerranéennes. Le vignoble est planté entre 190 et 550 m d'altitude. Au nord, de Mâcon à Villefranche-sur-Saône, les reliefs, plutôt doux, présentent des formes arrondies. C'est la région des roches anciennes (granites, porphyre, schistes, diorites) et des sables (arènes granitiques), domaine des crus et des beaujolais-villages. Le sud, de Villefranche-sur-Saône à Lyon, est marqué par des reliefs plus accusés. Les terrains sont d'origine sédimentaire, argilo-calcaires – les « pierres dorées », qui donnent à l'habitat une belle couleur ocre. C'est la zone de l'AOC beaujolais.

LE BEAUJOLAIS NOUVEAU

L'arrivée du « nouveau », chaque troisième jeudi de novembre, reste un événement annuel, célébré jusqu'au Japon. Ce vin de primeur représente encore un petit tiers des volumes. Lorsqu'il est élaboré de façon naturelle, c'est un vin rouge tendre et gouleyant, résultat d'une macération semi-carbonique courte, de l'ordre de quatre jours, favorisant souplesse et fruité pimpant.

Le règne du gamay. L'encépagement du Beaujolais se réduit pratiquement au gamay noir à jus blanc (99 %), le chardonnay fournissant les rares blancs. La majorité des vins rouges de la région sont élaborés selon le principe de la vinification beaujolaise ou macération semi-carbonique, technique qui consiste en une courte macération des grappes de raisin entières, une partie de la fermentation s'accomplissant à l'intérieur de la baie. Il en résulte une structure peu tannique et une palette très fruitée. Les crus du Beaujolais, s'ils portent la marque du gamay, varient selon les terroirs. Certains d'entre eux, tels le morgon et le moulin-à-vent, peuvent vieillir quelques années. Les vignerons élaborent d'ailleurs certaines cuvées à la bourguignonne en éraflant les raisins, en les faisant macérer plus longtemps et en les élevant en fût.

LE MÉTAYAGE

L'une des caractéristiques du vignoble beaujolais, héritée du passé mais bien vivante, est le métayage : la récolte et certains frais sont partagés par moitié entre l'exploitant et le propriétaire, ce dernier devant fournir les terres, le logement, le cuvage avec le gros matériel de vinification, les produits de traitement, les plants. Le vigneron, ou métayer, possède l'outillage pour la culture, assure la main-d'œuvre, honore les dépenses dues aux récoltes, veille au parfait état des vignes. Aujourd'hui encore, une part non négligeable des surfaces est exploitée de cette façon.

Le Beaujolais

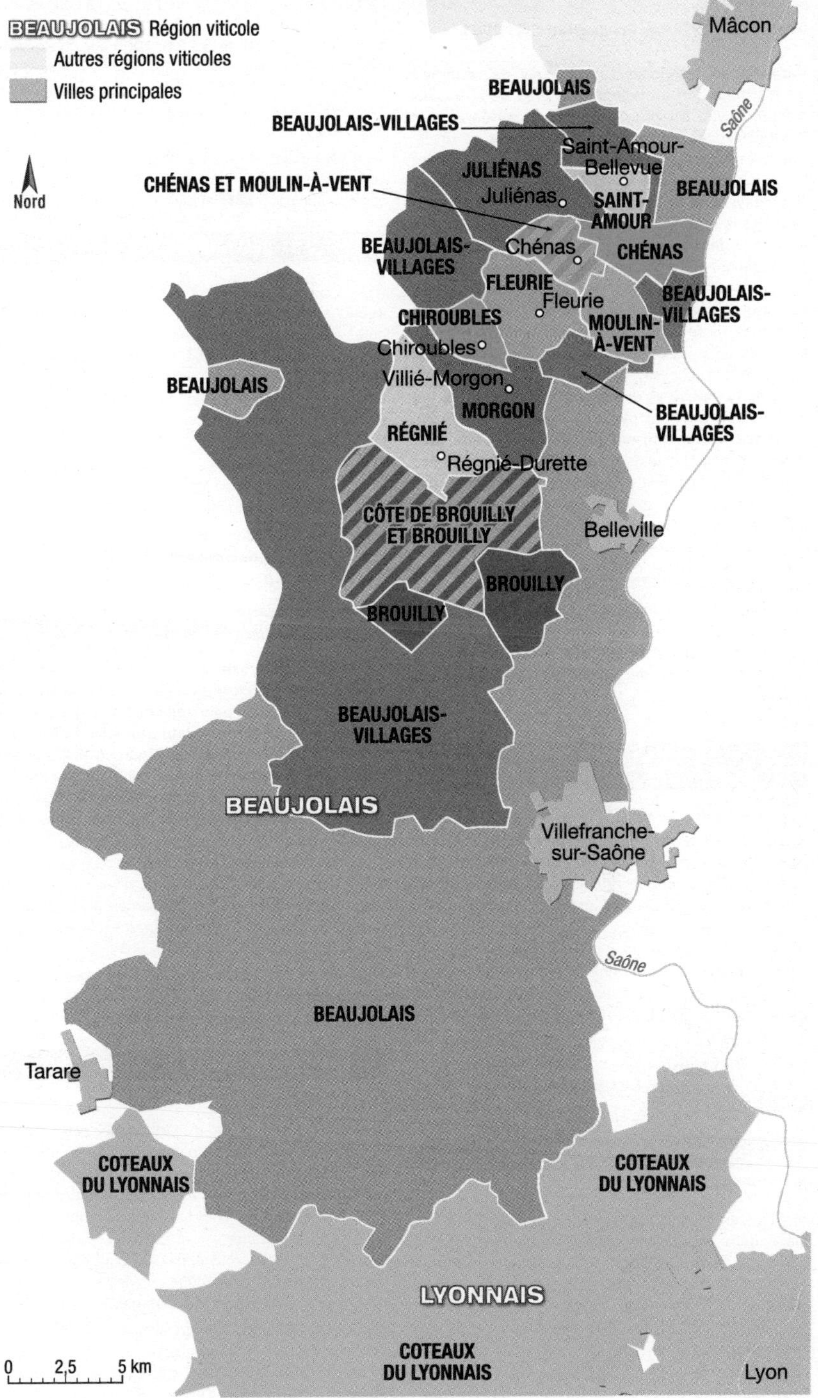

BEAUJOLAIS

Superficie : 5 972 ha / Production : 245 000 hl

L'appellation beaujolais fournit près de la moitié de la production du vignoble et près de 75 % des primeurs; elle est principalement localisée au sud de Villefranche. À côté des vins rouges et rosés, quelques blancs sont élaborés à partir du chardonnay, notamment dans le canton de La Chapelle-de-Guinchay, zone de transition entre les terrains siliceux des crus et ceux, calcaires, du Mâconnais. Dans le secteur des Pierres dorées, au sud de Villefranche et à l'est du Bois-d'Oingt, les vins rouges ont des arômes plus fruités que floraux, parfois nuancés de pointes végétales; colorés, charpentés, un peu rustiques, ils se conservent assez bien. Dans la partie haute de la vallée de l'Azergues, vers l'ouest, on retrouve les roches cristallines qui donnent des vins avec de la mâche et des accents minéraux, ce qui les fait apprécier un peu plus tardivement. Enfin, les zones plus en altitude offrent des vins vifs, plus légers en couleur, mais aussi plus frais les années chaudes. Le beaujolais supérieur ne provient pas d'un terroir délimité spécifique; il est surtout produit dans l'AOC beaujolais. L'appellation peut être revendiquée pour des vins dont les moûts présentent, à la récolte, une richesse en équivalent alcool de 0,5 % vol. supérieure à ceux de l'AOC beaujolais, les raisins provenant de parcelles sélectionnées et contrôlées avant la récolte. Tous ces vins sont dégustés traditionnellement dans les «pots» beaujolais, flacons de 46 cl à fond épais qui garnissent les «bouchons» lyonnais.

DOM. L'ARCHANGE
Cuvée du Père Pernot Élevé en fût de chêne 2016 ★

■ | 1600 | | 8 à 11 €

Ancien salarié d'une entreprise d'embouteillage à la propriété, puis ouvrier viticole, Thierry Pernot s'est installé en 2003 comme viticulteur, en reprenant des vignes de différents propriétaires.

Thierry Pernot ne manque pas d'ambition pour son beaujolais: macération longue et élevage en fût pendant onze mois. Dans le verre, une cuvée qui propose des notes intenses de fruits confiturés et d'épices, et une matière fine, construite sur des tanins soyeux. ⧗ 2018-2021

THIERRY PERNOT, Morgon, 69910 Villié-Morgon, tél. 04 74 69 13 54, domainelarchange@orange.fr V t.l.j. 8h30-19h

DOM. DE BALUCE 2017 ★

■ | 6000 | | 5 à 8 €

Installés en 1986 sur le domaine familial, qui a son siège dans les bâtiments d'un ancien monastère aux caves voûtées, Jean-Yves et Annick Sonnery exploitent 13,5 ha au pays des Pierres dorées. Se définissant comme des «artisans-vignerons», ils sont fidèles aux hautes densités et aux vendanges manuelles.

Vinifiée à basse température, cette cuvée a terminé sa fermentation en foudres. Une approche qui lui permet aujourd'hui de présenter d'intenses notes de fruits rouges (groseille, framboise) et d'épices. La bouche, tout aussi fruitée, est fraîche, légère, bien typée Beaujolais. ⧗ 2018-2021 **2016 ★ (5 à 8 €; 2000 b.)** : un chardonnay né sur sol argilo-calcaire qui se présente avec une belle harmonie et de la fraîcheur, et qui développe des nuances fruitées, florales et minérales au nez comme en bouche. ⧗ 2018-2021

JEAN-YVES ET ANNICK SONNERY, Le Plan, 69620 Bagnols, tél. 06 83 88 26 28, contact@baluce.fr V *r.-v.*

BELLE GRÂCE 2017 ★

■ | 66600 | | 5 à 8 €

Rebaptisée Les Vins Aujoux, l'ancienne Société vinicole beaujolaise a étendu son rayon d'action au cours du siècle dernier en s'alliant avec d'autres sociétés (Jacques Depagneux, Joannès Chanut). Elle propose des vins du Mâconnais et du Beaujolais en provenance de domaines partenaires.

D'une bonne intensité aromatique autour de la myrtille et de la mûre, ce beaujolais présente aussi du volume, de la rondeur et une bonne structure tannique. Une cuvée bien équilibrée, au caractère croquant. ⧗ 2019-2023

LES VINS AUJOUX, La Bâtie, 71570 La Chapelle-de-Guinchay, tél. 03 85 23 83 50, aujoux@aujoux.fr

DOM. BOURBON Charme d'automne 2017 ★

■ | 10000 | | 5 à 8 €

À vingt-huit ans, Jean-Luc Bourbon a abandonné le transport routier pour rejoindre le village de son enfance, dans la partie sud du Beaujolais. Il s'est installé en 2002 sur le domaine fondé en 1939 par son grand-père, après s'être fait la main sur... le muscadet. Il exploite 16 ha de vignes plantées à forte densité, en coteaux: l'assurance de petits rendements.

La cuvée phare du domaine, avec pas moins de 10 ha mobilisés sur des sols argilo-calcaires. Le nez se distingue par des notes élégantes de pivoine et de fruits noirs. La bouche est bien étoffée, ample et ronde, dotée de tanins soyeux, et se conclut sur une jolie touche épicée. ⧗ 2019-2023

JEAN-LUC BOURBON, 10, chem. des Vignes, lieu-dit Le Marquison, 69620 Theizé, tél. 04 74 71 14 13, domaine-bourbon@orange.fr V *r.-v.*

LOUIS BOURISSET Les Pierres dorées 2017

■ | 30000 | - de 5 €

Établie à l'extrémité sud du Mâconnais, cette maison de négoce bien connue a pignon sur rue depuis 1821. Elle sélectionne des cuvées parmi les appellations mâconnaises et beaujolaises. Elle est aujourd'hui très implantée sur les marchés lointains, comme la Chine.

Une cuvée séduisante par sa fraîcheur, dans un millésime 2017 pourtant solaire, par sa souplesse et par sa bonne complexité aromatique sur des notes de baies noires, de pêche et d'œillet. ⧗ 2018-2021

COLLIN-BOURISSET, Pontanevaux, 71570 La-Chapelle-de-Guinchay, tél. 03 85 36 57 25, bienvenue@collinbourisset.com V *t.l.j. sf sam. dim. 9h-12h 14h-17h; f. août* *Philippe Bardet*

DOM. DU CHAMP DE LA CROIX
Les Barrières Cuvée Fût de chêne 2016 ★

700		5 à 8 €

Représentant la quatrième génération de vignerons sur ce domaine familial, Daniel Roche cultive 13 ha dans le sud du Beaujolais, un vignoble planté en majorité de vieilles vignes, dont certaines centenaires.

Des chardonnays d'une vingtaine d'années plantés sur un hectare, voilà qui n'est pas très courant dans le Beaujolais. L'élevage en fût (dix mois) non plus. Dans le verre, un vin très confidentiel qui se montre floral et légèrement mentholé au nez comme en bouche, bien frais et fin, soutenu par un boisé discret. ⧗ 2018-2021

DANIEL ROCHE, 795, rte du Champ-de-la-Croix, 69640 Denicé, tél. 06 86 42 14 00, b.roche@domaineduchampdelacroix.fr V r.-v.

CH. DU CHATELARD
Cuvée Secret de chardonnay 2017 ★

6000		8 à 11 €

Aurélie de Vermont, œnologue, a repris la direction de ce domaine en 2011. Ce dernier s'étend sur 25 ha morcelés en de nombreuses parcelles vinifiées séparément, à la « bourguignonne », pour mettre en valeur le terroir.

Issu d'un élevage mixte, fût et cuve, ce beaujolais blanc développe des notes citronnées et de fruits secs (noisette) à l'olfaction. D'une belle persistance aromatique en bouche également, il se montre aussi parfaitement équilibré, à la fois gras et frais, boisé avec discernement. ⧗ 2018-2021

SCEA CH. DU CHATELARD, 307, rue du Chatelard, 69220 Lancié, tél. 04 74 04 12 99, contact@chateauduchatelard.com V *t.l.j. sf sam. dim. 8h30-12h 13h30-18h; f. août et déc.*

♥ CHERMETTE 2017 ★★★

5000		5 à 8 €

Dominique Chermette a repris en 1985 le domaine familial constitué en 1958 au pays des Pierres dorées, au sud du vignoble. Sur ses 7 ha de vignes, il élabore essentiellement des beaujolais.

Le chardonnay se plaît aussi sur les pentes argilo-calcaires du Beaujolais. Cette cuvée, issue de vignes d'une vingtaine d'années, en est la flamboyante démonstration. Et Dominique Chermette s'en est fait une spécialité: c'est son troisième coup de cœur en blanc sur l'appellation, dont un l'an dernier. Il signe ici un vin déjà très plaisant, mais aussi promis à un bel avenir. Sur le plan aromatique, les agrumes se mêlent harmonieusement aux fleurs blanches. En bouche, une texture fine et élégante, de la complexité, beaucoup de fraîcheur et de longueur. ⧗ 2019-2023 ■ **Vieilles Vignes 2017 ★ (5 à 8 €; 8000 b.)** : une vinification en grappes entières suivie d'un élevage en cuve de six mois pour ce vin plein de finesse, de souplesse et de gourmandise, sur des nuances de fruits rouges. ⧗ 2018-2021

DOMINIQUE CHERMETTE, Le Barnigat, 69620 Saint-Laurent-d'Oingt, tél. 04 74 71 20 05, dominique.chermette@wanadoo.fr V r.-v.

OLIVIER COQUARD 2017 ★

6000		5 à 8 €

Venue du Lyonnais, la famille Coquard compte de nombreux vignerons. Olivier a repris le domaine familial (13 ha aujourd'hui) en 1998, après des études de viticulture et d'œnologie à Beaune. Il élabore du beaujolais dans les trois couleurs, du côte-de-brouilly et du crémant-de-bourgogne.

La petite proportion (20 %) d'élevage en fût est à peine perceptible sur le plan aromatique, dominé par les fruits blancs, mais un boisé contribue à donner de l'ampleur et du gras à une bouche séduisante et fine. ⧗ 2018-2021 ■ **2017 (5 à 8 €; 5000 b.)** : vin cité.

OLIVIER COQUARD, 285, chem. de la Cheville, 69480 Pommiers, tél. 06 75 06 39 72, ocoquard@orange.fr V *r.-v.*

COTEAUX DE LA ROCHE 2017 ★★

4000		5 à 8 €

Antoine Viland, établi à Létra, au cœur du pays des Pierres dorées, cultive environ 12 ha. Il vend désormais en bouteilles la majeure partie de sa production et propose aussi le cru chénas. Ce jeune vigneron installé en 2007 est un adepte des macérations longues en grappes entières.

L'équation est simple: rondeur et acidité = équilibre. C'est précisément la conclusion à laquelle le jury parvient à la dégustation de ce beaujolais blanc élégant, aux mensurations quasi parfaites, étayé par une belle structure qui est aussi le support de fins arômes d'agrumes. ⧗ 2018-2021

ANTOINE VILAND, La Roche, 69620 Létra, tél. 04 74 71 54 46, vilandantoine@orange.fr V *r.-v.*

VIGNOBLE DES COTEAUX DE SAINT-ABRAM
2017 ★

10000		5 à 8 €

Installé en 1979 sur le domaine familial, Denis Carron est à la tête de 15,5 ha dans le pays des Pierres dorées, au sud du vignoble. Pour élaborer ses cuvées, il dispose de l'ancienne cuverie d'un négociant qui y vinifiait la production de plusieurs viticulteurs locaux.

Une cuvaison longue avec une macération à chaud préalable, puis un élevage en foudre, Denis Carron a trouvé la bonne approche pour mettre en valeur ses 2 ha de gamay âgés de soixante ans à l'origine de cette cuvée. Un beaujolais léger et gouleyant, qui s'exprime avec finesse sur les fruits rouges et présente des tanins souples. ⧗ 2018-2021

DENIS CARRON, 182, chem. de Saint-Abram, 69620 Frontenas, tél. 04 74 71 70 31, carroncolette@live.fr V *r.-v.*

DOM. DES CRÊTES Cuvée Marine 2017

3000		5 à 8 €

L'exploitation a été achetée en 1938 par le grand-père de Jean-François Brondel. Ce dernier a pris la suite en 1995, dans ce manoir en pierre dorée, pour

être rejoint plus tard par son fils, Sylvain, à la tête aujourd'hui de 13 ha de vignes.

Une cuvée élevée en cuve pendant six mois dont on appréciera l'ampleur, le gras, la longueur et la délicate expression aromatique, sur des nuances de fleurs blanches. ⧗ 2018-2021

⊶ EARL BRONDEL, 772, rte des Crêtes, 69480 Anse, tél. 04 74 67 11 62, contact@domainedescretes.com V r.-v.

GEORGES ET CYRIL DESPRÉS 2016

	2000	5 à 8 €

Vignerons de père en fils depuis 1868 et cinq générations, la famille Després (aujourd'hui Georges et son fils Cyril) dispose d'un vignoble de 15 ha plantés de vignes âgées de quatre à cent ans et réparties sur cinq communes. L'AOC beaujolais-villages représente 13 ha à elle seule.

Un chardonnay franc, élégant, qui exhale des arômes d'abricot et de fleurs blanches. La bouche, qui s'inscrit dans la lignée du nez, plaît par sa finesse et sa longueur. ⧗ 2018-2021

⊶ EARL GEORGES DESPRÉS, Le Vernay, 69460 Saint-Étienne-des-Oullières, tél. 04 74 03 48 98, georges.despres@wanadoo.fr V r.-v.

♥ DOM. GIRIN
Coteaux du Razet Vieilles Vignes 2017 ★★

■	10 000	5 à 8 €

DOMAINE GIRIN
Coteaux du Razet
Vieilles Vignes
MIS EN BOUTEILLE A LA PROPRIETE

Constitué à partir de 1890 dans la région des Pierres dorées, au sud du vignoble, ce domaine s'est agrandi au fil des générations. Aujourd'hui, il compte 37,5 ha, exploités depuis 1978 par Henri Girin, rejoint en 1990 par son frère Bernard. En 2016, avec Thibaut, revenu de Nouvelle-Zélande, la cinquième génération s'est installée sur l'exploitation.

Une cuvée issue de 2 ha sur le lieu-dit Razet, un terroir granitique exposé au sud qui favorise les hautes maturités. Les vignes, âgées de soixante-dix ans, sont peu vigoureuses et produisent de petits rendements. Une situation qui favorise la concentration et que l'on constate dans ce beaujolais d'une ampleur remarquable, ouvert sans réserve sur des notes de confiture de mûres et de cassis, et doté de tanins soyeux, denses et serrés. Un vin qui conjugue parfaitement puissance et délicatesse. ⧗ 2020-2028 ■ **Séduction Gamay noir 2017 ★ (5 à 8 €; 5000 b.)** : une cuvée qui livre un bouquet généreux de fruits rouges cuits, de pivoine et de notes fumées, et qui affiche en bouche un équilibre impeccable entre rondeur, suavité et puissance du millésime, avec des tanins satinés en soutien. ⧗ 2019-2024

⊶ DOM. GIRIN, Aucherand, 69620 Saint-Vérand, tél. 06 32 21 68 61, vinsgirin@domainegirin.fr V *t.l.j. 9h-12h 14h-18h*

LES GRANDS ROUVRES Vieilles Vignes 2017 ★

	n.c.	5 à 8 €

Fils de Pierre et Cécile Durdilly (Dom. les Gryphées), Guillaume Durdilly s'est installé en 2006 comme fermier sur 7 ha de vignes en coteau, d'un seul tenant, au pays des Pierres dorées, au lieu-dit Longessaigne. En 2015, il s'est installé dans le secteur des crus, à la Chapelle-de-Guinchay. Il peut ainsi ajouter du chénas à sa gamme de beaujolais et de beaujolais-villages.

Les vignes se situent sur le terroir argilo-calcaire des Chalandières, « coteau dont la réputation de terrain favorable à l'expression du chardonnay se confirme chaque année », précise Guillaume Durdilly. Cette cuvée qui évoque harmonieusement une tonalité florale et végétale (buis) se distingue aussi par sa fraîcheur en bouche, son volume et sa bonne structure. ⧗ 2018-2021

⊶ GUILLAUME DURDILLY, 2001, RD 906, Pontanevaux, Cidex 125, 71570 La Chapelle-de-Guinchay, tél. 06 74 63 57 82, guillaumedurdilly@yahoo.fr V *r.-v.*

DOM. LES GRYPHÉES Cuvée Tradition 2017 ★

■	6000	5 à 8 €

Ce domaine de 14 ha tire son nom de mollusques fossiles présents dans le secteur des Pierres dorées, où il est implanté. À sa tête, Pierre et Cécile Durdilly, installés en 1973, ont été rejoints par leur fils Guillaume en 2007. Ils font le grand écart entre le Bois-d'Oingt, où est implantée la cuverie, et la région septentrionale des crus, où ils ont acquis des parcelles.

Le millésime 2017 laisse ici percevoir sa générosité et sa maturité. Le nez s'ouvre sur des notes de fraise des bois et de cerise mûres et de rose. La bouche se révèle ronde, suave et ample. Les qualités d'un vin à la séduction immédiate. ⧗ 2018-2021

⊶ PIERRE DURDILLY, 2, rte de Saint-Laurent, Le Bois-d'Oingt, 69620 Val-d'Oingt, tél. 04 74 72 49 93, domainelesgryphees@wanadoo.fr V *r.-v.*

DOM. DE LA MANTELLIÈRE Parfum d'iris 2017

■	5000		5 à 8 €

Implanté au pays des Pierres dorées, le domaine est dans la famille de Christophe Braymand depuis cinq générations. Ce dernier, installé en 1997, exploite 13 ha de manière très raisonnée.

Un gamay à l'aromatique intense et fraîche, bien typée de son appellation, sur les fruits rouges. La bouche dévoile un profil acidulé et léger, avec des tanins fins et discrets en soutien. ⧗ 2018-2021

⊶ CHRISTOPHE BRAYMAND, chem. de Tanay, 69620 Légny, tél. 06 86 63 46 29, domainemantelliere@yahoo.fr V *r.-v.*

JULIEN ET CHLOÉ MATHON-GOBIRA
Toutencanon 2017

■	1200		5 à 8 €

Six générations se sont succédé sur cette exploitation créée en 1873 à Saint-Julien, au nord-ouest de Villefranche-sur-Saône, et conduite depuis 2013 par Julien et Chloé Mathon-Gobira. Le vignoble s'étend sur 6 ha en beaujolais et en beaujolais-villages.

Les Égyptiens connaissaient déjà la vigne et le vin du temps des pharaons, mais ne se doutaient pas que l'on ferait appel au nom d'une de leurs antiques personnalités pour vanter le caractère convivial des vins du Beaujolais… Dans le verre ici, une cuvée fruitée, souple et ronde, qui ne manque pas de charpente pour autant. ⧗ 2018-2021

JULIEN MATHON, 87, chem. de la Roche, 69640 Saint-Julien, tél. 06 65 32 56 93, pourjulien@orange.fr r.-v.

ŒDORIA Instant bon'œur 2017 ★★

	15 000		5 à 8 €

La cave du Beau Vallon de Theizé et celle des Vignerons de Liergues ont décidé de s'unir en 2009: Œdoria est leur marque commune. Cette nouvelle entité dispose de 830 ha (pour 350 adhérents), essentiellement situés au sud du vignoble, à l'ouest de Villefranche-sur-Saône.

La macération préfermentaire à chaud contribue souvent à extraire des notes de fruits à maturité. C'est le cas de cette cuvée à l'expression aromatique d'une bonne intensité et persistante. En bouche, les tanins sont fins et soyeux, en soutien d'une matière riche et très fruitée. Une vraie gourmandise. 2018-2021 **Instant bon'œur 2017 (5 à 8 €; 15 000 b.)** : vin cité.

ŒDORIA, 25, rte de Cottet, 69620 Theizé, tél. 04 74 71 48 00, contact@oedoria.com *t.l.j. sf dim. 9h-12h 14h-18h30*

DOM. DE LA PAILLARDIÈRE Cuvée JR 2017 ★

	6600		5 à 8 €

Richard Jambon représente la quatrième génération sur l'exploitation familiale créée en 1825, qui compte aujourd'hui 11 ha. Installé en 1997, il a élargi la palette des crus du domaine, qui propose désormais, outre le morgon, du moulin-à vent et du brouilly.

Ce rosé pâle, cristallin, développe au nez des arômes de bonbon, de fraise et de pamplemousse. En bouche, il se montre frais en attaque, puis plus rond et gras dans son développement et plein de fruit. Un ensemble très équilibré. 2018-2019

RICHARD JAMBON, 190, rte de la Condemine, 69220 Corcelles-en-Beaujolais, tél. 06 08 36 83 45, richard.jambon1@numericable.com r.-v.

DOM. DES PAMPRES D'OR Prestige 2016 ★★

	4000		8 à 11 €

Un domaine de 11 ha en conversion à la viticulture biologique, situé au sud du Beaujolais, dans la région des Pierres dorées. Julien Perras a repris l'exploitation familiale de ses parents en 2006 et a vu sa sœur Bérengère le rejoindre en 2017. Il a notamment diversifié les cépages (pinot noir, chardonnay, etc.).

Un vin qui a partiellement fermenté en demi-muids. Une option d'élaboration qui lui donne une touche boisée-vanillée, sans pour autant nuire à sa complexité aromatique faite de nuances de fleurs blanches et de poire. Harmonieuse, ample, tendre et charnue, la bouche se déploie dans la rondeur et persiste longuement en finale. 2018-2022

VIGNOBLE PERRAS, 1710, rte de Châtillon, 69210 Saint-Germain-Nuelles, tél. 06 75 22 33 55, pampresdor@yahoo.fr r.-v.

A. PEGAZ 2016 ★★

	2200	5 à 8 €

Propriété créée en 1830 au sud-est du mont Brouilly par l'aïeul Justin Dutraive, vigneron et historien local. Agrandie au fil des générations, elle compte aujourd'hui 9 ha. Après le départ à la retraite en 2009 de Pierre-Anthelme Pegaz, sa conjointe Agnès, biologiste médicale dans une première vie, conduit l'exploitation.

Un beaujolais blanc d'une très belle complexité, ouvert sur des arômes de pêche, d'abricot, de poire et de fleurs blanches. Les raisins de chardonnay ont visiblement été récoltés à belle maturité à en juger par la rondeur, le gras et le volume du vin en bouche, qui s'achève sur une jolie note épicée. 2018-2021

AGNÈS PEGAZ, 469, rte de Belleville, 69220 Charentay, tél. 04 74 66 82 34, vinspegaz@wanadoo.fr *t.l.j. 9h-12h30 17h-20h30*

DOM. DU PÈRE BENOIT 2017 ★★

	2500		5 à 8 €

En 1991, Laurence Benoit et son mari Pascal Mutin ont pris la suite de Roger Benoit sur ce domaine de 16 ha situé au pied du mont Brouilly. Ils élaborent des cuvées en appellations beaujolais, morgon, brouilly, côte-de-brouilly et crémant-de-bourgogne.

Vinifié à basse température, ce chardonnay évoque les agrumes à l'olfaction, plus particulièrement le pamplemousse, mais aussi les fleurs blanches. En bouche, il affiche beaucoup de volume, soutenu par une fine acidité aux tonalités citronnées. Un vin complet et droit. 2018-2021

PASCAL MUTIN, 80, rte de Beaujeu, 69220 Saint-Lager, tél. 04 74 66 81 20, domaineperebenoit@orange.fr *t.l.j. sf dim. 10h-12h30 14h-19h*

LE PÈRE LA GROLLE 2017

	55 000	5 à 8 €

Fondée en 1912, la maison beaujolaise Pellerin est aujourd'hui dans le giron du groupe Boisset. Elle distribue des vins du Beaujolais et du Languedoc-Roussillon.

D'une certaine concentration aromatique au nez (fruité, floral et épicé), cette cuvée vient tapisser le palais de ses tanins fins et soyeux. Une pointe d'acidité en finale lui assure également une bonne fraîcheur. 2018-2021

PELLERIN DOMAINES ET CHÂTEAUX, 403, rte de Saint-Vincent, 69430 Quincié-en-Beaujolais, tél. 04 74 69 09 61 *Père la Grolle*

VIGNERONS DES PIERRES DORÉES Terra Iconia 2017 ★★

	n.c.		5 à 8 €

Créée en 1961, la Cave beaujolaise du Bois-d'Oingt est désormais nommée Vignerons des Pierres dorées. Elle regroupe depuis 2011 trois coopératives (Le Bois-d'Oingt, Saint-Vérand et Saint-Laurent-d'Oingt) et dispose de 500 ha. Sa marque principale, Terra Iconia, rend hommage avec ses cuvées Terre d'Oingt à ce superbe village situé dans la partie sud du vignoble.

Le nez expressif de fruits noirs (de cassis notamment) est typique d'une macération préfermentaire à chaud. C'est le cas de cette cuvée issue de ceps de gamay plantés sur un sol argilo-calcaire et sableux. Des vignes qui ont aussi donné un vin ample, dense et long, doté de tanins ronds et soyeux. ⧗ 2019-2023 ■ **La Rose pourpre Vieilles Vignes 2017 ★ (5 à 8 €; 45000 b.)** : ce beaujolais aux notes très intenses de cerise, à la bouche suave et concentrée, aux tanins puissants mais fins, confirme la réussite de la cave sur le millésime 2017. ⧗ 2019-2024 ■ **Terra Iconia 2017 ★ (5 à 8 €; n.c.)** : un beaujolais blanc qui sort du lot par sa richesse aromatique (miel, fleur d'acacia, abricot) et par sa bouche très équilibrée. ⧗ 2018-2021

VIGNERONS DES PIERRES DORÉES, Le Bady, 69620 Saint-Vérand, tél. 04 74 71 62 81 t.l.j. sf dim. 8h-12h 14h-18h

DOM. DES PRÉVELIÈRES
Vigne Brun Vieilles Vignes 2016

■ | 3000 | | 5 à 8 €

C'est en 1995 que Serge Morel et son épouse ont saisi l'opportunité de reprendre une exploitation viticole sur la commune de Val d'Oingt. Ils ont été rejoints par leurs fils Quentin et Gaëtan pour conduire leur 25 ha de vignes.

Vigne Brun est un lieu-dit où la famille Morel exploite 2 ha de vignes d'environ soixante-dix ans. Le nez s'exprime dans un registre intense de fruits noirs confiturés, de groseille et de pivoine. La bouche affiche un profil souple et frais. Un bon classique. ⧗ 2018-2021

SERGE, QUENTIN ET GAËTAN MOREL, 986, rte du Layet-du-Bas, Oingt, 69620 Val-d'Oingt, tél. 04 74 71 84 61, d.prevelieres@live.fr r.-v.

DOM. J.P. RIVIÈRE Saint-Trys 2016

■ | 5000 | | 5 à 8 €

Sous la conduite de la famille Rivière, ce domaine a grandi progressivement pour atteindre 25 ha, dont 7 au Ch. de Saint-Trys, sur des terroirs argilo-calcaires. Installé à Lachassagne, en plein cœur des Pierres dorées, il exploite notamment trois crus: chiroubles, chénas et moulin-à-vent.

Un chardonnay très aromatique, ouvert sur des notes de poire et d'abricot. La bouche apparaît fine et élégante. On pourrait regretter un petit manque de puissance, mais la longueur est au rendez-vous. ⧗ 2018-2021

JEAN-PIERRE RIVIÈRE, 520, chem. des Grands-Taillis, 69480 Lachassagne, tél. 04 74 67 00 67, domainejpriviere@orange.fr r.-v.

DOM. DE ROCHE CATTIN
Les Vieilles Vignes de Roche Cattin 2016

■ | 4000 | | 5 à 8 €

Gabriel Devay a commercialisé en 1955 les premières bouteilles de ce domaine familial conduit depuis 1987 par Florence et Jean-Gabriel Devay. Leur vignoble couvre aujourd'hui 15,5 ha dans la partie sud du Beaujolais.

Les vieilles vignes en question sont âgées de soixante-cinq ans et plantées sur 40 ares de schistes. Une vinification semi-carbonique bien menée a donné naissance à une cuvée fraîche et croquante, charmeuse dès aujourd'hui, ouverte sur des notes d'épices douces et de fruits confits. ⧗ 2018-2021

FLORENCE ET JEAN-GABRIEL DEVAY, 10, chem. du Guéret, 69210 Bully, tél. 04 74 01 01 48, devay.jeangabriel@libertysurf.fr t.l.j. sf dim. 8h-12h30 13h30-19h; f. mi-août

DOM. DE LA ROCHE SAINT-MARTIN
Claire de rosé 2017 ★★

■ | 3000 | | - de 5 €

Jean-Jacques Béréziat, bien connu des lecteurs du Guide, a pris en 1979 les commandes de ce domaine situé au pied du mont Brouilly. Il dispose de 9 ha de vignes, dont une partie importante (6,3 ha) sur sables et alluvions nourrit ses vins de Brouilly.

D'un rose tendre et clair, cet élégant rosé livre des arômes non moins délicats de pivoine et de raisin frais. En bouche, il apparaît rond, séveux, dense, avec une belle fraîcheur en soutien, et offre un beau fruité, intense et mûr, et un retour floral. ⧗ 2018-2020

SCEA JEAN-JACQUES BÉRÉZIAT, 1079, rte de Briante, 69220 Saint-Lager, tél. 04 74 66 85 39, jjbereziat@wanadoo.fr r.-v.

♥ DOM. ROMY
Les Pierres dorées Vieilles Vignes 2017 ★★

■ | 9000 | | 8 à 11 €

Installé depuis 1976 et héritier d'une lignée vigneronne qui débute au XVIIIes, Dominique Romy a passé la main à son fils Nicolas, qui exploite aujourd'hui 30ha de vignes au pays des Pierres dorées, avec des pratiques à mi-chemin entre l'agriculture et le bio.

La vendange a été égrappée pour moitié et une vinification longue (vingt jours) a donné un vin d'un équilibre remarquable, au croquant irrésistible tant les tanins sont fondus. Si Nicolas Romy a su tirer parti avec brio de la maturité du millésime 2017, sa cuvée ne manque pour autant pas de fraîcheur, une petite pointe acidulée venant lui donner un caractère gouleyant en diable. ⧗ 2018-2021 ■ **Impérial Rosé 2017 ★★ (8 à 11 €; 12000 b.)** : une jolie robe aérienne habille ce rosé au nez délicat et doux, floral et légèrement poudré. Le palais se révèle large, dense et gras, étayé par une fine touche de vivacité, et déploie en finale des arômes charmeurs de noyau de cerise. Un vin complexe et racé. ⧗ 2018-2020

NICOLAS ROMY, 1090, rte de Saint-Pierre, 69480 Morancé, tél. 06 68 09 36 50, contact@domaineromy.fr

CAVE DE SAINT-JULIEN 2017 ★

■ | 1200 | 5 à 8 €

Créée en 1988, cette coopérative vinifie aujourd'hui près de 300 ha. Petite structure, comme il en existe de moins en moins, elle voit cependant augmenter les surfaces dont elle dispose. Une cave régulièrement en vue dans ces pages.

D'une très grande fraîcheur, sur des notes élégantes de citron et de fleurs blanches, ce beaujolais présente toutes les qualités du vin blanc à boire sous la tonnelle. La bouche est harmonieuse, alerte, légère, finement acidulée. ⌛ 2018-2021

CAVE COOPÉRATIVE DE SAINT-JULIEN, 45, rue du Cep, 69640 Saint-Julien, tél. 04 74 67 57 46, cave.stjulien@wanadoo.fr V r.-v.

DOM. SÈVE Tradition 2017 ★

■	4000		5 à 8 €

Installé en 1990 sur le domaine familial, Laurent Sève représente la quatrième génération. Son vignoble de 15 ha est implanté autour du Bois d'Oingt, sur les coteaux des Pierres dorées.

Un vin expressif et généreux qui séduira sans tarder les amateurs de beaujolais sur le fruit. Le nez exprime avec intensité des notes de cerise, de mûre et de framboise. La bouche est bien équilibrée, à la fois fraîche, souple et d'une belle rondeur. ⌛ 2018-2021

LAURENT SÈVE, av. du 8-Mai-1945, 69620 Le Bois-d'Oingt, tél. 06 89 86 34 91, laurent.seve69@orange.fr V r.-v.

DOM. DE LA SIMONDE 2017 ★

■	1200	- de 5 €

Installé en 2004, Bruno Monfray est à la tête d'un vignoble de 10 ha en appellation beaujolais. Jusqu'en 2013, la vendange était livrée à la cave coopérative. Il vinifie aujourd'hui les trois couleurs: blanc, rouge, rosé.

Des gamays cinquantenaires plantés sur 2 ha ont permis d'obtenir un beaujolais souple et ample, aux notes typées de petits fruits rouges (framboise, groseille) et doté de tanins qui séduisent par leur élégance et leur finesse. ⌛ 2018-2021

BRUNO MONFRAY, 905, chem. de la Simonde, 69620 Theizé, tél. 06 60 61 80 38, bmonfray@orange.fr V r.-v.

CH. TALANCÉ Le Signerin 2017 ★

□	3000		5 à 8 €

Benoit Proton de la Chapelle a pris en 2003 les commandes de ce château situé au sud du vignoble, où l'on produit du vin depuis 1580. Ses ancêtres, qui portaient la noble charge d'«officier du gobelet», ont pu faire goûter leurs vins à Louis XIV, au Régent et à Louis XV. Le domaine actuel couvre 50 ha, dont 17,5 ha de vignes.

Le millésime 2017 offre de nombreux beaujolais blanc très réussis. Celui-ci séduit par son équilibre entre fraîcheur et gras et par sa bonne persistance aromatique sur les fleurs blanches. ⌛ 2018-2021

BENOIT PROTON DE LA CHAPELLE, 277, rte de Talancé, 69640 Denicé, tél. 06 85 42 59 04, benoit.proton@gmail.com V r.-v.

LOUIS TÊTE Les Sableux 2017 ★

■	30000		5 à 8 €

Deux des plus grandes coopératives de la région, l'une à l'extrême sud du Beaujolais (Bully) et l'autre plus au nord (Quincié), dans la zone des beaujolais-villages et des crus, se sont unies en 2010, constituant Signé Vignerons: une entité forte de quelque 1 700 ha de vignes, qui vinifie plus de 10 % de la production de la région. Chaque cave continue néanmoins de vinifier séparément ses vins. Le négociant Louis Tête a rejoint le groupement en 2012. La structure de commercialisation, Agamy (anagramme de gamay) inclut même depuis 2015 les caves des Coteaux du Lyonnais et des Vignerons foréziens.

Une dizaine d'hectares de gamay sur un terroir sableux a donné naissance à ce beaujolais très intense, ouvert sur les fruits noirs, la fraise et la cerise, ample, concentré, soyeux et finement tannique en bouche. Un vin définitivement gourmand. ⌛ 2018-2022

AGAMY, La Martinière, 69210 Bully, tél. 04 37 55 50 10, contact@agamy.fr V *t.l.j. 9h-12h 15h-18h30*

BEAUJOLAIS-VILLAGES

Superficie : 4 780 ha
Production : 177 000 hl (99 % rouge et rosé)

Le beaujolais-villages provient de 38 communes situées au nord du vignoble, dans une zone comprise dans sa quasi-totalité entre la zone des beaujolais et celle des crus. Le mot «villages» a été adopté en 1950 pour remplacer la multiplicité des noms de communes qui pouvaient être ajoutés à l'appellation beaujolais sur l'étiquette aux fins de distinguer des productions considérées comme supérieures. Une écrasante majorité de producteurs a opté pour cette mention qui favorise la commercialisation, même si 30 communes – celles dont le nom ne correspond pas à celui d'un des crus – gardent le droit, pour éviter toute confusion, d'ajouter leur nom à celui de beaujolais. Les beaujolais-villages se rapprochent des crus et en ont les contraintes culturales (taille en gobelet ou en éventail, cordon simple ou double charmet, degré initial des moûts supérieur de 0,5 % vol. à celui des beaujolais). Originaires de sables granitiques, ils sont rouge vif, fruités, gouleyants: les têtes de cuvée des vins primeurs. Nés sur les terrains granitiques, plus en altitude, ils présentent une belle vivacité qui permet une consommation dans l'année, voire une petite garde. Entre ces deux extrêmes, toutes les nuances sont possibles, mais les vins allient toujours finesse, arômes et corps.

CH. DU BASTY 2017 ★

■	2240		8 à 11 €

Un domaine acquis par un ancêtre des actuels propriétaires, bourgeois de Beaujeu, en 1482. Il a pris son nom du château du Basty en 1550. En 1867, un aïeul obtint une médaille «pour ses vins vieux» à l'Exposition universelle de Paris.

D'un mauve intense et aguicheur, ce rosé dévoile un bouquet complexe de noyau de cerise, d'amande et, à l'aération, de curry. En bouche, une pointe végétale vient tonifier une matière dense et charnue. Du style et de l'équilibre. ⌛ 2018-2019

GILLES ET QUENTIN PERROUD, 4412, rte de Saint-Joseph, 69430 Lantignié, tél. 04 74 04 85 98, chateau.du.basty@wanadoo.fr

DOM. BÉROUJON 2017

■ | 3000 | 🍾 | - de 5 €

Quatre générations se sont succédé depuis 1900 sur ce domaine familial implanté dans l'aire du beaujolais-villages. Installé en 1996, David dispose de 11 ha de vignes dans cette appellation, ainsi qu'en brouilly. Il développe la vente directe.

Rose à reflets orangés, ce 2017 dévoile un nez capiteux de fleurs blanches. En bouche, il offre de la richesse, de la suavité, avec une pointe de fraîcheur bienvenue en finale. ⧗ 2018-2019

DAVID BÉROUJON, 88, Le Tang, 69460 Salles-Arbuissonnas, tél. 04 74 67 58 43, domaine.beroujon@orange.fr V r.-v.

♥ DOM. DU BREUIL 2017 ★★

■ | 6000 | 🍾 | 5 à 8 €

Des générations de métayers se sont succédé sur l'exploitation avant que Franck Large, d'abord vigneron sous ce même statut, ne devienne propriétaire du domaine. Établi à 100 m du superbe prieuré roman de Salles-Arbuissonnas, le domaine compte aujourd'hui 8 ha en beaujolais-villages, avec des parcelles en brouilly.

La vinification en grappes entières, les sols d'argile et de silice et bien sûr la générosité du millésime 2017 font des étincelles sous la baguette de Franck Large. Les arômes se proposent avec beaucoup de subtilité au nez, autour du cassis et de la myrtille. Des tanins fermes mais sans dureté se déploient dans une bouche à la fois ample, riche et tendre. ⧗ 2019-2023

FRANCK LARGE, 197, rue du Breuil, 69460 Salles-Arbuissonnas, tél. 06 82 14 18 91, francklarge@domainedubreuil.fr V r.-v.

DOM. BURNICHON Harmony 2016

■ | 4000 | 🍾 | 5 à 8 €

Représentant la troisième génération, Daniel et Marie-Claude Burnichon exploitent ce vignoble familial depuis 1976. Des vignes d'un âge respectable (cinquante ans), cultivées sur 2 ha de sols granitiques.

Coup de cœur dans la dernière édition du Guide avec le millésime 2015, cette cuvée - vinifiée en grappes entières pendant huit jours puis élevée en cuve - porte une nouvelle fois bien nom. C'est son harmonie donc qui emporte l'adhésion du jury, autour d'arômes discrets mais plaisants de fruits et d'une bouche souple et légère. ⧗ 2018-2021

MARIE-CLAUDE ET DANIEL BURNICHON, 914, rte de Varennes, 69430 Quincié-en-Beaujolais, tél. 06 87 34 67 88, daniel.burnichon@orange.fr V r.-v.

CLOCHEMERLE 2017 ★★

■ | 90000 | 🍾 | 5 à 8 €

Issu d'une longue lignée de vignerons, Christophe Coquard a vinifié sur trois continents et travaillé pour plusieurs négociants du Beaujolais, avant de lancer en 2005 sa propre structure adossée au domaine familial situé dans le pays des Pierres dorées.

Ce vin fait honneur à la réputation de ce village touristique qu'est Vaux-en-Beaujolais, décrit sous le nom de Clochemerle par le romancier Gabriel Chevallier. Au nez, il se présente avec beaucoup d'intensité autour de notes de cassis notamment. Une générosité fruitée qui se confirme dans une bouche riche et ample, aux tanins fondus et veloutés. ⧗ 2018-2021

CLOCHEMERLE, 86, rue Manon-Rolland, Le Boîtier, 69620 Theizé, tél. 04 74 71 11 59, contact@maison-coquard.com V r.-v.
Christophe Coquard

DOM. DE LA COMMANDERIE Fût de chêne 2016

■ | 860 | 🛢 | 8 à 11 €

Une petite exploitation familiale (1,7 ha) nichée en plein cœur du Beaujolais. Les vignes, plantées en coteaux et sur sol granitique, profitent d'un ensoleillement au sud, à quelques encablures du Mont Brouilly. Marc Peria y est installé depuis 2015.

Cette cuvée a connu le fût de chêne pendant neuf mois. Cela se ressent au nez, où dominent des notes de boisé épicé. Au palais, les tanins font preuve de puissance mais aussi d'une certaine finesse, avec toujours ce boisé dominant et qui demande à se fondre. ⧗ 2020-2023

PERIA, 679, montée du Perrin, La Commanderie, 69460 Le Perréon, tél. 06 08 51 89 36, domaine.lacommanderie@gmail.com V r.-v.

DOM. COTEAUX DES OLIVIERS 2016

■ | 4000 | 🍾 | 5 à 8 €

Patrick Dufour est à la tête depuis 1988 de cette exploitation de 15 ha située à 3 km de Beaujeu, capitale historique du Beaujolais. Le vigneron effectue lui-même toutes les opérations culturales « dans le strict respect de la tradition » et produit du morgon, du côte-de-brouilly et du beaujolais-villages sur des vignobles majoritairement en coteaux.

Un vin gouleyant, facile à boire et flatteur, dans la droite ligne des cuvées de beaujolais-villages bien nées et bien fruitées. Rien que du traditionnel dans son élaboration: vinification en grappes entières et élevage en cuve pendant six mois. ⧗ 2018-2021

PATRICK DUFOUR, 374, chem. des Oliviers, 69430 Quincié-en-Beaujolais, tél. 04 74 04 37 78, coteauxdesoliviers@free.fr V r.-v.

DOM. DE CROIFOLIE Rosé Labise 2017 ★

■ | 5000 | 🍾 | 5 à 8 €

Gérard Crozet a pris en 1994 la suite des deux générations précédentes à la tête de l'exploitation familiale, implantée à Salles-Arbuissonnas. Le vignoble couvre 8 ha dans l'aire des beaujolais-villages.

D'un rose très pâle aux reflets cuivrés, ce beaujolais-villages s'ouvre sur un bouquet discret de fleurs blanches et de fruits rouges. En bouche, il apparaît riche, gras, rond, mais avec une bonne vivacité en soutien. Harmonieux. ⧗ 2018-2019

EARL GÉRARD CROZET, 32, chem. de la Météorite, 69460 Salles-Arbuissonnas, tél. 04 74 67 58 30, gecrozet@wanadoo.fr V r.-v.

GEORGES ET CYRIL DESPRÉS
Cuvée Joseph Vieilles Vignes 2016 ★

■ | 4000 | | 5 à 8 €

Vignerons de père en fils depuis 1868 et cinq générations, la famille Després (aujourd'hui Georges et son fils Cyril) dispose d'un vignoble de 15 ha plantés de vignes âgées de quatre à cent ans et réparties sur cinq communes. L'AOC beaujolais-villages représente 13 ha à elle seule.

La cuvée Joseph rend hommage au père de Georges Després, qui a œuvré de 1940 à 1980. Le nez propose des nuances de cassis et de groseille. En bouche, on découvre un vin harmonieux, campé sur de solides tanins et se concluant par une finale aux notes de caramel. ⧗ 2019-2021

EARL GEORGES DESPRÉS, Le Vernay, 69460 Saint-Étienne-des-Oullières, tél. 04 74 03 48 98, georges.despres@wanadoo.fr V ⚲ ■ *r.-v.*

DOM. DONZEL 2016 ★

■ | 2000 | 🍾 | 5 à 8 €

Léon Donzel cultivait la vigne. Maurice, salarié viticole, acquiert les premières parcelles; le domaine est fondé en 1946; Maurice débute la vente directe et étend le domaine (10 ha aujourd'hui). Vincent s'est installé en 2004 avec une seule idée en tête: réduire au maximum les intrants, aussi bien à la vigne que dans les caves.

Un chardonnay vinifié et élevé en cuve qui a conservé beaucoup d'élégance aromatique à travers de fines notes florales (aubépine) et de discrètes nuances miellées. La bouche se révèle riche et ample, bien équilibrée par une ligne de fraîcheur. ⧗ 2018-2022

VINCENT DONZEL, Fond-Long, 69910 Villié-Morgon, tél. 06 15 11 70 23, vincent.donzel@orange.fr V ■ *r.-v.*

GEORGES DUBŒUF 2017

■ | 15661 | 🛢 | 5 à 8 €

Rejoint par Franck, Georges Dubœuf est toujours à la tête de l'affaire de négoce-éleveur qu'il a créée en 1964 et qui a largement contribué à la notoriété du Beaujolais. La société travaille avec de nombreux vignerons et coopératives et réalise 75 % de son chiffre d'affaires à l'international. Georges Dubœuf est aussi pionnier en matière d'œnotourisme avec son œnoparc (Hameau Georges Dubœuf) aménagé en 1993 dans l'ancienne gare de Romanèche-Thorins.

La maison continue de porter les couleurs du Beaujolais en proposant une cuvée aux arômes gourmands élégants de framboise et de fraise. Un caractère flatteur et tendre qui se confirme en bouche, même si les tanins sont encore un peu fermes en finale. ⧗ 2019-2021

LES VINS GEORGES DUBŒUF, 208, rue de Lancié, 71570 Romanèche-Thorins, tél. 03 85 35 34 20, gduboeuf@duboeuf.com V ⚲ ■ *t.l.j. 10h-18h; f. janv.*

DOM. LE FAGOLET Pur Jus de granit 2017 ★

■ | 1200 | 🍾 | 5 à 8 €

Paul Girard mène ce domaine de près de 15 ha présent sur les trois couleurs de l'appellation beaujolais-villages. La nouvelle génération s'apprête à prendre le relais.

«Du raisin et rien d'autre», annonce Paul Girard pour cette cuvée sans soufre ajouté et non filtrée. Les petits fruits rouges s'expriment en effet avec intensité au nez. Un fruité que l'on retrouve dans une bouche dense, chaleureuse et puissante, avec une petite pointe de sévérité et de bons amers en finale. ⧗ 2019-2022

PAUL GIRARD, lieu-dit Le Fagolet, 69460 Vaux-en-Beaujolais, tél. 04 74 03 28 37, contact@le-fagolet.com V ⚲ ■ *t.l.j. sf sam. dim. 9h-12h 13h30-19h*

DOM. FORÉTAL 2017 ★

■ | 6000 | 🍾 | 5 à 8 €

Installé en 1998, Jean-Yves Perraud, issu d'une lignée enracinée à Vauxrenard depuis le XVII^e^s., a auparavant exploré le vaste monde viticole et fait ses gammes en Alsace et aux États-Unis. Il a agrandi le domaine (9 ha) et développé l'accueil (du gîte d'étape à la chambre d'hôtes).

La capacité du gamay à développer un agréable mélange d'épices et de fruits noirs est ici bien mise en évidence. Rondeur, souplesse et bonne longueur en bouche en font un vin déjà très agréable à déguster aujourd'hui, mais qui pourra aussi être attendu. ⧗ 2018-2023

JEAN-YVES PERRAUD, Forétal, 69820 Vauxrenard, tél. 04 74 69 97 48, jyperraud@wanadoo.fr V ⚲ ■ *t.l.j. 9h-12h30 13h30-19h* ② ⑧

DOM. DES FOURNELLES Passion 2017 ★

■ | 2200 | 🍾 | 5 à 8 €

En 2015, Guillaume Dumontet a repris 5,5 ha des 10,4 cultivés par ses beaux-parents, Bernadette et Alain Bernillon. Implanté sur le versant sud-est du mont Brouilly, le vignoble entoure une maison typiquement beaujolaise datant de 1860, construite en pierres bleues du mont Brouilly.

Première cuvée de rosé pour le domaine et une belle réussite, avec un vin cristallin, élégant, ouvert sans réserve sur la cerise, vivant en bouche, avec une pointe d'amertume qui amène de la longueur et de la fraîcheur et avec aussi une belle matière. De la personnalité. ⧗ 2018-2020

GUILLAUME DUMONTET, 137, montée de Godefroy, 69220 Saint-Lager, tél. 06 71 01 11 66, domainedesfournelles@outlook.fr V ⚲ ■ *r.-v.*

DOM. DE LA GARENNE 2017 ★

■ | 5300 | 🍾 | 5 à 8 €

Marc Goguet s'est installé en 1971 au sud-est du mont Brouilly, créant un domaine qui atteint aujourd'hui les 15 ha et dont la gestion est à présent assurée par sa fille Isabelle.

Le chardonnay apprécie les sols argilo-calcaires, comme en Bourgogne, un type de géologie présent dans certains secteurs du Beaujolais. C'est le cas pour cette cuvée aux notes de pêche, d'abricot et de beurre, ample, riche et ronde en bouche, avec une juste acidité en soutien. ⧗ 2018-2022

EARL MARC GOGUET, La Garenne, 69220 Charentay, tél. 04 74 03 48 32, contact@domaine-goguet.com V ⚲ ■ *r.-v.* Ⓔ

DOM. DE LA GRANGE-MÉNARD
Coteaux des Pierres rouges 2017

■ | 10000 | ▮ | 5 à 8 €

Succédant à deux générations de vignerons, Guy et Évelyne Pignard débutent en 1983 avec 2 ha de vignes. Ils en exploitent aujourd'hui 27, après avoir pris la suite des parents de Guy sur leurs deux domaines: la Grange-Ménard, près de Villefranche-sur-Saône, qui fournit des appellations régionales; et le domaine de Tempéré, à Chiroubles. Ce dernier vit naître l'ampélographe Victor Pulliat, qui y mena des recherches contre le phylloxéra.

Les arènes granitiques (décomposition de la pierre), de couleur rouge, ont inspiré le nom de cette cuvée. Un vin qui se présente avec subtilité autour d'une palette aromatique épicée et fruitée, fluide et fraîche en bouche. ⧗ 2019-2021

⊶ ÉVELYNE ET GUY PIGNARD, 404, chem. de la Grange-Ménard, 69400 Arnas, tél. 04 74 62 87 60, pignard.guy@orange.fr V r.-v.

♥ DOM. DES HAYES Vieilles Vignes 2016 ★★

■ | 12000 | ▮ | 5 à 8 €

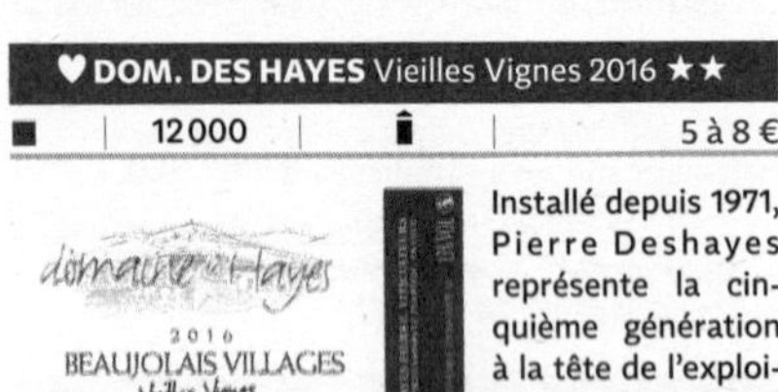

Installé depuis 1971, Pierre Deshayes représente la cinquième génération à la tête de l'exploitation créée par son arrière-grand-père en 1920. La cave de vinification a été rénovée en 2004 et le vignoble compte aujourd'hui 18 ha.

Intense, élégant et puissant à la fois, ce *villages* fait l'unanimité dès les premières notes aromatiques perceptibles; des notes de fruits rouges bien typées du gamay. En bouche, des tanins présents mais fondus témoignent d'une belle concentration et d'un potentiel de garde certain. ⧗ 2019-2023

⊶ EARL PIERRE DESHAYES, Les Grandes-Vignes, 326, rte du Treue, 69460 Le Perréon, tél. 06 71 20 71 34, domainedeshayes@wanadoo.fr V r.-v.

JÉRÔME LACONDEMINE Rouge-gorge 2016

■ | 5000 | ▮ | 5 à 8 €

Jérôme Lacondemine a repris en 2016 le domaine de son oncle, qui lui-même le tenait de son père. Toutes ses vignes (5 ha aujourd'hui) sont travaillées à la main, sans tracteur, et les vins vinifiés le plus naturellement possible, sans sulfites ni levurage.

Au nez, ce vin évoque la griotte à l'alcool, les épices et quelques arômes végétaux. D'une structure légère mais aussi ronde et très chaleureuse, la bouche est plutôt gourmande. ⧗ 2018-2021

⊶ JÉRÔME LACONDEMINE, 27, rue des Echarmeaux, 69430 Beaujeu, tél. 06 88 69 27 36, jerome.lacondemine@orange.fr V r.-v.

CAVE DU CH. DES LOGES Prestige 2017

■ | 60000 | ▮ | 5 à 8 €

Née en 1958, cette petite coopérative, qui regroupe 150 viticulteurs exploitant 450 ha de vignes, est une valeur sûre du Guide. Elle a acheté dès ses débuts le Ch. des Loges, une belle propriété du XVIII^e^s. dans le parc de laquelle elle a construit ses chais.

Une cuvée qui compte dans la production de la Cave puisqu'elle représente 360 ha de vignes. La maturité du millésime 2017 est perceptible au nez à travers des notes de fruits noirs (myrtille) et rouges bien mûrs. La bouche est construite sur une matière ronde, malgré une pointe de fermeté en finale. ⧗ 2018-2021

⊶ CAVE DU CH. DES LOGES, 69460 Le Pérreon, tél. 04 74 03 22 83, caveduperreon@wanadoo.fr V *t.l.j. 8h-12h 13h30-17h30*

♥ JULIEN ET CHLOÉ MATHON-GOBIRA
Manganèse 2017 ★★★

■ | 4800 | ▮ | 5 à 8 €

Six générations se sont succédé sur cette exploitation créée en 1873 à Saint-Julien, au nord-ouest de Villefranche-sur-Saône, et conduite depuis 2013 par Julien et Chloé Mathon-Gobira. Le vignoble s'étend sur 6 ha en beaujolais et en beaujolais-villages.

Une veine de manganèse traverse la parcelle de 70 ares et donne son nom à cette cuvée qui restera très certainement en mémoire de ceux qui auront la chance de croiser le chemin de l'une des 4 800 bouteilles produites. Le nez, d'une grande délicatesse et d'une belle complexité, évoque des notes profondes de fruits confits et d'épices. La bouche se révèle puissante, riche, ample, dotée de tanins fins et d'une longue finale sur le fruit. Un *villages* déjà délicieux, et qui vieillira bien. ⧗ 2019-2024

⊶ JULIEN MATHON, 87, chem. de la Roche, 69640 Saint-Julien, tél. 06 65 32 56 93, pourjulien@orange.fr V r.-v.

DOM. MONTERNOT
Les Jumeaux Fruit et terroir 2017

■ | 22000 | ▮ | 5 à 8 €

Les frères jumeaux Jacky et Bernard Monternot sont depuis 1979 à la tête de cette propriété familiale de 12 ha, dont les origines remontent à 1854. Ils représentent la quatrième génération.

L'objectif des frères Monternot pour cette cuvée est clairement exposé: « mettre en avant le fruité du gamay dans un parfait équilibre et représenter la terre où elle est née ». Objectif atteint avec une touche de fruits confits au nez et une bouche flatteuse, ronde, elle aussi fruitée, bâtie sur des tanins fondus. ⧗ 2018-2021

⊶ GAEC J. ET B. MONTERNOT, Les Places, 69460 Blacé, tél. 04 74 67 56 48, domainemonternot@orange.fr V r.-v.

DOMINIQUE MOREL
Expression fruitée 2017

■ | 4000 | 5 à 8 €

En 1900, M. Besson, l'arrière-grand-père, s'établit à Émeringes. Cet inventeur du premier filtre-presse cultivait 2 ha auxquels il adjoignit une distillerie et

une tonnellerie. Installés en 1991, Dominique Morel, œnologue, et son épouse Christine exploitent aujourd'hui 18 ha, avec des parcelles dans six crus, complétés par une activité de négoce.

Vinifiée en grappes entières, cette cuvée s'ouvre sur un joli bouquet de fruits rouges. Assez riche en alcool, la bouche reste toutefois facile d'accès, confirmant sa belle générosité perçue dès la première approche aromatique. ⧗ 2018-2021

⊶ SAS DOMINIQUE MOREL, Les Chavannes, 69840 Émeringes, tél. 04 74 04 45 35, gry-sablon@orange.fr V ⚲ ▪ *r.-v.*

ALEXANDRA ET YVAN MORION M 2016

■ | 4000 | 11 à 15 €

Ce domaine est établi sur la commune de Quincié-en-Beaujolais. Installés en 1994, Yvan et Alexandra Morion y exploitent 20 ha (en régnié, morgon, côte-de-brouilly et beaujolais-villages) après un regroupement de vignobles familiaux.

M comme Morion, mais aussi comme vendangé à la main ou encore comme maturité. Des raisins issus de vignes de soixante-dix ans et vinifiés en macération carbonique ont libéré une belle intensité aromatique autour des fruits rouges et noirs et des épices, et conféré un caractère souple et gouleyant au palais. ⧗ 2018-2021

⊶ YVAN MORION, 1175, rte du Grand Saint-Cyr, 69430 Quincié-en-Beaujolais, tél. 06 07 19 45 22, yvan.morion@orange.fr V ⚲ ▪ *r.-v.*

CH. DE POUGELON 2017 ★

■ | 18500 | 5 à 8 €

Le château de Pougelon est situé à Quincié-en-Beaujolais, sur le terroir des beaujolais-villages, à l'ouest du mont Brouilly.

Un vin en provenance de parcelles granitiques sur sol sablonneux, qui se distingue par sa puissance aromatique dominée par les fruits noirs (le cassis notamment) et par sa bouche charnue et vineuse, avec de bons tanins serrés en soutien. Une belle évolution en perspective. ⧗ 2019-2023

⊶ VINS DESCOMBE, 462, rue du Beaujolais, 69460 Saint-Étienne-des-Oullières, tél. 04 74 03 41 73, info@vins-descombe.com V ⚲ ▪ *t.l.j. sf sam. dim. 8h30-12h 14h-17h; f. août*

LES VIGNERONS DU PRIEURÉ Fleur de cuvée 2017

■ | 45000 | ▮ | 5 à 8 €

La Cave des Grands Vins de Juliénas-Chaintré résulte de l'union, en 2013, des coopératives de Juliénas (Beaujolais) et de Chaintré (Mâconnais), fondées respectivement en 1960 et en 1928, et situées à 6 km l'une de l'autre. La nouvelle entité compte 290 ha de vignes, chaque cave gardant sa structure de vinification et son identité propres. Le siège social de la cave est établi au château du Bois de la Salle, un ancien prieuré du XVIᵉs.

La macération semi-carbonique, traditionnelle dans le Beaujolais, souligne bien souvent le caractère fruité du gamay. Ici, les notes de fruits rouges et noirs confits sont effectivement au rendez-vous. La bouche, puissante et riche, confirme cette générosité. ⧗ 2019-2022

⊶ CAVE GRANDS VINS JULIÉNAS-CHAINTRÉ, Ch. du Bois de la Salle, 69840 Juliénas, tél. 04 74 04 41 66, contact@julienaschaintre.fr V ⚲ ▪ *t.l.j. 9h-12h 14h-18h; f. 3 premiers w-e de janv.*

CH. DE RAOUSSET Cuvée Marquise de Robien 2017 ★

■ | 5000 | ▮ | 5 à 8 €

Les origines de ce domaine, dans la même famille depuis 1930, remontent à 1761. Le domaine actuel a été constitué par Gaston de Raousset qui réunit des parcelles en chiroubles, morgon et fleurie – 35 ha de vignes. La propriété, aujourd'hui aux mains de quatre de ses héritiers, est dirigée par Axel Joubert.

Un vin d'une bonne vivacité qui libère des arômes de fruits frais et de lys. La bouche, elle aussi agréablement fruitée, est légère et délicatement acidulée. ⧗ 2018-2021

⊶ CH. DE RAOUSSET, 21, rte de Verchère, Les Prés, 69115 Chiroubles, tél. 04 74 69 17 28, info@chateauderaousset.com V ⚲ ▪ *t.l.j. 8h-12h 14h-18h; sam. dim. sur r.-v.*

DOM. DE SAINT-ENNEMOND 2016

■ | 14000 | ▮ | 5 à 8 €

Reprise en 1977 par Christian Béréziat, cette ancienne propriété viticole tire son nom de la chapelle du XIIᵉs. située à 50 m des bâtiments d'exploitation, qui datent, eux, du XIXᵉs. Le vignoble couvre 7 ha.

Un beaujolais-villages élaboré en fermentation semi-carbonique et élevé en cuve. Une approche traditionnelle dans cette appellation qui donne un gamay expressif, aux notes de bonbon anglais et de fruits rouges, souple et équilibré en bouche. ⧗ 2018-2021

⊶ CHRISTIAN BÉRÉZIAT, Lieu-dit Saint-Ennemond, 69220 Cercié, tél. 04 74 69 67 17, saint-ennemond@orange.fr V ⚲ ▪ *r.-v.* ⌂ ③

CAVE DE SAINT-JULIEN 2017 ★

■ | 2000 | 5 à 8 €

Créée en 1988, cette coopérative vinifie aujourd'hui près de 300 ha. Petite structure, comme il en existe de moins en moins, elle voit cependant augmenter les surfaces dont elle dispose. Une cave régulièrement en vue dans ces pages.

D'une belle concentration aromatique au nez, sur des arômes de fruits noirs confits, ce vin développe aussi une belle structure en bouche autour de tanins soyeux. Les notes de fruits sont persistantes en finale. ⧗ 2018-2022

⊶ CAVE COOPÉRATIVE DE SAINT-JULIEN, 45, rue du Cep, 69640 Saint-Julien, tél. 04 74 67 57 46, cave.stjulien@wanadoo.fr V ⚲ ▪ *r.-v.*

LOUIS TÊTE 2017 ★

■ | 50000 | ▮ | 5 à 8 €

Deux des plus grandes coopératives de la région, l'une à l'extrême sud du Beaujolais (Bully) et l'autre plus au nord (Quincié), dans la zone des beaujolais-villages et des crus, se sont unies en 2010, constituant Signé Vignerons: une entité forte de quelque 1 700 ha de vignes, qui vinifie plus de 10 % de la production de la région. Chaque cave continue néanmoins de

vinifier séparément ses vins. Le négociant Louis Tête a rejoint le groupement en 2012. La structure de commercialisation, Agamy (anagramme de gamay) inclut même depuis 2015 les caves des Coteaux du Lyonnais et des Vignerons foréziens.

Des gamays de quarante-cinq ans plantés sur sols granitiques, vinifiés dans la tradition beaujolaise, ont donné un joli vin rond et friand, ouvert sans réserve sur les petits fruits rouges au nez et à la bouche. Une vraie gourmandise. ⧗ 2018-2021 ■ **Signé Vignerons 2017 (5 à 8 €; 50000 b.)** : vin cité.

AGAMY, La Martinière, 69210 Bully, tél. 04 37 55 50 10, contact@agamy.fr V t.l.j. 9h-12h 15h-18h30

CH. DE VAUX Les Verseaux 2017 ★

■ | 6000 | | 5 à 8 €

La famille de Vermont exploite depuis 1834 et cinq générations (Yannick depuis 2015) ce domaine dont le caveau et la cave datent du XIIes. Le vignoble couvre aujourd'hui une surface de 14 ha.

Les Verseaux est un lieu-dit de l'appellation où le château exploite un peu moins d'un hectare. Les raisins ont été égrappés avant de fermenter pendant douze à dix-huit jours. Cela donne un vin d'une belle expression aromatique, sur les fruits rouges et la myrtille, et d'une agréable suavité en bouche, souple et tendre malgré une petite sévérité en finale. ⧗ 2018-2021

YANNICK DE VERMONT, rue Gaspard-Braillon, 69460 Vaux-en-Beaujolais, tél. 06 08 83 33 71, devermontyannick@orange.fr V r.-v.

▸ BROUILLY ET CÔTE-DE-BROUILLY

Superficie : 1 597 ha / Production : 71 188 hl

Deux appellations placées sous la protection de la colline de Brouilly où s'élève une chapelle construite sous le Second Empire et dédiée à la Vierge pour implorer sa protection des vignes contre l'oïdium. Le vignoble de l'AOC côte-de-brouilly, installé sur les pentes du mont, repose sur des granites et des schistes très durs, vert-bleu, dénommés «cornes-vertes» ou diorites. Cette montagne serait un reliquat de l'activité volcanique du primaire, à défaut d'être, selon la légende, le résultat du déchargement de la hotte d'un géant ayant creusé la Saône... La production est répartie sur quatre communes: Odenas, Saint-Lager, Cercié et Quincié. L'appellation brouilly, elle, ceinture la montagne en position de piémont. Elle s'étend sur les communes déjà citées et déborde sur Saint-Étienne-la-Varenne et Charentay; sur la commune de Cercié se trouve le terroir bien connu de la Pisse-Vieille.

BROUILLY

Superficie : 1 256 ha / Production : 56 000 hl

JEAN BARONNAT 2016 ★★

■ | n.c. | 8 à 11 €

Fondée en 1920 par Jean Baronnat, c'est l'une des dernières affaires familiales encore indépendantes du Beaujolais. Elle est dirigée depuis 1985 par Jean-Jacques Baronnat, petit-fils du fondateur. La maison, bien implantée dans le Beaujolais, mais aussi en Bourgogne, a étendu sa gamme de vins au sud de la France. Une habituée du Guide.

Expressif, flatteur et riche, le nez ne peut laisser indifférent, toute la magie d'un gamay à belle maturité est là. La bouche offre beaucoup de souplesse et sa rondeur s'exprime dès l'attaque. La finale, longue, ne manque pas non plus de classe. Un vin complet. ⧗ 2019-2023

JEAN BARONNAT, 491, rte de Lacenas, 69400 Gleizé, tél. 04 74 68 59 20, info@baronnat.com V r.-v.

DOM. DE BERGIRON 2017 ★

■ | 3000 | | 8 à 11 €

Jean-Luc Laplace produit essentiellement du côte-de-brouilly et du brouilly sur son domaine de 11 ha. Les deux cuvées, régulièrement présentes dans ces pages, naissent sur un terroir assez similaire, caillouteux, plus argileux pour le premier, davantage sableux et limoneux pour le second.

Le nez offre de belles nuances de fruits rouges et noirs. En bouche, on découvre un brouilly corsé et généreux, qu'il faudra attendre quelques années pour être dégusté à son meilleur niveau, les tanins étant pour l'heure encore un peu marqués. ⧗ 2021-2023

JEAN-LUC LAPLACE, 85, rte de Pizay, 69220 Saint-Lager, tél. 04 74 66 88 42, jl.laplace@wanadoo.fr V r.-v.

♥ **DOM. BÉROUJON** 2016 ★★

■ | 3600 | | 5 à 8 €

Quatre générations se sont succédé depuis 1900 sur ce domaine familial implanté dans l'aire du beaujolais-villages. Installé en 1996, David dispose de 11 ha de vignes dans cette appellation, ainsi qu'en brouilly. Il développe la vente directe.

Une cuvée issue d'un peu plus d'un hectare planté de vignes de soixante ans. Les températures ont été maîtrisées pendant la fermentation pour préserver le fruit et la rondeur. L'objectif est largement atteint avec ce brouilly au nez franc, net et profond de fruits rouges. Très fruitée elle aussi et soutenue par des tanins veloutés et fondus, la bouche conjugue volume, élégance, rondeur et longueur. ⧗ 2019-2023

DAVID BÉROUJON, 88, Le Tang, 69460 Salles-Arbuissonnas, tél. 04 74 67 58 43, domaine.beroujon@orange.fr V r.-v.

DOM. NICOLAS BOUDEAU
La Grume Grain de sable 2016 ★

■ | 10000 | | 8 à 11 €

Nicolas Boudeau a repris en 2006, au sud du mont Brouilly, une exploitation de 6,5 ha qui lui permet un travail artisanal. Il produit deux cuvées de brouilly et du beaujolais-villages.

Un «grain de sable», référence aux caractéristiques du sol, comme on aimerait en rencontrer plus souvent...

Bien typé gamay au nez avec ses arômes de petits fruits rouges, ce brouilly présente une bouche élégante, soutenue par des tanins souples et ronds. ⧗ 2018-2021 ■ **La Grume Grain d'expression 2016 ★ (8 à 11 €; 1800 b.)** : une cuvée égrappée à 50 % pour effectuer une vinification à la bourguignonne. Le terroir est mis en valeur par ce vin au profil souple, frais, bien équilibré. ⧗ 2018-2021

NICOLAS BOUDEAU, 375, rte des Jacquets, 69460 Odenas, tél. 04 74 03 13 85, nicolas-boudeau@orange.fr r.-v.

CH. DE LA CHAIZE
Les Amants magnifiques 2016 ★

■	6000		15 à 20 €

Ce château Grand Siècle, construit en 1674 selon les plans de Jules Hardouin-Mansart, est pourvu de jardins dessinés par André Le Nôtre. Le vignoble est l'un des plus vastes du Beaujolais: il compte 99 ha d'un seul tenant. Il a été racheté en 2017 par la famille Gruy. De nombreux projets sont en cours de réalisation, dont le passage en bio.

Une cuvée élevée longuement, douze mois à 30 % en fût après une vinification à la beaujolaise. Le nez fait preuve d'une belle expression autour de tonalités florales et cacaotées. La bouche est charnue et bien structurée, avec une finale plus stricte. ⧗ 2020-2023

DOM. DU CH. DE LA CHAIZE, La Chaize, 69460 Odenas, tél. 04 74 03 41 05, chateaudelachaize@wanadoo.fr r.-v.

CAVE DU CHÂTEAU DES LOGES
Prestige 2017 ★★

■	256400		5 à 8 €

Née en 1958, cette petite coopérative, qui regroupe 150 viticulteurs exploitant 450 ha de vignes, est une valeur sûre du Guide. Elle a acheté dès ses débuts le Ch. des Loges, une belle propriété du XVIII[e]s. dans le parc de laquelle elle a construit ses chais.

Un vin intense marqué par une belle présence tannique qui en fait l'un des meilleurs ambassadeurs de son terroir dans ce millésime 2017. Le nez est fin et fruité, mais c'est surtout sa bouche puissante, fraîche et bien équilibrée qui emporte l'adhésion du jury. ⧗ 2021-2023

CAVE DU CH. DES LOGES, 69460 Le Pérreon, tél. 04 74 03 22 83, caveduperreon@wanadoo.fr t.l.j. 8h-12h 13h30-17h30

DOM. F. CHAVY Cuvée Julmary 2017

■	9000		8 à 11 €

Fils et petit-fils de vignerons, Franck Chavy s'est installé en 1991 sur quelques hectares de morgon. Par le biais de rachats et de métayages, il a agrandi son domaine, lequel compte aujourd'hui 9,5 ha, tout en prenant ses marques dans le Guide, dont il est une valeur sûre. Un palmarès auquel contribuent sans doute des vignes plantées à haute densité (10 000 pieds/ha) et des macérations longues.

Le travail de la vigne, notamment la maîtrise des rendements, est l'un des leitmotivs de Franck Chavy. On ne sera donc pas surpris de constater que son vin est dense et profond, avec toutefois des tanins encore anguleux aujourd'hui, qui demandent à s'affiner. ⧗ 2021-2023

FRANCK CHAVY, Lachat, 69430 Régnié-Durette, tél. 06 07 16 18 85, franck.vinchavy@wanadoo.fr r.-v.

DOM. CHEVALIER-MÉTRAT 2016 ★

■	14000		5 à 8 €

Exploité en métayage à partir de 1956 par Michel Chevalier, ce domaine a été acquis en 1987 par sa fille Marie-Noëlle et son époux Sylvain Métrat. Leurs 12 ha de vignes couvrent le versant sud de la colline de Brouilly.

Quatre hectares de gamay vinifiés en vendanges entières ont donné naissance à cette cuvée bien équilibrée, aux tanins d'une agréable finesse, dominée au nez comme en bouche par des notes de petits fruits rouges et de poivre. ⧗ 2019-2023

SYLVAIN MÉTRAT, 374, chem. du Roux, 69460 Odenas, tél. 06 07 99 23 50, domainechevaliermetrat@wanadoo.fr r.-v.

CLOS DE PONCHON Pisse-Vieille 2016

■	13500	8 à 11 €

Florent Dufour s'est installé en 1998 sur le domaine familial qu'il n'a eu de cesse d'agrandir. Il dispose aujourd'hui d'une coquette exploitation de 18 ha avec plusieurs crus à sa carte (chiroubles, morgon, brouilly, moulin-à-vent).

Le nez se présente dans la discrétion, mais avec une certaine complexité: fruits rouges à maturité, épices (poivre en particulier). La bouche apparaît charnue et souple, stimulée par une finale plus acidulée. ⧗ 2018-2021

DOM. DUFOUR PÈRE ET FILS, Ponchon, 69430 Régnié-Durette, tél. 04 74 04 35 46, florent-dufour@wanadoo.fr r.-v.

♥ DOM. DES CORINDONS
Cuvée Olumpias 2017 ★★

■	1800		5 à 8 €

Un jeune domaine, constitué en 2012 par Vincent Denis et son fils Aurélien, qui ont acheté plusieurs parcelles (3,5 ha) sur la commune de Saint-Lager, à l'est du mont Brouilly. Celui-ci en confie l'exploitation au Dom. Jambon Père et Fils, implanté dans le même village.

Une cuvée pour fêter l'obtention des Jeux olympiques de 2024 à Paris. Si la vinification était une épreuve sportive, Vincent Denis obtiendrait une médaille d'or. Ce vin puissant et long développe de très belles notes de fruits noirs (mûre) et des tanins soyeux, fins, donnant beaucoup de velouté en bouche. ⧗ 2019-2023

GFR DVA, Le Ripan, 2, chem. de la Carrière, 69690 Bessenay, tél. 06 66 55 79 30, vincent.denis@gmail.com *Vincent Denis*

CÔTES DE NERVERS 2017 ★

■ | 5500 | 🍾 | | 11 à 15 €

Hervé Dupond et son frère Philippe, issus d'une famille installée dans la région depuis 1860, conduisent un domaine installé au nord du Beaujolais, sur des pentes très raides et orientées au sud. Ils ont également fondé une maison de négoce établie à Cercié-en-Beaujolais, qui propose une large gamme de crus de la région.

La maison ne s'écarte pas de la traditionnelle vinification en vendanges entières pour ce brouilly en provenance d'une parcelle de 1,5 ha. Un vin d'une belle intensité aromatique sur une dominante de cassis. La bouche se déploie également avec générosité autour des fruits et de tanins fins. ⧗ 2019-2023

PHILIPPE DUPOND, La Garenne, 69220 Charentay, tél. 04 74 66 77 80, contact@boischampt.fr

JEAN-GUILLAUME PASSOT Pisse-Vieille 2016

■ | 1500 | 🍾 | | 8 à 11 €

Héritier de nombreuses générations de vignerons (cinq du côté paternel et du côté maternel), Jean-Guillaume Passot a passé un BTS « Viti-Œno » et s'est installé en 2005 sur 80 ares en côte-de-brouilly. Le domaine compte aujourd'hui 6 ha répartis sur les crus brouilly, côte-de-brouilly et morgon.

Onze jours de macération et onze mois d'élevage en cuve: les justes proportions pour Jean-Guillaume Passot permettant d'obtenir un brouilly riche en fruit mais encore un peu fermé. Une cuvée qui gagnera certainement à être attendue. ⧗ 2019-2021

JEAN-GUILLAUME PASSOT, Les Pillets, Voie romaine, 69910 Villié-Morgon, jgpassot@yahoo.fr V r.-v.

A. PEGAZ 2016 ★★

■ | 5900 | 🍾 | | 5 à 8 €

Propriété créée en 1830 au sud-est du mont Brouilly par l'aïeul Justin Dutraive, vigneron et historien local. Agrandie au fil des générations, elle compte aujourd'hui 9 ha. Après le départ à la retraite en 2009 de Pierre-Anthelme Pegaz, sa conjointe Agnès, biologiste médicale dans une première vie, conduit l'exploitation.

Un fruité agréable et mûr monte au nez. La bouche propose un très bel équilibre entre le fruit, les tanins (bien présents en finale), le gras et la fraîcheur. Une cuvée élaborée en grappes entières avec une macération d'une dizaine de jours. ⧗ 2019-2023

AGNÈS PEGAZ, 469, rte de Belleville, 69220 Charentay, tél. 04 74 66 82 34, vinspegaz@wanadoo.fr V t.l.j. 9h-12h30 17h-20h30

DOM. DU PÈRE BENOIT Élevé en fût de chêne 2016 ★

■ | 4500 | 🛢 | | 8 à 11 €

En 1991, Laurence Benoit et son mari Pascal Mutin ont pris la suite de Roger Benoit sur ce domaine de 16 ha situé au pied du mont Brouilly. Ils élaborent des cuvées en appellations beaujolais, morgon, brouilly, côte-de-brouilly et crémant-de-bourgogne.

Raisins égrappés, vinification pendant quatorze jours et élevage en fût de chêne, nous sommes là dans une logique bourguignonne pour ce qui est de l'élaboration. Le terroir lui est bien celui de Brouilly avec un vin puissant, épicé, frais, aux beaux tanins ronds. ⧗ 2019-2023

PASCAL MUTIN, 80, rte de Beaujeu, 69220 Saint-Lager, tél. 04 74 66 81 20, domaineperebenoit@orange.fr V t.l.j. sf dim. 10h-12h30 14h-19h

DOM. RUET Voujon 2017 ★

■ | 40000 | 🍾 | | 8 à 11 €

Fondé en 1926 au nord du mont Brouilly, ce domaine familial couvre 21 ha, avec des parcelles dans quatre crus: brouilly, côte-de-brouilly, régnié et morgon. Une valeur sûre du Beaujolais: le premier coup de cœur fut un 1984 et bien d'autres ont suivi. David Duthel a pris les rênes de l'exploitation en 2010, complétée par une activité de négoce.

Le domaine dispose de 6 ha sur ce terroir de Voujon, « l'un des plus puissants de Brouilly » selon David Duthel. La dégustation ne lui donne pas tort et le jury est unanime pour souligner le caractère structuré de cette cuvée. Un vin riche, dense et intense, aux notes de griotte et d'épices, qui demande à vieillir. ⧗ 2020-2025

DAVID DUTHEL, Voujon, 69220 Cercié, tél. 04 74 66 85 00, ruet.beaujolais@orange.fr V r.-v.

CAVE DE SAINT-JULIEN 2017 ★

■ | 2000 | | 5 à 8 €

Créée en 1988, cette coopérative vinifie aujourd'hui près de 300 ha. Petite structure, comme il en existe de moins en moins, elle voit cependant augmenter les surfaces dont elle dispose. Une cave régulièrement en vue dans ces pages.

D'abord discret, le nez s'ouvre sur des arômes de fruits noirs confiturés mâtinés d'épices. En bouche, les tanins sont bien en place, mis en valeur par un bel équilibre acidité-alcool. La finale est longue et conclut agréablement cette cuvée intense. ⧗ 2020-2023

CAVE COOPÉRATIVE DE SAINT-JULIEN, 45, rue du Cep, 69640 Saint-Julien, tél. 04 74 67 57 46, cave.stjulien@wanadoo.fr V r.-v.

CH. DE SAINT-LAGER 2017 ★★

■ | 26000 | 🍾 | | 5 à 8 €

Le Ch. de Pizay exploite un vaste domaine de 75 ha et commercialise par ailleurs sous cette étiquette un brouilly issu d'un vignoble de 8,5 ha, anciennes terres de la baronnie de Saint-Lager sur le flanc est du mont Brouilly.

Un très joli brouilly qui conjugue dans un même élan la puissance, la finesse et l'équilibre. La bouche offre un beau volume qui se fait support d'élégants arômes de fruits noirs bien mûrs, perçus également à l'olfaction. La finale fait preuve d'une belle longueur. ⧗ 2019-2023

CH. DE SAINT-LAGER, 69220 Saint-Lager, tél. 04 74 66 26 10, contact@vins-chateaupizay.com V t.l.j. sf dim. 8h30-12h30 13h30-17h

♥ SIGNÉ VIGNERONS Lieu-dit Saburin 2017 ★★

■ | 26800 | 🍾 | 5 à 8 €

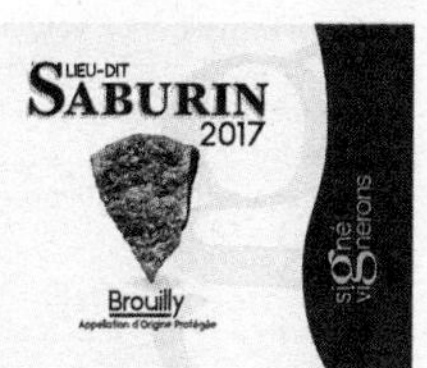

Deux des plus grandes coopératives de la région, l'une à l'extrême sud du Beaujolais (Bully) et l'autre plus au nord (Quincié), dans la zone des beaujolais-villages et des crus, se sont unies en 2010, constituant Signé Vignerons: une entité forte de quelque 1 700 ha de vignes, qui vinifie plus de 10 % de la production de la région. Chaque cave continue néanmoins de vinifier séparément ses vins. Le négociant Louis Tête a rejoint le groupement en 2012. La structure de commercialisation, Agamy (anagramme de gamay) inclut même depuis 2015 les caves des Coteaux du Lyonnais et des Vignerons foréziens.

La traditionnelle macération semi-carbonique en grappes entières a été mise en œuvre par la cave. Ce lieu-dit à la géologie granitique semble donner sa pleine mesure tant l'équilibre est idéal dans cette cuvée ample et élégante, construite sur des tanins raffinés, qui s'épanouit sur un éventail de fruits frais. ⧗ 2021-2024

⊶ AGAMY, La Martinière, 69210 Bully, tél. 04 37 55 50 10, contact@agamy.fr V t.l.j. 9h-12h 15h-18h30

CH. DES TOURS Vieilles Vignes 2016 ★★

■ | 25000 | 🛢🍾 | 11 à 15 €

Avec son donjon élancé doublé d'une massive tour carrée, le domaine n'a pas usurpé son nom. Cette forteresse domine 70 ha de vignes dédiés à l'appellation brouilly. C'est une des propriétés de la famille Richard, à la tête d'une maison de négoce fondée en 1892.

Les vignes de cette cuvée se développent sur 5 ha d'arène granitique; des pieds de quarante-cinq ans qui ont donné en 2016 un vin d'une remarquable concentration, ample, charnu, d'une grande harmonie, ouvert sur des notes de fruits noirs et de réglisse et soutenu par des tanins très fins. Les raisins ont visiblement été récoltés à belle maturité. ⧗ 2021-2024

⊶ CH. DES TOURS, Les Tours, 69460 Saint-Étienne-la-Varenne, tél. 04 74 03 40 86, chateaudestours@wanadoo.fr V *t.l.j. sf ven. sam. dim. 8h30-12h 13h30-17h30; f. août* 🏠 E

⊶ Mme C. Richard

LES TOURS DE PIERREUX 2017 ★★

■ | 100000 | 🛢🍾 | 8 à 11 €

Les caves du château de Pierreux, campé au milieu des vignes au sud du mont Brouilly, datent du XVIIᵉs. De son passé médiéval, la bâtisse a gardé deux tours, qui lui donnent un cachet gothique. La maison Mommessin (Boisset) exploite les 100 ha de vignes.

Une cuvée issue de raisins égrappés et élevée pour partie en fût de chêne pendant six mois. Le vin développe des arômes intenses de cassis et de sous-bois, avec une note minérale en appoint. La bouche est riche, ample, dense, construite sur des tanins présents mais sans agressivité. Un vin doté d'un solide potentiel de garde. ⧗ 2021-2028

⊶ SCEV CH. DE PIERREUX, Pierreux, 69460 Odenas, tél. 04 74 03 18 30, dugoujard.a@chateaudepierreux.com

DOM. BENOÎT TRICHARD 2016

■ | 12000 | 🍾 | 5 à 8 €

Cette exploitation familiale porte le nom de son fondateur, qui a rassemblé en 1951 des vignes autour du mont Brouilly. Elle n'a cessé de s'étendre pour atteindre aujourd'hui 11 ha, avec des parcelles dans les crus brouilly, côte-de-brouilly et moulin-à-vent. Ce sont les fils de Benoît Trichard, Michel et Pierre, qui conduisent le domaine depuis 1977.

Les 4 ha de brouilly du domaine ont donné un vin qui demande de l'aération du fait d'une légère réduction. La bouche est plus démonstrative, laissant percevoir un caractère chaleureux et une bonne ampleur sur un registre de fruits noirs. ⧗ 2019-2023

⊶ DOM. BENOÎT TRICHARD, 307, rue de l'Église, 69460 Odenas, tél. 04 74 03 40 87, dbtrichard@orange.fr V *r.-v.*

DOM. ROBERT VALLETTE 2017 ★

■ | 15000 | 🍾 | 8 à 11 €

Non loin de la voie verte beaujolaise, qui relie pour le plaisir des promeneurs Beaujeu à Saint-Jean-d'Ardières, le domaine, fondé en 1939, est conduit depuis 1982 par Robert Vallette (la troisième génération). Ce dernier a développé la vente directe. Il exploite 13 ha de vignes et propose notamment du brouilly, du régnié et du morgon.

Les vignes du domaine dans cette appellation ont soixante ans. Implantées sur un sol de limon, d'argile et de sable, elles ont donné en 2017 un vin intense et complexe, aux arômes fruités et épicés, au palais suave et rond, doté de tanins fins et soyeux. Un profil aimable et gourmand. ⧗ 2019-2023

⊶ ROBERT VALLETTE, 2292, rte des Crus, 69220 Cercié-en-Beaujolais, tél. 04 74 66 84 07, info@domaine-vallette.com V *r.-v.*

CÔTE-DE-BROUILLY

Superficie : 310 ha / Production : 14 000 hl

DOM. BARON DE L'ÉCLUSE Les Garances 2016

■ | 3600 | 🛢 | 11 à 15 €

Cette propriété familiale de 5,8 ha de vignes d'un seul tenant couvre les pentes sud-est du mont Brouilly. Après avoir vinifié plusieurs années dans divers pays du Nouveau Monde, Jean-François Pegaz, œnologue, a succédé en 2011 à son oncle qui assurait la conduite de l'exploitation depuis 1971. Il vinifie à la bourguignonne avec égrappage.

Égrappage à 80 %, macération de dix-huit jours et élevage en fût, Jean-François Pegaz est resté fidèle à son approche sur ce millésime 2016. Le boisé est perceptible, apportant une touche vanillée en bouche comme au nez. Un vin bien structuré qui devrait gagner en rondeur au fil du vieillissement. ⧗ 2021-2023

JEAN-FRANÇOIS PEGAZ, Montée de l'Écluse, 69460 Odenas, tél. 06 40 57 19 94, baron.delecluse2@orange.fr V t.l.j. sf dim. 10h-19h

DOM. DE BERGIRON 2017 ★★

■	2000		8 à 11 €

Jean-Luc Laplace produit essentiellement du côte-de-brouilly et du brouilly sur son domaine de 11 ha. Les deux cuvées, régulièrement présentes dans ces pages, naissent sur un terroir assez similaire, caillouteux, plus argileux pour le premier, davantage sableux et limoneux pour le second.

Cette cuvée est issue de vignes de quarante ans dont les raisins ont été égrappés. Le nez dévoile des notes de fruits rouges frais (groseille, fraise), avec également une nuance plus confite. Après une attaque souple, une matière ronde et charnue vient caresser le palais de ses tanins soyeux. Un vin particulièrement harmonieux. ⧗ 2020-2023

JEAN-LUC LAPLACE, 85, rte de Pizay, 69220 Saint-Lager, tél. 04 74 66 88 42, jl.laplace@wanadoo.fr V r.-v.

NICOLE CHANRION 2016 ★

■	20000		8 à 11 €

Nicole Chanrion est issue de la lignée des Jambon-Chanrion, qui cultive la vigne depuis 1861 sur le mont Brouilly, à travers trois branches (Jambon, Chanrion et Geoffray). Elle s'est installée en 1979 et cultive un domaine de 7 ha, dont 5 en côte-de-brouilly, sur un terroir de pierre bleue (diorite).

Un joli vin, long, élégant et fin, qui témoigne d'une belle maîtrise de la vinification traditionnelle en grappes entières. L'élevage en fût n'a pas masqué son fruité agréable et expressif, à dominante de cassis. ⧗ 2018-2022

NICOLE CHANRION, 80, Grande-Rue, 69220 Cercié, tél. 04 74 66 80 37, chanrion.nicole@wanadoo.fr V r.-v.

DOM. DE CHAVANNES Signé Vignerons 2017 ★

■	27000		5 à 8 €

Deux des plus grandes coopératives de la région, l'une à l'extrême sud du Beaujolais (Bully) et l'autre plus au nord (Quincié), dans la zone des beaujolais-villages et des crus, se sont unies en 2010, constituant Signé Vignerons: une entité forte de quelque 1 700 ha de vignes, qui vinifie plus de 10 % de la production de la région. Chaque cave continue néanmoins de vinifier séparément ses vins. Le négociant Louis Tête a rejoint le groupement en 2012. La structure de commercialisation, Agamy (anagramme de gamay) inclut même depuis 2015 les caves des Coteaux du Lyonnais et des Vignerons foréziens.

Avec ses nuances intenses de fruits rouges et de pruneau au nez, et sa bouche ample, aux tanins fondus, ce vin affiche sans complexe son caractère friand. Une séduisante cuvée issue d'une vinification traditionnelle en grappes entières. ⧗ 2019-2023

AGAMY, La Martinière, 69210 Bully, tél. 04 37 55 50 10, contact@agamy.fr V t.l.j. 9h-12h 15h-18h30

GILBERT CHETAILLE 2016

■	4500		5 à 8 €

Établi à l'ouest du mont Brouilly, Gilbert Chetaille a repris en 2005 le domaine familial avec l'ambition de vendre du vin à la propriété. Il a agrandi en 2010 son exploitation, laquelle atteint 7,5 ha aujourd'hui. Quatre crus figurent à sa carte: brouilly, côte-de-brouilly, moulin-à-vent et morgon.

Au nez, ce côte-de-brouilly mêle les notes de fruits rouges frais et les nuances florales. Après une attaque ronde, la bouche s'oriente vers la fraîcheur et dévoile des tanins vifs et fermes, encore assez stricts en finale. ⧗ 2020-2023

GILBERT CHETAILLE, 1041, rte des Hauts-de-Chavanne, 69430 Quincié-en-Beaujolais, tél. 06 73 58 86 17, gilbert.chetaille@orange.fr V t.l.j. 9h-18h

DOM. CHEVALIER MÉTRAT 2016 ★

■	10000	5 à 8 €

Exploité en métayage à partir de 1956 par Michel Chevalier, ce domaine a été acquis en 1987 par sa fille Marie-Noëlle et son époux Sylvain Métrat. Leurs 12 ha de vignes couvrent le versant sud de la colline de Brouilly.

Après un tri minutieux, la technique de vinification par chapeau immergé a été mise en œuvre par Sylvain Métrat. Le résultat: un vin à la bouche puissante, profonde et d'une belle longueur, qui offre de la mâche et du gras autour de tanins élégants. ⧗ 2019-2023

SYLVAIN MÉTRAT, 374, chem. du Roux, 69460 Odenas, tél. 06 07 99 23 50, domainechevaliermetrat@wanadoo.fr V r.-v.

DOM. DE LA CROIX DE SAINT-CYPRIEN 2017 ★

■	25000	8 à 11 €

Fondée en 1912, la maison beaujolaise Pellerin est aujourd'hui dans le giron du groupe Boisset. Elle distribue des vins du Beaujolais et du Languedoc-Roussillon.

Une cuvée qui réussit une belle synthèse entre structure et finesse. Le nez dispense des notes intenses de fruits rouges et noirs. Les tanins sont souples et harmonieux, mais la bouche ne manque pas pour autant de fermeté. ⧗ 2020-2023

PELLERIN DOMAINES ET CHÂTEAUX, 403, rte de Saint-Vincent, 69430 Quincié-en-Beaujolais, tél. 04 74 69 09 61

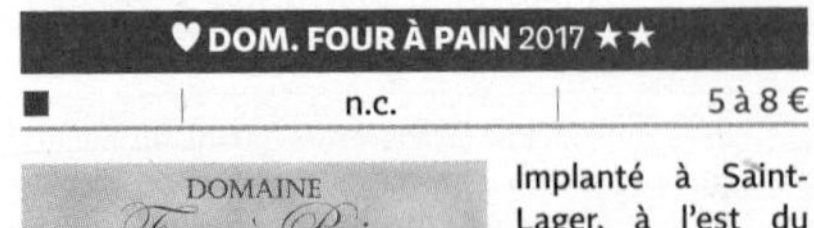

♥ DOM. FOUR À PAIN 2017 ★★

■	n.c.	5 à 8 €

Implanté à Saint-Lager, à l'est du mont Brouilly, le domaine est détenu par la même famille depuis trois générations. Ayant servi dans la cavalerie en 1914, le grand-père

de l'actuel propriétaire avait recours aux chevaux pour travailler les vignes.

Partiellement égrappés, les raisins ont livré toute la générosité du solaire millésime 2017. Le nez déploie des notes de cassis, de myrtille et de pruneau. En bouche, la maturité des tanins s'exprime par la rondeur. Un vin soyeux, charnu et gourmand, qui vieillira bien. ⧗ 2021-2028

EARL DUPRÉ-VERGER, 404, montée de l'Écluse, 69220 Saint-Lager, tél. 06 31 48 49 73, earldupreverger@gmail.com

DOM. DES FOURNELLES Élixir 2016 ★

■ | 2000 | | 11 à 15 €

En 2015, Guillaume Dumontet a repris 5,5 ha des 10,4 cultivés par ses beaux-parents, Bernadette et Alain Bernillon. Implanté sur le versant sud-est du mont Brouilly, le vignoble entoure une maison typiquement beaujolaise datant de 1860, construite en pierres bleues du mont Brouilly.

Cet Élixir a été élevé en fût pendant huit mois, le temps d'acquérir des notes vanillées et réglissés. Une matière d'un bon volume prend place au palais, soutenue par des tanins ronds et un boisé fondu. ⧗ 2021-2026

GUILLAUME DUMONTET, 137, montée de Godefroy, 69220 Saint-Lager, tél. 06 71 01 11 66, domainedesfournelles@outlook.fr V r.-v.

DOM. DU GRIFFON Dame Guillemette 2017

■ | n.c. | | 5 à 8 €

En 1977, Jean-Paul et Guillemette Vincent ont créé cette exploitation au pied du mont Brouilly, dans l'ancien presbytère de Saint-Lager. Ils ont patiemment agrandi leur domaine, constitué en majorité de vieilles vignes. En 2016, après la retraite de Jean-Paul, Guillemette a pris la tête de l'exploitation (9 ha aujourd'hui), épaulée par un métayer.

Le nez se montre intense à travers des notes de fraise et de framboise. En bouche, le compromis entre l'expression aromatique et la structure a été bien trouvé, et des tanins veloutés assurent à cette cuvée un caractère gourmand. ⧗ 2018-2022

DOM. DU GRIFFON, Brac de la Perrière, 391, rte des Brouilly, 69220 Saint-Lager, tél. 04 74 66 73 18, domainedugriffon@wanadoo.fr V r.-v. *Guillemette Vincent*

DOM. LAGNEAU Vieilles Vignes 2016

■ | 6000 | | 8 à 11 €

Les Lagneau vivent à la même adresse, mais le père, la mère et le fils signent chacun leurs bouteilles. Jeannine, Gérard et Didier exploitent ce domaine familial né de 4 ha de vignes transmis par le grand-père, Antoine Monney.

Le nez évoque le fruit à bonne maturité, avec même une nuance confite. En bouche, on découvre un vin tout en rondeur qui, à défaut de faire preuve d'une forte personnalité, se montre spontanément séduisant. ⧗ 2018-2022

DIDIER LAGNEAU, 941, rte d'Huire, 69430 Quincié-en-Beaujolais, tél. 04 74 69 20 70, dilagneau@wanadoo.fr V r.-v. 3 E

♥ MOMMESSIN Grandes Mises 2017 ★★

■ | n.c. | | 5 à 8 €

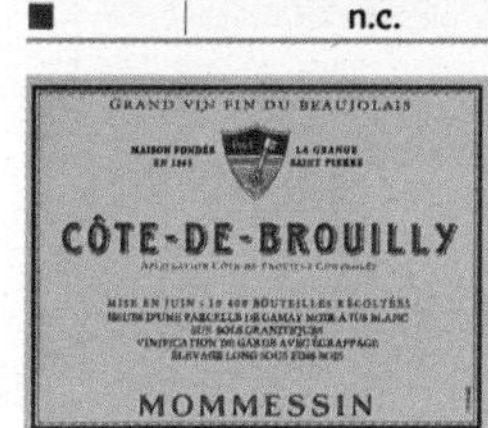

Fondée en 1865 à Mâcon, la maison de négoce Mommessin a acquis un vaste patrimoine en Bourgogne et en Beaujolais. Elle constitue aujourd'hui une des marques les plus importantes du groupe Boisset.

Une réussite qui reflète un grand soin apporté à la vigne et traduit un savoir-faire du vinificateur. Bref, la définition d'une grande bouteille. D'une belle intensité, le nez convoque les fruits noirs et la réglisse. Étayée par des tanins veloutés et fondus, la bouche est dense, concentrée, charnue, témoignant des conditions ensoleillées et sèches du millésime 2017. ⧗ 2019-2023

MOMMESSIN, 403, rte de Saint-Vincent, 69430 Quincié-en-Beaujolais, tél. 04 74 69 09 61

DOM. DU PÈRE JEAN 2016

■ | 6000 | | 5 à 8 €

Ce domaine, exploité par aujourd'hui par Julien Matray, a été agrandi à différentes reprises par acquisitions et plantations et s'étend aujourd'hui sur 11 ha, dont près de 7 ha en côte-de-brouilly.

Julien Matray a procédé à une vinification en vendange entière pendant une douzaine de jours. Le nez évoque des notes florales et la bouche, tonique et souple, rappelle que l'année 2016 a permis d'obtenir des vins d'une bonne fraîcheur. ⧗ 2018-2022

MATRAY, 185, rte de la Glacière, 69220 Saint-Lager, tél. 04 74 66 85 59, domaineduperejean@gmail.com V r.-v.

OLIVIER PÉZENNEAU Le Quélat 2017 ★

■ | 3000 | | 8 à 11 €

Olivier Pézenneau a repris ce domaine en 2015, suite au départ à la retraite de son précédent propriétaire. Vigneron trentenaire, il a depuis agrandi l'exploitation pour atteindre 14 ha, dont le cœur se situe sur les flancs des coteaux de Brouilly.

Un peu plus d'un hectare de gamay de soixante-dix ans, planté sur ce lieu-dit de la commune d'Odenas, a donné un côte-de-brouilly tout en finesse. Des notes de groseille et d'épices douces montent au nez. Les tanins se développent harmonieusement et en souplesse dans une bouche d'une bonne densité. ⧗ 2019-2023

OLIVIER PÉZENNEAU, 1350, rte du Morgon, 69640 Lacenas, tél. 06 14 19 02 65, vins@olivier-pezenneau.com V r.-v.

CH. DES RAVATYS Mathilde Courbe 2016

■ | 40000 | | 8 à 11 €

Situés au pied de la colline de Brouilly, le château et son vignoble de 30 ha (en conversion bio) ont été achetés au milieu du XIXᵉ s. par l'ingénieur Auguste Solet, entrepreneur de travaux publics en Algérie.

Ce dernier en fit hériter sa nièce Mathilde Courbe qui les légua en 1937 à l'Institut Pasteur. Les bâtiments sont entourés d'un parc planté d'arbres centenaires.

Une cuvée hommage régulièrement en vue dans ces pages. La vinification en grappes entières pendant dix jours livre un vin aux notes plaisantes de cerise noire et de fruits rouges, et à la bouche souple et ronde. ⧗ 2018-2022

CH. DES RAVATYS, Les Ravatys, 69220 Saint-Lager, tél. 04 74 66 80 35, contact@chateaudesravatys.com V t.l.j. 8h-12h 14h-18h; sam. dim. sur r.-v.

Dom. de l' Institut Pasteur

LES ROCHES BLEUES Des Lys 2016 ★★

■	3000		11 à 15 €

Acheté en 1968 et rénové par les beaux-parents de Dominique Lacondemine, actuel exploitant, le domaine est implanté sur le granit bleu de la Côte de Brouilly. Sa cave voûtée servit naguère de salle des fêtes au village. Aujourd'hui, le vigneron conduit près de 9 ha partagés entre brouilly et côte-de-brouilly.

Les macérations ont été assez longues (douze à seize jours), suivies d'un élevage à 25 % en fût neuf. Des choix qui témoignent d'une certaine ambition de Dominique Lacondemine pour cette cuvée. Le résultat est à la hauteur avec un vin aux arômes intenses de réglisse, de caramel et de cassis, à la bouche ample et bien structurée, dénotant un solide potentiel de garde. ⧗ 2021-2028 ■ **2016 ★ (8 à 11 €; 17000 b.)** : une cuvée d'une belle concentration en bouche, portée par des tanins solides, support d'une expression aromatique intense autour des fruits rouges à pleine maturité. ⧗ 2021-2024

DOMINIQUE LACONDEMINE, 961, rte du Mont-Brouilly, 69460 Odenas, tél. 04 74 03 43 11, lacondemine.dominique@wanadoo.fr V t.l.j. 8h30-19h; dim. sur r.-v.

DOM. DE LA ROCHE THULON 2017

■	1600		5 à 8 €

Pascal Nigay, installé en 1990, a cédé son domaine familial à Didier Lapalus, vigneron de Régnié. Un domaine de 14 ha, habitué du Guide, qui produit trois crus (régnié, morgon et côte-de-brouilly), ainsi que du beaujolais-villages.

Une petite cuvée, en volume, dans la gamme du domaine, née de seulement 22 ares implantés sur de la roche volcanique dure. Le vin, amylique et fruité, donne lui plutôt dans la souplesse et la suavité, avec en soutien des tanins légers et fondus. ⧗ 2018-2022

DIDIER LAPALUS, 846, rte de Montmay, 69430 Quincié-en-Beaujolais, tél. 04 74 69 00 42, domainedutram@free.fr V r.-v.

DOM. RUET 2017 ★★

■	6000	8 à 11 €

Fondé en 1926 au nord du mont Brouilly, ce domaine familial couvre 21 ha, avec des parcelles dans quatre crus: brouilly, côte-de-brouilly, régnié et morgon. Une valeur sûre du Beaujolais: le premier coup de cœur fut un 1984 et bien d'autres ont suivi. David Duthel a pris les rênes de l'exploitation en 2010, complétée par une activité de négoce.

Une cuvée issue d'une parcelle d'un peu plus d'un hectare, établie sur du granite bleu typique du Mont Brouilly. La méthode traditionnelle en grappes entières est de mise au domaine. Le vin fait preuve d'une grande intensité aromatique autour des fruits rouges frais. La bouche est à la fois précise et suave, étayée par des tanins fins et étirée dans une finale longue et nette. ⧗ 2021-2024

DAVID DUTHEL, Voujon, 69220 Cercié, tél. 04 74 66 85 00, ruet.beaujolais@orange.fr V r.-v.

AGNÈS ET FRANCK TAVIAN Cuvée Tradition 2016 ★★

■	6000		8 à 11 €

Franck Tavian s'est installé en 1995 sur 2,5 ha en côte-de-brouilly: il cultive aujourd'hui 8 ha, qu'il vinifie avec un ancestral pressoir vertical. Les rouges sont macérés en levures indigènes grâce à la technique du grillage, qui consiste à faire descendre de force le chapeau dans le moût.

Deux hectares de gamay s'épanouissant sur les pentes du Mont Brouilly et sa fameuse pierre bleue ont donné une cuvée à l'expression aromatique puissante et complexe. En bouche, une matière harmonieuse, à la fois élégante, longue et riche, dessine le profil d'un vin gourmand, déjà agréable aujourd'hui, mais qui pourra aussi se garder. ⧗ 2019-2024

AGNÈS ET FRANCK TAVIAN, 2301, rte des Crus, 69220 Cercié, tél. 04 74 69 02 26, franck.tavian@wanadoo.fr V r.-v.

DOM. DE VAVRIL Cuvée de l'Héronde 2016 ★★

■	2800		8 à 11 €

Salarié viticole jusqu'en 2001 puis prestataire de services, Jean-Luc Ducruix s'est installé en 2005 à Beaujeu, sur 10 ha, sur des coteaux dominant le village, exposés plein sud. À sa carte, du beaujolais-villages, du morgon, du chiroubles, du régnié et du côte-de-brouilly.

Jean-Luc Ducruix signe l'un des plus beaux vins de l'appellation dans ce millésime 2016. Le nez se déploie avec fraîcheur sur des notes de cerise mûre et de framboise. Une tonalité élégante qui se confirme dans une bouche ample et riche, mais qui fait preuve également d'une remarquable vivacité et d'une grande longueur. ⧗ 2019-2025

JEAN-LUC DUCRUIX, lieu-dit Vavril, 69430 Beaujeu, tél. 06 75 56 25 32, jlducruix69@gmail.com V r.-v.

CHÉNAS

Superficie : 244 ha / Production : 9 500 hl

D'après la légende, ce lieu était autrefois couvert d'une immense forêt de chênes. Un bûcheron, constatant le développement de la vigne plantée naturellement par quelque oiseau, se mit en devoir de défricher pour introduire la noble plante; celle-là même qui s'appelle aujourd'hui le «gamay noir». Situé aux confins du Rhône et de la Saône-et-Loire, dans les communes de Chénas et de La Chapelle-de-

Guinchay, le chénas est l'une des plus petites AOC du Beaujolais. Nés à l'ouest, sur des terrains pentus et granitiques, ses vins sont colorés et puissants, avec des arômes floraux (rose et violette); ils rappellent les moulin-à-vent produits sur la plus grande partie des terroirs de la commune. Issus du secteur plus limoneux et moins accidenté de l'est, ils présentent une charpente plus ténue.

PASCAL AUFRANC
En Rémont Vignes de 1939 2016

■ | 13000 | ▮ | 11 à 15 €

Installé en 1993 en appellation chénas, Pascal Aufranc exploite un vignoble de coteau d'un seul tenant qu'il a agrandi vers les AOC juliénas et fleuri en 2005: le domaine compte aujourd'hui 11 ha.

Pascal Aufranc a fait macérer ses grappes entières immergées dans la cuve et en a extrait des arômes de cerise noire et de mûre. Arômes prolongés par une bouche équilibrée et plaisante, aux tanins souples et soyeux. ⧗ 2019-2023

⊶ PASCAL AUFRANC, En Rémont, 69840 Chénas, tél. 04 74 04 47 95, pascal.aufranc@orange.fr V ⚐ ▮ *r.-v.*

♥ TRADITION DU BOIS DE LA SALLE 2017 ★★

■ | 10000 | ▮ | 5 à 8 €

CRU DU BEAUJOLAIS
Tradition du Bois de la Salle
CHENAS
MIS EN BOUTEILLE À LA PROPRIÉTÉ

La Cave des Grands Vins de Juliénas-Chaintré résulte de l'union, en 2013, des coopératives de Juliénas (Beaujolais) et de Chaintré (Mâconnais), fondées respectivement en 1960 et en 1928, et situées à 6 km l'une de l'autre. La nouvelle entité compte 290 ha de vignes, chaque cave gardant sa structure de vinification et son identité propres. Le siège social de la cave est établi au château du Bois de la Salle, un ancien prieuré du XVIe s.

Cette cuvée d'une intensité aromatique séduisante en diable convoque les épices, la pêche de vigne et les fruits rouges. En bouche, elle se distingue par sa fraîcheur, par la finesse de sa texture, par l'élégance et le soyeux de ses tanins et par sa longue finale épicée. ⧗ 2019-2023

⊶ CAVE GRANDS VINS JULIÉNAS-CHAINTRÉ, Ch. du Bois de la Salle, 69840 Juliénas, tél. 04 74 04 41 66, contact@julienaschaintre.fr V ⚐ ▮ *t.l.j. 9h-12h 14h-18h; f. w-e de janv.*

CH. BONNET Vieilles Vignes 2017 ★

■ | 20000 | ▮ | 8 à 11 €

Aux confins de la Bourgogne et du Beaujolais, ce château tire son nom du sieur Bonnet, échevin de la ville de Mâcon, qui y fit bâtir en 1630 une gentilhommière où séjourna plus tard Lamartine. Acquis par les Perrachon en 1973, le domaine compte 20 ha de vignes. Pierre-Yves Perrachon, à sa tête depuis 1987, a été rejoint en 2014 par sa fille Charlotte, œnologue. Il s'est associé en outre avec un vigneron du Mâconnais pour compléter son exploitation d'une structure de négoce, Bourgogne Sélect.

Des rendements très faibles expliquent certainement le caractère corsé et vigoureux de ce chénas. Les tanins, encore très fermes, demanderont un peu de patience pour gagner en rondeur. L'ensemble ne manque toutefois pas de gourmandise avec ses arômes charmeurs de fruits noirs à maturité. ⧗ 2021-2025

⊶ PIERRE-YVES ET CHARLOTTE PERRACHON, 2, les Paquelets, 71570 La-Chapelle-de-Guinchay, tél. 03 85 36 70 41, pierre-yves@chateau-bonnet.fr V ⚐ ▮ *r.-v.*

DOM. CÔTES RÉMONT Les Pierres 2016 ★

■ | 4600 | 8 à 11 €

À leur retraite, en 2011, Catherine et Dominique Olry ont décidé de reprendre le domaine familial de madame, fondé au XVIIIe s., un vignoble de 60 ha d'un seul tenant planté sur des coteaux pentus, sous le pic de Rémont. Le couple s'appuie sur l'expérience de son maître de chai, M. Granchamp.

« Les Pierres » correspond à une parcelle d'un peu moins d'un hectare marquée par la présence du granite. Le vin quant à lui développe des nuances de fruits noirs bien mûrs, prolongés par une bouche riche et vigoureuse, dotée de tanins assez puissants qui laissent présager une bonne évolution. ⧗ 2020-2023

⊶ CATHERINE ET DOMINIQUE OLRY, Rémont, 69840 Chénas, tél. 04 74 04 40 49, olryfamily@chenascotesremont.com V ⚐ ▮ *r.-v.*

DOM. DES FOUDRES 2017 ★

■ | 2500 | ▮ | 8 à 11 €

Jean-Philippe Sanlaville a pris en 1991 les commandes du domaine familial situé à Vaux-en-Beaujolais, pittoresque village popularisé par Gabriel Chevallier sous le nom de Clochemerle. Établi dans l'aire du beaujolais-villages, il exploite un vignoble de 26 ha, avec des parcelles dans les crus brouilly, chénas, morgon et moulin-à-vent.

C'est le vin le plus fin de la gamme selon Jean-Philippe Sanlaville. Ce 2017 fait en tout cas la démonstration de son élégance avec ses arômes de réglisse, d'épices et de cassis mûr et avec son palais rond et gras, étayé par des tanins soyeux. ⧗ 2019-2023

⊶ JEAN-PHILIPPE SANLAVILLE, Le Plageret, 69460 Vaux-en-Beaujolais, tél. 06 82 39 70 42, info@domainedesfoudres.com V ⚐ ▮ *t.l.j. 10h-18h*

DOM. DES GANDELINS 2016

■ | 3000 | ▮ | 11 à 15 €

Patrick Thévenet, installé avec Nathalie en 1991 au nord du Beaujolais, perpétue le domaine fondé par son arrière-grand-père Claudius. L'exploitation, qui a pratiqué la vente directe dès 1949, couvre aujourd'hui 8,5 ha.

Une cuvée qui couvre près de la moitié du domaine. Patrick Thévenet a procédé à une cuvaison en grappes entières. Le nez évoque la fraise et le cassis à haute maturité. Le fruit s'accompagne d'épices dans une bouche qui fait la démonstration d'une certaine fermeté et d'une bonne longueur. ⧗ 2020-2023

PATRICK THÉVENET, 1887, rte des Deschamps, 71570 La Chapelle-de-Guinchay, tél. 06 25 72 77 18, patrick-thevenet@domainedesgandelins.fr V r.-v.

DOM. DU POURPRE 2017 ★★

■	5000		5 à 8 €

Installé depuis 1978, Bernard Méziat représente la cinquième génération sur ce domaine d'une vingtaine d'hectares. Il propose des moulin-à-vent, chénas et fleurie.

Le cassis compoté, la gelée de mûre et une nuance épicée sont les composants principaux d'une palette aromatique large et charmeuse. En bouche, le vin se révèle ample, charnu et long, structuré par des tanins soyeux et concentrés. Un chénas complet et apte à bien vieillir. ⧗ 2020-2024

BERNARD MÉZIAT, Les Pinchons, 69840 Chénas, tél. 04 74 04 48 81, meziat.bernard@wanadoo.fr V *t.l.j. 8h-20h*

CHIROUBLES

Superficie : 334 ha / Production : 13 800 hl

Le plus haut des crus du Beaujolais s'étend sur une seule commune perchée à près de 400 m d'altitude, dans un site en forme de cirque aux sols constitués de sable granitique léger et maigre. Issu de gamay comme les autres crus, le chiroubles, considéré comme le plus « féminin » des crus du Beaujolais, est élégant, fin, peu chargé en tanins, charmeur, avec des arômes de violette. Rapidement prêt, il rappelle parfois le fleurie ou le morgon, crus limitrophes. Chiroubles est aussi la petite patrie du grand ampélographe Victor Pulliat, né en 1827, dont les travaux consacrés à l'échelle de précocité et au greffage des espèces de vigne ont contribué à mettre un terme à la crise phylloxérique ; pour parfaire ses observations, le savant avait rassemblé dans son domaine de Tempéré plus de 2 000 variétés ! La fête des Crus, organisée en avril, rappelle son souvenir.

♥ DOM. DE LA CHAPONNE
La Forge 2017 ★★

■	4000		5 à 8 €

Cette exploitation familiale dispose de 14 ha et d'une maison typiquement beaujolaise à Villié-Morgon. Installé en 1987, Laurent Guillet s'est agrandi et propose du chiroubles et du morgon.

Une cuvée, vinifiée en grappes entières, hommage au beau-père de Laurent Guillet, qui était le forgeron du village et propriétaire des vignes. Dans le verre, un chiroubles qui conjugue toutes les qualités d'un cru du Beaujolais : la finesse, la franchise et l'équilibre. Au nez, il dévoile des notes intenses de fruits noirs. En bouche, il s'appuie sur des tanins soyeux et délicats et déploie une longue finale pleine de fruits. ⧗ 2019-2023

LAURENT GUILLET, 70, montée des Gaudets, 69910 Villié-Morgon, tél. 04 74 69 15 73, domaine-chaponne@wanadoo.fr V *t.l.j. sf dim. 8h-18h*

DOM. DES MAISONS NEUVES 2017

■	8000		8 à 11 €

Installé depuis 2005, Emmanuel Jambon exploite 40 ha, dont cinq crus : brouilly, côte-de-brouilly, morgon, moulin-à-vent et régnié. En 2009, il a entrepris la rénovation complète de son cuvier.

Une partie des vignes (1,3 ha) à l'origine de ce vin est plantée en terrasses sur des sols pauvres. Un vin qui se montre spontanément expressif, sur des notes de cassis. En bouche, le fruit reste bien présent et les tanins sont fondus. ⧗ 2018-2021

EARL JAMBON PÈRE ET FILS, 166, chem. de Bergeron, 69220 Saint-Lager, tél. 04 74 66 81 24, jambon.domainedesmaisonsneuves@orange.fr V *t.l.j. 9h-12h 14h-19h*

CH. MOULIN FAVRE
Vieilles Vignes 2017 ★★

■	5000		8 à 11 €

Campé au milieu des vignes sur le coteau de Combiaty, à 427 m d'altitude, ce domaine de 18 ha (dont 11 en brouilly) est travaillé par Céline et Armand Vernus, qui représentent la sixième génération de viticulteurs. Armand Vernus défend l'égrappage total de la vendange.

La cuvaison a été assez longue (quatorze jours), une option qui a donné ce vin puissant. Une intensité que l'on devine dès la robe, soutenue, et aux premières notes aromatiques, sur les fruits noirs et rouges confiturés. La bouche confirme : riche et longue, elle est campée sur de solides tanins permettant d'envisager une garde harmonieuse. ⧗ 2021-2024

ARMAND ET CÉLINE VERNUS, 310, rte Saint-Vincent, Combiaty, 69460 Saint-Étienne-la-Varenne, tél. 06 70 16 12 68, moulin-favre@wanadoo.fr V *r.-v.* 3 B

DOM. CHRISTIAN ET MICHÈLE SAVOYE
2017

■	3000		5 à 8 €

Christian et Michèle Savoye ont créé en 1991 cette exploitation, qui couvre aujourd'hui 7 ha sur les quatre communes de Vauxrenard, Villié-Morgon, Juliénas et Chiroubles, si bien qu'ils peuvent proposer une large gamme d'appellations du Beaujolais. Les vignes sont cultivées en gobelet sur des coteaux pentus.

Des notes de groseille, de fruits noirs et d'épices forment un mélange subtil au nez. La structure tannique affirme sa présence dans le registre de la fermeté, que le temps devrait adoucir. Une finale assez longue et sur le fruit conclut agréablement la dégustation. ⧗ 2018-2021

DOM. CHRISTIAN ET MICHÈLE SAVOYE, Les Combiers, 69820 Vauxrenard, tél. 04 74 69 91 60, savoye.christian@wanadoo.fr V *r.-v.*

DOM. CHRISTOPHE SAVOYE Cuvée Loïc 2016

■ | 15000 | 🍾 | 8 à 11 €

Sophie et Christophe Savoye, installés à Chiroubles depuis 1991, ont pris la suite de cinq générations. Ils exploitent 16 ha répartis dans les AOC chiroubles, morgon et régnié.

Les notes aromatiques, dans un registre de fruits confiturés, évoquent des raisins récoltés à bonne maturité. En bouche, une attaque souple et ronde laisse la place à des tanins encore un peu abrupts qui incitent à la garde. ⧗ 2019-2022

CHRISTOPHE SAVOYE, 11, rte de la Grosse-Pierre, 69115 Chiroubles, tél. 04 74 69 11 24, christophe.savoye@laposte.net V 🚶 ▮ *t.l.j. 10h-12h 14h-18h30* 🏠 4

FLEURIE

Superficie : 858 ha / Production : 35 500 hl

Posée au sommet d'un mamelon totalement planté de gamay, une chapelle semble veiller sur le vignoble: c'est la Madone de Fleurie, qui marque l'emplacement du troisième cru du Beaujolais par ordre d'importance, après le brouilly et le morgon. L'aire d'appellation ne s'échappe pas des limites communales, et sa géologie est assez homogène, avec des sols constitués de granites à grands cristaux qui donnent au vin finesse et élégance. Certains aiment le fleurie frais, d'autres le servent à 14-15 °C. Ce vin entre traditionnellement dans la préparation de l'andouillette à la beaujolaise. Printanier, il charme par ses arômes aux tonalités d'iris et de violette. Certains terroirs aux noms évocateurs figurent sur l'étiquette: La Rochette, La Chapelle-des-Bois, Les Roches, Grille-Midi, La Joie-du-Palais...

DOM. BERROD Les Roches du Vivier 2016

■ | 7000 | 🍾 | 8 à 11 €

Fondé en 1954 et exploité depuis 1980 par Guillaume Ruet, le domaine couvre 26 ha. S'il propose quatre appellations, il est surtout connu pour son fleurie.

La macération carbonique typiquement beaujolaise a donné ici un fleurie bien typé et harmonieux. Le nez se montre expressif, sur des notes de fruits rouges. La bouche, agréablement ronde, est dotée de tanins légers. ⧗ 2018-2021

DOM. BERROD, Le Vivier, 69820 Fleurie, tél. 04 74 69 83 83, contact@domaineberrod.com V 🚶 ▮ *t.l.j. sf sam. dim. 9h-12h 14h-18h*

DOM. DE LA BOURONIÈRE Cuvée Prestige 2017 ★

■ | 4000 | 🛢 | 15 à 20 €

Installé en 1987 sur le domaine familial, Fabien de Lescure exploite en agriculture raisonnée ce vignoble de 11 ha autour de Fleurie.

Le millésime 2017 n'a pas été de tout repos dans le Beaujolais et à Fleurie en particulier. Raison de plus pour souligner la finesse et l'équilibre de cette cuvée qui s'exprime sur des arômes de cerise et de framboise bien mûres et qui s'adosse à des tanins d'une réelle élégance. ⧗ 2018-2021

FABIEN DE LESCURE, Dom. de la Bouronière, 69820 Fleurie, tél. 04 74 69 82 13, bouroniere@wanadoo.fr V 🚶 ▮ *r.-v.*

DOM. DES CHAFFANGEONS La Madone 2016 ★

■ | 2200 | 🍾 | 8 à 11 €

Établie à Fleurie, cette exploitation familiale existe depuis trois générations et compte aujourd'hui 15 ha. Frédéric Perrier en a pris les rênes en 2007 et propose du fleurie, du morgon, du moulin-à-vent, du beaujolais blanc et du crémant-de-bourgogne.

Le domaine a la chance d'exploiter 2,4 ha de ce terroir emblématique de l'appellation. Le vin est issu de raisins égrappés et développe de beaux arômes de fruits macérés et de pivoine à l'olfaction. La bouche se montre chaleureuse et ample tout en restant élégante. ⧗ 2019-2023

EARL PERRIER ET FILS, La Chapelle-des-Bois, 69820 Fleurie, tél. 06 87 56 44 80, domainedeschaffangeons@orange.fr V 🚶 ▮ *r.-v.*

Frédéric Perrier

CH. DE CHÉNAS Cœur de granit 2017 ★★

■ | 32000 | 8 à 11 €

Fondée en 1934, cette coopérative dispose des 210 ha de ses adhérents. La cave a su marier tradition et modernité: les caves voûtées du XVIIes. voient vieillir en fût de chêne une partie des moulin-à-vent et chénas et cohabitent avec les cuves Inox thermorégulées de conception moderne. La cave propose de nombreux crus du Beaujolais.

Cette cuvée représente 8 ha de vignes âgées d'une cinquantaine d'années. D'un profil aromatique expressif et fin à la fois, sur des notes de fruits noirs frais, elle fait preuve également d'un très bon équilibre en bouche autour de tanins fermes qui incitent à être optimiste sur son vieillissement. ⧗ 2020-2023

CAVE DU CH. DE CHÉNAS, Les Michauds, 69840 Chénas, tél. 04 74 04 48 19, cave.chenas@wanadoo.fr V 🚶 ▮ *t.l.j. 8h-12h 14h-18h*

JULIEN ET RÉMI CLÉMENT Vieilles Vignes 2016

■ | 4000 | 🛢🍾 | 8 à 11 €

Julien Clément a rejoint son père Rémi en 2006 sur le domaine familial qui couvre 8 ha autour de Fleurie. La nouvelle génération développe la vente directe à la propriété.

Les vignes sont âgées de soixante ans et s'étendent sur un hectare tout rond. La macération en vendanges entières a bien mis en valeur les notes florales souvent rencontrées dans l'appellation. Arômes que l'on retrouve en compagnie des fruits rouges dans un palais rond et de bonne longueur. ⧗ 2018-2021

JULIEN CLÉMENT, Les Laverts, 69820 Fleurie, tél. 04 74 69 80 19, clement.jul@wanadoo.fr V 🚶 ▮ *r.-v.*

DOM. ANDRÉ COLONGE ET FILS 2017 ★

■ | 35000 | 🍾 | 8 à 11 €

Ici, on est vigneron de père en fils depuis 1789. Serge Colonge, qui a pris la suite de son père André, travaille avec la génération suivante, celle de Samuel et de Landry (arrivé en 2006). Le trio exploite un vaste

domaine de 33 ha, sur quatre appellations et deux crus, fleurie et brouilly.

Vinification en grappes entières, après tris des raisins, et élevage en cuve sont les deux grandes options adoptées par les frères Colonge. Couplées à un travail sérieux à la vigne, cela donne un vin souple, frais et déjà fort agréable, ouvert sur des notes de fruits noirs. ⧗ 2018-2022

DOM. ANDRÉ COLONGE ET FILS, les Terres-Dessus, 15, chem. de la ruelle, 69220 Lancié, tél. 04 74 04 11 73, contact@domaine-andre-colonge-et-fils.com V *t.l.j. sf dim. 9h-12h 14h-19h*

CYRIL COPÉRET La Madone 2016 ★

■	5000	8 à 11 €

Issu d'une longue lignée de vignerons de Fleurie, Cyril Copéret s'est installé en 2014 à la tête de 8,5 ha de vignes. Il vise à produire des vins de garde, vinifie ses gamays en grappes entières et privilégie l'élevage en cuve.

Un fleurie d'une belle concentration, bâti sur une matière riche. Complexe, il s'ouvre sur des notes d'épices, de violette et de cassis confit. Une extraction en finesse des tanins par macération semi-carbonique et un élevage en cuve pour préserver au maximum le fruit composent une cuvée très équilibrée, ample et élégante. ⧗ 2019-2023

CYRIL COPÉRET, Les 4 Vents, La Madone, 69820 Fleurie, tél. 06 73 66 16 77, coperet.cyril.vins@gmail.com V *t.l.j. 8h-20h*

DOM. GILLES COPÉRET Les Roches 2016 ★

■	6000		8 à 11 €

Parti de 2 ha en 1986, Gilles Copéret a bien développé le domaine, qui s'étend aujourd'hui sur 9 ha et produit trois crus: morgon, fleurie et régnié.

Un hectare planté de vignes de plus de soixante ans sont à l'origine de cette cuvée aux arômes complexes de fruits noirs confits et d'épices agrémentés d'une touche florale et à la bouche tendre, ronde, veloutée, dotée de tanins bien présents mais soyeux. ⧗ 2019-2023

GILLES COPÉRET, Les Chastys, 69430 Régnié-Durette, tél. 04 74 04 38 08, gilles.coperet@wanadoo.fr V *r.-v.* 4

CAVE DES GRANDS VINS FLEURIE 2017

■	60000		8 à 11 €

Fondée en 1927, cette cave a eu à sa tête pendant près de quarante ans la première femme présidente de coopérative: Marguerite Chabert. Aujourd'hui principal producteur de fleurie (un tiers du volume), elle vinifie les quelque 340 ha de vignes de ses 300 adhérents. Outre les fleurie, elle propose plusieurs crus du Beaujolais.

Cette cuvée dévoile au nez des arômes de fruits frais de jeunesse. Une impression confirmée en bouche avec des tanins qui s'affirment avec une pointe de sévérité. Un vin qui devrait gagner en rondeur avec le temps. ⧗ 2020-2023

CAVE DES PRODUCTEURS DE FLEURIE, rue des Vendanges, 69820 Fleurie, tél. 04 74 04 11 70, commercial@cavefleurie.com V *r.-v.*

CH. DES LABOURONS 2016 ★★

■	35000		11 à 15 €

Installée au cœur de l'appellation brouilly depuis 1888, la maison Henry Fessy compte aujourd'hui 70 ha de vignes implantées en majorité sur les crus du Beaujolais. Elle a été reprise en 2008 par la célèbre maison de négoce bourguignonne Louis Latour.

L'élevage pendant douze mois avec 10 % de la cuvée logés en fût dénote une certaine ambition de la maison pour son fleurie. Une volonté reconnue par le jury qui y voit un vin d'une grande tenue, complexe (épices, pivoine, fruits compotés), frais, bien structuré et long en bouche. ⧗ 2020-2023

LES VINS HENRY FESSY, 644, rte de Bel-Air, 69220 Saint-Jean-d'Ardières, tél. 04 74 66 00 16, contact@henryfessy.com V *t.l.j. sf sam. dim. 8h-12h 14h-17h* *Maison Latour*

DOM. LOÏC MARION 2016 ★

■	1333		8 à 11 €

Un domaine situé en plein cœur du village de Fleurie et conduit depuis 2011 par Loïc Marion, qui représente la troisième génération à la tête de cette exploitation familiale. Les 9,5 ha qu'il cultive sont essentiellement situés dans le cru de la commune.

C'est la cuvée phare du domaine puisqu'elle correspond à 6 ha. Loïc Marion l'a vinifiée en grappes entières pendant une douzaine de jours. L'expression aromatique se développe avec intensité sur les fruits rouges et noirs. Une matière croquante et fruitée compose une bouche des plus agréables, dotée de tanins fins. Un beau classique de l'appellation. ⧗ 2018-2022

LOÏC MARION, Les 4 Vents, 69820 Fleurie, tél. 06 73 73 40 60, loicmarion@orange.fr V *r.-v.*

DOM. DE ROCHE-GUILLON 2016

■	10000		8 à 11 €

Valérie et Bruno Copéret se sont installés en 1984 sur le vignoble familial, rejoints en 2014 par leur fils Cyril. Le domaine, qui couvre 12 ha, propose trois crus: fleurie principalement, chénas et moulin-à-vent.

Bruno Copéret a pratiqué ici des macérations courtes (neuf jours) de grappes entières; il n'en a pas moins produit une cuvée bien structurée et de bonne longueur, ouverte sur des notes délicates d'épices et de pivoine. ⧗ 2019-2023

BRUNO COPÉRET, Roche-Guillon, 69820 Fleurie, tél. 06 87 40 31 08, roche-guillon.coperet@wanadoo.fr V *t.l.j. 9h-19h* 2

VILLA PONCIAGO Les Granits Roses 2016 ★★

■	n.c.		8 à 11 €

La famille champenoise Henriot (aussi propriétaire de Bouchard Père et Fils) a racheté en 2008 le Ch. de Poncié (domaine historique fondé en 949) et l'a rebaptisé «Villa Ponciago». Le vignoble compte 49 ha répartis sur quarante parcelles et une structure de négoce a été développée en complément.

Le domaine est reconnu pour produire des fleurie d'une bonne structure, de garde, élevés pour partie en fût. Cette belle cuvée répond parfaitement à cette définition. Les fruits rouges et le boisé font bon ménage au nez. La bouche séduit par la qualité de ses tanins, par sa fraîcheur et par son excellente persistance. ⧗ 2019-2023

VILLA PONCIAGO, 69820 Fleurie, tél. 04 37 55 34 75, contact@villaponciago.fr
Famille Henriot

JULIÉNAS

Superficie : 565 ha / Production : 24 000 hl

Un cru impérial d'après l'étymologie: Juliénas tiendrait en effet son nom de Jules César, de même que Jullié, l'une des quatre communes qui composent l'aire géographique de l'appellation (avec Émeringes et Pruzilly, cette dernière se trouvant en Saône-et-Loire). Implanté sur des terrains granitiques à l'ouest et sur des terrains sédimentaires avec alluvions anciennes à l'est, le gamay engendre des vins bien charpentés, riches en couleur, appréciés au printemps après quelques mois de conservation. Gaillards et espiègles, ceux-ci sont à l'image des fresques qui ornent le caveau de la vieille église, au centre du bourg. Dans cette chapelle désaffectée est remis, chaque année à la mi-novembre, le prix Victor-Peyret à l'artiste, peintre, écrivain ou journaliste, qui a le mieux «tasté» les vins du cru; celui-ci reçoit alors 104 bouteilles: 2 par week-end...

DOM. DE L'ANCIEN RELAIS Vieille Vigne 2016 ★★

■ | 9000 | | 5 à 8 €

Bien connu pour ses saint-amour et ses juliénas, ce domaine est installé dans un ancien relais de poste doté d'une cave voûtée datant de 1399. Il a été fondé en 1946 par André Poitevin. En 1995, son gendre Jean-Yves Midey, ancien cuisinier, l'a repris avec son épouse Marie-Hélène et en a porté la superficie de 4 à 8,5 ha.

Avec quatorze jours de macération, Jean-Yves Midey recherche la concentration et la structure dans ses vins. À la dégustation, ce juliénas complexe, ouvert sur des notes de fruits rouges, de pivoine et de tabac, confirme et affiche une belle puissance tannique, tout en laissant une sensation d'onctuosité. Les vignes de soixante-dix ans ont visiblement donné une belle matière première. ⧗ 2020-2024

EARL ANDRÉ POITEVIN, 45, rte des Chamonards, 71570 Saint-Amour-Bellevue, tél. 03 85 37 16 05, contact@domaine-ancien-relais.com V *r.-v.* *Midey*

ARNAUD AUCŒUR Vieilles Vignes 2017 ★

■ | 65 000 | 8 à 11 €

En 1825, Jean-Claude Aucœur plante les premiers ceps à Villié-Morgon. Œnologue, Arnaud, qui représente la dixième génération sur le domaine, s'est installé en 1998. Une activité de négoce complète la production de l'exploitation familiale (13 ha) et lui permet de proposer une belle palette de neuf crus.

Une cuvée issue de vénérables vignes de soixante ans. Le nez complexe et puissant associe les notes fruitées, florales et épicées. Après une attaque franche et gourmande, la bouche déploie une structure tannique soyeuse et élégante qui promet une saine évolution à ce vin profond et harmonieux. ⧗ 2020-2023

DOM. AUCŒUR, Le Colombier, rte de Fleurie, 69910 Villié-Morgon, tél. 04 74 04 16 89, arnaudaucoeur@yahoo.fr V *r.-v.*

DOM. BERGERON Vayolette 2017 ★★

■ | 9800 | | 8 à 11 €

Représentant la quatrième génération de vignerons, les frères Jean-François et Pierre Bergeron se sont associés en 1996 et ont regroupé leurs deux exploitations pour constituer cet imposant domaine de 38,5 ha.

Vayolette est un lieu-dit au-dessus du village de Juliénas. Des parcelles à fortes pentes et bien exposées. Les frères Bergeron y exploitent 1,37 ha à l'origine de ce vin vinifié en vendanges entières, qui séduit par sa complexité sans exubérance autour des fruits frais et de notes florales, par sa finesse, ses tanins soyeux et sa longueur. Un ensemble harmonieux et élégant. ⧗ 2021-2024

JEAN-FRANÇOIS ET PIERRE BERGERON, Les Rougelons, 69840 Émeringes, tél. 06 80 13 20 12, domaine-bergeron@wanadoo.fr V *t.l.j. 7h30-12h30 13h30-19h*

♥ DOM. CHÂTAIGNIER DURAND Tradition 2017 ★★

■ | 9000 | | 8 à 11 €

Jean-Marc Monnet s'est installé en 1981. À cheval sur le Mâconnais et le Beaujolais, son domaine propose en blanc du saint-véran et en rouge deux crus du Beaujolais: chiroubles et juliénas.

Un magnifique doublé pour Jean-Marc Monnet avec deux juliénas de haut vol. Une cuvaison de neuf jours, dans la tradition beaujolaise, de gamays de quarante-cinq ans est à l'origine de ce vin encore sur la réserve au nez, mais d'une remarquable profondeur et concentration en bouche, avec en soutien des tanins fins et veloutés qui ajoutent encore à son élégance. Et le meilleur est encore à venir... ⧗ 2021-2025

■ **Vieilles Vignes 2017 ★★ (8 à 11 €; 9000 b.)** ♥ : cette cuvée provient d'une sélection de vignes de soixante ans et la macération a été menée en grappes entières. Le nez convoque les fruits bien mûrs et les épices douces. La bouche apparaît ample, suave, ronde et d'une grande persistance aromatique. Quelques années de garde sont conseillées pour le déguster à son apogée. ⧗ 2021-2025

JEAN-MARC MONNET, Les Bucherats, 69840 Juliénas, tél. 06 17 52 70 38, monnet.jm@free.fr V *r.-v.*

DOM. JÉRÔME CORSIN ET SYLVAIN ROUSSOT Origines 2016

■ | 1700 | ▮ | 8 à 11 €

Au XVIIIe s., la famille Corsin était installée à Jullié. Huit générations de vignerons et deux familles sont à l'origine de ce domaine conduit depuis 1997 par Sylvain Roussot et Jérôme Corsin. Le vignoble couvre 11 ha en AOC juliénas et beaujolais-villages.

Vinifié en raisins totalement égrappés, puis élevé six mois en cuve, ce vin propose une palette aromatique évoquant les fruits sauvages et le sous-bois. En bouche, il dévoile des tanins fondus donnant une sensation de rondeur. ⧗ 2018-2021

JERÔME CORSIN ET SYLVAIN ROUSSOT, 283, rue de l'Église, 69840 Jullié, tél. 06 81 27 32 55, milleranche.corsin@wanadoo.fr V r.-v.

DOM. CÔTES RÉMONT En Broussaud 2017

■ | 4600 | ▮ | 8 à 11 €

À leur retraite, en 2011, Catherine et Dominique Olry ont décidé de reprendre le domaine familial de madame, fondé au XVIIIe s., un vignoble de 60 ha d'un seul tenant planté sur des coteaux pentus, sous le pic de Rémont. Le couple s'appuie sur l'expérience de son maître de chai, M. Granchamp.

Le domaine exploite 70 ares sur ce lieu-dit de l'appellation. La macération a été effectuée en grappes entières. Elle a permis d'obtenir un vin souple et léger, aux arômes développés de fruits rouges bien typés du gamay. ⧗ 2018-2021

CATHERINE ET DOMINIQUE OLRY, Rémont, 69840 Chénas, tél. 04 74 04 40 49, olryfamily@chenascotesremont.com V r.-v.

DOM. DE FONTABAN 2017 ★

■ | 2500 | 5 à 8 €

Établi à Juliénas, Jean-Marc Bessone a suivi les traces des deux générations précédentes et s'est installé en 1982 sur le domaine familial. Il dispose de 7,7 ha répartis sur trois crus: Juliénas, Fleurie et Saint-Amour.

Jean-Marc Bessone a procédé à une longue cuvaison de dix-sept jours, de quoi extraire tout le potentiel de ses raisins. Le vin, floral (pivoine) et fruité (mûre) au nez, campe en effet sur une structure tannique assez imposante qui lui confère un beau volume et de la densité. À attendre. ⧗ 2023-2028

JEAN-MARC BESSONE, Le Trêve, 69840 Juliénas, tél. 04 74 04 45 50, jean-marc-bessone@wanadoo.fr V r.-v.

PASCAL GRANGER Cuvée spéciale 2016 ★★

■ | 4000 | ◍ | 8 à 11 €

Pascal Granger est le descendant d'une lignée de vignerons remontant au Premier Empire. Depuis 1983, il exploite 22 ha de vignes réparties sur quatre communes (Jullié, Chénas, La Chapelle-de-Guinchay, Leynes). Il propose sept cuvées (dont trois crus: juliénas, chénas, moulin-à-vent). Il a été rejoint en 2010 par son fils Jean-Philippe.

Élevage en fût pendant neuf mois précédé d'une cuvaison de vingt jours, Pascal Granger ne fait pas les choses à moitié avec cette Cuvée spéciale. La réussite est incontestablement au rendez-vous. Des notes grillées et fruitées (fruits noirs) se dégagent du verre avec intensité et harmonie. En bouche, le boisé est bien fondu et les tanins sont puissants mais ne basculent pas dans l'agressivité. Un vin à garder patiemment. ⧗ 2021-2028

PASCAL GRANGER, Les Poupets, 69840 Juliénas, tél. 04 74 04 44 79, ma.granger@wanadoo.fr V r.-v.

CH. DE JULIÉNAS Cuvée Prestige 2017 ★

■ | 15000 | ◍ | 8 à 11 €

Thierry Condemine se flatte d'exploiter le plus grand vignoble de l'appellation juliénas, avec 38 ha presque entièrement dédiés à ce cru (1 ha de fleurie et une parcelle en moulin-à-vent). Acquis par son arrière-grand-père en 1907, le domaine entoure un magnifique château, dont l'origine remonte au XIIIe s. et aux sires de Beaujeu. Le cuvage date du XVIIIe s.

Les raisins de cette cuvée ont été récoltés dans les plus vieilles vignes du domaine (une cinquantaine d'années). Un élevage en foudre pendant quatorze à dix-huit mois a permis d'affiner des tanins qui restent puissants et d'apporter un boisé très discret aux côtés d'arômes complexes de pivoine et de fruits noirs. Une finale persistante conclut la dégustation. ⧗ 2021-2028

THIERRY CONDEMINE, Le château de Juliénas, 69840 Juliénas, tél. 06 85 76 95 41, thierrycondemine@chateaudejulienas.com V *t.l.j. sf dim. 10h-12h 14h-18h*

ODILE ET PATRICK LE BOURLAY 2017 ★

■ | 4800 | ◍ | 8 à 11 €

Ce domaine de 10 ha se partage entre l'exploitation viticole (brouilly, juliénas, bourgogne blanc et rouge ainsi que des vins de marsanne et de gamaret, hors appellation) et l'accueil des touristes en maison d'hôtes. Ses vins sont élaborés à Vauxrenard, dans le cuvage du château du Thil datant de 1850.

Odile Le Bourly note qu'en 2017 les raisins présentaient un bel équilibre, qui s'est transmis dans le vin, élevé en foudres. La dégustation appuie ce constat: ce juliénas se montre parfaitement cohérent, ouvert sur d'intenses parfums de fruits rouges, de pruneau et de sous-bois, riche et ample en bouche, bâti sur des tanins fondus et veloutés. ⧗ 2019-2023

EARL PATRICK ET ODILE LE BOURLAY, 370, chem. de Forétal, 69820 Vauxrenard, tél. 04 74 69 90 44, le.bourlay@wanadoo.fr V r.-v.

CH. DE POUGELON 2017

■ | 10600 | 8 à 11 €

Le château de Pougelon est situé à Quincié-en-Beaujolais, sur le terroir des beaujolais-villages, à l'ouest du mont Brouilly.

Une cuvée issue de vignes cinquantenaires, à la présence tannique bien marquée, qui se distingue aussi par sa bonne concentration et son équilibre. Sa petite sévérité en finale devrait se patiner avec le temps. ⧗ 2019-2023

VINS DESCOMBE, 462, rue du Beaujolais, 69460 Saint-Étienne-des-Oullières, tél. 04 74 03 41 73, info@vins-descombe.com t.l.j. sf sam. dim. 8h30-12h 14h-17h; f. août

ESPRIT THORIN 2017 ★

■	60 000	8 à 11 €

Fondée en 1843 par une vieille famille du Beaujolais, cette maison de négoce, qui s'approvisionne auprès de 450 viticulteurs, est maintenant une filiale du groupe Boisset. Elle décline dans sa gamme les différentes «terres» du Beaujolais, qui donnent leur nom à ses cuvées (silice, granite, schiste noir).

Séduisant par son élégance et sa finesse, ce juliénas offre déjà du plaisir. Les tanins sont ronds, développant un joli volume, et le tout ne manque pas de fraîcheur, tant en bouche que dans son expression aromatique. ⧗ 2018-2021

MAISON THORIN, 403, rte de Saint-Vincent, 69430 Quincié-en-Beaujolais, tél. 04 74 69 09 61

MORGON

Superficie : 1 120 ha / Production : 48 600 hl

Le deuxième cru en importance après le brouilly est localisé sur une seule commune, celle de Villié-Morgon. Le gamay y engendre des vins robustes, généreux, fruités, évoquant la cerise, le kirsch et l'abricot. Ces caractéristiques sont dues aux sols issus de la désagrégation de schistes à prédominance basique, imprégnés d'oxyde de fer et de manganèse, que les vignerons désignent par les termes de «terre pourrie». Des vins qui présentent ces qualités on dit qu'ils «morgonnent». Non loin de l'ancienne voie romaine reliant Lyon à Autun, la colline du Py, croupe aux formes parfaites culminant à 300 m d'altitude, fournit l'archétype des vins de l'appellation. Cette Côte du Py est sans doute le plus connu des cinq *climats* de l'AOC. Vin de garde (jusqu'à dix ans les meilleures années), le morgon peut prendre des allures de bourgogne. La commune de Villié-Morgon se flatte d'avoir été la première à se préoccuper de l'accueil des amateurs de vins du Beaujolais: ouvert en 1953, son caveau, aménagé dans les caves du château de Fontcrenne, peut recevoir plusieurs centaines de personnes.

DOM. AUCŒUR
Tradition Vieilles Vignes 2017 ★

■	50 000	8 à 11 €

En 1825, Jean-Claude Aucœur plante les premiers ceps à Villié-Morgon. Œnologue, Arnaud, qui représente la dixième génération sur le domaine, s'est installé en 1998. Une activité de négoce complète la production de l'exploitation familiale (13 ha) et lui permet de proposer une belle palette de neuf crus.

Pour la cuvée phare du domaine, Arnaud Aucœur mobilise 8 ha de gamay âgés de soixante ans. Un vin d'une belle harmonie, qui présente des arômes de fruits rouges confits et une bouche intense, ronde avec de la fraîcheur, aux tanins bien en place. ⧗ 2020-2024

DOM. AUCŒUR, Le Colombier, rte de Fleurie, 69910 Villié-Morgon, tél. 04 74 04 16 89, arnaudaucoeur@yahoo.fr r.-v.

RENAUD BODILLARD
Thaddeus 2016 ★★

■	3000		11 à 15 €

Installé en 1986 sur le domaine familial, André Bodillard a passé le relais à son fils Renaud en 2011, à la tête d'un vignoble de 12 ha certifiés bio, entre Beaujolais et sud du Mâconnais. Parmi leurs nombreuses cuvées, quatre crus, ainsi que du saint-véran.

Renaud Bodillard a opté pour une traditionnelle macération carbonique beaujolaise, mais sans utilisation de soufre et avec un élevage long (treize mois) en fût de chêne. Le résultat est très convaincant avec une cuvée expressive, aux arômes de cerise, dense et soyeuse en bouche, structurée par des tanins fins. ⧗ 2021-2028

RENAUD BODILLARD, Vermont, 69910 Villié-Morgon, tél. 04 74 03 49 41, vins@vignoblesbodillard.com r.-v.

DOM. J. BOULON 2017 ★

■	35 000		5 à 8 €

«J» comme Jacques, Jules et Jean Boulon, qui se sont succédé à la tête du domaine (28 ha aujourd'hui) transmis de père en fils depuis six générations. La fille (Ludivine) et le gendre (Hugo Matray) de Jacques Boulon sont à la tête du domaine depuis 2017. Ils élaborent des cuvées en beaujolais, morgon, moulin-à-vent et crémant-de-bourgogne.

Un très joli vin, rond, construit sur des tanins fins et d'une belle longueur. Les fruits rouges sont présents au nez comme en bouche. La puissance et l'harmonie se sont donné rendez-vous. ⧗ 2019-2024

EARL BOULON, 1331, rte des Mayets, 69220 Corcelles-en-Beaujolais, tél. 04 74 66 47 94, domaine.j.boulon@wanadoo.fr t.l.j. sf dim. 8h-12h 14h-18h Hugo Matray

VIGNOBLES BULLIAT
Nature 2016 ★★

■	20 000		11 à 15 €

Noël, c'est le père, installé en 1978, et Loïc, le fils, arrivé en 2005. À l'origine, 4 ha; aujourd'hui, 28 ha, avec un tiers en pleine propriété, répartis sur huit appellations, dont cinq crus. Une petite partie du domaine est passée au bio, le reste est conduit en culture raisonnée.

Issu de vignes cultivées en bio et vinifiées sans soufre, ce vin a aussi la particularité d'avoir macéré très longuement pendant un mois. Une approche largement approuvée par le jury qui a apprécié sa profondeur et la grande qualité de ses tanins, fins et fondus. On ajoutera aussi sa belle intensité aromatique, sur des notes de fruits rouges et de fleurs. ⧗ 2019-2023

LOÏC BULLIAT, 50, imp. du Colombier, 69910 Villié-Morgon, tél. 04 74 69 13 51, bulliat.noel@orange.fr r.-v.

JACQUES CHARLET Climat Les Charmes 2016 ★

■ | 5000 | 11 à 15 €

Au moment où la ligne de chemin de fer du Paris-Lyon-Marseille se construisait, les deux négociants Loron et Charlet ont eu l'idée de s'installer dans des bâtiments communs au bord de la voie ferrée. Ils ont fusionné et ont marié leurs enfants respectifs. Aujourd'hui encore, cette maison à taille humaine propose les terroirs historiques du Beaujolais.

Les Charmes est l'un des *climats* les plus réputés de l'appellation. Ce morgon présente des nuances olfactives complexes de fruits rouges et noirs et d'épices. La bouche est généreuse et charnue, dotée de tanins fondus qui donnent à l'ensemble une belle constitution. ⧗ 2019-2023

⊶ JACQUES CHARLET, Pontanevaux, 71570 La Chapelle-de-Guinchay, contact@jacques-charlet.fr V t.l.j. sf sam. dim. 9h-12h 14h-17h; f. août ⊶ Philippe Bardet

CHATELET Cuvée du P'tit Moustachu 2016 ★

■ | 2000 | | 8 à 11 €

Armand, le père, a pris sa retraite en 2006, laissant les commandes du domaine à son fils Richard. Le vignoble couvre 10 ha dans les appellations morgon, brouilly et côte-de-brouilly.

Le P'tit Moustachu? Un clin d'œil à Armand, «vigneron typique aux grosses moustaches retombantes», explique Richard Chatelet. Typique, le vin l'est aussi: la puissance et la profondeur des morgons bien nés sont au rendez-vous, autour de tanins soyeux et d'une expression aromatique intense, sur les fruits rouges. ⧗ 2019-2023 ■ **Vieilles Vignes 2016 ★ (8 à 11 €; 3000 b.)** : «Garder le fruit et extraire les tanins», c'est l'objectif visé et atteint par Richard Chatelet pour ce vin qui ne manque pas d'équilibre ni de finesse. ⧗ 2019-2023

⊶ RICHARD CHATELET, Les Marcellins, 69910 Villié-Morgon, tél. 04 74 04 21 08, armand.richard.chatelet@wanadoo.fr V r.-v.

DOM. DE COLETTE Le Charme de Colette 2016

■ | 5000 | | 8 à 11 €

Vigneron précoce, Jacky Gauthier s'est installé en 1980 à seulement dix-sept ans, en demandant à ses parents de l'émanciper. Son domaine, implanté sur des coteaux exposés au sud-est, s'étend sur 15 ha, avec des parcelles dans quatre crus (moulin-à-vent, régnié, morgon et fleurie).

L'égrappage a été majoritaire (70 %) pour cette cuvée issue du terroir Les Charmes. Les petits fruits rouges (groseille), le cassis et la pivoine composent une belle palette olfactive. La bouche, au touché soyeux, se montre tout aussi expressive. ⧗ 2019-2023

⊶ JACKY GAUTHIER, 4245, rte de Saint-Joseph, 69430 Lantignié, tél. 04 74 69 25 73, domainedecolette@wanadoo.fr V r.-v.

COLLIN-BOURISSET Les Grands Cras 2016 ★★

■ | 24000 | 11 à 15 €

Établie à l'extrémité sud du Mâconnais, cette maison de négoce bien connue a pignon sur rue depuis 1821. Elle sélectionne des cuvées parmi les appellations mâconnaises et beaujolaises. Elle est aujourd'hui très implantée sur les marchés lointains, comme la Chine.

Un *climat* de l'appellation sur lequel la maison s'approvisionne sur une superficie conséquente de 4,5 ha. La cuvée fait preuve d'une grande explosivité aromatique sur une dominante de cerise. La bouche dense, onctueuse, dotée de tanins soyeux, incite à la garde. ⧗ 2021-2028

⊶ COLLIN-BOURISSET, Pontanevaux, 71570 La-Chapelle-de-Guinchay, tél. 03 85 36 57 25, bienvenue@collinbourisset.com V t.l.j. sf sam. dim. 9h-12h 14h-17h; f. août ⊶ Philippe Bardet

DOM. COTEAUX DES OLIVIERS Tradition 2016 ★★

■ | 1700 | | 5 à 8 €

Patrick Dufour est à la tête depuis 1988 de cette exploitation de 15 ha située à 3 km de Beaujeu, capitale historique du Beaujolais. Le vigneron effectue lui-même toutes les opérations culturales «dans le strict respect de la tradition» et produit du morgon, du côte-de-brouilly et du beaujolais-villages sur des vignobles majoritairement en coteaux.

La traditionnelle vinification en grappes entières est parfaitement maîtrisée par Patrick Dufour. Son morgon issu du terroir de Corcelette dévoile une expression d'une très belle finesse sans sacrifier la puissance. Une élégance que l'on retrouve dans une bouche raffinée, soyeuse et longue. ⧗ 2021-2024

⊶ PATRICK DUFOUR, 374, chem. des Oliviers, 69430 Quincié-en-Beaujolais, tél. 04 74 04 37 78, coteauxdesoliviers@free.fr V r.-v.

DOM. DE LA CROIX MULINS 2017 ★★

■ | 25000 | 5 à 8 €

Créé en 1961, le domaine s'étend au pied de la célèbre Côte du Py à Morgon. Les vignes sont plantées sur des «morgons», sols issus de la désagrégation des schistes pyriteux et riches en oxyde de fer, composé qui colore à la fois la terre et les vins.

Les vinifications sont raisonnées à la parcelle et les raisins égrappés. Un choix visiblement perspicace tant ce morgon poivré, minéral et fruité montre une grande générosité, une structure dense et pleine, sans pour autant être rugueux. ⧗ 2021-2028

⊶ EARL LA CROIX MULINS, Les Raisses, 69910 Villié-Morgon, tél. 04 74 69 10 15, domainecroixmulins@orange.fr

JEAN-PIERRE DUCROUX Cuvée Vieilles Vignes 2017

■ | 4000 | | 5 à 8 €

Jean-Pierre Ducroux a pris la suite des deux générations précédentes et s'est installé en 1989 sur le domaine implanté dans un hameau de Villié-Morgon. Il exploite près de 16 ha de vignes en AOC morgon, régnié et beaujolais-villages.

De classiques vinifications en grappes entières suivies d'un élevage en cuve ont donné un vin d'une bonne harmonie, fruité (cassis, fruits rouges), aux tanins bien présents sans être agressifs et de bonne longueur. Un bon vieillissement en perspective. ⧗ 2019-2024

JEAN-PIERRE DUCROUX,
lieu-dit Saint-Joseph, 69910 Villié-Morgon,
tél. 04 74 69 91 96, ducroux-jeanpierre@orange.fr
V r.-v.

PIERRE DUPOND Les Grands Cras 2016 ★★

■ | 4000 | | 11 à 15 €

Hervé Dupond et son frère Philippe, issus d'une famille installée dans la région depuis 1860, conduisent un domaine installé au nord du Beaujolais, sur des pentes très raides et orientées au sud. Ils ont également fondé une maison de négoce établie à Cercié-en-Beaujolais, qui propose une large gamme de crus de la région.

Une vinification en vendange égrappée et un élevage pour partie en fût de chêne (douze mois) pour cette cuvée considérée par le jury comme un «ambassadeur noble et racé» de son terroir. Un morgon dont on apprécie le volume, la structure ferme et la profondeur, ainsi que ses élégantes nuances florales et fruitées (cerise). ⌛ 2021-2028

PHILIPPE DUPOND, La Garenne, 69220 Charentay, tél. 04 74 66 77 80, contact@boischampt.fr

♥ **P. FERRAUD ET FILS** Les Charmes 2017 ★★

■ | 9000 | | 11 à 15 €

La maison Ferraud, créée en 1882, est une affaire familiale de négoce-éleveur, spécialisée en vins du Beaujolais et du Mâconnais, qui se transmet depuis cinq générations.

Les roches de schiste et de granite décomposé du terroir des Charmes n'ont pas de secret pour la famille Ferraud: ce vignoble leur appartient depuis 1942. Leur morgon se montre d'une grande richesse aromatique, ouvert sur le poivre, les fruits noirs et le kirch, et déploie des tanins puissants dans une bouche longue, intense, charnue, dynamisée par une finale minérale. Un vin bien typé, à l'avenir assuré. ⌛ 2021-2028

P. FERRAUD ET FILS, 31, rue du Mal-Foch, BP 194, 69823 Belleville Cedex, tél. 04 74 06 47 60, ferraud@ferraud.com V *t.l.j. sf sam. dim. 8h-12h 14h-17h*

♥ **LAURENT GAUTHIER**
Côte du Py Vieilles Vignes 2016 ★★

■ | 10000 | | 11 à 15 €

Un Benoît Gauthier taillait déjà la vigne à Chiroubles en 1720. Laurent Gauthier, installé en 1983, a été rejoint par ses fils Jason et Elie, qui représentent la septième génération sur ce domaine dont les origines remontent à 1834. Ils exploitent 24 ha en morgon, chiroubles, régnié, brouilly et beaujolais-villages.

Laurent Gauthier défend une vinification avec un minimum d'interventions, cela se traduit notamment par une absence d'utilisation du soufre. Un élevage de quatorze mois pour partie en fût a été mené pour ce vin d'une grande finesse de tanins, ample, dense et aromatiquement puissant, ouvert sur des notes de fruits rouges frais, de réglisse et de poivre. ⌛ 2021-2028 ■ **Grands Cras 2016 ★ (8 à 11 €; 30000 b.)** : Côte du Py et Grands Cras, Laurent Gauthier est gâté côté terroir. La réciproque est vraie puisque ses vins, à l'image de cette cuvée, se distinguent par leur élégance et la franchise de leur expression, ici du fruit et un boisé bien fondu. ⌛ 2019-2024

EARL LAURENT GAUTHIER, Morgon, 69910 Villié-Morgon, tél. 06 07 69 26 93, laurentgauthiervins@orange.fr V *r.-v.*

ALAIN GAUTHIER Tradition 2016 ★

■ | 6000 | | 8 à 11 €

Alain Gauthier est installé depuis 1984 sur le domaine familial, au cœur de l'appellation morgon.

Un joli vin qui pourra être conservé quelques années en cave avant dégustation. Sa palette aromatique se développe sur des notes de confiture de cerises et d'épices. En bouche, les tanins sont bien présents, fermes et fins à la fois, et la finale se montre persistante sur le fruit. ⌛ 2021-2024

ALAIN GAUTHIER, La Roche-Pilée, 69910 Villié-Morgon, tél. 04 74 69 15 87, earl.des.rochauds@orange.fr V *r.-v.*

CH. GRANGE COCHARD
Vieilles Vignes 2016 ★

■ | 4000 | | 15 à 20 €

James et Sarah Wilding, un couple de Britanniques amoureux de la région, ont racheté en 2008 ce château dont les lointaines origines remontent au Moyen Âge, héritant, avec les vieilles pierres, d'un domaine viticole de 8,5 ha. Ici, seulement du morgon.

Le nez de ce morgon se développe avec une belle complexité: rose fanée, poivre, cerise et cacao. Une palette aromatique qui trouve en bouche un support d'une belle ampleur, étayé par des tanins fondus et agréables. ⌛ 2019-2023

JAMES ET SARAH WILDING, La Grange, 69910 Villié-Morgon, tél. 06 13 87 23 22, james@lagrangecochard.com V *r.-v.*

DOM. DE HAUTE-MOLIÈRE
Le Misanthrope 2016

■ | 5800 | | 8 à 11 €

Cette propriété dispose de 9 ha de vignes implantées sur des coteaux pentus et disséminées dans trois communes. Elle propose deux crus: fleurie et morgon. Jean-François Patissier, qui représente la sixième génération, en a pris la tête en 1998.

Un hommage au plus célèbre des dramaturges français qui ne fait pas dans le spectacle, mais qui s'exprime avec richesse autour des fruits mûrs et des épices et d'une matière enrobée. ⌛ 2019-2023

JEAN-FRANÇOIS PATISSIER, Le Bourg, 69820 Vauxrenard, tél. 06 80 74 40 33, jfpatissier@gmail.com V r.-v.

GUÉNAËL JAMBON Côte du Py Réserve 2016 ★

	30 000		8 à 11 €

Guénaël Jambon est à la tête de ce domaine implanté au cœur de la Côte du Py, le terroir le plus connu de l'AOC morgon. Il dispose d'une vingtaine d'hectares dans cette appellation, ainsi qu'en fleurie et en beaujolais-villages.

Macération en grappes entières et élevage à 50 % en foudres sont mis en œuvre pour ce terroir – « le meilleur du domaine » selon le vigneron. Au nez, le vin évoque les fruits frais, la myrtille notamment, et les épices. En bouche, il s'appuie sur des tanins fins et sur une agréable fraîcheur. 2020-2023

GUÉNAËL JAMBON, Morgon-le-Haut, 69910 Villié-Morgon, tél. 06 03 49 73 06, guenael-jambon@wanadoo.fr V r.-v.

JEAN-PIERRE LARGE Les Délys 2016 ★

	12 000		8 à 11 €

Jean-Pierre Large exploite depuis 1988 un vaste vignoble de 27 ha sur Chiroubles: le Dom. Cheysson, ancienne dépendance de l'abbaye de Cluny achetée en 1870 par Émile Cheysson, ingénieur, administrateur et professeur d'économie. Il propose aussi des vins sous son propre nom.

Une cuvée qui porte un nom de *climat* particulièrement attrayant, d'autant que Jean-Pierre Large sait le mettre en valeur. Généreusement fruitée (fruits noirs et rouges à l'alcool) et épicée, elle dévoile un profil puissant et massif en bouche, qui appelle la garde. 2021-2025

JEAN-PIERRE LARGE, Bellevue, 69910 Chiroubles, tél. 04 74 69 17 88, largechristin@hotmail.fr V *t.l.j. 8h-12h 14h-17h30*

DOM. ALAIN MERLE Les Charmes 2016 ★

	8 000		5 à 8 €

Située sur l'ancienne voie romaine menant de Lyon à Autun, l'exploitation a vue sur des lieux emblématiques du Beaujolais: le mont Brouilly au sud, la côte du Py à l'est et les deux clochers de l'église de Régnié-Durette à l'ouest. Conduite depuis 1989 par Alain Merle, elle couvre 11 ha et propose des morgon, régnié, beaujolais-villages et beaujolais (blancs).

Les 2 ha du *climat* Les Charmes du domaine sont plantés de vignes de quatre-vingts ans. Ils livrent un vin bien équilibré, fruité (cerise kirchée), enrobé par un boisé agréable et fondu (élevage de huit mois pour partie en fût) et soutenu par des tanins fins. 2019-2023

ALAIN MERLE, Les Bois, 389, Voie Romaine, 69430 Régnié-Durette, tél. 04 74 66 70 72, ol1-merle@orange.fr V *t.l.j. sf dim. 8h-12h 14h-18h*

DOM. MICKAËL NESME Côte du Py Vieilles Vignes 2017

	1 500		8 à 11 €

Fils d'Alain Nesme (Dom. du Chizeaux), Mickaël Nesme s'est installé en 1998 sur cette propriété achetée par le grand-père Émile dans les années 1950. Avant de s'établir au pied du mont Brouilly, il avait vinifié jusque dans l'Oregon. Il exploite aujourd'hui plus de 12 ha de vignes.

Déjà présente dans la dernière édition du Guide, cette cuvée en provenance de vignes de quatre-vingts ans a donné un 2016 centré sur les fruits mûrs, vigoureux en bouche, avec des tanins bien affirmés qui lui assurent un bon potentiel de garde. 2021-2025

MICKAËL NESME, 29, chem. de Montoux, 69430 Quincié-en-Beaujolais, tél. 06 08 80 55 75, mickael_nesme@yahoo.fr V *r.-v.* B

DOM. PASSOT-COLLONGE Côte du Py 2016 ★

	3 640	8 à 11 €

Héritiers de lignées vigneronnes remontant au milieu du XIXe s., Bernard et Monique Passot se sont installés en 1990. Monique a repris seule l'exploitation en 2016 après le départ à la retraite de son mari. Un domaine d'un peu moins de 10 ha doté d'une palette fournie de cuvées: six crus et plusieurs cuvées en morgon.

Une macération avec des raisins aux deux tiers égrappés a permis de mettre en valeur les 66 ares de la fameuse Côte du Py exploités par le domaine. Dans le verre, un morgon campé sur une bonne matière, puissante et fraîche, qui demande à s'assagir. Un vin bien représentatif de son AOC. 2021-2024

MONIQUE PASSOT, 210, imp. du Colombier, 69910 Villié-Morgon, tél. 04 74 69 10 77, mbpassot@yahoo.fr V *r.-v.* 2

LAURENT PERRACHON Corcelette 2017

	22 000		8 à 11 €

Viticulteurs à Juliénas depuis le début du XVIIe s., les Perrachon ont acheté en 1877 le Ch. de la Bottière, puis le Dom. des Perelles à Romanèche-Thorins (moulin-à-vent). À son installation en 1989, Laurent Perrachon a acquis le Dom. des Mouilles, puis des parcelles en morgon, fleurie et saint-amour: en tout 31 ha, avec des vignes dans six crus. Avec Maxime et Adrien, la nouvelle génération a rejoint le domaine en 2016.

Une vinification en grappes entières à 65 % et un élevage prolongé en cuve, voilà la carte d'identité de ce morgon aux arômes de bonbon acidulé, de framboise et de mûre. La bouche est franche et fraîche en attaque, puis elle évolue avec vigueur, portée par des tanins fermes et encore assez sévères. 2021-2024

SARL VINS PERRACHON ET FILS, La Bottière, 69840 Juliénas, tél. 04 74 04 40 44, sarl@vinsperrachon.com V *t.l.j. sf dim. 8h-12h30 13h30-18h* E

CH. DE PIZAY Les Sybarites 2016 ★

	20 000		11 à 15 €

Le premier château de Pizay, qui dépendait des sires de Beaujeu, a été construit vers 970. Remanié à la Renaissance et au XIXe s., doté au XVIIe s. de jardins dessinés par Le Nôtre et en 1818 d'une vaste cave voûtée, transformé en hôtel 4 étoiles au siècle

dernier, il a bien changé depuis l'époque féodale. Avec 75 ha de vignes, c'est l'un des grands domaines de la région, exploité pour une partie en faire-valoir direct, pour l'autre en métayage.

La cuvée phare du domaine, élevée en foudres. Le nez, légèrement boisé, développe des arômes de café, de vanille et de petits fruits noirs. En bouche, on découvre un vin élégant et d'une grande longueur, aux tanins fins et particulièrement fondus. ⧗ 2020-2024

CH. DE PIZAY, Pizay, 69220 Saint-Jean-d'Ardières, tél. 04 74 66 26 10, contact@vins-chateaupizay.com V ! *t.l.j. sf dim. 8h30-12h30 13h30-17h*

♥ DOM. DE LA ROCHE THULON 2017 ★★

■	2000	🍾	5 à 8 €

2017 DOMAINE DE LA ROCHE THULON MORGON

Pascal Nigay, installé en 1990, a cédé son domaine familial à Didier Lapalus, vigneron de Régnié. Un domaine de 14 ha, habitué du Guide, qui produit trois crus (régnié, morgon et côte-de-brouilly), ainsi que du beaujolais-villages.

Vinification en grappes entières et élevage en cuve, la tradition a souvent du bon. C'est en tout cas ce que démontre ce morgon très plaisant, fin et harmonieux, qui s'exprime sur des notes intenses de myrtille et de framboise. Une matière ample, aux saveurs persistantes et bien équilibrées, vient tapisser le palais avec beaucoup de rondeur. ⧗ 2021-2024

DIDIER LAPALUS, 846, rte de Montmay, 69430 Quincié-en-Beaujolais, tél. 04 74 69 00 42, domainedutram@free.fr V ! *r.-v.*

DOM. RUET Les Grands Cras 2017 ★

■	9000	🍾	11 à 15 €

Fondé en 1926 au nord du mont Brouilly, ce domaine familial couvre 21 ha, avec des parcelles dans quatre crus: brouilly, côte-de-brouilly, régnié et morgon. Une valeur sûre du Beaujolais: le premier coup de cœur fut un 1984 et bien d'autres ont suivi. David Duthel a pris les rênes de l'exploitation en 2010, complétée par une activité de négoce.

Un terroir d'argile et de granit d'un peu plus de 1 ha et une vinification à la beaujolaise sont à l'origine de ce morgon bien né, au nez intense de framboise et de cerise qui s'exprime avec fraîcheur. Une fraîcheur que l'on retrouve dans une bouche soyeuse et longue, aux tanins fondus. ⧗ 2020-2023

DAVID DUTHEL, Voujon, 69220 Cercié, tél. 04 74 66 85 00, ruet.beaujolais@orange.fr V ! *r.-v.*

DOM. DES SOUCHONS Côte du Py 2016

■	6660	15 à 20 €

Grands Vins Sélection est un négoce assembleur fondé en 1946 par deux familles du Mâconnais. Depuis 1988, la société est spécialisée dans le négoce et l'embouteillage de vins pour la grande distribution. Elle présente aussi des vins de domaines partenaires.

Une cuvée partiellement élevée en fûts de 400 l., permettant au boisé de se fondre plus finement. Elle se présente effectivement avec un profil bien équilibré, élégant, mais d'une puissance moyenne. ⧗ 2019-2022

GRANDS VINS SÉLECTION, 696, rte de Champagnard, 69220 Saint-Jean-d'Ardières, tél. 04 74 66 57 24, contact@grandsvinsselection.fr

THORIN Terres de schiste noir 2017

■	65000	8 à 11 €

Fondée en 1843 par une vieille famille du Beaujolais, cette maison de négoce, qui s'approvisionne auprès de 450 viticulteurs, est maintenant une filiale du groupe Boisset. Elle décline dans sa gamme les différentes «terres» du Beaujolais, qui donnent leur nom à ses cuvées (silice, granite, schiste noir).

La palette aromatique est large: on y trouve des notes à la fois minérales, poivrées, des fruits noirs et une nuance florale. Après une attaque franche, la bouche fait sentir des tanins encore assez vigoureux, qui demandent à s'assagir. ⧗ 2021-2024

MAISON THORIN, 403, rte de Saint-Vincent, 69430 Quincié-en-Beaujolais, tél. 04 74 69 09 61

LA TOUR DES BANS 2017

■	15000	🍾	5 à 8 €

Raphaël Blanco conduit depuis 1981 le Dom. de la Tour des Bans (9,5 ha), qui est une métairie du Ch. de Pizay, vaste propriété de 75 ha dans le Beaujolais.

L'œnologue Pascal Dufaitre a élaboré un morgon d'une belle intensité aromatique où dominent les notes de fruits rouges, la framboise en particulier. La bouche, de bonne longueur, est bien équilibrée, même si les tanins ont tendance à prendre le dessus. À attendre un peu. ⧗ 2021-2023

RAPHAËL BLANCO, Pizay, 69220 Saint-Jean-d'Ardières, tél. 04 74 66 26 10, contact@vins-chateaupizay.com V ! *t.l.j. sf dim. 8h30-12h30 13h30-17h* *Pizay*

MOULIN-À-VENT

Superficie : 648 ha / Production : 25 700 hl

Le «seigneur» des crus du Beaujolais fut l'un des premiers, dès 1924, à avoir été délimité – par un jugement du tribunal civil de Mâcon qui lui donna aussi le droit d'utiliser le nom de moulin-à-vent. Il campe sur les coteaux de deux communes, Chénas, dans le Rhône, Romanèche-Thorins, en Saône-et-Loire. Le moulin qui symbolise l'appellation se dresse à une altitude de 240 m au sommet d'un mamelon, au lieu-dit Les Thorins. Le gamay noir s'enracine dans des sols peu profonds d'arènes granitiques. Riche en éléments minéraux tels que le manganèse, ce terroir apporte aux vins une couleur rouge profond, un arôme rappelant l'iris, un bouquet et un corps qui, quelquefois, font qu'on les compare à leurs cousins bourguignons de la Côte-d'Or. S'il peut être apprécié dans les premiers mois de sa naissance, le moulin-à-vent supporte une garde de quelques années (jusqu'à dix ans dans les grands millésimes). Selon un rite traditionnel, chaque millésime est porté aux

fonts baptismaux, d'abord à Romanèche-Thorins (fin octobre), puis dans tous les villages et, début décembre, dans la «capitale».

DOM. ANITA Cœur de vigneronne 2016 ★

■ | 4000 | | 15 à 20 €

Anita Kuhnel a longtemps travaillé avec son mari André à Villié-Morgon. Elle a créé en 2015 son domaine, 15 ha sur six appellations, avec l'ambition de produire des cuvées parcellaires, reflets de ses terroirs.

Première cuvée vinifiée par Anita Kuhnel et première réussite. Le vin propose de généreuses notes florales et fruitées, avec une dominante de cassis. Des tanins fins et soyeux et une belle finale, longue et épicée, lui assurent beaucoup d'harmonie en bouche. ⧗ 2021-2024

ANITA KUHNEL, Aux Caves, 69840 Chenas, tél. 06 83 38 60 22, anita@kuhnel.fr V r.-v.

♥ **ARNAUD AUCŒUR**
Tradition Vieilles Vignes 2017 ★★

■ | 30000 | 8 à 11 €

En 1825, Jean-Claude Aucœur plante les premiers ceps à Villié-Morgon. Œnologue, Arnaud, qui représente la dixième génération sur le domaine, s'est installé en 1998. Une activité de négoce complète la production de l'exploitation familiale (13 ha) et lui permet de proposer une belle palette de neuf crus.

Les 4 ha de gamay de cette cuvée sont implantés sur un terroir de schiste et de granit. Des vignes d'une soixantaine d'années qui ont donné un vin remarquablement équilibré et intense. Le nez développe des notes de fruits noirs (myrtille, cassis). Soutenue par des tanins fermes, la bouche se distingue par sa grande concentration, sa puissance et sa longueur. Elle gagnera encore certainement en finesse avec le temps. ⧗ 2021-2028

DOM. AUCŒUR, Le Colombier, rte de Fleurie, 69910 Villié-Morgon, tél. 04 74 04 16 89, arnaudaucoeur@yahoo.fr V r.-v.

XAVIER ET NICOLAS BARBET
Champ de Cour Réserve caveau 2016 ★

■ | 2700 | 20 à 30 €

Les deux frères Xavier et Nicolas Barbet sont propriétaires d'un vignoble au cœur de l'appellation moulin-à-vent depuis 2006. Les terroirs Champ de Cour, Le Moulin, La Roche et Les Perelles figurent dans leur gamme. Les vins sont distribués par la maison Loron, dirigée par Xavier Barbet.

Ce terroir riche en minéraux et bien exposé est l'un des fleurons de l'appellation. Il le confirme avec cette cuvée ample et profonde, construite sur des tanins soyeux. L'ensemble donne un bon vin de garde, mais propose déjà une belle harmonie. ⧗ 2020-2024

SCEA BARBET, Les Sauniers, 71570 Saint-Vérand, tél. 03 85 36 81 20, contact@xnbarbet.fr

CH. DE BELLEVERNE
Les Seignaux Vieilles Vignes 2017 ★★

■ | 14000 | | 8 à 11 €

Ancien monastère, ce domaine, propriété de la famille Bataillard depuis 1969, s'étend sur près de 32 ha et couvre quatre appellations du Beaujolais. Didier Bataillard dirige l'exploitation avec son frère Alain et sa sœur Sylvie.

Les Seignaux est un lieu-dit sur lequel le domaine exploite 3,15 ha, à l'origine de cette cuvée au caractère bien trempé. Le nez évoque le poivre et les fruits rouges. La bouche se développe avec beaucoup de puissance et d'équilibre autour de tanins fermes, et déploie une longue finale mentholée. ⧗ 2021-2024

BATAILLARD PÈRE ET FILS, 71570 La Chapelle-de-Guinchay, tél. 03 85 36 71 06, cavesdebelleverne@orange.fr V r.-v.

DOM. DE CHÊNEPIERRE 2017

■ | 10000 | | 8 à 11 €

Christophe Lapierre a pris en 2008 les rênes de l'exploitation familiale, le Dom. de Chênepierre (11 ha répartis entre chénas, moulin-à-vent, beaujolais-villages et crémant-de-bourgogne), après le départ à la retraite de ses parents. La moitié de ses surfaces est vinifiée par la coopérative de Chénas (sous l'étiquette «Dom. Christophe Lapierre») et l'autre moitié au domaine (sous l'étiquette «Dom. de Chênepierre»).

Macéré en grappes entières pendant neuf jours et élevé en foudres, ce moulin-à-vent présente une matière tannique puissante qui demande à s'affiner. Son expression aromatique florale et fruitée fait preuve d'intensité. En devenir. ⧗ 2021-2024

CHRISTOPHE LAPIERRE, Les Deschamps, 69840 Chénas, tél. 06 68 68 63 86, lapierre-christophe@wanadoo.fr V *t.l.j. 8h-12h 14h-19h*

DOM. DE LA CHÈVRE BLEUE
Vieilles Vignes 2016 ★★

■ | 5000 | | 8 à 11 €

C'est en 1999 que Michèle, d'une famille de vignerons, et son époux Gérard Kinsella, ancien informaticien natif de Londres, ont décidé d'investir dans ce domaine de quelque 8 ha, principalement implanté dans les deux appellations voisines de chénas et de moulin-à-vent.

Les vignes âgées de soixante-dix ans à l'origine de ce vin s'épanouissent sur un terroir sableux d'un peu plus d'un hectare. Un terroir que Gérard Kinsella a su magnifiquement mettre en valeur avec un 2016 expressif (réglisse, cassis), suave, gras et long en bouche, étayé par des tanins bien présents mais sans agressivité. ⧗ 2021-2024

MICHÈLE ET GÉRARD KINSELLA, Les Deschamps, 69840 Chénas, tél. 09 75 46 74 10, gerard.a.kinsella@gmail.com V r.-v.

DOM. DE COLONAT Tentation 2017 ★★★

■ | 10000 | | 8 à 11 €

Les Collonge cultivent la vigne depuis le XVII[e]s. En 1828, un ancêtre, ancien maréchal ferrant, achète le domaine actuel. Conduite depuis 1977 par Bernard et Christine Collonge, rejoints en 2009 par leur fils

Thomas, l'exploitation familiale s'étend sur 16 ha, avec des parcelles en morgon, fleurie, chiroubles, régnié, moulin-à-vent et brouilly.

Égrappage à 80 %, macération de quatorze jours et élevage à 25 % en fût, c'est la formule gagnante de Bernard et Thomas Collonge. Des tanins soyeux assurent à ce moulin-à-vent une très agréable rondeur; une mâche d'autant plus intéressante qu'elle est soutenue par une belle fraîcheur en finale. La complexité aromatique, traduisant une belle maturité du fruit, est aussi de la partie. ⧗ 2021-2026

THOMAS COLLONGE, Saint-Joseph, 69910 Villié-Morgon, tél. 04 74 69 91 43, thomas@domaine-de-colonat.fr V r.-v.

DOM. DU COTEAU DE VALLIÈRES Mélusine 2017 ★

■	1500		8 à 11 €

Prenant la suite des deux générations précédentes, Lucien Grandjean s'est installé en 1979 avec Lydie. Il a agrandi progressivement le vignoble familial (9 ha), prenant des parcelles en fermage. Aujourd'hui, il est en mesure de proposer quatre crus: régnié, morgon, fleurie, moulin-à-vent.

Un vin jeune, campé sur de solides tanins, qui demande à être attendu quelques années. L'ensemble ne manque pas d'harmonie ni de fruits, qui s'expriment dans un registre franc et élégant. ⧗ 2021-2024

LUCIEN ET LYDIE GRANDJEAN, 701, rte de Vallières, 69430 Régnié-Durette, tél. 06 12 63 30 15 V r.-v.

DOM. DESPERRIER Clos de la Pierre Monopole 2016

■	5000		8 à 11 €

Depuis quatre générations, la famille Desperrier est implantée à Romanèche-Thorins. Serge Desperrier a pris les rênes du domaine en 1990. Il exploite aujourd'hui 6 ha de vignes, essentiellement en AOC moulin-à-vent.

Ce Clos d'un hectare est assis sur un sol argilo-limoneux dont Serge Desperrier est l'unique exploitant. Une vinification dans la tradition beaujolaise et un élevage en fût ont permis d'obtenir un vin d'une bonne densité, ouvert sur des notes de pivoine et de fruits rouges et soutenu par des tanins fermes qui montrent un peu les muscles en finale. ⧗ 2021-2024

EARL DOM. DESPERRIER, La Pierre, Cidex 911, 227, rue de la Cascade, 71570 Romanèche-Thorins, tél. 03 85 35 55 05, dom.desperrier@wanadoo.fr V r.-v.

DOM. DES FOUDRES 2017 ★

■	3000		8 à 11 €

Jean-Philippe Sanlaville a pris en 1991 les commandes du domaine familial situé à Vaux-en-Beaujolais, pittoresque village popularisé par Gabriel Chevallier sous le nom de Clochemerle. Établi dans l'aire du beaujolais-villages, il exploite un vignoble de 26 ha, avec des parcelles dans les crus brouilly, chénas, morgon et moulin-à-vent.

Ne pas toujours se fier aux noms de domaines: ce moulin-à-vent a été élevé en cuve, après une macération longue et à basse température. Il fait preuve d'une belle élégance aromatique, sur une dominante de fruits noirs, mais aussi de longueur, d'équilibre et de fermeté en bouche. ⧗ 2020-2023

JEAN-PHILIPPE SANLAVILLE, Le Plageret, 69460 Vaux-en-Beaujolais, tél. 06 82 39 70 42, info@domainedesfoudres.com V *t.l.j. 10h-18h*

DOM. DAVID GEORGES 2016 ★

■	3100		5 à 8 €

David Georges a démarré comme coopérateur, puis il a gravi les échelons jusqu'à devenir vice-président de la cave. À l'âge de quarante ans, en 2009, il a pris la succession de son père sur le domaine familial constitué il y a quatre générations. Il exploite 8 ha.

David Georges procède par vinification en chapeau immergé: les raisins non égrappés sont maintenus dans le jus par une grille. Le vin se distingue par des notes de confiture et une touche boisée, et par sa matière souple, ronde et délicate. ⧗ 2019-2023

DAVID GEORGES, 328, rue des Thorins, 71570 Romanèche-Thorins, tél. 03 85 33 87 69, david.georgesmav@orange.fr V r.-v.

DOM. LES GRYPHÉES 2017

■	6000	8 à 11 €

Ce domaine de 14 ha tire son nom de mollusques fossiles présents dans le secteur des Pierres dorées, où il est implanté. À sa tête, Pierre et Cécile Durdilly, installés en 1973, ont été rejoints par leur fils Guillaume en 2007. Ils font le grand écart entre le Bois-d'Oingt, où est implantée la cuverie, et la région septentrionale des crus, où ils ont acquis des parcelles.

Plaisante, élégante, sur des notes florales au nez et construite sur des tanins soyeux en bouche, cette cuvée s'exprime dans un registre harmonieux. Elle est issue d'un hectare de vignes cinquantenaires. ⧗ 2019-2022

PIERRE DURDILLY, 2, rte de Saint-Laurent, Le Bois-d'Oingt, 69620 Val-d'Oingt, tél. 04 74 72 49 93, domainelesgryphees@wanadoo.fr V r.-v.

DOM. DU GUÉRET 2017 ★

■	30000		11 à 15 €

Propriété de la famille Favre, ce domaine élabore des vins des crus du Beaujolais (quelque 5 ha en moulin-à-vent). Le fruit de la récolte est vinifié par la cave de Chénas, dont Jean Favre a longtemps été le président.

C'est la cuvée principale du domaine avec 5 ha de gamay mobilisés. Élevée en cuve pendant six mois, elle flatte le nez d'intenses notes de cerise accompagnées de nuances florales. Des tanins fins viennent tapisser le palais, élégant et frais, étiré dans une jolie finale sur la griotte. ⧗ 2021-2024

DOM. DU GUÉRET, 69840 Chénas *GFA*

DOM. LABRUYÈRE Cœur de terroirs Vieilles Vignes 2016 ★

■	20000		15 à 20 €

Après avoir fait fortune dans la grande distribution, les Labruyère ont investi dans le vin, rachetant en 1988 des parts dans le Dom. Jacques Prieur,

à Meursault. Depuis 2008, ils ont aussi renoué avec leurs racines beaujolaises: un ancêtre s'était installé en 1850 aux Thorins, exploitant notamment le monopole réputé du Clos du Moulin-à-Vent. Édouard Labruyère a repris la propriété en main, ne gardant toutefois que les plus belles parcelles. Le vignoble compte aujourd'hui 14 ha.

Un élevage long de dix-huit mois pour moitié en fût de chêne et une vinification à la bourguignonne témoignent de l'ambition que nourrit la famille Labruyère pour son vignoble beaujolais. Un terroir qui le leur rend bien avec cette cuvée aux arômes de fruits rouges et de torréfaction, qui se montre harmonieuse, fraîche, ample, bien structurée par des tanins fermes. Le potentiel de garde est là. Le millésime 2015 a obtenu le coup de cœur. ⧗ 2021-2026

FAMILLE LABRUYÈRE, 310, rue des Thorins, 71570 Romanèche-Thorins, tél. 03 85 20 38 18, info@domaines-labruyere.com V r.-v.

JEAN LORON Au beau moulin 2016 ★

■	9500	11 à 15 €

Aux origines de la maison, Jean Loron, vigneron né dans le Beaujolais en 1711. Son petit-fils Jean-Marie fonda en 1821 un commerce d'expédition de vins. Aujourd'hui dirigée par la huitième génération, l'entreprise familiale est propriétaire de plusieurs domaines, comme le Ch. de la Pierre (régnié, brouilly), ceux de Fleurie, de Bellevue (morgon), les domaines des Billards (saint-amour) et de la Vieille Église (juliénas).

Un vin complet, équilibré, qui fait honneur au millésime et à son appellation. Un joli nez de cassis, de mûre et de réglisse s'exprime avec générosité. Les tanins sont un peu fermes aujourd'hui, mais s'affineront avec le temps. ⧗ 2021-2024

MAISON JEAN LORON, Pontanevaux, 71570 La-Chapelle-de-Guinchay, tél. 03 85 36 81 20, vinloron@loron.fr V *t.l.j. sf sam. dim. 9h-12h 14h-17h; f. août* *Philippe Bardet*

CH. DU MOULIN-À-VENT Couvent des Thorins 2016 ★★

■	80000		11 à 15 €

Après un parcours dans l'édition de logiciels, Jean-Jacques Parinet a racheté en 2009 le Ch. du Moulin-à-Vent à la famille Flornoy-Bloud, qui en était propriétaire depuis cent ans. Sur ce domaine de 30 ha exclusivement en moulin-à-vent, il suit une démarche bio, sans certification.

Toute la fraîcheur et l'harmonie apportées par le millésime 2016 sont bien là. Le nez présente des notes fines de fruits rouges, de réglisse et de fleurs. Après une attaque souple, la bouche dévoile des tanins fins et caressants d'une grande délicatesse. ⧗ 2019-2023

CH. DU MOULIN-À-VENT, 4, rue des Thorins, 71570 Romanèche-Thorins, tél. 03 85 35 50 68, info@chateaudumoulinavent.com V *r.-v.*
Édouard Parinet

LE NID Tradition 2016 ★

■	6000		11 à 15 €

Anciennement dénommé Dom. du Petit Chêne, ce vignoble en moulin-à-vent a été repris en 2012 par Paul Lardet, industriel à la tête d'une entreprise de métallurgie fabriquant du matériel de cuverie. Ce dernier l'a rebaptisé Le Nid en 2014 et le conduit avec ses trois enfants en agriculture raisonnée. Le domaine s'étend sur 6 ha.

Vinifiée en grappes entières et élevée en foudres pendant dix mois, cette cuvée est un assemblage de plusieurs parcelles de l'appellation. Une approche qui a fait une nouvelle fois mouche: le vin propose une bouche concentrée, des tanins fins et une palette aromatique intense, évoquant les fruits noirs confiturés associés à une touche grillée et épicée. ⧗ 2021-2024 ■ **Tradition 2017 (11 à 15 €; 6000 b.)** : vin cité.

FAMILLE LARDET, 51, rue des Champs-de-Cour, 71570 Romanèche-Thorins, tél. 06 82 88 61 01, contact@lenid.fr V *r.-v.*

DOM. DU POURPRE 2017 ★★

■	15000		5 à 8 €

Installé depuis 1978, Bernard Méziat représente la cinquième génération sur ce domaine d'une vingtaine d'hectares. Il propose des moulin-à-vent, chénas et fleurie.

Un vin ample et onctueux qui traduit avec gourmandise la générosité de ce millésime solaire. L'intensité et la finesse sont au rendez-vous au nez, autour d'un mélange de fruits et de notes fumées. Les tanins sont élégants, raffinés et la finale s'exprime sur une touche persistante de cerise. ⧗ 2021-2024

BERNARD MÉZIAT, Les Pinchons, 69840 Chénas, tél. 04 74 04 48 81, meziat.bernard@wanadoo.fr V *t.l.j. 8h-20h*

DOM. DE ROCHE-GUILLON 2016 ★

■	2000		8 à 11 €

Valérie et Bruno Copéret se sont installés en 1984 sur le vignoble familial, rejoints en 2014 par leur fils Cyril. Le domaine, qui couvre 12 ha, propose trois crus: fleurie principalement, chénas et moulin-à-vent.

La vendange a été éraflée à 30 % avant une macération de onze jours pour obtenir un moulin-à-vent harmonieux et d'une belle longueur. La bouche se développe avec ampleur et laisse percevoir des tanins soyeux, support d'arômes de fruits rouges assez puissants. ⧗ 2020-2023

BRUNO COPÉRET, Roche-Guillon, 69820 Fleurie, tél. 06 87 40 31 08, roche-guillon.coperet@wanadoo.fr V *t.l.j. 9h-19h*

DOM. BENOÎT TRICHARD Mortperay 2016

■	5000		8 à 11 €

Cette exploitation familiale porte le nom de son fondateur, qui a rassemblé en 1951 des vignes autour du mont Brouilly. Elle n'a cessé de s'étendre pour atteindre aujourd'hui 11 ha, avec des parcelles dans les crus brouilly, côte-de-brouilly et moulin-à-vent. Ce sont les fils de Benoît Trichard, Michel et Pierre, qui conduisent le domaine depuis 1977.

Nous sommes ici dans le fief du domaine avec une cuvée qui représente 6 ha. Un vin issu de raisins totalement éraflés et élevé en fût qui doit être approché avec la patience à accorder à une cuvée destinée à la garde. La bouche fait en effet preuve de solidité et le boisé se fait sentir. Du potentiel. ⧗ 2021-2025

⊶ DOM. BENOÎT TRICHARD, 307, rue de l'Église, 69460 Odenas, tél. 04 74 03 40 87, dbtrichard@orange.fr r.-v.

DOM. DE LA VIGNE ROMAINE 2017

■ | 7666 | | 11 à 15 €

Thierry Guimaret conduit depuis 1990 cette exploitation de Romanèche-Thorins où l'on trouve les vestiges d'une villa gallo-romaine. Il confie à la cave du Ch. de Chénas le fruit de sa récolte et à la maison Dubœuf le soin de commercialiser ses vins.

Un bouquet de fruits rouges et noirs s'épanouit avec finesse au nez. La bouche fait preuve de rondeur et donne une cuvée harmonieuse, plaisante. L'élevage en fût pendant six mois est peu perceptible. ⧗ 2021-2023

⊶ DOM. DE LA VIGNE ROMAINE, 71570 Romanèche-Thorins ⊶ Thierry Guimaret

VILLA PONCIAGO Les Grès Rouges 2016 ★★

■ | n.c. | 8 à 11 €

La famille champenoise Henriot (aussi propriétaire de Bouchard Père et Fils) a racheté en 2008 le Ch. de Poncié (domaine historique fondé en 949) et l'a rebaptisé «Villa Ponciago». Le vignoble compte 49 ha répartis sur quarante parcelles et une structure de négoce a été développée en complément.

Le domaine confirme son approche d'élaboration: celle d'un vin ample et structuré, destiné à une longue garde ou à être carafé avant dégustation. Le nez s'ouvre à l'aération sur des notes subtiles de fruits des bois. Les tanins sont bien présents mais ne nuisent pas à l'harmonie de l'ensemble. ⧗ 2021-2026

⊶ VILLA PONCIAGO, 69820 Fleurie, tél. 04 37 55 34 75, contact@villaponciago.fr ⊶ Maisons et Domaines Henriot

CÉDRIC VINCENT L'Harmonie 2016

■ | 3500 | | 15 à 20 €

Après une jeunesse sportive et dix ans de conseil auprès des viticulteurs de Beaune, Cédric Vincent a repris ce domaine en 2010. D'abord producteur de beaujolais blanc, il s'est agrandi (12 ha aujourd'hui) dans les crus.

Cédric Vincent a vinifié ses raisins à la bourguignonne pour élaborer ce vin minéral et végétal au nez, épicé et doté de tanins solides en bouche. Pour la cave. ⧗ 2021-2024

⊶ CÉDRIC VINCENT, 272, chem. de Marduy, 69400 Porte-des-Pierres-Dorées, tél. 06 75 04 77 42, domainecvincent@gmail.com r.-v.

RÉGNIÉ

Superficie : 313 ha / Production : 15 000 hl

Officiellement reconnu en 1988, le plus jeune des crus s'insère entre le morgon au nord et le brouilly au sud, confortant ainsi la continuité des limites entre les dix appellations locales beaujolaises. À l'exception de 5,9 ha sur la commune voisine de Lantignié, il est totalement inclus dans le territoire de la commune de Régnié-Durette, autour de la curieuse église aux clochers jumeaux qui symbolise l'appellation. Orienté nord-ouest/sud-est, le vignoble s'ouvre largement au soleil levant et à son zénith, ce qui lui a permis de s'implanter à une altitude entre 300 et 500 m. Le gamay s'enracine dans un sous-sol sablonneux et caillouteux – le terroir s'inscrit dans le massif granitique dit de Fleurie. On trouve aussi quelques secteurs à tendance argileuse. Aromatiques, fruités et floraux, charnus et souples, les régnié sont souvent qualifiés de rieurs et de féminins.

♥ DOM. DE LA BÊCHE 2017 ★★

■ | 20000 | | 5 à 8 €

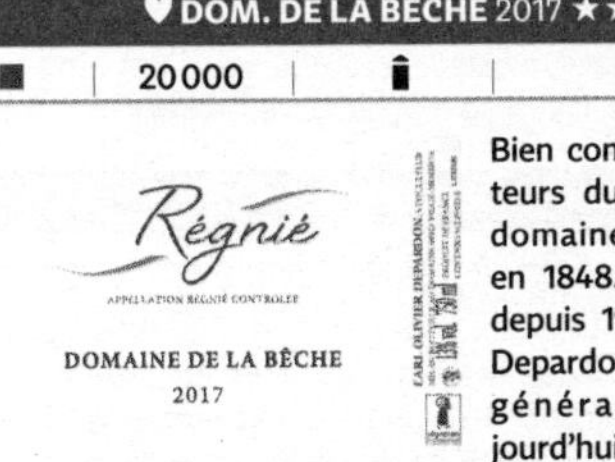

Bien connu des lecteurs du Guide, un domaine constitué en 1848. À sa tête depuis 1985, Olivier Depardon (septième génération), aujourd'hui rejoint par son fils Alexis, propose, sur ses 26,5 ha, du morgon, du régnié et du beaujolais-villages.

Déjà présent dans l'édition 2018 du Guide avec une très belle étoile, Olivier Depardon revient avec un régnié plein de charme et d'harmonie. Il a pour cela procédé à l'égrappage de ses raisins puis à un élevage court en cuve (quatre mois). L'expression aromatique développe des notes intenses de fruits rouges et noirs à bonne maturité, avec une pointe épicée en prime. La bouche, tout aussi riche en fruits, se révèle ample, ronde et longue, étayée par des tanins soyeux et fins. ⧗ 2019-2023

⊶ OLIVIER DEPARDON, Dom. de la Bêche, BP 18, 69910 Villié-Morgon, tél. 04 74 69 15 89, depardon.olivier.morgon@wanadoo.fr r.-v.

DOM. LES CAPRÉOLES Diaclase 2016 ★

■ | 8000 | | 11 à 15 €

Un jeune domaine né en juillet 2014 sous l'impulsion de Cédric Lecareux - arrivé du Languedoc-Roussillon où il a officié dans les domaines du groupe Gérard Bertrand - et de son épouse, originaire du Beaujolais. Il a racheté ce domaine vieux de 250 ans et cultive 6 ha de vignes qu'il convertit au bio. Implanté comme un jardin autour de la propriété, le vignoble bénéficie d'une vue exceptionnelle sur les deux clochers de Régnié-Durette.

Les diaclases sont des fractures dans le granit, roche-mère du Beaujolais, qui permettent aux racines de bien s'infiltrer dans le sol. Ici, des vénérables ceps de soixante-cinq ans que Cédric Lecareux a égrappé en partie (80 %) pour élaborer cette cuvée. Un vin certes encore assez marqué par le boisé aujourd'hui, mais qui a la structure pour le digérer, avec une belle fraîcheur en prime pour garantir la longueur et le potentiel de garde. ⧗ 2020-2024

⊶ CÉDRIC LECAREUX, 108, imp. du muguet, La Plaigne, 69430 Régnié-Durette, tél. 04 74 65 57 83, contact@capreoles.com t.l.j. 9h-18h; sam. dim. sur r.-v.

DOM. RAPHAËL CHOPIN La Ronze 2016

■ | 8000 | 11 à 15 €

Installé en 2009, Raphaël Chopin exploite 6 ha de vignes en morgon, régnié et beaujolais-villages. Le domaine se compose de jeunes vignes (trente ans environ) qui côtoient de plus vieilles, aux pieds noueux, plantées en 1905.

Le vigneron exploite 2 ha de ce lieu-dit, qui ont donné un vin expressif avec ses arômes de cassis et de pivoine, solide en bouche, bâti sur des tanins affirmés mais harmonieux. Une cuvée qui demande à vieillir. ⧗ 2020-2023

RAPHAËL CHOPIN, La Savoye, 69430 Lantignié, tél. 06 22 08 59 09, domaine-raphael-chopin@gmail.com V r.-v.

JEAN-PIERRE DUCROUX 2017 ★

■ | 2000 | | 5 à 8 €

Jean-Pierre Ducroux a pris la suite des deux générations précédentes et s'est installé en 1989 sur le domaine implanté dans un hameau de Villié-Morgon. Il exploite près de 16 ha de vignes en AOC morgon, régnié et beaujolais-villages.

Une vinification en grappes entières pendant une période assez brève (six jours) a donné un vin immédiatement plaisant, où le fruit ne se fait pas attendre, ample et souple et rond en bouche. ⧗ 2018-2022

JEAN-PIERRE DUCROUX, lieu-dit Saint-Joseph, 69910 Villié-Morgon, tél. 04 74 69 91 96, ducroux-jeanpierre@orange.fr V r.-v.

CH. DE DURETTE Exception 2017 ★

■ | 3000 | | 8 à 11 €

En 2006, Jean Joly, un entrepreneur liégeois qui avait fait son voyage de noces à Saint-Amour, achète la propriété Fustier à Régnié-Durette, fait construire un cuvier, triple la surface du domaine, trouve des associés. Disparu en avril 2014, il laisse une exploitation de 25 ha, avec des parcelles dans sept crus (essentiellement en régnié), dirigée par Marc Theissen.

Une cuvée élevée pendant dix mois en cuve qui met en avant toute la complexité d'un gamay bien né. Elle exhale des notes de cerise noire et d'épices. La finesse et la longueur sont également au rendez-vous dans un palais frais et bien structuré. ⧗ 2020-2023

SCEA CH. DE DURETTE, Chez le-Bois, 69430 Régnié-Durette, tél. 04 74 04 20 13, marc.theissen@chateaudedurette.eu V r.-v.

DOM. GAUDET 2016 ★

■ | 8000 | | 5 à 8 €

Jean-Michel Gaudet a pris en 1988 la tête d'une exploitation familiale créée en 1947. Il conduit 7,8 ha de vignes et propose du régnié, du beaujolais-villages rouge et rosé et du beaujolais blanc.

La fraise, la framboise et la cerise accompagnées d'une touche poivrée, ce régnié dévoile des arômes typés d'un beau gamay. On les retrouve dans une bouche veloutée et suave, aux tanins enrobés. Un vin que l'on peut boire sans tarder, mais qui pourra également vieillir harmonieusement. ⧗ 2018-2023

JEAN-MICHEL GAUDET, 76, imp. des sarments, La Haute-Plaigne, 69430 Régnié-Durette, tél. 04 74 69 21 66, jeanmichelgaudet@orange.fr V r.-v.

HOSPICES DE BEAUJEU Cuvée Marquise de Vaudreuil 2017 ★

■ | 60000 | | 5 à 8 €

Depuis 1240, plus de 250 bienfaiteurs ont constitué le patrimoine des Hospices de Beaujeu propriétaires de 80 ha de vignes. Des ventes aux enchères se sont déroulées ici, bien avant celles de Beaune. Depuis 2013, c'est la maison Béjot, sous forme d'un partenariat, qui commercialise les vins.

L'œnologue Serge de Bucy a fait honneur à cette belle institution en proposant un vin fruité, floral et finement épicé, sur l'élégance et la fraîcheur, porté par des tanins ronds et fondus. ⧗ 2018-2021

FRANÇOIS MARTENOT, Hospices de Beaujeu, RD 974, 21190 Meursault, tél. 03 80 21 22 45 t.l.j. 10h-18h

DOM. LAFOREST 2017 ★

■ | 30000 | | 5 à 8 €

Vigneron comme son père et son grand-père, Jean-Marc Laforest a pris les rênes en 1973 d'un domaine qui compte aujourd'hui 20 ha. Ses deux fils Thomas et Pierre ont pris la relève en 2016. L'exploitation propose les crus brouilly, côte-de-brouilly et régnié ainsi que du beaujolais-villages.

Savoir faire un beau vin est une chose, mais savoir le faire en quantité conséquente en est une autre. C'est la démonstration qu'apporte Jean-Marc Laforest avec cette cuvée issue de 7 ha de vignes. Le nez est expressif, sur des notes de fruits noirs frais et de pivoine. Une tonalité cohérente avec la bouche, où la fraîcheur et l'intensité sont de mises, ainsi que des tanins fondus. ⧗ 2018-2022

LAFOREST, 793, rte du Bois, chez Le Bois, 69430 Régnié-Durette, tél. 04 74 04 35 03, contact@domaine-laforest.fr V r.-v. *J. Helfrich*

DOM. LAGNEAU 2016 ★

■ | 10000 | | 8 à 11 €

Les Lagneau vivent à la même adresse, mais le père, la mère et le fils signent chacun leurs bouteilles. Jeannine, Gérard et Didier exploitent ce domaine familial né de 4 ha de vignes transmis par le grand-père, Antoine Monney.

La robe séduit par ses reflets rubis intenses. Elle donne le ton puisque ce vin se distingue surtout par son caractère charmeur et gouleyant et par son fruité soutenu à dominante de cassis. Un régnié riche et agréable. ⧗ 2018-2021

DIDIER LAGNEAU, 941, rte d'Huire, 69430 Quincié-en-Beaujolais, tél. 04 74 69 20 70, dilagneau@wanadoo.fr V r.-v. 3

CH. DES REYSSIERS 2016

■ | 25000 | | 8 à 11 €

Installée au cœur de l'appellation brouilly depuis 1888, la maison Henry Fessy compte aujourd'hui

70 ha de vignes implantées en majorité sur les crus du Beaujolais. Elle a été reprise en 2008 par la célèbre maison de négoce bourguignonne Louis Latour.

L'expression aromatique, sur des notes de petits fruits rouges et noirs avec une tonalité florale, se révèle dans la subtilité. En bouche, des tanins fondus soulignés par une pointe acidulée donnent une sensation d'harmonie. ⧗ 2018-2022

LES VINS HENRY FESSY, 644, rte de Bel-Air, 69220 Saint-Jean-d'Ardières, tél. 04 74 66 00 16, contact@henryfessy.com t.l.j. sf sam. dim. 8h-12h 14h-17h
Maison Latour

DOM. CHRISTOPHE SAVOYE
Ma Confidence 2016 ★★

■ | 8000 | | 8 à 11 €

Sophie et Christophe Savoye, installés à Chiroubles depuis 1991, ont pris la suite de cinq générations. Ils exploitent 16 ha répartis dans les AOC chiroubles, morgon et régnié.

Le couple de vignerons revendique une tradition de vins très typés de leurs terroirs. C'est effectivement ce que souligne le jury voyant dans cette cuvée une bouteille bien représentative du caractère du cru. Le fruit se montre ainsi spontanément expressif et fin, et la bouche séduit par son volume et par sa structure élégante et souple. ⧗ 2019-2023

CHRISTOPHE SAVOYE, 11, rte de la Grosse-Pierre, 69115 Chiroubles, tél. 04 74 69 11 24, christophe.savoye@laposte.net t.l.j. 10h-12h 14h-18h30 4

DOM. TANO PÉCHARD
Les Compagnons du Toine 2016 ★

■ | 4000 | | 11 à 15 €

Patrick Péchard, installé en 1982, a donné à son exploitation le nom de son père Antoine - «Tano» pour les copains -, disparu en 1984. Implanté sur la colline de Durette, le domaine bénéficie d'un panorama à 360 ° et son vignoble couvre 11 ha. Un spécialiste du régnié.

Cette cuvée fait référence à une confrérie d'amis créée autour de domaine. Ce vin, issu d'une vendange partiellement égrappée, illustre le mariage prospère entre un cru du Beaujolais et le fût (élevage douze mois sous bois). Les notes boisées sont subtiles et mettent en évidence les nuances de framboise et de fleurs de ce vin élégant, frais et soyeux en bouche. ⧗ 2019-2023

PATRICK ET GHISLAINE PÉCHARD, Aux Bruyères, 210, rte du Bois, 69430 Régnié-Durette, tél. 04 74 04 38 89, tanopechard@wanadoo.fr r.-v.

DOM. DE THULON 2016 ★★

■ | 9000 | | 8 à 11 €

Métayers du château de Thulon pendant vingt ans, René et Annie Jambon ont acheté en 1987 les terres qu'ils travaillaient. En 2002, leurs enfants les ont rejoints: Laurent, œnologue, et Carine, qui travaille à la commercialisation. Le domaine, agrandi, compte 17 ha en morgon, chiroubles et beaujolais-villages.

Les raisins ont été égrappés à 80 % et l'élevage s'est poursuivi en cuve après fermentation. Une approche gagnante pour ce régnié aux fines notes de fruits bien mûrs voire confits, auquel une touche épicée ajoute de la complexité. Une palette aromatique que l'on retrouve dans une bouche suave et ronde. ⧗ 2020-2023

CARINE ET LAURENT JAMBON, 2, chem. de Thulon, 69430 Lantignié, tél. 04 74 04 80 29, carine@thulon.com r.-v.

DOM. DE VALLIÈRES 2017

■ | 3500 | | 5 à 8 €

Laurent et Didier Trichard, deux frères, ont secondé leur père Bernard à partir de 2001 avant de lui succéder. Ils exploitent 15 ha en régnié (surtout) et en beaujolais-villages.

La macération carbonique et l'élevage en cuve ont été bénéfiques à l'expression d'une belle intensité aromatique autour des fruits rouges agrémentés de nuances florales. La bouche est agréable, faisant preuve de souplesse et de fraicheur. ⧗ 2018-2022

GAEC BERNARD, LAURENT ET DIDIER TRICHARD, 420, rte des Plaignes, 69430 Régnié-Durette, tél. 04 74 04 39 52, gaec.trichard.bld@hotmail.fr t.l.j. 8h-20h

DOM. DES VIEUX CHASTYS 2017 ★

■ | 13000 | | 8 à 11 €

Un petit vignoble de 5 ha, ancienne propriété de la famille de l'Abbé Pierre acquise en 1988 par le château de Pizay. Jean-Pierre Joubert en est l'actuel métayer.

Un vin qui se distingue par son harmonie. Les notes de fruits confiturés (mûre, cerise) et d'épices douces se déploient avec intensité. La bouche est construite sur des tanins fondus qui lui assure un caractère gourmand mais aussi du volume. ⧗ 2019-2023

JEAN-PIERRE JOUBERT, Les Chastys, 69430 Régnié-Durette, tél. 04 74 66 26 10, contact@vins-chateaupizay.com t.l.j. sf dim. 8h30-12h30 13h30-17h *Pizay*

SAINT-AMOUR

Superficie : 313 ha / Production : 14 900 hl

Ce vin au nom séducteur a conquis de nombreux consommateurs étrangers, et une très grande part des volumes produits alimente le marché extérieur. Le visiteur pourra le découvrir dans le caveau créé en 1965 au lieu-dit Le Plâtre-Durand, avant de continuer sa route vers l'église et la mairie qui, au sommet d'un mamelon, dominent la région. À l'angle de l'église, une statuette rappelle la conversion du soldat romain qui donna son nom à la commune. Des peintures, aujourd'hui disparues, d'une maison du hameau des Thévenins, qui auraient témoigné de la joyeuse vie menée pendant la Révolution dans cet «hôtel des Vierges», expliqueraient, elles aussi, le nom du village… Incluse dans le département de Saône-et-Loire, l'appellation est délimitée sur des sols argilo-siliceux décalcifiés de grès et de cailloutis granitiques, faisant la transition entre les terrains purement primaires au sud et les terrains calcaires

au nord, qui portent les AOC saint-véran et mâcon. Deux «tendances œnologiques» ici: l'une favorise une cuvaison longue dans le respect des traditions beaujolaises, qui confère aux vins nés sur les roches granitiques le corps nécessaire pour la garde; l'autre, de type primeur, donne des vins consommables plus tôt.

♥ DOM. DE L'ANCIEN RELAIS Vieilles Vignes 2016 ★★

■ | 10000 | | 8 à 11 €

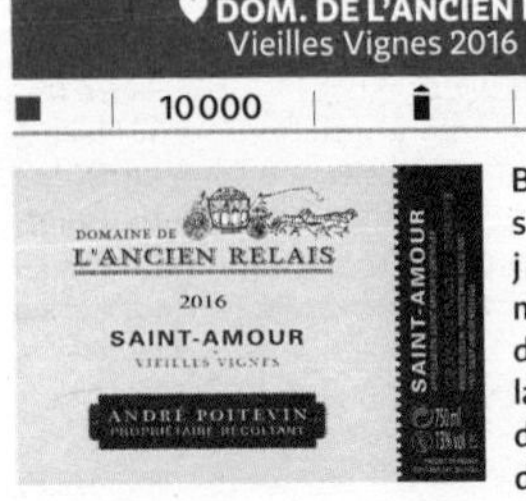

Bien connu pour ses saint-amour et ses juliénas, ce domaine est installé dans un ancien relais de poste doté d'une cave voûtée datant de 1399. Il a été fondé en 1946 par André Poitevin. En 1995, son gendre Jean-Yves Midey, ancien cuisinier, l'a repris avec son épouse Marie-Hélène et en a porté la superficie de 4 à 8,5 ha.

Des gamays de quatre-vingts ans plantés sur un terroir de granite et de silice ont été remarquablement conduits par Jean-Yves Midey. Pas question pour lui d'avoir recourt au fût et c'est donc l'intensité du fruit qui est ici mise à l'honneur. Un fruit d'une grande maturité sur des nuances de baies noires (cassis) et de cerise mâtinés d'épices. La bouche apparaît ample, riche, puissante et longue. Un 2016 à son meilleur niveau. ⧗ 2019-2023

⊶ EARL ANDRÉ POITEVIN, 45, rte des Chamonards, 71570 Saint-Amour-Bellevue, tél. 03 85 37 16 05, contact@domaine-ancien-relais.com V *r.-v. ⊶ Midey M.-H. et J.-Y.*

CH. DE BELLEVERGNE La Madone 2017 ★★

■ | 17000 | | 8 à 11 €

Ancien monastère, ce domaine, propriété de la famille Bataillard depuis 1969, s'étend sur près de 32 ha et couvre quatre appellations du Beaujolais. Didier Bataillard dirige l'exploitation avec son frère Alain et sa sœur Sylvie.

Ici, la géologie sort des sentiers battus. Ce n'est pas un terroir de granite, comme on en trouve le plus souvent dans les crus du Beaujolais, mais d'argile et de calcaire qui prévaut dans cette parcelle de 6 ha. Le vin se montre d'une grande élégance et d'une remarquable finesse autour de tanins soyeux et doux et d'une palette aromatique expressive, à dominante de cerise. ⧗ 2020-2023

⊶ BATAILLARD PÈRE ET FILS, 71570 La Chapelle-de-Guinchay, tél. 03 85 36 71 06, cavesdebelleverne@orange.fr V *r.-v.*

DOM. BERGERON Clos du Chapitre 2017 ★

■ | 4900 | | 8 à 11 €

Représentant la quatrième génération de vignerons, les frères Jean-François et Pierre Bergeron se sont associés en 1996 et ont regroupé leurs deux exploitations pour constituer cet imposant domaine de 38,5 ha.

Ce Clos du Chapitre représente une parcelle de 70 ares plantée de vignes cinquantenaires. Le vin, élaboré en grappes entières, se présente avec un profil fruité (cerise, fruits noirs) et charnu, mais aussi puissant et équilibré. Il se bonifiera dans les prochaines années. ⧗ 2020-2023

⊶ JEAN-FRANÇOIS ET PIERRE BERGERON, Les Rougelons, 69840 Émeringes, tél. 06 80 13 20 12, domaine-bergeron@wanadoo.fr V *t.l.j. 7h30-12h30 13h30-19h*

PASCAL BERTHIER Esprit de séduction 2016 ★

■ | 25000 | | 11 à 15 €

Installé sur 11 ha à la limite du Mâconnais et du Beaujolais, Pascal Berthier a un pied dans ces deux vignobles, produisant beaujolais, mâcon blanc et saint-amour. Après avoir appris à vinifier les rouges, il a acquis un réel savoir-faire dans l'élaboration des blancs.

Cette cuvée a macéré pendant une douzaine de jours avec des raisins partiellement égrappés. Le nez s'ouvre avec intensité sur des nuances d'épices et de fruits noirs. Les tanins, un peu fermes à ce stade, ne nuisent pas à l'équilibre du palais, riche, corsé et long. ⧗ 2020-2023

⊶ PASCAL BERTHIER, 384, chem. des Bruyères, 71680 Crêches-sur-Saône, tél. 03 85 37 41 64, pascalberthier@sfr.fr V *r.-v.*

CH. BONNET Côte de Besset 2017

■ | 13000 | | 8 à 11 €

Aux confins de la Bourgogne et du Beaujolais, ce château tire son nom du sieur Bonnet, échevin de la ville de Mâcon, qui y fit bâtir en 1630 une gentilhommière où séjourna plus tard Lamartine. Acquis par les Perrachon en 1973, le domaine compte 20 ha de vignes. Pierre-Yves Perrachon, à sa tête depuis 1987, a été rejoint en 2014 par sa fille Charlotte, œnologue. Il s'est associé en outre avec un vigneron du Mâconnais pour compléter son exploitation d'une structure de négoce, Bourgogne Sélect.

Éraflés partiellement, les raisins sont restés pendant huit jours en cuve pour macérer. Le résultat: un vin évoquant discrètement la cerise noire et le cassis, au palais charnu et onctueux, mais encore un peu sévère en finale. ⧗ 2020-2023

⊶ PIERRE-YVES ET CHARLOTTE PERRACHON, 2, les Paquelets, 71570 La-Chapelle-de-Guinchay, tél. 03 85 36 70 41, pierre-yves@chateau-bonnet.fr V *r.-v.*

DOM. DU CHAMP DE VIOLETTES 2016 ★★

■ | 3000 | | 5 à 8 €

Cyril Patissier est depuis 2000 à la tête de ce domaine de 16 ha essentiellement en saint-amour. Il exploite aussi des vignes en chénas, juliénas et en beaujolais.

C'est la cuvée principale du domaine: des vignes de soixante ans plantées sur 13 ha. Patiemment élevée en cuve pendant dix mois, le vin fait preuve d'une grande expressivité aromatique sur des notes de fruits rouges et une nuance chocolatée. Porté par des tanins ronds et bien fondus, le palais laisse une impression de richesse et d'équilibre. ⧗ 2019-2023

CYRIL PATISSIER, 1330, rte de Saint-Amour, 71570 Saint-Amour-Bellevue, tél. 06 70 63 97 70, cyril.patissier@aliceadsl.fr r.-v.

JACQUES CHARLET La Victorine 2017 ★★

■ | 10 000 | 11 à 15 €

Au moment où la ligne de chemin de fer du Paris-Lyon-Marseille se construisait, les deux négociants Loron et Charlet ont eu l'idée de s'installer dans des bâtiments communs au bord de la voie ferrée. Ils ont fusionné et ont marié leurs enfants respectifs. Aujourd'hui encore, cette maison à taille humaine propose les terroirs historiques du Beaujolais.

Une très belle réussite pour l'équipe de la maison Loron. Ce vin à la robe profonde et aux reflets rubis propose une matière d'une grande consistance. Les fruits noirs se font sentir en bouche comme au nez; une présence aromatique qui persiste longuement en finale. ⧗ 2020-2023

JACQUES CHARLET, Pontanevaux, 71570 La Chapelle-de-Guinchay, contact@jacques-charlet.fr t.l.j. sf sam. dim. 9h-12h 14h-17h; f. août

DOM. DES DARRÈZES 2017 ★★

■ | 20 800 | | 8 à 11 €

Madeleine et Jacques Janin conduisent le vignoble familial depuis 1974; un domaine fondé par l'arrière-grand-père en 1923, qui n'a cessé de s'agrandir au fil des générations. Il recouvre aujourd'hui 9,5 ha sur les communes de Saint-Amour, Juliénas et Saint-Vérand.

Près de 3,5 ha de gamay d'une cinquantaine d'années pour cette cuvée qui réjouira les amateurs de vins charnus, intenses et généreux. Vinifiée en macération semi-carbonique, elle s'adosse à des tanins fondus et soyeux, et tire visiblement bénéfice d'une volonté du domaine de récolter des raisins à haute maturité. ⧗ 2020-2023 ■ **Côte de Besset 2017 ★ (8 à 11 €; 1300 b.)** : le nez évoque la myrtille et la cerise noire agrémentées d'une élégante touche florale. Structure, équilibre et longueur sont au rendez-vous en bouche. ⧗ 2020-2023

MADELEINE ET JACQUES JANIN, 1440, rte de la Saint-Valentin, Les Darrèzes, 71570 Saint-Amour-Bellevue, tél. 03 85 37 12 96, domainedarrezes@free.fr t.l.j. 9h-19h; dim. sur r.-v.

DOM. DES DUC Vieilles Vignes 2016 ★

■ | 10 000 | | 11 à 15 €

Les frères Pascal et Laurent Duc sont les descendants d'une longue lignée de vignerons de Saint-Amour (dix générations). L'exploitation compte 14 ha de vignes dans le Beaujolais et le Mâconnais.

Cette cuvée née de vignes de plus de quarante ans dévoile une expression aromatique complexe avec ses notes de poivre, de cerise et de fraise. En bouche, structure et puissance ont été atteintes sans laisser de côté l'harmonie générale. ⧗ 2019-2023

GAEC DES DUC, 1600, rte de Saint-Amour, 71570 Saint-Amour-Bellevue, tél. 03 85 37 10 08, domaine.des.duc@gmail.com r.-v.

♥ DOM. DE L'ÉTOURNET 2017 ★★★

■ | 8000 | 11 à 15 €

Un domaine de 4,5 ha dans le giron de la maison Jean Loron. Cette dernière, fondée en 1821, élève et commercialise des vins du Mâconnais et du Beaujolais. Elle est propriétaire de plusieurs châteaux, comme le Ch. de la Pierre (régnié, brouilly), ceux de Fleurie, de Bellevue (morgon), les domaines des Billards (saint-amour) et de la Vieille Église (juliénas).

À mi-coteau du vignoble de Saint-Amour et sur un sol de cailloux de grès, le domaine dispose visiblement de tous les atouts pour donner un cru du Beaujolais de haute-volée. La vinification en grappes entières met remarquablement en valeur les capacités du gamay à offrir une belle intensité aromatique (fruits rouges mûrs, nuances florales et épicées). Quant à la bouche, elle conjugue concentration, richesse et élégance. Un vin complet et particulièrement séducteur. ⧗ 2020-2023

SCEA DU DOM. DE L' ÉTOURNET, RN 6, Pontanevaux, 71570 La-Chapelle-de-Guinchay, tél. 03 85 36 81 20, contact@domainedeletournet.fr
Philippe Bardet

PASCAL ET JEAN-PHILIPPE GRANGER Clos de la Brosse 2016

■ | 2000 | | 8 à 11 €

Pascal Granger est le descendant d'une lignée de vignerons remontant au Premier Empire. Depuis 1983, il exploite 22 ha de vignes réparties sur quatre communes (Jullié, Chénas, La Chapelle-de-Guinchay, Leynes). Il propose sept cuvées (dont trois crus: juliénas, chénas, moulin-à-vent). Il a été rejoint en 2010 par son fils Jean-Philippe.

Un vin issu d'une petite parcelle de 30 ares, élaboré par cuvaison d'une quinzaine de jours. Au nez, il demande un peu de temps pour libérer ses arômes de fruits rouges. En bouche, une attaque vive laisse la place à une solide structure tannique. À attendre un peu. ⧗ 2020-2023

PASCAL GRANGER, Les Poupets, 69840 Juliénas, tél. 04 74 04 44 79, ma.granger@wanadoo.fr r.-v.

GÉRARD LEBEAUPIN Clos de la Brosse 2017 ★

■ | 6000 | | 11 à 15 €

Hervé Dupond et son frère Philippe, issus d'une famille installée dans la région depuis 1860, conduisent un domaine installé au nord du Beaujolais, sur des pentes très raides et orientées au sud. Ils ont également fondé une maison de négoce établie à Cercié-en-Beaujolais, qui propose une large gamme de crus de la région.

Le Clos de la Brosse est une parcelle de près de 2 ha exposée plein sud et plantée de ceps de soixante ans. Élaboré à partir de raisins égrappés, le vin développe d'intenses arômes de mûre. Construit sur des tanins solides, il fait preuve d'une grande ampleur et de concentration en bouche. ⧗ 2020-2023

PHILIPPE DUPOND, La Garenne, 69220 Charentay, tél. 04 74 66 77 80, contact@boischampt.fr

MOMMESSIN Grandes Mises 2017 ★

■	n.c.	8 à 11 €

Fondée en 1865 à Mâcon, la maison de négoce Mommessin a acquis un vaste patrimoine en Bourgogne et en Beaujolais. Elle constitue aujourd'hui une des marques les plus importantes du groupe Boisset.

Ce vin développe au nez des notes élégantes de fleurs et de fruits noirs. La bouche, ample, riche et concentré, est adossée à des tanins fermes qui demandent à s'assouplir. Un ensemble prometteur. ⧗ 2019-2023

MOMMESSIN, 403, rte de Saint-Vincent, 69430 Quincié-en-Beaujolais, tél. 04 74 69 09 61

DOMINIQUE MOREL 2017

■	30000	11 à 15 €

En 1900, M. Besson, l'arrière-grand-père, s'établit à Émeringes. Cet inventeur du premier filtre-presse cultivait 2 ha auxquels il adjoignit une distillerie et une tonnellerie. Installés en 1991, Dominique Morel, œnologue, et son épouse Christine exploitent aujourd'hui 18 ha, avec des parcelles dans six crus, complétés par une activité de négoce.

Une cuvée qui séduit par son expression aromatique évoquant les fruits charnus (cerise, mûre) et les épices. Franche et puissante, la bouche ne manque ni de rondeur ni d'élégance. Un vin cohérent. ⧗ 2019-2023

SAS DOMINIQUE MOREL, Les Chavannes, 69840 Émeringes, tél. 04 74 04 45 35, gry-sablon@orange.fr V r.-v.

DOM. DU MOULIN BERGER 2017 ★

■	8000	◍	8 à 11 €

D'abord salarié (en 1973) sur les vignes de ce domaine, Michel Laplace les exploite en métayage à partir de 1976 avant d'en devenir propriétaire en 1998. En 2014, il a pris sa retraite et transmis à ses fils Romain et Cyril un vignoble de 20 ha à cheval sur le Mâconnais et le Beaujolais.

Romain et Cyril Laplace ont procédé, dans la pure tradition beaujolaise, à la vinification en vendange entière. Une technique qui met en relief le caractère flatteur et fruité du gamay. C'est ici une pleine réussite, avec un vin particulièrement gourmand, frais et fondu, qui exprime des notes intenses de fruits rouges. ⧗ 2019-2023

SCEV VIGNOBLES LAPLACE, 745, imp. de la Gagère, 71570 Saint-Amour-Bellevue, tél. 06 32 37 83 99, scev-vignobles-laplace@orange.fr V r.-v.

DOM. DES PRÉAUX 2017 ★★

■	25000	🛢	8 à 11 €

Implanté en saint-amour, un des domaines commercialisés par Thorin. Fondée en 1843 par une vieille famille du Beaujolais, cette maison de négoce est maintenant une filiale du groupe Boisset.

Ce vin, habillé d'une belle robe rubis, vinifié en macération semi-carbonique, emporte l'adhésion grâce à sa grande délicatesse et à son élégante expression aromatique aux tonalités florales. La bouche, délicate, friande, d'une belle longueur, se développe sans aspérité. ⧗ 2019-2023

HERVÉ BUIS, Les Préaux, 71570 Saint-Amour V r.-v.

COTEAUX-DU-LYONNAIS

Superficie : 300 ha
Production : 14 000 hl (90 % rouge et rosé)

La vigne, qui s'étendait sur plus de 12 000 ha dans les monts du Lyonnais durant la seconde moitié du XIXes., a fortement décliné avec la crise phylloxérique et l'expansion de l'agglomération lyonnaise, pour ne plus couvrir que quelques îlots répartis sur quarante-neuf communes, dans une région de polyculture et d'arboriculture: aux confins du Beaujolais et au nord-ouest de Lyon, ainsi qu'au sud-ouest de la capitale du Rhône. La production est assurée par la coopérative de Sain-Bel et par plusieurs domaines particuliers. Dans ce paysage vallonné aux sols variés (granites, roches métamorphiques, roches sédimentaires, alluvions), les influences méditerranéennes sont plus prononcées que dans le Beaujolais ; pourtant, le relief, plus ouvert aux aléas climatiques des types océanique et continental, limite l'implantation de la vigne à moins de 500 m d'altitude et l'exclut des expositions au nord. Les meilleures situations se trouvent au niveau du plateau. Les coteaux-du-lyonnais ont été consacrés AOC en 1984. Les vins rouges et rosés, majoritaires, les fruités et gouleyants, proviennent du gamay vinifié selon la méthode beaujolaise; les vins blancs, du chardonnay et de l'aligoté.

CLOS DE LA ROUE Conservatoire 2017

■	10000	◍	5 à 8 €

En 1994, Franck Decrenisse a pris la suite d'André sur ce domaine implanté dans le secteur du mont d'Or, aux portes de Lyon. Du haut de ses vignes, on a une vue imprenable sur la basilique de Fourvière. L'exploitation compte 17 ha.

Cette cuvée est issue du conservatoire national du gamay, planté de 900 types différents pour conserver la variabilité génétique du cépage. Au nez, elle mêle notes poivrées et fruits rouges. En bouche, elle fait preuve de souplesse et de gourmandise. Simple et efficace. ⧗ 2018-2021

FRANCK DECRENISSE, 911, le Petit-Fromentin, 69380 Chasselay, tél. 04 72 18 94 67, franck@vinsdecrenisse.com V *t.l.j. sf dim. 17h-19h*

Ⓑ **RÉGIS DESCOTES** Prestige 2016 ★

□	9000	◍	8 à 11 €

Héritier d'une lignée vigneronne remontant au XVIIes., Régis Descotes, installé en 1986 sur le domaine familial, au sud de Lyon, a pratiqué la lutte raisonnée avant d'engager en 2010 la conversion bio de ses 10 ha de vignes (certification en 2013).

Le vigneron a procédé à une vinification à la bourguignonne: c'est-à-dire une fermentation en fût. Un type d'élaboration qui convient bien au chardonnay, surtout lorsqu'il est cultivé avec soin. Le vin exhale des notes de brioche et de pain grillé; viennent ensuite d'élégantes touches florales. La bouche fait preuve de puissance et de vivacité autour d'un boisé de qualité. ⌛ 2019-2023

RÉGIS DESCOTES, 16, Le Sentier, 69390 Millery, tél. 06 07 32 05 80, contact@regisdescotes.com V r.-v.

♥ DOM. MAZILLE DESCOTES
Blanc Sélection 2016 ★★

| 1200 | | 5 à 8 € |

Situé à Millery, à 15 km au sud de Lyon, ce domaine de 8,5 ha dirigé par Anne Mazille est né du regroupement en 2009 de deux propriétés familiales anciennes.

Le chardonnay semble décidément bien s'acclimater aux sols granitiques des coteaux-du-lyonnais. Cette cuvée est produite à partir de vignes cultivées à faibles rendements et a été vinifiée en fût de chêne. Elle séduit d'abord par sa complexité aromatique: mirabelle, abricot, tilleul ou encore sucre d'orge... Par son ampleur et sa suavité, la bouche se montre charmeuse en diable, avec une pointe acidulée qui amène de la fraîcheur, de l'équilibre et de la longueur. À noter que le rouge Sélection 2015 fut coup de cœur dans l'édition précédente. ⌛ 2019-2023

DOM. MAZILLE DESCOTES, 8 bis, rue du 8 Mai, 69390 Millery, tél. 04 26 65 91 17, mazille.descotes@gmail.com V r.-v.

DOM. DU MORILLON 2016 ★★

| 4000 | | 5 à 8 € |

Installés à 1 km du monastère de la Tourette à Éveux, les Jomard cultivent la vigne depuis 1520 et possèdent des caves disposées sur trois étages, creusées en partie dans le rocher, à 7 m sous le sol. Les 18 ha de l'exploitation sont implantés sur les coteaux du nord-ouest de Lyon, conduit depuis 1986 par Jean-Michel Jomard.

Avec ses notes de fleurs blanches, de pêche et de minéralité, la subtilité dont peut faire preuve le chardonnay est ici à l'honneur. Un caractère minéral aux tonalités iodées que l'on retrouve dans une bouche d'un équilibre irréprochable, à la fois ample, ronde et fraîche. ⌛ 2018-2021

JEAN-MICHEL JOMARD, 1057, rte Albert-Damez, Le Morillon, 69210 Fleurieux-sur-l'Arbresle, tél. 04 74 01 02 27, jmjomard@free.fr V *t.l.j. sf dim. 18h-19h30; sam. 8h-19h*

SIGNÉ VIGNERONS Vieilles Vignes 2017

| 40000 | | 5 à 8 € |

Deux des plus grandes coopératives de la région, l'une à l'extrême sud du Beaujolais (Bully) et l'autre plus au nord (Quincié), dans la zone des beaujolais-villages et des crus, se sont unies en 2010, constituant Signé Vignerons: une entité forte de quelque 1 700 ha de vignes, qui vinifie plus de 10 % de la production de la région. Chaque cave continue néanmoins de vinifier séparément ses vins. Le négociant Louis Tête a rejoint le groupement en 2012. La structure de commercialisation, Agamy (anagramme de gamay) inclut même depuis 2015 les caves des Coteaux du Lyonnais et des Vignerons foréziens.

Des ceps de trente-cinq ans implantés sur un sol argilo-sableux ont donné ce 2016 aux notes de fruits blancs et d'abricot sur fond de minéralité. Campée sur une bonne acidité, la bouche ne manque pas pour autant de rondeur. Un ensemble équilibré. ⌛ 2018-2021

AGAMY, La Martinière, 69210 Bully, tél. 04 37 55 50 10, contact@agamy.fr V *t.l.j. 9h-12h 15h-18h30*

Le Bordelais

SUPERFICIE : 117 500 ha

PRODUCTION : 5 700 000 hl

TYPES DE VINS : Rouges majoritairement, puis blancs secs, moelleux et liquoreux, rosés et quelques effervescents.

SOUS-RÉGIONS : Blayais-Bourgeais, Libournais, Entre-deux-Mers, Graves, Médoc, Côtes.

CÉPAGES :

Rouges : merlot (plus de 60 %), suivi du cabernet-sauvignon (25 %), du cabernet franc (11 %) et dans une très faible proportion des malbec, petit verdot, carmenère.

Blancs : sémillon (53 %), suivi du sauvignon (38 %), de la muscadelle (6 %), du colombard, de l'ugni blanc.

LE BORDELAIS

Partout dans le monde, Bordeaux représente l'image même du vin. Pourtant, aujourd'hui, il faut des fêtes à grand spectacle, comme « Bordeaux fête le vin », ou des manifestations professionnelles de dimension mondiale, telle Vinexpo, pour le rappeler. Difficile de trouver l'empreinte de Bacchus dans une ville désertée par les alignements de barriques sur le port ou devant les grands chais du négoce, partis vers la périphérie. Toutefois, si le vin s'est effacé du paysage urbain, il demeure un pilier de l'économie aquitaine, et le Bordelais constitue le plus vaste vignoble d'appellation de France. Les crus classés et grands châteaux lui donnent son aura, mais l'amateur y trouvera à tous les prix une riche palette de vins de toutes couleurs et de tous les styles.

Le claret médiéval. Paradoxalement, le vin fut connu avant... la vigne : dans la première moitié du Ier s. av. J.-C. (avant même l'arrivée des légions romaines en Aquitaine), des négociants campaniens commençaient à vendre du vin aux Bordelais. D'une certaine façon, c'est par le vin que les Aquitains ont fait l'apprentissage de la romanité. Au Ier s. de notre ère, la vigne est apparue. Mais il fallut attendre la montée sur le trône d'Angleterre d'Henri Plantagenêt, marié à Aliénor d'Aquitaine, pour assister au développement du marché britannique. Le jour de la Saint-Martin (en novembre), une flotte considérable quittait le port de Bordeaux pour livrer en Angleterre le vin de l'année, le claret.

L'essor des châteaux et des crus. Affaiblis sur le marché anglais par le rattachement de la Guyenne à la France, puis par la concurrence des vins d'autres pays et d'autres boissons à la mode (thé, café, chocolat), les vins de Bordeaux retrouvent leur place au début du XVIIIe s. par l'intermédiaire des *new french clarets*, des vins aptes au vieillissement grâce à de nouvelles techniques : utilisation du soufre comme antiseptique, clarification par collage, soutirage, mise en bouteilles.

Ces progrès au chai et la constitution des crus par une sélection rigoureuse des terroirs aboutit à l'apogée du XIXe s. que symbolise, en 1855, le célèbre classement impérial des vins du Médoc et du Sauternais.

Surmonter les crises. Dans la seconde moitié du XIXe s. et la première moitié du XXe s., les maladies de la vigne (oïdium, mildiou et phylloxéra), puis les crises économiques et les guerres mondiales mettent à mal le monde du vin, le point d'orgue étant apporté par le gel de 1956.

Un nouvel âge d'or. D'abord timidement à partir des années 1960, puis de façon plus éclatante dans les années 1980, la prospérité est heureusement revenue, notamment grâce à une remarquable amélioration de la qualité et à l'intérêt porté, dans le monde entier, aux grands vins. Générale dans les années 1980-2000, la prospérité cède la place à une situation plus contrastée avec le changement de millénaire : si l'émergence des vins du Nouveau Monde accroît la concurrence, l'apparition de nouveaux marchés, notamment en Chine, ouvre d'intéressantes perspectives. Mais tous les crus pourront-ils en profiter ?

Un climat océanique tempéré. Le vignoble bordelais est organisé autour de la Garonne, la Dordogne et leur estuaire commun, la Gironde. Ces axes fluviaux créent des conditions favorables à la culture de la vigne : le climat de la région bordelaise est relativement tempéré (moyennes annuelles 7,5 °C minimum, 17 °C maximum), et le vignoble protégé de l'Océan par la forêt de pins des Landes. Les gelées d'hiver sont exceptionnelles (1956, 1958, 1985), mais une température inférieure à -2 °C sur les jeunes bourgeons (avril-mai) peut entraîner leur destruction, comme en 1991. Un temps froid et humide au moment de la floraison (juin) peut provoquer la coulure (avortement des grains). Ces deux accidents engendrent des pertes de récolte et expliquent la variation des volumes d'une année sur l'autre. En revanche, la qualité de la récolte suppose un temps chaud et sec de juillet à octobre, tout particulièrement pendant les quatre dernières semaines précédant les vendanges (globalement, 2 000 heures de soleil par an). Le climat bordelais est assez humide (900 mm de précipitations annuelles), particulièrement au printemps. Mais les automnes sont réputés, et de nombreux millésimes ont été sauvés par une arrière-saison exceptionnelle; les grands vins de Bordeaux n'auraient jamais pu exister sans cette circonstance heureuse.

Une géologie variée. La vigne est cultivée en Gironde sur des sols de natures très diverses. La plupart des grands crus de vin rouge sont établis sur des alluvions lo-sableuses siliceuses; des calcaires à astéries, des molasses et même des sédiments argileux. Les vins blancs secs sont produits indifféremment sur des nappes alluviales gravelo-sableuses, des calcaires à astéries et des limons ou molasses. Dans tous les cas, les mécanismes naturels ou artificiels (drainage) de régulation de l'alimentation en eau constituent des facteurs essentiels de qualité. S'il peut exister des crus de même réputation de haut niveau sur des roches-mères différentes, les caractères aromatiques et gustatifs des vins sont influencés par la nature des sols. La distribution des cépages, qui est souvent fonction des caractères du terroir, explique en partie ces variations.

Cépages et assemblages. Les vins de Bordeaux ont toujours été produits à partir de plusieurs cépages ayant des caractéristiques complémentaires. En rouge, le merlot et les cabernets sont les principales variétés. Les seconds donnent des vins d'une solide structure tannique, mais qui doivent attendre plusieurs années pour atteindre leur qualité optimale; en outre, si le cabernet-sauvignon résiste bien à la pourriture, c'est un cépage tardif qui connaît parfois des difficultés de maturation. Le merlot engendre des vins plus souples, d'évolution plus rapide; plus précoce, il mûrit bien, mais il est sensible à la coulure, à la gelée et à la pourriture. Pour les vins blancs, le cépage essentiel est le sémillon, qui apporte gras et rondeur. Cette variété est surtout complétée par le sauvignon, cépage prisé pour sa fraîcheur et sa puissance aromatique, parfois complété par la délicate muscadelle. On trouve encore parfois dans certaines zones le colombard, et l'ugni blanc, en retrait.

Une vigne bien soignée. La vigne est conduite en rangs palissés, avec une densité de ceps à l'hectare très variable. Elle atteint 10 000 pieds dans les grands crus du Médoc et des Graves; elle se situe à 4 000 pieds dans les plantations classiques de l'Entre-deux-Mers. Les densités élevées entraînent une diminution de la récolte par pied, ce qui est propice à la maturité; en revanche, elles augmentent les frais de plantation et de culture, et peuvent favoriser la propagation de la pourriture. La vigne est l'objet, tout au long de l'année, de soins attentifs.

Vins de propriété et vins de négoce. La mise en bouteilles à la propriété se fait depuis longtemps dans les grands crus. Depuis trois décennies, elle s'est développée dans tous les vignobles, notamment grâce à l'intervention des centres et laboratoires œnologiques. Actuellement, la grande majorité des vins est élevée, vieillie et stockée par la production. La vente directe par la propriété s'est largement répandue, parfois au détriment des caves coopératives qui continuent cependant à tenir un rôle important, notamment grâce à la constitution d'unions. Les quelque quarante-cinq coopératives regroupent 40 % des récoltants girondins et assurent 25 % de la production. Enfin, le négoce conserve toujours un rôle important (70 % de la commercialisation bordelaise) dans la distribution, en particulier à l'exportation, grâce à ses réseaux bien implantés depuis longtemps.

Une dimension culturelle. L'importance de la viticulture dans la vie régionale est considérable, puisque l'on estime qu'un Girondin sur six dépend directement ou indirectement des activités viti-vinicoles. Mais dans ce pays gascon qu'est le Bordelais, le vin n'est pas seulement une ressource économique. C'est aussi et surtout un fait de culture. Derrière chaque étiquette se cachent tantôt des châteaux à l'architecture de rêve, tantôt de simples maisons paysannes, mais toujours des vignes et des chais où travaillent des hommes apportant, avec leur savoir-faire, leurs traditions et leurs souvenirs. Les confréries vineuses (Jurade de Saint-Émilion, Commanderie du Bontemps du Médoc et des Graves, Connétablie de Guyenne, etc.) organisent régulièrement des manifestations à caractère folklorique pour promouvoir les vins de Bordeaux; leur action est coordonnée au sein du Grand Conseil du vin de Bordeaux.

L'EFFET MILLÉSIME

Les grands millésimes ne manquent pas à Bordeaux. Citons pour les rouges les 2005, 1995, 1990, 1982, 1975, 1961 ou 1959, et aussi les 2009, 2000, 1989, 1988, 1985, 1983, 1981, 1979, 1978, 1976, 1970 et 1966, sans oublier, dans les années antérieures, les superbes 1955, 1949, 1947, 1945, 1929 et 1928. La viticulture bordelaise dispose de terroirs exceptionnels, et elle sait les mettre en valeur par la technologie la plus raffinée qui puisse exister, désormais mise en œuvre aussi dans bien des pays du Nouveau Monde. Si la notion de qualité des millésimes est relativement moins marquée dans le cas des vins blancs secs, elle reprend toute son importance avec les vins liquoreux, pour lesquels les conditions du développement de la pourriture noble sont essentielles.

➡ LES APPELLATIONS RÉGIONALES DU BORDELAIS

Toute la Gironde viticole

Ont droit à l'appellation régionale bordeaux tous les vins produits dans les terroirs à vocation viticole du département de la Gironde (l'aire délimitée exclut la zone sablonneuse située à l'ouest et au sud – la lande, vouée depuis le XIXes. à la forêt de pins). Moins célèbres que les appellations communales (pauillac, pomerol, sauternes...), tous ces bordeaux n'en constituent pas moins quantitativement la première appellation de la Gironde.

Variété des origines

L'impressionnante surface du vignoble entraîne une certaine diversité de caractères, même si tous les vins utilisent les mêmes cépages bordelais. Certains bordeaux proviennent de secteurs de la Gironde n'ayant droit qu'à la seule appellation bordeaux, comme les régions de palus proches des fleuves, ou quelques zones du Libournais (communes de Saint-André-de-Cubzac, de Guîtres, de Coutras...). D'autres naissent dans des régions ayant droit à une appellation plus spécifique, mais peu connue, et le producteur préfère alors commercialiser ses vins sous l'appellation régionale. D'autres au contraire sont issus de crus situés dans des appellations communales prestigieuses. L'explication réside alors dans le fait que l'appellation spécifique ne s'applique qu'à une seule couleur (rouge pour les médoc ou blanc pour les entre-deux-mers, par exemple), alors que beaucoup de propriétés en Gironde produisent plusieurs types de vins (notamment des rouges et des blancs); les autres productions sont donc commercialisées en appellation régionale.

Variété des types

La variété est surtout celle des types de vins, qui conduit à parler au pluriel des appellations bordeaux: celles-ci comportent des vins rouges (bordeaux et bordeaux supérieurs, ces derniers plus puissants), des rosés et des clairets, des vins blancs (bordeaux secs et bordeaux supérieurs, ces derniers moelleux) et des effervescents (crémant-de-bordeaux blancs ou rosés). Les vins de base à l'origine de ces productions élaborées selon la méthode traditionnelle sont obligatoirement issus de l'aire d'appellation bordeaux; de même, c'est dans la région de Bordeaux que doit être effectuée la deuxième fermentation en bouteille (prise de mousse).

BORDEAUX

Superficie : 39 415 ha / Production : 1 699 000 hl

CH. LES ANCRES 2016 ★

■ | 150 000 | | - de 5 €

Les Pellé exploitent la vigne depuis 1840; la dernière génération (Denis Pellé) est aux commandes depuis 1991, à la tête de trois domaines et 68 ha: Les Ancres, Champs de Lucas et Jayle, en bordeaux et côtes-de-bordeaux-saint-macaire.

Le merlot et les deux cabernets composent un vin sombre, qui s'ouvre sur les fruits rouges et les épices douces. La bouche offre du volume, du gras et une bonne longueur autour de tanins fondus. ⧗ 2019-2023

DENIS PELLÉ, 1-2, Jayle, 33490 Saint-Martin-de-Sescas, tél. 05 56 63 60 90, contact@vignoblespelle.com V *t.l.j. 9h-12h30 14h-18h; sur r.-v. sam. dim.* ❷

CH. LES ARROMANS Prestige 2016

■ | 15 000 | | 8 à 11 €

À la retraite de ses parents, qui ont mis en bouteilles à partir de 1970, Joël Duffau a repris une partie de leur vignoble du Ch. les Arromans, venant compléter ainsi le Ch. la Mothe du Barry qu'il avait créé en 1985. Il commande aujourd'hui un ensemble de 40 ha converti au bio. Ses deux étiquettes sont incontournables en bordeaux et en entre-deux-mers.

Le merlot, seul maître à bord, s'annonce à travers des arômes de fraise et de framboise confites. La bouche se montre chaleureuse, étayée par des tanins fondus. ⧗ 2019-2022

JOËL DUFFAU, 2, Les Arromans, 33420 Moulon, tél. 05 57 74 93 98, joel.duffau@aliceadsl.fr V *t.l.j. sf dim. 8h-12h 14h-19h* ❺

CH. DE L'AUBRADE 2015 ★

■ | 60 000 | | 5 à 8 €

Après ses études d'œnologie, Jean-Christophe Lobre s'est installé en 1995 à la tête du vignoble créé en 1974 par ses parents Jean-Pierre et Paulette. Il conduit aujourd'hui, avec son épouse Andréa depuis 2010, un vaste domaine de 70 ha et poursuit ainsi une tradition familiale qui remonte à 1735.

Ce bordeaux sombre et profond dévoile un bouquet expressif de cassis et de groseille assorti de notes fumées. Après une attaque chaleureuse et gourmande, le palais se révèle bien fruité, dense et charnu, accompagné par des tanins fondus et soyeux. ⧗ 2019-2022

JEAN-CHRISTOPHE LOBRE, Jamin, 33580 Rimons, tél. 05 56 71 55 10, vinslobre@free.fr V *r.-v.*

CH. BASTIAN Réserve 2016 ★

■ | 62 000 | | 5 à 8 €

Brigitte et Stéphane Savigneux dirigent un ensemble de 35 ha de vignes répartis entre le Ch. d'Eyran (pessac-léognan) et le Ch. Bastian (bordeaux). Le premier est une ancienne maison forte dont le château a été reconstruit en 1629 et acquis par la famille de Brigitte (famille de Sèze) en 1796. Le second cru a été acheté en 1984: une ancienne métairie de l'abbaye de Rivet, à Auros, qui étend son vignoble sur 10 ha.

Ce bordeaux s'affirme d'emblée avec ses parfums soutenus de fraise, de cerise noire, de menthol, d'épices et de grillé. La bouche, dominée par le fruit, offre du volume et de la densité, soutenue par des tanins soyeux et un boisé ajusté. ⧗ 2019-2024

SCEA CH. D' EYRAN, 20, av. du sable d'expert, 33650 Saint-Médard-d'Eyrans, tél. 05 56 65 51 59, stephane@savigneux.com V *r.-v.* *Savigneux*

♥ BEL AIR PERPONCHER Premier Vin 2016 ★★

■ | 12000 | | 20 à 30 €

Vigneronne depuis plus de deux siècles, la famille Despagne, établie au cœur de l'Entre-deux-Mers, est un acteur incontournable du vignoble bordelais, à la tête de 300 ha répartis sur plusieurs crus – Bel Air Perponcher, Tour de Mirambeau, Rauzan Despagne, Lion Beaulieu, Mont-Pérat – conduits par les enfants de Jean-Louis (Thibault, Gabriel et Basaline) et par Joël Elissalde, directeur technique. Leurs vins sont souvent en vue dans ces pages, dans les trois couleurs.

Encore une belle série de bordeaux pour la maison Despagne, d'une impeccable régularité dans la qualité. En haut de l'affiche, ce Bel Air Perponcher gourmand à souhait, dont l'expression aromatique séduit d'emblée: mûre, cassis, violette, senteurs épicées et grillées. Arômes prolongés avec intensité par une bouche ample, suave, tendre, épaulée par des tanins veloutés et par une fine acidité qui lui confère du tonus. Déjà délicieux, ce bordeaux vieillira bien. ⧗ 2019-2025 ■ **Ch. Tour de Mirambeau Cuvée Passion 2016 ★★ (20 à 30 €; 40000 b.)** : un vin très bien construit autour d'arômes harmonieux de fruits mûrs et de boisé aux tonalités moka, et d'une bouche ample, opulente sans lourdeur, aux tanins solides. Du caractère et du potentiel. ⧗ 2020-2025 ■ **Girolate 2016 ★ (50 à 75 €; 6000 b.)** : un bordeaux bien né, complexe (fruits noirs, épices, café, réglisse), corpulent, suave et solidement charpenté par les tanins du vin et du bois. ⧗ 2021-2026 ■ **Ch. Mont-Pérat 2016 ★ (15 à 20 €; 180000 b.)** : un vin au nez de fruits mûrs, vineux, corsé, épicé et mentholé en bouche. ⧗ 2020-2024 ■ **Rauzan Despagne Le Grand Vin 2016 ★ (20 à 30 €; 12000 b.)** : au nez, un bon mariage du bois et du fruit; en bouche, de la suavité, de la concentration et une bonne structure tannique. ⧗ 2021-2025

VIGNOBLES DESPAGNE, 2, Le Touyre, 33420 Naujan-et-Postiac, tél. 05 57 84 55 08, contact@despagne.fr V r.-v.

CH. BELLE-GARDE Cuvée élevée en fût de chêne 2016 ★

■ | 60000 | | 5 à 8 €

Bordeaux ou bordeaux supérieur, rouge, blanc ou rosé, Éric Duffau vinifie avec brio les AOC régionales. Il a repris en 1979 le domaine familial situé dans l'Entre-deux-Mers, sur la rive gauche de la Dordogne. Son vignoble de 46 ha est situé pour l'essentiel sur des coteaux faisant face à Saint-Émilion.

Ce bordeaux sombre et épais livre un bouquet intense de café torréfié, de chocolat et de fruits noirs. En bouche, il apparaît puissant, riche, solide, souligné par une fraîcheur bienvenue. Du potentiel. ⧗ 2021-2026

SC VIGNOBLES ÉRIC DUFFAU, 2692, rte de Moulon, 33420 Génissac, tél. 05 57 24 49 12, duffau.eric@wanadoo.fr V r.-v.

BLAISSAC 2016

■ | 2770000 | | - de 5 €

Fondé à Bordeaux en 1949 par neuf frères et sœurs, le groupe Castel a connu une croissance considérable, devenant le premier producteur de vin en France, le troisième dans le monde, avec un empire qui s'étend de Bordeaux au continent africain. Outre ses nombreuses marques, il possède une vingtaine de propriétés sur l'ensemble du vignoble français.

D'un abord réservé, ce bordeaux s'ouvre doucement sur les fruits rouges à l'olfaction. En bouche, il se montre souple, frais et bien fruité. Un profil léger. ⧗ 2018-2021

CASTEL FRÈRES, 21, rue Georges-Guynemer, 33290 Blanquefort, tél. 05 56 95 54 00, contact@chateaux-castel.com

CH. BOIS PERTUIS 2016 ★

■ | 540911 | | 8 à 11 €

La Société fermière des Grands Crus de France est la structure spécialisée dans le Bordelais du groupe Grands Chais de France. Son œnologue Vincent Cachau vinifie le fruit de quinze propriétés, représentant 390 ha dans les différentes AOC bordelaises.

Un nez net et puissant de fruits rouges et noirs compose une belle approche. La bouche apparaît souple en attaque, puis ronde, ample, dotée de tanins bien en place et un brin plus austères en finale. ⧗ 2020-2024

STÉ FERMIÈRE DES GRANDS CRUS DE FRANCE, 33460 Lamarque, tél. 05 57 98 07 20, vcachau@lgcf.fr

Ⓑ LES FIEFS DU BOSQUET DES FLEURS 2016 ★

■ | 50000 | | 5 à 8 €

Le Bosquet des Fleurs est un petit «jardin de vignes» de 9 ha dans l'Entre-deux-Mers, propriété de Laurent Abba, qui a confié une sélection de raisins au négociant Lionel Raymond.

Au nez, des parfums séduisants de fruits noirs sur fond d'épices. En bouche, une attaque franche, du volume, de la fraîcheur et un fruité tout aussi attrayant qu'à l'olfaction, le tout étayé par une bonne trame tannique. ⧗ 2020-2024

EURL LAURENT ABBA WINE, 7, Saint-Aignan, 33190 La Réole, tél. 05 56 61 41 55, laurent.abba@vignobles-raymond.fr

CH. BOURDIEU-LAGRANGE Sélection 2015

■ | 33500 | | 5 à 8 €

Les aïeux d'Alain Bastide ont acheté en 1886 cette maison qui aurait été jadis un relais de chasse du duc d'Épernon. Le vignoble couvre aujourd'hui 40 ha répartis sur plusieurs appellations: des AOC régionales, cadillac et cadillac-côtes-de-bordeaux. Alain Bastide, à sa tête depuis 1990, a été rejoint en 2009 par son fils Nicolas, œnologue.

Au nez, quelques notes épicées accompagnent un fruité soutenu (cassis, groseille, myrtille). En bouche, de la souplesse, de la rondeur, du gras et du fruit toujours. Simple et de bon aloi. ⧗ 2018-2021

SCEA BASTIDE ET FILS, Bourdieu-Lagrange, 33410 Monprimblanc, tél. 05 56 62 98 86, sceabastide@hotmail.fr V r.-v.

Le Bordelais

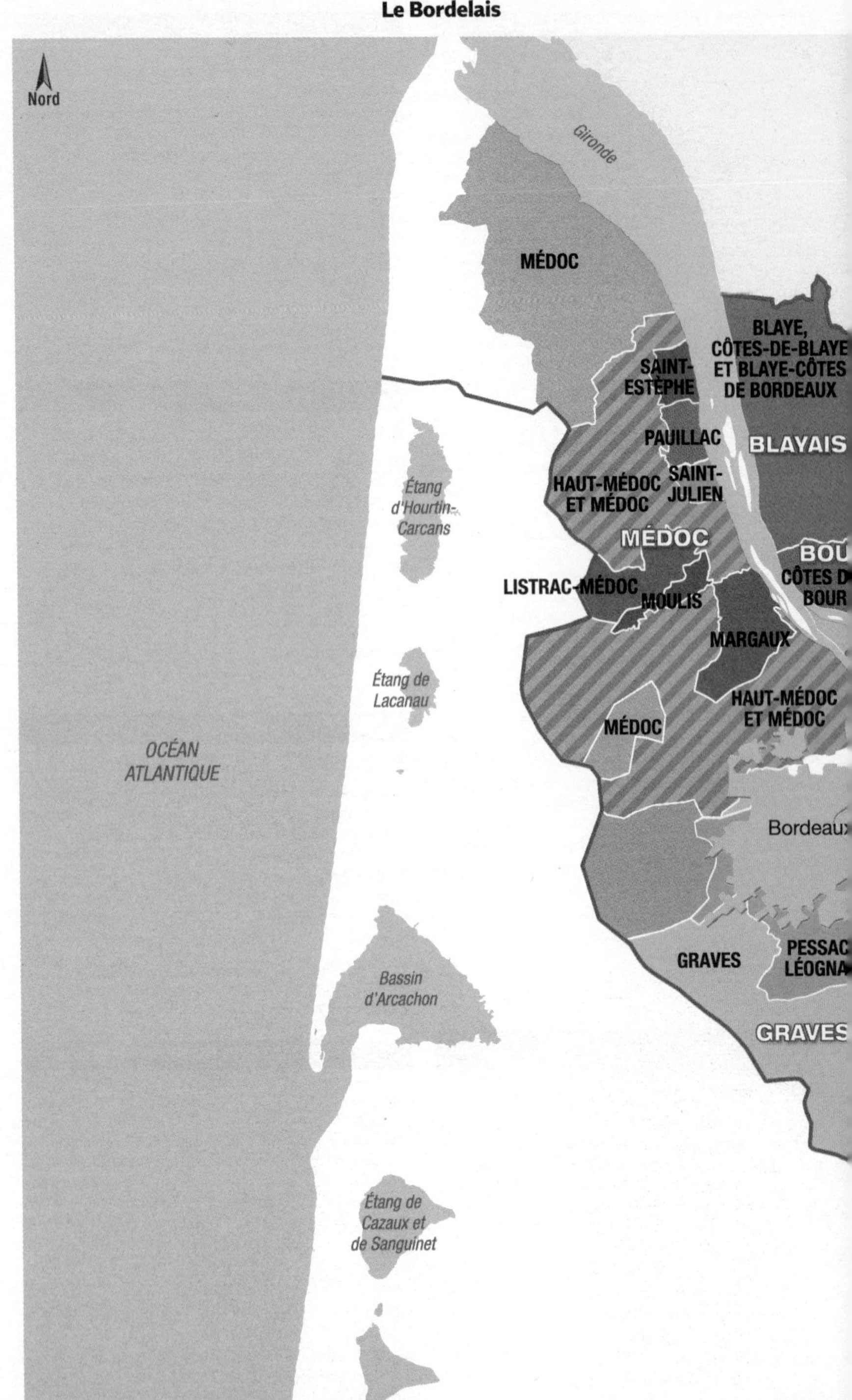

MÉDOC Sous-région viticole
AOC Bordeaux et Bordeaux supérieur
Autres régions viticoles
Villes principales
ÉAIS
LALANDE-DE-POMEROL
LIBOURNAIS
FRONSAC
Dordogne
CANON-FRONSAC
Libourne
GRAVES DE VAYRES
SAINT-ÉMILION
CASTILLON-CÔTES DE BORDEAUX
LUSSAC-SAINT-ÉMILION
POMEROL
MONTAGNE-SAINT-ÉMILION
FRANCS-CÔTES DE BORDEAUX
PUISSEGUIN-SAINT-ÉMILION
SAINT-GEORGES-SAINT-ÉMILION
Bergerac
Dordogne
REMIÈRES-ÔTES-DE-ORDEAUX CADILLAC-ÔTES DE ORDEAUX
ENTRE-DEUX-MERS
SAINTE-FOY-CÔTES DE BORDEAUX
ENTRE-DEUX-MERS
CADILLAC-CÔTES DE BORDEAUX ET CADILLAC
ENTRE-DEUX-MERS-HAUT-BENAUGE ET BORDEAUX-HAUT-BENAUGE
LOUPIAC
CÉRONS
BARSAC
CÔTES-DE-BORDEAUX-SAINT-MACAIRE
GRAVES
Langon
SAUTERNES
SAINTE-CROIX-DU-MONT
Marmande
Garonne
0 5 10 km

CH. BOUTILLON 2016

■ | 10000 | 🍾 | 5 à 8 €

Une propriété commandée par une bâtisse du XVIIIe s., dans la famille Filippi-Gillet depuis trois générations. À sa tête depuis 2014, Anne-Sophie Gillet, avec un vignoble de 17 ha à sa disposition.

Des fruits noirs mûrs animent joliment l'olfaction. En bouche, le vin apparaît rond, charnu, avec de la fraîcheur en soutien, ainsi que des petits tanins souples. ⧗ 2018-2021

SCEA FILIPPI-GILLET, 1 Boutillon, 33540 Mesterrieux, tél. 05 56 71 41 47, contact@chateau-boutillon.fr V r.-v.

CHEVAL QUANCARD Réserve 2016 ★★

■ | 78000 | ⊕ | 5 à 8 €

Propriétaire de nombreux crus et acteur majeur du négoce bordelais à travers différentes marques (Chai de Bordes, Pierre Dumontet...), Cheval Quancard a été fondé par Pierre Quancard en 1844, sous le nom de Quancard et Fils. La maison est toujours dirigée par ses descendants.

D'un noir brillant, ce bordeaux dévoile des parfums intenses de fruits noirs, d'épices et de grillé. Une attaque ample et vive ouvre sur une bouche riche, suave, au boisé bien dosé, avec en soutien des tanins d'une belle finesse. Un ensemble élégant et harmonieux. ⧗ 2020-2025 ■ **Pierre Dumontet Cuvée Hortense Prestige 2016 ★ (- de 5 €; 52000 b.)** : un vin vanillé, poivré et fruité au nez, souple en attaque, plus riche et structuré dans son développement. ⧗ 2020-2024

CHEVAL QUANCARD, ZI La Mouline, 4, rue du Carbouney, BP 36, 33565 Carbon-Blanc Cedex, tél. 05 57 77 88 88, chevalquancard@chevalquancard.com V r.-v.

CLOS CARMELET 2015 ★

■ | 1900 | ⊕ 🍾 | 5 à 8 €

Un petit cru familial de 3 ha conduit depuis 2004 par Gilles Hébrard (troisième génération): un ensemble de parcelles situées sur les coteaux de la rive droite de la Garonne, voisin du château Carmelet. Les vins sont élevés et conservés dans une ancienne carrière d'extraction de pierre de taille.

Des fruits noirs frais, du pruneau, des épices, une touche mentholée, l'approche olfactive est attirante. La bouche séduit aussi: une attaque souple, du volume, du gras pour enrober une belle structure tannique et de la longueur. ⧗ 2020-2024

GILLES HÉBRARD, 103, rte de Rouquey, 33550 Tabanac, tél. 06 64 38 03 00, closcarmelet@hotmail.fr V r.-v.

CH. LA COMMANDERIE DU BARDELET 2016 ★

■ | 160000 | | - de 5 €

Installé en 1969 dans l'Entre-deux-Mers comme jeune agriculteur, Jean-Dominique Petit a, au fil des ans, agrandi la propriété familiale, qui atteint aujourd'hui 70 ha. Ses bordeaux sont régulièrement présents dans le Guide.

Ce vin agréable et friand s'ouvre sur des senteurs fruitées soutenues, agrémentés de nuances épicées. Une attaque ronde prélude à un palais ample, dense, charnu, doté de tanins soyeux et dynamisé par une pointe de fraîcheur en finale. ⧗ 2020-2024 ■ **Ch. Haut-Rieuflaget 2016 ★ (5 à 8 €; 20000 b.)** : un joli nez floral et fruité et une bouche ronde, ample, bien fruitée, étayée par de bons tanins composent un bordeaux bien équilibré. ⧗ 2019-2023 ■ **Fleurs Grand Champ du Ch. Haut-Rieuflaget 2016 (- de 5 €; 80000 b.)** : vin cité.

SCEA JEAN-DOMINIQUE PETIT, Ch. Haut-Rieuflaget, 33790 Saint-Antoine-du-Queyret, tél. 05 56 61 33 78, haut-rieuflaget@wanadoo.fr V r.-v.

♥ CH. DUDON 2015 ★★

■ | 79588 | ⊕ 🍾 | 5 à 8 €

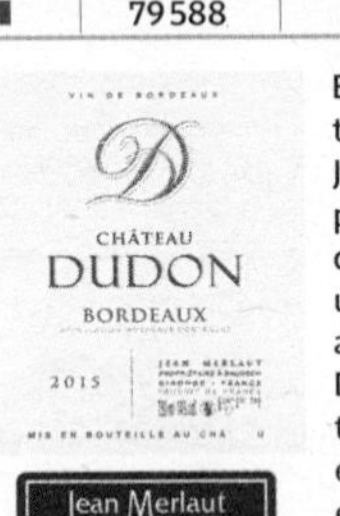

En 1975, Jean Merlaut (château Gruaud-Larose, à Saint-Julien) a repris en main cette propriété, dans sa famille depuis 1961 et commandé par une chartreuse construite au XVIIIe s. par Jean-Baptiste Dudon. Il a assuré sa rénovation, à la vigne et aux chais, et étoffé sa surface en 2009 en achetant les vignes du château Laroche. L'ensemble couvre aujourd'hui 72,4 ha.

Sombre et profonde, la robe de ce 2015 invite à la découverte. Au nez, les fruits rouges mûrs, le cassis et de fines notes boisées font très bon ménage. La bouche se révèle élégante, charnue à souhait, dense et longue, bâtie sur des tanins bien présents mais très veloutés, sur un boisé fin et épicé, et sur une trame acide parfaitement dosée. ⧗ 2020-2026

SARL DUDON, 45, rte de Dudon, 33880 Baurech, tél. 05 57 97 77 35, infos@chateau-dudon.com V r.-v.

ALAIN DUFOURG Dolmen Élevé en fût de chêne 2015

■ | 3500 | ⊕ | 8 à 11 €

Alain Dufourg s'est installé en 2010 à la tête du Ch. Marchand Bellevue, étendu sur 33,5 ha dans l'Entre-deux-Mers, avec la particularité d'être planté majoritairement en rouge et d'accueillir, chose rare dans la région, un dolmen sur ses terres.

Après dix-huit mois de barrique, ce bordeaux dévoile un nez expressif de fruits noirs mâtinés de caramel et de vanille. Une attaque souple introduit un palais ample, rond, suave, aux tanins soyeux. ⧗ 2019-2023

ALAIN DUFOURG, 11, rte de sauveterre, 33760 Targon, tél. 06 81 82 04 76, alaindufourg@orange.fr V r.-v.

CH. LA FONTAINE DE GENIN 2016 ★

■ | 45000 | ⊕ 🍾 | 8 à 11 €

Œnologue de formation, Benoît Prevôt a repris en 2004 cette vigne familiale de 7 ha, tout en poursuivant ses activités de consultant dans le Libournais et à l'étranger (en Chine et en Argentine, notamment).

D'élégantes notes boisées (vanille, moka), florales et fruitées composent un bouquet engageant. On retrouve le boisé, assez soutenu mais racé, dans une bouche riche, ronde, ample, aux tanins bien en place. ⌛ 2020-2024

⊶ BENOÎT PREVÔT, Mondon, 33350 Sainte-Radegonde, tél. 05 56 78 30 14, benoitprevot33@gmail.com

CH. FRANC COUPLET Privilège 2016 ★

■ | 60000 | 🍾 | - de 5 €

Éric et Sophie Meynaud conduisent depuis 1998 une vaste propriété de 120 ha dont le siège est situé à Landerrouat, à la limite du Lot-et-Garonne. Deux étiquettes à la carte des vins: Clos Moulin Pontet et Franc Couplet.

D'un rouge profond et sombre, ce bordeaux livre des parfums intenses et chaleureux d'épices douces, de fruits noirs et de cerise à l'eau-de-vie. En bouche, il apparaît dense et gras, épaulé par des tanins bien fermes. Du potentiel. ⌛ 2021-2028

⊶ EARL CH. FRANC COUPLET, rte de Laussac, 33790 Landerrouat, tél. 05 56 61 34 10, eric.meynaud@wanadoo.fr V 🚶 ⬇ *r.-v.*

BORDEAUX DE GLORIA 2016 ★

■ | 200000 | 5 à 8 €

Sovex Grands Châteaux est une maison de négoce créée en 1982 par Justin Onclin, qui commercialise aussi bien des grands crus classés et des crus bourgeois que ses propres marques.

Le bordeaux du Ch. Gloria, cru bien connu en saint-julien. Au nez, un fruité intense mâtiné d'épices douces. En bouche, de la fraîcheur et de la souplesse en attaque, puis un développement plus dense, plus gras, plus tannique. Un potentiel certain. ⌛ 2021-2028

⊶ SOVEX GRANDS CHÂTEAUX, 20, rue André-Marie-Ampère, 33560 Carbon-Blanc, tél. 05 56 77 81 00

CH. GRAND-PORTAIL 2016 ★

■ | 95000 | 🍾 | - de 5 €

À la tête de 50 ha de vignes implantées dans ce petit pays de l'Entre-deux-Mers appelé Haut-Benauge, Olivier Cailleux perpétue une exploitation qui existe depuis 1881 et six générations.

Après dix-huit mois de cuve, ce bordeaux présente un joli nez de fruits rouges et noirs mûrs rehaussés d'épices. La bouche, à la fois ronde, dense et fraîche, offre beaucoup d'équilibre et de matière, étayée par des tanins fins qui lui permettront de bien évoluer. ⌛ 2021-2026

⊶ EARL DCOC, La Péreyre, 33760 Escoussans, tél. 05 56 23 63 23 V 🚶 ⬇ *r.-v.*

DOM. DES GRAVES D'ARDONNEAU 2016 ★

■ | 13000 | 🛢🍾 | 5 à 8 €

Un domaine incontournable du Blayais, en rouge comme en blanc. La famille Rey écrit son histoire viticole depuis 1763 sur les terres du hameau d'Ardonneau. Installé en 1981 à la tête de 60 ha, Christian Rey a été rejoint en 2005 par son fils Laurent et par sa fille Fanny en 2008. De nouveaux chais sont sortis de terre en 2017.

Une couleur noire du plus bel effet emplit le verre. Au nez, un boisé torréfié et grillé accompagne la mûre, les fruits rouges et la réglisse. Une expression aromatique qui s'invite aussi dans une bouche dense, charnue, concentrée et puissante, aux tanins solides. Bâti pour la garde. ⌛ 2021-2028

⊶ EARL SIMON REY ET FILS, Ardonneau, 33620 Saint-Mariens, tél. 05 57 68 66 98, gravesdardonneau@wanadoo.fr V 🚶 ⬇ *t.l.j. sf dim. 8h30-12h30 14h30-19h*

L'ÉTERNEL DU CH. GUICHOT 2016 ★

■ | 120000 | - de 5 €

Fort de son atavisme vigneron et de son expérience acquise dans de grands domaines, Sébastien Petit s'est installé en 2008 sur 19 ha dans l'Entre-deux-Mers: des vignes exposées plein sud autour d'une bâtisse du XVII[e]s. et de dépendances du XIX[e]s.

D'une belle profondeur de robe, ce bordeaux dévoile un bouquet soutenu de fruits rouges et noirs sur fond d'épices, de coriandre notamment. Une attaque pleine de fraîcheur introduit une bouche ample, grasse sans lourdeur, bâtie sur une charpente ferme enrobée d'un fruité gourmand. ⌛ 2021-2026 ■ **Ch. Candeley 2016 ★ (- de 5 €; 80000 b.)** : à un nez fruité et épicé répond une bouche plus florale (violette), fraîche et souple, avec une finale plus stricte toutefois. ⌛ 2019-2023 ■ **Ch. Guichot 2016 (- de 5 €; 107000 b.)** : vin cité.

⊶ SÉBASTIEN PETIT, Ch. Guichot, 33790 Saint-Antoine-du-Queyret, tél. 06 19 92 33 34, haut-rieuflaget@wanadoo.fr V 🚶 ⬇ *r.-v.*

CH. HAUT BRENDA 2016 ★★

■ | 110000 | 🍾 | - de 5 €

Quatre générations se sont succédé sur le domaine familial Jean Dugay, aujourd'hui dirigé par Nathalie Ballet et son frère Bruno, également propriétaires depuis 1990 du Ch. la Caussade, ancien relais de chasse du Ch. de Vayres. Leur vignoble s'étend sur 63 ha. Autre étiquette: le Ch. Haut Branda en AOC régionales.

Ce 100 % merlot séduit d'emblée par son bouquet élégant et gourmand de fruits rouges. Un fruité soutenu que prolonge une bouche ronde, ample, dense, aux tanins assouplis, bien fraîche et alerte en finale. ⌛ 2019-2024

⊶ GFA VIGNOBLE BALLET, 1, chem. de Caussade, 33870 Vayres, tél. 05 57 74 83 17, vignoble.ballet@orange.fr V 🚶 ⬇ *t.l.j. sf sam. dim. 8h-12h 13h30-17h*

CH. HAUT CAZEVERT Cuvée des Artistes 2015 ★★

■ | 2000 | 🛢 | 8 à 11 €

Un vignoble de 28 ha d'un seul tenant, situé sur l'un des points culminants de l'Entre-deux-Mers, acquis en 1989 par un groupe d'amis, aujourd'hui propriété d'une centaine d'actionnaires, avec à la direction Emmanuel Jacob, qui a débuté en Espagne (Ribera del Dureo) avant de revenir dans le Bordelais en 1996. Deux étiquettes: Haut-Cazevert (entre-deux-mers) et Harandailh (bordeaux).

Le coup de cœur fut mis aux voix pour cette cuvée confidentielle né de merlot (80 %) et de malbec. Ses atouts: une belle robe sombre, profonde; un nez intense et complexe de myrtille, de mûre, de grillé et de café torréfié; une bouche riche, puissante, vineuse, qui reste très élégante et fraîche, étayée par des tanins fermes et fins et par un boisé parfaitement intégré. À mettre en cave. ⧗ 2022-2028

SA CH. HAUT-CAZEVERT, Harandailh, 33540 Blasimon, tél. 05 57 84 18 27, chateau.haut.cazevert@wanadoo.fr V t.l.j. 8h-12h 14h-17h

CH. HAUTES TERRES 2016 ★

■ | 200000 | | - de 5 €

La première apparition de ce vignoble de l'Entre-deux-Mers date de 1831. Il est acquis en 1945 par la famille Lambert et développé dans les années 1960 (d'abord en polyculture) par Gilberte et son mari René Cazade, puis converti à la seule vigne dans les années 1970. Il couvre aujourd'hui 100 ha à Saint-Léger-de-Vignague.

D'une couleur soutenue, ce bordeaux déploie un joli bouquet de fruits rouges et noirs mûrs. Fruité que l'on retrouve dans une bouche ample, ronde et charnue dès l'attaque, soutenue par des tanins frais. ⧗ 2019-2023

SCEA RENÉ ET PHILIPPE CAZADE, Saint-Léger-de-Vignague, 33540 Sauveterre-de-Guyenne, tél. 05 56 71 62 47, cazade.philippe@orange.fr

♥ CH. HAUT POUGNAN Cuvée Prestige Élevé en fût de chêne 2016 ★★

■ | 100000 | | 5 à 8 €

Jean Gueridon conduit depuis 1990 un domaine familial de 50 ha, créé en 1852 sur les coteaux de la rive droite de la Garonne, au cœur de l'Entre-deux-Mers. Une valeur sûre des AOC bordeaux et entre-deux-mers avec ses deux étiquettes: le Ch. Haut Pougnan, fief d'origine, et le Ch. les Moutins, acquis en 1995.

Ce domaine n'en est pas à son premier coup de cœur. Son 2016 fait forte impression. Un vin plein d'élégance, d'une belle brillance, ouvert sur une opulente palette fruitée (fraise, framboise, cassis...), accompagnée d'un boisé savamment dosé, aux accents grillés et toastés. La bouche attaque sur la rondeur et le fruit, puis monte en puissance autour de tanins soyeux et fins, pour s'achever en beauté sur une finale intense et longue. ⧗ 2021-2028

SCEA CH. HAUT POUGNAN, 6, chem. de Pougnan, 33670 Saint-Genès-de-Lombaud, tél. 05 56 23 06 00, haut.pougnan@gmail.com V t.l.j. sf dim. 8h-12h 13h-16h Gueridon

CH. HAUT-PRADOT 2015 ★★

■ | 5000 | | - de 5 €

Un domaine dans la famille Fazembat depuis 1817 et cinq générations. À la disposition de Benoît, installé en 1998, un vignoble de 13 ha dans l'Entre-deux-Mers.

Une belle robe sombre habille ce vin entièrement dédié au fruit, avec quelques notes épicées en complément. Fruits noirs et rouges s'imposent ainsi dès le premier nez et imprègnent une bouche charnue, douce, ample, aux tanins veloutés et fins. ⧗ 2019-2023

BENOÎT FAZEMBAT, 3, Patatin, 33190 Morizès, tél. 06 37 80 93 76, elabat@ymail.com V r.-v.

CH. JOININ 2016 ★

■ | 150000 | | 5 à 8 €

Un domaine familial depuis trois générations, avec 25 ha conduits depuis 1989 par Brigitte Mestreguilhem (dont la famille est aussi propriétaire du Ch. Pipeau en saint-émilion grand cru). 2014 a vu l'arrivée de Jean Mestreguilhem, fils de Brigitte, ingénieur en agronomie qui a fait ses armes dans de grands domaines bordelais, en Californie et en Afrique du Sud, et qui prend en charge la gestion technique du domaine.

Ce bordeaux sombre et profond dévoile des parfums intenses de fruits rouges et noirs mûrs relevés d'épices. Portée par une charpente ferme mais sans dureté aucune, la bouche renoue avec le fruit, fait preuve de volume et de densité, et s'étire dans une finale nette et droite. ⧗ 2020-2026

BRIGITTE MESTREGUILHEM, Joinin, 33420 Jugazan, tél. 05 57 24 72 95, chateau.pipeau@wanadoo.fr V t.l.j. 8h-12h 14h-18h; sam. sur r.-v.; f. 13-19 août

KRESSMANN Grande Réserve 2016 ★

■ | 250000 | | - de 5 €

Négoce fondé en 1871 par Édouard Kressmann. Associé en 1967 avec Dourthe pour créer le CVGB, il entre dans le giron du Champenois Alain Thiénot en 2007. Outre ses vins de marque, dont l'historique Kressmann Monopole Dry lancé en 1897, il propose une vaste sélection de crus, dont Latour-Martillac, propriété de la famille.

Les qualités de ce 2016 s'apprécient dès la robe, d'un beau grenat foncé. Le nez séduit par son intensité fruitée et son boisé épicé. La bouche offre une matière suave et charnue, consolidée par des tanins fondus et par une finale tout en fraîcheur. ⧗ 2020-2024

KRESSMANN, 35, rue de Bordeaux, CS 80004, 33290 Parempuyre, tél. 05 56 35 53 00, contact@kressmann.com

CH. LAMOTHE-VINCENT Intense 2016 ★★

■ | 54000 | | 5 à 8 €

Un vaste cru de 92 ha dans l'Entre-deux-Mers, fondé en 1920 par les arrière-grands-parents. Ses atouts: un chai très moderne et les compétences complémentaires de Christophe Vincent (aux vignes) et de Fabien (au chai). Saint Vincent les inspire, dit-on, mais ce sont plutôt leur formation technique poussée et leur exigence qui font de ce domaine une référence en bordeaux et bordeaux supérieur.

Fidèle au rendez-vous, ce cru signe un bordeaux bien sous tous rapports: jolie robe rouge profond, nez intense et généreux de fruits mûrs relevés de poivre, bouche ample, puissante et ronde, aux tanins soyeux. Du caractère pour ce vin qui n'usurpe pas son nom. ⧗ 2020-2026

SCEA VIGNOBLES VINCENT, 3, chem. Laurenceau, 33760 Montignac, tél. 05 56 23 97 72, info@lamothe-vincent.com r.-v.

CH. LARY 2016

■ | 179200 | | - de 5 €

La famille Forcato s'installe en 1950 sur les terres argilo-sableuses et calcaires du plateau de l'Entre-deux-Mers, à 10 km de La Réole, et exploite 70 ha vinifiés sous les étiquettes Ch. Lary, Ch. Lauzanet et Ch. Moulin du Terrier.

Au nez, des arômes frais de mûre et de cassis. Un fruité qui s'impose aussi dans une bouche souple, gouleyante, aux tanins discrets. À boire sur le fruit. 2018-2021

GAEC FORCATO ET FILS, lieu-dit Tagot, 33190 Fossès-et-Baleyssac, tél. 05 56 61 77 91

CH. LAUDUC D:vin 2016

■ | 5000 | | 15 à 20 €

Conduit par les frères Régis et Hervé Grandeau, ce cru familial fondé en 1930, naguère dédié à la production de lait, de raisins de table et de fruits, étend son vignoble de 110 ha sur les plus hauts coteaux argilo-calcaires et graveleux de Tresses, à une dizaine de kilomètres de Bordeaux. Un domaine régulier en qualité.

Ce 100 % merlot a connu le bois et ce sont des notes épicées et grillées qui surgissent au premier nez, bientôt relayées par un bon fruité. En bouche, il offre de la sève et de la puissance, et même de la sévérité en finale. Encore un peu de patience, ce vin gagnera son étoile en cave. 2021-2025

VIGNOBLES GRANDEAU, 5, av. de Lauduc, 33370 Tresses, tél. 05 57 34 43 56, m.grandeau@lauduc.fr t.l.j. sf sam. dim. 9h-12h30 14h-17h30

CH. LE LUC REGULA 2016

■ | 20000 | | 5 à 8 €

Un château datant du XIII[e]s., restauré au XIX[e]s., commande un vignoble de 6 ha, propriété de Dominique et Valérie Destouches.

L'expression aromatique est partagée entre les fruits noirs et un boisé grillé et vanillé. La bouche, souple et fraîche en attaque, évolue vers la rondeur, épaulée par des tanins fermes qui jouent un peu des épaules en finale. 2020-2024

SAS REGULA, Ch. le Luc Regula, 33190 La Réole, tél. 06 85 22 36 58, ddestouches@vpcf.fr r.-v. 5 Destouches

CH. MALBAT Optimus 2016

■ | 100000 | | 5 à 8 €

Dans la même famille depuis 1865, ce cru est conduit depuis 1997 par Fabienne, Daniel et Martine Rochet. Établi sur la rive droite de la Garonne, à l'extrémité sud-est du vignoble girondin, il s'étend aujourd'hui sur 90 ha.

Au nez, des notes chocolatées et épicées intenses dominent le fruit. En bouche, le vin se montre chaleureux, très rond, très suave, épaulé par des tanins enrobés. Un style moderne. 2019-2023

DANIEL ROCHET, 5, Malbat, 33190 La Réole, tél. 05 56 61 02 42, contact@chateau-malbat.com t.l.j. sf sam. dim. 8h30-12h30 13h-17h

CRU LA MAQUELINE 2016 ★

■ | 240000 | | 5 à 8 €

Ce cru médocain a été acquis en 2006 par Catherine et Philippe Castel. À sa disposition, un vignoble de 65 ha commandé par une bâtisse en bois d'inspiration nord-américaine qui tranche avec les classiques demeures girondines. Outre la vigne, les propriétaires pratiquent l'élevage de chevaux de race destinés au reining, une pratique d'équitation western.

D'un rouge très profond, ce bordeaux développe derrière des notes grillées et toastées d'ardents arômes de fruits rouges. Soutenue par une trame tannique ferme mais bien maîtrisée, la bouche propose une belle rondeur et du gras, et laisse en finale une sensation de maturité et d'harmonie. 2021-2028

CRU DE LA MAQUELINE, 2, rte de la Maqueline, 33460 Macau, tél. 05 56 35 66 05, contact@chateaux-castel.com Castel

CH. MARJOSSE 2016 ★

■ | 200000 | | 8 à 11 €

Pierre Lurton, directeur de Cheval Blanc et de Yquem, a repris en 1991 ce cru de l'Entre-deux-Mers, séduit par son terroir apparenté à celui de Saint-Émilion. Vignoble entièrement restructuré (50 ha), création d'un nouveau chai, premières cuvées en 2000 et, depuis, des vins très réguliers en qualité.

Paré d'une robe sombre, ce bordeaux de belle facture déploie des arômes de fruits rouges mûrs mâtinés de notes de cannelle, de fumé et de café torréfié. En bouche, il se révèle puissant, généreux, tenu par des tanins bien en place qui lui garantiront une saine évolution. 2022-2028

PIERRE LURTON, La Moulinasse, 33420 Grézillac, tél. 05 57 55 57 80, basil.marjosse@gmail.com r.-v.

CH. MAYNE DURÈGE 2016 ★

■ | 34000 | | - de 5 €

Univitis est une coopérative regroupant 230 adhérents et 2 000 ha dans le « grand Sud-Ouest » viticole. Elle propose une large gamme de vins de marques et de propriétés dans une quinzaine d'AOC, à laquelle s'ajoute le Ch. les Vergnes acquis en 1986 (130 ha près de Sainte-Foy).

Ce vin séduit d'emblée avec sa couleur grenat et ses arômes intenses de fruits rouges et noirs nuancés de poivre. La bouche affiche un bel équilibre entre une matière élégante, dense, séveuse, une solide charpente tannique et des saveurs fruitées prononcées. 2020-2024 ■ **Ch. Nerbesson 2016 ★ (- de 5 €; 106000 b.)** : un bordeaux empyreumatique et minéral (silex) au nez, dense, puissant, concentré et long en bouche. 2021-2028 ■ **Ch. les Mourleaux 2016 ★ (- de 5 €; 30000 b.)** : un vin franc et net au nez, sur les fruits noirs et les épices douces, gras et rond en bouche, étayé par des tanins soyeux. ⧗ 2019-2023 ■ **Ch. Rocanguille 2016 (5 à 8 €; 34 000 b.)** : vin cité.

SCA UNIVITIS, village des Bouhets, 33220 Les Lèves-et-Thoumeyragues, tél. 05 57 56 02 02, univitis@univitis.fr

M DE MONSÉGUR
Réserve Cabernet franc 2016

■ | 60 000 | | 5 à 8 €

Les Vignerons réunis de Monségur est une cave coopérative fondée en 1935 à l'extrémité est de l'Entre-deux-Mers. Son vignoble s'étend sur près de 1 300 ha en rouge et 100 ha en blanc exploités par quelque 200 adhérents.

Ce 100 % cabernet franc dévoile un nez soutenu de cassis frais et de fruits rouges accompagné de nuances florales. On retrouve ce fruité frais dans une bouche ronde, d'un bon volume, aux tanins souples, quoiqu'un peu plus sévères en finale. ⧗ 2019-2022

SCA LES VIGNERONS RÉUNIS DE MONSÉGUR, 1, Grand-Champ, 33580 Le Puy, tél. 05 56 61 61 85, commercial@cave-de-monsegur.com t.l.j. sf dim. 8h30-12h 14h30-18h30

CH. MOULIN DE BERNAT 2016 ★

■ | 40 000 | | - de 5 €

Installée en 2001, Frédérike Bouzon-Petit exploite un vignoble de 14 ha non loin de Sauveterre-de-Guyenne. En plus du vin, elle propose aussi à la vente du fromage bio issu de sa chèvrerie.

Une belle robe noire habille ce vin au nez élégant et complexe de fruits rouges et de violette, agrémentés d'originales nuances exotiques. Étayée par des tanins délicats et veloutés, la bouche, ronde, généreuse, gourmande, au fruité concentré, donne une impression de plénitude et de finesse. ⧗ 2021-2026 ■ **Cuvée de la viticultrice 2016 ★ (- de 5 €; 40 000 b.)** : un bordeaux ample, gras, solidement structuré, bâti pour bien vieillir. ⧗ 2021-2028

FRÉDÉRIKE BOUZON-PETIT, Moulin de Bernat, 33790 Saint-Antoine-du-Queyret, tél. 05 56 61 33 78, haut-rieuflaget@wanadoo.fr r.-v.

CH. MOUSSEYRON 2016 ★

■ | 40 000 | | - de 5 €

Un domaine familial de 28 ha datant de 1880, juché sur les hauteurs de Saint-Pierre-d'Aurillac. Joris Larriaut, représentant la cinquième génération aux commandes du vignoble, a pris la suite de son père Jacques en 2014.

Une élégante présentation grenat foncé pour ce vin expressif et bien typé, ouvert sur des parfums intenses de fruits rouges (fraise, framboise, cerise confite) agrémentés de notes de cuir. La bouche est ronde, suave, chaleureuse, persistante sur le fruit et bâtie sur des tanins souples. ⧗ 2019-2022

SCEA JORIS LARRIAUT, 31, rte de Gaillard, 33490 Saint-Pierre-d'Aurillac, tél. 05 56 76 44 53, larriautjacques@wanadoo.fr r.-v.

CH. DE PERRE 2015 ★

■ | 15 000 | | - de 5 €

Située sur les coteaux ensoleillés dominant la Garonne, en plein cœur du canton de Saint-Macaire, cette propriété familiale est implantée sur une ancienne carrière de pierre. Elle étend ses vignes sur 36 ha conduits depuis 1981 par Denise Mayle (troisième génération), qui en a confié le flambeau à son fils Julien en 2016.

Un bordeaux bien typé, d'une belle intensité colorante et olfactive (arômes généreux de fruits rouges mûrs). La bouche est consistante, ample, fruitée, bien équilibrée par une pointe de fraîcheur et adossée à des tanins modérés, sans excès de fermeté. ⧗ 2019-2022

VIGNOBLES MAYLE, 8, lieu-dit Perre, 33490 Saint-Martin-de-Sescas, tél. 06 73 73 67 05, chateaudeperre@yahoo.fr r.-v.

PETIT PAVEIL 2016

■ | 67 000 | | 8 à 11 €

Remontant au XVIIes., un vaste château possédant une roseraie et un vignoble de 32 ha d'un seul tenant, implanté sur les graves garonnaises du plateau de Soussans. Le baron Alfred de Luze a acquis en 1862 la propriété, gérée depuis 2016 par une de ses descendantes, Marguerite de Luze.

D'un grenat sombre, cette cuvée mi-merlot mi-cabernet-sauvignon développe des arômes de fruits noirs, de boisé grillé et de réglisse. Passé une attaque fraîche, la bouche apparaît ronde, chaleureuse, dotée d'une structure plutôt légère. ⧗ 2018-2021

FAMILLE DE LUZE, 3, chem. du Paveil, 33460 Soussans, tél. 09 75 64 57 97, contact@chateaupaveildeluze.com r.-v.

CH. PILET 2016 ★★

■ | 150 000 | | 5 à 8 €

Famille au service du vin depuis un siècle. En 1964, Jean et Yvette Queyrens acquièrent leur première vigne au lieu-dit Pilet puis reprennent les domaines de leurs parents (Ch. du Pin-Franc et Ch. des Graves du Tich) et débutent la vente en bouteilles. Aujourd'hui, leurs fils Patrick et Christophe, avec à leurs côtés Jean-Yves, le petit-fils, exploitent un vignoble de 70 ha dans l'Entre-deux-Mers.

D'un rouge sombre et intense, ce bordeaux livre des arômes tout aussi soutenus de cerise, de prune et de violette. Une attaque douce précède un milieu de bouche dense, gras, bien charpenté jusqu'en finale. ⧗ 2020-2024 ■ **Ch. Pin-Franc 2016 ★★ (5 à 8 €; 60 000 b.)** : distribué par les Grands Chais de France, ce cru propose un 2016 profond, ouvert sur les fruits noirs mûrs, charnu, rond et soyeux en bouche, sans manquer de structure. ⧗ 2020-2024 ■ **Les Hauts de Massonne 2016 ★ (5 à 8 €; 60 000 b.)** : au nez, de la violette, des fruits rouges et une touche de cuir; en bouche, une belle structure de tanins fins, du volume, de la chair et une bonne longueur. ⧗ 2019-2022

SC VIGNOBLES JEAN QUEYRENS ET FILS, 3, Grand-Village-Sud, 33410 Donzac, tél. 05 56 62 97 42, scvjqueyrens@orange.fr r.-v.

♥ CH. POUROUTOU Cuvée Eliane 2015 ★★

■ | 35200 | | - de 5 €

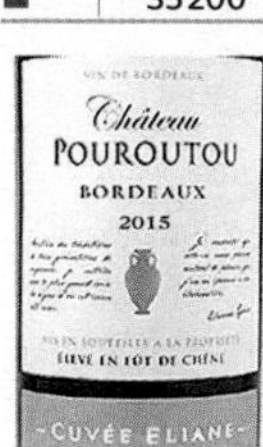

Fondée en 1955, la cave coopérative Les Veyriers de Sainte-Radegonde, au sud de Castillon-la-Bataille, cultive 500 hectares de vignes et regroupe 50 vignerons dans l'appellation bordeaux.

Ce 2015 se présente dans une seyante robe rouge profond et dense, le nez emprunt de senteurs complexes de chocolat, de réglisse, de pain grillé, de cerise noire et de mûre. En bouche, il se montre gras, volumineux, sans aspérité, soutenu avec élégance par un boisé savamment dosé et par des tanins veloutés. Un bordeaux charmeur en diable. ⧗ 2019-2023

CAVE LES VEYRIERS, 1, Le Bourg, 33350 Sainte-Radegonde, tél. 05 57 40 53 82, veyriers@orange.fr

CH. RIFFAUD 2015 ★

■ | 3000 | | 5 à 8 €

Une petite propriété familiale de 14 ha au cœur des coteaux argilo-calcaires de l'Entre-deux-Mers, conduit par Stefan Delarue.

Intense en couleur, ce bordeaux ne l'est pas moins du point de vue aromatique: mûre, cassis, épices. En bouche, il affiche une belle puissance, du volume et de la densité, épaulé par des tanins qui commencent à se fondre. ⧗ 2019-2023

STEFAN DELARUE, 9, Le Bourg, 33540 Castelvieil, tél. 06 59 53 81 90, chateau.riffaud@gmail.com V r.-v.

CH. LA ROSE GADIS 2016 ★

■ | 282666 | - de 5 €

Depuis le milieu des années 1980, Bernard Lasnier a repris les rênes de ce domaine familial de l'Entre-deux-Mers: 28 ha de vignes sur le plateau de Rauzan, bien exposé au sud, sur la rive gauche de la Dordogne.

Des raisins mûrs et sains, une vinification et un élevage bien maîtrisés sont à l'origine d'un bordeaux sombre et épais, mariant au nez des parfums de mûre et d'épices douces. Arômes prolongés par une bouche ample et concentrée, étoffée par des tanins solides. Du potentiel. ⧗ 2021-2028

VIGNOBLES BERNARD LASNIER, 5, Castillon, 33420 Jugazan, tél. 05 57 84 17 19, ber33@free.fr

CH. LA ROSE MONTAURAN 2016 ★

■ | 306666 | - de 5 €

Une propriété de 27 ha, reprise il y a trente ans par Francis Lasnier, située sur la rive gauche de la Dordogne, sur le plateau de Jugazan.

Ce bordeaux rouge sombre aux reflets violines de jeunesse déploie de plaisants arômes de fruits mûrs. En bouche, il affiche une belle personnalité autour d'une matière riche et dense et de tanins fermes. ⧗ 2021-2025

SCEA VIGNOBLES FRANCIS LASNIER, 1, Le Bergey, 33420 Jugazan, vignobles.flasnier@aliceadsl.fr

CH. LA ROSE SAINT-GERMAIN 2016 ★

■ | 143867 | | 5 à 8 €

En 1858, la famille Ducourt s'établit au château des Combes, à Ladaux, petit village au sud-est de Bordeaux. C'est sous l'impulsion d'Henri Ducourt, installé en 1951 et relayé depuis par ses enfants et petits-enfants, que le vignoble familial prend son essor, pour atteindre aujourd'hui 450 ha répartis sur treize châteaux dans l'Entre-deux-Mers et le Saint-Émilionnais. Un ensemble dirigé par Philippe Ducourt depuis 1980.

Un bordeaux séduisant par sa robe intense et profonde comme par son nez net de fruits rouges et noirs, d'épices, de fumé et de vanille. Bâti sur des tanins soyeux, le palais se montre riche, gras, nanti d'un généreux fruité. ⧗ 2019-2022 ■ **Ch. de Redon 2016 (5 à 8 €; 158267 b.)** : vin cité.

VIGNOBLES DUCOURT, 18, rte de Montignac, 33760 Ladaux, tél. 05 57 34 54 00, ducourt@ducourt.com V *r.-v.*

CH. SAINTE-BARBE Merlot 2015 ★

■ | 129700 | | 5 à 8 €

Située à la pointe de l'Entre-deux-Mers, cette belle chartreuse construite au XVIIIes. par Jean-Baptiste Lynch (maire de Bordeaux de 1809 à 1815) commande un vignoble de 30 ha. Acheté par les Touton en 2000, le cru a été acquis en 2013 par la famille de Gaye, également à la tête du Ch. Grand Corbin Manuel (saint-émilion grand cru) et du Ch. la Création (pomerol).

Un merlot bien né est à l'origine de cette cuvée sombre, très intense, qui propose à l'olfaction un panier de fruits bien mûrs mâtinés de délicates nuances épicées. Une ligne aromatique à laquelle fait écho une bouche ample et charnue, portée par des tanins doux et un boisé bien dosé. ⧗ 2019-2023

BRICE DE GAYE, rte du Burck, 33810 Ambès, tél. 05 56 77 49 57, commercial@chateausaintebarbe.fr V *r.-v.*

CHAMPS DE BENEYTEAU DU CH. LA SAUVEGARDE 2016 ★

■ | 100000 | - de 5 €

Chasse, cèpes et vignes composent l'environnement de ce domaine de 30 ha isolé au milieu des bois et commandé par une bastide du XVIIIes. À sa tête depuis 1999, Sébastien Petit, souvent en vue pour ses vins d'appellations régionales.

Noir à reflets pourpres, ce bordeaux livre un bouquet charmeur et élégant de violette et de cassis frais. Dotée de tanins fins qui se raffermissent en finale, soyeuse, souple et fraîche, la bouche prolonge le charme de ce vin bien construit. ⧗ 2020-2024 ■ **Ch. la Sauvegarde 2016 (- de 5 €; 40000 b.)** : vin cité.

SCF LA SAUVEGARDE, Ch. la Sauvegarde, 33790 Soussac, tél. 05 56 61 33 78, haut-rieuflaget@wanadoo.fr V *r.-v.* *Petit*

SIRIUS 2016 ★

■ | 300000 | 🍾 | 5 à 8 €

Un négoce fondé en 1883, resté familial et conduit aujourd'hui par les cinq frères Sichel. La première maison (1967) a créé sa propre cave de vinification, sur le principe des wineries du Nouveau Monde. Elle possède aussi plusieurs crus bordelais: Palmer, avec d'autres négociants, Angludet, Argadens et Trillol, dans les Corbières.

Un vin bien typé, rouge intense, au fruité flatteur (fraise et framboise mûres) au nez comme bouche. On aime aussi son volume, son caractère charnu et gras, renforcé par des tanins fermes. ⧗ 2021-2024

SA MAISON SICHEL, 19, quai de Bacalan, 33000 Bordeaux, tél. 05 56 11 16 60, ventes-france@sichel.fr

(B) SUAU Semper Viva 2016 ★★

■ | 6000 | 🍾 | 11 à 15 €

Ancien pavillon de chasse du duc d'Épernon (1554-1642), ce domaine doit son nom à la famille Suau, propriétaire des lieux au XVIIes. Après avoir souvent changé de mains au XXes., il est entré en 1985 dans la famille Bonnet, avant d'être repris en 2014 par Bacchus Investments. Le vignoble couvre 66 ha, conduits en bio.

Bien vivant est ce vin en effet. Un bordeaux ouvert sans réserve sur les fruits rouges et noirs mûrs relevés d'épices douces, ample, riche, vineux en bouche, mais avec une belle fraîcheur en soutien et des tanins bien maîtrisés. ⧗ 2020-2024

SCEA DU CH. SUAU, 600, Suau, 33550 Capian, tél. 05 56 72 19 06, fnoguiez@iag-es.com V ■ *r.-v.*

CH. THIEULEY 2016 ★

■ | 160000 | 🛢🍾 | 5 à 8 €

L'histoire viticole des Courselle débute en 1949 avec l'achat du Ch. Thieuley, non loin de la Sauve-Majeure, par André Courselle. Sous l'impulsion de Francis et, depuis 2004, de ses filles Sylvie et Marie, le vignoble s'étend aujourd'hui sur 80 ha et trois crus: Thieuley, une référence en bordeaux, Ch. Saint-Genès, destiné à l'export, et Clos Sainte-Anne, 5 ha de graves à Capian.

Une recherche de l'extraction bien réussie dans ce bordeaux concentré en couleur et intense au nez, avec des arômes frais de fruits rouges et de cassis. La bouche est riche, ample, bien structurée par des tanins soyeux et soulignée par une juste acidité. ⧗ 2021-2025

FAMILLE COURSELLE, 560, rte de Grimard, 33670 La Sauve, tél. 05 56 23 00 01, contact@thieuley.com V 🚶 ■ *t.l.j. sf dim. 8h30-12h 13h30-17h30; sam. sur r.-v.*

CH. TOUR DE BIOT Cuvée Vieilles Vignes 2016 ★

■ | 25000 | 🛢 | 5 à 8 €

Gilles Grémen est un habitué du Guide, souvent en vue pour ses bordeaux rouges. Héritier d'une longue lignée vigneronne, il a repris en 1986 le domaine familial et exploite aujourd'hui 20 ha de vignes.

Un vin sincère et franc, ouvert sur les fruits noirs (mûre, cassis) sur un fond frais de menthol. La bouche apparaît ample et généreuse, ronde et charnue, renforcée par une structure encore jeune mais sans agressivité et par un boisé bien fondu. ⧗ 2020-2024 ■ **2016 (- de 5 €; 50000 b.)** : vin cité.

EARL LA TOUR-ROUGE, 2, la Tour-Rouge, 33220 La Roquille, tél. 05 57 41 26 49, gilles.gremen@orange.fr V 🚶 ■ *r.-v.*

CH. TOUR DU MOULIN DU BRIC Prestige du Bric 2015 ★

■ | 2500 | 5 à 8 €

Voisine du château Malromé, où vécut le peintre Henri de Toulouse-Lautrec, cette propriété, dans la même famille depuis quatre générations, a pour emblème un moulin à vent en ruine qui se dresse devant l'exploitation. Conduite depuis 2003 par Sylvie Thomasson, elle s'étend sur 17 ha couvrant les coteaux de Saint-André-des-Bois, en appellation saint-macaire.

De jolis reflets noirs animent ce bordeaux aux senteurs vives de fruits rouges et noirs et d'épices. La bouche, bien équilibrée, fraîche et fruitée, s'appuie sur des tanins encore jeunes qui doivent s'assagir. ⧗ 2020-2024

SCEA VIGNOBLES FAURE, Moulin du Bric, 33490 Saint-André-du-Bois, tél. 05 56 76 40 20, vignoblesfaure@wanadoo.fr V 🚶 ■ *r.-v.*

CH. TURCAUD 2016 ★

■ | 80000 | 🛢🍾 | 5 à 8 €

Un cru de 50 ha fondé en 1973 par Simone et Maurice Robert, conduit avec le même talent depuis 2009 par leur fille Isabelle et son époux Stéphane Le May. Abandon progressif du désherbage chimique, rendements limités, approche parcellaire pour chaque cuvée: un travail de précision au service des AOC régionales et des entre-deux-mers.

À l'élégance de la robe, rubis intense, répond celle du bouquet, finement fruité (cerise, fruits noirs). La bouche, suave, ronde, aux tanins veloutés, se révèle elle aussi bien concentrée en fruit, avec en appoint un boisé bien fondu. ⧗ 2020-2023

EARL VIGNOBLES ROBERT, 1033, rte de Bonneau, 33670 La Sauve, tél. 05 56 23 04 41, chateau-turcaud@wanadoo.fr V 🚶 ■ *r.-v.*

LES VIGNERONS DE TUTIAC Lieu-dit Verdot 2015 ★

■ | 20000 | 🛢 | 11 à 15 €

Créée en 1974, la coopérative de Tutiac dispose des vendanges de 4 000 ha cultivés par quelque 450 viticulteurs. Un acteur important de la haute Gironde et aussi le premier producteur de vins d'appellations en France, qui propose des vins de côtes (blaye-côtes-de-bordeaux et côtes-de-bourg) et d'appellations régionales.

Ce 100 % petit verdot revêt une robe profonde et déploie un nez fin, épicé et fruité (myrtille, mûre, griotte). La bouche apparaît suave, soyeuse, étayée par des tanins fondus et par un boisé très discret. ⧗ 2019-2022

LES VIGNERONS DE TUTIAC, La Cafourche, 33860 Marcillac, tél. 05 57 32 48 33, christelle.venancy@tutiac.com V t.l.j. sf dim. 9h-12h30 14h-18h30

CH. VALADE 2015

■	17600		5 à 8 €

Mylène et Guillaume Guennec, enfants de viticulteurs de la région, ont pris la suite en 2010 de François Greffier, vigneron réputé pour ses entre-deux-mers désormais retiré des affaires. Ils conduisent aujourd'hui un vignoble de 35 ha, auxquels s'ajoutent les 8 ha du Ch. Valade pris en fermage auprès de la famille Hoffman.

Ce bordeaux sombre et légèrement tuilé convoque les fruits rouges accompagnés de discrètes notes vanillées. Une attaque franche et séveuse ouvre sur un palais d'un bon volume, fruité, aux tanins bien maîtrisés mais plus stricts en finale. ⧗ 2019-2022

EARL CASTENET, 3, Castenet, 33790 Auriolles, tél. 05 56 61 40 67, ch.castenet@wanadoo.fr V r.-v.
Hoffmann

BORDEAUX CLAIRET

Superficie : 925 ha / Production : 52 000 hl

CH. CLOS LAVIZON 2017 ★

■	5000		- de 5 €

Les Chollet exploitent la vigne de père en fils depuis la fin du XVIIIes. Le Ch. Montgaillard est entré dans la famille en 1905. Son vignoble, entourant une belle maison bourgeoise et une ancienne chapelle du XIIIes. où sont aujourd'hui élaborés les vins, couvre 40 ha face au Ch. de Malagar, conduits depuis 2001 par François Chollet.

Le seul merlot compose ce rosé couleur cerise, au nez intense de fruits rouges mûrs et de bonbon anglais, agrémenté d'une note minérale. On retrouve le fruit dans une bouche souple, ronde, bien équilibrée par la fraîcheur. ⧗ 2018-2020

FRANÇOIS CHOLLET, 133, rte de Gascogne, 33490 Saint-Maixant, tél. 05 56 63 17 02, francois.chollet@wanadoo.fr V r.-v.

CH. LAUDUC Classic 2017 ★

■	14000		5 à 8 €

Conduit par les frères Régis et Hervé Grandeau, ce cru familial fondé en 1930, naguère dédié à la production de lait, de raisins de table et de fruits, étend son vignoble de 110 ha sur les plus hauts coteaux argilo-calcaires et graveleux de Tresses, à une dizaine de kilomètres de Bordeaux. Un domaine régulier en qualité.

Coup de cœur dans l'édition précédente, cette cuvée revient en bonne forme dans son millésime 2017. Un vin ouvert sur la cerise fraîche et le melon mûr, rond, vineux et long en bouche. ⧗ 2018-2020

VIGNOBLES GRANDEAU, 5, av. de Lauduc, 33370 Tresses, tél. 05 57 34 43 56, m.grandeau@lauduc.fr V t.l.j. sf sam. dim. 9h-12h30 14h-17h30

LISE DE BORDEAUX 2017

■	20000		- de 5 €

Propriétaire de nombreux crus et acteur majeur du négoce bordelais à travers différentes marques, Cheval Quancard a été fondé par Pierre Quancard en 1844, sous le nom de Quancard et Fils. La maison est toujours dirigée par ses descendants.

Le nez associe la prune et la groseille. En bouche, le fruit reste bien présent; on apprécie aussi son équilibre rondeur/fraîcheur. Un vin friand. ⧗ 2018-2019

CHEVAL QUANCARD, ZI La Mouline, 4, rue du Carbouney, BP 36, 33565 Carbon-Blanc Cedex, tél. 05 57 77 88 88, chevalquancard@chevalquancard.com V r.-v.

CH. MAJOUREAU 2017 ★

■	4000		- de 5 €

L'une des belles étiquettes en saint-macaire, également présente en AOC régionales. Un cru de 40 ha, propriété des Delong depuis cinq générations, en polyculture jusqu'en 1981, date de la première mise en bouteilles. Mathieu, désormais épaulé par sa sœur Émeline, est aux commandes depuis 2002.

Une belle robe brillante habille ce vin au nez discret mais plaisant de fruits rouges mûrs mâtiné de menthol. En bouche, du fruit toujours, de la douceur, de la rondeur, de la souplesse. ⧗ 2018-2020

SCEA VIGNOBLES DELONG, 1, Majoureau, 33490 Caudrot, tél. 05 56 62 81 94, familledelong@hotmail.com V r.-v.

♥ MARQUIS DE GÉNISSAC 2017 ★★

■	8400		- de 5 €

Marquis DE GÉNISSAC BORDEAUX CLAIRET

Une coopérative de l'Entre-deux-Mers résultant de la fusion en 2009 de la cave de Génissac, fondée en 1936, et de celle de Saint-Pey-de-Castets, créée en 1949. La nouvelle structure dispose d'un millier d'hectares cultivé par ses adhérents.

Ce n'est pas la première fois que cette cuvée brille dans le Guide (dernier coup de cœur sur le millésime 2014). Le 2017, d'une belle couleur cerise, conjugue des arômes de fraise confiturée, de cassis, de barbe à papa et de brioche. En bouche, il offre un équilibre admirable entre une pointe de tannicité, une chair ronde et délicate et une fine acidité qui amène de l'allonge et un côté aérien. ⧗ 2018-2020

SCA VIGNERONS DE SAINT-PEY-GÉNISSAC, Union de Guyenne, 180, rue de la Cave-Coopérative, 33420 Génissac, tél. 05 57 55 55 65, cave.genissac@vigneronsdesaintpey-genissac.fr V t.l.j. sf dim. 9h-12h 14h-18h

CH. DE MARSAN 2017

■	13500		5 à 8 €

Paul Gonfrier, rapatrié d'Algérie, rachète au début des années 1960 le Ch. de Marsan, terre noble fondée au

XVII[e]s. sur la rive droite de la Garonne: le berceau des domaines familiaux. Ses fils Philippe et Éric suivent ses traces après 1985. Aujourd'hui, pas moins de 400 ha et douze châteaux.

D'un grenat clair aux nuances violines, ce clairet mi-merlot mi-cabernet-sauvignon livre un bouquet de fraise, de cassis, de fruits exotiques et de bonbon acidulé. En bouche, il se montre rond et tendre, avec une pointe d'amertume en finale. ⧗ 2018-2020

⊶ SAS GONFRIER FRÈRES, BP 7, 33550 Lestiac-sur-Garonne, tél. 05 56 72 14 38, contact@vignobles-gonfrier.fr V *t.l.j. sf sam. dim. 9h-17h30*

CH. PENIN 2017 ★★

■ | 65000 | | 5 à 8 €

L'une des valeurs sûres des appellations régionales, avec plusieurs coups de cœur à son actif. Un cru de 45 ha établi sur un terroir de graves, sur la rive gauche de la Dordogne, face à Saint-Émilion. Fondé par la famille Carteyron en 1854, il est dirigé depuis 1982 par Patrick, œnologue.

Ce pur merlot fait belle impression dans sa robe intense, foncée. Il séduit aussi par son nez tout aussi intense de fruits rouges mûrs et de bonbon anglais. La bouche ne déçoit pas: du fruit, du volume, du gras et de la longueur. ⧗ 2018-2020

⊶ PATRICK CARTEYRON, 39, imp. Couponne, 33420 Génissac, tél. 05 57 24 46 98, vignoblescarteyron@orange.fr V *r.-v.*

CH. SISSAN 2017

■ | 66000 | | 5 à 8 €

La famille Yung possède plusieurs crus sur lesquels elle produit des vins depuis trois générations, en AOC régionales et en cadillac-côtes-de-bordeaux: Grimont, son domaine phare et historique (25 ha acquis en 1959), situé à Quinsac, Sissan, à Camblanes (23,5 ha), et Montjouan, à Bouliac (8 ha).

Ce clairet déploie un bouquet expressif de fruits rouges mûrs, de cerise notamment, auquel fait écho une bouche vive en attaque, plus vineuse et ronde dans son développement. ⧗ 2018-2020

⊶ SCEA P. YUNG ET FILS, Ch. Grimont, Grimont-Sud, 33360 Quinsac, tél. 05 56 20 86 18, info@vignobles-yung.fr V *r.-v.*

CH. THIEULEY 2017 ★

■ | 15000 | | 5 à 8 €

L'histoire viticole des Courselle débute en 1949 avec l'achat du Ch. Thieuley, non loin de la Sauve-Majeure, par André Courselle. Sous l'impulsion de Francis et, depuis 2004, de ses filles Sylvie et Marie, le vignoble s'étend aujourd'hui sur 80 ha et trois crus: Thieuley, une référence en bordeaux, Ch. Saint-Genès, destiné à l'export, et Clos Sainte-Anne, 5 ha de graves à Capian.

Merlot (70 %) et cabernet-sauvignon constituent un clairet d'un beau rouge clair et brillant, ouvert sur les fruits rouges nuancés de senteurs florales. On retrouve les fruits dans une bouche franche et fraîche, mais qui ne manque pas de gras. ⧗ 2018-2020

⊶ FAMILLE COURSELLE, 560, rte de Grimard, 33670 La Sauve, tél. 05 56 23 00 01, contact@thieuley.com V *t.l.j. sf dim. 8h30-12h 13h30-17h30; sam. sur r.-v.*

♥ CH. TURCAUD 2017 ★★

■ | 18000 | | 5 à 8 €

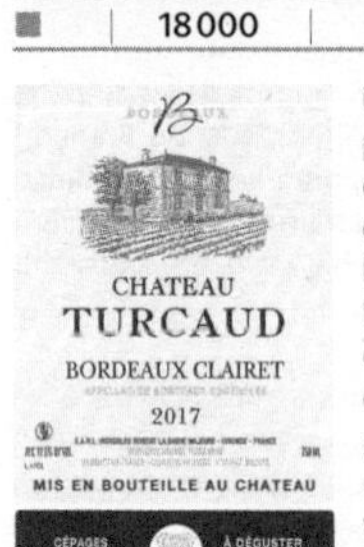

Un cru de 50 ha fondé en 1973 par Simone et Maurice Robert, conduit avec le même talent depuis 2009 par leur fille Isabelle et son époux Stéphane Le May. Abandon progressif du désherbage chimique, rendements limités, approche parcellaire pour chaque cuvée: un travail de précision au service des AOC régionales et des entre-deux-mers.

Les deux cabernets (25 % chacun) sont assemblés au merlot pour ce clairet impeccable de bout en bout. La robe est élégante, soutenue comme il se doit, le nez très élégant, sur les fruits rouges mûrs et les épices, et la bouche pleine de finesse, longue, fruitée à souhait. ⧗ 2018-2020

⊶ EARL VIGNOBLES ROBERT, 1033, rte de Bonneau, 33670 La Sauve, tél. 05 56 23 04 41, chateau-turcaud@wanadoo.fr V *r.-v.*

BORDEAUX ROSÉ

CH. ALTIMAR Prima Luce 2017 ★

■ | 400 | | 5 à 8 €

Altimar est l'anagramme du prénom de l'œnologue Martial Junquas, issu d'une famille de vignerons de Néac (Ch. Haut Chatain), qui a créé ce domaine en 2009: 1,5 ha en AOC pomerol et 4,7 en lalande.

Premier rosé pour le domaine que ce 2017 bien né, un 100 % merlot saumoné, très fruité au nez comme en bouche, frais et tonique. ⧗ 2018-2019

⊶ MARTIAL JUNQUAS, 6, Châtain, 33500 Néac, tél. 06 88 34 77 96, contact@chateau-altimar.com V *r.-v.*

B FLOYD BY BEYNAT 2017 ★

■ | n.c. | | 5 à 8 €

Nathalie Boyer et Alain Tourenne ont repris en 2008 ce cru créé en 1917 par Léonard Nebout, quincaillier de son état; ils ont converti au bio les 14 ha de vignes dédiés aux castillon, saint-émilion et bordeaux dans les trois couleurs. Un domaine très régulier en qualité, conduit désormais en solo par Alain Tourenne.

Une originalité que ce rosé 100 % malbec. La robe est pâle, le nez frais et fruité (agrumes), la bouche ample, vive et dynamique. Un vin alerte et expressif. ⧗ 2018-2019

⊶ SCEA CH. BEYNAT, 23 bis, rue de Beynat, 33350 Saint-Magne-de-Castillon, tél. 05 57 40 01 14, atourenne@gmail.com V *t.l.j. 9h-17h*
⊶ Tourenne

BLAISSAC 2017

■ | 62000 | - de 5 €

Fondé à Bordeaux en 1949 par neuf frères et sœurs, le groupe Castel a connu une croissance considérable, devenant le premier producteur de vin en France, le troisième dans le monde, avec un empire qui s'étend de Bordeaux au continent africain. Outre ses nombreuses marques, il possède une vingtaine de propriétés sur l'ensemble du vignoble français.

Rose pâle et saumoné, ce 2017 dévoile des parfums discrets mais fins de pétale de rose et de fraise. Arômes prolongés par une bouche équilibrée, fraîche sans manquer de rondeur. ⧗ 2018-2019

CASTEL FRÈRES, 21, rue Georges-Guynemer, 33290 Blanquefort, tél. 05 56 95 54 00, contact@chateaux-castel.com

CH. CAMINADE HAUT-GUÉRIN 2017 ★

■ | 13300 | - de 5 €

Situé sur un plateau de graves et d'argiles dominant Saint-Émilion, ce vignoble familial s'étend sur 50 ha d'un seul tenant sur les hauteurs de Génissac. Pierre Caminade y est aux commandes depuis 2013.

Né de merlot (50 %) et des deux cabernets, un rosé pâle aux reflets jaunes. Des nuances florales et des agrumes composent un bouquet élégant et fin. Des traits de caractère que l'on retrouve dans une bouche équilibrée, ample et souple. ⧗ 2018-2019

PIERRE CAMINADE, Ch. Caminade Haut-Guérin, 1758, rte de Moulon, 33420 Génissac, tél. 05 57 50 29 72, vignoblescaminade@orange.fr V t.l.j. sf sam. dim. 9h-12h 14h-18h

♥ CHAI DE BORDES 2017 ★★

■ | 30000 | | - de 5 €

Propriétaire de nombreux crus et acteur majeur du négoce bordelais à travers différentes marques (Chai de Bordes, Pierre Dumontet...), Cheval Quancard a été fondé par Pierre Quancard en 1844, sous le nom de Quancard et Fils. La maison est toujours dirigée par ses descendants.

Merlot (80 %) et cabernet unis pour le meilleur dans ce rosé clair et brillant. Au nez, des arômes de fruits rouges se mêlent harmonieusement aux fleurs blanches. En bouche, s'ajoute à cela une touche mentholée qui renforce la fraîcheur de ce vin ample, souple, élégant. ⧗ 2018-2020

CHEVAL QUANCARD, ZI La Mouline, 4, rue du Carbouney, BP 36, 33565 Carbon-Blanc Cedex, tél. 05 57 77 88 88, chevalquancard@chevalquancard.com V *r.-v.*

CH. DE CORNEMPS 2017

■ | 13000 | | 5 à 8 €

En 1964, Henri Fagard, maître de chai, crée à Petit-Palais, en Libournais, le Ch. de Cornemps, un vignoble dominé par une chapelle du XIe s., ancienne étape sur la route de Saint-Jacques. Il agrandit son exploitation qu'il transmet en 1983 à son fils Henri-Louis. Ce dernier achète en 1995 des vignes (3,5 ha) dans l'AOC voisine lussac-saint-émilion. Aujourd'hui, 31 ha et deux étiquettes: Ch. de Cornemps (AOC régionales) et Ch. la Jorine (lussac).

Ce rosé de couleur soutenue évoque les fruits des bois, la mangue et l'ananas. En bouche, il se révèle souple, frais, de bonne longueur, une touche végétale et minérale venant agrémenter la finale. ⧗ 2018-2019

VIGNOBLES FAGARD, Cornemps, 2419, rte de Puynormand, 33570 Petit-Palais, tél. 05 57 69 73 19, vignobles.fagard@wanadoo.fr V *r.-v.*

DOURTHE N° 1 2017

■ | 60000 | | 8 à 11 €

Célèbre négoce fondé en 1840 par Pierre Dourthe, propriétaire de plusieurs crus (Belgrave en haut-médoc, Le Boscq en saint-estèphe, Rahoul en graves, Grand Barrail Lamarzelle Figeac en saint-émilion grand cru) et élaborateur de vins de marque de qualité (Dourthe N° 1, La Grande Cuvée, Terroirs d'exception). Une valeur sûre restée étroitement liée au Médoc, intégrée depuis 2007 au groupe familial champenois Alain Thiénot.

Une forte dominante (70 %) de cabernet franc aux côtés du cabernet-sauvignon et du merlot dans cette cuvée qui fête ses trente ans d'existence en 2018. La robe est claire, limpide, le nez plaisant, sur les fleurs blanches, les fruits exotiques et le poivron, et la bouche ronde et souple. ⧗ 2018-2019

DOURTHE, 35, rue de Bordeaux-Parempuyre, CS 80004, 33295 Blanquefort Cedex, tél. 05 56 35 53 00, contact@dourthe.com

CH. DE GARDEGAN 2017 ★

■ | 3000 | 5 à 8 €

François-Thomas Bon et sa compagne ont acquis en 2010 le Ch. Gardegan, situé dans le village du même nom; un cru qui n'avait plus connu de vendange depuis les années 1980. Les chais ont été rénovés, le vignoble agrandi, pour atteindre aujourd'hui 11 ha (en conversion bio). Un domaine complété en 2012 par le Ch. la Grâce Fonrazade, lui aussi entièrement rénové à la vigne et au chai, et converti au bio.

Un 100 % merlot d'un beau rose franc, ouvert sur les fruits rouges frais. En bouche, il se montre chaleureux, gras, ample et long. Un rosé de caractère, pour la table. ⧗ 2018-2020

EARL PERSEVERO, 4, rte de Jaquemeau, 33330 Saint-Émilion, tél. 06 70 02 81 67, persevero@lagracefonrazade.com V *r.-v.* E

François-Thomas Bon

GRAND THÉÂTRE 2017 ★

■ | 100000 | | - de 5 €

Univitis est une coopérative regroupant 230 adhérents et 2 000 ha dans le «grand Sud-Ouest» viticole. Elle propose une large gamme de vins de marques et de propriétés dans une quinzaine d'AOC, à laquelle s'ajoute le Ch. les Vergnes acquis en 1986 (130 ha près de Sainte-Foy).

Né de merlot (90 %) et de cabernet franc, ce vin d'un seyant rose franc convoque les agrumes et la framboise à l'olfaction. En bouche, il offre un bel équilibre, du volume, de la souplesse, avec en soutien une acidité présente sans excès. ⧗ 2018-2019

SCA UNIVITIS, village des Bouhets, 33220 Les Lèves-et-Thoumeyragues, tél. 05 57 56 02 02, univitis@univitis.fr

CH. D'HAURETS 2017 ★

■ | 20000 | 🍾 | 5 à 8 €

En 1858, la famille Ducourt s'établit au château des Combes, à Ladaux, petit village au sud-est de Bordeaux. C'est sous l'impulsion d'Henri Ducourt, installé en 1951 et relayé depuis par ses enfants et petits-enfants, que le vignoble familial prend son essor, pour atteindre aujourd'hui 450 ha répartis sur treize châteaux dans l'Entre-deux-Mers et le Saint-Émilionnais. Un ensemble dirigé par Philippe Ducourt depuis 1980.

Mi-merlot mi-cabernet-sauvignon, ce rosé couleur cerise dévoile un nez intense et bien typé des deux cépages: fruits rouges mûrs et poivron rouge. En bouche, il apparaît riche, généreux, corsé, avant une finale beaucoup plus vive et tonique. De la présence pour ce vin proche d'un clairet. ⧗ 2018-2020

VIGNOBLES DUCOURT, 18, rte de Montignac, 33760 Ladaux, tél. 05 57 34 54 00, ducourt@ducourt.com V *r.-v.* *GFA du Hourc*

CH. HAUT-GARRIGA 2017 ★

■ | 20000 | 🍾 | - de 5 €

La famille Barreau cultive la vigne depuis 1782 et la plantation des premiers pieds de vignes au lieu-dit Garriga. La cinquième génération (rejointe par la sixième en 2015) est aujourd'hui à la tête d'un coquet vignoble de 80 ha, répartis entre les châteaux Haut-Garriga, le fief historique, et Courteau. Une famille qui s'invite avec une grande régularité dans les chapitres bordeaux rosé, bordeaux sec et entre-deux-mers du Guide.

Né du seul merlot, un rosé intense en couleur et en arômes: fruits rouges, nuances amyliques. En bouche, du volume, du gras, de la rondeur et une jolie finale, souple et fruitée. ⧗ 2018-2019

EARL VIGNOBLES BARREAU ET FILS, 1, Garriga, 33420 Grézillac, tél. 05 57 74 90 06, chateau-haut-garriga@wanadoo.fr V *r.-v.*

CH. HAUT-MOULEYRE 2017 ★★

■ | 14000 | 🍾 | 5 à 8 €

La Société fermière des Grands Crus de France est la structure spécialisée dans le Bordelais du groupe Grands Chais de France. Son œnologue Vincent Cachau vinifie le fruit de quinze propriétés, représentant 390 ha dans les différentes AOC bordelaises.

Une valeur sûre que ce domaine, coup de cœur en bordeaux rouge dans l'édition précédente pour son 2015. Son rosé 2017 joue lui aussi dans la cour des grands et a concouru pour la plus haute distinction du Guide. Ses atouts: une belle robe limpide et brillante, un nez exotique et fumé, une bouche très alerte, fraîche et longue. ⧗ 2018-2019

STÉ FERMIÈRE DES GRANDS CRUS DE FRANCE, 33460 Lamarque, tél. 05 57 98 07 20, vcachau@lgcf.fr

CH. LABATUT Cuvée Prestige 2017

■ | 50000 | 🍾 | - de 5 €

À l'époque où il a lancé les premières foires aux vins (1973), Édouard Leclerc a acheté des vignobles dans l'Entre-deux-Mers, développés par sa fille Hélène Levieux jusqu'en 2002 puis dirigés par son petit-fils Vincent et aujourd'hui par Sylvie, l'épouse de ce dernier. Trois châteaux: Labatut, Lagnet et Roques-Mauriac, 100 ha au total.

Merlot (60 %) et cabernet franc pour ce rosé pâle aux reflets orangés. Au nez, de la cerise et du bonbon acidulé. En bouche, du fruit, de la rondeur, du charnu. Un peu fugace en finale mais très plaisant. ⧗ 2018-2019

GFA LES 3 CHÂTEAUX, 1, Lagnet, 33350 Doulezon, tél. 05 57 40 51 84, contact@les3chateaux.com V *t.l.j. sf sam. dim. 9h-12h 14h-17h* *Levieux*

CH. LESTRILLE 2017 ★★

■ | 13000 | 🍾 | 5 à 8 €

Fondé en 1901, ce domaine familial de 42 ha est une des valeurs sûres des AOC régionales. Il est conduit depuis 2006 par Estelle Roumage (revenue au domaine en 2001), qui a succédé, avec le même talent, à son père Jean-Louis et revendique des vins fruités nés d'une «viticulture durable» (sans certification bio).

L'incontournable Ch. Lestrille propose un fameux rosé 100 % merlot, passé à un souffle du coup de cœur. Robe limpide, beau nez tout en fruit (fruits rouges, agrumes), bouche expressive, ample, tonique et longue: rien à redire. ⧗ 2018-2019

EARL J.-L. ROUMAGE, 15, rte de Créon, 33750 Saint-Germain-du-Puch, tél. 05 57 24 51 02, contact@lestrille.com V *t.l.j. sf dim. 9h-12h30 14h-19h; sam. 9h30-12h30 15h-19h*

MONTFOLLET Le Valentin 2017 ★

■ | 28500 | 🍾 | 5 à 8 €

La coopérative de Cars (1937), rebaptisée en 2011 «Châteaux Solidaires», vinifie séparément les vendanges d'une dizaine de châteaux adhérents, sélectionnés très rigoureusement. Le Ch. Montfollet, l'un des fers de lance du Blayais et du Bourgeais, est conduit depuis 1991 par Dominique Raimond, président de la cave, également propriétaire des châteaux Haut-Lalande et Graulet (120 ha de vignes au total). Autres étiquettes: Haut Lalande, Graulet et Merigot.

Plus connu pour ses vins du Blayais et du Bourgeais, Dominique Raimond signe un joli rosé de merlot, couleur claire et tendance, au nez discret mais élégant de cerise et d'aubépine, souple et très fin en bouche. Un profil délicat. ⧗ 2018-2019

CHÂTEAUX SOLIDAIRES, 9, Le Piquet, 33390 Cars, tél. 05 57 42 13 15, d.raimond@chateaux-solidaires.com V *r.-v.* *Dominique Raimond*

CH. PILET 2017 ★

■ | 27000 | 🍾 | - de 5 €

Famille au service du vin depuis un siècle. En 1964, Jean et Yvette Queyrens acquièrent leur première vigne au lieu-dit Pilet puis reprennent les domaines de

leurs parents (Ch. du Pin-Franc et Ch. des Graves du Tich) et débutent la vente en bouteilles. Aujourd'hui, leurs fils Patrick et Christophe, avec à leurs côtés Jean-Yves, le petit-fils, exploitent un vignoble de 70 ha dans l'Entre-deux-Mers.

Le seul merlot est à l'œuvre dans ce rosé limpide et brillant, au nez discret mais fin de fleurs blanches, d'agrumes, d'épices et de silex. La bouche séduit par sa souplesse, sa finesse et sa fraîcheur. Un vin sur la légèreté. ⧗ 2018-2019 ■ **Les Hauts de Massonne du Ch. Pilet 2017 ★ (- de 5 €; 6000 b.)** : un rosé de merlot aux reflets cuivre, floral, minéral et mentholé, frais, fin, aérien en bouche. ⧗ 2018-2019

SC VIGNOBLES JEAN QUEYRENS ET FILS, 3, Grand-Village-Sud, 33410 Donzac, tél. 05 56 62 97 42, scvjqueyrens@orange.fr V r.-v.

CH. LA RAME 2017

■ | 9000 | | 5 à 8 €

Implantée à Sainte-Croix depuis huit générations, la famille Armand fait partie des institutions locales pour ses liquoreux renommés. Elle y conduit deux crus (dans un esprit bio, sans certification): la Caussade et la Rame, son fleuron, dont les vins étaient déjà réputés au XIXᵉs. Angélique et Grégoire Armand ont pris la suite de leur père Yves en 2009.

Mi-merlot mi-cabernet, ce rosé étincelant livre un bouquet plaisant et frais de menthe et d'agrumes. En bouche, il se montre bien équilibré, ni trop gras ni trop vif, avec néanmoins une petite touche tannique qui lui donne du caractère. ⧗ 2018-2020

FAMILLE ARMAND, La Rame, 33410 Sainte-Croix-du-Mont, tél. 05 56 62 01 50, chateau.larame@wanadoo.fr V r.-v.

CH. ROQUEFORT 2017

■ | 8000 | 5 à 8 €

Dans l'Entre-deux-Mers, le promontoire de Roquefort fut un ancien oppidum gaulois. Après le rachat de la propriété en 1976 par l'industriel Jean Bellanger, un chai très moderne, aménagé en partenariat avec la faculté d'œnologie de Bordeaux, a vu le jour. Premières vinifications en 1987. Aujourd'hui, un vaste domaine (240 ha, dont 100 ha de vigne) conduit depuis 1995 par Frédéric Bellanger. Ce dernier dirige également le Ch. Domi-Cours, acquis en 2002: 20 ha sur la commune de Cours-les-Bains, en terres bazadaises.

Ce rosé saumoné propose un nez sympathique d'écorce d'orange, de menthe poivrée et de pomelo. En bouche, il apparaît bien frais, malgré une finale plus riche. ⧗ 2018-2019

FRÉDÉRIC BELLANGER, lieu-dit Roquefort, 33760 Lugasson, tél. 05 56 23 97 48, mscl@chateau-roquefort.com V r.-v.

CH. SAINTE-CATHERINE 2017 ★

■ | 36000 | | - de 5 €

Située au sommet d'un coteau dominant le vallon de Paillet, en appellation cadillac-côtes-de-bordeaux, cette propriété de 70 ha a succédé à l'ancien prieuré de Sainte-Catherine, fondé au Moyen Âge, dont il ne reste que d'humbles vestiges. Propriétaire du Ch. Gruaud-Larose, cru classé de Saint-Julien, ainsi que des Ch. Dudon et Malagar, Jean Merlaut l'a rachetée en 2013 à la famille Arjeau.

D'un délicat rose pâle, cet assemblage merlot-cabernet (70-30) livre des arômes de raisin pressé, de fleurs et d'agrumes. Une attaque souple introduit un palais frais, franc et fruité qui ne manque pas de gras et de rondeur. Très équilibré. ⧗ 2018-2019

SCEA SAINTE-CATHERINE, chem. de la Chapelle, 33550 Paillet, tél. 05 56 72 11 64, sceasaintecatherine@orange.fr V r.-v. Jean Merlaut

CH. TOUR DE BONNET 2017 ★

■ | 60000 | | 5 à 8 €

André Lurton conduit depuis 1953 le Ch. Bonnet (et sa déclinaison Tour de Bonnet), un fief historique qui est aussi son lieu de naissance et le premier cru acquis par son grand-père Léonce Récapet en 1897. Un domaine de 300 ha, valeur sûre en entre-deux-mers et bordeaux, qui entre dans un vaste «empire» de 600 ha, dont 260 en pessac-léognan, l'autre «patrie» d'André Lurton (Couhins-Lurton, La Louvière…).

Merlot et cabernet-sauvignon à parts égales dans ce rosé pâle et brillant, au nez discret mais fin de fruits rouges et de poivron. La bouche suit la ligne fruitée et plait par sa fraîcheur et son volume. ⧗ 2018-2019

LES VIGNOBLES ANDRÉ LURTON, Ch. Bonnet, 33420 Grézillac, tél. 05 57 25 58 58, andrelurton@andrelurton.com V r.-v.

CH. TURCAUD 2017 ★★

■ | 18100 | | 5 à 8 €

Un cru de 50 ha fondé en 1973 par Simone et Maurice Robert, conduit avec le même talent depuis 2009 par leur fille Isabelle et son époux Stéphane Le May. Abandon progressif du désherbage chimique, rendements limités, approche parcellaire pour chaque cuvée: un travail de précision au service des AOC régionales et des entre-deux-mers.

Du merlot (40 %) et les deux cabernets à parts égales pour ce superbe rosé soutenu en couleur et en arômes: fraise, menthol, barbe à papa, pierre à fusil. En bouche, il se révèle bien fruité, très frais, élégant et long, dynamisé par des beaux amers en finale. ⧗ 2018-2020

EARL VIGNOBLES ROBERT, 1033, rte de Bonneau, 33670 La Sauve, tél. 05 56 23 04 41, chateau-turcaud@wanadoo.fr V r.-v.

♥ LES VIGNERONS DE TUTIAC Flair 2017 ★★

■ | 20000 | | - de 5 €

Créée en 1974, la coopérative de Tutiac dispose des vendanges de 4 000 ha cultivés par quelque 450 viticulteurs. Un acteur important de la haute Gironde et aussi le premier producteur de vins d'appellations en France, qui propose des vins de côtes (blaye-côtes-de-bordeaux et côtes-de-bourg) et d'appellations régionales.

Ce 100 % merlot porte beau dans sa robe clair aux reflets mauves. Au nez, il conjugue les fruits secs, les fruits exotiques, les fleurs blanches, le bonbon anglais et un côté résiné. En bouche, il associe fruité intense, grande fraîcheur et vinosité. Complet et complexe. ⧗ 2018-2020 ■ **Tutiac Sélection 2017 ★★ (5 à 8 €; 20000 b.)** : une robe pâle, un nez intense et racé de fruits rouges, de fruits blancs et d'épices, une bouche ample, soyeuse et fine, soutenue par une acidité parfaitement dosée: un modèle d'équilibre. ⧗ 2018-2020 ■ **Carrelet d'Estuaire 2017 ★ (- de 5 €; 385000 b.)** : la robe est limpide, aux reflets violines, le nez ouvert sur la fraise, les fruits exotiques, l'anis et le bonbon acidulé, la bouche ample et bien équilibrée. ⧗ 2018-2019

LES VIGNERONS DE TUTIAC, La Cafourche, 33860 Marcillac, tél. 05 57 32 48 33, christelle.venancy@tutiac.com t.l.j. sf dim. 9h-12h30 14h-18h30

CH. VERMONT Prestige 2017 ★

■ | 23000 | | 5 à 8 €

Commandée par un ravissant château du XIX[e]s. entouré de 40 ha de vignes, cette propriété de l'Entre-deux-Mers appartient à la même famille depuis les années 1880. La quatrième génération – Élisabeth et son mari David Labat – est aujourd'hui aux commandes.

Les deux cabernets sont associés dans ce rosé très clair, au nez intense et fin à la fois, floral et fruité. En bouche, de la souplesse, de la délicatesse, une belle fraîcheur citronnée et de la longueur. ⧗ 2018-2019

SCEA CH. VERMONT, Vermont, 33760 Targon, tél. 05 56 23 90 16, chateauvermont@chateau-vermont.fr t.l.j. 9h-12h 14h-18h; sam. dim. sur r.-v.

BORDEAUX BLANC

Superficie : 6 740 ha / Production : 418 650 hl

CH. BENEYT Sauvignon 2017 ★★

■ | 6000 | | - de 5 €

Perpétuant le domaine familial, Joël Vrignaud (cinquième génération) est installé depuis 1994. Il exploite 11 ha de vignes sur les coteaux escarpés de la rive droite de la Garonne, dans l'aire des cadillac-côtes-de-bordeaux.

Ce pur sauvignon blanc livre un beau bouquet bien typé du cépage: litchi, agrumes, acacia, touche mentholée. En bouche, il se révèle très élégant, intense, tonique, fruité et floral à souhait. ⧗ 2018-2021

JOËL VRIGNAUD, 2, les Graves-Ouest, 33410 Rions, tél. 06 30 56 06 06, chateaubeneyt@gmail.com r.-v.

CH. DE BIROT 2017 ★★

■ | 8400 | | 5 à 8 €

Constituant une belle unité de 37 ha sur les pentes argilo-calcaires dominant la Garonne autour de Cadillac, les châteaux Birot et le Thys sont commandés par une demeure de la fin du XVIII[e]s. Propriété depuis 1989 d'Éric et Hélène Fournier-Castéja et conduits par leurs fils Arthur et Louis, ils ont été achetés fin 2014 par le groupe hôtelier chinois New Century.

Assemblage classique de sauvignon et de sémillon, ce bordeaux propose un nez complexe de fleurs blanches, de fruits exotiques et d'agrumes joliment agrémenté des nuances très méditerranéennes de thym. En bouche, il conjugue harmonieusement rondeur, suavité et fine vivacité. Remarquable d'équilibre. ⧗ 2018-2021

BIROT BY NEW CENTURY, 8 rue de Reynon, 33410 Béguey, tél. 05 56 62 68 16, contact@chateau-birot.com r.-v.

CH. BOIS-MALOT 2017 ★

■ | 10500 | | 5 à 8 €

Les Meynard ont acquis leur domaine viticole en 1916, aux Valentons, sur la commune de Saint-Loubès, non loin de l'agglomération bordelaise. Nommé Clos des Valentons à l'origine, puis Ch. des Valentons-Canteloup, le vignoble s'agrandit en 1973 avec le Ch. Bois-Malot, contigu à la propriété familiale. Aux commandes depuis 1980, Jacques Meynard conduit aujourd'hui 30 ha de vignes et 3 ha de poiriers plantés après le grand gel de 1956. Une valeur sûre en bordeaux sec et en bordeaux supérieur.

Discret mais plaisant, le nez évoque le sauvignon: buis, agrumes. Il en va de même en bouche où gras et vivacité font bon ménage. ⧗ 2018-2020

EARL MEYNARD, 133, rte des Valentons, 33450 Saint-Loubès, tél. 05 56 38 94 18, bois.malot@free.fr t.l.j. sf dim. 8h-12h 13h30-18h30; sam. 8h-12h

CH. DE BONHOSTE 2017 ★

■ | 30000 | | 5 à 8 €

Sylvaine et Yannick Fournier ont pris en 2005 la suite de leurs parents, Bernard et Colette, qui ont constitué leur domaine en 1977 à partir de vignes familiales: 66 ha aujourd'hui, dont une petite partie en Bergeracois. Bonhoste, en Gironde, est implanté sur la rive gauche de la Dordogne, en face de Saint-Émilion. Les vignerons disposent d'une cave creusée dans la roche et ont aménagé une étonnante chambre d'hôtes dans un foudre.

Épices, œillet blanc, agrumes, le nez de ce bordeaux fait belle impression. La bouche ne déçoit pas: une attaque tendre et ronde, puis de la vivacité jusqu'en finale, avec du fruit et un bon volume. ⧗ 2018-2021 ■ **Cuvée Prestige 2016 ★ (8 à 11 €; 6000 b.)** : un bordeaux passé en fût six mois mais qui n'oublie pas le fruit, au palais onctueux, gras et rond. ⧗ 2018-2021

EARL DES VIGNOBLES FOURNIER, 5, lieu-dit Bonhoste, 33420 Saint-Jean-de-Blaignac, tél. 05 57 84 12 18, contact@chateaudebonhoste.com r.-v.

CLOS DES LUNES Lune d'argent 2016

■ | 200000 | | 11 à 15 €

Olivier Bernard, propriétaire de l'excellent domaine de Chevalier, en pessac-léognan, a acquis en 2011 33 ha de vignes entre Bommes et Sauternes, sur lesquels il cultive de vieux plants de sémillon (70 %, le sauvignon en complément), avec l'ambition de

produire de grands blancs (secs essentiellement) de terroir (graves profondes).

Au nez, des arômes d'ananas mûrs et des nuances anisées. En bouche, du gras compensé par une pointe bienvenue de vivacité et un joli retour anisé. 2018-2021

OLIVIER BERNARD, Clos des Lunes, Lieu-dit Cap Lanne, 33210 Sauternes, tél. 05 56 64 16 16, olivierbernard@domainedechevalier.com

LA COMMANDERIE DE QUEYRET 2017 ★

	40000		5 à 8 €

En 1967, Claude et Simone Comin ont établi leur domaine à l'emplacement d'une ancienne commanderie des Templiers du XIIIe s. En 2013, leur fille Sylvie a pris seule les commandes du vignoble: 105 ha dans l'Entre-deux-Mers (85 ha en rouge, 20 ha en blanc) et des vins souvent en bonne place, dans les deux couleurs.

Un 100 % sauvignon qui reste fidèle à l'expression du cépage: buis, menthe poivrée, agrumes, touche plus douce d'amande. En bouche, de la nervosité autour d'une fraîcheur acidulée. Un beau classique. 2018-2021

COMIN, Ch. la Commanderie, 33790 Saint-Antoine-du-Queyret, tél. 05 56 61 31 98, vignoble.comin@wanadoo.fr V r.-v.

DOURTHE La Grande Cuvée 2017 ★★

	400000		5 à 8 €

Célèbre négoce fondé en 1840 par Pierre Dourthe, propriétaire de plusieurs crus (Belgrave en haut-médoc, Le Boscq en saint-estèphe, Rahoul en graves, Grand Barrail Lamarzelle Figeac en saint-émilion grand cru) et élaborateur de vins de marque de qualité (Dourthe No 1, La Grande Cuvée, Terroirs d'exception). Une valeur sûre restée étroitement liée au Médoc, intégrée depuis 2007 au groupe familial champenois Alain Thiénot.

Le seul sauvignon est à l'œuvre dans ce bordeaux généreux en arômes de fleurs blanches, d'agrumes confits et de fruits exotiques. En bouche: du fruit, de la fraîcheur, du volume et une texture fine. Un ensemble expressif et élégant. 2018-2021

DOURTHE, 35, rue de Bordeaux-Parempuyre, CS 80004, 33295 Blanquefort Cedex, tél. 05 56 35 53 00, contact@dourthe.com

CH. DUDON 2017 ★

	5000		- de 5 €

En 1975, Jean Merlaut (château Gruaud-Larose, à Saint-Julien) a repris en main cette propriété, dans sa famille depuis 1961 et commandé par une chartreuse construite au XVIIIe s. par Jean-Baptiste Dudon. Il a assuré sa rénovation, à la vigne et aux chais, et étoffé sa surface en 2009 en achetant les vignes du château Laroche. L'ensemble couvre aujourd'hui 72,4 ha.

Une dominante de sémillon (80 %) aux côtés du sauvignon dans ce vin élevé sur lies fines, ouvert sur des arômes briochés et fruités (agrumes, pêche au sirop), bien frais et tonique en bouche. 2018-2021

SARL DUDON, 45, rte de Dudon, 33880 Baurech, tél. 05 57 97 77 35, infos@chateau-dudon.com V r.-v. *Jean Merlaut*

PIERRE DUMONTET
Club des sommeliers Cuvée Éléonore 2017 ★

	46000		- de 5 €

Propriétaire de nombreux crus et acteur majeur du négoce bordelais à travers différentes marques (Chai de Bordes, Pierre Dumontet...), Cheval Quancard a été fondé par Pierre Quancard en 1844, sous le nom de Quancard et Fils. La maison est toujours dirigée par ses descendants.

Pierre Dumontet est une marque de l'importante maison de négoce Cheval Quancard et le Club des sommeliers une étiquette à destination de l'enseigne Casino. Dans le verre, un blanc floral (acacia), exotique (litchi) et boisé (grillé), ample, charnu et gras en bouche, plus nerveux en finale. De l'équilibre et du caractère. 2018-2021

Chai de Bordes 2017 (- de 5 €; 148000 b.) : vin cité.

CHEVAL QUANCARD, ZI La Mouline, 4, rue du Carbouney, BP 36, 33565 Carbon-Blanc Cedex, tél. 05 57 77 88 88, chevalquancard@chevalquancard.com V r.-v.

B CH. JEAN FAUX Sainte-Radegonde 2016

	12000		15 à 20 €

L'une des plus anciennes propriétés du canton de Pujols (ferme fortifiée du XVIe s., chartreuse du XVIIe s., parc paysager du XVIIIe s.) dans la vallée de la Dordogne; rachetée en 2002 par Pascal et Chrystel Collotte. Vignoble de 12 ha, en bio certifié depuis 2011 et en biodynamie depuis 2015.

Au nez, des notes de raisin frais, de pierre chaude et de boisé. En bouche, une attaque souple, du gras et une finale plus nerveuse. Équilibré. 2018-2020

PASCAL COLLOTTE, Ch. Jean-Faux, 33350 Sainte-Radegonde, tél. 05 57 40 03 85, jf@chateaujeanfaux.com V r.-v.

CH. DE FONTENILLE 2016 ★★

	3000		5 à 8 €

En 1290, le site de Fontenille, dans l'Entre-deux-Mers, possédait déjà des vignes. Alors rattaché à l'abbaye de la Sauve-Majeure, ce domaine au terroir argilo-siliceux est devenu autonome au XVIIe s. Depuis 1998, il est conduit par Stéphane Defraine, à la tête de 49 ha de vignes dont 17 en blanc et 32 en rouge.

Le sémillon domine ici avec 50 % de l'assemblage. Au nez, des fleurs blanches (aubépine, acacia), des arômes de pomme et de poire, et même une touche de miel. Une approche engageante qui annonce à une bouche consistante, suave, ronde et fruitée (confiture de melon), dynamisée par une finale plus tonique. Du caractère. 2018-2021

SC CH. DE FONTENILLE, 1315, rte de Grimard, 33670 La Sauve, tél. 05 56 23 03 26, contact@chateau-fontenille.com V r.-v.

CH. GANTONNET 2017

	18000		5 à 8 €

Situé dans l'Entre-deux-Mers, l'un des premiers domaines (83 ha) acquis par la famille Richard (en 1974), devenue l'un des plus gros distributeurs de cafés et de boissons de l'Île-de-France et détentrice

de quatre châteaux en Gironde, de propriétés en Beaujolais et dans la vallée du Rhône méridionale.

Quelques notes végétales accompagnent la mangue et l'ananas pour composer un nez tout en fraîcheur. La bouche apparaît plus grasse mais en conservant le caractère frais perçu à l'olfaction. ⧗ 2018-2020

CH. GANTONNET, moulin de Labordes, 33350 Sainte-Radegonde, tél. 05 57 40 53 83, chateau-gantonnet@orange.fr V r.-v.

GIROLATE 2016 ★

2500 | 15 à 20 €

Vigneronne depuis plus de deux siècles, la famille Despagne, établie au cœur de l'Entre-deux-Mers, est un acteur incontournable du vignoble bordelais, à la tête de 300 ha répartis sur plusieurs crus – Bel Air Perponcher, Tour de Mirambeau, Rauzan Despagne, Lion Beaulieu, Mont-Pérat – conduits par les enfants de Jean-Louis (Thibault, Gabriel et Basaline) et par Joël Elissalde, directeur technique. Leurs vins sont souvent en vue dans ces pages, dans les trois couleurs.

Girolate (« terre du potier » en gascon, du nom de la parcelle qui accueille les vignes) est une cuvée mi-sauvignon mi-sémillon née d'une vigne plantée à très haute densité (10 000 pieds à l'hectare) sur l'un des meilleurs terroirs de la famille Despagne. Un vin fermenté et élevé en fût, pourtant plutôt floral et fruitée (pêche blanche), ample, ronde et bien soutenue par une fine trame acide. ⧗ 2018-2022 **Bel Air Perponcher La Grande Cuvée 2016 (15 à 20 €; 8000 b.)** : vin cité.

VIGNOBLES DESPAGNE, 2, Le Touyre, 33420 Naujan-et-Postiac, tél. 05 57 84 55 08, contact@despagne.fr V r.-v.

♥ DOM. DES GRAVES D'ARDONNEAU 2017 ★★★

40000 | 5 à 8 €

Un domaine incontournable du Blayais, en rouge comme en blanc. La famille Rey écrit son histoire viticole depuis 1763 sur les terres du hameau d'Ardonneau. Installé en 1981 à la tête de 60 ha, Christian Rey a été rejoint en 2005 par son fils Laurent et par sa fille Fanny en 2008. De nouveaux chais sont sortis de terre en 2017.

Le meilleur bordeaux blanc de la dégustation, un vin né de sauvignon (90 %) et de colombard vinifié pour moitié du volume en cuve Inox et pour l'autre en fût de chêne, avant un élevage sur lies fines. Grâce à quoi, ce 2017 couleur jaune d'or livre un bouquet complexe de pain grillé, de fleurs blanches et d'agrumes, relayé par une bouche ample, riche et ronde, portée par une fine acidité qui lui donne une belle allonge. ⧗ 2018-2022

EARL SIMON REY ET FILS, Ardonneau, 33620 Saint-Mariens, tél. 05 57 68 66 98, gravesdardonneau@wanadoo.fr V *t.l.j. sf dim. 8h30-12h30 14h30-19h*

CH. GUITERONDE 2016 ★

10410 | 5 à 8 €

L'ordre des religieuses des Annonciades, fondé en 1501 par Jeanne de Valois, reine de France (épouse de Louis XII), possédait les terres de Guiteronde au XVIes. L'histoire raconte que ce sont ces religieuses qui ont créé le fameux cannelé bordelais. Depuis 2005, une nouvelle équipe dirigeante est aux commandes d'un vignoble de 11 ha, situé aux portes de Bordeaux, à Villenave d'Ornon.

Ce pur sauvignon blanc exhale des parfums de fruits blancs mûrs et de fleurs blanches. En bouche, il apparaît bien fruité, dense et tendre, épaulé par une pointe de vivacité bien sentie. ⧗ 2018-2021 **Élevé en fût de chêne 2016 ★ (15 à 20 €; 8000 b.)** : à un nez floral (fleurs blanches) et fruité (mangue, pêche) succède un palais plus boisé, rond, souligné en finale par une pointe de vivacité. ⧗ 2018-2021

SCEA DU CH. GUITERONDE, chem. de Guiteronde, 33140 Villenave-d'Ornon, tél. 06 88 81 08 08, helene.pierre@derichebourg.com V *r.-v.*

CH. D'HAURETS 2017

63380 | 5 à 8 €

En 1858, la famille Ducourt s'établit au château des Combes, à Ladaux, petit village au sud-est de Bordeaux. C'est sous l'impulsion d'Henri Ducourt, installé en 1951 et relayé depuis par ses enfants et petits-enfants, que le vignoble familial prend son essor, pour atteindre aujourd'hui 450 ha répartis sur treize châteaux dans l'Entre-deux-Mers et le Saint-Émilionnais. Un ensemble dirigé par Philippe Ducourt depuis 1980.

Un vin au nez frais de citron, de pamplemousse et de fleurs blanches, souple, fruité et tonique en bouche. Un bon classique, sobre et de bon aloi. ⧗ 2018-2020

VIGNOBLES DUCOURT, 18, rte de Montignac, 33760 Ladaux, tél. 05 57 34 54 00, ducourt@ducourt.com V *r.-v.* *GFA du Hourc*

CH. HAUTES TERRES 2017 ★

150000 | - de 5 €

La première apparition de ce vignoble de l'Entre-deux-Mers date de 1831. Il est acquis en 1945 par la famille Lambert et développé dans les années 1960 (d'abord en polyculture) par Gilberte et son mari René Cazade, puis converti à la seule vigne dans les années 1970. Il couvre aujourd'hui 100 ha à Saint-Léger-de-Vignague.

Raisin frais, fleurs blanches et agrumes pour l'olfaction; gras, volume et longueur pour la bouche: un bordeaux généreux et bien construit. ⧗ 2018-2021

SCEA RENÉ ET PHILIPPE CAZADE, Saint-Léger-de-Vignague, 33540 Sauveterre-de-Guyenne, tél. 05 56 71 62 47, cazade.philippe@orange.fr

CH. HAUT-GARRIGA 2017 ★

15000 | - de 5 €

La famille Barreau cultive la vigne depuis 1782 et la plantation des premiers pieds de vignes au lieu-dit Garriga. La cinquième génération (rejointe par la sixième en 2015) est aujourd'hui à la tête d'un coquet

vignoble de 80 ha, répartis entre les châteaux Haut-Garriga, le fief historique, et Courteau. Une famille qui s'invite avec une grande régularité dans les chapitres bordeaux rosé, bordeaux sec et entre-deux-mers du Guide.

Sémillon (60 %) et sauvignon composent un bordeaux équilibré et élégant, ouvert sur la fleur d'acacia, l'aubépine, le pamplemousse et la pêche blanche. La bouche se révèle ample, ronde, onctueuse, avec ce qu'il faut d'acidité pour l'équilibre. ⧗ 2018-2021

⊶ EARL VIGNOBLES BARREAU ET FILS, 1, Garriga, 33420 Grézillac, tél. 05 57 74 90 06, chateau-haut-garriga@wanadoo.fr V 🚶 ▮ *r.-v.*

CH. HAUT MOULEYRE 2017 ★

| 12000 | 🍾 | 5 à 8 € |

La Société fermière des Grands Crus de France est la structure spécialisée dans le Bordelais du groupe Grands Chais de France. Son œnologue Vincent Cachau vinifie le fruit de quinze propriétés, représentant 390 ha dans les différentes AOC bordelaises.

Un cru de 44 ha établi sur les coteaux d'Escoussans, près de Cadillac, dont le bordeaux rouge 2015 a décroché un coup de cœur dans l'édition précédente. Le blanc 2017 fait belle figure avec son bouquet intense d'orange amère, de silex, de feuille de cassis et d'agrumes, et ne déçoit pas avec sa bouche tout aussi expressive, ample et fraîche. ⧗ 2018-2021

⊶ STÉ FERMIÈRE DES GRANDS CRUS DE FRANCE, 33460 Lamarque, tél. 05 57 98 07 20, vcachau@lgcf.fr

CH. HAUT RIAN Les Acacias 2016

| 4800 | 🛢 | 5 à 8 € |

Isabelle, Champenoise d'origine, et Michel Dietrich, œnologue alsacien, tous deux enfants de vignerons, avaient envie d'ailleurs: à la fin de leurs études, ils partent six ans en Australie s'occuper des vignobles de la maison Rémy Martin. En 1988, ils s'installent à Rions, petite cité fortifiée du XIVe s. pour créer leur propre structure. En 2017, leur fille Pauline Lapierre, œnologue, les a rejoints. Aujourd'hui à la tête d'un vignoble de 80 ha, ils se distinguent avant tout par leurs blancs secs.

Le seul sémillon entre dans la composition de ce vin expressif (boisé toasté, marmelade d'oranges, notes anisées), rond et structuré par l'élevage en bouche, vivifié par une finale sur le pamplemousse. ⧗ 2018-2021

⊶ MICHEL DIETRICH, 10, La Bastide, 33410 Rions, tél. 06 64 46 74 44, chateauhautrian@wanadoo.fr V 🚶 ▮ *t.l.j. sf sam. dim. 8h-12h 13h-17h*

CH. LAMOTHE-VINCENT 2017 ★

| 80000 | 🍾 | 5 à 8 € |

Un vaste cru de 92 ha dans l'Entre-deux-Mers, fondé en 1920 par les arrière-grands-parents. Ses atouts: un chai très moderne et les compétences complémentaires de Christophe Vincent (aux vignes) et de Fabien (au chai). Saint Vincent les inspire, dit-on, mais ce sont plutôt leur formation technique poussée et leur exigence qui font de ce domaine une référence en bordeaux et bordeaux supérieur.

Le nez s'exprime sans réserve autour des fleurs blanches, du citron et des fruits exotiques, agrémentés de nuances briochées. Dominée par les agrumes, la bouche apparaît fraîche, souple, légère. Un bordeaux harmonieux et charmeur. ⧗ 2018-2021

⊶ SCEA VIGNOBLES VINCENT, 3, chem. Laurenceau, 33760 Montignac, tél. 05 56 23 97 72, info@lamothe-vincent.com V ▮ *r.-v.*

CH. LASCAUX 2017

| 4500 | 🍾 | 5 à 8 € |

Cuisinier, Fabrice Lascaux s'est reconverti avec succès en reprenant en 1998 avec son épouse Sylvie la propriété familiale, qui couvre à présent 33 ha, en AOC régionale (les 23 ha du Château Lascaux) et en fronsac (les 10 ha du Château Tour Bel Air).

Sauvignon blanc et sauvignon gris pour ce bordeaux ouvert sur le buis, le raisin frais et la pêche sur fond de pierre à fusil. En bouche, on découvre un vin équilibré, avec du gras, de la suavité, mais aussi de la vivacité. ⧗ 2018-2020

⊶ EARL VIGNOBLES LASCAUX, 1, La Caillebosse, 33910 Saint-Martin-du-Bois, tél. 05 57 85 72 16, chateau.lascaux@wanadoo.fr V 🚶 ▮ *r.-v.* 🏠 Ⓐ

CH. LAURENCE Petite Laurence 2017 ★

| 2000 | 🍾 | 8 à 11 € |

Fils d'ouvrier viticole, directeur technique au Ch. la Fleur de Boüard (Hubert de Boüard, lalande-de-pomerol) et consultant avec ce même Hubert de Boüard auprès d'une soixantaine de châteaux dans le Bordelais et à l'étranger, Philippe Nunes a acheté en 2005 un microcru de 38 ares en montagne-saint-émilion, le Clos Bertineau puis, en 2012, le Ch. Laurence (8 ha) dans l'Entre-deux-Mers.

Ce 100 % sauvignon dévoile un bouquet intense d'agrumes et autres fruits frais. Une fraîcheur fruitée que l'on retrouve dans une bouche très alerte, nerveuse et longue. ⧗ 2018-2021

⊶ SCEA VIGNOBLES DE LA LAURENCE, 5, rte des Mimosas, 33450 Montussan, tél. 06 81 99 37 32, contact@chateaulaurence.fr V 🚶 ▮ *r.-v.*

⊶ Philippe Nunes

CH. LEROY-BEAUVAL Seigneur de Beauval 2016 ★

| 4000 | 🍾 | 5 à 8 € |

En 2012, les Leroy acquièrent le Ch. de Beauval afin de réhabiliter son histoire viticole, débutée au XVIIIe s. puis abandonnée jusque dans les années 1970. Le vignoble s'étend aujourd'hui sur 52 ha.

Ce bordeaux mi-muscadelle mi-sémillon propose un nez élégant et complexe d'orange confite, d'épices douces et de brioche. Une attaque souple introduit une bouche équilibrée, alliant fine suavité et fraîcheur minérale et mentholée. ⧗ 2018-2021

⊶ CH. LEROY-BEAUVAL, 102, rte de Beauval, 33450 Saint-Sulpice-et-Cameyrac, tél. 05 24 73 22 50, contact@chateauleroybeauval.com V 🚶 ▮ *t.l.j. sf sam. dim. 9h-12h 14h-16h*

LOUDENNE LE CHÂTEAU 2016 ★

| 22992 | 🛢 | 15 à 20 € |

Une chartreuse rose du XVIIe s., un chai et un petit port du XIXe s., une collection de roses anciennes,

LE BORDELAIS

le «Pink Château», comme on le surnomme (il est recouvert de crépi rose), est un haut lieu touristique du Médoc. C'est aussi un beau terroir de 130 ha (dont 62 ha de vignes) établi sur une croupe de graves en bordure de l'estuaire. Passé en 2013 des Lafragette au groupe chinois de spiritueux Moutai.

Fidèle au rendez-vous, Loudenne signe un bordeaux blanc – le château en produit depuis 1880 – ouvert au nez sur les fruits jaunes confiturés, ample, rond et suave en bouche, stimulé par une finale plus fraîche et souligné par un boisé bien dosé. ⧗ 2018-2022

⊶ SAS CH. LOUDENNE, 33340 Saint-Yzans-de-Médoc, tél. 05 56 73 17 88, contact@chateau-loudenne.com V t.l.j. sf dim. lun. 10h-13h 14h-18h; nov.-mars sur r.-v.

CH. MAISON NOBLE Cuvée Maurice 2016

	3550		8 à 11 €

Appartenant à une ancienne famille de tonneliers cognaçais et de viticulteurs, Jean-Bertrand Marqué a quitté à trente-cinq ans le monde de l'expertise comptable pour renouer en 2012 avec l'héritage familial et reprendre ce cru de 20 ha situé au nord de Pomerol.

Maurice est le grand-père maternel de Jean-Bertrand Marqué. Dans le verre, un bordeaux né du seul sauvignon, qui associe à l'olfaction un boisé toasté aux fleurs blanches et au miel d'acacia. En bouche, il offre du gras et une pointe de sucrosité, atténués par une finale plus tonique. ⧗ 2018-2021

⊶ CH. MAISON NOBLE, 1, Maison-Noble, 33230 Maransin, tél. 09 53 25 44 35, jmarque@chateau-maisonnoble.com V r.-v.
⊶ Jean-Bertrand Marque

ESPRIT DE MALROMÉ 2017

	10000		8 à 11 €

Un domaine ancien de l'Entre-deux-Mers, dont les premières traces remontent au XVIe s., avec la construction de la «maison noble de Taste» par Étienne de Rostéguy de Lancre. En 1780, il est cédé à Catherine de Forcade, veuve du baron de Malromé, qui rebaptise le château en mémoire de son époux. Le cru, entré dans la famille Henri de Toulouse-Lautrec en 1883, fut la dernière résidence du peintre, qui y mourut en 1901. Repris en 2013 par un riche entrepreneur cambodgien, Kim Huynh, il consacre une large partie de ses 40 ha à la vigne, sous la direction de Charles Estager.

Sur la bouteille, une étiquette reproduisant une lithographie de Toulouse-Lautrec. Dans le verre, un bordeaux associant au nez les agrumes confits, le miel, la rhubarbe et une touche poivrée. Bien fruitée, la bouche apparaît quant à elle plus vive, voire nerveuse. ⧗ 2018-2021

⊶ SCEA VIGNOLES MALROMÉ, Ch. Malromé, 33490 Saint-André-du-Bois, tél. 05 56 76 25 42, contact@malrome.com V t.l.j. sf dim. 8h30-17h30 ⊶ Kim Huynh

PAVILLON BLANC DU CH. MARGAUX 2015 ★★

	n.c.		+ de 100 €

Le blanc de Margaux existe depuis le XIXe s.; ce «vin blanc de sauvignon» est devenu «Pavillon blanc» en 1920, et son étiquette n'a pas changé depuis. Un vin né du seul sauvignon, planté sur une douzaine d'hectares d'une ancienne parcelle de graves.

Dès le premier nez, on ressent toute l'élégance et la complexité du vin: notes de pêche, de citron, de bourgeon de cassis, de fleur d'oranger, d'acacia... Une expression que prolonge une bouche ample, soyeuse et séveuse, à laquelle de fines notes acidulées apportent de la légèreté. La finale, longue, épicée et citronnée, achève de convaincre. Un bordeaux blanc très équilibré, qui conjugue le gras, la douceur et la fraîcheur du sauvignon. ⧗ 2020-2026

⊶ CH. MARGAUX (PAVILLON BLANC), BP 31, 33460 Margaux, tél. 05 57 88 83 83, chateau-margaux@chateau-margaux.com

CH. LES MILLAUX 2017

	1200		8 à 11 €

Une propriété située au nord du Fronsadais, propriété de la famille Bellot depuis 1925. Frédéric représente la quatrième génération et assure la direction depuis 2014. À sa disposition, un vignoble de 60 ha.

Un pur sauvignon qui conjugue à l'olfaction notes boisées, florales et fruitées (mangue, coing). La bouche se révèle ronde, riche, d'un bon volume, soutenue par un boisé aux saveurs de chocolat praliné. Un vin à la personnalité marquée. ⧗ 2018-2021

⊶ FRÉDÉRIC BELLOT, lieu-dit les Millaux, 33910 Saint-Martin-du-Bois, tél. 05 57 69 04 16, dbellot@terre-net.fr V r.-v.

CH. MINVIELLE 2017 ★

	66000		5 à 8 €

Ce domaine, propriété des Minvielle jusqu'à la Révolution française, est entré dans la famille Gadras depuis 1805. Son vignoble, composé de 80 % de vignes rouges et 20 % de vignes blanches, s'étend sur 80 ha.

Mi-sémillon mi-sauvignon (dont 10 % de gris), ce bordeaux dévoile un nez fin de pomme verte et de fleurs blanches mâtiné de nuances fumées et minérales. On retrouve ces arômes agrémentés de poire cuite dans une bouche ample, ronde et longue, stimulée par une finale plus nerveuse. ⧗ 2018-2021

⊶ SCEA VIGNOBLES GADRAS, Dom. de Minvielle, 33420 Naujan-et-Postiac, tél. 05 57 84 55 01, vignobles.gadras@wanadoo.fr V t.l.j. sf sam. dim. 9h-12h 14h-17h

CH. MONTAUNOIR 2017

	6000		5 à 8 €

Avec son époux Philippe Durand, Geneviève Ricard-Durand est établie depuis 1999 sur le vignoble familial, acquis en 1966 par son grand-père: 27 ha de vignes et plusieurs étiquettes – les châteaux de Vertheuil, Montaunoir et Grand Pique-Caillou – en appellations régionales et en sainte-croix-du-mont.

Sauvignon (60 %) et muscadelle composent un bordeaux tout en rondeur, gras et onctueux, presque crémeux, centré sur des arômes d'agrumes (citron, pamplemousse) au nez comme en bouche qui apportent une fraîcheur bienvenue. ⧗ 2018-2021

SCEA DES VIGNOBLES RICARD, 1, Le Cros, 33410 Sainte-Croix-du-Mont, tél. 05 56 62 02 70, vignobles.ricard@free.fr V r.-v.

CH. MONTET 2017

	50 000	5 à 8 €

Depuis sept générations, cette vaste propriété de 50 ha couvrant les coteaux argilo-calcaires dominant la vallée de la Dordogne, face à Saint-Émilion, est transmise de mère en fille, avec à sa tête depuis 2006 Marie-Christine Renier Labouille. Deux étiquettes: Haut Guillebot et Montet.

À un nez bien fruité, dominé par les agrumes, succède une bouche suave et ronde, de bonne longueur, que dynamise une finale un brin plus nerveuse. 2018-2021

MARIE-CHRISTINE LABOUILLE, 8, Guillebot, 33420 Lugaignac, tél. 05 57 84 53 92, chateauhautguillebot@wanadoo.fr V r.-v.

CH. MONTGAILLARD Sauvignon 2017 ★

	13 700		- de 5 €

Les Chollet exploitent la vigne de père en fils depuis la fin du XVIIIes. Le Ch. Montgaillard est entré dans la famille en 1905. Son vignoble, entourant une belle maison bourgeoise et une ancienne chapelle du XIIIes. où sont aujourd'hui élaborés les vins, couvre 40 ha face au Ch. de Malagar, conduits depuis 2001 par François Chollet.

Le seul sauvignon compose ce vin bien typé du cépage à l'olfaction: agrumes, bourgeon de cassis, orange sanguine. Souple et onctueux en première impression, la bouche s'oriente vers plus de vivacité en finale. Un ensemble bien équilibré. 2018-2021

FRANÇOIS CHOLLET, 133, rte de Gascogne, 33490 Saint-Maixant, tél. 05 56 63 17 02, francois.chollet@wanadoo.fr V r.-v.

B CH. MOULIN DE RIOUCREUX 2017 ★

	8 500		5 à 8 €

Un domaine dans la même famille depuis le XVIIIes. Guillaume Guérin, après avoir vinifié en Nouvelle-Zélande, au Portugal, à Pauillac et dans l'Entre-deux-Mers, a pris la suite de ses parents en 2014. Il conduit 28 ha de vignes (en bio certifié) en AOC régionales, blaye-côtes-de-bordeaux et côtes-de-bourg.

Sauvignon blanc et sauvignon gris pour ce bordeaux expressif et fin, ouvert à l'olfaction sur la fleur d'oranger, le tilleul, la mandarine et quelques notes muscatées. On retrouve la mandarine, bien mûre, dans une bouche tout aussi aromatique, soyeuse et délicate, dynamisée par une jolie fraîcheur acidulée en finale. Un vin délicat. 2018-2021

GUILLAUME GUÉRIN, 2, moulin de Rioucreux, 33920 Saint-Christoly-de-Blaye, tél. 06 22 85 06 05, guillaume@vignobles-guerin.com r.-v.

CH. PENIN 2016 ★

	18 000		8 à 11 €

L'une des valeurs sûres des appellations régionales, avec plusieurs coups de cœur à son actif. Un cru de 45 ha établi sur un terroir de graves, sur la rive gauche de la Dordogne, face à Saint-Émilion. Fondé par la famille Carteyron en 1854, il est dirigé depuis 1982 par Patrick, œnologue.

Fidèle au rendez-vous, Patrick Carteyron signe un blanc tourné tout entier vers le fruit: fruits exotiques, citron, pamplemousse, ananas, avec en appoint quelques notes épicées et grillées apportées par la barrique. Le fruit occupe aussi tout l'espace dans une bouche souple, élégante, bien équilibrée entre gras et acidité. 2018-2021

PATRICK CARTEYRON, 39, imp. Couponne, 33420 Génissac, tél. 05 57 24 46 98, vignoblescarteyron@orange.fr V r.-v.

CH. DE PERRE 2017

	4 000		- de 5 €

Située sur les coteaux ensoleillés dominant la Garonne, en plein cœur du canton de Saint-Macaire, cette propriété familiale est implantée sur une ancienne carrière de pierre. Elle étend ses vignes sur 36 ha conduits depuis 1981 par Denise Mayle (troisième génération), qui en a confié le flambeau à son fils Julien en 2016.

Né du seul sauvignon blanc, un bordeaux expressif, ouvert sur des notes de réglisse et d'agrumes, soutenu tout au long de la dégustation par une franche vivacité aux accents de citron confit et d'écorce de pamplemousse. Un bon classique sauvignonné. 2018-2021

VIGNOBLES MAYLE, 8, lieu-dit Perre, 33490 Saint-Martin-de-Sescas, tél. 06 73 73 67 05, chateaudeperre@yahoo.fr V r.-v.

PETIT CHEVAL BLANC 2015 ★★

	4 000		+ de 100 €

À l'origine simple métairie de Figeac, Cheval Blanc devient une propriété indépendante en 1832 quand le président du tribunal de Libourne, Jean-Jacques Ducasse, l'achète et fait construire le château actuel. Ses descendants entreprennent des travaux importants, notamment de drainage, et dès la fin du Second Empire, le cru atteint ses dimensions actuelles (39 ha) et se situe parmi les plus renommés de Saint-Émilion. Son terroir, de type pomerolais avec des graves et des sables anciens sur argiles, explique l'originalité de son encépagement à dominante de cabernet franc, complété par le merlot. Les descendants du président Ducasse restent à la tête du cru jusqu'à son rachat en 1998 par Bernard Arnault (LVMH) et Albert Frère. Ces derniers placent Pierre Lurton à la direction générale et dotent le château en 2011 d'un nouveau chai, dessiné par Christian de Portzamparc.

L'histoire de Petit Cheval Blanc débute en 2006 avec l'acquisition du Château La Tour du Pin, un grand cru d'un peu plus de 8 ha, planté en merlot et en cabernet franc, dont 6,5 ha vont être replantés en sauvignon blanc. Dans le verre, après une vinification sous bois, cela donne un 2015 cristallin, ouvert sur des notes intenses de pêche, puis d'agrumes et de fleurs blanches. Tendre et onctueux en attaque, le palais affiche ensuite une magnifique fraîcheur, renforcée par une longue finale saline. Un blanc de caractère, qui lorgne du côté des grands vins blancs de Loire. 2018-2023

SC DU CHEVAL BLANC, Ch. Cheval Blanc, 33330 Saint-Émilion, tél. 05 57 55 55 55, contact@chateau-chevalblanc.com

CH. PILET Les Hauts de Massonne 2017 ★

| 6000 | | - de 5 € |

Famille au service du vin depuis un siècle. En 1964, Jean et Yvette Queyrens acquièrent leur première vigne au lieu-dit Pilet puis reprennent les domaines de leurs parents (Ch. du Pin-Franc et Ch. des Graves du Tich) et débutent la vente en bouteilles. Aujourd'hui, leurs fils Patrick et Christophe, avec à leurs côtés Jean-Yves, le petit-fils, exploitent un vignoble de 70 ha dans l'Entre-deux-Mers.

Une dominante de sémillon (65 %) dans ce vin délicatement floral et fruité (agrumes), agrémenté d'une plaisante touche de noisette. La bouche est fraîche, fruitée, persistante, avec toujours cette note de noisette. Net et sans bavure. ⧗ 2018-2021

SC VIGNOBLES JEAN QUEYRENS ET FILS, 3, Grand-Village-Sud, 33410 Donzac, tél. 05 56 62 97 42, scvjqueyrens@orange.fr V r.-v.

CH. LA RAME 2017

| 36000 | | 5 à 8 € |

Implantée à Sainte-Croix depuis huit générations, la famille Armand fait partie des institutions locales pour ses liquoreux renommés. Elle y conduit deux crus (dans un esprit bio, sans certification): la Caussade et la Rame, son fleuron, dont les vins étaient déjà réputés au XIXᵉs. Angélique et Grégoire Armand ont pris la suite de leur père Yves en 2009.

Un bon classique que ce vin dominé par le sauvignon: robe pâle, nez d'agrumes (citron, pamplemousse), bouche vive et alerte, à l'unisson du bouquet. ⧗ 2018-2020

FAMILLE ARMAND, La Rame, 33410 Sainte-Croix-du-Mont, tél. 05 56 62 01 50, chateau.larame@wanadoo.fr V r.-v.

CH. RECOUGNE 2017 ★

| 40000 | | 5 à 8 € |

Ce domaine réputé situé dans le Fronsadais, au nord de Libourne, est propriété de la famille Milhade depuis 1938. Xavier Milhade a aujourd'hui passé la main à ses enfants Marc et Élodie, qui ont la charge de ce vignoble de coteaux, étendu sur 100 ha.

Buis, gelée de sureau, aubépine, agrumes, fruits exotiques, le nez de ce bordeaux évoque le sauvignon, présent à 80 % dans l'assemblage aux côtés du sémillon. La bouche, à l'unisson du bouquet, apparaît fine et fraîche sans manquer de gras. ⧗ 2018-2021

SCEA RECOUGNE, 1, rte de Savignac, 33133 Galgon, tél. 05 57 50 33 33, contact@chateau-recougne.fr V r.-v. *Xavier Milhade*

CH. REYNON 2016

| 67800 | | 8 à 11 € |

Un cru de 33 ha établi près de Cadillac, sur un coteau exposé plein sud. Acquis en 1958 par Jacques David, il a été repris en 1976 par sa fille Florence et son gendre, l'éminent Denis Dubourdieu (œnologue de renom et professeur à l'université de Bordeaux, disparu en 2016), qui, après l'avoir entièrement restructuré, en ont fait l'une des valeurs sûres des cadillac-côtes-de-bordeaux.

Ce pur sauvignon dévoile à l'olfaction de beaux arômes de bois de rose, de vanille, de poivre, de pamplemousse et de citron. En bouche, il se révèle très vif, sensation renforcée par des notes de silex et une touche d'amertume. Un vin énergique. ⧗ 2018-2021

EARL DENIS DUBOURDIEU DOMAINES, Ch. Reynon, 21, rte de Cardan, 33410 Béguey, tél. 05 56 62 96 51, contact@denisdubourdieu.fr V r.-v.

ROCHE BELFOND 2017 ★

| 35000 | - de 5 € |

Terre de Vignerons est l'union de production et de commercialisation d'une quinzaine de coopératives de l'Entre-deux-Mers et du Pays duraquois. Elle représente 15 000 ha de vignes et 1 500 coopérateurs, dont les raisins sont accueillis sur dix-neuf sites de production. Un acteur de poids de la coopération girondine.

Né du seul sauvignon, un vin d'un abord discret, qui s'ouvre à l'aération sur l'orange confite et les épices douces. La bouche se montre bien tendue dès l'attaque, crayeuse, énergique, mais sans manquer de gras pour enrober le tout. Un ensemble harmonieux. ⧗ 2018-2021 **Haut Mouleyres 2017 ★ (- de 5 €; 20000 b.)** : un vin très expressif (agrumes, pêche blanche, thé vert), frais, alerte, friand en bouche. ⧗ 2018-2021 **Ch. Talmont 2017 (- de 5 €; 106600 b.)** : vin cité.

TERRE DE VIGNERONS, 17-19, rte des Vignerons, 33790 Landerrouat, tél. 05 56 61 33 73, marketing@terredevignerons.com

CH. ROQUEFORT 2017 ★

| 38000 | 5 à 8 € |

Dans l'Entre-deux-Mers, le promontoire de Roquefort fut un ancien oppidum gaulois. Après le rachat de la propriété en 1976 par l'industriel Jean Bellanger, un chai très moderne, aménagé en partenariat avec la faculté d'œnologie de Bordeaux, a vu le jour. Premières vinifications en 1987. Aujourd'hui, un vaste domaine (240 ha, dont 100 ha de vigne) conduit depuis 1995 par Frédéric Bellanger. Ce dernier dirige également le Ch. Domi-Cours, acquis en 2002: 20 ha sur la commune de Cours-les-Bains, en terres bazadaises.

Au nez, se dévoilent des notes d'aubépine, d'agrumes et de pêche blanche. En bouche, on ressent du gras, de la rondeur, du volume et une pointe plus fraîche en finale, renforcée par de beaux amers. ⧗ 2018-2021

FRÉDÉRIC BELLANGER, lieu-dit Roquefort, 33760 Lugasson, tél. 05 56 23 97 48, mscl@chateau-roquefort.com V r.-v.

CH. SAINTE-CATHERINE 2017

| 9400 | | 5 à 8 € |

Située au sommet d'un coteau dominant le vallon de Paillet, en appellation cadillac-côtes-de-bordeaux, cette propriété de 70 ha a succédé à l'ancien prieuré de Sainte-Catherine, fondé au Moyen Âge, dont il ne reste que d'humbles vestiges. Propriétaire du Ch. Gruaud-Larose, cru classé de Saint-Julien, ainsi que des Ch. Dudon et Malagar, Jean Merlaut l'a rachetée en 2013 à la famille Arjeau.

Un bordeaux mi-sauvignon mi-sémillon, au nez discret mais plaisant de réglisse, d'agrumes et de fleurs séchées. En bouche, les agrumes, le citron notamment, donnent le tempo, un tempo vif, nerveux, jusqu'en finale. ⧗ 2018-2021

SCEA SAINTE-CATHERINE, chem. de la Chapelle, 33550 Paillet, tél. 05 56 72 11 64, sceasaintecatherine@orange.fr V ✦ ▪ r.-v.

SIRIUS 2017

	60000		5 à 8 €

Un négoce fondé en 1883, resté familial et conduit aujourd'hui par les cinq frères Sichel. La première maison (1967) a créé sa propre cave de vinification, sur le principe des wineries du Nouveau Monde. Elle possède aussi plusieurs crus bordelais: Palmer, avec d'autres négociants, Angludet, Argadens et Trillol, dans les Corbières.

Au nez, pointent des notes classiques de citron vert et de fleurs blanches. En bouche, on découvre un vin plutôt nerveux mais sans excès, bien fruité, de bonne longueur. ⧗ 2018-2021

SA MAISON SICHEL, 19, quai de Bacalan, 33000 Bordeaux, tél. 05 56 11 16 60, ventes-france@sichel.fr

CH. TURCAUD Cuvée majeure 2017 ★★

	28000		8 à 11 €

Un cru de 50 ha fondé en 1973 par Simone et Maurice Robert, conduit avec le même talent depuis 2009 par leur fille Isabelle et son époux Stéphane Le May. Abandon progressif du désherbage chimique, rendements limités, approche parcellaire pour chaque cuvée: un travail de précision au service des AOC régionales et des entre-deux-mers.

Née des deux sauvignons (blanc et gris) et du sémillon par tiers, une cuvée majeure en effet car impeccable de bout en bout: belle limpidité; nez fin de pêche, d'agrumes, de fleurs blanches et de boisé bien fondu; bouche délicate, suave sans lourdeur, soulignée par une juste acidité aux tonalités salines. Un vin élégant, qui vieillira bien. ⧗ 2018-2023

EARL VIGNOBLES ROBERT, 1033, rte de Bonneau, 33670 La Sauve, tél. 05 56 23 04 41, chateau-turcaud@wanadoo.fr V ✦ ▪ r.-v.

VIGNERONS DE TUTIAC
Carrelet d'Estuaire 2017

	150000	- de 5 €

Créée en 1974, la coopérative de Tutiac dispose des vendanges de 4 000 ha cultivés par quelque 450 viticulteurs. Un acteur important de la haute Gironde et aussi le premier producteur de vins d'appellations en France, qui propose des vins de côtes (blaye-côtes-de-bordeaux et côtes-de-bourg) et d'appellations régionales.

Au nez, des notes de menthe blanche, de bourgeon de cassis et de cédrat. En bouche, de la vivacité de l'attaque jusqu'à la finale, autour de saveurs d'agrumes. Un bon classique, énergique et expressif. ⧗ 2018-2021

LES VIGNERONS DE TUTIAC, La Cafourche, 33860 Marcillac, tél. 05 57 32 48 33, christelle.venancy@tutiac.com V ✦ ▪ *t.l.j. sf dim. 9h-12h30 14h-18h30*

VALENTINE PAR VALENTINE
Réserve 2016 ★

	4200		8 à 11 €

Établi au sommet d'un coteau argilo-calcaire, Lamothe de Haux étend ses vignes sur 77 ha, comprenant aussi le Château Manos, dédié aux cadillac, acquis en 1991. Depuis 1956 et quatre générations, le domaine se transmet par les femmes. À sa tête aujourd'hui, Maria et Damien Chombart.

Une cuvée bien connue des lecteurs (Valentine est la fille des propriétaires et auteure de l'étiquette), coup de cœur dans sa version 2012. Le 2016 fait bonne impression: robe limpide, nez subtil de coing, de pomme à la cannelle et de rose, bouche souple, ronde, légèrement suave, longue et sans aspérité. ⧗ 2018-2021

NEEL-CHOMBART, 295, chem. de l'Église, 33550 Haux, tél. 05 57 34 53 00, info@chateau-lamothe.com V ✦ ▪ r.-v.

Ⓑ CH. DE LA VIEILLE TOUR
Héritage 2016 ★

	n.c.		8 à 11 €

Un domaine créé en 1839 par Pierre Boissonneau sur le plateau de l'Entre-Deux-Mers, d'abord en polyculture, puis spécialisé dans la vigne dans les années 1960. Aujourd'hui, les cinquième (Philippe) et sixième (Pascal) générations sont aux commandes d'un vignoble de 55 ha conduits en bio depuis 2011.

Sauvignon et sémillon font jeu égal dans ce bordeaux élégamment boisé au nez, agrémenté de notes généreuses de fruits confits. Dans les mêmes tonalités, la bouche apparaît ronde et tendre, stimulée par une touche acidulée. ⧗ 2018-2022

BOISSONNEAU, lieu-dit Cathélicq, 33190 Saint-Michel-de-Lapujade, tél. 05 56 61 72 14, vignobles@boissonneau.fr V ✦ ▪ r.-v.

♥ Y 2015 ★★★

	n.c.		+ de 100 €

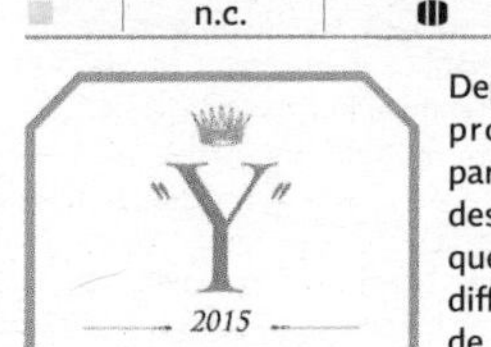

Depuis 2004, ce vin est produit régulièrement par Yquem. Il est issu des mêmes parcelles que le grand vin, seules diffèrent les conditions de récolte car Y est un vin blanc sec provenant essentiellement de parcelles de sauvignon complétées par du sémillon bien mûr.

La météo fut parfaite en 2015, avec des sauvignons et sémillons récoltés à parfaite maturité, avec une fraîcheur préservée pour les premiers et une peau juste marbrée de botrytis pour les seconds. Grâce à quoi Y est grand, majuscule même. La robe est cristalline, d'une élégance remarquable. L'annonce d'un bouquet très fin et d'une rare complexité: agrumes, poire, pêche, fleurs blanches, pierre mouillée, lavande, anis... En bouche, une attaque d'une densité et d'un volume imposants donne le ton. La suite est magistrale d'équilibre entre le gras, la chaleur du millésime et la fraîcheur du sauvignon; fraîcheur qui anime la finale, aussi large que longue. Tout ce que l'on attend d'un vin blanc est ici réuni. Irrésistible. ⧗ 2020-2028

⊶ *SA DU CH. D' YQUEM (Y), 33210 Sauternes, tél. 05 57 98 07 07*

BORDEAUX SUPÉRIEUR

CH. 937
Pauca sed matura 2^5 x 3^2 x 7= Premier cri de Léna 2016 ★

■ | 1000 | | 15 à 20 €

Le Ch. 937 est une création de Christophe Rivière, petit-fils de vigneron. En 2007, il acquiert une petite vigne dans l'Entre-deux-Mers, qu'il restructure avec son fils Valmon: une parcelle unique plantée de 937 ceps de merlot.

Un vin très confidentiel, d'une belle teinte rubis qui signe sa fraîcheur et sa jeunesse. Au nez, apparaissent des notes fumées et de cuir, bientôt accompagnées par les fruits frais. Une attaque réglissée ouvre sur une bouche généreuse, kirschée et boisée (moka) aux tanins encore assez musculeux. ⧗ 2021-2026

⊶ *RIVIÈRE, 1, chem. de Bérie, 33350 Saint-Pey-de-Castets, tél. 06 85 70 25 58, christophe@chateau937.com* V r.-v.

♥ CH. D'ANGLADE 2015 ★★

■ | 28000 | | 8 à 11 €

Une propriété établie sur les anciennes terres des seigneurs d'Anglade (XIIIᵉs.), passée entre plusieurs mains, notamment dans celles de la famille Pelet qui la possèdera de 1738 à... 1999. Après avoir été considérablement développée au XIXᵉs., la vigne périclitera progressivement. En 2002, Christophe Bocquillon reprend le cru et son demi-hectare de vignes, restaure le château, reconstruit le chai et replante le vignoble, étendu aujourd'hui sur 8 ha.

Un 2015 pour amateurs de bordeaux «nature», écrit un dégustateur, comprenez un vin authentique, franc et fruité. De fait, cet assemblage merlot-cabernet-sauvignon (70-30) fleure bon les fruits rouges dès le premier nez, fruits qui ne quitteront plus le vin jusqu'en finale. Puissante mais équilibrée, très longue et volumineuse, la bouche est bâtie sur des tanins soyeux, enrobés par une chair ronde et dense. Une cuvée bâtie pour durer. ⧗ 2021-2028

⊶ *CHRISTOPHE BOCQUILLON, 68, av. Léo-Drouyn, 33450 Izon, tél. 06 03 06 06 06, chateaudanglade@bocquillon.fr* V r.-v.

CH. DE L'AUBRADE
Cuvée Prestige Élevé en fût de chêne 2015 ★

■ | 20000 | | 5 à 8 €

Après ses études d'œnologie, Jean-Christophe Lobre s'est installé en 1995 à la tête du vignoble créé en 1974 par ses parents Jean-Pierre et Paulette. Il conduit aujourd'hui, avec son épouse Andréa depuis 2010, un vaste domaine de 70 ha et poursuit ainsi une tradition familiale qui remonte à 1735.

Parée d'une robe profonde, «abyssale» selon un dégustateur, cette cuvée se distingue par un caractère empyreumatique imposant à l'olfaction. Suivant la même ligne très boisée, ample et riche, la bouche est portée par des tanins puissants mais au grain fin. Un vin solide, à réserver aux amateurs de merrain. ⧗ 2021-2026

⊶ *JEAN-CHRISTOPHE LOBRE, Jamin, 33580 Rimons, tél. 05 56 71 55 10, vinslobre@free.fr* V r.-v.

CH. BARREYRE 2016 ★

■ | 40000 | | 8 à 11 €

Issu d'une ancienne famille de la bourgeoisie bordelaise, qui donna de nombreux magistrats et consuls de la Bourse, Nicolas Barreyre fonda ce domaine dans les années 1750. Le vignoble, dirigé par Claude Gaudin, s'étend aujourd'hui sur 16 ha, plantés sur des palus médocains (sols argileux).

Une belle harmonie se dégage de ce vin au nez puissant de fruits noirs finement mariés au vanillé de la barrique. Souple en attaque, élégante et ample, la bouche s'appuie sur des tanins enrobés et fins, et déploie une longue finale tout en douceur. ⧗ 2019-2024

⊶ *SC CH. BARREYRE, 19, av. de la Libération, 33460 Macau, tél. 05 57 88 07 64, vitigestion@vitigestion.com* V r.-v.

CH. LES BAZILLES 2015

■ | 7200 | | - de 5 €

Située au nord du Libournais, au confluent de l'Isle et de la Dronne, cette petite exploitation familiale (7 ha environ), a été achetée en 1978 par Pierre Battiston, qui l'a transmise en 1993 à son fils Armand.

Une belle parure grenat habille ce vin ouvert sur les fruits rouges bien mûrs. La bouche est souple, d'un bon volume, portée par des tanins fondus. Une petite touche végétale marque la finale. ⧗ 2019-2023

⊶ *ARMAND BATTISTON, 26, Sablon, 33230 Les Peintures, tél. 06 22 38 38 09, bazilles@wanadoo.fr* V r.-v.

Ⓑ CH. BEAU RIVAGE Benjamin 2015 ★★

■ | 2000 | | 11 à 15 €

Œnologue issue d'une famille de tonneliers bien connus, Christine Nadalié exploite plusieurs vignobles médocains aux environs de Macau, en amont de Margaux. Après le Dom. Beau-Rivage (bordeaux supérieur), acquis en 1995, elle a acheté en 2003 à sa grand-mère paternelle un vignoble de 3,5 ha en haut-médoc, qu'elle a appelé Clos La Bohème. Domaines en bio certifié depuis 2011.

Une belle robe noire habille ce 100 % merlot ouvert sur les fruits noirs mûrs, les épices et la violette. Étayée par des tanins fins et serrés et par un élevage parfaitement maîtrisé, la bouche offre de la fraîcheur, du volume, du fruit et une belle longueur. Un équilibre impeccable et un solide potentiel. ⧗ 2021-2028

⊶ *VIGNOBLES CHRISTINE NADALIÉ, 7, chem. du Bord-de-l'Eau, 33460 Macau, tél. 05 57 10 03 70, chateau-beau-rivage@nadalie.fr* V r.-v.

CH. LA BIENVEILLANCE Arômes 2016 ★★

■ | 7000 | 🛢 | 11 à 15 €

Une propriété acquise en 2016 par Marine et Florent Justo, un couple qui s'est reconverti vers la viticulture. À leur disposition, un vignoble de 7,6 ha qu'ils ont converti au bio, avec la biodynamie dans le viseur.

Premier millésime et déjà une grande réussite avec ce vin mi-merlot mi-cabernet franc qui a tout pour plaire. Une belle robe sombre, un nez complexe sur les épices, la croûte de pain, les fruits cuits et l'amande douce, une bouche ample, tannique, puissante, corsée composent un bordeaux supérieur racé et bâti pour durer. Un domaine à suivre de près… ⌛ 2021-2028

MARINE ET FLORENT JUSTO, 4, lieu-dit Pouroutou, 33350 Sainte-Radegonde, tél. 06 82 17 58 81, marine.justo@chateaulabienveillance.fr V r.-v.

CH. DE BONHOSTE 2015

■ | n.c. | 🛢 | 8 à 11 €

Sylvaine et Yannick Fournier ont pris en 2005 la suite de leurs parents, Bernard et Colette, qui ont constitué leur domaine en 1977 à partir de vignes familiales: 66 ha aujourd'hui, dont une petite partie en Bergeracois. Bonhoste, en Gironde, est implanté sur la rive gauche de la Dordogne, en face de Saint-Émilion. Les vignerons disposent d'une cave creusée dans la roche et ont aménagé une étonnante chambre d'hôtes dans un foudre.

La cuvée principale du domaine est un vin de bonne intensité, fruité, boisé avec mesure, équilibré en bouche, structuré par des tanins ronds. ⌛ 2019-2023

EARL DES VIGNOBLES FOURNIER, 5, lieu-dit Bonhoste, 33420 Saint-Jean-de-Blaignac, tél. 05 57 84 12 18, contact@chateaudebonhoste.com V r.-v. 5

Ⓑ PATRICK BOUDON 1963 Origine 2015 ★

■ | 1500 | 🛢 | 20 à 30 €

Les Boudon sont en bio de père en fils depuis 1963: Patrick, installé sur le domaine familial depuis 1981, a été initié au respect du terroir par son père et son grand-père. Il conduit aujourd'hui un vignoble de 28 ha.

Un peu de patience sera nécessaire pour harmoniser le bois légèrement dominant dans ce vin qui met le petit verdot à l'honneur (95 % de l'assemblage, avec le merlot en complément). Au nez un intense boisé grillé et torréfié se mêle à la cerise noire et au cassis. La bouche apparaît dense, ample, riche et corsée, bâtie sur des tanins fermes. ⌛ 2020-2025

VIGNOBLE BOUDON, Le Bourdieu, 33760 Soulignac, tél. 05 56 23 65 60, contact@vignoble-boudon.fr V r.-v.

Ⓑ CH. BOURDICOTTE Terres rouges 2015 ★★

■ | 250 000 | 🛢 | 5 à 8 €

L'un des châteaux de la société Bordeaux Vineam, qui exploite en tout 270 ha dans plusieurs vignobles du Bordelais et en Bergeracois, en bio certifié ou en cours de conversion. Une affaire créée par les frères Yi Zhu et Hongtao You, l'un Chinois, l'autre Canadien, qui ont fait fortune dans la pharmacie. Bourdicotte est un cru établi dans l'Entre-deux-Mers, sur les contreforts de la Butte de Launey, point culminant de la Gironde.

Cette cuvée d'un rouge profond et vif dévoile un nez si expressif et généreux de fruits confiturés, de réglisse et de poivre. Une attaque franche ouvre sur un palais ample et tannique, boisé avec mesure, étiré dans une longue finale pleine de fraîcheur. De l'équilibre et du potentiel. ⌛ 2020-2025

SCEA CH. BOURDICOTTE ET GRAND FERRAND, Lieu-dit Bourdicotte, 33790 Cazaugitat, tél. 05 57 40 08 88, contact@bordeaux-vineam.fr
Bordeaux Vineam

Ⓑ CH. LA BRANDE 2015

■ | 18 000 | 🍾 | 5 à 8 €

Depuis 1750 dans la famille Béraud, ce vignoble de 16 ha (en bio certifié) a été acquis par Benoit Soulies en 2016. Deux étiquettes ici: La Brande et Moulin de Reynaud.

Un vin encore sur sa réserve qu'il faudra attendre un peu pour plus d'harmonie. Au nez, des notes de fruits rouges légèrement vanillées. En bouche, un bon volume, du gras et des tanins encore un peu austères qui ne demandent qu'à se fondre. ⌛ 2020-2024

SCEA DE LA BRANDE, La Brande, 33141 Saillans, tél. 05 57 74 36 38, contact@chateau-labrande.fr V t.l.j. 9h-12h 14h-18h D Soulies

CH. BRANDE-BERGÈRE Cuvée O'Byrne Vieilles Vignes 2015 ★

■ | 39 500 | 🛢 | 11 à 15 €

D'origine irlandaise, O'Byrne fait l'acquisition de ce domaine à la fin du XVIIIe s. Vendue comme bien national à la Révolution, la propriété sera finalement rachetée en 1997 par Nicolas Dalibot. Le vignoble couvre 8 ha dans le nord du Libournais.

Il faudra attendre un peu pour que ce vin révèle tout son potentiel. Pour l'heure, il se montre très discret au nez, autour d'arômes de fruits rouges et de boisé toasté. En bouche, il offre de la souplesse, du gras et des tanins mûrs et fins, qui se raffermissent en finale. ⌛ 2020-2024

SCEA CH. BRANDE-BERGÈRE, lieu-dit Brande-Bergère, 33230 Les Églisottes, tél. 05 57 49 51 52, info@brandebergere.com GFA Dalibot

CH. DE CAMARSAC Sélection Vieilles Vignes 2016

■ | n.c. | 🍾 | 5 à 8 €

Un château édifié au début du XIVe s., où l'on cultive la vigne depuis au moins le siècle suivant. Un cru de 72 ha acquis en 1973 par Lucien Lurton, dirigé depuis 2007 par son fils Thierry.

De vieux ceps de merlot et de cabernet-sauvignon ont donné ce vin expressif, fruité (griotte, fruits noirs) et épicé, souple et soyeux en attaque, ample et généreux, plus tannique et sévère en finale. À attendre un peu, le potentiel est là. ⌛ 2020-2025

SOCIÉTÉ FERMIÈRE CH. DE CAMARSAC, 30, rte de Bergerac, 33750 Camarsac, tél. 06 35 46 47 03, administration@camarsac.com V r.-v. 4 B
Thierry Lurton

CAP ROYAL Élevé en fût de chêne 2015 ★

■ | n.c. | | 8 à 11 €

La maison de négoce Compagnie médocaine des Grands Crus est une filiale d'Axa Millésimes (l'entité viticole du groupe d'assurances), qui propose des vins de marque et de domaines dans une soixantaine d'AOC bordelaises.

Cap Royal doit son nom au phare de Cordouan, le plus ancien d'Europe, situé à l'entrée de l'estuaire de la Gironde, qui guidait dès le XIVes. les négociants navigateurs en route vers Bordeaux. Dans le verre, un vin ouvert sans réserve sur un fruité bien mûr, finement toasté et vanillé, charnu et enveloppant en bouche, avec une pointe acidulée en finale qui apporte une agréable fraîcheur et renforce son côté friand. ⧗ 2019-2022

COMPAGNIE MÉDOCAINE DES GRANDS CRUS, 7, rue Descartes, CS 60119, 33295 Blanquefort, tél. 05 56 95 54 95, service.marketing@medocaine.com V *r.-v.*

CH. DE CHELIVETTE 2016 ★★

■ | 10000 | | 8 à 11 €

À l'origine, un château du XIIIes., exploité aux XVe et XVIes. par les Jésuites. Un cru de 30 ha acquis en 2014 par Florence et Jacques Borel, qui ont entrepris sa conversion à la biodynamie.

Ce vin se présente dans une belle robe sombre, le nez bien ouvert sur les fruits noirs, les épices et la réglisse. Le prélude engageant à une bouche veloutée, ample et grasse, dotée de tanins encore un peu serrés mais d'une réelle finesse de grain. Un bel équilibre entre richesse et élégance et un bon potentiel en perspective. ⧗ 2020-2028

SARL SOLOLINE, 62, rue François-Boulière, 33560 Sainte-Eulalie, tél. 05 56 21 99 29, contact@chelivette.com V *t.l.j. 10h-12h 15h-17h* E

CH. CLOS MOULIN PONTET 2016 ★★

■ | 40000 | 5 à 8 €

Éric et Sophie Meynaud conduisent depuis 1998 une vaste propriété de 120 ha dont le siège est situé à Landerrouat, à la limite du Lot-et-Garonne. Deux étiquettes à la carte des vins: Clos Moulin Pontet et Franc Couplet.

Au premier nez, ce 2016 propose d'intenses notes épicées. Après aération, apparaissent les petits fruits rouges mûrs. On les retrouve dans une bouche concentrée et soyeuse, assortie de tanins ronds et fins et d'une pointe de fraîcheur qui étire le vin en longueur. Du potentiel. ⧗ 2021-2026

EARL CH. FRANC COUPLET, rte de Laussac, 33790 Landerrouat, tél. 05 56 61 34 10, eric.meynaud@wanadoo.fr V *r.-v.* E *Éric Meynaud*

CH. DE CORNEMPS 2016

■ | 130000 | | 5 à 8 €

En 1964, Henri Fagard, maître de chai, crée à Petit-Palais, en Libournais, le Ch. de Cornemps, un vignoble dominé par une chapelle du XIes., ancienne étape sur la route de Saint-Jacques. Il agrandit son exploitation qu'il transmet en 1983 à son fils Henri-Louis. Ce dernier achète en 1995 des vignes (3,5 ha) dans l'AOC voisine lussac-saint-émilion. Aujourd'hui, 31 ha et deux étiquettes: Ch. de Cornemps (AOC régionales) et Ch. la Jorine (lussac).

D'un abord fermé, ce vin dévoile à l'aération des notes d'humus, de poivre et de fumée qui couvrent encore un peu le fruit. La bouche est ronde, d'une bonne longueur, un peu stricte en finale toutefois. Une petite garde harmonisera le tout. ⧗ 2019-2023

VIGNOBLES FAGARD, Cornemps, 2419, rte de Puynormand, 33570 Petit-Palais, tél. 05 57 69 73 19, vignobles.fagard@wanadoo.fr V *r.-v.*

CH. DE LA COUR D'ARGENT 2016 ★

■ | 160000 | | 8 à 11 €

Denis Barraud, œnologue, s'est installé en 1971 à la tête du vignoble familial, constitué à la fin du XIXes. Un bel ensemble de 36 ha répartis sur les deux rives de la Dordogne et sur plusieurs crus – 7 ha en saint-émilion et saint-émilion grand cru (Les Gravières, Lynsolence) et 29 ha en AOC régionales (La Cour d'Argent) – et des vins qui retiennent régulièrement l'attention des dégustateurs.

Valeur sûre de l'appellation, Denis Barraud signe un 2016 de belle facture, qui fait la part belle au merlot (95 %). Au nez, une aromatique puissante autour des fruits rouges et d'un bon boisé grillé. En bouche, de la densité, de la longueur, des tanins soyeux et un boisé encore un peu dominant mais racé. Un peu de patience… ⧗ 2019-2024

SCEA DES VIGNOBLES DENIS BARRAUD, 355, port de Branne, 33330 Saint-Sulpice-de-Faleyrens, tél. 05 57 84 54 73, denis.barraud@wanadoo.fr V *r.-v.*

B **CH. LA CROIX DE ROCHE** 2016 ★

■ | 35000 | | 5 à 8 €

Situé en Libournais sur un plateau argilo-sableux dominant la rive droite de l'Isle, le cru a été acquis en 1981 par Isabelle et François Maurin. Après avoir vinifié en Afrique du Sud et au Liban, leur fils Raphaël les a rejoints en 2002. Les 20 ha de vignes sont conduits en bio certifié.

Un assemblage original de merlot (60 %), de carménère, de petit verdot et de malbec pour ce vin encore un peu discret au nez, qui livre à l'aération des parfums de fruits rouges mûrs sur fond de boisé grillé. La bouche se révèle ample, riche et concentrée, soutenue par des tanins soyeux. Une bouteille qui gagnera sa deuxième étoile en cave. ⧗ 2020-2025

EARL LA CROIX DE ROCHE, 17, rte de Marze, 33133 Galgon, tél. 05 57 84 38 52, chateau-la-croix-de-roche@wanadoo.fr V *t.l.j. sf sam. dim. 10h-12h 13h30-18h; f. janv.-fév.* D *Maurin*

CH. DALLAU 2016 ★★

■ | 120000 | | 5 à 8 €

Les Bertin sont vignerons dans le Libournais depuis 1742. Leur vignoble – 42 ha répartis sur plusieurs appellations (bordeaux supérieur, lalande et montagne) – est conduit depuis 2008 par Sarah Vital,

œnologue et petite-fille d'Yvette Bertin, l'actuelle propriétaire.

Le nez, intense, associe un fruité bien mûr à un boisé racé. La bouche fait preuve de souplesse en attaque, puis monte en puissance autour de beaux tanins fins et élégants, accompagnés jusqu'en finale par une fraîcheur bien sentie qui apporte beaucoup de dynamisme et de longueur. Un vin complet, séveux et prometteur pour la garde. ⧗ 2020-2025

⊶ BERTIN, 8, rte de Lamarche, Dallau, 33910 Saint-Denis-de-Pile, tél. 05 57 84 21 17, contact@vignoblesbertin.com V ⚑ ▮ *r.-v.*

CH. DOMS 2016 ★★

■ | 35000 | ▮ | 5 à 8 €

Une chartreuse du XVII^{e}s., des bâtiments monastiques transformés en chai, un vignoble transmis de mère en fille depuis cinq générations (28 ha aujourd'hui). Aux commandes, Hélène Durand (depuis 1998) et sa fille Amélie (depuis 2015). Ingénieur agronome et œnologue, la seconde fait le vin.

Ce 100 % merlot s'affiche dans une belle robe noire et dévoile d'intenses arômes de fruits noirs, de sous-bois et de cendre. En bouche, tout est bien lié, équilibré, autour d'une matière souple, suave et soyeuse, étayée par des tanins doux. La longue finale laisse une impression d'harmonie. ⧗ 2020-2024

⊶ HÉLÈNE ET AMÉLIE DURAND, 10, chem. de Lagaceye, 33640 Portets, tél. 05 56 67 20 12, chateau.doms@wanadoo.fr V ⚑ ▮ *r.-v.*

CH. L'ENCLOS 2016

■ | 75400 | ▮ | 5 à 8 €

Ancienne propriété d'Éric Bonneville, aux commandes à partir de 2003, ce cru de 23 ha est passé sous pavillon asiatique en 2013. Une valeur sûre en sainte-foy, notamment avec sa cuvée Triple A.

À un nez de fruits rouges mûrs et d'épices répond une bouche franche et fraîche, un brin végétale, d'un bon volume et appuyée sur un bon support tannique. ⧗ 2019-2023

⊶ SCEA CH. L' ENCLOS, 3, rte de Bergerac, 33220 Pineuilh, tél. 05 57 33 09 68, contact@lamontfinanciere.fr ⊶ Lamont-Financière

Ⓑ CH. JEAN FAUX Sainte-Radegonde 2015 ★★

■ | 48000 | ◍ ▮ | 15 à 20 €

L'une des plus anciennes propriétés du canton de Pujols (ferme fortifiée du XVI^{e}s., chartreuse du XVII^{e}s., parc paysager du XVIII^{e}s.) dans la vallée de la Dordogne; rachetée en 2002 par Pascal et Chrystel Collotte. Vignoble de 12 ha, en bio certifié depuis 2011 et en biodynamie depuis 2015.

Le coup de cœur fut mis aux voix pour cette cuvée d'une grande intensité. La robe est dense et sombre. Le nez, complexe, convoque le poivre blanc, la châtaigne, la vanille, l'amande et les fruits cuits. Aussi large que longue, la bouche allie rondeur, richesse et tanins fermes et denses. ⧗ 2021-2026

⊶ PASCAL COLLOTTE, Ch. Jean-Faux, 33350 Sainte-Radegonde, tél. 05 57 40 03 85, jf@chateaujeanfaux.com V ⚑ ▮ *r.-v.*

COSTES DU CH. FÉRET-LAMBERT 2016 ★

■ | n.c. | ◍ | 5 à 8 €

Depuis 1997, Henri Féret, courtier en vins, associé avec son beau-frère Olivier Sulzer, vigneron à Saint-Émilion (Ch. la Bonnelle), redonne son lustre à ce domaine de 24 ha acquis en 1930 par son arrière-grand-père Charles Féret, éditeur du célèbre Bordeaux et ses vins.

D'une belle densité de robe, cette cuvée parcellaire livre un joli bouquet de fruits rouges et d'épices agrémenté d'une note végétale. En bouche, elle offre de la fraîcheur, du volume et une bonne structure tannique, ferme et serrée, qui laisse envisager une saine évolution en cave. ⧗ 2020-2025

⊶ SCEA SULZER-FÉRET, Dom. de Lambert, 33420 Grézillac, tél. 05 57 47 15 12, feret-lambert@orange.fr V ⚑ ▮ *r.-v.* 🏠 3

CH. FERREYRES 2016 ★

■ | 20000 | ▮ | 8 à 11 €

Une propriété de 31 ha située au sud-est de Saint-Émilion. À sa tête, Florian Bouchon, œnologue, qui a repris le domaine en 2015.

Un vin prometteur dans sa jolie robe sombre et profonde. Au nez, après une courte aération, apparaissent des notes de fruits noirs très mûrs accompagnées par un bon boisé épicé. La bouche est corsée, chaleureuse, séveuse, soutenue par des tanins soyeux et élégants. ⧗ 2019-2023

⊶ EARL VIGNOBLE FLORIAN BOUCHON, 1, Peyrouton, 33350 Pujols, tél. 06 11 19 25 00, contact@chateau-ferreyres.fr V ⚑ ▮ *r.-v.*

CH. FILLON Cuvée Première 2016 ★★

■ | 121000 | ▮ | 8 à 11 €

Un domaine de l'Entre-deux-Mers, établi sur la butte de Launay, point culminant de la Gironde, commandé par un manoir du XIX^{e}s., propriété de la coopérative de Bestheim, opérateur de premier plan en Alsace et propriétaire de plusieurs crus bordelais.

Un bon potentiel de vieillissement pour cette cuvée Première, un pur merlot à la robe sombre et profonde, au nez intense de fruits noirs et d'épices. La bouche se révèle puissante, dense et ample, bien charpentée par des tanins fermes mais sans aucune dureté. Un vin solide et sérieux, qui vieillira bien. ⧗ 2020-2026 ■ **L'Apogée 2016 (8 à 11 €; 42660 b.)** : vin cité.

⊶ BESTHEIM, Lieu-dit Fillon, 33790 Cazaugitat, tél. 03 89 49 09 29, vignobles@bestheim.com V ⚑ ▮ *r.-v. ⊶ SCVB*

CH. LA FRANCE Cuvée Gallus 2016 ★

■ | 84000 | ◍ | 8 à 11 €

Déjà bien établi au XVII^{e}s., ce cru, détenu jusqu'en 2009 par une compagnie d'assurances, a été racheté par les Mottet, armateurs bordelais, propriétaires de quelque 200 ha en Gironde. Outre un vaste vignoble (80 ha d'un seul tenant), il comprend chambres d'hôtes et «gîte rural» dans le château du XIX^{e}s.

Merlot, malbec et cabernet-sauvignon composent un vin sombre et profond, au nez intense de fruits mûrs sur fond de boisé grillé et vanillé. La bouche est consistante, riche et puissante, dotée de tanins soyeux et mûrs, mais encore un peu sous l'emprise du merrain. Prometteur. ⧗ 2021-2026

SCA CH. LA FRANCE, 1, rte de Fosselongues, 33750 Beychac-et-Caillau, tél. 05 57 55 24 10, contact@chateaulafrance.com V t.l.j. sf sam. dim. 9h30-12h 14h-17h30 5 E *Bruno Mottet*

CH. GAYON 2016 ★

■	50000	5 à 8 €

Un cru de 30 ha commandé par une gentilhommière du XVIIIe s. aménagée en gîte, acquis en 1969 par les Crampes, dont les aïeux étaient auparavant métayers sur ces terres. Une bonne référence en saint-macaire et en bordeaux. La conversion bio est dans le viseur.

Au nez, les fruits rouges et noirs bien mûrs se mêlent aux épices. En bouche, le vin se montre charnu, chaleureux et suave, épaulé par des tanins fermes qui laissent envisager une bonne évolution dans le temps. ⧗ 2020-2024

CRAMPES, 6, Ch. Gayon, 33490 Caudrot, tél. 05 56 62 81 19, contact@chateau-gayon.com V *r.-v.*

CH. DU GRAND BERN 2016 ★

■	90000		5 à 8 €

Paul Gonfrier, rapatrié d'Algérie, rachète au début des années 1960 le Ch. de Marsan, terre noble fondée au XVIIe s. sur la rive droite de la Garonne: le berceau des domaines familiaux. Ses fils Philippe et Éric suivent ses traces après 1985. Aujourd'hui, pas moins de 400 ha et douze châteaux.

Un domaine de 37 ha situé dans la cité médiévale fortifiée de Rions, propriété des Gonfrier depuis 1985. Dans le verre, un vin mariant harmonieusement au nez les fruits mûrs à un boisé grillé et épicé. Une même harmonie bois-fruit règne dans une bouche d'un bon volume, tendre et généreuse, aux tanins veloutés. ⧗ 2019-2023 ■ **Ch. Lauretan 2015 ★ (5 à 8 €; 120000 b.)** B : un cru de 18 ha exploité en bio, propriété des Gonfrier depuis 2004. Au nez, un bon boisé toasté et fumé, des notes de cuir et de cendre. En bouche, du volume, du gras, des tanins enrobés et de la longueur. ⧗ 2019-2023

SAS GONFRIER FRÈRES, BP 7, 33550 Lestiac-sur-Garonne, tél. 05 56 72 14 38, contact@vignobles-gonfrier.fr V t.l.j. sf sam. dim. 9h-17h30

CH. GRAND JEAN 2016

■	200000		5 à 8 €

Héritier de dix générations, Michel Dulon exploite aujourd'hui 140 ha de vignes, implantées essentiellement sur la rive droite de la Garonne et dans l'Entre-deux-Mers, et réparties sur quatre crus: Ch. Grand Jean, propriété la plus ancienne et la plus vaste avec ses 100 ha, située à Soulignac; Ch. Julian, acquis en 1998 à Targon; Ch. du Vallier, à Langoiran (20 ha); Ch. Haut-Pezat, 8 ha en saint-émilion grand cru, acquis en 2013 à Vignonet.

Un vin gourmand, généreux en saveurs fruitées au nez comme en bouche. Cette dernière se révèle ronde et d'un bon volume, étayée par une pointe de fraîcheur et des tanins bien maîtrisés. ⧗ 2019-2023

DULON, 133, Grand-Jean, 33760 Soulignac, tél. 05 56 23 69 16, info@vignobles-dulon.com V *t.l.j. sf sam. dim. 8h30-12h30 14h-17h*

CH. GRAND JOUR 2016 ★

■	312000		5 à 8 €

Un cru de plus de 80 ha commandé par un château de la fin du XVIIe s., désormais dans le giron du groupe chinois Lamont-Financière.

Beaucoup de puissance au nez avec des notes de fruits confits, d'épices et une pointe réglissée. Le prélude à une bouche chaleureuse et charnue, dotée d'une belle charpente de tanins mûrs. ⧗ 2020-2024

SAS LAMONT-FINANCIÈRE, 87, av. des Côtes-de-Bourg, 33710 Prignac-et-Marcamps, tél. 05 57 33 09 68, contact@lamontfinanciere.fr

CH. LE GRAND VERDUS Grande réserve 2015

■	12000		20 à 30 €

Un manoir Renaissance acquis en 1810 par Claude Deschamps, architecte du pont de Pierre à Bordeaux, et transmis par mariage à la famille Le Grix de la Salle. Ce sont aujourd'hui Antoine et son fils aîné Thomas qui conduisent le Grand Verdus, vaste unité de 110 ha implantée dans l'Entre-deux-Mers. Autre étiquette: le Ch. la Loubière.

D'un abord fermé, ce vin s'ouvre à l'aération sur des arômes de graphite, de torréfaction, d'épices et de fruits noirs confiturés. En bouche, il se montre solide, vineux et gras, encore dans la sévérité de sa jeunesse. À attendre. ⧗ 2021-2025

SCEA PH. ET A. LE GRIX DE LA SALLE, Ch. le Grand Verdus, 33670 Sadirac, tél. 05 56 30 50 90, chateau@legrandverdus.com V *r.-v.*

DOM. DES GRAVES D'ARDONNEAU Moelleux 2017 ★

■	9000		5 à 8 €

Un domaine incontournable du Blayais, en rouge comme en blanc. La famille Rey écrit son histoire viticole depuis 1763 sur les terres du hameau d'Ardonneau. Installé en 1981 à la tête de 60 ha, Christian Rey a été rejoint en 2005 par son fils Laurent et par sa fille Fanny en 2008. De nouveaux chais sont sortis de terre en 2017.

Sauvignon (90 %) et colombard pour ce moelleux ravissant dans sa robe paille, au nez élégant d'épices, de fleurs blanches, de brioche et de miel. La bouche est tendre et soyeuse, avec en soutien une fine acidité qui amène l'équilibre et la longueur. ⧗ 2018-2025

EARL SIMON REY ET FILS, Ardonneau, 33620 Saint-Mariens, tél. 05 57 68 66 98, gravesdardonneau@wanadoo.fr V *t.l.j. sf dim. 8h30-12h30 14h30-19h* *Christian Rey*

CH. LA GRAVETTE DES LUCQUES 2015

■	32000		5 à 8 €

Originaire d'Arras, Jules Haverlan a acquis en 1906 un vignoble installé sur des graves profondes, qui appartenait en 1818 au comte de Lynch: le Ch. le Bourdillot, une propriété de 21 ha qui propose majoritairement des

graves rouges; une valeur sûre complétée en 1956 par le Dom. des Lucques, à Portets. L'ensemble est dirigé depuis 1991 par Patrice Haverlan, petit-fils de Jules.

Un pur merlot ouvert sur d'intenses parfums de fruits mûrs accompagnés d'une note viandée. En bouche, du gras, un volume intéressant et des tanins encore très fermes en finale. Patience. ⧗ 2020-2025

⊶ EARL PATRICE HAVERLAN, 11, rue de l'Hospital, 33640 Portets, tél. 05 56 67 11 32, patrice.haverlan@gmail.com V 🚶 ▣ *r.-v.*

CH. LES GRAVIÈRES DE LA BRANDILLE 2015 ★★

■ | 175 000 | 🍾 | | 5 à 8 €

Les Borderie exploitent 48 ha: en bordeaux supérieur avec Les Gravières de la Brandille, créées en 1963 dans le secteur de Coutras, au nord du Libournais; en lussac et en bordeaux avec Les Combes, dans la famille depuis la fin du XIXes.; et en lalande, avec le Ch. Vieille Dynastie, acquis en 2011. Frédéric Borderie est aux commandes depuis 2005.

Au nez, les fruits rouges et noirs frais se mâtinent de nuances épicées. Une approche gourmande pour ce vin ample et dense en bouche, porté par des tanins fermes et fins et souligné de bout en bout par une fraîcheur acidulée qui amène beaucoup de nerf et de longueur. Du caractère et du potentiel. ⧗ 2020-2026 ■ **Cuvée Prestige 2015 ★ (8 à 11 €; 32 000 b.)** : au nez, des arômes de cuir frais, de noyau, de pruneau, de violette et des nuances mentholées. La bouche est suave, corsée, puissante, dotée de solides tanins. Pour la cave. ⧗ 2021-2028

⊶ EARL VIGNOBLES BORDERIE, 117-119, rue de la République, 33230 Saint-Médard-de-Guizières, tél. 05 57 69 83 01, jpborderie@wanadoo.fr V 🚶 ▣ *r.-v.*

CH. GUILLOT 2015

■ | 30 000 | 🍾 | | 5 à 8 €

Situé dans l'Entre-deux-Mers, l'un des premiers domaines (83 ha) acquis par la famille Richard (en 1974), devenue l'un des plus gros distributeurs de cafés et de boissons de l'Île-de-France et détentrice de quatre châteaux en Gironde, de propriétés en Beaujolais et dans la vallée du Rhône méridionale.

L'autre étiquette du Ch. Gantonnet. Un 2015 au nez expressif de fruits rouges et noirs mûrs rehaussés d'épices, rond et souple en bouche, étayé par des tanins policés et plutôt légers. ⧗ 2019-2023

⊶ CH. GANTONNET, moulin de Labordes, 33350 Sainte-Radegonde, tél. 05 57 40 53 83, chateau-gantonnet@orange.fr V 🚶 ▣ *r.-v.*

CH. HAUT DAMBERT Cuvée Grand Chêne 2016 ★★

■ | 14 000 | 🛢🍾 | | 8 à 11 €

Jean-Luc Buffeteau, revenu en 1998 sur les terres familiales, conduit 29 ha de vignes sur les coteaux vallonnés de l'Entre-deux-Mers, au cœur du Sauveterrois, dans les communes de Castelviel et Gornac. Il y produit deux étiquettes, La Grande Métairie et Haut Dambert.

Une dominante de cabernet-sauvignon (60 %) aux côtés du merlot dans ce vin qui a postulé au coup de cœur. Ses arguments: une belle robe profonde; un nez fin et franc de fruits noirs et de noyau; une bouche ample et veloutée, aux tanins denses et déjà soyeux qui renforcent l'impression de plénitude laissée par ce 2016. ⧗ 2021-2028

⊶ JEAN-LUC BUFFETEAU, lieu-dit Dambert, 33540 Gornac, tél. 05 56 61 97 59, jean.buffeteau@gmail.com V 🚶 ▣ *r.-v.*

CH. HAUT GUILLEBOT Cuvée Prestige 2016

■ | 18 000 | 🛢 | | 8 à 11 €

Depuis sept générations, cette vaste propriété de 50 ha couvrant les coteaux argilo-calcaires dominant la vallée de la Dordogne, face à Saint-Émilion, est transmise de mère en fille, avec à sa tête depuis 2006 Marie-Christine Renier Labouille. Deux étiquettes: Haut Guillebot et Montet.

Fruits rouges mûrs, pruneau, boisé discret, le nez est plaisant et harmonieux. La bouche est souple, généreuse et ronde, dotée de tanins fondus et soyeux. Pas d'un immense volume mais un ensemble cohérent et déjà bien en place. ⧗ 2019-2023

⊶ MARIE-CHRISTINE LABOUILLE, 8, Guillebot, 33420 Lugaignac, tél. 05 57 84 53 92, chateauhautguillebot@wanadoo.fr V 🚶 ▣ *r.-v.*

CH. HAUT-LANDON 2016 ★

■ | 93 066 | 🍾 | | - de 5 €

Jean-François Réaud dirige depuis 1983 le Ch. le Grand Moulin, créé en 1904 par son grand-père et dont les 40 ha de vignes s'étendent au cœur de l'appellation blaye-côtes-de-bordeaux, complétés par une activité de négoce.

Un vin issu de la partie négoce, né sur un cru de 38 ha. Au nez, des parfums intenses de mûre, de myrtille et de griotte confiturée. En bouche, du fruit toujours, un beau volume, du gras, de la concentration et une solide charpente. ⧗ 2021-2026

⊶ SAS ROBIN, 1289, av. de la Liberté, 33820 Saint-Aubin-de-Blaye, tél. 05 57 32 62 06, camille@vignoblesgabriel.com ⊶ Réaud

CH. JALOUSIE BEAULIEU 2016

■ | 200 000 | 🍾 | | 5 à 8 €

Les Vignobles Jalousie Beaulieu se transmettent de père en fils depuis 1910: un ensemble de 160 ha dans le Fronsadais, conduit depuis 1999 par Philippe Person, rejoint en 2006 par son fils Pierre. Outre le Ch. Jalousie Beaulieu, les Person ont en fermage le Ch. Pascaud et le Ch. de Marze.

Ce 100 % merlot dévoile un nez bien typé de fruits rouges et de violette. En bouche, il se révèle souple et rond, épaulé par des tanins fins. Un ensemble harmonieux et facile d'accès. ⧗ 2018-2022

⊶ PERSON, 1, chem. de la Jalousie, 33133 Galgon, tél. 05 57 74 30 13, jalousie.beaulieu@orange.fr V 🚶 ▣ *r.-v.*

Ⓑ CH. DE LAGARDE Cuvée Prestige Élevé en fût de chêne 2016

■ | 50 000 | 🛢 | | 8 à 11 €

Établie de longue date à Saint-Laurent-du-Bois, la famille Raymond voit apparaître la première génération

de vignerons au Ch. de Lagarde en 1850 avec 15 ha. Sept générations plus tard, Lionel Raymond, installé en 2000 à la suite de son père Jean-Pierre, conduit un vaste ensemble de 200 ha, entièrement convertis à l'agriculture biologique, soit la plus grande exploitation du genre en Bordelais, complété par une activité de négoce en 2010.

Après neuf mois de barrique, ce vin livre un bouquet plaisant et harmonieux de fruits noirs bien mûrs mêlés à un bon boisé épicé. En bouche, il se révèle rond et charnu, avant de montrer un peu plus les muscles en finale. Il gagnera son étoile en cave. ⧗ 2020-2024

SCEA RAYMOND VFI, lieu-dit Lagarde, 33540 Saint-Laurent-du-Bois, tél. 05 56 76 43 63, contact@vignobles-raymond.fr V *t.l.j. sf sam. dim. 8h-12h 13h30-17h30*

CH. LALÈNE 2016

■ | 26 666 | | 11 à 15 €

Un cru de 26 ha à l'est de la Gironde, propriété de la famille de Laurent Cioci depuis 1845. Ce dernier est aux commandes depuis 2004.

Au premier nez, le boisé s'impose, puis l'aération libère le fruit, noir et mûr. En bouche, le vin se montre frais en attaque, plus rond dans son développement, adossé à des tanins enrobés, sans agressivité. ⧗ 2019-2023

SCEA DES VIGNOBLES CIOCI, lieu-dit Lalène, 33350 Bossugan, tél. 06 09 84 22 94, sceavignoblescioci@bbox.fr V *r.-v.*

CH. LAMOTHE-VINCENT
Le Grand Rossignol 2016 ★

■ | 15 000 | | 20 à 30 €

Un vaste cru de 92 ha dans l'Entre-deux-Mers, fondé en 1920 par les arrière-grands-parents. Ses atouts: un chai très moderne et les compétences complémentaires de Christophe Vincent (aux vignes) et de Fabien (au chai). Saint Vincent les inspire, dit-on, mais ce sont plutôt leur formation technique poussée et leur exigence qui font de ce domaine une référence en bordeaux et bordeaux supérieur.

Seize mois de fût pour ce Grand Rossignol (nom de la parcelle) né du seul merlot. Un vin charnu et consistant, gorgé de fruits bien mûrs relevés d'épices au nez comme en bouche, doté de jolis tanins serrés, encore assez sévères en finale mais au grain fin. Prometteur. ⧗ 2020-2025

SCEA VIGNOBLES VINCENT, 3, chem. Laurenceau, 33760 Montignac, tél. 05 56 23 97 72, info@lamothe-vincent.com V *r.-v.*

CH. LANDEREAU 2016 ★

■ | 150 000 | | 5 à 8 €

Henri Baylet et son fils Michel ont acquis le Ch. Landereau en 1959, puis le Ch. de l'Hoste Blanc en 1980. Installé en 1988, Bruno Baylet, troisième du nom, exploite aujourd'hui 85 ha dans l'Entre-deux-Mers.

Encore sur la réserve à l'olfaction, ce 2016 s'ouvre doucement sur les fruits noirs à l'aération, accompagnés de fines nuances boisées. En bouche, il apparaît rond et gras, le fruit se fait plus intense et les tanins apportent une belle structure ferme mais sans dureté aucune. Un ensemble équilibré, qui vieillira bien. ⧗ 2020-2025 ■ **Prestige 2016 (11 à 15 €; 9 000 b.)** : vin cité.

VIGNOBLES BAYLET, RD 671, Lorient, 33670 Sadirac, tél. 05 56 30 64 28, vignoblesbaylet@free.fr V *t.l.j. sf dim. 8h30-12h 13h30-17h30*

CH. LAUDUC Prestige 2016 ★

■ | 35 000 | | 8 à 11 €

Conduit par les frères Régis et Hervé Grandeau, ce cru familial fondé en 1930, naguère dédié à la production de lait, de raisins de table et de fruits, étend son vignoble de 110 ha sur les plus hauts coteaux argilo-calcaires et graveleux de Tresses, à une dizaine de kilomètres de Bordeaux. Un domaine régulier en qualité.

Passé une légère pointe d'oxydation, le nez libère des arômes fruités intenses. Le palais se montre rond, riche et charnu, avec un support tannique et un boisé bien en place. Un vin généreux et mûr. ⧗ 2019-2024

VIGNOBLES GRANDEAU, 5, av. de Lauduc, 33370 Tresses, tél. 05 57 34 43 56, m.grandeau@lauduc.fr V *t.l.j. sf sam. dim. 9h-12h30 14h-17h30*

CH. LECOURT CAILLET Fleur de Caillet 2015 ★

■ | 5 000 | | 8 à 11 €

À l'ombre des tours crénelées de la forteresse de Génissac, aux portes de Libourne, cette propriété est dans la même famille depuis trois générations; un domaine de 53 ha conduit par Denis Lecourt depuis 1981.

Le seul merlot est à l'œuvre dans ce vin au nez fin de fraise écrasée, de noisette grillée et de vanille. La bouche est suave, ample et dense, adossée à des tanins soyeux et fondus. Un vin prêt à boire dès la sortie du Guide mais qui saura s'apprécier un peu plus vieux. ⧗ 2018-2023 ■ **Cuvée Pierre 2015 ★ (15 à 20 €; 700 b.)** : un 100 % merlot très confidentiel, encore un peu fermé au nez, chaleureux, corsé, puissant et concentré en bouche, bâti pour la garde. ⧗ 2021-2026

DENIS LECOURT, 70, chem. du Moulin-de-Taillade, 33420 Génissac, tél. 05 57 24 46 04, denis.lecourt@wanadoo.fr V *t.l.j. 9h-20h; f. fév.*

CH. LEROY-BEAUVAL 2015

■ | 31 000 | | 11 à 15 €

En 2012, les Leroy acquièrent le Ch. de Beauval afin de réhabiliter son histoire viticole, débutée au XVIII[e]s. puis abandonnée jusque dans les années 1970. Le vignoble s'étend aujourd'hui sur 52 ha.

Au nez, des notes de fruits compotés voisinent avec celles de torréfaction et de tabac apportées par l'élevage en fût. La bouche se révèle très chaleureuse et riche, étayée par des tanins encore un peu envahissants. À attendre pour plus de fondu. ⧗ 2021-2024

CH. LEROY-BEAUVAL, 102, rte de Beauval, 33450 Saint-Sulpice-et-Cameyrac, tél. 05 24 73 22 50, contact@chateauleroybeauval.com V *t.l.j. sf sam. dim. 9h-12h 14h-16h*

CH. LESPARRE 2015 ★

■ | 84000 | | 5 à 8 €

Originaire de Champagne (Côte des Blancs), la famille Gonet s'est aussi forgé une solide renommée dans le Bordelais: en graves-de-vayres avec les châteaux Lesparre (acquis en 1986), Lathibaude et Durand Bayle, valeurs sûres conduites en bio, ainsi qu'en pessac-léognan (Haut-Bacalan, Eck, Haut l'Évêque, Saint-Eugène) et en AOC régionales (La Chapelle Bordes, La Rose Videau).

Le bouquet naissant associe notes viandées, touche d'écorce d'orange et fruits rouges et noirs. La bouche est suave, ronde, fruitée et épicée, portée par des tanins encore un brin serrés mais qui ne nuisent pas au caractère gourmand de l'ensemble. ⧗ 2019-2023

SCEV MICHEL GONET ET FILS, Ch. Lesparre, 33750 Beychac-et-Caillau, tél. 05 57 24 51 23, info@gonet.fr V r.-v.

CH. LESTRILLE CAPMARTIN 2015 ★

■ | 28000 | | 8 à 11 €

Fondé en 1901, ce domaine familial de 42 ha est une des valeurs sûres des AOC régionales. Il est conduit depuis 2006 par Estelle Roumage (revenue au domaine en 2001), qui a succédé, avec le même talent, à son père Jean-Louis et revendique des vins fruités nés d'une «viticulture durable» (sans certification bio).

Au nez, des notes empyreumatiques et poivrées accompagnent avec beaucoup d'élégance et de finesse un fruité bien mûr. La bouche est ample, généreuse et suave, bâtie sur des tanins ronds et harmonieux. Un vin charmeur en diable. ⧗ 2019-2023 ■ **Le Secret de Lestrille 2015 ★ (15 à 20 €; 23600 b.)** : un vin très expressif, sur les fruits noirs, la vanille et les épices, qui présente beaucoup de velouté, de sucrosité et de volume en bouche, étiré dans une belle finale droite et franche. ⧗ 2020-2024

EARL J.-L. ROUMAGE, 15, rte de Créon, 33750 Saint-Germain-du-Puch, tél. 05 57 24 51 02, contact@lestrille.com V *t.l.j. sf dim. 9h-12h30 14h-19h; sam. 9h30-12h30 15h-19h*

CH. DU LORT 2015 ★

■ | 101600 | | 8 à 11 €

Fondé à Bordeaux en 1949 par neuf frères et sœurs, le groupe Castel a connu une croissance considérable, devenant le premier producteur de vin en France, le troisième dans le monde, avec un empire qui s'étend de Bordeaux au continent africain. Outre ses nombreuses marques, il possède une vingtaine de propriétés sur l'ensemble du vignoble français.

Un cru de 50 ha acquis par la maison Castel en 1984; une ancienne maison noble du début du XVIe s. Dans le verre, un vin ouvert sur les fruits noirs bien mûrs et sur des senteurs de sous-bois, de belle tenue en bouche, généreux et volumineux, bâti sur des tanins soyeux. ⧗ 2020-2024

CASTEL FRÈRES, 21, rue Georges-Guynemer, 33290 Blanquefort, tél. 05 56 95 54 00, contact@chateaux-castel.com

CH. LE LUC REGULA Le Bois sacré 2015 ★★

■ | n.c. | | 5 à 8 €

Un château datant du XIIIe s., restauré au XIXe s., commande un vignoble de 6 ha, propriété de Dominique et Valérie Destouches.

Ce vin attire l'œil avec sa robe profonde et intense. Au nez, il affiche une belle complexité: notes de torréfaction, de bois exotique, d'épices douces et de fruits rouges. La bouche offre beaucoup de volume, d'opulence et de puissance autour de tanins soyeux. Le coup de cœur fut mis aux voix. ⧗ 2021-2028

SAS REGULA, Ch. le Luc Regula, 33190 La Réole, tél. 06 85 22 36 58, ddestouches@vpcf.fr V *r.-v.* 5

CH. MAISON NOBLE 2015 ★★

■ | 20000 | | 5 à 8 €

Appartenant à une ancienne famille de tonneliers cognaçais et de viticulteurs, Jean-Bertrand Marqué a quitté à trente-cinq ans le monde de l'expertise comptable pour renouer en 2012 avec l'héritage familial et reprendre ce cru de 20 ha situé au nord de Pomerol.

Ce 2015 s'affiche dans une robe noire et brillante de grande intensité. D'un abord encore un peu timide, le nez s'ouvre doucement à l'aération sur des notes de sureau. C'est en bouche que le vin s'impose: beaucoup de richesse et de chair, un côté suave des plus gourmands, une structure impeccable de tanins veloutés, une finale longue et explosive sur le fruit. ⧗ 2019-2026 ■ **Cuvée Prestige 2015 ★★ (5 à 8 €; 10000 b.)** : une sélection parcellaire d'un intense rouge vif, au nez non moins intense de fruits rouges et noirs, de café et de cacao, une bouche ample, charnue et très fraîche, étayée par des tanins très élégants. De la puissance et de la finesse. ⧗ 2020-2028

CH. MAISON NOBLE, 1, Maison-Noble, 33230 Maransin, tél. 09 53 25 44 35, jmarque@chateau-maisonnoble.com V *r.-v.*

CH. MALROMÉ 2015

■ | 5000 | | 20 à 30 €

Un domaine ancien de l'Entre-deux-Mers, dont les premières traces remontent au XVIe s., avec la construction de la «maison noble de Taste» par Étienne de Rostéguy de Lancre. En 1780, il est cédé à Catherine de Forcade, veuve du baron de Malromé, qui rebaptise le château en mémoire de son époux. Le cru, entré dans la famille Henri de Toulouse-Lautrec en 1883, fut la dernière résidence du peintre, qui y mourut en 1901. Repris en 2013 par un riche entrepreneur cambodgien, Kim Huynh, il consacre une large partie de ses 40 ha à la vigne, sous la direction de Charles Estager.

Le nez, discret mais élégant, associe la rose fanée, les fruits rouges frais, le boisé vanillé et une touche végétale. Le palais se révèle souple, rond et fondu, avant une finale encore un brin tendue et serrée. ⧗ 2019-2023

SCEA VIGNOLES MALROMÉ, Ch. Malromé, 33490 Saint-André-du-Bois, tél. 05 56 76 25 42, contact@malrome.com V *t.l.j. sf dim. 8h30-17h30*
Kim Huynh

LE BORDELAIS

CH. MARÉCHAUX 2015 ★

■ | 25000 | | 8 à 11 €

La famille Mingot exploite depuis quatre générations un vignoble de 22 ha sur la commune de Savignac-de-l'Isle avec son Ch. Maréchaux. Vignoble complété en 2012 par le Ch. la Pensée, un petit cru de moins de 2 ha, connu jusqu'alors sous le nom de Ch. Coudreau.

De bonne intensité, ce vin dévoile au nez des parfums généreux de fruits rouges et noirs très mûrs agrémentés de senteurs de sous-bois. Le prélude à une bouche ample, fraîche et fruitée, aux tanins serrés. À attendre un peu. ⧗ 2019-2024

VIGNOBLE MINGOT, 1, Les Maréchaux, 33910 Savignac-de-l'Isle, tél. 05 57 84 22 29, julien@vignoblemingot.fr V *r.-v.*

MARQUIS DE GÉNISSAC 2016

■ | 7333 | | 5 à 8 €

Créée en 2007 dans l'Entre-deux-Mers, l'Union de Guyenne regroupe les coopératives de Saint-Pey-Génissac et de Sauveterre-Blasimon pour quelques 300 vignerons.

Né du seul merlot, un vin très boisé au premier nez (vanille, toast grillé), plus fruité à l'aération. En bouche, il se montre suave et gras, avec toujours le merrain comme dominante aromatique. Du bois donc, mais suffisamment de matière et de structure pour le digérer sereinement. Patience... ⧗ 2020-2024

UNION DE GUYENNE, 36, av. de la Mairie, 33350 Saint-Pey-de-Castets, tél. 05 57 40 52 07, udpstpey@vigneronsdesaintpey-genissac.fr V *r.-v.*

CH. MIREFLEURS 2016

■ | 210000 | | 8 à 11 €

Propriétés de Castel depuis 1970, les châteaux Mirefleurs et Techeney (AOC régionales) ont été vendus en 2015 au groupe chinois Changyu, spécialisé dans la production et la distribution de vin.

Au nez, quelques notes de cuir et de réglisse accompagnent les fruits bien mûrs, la griotte notamment. Une attaque fraîche ouvre sur une bouche assez dense, charnue, structurée par de bons tanins, mais plus sévère en finale. ⧗ 2019-2023

SCA CH. MIREFLEURS, 23, chem. du Loup, 33370 Yvrac, tél. 07 85 98 48 65 V *t.l.j. 8h-12h 14h-16h*
Holding Francs Champs Participations

MONICORD Carmine 2016

■ | 8000 | | 11 à 15 €

Reprise en 2000 par le Néerlandais Josephus Bakx, marié à la Bordelaise Mireille Lambert, la propriété, située au nord-ouest de Fronsac, s'est agrandie : 16 ha aujourd'hui. À noter l'originalité des étiquettes créées par Audrey, fille des propriétaires et plasticienne.

Comme toujours ici, le graphisme imaginé par Audrey Bakx pour illustrer cette cuvée attire l'œil et dénote dans l'univers très classique des étiquettes bordelaises. Dans le verre, un vin ouvert sur la fraise et la framboise, avec des notes épicées en appoint, au palais rond et souple, doté de tanins doux. Un peu fugace mais harmonieux. ⧗ 2019-2023

JOSEPHUS BAKX-SCEA MONICORD, 15, Le Bourg, 33240 Vérac, tél. 05 57 84 36 99, info@closmonicord.com V *r.-v.*

CH. MONTLAU 2015 ★★

■ | 45000 | | 8 à 11 €

Le Ch. Montlau est situé sur un ancien site gallo-romain dominant la vallée de la Dordogne. Armand Schuster de Ballwil, arrivé à la tête de la propriété en 1970, et son fils y conduisent un vignoble de 25 ha, dont 3 ha sont réservés aux cépages blancs.

L'un des nombreux prétendants aux coups de cœur de cette édition. Ses atouts : une robe sombre et profonde, un nez harmonieux de fruits noirs et de tabac blond, un palais complet et précis, avec du fruit, une bonne maturité des tanins et un élevage bien maîtrisé. ⧗ 2021-2028

ARMAND SCHUSTER DE BALLWIL, Ch. Montlau, 33420 Moulon, tél. 05 57 84 50 71, contact@chateau-montlau.com V *r.-v.*

B CH. MORILLON 2016 ★★

■ | 8000 | | 8 à 11 €

Établi dans le Blayais, le Ch. Morillon, belle chartreuse du XVIIIe s., a été construit sur les ruines d'un château féodal du XIIIe s., dans lequel séjourna Saint Louis en 1242. Installés en 2004, Jean-Marie et Chantal Mado y conduisent, en bio certifié depuis 2007, un vignoble de 20 ha.

Le nez, très expressif, allie les fruits noirs aux notes grillées et épicées apportées par un élevage soigné. La bouche est profonde, riche, charnue, posée sur une charpente solide de tanins mûrs qui se resserrent en finale et sur un boisé encore bien présent mais racé. Paré pour une bonne garde. ⧗ 2021-2026

JEAN-MARIE MADO, 1, Morillon, 33390 Campugnan, tél. 06 76 41 14 18, jmm@chateau-morillon.com V *r.-v.*

B CH. LA MOTHE DU BARRY Le Barry 2016 ★★

■ | 10000 | | 11 à 15 €

À la retraite de ses parents, qui ont mis en bouteilles à partir de 1970, Joël Duffau a repris une partie de leur vignoble du Ch. les Arromans, venant compléter ainsi le Ch. la Mothe du Barry qu'il avait créé en 1985. Il commande aujourd'hui un ensemble de 40 ha converti au bio. Ses deux étiquettes sont incontournables en bordeaux et en entre-deux-mers.

Une robe sombre et un nez très ouvert sur les fruits noirs mûrs et un boisé épicé soutenu composent une entrée en matière engageante. La bouche ne déçoit pas : une matière « énorme », riche, dense, corpulente, bâtie sur des tanins puissants et bien extraits. Un vin des plus intenses, à encaver sans attendre. ⧗ 2021-2028 ■ **Cuvée Design 2016 ★ (8 à 11 € ; 15000 b.)** B : au nez, des nuances de cuir frais, d'épices noires, de vanille et de pruneau pour ce 100 % merlot ; en bouche, de la générosité et une bonne structure pour la garde. ⧗ 2020-2024

JOËL DUFFAU, 2, Les Arromans, 33420 Moulon, tél. 05 57 74 93 98, joel.duffau@aliceadsl.fr V *t.l.j. sf dim. 8h-12h 14h-19h*

CH. MOUSSEYRON Joris 2016 ★

■ | 12000 | ◍ | 5 à 8 €

Un domaine familial de 28 ha datant de 1880, juché sur les hauteurs de Saint-Pierre-d'Aurillac. Joris Larriaut, représentant la cinquième génération aux commandes du vignoble, a pris la suite de son père Jacques en 2014.

Ce vin dévoile un nez expressif où domine un raisin mûr avec un boisé grillé et vanillé en toile de fond. Suave et délicat, le palais s'appuie sur des tanins ronds et sur une pointe d'acidité qui amène une agréable vitalité. ⧗ 2019-2024

SCEA JORIS LARRIAUT, 31, rte de Gaillard, 33490 Saint-Pierre-d'Aurillac, tél. 05 56 76 44 53, larriautjacques@wanadoo.fr V r.-v.

CH. MOUTTE BLANC Moisin 2015 ★★★

■ | 3500 | ◍ | 15 à 20 €

À la tête d'un petit domaine de 5,5 ha dans le haut Médoc, en amont de Margaux, Patrice de Bortoli a un faible pour le petit verdot, cépage exclusif de sa cuvée Moisin en bordeaux supérieur, bien présent également dans sa cuvée principale. On retrouve aussi régulièrement le domaine en haut-médoc. Depuis 2007, date du classement d'une petite parcelle de 40 ares de merlot, le vigneron propose aussi du margaux.

Une vigne centenaire de petit verdot a donné ce vin admirable, d'une intensité étonnante. La robe est noir d'encre et le nez très expressif, très gourmand, ouvert sans réserve sur la myrtille, le cassis, le sureau et le café torréfié. D'un volume hors norme, la bouche offre beaucoup de chair, de concentration et de suavité, portée par des tanins en rangs serrés et au grain fin. Déjà délicieux, ce 2015 a tout l'avenir devant lui. ⧗ 2021-2030 ■ **2015 ★ (8 à 11 €; 12000 b.)** : au nez, une belle maturité du raisin et un boisé très discret; en bouche, une jolie consistance, de l'équilibre, des tanins de qualité. ⧗ 2020-2025

PATRICE DE BORTOLI, 6, imp. de la Libération, 33460 Macau, tél. 06 03 55 83 38, moutteblanc@wanadoo.fr V r.-v.

CH. NAUDY Élevé en fût de chêne 2016

■ | 12000 | ◍ | 8 à 11 €

Proche de la Réole, aux confins sud-est du vignoble girondin, ce petit vignoble familial (2,5 ha) exposé plein sud offre un joli point de vue sur la Garonne. Professeur d'agronomie, de viticulture et d'œnologie, Bernard Vincent a abandonné l'enseignement pour mettre en pratique ses connaissances sur cette propriété reprise en 1990.

Au nez, des fruits très mûrs (cerise confite) et des notes poivrées. On retrouve cette surmaturité dans une bouche chaleureuse et suave, soutenue par des tanins doux et équilibrée par une fine acidité bienvenue. ⧗ 2019-2023

VINCENT BERNARD, 1, Terrefort, 33190 Montagoudin, tél. 05 56 57 06 41, bernardvincent33@hotmail.com V r.-v.

CH. DE L'ORANGERIE Premier vin 2015

■ | 40000 | ◍ | 15 à 20 €

Les ancêtres de Jean-Christophe Icard ont constitué à partir de 1790 un domaine qui s'est agrandi au fil des générations. Conduit depuis 1994 par l'actuel exploitant, le vignoble familial couvre quelque 130 ha, dont 75 ha de vignes, dans l'Entre-deux-Mers et la région de Cadillac. Plusieurs étiquettes ici: L'Orangerie, La Sablière Fongrave, et même des «produits sous licence» signés par le célèbre dessinateur belge Philippe Geluck, créateur du personnage Le Chat.

Au nez, des notes animales et épicées accompagnent les fruits noirs (sureau, mûre). En bouche, le vin apparaît souple et frais, doté de tanins fondus et bien enrobés. De beaux amers renforcent la sensation de fraîcheur en finale. À boire dans sa jeunesse. ⧗ 2018-2022

SCEA VIGNOBLES ICARD, lieu-dit Jardinet, 33540 Saint-Félix-de-Foncaude, tél. 05 56 71 53 67, orangerie@chateau-orangerie.com

CH. PANCHILLE Tradition 2016 ★

■ | n.c. | | 5 à 8 €

En 1981, trois ans après le décès de son père, Pascal Sirat reprenait à vingt-trois ans l'exploitation familiale: 5 ha, dont le produit était livré à la coopérative. Premier chai en 1985, sortie de la coopérative en 1992. Aujourd'hui, 18 ha sur la rive gauche de la Dordogne.

Le nez, assez réservé, dévoile des notes de cerise noire et d'épices. La bouche, de structure plutôt souple, penche vers la fraîcheur, avec en filigrane un bon fruité croquant. ⧗ 2018-2021

PASCAL SIRAT, 1, lieu-dit Penchille, 33500 Arveyres, tél. 05 57 51 57 39, info@chateaupanchille.com V r.-v.

ESPRIT DE PARENCHÈRE 2015 ★

■ | 6500 | ◍ | 15 à 20 €

Aux confins des départements de la Gironde et de la Dordogne, un château de style périgourdin, construit en 1570 par Pierre de Parenchère, gouverneur de la région de Sainte-Foy-la-Grande, et un vaste cru (67 ha de vignes), régulier en qualité. Raphaël Gazaniol, viticulteur rapatrié du Maroc, l'a acquis en 1958, puis transmis à son fils Jean et sa petite-fille Julia. En 2005, un amateur de vins suédois, M. Landin, également propriétaire d'un vignoble à Montalcino en Toscane, a racheté le domaine.

Une dominante de cabernet-sauvignon (70 %) aux côtés du merlot dans ce vin qui demande encore à s'ouvrir. Encore discret, le nez conjugue notes fruitées et boisées en bonne harmonie. Quant à la bouche, elle se révèle riche, chaleureuse, concentrée, tannique. Du caractère et un solide potentiel. ⧗ 2021-2028

CH. DE PARENCHÈRE, BP 57, 33220 Ligueux, tél. 05 57 46 04 17, info@parenchere.com V *t.l.j. sf sam. dim. 9h-12h 14h-17h30; f. août* *Wine Yard SA*

CH. PAULIN 2016 ★

■ | 60000 | ◍ | 8 à 11 €

Après une expérience en tant que maître de chai aux États-Unis, Arnaud Burliga a rejoint son père Jacques

en 2005. Ce dernier a constitué les domaines familiaux en reprenant en 1984 le Ch. la Lande de Taleyran, puis deux autres propriétés: aujourd'hui, 58 ha de vignes en AOC régionales et en entre-deux-mers.

Une jolie expression aromatique sur la fraîcheur caractérise ce vin: des notes mentholées et de poivron s'harmonisent avec un boisé délicat et un fruité fin. On retrouve cette fraîcheur dans une bouche ample, généreuse et ronde, aux tanins soyeux. Une bouteille que l'on appréciera aussi bien jeune que patinée par le temps. ⧗ 2018-2024

⊶ *BURLIGA, 6, rte de l'Église, 33750 Beychac-et-Caillau, tél. 05 56 72 98 93, contact@burliga.com* V ✝ ▪ *t.l.j. sf sam. dim. 9h-12h30 14h-18h*

CH. PENIN Les Cailloux 2015 ★

■ | 20 000 | ◍ | 11 à 15 €

L'une des valeurs sûres des appellations régionales, avec plusieurs coups de cœur à son actif. Un cru de 45 ha établi sur un terroir de graves, sur la rive gauche de la Dordogne, face à Saint-Émilion. Fondé par la famille Carteyron en 1854, il est dirigé depuis 1982 par Patrick, œnologue.

Une cuvée 100 % merlot née sur un sol caillouteux. Au nez, le fruit noir est accompagné d'un boisé élégant. La bouche se montre ronde, séveuse et longue, bâtie sur des tanins soyeux et bien enrobés qui autorisent une bonne garde tout en permettant d'apprécier cette bouteille dans sa jeunesse. ⧗ 2019-2026

⊶ *PATRICK CARTEYRON, 39, imp. Couponne, 33420 Génissac, tél. 05 57 24 46 98, vignoblescarteyron@orange.fr* V ✝ ▪ *r.-v.*

CH. PEYCHAUD 2015 ★

■ | 100 000 | ▮ | - de 5 €

Cette propriété située sur les communes d'Ambarès et Montferrand est dans la même famille depuis sa construction en 1630 par le marquis de Fayet. C'est l'amiral de Dompierre d'Hornoy, ministre de la Marine au XIXe s., qui créera l'étiquette bleue ornant toujours les bouteilles du domaine. Étiquette reprise par son descendant Jacques de Pontac, installé en 1980 et décédé en 2012. Ce sont aujourd'hui ses filles, Slanie et Élisabeth, qui conduisent ce vignoble de 30 ha.

Ce vin né d'un assemblage équitable entre merlot et cabernets affiche un bel équilibre qui allie puissance et douceur. Au nez, des notes de fruits mûrs se marient avec finesse à la réglisse. Un mariage heureux que l'on retrouve dans un palais ample, gras, aux tanins fins, avec une agréable fraîcheur en soutien. ⧗ 2019-2023

⊶ *JACQUES DE PONTAC, chem. de Peychaud, 33440 Ambarès-et-Lagrave, tél. 05 56 38 80 55, peychaud@chateau-peychaud.com* V ✝ ▪ *r.-v.*

CH. PEY LA TOUR
Réserve du château 2015 ★★

■ | 250 000 | ◍ | 11 à 15 €

Ancienne maison noble, un vaste domaine (176 ha) de l'Entre-deux-Mers, à Salleboeuf, acquis par la maison Dourthe en 1990.

Au nez, d'intenses notes viandées et cacaotées accompagnent un fruit très mûr et des senteurs méridionales de thym. La bouche se révèle soyeuse, suave, chaleureuse, étayée par des tanins doux, veloutés, qui renforcent le côté tendre et fort gourmand de ce 2015 solaire et déjà savoureux. ⧗ 2019-2024

⊶ *VIGNOBLE DOURTHE, 32, av. de la Tour, 33370 Sallebœuf, tél. 05 56 35 53 00, contact@dourthe.com* V ✝ ▪ *r.-v.*

CH. LA PEYRE
Saint-Hilaire Élevé en fût de chêne 2016

■ | 4 000 | ◍ | 5 à 8 €

Une propriété existant depuis 1879, dont les 45 ha de vignes sont conduits depuis 1989 par Francis Lapeyre, dans un esprit proche du bio.

Une dominante (65 %) de cabernet-sauvignon dans ce vin au nez discret, qui laisse entrevoir à l'aération un fruité mûr et un boisé léger. La bouche se révèle plus expressive sur le fruit, souple et équilibrée, dotée de tanins ronds. ⧗ 2018-2022

⊶ *FRANCIS LAPEYRE, Loyasson Nord, 33540 Saint-Hilaire-du-Bois, tél. 06 59 86 94 36, fabienlapeyre@yahoo.fr* V ✝ ▪ *t.l.j. sf dim. 9h-12h 14h-18h*

♥ CH. PIERRAIL 2016 ★★

■ | 210 000 | ◍ | 11 à 15 €

Aux confins du Bergeracois, un vrai château (XVIIe s., tours carrées, toiture à la Mansart) devenu un grand château du vin depuis que la famille Demonchaux, qui l'a acquis en 1970, préside à sa destinée. Incontournable en bordeaux supérieur, très sûr aussi en bordeaux rouge ou blanc. La propriété dispose d'un vaste vignoble de 75 ha (et autant de vergers et de noyers).

Le domaine ajoute un nouveau coup de cœur à une collection déjà bien fournie avec un 2016 épatant de bout en bout. La robe est intense, sombre, profonde. Le nez, riche et chaleureux, convoque les fruits noirs bien mûrs sur fond de boisé fondu. Au diapason de l'olfaction, la bouche se révèle ample, dense, concentrée, puissante, adossée à des tanins de velours et soulignée par une fine fraîcheur qui porte loin la finale. Un vin complet, bâti pour durer. ⧗ 2022-2030 ■ **Les Hauts de Naudon 2016 ★ (8 à 11 €; 86 000 b.)** : au nez, quelques touches végétales et animales accompagnent les fruits; en bouche, de la sucrosité et de la rondeur autour des fruits confiturés, avec en soutien une pointe de fraîcheur et des tanins enrobés. ⧗ 2019-2023

⊶ *EARL CH. PIERRAIL, Le Pierrail, 33220 Margueron, tél. 05 57 41 21 75, alice.pierrail@orange.fr* ✝ ▪ *r.-v.*
⊶ *Demonchaux*

POPULUS ALBA Cuvée 20 mois 2015 ★

■ | 3 000 | ◍ | 11 à 15 €

Une exploitation de poche (1,5 ha) créée en 2015 par Thomas Gomes, qui revendique une viticulture «à

l'ancienne». La plupart des travaux sont manuels, à la vigne comme au chai, et aucun désherbant chimique n'est utilisé.

Un domaine à suivre de près vu la qualité des cuvées présentées. Ici, une cuvée vinifiée 100 % en barrique puis élevée vingt mois sous bois. Au nez, d'intenses arômes de fruits noirs et rouges confiturés, des épices, du cacao et des notes fumées. En bouche, beaucoup de volume et de densité, de la suavité et de la rondeur, le tout étayé par des tanins veloutés. Un 2015 bien dans le ton du millésime. ⧗ 2021-2028 ■ **Cuvée 12 mois 2015 ★ (8 à 11 €; 3000 b.)** : un beau potentiel pour cette cuvée au nez intense de confiture de cassis, de fraise, de framboise et de réglisse, à la bouche ample, riche et tannique bien présente, étirée dans une finale longue et ferme. ⧗ 2021-2026 ■ **2016 ★ (8 à 11 €; 3000 b.)** : à un nez sur les fruits confits et les épices, avec une pointe d'oxydation, répond une bouche charnue, concentrée et structurée. ⧗ 2021-2026

o¬ THOMAS GOMES,
37, Champ-d'Eymet-Sud, 33790 Pellegrue,
tél. 06 72 95 09 50, thomas.gomes@hotmail.fr
V r.-v.

CH. PUY FAVEREAU 2016 ★

■	40000		5 à 8 €

Situé dans la vallée de l'Isle, au nord-est du Libournais, ce domaine avait été laissé à l'abandon dans les années 1960 après une série de gels désastreux (dont celui de 1956). Il a été acquis en 1979 par la famille Le Pottier qui l'a reconstitué. Il couvre aujourd'hui 31 ha.

Élégant, «coquet», selon un dégustateur, ce vin n'impose rien. Il propose au nez un joli mariage entre la violette et le cassis. Croquant et séduisant en bouche, il affiche un bel équilibre autour de tanins souples et déploie une finale tout en finesse. À boire sur le fruit. ⧗ 2018-2022 ■ **Ch. Haut Nivelle Prestige 2016 ★ (5 à 8 €; 45000 b.)** : à l'aération, de jolies notes de fruits noirs et une délicate touche fumée. En bouche, une texture charnue et soyeuse, épaulée par des tanins bien en place. ⧗ 2020-2024

o¬ SCEA LES DUCS D'AQUITAINE,
2, rte de Cornemps, 33660 Saint-Sauveur-de-Puynormand,
tél. 05 57 69 69 69, vignobles@lepottier.com V r.-v.
o¬ Le Pottier

CH. RECOUGNE 2016

■	560000		5 à 8 €

Ce domaine réputé situé dans le Fronsadais, au nord de Libourne, est propriété de la famille Milhade depuis 1938. Xavier Milhade a aujourd'hui passé la main à ses enfants Marc et Élodie, qui ont la charge de ce vignoble de coteaux, étendu sur 100 ha.

Avec une belle maturité du raisin et une bonne extraction, ce vin dévoile un nez généreux de fruits rouges mûrs, auxquels fait écho une bouche suave et vineuse, de bonne densité, avec une touche de fraîcheur en soutien. ⧗ 2019-2023

o¬ SCEA RECOUGNE,
1, rte de Savignac, 33133 Galgon, tél. 05 57 50 33 33,
contact@chateau-recougne.fr V r.-v.
o¬ Xavier Milhade

CH. ROC MEYNARD 2015 ★

■	60000		5 à 8 €

En 1987, Philippe Hermouet s'est installé sur les terres familiales, réparties en deux crus: le Clos du Roy, cru de 4 ha à Saillans (fronsac), et Roc Meynard, 28 ha de vignes dans la commune voisine de Villegouge. Plantations et rachats de vignes ont porté l'ensemble à 50 ha, à l'origine de quatre étiquettes en fronsac, bordeaux supérieur et bordeaux.

Ce 2015 présente un nez complexe de venaison, de cuir frais et d'épices noires. En bouche, il offre de la fraîcheur, du volume, un fruité croquant et des tanins vigoureux qui appellent la garde. Un vin énergique. ⧗ 2020-2025

o¬ PHILIPPE HERMOUET,
Ch. Clos du Roy, 33141 Saillans, tél. 05 57 55 07 41,
contact@vignobleshermouet.com V t.l.j. sf sam. dim. 8h30-12h00 13h30-16h30

CH. ROQUES MAURIAC 2016 ★

■	60000		8 à 11 €

À l'époque où il a lancé les premières foires aux vins (1973), Édouard Leclerc a acheté des vignobles dans l'Entre-deux-Mers, développés par sa fille Hélène Levieux jusqu'en 2002 puis dirigés par son petit-fils Vincent et aujourd'hui par Sylvie, l'épouse de ce dernier. Trois châteaux: Labatut, Lagnet et Roques-Mauriac, 100 ha au total.

Une forte part de cabernet franc (50 %) dans ce vin ouvert sur les fruits noirs mûrs, les épices et une petite note oxydative. On retrouve ces arômes dans une bouche élégante et dense, soutenue par des tanins fins et un boisé bien dosé. ⧗ 2019-2023

o¬ GFA LES 3 CHÂTEAUX,
1, Lagnet, 33350 Doulezon, tél. 05 57 40 51 84,
contact@les3chateaux.com V t.l.j. sf sam. dim. 9h-12h 14h-17h o¬ Levieux

CH. SAINCRIT Fougue 2015 ★★

■	40000		5 à 8 €

En 2003, Florence Prud'Homme abandonne son travail d'assistante de direction chez Marie Brizard pour acheter cette propriété de 20 ha fondée à la fin du XIXe s. par Vincent Saincrit.

À un souffle du coup de cœur, cette cuvée dévoile une belle complexité aromatique: notes florales, fruits noirs bien mûrs, épices (curry, safran), laurier. En bouche, elle offre un fruité croquant et beaucoup de volume autour d'une chair dense, soutenue par une fine vivacité et des tanins fins. Un vin charmeur en diable, qui associe élégance, fraîcheur et générosité. ⧗ 2020-2026 ■ **Utopie 2015 ★ (15 à 20 €; 2400 b.)** : une cuvée mi-merlot mi-malbec au nez gourmand de fruits noirs mûrs, d'épices et de toast grillé, agrémenté d'une petite touche oxydative, à la bouche ample, riche, charnue, bien structurée. ⧗ 2019-2024

o¬ FLORENCE PRUD'HOMME,
555, chem. du Peuy, 33240 Saint-André-de-Cubzac,
tél. 06 07 16 47 53, chateausaincrit@gmail.com
V r.-v.

♥ CH. SAINTE-BARBE 2015 ★★

■ | 47000 | | 8 à 11 €

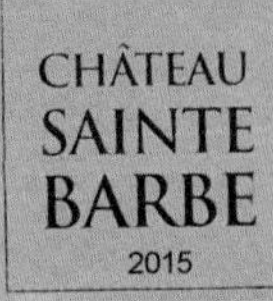

Située à la pointe de l'Entre-deux-Mers, cette belle chartreuse construite au XVIIIes. par Jean-Baptiste Lynch (maire de Bordeaux de 1809 à 1815) commande un vignoble de 30 ha. Acheté par les Touton en 2000, le cru a été acquis en 2013 par la famille de Gaye, également à la tête du Ch. Grand Corbin Manuel (saint-émilion grand cru) et du Ch. la Création (pomerol).

Classique, droit et fin, le bouquet de ce 2015 à forte dominante de merlot (85 %) convoque les fruits rouges, la violette, le cacao et le merrain grillé. En bouche, on découvre une force tranquille autour d'une matière dense, corpulente, dotée de tanins puissants mais élégants et soyeux qui ajoutent encore au volume imposant de ce vin. Un ensemble des plus soignés, harmonieux et plein de promesses. ⧗ 2021-2028

BRICE DE GAYE, rte du Burck, 33810 Ambès, tél. 05 56 77 49 57, commercial@chateausaintebarbe.fr V r.-v.

CH. DE SEGUIN Cuvée Carpe Diem 2016 ★

■ | 20000 | | 11 à 15 €

Un domaine régulier en qualité que cette vaste unité (110 ha de vignes) située dans l'Entre-deux-Mers. En 2013, il a été racheté à des négociants scandinaves par la famille Mottet (Ch. la France).

Un 100 % merlot assez discret à l'olfaction, qui mêle un boisé léger aux fruits noirs. La bouche est bien équilibrée, ample et concentrée sans excès, soutenue par des tanins de qualité, qui permettront à cette bouteille de bien évoluer en cave. ⧗ 2020-2024

FAMILLE MOTTET, CS 80101, 33360 Lignan-de-Bordeaux, nathalie.lagrue@bwine-bordeaux.com V r.-v. 4 E

♥ SAINT-JACQUES DE SIRAN 2015 ★★

■ | 24000 | | 8 à 11 €

Ancienne propriété des grands-parents de Toulouse-Lautrec, le Ch. Siran est entré dans la famille Miailhe en 1859. Depuis 2007, c'est Édouard Miailhe qui en détient les clés. Le vignoble s'étend sur 36 ha: 9 ha en bordeaux supérieur, 2 ha en haut-médoc et 25 ha en margaux, au sud de l'aire d'appellation, sur le plateau de croupes graveleuses de Labarde; un terroir de grande qualité qui lui aurait sans doute valu d'intégrer le fameux classement de 1855 si les Miailhe étaient arrivés plus tôt.

Ce vin porte beau dans sa robe intense et dense aux reflets violines de jeunesse. Des arômes de fruits noirs, de pruneau, de figue sèche et d'eucalyptus composent un bouquet complexe et profond. Une attaque franche ouvre sur une bouche très expressive (fruits rouges, menthol, cendre), ample, charnue, puissante, dotée de tanins veloutés. Un superbe vin de garde. ⧗ 2022-2028

SC CH. SIRAN, 13, av. du Comte-J.-B.-de-Lynch, 33460 Labarde, tél. 05 57 88 34 04, info@chateausiran.com V r.-v. E

CH. TAUSSIN 2016 ★★

■ | 100000 | | 5 à 8 €

Dans la même famille depuis 1865, ce cru est conduit depuis 1997 par Fabienne, Daniel et Martine Rochet. Établi sur la rive droite de la Garonne, à l'extrémité sud-est du vignoble girondin, il s'étend aujourd'hui sur 90 ha.

Un vin tout en finesse et en souplesse enveloppé d'une belle couleur pourpre aux reflets violets. Le nez évoque les baies rouges fraîches agrémentées de nuances épicées. La bouche apparaît ample, ronde, suave, bien fruitée, soutenue par des tanins délicats. ⧗ 2019-2024

DANIEL ROCHET, 5, Malbat, 33190 La Réole, tél. 05 56 61 02 42, contact@chateau-malbat.com V *t.l.j. sf sam. dim. 8h30-12h30 13h-17h*

CH. TERTRE DU RENARD 2016

■ | 24660 | | 8 à 11 €

La famille Bonhur a acquis en 2012 le Ch. Floréal Laguens, situé aux portes de Bordeaux sur le lieu-dit Lafitte, étendu sur 37 ha. Depuis 2017, elle exploite également le Ch. Tertre du Renard, en fermage; un petit cru de 3,6 ha.

Un 2016 bien construit, ouvert au nez sur un fruité soutenu et un boisé très discret. La bouche offre un bon volume, de la rondeur, de la douceur et un beau retour sur le fruit qui fait écho à l'olfaction. ⧗ 2018-2021

SCEA CH. LAFITTE, chem. du Loup, 33370 Yvrac, tél. 05 56 06 68 50, contact@chateau-lafitte.fr V *t.l.j. sf sam. dim. 9h30-13h 14h-18h* *Bonhur*

CH. TIMBERLAY 2015

■ | 450000 | | 5 à 8 €

Héritier d'une longue lignée vigneronne, Robert Giraud a créé son négoce en 1975 et possède plusieurs crus en AOC régionales et en saint-émilion: un ensemble de 150 ha, dont près de 115 pour le Ch. Timberlay, berceau de la famille situé sur le sommet du coteau de Montalon, à Saint-André-de-Cubzac. Philippe Giraud et sa sœur Florence conduisent la maison depuis 1995.

Au nez, des arômes de fruits mûrs agrémentés de notes de sous-bois. En bouche, de la souplesse, de la rondeur, du fruit toujours, un boisé discret et des tanins fondus. Un ensemble aimable et équilibré. ⧗ 2018-2022

ROBERT GIRAUD, Dom. de Loiseau, 33240 Saint-André-de-Cubzac, tél. 05 57 43 01 44, france@robertgiraud.com V r.-v.

LA TOURBEILLE 2016 ★★

■ | 12000 | | 5 à 8 €

Un vignoble de 10 ha entouré de 30 ha de forêts, ruisseaux, pâturages et vergers, dans la famille franco-américaine Sandifer depuis 1932 et quatre générations. Le domaine propose un gîte rural et un restaurant-bar à vins.

D'une belle couleur foncée et profonde, cette cuvée présente un bouquet fin et complexe de poivre blanc, d'humus, de violette et de cerise mûre. En bouche, elle offre de la douceur et du gras, étayée par des tanins délicats et soyeux. ⧗ 2019-2023 ■ **Le Sceptre 2015 ★ (8 à 11 €; 1800 b.)** : une cuvée séduisante dans sa robe profonde, au nez intense de cuir frais, de vanille, de sous-bois et de fruits rouges, à la fois fraîche et charnue en bouche, dotée de tanins encore un peu pointus. ⧗ 2020-2025

JOHN ET MARY SANDIFER, lieu-dit Petit-Roque, 33890 Juillac, tél. 06 19 42 59 01, sandifer@latourbeille.com V r.-v.

CH. TOUR CHAPOUX 2016

■ | 40000 | | 5 à 8 €

En 1967, Claude et Simone Comin ont établi leur domaine à l'emplacement d'une ancienne commanderie des Templiers du XIIIᵉs. En 2013, leur fille Sylvie a pris seule les commandes du vignoble: 105 ha dans l'Entre-deux-Mers (85 ha en rouge, 20 ha en blanc) et des vins souvent en bonne place, dans les deux couleurs.

Un vin qui séduira les amateurs de boisé. L'élevage imprime ainsi au nez un intense vanillé-toasté qui laisse le fruit en retrait. Il en va de même dans une bouche d'un bon volume, grasse, aux tanins souples. ⧗ 2019-2023

COMIN, Ch. la Commanderie, 33790 Saint-Antoine-du-Queyret, tél. 05 56 61 31 98, vignoble.comin@wanadoo.fr V r.-v.

♥ CH. TURCAUD Cuvée majeure 2016 ★★

■ | 23000 | | 8 à 11 €

Un cru de 50 ha fondé en 1973 par Simone et Maurice Robert, conduit avec le même talent depuis 2009 par leur fille Isabelle et son époux Stéphane Le May. Abandon progressif du désherbage chimique, rendements limités, approche parcellaire pour chaque cuvée: un travail de précision au service des AOC régionales et des entre-deux-mers.

Une Cuvée majeure car née des meilleures parcelles du domaine, sur le village de... La Sauve Majeure. Un vin majuscule également dans le verre: robe sombre et intense, nez tout aussi puissant mais très fin de fruits rouges mûrs, d'épices et de cuir, bouche large et longue, riche et charnue, aux tanins veloutés et délicats, soulignée par une fraîcheur savamment dosée. ⧗ 2021-2028

EARL VIGNOBLES ROBERT, 1033, rte de Bonneau, 33670 La Sauve, tél. 05 56 23 04 41, chateau-turcaud@wanadoo.fr V r.-v.

CH. VALADE 2015 ★

■ | 20000 | | 5 à 8 €

Mylène et Guillaume Guennec, enfants de viticulteurs de la région, ont pris la suite en 2010 de François Greffier, vigneron réputé pour ses entre-deux-mers désormais retiré des affaires. Ils conduisent aujourd'hui un vignoble de 35 ha, auxquels s'ajoutent les 8 ha du Ch. Valade pris en fermage auprès de la famille Hoffman.

Un bon vin de garde que ce 2015 encore dominé par le boisé à l'olfaction, mais un boisé élégant, toasté et vanillé, accompagné à l'aération de fruits rouges confiturés. La bouche est séveuse, ample, généreuse, dotée d'une bonne structure. ⧗ 2020-2025

EARL CASTENET, 3, Castenet, 33790 Auriolles, tél. 05 56 61 40 67, ch.castenet@wanadoo.fr V r.-v. *Mme Hoffmann*

♥ CH. LA VERRIÈRE 2016 ★★

■ | 300000 | | 5 à 8 €

Les Bessette sont implantés depuis plusieurs générations à Landerrouat, où ils ont acquis le Ch. la Verrière, créé en 1900 aux confins du Lot-et-Garonne. Restructuré dans les années 1960 par André Bessette, relayé à partir de 1999 par son fils Alain, ce cru de 60 ha s'est imposé comme une référence en appellations régionales. Autre étiquette de la famille Bessette: le Ch. Bailloux-Rival, acquis en 2005.

Fidèle à sa réputation, le domaine des Bessette propose une excellente cuvée avec ce 2016 magnifique dans sa robe sombre aux reflets violines. Au nez, de fines notes de cassis et de mûre voisinent harmonieusement avec la vanille et le toasté de la barrique. Tout cela se retrouve dans une bouche ample, riche et suave, aux tanins veloutés et ronds. Un modèle d'équilibre entre cépage et élevage, entre puissance et élégance. ⧗ 2020-2028

EARL ANDRÉ BESSETTE, 8, La Verrière, 33790 Landerrouat, tél. 05 56 61 39 56, alainbessette@orange.fr V r.-v. *Alain Bessette*

CH. DE VERTHEUIL À Jean-Pierre 2016

■ | 6700 | | 5 à 8 €

Avec son époux Philippe Durand, Geneviève Ricard-Durand est établie depuis 1999 sur le vignoble familial, acquis en 1966 par son grand-père: 27 ha de vignes et plusieurs étiquettes – les châteaux de Vertheuil, Montaunoir et Grand Pique-Caillou – en appellations régionales et en sainte-croix-du-mont.

Le nez est discret, fruité, un brin végétal et boisé sans excès. La bouche montre plus d'expression fruitée, offre une agréable souplesse en attaque, puis se resserre peu à peu pour se révéler assez austère en finale. Un peu d'attente semble nécessaire. ⧗ 2020-2024

SCEA DES VIGNOBLES RICARD, 1, Le Cros, 33410 Sainte-Croix-du-Mont, tél. 05 56 62 02 70, vignobles.ricard@free.fr V r.-v.

CH. VIRCOULON 2016 ★

■ | 53333 | 🍾 | - de 5 €

Propriété familiale (quatre générations) proche de Castillon-la-Bataille et voisine du Bergeracois, autrefois tournée vers la polyculture, entièrement dédiée à la vigne depuis sa reprise en 1983 par Patrick Hospital.

Une belle robe sombre aux reflets violines habille ce vin ouvert sur les fruits mûrs, le pruneau et le noyau. Une même sensation de fruit et de maturité imprègne la bouche, ample, ronde, veloutée, pleine de souplesse et d'élégance. ⧗ 2019-2023

⊶ PATRICK HOSPITAL, 5, Vircoulon, 33220 Saint-Avit-de-Soulège, tél. 05 57 41 05 99, chateauvircoulon@orange.fr

CRÉMANT-DE-BORDEAUX

Production : 19 560 hl (85 % blanc)

AOC depuis 1990, le crémant-de-bordeaux est élaboré selon les règles très strictes de la méthode traditionnelle – communes à toutes les appellations de crémant – à partir de cépages classiques du Bordelais, blancs comme noirs. Les crémants sont généralement blancs mais ils peuvent aussi être rosés.

Ⓑ PATRICK BOUDON Bourdieu 2014

● | 8000 | 8 à 11 €

Les Boudon sont en bio de père en fils depuis 1963: Patrick, installé sur le domaine familial depuis 1981, a été initié au respect du terroir par son père et son grand-père. Il conduit aujourd'hui un vignoble de 28 ha.

Un 100 % sémillon à la mousse généreuse et aux bulles fines. Le nez est floral et miellé. On retrouve ces arômes dans une bouche suave, ronde et riche. Un profil plutôt solaire. ⧗ 2018-2019

⊶ VIGNOBLE BOUDON, Le Bourdieu, 33760 Soulignac, tél. 05 56 23 65 60, contact@vignoble-boudon.fr V 🚶 ▮ *r.-v.*

Ⓑ RÉMY BRÈQUE

● | 10000 | 🍾 | 5 à 8 €

En 1927, Rémy Brèque, professeur de violon, crée près de Saint-André-de-Cubzac une maison de négoce spécialisée dans les bulles bordelaises, mettant à profit les anciennes carrières souterraines de Saint-Gervais. La quatrième génération (Frédéric et Yannick Brèque) poursuit son œuvre et signe désormais des vins bio.

Un crémant né des trois cépages blancs du Bordelais, sémillon en tête (80 %). La mousse, abondante, laisse un flot de bulles épaisses. Au nez, apparaissent tour à tour des senteurs de citron, de poire et de pomme verte. En bouche, sauvignon et muscadelle confèrent fraîcheur et arômes, tandis que le sémillon apporte le gras. Un ensemble équilibré. ⧗ 2018-2021

⊶ BONNEFIS, 8, rue du Commandant-Cousteau, 33240 Saint-Gervais, tél. 05 57 43 10 42, remy.breque@orange.fr V 🚶 ▮ *r.-v.*

CELENE Blanc de noirs ★

● | 53000 | 🍾 | 8 à 11 €

Spécialisée depuis sa création en 1947 dans les effervescents, la société Ballarin, sise dans l'Entre-deux-Mers, a été rachetée en 2015 par les vignobles Lannoye (propriétaires de plusieurs domaines dans le Libournais) et rebaptisée Celene.

Le seul cabernet franc pour ce vin à l'effervescence soutenue et persistante. Au nez, il joue la carte des fruits jaunes confits et du pain d'épice. En bouche, il se montre très frais et intense. Un crément énergique. ⧗ 2018-2021 ● **Blanc de blancs ★ (8 à 11 €; 53300 b.)** : sémillon, (60 %), muscadelle (30 %) et sauvignon pour ce crémant d'une belle intensité fruitée (agrumes, pêche), frais et subtil en bouche. ⧗ 2018-2021

⊶ CELENE BORDEAUX, lieu-dit Clotte, 33550 Haux, tél. 05 56 67 11 30, commercial@celene-bordeaux.com V 🚶 ▮ *lun. mar. mer. jeu. 8h-12h 13h-17h; f.13-19 août*

♥ LES CORDELIERS 2014 ★★

● | 30000 | 🍾 | 11 à 15 €

Les caves de Saint-Émilion n'abritent pas que les barriques où mûrissent les grands crus rouges. En 1892, un négoce a mis à profit 3 km de galeries souterraines bien fraîches pour élaborer des effervescents. En surface, le célèbre cloître (XIV[e]s.) des Franciscains – les Cordeliers.

Nouveau coup de cœur pour les Cordeliers après celui obtenu l'an dernier pour leur Blanc de noirs 2012. Place au «blanc de blancs» avec ce pur sémillon cristallin traversé par une colonne de fines bulles, au nez complexe et très élégant: fleurs blanches, citron confit, pêche, amande douce, touche mentholée... Arômes auxquels fait écho une bouche offrant beaucoup de volume et de fraîcheur. ⧗ 2018-2021 ● **2014 ★ (11 à 15 €; 7000 b.)** : un rosé de merlot bien fruité (petits fruits rouges), souple et tendre en bouche. ⧗ 2018-2020

⊶ LES CORDELIERS, 2 bis, rue de la Porte-Brunet, 33330 Saint-Émilion, tél. 05 57 24 42 13, cordeliers@lescordeliers.com V 🚶 ▮ *t.l.j. 11h-19h; juil. août 11h-20h*

DOM. DE GRAVA 1854 2016 ★

● | 5500 | 🍾 | 8 à 11 €

La famille Fonteyreaud exploite la vigne depuis 1929 dans la commune de Verdelais. C'est depuis 2009 Thomas (quatrième génération) qui est aux commandes, à la tête d'un vignoble de 19,5 ha sur lequel il produit des sainte-croix-du-mont (Dom. du Tich) et des vins d'appellations régionales (Dom. de Grava). (RC)

Le seul cabernet franc est à l'œuvre dans ce rosé couleur œil de perdrix, ouvert sur des arômes de fruits rouges et de réglisse. En bouche, il révèle un caractère acidulé et alerte en attaque, avant de s'attendrir et de s'arrondir. Harmonieux. ⧗ 2018-2020

SCEA JEAN FONTEYREAUD, 17, Mouliatte, 33490 Verdelais, tél. 05 56 62 03 65, fonteyreaud.vinsdebordeaux@wanadoo.fr V r.-v.

L'INSTANT BORDEAUX ★

	200 000	5 à 8 €

La maison de négoce fondée en 1995 par Léo de Malet-Roquefort et son fils Alexandre, héritiers d'une lignée saint-émilionnaise et propriétaires du Ch. la Gaffelière (1er grand cru classé B) a été cédée graduellement à Bertrand Ravache. Le négociant a acquis la totalité des parts de la société en 2015 et lui a donné son nom.

Un cordon léger traverse ce crémant jaune pâle et brillant, à la mousse fine et délicate. Au nez, des arômes de poire, de pomme verte et d'agrumes. En bouche, quelques notes muscatées originales et des fruits acidulés, du volume et une jolie vivacité. ⧗ 2018-2021

MAISON BERTRAND RAVACHE, Le Rivalon, BP 12, 33330 Saint-Émilion, tél. 05 57 56 40 80, contact@bertrand-ravache.com

JAILLANCE ★★

	140 000	5 à 8 €

Cette coopérative fondée en 1950 est l'acteur principal du Diois viticole: 224 adhérents pour quelque 1 100 ha de vignes (dont 14 % cultivés en bio), soit plus de 70 % de la production locale. La cave s'est aussi développée dans le Bordelais, où elle produit du crémant-de-bordeaux.

Ce pur sémillon dévoile une bulle ordonnée, fine et régulière. Au nez, apparaissent des parfums frais d'agrumes et de pêche blanche qui se mêlent à de délicates senteurs florales. Une attaque ample ouvre sur une bouche fraîche et délicate, animée par une bulle fine. De l'élégance et de l'équilibre. ⧗ 2018-2021

BROUETTE-JAILLANCE, NR 2 Z.A. du Bois-Marin, La Marquette, 33240 Peujard, tél. 05 57 68 42 09, info@jaillance.com V *t.l.j. sf sam. dim. 9h-12h 14h-17h*

BULLES DE LALANDE-LABATUT 2016 ★★

	335 000	8 à 11 €

À l'époque où il a lancé les premières foires aux vins (1973), Édouard Leclerc a acheté des vignobles dans l'Entre-deux-Mers, développés par sa fille Hélène Levieux jusqu'en 2002 puis dirigés par son petit-fils Vincent et aujourd'hui par Sylvie, l'épouse de ce dernier. Trois châteaux: Labatut, Lagnet et Roques-Mauriac, 100 ha au total.

À un souffle du coup de cœur, ce pur cabernet-sauvignon séduit d'emblée par sa mousse crémeuse, sa bulle fine et sa teinte cristalline. Au nez, il conjugue notes florales et miellées à des senteurs de menthe poivrée. En bouche, il propose un bel équilibre entre une matière dense et charnue, un fruité intense (fruits blancs, fruits exotiques, agrumes) et une fine acidité qui donne du peps à l'ensemble. ⧗ 2018-2021

VIGNOBLES FALXA, 38, chem. de Labatut, 33370 Salleboeuf, tél. 05 56 21 23 18, info@lalande-labatut.fr V *t.l.j. 9h-12h30 15h-19h30*

LATEYRON Paulian ★

	n.c.	8 à 11 €

Une vieille famille du Saint-Émilionnais. Établie au nord de Montagne sur le site des célèbres moulins de Calon, la maison s'est spécialisée, dès sa fondation en 1897 par l'avant-gardiste Jean-Abel, dans la prise de mousse, sans négliger ses rouges tranquilles. Depuis 2009, elle est conduite par Corinne Lateyron et son frère Lionel.

Une bulle fine et régulière anime ce crémant jaune pâle. Des arômes de pomme mûre et de gelée de coing composent un bouquet généreux et gourmand. La bouche, à l'unisson du nez et bien équilibrée, conjugue volume, douceur et fine vivacité. ⧗ 2018-2021 **Centenaire ★ (8 à 11 €; n.c.)** : un crémant finement floral (lys blanc, muguet) et fruité (agrumes), fin, léger et élégant. Un profil aérien. ⧗ 2018-2021

LATEYRON, Ch. Tour-Calon, 33570 Montagne-Saint-Émilion, tél. 05 57 74 62 05, lateyron@orange.fr V *r.-v.*

LE BLAYAIS ET LE BOURGEAIS

Blayais et Bourgeais, deux pays (plus de 9 000 ha) aux confins charentais de la Gironde que l'on découvre toujours avec plaisir. Peut-être en raison de leurs sites historiques, de la grotte de Pair-Non-Pair (avec ses fresques préhistoriques, presque dignes de celles de Lascaux), de la citadelle de Blaye (inscrite, avec d'autres fortifications, au patrimoine mondial par l'Unesco en 2008) ou de celle de Bourg, ou des châteaux et autres anciens pavillons de chasse. Mais plus encore parce que de cette région très vallonnée se dégage une atmosphère intimiste apportée par de nombreuses vallées, qui contraste avec l'horizon presque marin des bords de l'estuaire. Pays de l'esturgeon et du caviar, c'est aussi celui d'un vignoble qui, depuis les temps gallo-romains, contribue à son charme particulier. Pendant longtemps, la production de vins blancs a été importante; jusqu'au début du XXe s., ils étaient utilisés pour la distillation du cognac. Mais aujourd'hui, ils sont réservés à une production d'AOC bordelaises.

On distingue deux grands groupes: celui de Blaye, aux sols assez diversifiés (calcaires, sables, argilo-calcaires), et celui de Bourg, géologiquement plus homogène (argilo-calcaires et graves).

BLAYE

Superficie : 49 ha / Production : 2 100 hl

L'appellation, qui tire son nom de la fière citadelle construite par Vauban et qui s'étend dans trois cantons autour de la cité, connaît un regain d'intérêt depuis qu'en 2000 une nouvelle charte qualitative encourage la production de vins rouges charpentés et de garde, élevés dix-huit mois minimum.

♥ CH. BEL-AIR LA ROYÈRE 2016 ★★

■ | 18 000 | 🛢 | 20 à 30 €

Originaire des Charentes, la famille Chevrier-Loriaud a acquis en 1992 12 ha de vignes répartis sur plusieurs parcelles du plateau argilo-calcaire de Cars et à l'origine de trois étiquettes: Les Ricards, Bel-Air La Royère et Bourjaud. L'une des belles références du Blayais, conduite par Corinne Chevrier-Loriaud et une équipe à 90 % féminine.

Merlot (65 %) et malbec – « l'enfant illégitime du vignoble bordelais », comme le dit Corinne Chevrier-Loriaud – composent un blaye puissant, intense et sombre, confituré, poivré et fumé à l'olfaction. La bouche apparaît suave, dense, riche et longue, bâtie sur un boisé parfaitement intégré et sur des tanins à la fois massifs, serrés et élégants. Un vin bâti pour durer, longtemps... ⏳ 2022-2030

⊶ CORINNE CHEVRIER-LORIAUD,
1, lieu-dit Les Ricards, 33390 Cars, tél. 05 57 42 91 34, chateau.belair.la.royere@wanadoo.fr V 🚶 🍷 *r.-v.*
⊶ Chevrier-Loriaud

CH. GRILLET BEAUSÉJOUR 2015 ★

■ | 6000 | 🛢 | 11 à 15 €

Si le nom du domaine remonte au mariage, en 1929, des grands-parents de l'actuel propriétaire, les Jullion sont présents à Berson depuis au moins le XVII[e]s.; Franck Jullion, installé en 1991, conduit aujourd'hui une trentaine d'hectares répartis sur deux étiquettes: Grillet-Beauséjour et Le Joncieux.

Le Blayais et le Bourgeais

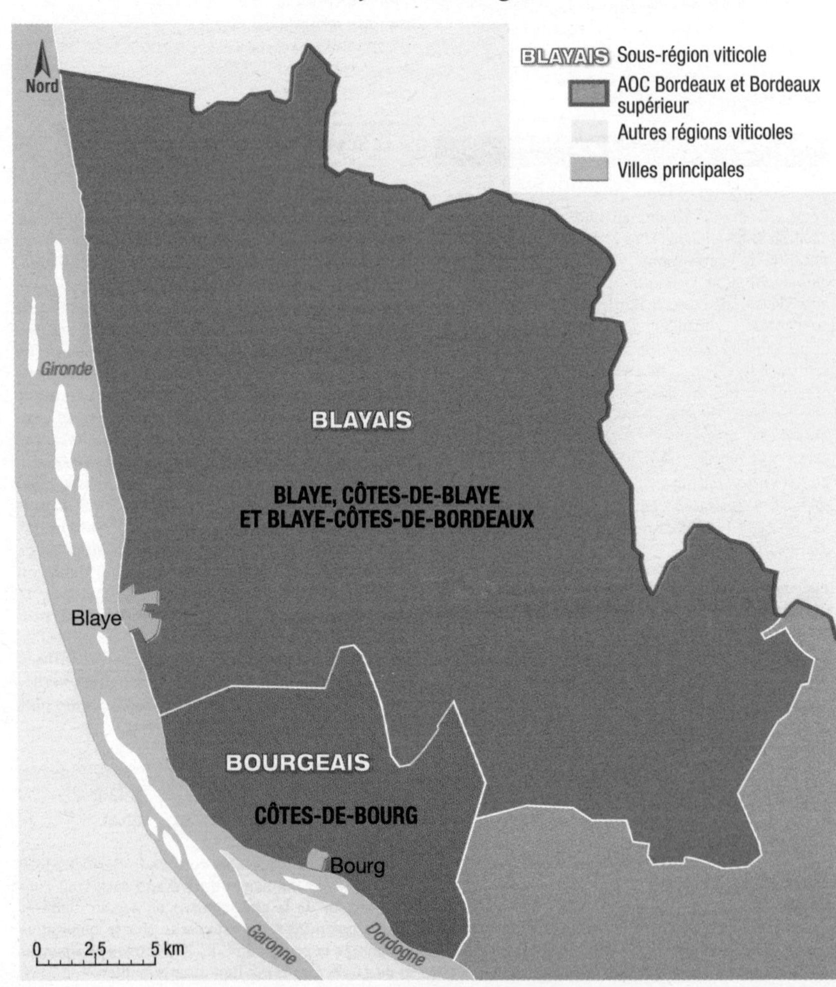

Merlot (90 %) et cabernet-sauvignon sont associés dans ce blaye ouvert au nez sur des notes fumées, des senteurs de sous-bois et de cerise noire. La bouche se révèle dense, douce, chaleureuse, plus serrée en finale. Du potentiel. ⌛ 2021-2028

EARL JULLION, Beauséjour, 33390 Berson, tél. 06 86 98 14 23, franck.jullion@wanadoo.fr V r.-v.

CH. MONCONSEIL-GAZIN Grande réserve 2015 ★★

■	16 000		11 à 15 €

En 1989, Jean-Michel Baudet a pris la suite de son père Michel à la tête d'un vignoble regroupant trois propriétés familiales: Monconseil-Gazin, son fleuron (on raconte que Charlemagne y aurait tenu conseil après une bataille contre les Sarrasins), Ricaud et La Petite Rauque.

Né de merlot (60 %), des deux cabernets et du malbec, cette cuvée dévoile un nez bien boisé, sur le toast, le fumé et le café, les fruits restant pour l'heure en retrait, mais on les sent poindre avec de la fraîcheur. Passé une attaque souple et douce, le vin se montre puissant, tannique, riche, serré. Un «beau bébé» bâti pour la garde. ⌛ 2022-2028

JEAN-MICHEL BAUDET, 15, rte de Compostelle, 33390 Plassac, tél. 05 57 42 16 63, chateau@monconseil-gazin.com V r.-v.

CH. LES PIERRÈRES 2016 ★

■	102 600		11 à 15 €

Catherine et Sylvain Bordenave, relayés depuis 2003 par leurs fils Alexandre et Vincent, ont fait des châteaux Haut-Canteloup et les Pierrères des références incontournables du Blayais. À leur disposition, un beau vignoble de 51 ha: 30 ha de vignes rouges dans la commune de Fours et 20 ha de vignes blanches à Saint-Palais-de-Blaye.

Issu de merlot (85 %) et de malbec, ce vin, dont nombre de millésimes furent coup de cœur, présente un nez encore un peu fermé et boisé. En bouche, il se montre riche, puissant, concentré, très tannique et sévère en finale. Le temps lui appartient. ⌛ 2023-2030

EARL BORDENAVE ET FILS, 8, chem. de la Palanque, 33390 Fours, tél. 05 57 42 87 12, chateau-hautcanteloup@wanadoo.fr V *t.l.j. sf dim. 9h-12h 14h-18h*

BLAYE-CÔTES-DE-BORDEAUX

Superficie : 6 490 ha
Production : 335 000 hl (95 % rouge)

L'appellation produit des vins rouges assemblant merlot, cabernet-sauvignon, cabernet franc et malbec ainsi que quelques blancs, qui associent sauvignon, sémillon et muscadelle. Les seconds sont en général secs, et on les sert en début de repas, alors que les rouges, puissants et fruités, de moyenne garde, accompagnent les viandes et les fromages.

CH. L'ABBAYE 2017

■	5 600		5 à 8 €

Ce vignoble de 21,5 ha entoure les vestiges d'une abbaye du XIIᵉs., qui abritait l'ordre des Prémontrés et servait de relais sur la route de Saint-Jacques-de-Compostelle. Dans la même famille depuis 1936, il est aujourd'hui exploité par Stéphane et Myriam Rossignol.

Le seul sauvignon compose cette cuvée intensément bouquetée autour des fleurs blanches et de la pêche. La bouche est bien fruitée, fraîche et de bonne densité, un brun sur l'amertume en finale. ⌛ 2018-2020

SCEA VIGNOBLES ROSSIGNOL-BOINARD, 2, l'Abbaye, 33820 Pleine-Selve, tél. 05 57 32 64 63, s.boinard.abbaye@orange.fr *r.-v.* 2 B

CH. BEAUMONT LES PIERRIÈRES 2016 ★

■	114 000		5 à 8 €

La coopérative de Cars (1937), rebaptisée en 2011 «Châteaux solidaires», vinifie séparément les vendanges d'une dizaine de châteaux adhérents, sélectionnés très rigoureusement. Beaumont les Pierrières est une propriété familiale depuis trois générations, dirigée aujourd'hui par Robert Filliatreau et disposant de 18 ha de vignes.

Né de merlot (80 %) et de cabernet-sauvignon, un vin équilibré entre le fruité et le boisé, aimable et souple en bouche, aux tanins bien enrobés. Une bouteille que l'on pourra apprécier dans sa jeunesse. ⌛ 2019-2023

ROBERT FILLIATREAU, Châteaux solidaires, 9 le Piquet, 33390 Cars, tél. 05 57 42 13 15, d.raimond@chateaux-solidaires.com V *t.l.j. sf sam. dim. 9h-12h 14h-18h*

CH. BELLEVUE Cuvée Amphorae 2016 ★★

■	10 500		20 à 30 €

Philippe et Martine Chéty ont été rejoints en 1999 par leur fils Christophe, puis, en 2012, par sa sœur Isabelle sur leurs terres de Saint-Trojan où la famille cultive la vigne depuis 1698. La propriété compte 26 ha en côtes-de-bourg.

Une cuvée 100 % merlot élevée pendant treize mois en amphores créées à partir d'argile du sud de la France et de l'Italie. Cela donne un vin complexe (cerise noire, cassis et fruits rouges au nez, touche saline en bouche), frais en attaque, riche, puissant et long dans son développement. Un ensemble racé, au service du fruit, que l'on pourra apprécier aussi bien jeune que vieux. ⌛ 2020-2028

ISABELLE ET CHRISTOPHE CHÉTY, 5, Mercier, 33710 Saint-Trojan, tél. 05 57 42 66 99, info@chateau-mercier.fr V *t.l.j. sf sam. dim. 8h30-12h30 13h30-18h* 4 B

CÉDRIC BERGERON Ode à l'Amóni 2016 ★

■	300		11 à 15 €

Fils de Jean-Michel Bergeron (Ch. Haut la Valette), Cédric a acquis en 2015 deux petits lopins de terre de 1,10 ha sur Cars.

Un 100 % merlot très confidentiel, dont le nom rend hommage à un aïeul vigneron et maréchal-ferrant: «amoni» signifie «enclume». Dans le verre, un vin au nez encore bien boisé, torréfié et balsamique, à la bouche ronde et suave, elle aussi pour l'heure sous l'emprise du merrain, mais un bon merrain. À attendre. ⌛ 2021-2025

CÉDRIC BERGERON, 3, Les Martins, 33390 Cars, tél. 06 21 83 05 90, cedricbergeron.vigneron@gmail.com V r.-v.

LE BORDELAIS

CH. BERTHENON Cuvée Chloé 2016 ★★

■ | 18800 | | 11 à 15 €

En 1991, Thérèse Ponz-Szymanski et son mari Thierry quittent respectivement le monde de la pétrochimie et de l'agroalimentaire pour reprendre le vignoble familial, acquis par le grand-père de Thérèse en 1950. Ils conduisent aujourd'hui un vignoble de 37 ha.

Chloé? La fille des propriétaires. Le vin? Un assemblage classique merlot (80 %) et cabernet-sauvignon, au nez expressif et gourmand, sur le toast grillé, le café torréfié, la réglisse, le menthol et les fruits noirs, à la bouche ample, fraîche, dense et bien charpentée. Une cuvée solide et complexe. ⧗ 2021-2028

GFA HENRI PONZ, Berthenon, 3, Le Barrail, 33390 Saint-Paul, tél. 05 57 42 52 24, info@chateauberthenon.com V r.-v.

CH. BERTINERIE Grande Cuvée 2017 ★

■ | 30000 | | 8 à 11 €

La plus grande propriété de France (60 ha) cultivée en lyre, technique qui favorise la concentration et la maturité du raisin. À sa tête, les frères Frantz (à la vigne et au chai) et Éric Bantegnies (au commercial).

Le sauvignon donne ici naissance à un vin aux délicates senteurs de fleurs blanches, d'agrumes et de fruits exotiques, au palais vif et tonique en attaque, plus riche et gras dans son développement, rehaussé par une bienveillante amertume en finale. ⧗ 2018-2021

SCEA BANTEGNIES ET FILS, Ch. Bertinerie, 1, le Bourg Nord, 33620 Cubnezais, tél. 05 57 68 70 74, contact@chateaubertinerie.com V r.-v.

NECTAR DES BERTRANDS 2016 ★

■ | 50000 | | 15 à 20 €

À l'époque où Vauban faisait construire la citadelle de Blaye, un Dubois plantait ses premières vignes à Reignac. Aujourd'hui, trois générations œuvrent de concert sur une belle unité de 100 ha, valeur sûre du Blayais: Jean-Pierre et Nicole, leur fille Sophie, leur fils Laurent et leur belle-fille Isabelle, rejoints par les enfants de ces derniers, Margaux et Amaury.

Une pointe de cabernet-sauvignon (5 %) accompagne le merlot dans ce vin vanillé, grillé et fruité au nez, ample, dense, concentré en bouche, soutenu par des tanins fins mais encore assez sévères en finale. ⧗ 2021-2028

VIGNOBLES DUBOIS ET FILS, Ch. les Bertrands, 33860 Reignac, tél. 05 57 32 40 27, chateau.les.bertrands@wanadoo.fr V *t.l.j. sf sam. dim. 9h-12h30 14h-18h*

♥ LA CONFIDENCE DE BOIS-VERT 2015 ★★

■ | 2580 | | 15 à 20 €

L'une des belles références du Blayais. Un domaine de 27,5 ha dont les premières vignes furent plantées en 1956, conduit depuis quatre générations par la famille Penaud. Arrivé sur l'exploitation en 1978, Patrick Penaud est aux commandes depuis 1986.

Coup de cœur dans sa version 2014, cette cuvée fait aussi bien avec le 2015. Même impression de gourmandise au nez, avec des arômes bien mariés de boisé toasté, beurré et vanillé et de fruits mûrs. Même sensation de douceur, de richesse et de puissance maîtrisée en bouche, avec des tanins fins, un boisé bien présent mais racé et une belle longueur. ⧗ 2023-2030 ■ **Ch. Bois-Vert 2017 ★ (5 à 8 €; 12000 b.)** : sauvignons blanc (85 %) et gris pour ce vin très expressif (fruits exotiques, agrumes, buis, touche amylique) et très frais. ⧗ 2018-2020

PATRICK PENAUD, 647, rue Bois-Vert, 33820 Saint-Caprais-de-Blaye, tél. 05 57 32 98 10, p.penaud.boisvert@gmail.com V *r.-v.*

CH. MAGDELEINE BOUHOU 2015 ★

■ | 50000 | | 11 à 15 €

Depuis le millésime 2004, Muriel Revaire-Rousseau dirige ce domaine ancien (1868), appartenant à sa famille depuis plus d'un siècle et dont le vignoble couvre aujourd'hui 17 ha.

Merlot (90 %) et malbec pour ce vin bien sous tous rapports avec son nez élégant et harmonieux de boisé grillé bien dosé et de fruits rouges et avec son palais ample et solide, frais et boisé, qui monte progressivement en puissance. ⧗ 2021-2028

EARL CHAUMET-ROUSSEAU, 4, Bouhou, 33390 Cars, tél. 05 57 42 19 13, info@magdeleine-bouhou.com V *r.-v.* *Muriel Revaire*

♥ CH. BOURDIEU 2016 ★★

■ | 251000 | | 5 à 8 €

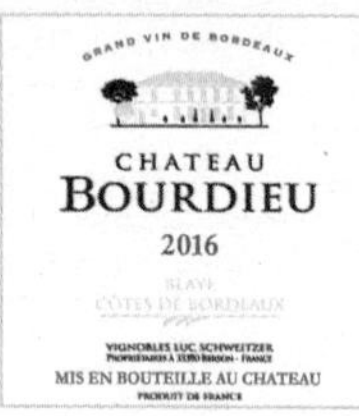

Les Schweitzer (Luc depuis 1994) cultivent la vigne depuis cinq générations au Ch. Bourdieu, l'un des plus anciens domaines du Blayais (1464), qui doit son nom aux «bourdieux», exploitations viticoles qui se développèrent après la guerre de Cent Ans.

Du merlot (80 %) et du cabernet-sauvignon pour ce vin élégant et soutenu à l'olfaction, ouvert sans réserve sur les fruits rouges mûrs. Fruits que l'on retrouve avec la même intensité dans une bouche ample, ronde et tendre, étayée par des tanins fondus et soyeux. Du charme à revendre pour cette cuvée au prix très doux. ⧗ 2021-2028 ■ **Ch. Luc de Beaumont 2016 ★ (5 à 8 €; 118000 b.)** : un 100 % merlot tout en fruit, rond, doux, presque moelleux en bouche, sans pour autant manquer de structure. ⧗ 2020-2025

LUC SCHWEITZER, Ch. Bourdieu, 33390 Berson, tél. 05 57 42 68 71, contact@chateau-bourdieu.com V *t.l.j. sf sam. dim. 8h-12h 14h-17h*

B CH. LA BRAULTERIE DE PEYRAUD Cuvée Prestige 2016

■ | 28000 | | 5 à 8 €

Un domaine blayais de 38 ha converti au bio, conduit en famille par Marie-Hélène Lapouméroulie au chai et son frère Olivier David à la vigne.

Du merlot (65 %), du malbec (25 %) et un peu de cabernet-sauvignon dans ce vin expressif (fruits noirs, boisé toasté), souple et rond en bouche, avec une finale un peu plus stricte. ⧗ 2021-2025

⊶ SARL LA BRAULTERIE MORISSET, 1, Les Graves, 33390 Berson, tél. 05 57 64 39 51, contact@chateau-la-braulterie.com V r.-v.

CH. CANTELOUP
Les Chemins de la Violette 2016 ★

■ | 40000 | | 5 à 8 €

Ce domaine de 21 ha planté sur argilo-calcaire sur la commune de Fours est la propriété d'Éric Vezain.

Au nez, des fruits rouges frais, une touche végétale et des épices. En bouche, le vin apparaît rond, riche, charnu, épicé lui aussi, étayé par des tanins bien en place. ⧗ 2020-2025

⊶ ÉRIC VEZAIN, Canteloup, 1, chem. des Lilas, 33390 Fours, tél. 05 57 42 13 16, eric.vezain@orange.fr V r.-v.

CH. LA CARELLE 2016 ★

■ | 160000 | | 5 à 8 €

La famille Bayle-Carreau exploite la vigne depuis la fin du XIXes. et cinq générations. Elle dispose de cinq propriétés dans le Blayais (Pardaillan, Carelle, Barbé) et le Bourgeais (Eyquem, Landreau), conduites aujourd'hui par Xavier Carreau, son beau-frère Alain Jourdan et Cyril, le fils de ce dernier.

Un cru de 34 ha exploités par la famille Bayle depuis la fin du XIXes. Au nez, une dominante boisée (notes vanillées et grillées), avec le fruit qui pointe. En bouche, de la matière, du volume, des tanins souples et fins. Un ensemble harmonieux, encore un peu sur le bois mais prometteur. ⧗ 2021-2025 ■ **Ch. Pardaillan 2016 (5 à 8 €; 100000 b.)** : vin cité.

⊶ VIGNOBLES BAYLE-CARREAU, Ch. Barbé, 33390 Cars, tél. 05 57 64 32 43, contact@bayle-carreau.com V r.-v.

CH. LA CASSAGNE-BOUTET 2016 ★

■ | 30000 | | 5 à 8 €

Denis Vergez a repris en 1998 le domaine de Cassagne Boutet, commandé par une bâtisse du XVIIes et classé cru bourgeois dans le Cock et Féret de 1874. Rejoint par son fils Nicolas, il a pris aussi les rênes du Ch. Combelongue et conduit un ensemble de 15 ha de vignes complété de 10 ha de céréales, de jachères et de pâtures.

Après vingt-quatre mois de cuve, ce pur merlot livre un bouquet discret mais fort plaisant, tout en fruit. Un fruité que prolonge un palais empreint de sucrosité, ample et long, soutenu par des tanins soyeux. Un vin que l'on pourra apprécier jeune. ⧗ 2019-2022

⊶ NICOLAS VERGEZ, Lieu-dit Martineau, Château la Cassagne-Boutet, 33390 Cars, tél. 06 95 22 77 79, chateaulacassagneboutet@gmail.com V r.-v.

CH. LE CHAY Élevé en fût de chêne 2016 ★

■ | 15000 | | 5 à 8 €

Les Raboutet cultivent la vigne à Berson depuis cinq générations. Didier et Sylvie, installés en 1983, ont donné le relais à leur fille Aurélie en 2018, aujourd'hui à la tête d'un vignoble de 38 ha répartis entre les 20 ha argilo-calcaires du Ch. le Chay (Blayais) et les 18 ha argilo-graveleux du Ch. Groleau (Bourgeais).

Merlot (80 %) et malbec composent un vin fruité, vanillé et toasté au nez. Des arômes auquel fait écho un palais gras, dense, concentré, étayé par des tanins encore assez stricts en finale. ⧗ 2021-2025

⊶ AURÉLIE PEUCH-RABOUTET, 1, Le Chay, 33390 Berson, tél. 05 57 64 39 50, lechay@wanadoo.fr V *t.l.j. sf sam. dim. 9h-12h 14h-18h*

CLOS DE CASTETS 2016 ★

■ | 1800 | 8 à 11 €

Un cru de 9,5 ha établi à Villeneuve, aux confins du Blayais, dans la même famille depuis... 1727 et huit générations de vignerons.

Né du seul cabernet-sauvignon, ce qui n'est pas commun dans l'appellation, ce vin livre des parfums chaleureux de tabac, de prune bien mûre et de cerise à l'eau-de-vie. En bouche, il se montre gras, ample et suave, doté de tanins fermes et de bonne garde. ⧗ 2021-2025

⊶ ROY FAVIN, 1, lieu-dit Le Bourdieu, 33710 Villeneuve, tél. 05 57 42 01 50, vignoblesroy@gmail.com V r.-v.

CH. LES DONATS 2016 ★

■ | 10000 | 5 à 8 €

Deux anciens cadres parisiens devenus vignerons en 1994 dans le Bourgeais et le Blayais. Stéphane Donze et Lucie Marsaux-Donze ont fait du Ch. Martinat (11 ha sur petites graves et argiles à Lansac) une référence des côtes-de-bourg. Autre étiquette dans la même appellation: le Ch. Bel Air l'Escudier (12 ha). Ils exploitent aussi 3,6 ha de vignes du côté du Blayais voisin, à Teuillac, avec le Ch. les Donats.

Le nouveau président de l'appellation côtes-de-bourg excelle aussi dans l'appellation voisine, témoin ce 100 % merlot au nez gourmand de fruits rouges mûrs et d'épices. Des arômes relayés par une bouche dense, riche, concentrée, corpulente, dotée de tanins solides. Un vin au caractère bien trempé. ⧗ 2020-2025

⊶ LUCIE ET STÉPHANE DONZE, Ch. Martinat, 33710 Lansac, tél. 06 11 17 08 28, s.donze@chateau-martinat.com V r.-v.

CH. FOMBRION
Élevé en fût de chêne 2015 ★★

■ | 10000 | | 5 à 8 €

L'une des plus anciennes propriétés de la commune de Mazion. Un vignoble de 25 ha aujourd'hui, repris en 1997 par Marie-José et Eric Sicaud.

Assemblage classique de merlot (85 %) et de cabernet-sauvignon, ce vin déploie des arômes intenses de pruneau et de fruits rouges mûrs sur fond de boisé grillé. En bouche, il offre beaucoup de matière, d'épaisseur, de volume, épaulé par des tanins solides qui lui garantissent une saine évolution. ⧗ 2021-2028

LE BORDELAIS

EARL VIGNOBLES ÉRIC SICAUD, 20, Le Bourg, 33390 Mazion, tél. 06 62 40 18 62, chateau-fombrion@wanadoo.fr V r.-v.

CH. FRÉDIGNAC La Favorite 2015

■	15000		8 à 11 €

L'histoire débute en 1919 lorsque Jean-Marie L'Amouller, Breton en escale à Blaye, tombe sous le charme du Blayais, s'installe au lieu-dit Frédignac et plante les premiers ceps du domaine. Depuis 2012, ce sont Vincent L'Amouller, cinquième du nom, et son épouse Ludivine Lemaître, tous deux anciens ingénieurs en environnement, qui conduisent le vignoble (20 ha), en bio depuis 2014.

Le merlot (75 %) et les deux cabernets sont assemblés dans ce vin dont l'étiquette rend hommage au fondateur du domaine qui, avant de se consacrer à la vigne, était marin sur la Favorite. Au nez, des fruits noirs mûrs, du café et des épices. En bouche, une attaque souple, de la rondeur, du fruit et des tanins fondus. Un ensemble équilibré. ⧗ 2019-2023

VIGNOBLES L'AMOULLER, 7, rue Émile-Frouard, 33390 Saint-Martin-Lacaussade, tél. 05 57 42 24 93, contact@chateau-fredignac.fr V r.-v. 2 *Vincent L' Amouller*

CH. GARREAU 2015

■	30000		8 à 11 €

La famille Guez, à l'origine propriétaire à Bergerac, a acquis en 1995 ce cru situé à cheval sur Blaye et Bourg, dédié à la vigne depuis le début du XIXᵉs. François Guez est aux commandes depuis 2009, sa mère officiant toujours pour les vendanges.

Au premier nez, on perçoit des fruits rouges mûrs et un boisé épicé, complétés à l'aération par des nuances florales. En bouche, une attaque vive, un développement plus en rondeur, un bon volume, un boisé fondu et des tanins de qualité. ⧗ 2020-2024 ■ **Cuvée Armande 2015 (15 à 20 €; 2400 b.)** : vin cité.

SCEA CH. GARREAU, 503, rte de Lafosse, 33710 Pugnac, tél. 05 57 68 90 75, contact@chateaugarreau.com V r.-v. *Guez*

CH. CAMILLE GAUCHERAUD Cuvée Prestige 2016

■	6000		5 à 8 €

Si les Gaucheraud exploitent la vigne depuis 1880 et cinq générations, Benoît Latouche est le premier à vinifier le raisin qu'il produit. Camille Gaucheraud, tonnelier, était son bisaïeul, auquel il a rendu hommage en créant ce domaine en 1999, étendu aujourd'hui sur 40 ha.

Après huit mois de barrique, ce pur sauvignon livre un bouquet au boisé discret qui laisse sa part aux fruits jaunes. En bouche, il se montre frais, de bonne densité, sans boisé intempestif. ⧗ 2018-2022

GFA DES BARRIÈRES, 1, Les Barrières, 33620 Laruscade, tél. 05 57 68 64 54, contact@camille-gaucheraud.com V *t.l.j. sf dim. 9h-12h30 14h-18h30* *Latouche*

♥ CH. LE GRAND MOULIN Collection Grande Réserve 2016 ★★

■	100000		5 à 8 €

Jean-François Réaud dirige depuis 1983 le Ch. le Grand Moulin, créé en 1904 par son grand-père et dont les 40 ha de vignes s'étendent au cœur de l'appellation blaye-côtes-de-bordeaux, complétés par une activité de négoce.

Le merlot (70 %) et les deux cabernets sont associés pour le meilleur dans ce vin ouvert sur des notes de menthol, d'épices et de fruits noirs mûrs. Une attaque fraîche et dynamique introduit une bouche ample, dense, riche, puissante et persistante sur le fruit. Une bouteille que l'on appréciera aussi bien dans sa jeunesse que patinée par le temps. ⧗ 2020-2028

SAS ROBIN, 1289, av. de la Liberté, 33820 Saint-Aubin-de-Blaye, tél. 05 57 32 62 06, camille@vignoblesgabriel.com *Réaud*

CH. GRAND SECRET 2015 ★★

■	8500		11 à 15 €

Après avoir œuvré dans le négoce bordelais puis défendu les intérêts des vins du Blayais, l'ancien directeur du syndicat viticole, Jean Lissague, est passé de «l'autre côté de la barrière» en 2012 pour signer ses propres cuvées, issues de 2 ha et vinifiées par les Châteaux Solidaires. Autre casquette de cet homme dynamique: celle de restaurateur à Saint-André-de-Cubzac, avec son Café de la Gare 1900 à l'esprit bistrotier.

Ce pur merlot dévoile un nez profond de fruits rouges confiturés sur fond beurré et toasté. En bouche, il se révèle ample, élégant, monte progressivement en puissance, porté par des tanins soyeux et s'étire dans une longue finale. ⧗ 2021-2028

JEAN LISSAGUE, BP 83, 33240 Saint-André-de-Cubzac, tél. 06 63 01 50 44, jean@lissague.fr V *t.l.j. 9h-23h*

CH. GRAND VINCENT 2016 ★★

■	36000		5 à 8 €

La coopérative de Cars (1937), rebaptisée en 2011 «Châteaux Solidaires», vinifie séparément les vendanges d'une dizaine de châteaux adhérents, sélectionnés très rigoureusement. Grand Vincent, propriété de Didier Roggy depuis 2005, étend son petit vignoble sur 4,5 ha sur la commune de Cars.

Un assemblage traditionnel de merlot (75 %) et de cabernet-sauvignon pour ce vin finement fruité et un brin épicé à l'olfaction. La bouche associe beaucoup de volume, une aimable rondeur, des tanins élégants et soyeux et une longue finale relevée par de beaux amers. ⧗ 2019-2025

DIDIER ROGGY, Châteaux Solidaires, 9, Le Piquet, 33390 Cars, tél. 05 57 42 13 15, d.raimond@chateaux-solidaires.com V r.-v.

CH. LES GRAVES Élevé en fût de chêne 2016 ★

■ | n.c. | | 5 à 8 €

Un domaine de 20 ha planté sur des coteaux majoritairement argilo-graveleux, au sud du Blayais, exploité par quatre générations de Pauvif depuis 1930. Régulier en qualité, en rouge comme en blanc.

Du merlot (60 %) et du cabernet-sauvignon pour ce vin bien ouvert sur le fruit au nez comme en bouche, souple, rond et suave, étayé par des tanins soyeux qui renforcent son caractère aimable, malgré une finale encore un peu austère. ⧗ 2020-2025

SCEA PAUVIF, 15, rue Favereau, 33920 Saint-Vivien-de-Blaye, tél. 05 57 42 47 37, info@cht-les-graves.com V r.-v.

DOM. DES GRAVES D'ARDONNEAU Cuvée Prestige Élevé en fût de chêne 2017

■ | 16000 | | 5 à 8 €

Un domaine incontournable du Blayais, en rouge comme en blanc. La famille Rey écrit son histoire viticole depuis 1763 sur les terres du hameau d'Ardonneau. Installé en 1981 à la tête de 60 ha, Christian Rey a été rejoint en 2005 par son fils Laurent et par sa fille Fanny en 2008. De nouveaux chais sont sortis de terre en 2017.

Une touche (10 %) de colombard accompagne le sauvignon dans ce vin au nez toasté et grillé (sept mois de barrique). On retrouve le bois dans une bouche fraîche en attaque et en finale, plus rond et riche en son milieu. ⧗ 2019-2022

EARL SIMON REY ET FILS, Ardonneau, 33620 Saint-Mariens, tél. 05 57 68 66 98, gravesdardonneau@wanadoo.fr V *t.l.j. sf dim. 8h30-12h30 14h30-19h*

CH. HAUT CABUT 2016 ★★

■ | 110000 | | 5 à 8 €

La coopérative de Cars (1937), rebaptisée en 2011 «Châteaux Solidaires», vinifie séparément les vendanges d'une dizaine de châteaux adhérents, sélectionnés très rigoureusement. Haut Cabut est un domaine familial de 12,8 ha, propriété de la famille d'Alain Dop depuis un siècle et demi.

Merlot (85 %) et cabernet franc pour ce vin qui marie parfaitement les fruits noirs à un boisé grillé et fumé. La bouche, à l'unisson du bouquet, apparaît ample, intense, bâtie sur des solides tanins de garde. Prometteur. ⧗ 2022-2028

ALAIN DOP, Châteaux Solidaires, 9, Le Piquet, 33390 Cars, tél. 05 57 42 13 15, d.raimond@chateaux-solidaires.com V *r.-v.*

CH. HAUT-CANTELOUP 2017 ★

■ | 34500 | | 5 à 8 €

Catherine et Sylvain Bordenave, relayés depuis 2003 par leurs fils Alexandre et Vincent, ont fait des châteaux Haut-Canteloup et les Pierrères des références incontournables du Blayais. À leur disposition, un beau vignoble de 51 ha: 30 ha de vignes rouges dans la commune de Fours et 20 ha de vignes blanches à Saint-Palais-de-Blaye.

Sauvignon blanc (85 %), sauvignon gris et muscadelle composent ce vin au nez iodé et fruité (pamplemousse). La bouche est vive, dense, persistante sur le fruit, encore dynamisée par une belle finale pleine de fraîcheur. ⧗ 2018-2021 ■ **Cuvée Prestige 2016 ★ (5 à 8 €; 41000 b.)** : au nez, du fruit noir, du cuir de Russie, du toasté; en bouche, de la rondeur, du volume, des tanins fermes pour la garde et une finale encore assez sévère. ⧗ 2021-2028

EARL BORDENAVE ET FILS, 8, chem. de la Palanque, 33390 Fours, tél. 05 57 42 87 12, chateau-hautcanteloup@wanadoo.fr V *t.l.j. sf dim. 9h-12h 14h-18h*

CH. HAUT LA VALETTE Distinction 2016 ★

■ | 7300 | | 5 à 8 €

Jean-Michel Bergeron, installé en 1978 et accompagné par son fils Cédric depuis 2008, conduit un domaine de 22 ha, agrandi en 2000 grâce à l'acquisition de vignes paternelles.

Une dominante (60 %) de malbec aux côtés du merlot dans ce vin bien équilibré entre fruité et boisé à l'olfaction. Un équilibre que l'on perçoit aussi dans une bouche ample, riche et solide. Du caractère et du potentiel. ⧗ 2021-2028

JEAN-MICHEL BERGERON, 3, lieu-dit Les Martins, 33390 Cars, tél. 05 57 42 31 67, jean-michel-bergeron@wanadoo.fr V *r.-v.*

CH. HAUT PERDRIAS 2016 ★★

■ | 50000 | | 5 à 8 €

Vigneron et pépiniériste comme son père et son grand-père avant lui, Jean-Pierre Bouillac a acquis peu à peu ses propres vignes, à partir de 1983, sous le nom de Ch. du Vieux Puit, complété en 2007 par le Ch. Clos du Loup, pris en fermage. Autre étiquette: le Ch. Haut Perdrias. L'ensemble constitue aujourd'hui un vignoble de 80 ha.

Assemblage classique de merlot (80 %) et de cabernet-sauvignon, ce vin fait d'emblée belle impression avec son nez intense de fruits noirs mûrs et de griotte. En bouche, il se montre souple en attaque, puis suave et rond, adossé à des tanins fermes, avant de s'étirer dans une longue finale épicée. ⧗ 2021-2028 ■ **Ch. du Vieux Puit 2016 ★ (5 à 8 €; 200000 b.)** : une pointe de malbec et de petit verdot aux côtés du merlot et du cabernet-sauvignon dans ce vin fruité, vanillé et torréfié, tout en rondeur et en suavité. ⧗ 2020-2025

JEAN-PIERRE BOUILLAC, 10 Réaud, 33860 Reignac, tél. 05 57 32 41 76, info@ignoblesbouillac.com V *r.-v.*

CH. HAUT PEYRAUD 2016 ★★

■ | 34000 | | 5 à 8 €

La coopérative de Cars (1937), rebaptisée en 2011 «Châteaux Solidaires», vinifie séparément les vendanges d'une dizaine de châteaux adhérents, sélectionnés très rigoureusement. Haut Peyraud est un petit domaine de 4 ha, dans la même famille depuis deux générations et dirigé aujourd'hui par Pierre Birot.

Encore une belle réussite pour les Châteaux Solidaires avec ce vin de merlot (70 %) et de cabernet-sauvignon.

Un vin élégant et complexe qui laisse poindre des senteurs d'épices douces et de fruits rouges et noirs. La bouche est dense, très suave, très ronde, portée par des tanins veloutés. Une longue finale épicée conclut harmonieusement la dégustation. ⧗ 2021-2028

PIERRE BIROT, Châteaux Solidaires, 9, Le Piquet, 33390 Cars, tél. 05 57 42 13 15, d.raimond@chateaux-solidaires.com V r.-v.

CH. HAUT PRIEUR 2016 ★★

■	78000		5 à 8 €

La coopérative de Cars (1937), rebaptisée en 2011 «Châteaux Solidaires», vinifie séparément les vendanges d'une dizaine de châteaux adhérents, sélectionnés très rigoureusement. Haut Prieur, établi sur Saint-Genès, appartient à la famille Baudin depuis trois générations. À sa disposition, un vignoble de 10 ha.

Le coup de cœur fut mis aux voix pour cet assemblage merlot-malbec (90-10) vinifié par l'excellente cave des Châteaux Solidaires. Au nez, des fruits rouges et noirs et un beau boisé grillé, épicé et cacaoté. Une complexité que l'on retrouve dans une bouche pleine de douceur, très riche, très ronde, ample et longue, relevée par une finale saline. ⧗ 2021-2028

FAMILLE BAUDIN, Châteaux Solidaires, 9, Le Piquet, 33390 Cars, tél. 05 57 42 13 15, d.raimond@chateaux-solidaires.com V *t.l.j. sf sam. dim. 9h-12h 14h-18h*

♥ CH. HAUT TERRIER
Élevé en barrique neuve 2016 ★★

■	5000		8 à 11 €

Un domaine familial constitué à partir de 1850 et cinq générations. Le développement initié dans les années 1970 par Maryse et Bernard Denéchaud se poursuit depuis 2007 avec leur fille Sandrine et son époux Jérôme Lafon, à la tête de 58 ha dans le Blayais et 10 ha dans le Bourgeais.

Au nez, un boisé élégant et léger (beurre, pain grillé) accompagne des arômes de tilleul et de fruits blancs et jaunes. Quant à la bouche de ce sauvignon, elle séduit par sa grande fraîcheur, son allant, sa finesse et sa longueur. ⧗ 2018-2022

SANDRINE LAFON, 181, av. Marc-Doulus, 33620 Saint-Mariens, tél. 05 57 68 53 54, chateau-haut-terrier@wanadoo.fr V *r.-v.*

CH. LE JONCIEUX 2015 ★★

■	19000		5 à 8 €

Si le nom du domaine remonte au mariage, en 1929, des grands-parents de l'actuel propriétaire, les Jullion sont présents à Berson depuis au moins le XVIIe s.; Franck Jullion, installé en 1991, conduit aujourd'hui une trentaine d'hectares répartis sur deux étiquettes: Grillet-Beauséjour et Le Joncieux.

Proposé pour un coup de cœur, cette cuvée séduit par son bouquet intense de fruits rouges mûrs et de réglisse. Le charme opère également en bouche, où le vin se montre souple, très fruité, très rond, doté de tanins soyeux et souligné par une élégante fraîcheur qui lui donne une belle allonge. ⧗ 2021-2025

EARL JULLION, Beauséjour, 33390 Berson, tél. 06 86 98 14 23, franck.jullion@wanadoo.fr V *r.-v.*

CH. LACAUSSADE SAINT-MARTIN
Trois Moulins 2016

■	66000		8 à 11 €

Œnologue diplômé de l'université de Bordeaux, Jacques Chardat a racheté en 1991 l'une des plus anciennes propriétés du Blayais (XIXe s.), autrefois dédiée à la vigne et à la culture céréalière (d'où la présence de moulins): un domaine de 60 ha (dont 55 ha en rouge) adossé aux premiers coteaux ensoleillés bordant l'estuaire de la Gironde, face aux vignobles de Saint-Julien.

Un peu de malbec (5 %) accompagne le merlot (85 %) et le cabernet-sauvignon dans ce vin épicé et fruité (cerise noire) à l'olfaction, rond et tendre en bouche, doté de tanins doux et fondus. ⧗ 2020-2025

JACQUES ET SABRINA CHARDAT, 8, rte de Labrousse, 33390 Saint-Martin-Lacaussade, tél. 05 57 32 51 61, j.chardat@corlianges.com V *r.-v.*

CH. DES MATARDS Cuvée Nathan 2016 ★

■	36000		8 à 11 €

Cette exploitation familiale de 80 ha, propriété des Terrigeol depuis trois générations, se situe à Saint-Ciers-sur-Gironde aux limites de deux départements. Le mariage des terroirs de la Gironde et de la Charente-Maritime permet à la propriété d'offrir une gamme des plus variées: vins du Blayais - dont elle est l'une des valeurs sûres avec son Ch. des Matards, ses pineaux et cognacs (Dom. de la Margotterie). Depuis 2016, c'est Quentin Terrigeol qui officie au chai.

Premier millésime pour Quentin Terrigeol et c'est une belle réussite: un vin empyreumatique et bien fruité au nez (airelle, cassis, myrtille), gras, concentré et tannique en bouche, agrémenté d'une touche d'amertume en finale. Encore en devenir. ⧗ 2021-2028 ■ **Cuvée Quentin 2016 ★ (8 à 11 €; 26000 b.)** : un sauvignon blanc aux tonalités toastées, résinées et épicées au nez, riche, suave et long en bouche. Du caractère. ⧗ 2020-2023

TERRIGEOL ET FILS, 27, av. du Pont-de-la-Grâce, Le Pas-d'Ozelle, 33820 Saint-Ciers-sur-Gironde, tél. 05 57 32 61 96, info@chateau-des-matards.com V *r.-v.*

CH. MONCONSEIL-GAZIN 2016

■	90000		5 à 8 €

En 1989, Jean-Michel Baudet a pris la suite de son père Michel à la tête d'un vignoble regroupant trois propriétés familiales: Monconseil-Gazin, son fleuron (on raconte que Charlemagne y aurait tenu conseil après une bataille contre les Sarrasins), Ricaud et La Petite Rauque.

Merlot (60 %), cabernet-sauvignon (30 %) et malbec pour ce vin encore dominé par le bois (notes toastées et vanillées intenses), qui s'ouvre un peu sur le fruit à l'aération. On retrouve cette sensation dans une bouche ronde et suave, aux tanins pour l'heure assez stricts en finale. Pour amateurs de vins boisés. ⧗ 2021-2025

JEAN-MICHEL BAUDET, 15, rte de Compostelle, 33390 Plassac, tél. 05 57 42 16 63, chateau@monconseil-gazin.com V r.-v.

CH. MONDÉSIR-GAZIN 2015 ★★

■ | 18000 | | 8 à 11 €

En 1990, Marc Pasquet, ancien photographe, et son épouse Laurence ont acquis des vignes à Plassac, dans le Blayais, ainsi qu'en côtes-de-bourg et en saint-émilion grand cru. Leur propriété totalise 14 ha. Deux étiquettes: Haut Mondésir (côtes-de-bourg) et Mondésir-Gazin (blaye).

Le malbec (20 %) est associé au merlot dans ce vin proposé au coup de cœur. Ses atouts: une expression aromatique intense autour des fruits mûrs, des épices et du toasté; une bouche ample et corpulente, qui monte en puissance jusqu'en finale, portée par des tanins serrés. ⧗ 2021-2028

MARC PASQUET, 77, rte de l'Estuaire, 33390 Plassac, tél. 05 57 42 29 80, mondesirgazin@gmail.com V r.-v.

CH. MONTFOLLET Le Valentin 2016 ★★★

■ | 100000 | | 8 à 11 €

La coopérative de Cars (1937), rebaptisée en 2011 «Châteaux Solidaires», vinifie séparément les vendanges d'une dizaine de châteaux adhérents, sélectionnés très rigoureusement. Le Ch. Montfollet, l'un des fers de lance du Blayais et du Bourgeais, est conduit depuis 1991 par Dominique Raimond, président de la cave, également propriétaire des châteaux Haut-Lalande et Graulet (120 ha de vignes au total). Autres étiquettes: Haut Lalande, Graulet et Merigot.

Passé à un souffle du coup de cœur (une distinction que le domaine collectionne depuis de nombreuses années), ce Valentin fait forte impression: une couleur noire, profonde; un nez intense de fruits rouges et noirs confiturés sur un élégant fond boisé; une bouche très dense, puissante, riche, aux tanins fins et serrés. De quoi voir venir... ⧗ 2021-2030 ■ **Le Valentin 2017 ★ (5 à 8 €; 50000 b.)** : un blanc né des deux sauvignons et du sémillon, au nez complexe, floral, fruité (agrumes, fruit de la Passion), épicé, grillé et minéral, et à la bouche suave, ample et ronde, équilibrée par une pointe de fraîcheur. ⧗ 2019-2022 ■ **Ch. Haut Lalande 2016 ★ (5 à 8 €; n.c.)** : un vin fruité, épicé, charnu et tendre, aux tanins veloutés, offrant du volume et de la mâche. ⧗ 2019-2023

CHÂTEAUX SOLIDAIRES, 9, Le Piquet, 33390 Cars, tél. 05 57 42 13 15, d.raimond@chateaux-solidaires.com V r.-v. *Dominique Raimond*

Ⓑ CH. MORILLON Merlot 2016 ★★★

■ | 15000 | | 8 à 11 €

Établi dans le Blayais, le Ch. Morillon, belle chartreuse du XVIII^e^s., a été construit sur les ruines d'un château féodal du XIII^e^s., dans lequel séjourna Saint Louis en 1242. Installés en 2004, Jean-Marie et Chantal Mado y conduisent, en bio certifié depuis 2007, un vignoble de 20 ha.

Le coup de cœur fut mis aux voix pour cette cuvée 100 % merlot. Un vin intense de bout en bout, ouvert sur des arômes de boisé toasté, de cuir et de fruits noirs, riche, puissant, dense et corsé en bouche, étiré dans une longue finale épicée. ⧗ 2021-2028 ■ **2016 ★★ (5 à 8 €; 15000 b.)** Ⓑ : la cuvée principale du domaine est un vin fruité, finement toasté et vanillé à l'olfaction, ample, rond, suave, épicé en bouche, de belle longueur. ⧗ 2021-2028

JEAN-MARIE MADO, 1, Morillon, 33390 Campugnan, tél. 06 76 41 14 18, jmm@chateau-morillon.com V r.-v.

CH. MOULIN NEUF Élevé en fûts de chêne 2016 ★★

■ | 15000 | | 8 à 11 €

Installé à son compte depuis 2000, Laurent Glémet s'est associé en 2006 avec son père pour créer un vignoble qu'il conduit aujourd'hui seul: 30 ha répartis entre les châteaux Moulin Neuf, dans le Blayais, et Chamaille, dans le Bourgeais.

Ce pur merlot s'ouvre sur des arômes toastés, vanillés et fruités de belle intensité. Une attaque ronde introduit un palais gras, suave, séveux, bien structuré, relevé par une longue finale épicée. ⧗ 2021-2028 ■ **Tradition 2016 (5 à 8 €; 70000 b.)** : vin cité.

GLÉMET, Le Moulin-Neuf, 33920 Saint-Christoly-de-Blaye, tél. 05 57 42 55 38, chateau.moulin-neuf@orange.fr V *t.l.j. sf dim. 8h-12h 14h-18h*

CH. PETIT BOYER Vieilles Vignes 2016 ★

■ | 160000 | | 11 à 15 €

Des premières vinifications à Saint-Émilion et dans le Val de Loire, puis la reprise du domaine familial en 1997: Jean-Vincent Bideau (troisième génération) conduit aujourd'hui un coquet vignoble de 50 ha, implanté principalement sur Cars. Une valeur sûre du Blayais, complétée depuis 2012 par une structure de négoce.

Merlot (70 %), cabernet franc et malbec entrent dans ce vin fruité et finement toasté au nez. La bouche apparaît ample, riche, séveuse, épaulée par de solides tanins qui appellent la garde. ⧗ 2021-2028 ■ **Ch. Haut Fourneton Grande Réserve 2016 ★ (8 à 11 €; 85000 b.)** : issu de merlot (80 %) et de cabernet franc, ce vin convoque les fruits rouges et noirs bien mûrs à l'olfaction. Une attaque souple ouvre sur un palais ample, gras, chaleureux, boisé sans excès et bien charpenté. ⧗ 2021-2028

EARL DES VIGNOBLES BIDEAU PÈRE ET FILS, Ch. Petit Boyer, 5, Les Bonnets, 33390 Cars, tél. 05 57 42 19 40, bideau.jv@petit-boyer.com V r.-v.

CH. PUYNARD The Steps 2016 ★★

■ | 3400 | | 11 à 15 €

Un domaine de 17 ha (en conversion bio) établi sur les hauteurs de Berson, commandé par un château dont les fondations remontent au XIII^e^s. Ancienne propriété, entre autres, du duc de Saint-Simon, gouverneur de Blaye au XVII^e^s., elle a été reprise en 2016 par un couple d'Irlandais, Andrew Eakin et Naomi

LE BORDELAIS

Murtagh, propriétaire d'une enseigne de caviste indépendant à Londres.

Cette cuvée conjugue au nez les fruits mûrs et le vanillé de la barrique. Des arômes que prolonge une bouche ample, riche, dense, solidement structurée, bâtie pour la garde. ⧗ 2021-2028 ■ **2016 (5 à 8 €; 56000 b.)** : vin cité.

ANDREW EAKIN, Ch. Puynard, 6, av. de la Libération, 33390 Berson, tél. 05 57 64 33 21, info@chateaupuynard.com r.-v.

CH. LA RAZ CAMAN 2017 ★★

	23000		- de 5 €

Une ancienne terre noble, propriété au XVII[e]s. du chevalier seigneur de la Raz Caman, entrée en 1857 dans la famille de Jean-François Pommeraud. Ce dernier, installé en 1973, a donné une nouvelle vie à ce vignoble, qui s'étend aujourd'hui sur 40 ha.

Bien sauvignonné au nez, ce 2017 évoque les agrumes, le buis et surtout les fleurs blanches. En bouche, il apparaît intense, dense, riche et velouté, dynamisé par une belle finale sur le pamplemousse. ⧗ 2018-2021

SCEV VIGNOBLES POMMERAUD, 4, Ch. la Raz Caman, 33390 Anglade, tél. 05 57 64 41 82, raphael.pommeraud@larazcaman.com t.l.j. sf sam. dim. 9h-12h 14h-17h

CH. LA ROSE BELLEVUE
Wine in Black 2015 ★

■	20000		8 à 11 €

Jérôme Eymas a parcouru le vaste monde viticole avant de prendre la direction de cette propriété en 2000: stage en Australie, puis vinification en Champagne, dans la vallée du Rhône et dans le Valais, en Suisse. Il exploite aujourd'hui dans le Blayais un vignoble de 55 ha.

Au nez, des notes toastées et épicées se mêlent harmonieusement avec la réglisse, les fruits noirs frais et une touche végétale. En bouche, le vin se révèle souple en attaque, finement structuré, très frais, persistant et bien épaulé par le bois. ⧗ 2020-2025

EARL VIGNOBLES EYMAS ET FILS, 5, Les Mouriers, 33820 Saint-Palais, tél. 05 57 32 66 54, service.commercial@chateau-larosebellevue.com r.-v.

FAMILLE SABOURIN Cuvée Alexis 2015

■	10000		8 à 11 €

Édouard et Jérôme Sabourin exploitent un vignoble de 45 ha répartis sur plusieurs communes autour de Blaye, transmis depuis huit générations, complété par une activité de négoce.

Mi-merlot mi-cabernet-sauvignon, cette cuvée porte le prénom du fondateur de la Maison girondine. Au nez, des notes de confiture de fruits rouges, de sous-bois et de beurre. En bouche, un bon équilibre fraîcheur/sucrosité et des tanins de qualité. ⧗ 2019-2023

LA MAISON GIRONDINE, 49, Le Bourg, 33390 Cars, tél. 05 57 64 43 87, contact@lamaisongirondine.fr t.l.j. sf dim. lun. 10h-12h30 15h-18h30 Sabourin

CH. SAINT-AULAYE LA VALLETE 2015 ★

■	30000	5 à 8 €

Créée en 1974, la coopérative de Tutiac dispose des vendanges de 4 000 ha cultivés par quelque 450 viticulteurs. Un acteur important de la haute Gironde et aussi le premier producteur de vins d'appellations en France, qui propose des vins de côtes (blaye-côtes-de-bordeaux et côtes-de-bourg) et d'appellations régionales.

Un 100 % merlot ouvert sur les fruits rouges frais, la framboise notamment. En bouche, de la rondeur, de la douceur, des tanins souples et une touche de fraîcheur mentholée. Un ensemble aimable et équilibré. ⧗ 2019-2022

LES VIGNERONS DE TUTIAC, La Cafourche, 33860 Marcillac, tél. 05 57 32 48 33, christelle.venancy@tutiac.com t.l.j. sf dim. 9h-12h30 14h-18h30

CH. SIFFLE MERLE
Cuvée Prestige Élevé en fût de chêne 2016

■	8000		11 à 15 €

Un domaine familial depuis quatre générations, conduit par Franck Cot depuis 1988, rejoint par sa fille Emeline en 2006: 32 ha répartis sur trois communes offrant une intéressante diversité de terroirs et d'expositions.

Le seul merlot compose ce vin ouvert sur les fruits noirs agrémentés d'un boisé bien ajusté. La bouche se révèle bien équilibrée entre tanins fermes et fraîcheur, entre fruite et boisé. ⧗ 2021-2026

FRANCK COT, 1, Le Merle, 33860 Marcillac, tél. 05 57 32 41 34, chateau-siffle-merle@orange.fr t.l.j. sf sam. dim. 9h30-12h30 15h-18h30

CH. TERRE-BLANQUE 2016 ★★

■	40000		5 à 8 €

Un domaine de 15 ha d'un seul tenant au pied de la citadelle de Blaye, acquis en 2011 par Odile et Thierry Bazin, qui, après une longue carrière en entreprise, ont opté pour la vigne.

Un nez épicé et fruité, une bouche équilibrée, suave sans lourdeur, épaulée par de bons tanins. ⧗ 2019-2023 ■ **Noémie 2016 ★★ (11 à 15 €; 15000 b.)** : Noémie est la première propriétaire de Terre-Blanque. Dans le verre, un vin qui après dix-huit mois de cuve évoque les fruits rouges relevés d'épices douces. En bouche, de la douceur, de la richesse, des tanins soyeux et fondus. ⧗ 2020-2025

SCEA TERRE-BLANQUE, 1, Lieu-dit Sesque, 33390 Saint-Gènes-de-Blaye, tél. 05 57 58 26 57, odile@terreblanque.com t.l.j. 10h-13h 14h-18h; sam. dim. sur r.-v. Thierry Bazin

CH. TERTRE DU BOILON 2016 ★★

■	20000		- de 5 €

Arnaud Ovide s'est installé en 2001 sur les terres de Saint-Aubin-de-Blaye, où il exploite aujourd'hui un vignoble de 36 ha, atteints par achats successifs. Deux étiquettes ici: Vieux Planty et son second vin Tertre du Boilon.

Assemblage classique de merlot (80 %) et de cabernet-sauvignon, ce vin séduit d'emblée avec son nez toasté, vanillé et fruité. La bouche se révèle ample, charnue, corsée, étayée par des tanins fermes et prolongée par une belle finale fraîche et épicée. ⧗ 2021-2028

ARNAUD OVIDE, 569, rue de l'Église, 33820 Saint-Aubin-de-Blaye, tél. 06 72 82 92 35, contact@chateauvieuxplanty.com r.-v.

♥ CH. LA TONNELLE DE GRILLET 2016 ★★

■ | 153333 | | - de 5 €

Propriétaire de nombreux crus et acteur majeur du négoce bordelais à travers différentes marques (Chai de Bordes, Pierre Dumontet...), Cheval Quancard a été fondé par Pierre Quancard en 1844, sous le nom de Quancard et Fils. La maison est toujours dirigée par ses descendants.

Ce domaine (45 ha) est la propriété de Patrice Glemet. Le vin est diffusé par la marque de négoce Pierre Dumontet. Dans le verre, un assemblage de merlot (80 %), des deux cabernets et du malbec. Au nez, une belle complexité et beaucoup de finesse: cerise burlat, fraise des bois, touche mentholée. En bouche, une attaque franche et fraîche, une matière tendre et soyeuse autour de tanins bien ordonnés. De l'élégance, de la précision et de l'harmonie pour cette bouteille au prix très doux, qui pourra s'apprécier dans sa jeunesse. ⧗ 2019-2025

CHEVAL QUANCARD, ZI La Mouline, 4, rue du Carbouney, BP 36, 33565 Carbon-Blanc Cedex, tél. 05 57 77 88 88, chevalquancard@chevalquancard.com r.-v. *Pierre Dumontet*

CH. TOUR SAINT-GERMAIN Élevé en fûts de chêne 2016

■ | 48000 | | 8 à 11 €

Issus d'une lignée vigneronne remontant à 1800, Denis Noël et son fils Cyril conduisent un vignoble de 65 ha planté sur les communes de Berson et Plassac. Un vieux moulin, toujours présent sur la propriété, donne son nom au domaine.

Merlot (65 %), malbec (25 %) et cabernet-sauvignon pour ce vin au nez torréfié, grillé et fruité. La bouche se révèle équilibrée entre le fruit et le bois, entre une bonne structure tannique et une agréable fraîcheur. ⧗ 2021-2028

EARL NOËL , 1 LD Saint-Germain, 33390 Berson, tél. 05 57 64 39 13, contact@tour-saint-germain.com r.-v.

Ⓑ CH. LES TOURS DE PEYRAT Vieilles Vignes 2016 ★★★

■ | 95000 | | 8 à 11 €

La coopérative de Cars (1937), rebaptisée en 2011 «Châteaux Solidaires», vinifie séparément les vendanges d'une dizaine de châteaux adhérents, sélectionnés très rigoureusement. Tours de Peyrat est un cru familial de 16 ha (en bio certifié) planté sur les sols argileux-calcaires de Saint-Paul-de-Blaye, conduit depuis 2000 par Christelle Sauboua.

Le merlot (85 %), les deux cabernets et le malbec composent une cuvée admirable de bout en bout. Le nez évoque les fruits rouges frais sur fond de boisé fin et bien dosé. La bouche est ample, tendre, soyeuse à souhait, dotée de tanins parfaitement domestiqués et d'une grande finesse. ⧗ 2020-2028

CHÂTEAUX SOLIDAIRES, 9, Le Piquet, 33390 Cars, tél. 05 57 42 13 15, d.raimond@chateaux-solidaires.com r.-v. *Christelle Sauboua*

CH. DES TOURTES Cuvée Prestige 2016 ★★

■ | 30000 | | 8 à 11 €

Lise et Philippe Raguenot ont créé le Ch. des Tourtes en 1967, un cru régulier en qualité qui couvre 72 ha de vignes, auxquels s'ajoutent depuis 1998 les 26 ha du Ch. Haut Beyzac (haut-médoc). Aux commandes depuis 1997: les filles des fondateurs, Emmanuelle et Marie-Pierre, accompagnées par Éric Lallez. À noter aussi la production de crémant.

Issu de merlot (80 %) et de cabernet-sauvignon, cette cuvée présente un bouquet intense et élégant de fruits noirs, de violette, de cacao et de vanille. Une attaque franche ouvre sur un palais ample, suave, dense et bien charpentée, avec en appui une belle fraîcheur qui apporte de l'allonge et de l'équilibre. ⧗ 2021-2028 ■ **Cuvée Prestige 2016 ★ (8 à 11 €; 20000 b.)** : un blanc issu de sauvignon blanc (90 %) et de sauvignon gris. Au nez, de la subtilité autour des fruits jaunes et d'un joli boisé aux accents de vanille et de noisette. En bouche, un profil riche, puissant et rond. ⧗ 2019-2022

EARL RAGUENOT LALLEZ MILLER, 65, rue Léonce-Planteur, 33820 Saint-Caprais-de-Blaye, tél. 05 57 32 65 15, contact@vignoblesraguenot.fr *t.l.j. sf dim. 9h-12h 14h-18h*

CH. LE VIROU Les Vieilles Vignes 2016 ★

■ | 277333 | | 5 à 8 €

Propriété de Pierre-Jean Larraqué, ce domaine entièrement clos par un mur de 4 km de long abrite une vaste surface de 98 ha, dont 74 de vignes, plantés exclusivement de merlot et des deux cabernets. Depuis 2002, David Caillaud en est le régisseur.

Des vignes de merlot, de cabernet franc et de cabernet-sauvignon d'une cinquantaine d'années sont à l'origine de cette cuvée au nez intense, sur le toast et les fruits mûrs. La bouche se montre dense, riche, ronde, épaulé par un bon boisé et par une finale plus nerveuse. ⧗ 2021-2025 ■ **Sublimus 2016 ★ (8 à 11 €; 12000 b.)** : merlot (90 %) et cabernet franc pour ce vin passé vingt-quatre mois en fût, empyreumatique, puissant, corpulent, chaleureux. ⧗ 2022-2028

SC CH. LE VIROU, 3, Le Virou, 33920 Saint-Girons-d'Aiguevives, tél. 06 87 31 12 86, david.caillaud@chateauxenbordeaux.com r.-v.

CÔTES-DE-BOURG

Superficie : 3 920 ha / Production : 210 600 hl

L'AOC est située au sud du Blayais, sur la rive droite de la Gironde puis de la Dordogne. Avec le merlot

comme cépage dominant, les rouges se distinguent souvent par leur couleur et leurs arômes typés de fruits rouges. Plutôt tanniques mais agréables dans leur jeunesse, ils peuvent vieillir de trois à huit ans. Peu nombreux, les blancs sont en général secs.

♥ CH. DE BARBE 2016 ★★

■	130 000	◖◗ ▮	8 à 11 €

Propriété des marquis de Barbe jusqu'en 1774, reconstruit au XVIII^e^s. par de nouveaux acquéreurs, juste après la Révolution, le château a été transmis de génération en génération jusqu'en 1993. Il a été acquis par la famille Richard, un des plus gros distributeurs de cafés et de boissons de l'Île-de-France, qui a investi dans des domaines viticoles, notamment en Bordelais. Avec ses 80 ha implantés sur le terroir argilo-calcaire de Villeneuve (dont 42 en AOC côtes-de-bourg), c'est sans doute le plus vaste vignoble de l'appellation.

Drapé dans une somptueuse robe bordeaux sombre, ce 2016 dévoile un nez très riche et engageant de fruits noirs très mûrs, de fruits à noyau, de cacao et d'épices. La bouche répond pleinement aux attentes: elle se révèle ample, chaleureuse, charnue, portée par des tanins intenses mais au grain soyeux et par un boisé très fin. ⧗ 2021-2028 ■ **Hipster de Barbe 2016 ★★ (8 à 11 €; 75 000 b.)** : au nez, un beau boisé torréfié et grillé accompagne les fruits. En bouche, le vin se montre dense, volumineux et solidement structuré par des tanins encore jeunes et réactifs. ⧗ 2021-2028

SC VILLENEUVOISE, Ch. de Barbe, 33710 Villeneuve, tél. 05 57 42 64 00, chateaudebarbe@wanadoo.fr V t.l.j. 9h-12h 14h-17h *Richard*

CH. BRÛLESÉCAILLE 2016 ★

■	80 000	◖◗	8 à 11 €

Déjà connu sous le second Empire, ce domaine, l'une des références en côtes-de-bourg, a été acquis en 1924 par la famille de Guillaume Rodet, ancien ingénieur en télécommunications arrivé à sa tête en 2017. Le vignoble de 30 ha a été complété en 1996 par 2,3 ha de merlot en saint-émilion.

Ce cru emblématique des côtes-de-bourg signe un 2016 expressif, ouvert sur les fruits noirs et sur un boisé intense, aux tonalités grillées, vanillées et torréfiées. Un boisé que l'on retrouve dans une bouche riche et suave, aux tanins bien affinés. ⧗ 2020-2025

GFA RODET-RÉCAPET, 29, rte des Châteaux, Brûlesécaille, 33710 Tauriac, tél. 05 57 68 40 31, cht.brulesecaille@orange.fr V *r.-v.*

CH. BUJAN 2015 ★

■	105 000	8 à 11 €

Séduit par cette propriété implantée en face de Margaux, à l'entrée de l'estuaire, déjà mentionnée en 1834, Pascal Méli, ingénieur et conseiller agricole, quitte le nord de la France et s'installe en 1987 avec sa femme Marielle, architecte, sur les coteaux de Gauriac: 17 ha, exposés au sud, sur des terroirs variés.

Un beau vin de garde que ce 2015 très coloré, au nez riche en fruits compotés, accompagnés d'un boisé finement toasté. Le palais se montre chaleureux, rond et charnu, soutenu par des tanins denses; on y retrouve les fruits bien mûrs agrémentés d'une touche épicée en finale. ⧗ 2021-2026

PASCAL MÉLI, Ch. Bujan, 6, rte de la Crête, 33710 Gauriac, tél. 05 57 64 86 56, pmeli@alienor.fr V *r.-v.*

CH. CASTEL LA ROSE Cuvée Sélection 2016 ★

■	25 000	◖◗	8 à 11 €

Ce domaine est une histoire de famille commencée en 1960. Gisèle et Rémy Castel décident de commercialiser leur vin en bouteilles dans les années 1970. Aujourd'hui, trois femmes perpétuent leur œuvre: leurs filles Catherine et Caroline et leur nièce Amélie. Réparti sur trois terroirs, le vignoble couvre 26 ha en côtes-de-bourg et en AOC régionales.

Cette cuvée d'un beau rubis franc livre des arômes de baies noires très mûres et délicatement boisées. La bouche, souple, tendre, fruitée, joue plutôt dans le registre de la finesse que dans celui de la puissance, portée par des tanins fondus et délicats et par une agréable fraîcheur. ⧗ 2020-2024 ■ **Cuvée Rosissime 2016 (8 à 11 €; 10 000 b.)** : vin cité.

FAMILLE RÉMY CASTEL, 3, Laforêt, 33710 Villeneuve, tél. 05 57 64 86 61, contact@castel-la-rose.com V *r.-v.*

CH. CAZES-BEYRAN Élevé en fût de chêne 2016

■	4 800	◖◗	8 à 11 €

Nicolas Cazes s'est installé en 2005 sur une propriété de 9,5 ha établie en côtes-de-bourg. La plupart de ses vignes sont implantée au sommet de la falaise qui surplombe la Gironde.

Une cuvée assez confidentielle, très colorée, encore dominée par le merrain au premier nez (coco, café torréfié), plus ouvert sur les fruits mûrs à l'aération. La bouche, chaleureuse, suave, et même crémeuse, aux saveurs d'amande et de noyau de cerise, affiche une belle présence, mais le bois reste pour l'heure trop présent. Patience... ⧗ 2020-2024

EARL CAZES ET FILS, 12, rte de la Cabane-de-Vigne, 33710 Gauriac, tél. 06 87 44 39 25, earlcazes@gmail.com V *r.-v.*

CLOS DE CHÂTEAU SEC 2015 ★

■	900	◖◗	20 à 30 €

Venus de Strasbourg, Virginie et Christophe Bourgeois sont tombés sous le charme du Bourgeais et se sont reconvertis. Ces néo-vignerons se sont installés en 2013 au Clos de Château Sec (3 ha) à Mombrier, et ont engagé d'emblée la conversion bio de ce cru.

Une pointe (5 %) de malbec accompagne le merlot dans cette «micro-cuvée artisanale» comme indique l'élégante étiquette de ce vin. Après dix-huit mois de barrique, elle présente une couleur très foncée et des arômes puissants de fruits très cuits et de boisé chauffé et vanillé. Ample, concentré, vineux, doté de tanins solides, très extraits, qui lui donnent un caractère «côtes-de-bourg à l'ancienne», le palais trouve l'équilibre autour d'une fine trame de fraîcheur et déploie une finale explosive sur la violette. Du caractère et du potentiel. ⧗ 2022-2028

CHRISTOPHE ET VIRGINIE BOURGEOIS, 2, Château-Sec, 33710 Mombrier, tél. 06 17 33 13 49, mbm@closdechateausec.com V r.-v.

CH. LE CLOS DU MERLE 2015

■ | 27000 | | 8 à 11 €

Un domaine de 20 ha acquis en 2017 par Messieurs Dumont, Dorland et Clauzel qui dispose d'un vignoble de 13 ha sur deux versants opposés d'un même coteau.

De bons arômes fruités émanent du verre. En bouche, le vin se montre rond, souple et suave, porté par des tanins enrobés. Un profil «vin plaisir» à boire dans sa jeunesse. ⧗ 2019-2023

DUMONT, DORLAND ET CLAUZEL, 33710 Saint-Ciers-de-Canesse, tél. 05 52 64 80 90, contact@vignes-secretes.com V r.-v. E

B LE CLOS DU MOUNAT La Tresse 2016

■ | 4000 | | 15 à 20 €

Un petit domaine de 3,5 ha cultivés en bio, repris en 2015 par Christian Gourgourio qui commence par faire vinifier ses raisins en coopérative, avant de se lancer en cave particulière l'année d'après.

Un 100 % merlot très coloré, centré sur des arômes chaleureux de fruits cuits et de boisé réglissé. On retrouve ce fruité dans une bouche solaire, dense et charnue, rafraîchie par une pointe d'acidité bienvenue. ⧗ 2020-2024

CHRISTIAN GOURGOURIO, 10, rte de Compostelle, 33390 Plassac, tél. 06 03 67 23 35, contact@gourgourio V r.-v.

CH. LE CLOS DU NOTAIRE 2015 ★

■ | 69000 | | 8 à 11 €

Au milieu du XIXᵉs., un notaire charentais acheta cette ancienne propriété surplombant la confluence de la Dordogne et de la Garonne, en aval de Bourg; ses successeurs l'ont choyée et agrandie (21 ha aujourd'hui). En 1974, Roland et Sylvette Charbonnier reprennent le domaine, qu'ils vendent en 2015 à Amélie Osmond, commerçante, et Victor Mischler, charpentier, qui s'installent comme jeunes agriculteurs.

Une robe profonde habille ce vin qui nécessite un peu d'aération pour s'ouvrir sur les fruits mûrs, le pruneau et le menthol sur fond de boisé discret. La bouche se montre généreuse, dense, corsée, charnue, charpentée par de bons tanins boisés, étirée dans une finale briochée. ⧗ 2021-2028

AMÉLIE ET VICTOR OSMOND-MISCHLER, 26 bis, Camillac, 33710 Bourg-sur-Gironde, tél. 05 57 68 44 36, infos@clos-du-notaire.fr V r.-v.

CH. COLBERT Cuvée Prestige 2016 ★★

■ | 20000 | | 5 à 8 €

Vignoble de 22 ha établi sur les coteaux argilo-calcaires de Comps. Le château néogothique a été construit grâce à la prime versée en 1880 par l'armateur du Colbert: le navire, ensablé dans la Gironde au pied du domaine, fut remis à flot grâce à l'ingéniosité du propriétaire de l'époque qui employa comme flotteurs ses barriques vides. Barriques où séjourne aujourd'hui une cuvée Prestige souvent remarquée.

Après dix-huit mois de fût, cette cuvée se présente très bien dans sa robe intense et profonde. Au nez, domine encore un boisé soutenu, mais un bon boisé aux accents de moka et de vanille, avec des fruits noirs en toile de fond. La bouche est suave, ample, charnue, étayée par des tanins mûrs et puissants. Un solide potentiel en perspective. ⧗ 2021-2028

FAMILLE DOWER, 33, rte des Coteaux, 33710 Comps, tél. 05 57 64 95 04, chateau-colbert@wanadoo.fr V r.-v.

CH. LE FERREAU BELAIR 2016

■ | 40000 | | 8 à 11 €

Après avoir travaillé vingt ans aux côtés de son père Alain Faure, d'une vieille lignée vigneronne du Bourgeais, Agnès Faure-Havart, a repris en 2015 les propriétés (40 ha) que ce dernier avait achetées en 2004, notamment le Ch. Plaisance et le Ch. le Ferreau-Belair, en côtes-de-bourg, implantées non loin de la pittoresque «route verte», en corniche. La famille propose aussi des cuvées de négoce.

À un bouquet naissant de baies noires, d'épices douces et de boisé grillé répond une bouche corsée et charnue, qui présente une pointe de sévérité en finale. À attendre un peu. ⧗ 2020-2024

SCE VIGNOBLES PLAISANCE, 3, Coubet, 33710 Villeneuve, tél. 05 57 64 93 99, agnes.faure.havart@wanadoo.fr V r.-v.

CH. GENIBON-BLANCHEREAU 2016

■ | 6000 | | 5 à 8 €

Vignoble implanté sur les hauteurs de Bourg, acquis par l'arrière-grand-père de Christine Sudre en 1891: 30 ha aujourd'hui. Aux commandes depuis 1987, son mari Jean-Samuel Eynard. Ici, on se flatte d'avoir introduit la machine à vendanger dès 1985. Son usage est maîtrisé à en juger par de fréquentes mentions dans le Guide.

Une dominante de malbec (80 %) aux côtés du merlot dans ce vin au nez bien fruité (cerise noire notamment). On retrouve le fruit dans une bouche ronde, aux tanins souples, quoiqu'un peu plus stricte en finale. ⧗ 2020-2023

EARL EYNARD-SUDRE, 2, Genibon, 33710 Bourg-sur-Gironde, tél. 05 57 68 25 34, genibon@orange.fr V r.-v.

CH. GRAND JOUR 2016 ★★

■ | 180000 | | 8 à 11 €

Un cru de plus de 80 ha commandé par un château de la fin du XVIIᵉs., désormais dans le giron du groupe chinois Lamont-Financière.

Merlot (90 %) et cabernet franc sur argilo-calcaire – une configuration aux accents libournais – composent un vin des plus agréables, très soutenue en couleur comme en arômes (boisé toasté et torréfié, fruits rouges et noirs mûrs). La bouche se révèle ample, chaleureuse, riche, puissante et longue, dotée de tanins fermes qui assureront un bel avenir à cette bouteille de caractère. ⧗ 2022-2028

SAS LAMONT-FINANCIÈRE, 87, av. des Côtes-de-Bourg, 33710 Prignac-et-Marcamps, tél. 05 57 33 09 68, contact@lamontfinanciere.fr

♥ CH. DE LA GRAVE Grains Fins 2017 ★★

	30000		8 à 11 €

Sur les hauteurs de Bourg, un domaine dans la famille depuis plus d'un siècle, commandé par un petit château du XVᵉs. revisité au XIXᵉs., avec des tours en poivrière. Valérie et Philippe Bassereau en ont pris les rênes en 1990. La surface du vignoble (45 ha) leur permet de proposer des vins qui n'ont rien de confidentiel.

Les côtes-de-bourg blancs sont en progression constante depuis quelques années, et cette cuvée – déjà coup de cœur dans sa version 2014 – en est un bel exemple. Un assemblage sémillon-colombard (60-40) magnifique dans son éclatante robe or pâle, ouvert sur une large palette aromatique: fleur d'acacia, fruits exotiques, notes toastées et beurrées. Une attaque nette ouvre sur une bouche élégante et tendre, soutenue par un boisé racé et bien dosé et par une fraîcheur aux tonalités d'agrumes. Un modèle de finesse et d'équilibre. ⧗ 2019-2023

SC PHILIPPE BASSEREAU, 1, lieu-dit La Grave, 33710 Bourg-sur-Gironde, tél. 05 57 68 41 49, info@chateaudelagrave.com V r.-v. 4

CH. GRAVETTES-SAMONAC Cuvée Prestige 2016

■	8600		8 à 11 €

Dans la famille Giresse depuis 1950, un domaine de 34 ha implanté sur les hauteurs de l'appellation côtes-de-bourg. Sylvie Giresse, qui était aux commandes depuis 1986, a transmis en 2014 l'exploitation à son fils Cyril qui représente la quatrième génération.

Coup de cœur dans sa version 2015, cette cuvée revient avec un 2016 moins ambitieux mais bien construit. Encore sous l'influence de la barrique, elle dévoile pour l'heure surtout des arômes toastés et grillés. En bouche, elle est équilibrée, souple, suave et ronde, plus tannique et sévère en finale. Elle gagnera son étoile en cave. ⧗ 2020-2024

EARL VIGNOBLES GIRESSE, 8, av. des Côtes-de-Bourg, 33710 Samonac, tél. 05 57 68 21 16, gravettes.samonac@orange.fr V r.-v.

CH. GROLEAU Élevé en fût de chêne 2016 ★★

■	12000		5 à 8 €

Les Raboutet cultivent la vigne à Berson depuis cinq générations. Didier et Sylvie, installés en 1983, ont donné le relais à leur fille Aurélie en 2018, aujourd'hui à la tête d'un vignoble de 38 ha répartis entre les 20 ha argilo-calcaires du Ch. le Chay (Blayais) et les 18 ha argilo-graveleux du Ch. Groleau (Bourgeais).

Coup de cœur avec le millésime 2015, deux étoiles avec le 2016, cette cuvée est une valeur sûre de l'appellation. Un assemblage merlot-malbec (80-20) à la robe très profonde, ouverte sur un boisé racé et sur les fruits compotés. La bouche apparaît chaleureuse, riche et très fruitée, agrémentée d'une agréable touche minérale (pierre à fusil) qui lui apporte de la finesse et bâtie sur des tanins fermes et élégants. Un très beau vin de garde. ⧗ 2022-2028

AURÉLIE PEUCH-RABOUTET, 1, Le Chay, 33390 Berson, tél. 05 57 64 39 50, lechay@wanadoo.fr V t.l.j. sf sam. dim. 9h-12h 14h-18h

CH. GROS MOULIN Les Lys du Moulin 2017 ★★

	5000	5 à 8 €

Dominant la Dordogne, le domaine est dans la famille depuis 1757. À cette époque, un moulin et un seul petit hectare de vignes aux côtés de cultures diverses. Aujourd'hui, 32 ha de merlot, de malbec et de cabernet franc, sur un terroir argilo-calcaire. En 2010, la onzième génération - représentée par Rémy Eymas - s'est installée, perpétuant cette saga.

Coup de cœur pour le 2016, à un souffle de la même distinction pour le 2017: le domaine maîtrise son sujet en matière de vin blanc. Un pur sauvignon jaune pâle et brillant, aux arômes intenses et élégants de fleurs blanches, d'agrumes, d'abricot et d'amande. La bouche se révèle ample, ronde, tendre, caressante, persistante sur le fruit (la pêche notamment) et soulignée par une fine acidité qui lui confère beaucoup d'allonge. ⧗ 2018-2022

RÉMY ET JACQUES EYMAS, Ch. Gros Moulin, 33710 Bourg-sur-Gironde, tél. 06 88 02 78 88, chateau.gros.moulin@wanadoo.fr V r.-v.

CH. HAUT-BAJAC Élevé en fût de chêne 2016

■	9000		8 à 11 €

Œnologue diplômé, Jacques Pautrizel a acquis en 1996 ce domaine de près de 13 ha implanté sur le premier coteau dominant la Dordogne, à 1 km de Bourg, et signe des cuvées régulières en qualité.

Une cuvée bien représentative de l'appellation pour son terroir argilo-calcaire et son encépagement (merlot dominant, les deux cabernets et le malbec). Au nez, d'agréables senteurs de fruits mûrs et frais bien mêlés à un discret boisé vanillé. En bouche, du fruit toujours, de la souplesse et de la fraîcheur. ⧗ 2019-2023

JACQUES PAUTRIZEL, 2, Le Caillou, 33710 Bourg-sur-Gironde, tél. 05 57 68 35 99, e.jpautrizel@orange.fr V t.l.j. sf dim. 9h-12h 14h-18h

CH. HAUT-MACÔ Cuvée Jean Bernard 2015

■	26885		5 à 8 €

Anne et Hugues Mallet (quatrième génération) sont installés depuis 2004 à la tête de ce domaine familial. Le vignoble couvre aujourd'hui 53 ha, une surface qui en fait l'un des plus vastes de l'appellation côtes-de-bourg.

Hommage aux pères des cousins Anne et Hugues Mallet, cette cuvée livre un bouquet naissant encore marqué par la barrique, avec des notes briochées, relayés à l'aération par les fruits à noyau et les baies noires. On retrouve le fruit dans une bouche ronde et assez vineuse, plus austère en finale. ⧗ 2020-2024

ANNE ET HUGUES MALLET, Ch. Haut-Macô, 61, rue des Gombauds, 33710 Tauriac, tél. 05 57 68 81 26, hautmaco@wanadoo.fr V ✝ ▮ *t.l.j. sf dim. 8h-12h 14h-18h*

HAUT MONDÉSIR 2015 ★

■ | 6000 | ⦀ | 11 à 15 €

En 1990, Marc Pasquet, ancien photographe, et son épouse Laurence ont acquis des vignes à Plassac, dans le Blayais, ainsi qu'en côtes-de-bourg et en saint-émilion grand cru. Leur propriété totalise 14 ha. Deux étiquettes: Haut Mondésir (côtes-de-bourg) et Mondésir-Gazin (blaye).

Merlot (90 %) et malbec sont associés dans ce vin foncé, au bouquet très expressif évoquant d'abord les fruits très mûrs (confiture de cerise et de prune), puis des senteurs florales, de venaison et un boisé chaud et brioché émergent. L'impression est la même en bouche, où le vin se montre gras, dense et corsé, étayé par des tanins soyeux qui se raffermissent quelque peu en finale. L'annonce d'un bel avenir. ⧗ 2021-2028

MARC PASQUET, 77, rte de l'Estuaire, 33390 Plassac, tél. 05 57 42 29 80, mondesirgazin@gmail.com V ✝ ▮ *r.-v.*

CH. HOCLET 2016 ★

■ | 10000 | ⦀ | 8 à 11 €

En 1926, Fernand Hoclet prend en métayage une petite ferme bordant la Gironde au lieu-dit Cheval-Blanc à Villeneuve, entre Bourg et Blaye, qu'il achète dix ans plus tard. Après Gérard puis Vincent, Xavier Hoclet a pris en 2013 la tête de l'exploitation familiale et ses 21 ha de vignes.

Bien coloré, ce 2016 se montre d'abord assez fermé, puis s'ouvre sur des notes épicés, boisées (cacao, grillé), épicées et fruitées à l'aération. En bouche, il associe belle structure tannique, chair ronde et fine fraîcheur. Un ensemble bien équilibré, qui vieillira. ⧗ 2020-2026

XAVIER HOCLET, lieu-dit Cheval-Blanc, 33710 Villeneuve, tél. 09 81 88 58 88, contact@chateauhoclet.fr V ✝ ▮ *r.-v.*

CH. LABADIE 2016 ★★

■ | 100000 | ⦀ | 8 à 11 €

Gilbert Dupuy regroupe en 1956 des parcelles familiales pour former un vignoble de 8 ha. Aujourd'hui, une belle unité de 66 ha, conduite depuis 1982 par Joël, rejoint en 2010 par son fils Damien, et deux crus souvent très remarqués, Laroche Joubert et Labadie.

Une superbe robe foncé habille ce vin au nez déjà très expressif de fruits rouges accompagnés par un boisé de qualité, toasté et brioché. La bouche n'est pas en reste: puissante, riche, très volumineuse et longue, elle laisse serein sur le potentiel de garde de ce très beau 2016. Le coup de cœur fut mis aux voix. ⧗ 2022-2028 ■ **Ch. Laroche Joubert 2016 ★ (5 à 8 €; 150000 b.)** : un vin sur le fruit au nez comme en bouche, avec boisé très discret, rond et équilibré, bâti en finesse sur des tanins délicats. ⧗ 2020-2024

FAMILLE DUPUY, 1, Cagnac, 33710 Mombrier, tél. 05 57 64 23 84, contact@vignobles-dupuy.com V ✝ ▮ *r.-v.*

CH. LACOUTURE Cuvée Adrien 2015 ★★

■ | 2900 | ⦀ | 15 à 20 €

Romain Sou s'est installé en 2002 sur la propriété familiale, achetée en 1930 par son aïeul Gervais Sou et commandée par une bâtisse en partie construite au XVIe s. par le chanoine Lacouture. Il conduit un vignoble de près de 12 ha en côtes-de-bourg. Ce passionné de bande dessinée organise sur son domaine, à chaque printemps, une manifestation «BD et vin».

Mi-merlot mi-malbec, cette cuvée qui porte le prénom du fils de Romain Sou se présente dans une robe très foncée annonçant une forte concentration. Au nez, un boisé intense et grillé laisse place à l'aération aux baies noires mûres. Suivant la même ligne aromatique, la bouche apparaît séveuse, ronde et suave, aux tanins bien enrobés. ⧗ 2021-2025

ROMAIN SOU, Ch. Lacouture, 3, rte du Fronton, 33710 Gauriac, tél. 06 62 10 82 31, chateaulacouture@orange.fr V ✝ ▮ *r.-v.*

CH. LAMOTHE Grande Réserve 2015 ★★

■ | 7000 | ⦀ | 8 à 11 €

Un petit château et ses chais du XVIIIe s. Il prospère au XIXe s. sous l'impulsion d'un négociant bordelais. Le cru a été acquis en 1900 par un viticulteur de Lansac, l'arrière-grand-père d'Anne Pousse-Pessonnier, laquelle en a pris les rênes en 1991. Le vignoble couvre 22 ha.

Un excellent représentant de son appellation par terroir argilo-graveleux et son assemblage entre le merlot (70 %), le cabernet-sauvignon et le malbec. La robe est sombre, triant vers le noir, le nez puissant, riche en boisé toasté et en fruits noirs mûrs à point. La bouche se montre très suave, très ronde, très savoureuse, soutenue par des tanins soyeux et élégants qui renforcent son caractère enjôleur. ⧗ 2021-2028

ANNE POUSSE-PESSONNIER, 1, Ch. Lamothe, 33710 Lansac, tél. 05 57 68 41 07, chateaulamothe@yahoo.fr V ✝ ▮ *r.-v.*

CH. LAROCHE Les Elfes 2016 ★

■ | 6000 | ⦀ | 8 à 11 €

Du château Laroche, château fort de la guerre de Cent Ans puis maison noble, rasé et reconstruit plusieurs fois, Roland de Onffroy, Varois d'origine, ingénieur agronome formé à Angers, conduit depuis 1994 un vignoble de 34 ha répartis entre le Bourgeais et le Blayais. Plusieurs étiquettes ici: Laroche et Bourg des Eyquems dans la commune de Tauriac, Monseigneur à Pugnac et Clos Bertin à Cézac.

Une cuvée assez confidentielle que cet assemblage merlot (55 %), cabernet-sauvignon et malbec, passé entre quinze et dix-huit mois en barrique. La robe est profonde, le nez intensément boisé, épicé et grillé. La bouche se montre ronde et charnue, avec toujours ce boisé soutenu en toile de fond, ainsi que de bons tanins fermes. Patience… ⧗ 2021-2028 ■ **Élevé en fût de chêne 2016 (5 à 8 €; 192200 b.)** : vin cité.

LE BORDELAIS

⊶ BARON ROLAND DE ONFFROY, Ch. Laroche, 2, chem. des Augers, 33710 Tauriac, tél. 05 57 68 20 72, rolanddeonffroy@wanadoo.fr V ♿ ▮ *r.-v.*

LEOPARDUS 2015 ★★

■	3000	⦶	20 à 30 €

Une maison de négoce créée en 2016 par Héléna Sabourin et son fils Alexis, issus d'une lignée vigneronne remontant au XVIIIes.

Un hommage au dieu du vin Bacchus, dont l'animal fétiche est le léopard. Dans le verre, un vin sombre, au nez charmeur de boisé réglissé et de fruits noirs mûrs. En bouche, de la suavité, du volume et des tanins solides, encore assez stricts en finale. ⧗ 2021-2028

⊶ LA MAISON GIRONDINE, 49, Le Bourg, 33390 Cars, tél. 05 57 64 43 87, contact@lamaisongirondine.fr V ♿ ▮ *t.l.j. sf dim. lun. 10h-12h30 15h-18h30*

CH. MACAY La Maison Brûlée 2015 ★

■	6000	⦶	20 à 30 €

Après la guerre de Cent Ans, un Écossais du clan Mac Kay s'établit ici, loin des Anglais. Au XVIIIes., le site devient un véritable hameau viticole, ruiné ensuite par le phylloxéra. Entre 1900 et 2012, la famille Latouche le met en valeur, puis le cède à Hervé Descourvières, cadre commercial, et son épouse Frédérique, cadre dans les assurances. Le cru couvre 30 ha au nord de l'AOC côtes-de-bourg.

De vénérables ceps de malbec (cinquante ans) sont l'origine de cette cuvée sombre, au nez fruité, minéral et empyreumatique. La bouche est chaleureuse dès l'attaque, ample et vineuse, dotée de tanins assez fondus, avec toujours cette touche de fraîcheur minérale en soutien, qui apporte de l'équilibre. ⧗ 2020-2025

⊶ SCEA CH. MACAY, 8, rte de Lansac, 33710 Samonac, tél. 05 57 68 41 50, info@macay.fr V ♿ ▮ *r.-v. ⊶ Hervé et Frédérique Descourvières*

♥ CH. MARTINAT 2015 ★★

■	60000	⦶	8 à 11 €

Deux anciens cadres parisiens devenus vignerons en 1994 dans le Bourgeais et le Blayais. Stéphane Donze et Lucie Marsaux-Donze ont fait du Ch. Martinat (11 ha sur petites graves et argiles à Lansac) une référence des côtes-de-bourg. Autre étiquette dans la même appellation: le Ch. Bel Air l'Escudier (12 ha). Ils exploitent aussi 3,6 ha de vignes du côté du Blayais voisin, à Teuillac, avec le Ch. les Donats.

En peu de temps, ce couple a acquis un savoir-faire certain et décroché plusieurs coups de cœur. Ils signent un 2015 admirable, très «côtes-de-bourg» par son terroir argilo-graveleux et par son assemblage merlot-malbec (80-20). La robe est sombre, dense, profonde, et le nez très élégant, finement boisé, torréfié et épicé, avec un bon fruité mûr à l'arrière-plan. La bouche se révèle ample, riche, intense, portée par des tanins veloutés et par ce même boisé racé perçu à l'olfaction. Une bouteille déjà savoureuse mais aussi bâtie pour durer. ⧗ 2021-2028

⊶ LUCIE ET STÉPHANE DONZE, Ch. Martinat, 33710 Lansac, tél. 06 11 17 08 28, s.donze@chateau-martinat.com V ♿ ▮ *r.-v.*

CH. MERCIER Cuvée Prestige 2016 ★

■	40000	⦶ 🍾	8 à 11 €

Philippe et Martine Chéty ont été rejoints en 1999 par leur fils Christophe, puis, en 2012, par sa sœur Isabelle sur leurs terres de Saint-Trojan où la famille cultive la vigne depuis 1698. La propriété compte 26 ha en côtes-de-bourg.

Une valeur sûre de l'appellation que ce domaine, qui signe ici un 2016 de belle facture, ouvert sur des variations fruitées (mûre, cerise) et sur un bon boisé épicé et brioché. La bouche offre une agréable sucrosité autour d'une matière soyeuse et de tanins fondus. Un profil gourmand qui pourra s'apprécier dans sa jeunesse ou patiné par le temps. ⧗ 2020-2026 ■ **Ch. la Cottière 2016 ★ (8 à 11 €; 53333 b.)** : un style «nature», très centré sur le raisin pour cette cuvée généreuse, tendre et souple. ⧗ 2019-2024

⊶ ISABELLE ET CHRISTOPHE CHÉTY, 5, Mercier, 33710 Saint-Trojan, tél. 05 57 42 66 99, info@chateau-mercier.fr V ♿ ▮ *t.l.j. sf sam. dim. 8h30-12h30 13h30-18h* 🏠 ④ 🏠 Ⓑ

♥ CH. MERIGOT 2016 ★★★

■	40000	🍾	8 à 11 €

La coopérative de Cars (1937), rebaptisée en 2011 «Châteaux Solidaires», vinifie séparément les vendanges d'une dizaine de châteaux adhérents, sélectionnés très rigoureusement. Le Ch. Montfollet, l'un des fers de lance du Blayais et du Bourgeais, est conduit depuis 1991 par Dominique Raimond, président de la cave, également propriétaire des châteaux Haut-Lalande et Graulet (120 ha de vignes au total). Autres étiquettes: Haut Lalande, Graulet et Merigot.

Si le Ch. Montfollet est très souvent en haut de l'affiche, c'est avec son Ch. Merigot que Dominique Raimond brille une nouvelle fois. Un vin largement dominé par le merlot (95 %, avec le malbec en appoint), paré d'une somptueuse robe bordeaux profond, ouvert sur des arômes de baies noires bien mûres, de fruits rouges un peu confits et d'épices douces. La bouche est d'une grande justesse: beaucoup de matière et de volume, une fraîcheur savamment dosée qui amène du nerf et de la longueur, des tanins à la fois fermes et fins. Parfait. ⧗ 2021-2028 ■ **Ch. Montfollet Altus 2016 (8 à 11 €; 75000 b.)** : vin cité.

⊶ CHÂTEAUX SOLIDAIRES, 9, Le Piquet, 33390 Cars, tél. 05 57 42 13 15, d.raimond@chateaux-solidaires.com V ♿ ▮ *r.-v.* 🏠 Ⓔ *⊶ Dominique Raimond*

CH. MONTEBERIOT
La Part des Fées 2015 ★

■ | 10040 | | 15 à 20 €

Ce domaine des côtes-de-bourg tire son nom de Sulpicius de Monteberiot, moine du XIVe s. qui fonda le village de Mombrier. Il a été baptisé ainsi par Gilles et Marie-Hélène Marsaudon, un ancien décorateur événementiel et une ex-commerciale dans le vin reconvertis dans la vigne, qui ont acquis en 2003 ce vignoble de 7,3 ha.

Merlot (80 %) et malbec pour cette cuvée fruitée, vanillée et toastée à l'olfaction. En bouche, le vin se montre rond et plutôt souple, étayé par des tanins fondus et soyeux. Une bouteille qui pourra s'apprécier jeune, mais qui se conservera bien également. ⧗ 2020-2026

GILLES ET MARIE-HÉLÈNE MARSAUDON, Le Maine, 33710 Mombrier, tél. 06 07 50 98 18, contact@monteberiot.com V *r.-v.*

CH. MOULIN DE GUIET 2016 ★★

■ | 46600 | | 8 à 11 €

Alliance Bourg, regroupement des coopératives de Pugnac, de Tauriac, de Lansac et d'Aubie, propose une gamme étendue de vins dans les AOC du Blayais et du Bourgeais, ainsi qu'en appellations régionales.

Un côtes-de-bourg d'emblée fort apprécié pour sa couleur profonde et son nez intense et élégant de rose, d'épices et de fruits noirs mûrs. Il plaît aussi pour sa bouche ronde, dense et suave, aux tanins fins, étirée dans une belle et longue finale. ⧗ 2021-2026 ■ **Ch. Haut Gelineau 2016 ★ (8 à 11 €; 32000 b.)** : un vin bien fruité au nez comme en bouche, agrémenté de nuances balsamiques, souple en attaque, plus tannique dans son développement, sans perdre en onctuosité et en douceur toutefois. ⧗ 2021-2026 ■ **Ch. le Piat Élevé en fût de chêne 2016 ★ (8 à 11 €; 37300 b.)** : à un nez gourmand, fruité, vanillé et brioché, succède un palais crémeux, tendre et gras, soutenu par des tanins élégants. ⧗ 2020-2024 ■ **Ch. Haut la Pointe 2016 (8 à 11 €; 28000 b.)** : vin cité.

SCV ALLIANCE BOURG, 42, rte de la Cave, 33710 Pugnac, tél. 05 57 68 81 01, alliancebourg@orange.fr V *r.-v.*

CH. MOULIN DES RICHARDS
Cuvée Caroline 2016 ★

■ | 207000 | | 5 à 8 €

Jean-François Réaud dirige depuis 1983 le Ch. le Grand Moulin, créé en 1904 par son grand-père et dont les 40 ha de vignes s'étendent au cœur de l'appellation blaye-côtes-de-bordeaux, complétés par une activité de négoce.

Issue de la partie négoce, une cuvée finement épicée et fruitée à l'olfaction. En bouche, le vin se montre très souple en attaque, ample et suave dans son développement, avant une finale plus tannique et serrée. De quoi voir venir. ⧗ 2021-2028

SAS ROBIN, 1289, av. de la Liberté, 33820 Saint-Aubin-de-Blaye, tél. 05 57 32 62 06, camille@vignoblesgabriel.com

CH. NODOZ Sauvignon Blanc 2017

■ | 6600 | 5 à 8 €

Cru déjà connu avant la Révolution, reconstitué au XIXe s. par un négociant amateur de Bordeaux et racheté en 1930 par la famille Magdeleine. Jean-Louis, installé en 1979, a conforté sa réputation avant de passer le relais en 1999 à sa fille Sandrine et à son gendre Jean-François Cénac, aujourd'hui à la tête de la propriété. Nodoz, valeur sûre du Bourgeais, couvre aujourd'hui 42 ha à Tauriac, Lansac et Bourg. Autre vin: Ch. Galau.

À l'aération, émerge un joli bouquet de fleurs blanches, de buis et de pamplemousse. Un caractère bien sauvignonné que l'on retrouve dans une bouche fraîche et légère. ⧗ 2018-2020

MAGDELEINE-CÉNAC, 18, chem. de Nodoz, 33710 Tauriac, tél. 05 57 68 41 03, chateau.nodoz@wanadoo.fr V *t.l.j. sf dim. 8h30-12h30 14h-18h*

CH. PERTHUS 2016 ★★

■ | 26999 | | 8 à 11 €

La Société fermière des Grands Crus de France est la structure spécialisée dans le Bordelais du groupe Grands Chais de France. Son œnologue Vincent Cachau vinifie le fruit de quinze propriétés, représentant 390 ha dans les différentes AOC bordelaises.

D'une belle intensité colorante, grenat foncé, ce vin livre un bouquet tout en fruit. En bouche, il se révèle ample, souple et bien en chair, avec en soutien un bon support tannique. ⧗ 2020-2025

STÉ FERMIÈRE DES GRANDS CRUS DE FRANCE, 33460 Lamarque, tél. 05 57 98 07 20, vcachau@lgcf.fr

♥ CH. PUYBARBE
Cuvée Prestige 2015 ★★

■ | 12500 | | 11 à 15 €

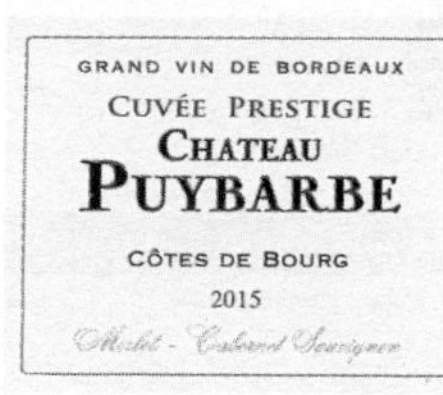

Acquis par la famille Orlandi en 1952, un cru établi sur la troisième ligne de coteaux des côtes-de-bourg. À l'origine, 7 ha; aujourd'hui, 35. Et, depuis 2001, un chai-cuvier qui permet de vinifier la récolte auparavant confiée à la coopérative.

Une superbe robe, profonde et intense, habille cet assemblage assez équilibré entre le merlot (54 %) et le cabernet-sauvignon. Au premier nez, les seize mois de barrique se font sentir à travers un beau boisé brioché et grillé, avant que l'aération ne révèle des arômes soutenus et généreux de fruits noirs mûrs. La bouche se révèle très tendre, suave et dense, adossée à des tanins veloutés en diable, bien qu'encore un peu fougueux en finale. L'avenir lui appartient. ⧗ 2022-2028 ■ **Cuvée Tradition 2015 ★★ (5 à 8 €; 13500 b.)** : le coup de cœur fut mis aux voix pour cette cuvée largement dominée par le merlot (88 %), ouverte sans réserve sur un fruité mûr et un discret boisé vanillé et épicé. La bouche est ample, riche, ronde, puissante, bâtie pour la garde. ⧗ 2022-2028

SCEA ORLANDI FRÈRES, lieu-dit Puybarbe, 33710 Mombrier, tél. 09 67 64 52 49, contact@chateaupuybarbe.com V r.-v.

CH. PUY D'AMOUR
Cuvée Grain de folie n°5 Élevé en fût de chêne 2016

8000	5 à 8 €

Murielle et Johann Demel ont acquis ce domaine en 1998, après le départ à la retraite des anciens propriétaires. Dès 2000, ils ont entrepris la conversion bio de leurs 14 ha de vignes. Puy d'Amour? Le Bourgeais évoque aux Demel l'Auvergne et ses volcans.

Épices douces, notes torréfiées, le nez évoque un bon boisé. En bouche, le vin est agréable, assez souple, structuré en douceur par des tanins fondus. Une bouteille qui pourra s'apprécier jeune. 2019-2023

MURIELLE ET JOHANN DEMEL, 5, Marchais, 33710 Saint-Seurin-de-Bourg, tél. 05 57 68 38 01, puydamour@orange.fr V *t.l.j. sf sam. dim. 9h-12h 14h30-18h*

CH. PUY DESCAZEAU
Cuvée Cardinal Élevé en fût de chêne 2016

8000	11 à 15 €

En aval de Bourg, sur la corniche girondine, ce domaine d'environ 12 ha est commandé par une élégante chartreuse en pierre calcaire blonde de Bourg. Ses chais sont alimentés en eau par un ancien puits maçonné de 35 m de profondeur. Ingénieur des travaux publics, Jean-Marc Medio l'a acquis en 1998 et l'exploite avec sa famille.

Merlot (70 %) et malbec composent un vin qui se dévoile lentement, d'abord sur les fruits très mûrs, puis sur un boisé réglissé. Une attaque souple et chaleureuse précède une bouche plus vive et minérale, épaulée par des tanins discrets. 2019-2023

MARTINE ET JEAN-MARC MÉDIO, Ch. Puy Descazeau, 23, rte des Vignobles, 33710 Gauriac, tél. 06 12 47 75 75, jmmedio@club-internet.fr V r.-v. 4 E

CH. ROMFORT Noble Terre 2016 ★

40000	5 à 8 €

Originaire du Nord de la France, Stéphane Heurlier, fils de céréalier, s'est installé en 1992 dans le Blayais, à vingt-cinq ans. Il a acheté deux propriétés, le Ch. la Bretonnière en blaye-côtes-de-bordeaux et le Ch. Tour de Guiet en côtes-de-bourg. Il s'est entouré de spécialistes, a restructuré durant vingt ans le vignoble (11 ha) et construit un nouveau chai. Autre étiquette: Ch. Romfort.

Cette cuvée est issu de merlot à 8,5 % et de cabernet-sauvignon, ce dernier apportant de la fraîcheur et de la structure. Au nez, les fruits noirs se mêlent à un boisé aux tonalités de moka. La bouche évolue en finesse autour de tanins délicats et d'une acidité bien dosée qui renforce ce caractère élégant. 2020-2024

STÉPHANE HEURLIER, 1, La Bretonnière, D137, 33390 Mazion, tél. 05 57 64 59 23, sheurlier@cegetel.net V r.-v.

CH. LE SABLARD Prestige 2015 ★

10000	8 à 11 €

Ce cru familial «à taille humaine» (10 ha) est conduit depuis 2001 par Catherine et Thomas Buratti-Berlinger, qui s'y sont installés comme jeunes viticulteurs.

Des vignes de quarante ans de merlot (80 %) et de cabernet-sauvignon ont donné un vin encore un peu secret à l'olfaction, qui s'ouvre doucement à l'aération sur des fruits noirs mûrs et le pruneau sur fond de boisé grillé et fumé. La bouche est douce, dense et ample, soutenue par de solides tanins qui appellent la garde. 2021-2028

CATHERINE ET THOMAS BERLINGER, 7, Le Rioucreux, 33920 Saint-Christoly-de-Blaye, tél. 05 57 42 57 67, chateau.le.sablard@orange.fr V *t.l.j. sf sam. dim. 9h-12h 13h30-18h*

CH. DE TASTE 2015 ★

20000	8 à 11 €

Un ancien château féodal, rendez-vous des royalistes pendant la Commune, dans la famille Martin depuis sept générations. En 2016, changement de propriétaires: Alphone et Laurent Pinto de Magalhaes ont pris la suite à la tête d'un vignoble de 14 ha, sur lequel le malbec a été replanté de manière significative (20 % de la surface).

Il s'agit ici du dernier millésime de François Martin avant la revente du domaine. Un vin très réussi, à la robe foncée, ouvert sur des notes de moka, de vanille et de viennoiserie, puis de fruits rouges légèrement confits et de menthol. La bouche apparaît douce, soyeuse et charnue avant de montrer un peu plus les muscles en finale autour de tanins qui conservent une belle finesse. 2021-2028

SCEA VIGNOBLES DE TASTE ET BARRIÉ, 2 Barrié, 33710 Lansac, tél. 05 55 26 37 93, laurentpintodemagalhaes@chateaudetaste.com V r.-v.

CH. TAYAC Prestige 2015 ★

35000	15 à 20 €

Cet imposant château de style Renaissance, construit en 1827 sur les ruines d'un ancien château féodal, assiste à la naissance de la Gironde, du haut de son coteau. Le vignoble de 30 ha est implanté sur la pente sud et conduit depuis 1959 par la famille Saturny: d'abord Pierre, enfant du pays, puis ses fils Loïc et Philippe.

De vieux ceps de cabernet (70 %) et de merlot sont à l'origine de ce vin prometteur. La robe est sombre et dense, le nez intense, sur le boisé fumé et les fruits noirs. La bouche offre du volume, du gras, de la puissance autour de tanins encore vigoureux et d'un boisé de qualité. 2021-2028

LOÏC SATURNY, RD 669, 33710 Bourg-sur-Gironde, tél. 05 57 68 40 60, tayac-saturny@wanadoo.fr V *t.l.j. sf sam. dim. 9h-12h30 14h30-19h; sam. dim. sur r.-v.*
Philippe et Loïc Saturny

CH. TERREFORT-BELLEGRAVE
Cuvée Prestige 2016 ★★★

■ | 5000 | | 11 à 15 €

Fils d'agriculteurs, Dominique Briolais a acquis en 1976 un vignoble de 3 ha en côtes-de-bourg. Épaulé par sa fille Aurore, il conduit aujourd'hui un vignoble de 35 ha (Ch. Haut Mousseau et Ch. Terrefort-Bellegrave) sur plusieurs communes de l'appellation. En 1991, il a traversé l'estuaire pour s'implanter sur la rive gauche, à Jau-Dignac-et-Loirac, en achetant le Ch. Pontac Gadet (11 ha) en AOC médoc.

Une admirable cuvée qui doit tout (ou presque) au merlot (99 % de l'assemblage, avec une goutte de cabernet en appoint). Passé une petite touche animale, le nez prend des accents fruités, grillés et toastés. La bouche conjugue puissance, densité, volume et élégance, boisé fin et fruité intense. Un modèle d'équilibre et de force maîtrisée. ⧗ 2021-2028 ■ **Ch. Haut Mousseau Cuvée Prestige 2016 ★ (8 à 11 €; 12000 b.)** : le boisé est encore très présent à l'olfaction, mais un boisé racé, sur le moka et le grillé. En bouche, le vin se montre là aussi fortement boisé, avec en soutien des tanins solides et une matière dense pour absorber l'élevage. ⧗ 2022-2028

DOMINIQUE BRIOLAIS ET FILLE, Ch. Haut-Mousseau, 33710 Teuillac, tél. 05 57 64 34 38, aurorebriolais@vignobles-briolais.com V *t.l.j. sf sam. dim. 8h30-12h 13h30-18h* ③ Ⓐ

CH. TOUR DES GRAVES
Élevé en fût de chêne 2016 ★

■ | 6000 | | 8 à 11 €

Conduite depuis 2009 par David Arnaud (cinquième génération), cette exploitation familiale de 32 ha, plantée sur graves, tire son nom d'un ancien moulin datant de la Révolution française, aujourd'hui «décapité», dont les ruines se dressent au milieu des vignes.

Sauvignon gris (50 %), sauvignon blanc et sémillon composent un vin qui mêle les fleurs blanches, les fruits exotiques, l'amande et le torréfié à l'olfaction. La bouche est équilibrée, fondue, ronde, riche et plus fraîche et tonique en finale, bien épaulée par les douze mois de barrique. ⧗ 2019-2022

ARNAUD, 100 av. de Royan, 33710 Teuillac, tél. 06 48 26 47 08, info@arnaudvignobles.fr V *t.l.j. sf dim. 8h30-12h30 14h-18h*

CH. LES TOURS SEGUY Mirandole 2016 ★★

■ | 15000 | | 8 à 11 €

Mentionné à la fin du XVIIIe s., puis dans le Féret de 1868, un domaine de 13,5 ha, entré dans la famille de Jean-François Breton en 1842. Ce dernier l'exploitait depuis 1998 et en a fait une valeur sûre des côtes-de-bourg, avant de le céder en 2015 à Frédéric Veron.

Premier millésime pour Frédéric Veron et déjà une grande réussite avec ce vin qui impressionne par sa concentration, ce que laisse deviner sa robe profonde et sombre. Au nez, un boisé intense mais racé, sur le toasté et la vanille, domine pour l'heure le fruit. La bouche apparaît ferme, puissante, séveuse, sans pour autant perdre en élégance grâce à ses tanins d'une belle finesse de grain. De très bonnes bases pour bien vieillir. ⧗ 2021-2028 ■ **Échanson 2016 ★ (5 à 8 €; 10000 b.)** : un nez intense d'épices et de fruits noirs mûrs prélude à une bouche vineuse, corsée, aux tanins fermes mais qui commencent à se fondre. ⧗ 2020-2025

FRÉDÉRIC VERON, 1 Le Seguy, 33710 Saint-Ciers-de-Canesse, tél. 06 30 52 19 21, scea.tourseguy@gmail.com V *r.-v.*

TUTIAC 2016 ★

■ | 30000 | | 5 à 8 €

Créée en 1974, la coopérative de Tutiac dispose des vendanges de 4 000 ha cultivés par quelque 450 viticulteurs. Un acteur important de la haute Gironde et aussi le premier producteur de vins d'appellations en France, qui propose des vins de côtes (blaye-côtes-de-bordeaux et côtes-de-bourg) et d'appellations régionales.

Un vin d'emblée apprécié pour sa robe grenat intense et son nez très fruité, très gourmand. La bouche plaît aussi: on y retrouve un fruit omniprésent, du volume, de la fraîcheur et des tanins délicats. ⧗ 2019-2023 ■ **Lieu-dit Terre Pointe 2016 ★ (11 à 15 €; 3000 b.)** : un pur malbec ouvert sur les fruits rouges agrémentés de notes mentholées, souple, fondu et très fuité en bouche. ⧗ 2019-2023

LES VIGNERONS DE TUTIAC, La Cafourche, 33860 Marcillac, tél. 05 57 32 48 33, christelle.venancy@tutiac.com V *t.l.j. sf dim. 9h-12h30 14h-18h30*

CH. DE VIENS 2016

■ | 32000 | | 5 à 8 €

Fils d'exploitants agricoles installés près de Rocamadour dans le Lot, Éric Merle rêvait de devenir vigneron. Il a eu la chance de pouvoir acheter un château viticole au cœur des côtes-de-bourg sitôt passé son bac agricole à Cahors. C'était en 1983, il avait dix-huit ans. Il a porté la surface du vignoble de 6 à 30 ha.

Cette cuvée fait la part belle au malbec (80 %) aux côtés du merlot. Au nez, des fruits rouges mûrs et des épices. En bouche, un bon volume, des tanins croquants et des notes chaleureuses de pruneau contrebalancées par une franche vivacité. Atypique. ⧗ 2019-2023

ERIC MERLE, Château de Viens, 33710 Mombrier, tél. 06 66 82 98 85, eric.merle@orange.fr V *r.-v.*

➡ LE LIBOURNAIS

Même s'il n'existe aucune appellation «Libourne», le Libournais est bien une réalité. Avec la ville filleule de Bordeaux comme centre et la Dordogne comme axe, il s'individualise fortement par rapport au reste de la Gironde en dépendant moins directement de la métropole régionale. Il n'est pas rare, d'ailleurs, que l'on oppose le Libournais au Bordelais proprement dit, en invoquant par exemple l'architecture moins ostentatoire des châteaux du vin ou la place des Corréziens dans le négoce de Libourne. Mais ce qui distingue le plus le Libournais, c'est sans doute la concentration du vignoble qui apparaît dès la sortie de la

ville et recouvre presque intégralement plusieurs communes aux appellations renommées comme fronsac, pomerol ou saint-émilion, avec un morcellement en une multitude de petites ou moyennes propriétés; les grands domaines, du type médocain, ou les grands espaces caractéristiques de l'Aquitaine étant presque d'un autre monde.
Le vignoble se différencie également par son encépagement dans lequel domine le merlot, qui donne finesse et fruité aux vins et qui leur permet de bien vieillir, même s'ils sont de moins longue garde que ceux d'appellations à dominante de cabernet-sauvignon. En revanche, ils peuvent être bus un peu plus tôt et s'accommodent de beaucoup de mets (viandes rouges ou blanches, fromages, et aussi certains poissons, comme la lamproie).

▶ CANON-FRONSAC ET FRONSAC

Bordé par la Dordogne et l'Isle, le Fronsadais offre des paysages tourmentés, avec deux tertres atteignant 60 et 75 m, d'où la vue est magnifique. Point stratégique, cette région joua un rôle important, notamment au Moyen Âge – une puissante forteresse, aujourd'hui disparue, y fut construite à l'époque de Charlemagne – puis lors de la Fronde de Bordeaux. Le Fronsadais a gardé de belles églises et de nombreux châteaux. Très ancien, le vignoble produit sur six communes des vins de caractère, à la fois corsés, fins et distingués. Toutes ces localités peuvent revendiquer l'appellation fronsac, mais Fronsac et Saint-Michel-de-Fronsac sont les seules à avoir droit, pour les vins produits sur leurs coteaux (sols argilo-calcaires sur banc de calcaire à astéries), à l'appellation canon-fronsac.

CANON-FRONSAC

Superficie : 300 ha / Production : 16 200 hl

CH. BARRABAQUE Prestige 2015

■ | 15 000 | ◍ | 15 à 20 €

Les canon-fronsac de Barrabaque font référence; le cru se défend aussi en fronsac. Un domaine créé au XVIII[e]s., dans la famille Noël depuis son acquisition en 1936 par le grand-père ch'ti, brasseur et négociant en vins. Sa fille Nicole a pris la suite jusqu'en 2004, année de l'arrivée aux commandes de Caroline Noël-Barroux, aujourd'hui à la tête de 9 ha de vignes. Incontournable. Une robe intense et sombre pour ce 2015 élevé dix-huit mois en barriques, neuves à 30 %. Le nez doit être sollicité pour livrer ses arômes de petits fruits rouges légèrement confits, épicés et vanillés. Dès l'attaque, la bouche montre du gras, du volume et une charpente solide et ferme qui rend pour l'heure ce vin austère. On le laissera quelques années en cave pour permettre à ses tanins de s'arrondir. ⧗ 2021-2026

⊶ *SCEV NOËL, 4, lieu-dit Barrabaque, 33126 Fronsac, tél. 06 07 46 08 08, chateaubarrabaque@yahoo.fr* V r.-v.

CH. CANON 2015 ★★

■ | 18 000 | ◍ ▮ | 11 à 15 €

Pharmacien et œnologue, auteur d'une thèse apportant sa contribution au *French Paradox*, Jean Galand

Le Libournais

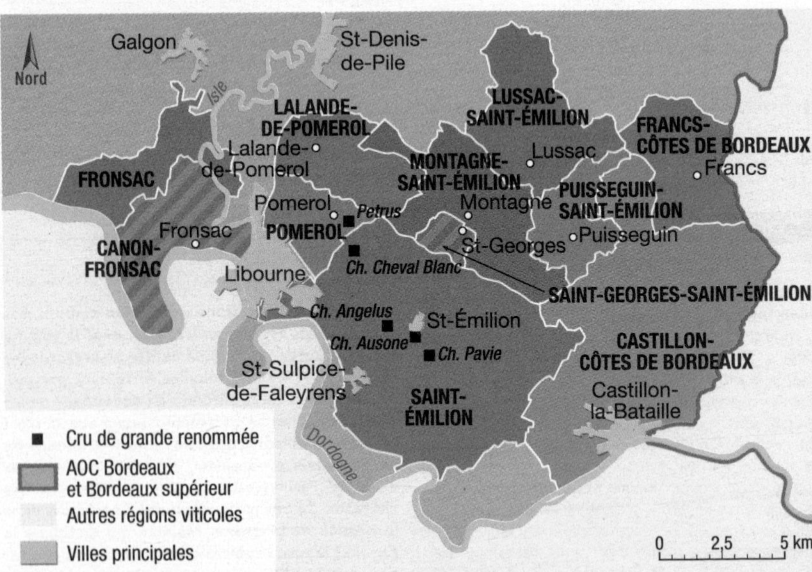

est établi à... La Malatie. À la tête du vignoble familial depuis 1999, il soigne 8 ha de vignes répartis en deux crus: le Ch. Galand (en bordeaux supérieur) et le Ch. Canon canon-fronsac, établi sur les pentes plein sud du coteau du même nom, qui domine la Dordogne.

Six mois de cuve et douze mois de fût pour ce 2015 né de pur merlot – de vieux ceps âgés de soixante ans. Si sa robe est intense, son bouquet est encore plus séduisant, délivrant du boisé vanillé, un rien toasté, et une touche de noisette, qui laisse s'exprimer des senteurs gourmandes de fruits rouges confits et de pruneau, nuancées d'une note de sous-bois. Ces fruits s'épanouissent dans une bouche ronde et suave en attaque, de belle longueur, soutenue par des tanins déjà soyeux. Une réelle maîtrise de l'élevage. ⧗ 2020-2028

SCEA VIGNOBLES JEAN GALAND, La Malatie, 33126 Fronsac, tél. 06 27 05 05 38, pharmaciejeangaland@wanadoo.fr V r.-v.

CH. CANON LA VALADE 2015 ★

■	12000		11 à 15 €

En 2005, Hervé Roux a pris la suite de son père à la tête de l'exploitation familiale dominant la vallée de l'Isle, sur le versant sud-est des coteaux de Fronsac. Son domaine compte 17 ha de vignes.

Issu de pur merlot, ce 2015 a séjourné quatorze mois en barrique. Paré d'une robe sombre aux reflets pourpres, encore discret au nez, il s'ouvre sur des notes florales, fruitées et réglissées. Les fruits rouges, soulignés de touches toastées, s'affirment en bouche. Souple et suave en attaque, charnu et gras, le palais est assez consistant, sans être d'une puissance imposante. Ses tanins boisés, déjà arrondis, laissent une impression d'élégance. ⧗ 2019-2026

HERVÉ ROUX, 2, La Valade, 33126 Fronsac, tél. 06 98 89 30 08, chateaulavalade@orange.fr V *t.l.j. 9h-12h 14h-19h* 4 B

CH. CANON PÉCRESSE 2015 ★★

■	10000		20 à 30 €

La famille Pécresse, ancienne propriétaire des Châteaux Grand Corbin et Trotanoy, préside depuis quatre générations aux destinées de ce cru. Un domaine de 4 ha, connu jusqu'en 2003 sous le nom de Vray Canon Bodet-la-Tour, aujourd'hui dirigé par Francis et son fils Jean-Francis.

Si de nombreux millésimes du cru ont passé la barre, les propriétaires n'ont pas manqué leur 2015, qui s'est placé sur les rangs pour un coup de cœur. La robe sombre tire sur le noir. Encore discret mais franc, le nez marie framboise, cassis et autres petits fruits à des notes d'élevage cacaotées et grillées. En bouche ce vin se révèle puissant, gras, charnu et long, construit sur une charpente tannique solide et soyeuse. La finale est marquée par un retour des notes torréfiées de la barrique. Cette remarquable bouteille reflète une maturité parfaite des raisins et une excellente maîtrise de l'élevage. Du potentiel. ⧗ 2020-2028

CH. CANON PÉCRESSE, lieu-dit La Truite, 33126 Saint-Michel-de-Fronsac, tél. 05 57 24 98 67, canon@pecresse.fr V *r.-v.*

♥ B CH. CANON SAINT-MICHEL 2015 ★★

■	25000		11 à 15 €

Un cru régulier en qualité, constitué dans les années 1950 par Jean Garnier, mis en fermage entre 1979 et 1998 jusqu'à l'arrivée du petit-fils Jean-Yves Millaire qui en a repris la gestion directe. Le vignoble (21 ha aujourd'hui) est conduit en bio et en biodynamie (certification en 2009 et en 2012 respectivement).

Très rares sont les millésimes de ce cru absents du Guide. Le domaine a accédé au coup de cœur avec un 2013, petite année, et fait aussi bien avec ce millésime mémorable. Le merlot (70 %) s'allie au cabernet franc (20 %) et au malbec pour composer un vin remarquable par la profondeur de sa robe, puis par son bouquet fait de cerise noire, de mûre et de cassis, rehaussés par la noisette grillée, la croûte de pain et le moka d'un élevage bien mené. Rond, suave, charnu et long, le palais déroule des tanins vanillés extraits avec doigté, encore un peu fermes en finale. Du plaisir pour bientôt, et pour longtemps. ⧗ 2020-2028

JEAN-YVES MILLAIRE, 21 Gazau-Lamarche, 33126 Fronsac, tél. 06 08 33 81 11, vignoblemillaire@orange.fr V *t.l.j. 9h-12h 14h-18h30*

CLOS LARIVEAU 2015 ★

■	1500		15 à 20 €

Jean-François Carrille – Cardinal-Villemaurine et Clos Villemaurine en saint-émilion grand cru, Caillou Les Martins en lussac, Fussignac en bordeaux supérieur – conduit depuis 2010 cette vigne de poche (36 ares) située au lieu-dit Lariveau, sur l'un des points culminants de l'AOC. En conversion bio depuis 2017.

Le cabernet franc fait presque jeu égal (48 %) avec le merlot dans ce 2015, avec une goutte de malbec en appoint. Malgré les quinze mois passés en barrique, ce vin dévoile beaucoup de fruit au nez – du fruit noir, cassis en tête, et de la groseille, soulignés d'un boisé aux nuances d'amande et de vanille. Après une attaque souple, le palais évolue avec ampleur, rondeur et puissance sur des tanins robustes. Le fruit, la vanille et le cèdre soulignent une longue finale. Un vin de garde. ⧗ 2020-2028

PAUL CARRILLE, lieu-dit Lariveau, 33126 Saint-Michel-de-Fronsac, tél. 06 07 19 32 14, paul.carrille@sfr.fr V *r.-v.*

SÉBASTIEN GAUCHER
Cuvée Jade 2015 ★★

■	6000		11 à 15 €

Sébastien Gaucher a créé son vignoble en 2001 en reprenant les vignes de son grand-père et d'autres en fermage sur les communes de Fronsac et Saint-Michel-de-Fronsac: 8 ha répartis entre les Châteaux Steval et Saint-Bernard, dont les vins fréquentent régulièrement ces pages.

Déjà remarquée dans des millésimes antérieurs, cette cuvée à la robe très soutenue, presque noire, s'est placée sur les rangs pour un coup de cœur. Née de pur merlot, elle déploie des parfums de vendange bien mûre: fraise écrasée, mûre confiturée, prune et pruneau, cerise noire, soulignés d'un léger trait vanillé. Souple, suave et fruité en attaque, gras et concentré, le palais est équilibré par ce qu'il faut de fraîcheur. La finale longue et élégante, encore un peu ferme signe une bouteille généreuse et complexe. Du plaisir pour bientôt et pour longtemps. ⧗ 2019-2028 ■ **Ch. Saint-Bernard Élevé en fût de chêne 2015 ★ (11 à 15 €; n.c.)** : un bouquet discret mais franc pour ce vin puissant, charnu, ample et gras, aux tanins à la fois denses et soyeux, qui joue sur des arômes élégants de fruits rouges mûrs et sur un boisé toasté et cacaoté. ⧗ 2020-2026

SÉBASTIEN GAUCHER, La Matheline, 33126 Saint-Michel-de-Fronsac, tél. 06 13 80 33 62, s.gaucher@free.fr V r.-v.

CH. GRAND RENOUIL 2015

■	13000		20 à 30 €

Les Ponty, d'origine corrézienne, sont établis à Fronsac depuis le début du XXᵉs. et propriétaires du Ch. Pavillon depuis 1925 et du Ch. Grand Renouil depuis 1938. Michel Ponty, installé en 1988, propose aussi des vins en AOC régionale avec le Clos Virolle et le blanc de Grand Renouil.

Le merlot est seul à l'œuvre dans ce vin grenat intense, qui s'ouvre sur les petits fruits rouges rehaussés de notes d'élevages vanillées et cacaotées. Fruitée en attaque, à la fois souple et fraîche, la bouche montre un bon volume, de la chair et de la longueur, adossée à des tanins épicés et veloutés qui permettront une consommation prochaine tout en autorisant la garde. ⧗ 2019-2025

PONTY, Ch. Grand Renouil, 3, rue du Port, 33126 Fronsac, tél. 05 57 51 29 57, info@vignoblesponty.com V r.-v.

CH. LAFOND 2015

■	40000		8 à 11 €

Un domaine fondé en 1769 par la famille de Cournuaud. Neuf générations s'y sont succédé, avec Patrick depuis 1994, rejoint par ses fils Jean et Matthieu. Le vignoble, d'un seul tenant, couvre 19 ha sur les hauteurs de Saint-Michel-de-Fronsac.

Le second vin du Ch. Mazeris ne connaît pas le bois et provient de vignes plus jeunes. Il a intéressé les jurés par sa robe grenat sombre, par son nez partagé entre les petits fruits noirs et le cacao, puis par son palais bien construit, ample, gras et long. Encore fermes, ses tanins épicés sauront évoluer avec grâce. ⧗ 2019-2025

PATRICK DE COURNUAUD, 5, Ch. Mazeris, 33126 Saint-Michel-de-Fronsac, tél. 06 08 85 25 06, mazeris@wanadoo.fr V r.-v.

CH. MAZERIS BELLEVUE 2015 ★

■	27900		15 à 20 €

Fondé en 1840, ce cru de 9 ha en coteaux ménage un beau point de vue sur la Dordogne et l'église romane de Saint-Aignan. La famille Bussier, qui l'exploitait depuis six générations, l'a revendu en 2017 à Xavier et Pascale Collart-Dutilleul. Tous deux diplômés d'une grande école de commerce, travaillant respectivement dans l'audit et dans l'industrie du luxe, ont souhaité donné un nouveau cours à leur vie. Leur fils Axel et son amie Chloé Conort prennent en main l'exploitation, selon une démarche bio.

Assemblant 70 % de merlot aux deux cabernets, ce 2015 séduit d'emblée par l'expression fine et gourmande de son bouquet, entre cerise noire, épices, touches grillées et mentholées. La bouche, elle aussi, fait bonne impression, souple en attaque, construite sur des tanins élégants, vifs sans agressivité, qui soulignent une longue finale. ⧗ 2020-2026

COLLART-DUTILLEUL, Ch. Mazeris-Bellevue, 33126 Saint-Michel-de-Fronsac, tél. 05 57 24 56 55, contact@chateau-mazeris-bellevue.com V r.-v.

♥ MT DE TOUMALIN 2015 ★★

■	18400		8 à 11 €

Ce domaine du Fronsadais (environ 7,5 ha aujourd'hui) remonte au milieu du XVIIIᵉs. Une famille de négociants en vins du Nord l'avait acquis dans les années 1930; un descendant, Bernard d'Arfeuille l'a vendu en 2008 à Xavier et à Nathalie Miravete.

Un bon investissement que ce domaine: il vaut à ses propriétaires, bien conseillés, un coup de cœur. Si le grand vin a été très apprécié, c'est cette cuvée mi-cuve mi-fût, issue de vignes plus jeunes, qui a emporté l'adhésion. Les dégustateurs louent à l'envie ses attraits: une robe profonde; un bouquet subtil mariant des notes d'élevage (vanille, épices douces et amande grillée) aux fruits rouges, fraise en tête; un palais lui aussi bien fruité, rond et suave en attaque, ample et gras, servi par des tanins soyeux et par une finale fraîche et longue. Un remarquable ambassadeur de l'appellation et un très beau reflet d'un grand millésime. ⧗ 2021-2028 ■ **Ch. Toumalin 2015 ★ (11 à 15 €; 25000 b.)** : une robe profonde, presque noire; un nez sur le fruit mûr (cerise noire, cassis) allié aux notes toastées et épicées de l'élevage; une bouche charnue, concentrée et persistante, à la finale encore un peu vive: le portrait d'un vin de garde. ⧗ 2021-2028

MIRAVETE, 1, Toumalin, 33126 Fronsac, tél. 06 85 11 35 00, contact@chateautoumalin.com V r.-v.

CH. VRAI CANON BOUCHÉ 2015

■	n.c.		20 à 30 €

Ce cru réputé du Fronsadais couvre 12 ha sur le tertre de Canon, un très beau terroir de calcaire à astéries recouvert d'argiles; il avait été repris en 2005 par l'homme d'affaires hollandais Philip de Haseth-Möller, qui en avait confié la direction à Jean de Laitre, épaulé par Stéphane Derenoncourt. Une équipe maintenue après le rachat du cru en 2014 par La Française REM, société de gestion déjà très investie dans le vignoble français.

Un habitué du Guide, avec deux coups de cœur à son actif. Deux tiers de merlot et un tiers de cabernet franc composent le 2015 dont la robe grenat montre une légère évolution. Le nez précis s'ouvre sur les fruits confits et les épices, assortis de touches de cacao et de cèdre. Consistant, de belle tenue, le palais déroule des tanins veloutés, plus vifs et boisés en finale. ⧗ 2020-2026

SAS LES GRANDS VIGNOBLES DE BORDEAUX, 1, le Tertre-de-Canon, 33126 Fronsac, tél. 06 75 76 62 23, contact@chateauvraicanonbouche.com

La Française REM

FRONSAC

Superficie : 830 ha / Production : 44 400 hl

CH. BARRABAQUE 2015 ★★

■ | 18000 | | 11 à 15 €

Les canon-fronsac de Barrabaque font référence; le cru se défend aussi en fronsac. Un domaine créé au XVIIIe s., dans la famille Noël depuis son acquisition en 1936 par le grand-père ch'ti, brasseur et négociant en vins. Sa fille Nicole a pris la suite jusqu'en 2004, année de l'arrivée aux commandes de Caroline Noël-Barroux, aujourd'hui à la tête de 9 ha de vignes. Incontournable.

Ce superbe 2015 aux reflets d'un violet intense dévoile des senteurs généreuses et gourmandes de fruits rouges confits, de sous-bois et de noisette torréfiée. Une attaque vive et alerte ouvre sur une bouche ronde et puissante, sur les fruits bien mûrs, soutenue par des tanins soyeux et fins et par un beau boisé vanillé. Le coup de cœur fut mis aux voix. ⧗ 2021-2028

SCEV NOËL, 4, lieu-dit Barrabaque, 33126 Fronsac, tél. 06 07 46 08 08, chateaubarrabaque@yahoo.fr V r.-v.

CH. BEAUSÉJOUR 2015 ★★

■ | 40000 | | 8 à 11 €

Remontant à 1870, la propriété est dans la même famille depuis cinq générations. Elle était autrefois plantée de vergers, qui ont fait place à la vigne dans les années de l'après-guerre (des cépages blancs, remplacés par des vignes rouges après 1960). Le vignoble est réparti entre les AOC pomerol (Ch. Bel-Air, 9 ha) et fronsac (Ch. Beauséjour, 12 ha).

Ce 2015 livre un bouquet intense et complexe de griotte et de mûre, agrémenté de notes mentholées et épicées. En bouche, un fruité frais et croquant accompagne des tanins veloutés d'une grande finesse. La longue finale délicatement boisée achève de convaincre. ⧗ 2021-2026

SCEA VIGNOBLES SUDRAT-MELET, 5, chem. de la Cabanne, 33500 Pomerol, tél. 05 57 51 02 45, vignsudrat-melet@wanadoo.fr V r.-v.

CH. CARLMAGNUS 2015 ★

■ | 38000 | | 15 à 20 €

Petit-fils d'Ernest Roux, qui possédait de nombreux crus en Fronsadais, Arnaud Roux-Oulié, ancien champion de France d'escrime, exploite depuis 1998 plusieurs crus dans ce secteur: Lagüe, Montcanon, Vincent et Carlmagnus, domaine au nom inspiré par l'empereur Charlemagne, qui serait passé par Fronsac où il aurait fait construire une forteresse.

Se présentant dans une belle robe d'un grenat intense, ce 100 % merlot offre un bouquet flatteur de fruits bien mûrs mariés à des notes réglissées et épicées. La bouche se montre charnue, ample et suave, soutenue par des tanins fermes et fins par un bon boisé. ⧗ 2021-2028 ■ **Ch. Lagüe 2015 (8 à 11 €; 60000 b.)** : vin cité.

ARNAUD ROUX-OULIÉ, Maison Roux-Oulié, Ch. Lagüe, 33126 Fronsac, tél. 05 57 51 24 68, arnaud.rouxoulie@gmail.com V r.-v.

ARABESQUE DE CLOS DU ROY 2015 ★

■ | 25000 | | 8 à 11 €

En 1987, Philippe Hermouet s'est installé sur les terres familiales, réparties en deux crus: le Clos du Roy, cru de 4 ha à Saillans (fronsac), et Roc Meynard, 28 ha de vignes dans la commune voisine de Villegouge. Plantations et rachats de vignes ont porté l'ensemble à 50 ha, à l'origine de quatre étiquettes en fronsac, bordeaux supérieur et bordeaux.

Ce vin dévoile une belle trame aromatique autour du cassis, de la fraise et des épices douces délicatement vanillées. Le palais séduit par son volume, sa douceur et son charnu, par le velouté de ses tanins. Un vin élégant et généreux. ⧗ 2021-2028

PHILIPPE HERMOUET, Ch. Clos du Roy, 33141 Saillans, tél. 05 57 55 07 41, contact@vignobleshermouet.com V *t.l.j. sf sam. dim. 8h30-12h00 13h30-16h30*

CLOS LAGÜE 2015 ★

■ | 8000 | | 11 à 15 €

Établie à Saint-Émilion, la famille La Tour du Fayet exploite plusieurs crus en Libournais, autour de la cité médiévale et en Fronsadais: Ch. Canset de la Tour et son second vin Ch. Tour Lescours (12 ha en saint-émilion grand cru et saint-émilion), Ch. Gueyrot (8 ha en saint-émilion grand cru), Dom. du Fayet (3 ha en AOC régionales), Clos Lagüe et Ch. Beau Site de la Tour (respectivement 2 ha et 10ha en fronsac).

Ce 2015 livre un bouquet délicat, fruité et floral sur un fond légèrement boisé. La bouche vive en attaque, déploie de jolis tanins mûrs et des arômes gourmands de griotte et de cassis relevés d'une pointe d'épices. Un vin précis et bien construit. ⧗ 2020-2026 ■ **Ch. Beau Site de la Tour 2015 (8 à 11 €; 50000 b.)** : vin cité.

SCEV HÉRITIERS DE LA TOUR DU FAYET, 1, Gueyrot, 33330 Saint-Émilion, tél. 05 57 24 72 08, ets.delatourdufayet@orange.fr V *t.l.j. sf dim. 9h-12h 14h-17h30*

CH. LA CROIX 2015 ★

■ | 10000 | 11 à 15 €

Fondés en 1870 dans le Fronsadais, les vignobles Dorneau couvrent 25 ha et trois crus: La Croix, le domaine d'origine (10 ha), Roullet, acquis en 1946 (2,8 ha), et Pontus (10 ha), acquis en 1960, ancienne propriété du peintre animalier Princeteau, auxquels s'ajoute un fermage sur le Château Haut Gros Bonnet. Patrick Dorneau est aux commandes depuis 1993.

D'un grenat très sombre, ce fronsac présente un bouquet délicat et complexe de violette, de fruits rouges et de vanille. Tout en fruit, la bouche se révèle croquante, charnue, d'une belle fraîcheur, adossée à une trame tannique soyeuse. Un vin élégant et harmonieux. ⧗ 2021-2026

⊶ *VIGNOBLES DORNEAU, La Croix, 33126 Fronsac, tél. 05 57 51 31 28, scea-dorneau@wanadoo.fr* V r.-v.

CH. LA CROIX DE ROCHE Collection privée 2015 ★

■ | 3700 | | 11 à 15 €

Situé en Libournais sur un plateau argilo-sableux dominant la rive droite de l'Isle, le cru a été acquis en 1981 par Isabelle et François Maurin. Après avoir vinifié en Afrique du Sud et au Liban, leur fils Raphaël les a rejoints en 2002. Les 20 ha de vignes sont conduits en bio certifié.

Un 100 % merlot assez confidentiel, au bouquet fin et élégant évoquant le sureau, le café torréfié, la vanille et les fruits noirs mûrs. Une attaque franche introduit une bouche bien équilibrée, ample, ronde et dense, soutenue par des tanins soyeux qui se raffermissent en finale. ⧗ 2021-2026

⊶ *EARL LA CROIX DE ROCHE, 17, rte de Marze, 33133 Galgon, tél. 05 57 84 38 52, chateau-la-croix-de-roche@wanadoo.fr* V *t.l.j. sf sam. dim. 10h-12h 13h30-18h; f. janv.-fév.* ⊶ *Maurin*

♥ CH. DALEM 2015 ★★

■ | n.c. | | 20 à 30 €

L'un des plus anciens crus du Fronsadais, créé en 1610, et sans doute l'un des plus qualitatifs. Dominant la vallée de l'Isle, le vignoble se répartit entre le Ch. Dalem (12 ha), l'étiquette phare, et le Ch. de la Huste (8 ha). Dans la même famille pendant trois siècles avant d'être vendu en 1955 à Michel Rullier, il est depuis 2002 dirigé par la fille de ce dernier, Brigitte Rullier-Loussert.

Coup de cœur sur son millésime 2014, le Ch. Dalem fait aussi bien avec la version 2015. Même assemblage du merlot (90 %) et des deux cabernets pour ce vin au nez exquis d'épices douces, de griotte et de groseille. Une attaque franche ouvre sur une bouche ample, onctueuse, dense et longue, aux tanins fermes et fins. Beaucoup d'élégance ressort de ce fronsac bâti pour la garde. ⧗ 2022-2028 ■ **Ch. de la Huste 2015 ★ (11 à 15 €; n.c.)** : un vin ouvert sur des parfums intenses de cassis, de tabac blond et de vanille bourbon. Le palais évolue sur des tanins charnus et puissants, enrobés par une chair tendre et accompagnés par une agréable fraîcheur. ⧗ 2021-2028

⊶ *BRIGITTE RULLIER-LOUSSERT, 1 Dalem, 33141 Saillans, tél. 05 57 84 34 18, chateau-dalem@wanadoo.fr* V *r.-v.*

CH. DE LA DAUPHINE 2015 ★

■ | 130 000 | | 20 à 30 €

Un bel écrin de 53 ha converti au bio, commandé par un château du XVIIIe s., qui doit son nom à un séjour de Marie-Josèphe de Saxe, dauphine de Louis XV. L'industriel Jean Halley, qui l'avait acquis auprès de Jean-Pierre Moueix en 2000, a cédé le cru en 2015 à la famille Labrune.

D'une belle couleur grenat intense et profond, ce 2015 s'ouvre sur un bouquet puissant de cassis, de framboise et de mûre accompagné par des notes boisées bien dosées. Le palais est frais, charnu et croquant, étayé par des tanins serrés sans duretés, au grain fin. Un vin qui conjugue force et finesse sans fausses notes. ⧗ 2021-2026

⊶ *CH. DE LA DAUPHINE, rue Poitevine, 33126 Fronsac, tél. 05 57 74 06 61, contact@chateau-dauphine.com* V *r.-v.* ⊶ *Labrune*

PASSION DE CH. L'ESCARDERIE 2015

■ | 8600 | | 8 à 11 €

Une propriété située sur les coteaux sud de Saint-Germain-de-la-Rivière, cédée en 2015 par la famille de Taffin aux Schmid-Haguenin. Ces derniers ont engagé la conversion bio du vignoble.

Premier millésime pour les nouveaux propriétaires et déjà une jolie réussite avec ce 2015 doté d'un bouquet qui laisse une belle place au fruit, à la bouche fraîche, souple, franche, étayée par des tanins mesurés. ⧗ 2020-2024

⊶ *SCHMID-HAGUENIN, 6, rue de Goffre, 33240 Saint-Germain, tél. 06 13 61 76 67, lescarderievins@orange.fr* V *r.-v.*

CH. FONTAINE-SAINT-CRIC 2015 ★

■ | 9000 | | 11 à 15 €

Un cru de poche (1,50 ha) implanté sur les coteaux de Saint-Aignan, acquis en 2002 par des associés et amis de différentes nationalités.

Ce 2015 dévoile un bouquet intense de cerise, de framboise, de menthol et d'épices douces. Une attaque franche et alerte introduit une bouche très équilibré entre une chair ronde, une intense fraîcheur et des tanins soyeux et fondus. ⧗ 2021-2026

⊶ *NEZET, 13, Saint-Cric, 33126 Saint-Aignan, tél. 06 75 01 29 74, xavier.grassies@laposte.net* V *r.-v.*

CH. FONTENIL 2015 ★★

■ | 42 202 | | 20 à 30 €

88 89 90 93 94 **95** 96 97 98 **99** 00 01 02 **03** 04 05 |**06**| |**08**| |09| **10** 11 12 13 **14 15**

Consultants de réputation internationale, Michel et Dany Rolland mettent aussi à profit leurs techniques de vinification sur leur propre exploitation. Acquise en 1986, leur propriété de Saillans, 9 ha implantés sur des coteaux exposés au sud, dans la vallée de l'Isle, fait référence en Fronsadais.

Ce pur merlot propose un très beau nez de fruits mûrs presque confiturés mariés à un boisé fin et discret. Il offre beaucoup d'élégance en bouche autour d'une matière suave et ample, fruitée et épicée, étayée par des tanins fermes et par une fine ligne de fraîcheur. ⧗ 2021-2028

⊶ *MICHEL ET DANY ROLLAND, Cardeneau-Nord, 33141 Saillans, tél. 05 57 51 52 43, contact@rollandcollection.com* V *r.-v.*

CH. HAUCHAT 2015 ★

■ | 35000 | ◍ | 8 à 11 €

Vignerons depuis le XVIIIes. et neuf générations, les Saby - depuis 1997 les frères Jean-Christophe et Jean-Philippe, tous deux œnologues comme leur père Jean-Bernard - possèdent plusieurs crus dans le Libournais et exploitent un ensemble de 70 ha.

Les Saby ont repris en 1970 ce domaine de 10 ha situé sur le haut plateau de Saint-Aignan. Dans le verre, un fronsac ouvert sur des parfums délicats de fruits frais et de noisette grillée, franc en attaque, rond et dense en bouche, épaulé par des tanins fondus. Une bouteille bien équilibrée. ⧗ 2021-2025 ■ **La Rose 2015 (8 à 11 €; 24000 b.)** : vin cité.

⊶ VIGNOBLES JEAN-BERNARD SABY ET FILS, 7, lieu-dit Le Sable, 33330 Saint-Laurent-des-Combes, tél. 05 57 24 73 03, info@vignobles-saby.com V r.-v.

♥ HAUT-CARLES 2015 ★★

■ | 12500 | ◍ | 30 à 50 €

Un domaine commandé par un château des XVe et XVIes., construit sur le tertre de Fronsac par les Carles, puissante dynastie de la noblesse parlementaire de Bordeaux. Il est depuis 1900 dans la famille Chastenet de Castaing, dont descend Constance Droulers, installée en 1983 avec son mari Stéphane. Le couple a fait du vignoble (15 ha) un haut lieu des vins du Fronsadais. Haut-Carles, sélection parcellaire lancée en 1994, collectionne les étoiles et les coups de cœur dans le Guide.

D'un violet intense, tirant vers le noir, ce fronsac dévoile un nez envoûtant et complexe de fraise et de framboise bien mûres mariées à la vanille fraîche, au poivre blanc et au toffee anglais. Le charme continue d'opérer dans une bouche ample et veloutée, au fruité croquant, à la trame tannique dense et serrée, et à l'élevage bien dosé. Déjà du plaisir, et pour longtemps. ⧗ 2021-2030 ■ **Ch. de Carles 2015 (15 à 20 €; 22000 b.)** : vin cité.

⊶ SCEV CH. DE CARLES, Ch. de Carles, 33141 Saillans, tél. 05 57 84 32 03, contact@hautcarles.com V *r.-v.* *⊶ Droulers*

LA SÉLECTION DU CH. HAUT-PEYCHEZ 2015

■ | 5070 | ◍ | 11 à 15 €

Situé dans le Fronsadais, le Ch. Haut-Peychez est un petit cru de 3,3 ha établi sur un plateau calcaire offrant une belle vue sur la vallée de l'Isle. Dans la même famille depuis 1853, il est depuis 2008 dirigé par Éric Ravat, qui exploite aussi un petit hectare en canon-fronsac (Vinéa).

Le seul merlot compose ce vin ouvert sur des notes de myrtille et de griotte mêlées à un boisé légèrement fumé. La bouche est ronde et suave, portée par des tanins fondus et plutôt légers, malgré une petite dureté en finale. L'ensemble reste bien équilibré. ⧗ 2020-2024

⊶ ÉRIC RAVAT, 1, Peychez, 33126 Fronsac, tél. 06 77 74 22 20, eric.ravat@wanadoo.fr V *t.l.j. 9h-12h 14h-19h*

CH. HERVÉ-LAROQUE 2015

■ | 30000 | ◍ | 15 à 20 €

Moulin Haut-Laroque, aujourd'hui 16 ha, a été créé par la famille Hervé, dont l'ancêtre, marin breton, s'était installé à Saillans en 1607. La première mise en bouteilles remonte à 1890. Le domaine est l'un des porte-drapeaux de l'appellation fronsac, avec nombre d'étoiles et de coups de cœur à son actif. Il est conduit depuis 1977 par Jean-Noël Hervé, rejoint en 2012 par son fils Thomas.

Le nez complexe de ce vin évoque la fraise écrasée, le tabac et la réglisse. En bouche, le vin se montre rond et gras, soutenu en douceur par des tanins mûrs et souples et par un boisé discret. ⧗ 2020-2024

⊶ HERVÉ, 1, Le Moulin, 33141 Saillans, tél. 05 57 84 32 07, contact@moulinhautlaroque.com

CH. MAGONDEAU Beau Site 2015 ★

■ | 13000 | ◍ | 15 à 20 €

Maître Puiffe de Magondeau, notaire à Libourne et ancien propriétaire, a donné son nom à ce cru de Saillans, entré en 1934 dans la famille d'Olivier Goujon. Ce dernier, représentant la troisième génération, s'est installé en 1989 à la tête d'un vignoble de 16 ha.

Frais et aromatique, le nez de ce fronsac évoque la confiture de fraises, la réglisse et le menthol. Le palais se révèle plus vineux, suave et chaleureux, épaulé par des tanins ronds et élégants et vivifié par une touche acidulée en finale qui donne du nerf à l'ensemble. ⧗ 2021-2026

⊶ OLIVIER GOUJON, 1, Le Port, 33141 Saillans, tél. 05 57 84 32 02, contact@chateaumagondeau.com V *r.-v.*

CH. MAYNE-VIEIL Cuvée Aliénor 2015 ★

■ | 19000 | ◍ | 11 à 15 €

Bertrand et Marie-Christine Sèze conduisent Mayne-Vieil depuis 1989. Un cru fronsadais de 47 ha régulier en qualité, dans leur famille depuis 1918 (la vente en bouteilles date du père, Roger, et des années 1960). 15 ha sont dédiés à l'AOC bordeaux et au Ch. Buisson-Redon.

Ce 100 % merlot présente un nez subtil mêlant la cerise mûre à un boisé grillé bien dosé. En bouche, il se révèle à la fois charnu, solide et élégant, bien structuré par des tanins fermes et par un élevage ajusté. ⧗ 2021-2028

⊶ SCEA DU MAYNE-VIEIL, 4, rte de Saillans, 33133 Galgon, tél. 05 57 74 30 06, maynevieil@aol.com V *t.l.j. sf sam. dim. 9h-12h 14h-18h ⊶ Sèze*

Ⓑ CH. MOULIN 2015 ★

■ | 12500 | ◍ | 11 à 15 €

Agriculteur dans l'Aisne, Grégoire Hubau a quitté les plaines céréalières du nord pour s'installer en 1988 sur les coteaux de Fronsac avec Bénédicte,

LE BORDELAIS

informaticienne. Le couple cultive aujourd'hui une quinzaine d'hectares, en agriculture biologique.
Une cuvée née d'une sélection de parcelles de merlot plantées en pied de coteau. Elle offre un bouquet intense de petits fruits rouges croquants alliés à une touche de boisé toasté bien fondue. La bouche présente du volume, de la douceur et une aimable rondeur autour de tanins bien enrobés. Un profil gourmand et généreux. ⧗ 2020-2025

⊶ BÉNÉDICTE ET GRÉGOIRE HUBAU, Ch. Moulin, 33126 Fronsac, tél. 05 57 51 14 37, moulinpeylabrie@wanadoo.fr V r.-v.

LE PETIT ÂNE DE LA MOULEYRE 2015 ★

■ | 10 000 | | 11 à 15 €

Anna et Jacques Favier sont à la tête depuis 2000 de ce petit cru de Fronsac: 2,5 ha plantés sur le tertre argilo-calcaire de la Mouleyre (80 m d'altitude). Trois étiquettes ici: Ch. Vieux Mouleyre, le grand vin, Sagesses, une cuvée haut de gamme, et le Petit Âne.
Ce 2015 offre un bouquet subtil de fruits rouges et noirs bien mûrs allié à de délicates notes d'humus et de vanille. Une attaque souple introduit un palais ample et rond, adossé à des tanins fondus. ⧗ 2019-2024

⊶ SCEA ANNA ET JACQUES FAVIER, La Mouleyre, 33126 Fronsac, tél. 06 80 58 42 10, jacques-favier@vieux-mouleyre.com

CH. RENARD MONDÉSIR 2015

■ | 15 800 | | 11 à 15 €

En 1955, le Corrézien Amédée Chassagnoux acquiert le Ch. Jean Voisin à Saint-Émilion. Son fils Pierre prend la suite, puis Xavier le petit-fils, qui s'installe en 1978 dans le Fronsadais, au Ch. Renard (7 ha), dont Renard Mondésir est le premier vin et le bordeaux supérieur Ch. Virecourt une sélection parcellaire.
Ce 2015 dévoile un bouquet discret de mûre et de myrtille agrémenté de légères nuances toastées. La bouche, délicate et équilibrée, évolue en souplesse et en rondeur sur des tanins présents sans excès et sur un boisé plus intense qu'à olfaction. ⧗ 2020-2025

⊶ XAVIER CHASSAGNOUX, Renard, 33126 La Rivière, tél. 06 80 70 67 82, chateau.renard.mondesir@wanadoo.fr V r.-v.

CH. DE LA RIVIÈRE 2015 ★

■ | 170 000 | | 20 à 30 €

Créé au XVIᵉs. et remanié au XIXᵉs. par Viollet-le-Duc, ce château a été cédé en 2013 au groupe chinois Bolian. Un vaste cru de 65 ha alternant plateaux et coteaux argilo-calcaires, qui abrite 8 ha de carrières où sont élevés des vins qui font référence dans le Fronsadais. Il est aujourd'hui dirigé par Xavier Buffo, ingénieur agronome et œnologue arrivé sur le domaine en 1997.
Exprimant des arômes de myrtille et de fruits rouges mariés à un boisé vanillé assez dominant pour l'instant, ce fronsac affiche d'emblée une belle personnalité. La bouche ne déçoit pas: offrant une matière douce et ample, elle s'appuie sur des tanins fermes et sur une fine acidité qui apporte dynamisme et longueur. ⧗ 2021-2028

⊶ SCA CH. DE LA RIVIÈRE, 33126 La Rivière, tél. 05 57 55 56 56, info@chateau-de-la-riviere.com V r.-v. 5
⊶ Groupe Bolian

CH. LES ROCHES DE FERRAND 2015 ★

■ | 11 500 | | 11 à 15 €

Originaires du Fronsadais, ces producteurs ont étendu leur vignoble sur l'autre rive de l'Isle, en appellation lalande. Rémy Rousselot, installé en 1986 sur le domaine familial, exploite 21 ha et propose quatre vins: Châteaux Vray Houchat, Les Roches de Ferrand (fronsac), Pont de Guestres et au Pont de Guîtres (lalande).
Au nez, des parfums intenses de fraise et de griotte mariés à des notes de chocolat et moka. Une intensité que l'on retrouve dans une bouche fruitée, fraîche et charnue, qui évolue sur des tanins soyeux et ronds. ⧗ 2021-2026

⊶ RÉMY ROUSSELOT, 6, Signat, 33126 Saint-Aignan, tél. 05 57 24 95 16, vignobles.rousselot@outlook.com V r.-v.

CH. SAINT-VINCENT Cuvée Séduction 2015 ★

■ | 4 500 | | 15 à 20 €

Un domaine transmis de père en fils depuis quatre générations, situé sur le plus haut plateau de Fronsac, à 100 m d'altitude. Installé en 2001, Nicolas Chevalier y conduit 8 ha de vignes.
Ce fronsac né du seul merlot dévoile un nez floral et légèrement vanillé. Le palais conjugue fraîcheur et rondeur autour de tanins soyeux et fondus et s'étire dans une longue finale délicate et veloutée. ⧗ 2020-2026 ■ **2015 (8 à 11 €; 22 000 b.)** : vin cité.

⊶ NICOLAS CHEVALIER, lieu-dit Vincent, 33126 Saint-Aignan, tél. 05 57 24 02 21, sarl.odsv@gmail.com V r.-v.

CH. LES TROIS CROIX 2015 ★★

■ | 57 000 | | 15 à 20 €

Vinificateur de renom (Mouton-Rothschild de 1985 à 2003, Opus One en Californie, Almaviva au Chili), Patrick Léon a acquis en 1995 ce cru de 18 ha établi sur les communes de Fronsac, de Saillans et de Saint-Aignan (d'où les Trois Croix) et en a fait, avec son fils Bertrand, l'un des fleurons de l'AOC fronsac.
Ce fronsac bien né se présente dans une robe sombre et profonde, presque noire. Le bouquet, d'une belle complexité, allie la fraîcheur des baies noires à des notes de menthol et de poivre rose. Au palais, c'est un vin voluptueux, onctueux, parfaitement équilibré entre fruits bien mûrs, élevage maîtrisé et tanins fins et serrés. Une force tranquille. ⧗ 2021-2028 ■ **Ch. Lamolière 2015 ★ (8 à 11 €; 27 000 b.)** : un bouquet intense et frais de petits fruits rouges mariés à de douces notes briochées. Une attaque puissante ouvre sur une bouche virile, aux tanins robustes, à peine adoucis par des arômes de fruits confits en finale. À encaver. ⧗ 2022-2028

⊶ FAMILLE PATRICK LÉON, 1, Les Trois-Croix, 33126 Fronsac, tél. 05 57 84 32 09, lestroiscroix@aol.com V r.-v.

CH. LA VIEILLE CURE 2015 ★★

■ | 55000 | | 20 à 30 €

88 89 90 93 **94 95** 96 **97 98** 99 00 **01 02** 03 **04** |**05**| |06| |**07**| |08| |09| |**10**| 11 12 13 14 **15**

Acquis en 1986 par des amis américains, ce cru, indiqué sur la carte de Belleyme de 1780, couvre 20 ha d'un seul tenant. Les vignes sont implantées sur des coteaux argilo-calcaires à 65 m d'altitude, bien exposés et bien drainés, dans la vallée de l'Isle. Une valeur sûre de l'AOC fronsac.

Cet excellent vin d'un seyant pourpre profond présente un bouquet très séduisant de fruits mûrs, de boisé vanillé, de moka et de noisette torréfiée. En bouche, il se montre gras, volumineux, corsé, adossé à des tanins à la fois serrés et veloutés qui portent loin la finale. Du caractère et du potentiel. ⧗ 2021-2028 ■ **La Sacristie de la Vieille Cure 2015 ★ (11 à 15 €; 48000 b.)** : un vin agréable, marqué par le cassis et le poivre blanc au nez, ample et généreux en bouche, mariant la fraîcheur du fruit à un boisé léger, avant une finale un peu sévère. ⧗ 2021-2026

SNC CH. LA VIEILLE CURE, Coutreau, 33141 Saillans, tél. 05 57 84 32 05, vieillecure@wanadoo.fr V *r.-v.*

POMEROL

Superficie : 785 ha / Production : 40 500 hl

Pomerol est l'une des plus petites appellations girondines et l'une des plus discrètes sur le plan architectural. Au XIXe s., la mode des châteaux du vin, d'architecture éclectique, ne semble pas avoir séduit les Pomerolais, qui sont restés fidèles à leurs habitations rurales ou bourgeoises. Néanmoins, l'aire d'appellation possède quelques demeures élégantes comme le Ch. de Sales (XVIIe s.), sans doute l'ancêtre de toutes les chartreuses girondines, ou le Ch. Beauregard, l'une des plus charmantes constructions du XVIIIe s., reproduite par les Guggenheim dans leur propriété new-yorkaise de Long Island.

Cette modestie du bâti sied à une AOC dont l'une des originalités est de constituer une sorte de petite république villageoise où chaque habitant cherche à conserver l'harmonie et la cohésion de la communauté; un souci qui explique pourquoi les producteurs sont toujours restés réservés quant au bien-fondé d'un classement des crus.

La qualité et la spécificité des terroirs auraient pourtant justifié une reconnaissance officielle du mérite des vins de l'appellation. Comme tous les grands terroirs, celui de Pomerol est issu du travail d'une rivière, l'Isle, née dans le Massif central. Le cours d'eau a commencé par démanteler la table calcaire pour y déposer des nappes de cailloux, travaillées ensuite par l'érosion. Il en résulte un enchevêtrement de graves ou de cailloux roulés. La complexité des terrains semble inextricable: toutefois, il est possible de distinguer quatre grands ensembles: au sud, vers Libourne, une zone sablonneuse; près de Saint-Émilion, des graves sur sables ou argiles (terroir proche de celui du plateau de Figeac); au centre de l'AOC, des graves sur ou parfois sous des argiles (Petrus); enfin, au nord-est et au nord-ouest, des graves plus fines et plus sablonneuses.

Cette diversité n'empêche pas les pomerol de présenter une analogie de structure. Très bouquetés, ils allient la rondeur et la souplesse à une réelle puissance, ce qui leur permet d'être de longue garde tout en pouvant être bus assez jeunes. Ce caractère leur ouvre une large palette d'accords gourmands, aussi bien avec des mets sophistiqués qu'avec des plats très simples.

B CH. BEAUREGARD 2015 ★★

■ | 29000 | | 50 à 75 €

75 78 81 (82) **83** 84 **85** 86 88 89 90 92 **93 94 95 96 97 98** 99 00 01 02 |**03**| 04 |05| 06 07 08 |09| |**10**| |11| |**12**| |13| 14 **15**

Commandé par une superbe chartreuse du XVIIe s., Beauregard compte 17,5 ha de vignes en bordure sud-est du plateau de Catusseau, complétés par 8 ha en lalande (Pavillon Beauregard). Un cru très régulier, dont la gestion est confiée à Vincent Priou. Propriété depuis 1991 du Crédit Foncier, il a été vendu en juillet 2014 aux familles Moulin (groupe Galeries Lafayette) et Cathiard (Ch. Smith Haut Lafitte). Un nouveau cuvier a été aménagé, l'agriculture biologique adoptée et le domaine ouvert au tourisme.

Le cru produit généralement des vins de garde raffinés. Le 2015 répond pleinement à ce profil. Il a bénéficié non seulement des conditions optimales du millésime mais aussi du nouveau cuvier permettant des vinifications de haute précision et de tables de tri flambant neuves. Vendangés du 17 septembre au 2 octobre, merlot (70 %) et cabernet franc ont séjourné dix-huit mois en barriques (neuves à 60 %). La robe bordeaux est éclatante. Au nez, le boisé, encore dominant, prend des tons d'amande, de noisette grillée, d'épices douces, de réglisse; le fruit, finement confit, perce déjà à l'arrière-plan. Généreuse, ample et charnue, la bouche dévoile la qualité des raisins mûrs et croquants. Si les tanins prennent le dessus en finale, ils sont élégants et donnent beaucoup d'allonge à cette bouteille. ⧗ 2020-2030 ■ **Benjamin de Beauregard 2015 (30 à 50 €; 29000 b.)** B : vin cité.

SCEA CH. BEAUREGARD, 33500 Pomerol, tél. 05 57 51 13 36, contact@chateau-beauregard.com V *r.-v.*

CH. BEL-AIR 2015 ★

■ | 38000 | | 20 à 30 €

Remontant à 1870, la propriété est dans la même famille depuis cinq générations. Elle était autrefois plantée de vergers, qui ont fait place à la vigne dans les années de l'après-guerre (des cépages blancs, remplacés par des vignes rouges après 1960). Le vignoble est réparti entre les AOC pomerol (Ch. Bel-Air, 9 ha) et fronsac (Ch. Beauséjour, 12 ha).

Né de pur merlot, un pomerol des plus typés. La couleur est intense et profonde; le bouquet mêle les fruits noirs bien mûrs, myrtille en tête, à un agréable boisé toasté et vanillé. Rond et gras, presque moelleux, le palais reflète la maturité de la vendange. Des tanins à la fois denses et soyeux assurent une finale élégante. Autant d'atouts pour la garde. ⧗ 2019-2028

SCEA VIGNOBLES SUDRAT-MELET, 5, chem. de la Cabanne, 33500 Pomerol, tél. 05 57 51 02 45, vignsudrat-melet@wanadoo.fr V *r.-v.*

LA BELLE CONNIVENCE 2015 ★

■ | 2500 | 🍷 | 50 à 75 €

Le Ch. la Connivence, né en 2008, est le fruit d'une histoire d'amitié entre Alexandre de Malet Roquefort, propriétaire du Ch. la Gaffelière, 1er grand cru classé de Saint-Émilion, et deux anciens footballeurs des Girondins, dont Johan Micoud, ancien international, qui reste associé à l'entreprise. Le vin provient d'un mouchoir de poche (1,4 ha), planté en merlot.

Malgré sa surface réduite, ce cru couvre des sols très variés qui lui apportent un caractère très équilibré. La Belle Connivence, son second vin, revêt une robe intense. Encore très boisé, le nez s'ouvre à l'aération sur d'agréables nuances de brioche et de beurre noisette alliées à des parfums de fruits bien mûrs. Gourmande et ronde, l'attaque, à l'unisson du bouquet, dévoile d'abord des notes de crème chaude, puis des arômes de cerise et de mûre confiturées; elle montre aussi une fraîcheur apéritive et de la minéralité. Les tanins sont encore jeunes et vifs mais déjà élégants. Du potentiel. ⧗ 2020-2028

⊶ A. DE MALET ROQUEFORT, 33500 Pomerol, s.benzal@domainesmr.com

Ⓑ CH. BELLEGRAVE 2015 ★

■ | 54000 | 🍷 | 30 à 50 €

Vigneron-tonnelier à Arveyres, le père de Jean-Marie Bouldy a traversé la Dordogne en 1951 pour s'établir sur les graves du secteur de René, dans la partie sud-ouest de l'appellation pomerol, au nord de Libourne. Le fils, Jean-Marie, a repris l'exploitation en 1980 (11 ha aujourd'hui) et l'a convertie à l'agriculture biologique (certification en 2012).

Une cuvée importante, ce qui n'empêche pas ce vin de se montrer racé. Sa couleur intense annonce une réelle concentration. Le nez apparaît gorgé de fruits noirs bien mûrs, rehaussés d'un boisé torréfié (cacao) et d'une touche florale. Chaleureux dès l'attaque, le palais déploie une chair ample et dense, tout en délivrant des arômes purs et nets, reflets de la finesse du terroir. Boisés mais fondus, les tanins contribuent à l'élégance de la finale. ⧗ 2020-2028

⊶ JEAN-MARIE BOULDY, lieu-dit René, 33500 Pomerol, tél. 05 57 51 20 47, chateaubellegrave@orange.fr V 🚶 ! *t.l.j. sf dim. 8h30-12h30 14h30-19h30; sam. sur r.-v.*

CH. LE BON PASTEUR 2015

■ | 20000 | 🍷 | 75 à 100 €

78 79 81 ⑧② **83 85 86 88** 89 90 **92 93 94** ⑨⑤ 96 **97** |⑨⑧| **99 00 01** 02 03 04 |**05**| |06| 08 |09| **10** 11 12 |13| **14** 15

Michel Rolland possédait plusieurs crus dans le Libournais, avec pour fleuron Bon Pasteur, dans la famille depuis les années 1920: 7 ha morcelés en 23 parcelles, aux confins nord-est de Pomerol. Bertineau Saint-Vincent (5,6 ha en lalande) et Rolland-Maillet (3,3 ha en saint-émilion) complètent la propriété, passée en 2013 sous pavillon chinois (le groupe Golding basé à Hong-Kong); l'équipe technique est restée en place.

Le vin du Bon Pasteur fait l'objet d'une vinification intégrale en barrique neuve et en petite cuve Inox, avec pigeage. Le 2015 apparaît déjà très ouvert. Le premier nez exprime surtout la barrique torréfiée, l'agitation libérant des notes de fruits noirs et de cerise. En bouche, l'attaque chaleureuse et fruitée est vite relayée par les nuances grillées de l'élevage. Très présents, les tanins du merrain, aux accents chocolatés, donnent à ce vin un style moderne et international qui ne manque pas d'amateurs. ⧗ 2020-2030

⊶ SAS LE BON PASTEUR, 10, chem. de Maillet, 33500 Pomerol, tél. 05 57 24 52 58, contact@chateaulebonpasteur.com V 🚶 ! *r.-v.*

CH. LA CABANNE 2015 ★

■ | 44000 | 🍷 | 30 à 50 €

Les Estager, négociants et propriétaires d'origine corrézienne, sont établis depuis 1912 dans le Libournais. Côté vignobles, conduits par Michèle Estager et son fils François, quatre AOC: pomerol (La Cabanne, Plincette, Haut Maillet), saint-émilion (Gourdins), lalande (Gachet) et montagne (La Papeterie).

Ce vin a un style bien typé pomerol. La couleur est intense. Le bouquet met au premier plan les fruits noirs bien mûrs (myrtille), soulignés d'un discret trait boisé. Le palais, à l'unisson, se révèle gourmand, friand, ample et frais à la fois. Déroulant une chair soyeuse étayée par d'élégants tanins épicés et réglissés, il laisse le souvenir d'un vin bien construit et persistant. ⧗ 2020-2030 ■ **Ch. Haut-Maillet 2015 (30 à 50 €; 20400 b.)** : vin cité.

⊶ VIGNOBLES J.-P. ESTAGER, 35, rue de Montaudon, 33500 Libourne, tél. 05 57 51 04 09, estager@estager.com V 🚶 ! *r.-v.*

CH. LE CAILLOU 2015

■ | 33400 | 🍷 🛢 | 20 à 30 €

La famille Giraud-Bélivier possède plusieurs crus en Libournais: la Tour du Pin Figeac, 11 ha détachés du Ch. Figeac en 1879 et acquis par la famille en 1923, le Caillou à Pomerol (7 ha) et le Vieux Manoir en lalande. Des crus conduits aujourd'hui par André Giraud, épaulé par ses fils Stéphane et Laurent.

Élaboré pour l'essentiel à partir de merlot, ce 2015 est évidemment très coloré. Le premier nez, torréfié, reste sous l'emprise de la barrique: il faut une bonne agitation pour libérer le fruit, un fruit bien mûr. Après une attaque souple, ronde et charnue, les tanins du merrain reprennent le dessus, sans écraser le vin. Une petite garde est de mise. ⧗ 2020-2024

⊶ SARL ANDRÉ GIRAUD, 41, rue de Catusseau, 33500 Pomerol, tél. 05 57 51 06 10, giraud.belivier@wanadoo.fr V 🚶 ! *r.-v. ⊶ GFA Giraud-Bélivier*

CLOS DE LA VIEILLE ÉGLISE 2015 ★★

■ | 9000 | 🍷 | 50 à 75 €

92 93 94 95 96 99 **00** 01 02 03 |**04**| |05| |**06**| |07| 08 09 ⑩ **11** 13 **14 15**

Les Trocard sont établis dans le Libournais depuis 1628. Leurs domaines ont connu un formidable essor au lendemain de la Seconde Guerre mondiale. Aux commandes depuis 1976, Jean-Louis Trocard, épaulé par ses enfants Benoît et Marie, a porté le vignoble à près de 100 ha répartis dans plusieurs crus et appellations.

Dans la famille depuis 1830, ce petit cru (1,5 ha) situé dans le meilleur terroir de Pomerol, sur le plateau de graves et d'argiles, est une valeur sûre. Remarquable, le 2015, élevé vingt mois en barrique neuve, montre d'emblée ses atouts: une robe bordeaux soutenu, un nez riche et puissant, déployant une large palette d'arômes: fruits confits, fruits noirs (mûre), touche florale, chêne toasté, cèdre, thé, épices douces... La bouche prend bien le relais, un peu moins exubérante mais bien fruitée, tout en rondeur élégante et en suavité, soutenue par des tanins boisés déjà fondus. Du grand art. ⧗ 2020-2030

⊶ BENOÎT TROCARD, 1175, rue Jean-Trocard, 33570 Les Artigues-de-Lussac, tél. 05 57 55 57 90, contact@trocard.com V ♿ ▮ *t.l.j. sf sam. dim. 9h-12h 14h-17h*

♥ LE CLOS DU BEAU-PÈRE 2015 ★★

■	20000	◍	30 à 50 €

L'un des crus de Jean-Luc Thunevin, l'homme de Valandraud (aujourd'hui 1er grand cru classé de Saint-Émilion) et des vins de garage: 4 ha de vignes, acquis en 2006.

Jean-Luc Thunevin collectionne les coups de cœur avec son Ch. Valandraud, désormais 1er cru classé de Saint-Émilion. Il renouvelle l'exploit en pomerol. Planté à 90 % de merlot, son terroir, partagé entre graves profondes et argiles, était parfaitement adapté au millésime 2015. Après un séjour de dix-huit mois en barrique neuve, le vin se pare d'une robe dense et jeune, aux reflets violets. Très jeune lui aussi, le nez prend son temps pour libérer des arômes de fruits noirs bien mûrs et de merrain toasté, rehaussés de notes de gibier et de touches minérales. La bouche chaleureuse, presque moelleuse, déploie une profusion d'arômes de fruits confits dans une chair goûteuse et ample qui lui donne un style assez moderne. Les tanins boisés aux accents de moka signent en finale un superbe pomerol, à la fois solide et élégant. ⧗ 2020-2030

⊶ THUNEVIN (CLOS DU BEAU-PÈRE), 6, rue Guadet, 33330 Saint-Émilion, tél. 05 57 55 09 13, thunevin@thunevin.com V ▮ *r.-v.*

♥ CLOS DU CLOCHER 2015 ★★

■	n.c.	◍	75 à 100 €

L'un des crus de la famille Bourotte, bien implantée dans le Libournais. Un domaine de 4,6 ha né en 1931 de la réunion de trois parcelles au cœur du plateau de Pomerol, près de l'église du village.

Après dix-huit mois dans le bois, ce vin paré d'une robe bordeaux très sombre montre toutes les qualités attendues d'un grand pomerol. À la fois puissant et délicat, son bouquet exprime les raisins bien mûrs et le merrain très fin, sur des notes de cerise noire, de cassis, d'épices, de réglisse et de cacao. Généreux et vineux, aussi complexe que le nez, le palais déploie de belles rondeurs soutenues par des tanins puissants et élégants qui permettront d'apprécier cette bouteille jeune, tout en autorisant une longue garde. ⧗ 2019-2030 ■ **Ch. Bonalgue 2015 ★ (30 à 50 €; n.c.)** : un 2015 typé merlot (90 %), montrant quelques reflets tuilés. Un nez très mûr, sur le pruneau et des notes d'élevage aux accents de speculoos; une bouche dans le même registre, généreuse, ample et ronde, aux tanins boisés déjà affinés. ⧗ 2019-2028

⊶ SC CLOS DU CLOCHER, 35, quai du Priourat, BP 79, 33502 Libourne Cedex, tél. 05 57 51 62 17, pbourotte@jbaudy.fr V ♿ ▮ *r.-v. ⊶ Bourotte*

CLOS L'ÉGLISE 2015 ★

■	15000	◍	75 à 100 €

Sylviane Garcin, née Cathiard, est propriétaire de plusieurs crus en pessac-léognan (Haut-Bergey, Branon) et depuis 2000 du Ch. Barde-Haut, cru de Saint-Émilion, qui a été classé en 2012. Acquis par la famille en 1997, le Clos l'Église (un peu moins de 6 ha en pomerol), planté par les Hospitaliers, remonte au XIIes et formait une unité de 14 ha au XVIIIes., scindée à une époque postérieure. C'est maintenant Hélène qui gère avec son époux ce cru.

Un cru planté à 80 % de merlot (le cabernet franc faisant l'appoint) sur sols argilo-graveleux, avec remontées de crasse de fer. Ses vins sont très élégants, et c'est particulièrement le cas du 2015. Le nez puissant exprime le raisin bien mûr et un long élevage en barrique (dix-huit mois) qui respecte le fruit. Ronde et onctueuse, bien typée pomerol, la bouche est servie par une belle expression fruitée et par des tanins boisés raffinés. Déjà agréable, ce vin saura vieillir. ⧗ 2019-2029

⊶ CLOS L'ÉGLISE, 1, Clinet, 33500 Pomerol, tél. 05 57 25 72 55, helenegarcin@vignoblesgarcin.com V ♿ ▮ *r.-v.*

CH. LA COMMANDERIE 2015 ★

■	13500	◍	30 à 50 €

Un vignoble de près de 6 ha en pomerol. Il a été acquis en 2013 par Andrew et Melody Kuk, un jeune couple de Chinois originaires de Singapour, passionnés par le vin et la culture française. Une activité prospère dans l'immobilier à Hong Kong leur a permis d'investir dans ce cru dont les chais ont été modernisés. Les vignes, du merlot (72 %) et du cabernet franc, sont implantées sur des terrains sablo-graveleux.

Une entrée réussie dans le Guide pour ces nouveaux producteurs avec ce vin à la robe intense et au bouquet concentré, déjà élégant, mêlant les fruits des bois bien mûrs et un boisé fin et discret à des notes de gibier, d'humus et de sous-bois. Bien typé pomerol, le palais se montre charmeur, ample, gourmand et long, riche en arômes de fruits confits. Des tanins de qualité lui font une belle charpente de vin de garde. ⧗ 2020-2030

⊶ SAS CH. LA COMMANDERIE, 4, chem. de la Commanderie, 33500 Pomerol, tél. 05 57 51 79 03, contact@lacommanderiepomerol.com V ♿ ▮ *r.-v. ⊶ Kuk*

CH. LA CRÉATION 2015

■	20000	◍ 🍾	30 à 50 €

Implanté au sud-ouest de Pomerol, le Ch. Tour Robert, rebaptisé La Création, est un cru d'un seul

tenant (5,5 ha aujourd'hui). L'une des dernières acquisitions (2012) de Stéphane de Gaye, à la tête d'une compagnie d'assurances, qui a acheté en 2005 le Ch. Grand Corbin Manuel en saint-émilion grand cru, puis en 2013 le Ch. Sainte-Barbe en bordeaux supérieur. Sa fille Yseult dirige ces propriétés, auxquelles s'est ajouté en 2015 le Ch. Haut-Cadet en saint-émilion grand cru.

La propriété s'est agrandie d'un hectare qui a permis d'augmenter la proportion de cabernet dans les assemblages: près de 40 % (cabernet franc pour l'essentiel), une proportion importante, rarement observée en pomerol. Il en résulte un vin de caractère, d'une puissance notable. Le premier nez boisé laisse place à d'agréables notes de fruits noirs bien mûrs (cassis et myrtille). Dans le même registre, la bouche charnue et concentrée dévoile une texture serrée. La finale est encore sous l'emprise de tanins boisés qui demandent à s'affiner. ⧗ 2021-2031

⊶ YSEULT DE GAYE-NONY, chem. de Grangeneuve, 33500 Libourne, tél. 05 57 25 09 68, info@grandcorbinmanuel.fr V ♿ ▪ r.-v.

CH. LA CROIX DE GAY 2015 ★

■	21000	ⅡⅠ	30 à 50 €

Ce cru situé autour du hameau du Pignon est resté dans la même famille, par filiation directe, depuis le XVes. C'est Chantal Raynaud-Lebreton qui le dirige depuis 1998 – son frère Alain ayant revendu ses parts en 2009. Le domaine ne couvre plus que 6 ha. Il s'est équipé en 2014 d'un nouveau cuvier aux cuves de béton tronco-cylindriques, en forme de tulipe.

Un vignoble typique de Pomerol: familial, petit par sa surface et pourtant très connu. La qualité de son vin, bien typé de l'appellation lui aussi, y contribue. Voyez ce 2015, qui doit presque tout au merlot (97 %): beaucoup de couleur, un nez fruité, riche en arômes de fruits des bois très mûrs, voire confiturés, rehaussés par les notes épicées et cacaotées d'un élevage en barrique bien maîtrisé; une attaque chaleureuse, onctueuse et charnue, ouvrant sur un palais où le fruit garde sa place, le bois n'étant là que pour le mettre en valeur et assurer l'avenir. ⧗ 2019-2028

⊶ SCEV CH. LA CROIX DE GAY, 8, chem. de Saint-Jacques-de-Compostelle, lieu-dit Pignon, 33500 Pomerol, tél. 05 57 51 19 05, contact@chateau-lacroixdegay.com V ♿ ▪ r.-v.
⊶ Chantal Lebreton

CH. CROIX DES ROUZES 2015

■	8000	ⅡⅠ	20 à 30 €

Propriétaire en saint-émilion depuis 1880 (Ch. Panet, à Saint-Christophe-des-Bardes, au nord-est de l'appellation), la famille Carles a développé son vignoble après 1945 aux environs (Clos la Rose, Haut-Fonrazade, Coudert, Clos Jacquemeau). Elle a aussi hérité en 1994 d'une parcelle de 3,3 ha en pomerol qu'elle a baptisé Ch. Croix des Rouzes. À la tête de ces domaines depuis 1999, Jérôme Carles.

Rouzes? «Rousses»: la couleur des terres ferrugineuses de ce petit cru situé au nord-ouest du village de Pomerol. Son vin montre une couleur profonde annonçant sa concentration. Les arômes de fruits confits, soulignés par un boisé épicé, confirment la forte maturité du raisin. À la fois chaleureux et charpenté, le palais laisse une impression de sérieux et de solidité. Ses tanins encore massifs appellent la garde. ⧗ 2020-2028

⊶ VIGNOBLES CARLES, Ch. Panet, 33330 Saint-Christophe-des-Bardes, tél. 05 57 24 78 92, contact@vignobles-carles.fr V ♿ ▪ r.-v.

CH. LA CROIX SAINT-GEORGES 2015 ★★

■	16800	ⅡⅠ 🍾	30 à 50 €

Fils de Jean-François Janoueix, Jean-Philippe Janoueix s'est d'abord installé à Lalande (Ch. Chambrun, vendu à Silvio Denz) avant de créer en 2001 le Ch. la Confession en saint-émilion grand cru, réunion des châteaux Barreau et Haut-Pontet. Il produit aussi du bordeaux supérieur (Croix Mouton), du saint-georges-saint-émilion (Cap Saint-Georges) et du pomerol (Sacré Cœur, en fermage, La Croix Saint-Georges).

Tirant son nom des Hospitaliers de Saint-Jean de Jérusalem qui possédaient des terres dans ce pays, ce domaine de 4,5 ha sur sols argilo-graveleux est planté à plus de 90 % de merlot. Son 2015 s'est placé parmi les finalistes pour un coup de cœur. Tous les jurés louent la profondeur de sa robe aux reflets violets de jeunesse, puis l'harmonie de son bouquet sur la myrtille et le cassis bien mûrs, mais pas trop confiturés, relayés par les notes réglissées et toastées de la barrique. Ce mariage accompli du raisin et du merrain se confirme dans un palais vineux, rond et frais à la fois, étayé par de solides tanins au grain fin, qui soulignent la longue finale. Garde assurée. ⧗ 2020-2030 ■ **Sacré Cœur 2015 (30 à 50 €; 6800 b.)** : vin cité.

⊶ JEAN-PHILIPPE JANOUEIX, 83, cours des Girondins, 33500 Libourne, tél. 05 57 48 13 16, contact@jpjdomaines.com

Ⓑ CH. LA CROIX-TOULIFAUT 2015 ★

■	11300	ⅡⅠ	30 à 50 €

Négociants-éleveurs et producteurs d'origine corrézienne, les Janoueix sont propriétaires de nombreux crus dans le Libournais. Leur histoire débute en 1898 quand Jean Janoueix fonde son commerce de vin, aidé de ses quatre fils. Joseph acquiert son propre domaine (Haut Sarpe) en 1930 et crée sa maison de négoce en 1932. Jean-François est aux commandes de ce vaste ensemble.

Implanté sur le versant sud du plateau de Pomerol, entre les châteaux Beauregard et Figeac, ce cru est conduit en bio depuis 2009. Sur son terroir argilo-limoneux, la vigne n'a pas trop souffert de la chaleur et offre un vin harmonieux: robe profonde; bouquet d'une belle finesse, mêlant les notes de fruits mûrs d'un bon raisin à des notes d'élevage très présentes (amande grillée, cacao, réglisse). Très ronde, onctueuse, adossée à des tanins encore jeunes mais fins, rafraîchie par des saveurs de cerise, la bouche finit par la vanille et le pain grillé de la barrique. ⧗ 2019-2025 ■ **Ch. la Croix 2015 (30 à 50 €; 60000 b.)** : vin cité.

⊶ SCEA CH. JEAN-FRANÇOIS JANOUEIX, 37, rue Pline-Parmentier, BP 192, 33506 Libourne Cedex, tél. 05 57 51 41 86, info@j-janoueix-bordeaux.com V ♿ ▪ r.-v.

CH. L'ENCLOS 2015 ★

■ | 30000 | 🍷 | 50 à 75 €

Les Américains Denise et Stephen Adams, propriétaires de wineries en Californie, ont investi dans le Libournais: après Fonplégade, grand cru classé de Saint-Émilion, acquis en 2004, ils ont acheté l'Enclos à Pomerol, en 2007. Ce dernier compte 9 ha répartis en trente-huit parcelles sur le coteau ouest du plateau, dans le secteur de René. Les sols sablo-graveleux portent le merlot, le cabernet franc et un soupçon de malbec.

L'Enclos revient, remis à niveau par la famille Adams. Le vin montre le profil des vins de ce secteur, propice à la finesse. Son bouquet naissant exprime avec subtilité les fruits des bois, le merrain chauffé, la vanille, la réglisse et la cannelle. Le palais charmeur joue sur des notes chaleureuses de cerise à l'eau-de-vie et déploie de belles rondeurs. Jeunes mais fondus, boisés avec mesure, les tanins contribuent à la délicatesse de ce vin, tout en assurant une bonne garde. ⧗ 2019-2029

⊶ DENISE ET STEPHEN ADAMS, 20, rue du Grand-Moulinet, 33500 Pomerol, tél. 05 57 74 43 11, chateaufonplegade@fonplegade.fr

CH. FAYAT 2015

■ | 38500 | 🍷 | 20 à 30 €

Clément Fayat, propriétaire du Ch. la Dominique, cru classé de Saint-Émilion, depuis 1969, et du Ch. Clément Pichon en haut-médoc, s'est intéressé au pomerol à partir de 1984, faisant l'acquisition du Ch. Prieurs de la Commanderie. Il a depuis acheté deux châteaux, La Commanderie de Mazeyres (2000), puis Vieux Bourgneuf (2006). Le Ch. Fayat résulte de la fusion en 2009 de ces trois crus. Au total, 16 ha de vignes plantées sur des sols variés.

Malgré l'importance de sa superficie, ce cru est entièrement dédié au merlot. Un cas fréquent à Pomerol, considéré comme le berceau de ce cépage. Pour le 2015, une robe presque noire, un bouquet déjà ouvert sur des notes boisées (vanille, cacao), sur la cerise et la mûre, rehaussées de la touche de violette du merlot bien mûr. Charnue, la bouche est plus compacte, dominée par des arômes d'élevage qui lui donnent un caractère plus austère. ⧗ 2020-2030

⊶ VIGNOBLES CLÉMENT FAYAT, 18, av. Georges-Pompidou, 33500 Libourne, tél. 05 57 51 31 36, contact@vignobles.fayat.com

CH. FEYTIT-CLINET 2015 ★★

■ | 18000 | 🍷 | 50 à 75 €

Jérémy Chasseuil, œnologue, a repris en 2000, à la suite de son père, ce cru familial de 6,7 ha jusqu'alors exploité en fermage. Restructuration du vignoble, baisse des rendements, tri sévère à la vendange..., il en a fait un domaine qui compte, en progrès constant.

Ce cru semble se jouer des millésimes, obtenant une double étoile quelles que soient les conditions météorologiques. Raffiné et profond, le 2015 est de la même veine que ses devanciers. Sa robe est à la fois foncée et éclatante. Très expansif, son bouquet associe les fruits noirs confiturés et toute une gamme boisée – notes toastées, épices douces, amande grillée – sans oublier la délicate touche de violette des merlots pomerolais. Charnue et chaleureuse à souhait, la bouche déploie des arômes de noyau, teintés d'une minéralité élégante, sur une chair dense. Bien enrobés, les tanins tapissent longuement le palais, marqués en finale par une petite amertume. Un grand classique, avec du caractère. ⧗ 2020-2030

⊶ JÉRÉMY CHASSEUIL, 1, chem. de Feytit, 33500 Pomerol, tél. 05 57 25 51 27, jeremy.chasseuil@orange.fr V 🚶 *r.-v.*

♥ CH. LA FLEUR-PÉTRUS 2015 ★★★

■ | n.c. | 🍷 | + de 100 €

82 83 85 86 88 (89) **90** 95 **96 98** 99 01 02 03 04 |05| |**06**| |07| |**08**| 09 (10) **11** (12) **13 14** (15)

Implanté sur le plateau de Pomerol, contigu à Lafleur à l'ouest et à Petrus au sud, c'est le plus vaste des crus pomerolais (18,7 ha) de la famille Moueix, acquis dès 1953; il a été agrandi en 1994 grâce à l'acquisition d'une butte graveleuse du Ch. le Gay. Un château réputé pour l'élégance de ses vins.

Une goutte de petit verdot (0,5 %), un peu de cabernet franc (7,5 %) et beaucoup de merlot pour La Fleur-Pétrus 2015 et dans le verre, un pomerol majuscule. La robe est intense et franche. Le nez, d'une grande élégance, évoque la terre chaude, les épices douces, la fraise et le menthol, avec un côté racinaire qui ajoute à sa complexité. La bouche conjugue tous les attraits d'un pomerol bien né: un profil soyeux, charnu et doux et une charpente tannique puissante mais très fine, avec en prime le caractère solaire du millésime. ⧗ 2022-2030

⊶ ÉTS JEAN-PIERRE MOUEIX (CH. LA FLEUR PETRUS), 54, quai du Priourat, BP 129, 33502 Libourne Cedex, tél. 05 57 51 78 96, info@jpmoueix.com

CH. FRANC-MAILLET 2015 ★★

■ | 8900 | 🍷 | 20 à 30 €

98 **99** 00 **01** 02 03 **04** |05| 06 07 08 **09** 10 |11| 12 |13| **14 15**

À son retour de la Grande Guerre, Jean-Baptiste Arpin achète 1 ha à Pomerol, dans le secteur du Maillet. Aujourd'hui, ses petits-fils et arrière-petits-fils Gérard et Gaël exploitent 38 ha en pomerol (Franc Maillet), saint-émilion (La Fleur Chantecaille), montagne (Gachon) et lalande (Vieux Château Gachet), et proposent régulièrement de très bons vins.

Un cru de 5,6 ha planté de merlot (80 %) et de cabernet franc sur sols silico-graveleux et sous-sols argileux. Ses vins semblent avoir pris un abonnement dans le Guide. Le 2014 avait été élu coup de cœur, et ce 2015 a figuré parmi les finalistes. Sa robe aux reflets violets impressionne par son intensité et par sa jeunesse. Le bouquet délivre avec générosité des notes de fruits noirs très mûrs, mises en valeur par un boisé discret aux nuances d'amande grillée et de vanille. La mise en bouche révèle un grand vin, puissant, charnu et velouté, aux arômes de noyau bien typés, soutenu par des tanins aussi serrés qu'élégants. La finale est marquée par un retour de la mûre et des épices, en écho à l'olfaction. ⧗ 2020-2030

SCEA VIGNOBLES G. ARPIN, Chantecaille, 33350 Saint-Émilion, tél. 09 71 58 23 49, contact@chateaux-g-arpin.fr V r.-v.

CH. LA GANNE 2015 ★

■ | 8000 | | 20 à 30 €

Situé au sud-ouest de l'appellation pomerol, près de Saint-Émilion, un domaine exploité par la même famille depuis cinq générations, dont Michel Dubois a pris les rênes 1989. Les 7 ha du vignoble sont répartis dans les appellations pomerol (4 ha), saint-émilion grand cru et bordeaux.

Constitué de vieilles vignes de soixante-dix ans – du merlot essentiellement (90 %) planté sur sols sablo-graveleux –, un petit vignoble très apprécié par les gens du pays. Si l'on ajoute au terroir une élaboration traditionnelle bien menée, on obtient un pomerol typé, coloré, au bouquet discret, franc et déjà charmeur par la belle harmonie entre le raisin et le merrain. La bouche, à l'unisson du nez, se montre ronde avec élégance; gourmande, elle déploie de plaisants arômes de fruits confits et des tanins fondus et racés. Du potentiel. ⧗ 2019-2030

MICHEL DUBOIS, 224, av. Foch, 33500 Libourne, tél. 05 57 51 18 24, chateau.laganne@gmail.com V r.-v.

CH. LE GAY 2015

■ | 16063 | | + de 100 €

Grande figure de Pomerol disparue en 2013, Catherine Péré-Vergé, héritière des cristalleries d'Arques, exploitait trois domaines pomerolais qu'elle a portés au sommet: Montviel, acquis en 1985, Le Gay et La Violette, complétés par La Gravière en lalande. Un ensemble conduit aujourd'hui par son fils Henri Parent.

Ce 2015 montre une recherche de l'extraction. Il a achevé sa fermentation dans des barriques neuves où il est resté seize mois. Il en ressort paré d'une robe profonde. Le premier nez est dominé par les notes toastées et épicées de l'élevage, avant que l'aération ne laisse percer des senteurs de fruits noirs bien mûrs (mûre et cassis). De même, le palais, concentré, est encore sous l'emprise du merrain; cela donne pour l'heure à ce vin un caractère un peu austère, qui s'estompera avec le temps. ⧗ 2020-2030

SCEA VIGNOBLES PÉRÉ-VERGÉ, Grand-Moulinet, 33500 Pomerol, tél. 05 57 25 34 34, communication@montviel.com V r.-v.

CH. GAZIN 2015 ★

■ | 82000 | | 50 à 75 €

(90) **91** 92 **93** 94 (95) (96) 97 **98** 99 **00** 01 **02** (03) **04** |(05)| |(06)| |**07**| |**08**| |**09**| **10** 11 12 |**13**| 14 15

L'un des domaines les plus réputés de Pomerol, ancienne propriété des Hospitaliers de Saint-Jean-de-Jérusalem, entré dans la famille Bailliencourt en 1918. L'un des plus étendus aussi, 26 ha d'un seul tenant sur un superbe terroir argilo-graveleux, où naissent des pomerol d'un grand classicisme.

Comme toujours ici, du merlot à 95 % et un soupçon de cabernet franc. Après un élevage de dix-huit mois en fût, le 2015 de Gazin livre un bouquet généreux de fruits rouges et noirs mûrs agrémenté d'un bon boisé grillé et épicé et d'une petite touche végétale. En bouche, une attaque souple précède un développement plus dense, porté par des tanins fermes. Un bon classique. ⧗ 2021-2028

GFA CH. GAZIN, 1, chem. de Chantecaille, 33500 Pomerol, tél. 05 57 51 07 05, contact@gazin.com r.-v. *Famille de Bailliencourt*

(B) CH. GOMBAUDE-GUILLOT 2015

■ | 15000 | | 50 à 75 €

Claire Laval a repris en 1983 avec son mari Dominique Techer Gombaude-Guillot, un vignoble familial d'environ 8 ha, créé en 1860 au cœur du plateau de Pomerol. Acquis en 1996, le Clos Plince (1 ha environ) s'est ajouté à ce cru. Le couple a engagé la conversion bio de l'ensemble dès 1997 (certification en 2000) et confié en 2015 à son fils Olivier la gestion de ces propriétés.

Le terroir de graves sur argiles, planté de merlot (70 %) et de cabernet franc, a engendré un vin solaire. Très coloré, animé de reflets violets, ce 2015 s'ouvre à l'aération sur les fruits rouges cuits ou confits, nuancés de touches de gibier, le boisé restant très discret. Chaleureux en attaque, d'une belle rondeur, il est tendu par une petite nervosité. Ses tanins denses commencent à s'assouplir. Un vin sincère, «nature», qui pourra assez vite paraître à table. ⧗ 2019-2025

OLIVIER TECHER, 4, chem. des Grands-Vignes, 33500 Pomerol, tél. 05 57 51 17 40, gombaude@free.fr V r.-v.

CH. GRAND BEAUSÉJOUR 2015

■ | 6650 | | 30 à 50 €

Descendant d'Auvergnats, comme nombre d'acteurs de la filière viticole en Libournais, Daniel Mouty, aujourd'hui associé avec ses enfants Sabine et Bertrand, exploite depuis 1973 un vignoble de 54 ha répartis sur plusieurs crus en pomerol (Grand Beauséjour, Saint-André), en saint-émilion grand cru (Du Barry, Tour Renaissance) et en AOC régionales (Rambaud, Grands Ormes). Tout le vignoble est en conversion bio.

Ce petit cru urbain (1,13 ha), acquis en 1998, est le fleuron des Vignobles D. Mouty. Un pur merlot planté sur les graves du secteur de Beauséjour, à Libourne. Le 2015 revêt une robe intense qui annonce une bonne concentration. Son bouquet encore discret mais profond s'ouvre sur les fruits noirs bien mûrs un peu masqués par un boisé encore dominant. Souple et ronde en attaque, charpentée, la bouche dévoile des arômes de gibier et des tanins encore quelque peu massifs. Un pomerol de garde qui demande à s'affiner. ⧗ 2020-2030

SCEA VIGNOBLES DANIEL MOUTY, Merlande-Est, 33350 Sainte-Terre, tél. 05 57 84 55 88, contact@vignobles-mouty.com V r.-v. 4 B

CH. GRAND MOULINET 2015 ★

■ | 15000 | | 20 à 30 €

En cinq générations, la famille Ollet-Fourreau, de Néac (lalande), a constitué une belle unité de 40 ha,

essentiellement en lalande (Haut-Surget, Lafleur Vauzelle), complétée par des vignes en pomerol (Grand Moulinet), en bordeaux (Fleur Saint-Espérit) et en saint-émilion grand cru (Grand Cardinal).

Issu de sables et de graves, ce 2015 s'annonce par une robe profonde et par un bouquet bien typé de merlot bien mûr, qui constitue 90 % de l'assemblage: fruits confits, myrtille, pruneau, rehaussés d'un bon boisé vanillé et d'une touche florale. La mise en bouche révèle un vin charnu, corsé et long, où une note de cerise typée du terroir vient compléter la palette. Les tanins de la barrique reviennent en force en finale; bien enrobés, ils s'affineront avec le temps. ⧗ 2020-2030

⊶ GFA HAUT-SURGET, 18, av. de Chevrol, 33500 Néac, tél. 05 57 51 28 68, chateauhautsurget@wanadoo.fr V 🚶 ■ *r.-v. ⊶ Fourreau*

CH. LES GRANDS SILLONS 2015 ★

■ | 7000 | ◖◗ | 30 à 50 €

Constituée en 1920, cette propriété familiale réunit deux crus: le Ch. Côtes de Bonde en montagne-saint-émilion et le Ch. les Grands Sillons, son fleuron, une petite vigne de 2,8 ha en pomerol, qu'elle détient depuis les origines. Philippe Dignac, qui la conduisait depuis 1987, a laissé les rênes en 2015 à son fils Stéphane.

Le premier millésime signé par Stéphane Dignac donne toute satisfaction. Avec 90 % de merlot bien mûr, le style pomerol s'exprime pleinement. La robe est profonde, le nez s'ouvre sur des arômes de fruits rouges confits, de pruneau, accompagnés d'un boisé raffiné aux nuances de vanille et de cacao. Le palais a pour atouts une rondeur élégante, une bonne fraîcheur fruitée et des tanins au grain fin qui permettront à cette bouteille de vieillir avec grâce. Un vin déjà harmonieux, et pour longtemps. ⧗ 2019-2028

⊶ DIGNAC, 19, chem. de Jean-Lande, 33500 Pomerol, tél. 05 57 74 64 52, contact@vignoblesdignac.com V ■ *r.-v.*

CH. LA GRAVE 2015 ★

■ | n.c. | ◖◗ | 30 à 50 €

Longtemps appelé La Grave Trigant de Boisset (du nom d'un ancien propriétaire), ce domaine de 8 ha est établi sur le versant ouest du plateau de Pomerol, sur des terrains graveleux. Il est entré dans le giron des établissements Moueix en 1971.

Aux côtés du merlot, 9 % de cabernet franc. Dans le verre, un 2015 au nez assez discret mais fin, floral, épicé et discrètement boisé, avec une note originale de marron glacé. En bouche, le vin se montre riche, tendre et rond, soutenu par une trame tannique élégante. Un pomerol complet et bien épaulé. ⧗ 2021-2028

⊶ CH. LA GRAVE - ÉTS JEAN-PIERRE MOUEIX, 54, quai du Priourat, BP 129, 33502 Libourne Cedex, tél. 05 57 51 78 96, info@jpmoueix.com

CH. HOSANNA 2015 ★★

■ | n.c. | ◖◗ | + de 100 €

Bordé par de prestigieux domaines – Petrus à l'est, Vieux Château Certan au sud, Lafleur au nord – ce cru de 4,5 ha est né du partage du Ch. Certan-Giraud. L'encépagement comprend 30 % de cabernet franc aux côtés du merlot. Acquis et rebaptisé par la famille Moueix en 1999, Hosanna est une valeur sûre de l'appellation.

Merlot (82 %) et cabernet franc composent un pomerol profond. D'un abord un peu fermé, le vin s'ouvre à l'aération sur des notes de fruits rouges légèrement confits, de poivre, de chocolat et de cannelle. Une belle attaque large et tonique introduit un palais solide, dense et serré, mais avec un côté charnu qui vient enrober le tout. La dégustation s'achève sur une longue finale croquante. Un pomerol au profil marmoréen mais avec déjà beaucoup de charme. ⧗ 2022-2030

⊶ ÉTS JEAN-PIERRE MOUEIX (CH. HOSANNA), 54, quai du Priourat, BP 129, 33502 Libourne Cedex, tél. 05 57 51 78 96, info@jpmoueix.com

CH. LAFLEUR DU ROY 2015 ★

■ | 20000 | ◖◗ | 20 à 30 €

Yvon et Pâquerette Dubost, venus à la vigne par le biais de leurs pépinières viticoles, ont constitué à partir de 1958 un bel ensemble de crus, aujourd'hui conduit par leur fils Laurent: Lafleur du Roy à Pomerol, Bossuet en bordeaux supérieur, La Vallière à Lalande et Pâquerette en bordeaux sec.

Ce petit cru de 4 ha au terroir sablo-graveleux sur crasse de fer a été sur le devant de la scène avec le millésime 2014. Charmeur et élégant, le 2015 ne démérite pas. Si sa robe montre quelques reflets d'évolution, on loue son bouquet puissant et complexe, sur les fruits noirs très mûrs, rehaussés de notes boisées empyreumatiques, bien prolongé par une bouche gorgée de fruits confits. Des arômes en harmonie avec une chair ample et dense, soutenue par des tanins épicés qui soulignent avec élégance la longue finale. De l'avenir. ⧗ 2019-2027

⊶ SARL LAURENT DUBOST, 13, chem. de Jean-Lande, Catusseau, 33500 Pomerol, tél. 05 57 51 74 57, sarl.dubost.l@wanadoo.fr V 🚶 ■ *r.-v.*

CH. LAFLEUR GAZIN 2015 ★

■ | n.c. | ◖◗ | 30 à 50 €

Cette petite propriété de 8,5 ha établie sur les pentes douces qui regardent la Barbanne, dans la partie nord du plateau de Pomerol, s'inscrit entre les châteaux Lafleur et Gazin, comme son nom l'indique. Propriété de Madame Delfour-Borderie, elle est exploitée en métayage par les établissements Moueix depuis 1976.

Un soupçon (2 %) de cabernet franc accompagne le merlot dans ce 2015 au nez gourmand de fruits mûrs (figue, fraise) et d'épices, mâtinés de nuances mentholées. La bouche se montre suave, chaleureuse, charnue, avec des tanins doux et bien enrobés en soutien. Un pomerol charmeur, au profil solaire mais jamais lourd. ⧗ 2020-2024

⊶ ÉTS JEAN-PIERRE MOUEIX (CH. LAFLEUR GAZIN), 54, quai du Priourat, BP 129, 33502 Libourne Cedex, tél. 05 57 51 78 96, info@jpmoueix.com

CH. LAFLEUR GRANGENEUVE 2015

■ | 10500 | ◖◗ 🍾 | 20 à 30 €

Les Estager, d'origine corrézienne, sont établis depuis quatre générations dans le Libournais, comme négociants et producteurs. Claude et son fils Charles conduisent aujourd'hui trois crus, en pomerol (Lafleur

Grangeneuve), en lalande (Fougeailles) et en montagne-saint-émilion (La Papeterie).

La couleur profonde annonce une forte concentration, que la suite de la dégustation confirme. Le bouquet associe des senteurs intenses de chêne chauffé – notes grillées, tabac blond –, des notes épicées et vanillées à des nuances de sous-bois et de mûre, avec une touche de violette. Ample, compacte, rafraîchie par une pointe minérale évoquant le terroir de graves, la bouche dévoile des arômes de noyau avant que les tanins du merrain ne prennent le dessus en finale. Du potentiel. ⧗ 2020-2030

⊶ CHARLES ESTAGER, 1, Fougeailles, 33500 Néac, tél. 05 57 51 35 09, contact@estager-vin.com V ✝ ! *r.-v.*

CH. LATOUR À POMEROL 2015 ★★

■	n.c.	◍	50 à 75 €

Un petit domaine de 7,9 ha entourant l'église de Pomerol, installé sur des terroirs variés, majoritairement argileux et graveleux. Acheté en 1917 par Edmonde Loubat (Petrus) et légué par sa nièce Mme Lacoste au Foyer de Charité de Châteauneuf-de-Galaure, il est exploité en fermage depuis 1963 par la société Jean-Pierre Moueix.

D'un beau rouge profond aux reflets violines de jeunesse, ce pomerol associant 10 % de cabernet franc au merlot livre un bouquet d'une grande délicatesse de fruits rouges à juste maturité et de violette. Une élégance que l'on retrouve dans une bouche éclatante, très fraîche de bout en bout, dotée de tanins serrés au grain fin. ⧗ 2022-2028

⊶ ÉTS JEAN-PIERRE MOUEIX (CH. LATOUR À POMEROL), 54, quai du Priourat, BP 129, 33502 Libourne Cedex, tél. 05 57 51 78 96, info@jpmoueix.com

CH. LÉCUYER 2015 ★

■	12 000	◍	30 à 50 €

Agriculteur en Eure-et-Loire, François Petit acquiert Tournefeuille en 1998, pièce maîtresse (17,5 ha à Néac) d'un vignoble familial étendu aussi sur Pomerol (Lécuyer) et Saint-Émilion (La Révérence), aujourd'hui conduit par son fils Émeric et son associé Francis Cambier.

Ce cru de 3 ha a été repris en 2004 par Émeric Petit. Planté sur un bon terroir de graves argileuses, le merlot règne ici en maître (90 %) et transparaît dès le premier nez, gorgé de pruneau et de mûre confiturée, la barrique prenant discrètement le relais. Bien présent, à l'unisson du bouquet, le palais se déploie avec générosité, rondeur et souplesse. Si les tanins du merrain reviennent avec force en finale, leur finesse et leur texture déjà soyeuse indiquent que ce millésime vieillira avec grâce. ⧗ 2020-2030

⊶ ÉMERIC PETIT, 26, rue de l'Église, 33500 Néac, tél. 05 57 51 18 61, info@chateau-tournefeuille.com V ✝ ! *r.-v.*

CH. MONBRUN 2015 ★

■	11 500	◍ 🍾	20 à 30 €

Installés sur la rive gauche de la Dordogne, les Dubois ont franchi la rivière et cultivent la vigne dans le Libournais depuis trois générations. Ils exploitent quatre châteaux: Bozelle (AOC bordeaux), Monbrun (pomerol), Clos du Roy (lalande-de-pomerol) et Bel-Air La Gravière (saint-émilion grand cru).

Planté exclusivement de merlot sur sables et graves, ce petit cru de 2,23 ha est à l'origine d'un pomerol très prometteur. Sa couleur intense annonce sa concentration, qui se confirme aux étapes suivantes de la dégustation. Encore marqué par la barrique, le nez s'ouvre à l'aération sur les fruits noirs compotés, avec une touche animale de fourrure. Le noyau s'ajoute à cette palette dans une bouche ample et corsée. Très présents, les tanins boisés gagneront à s'affiner un peu. Le profil d'un vin de garde. ⧗ 2020-2028

⊶ SCEA JEAN-CLAUDE ET MICHELLE DUBOIS, Vignobles Dubois, Ch. Bozelle, 33500 Arveyres, tél. 06 63 64 58 18, vignoblesdubois@orange.fr V ✝ ! *r.-v.*

CH. LE MOULIN 2015 ★

■	6000	◍	30 à 50 €

La famille Querre possède plusieurs vignobles en Libournais. Propriété de Michel Querre depuis 1997, Le Moulin (appelé autrefois Vieux Château Cloquet) est un petit domaine pomerolais de 2,5 ha situé au nord de l'appellation, au bord de la Barbanne, près du moulin de Lavaud (racheté aussi par la famille).

Le terroir à dominante argileuse est très adapté aux millésimes chauds comme 2015: la vigne ne souffre pas de stress hydrique, ce qui permet d'obtenir des vins équilibrés comme celui-ci, à l'approche engageante: une robe très profonde; un nez complexe, où les arômes fruités résistent bien aux arômes de la barrique. Intense, le palais offre une attaque chaleureuse, presque moelleuse, et déploie des arômes de fruits bien mûrs mais croquants sur une chair dense, soutenue par des tanins au grain serré: un très bon pomerol de garde. ⧗ 2019-2029

⊶ SCEA LE MOULIN DE POMEROL, Moulin-de-Lavaud, 33500 Pomerol, tél. 05 57 55 19 60, contact@moulin-pomerol.com V ✝ ! *r.-v. ⊶ Querre*

CH. NÉNIN 2015 ★★

■	32 000	◍	30 à 50 €

Commandé par une belle demeure du XVIIIᵉs., ce cru de 32 ha, situé au sud de l'appellation, à l'entrée du village de Catusseau, est l'un des plus importants de Pomerol. Sa surface lui permet d'accéder à la plupart des terroirs de l'AOC. En 1997, Jean-Hubert Delon et sa sœur Geneviève d'Alton (Léoville Las Cases à Saint-Julien) l'ont acheté et entrepris d'importants travaux de restructuration; ils ont augmenté la part du cabernet franc par rapport au merlot, qui reste dominant.

Le millésime 2015 confirme la régularité de ce cru. Vendangés du 17 septembre au 15 octobre, les raisins ont engendré un vin à la robe dense animée de reflets chatoyants. Déjà très riche, le bouquet mêle la myrtille à un élégant boisé épicé et chocolaté et à une touche de violette très typée pomerol. La bouche prend bien le relais; puissante et ample, équilibrée par la fraîcheur et la finesse des cabernets francs (33 %), elle reste gourmande. La longue finale apparaît marquée par des tanins boisés de qualité qui viennent rappeler la vocation à la garde de ce flacon. ⧗ 2020-2035 ■ **Fugue de Nénin 2015 (20 à 30 €; 80 000 b.)** : vin cité.

CH. NÉNIN, 66, rte de Montagne, 33500 Pomerol, tél. 05 56 73 25 26, contact@leoville-las-cases.com V r.-v. Jean-Hubert Delon

PETIT CLOS TAILLEFER 2015

■ | 1650 | | 11 à 15 €

Un microcru en pomerol constitué d'une seule parcelle de 27 ares, dans la famille de Bernard Cany depuis 1920. Des rangs de merlot choyés par leur propriétaire, qui exploite aussi depuis 1991 le Ch. l'Ancien Moulin, en saint-émilion.

L'appellation recèle nombre de petits vignobles, parfois des crus de poche comparables à des jardins. Cela ne les empêche pas de produire de bons vins, comme celui-ci, né aux portes de Libourne sur un terroir sablo-graveleux. Intense à l'œil, ce 2015 offre un bouquet délicat, partagé entre la barrique (chocolat) et le merlot (fruits noirs, touche florale). Le fruit confit s'épanouit dans une bouche harmonieuse, à la fois tendre et consistante, adossée à des tanins déjà soyeux. Un défaut? Sa rareté... ⧗ 2019-2028

BERNARD CANY, 192, rte de Saint-Émilion, 33500 Libourne, tél. 06 30 59 95 51, bernardcany@sfr.fr V r.-v.

CH. PETIT-VILLAGE 2015 ★

■ | 31000 | | 50 à 75 €

Dans le giron d'Axa Millésimes depuis 1989, un cru réputé, qui doit son nom aux anciens bâtiments qui formaient un petit hameau. Bien situé sur la partie la plus haute du plateau de Pomerol, son vignoble compose un triangle de 10,5 ha d'un seul tenant sur graves profondes enrobées d'argiles.

Emblématique de Pomerol, ce cru se distingue par sa régularité et par l'élégance de ses vins. Celui-ci, qui assemble les trois principaux cépages rouges girondins (merlot 71 %, complété par les deux cabernets) revêt une robe très sombre, presque noire. Tout en nuances, le nez marie harmonieusement les fruits noirs bien mûrs, la cerise aux notes de toast et d'épices douces léguées par un élevage de quinze mois en barrique. Présent et harmonieux, gourmand, ample, fondu et long, le palais prolonge bien le bouquet, à peine marqué en finale par des tanins boisés enrobés mais fermes, garants d'une bonne garde. ⧗ 2019-2029 ■ **Le Jardin de Petit-Village 2015 (30 à 50 €; 11000 b.)** : vin cité.

CH. PETIT-VILLAGE, 126, rte de Catusseau, 33500 Pomerol, tél. 05 57 51 21 08, contact@petit-village.com V r.-v. Axa Millésimes

CH. LA POINTE 2015

■ | 65000 | | 30 à 50 €

95 96 (98) 00 **01 02** 03 04 |05| |**06**| |**07**| |08| 09 10 11 12 13 14 15

Ce cru important (23 ha) doit son nom à sa situation dans la pointe formée par les routes du bourg et de Catusseau, à la sortie de Libourne. Régulier en qualité, il a été repris en 2007 par la compagnie Générali. Éric Monneret, originaire du Jura et passé par Sauternes, en assure l'exploitation.

Cette importante cuvée tient son rang. Sa robe jeune et sombre annonce sa concentration. Son bouquet commence à s'ouvrir sur une large palette aromatique: cerise noire, cassis et autres petits fruits des bois bien mûrs, rehaussés par un boisé torréfié et vanillé. La bouche veloutée se déploie avec ampleur sur des notes assez fines de cerise à l'eau-de-vie teintées de minéralité, avant une finale marquée par des tanins boisés pour l'heure austères. ⧗ 2020-2028

CH. LA POINTE, 18, chem. de Gardelle, BP 63, 33500 Libourne, tél. 05 57 51 02 11, contact@chateaulapointe.com r.-v.

DOM. DE LA POINTE 2015

■ | 8000 | | 20 à 30 €

En 1958, Aurélien Silvestrini, originaire de Vénétie, acquiert avec son épouse Régine 1 ha de vignes en lussac-saint-émilion; leur fils Max agrandit et modernise l'exploitation, rejoint en 2005 par Sabine et Jérôme. La troisième génération dispose de 36 ha, en lussac pour l'essentiel (Ch. Chéreau), en montagne et en pomerol, avec le Dom. de la Pointe, le fleuron: une petite vigne de 1,28 ha en pomerol, acquise en 1982.

Un pomerol très coloré, mariant harmonieusement les notes vanillées de la barrique à des notes de fruits rouges, cerise en tête. Souple et tendre, à l'unisson du nez, la bouche exprime le bon raisin, soutenue par d'élégants boisés qui permettront une heureuse évolution. ⧗ 2019-2025

SCEA VIGNOBLES SILVESTRINI, 8, Chéreau, 33570 Lussac, tél. 05 57 74 50 76, vignobles.silvestrini@wanadoo.fr V r.-v.

CH. PONT-CLOQUET 2015

■ | 3400 | 30 à 50 €

Établie depuis sept générations à Abzac, près de Coutras, la famille Rousseau a acquis des vignes dans plusieurs appellations du Libournais et conduit aujourd'hui une belle unité de 62 ha.

Laurent Rousseau a sélectionné un demi-hectare de vieilles vignes âgées de soixante ans (du merlot à 90 %) pour élaborer son pomerol. Un vin très agréable, à la robe très foncée et au bouquet gorgé de petits fruits des bois bien mûrs (fruits noirs, fraise écrasée) mais pas confiturés, à peine soulignés d'un léger boisé épicé. Friande et gourmande, ronde et fraîche à la fois, aussi centrée sur le fruit, la bouche est soutenue par des tanins encore jeunes et serrés en finale, qui s'affineront assez vite. ⧗ 2019-2024

VIGNOBLES ROUSSEAU, 1, Petit-Sorillon, 33230 Abzac, tél. 05 57 49 06 10, chateau@vignoblesrousseau.com V r.-v.

CH. LA RENAISSANCE 2015 ★

■ | n.c. | | 30 à 50 €

La famille de Lavaux exploite plusieurs crus en Libournais: en saint-émilion grand cru, le Ch. Martinet (17 ha) et le Ch. Bellevue en copropriété avec les Boüard de Laforest; en pomerol, une dizaine d'hectares, avec les Ch. Haut-Cloquet, Saint-Pierre, Clos du Vieux Plateau Certan et la Renaissance (6 ha). S'y ajoutent des vignes en fronsac, lalande et bordeaux.

Issu d'un terroir sablo-graveleux, ce pomerol intéresse par sa robe profonde, puis par son bouquet encore discret mais élégant: de la framboise, du cassis et de la violette au premier nez, que l'aération rehausse de notes de sous-bois, le boisé restant discret malgré un séjour de dix-huit mois en barrique. Moins expressif, le palais séduit par la finesse et la fraîcheur de sa chair, tenue par des tanins vanillés et suaves, subtilement boisés. ⧗ 2020-2025

PRADEL DE LAVAUX, 64, av. du Gal-de-Gaulle, 33500 Libourne, tél. 05 57 74 05 89, contact@chateau-martinet.com V *r.-v.*

Ⓑ CH. LA ROSE FIGEAC 2015

■	11500		30 à 50 €

Les Despagne-Rapin, une lignée au service du vin présente depuis deux siècles à Saint-Émilion. En 1961, le grand-père maternel de l'actuelle propriétaire, Louis Rapin, à la tête de La Tour Figeac (grand cru classé de Saint-Émilion), achète le vignoble de son voisin, en pomerol. Il réunit d'autres parcelles pour constituer ce cru rebaptisé La Rose Figeac: 4,56 ha, en bio certifié depuis 2009. Nathalie Despagne en hérite et en prend la direction en 2013.

Figeac, un nom prestigieux à Saint-Émilion, que l'on trouve dans plusieurs crus classés limitrophes de Pomerol, implantés sur graves. De fait, le terroir de ce vignoble situé au sud de l'appellation est sablo-graveleux. À la différence du 1er cru classé saint-émilionnais, le merlot règne ici en maître (95 %). Le vin offre d'ailleurs un caractère bien pomerolais. Très coloré, il se distingue par la délicatesse de son bouquet, où le bois respecte le fruit. D'une belle ampleur, il offre une matière ronde et concentrée, renforcée par d'élégants tanins qui assureront une bonne garde. ⧗ 2019-2028

NATHALIE DESPAGNE, 54, chem. de la Lamberte, 33500 Libourne, tél. 06 82 12 13 34, nathaliedespagne@larosefigeac.com V *r.-v.*

♥ CH. ROUGET 2015 ★★

■	45000		50 à 75 €

99 00 01 **02 03** 04 |05| |06| **07** |**08**| |09| **10 11** 12 |13| 14 **15**

En 1992, les Labruyère, originaires du Beaujolais (moulin-à-vent) et aujourd'hui propriétaires en Bourgogne (Jacques Prieur) et en Champagne, ont acquis ce domaine réputé dès le XVIII[e]s. Ils l'ont hissé parmi les grands de Pomerol, grâce à des vins d'une remarquable régularité, nés de 18 ha de vignes établies en pente douce sur le plateau de Pomerol.

Ces propriétaires du Beaujolais ont été bien inspirés d'acquérir ce vignoble, car son terroir argilo-graveleux est propice aux grands pomerol. En comptant celui-ci, la propriété en a tiré cinq coups de cœur. Pour des millésimes maussades, comme le 2007, ou solaires, comme ce 2015. Paré d'une robe soutenue, ce vin offre un nez intense, mariant un merrain toasté encore très présent, nuancé d'épices douces, à un superbe raisin confit, agrémenté de la touche de violette si typée pomerol. Tenant toutes les promesses du bouquet, la bouche montre le caractère chaleureux du millésime, souligné par de fins arômes de cerise à l'eau-de-vie, de noyau, teintés par la minéralité du terroir. Dense et longue, elle repose sur une trame tannique aussi imposante qu'élégante. De grande garde. ⧗ 2020-2035

CH. ROUGET, 4-6, rte de Saint-Jacques-de-Compostelle, 33500 Pomerol, tél. 05 57 51 05 85, info@chateau-rouget.com V *r.-v. Famille Labruyère*

CH. DE SALES 2015 ★

■	139800		30 à 50 €

Situé au nord de Libourne, le plus vaste cru de l'appellation (47,5 ha) est chargé d'histoire; il s'est transmis de génération en génération depuis 1464! Bruno de Lambert, qui en a pris la tête en 1982, assure sa pérennité. Le vignoble entoure l'une des plus anciennes chartreuses girondines, construite au début du XVII[e]s.

Issu de terroirs variés (sables et fines graves), ce vin a divisé nos dégustateurs, certains appréciant sa fraîcheur, d'autres étant moins emballés. Son nez s'ouvre à l'aération sur les fruits noirs, le sous-bois, l'humus, accompagnés des notes fumées, toastées et réglissées de l'élevage en barrique. Souple et suave en attaque, juteuse, de belle longueur, la bouche s'appuie sur des tanins jeunes et vifs qui permettront à cette bouteille de bien vieillir. ⧗ 2019-2029 ■ **Ch. Chantalouette 2015 (20 à 30 €; 80000 b.)** : vin cité.

BRUNO DE LAMBERT, 11, chem. de Sales, 33500 Libourne, tél. 05 57 51 04 92, chdesales@chateaudesales.fr V *r.-v. GFA Ch. de Sales*

CH. TAILLEFER 2015

■	60000		20 à 30 €

Descendante du négociant corrézien Antoine Moueix, Catherine Moueix et ses enfants Antoine et Claire conduisent depuis 1996 deux crus libournais: Taillefer, 13,5 ha au sud du plateau de Pomerol, acquis en 1923; Tauzinat l'Hermitage, grand cru de 9,3 ha sur le plateau de Saint-Émilion, acheté en 1953.

C'est le terroir sablo-graveleux sur argiles ferrugineuses qui a donné son nom à ce cru dont on peut admirer le château de la rocade Est de Libourne. Son 2015 mise sur la finesse. Sa robe intense dévoile des reflets d'évolution. Son bouquet naissant allie les petits fruits rouges mûrs à un boisé épicé et toasté. Le palais montre une élégance un peu saint-émilionnaise, rafraîchi par une fine minéralité. De bons tanins boisés assureront une heureuse évolution à cet ensemble déjà harmonieux. ⧗ 2019-2027

SC BERNARD MOUEIX, chem. de Taillefer, 33500 Libourne, tél. 05 57 25 50 45, contact@moueixbernard.com

CH. TOUR MAILLET 2015 ★

■	13000		20 à 30 €

99 ⓪① 02 03 04 |05| |06| |**07**| |**08**| |09| |**10**| |11| |**12**| |**13**| 14 15

Aux lendemains de la guerre de 1914, Pierre Lagardère acquiert 1 ha de vignes dans le secteur de Maillet, à Pomerol. Ses petits-fils et arrière-petits-fils, Jean-

Claude et Gaël, conduisent aujourd'hui un vignoble de 17 ha à Montagne (Ch. Négrit et Ch. Rocher Calon) et de 2 ha à Pomerol (Ch. Tour Maillet).

Fidèle au rendez-vous du Guide, ce cru signe un 2015 qui porte l'empreinte de son millésime solaire : la robe est très sombre, tirant sur le noir. Au nez, le raisin apparaît presque confituré, une impression renforcée par le caractère bien toasté de la barrique. Les épices douces et le cuir pointent aussi leur nez. L'attaque chaleureuse ouvre sur un palais concentré, un peu massif, gorgé de fruits confits, de pruneau, de datte et de cerise à l'eau-de-vie. Des tanins serrés permettront à cette bouteille de bien vieillir et de gagner en élégance. ⧗ 2020-2030

SCEV LAGARDÈRE, Négrit, 33570 Montagne, tél. 05 57 74 61 63, vignobleslagardere@wanadoo.fr V ⚲ ▮ *t.l.j. sf sam. dim. 8h-12h 14h-19h; f. 5-12 août*

CH. TROTANOY 2015 ★★★

■ | n.c. | | + de 100 €

88 89 (90) **92 94** (95) (96) 97 **98 99 00** (01) |**02**| |03| |**04**| |05| |(06)| |**07**| |(08)| (09) (10) **11 12 13 14** (15)

Difficile à cultiver, le sol riche en argiles (graves sur argiles et argiles noires profondes sur crasses de fer) a donné son nom à ce cru de 7,2 ha : « trop anoi » (« trop ennuie » en vieux français). La maison Jean-Pierre Moueix en tire le meilleur depuis 1953. Un pilier de l'appellation.

Comme à son habitude, ce cru (7 % de cabernet franc aux côtés du merlot) se présente avec beaucoup de caractère dans une robe noire d'une profondeur abyssale. Au nez, il se révèle chaud, épicé et mentholé, avec un boisé présent mais qui n'en fait pas trop. En bouche, il conserve ce profil imposant : un gros volume, un fruité mûr, une charpente solide de tanins denses et serrés, et une longue, très longue finale, chaleureuse et corsée. Un colosse. ⧗ 2023-2030

ÉTS JEAN-PIERRE MOUEIX (CH. TROTANOY), 54, quai du Priourat, BP 129, 33502 Libourne Cedex, tél. 05 57 51 78 96, info@jpmoueix.com

(B) L'ÉCLAT DE VALOIS 2015 ★

■ | 3600 | | 50 à 75 €

La famille Leydet, établie sur les terres libournaises depuis 1862, exploite près de 16 ha de vignes (en conversion bio) en saint-émilion grand cru (Ch. Leydet-Valentin) et en pomerol (Ch. de Valois). Aux commandes depuis 1996, Frédéric Leydet a engagé la conversion bio de ses domaines (certification en 2015).

Originale pour un pomerol, appellation qui privilégie le merlot, cette petite cuvée issue de vieilles vignes est composée de merlot et de cabernet franc à parité. Il en résulte un élégant vin de garde, élevé dix-huit mois en barrique neuve. Le bouquet associe les fruits mûrs, des touches florales et un boisé vanillé et épicé bien fondu. Gourmande et friande, à la fois ronde et fraîche, la bouche offre une chair dense, étayée par des tanins soyeux qui assureront une bonne garde. ⧗ 2020-2030
■ **Ch. de Valois 2015 (30 à 50 € ; 30 000 b.)** (B) : vin cité.

FRÉDÉRIC LEYDET, Rouilledinat, 33500 Libourne, tél. 05 57 51 19 77, frederic.leydet@wanadoo.fr V ⚲ ▮ *r.-v.*

DOM. VIEUX TAILLEFER 2015 ★

■ | 3000 | | 15 à 20 €

Depuis au moins quatre générations, la famille Ybert exploite une dizaine d'hectares dans le Libournais : Vieille Tour la Rose, 10,5 ha au hameau de La Rose, sur le flanc nord du coteau de Saint-Émilion, et Vieux Taillefer, petit cru de 53 ares situé au lieu-dit Taillefer à Pomerol, acquis en 1861 par le trisaïeul de Sandrine Ybert-Bacles, qui a pris les commandes de l'ensemble en 2008.

Cette petite vigne, presque un jardin, produit un vin souvent remarqué par les dégustateurs. Le 2015 revêt une robe pourpre encore jeune. Son bouquet s'ouvre à l'aération sur des petits fruits des bois mûrs à point, mûre en tête, accompagnés d'un boisé discret qui respecte le raisin. Son attaque souple, les rondeurs de sa chair, la maturité de ses tanins déjà satinés sont bien typés pomerol ; sa charpente est suffisamment solide pour autoriser la garde. ⧗ 2020-2026

SCEA VIGNOBLES DANIEL YBERT, lieu-dit La Rose, 33330 Saint-Émilion, tél. 05 57 24 73 41, contact@vignoblesybert.fr V ⚲ ▮ *r.-v.*

CH. VRAY CROIX DE GAY 2015 ★

■ | 10 800 | | 50 à 75 €

La famille Guichard était propriétaire depuis 1832 de plusieurs crus en Libournais : son fief et fleuron, Ch. Siaurac en lalande, Vray Croix de Gay en pomerol et Le Prieuré en saint-émilion grand cru. Un ensemble dirigé depuis 2004 par Paul Goldschmidt, qui avait épousé Aline Guichard. En 2014, Artémis Domaines (groupe Pinault, détenteur par ailleurs de Ch. Latour) a pris une participation dans les châteaux familiaux, qui ont pris à partir de 2016 le tournant de l'agriculture biologique, sous la houlette de Pénélope Godefroy, directrice technique formée à la biodynamie.

Un petit cru de 3,67 ha, né en 1949 de la réunion du vignoble des Grands Champs, acquis en 1892 près de Trotanoy, et d'une parcelle jouxtant La Fleur et Le Gay. Son 2015 joue dans le registre de la finesse, reflétant son terroir de graves argileuses. Sa robe est intense ; son nez délicat marie les petits fruits des bois bien mûrs à un boisé discret. La mise en bouche dévoile un vin déjà harmonieux, chaleureux en attaque, équilibré par une belle fraîcheur, marqué en finale par des tanins encore stricts qui devraient s'assouplir assez vite. ⧗ 2019-2028

CH. SIAURAC AND CO, Ch. Siaurac, Ciorac, 33500 Néac, tél. 05 57 51 64 58, info@siaurac.com V ⚲ ▮ *r.-v.*
Artemis Domaines

LALANDE-DE-POMEROL

Superficie : 1 130 ha / Production : 61 400 hl

Créé, comme celui de Pomerol qu'il jouxte au nord, par les Hospitaliers de Saint-Jean-de-Jérusalem (à qui

l'on doit aussi l'église de Lalande qui date du XII[e]s.), ce vignoble produit, à partir des cépages classiques du Bordelais, des vins rouges colorés, puissants et bouquetés qui jouissent d'une bonne réputation, les meilleurs pouvant rivaliser avec les pomerol et les saint-émilion.

CH. ALTIMAR 2015

■ | 9000 | | 20 à 30 €

Altimar est l'anagramme du prénom de l'œnologue Martial Junquas, issu d'une famille de vignerons de Néac (Ch. Haut Chatain), qui a créé ce domaine en 2009: 1,5 ha en AOC pomerol et 4,7 en lalande.

Majoritaires dans l'assemblage de ce lalande, les cabernets (franc 55 %, sauvignon 10 %) se sont fort bien comportés en 2015, ce qui donne un vin au caractère intéressant: une couleur intense, un bouquet encore jeune mais puissant, montrant un bon équilibre entre un fruit racé et une bonne barrique aux accents vanillés. Ces arômes se prolongent dans une bouche généreuse, corsée, soutenue par des tanins boisés et poivrés. L'ensemble donne une impression de solidité qui inspire confiance. ⧗ 2019-2025

MARTIAL JUNQUAS, 6, Châtain, 33500 Néac, tél. 06 88 34 77 96, contact@chateau-altimar.com V *r.-v.*

EXPRESSION DE BÉCHEREAU 2015 ★

■ | | | 20 à 30 €

Jean-Michel Bertrand a pris la suite de son père au début des années 1970 sur ce domaine de 25 ha, dans sa famille depuis le milieu du XIX[e]s., et a lancé la mise en bouteilles au château. Ce sont aujourd'hui sa fille Chantale et son gendre Joël Dupas qui sont aux commandes. Le vignoble se divise en trois terroirs et trois AOC: les sols argilo-graveleux des Artigues-de-Lussac en bordeaux supérieur (9 ha), ceux argilo-sableux de Néac en lalande (5,5 ha) et ceux argilo-calcaires de Montagne en montagne-saint-émilion (10,5 ha).

Ce lalande provient de parcelles de Néac exclusivement plantées en merlot. D'un grenat profond, il demande un peu d'aération pour libérer ses arômes: un boisé aux nuances de vanille et de coco au premier nez, puis du fruit rouge. Le fruit s'affirme davantage en bouche, sur une chair dense et épicée. Les tanins de merrain toastés, jeunes mais bien intégrés, marquent la finale et contribuent à l'élégance de ce vin. ⧗ 2021-2028 ■ **Ch. Béchereau Cuvée spéciale 2015 (15 à 20 €; n.c.)** : vin cité.

SCEA BERTRAND, 96, rue des Vignerons, 33570 Les Artigues-de-Lussac, tél. 05 57 24 34 29, contact@chateaubechereau.com V *r.-v.*

CH. BELLES GRAVES 2015

■ | 72000 | 15 à 20 €

Une croupe de graves argileuses, bordée par la Barbanne et coiffée par une petite chartreuse du XVIII[e]s.; le tout en pente sud, face au village de Pomerol. Acquis en 1938 par le grand-père de l'exploitant actuel, ce domaine de 17 ha a reçu fréquemment la visite de Jacques-Yves Cousteau, un cousin de la famille, qui fournissait les équipages de la Calypso en vin du cru… Xavier Piton est aux commandes depuis 1988.

Un 2015 intéressant par son côté «nature». D'un pourpre intense et jeune, il apparaît encore fermé, libérant à l'aération des parfums de raisins très mûrs et de fruits confits. En bouche, il offre une belle présence, avec une forte vinosité, une saveur mûre et fraîche à la fois, avec l'agréable note de noyau, de cerise à l'eau-de-vie typique des vins de graves. Ses tanins fins et élégants permettront de le boire assez jeune. ⧗ 2019-2024

PITON, 1, allée de Belles-Graves, 33500 Néac, tél. 05 57 51 09 61, x.piton@belles-graves.com V *t.l.j. 8h30-18h30; sam. dim. sur r.-v.*

CH. BERTINEAU SAINT-VINCENT 2015 ★

■ | 20000 | | 20 à 30 €

Michel Rolland possédait plusieurs crus dans le Libournais, avec pour fleuron Bon Pasteur, dans la famille depuis les années 1920: 7 ha morcelés en 23 parcelles, aux confins nord-est de Pomerol. Bertineau Saint-Vincent (5,6 ha en lalande) et Rolland-Maillet (3,3 ha en saint-émilion) complètent la propriété, passée en 2013 sous pavillon chinois (le groupe Golding basé à Hong-Kong); l'équipe technique est restée en place.

Un vignoble composé de 75 % merlot et de 25 % de cabernet franc, sur sols argilo-graveleux, localement plus sablonneux. Son vin garde toute sa finesse, avec en prime le style un peu international de Michel Rolland: très coloré, très boisé – mais la richesse du millésime supporte bien les quinze mois de barrique, et le fruit confit tient tête au merrain toasté bien maîtrisé. Le palais affiche une puissance chaleureuse, équilibrée par une solide texture. La chair est ample, le fruité persiste et les tanins maîtrisés participent à l'élégance de l'ensemble. Un vin bien travaillé qui sera aussi agréable jeune que vieux. ⧗ 2019-2025

SAS LE BON PASTEUR, 10, chem. de Maillet, 33500 Pomerol, tél. 05 57 24 52 58, contact@chateaulebonpasteur.com V *r.-v.*

CH. BOIS DE LABORDE Prestige 2015

■ | 5000 | | 20 à 30 €

Établis à Lalande en 1945, Fanny et Angelo Védélago ont planté la première parcelle, mais c'est leur fils Bruno qui a vraiment constitué le vignoble. En 2014, il a passé le relais à son fils Thibaut qui conduit le domaine avec sa sœur Tiffany, œnologue. Le vignoble couvre 9 ha en lalande, en castillon et en puisseguin.

Le vignoble de cette appellation est établi sur les sables bruns et graveleux de Lalande-de-Pomerol. La cuvée Prestige est issue de vignes de quarante ans (du merlot à 90 %). Après un premier nez marqué par un boisé torréfié et épicé, le fruit frais apparaît, mûr à point. Dans le même registre, le palais offre une attaque friande, souple et fraîche à la fois, puis les tanins du merrain, déjà enrobés mais imposants, prennent le dessus. Ils assureront à ce vin une bonne garde qui leur permettra de s'affiner. ⧗ 2019-2025

THIBAUT VEDELAGO, rte du Bois-de-Laborde, 33500 Lalande-de-Pomerol, tél. 06 07 13 95 49, orgueildebdx@aol.com V *r.-v.*

CH. BROUARD 2015 ★

■	10000		15 à 20 €

En 1972, Claude Bonhomme et son épouse héritent d'une petite vigne en lalande et décide de constituer un petit domaine. Il achète quelques terres en déshérence dans cette appellation et en lussac-saint-émilion (Ch. le Bourdil). Après sa disparition en 2014, sa fille poursuit son œuvre. Sa petite propriété compte un peu plus de 3 ha.

Les vignes de ce petit cru – du merlot à 90 % – sont implantées sur les graves argileuses de Lalande-de-Pomerol. Muriel Bonhomme en a tiré un vin de très bonne facture. Le nez sur les fruits rouges frais teinté de note de cerise à l'eau-de-vie reflète des baies mûres à point. La barrique est très discrète, tant au nez qu'en bouche. Après une attaque souple et fruitée, la bouche dévoile une mâche à saveur de noyau et des tanins à grains serrés. Déjà agréable, l'ensemble gagnera en harmonie au cours des prochaines années. ⧗ 2019-2025

MURIEL BONHOMME, rte de Brouard, 33500 Lalande-de-Pomerol, tél. 05 57 51 17 75, vignobles-bonhomme@orange.fr V r.-v.

CH. CASTEL VIAUD Élevé en fût de chêne 2015 ★

■	9800		8 à 11 €

2015: une année propice pour prendre les rênes d'un domaine bordelais. Laurent Courty a succédé à son père Christian et à son grand-père Raymond. Constitué dans les années 1940, le vignoble a été agrandi par les deux générations et s'étend sur près de 16 ha en lalande-de-pomerol.

La première cuvée présentée par Laurent Courty est une sélection de vieilles vignes plantées sur graves (80 % de merlot complété des deux cabernets). Après un élevage de quatorze mois en barrique, le vin affiche une robe intense. Expressif, d'une belle finesse, le nez allie les fruits rouges surmûris à un boisé délicat aux nuances de moka et de pain grillé. Vineux, charnu et dense, toujours fruité, le palais s'appuie sur d'élégants tanins finement boisés qui assureront une bonne garde. ⧗ 2018-2028

LAURENT COURTY, 5, rue des Annereaux, 33500 Lalande-de-Pomerol, tél. 05 57 51 47 31, chateaucastelviaud@wanadoo.fr V *t.l.j. 9h-20h*

B CH. DES CERFS Grande Réserve 2015 ★

■	27600		11 à 15 €

La Famille Vauvrecy-Boutet exploite la vigne depuis 1937 et trois générations: 12 ha en lalande-de-pomerol et en montagne-saint-émilion. 2014 constitue le premier millésime certifié bio.

Une importante cuvée de belle facture. La robe aux reflets violets est jeune, le nez expressif évoque les baies noires, le sous-bois, l'humus, le tabac, la barrique restant discrète. Ample, généreuse et structurée, la bouche, à l'unisson du bouquet, déploie des arômes de fruits des bois, de fougère et de truffe. Les tanins font sentir leur présence en respectant l'équilibre général. Ils sont assez enrobés pour permettre une consommation prochaine. ⧗ 2019-2024

MARTINE VAUVRECY-BOUTET, 1, Grande-Pièce, Chagneau, 33500 Néac, tél. 06 30 21 13 60, vauvrecy-boutet@orange.fr V *r.-v.*

♥ CH. DE CHAMBRUN 2015 ★★

■	n.c.		30 à 50 €

Un vignoble mis en valeur dans les années 1770, entré un siècle plus tard dans la famille du général de Moncets à qui l'on doit le château, le parc et le nom du cru. Un domaine de 20 ha en montagne-saint-émilion (la Bastidette, 1 ha) et surtout en lalande-de-pomerol (Ch. Moncets, Ch. de Chambrun), propriété aujourd'hui de la société Rhocube, l'ensemble étant dirigé par Antoine Bourseau.

Quels que soient les propriétaires ou les millésimes, ce cru collectionne les étoiles et les coups de cœur. L'année 2015 lui vaut son quatrième coup de cœur avec ce vin qui se rapproche d'un très bon pomerol. Il possède toutes les qualités que l'on attend de ce millésime coté: une robe profonde et chatoyante, un bouquet aussi puissant qu'élégant, mariant les petits fruits rouges très mûrs, les fruits confits et un fin boisé aux nuances de toast, de moka et de tabac. L'attaque superbe, tout en fruits mûrs, ouvre sur les belles rondeurs d'un palais aux arômes de cerise, de noyau, de prune et de pruneau, encadrées par des tanins boisés bien enrobés qui donnent de la tenue à la finale. ⧗ 2019-2030

SAS MONCETS, chem. du Roussillon, 33500 Néac, tél. 05 57 51 19 33, contact@chambrun.fr V *r.-v.*

CH. CHATAIN PINEAU 2015 ★

■	25000		11 à 15 €

Au retour de la Grande Guerre, le grand-père de Michel Micheau-Maillou se vit confier la gestion du domaine, acheté ensuite par ses descendants. La famille exploite désormais plusieurs vignobles dans le Libournais, en saint-émilion grand cru et en lalande.

Une belle régularité pour ce cru dont le millésime 2015 est remarqué pour la qualité de son fruit et pour sa belle charpente. Sa couleur est intense et jeune, avec des reflets violets. Si le 2014 était sous l'emprise du bois, son successeur affiche un fruité éclatant, sur des notes de myrtille et de cerise, le merrain passant à l'arrière-plan. Après une attaque souple et fraîche, sur le fruit, le palais prend de l'ampleur et monte en puissance, charpenté par des tanins encore massifs qui demandent à s'affiner tout en garantissant une bonne garde. ⧗ 2020-2030

RENÉ MICHEAU-MAILLOU, Plante-de-Jacques, 33330 Saint-Hippolyte, tél. 05 57 24 61 99 V *r.-v.*

CLOS DES TEMPLIERS 2015 ★

■	10000		20 à 30 €

Venue du nord de la France et du milieu céréalier, la famille Delacour a acquis en 1994 en saint-émilion grand cru un domaine alors nommé «Ch. de la Rouchonne», rebaptisé du nom du chevalier de la Cour, au service de Charles IX et ancêtre de la famille. Un cru que Bruno Delacour conduit depuis 2010 et qui couvre 11,5 ha sur un sol de sable et de graves,

au sud de l'appellation. En 2010, les Delacour ont acquis le Clos des Templiers, une petite vigne (2 ha) en lalande.

Planté sur sols argilo-graveleux, ce petit vignoble prend ses marques dans le Guide. Le 2015 séduit par sa robe intense et par son bouquet bien ouvert sur les baies rouges (cerise) nuancées de notes florales et d'un discret boisé. On retrouve au palais ce bon fruit, mûr et frais à la fois, sur une chair tendre et délicate, adossée à des tanins soyeux qui soulignent la longue finale. ⧗ 2019-2025

VIGNOBLES DELACOUR, 4, La Rouchonne, 33330 Vignonet, tél. 06 87 23 17 18, contact@chateaudelacour.com V r.-v.

LA CROIX DE BOURSEAU 2015 ★

■	4100		20 à 30 €

Véronique Gaboriaud-Bernard exploite depuis 1976 le Ch. Bourseau, cru de près de 13 ha acquis par sa famille en 1962, devenu l'une des bonnes références de l'AOC lalande. L'autre domaine familial, le Château Matras, grand cru de Saint-Émilion, a été cédé à Canon en 2011.

Un vignoble représentatif de l'appellation: une exploitation familiale, un terroir mêlant argiles, sables et graves, un encépagement libournais (80 % de merlot et 20 % de cabernet franc). Son vin ne l'est pas moins, avec son bouquet déjà élégant, entre fruits rouges et boisé, avec une agréable touche florale. Le fruit prend des tons confits dans un palais souple et généreux en attaque, de bonne persistance, marqué en finale par une forte présence des tanins de la barrique. ⧗ 2019-2025

VIGNOBLES GABORIAUD-BERNARD, Ch. Bourseau, 33500 Lalande-de-Pomerol, tél. 05 57 51 52 39, chateau.bourseau@wanadoo.fr V r.-v.

CH. LA CROIX ROMANE 2015 ★

■	50000		15 à 20 €

Installés dans le Périgord depuis les années 1970, les Dubard conduisent un vaste ensemble viticole. Outre leur fleuron du Bergeracois, le Ch. Laulerie, ils exploitent aussi plusieurs crus dans le Libournais.

Acquis en 2008 par la famille Dubard, un cru de 8,5 ha implanté près de l'église de Lalande, (XIIes) qui a inspiré son nom. Son 2015 exprime bien son terroir de graves sablo-argileuses, son millésime de forte maturité et son appellation où les vins mêlent rondeur et fraîcheur. Ses atouts: de plaisants arômes de baies noires accompagnés d'un boisé épicé et d'une touche de cuir, une bouche équilibrée, à la fois souple et tonique, centrée sur le fruit, aux tanins déjà fondus. À noter, l'absence de sulfites à la vinification. ⧗ 2019-2024

FAMILLE DUBARD, 1bis, rue des Écoles, 33500 Lalande-de-Pomerol, tél. 05 53 82 48 31, contact@vignoblesdubard.com V r.-v.

Ⓑ CH. LA CROIX SAINT-JEAN 2015 ★★

■	6000		20 à 30 €

Les Tapon sont enracinés en Libournais depuis des siècles. Nicole, fille de Raymond, et Jean-Christophe Renaut, y exploitent 30 ha (en bio certifié depuis le millésime 2012); l'essentiel (21,5 ha) se trouve en montagne-saint-émilion avec le Ch. des Moines, fondé au XVIes. par les bénédictins de Cîteaux, et Gay Moulins, planté du seul bouchet (nom local du cabernet franc).

Le nom de ce cru fait référence aux chevaliers de l'ordre hospitalier de Saint-Jean, autrefois très présents à Pomerol. Une parcelle a été acquise par l'arrière-grand-mère de Nicole Tapon, une autre achetée par Raymond Tapon au baron Guichard. En tout, 1,4 ha. Très représentatif du merlot (90 % de l'encépagement) sur graves, le 2015 affiche une robe sombre, qui annonce une bonne concentration. Puissant, très mûr, le nez apparaît gorgé de cerise, de fraise et de fruits noirs rehaussés d'un boisé épicé, avec une touche de gibier. Riche, onctueuse, charnue, elle aussi très fruitée, la bouche confirme les promesses du bouquet. Ses tanins bien intégrés assureront une bonne garde. Proche du coup de cœur. ⧗ 2019-2026 ■ **Abbaye Frère Jean du château 2015** ★ **(11 à 15 €; 2000 b.)** Ⓑ : cette cuvée ne séjourne que brièvement dans le bois. Un vin coloré, expressif (cassis et vanille), charnu et charpenté, aux tanins encore fermes et stricts. ⧗ 2020-2025

NICOLE ET JEAN-CHRISTOPH TAPON-RENAUT, 23, rue Guadet, BP 38, 33330 Saint-Émilion, tél. 05 57 74 61 20, information@tapon.net V r.-v.

CH. L'ÉTOILE DE SALLES 2015 ★

■	35000		11 à 15 €

Domaine constitué à Lalande-de-Pomerol par le grand-père de l'actuel exploitant sur des sols de graves et de sables, et transmis en 2002 à David Dubois. Le cru, qui s'étend sur près de 10 ha sur graves, fait la part belle au merlot comme dans la plupart des vignobles du Libournais.

Si le merlot domine l'assemblage, cette cuvée comprend 30 % de cabernets (franc surtout), cépages qui apportent finesse et fraîcheur. La robe, très colorée, montre des reflets violets de jeunesse. Le nez s'ouvre tout doucement sur les fruits rouges, accompagnés de notes florales, de touches de thé et d'un boisé discret. La bouche, elle aussi sur le fruit, dévoile une chair dense et alerte, étayée par des tanins soyeux qui participent à l'équilibre général tout en laissant espérer une bonne garde. Un vin bien construit. ⧗ 2019-2025

DAVID DUBOIS, pont de Guitres, 33500 Lalande-de-Pomerol, tél. 06 25 94 08 55, etoile-de-salles@wanadoo.fr V r.-v.

CH. FLEUR D'EYMERITS 2015 ★

■	7333		11 à 15 €

Ancien rugbyman professionnel, Vincent Lagrave a repris cette micro-propriété en 2013: 1 ha de vignes planté du seul merlot sur un sol argilo-graveleux. Elle s'ajoute à l'exploitation de 17 ha héritée de ses parents, en AOC bordeaux (La Rose Vimière).

Entré dans le Guide, Vincent Lagrave confirme son savoir-faire avec ce 2015. Un vin intéressant par sa finesse et sa fraîcheur qui le rendent agréable à boire. Sa robe commence à se teinter de touches d'évolution. Son bouquet s'ouvre sur les fruits rouges, le bois épicé, avec des touches de gibier. Souple, friande, fruitée, la bouche s'appuie sur des tanins délicatement boisés et épicés, qui permettront d'ouvrir cette bouteille prochainement. ⧗ 2019-2026

VINCENT LAGRAVE, 1, rte de Corbin-Coudreau, 33910 Saint-Denis-de-Piles, tél. 06 14 88 44 04, chateau.larosevimiere@wanadoo.fr V r.-v.

CH. FOUGEAILLES 2015

■ | 16800 | | 15 à 20 €

Les Estager, d'origine corrézienne, sont établis depuis quatre générations dans le Libournais, comme négociants et producteurs. Claude et son fils Charles conduisent aujourd'hui trois crus, en pomerol (Lafleur Grangeneuve), en lalande (Fougeailles) et en montagne-saint-émilion (La Papeterie).

La vigne du château Fougeailles (2,7 ha) est implantée à Néac sur la première terrasse au nord de la Barbanne, cours d'eau qui sépare les appellations pomerol et lalande. Les sols sablo-argileux sont plantés de merlot (pour les trois quarts) et de cabernet franc. Le 2015 offre au nez des arômes fruités et boisés qui commencent à bien se marier. En bouche, après une attaque souple et fruitée, les tanins de la barrique prennent le dessus. Suffisamment concentré, le vin pourra assimiler le merrain. 2020-2025

CHARLES ESTAGER, 1, Fougeailles, 33500 Néac, tél. 05 57 51 35 09, contact@estager-vin.com V r.-v.

DOM. DE GACHET 2015 ★

■ | 5300 | | 15 à 20 €

Les Estager, négociants et propriétaires d'origine corrézienne, sont établis depuis 1912 dans le Libournais. Côté vignobles, conduits par Michèle Estager et son fils François, quatre AOC: pomerol (La Cabanne, Plincette, Haut Maillet), saint-émilion (Gourdins), lalande (Gachet) et montagne (La Papeterie).

Le plus petit vignoble des Estager (92 ares), implanté sur les graves argileuses de Néac. Le cabernet franc y est à parité avec le merlot, ce qui donne un vin fin et complexe, souvent retenu dans le Guide. Le 2015 séduit par sa large palette d'arômes, entre baies noires très mûres et boisé vanillé, rehaussés d'une touche de gibier, signature du cabernet. Chaleureux et vif en bouche, il dévoile une pulpe juteuse et fruitée, étayée par des tanins fins, au grain serré. Un vin bien construit. 2019-2025

VIGNOBLES J.-P. ESTAGER, 35, rue de Montaudon, 33500 Libourne, tél. 05 57 51 04 09, estager@estager.com V r.-v.

CH. GARRAUD 2015

■ | 117460 | | 15 à 20 €

La famille Nony, d'origine corrézienne, possède depuis 1939 le Château Garraud, valeur sûre en lalande, auquel s'est ajouté en 1997 le vignoble de Treytins, à cheval sur les AOC lalande et montagne. Jean-Marc Nony, petit-fils du fondateur Léon, est aujourd'hui aux commandes.

Il ne s'agit pas ici d'une microcuvée, mais de la production de l'un des plus importants vignobles de l'appellation, avec près de 35 ha. Un vin qui pourra bientôt passer à table, à en juger par ses reflets d'évolution, par son bouquet bien ouvert sur la cerise et autres fruits rouges, rehaussé de touches florales et d'un discret boisé, puis par sa texture. Souple et gras en attaque, il dévoile une chair tendre, à saveur de noyau et d'amande, soutenue par des tanins soyeux. 2019-2028

VIGNOBLES LÉON NONY, Ch. Garraud, 33500 Néac, tél. 05 57 55 58 58, info@vln.fr V *t.l.j. sf sam. dim. 9h-12h 14h-17h*

DOM. DU GRAND ORMEAU 2015 ★

■ | 34900 | | 11 à 15 €

Issu d'une longue lignée vigneronne, Jean-Paul Garde a conduit entre 1974 et 2014 les vignes familiales (31 ha aujourd'hui), réparties dans trois appellations libournaises: lalande, montagne et pomerol. Son fils Frédéric, qui travaillait à ses côtés depuis 1996, a pris les rênes de l'exploitation.

Grand Ormeau est le nom d'un lieu-dit – un excellent terroir argilo-graveleux, à l'origine de ce vin qui exprime la finesse de son fruit et les qualités de son lieu d'origine. Sa robe intense commence à se teinter de reflets brique. Au nez, les fruits noirs s'expriment en premier, soulignés de touches boisées aux accents de moka. La bouche suit la même ligne, sur la mûre, rafraîchie par une touche minérale et marquée en finale par des tanins soyeux et épicés. Un style élégant qui plaira à ceux qui n'aiment pas les vins trop boisés. 2019-2024

SCEA VIGNOBLES JEAN-PAUL GARDE, 1, Les Cruzelles, 33500 Néac, tél. 05 57 51 40 43, garde@domaine-grand-ormeau.com V r.-v.

CH. LE GRAVILLOT 2015

■ | 6700 | | 15 à 20 €

D'origine corrézienne, la famille Brunot s'intéresse à la vigne depuis la fin du XIXes. Elle exploite plusieurs crus dans le Libournais et l'Entre-deux-Mers: Piganeau en saint-émilion grand cru, Le Gravillot en lalande, Tour de Grenet en lussac et Maledan en bordeaux supérieur. Vincent Brunot, ingénieur agricole et œnologue, a succédé en 1998 à son père Jean-Baptiste à la tête des vignobles familiaux.

Un pur merlot issu de petites graves mêlées au sable, comme son nom l'indique. En 2015, ce terroir a donné des raisins très mûrs et des vins qui s'expriment assez vite, comme celui-ci, dont la robe se teinte de reflets tuilés. Bien ouvert sur les fruits noirs soulignés de notes boisés, le bouquet dévoile aussi des senteurs florales et des nuances de sous-bois. Dans le même registre, la bouche chaleureuse est rafraîchie par des touches mentholées. Ses tanins commencent à s'affiner et permettront d'ouvrir cette bouteille prochainement. 2019-2024

SCEA J.-B. BRUNOT ET FILS, 1, Jean-Melin, 33330 Saint-Émilion, tél. 05 57 55 09 99, vignobles.brunot@wanadoo.fr V r.-v.

CH. HAUT-CHAIGNEAU 2015 ★

■ | 90000 | | 15 à 20 €

Issus d'une famille enracinée à Saint-Émilion depuis le XVIIes, André Chatonnet, disparu en 2007, s'était établi en 1967 au Ch. Haut-Chaigneau, où il avait fait construire un «temple du vin» dans le style néoclassique. Son fils Pascal, œnologue et biologiste, continue son œuvre. Il exploite 30 ha de vignes, en lalande essentiellement, ainsi qu'en saint-émilion. Une valeur sûre.

La proportion importante (90 %) de merlot dans l'assemblage confère à ce 2015 un style très libournais. Puissant et fin à la fois, le bouquet mêle les fruits rouges bien mûrs aux notes boisées laissées par un élevage maîtrisé. La cerise ressort dans une bouche ample, élégante et persistante, aux tanins bien intégrés. Déjà agréable, cette bouteille pourra vieillir. ⧗ 2019-2025

SCEV VIGNOBLES CHATONNET, chem. des Trois-Bois, 33500 Néac, tél. 05 57 51 31 31, contact@vignobleschatonnet.com V r.-v.

CH. HAUT-GOUJON Cuvée N°1 2015

■ | 1200 | | 30 à 50 €

Ce cru dispose d'un vignoble de 18 ha en lalande-de-pomerol et en montagne-saint-émilion. La famille Garde y est installée depuis quatre générations; la dernière est représentée par Corinne, Mickaël et Vincent, qui ont pris la suite de leur père Henri en 1995.

Issu d'une sélection des meilleurs merlots de la propriété (90 %, avec un appoint de cabernet-sauvignon), ce 2015 est à la fois concentré et charmeur: robe très foncée, presque noire; bouquet sur les fruits noirs très mûrs assorti d'un fin boisé, attaque charnue, sur le fruit, relayée par les puissants tanins d'un vin de garde. ⧗ 2020-2028 ■ **2015 (15 à 20 €; 16000 b.)** : vin cité.

SCEA GARDE ET FILS, 53, Goujon, 33570 Montagne, tél. 05 57 51 50 05, contact@chateauhautgoujon.fr V *t.l.j. 9h-18h*

CH. LES HAUTS-CONSEILLANTS 2015

■ | 73334 | | 20 à 30 €

En 1906, le Corrézien Jean-Baptiste Audy crée son négoce puis investit dans plusieurs crus du Libournais. Son petit-fils Pierre Bourotte et, depuis 2003, son arrière-petit-fils Jean-Baptiste gèrent la maison et les vignobles familiaux: Courlat, ancien fief des Barons de Montagne (15 ha en lussac), Bonalgue (9,5 ha) et Clos du Clocher (5,9 ha) en pomerol, Les Hauts-Conseillants (10 ha) en lalande.

Un cru à dominante de merlot (85 %), constitué en 1972, peu avant la naissance de Jean-Baptiste Bourotte. Reflétant son appellation par la variété de ses terroirs (les sols argilo-sableux de Néac et les graves de Lalande), ce 2015 est aussi à l'image de son millésime de grande maturité. Sa palette très fine associe les fruits noirs bien mûrs à un boisé élégant aux nuances de cèdre, d'épices douces et de poivre. La bouche ne déçoit pas: on y trouve de l'ampleur, une structure suffisante, des arômes de cerise, de noyau et d'amande et des tanins bien enrobés, toastés et cacaotés. ⧗ 2019-2024

SAS PIERRE BOUROTTE, 62, quai du Priourat, BP 79, 33502 Libourne Cedex, tél. 05 57 51 62 17, jpbourotte@jbaudy.fr *r.-v.*

CH. LABORDERIE MONTDÉSIR 2015 ★

■ | | 15000 | | 11 à 15 €

Établie depuis sept générations à Abzac, près de Coutras, la famille Rousseau a acquis des vignes dans plusieurs appellations du Libournais et conduit aujourd'hui une belle unité de 62 ha.

Ce 2015 exprime bien la finesse de son terroir de graves. Sa robe montre quelques reflets tuilés d'évolution. Son bouquet expressif libère d'abord des parfums de fruits rouges (fruits à noyau et fraise des bois), nuancés d'un délicat boisé épicé. À la fois souple et fraîche, de bonne longueur, la bouche reste sur ce fruité gourmand et suave, soutenue par des tanins élégants qui permettront une consommation prochaine. ⧗ 2019-2026

VIGNOBLES ROUSSEAU, 1, Petit-Sorillon, 33230 Abzac, tél. 05 57 49 06 10, chateau@vignoblesrousseau.com V *r.-v.*

LUCANIACUS 2015 ★★

■ | 1200 | | 20 à 30 €

Vignerons depuis le XVIIIᵉs. et neuf générations, les Saby – depuis 1997 les frères Jean-Christophe et Jean-Philippe, tous deux œnologues comme leur père Jean-Bernard – possèdent plusieurs crus dans le Libournais et exploitent un ensemble de 70 ha.

Portant le nom qu'Ausone, poète, consul et propriétaire de vignes au IVᵉs. avait donné à sa *villa* bordelaise, c'est la plus petite vigne (25 ares) de la famille Saby. Une vieille vigne (certains ceps remontent à 1923) plantée en foule de merlot (50 %), de cabernet franc (35 %) et de malbec. Le 2015 s'est placé sur les rangs au moment d'élire le coup de cœur. Il a pour lui une robe profonde, bordeaux sombre, un bouquet très attrayant avec ses arômes de fruits noirs et de fruits confits, soulignés d'un élégant boisé toasté et cacaoté, et une bouche généreuse, charnue et ample, elle aussi très fruitée, rafraîchie en finale par des tanins vifs. Une remarquable bouteille de garde. ⧗ 2019-2028

VIGNOBLES JEAN-BERNARD SABY ET FILS, 7, lieu-dit Le Sable, 33330 Saint-Laurent-des-Combes, tél. 05 57 24 73 03, info@vignobles-saby.com V *r.-v.*

CH. MALTUS 2015 ★★

■ | 5333 | | 15 à 20 €

Conducteur de fours dans une tuilerie locale, Paul Lassagne achète en 1952 un petit vignoble (2 ha) à Lussac et fonde le Ch. des Landes; son fils Daniel l'agrandit et crée en 1985 le Ch. des Arnauds (4 ha); il transmet en 2012 la propriété à Nicolas, qui dispose de 42 ha en lussac-saint-émilion (Ch. des Landes), en lalande-de-pomerol (Ch. Maltus) et en bordeaux (Ch. des Arnauds).

Pour rappeler que l'ordre de Malte implanta la vigne à Lalande, Nicolas Lassagne a baptisé Maltus la petite vigne (2,3 ha qu'il a acquise en 2015), établie sur un beau terroir de graves profondes sur crasse de fer. Ce cru fait son entrée dans le Guide avec cet excellent vin très représentatif du millésime, élevé seize mois en barrique. La robe presque noire annonce une rare concentration, tout comme le nez, riche en parfums de chêne torréfié et de fruits noirs très mûrs. Le palais confirme ces promesses, avec ses arômes de fruits confits soulignés par une matière ample, charnue et chaleureuse, soutenue par les tanins encore un peu fermes d'un vin de garde. ⧗ 2020-2028

EARL DES VIGNOBLES DU CH. DES LANDES, 5, La Grenière, 33570 Lussac, tél. 05 57 74 68 05, info@chateau-des-landes.fr V *t.l.j. sf dim. 8h30-12h 14h-18h30*

CH. LA PENSÉE 2015

■ | 14000 | ◍ | 15 à 20 €

La famille Mingot exploite depuis quatre générations un vignoble de 22 ha sur la commune de Savignac-de-l'Isle avec son Ch. Maréchaux. Vignoble complété en 2012 par le Ch. la Pensée, un petit cru de moins de 2 ha, connu jusqu'alors sous le nom de Ch. Coudreau.

Cette cuvée doit tout au merlot, et en dévoile bien les caractères, ainsi que ceux du millésime: une robe bordeaux presque noire; des arômes de fruits très mûrs, voire confits, évocateurs de pruneau; une bouche chaleureuse en attaque, ronde et charnue, où l'on retrouve les fruits confiturés, soulignés par la note boisée de la barrique. Les tanins enrobés permettront une consommation prochaine, mais ce 2015 saura vieillir. ⧗ 2019-2025

⊶ VIGNOBLE MINGOT, 1, Les Maréchaux, 33910 Savignac-de-l'Isle, tél. 05 57 84 22 29, julien@vignoblemingot.fr V *r.-v.*

CH. AU PONT DE GUÎTRES 2015 ★

■ | 20000 | ◍ ⫿ | 15 à 20 €

Originaires du Fronsadais, ces producteurs ont étendu leur vignoble sur l'autre rive de l'Isle, en appellation lalande. Rémy Rousselot, installé en 1986 sur le domaine familial, exploite 21 ha et propose quatre vins: Châteaux Vray Houchat, Les Roches de Ferrand (fronsac), Pont de Guestres et au Pont de Guîtres (lalande).

Pont de Guestres ou Au Pont de Guîtres, les deux vins proviennent de vignes implantées près de la Barbanne, petit ruisseau qui marque la limite avec l'appellation pomerol. Les vins y conservent toujours une certaine fraîcheur. C'est le cas de ce 2015 aux arômes de cassis et de fruits rouges bien mûrs, rehaussés d'un discret boisé épicé. Une attaque fruitée, à la fois souple et fraîche, ouvre sur un palais charnu et juteux, adossé à d'élégants tanins qui permettront à cette bouteille de bien évoluer. ⧗ 2019-2023

⊶ RÉMY ROUSSELOT, 6, Signat, 33126 Saint-Aignan, tél. 05 57 24 95 16, vignobles.rousselot@outlook.com V 🚶 ! *r.-v.*

CH. RÉAL-CAILLOU
Élevé en fût de chêne 2015 ★★

■ | 30800 | ◍ | 15 à 20 €

Créé en 1969, le lycée viticole de Libourne-Montagne – qui forme quelques 300 élèves par an – exploite un domaine de 40 ha répartis sur deux crus: Grand Baril en montagne-saint-émilion et Réal-Caillou en lalande-de-pomerol.

Réal-Caillou devient un bon représentant de l'appellation. Son terroir mêle graves, sables et limons; la vigne (merlot pour les trois quarts, cabernet franc) prend de l'âge, la qualité des vins progresse, témoin ce 2015, digne reflet du millésime. Sa robe profonde annonce une bonne concentration. Boisé avec finesse, le nez laisse percer les arômes de jeunesse de raisins mûrs à point. Le fruit se dévoile de nouveau dès l'attaque, sur une chair dense, sans lourdeur. Les tanins toastés du merrain reprennent le dessus avec élégance en finale, signant un vin de garde. ⧗ 2020-2026

⊶ LYCÉE VITICOLE LIBOURNE-MONTAGNE, 7, Le Grand Barrail, 33570 Montagne, tél. 05 57 55 21 22, expl.libourne@educagri.fr V 🚶 ! *t.l.j. sf sam. dim. 8h30-12h 14h-17h; août sur r.-v.*

CH. DE ROQUEBRUNE À Claude 2015

■ | 22000 | ⫿ | 15 à 20 €

Premières parcelles acquises en 1880, vignoble replanté après le gel de 1956; premières mises en bouteilles en 1970, avec Claude Guinjard. Dans la même famille depuis cinq générations, ce domaine, conduit depuis 2002 par Florent Guinjard, s'étend aujourd'hui sur 11,4 ha en lalande-de-pomerol.

Une cuvée dédiée au père du vigneron, disparu cette année-là, fervent partisan d'un vin «déchêné». Aussi, ce lalande issu de pur merlot planté sur sol sablo-graveleux n'a-t-il pas vu la barrique. Si sa robe montre une légère évolution, son nez reste discret, laissant percer des senteurs de fruits rouges, de cerise à l'eau-de-vie. À la fois ample et fraîche, la bouche joue avec les mêmes arômes, adossée à des tanins lisses. Agréable par sa fraîcheur, ce vin plaira aux amateurs de vins non boisés. ⧗ 2018-2024

⊶ CH. DE ROQUEBRUNE, 6, rte des Galvesses, 33500 Lalande-de-Pomerol, tél. 05 57 74 08 92, chateauderoquebrune@lalande-pomerol.com V 🚶 ! *r.-v.*

CH. SAMION 2015 ★

■ | 8000 | ◍ ⫿ | 15 à 20 €

Ancien vinificateur de Petrus, Jean-Claude Berrouet a créé son propre domaine en 1978, repris par son fils Jean-François depuis 2002: en montagne-saint-émilion avec le Vieux Château Saint-André et en lalande avec le Ch. Samion, sans oublier ses vignes d'Irouléguy, terre de ses ancêtres.

On ne sera pas surpris de voir figurer dans ces pages ce vin, issu de 2 ha de merlot sur graves argileuses. Intense à l'œil, il apparaît gorgé de fruits noirs et rouges, rehaussés d'un discret boisé aux nuances d'épices douces. Si l'attaque est généreuse, le palais reste frais, tendu par une belle acidité; charnu, sur le fruit, il est soutenu par d'élégants tanins bien enrobés. ⧗ 2019-2024

⊶ JEAN-FRANÇOIS BERROUET, 2, rte de Saint-Georges, 33570 Montagne, tél. 05 57 74 59 80, chateau.samion@wanadoo.fr V 🚶 ! *r.-v.*

CH. TOURNEFEUILLE La Cure 2015

■ | 3000 | ◍ | 30 à 50 €

Agriculteur en Eure-et-Loire, François Petit acquiert Tournefeuille en 1998, pièce maîtresse (17,5 ha à Néac) d'un vignoble familial étendu aussi sur Pomerol (Lécuyer) et Saint-Émilion (La Révérence), aujourd'hui conduit par son fils Émeric et son associé Francis Cambier.

La cuvée La Cure – coup de cœur pour le 2014 – provient d'une parcelle de vignes âgées de quarante ans, plantées sur un terroir argileux qui a permis aux ceps de résister à la sécheresse. Son 2015 est puissant, à la fois concentré et élégant, avec sa robe profonde, ses arômes de fruits noirs bien mûrs qui tiennent tête à la barrique, et sa bouche chaleureuse, dense et longue, aux tanins encore jeunes et fermes. ⧗ 2019-2024

SCEA CH. TOURNEFEUILLE, 24, rue de l'Église, 33500 Néac, tél. 05 57 51 18 61, epetit@chateau-tournefeuille.com r.-v. Émeric Petit

CH. DE VIAUD 2015 ★★

51762		15 à 20 €

Implantée sur des graves argileuses prolongeant celles de Pomerol, cette belle unité de 21 ha en lalande-de-Pomerol, qui figurait déjà sur la carte de Belleyme au XVIIIes., a été la propriété entre 2002 et 2011 du négociant médocain Philippe Raoux, qui l'a revendue au groupe chinois Cofco Wines & Spirits, leader viticole et agro-alimentaire.

Cette importante cuvée a bénéficié en 2015 de son terroir argilo-graveleux. Sa robe très profonde est de bon augure, comme son bouquet puissant, heureux mariage de fruits noirs très mûrs et de merrain chauffé, avec une touche florale. Une attaque chaleureuse ouvre sur un palais charnu et structuré, à l'unisson du nez: d'abord sur le fruit, puis marqué par d'élégants tanins boisés qui permettront une longue garde. ⧗ 2019-2028

SAS DU CH. DE VIAUD, 10, rte de Viaud, 33500 Lalande-de-Pomerol, tél. 05 57 51 17 86, chateaudeviaud1@orange.fr r.-v. Cofco

CH. VIEUX CARDINAL LAFAURIE 2015 ★

33466		8 à 11 €

Propriétaire de nombreux crus et acteur majeur du négoce bordelais à travers différentes marques (Chai de Bordes, Pierre Dumontet...), Cheval Quancard a été fondé par Pierre Quancard en 1844, sous le nom de Quancard et Fils. La maison est toujours dirigée par ses descendants.

Implantée sur les sables de Lalande-de-Pomerol, cette propriété a été acquise par la maison Cheval Quancard en 1978. Le millésime 2015 lui convient bien. Avec un tiers de cabernets et un élevage en cuve, le vin a conservé toute sa fraîcheur. Le nez mêle les fruits rouges et des notes florales. La bouche, à l'unisson, apparaît souple et fruitée, tonique et jeune. Ses tanins commencent à s'arrondir. ⧗ 2019-2024

CHEVAL QUANCARD, ZI La Mouline, 4, rue du Carbouney, BP 36, 33565 Carbon-Blanc Cedex, tél. 05 57 77 88 88, chevalquancard@chevalquancard.com r.-v.

VIEUX CH. GACHET 2015 ★

13720		11 à 15 €

À son retour de la Grande Guerre, Jean-Baptiste Arpin achète 1 ha à Pomerol, dans le secteur du Maillet. Aujourd'hui, ses petits-fils et arrière-petits-fils Gérard et Gaël exploitent 38 ha en pomerol (Franc Maillet), saint-émilion (La Fleur Chantecaille), montagne (Gachon) et lalande (Vieux Château Gachet), et proposent régulièrement de très bons vins.

Acquis en 1953, un vignoble de près de 5 ha, implanté sur les terrains argilo-siliceux de Néac. Son 2015 affiche une robe profonde et jeune. Encore sous l'emprise de la barrique, le nez laisse place, après aération, à des senteurs de fruits rouges bien mûrs. Après une attaque chaleureuse, sur le fruit, la bouche laisse apparaître une solide charpente de tanins qui commencent à s'arrondir. Le boisé, pour l'heure très marqué, ne devrait pas tarder à s'intégrer. ⧗ 2020-2028

SCEA VIGNOBLES G. ARPIN, Chantecaille, 33350 Saint-Émilion, tél. 09 71 58 23 49, contact@chateaux-g-arpin.fr r.-v.

CH. VIEUX CHAIGNEAU 2015

41000		11 à 15 €

Domaine en lalande-de-pomerol créé en 1971 par Colette et Bernard Berlureau, ce dernier issu d'une famille de viticulteurs implantée sur la rive droite. En 2014, partant à la retraite, ils l'ont cédé à Charlotte Milhade et à Valentin Généré, un jeune couple d'ingénieurs agronomes, qui se sont rencontrés à la faculté de Montpellier. La première élabore les vins, le second cultive les 6 ha de vignes.

Complanté de merlot (pour les trois quarts) et des deux cabernets sur les argilo-calcaires de Néac, ce cru a engendré un vin déjà agréable, aux parfums flatteurs de fruits confits, de fruits noirs, soulignés d'un délicat boisé. Bien présent au palais, avec du fruit et une bonne mâche, ce 2015 s'appuie sur des tanins encore austères qui devraient s'affiner prochainement. ⧗ 2019-2023

CHARLOTTE ET VALENTIN MILHADE, 7 lieu-dit Chatain, 33500 Néac, tél. 05 57 51 57 70, contact@chateauvieuxchaigneau.fr r.-v.

VIEUX CLOS CHAMBRUN 2015

2496		30 à 50 €

Les vignerons normands existent: Jean-Jacques Chollet, ancien commercial dans une maison de négoce à Libourne, vit aujourd'hui dans le département de la Manche, mais il ne perd pas de vue son petit vignoble en lalande (moins de 3 ha) acquis avec son épouse Sylvie à Néac en 1986.

Merlot et cabernets à parité, âgés de plus de quarante ans, sont à l'origine de ce 2015 à la robe soutenue, encore fermé, qui livre à l'aération d'agréables arômes de fruits à l'eau-de-vie et de boisé. Plus expressive, chaleureuse et fruitée, la bouche monte en puissance, déployant une matière charnue, étayée par des tanins élégants. Déjà agréable, ce vin saura vieillir. ⧗ 2019-2023

JEAN-JACQUES CHOLLET, 15, La Chapelle, 50210 Camprond, tél. 02 33 45 19 61, cholletvin@gmail.com r.-v.

▶ SAINT-ÉMILION ET SAINT-ÉMILION GRAND CRU

Établi sur les pentes d'une colline dominant la vallée de la Dordogne, Saint-Émilion (3 300 habitants) est une petite ville viticole charmante et paisible. C'est aussi une cité chargée d'histoire. Étape sur le chemin de Saint-Jacques-de-Compostelle, ville forte pendant la guerre de Cent Ans et refuge des députés girondins proscrits sous la Convention, elle possède de nombreux vestiges évoquant son passé. La légende fait remonter le vignoble à l'époque romaine et attribue sa plantation à des légionnaires. Mais il semble que sa véritable origine se situe au XIIIes.

Quoi qu'il en soit, Saint-Émilion est aujourd'hui le centre de l'un des plus célèbres vignobles du monde qui, en 1999, a été incrit au patrimoine mondial par l'Unesco. L'aire d'appellation, répartie sur 9 communes, comporte une riche gamme de sols. Tout autour de la ville, le plateau calcaire et la côte argilo-calcaire (d'où proviennent de nombreux crus classés) donnent des vins d'une belle couleur, corsés et charpentés. Aux confins de Pomerol, les graves produisent des vins d'une très grande finesse (cette région possédant aussi de nombreux grands crus). Mais l'essentiel de l'appellation est représenté par les terrains d'alluvions sableuses descendant vers la Dordogne, qui produisent de bons vins. Pour les cépages, on note une nette domination du merlot, complété par le cabernet franc, appelé bouchet dans cette région, et, dans une moindre mesure, par le cabernet-sauvignon.

L'appellation saint-émilion peut être revendiquée par tous les vins produits dans la commune et dans huit autres villages environnants. La seconde appellation, saint-émilion grand cru, ne correspond pas à un terroir défini, mais à des critères d'élaboration plus exigeants: rendements plus faibles, élevage de dix-sept mois minimum, mise en bouteilles à la propriété obligatoire. C'est parmi les saint-émilion grand cru que sont choisis les châteaux qui font l'objet d'un classement. Ce dernier constitue l'une des originalités de la région de Saint-Émilion. Assez récent (il ne date que de 1955), il est régulièrement et systématiquement revu. La première révision a eu lieu en 1958; la dernière, en 2006, a été contestée devant les tribunaux pour être, à l'issue d'une longue procédure, annulée par le tribunal administratif de Bordeaux. Pour mettre fin au vide juridique, le Parlement a voté en mai 2009 un article de loi rétablissant l'ancien classement de 1996 auquel s'ajoutent les promus de 2006, classement valable jusqu'à la récolte 2011 incluse.

Pour les saint-émilion grand cru, la dégustation Hachette s'est faite en distinguant les classés (y compris les premiers) des non-classés. Les étoiles et commentaires correspondent donc à ces deux critères.

SAINT-ÉMILION

Superficie : 5 400 ha (grands crus inclus)
Production : 51 000 hl

L'ARCHANGE 2015 ★

■ | 5000 | | 30 à 50 €

Issus d'une famille enracinée à Saint-Émilion depuis le XVII[e]s, André Chatonnet, disparu en 2007, s'était établi en 1967 au Ch. Haut-Chaigneau, où il avait fait construire un «temple du vin» dans le style néoclassique. Son fils Pascal, œnologue et biologiste, continue son œuvre. Il exploite 30 ha de vignes, en lalande essentiellement, ainsi qu'en saint-émilion. Une valeur sûre.

Les qualités expressives du merlot se retrouvent dans ce vin aux jolis reflets violets. Au nez, les arômes de fruits rouges bien mûrs, de fumée et d'épices s'expriment avec élégance et fraîcheur. La bouche est équilibrée, nantie d'une chair ample, dense et charnue, aux tanins veloutés sur une trame aromatique finement réglissée. ⧗ 2021-2026

SCEV VIGNOBLES CHATONNET, chem. des Trois-Bois, 33500 Néac, tél. 05 57 51 31 31, contact@vignobleschatonnet.com V r.-v.

CH. BARBEROUSSE 2015 ★

■ | 42000 | | 11 à 15 €

Bien connu des lecteurs du Guide, Stéphane Puyol exploite la vigne dans le Libournais (20 ha en saint-émilion et en saint-émilion grand cru) depuis 1987 avec son Ch. Barberousse et son voisin le Ch. Montremblant. Il vinifie également dans le Bergeracois depuis 1991, date de l'acquisition du Ch. Lamothe Belair, situé sur le plateau de Belair, dans le prolongement du coteau de Saint-Émilion.

Au nez toasté et grillé, pour l'heure un peu timide, répond une bouche franche, de grande élégance, complète, aux saveurs de petits fruits rouges compotés, encadrée par une trame tannique solide mais prometteuse. Une forte personnalité et un grand potentiel. ⧗ 2021-2028

VIGNOBLES STÉPHANE PUYOL, Ch. Barberousse, 33330 Saint-Émilion, tél. 05 57 24 74 24, chateau-barberousse@wanadoo.fr V r.-v.

CH. BEYNAT Terre amoureuse 2015 ★

■ | 6500 | | 11 à 15 €

Nathalie Boyer et Alain Tourenne ont repris en 2008 ce cru créé en 1917 par Léonard Nebout, quincaillier de son état; ils ont converti au bio les 14 ha de vignes dédiés aux castillon, saint-émilion et bordeaux dans les trois couleurs. Un domaine très régulier en qualité, conduit désormais en solo par Alain Tourenne.

Cette cuvée bâtie autour des seuls cabernets déploie au nez de puissants arômes de fruits rouges, ponctués de notes florales et épicées. En bouche, on découvre un 2015 rond et velouté, fruité et finement boisé, à la belle finale marquée par son terroir calcaire. Du sérieux. ⧗ 2020-2025

SCEA CH. BEYNAT, 23 bis, rue de Beynat, 33350 Saint-Magne-de-Castillon, tél. 05 57 40 01 14, atourenne@gmail.com V *t.l.j. 9h-17h* *Tourenne*

CH. BILLERON BOUQUEY Calice 2015

■ | 30000 | | 11 à 15 €

Vignoble familial né en 1956 de l'union des Robin, négociants et tonneliers à Castillon depuis le XVIII[e]s., et des Lafugie, vignerons à Saint-Émilion. Les vignes (26 ha) sont situées dans les deux aires d'appellation: les Châteaux Pailhas et Billeron Bouquey côté Saint-Émilion, le Ch. Tour Grand Mayne côté Castillon. Dernière acquisition de la famille, en 2014: le Ch. la Devise en appellation puisseguin. Inès, fille de Michel Robin, et son époux Dominique Fugier, qui officie au chai, sont aux commandes.

Cette cuvée se partage entre les fruits rouges, l'écorce de cèdre et des arômes toastés. Ample, souple et ronde, la bouche dévoile un bel équilibre, du charme, malgré des tanins encore un peu anguleux. À encaver. ⧗ 2021-2024

SCEA ROBIN-LAFUGIE, Pailhas, 33330 Saint-Hippolyte, tél. 06 43 03 11 21, robin.lafugie@orange.fr V *r.-v.*

LE BORDELAIS

♥ CLOS CASTELOT 2015 ★★

■ | 14000 | | 8 à 11 €

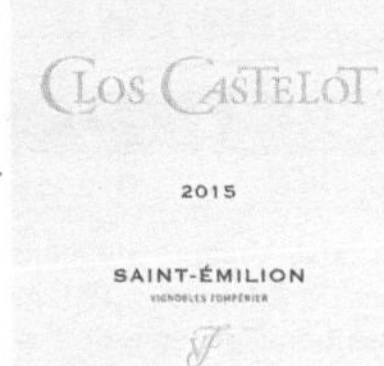

Un vignoble de 21 ha, acquis par les Fompérier en 1956, à l'entrée sud de Saint-Émilion, au pied du coteau, dans le hameau de La Gaffelière. Deux étiquettes ici: le grand cru Guillemin La Gaffelière et son second le Clos Castelot.

Merlot, cabernets et malbec bien mûrs composent un grand saint-émilion. La robe, sombre et brillante, s'anime de reflets rubis. Le nez exhale des arômes fins et précis de cerise noire et de fruits rouges confits. Le prélude à une bouche crémeuse, fruitée, à la fois puissante et fraîche, élégante et charpentée: la marque d'un grand vin, bien né, à l'élevage particulièrement soigné. «Un concentré de plaisir», note un dégustateur. ⧗ 2021-2028

⊶ VIGNOBLES FOMPÉRIER, La Gaffelière, 33330 Saint-Émilion, tél. 05 57 74 46 92, lecellierdesgourmets@wanadoo.fr V t.l.j. sf dim. 8h30-12h15 14h-17h45

CLOS LE BRÉGNET 2015 ★

■ | 18000 | | 8 à 11 €

David Coureau exploite depuis 1970 un vignoble familial de 16 ha, dont il consacre la moitié au saint-émilion, 1 ha au grand cru La Perle du Brégnet et le reste au Ch. l'Ancien Orme en AOC bordeaux. La partie dédiée au grand cru est située à la limite sud de la juridiction, sur un terroir de sables et de graves.

Un 2015 réussi, mariant à l'olfaction les fruits mûrs à des notes épicées. La bouche est ronde, concentrée, tout en restant fraîche, étayée par des tanins encore serrés. Encore un peu de patience... ⧗ 2021-2024

⊶ EARL VIGNOBLES COUREAU, 204, Le Brégnet, 33330 Saint-Sulpice-de-Faleyrens, tél. 05 57 24 76 43, clos-le-bregnet@wanadoo.fr V t.l.j. sf dim. 9h-18h30

DIVIN DE CORBIN 2015

■ | 3000 | | 20 à 30 €

Tous deux issus d'anciennes familles bordelaises, Anabelle Cruse-Bardinet, épaulée par son mari Sébastien, a repris en 1999 le vignoble familial acquis par ses arrière-grands-parents en 1924 et transmis par les femmes depuis quatre générations. Un cru fort ancien - les fondations du bâtiment principal remontent au XVᵉs. - dont on dit qu'il fut l'un des fiefs du Prince noir («corbin» pour la couleur corbeau de son armure). Le vignoble couvre 13 ha, implanté en partie sur des sables anciens, en partie sur des argiles.

À l'olfaction, ce 2015 marie avec élégance la violette et les fruits rouges confiturés aux arômes du chêne. La bouche, souple et légère, s'appuie sur des tanins mûrs et présente une jolie finale fraîche. À attendre un peu. ⧗ 2020-2023

⊶ SC CH. CORBIN, 33330 Saint-Émilion, tél. 05 57 25 20 30, contact@chateau-corbin.com V r.-v.
⊶ Sébastien Bardinet et Anabelle Cruse

CH. LA FLEUR PEREY Cuvée Perey 2015

■ | 14000 | | 11 à 15 €

Alain Xans et sa sœur Florence, héritiers d'une lignée vigneronne remontant à 1880, conduisent depuis 1989 les 12,5 ha familiaux sur les graves et sables de Saint-Sulpice-de-Faleyrens, dont plus de la moitié dédiée au grand cru, le reste au saint émilion Perey-Grouley et aux bordeaux.

Un vin représentatif de l'appellation, ouvert au nez sur les fruits rouges, le sous-bois et un bon boisé grillé. La bouche est charnue, dense, ronde, mais encore ferme en finale. À attendre un peu. ⧗ 2021-2024

⊶ VIGNOBLES FLORENCE ET ALAIN XANS, 337, Bois-Grouley, 33330 Saint-Sulpice-de-Faleyrens, tél. 06 80 72 84 87, alainxans@wanadoo.fr V r.-v.

LÉO DE LA GAFFELIÈRE 2015 ★

■ | 250000 | | 8 à 11 €

La maison de négoce fondée en 1995 par Léo de Malet-Roquefort et son fils Alexandre, héritiers d'une lignée saint-émilionnaise et propriétaires du Ch. la Gaffelière (1er grand cru classé B) a été cédée graduellement à Bertrand Ravache. Le négociant a acquis la totalité des parts de la société en 2015 et lui a donné son nom.

La robe très sombre annonce un vin concentré, riche, de beau volume: c'est incontestablement un 2015. Le fruit est omniprésent tout au long de la dégustation, et le palais se révèle charnu, dense, étayé par des tanins soyeux, mais aussi idéalement frais et équilibré: une très belle harmonie. ⧗ 2021-2025 ■ **Les Hauts de la Gaffelière 2015 ★ (11 à 15 €; 80000 b.)** : une cuvée ambitieuse, tannique, de garde, au boisé intense, mais qui reste équilibrée. ⧗ 2022-2028

⊶ MAISON BERTRAND RAVACHE, Le Rivalon, BP 12, 33330 Saint-Émilion, tél. 05 57 56 40 80, contact@bertrand-ravache.com

CH. JACQUES NOIR 2015 ★

■ | 35500 | | 11 à 15 €

Depuis 1858, la famille Ducourt a constitué un vignoble de 450 ha et quatorze châteaux dans l'Entre-deux-Mers et le Libournais. Trois crus dans ce dernier: le Ch. Plaisance à Montagne (17,5 ha), le Ch. des Demoiselles (31 ha en castillon) et le Ch. Jacques Noir (5,6 ha en saint-émilion).

Jacques Noir a été acquis en 2001: l'ancien repaire, selon la légende, d'un hobereau à l'armure noire, vigneron le jour et brigand la nuit... Dans le verre, de la personnalité et de la typicité pour ce pur merlot aux arômes de fruits confits, de cuir et de vanille. On apprécie aussi sa bouche harmonieuse, charnue, de beau volume, aux tanins veloutés. ⧗ 2020-2024

⊶ SCEA LES DEMOISELLES, 18, rte de Montignac, 33760 Ladaux, tél. 05 57 34 54 00, ducourt@ducourt.com V r.-v.

CH. JUPILLE CARILLON Cuvée Prestige 2015 ★

■ | 12667 | | 8 à 11 €

Acteur important de la place de Bordeaux, Cordier-Mestrezat Grands Crus est né en 2000 de la fusion de deux vénérables maisons de négoce bordelaises: la maison Cordier, fondée en 1886 par Désiré Cordier, et la maison Mestrezat, créée en 1815. En 2015, le groupe coopératif InVivo, géant de l'agroalimentaire, a pris le contrôle de cette entité et opéré une scission de Mestrezat (réservé aux grands crus) et de Cordier (dédié aux vins de marque et autres châteaux).

Propriété d'Isabelle Visage, ce cru de 11 ha à Saint-Sulpice-de-Faleyrens est diffusé par la maison Cordier. Dans le verre, une olfaction riche et élégante, centrée sur la cerise et la fraise agrémentées de subtiles notes grillées et toastées. Cette palette aromatique se retrouve dans une bouche ample et équilibrée, solidement charpentée par des tanins mûrs mais bien présents. Un très joli vin, représentatif de ce que doit être un saint-émilion: à la fois gracieux, corsé et digeste. ⧗ 2021-2025

CORDIER, 109, rue Achard, BP 154, 33042 Bordeaux, tél. 05 56 11 29 00, contact@cordier-wines.com In Vivo

LÉGENDE 2015

■ | 84000 | | 15 à 20 €

En complément de ses vins de prestige (Lafite-Rothschild, Duhart-Milon, Rieussec, L'Évangile), la maison Rothschild (Lafite) a développé une structure de négoce qui propose une gamme de vins plus accessible: la «Collection», déclinée en Saga, Légende et Réserve, dans les appellations bordeaux, médoc, pauillac et saint-émilion.

Un 2015 marqué au nez par la framboise, la fraise et des notes grillées. En bouche, on découvre un vin élégant, rond, aux tanins encore assez serrés en finale, mais prometteurs. À faire vieillir en cave. ⧗ 2020-2023

DOMAINES BARONS DE ROTHSCHILD LAFITE DISTRIBUTION, 40-50, cours du Médoc, 33300 Bordeaux, tél. 05 57 57 79 79, dbr@lafite.com

CH. MOULIN DES GRAVES 2015 ★

■ | 10666 | | 11 à 15 €

À l'origine, deux propriétés familiales: le Ch. Moulin des Graves, appartenant au grand-oncle tonnelier de l'actuel propriétaire, et le Ch. Hautes Graves d'Arthus, domaine de son grand-père. Elles fusionnent dans les années 1950. Installé en 1987, Jean-Frédéric Musset, rejoint par son fils Lambert, œnologue, conduit 12 ha dans la partie sud de l'appellation saint-émilion.

Le merlot, seul maître à bord, confère à cette cuvée une ravissante teinte rubis et des arômes délicats de fruits mûrs et d'épices douces. Cette belle expression aromatique se poursuit dans un palais élégant, équilibré, mis en valeur par une trame tannique bien en place, fine et soyeuse. Un ensemble harmonieux. ⧗ 2021-2025

EARL DES VIGNOBLES J.-F. MUSSET, 20, d'Arthus, 33330 Vignonet, tél. 05 57 84 53 15, jf.musset.darthus@wanadoo.fr V r.-v.

CH. MOULIN DU JURA Cuvée Prestige 2015 ★★

■ | 9950 | | 8 à 11 €

Les Berlureau exploitent depuis six générations un vignoble de 11,5 ha en montagne-saint-émilion (Croix-Jura) et en saint-émilion (Moulin du Jura). Les chais ont remplacé un ancien moulin et une boulangerie qui ont fait partie du décor jusqu'au XIX[e]s.

De la présence et de la prestance pour ce 2015 rubis aux éclats noirs, qui évoque la mûre, la griotte, le cassis et de fines notes grillées héritées de l'élevage sous bois. Mais c'est plus encore la bouche qui emporte l'adhésion: fraîche en attaque, elle offre ensuite une matière charnue, beaucoup de volume, d'équilibre et une longue finale portée par des tanins de velours. Le coup de cœur fut mis aux voix. ⧗ 2021-2028

SARL MOULIN DU JURA, 1, Le Moulin-du-Jura, 33570 Montagne, tél. 06 22 89 78 81, contact@moulindujura.fr V r.-v. Berlureau

DE NERVILLE 2015 ★

■ | n.c. | | 15 à 20 €

Gracia, Les Angelots de Gracia et de Nerville: trois étiquettes pour ce petit domaine familial constitué à partir d'une parcelle de vignes héritée en 1994, qui dispose d'un chai «lilliputien» au cœur de Saint-Émilion, dans une bâtisse du XIII[e]s. Le propriétaire, Michel Gracia, entrepreneur-tailleur de pierre, s'est converti à la vigne. Il est aujourd'hui aidé de ses filles Marina et Caroline.

Une vinification et un élevage minutieux ont permis à cette cuvée d'exprimer toute sa personnalité: une robe d'un rubis soutenu; des arômes de fraise, de framboise et de cassis mêlés à des notes de poivre blanc et de réglisse; une bouche élégante, ample et gourmande, structurée par des tanins encore très présents et prometteurs. ⧗ 2021-2025

MICHEL, MARINA ET CAROLINE GRACIA, Rue du Thau, 33330 Saint-Émilion, tél. 05 57 24 77 98, michelgracia@wanadoo.fr r.-v.

CH. RASTOUILLET LESCURE 2015 ★

■ | 45733 | | 11 à 15 €

Créée en 1931, la coopérative de Saint-Émilion est un acteur incontournable du Libournais, et ses cuvées – vins de marque (Aurélius, Galius) ou de domaines (une cinquantaine de propriétés apportent leur vendange à la «coop») – sont régulièrement au rendez-vous du Guide.

Du verre s'échappent d'attrayants parfums de raisins mûrs, de confiture de framboises, ainsi qu'une pointe réglissée. La bouche montre une belle suavité, beaucoup de rondeur, avec cependant en finale des tanins encore jeunes qui demanderont un peu de garde pour offrir plénitude et harmonie à ce 2015 prometteur. ⧗ 2021-2025 ■ **Ch. Hautes Versannes 2015 ★ (11 à 15 €; 40400 b.)** : un vin charnu, riche, d'un beau volume, aux tanins présents mais soyeux. ⧗ 2019-2022 ■ **Royal 2015 ★ (11 à 15 €; 38667 b.)** : un vin plaisant, fruité, bien structuré, qui mérite lui aussi une étoile. ⧗ 2019-2022

UNION DE PRODUCTEURS DE SAINT-ÉMILION, lieu-dit Haut-Gravet, BP 27, 33330 Saint-Émilion, tél. 05 57 24 70 71, contact@udpse.com V r.-v.

CH. TOUR PUYBLANQUET 2015 ★

■ | 20000 | | 8 à 11 €

En 2012, suite au décès de leur père, Corinne Lapoterie et son frère Philippe (cinquième génération) ont repris la propriété familiale (8 ha), située non loin de Valandraud, et dans leur famille depuis 1902.

Bien ouvert, ce vin dévoile des arômes généreux de fruits rouges mûrs, de violette et d'épices agrémentés d'une touche animale. En bouche, il apparaît rond, charnu, persistant, épaulé par des tanins soyeux. ⧗ 2020-2024

LAPOTERIE, 3, Bouguet, 33330 Saint-Étienne-de-Lisse, tél. 05 57 40 18 32, chateau.tourpuyblanquet@orange.fr V *r.-v.*

CH. VIEUX LONGA 2015

■ | 5000 | | 8 à 11 €

Une propriété familiale créée en 1930 au sud-ouest de Saint-Émilion: 5 ha d'un seul tenant sur sols sablo-graveleux, conduits depuis 1998 par Éric et Isabelle Veyssière. Deux étiquettes: Ch. Vieux Longa (4 ha en saint-émilion) et Ch. Barrail du Patient (1 ha en bordeaux).

Un nez complexe, évoquant la cerise à l'eau-de-vie, les fruits rouges, le cuir, ainsi que des nuances boisées, précède un palais équilibré, rond et souple, de beau volume, aux tanins déjà fondus. Un 2015 gourmand, déjà plaisant aujourd'hui. ⧗ 2019-2022

ÉRIC VEYSSIÈRE, 192, Le Longa, 33330 Saint-Sulpice-de-Faleyrens, tél. 05 57 24 74 31, contact@chateau-vieux-longa.fr V *t.l.j. 9h-12h 14h-18h*

SAINT-ÉMILION GRAND CRU

Superficie : 5 400 ha / Production : 72 000 hl

CH. ADAUGUSTA 2015

■ | 5000 | | 15 à 20 €

Ce petit cru de 1,5 ha, dont le nom provient de la devise latine ad augusta per augusta (« on n'atteint les sommets qu'au prix de grands efforts »), a été créé en 2006 par Catherine et Gérard Canuel.

Le petit vignoble de ces « vignerons-artisans », comme ils se définissent, est situé sur les sols mêlant argiles, calcaires et sables de Saint-Hippolyte, au sud-est de l'appellation. Ici, il vaut mieux rechercher la finesse que la puissance. C'est bien le profil adopté par ce 2015 à la robe légèrement évoluée et au nez très fin, associant la mûre à de subtiles notes d'élevage. On retrouve en bouche les baies noires bien mûres, sur fond boisé et réglissé, accompagnées de tanins délicats qui devraient s'affiner assez vite. ⧗ 2019-2025

GÉRARD ET CATHERINE CANUEL, 1, lieu-dit Grand-Sable, 33330 Saint-Hippolyte, tél. 06 84 20 25 20, contact@chateauadaugusta.fr V *r.-v.*

CH. ASCENSION 2015

■ | 30000 | | 20 à 30 €

Une nouvelle propriété créée en 2016 par Héloïse Aubert-Sénéchal, issue de la famille Aubert, implantée depuis deux siècle dans le vignoble saint-émilionnais et propriétaire du Ch. la Couspaude, grand cru classé. Le vignoble (6 ha) est implanté sur le terroir argilo-calcaire de Saint-Christophe-des-Bardes, dans la partie orientale de l'appellation.

Le nom de ce nouveau cru est tout un programme et ce premier millésime est très agréable. Si le premier nez est encore marqué par la barrique toastée, nuancée de réglisse et de cannelle, un joli fruit prend le relais. Un fruit qui s'exprime davantage, sur des tonalités très mûres, dans une bouche gourmande soutenue par des tanins vanillés. De la finesse. ⧗ 2019-2024

GFA DE LA FERME, lieu-dit les Echères, 33330 Saint-Christophe-des-Bardes, tél. 06 21 70 16 61, heloise.aubert-senechal@chateau-ascension.com V *r.-v.*

AURELIUS 2015 ★

■ | 20000 | | 20 à 30 €

Créée en 1931, la coopérative de Saint-Émilion est un acteur incontournable du Libournais, et ses cuvées – vins de marque (Aurélius, Galius) ou de domaines (une cinquantaine de propriétés apportent leur vendange à la « coop ») – sont régulièrement au rendez-vous du Guide.

Cette marque de la coopérative est une valeur sûre. Issue de presque tous les terroirs de Saint-Émilion, elle prouve une fois de plus qu'en Bordelais les vins d'assemblage sont souvent les meilleurs. Un très bon vin de garde, coloré, intense au nez, puissant en bouche, charpenté par de solides tanins. ⧗ 2020-2028 ■ **Ch. Cazenave 2015 (15 à 20 €; 34 000 b.)** : vin cité. ■ **Ch. Paran Justice 2015 ★ (15 à 20 €; 24 000 b.)** : très représentatif des saint-émilion sur argiles, un vin d'une belle présence, charnu, puissant, soutenu par des tanins denses mais enrobés. De garde. ⧗ 2019-2027 ■ **Ch. Barrail de Brisson 2015 ★ (15 à 20 €; 12 400 b.)** : déjà agréable, un pur merlot né de sols sablo-limoneux. Un « vin plaisir » gourmand, aromatique (cerise macérée, fruits noirs, sous-bois, épices), souple et soyeux. ⧗ 2019-2024 ■ **Ch. Viramière 2015 ★ (15 à 20 €; 67 333 b.)** : importante cuvée issue de plusieurs terroirs, elle illustre bien la qualité des raisins en 2015. Un saint-émilion expressif, puissant et charmeur à la fois. ⧗ 2019-2025

UNION DE PRODUCTEURS DE SAINT-ÉMILION, lieu-dit Haut-Gravet, BP 27, 33330 Saint-Émilion, tél. 05 57 24 70 71, contact@udpse.com V *r.-v.*

♥ CH. BADETTE 2015 ★★★

■ | 25000 | | 20 à 30 €

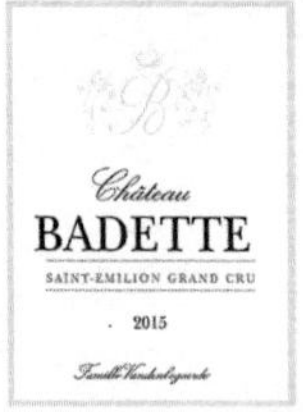

La propriété appartenait en 1770 au comte de Carle. Elle connut un âge d'or à la fin du XIXe s. À sa mort, en 2002, son propriétaire William Arreaud avait légué sa propriété viticole à la commune de Saint-Émilion. Le cru a été racheté en 2012 à l'entrepreneur belge Marc Vandenbogaerde, grand amateur de vin, qui a restructuré le vignoble (9,8 ha) et fait construire un nouveau cuvier et un chai à barriques.

CLASSEMENT DES GRANDS CRUS DE SAINT-ÉMILION

Les 2015 dégustés cette année sont régis par ce classement révisé en 2012.

SAINT-ÉMILION PREMIERS GRANDS CRUS CLASSÉS

A

Château Angelus

Château Ausone

Château Cheval Blanc

Château Pavie

B

Château Beauséjour (héritiers Duffau-Lagarrosse)

Château Beau-Séjour-Bécot

Château Bélair-Monange

Château Canon

Château Canon la Gaffelière

Château Figeac

Clos Fourtet

Château la Gaffelière

Château Larcis Ducasse

La Mondotte

Château Pavie Macquin

Château Troplong Mondot

Château Trottevieille

Château Valandraud

SAINT-ÉMILION GRANDS CRUS CLASSÉS

Château l'Arrosée
Château Balestard la Tonnelle
Château Barde-Haut
Château Bellefont-Belcier
Château Bellevue
Château Berliquet
Château Cadet-Bon
Château Capdemourlin
Château le Chatelet
Château Chauvin
Château Clos de Sarpe
Château la Clotte
Château la Commanderie
Château Corbin
Château Côte de Baleau
Château la Couspaude
Château Dassault
Château Destieux
Château la Dominique
Château Faugères
Château Faurie de Souchard
Château de Ferrand
Château Fleur Cardinale
Château La Fleur Morange
Château Fombrauge
Château Fonplégade
Château Fonroque
Château Franc Mayne
Château Grand Corbin
Château Grand Corbin-Despagne
Château Grand Mayne
Château les Grandes Murailles
Château Grand-Pontet
Château Guadet
Château Haut-Sarpe
Clos des Jacobins
Couvent des Jacobins
Château Jean Faure
Château Laniote
Château Larmande
Château Laroque
Château Laroze
Clos la Madeleine
Château la Marzelle
Château Monbousquet
Château Moulin du Cadet
Clos de l'Oratoire
Château Pavie Decesse
Château Peby Faugères
Château Petit Faurie de Soutard
Château de Pressac
Château le Prieuré
Château Quinault l'Enclos
Château Ripeau
Château Rochebelle
Château Saint-Georges-Côte-Pavie
Clos Saint-Martin
Château Sansonnet
Château la Serre
Château Soutard
Château Tertre Daugay
Château la Tour Figeac
Château Villemaurine
Château Yon-Figeac

Premier millésime à bénéficier du nouveau cuvier, ce vin illustre l'utilité d'investissements avisés. Nos dégustateurs ont été impressionnés par son style à la fois très classique (90 % de merlot) et très racé. Ce 2015 possède la robe profonde, la maturité et la rondeur des grands saint-émilion, avec de surcroît une palette complexe d'arômes, au nez comme en bouche: mûre, baie de sureau, fougère, truffe, vanille, pain grillé, boisé torréfié, cuir, cendre... Sa chair est dense, corsée, goûteuse, charpentée par des tanins imposants mais élégants, qui assureront une évolution heureuse à cette superbe bouteille. ⧗ 2020-2030

SCEA DU CH. BADETTE, lieu-dit Badette, 33330 Saint-Émilion, tél. 05 57 24 59 98, contact@chateau-badette.com V r.-v.
Vandenbogaerde

CH. BEAU-SÉJOUR BÉCOT 2015 ★

1er gd cru clas. B	75000		50 à 75 €

82 83 85 (86) **87 88 89** 90 93 **94 95 96** 97 98 **99** 00 **01** 02 |**03**| |**04**| |**05**| (06) |07| |08| 09 10 **11** 12 13 14 15

Déjà planté de vigne à l'époque romaine, ce cru de 19 ha situé au sommet du plateau calcaire de Saint-Émilion conserve ses vins dans d'anciennes carrières de 7 ha creusées par les moines au Moyen Âge. Acquis en 1969 par Michel Bécot, il est aujourd'hui dirigé par ses fils Dominique (à la vigne) et Gérard (à la cave), épaulés par Juliette, la fille de ce dernier.

Faisant partie de l'élite des crus classés, Beau-Séjour Bécot doit tenir son rang. Tout a été mis en œuvre pour obtenir ce millésime à la robe profonde animée de reflets rubis. Encore naissant, le bouquet se montre déjà puissant et raffiné, associant un boisé élégant, un raisin intense, la race du terroir et une touche de cuir. Dans une belle continuité, la bouche se révèle chaleureuse sans lourdeur, charnue et corsée, construite sur des tanins mûrs, denses et épicés. Si ce millésime apparaît pour l'heure encore jeune et discret dans son expression, tout est en place pour donner une bouteille d'une grande séduction après quelques années de garde. ⧗ 2020-2030

FAMILLE BÉCOT, Ch. Beau-Séjour Bécot, 33330 Saint-Émilion, tél. 05 57 74 46 87, contact@beausejour-becot.com V r.-v.

CH. BELAIR-MONANGE 2015 ★★

1er gd cru clas. B	n.c.		+ de 100 €

Acquis en 2008 par les établissements Jean-Pierre Moueix, ce cru de 12,5 ha fut alors rebaptisé Belair-Monange en l'honneur de l'épouse de Jean Moueix (grand-père de Christian, l'actuel dirigeant), Anne-Adèle Monange, première femme de la famille établie à Saint-Émilion en 1931. Un vaste programme de replantation sur vingt ans a été engagé depuis lors. À partir du millésime 2012, le domaine intègre les 11 ha du Ch. Magdelaine.

Une goutte de petit verdot (0,5 %), un peu de cabernet franc (7,5 %) et du merlot pour ce 2015 admirable d'élégance. Sombre et dense, il dévoile un nez d'abord sur la réserve et le boisé torréfié, qui s'ouvre ensuite sur la réglisse, le raisin mûr et les fruits noirs. En bouche, une attaque souple et fraîche précède un développement aussi large que long, porté par des tanins doux et délicats jusque dans une finale pleine de fraîcheur. Un vin très harmonieux, tout en finesse et en puissance contrôlée. ⧗ 2022-2028

ÉTS JEAN-PIERRE MOUEIX (CH. BELAIR-MONANGE), 54, quai du Priourat, 33502 Libourne Cedex, tél. 05 57 51 78 96, info@jpmoueix.com

CH. BELLEFONT-BELCIER 2015 ★★

Gd cru clas.	50000		30 à 50 €

96 97 98 99 00 01 02 04 |05| |06| |(07)| |**08**| 09 10 11 **12** 13 **15**

Propriété datant de la fin du XVIIIe s., ce grand cru de 13,5 ha (classé depuis 2006) est idéalement situé sur le coteau argilo-calcaire de Saint-Laurent-des Combes, entre les Châteaux Larcis Ducasse et Tertre Roteboeuf. Acquis en 2012 par un industriel de la métallurgie, Songwei Wang, puis revendu en 2015 à un Chypriote, il a été acheté fin 2017 par le Chinois Peter Kwok, propriétaire en Libournais depuis 1997 avec Haut-Brisson, déjà à la tête de sept propriétés. À la direction de ces Vignobles K, Jean-Christophe Meyrou.

Ce grand cru promu en 2006 montre une fois de plus sa qualité. Associant deux tiers de merlot aux cabernets, il séjourne dix-huit mois en barrique. Il en ressort paré d'une éclatante robe bordeaux et dévoile un nez très puissant, riche en arômes de fruits noirs très mûrs et de chêne finement torréfié. On respire aussi dans le verre de la crème de cassis et de la réglisse, avec une touche de lierre. En bouche, ce 2015 montre beaucoup de présence. Chaleureux et charnu en attaque, il est rafraîchi par des notes de cerise et de noyau teintées d'une fine et agréable amertume. Ses tanins au grain fin en font un excellent vin de garde. ⧗ 2022-2030

CH. BELLEFONT-BELCIER, 33330 Saint-Laurent-des-Combes, tél. 05 57 24 72 16, contact@bellefont-belcier.com V r.-v.

BELLEVUE MONDOTTE 2015 ★

	4000		+ de 100 €

Un petit cru de 2,5 ha en partie enclavé dans le vignoble de Pavie-Decesse, sur le haut de la côte Pavie. Le dernier en date des quatre grands crus saint-émilionnais, et le seul non classé, acquis par Gérard Perse (2001). Le merlot y tient le haut du pavé (90 % aux côtés des deux cabernets, 5 % chacun).

Comme dans le cru voisin Pavie-Decesse, le merlot domine dans ce vin élevé vingt-quatre mois en barrique neuve. Son exposition sud et le cépage majoritaire pourrait laisser craindre une certaine lourdeur dans ce millésime solaire. Au contraire, ce 2015 séduit par sa fraîcheur minérale. Ses tanins boisés à la saveur grillée sont encore très marqués mais élégants. ⧗ 2020-2030

SCA CH. PAVIE (CH. BELLEVUE MONDOTTE), 33330 Saint-Émilion, tél. 05 57 55 43 43, contact@vignoblesperse.com *Gérard Perse*

CH. JACQUES BLANC Cuvée du Maître 2015

	22666		20 à 30 €

L'un des nombreux châteaux des vignobles Blanc Tourans (groupe RCR), vaste ensemble représentant plus de 500 ha de vignes, établi dans le Bordelais depuis 1962.

Le vignoble de 27 ha est planté en pied de coteau, à Saint-Étienne-de-Lisse. Sa Cuvée du Maître naît de vieux merlots et reste seize mois en barrique. Très colorée, elle s'ouvre sur un puissant boisé vanillé et réglissé, qui évolue vers le beurre noisette et le cuir. La bouche, à l'unisson, se montre chaleureuse, ronde et charnue. Encore massive, sa charpente tannique commence à s'enrober et s'affinera avec le temps. ⧗ 2019-2028

SCEA DU CH. JACQUES BLANC, Ch. Jacques Blanc, 33330 Saint-Étienne-de-Lisse, tél. 05 35 17 00 07, m.micoine@blanc.tourans.fr

CH. CANTIN 2015 ★

■	67617		20 à 30 €

La Société fermière des Grands Crus de France est la structure spécialisée dans le Bordelais du groupe Grands Chais de France. Son œnologue Vincent Cachau vinifie le fruit de quinze propriétés représentant quelque 500 ha dans les différentes AOC bordelaises.

Domaine monastique avant la Révolution, dans le giron des Grands Chais de France depuis 2007. Le vignoble compte aujourd'hui une trentaine d'hectares. Son vin montre des reflets violets de jeunesse; il séduit par son bouquet intense: de la mûre et de la framboise, harmonieusement mariées à un discret boisé. On retrouve ce fruité en bouche, nuancé par une note de cerise et une touche minérale. Les tanins de la barrique respectent le raisin. Déjà plaisant par ses arômes, ce vin présente un bon potentiel. ⧗ 2019-2028

STÉ FERMIÈRE DES GRANDS CRUS DE FRANCE, 33460 Lamarque, tél. 05 57 98 07 20, vcachau@lgcf.fr

CH. CAP DE MOURLIN 2015

■ Gd cru clas.	69000		30 à 50 €

Issu d'une famille déjà établie à Saint-Émilion au XVII^e^s., Jacques Capdemourlin est à la tête de deux crus classés saint-émilionnais, Cap de Mourlin (14 ha) et Balestard la Tonnelle (10 ha), ainsi que du Ch. Roudier (30 ha) en montagne-saint-émilion. Il a vendu en 2017 Petit-Faurie de Soutard à son voisin le Ch. Soutard.

Jacques Capdemourlin a unifié en 1983 un vignoble longtemps divisé entre son père et son oncle, qui s'étend aujourd'hui sur 14 ha. Le merlot (65 %) compose avec les deux cabernets dans ce 2015 qui mise sur la finesse et l'élégance plus que sur la puissance. Nos dégustateurs sont séduits par son bouquet charmeur mêlant le fruit rouge frais, framboise en tête, et toute une gamme boisée: vanille, cannelle, brioche, réglisse. Au palais, ce vin séduit par sa souplesse et par ses rondeurs, encadré par des tanins boisés fins et frais à la saveur réglissée. ⧗ 2020-2030 ■ **Gd cru clas. Ch. Balestard la Tonnelle 2015 (30 à 50 €; 51000 b.)** : vin cité.

JACQUES CAPDEMOURLIN, 33330 Saint-Émilion, tél. 05 57 74 62 06, info@vignoblescapdemourlin.com V r.-v.

CH. CHAMPION 2015

■	34000		11 à 15 €

Huitième fils unique depuis le XVIII^e^s. à conduire les vignobles familiaux, Pascal Bourrigaud a pris la suite de son père Jean en 1994, à la tête de trois domaines: les Châteaux Champion (7 ha) et Vieux Grand Faurie (5 ha) en saint-émilion grand cru, complétés en 1999 par le Ch. Haute Terrasse (4 ha en castillon-côtes-de-bordeaux). Il perpétue aussi la vieille tradition œnotouristique familiale, établie il y a plus de cinquante ans (déjeuner vigneron, sentier des vignes...).

Le vin principal du domaine apparaît déjà fort agréable, avec son bouquet associant les fruits noirs (mûre et cassis) à des notes d'élevage vanillées et beurrées. Toujours fruité en bouche, il conjugue souplesse et fraîcheur. Ses tanins déjà fondus, vifs en finale, permettront de le déguster prochainement. ⧗ 2019-2026 ■ **Ch. Vieux Grand Faurie 2015 (15 à 20 €; 20500 b.)** : vin cité.

BOURRIGAUD ET FILS, 33330 Saint-Émilion, tél. 05 57 74 43 98, info@chateau-champion.com V r.-v.

CH. CHANTE ALOUETTE 2015 ★★

■	35400		15 à 20 €

Repris en 1995 par Guy d'Arfeuille, propriétaire de plusieurs crus dans le Libournais, et dirigé depuis 1995 par son fils Benoit, ce domaine voisin de Pavie et de La Gaffelière compte 7,5 ha de vignes.

Cette remarquable cuvée traduit la recherche de l'élégance. Parée d'une robe éclatante et jeune, elle déploie une palette aromatique exprimant surtout la qualité des raisins cueillis mûrs à point, sans surmaturité: le fruit noir est frais, souligné d'un boisé discret. Après une attaque ronde et souple, le palais monte en puissance; son fruité s'affirme, tout comme sa fraîcheur et sa structure tannique, tout en finesse. Un vin gourmand et suffisamment étoffé pour bien évoluer. ⧗ 2019-2026

D'ARFEUILLE, lieu-dit Chante l'Alouette, 33330 Saint-Émilion, tél. 05 57 24 71 81, contact@chateau-chante-alouette.com V r.-v.

CH. LA CHAPELLE CANTERANE 2015

■	13300		8 à 11 €

En 1902, le Corrézien Antoine Moueix, amoureux des vins de Saint-Émilion et de Pomerol, fonde sa maison de négoce en 1902. Outre ses propriétés (Grand Renom, Capet Guillier), l'affaire propose côté négoce une large gamme de vins de la rive droite (Libournais, AOC régionales). Dans le giron du groupe Advini depuis 2006.

Connu depuis près de trois siècles, le vignoble est situé dans le vallon formé par un ruisseau, la Canterane. Intense à l'œil, ce 2015 apparaît très expressif au nez, gorgé de baies bien mûres soulignées par un boisé mesuré. En bouche, il montre également une belle présence, ample, charnu, tout aussi aromatique que le nez. Ses tanins déjà mûrs devraient s'affiner assez vite. ⧗ 2019-2023 ■ **Ch. Capet Guillier 2015 (30 à 50 €; 13000 b.)** : vin cité. ■ **Ch. Tour de Capet 2015 (15 à 20 €; 30000 b.)** : vin cité.

SAS ANTOINE MOUEIX, 18, Mède, rte du Milieu, 33330 Saint-Émilion, tél. 05 57 55 58 00, contact@ juleslebegue.com

CH. LE CHÂTELET 2015 ★

■ Gd cru clas.	16000		50 à 75 €

Un petit domaine de 3,1 ha idéalement situé sur le plateau de Saint-Émilion, au milieu de 1ers crus classés, Beau-Séjour Bécot, Canon et Clos Fourtet – d'où son titre de «châtelet» plutôt que de château. Julien

Berjal, qui a côtoyé son père et son grand-père dans les vignes du cru, est à sa tête depuis 2002. Promu grand cru classé par le dernier classement de 2012.

Ce nouveau cru classé tient son rang. Très expressif, son bouquet évoque les fruits noirs, reflet d'un raisin très mûr, alliés à des notes d'élevage évoquant les épices (clou de girofle), avec une touche de fourrure. Dans le même registre aromatique, la bouche apparaît chaleureuse en attaque, charnue et ample. Ses tanins enrobés lui font une finale longue et goûteuse. De la présence et de l'avenir. ⧗ 2020-2030

⊶ JULIEN BERJAL, lieu-dit Le Châtelet, 33330 Saint-Émilion, tél. 06 72 91 09 29, chateaulechatelet@gmail.com V 🚶 ▮ *t.l.j. 11h-18h; f. janv. à avr.*

CH. CHAUVIN 2015 ★

■ Gd cru clas.	50000	◖◗	30 à 50 €

85 86 **88 89** 90 93 94 96 98 99 00 **01** 02 03 |04| |05| 06 |07| |08| |09| |10| |**12**| |13| **14** 15

Acquis en 1881 par Victor Ondet, teinturier de son état, ce cru est resté dans la même famille jusqu'en 2014. C'est sous la direction du petit-fils, Henri, qu'il acquiert ses lettres de noblesse, intégrant le premier classement de Saint-Émilion en 1954. Une notoriété maintenue sous la direction des filles de ce dernier, Marie-France et Béatrice. En 2014, le domaine et ses 15 ha de vignes d'un seul tenant, au nord-ouest de Saint-Émilion, sont passés dans d'autres mains féminines, celles de Sylvie Cazes (co-propriétaire de Lynch-Bages) et de sa fille, qui ont entrepris un vaste programme de restructuration.

Un vin déjà affiné: la robe profonde montre quelques reflets bruns. Le premier nez exprime les fruits noirs bien mûrs – cassis et mûre – relayés par un boisé vanillé suave et bien fondu. La bouche laisse la même impression: aimable en attaque, chaleureuse, elle monte en puissance, dévoilant une chair dense, à la saveur de gibier, encadrée par une solide charpente qui permettra à cette bouteille de bien vieillir. De la matière, et une belle envolée. ⧗ 2022-2032

⊶ SYLVIE CAZES, 1, Les Cabanes-Nord, 33330 Saint-Émilion, tél. 05 57 24 76 25, contact@chateauchauvin.com 🚶 ▮ *r.-v.*

♥ CH. CHEVAL BLANC 2015 ★★★

■ 1er gd cru clas. A	n.c.	◖◗	+ de 100 €

(61) **64 66** 69 **70 71 75 76 78 79** 80 **81 82 83** 85 **86 88 89** |(90)| **92 93 94** |**95**| |**97**| |98| |**99**| |**00**| |**01**| |**02**| |**03**| |**04**| **05 06** |07| |08| **09 10 11 12 13 14** (15)

À l'origine simple métairie de Figeac, Cheval Blanc devient une propriété indépendante en 1832 quand le président du tribunal de Libourne, Jean-Jacques Ducasse, l'achète et fait construire le château actuel. Ses descendants entreprennent des travaux importants, notamment de drainage, et dès la fin du Second Empire, le cru atteint ses dimensions actuelles (39 ha) et se situe parmi les plus renommés de Saint-Émilion. Son terroir, de type pomerolais avec des graves et des sables anciens sur argiles, explique l'originalité de son encépagement à dominante de cabernet franc, complété par le merlot. Les descendants du président Ducasse restent à la tête du cru jusqu'à son rachat en 1998 par Bernard Arnault (LVMH) et Albert Frère. Ces derniers placent Pierre Lurton à la direction générale et dotent le château en 2011 d'un nouveau chai, dessiné par Christian de Portzamparc.

Pas de Petit Cheval en 2015 car cela aurait appauvri le grand vin, qui assemble 53 % de merlot et 47 % de cabernet franc. Les vendanges furent particulièrement longues et il y eut une petite anxiété sur les jeunes vignes car peu d'eau était tombée avant le mois d'août dans ce millésime historique par sa sécheresse, mais un épisode pluvieux dans la première quinzaine du mois d'août a rétabli le tir. Grâce à quoi, la récolte fut d'une grande homogénéité et d'une qualité exceptionnelle. Et cela se vérifie amplement dans le verre avec un Cheval blanc d'une grande limpidité, ouvert sur la vanille douce au premier nez, puis centré sur des notes très élégantes et très douces de rose et de lilas. Une douceur florale qui annonce l'onctuosité du palais, ample et caressant, porté par le même tempo délicat autour de tanins fins et soyeux. En finale, la fraîcheur apparaît et apporte une allonge exceptionnelle. Un grand cru majuscule. ⧗ 2024-2040

⊶ SC DU CHEVAL BLANC, Ch. Cheval Blanc, 33330 Saint-Émilion, tél. 05 57 55 55 55, contact@chateau-chevalblanc.com

CH. LES CLAVELINES 2015

■	21000	◖◗ 🛢	15 à 20 €

Héritier d'une lignée de propriétaires bien connus dans les vignobles du Libournais, du Castillonnais de l'Entre-deux-Mers, Johan Aubert a rejoint en 2009 le navire amiral de sa famille, La Couspaude, grand cru classé de Saint-Émilion. Il a acquis en 2015 un petit vignoble (3,5 ha) sur les sols argilo-sableux de Saint-Pey-d'Armens, au sud-est de l'appellation.

Premier millésime pour ce jeune vigneron-œnologue. Déjà plaisant, son vin s'ouvre sur les fruits rouges mêlés aux épices douces et à la vanille de la barrique. Dans le même registre, la bouche ajoute à cette palette une touche de truffe. Ce 2015 qui mise sur la finesse pourra bientôt passer à table, tout en étant assez étoffé pour bien évoluer. ⧗ 2019-2027

⊶ JOHAN AUBERT, 33330 Saint-Pey-d'Armens, tél. 06 18 76 92 85, yohan.aubert@gmail.com V 🚶 ▮ *r.-v.*

CLOS DE LA CURE 2015 ★

■	30100	◖◗ 🛢	20 à 30 €

La famille Bouyer, de vieille souche vigneronne (un ancêtre était jurat de Saint-Émilion au Moyen Âge) conduit, à travers le Clos de la Cure et le Ch. Milon, un ensemble de 18 ha dans le Saint-Émilionnais, complété en 2010 par une petite parcelle de 56 ares à Pomerol (Clos 56).

Le Clos de la Cure (près de 7 ha) est situé derrière l'église de Saint-Christophe-des-Bardes. Son vin est issu du plateau argilo-calcaire. Livrant au premier nez des notes de fruits frais, le 2015 laisse découvrir à l'aération un boisé grillé, nuancé de notes originales de fruits secs et de cacao. Gardant ce registre au palais, il conjugue une belle ampleur et une mâche assez fraîche. Ses tanins épicés, bien enrobés, lui permettront de bien vieillir. ⧗ 2019-2027

SCEA DES DOMAINES BOUYER, Ch. Milon, lieu-dit Milon, 33330 Saint-Christophe-des-Bardes, tél. 05 57 24 77 18, contact@domaines-bouyer.com V r.-v.

CH. CLOS DE SARPE 2015 ★★

■ Gd cru clas. | 12000 | | 75 à 100 €

Ce petit vignoble de 3,7 ha d'un seul tenant, bien situé sur le plateau argilo-calcaire de Saint-Christophe-des-Bardes, au nord-est de la juridiction de Saint-Émilion, a été acheté en 1923 par la famille Beyney au baron de Bogeron. Installé en 1983, Jean-Guy Beyney, incarnant la troisième génération, a vu son domaine accéder au rang de cru classé avec le classement de 2012. Il a engagé en 2017 la conversion bio du cru.

Issue à 85 % de merlot, avec du cabernet franc en appoint – un encépagement classique à Saint-Émilion – voici une remarquable bouteille, à la fois attrayante et sérieuse. Sa robe profonde annonce une grande concentration, qui se vérifie à toutes les étapes de la dégustation. Déjà puissant, le bouquet exprime les fruits rouges et noirs confits, mis en valeur par un boisé bien intégré. Chaleureux dès l'attaque, ample et gras, le palais déploie une chair élégante, corsetée par des tanins de merrain encore très présents, qui signent un vin taillé pour la garde. ⧗ 2020-2030

SCA BEYNEY, Saint-Christophe-des-Bardes, 33330 Saint-Émilion, tél. 05 57 24 72 39, chateau@closdesarpe.com V r.-v.

CLOS DES JACOBINS 2015 ★

■ Gd cru clas. | 47400 | | 30 à 50 €

Après plusieurs expériences dans le vignoble bordelais, Thibaut et Magali Decoster s'installent en 2004 à la tête de deux crus de Saint-Émilion: le Clos des Jacobins, 8,5 ha sur argilo-calcaires en pied de côte, classé depuis 1955, et le Ch. la Commanderie, 6 ha au sommet d'une croupe graveleuse, classé depuis 2012. En 2017, ils reprennent l'exploitation des Ch. Candale et Roc de Candale (8 ha sur argilo-calcaires), ouvrent un restaurant et une boutique, conjuguant leurs deux passions: vignoble et art de vivre.

Un très beau vin de garde, à la robe profonde et jeune, au bouquet d'une grande finesse, entre fruits noirs, notes florales (rose fanée) et boisé complexe, brioché, vanillé et torréfié. Chaleureux, ample et charnu, il est charpenté par des tanins encore fermes mais élégants, qui lui donneront une bonne tenue dans le temps. ⧗ 2020-2030 ■ **Ch. de Candale 2015 ★ (30 à 50 €; 21682 b.)** : un vin très représentatif des merlots 2015 (90 % de l'assemblage), coloré, ample, puissant, concentré au nez comme en bouche, riche d'arômes de fruits confits et de cerise à l'eau-de-vie. Sa forte charpente de tanins boisés et toastés, encore un peu stricts, appelle la garde. ⧗ 2019-2028

MAGALI ET THIBAUT DECOSTER, 4, Gomerie, 33330 Saint-Émilion, tél. 05 57 51 19 91, contact@mtdecoster.com V r.-v.

CLOS FOURTET 2015 ★★

■ 1er gd cru clas. B | 53000 | | + de 100 €

85 86 87 88 89 **90 91** 92 93 **94** (95) **96 97 98** 99 |**00**| |01| |**02**| |**03**| 04 (05) |**06**| |07| 08 09 **10 11 12** (13) 14 **15**

Cet illustre grand cru est un vrai clos ceint de murs (20 ha), établi à l'emplacement d'un fortin romain («un fourtet»), face à la collégiale de Saint-Émilion, sur le fameux plateau calcaire à astéries de la cité. Il a souvent changé de mains, toujours celles d'authentiques familles bordelaises, comme les Ginestet et les Lurton. Ces derniers l'ont considérablement amélioré, avant de le céder en 2001 à Philippe Cuvelier et son fils Matthieu (Ch. Poujeaux à Moulis), qui, avec l'appui de Stéphane Derenoncourt et de Jean-Claude Berrouet, maintiennent haut cette exigence de qualité et ont entrepris un travail de fond toujours en cours sur le vignoble. La biodynamie est pratiquée sur 15 ha.

Avec ce millésime, Fourtet affiche un style de très grand vin de garde: sa robe sombre est presque noire; son bouquet concentré est riche en petites baies bien mûres rehaussées par les accents finement épicés et torréfiés (café) du merrain. Ample, généreux, puissant et long, le palais s'impose par sa charpente tannique encore un peu ferme qui le fait paraître pour l'heure austère, mais qui assurera une très longue garde. ⧗ 2020-2040 ■ **La Closerie de Fourtet 2015 ★ (20 à 30 €; 25000 b.)** : resté moins longtemps en barrique que son aîné, le second vin, plus discrètement boisé, exprime le merlot (90 %). Un vin coloré, riche en arômes de fruits noirs, de fraise écrasée, de framboise, déjà souple et élégant en bouche. Il pourra se boire jeune, tout en affichant un bon potentiel. ⧗ 2019-2028

SCEA CLOS FOURTET, 1, Châtelet-Sud, 33330 Saint-Émilion, tél. 05 57 24 70 90, closfourtet@closfourtet.com V r.-v. *Matthieu Cuvelier*

CLOS LA MADELEINE 2015

■ Gd cru clas. | 6000 | | 30 à 50 €

En 1992, un groupe de passionnés acquièrent le Clos La Madeleine, petit cru créé en 1841, longtemps propriété de négociants bruxellois, puis de la famille Pistouley. Ce «jardin» de 2,29 ha établi à l'ouest de la Gaffelière, en plein cœur de la côte sud de Saint-Émilion, aux portes de la cité, a été promu au rang de cru classé en 2012. Des mêmes propriétaires: les Châteaux Magnan La Gaffelière, cru ancien (1777) de 10,5 ha sur glacis sableux et pied de côte, et La Tandonne, 1 ha dans la plaine de Saint-Émilion. Le tout a été acquis en 2017 par les Ets Jean-Pierre Moueix, déjà propriétaires du 1er cru classé voisin de Belair-Monange.

Un vin délicat et charmeur. Son bouquet demande un peu d'aération pour s'ouvrir sur des fruits rouges mûrs à point, escortés d'un boisé discrètement vanillé. D'un beau volume, la bouche dévoile une touche de minéralité crayeuse typique du terroir. Les tanins, encore un peu stricts, gagneront en élégance avec le temps. ⧗ 2020-2030

SA DU CLOS LA MADELEINE, 54, quai du Priourat, BP 129, 33502 Libourne Cedex, tél. 05 57 51 78 96, info@jpmoueix.com

Ⓑ CLOS ROMANILE 2015 ★

■ | 2500 | ◍ | 30 à 50 €

En 2004, Rémi Dalmasso, maître de chai au Ch. Valandraud, plante en vigne le jardin situé devant sa maison à Saint-Émilion (environ 1 ha aujourd'hui, certifié bio depuis 2013) et signe son premier millésime en 2008.

Un vin très concentré à tous les stades de la dégustation: robe presque noire; bouquet intense mariant les fruits rouges mûrs à un chêne noble, avec une touche de truffe; palais ample, chaleureux et goûteux en attaque, vite corseté par des tanins boisés et serrés qui se portent garants d'une longue garde. ⧗ 2020-2030 ■ **Galaxies 2 Romanile 2015 (20 à 30 €; 3000 b.)** Ⓑ : vin cité.

SCEA CLOS DALMASSO, 9, La Rose, 33330 Saint-Émilion, tél. 09 61 51 18 81, clos.dalmasso@orange.fr V *r.-v.*

CLOS SAINT-ÉMILION-PHILIPPE 2015 ★

■ | 20000 | ◍ | 15 à 20 €

Un vignoble de 8 ha pour moitié en saint-émilion, pour moitié en grand cru, fondé en 1927 par Léon Galhaud, pépiniériste à Saint-Émilion, et conduit depuis 1991 par son petit-fils Jean-Claude Philippe, médecin de métier, sa femme Nicole et leurs trois enfants.

Un 2015 au style raffiné. Pas trop de couleur, mais un bouquet déjà ouvert sur les petits fruits noirs, nuancés de touches florales et épicées, la barrique, bien présente, laissant sa place au raisin. Après une attaque souple et soyeuse, le palais prend de l'ampleur, toujours agréablement fruité. Les tanins finement boisés restent affables et permettront une consommation prochaine. ⧗ 2019-2024

PHILIPPE, 2, lieu-dit Beychet, 33330 Saint-Émilion, tél. 06 58 08 14 03, vignobles.philippe@wanadoo.fr V *r.-v.*

Ⓑ CLOS SAINT-JULIEN 2015

■ | 5000 | ◍ | 50 à 75 €

Le plus petit des trois crus saint-émilionnais (Gaillard, Petit Gravet Ainé) de Catherine Papon-Nouvel, installée en 1998 à la suite de son père à la tête des vignobles familiaux et par ailleurs propriétaire en castillon-côtes-de-bordeaux (Ch. Peyrou). La vigne couvre 1,2 ha (en bio certifié) sur un terroir de roche calcaire.

Un grand cru très coloré, concentré et boisé, marqué par son terroir calcaire et par son élevage en barrique. Il mérite d'attendre. ⧗ 2020-2029

SCEA VIGNOBLES J.-J. NOUVEL (CLOS SAINT-JULIEN), BP 84, 33330 Saint-Émilion, tél. 05 57 24 72 44, chateau.gaillard@wanadoo.fr V *r.-v.*

CLOS SAINT-MARTIN 2015 ★

■ Gd cru clas. | 5000 | ◍ | 50 à 75 €

Petit vignoble (1,3 ha) enclavé entre les premiers grands crus classés Angelus, Canon, Beauséjour Duffau et Beau-Séjour Bécot, le Clos Saint-Martin, ancienne «vigne du curé» de la paroisse, appartient à la famille Reiffers depuis 1850. En 2013, la famille Cuvelier (Clos Fourtet) a pris une participation dans la propriété, mais Sophie Fourcade (née Reiffers), aux commandes depuis 1998, reste l'actionnaire majoritaire. Les autres crus de la famille Reiffers (Les Grandes Murailles et Côte Baleau) sont quant à eux passés entièrement dans le giron des Cuvelier.

La superficie réduite de ce cru classé permet à Sophie Fourcade d'élaborer des bouteilles «cousues main». En ce moment, elle expérimente l'élevage de son vin en jarre, comme on le pratiquait il y a deux mille ans. Son 2015 reçoit un très bon accueil. Sa robe est éclatante, son bouquet déjà bien ouvert sur les baies noires bien mûres, cassis en tête, rehaussées de touches mentholées et d'un boisé très discret. Quant à la bouche, elle conjugue finesse et puissance: finesse d'une minéralité crayeuse liée au terroir, puissance d'une attaque vineuse et de tanins très marqués en finale. Un vin à la fois concentré et élégant. ⧗ 2020-2030

SCEA CLOS SAINT-MARTIN, BP 20017, 33330 Saint-Émilion, tél. 06 11 47 71 11, clossaintmartinsaintemilion@gmail.com *r.-v.*
Sophie Fourcade

CH. CORBIN 2015 ★

■ Gd cru clas. | 60000 | ◍ | 30 à 50 €

Tous deux issus d'anciennes familles bordelaises, Anabelle Cruse-Bardinet, épaulée par son mari Sébastien, a repris en 1999 le vignoble familial acquis par ses arrière-grands-parents en 1924 et transmis par les femmes depuis quatre générations. Un cru fort ancien - les fondations du bâtiment principal remontent au XVᵉs. - dont on dit qu'il fut l'un des fiefs du Prince noir («corbin» pour la couleur corbeau de son armure). Le vignoble couvre 13 ha, implanté en partie sur des sables anciens, en partie sur des argiles.

Jeunes, les vins du secteur de Corbin surprennent souvent par leur fraîcheur, voire par leur nervosité, qui leur donne de la longévité. Cependant, ce millésime solaire leur permet de se rapprocher du profil général de l'appellation. Ce 2015 affiche une robe sombre, aux reflets violines de jeunesse. Il demande un peu d'aération pour libérer son bouquet fin et racé: des fruits rouges frais accompagnés d'un subtil boisé, nuancés de touches animales (fourrure et gibier). Charmeur en attaque, gourmand et fruité, à la fois souple et frais, il dévoile ensuite une trame tannique solide mais enrobée qui en fait un authentique vin de garde. ⧗ 2020-2035

SC CH. CORBIN, 33330 Saint-Émilion, tél. 05 57 25 20 30, contact@chateau-corbin.com V *r.-v.* *Sébastien Bardinet et Anabelle Cruse*

CH. COUDERT 2015 ★★

■ | 20000 | ◍ | 15 à 20 €

Propriétaire en saint-émilion depuis 1880 (Ch. Panet, à Saint-Christophe-des-Bardes, au nord-est de l'appellation), la famille Carles a développé son vignoble après 1945 aux environs (Clos la Rose, Haut-Fonrazade, Coudert, Clos Jacquemeau). Elle a aussi hérité en 1994 d'une parcelle de 3,3 ha en pomerol qu'elle a baptisé Ch. Croix des Rouzes. À la tête de ces domaines depuis 1999, Jérôme Carles.

Avec ses 90 % de merlot complété par 10 % de cabernet franc, ce 2015 incarne bien le style libournais: couleur très foncée, cerise noire; nez puissant, sur les fruits des bois bien mûrs, agrémenté d'une touche florale et d'un boisé vanillé; palais chaleureux, exubérant, riche en fruits confits, charpenté par des tanins boisés de qualité. Le profil d'un remarquable vin de garde. ⧗ 2020-2030 ■ **Clos la Rose 2015 ★ (15 à 20 €; 9500 b.)** : un «vin plaisir», déjà charmeur par ses arômes intenses de petits fruits rouges et noirs bien mûrs ourlés de vanille, assez étoffé pour bien évoluer. ⧗ 2019-2025 ■ **Ch. Panet 2015 (15 à 20 €; 56000 b.)** : vin cité.

VIGNOBLES CARLES, Ch. Panet, 33330 Saint-Christophe-des-Bardes, tél. 05 57 24 78 92, contact@vignobles-carles.fr r.-v.

CH. DE LA COUR Le Joyau 2015 ★

■	3000		30 à 50 €

Venue du nord de la France et du milieu céréalier, la famille Delacour a acquis en 1994 en saint-émilion grand cru un domaine alors nommé «Ch. de la Rouchonne», rebaptisé du nom du chevalier de la Cour, au service de Charles IX et ancêtre de la famille. Un cru que Bruno Delacour conduit depuis 2010 et qui couvre 11,5 ha sur un sol de sable et de graves, au sud de l'appellation. En 2010, les Delacour ont acquis le Clos des Templiers, une petite vigne (2 ha) en lalande.

Issue de vieux merlots sur graves, cette cuvée présente toutes les qualités d'un grand saint-émilion: une robe profonde; un bouquet très riche, mariant la myrtille fraîche à un boisé complexe évoquant la vanille, la cannelle et la réglisse; une bouche sur le fruit confit, charnue, aux tanins bien enrobés. Un vin déjà charmeur qui saura vieillir. ⧗ 2019-2027 ■ **2015 (20 à 30 €; 25000 b.)** : vin cité.

VIGNOBLES DELACOUR, 4, La Rouchonne, 33330 Vignonet, tél. 06 87 23 17 18, contact@chateaudelacour.com r.-v.

CH. LA COUSPAUDE 2015 ★

■ Gd cru clas.	38000		30 à 50 €

85 **86** 88 (89) 90 91 92 **93** 94 **95** 96 97 **98** 01 02 03 04 05 06 |07| **09** 10 11 12 **13** 15

Propriétaire de vignes depuis plus de deux siècles, la famille Aubert – aujourd'hui les frères Alain, Daniel et Jean-Claude, épaulés par leurs enfants – exploite 300 ha et de nombreux domaines du Bordelais, essentiellement en Libournais, avec pour fleuron le Ch. la Couspaude, grand cru classé de Saint-Émilion depuis 1996, acquis en 1908.

Commandé par une chartreuse du XVIIIe s. et doté de caves souterraines creusées dans la pierre, un cru classé de 7 ha situé à quelques centaines de mètres de Saint-Émilion, sur la route de Saint-Christophe-des-Bardes. Le millésime 2015 a permis à Yohann Aubert d'exprimer tout le potentiel de son terroir – le plateau argilo-calcaire – avec ce vin à la robe bordeaux éclatante. Le bouquet annonce d'emblée un très bel équilibre entre finesse et puissance: le fruit est mûr à point, respecté par un élevage de dix-huit mois dans le bois neuf. Des arômes jeunes de fruits rouges forment un beau mariage avec des notes de vanille, de réglisse et de pain d'épice. Ample et charnu, le palais reste élégant grâce à sa belle structure évoquant le terroir. Les tanins viennent consolider en finale un ensemble très bien constitué. ⧗ 2020-2035

VIGNOBLES AUBERT, Ch. la Couspaude, 33330 Saint-Émilion, tél. 05 57 40 15 76, vignobles.aubert@wanadoo.fr r.-v.

COUVENT DES JACOBINS 2015 ★

■ Gd cru clas.	30000		30 à 50 €

Jusqu'à la Révolution française, le couvent des Jacobins abritait des moines dominicains, qui ont contribué à l'épanouissement du vignoble saint-émilionnais. Ce cru de 10,7 ha, établi au cœur de Saint-Émilion sur de très anciennes caves souterraines (XIIIe et XIVe s.), appartient à la famille Joinaud-Borde depuis 1902. L'actuelle propriétaire, Rose-Noëlle Borde, associée depuis 2010 à Xavier Jean, a confié la direction technique à Denis Pomarède. Depuis 2010, un vaste programme de restructuration est en cours (replantation, introduction du petit verdot…).

Ici, la vigne remonte à l'Antiquité. Quant au vin, il se montre très traditionnel, même si l'importation récente de petit verdot apporte un grain de fantaisie. Intense à l'œil, il séduit par son bouquet d'une rare délicatesse, qu'il s'agisse du fruit ou du bois, puis par l'harmonie entre ses constituants, arômes et texture, et enfin par la finesse de ses tanins. Une réelle élégance. ⧗ 2020-2030 ■ **Le Menut des Jacobins 2015 ★ (15 à 20 €; 8000 b.)** : Menut? Un nom qui fait référence aux ordres mineurs, pour le second vin du Couvent des Jacobins. Son 2015, lui, n'a rien de menu, faisant jeu égal avec le grand vin, montrant même pour l'heure des qualités de séduction supérieures grâce à la qualité de son fruit (mûre, cassis). Autres atouts: une chair dense et des tanins imposants. ⧗ 2020-2028 ■ **Calicem 2015 ★ (75 à 100 €; 2800 b.)** : issu d'une parcelle de vieux merlots acquise en 2015, un vin de caractère, à la robe profonde, au bouquet concentré, fruité et boisé, d'une grande ampleur. Ses tanins boisés devraient bientôt s'affiner. ⧗ 2019-2028

SCEV JOINAUD-BORDE, 10, rue Guadet, BP 81, 33330 Saint-Émilion, tél. 05 57 24 70 66, couventdesjacobins@dbmail.com r.-v. *Xavier Jean et Mme Borde*

CH. LA CROIX D'ARMENS Cuvée Madeleine Élevé en fût de chêne 2015

■	2455		20 à 30 €

Depuis 1869, six générations de vignerons et de vigneronnes se sont succédé sur cette propriété familiale située près de la Croix de Saint-Pey-d'Armens, au sud-est de la juridiction. Le terroir y mêle argiles, graves et sables.

Une cuvée en hommage à l'arrière-grand-mère de Martine Augereau, l'exploitante actuelle. Très équilibrée, sans surmaturité, elle présente un bouquet encore dominé par le boisé toasté de la barrique, qui s'ouvre à l'aération sur les fruits rouges frais. L'attaque reste dans ce registre frais et fruité; les tanins boisés, jeunes mais bien enrobés, s'affineront vite. ⧗ 2019-2024

EARL CH. LA CROIX D'ARMENS, La Croix Nord, 33330 Saint-Pey-d'Armens, tél. 06 07 49 28 05, chateau_lacroixdarmens@yahoo.fr r.-v. *Augereau*

CH. CROIX DE BERTINAT Révélation 2015

■ | 8000 | | 15 à 20 €

Bertinat était déjà mentionné sur la carte de Cassini (1756). Le vignoble, démantelé, a été reconstitué en 1962, époque où il a pris son nom. En 2012, Patrick Saunier, après une carrière dans l'industrie, a racheté le cru avec son épouse Anne-Marie: une maison de maître du XIXes. et plus de 8 ha de vignes, à l'entrée de Saint-Sulpice-de-Faleyrens, au sud de la juridiction de Saint-Émilion. Il a reconstruit la cuverie en 2014.

Ce terroir de sables sur graves engendre le plus souvent des vins souples et délicats. Pourtant, avec le millésime 2015, ils ont parfois donné naissance à des vins plus corsés, comme celui-ci. Le nez apparaît encore marqué par la barrique, mais on perçoit du bon raisin bien mûr à l'arrière-plan. Harmonieuse, à la fois souple et corsée, la bouche dévoile des arômes de fruits rouges qui montent en puissance tout au long de la dégustation. Les tanins enrobés permettront une consommation prochaine tout en autorisant la garde. ⧗ 2019-2026

VIGNOBLES A.M. ET P. SAUNIER, 43, av de Saint-Émilion, 33330 Saint-Sulpice-de-Faleyrens, tél. 05 57 24 64 31, chateau-croix-de-bertinat@orange.fr r.-v.

CH. CROIX DE LABRIE 2015

■ | 10000 | | 75 à 100 €

Un cru de poche de 3,58 ha planté de merlot pour l'essentiel, situé sur le haut plateau de Saint-Émilion. Trois terroirs – Badon (à côté de Pavie), Saint-Sulpice et Saint-Christophe-des-Bardes, où est établi le chai, datant de 1687 – et trois vins sur cette petite surface travaillée «à la bourguignonne» par Axelle Courdurié, aux commandes depuis 2012.

Issu à 95 % de merlot, un vin bien typé de l'appellation. La robe est profonde. Au nez, la barrique, discrète, permet de bien apprécier les arômes fruités (cassis, myrtille), agrémentés de touches florales. Chaleureux et ample en attaque, le palais suit la même ligne fruitée, offrant une chair dense marquée en finale par des tanins boisés. De l'élégance. ⧗ 2019-2025

AXELLE ET PIERRE COURDURIÉ, 8 bis, Peymouton-Sud, 33330 Saint-Christophe des Bardes, tél. 06 20 68 90 24, pierre@chateau-croix-de-labrie.fr r.-v.

CH. LA CROIZILLE 2015 ★★

■ | 21000 | | 50 à 75 €

Le Belge Émile De Schepper a investi dans le vignoble bordelais à partir de 1950. En plus de sa maison de négoce (De Mour), la famille exploite aussi aujourd'hui une cinquantaine d'hectares en propre: en Médoc, le Ch. Haut-Breton Larigaudière (margaux), le Ch. Tayet et le Ch. Lacombe Cadiot (bordeaux supérieur); en saint-émilion, Tour Baladoz et La Croizille.

Ce vin naît du terroir argilo-graveleux de Saint-Laurent-des-Combes. Sa complexité lui vient probablement de la proportion non négligeable (30 %) de cabernet-sauvignon dans l'assemblage. Le boisé torréfié et grillé (moka) est très présent lui aussi, mais le fruit lui tient tête, sur des notes de myrtille, de mûre et de griotte. Cette palette se prolonge dans un palais ample et charnu, encadré par des tanins de grande qualité. ⧗ 2020-2028 ■ **Ch. Roquettes 2015 ★★ (20 à 30 €; 18000 b.)** : très typé saint-émilion par la forte présence du merlot, il mêle la mûre, le fruit macéré et le pruneau au nez, les fruits confits et la cerise au palais, avec un boisé mesuré. Bien étoffé, il finit sur des tanins vifs et croquants. ⧗ 2020-2028 ■ **Ch. Tour Baladoz 2015 ★ (20 à 30 €; 25000 b.)** : le navire amiral de la famille a donné un saint-émilion sérieux, classique, concentré, charpenté par des tanins massifs. De garde. ⧗ 2020-2029 ■ **La Dame de Baladoz 2015 (15 à 20 €; 15000 b.)** : vin cité.

SCEA CH. TOUR BALADOZ, lieu-dit Tour Baladoz, 33330 Saint-Laurent-des-Combes, tél. 05 57 88 94 17, contact@de-mour.com r.-v.

De Schepper

CH. CRUZEAU 2015 ★★

■ | n.c. | | 15 à 20 €

Au XVIIIes., sur la carte de Belleyme, Cruzeau était situé à la campagne, au milieu des vignes. Aujourd'hui, les ceps sont cernés par des résidences, entre la rocade est de Libourne et l'église de l'Épinette. Propriétaire depuis 1907, la famille Luquot résiste à l'urbanisation et c'est heureux, car les vignes (7 ha environ) mettent en valeur un joli petit château. À sa tête depuis 1996, Jean-Paul Luquot.

Un de ces vins libournais, nés sur des sables à la limite entre Saint-Émilion et Pomerol, caractérisés par leur délicatesse et leur souplesse. C'est encore le profil des deux cuvées présentées par le domaine, qui font jeu égal: des vins charmeurs dans leur jeunesse. Cruzeau naît d'une dominante de cabernet franc (83 %) assez peu courante à Saint-Émilion. Aux côtés des habituels arômes de fruits noirs et de boisé, il libère des senteurs de sous-bois, d'humus et de gibier. Souple et chaleureux, il développe des notes suaves de pruneau et de caramel sur un fond de tanins déjà soyeux. ⧗ 2019-2024 ■ **Fleur de Jaugue 2015 ★★ (20 à 30 €; 19000 b.)** : une cuvée issue de vignes acquises en 2014, plantées sur des graves argileuses non loin de la Dordogne. Très colorée, bien ouverte sur un boisé vanillé et des petits fruits très mûrs, elle porte l'empreinte du merlot. On retrouve cette séduisante maturité au palais, dans des arômes de fruits confits, de coing, de cerise à l'eau-de-vie, de noyau et d'amande grillée typiques des graves. Les tanins étoffés permettront une bonne garde. ⧗ 2019-2026

GFA VIGNOBLES LUQUOT, 152, av. de l'Épinette, 33500 Libourne, tél. 05 57 51 18 95, vignoblesluquot@orange.fr r.-v.

LA DAME DE ONZE HEURES 2015

■ | n.c. | | 30 à 50 €

Vincent, musicien professionnel, et Béatrice Rapin, architecte d'intérieur, se sont reconvertis dans la vigne avec succès en 2000: d'abord avec le Dom. de Valmengaux, 5,4 ha au nord-est de Fronsac, en AOC bordeaux, complétés en 2007 par la Dame de onze heures, 1,2 ha en bio, à Saint-Émilion.

Un nom original pour ce cru: il fait référence à une fleur blanche qui s'ouvre au soleil et symbolise la démarche biodynamique du domaine. Le 2015 mise sur la finesse et la fraîcheur. Sa robe élégante commence à montrer des reflets grenat et tuilés. Ses arômes sont centrés sur les fruits noirs juste cueillis, soulignés d'un discret boisé. Le fruit s'affirme dès l'attaque et s'épanouit dans une bouche à la fois souple et fraîche, adossée à des tanins polis et fins qui assurent une agréable finale. ⧗ 2019-2026

SARL LE PETIT GONTEY, 8, Petit-Gontey, 33330 Saint-Émilion, tél. 06 15 42 39 12, domainedevalmengaux@wanadoo.fr V r.-v.
Vincent Rapin

CH. DARIUS 2015 ★★

■	42000		15 à 20 €

La famille Pommier a acquis en 1991 ce cru de Saint-Laurent-des-Combes, où le merlot et le cabernet franc sont sensiblement à parité, plantés sur sol sablonneux et crasse de fer.

Cette propriété avait obtenu deux étoiles avec le délicat millésime 2013, ce qui dénote une grande maîtrise technique. Le 2015 s'attire de nouveau beaucoup d'éloges. Nos dégustateurs louent sa robe soutenue, son bouquet profond qui s'ouvre à l'aération sur le raisin bien mûr et sur un boisé de qualité. Le vin confirme sa richesse au palais, rond, charnu et fruité, charpenté par des tanins boisés très frais. La forte proportion de cabernet franc (45 %) lui donne du caractère et du potentiel. ⧗ 2019-2028

GFA DES POMMIERS, lieu-dit Ferrandat, 33330 Saint-Laurent-des-Combes, tél. 05 56 61 31 56, gfadespommier@orange.fr V r.-v.

CH. DASSAULT 2015 ★★

■ Gd cru clas.	93500		30 à 50 €

98 99 00 01 02 03 04 **07** 09 **10 11** |12| |13| 14 **15**

Créé en 1862, le Ch. Couperie, à l'abandon, est racheté en 1955 par Marcel Dassault. Entièrement restructuré et rebaptisé, le cru est élevé au rang de cru classé en 1969. Présidé par Laurent Dassault, petit-fils de l'avionneur, et dirigé par Laurence Brun depuis 1995, il couvre 29 ha sur un glacis sableux au nord-est de Saint-Émilion. En 2013, la famille Dassault a acquis Faurie de Souchard, autre cru classé de Saint-Émilion.

Ce cru classé achève sa fermentation et reste jusqu'à dix-huit mois en barrique. Il offre une très belle expression du millésime et de grandes qualités de garde: sa robe est profonde, son bouquet concentré déploie une riche palette d'arômes: des petits fruits très mûrs, de la cerise à l'eau-de-vie et un boisé discret, mais complexe, aux accents de noisette grillée, de réglisse et de tabac blond. À la fois chaleureuse, suave et fraîche, la bouche impressionne par la puissance de sa charpente tannique. La promesse d'une élégance durable. ⧗ 2020-2040 ■ **Ch. La Fleur 2015 ★ (30 à 50 €; 23400 b.)** : un cru de 6,5 ha voisin de Dassault, acquis en 2002. Il offre une très belle expression du merlot (94 %) né à Saint-Émilion, avec sa robe colorée, son palais ample et charnu et ses arômes de petites baies très mûres mis en valeur par un fin boisé. ⧗ 2019-2028 ■ **D de Dassault 2015 (20 à 30 €; 34000 b.)** : vin cité.

STÉ D'EXPLOITATION DES VIGNOBLES DASSAULT, 33330 Saint-Émilion, tél. 05 57 55 10 00, contact@dassaultwineestates.com V r.-v.

CH. DESTIEUX 2015

■ Gd cru clas.	39000		30 à 50 €

Christian Dauriac conduit depuis 1971 le Ch. Destieux, grand cru classé de Saint-Émilion depuis 2006, 8 ha d'un seul tenant en haut du coteau de Saint-Hippolyte, complétés par 7 ha sur les terres de Lisse (Ch. Montlisse) et 2,8 ha à Pomerol (La Clémence).

Ce terroir donne généralement naissance à des vins de caractère, à l'image de ce 2015. Un vin vinifié en foudre avec des levures indigènes et resté dix-huit mois en barrique. Sa couleur intense annonce une forte concentration. Le premier nez est encore sous l'emprise d'un bois imposant, aux nuances d'épices, entre vanille et cannelle. Après agitation, les fruits rouges s'expriment, bien mûrs, accompagnés d'agréables touches florales. Très vigoureux au palais, ce vin offre des arômes plus évolués qu'au bouquet, qui évoqueraient presque le rancio. Sa chair dense est charpentée par des tanins qui gagneront à s'affiner avec le temps. ⧗ 2022-2032

SC DAURIAC, Ch. Destieux, 33330 Saint-Émilion, contact@vignoblesdauriac.com V r.-v.

CH. LA DOMINIQUE 2015 ★★

■ Gd cru clas.	72000	30 à 50 €

(82) **86** 88 **89** 90 **93** 94 95 **96** 97 98 99 00 01 02 **03** 05 |06| |08| **09** 10 **11 12** 13 **15**

Un cru d'ancienne notoriété, auquel un riche marchand, propriétaire des lieux au XVIIIe s., aurait donné le nom d'une île des Caraïbes. La famille de Baillencourt, établie ici depuis 1933, le cède en 1969 au puissant capitaine d'industrie Clément Fayat, également propriétaire des Châteaux Fayat (pomerol) et Clément-Pichon (haut-médoc). Le vignoble de 26,5 ha, situé au nord-ouest de Saint-Émilion, au voisinage de Pomerol, est établi sur un beau terroir de sables anciens au sous-sol argileux. Un nouveau chai aux lignes contemporaines, signé Jean Nouvel, est sorti de terre avec le millésime 2013.

Après un séjour de seize mois dans le chêne (neuf à 60 %), ce 2015 apparaît comme l'archétype du grand saint-émilion, drapé d'une robe bordeaux profond. Au nez, il livre d'abord une corbeille de fruits noirs très mûrs, puis la barrique torréfiée prend le relais, avec son cortège d'épices: vanille, cannelle et poivre blanc. Chaleureux en attaque, dense et corsé, le palais déploie de belles rondeurs titillées par une agréable acidité. Il reste charmeur malgré la densité de sa trame tannique qui promet une bouteille d'une rare élégance. ⧗ 2020-2030 ■ **Relais de la Dominique 2015 ★★ (15 à 20 €; 57400 b.)** : le second vin du Ch. La Dominique est aussi bien noté que le premier, non pour son potentiel mais pour son bouquet séducteur et complexe (mûre, nuancée de cerise et de framboise, humus, réglisse et fumée) et pour son harmonie générale. ⧗ 2019-2026

CH. LA DOMINIQUE, lieu-dit La Dominique, 33330 Saint-Émilion, tél. 05 57 51 31 36, contact@vignobles.fayat.com V r.-v.

L'ÉCLAT DE VALENTIN 2015 ★★

■ | 2400 | | 30 à 50 €

La famille Leydet, établie sur les terres libournaises depuis 1862, exploite près de 16 ha de vignes (en conversion bio) en saint-émilion grand cru (Ch. Leydet-Valentin) et en pomerol (Ch. de Valois). Aux commandes depuis 1996, Frédéric Leydet a engagé la conversion bio de ses domaines (certification en 2015).

Élevée seize mois en barrique neuve, une petite cuvée sélectionnée sur les vignes les plus vieilles du domaine, où le cabernet franc (42 %) fait presque jeu égal avec le merlot. Son bouquet complexe associe d'intenses notes de fruits noirs bien mûrs et un boisé aux nuances de beurre noisette. Ce beau fruit s'épanouit dans un palais voluptueux et gourmand, étayé par des tanins élégants qui soulignent une longue finale. De garde. 2020-2030 ■ **Ch. Leydet Valentin 2015 (15 à 20 €; 30000 b.)** : vin cité.

FRÉDÉRIC LEYDET, Rouilledinat, 33500 Libourne, tél. 05 57 51 19 77, frederic.leydet@wanadoo.fr V r.-v.

CH. EDMUS 2015 ★

■ | 14000 | | 20 à 30 €

Depuis sa création en 2007 par deux associés d'une société d'assurances, l'Américain Philip Edmundson et Éric Remus, – d'où Edmus –, ce cru progresse vite et bien. Sur l'étiquette, un phénix renaissant de ses cendres et une devise (Renascetur gloriosius) figurent l'ambition des deux hommes de relever cet ancien vignoble issu d'une partie (5,81 ha) du Ch. Lescours, dont la supervision a été confiée à Stéphane Derenoncourt.

Un bon exemple du millésime 2015 né sur les terroirs de sables et graves proches de la Dordogne. La robe est intense et jeune. L'aération libère d'agréables parfums de fruits confits, de pruneau, soulignés par un fin boisé. La maturité du fruit se confirme dans une bouche charpentée par des tanins serrés et par un boisé bien intégré. Agréable jeune par son côté gourmand, ce vin est assez structuré pour bien vieillir. 2019-2028

EDMUNDSON REMUS WINES, 23, rue de Saint-Germain, 78230 Le Pecq, tél. 06 07 26 98 83, eremus@chateauedmus.com

CH. L'ÉPINE 2015 ★

■ | 9000 | | 15 à 20 €

À l'origine de ce domaine saint-émilionnais, 2 ha de vignes acquis par Gabriel Ardouin en 1910, mis en valeur et agrandi après 1945 par Jean Ardouin, instituteur, et son épouse Monique. Depuis 2012, la troisième génération est aux commandes, avec Gabriel, qui a étudié aux Etats-Unis. Inclus dans la ville de Libourne, le vignoble est implanté sur des sols sablo-argileux, dans le secteur de l'Épinette.

Né de vignes déjà anciennes (quarante-cinq ans), un vin retenu pour sa robe brillante et pour son bouquet attrayant, entre fruit et délicat boisé, relayé par une bouche agréable, souple et tendre, de bonne longueur, soutenue par des tanins assez bien extraits pour autoriser la garde, encore fermes en finale. 2019-2026

SCEA CH. L'ÉPINE, 74, rte de Saint-Émilion, 33500 Libourne, tél. 05 57 51 07 75, contact@chateaulepine.com V r.-v.

CH. L'ÉTOILE DE CLOTTE 2015 ★

■ | 20000 | | 15 à 20 €

Jean-François Meynard est un producteur bien connu de l'AOC castillon: 15 ha à Roque le Mayne, son fleuron, et 20 ha à La Bourrée, son domaine «historique» et son lieu d'habitation. Il s'est étendu en 2009 sur Saint-Émilion avec L'Étoile de Clotte, petit cru de 3,5 ha situé à Saint-Étienne-de-Lisse.

Le millésime précédent avait décroché un coup de cœur. S'il n'atteint pas de tels sommets – peut-être en raison d'une compétition plus serrée dans un grand millésime – son 2015 donne toute satisfaction. Le premier nez évoque la barrique toastée, puis les fruits noirs percent derrière le merrain; des fruits très mûrs: on perçoit même un soupçon d'abricot sec. Après une attaque chaleureuse, le palais est rafraîchi par des arômes de petits fruits acidulés et par des tanins jeunes. Les tanins du merrain reviennent en force en finale. Une petite garde est de mise. 2020-2028

SCEA VIGNOBLES MEYNARD, Barbey, 33330 Saint-Étienne-de-Lisse, tél. 06 89 87 82 99, contact@vignobles-meynard.com V r.-v.

CH. FAUGÈRES 2015 ★

■ Gd cru clas. | 90000 | | 50 à 75 €

93 94 95 96 97 **98 99 00** 01 **02** |**03**| 04 |**05**| |06| |**07**| 09 **10** 11 12 13

Fondé en 1823 par la famille de Pierre-Bernard (Péby) Guisez, qui lui donna dans les années 1980 ses premières lettres de noblesse, ce cru est depuis 2005 la propriété de Silvio Denz. Agrandissement du vignoble (37 ha aujourd'hui), nouveau chai-cathédrale réalisé en 2009 par Mario Botta, l'homme d'affaires suisse spécialisé dans le luxe qui a fait de Faugères un fleuron de Saint-Émilion, hissé au rang de cru classé en 2012, comme son «cousin» Péby-Faugères.

La robe profonde commence à montrer des reflets grenat. Complexe et fin, le bouquet livre des notes de fruits rouges, de cerise noire légèrement confits, de noyau, d'amande et d'épices. Chaleureux en attaque, le palais montre beaucoup de concentration, vite dominé par des tanins encore massifs qui assureront une bonne garde et s'affineront avec le temps. 2020-2030 ■ **Chartreuse de Faugères 2015 ★ (20 à 30 €; 36000 b.)** : le second vin de Faugères est très coloré, intense au nez (cerise, cassis, vanille, réglisse) et offre une bouche ronde et puissante, encadrée par des tanins de qualité. Un style très saint-émilionnais. 2020-2028 ■ **L'Hirondelle de Faugères 2015 (8 à 11 €; 23000 b.)** : vin cité.

SARL CH. FAUGÈRES, Ch. Faugères, 33330 Saint-Étienne-de-Lisse, tél. 05 57 40 34 99, info@chateau-faugeres.com V r.-v.

CH. FAURIE DE SOUCHARD 2015 ★

■ Gd cru clas. | 39500 | | 30 à 50 €

La famille Jabiol exploitait depuis les années 1930 ce cru connu depuis le début du XIX^e^s., auquel elle a

donné sa configuration actuelle: 12 ha de vignes sur le versant nord du plateau de Saint-Émilion, dans le secteur de Faurie. En 2013, elle a vendu son domaine à la famille Dassault, qui ajoute à son portefeuille un autre grand cru classé.

Mariant 70 % de merlot aux cabernets (franc surtout), ce vin séjourne environ quinze mois en barriques, neuves pour les trois quarts. Il en ressort encore fermé, très marqué par l'élevage. Le fruit s'affirme en bouche, sur des notes de cerise et de mûre. Sa concentration, ses tanins enrobés, aux saveurs de cacao et de moka lui garantissent un bon vieillissement. Une bouteille très bien faite dans un style traditionnel. ⧗ 2020-2030

⊶ STÉ D'EXPLOITATION DES VIGNOBLES DASSAULT (CH. FAURIE DE SOUCHARD), 33330 Saint-Émilion, tél. 05 57 55 10 00, contact@dassaultwineestates.com

CH. DE FERRAND 2015

Gd cru clas.	120 000		30 à 50 €

Ce vaste domaine (42 ha, dont 32 de vignes) est situé sur les hauts de Saint-Hippolyte, à l'est de Saint-Émilion. Le château fut construit par le marquis de Mons à la fin du XVIIe s., sur des grottes qui devaient abriter au siècle suivant les derniers députés girondins recherchés durant la Terreur. Ses descendants le conservèrent jusqu'en 1978 et son rachat par le baron Bich, inventeur du célèbre stylo à bille, dont les héritiers, Pauline Bich et son mari Philippe Chandon-Moët, sont toujours aux commandes. Les investissements réalisés par ces derniers ont payé: le domaine a accédé en 2012 au rang de cru classé.

Une très importante cuvée de cru classé, ce qui demande une grande exigence technique. Ce 2015, élevé seize mois en barrique, possède toutes les qualités attendues d'un vin de ce rang: une robe profonde, teintée de reflets grenat, un bouquet encore un peu fermé, qui s'ouvre à l'aération sur du fruit très mûr teinté d'épices douces, une bouche chaleureuse, charnue, soutenue par des tanins très présents mais bien enrobés qui permettront une bonne garde. ⧗ 2020-2030

⊶ FAMILLE BICH, Saint-Hippolyte, 33330 Saint-Émilion, tél. 05 57 74 47 11, info@chateaudeferrand.com V r.-v.

CH. FERRAND-LARTIGUE 2015 ★

	12 000		20 à 30 €

Un petit cru de 4 ha, créé en 1993 par Pierre Ferrand, qui l'a cédé en 2008 à la société Vitis Vintage de Maxime Bontoux, également propriétaire des Châteaux Grand Lartigue, situé juste en face, et Tourteau-Chollet dans les Graves.

Ce vignoble réunit des sols assez variés, des argilo-calcaires aux sables anciens, ce qui le rend bien représentatif de l'appellation. Ce 2015 offre lui aussi une très bonne image du saint-émilion grand cru, avec sa robe colorée et son bouquet riche de fruits noirs bien mûrs – mais pas cuits –, soulignés de subtiles notes de chêne chaud et de vanille. Très équilibrée, ample, la bouche échappe à toute lourdeur grâce à ces notes de fruits frais et à des tanins jeunes, encore vifs, qui apporteront bientôt une touche d'élégance en finale. ⧗ 2019-2025 ■ **Ch. Grand Lartigue 2015 (20 à 30 €; 32 000 b.)** : vin cité.

⊶ CH. FERRAND LARTIGUE, lieu-dit Lartigue, 33330 Saint-Émilion, tél. 05 56 67 47 78, ferrandlartigue@vitisvintage.com V r.-v. 5

CH. FIGEAC 2015 ★★

1er gd cru clas. B	100 000		+ de 100 €

62 **64 66** ⑦⓪ **71** 74 **75 76** 77 **78** 79 80 **81 82 83 85 86** 87 **88** |**89**| |90| |**93**| 94 |⑨⑤| |96| 97 |**98**| |99| |00| |01| |02| |04| 05 06 |07| 09 10 **11 12** ⑬ 14 **15**

Le plus vaste domaine de Saint-Émilion (40 ha de vignes plantées sur trois croupes de graves günziennes), situé à l'ouest de la cité, en bordure de Pomerol. Un vignoble atypique, à l'accent médocain – 70 % de cabernets, répartis à parts égales entre franc et sauvignon –, adapté à son terroir de graves. Un haut lieu de l'appellation façonné par la famille Manoncourt, propriétaire depuis 1892, et notamment par Thierry, décédé en 2010, à qui l'on doit le «style Figeac» et cet encépagement original. Son épouse et ses quatre filles en ont confié en 2013 la co-gérance à Jean-Valmy Nicolas (cogérant de La Conseillante à Pomerol) et la direction générale à Frédéric Faye, son ancien directeur technique. Depuis le millésime 2012, Michel Rolland est l'œnologue-conseil de ce 1er grand cru classé B depuis 1955.

Ce grand vin étonne toujours par son style et son caractère. Solaire, le millésime 2015 a permis d'exprimer toute la finesse liée à son terroir et la complexité née de son encépagement – avec pour ce millésime 43 % de cabernet-sauvignon et 28 % de cabernet franc. Après un élevage de dix-huit mois dans le bois neuf, le vin affiche une robe profonde et éclatante aux reflets violines de jeunesse. Au nez, des notes fraîches de fruits noirs sont accompagnées du côté épicé du cabernet-sauvignon et de celui floral du cabernet franc. Un boisé délicat aux nuances de chocolat et de moka complète cette palette. En bouche, la chair juteuse du merlot donne à ce vin une rare ampleur et une texture veloutée, tandis que d'élégants tanins, encore fermes, lui confèrent de l'allonge et font envisager une très longue garde. ⧗ 2020-2040

⊶ SCEA FAMILLE MANONCOURT, Ch. Figeac, 33330 Saint-Émilion, tél. 05 57 24 72 26, chateau-figeac@chateau-figeac.com r.-v.

CH. FLEUR CARDINALE 2015 ★

Gd cru clas.	115 000		30 à 50 €

98 99 01 02 03 04 **05** |**06**| 07 |08| |09| 10 |**11**| |**12**| |13| 14 15

Dominique et Florence Decoster ont acquis en 2001 ce domaine de 23,5 ha établi sur l'un des points hauts de l'AOC, à l'est de Saint-Émilion. Leurs investissements ont rapidement porté leurs fruits: le cru, en progression constante, est entré en 2006 dans le cercle des «classés», classement confirmé en 2012. La propriété s'est agrandie de 4 ha en 2011 avec le rachat du vignoble voisin de Ch. Croix Cardinale. Aux commandes du chai, Ludovic Decoster.

Présence, puissance, harmonie: trois qualités réunies dans ce 2015 qui tient son rang de cru classé. Sa présence se manifeste par une robe intense et par un bouquet très intéressant, qui ajoute à la gamme classique des fruits noirs et d'un fin boisé des notes de gibier et de fourrure, et un caractère très épicé en bouche. Sa puissance s'affirme par la concentration de son fruit, par son attaque chaleureuse et par ses tanins solides qui laissent augurer une longue garde. Son harmonie réside dans un côté fondu, car tous ces éléments commencent à se marier avec bonheur. ⧗ 2020-2035

SCEA CH. FLEUR CARDINALE, 7, Le Thibaud, 33330 Saint-Étienne-de-Lisse, tél. 05 57 40 14 05, contact@fleurcardinale.com r.-v. Dominique et Florence Decoster

CH. LA FLEUR PENIN 2015 ★

■	14 000		15 à 20 €

Patrick Carteyron est bien connu pour son vignoble implanté en face, sur l'autre rive de la Dordogne, à Génissac, et pour son Ch. Penin (en appellations régionales). Il a acquis en 2011 une petite vigne de 2,5 ha en pied de côte à Saint-Pey d'Armens, à l'est de Saint-Émilion, créé sa cuverie, son chai et sa salle de réception.

Pour ce grand cru, un élevage pour moitié en barrique bordelaise et pour l'autre en fût de 500 l. Légèrement évolué à l'œil, un 2015 intéressant par la discrétion de son boisé qui permet au raisin de s'exprimer pleinement, sur des notes de fruits noirs bien mûrs. La bouche harmonieuse joue elle aussi sur le fruit, étayée par des tanins denses et solides mais soyeux. ⧗ 2020-2025

PATRICK CARTEYRON, lieu-dit Combot, 33330 Saint-Pey-d'Armens, tél. 05 57 24 46 98, vignoblescarteyron@orange.fr V r.-v.

CH. LA FLEUR PEREY
Cuvée Prestige Élevé en fût de chêne 2015

■	14 500		15 à 20 €

Alain Xans et sa sœur Florence, héritiers d'une lignée vigneronne remontant à 1880, conduisent depuis 1989 les 12,5 ha familiaux sur les graves et sables de Saint-Sulpice-de-Faleyrens, dont plus de la moitié dédiée au grand cru, le reste au saint-émilion Perey-Grouley et aux bordeaux.

Souvent appréciée par nos jurés, cette cuvée exprime surtout le bon merlot juste mûr à point, sans excès confiturés. Parée d'une robe vive, elle garde une fraîcheur intéressante. Pour l'heure, la barrique masque un peu le fruit, mais ce dernier perce, sur des notes de cassis et de mûre. La bouche se montre ample sans lourdeur, structurée par des tanins serrés, encore un peu trop boisés, qui s'affineront au cours des prochaines années et assureront une bonne garde. ⧗ 2019-2028

VIGNOBLES FLORENCE ET ALAIN XANS, 337, Bois-Grouley, 33330 Saint-Sulpice-de-Faleyrens, tél. 06 80 72 84 87, alainxans@wanadoo.fr V r.-v.

B CH. FONPLÉGADE 2015 ★★

■ Gd cru clas.	60 000		50 à 75 €

00 01 04 05 **06 07** 08 |09| |10| 12 **13** 14 **15**

De rachats en successions, l'histoire du cru débute réellement en 1852 avec Jean-Pierre Beylot, à l'origine de la maison de maître et des bâtiments d'exploitation. Un cru passé en 1863 dans les mains du duc de Morny, demi-frère de Napoléon III, et de sa sœur la comtesse de Gabard. Le négociant libournais Armand Moueix reprend le domaine en 1953, jusqu'à l'arrivée en 2004 des Américains Denise et Stephen Adams. Ces derniers ont entrepris une rénovation de fond des installations techniques et du vignoble: 18,5 ha sur le coteau sud du plateau de Saint-Émilion, en bio certifié depuis 2013.

L'archétype d'un grand saint-émilion 2015: 95 % de merlot sur argilo-calcaire, une exposition plein sud dans un millésime ensoleillé. Après une vinification en cuve de bois et en barrique de 500 litres, suivie d'un élevage de vingt mois dans le chêne (neuf pour l'essentiel), le vin arbore une robe jeune, intense et profonde. Déjà largement ouvert, son bouquet exprime d'abord un bon boisé épicé et des notes de cuir, qui laissent place à l'aération à de la cerise et des fruits noirs bien mûrs, rehaussés de touches florales. Ces arômes s'épanouissent dans une chair puissante, dont les rondeurs sont corsetées par des tanins boisés très concentrés, encore un peu fermes: le profil d'un vin de garde. ⧗ 2020-2034

DENISE ET STEPHEN ADAMS, Ch. Fonplégade, 33330 Saint-Émilion, tél. 05 57 74 43 11, chateaufonplegade@fonplegade.fr V r.-v.

CH. FONRAZADE 2015 ★

■	45 000		20 à 30 €

Un domaine saint-émilionnais implanté en pied de côte, sur le versant sud-ouest du coteau de Mazerat, au voisinage d'Angelus. Il appartint pendant des décennies au comte des Cordes avant d'entrer dans la famille des actuels propriétaires en 1958. En 1989, Fabienne Balotte a succédé à son père Guy à la tête du vignoble: près de 11 ha sur sables bruns.

L'assemblage de 70 % de merlot et de 30 % de cabernet-sauvignon – cépage beaucoup moins courant que le cabernet franc en Libournais – donne un vin de caractère. Sa robe intense montre des reflets violets de jeunesse. Aux côtés des arômes boisés et fruités habituels à cet âge apparaissent des senteurs épicées, poivrées, presque médocaines. La bouche, à l'unisson, mêle une vinosité de bon aloi à une fraîcheur qui souligne une agréable saveur de cerise et de noyau. Cette fraîcheur, ainsi que des tanins jeunes et fruités assurent à ce vin une belle finale et se portent garants de son avenir. ⧗ 2020-2028

FABIENNE BALOTTE, 8, lieu-dit Fonrazade, 33330 Saint-Émilion, tél. 05 57 24 71 58, chateau-fonrazade@orange.fr V t.l.j. 8h-12h 14h-18h; sam. dim. sur r.-v.

B FOURCAUD-LAUSSAC 2015 ★★

■	2000		20 à 30 €

La famille Fourcaud-Laussac a été longtemps copropriétaire du Ch. Cheval Blanc. En 1990, la mère d'Arnaud de Labarre, alors encore gérante du 1er grand cru classé, a acquis le Ch. Laplagnotte-Bellevue, domaine implanté au nord-est de l'appellation. Ce dernier en a pris les rênes en 1996 et a engagé en 2009 la conversion bio de ses 6 ha de vignes. Le domaine est exploité en biodynamie certifiée.

Dans ce beau millésime, Arnaud de Labarre a sélectionné une petite cuvée issue de vieilles vignes à laquelle il a donné le nom de son grand-père, bien connu à Saint-Émilion. Un bel hommage que ce vin à la robe d'un bordeaux profond, au nez gorgé de fruits rouges et de baies noires bien mûrs, soutenus par un fin boisé.

Quant à la bouche, elle se montre intense, savoureuse, à la fois chaleureuse et fraîche, soutenue par des tanins de qualité qui permettront une heureuse évolution. 2020-2028 ■ **Ch. Laplagnotte-Bellevue 2015 (15 à 20 €; 30000 b.)** Ⓑ : vin cité.

ARNAUD DE LABARRE, Ch. Laplagnotte-Bellevue, 33330 Saint-Christophe-des-Bardes, tél. 05 57 24 78 67, arnaud@laplagnotte.com V r.-v. Ⓔ

♥ CH. FRANC LA ROSE 2015 ★★

■	n.c.		20 à 30 €

Les Trocard sont établis dans le Libournais depuis 1628. Leurs domaines ont connu un formidable essor au lendemain de la Seconde Guerre mondiale. Aux commandes depuis 1976, Jean-Louis Trocard, épaulé par ses enfants Benoît et Marie, a porté le vignoble à près de 100 ha répartis dans plusieurs crus et appellations.

Jean-Louis Trocard et sa famille nous ont habitués à une production de haute qualité, et ils ont bien négocié ce grand millésime, proposant une cuvée qui a tout pour plaire: la robe très foncée, presque noire, inspire confiance. La suite de la dégustation confirme l'harmonie de ce vin: du beau fruit, de la bonne barrique forment une alliance heureuse; les jolies rondeurs de la chair sont équilibrées par la fraîcheur de tanins jeunes et prometteurs. Une bouteille à l'avenir assuré, qui laisse déjà une impression d'élégance. 2021-2028 ■ **Clos Dubreuil 2015 ★★ (75 à 100 €; 15698 b.)** : pas de coup de cœur cette année (elle en a eu cinq), mais cette cuvée élevée dix-huit mois en barrique neuve se place pratiquement au même niveau que le Ch. Franc la Rose. Issue du plateau calcaire de Saint-Christophe-des-Bardes, elle est peut-être davantage taillée pour la garde que ce dernier, riche en fruits et en tanins au grain noble. 2020-2030 ■ **Clos Dubreuil Anna 2015 (30 à 50 €; 10000 b.)** : vin cité.

BENOÎT TROCARD, 1175, rue Jean-Trocard, 33570 Les Artigues-de-Lussac, tél. 05 57 55 57 90, contact@trocard.com V *t.l.j. sf sam. dim. 9h-12h 14h-17h*

CH. FRANC LE MAINE 2015 ★

■	46600		20 à 30 €

L'histoire débute au XVII^{e}s., au Vignonet, avec un aïeul gabarier et négociant en vin et en céréales. La famille Bardet conduit aujourd'hui un vaste ensemble de 60 ha de vignes dans le Libournais, répartis sur plusieurs crus en appellations saint-émilion grand cru (Val d'Or, Pontet Fumet, Franc le Maine, Paradis) et castillon-côtes-de-bordeaux (Rocher Lideyre). Un ensemble dirigé par Philippe Bardet, accompagné de son épouse Sylvie et de ses quatre enfants.

Parmi les vins de la propriété goûtés cette année, nos dégustateurs ont placé en tête celui-ci. Ils saluent sa robe intense, son nez partagé entre fruits noirs, cuir, boisé réglissé et torréfié et sa bouche à l'unisson du bouquet, chaleureuse et élégante, aux tanins toastés déjà agréables. 2019-2027 ■ **Ch. du Val d'Or 2015 (15 à 20 €; 50000 b.)** : vin cité. ■ **Ch. Pontet-Fumet 2015 (15 à 20 €; 50000 b.)** : vin cité.

SCEA DES VIGNOBLES BARDET, 17, La Cale, 33330 Vignonet, tél. 05 57 84 53 16, vignobles@vignobles-bardet.fr V r.-v.

CH. FRANC PATARABET
Cuvée Les Menuts Vieilles Vignes 2015 ★

■	5000		11 à 15 €

Exploitée par la sixième génération, une petite propriété saint-émilionnaise (4 ha et une cave monolithe dans la cité médiévale) acquise par l'aïeul Michel Barraud en 1845. Son fils Léopold la mettait en valeur tout en exerçant la profession de forgeron à Saint-Émilion: il fabriquait des charrues. Dès le XIX^{e}s., la famille obtient des médailles à des concours.

Plus d'une fois retenue dans des millésimes précédents, une cuvée issue de vieilles vignes (du merlot à 85 %). Un vin coloré, au nez franc offrant un mariage harmonieux de fruits rouges et de boisé, rehaussé d'une touche poivrée. En bouche, il séduit par sa souplesse, sa rondeur et ses tanins enrobés, qui permettront de le servir prochainement. 2019-2027

GFA FAURE-BARRAUD, 42, rue Guadet, BP 72, 33330 Saint-Émilion, tél. 05 57 24 65 93 V r.-v.

CH. LA GAFFELIÈRE 2015 ★★

■ 1er gd cru clas. B	n.c.		50 à 75 €

82 **83 85 86 88 89 90** 91 92 93 94 **95** 97 99 **02 03** 04 |**05**| |06| |07| 08 09 **10** 12 13 **15**

Ce cru, qui tire son nom d'un hôpital pour lépreux («gaffet») à l'époque médiévale, se trouve à l'avant-poste de l'entrée sud de Saint-Émilion, entre la colline d'Ausone et celle de Pavie. Ici, on ne compte pas en années, mais en siècles: on y a trouvé les vestiges d'une villa gallo-romaine qui aurait appartenu au poète Ausone. La famille Malet Roquefort (le comte Léo de Malet Roquefort aujourd'hui) y est établie depuis le XVII^{e}s. Sur un vignoble argilo-calcaire de 22 ha d'un seul tenant, planté de merlot (80 %) et de cabernet franc, naît un 1er grand cru classé B, élaboré depuis 2013 dans des bâtiments techniques entièrement refaits.

Au nez, un bon boisé épicé s'associe aux fruits noirs et à de fines nuances florales d'iris et de violette. Une attaque fraîche et tonique introduit un palais dense et riche, doté de tanins bien serrés et d'un fruité croquant. Une pointe de fraîcheur vient dynamiser la finale et lui donne de l'allonge. Une belle stature pour ce grand cru corsé. 2022-2030

CH. LA GAFFELIÈRE, BP 65, 33330 Saint-Émilion, tél. 05 57 24 72 15, contact@gaffeliere.com V r.-v.

Ⓑ CH. GAILLARD 2015 ★

■	95000		15 à 20 €

Également propriétaire en castillon (Ch. Peyrou), Catherine Papon-Nouvel a pris en 1998 la suite de son père à la tête des trois crus familiaux de Saint-Émilion (Clos Saint Julien, Petit Gravet Ainé). Ch. Gaillard est le plus vaste d'entre eux, couvrant 20 ha (en bio certifié) sur sables et argiles.

Déjà très plaisant, ce grand cru se distingue surtout par sa finesse et par son élégance. Sa robe est soutenue et vive. Le mariage entre le raisin bien mûr et la barrique est très harmonieux, aussi bien au nez qu'en bouche. L'extraction, bien maîtrisée a permis d'obtenir un vin gourmand, aux tanins racés, qui trouvera de nombreux amateurs. ⧗ 2019-2028

SCEA VIGNOBLES J.-J. NOUVEL (CH. GAILLARD), BP 84, 33330 Saint-Hippolyte, tél. 05 57 24 72 44, chateau-gaillard@wanadoo.fr V t.l.j. sf sam. dim. 8h-12h30 13h30-17h

CH. GESSAN 2015 ★★

■ | 25000 | | 15 à 20 €

Originaire de Champagne, Yvette et Bernard Gonzales ont acheté en 1981 un petit vignoble sur le terroir sablo-graveleux de Saint-Sulpice-de-Faleyrens, au sud de la juridiction. Il a été repris en 2002 par leur fils Patrick qui exploite 25 ha de vignes (du merlot à 90 %).

Cette remarquable cuvée provient d'une sélection de merlots sur sols sablo-graveleux. Sa robe bordeaux soutenu est de bon augure. Déjà intense, gorgé de petits fruits rouges bien mûrs soulignés d'un discret boisé, le nez allie puissance et finesse. Une attaque chaleureuse et charnue ouvre sur un palais équilibré grâce à son fruit et à une minéralité évoquant un terroir de graves. La charpente de tanins serrés au grain fin signe une bouteille de garde. ⧗ 2020-2030

SCEV GONZALES FRÈRES, 201, Canton de Bert, 33330 Saint-Sulpice-de-Faleyrens, tél. 06 88 40 97 77, chateaugessan@gmail.com V r.-v.

♥ CH. GODEAU 2015 ★★★

■ | 20000 | | 20 à 30 €

Un cru de 8 ha, voisin de La Mondotte et de Tertre Roteboeuf, situé sur le coteau calcaire qui domine la vallée de la Dordogne, près de la vieille église de Saint-Laurent-des-Combes. Propriété depuis 2007 de deux industriels, Steve Filipov et Jean-Luc Pareyt, il a été acquis en 2012 par Albéric et Agnès Florisoone, héritiers d'une longue lignée au service du vin et anciens co-propriétaires du Ch. Calon Ségur.

La robe dense, presque noire, donne le ton: on a affaire à un vin d'une rare puissance. À l'aération, le bouquet s'ouvre d'abord sur des notes de chêne toasté et d'épices, puis des senteurs intenses de fruits noirs très mûrs prennent le relais. Dès l'attaque, le palais s'impose par son volume, par sa générosité, en harmonie avec des arômes de fruits confits typés du merlot. Puissants et élégants, les tanins boisés respectent le fruit. Une superbe bouteille qui donnera autant de plaisir jeune que patinée par le temps. ⧗ 2019-2030 ■ **Ch. Godeau Ducarpe 2015 (15 à 20 €; 13000 b.)** : vin cité.

ALBÉRIC FLORISOONE, lieu-dit Godeau, 33330 Saint-Laurent-des-Combes, tél. 05 57 24 72 64, accueilvignoblesflorisoone@gmail.com V *lun. mar. mer. 9h-17h*

CH. LA GRÂCE DIEU
Cuvée Passion 2 femmes 2015 ★

■ | 3600 | | 20 à 30 €

Au XIII[e]s., les Cisterciens fondèrent ici un prieuré, aujourd'hui disparu, nommé À la grâce de Dieu. Acquis en 1946 par Pierre Dubreuilh, le domaine est désormais conduit par ses descendantes, les sœurs Christine et Valérie Pauty, à la tête de 13 ha plantés sur le versant ouest de Saint-Émilion.

Plus d'une fois remarquée, cette cuvée, élevée en barrique neuve, provient d'une parcelle de pur merlot sur argilo-calcaire. Elle séduit par l'élégance de son nez mariant les fruits noirs et les notes vanillées du merrain. Ample, bien équilibré, le palais ajoute à cette palette une note de noyau. Ses tanins serrés, finement boisés, soulignent la longue finale. ⧗ 2019-2028 ■ **2015 (15 à 20 €; 67200 b.)** : vin cité.

VIGNOBLES PAUTY, Ch. la Grâce Dieu, 33330 Saint-Émilion, tél. 05 57 24 71 10, contact@chateaulagracedieu.fr V *r.-v.*

CH. LA GRÂCE DIEU LES MENUTS 2015

■ | 100000 | | 20 à 30 €

Odile Audier a pris en 1992 la succession de son père à la tête du vignoble familial à Saint-Émilion, réparti entre les 14 ha du Ch. la Grâce Dieu les Menuts (dans sa famille depuis 1860 et six générations) et, depuis 1997, les 2,8 ha du Ch. Haut Troquart la Grâce Dieu.

Un cru idéalement établi à l'ouest de Saint-Émilion, près de la route qui mène à Libourne. Son 2015 se teinte de reflets d'évolution. Le nez demande un peu d'aération pour libérer des parfums de cassis et de framboise accompagnés d'un fin boisé aux nuances réglissées et beurrées. Charnu et fruité en attaque, le palais s'appuie sur des tanins déjà fondus qui permettront d'apprécier cette bouteille assez jeune. ⧗ 2019-2024 ■ **Ch. Haut-Troquart la Grâce Dieu 2015 (20 à 30 €; 5000 b.)** : vin cité.

VIGNOBLES PILOTTE AUDIER, 4, Gadete, 33330 Saint-Émilion, tél. 05 57 24 73 10, chateau@lagracedieulesmenuts.com V *t.l.j. 8h-12h 14h-18h*

♥ Ⓑ CH. LA GRÂCE FONRAZADE 2015 ★★

■ | 15000 | | 30 à 50 €

François-Thomas Bon et sa compagne ont acquis en 2010 le Ch. Gardegan, situé dans le village du même nom; un cru qui n'avait plus connu de vendange depuis les années 1980. Les chais ont été rénovés, le vignoble agrandi, pour atteindre aujourd'hui 11 ha (en conversion bio). Un domaine complété en 2012 par le Ch. la Grâce Fonrazade, lui aussi entièrement rénové à la vigne et au chai, et converti au bio.

Avec deux coups de cœur en rouge pour de beaux 2009 et 2010, ce vigneron s'était signalé par la qualité de ses vins au Ch. de Lugagnac (Entre-deux-Mers), aujourd'hui sous pavillon chinois. À Saint-Émilion, il réédite l'exploit avec un autre grand millésime. Élevé vingt mois en barriques neuves, ce 2015 a tout pour satisfaire l'amateur le plus exigeant: une robe profonde, presque noire; un bouquet attrayant mêlant un subtil boisé aux nuances d'amande grillée à la mûre et au pruneau; une bouche intense et bien construite. Après une attaque chaleureuse et corsée, sur la crème de cerise et le noyau, le palais monte en puissance, charpenté par des tanins jeunes mais enrobés qui promettent une heureuse évolution. Une belle image de l'appellation et du millésime. ⧗ 2019-2030

EARL PERSEVERO, 4, rte de Jaquemeau, 33330 Saint-Émilion, tél. 06 70 02 81 67, persevero@lagracefonrazade.com V r.-v.
François-Thomas Bon

GRACIA 2015 ★

■	n.c.		75 à 100 €

Gracia, Les Angelots de Gracia et de Nerville: trois étiquettes pour ce petit domaine familial constitué à partir d'une parcelle de vignes héritée en 1994, qui dispose d'un chai «lilliputien» au cœur de Saint-Émilion, dans une bâtisse du XIIIes. Le propriétaire, Michel Gracia, entrepreneur-tailleur de pierre, s'est converti à la vigne. Il est aujourd'hui aidé de ses filles Marina et Caroline.

Une cuvée cousue main: petits rendements, vendanges à la main, élevage en barrique neuve. Un 2015 concentré, avec sa robe presque noire, son nez profond libérant à l'aération des senteurs de fruits confits alliées à des notes de torréfaction et à une touche de beurre noisette. La bouche, à l'unisson, apparaît puissante, charnue et savoureuse. On y retrouve la palette du nez, complétée de cerise. Les tanins boisés sont encore très présents et austères, – le gage d'un fort potentiel. ⧗ 2020-2028 ■ **Les Angelots de Gracia 2015 ★ (50 à 75 €; n.c.)** : issu d'un terroir sablo-argileux sur crasse de fer, un vin chaleureux, rond et persistant, à la palette mûre et aux tanins élégants. ⧗ 2020-2026

MICHEL, MARINA ET CAROLINE GRACIA, Rue du Thau, 33330 Saint-Émilion, tél. 05 57 24 77 98, michelgracia@wanadoo.fr r.-v.

CH. GRAND CORBIN-DESPAGNE 2015

■ Gd cru clas.	100000		30 à 50 €

98 98 99 00 |01| |**04**| |05| |06| 07 |08| **09 10** 11 12 **13** 15

Les Despagne sont présents dans le Libournais depuis le XVIIes., avec notamment des ancêtres métayers à Cheval Blanc. Propriétaires à Corbin, au nord-ouest de l'appellation, depuis 1812, ils n'ont cessé d'agrandir leur domaine (28,8 ha aujourd'hui) et d'améliorer la qualité des vins. Sous la conduite depuis 1996 de François Despagne, septième du nom, le cru a été converti à l'agriculture biologique.

Le terroir du secteur de Corbin donne toujours des vins intéressants par leur fraîcheur, un caractère favorable à la garde. Corbin Despagne répond à ce profil. Sa robe est à la fois très foncée et vive. Son bouquet naissant montre déjà de la profondeur et de la concentration, libérant des notes de fruits mûrs à point et de boisé réglissé. Après une attaque fruitée apparaissent une touche de noyau et une note minérale, puis les tanins reviennent en force. Encore jeunes, serrés, vifs et austères, ils s'affineront avec le temps. ⧗ 2020-2030 ■ **Petit Corbin-Despagne 2015 (15 à 20 €; 36000 b.)** : vin cité.

FRANÇOIS DESPAGNE, 3, Barraillot, 33330 Saint-Émilion, tél. 05 57 51 08 38, f-despagne@grand-corbin-despagne.com V r.-v.

CH. GRAND CORBIN MANUEL 2015 ★

■	60000		30 à 50 €

Cet ancien domaine du Prince Noir d'Aquitaine appartient depuis 2005 à la famille de Gaye (également propriétaire de Haut Cadet dans cette même appellation, de La Création en pomerol, de Sainte-Barde en bordeaux supérieur): après acquisition de 3 ha en 2015, son vignoble couvre 10 ha d'un seul tenant situés dans le secteur de Corbin, au nord-ouest de Saint-Émilion.

Le secteur de Corbin, un peu frais, est mis en valeur par des millésimes de grande maturité comme 2015. Les raisins et le terroir donnent alors toute leur expression, faite d'élégance et de fraîcheur. Ce vin à la robe vive et aux arômes de fruits noirs soulignés d'un fin boisé brioché correspond bien à ce profil, avec son attaque musclée, suivie d'un développement plus onctueux, charnu et fruité. Ses tanins vifs assureront une bonne garde. ⧗ 2020-2028 ■ **Ch. Haut-Cadet 2015 (20 à 30 €; n.c.)** : vin cité.

YSEULT DE GAYE-NONY, La Grande Métairie, 33330 Saint-Émilion, tél. 05 57 25 09 68, info@grandcorbinmanuel.fr V r.-v.

CH. LES GRANDES MURAILLES 2015 ★

■ Gd cru clas.	5500		50 à 75 €

Les «grandes murailles», l'un des emblèmes de la cité médiévale de Saint-Émilion, sont les vestiges d'un cloître bénédictin du XIIes. Le petit vignoble attenant (2 ha plantés du seul merlot) appartenait à la famille Reiffers depuis 1643, de même que La Côte de Baleau. Deux crus classés que Sophie Fourcade (née Reiffers), aux commandes depuis 1998, a hissé au rang de valeurs sûres de l'appellation, et qui ont été rachetés en 2013 par Philippe Cuvelier, propriétaire du Clos Fourtet.

Ce cru classé a achevé sa fermentation en barrique où il a séjourné vingt mois. Il conjugue le caractère chaleureux et charnu du merlot, les épices de l'élevage et les tanins vigoureux, un peu austères, d'un vin né sur un terroir calcaire. Gras, charpenté et persistant, c'est un millésime de grande garde. ⧗ 2020-2035

SCEA LES GRANDES MURAILLES, Ch. Côte de Baleau, 33330 Saint-Émilion, tél. 05 57 24 71 09, contact@lesgrandesmurailles.com r.-v.

CH. GRAND MAYNE 2015 ★

■ Gd cru clas.	60000		50 à 75 €

85 86 88 89 **90 91** 94 95 **96** 97 **99** |00| 01 02 |03| |04| |**05**| 06 07 |08| **10** |11| |12| |13| 14 15

Ce cru, dans la famille Nony depuis 1934, a conservé son ancien nom («grand domaine» en vieux français): au XIXes., il constituait, avec près de 300 ha, la plus vaste propriété de Saint-Émilion. Aujourd'hui, les vignes couvrent les pentes douces à l'ouest du plateau, sur 17 ha.

La dégustation révèle d'emblée le grand saint-émilion classique. La robe bordeaux brille par sa profondeur. Encore jeune, le bouquet présente une large palette aromatique qui s'exprime à l'aération par un boisé de qualité, entre vanille, épices douces et beurre noisette, vite relayé des senteurs de soupe de fruits rouges. D'une grande présence, la bouche conjugue ampleur et élégance. La maturité n'écrase pas la fraîcheur, la barrique ne terrasse pas le raisin, les tanins sont bien enrobés. Autant d'atouts pour une évolution harmonieuse. ⧗ 2020-2030 ■ **Filia de Grand Mayne 2015 (20 à 30 €; 20000 b.)** : vin cité.

SCEV JEAN-PIERRE NONY, Ch. Grand Mayne, 33330 Saint-Émilion, tél. 05 57 74 42 50, contact@grand-mayne.com V r.-v.

Ⓑ CH. GRAND PEY LESCOURS Prestige 2015

■ | 15000 | | 15 à 20 €

Une exploitation créée en 1953 par la famille Escure. Aujourd'hui, la troisième génération possède un important vignoble de 26 ha avec son Ch. Grand Pey Lescours, établi sur les graves sablonneuses de Saint-Sulpice, au sud-ouest de l'appellation. Elle exploite aussi, côté est, sur les sols argilo-calcaires de Saint-Laurent-des-Combes, un petit cru de 3,5 ha, le Ch. Bellisle Mondotte.

Issu d'une sélection de vieilles vignes dominées par le merlot, un saint-émilion classique, très coloré, aux arômes de petits fruits des bois confiturés rehaussés de notes d'élevage (clou de girofle et tabac). On retrouve les fruits confits et les épices douces dans un palais chaleureux et charnu, étayé par des tanins denses mais goûteux. ⧗ 2019-2026 ■ **Ch. Bellisle Mondotte 2015 (20 à 30 €; 17500 b.)** Ⓑ : vin cité.

SCEA HÉRITIERS ESCURE, 103, Grand-Pey, 33330 Saint-Sulpice-de-Faleyrens, tél. 05 57 74 41 17, heritiers.escure@wanadoo.fr V r.-v.

CH. GRAND-PONTET 2015 ★

■ Gd cru clas. | 55000 | | 30 à 50 €

89 **90** 93 94 **95** 96 97 98 ⓪⓪ 01 **02** |**03**| |04| |05| |06| |08| 09 **10** 11 |12| |13| 14 15

Ancienne propriété du négociant Barton et Guestier, dans la famille Bécot depuis 1980. Sylvie Pourquet-Bécot conduit depuis 2000 ce cru classé de 14 ha, voisin de celui dirigé par ses frères Dominique et Gérard, Beau-Séjour Bécot. Les terroirs sont proches, argilo-calcaires.

De ce plateau calcaire qui porte de la vigne depuis la nuit des temps, Sylvie Pourquet-Bécot a tiré un 2015 d'une grande élégance. Sa robe bordeaux se teinte de reflets grenat. Son bouquet offre une alliance harmonieuse de fruits confits et de chêne toasté, rehaussés de nuances d'épices douces. Onctueuse en attaque, la bouche monte en puissance et dévoile progressivement une charpente de beaux tanins boisés et bien enrobés, qui donnent de l'allonge à la finale. Tout est en place pour une heureuse évolution. ⧗ 2020-2030

CH. GRAND-PONTET, 33330 Saint-Émilion, tél. 05 57 74 46 88, contact@chateaugrandpontet.com V r.-v. *Pourquet*

CH. GRANGEY 2015

■ | 6400 | | 30 à 50 €

Dans la famille depuis 1953, ce cru, situé au nord-est de Saint-Émilion, a confié durant un demi-siècle sa production à la coopérative. Arrivé à la tête de l'exploitation en 2009, Franck Mio est sorti de la coopérative et, après de nombreuses rénovations, a vinifié son premier millésime au domaine en 2013. Le vignoble (5,4 ha) est implanté sur des sols argilo-calcaires à flanc de coteau.

Un 2015 à la robe intense, et au nez sur les fruits noirs très mûrs et les épices, discrètement boisé. On retrouve le fruit dans une bouche puissante, chaleureuse et gourmande, rehaussée de nuances d'élevage aux nuances de vanille et de caramel. Marqué par les tanins de la barrique, ce millésime n'en est pas moins charnu et suave, ce qui permettra de l'apprécier prochainement. ⧗ 2019-2024

FRANCK MIO, Ch. Grangey, lieu-dit Grangey, 33330 Saint-Christophe-des-Bardes, tél. 05 57 84 24 29, contact@chateau-grangey.com V r.-v.

Ⓑ CH. LA GRAVE FIGEAC 2015 ★

■ | 30000 | | 20 à 30 €

Issus d'une vieille famille libournaise, Caroline et Laurent Clauzel exploitent en agriculture biologique (certification en 2012) ce joli cru de 6,5 ha implanté sur des sables graveleux entre Cheval Blanc et Figeac, non loin de Pomerol.

Deux tiers de merlot et un tiers de cabernet franc composent ce 2015 qui joue sur le registre de la finesse et de l'élégance. Intense et profond dans le verre, le vin s'ouvre à l'aération sur des notes fraîches de cassis et de chêne toasté. La griotte et le noyau s'épanouissent au palais, assortis de touche de noisette grillée, en harmonie avec des tanins serrés au grain fin. Déjà flatteur, ce millésime gagnera à vieillir un peu. ⧗ 2019-2028

LAURENT CLAUZEL, 1, Cheval-Blanc-Ouest, 33330 Saint-Émilion, tél. 05 57 74 11 74, contact@chateau-lagravefigeac.com V *t.l.j. 9h30-17h; r.-v. pour les groupes*

CH. LES GRAVIÈRES 2015 ★

■ | 22500 | | 15 à 20 €

Denis Barraud, œnologue, s'est installé en 1971 à la tête du vignoble familial, constitué à la fin du XIXᵉs. Un bel ensemble de 36 ha répartis sur les deux rives de la Dordogne et sur plusieurs crus – 7 ha en saint-émilion et saint-émilion grand cru (Les Gravières, Lynsolence) et 29 ha en AOC régionales (La Cour d'Argent) – et des vins qui retiennent régulièrement l'attention des dégustateurs.

Comme son nom l'indique, cette cuvée, fidèle au rendez-vous du Guide, naît de graves, plantées exclusivement de merlot. À la robe sombre fait écho un nez puissant, mûr et délicat, qui met en avant le pruneau, sur fond boisé. Le prélude à un palais chaleureux, dévoilant une forte extraction. Les tanins du merrain, très appuyés, suggèrent une courte garde. ⧗ 2020-2026 ■ **Lynsolence 2015 ★ (20 à 30 €; 9600 b.)** : ce pur merlot élevé dans le bois neuf est en général très concentré. Le 2015, aux arômes de fruits noirs et d'épices, se signale par son élégance, sa finesse, sa fraîcheur et sa minéralité. Les tanins boisés sont vifs et respectent le raisin et le terroir. ⧗ 2019-2028

SCEA DES VIGNOBLES DENIS BARRAUD, 355, port de Branne, 33330 Saint-Sulpice-de-Faleyrens, tél. 05 57 84 54 73, denis.barraud@wanadoo.fr r.-v.

CH. GUADET 2015

■ Gd cru clas.	16400		75 à 100 €

Ce cru tient son nom de Marguerite Élie Guadet, avocat et député girondin pendant la Révolution française. Cet ami de Voltaire se serait réfugié dans les galeries souterraines qui courent sous le domaine. Mais il n'échappa pas à la Terreur et fut guillotiné à Bordeaux en 1794. Depuis 1844, la famille de Guy-Petrus Lignac est aux commandes de ce petit vignoble de 5,5 ha (en bio certifié depuis 2012), connu jusqu'en 2005 sous le nom de Guadet Saint-Julien.

Le beau millésime 2015 permet à ce grand cru classé d'exprimer toute sa finesse et sa complexité. Intense à l'œil, il présente un premier nez très merlot, sur les fruits rouges et noirs bien mûrs, rehaussé de notes florales et d'un boisé aux nuances d'épices douces et de cèdre. La bouche délicate mise sur la séduction, montrant de jolies rondeurs fruitées à l'unisson du bouquet. Les tanins, déjà soyeux, commencent à s'affiner et permettront une consommation prochaine. ⧗ 2020-2028

GUY-PETRUS LIGNAC, 4, rue Guadet, 33330 Saint-Émilion, tél. 05 57 74 40 04, chateauguadet@orange.fr r.-v.

CH. GUEYROT 2015 ★

■	9500		15 à 20 €

Établie à Saint-Émilion, la famille La Tour du Fayet exploite plusieurs crus en Libournais, autour de la cité médiévale et en Fronsadais: Ch. Canset de la Tour et son second vin Ch. Tour Lescours (12 ha en saint-émilion grand cru et saint-émilion), Ch. Gueyrot (8 ha en saint-émilion grand cru), Dom. du Fayet (3 ha en AOC régionales), Clos Lagüe et Ch. Beau Site de la Tour (respectivement 2 ha et 10ha en fronsac).

Située sur le versant sud-est de Saint-Émilion et reconstituée par le grand-père des actuels exploitants, cette propriété d'un seul tenant (8 ha) a pour voisins Pavie et La Gaffelière. Son 2015 séduit par l'intensité de sa robe et par son bouquet naissant, sur le fruit rouge (framboise) souligné d'un subtil boisé vanillé. La bouche offre, elle aussi, un fruité flatteur, aux nuances de cerise et de noyau. Le boisé, fort bien intégré, marque agréablement la finale d'un trait épicé. ⧗ 2019-2024

SCEV HÉRITIERS DE LA TOUR DU FAYET, 1, Gueyrot, 33330 Saint-Émilion, tél. 05 57 24 72 08, ets.delatourdufayet@orange.fr *t.l.j. sf dim. 9h-12h 14h-17h30*

CH. GUILLEMIN LA GAFFELIÈRE 2015 ★

■	90000		15 à 20 €

Un vignoble de 21 ha, acquis par les Fompérier en 1956, à l'entrée sud de Saint-Émilion, au pied du coteau, dans le hameau de La Gaffelière. Deux étiquettes ici: le grand cru Guillemin La Gaffelière et son second le Clos Castelot.

Particularité du cru, l'encépagement est plus varié que dans beaucoup de domaines saint-émilionnais, avec 25 % de cabernet franc, 10 % de cabernet-sauvignon et quelques rangs de malbec aux côtés du merlot. Quant au vin, il affiche une robe profonde et jeune, aux reflets violets. Au nez, il apparaît dominé par un boisé aux nuances d'épices et de tabac, mais l'aération libère des senteurs de fruits noirs bien mûrs. Le fruit s'affirme en bouche, en harmonie avec une matière chaleureuse et ample, puis les tanins vanillés reprennent le dessus en finale. Une petite garde est de mise. ⧗ 2020-2028

VIGNOBLES FOMPÉRIER, La Gaffelière, 33330 Saint-Émilion, tél. 05 57 74 46 92, lecellierdesgourmets@wanadoo.fr *t.l.j. sf dim. 8h30-12h15 14h-17h45*

CH. HAUT LA GRÂCE DIEU 2015

■	12000		20 à 30 €

Vignerons depuis le XVIIIᵉs. et neuf générations, les Saby – depuis 1997 les frères Jean-Christophe et Jean-Philippe, tous deux œnologues comme leur père Jean-Bernard – possèdent plusieurs crus dans le Libournais et exploitent un ensemble de 70 ha.

Un pur merlot issu du plateau argilo-calcaire. Une couleur profonde et jeune, un nez riche, mêlant les petites baies bien mûres à un boisé teinté d'épices douces et de caramel, une imposante charpente tannique lui donnent le profil d'un vin de garde. ⧗ 2020-2030 ■ **Ch. Rozier 2015 (15 à 20 €; 72000 b.)** : vin cité.

VIGNOBLES JEAN-BERNARD SABY ET FILS, 7, lieu-dit Le Sable, 33330 Saint-Laurent-des-Combes, tél. 05 57 24 73 03, info@vignobles-saby.com r.-v.

CH. HAUT-LAVIGNÈRE 2015 ★★

■	71000		11 à 15 €

Émilie Vallier a pris en 2015 les rênes du domaine que son arrière-grand-père avait acheté en 1930: aujourd'hui, plus de 12 ha sur les sols sablo-limoneux de la plaine de Saint-Pey-d'Armens, au sud-est de l'appellation.

Ce domaine assez important signe une excellente cuvée issue presque exclusivement de merlot (95 %), qui a en outre le mérite de représenter l'ensemble du vignoble. Aussi intense à l'œil qu'au nez, ce 2015 se révèle charmeur à l'aération, tout en fruits très mûrs mariés à un boisé toasté et réglissé. La bouche prend bien le relais, déployant de belles rondeurs soutenues par une agréable fraîcheur. Les tanins sont imposants mais bien intégrés, et la finale séduit par son retour fruité. Une réelle harmonie. ⧗ 2019-2026

SCEA DU CH. LAVIGNÈRE, 1, lieu-dit Rivière, 33330 Saint-Pey-d'Armens, tél. 06 14 47 07 93, chateaulavignere@orange.fr r.-v.

CH. HAUT-PEZAT 2015

■	50000		11 à 15 €

Héritier de dix générations, Michel Dulon exploite aujourd'hui 140 ha de vignes, implantées

essentiellement sur la rive droite de la Garonne et dans l'Entre-deux-Mers, et réparties sur quatre crus: Ch. Grand Jean, propriété la plus ancienne et la plus vaste avec ses 100 ha, située à Soulignac; Ch. Julian, acquis en 1998 à Targon; Ch. du Vallier, à Langoiran (20 ha); Ch. Haut-Pezat, 8 ha en saint-émilion grand cru, acquis en 2013 à Vignonet.

Ce 2015 reflète bien son terroir sablo-graveleux qui donne aux vins de la finesse plutôt que de la puissance. Sa robe montre quelques reflets d'évolution. Son nez apparaît dominé par la torréfaction, le moka et le tabac légués par la barrique. Après une attaque souple et chaleureuse, la bouche prend de l'ampleur, grâce au renfort d'agréables tanins boisés qui devraient s'arrondir assez vite. Un style moderne. ⧗ 2019-2025

DULON, 133, Grand-Jean, 33760 Soulignac, tél. 05 56 23 69 16, info@vignobles-dulon.com V *t.l.j. sf sam. dim. 8h30-12h30 14h-17h*

CH. HAUT ROCHER 2015 ★

■ | 34740 | | 15 à 20 €

Propriété de la même famille depuis le XVIIIes., conduite depuis 2010 par Jérôme et Béatrice de Monteil: 7 ha en saint-émilion grand cru (Haut Rocher) et saint-émilion (Pavillon), 5 ha en castillon (Bréhat).

D'un seul tenant, ce vignoble est implanté sur les argilo-calcaires de Saint-Étienne-de-Lisse, à l'est de l'appellation, face au Ch. Faugères. L'encépagement, diversifié, laisse une bonne place aux deux cabernets (32 %) et comprend même 3 % de malbec. Le vin, paré d'une robe profonde, apparaît vineux, concentré et racé. Intense dès le premier nez, il associe les fruits très mûrs (fraise écrasée, sureau) à des notes de pain grillé. La bouche suit la même ligne, suave, confite et miellée, marquée par une touche de tabac blond, avant la montée en puissance de tanins boisés bien maîtrisés. ⧗ 2020-2028

SCEA HAUT ROCHER, 1, Haut Rocher, 33330 Saint-Étienne-de-Lisse, tél. 05 57 40 18 09, info@haut-rocher.com V *r.-v.*
Jérôme et Béatrice de Monteil

CH. HAUT-SARPE 2015

■ Gd cru clas. | 65000 | | 30 à 50 €

Négociants-éleveurs et producteurs d'origine corrézienne, les Janoueix sont propriétaires de nombreux crus dans le Libournais. L'histoire débute en 1898 quand Jean Janoueix fonde son commerce de vin, aidé de ses quatre fils. L'un d'eux, Joseph, acquiert son propre domaine (Haut Sarpe) en 1930 et créé sa propre maison de négoce en 1932. C'est aujourd'hui son fils Jean-François qui est aux commandes de ce vaste ensemble.

Haut-Sarpe est le navire amiral de la maison, la première acquisition de Joseph Janoueix: 21,5 ha de vignes sur le point culminant du coteau de Saint-Émilion. Il tient son rang de cru classé. Par son cadre, son château néoclassique et son parc, et surtout par son vin. Le 2015 affiche une robe sombre, encore jeune, et marie les fruits rouges bien mûrs à un merrain réglissé. Charpentée par des tanins enrobés, la bouche se distingue par son ampleur et par sa rondeur. De l'élégance. ⧗ 2020-2030 ■ **Ch. Haut-Badette 2015 (20 à 30 €; 2600 b.)** : vin cité. ■ **Ch. Castelot 2015 (20 à 30 €; 46000 b.)** : vin cité.

SE DU CH. HAUT-SARPE SA, 37, rue Pline-Parmentier, BP 192, 33506 Libourne Cedex, tél. 05 57 51 41 86, info@j-janoueix-bordeaux.com V *r.-v.* *Jean-François Janoueix*

CH. HAUT-SIMARD 2015 ★

■ | 45000 | | 20 à 30 €

Séparés mais indissociables: Simard et Haut-Simard sont nés de la scission en 1870 de la vaste propriété du comte de Simard par une ligne de chemin de fer; 40 ha pour le premier, 10 ha pour le second, acquis en 1954 par Claude Mazière et repris à son décès par son neveu Alain Vauthier (Ausone). La famille Vauthier exploite aussi le Ch. de Fonbel non loin de Simard.

L'assemblage du Haut-Simard comprend aux côté du merlot 40 % de cabernet franc qui lui apportent de la finesse en cette année de grande maturité. Son bouquet, déjà expressif sur les fruits rouges compotés, évoque les raisins mûrs à point, agrémentés de notes boisées léguées par un élevage bien maîtrisé de dix-huit mois en barrique. La bouche, à l'unisson, montre encore des tanins marqués mais laisse une impression d'élégance. ⧗ 2020-2028 ■ **Ch. Simard 2015 (15 à 20 €; 170000 b.)** : vin cité. ■ **Ch. de Fonbel 2015 (20 à 30 €; 100000 b.)** : vin cité.

VIGNOBLES VAUTHIER, 33330 Saint-Émilion, tél. 05 57 24 24 57, chateau.ausone@wanadoo.fr

CH. HAUT-VEYRAC 2015

■ | 25000 | | 20 à 30 €

Situé dans la partie orientale de l'appellation saint-émilion, ce domaine de 10 ha d'un seul tenant est la propriété depuis six générations des familles Claverie et Castaing. La dernière, représentée par Caroline, Guillaume et Olivier Claverie, a pris les commandes de la propriété en 2013. Elle a adopté une technique de vinification sans soufre ajouté.

Élevé douze mois en barrique, ce vin bien coloré apparaît très boisé, torréfié au premier nez, puis libère des senteurs chaleureuses de fruits rouges macérés dans l'eau-de-vie. Le palais, à l'unisson, apparaît généreux, un peu animal, étayé par des tanins boisés pour l'heure austères. Il devrait s'affiner assez vite. ⧗ 2019-2025

CLAVERIE, Ch. Haut-Veyrac, Saint-Étienne-de-Lisse, 33330 Saint-Émilion, tél. 05 57 40 02 26, contact@chateau-haut-veyrac.com V *t.l.j. 9h30-12h 13h-17h30*

♥ CH. LAGARDE BELLEVUE
Chevalier des Anges 2015 ★★

■ | 6500 | | 15 à 20 €

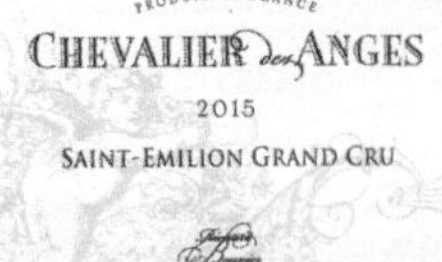

Richard Bouvier a acquis en 1994 ce cru de 16,5 ha, établi sur les sables de Saint-Sulpice-de-Faleyrens, au sud de l'appellation, qu'il a restructuré à la vigne comme au chai. Il y produit du bordeaux, du saint-émilion et du saint-émilion grand cru.

Nos jurés saluent la robe bordeaux très foncé de cette cuvée, la qualité de son fruité reflétant un raisin mûr à point, nuancé par des notes subtiles de gibier et d'élevage. Dans une belle continuité, la bouche reste très fruitée, généreuse avec élégance, charpentée par des tanins racés, sans aspérités, qui rendent ce vin déjà agréable, tout en lui permettant de bien évoluer. ⧗ 2019-2028 ■ **Folie des Anges 2015 ★ (20 à 30 €; 1300 b.)** : le cabernet franc fait jeu égal avec le merlot dans ce vin chaleureux, ample et puissant, au fort potentiel, encore dominé par l'élevage sous bois. Carafage conseillé. ⧗ 2020-2029

RICHARD BOUVIER, 36 A, rue de la Dordogne, 33330 Saint-Sulpice-de-Faleyrens, tél. 05 57 24 68 83, so-vi-fa@wanadoo.fr V r.-v.

CH. LANIOTE 2015 ★

■ Gd cru clas.	20000		30 à 50 €

89 93 94 95 96 98 99 00 01 02 03 |05| |06| |07| |08| |**09**| 12 13 15

Nous sommes ici chez l'une des familles les plus saint-émilionnaises qui soit. Elle exploite hors les murs un cru classé de 5 ha d'un seul tenant sur le haut du plateau argilo-calcaire de Saint-Émilion. Le domaine, fondé en 1821 par Pierre Lacoste, marchand de vin de Libourne, s'est transmis en ligne directe sur huit générations jusqu'à Arnaud de la Filolie, l'actuel propriétaire, et son épouse Florence Ribéreau-Gayon, œnologue. La famille possède aussi, intra muros, trois monuments de la cité: la grotte de l'ermitage de Saint-Émilion, la chapelle de la Trinité (XIIIe s.) et les catacombes.

Tout est saint-émilionnais dans ce cru: la famille, le terroir, l'encépagement (merlot à 80 %) et ce vin, bordeaux sombre, d'un grand classicisme. Son bouquet marie avec bonheur les fruits noirs bien mûrs et le merrain toasté et réglissé. Après une attaque souple et moelleuse, le palais monte en puissance, jouant sur la même gamme aromatique que le nez, soutenu par des tanins déjà bien enrobés. Une belle continuité entre l'olfaction et la bouche pour ce millésime classique et harmonieux, qui devrait bientôt donner une bouteille élégante. ⧗ 2020-2030

ARNAUD DE LA FILOLIE, 3, lieu-dit La Niotte, 33330 Saint-Émilion, tél. 05 57 24 70 80, contact@laniote.com V r.-v. 4

CH. LARMANDE 2015

■ Gd cru clas.	n.c.		30 à 50 €

Ce cru classé, l'une des plus anciennes popriétés de Saint-Émilion, où tenaient séance les jurats de la cité, au XVIe s., appartient depuis 1991 au groupe AG2R La Mondiale, également propriétaire du Ch. Soutard et est vinifié par les mêmes équipes, avec Véronique Corporandy aux commandes du chai. Le vignoble couvre 20 ha sur des sols argilo-calcaires et des sables anciens.

Le merlot compose avec 35 % de cabernet (cabernet franc pour l'essentiel) dans ce grand cru classé qui reste dix-huit mois en barrique. Comme Petit Faurie de Soutard, autre classé élaboré par la même équipe, il montre des qualités de délicatesse et porte la marque du millésime. Son bouquet s'ouvre sur le raisin surmûri, nuancé de notes de fleur fanée, de miel et d'un boisé épicé. Sa chair friande, à la fois souple et fraîche, et ses tanins affinés permettront une consommation prochaine. ⧗ 2019-2026 ■ **Ch. Grand Faurie La Rose 2015 (20 à 30 €; n.c.)** : vin cité.

CH. LARMANDE, lieu-dit Soutard, 33330 Saint-Émilion, tél. 05 57 24 71 41, contact@soutard.com V r.-v.

CH. LAROZE 2015 ★★

■ Gd cru clas.	120000		30 à 50 €

98 99 **00 01 02 06 07** |**09**| 10 11 13 15

Héritier d'une lignée au service du vin remontant à 1610, Georges Gurchy a fondé le domaine en 1882. Ses descendants, les Meslin, sont toujours aux commandes: Guy a succédé à son père Georges en 1990 à la tête de la propriété. Classé depuis 1955, le cru dispose d'un important vignoble couvrant 30 ha sur des sables argileux, à l'ouest de Saint-Émilion.

Les millésimes de grande maturité, comme 2015, conviennent bien à ce terroir et à l'encépagement du cru qui comporte près de 40 % de cabernets. Ces derniers contribuent à préserver la finesse et la fraîcheur de ce millésime issu de raisins très mûrs. Sa robe bordeaux est éclatante. À la fois puissant et fin, le bouquet s'ouvre sur les fruits rouges bien mûrs et sur un boisé aux nuances de pain grillé, puis se teinte de touches épicées - non seulement la vanille et les épices douces de l'élevage, mais aussi le poivre. Le palais opère une même montée en puissance, ample et droit, rafraîchi par d'élégants tanins qui assureront à cette bouteille une belle tenue dans le temps. ⧗ 2019-2024

SCE CH. LAROZE, BP 61, 33330 Saint-Émilion, tél. 05 57 24 79 79, info@laroze.com V r.-v.

LASSÈGUE 2015 ★★

■	90500		50 à 75 €

Une élégante chartreuse des XVIIe et XVIIIe s. commande un vignoble de 25 ha situé au flanc et au pied du coteau de Saint-Hippolyte, au sud-est de l'appellation. Deux étiquettes ici: Lassègue et Ch. Vignot. Aux commandes depuis 2003, les familles Jackson et Seillan, qui vinifient en France et en Californie.

Pas de mention «château» sur l'étiquette, alors que le cru en a tous les attributs: chapelle, terrasse sur la vallée de la Dordogne... Dans le verre, un vin haut de gamme. Très foncée, la robe annonce une forte concentration, qui se vérifie à toutes les étapes de la dégustation. Aussi puissant qu'élégant, complexe, le nez évoque les fruits noirs très mûrs sur fond boisé rappelant la garenne et la truffe. La bouche, à l'unisson, se montre chaleureuse, suave, savoureuse, ajoutant à la palette du bouquet des touches racées de noyau et de minéralité. Les tanins enrobés et la finale persistante contribuent à l'élégance de ce millésime qui s'appréciera aussi bien jeune que vieux. ⧗ 2019-2030

SAS CRICKET, Ch. Lassègue, 33330 Saint-Hippolyte, tél. 05 57 24 19 49, chateaulassegue@wanadoo.fr V r.-v.

CH. DES LAUDES 2015 ★

■	4400		30 à 50 €

Les Artigue sont vignerons de père en fils depuis quatre générations, à la tête du Ch. Guillaumette,

belle unité de 30 ha dans l'Entre-deux-Mers dédiée au bordeaux supérieur, et du Ch. des Laudes, petit vignoble saint-émilionnais de 3,7 ha implanté sur le terroir argilo-calcaire de Saint-Christophe-des-Bardes. Deux crus dirigés aujourd'hui par Bernard Artigue et son fils Antoine.

Ce grand cru provient d'une parcelle de 1 ha d'exposition est-ouest, s'inclinant en pente douce devant le cuvier, plantée de merlot. Autant de facteurs propices à l'obtention de raisins bien mûrs. Après une vinification en foudre et en barrique, et un élevage de dix-huit mois dans le bois neuf, le vin arbore une robe profonde. Un superbe bouquet apparaît dès le premier nez, tout en fruits confiturés, en épices douces, accompagnés d'un boisé vanillé très présent. Ces arômes s'épanouissent dans un palais onctueux, gourmand et concentré, équilibré par une pointe d'acidité et par des tanins puissants, qui lui donnent de l'allonge et du potentiel. ⧗ 2020-2026

⊶ ARTIGUE, Ch. La Guillaumette, 33370 Loupes, tél. 05 56 72 48 93, b-artigue@wanadoo.fr V 🚶 ▪ *r.-v.*

CH. MALAURANE 2015 ★

■	7000	◫ ▮	20 à 30 €

En 2012, Yves Broquin a vendu le Ch. Blanchet qu'il exploitait dans l'Entre-deux-Mers pour acheter l'année suivante 1,5 ha de vignes en saint-émilion, implantées sur les argilo-calcaires de Saint-Christophe-des-Bardes, à l'est de l'appellation.

Du cabernet franc et du merlot à parité pour ce 2015 à la robe éclatante et au nez riche, sur les fruits rouges confits et la cerise à l'eau-de-vie, soutenus par de subtiles notes d'élevage. Une attaque tendue ouvre sur un palais net, tout en finesse, dévoilant la saveur minérale et crayeuse de son terroir calcaire. D'une élégance aujourd'hui un peu austère, ce vin offre une finale persistante soulignée par des tanins boisés qui lui permettra de bien vieillir. ⧗ 2019-2026

⊶ SCEA VIGNOBLE BROQUIN, Ch. Malaurane, lieu-dit Gouillard, 33330 Saint-Christophe-des-Bardes, tél. 05 57 50 48 94, yvesbroquin@orange.fr V 🚶 ▪ *t.l.j. 9h-13h 15h-19h*

CH. MANGOT TODESCHINI 2015 ★★★

■	8000	◫	30 à 50 €

Les vignobles fondés en 1951 par Jean Petit regroupent 37 ha d'un seul tenant en saint-émilion grand cru, sur un terroir riche en calcaire à astéries (Mangot, cru ancien mentionné dès 1510), et 16 ha en AOC castillon (La Brande), conduits avec rigueur depuis 1989 par Jean-Guy et Anne-Marie Todeschini, rejoints en 2008 par leurs fils Karl et Yann. En conversion bio.

Après un 2014 élu coup de cœur, le 2015 de cette cuvée se place parmi les finalistes. Provenant de cinq parcelles du plateau calcaire, elle donne encore la vedette aux cabernets (70 %, donc 40 % de cabernet franc), ce qui en fait une curiosité à Saint-Émilion. Après une vinification intégrale en barrique et un séjour de dix-sept mois dans le chêne neuf, elle s'impose par sa puissance et sa concentration, tout en affichant un rare équilibre. La robe est profonde et éclatante. Le nez offre à profusion cassis et framboise très mûrs et boisé vanillé, avec une touche de beurre noisette. Après une attaque chaleureuse, le vin déroule une chair opulente, riche et confite, soutenue par les tanins élégants du merrain. Déjà harmonieux, ce millésime vieillira longtemps. ⧗ 2020-2030 ■ **Ch. Mangot 2015 (20 à 30 €; 65000 b.)** : vin cité.

⊶ FAMILLE TODESCHINI, Ch. Mangot, 33330 Saint-Étienne-de-Lisse, tél. 05 57 40 18 23, contact@chateaumangot.fr V 🚶 ▪ *t.l.j. 8h30-12h 13h30-18h*

CH. LA MARZELLE 2015 ★

■ Gd cru clas.	58413	◫	50 à 75 €

99 00 01 **02** 04 05 07 |08| 10 11 |13| 14 15

Classé dès 1955, ce domaine ancien – inscrit sur la carte de Belleyme de 1821 – est propriété des Sioen, industriels belges, depuis 1998. Entourant l'hôtel de luxe Grand Barrail, il couvre 17 ha sur la haute terrasse de Saint-Émilion. Un terroir d'argiles, de graves et de sables proche de celui de Figeac, qui engendre souvent des vins de longue garde. Le vignoble est conduit selon une démarche bio, sans certification.

Un profil de vin de garde pour ce 2015: une robe profonde et jeune; des arômes francs et complexes, à la fois mûrs et frais, expression d'un merlot mûr à point élevé dans de la bonne barrique (seize mois, avec 60 % de fût neuf). Dès l'attaque, le palais affiche une chair dense aux saveurs de fruits frais, ainsi qu'une solide charpente de tanins bien extraits, goûteux et prometteurs. ⧗ 2020-2030 ■ **Ch. Prieuré La Marzelle 2015 ★ (30 à 50 €; 13798 b.)** : un second vin de très bon niveau, un peu plus évolué que le grand vin. Nez sur les fruits rouges et le gibier, bouche ronde, marquée en finale par des tanins serrés. Carafage conseillé. ⧗ 2020-2025

⊶ SCEA CH. LA MARZELLE, 9, La Marzelle, 33330 Saint-Émilion, tél. 05 57 55 10 55, info@lamarzelle.com V 🚶 ▪ *r.-v. ⊶ Sioen*

CH. MAUVINON 2015 ★

■	40000	◫ ▮	15 à 20 €

Gabriel Lauzat fut viticulteur pionnier en Algérie au XIXes. En 1962, son petit-fils Claude Tribaudeau acquiert le Ch. Mauvinon, établi sur les sables graveleux de Saint-Sulpice-de-Faleyrens, au sud de l'appellation. Pendant vingt ans, il préside l'Union des Producteurs de Saint-Émilion. Ses enfants quittent la coopérative. Brigitte Tribaudeau, qui conduit les 6 ha de vignes familiales depuis 2009, engage en 2017 la conversion bio du domaine.

Un élevage mi-cuve mi-fût pour ce 2015 à la robe soutenue et au nez précis, panier de fruits rouges et de fruits des bois (cassis) bien mûrs, avec une touche de cuir. Après une attaque souple, le palais monte en puissance, restant sur cet agréable fruité, souligné en finale par des tanins fins et serrés. Un vin gourmand. ⧗ 2019-2025 ■ **Gabriel Lauzat 2015 ★ (30 à 50 €; 1900 b.)** : issue des meilleures parcelles, d'une vinification intégrale et d'un séjour de douze mois en barrique, une cuvée riche, concentrée et boisée. Ses tanins de qualité et sa fraîcheur lui permettront de bien vieillir. ⧗ 2020-2028

⊶ SCEA DU CH. MAUVINON, 217, Ch. Mauvinon, 33330 Saint-Sulpice-de-Faleyrens, tél. 06 10 84 03 97, chateaumauvinon@orange.fr V 🚶 ▪ *r.-v.*

CH. MAYNE FIGEAC 2015

■	4800		8 à 11 €

Établi sur sables et graves dans le secteur de Figeac, ce petit cru de moins de 2 ha est dans la famille Chambret depuis six générations.

Un 2015 déjà très ouvert sur les raisins bien mûrs, rehaussés d'une touche épicée typique du secteur de Figeac. Dans une belle continuité, les fruits rouges s'épanouissent dans un palais souple et rond en attaque, adossé à des tanins élégants qui contribuent à l'harmonie générale. Malgré une finale un peu plus stricte, cette bouteille sera bientôt prête. ⧗ 2019-2024

CHAMBRET, 101, rte de Saint-Émilion, 33500 Libourne, tél. 05 57 74 12 98, chateaumaynefigeac@sfr.fr V r.-v.

CH. MONBOUSQUET 2015 ★

■ Gd cru clas.	110000		30 à 50 €

95 96 **97** 98 99 **01** 02 03 04 |05| |07| |08| |**09**| |10| 11 12 13 15

Acquis en 1993 par Gérard Perse (Pavie, Pavie-Decesse, Bellevue-Mondotte), ce cru, l'un des rares de la plaine à être classé (depuis 2006), étend ses 33 ha de vignes sur de belles graves sablonneuses propices aux cabernets, présents à 40 % dans le vin (dont 30 % de cabernet franc).

L'encépagement de ce cru laisse 40 % aux cabernets. Son terroir favorise la finesse et l'élégance des vins. Légué par un élevage de dix-huit mois en barrique, le chêne toasté et ses nuances de pain grillé dominent encore au nez comme en bouche, mais le raisin et le vin sont bien là. Un fruit qui dévoile au nez des arômes de fruits noirs et qui déploie en bouche une chair généreuse, ample et goûteuse, encadrée par une charpente tannique solide et sans aspérités, un peu plus ferme en finale. Un vin complexe, puissant et long. ⧗ 2022-2030

SAS MONBOUSQUET EXPLOITATION, 42, av. de Saint-Émilion, 33330 Saint-Sulpice-de-Faleyrens, tél. 05 57 24 67 19, contact@chateaumonbousquet.com

CH. MONDORION 2015 ★★

■	22000		20 à 30 €

Ce cru d'une douzaine d'hectares doit son nom au lieu-dit Mondou où il est situé ainsi qu'à la constellation d'Orion et à ses quatre planètes centrales, qui rappellent les quatre amis ayant fait renaître la propriété en 2000: Giorgio Cavanna (propriétaire du Grand Enclos de Cérons), Bertrand Léon, Xavier Dauba et Vincent Bonneau. En 2013, Thibault Cruse a racheté le domaine; Bertrand Léon, l'œnologue, et Frédéric Maule, le maître de chai, restent en place.

Ce 2015 offre une remarquable expression de son millésime, du merlot (95 %) et de son terroir sablonneux sur graves et argiles. Sa robe est très sombre, presque noire. Encore dominé par les accents toastés et vanillés de la barrique, son bouquet laisse percer des parfums de fruits rouges bien mûrs, voire confits. Le palais ample et charnu déploie des arômes bien typés de pruneau et de noyau, relayés par les fins tanins du merrain. Déjà charmeuse, cette bouteille vieillira bien. ⧗ 2020-2028

THIBAULT CRUSE, lieu-dit Mondou, 33330 Saint-Sulpice-de-Faleyrens, tél. 05 57 24 76 11, mondorion@aol.com V r.-v.

CH. MONLOT 2015 ★★

■	10000		+ de 100 €

Connu au XVIIᵉs. sous le nom de «Maison noble de Capet», ce cru couvre 8,5 ha de vignes sur les coteaux de Saint-Hippolyte, à l'est de l'appellation. Il appartient depuis 2011 à l'actrice chinoise Zhao Wei, qui s'est adjoint les conseils avisés de Jean-Claude Berrouet et Philippe Bourguignon. Un nouveau chai a été inauguré pour le millésime 2016.

Une entrée fracassante dans le microcosme saint-émilionnais pour l'actrice Zhao Wei qui a inauguré son chai lors d'une soirée fastueuse parrainée par Sting. Ce 2015, qui n'a pas profité de ces aménagements, n'en reçoit pas moins un excellent accueil. On notera la forte présence (40 %) du cabernet franc aux côtés du merlot, qui contribue à la finesse du vin. Le fin boisé du bouquet est relayé à l'aération par des notes de fruits noirs très mûrs et d'épices douces. D'une belle présence, le palais prolonge cet heureux mariage du fruit et du merrain et conjugue puissance et élégance. Déjà harmonieux, ce millésime saura vieillir. ⧗ 2020-2030 ■ **Héritage de Monlot 2015 (50 à 75 €; 7000 b.)** : vin cité.

SAS CH. MONLOT, lieu-dit Le Conte, 33330 Saint-Hippolyte, tél. 05 57 74 49 47, contact@chateaumonlot.com V r.-v. *Zhao Wei*

Ⓑ CH. MOULIN DE LAGNET 2015 ★★

■	12000		15 à 20 €

Reprenant la propriété familiale en 1984, Anne-Lise Goujon et Pierre Chatenet font passer sa surface de 3 à 15 ha et engagent la conversion bio (2001). Leur fils Olivier arrive en 2008 sur l'exploitation et adopte la biodynamie. Le vignoble s'étend sur les sols argilo-sableux de Saint-Christophe-des-Bardes, au nord-est de la juridiction de Saint-Émilion.

Pour élaborer ce grand cru, la famille Lagnet a sélectionné une parcelle de vieux merlot. Le 2015 est remarquable par la fraîcheur de son fruit. La robe est vive et jeune. Des senteurs toniques de fruits rouges, de gelée de groseille s'expriment au premier nez, soulignées par un subtil boisé. La bouche, à l'unisson, séduit par ses arômes de petits fruits acidulés et par son remarquable équilibre entre vinosité et tonicité. Les tanins de la barrique n'écrasent pas le fruit qui persiste longuement. Agréable dans sa jeunesse, ce vin vieillira bien grâce à son acidité. ⧗ 2019-2025

CHATENET-GOUJON, 1, lieu-dit Larguet, 33330 Saint-Christophe-des-Bardes, tél. 05 57 74 40 06, contact@moulindelagnet.fr V r.-v.

MOULIN-GALHAUD 2015 ★★

■	10000		30 à 50 €

Une famille de vieille souche saint-émilionnaise connue notamment grâce à Léon Galhaud, un aïeul pépiniériste, qui aménagea le manoir et les caves au cœur de la cité médiévale. Martine Galhaud conduit depuis 1996 le vignoble (7 ha) établi sur les graves et les sables de Vignonet, au sud de l'appellation.

Une fois de plus, Martine Galhaud signe un vin convaincant. Issu à 95 % de merlot, il achève sa fermentation en barrique où il reste dix-huit mois. Il en ressort paré d'une robe dense et éclatante à laquelle répond un nez bien ouvert sur les fruits noirs et le bois chauffé, rehaussés d'une touche florale. Exprimant le bon merlot par sa rondeur et par ses notes de fruits confits, avec une nuance de noyau typique des graves, la bouche s'appuie sur des tanins fins qui lui donnent de la mâche. Un délicat boisé chocolaté lui donne un caractère à la fois puissant et harmonieux. ⌛ 2020-2026

MARTINE GALHAUD, Le Manoir, 33330 Saint-Émilion, tél. 06 63 77 39 75, mgalhaud@galhaud.com V *t.l.j. 10h-18h*

CH. PAILHAS 2015 ★

■	40 000		15 à 20 €

Vignoble familial né en 1956 de l'union des Robin, négociants et tonneliers à Castillon depuis le XVIIIe s., et des Lafugie, vignerons à Saint-Émilion. Les vignes (26 ha) sont situées dans les deux aires d'appellation: les Châteaux Pailhas et Billeron Bouquey côté Saint-Émilion, le Ch. Tour Grand Mayne côté Castillon. Dernière acquisition de la famille, en 2014: le Ch. la Devise en appellation puisseguin. Inès, fille de Michel Robin, et son époux Dominique Fugier, qui officie au chai, sont aux commandes.

Après un élevage de dix-huit mois en barrique bien maîtrisé, ce 2015 présente un nez séduisant, mariage harmonieux de fruits rouges et de notes d'élevage mesurées. On retrouve les arômes fruités dans une bouche bien équilibrée, à la fois souple et corsée, étayée par une trame tannique bien enrobée. Un vin bien construit. ⌛ 2019-2026

SCEA ROBIN-LAFUGIE, Pailhas, 33330 Saint-Hippolyte, tél. 06 47 03 11 21, robin.lafugie@orange.fr V *r.-v.*

CH. PALATIN 2015

■	6 000		20 à 30 €

Le Ch. Palatin est petit domaine de 95 ares en saint-émilion planté du seul merlot sur les argilo-calcaires de Saint-Hippolyte, créé en 1990 par la famille Palatin, également à la tête d'une vingtaine d'hectares en castillon-côtes-de-bordeaux avec le Ch. Roquevieille. Le domaine est aujourd'hui géré par Nathalie et Thomas Guibert, fille et gendre de Jean-Pierre Palatin.

Cette cuvée bénéficie des soins les plus attentionnés, vendangée à la main et élevée quatorze mois en barrique. Elle présente également les qualités du merlot bien mûr (100 %) et les caractères de son terroir argilo-calcaire. Sa robe intense annonce un vin très concentré. Le nez apparaît gorgé de fruits bien mûrs, accompagnés de notes discrètes de chêne et de tabac. Souple en attaque, la bouche monte en puissance grâce au renfort de tanins aux grains serrés. Du potentiel. ⌛ 2019-2028

SCEA PALATIN, 3, av. Vignot, 33330 Saint-Hippolyte, tél. 05 57 40 67 27, contact@chateauroquevieille.fr V *r.-v.*

CH. DU PARC 2015 ★

■	24 000		30 à 50 €

En 2016, Thomas Sullivan, homme d'affaires américain, achète quatre domaines bordelais: le Ch. Gaby (16 ha dans le Fronsadais), le Ch. Moya (8 ha en castillon), le Ch. du Parc (5 ha en saint-émilion) et le Ch. Auguste en Entre-deux-Mers. En tout, 60 ha. Les deux premiers crus étaient déjà en bio, les autres sont en conversion. Le directeur technique est Damien Landouar, déjà aux côtés des précédents propriétaires de Gaby.

Alain Raynaud, consultant, avait acquis en 2011 ce cru saint-émilionnais qu'il a revendu cinq ans plus tard à Thomas Sullivan. Un vignoble de 5 ha situé à Saint-Sulpice-de-Faleyrens, au sud de l'appellation. Proche de la Dordogne, il est implanté sur des sols plutôt graveleux. Son vin est très concentré: robe dense; nez encore discret, s'ouvrant sur une palette complexe (fruits rouges, boisé, et aussi fleur fanée, thé, safran et truffe); bouche puissante, d'abord sur la cerise, la prune et la mûre, marquée en finale par des tanins boisés. ⌛ 2019-2029

SCEV CH. DU PARC, 4, av. du Gal-de-Gaulle, 33330 Saint-Sulpice-de-Faleyrens, tél. 06 22 10 39 63, scevchateauduparc@orange.fr *r.-v.*

CH. PAS DE L'ÂNE 2015 ★

■	12 000		30 à 50 €

Créé en 1999 sur 1 ha de vigne, ce cru au vignoble dispersé atteint aujourd'hui une dizaine d'hectares, propriété de Renaud Pereira qui en a confié la direction à Nicolas Baptiste. Merlot et cabernet franc sont pratiquement à parité dans le vignoble, ce qui est une particularité de ce secteur de Saint-Émilion.

Les cabernets lèguent souvent finesse et élégance aux vins – et aussi, parfois, un caractère austère, ce qui n'est pas le cas dans cette année de grande maturité. Aromatique et fin, le bouquet de ce 2015 évoque la vendange mûre, soulignée d'un boisé discret. Suave et gourmande, la bouche reste fraîche grâce à une délicate acidité apportée par le cabernet franc. Des tanins racés, déjà fondus, assurent la bonne tenue de l'ensemble. ⌛ 2020-2028

SARL PAS DE L'ÂNE, lieu-dit Le Cros, 33330 Saint-Émilion, tél. 09 62 18 10 87, chateaupasdelane@orange.fr V *t.l.j. 10h-19h*
Renaud Pereira

♥ CH. PAVIE 2015 ★★★

■ 1er gd cru clas. A	81 000		+ de 100 €

85 86 88 (90) **91 92** 93 94 95 **96** |98| |99| **|00|** **|01|** |02| **|04|** **|06|** |07| **08** (09) (10) **11** (12) 13 **14** (15)

Véritablement constitué au XIXe s., Pavie étend son vaste vignoble de 37 ha sur la côte éponyme, l'un des berceaux de la viticulture locale au IVe s. Son terroir unique en trois parties – le plateau calcaire, sa côte d'argiles denses et profondes, son pied de côte sablo-argileux légèrement graveleux – justifie son intégration en 2012 au gotha des 1ers grands crus classés A. Une élévation due aussi aux investissements considérables de son propriétaire depuis 1998, Gérard Perse, homme d'affaires ayant fait fortune dans la grande distribution.

Inauguré en 2013, un nouveau chai, «château du vin», signé Alberto Pinto, décorateur de palais et de palaces, consacre la montée au firmament du cru et permet des vinifications encore plus précises.

Pavie a retrouvé tout son lustre d'antan, tant pour son cadre que pour la qualité exceptionnelle de ses vins. Ce coup de cœur vient s'ajouter à un palmarès bien fourni qui témoigne de son ascension. Il distingue une harmonie parfaite et une grande personnalité. Terroir, exposition plein sud, encépagement équilibré (60 % de merlot, 22 % de cabernet franc, 18 % de cabernet-sauvignon – une proportion de cabernets supérieure à la moyenne pour ce millésime), raisins mûrs à point, élevage raffiné de vingt-quatre mois en barrique, tout se retrouve dans le verre et captive nos dégustateurs. La robe est profonde, presque noire. Intense, raffiné et complexe, le nez exprime le raisin bien mûr et une barrique de grande qualité. Chaleureuse, charnue, élégante, fraîche et longue, la bouche offre dans ce millésime 2015 une qualité supplémentaire: ses tanins très mûrs permettront d'apprécier cette bouteille aussi bien jeune que patinée par un séjour de plusieurs décennies à l'ombre d'une cave. ⧗ 2024-2040

o-- SCA CH. PAVIE, 33330 Saint-Émilion, tél. 05 57 55 43 43, contact@vignoblesperse.com V 🚶 🍷 *r.-v.* ⑤
o-- Gérard Perse

CH. PAVIE DECESSE 2015 ★★

■ Gd cru clas.	6000	(ı)	+ de 100 €

85 86 88 (89) **90 91** 92 **93** 94 95 96 **97** 98 99 |**00**| |**01**| |**02**| 04 06 07 **08 09 10** 11 **12** 13 **14 15**

Acquis par Gérard Perse en 1997, ce cru de 3,65 ha a été détaché de Pavie en 1885 par son propriétaire de l'époque, Ferdinand Bouffard. Il a depuis longtemps acquis une personnalité propre, née d'un terroir spécifique, intégralement situé sur le haut de la côte Pavie mêlé d'argiles, et d'un encépagement largement dominé par le merlot (90 %, pour 10 % de cabernet franc).

La forte proportion de merlot confère à ce cru classé un caractère typiquement saint-émilionnais. Un vin très coloré, à la robe presque noire, très marqué par son élevage de vingt-quatre mois dans le bois neuf, mais laissant s'épanouir de belles notes de fruits noirs à l'aération. La cerise et le noyau, le pruneau viennent compléter sa palette dans une bouche opulente et généreuse, encadrée par des tanins serrés qui assureront une longue garde. ⧗ 2023-2035

o-- SCA CH. PAVIE (CH. PAVIE DECESSE), 33330 Saint-Émilion, tél. 05 57 55 43 43, contact@vignoblesperse.com o-- Gérard Perse

CH. PETIT FAURIE DE SOUTARD 2015

■ Gd cru clas.	n.c.	(ı)	30 à 50 €

Situé sur les hauteurs de Saint-Émilion, près du lieu-dit Faurie qui fut le théâtre d'une célèbre bataille de la guerre de Cent Ans, ce cru classé de 8 ha avait été détaché du domaine de Soutard en 1851. La famille Capdemourlin, qui en était propriétaire, l'a vendu en 2017 à AG2R La Mondiale, qui détient le Ch. Soutard.

Des reflets grenat d'évolution, un bouquet délicatement floral et mentholé, un palais rond, chaleureux et tendre aux tanins déjà bien fondus, auquel la barrique lègue des arômes de pâtisserie aux amandes et à la vanille: le profil d'un vin gourmand et délicat, agréable dans sa jeunesse. ⧗ 2019-2026

o-- SCEA DU CH. SOUTARD, Ch. Petit Faurie de Soutard, 33330 Saint-Émilion, tél. 05 57 24 71 41, contact@soutard.com

(B) CH. PETIT GRAVET AÎNÉ 2015

■	12000	(ı)	30 à 50 €

L'un des trois crus saint-émilionnais (Gaillard, Clos Saint Julien) de Catherine Papon-Nouvel, également propriétaire sur Castillon (Ch. Peyrou). Elle conduit depuis 2000, à la suite de son père, ce petit domaine de 2,50 ha (en bio certifié) établi en pied de côtes, sur un terroir de sables profond, atypique par sa forte proportion (80 %) de cabernet franc.

Un vin ample et rond, déjà bien ouvert, voire évolué, aux arômes évoquant un raisin très mûr. À servir plutôt jeune. ⧗ 2019-2023

o-- SCEA VIGNOBLES J.-J. NOUVEL (CH. PETIT GRAVET AÎNÉ), BP 84, 33330 Saint-Émilion, tél. 05 57 24 72 44, chateau.gaillard@wanadoo.fr V 🚶 🍷 *r.-v.*

CH. PIGANEAU 2015

■	12000	(ı) 🛢	15 à 20 €

D'origine corrézienne, la famille Brunot s'intéresse à la vigne depuis la fin du XIXᵉs. Elle exploite plusieurs crus dans le Libournais et l'Entre-deux-Mers: Piganeau en saint-émilion grand cru, Le Gravillot en lalande, Tour de Grenet en lussac et Maledan en bordeaux supérieur. Vincent Brunot, ingénieur agricole et œnologue, a succédé en 1998 à son père Jean-Baptiste à la tête des vignobles familiaux.

Un pur merlot issu d'un terroir sablo-graveleux proche de la Dordogne. Le 2015 apparaît déjà gourmand. Son bouquet naissant déploie une large palette: bois chaud, raisins mûrs, notes florales et épices douces. Après une attaque suave et généreuse, la bouche revient sur le fruit, accompagné par des tanins boisés cacaotés dont la texture soyeuse permettra de déboucher cette bouteille assez vite. ⧗ 2019-2025

o-- SCEA J.-B. BRUNOT ET FILS, 1, Jean-Melin, 33330 Saint-Émilion, tél. 05 57 55 09 99, vignobles.brunot@wanadoo.fr V 🚶 🍷 *r.-v.*

CH. PINDEFLEURS 2015

■	60000	(ı) 🛢	20 à 30 €

Un vignoble de 17 ha entourant un petit manoir et des chais restaurés en 2010, au bord de la route Libourne-Bergerac. Issue d'une très ancienne famille de vignerons, Dominique Lauret-Mestreguilhem en est propriétaire depuis 2006, avec sa fille Audrey aux commandes de la production et son fils Pierre à la commercialisation.

Une belle approche pour ce vin très gourmand: robe éclatante, nez intense et charmeur, sur le cassis et la framboise, teintés à l'aération d'un boisé réglissé. La bouche, à l'unisson, se montre friande en attaque, à la fois souple et fraîche, soutenue par des tanins fins; la finale est marquée par un retour du fruit, teinté des notes toastées et briochées de la barrique. Un style moderne. ⧗ 2019-2025

AUDREY ET PIERRE LAURET, 1, Pin-de-Fleur, 33330 Saint-Émilion, tél. 05 57 24 78 41, chateau@pindefleurs.fr t.l.j. sf sam. dim. 9h-12h 14h-17h

CH. PIPEAU 2015 ★

■	140000		20 à 30 €

Valeur sûre de l'appellation, ce domaine établi au pied des combes de Saint-Laurent est entré dans la famille Mestreguilhem en 1929. Les 7 ha de l'époque sont devenus 26 aujourd'hui. La propriété est conduite depuis 1983 par Richard Mestreguilhem, rejoint en 2014 par son fils Jean, ingénieur agronome, désormais à la direction technique.

L'une des plus importantes cuvées de la sélection. En effet, dans ce domaine, tous les efforts sont portés sur un seul vin. Ce 2015 offre toutes les qualités attendues de l'appellation: une robe profonde, un bouquet riche, entre fruits des bois bien mûrs (cassis, cerise), réglisse et moka, une bouche chaleureuse en attaque, puissante, séveuse et longue, sur le noyau et la minéralité typés du cru, marquée en finale par des tanins boisés aux saveurs de café et de cacao qui assureront la garde. ⌛ 2019-2028

EARL MESTREGUILHEM, 12, Barbeyron, 33330 Saint-Laurent-des-Combes, tél. 05 57 24 72 95, chateau.pipeau@wanadoo.fr *t.l.j. sf dim. 8h-12h 14h-18h; sam. sur r.-v.*

CH. DE PRESSAC 2015 ★★

■ Gd cru clas.	99700		30 à 50 €

97 98 **01** 02 04 05 06 07 08 |10| |11| |**12**| |**13**| **14 15**

Un cru classé (depuis 2012), vaste (36 ha) et historique à double titre: il fut le cadre en 1453 de la reddition des Anglais après la bataille de Castillon et, au XVIIIe s., le seigneur du lieu introduisit le cépage appelé auxerrois, puis noir de Pressac et finalement malbec. Il a été acquis en 1997 et entièrement rénové par Jean-François Quenin, ancien cadre du groupe Darty et actuel président du Conseil des vins de Saint-Émilion.

Un grand vin qui justifie son classement et aussi une bouteille original et complexe. On notera l'encépagement varié du cru, qui comporte, aux côtés du merlot dominant (71 %) et du cabernet franc (16 %), du cabernet-sauvignon, du malbec (le fameux «noir de Pressac») et de la carmenère (2 %): toute la gamme des cépages rouges du Bordelais. Voilà qui élargit la palette aromatique en apportant un supplément de finesse et de minéralité. L'élevage de dix-huit mois en barrique lègue ses notes boisées, le soleil de 2015 son fruit noir un rien compoté. Tous nos dégustateurs ont été impressionnés par la présence de ce vin et par son potentiel. ⌛ 2020-2035 ■ **Ch. Tour de Pressac 2015 ★ (20 à 30 €; 87000 b.)** : issu d'une même gamme variée de cépages que le grand vin, le second vin du cru est plus évolué, encore boisé, un peu giboyeux. Friand au palais, équilibré, il s'appuie sur des tanins plutôt stricts qui devraient s'affiner assez vite. ⌛ 2019-2025

GFA CH. DE PRESSAC, 1, ch. de Pressac, 33330 Saint-Étienne-de-Lisse, tél. 05 57 40 18 02, contact@chateaudepressac.com *r.-v.* *Jean-François et Dominique Quenin*

PUY-RAZAC 2015 ★

■	19000		11 à 15 €

Depuis 1940, la famille Thoilliez exploite un vignoble de 6 ha dans lequel le cabernet franc domine (55 %), ce qui n'est pas très fréquent à Saint-Émilion. Catherine Leymarie-Thoilliez a pris la relève et gère le domaine depuis 1997.

L'assemblage, original, donne une courte majorité au cabernet franc (55 %), le merlot passant au second plan. Le vin mise sur sa finesse, sa fraîcheur et sur son élégance pour convaincre. Sa robe soutenue est encore vive et jeune. Sa palette aromatique privilégie le fruit – le cassis et la mûre, nuancés de touches florales et d'une pointe de thé. Le boisé, discret, évoque le pain d'épice. Dans le même registre, la bouche puissante est encadrée par d'élégants tanins finement boisés qui devraient permettre une consommation prochaine. ⌛ 2019-2024

THOILLIEZ, Ch. Puy-Razac, 33330 Saint-Émilion, tél. 06 08 30 86 13, catherine@puy-razac.com *r.-v.*

CH. QUINAULT L'ENCLOS 2015 ★

■ Gd cru clas.	n.c.		30 à 50 €

Cet important domaine (20 ha) peut à juste titre mentionner L'Enclos sur son étiquette: son vignoble clos de murs est enserré dans l'agglomération libournaise. En 2008, il a changé de mains: le Dr Alain Raynaud l'a cédé au baron Frère et à Bernard Arnault (LVMH). Il est conduit par les équipes de Pierre Lurton, qui suivent aussi le Ch. Cheval Blanc et ont engagé sa conversion à l'agriculture biologique en 2009. Les soins portés au cru se sont traduits par sa promotion lors du dernier classement des saint-émilion, en 2012.

Aux côtés du merlot, 20 % de cabernet-sauvignon et 10 % de cabernet franc. Au nez, le poivre, les fruits noirs mûrs, une touche fumée et une note de cuir composent un ensemble harmonieux. Une attaque souple et ronde ouvre sur une bouche délicate et soyeuse, étayée par des tanins fins et prolongée par une belle finale pleine de fraîcheur. ⌛ 2021-2026

SC CH. CHEVAL BLANC (CH. QUINAULT L'ENCLOS), 30, rue Videlot, 33500 Libourne, tél. 05 57 55 55 55, chaiquinault@orange.fr

CH. QUINTUS 2015

■	39936		+ de 100 €

Quintus - référence à la coutume gallo-romaine consistant à prénommer ainsi leur cinquième enfant - est le dernier-né des vignobles Clarence Dillon (Haut-Brion). Un bel ensemble de 28 ha associant un domaine acquis en 2011 à l'extrémité sud-ouest du plateau de Saint-Émilion et son voisin Ch. l'Arrosée, racheté en 2013.

Le vaste vignoble de Quintus a produit deux cuvées qui pourront se boire assez jeunes. Quintus, à la robe intense, délivre un bouquet déjà expressif mêlant harmonieusement les fruits rouges mûrs, les fleurs, la réglisse et les épices douces. Chaleureux en attaque, il déroule une chair souple et soyeuse sur les mêmes arômes que le nez, soutenue par des tanins vanillés fins, élégants et croquants. ⌛ 2019-2026 ■ **Le Dragon de Quintus 2015 (30 à 50 €; 53496 b.)** : vin cité.

SAS QUINTUS, 1, Larosé, 33330 Saint-Émilion, tél. 05 57 24 69 44, info@chateau-quintus.com r.-v.

AUDACE PAR BERTRAND RAVACHE
Léo by Léo 2015

■	40000	11 à 15 €

La maison de négoce fondée en 1995 par Léo de Malet-Roquefort et son fils Alexandre, héritiers d'une lignée saint-émilionnaise et propriétaires du Ch. la Gaffelière (1er grand cru classé B) a été cédée graduellement à Bertrand Ravache. Le négociant a acquis la totalité des parts de la société en 2015 et lui a donné son nom.

Un vin classique au bon sens du terme: robe jeune et vive, aux reflets violets, nez s'ouvrant à l'aération sur des notes de fruits mûrs, bouche ample et équilibrée, exprimant le bon raisin avec une note de cerise, structurée par des tanins serrés qui lui assurent une bonne évolution. ⧗ 2019-2025

MAISON BERTRAND RAVACHE, Le Rivalon, BP 12, 33330 Saint-Émilion, tél. 05 57 56 40 80, contact@bertrand-ravache.com

CH. LA RENOMMÉE Rabyon 2015 ★

■	5000		20 à 30 €

En 2014, cette propriété de 12 ha en saint-émilion a changé de mains et a été agrandie. Elle est maintenant constituée en groupement foncier viticole et accueille de multiples associés amoureux du vin. La gérance est assurée par Jean-Noël Doublet, issu d'une famille de vignerons bien connue dans l'Entre-deux-Mers.

Déjà retenue l'an dernier, cette cuvée affiche dans ce millésime une robe soutenue qui annonce un vin puissant. Le premier nez, sur des notes d'élevage épicées, laisse à l'arrière-plan les arômes de fruits noirs, qui gagnent en intensité à l'aération. Ce fruité s'affirme dans une bouche savoureuse et bien structurée, marquée en finale par des tanins boisés qui se portent garants d'une bonne garde. ⧗ 2020-2028 ■ **Le Maine 2015 (15 à 20 €; 5000 b.)** : vin cité. ■ **Reynaud 2015 (20 à 30 €; 20000 b.)** : vin cité.

SCEA CH. LA RENOMMÉE, 5, au Bois de l'Or, BP 111, 33330 Saint-Émilion, tél. 05 57 24 65 93, info@larenommee.fr V r.-v.

CH. LA RÉVÉRENCE 2015 ★★

■	11000		20 à 30 €

Agriculteur en Eure-et-Loire, François Petit acquiert Tournefeuille en 1998, pièce maîtresse (17,5 ha à Néac) d'un vignoble familial étendu aussi sur Pomerol (Lécuyer) et Saint-Émilion (La Révérence), aujourd'hui conduit par son fils Émeric et son associé Francis Cambier.

Situé sur le plateau calcaire au nord de la cité de Saint-Émilion, ce cru est planté à parité de merlot et de cabernet franc. Le sol, sablo-argileux, contribue, lui aussi, à donner à ce vin son caractère. Le 2015 affiche une robe soutenue et jeune qui annonce une bouteille de garde. Puissant et concentré au nez, il montre aussi de l'élégance dans ses arômes de bois toasté et de raisin mûr. Rond et charnu en attaque, il déploie en bouche la palette raffinée du bouquet, soutenu par des tanins denses et vifs qui lui promettent un bel avenir. ⧗ 2020-2030

ÉMERIC PETIT, 26, rue de l'Église, 33500 Néac, tél. 05 57 51 18 61, info@chateau-tournefeuille.com V r.-v.

CH. RIPEAU 2015

■ Gd cru clas.	20000		30 à 50 €

Situé derrière Cheval Blanc, ce cru - classé dès 1955 - appartenait à la famille de Wilde depuis 1917. Un domaine de 16 ha d'un seul tenant, conduit par Françoise de Wilde à partir de 1976, puis par sa fille Barbara Janoueix en 2004, épaulée à la direction technique par l'œnologue Édith Soler. En 2015, la propriété a été rachetée par Monique Grégoire et ses fils Cyrille et Nicolas, anciens propriétaires de La Rivière à Fronsac, et toujours aux commandes des Châteaux Puynard et Bois Noir.

Premier millésime à Saint-Émilion pour la famille Grégoire, bien connue du monde viticole pour ses machines à vendanger – qui n'ont pas été utilisées pour ce grand cru classé situé au-dessus de Cheval Blanc. Le terroir sablo-graveleux favorise plutôt la finesse des vins, et la dégustation laisse espérer ce profil élégant, même si ce 2015 à la robe profonde apparaît encore réservé. L'aération libère d'intenses parfums de fruits rouges et noirs, sur fond de boisé cacaoté. La bouche, chaleureuse et bien équilibrée, est rafraîchie par les jeunes tanins du raisin, bien mariés à ceux de la barrique. Un ensemble prometteur. ⧗ 2020-2030

GRÉGOIRE, 1, Ripeau, 33330 Saint-Émilion, tél. 05 57 74 41 41, info@chateau-ripeau.com V r.-v.

CH. ROL VALENTIN 2015

■	24600		30 à 50 €

Ancien footballeur professionnel, Éric Prissette acquiert en 1994 une vigne de 2 ha au nord-ouest du plateau de Saint-Émilion, surface qu'il porte rapidement à 7,3 ha. En 2009, il vend le domaine à Nicolas et Alexandra Robin, vignerons à Castillon (Ch. Laussac) et à Pomerol (Clos Vieux Taillefer), qui maintiennent haut l'exigence de qualité.

D'une belle régularité, ce cru bénéficie de terroirs assez variés. Le 2015 demande un peu d'agitation avant de s'ouvrir sur les notes toastées de la barrique, puis de libérer doucement des parfums de petits fruits mûrs. Dense et corsée, la bouche est structurée par des tanins boisés au grain serré qui appellent la garde. ⧗ 2020-2028

SAS VIGNOBLES ROL VALENTIN, 5, Les Cabannes-Sud, 33330 Saint-Émilion, tél. 05 57 40 13 76, contact@vignoblesrobin.com V r.-v. *Alexandra Robin*

CH. LA ROSE PINEY 2015 ★

■	7800	15 à 20 €

Petit-fils de tonnelier et fils de vigneron, Pierre Lavau s'est installé en 2002 sur des vignes familiales en castillon-côtes-de-bordeaux (9 ha) avec La Tuque Bel-Air et Fourquet, et en saint-émilion grand cru (5 ha) avec Petit Fombrauge et La Rose Piney.

Les vignobles saint-émilionnais de Pierre Lavau sont situés dans le secteur de Fombrauge, à Saint-Christophe-des-Bardes, non loin des côtes de Castillon où la famille est également propriétaire. La Rose Piney affiche une couleur intense qui annonce un vin complet. Son bouquet expressif, auquel l'absence de notes boisées confère un côté «nature», mêle les fruits noirs (cassis), la framboise, les fruits à noyau et la violette à une pointe de truffe. Dans le même registre fruité et floral, le palais, d'une puissance contenue, est encadré par des tanins racés. De la personnalité. ⧗ 2019-2025 ■ **Ch. Petit Fombrauge 2015 (20 à 30 €; 3800 b.)** : vin cité.

⊶ PIERRE LAVAU,
Ch. Petit Fombrauge, BP 20107, 33330 Saint-Émilion,
tél. 05 57 24 77 30, petitfombrauge@terre-net.fr
V r.-v.

CH. ROYLLAND 2015

■ | 19000 | | 20 à 30 €

D'ancienne notoriété, apparu à l'époque d'Aliénor d'Aquitaine, ce petit cru de 5 ha est situé en pied de côte dans l'anse de Mazerat, à l'ouest de Saint-Émilion, au milieu de grands crus classés (Angelus, Canon, Berliquet, Tertre Daugay...). Il a plusieurs fois changé de main récemment: Oddo-Vuiton (1989 à 2007), Stephen Adams (Ch. Fonplégade) jusqu'en 2010 et désormais Martine et Jean-Bernard Chambard, issus du secteur de la santé, qui ont confié la direction à Thomas Thiou (Ch. La Couronne à Montagne).

Un 2015 déjà flatteur. Le nez s'ouvre d'abord sur le fruit rouge, avec une touche de cuir, avant qu'un boisé toasté ne prenne le relais. Souple en attaque, d'une agréable rondeur, le palais marie harmonieusement le fruit rouge et la barrique; la finale reste sous l'emprise des tanins torréfiés du merrain qui devraient s'affiner assez vite. ⧗ 2019-2025

⊶ SAS SANS SOUCI,
Ch. Roylland, 1, Roylland, 33330 Saint-Émilion,
tél. 05 57 24 68 27, chateau.roylland@orange.fr
V r.-v. G

CH. SAINT-CHRISTOPHE 2015 ★

■ | 22000 | | 15 à 20 €

La famille Richard-Biès cultive la vigne depuis près de deux cents ans. Tonnelier et maître de chai au début du XXᵉs., Denis Biès constitue en 1928 le domaine. Après 1945, sa petite-fille épouse le courtier Gilbert Richard. Représentant respectivement la troisième et la quatrième générations, Jean-Claude et Frédéric Richard conduisent le vignoble: 10 ha en saint-émilion, sur les argilo-calcaires de Saint-Christophe-des-Bardes.

Paré d'un élégant bordeaux foncé, ce 2015 séduit par son bouquet ouvert sur les raisins bien mûrs et les fruits confits, enveloppés dans un boisé finement vanillé. Souple, ample et charnu, il dévoile une texture raffinée grâce à ses tanins soyeux. Déjà harmonieux, il pourra être apprécié dans sa jeunesse. ⧗ 2019-2024

⊶ RICHARD, 35, le Bourg,
33330 Saint-Christophe-des-Bardes, tél. 06 09 79 67 17,
courriel@chateau-saint-christophe.fr
V r.-v. 5

CH. SANCTUS 2015 ★★

■ | 14500 | | 20 à 30 €

Né de la fusion de deux propriétés voisines, ce domaine de 15 ha, établi sur le plateau argilo-calcaire de Saint-Christophe-des-Bardes, au nord-est de Saint-Émilion, appartient depuis 1990 aux familles Duval-Fleury et Corneau. Anciennement Ch. la Bienfaisance, ce cru a changé de nom en 2015 pour devenir Ch. Sanctus – nom du premier vin issu des meilleures parcelles, La Bienfaisance de Santus devenant le deuxième vin. Aux commandes du chai depuis 2012, Caroline Gaullier.

Un remarquable représentant des coteaux argilo-calcaires de Saint-Christophe-des-Bardes. Après un séjour de dix-huit mois en barrique, il affiche une robe dense et brillante et un nez puissant, qui s'ouvre sur un beau boisé toasté, vite accompagné d'arômes de myrtille, avec une touche de cuir portant l'empreinte du cabernet franc (30 %). En bouche, il se montre intense, ample, puissant et mûr, gorgé de fruits, avec une note de noyau. Ses tanins à la fois denses et enrobés et sa finale sur la cerise, la réglisse et le pain grillé signent un vin de garde. ⧗ 2020-2030 ■ **La Bienfaisance du Ch. Sanctus 2015 ★★ (15 à 20 €; 44000 b.)** : resté un peu moins longtemps en barrique et plus typé merlot que le grand vin, un second vin remarquable, très coloré, riche en notes de fruits noirs bien mûrs soulignées d'un élégant boisé, gardant au palais ce registre un rien confit. Ses tanins puissants devront s'affiner. ⧗ 2020-2028

⊶ SCEA CH. SANCTUS,
39, Le Bourg, 33330 Saint-Christophe-des-Bardes,
tél. 05 57 24 65 83, contact@chateau-sanctus.fr
⊶ Duval-Fleury et Corneau

CH. SANSONNET 2015 ★★

■ **Gd cru clas.** | 27000 | | 30 à 50 €

98 99 00 01 02 03 04 |**05**| |06| 07 |**08**| |**09**| 10 |**11**| ⑫ |13| ⑭ **15**

Ancienne propriété du duc Decazes, président du Conseil de Louis XVIII, ce cru classé régulier en qualité a été acquis en 2009 par Christophe Lefévère et son épouse Marie-Bénédicte. C'est cette dernière, docteur en pharmacie et fille d'un exploitant de la région, qui gère le domaine. Le vignoble, à l'encépagement classique (merlot à 85 % et cabernet franc), couvre près de 7 ha sur l'un des points hauts du plateau argilo-calcaire de Saint-Émilion. Déclassé en 1996, il a retrouvé son rang en 2012.

Un palmarès brillant, qui confirme l'ascension de ce cru, revenu dans le classement. Pas de coup de cœur comme son devancier, mais une remarquable bouteille, archétype du grand saint-émilion avec ses 90 % de merlot, qui se distingue aussi par un caractère affirmé. Un 2015 bien coloré, au bouquet attrayant où les fruits confits s'allient au merrain toasté de la barrique et à une touche de violette très agréable. Le millésime apporte une grande vinosité à ce vin dense, charpenté par de solides tanins encore jeunes mais déjà élégants. ⧗ 2020-2030

⊶ MARIE LEFÉVÈRE,
1, lieu-dit Sansonnet, 33330 Saint-Émilion,
tél. 09 60 12 95 17, contact@chateau-sansonnet.com
V r.-v.

CH. SOUTARD 2015 ★

■ Gd cru clas. | 50000 | ◍ | 50 à 75 €

AG2R La Mondiale possède deux importants grands crus classés, situés à environ 1 km au nord de la cité médiévale: les Châteaux Soutard et Larmande. Cru ancien (les premières mentions remontent à 1513), Soutard a été acquis en 2006 par le groupe d'assurances, qui a entrepris d'importants travaux de rénovation. En 2012, le rachat (et la fusion) du cru classé Cadet Piola porte le vignoble à 30 ha d'un seul tenant, sur le plateau argilo-calcaire de Saint-Émilion, avec quelques hectares en pied de côte sableux et en coteaux argileux. Aux commandes du chai, Véronique Corporandy, conseillée par Michel Rolland.

Un encépagement varié pour ce cru: 63 % de merlot, 28 % de cabernet franc, 7 % de cabernet-sauvignon et 2 % de malbec. Le millésime 2015 offre un vin de garde par excellence, comme l'annonce sa robe bordeaux très sombre. Puissant et complexe, le bouquet associe les fruits rouges bien mûrs, le merrain torréfié, les épices et des touches florales. Charnue, très fruitée, la bouche est charpentée par des tanins musculeux, jeunes et vifs, qui se portent garants de la longévité de cette bouteille. ⧗ 2020-2035 ■ **Les Jardins de Soutard 2015 ★ (15 à 20 €; n.c.)** : le second vin de Soutard talonne le grand vin. Un peu plus évolué, il bénéficie d'une agréable fraîcheur minérale et de tanins bien intégrés qui permettront de l'apprécier jeune, tout en offrant un potentiel appréciable. ⧗ 2019-2030

⊶ SCEA DU CH. SOUTARD,
1, lieu-dit Soutard, 33330 Saint-Émilion,
tél. 05 57 24 71 41, contact@soutard.com V 🚶 ▪ *r.-v.*
🏛 ⑤ *⊶ La Mondiale Grands Crus*

CH. SOUTARD-CADET 2015 ★★

■ | 4000 | ◍ | 30 à 50 €

Un petit cru (2,1 ha sur argilo-calaire) en saint-émilion grand cru acquis en 2015 par la famille Lefévère, qui exploite aussi le Ch. Sansonnet, grand cru classé.

Un petit cru (2,1 ha sur argilo-calcaire) acquis en 2015 par la famille Lefévère. Bénéficiant des mêmes soins que le Ch. Sansonnet, il se défend aussi bien. Une robe éclatante; un bouquet mêlant le merlot bien mûr (mûre, cerise noire...) et les notes de vanille, de cacao et de moka léguées par la barrique neuve, auquel une touche de pierre à fusil apporte de l'élégance; un palais charnu, savoureux et persistant, aux tanins très fins. «Une jolie bouteille pleine de tout.» ⧗ 2020-2030

⊶ MARIE LEFÉVÈRE, lieu-dit Le Cadet,
33330 Saint-Émilion, tél. 09 60 12 95 17,
contact@chateau-sansonnet.com

Ⓑ CH. RAYMOND TAPON 2015

■ | 10000 | ◍ 🍾 | 30 à 50 €

Les Tapon sont enracinés en Libournais depuis des siècles. Nicole, fille de Raymond, et Jean-Christophe Renaut, y exploitent 30 ha (en bio certifié depuis le millésime 2012); l'essentiel (21,5 ha) se trouve en montagne-saint-émilion avec le Ch. des Moines, fondé au XVI[e]s. par les bénédictins de Cîteaux, et Gay Moulins, planté du seul bouchet (nom local du cabernet franc).

Nicole Tapon exploite à Saint-Émilion près de 4 ha qui produisent un vin auquel elle a donné le nom de son père. Le 2015 apparaît comme un solide vin de garde, avec sa robe profonde et son nez partagé entre le raisin très mûr et un boisé aux nuances de pain grillé et de cacao. À la fois puissante et élégante, la bouche déploie des arômes de fruits confits, de violette et de cassis en harmonie avec le bouquet. De solides tanins permettront à cette bouteille de bien vieillir. ⧗ 2019-2028

⊶ NICOLE ET JEAN-CHRISTOPH TAPON-RENAUT,
23, rue Guadet, BP 38, 33330 Saint-Émilion,
tél. 05 57 74 61 20, information@tapon.net
V 🚶 ▪ *r.-v.*

CH. LA TOUR FIGEAC 2015 ★★

■ Gd cru clas. | 52000 | ◍ | 30 à 50 €

82 83 85 86 89 **90** 93 94 95 **96** 97 98 01 02 03 |04| |05| |**06**| |07| **08 09** 10 11 12 13 **15**

Ce cru classé, séparé du Ch. Figeac en 1879, doit son nom à une tour érigée au milieu des vignes aujourd'hui disparue. Otto Rettenmaier l'a acquis en 1973; son fils Otto Max a pris le relais en 1995; à la tête de 14,5 ha de vignes établies sur une croupe de graves et de sables sur argiles, à la limite de Pomerol, il conduit son domaine en biodynamie, sans certification.

Les vignobles du secteur de Figeac tirent parti de millésimes de grande maturité comme 2015 qui leur permettent d'exprimer pleinement leur finesse et leur fraîcheur. Ce vin correspond bien à ce profil. Sa robe est intense et éclatante. Son bouquet ajoute aux arômes classiques de petits fruits des bois bien mûrs et de chêne finement toasté des touches d'épices et de cigare. Les fruits confits s'invitent dans une bouche ample et généreuse, rafraîchie par des tanins vanillés jeunes et fins. Un vin bien structuré, appelé à une heureuse évolution. ⧗ 2020-2030

⊶ CH. LA TOUR FIGEAC, 1, la Tour Figeac,
33330 Saint-Émilion, tél. 05 57 51 77 62,
latourfigeac@orange.fr V 🚶 ▪ *r.-v.*

Ⓑ CH. TOUR PEYRONNEAU
Pierrick Lavau 2015 ★★

■ | 1200 | ◍ | 30 à 50 €

Les Lavau sont établis depuis huit générations à Saint-Étienne-de-Lisse, à l'est de l'appellation. Pierrick Lavau, œnologue, conduit depuis 2003 les domaines familiaux, constitués des Châteaux Tour Peyronneau et Bernateau, dont les vignobles sont en bio certifié depuis 2012.

Pour élaborer cette microcuvée, Pierrick Lavau a sélectionné une parcelle de cabernets francs âgés de quatre-vingts ans, plantés sur argiles. Il a vinifié et élevé cette cuvée sans soufre, à basse température, et l'a laissée trente mois en barrique. Le nez complexe, encore un peu sur la barrique mais gorgé de fruits noirs, la bouche aux arômes d'épices et de truffe, charpentée par des tanins serrés et fins dessinent les contours d'un grand vin de garde, à la fois puissant et élégant. ⧗ 2021-2030 ■ **2015 ★ (15 à 20 €; 27000 b.)** Ⓑ : pur merlot, il offre un style libournais traditionnel avec sa robe colorée, ses arômes de fruits confits, d'épices douces, de sous-bois, et son palais chaleureux et ample. ⧗ 2020-2027 ■ **Ch. Bernateau 2015 ★ (20 à**

30 €; 53000 b.) Ⓑ : le navire amiral de la famille, établi sur des terrasses argilo-calcaires. À la fois très gourmand et apte à la garde, un bon reflet de l'appellation et du millésime. ⧗ 2021-2028

⊶ SCEA RÉGIS LAVAU ET FILS, Ch. Bernateau, 33330 Saint-Étienne-de-Lisse, tél. 05 57 40 18 19, contact@chateaubernateau.com V ✝ ! *r.-v.*

CH. TOUR SAINT-CHRISTOPHE 2015 ★★

■	60000	⦀	30 à 50 €

L'achat de vignobles bordelais par des investisseurs asiatiques n'est pas nouveau. En 1997, le Taïwanais Peter Kwok a acquis, avec sa fille Elaine, le Ch. de Haut-Brisson et ses 20 ha de vignes implantées sur les sables et graves de Vignonet, au sud de l'appellation. En 2011, il a étendu son portefeuille en reprenant, avec sa fille Karen, le Ch. Tour Saint-Christophe (20 ha aujourd'hui), situé à Saint-Christophe-des-Bardes, avant d'acquérir en 2015 les 12,6 ha du Ch. Tourans à Saint-Étienne-de-Lisse. Il est aussi propriétaire en pomerol et en lalande.

Idéalement implanté sur les argilo-calcaires de Saint-Christophe-des-Bardes, ce vignoble aménagé en terrasses donne naissance à d'excellentes bouteilles. À l'image de ce 2015, né d'une vinification intégrale en barrique. Un vin très coloré, au nez intense mariant les fruits très mûrs, le pruneau à un fin boisé. Accompagnés d'une note crayeuse typée du terroir, ces arômes se prolongent en bouche, soutenus par des tanins serrés qui signent un vin de garde. ⧗ 2022-2030 ■ **Les Terrasses de Saint-Christophe 2015 ★★ (11 à 15 €; 20000 b.)** : un second vin presque au niveau du grand. Son style est différent, avec une palette orientée vers le sous-bois, l'humus, la truffe. De très bonne garde. ⧗ 2020-2028 ■ **Ch. Haut-Brisson 2015 ★ (30 à 50 €; 60000 b.)** : né sur les graves sablonneuses de Vignonet, au sud de l'appellation, un vin portant la marque du merlot: rond, mûr et soyeux, mais bien charpenté. ⧗ 2019-2026 ■ **Ch. Haut-Brisson la Grave 2015 (15 à 20 €; 55600 b.)** : vin cité.

⊶ CH. TOUR SAINT-CHRISTOPHE, 1, lieu-dit Cassevert, 33330 Saint-Christophe-des-Bardes, tél. 05 57 24 77 15, contact@vignoblesk.com V ✝ ! *r.-v.*
⊶ Karen Kwok

CH. TRIANON 2015

■	54000	⦀	20 à 30 €

1983: Dominique Hébrard crée son affaire de négoce. 1999: sa famille vend Cheval Blanc, dont il était l'administrateur. 2000: déjà copropriétaire du Ch. de Francs avec Hubert de Boüard, il acquiert ce cru de 10 ha déjà connu au XVIᵉs., situé au sud-ouest de Saint-Émilion. En 2017, la Financière immobilière bordelaise, propriétaire d'hôtels de luxe (dont l'InterContinental à Bordeaux et le Trianon Palace à Versailles) prend le contrôle du château.

Ce 2015, qui fait désormais partie de la Collection Grand Trianon Palace-Wine, est charmeur, avec son nez mêlant la cerise macérée à un joli boisé (pain grillé, moka, caramel et vanille), et son palais ample, charnu, chaleureux et onctueux, équilibré par une belle fraîcheur. Ses tanins soyeux permettront une consommation prochaine. ⧗ 2019-2025

⊶ CH. TRIANON, lieu-dit Trianon, 33330 Saint-Émilion, tél. 05 57 25 34 46, contact@chateau-trianon.fr V ✝ ! *r.-v.*

♥ CH. TROPLONG-MONDOT 2015 ★★

■ 1ᵉʳ gd cru clas. B	110000	+ de 100 €

82 83 85 86 88 89 (90) **92** 95 96 97 98 **01 02 05** |(06)| |07| |**08**| **09** |10| |**11**| **12** |13| 14 **15**

En 1745, l'abbé de Sèze édifie l'actuel château en haut de la côte de Pavie, dans le vignoble de Mondot. En 1850, Raymond Troplong, juriste et pair de France, y ajoute son nom. Au début du XXᵉs., Alexandre Valette, négociant en vin, prend le relais, suivi ensuite par son fils Bernard puis son petit-fils Claude. Ce dernier confie les rênes du domaine à sa fille Christine Valette (disparue en 2014) et son mari Xavier Pariente en 1981. En 2006, le domaine accède au rang de 1ᵉʳ grand cru classé B. Conseillés depuis longtemps par Claude et Lydia Bourguignon, éminents spécialistes de la valorisation durable des sols, les propriétaires ont restructuré le vignoble (33 ha d'un seul tenant), dont une partie est conduite en bio. En 2017, le groupe de réassurances français SCOR, présidé par Denis Kessler, acquiert le cru. Aymeric de Gironde devient directeur général. Le domaine s'ouvre à l'œnotourisme, avec notamment un restaurant étoilé.

Avec ce 2015, ce cru confirme largement son classement en 1ᵉʳ grand cru. Sa somptueuse robe bordeaux se montre profonde à souhait. Son bouquet jeune montre déjà une belle puissance, riche en arômes de fruits noirs très mûrs et d'épices poivrées, mise en valeur par un merrain finement toasté aux nuances de pain grillé et de chocolat. En bouche, une rare générosité, en harmonie avec des notes de noyau et de cerise à l'eau-de-vie, de la persistance et des tanins aussi denses qu'élégants, donnant la solide charpente d'un vin de longue garde: ce vin sort du lot. Du grand art. ⧗ 2020-2040 ■ **Mondot 2015 ★★ (30 à 50 €; 20000 b.)** : le second vin du cru fait pratiquement jeu égal avec son aîné. Il a d'ailleurs été proposé pour un coup de cœur. Légèrement moins boisé, davantage sur le fruit, il dévoile lui aussi une puissance et une persistance hors du commun qui en font un très grand vin de garde. ⧗ 2020-2035

⊶ SAS CH. MONDOT, 1, lieu-dit Mondot, 33330 Saint-Émilion, tél. 05 57 55 32 05, contact@chateau-troplong-mondot.com V ✝ ! *r.-v.* ⌂ Ⓢ *⊶ Scor*

CH. TROTTEVIEILLE 2015 ★

■ 1ᵉʳ gd cru clas. B	28000	⦀	+ de 100 €

82 **85 86** 88 **90** 95 96 98 99 |**00**| |**01**| 02 |**03**| 04 **05** |06| |**07**| **08** 10 11 12 13 15

L'un des fleurons de la maison Borie-Manoux. La légende raconte qu'une vieille dame habitant autrefois le domaine allait s'enquérir des nouvelles auprès de la diligence passant par là, en trottinant… Aujourd'hui

administré par Philippe Castéja, ce cru de 12 ha, situé sur le coteau est du plateau de Saint-Émilion, offre un encépagement original, à parité entre le merlot et les cabernets.

La forte présence des cabernets (51 %, du cabernet franc surtout) donne aux vins de Trottevieille un style particulier: un peu austères dans leur jeunesse, ils acquièrent une belle finesse avec l'âge. Ce millésime de grande qualité confirme ce caractère. La robe apparaît profonde et jeune. Le premier nez, encore sous l'emprise d'une barrique très toastée, décline toute une gamme boisée, empyreumatique et épicée: torréfaction, thé noir, tabac, clou de girofle. L'aération libère le fruit, sur des notes de baies noires, myrtille en tête. Un fruit qui s'affirme au palais et opère un joli retour en finale. Les tanins au grain fin, encore stricts, permettront à ce vin de bien vieillir. ⧗ 2020-2030 ■ **Dame de Trottevieille 2015 (30 à 50 €; 12000 b.)** : vin cité.

SCEA DU CH. TROTTEVIEILLE, 33330 Saint-Émilion, tél. 05 56 00 00 70, domaines@borie-manoux.fr

♥ CH. VALANDRAUD 2015 ★★

■ 1er gd cru clas. B | 41000 | | + de 100 €

Valandraud n'est plus le «vin de garage» qui a fait la réputation de Jean-Luc Thunevin dans les années 1990. Les 60 ares acquis en 1989 dans le vallon de Fongaban, entre Pavie-Macquin et La Clotte, sont devenus un cru à part entière: 10 ha aujourd'hui, essentiellement sur Saint-Étienne-de-Lisse. La consécration est arrivée en 2012 avec l'accession au rang de 1er grand cru classé B, sans passer par la case «classé».

Le millésime précédent avait déjà été porté au sommet par nos dégustateurs et ce coup de cœur vient compléter une collection déjà fournie. Quel est le secret de la réussite de Valandraud? Serait-ce son séjour de vingt-quatre mois en barrique neuve? Tous les vins ne le supporteraient pas... La matière première intervient, sans aucun doute. Toujours est-il que le résultat est impressionnant. La robe profonde, presque noire, annonce une rare concentration. Intense, encore très boisé, le nez décline toute une gamme d'arômes d'élevage - de la vanille au moka en passant par la cannelle et le pain d'épice - tout en laissant poindre le fruit noir à l'arrière-plan. Au palais, ce 2015 s'impose par sa puissance. Très chaleureux, charnu et persistant, il reste élégant grâce à une trame de tanins denses et enrobés qui laisse augurer une longue garde. ⧗ 2023-2035 ■ **Clos Badon-Thunevin 2015 ★ (30 à 50 €; 6000 b.)** : une propriété ancienne, bien située en bas de la Côte Pavie, complantée de merlot (70 %) et de cabernet franc. Elle a été achetée par Jean-Luc Thunevin en 1998 et son vin est élaboré par les mêmes équipes que Valandraud. Si le terroir, sablo-graveleux, est différent de celui de ce dernier cru, son vin est superbe. Il sera plus facile à apprécier dans sa jeunesse. Dominé par les notes de la barrique, il dévoile déjà des arômes de fruits confits. Un vin intense et complexe. ⧗ 2018-2019

SAS THUNEVIN (CH. VALANDRAUD), 6, rue Guadet, BP 88, 33330 Saint-Émilion, tél. 05 57 55 09 13, thunevin@thunevin.com r.-v. 5

CH. VIEUX LARMANDE Ma Agnus Deï 2015 ★

■ | 2880 | | 30 à 50 €

Implantée depuis le XIXe en Libournais, la famille Magnaudeix possède deux petits domaines viticoles à Saint-Émilion: Vieux Larmande (4,25 ha), créé en 1840, et Vieux Château Pelletan (6,9 ha), fondé en 1924. En 2008, Romain Magnaudeix, incarnant la sixième génération, a pris les commandes de la propriété.

Issu de vignes âgées de plus de cinquante ans et élevé en fût neuf, un très bon vin de garde. La robe sombre est animée de reflets violets. Malgré une forte présence de la barrique, le raisin bien mûr arrive à percer, laissant découvrir des notes de mûre mâtinées de cuir. Ce mariage heureux du fruit et du merrain se retrouve dans une bouche chaleureuse et charnue, soutenue par des tanins denses mais déjà enrobés. ⧗ 2020-2028

FAMILLE MAGNAUDEIX, Ch. Vieux Larmande, 33330 Saint-Émilion, tél. 05 57 24 60 49, vignobles-magnaudeix@wanadoo.fr *t.l.j. sf sam. dim. 9h-12h30 14h-17h30*

CH. JEAN VOISIN 2015 ★

■ | 19200 | | 20 à 30 €

Ce cru de 15 ha en saint-émilion grand cru tire son nom de Jean Voysin, édile de Saint-Émilion, qui acheta ces terres en 1583. Acquis en 1955 par le Corrézien Amédée Chassagnoux, il a été exploité ensuite par son fils Pierre et par son petit-fils Xavier avant d'être vendu en 2016 à un trio réunissant un vigneron et deux anciens cadres venus du monde de l'automobile. Jean-Paul Vitrac, le gérant, s'appuie sur Laurence Chassagnoux au chai et a pris Hubert de Boüard comme consultant.

Le nouvel habillage des bouteilles du domaine n'a évidemment pas joué dans le bon accueil fait à cette cuvée, dégustée comme les autres à l'aveugle. Né de pur merlot, un vin représentatif de l'appellation, qui donne une place prépondérante à ce cépage. Une robe profonde, un bouquet tout en finesse, associant les petits fruits rouges très mûrs aux notes d'un élevage bien maîtrisé, une bouche chaleureuse, équilibrée par la fraîcheur du fruit et des tanins, donnent à cette bouteille un profil gourmand. ⧗ 2019-2025 ■ **L'Esprit de Jean Voisin 2015 (15 à 20 €; 19200 b.)** : vin cité.

JEAN VOISIN, lieu-dit Jean Voisin, 33330 Saint-Émilion, tél. 05 57 24 70 40, contact@chateaujeanvoisin.fr *r.-v.*

CH. YON-FIGEAC 2015 ★

■ Gd cru clas. | 85000 | | 30 à 50 €

99 **00** 03 05 07 09 10 11 |**12**| |13| **14** 15

L'un des plus vastes domaines de l'appellation: 24 ha d'un seul tenant entourant un parc ombragé et un château du XVIIIe s. dans le secteur de Figeac, entre Libourne et Saint-Émilion. Un cru mentionné pour la première fois en 1886 et classé depuis 1955. L'industriel Alain Château, son cinquième propriétaire,

arrivé en 2005, a rénové l'ensemble, vignoble et bâtiments. En 2018, le chai à barriques a été refait.

Ce cru classé est établi sur le terroir sablo-argileux de Figeac, dont il a été détaché en 1886. Intense dans le verre, son 2015 apparaît encore dominé par la barrique et ses arômes de pain grillé et de torréfaction, mais il laisse deviner le fruit à l'arrière-plan. Chaleureuse en attaque, la bouche est rafraîchie par une agréable touche minérale typique du terroir. Les tanins boisés, qui reprennent le dessus en finale, appellent la garde. ⧗ 2021-2031

ALAIN CHÂTEAU, 3, Yon, 33330 Saint-Émilion, tél. 05 57 84 82 98, info@vignobles-alainchateau.com V r.-v.

▶ LES AUTRES APPELLATIONS DE LA RÉGION DE SAINT-ÉMILION

Plusieurs communes, limitrophes de Saint-Émilion et placées jadis sous l'autorité de sa jurade, sont autorisées à faire suivre leur nom de celui de leur célèbre voisine. Toutes sont situées au nord-est de la petite ville, dans une région pleine de charme, rythmée par des collines dominées par de prestigieuses demeures historiques et des églises romanes. Les sols sont très variés et l'encépagement est le même qu'à Saint-Émilion; aussi la qualité des vins est-elle proche de celle des saint-émilion.

LUSSAC-SAINT-ÉMILION

Superficie : 1 440 ha / Production : 85 000 hl

Lussac-saint-émilion est l'une des aires du Libournais les plus riches en vestiges gallo-romains. Au centre et au nord de l'AOC, le plateau est composé de sables du Périgord alors qu'au sud le coteau argilo-calcaire forme un arc de cercle bien exposé.

CH. DE BARBE BLANCHE
Cuvée Henri IV 2015 ★★

■ | 20000 | | 11 à 15 €

Domaine de Lussac (28 ha), dont les vins furent appréciés, dit-on, d'Henri de Navarre, le futur Henri IV, seigneur de Puynormand. Sous l'Ancien Régime, le cru appartint à une lignée d'avocats au Parlement de Bordeaux. En 2000, André Lurton, à la tête d'un vaste «empire» viticole de 600 ha, notamment en pessac-léognan, en est devenu copropriétaire, aux côtés de la famille Magnon.

Les dégustateurs ont loué à l'unisson les qualités de ce lussac né de merlot (80 %) et de cabernet franc, élevé un an en fût de chêne, qui déploie au nez de chaleureuses senteurs de fruits noirs mâtinées d'épices douces et de fraîcheur mentholée. Structurée, équilibrée et ne manquant pas de finesse, la bouche offre une belle mâche autour d'un fruité élégant et de tanins souples. ⧗ 2019-2026

ANDRÉ LURTON, 4, Barbe-Blanche, 33570 Lussac, tél. 05 57 25 58 58, andrelurton@andrelurton.com V r.-v.

♥ CH. BEL-AIR
Jean et Gabriel 2015 ★★

■ | 24000 | | 11 à 15 €

CHÂTEAU BEL-AIR
2015
Jean & Gabriel
LUSSAC SAINT-EMILION

Un domaine de 21 ha d'un seul tenant, dans la même famille depuis plus d'un siècle. Jean-Noël Roi est aux commandes depuis 1978.

Présent à 40 % dans l'assemblage, le cabernet franc apporte une incontestable touche d'élégance aux opulences du merlot. Un long élevage en barrique (quatorze mois) peaufine la tenue racée d'un lussac de haute expression. Ce vin, qui en impose d'emblée dans sa robe carmin, offre un bouquet charmeur où les fruits confiturés (mûre, cassis, myrtille) s'agrémentent de notes de vanille. Ronde et onctueuse, la bouche se caractérise par une chair dense assortie de tanins dociles. Un vin d'envergure. Jean et Gabriel? Respectivement le père et le grand-père de Jean-Noël Roi. ⧗ 2020-2028 ■ **2015 ★ (8 à 11 €; 115000 b.)** : la cuvée principale du domaine est un vin expressif (fruits rouges, cacao, toast grillé), généreux, suave et long. ⧗ 2019-2025

EARL CH. BEL-AIR, 1, Bel-Air, 33570 Lussac, tél. 05 57 74 60 40, jean.roi@wanadoo.fr V r.-v.
Jean-Noël Roi

CH. BERTIN 2015 ★

■ | 4000 | | 8 à 11 €

Vignerons depuis le XVIIIᵉs. et neuf générations, les Saby – depuis 1997 les frères Jean-Christophe et Jean-Philippe, tous deux œnologues comme leur père Jean-Bernard – possèdent plusieurs crus dans le Libournais et exploitent un ensemble de 70 ha.

Ce lussac joue la carte de l'élégance avec ses parfums fins de fruits rehaussés de notes de café et d'eucalyptus. Ample, persistante, dotée de tanins élégants et soyeux, la bouche s'épanouit en finale sur des notes épicées. ⧗ 2020-2024

VIGNOBLES JEAN-BERNARD SABY ET FILS, 7, lieu-dit Le Sable, 33330 Saint-Laurent-des-Combes, tél. 05 57 24 73 03, info@vignobles-saby.com V r.-v.

LE PRESTIGE DU CH. BONNIN 2015 ★

■ | 3000 | | 11 à 15 €

Philippe Bonnin est à la tête de ce domaine de 9,5 ha depuis 1997. Une bonne référence de l'appellation lussac-saint-émilion.

Ce pur merlot au profil gourmand dévoile un nez intense sur les fruits mûrs agrémentés d'un bon boisé toasté. Le prélude à une bouche veloutée, aux tanins bien maîtrisés au service d'un large fruité où dominent les saveurs de cerise. ⧗ 2019-2022

PHILIPPE BONNIN, Pichon, 33570 Lussac, tél. 06 81 10 32 15, phbonnin@wanadoo.fr V r.-v.

CH. LA CLAYMORE 2015

■ | 100000 | | 11 à 15 €

François et Maria-Dolorès Linard, couple d'ingénieurs en agroalimentaire, ont acquis en 2001 le Ch. la Claymore, du celte ClaimhMhor, la grande épée des Highlanders: le domaine fut une zone de garnison des troupes écossaises lors de la bataille de Castillon. Le vignoble couvre aujourd'hui 50 ha répartis sur trois AOC: lussac (La Claymore, La Haute Claymore, Moulin de Fontmurée), montagne (Flaunys et Grand Barail) et bordeaux supérieur (Cilorn et Faise).

D'un abord fermé, ce vin livre après aération des arômes de fruits confits mâtinés de pain grillé. On retrouve ces sensations dans une bouche suave et ronde, dynamisée par une finale plus nerveuse. ⧗ 2019-2022 ■ **Ch. Moulin de Fontmurée 2015 (5 à 8 €; 30000 b.)** : vin cité.

FRANÇOIS LINARD, Maison-Neuve, 33570 Lussac, tél. 05 57 74 67 48, contact@laclaymore.fr V *t.l.j. sf sam. dim. 9h-12h 14h-16h*

CH. DU COURLAT
Cuvée Jean-Baptiste 2015 ★

■ | 23300 | | 15 à 20 €

En 1906, le Corrézien Jean-Baptiste Audy crée son négoce puis investit dans plusieurs crus du Libournais. Son petit-fils Pierre Bourotte et, depuis 2003, son arrière-petit-fils Jean-Baptiste gèrent la maison et les vignobles familiaux: Courlat, ancien fief des Barons de Montagne (15 ha en lussac), Bonalgue (9,5 ha) et Clos du Clocher (5,9 ha) en pomerol, Les Hauts-Conseillants (10 ha) en lalande.

Un minutieux travail au chai a extrait du seul merlot sa quintessence aromatique: le nez évoque les fruits mûrs à peine confiturés, ainsi que des notes d'épices et de moka qui signent l'élevage en barrique. La bouche, ample, tendre, aux tanins élégants, parachève l'harmonie de l'ensemble. ⧗ 2020-2025

SAS PIERRE BOUROTTE, 62, quai du Priourat, BP 79, 33502 Libourne Cedex, tél. 05 57 51 62 17, jpbourotte@jbaudy.fr *r.-v.*

CH. LES COUZINS
Élevé en fût de chêne 2015 ★

■ | 30000 | | 8 à 11 €

Robert Seize a pris en 1985 la suite de deux générations. Il exploite un vignoble de 22 ha, répartis entre les appellations lussac (Ch. les Couzins) et puisseguin (Ch. Gabriel).

Ce 100 % merlot d'un beau grenat sombre convoque les fruits rouges mâtinés d'un doux boisé parfaitement fondu. Au palais, il se montre ample, suave, charnu, et déploie de riches arômes de fruits mûrs qui enrobent des tanins très «soft». ⧗ 2019-2023 ■ **Cuvée Prestige 2015 ★ (11 à 15 €; 12000 b.)** : un heureux compromis entre un fruité opulent, de fines notes empyreumatiques héritées d'un contact d'une année avec le merrain et une bonne structure tannique. ⧗ 2020-2025

ROBERT SEIZE, Les Couzins, 33570 Lussac, tél. 05 57 74 60 67, les.couzins@wanadoo.fr V *r.-v.*

CH. CROIX DE RAMBEAU 2015

■ | 50000 | | 11 à 15 €

Les Trocard sont établis dans le Libournais depuis 1628. Leurs domaines ont connu un formidable essor au lendemain de la Seconde Guerre mondiale. Aux commandes depuis 1976, Jean-Louis Trocard, épaulés par ses enfants Benoît et Marie, a porté le vignoble à près de 100 ha répartis dans plusieurs crus et appellations.

La robe, tuilée, annonce une légère évolution. Présentes dès l'olfaction, quelques notes empyreumatiques agrémentent un fruité centré sur les fruits noirs. Quant à la bouche, elle se révèle soyeuse et riche, lui manque juste un brin de longueur pour décrocher l'étoile. ⧗ 2019-2022

VIGNOBLES JEAN-LOUIS TROCARD, 1175, rue Jean-Trocard, 33570 Les Artigues-de-Lussac, tél. 05 57 55 57 90, contact@trocard.com V *t.l.j. 8h-12h 14h-17h*

CH. CROIX DU RIVAL 2015 ★

■ | 45000 | | 11 à 15 €

Créée par un groupe d'amis réunis autour de Stephan von Neipperg (Canon La Gaffelière à Saint-Émilion) et Didier Miqueu, la SCEA Winevest Saint-Émilion a acquis en 2005 le Ch. Soleil, 20 ha à Puisseguin, complétés en 2007 de 13,5 ha en lussac avec le Ch. Croix du Rival.

Élevée plus d'une année en fût de chêne, la cuvée principale du domaine apparaît très expressive à l'olfaction avec des notes toastées et des senteurs de fruits rouges mûrs. Elle présente une bouche bien fruitée, ronde et croquante, aux tanins friands. ⧗ 2019-2024 ■ **Le Rival 2015 (30 à 50 €; n.c.)** : vin cité.

SCEA WINEVEST SAINT-ÉMILION, 32, rte de Saint-Émilion, 33570 Puisseguin, tél. 09 75 69 65 75, info@chateausoleil.fr

CH. DE LA GRENIÈRE
Cuvée de la Chartreuse 2015 ★★

■ | 15000 | | 11 à 15 €

Au XVIIes., les moines de la proche abbaye de Faize venaient s'approvisionner au Dom. de la Grenière, déjà réputé pour la qualité de ses vins. Depuis 1914, c'est la famille Dubreuil (Jean-Pierre et son épouse Évelyne aujourd'hui) qui gère ce cru de 15 ha régulier en qualité, implanté sur des terres argilo-graveleuses.

Une longue cuvaison suivie d'un patient élevage (dix-huit mois) pour partie en fût de chêne ont parfait les arômes de cette cuvée: le nez est superbe, ouvert sur les fruits rouges et noirs, le toast, les épices et une pointe de réglisse. La bouche, à la fois tonique et corsée, ample et soyeuse, s'appuie sur des tanins veloutés. ⧗ 2020-2028

VIGNOBLES JEAN-PIERRE DUBREUIL, 14, lieu-dit La Grenière, 33570 Lussac, tél. 05 57 24 16 87, earl.dubreuil@wanadoo.fr V *t.l.j. sf sam. dim. 10h-12h 14h-17h*

CH. LA JORINE 2015 ★★

■ | 24000 | | 8 à 11 €

En 1964, Henri Fagard, maître de chai, crée à Petit-Palais, en Libournais, le Ch. de Cornemps, un vignoble

dominé par une chapelle du XI[e]s., ancienne étape sur la route de Saint-Jacques. Il agrandit son exploitation qu'il transmet en 1983 à son fils Henri-Louis. Ce dernier achète en 1995 des vignes (3,5 ha) dans l'AOC voisine lussac-saint-émilion. Aujourd'hui, 31 ha et deux étiquettes: Ch. de Cornemps (AOC régionales) et Ch. la Jorine (lussac).

Merlot (90 %) et cabernet franc ont donné jour à un lussac de belle facture qui s'est hissé jusqu'en finale des coups de cœur. Ce beau représentant de l'appellation, complexe, équilibré et aromatique à souhait, présente au nez un caractère fruité vivifiant, rehaussé de notes de cuir héritées de son élevage en fût. La bouche se révèle ronde et généreuse, portée par des tanins bien intégrés. ⧗ 2019-2024

⊶ VIGNOBLES FAGARD, Cornemps, 2419, rte de Puynormand, 33570 Petit-Palais, tél. 05 57 69 73 19, vignobles.fagard@wanadoo.fr V ✈ ▮ *r.-v.*

CH. DES LANDES Cuvée Prestige 2015 ★

■ | 80000 | ◖◗ | 11 à 15 €

Conducteur de fours dans une tuilerie locale, Paul Lassagne achète en 1952 un petit vignoble (2 ha) à Lussac et fonde le Ch. des Landes; son fils Daniel l'agrandit et crée en 1985 le Ch. des Arnauds (4 ha); il transmet en 2012 la propriété à Nicolas, qui dispose de 35 ha en lussac-saint-émilion (Ch. des Landes) et en bordeaux (Ch. des Arnauds).

Paré de grenat soutenu, annonciateur de promesses gourmandes, ce vin offre d'intenses arômes fruités, agrémentés d'élégantes notes boisées. Franche et équilibrée, la bouche se développe sur des notes de fruits jusqu'à une finale encore marquée à ce stade par un brin de dureté. ⧗ 2020-2024

⊶ EARL VIGNOBLES CH. DES LANDES, 5, La Grenière, 33570 Lussac, tél. 05 57 74 68 05, info@chateau-des-landes.fr V ✈ ▮ *t.l.j. sf dim. 8h30-12h 14h-18h30 ⊶ Lassagne*

CH. LION PERRUCHON Tradition 2015 ★

■ | 7700 | ◖◗ ▮ | 11 à 15 €

Patricia et Denis Munck ont repris en 2002 ce domaine régulier en qualité pour ses lussac-saint-émilion. Le vignoble couvre 14 ha.

Paré d'un éclatant rubis aux reflets orangés, ce 2015 exprime toutes les qualités d'un assemblage judicieusement élevé. Merlot (80 %) et cabernets lui confèrent des arômes de fruits confits agrémentés de notes pâtissières. Une belle olfaction confirmée par une bouche à la fois tonique et corsée, soutenue par des tanins fermes mais fins. Un ensemble harmonieux, qu'une longue garde ennoblira sans aucun doute. ⧗ 2021-2028

⊶ SARL MUNCK-LUSSAC, lieu-dit Perruchon, 33570 Lussac, tél. 05 57 74 58 21, lionperruchon@sfr.fr V ✈ ▮ *t.l.j. sf sam. dim. 9h-12h 13h-16h*

CH. DE LUSSAC 2015 ★

■ | 66800 | ◖◗ | 15 à 20 €

Quitter la vie parisienne pour s'installer à Lussac afin de rendre au château éponyme (32 ha) son lustre passé, c'est le pari tenté – et tenu depuis 2000 – par Hervé Laviale et son épouse Griet Van Malderen, également propriétaires de Vieux Maillet (pomerol), de Saint Jean de Lavand (lalande-de-pomerol) et de Franc-Mayne (saint-émilion grand cru).

Ce 2015 dévoile un joli nez de fruits rouges et noirs. En bouche, il se montre à la fois riche, dense et tonique, avant d'afficher des tanins encore un peu sévères en finale. ⧗ 2020-2024

⊶ SCEA CH. DE LUSSAC, 15, rue de Lincent, 33570 Lussac, tél. 05 57 74 56 58, info@chateaudelussac.com V ✈ ▮ *r.-v.* ⑤ *⊶ Hervé Laviale et Griet Van Malderen*

CH. LYONNAT Émotion 2015

■ | 17734 | ◖◗ | 20 à 30 €

Créée en 1938, la maison de négoce Milhade s'est étoffée, sous l'impulsion de Jean Milhade et de son fils Gérard, par l'achat de plusieurs domaines du Libournais, dont Ch. Lyonnat, l'un des plus anciens et des plus vastes (52 ha) crus de Lussac, acquis en 1961, et Ch. Tour d'Auron, 19 ha de bordeaux supérieur, acquis en 1989. Aux commandes depuis 2005, Brigitte Milhade, épouse de Gérard, est conseillée par Hubert de Boüard, propriétaire du Ch. Angelus.

Ce 100 % merlot dévoile une olfaction fruitée et toastée. Le prélude à une bouche ronde et suave, aux accents épicée en finale. ⧗ 2018-2023

⊶ BRIGITTE ET GÉRARD MILHADE, Ch. Lyonnat, 6, Le Lyonnat, 33570 Lussac, tél. 05 57 74 60 16, administration@chateaulyonnat.com V ✈ ▮ *r.-v.*

CH. DU MOULIN NOIR 2015 ★

■ | 26000 | ◖◗ ▮ | 11 à 15 €

Propriétaire dans le Médoc depuis la fin du XIX[e]s. (Ch. Lescalle, Ch. Maucamps), la famille a acheté en 1989 à un ancien coopérateur ce vignoble de 4,5 ha dont elle a porté la superficie à 17,5 ha, répartis entre les appellations montagne et lussac-saint-émilion.

Six mois d'élevage en cuve suivis d'une année en fût de chêne pour ce vin complet qui, bien que marqué encore par l'alcool, s'affiche rond et fruité. Des tanins fermes et stricts laissent envisager une garde intéressante. ⧗ 2020-2024

⊶ SC CH. DU MOULIN NOIR, Lescalle, 33460 Macau, tél. 05 57 88 07 64, vitigestion@vitigestion.com V ✈ ▮ *r.-v. ⊶ Tessandier*

CH. MUNCH 2015

■ | 22000 | ◖◗ | 11 à 15 €

Patrick Munch et son épouse Sylvie quittent la région parisienne en 2008 pour s'installer dans le Bordelais, à la tête de ce petit vignoble de 4 ha situé au lieu-dit Bertineau, entre Lussac et Néac. Conseillés par Hubert de Boüard, ils se sont rapidement imposés comme une belle référence en lussac.

Vinifié en petites cuves béton thermorégulées puis élevé en fûts, ce lussac a bénéficié de soins attentifs avec, notamment, de fréquents pigeages qui ont permis l'expression de gourmandes notes fruitées, accompagnées d'un boisé vanillé encore dominateur. La bouche, à l'unisson du bouquet, se révèle ronde et onctueuse avant de montrer de la sévérité en finale. ⧗ 2020-2025 ■ **L'Art 2015 (20 à 30 €; 900 b.)** : vin cité.

PATRICK MUNCH, Bertineau, 33570 Montagne, tél. 06 08 89 36 32, patrickmunch@hotmail.com V r.-v.

PRÉMYA 2015

25000		15 à 20 €

Créée en 1938, la très qualitative cave des producteurs réunis de Puisseguin-Lussac-Saint-Émilion s'illustre régulièrement dans ces pages. Elle représente aujourd'hui quelque 200 adhérents et 1 200 ha de vignes.

Une cuvée issue d'un merlot «assaisonné» d'un soupçon (5 %) de cabernet franc. Un vin souple et rond qui devrait ravir les amateurs de fraîcheurs fruitées. 2018-2022

VIGNERONS DE PUISSEGUIN-LUSSAC-SAINT-ÉMILION, 1, Durand, 33570 Puisseguin, tél. 05 57 55 50 40, accueil@vplse.com V r.-v.

CH. LA ROSE PERRIÈRE 2015 ★★

42000		15 à 20 €

Jean-Luc Sylvain, tonnelier réputé du Libournais, exerce son talent non seulement sur le contenant mais aussi sur le contenu, à travers deux domaines: le Ch. la Perrière à Lussac, un cru de 14 ha d'origine monastique acquis en 2003, et le Clos les Grandes Versannes, grand cru de Saint-Émilion repris en 2004, une petite vigne (1 ha) plantée sur les sables et les graves de Saint-Sulpice-de-Faleyrens, dans sa famille depuis trois générations.

Les Vignobles Jean-Luc Sylvain se sont taillé une jolie réputation que ce 2015 de La Rose Perrière ne contredira pas. Bien campé dans sa tenue grenat frangée de violine, ce lussac dévoile une olfaction complexe autour de notes de pain grillé et des fruits noirs mûris à point. Harmonieuse, dotée de tanins souples, la bouche s'épanouit autour d'un large fruité caressé d'arômes vanillés. Un très beau vin que le temps ne manquera pas de bonifier. 2020-2028

JEAN-LUC SYLVAIN, Ch. la Rose Perrière, 33570 Lussac, tél. 05 57 55 14 64, mail@vignobles-jlsylvain.com V r.-v. 5

CH. DE TABUTEAU 2015 ★★

90000		8 à 11 €

Héritiers d'une longue histoire vigneronne, débutée en 1850, Sylvie Bessou et son frère Bertrand sont aujourd'hui à la tête de 45 ha de vignes dans le Libournais, à travers trois propriétés: Ch. Tabuteau (19 ha en lussac), Ch. Durand-Laplagne (14,5 ha en puisseguin) et Ch. Cap de Merle (10,5 ha en bordeaux supérieur).

Ce lussac a fait partie des prétendants au coup de cœur. Issu de merlot à 65 % et des deux cabernets, élevé en cuve, il tient en partie sa fraîcheur de la partie siliceuse de son terroir. Il s'ouvre à l'olfaction sur un fruité conquérant, légèrement mentholé. On retrouve ce fruité dans une bouche ronde et soyeuse, aux tanins veloutés et fondus, relevée en finale par de superbes amers. 2018-2023

VIGNOBLES SYLVIE ET BERTRAND BESSOU, 9, Durand, 33570 Puisseguin, tél. 05 57 74 63 07, contact@durand-laplagne.com V *t.l.j. sf sam. dim. 9h-12h 14h-17h*

CH. VIEUX FOURNAY 2015

70000		5 à 8 €

Un domaine dans la famille de Thierry Vergnaud depuis 1870. Ce dernier, installé en 1992, est aux commandes d'un vignoble de 13 ha.

Ce lussac offre au nez de discrets arômes de fruits rouges (cerise) pas encore totalement affranchis de l'alcool qui prend encore le dessus. La bouche est souple, caressante, d'un bon volume, soutenue en finale par une légère acidité. 2019-2022

SARL ALBERT ET VERGNAUD, Poitou, 33570 Lussac, tél. 05 57 74 57 09, vergnaud.thierry@orange.fr V r.-v.
Thierry Vergnaud

MONTAGNE-SAINT-ÉMILION

Superficie : 1 600 ha / Production : 91 600 hl

Montagne dispose d'un riche patrimoine architectural et d'une église romane (Saint-Martin) qui constitue l'un des joyaux de la région. Ses terroirs sont variés: argilo-calcaires ou graves. Le visiteur pourra apprécier la vocation viticole du village dans l'écomusée du Libournais.

CH. ARBO 2015 ★

6000		11 à 15 €

Les jeunes Astrid et Dorian Arbo se sont lancés en 2015 dans la vigne, exploitant un petit domaine de 6,5 ha réparti sur douze parcelles.

Ce montagne exprime les juteuses ressources du merlot (88 %) agrémentées des élégances du cabernet franc. Souple, tendre, doté de tanins fondus dans un ensemble goûteux, c'est un vin charmeur, de bonne longueur, que l'on peut savourer dans sa jeunesse. 2018-2023

ASTRID ET DORIAN ARBO, 13, rte des Faucheries, 33570 Montagne, tél. 07 83 29 91 66, astrid@chateau-arbo.com V r.-v.

CH. LA BASTIDETTE 2015 ★

2350		11 à 15 €

Un vignoble mis en valeur dans les années 1770, entré un siècle plus tard dans la famille du général de Moncets à qui l'on doit le château, le parc et le nom du cru. Un domaine de 20 ha en montagne-saint-émilion (la Bastidette, 1 ha) et surtout en lalande-de-pomerol (Ch. Moncets, Ch. de Chambrun), propriété aujourd'hui de la société Rhocube, l'ensemble étant dirigé par Antoine Bourseau.

Ce montagne assez confidentiel, issu du seul merlot, révèle à l'olfaction un joli bouquet fruité où se distinguent les arômes de cerise, de fraise et de cassis mûrs. Pas d'élevage en barrique: on a cherché à valoriser le fruit, qu'une bouche ronde, aux tanins fins et soyeux, se charge de mettre en évidence. 2019-2025

SAS MONCETS, chem. du Roussillon, 33500 Néac, tél. 05 57 51 19 33, contact@chambrun.fr V r.-v.
Rhocube

CH. LA BASTIENNE 2015

■ | 55000 | | 11 à 15 €

Jean Janoueix est l'un de ces nombreux Corréziens fondateurs de maisons en Libournais. Créée en 1898, la sienne s'est séparée en plusieurs branches. Pierre-Emmanuel, l'un de ses arrière-petits-fils, fort d'un diplôme d'ingénieur, a pris en main en 2000 les vignobles familiaux: les Ch. la Bastienne (12,5 ha en lalande), Pierhem (1,8 ha à Pomerol) et Vieux Doumayne (80 ares en saint-émilion grand cru).

Puissant, corpulent et charpenté, doté d'un boisé dominateur, ce montagne est issu de vieux merlots – ici majoritaires à 95 % – qui puisent leur énergique vitalité de sols argilo-calcaires. Le temps l'épanouira. ⧗ 2020-2024

PIERRE-EMMANUEL JANOUEIX, La Bastienne, BP 33, 33570 Montagne, tél. 05 57 74 53 18, pejx@pejanoueix.com V *r.-v.*

CH. CARDINAL 2015 ★★★

■ | 78000 | | 8 à 11 €

Les Bertin sont vignerons dans le Libournais depuis 1742. Leur vignoble – 42 ha répartis sur plusieurs appellations (bordeaux supérieur, lalande et montagne) – est conduit depuis 2008 par Sarah Vital, œnologue et petite-fille d'Yvette Bertin, l'actuelle propriétaire.

Ce 2015 admirable arbore une magnifique tenue rubis, quasi opaque, prélude à une olfaction fruitée (myrtille, cerise), enrichie de notes épicées. Tout aussi fringante, la bouche, moelleuse en attaque, d'une grande harmonie, apparaît à la fois croquante, dense et généreuse, structurée par des tanins fermes. ⧗ 2021-2028

BERTIN, 8, rte de Lamarche, Dallau, 33910 Saint-Denis-de-Pile, tél. 05 57 84 21 17, contact@vignoblesbertin.com V *r.-v.*

CLOS LA CROIX D'ARRIAILH 2015 ★

■ | 4758 | | 15 à 20 €

Les Laporte, aujourd'hui Clément et Rémi, sont établis depuis cinq générations sur cette exploitation de 9,5 ha située au lieu-dit Arriailh, à 3 km de Pomerol et de Saint-Émilion. Ils proposent deux étiquettes: Croix-Beauséjour et Clos la Croix d'Arriailh.

Élaborée à partir de vénérables vignes de quatre-vingts ans, cette cuvée née de merlot (85 %), de cabernet franc et de malbec a bien négocié sa rencontre avec le chêne, au point de jouer la carte des fraîches séductions fruitées. On aime aussi son volume, sa richesse, ses tanins fermes et fins. ⧗ 2020-2026 ■ **Ch. Croix Beauséjour Cuvée Référence 2015 ★ (8 à 11 €; 11824 b.)** : nanti d'un boisé subtil, un vin rond, soyeux et dense, d'une harmonie prometteuse. ⧗ 2020-2025

LAPORTE, Ch. Croix-Beauséjour, Arriailh, 33570 Montagne, tél. 06 70 59 79 92, vigne@chateau-croix-beausejour.com V *t.l.j. sf sam. dim. 8h-12h 14h-18h* 3

RECLOS DE LA COURONNE 2015 ★★

■ | 9500 | | 15 à 20 €

Le vignoble du Château la Couronne (11 ha plantés en merlot), orienté plein sud, fait face au village de Saint-Émilion. En 1994, l'autodidacte Thomas Thiou a racheté ces terres à vignes qui produisaient déjà du vin au début du XIXe s.

Une cuvée parcellaire issue du seul merlot et passé dix-huit mois en fût. Elle libère un bouquet profond et élégant mariant arômes fruités, notes empyreumatiques et fines nuances épicées. Des arômes que l'on retrouve dans une bouche ample, dense et charnue, portée par une très belle trame tannique. Du potentiel. ⧗ 2021-2028 ■ **Ch. la Couronne Réserve 2015 (11 à 15 €; 40000 b.)** : vin cité.

THOMAS THIOU, Ch. la Couronne, 5, Grand-Rue, 33570 Montagne, tél. 05 57 74 66 62, lacouronne@aol.com V *r.-v.*

CH. LA CROIX DE NAULT 2015 ★

■ | 15000 | | 8 à 11 €

Une propriété dans la famille de Monique Bedrenne depuis cinq générations. Cette dernière, épaulé par son fils, y exploite un vignoble de 14 ha.

Un séduisant montagne à l'olfaction intense, ouvert sur un fruité généreux (petits fruits rouges à l'eau-de-vie) et des notes grillées résultant d'un élevage en fût bien maîtrisé. L'annonce d'une bouche tonique et fraîche, étayée par une trame tannique serrée. ⧗ 2020-2026

MONIQUE BEDRENNE, 3, rue du 8 mai 1945, 33500 Lalande-de-Pomerol, tél. 05 57 51 46 75, vignobles.bedrenne@orange.fr V *t.l.j. 10h-12h 13h-18h*

L'ENVIE 2015 ★★

■ | 10000 | | 15 à 20 €

Un ancêtre labourait la terre du côté de Saint-Émilion sous le règne de Louis XIV. Constitué en 1964 par Alain Despagne, rejoint par son fils Franck en 1986, le domaine actuel s'est agrandi et compte 25 ha: 14 en montagne-saint-émilion, avec le Ch. Vieux Bonneau, et notamment sa cuvée L'Envie, 5 en lussac-saint-émilion (Ch. Jamard Belcour) et 6 en bordeaux supérieur.

La parure de ce montagne, fortement colorée de grenat nuancé d'acajou, suscite... l'envie. Envie de respirer une olfaction exubérante (fruits noirs murs, bigarreau, vanille, notes fumées et résinées). Le prélude a une bouche racée, dense, ample et charnue, bien structurée par des tanins fermes. ⧗ 2021-2028

FRANCK DESPAGNE, 15, rte des Vallons, 33570 Montagne, tél. 05 57 74 60 72, contact@franckdespagne.com V *t.l.j. sf dim. 8h-12h 14h-18h*

CH. LA FLEUR GRANDS LANDES
Cuvée Isabelle 2015

■ | 7000 | | 8 à 11 €

En 1969, Maurice Carrère, ancien de la marine royale, a succédé à son beau-père Charles Durand sur ce vignoble créé au XVIIIe s. Sa fille Isabelle Carrère, œnologue, a pris le relais en 1997. Les 11,5 ha du domaine familial se répartissent sur trois appellations: lalande-de-pomerol, bordeaux et montagne-saint-émilion.

Ce montagne possède des charmes indéniables: brillante parure grenat, nez aromatique avec de jolies notes de fruit, de réglisse et d'eucalyptus, bouche franche et pleine de fraîcheur, aux tanins souples. ⧗ 2019-2022

EARL VIGNOBLES CARRÈRE, 9, rte de Lyon, D 1089 Lamarche, 33910 Saint-Denis-de-Piles, tél. 06 07 53 41 66, vignoble-carrere@wanadoo.fr V r.-v.

CH. LA FLEUR PLAISANCE
Cuvée Vieilles Vignes 2015

■ | 20000 | | 8 à 11 €

Représentant de la septième génération sur ce domaine, Stéphane Erésué (du nom d'un village d'Aragon duquel est originaire sa famille) s'est installé en 1992 aux commandes de ce cru de 12 ha établi sur le terroir de Parsac, au nord de Saint-Émilion.

Centrée sur des arômes de fruits rouges, cette cuvée née de ceps de cinquante-cinq ans dévoile une bouche suave et vineuse, dotée de tanins mûrs et d'une finale fraîche qui apporte l'équilibre. ⧗ 2020-2023

STÉPHANE ERÉSUÉ, 1, champ de Larue, 33570 Montagne, tél. 06 88 06 76 43, lerville@yahoo.fr V r.-v.

CH. GACHON 2015

■ | 16000 | | 8 à 11 €

À son retour de la Grande Guerre, Jean-Baptiste Arpin achète 1 ha à Pomerol, dans le secteur du Maillet. Aujourd'hui, ses petits-fils et arrière-petits-fils Gérard et Gaël exploitent 38 ha en pomerol (Franc Maillet), saint-émilion (La Fleur Chantecaille), montagne (Gachon) et lalande (Vieux Château Gachet), et proposent régulièrement de très bons vins.

Voilà un montagne que l'on pourra boire dans sa jeunesse, présentant quelques signes d'évolution, lesquels n'entament en rien son côté fringant, qui exprime joliment les ressources des merlots et cabernets cueillis à bonne maturité. Si le boisé de la barrique reste pour l'instant dominateur, la dégustation révèle une matière concentrée et soyeuse, bien qu'un peu plus sévère en finale. ⧗ 2019-2023

SCEA VIGNOBLES G. ARPIN, Chantecaille, 33350 Saint-Émilion, tél. 09 71 58 23 49, contact@chateaux-g-arpin.fr V r.-v.

CH. GRAND BARIL
Cuvée Prestige 2015 ★

■ | 24000 | | 11 à 15 €

Créé en 1969, le lycée viticole de Libourne-Montagne – qui forme quelques 300 élèves par an – exploite un domaine de 40 ha répartis sur deux crus: Grand Baril en montagne-saint-émilion et Réal-Caillou en lalande-de-pomerol.

Après un an de fût de chêne, ce vin délivre une olfaction riche et nuancée autour du cassis, du pruneau, de la vanille et du cachou. Le prélude à une bouche dense, généreuse, ample et équilibrée, étayée de tanins fins, mais plus serrés en finale. ⧗ 2020-2025

LYCÉE VITICOLE LIBOURNE-MONTAGNE, 7, Le Grand Barrail, 33570 Montagne, tél. 05 57 55 21 22, expl.libourne@educagri.fr V t.l.j. sf sam. dim. 8h30-12h 14h-17h; août sur r.-v.

CH. DE GRANDCHAMP 2015 ★★

■ | 25000 | | 8 à 11 €

Après avoir œuvré dans plusieurs domaines bordelais, Gonzague Maurice s'est installé en 2006 à Montagne dans un domaine commandé par une folie du XVIIIe s., ancienne garçonnière du seigneur local. Travaillant dans l'esprit bio, il produit du vin dans les appellations montagne-saint-émilion, puisseguin et castillon.

Un montagne qui exalte les qualités du millésime 2015 et qui a participé à la finale des coups de cœur. D'un assemblage de merlot (90 %) et de cabernet franc vendangés à la main, l'équipe du château Grandchamp a extrait un vin alliant puissance et élégance. La robe est pourpre nuancé de violet, le nez centré sur les fruits noirs mâtinés d'arômes épicés annoncent le palais fringant, suave, fruité, doté de tanins fins et fermes et d'une longue une finale. ⧗ 2021-2028 ■ **Clos du Pavillon La Petite Folie 2015 (15 à 20 €; 6000 b.)** : vin cité.

DOM. GONZAGUE MAURICE, lieu-dit Larue, 33570 Montagne, tél. 06 61 77 77 33, gonzaguemaurice@hotmail.com V r.-v.

CH. HAUT-GOUJON 2015 ★

■ | 16300 | | 11 à 15 €

Ce cru dispose d'un vignoble de 18 ha en lalande-de-pomerol et en montagne-saint-émilion. La famille Garde y est installée depuis quatre générations; la dernière est représentée par Corinne, Mickaël et Vincent, qui ont pris la suite de leur père Henri en 1995.

Sur 2,5 ha de terres argilo-sableuses, merlot (80 %) et cabernet-franc ont donné jour à ce vin tentateur dès l'olfaction. Un fruité pimpant discrètement poivré et des finesses chocolatées annoncent une bouche grasse et charnue, soutenue par des tanins soyeux, par un boisé bien dosé et une fine fraîcheur. Une bouteille à apprécier aussi bien jeune que vieillie. ⧗ 2019-2026

SCEA GARDE ET FILS, 3, Goujon, 33570 Montagne, tél. 05 57 51 50 05, contact@chateauhautgoujon.fr V t.l.j. 9h-18h E

CH. HAUT MUSSET 2015 ★

■ | 9600 | | 11 à 15 €

Dans le Saint-Émilionnais, le nom Corbin apparaît dès le Moyen Âge: il s'agit de l'ancienne seigneurie de Montagne, où la famille Rambeaud cultivait déjà la vigne avant la Révolution. Une propriété de 37 ha aujourd'hui, qui produit en saint-georges-saint-émilion (Clos Albertus) et en montagne-saint-émilion (Haut Musset), avec Jacques Rambeaud à sa tête depuis 2010.

La vendange des merlots et cabernets, savamment travaillée au chai (tris densimétriques, macérations douces avec remontages légers...), a fourni des jus de qualité, densifiés par un élevage de quatorze mois en barrique. Robe rouge sombre, nez intense de fruits noirs et de réglisse, bouche chaleureuse et suave, aux tanins vigoureux: un beau représentant de l'appellation. ⧗ 2021-2026

SCEA F. RAMBEAUD, Ch. Corbin, 33570 Montagne, tél. 05 57 74 62 41, info@chateaucorbin.fr V r.-v.

TAGE DE LESTAGE 2015

■ | 690 | | 11 à 15 €

Situé à Parsac, le cru aurait été donné par Louis XIII à un officier de ses armées en récompense de hauts faits au siège de la Rochelle. Il couvre aujourd'hui près de 19 ha en montagne saint-émilion. Philippe Raoux (Ch. d'Arsac à Margaux) l'avait acquis en 2000. Cette valeur sûre de l'appellation a été vendue en décembre 2014 à Sergueï Belikov, industriel et négociant russe, qui, après avoir fait fortune dans la climatisation, s'est intéressé aux vins français.

Régulièrement présent dans les colonnes du Guide, le Ch. Lestage signe avec cette cuvée très confidentielle un vin rond et vineux, étayé par des tanins vifs et fermes et par un boisé encore dominant. ⧗ 2020-2024

SCEA IMPULSION VIN, Ch. Lestage, 12, rte de Parsac, 33570 Montagne-Saint-Émilion, tél. 07 87 93 09 85, giraud@chateaulestage.com V r.-v. 3 C

CH. LYS DE MAISONNEUVE Cuvée Prestige 2015

■ | 10 000 | | 8 à 11 €

Ce vignoble appartint jusqu'en 1934 à la famille Lacoste, alors également propriétaire de Petrus. Installés en 1989, Alain et Nicole Rospars, rejoints en 2015 par Thomas, l'ont largement replanté et agrandi vers Saint-Christophe-des-Bardes. Ils exploitent quelque 20 ha en AOC montagne-saint-émilion (Lys de Maisonneuve) et en saint-émilion (Moulin de Laborde).

Cette cuvée dévoile au nez de belles notes réglissées et toastées qui encadrent un ensemble gourmand, centré sur les fruits mûrs. En bouche, elle déploie un boisé soutenu, des tanins serrés et une finale assez tendue. ⧗ 2021-2025

ROSPARS, Maisonneuve, 6, rue Berlière, 33570 Montagne, tél. 07 86 18 73 81, contact@vignobles-rospars.com V r.-v. E

CH. DE MAISON NEUVE 2015 ★

■ | 400 000 | | 5 à 8 €

Vinifiée en coopérative jusqu'en 1969, l'exploitation a été reprise à cette date par Michel Coudroy qui est graduellement sorti de la cave. Il exploite aujourd'hui un important vignoble de 80 ha répartis sur plusieurs crus, notamment Maison Neuve en montagne-saint-émilion, Haut-Tropchaud en pomerol et la Faurie Maison Neuve en lalande-de-pomerol.

Ce 2015 qui associe quantité et qualité met en valeur un millésime généreux. Un vin à la stature vigoureuse, ouvert au nez sur des notes torréfiées, sur la violette et les fruits des bois. Une attaque ample introduit une bouche intense, riche, solidement bâtie et prolongée par une finale serrée. Un montagne taillé pour la garde. ⧗ 2021-2028 ■ **Ch. Haut Langlade 2015 ★ (5 à 8 €; 46 666 b.)** : au nez, des arômes de fruits rouges délicatement confits, prolongés en compagnie de notes de cacao par une bouche dense, puissante, aux tanins athlétiques. ⧗ 2021-2028

SCEA VIGNOBLES MICHEL COUDROY, Maison-Neuve, BP 4, 33570 Montagne, tél. 05 57 74 62 23, michel-coudroy@orange.fr V *t.l.j. 8h15-12h15 13h30-17h30*

CH. MESSILE-AUBERT 2015

■ | 40 000 | | 11 à 15 €

Propriétaire de vignes depuis plus de deux siècles, la famille Aubert – aujourd'hui les frères Alain, Daniel et Jean-Claude, épaulés par leurs enfants – exploite 300 ha et de nombreux domaines du Bordelais, essentiellement en Libournais, avec pour fleuron le Ch. la Couspaude, grand cru classé de Saint-Émilion depuis 1996, acquis en 1908.

Le bon caractère de ce montagne s'affirme dès l'olfaction, révélant, entre autres générosités, une forte présence boisée que stimulent des notes épicées. La bouche, charnue, encadrée de tanins solides, s'inscrit dans un registre identique. Pour la cave. ⧗ 2021-2025

VIGNOBLES AUBERT, Ch. la Couspaude, 33330 Saint-Émilion, tél. 05 57 40 15 76, vignobles.aubert@wanadoo.fr r.-v.

B CH. MOULIN BLANC Grande Réserve 2015 ★

■ | 14 000 | | 8 à 11 €

La Famille Vauvrecy-Boutet exploite la vigne depuis 1937 et trois générations: 12 ha en lalande-de-pomerol et en montagne-saint-émilion. 2014 constitue le premier millésime certifié bio.

Né de merlot (80 %) et cabernet franc (15 %) complétés d'un soupçon de malbec, ce montagne livre, après un court élevage en barrique, des arômes de fruits noirs caressés d'un léger boisé aux accents de moka, de fève de cacao et de caramel. Gourmande, la bouche n'est pas en reste: du volume, une matière délicate, des tanins fins, une finale tonique. ⧗ 2020-2024

MARTINE VAUVRECY-BOUTET, 1, Grande-Pièce, Chagneau, 33500 Néac, tél. 06 30 21 13 60, vauvrecy-boutet@orange.fr V r.-v.

CH. DU MOULIN NOIR 2015 ★

■ | 20 000 | | 11 à 15 €

Propriétaire dans le Médoc depuis la fin du XIXe s. (Ch. Lescalle, Ch. Maucamps), la famille a acheté en 1989 à un ancien coopérateur ce vignoble de 4,5 ha dont elle a porté la superficie à 17,5 ha, répartis entre les appellations montagne et lussac-saint-émilion.

Merlot (60 %) et cabernet franc, élevés six mois en cuve puis un an en barrique, ont donné naissance à un montagne expressif, ouvert sur les fruits rouges très mûrs. Le prélude à une bouche souple et équilibrée, nantie de tanins soyeux et de quelques touches grillées en finale. Un vin de plaisir dont le croquant n'est pas la moindre des vertus. ⧗ 2019-2022

SC CH. DU MOULIN NOIR, Lescalle, 33460 Macau, tél. 05 57 88 07 64, vitigestion@vitigestion.com V r.-v. *Tessandier*

CH. DE MUSSET Les Colonnes Élevé en fût de chêne 2015 ★★

■ | 8 000 | | 8 à 11 €

Situé sur la commune de Parsac, le Ch. de Musset, pittoresque domaine viticole de 7,5 ha acheté par Pierre Musset en 1887, s'est transmis de génération en génération jusqu'à Élisabeth et Marc Lecomte, en charge

des lieux depuis 2005, complété en 2013 par la vigne voisine (3,6 ha) du Ch. de Daviaud.

Un montagne très bien travaillé, séduisant dans sa brillante tenue pourpre. Le charme opère aussi à l'olfaction avec ces arômes fruités intenses et gourmands, accompagnés de nuances boisées bien dosées. En bouche, des tanins serrés et une fine fraîcheur soulignent une large palette de fruits rouges et noirs. Un vin très équilibré, pourvu d'un potentiel intéressant. ⧗ 2020-2028

SCEA CH. DE MUSSET, Musset Parsac, 33570 Montagne, tél. 05 57 24 34 62, chateaudemusset@yahoo.fr V r.-v.
Gadenne

CH. LA PAPETERIE 2015

■ | 19 000 | | 11 à 15 €

Les Estager, d'origine corrézienne, sont établis depuis quatre générations dans le Libournais, comme négociants et producteurs. Claude et son fils Charles conduisent aujourd'hui trois crus, en pomerol (Lafleur Grangeneuve), en lalande (Fougeailles) et en montagne-saint-émilion (La Papeterie).

Ce 2015 grenat sombre se révèle expressif au nez: groseille, cassis, pain grillé, notes mentholées. Plutôt pulpeux en attaque et en milieu de bouche, il se montre plus sévère en finale, marquée par les tanins du bois. À attendre un peu. ⧗ 2019-2024

CHARLES ESTAGER, 1, Foujailles, 33500 Néac, tél. 05 57 51 35 09, contact@estager-vin.com V r.-v.

PERACLOS 2015

■ | 50 000 | | 8 à 11 €

Créée en 1938, la très qualitative cave des producteurs réunis de Puisseguin-Lussac-Saint-Émilion s'illustre régulièrement dans ces pages. Elle représente aujourd'hui quelque 200 adhérents et 1 200 ha de vignes.

Une cuvée issue de merlot (80 %) et des deux cabernets. Bien maîtrisés, les tanins de la barrique n'affectent en rien ce montagne doté d'une olfaction délicate (petits fruits rouges, notes de pivoine) et d'une bouche ronde, soulignée par une touche de fraîcheur minérale qui contribue à son équilibre. ⧗ 2020-2024

VIGNERONS DE PUISSEGUIN-LUSSAC-SAINT-ÉMILION, 1, Durand, 33570 Puisseguin, tél. 05 57 55 50 40, accueil@vplse.com V r.-v.

LA PORTE CADÈNE 2015 ★

■ | 20 000 | | 8 à 11 €

Créée en 1931, la coopérative de Saint-Émilion est un acteur incontournable du Libournais, et ses cuvées – vins de marque (Aurélius, Galius) ou de domaines (une cinquantaine de propriétés apportent leur vendange à la «coop») – sont régulièrement au rendez-vous du Guide.

Ce montagne séduit par le naturel de sa bouche, dotée d'un fruité généreux, et sertie de délicates notes épicées. Un vin gourmand, dense et gras, épaulé par des tanins nobles et serrés. ⧗ 2020-2024 ■ **Ch. Marchand 2015 (8 à 11 €; 39 000 b.)** : vin cité. ■ **Ch. de Courtade 2015 (8 à 11 €; 15 300 b.)** : vin cité.

UNION DE PRODUCTEURS DE SAINT-ÉMILION, lieu-dit Haut-Gravet, BP 27, 33330 Saint-Émilion, tél. 05 57 24 70 71, contact@udpse.com V r.-v.

CH. PUYNORMOND 2015 ★★

■ | 34 000 | | 8 à 11 €

Conduit depuis 2000 par Philippe Lamarque et sa sœur Catherine Barrat, ce domaine situé en montagne-saint-émilion a été acquis en 1923 par leur arrière-grand-père. Implantés sur argilo-calcaires avec crasse de fer, les 13 ha du vignoble sont disposés en amphithéâtre, orientés plein sud. Autodidacte, Philippe Lamarque a obtenu, à quarante ans, le BTS Viti-œno.

Merlot (90 %) et cabernet franc se sont épanouis sur un terroir argilo-calcaire pour aboutir à ce montagne de belle tenue. Un long élevage en cuve (dix-huit mois) a permis de sublimer un fruité aussi intense que gourmand. La bouche, ample, suave, ronde, dotée de tanins doux, est une vraie friandise. ⧗ 2019-2024

VIGNOBLES LAMARQUE, Puynormond, 33570 Montagne, tél. 05 57 74 66 69, contact@chateau-puynormond.com V *t.l.j. sf dim. 9h30-12h30 13h30-19h*

CH. ROCHER CALON 2015 ★

■ | 110 000 | | 8 à 11 €

Aux lendemains de la guerre de 1914, Pierre Lagardère acquiert 1 ha de vignes dans le secteur de Maillet, à Pomerol. Ses petits-fils et arrière-petits-fils, Jean-Claude et Gaël, conduisent aujourd'hui un vignoble de 17 ha à Montagne (Ch. Négrit et Ch. Rocher Calon) et de 2 ha à Pomerol (Ch. Tour Maillet).

Ce montagne dévoile un bouquet expressif mariant les fruits rouges et noirs. Le prélude à une bouche dense et chaleureuse, bâtie sur des tanins fermes, certes encore un peu austères en finale mais fort prometteurs. ⧗ 2020-2024

SCEV LAGARDÈRE, Négrit, 33570 Montagne, tél. 05 57 74 61 63, vignobleslagardere@wanadoo.fr V *t.l.j. sf sam. dim. 8h-12h 14h-19h; f. 5-12 août*

CH. TEYSSIER 2015 ★

■ | 92 000 | | 8 à 11 €

Après avoir travaillé dans des domaines du Nouveau Monde, puis pour un grand cru classé de Saint-Émilion, Thomas Durand-Teyssier a pris la tête en 2007, à moins de trente ans, de la propriété fondée en 1973 par son grand-père: un vignoble d'un seul tenant, en montagne et en puisseguin, implanté sur un terroir très calcaire.

Ce 2015 possède l'essentiel des vertus du millésime: robe sombre parcourue de reflets violines; olfaction complexe (mûre, cassis) où s'insinuent des parfums de vanille et de pain grillé; bouche large, au fruité généreux, soutenue par des tanins souples et une fine acidité qui apporte de la longueur. ⧗ 2020-2025

SD DU CH. TEYSSIER, 1, Teyssier, 33570 Puisseguin, tél. 05 57 74 63 11, chateau.teyssier@orange.fr V r.-v.

LE BORDELAIS

♥ CH. TOUR BAYARD L'Angelot 2015 ★★

■ | 3000 | 🛢 | 20 à 30 €

Julien Richard a pris la suite de Fanny en 2013 à la tête de ce cru de 24 ha acquis par la famille en 1956, sur lequel sont dispensés des soins raisonnés (compost naturel, vendanges manuelles) pour proposer des vins souvent en bonne place dans ces pages. Trois étiquettes ici: Ch. Tour Bayard (montagne-saint-émilion), Ch. Pontet Bayard et Ch. la Croix Guillotin (puisseguin-saint-émilion).

Un assemblage atypique – 95 % de malbec et 5 % de merlot récoltés à la main sur 1 ha d'argilo-calcaire – est à l'origine de ce montagne aussi élégant qu'original. Noblement paré de grenat soutenu, cet Angelot, exemplaire de puissance et de complexité, associe les arômes vanillés et toastés transmis par l'élevage en barrique aux fruits noirs et à la réglisse. En bouche, une matière puissante, riche, extraite avec élégance, s'appuie sur des tanins nobles et soyeux. À encaver d'urgence! ⧗ 2021-2028

⊶ EARL VIGNOBLES RICHARD ET FILS, Bayard, 33570 Montagne, tél. 07 86 03 30 91, chateau@tour-bayard.fr V ⚲ ▮ *r.-v.*

VIEUX CHÂTEAU BAYARD L'Intégrale 2015 ★★

■ | 2400 | 🛢 | 15 à 20 €

Les Latorre conduisent la vigne depuis 1806 en Libournais; des vignes transmises par les femmes depuis cette date et exploitées aujourd'hui par Marie-Laure, à la tête depuis 2011 d'un vignoble de 18 ha.

Cette cuvée, finaliste des coups de cœur, dévoile un nez opulent associant les fruits rouges aux tendresses vanillées. Rond et plein de saveurs, le palais développe une chair dense soutenue par tanins enrobés et déploie une longue finale souple et fondue. Un 100 % merlot sans fausse note, équilibré et velouté. ⧗ 2020-2025

⊶ SCEA VIEUX BAYARD, 7, imp. Bayard, 33570 Montagne, tél. 05 56 71 54 51, contact@vieuxchateaubayard.fr ⊶ Latorre

VIEUX CHÂTEAU CALON 2015

■ | n.c. | 🛢 | 8 à 11 €

Constitué en 1927, ce domaine familial de 7 ha est établi à proximité des moulins de Calon. Il propose des vins en AOC pomerol (Grange Neuve et Fleur des Ormes) et montagne-saint-émilion (Vieux Château Calon).

À une olfaction fruitée de bonne intensité développant à l'aération des fragrances de réglisse, d'eucalyptus, de vanille, de tabac blond, succède une bouche suave, encadrée par des tanins du bois qui ont tendance à se montrer encore rugueux, voire dominateurs. Le temps devrait les discipliner. ⧗ 2021-2028

⊶ SCE GROS ET FILS, Calon, 33570 Montagne, tél. 05 57 51 23 03, chateau.grange.neuve@wanadoo.fr V ⚲ ▮ *r.-v.*

VIEUX CHÂTEAU DES ROCHERS Cuvée Prestige 2015 ★★

■ | 5400 | 🛢 | 11 à 15 €

Technicien d'élevage dans un organisme professionnel, Jean-Claude Rocher a repris en 1995 la propriété familiale fondée par son père Abel en 1964; un domaine qui s'étend sur 5 ha de vieilles vignes à dominante de merlot en appellation montagne-saint-émilion.

Belle réussite que cette Cuvée Prestige qui dévoile une palette aromatique intense autour d'un large fruité agrémenté de notes épicées et finement boisées. La bouche, portée par des tanins moelleux et veloutés, offre une texture ample, ronde, charnue. Un 100 % merlot de noble expression. ⧗ 2020-2026

⊶ JEAN-CLAUDE ROCHER, 15, Mirande, 33570 Montagne, tél. 06 80 64 49 75, vieuxchateaudesrochers@orange.fr V ⚲ ▮ *r.-v.*

VIEUX CHÂTEAU PALON 2015 ★★

■ | 33000 | 🛢 | 20 à 30 €

Grégory Naulet s'est installé comme jeune agriculteur en 2000 sur ce cru de 5,5 ha aux sols argilo-calcaires; il a restructuré le vignoble et créé une unité de vinification pour en faire une très bonne référence de l'appellation montagne-saint-émilion.

Il a frôlé le coup de cœur ce superbe montagne issu de merlot (75 %) et de cabernet franc, élevés quatre mois sur lies fines, puis quinze mois en fût de chêne. Le pourpre ténébreux de la robe s'orne de reflets violines. L'olfaction, remarquable, révèle la présence marquée de fruits mûrs agrémenté de fines notes toastées. Un boisé élégant qui accompagne des tanins bien fondus dans une bouche ample, suave, dense, expressive. Bâti pour durer. ⧗ 2021-2028

⊶ VIGNOBLES NAULET, Mondou, 33330 Saint-Sulpice-de-Faleyrens, tél. 06 89 10 90 01, vignobles.naulet@wanadoo.fr V ⚲ ▮ *r.-v.*

PUISSEGUIN-SAINT-ÉMILION

Superficie : 745 ha / Production : 43 000 hl

La plus orientale des appellations voisines de Saint-Émilion est implantée sur des sols à dominante argilo-calcaire, avec quelques secteurs d'alluvions graveleux. Le vignoble est exposé au sud-sud-est.

CH. L'ABBAYE 2015

■ | 8000 | 🛢 | 8 à 11 €

Cette propriété appartient à la famille de Jean-Claude Brisson depuis le XVIII[e]s. Ce dernier, établi à la suite de son père en 1967, y conduit un petit vignoble de 4,7 ha.

Très marqué par la présence du merlot (90 %), ce puisseguin fruité et épicé se montre plaisant et équilibré, apprécié pour son volume et sa souplesse héritée de son élevage en cuve. ⧗ 2018-2022

⊶ JEAN-CLAUDE BRISSON, La Rose-Trimoulet, BP 82, 33330 Saint-Émilion, tél. 05 57 24 73 24, brisson.jeanclaude@wanadoo.fr V ⚲ *t.l.j. sf dim. 8h-12h 14h-18h; f. 8-28 août*

CH. BEAUSÉJOUR Cuvée spéciale 2015 ★★

■ | 28000 | | 11 à 15 €

La présence des Dupuy sur les terres de Puisseguin remonte au Moyen Âge. Gérard, diplômé d'œnologie, a repris en 1995 ce cru (19 ha) acquis par sa famille en 1864 et conduit sans traitements chimiques dès 1947 et l'arrivée de son père sur le domaine.

Élégante au possible, l'intense et profonde robe pourpre de cette Cuvée spéciale élaborée est une invitation à explorer plus avant cet assemblage de merlot (70 %) et de cabernet franc. Le bouquet délivre, sur fond boisé, un puissant panier de fruits noirs surmûris. Ronde, grasse et charnue, la bouche a le bon goût de rester fraîche et équilibrée. Le coup de cœur fut mis aux voix. ⌛ 2021-2028

GÉRARD DUPUY, Ch. Beauséjour, 33570 Puisseguin, tél. 05 57 74 52 61, chateau.beausejour@orange.fr V r.-v.

CH. CLARISSE Vieilles Vignes 2015 ★★

■ | 15000 | | 30 à 50 €

Détenu pendant plus d'un siècle par la famille Estager, ce cru de 20 ha, établi sur les hauteurs argilo-calcaires du plateau de Puisseguin, est depuis 2009 la propriété d'Olivia et Didier Le Calvez (directeur de l'hôtel de luxe Le Bristol à Paris), qui l'ont renommé du prénom de leur fille et en ont confié la direction à Ludovic Nadal.

Cette cuvée de belle stature née du seul merlot s'est invitée à la finale des coups de cœur. Ses atouts: un bouquet bien fruité, agrémenté d'un boisé aux accents de torréfaction et de cacao; une bouche ample, suave, ronde, soyeuse, bien dans l'esprit du cépage. ⌛ 2020-2028

SC LE CALVEZ-MATHÉ, Croix-de-Justice, 33570 Puisseguin, tél. 06 70 54 92 16, contact@chateau-clarisse.com V *t.l.j. 8h-12h 14h-17h*

CH. LA DEVISE 2015

■ | 25200 | | 11 à 15 €

Vignoble familial né en 1956 de l'union des Robin, négociants et tonneliers à Castillon depuis le XVIIIe s., et des Lafugie, vignerons à Saint-Émilion. Les vignes (26 ha) sont situées dans les deux aires d'appellation: les Châteaux Pailhas et Billeron Bouquey côté Saint-Émilion, le Ch. Tour Grand Mayne côté Castillon. Dernière acquisition de la famille, en 2014: le Ch. la Devise en appellation puisseguin. Inès, fille de Michel Robin, et son époux Dominique Fugier, qui officie au chai, sont aux commandes.

Ce 2015 au profil léger séduit par son nez généreusement fruité (cerise à l'eau-de-vie) ainsi que par sa souplesse et sa rondeur avenante en bouche. ⌛ 2018-2021

SCEA ROBIN-LAFUGIE, Pailhas, 33330 Saint-Hippolyte, tél. 06 47 03 11 21, robin.lafugie@orange.fr V *r.-v.*

CH. GUIBEAU 2015

■ | 90000 | | 8 à 11 €

Un cru bien connu des lecteurs, constitué en 1979 à partir des châteaux Guibeau et Guibot La Fourvieille par le père d'Henri Bourlon, l'actuel propriétaire, descendant d'un soldat de l'empereur Maximilien lors de la conquête du Mexique; 41 ha d'un seul tenant en puisseguin et en castillon, désormais conduits par Brigitte, fille d'Henri, et son mari Éric. En bio certifié depuis 2012.

Au nez, des arômes soutenus de fruits rouges. En bouche, un profil souple et équilibré, renforcé d'une fraîcheur pimpante. ⌛ 2019-2023

SCEA BOURLON-DESTOUET, Ch. Guibeau, 33570 Puisseguin, tél. 05 57 55 22 75, vignobles@chateau-guibeau.fr V *r.-v.* *Destouet*

CH. HAUT-BERNAT Les Cyprès 2015

■ | 1200 | | 20 à 30 €

Le Calaisien Dominique Bessineau est établi dans le Libournais depuis 1989 avec le Ch. Côte Montpezat (30 ha en castillon et en AOC régionales), ancien relais de poste de 1620 situé sur le chemin de Compostelle, auquel se sont ajoutés en 1991 les 6 ha de puisseguin du Ch. Haut-Bernat.

Il faudra sans doute attendre avant de déboucher cette Cuvée des Cyprès, nouveauté du Ch. Haut-Bernat, née de vieux ceps de merlot vendangés à très petits rendements et vinifiés en foudre de 400 l puis élevés deux ans en barrique. Au nez, des fruits mûrs et un boisé fondu. En bouche, des tanins jeunes et puissants qui appellent la garde. ⌛ 2021-2028

SAS DES VIGNOBLES BESSINEAU, 8, Brousse, 33350 Belvès-de-Castillon, tél. 05 57 56 05 55, bessineau@cote-montpezat.com V *r.-v.*

CH. HAUT-FAYAN Cuvée Excellence 2015 ★★

■ | 60000 | | 11 à 15 €

Nathalie et Gérard Opérie produisent sur trois AOC: puisseguin avec le Ch. Haut-Fayan, leur fief, saint-émilion avec le Ch. Beaulieu Cardinal et la cuvée L'Or du temps, 3 ha en pied de côte créés en 2000, et enfin, cadillac.

Elle s'est invitée à la finale des coups de cœur cette Cuvée Excellence qui réunit toutes les qualités que l'on attend d'un puisseguin: une limpide tenue grenat, une olfaction fraîche et séveuse, gorgée de fruits, qui précède une bouche de grande envergure, charnue, puissante, tannique. Un vin robuste qui pourra affronter le temps sans crainte. ⌛ 2022-2028

VIGNOBLES POITOU OPÉRIE, 33570 Puisseguin, tél. 05 57 74 59 97, sceavignobles-poitou-operie@wanadoo.fr V *r.-v.*

♥ **CH. DES LAURETS** Baron Edmond de Rothschild Sélection parcellaire 2015 ★★

■ | 20976 | | 30 à 50 €

Edmond de Rothschild – arrière-petit-fils de James, qui fit entrer Lafite dans la famille en 1868 – a acquis en 1973 le Ch. Clarke, en listrac, et le Ch. Malmaison, en moulis, avant de fonder la Compagnie vinicole Baron Edmond de Rothschild, propriétaire de plusieurs crus en Bordelais et dans le Nouveau Monde.

Coup de cœur dans l'édition précédente, le Ch. des Laurets récidive. Révéler la quintessence d'une sélection parcellaire a ses exigences: respect de la plante et du terroir, méticuleux travail au chai (macération préfermentaire à froid, vinification en cuve bois, pigeages répétés, thermorégulation...). Ainsi choyé, le merlot, né de vieilles vignes, donne toute sa mesure. La densité de ce vin s'évalue au premier regard porté sur sa chatoyante tenue pourpre. À l'olfaction, un fruité fondu évoquant la cerise mûre s'agrémente d'un boisé fin et délicat. La bouche apparaît aussi large que longue, riche et soyeuse. Un vin déjà remarquable, que les années bonifieront encore. ⌛ 2021-2028 ■ **2015 ★ (15 à 20 €; 230 773 b.)** : un vin généreusement fruité et finement boisé, élégant, rond et concentré en bouche, harmonieux de bout en bout. ⌛ 2020-2025

BENJAMIN DE ROTHSCHILD, 1, Laurets, 33570 Puisseguin, tél. 05 57 74 63 40, contact@edrh-wines.com V r.-v.

♥ CH. DE PUISSEGUIN CURAT
Gemme rouge 2015 ★★

■ | 5000 | | 11 à 15 €

Jeanne d'Albret, mère du roi Henri IV, fut propriétaire de ce domaine, dans la famille Robin depuis 1958. Aujourd'hui, Jean-François et Jean-David Robin conduisent, en culture raisonnée, les 25 ha de vignes.

Cette cuvée issue du merlot et des deux cabernets déploie une séduisante palette aromatique fruitée, grillée et épicée. Elle plaît aussi pour sa bouche ample, riche, ronde, très équilibrée, étayée par des tanins soyeux qui apportent un vrai supplément d'âme. ⌛ 2021-2028

EARL CH. DE PUISSEGUIN CURAT, Curat, 33570 Puisseguin, tél. 05 57 74 51 06, arobin33350@gmail.com V r.-v. *Robin*

CH. ROC DE BOISSAC 2015 ★

■ | 13 085 | | 11 à 15 €

Constitué au XVIIIe s., un vignoble de 40 ha implanté sur l'un des sites les plus élevés du Saint-Émilionnais, et réparti entre les AOC puisseguin (Roc de Boissac, 31,5 ha) et lalande-de-pomerol (Ch. la Croix). Propriété d'un groupe coopératif, il est géré par Cécile Piéderrière, œnologue. Les vins sont élevés dans des caves monolithiques creusées dans le calcaire.

Un long élevage en fût de chêne apporte de l'élégance à ce vin ouvert sur des notes de pain grillé, de vanille et de fruits mûrs. Arômes prolongés avec persistance par une bouche ample, ronde et charnue, aux tanins fondus. ⌛ 2020-2028

SAS ROC DE BOISSAC, Pleniers-de-Boissac, 33570 Puisseguin, tél. 05 57 74 61 22, contact@roc-de-boissac.fr V r.-v.

CH. SOLEIL 2015

■ | n.c. | | 15 à 20 €

Créée par un groupe d'amis réunis autour de Stephan von Neipperg (Canon La Gaffelière à Saint-Émilion) et Didier Miqueu, la SCEA Winevest Saint-Émilion a acquis en 2005 le Ch. Soleil, 20 ha à Puisseguin, complétés en 2007 de 13,5 ha en lussac avec le Ch. Croix du Rival.

Ce puisseguin plaît par son olfaction fruitée (cerise notamment) mâtinée d'un boisé chocolaté et par sa bouche riche, ronde et souple, mais plus acérée en finale. ⌛ 2020-2025

SCEA WINEVEST SAINT-ÉMILION, 32, rte de Saint-Émilion, 33570 Puisseguin, tél. 09 75 69 65 75, info@chateausoleil.fr

CH. TEYSSIER Cuvée d'exception 2015

■ | 68 800 | | 8 à 11 €

Après avoir travaillé dans des domaines du Nouveau Monde, puis pour un grand cru classé de Saint-Émilion, Thomas Durand-Teyssier a pris la tête en 2007, à moins de trente ans, de la propriété fondée en 1973 par son grand-père: un vignoble d'un seul tenant, en montagne et en puisseguin, implanté sur un terroir très calcaire.

Au nez, des fruits noirs, des épices, des notes de bois exotique et de noix de coco. Dotée de tanins fermes, la bouche s'équilibre bien entre le fruit et le boisé, en dépit d'une petite touche végétale qui disparaît après une aération. ⌛ 2020-2028

SD DU CH. TEYSSIER, 1, Teyssier, 33570 Puisseguin, tél. 05 57 74 63 11, chateau.teyssier@orange.fr V r.-v.

SAINT-GEORGES-SAINT-ÉMILION

Superficie : 200 ha / Production : 11 500 hl

Séparé du plateau de Saint-Émilion par la rivière Barbanne, le terroir de l'appellation saint-georges présente une grande homogénéité avec des sols presque exclusivement argilo-calcaires.

CH. CAP SAINT-GEORGE 2015 ★

■ | 50 000 | | 15 à 20 €

Fils de Jean-François Janoueix, Jean-Philippe Janoueix s'est d'abord installé à Lalande (Ch. Chambrun, vendu à Silvio Denz) avant de créer en 2001 le Ch. la Confession en saint-émilion grand cru, réunion des Châteaux Barreau et Haut-Pontet. Il produit aussi du bordeaux supérieur (Croix Mouton) du saint-georges-saint-émilion (Cap Saint-Georges) (19 ha en) et du pomerol (Sacré-Cœur, en fermage, la Croix Saint-Georges).

Élevé seize mois en fût de chêne, ce 2015 associant merlot (89 %) et cabernet franc dévoile une olfaction généreuse de mûre fraîche agrémentée de douces notes vanillées. Un engageant prélude à une bouche ferme, structurée autour de tanins qui vont se discipliner avec le temps. ⌛ 2021-2028 ■ **Ch. Cap d'Or 2015 (11 à 15 €; 80 000 b.)** : vin cité.

JEAN-PHILIPPE JANOUEIX, lieu-dit Haut-Pontet, 33330 Saint-Émilion, tél. 05 57 48 13 10, contact@jpjdomaines.com V r.-v.

CLOS ALBERTUS 2015 ★

■ | 10 800 | | 15 à 20 €

Dans le Saint-Émilionnais, le nom Corbin apparaît dès le Moyen Âge: il s'agit de l'ancienne seigneurie de Montagne, où la famille Rambeaud cultivait déjà la vigne avant la Révolution. Une propriété de 37 ha aujourd'hui, qui produit en saint-georges-saint-émilion (Clos Albertus) et en montagne-saint-émilion (Haut Musset), avec Jacques Rambeaud à sa tête depuis 2010.

Issu d'une parcelle d'un seul tenant où le merlot baisse un peu pavillon devant les deux cabernets (60 % de l'assemblage), ce 2015 a bénéficié de soins attentionnés: tri densimétrique de la vendange, macération à douces températures, remontages légers, longue macération. Le résultat: un bouquet généreux de fruits mûrs, de vanille et de pain grillé, une bouche ample, droite et bien structurée, qui reste harmonieuse de l'attaque à la finale.
⧗ 2020-2028

SCEA F. RAMBEAUD, Ch. Corbin, 33570 Montagne, tél. 05 57 74 62 41, info@chateaucorbin.fr V r.-v.
Jacques Rambeaud

CH. HAUT-SAINT-GEORGES 2015 ★★

■ | 10 000 | | 15 à 20 €

En 1995, le brasseur belge M. van der Kelen a acquis 15 ha dans deux appellations satellites de Saint-Émilion: le Ch. la Grande Barde, en montagne, et le Ch. Haut-Saint-Georges (6 ha), en saint-georges. Une grande partie des vins est exportée outre-Quiévrain. Entièrement modernisés, les chais de la propriété sont installés dans d'immenses cavités souterraines. Le Ch. Haut-Saint-Georges, avec plusieurs coups de cœur à son actif, est une valeur sûre.

Stimulé par un soupçon de malbec (10 %) le merlot donne ici un saint-georges de haut lignage. Vinifié en demi-muids, puis élevé dix-huit mois en barrique neuve, ce vin sombre distille au nez de fastueux arômes de fruits (cerise, mûre) imprégnés de discrètes notes boisées. Une attaque fougueuse ouvre sur une bouche tout aussi fruitée, puissante, ample et suave, bâtie sur des tanins soyeux. ⧗ 2021-2028

VAN DER KELEN, 2, rte de puisseguin, 33570 Montagne, tél. 05 57 74 64 98, chateaulagrandebarde@wanadoo.fr V r.-v.

CH. SAINT-ANDRÉ CORBIN 2015

■ | 50 000 | | 11 à 15 €

Vignerons depuis le XVIII[e]s. et neuf générations, les Saby – depuis 1997 les frères Jean-Christophe et Jean-Philippe, tous deux œnologues comme leur père Jean-Bernard – possèdent plusieurs crus dans le Libournais et exploitent un ensemble de 70 ha.

Un 2015 de constitution robuste et apte à la garde. Le nez, jeune, expressif, dominé par des notes de fruits rouges, rehaussé d'arômes toastés, annonce une bouche concentrée, dominée par des tanins un tantinet athlétiques, et même sévères en finale. ⧗ 2021-2026

VIGNOBLES JEAN-BERNARD SABY ET FILS, 7, lieu-dit Le Sable, 33330 Saint-Laurent-des-Combes, tél. 05 57 24 73 03, info@vignobles-saby.com V r.-v.

CASTILLON-CÔTES-DE-BORDEAUX

Superficie : 3 000 ha / Production : 160 000 hl

Située à l'est du vignoble de Saint-Émilion et de ses satellites, l'appellation (anciennement bordeaux-côtes-de-castillon puis côtes-de-castillon) jouxte à l'ouest les vignobles périgourdins. Elle s'étend sur les neuf communes de Belvès-de-Castillon, Castillon-la-Bataille, Saint-Magne-de-Castillon, Gardegan-et-Tourtirac, Sainte-Colombe, Saint-Genès-de-Castillon, Saint-Philippe-d'Aiguilhe, Les Salles-de-Castillon et Monbadon. Les vins ont bénéficié en 1989 d'une appellation à part entière, les viticulteurs s'engageant à respecter des normes de production plus sévères, notamment en ce qui concerne les densités de plantation, fixées à 5 000 pieds par hectare.

DOM. DE L'A 2015

■ | 47 000 | | 20 à 30 €

Couvrant des coteaux de Sainte-Colombe, jouxtant à l'est le vignoble de Saint-Émilion, une propriété de 10 ha acquise en 1999 par Christine et Stéphane Derenoncourt, ce dernier consultant réputé de nombreux domaines, qui l'a doté d'une cave enterrée.

Pas de cabernet franc dans cette cuvée, mais du malbec (15 %), qui vient compléter le merlot. Après dix-huit mois de barrique, le vin affiche une robe profonde. Son nez complexe décline les senteurs de vanille, de café et d'épices douces léguées par l'élevage, qui laissent s'exprimer le fruit, sur des notes de mûre, de cassis et de fruits rouges. On retrouve ce fruit dans une attaque ronde, mais des tanins boisés, encore austères, font rapidement sentir leur présence: la garde est de mise.
⧗ 2021-2024

SCEA STÉPHANE DERENONCOURT, 11, lieu-dit Fillol, 33350 Sainte-Colombe, tél. 05 57 24 60 29, contact@domainedela.com V r.-v.

CH. ALCÉE 2015 ★

■ | 20 000 | | 15 à 20 €

Pavie-Macquin et Larcis Ducasse en saint-émilion grand cru (1ers crus classés), Charmes-Godard, Puygueraud, La Prade en francs-côtes-de-bordeaux, Alcée en castillon-côtes-de-bordeaux, Nicolas Thienpont est un nom qui compte dans le Libournais. Charmes-Godard est un cru de 6 ha acquis en 1988, qui s'illustre avec une grande régularité, en blanc comme en rouge.

Ce castillon naît d'un petit vignoble de 6 ha répartis en deux grands îlots sur le plateau calcaire, la plus grande partie proche de Saint-Philippe-d'Aiguilhe. Le merlot y règne presque en maître (95 %). Le 2015 mêle les fruits noirs à un délicat boisé vanillé et fumé. Le fruit mûr se retrouve dans une bouche ronde en attaque, consistante et longue, marquée en finale par des tanins fermes qui signent un vin de garde. ⧗ 2020-2025

NICOLAS THIENPONT, lieu-dit Lauriol, 33570 Saint-Cibard, tél. 05 57 56 07 47, contact@charmes-godard.com V r.-v.

CH. D'ANVICHAR 2015 ★

■ | 20000 | | 11 à 15 €

Un petit cru créé en 2006 par Anne-Marie et Vincent Galineau à partir d'un vignoble de poche de 50 ares, complété en 2008 par des vignes voisines: la surface plantée atteint 5,2 ha. Anvichar? Une anagramme des prénoms des enfants, Antoine, Victor et Charles.

Né de pur merlot, un vin à la robe profonde et jeune, aux reflets violines. On aime sa palette mêlant les fruits noirs, la réglisse, le tabac et des notes grillées. On retrouve les fruits noirs, confiturés, dans une bouche ronde et persistante, aux tanins boisés bien extraits, suaves et soyeux. La finale élégante et fraîche signe un vin prometteur. ⧗ 2020-2025

VINCENT GALINEAU, 6, lieu-dit Périgord, 33350 Saint-Genès-de-Castillon, tél. 06 88 15 61 94, vincent.galineau@orange.fr r.-v.

CH. DE BELCIER Élevé en barrique de chêne 2015 ★

■ | 96114 | | 11 à 15 €

Ce château de style classique, construit à la fin du XVIIIes. par François de Belcier, contre-révolutionnaire guillotiné en 1793, est propriété de la MACIF depuis 2008. L'un des plus vastes crus de l'AOC (48 ha) et l'une des valeurs sûres.

Montrant un début d'évolution dans les reflets tuilés de sa robe, ce 2015 offre au nez comme en bouche une belle alliance de fruits rouges et de notes d'élevage épicées et fumées. Rond et gras au palais, il est rafraîchi en finale par des tanins assez vifs. ⧗ 2018-2023

SCA CH. DE BELCIER, 1, Belcier, 33350 Les Salles-de-Castillon, tél. 05 57 40 67 58, gironde-et-gascogne@wanadoo.fr r.-v. MACIF

CH. DE BERNON Élevé en fûts de chêne 2015 ★

■ | 600 | | 15 à 20 €

L'un comme l'autre fils de salariés viticoles, Kevin Labatut et Florent Zanetti rêvaient à vingt ans de faire leur vin. En 2015, ils ont pu reprendre le Ch. de Bernon, en castillon-côtes-de-bordeaux: plus de 16 ha sur des terroirs argilo-calcaires et limoneux. Ils souhaitent élaborer des cuvées sur le fruit, pouvant être débouchées jeunes.

Une microcuvée partagée entre cabernet franc et merlot. Le nez délicat et complexe joue sur la fraise, la griotte et des notes florales, soulignées d'un subtil boisé. Un vin bien construit, ample, chaleureux et rond, servi par une finale fraîche et longue. ⧗ 2020-2028 ■ **2016 (8 à 11 €; 55000 b.)** : vin cité.

KÉVIN LABATUT ET FLORENT ZANETTI, 96, Bernon Est, 33570 Puisseguin, tél. 07 84 25 87 27, chateaudebernon@gmail.com r.-v.

CH. BLANZAC 2015 ★

■ | 15000 | | 8 à 11 €

Perchée sur les coteaux de la Dordogne, une chartreuse du XVIIIes. commande le domaine (environ une trentaine d'hectares, dont 11,5 dédiés à la vigne, avec des petits bois et, dans les zones basses, des prés qui abritent un centre équestre). Bernard et Véronique Depons ont pris la suite des trois générations précédentes en 1980.

Le nez, encore discret, dévoile une complexité naissante dans ses arômes de petits fruits alliés à des notes épicées. En bouche, ce vin montre un réel équilibre entre un fruit bien présent, une bonne acidité et des tanins extraits avec doigté. ⧗ 2019-2024

EARL CH. BLANZAC, 22, rte de Coutras, 33350 Saint-Magne-de-Castillon, tél. 06 85 54 16 04, chateaublanzac@cegetel.net t.l.j. 10h30-12h 16h-18h; f. 20 août-10 sept.

CH. BREHAT 2015

■ | 29000 | | 8 à 11 €

Propriété de la même famille depuis le XVIIIes., conduite depuis 2010 par Jérôme et Béatrice de Monteil: 7 ha en saint-émilion grand cru (Haut Rocher) et saint-émilion (Pavillon), 5 ha en castillon (Bréhat).

Une robe sombre et jeune, aux reflets violets. L'élevage, partagé entre la cuve et la barrique, a peu marqué la palette de ce vin qui s'ouvre sur de subtiles senteurs de petits fruits rouges. Le prélude à une bouche souple, à la fois fraîche et suave, tout en petits fruits des bois, montrant en finale une certaine fermeté tannique. ⧗ 2020-2023

SCEA HAUT ROCHER, 1, Haut Rocher, 33330 Saint-Étienne-de-Lisse, tél. 05 57 40 18 09, info@haut-rocher.com r.-v. de Monteil

CH. CAP DE FAUGÈRES 2015 ★

■ | n.c. | | 15 à 20 €

Silvio Denz a acheté ce cru (castillon-côtes-de-bordeaux) à la famille Guisez en 2005, en même temps que le Ch. Faugères en saint-émilion. L'homme d'affaires suisse a fait également bénéficier ce domaine de ses investissements. Cap de Faugères dispose aujourd'hui d'un vignoble de 46 ha et d'un chai bâti sur les plans de Jean de Gastines et de Patrick Dillon.

Une robe profonde, un nez subtilement boisé, respectant le fruit, une bouche fraîche en attaque, bien structurée, ample, ronde et suave, encore marquée par l'élevage en barrique. L'ensemble demande encore à s'assouplir mais inspire confiance. ⧗ 2020-2025

CH. CAP DE FAUGÈRES, Faugères, 33350 Sainte-Colombe, tél. 05 57 40 34 99, info@vignobles-silvio-denz.com r.-v.

DOM. DU CAUFFOUR 2016 ★

■ | 12000 | | 5 à 8 €

Un petit cru (environ 2 ha aujourd'hui) en castillon, installé dans un ancien relais de diligence de Saint-Genès. Cadre agricole durant trente ans dans une exploitation de Montagne, René Allard en a pris les commandes en 1982, puis l'a transmis à Laurent et à Isabelle en 2009.

La robe profonde et jeune, aux reflets violets, est prometteuse; le bouquet complexe mêle des notes gourmandes de cassis et de griotte au kirsch à des notes d'élevage rappelant le moka et les épices douces, vanille en tête. Une attaque ample ouvre sur un palais dense, puissant, vineux et long, dans le même registre que le nez. La finale ferme et boisée appelle la garde. 2020-2028

LAURENT ET ISABELLE ALLARD, 15, Le Cauffour, 33350 Saint-Genès-de-Castillon, tél. 06 22 08 81 16, domaineducauffour@orange.fr V t.l.j. 8h-20h

♥ CLOS LUNELLES 2015 ★★

■	15 000		15 à 20 €

Propriétaire depuis 1998 du Ch. Pavie, célèbre 1er grand cru classé A de Saint-Émilion, et d'autres crus prestigieux de la même appellation (Monbousquet, Pavie Decesse, Bellevue-Mondotte), Gérard Perse a acquis en 2001 le Ch. Lapeyronie, rebaptisé Clos Lunelles: 8,5 ha en castillon, au point culminant de l'appellation, sur le plateau argilo-calcaire de Sainte-Colombe, qui prolonge celui de Saint-Émilion.

Gérard Perse soigne son castillon comme ses saint-émilion grand cru, témoin ce 2015 qui achève sa fermentation en barrique – renouvelées à 60 % tous les ans – et y reste dix-huit mois, dont six sur lies. Il en ressort paré d'une robe d'une rare profondeur, aux reflets violines de jeunesse. Le bouquet captive par sa complexité: toute une gamme de petits fruits, griotte et framboise en tête, et un large éventail de notes d'élevage – de la vanille, des nuances toastées, du cacao. Ces arômes s'épanouissent dans un palais intense, ample et gras, soutenu par des tanins élégants, encore fermes, qui soulignent d'un trait boisé la longue finale. 2021-2028

SCA SAINTE-COLOMBE, 65, av. Gal-de-Gaulle, 33350 Saint-Magne-de-Castillon, tél. 05 57 55 43 43, contact@vignoblesperse.com Gérard Perse

CLOS VÉDÉLAGO Élevé en fût de chêne 2015 ★★

■	4150		15 à 20 €

Un domaine de poche (47 ares à l'origine, 72 aujourd'hui) acquis en 2005 par Jean-Paul Védélago, ancien artisan charpentier-couvreur, qui réalise son rêve: faire son vin. Vendangés à la main, ces vieux merlots couvrant le plateau argilo-calcaire de Saint-Philippe d'Aiguilhe (castillon-côtes-de-bordeaux) bénéficient de soins méticuleux dignes d'un grand cru.

Né de pur merlot, resté plus de quatorze mois en barrique, ce 2015 a d'emblée attiré les jurés par sa robe profonde et par son bouquet délicat mêlant les petits fruits noirs bien mûrs aux fines épices de l'élevage, avec une nuance de tabac blond. La bouche achève de convaincre: ample en attaque, ronde et persistante, elle s'appuie sur des tanins à la fois soyeux et frais qui soulignent d'un trait vanillé sa finale aux accents de fruits rouges. Un vin harmonieux, bientôt prêt à passer à table. 2019-2028

JEAN-PAUL VÉDÉLAGO, 10, rue du Mayne, 33570 Puisseguin, tél. 06 77 22 11 05, contact@clos-vedelago.fr V r.-v.

B CH. FONGABAN 2015 ★★

■	120 000		8 à 11 €

Propriété de la famille Taïx depuis 1932, ce cru est une valeur sûre en castillon et en puisseguin, son vignoble de 34 ha étant idéalement situé sur le plateau argilo-calcaire, couvrant les deux secteurs. Aux commandes depuis 2009, Pierre Taïx (Guadet-Plaisance, Rigaud, la Mauriane) en a entrepris la conversion bio.

Le merlot règne presque sans partage dans ce 2015 élevé seize mois en barrique, qui s'est placé sur les rangs au moment d'élire les coups de cœur. Les jurés louent la profondeur de sa robe, la qualité et la complexité de son boisé aux nuances vanillées et grillées, sous lequel perce les fruits rouges et noirs. Rondeur et puissance, tanins veloutés, un rien épicés, grande persistance: la bouche achève de convaincre. Un vin charpenté et déjà aimable: l'harmonie même. 2020-2028

PIERRE TAÏX, 1, Fongaban, 33570 Puisseguin, tél. 05 57 74 54 07, fongaban@vignobles-taix.com V r.-v.

B ÂME DE FONTBAUDE 2016 ★

■	3000		15 à 20 €

Aux origines du domaine, 4 ha acquis en 1968 par François Sabaté, fils d'un réfugié espagnol. Son fils Christian (à la vigne), rejoint en 2000 par son frère Yannick (au chai), ont porté le vignoble à une vingtaine d'hectares, certifié bio depuis le millésime 2012, et en ont fait l'une des bonnes références de l'appellation.

Les premières parcelles acquises par François Sabaté: du merlot âgé de soixante-dix ans, planté sur terroir calcaire. Resté quatorze mois en barrique, le vin est bien coloré; il offre un nez très frais, sur les fruits noirs, la réglisse et la menthe. Une attaque ample ouvre sur un palais structuré par des tanins épicés et serrés, un peu sévères en finale. 2020-2025

■ Ch. Fontbaude Sélection vieilles vignes 2016 (11 à 15 €; 15 000 b.) B : vin cité.

GAEC SABATÉ, 34, rue de l'Église, 33350 Saint-Magne-de-Castillon, tél. 05 57 40 06 58, chateau.fontbaude@wanadoo.fr V t.l.j. sf sam. dim. 9h-12h 15h-18h

CH. JOANIN BÉCOT 2015 ★★

■	n.c.		15 à 20 €

Fille de Gérard Bécot, propriétaire de Beau-Séjour Bécot, 1er grand cru classé de Saint-Émilion, Juliette Bécot partage son temps entre le domaine familial et ce vignoble de 12,5 ha, repris avec son père en 2001, situé à 120 m d'altitude, au sommet du plateau de Castillon.

Un vin remarquable, fidèle reflet de son millésime solaire: robe profonde et jeune, presque noire, bouquet s'ouvrant à l'aération sur des notes chaleureuses de petits fruits noirs délicatement épicés, bouche complexe, ample et ronde, soutenue par une charpente tannique à la fois solide et soyeuse, finale longue et suave, sur le fruit. Malgré la présence de barrique neuve (50 %), le bois n'apparaît pas dans les commentaires, preuve de sa discrétion. Une bouteille charmeuse. 2020-2026

JULIETTE BÉCOT, 1, lieu-dit Joanin, 33350 Saint-Philippe-d'Aiguille, tél. 05 57 74 46 87, contact@beausejour-becot.com

CH. LAMOUR 2015

■ | 46000 | | 5 à 8 €

Issue d'une famille d'agriculteurs du nord de la France, Françoise Lannoye a souhaité retourner à la terre, préférant les vins de Bordeaux aux céréales. La famille a acquis des vignes en Libournais. D'abord en puisseguin (Ch. Lanbersac), puis en castillon-côtes-de-bordeaux (Ch. Moulin de la Clotte et Ch. Lamour, 13 ha) et enfin en saint-émilion grand cru (Ch. Ambe Tour Pourret).

Une robe colorée, presque noire, un nez intense, chaleureux mais harmonieux, sur les fruits très mûrs, avec une touche de raisin sec et de grillé. La bouche, à l'unisson, montre de belles qualités d'ampleur et de puissance. Bien charpentée, elle montre une certaine austérité tannique en finale. ⧗ 2020-2024

SCEV LANNOYE, 10, Le Chais, 33570 Puisseguin, tél. 05 57 55 23 28, contact@vignobles-lannoye.com

CH. DE LAUSSAC Cuvée Sacha 2015 ★★

■ | 10000 | | 15 à 20 €

Une ancienne ferme construite au début du XXᵉs., progressivement constituée en exploitation viticole (28 ha aujourd'hui). Alexandra Robin (Rol Valentin, Clos Vieux Taillefer), qui l'a rachetée en 2004 n'a pas ménagé ses efforts à la vigne et au chai pour en faire une valeur sûre de l'appellation.

Plus d'une fois distinguée et coup de cœur pour le 2010, cette cuvée s'est placée parmi les finalistes cette année. Elle assemble cabernet franc (40 %) et merlot, fermente en barrique et y reste seize mois. La robe profonde, tirant sur le noir, annonce un vin dense. Le nez intense et complexe marie les petits fruits noirs et les épices douces du boisé. Une attaque particulièrement ample et généreuse ouvre sur un palais charpenté par des tanins déjà fondus, plus marqués en finale. Une certaine acidité apporte tonus et longueur. Un castillon de haut vol. ⧗ 2020-2028 ■ **2015 ★ (11 à 15 €; 110663 b.)** : un castillon élevé quatorze mois en barrique. Nez de fruits rouges soulignés d'un léger boisé toasté, palais ample, riche et élégant, à la finale fruitée et fraîche, marquée par des tanins encore un peu vifs. ⧗ 2019-2025

SARL LA COMTESSE DE LAUSSAC, 4, chem. de Laussac, 33350 Saint-Magne-de-Castillon, tél. 05 57 40 13 76, contact@vignoblesrobin.com r.-v.

CH. MANOIR DU GRAVOUX Cuvée la Violette 2015 ★

■ | 16000 | | 11 à 15 €

Philippe et Séverine Émile exploitent depuis 1997 près de 25 ha en castillon côtes-de-bordeaux. Leur cuvée phare est la cuvée la Violette qui, selon eux, libère ces fragrances printanières typiques du merlot, cépage majoritaire (80 %) de leur domaine, aux côtés du cabernet franc.

Plus d'une fois appréciée, cette cuvée ne déçoit pas avec son 2015: robe dense et jeune, aux reflets violets, bouquet subtil sur la mûre et la framboise finement boisées, bouche ample, construite sur des tanins serrés mais déjà fondus, finale marquée par un boisé toasté encore appuyé mais révélant un vin bien élevé. ⧗ 2021-2024

PHILIPPE ÉMILE, 5, Le Gravoux, 33350 Saint-Genès-de-Castillon, tél. 05 57 47 93 32, manoirdugravoux.emile@gmail.com V r.-v.

♥ DOM. GONZAGUE MAURICE Victor 2015 ★★

■ | 10000 | | 8 à 11 €

Après avoir œuvré dans plusieurs domaines bordelais, Gonzague Maurice s'est installé en 2006 à Montagne dans un domaine commandé par une folie du XVIIIᵉs., ancienne garçonnière du seigneur local. Travaillant dans l'esprit bio, il produit du vin dans les appellations montagne-saint-émilion, puisseguin et castillon.

Issu de vieilles vignes de merlot, ce vin s'impose dans un millésime où la concurrence était rude. Les jurés louent à l'envi la profondeur de sa robe, la délicatesse de son nez associant les petits fruits noirs mûrs, les fleurs printanières et les épices douces. Ils sont charmés par l'harmonie de sa bouche ronde en attaque, intense, structurée, fraîche et longue. Cette élégance et cette fraîcheur sont à souligner dans un millésime solaire. ⧗ 2020-2028

DOM. GONZAGUE MAURICE, lieu-dit Larue, 33570 Montagne, tél. 06 61 77 77 33, gonzaguemaurice@hotmail.com V r.-v.

CH. LE PEYRAT 2015 ★

■ | 75000 | 5 à 8 €

Les Valade sont établis dans le Castillonnais depuis 1878. Installé en 1979 et aujourd'hui épaulé par son fils Cédric, Paul Valade propose deux étiquettes – Brisson et Peyrat – bien connues des lecteurs. La famille a aussi mis un pied à Saint-Émilion, en 2007, avec le château... Valade, dirigé par Cédric. En 2015, le tandem a construit un chai à Saint-Christophe-des-Bardes.

Un 2015 d'emblée séducteur, avec son nez mêlant les petits fruits rouges et noirs bien mûrs à un subtil boisé. Le palais ne déçoit pas, bien construit, ample et gras, de bonne longueur. Encore un peu ferme, la finale est marquée par un agréable retour du fruité. ⧗ 2019-2024 ■ **Ch. Brisson 2015 (8 à 11 €; 40000 b.)** : vin cité.

EARL P.-L. VALADE, 1, Le Plantey, 33350 Belvès-de-Castillon, tél. 05 57 47 93 92, paul.valade@wanadoo.fr V r.-v.

Ⓑ CH. PEYROU 2015 ★

■ | 28000 | | 11 à 15 €

Fille et petite-fille de viticulteurs, œnologue, Catherine Papon-Nouvel, bien connue pour ses saint-

émilion grands crus souvent remarquables (Clos Saint-Julien, Petit Gravet Aîné, Gaillard), a acquis en 1989 ce domaine de 10 ha, l'a converti au bio et en a fait l'une des références en castillon.

Un vin très coloré, tirant sur le noir. Son bouquet intense et complexe séduit par son fruité – de la fraise confiturée, du cassis et de la mûre – marié aux notes réglissées et toastées de l'élevage. On retrouve le fruit noir bien mûr dans une bouche ample et charnue en attaque, soutenue par d'agréables tanins à la fois frais et enrobés, qui soulignent la longue finale. Une belle bouteille de garde. ⧗ 2020-2027

⊶ CATHERINE PAPON, 6, chem. de Peyrou, 33350 Saint-Magne-de-Castillon, tél. 06 11 91 03 54, catherine.peyrou@wanadoo.fr V r.-v.

CH. PICORON 2015 ★

■ | 18900 | | 20 à 30 €

Le Bordelais n'intéresse pas que les Chinois: en 2015, des Australiens, Frank Kalyk, juriste dans une première vie, et son épouse Glenda ont acheté le Ch. Picoron (ancienne propriété de Philippe Bardet, plus de 7 ha en AOC castillon), avec en tête un projet œnotouristique: gîte à louer et production viticole.

Né de pur merlot, ce 2015 à la robe profonde ne peut cacher son séjour de quatorze mois en barrique, tant sa palette aromatique reste sous l'emprise d'un merrain épicé, toasté et fumé, au nez comme en bouche. Si le fruit noir perce à peine sous le chêne, le vin a pour lui une bonne structure, avec une attaque ample, de la rondeur et de la fraîcheur. La finale épicée aux accents de clou de girofle signe un vin de garde bien construit, à laisser vieillir. ⧗ 2020-2022

⊶ SAS PICORON, lieu-dit Picoron, 33350 Sainte-Colombe, tél. 06 75 72 93 94, contact@chateaupicoron.fr V *lun. mar. mer. jeu. 9h-12h 14h-16h* ⊶ *Kalyk*

CH. DES ROCHERS Cuvée Paradis 2015

■ | 1000 | | 15 à 20 €

Domaine en AOC castillon-côtes-de-bordeaux acheté dans les années 1950 par les grands-parents de l'actuelle propriétaire: aujourd'hui, 14 ha en bio certifié (biodynamie) depuis 2002. Patricia Aroldi et son compagnon Lilian, qui en ont pris les commandes en 2012, voudraient revenir à une certaine diversité culturale: ils ont planté des arbres fruitiers et voudraient réintroduire des animaux sur le domaine.

Restée quatorze mois en barrique, cette cuvée libère des arômes boisés toastés et épicés (clou de girofle), qui laissent une belle place à un fruit noir poivré, évocateur d'une vendange bien mûre, au nez comme en bouche. Sans être d'une puissance imposante, le palais apparaît bien construit, suffisamment étoffé pour supporter un boisé marqué. Les tanins fermes en finale suggèrent une petite garde. ⧗ 2019-2027

⊶ PATRICIA ET LILIAN AROLDI-GASSIOT, Le Bourg, 33350 Belvès-de-Castillon, tél. 05 57 47 93 15, ch.des.rochers@wanadoo.fr V *r.-v.*

CH. LA RONCHERAIE 2015 ★

■ | 6000 | 15 à 20 €

De création récente (1997), ce cru de 6 ha sur argilo-calcaire, situé sur les hauteurs (100 m) de l'appellation castillon, a changé plusieurs fois de mains. Il a été acquis en 2010 par l'entrepreneur Jean-Claude Sarrouy.

Une robe colorée et jeune pour ce 2015 aux reflets violines. Aussi intense au nez qu'à l'œil, ce vin offre un bouquet complexe aux nuances de fraise des bois, de cerise noire et d'épices douces. Quant au palais, il se distingue par sa puissance, son gras, et par sa solide charpente de tanins encore vifs, qui lui donnent de l'allonge. La garde est de mise. ⧗ 2020-2026

⊶ JEAN-CLAUDE SARROUY, 6, Peyrot Sud, lieu-dit Terrasson, 33350 Belvès-de-Castillon, tél. 06 65 44 79 38, antoine.sarrouy@chateau-laroncheraie.com V *r.-v.*

♥ CH. ROQUE LE MAYNE 2016 ★★

■ | 80000 | | 8 à 11 €

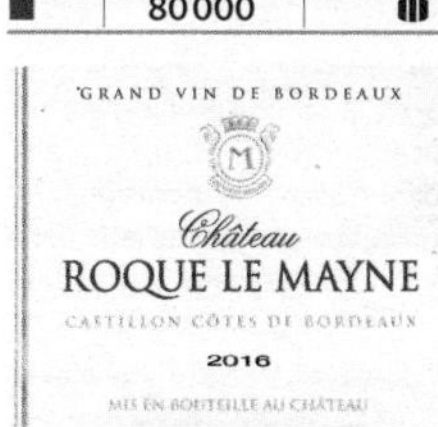

Jean-François Meynard est un producteur bien connu de l'AOC castillon: 15 ha à Roque le Mayne, son fleuron, et 20 ha à La Bourrée, son domaine «historique» et son lieu d'habitation. Il s'est étendu en 2009 sur Saint-Émilion avec L'Étoile de Clotte, petit cru de 3,5 ha situé à Saint-Étienne-de-Lisse.

Un palmarès éclatant pour la famille Meynard qui place cette année deux castillon en tête de la sélection. Roque le Mayne comprend plus de merlot que la Bourrée, et reste quinze mois en barrique. Il en ressort paré d'une robe presque noire aux reflets violets de jeunesse. Encore discret mais complexe, son bouquet envoûtant marie la violette, les fruits rouges et des notes d'élevage évoquant la vanille, les épices et le café. La bouche suit la même ligne; ample en attaque, vineuse et longue, elle laisse parler le fruit rehaussé de poivre blanc. ⧗ 2021-2028 ■ **Ch. la Bourrée 2016 ★★ (5 à 8 €; 70 000 b.) ♥** : ce vin comprend 30 % de cabernet franc aux côtés du merlot. Son élevage se partage entre le fût et la cuve. La robe? «Noir c'est noir!», écrit un juré. Le bouquet? Captivant de complexité: cerise noire, mûre, cassis, pain grillé, cacao et vanille se bousculent au nez – beaucoup de fruit et un élevage mesuré. Le palais prolonge cette palette avec puissance et finesse, ampleur et fraîcheur. Très bien extraits, à la fois denses et élégants, les tanins soulignent une finale d'une rare persistance. ⧗ 2020-2028

⊶ SCEA VIGNOBLES MEYNARD, 10, av. de la Bourrée, 33350 Saint-Magne-de-Castillon, tél. 05 57 40 17 32, contact@vignobles-meynard.com V *r.-v.*

ROQUEVIEILLE Excellence 2015

■ | 11000 | | 11 à 15 €

Bien connue à Saint-Émilion, la famille Palatin a acquis en 1972 ce cru en appellation castillon-côtes-de-bordeaux, situé sur les hauteurs de Saint-Philippe d'Aiguilhe, à plus de 100 m d'altitude. Le domaine est aujourd'hui géré par Nathalie et Thomas Guibert, fille et gendre de Jean-Pierre Palatin.

Mi-foudre mi-fût, ce 2015 pourpre soutenu offre un nez séducteur mariant fruits rouges frais, notes florales, noisette grillée et caramel. Son fruité frais et acidulé s'épanouit en bouche sur des notes de cassis, de framboise et de réglisse, en harmonie avec des tanins déjà arrondis et une agréable vivacité. Le castillon côté «bistrot» et «copains». ⌛ 2019-2024

NATHALIE ET THOMAS GUIBERT, 3, Roquevieille, 33350 Saint-Philippe-d'Aiguille, tél. 05 57 40 67 27, contact@chateauroquevieille.fr

CH. ROUZEROL 2015

■ | 8760 | | 5 à 8 €

Créée en 1931, la coopérative de Saint-Émilion est un acteur incontournable du Libournais, et ses cuvées – vins de marque (Aurélius, Galius) ou de domaines (une cinquantaine de propriétés apportent leur vendange à la «coop») – sont régulièrement au rendez-vous du Guide.

Le vin de Paul Pallaro, vinifié par la cave. Le vignoble est situé en pied de côte, à l'est de Saint-Émilion, à Sainte-Colombe. Il a pour atouts une robe sombre, un nez sur le fruit frais, un peu grillé, une bouche puissante, charpentée, de bonne longueur, marquée par une certaine fermeté tannique. ⌛ 2019-2023

UNION DE PRODUCTEURS DE SAINT-ÉMILION, lieu-dit Haut-Gravet, BP 27, 33330 Saint-Émilion, tél. 05 57 24 70 71, contact@udpse.com
V r.-v.

CH. TOUR GRAND MAYNE 2015 ★★

■ | 18000 | | 8 à 11 €

Vignoble familial né en 1956 de l'union des Robin, négociants et tonneliers à Castillon depuis le XVIII[e]s., et des Lafugie, vignerons à Saint-Émilion. Les vignes (26 ha) sont situées dans les deux aires d'appellation: les Châteaux Pailhas et Billeron Bouquey côté Saint-Émilion, le Ch. Tour Grand Mayne côté Castillon. Dernière acquisition de la famille, en 2014: le Ch. la Devise en appellation puisseguin. Inès, fille de Michel Robin, et son époux Dominique Fugier, qui officie au chai, sont aux commandes.

Issu de pur merlot, ce 2015 a bénéficié d'un élevage de vingt mois. Les jurés saluent sa robe violine presque noire, son nez frais et fruité, alliant la cerise, la framboise et le poivre blanc à un léger grillé et son harmonie en bouche. Après une attaque ronde, le vin monte en puissance, à la fois ample et frais, soutenu par des tanins serrés mais enrobés qui soulignent la longue finale. Dense et savoureux, un des finalistes pour le coup de cœur. ⌛ 2020-2026

SCEA ROBIN-LAFUGIE, Pailhas, 33330 Saint-Hippolyte, tél. 06 47 03 11 21, robin.lafugie@orange.fr V r.-v.

Ⓑ VALMY DUBOURDIEU LANGE 2015 ★

■ | 12000 | | 11 à 15 €

Ancien maître de chai d'un cru classé de Saint-Émilion, Patrick Éresué exploite depuis 1996 en castillon-côtes-de-bordeaux le Ch. de Chainchon (22 ha), dans sa famille depuis 1846. Il a créé la cuvée Valmy Dubourdieu Lange, valeur sûre de l'appellation, et engagé la conversion bio du domaine (certification en 2003).

Une sélection de 4 ha de vieux merlots qui a fait ses preuves, avec quatre coups de cœur, dont le 2014. Son successeur semble plus discret dans son expression aromatique, tout en dévoilant de jolis arômes de fruits noirs, avec une touche florale et une pincée d'épices. Après une attaque d'une grande souplesse, la bouche révèle une belle mâche et de solides tanins assez vifs qui laissent envisager une bonne garde. ⌛ 2020-2026 ■ **Le Soutien-Gorge rouge 2015 (8 à 11 €; 12000 b.)** Ⓑ : vin cité.

PATRICK ÉRÉSUÉ, Ch. de Chainchon, 33350 Castillon-la-Bataille, tél. 06 08 85 19 58, chainchon@wanadoo.fr
V r.-v.

FRANCS-CÔTES-DE-BORDEAUX

Superficie : 535 ha
Production : 28 125 hl (99 % rouge)

S'étendant à 12 km à l'est de Saint-Émilion, sur les communes de Francs, Saint-Cibard et Tayac, le vignoble de l'appellation (anciennement bordeaux-côtes-de-francs) bénéficie d'une situation privilégiée sur des coteaux argilo-calcaires et marneux parmi les plus élevés de la Gironde.

CH. LES CHARMES-GODARD 2016 ★

□ | 15000 | | 11 à 15 €

Pavie-Macquin et Larcis Ducasse en saint-émilion grand cru (1ers crus classés), Charmes-Godard, Puygueraud, La Prade en francs-côtes-de-bordeaux, Alcée en castillon-côtes-de-bordeaux, Nicolas Thienpont est un nom qui compte dans le Libournais. Charmes-Godard est un cru de 6 ha acquis en 1988, qui s'illustre avec une grande régularité, en blanc comme en rouge.

Une robe or pâle aux reflets grisés habille ce vin au nez gourmand de pêche blanche, de poire au sirop et de mangue. Une attaque suave ouvre sur une bouche d'une belle minéralité, délicate, poivrée et bien fruitée. ⌛ 2018-2021

NICOLAS THIENPONT, lieu-dit Lauriol, 33570 Saint-Cibard, tél. 05 57 56 07 47, contact@charmes-godard.com
V r.-v.

Ⓑ CH. CRU GODARD 2014 ★★

□ | 1800 | | 15 à 20 €

Franck et Carine Richard, installés en 1998, conduisent leur vignoble en bio. Sur cette terre de rouges qu'est l'AOC francs-côtes-de-bordeaux, ce cru s'illustre aussi régulièrement par ses blancs, secs et doux.

Étincelant dans sa robe or très soutenue, ce pur sémillon livre un bouquet complexe de cire d'abeille, de miel, de pain d'épice et d'abricot confit. En bouche, il se montre suave et enrobé autour d'arômes citronnés et confits très charmeurs. Un ensemble voluptueux et terriblement équilibré. ⧗ 2020-2030 ■ **2015 (8 à 11 €; 70000 b.)** Ⓑ : vin cité.

RICHARD, Godard, 33570 Francs, tél. 05 57 40 65 94, cru.godard@wanadoo.fr V r.-v. Ⓑ

♥ L'INFINI DE CH. DE FRANCS 2015 ★★

■	2584		30 à 50 €

Une ancienne place forte tenue par les Anglais pendant la guerre de Cent Ans et un beau vignoble. Deux propriétaires de Saint-Émilion, Dominique Hébrard (un des anciens propriétaires de Cheval Blanc) et Hubert de Boüard (Angelus), ont repéré dès 1985 le potentiel viticole de cette appellation alors méconnue et acquis en 1985 le Ch. de Francs et ses 37 ha de vignes. Le Guide s'est fait le témoin de la qualité de leurs vins.

Le merlot (et rien que lui) à son meilleur dans cette cuvée qui a connu un élevage luxueux en fût de vingt-quatre mois. Une superbe robe pourpre aux reflets violines, un bouquet intense et complexe de cassis, de griotte, de noisette grillée et de cacao: l'approche est engageante en diable. Puis une attaque ronde et suave introduit une bouche dense, puissante, aux tanins bien en place mais soyeux, à la finale douce et longue, subtilement épicée et vanillée. Un grand vin élégant et déjà si savoureux qu'on oublierait qu'il a aussi un grand avenir en cave. ⧗ 2022-2030 ■ **Les Cerisiers 2015 ★ (8 à 11 €; 120000 b.)** : doté d'une belle intensité colorante et d'un bouquet expressif de myrtille bien mûre et de vanille, ce vin présente une bouche chaleureuse et séveuse, dotée de tanins fermes mais sans dureté. ⧗ 2021-2026

HÉBRARD & DE BOÜARD, 29, Le Bourg, 33570 Francs, tél. 05 57 40 65 91, chateaudefrancs@terre-net.fr V r.-v.

CH. GODARD-BELLEVUE 2015 ★★

■	80000		8 à 11 €

Un arrière-grand-père, Armand Puyanché, créa le domaine au début du siècle dernier mais il fut tué au chemin des Dames en 1917. Bernadette et Joseph Arbo ont repris les vignes familiales en 1988 et sont sortis de la coopérative. Ils cultivent aujourd'hui 30 ha en francs-côtes-de-bordeaux (Godard Bellevue, Puyanché) et 10 ha en castillon-côtes-de-bordeaux (Moulins de Coussillon), et signent des vins souvent en très bonne place dans le Guide.

Quel équilibre tant au nez qu'en bouche! Brillant dans une belle robe grenat profond, ce 2015 dévoile un bouquet élégant de fraise, de griotte, de vanille et d'amande grillée. La bouche est ample, charnue, puissante, dotée de tanins fermes et d'une belle persistance. Une bouteille racée pour laquelle le coup de cœur fut mis aux voix. ⧗ 2021-2028

EARL ARBO, 7, Godard, 33570 Francs, tél. 05 57 40 65 77, earl.arbo@orange.fr V r.-v.

CH. MARSAU 2015

■	40000		15 à 20 €

Négociant bordelais bien connu, Jean-Marie Chadronnier a cherché de «grands terroirs» hors des appellations de prestige. C'est ainsi qu'il a acquis Marsau (14 ha) en 1994, séduit par son terroir d'argiles profondes où prospère le merlot, cépage exclusif. Avant de planter en 2002, à deux collines de là, mais dans le Bergeracois (Sud-Ouest) deux petits hectares à Montpeyroux, berceau de la famille: c'est l'Enclos Pontys (AOC montravel), dominé lui aussi par le merlot.

Le bouquet suave de ce 2015 évoque la framboise, le cacao et la vanille sur un fond légèrement épicé. La bouche, souple et franche, s'appuie sur des tanins ronds qui se resserrent quelque peu en finale, autour d'un boisé grillé encore assez marqué. ⧗ 2020-2024

FAMILLE CHADRONNIER, Ch. Marsau, Bernarderie, 33570 Francs, tél. 06 62 84 28 36, chateau.marsau@gmail.com V r.-v.

CH. LA PRADE 2015 ★

■	30000		11 à 15 €

Charmes-Godard et Puygueraud en francs-côtes-de-bordeaux, Pavie Macquin et Larcis Ducasse en saint-émilion grand cru, Vieux Château Certan en pomerol, Nicolas Thienpont est un nom qui compte dans le Libournais. Il a aussi fait de La Prade, petit cru de 6 ha acquis en 2000, une valeur sûre de l'appellation.

Cet élégant 2015 rubis intense offre un bouquet tout en finesse évoquant la myrtille et les petites fleurs blanches. Passé une attaque souple, il dévoile un palais charpenté par des tanins puissants mais enrobés par beaucoup de fruit. Un vin très équilibré, d'une belle persistance, au solide potentiel de garde. ⧗ 2021-2028

NICOLAS THIENPONT, Lauriol, 33570 Saint-Cibard, tél. 05 57 56 07 47, contact@charmes-godard.com V r.-v.

CH. PUY-GALLAND 2015 ★

■	22000		5 à 8 €

En 2010, Bernard Labatut et son fils David se sont associés pour créer les Vignobles Labatut et vinifier désormais dans trois appellations: francs-côtes-de-bordeaux (la partie principale du vignoble), castillon-côtes-de-bordeaux et lussac-saint-émilion. Un domaine très régulier en qualité.

Drapé dans une belle robe sombre et intense, ce 2015 présente au nez des parfums gourmands de cerise noire confite, de cacao, de noix et de vanille. Une sensation qui se prolonge dans une bouche longue, ample et racée, aux tanins soyeux. ⧗ 2021-2026

SCEA VIGNOBLES LABATUT, 12, Le Bourg, 33570 Saint-Cibard, tél. 05 57 40 63 50, puygalland@orange.fr V r.-v. Ⓑ

➜ ENTRE GARONNE ET DORDOGNE

La région géographique de l'Entre-deux-Mers forme un vaste triangle délimité par la Garonne, la Dordogne et la frontière sud-est du département de la Gironde; c'est sûrement l'une des plus riantes et des plus agréables de tout le Bordelais, avec ses vignes qui couvrent 23 000 ha, soit le quart de tout le vignoble. Très accidentée, elle permet de découvrir de vastes horizons comme de petits coins tranquilles qu'agrémentent de splendides monuments, souvent très caractéristiques (maisons fortes, petits châteaux nichés dans la verdure et, surtout, moulins fortifiés). C'est aussi un haut lieu de la Gironde de l'imaginaire, avec ses croyances et traditions venues de la nuit des temps.

ENTRE-DEUX-MERS

Superficie : 1 480 ha / Production : 59 050 hl

L'appellation entre-deux-mers ne correspond pas exactement à l'Entre-deux-Mers géographique, puisque, regroupant les communes situées entre Dordogne et Garonne, elle en exclut celles qui disposent d'une appellation spécifique. Il s'agit d'une appellation de vins blancs secs dont la réglementation n'est guère plus contraignante que pour l'appellation bordeaux. Mais, dans la pratique, les viticulteurs cherchent à réserver pour cette appellation leurs meilleurs vins blancs. Aussi la production est-elle volontairement limitée. Le cépage le plus important est le sauvignon qui communique aux entre-deux-mers un arôme particulier très apprécié, surtout lorsque le vin est jeune. Sémillon et muscadelle complètent l'encépagement.

CH. DE BEAUREGARD-DUCOURT 2017 ★

	34 820		5 à 8 €

En 1858, la famille Ducourt s'établit au château des Combes, à Ladaux, petit village au sud-est de Bordeaux. C'est sous l'impulsion d'Henri Ducourt, installé en 1951 et relayé depuis par ses enfants et petits-enfants, que le vignoble familial prend son essor, pour atteindre aujourd'hui 450 ha répartis sur treize châteaux dans l'Entre-deux-Mers et le Saint-Émilionnais. Un ensemble dirigé par Philippe Ducourt depuis 1980.

Pâle aux reflets or, ce 2017 évoque les agrumes avec intensité au nez comme en bouche. Cette dernière apparaît bien fraîche, tendue comme il se doit. Un bon classique. ⧗ 2018-2020 **Ch. la Rose du pin 2017 (5 à 8 €; 23 867 b.)** : vin cité.

VIGNOBLES DUCOURT, 18, rte de Montignac, 33760 Ladaux, tél. 05 57 34 54 00, ducourt@ducourt.com **V** *r.-v.* *GFA du Hourc*

CH. CHANTELOUVE 2017 ★

	38 000	- de 5 €

Deux étiquettes, en entre-deux-mers et en bordeaux, sont produites sur ce domaine familial de 50 ha: Ch. Chantelouve et Ch. Roc de Lavergne.

Entre Garonne et Dordogne

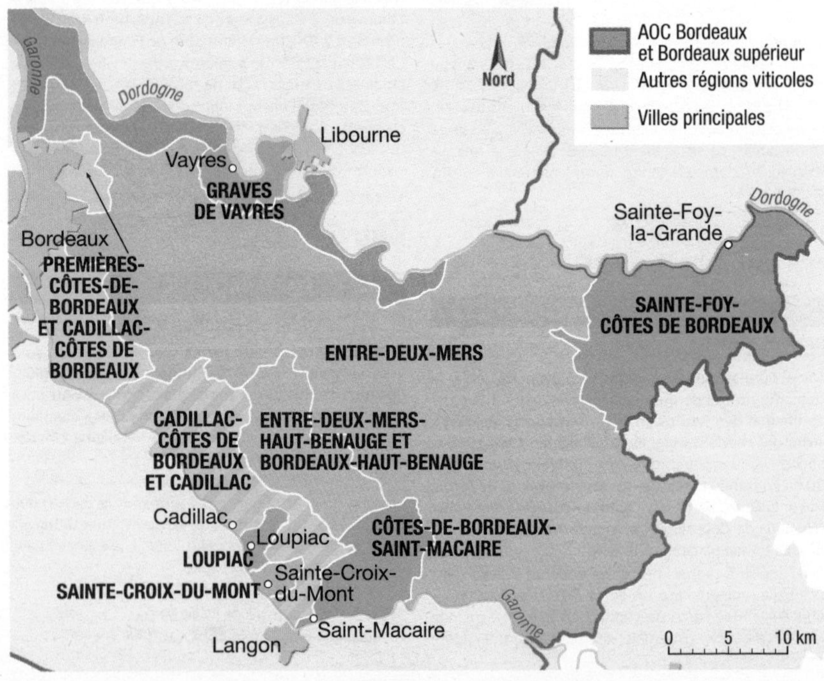

Au nez, des notes classiques de fruits exotiques, de buis et de fleurs blanches. En bouche, de la souplesse, de la vivacité et un joli retour exotique (mangue) en finale. ⧗ 2018-2020

LAURENT LESCOUTRAS, 22, Le Bourg, 33760 Faleyras, tél. 05 56 23 90 87, laurent.lescoutras@wanadoo.fr r.-v.

CHEVAL QUANCARD
Cuvée Clémence Élevé en fût de chêne 2017 ★★

125000	5 à 8 €

Propriétaire de nombreux crus et acteur majeur du négoce bordelais à travers différentes marques (Chai de Bordes, Pierre Dumontet…), Cheval Quancard a été fondé par Pierre Quancard en 1844, sous le nom de Quancard et Fils. La maison est toujours dirigée par ses descendants.

Un bouquet intense de fruits exotiques, de citron, de vanille et de sous-bois compose une belle entrée en matière. La bouche se révèle dynamique, minérale, bien équilibrée entre le bois et le fruit, et enrobée par juste ce qu'il faut de gras. ⧗ 2018-2021 **Cuvée Hortense Prestige Élevé en fût de chêne 2017 ★ (- de 5 €; 480000 b.)** : agrumes et boisé au nez, agrumes et bois en bouche, avec du gras et de la longueur. Un ensemble cohérent. ⧗ 2018-2021 **Pierre Dumontet Les Vendanges de Lise Élevé en fût de chêne 2017 (- de 5 €; 80000 b.)** : vin cité.

CHEVAL QUANCARD, ZI La Mouline, 4, rue du Carbouney, BP 36, 33565 Carbon-Blanc Cedex, tél. 05 57 77 88 88, chevalquancard@chevalquancard.com r.-v.

CH. LA COMMANDERIE DE QUEYRET 2017 ★

25000	5 à 8 €

En 1967, Claude et Simone Comin ont établi leur domaine à l'emplacement d'une ancienne commanderie des Templiers du XIIIe s. En 2013, leur fille Sylvie a pris seule les commandes du vignoble: 105 ha dans l'Entre-deux-Mers (85 ha en rouge, 20 ha en blanc) et des vins souvent en bonne place, dans les deux couleurs.

Citron, pierre à fusil, touche végétale, le nez de ce 2017 a du caractère. En bouche, un bel équilibre entre gras et acidité, du volume et de la longueur. ⧗ 2018-2020

COMIN, Ch. la Commanderie, 33790 Saint-Antoine-du-Queyret, tél. 05 56 61 31 98, vignoble.comin@wanadoo.fr r.-v.

♥ CH. DARZAC 2017 ★★

30000	5 à 8 €

Aux origines du domaine, une dot acquise par un ancêtre grognard de l'armée napoléonienne, marié le même jour que l'Empereur. Aujourd'hui, 52 ha dans l'Entre-deux-Mers répartis entre les châteaux Fondarzac et Darzac, conduits depuis 1996 par Stéphane et Alain, fils de Claude Barthe.

De l'intensité et de l'élégance se dégagent de ce vin ouvert sur les agrumes et les fruits à chair blanche. La bouche joue la carte de la rondeur, tout en affichant une belle et fine acidité en soutien. Un modèle d'équilibre. ⧗ 2018-2021

SCA VIGNOBLES CLAUDE BARTHE, 22, rte de Bordeaux, 33420 Naujan-et-Postiac, tél. 06 08 01 08 77, alain@vignoblesclaudebarthe.com r.-v.

CH. HOSTIN LE ROC 2017 ★★

1400	5 à 8 €

Une famille originaire du Périgord, venue se fixer dans l'Entre-deux-Mers en 1910. En 1972, André et Renée Boutinon ont acquis ce domaine, qu'ils ont transmis en 2015 à la nouvelle génération représentée par Catherine et Jérôme, qui se sont lancés dans l'aventure après un début de carrière comme ingénieurs (chez Airbus et dans les télécommunications). Leur vignoble couvre 20 ha.

Mi-sauvignon blanc mi-sauvignon gris, ce vin énergique livre un bouquet élégant de fleurs blanches, d'agrumes et de buis agrémenté d'une note de pierre à fusil. Une attaque franche et nette ouvre sur une bouche alerte et longue. ⧗ 2018-2020

EARL VIGNOBLES BOUTINON, Hostin, 33750 Saint-Quentin-de-Baron, tél. 05 57 24 14 26, info@vignobles-boutinon.com r.-v.

CH. LANDEREAU 2017 ★

200000	5 à 8 €

Henri Baylet et son fils Michel ont acquis le Ch. Landereau en 1959, puis le Ch. de l'Hoste Blanc en 1980. Installé en 1988, Bruno Baylet, troisième du nom, exploite aujourd'hui 85 ha dans l'Entre-deux-Mers.

D'un abord un peu réservé, ce 2017 s'ouvre à l'aération sur le citron, les fruits exotiques, le genêt et le poivre blanc. La bouche offre du volume, de la longueur et un équilibre bien assuré entre le gras et l'acidité. ⧗ 2018-2021

VIGNOBLES BAYLET, RD 671, Lorient, 33670 Sadirac, tél. 05 56 30 64 28, vignoblesbaylet@free.fr t.l.j. sf dim. 8h30-12h 13h30-17h30

CH. LESTRILLE 2017

46000	5 à 8 €

Fondé en 1901, ce domaine familial de 42 ha est une des valeurs sûres des AOC régionales. Il est conduit depuis 2006 par Estelle Roumage (revenue au domaine en 2001), qui a succédé, avec le même talent, à son père Jean-Louis et revendique des vins fruités nés d'une «viticulture durable» (sans certification bio).

Discret et marqué par le sauvignon, le nez évoque le citron et le buis. En bouche, l'attaque est franche, le développement plus rond et gras, la finale suave. ⧗ 2018-2020

EARL J.-L. ROUMAGE, 15, rte de Créon, 33750 Saint-Germain-du-Puch, tél. 05 57 24 51 02, contact@lestrille.com t.l.j. sf dim. 9h-12h30 14h-19h; sam. 9h30-12h30 15h-19h

CH. MONTLAU 2017 ★

	10 000	5 à 8 €

Le Ch. Montlau est situé sur un ancien site gallo-romain dominant la vallée de la Dordogne. Armand Schuster de Ballwil, arrivé à la tête de la propriété en 1970, et son fils y conduisent un vignoble de 25 ha, dont 3 ha sont réservés aux cépages blancs.

Passé une petite note de réduction, ce vin à dominante de muscadelle (60 %, ce qui n'est pas commun) dévoile des arômes de buis, de fleur d'acacia, d'orange et de citron vert. En bouche, il se montre très frais, tonique, centré sur les agrumes et le buis, sans pour autant manquer de rondeur. Bien typé et équilibré. ⌛ 2018-2020

⊶ ARMAND SCHUSTER DE BALLWIL, Ch. Montlau, 33420 Moulon, tél. 05 57 84 50 71, contact@chateau-montlau.com V r.-v.

CH. JEAN DE PEY 2017 ★

	11 800		- de 5 €

Dirigée depuis 1986 par Annie Merlet-Brunet, cette propriété étend ses 30 ha de vignes au cœur de l'Entre-deux-Mers, sur les coteaux argilo-calcaires qui entourent Sauveterre-de-Guyenne, célèbre pour sa bastide fondée en 1281 par Édouard 1er, roi d'Angleterre.

Des notes minérales et fumées accompagnent les agrumes à l'aération. La bouche évolue plutôt sur la rondeur et le charnu, avec une pointe de vivacité en soutien. ⌛ 2018-2020

⊶ ANNIE MERLET-BRUNET, Le Puch, 33540 Sauveterre-de-Guyenne, tél. 05 56 71 55 58, amerletbrunet@orange.fr V r.-v.

Ⓑ CH. POUCHARD-LARQUEY 2017

	11 000		5 à 8 €

Les Piva, après avoir vinifié en Italie, se sont établis en 1924 dans l'Entre-deux-Mers, d'abord en métayage puis en fermage, avant d'acquérir en 1961 le Ch. Pouchaud-Larquey, puis le Ch. des Seigneurs de Pommyers en 1989. Jean-Luc Piva, aujourd'hui épaulé par ses enfants, s'est converti au bio dès 1984.

De bonne intensité, ce vin évoque les agrumes, la mangue et le buis. Expression aromatique qui ressort dans une bouche bien équilibrée, ronde avec de la vivacité et plus suave en finale, sur des notes de pétale de rose. ⌛ 2018-2020 **Ch. des Seigneurs de Pommyers 2017 (5 à 8 €; 13 110 b.)** Ⓑ : vin cité.

⊶ SCEA PIVA, Ch. Pouchaud-Larquey, 33190 Morizès, tél. 05 56 71 44 97, piva.chateau@orange.fr V r.-v.

CH. ROQUEFORT RIVES 2017

	12 000	8 à 11 €

Dans l'Entre-deux-Mers, le promontoire de Roquefort fut un ancien oppidum gaulois. Après le rachat de la propriété en 1976 par l'industriel Jean Bellanger, un chai très moderne, aménagé en partenariat avec la faculté d'œnologie de Bordeaux, a vu le jour. Premières vinifications en 1987. Aujourd'hui, un vaste domaine (240 ha, dont 100 ha de vigne) conduit depuis 1995 par Frédéric Bellanger. Ce dernier dirige également le Ch. Domi-Cours, acquis en 2002: 20 ha sur la commune de Cours-les-Bains, en terres bazadaises.

Buis, genêt, pamplemousse, fruits exotiques, le nez fleure bon le sauvignon. La bouche montre du gras et une agréable vivacité aux accents citronnés. Classique et de bon goût. ⌛ 2018-2020

⊶ FRÉDÉRIC BELLANGER, lieu-dit Roquefort, 33760 Lugasson, tél. 05 56 23 97 48, mscl@chateau-roquefort.com V r.-v.

CH. DE LA SABLIÈRE FONGRAVE 2017

	n.c.		- de 5 €

Les ancêtres de Jean-Christophe Icard ont constitué à partir de 1790 un domaine qui s'est agrandi au fil des générations. Conduit depuis 1994 par l'actuel exploitant, le vignoble familial couvre quelque 130 ha, dont 75 ha de vignes, dans l'Entre-deux-Mers et la région de Cadillac. Plusieurs étiquettes ici: L'Orangerie, La Sablière Fongrave, et même des «produits sous licence» signés par le célèbre dessinateur belge Philippe Geluck, créateur du personnage Le Chat.

Une robe pâle et brillante, un nez expressif (pierre à fusil, agrumes, pêche, acacia), une bouche tendue sans excès, qui reste délicate: un entre-deux-mers bien ciselé. ⌛ 2018-2020

⊶ SCEA VIGNOBLES ICARD, lieu-dit Jardinet, 33540 Saint-Félix-de-Foncaude, tél. 05 56 71 53 67, orangerie@chateau-orangerie.com

CH. SAINTE-MARIE Madlys 2017

	15 000		8 à 11 €

Ce domaine fut autrefois administré par les moines de la Sauve-Majeure. Depuis quatre générations, les Dupuch (Stéphane depuis 1997) aux commandes et en ont fait une propriété importante (80 ha) de l'Entre-deux-Mers. Ils exploitent aussi dans le Haut-Médoc avec le Ch. Peyredon Lagravette, petit cru d'à peine plus de 4 ha.

Des notes de tilleul, de buis et de bois composent un nez discret. La bouche offre du gras et de la rondeur, épaulée par un boisé mesuré et allongée par une finale plus vive et citronnée. ⌛ 2018-2021

⊶ STÉPHANE DUPUCH, Ch. Sainte-Marie, 51, rte de Bordeaux, 33760 Targon, tél. 05 56 23 64 30, contact@chateau-sainte-marie.com V r.-v.

♥ CH. LE SÈPE 2016 ★★

	5 600		8 à 11 €

En 2009, Dominique et Catherine Guffond ont choisi la reconversion professionnelle et opté pour la culture de la vigne. Un an de formation dans le Médoc, dans un château margalais, et l'acquisition de cette ancienne propriété templière (14 ha de vignes) située à une centaine de mètres au-dessus du lit de la Dordogne, sur des argilo-calcaires face à Saint-Émilion.

Sauvignon blanc (72 %) et muscadelle composent un entre-deux-mers de haute volée, jaune doré aux reflets verts, ouvert sans réserve sur les agrumes, l'écorce d'orange et un bon boisé bien dosé. Après une attaque franche et fraîche, sur le fruit, la bouche apparaît ample, tendre, souple et longue, étayée par un élevage en fût parfaitement ajusté. Un vin complet, élégant et très équilibré. ⏳ 2018-2021

DOMINIQUE ET CATHERINE GUFFOND, 1, le Sèpe, 33350 Sainte-Radegonde, tél. 06 86 90 88 18, chateaulesepe@orange.fr r.-v. 5

CH. THIEULEY 2017 ★

	18 000		8 à 11 €

L'histoire viticole des Courselle débute en 1949 avec l'achat du Ch. Thieuley, non loin de la Sauve-Majeure, par André Courselle. Sous l'impulsion de Francis et, depuis 2004, de ses filles Sylvie et Marie, le vignoble s'étend aujourd'hui sur 80 ha et trois crus: Thieuley, une référence en bordeaux, Ch. Saint-Genès, destiné à l'export, et Clos Sainte-Anne, 5 ha de graves à Capian.

Le nom Thieuley vient de l'ancien français «tioule», qui désignait une fabrique de tuiles élaborées avec les argiles du lieu. Argiles mêlées de calcaire où poussent les deux sauvignons et le sémillon à l'origine de ce vin fruité (fruits exotiques, agrumes) et floral (acacia, aubépine), bien équilibré en bouche, à la fois gras et finement acidulé. ⏳ 2018-2021

FAMILLE COURSELLE, 560, rte de Grimard, 33670 La Sauve, tél. 05 56 23 00 01, contact@thieuley.com t.l.j. sf dim. 8h30-12h 13h30-17h30; sam. sur r.-v.

CH. TOUR DE BONNET 2017 ★

	50 000		5 à 8 €

André Lurton conduit depuis 1953 le Ch. Bonnet (et sa déclinaison Tour de Bonnet), un fief historique qui est aussi son lieu de naissance et le premier cru acquis par son grand-père Léonce Récapet en 1897. Un domaine de 300 ha, valeur sûre en entre-deux-mers et bordeaux, qui entre dans un vaste «empire» de 600 ha, dont 260 en pessac-léognan, l'autre «patrie» d'André Lurton (Couhins-Lurton, La Louvière...).

Ce vin dévoile un nez intense de fruits exotiques, de pêche blanche, de citron et de fleurs blanches. Une belle expression aromatique que l'on retrouve dans une bouche riche, ample et longue, soutenue par une bonne trame acide. ⏳ 2018-2021

LES VIGNOBLES ANDRÉ LURTON, Ch. Bonnet, 33420 Grézillac, tél. 05 57 25 58 58, andrelurton@andrelurton.com r.-v.

CH. TOUR DE MIRAMBEAU Réserve 2017 ★

	84 000		8 à 11 €

Vigneronne depuis plus de deux siècles, la famille Despagne, établie au cœur de l'Entre-deux-Mers, est un acteur incontournable du vignoble bordelais, à la tête de 300 ha répartis sur plusieurs crus – Bel Air Perponcher, Tour de Mirambeau, Rauzan Despagne, Lion Beaulieu, Mont-Pérat – conduits par les enfants de Jean-Louis (Thibault, Gabriel et Basaline) et par Joël Elissalde, directeur technique. Leurs vins sont souvent en vue dans ces pages, dans les trois couleurs.

Une étiquette bien connue des amateurs, illustrée par la vénérable tour se dressant au milieu des plus vieilles vignes de la famille Despagne. Dans le verre, un entre-deux-mers très fruité (agrumes, coing) au nez comme en bouche, gras et long, avec ce qu'il faut d'acidité pour apporter du peps. ⏳ 2018-2021 **Ch. Rauzan Despagne Réserve 2017 ★ (8 à 11 €; 65 000 b.)** : un ancien relais de chasse du XVII[e]s. acquis en 1990, aujourd'hui lieu de résidence de Gabriel Despagne, graphiste et créateur des étiquettes de la maison. Le vin est gras, profond, bien fruité, plus vif en finale. ⏳ 2018-2021 **Ch. Bel Air Perponcher Réserve 2017 ★ (8 à 11 €; 65 000 b.)** : l'ancienne propriété de la famille Perponcher, qui dut fuir vers la Hollande après la révocation de l'édit de Nantes, acquise en 1990 par la maison Despagne. Dans le verre, un vin délicatement bouqueté (fleurs blanches, agrumes), bien équilibré entre gras et acidité. ⏳ 2018-2021

VIGNOBLES DESPAGNE, 2, Le Touyre, 33420 Naujan-et-Postiac, tél. 05 57 84 55 08, contact@despagne.fr r.-v.

CH. LA TUILERIE DU PUY Cuvée Tradition 2017 ★

	10 600		5 à 8 €

Propriété de la famille Regaud depuis 1616, un vaste domaine de l'Entre-deux-Mers (77 ha), regardant la vallée du Dropt et la bastide de Monségur. Jean-Pierre Regaud, installé en 1979, l'équipe d'une cuverie thermorégulée. Son fils Michaël prend la suite en 1996, après une première expérience en Californie.

Poire, pêche, fruits exotiques, touche beurrée, le nez est aguicheur. La bouche reprend ces arômes et séduit par son volume et sa rondeur. Une pointe de nervosité vient dynamiser la finale. ⏳ 2018-2021

REGAUD, 7, Aux-Tuileries, 33580 Le Puy, tél. 05 56 61 61 92, vignobles.regaud@wanadoo.fr t.l.j. 8h30-18h; sam. dim. sur r.-v.

CH. TURCAUD 2017 ★★

	120 000		5 à 8 €

Un cru de 50 ha fondé en 1973 par Simone et Maurice Robert, conduit avec le même talent depuis 2009 par leur fille Isabelle et son époux Stéphane Le May. Abandon progressif du désherbage chimique, rendements limités, approche parcellaire pour chaque cuvée: un travail de précision au service des AOC régionales et des entre-deux-mers.

D'une régularité sans faille, Turcaud signe ici un entre-deux-mers impeccable: robe pâle et étincelante, nez ouvert sur la pierre à fusil, les agrumes et le chèvrefeuille, bouche tout aussi expressive, ronde, souple et longue. ⏳ 2018-2021

EARL VIGNOBLES ROBERT, 1033, rte de Bonneau, 33670 La Sauve, tél. 05 56 23 04 41, chateau-turcaud@wanadoo.fr r.-v.

CH. VERMONT 2017 ★★

	15 000		5 à 8 €

Commandée par un ravissant château du XIX[e]s. entouré de 40 ha de vignes, cette propriété de l'Entre-deux-Mers appartient à la même famille depuis les années 1880. La quatrième génération – Élisabeth et son mari David Labat – est aujourd'hui aux commandes.

Très intense, le nez de ce 2017 associe les agrumes, l'ananas et des notes iodées. La bouche offre à la fois du gras, de la souplesse, du volume et une belle fraîcheur aux saveurs d'agrumes et de minéralité. Un vin très harmonieux. ⧗ 2018-2021

SCEA CH. VERMONT, Vermont,
33760 Targon, tél. 05 56 23 90 16,
chateauvermont@chateau-vermont.fr
t.l.j. 9h-12h 14h-18h; sam. dim. sur r.-v.

GRAVES-DE-VAYRES

Superficie : 660 ha
Production : 35 300 hl (85 % rouge)

Malgré l'analogie du nom, cette région viticole, située sur la rive gauche de la Dordogne, non loin de Libourne, est sans rapport avec la zone viticole des Graves. Les graves-de-vayres correspondent à une enclave relativement restreinte de terrains graveleux, différents de ceux de l'Entre-deux-Mers. Cette dénomination a été utilisée dès le XIX^e^s., avant d'être officialisée en appellation en 1937. Initialement, elle correspondait à des vins blancs secs ou moelleux, mais la production des vins rouges, qui peuvent bénéficier de la même appellation, est devenue majoritaire. Une part importante des vins rouges est cependant commercialisée sous l'appellation régionale bordeaux.

♥ L'ART DES ARTIGAUX 2016 ★★

| 2000 | | 8 à 11 €

Créé en 1901, le Ch. les Artigaux porte le nom d'une de ses parcelles de vignes. Le domaine s'étend sur 22 ha, une large part étant dédiée aux cépages rouges. Bruno Baudet est aux commandes depuis 1998. Une valeur sûre des graves-de-vayres.

Sans attendre, cet Art des Artigaux dévoile ses ambitions avec une tenue chic dont la teinte paille, très soutenue, fait état d'une concentration *ad hoc*. L'olfaction donne la tonalité avec des notes d'encaustique et de miel sur fond de floralités printanières. Un fruité exotique renforcé d'un délicat vanillé s'impose dans une bouche parfaitement équilibrée, riche sans lourdeur grâce au soutien d'une fine acidité, puis s'étire dans une longue finale. De l'élégance à revendre. ⧗ 2019-2022 **Ch. les Artigaux 2017 ★ (5 à 8 €; 4000 b.)** : un vin frais, souple, délicat et bien fruité (citron mûr, abricot). ⧗ 2018-2021

BRUNO BAUDET, Ch. les Artigaux,
12, rue du Sudre, 33870 Vayres, tél. 06 08 16 55 45,
baudet.bruno@wanadoo.fr t.l.j. 9h-18h

CH. BROUSCAILLOU 2016 ★

| 1200 | | 5 à 8 €

En 2015, après huit ans passés à se former au Ch. les Artigaux, Marie Bazin a pris en fermage un peu plus de 3 ha de vignes en graves-de-vayre. Son ancien « patron », Bruno Baudet, lui prête quelques cuves et un bout de son chai pour vinifier.

La parure d'or parcourue de reflets ocre signe l'élevage en barriques (douze mois). Un type d'élevage que le sémillant sémillon, seul maître à bord ici, a bien assimilé. Au nez, se bousculent des notes vanillées, qui laissent, à l'aération, le champ libre à l'amande grillée et au clou de girofle. Ces arômes se retrouvent, accompagnés de fruits à noyaux et de nuances mentholées, dans une bouche ronde et souple. ⧗ 2019-2022

MARIE BAZIN, 200, imp. des Combes,
33420 Génissac, tél. 06 66 79 08 96,
marinette.bazin@hotmail.fr r.-v.

CH. CANTELAUDETTE Cuvée Prestige 2016 ★

■ | 85000 | | 5 à 8 €

Longtemps exploité en polyculture, ce cru fondé en 1870 par l'aïeul de Jean-Michel Chatelier est désormais dédié à la vigne seule (55 ha), à l'origine de graves-de-vayres et de bordeaux très réguliers en qualité, et proposés sous plusieurs étiquettes.

Un 100 % merlot très agréable, offrant des perspectives de longévité convenable et dont on se plaît à admirer la parure pourpre aux reflets carminés. Le nez, fermé au départ, s'épanouit après aération sur un fruité large (cerise, mûre, cassis) rehaussé de vanille et d'amande douce. Une attaque vive soutenue par des tanins anguleux précède une bouche qui se fait plus veloutée, généreuse et fruitée. ⧗ 2020-2024 **Cuvée Prestige 2017 (5 à 8 €; n.c.)** : vin cité.

JEAN-MICHEL CHATELIER, 1, Cantelaudette,
33500 Arveyres, tél. 05 57 24 84 71,
jm.chatelier@orange.fr r.-v.

CH. LA CAUSSADE Élevé en fût de chêne 2016 ★

■ | 17000 | | 5 à 8 €

Quatre générations se sont succédé sur le domaine familial Jean Dugay, aujourd'hui dirigé par Nathalie Ballet et son frère Bruno, également propriétaires depuis 1990 du Ch. la Caussade, ancien relais de chasse du Ch. de Vayres. Leur vignoble s'étend sur 63 ha. Autre étiquette: le Ch. Haut Branda en AOC régionales.

Élaboré à partir du seul merlot enraciné sur les abrupts sols caillouteux d'un causse, ce 2016 a peaufiné ses arômes une année durant au contact du chêne. Il en découle un nez conquérant dont le fruité (cassis) s'harmonise autour d'un boisé aux tonalités épicées. Une généreuse attaque ouvre sur une bouche à l'unisson du bouquet, intense et bien structurée. ⧗ 2020-2025 ■ **Ch. Jean Dugay 2016 (5 à 8 €; 40000 b.)** : vin cité.

GFA VIGNOBLE BALLET,
1, chem. de Caussade, 33870 Vayres,
tél. 05 57 74 83 17, vignoble.ballet@orange.fr
t.l.j. sf sam. dim. 8h-12h 13h30-17h

CH. FAGE 2017 ★

| 15000 | | 5 à 8 €

Un vaste domaine de 50 ha de vignes et 60 ha de forêts et prairies, commandé par un château du XVIII^e^s. construit selon les plans de Victor Louis et propriété des Glotin depuis 1930. Plusieurs

étiquettes ici, en graves-de-vayres et entre-deux-mers: Goudichaud, Haut-Bessac, Fage, Haut Beaumard et La Fleur des Graves.

Une belle parure cristalline parcourue de reflets jonquille habille ce vin au nez expressif de buis et de genêt, mâtiné de notes épicées. Un profil floral que l'on retrouve dans une bouche friande et fraîche, étirée dans une jolie finale acidulée. ⧗ 2018-2021 ■ **Ch. Haut Beaumard 2016 ★ (5 à 8 €; 80000 b.)** : une olfaction câline associant le fruit (cassis, myrtille, pruneau) à des notes de cuir et de noisette grillée, une attaque fraîche et tonique, et une vive trame tannique pour ce vin prometteur. ⧗ 2020-2024 ■ **Ch. Goudichaud 2017 ★ (5 à 8 €; 12000 b.)** : au nez, des notes florales, miellées et vanillées; en bouche, un bon volume, de la finesse, un boisé fondu et de la longueur. ⧗ 2018-2021 ■ **2016 (5 à 8 €; 85000 b.)** : vin cité.

⊶ YVES GLOTIN, 17, chem. de Goudichaud, 33750 Saint-Germain-du-Puch, tél. 05 57 24 57 34, contact@chateaugoudichaud.fr V 🚶 ■ *t.l.j. sf sam. dim. 9h-12h 13h30-17h30*

CH. JUNCARRET Prestige 2016 ★★

■	7972	🍾	8 à 11 €

Un château du XVI[e]s., demeure du trésorier général de France sous l'Ancien Régime. Depuis 1955, la famille Rouquette en est propriétaire et produit sur 28,5 ha des graves-de-vayres et des bordeaux dans les trois couleurs.

Il a frôlé le coup de cœur, ce 2016 complexe, au fruité opulent stimulé par de fines notes poivrées et agrémenté de nuances florales rappelant l'œillet. Après une attaque souple aux limites de la suavité, la bouche dévoile un soyeux écrin tannique, des saveurs fruitées de belle envergure et une longue finale. ⧗ 2020-2024

⊶ SCEA DU CH. JUNCARRET, av. de Juncarret, 33870 Vayres, tél. 05 57 74 85 23, contact@juncarret.fr V 🚶 ■ *r.-v. ⊶ Rouquette*

♥ CH. LESPARRE Vinifié en fût de chêne 2016 ★★

■	40000	🛢	8 à 11 €

Originaire de Champagne (Côte des Blancs), la famille Gonet s'est aussi forgé une solide renommée dans le Bordelais: en graves-de-vayres avec les châteaux Lesparre (acquis en 1986), Lathibaude et Durand Bayle, valeurs sûres conduites en bio, ainsi qu'en pessac-léognan (Haut-Bacalan, Eck, Haut l'Évêque, Saint-Eugène) et en AOC régionales (La Chapelle Bordes, La Rose Videau).

Issu de sémillon et de sauvignon assemblés à parité, ce 2016 se présente dans une tenue jaune clair très raffinée. Raffinée, l'olfaction l'est également. Une légère prise de bois transmet une touche d'élégance à un ensemble fruité caressé de nuances florales. La bouche se montre fraîche et intense, puis s'alanguit sur des notes vanillées et un zeste de menthol, avant de pirouetter sur une finale tendue et racée. ⧗ 2019-2022 ■ **2015 ★ (8 à 11 €; 200000 b.)** : issu de merlot (75 %) et des deux cabernets, un 2015 complexe, ouvert sur les fruits noirs et des notes chocolatées. En bouche, un caractère un peu austère autour de tanins très présents, mais bien enrobés par une chair veloutée et enveloppante. Un vin généreux. ⧗ 2021-2025

⊶ SCEV MICHEL GONET ET FILS, Ch. Lesparre, 33750 Beychac-et-Caillau, tél. 05 57 24 51 23, info@gonet.fr V 🚶 ■ *r.-v.*

CH. TOULOUZE Grande Cuvée 2015

■	20000	🛢	11 à 15 €

Julien Pannaud, producteur de cognac et de pineau-des-charentes avec son Ch. des Plassons, a acquis en 2015 cette propriété ancienne (XVIII[e]s.), dont le vignoble couvre 20,5 ha.

Un vin ouvert à l'olfaction sur des notes vanillées et un fruité léger. En bouche, de la souplesse, des tanins policés et un boisé fondu qui n'empêche pas le fruit de s'exprimer. ⧗ 2020-2023

⊶ JULIEN PANNAUD, 40, rte de Toulouse, 33870 Vayres, tél. 06 72 74 50 49, contact@chateautoulouze.com V 🚶 ■ *r.-v.*

SAINTE-FOY-BORDEAUX

Superficie : 370 ha
Production : 17 250 hl (90 % rouge)

À l'extrémité orientale de l'Entre-deux-Mers et aux portes du Périgord, sur les rives de la Dordogne, la bastide médiévale de Sainte-Foy-la-Grande a donné son nom à un vignoble qui propose des rouges marqués par le merlot ainsi que quelques blancs, surtout secs.

CH. BABY 2016 ★

■	52260	🛢	5 à 8 €

Un domaine entré en 2013 dans le giron du groupe chinois Lamont-Financière, propriétaire de plusieurs crus bordelais, dont notamment le Ch. l'Enclos dans la même appellation sainte-foy-bordeaux.

Le nez, d'un abord discret, dévoile à l'aération des notes de cerise et de mûre finement boisées. La bouche est franche en attaque, puis ronde et charnue, la trame tannique soyeuse et la finale délicatement vanillée. Une bouteille élégante et harmonieuse. ⧗ 2019-2025

⊶ SAS LAMONT FINANCIÈRE, Ch. Baby, 33220 Saint-André-et-Appelles, tél. 05 57 33 09 68, contact@lamontfinanciere.fr

CH. CARBONNEAU Margot 2017 ★

■	10500	5 à 8 €

Un élégant château du XIX[e]s. avec parc et jardin commande ce cru de 20 ha, dans la même famille franco-néerlandaise depuis 1937 et conduit par Wilfrid Franc de Ferrière depuis 1992. Il doit son nom à une verrière époque Napoléon III.

Ce pur sauvignon d'un somptueux jaune d'or offre un bouquet friand et frais de pomelo, d'ananas et de poire sur un fond légèrement mentholés. On retrouve cette fraîcheur en bouche avec une attaque vive et une jolie minéralité se prolongeant avec beaucoup de finesse. Un vin équilibré et subtil. Margot? La fille des propriétaires. ⧗ 2018-2021 ■ **La Verrière 2016 ★ (15 à 20 €; 3000 b.)** : une dominante de cabernet-sauvignon dans ce 2016 grenat profond, ouvert sur des arômes de fruits rouges croquants légèrement vanillés. La bouche est ample, dotée de tanins soyeux et ronds et d'un bon boisé fondu. ⧗ 2021-2026 ■ **Classique 2016 (5 à 8 €; 30000 b.)** : vin cité.

FRANC DE FERRIÈRE, Ch. Carbonneau, 33890 Pessac-sur-Dordogne, tél. 06 75 86 58 10, carbonneau.wine@orange.fr V *t.l.j. 11h-18h* 5

CH. DES CHAPELAINS Prélude sec 2017

■ | 40000 | | 5 à 8 €

Pierre Charlot est un vigneron qui compte dans l'AOC sainte-foy. Depuis 1991, il redonne ses lettres de noblesse à ce domaine de 48 ha, dans sa famille depuis le XVII[e]s., dont il tire des cuvées qui laissent rarement indifférent et visent avant tout l'expression du fruit. L'une de ses devises: *Life is too short to drink bad wine.*

Les deux sauvignons, le sémillon et la muscadelle composent un sainte-foy agréable, d'une jolie couleur jaune paille et brillante. Le nez évoque l'amande amère, l'écorce d'orange confite et la figue, tandis qu'en bouche, on découvre un vin assez minéral, tendu, mais aussi très fruité. ⧗ 2018-2021

SCEA CH. DES CHAPELAINS, 1, Les Chapelains-Rambaux, 33220 Saint-André-et-Appelles, tél. 05 57 41 21 74, chateaudeschapelains@wanadoo.fr V *t.l.j. sf sam. dim. 8h-12h 14h-18h*

♥ B CH. COURONNEAU Volte face 2016 ★★

■ | 22800 | | 8 à 11 €

Situé aux confins de la Gironde et de la Dordogne, dans le pays foyen, ce vignoble (40 ha) est cultivé en biodynamie. Le cadre enchantera le promeneur: un vrai château, avec quatre tours aux toits coniques. Bénédicte Piat est aux commandes depuis 1994 et utilise au chai, outre des cuves Inox et des barriques bois, des foudres et des amphores en terre cuite.

Né de merlot (60 %) et de cabernet franc, ce splendide 2016 rubis aux reflets noirs présente un bouquet intense et complexe mêlant les petits fruits noirs confiturés, la croûte de pain grillée, la vanille et le moka. Le palais se révèle ample, riche, généreux et long, épaulé par des tanins bien présents mais veloutés qui laissent une impression de volupté et signent un très beau vin de garde. ⧗ 2021-2028

CH. COURONNEAU, 33220 Ligueux, tél. 05 57 41 26 55, chateau-couronneau@wanadoo.fr V *r.-v.* B *Piat*

♥ CH. COUTELOR LA ROMARINE Cuvée Éloïse 2016 ★★

■ | 2000 | | 11 à 15 €

Dominant la vallée de la Dordogne en haut de son coteau, un cru de 17 ha dont les origines remontent à l'époque d'Henri IV. La famille Sicard livrait ses raisins à la cave coopérative jusqu'à l'arrivée en 1998 de Corinne, œnologue, qui produit avec régularité de beaux sainte-foy et bordeaux supérieurs.

Coup de cœur l'an dernier pour son 100 % merlot 2015, Corinne Sicard fait aussi bien avec cette cuvée largement dominée par le cabernet-sauvignon. Un vin sombre, profond, épais, au bouquet intense et complexe de framboise, de groseille et d'épices douces. Une intensité qui se retrouve dans un palais gras, puissant, concentré, étayé par une superbe trame tannique à la fois dense et voluptueuse, et agrémenté par un fruité frais et croquant en finale. Pour la cave. ⧗ 2022-2028 ■ **2016 ★ (8 à 11 €; 13300 b.)** : un nez fin et envoûtant de cassis et de griotte relevé d'une touche balsamique, une bouche suave, dense et soyeuse, aux tanins ronds, composent un sainte-foy des plus gourmands. ⧗ 2020-2026

EARL VIGNOBLE SICARD, Le Gachignard, 33220 Eynesse, tél. 05 57 41 01 51, coutelor@sfr.fr V *r.-v.*

CH. L'ENCLOS Triple A 2016 ★

■ | 15000 | | 11 à 15 €

Ancienne propriété d'Éric Bonneville, aux commandes à partir de 2003, ce cru de 23 ha est passé sous pavillon asiatique en 2013. Une valeur sûre en sainte-foy, notamment avec sa cuvée Triple A.

Ce 2016 à dominante de merlot offre un nez intense de mûre et de cassis mariés au tabac frais apporté par douze mois de fût. La bouche se montre ample, ronde et fruitée, adossée à des tanins aimables et à une fine vivacité qui lui donne de la longueur. ⧗ 2020-2026 ■ **Réserve 2016 (8 à 11 €; 37600 b.)** : vin cité.

SCEA CH. L' ENCLOS, 3, rte de Bergerac, 33220 Pineuilh, tél. 05 57 33 09 68, contact@lamontfinanciere.fr *Lamont Financière*

B CH. LES MANGONS Chant Secret 2016 ★

■ | 4000 | | 20 à 30 €

Un domaine de 20 ha, propriété de Michel et Brigitte Comis depuis 1990, qui exploitent leur vignoble en biodynamie depuis 2004 et en bio certifié depuis 2010.

Brillant dans une jolie robe rubis soutenu, ce vin présente un bouquet expressif de petits fruits rouges mûrs mariés à l'amande et la vanille fraîche. En bouche, l'attaque est franche, les tanins sont élégants et bien présents, accompagnés par un fruité croquant. ⧗ 2020-2024

BRIGITTE ET MICHEL COMIS, Les Mangons 3, 33220 Pineuilh, tél. 05 57 46 17 27, infos@chateaulesmangons.com V *r.-v.*

CH. MARTET Réserve de Famille 2015 ★★

■ | 85848 | | 30 à 50 €

Propriétaire de l'une des plus anciennes et importantes maisons de négoce belge (1886), Patrick de Coninck conduit depuis 1991 ce cru de 25 ha, ancienne halte sur le chemin de Compostelle. Après avoir entièrement restructuré le vignoble (90 % arrachés et replantés du seul merlot), il en a fait l'une des références incontournables de l'appellation sainte-foy.

Un 2015 qui ne laisse pas indifférent avec sa robe pourpre et ses arômes intenses de cerise noire et de mûre mêlés à des notes très boisées, presque sucrées (dix-huit mois de barrique). Un côté suave que l'on retrouve dans une bouche ample et dense, soutenue par des tanins puissants mais veloutés, extraits avec délicatesse. Une belle bouteille pour la cave. ⧗ 2021-2028

DE CONINCK, 376, rte de Martet, 33220 Eynesse, tél. 05 57 41 00 49, chai.martet@gmail.com V r.-v.

B CH. PRÉ LA LANDE Cuvée TerraCotta 2016 ★

■ | 5800 | | 15 à 20 €

Propriétaire depuis 2003, Michel Baucé est un ancien négociant en vins qui a réalisé son rêve de produire ses propres cuvées. Il a redonné vie à ce domaine fondé en 1860 et doté d'un vignoble de taille modeste (14 ha), qu'il a converti à l'agriculture biologique en 2007.

Ce vin grenat profond et brillant a été élevé dans des amphores en terre cuite d'Italie. Il livre un bouquet fin de mûre et de cassis mariés aux épices douces. Arômes prolongés par une bouche ronde et fruitée, aux tanins délicats et soyeux. ⧗ 2019-2023

SCEA VIGNOBLES DE LA RAYRE, 2, lieu-dit La Rayre, 33220 Pineuilh, tél. 09 62 50 24 46, michel@prelalande.com V r.-v. Baucé

CH. TROIS FONDS 2017 ★

■ | 15000 | | 5 à 8 €

Les vignobles Valpromy-Deffarge constituent un bel ensemble de 74 ha, conduit par la même famille depuis cinq générations. Trois étiquettes ici: les châteaux Galouchey, Trois Fonds et Tour de Goupin.

Le trio sauvignon-muscadelle-sémillon (par ordre d'importance) compose un vin brillant dans sa robe paille aux reflets ocre, au bouquet séduisant de pêche de vigne, d'ananas, de bourgeon de cassis et de genêt. Si l'attaque est souple et fraîche, le milieu de bouche se révèle plus suave et fruité. Un vin équilibré, expressif et charmeur. ⧗ 2018-2021

EARL VALPROMY-DEFFARGE, 1, Goupin, 33890 Gensac, tél. 05 57 47 40 76, earl.valpromy-deffarge@orange.fr V t.l.j. 8h-12h 14h-18h; sam. dim. sur r.-v.; f. mi-août

CH. DE VACQUES Élevé en fût de chêne 2016 ★

■ | 8000 | | 5 à 8 €

Forge, four à pain, lavoir, puits, ce domaine commandé par une maison de maître du XVIIIe s. est un petit aperçu de la vie rurale d'autrefois. À la tête du vignoble (12 ha), Christian Birac, depuis 1984.

Ce 2016 dominé par le merlot propose un bouquet séduisant de fruits rouges et de fleurs blanches sur un fond finement boisé. Le palais apparaît ample et rond, adossé à des tanins élégants et prolongé par une jolie finale sur la fraîcheur. ⧗ 2020-2024 ■ **2016 (5 à 8 €; 5000 b.)** : vin cité.

CHRISTIAN BIRAC, 8, rue de la Commanderie, 33220 Pineuilh, tél. 05 57 46 15 01, cbirac@vacques.fr V t.l.j. sf dim. 8h30-12h30 14h-18h30 3 C

LE BORDELAIS

CADILLAC-CÔTES-DE-BORDEAUX

Superficie : 2 975 ha / Production : 112 425 hl

L'appellation (anciennement premières-côtes-de-bordeaux rouges) s'étend sur une soixantaine de kilomètres le long de la rive droite de la Garonne, des portes de Bordeaux jusqu'à Verdelais. Les vignobles sont implantés sur des coteaux qui dominent le fleuve et offrent de magnifiques points de vue. Les sols y sont très variés: en bordure de la Garonne, ils sont constitués d'alluvions récentes; sur les coteaux, on trouve des sols graveleux ou calcaires; l'argile devient de plus en plus abondante au fur et à mesure que l'on s'éloigne du fleuve. Les vins ont acquis depuis longtemps une réelle notoriété. Ils sont colorés, corsés, puissants; produits sur les coteaux, ils ont en outre une certaine finesse. Les vins blancs de cette zone, moelleux ou liquoreux, continuent d'être revendiqués en appellation premières-côtes-de-bordeaux.

CH. BARACAN 2016 ★

■ | 100000 | | 8 à 11 €

Paul Gonfrier, rapatrié d'Algérie, rachète au début des années 1960 le Ch. de Marsan, terre noble fondée au XVIIe s. sur la rive droite de la Garonne: le berceau des domaines familiaux. Ses fils Philippe et Éric suivent ses traces après 1985. Aujourd'hui, pas moins de 400 ha et douze châteaux.

Dès le premier contact visuel, ce 2016 des plus réussis affiche sa puissance par une robe d'une couleur soutenue. Une puissance confirmée par le bouquet, fruité, réglissé et toasté. Franc et bien structuré, le palais s'inscrit dans la même logique et appelle la garde. ⧗ 2022-2025

SAS GONFRIER FRÈRES, BP 7, 33550 Lestiac-sur-Garonne, tél. 05 56 72 14 38, contact@vignobles-gonfrier.fr V t.l.j. sf sam. dim. 9h-17h30

CH. CAMPET 2015

■ | 20000 | | 8 à 11 €

Fondé à Bordeaux en 1949 par neuf frères et sœurs, le groupe Castel a connu une croissance considérable, devenant le premier producteur de vin en France, le troisième dans le monde, avec un empire qui s'étend de Bordeaux au continent africain. Outre ses nombreuses marques, il possède une vingtaine de propriétés sur l'ensemble du vignoble français.

Les reflets violines de la robe mettent en confiance et incitent à poursuivre la découverte de ce vin dont les parfums de fruits mûrs sont encore un peu masqués par le bois, mais la matière est là pour lui permettre de se fondre. ⌛ 2020-2023

CASTEL FRÈRES, 21, rue Georges-Guynemer, 33290 Blanquefort, tél. 05 56 95 54 00, contact@chateaux-castel.com

CH. CLOS CHAUMONT Une Passion de Chaumont 2015 ★★

■ | 5000 | | 15 à 20 €

Le Hollandais Pieter Verbeek a repris en 1990 ce domaine comptant alors 6 ha; le vignoble couvre aujourd'hui 13 ha. Une progression quantitative et qualitative à la vigne et au chai, Hubert de Boüard (Angelus) apportant sa touche «grand cru».

Une fois encore, le Clos Chaumont se montre à la hauteur de sa réputation avec cette belle cuvée dont la robe d'un rouge intense à reflets grenat n'est pas chiche en promesses. Son intensité est partagée par le nez, ouvert sur des arômes de fruits rouges confiturés et de sous-bois. L'élevage est encore très présent en bouche, mais la solide structure de ce vin, que portent d'élégants tanins, garantit son potentiel. ⌛ 2021-2024

PIETER VERBEEK, 405, rte de Chaumont, 33550 Haux, tél. 05 56 23 37 23, chateau-clos-chaumont@wanadoo.fr V r.-v.

CH. DU GRAND MOUËYS Excellent 2016 ★★

■ | 6500 | | 11 à 15 €

Très vaste propriété (170 ha dont 50 de vignes) commandée par un château néogothique, ce domaine s'étend sur trois collines. Selon la légende, il aurait appartenu aux Templiers qui y auraient caché un trésor. La famille Bömers, qui le détenait depuis 1989, l'a vendu en 2012 à Jinshan Zhang, fondateur du groupe chinois Ningxiahong, qui entend en faire un pôle d'œnotourisme et lui rendre son lustre d'antan.

Difficile de ne pas apprécier la profondeur de la parure noire de ce 2016. Elle prépare très heureusement à la découverte du bouquet, qui séduit par l'élégance de ses généreux arômes de fruits mûrs. Arômes que l'on retrouve dans une bouche puissante, concentrée et charnue, bâtie pour la garde. ⌛ 2021-2028

SCA LES TROIS COLLINES, 242, rte de Créon, 33550 Capian, tél. 05 57 97 04 40, chai@grandmoueys.com V r.-v. 3 Zhang

CH. LES GUYONNETS Héritage 2016 ★

■ | 65000 | | 8 à 11 €

Sophie et Didier Tordeur, anciens agriculteurs dans l'Oise, sont venus s'établir en Gironde en 2000, conquis par la région et par cette belle propriété de 25 ha commandée par une maison de maître girondine.

Encore très jeune, ce vin orné de reflets violines charme d'emblée par son bouquet aux notes fraîches de fruits rouges (fraise), de violette et d'épices. Franc et bien équilibré, le palais dévoile une jolie matière malgré une pointe d'austérité en finale. ⌛ 2021-2026

SOPHIE ET DIDIER TORDEUR, Les Guyonnets, 33490 Verdelais, tél. 05 56 62 09 89, didiertordeur@aol.com V r.-v.

CH. LAGAROSSE Cuvée les Comtes 2016 ★

■ | 40000 | | 11 à 15 €

Ce très ancien domaine commandé par un château reconstruit en 1857 après un incendie étend ses 35 ha de vignes sur les coteaux de Tabanac. Il est la propriété depuis 2011 du groupe chinois Carlico, important importateur de vins à Hong Kong et dans la Chine continentale.

Fidèle aux promesses de sa robe, d'un grenat soutenu aux reflets violines, ce 2016 révèle une bonne aptitude à la garde, tant par son puissant bouquet de fruits rouges et noirs bien mûrs que par sa solide structure tannique. ⌛ 2021-2024

SAS CH. LAGAROSSE, 846, rte de Camail, 33550 Tabanac, tél. 05 56 67 58 90, lagarosse@gmail.com V r.-v.
Steve Loo

♥ CH. PASCOT Cuvée Vinéola 2016 ★★

■ | 2600 | | 11 à 15 €

Un petit vignoble de 3,5 ha déjà recensé au XVIIIe s. et acquis en 1990 par Nicole et Frédéric Doermann, retraités de l'Éducation nationale; leur fils Franck, biologiste, assure les vinifications.

Réalisée à partir de merlot (70 %) et de malbec, uniquement dans les grands millésimes, cette cuvée ne déçoit pas et offre son deuxième coup de cœur en deux ans au domaine. Sa belle robe d'un grenat soutenu retient l'attention; moins toutefois que le bouquet, puissant et d'une réelle complexité: fruits rouges mûrs, épices douces, notes florales et grillées. Souple et chaleureux en même temps que tannique et ample, le palais déploie une longue finale aux accents torréfiés. Du caractère et un solide potentiel. ⌛ 2021-2028

FRANCK ET NICOLE DOERMANN, 16, chem. du Moulin-de-Rambal, 33360 Latresne, tél. 06 72 28 70 36, nicole.doermann@chateaupascot.com V r.-v. 4

CH. RÉAUT 2016

■ | 120000 | | 11 à 15 €

En 2012, douze viticulteurs (six Bordelais et six Bourguignons) ont décidé de s'unir pour acheter ce vignoble de 26 ha à cheval sur un coteau argilo-calcaire et une terrasse de graves. À leur projet se sont joints 430 amateurs (de quinze pays) qui ont investi dans l'entreprise.

Passé des notes animales, ce vin dévoile des arômes de fruits mûrs agrémentés de boisé grillé. En bouche, il séduit par son caractère corsé et bien charpenté. Il faudra savoir l'attendre. ⌛ 2021-2025

CH. RÉAUT, 1, Fontuch, 33410 Rions, tél. 05 56 62 66 54, contact@chateau-reaut.com V t.l.j. sf sam. dim. 9h-12h 13h-17h

GRAND VIN DE CH. DE RICAUD 2015 ★

■ | 6700 | | 11 à 15 €

Alain Thiénot (groupe CVGB, Canard-Duchêne) a repris en 1980 ce domaine commandé par un vrai château de conte de fées (tours crénelées, gargouilles) datant du XVes. et restauré au XIXes. par Viollet-le-Duc. Depuis 2007, les équipes de la maison Dourthe, intégrée au groupe Thiénot, sont en charge des vins. Un cru souvent en vue pour ses loupiac.

Dès le premier contact visuel, ce cadillac séduit par son élégance. Celle-ci se confirme au nez, d'une belle complexité: fruits rouges, cassis, épices douces, note mentholée. Riche, chaleureuse et bien équilibrée, la bouche déroule une longue finale qui achève de convaincre. ⧗ 2021-2026

CH. DE RICAUD - VIGNOBLES DOURTHE, rte de Sauveterre, 33410 Loupiac, tél. 05 56 35 53 00, contact@dourthe.com r.-v.

CH. SUAU 2015

■ | 20000 | | 11 à 15 €

Ancien pavillon de chasse du duc d'Épernon (1554-1642), ce domaine doit son nom à la famille Suau, propriétaire des lieux au XVIIes. Après avoir souvent changé de mains au XXes., il est entré en 1985 dans la famille Bonnet, avant d'être repris en 2014 par Bacchus Investments. Le vignoble couvre 66 ha, conduits en bio.

Souple et simple mais bien fait, ce vin n'est sans doute pas destiné à une longue garde; ce qui ne l'empêchera pas de se montrer fort plaisant s'il est servi jeune. Il offrira alors toute l'élégance de son bouquet aux notes de fruits mûrs un peu confits. ⧗ 2019-2022

SCEA DU CH. SUAU, 600, Suau, 33550 Capian, tél. 05 56 72 19 06, fnoguiez@iag-es.com V r.-v. Bacchus Bordeaux

VALENTINE PAR VALENTINE Réserve 2015 ★

■ | 6000 | | 15 à 20 €

Établi au sommet d'un coteau argilo-calcaire, Lamothe de Haux étend ses vignes sur 77 ha, comprenant aussi le Château Manos, dédié aux cadillac, acquis en 1991. Depuis 1956 et quatre générations, le domaine se transmet par les femmes. À sa tête aujourd'hui, Maria et Damien Chombart.

Cette cuvée a bénéficié de soins attentifs et efficaces. Sa belle présentation en témoigne, tant par sa couleur d'un rubis soutenu que par son bouquet expressif: fruits cuits, épices, amande, une note fumée. Souple, bien constitué et complet, l'ensemble peut être apprécié jeune tout en possédant un certain potentiel. ⧗ 2020-2024

NEEL-CHOMBART, 295, chem. de l'Église, 33550 Haux, tél. 05 57 34 53 00, info@chateau-lamothe.com V r.-v.

CÔTES-DE-BORDEAUX-SAINT-MACAIRE

Superficie : 53 ha / Production : 1 010 hl

Cette appellation, qui prolonge vers le sud-est celle des premières-côtes-de-bordeaux, produit des vins blancs secs et liquoreux.

CH. DE BOUILLEROT Le Palais d'or 2016 ★

■ | 1600 | | 8 à 11 €

Un domaine de 8 ha conduit en bio, dans la même famille depuis 1935 et quatre générations, régulièrement à l'honneur pour son Palais d'or liquoreux en côtes-de-bordeaux-saint-macaire et pour ses bordeaux rouges. Après dix ans comme préparateur en pharmacie, Thierry Bos a repris les commandes du cru familial en 1990.

Parée d'une belle robe teintée à l'or fin, cette cuvée souvent en vue dans ces pages dévoile un bouquet soutenu d'agrumes confits et de fleurs blanches. Une attaque ronde ouvre sur une bouche suave et miellée, équilibrée par une fine acidité. Un vin gourmand et charmeur. ⧗ 2019-2028

THIERRY BOS, 8, Lacombe, 33190 Gironde-sur-Dropt, tél. 06 80 20 32 25, info@bouillerot.com V r.-v.

CH. MAJOUREAU 2017 ★

■ | 5000 | | 5 à 8 €

L'une des belles étiquettes en saint-macaire, également présente en AOC régionales. Un cru de 40 ha, propriété des Delong depuis cinq générations, en polyculture jusqu'en 1981, date de la première mise en bouteilles. Mathieu, désormais épaulé par sa sœur Émeline, est aux commandes depuis 2002.

Une robe sable blond doré habille ce vin ouvert sur la pêche, la menthe et le citron. En bouche, la mangue, le miel et le cacao prennent le relais, associant l'acidité à la douceur. ⧗ 2019-2028 ■ **La Petite Dorée 2017 ★ (11 à 15 €; 2200 b.)** : un liquoreux qui allie la puissance des fruits confiturés au miel frais, au palais gourmand et élégant, bien équilibré entre suavité et vivacité. ⧗ 2018-2026 ■ **Hyppos 2017 ★ (8 à 11 €; 2200 b.)** : à un nez délicat évoquant la rose, le miel et la vanille répond une bouche suave, sur les fruits confits, rafraîchie par des notes de menthe poivrée et soutenue par un boisé fin et bien dosé. ⧗ 2019-2028

SCEA VIGNOBLES DELONG, 1, Majoureau, 33490 Caudrot, tél. 05 56 62 81 94, familledelong@hotmail.com V r.-v.

CÔTES-DE-BORDEAUX

Définie en 2009, c'est l'appellation générique de tous les vins rouges de côtes (Bourg excepté), d'abord connus par leurs dénominations géographiques complémentaires: Blaye, Cadillac, Castillon et Francs. La superficie théorique de l'AOC couvre 13 500 ha, mais une grande partie des raisins est destinée aux «côtes» assortis d'une dénomination géographique complémentaire (castillon-côtes-de-bordeaux, par exemple). Tous ces vignobles occupent des pieds ou des pentes de coteaux, ou encore les proches plateaux. Les sols à dominante argilo-calcaire favorisent le merlot, qui domine les assemblages.

CH. LA CHÈZE 2016

■ | 30000 | | 5 à 8 €

Maison noble et relais de chasse du duc d'Épernon, ce château est l'héritier d'une longue histoire, écrite

depuis 1997 par Jean-François Rontein, œnologue-conseil. Le vignoble couvre 11 ha.

L'intensité de la robe se retrouve dans le bouquet où les fruits rouges sont accompagnés de notes de violette et de tabac. Chaleureux et bien équilibré, le palais s'appuie sur de bons tanins. ⧗ 2019-2023

⊶ RONTEIN, La Chèze, 33550 Capian, tél. 06 09 79 18 03, jfrontein@wanadoo.fr V ⚐ ▮ *r.-v.*

CLOS CARMELET Tabanac 2016 ★★

■	300	◍	11 à 15 €

Un petit cru familial de 3 ha conduit depuis 2004 par Gilles Hébrard (troisième génération): un ensemble de parcelles situées sur les coteaux de la rive droite de la Garonne, voisin du château Carmelet. Les vins sont élevés et conservés dans une ancienne carrière d'extraction de pierre de taille.

L'objectif de Gilles Hébrard est d'élaborer un vin haut de gamme. Il est pleinement atteint avec ce 2016 impressionnant dans sa livrée noire et son bouquet concentré et exubérant de baies noires sur fond boisé. Puissante, charpentée, charnue et chaleureuse, la bouche confirme le potentiel de garde de cette superbe bouteille malheureusement très confidentielle. ⧗ 2021-2028

⊶ GILLES HÉBRARD, 103, rte de Rouquey, 33550 Tabanac, tél. 06 64 38 03 00, closcarmelet@hotmail.fr V ⚐ ▮ *r.-v.*

CH. LES CONSEILLANS 2015 ★

■	16000	◍	15 à 20 €

Cru ayant appartenu à l'œnologue Jean Ribéreau-Gayon, qui a découvert la maîtrise de la fermentation malolactique en 1949, cette propriété comprenant des vignes, bois et champs a été acquise en 2011 par Bruce Jackson, un Américain passionné par la vigne et le vin, et son épouse Irina Krasovkaya. Le vignoble couvre une vingtaine d'hectares.

Ce 2015 d'un beau grenat affiche un bouquet un peu discret mais fin de fruits rouges et de menthol. En bouche, il présente une bonne matière, ample et fraîche, plus tannique en finale. Un joli vin de Côtes qui vieillira bien. ⧗ 2021-2026 ■ **Réserve du pré carré 2015 ★ (8 à 11 €; 6000 b.)** : un vin harmonieux, au fruité franc, souple et élégant en bouche. ⧗ 2019-2024

⊶ SCEA LES CONSEILLANS, 35, chem. du Limancet, 33880 Saint-Caprais-de-Bordeaux, tél. 06 71 59 82 41, admin@chateaulesconseillans.fr ⊶ Jackson

CH. LE DOYENNÉ 2015

■	22000	◍	11 à 15 €

Propriété de Marie-Dominique et Jean Watrin depuis 1994, une jolie chartreuse jaune ocre à l'allure toscane commande un vignoble de 8 ha d'un seul tenant sur des plateaux graveleux et des coteaux argilo-calcaires.

Simple mais bien fait, ce vin développe un bouquet fruité relevé de notes épicées. Rond, souple et bien équilibré, le palais s'appuie sur des tanins de qualité. ⧗ 2019-2022

⊶ SCEA DU DOYENNÉ, 27, chem. de Loupes, 33880 Saint-Caprais-de-Bordeaux, tél. 05 56 78 75 75, dwatrin@chateauledoyenne.fr V ⚐ ▮ *r.-v.*

Ⓑ CH. DUPLESSY Charlotte 2015 ★

■	1205	◍	20 à 30 €

Duplessy doit son nom à une ancienne famille de parlementaires bordelais. Entouré de forêts de chênes, le vignoble, fondé en 1728, s'étend sur 11,5 ha conduits en bio.

S'annonçant par une belle robe animée de reflets grenat, cette cuvée porte la marque du bois au nez comme en bouche. Mais sa structure corsée et portée par des tanins à la fois serrés et élégants lui permettra de digérer sereinement l'élevage. ⧗ 2021-2025

⊶ SC CH. DUPLESSY, 1, av. de Bordeaux, 33360 Cénac, tél. 05 56 20 73 28, sylvie.kauffmann@chateau.duplessy.fr V ⚐ ▮ *t.l.j. sf sam. dim. 8h-12h 14h-18h*

CH. GARBES-CABANIEU Élevé en fût de chêne 2015 ★★

■	36169	◍	5 à 8 €

Un domaine de 47 ha dans la famille d'Hervé David depuis six générations. Ce dernier y a pris la suite de son père en 1979, épaulé par son épouse Marinette au commercial et son fils Thomas.

Particulièrement réussi, ce 2015 met en confiance dès le premier regard par l'intensité de sa robe, d'un rouge sombre. Le bouquet joue sur les notes de fruits rouges bien mûrs rehaussés d'une touche de chêne neuf. Ample et long en même temps que souple et rond, le palais s'étire dans une solide finale tannique qui appelle un peu de patience. ⧗ 2021-2026

⊶ VIGNOBLES HERVÉ DAVID, Ch. Garbes-Cabanieu, 1, le Boucher, 33410 Monprimblanc, tél. 05 56 62 97 59, garbes-cabanieu@wanadoo.fr V ⚐ ▮ *t.l.j. sf sam. dim. 8h-12h 13h30-17h30; lun. sur r.-v.* ⌂ Ⓑ

CH. DU GRAND MOUËYS 2016 ★★

■	145000	◍ ▮	8 à 11 €

Très vaste propriété (170 ha dont 50 de vignes) commandée par un château néogothique, ce domaine s'étend sur trois collines. Selon la légende, il aurait appartenu aux Templiers qui y auraient caché un trésor. La famille Bömers, qui le détenait depuis 1989, l'a vendu en 2012 à Jinshan Zhang, fondateur du groupe chinois Ningxiahong, qui entend en faire un pôle d'œnotourisme et lui rendre son lustre d'antan.

Fort séduisant dans sa robe d'un rouge intense, presque noire, ce vin l'est tout autant par son bouquet aux généreuses notes de mûres et de fruits rouges agrémentées de touches de caramel et de fumé. La concentration de la présentation se confirme au palais, où se développent d'harmonieux tanins qui se portent garants du solide potentiel de cette belle bouteille. ⧗ 2022-2028

⊶ SCA LES TROIS COLLINES, 242, rte de Créon, 33550 Capian, tél. 05 57 97 04 40, chai@grandmoueys.com V ⚐ ▮ *r.-v.* ⌂ ❸ *⊶ Zhang*

CH. DU GRAND PLANTIER 2016 ★

■	30000	▮	- de 5 €

Issus d'une très ancienne famille de producteurs de Monprimblanc, les Albucher conduisent un bel ensemble de 45 ha répartis sur plusieurs appellations

et proposent une large gamme de vins. Souvent en vue pour leurs liquoreux de Loupiac et leurs bordeaux secs.

Débutant sur des notes fruitées, le bouquet se fait de plus en plus expressif à l'aération, avec des nuances épicées et florales. Encore très présent, le bois commence à se fondre pendant que la structure tannique s'affirme. Un bon vin de côtes à attendre un peu. ⧗ 2021-2024

GAEC DES VIGNOBLES ALBUCHER, Ch. du Grand Plantier, 33410 Monprimblanc, tél. 05 56 62 99 03, chateaudugrandplantier@orange.fr V r.-v.

CH. ARNAUD JOUAN Premium Réserve 2016 ★

■ | 120000 | | 5 à 8 €

Arrivé d'Algérie en 1961, Charles Yung a bâti un vaste ensemble de propriétés dans le Bordelais ainsi qu'un négoce: aujourd'hui, plus de 132 ha de vignes, principalement implantées sur les coteaux de Garonne, autour de Béguey. Son fils Jean-Christophe est aux commandes depuis 1993, rejoint en 2006 par son frère Rodolphe qui a pris en main la commercialisation.

Très frais dans sa robe d'un rouge soutenu, ce vin se montre gourmand par son expression aromatique fruitée (fruits rouges) et épicée. Porté par des tanins bien enrobés et par un boisé élégant et chocolaté, le palais s'inscrit dans le même esprit que le bouquet. ⧗ 2019-2024

SCEA CHARLES YUNG ET FILS, 8, chem. de Palette, 33410 Béguey, tél. 05 56 62 94 85, r.yung@wanadoo.fr V *t.l.j. 9h-12h 13h30-18h30*

CH. LAFITTE 2015 ★★

■ | 150000 | | 11 à 15 €

Propriété achetée en 1763 par le négociant Raymond Lafitte, qui lui a légué son nom, ce cru est une belle unité de 30 ha possédant un terroir argilo-graveleux de qualité, dirigée depuis 1994 par Philippe Mengin.

Très typé bordeaux par sa profonde robe d'un grenat soutenu, ce 2015 joue la carte de la finesse dans son bouquet de vanille, de cannelle et de petits fruits confits (mûre, cerise, fraise). En bouche, il révèle une matière riche, ample et tannique. Un vin solide, bâti pour durer. ⧗ 2022-2026

CH. LAFITTE, 6, rte de la Lande, 33360 Camblanes-et-Meynac, tél. 05 56 20 77 19, info@chateaulafitte.fr V *r.-v. Philippe Mengin*

CH. LAGRANGE L'Enclos 2015 ★★

■ | 1200 | | 15 à 20 €

Les aïeux d'Alain Bastide ont acheté en 1886 cette maison qui aurait été jadis un relais de chasse du duc d'Épernon. Le vignoble couvre aujourd'hui 40 ha répartis sur plusieurs appellations: des AOC régionales, cadillac et cadillac-côtes-de-bordeaux. Alain Bastide, à sa tête depuis 1990, a été rejoint en 2009 par son fils Nicolas, œnologue.

La jeunesse et la fraîcheur de la robe, d'un rubis intense, se retrouvent dans le bouquet naissant et déjà concentré. Puissant, chaleureux, élégant et long, le palais est à l'unisson. Cette authentique bouteille de garde offre une belle illustration de l'esprit Côtes. ⧗ 2020-2028

SCEA BASTIDE ET FILS, Bourdieu-Lagrange, 33410 Monprimblanc, tél. 05 56 62 98 86, sceabastide@hotmail.fr V *r.-v.*

CH. LAROCHE 2015

■ | 93304 | | 5 à 8 €

En 1975, Jean Merlaut (château Gruaud-Larose, à Saint-Julien) a repris en main le château Dudon, dans sa famille depuis 1961 et commandé par une chartreuse construite au XVIIIe s. par Jean-Baptiste Dudon. Il a assuré sa rénovation, à la vigne et aux chais, et étoffé sa surface en 2009 en achetant les vignes du château Laroche. L'ensemble couvre aujourd'hui 72,4 ha.

Souple et rond, ce vin est bien équilibré, tant dans son expression aromatique, où s'expriment des fruits rouges mûrs et des épices, que dans son développement en bouche, soutenue par de bons tanins, encore un peu austères en finale toutefois. ⧗ 2020-2023

SARL DUDON, 45, rte de Dudon, 33880 Baurech, tél. 05 57 97 77 35, infos@chateau-dudon.com V *r.-v. Jean Merlaut*

CH. DE POTIRON Cuvée exceptionnelle 2015 ★

■ | 16500 | | 15 à 20 €

Malene Schmidt s'est installée en 2001 à la tête de ce domaine d'une vingtaine d'hectares situé à Capian et conduit de façon très raisonnée.

Très bien équilibré, ce 2015 se montre plaisant tout au long de la dégustation. Dans sa présentation d'abord, avec une belle robe rubis et un bouquet d'une bonne complexité: fruits mûrs et réglisse rehaussés d'une petite note de violette; par son développement au palais ensuite, où il se montre charnu et chaleureux, agrémenté de jolies saveurs cacaotées. ⧗ 2020-2024

CH. DE POTIRON, D 140, 33550 Capian, tél. 05 56 72 19 76, ms@chateau-de-potiron.com V *r.-v.* 5 E *Schmidt*

♥ JEAN QUEYRENS ET FILS Alt. 120 mètres 2015 ★★

■ | 2600 | | 8 à 11 €

ALT. 120 METRES
JEAN QUEYRENS & FILS VIGNERONS

Famille au service du vin depuis un siècle. En 1964, Jean et Yvette Queyrens acquièrent leur première vigne au lieu-dit Pilet puis reprennent les domaines de leurs parents (Ch. du Pin-Franc et Ch. des Graves du Tich) et débutent la vente en bouteilles. Aujourd'hui, leurs fils Patrick et Christophe, avec à leurs côtés Jean-Yves, le petit-fils, exploitent un vignoble de 70 ha dans l'Entre-deux-Mers.

La spécificité d'une de leurs parcelles (de 35 ares) a incité les Queyrens à créer cette microcuvée entièrement issue de cabernet-sauvignon, avec raison si l'on en juge ses qualités. Qualités qui se manifestent dès la présentation avec une robe d'un profond grenat et un beau bouquet fruité qui respire le soleil. La bouche? De la densité, du volume et beaucoup de fraîcheur autour de tanins soyeux. Et quelle longueur... ⧗ 2021-2026 ■ **Ch. Pilet Prestige 2015 ★★** (8 à 11 €; **5000 b.**) : un très joli vin de Côtes qui tient les promesses faites par sa profonde robe rubis à reflets violacés; par son bouquet généreux et expressif (petits fruits rouges et noirs, réglisse, cuir), comme par son palais, à la fois rond, ample, tannique et long. ⧗ 2021-2026

SC VIGNOBLES JEAN QUEYRENS ET FILS, 3, Grand-Village-Sud, 33410 Donzac, tél. 05 56 62 97 42, scvjqueyrens@orange.fr V r.-v.

CH. SAINTE-MARIE Alios 2016 ★★

■	80000	◖◗	8 à 11 €

Ce domaine fut autrefois administré par les moines de la Sauve-Majeure. Depuis quatre générations, les Dupuch (Stéphane depuis 1997) sont aux commandes et en ont fait une propriété importante (80 ha) de l'Entre-deux-Mers. Ils exploitent aussi dans le Haut-Médoc avec le Ch. Peyredon Lagravette, petit cru d'à peine plus de 4 ha.

L'attrait de cette belle cuvée ne se limite pas au seul charme de sa profonde robe rubis. Très concentré et intense, le bouquet convoque les fruits rouges et noirs mûrs soutenus par un discret boisé. Le palais poursuit dans le même style, en s'appuyant sur une puissante et harmonieuse charpente. ⧗ 2021-2028 ■ **Vieilles Vignes 2016 ★** (5 à 8 €; **80000 b.**) : un joli vin fruité, chaleureux, dense, charnu, structuré par des tanins enrobés. ⧗ 2020-2024

STÉPHANE DUPUCH, Ch. Sainte-Marie, 51, rte de Bordeaux, 33760 Targon, tél. 05 56 23 64 30, contact@chateau-sainte-marie.com V r.-v.

CH. SAINT-OURENS Cuvée Sélection 2016 ★

■	8000	◖◗	5 à 8 €

Un petit domaine bien exposé sur les coteaux de Langoiran, racheté en 1990 à un exploitant sans successeur par Michel Maes, ingénieur en agriculture. Ce dernier conduit 7 ha de vignes aujourd'hui, en cours de conversion bio.

Une fois encore, Michel Maes propose un vin des plus réussis. Résolument moderne dans son style, ce 2016 se présente dans une robe aussi jeune qu'intense, avant de développer un bouquet complexe et concentré où le bois est encore très présent mais bien intégré. Riche, plein et généreux, le palais est fort prometteur. ⧗ 2021-2028

EARL MICHEL MAES, 57, rte de Capian, lieu-dit Saint-Ourens, 33550 Langoiran, tél. 05 56 67 39 45, maesmichel@hotmail.com V *t.l.j. sf dim. 9h-13h 13h30-18h*

LA RÉGION DES GRAVES

Vignoble bordelais par excellence, les graves n'ont plus à prouver leur antériorité : dès l'époque romaine, leurs rangs de vignes ont commencé à encercler la capitale de l'Aquitaine et à produire, selon l'agronome Columelle, «un vin se gardant longtemps et se bonifiant au bout de quelques années». C'est au Moyen Âge qu'apparaît le nom de Graves. Il désigne alors tous les pays situés en amont de Bordeaux, entre la rive gauche de la Garonne et le plateau landais. Par la suite, le Sauternais s'individualise pour constituer une enclave, vouée aux liquoreux, dans la région des Graves.

GRAVES

Superficie : 3 420 ha
Production : 138 835 hl (75 % rouge)

APOLLON Le Divin 2015

■	3000	◖◗	30 à 50 €

Château Vénus est une petite propriété (8 ha) constituée en 2005 à Illats (du côté de Cérons) par Emmanuelle et Bertrand Amart, enfants de viticulteurs. Depuis 2014, elle est dotée de bâtiments modernes et écologiques.

Ce 2015 séduit par sa robe entre cerise et cassis comme par son bouquet, aux élégantes notes de vanille et de fruits rouges, et par son palais soutenu par une bonne trame tannique. ⧗ 2020-2024

EARL CH. VÉNUS, 3, Pertigues, lieu-dit Brouquet, 33720 Illats, tél. 05 56 62 76 09, contact@chateauvenus.com V r.-v.

CH. D'ARGUIN 2015

■	20391	◖◗	11 à 15 €

Basé à Bordeaux et spécialisé dans le service et le conseil aux entreprises, le groupe Pouey International a investi dans le vin. Il détient dans les Graves le Ch. d'Arguin et le Dom. du Reys, à Saint-Selve, près de la Brède.

Classique dans sa présentation avec une robe grenat, ce vin rappelle la cerise bigarreau, bien que son bouquet soit encore un peu dominé par les notes de torréfaction. Souple, charnu et bien équilibré sans manquer de fermeté, le palais fait preuve d'une réelle élégance. ⧗ 2020-2023

SA POUEY INTERNATIONAL, 21, chem. de Gaillardas, Jeansotte, 33650 Saint-Selve, tél. 05 56 78 49 10, blacampagne@pouey-international.fr V r.-v.

CH. D'ARRICAUD 2015 ★

■	10000	◖◗	15 à 20 €

Situé sur les hauteurs de Landiras, ce cru des Graves a pris son visage actuel à la fin du XVIIIes. quand il appartenait au comte Joachim de Chalup, mousquetaire du roi et président du parlement de Bordeaux. Les Bouyx – Isabelle Labarthe depuis 1992 – veillent sur le vignoble (23 ha) depuis trois générations.

Ce joli 2015 a enthousiasmé le jury par sa générosité aromatique: alliées aux fruits mûrs, les notes de tabac et de vanille révèlent un boisé fin. Une même intensité caractérise le palais, puissant et plein, soutenue par des tanins enrobés. Un graves d'avenir, mais qui s'exprime d'ores et déjà harmonieusement. ⧗ 2019-2025

EARL BOUYX, Ch. d'Arricaud, 33720 Landiras, tél. 05 56 62 51 29, chateaudarricaud@wanadoo.fr V r.-v.

CH. D'AS 2016

| 2800 | | 5 à 8 €

Arrivé d'Algérie en 1961, Charles Yung a bâti un vaste ensemble de propriétés dans le Bordelais ainsi qu'un négoce: aujourd'hui, plus de 132 ha de vignes, principalement implantées sur les coteaux de Garonne, autour de Béguey. Son fils Jean-Christophe est aux commandes depuis 1992, rejoint en 2006 par son frère Rodolphe, qui a pris en main la commercialisation.

Ce cru situé sur la commune de Cérons a été pris en fermage par la famille Yung. La finesse de la robe, d'un blanc brillant, se retrouve dans les notes de fleurs blanches et de fruits exotiques mûrs du bouquet. Très agréable par sa fraîcheur, le palais révèle une bonne structure et déploie un plaisant retour aromatique des fruits blancs. ⧗ 2018-2021

SCEA CHARLES YUNG ET FILS, 8, chem. de Palette, 33410 Béguey, tél. 05 56 62 94 85, r.yung@wanadoo.fr
t.l.j. 9h-12h 13h30-18h30

B CH. L'AVOCAT 2015 ★

| 15600 | | 11 à 15 €

Situé à Cérons, le domaine remonte au XVIIIᵉs. Il a été racheté en 1988, par la famille Watts, d'origine galloise. Nicola Watts, médecin généraliste, et son époux Sean Allison, ancien analyste financier d'origine néo-zélandaise, en ont pris les rênes en 2001. Ils exploitent 25 ha qu'ils ont convertis en 2014 à l'agriculture biologique. Deux étiquettes ici: le Ch. du Seuil et le Ch. L'Avocat.

Très rond, avec une chair presque suave, ce vin permet aux arômes de fruits mûrs (cassis, mûre) et d'épices de s'épanouir en toute liberté. En finale, les tanins encore présents viennent promettre un bon vieillissement. ⧗ 2020-2024

SCEA CH. DU SEUIL, 1, Le Seuil, 33720 Cérons, tél. 05 56 27 11 56, nicola@chateauduseuil.com *r.-v.*

La région des Graves

AOC Bordeaux et Bordeaux supérieur
■ Premier cru classé
• Grand cru classé
□ Premier cru supérieur
Autres régions viticoles
Villes principales

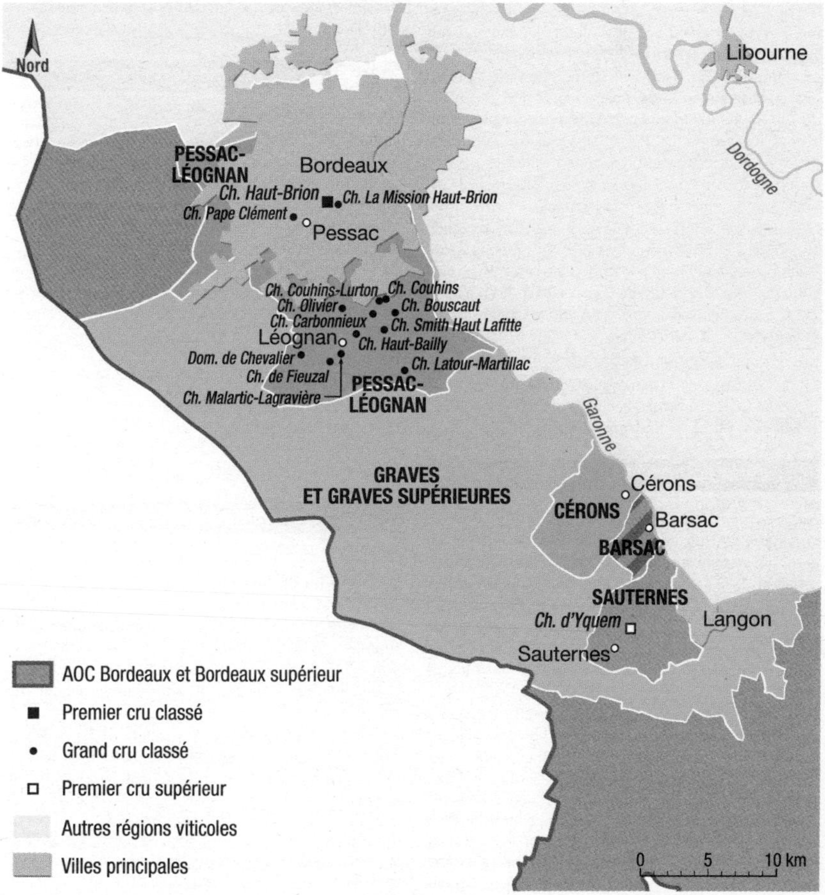

CH. BEAUREGARD DUCASSE Albert Duran 2015

■ | 54 000 | | 11 à 15 €

Situé près du château de Roquetaillade, ce cru a été reconstitué et agrandi à partir de 1981 par Jacques Perromat, œnologue, dont la famille est bien implantée dans les Graves et en Sauternais. Les vignes (44 ha) sont installées sur l'un des points culminants de l'appellation.

Sans chercher à rivaliser avec certains millésimes antérieurs, ce 2015 se distingue par sa robe élégante aux légers reflets tuilés comme par son bouquet ouvert sur de fines notes de menthol, de cassis et de poivre. Encore marqué par les tanins, le palais révèle un fruit délicat. Une aération avant le service lui sera bénéfique. 2020-2023

EARL VIGNOBLES JACQUES PERROMAT, Ducasse, 33210 Mazères, tél. 05 56 76 18 97, jperromat@mjperromat.com V t.l.j. 9h-13h 14h-18h

CH. DE BEAU-SITE 2016 ★★

| 7000 | | 11 à 15 €

Un pavillon du XVIIIe s., un parc, un arboretum: avec le Ch. de Castres (graves), José Rodrigues-Lalande, ingénieur et œnologue, a acquis en 1996 un beau quartier général. Il s'est agrandi en 2012 dans cette même AOC en achetant le Ch. Beau-Site, après s'être implanté en pessac-léognan en 2004, avec l'acquisition des 18 ha du Ch. Roche-Lalande. En 2013, il a encore acquis en pessac-léognan le Ch. Pont Saint-Martin. Pas moins de 40 ha pour cette exploitation familiale.

De la robe, d'un jaune vert brillant, à la longue finale, fraîche et complexe, tout n'est qu'élégance et distinction dans ce vin aussi intéressant par son bouquet, aux notes de fleurs (genêt et buis), d'agrumes et de fruits blancs mûrs, que par sa bouche charnue et bien bâtie. 2018-2022 **Ch. de Castres 2017 ★ (11 à 15 €; 7000 b.)** : un graves souple, aromatique (épices, fruits) et harmonieux. 2018-2021

VIGNOBLES RODRIGUES-LALANDE, Ch. de Castres, 33640 Castres-sur-Gironde, tél. 05 56 67 51 51, contact@chateaudecastres.fr V r.-v. 5 *Rodrigues-Lalande*

CH. LE BOURDILLOT Séduction 2016 ★

■ | 60000 | | 5 à 8 €

Originaire d'Arras, Jules Haverlan a acquis en 1906 un vignoble installé sur des graves profondes, qui appartenait en 1818 au comte de Lynch: le Ch. le Bourdillot, une propriété de 21 ha qui propose majoritairement des graves rouges; une valeur sûre complétée en 1956 par le Dom. des Lucques, à Portets. L'ensemble est dirigé depuis 1991 par Patrice Haverlan, petit-fils de Jules.

D'un rubis profond, la robe de ce joli 2016 se frange de reflets grenat annonciateurs d'un bon potentiel. Sa puissance aromatique le confirme. Très merlot bien mûr (pruneau, fruits à l'eau-de-vie), le bouquet révèle une présence encore marquée du bois (notes grillées et épicées). Au palais, de belles rondeurs, encore cachées par des tanins boisés, sont elles aussi fort prometteuses. 2020-2026 ■ **Tentation 2016 ★ (8 à 11 €; 45000 b.)** : un graves ample et dense, encore un peu sévère mais expressif (fruits rouges, épices douces) et d'une bonne longueur. 2020-2026

EARL PATRICE HAVERLAN, 11, rue de l'Hospital, 33640 Portets, tél. 05 56 67 11 32, patrice.haverlan@gmail.com V r.-v.

CAPRICE DE BOURGELAT 2016 ★

| 5350 | | 8 à 11 €

Un domaine remontant au XVIIIe s. Arrivé à sa tête en 1980, Dominique Lafosse a passé en 2013 le relais à son fils Antoine, qui représente la septième génération. Implanté à Cérons, village éponyme d'une appellation de liquoreux, le vignoble de 14 ha privilégie le cépage sémillon. À sa carte, des cérons, et surtout des graves, majoritairement blancs.

S'il va demander un peu d'attente pour que le boisé se fonde davantage, ce vin saura récompenser votre patience, son volume, son gras et l'élégance de son expression aromatique aux notes toastées, briochées et minérales promettant d'agréables moments. 2019-2022

EARL DOMINIQUE LAFOSSE, Clos Bourgelat, 4, Caulet-Sud, 33720 Cérons, tél. 05 56 27 01 73, domilafosse@wanadoo.fr V t.l.j. sf dim. 10h-12h 14h-19h

CH. DE LA BRÈDE 2015 ★★

■ | 6000 | | 30 à 50 €

Fleuron culturel des Graves, le château de La Brède est un manoir médiéval (XIIe-XVe s.) où naquit le philosophe Montesquieu, qui aimait s'y retirer pour écrire son œuvre et surveiller son vignoble. Le domaine a été replanté en 2008, puis confié en fermage à Dominique Haverlan.

Aussi profonde que vive, la robe de ce beau 2015 met en confiance. Tout comme l'intensité du bouquet, dont les arômes tournent autour des fruits rouges et des épices, avec une nuance florale. Puissant dès l'attaque, le palais est porté par une matière riche. Le bois est toujours présent, mais sans empêcher les tanins de se montrer onctueux. 2022-2028

DOMINIQUE HAVERLAN, 35, rue du 8-mai-1945, 33640 Portets, tél. 05 56 67 18 63, dominique.haverlan@libertysurf.fr V r.-v.

CH. BRONDELLE 2016 ★

| n.c. | | 11 à 15 €

À la tête du Ch. Brondelle situé dans la partie sud des Graves et acquis par son grand-père en 1927, Jean-Noël Belloc a étendu son vignoble dans cette appellation (Ch. Andréa) ainsi qu'en pessac-léognan (Ch. d'Alix) et en AOC régionales. En sauternes, il a acquis les 4 ha du Ch. Fontaine à Fargues-de-Langon.

Séduisant dans sa robe d'or à reflets verts, ce vin se fait aussi charmeur par son bouquet fruité (citron, pêche blanche) et floral (chèvrefeuille), avant de dévoiler un bon équilibre dans une bouche marquée par une certaine corpulence et une agréable longueur. À boire bien frais. 2018-2021 ■ **2015 (11 à 15 €; n.c.)** : vin cité. **Ch. Andréa 2017 (5 à 8 €; n.c.)** : vin cité.

⊶ JEAN-NOËL BELLOC, lieu-dit Brondelle, 33210 Langon, tél. 05 56 62 38 14, chateau.brondelle@wanadoo.fr **V** 🚶 **!** *t.l.j. sf sam. dim. 9h-12h30 14h-17h30*

CH. DE BUDOS Cuvée Darmajan 2016 ★

■	2300	🛢	8 à 11 €

Aux portes du Sauternais, un château clémentin (forteresse construite au XIVe s. par des parents du pape Clément V, originaire de Budos). Tout autour, un vignoble de 25 ha acquis en 1920 par la famille Boireau. À sa tête depuis 1994, Bernard Boireau a été rejoint en 2002 par Laurent Persan, architecte paysagiste.

Si elle est à réserver aux amateurs de vins boisés, cette cuvée les séduira pleinement par son délicat bouquet aux fines notes de citron et de vanille, comme par sa belle richesse en bouche. ⧗ 2019-2023 ■ **Vieilli en fûts de chêne 2015 (5 à 8 €; 32000 b.)** : vin cité.

⊶ SCEA BOIREAU-PERSAN, 3, Les Marots, 33720 Budos, tél. 05 56 62 51 64, contact@chateau-de-budos.fr **V** 🚶 **!** *t.l.j. 8h-19h; dim. 9h-12h*

CH. CAILLIVET Cuvée fût de chêne 2015 ★★

■	3900	🛢	11 à 15 €

Créé en 1999 par Philippe Carillo et son fils Antoine sur des terres familiales abandonnées, ce petit cru (10 ha) situé au sud des Graves a été racheté en 2013 par Olivier Bourreau, un industriel ayant attrapé le virus de la viticulture; il est aujourd'hui la propriété d'Alexandra Bourreau et de Mathieu Lapertot qui ont ouvert en 2017 un restaurant au domaine.

La profonde robe, cerise noire à reflets violines, et le bouquet intense et complexe (fruits rouges cuits, rose, réglisse, nuances fumées) annoncent le superbe équilibre du palais, ample, riche, fermement structuré et étiré dans une longue et belle finale aux notes de cèdre. ⧗ 2022-2028

⊶ OLIVIER BOURREAU, lieu-dit Caillivet, 33210 Mazères, tél. 05 56 76 23 19, chateaucaillivet@orange.fr **V** 🚶 **!** *t.l.j. sf sam. dim. 8h-12h 14h-17h*

CH. CALVIMONT 2017

■	20000	🍾	8 à 11 €

Le château de Cérons est une superbe chartreuse bâtie à la fin du XVIIIe s. par le marquis de Calvimont. Son vignoble de 25 ha environ est implanté sur un plateau de graves dominant la Garonne. Aux commandes depuis 2012 de cette propriété familiale, Xavier et Caroline Perromat ont entrepris un important travail de rénovation (restructuration du vignoble, cuverie, nouveau chai à barriques). Autre étiquette: Ch. Calvimont (graves).

Se présentant dans une robe d'un jaune vert assez soutenu, ce 2017 finement bouqueté fait preuve d'élégance tout au long de la dégustation. Tant dans son expression aux notes florales et fruitées que dans sa structure suave, ronde et charnue. ⧗ 2018-2020 ■ **Ch. de Cérons 2017 (11 à 15 €; 8000 b.)** : vin cité.

⊶ XAVIER PERROMAT, Ch. de Cérons, 1, Latour, 33720 Cérons, tél. 05 56 27 01 13, perromat@chateaudecerons.com **V** 🚶 **!** *t.l.j. sf dim. 10h-17h*

♥ CH. DE CAROLLE 2016 ★★

■	150000	🛢	8 à 11 €

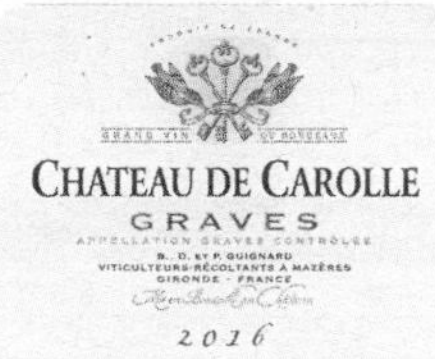

Les frères Guignard, Bruno, œnologue, Dominique, ingénieur agronome, et Pascal, fort d'une expérience en Afrique du Sud, perpétuent l'œuvre des générations précédentes. Établis dans le sud des Graves à proximité de l'imposant château de Roquetaillade, construit pour un neveu du pape gascon Clément V, ils exploitent plusieurs crus.

Encore un beau succès pour les Guignard avec ce 2016 dont l'élégance s'affirme dès la présentation, à travers une robe d'un beau bordeaux foncé et un bouquet où le bois (vanille et torréfaction) se révèle puissant mais respectueux des raisins mûrs. Ceux-ci ont se retrouvent dans une bouche ample, charnue et bien charpentée, qui offre une belle progression depuis l'attaque fruitée à la finale tannique et puissante. ⧗ 2022-2028 ■ **Ch. d'Uza 2016 ★★ (11 à 15 €; 160000 b.)** : un bouquet fin de torréfaction, de prune et de confiture de cerises, une belle étoffe tannique et une longue finale composent un beau vin de garde qui a du panache. ⧗ 2022-2028

⊶ GAEC GUIGNARD FRÈRES, La Grange, 33210 Mazères, tél. 05 56 76 14 23, contact@vignobles-guignard.com **V** 🚶 **!** *r.-v.*

♥ CH. DE CHANTEGRIVE 2015 ★★

■	150000	🛢	15 à 20 €

Constitué ex nihilo en 1967 par le courtier Henri Lévêque, ce cru qui couvrait 2 ha à l'origine est aujourd'hui une belle unité de près de 100 ha, qu'exploite toujours sa famille, conseillée depuis 2006 par Hubert de Boüard. Une valeur sûre des Graves, avec de nombreux coups de cœur à son actif.

Superbe dans sa robe pourpre intense, ce 2015 s'impose aussi par son bouquet naissant dont la future complexité s'exprime déjà par une légion de notes de fruits noirs (mûre), de vanille, de toast et de moka. Ces arômes sont en parfaite harmonie avec une bouche ample, corpulente, ronde et charnue, qui s'appuie sur des tanins soyeux et respectueux du raisin. ⧗ 2021-2028

⊶ CH. CHANTEGRIVE, 44, cours Georges-Clemenceau, 33720 Podensac, tél. 05 56 27 17 38, courrier@chateau-chantegrive.com **V** 🚶 **!** *r.-v. ⊶ Lévêque*

CH. CHERET-PITRES 2015

■	n.c.	🛢	8 à 11 €

Situé dans un méandre de la Garonne un peu à l'écart du bourg de Portets, ce domaine commandé par une belle maison de maître possède un vignoble établi sur un terroir mêlant des sables à des graves profondes. Il a été repris en 2017 par Aurore et Nicolas Deswarte, la première venant du monde de la santé, le second du commerce.

Sans rivaliser avec certains millésimes antérieurs, ce 2015 bien typé graves par son bouquet riche et intense révèle au palais une solide matière, soutenue par des tanins qui ne demandent qu'à s'affiner. ⧗ 2020-2024

AURORE ET NICOLAS DESWARTE, lieu-dit Pitres, 33640 Portets, chateaucheretpitres@gmail.com V r.-v.

CH. LES CLAUZOTS 2015 ★

■	n.c.		8 à 11 €

Situé au sud des Graves, près de Langon, ce cru de 35 ha, dont Frédéric Tach a pris les commandes en 1993, est dans la même famille depuis plus d'un siècle. Il montre une belle régularité.

Une présentation irréprochable pour ce vin dont les reflets pourpres de la robe rivalisent en éclat avec la finesse et l'intensité du bouquet (boisé grillé et fruits mûrs). Mais c'est en bouche qu'il révèle tout son caractère, à travers une belle complexité aromatique (notes fumées, petits fruits rouges) et un équilibre impeccable entre matière et tanins. ⧗ 2019-2024

FRÉDÉRIC TACH, 4, Camboutch, 33210 Saint-Pierre-de-Mons, tél. 05 56 63 15 32, chateaulesclauzots@wanadoo.fr V *r.-v.*

CLOS DU HEZ 2016 ★

	6000		5 à 8 €

Situé sur l'une des croupes argilo-graveleuses les plus élevées de la commune de Sauternes, ce cru (31 ha) est issu d'un partage du château de Lamothe d'Assault, à la suite de querelles familiales au XIXes. En 1981, il a été acquis par les Guignard, l'une des plus anciennes familles de viticulteurs du Sauternais, également producteurs dans les Graves avec le Clos du Hez à Pujols-sur-Ciron.

Bien équilibré et long, ce joli 2016 séduit par son bouquet tout en finesse et d'une belle intensité de fruits exotiques (mangue) et de buis. Bien construit, frais sans manquer de rondeur, le palais s'achève sur une finale acidulée persistante. ⧗ 2018-2022

GAEC PHILIPPE ET JACQUES GUIGNARD, Ch. Lamothe Guignard, 33210 Sauternes, tél. 05 56 76 60 28, chateau.lamothe.guignard@orange.fr V *t.l.j. sf sam. dim. 8h-12h 14h-18h*

CLOS FLORIDÈNE 2015 ★

■	78300		20 à 30 €

Valeur sûre des Graves, le Clos Floridène, créé en 1982, l'un des crus des domaines Denis Dubourdieu (135 ha), couvre aujourd'hui 42 ha sur le plateau calcaire de Pujols-sur-Ciron, près de Barsac, avec quelques parcelles sur les terrasses caillouteuses d'Illats. Son nom évoque les prénoms de ses fondateurs: Florence et Denis Dubourdieu, ce dernier était un professeur d'œnologie célèbre pour ses travaux sur les arômes, disparu en 2016. À sa tête, ses fils Fabrice et Jean-Jacques.

Ce vin est l'un des deniers que Denis Dubournieu a supervisé. S'il se heurte à ce jour à quelques tanins encore saillants, ceux-ci s'arrondiront au terme de deux ou trois ans de garde, pendant que son bouquet continuera de développer ses fins arômes fruités et poivrés. ⧗ 2021-2025 **2016 ★ (20 à 30 €; 113000 b.)** : un vin racé, souple et bien équilibré entre gras et acidité, ouvert sur d'élégants arômes floraux et fruités (pomme, coing). ⧗ 2018-2021

EARL DENIS ET FLORENCE DUBOURDIEU (CLOS FLORIDÈNE), 21, rte de Cardan, 33410 Béguey, tél. 05 56 62 96 51, contact@denisdubourdieu.fr V *t.l.j. sf sam. dim. 9h-12h30 13h30-17h*

CH. LE COSSU 2016 ★

■	42000	15 à 20 €

Établis sur la rive droite de la Garonne avec le domaine familial de Darlan (10 ha en côtes-de-bordeaux), les Guindeuil possèdent une tête de pont sur l'autre rive, à Podensac, avec le Ch. Le Cossu (8 ha acquis en 1995), où ils produisent du graves et du cérons.

S'il n'ambitionne pas un long séjour en cave, ce vin saura se faire apprécier jeune par le charme de son bouquet mêlant les fruits rouges mûrs (framboise) à la violette, et de ses tanins élégants et fondus. ⧗ 2019-2022 **Cuvée Spéciale numérotée 2016 ★ (20 à 30 €; 900 b.)** : un bouquet délicat de mangue et de litchi, de la fraîcheur, du gras et de la longueur pour ce graves bien équilibré. ⧗ 2018-2021

BERTRAND GUINDEUIL, Le Bourg, 33550 Villenave-de-Rions, tél. 05 56 72 19 43, bertrand@vignobles-guindeuil.com V *r.-v.*

CH. CRABITEY 2015

■	90000		11 à 15 €

Ancien orphelinat et vignoble créés en 1872 par les franciscaines sur le plateau de Portets. En 1985, l'ordre fait appel à Jean-Ralph de Butler, ingénieur agronome, pour moderniser le domaine, et finit par le lui céder en 2008. Arnaud de Butler a pris le relais en 1999. Le cru compte 30 ha sur graves garonnaises.

Étonnant par l'éclat de sa robe grenat, très soutenue, ce 2015 annonce par son bouquet fruité (framboise, mûre) un palais avenant où la cerise bien mûre et le pruneau cohabitent avec une matière ample et équilibrée. ⧗ 2019-2023

SARL LES VIGNOBLES DE BUTLER, 63, rte du Courneau, 33640 Portets, tél. 05 56 67 18 64, contact@debutler.fr V *r.-v.*

CH. DOMS 2017

	35000		8 à 11 €

Une chartreuse du XVIIes., des bâtiments monastiques transformés en chai, un vignoble transmis de mère en fille depuis cinq générations (28 ha aujourd'hui). Aux commandes, Hélène Durand (depuis 1998) et sa fille Amélie (depuis 2015). Ingénieur agronome et œnologue, la seconde fait le vin.

Ce vin sait se montrer plaisant tout au long de la dégustation, avec une jolie robe jaune pâle à reflets verts, un bouquet aux fines notes florales (acacia et rose), un palais soutenu par une bonne matière et une finale très fraîche. ⧗ 2018-2021

HÉLÈNE ET AMÉLIE DURAND, 10, chem. de Lagaceye, 33640 Portets, tél. 05 56 67 20 12, chateau.doms@wanadoo.fr V *r.-v.*

CH. FERRANDE 2015

■ | n.c. | | 11 à 15 €

Fondé à Bordeaux en 1949 par neuf frères et sœurs, le groupe Castel a connu une croissance considérable, devenant le premier producteur de vin en France, le troisième dans le monde, avec un empire qui s'étend de Bordeaux au continent africain. Outre ses nombreuses marques, il possède une vingtaine de propriétés sur l'ensemble du vignoble français.

Au cœur des Graves, un cru ancien et vaste (95 ha), propriété depuis 1992 du groupe Castel, qui a modernisé son chai. Bien équilibré, ce vin laisse deviner une certaine complexité aromatique, offrant mêlant les notes de tabac à celles de fruits qui s'intensifient à l'attaque. Le palais procure une impression de force maîtrisée et de douceur par ses tanins enrobés. ⧗ 2020-2023

CASTEL FRÈRES, 21, rue Georges-Guynemer, 33290 Blanquefort, tél. 05 56 95 54 00, contact@chateaux-castel.com

CH. GRAND ABORD 2016 ★

□ | 18000 | | 8 à 11 €

Très ancienne propriété familiale établie depuis 1720 au cœur des Graves, au beau bâti des XVIIe et XVIIIes. entouré d'un parc. Géré par Philippe et Marie-France Dugoua, le vignoble couvre 26 ha.

Très bien équilibré, ce joli 2016 est séduisant tout au long de la dégustation. Que ce soit au bouquet, dont on appréciera la complexité et la finesse (agrumes et fleurs blanches), ou au palais, ample, gras et frais à la fois. ⧗ 2018-2023

VIGNOBLES DUGOUA, Ch. Grand Abord, 56, rte des Graves, 33640 Portets, tél. 05 56 67 50 75, contact@vignobles-dugoua.fr V r.-v.

CH. DU GRAND BOS 2015 ★

■ | 19000 | | 15 à 20 €

Situé à la charnière des trois communes de Portets, Castres et Saint-Selve, ce cru est solidement ancré dans le terroir bordelais par ses bâtiments, une chartreuse à pavillon central des XVIIe et XVIIIes. Le vignoble a été planté à la même époque. Acquis à la fin du siècle dernier par la famille Vincent, et conduit depuis 1977 par André Vincent, le cru s'étend sur 43 ha.

D'une réelle élégance dans sa robe pourpre à reflets violines, ce vin se distingue par la richesse de son bouquet où les fruits mûrs (cassis, mûre) sont soulignés par des notes vanillées. Plein, rond et bien charpenté, le palais s'appuie sur de solides tanins qui lui assureront un beau vieillissement. ⧗ 2022-2028

ROCHET-VINCENT, lieu-dit Grand Bos, 33640 Castres-Gironde, tél. 06 75 20 59 39, chateaugrandbos@gmail.com V r.-v.
André Vincent

LA TENTATION DE GRAVAS 2016

■ | 10000 | | 8 à 11 €

Ce cru, jadis nommé Doisy Gravas, est la propriété de la famille Bernard depuis six générations. Bien situé entre Coutet et Climens, il s'étend sur 10 ha au point culminant de Barsac. Dédié exclusivement au sauternes jusqu'en 2007, il a multiplié les cuvées de graves. Un lieu réputé aussi pour son accueil et ses animations œnotouristiques.

Encore jeune, ce vin ne peut renier la barrique qui l'a élevé. Mais son équilibre, sa souplesse et son côté fruité le rendent déjà très plaisant. ⧗ 2019-2022

MICHEL BERNARD, 6, lieu-dit Gravas, 33720 Barsac, tél. 05 56 27 06 91, chateau.gravas@orange.fr V r.-v.

CH. DES GRAVIÈRES 2016 ★

■ | 160000 | | 8 à 11 €

Le Ch. des Gravières, fondé en 1847, est dans la famille Labuzan depuis sept générations. La dernière, représentée par Denis (le viticulteur) et Thierry (l'œnologue), l'a beaucoup agrandi, le faisant passer de 18 à 60 ha. Deux autres étiquettes ici: Ch. du Barrailh et Ch. Pontet la Gravière.

Cette cuvée, tout de pourpre vêtue, évoque les fruits rouges (cerise, fraise) mâtinés d'épices et de cuir. Sa bouche riche et suave, imprégnée d'arômes réglissés, déroule des tanins sages jusqu'à la finale, complexe à souhait, mentholée et fumée. ⧗ 2020-2024 ■ **Ch. du Barrailh 2016 ★ (8 à 11 €; 80000 b.)** : un vin rond sans manquer de fraîcheur, aux parfums fruités et boisés bien mariés. ⧗ 2019-2023

LABUZAN, 6 C, rue du Mirail, 33640 Portets, tél. 05 56 67 15 70, vignobles-labuzan@wanadoo.fr V r.-v.

CH. DE L'HOSPITAL 2015

■ | 50000 | | 11 à 15 €

Classé Monument historique, un château néoclassique élevé en 1787, où séjourna Lamartine. Acquis en 1998 par les domaines Lafragette, il a été racheté en 2012 par l'industriel Florent Battistella qui entreprend sa restauration.

Puissant et charnu, ce vin d'un seyant rubis développe une solide structure dont les tanins fermes mais fins s'harmonisent avec de délicats arômes de fruits noirs et d'épices pour donner un ensemble de caractère. ⧗ 2020-2024

SCEA CH. DE L' HOSPITAL, 3, plaçot des Roumieux, 33640 Portets, tél. 05 56 67 54 73, chateauhospital@gmail.com V *t.l.j. sf sam. dim. 8h-12h 13h-17h*
Battistella

CH. JOUVENTE 2016 ★

□ | 8700 | | 11 à 15 €

Proche du Sauternais, cette petite propriété (8 ha) commandée par une belle demeure du XVIIIes. appartint jadis à des juristes. À partir de 1990, des propriétaires champenois y ont replanté de la vigne. Robert Zyla et Françoise Mercadier l'ont rachetée en 2003, pour le revendre en 2016 à Benjamin Gutmann. Une originalité en Bordelais: la cave enterrée.

Fidèle à l'équilibre parfait entre sémillon et sauvignon, ce domaine livre ici un vin d'une belle diversité aromatique, alliance réussie des fruits exotiques et des notes boisées (coco). Cette variété annonce la complexité du palais où cohabitent une bonne sucrosité, des notes briochées et une fine vivacité aux tonalités d'agrumes (pamplemousse). ⧗ 2019-2022

SCEA CH. JOUVENTE, 93, le Bourg, 33720 Illats, tél. 05 56 62 49 69, chateaujouvente@wanadoo.fr V t.l.j. 10h-13h 14h-18h; sam. dim. sur r.-v.

CH. LAGRANGE 2016 ★

■	80 000		11 à 15 €

Domaine familial né au début du XXe s. quand un tonnelier nommé Daniel Subervie acquit quelques parcelles dans les Graves. Premières mises en bouteilles en 1960. Aux commandes depuis 2006, Fabrice et Philippe Reynaud représentent la cinquième génération. Ils ont restructuré et agrandi leur domaine (62 ha) tout en s'équipant d'un chai très moderne en 2009. Trois étiquettes ici: Ch. des Places, Ch. Lagrange et Ch. Pontet Reynaud.

Comme l'annonce l'intensité de sa robe, ce vin d'une belle longueur possède une jolie matière, bien soutenue par le bois. Ses tanins soyeux s'harmonisent heureusement avec les arômes fruités et grillés, le tout sur un fond minéral. ⧗ 2020-2024 ■ **Ch. des Places 2016 ★ (11 à 15 €; 120 000 b.)** : la couleur profonde de ce vin laisse entrevoir les qualités de ce graves au bouquet puissant et complexe de fruits très mûrs, agrémenté de nuances toastées, épicées et mentholées. Quant au palais, ample, charnu et harmonieux, il s'appuie sur des tanins soyeux à souhait. ⧗ 2021-2026 ■ **Ch. Pontet Reynaud 2016 (8 à 11 €; 80 000 b.)** : vin cité.

EARL VIGNOBLES REYNAUD, 46, av. Maurice-La-Châtre, 33640 Arbanats, tél. 05 56 67 20 13, contact@vignobles-reynaud.fr V t.l.j. sf sam. dim. 9h-12h 14h-17h30

CH. LANGLET 2015 ★

■	35 000		11 à 15 €

Si beaucoup de grands noms du négoce bordelais ont choisi de s'implanter dans le Médoc, les Kressmann ont opté pour les Graves et ce cru acquis en 1930, qui doit son nom à une tour ornant sa cour, vestige d'un château bâti au XIIe s. par des ancêtres de Montesquieu. Une belle unité de 50 ha réputée autant pour ses blancs que pour ses rouges.

Rond et souple, ce vin a bien absorbé l'apport du bois. Fruité et épicé, le bouquet a gardé une réelle fraîcheur, tandis que le palais, soutenu par des tanins fins et élégants, se révèle ample et tendre. ⧗ 2021-2024

VIGNOBLES JEAN KRESSMANN, 8, chem. La Tour, 33650 Martillac, tél. 05 57 97 71 11, langlet@latourmartillac.com V r.-v.

CH. LÉHOUL 2015 ★★

■	24 000		11 à 15 €

Le 9 ventôse an VI (1798), Georges Lehoult vend un vignoble à un aïeul. Le cru est établi sur une belle croupe de graves et de sables, à l'orée de la forêt, au sud de l'appellation. Éric Fonta connaît à fond son terroir de quelque 9 ha, où il plante de nombreux cépages qu'il vendange à la main. Une valeur sûre.

Une fois encore, Éric Fonta signe un très beau graves avec ce 2015 qui se distingue d'emblée par sa profonde robe cerise noire et par son bouquet complexe où le fruit frais équilibre un boisé subtil (poivre). Arômes que l'on retrouve dans une bouche ronde et charnue, soutenue par une belle structure tannique de vin de garde. ⧗ 2021-2028

ÉRIC FONTA, rte d'Auros, 33210 Langon, tél. 05 56 63 54 74, chateaulehoul@orange.fr V r.-v.

CH. LUDEMAN LA CÔTE 2017

□	n.c.		5 à 8 €

Un vignoble en graves d'une dizaine d'hectares acquis par la grand-mère de Muriel Belloc et transmis par les femmes depuis trois générations. Jean-Noël Belloc, époux de Muriel, est par ailleurs propriétaire d'autres crus, notamment du Ch. Brondelle dans la même appellation.

Ce 2017 évolue agréablement tout au long de la dégustation. D'un jaune délicat, il développe un bouquet fin d'agrumes, avant de révéler une bouche riche et ronde, équilibrée par une juste acidité. ⧗ 2018-2021

HÉRITIERS CHALOUPIN - VIGNOBLE BELLOC, Ch. Ludeman la Côte, 33210 Langon, tél. 05 56 62 38 14, mbelloc-ludeman@wanadoo.fr *Muriel Belloc*

CH. MAGNEAU Classic 2015 ★

■	27 000		8 à 11 €

Vignerons paisibles travaillant sérieusement loin de l'agitation médiatique, Jean-Louis et Bruno Ardurats sont les héritiers d'une lignée de viticulteurs remontant au règne d'Henri IV. L'encépagement de leur vignoble de 40 ha privilégie les blancs (25 ha).

Ce joli 2015 développe des arômes harmonieux et gourmands de fruits rouges et noirs mûrs agrémentés de notes de café. En bouche, il se montre rond, souple et croquant. Une bouteille qui pourra être servie assez jeune pour profiter de son élégance aromatique. ⧗ 2020-2023

JEAN-LOUIS ET BRUNO ARDURATS, 12, chem. Maxime-Ardurats, 33650 La Brède, tél. 05 56 20 20 57, ardurats@chateau-magneau.com V t.l.j. 8h30-12h 14h-18h; sam. dim. sur r.-v.

M. DE MALLE 2016 ★

□	4 500		11 à 15 €

Un superbe château construit dans un style Renaissance au début du XVIIe s. par Jacques de Malle, président au parlement de Bordeaux. En 1702, un mariage l'a fait entrer dans le patrimoine des Lur-Saluces, dont les descendants, la comtesse de Bournazel et son fils Paul-Henry, perpétuent cet héritage familial. Le vignoble couvre une cinquantaine d'hectares, à cheval sur les AOC sauternes et graves.

Très élégant dans sa robe jaune pâle finement ourlée de vert, ce 2016 développe un bouquet intense d'agrumes, de fruits exotiques et de buis. Une chair ample, grasse et fruitée tapisse le palais et laisse en finale une sensation persistante de complexité entre notes fruitées et boisées (caramel). ⧗ 2018-2021 ■ **Ch. de Cardaillan 2015 (11 à 15 €; 36 000 b.)** : vin cité.

SCEA DES VIGNOBLES DU CH. DE MALLE, Ch. de Malle, 33210 Preignac, tél. 05 56 62 36 86, accueil@chateau-de-malle.fr V r.-v. *Comtesse de Bournaze*

CH. MARTIN 2016 ★★

■	59 000	🛢	8 à 11 €

Ancienne propriété du comte de Ravez, garde des Sceaux de Louis-Philippe, cette vaste unité (80 ha aujourd'hui) a été achetée en 1962 par la famille Solorzano, d'origine espagnole (Rioja). Essentiellement située dans les Graves, elle regroupe plusieurs crus.

D'une belle couleur grenat sombre, ce vin dévoile des parfums intenses et généreux de fruits mûrs, de vanille et de grillé. En bouche, il se montre ample et charnu, bâti sur des tanins fermes mais fins et sur un bon boisé qui invitent à un séjour en cave. ⌛ 2021-2026 ■ **Ch. Millet Cuvée Henri 2017 (8 à 11 €; 21 774 b.)** : vin cité.

JEAN-BAPTISTE SOLORZANO, 17, rte de Mathas, 33640 Portets, tél. 05 56 67 18 18, domainesdelamette@wanadoo.fr V ♿ ▪ *r.-v.*

MAYNE DU CROS 2016 ★

■	8 000	🛢	15 à 20 €

Établi sur les hauteurs de Loupiac, le château du Cros est étroitement lié à l'histoire du duché anglo-gascon d'Aquitaine au Moyen Âge. Fief des Boyer depuis quatre générations, il commande un vignoble de 90 ha sur les deux rives de la Garonne, produisant sous diverses étiquettes des vins de qualité, notamment en blanc.

Mayne du Cros est la cuvée barrique du Ch. Haut-Mayne. Complexe et délicat, le bouquet est dominé par des notes de fleurs blanches et de miel, avec une touche minérale en soutien. Le palais offre une matière fruitée, un peu tendue mais bien équilibrée. La finale crémeuse contribue à laisser sur le souvenir d'un ensemble savoureux. ⌛ 2018-2023

CATHERINE BOYER, Ch. du Cros, 33410 Loupiac, tél. 05 56 62 99 31, info@chateauducros.com V ♿ ▪ *t.l.j. 9h-12h30 13h30-17h30; sam. dim. sur r.-v.*

M DE MOLÉON Exception 2015 ★

■	2 000	🛢	20 à 30 €

Basé à Monprimblanc, à cheval sur l'Entre-deux-Mers et les Côtes de Bordeaux, Laurent Réglat peut jouer sur plusieurs appellations et types de vins, ayant même un pied dans les Graves. Souvent en vue pour ses liquoreux (cadillac, sainte-croix-du-mont), il ne néglige pas pour autant les rouges (cadillac-côtes-de-bordeaux, graves).

D'un grenat profond, la teinte de la robe annonce un vin de garde, ce qu'est incontestablement ce 2015 vigoureux et boisé avec élégance, même s'il se montre déjà aimable par son bouquet de fruits noirs. ⌛ 2022-2028 ■ **Ch. de Teste Moléon Prestige 2015 (15 à 20 €; 3 000 b.)** : vin cité.

EARL VIGNOBLES LAURENT RÉGLAT, Ch. de Teste, 33410 Monprimblanc, tél. 06 07 30 43 83, vignobles.l.reglat@wanadoo.fr V ♿ ▪ *r.-v.*

CH. DU MONT Cuvée Gabriel 2015 ★

■	15 000	🛢	11 à 15 €

Paul Chevassier a constitué ce vignoble au début du XX[e]s., à Sainte-Croix-du-Mont. Son gendre Pierre Chouvac et, depuis 2000, son petit-fils Hervé l'ont développé sur les deux rives de la Garonne, dans les Graves et le Sauternais (27 ha aujourd'hui), mais Sainte-Croix est resté le cœur du domaine, dont il est l'un des porte-drapeaux.

Comme le laisse deviner sa robe, d'un grenat intense à reflets noirs, ce graves ne manque pas de caractère. Tant par son bouquet, aux notes intenses et harmonieuses de vanille et de menthe, que par structure, ronde et charnue sans manquer de la fermeté d'un tanin vigoureux. La version 2014 fut coup de cœur. ⌛ 2021-2025

HERVÉ ET CLAIRE CHOUVAC, Ch. du Mont, lieu-dit Pascaud, 33410 Sainte-Croix-du-Mont, tél. 06 89 96 54 73, chateau-du-mont@wanadoo.fr V ♿ ▪ *r.-v.*

CH. MOUTIN 2015

■	12 000	🛢	15 à 20 €

Établis à Loupiac depuis huit générations, les Darriet exploitent plusieurs crus (64 ha en tout) sur les deux rives de la Garonne. Leurs rouges sont de qualité, mais ils possèdent aussi un réel savoir-faire en matière de vin blanc, doux comme sec – Philippe Darriet, l'œnologue, est chercheur à la faculté de Bordeaux et spécialiste du sauvignon.

Situé dans le village de Portets, au cœur de l'appellation graves, ce cru est dans la famille depuis deux cents ans. Toujours fidèle au merlot (majoritaire) et à un élevage long en fût de vingt-quatre mois, il propose un 2015 au bouquet intense de fruits mûrs et au palais bien équilibré, d'un bon volume, soutenu par un boisé et des tanins sérieux mais qui commencent déjà à se fondre. ⌛ 2020-2024

SC J. DARRIET, Ch. Dauphiné-Rondillon, 33410 Loupiac, tél. 05 56 62 61 75, contact@vignoblesdarriet.fr V ♿ ▪ *t.l.j. 8h30-12h30 13h30-17h30; sam. dim. sur r.-v.*

CH. LA OUARDE 2016 ★★

■	80 000	🛢	8 à 11 €

Ancien architecte, Michel Pélissié a racheté en 2008, au sud des Graves, le Ch. de Landiras. Un domaine historique, ancienne terre épiscopale au XII[e]s., qui a gardé le souvenir de Jeanne de Lestonnac, nièce de Montaigne et fondatrice de la Compagnie de Marie-Notre-Dame. Aujourd'hui, une belle unité (près de 60 ha), renforcée depuis 2013 par les châteaux La Ouarde et Peyron-Bouché: plus de 80 ha en tout, plantés à haute densité et conduits par le régisseur, François Puerta.

Somptueuse, la robe rubis de ce 2016 met en confiance. Tout comme son bouquet, délicat et complexe, ouvert sur des parfums de fruits noirs mûrs et de bon merrain. Plein, rond et charnu, le palais et ses tanins fins et serrés témoignent d'un élevage raisonné. Longue et mûre, la finale achève de convaincre de l'aptitude à la garde de ce graves des plus réussis. ⌛ 2021-2028 ■ **Ch. Peyron Bouché 2016 ★ (8 à 11 €; 80 000 b.)** : une robe imposante pour ce vin encore un peu fermé; mais prometteur par son volume et sa solide structure. ⌛ 2021-2026

PÉLISSIÉ, Ch. de Landiras, 4, rte des Frères Bordes, 33720 Landiras, tél. 05 56 76 76 61, chateau.landiras@orange.fr V ♿ ▪ *r.-v.*

CH. PONT DE BRION 2016 ★

| 12000 | 11 à 15 €

Exploitation créée par Paul Dauvin en 1931, dans le secteur méridional des Graves, à Langon. Pascal Molinari, arrière-petit-fils du fondateur installé en 1988, a passé en 2015 le relais à sa fille Charlotte. Fort de 23 ha, le domaine propose plusieurs étiquettes: Ludeman les Cèdres, Pont de Brion, Rivière Lacoste.

Un joli graves blanc dont le bouquet expressif marie les notes florales (genêt), fruitées (zeste de citron) et épicées dans une belle harmonie. Très souple à l'attaque, il prend de l'ampleur et de la densité dans son développement, bien soutenu par une pointe de vivacité citronnée qui allonge la finale. 2018-2021

CHARLOTTE ET PASCAL MOLINARI, Ludeman, 33210 Langon, tél. 05 56 63 09 52, vignoblesmolinari@chateaupontdebrion.com V r.-v.

CH. DE PORTETS 2015 ★

■ | 124000 | 8 à 11 €

«Ancienne baronnie de Gascq», lit-on sur l'étiquette. Au Moyen Âge, une forteresse dominant la Garonne, remplacée par un château classique, avec une vaste cour pavée et une grille ouvragée. Le cru (72 ha dans les Graves), repris en 1956 par Jules Théron, ingénieur agronome rapatrié d'Algérie, est aujourd'hui conduit par sa petite-fille Marie-Hélène Yung-Théron.

Bien travaillé, ce 2015 affirme sa jeunesse par la densité de sa robe grenat, avant de la confirmer par la puissance du bouquet (fruits à noyaux et boisé vanillé) et par la concentration du palais, dense, chaleureux et corsé, étayé par des tanins soyeux. 2021-2025

SCEA THÉRON-PORTETS, Ch. de Portets, 33640 Portets, tél. 05 56 67 12 30, contact@chateaudeportets.fr V r.-v.
Marie-Hélène Yung-Théron

CH. RAHOUL 2016 ★

| 34600 | 20 à 30 €

Le chevalier Rahoul construisit dans les Graves une belle chartreuse en 1646. Devenu viticole dès le XVIIIe s., développé au siècle suivant par une famille d'armateurs, le cru couvre environ 40 ha. Il est passé entre plusieurs mains avant son acquisition en 1986 par le négociant champenois Alain Thiénot - devenu propriétaire en 2007 de la maison Dourthe, qui en assure la gestion. Une valeur sûre.

Frais et fruité (ananas, pêche), aux arômes printaniers, ce vin bien typé graves dévoile un palais ample, rond et élégant, soulignée par une pointe de vivacité bien dosée qui apporte une belle longueur. 2018-2021 ■ **2015 ★ (15 à 20 €; 136000 b.)** : si le bois est encore présent dans ce 2015, il se présente sous la forme de notes vanillées et épicées qui se marient bien avec le fruit et qui contribuent à l'élégance de l'ensemble, bâti sur des tanins assez souples. 2020-2024

VIGNOBLES DOURTHE (CH. RAHOUL), 4, rte du Courneau, 33640 Portets, tél. 05 56 35 53 00, contact@dourthe.com r.-v.

AGAPES DE RIEUFRET 2015 ★

■ | 10000 | 15 à 20 €

Propriétaire de vignes depuis 1814, la famille Dufour dispose aujourd'hui de 38 ha dans les Graves et en Sauternais. Deux étiquettes: Ch. Simon et Ch. de Rieufret.

Une belle robe, entre bordeaux et grenat, habille ce 2015 au bouquet naissant. Finement boisé avec quelques discrètes touches d'épices, celui-ci porte encore la signature du raisin frais. Ample et souple, le palais monte bien en puissance en s'appuyant sur des tanins serrés et prometteurs. 2021-2026

SCEA DE VILLENEUVE, Ch. de Rieufret, 33720 Saint-Michel-de-Rieufret, tél. 06 80 25 74 03, contact@chateausimon.fr V r.-v.

♥ CH. LA ROSE SARRON Cuvée Anaïs 2016 ★★

| 4400 | 8 à 11 €

Située dans le sud des Graves, cette propriété remontant au XIXe s. possède un terroir diversifié: graves à gros galets, graves siliceuses et argiles et terres limoneuses. Entrée dans la famille en 1987, elle s'étend sur une quarantaine d'hectares et a été entièrement replantée par Philippe Rochet. Ce dernier a été rejoint en 2016 par son fils Damien, ingénieur de formation.

Un vin majestueux, qui impressionne d'emblée par sa robe cristalline aux reflets d'or pâle. Le charme est total à l'olfaction, centrée sur de délicates notes de pêche, de buis et de raisin mûr. Quant au palais, il se révèle ample, gras, bien enrobé, souligné de bout en bout par une fine tension qui apporte du nerf et de l'allonge. Un ensemble net et précis. 2018-2022 ■ **Cuvée Damien 2015 ★ (11 à 15 €; 12500 b.)** : un vin rond, presque suave, doté toutefois de tanins encore présents et assez austères en finale. 2021-2024

VIGNOBLES ROCHET, Ch. la Rose Sarron, 33210 Saint-Pierre-de-Mons, tél. 05 56 76 29 42, contact@la-rose-sarron.com V *t.l.j. sf sam. dim. 8h-12h 14h-19h* 3

CH. ROUGEMONT 2016

| 2667 | 5 à 8 €

Acquis par la famille des actuels propriétaires en avril 1956, après la grande gelée dévastatrice, ce cru jouxte le Ch. de Malle, dans le Sauternais. Il couvre 17 ha (dont 6 en blanc). La deuxième génération de la famille Turtaut l'a doté en 1996 d'un chai moderne.

Un graves mi-sauvignon mi-sémillon. Très boisé, avec des arômes de grillé et de fumé, le bouquet laisse poindre ensuite des notes de fruits mûrs, de miel et de cendres froides. Après une attaque franche, le palais dévoile beaucoup de gras et de rondeur. 2018-2021

EARL TURTAUT, 50, rue de Jean-Cabos, 33210 Toulenne, tél. 05 56 63 19 06, chateau.rougemont@yahoo.fr V r.-v.

CH. SAINT-AGRÈVES 2015 ★

■	30000	🍷	11 à 15 €

Portant le nom d'un archevêque de Bordeaux au XVII[e]s., ce domaine appartient à la famille Landry depuis 1720. Arrivé en 1997, Vincent Landry y exploite un vignoble de 15 ha.

Outre une très belle couleur, entre rubis et pourpre, ce vin affiche un bouquet complexe, finement boisé, fruité et mentholé. En bouche, il se montre ample et rond, étayé par des tanins fins et soyeux et par une fine fraîcheur. ⌛ 2020-2024

⊶ EARL LANDRY, 17, rue Joachim-de-Chalup, 33720 Landiras, tél. 05 56 62 50 85, saint.agreves@orange.fr V ✝ ▮ *r.-v.*

CH. SAINT-ROBERT Cuvée Poncet-Deville 2015 ★★

■	15000	🍷	15 à 20 €

Ancienne terre noble commandée par une belle chartreuse du XVIII[e]s., le domaine s'est longtemps partagé entre l'exploitation de la forêt, l'élevage de moutons et la vigne. Celle-ci couvre aujourd'hui 40 ha et a retrouvé tous ses droits grâce à un beau terroir, limitrophe de Barsac. Propriété du Crédit Foncier depuis 1991, le cru a été vendu en juillet 2014 aux familles Moulin (groupe Galeries Lafayette) et Cathiard (Château Smith Haut Lafitte). Une valeur sûre des Graves, avec de nombreuses étoiles et coups de cœur du Guide à son actif.

Grenat à reflets violets, la robe de ce 2015 affiche sa belle jeunesse dès le premier regard. Puissant, le bouquet propose des arômes de fruits rouges, de vanille et de grillé du meilleur effet. Son équilibre est celui d'un vin de garde, ce que confirme le palais, d'abord par une attaque ample et charnue, puis par de beaux tanins onctueux et cacaotés. ⌛ 2021-2028 ■ **2015 ★ (11 à 15 €; 56000 b.)** : la cuvée principale du domaine est un graves de bonne garde, d'un classicisme de bon aloi, ouvert sur les fruits mûrs et des nuances florales, dense et bien structuré en bouche. ⌛ 2021-2026 □ **Cuvée Poncet-Deville 2016 ★ (11 à 15 €; 9000 b.)** Ⓑ : un vin floral, fruité et toasté au nez, ample, suave et gras en bouche, avec en finale une bonne fraîcheur qui apporte du dynamisme. ⌛ 2018-2021

⊶ SCEA DE BASTOR ET SAINT-ROBERT, Dom. de Lamontagne, 33210 Preignac, tél. 05 56 63 27 66 V ✝ ▮ *r.-v. ⊶ Domaines Motier*

CH. DE SAUVAGE Manine 2015

■	2600	🍷	15 à 20 €

Vincent Dubourg a acheté en 2004 cette propriété au milieu des bois, caractéristique des graves de clairière (d'où son nom, dérivé du latin *silvaticus*, « forestier »). En 2017, après des années de lutte très raisonnée, il a lancé la conversion bio de son petit vignoble (7 ha).

Irréprochable dans sa présentation, cette cuvée 100 % merlot fait preuve d'élégance dans son bouquet de fruits noirs et de vanille, comme dans sa bouche suave et charnue, marquée par un merrain de bonne lignée. ⌛ 2020-2024

⊶ VINCENT DUBOURG, lieu-dit Manine, 33720 Landiras, tél. 05 56 27 13 44, info@chateaudesauvage.com V ✝ ▮ *r.-v.*

CRU DES SESCASSOTS 2016 ★

□	1300	🍾	5 à 8 €

En 1976, Valérien Ducau, issu d'une famille de viticulteurs, achète des vignes en graves. Il appelle son petit domaine Clos Graouères (graves, en gascon). En blanc, il propose notamment du cérons sous l'étiquette Moulin de Valérien. Autre étiquette : le Cru des Sescassots.

Issue d'une vendange de sauvignon cueilli à la main, cette cuvée à la teinte jaune clair fleure bon le pamplemousse, le fruit de la Passion, l'amande douce et la noisette. En bouche, elle se montre bien équilibrée, ronde avec une belle finale citronnée qui amène de la fraîcheur. ⌛ 2018-2021

⊶ VIGNOBLES DUCAU, Clos Graouères, RD 1113, 33720 Podensac, tél. 05 56 27 16 80, vignobles.ducau@wanadoo.fr V ✝ ▮ *r.-v.*

♥ CH. TOUR DE CALENS 2015 ★★

■	21000	🍷	11 à 15 €

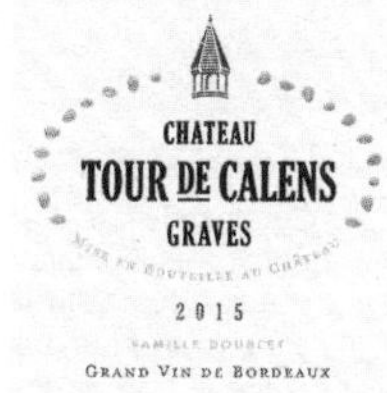

Descendants de marins, les Doublet sont enracinés dans le vignoble bordelais depuis la fin du XVIII[e]s. et depuis 1975 au Ch. Vignol, ancienne propriété de Montesquieu dans l'Entre-deux-Mers, passée entre les mains d'armateurs bordelais au XIX[e]s. En 1987, ils ont traversé la Garonne pour investir à Beautiran, dans les Graves du nord, avec le Ch. Tour de Calens, puis en saint-émilion grand cru avec le Ch. Saint-Ange en 2009.

Ce 2015 a fait l'unanimité du jury, qui en a apprécié la complexité. Élégants et fondus, ses parfums associent le cassis, des notes d'eucalyptus, de fumet et d'épices. En bouche, il se montre corpulent, ample et moelleux à la fois, adossé à des tanins riches et veloutés et à un boisé parfaitement intégré. La longue et savoureuse finale laisse sur une sensation de grande harmonie. ⌛ 2021-2028

⊶ BERNARD ET DOMINIQUE DOUBLET, Ch. Vignol, 33750 Saint-Quentin-de-Baron, tél. 05 57 24 12 93, info@famille-doublet.fr V ✝ ▮ *r.-v.*

CH. TOURTEAU CHOLLET 2016

□	11000	🍾	8 à 11 €

Propriété constituée au XVIII[e]s. par Étienne Tourteau, notaire royal à Portets, rachetée en 1833 par des négociants bordelais. La maison Mestrezat l'a vendue en 2001 à Maxime Bontoux, ancien expert-comptable reconverti dans le vin, qui a restructuré le vignoble (hautes densités) et modernisé le chai. Situé dans le sud de l'appellation, le cru couvre 63 ha, dont 56 en rouge.

S'annonçant par une robe jaune paille à reflets verts, ce vin se montre très intéressant par son expression aromatique intense de fruit de la Passion, enrichi de touches minérales. Il plaît aussi par son palais ample, frais et équilibré, lui aussi très expressif. ⌛ 2018-2021

SC DU CH. TOURTEAU CHOLLET, 3, chem. de Chollet, 33640 Arbanats, tél. 05 56 67 47 78, commercial@vitisvintage.com V r.-v. *Vitis Vintage*

BENJAMIN DE VIEUX CHÂTEAU GAUBERT 2016 ★

■ | 100 000 | | 8 à 11 €

Dominique Haverlan, fils de viticulteurs, a su rassembler de beaux terroirs de graves sur une centaine d'hectares, à travers plusieurs domaines: Vieux Château Gaubert, son fer de lance (une quarantaine d'hectares constitué au cours des années 1980), Haut-Pommarède (33 ha acquis en 2010), et Ch. Grand Bourdieu (22 ha). Une valeur sûre.

Au nez, les fruits rouges mûrs se mêlent agréablement à des notes de café. En bouche, le vin se montre souple en attaque, puis rond et gras, bien bâti sur des tanins fermes mais sans dureté. ⧗ 2020-2024 □ **2017 (8 à 11 €; 30 000 b.)** : vin cité. ■ **Ch. Haut-Pommarède 2016 (8 à 11 €; 50 000 b.)** : vin cité.

DOMINIQUE HAVERLAN, 35, rue du 8-Mai-1945, 33640 Portets, tél. 05 56 67 18 63, dominique.haverlan@libertysurf.fr V r.-v.

♥ CH. VILLA BEL-AIR 2016 ★★

□ | n.c. | | 15 à 20 €

Commandé par une remarquable chartreuse du XVIII[e]s. construite pour un conseiller au parlement de Bordeaux, ce cru (33 ha aujourd'hui) a été repris en 1988 par Jean-Michel Cazes, propriétaire notamment du Ch. Lynch Bages, cru classé à Pauillac. Ses vins bénéficient du savoir-faire de ses équipes.

D'un beau classicisme dans sa robe jaune pâle à reflets dorés, ce superbe 2016 développe un bouquet exubérant, où les notes minérales et le buis trahissent l'influence du sauvignon (65 %), parfums qu'entourent les notes généreuses de fruits mûrs (abricot et pêche) du sémillon. Au palais, se révèle une belle matière, riche, ronde, ample, équilibrée par une acidité savamment dosée. ⧗ 2018-2022

DOMAINES JEAN-MICHEL CAZES (CH. VILLA BEL-AIR), rte de Bordeaux, 33460 Macau, tél. 05 57 88 60 04, contact@jmcazes.com

PESSAC-LÉOGNAN

Superficie : 1 610 ha
Production : 71 145 hl (80 % rouge)

Correspondant à la partie nord des Graves (appelée autrefois Hautes-Graves), la région de Pessac et de Léognan constitue depuis 1987 une appellation communale, inspirée de celles du Médoc. Sa création, qui aurait pu se justifier par son rôle historique (c'est l'ancien vignoble périurbain qui produisait les clarets médiévaux), s'explique par l'originalité de son sol. Les terrasses que l'on trouve plus au sud cèdent la place à une topographie plus accidentée. Le secteur compris entre Martillac et Mérignac est constitué d'un archipel de croupes graveleuses qui présentent d'excellentes aptitudes vitivinicoles par leurs sols, composés de galets très mélangés, et par leurs fortes pentes garantissant un excellent drainage. L'originalité des pessac-léognan a été remarquée par les spécialistes bien avant la création de l'appellation. Ainsi, lors du classement impérial de 1855, Haut-Brion fut le seul château non médocain à être classé (1er cru). Puis, lorsqu'en 1959 seize crus de graves furent classés, tous se trouvaient dans l'aire de l'actuelle appellation communale.
Les vins rouges possèdent les caractéristiques générales des graves, tout en se distinguant par leur bouquet, leur velouté et leur charpente. Quant aux blancs secs, ils se prêtent à l'élevage en fût et au vieillissement qui leur permet d'acquérir une très grande richesse aromatique, avec de fines notes de genêt et de tilleul.

CH. BARDINS 2015

■ | 31 470 | | 15 à 20 €

Bardins fut d'abord un moulin, sur le cours de l'Eau Blanche. Un château Napoléon III, avec sa tourelle en poivrière, et une reproduction de la grotte de Lourdes, œuvre d'une propriétaire pieuse, composent le décor. Le cru (9,4 ha) est dans la famille Bernardy de Sigoyer depuis quatre générations.

Ce vin dévoile un bouquet frais et croquant où le cassis mûr voisine avec la fraise des bois. Le palais, d'une belle suavité, entretient cette plaisante note fruitée qui glisse vers la framboise et déploie des tanins qui s'intègrent bien dans l'ensemble. ⧗ 2021-2026

EARL DU CH. BARDINS, 124, av. de Toulouse, 33140 Cadaujac, tél. 05 56 30 78 01, contact@chateaubardins.com V r.-v.

LES CRUS CLASSÉS DES GRAVES

NOM DU CRU CLASSÉ	VIN CLASSÉ	NOM DU CRU CLASSÉ	VIN CLASSÉ
Ch. Bouscaut	■ □	Ch. Latour-Martillac	■ □
Ch. Carbonnieux	■	Ch. Malartic-Lagravière	■
Dom. de Chevalier	■ □	Ch. La Mission Haut-Brion	■
Ch. Couhins		Ch. Olivier	■
Ch. Couhins-Lurton	□	Ch. Pape Clément	■
Ch. Fieuzal	■	Ch. Smith-Haut Lafitte	■
Ch. Haut-Bailly	■	Ch. La Tour-Haut-Brion	■
Ch. Haut-Brion	■		

CH. BARET 2015 ★

■ | 90000 | | 15 à 20 €

Aux portes de Bordeaux, cette ancienne maison noble des seigneurs de Baret a été acquise au début du XIXes. par les Ballande, une famille de négociants et d'armateurs bordelais qui a entièrement restructuré les bâtiments d'exploitation et le vignoble (25 ha).

D'une élégance certaine dans sa présentation aux éclats pourpres, ce vin déploie un bouquet très nuancé (toast, goudron, moka, vanille et autres épices), que l'on retrouve dans une bouche structurée, aussi grasse qu'équilibrée, où s'épanouissent également des arômes de fruits noirs. ⧗ 2021-2026 **2016 (15 à 20 €; 30000 b.)** : vin cité.

CH. BARET, 43, av. des Pyrénées, 33140 Villenave-d'Ornon, tél. 07 60 38 26 71, direction@lechateaubaret.com V r.-v. *Ballande*

CH. BOUSCAUT 2016 ★

Cru clas. | 22000 | | 30 à 50 €

98 **99** 00 **01** 03 04 05 **06** 07 09 |**11**| |**12**| |**13**| 14 **15** 16

Disposant d'un vignoble de 50 ha d'un seul tenant bordant la route de Toulouse, ce cru est commandé par une superbe demeure du XVIIIes. entourée d'un parc aux arbres centenaires. Acquis en 1979 par Lucien Lurton, propriétaire de nombreux crus, notamment dans le Médoc, il est conduit depuis 1992 par sa fille Sophie et son gendre Laurent Cogombles.

D'une belle complexité, le bouquet réunit puissance et finesse avec des accents de boisé, d'agrumes, de menthe fraîche et une touche de minéralité. Rond, ample et persistant, le palais est encore un peu masqué par l'élevage, mais le potentiel est là. ⧗ 2021-2024

SAS CH. BOUSCAUT, 1477, av. de Toulouse, 33140 Cadaujac, tél. 05 57 83 12 20, cb@chateau-bouscaut.com V r.-v. E
Sophie et Laurent Lurton-Cogombles

♥ CH. BROWN 2015 ★★

■ | 90000 | | 20 à 30 €

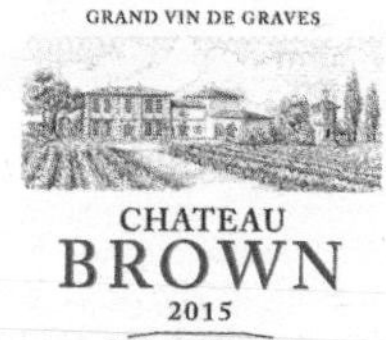

Commandé par une élégante chartreuse et son pigeonnier du XVIIIes., ce vaste cru (60 ha) doit son nom à un marchand de biens écossais, John Lewis Brown, propriétaire au XIXes. Après quelques années difficiles, le domaine revit à la suite de son rachat en 1994 par Bernard Barthe; efforts perpétués depuis fin 2004 par les familles Mau et Dirkzwager. Le cru est dirigé par Jean-Christophe Mau.

Après une magnifique série de coups de cœur en blanc, Brown nous rappelle qu'il s'y entend aussi en pessac rouge. Animée de reflets grenat, la profonde robe rubis de ce 2015 en impose. Tout comme son bouquet: aussi élégant que complexe, il déploie une belle palette de parfums, allant des fruits noirs et rouges aux notes de grillé, de vanille et de noix de coco. Mais c'est au palais qu'il explose, s'enrichissant d'arômes d'épices, de cerise à l'eau-de-vie et d'une touche mentholée en finale, le tout porté par une ample structure de tanins mûrs et soyeux. Une superbe bouteille déjà fort agréable, mais qui mérite amplement les honneurs de la cave. ⧗ 2022-2030 **2016 ★ (30 à 50 €; 22000 b.)** : un vin laissant une impression de douce plénitude, agrémentée en finale d'une fraîcheur légèrement citronnée. ⧗ 2018-2022

CH. BROWN, 5, allée John-Lewis-Brown, 33850 Léognan, tél. 05 56 87 08 10, contact@chateau-brown.com V r.-v. *Jean-Christophe Mau*

CH. LE BRUILLEAU 2016

| 12000 | | 11 à 15 €

Dans la famille Bédicheau depuis quatre générations, ce petit cru étend son vignoble sur une dizaine d'hectares situés dans le sud de l'appellation, près de La Bède et du château de Montesquieu.

Charmeur, ce vin se montre très agréable tout au long de la dégustation, tant par ses frais arômes fruités (abricot en tête) que par sa bouche, ronde et bien équilibrée. ⧗ 2018-2022

SCEA BÉDICHEAU, 12, chem. du Bruilleau, 33650 Saint-Médard-d'Eyrans, tél. 05 56 72 70 45, chateau.lebruilleau@orange.fr V r.-v.

CH. CANTELYS 2016

| 2800 | | 15 à 20 €

Outre Smith Haut Lafitte, leur navire amiral, les Cathiard possèdent plusieurs vignobles dans l'appellation pessac-léognan, dont ce cru de 20 ha créé en 1987 par Dominique Lurton et acquis en 1995.

Même si le bouquet de ce 2016 est éloquent, avec sa dominante florale et sa légère pointe de noisette, sa bouche retient davantage l'attention par son côté riche et suave et par ses notes de fruits blancs et de merrain. ⧗ 2019-2023

SAS CATHIARD, Ch. Smith-Haut-Lafitte, 33650 Martillac, tél. 05 57 83 11 22

CH. CARBONNIEUX 2015 ★

■ Cru clas. | 180000 | | 30 à 50 €

90 91 92 93 **94** 95 **96** 97 98 99 **00 01** 02 **03** 04 |**05**| (06)| |07| |08| 09 10 |11| 12 13 14 15

Un cru très ancien, déjà exploité au XIIIes., ancienne dépendance du monastère de l'abbaye de Sainte-Croix au XVIIes. Occupant sur les hauteurs de Léognan une belle croupe de graves garonnaises, son vaste vignoble couvre 92 ha. Anthony Perrin l'a acquis après le grand gel de 1956, replanté, réhabilité et transmis à ses fils Éric et Philibert.

Très élégant dans sa profonde robe rubis aux légers reflets mauves, ce 2015 compense la faible intensité de son bouquet par une grande finesse aromatique en bouche, mêlant notes fruitées (fruits noirs et rouges) et réglissées. Une bouche ample, fraîche et bien structurée par des tanins harmonieux. ⧗ 2021-2026

SCEA A. PERRIN ET FILS, , 33850 Léognan, tél. 05 57 96 56 20, info@chateau-carbonnieux.fr V r.-v.

CH. CARBONNIEUX 2016 ★

Cru clas. | 150 000 | | 30 à 50 €

00 01 **02 03** 04 05 06 07 **08** 09 10 |12| |13| |14| 15 16

Un cru très ancien, déjà exploité au XIIIᵉs., ancienne dépendance du monastère de l'abbaye de Sainte-Croix au XVIIᵉs. Occupant sur les hauteurs de Léognan une belle croupe de graves garonnaises, son vaste vignoble couvre 92 ha. Anthony Perrin l'a acquis après le grand gel de 1956, replanté, réhabilité et transmis à ses fils Éric et Philibert.

Ce vin a tout d'un séducteur. L'intensité olfactive n'exclut en rien la finesse, où le buis et les agrumes règnent en maître (70 % de sauvignon). En bouche, la rondeur et le gras sont avivés par une jolie trame acide, présente jusque dans la longue finale évoquant la pêche et le citron. ⧗ 2020-2023

SCEA A. PERRIN ET FILS, , 33850 Léognan, tél. 05 57 96 56 20, info@chateau-carbonnieux.fr V r.-v.

CLOS MARSALETTE 2015 ★

| 70 000 | | 20 à 30 €

Solidement implanté dans le Saint-Émilionnais (Canon la Gaffelière, La Mondotte), le comte de Neipperg a créé en 1991 ce petit cru de 12,5 ha sur un terroir constitué par trois croupes de graves et des faluns, typiques de l'appellation pessac-léognan.

D'une couleur profonde, ce vin présente un bouquet riche de petits fruits rouges rehaussés d'épices. Après une attaque suave, le palais poursuit sur des tanins mûrs qui poussent loin la finale, intense et épicée. ⧗ 2021-2026

SCEA CLOS MARSALETTE, 61, rte de Tout-Vent, 33650 Martillac, tél. 05 57 24 71 33, info@neipperg.com

CH. COUHINS 2015

| 57 000 | | 20 à 30 €

Classé en blanc, ce cru de 28 ha situé aux portes de Bordeaux appartint à la famille Gasqueton, longtemps propriétaire de Calon Ségur (saint-estèphe), avant d'être acquis par l'INRA en 1968, qui en a fait sa vitrine en matière de recherches viti-vinicoles.

Si le bouquet de ce vin reste d'abord discret, il révèle sa complexité à l'aération, à travers des notes d'épices et de fruits mûrs. Bien équilibrée et agréable, la bouche s'appuie sur des tanins de qualité, solides et serrés. ⧗ 2021-2026

INRA, chem. de la Gravette, 33140 Villenave-d'Ornon, tél. 05 56 30 77 61, couhins@bordeaux.inra.fr V r.-v.

CH. COUHINS-LURTON 2015

| 30 000 | | 20 à 30 €

Un cru situé à Villenave d'Ornon, aux portes de Bordeaux, connu sous le nom de «Bourdieu de la Gravette» à la fin du XVIIᵉs. André Lurton le reprit en fermage en 1967, avant d'acheter en 1972 une partie du domaine devenu entre-temps propriété de l'INRA (Ch. Couhins), puis le château et les bâtiments d'exploitation en 1992. Un vignoble – 6 ha plantés du seul sauvignon, complétés en 1988 de 17 ha en rouge – auquel il a redonné son lustre d'antan.

Original par son bouquet aux senteurs de pruneau et de terre chaude après la pluie, ce vin chaleureux et riche en bouche, soutenu par des tanins fermes, demandera un peu de temps pour se fondre. ⧗ 2022-2025

LES VIGNOBLES ANDRÉ LURTON, 48, chem. de Martillac, 33140 Villenave-d'Ornon, tél. 05 56 64 75 87, lalouviere@andrelurton.com

♥ **CH. COUHINS-LURTON** 2016 ★★

Cru clas. | 16 000 | | 20 à 30 €

98 **99** 00 **01 02** 03 04 **05** 06 **08** 09 10 |**11**| |12| |13| |14| **15 16**

Un cru situé à Villenave d'Ornon, aux portes de Bordeaux, connu sous le nom de «Bourdieu de la Gravette» à la fin du XVIIᵉs. André Lurton le reprit en fermage en 1967, avant d'acheter en 1972 une partie du domaine devenu entre-temps propriété de l'INRA (Ch. Couhins), puis le château et les bâtiments d'exploitation en 1992. Un vignoble – 6 ha plantés du seul sauvignon, complétés en 1988 de 17 ha en rouge – auquel il a redonné son lustre d'antan.

La teinte pâle de la robe et le bouquet particulièrement riche de ce pessac, ouvert sur des arômes complexes de fruits mûrs (pêche blanche, ananas, mangue et citron) et de buis, composent une entrée en matière des plus engageantes. Le palais fait preuve d'intensité et d'un équilibre impeccable, offrant à la fois de la fraîcheur, du gras et une jolie puissance, notamment dans sa finale tendue et serrée. Bien que déjà très plaisante et harmonieuse, cette bouteille mérite d'être attendue. ⧗ 2020-2025

LES VIGNOBLES ANDRÉ LURTON, 48, chem. de Martillac, 33140 Villenave-d'Ornon, tél. 05 56 64 75 87, lalouviere@andrelurton.com

CH. DE CRUZEAU 2015

| 200 000 | | 11 à 15 €

Fondé au XVIIᵉs. par l'avocat bordelais Jacques de Cruzeau, ce cru d'ancienne notoriété fut abandonné après le phylloxéra. Situé au sud de l'appellation pessac-léognan, il fut découvert en 1973 par André Lurton, par hasard, après une tempête qui avait déraciné les pins et révélé son beau terroir de graves. Entièrement reconstitué, le vignoble couvre aujourd'hui 97 ha.

Le nez se montre franc et net avec des notes de mûre et de bigarreau agrémentées d'épices. Ces dernières réapparaissent dans un palais rond en attaque, plus tannique dans son développement. ⧗ 2021-2024 **2016 (11 à 15 €; 70 000 b.)** : vin cité.

LES VIGNOBLES ANDRÉ LURTON (CH. CRUZEAU), 1, allée de Cruzeau, 33650 Saint-Médard-d'Eyrans, tél. 05 57 25 58 58, andrelurton@andrelurton.com

♥ CH. D'ECK 2015 ★★

■ | 33 200 | | 15 à 20 €

Originaire de Champagne (Côte des Blancs), la famille Gonet s'est aussi forgé une solide renommée dans le Bordelais: en graves-de-vayres avec les châteaux Lesparre (acquis en 1986), Lathibaude et Durand Bayle, valeurs sûres conduites en bio, ainsi qu'en pessac-léognan (Haut-Bacalan, Eck, Haut l'Évêque, Saint-Eugène) et en AOC régionales (La Chapelle Bordes, La Rose Videau).

D'une régularité sans faille, ce cru signe un troisième coup de cœur d'affilée avec son vin rouge. Somptueux dans sa robe d'une couleur bigarreau soutenue, ce 2015 l'est également par son bouquet frais, intense et complexe, qui marie avec bonheur les parfums de fruits noirs très mûrs et de merrain. Rond, concentré, charnu et long, le palais est porté par des tanins fins et fermes à la fois, qui ajoutent à la plénitude remarquable de ce vin. ⏳ 2022-2030

SCEV MICHEL GONET ET FILS, Ch. Lesparre, 33750 Beychac-et-Caillau, tél. 05 57 24 51 23, info@gonet.fr V r.-v.

CH. FERRAN 2015

■ | 67 000 | | 15 à 20 €

Ce cru de 20 ha, qui fit partie jadis des domaines de Montesquieu, est propriété depuis 1885 de la famille Béraud-Sudreau. Longtemps resté l'une des «belles endormies» du Bordelais, il est en plein renouveau depuis l'arrivée en 1999 de la cinquième génération incarnée par Philippe et Ghislaine Lacoste.

Discret dans sa présentation, ce vin se montre plaisant par sa rondeur, ses tanins soyeux et son équilibre en bouche, qu'agrémentent de jolis arômes de fraise des bois. ⏳ 2020-2024

SCEA CH. FERRAN, 15, rte de Lartigue, 33650 Martillac, tél. 06 64 88 16 17, ferran@chateauferran.com V r.-v.

CH. DE FRANCE 2015 ★★

■ | 70 000 | | 20 à 30 €

Commandé par une belle maison de maître du XVIIIe s., ce cru a été acheté en 1971 par Bernard Thomassin, ancien distillateur venu de la région parisienne, qui l'a restauré. Son fils Arnaud est aux commandes depuis 1996. Son vignoble de 40 ha, entièrement restructuré, est situé sur une croupe de graves profondes, l'un des plus hauts coteaux de la terrasse de Léognan.

D'une belle puissance, sur une dominante gourmande de confiture de cerise, le bouquet participe grandement au charme de ce beau pessac-léognan, qui déploie un palais ample et élégant, soutenu par des tanins veloutés mais non dénués de solidité. Irrésistible. ⏳ 2022-2028 **2016 (20 à 30 €; 10 000 b.)** : vin cité.

CH. DE FRANCE, 98, av. du Mont-de-Marsan, 33850 Léognan, tél. 05 56 64 75 39, contact@chateau-de-france.com V r.-v.

CH. LA GARDE 2016 ★★

| 15 000 | | 30 à 50 €

À l'élégance très bordelaise de sa chartreuse du XVIIIe s., ce cru de 50 ha d'un seul tenant, propriété de la maison Dourthe depuis 1990, ajoute un bel environnement et une vue panoramique, avec trois croupes et un plateau de graves sur le point culminant de la commune de Martillac. Les sols se caractérisent par leur diversité: graves, calcaires, argiles.

Drapé dans une belle robe d'or gris, ce vin dévoile à l'olfaction de fins parfums de fleurs blanches et de buis soutenus par un boisé bien dosé. Frais, soyeux, équilibré, le palais développe un joli volume et de belles saveurs de noisette grillée et d'amande qui perdurent en finale. ⏳ 2019-2023

CH. LA GARDE - VIGNOBLES DOURTHE, 1, chem. de la Tour, 33650 Martillac, tél. 05 56 35 53 00, contact@dourthe.com r.-v.

♥ CH. GAZIN ROQUENCOURT 2015 ★★

■ | 50 000 | | 20 à 30 €

Implanté depuis le XVIIe s. sur une belle croupe de graves argileuses, ce cru d'une vingtaine d'hectares a été acquis en 2006 par Alexandre Bonnie, propriétaire de Malartic-Lagravière. Il est suivi par les équipes techniques de ce cru classé qui ont restructuré le vignoble et l'ont doté de nouveaux équipements. Cultivé selon une démarche proche de l'agriculture biologique, il est entouré de prairies, de jachères fleuries, de bois et de haies.

Dense et frangée d'un liseré violine, la belle robe pourpre de ce vin ne laisse pas indifférent. Il en va de même du bouquet, puissant et élégant, mêlant les fruits rouges (groseille, cerise) et le cassis à un boisé délicat et réservé. Riche et gras à souhait, le palais révèle dans son évolution les épices les plus douces. Quelques tanins encore un peu carrés s'expriment en finale avec autorité mais sans jamais rompre la séduction. Ils contribuent à donner à l'ensemble un caractère ferme et persistant. ⏳ 2022-2030 **2016 (20 à 30 €; 7 500 b.)** : vin cité.

A. A. BONNIE, 43, av. de Mont-de-Marsan, 33850 Léognan, tél. 05 56 64 75 08, malartic-lagraviere@malartic-lagraviere.com r.-v.

CH. HAUT-BERGEY 2015 ★

■ | 120 000 | | 20 à 30 €

Pomerol, saint-émilion grand cru, pessac-léognan, Sylviane Garcin-Cathiard détient des vins dans des AOC prestigieuses du Bordelais. En pessac, elle exploite les châteaux Haut-Bergey, environ 40 ha acquis en 1991, et Branon, petit cru de notoriété ancienne acheté en 1996, 6 ha au cœur de Léognan. Son fils Paul est désormais aux commandes.

Un vin riche en couleur et en arômes (cerise, cassis, épices, réglisse...). Particulièrement équilibrée, d'une puissance maîtrisée, la bouche révèle des tanins gras et bien fondus dans un boisé élégant, avant une finale épicée et encore un peu sévère. Patience donc. ⧗ 2022-2028 ■ **2016 ★ (30 à 50 €; 8108 b.)** : un blanc aux arômes puissants et complexes (fleurs blanches, agrumes et ananas), au palais bien équilibré entre le gras et l'acidité. ⧗ 2019-2023

CH. HAUT-BERGEY, 69, cours Gambetta, 33850 Léognan, tél. 05 56 64 05 22, info@haut-bergey.fr r.-v. Garcin

♥ CH. HAUT-BRION 2015 ★★★

■ 1er cru clas. | n.c. | + de 100 €

|(82)| **83 84 85 86 87** |**88**| |**89**| |(90)| **91 92 93 94** |(95)| |(96)| **97** |(98)| |**99**| |(00)| |**01**| |(02)| |**03**| |(04)| (05) (06) **07** (08) (09) (10) **11** (12) **13** (14) (15)

Créé par Jean de Pontac en 1525, le premier véritable château du vin bordelais a joué un rôle majeur dans l'apparition de la notion de cru et de bordeaux moderne – il connut la célébrité en Grande-Bretagne dès le XVIIes. grâce à Arnaud de Pontac. Seul cru des Graves intégré au classement de 1855, Haut-Brion a été acquis en 1935 par le banquier américain Clarence Dillon. Son descendant le prince Robert de Luxembourg en est l'actuel propriétaire. Aujourd'hui enclavé dans l'agglomération bordelaise, le domaine continue d'entretenir sa légende, sous la conduite de son directeur Jean-Philippe Delmas, grâce à son terroir particulier, fait de graves blanches sur argiles profondes.

Habillé d'une profonde robe grenat, la version rouge du grand cru offre un nez qui réunit tous les atouts d'un grand pessac-léognan: arômes somptueux de griotte, de cassis, de lardé/fumé, de rose et de pivoine, ainsi que d'étonnantes notes d'épices cajun. La bouche, à l'attaque fraîche et nette, apparaît massive, impressionnante de précision, de puissance et de richesse, et reste néanmoins très fraîche, dotée d'une superbe trame tannique à la fois fine et dense, enrobée par une chair crémeuse. La quintessence du millésime 2015: un vin charmeur, racé, sensuel, délicat, et pourtant doté d'une force phénoménale. Un Haut-Brion superlatif. ⧗ 2025-2040

CH. HAUT-BRION, 135, av. Jean-Jaurès, 33608 Pessac Cedex, tél. 05 56 00 29 30, info@haut-brion.com r.-v. Dom. Clarence Dillon

CH. HAUT-BRION 2016 ★★★

■ | n.c. | ◍ | + de 100 €

(82) **83 85 87 88 89 90 94 95 96 97 98** (99) (00) |**01**| |**02**| |**03**| |(04)| |**05**| |(06)| |(07)| |(08)| |(09)| (10) (11) **12** (13) (14) (15) (16)

Créé par Jean de Pontac en 1525, le premier véritable château du vin bordelais a joué un rôle majeur dans l'apparition de la notion de cru et de bordeaux moderne – il connut la célébrité en Grande-Bretagne dès le XVIIes. grâce à Arnaud de Pontac. Seul cru des Graves intégré au classement de 1855, Haut-Brion a été acquis en 1935 par le banquier américain Clarence Dillon. Son descendant le prince Robert de Luxembourg en est l'actuel propriétaire. Aujourd'hui enclavé dans l'agglomération bordelaise, le domaine continue d'entretenir sa légende, sous la conduite de son directeur Jean-Philippe Delmas, grâce à son terroir particulier, fait de graves blanches sur argiles profondes.

Un vin dont la complexité aromatique n'a d'égale que son intensité: mandarine, ananas, muguet, notes fumées et épicées. En bouche, il déroule une texture douce, délicate, de très grande distinction, alliant parfaitement la rondeur et la vivacité, à l'image des saveurs de caramel au lait et de gingembre qui signent une incroyable finale, évoquant autant la grâce d'un montrachet que la précision d'un laser. Un blanc qui reste sans égal dans la région. ⧗ 2022-2028

CH. HAUT-BRION, 135, av. Jean-Jaurès, 33608 Pessac Cedex, tél. 05 56 00 29 30, info@haut-brion.com r.-v. Dom. Clarence Dillon

LE CLARENCE DE HAUT-BRION 2015 ★★

■ | n.c. | ◍ | + de 100 €

Le second vin de Haut-Brion, nommé ainsi en hommage à l'acquéreur du château en 1935. Il a remplacé Les Bahans Haut-Brion à partir du millésime 2008.

Si le premier nez apparaît pour l'heure fermé, à l'agitation s'échappent du verre des arômes de fruits rouges frais, de pivoine et de réglisse, accompagnés de délicates notes de cardamone. Une attaque aimable et fruitée ouvre sur un palais ample, rond et séveux, sans aspérité, doté de tanins serrés et d'une longue finale fraîche. Une agréable maturité sur une charpente bien en place: un 2015 harmonieux, qui ira loin. ⧗ 2023-2030

CH. HAUT-BRION (CLARENCE DE HAUT-BRION), 135, av. Jean-Jaurès, 33608 Pessac Cedex, tél. 05 56 00 29 30, info@haut-brion.com r.-v. Dom. Clarence Dillon

CH. HAUT-PLANTADE 2015

■ | 30000 | ◍ | 15 à 20 €

Un ancêtre était vigneron en Corrèze au XVIIIes. La famille s'est consacrée au négoce des vins vers la Belgique, puis a acquis une vieille bergerie entourée de terres à vignes et de crus célèbres (Chevalier, Fieuzal, Malartic-Lagravière). Alain Plantade a créé dans les années 1970 ce domaine qui compte aujourd'hui une dizaine d'hectares. Vincent Plantade, qui en a pris la tête en 1989, exploite aujourd'hui 8,5 ha en AOC pessac-léognan.

Un 2015 au bouquet délicat de cerise. Le palais montre une structure souple, ronde et élégante, dotée de tanins fins et d'un bon boisé épicé. ⧗ 2020-2024

SCEA PLANTADE PÈRE ET FILS, chem. de Bergey, 33850 Léognan, tél. 06 03 01 15 34, hautplantade@wanadoo.fr r.-v.

LES HAUTS DE MARTILLAC 2016

■ | 7000 | ◍ | 11 à 15 €

Un pavillon du XVIIIes., un parc, un arboretum: avec le Ch. de Castres (graves), José Rodrigues-Lalande, ingénieur et œnologue, a acquis en 1996 un beau quartier général. Il s'est agrandi en 2012 dans cette même AOC en achetant le Ch. Beau-Site, après s'être implanté en

pessac-léognan en 2004, avec l'acquisition des 18 ha du Ch. Roche-Lalande. En 2013, il a encore acquis en pessac-léognan le Ch. Pont Saint-Martin. Pas moins de 40 ha pour cette exploitation familiale.

De bonne origine, ce blanc possède un volume honorable. Vif et alerte, il exprime sa personnalité par des arômes floraux et fruités rehaussés d'un boisé bien dosé. ⧗ 2018-2021

⊶ VIGNOBLES RODRIGUES-LALANDE, Ch. de Castres, 33640 Castres-sur-Gironde, tél. 05 56 67 51 51, contact@chateaudecastres.fr V r.-v. 5

CH. LAFONT MENAUT 2016 ★★

■	22000		11 à 15 €

Jouxtant le Ch. de Rochemorin, dont il faisait partie au XVIIIes., ce cru de 20 ha comptait jadis parmi les vignobles de Montesquieu. Acquis en 1991 par Philibert Perrin (Ch. Carbonnieux), il bénéficie depuis les années 1990 d'un ambitieux programme de valorisation.

Limpide et d'une belle luminosité, d'emblée la robe donne le ton. L'élégance de ce très joli vin se confirme ensuite par son bouquet puissant et complexe mêlant les arômes de fleurs, de fruits et de vanille, le tout subtilement relevé de notes minérales. Rond, charnu, long et parfaitement équilibré, le palais prolonge la sensation d'harmonie et de charme. ⧗ 2018-2023

⊶ SCEA PHILIBERT PERRIN, Ch. Lafont Menaut, 33650 Martillac, tél. 05 57 96 56 20, info@chateau-carbonnieux.fr V r.-v.

CH. LARRIVET HAUT-BRION 2016 ★

■	25000		30 à 50 €

Château de Canolle, La Rivette, Brion-Larrivet, Haut-Brion Larrivet, le cru a changé plusieurs fois de nom (et de propriétaires) avant de prendre, en 1949, celui de Larrivet Haut-Brion. Une belle unité de 75 ha, propriété de Philippe et Christine Gervoson depuis 1987.

Si le sauvignon (80 % de l'assemblage) est bien là, accompagné de sa fraîcheur aromatique (pêche blanche et fruits exotiques) et de ses fines nuances florales, le bois, lui aussi, a son mot à dire avec ses notes vanillées. La fraîcheur du nez se retrouve dans une bouche ample et très équilibrée. ⧗ 2019-2023

⊶ SCEA CH. LARRIVET HAUT-BRION, 84, av. de Cadaujac, 33850 Léognan, tél. 05 56 64 75 51, contact@larrivethautbrion.fr V r.-v.

CH. LATOUR-MARTILLAC 2016 ★

■ Cru clas.	42000		30 à 50 €

90 91 92 93 **94 95 96** 97 **98 99** (00) 01 **02 03 04** (05) **06 07** 08 **09** 10 |11| |12| |13| 15 16

Si beaucoup de grands noms du négoce bordelais ont choisi de s'implanter dans le Médoc, les Kressmann ont opté pour les Graves et ce cru acquis en 1930, qui doit son nom à une tour ornant sa cour, vestige d'un château bâti au XIIes. par des ancêtres de Montesquieu. Une belle unité de 50 ha réputée autant pour ses blancs que pour ses rouges.

Une belle présentation pour ce vin jaune pâle, au bouquet complexe et délicat de citron, de pamplemousse, d'ananas et de fruits exotiques. Des arômes qui invitent au voyage et que l'on retrouve dans un palais à la fois frais, souple, rond et long. ⧗ 2020-2024

⊶ VIGNOBLES JEAN KRESSMANN, 8, chem. La Tour, 33650 Martillac, tél. 05 57 97 71 11, langlet@latourmartillac.com V r.-v.

CH. LA LOUVIÈRE 2015 ★

■	100000		20 à 30 €

(90) 92 **93 94** 95 96 97 98 **99** (00) **01 02** 03 04 **05** 06 07 08 09 |**10**| |11| **12** 13 14 15

Non classé, Ch. la Louvière, limitrophe de Carbonnieux et Haut-Bailly, n'en est pas moins un cru emblématique de Pessac-Léognan – par l'élégance de son château classé monument historique, par l'ancienneté de son vignoble (XIVes.), par le rôle de son propriétaire (André Lurton, depuis 1965) dans la naissance de l'AOC et par la qualité constante de ses vins.

Intense et nette, la robe est engageante. Bien que toujours sous l'emprise du bois, le bouquet annonce déjà sa future puissance en mêlant les notes de réglisse et de cerise. Le palais, riche et onctueux, est doté de tanins généreux qui demandent encore à se fondre. Il est urgent d'attendre. ⧗ 2022-2028

⊶ LES VIGNONLES ANDRÉ LURTON (CH. LA LOUVIÈRE), 149, av. de Cadaujac, 33850 Léognan, tél. 05 56 64 75 87, lalouviere@andrelurton.com V r.-v.

CH. LUCHEY-HALDE 2015 ★

■	44021		20 à 30 €

Ce domaine de 23 ha d'un seul tenant, enchâssé dans l'agglomération bordelaise, appartient depuis 1999 à Bordeaux Sciences Agro (anciennement Enita), qui a reconstitué le vignoble disparu lors de la Première Guerre mondiale.

De la robe rubis à la finale sur le tabac blond et le poivre, une agréable impression d'harmonie se dégage de la dégustation de ce joli vin. Tant au bouquet, marqué par des arômes de fruits mûrs et d'épices douces, qu'au palais, riche, charnu et dense, étayé par des tanins soyeux. ⧗ 2021-2025

⊶ BORDEAUX SCIENCES AGRO, Ch. Luchey-Halde, 17, av. du Mal-Joffre, 33700 Mérignac, tél. 05 56 45 97 19, info@luchey-halde.com V r.-v.

CH. MALARTIC-LAGRAVIÈRE 2015 ★★

■ Cru clas.	120000		30 à 50 €

90 **91 92 93 95** 96 97 98 99 00 01 (02) **03** |**04**| (05) |**06**| |07| |08| |09| (10) **11 12** 13 14 **15**

Sur l'étiquette, trois mâts en l'honneur du comte de Malartic, amiral sous le règne de Louis XV, dont la famille fut propriétaire du cru au XVIIIes. Depuis son rachat en 1996 par les Bonnie, d'origine belge, ce vignoble de 53 ha implanté sur une belle croupe de graves a bénéficié d'un vaste plan de rénovation, à la vigne et au chai. Une valeur sûre de l'appellation, dans les deux couleurs, codirigée depuis 2013 par Jean-Jacques Bonnie et sa sœur Véronique.

Comme le laisse deviner sa profonde robe grenat, ce 2015 est particulièrement réussi. Tant par son bouquet de fruits rouges et noirs, de moka et de vanille, que par son palais ample, rond et gras, évoluant sur des tanins mûrs. Sa longue finale épicée garantit de très belles prédispositions à la garde. Plus que jamais, un des grands de l'appellation. ⧗ 2022-2028

A. A. BONNIE, 43, av. de Mont-de-Marsan, 33850 Léognan, tél. 05 56 64 75 08, malartic-lagraviere@malartic-lagraviere.com r.-v.

CH. MALARTIC-LAGRAVIÈRE 2016 ★

Cru clas. | 17500 | | 50 à 75 €

Sur l'étiquette, trois mâts en l'honneur du comte de Malartic, amiral sous le règne de Louis XV, dont la famille fut propriétaire du cru au XVIIIe s. Depuis son rachat en 1996 par les Bonnie, d'origine belge, ce vignoble de 53 ha implanté sur une belle croupe de graves a bénéficié d'un vaste plan de rénovation, à la vigne et au chai. Une valeur sûre de l'appellation, dans les deux couleurs, codirigée depuis 2013 par Jean-Jacques Bonnie et sa sœur Véronique.

Toute la fougue de la jeunesse s'exprime à travers la fraîcheur du bouquet de ce 2016, ouvert sur les agrumes et le grillé de la barrique. Vive, bien équilibrée et dotée d'un joli volume, la bouche confirme cette impression fougueuse. Un vin fait pour la cave. ⧗ 2020-2024

A. A. BONNIE, 43, av. de Mont-de-Marsan, 33850 Léognan, tél. 05 56 64 75 08, malartic-lagraviere@malartic-lagraviere.com r.-v.

CH. MANCÈDRE 2015 ★

■ | 50000 | | 20 à 30 €

Détruit par le gel de 1956, ce vignoble familial a revu le jour parcelle par parcelle à partir de 1994, année qui vit la construction d'un nouveau chai avec l'arrivé de Jean Trocard. Le vignoble couvre aujourd'hui 13 ha en pessac-léognan.

Fidèle à un encépagement typiquement rive gauche (60 % de cabernet-sauvignon, le solde en merlot), Jean Trocard propose un vin bien typé. L'olfaction, élégante, fait la part belle aux fruits rouges cuits, ainsi qu'aux épices (vanille, cannelle). Le palais se révèle charnu, rond et velouté, étayé par des tanins doux et soyeux. ⧗ 2021-2024

JEAN TROCARD, 23, chem. de Bouget, 33850 Léognan, tél. 05 57 74 30 52, contact@roy-trocard.com r.-v.

CH. LA MISSION HAUT-BRION 2016 ★★

| n.c. | | + de 100 €

90 93 94 95 96 97 (98) **99 00 01 02 03 04** |(05)| |**06**| |**07**| |**08**| |**09**| |**10**| |**11**| |**12**| **13 14** |15| **16**

Séparé du château Haut-Brion juste par la RN 250 et uni à lui depuis son acquisition en 1983 par les Domaines Clarence Dillon, ce cru s'individualise par son histoire. Celle-ci est liée à la puissante famille de Lestonnac jusqu'en 1682, puis, jusqu'à la Révolution, aux pères lazaristes de Saint-Vincent, qui identifièrent les qualités remarquables de son terroir graveleux aujourd'hui planté de 29 ha de vignes, dont 3,6 ha en blanc.

C'est la première fois dans son histoire que la Mission Haut-Brion utilise une majorité de sauvignon blanc dans son assemblage, et le résultat n'est rien moins que majestueux. Sans aucun excès démonstratif, le nez mêle les fruits exotiques, la pêche, la mandarine et la fleur d'acacia, mais aussi des notes beurrées et minérales. La bouche, sur des saveurs de pamplemousse et de brioche, se révèle sphérique, concentrée et tendue à la fois. Un blanc éclatant et parfaitement équilibré. ⧗ 2022-2028 **La Clarté de Haut-Brion 2016 ★ (+ de 100 €; n.c.)** : très aromatique, ce 2016 dévoile de jolies notes de fruits exotiques, de lilas et de citron, ainsi que des nuances variétales de bourgeon de cassis. En bouche, on découvre un vin ample et séveux, marqué par la rondeur du sémillon et doté aussi d'une très belle vivacité et d'une longue finale poivrée relevé par de beaux amers. Un ensemble distingué. ⧗ 2019-2023

DOM. CLARENCE DILLON, Ch. la Mission Haut-Brion, 67, rue Peybouquey, 33400 Talence, tél. 05 56 00 29 30, info@haut-brion.com r.-v.

CH. LA MISSION HAUT-BRION 2015 ★★

■ Cru clas. | n.c. | | + de 100 €

82 83 84 85 86 87 |**88**| |**89**| |(90)| 92 **93 94** |**95**| |(96)| **97** |**98**| |**99**| |(00)| |**01**| |**02**| |**03**| |**04**| |(05)| |**06**| |07| **08 09 10 11 12** 13 **14 15**

Séparé du château Haut-Brion juste par la RN 250 et uni à lui depuis son acquisition en 1983 par les Domaines Clarence Dillon, ce cru s'individualise par son histoire. Celle-ci est liée à la puissante famille de Lestonnac jusqu'en 1682, puis, jusqu'à la Révolution, aux pères lazaristes de Saint-Vincent, qui identifièrent les qualités remarquables de son terroir graveleux aujourd'hui planté de 29 ha de vignes, dont 3,6 ha en blanc.

Malgré les difficultés que posent un millésime aussi solaire, le domaine a réussi le tour de force de produire un 2015 d'un équilibre rare, conjuguant puissance et fraîcheur, raffinement aromatique (fruits noirs, violette, orange sanguine, graphite et notes de ronces), chair onctueuse sans être lourde, trame tannique opulente sans être asséchante… Une superbe mécanique, à la fois complexe et précise. ⧗ 2025-2040 ■ **La Chapelle de la Mission Haut-Brion 2015 ★ (+ de 100 €; n.c.)** : évoquant au nez les fruits rouges confits, le cuir et le boisé fin, ce 2015 élégant offre une bouche étonnamment fraîche pour le millésime, où l'acidité équilibre avec justesse et précision le caractère un peu cuit de l'aromatique. La belle et longue finale acidulée est escortée de tanins encore serrés. ⧗ 2022-2028

DOM. CLARENCE DILLON, Ch. la Mission Haut-Brion, 67, rue Peybouquey, 33400 Talence, tél. 05 56 00 29 30, info@haut-brion.com r.-v.

CH. OLIVIER 2015 ★

■ Cru clas. | 120000 | | 30 à 50 €

95 96 97 98 99 00 **01** 03 05 06 07 08 |09| |12| 13 14 15

Relais de chasse du Prince Noir puis résidence de la grand-mère de Montesquieu, ce château aux allures de forteresse, édifié au XIIe s. et transformé aux XIVe et XVIIIe s., est la propriété de la famille de Bethmann depuis 1886. Son vignoble de 60 ha d'un seul tenant s'étend sur des terroirs variés comportant de belles graves sur socle argilo-calcaire.

Ce 2015 déploie un nez généreux et harmonieux de fruits rouges, de cannelle et de vanille. En bouche, on découvre un vin ample, dense, au fruité mûr et à la charpente tannique solide. Un très beau vin en devenir. ⧗ 2022-2028

CH. OLIVIER, 175, av. de Bordeaux, 33850 Léognan, tél. 05 56 64 73 31, mail@chateau-olivier.com r.-v.

CH. OLIVIER 2015 ★★

Cru clas.	36000		30 à 50 €

05 06 07 08 09 **10** **11** 12 13 **16**

Relais de chasse du Prince Noir puis résidence de la grand-mère de Montesquieu, ce château aux allures de forteresse, édifié au XIIe s. et transformé aux XIVe et XVIIIe s., est la propriété de la famille de Bethmann depuis 1886. Son vignoble de 60 ha d'un seul tenant s'étend sur des terroirs variés comportant de belles graves sur socle argilo-calcaire.

Le sauvignon (75 % de l'assemblage), souligné par un beau boisé, marque fortement le bouquet intense de ce 2016 des plus réussis. Puissants et complexes, les arômes témoignent d'un heureux mariage entre le vin et le merrain (citron, bourgeon de cassis, amande grillée). La bouche se montre ample et charnue, étayée par fraîcheur finement dosée. Un superbe blanc de gastronomie. ⧗ 2020-2024

CH. OLIVIER, 175, av. de Bordeaux, 33850 Léognan, tél. 05 56 64 73 31, mail@chateau-olivier.com r.-v.

CH. PAPE CLÉMENT 2015 ★★

Cru clas.	n.c.		75 à 100 €

92 (93) **94** 96 **97** **98** 99 00 **01** **03** **05** **07** **08** **09** 10 14 **15**

La première pièce et l'une des plus illustres de la collection de Bernard Magrez, « l'homme aux quarante châteaux », propriétaire des lieux depuis les années 1980. L'une des plus anciennes aussi: ce cru appartint à la fin du XIIIe s. à Bertrand de Goth, noble d'Aquitaine qui devint pape d'Avignon sous le nom de Clément V. Le vignoble resta ensuite longtemps rattaché à l'archevêché de Bordeaux; classé en rouge, il s'étend aujourd'hui sur 63 ha.

Drapé dans une belle robe rubis frangée de reflets carminés, ce vin présente un nez aussi riche que complexe. Entre les fruits rouges et noirs, les notes minérales et le bois, la symbiose est totale. Très enrobé, le palais se montre ample, dense, d'une harmonie rare, ne perdant rien de la séduction aromatique du bouquet et s'appuyant sur des tanins puissants, mais sans aucune agressivité. Une superbe réussite. ⧗ 2022-2030

BERNARD MAGREZ, 216, av. du Dr-Nancel-Penard, 33600 Pessac, tél. 05 57 26 38 38, accueil@pape-clement.com r.-v. 5

CH. PICQUE CAILLOU 2015

	68000		20 à 30 €

Situé au cœur de l'agglomération bordelaise, ce cru au nom évocateur de son terroir est conduit depuis 2007 par Paulin Calvet, de la célèbre lignée de négociants, propriétaire du domaine depuis 1947. Couvrant 22 ha, il figure parmi les derniers vignobles de Mérignac. La propriété est conduite en système de management environnemental.

Ce domaine mérignacais, au terroir reconnu pour sa grande qualité, propose un 2015 au nez complexe et flatteur de framboise, de mûre et de vanille. Cette alliance réussie se retrouve dans une bouche ample et charnue, structurée par de beaux tanins. Encore un peu sévère, la finale vient rappeler que cette bouteille a besoin de s'arrondir. À attendre. ⧗ 2022-2028

GFA CH. PICQUE CAILLOU, 93, av. Pierre-Mendès-France, 33700 Mérignac, tél. 05 56 47 37 98, contact@picque-caillou.com r.-v.

CH. SEGUIN 2015 ★★

	65500		20 à 30 €

Bordé par le chemin de Saint-Jacques – les pèlerins passaient devant la croix de Seguin, toujours sur la propriété – ce domaine viticole ancien tombé dans l'oubli a été entièrement reconstitué depuis 1987 par les Darriet. Le vignoble, composé de deux belles croupes de graves, couvre aujourd'hui 31 ha.

Maturité de la récolte, sérieux du travail au chai, tout est mis en œuvre sur ce cru pour obtenir un vin de très grande qualité. Avec succès, si l'on en juge par ce 2015 à la robe sombre et au bouquet concentré de cassis, de mûre et de poivre, soutenu par un boisé délicat. Au palais, ample et charnu, apparaissent des tanins élégants, serrés et racés qui se portent garants du devenir de cette bouteille. Un ensemble harmonieux et énergique. ⧗ 2022-2028

SC DOM. DE SEGUIN, chem. de la House, 33610 Canéjan, tél. 05 56 75 02 43, contact@chateauseguin.com r.-v. *J. Darriet*

CH. SMITH HAUT LAFITTE 2015 ★★

Cru clas.	96000		+ de 100 €

90 **91** 92 **93** **94** **95** 96 97 **98** 99 **00** **01** **02** 03 04 (05) **06** 07 **08** **09** **10** **11** 12 13 **14** **15**

Ce cru ancien fondé en 1365 doit son nom au navigateur écossais George Smith, installé ici au XVIIIe s. Lui succéderont M. Duffour-Dubergier, maire de Bordeaux, puis Louis Eschenauer, grande figure du négoce bordelais. En 1990, Florence et Daniel Cathiard acquièrent le domaine et lancent de grands travaux: création de deux chais souterrains, reprise du travail du sol sans désherbant, intégration de leur propre tonnellerie, développement de l'œnotourisme avec Les Caudalies, complexe hôtelier et centre de vinothérapie. Le vignoble couvre aujourd'hui 78 ha sur une belle croupe de graves.

Vêtu d'une robe rouge cerise chatoyante, ce vin n'attend pas pour se montrer expressif: de fines notes de moka se mêlent aux saveurs vanillées et fruitées (cassis, mûre). Soutenue par des tanins fins et croquants, la bouche laisse une impression de fraîcheur et d'élégance qui culmine dans sa finale longue et serrée, aux saveurs d'épices et de violette. Un 2015 de grande classe. ⧗ 2022-2030

FLORENCE ET DANIEL CATHIARD, chem. du Carosse, 33650 Martillac, tél. 05 57 83 11 22, f.cathiard@smith-haut-lafitte.com r.-v. 5

♥ CH. SMITH HAUT LAFITTE 2016 ★★

■	24 000	🍷	+ de 100 €

90 91 **92** 93 94 95 **96 97** (98) **99 00 01 02 03 04** 05 06 **07** 08 |**09**| |**10**| |11| |**12**| **13** 14 15 **16**

Ce cru ancien fondé en 1365 doit son nom au navigateur écossais George Smith, installé ici au XVIIIes. Lui succéderont M. Duffour-Dubergier, maire de Bordeaux, puis Louis Eschenauer, grande figure du négoce bordelais. En 1990, Florence et Daniel Cathiard acquièrent le domaine et lancent de grands travaux: création de deux chais souterrains, reprise du travail du sol sans désherbant, intégration de leur propre tonnellerie, développement de l'œnotourisme avec Les Caudalies, complexe hôtelier et centre de vinothérapie. Le vignoble couvre aujourd'hui 78 ha sur une belle croupe de graves.

D'emblée, ce vin montre sa finesse par un bouquet voluptueux qui fait défiler des parfums complexes: pêche, abricot, poire, sous-bois, acacia... Charnu et long, le palais poursuit dans le même esprit avec de délicates saveurs de tourbe, accompagnées de notes minérales. Une très belle finale d'une persistance remarquable conclut magistralement la dégustation. ⧗ 2020-2028

⊶ *FLORENCE ET DANIEL CATHIARD, chem. du Carosse, 33650 Martillac, tél. 05 57 83 11 22, f.cathiard@smith-haut-lafitte.com* V 🚶 ■ *r.-v.* 🏠 5

➡ LE MÉDOC

Dans l'ensemble girondin, le Médoc occupe une place à part. À la fois enclavés dans leur presqu'île et largement ouverts sur le monde par un profond estuaire, le Médoc et les Médocains apparaissent comme une parfaite illustration du tempérament aquitain, oscillant entre le repli sur soi et la tendance à l'universel. Et il n'est pas étonnant d'y trouver aussi bien de petites exploitations familiales presque inconnues que de grands domaines prestigieux appartenant à de puissantes sociétés françaises ou étrangères.

S'en étonner serait oublier que le vignoble médocain (qui ne représente qu'une partie du Médoc historique et géographique) s'étend sur plus de 80 km de long et 10 km de large. Le visiteur peut donc admirer non seulement les grands châteaux du vin du siècle dernier, avec leurs splendides chais-monuments, mais aussi partir à la découverte approfondie du pays. Très varié, celui-ci offre aussi bien des horizons plats et uniformes (près de Margaux) que des croupes (vers Pauillac), ou l'univers tout à fait original du Médoc dans sa partie nord, à la fois terrestre et maritime. La superficie des AOC du Médoc représente environ 16 400 ha.

Pour qui sait quitter les sentiers battus, le Médoc réserve plus d'une heureuse surprise. Mais sa grande richesse, ce sont ses sols graveleux, descendant en pente douce vers l'estuaire de la Gironde. Pauvre en éléments fertilisants, ce terroir est particulièrement favorable à la production de vins de qualité, la topographie permettant un drainage parfait des eaux.

On a pris l'habitude de distinguer le Haut-Médoc, de Blanquefort à Saint-Seurin-de-Cadourne, et le nord Médoc, de Saint-Germain-d'Esteuil à Saint-Vivien. Au sein de la première zone, six appellations communales produisent les vins les plus réputés. Les soixante crus classés sont essentiellement implantés sur ces appellations communales; cependant, cinq d'entre eux portent exclusivement l'appellation haut-médoc. Les crus classés représentent approximativement 25 % de la surface totale des vignes du Médoc, 20 % de la production de vins et plus de 40 % du chiffre d'affaires. Plusieurs caves coopératives existent dans les appellations médoc et haut-médoc, mais aussi dans trois appellations communales (listrac, pauillac, saint-estèphe).

Le vignoble du Médoc est réparti entre huit appellations d'origine contrôlée. Il existe deux appellations sous-régionales, médoc et haut-médoc (60 % du vignoble médocain), et six appellations communales: saint-estèphe, pauillac, saint-julien, listrac-médoc, moulis-en-médoc et margaux – l'appellation régionale étant bordeaux comme dans le reste du vignoble du Bordelais.

Cépage traditionnel en Médoc, le cabernet-sauvignon est probablement moins important qu'autrefois, mais il couvre 52 % de la totalité du vignoble. Avec 34 %, le merlot vient en deuxième position; son vin, souple, est aussi d'excellente qualité et, d'évolution plus rapide, il peut être consommé plus jeune. Le cabernet franc, qui apporte de la finesse, représente 10 %. Enfin, le petit verdot et le malbec jouent le rôle de cépages d'appoint.

Les vins du Médoc jouissent d'une réputation exceptionnelle; ils sont parmi les plus prestigieux vins rouges de France et du monde. Ils se remarquent à leur couleur grenat, évoluant vers une teinte tuilée, ainsi qu'à leur bouquet fruité dans lequel les notes épicées du cabernet se mêlent souvent à celles, vanillées, qu'apporte le chêne neuf. Leur structure tannique, dense en même temps qu'élégante, et leur parfait équilibre contribuent à une bonne tenue dans le temps: ils s'assouplissent sans maigrir et gagnent en richesses olfactive et gustative.

MÉDOC

Superficie : 5 700 ha / Production : 300 000 hl

L'ensemble du vignoble médocain a droit à l'appellation médoc, mais en pratique celle-ci n'est utilisée que dans le nord de la presqu'île, à proximité de Lesparre, les communes situées entre Blanquefort et Saint-Seurin-de-Cadourne pouvant revendiquer celle de haut-médoc ou des communales, dans le cadre de leurs zones délimitées spécifiques. Malgré cela, l'appellation médoc est la plus importante en superficie et en volume.

Les médoc se distinguent par une couleur très soutenue. Avec un pourcentage de merlot plus important que dans les vins du haut-médoc et des appellations communales, ils possèdent souvent un bouquet fruité et beaucoup de rondeur en bouche. Certains, provenant de croupes graveleuses isolées, associent aussi une grande finesse et une certaine richesse tannique.

CH. L'ARGENTEYRE 2015 ★

■ Cru bourg. | 170 000 | | 8 à 11 €

À partir de 1992, Gilles et Philippe Reich ont acquis plusieurs petites parcelles dans le Médoc pour composer un ensemble de 50 ha près de l'estuaire, dont 25 ha sur graves pyrénéennes dans le cru bourgeois L'Argenteyre.

Le Médoc et le Haut-Médoc

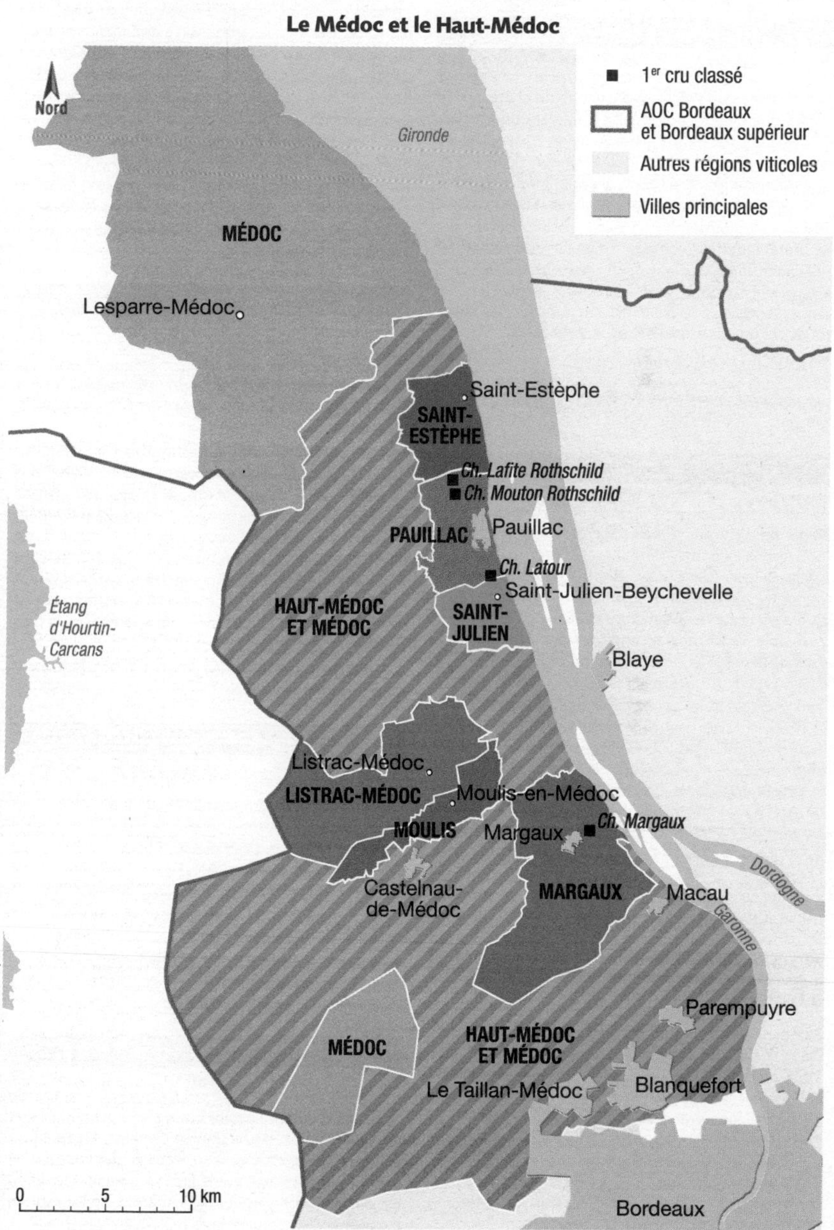

Ce 2015 d'un beau rubis séduit par son bouquet de cassis et de framboise agrémenté de nuances vanillées. En bouche, il présente un bel équilibre entre la puissance des tanins, le fondu du boisé et le fruité. ⧗ 2020-2024 ■ **Cru bourg. Ch. les Tresquots 2015 (5 à 8 €; 50 000 b.)** : vin cité.

GILLES ET PHILIPPE REICH, 43, rte de Courbian, Ch. l'Argenteyre, 33340 Bégadan, tél. 05 56 41 52 34, chateau-argenteyre@orange.fr V r.-v.

CH. BOIS CARRÉ 2015

■	10 000		8 à 11 €

Commencée en 1870, la construction du château – en réalité une maison bourgeoise – s'arrêta pour cause de phylloxéra et ne fut achevée qu'en 2001 après dix ans de travaux. David Renouil y conduit depuis 1999 un petit vignoble de 6 ha sur argilo-calcaires, qui doit son nom au site gallo-romain situé sur la commune de Saint-Yzans-de-Médoc.

Se présentant dans une robe soutenue qu'animent des reflets pourpres, ce vin évoque au nez les fruits rouges légèrement confits et les épices douces. Souple dès l'attaque, le palais se révèle rond, structuré par des tanins fondus et un boisé bien intégré. ⧗ 2019-2023

DAVID RENOUIL, 1, rue de Mazails, 33340 Saint-Yzans-de-Médoc, tél. 06 08 68 45 61, vanessadavid33@hotmail.fr V *t.l.j. sf dim. 8h-12h 14h-18h*

CH. BOURNAC 2015 ★

■ Cru bourg.	75 000		11 à 15 €

Venu de Picardie, Pierre Secret s'est installé en 1975 sur cette propriété établie sur une croupe argilo-calcaire de Civrac, dont il a reconstitué le vignoble. Les deuxième (Hubert et Didier) et troisième générations (Guillaume et Thibaud) conduisent ensemble 45 ha répartis entre les crus bourgeois La Chandellière (31 ha) et Bournac (14 ha).

Fidèle à son habitude, ce cru propose un vin au bouquet complexe de fruits mûrs qu'accompagne une pointe d'épices. Le palais, centré sur les petits fruits des bois, se montre velouté, rond, souple et bien équilibré. L'ensemble offre une belle expression du millésime. ⧗ 2020-2024 ■ **Cru bourg. Ch. la Chandellière 2015 ★ (8 à 11 €; 180 000 b.)** : un bon médoc traditionnel, généreux et frais à la fois, épicé et muni de tanins fins. ⧗ 2019-2023

GAEC DE CAZAILLAN SECRET FRÈRES ET FILS, 16, rte des Petites-Granges, Bournac, 33340 Civrac-en-Médoc, tél. 05 56 41 53 51, thibaud.secret@gmail.com V *r.-v.*

CH. LA BRANNE 2015 ★

■ Cru bourg.	100 000		8 à 11 €

Passer de 6 à 25 ha en un quart de siècle, c'est très bien; le faire en maintenant la qualité, c'est mieux. Voilà ce qu'ont réussi Philippe et Fabienne Videau, installés en 1986 sur cette propriété familiale et sortis de la cave coopérative en 1999.

Si le boisé est encore assez présent au nez, ses notes fumées se marient bien aux fruits noirs et rouges. Un fruité que prolonge une bouche fraîche et persistante, soutenue par un joli travail d'élevage et par des tanins de qualité. ⧗ 2021-2025

EARL FABIENNE ET PHILIPPE VIDEAU, 2, rte de Peyrere, 33340 Bégadan, tél. 05 56 41 55 24, labranne@wanadoo.fr V *r.-v.*

CH. DES BROUSTERAS 2015

■ Cru bourg.	12 000		11 à 15 €

Rue de l'Ancienne Douane: l'adresse de ce petit cru de 4 ha conduit depuis 1960 par la famille Renouil rappelle que Saint-Yzans est une commune du Médoc maritime. Les vignes, à très forte dominante de merlot, regardent la «rivière», comprenez l'estuaire.

Ce 2015 dévoile un bouquet expressif dont les senteurs de fruits noirs sont appuyées par de légères notes vanillées et empyreumatiques. Le palais, généreux, chaleureux, bien charpenté et aromatique, déploie sur une jolie finale fruitée. ⧗ 2020-2023

SCF CH. DES BROUSTERAS, 2, rue de l'Ancienne-Douane, 33340 Saint-Yzans-de-Médoc, tél. 05 56 09 05 44, chateaudesbrousteras@gmail.com V *r.-v.* *Renouil Frères*

CH. DES CABANS 2015 ★

■ Cru bourg.	125 000		8 à 11 €

Belle unité de 37 ha située sur la commune de Bégadan, ce cru a été acheté en 2016, auprès de Philippe Bérard, par Lionel Raymond, déjà exploitant à Saint-Laurent-du-Bois.

Ce 2015 est le dernier millésime de Philippe Bérard, qui signe ici un vin gourmand, ouvert sur un bouquet frais de petits fruits rouges et d'épices, au palais souple, équilibré et expressif, soutenu par des tanins fins et prolongé par une belle finale aux notes de cassis et de mûre. ⧗ 2021-2026 ■ **Cru bourg. Ch. Haut-Bana 2015 ★ (8 à 11 €; 95 000 b.)** : un nez flatteur de fruits noirs et de vanille et une bouche plaisante, ample, ronde et persistante, dotée tanins soyeux composent un vin bien construit, qui vieillira sereinement. ⧗ 2021-2026

LIONEL RAYMOND, 6, rte du Bana, 33340 Bégadan, tél. 05 56 41 50 67, contact@vignobles-raymond.fr V *r.-v.*

CH. CAMPILLOT 2015

■ Cru bourg.	35 466		11 à 15 €

Ce «petit champ» («campillot») de 9 ha a été repris en 2005 par deux amis de longue date, Tristan Roze des Ordons et Jean-Dominique Videau.

Un peu de patience sera nécessaire pour apprécier la palette complexe et intense (cassis, framboise, épices) de ce vin à la bouche dynamique et aux tanins encore serrés. ⧗ 2020-2023

SCEA VIDEAU-ROZE DES ORDONS, 4, rte de Miqueu, 33340 Saint-Germain-d'Esteuil, tél. 06 03 01 13 04, info@chateaucampillot.fr V *r.-v.*

CH. CARMENÈRE Petite Réserve 2015

■	15 000		8 à 11 €

Si la famille Barraud œuvre à la vigne depuis le XIXe s. et cinq générations, elle ne produit du vin en cave particulière que depuis 2006 et sa sortie de la cave coopérative par Richard Barreau. Carmenère? Le nom du lieu-dit où est établie la propriété (9 ha), dont une petite parcelle est plantée de ce cépage jadis très répandu en Médoc.

Soulignés de notes de sous-bois et d'épices, les fruits s'expriment pleinement à l'olfaction. On les retrouve dans un palais frais en attaque, plus gras dans son développement, étayé par des tanins de qualité et prolongé par une finale épicée. ⧗ 2019-2023

⊶ RICHARD BARRAUD, 20, chem. de Lourtet, 33340 Queyrac, tél. 06 52 70 63 28, chateaucarmenere@free.fr V ⚲ ▪ *t.l.j. sf dim. 9h-12h30 14h-18h*

CLOS MANOU 2015 ★

■	60000	⦀	20 à 30 €

En 1998, Stéphane Dief et son épouse Françoise louent 12 ares pour créer leur vignoble. D'achats de parcelles en acquisitions de petits crus soigneusement sélectionnés, leur propriété s'étend aujourd'hui sur 17 ha, avec quelques vignes très anciennes, notamment une petite parcelle de merlot pré-phylloxérique plantée en 1850. Elle est devenue une référence en médoc.

Sans chercher à rivaliser avec certains millésimes antérieurs, particulièrement réussis, ce 2015 ne manque pas de caractère. En témoignent sa robe dense et profonde, son bouquet intense et riche de nuances boisées, fruitées et épicées, et son palais de belle constitution, ample, tannique et bien équilibré. ⧗ 2022-2025 ■ **Petit Manou 2015 (11 à 15 €; 50000 b.)** : vin cité.

⊶ FRANÇOISE ET STÉPHANE DIEF, 7, rue du 19-Mars-1962, 33340 Saint-Christoly-Médoc, tél. 05 56 41 54 20, sogeviti.sf@wanadoo.fr V ⚲ ▪ *r.-v.*

CORAZON BY STÉPHANE COURRÈGES 2015

■	30000	⦀	8 à 11 €

Courrèges Wines est une structure de négoce créée en 2005 par Stéphane Courrèges, œnologue-conseil depuis plus de vingt ans dans le Bordelais, et par son épouse Akima. À la carte, des vins en AOC médoc, haut-médoc et bordeaux.

Si le bois domine encore ce vin par ses notes grillées et vanillées bien marquées, les tanins tiennent les promesses de la robe d'une belle profondeur et attestent d'un vin qui gagnera en complexité en vieillissant. ⧗ 2022-2025

⊶ COURRÈGES WINES, 108 bis, av. Jean-Jacques-Rousseau, 33160 Saint-Médard-en-Jalles, tél. 05 56 91 21 96, contact@courreges-wines.com

CH. CROIX DE MAI 2015 ★

■	18000	⦀	11 à 15 €

Un cru de poche (2,67 ha) créé en 2010 par Cécile Reich-Courrian. Se dressant devant le chai, la croix qui lui a donné son nom était autrefois ornée de fleurs, en mai, par les vignerons locaux qui venaient la vénérer lors de processions religieuses.

Un cru de poche (2,67 ha) créé en 2010 par Cécile Reich-Courrian. Se dressant devant le chai, la croix qui lui a donné son nom était autrefois ornée de fleurs, en mai, par les vignerons locaux qui venaient la vénérer lors de processions religieuses. ⧗ 2021-2024

⊶ EARL CÉCILE REICH-COURRIAN, 33, rte de Courbian, 33340 Bégadan, tél. 06 88 82 99 16, chateau-croixdemai@dartybox.com V ⚲ ▪ *r.-v.*

CH. ESCOT 2015

■ Cru bourg.	60000	⦀ ⚱	11 à 15 €

Propriété depuis 1991 d'Hubert Rouy, homme d'affaires d'origine bourguignonne épaulé par son fils Bruno depuis 2004, ce domaine commandé par un château du XVIIIe s. tire son nom de la profession d'un ancien propriétaire, percepteur ou «ramasseur d'écot». Le vignoble couvre 14 ha.

Le bouquet associe les fruits noirs à des notes d'aubépine et de torréfaction. D'un bon volume, la bouche, bien équilibrée entre le fruit et le bois, s'appuie sur des tanins fins et bien dosés. ⧗ 2020-2023

⊶ CH. ESCOT, 3, rte de Plassan, 33340 Lesparre-Médoc, tél. 05 56 41 06 92, info@chateau-escot.com V ⚲ ▪ *t.l.j. sf sam. dim. 8h30-12h 13h30-17h ⊶ Rouy*

CH. D'ESCURAC 2015 ★★

■ Cru bourg.	45398	⦀	11 à 15 €

Jean Landureau acquiert la propriété en 1934, qu'il transforme en haras. Son fils Jean-Michel développe la culture de la vigne et porte ses raisins à la coopérative, jusqu'à l'arrivée de la troisième génération et de Jean-Marc, installé en 1990. Un domaine régulier en qualité.

Une nouvelle fois, ce cru connaît un beau succès avec ce 2015 solide et prometteur, comme l'annonce sa robe sombre et profonde, couleur cerise burlat. Puissant et complexe, le bouquet associe les fruits rouges à de riches senteurs empyreumatiques et réglissées. Après une très belle attaque, le palais se révèle ample, dense et bien charpenté, étiré dans une longue finale sur les fruits mûrs. ⧗ 2022-2028

⊶ SCFED LANDUREAU, 17, rte d'Escurac, 33340 Civrac-en-Médoc, tél. 05 56 41 50 81, contact@chateaudescurac.com V ⚲ ▪ *r.-v.*

CH. FLEUR LA MOTHE 2015

■ Cru bourg.	57000	⦀	11 à 15 €

Antoine Médeville, Henri Boyer et Édouard Massie, œnologues-conseils associés depuis vingt ans, souhaitaient élaborer leur propre vin. En 2008, ils ont acquis Fleur La Mothe, classé cru bourgeois en 1932, 15 ha d'un joli terroir de graves et d'argilo-calcaires sur le plateau de Saint-Yzans.

Net, cohérent, ce vin se montre attrayant dès la présentation avec sa belle robe grenat à reflets noirs. Bien typé et friand, le bouquet séduit par la fraîcheur de ses notes fruitées (cerise et mûre). La séduction se prolonge au palais avec une attaque souple et une structure bien équilibrée s'appuyant sur une chair tendre et de fins tanins. ⧗ 2020-2024

⊶ SCEA DES ŒNOLOGUES, rte du Canyon, 33250 Pauillac, tél. 05 56 59 67 06, contact@chateaufleurlamothe.fr V ⚲ ▪ *r.-v. ⊶ Médeville, Boyer et Massie*

CH. FONTIS 2015

■ Cru bourg.	30000	⦀	15 à 20 €

Située sur le point culminant de l'appellation (38 m!), cette propriété de 10 ha jouit d'un beau point de vue sur l'estuaire. Vincent Boivert la conduit en agriculture raisonnée depuis qu'il en a pris les commandes en 1995.

Fort élégant dans sa robe couleur cerise burlat à nuances violettes, ce 2015 offre un bouquet net, fondu et gourmand de fruits rouges et d'épices douces. Souple, rond et équilibré, svelte et aimable, le palais s'inscrit dans le même registre fruité et épicé. ⧗ 2019-2022

VINCENT BOIVERT, 2, rte de Hontemieux, 33340 Ordonnac, tél. 05 56 73 30 30, ormes.sorbet@wanadoo.fr V r.-v.

CH. LES GRANDS CHÊNES 2015

■	320 000		11 à 15 €

L'une des nombreuses propriétés de Bernard Magrez, célèbre propriétaire de Pape Clément, acquise en 1998. Établi sur une croupe de graves dominant l'estuaire, ce vaste cru (55 ha), qui abrite les vestiges d'une ancienne forteresse du XVIes., fait preuve d'une belle régularité.

À l'image de la robe, d'un rouge profond, le bouquet offre une palette d'une belle intensité, sur la vanille et les fruits rouges mûrs. Après une attaque souple, le palais monte en puissance pour révéler des tanins doux et élégants. ⧗ 2020-2024

BERNARD MAGREZ, 24, rte de Lesparre, 33340 Saint-Christoly-de-Médoc, tél. 05 56 73 30 90, chateaugrandschenes@orange.fr r.-v.

CH. GRIVIÈRE Grand vin 2015 ★★

■ Cru bourg.	90 000		20 à 30 €

Les domaines CGR constituent un vaste ensemble de 125 ha et plusieurs crus dans l'appellation médoc, propriété depuis 2016 de la famille Huang.

D'emblée, ce 2015 fort réussi annonce sa jeunesse par une belle couleur soutenue. Il développe un bouquet franc et subtil, mariant les fruits rouges aux notes grillées du merrain. D'une texture souple, riche et équilibrée, dotée de tanins fins et enrobés, cette très belle bouteille n'a pas à craindre la garde. ⧗ 2022-2028 ■ **Ch. Malaire 2015 ★ (11 à 15 €; 100000 b.)** : le second vin de Grivière; un médoc où le fruité (cassis, cerise) est mis en avant dans une bouche pour l'heure un peu serrée, mais bien construite. ⧗ 2021-2025 ■ **Cru bourg. Ch. la Cardonne 2015 ★ (20 à 30 €; 140000 b.)** : un vin élégant et harmonieux, aux tanins souples, accompagné de belles saveurs de fruits rouges et d'épices. Un beau classique. ⧗ 2022-2026 ■ **Ch. Cardus 2015 ★ (15 à 20 €; 10000 b.)** : le second vin de Cardonne est un médoc souple, harmonieux, qui mise plus sur le fruité que sur la puissance. Séduisant. ⧗ 2020-2024

DOMAINES CGR (CH. GRIVIÈRE), rte de la Cardonne, 33340 Blaignan, tél. 05 56 73 31 51, cgr@domaines-cgr.com V r.-v.

CH. HAUT BARRAIL 2015 ★

■ Cru bourg.	56 000		11 à 15 €

Le moulin qui subsiste sur le domaine et le frontispice de la bâtisse représentant des gerbes de blé témoignent du passé céréalier de ce domaine ancien (XIVes.). Aujourd'hui, la vigne règne en maître, merlot en tête, sur 15 ha. Propriétaire depuis 1987, la famille Gillet (Cyril depuis 1997) a restauré le domaine et signé son premier millésime en 1995.

Évoquant la compote de fruits rouges et noirs, le bouquet est aussi expressif que la robe, d'un grenat intense. Le fruit revient avec intensité dans un palais ample, rond et suave, doté de tanins fins et d'une très jolie finale. ⧗ 2021-2024

CYRIL GILLET, 8 rue Maquis-de-Vignes-Oudides, 33340 Bégadan, tél. 05 57 75 11 91, chateau.hautbarrail@orange.fr V *t.l.j. 8h-12h30 14h-18h; sam. dim. sur r.-v.*

CH. HAUT-MAURAC 2015 ★

■ Cru bourg.	80 000		11 à 15 €

Également producteur dans le Libournais (Jean-Faure, Haut Ballet) et en Roussillon (Mas Amiel), Olivier Decelle, ancien PDG des surgelés Picard, possède depuis 2001 ce cru médocain de 22 ha implanté sur la croupe de graves garonnaises de Mazails.

Avec une robe profonde et un bouquet aux agréables notes de vanille et de café, la présentation est engageante. En bouche, sa rondeur, ses arômes fruités et ses tanins fermes soutenus par un bois de qualité révèlent un équilibre impeccable. Une belle longueur en finale confirme que cette bouteille ne pourra que se bonifier avec le temps. ⧗ 2022-2028

OLIVIER DECELLE, 3, rte de Mazails, 33340 Saint-Yzans-de-Médoc, tél. 05 24 73 15 83, contact@lvod.fr V r.-v.

CH. LAFFITTE LAUJAC 2015 ★

■	200 000		15 à 20 €

Superbe édifice néoclassique acheté en 1852 par Herman Cruse, le Ch. Laujac commande un très vaste domaine de quelque 430 ha comprenant des prés, des forêts et des vignes. Il dispose également d'un vaste cheptel de bovins limousins et de chevaux de selle dont le fumier sert d'engrais depuis deux siècles. L'ensemble a été repris en 2012 par Vanessa Cruse et son mari René-Philippe Duboscq.

Si le bois est toujours présent, il est déjà suffisamment bien intégré pour laisser s'exprimer un fond de fruits noirs à l'olfaction, ainsi que le caractère rond et gras d'un palais bien concentré, porté par une structure tannique bien en place. ⧗ 2021-2024

RENÉ-PHILIPPE DUBOSCQ, 56, rte de Laujac, 33340 Bégadan, tél. 05 56 41 50 12, contact@chateaulaujac.com V r.-v.

CH. LALANDE D'AUVION 2015 ★

■ Cru bourg.	20 000		8 à 11 €

En 2012, Céline Dupa a repris l'exploitation familiale (six générations) avec son époux Grégory: un cru médocain de 25 ha qui fait la part au merlot.

Très réussi, ce 2015 se montre aussi attractif par sa belle robe bigarreau que par son bouquet ouvert sur la réglisse, le poivre et les fruits rouges. En bouche, il plaît par sa concentration, son ampleur, sa rondeur, son gras et sa puissance aromatique, le tout soutenu par des tanins soyeux. ⧗ 2020-2024

DUPA, 6, rte du Camelon, 33340 Blaignan, tél. 06 24 23 67 85, gregory.dupa@sfr.fr V r.-v.

CH. LANGLADE Second vin 2015

■	19 000		- de 5 €

Après des études de viticulture-œnologie, Christelle Cahier a repris en 1991 la propriété familiale (18 ha) avec son mari, qui s'occupe de la vigne tandis qu'elle s'active au chai.

Bien dans l'esprit du millésime, ce 2015 d'une rondeur plaisante présente une structure harmonieuse et offre des arômes de fruits bien mûrs agrémentés de notes épicées. Un vin dont on pourra profiter sans avoir trop à attendre. ⧗ 2019-2023

EARL BROCHARD-CAHIER, 1, rue de Verdun, 33340 Blaignan, tél. 05 56 09 02 57, chateau.haut-blaignan@wanadoo.fr V t.l.j. sf sam. dim. 9h-12h 14h-17h

CH. LAULAN DUCOS 2015

■ Cru bourg. | 16000 | | 8 à 11 €

Un cru ancien qui faisait partie de l'ancienne seigneurie de Loirac. Un important groupe de luxe chinois, dont la bijouterie est l'activité principale, a fait l'acquisition de ce domaine de 22 ha en 2011.

Sans être trop puissant, ce vin séduit par son bel équilibre, ses tanins fondus et sa bonne longueur qui mettent en valeur l'élégance de son expression aromatique, mariant notes fruitées et boisées. ⧗ 2020-2023

SC CH. LAULAN DUCOS, 4, rte de Vertamont, 33590 Jau-Dignac-et-Loirac, tél. 05 56 09 42 37, chateau@laulanducos.com t.l.j. sf sam. dim. 8h-17h *Shen*

CH. LEBOSCQ 2015 ★

■ Cru bourg. | 150000 | | 8 à 11 €

Céréalier rapatrié de Tunisie, Claude Lapalu rachète en 1964 à la famille Delon le Ch. Patache d'Aux en Médoc, puis le Ch. Leboscq. Son fils Jean-Michel, œnologue, lui succède en 1992 et poursuit son œuvre, constituant autour de Patache d'Aux un petit empire de crus bourgeois sur plus de 250 ha et plusieurs étiquettes (Liversan, Lieujan, Fonpiqueyre, Plagnac...). L'ensemble a été repris en 2016 par les vignobles Antoine Moueix.

D'un abord aimable dans sa robe cerise burlat, ce 2015 affirme ensuite sa personnalité par un bouquet de qualité, aux élégantes notes de fruits rouges, d'épices (poivre et vanille) et de réglisse, et par sa bouche harmonieuse, dotée de tanins souples et soyeux. ⧗ 2021-2026 ■ **Cru bourg. Ch. Patache d'Aux 2015 (20 à 30 €; 300000 b.)** : vin cité. ■ **Cru bourg. Ch. Plagnac 2015 (8 à 11 €; 130000 b.)** : vin cité.

SC CH. PATACHE D'AUX, rte de Saint-Saturnin, 33340 Bégadan, tél. 05 56 41 50 18, chrystel.meunier@amoueix.fr

LÉGENDE 2015 ★

■ | 240000 | 11 à 15 €

En complément de ses vins de prestige (Lafite-Rothschild, Duhart-Milon, Rieussec, L'Évangile), la maison Rothschild (Lafite) a développé une structure de négoce qui propose une gamme de vins plus accessibles: la «Collection», déclinée en Saga, Légende et Réserve, dans les appellations bordeaux, médoc, pauillac et saint-émilion.

Ce vin laisse deviner sa noble origine par sa robe engageante, d'un rouge grenat bien dense. Le bouquet s'inscrit dans le même esprit par sa complexité autour d'un boisé racé aux accents de sous-bois, de vanille et de cannelle. Le jury a également été séduit par son palais équilibré, à la fois riche et frais, charpenté par des tanins encore assez fermes. ⧗ 2021-2024

DOMAINES BARONS DE ROTHSCHILD LAFITE DISTRIBUTION, 40-50, cours du Médoc, 33300 Bordeaux, tél. 05 57 57 79 79, dbr@lafite.com

CH. LOUSTEAUNEUF 2015 ★

■ Cru bourg. | 45000 | | 11 à 15 €

Acquis par Danielle et Serge Segond à leur retour d'Algérie en 1962, ce cru de 28 ha s'est doté en 1993 d'un chai à l'initiative de Bruno Segond qui a quitté la coopérative de Bégadan pour créer son propre vin.

Une belle composition que ce 2015 qui séduit d'emblée par sa profonde robe grenat et par son bouquet intense de fruits noirs et de réglisse. Franc et bien articulé, le palais déploie une jolie matière, riche et dense, autour de tanins puissants. Un ensemble harmonieux, bâti pour bien vieillir. ⧗ 2022-2026

BRUNO SEGOND, 2, rte de Lousteauneuf, 33340 Valeyrac, tél. 05 56 41 52 11, chateau.lousteauneuf@wanadoo.fr V r.-v.

CH. MAZAILS 2015

■ Cru bourg. | 204000 | | 8 à 11 €

Commandé par une belle demeure de 1777, ce cru domine l'estuaire, particulièrement majestueux à cet endroit. Le vignoble de 42 ha est établi sur une jolie butte de graves à la matrice argileuse.

Un vin svelte et agréable, qui présente bien dans sa robe sombre et profonde, et qui capte l'attention par son expression aromatique fruitée (fruits rouges mûrs) et boisée. En bouche, il joue résolument la carte de la finesse et de la souplesse jusqu'en finale. ⧗ 2019-2022

CHACUN, 16, rte de Mazails, 33340 Saint-Yzans-de-Médoc, tél. 05 56 09 00 62, chateaumazails@wanadoo.fr V r.-v.

♥ MERRAIN ROUGE 2015 ★★

■ | 450000 | | 5 à 8 €

Uni-Médoc est le premier producteur de vins de l'appellation médoc. La cave rassemble quelque 170 viticulteurs qui exploitent 1 000 ha, essentiellement sur les communes de Bégadan, Ordonnac, Prignac et Queyrac.

Aussi profond par son bouquet que dense dans sa robe, ce 2015 mêle harmonieusement les notes boisées (vanille) aux parfums de fruits noirs (mûre). Le palais se révèle corsé et bien charpenté, soutenu par des tanins à la fois fins et vigoureux. Ce médoc magistral, qui s'exprime dans toute sa jeunesse, achève de convaincre par sa superbe finale où le cacao, la vanille et les fruits noirs sont rejoints par de puissantes notes de poivre. ⧗ 2022-2028 ■ **Clément Saint-Jean Réserve 2015 ★★ (20 à 30 €; 4329 b.)** : une belle matière, des tanins veloutés, un bouquet élégant de fruits et d'épices, ce pur cabernet-sauvignon est une vraie réussite, aussi intense qu'harmonieuse. ⧗ 2021-2026

■ **Esprit d'estuaire 2015 ★ (11 à 15 €; 16700 b.)** : un médoc aimable et souple, rond et frais à la fois, sans manquer non plus de structure. Un ensemble complet. ⧗ 2021-2024 ■ **Ch. Courbian 2015 ★ (5 à 8 €; 98000 b.)** : ce 2015 s'annonce par une belle robe d'un rouge soutenu, avant de développer un bouquet intense de fruits rouges sur un fond boisé (coco), relayé par un palais riche et rond, doté de tanins mûrs. ⧗ 2021-2024 ■ **Ch. Moulin de Cabanieu 2015 (5 à 8 €; 69300 b.)** : vin cité.

⊶ LES VIGNERONS D' UNI-MÉDOC, 14, rte de Soulac, 33340 Gaillan-en-Médoc, tél. 05 56 41 03 12, cave@uni-medoc.com V t.l.j. 8h30-12h30 14h-18h

CH. MEYLAN Cuvée Nauera 2015 ★

■	3900		15 à 20 €

En 2012 Nicolas Meylan, après avoir fait pendant dix-sept ans du vin pour les autres comme maître de chai ou régisseur, a pu reprendre 1,5 ha en choisissant son terroir: une croupe argilo-calcaire à Ordonnac. Il exploite son vignoble dans l'esprit de la biodynamie. Un microcru certes, mais un rêve devenu réalité.

Un vin corsé et bien charpenté, aux notes de cacao, de mûre et de vanille. Encore jeune, il possède un bon soutien tannique à la fois fin et vigoureux qui lui permettra de bien évoluer. ⧗ 2021-2025

⊶ NICOLAS MEYLAN, 13, rte de Saint-Yzans, 33340 Ordonnac, tél. 06 81 55 96 32, nick.meylan@orange.fr V t.l.j. 9h-18h

CH. MOULIN DE LA RIVIÈRE 2015

■	30000		5 à 8 €

Yvon Mau est l'une des plus importantes maison de négoce de la place de Bordeaux, fondée en 1897 et propriété depuis 2001 du géant catalan de la bulle, Freixenet. Elle propose des vins de marque et diffuse également des vins de crus bordelais mais aussi bourguignons.

De style très traditionnel, cette cuvée se montre intéressante par ses arômes grillés et réglissés, et par ses tanins fermes et serrés, qui demanderont un peu de patience pour se fondre. Un beau rouge de garde. ⧗ 2022-2026

⊶ SA YVON MAU, rue Sainte-Pétronille, 33190 Gironde-sur-Dropt, tél. 05 56 61 54 54

CH. NOAILLAC 2015 ★

■ Cru bourg.	220000		11 à 15 €

Belle unité de 56 ha bénéficiant d'un terroir de qualité (une croupe de graves garonnaises), ce cru a été acheté en 1982 par Marc Pagès, également à la tête du Ch. la Tour de By. Après une première expérience dans un cru classé de Margaux, son petit-fils Damien a rejoint l'exploitation, dont il a pris les commandes en 2009.

De son séjour en fût, ce vin a hérité d'un joli bouquet toasté et épicé, ouvert sur les fruits mûrs à l'aération. Le palais séduit quant à lui par son côté moelleux et ses tanins élégants. Une agréable fraîcheur, accompagnée d'un retour des fruits mûrs, vient rehausser la finale. ⧗ 2021-2026

⊶ DAMIEN PAGÈS, 6, chem. du Sable-des-Pins, 33590 Jau-Dignac-et-Loirac, tél. 05 56 09 52 20, noaillac@noaillac.com V t.l.j. sf sam. dim. 8h-12h 13h30-17h

CH. L'OR DES TERRES 2015 ★

■	3095		15 à 20 €

Créé en 2009 par Sébastien Fontaneau avec un demi-hectare et un garage en guise de chai, ce micro-cru de 81 ares cherche à élaborer un vin aussi naturel que possible.

Un beau 2015 qui permet au château de faire une entrée remarquée dans le Guide. Tonique à l'attaque, il se développe en rondeur sur des tanins délicieux, déjà fondus, qui associent leurs nuances épicées à une aromatique intensément fruitée (cassis, prune). Une bouteille expressive. ⧗ 2021-2024

⊶ SÉBASTIEN FONTANEAU, 37bis, rue de la Colonne, 33340 Cantenac, tél. 05 56 09 32 61, seb.fontaneau@orange.fr V r.-v.

CH. PIERRE DE MONTIGNAC 2015 ★★

■ Cru bourg.	135000		11 à 15 €

D'abord exploité en polyculture-élevage, ce cru familial régulier en qualité s'est orienté en 1988 vers la vigne (25 ha aujourd'hui et 30 ha de céréales) sous la conduite de José (décédé en 2015) et Lucette Sallette. Aux commandes depuis 2003, leur fils Romain perpétue l'exploitation.

Un vin de garde des plus prometteurs. S'il est encore marqué par le bois, son bouquet laisse percer des arômes de cerise et de mûre. Au palais, se dégage une impression de puissance, soutenue par des tanins serrés et par une longue finale racée, sur les fruits rouges. Une grande réussite. ⧗ 2022-2028

⊶ ROMAIN SALLETTE, 1, rte de Montignac, 33340 Civrac-en-Médoc, tél. 06 32 46 58 32, pierredemontignac@free.fr V t.l.j. 9h-12h 14h-18h 2

CH. POITEVIN 2015 ★

■ Cru bourg.	150000		11 à 15 €

Cru de 43 ha au nord de l'AOC, acquis dans les années 1950 par René Poitevin et sorti de la coopérative en 1991 par Guillaume, petit-fils de l'acquéreur. Un bon ambassadeur des médoc avec Poitevin, le grand vin, Lamothe Pontac, issu de parcelles plus jeunes, et Moulin de Canhaut, dernier-né sur 6 ha.

Ce beau 2015, d'un rouge rubis soutenu, trouve une belle harmonie entre le bouquet et le palais. Les fines notes vanillées, fruitées et épicées du premier s'associent au caractère ample, gras et puissant du second pour donner un ensemble séduisant et bien constitué. ⧗ 2021-2025 ■ **Lamothe Pontac 2015 ★ (8 à 11 €; 60000 b.)** : un second vin élégant, aux saveurs de fruits rouges confiturés et d'épices, doté d'une trame tannique souple. Un ensemble équilibré. ⧗ 2021-2024

⊶ EARL POITEVIN, 14, rue du 19-Mars-1962, 33590 Jau-Dignac-Loirac, tél. 05 56 09 45 32, contact@chateau-poitevin.com V t.l.j. sf sam. dim. 9h-12h 13h30-17h30

CH. PONTAC GADET 2015 ★

■	60000		8 à 11 €

Fils d'agriculteurs, Dominique Briolais a acquis en 1976 un vignoble de 3 ha en côtes-de-bourg. Épaulé

par sa fille Aurore, il conduit aujourd'hui un vignoble de 35 ha (Ch. Haut Mousseau et Ch. Terrefort-Bellegrave) sur plusieurs communes de l'appellation. En 1991, il a traversé l'estuaire pour s'implanter sur la rive gauche, à Jau-Dignac-et-Loirac, en achetant le Ch. Pontac Gadet (11 ha) en AOC médoc.

Très élégant dans sa robe rouge sombre, ce joli 2015 laisse dans son sillage des arômes intensément fumés, ainsi que des senteurs de vanille et de violette, qui occultent certes un peu le fruit mais qui ne manquent pas de charme. Le palais s'avère suffisamment mûr, frais et puissant pour pouvoir attendre sereinement que le boisé se fonde. Du potentiel. ⧗ 2021-2025

DOMINIQUE BRIOLAIS ET FILLE, Ch. Haut-Mousseau, 220, rte des Vignobles, 33710 Teuillac, tél. 05 57 64 34 38, aurorebriolais@vignobles-briolais.com V r.-v.

CH. POTENSAC 2015 ★★

■	250 000		20 à 30 €

Belle unité située sur l'un des points culminants du nord du Médoc et transmise de génération en génération par les femmes, ce cru réputé conduit par Jean-Hubert Delon (Léoville Las Cases) étend l'essentiel de ses 84 ha sur des croupes argilo-graveleuses au sous-sol calcaire et à forte proportion de graves, un terroir proche de celui de Saint-Estèphe. Incontournable.

L'élégance de la présentation se retrouve dans un bouquet aux fines notes fruitées et grillées. Au palais aussi, le bois sait respecter le vin, qui séduit par son bel équilibre, ses tanins parfaitement fondus et sa longueur. ⧗ 2022-2028

CH. POTENSAC, 33340 Ordonnac, tél. 05 56 73 25 26, contact@leoville-las-cases.com V r.-v. Jean-Hubert Delon

CH. LE REYSSE 2015

■	8100		15 à 20 €

Stefan Paeffgen, agronome originaire de Cologne, et son épouse Heike ont acquis en 2010 les propriétés de Patrick Chaumont: les châteaux Lassus et le Reysse, à Bégadan, complétés en 2011 par le rachat des vignobles Boyer (châteaux Clos du Moulin et Moulin de l'Estagne), dans la commune voisine de Saint-Christoly-en-Médoc.

Impeccable dans sa présentation, ce vin fait preuve d'une olfaction intense marquée par les petits fruits rouges confiturés. Après une attaque franche et vive, le palais évolue sur la rondeur et dispense cette même ligne fruitée, avant que les tanins ne se renforcent en finale. ⧗ 2022-2026

EARL LASSUS-LE REYSSE, 1, rte de Condissas, 33340 Bégadan, tél. 05 56 41 50 79, vignobles@paeffgen.org V t.l.j. sf dim. 9h-12h 14h-19h Heike et Stefan Paeffgen

CH. SAINT-HILAIRE 2015

■ Cru bourg.	100 000		11 à 15 €

Adrien Uijttewaal, né dans le Limousin et fils d'éleveurs laitiers hollandais, a créé à partir de 1983 le Ch. Saint-Hilaire, à cheval entre Jau, Queyrac et Gaillan, établi essentiellement sur des croupes de graves dominant l'estuaire. En 2006, il a acquis le Ch. Gémeillan, à Queyrac, dont il a doublé la surface en 2013 (59 ha aujourd'hui) en ajoutant des vignes à Valeyrac.

Plus que la puissance, cette bouteille joue la carte de la finesse, tant dans son bouquet aux notes fruitées et fumées que par sa bouche d'une séduisante rondeur. ⧗ 2020-2023

EARL A. ET F. UIJTTEWAAL, 13, rue de la Rivière, 33340 Queyrac, tél. 05 56 59 80 88, chateau.st.hilaire@wanadoo.fr V r.-v.

CH. TERRE BLANCHE 2015

■	30 000		5 à 8 €

À la tête de 28 ha, les Dartiguenave ont de solides racines médocaines, leurs aïeux ayant été maîtres de chai et tonneliers au XIXe s. Sur ce terroir argilo-calcaire, le merlot est bien représenté. Trois étiquettes: Ch. Les Tuileries, Ch. Moulin de Bel Air et Ch. Terre blanche.

Présent à 90 % dans l'assemblage de ce vin, le merlot marque le bouquet d'une discrète note de fruits rouges, relevée d'une touche fumée. Après une attaque souple, le palais gagne en volume, en puissance et en complexité. Les tanins qui le rendent pour l'heure un peu austère appellent une petite garde. ⧗ 2021-2024 ■ **Cru bourg. Ch. les Tuileries 2015 (11 à 15 €; 80 000 b.)** : vin cité.

SCEA DARTIGUENAVE, Ch. les Tuileries, 6, rue de Lamena, 33340 Saint-Yzans-de-Médoc, tél. 05 56 09 05 31, contact@chateaulestuileries.com V t.l.j. sf sam. dim. 9h-12h 14h-18h

♥ LA TOUR DE BY Héritage Marc Pagès 2015 ★★

■	5000		30 à 50 €

Un cru de 95 ha situé au bord de l'estuaire, célèbre par sa tour construite en 1825 sur les ruines d'un moulin qui servit de phare pour le port de Bordeaux. Un vignoble ancien (1500) acquis en 1961 par des rapatriés d'Afrique du Nord, dont Marc Pagès, unique propriétaire à partir de 1999 (disparu en 2007). Son petit-fils Frédéric Le Clerc lui a succédé en 2005 et est également à la tête du Ch. la Valière, acquis en 2011: 15 ha sur Saint-Christoly.

Avec ce millésime, l'Héritage atteint toutes les ambitions de Marc Pagès. Magnifique dans sa parure profonde, presque noire, ce vin mêle le poivre et la cerise noire dans un bouquet complexe. La bouche gourmande et savoureuse ne manque pas de fraîcheur, et le boisé qui accompagne une solide structure se fond dans l'ensemble, laissant éclater les arômes fruités. Un médoc de grande personnalité. ⧗ 2022-2028 ■ **2015 ★ (15 à 20 €; 450 000 b.)** : un joli vin de garde, aux arômes de fruits noirs sur fond de boisé noble, à la bouche ample, séveuse et dotée de tanins mûrs. ⧗ 2021-2025

SC DES VIGNOBLES MARC PAGÈS, 5, rte de la Tour-de-By, 33340 Bégadan, tél. 05 56 41 50 03, info@latourdeby.fr V t.l.j. sf sam. dim. 9h-12h 13h30-18h30

CH. DES TOURELLES 2015

■ Cru bourg. | 152 000 | 11 à 15 €

Un cru de 45 ha créé en 1960 à Blaignan, acquis en 2013 par le groupe viticole Macrolink.

Si son bouquet ne s'est pas encore ouvert, et reste sous l'influence du bois, ce 2015, après une attaque riche et douce à souhait, déploie une trame tannique annonçant un potentiel certain. ⧗ 2021-2024

SCEA MACROLINK FRANCE, 5, rue de Verdun, 33340 Blaignan, tél. 05 56 09 00 10, direction@macrolink.fr V *t.l.j. sf sam. dim. 9h-12h30 14h-17h*

CH. DE TOURTEYRON 2015

■ Cru bourg. | 90 000 | 8 à 11 €

Belle propriété de 80 ha qui maintient vivante la tradition médocaine de l'élevage avec un troupeau d'une centaine de vaches charolaises. C'est aussi un vignoble de 24 ha conduit depuis 1981 par Jean-Pierre Bergey, rejoint depuis 2010 par ses enfants Mélissa et Loïc.

Plaisant à l'œil dans sa robe brillante, ce vin déploie ensuite des arômes de fraise et de cerise, soulignés de notes de sous-bois et d'épices. Après une attaque fraîche, il développe un léger gras qui lui permettra d'être apprécié jeune, sur le fruit. ⧗ 2019-2024

EARL LE TEMPLE DE TOURTEYRON, Dom. du Temple, 30, rte du Port-de-Goulée, 33340 Valeyrac, tél. 05 56 41 52 99, letempledetourteyron@orange.fr V *t.l.j. 8h30-18h; sam. dim. sur r.-v.*

CH. VERNOUS 2015 ★

■ Cru bourg. | 130 000 | 8 à 11 €

Un domaine ancien, fondé en 1868, acquis en 2013 par Pierre-Jean Larraqué, à la tête d'un vignoble de 26 ha.

Ce 2015 des plus réussis a charmé le jury de dégustateurs dès l'olfaction, en déployant un superbe bouquet mêlant cassis, mûre et épices douces. Le charme continue d'agir dans une bouche fraîche, élégante et riche, aux tanins de grande classe, et dotée d'une longue finale savoureuse. ⧗ 2021-2026

SCA CH. VERNOUS, Saint-Trélody, 33340 Lesparre-Médoc, tél. 05 56 41 13 56, stephane.rieu@chateauxenbordeaux.com r.-v.

CH. VIEUX ROBIN 2015

■ Cru bourg. | 67 000 | 15 à 20 €

Un vignoble de 19 ha situé au cœur de l'appellation, à l'orée d'un bois, conduit par la même famille depuis six générations, et depuis 1988, par Didier, Maryse et Olivier Roba sous deux étiquettes: Vieux Robin et Les Anguilleys.

La robe profonde l'annonce, la finale le confirme, ce vin possède un certain potentiel et sait retenir l'attention par son bouquet généreux sur la cerise à l'eau-de-vie et les épices, comme par sa bouche bien mûre et corsée. ⧗ 2021-2024 ■ **Cru bourg. Ch. les Anguilleys 2015 (15 à 20 €; 33 000 b.)** : vin cité.

CH. VIEUX ROBIN, 3, rte des Anguilleys, 33340 Bégadan, tél. 05 56 41 50 64, contact@chateau-vieux-robin.com V *r.-v.* 4 *Maryse et Olivier Roba*

HAUT-MÉDOC

Superficie : 4 600 ha / Production : 255 000 hl

Le territoire spécifique de l'appellation haut-médoc serpente autour des appellations communales. Cette AOC est la seconde en importance de la presqu'île médocaine. Ses vins jouissent d'une grande réputation, due en partie à la présence de cinq crus classés dans l'aire d'appellation, les autres se trouvant dans les appellations communales.
En Médoc, le classement des vins a été réalisé en 1855, soit près d'un siècle avant celui des graves. Cette antériorité s'explique par l'avance prise par la viticulture médocaine à partir du XVIIIe s.; car c'est là que s'est en grande partie produit « l'avènement de la qualité », lié à la découverte des notions de terroir et de cru, c'est-à-dire à la prise de conscience de l'existence d'une relation entre le milieu naturel et la qualité du vin.
Les haut-médoc se caractérisent par leur générosité, mais sans excès de puissance. D'une réelle finesse au nez, ils présentent généralement une bonne aptitude au vieillissement. Ils devront être bus chambrés et iront très bien avec les viandes blanches, les volailles ou le gibier à plume. Bus plus jeunes et servis frais, ils pourront aussi accompagner certains poissons.

CH. D'AGASSAC 2015 ★

■ | 90 000 | 20 à 30 €

Tours, douves aux dimensions d'un étang, cette ancienne maison forte médiévale est un vrai décor de roman de cape et d'épée. Elle commande aujourd'hui une belle unité de 100 ha (dont plus de 43 ha dédiés à la vigne), appartenant à Groupama.

D'un magnifique rouge cerise, la couleur de ce beau 2015 s'accorde parfaitement à l'ampleur et la profondeur de son beau bouquet. Les notes de petits fruits rouges enrobés d'un joli boisé aux accents vanillés, torréfiés et poivrés se retrouvent dans une bouche ronde, grasse, ample et équilibrée, adossée à des tanins de grande qualité. ⧗ 2022-2028

SCA DU CH. D' AGASSAC, 15, rue du Château-d'Agassac, 33290 Ludon-Médoc, tél. 05 57 88 15 47, contact@agassac.com V *t.l.j. 10h-18h; oct.-mars sur r.-v. Groupama*

CH. D'ARCINS 2015 ★

■ Cru bourg. | 500 000 | 11 à 15 €

Cette vaste propriété (170 ha dont 100 de vignes) est située au cœur du bourg du même nom, entre les appellations margaux, moulis et l'estuaire. Elle appartient depuis 1971 à la famille Castel qui l'a dotée d'équipements performants, dont un chai circulaire.

Mi-merlot mi-cabernet-sauvignon, l'équilibre de l'encépagement se retrouve dans ce vin à la belle robe ornée de reflets violets. Un peu discret mais fin, le bouquet appuie les fruits rouges par des notes de merrain. Longue, ample et solide, la bouche garantit le sérieux potentiel de cette bouteille. ⧗ 2022-2028 ■ **Chevalier d'Arcins 2015 (8 à 11 €; 70 000 b.)** : vin cité.

CH. D' ARCINS, 33340 Arcins, tél. 05 56 58 91 29, contact@chateaux-castel.com V *r.-v.*

CH. ARNAULD 2015 ★★

■ | 57000 | 🛢 | 20 à 30 €

Avec plus de 200 ha, on sort du cadre de l'exploitation familiale. Constituant la plus vaste unité du Médoc, les vignobles de Larose-Trintaudon et de Larose Perganson, jouxtant à l'ouest des crus de Saint-Julien, ont été mis en valeur à partir de 1838. Depuis 1986, ils appartiennent à un assureur, le groupe Allianz. Autre étiquette depuis 2007, le Ch. Arnauld.

D'une très belle couleur, ce vin possède une bonne structure tannique, ronde et bien équilibrée. Et plus encore que sa texture, c'est son expression aromatique que retient le dégustateur: puissante, complexe et persistante, elle développe de beaux arômes, «très bordeaux», de fruits rouges, de vanille, de réglisse et d'épices. Un 2015 qui mérite un peu de patience. ⌛ 2022-2028 ■ **Comte d'Arnauld 2015 ★ (15 à 20 €; 37000 b.)** : une belle structure pour ce 2015 à la bouche gourmande, ronde, bien équilibrée. ⌛ 2021-2025 ■ **Cru bourg. Ch. Larose-Trintaudon 2015 (11 à 15 €; 1000000 b.)** : vin cité. ■ **Cru bourg. Ch. Larose Perganson 2015 (15 à 20 €; 148000 b.)** : vin cité.

SA LAROSE TRINTAUDON, rte de Pauillac, CS 30200, 33112 Saint-Laurent-Médoc, tél. 05 56 59 41 72, info@trintaudon.com
Allianz

LE BORDELAIS

LE CLASSEMENT DE 1855 REVU EN 1973

Classement	Nom du domaine	Appellation
Premiers crus	Ch. Haut-Brion	Pessac-Léognan
	Ch. Lafite-Rothschild	Pauillac
	Ch. Latour	Pauillac
	Ch. Margaux	Margaux
	Ch. Mouton-Rothschild	Pauillac
Deuxièmes crus	Ch. Brane-Cantenac	Margaux
	Ch. Cos-d'Estournel	Saint-Estèphe
	Ch. Ducru-Beaucaillou	Saint-Julien
	Ch. Durfort-Vivens	Margaux
	Ch. Gruaud-Larose	Saint-Julien
	Ch. Lascombes	Margaux
	Ch. Léoville-Barton	Saint-Julien
	Ch. Léoville-Las-Cases	Saint-Julien
	Ch. Léoville-Poyferré	Saint-Julien
	Ch. Montrose	Saint-Estèphe
	Ch. Pichon-Longueville-Baron	Pauillac
	Ch. Pichon-Longueville Comtesse-de-Lalande	Pauillac
	Ch. Rauzan-Gassies	Margaux
	Ch. Rauzan-Ségla	Margaux
Troisièmes crus	Ch. Boyd-Cantenac	Margaux
	Ch. Calon-Ségur	Saint-Estèphe
	Ch. Cantenac-Brown	Margaux
	Ch. Desmirail	Margaux
	Ch. Ferrière	Margaux
	Ch. Giscours	Margaux
	Ch. d'Issan	Margaux
	Ch. Kirwan	Margaux
	Ch. Lagrange	Saint-Julien
	Ch. La Lagune	Haut-Médoc
	Ch. Langoa Barton	Saint-Julien
	Ch. Malescot-Saint-Exupéry	Margaux
	Ch. Marquis d'Alesme-Becker	Margaux
	Ch. Palmer	Margaux

Classement	Nom du domaine	Appellation
Quatrièmes crus	Ch. Beychevelle	Saint-Julien
	Ch. Branaire-Ducru	Saint-Julien
	Ch. Duhart-Milon-Rothschild	Pauillac
	Ch. Lafon-Rochet	Saint-Estèphe
	Ch. Marquis de Terme	Margaux
	Ch. Pouget	Margaux
	Ch. Prieuré-Lichine	Margaux
	Ch. Saint-Pierre	Saint-Julien
	Ch. Talbot	Saint-Julien
	Ch. La Tour-Carnet	Haut-Médoc
Cinquièmes crus	Ch. d'Armailhac	Pauillac
	Ch. Batailley	Pauillac
	Ch. Belgrave	Haut-Médoc
	Ch. Camensac	Haut-Médoc
	Ch. Cantemerle	Haut-Médoc
	Ch. Clerc-Milon	Pauillac
	Ch. Cos-Labory	Saint-Estèphe
	Ch. Croizet-Bages	Pauillac
	Ch. Dauzac	Margaux
	Ch. Grand-Puy-Ducasse	Pauillac
	Ch. Grand-Puy-Lacoste	Pauillac
	Ch. Haut-Bages-Libéral	Pauillac
	Ch. Haut-Batailley	Pauillac
	Ch. Lynch-Bages	Pauillac
	Ch. Lynch-Moussas	Pauillac
	Ch. Pédesclaux	Pauillac
	Ch. Pontet-Canet	Pauillac
	Ch. du Tertre	Margaux

CH. BEAUMONT 2015 ★

■ | 450000 | 🍷 | 11 à 15 €

Si certains «châteaux du vin» du Second Empire ne brillent pas par leur élégance, ce n'est pas le cas de Beaumont qui marie avec harmonie les styles Renaissance et classique. Défriché à la fin du XVIIIᵉs., planté au début du XIXᵉs., le cru est passé entre de nombreuses mains avant d'être acheté en 1986 par les Grands Millésimes de France, détenus par Castel et Suntory. Le vaste domaine couvre 115 ha.

Ce vin porte beau dans sa superbe robe rubis. Et là ne s'arrêtent pas ses qualités: puissant et fin, le bouquet ne se laisse pas dominer par le bois. Un boisé qui respecte aussi le palais, ample et solide. Ce haut-médoc aura besoin de quelques années de cave pour s'arrondir. ⧗ 2021-2025

SCE CH. BEAUMONT, 28, rue Beaumont Nord, 33460 Cussac-Fort-Médoc, tél. 05 56 58 92 29, beaumont@chateau-beaumont.com V ⚲ ▮ *t.l.j. 9h-12h 14h-17h* *GMF*

CH. BELGRAVE 2015 ★

■ 5ᵉ cru clas. | 226000 | 🍷 | 20 à 30 €

83 85 86 89 ⑨⓪ **94** 95 **96 97 98 99 00** 01 **02** 03 04 05 |**06**| **07** |08| |09| 10 11 12 13 **14** 15

Un ancien pavillon de chasse au XVIIᵉs. Le nom de Bellegrave apparaît en 1845, lorsque Bruno Devès, négociant à Bordeaux, restructure la propriété et bâtit la demeure, les chais et les cuviers. Classé en 1855, ce cru situé à la lisière de Saint-Julien étend ses 59 ha sur des croupes de graves et de galets au soubassement argileux. Propriété de la maison Dourthe depuis 1979.

Typiquement médocain par la densité de sa couleur rubis, ce 2015 séduit par son bouquet explosif de fruits noirs un peu confits et de vanille, auquel une note mentholée apporte une belle fraîcheur. Dense et bien charpenté, le palais se révèle généreux et sans agressivité. ⧗ 2020-2025

VIGNOBLES DOURTHE (CH. BELGRAVE), 33112 Saint-Laurent-Médoc, tél. 05 56 35 53 00, contact@dourthe.com ⚲ ▮ *r.-v.*

CH. BELLE-VUE 2015

■ Cru bourg. | 80000 | 🍷 | 15 à 20 €

L'homme d'affaires Vincent Mulliez, disparu en 2010, avait acheté en 2004 dans la partie sud du Médoc les châteaux Bolaire (bordeaux supérieur), Belle-Vue et Gironville (haut-médoc) devenus des valeurs sûres. Ses héritiers ont repris le flambeau.

Un vin étoffé, au bouquet qui réussit à trouver un équilibre subtil entre les fruits noirs, les épices et un boisé tout en nuances, de la vanille au café. Au palais, où l'on perçoit beaucoup de gras dans une large structure, les tanins sont puissants mais bien enrobés. ⧗ 2021-2024

SC DE LA GIRONVILLE, 103, rte de Pauillac, 33460 Macau, tél. 05 57 88 19 79, contact@chateau-belle-vue.fr V ▮ *t.l.j. sf sam. dim. 9h-12h 14h-17h30* *Héritiers Vincent Mulliez*

CH. BERNADOTTE Grand Vin 2015 ★

■ Cru bourg. | 210000 | 🍷 | 15 à 20 €

Une destinée peu commune pour ce cru. Il doit son nom à Germaine Bernadotte, qui épousa en 1615 un certain Jeandou du Pouey dont le fils garda le nom de Bernadotte (il est l'ancêtre du maréchal d'Empire et des actuels souverains de Suède). Proche de Pauillac, le domaine (55 ha) a appartenu au Ch. Pichon Comtesse à partir de 1997, pour être finalement vendu en 2012 au groupe asiatique King Power.

C'est dans un registre puissant et harmonieux que s'exprime cette cuvée, avec un bouquet mariant heureusement les fruits noirs, la truffe et la vanille. Tannique, ample et longue, la bouche, encore un peu austère, garantit une bonne évolution à cette jolie bouteille. ⧗ 2022-2028

CH. BERNADOTTE, 2, rte du Fournas, 33250 Saint-Sauveur, tél. 05 56 59 57 04, bernadotte@chateau-bernadotte.com V ⚲ ▮ *r.-v.* *King Power GP*

LES BRULIÈRES DE BEYCHEVELLE 2015

■ | n.c. | 🍷 | 15 à 20 €

Le château de Beychevelle, célèbre cru classé de Saint-Julien, s'étend aussi sur de belles croupes de graves garonnaises situées dans la commune voisine de Cussac, en AOC haut-médoc. Un vignoble de 14 ha cultivé en bio sans certification depuis 2008, où le merlot est privilégié.

Souple et assez léger, ce vin possède néanmoins une bonne structure, avec un équilibre harmonieux entre le raisin et le fût, et offre des arômes agréables de fruits rouges acidulés et des notes toastées. ⧗ 2020-2023

SC CH. BEYCHEVELLE (LES BRULIÈRES), 33250 Saint-Julien-Beychevelle, tél. 05 56 73 20 70, beychevelle@beychevelle.com V ⚲ ▮ *r.-v.*

CH. DE BRAUDE 2015 ★★

■ Cru bourg. | 50000 | 🍷 | 15 à 20 €

Créée en 1983 par Régis Bernaleau à Macau, entre l'agglomération bordelaise et Margaux, ce petit cru de 7,5 ha dépend du Ch. Mongravey (margaux). Son vignoble s'étend à proximité de celui de Cantemerle, cru classé en haut-médoc. Lancé en 1999, le Ch. Braude Felloneau est une cuvée provenant des meilleures parcelles de la Braude.

Comme en margaux, la famille Bernaleau obtient un joli résultat avec ce haut-médoc impressionnant d'intensité par sa robe rubis. Le bouquet témoigne de la parfaite maturité du raisin par ses senteurs de fruits surmûris, que complètent des notes mentholées et épicées Des arômes également présents dans un palais volumineux et généreux, doté de tanins assagis et soyeux qui laissent une impression de plénitude. ⧗ 2022-2028

SARL MONGRAVEY (CH. DE BRAUDE), 8, av. Jean-Luc-Vonderheyden, 33460 Arsac, tél. 05 56 58 84 51, chateau.mongravey@wanadoo.fr V ⚲ ▮ *r.-v.* *Bernaleau*

CH. DE CAMENSAC 2015 ★

■ 5ᵉ cru clas. | 130000 | 🍷 | 20 à 30 €

⑨⑤ ⑨⑥ **97 98 99 00** 01 **02** 03 **04** |05| 06 07 |08| 09 10 11 **12 13 14** 15

Commandé par une chartreuse sobre et élégante du XVIIIᵉs., ce cru classé de 75 ha jouxte à l'ouest

l'appellation saint-julien. Après avoir appartenu entre 1964 et 2005 à la famille Forner, qui en a rénové les chais, il a été acquis par Céline Villars-Foubet et Jean Merlaut, respectivement à la tête de Chasse-Spleen (moulis) et de Gruaud Larose (saint-julien).

Séduisant dans sa jolie robe rubis, ce vin l'est aussi par son bouquet complexe qui affiche un agréable boisé toasté aux côtés des petits fruits rouges. On retrouve cette trame aromatique dans un palais souple, bien équilibré et de bonne longueur. ⧗ 2019-2022

CH. DE CAMENSAC, rte de Saint-Julien, 33112 Saint-Laurent-Médoc, tél. 05 56 59 41 69, info@chateaucamensac.com V 🚶 🅿 *r.-v.*
Céline Villars-Foubet et Jean Merlaut

CH. CANTEMERLE 2015 ★★

■ 5ᵉ cru clas. | 400 000 | 🛢🍾 | 20 à 30 €

83 (85) **86** 87 **88** (89) **90 91 92 93 94** 95 **96 97 98 99** 00 01 04 05 **06** 07 |08| |09| 10 **11** 12 13 **14 15**

Ce cru tire son nom des seigneurs de Cantemerle, dont l'existence est attestée au XIIᵉs. Si, selon un écrit de 1354, ces nobles payaient la dîme avec un tonneau de clairet, la production viticole n'a pris son essor qu'à partir du XVIᵉs., sous l'égide des Villeneuve de Durfort. Classé en 1855, ce vaste domaine était tombé à une vingtaine d'hectares en 1981, année de son rachat par l'actuel propriétaire, une société d'assurances. Aujourd'hui, un magnifique parc de 28 ha et un vignoble de 92 ha implanté sur de belles graves.

Ce vin dévoile un bouquet superbe de complexité, où les fruits noirs (mûre et cassis) et le pruneau dominent largement les notes boisées et épicées. Le palais est une véritable main de fer dans un gant de velours. Le palais attaque en douceur avant de révéler toute sa puissance, qui s'affirme crescendo autour de tanins bien serrés, et ménage en finale un agréable retour sur les fruits noirs. ⧗ 2021-2028 ■ **Les Allées de Cantemerle 2015 ★ (11 à 15 €; 200 000 b.)** : un 2015 souple mais bien constitué, expressif et frais, à l'aromatique fruitée. ⧗ 2021-2023

SC CH. CANTEMERLE, 33460 Macau, tél. 05 57 97 02 82, cantemerle@cantemerle.com V 🚶 🅿 *r.-v.*

CH. DU CARTILLON 2015 ★★

■ | 79 268 | 🛢🍾 | 15 à 20 €

La Société fermière des Grands Crus de France est la structure spécialisée dans le Bordelais du groupe Grands Chais de France. Son œnologue Vincent Cachau vinifie le fruit de quinze propriétés représentant quelque 500 ha dans les différentes AOC bordelaises.

Très complet, avec autant d'intensité dans le bouquet que dans la robe ou la structure, ce 2015 est un vrai vin gourmand avec un beau fruité, de la rondeur et une vraie puissance. Une belle bouteille harmonieuse et persistante. ⧗ 2021-2027 ■ **Ch. Cap l'Ousteau 2015 (11 à 15 €; 236 474 b.)** : vin cité. ■ **Ch. Lestage Simon 2015 (15 à 20 €; 81 928 b.)** : vin cité.

STÉ FERMIÈRE DES GRANDS CRUS DE FRANCE, 33460 Lamarque, tél. 05 57 98 07 20, vcachau@lgcf.fr

CH. CISSAC 2015

■ Cru bourg. | 200 000 | 🛢 | 11 à 15 €

Jacques Mondon s'est installé en 1895 au Ch. Cissac, près de Pauillac. La propriété est depuis 2000 dirigée par sa descendante Marie Vialard, qui exploite aussi le Ch. du Breuil. Les deux crus offrent un réel intérêt architectural: chartreuse du XVIIIᵉs. pour Cissac, forteresse médiévale pour le Breuil. Quant aux terroirs, ils sont argilo-calcaires au Breuil et constitués de graves garonnaises à Cissac.

S'il aurait mérité un peu plus de longueur, ce vin est intéressant à plus d'un titre. D'abord par son bouquet qui se développe à l'agitation sur des parfums riches de fruits noirs et de merrain. Par son palais ensuite: souple et parfumé à l'attaque, il laisse progressivement apparaître les tanins, encore un peu drus mais bien enrobés. ⧗ 2021-2024

MARIE VIALARD, 20, rue de l'Église, 33250 Cissac-Médoc, tél. 05 56 59 58 13, marie.vialard@chateau-cissac.com V 🚶 🅿 *t.l.j. sf sam. dim. 8h30-12h 13h30-17h*

♥ CH. CITRAN 2015 ★★★

■ | 400 000 | 🛢 | 15 à 20 €

Si le château date du XIXᵉs., les douves qui l'entourent rappellent l'ancienneté du domaine, tenu six siècles durant par une famille noble, jusqu'au milieu du XIXᵉs. Deux principautés de Monaco ou neuf cités du Vatican tiendraient dans cette propriété de 400 ha, dont un quart (les terrains sablo-graveleux et argilo-calcaires) est voué au vignoble. Gérée par les frères Miailhe après 1945, elle a été acquise par la famille Merlaut-Villars (Chasse-Spleen) en 1996.

À bouteille d'exception, note exceptionnelle. D'une couleur noire qui miroite dans le verre, le vin fait la part belle aux notes boisées et grillées dans son bouquet, mais le fruit mûr apparaît à l'agitation, sur des arômes de cerise, de raisin frais et de cassis. Le palais monte superbement en puissance, en dévoilant une très belle structure; la réglisse et la vanille s'y expriment sans réserve, avant que les fruits mûrs ne reviennent en rétro-olfaction dans une longue finale, d'une très grande élégance. ⧗ 2022-2028

CH. CITRAN, chem. de Citran, 33480 Avensan, tél. 05 56 58 21 01, info@citran.com V 🚶 🅿 *r.-v.*

CH. CLÉMENT-PICHON 2015 ★

■ Cru bourg. | 115 516 | 🛢 | 15 à 20 €

Situé aux portes de Bordeaux, l'un des plus fastueux châteaux du XIXᵉs. en Gironde, riche d'une histoire multiséculaire. Ses origines remontent au XIVᵉs. et il connut son heure de gloire sous la tutelle de la famille Pichon (1601-1880). Détruite par un incendie, la bâtisse fut reconstruite en 1881 par la famille Durand-Dassier. Depuis 1976, un autre constructeur, Clément Fayat (propriétaire des châteaux Fayat à Pomerol et La Dominique à Saint-Émilion), est aux commandes de ce vignoble de 21 ha et lui a redonné ses lettres de noblesse.

Vêtu d'une robe sombre, ce vin sait se présenter avec un bouquet expressif jouant sur les notes mentholées et fruitées, relevées d'une légère touche boisée. Ample et rond en attaque, le palais réussit l'alliance du gras et du fruit, avec toujours beaucoup de fraîcheur et un peu d'amertume en finale. ⧗ 2020-2024

⊶ VIGNOBLES CLÉMENT FAYAT, Ch. Clément-Pichon, 33290 Parempuyre, tél. 05 56 35 23 79, contact@vignobles.fayat.com V *r.-v.*

CH. COLOMBE PEYLANDE L'Aïeul Léontin 2015 ★★

■ | 9092 | | 15 à 20 €

Reconstitué dans les années 1970 à partir de vignes familiales, ce cru de 10 ha, situé à 2 km de Fort Médoc, est conduit par Fabrice Dedieu-Benoît, arrivé en 1998 sur l'exploitation qu'il conduit en solo depuis 2009. Le vigneron continue l'œuvre de quatre générations.

S'il hésite entre pourpre et rubis pour la robe, ce haut-médoc s'exprime sans détour par son bouquet. Aussi intense qu'élégant, celui-ci se montre profondément séveux et révèle une bonne harmonie entre le bois et les fruits mûrs. Ample, gras, charnu et riche d'une matière bien mûre, le palais s'appuie sur une structure à la fois puissante et fondue de tanins soyeux et déploie une longue finale. ⧗ 2021-2028

⊶ EARL DEDIEU-BENOÎT, 6, chem. des Vignes, 33460 Cussac-Fort-Médoc, tél. 05 56 58 93 08, colombe-peylande@orange.fr V *t.l.j. 8h30-12h 13h30-17h; sam dim. sur r.-v.*

CH. COMTESSE DU PARC 2015

■ | 35000 | | 11 à 15 €

La famille Anney est propriétaire de deux crus dans le Médoc: le Ch. Tour des Termes, acquis en 1938 (36 ha en saint-estèphe), qui tire son nom d'une tour d'architecture féodale située sur la parcelle Les Termes et représentée sur l'étiquette; le Ch. Comtesse du Parc (9 ha en haut-médoc), dans la famille deuis 1779. Christophe Anney dirige l'ensemble depuis 1983.

Résolument classique, ce haut-médoc s'annonce par une robe brillante et profonde à reflets bigarreau. Il développe un joli bouquet de fruits mûrs (fraise, cerise) et d'épices douces (muscade, vanille). Riche et ferme, le palais est actuellement un peu monolithique par ses tanins encore au début de leur évolution. Patience… ⧗ 2021-2026

⊶ VIGNOBLES JEAN ANNEY, 2, rue du Pigeonnier, Saint-Corbian, 33180 Saint-Estèphe, tél. 05 56 59 32 89, contact@chateautourdestermes.com V *t.l.j. sf sam. dim. 8h30-12h 14h-16h30*

CH. CROIX DU TRALE 2015

■ Cru bourg. | 45130 | | 8 à 11 €

Depuis sa sortie de la cave coopérative en 1999, ce domaine familial s'invite avec régularité dans le Guide. Les 15 ha de vignes qui entourent le chai sont plantés sur des terroirs graveleux et argilo-calcaires, et se répartissent équitablement entre le merlot et le cabernet-sauvignon.

Bien qu'encore fortement marqué par l'élevage avec des notes torréfiées un peu envahissantes, ce vin montre qu'il possède une personnalité riche et complexe au travers d'arômes de cassis et de figue sèche à l'aération. Rond et bien équilibré, le palais est porté par une bonne structure. ⧗ 2021-2026

⊶ EARL STÉPHANE NÉGRIER, 3, rte du Trale, 33180 Saint-Seurin-de-Cadourne, tél. 05 56 59 72 73, chateaucroixdutrale@orange.fr V *t.l.j. 9h-13h 14h-19h*

HAUT-MÉDOC DE DAUZAC 2015

■ | 10000 | | 11 à 15 €

Dauzac, grand cru classé en margaux, dispose d'un vaste vignoble de 120 ha, dont trois petits hectares sont situés dans l'aire du haut-médoc, sur graves profondes. Les vins bénéficient des mêmes soins que les margaux.

Le pourcentage important de cabernet-sauvignon (66 %) domine l'équilibre général de ce 2015, avec des saveurs de fruits rouges acidulés (groseille) et des tanins encore légèrement mordants. Un vin prometteur qui devrait s'épanouir avec un peu de garde. ⧗ 2020-2026

⊶ CH. DAUZAC, 1, av. Georges-Johnston, 33460 Labarde, tél. 05 57 88 32 10, c.renault@chateaudauzac.com V *r.-v.*

CH. DILLON 2015

■ Cru bourg. | n.c. | | 11 à 15 €

Une destinée peu commune pour ce château qui doit son nom à un propriétaire irlandais du XVIII[e]s., Robert Dillon. Le cru appartint ensuite à François Seignouret, figure marquante de la Nouvelle-Orléans, avant de devenir en 1986 un important lycée agricole et viticole, qui s'appuie sur un domaine d'environ 35 ha.

Une bouteille pour amateurs patients, qui charme par son bouquet fin de fruits rouges nuancés de menthe. La bouche, équilibrée, s'appuie sur des tanins stricts, qui demandent encore un peu de temps pour s'assouplir. ⧗ 2021-2024

⊶ LYCÉE VITICOLE DE BLANQUEFORT, rue Arlot-de-Saint-Saud, 84, av. Gal-de-Gaulle, 33290 Blanquefort, tél. 05 56 95 39 94, valerie.dupouy@educagri.fr V *r.-v. ⊶ Ministère de l'Agriculture*

CH. DUTHIL 2015 ★★

■ Cru bourg. | 16000 | | 11 à 15 €

Giscours est l'un des plus vastes domaines du Médoc (92 ha), commandé par un château monumental, construit par la famille des comtes de Pescatore, des banquiers, pour accueillir l'impératrice Eugénie lorsqu'elle se rendait dans sa villégiature de Biarritz. Très représentatif du grand cru médocain par ses bâtiments, Giscours l'est aussi par son beau terroir de graves profondes, d'une grande homogénéité. Ce troisième cru classé de margaux possède également des parcelles en appellation haut-médoc pour deux étiquettes: Ch. Duthil et le Haut-Médoc de Giscours.

Une fois encore, l'équipe de Giscours nous montre qu'elle ne néglige pas ce cru bourgeois en offrant un 2015 de belle facture, qui se distingue par la grande profondeur de sa robe à reflets violets, comme par son bouquet aux puissantes notes grillées, vanillées et fruitées. Tout aussi plaisant, le palais se révèle rond, long et harmonieux, bien charpenté par des tanins mûrs et soyeux. ⧗ 2021-2028 ■ **Haut-Médoc de Giscours 2015 ★ (11 à 15 €; 230000 b.)** : un 2015 souple et gourmand, à la bouche onctueuse, offrant un joli volume et un bon équilibre. ⧗ 2021-2024

CH. GISCOURS, 10, rte de Giscours, 33460 Labarde, tél. 05 57 97 09 09, giscours@chateau-giscours.fr
r.-v.

CH. FONPIQUEYRE 2015

Cru bourg.	60 000		8 à 11 €

Céréalier rapatrié de Tunisie, Claude Lapalu rachète en 1964 à la famille Delon le Ch. Patache d'Aux en Médoc, puis le Ch. Leboscq. Son fils Jean-Michel, œnologue, lui succède en 1992 et poursuit son œuvre, constituant autour de Patache d'Aux un petit empire de crus bourgeois sur plus de 250 ha et plusieurs étiquettes (Liversan, Lieujan, Fonpiqueyre, Plagnac...). L'ensemble a été repris en 2016 par les vignobles Antoine Moueix.

Dernier millésime réalisé par les Lapalu avant la reprise du domaine par Antoine Moueix, en 2016, ce vin se montre intéressant par son expression aromatique, qui associe les fruits rouges et les épices, comme par son palais rond et gras, agrémenté d'un boisé bien fondu. 2021-2023

SC CH. PATACHE D'AUX, rte de Saint-Saturnin, 33340 Bégadan, tél. 05 56 41 50 18, chrystel.meunier@amoueix.fr

VARIATION DE FONTESTEAU 2015 ★

	6 000		15 à 20 €

Des tours crénelées dans un écrin de verdure au cœur d'une vaste propriété (100 ha, dont 30 dédiés à la vigne): ici le terme château n'est pas usurpé. Le cru est situé à Saint-Sauveur, à l'ouest de Pauillac. Son terroir - des gravilles sur une dalle calcaire - est de qualité. Il est propice au cabernet-sauvignon comme au merlot, assez présent dans l'encépagement.

Agréable à regarder avec sa robe d'un rubis soutenu, cette cuvée l'est aussi à humer avec son joli bouquet d'abord dominé par la vanille de la barrique, puis ouvert sur les fruits rouges et les épices. Arômes que l'on retrouve dans une bouche expressive, longue et ronde, bâtie sur de tanins soyeux et prolongée par une jolie finale fruitée. 2021-2024

SARL CH. FONTESTEAU, Fontesteau, 33250 Cissac, tél. 05 56 59 52 76, info@fontesteau.com
t.l.j. 8h30-12h 13h30-16h30, sam. dim. sur r.-v.

CH. GRAND BRUN 2015 ★

	26 600		8 à 11 €

Créé en 1988 à partir d'héritages et d'achats, ce cru familial est passé de 6 ha à 12,5 ha en un quart de siècle. Ce qui n'empêche pas Olivier Brun - qui travaille depuis l'origine sur l'exploitation dont il a pris les rênes en 2008 - de garder la tête sur les épaules, de vendre son vin sur les marchés et de rester attaché à son titre de cru artisan.

Misant plus sur la finesse que sur la puissance, ce vin se montre fort séduisant dans sa jolie robe grenat. Encore un peu dominé par le bois, avec des notes de grillé et de café, son bouquet laisse apparaître un beau fruité (fruits rouges, pruneau) à l'aération, que l'on retrouve en bouche marié à des tanins discrets mais élégants. 2020-2026

OLIVIER BRUN, 31, av. du Fort-Médoc, 33460 Cussac-Fort-Médoc, tél. 05 56 58 97 87, brun.olivier.33460@orange.fr t.l.j. sf dim. 15h-18h

CH. GRAND MÉDOC 2015 ★

Cru bourg.	120 000		5 à 8 €

Si son nom semble récent, le cru trouve son origine au début du XVII[e]s. Réputé au XIX[e]s., il a été acquis par la famille Riffaud en 1959, alors qu'il était à l'abandon. Il bénéficie d'un terroir de qualité avec des graves garonnaises et d'un encépagement diversifié.

L'élégance de la robe, d'un grenat profond aux reflets violines, se retrouve dans les parfums de fruits mûrs, de grillé et de vanille, ainsi que dans le côté soyeux du palais, qui s'appuie sur une structure ferme. 2021-2025

JEAN RIFFAUD, 32, rue des Martyrs-de-la-Résistance, 33180 Vertheuil, tél. 05 56 41 98 54, lesouleystecroix@aliceadsl.fr

CH. LACOUR JACQUET 2015

Cru bourg.	50 000		11 à 15 €

Située entre les appellations saint-julien et margaux, cette exploitation familiale est reprise en 1989 par la troisième génération de Lartigue, Éric (à la vigne) et son frère Régis (au chai). Le cru est passé de 4 à 16 ha tout en gagnant en notoriété. Il tire son nom des «jacquets», pèlerins de Saint-Jacques-de-Compostelle qui débarquaient ici après leur traversée de la Gironde.

Ce 2015 montre qu'il a du répondant. Sa robe pourpre frangée de violine le laisse deviner. Son intense bouquet, mêlant les fruits rouges (groseille, cerise) et le cassis à de fines notes vanillées, l'affirme. Son palais riche et gras le confirme. 2021-2025

EARL LARTIGUE, 70, av. du Haut-Médoc, 33460 Cussac-Fort-Médoc, tél. 05 56 58 91 55, chateaulacourjacquet@orange.fr t.l.j. 10h-17h (11h-18h en hiver); sam. dim. sur r.-v.

♥ CH. LA LAGUNE 2015 ★★

3e cru clas.	130 000		50 à 75 €

81 82 83 85 86 88 (89) **90 91 93 94** |**95**| |**96**| 97 |**98**| **99** |(00)| |**01**| |02| |**04**| **05 06** |**07**| **08 09 10 11 12 13 14 15**

Premier cru classé rencontré par le visiteur arrivant de Bordeaux par la route des vins du Médoc, ce château a été racheté en 2000 par Jean-Jacques Frey, homme d'affaires déjà détenteur de maisons prestigieuses en Champagne et dans la vallée du Rhône. De notoriété ancienne, La Lagune associe une élégante chartreuse du XVIII[e]s., de superbes chais, un vaste vignoble (110 ha dont 75 pour le grand vin) et un terroir de choix - de fines graves sablonneuses. Autant d'atouts mis en valeur par une équipe dynamique autour de Caroline Frey, fille du propriétaire et œnologue du domaine depuis 2004. Le domaine a engagé sa conversion bio (certification à partir du millésime 2016).

Une fois encore, La Lagune se montre à la hauteur de sa renommée. D'emblée, ce 2015 impressionne par la profondeur de sa robe presque noire, brillant de mille reflets. Tout aussi superbes, les arômes de fruits rouges mûrs, de cassis et de réglisse sont en parfaite harmonie avec de fines notes boisées. Porté par des tanins denses et riches, le palais offre un volume imposant et une évolution suave vers une finale concentrée, longue et harmonieuse. Un haut-médoc savoureux, et pour longtemps. ⧗ 2023-2030

CH. LA LAGUNE, 33290 Ludon-Médoc, tél. 05 57 88 82 77, contact@chateau-lalagune.com r.-v. Famille Frey

CH. DE LAMARQUE 2015 ★★

■	110 000	15 à 20 €

Avant d'être un château du vin, Lamarque fut une authentique forteresse médiévale (XIes.) surveillant l'accès au port de la Lune (Bordeaux). Il a été acquis en 1839 par le comte de Fumel, ancêtre de Pierre-Gilles Gromand, à la tête du cru depuis 1985. Installé sur un beau terroir de graves garonnaises, le vignoble est conduit selon la méthode Cousinié.

Classique dans sa robe rubis foncé, ce vin se montre à la fois frais et subtil par ses arômes de fruits rouges et racé par son côté boisé, épicé et toasté. Centré sur le fruit en attaque, il offre un palais ample et onctueux dans lequel les tanins et le boisé se fondent harmonieusement. ⧗ 2022-2030

SC GROMAND D'EVRY, Ch. de Lamarque, 33460 Lamarque, tél. 05 56 58 90 03, lamarque@chateaudelamarque.fr V r.-v.

CH. LAMOTHE BERGERON 2015 ★

■ Cru bourg.	218 000		15 à 20 €

Un cru bourgeois qui produit du vin depuis le Moyen Age. Il doit son nom à l'agronome Jacques de Bergeron, qui mit au point une méthode de greffe au début du XIXes. Commandé par une bâtisse du XIXes., le vignoble couvre près de 80 ha, propriété des maisons de cognac H. Mounier et Hardy.

Une robe d'un rubis intense, un bouquet évoquant le sous-bois et les airelles, un palais équilibré et structuré par des tanins soyeux, une agréable finale particulièrement fraîche: ce vin a de la personnalité, et de sacrés arguments pour la garde. ⧗ 2022-2028

SCEA LAMOTHE BERGERON, 49, chem. des Graves, 33460 Cussac-Fort-Médoc, tél. 05 56 58 94 77, contact@lamothebergeron.fr V r.-v. Mounier et Hardy

CH. LAMOTHE-CISSAC 2015 ★

■ Cru bourg.	200 000		11 à 15 €

Au XVIIes., une maison noble implantée à l'emplacement d'une villa gallo-romaine. Le château actuel a été construit à la fin du XIXes. Rapatrié du Maroc, Gabriel Fabre a relancé en 1964 le vignoble, repris en 1991 par son fils Vincent. Le domaine (35 ha) est à cheval sur deux communes: Cissac, limitrophe de Pauillac, et Vertheuil, voisin de l'appellation saint-estèphe.

« Un beau travail, pour un vin charmeur », cette formule d'un juré définit bien cette bouteille aux flaveurs complexes de fruits mûrs et cuits (cerise, fraise), de vanille et de cannelle, au palais charnu, doté de bons tanins et d'un boisé toasté qui agrémente joliment la longue finale. ⧗ 2019-2023

SC CH. LAMOTHE, Lamothe, 33250 Cissac-Médoc, tél. 05 56 59 58 16, info@domaines-fabre.com V r.-v.

CH. LARRIEU-TERREFORT 2015 ★★

■	17 924		8 à 11 €

Située à Labarde, cette propriété acquise en 1970 par la famille de Thierry Durousseau, est établie à cheval sur les appellations margaux et haut-médoc. Outre son vignoble, replanté à partir de 1989 (9 ha), elle comporte de nombreux prés où paissent des vaches de race limousine, élevées pour leur viande.

Encépagement, vinification, rien de plus classique que les méthodes de travail sur ce cru, mais un soin tout particulier a permis à ce très joli 2015 de sortir du lot. D'abord, par l'élégance de son bouquet mêlant les fruits mûrs aux notes de cuir et de violette. Ensuite, par la douceur de l'attaque et par la fraîcheur et l'équilibre du palais, qui s'étire dans une longue finale épicée (muscade) et fruitée. ⧗ 2022-2028

THIERRY DUROUSSEAU, 2, av. Georges-Johnston, 33460 Labarde, tél. 06 12 25 03 40, chateau-larieu-terrefort@hotmail.fr V r.-v.

CH. MAGNOL 2015 ★

■ Cru bourg.	200 000		15 à 20 €

En 1725, le jeune Irlandais Thomas Barton crée son affaire à Bordeaux. En 1802, son petit-fils Hugh fonde avec l'armateur Daniel Guestier une firme de négoce, qui propose aujourd'hui des vins de plusieurs régions viticoles françaises. Barton & Guestier est le plus ancien négoce du Bordelais, également propriétaire de crus.

Grenat presque noire, la robe annonce un vin de garde. Dense, avec des notes de pain grillé et de fruits noirs sauvages sur une pointe d'épices, le bouquet confirme cette vocation, tout comme le palais, bâti sur des tanins fermes appelés à se velouter après un petit séjour en cave. ⧗ 2020-2025

BARTON & GUESTIER, 87, rue du Dehez, 33290 Blanquefort, tél. 05 56 95 48 00, contact@barton-guestier.com

♥ CH. MALESCASSE 2015 ★★

■ Cru bourg.	49 000		20 à 30 €

Huit fenêtres avec huit carreaux: le nombre huit régit l'architecture du château. Édifié en 1824 sur le point le plus élevé de Lamarque, il commande un vignoble de 40 ha implanté sur une croupe de graves blanches, entre Margaux et Saint-Julien-Beychevelle. Il a été racheté en 2012 à la famille Tesseron par l'entrepreneur Philippe Austruy et son groupe Gema Viticole.

Ce beau domaine, qui a pleinement retrouvé sa forme, propose ici un vin à la hauteur de son terroir. Encore marqué par le bois, le bouquet naissant s'annonce prometteur, tout comme le palais, où l'on sent un très bon équilibre entre les tanins du raisin et ceux du bois. De grande qualité, l'ensemble est parfaitement typé et de très belle facture. ⧗ 2022-2028 ■ **La Closerie de Malescasse 2015 ★ (11 à 15 €; 24 000 b.)** : un second vin à la fois souple et bien structuré, enveloppé de fruits rouges et noirs. Un vin en dentelle et déjà savoureux, mais qui peut aussi attendre. ⧗ 2019-2023

PHILIPPE AUSTRUY, 6, chem. du Moulin-Rose, 33460 Lamarque, tél. 05 56 58 90 09, contact@chateau-malescasse.com V r.-v.

CH. DE MALLERET 2015 ★★

■ Cru bourg. | 99 100 | | 15 à 20 €

Une très belle propriété familiale dont les origines remontent à la fin du XVIes. Acquise en 1860 par les Classmann, importants négociants depuis le XVIIIes., elle est toujours aux mains de leurs descendants. Elle s'offre le luxe de posséder aux portes de Bordeaux un immense parc (290 ha), de magnifiques écuries – son célèbre haras a été ressuscité – et un imposant château de la fin du XIXes. Les vignes couvrent 54 ha.

Bien typé, ce vin affiche un bouquet intense de mûre, de cerise et de cassis. Solide, bien structuré, le palais est porté par des tanins enrobés, au grain fin et légèrement épicés. Par son équilibre et sa longueur, la finale participe à l'harmonie de cette superbe bouteille. ⧗ 2022-2028 ■ **Cru bourg. Ch. Barthez 2015 ★★ (11 à 15 €; 18 000 b.)** : si le nez de ce 2015 est encore discret, sa bouche révèle une expression fruitée franche et épanouie. Elle se montre aussi charpentée et équilibrée, dotée de tanins mûrs et présents. Une belle bouteille de garde. ⧗ 2022-2028 ■ **Le Baron de Malleret 2015 ★ (8 à 11 €; 28 000 b.)** : un second vin fruité, souple et rond, séveux et gourmand. ⧗ 2020-2023

PAUL BORDES, chem. de Malleret, 33290 Le Pian-Médoc, tél. 05 56 35 05 36, contact@chateau-malleret.fr V *t.l.j. sf sam. dim. 9h-12h 14h-17h*

CH. MAUCAMPS 2015 ★

■ Cru bourg. | 61 000 | | 15 à 20 €

Giscours, Cantemerle, il suffit de nommer les voisins de ce cru macalais pour deviner qu'il possède un terroir de choix. De fait, celui-ci (33 ha) est composé de belles graves garonnaises. D'origine aristocratique, la propriété, constituée au XVIIIes., appartient à la famille Tessandier depuis 1954.

S'il reste encore un peu fermé dans son bouquet fruité et boisé, ce vin fait preuve d'une grande élégance tant par sa belle robe pourpre que par les saveurs pleines de distinction du palais. Ce dernier ne manque ni de volume ni de puissance, avec en soutien une solide charpente tannique. ⧗ 2022-2028

SARL CH. MAUCAMPS, 19, av. de la Libération, 33460 Macau, tél. 05 57 88 07 64, maucamps@wanadoo.fr V *t.l.j. sf sam. dim. 9h-12h 14h-17h*
Tessandier

CH. DU MONT 2015

■ | 11 148 | | 15 à 20 €

Issu d'une lignée de viticulteurs médocains, Patrick Bouey, à la tête d'un négoce familial basé à Ambarès, acquiert en 1998 les châteaux Maison Blanche (31 ha) et Lestruelle (27 ha aujourd'hui) sur le plateau de Saint-Yzans et d'Ordonnac, complétés en 2015 par le Ch. du Mont.

Ce cru fait une jolie entrée dans le Guide. La robe, d'un rubis intense, et le nez, aux discrètes notes de fruits confits, de cassis, de vanille et de cacao, composent une bonne entrée en matière. Souple et bien équilibré, le palais repose sur des tanins fondus et déploie une belle trame aromatique autour des fruits noirs et de la réglisse. ⧗ 2021-2026

FAMILLE BOUEY VIGNOBLES ET CHÂTEAUX, 3, rue de Lamena, 33340 Saint-Yzans-de-Médoc, tél. 05 56 09 05 01, contact@famillebouey-vignobles-chateaux.com V *r.-v.*

CH. MOUTTE BLANC Cuvée Marguerite 2015 ★

■ | 2 500 | | 11 à 15 €

À la tête d'un petit domaine de 5,5 ha dans le haut Médoc, en amont de Margaux, Patrice de Bortoli a un faible pour le petit verdot, cépage exclusif de sa cuvée Moisin en bordeaux supérieur, bien présent également dans sa cuvée principale. On retrouve aussi régulièrement le domaine en haut-médoc. Depuis 2007, date du classement d'une petite parcelle de 40 ares de merlot, le vigneron propose aussi du margaux.

Jolie réussite, cette cuvée est dotée d'une structure ferme et corsée qui demandera un peu de patience. Mais déjà, elle présente un côté agréable en développant un bouquet fin de fruits à noyau et de menthe, ainsi qu'un palais tout aussi expressif. ⧗ 2023-2027

PATRICE DE BORTOLI, 6, imp. de la Libération, 33460 Macau, tél. 06 03 55 83 38, moutteblanc@wanadoo.fr V *r.-v.*

CH. PALOUMEY 2015 ★

■ Cru bourg. | 135 000 | | 15 à 20 €

Un joli terroir sablo-graveleux entre les crus classés La Lagune et Cantemerle. La propriété a connu des heures de gloire au XIXes., avant de péricliter après la crise phylloxérique et de renaître au XXes. L'histoire serait banale si, à l'origine de sa résurrection, on ne trouvait une femme, qui plus est viticultrice dans le Blayais. Martine Cazeneuve a franchi l'estuaire en 1990 pour acquérir ce cru qui avait perdu vignes et chai. Rejointe en 2014 par son fils Pierre, la vigneronne dispose aujourd'hui de 34 ha, en conversion bio.

La robe, d'une profonde couleur cerise burlat, annonce un vin bien typé, ce que confirment un délicat bouquet associant les fruits rouges à un fin boisé (épices et vanille), et une bouche ample, solide et bien enrobée à la fois. ⧗ 2021-2025 ■ **Belle Amie de Paloumey 2015 ★ (8 à 11 €; 30 000 b.)** : un deuxième vin qui distille au nez des arômes flatteurs de fruits rouges et de boisé fin, et qui offre une bouche à la fois ronde et ferme, aux tanins encore bien présents. ⧗ 2021-2024

SA CH. PALOUMEY, Ch. Paloumey, 50, rue du Pouge-de-Beau, 33290 Ludon-Médoc, tél. 05 57 88 00 66, info@chateaupaloumey.com V *r.-v.* *Cazeneuve*

LA PETITE BOHÈME 2015 ★★★

■ | 9 500 | | 11 à 15 €

Œnologue issue d'une famille de tonneliers bien connus, Christine Nadalié exploite plusieurs vignobles médocains aux environs de Macau, en amont de

Margaux. Après le Dom. Beau-Rivage (bordeaux supérieur), acquis en 1995, elle a acheté en 2003 à sa grand-mère paternelle un vignoble de 3,5 ha en haut-médoc, qu'elle a appelé Clos La Bohème. Domaines en bio certifié depuis 2011.

Arrivé en finale du grand jury, ce vin n'est pas passé loin du coup de cœur. Nos jurés ne sont pas restés insensibles à son bouquet expressif, qui unit avec bonheur les fruits rouges et la réglisse, ni à son attaque ronde et souple, ou encore à la noblesse de ses tanins et à la longueur de sa jolie finale vanillée. ⧗ 2022-2028 ■ **Cru bourg. Clos la Bohème 2015 (15 à 20 €; 25 000 b.)** Ⓑ : vin cité.

CHRISTINE NADALIÉ, 7, chem. du Bord-de-l'Eau, 33460 Macau, tél. 05 57 10 03 70, chateau-beau-rivage@nadalie.fr V ♿ ▪ *r.-v.*

CH. PEYRAT-FOURTHON 2015 ★★

■ Cru bourg.	39 000		15 à 20 €

Relais de chasse à la fin du XVIIIes., planté au XIXes. par le maire de Saint-Laurent-Médoc, ce cru proche des AOC communales saint-julien et pauillac a été acheté en 2004 par Pierre Narboni, qui l'a agrandi. Aujourd'hui, 23 ha d'un seul tenant, sur des terrains argilo-calcaires et des graves, et un vin qui a pris ses marques dans le Guide.

Un haut-médoc d'un classicisme que l'on voudrait rencontrer plus souvent… Ce 2015 a impressionné le jury par la complexité de son bouquet, où les notes grillées et torréfiées de la barrique n'écrasent pas les parfums de cerise, de cassis et de violette. Dotée de tanins à la fois élégants et solides, la bouche séduit par son harmonie et par sa longue finale. ⧗ 2023-2029

PIERRE NARBONI, 1, allée Fourthon, 33112 Saint-Laurent-Médoc, tél. 01 56 58 67 67, pn@peyrat-fourthon.com V ♿ ▪ *r.-v.*

CH. PONTOISE CABARRUS 2015

■ Cru bourg.	63 000		11 à 15 €

Propriété au XVIIIes. du baron de Brane – plus connu pour son Ch. Brane Mouton (l'actuel Mouton-Rothschild) – devenue Pontoise Cabarrus en 1795, un cru bien situé au bord de l'estuaire sur un terroir de graves, au nord de Saint-Estèphe. Acquis par la famille Tereygeol en 1959, agrandi (7 ha à l'origine, 28 ha aujourd'hui), et exploité à présent par la troisième génération.

Sans être très puissant, ce haut-médoc au bouquet de fruits rouges et de vanille possède une belle structure, portée par des tanins souples et élégants. Déjà plaisante, cette bouteille gagnera en complexité assez rapidement. ⧗ 2020-2023

TEREYGEOL, 27, rue Georges-Mandel, 33180 Saint-Seurin-de-Cadourne, tél. 05 56 59 34 92, pontoisecabarrus@orange.fr V ♿ ▪ *r.-v.*

CH. PUY CASTÉRA 2015

■	55 000		11 à 15 €

Si ce cru est récent (1973), la famille Marès, qui l'exploite, cultive la vigne depuis le XVIIIes. Les aïeux d'Alix Marès, qui en a pris la tête en 2002, ont même pris une part active dans la mise au point du traitement anti-oïdium au XIXes. Le vignoble couvre 28 ha.

La couleur cerise burlat de ce 2015 donne envie de poursuivre, de même que le bouquet qui, s'il se montre discret, possède un certain fond, laissant percevoir des nuances de fruits noirs, de réglisse et d'épices. Ferme à l'attaque comme en finale, le palais affiche une bonne structure et de la concentration. ⧗ 2021-2025

SCE CH. PUY CASTÉRA, 8, rte du Castéra, 33250 Cissac-Médoc, tél. 05 56 59 58 80, contact@puycastera.fr V ♿ ▪ *r.-v.* *Marès*

CH. DU RETOUT 2015 ★

■ Cru bourg.	130 000		11 à 15 €

Ce vignoble replanté à la fin des années 1950 par la famille Kopp est aujourd'hui exploité avec le souci de limiter l'impact sur l'environnement. Hélène Soual Kopp est aux commandes depuis 2014.

Très élégant dans sa robe cerise burlat, ce vin l'est aussi par son bouquet aux notes de fruits rouges, d'épices (poivre et vanille) et de réglisse. Au palais, il évolue avec souplesse grâce à des tanins fins, tout en gardant de la vivacité. ⧗ 2019-2023

HÉLÈNE SOUAL KOPP, 4, rue du Bois-des-Andres, 33460 Cussac-Fort-Médoc, tél. 05 56 58 91 08, contact@chateau-du-retout.com V ♿ ▪ *r.-v.*

CH. REYSSON 2015 ★★

■ Cru bourg.	202 000		11 à 15 €

Ce cru d'une cinquantaine d'hectares est implanté à Vertheuil, près de Saint-Estèphe, sur un site ayant livré des vestiges médiévaux et gallo-romains. Propriété du groupe de vins et spiritueux nippon Mercian à partir de 1988, il a été acheté en 2014 par la maison Dourthe qui le gérait depuis 2001. Le terroir argilo-calcaire y favorise le merlot.

À l'olfaction comme au palais, le bois est encore très présent, pour ne pas dire dominant. Mais comme l'annonce sa couleur grenat foncé, ce vin a du potentiel et beaucoup d'élégance, que ce soit dans ses arômes de fruits très mûrs et d'eucalyptus qui pointent derrière le merrain, comme dans ses tanins moelleux et soyeux. Un très beau vin en devenir. ⧗ 2022-2028

VIGNOBLES DOURTHE (CH. REYSSON), 33180 Vertheuil, tél. 05 56 35 53 00, contact@dourthe.com ♿ ▪ *r.-v.*

CH. SOCIANDO-MALLET 2015 ★★

■	290 552		30 à 50 €

(82) **85 86 88 89 90 91 93** (95) (96) **97** (98) **99** (00) **01 02 03 04 |05| |06| |07| |09| 10 11 12 13 14 15**

Au XVIIes., une terre noble appartenant à une famille basque, les Sossiando. Confisquée à la Révolution, elle a connu plusieurs propriétaires. À la fin du siècle dernier, Jean Gautreau a mis en lumière son potentiel. Courtier chez Miailhe, il crée sa société à la fin des années 1950 pour vendre des vins dans le Benelux. Un client le charge de trouver une propriété avec un beau terroir. Il découvre Sociando-Mallet: dominant l'estuaire, une superbe croupe de graves sur sous-sol argileux. Le client ne donnant pas suite, il l'achète pour lui en 1969, le restructure, l'agrandit (à l'origine 5 ha, aujourd'hui 83), bâtit un chai. Non classé, c'est un des crus qui compte dans l'appellation.

Par la densité de sa couleur d'encre, la robe fait deviner la concentration de ce vin. À l'olfaction, le fruit très mûr fait alliance avec de fines notes torréfiées et épicées, complétées par quelques touches de cacao. Tout aussi complexe, le palais révèle une belle structure tannique, une mâche gourmande, ainsi qu'un boisé bien présent mais racé. Un vrai vin de garde. ⧗ 2023-2028 ■ **La Demoiselle de Sociando-Mallet 2015 ★ (15 à 20 €; 146202 b.)** : un très joli second vin jouant sa partie dans un registre équilibré, classique et aimable, offrant une bouche à la fois structurée, ample et fraîche. Un beau rouge de gastronomie. ⧗ 2020-2024

SCEA JEAN GAUTREAU, rte de Mapon, 33180 Saint-Seurin-de-Cadourne, tél. 05 56 73 38 80, contact@sociandomallet.com V *r.-v.*

CH. DU TAILLAN 2015 ★

■ Cru bourg.	100000		20 à 30 €

Un cru d'origine monastique, situé aux portes de Bordeaux, commandé par un superbe château du XVIIIᵉs. Acquis en 1896 par Henri Cruse, membre de la dynastie de négociants venue d'Allemagne en 1815, il appartient à ses descendantes, cinq sœurs, Armelle Cruse gérant le domaine. Il dispose de caves souterraines, rares dans la région, d'un vaste parc et de 30 ha de vignes.

À l'image de son château, ce 2015 a fière allure dans sa belle robe de velours d'un pourpre sombre. Le bouquet évolue vers des notes épicées, tout en gardant beaucoup de fraîcheur et de finesse. Ample et long, le palais est porté par une charpente de tanins fins et moelleux qui lui donnent une réelle distinction. ⧗ 2021-2026

SCEA CH. DU TAILLAN, 56, av. de la Croix, 33320 Le Taillan-Médoc, tél. 05 56 57 47 00, info@chateaudutaillan.com V *r.-v.*

CH. TOUR DU HAUT MOULIN 2015 ★

■ Cru bourg.	57600		11 à 15 €

Installé en 1987 à 500 m du Fort-Médoc à Cussac, Lionel Poitou a succédé à cinq générations sur ce domaine fondé en 1870. Il exploite 10 ha de vignes en haut-médoc, entre les AOC margaux et saint-julien.

Comme le laisse deviner sa robe, d'un rubis profond, ce 2015 a de la classe. Celle-ci s'exprime d'abord par son bouquet, encore sur la retenue mais plaisant par ses parfums de fruits mûrs, délicatement boisés et épicés. Une classe que l'on retrouve aussi dans un palais onctueux, frais et épicé, rehaussé en finale par des tanins bien enrobés. ⧗ 2020-2024

LIONEL POITOU, 24, av. du Fort-Médoc, 33460 Cussac-Fort-Médoc, tél. 05 56 58 91 10, contact@chateau-tour-du-haut-moulin.com V *t.l.j. sf sam. dim. 9h15-11h45 14h15-17h30*

CH. VIEUX GABAREY 2015

■	20000		8 à 11 €

En 1982, de retour du service militaire, Serge Saint-Martin a vendangé sa première récolte sur une propriété de... 30 ares. Rejoint en 2007 par son fils Maxime, il conduit aujourd'hui un vignoble seize fois plus étendu (17 ha autour de Lamarque), tout en restant d'une superficie modeste comme il sied à un cru artisan.

Simple mais agréable, ce vin possède une bonne structure reposant sur des tanins fins et charnus qui mettent en valeur son expression aromatique, mêlant fruits rouges et notes boisées. Une longue finale clôt agréablement la dégustation. ⧗ 2019-2023

SERGE SAINT-MARTIN, 7 bis, chem. de Saint-Seurin, 33460 Lamarque, tél. 05 56 58 97 72, serge.saintmartin@orange.fr V *r.-v.*

CH. DE VILLEGEORGE 2015 ★

■	38800		15 à 20 €

Œnologue, Marie-Laure Lurton a repris en 1992 la tête de trois domaines médocains de son père Lucien: La Tour de Bessan (margaux), Duplessis (moulis) et Villegeorge (haut-médoc). Ce dernier, réputé dès le XVIIIᵉs., a été acquis en 1973 par Lucien Lurton. Il couvre aujourd'hui 15 ha sur un terroir de graves profondes à Avensan, au sud de Moulis.

Même si l'on décèle quelques reflets d'évolution sur sa belle robe grenat, cette bouteille est à attendre un peu. Ses arômes complexes de fruits et de vanille agrémentés d'un soupçon de menthe, son attaque franche et agréable, ses tanins finement boisés et sa belle fraîcheur sont autant de belles promesses pour l'avenir. ⧗ 2020-2025

MARIE-LAURE LURTON, 17, chem. de Villegeorge, 33480 Avensan, tél. 05 56 58 22 01, ml.lurton@marielaurelurton.com V *r.-v.*

LISTRAC-MÉDOC

Superficie : 635 ha / Production : 25 205 hl

Correspondant exclusivement à la commune éponyme, listrac-médoc est l'appellation communale la plus éloignée de l'estuaire. Original, son terroir correspond au dôme évidé d'un anticlinal, où l'érosion a créé une inversion de relief. À l'ouest, à la lisière de la forêt, se développent trois croupes de graves pyrénéennes, dont les pentes et le sous-sol souvent calcaire favorisent le drainage naturel des sols. Le centre de l'AOC, le dôme évidé, est occupé par la plaine de Peyrelebade, aux sols argilo-calcaires. Enfin, à l'est s'étendent des croupes de graves garonnaises.
Le listrac est un vin vigoureux; toutefois, contrairement au style d'autrefois, sa robustesse n'implique plus aujourd'hui une certaine rudesse. Si certains vins restent un peu durs dans leur jeunesse, la plupart contrebalancent leur force tannique par leur rondeur. Tous offrent un bon potentiel de garde, jusqu'à quinze ans dans les grands millésimes.

CH. CAP LÉON VEYRIN 2015 ★

■ Cru bourg.	60000		15 à 20 €

Authentique famille médocaine enracinée dans la région depuis 1810, les Meyre figurent parmi les pionniers du tourisme viti-vinicole (on ne parlait pas encore d'œnotourisme à l'époque dans la presqu'île). En 2010, Nathalie et Julien Meyre ont repris les crus familiaux (55 ha): le Ch. Cap Léon Veyrin, berceau familial en listrac-médoc, et les châteaux Julien et Bibian, en haut-médoc, acquis à la fin des années 1980.

Ce 2015 de bonne facture présente bien dans sa robe sombre et déploie un bouquet délicatement toasté qui s'ouvre peu à peu sur de fines notes fruitées. Vif en attaque, le palais, tendre, presque crémeux, s'appuie sur des tanins assez serrés. 2020-2024

VIGNOBLES ALAIN MEYRE, 54, rte de Donissan, 33480 Listrac-Médoc, tél. 05 56 58 07 28, contact@vignobles-meyre.com t.l.j. sf sam. dim. 9h-12h30 14h-17h 2

CH. L'ERMITAGE 2015

Cru bourg.	36766		11 à 15 €

La famille Thomas est propriétaire en listrac depuis 1953 et trois générations. Installés en 2003, Mathieu et sa sœur Audrey conduisent le domaine. Leur vignoble de 32 ha se distingue par une proportion importante de petit verdot. Deux étiquettes: Reverdi et l'Ermitage.

Si la finale, qui appelle une petite garde, est encore un peu sévère, le bouquet, franc et complexe, se montre flatteur avec ses jolies notes de fruits rouges, de cuir et ses nuances grillées. Le palais est tout aussi bien construit, avec un bon équilibre entre le fruit et le bois. 2020-2024

VIGNOBLES THOMAS, 11, rte de Donissan, 33480 Listrac-Médoc, tél. 05 56 58 02 25, contact@chateaureverdi.fr t.l.j. sf dim. 9h-12h 14h-18h

CH. FOURCAS DUPRÉ 2015

	164540		15 à 20 €

Ce cru fondé au XVIIIe s. prend son nom actuel en 1843, lorsque maître Dupré, avoué près de la Cour d'appel de Bordeaux, se rend acquéreur du domaine. Couvrant 43 ha établis sur un joli terroir de graves pyrénéennes, il est la propriété depuis 1970 de la famille Pagès.

Sans être très concentré, ce vin se montre fort plaisant par son bouquet naissant, aux discrètes notes de cassis et de pivoine, comme par sa structure portée par de fins tanins qui laissent s'exprimer le fruit. 2020-2024

CH. FOURCAS DUPRÉ, Le Fourcas, 33480 Listrac-Médoc, tél. 05 56 58 01 07, info@fourcasdupre.com t.l.j. 9h-12h 14h-17h E

GRAND LISTRAC 2015 ★

	130000		8 à 11 €

Pendant longtemps, la cave de Listrac, fondée en 1935, a été choisie par la prestigieuse Compagnie internationale des Wagons-Lits pour figurer sur la carte des vins des voitures-restaurants. Cela a valu une réelle célébrité à la coopérative qui, par sa production (40 adhérents, 160 ha) et par les crus indépendants qu'elle vinifie, joue encore son rôle de locomotive dans l'appellation. Elle propose aussi des moulis.

Agréable à l'œil par sa teinte pourpre, ce 2015 développe un bouquet élégant et complexe de griotte et de violette. S'appuyant sur des tanins serrés, le palais révèle un joli potentiel. 2021-2025

CAVE GRAND LISTRAC, 21, av. de Soulac, 33480 Listrac-Médoc, tél. 05 56 58 03 19, grandlistrac@wanadoo.fr r.-v.

CH. LESTAGE 2015 ★★

Cru bourg.	185000		15 à 20 €

Les Chanfreau, viticulteurs rapatriées d'Algérie, possèdent plusieurs crus dans le Médoc, gérés aujourd'hui par Jean Chanfreau, ingénieur agronome, avec son épouse Marie-Hélène et sa soeur Caroline Chanfreau-Philippon. Encadrant la route de Soulac un peu avant le bourg de Listrac en arrivant de Bordeaux, les domaines de Fonréaud et Lestage présentent la particularité de posséder deux châteaux de style Napoléon III (de l'architecte Garros pour le premier). Les deux crus, de même que le Clos des Demoiselles, acquis en 1962, possèdent un beau terroir de graves pyrénéennes avec des calcaires et argilo-calcaires pour Lestage. En 1981, les Chanfreau ont également acquis le Ch. Caroline en AOC moulis (6 ha).

Fidèle à sa tradition, ce cru propose un vin à la fois suave et bien construit. D'emblée, il montre ses qualités par une belle couleur rubis, soutenue et limpide. Le bouquet, riche de mille nuances, l'attaque, souple et enlevée, et le palais, tannique mais sans dureté, se chargent de poursuivre la démonstration pour déboucher sur une jolie finale qui laisse le souvenir d'un beau listrac, flatteur et gourmand. 2021-2026 **Cru bourg. Clos des Demoiselles 2015 ★ (15 à 20 €; 20000 b.)** : charnue, concentrée et fruitée, une jolie bouteille structurée par des tanins bien travaillés. Un listrac d'école. 2020-2025

SC CH. LESTAGE, 33480 Listrac-Médoc, tél. 05 56 58 02 43, contact@vignobles-chanfreau.com r.-v. Famille Chanfreau

CH. MAYNE LALANDE 2015

	50000		20 à 30 €

Issu d'une famille d'agriculteurs de Listrac, Bernard Lartigue a créé le Ch. Mayne Lalande en 1982; un domaine qui s'étend aujourd'hui sur 15 ha à l'ouest de la commune, à l'orée de la pinède, complété depuis par les 5 ha de vignes du Ch. Myon de L'Enclos dans l'appellation « sœur », moulis-en-médoc.

Ce 2015 à la forte personnalité déploie un nez aux fines notes fruitées, épicées et vanillées, prélude à une bouche qui ne renie pas ses origines avec de la mâche, un caractère entier, des tanins encore vigoureux et un boisé enveloppant bien le fruit. À attendre. 2022-2026

BERNARD LARTIGUE, 7, rte du Mayne, 33480 Listrac-Médoc, tél. 05 56 58 27 63, blartigue2@wanadoo.fr t.l.j. sf sam. dim. 9h-12h30 14h-17h30 5

CH. ROSE SAINTE-CROIX 2015 ★★

	63200		11 à 15 €

Clos Margalaine et Marojallia à Margaux, Bouqueyran à Moulis, Rose Sainte-Croix à Listrac, Benjamin de Margalaine en haut-médoc, les domaines Philippe Porcheron regroupent plusieurs crus médocains (167 ha en production) qui lui permettent d'offrir une belle collection de vins et d'étiquettes dans différentes appellations.

On est d'emblée séduit par la robe profonde de ce vin, d'un beau rubis bordé d'une frange sombre. Suit un bouquet complexe de fruits rouges mûrs et d'épices. Le palais est aussi irréprochable que la présentation, avec une structure tannique puissante et bien équilibrée, annonçant un très beau potentiel de garde. 2023-2030

PHILIPPE PORCHERON, 2, rue du Gal-de-Gaulle, 33460 Margaux, tél. 05 56 58 35 77, chateau@marojallia.com r.-v.

MARGAUX

Superficie : 1 490 ha / Production : 60 900 hl

Margaux est le seul nom d'appellation à être aussi un prénom féminin. Est-ce un hasard? Si les margaux présentent une excellente aptitude à la garde, ils se distinguent des autres grandes appellations communales médocaines par leur délicatesse que soulignent des arômes fruités d'une agréable finesse. Ils constituent l'exemple même des bouteilles tanniques généreuses et suaves.
Leur originalité tient à de nombreux facteurs. Les aspects humains ne sont pas à négliger. À l'écart de Saint-Julien, de Pauillac et de Saint-Estèphe, les viticulteurs margalais ont moins privilégié le cabernet-sauvignon: tout en restant minoritaire, le merlot prend ici une importance accrue. Par ailleurs, l'appellation, la plus vaste des communales du Médoc, s'étend sur le territoire de cinq communes: Margaux et Cantenac, Soussans, Labarde et Arsac. Dans chacune d'elles, seuls les terrains présentant les meilleures aptitudes vitivinicoles font partie de l'AOC. Le résultat est un terroir homogène composé d'une série de croupes de graves. Celles-ci s'articulent en deux ensembles: à la périphérie se développe un système faisant penser à une sorte d'archipel continental, dont les «îles» sont séparées par des vallons, ruisseaux ou marais tourbeux; au cœur de l'appellation, dans les communes de Margaux et de Cantenac, s'étend un plateau de graves blanches, d'environ 6 km sur 2, découpé en croupes par l'érosion. C'est dans ce secteur que sont situés nombre des 21 grands crus classés de l'appellation.

CH. BELLEVUE DE TAYAC 2015 ★

■ Cru bourg. | 20000 | 🛢 | 30 à 50 €

Héritier d'une lignée au service du vin, Vincent Fabre conduit plusieurs châteaux médocains (92 ha en tout), dont Bellevue de Tayac, 4 ha en margaux, depuis 2014. Ici, pas de château au sens classique du terme, mais une façade de chai composée d'une trame de lames de cuivre doré et d'Inox, d'un treillis à reflets multicolores qui évoluent au fil des heures, des nuages et de la végétation.

Ce 2015 gourmand s'annonce par une jolie couleur grenat intense, avant de déployer un bouquet naissant d'une grande fraîcheur, mentholé, fruité et vanillé. La bouche se montre souple et fraîche, mais les tanins demandent encore à mûrir un peu. ⧗ 2021-2025

⊶ DOMAINES FABRE - GFV SAINT-VINCENT, 33250 Cissac, tél. 05 56 59 58 16, info@domaines-fabre.com V 🚶 🍷 *r.-v.*

CH. BOYD-CANTENAC 2015 ★

■ 3ᵉ cru clas. | 43000 | 🛢 🍾 | 50 à 75 €

(82) **83 85 86 88** 89 **90 95** 96 97 **98 99 00** |02| |03| |04| |**05**| |**06**| |07| 08 (09) **10** 11 **13 14** 15

Un beau terroir de graves siliceuses maigres (17 ha), un encépagement diversifié, intégrant le petit verdot, et une famille aux solides racines médocaines, les Guillemet (propriétaires depuis 1932). Ces derniers ne sacrifient pas aux modes et visent l'équilibre et la finesse dans leurs vins. Un grand cru authentique, créé en 1754 par un négociant de Belfast, conduit depuis 1996 par l'œnologue et agronome Lucien Guillemet.

Comme la robe, intense aux reflets pourpres, le laisse penser, ce vin a une réelle vocation à la garde. Son bouquet est expressif, mêlant épices douces, notes de moka et de bigarreau confituré. Franc, puissant et bien équilibré, aux tanins ronds et crémeux, le palais débouche sur une finale en point d'orgue associant fruits mûrs et épices. ⧗ 2023-2030

⊶ SCE CH. BOYD-CANTENAC, 11, rte de Jean-Faure, 33460 Cantenac, tél. 05 57 88 90 82, contact@boyd-cantenac.fr V 🚶 🍷 *r.-v. ⊶ Famille Guillemet*

L'AURA DE CAMBON LA PELOUSE 2015 ★

■ | 4000 | 🛢 | 30 à 50 €

Avec les châteaux Cambon La Pelouse (acquis en 1996) et Trois Moulins, Jean-Pierre Marie, après une longue première carrière dans la grande distribution, a acquis en 1996 deux beaux domaines en haut-médoc, disposant d'un terroir de graves de grande qualité. Deux crus aujourd'hui dotés d'équipements performants, complétés en 2001 par un petit vignoble en appellation margaux (Aura de Cambon).

Issu d'une parcelle de graves sableuses situées à Cantenac, ce vin à la structure ample et soyeuse dévoile une expression aromatique persistante et élégante autour des fruits noirs, du toast grillé et des épices. ⧗ 2022-2028

⊶ CH. CAMBON LA PELOUSE, 5, chem. de Canteloup, 33460 Macau, tél. 05 57 88 40 32, contact@cambon-la-pelouse.com V 🚶 🍷 *r.-v. ⊶ Jean-Pierre Marie*

CH. CANTENAC BROWN 2015 ★★

■ 3ᵉ cru clas. | 117600 | 🛢 | 50 à 75 €

82 83 85 86 88 89 (90) **91 92 93 94 95 96** 97 **98** 99 00 |**02**| |**03**| |**04**| |05| |06| |07| |08| **09 10 11 12** 13 **14 15**

Commandé par un imposant château de style néo-Tudor construit au XIXᵉs. par le peintre animalier écossais John Lewis Brown, ce domaine – 48 ha plantés sur de belles graves au cœur de l'appellation – a connu une seconde jeunesse d'abord grâce au groupe Axa, et, depuis 2006, sous l'impulsion de la famille Halabi, qui en a confié la direction à José Sanfins.

Fin et complexe, ce vin joue la carte de l'élégance, qui s'exprime par un bouquet où se mêlent les épices, la vanille et une note bien marquée de cassis. Souple et soyeux, le palais s'appuie sur des tanins mûrs et veloutés. L'harmonie se poursuit dans la finale longue et suave. ⧗ 2021-2028

⊶ CH. CANTENAC BROWN, rte d'Arsac, 33460 Margaux, tél. 05 57 88 81 81, contact@cantenacbrown.com V 🚶 🍷 *r.-v. ⊶ Famille Halabi*

CH. CHANTELUNE 2015 ★

■ | 8400 | 🛢 | 20 à 30 €

José Sanfins, directeur et vinificateur du Ch. Cantenac Brown, cru classé de Margaux, a constitué un petit vignoble personnel: 1 ha en haut-médoc (Ch. du Moulin) et environ 1,4 ha en margaux (Ch. Chantelune).

La robe, d'une belle couleur grenat, ainsi que le bouquet aux notes intenses de fruits mûrs et de brioché

LE BORDELAIS

composent une entrée en matière engageante. Le palais ne déçoit pas: soutenu par une bonne présence tannique et s'ouvrant sur un joli retour fruité, il promet une évolution harmonieuse. ⧗ 2021-2025

JOSÉ SANFINS, 14, rue du Vieux-Chêne, 33460 Lamarque, tél. 06 10 46 34 35, sanfinsjose@gmail.com r.-v.

CH. DAUZAC 2015

5e cru clas.	120000		50 à 75 €

82 83 85 86 88 89 (90) 92 93 **95 96 97 98 99** |**00**| 01 |**02**| 03 |**04**| |**05**| |**06**| |07| |08| |09| 10 11 **12** 13 14 15

Après des heures glorieuses au XIXe s., ce cru a sombré dans la léthargie dans la première moitié du XXe s., avant de renaître grâce aux Miailhe, venus de Siran, aux Châtelier, arrivés de Champagne, et enfin, en 1989, à la MAIF qui a confié en 1992 la gestion à André Lurton. La fille de ce dernier, Christine Lurton Bazin de Caix, a dirigé le domaine entre 2005 et 2013. Laurent Fortin l'a remplacée et en 2014, André Lurton a cédé sa participation à la MAIF. Le vignoble compte 45 ha d'un seul tenant.

Sans chercher à rivaliser avec certains millésimes antérieurs, ce 2015 fait preuve d'une subtile élégance avec un bouquet fin de cerise et de fruits cuits qui voisinent avec de délicates notes toastées. S'inscrivant dans le même registre, le palais révèle un bon équilibre et de plaisantes saveurs. ⧗ 2021-2025

CH. DAUZAC, 1, av. Georges-Johnston, 33460 Labarde, tél. 05 57 88 32 10, chateaudauzac@chateaudauzac.com V r.-v. *MAIF*

CH. DEYREM VALENTIN 2015 ★

Cru bourg.	80000		20 à 30 €

Si à Margaux beaucoup de petits crus ont disparu, rachetés par des classés, certains vignobles familiaux résistent, comme celui-ci, très ancien (1730), qui s'étend sur 15 ha à Soussans. Il est conduit depuis 1972 par Jean Sorge, épaulé par la cinquième génération (ses filles Sylvie et Christelle). Un domaine qui se singularise par un encépagement diversifié.

La robe rubis foncé, traversée de reflets noirs, traduit la jeunesse de ce joli vin. Un peu discret de prime abord, le nez libère à l'aération des arômes de fruits rouges et noirs (cerise, mûre), que complète un léger boisé vanillé. Ample et généreux, le palais séduit par ses saveurs fruitées, tandis que les tanins, bien serrés, viennent rappeler qu'ils ont besoin d'un peu de temps pour s'arrondir davantage. ⧗ 2021-2026

JEAN SORGE, 1, rue Valentin-Deyrem, 33460 Soussans, tél. 05 57 88 35 70, contact@chateau-deyrem-valentin.com V r.-v.

CH. DES EYRINS 2015 ★

	15000		20 à 30 €

En 2009, Éric Grangerou, héritier de trois générations de maîtres de chai à Ch. Margaux, a passé les rênes de cette petite exploitation de 3 ha aux Gonet-Médeville, du château Les Justices à Sauternes.

Si la robe bigarreau a de l'éclat, c'est principalement par son bouquet que ce vin exprime sa personnalité. D'une belle intensité, il déploie une large palette de parfums fruités (myrtille, mûre et prune). Tous ces arômes embaument également le palais, qui charme par l'harmonie entre les flaveurs de raisin et des tanins mesurés. Si ce margaux peut déjà procurer du plaisir, il mérite qu'on lui laisse le temps de grandir. ⧗ 2021-2026

JULIE GONET-MÉDEVILLE, 26, rue du Gal-de-Gaulle, 33460 Margaux, tél. 05 56 76 28 44, contact@gonet-medeville.com r.-v.

B CH. FERRIÈRE 2015 ★

3e cru clas.	70000		30 à 50 €

83 84 (85) **86** 87 88 89 92 **93 94 95 96** 97 **98 99** |**00**| |**01**| |02| **03** |04| |05| |06| |07| |08| 09 10 11 **12** 15

Propriété de la famille Ferrière du XVIIIe s. à 1914, ce cru a été pris en fermage à partir de 1952 par Alexis Lichine, qui transporta les vinifications à Lascombes. Racheté en 1988 par la famille Villard, il renaît en 1992, à la fin du contrat de fermage. Entièrement rénové par Claire Villars-Lurton (Haut-Bages Libéral à Pauillac), le vignoble couvre 20 ha, conduit en bio.

Très gourmand, ce 2015 développe un bouquet particulièrement expressif où les arômes de fruits rouges se mêlent au pain grillé, au cacao et aux épices. Le palais, rond et corsé, s'appuie sur des tanins fermes mais sans dureté, qui contribuent au charme de l'ensemble. ⧗ 2021-2026

CLAIRE VILLARS-LURTON, 33 bis, rue de la Trémoille, 33460 Margaux, tél. 05 57 88 76 65, infos@ferriere.com V r.-v.

CH. GISCOURS 2015 ★

3e cru clas.	280000		50 à 75 €

82 83 85 (86) **88 89** 90 91 **93** 94 97 98 **99 00 01** 02 03 04 |05| |06| |07| |08| **09 10** 11 12 14 15

Giscours est l'un des plus vastes domaines du Médoc (92 ha), commandé par un château monumental, construit par la famille des comtes de Pescatore, des banquiers, pour accueillir l'impératrice Eugénie lorsqu'elle se rendait dans sa villégiature de Biarritz. Très représentatif du grand cru médocain par ses bâtiments, Giscours l'est aussi par son beau terroir de graves profondes, d'une grande homogénéité. Ce troisième cru classé de margaux possède également des parcelles en appellation haut-médoc pour deux étiquettes: Ch. Duthil et le Haut-Médoc de Giscours.

L'olfaction offre un mariage réussi des épices, des fruits confits et du café, avec une petite touche mentholée en appoint qui amène une agréable fraîcheur. Tout en souplesse, le palais se montre fort plaisant par son côté charnu et rond, tout en s'appuyant sur une solide structure tannique. Un beau potentiel en perspective. ⧗ 2022-2028

CH. GISCOURS, 10, rte de Giscours, 33460 Labarde, tél. 05 57 97 09 09, giscours@chateau-giscours.fr V r.-v. 5 *Albada*

CH. HAUT-BRETON LARIGAUDIÈRE Le Créateur 2015 ★★

Cru bourg.	6000		50 à 75 €

Le Belge Émile De Schepper a investi dans le vignoble bordelais à partir de 1950. En plus de sa maison de négoce (De Mour), la famille exploite aussi aujourd'hui une cinquantaine d'hectares en propre: en Médoc, le

Ch. Haut-Breton Larigaudière (margaux), le Ch. Tayet et le Ch. Lacombe Cadiot (bordeaux supérieur); en saint-émilion, Tour Baladoz et Croizille.

Dans la famille depuis 1964, ce cru installé à Soussans étend ses 15 ha de vignes dans différents secteurs de l'appellation. Dans le verre, un pur cabernet-sauvignon particulièrement apprécié du jury pour ses riches arômes de petits fruits rouges et de sous-bois. Au palais, une chair opulente enveloppe un support tannique savoureux. ⧗ 2021-2027 ■ **Ch. du Courneau 2015 ★ (15 à 20 €; 18000 b.)** : un 2015 élégant, au nez de fruits rouges et de vanille, et au palais tout en rondeur. Un vin bien dans son appellation. ⧗ 2021-2025

FAMILLE DE SCHEPPER, 3, rue des Anciens-Combattants, 33460 Soussans, tél. 05 57 88 94 17, contact@de-mour.com V *r.-v.* *de Schepper*

CH. D'ISSAN 2015 ★★

■ 3e cru clas. | 90000 | | 50 à 75 €

82 **83 85 86 88** 89 90 93 94 95 96 98 99 **00** 01 02 03 04 |05| |**06**| |07| |08| 09 10 11 **12** 13 **14 15**

Château fort médiéval d'un côté, manoir du XVIIe s. de l'autre, ce cru classé marie les styles et les époques avec une réelle harmonie, que l'on retrouve dans le chai et sa charpente en forme de carène de navire. Aux commandes depuis 1945, la famille Cruse – associée depuis 2013 à Jacky Lorenzetti, déjà solidement implanté en Médoc – conduit un vignoble de 55 ha planté sur un beau terroir argilo-graveleux au cœur de l'appellation.

Dans sa robe d'un grenat intense, ce vin se présente avec élégance, avant de développer un bouquet avenant, frais et complexe d'épices douces, de boisé grillé et de fruits mûrs. Le palais se montre élégant et puissant à la fois autour de saveurs chocolatées et de tanins encore jeunes et vigoureux, qui assureront une belle évolution à ce margaux des plus réussis. ⧗ 2022-2028 ■ **Blason d'Issan 2015 (20 à 30 €; 90000 b.)** : vin cité.

CH. D'ISSAN, BP 5, 33460 Cantenac, tél. 05 57 88 35 91, issan@chateau-issan.com V *r.-v.*

CH. KIRWAN 2015 ★

■ 3e cru clas. | 123000 | | 50 à 75 €

82 83 **85** (86) 88 **89 93** 94 **95 96** 97 98 **99** |00| 01 **02 03** |04| |**05**| |**06**| |**07**| |08| (09) 10 **11** 12 **14** 15

Commandé par une belle demeure du XIXe s. entourée d'un parc de 2 ha aux arbres centenaires, le domaine dispose de 37 ha de vignes en haut du plateau de Cantenac, terroir de choix s'il en est, implantées pour les deux tiers sur une croupe de graves autour du château, et sur des terres plus argileuses, à l'ouest. Propriété depuis 1926 des Schÿler, l'une des plus anciennes familles du négoce bordelais (XVIIIe s.), Kirwan – du nom de son premier propriétaire irlandais – est aussi l'un des hauts lieux de l'œnotourisme médocain.

Superbe dans sa robe d'un pourpre intense auréolé d'une frange violine, ce vin est un peu fermé au départ, puis son bouquet s'anime à l'aération autour de délicates notes de vanille et de fruits, cerise et myrtille en tête. Admirable de fraîcheur, l'attaque libère des saveurs de fruits qui s'unissent au boisé pour composer un ensemble solide et harmonieux. ⧗ 2022-2028 ■ **Charmes de Kirwan 2015 (30 à 50 €; 117000 b.)** : vin cité.

CH. KIRWAN, 33460 Cantenac, tél. 05 57 88 71 00, mail@chateau-kirwan.com V *r.-v.* *Famille Schÿler*

CH. LABÉGORCE 2015

■ | 120000 | | 20 à 30 €

Bel édifice néoclassique s'élevant au milieu de son vignoble, à la sortie de Margaux et en direction de Pauillac, ce cru a bénéficié d'importants investissements depuis son achat par la famille Perrodo en 1989, également propriétaire du Ch. Marquis d'Alesme. La fusion en 2009 avec le Ch. Labégorce Zédé lui a permis de retrouver son vignoble d'origine (70 ha), celui d'avant le partage de 1794. Nathalie Perrodo-Samani a pris les commandes des propriétés familiales en 2006, après le décès de son père Hubert.

S'il n'entend pas rivaliser avec certains millésimes antérieurs particulièrement réussis, ce vin n'en reste pas moins fort attrayant par sa belle robe d'un pourpre brillant comme par son bouquet qui fait la part belle aux fruits rouges. Sans être très puissant, le palais est à la fois élégant et bien structuré. ⧗ 2021-2026

SC CH. LABÉGORCE, rte de Labégorce, 33460 Margaux, tél. 05 57 88 71 32, contact@labegorce.com V *r.-v.* *Famille Perrodo*

CH. LARRIEU-TERREFORT 2015

■ | 18273 | | 15 à 20 €

Située à Labarde, cette propriété acquise en 1970 par la famille de Thierry Durousseau, est établie à cheval sur les appellations margaux et haut-médoc. Outre son vignoble, replanté à partir de 1989 (9 ha), elle comporte de nombreux prés où paissent des vaches de race limousine, élevées pour leur viande.

L'élégance de la robe rubis se retrouve dans le bouquet, qui marie les fruits rouges à la vanille, puis au palais avec une bonne présence tannique. La finale virile vient rappeler le potentiel intéressant de cette bouteille. ⧗ 2021-2025

THIERRY DUROUSSEAU, 2, av. Georges-Johnston, 33460 Labarde, tél. 06 12 25 03 40, chateau-larieu-terrefort@hotmail.fr V *r.-v.*

♥ CH. LASCOMBES 2015 ★★

■ 2e cru clas. | 300000 | | 75 à 100 €

82 83 **85** (86) **88 89 90 95 96** 97 98 00 **02** 03 **04** |**05**| |**06**| |**07**| |08| |**09**| (10) **11 12** 13 **14 15**

Fondé au XVe s. par le chevalier Antoine de Lascombes, acquis en 1952 par Alexis Lichine, puis par le négoce Bass & Charrington en 1971, ce cru s'est assoupi jusqu'à son rachat en 2001 par le fonds d'investissement américain Colony Capital. Un grand programme a été mis en place sous la conduite de Dominique Befve, ancien des domaines Rothschild, pour rénover ce vaste vignoble de 120 ha très morcelé. Lascombes, racheté en 2011 par la MACSF, a aujourd'hui retrouvé son rang.

D'une grande harmonie, ce margaux charme l'œil par sa robe bordeaux aussi intense que son bouquet explosif de cassis et de violette sur fond de fines nuances boisées. On retrouve ces saveurs dans un palais dense, ample, charnu, doté de tanins puissants mais bien domptés. Un vin de haute expression, qui conjugue force et élégance. ⧗ 2022-2030

CH. LASCOMBES, 1, cours de Verdun, 33460 Margaux, tél. 05 57 88 70 66, contact@chateau-lascombes.fr V r.-v. *MACSF*

MALESCOT SAINT-EXUPÉRY 2015 ★★

■ 3ᵉ cru clas. | 106450 | | 30 à 50 €

82 **83 85 86 88** 89 90 **94 95 96 98 99** |**00**| 02 **03** 04
|05| |06| |(07)| |**08**| (09) **10 11** 12 13 **15**

Un nom double et prestigieux pour ce cru, la première partie faisant référence à Simon Malescot, conseiller de Louis XIV et propriétaire du domaine à la fin du XVIIᵉs., et la seconde à l'arrière-grand-père du célèbre aviateur. Doté d'un beau terroir de graves épaisses, jouxtant ceux des châteaux Margaux et Palmer, le vignoble (28 ha) est, depuis 1955, la propriété des Zuger, originaires de Suisse, qui lui ont redonné sa grandeur d'antan.

L'intensité de sa robe annonce la jeunesse de ce vin, dont le nez, complexe et intense, mêle les fruits noirs et rouges, le café grillé, le tabac et la réglisse. Le palais, souligné par de fraîches notes mentholées, repose sur des tanins doux et soyeux, mais qui demandent encore un peu de temps pour mûrir. ⧗ 2021-2028

SCEA CH. MALESCOT SAINT-EXUPÉRY, 33460 Margaux, tél. 05 57 88 97 20, malescotsaintexupery@malescot.com V r.-v.

♥ CH. MARGAUX 2015 ★★★

■ 1ᵉʳ cru clas. | n.c. | | + de 100 €

61 70 71 75 78 **79** 80 **81** |(82)| **83 84** |**85**| |**86**| **87** |**88**| |**89**|
|**90**| **91 92** |**93**| |**94**| |(95)| |(96)| |**97**| |(98)| |(99)| |(00)| |**01**| |**02**|
|**03**| |**04**| (05) (06) **07** (08) (09) (10) **11** (12) **13 14** (15)

Un mythe dressé au bout d'une longue allée de platanes. La majesté de la demeure de style néopalladien (bâtie en 1810), qui a succédé à une ancienne maison forte appartenant à de grandes familles de la région, a contribué à sa renommée. Le domaine est constitué à la fin du XVIᵉs., et le vignoble créé à la fin du siècle suivant par un parent des Pontac. Passé entre plusieurs mains au fil des siècles, il est acquis en 1977 par André Mentzelopoulos (Felix Potin). Drainage, replantations, tonnellerie intégrée... une vaste rénovation du domaine est engagée, à la vigne, au chai et au château, et fait entrer le cru dans l'ère moderne. Le nouveau chai, œuvre de Norman Foster, a été inauguré en 2015. Le vignoble de 99 ha doit aussi sa qualité à son terroir d'exception, une vaste et superbe dalle calcaire recouverte de graves fines. Il est conduit depuis 1980 par Corinne Mentzelopoulos, fille d'André, qui a pu compter pendant plus de trente ans sur Paul Pontallier, entré en 1983 au château et devenu directeur en 1990: une carrière qui s'est hélas achevée prématurément en mars 2016. Ingénieur agronome, Philippe Bascaules, qui a travaillé vingt ans au château avant de diriger un grand domaine californien, le remplace en 2017.

Le dernier millésime supervisé par le regretté Paul Pontallier, qui nous lègue un inoubliable margaux. Paré d'une éclatante robe grenat, profonde et dense, le grand cru 2015 propose une olfaction intense, d'une complexité rare, mêlant notes fruitées (mûre, cassis), florales (violette, rose), épicées (girofle, cardamone) et fragrances évoquant le bois de santal. Après une attaque fraîche et acidulée, se développe un palais magistral, à la fois ample, riche, et d'une finesse qui n'appartient qu'au cru, doté de tanins somptueux qui roulent sous la langue et d'une finale fraîche interminable. Un vin inimitable, une future légende. ⧗ 2024-2040

SCA DU CH. MARGAUX, BP 31, 33460 Margaux, tél. 05 57 88 83 83, chateau-margaux@chateau-margaux.com

PAVILLON ROUGE DU CH. MARGAUX 2015 ★★

■ | n.c. | | + de 100 €

82 83 84 85 86 88 89 90 93 95 96 97 98 99 00 01 |02|
|**03**| |04| |**05**| |**06**| |07| |08| **09 10 11 12 13 14 15**

Le deuxième vin de Ch. Margaux. Apparu au XIXᵉs., il prend son nom définitif en 1908 et n'est plus produit à partir des années 1930 jusqu'à l'arrivée d'André Mentzelopoulos en 1977. Il n'a cessé de croître afin d'améliorer la qualité du «premier»: il est issu des vins non retenus, lors des assemblages, pour le grand vin. Depuis quelques années, la sélection d'un troisième vin vient renforcer la qualité du Pavillon.

Jamais l'exigence de qualité n'a été aussi grande pour le Pavillon rouge: le millésime 2015 ne représente en effet que 23 % de la récolte, soit deux fois moins qu'il y a dix ans. Grâce à cette rigueur, le style ne cesse de se rapprocher de celui du grand vin. La preuve ici avec ce 2015 au nez fin et délicat évoquant les fruits rouges cuits, la rose ancienne, le poivre et le cacao. Ces arômes se retrouvent dans une bouche élégante, soyeuse et chaleureuse – millésime solaire oblige –, épaulée par des tanins mentholés et par une grande fraîcheur qui étire longuement la finale, intense et poivrée. Un Pavillon rouge des plus aboutis. ⧗ 2023-2030

SCA DU CH. MARGAUX (PAVILLON ROUGE), BP 31, 33460 Margaux, tél. 05 57 88 83 83, chateau-margaux@chateau-margaux.com

CH. MARQUIS D'ALESME 2015 ★

■ 3ᵉ cru clas. | 60000 | | 30 à 50 €

96 97 99 00 01 03 04 05 |**07**| |08| **09 10 11 12** 13 **14** 15

Commandé par un vaste château de style néo-Louis XIII se dressant au cœur de Margaux, ce domaine de 15 ha est le cru phare des vignobles Perrodo, également propriétaires de Labégorce. Acquis en 2006, il est dirigé par Nathalie Perrodo (fille d'Hubert, décédé l'année du rachat) et Marjolaine de Coninck, directrice générale (ancienne responsable de Fonplégade à Saint-Émilion).

Un authentique margaux: un vrai vin de garde avec beaucoup de personnalité, sans excès de sophistication. La robe presque noire scintille de reflets grenat. De bonne intensité, le bouquet offre une jolie succession de fruits noirs, de senteurs boisées, empyreumatiques, vanillées et réglissées. Le palais, très fruité, se révèle ample et généreux, soutenu par de solides tanins. ⧗ 2022-2028

SC CH. MARQUIS D'ALESME, rte de Labégorce, 33460 Margaux, tél. 05 57 81 13 20, contact@marquis.wine V r.-v. Famille Perrodo

CH. MARQUIS DE TERME 2015 ★

■ 4e cru clas. | 150 000 | | 30 à 50 €

82 (83) **85 86 89** 90 93 **94 95** 96 97 **98** 99 (00) 01 02 03 04 |**05**| 06 |**08**| **09 10 11 12 13** 14 15

À cheval sur les communes de Margaux et de Cantenac, ce cru fondé en 1762 est propriété de la famille Sénéclauze depuis 1935. Aux commandes du vignoble de 40 ha, un nouveau directeur depuis 2009, Ludovic David, ingénieur agronome qui a fait ses armes dans le Libournais, chez Bernard Magrez.

Puissance et élégance: l'équilibre qu'aime cultiver ce cru trouve une belle expression dans ce millésime qui se distingue par le séduisant drapé de sa robe pourpre, constellée d'éclairs violines. Après un bouquet mêlant fruits noirs et boisé fin, une attaque souple et généreuse ouvre sur une bouche fraîche, aux saveurs de myrtille et de mûre, encadrée par de doux tanins qui procurent une belle sensation goûteuse. ⧗ 2022-2028

CH. MARQUIS DE TERME, 3, rte de Rauzan, BP 11, 33460 Margaux, tél. 05 57 88 30 01, mdt@chateau-marquis-de-terme.com V r.-v. Famille Sénéclauze

CH. MONBRISON 2015

■ | 40 000 | | 30 à 50 €

Acquis en 1922 par l'Américain Robert M. David, ce cru fondé au XVIIIes. et commandé par une élégante gentilhommière a été remis sur les rails dans les années 1980 par son petit-fils Jean-Luc Vonderheyden (disparu en 1992). Le frère de ce dernier, Laurent, conduit aujourd'hui un vignoble de 15 ha d'un seul tenant, au sud de Margaux.

Ce 2015, paré d'une belle robe rubis sombre, présente un bouquet discret mais subtil de fruits confits un peu toastés. D'abord souple et tendre, le palais révèle ensuite une belle densité de tanins mûrs, avec une note minérale en finale. ⧗ 2021-2026

SCEA DU CH. MONBRISON, 1, allée de Monbrison, 33460 Arsac, tél. 05 56 58 80 04, lvdh33@wanadoo.fr r.-v.

CH. MONGRAVEY 2015 ★

■ Cru bourg. | 90 000 | | 20 à 30 €

La famille Bernaleau est propriétaire de plusieurs crus dans la partie sud du Médoc, dont le plus connu est le Ch. Mongravey en margaux, constitué en 1981. Dernier-né (2011), le Ch. Galland est un microcru (à peine 1 ha) en moulis, situé sur l'un des plus hauts points du Médoc, au pied d'un ancien moulin médiéval.

Un 2015 riche en couleur comme en arômes complexes : cassis, cerise, mûre, vanille. Au palais, l'équilibre des saveurs et des tanins est très réussi, avec une finale encore marquée par l'élevage en barriques. ⧗ 2021-2026

■ **Mongravey La Cuvée 2015 ★ (30 à 50 €; 3000 b.)** : issue d'une sélection parcellaire minutieuse, ce 2015 se montre pour l'heure fermé à l'olfaction, mais dévoile un palais riche et tannique, aux saveurs de fruits noirs et d'épices et à la longue finale vanillée. Patience. ⧗ 2023-2026

SARL MONGRAVEY, 8, av. Jean-Luc-Vonderheyden, 33460 Arsac, tél. 05 56 58 84 51, chateau.mongravey@wanadoo.fr V r.-v. E Bernaleau

CH. PALMER 2015 ★★

■ 3e cru clas. | n.c. | | + de 100 €

82 83 84 **85** (86) **88 89 90 91 92 93 94** |**95**| **96 97 98** |**99**| |**00**| |**01**| |**02**| |**03**| |04| |**05**| |**06**| |**07**| **08 09** (10) **11 12 13** 14 **15**

L'histoire veut que le général britannique Charles Palmer ait, lors d'un voyage en France en 1814, succombé au charme de Marie de Gascq, qui cherchait preneur pour son cru médocain Palmer était né. Suivent en 1853 les frères Pereire, banquiers influents qui édifient le château actuel et développent le vignoble, puis, à partir de 1938, les familles Mähler-Besse, Sichel, Miailhe et Ginestet (ne restent plus que les deux premières). Géré depuis 2004 par Thomas Duroux, ce 3e cru classé, souvent considéré comme un « super-second », étend ses 66 ha sur les moutonnements de Cantenac.

Se présentant dans une robe d'un beau rouge foncé, ce grand margaux affiche fièrement ses ambitions. Son expression aromatique, mêlant la crème de cassis à des notes briochées d'élevage, est à la hauteur. Le palais ne déçoit aucunement: l'alliance d'une chair à la fois fine et onctueuse, de tanins racés et d'un intense fruit est remarquable. Une finale des plus persistantes conclut parfaitement la démonstration. ⧗ 2023-2030

CH. PALMER, lieu-dit Issan, 33460 Margaux, tél. 05 57 88 72 72, chateau-palmer@chateau-palmer.com V r.-v.

CH. PAVEIL DE LUZE 2015 ★

■ Cru bourg. | 165 000 | | 20 à 30 €

Remontant au XVIIes., un vaste château possédant une roseraie et un vignoble de 32 ha d'un seul tenant, implanté sur les graves garonnaises du plateau de Soussans. Le baron Alfred de Luze a acquis en 1862 la propriété, gérée depuis 2016 par une de ses descendantes, Marguerite de Luze.

Confirmant la progression du cru, ce millésime nous fait découvrir un joli vin dont l'attrait ne se limite pas à sa belle couleur grenat à reflets noirs. Encore dominé par le bois avec des notes toastées, le bouquet libère d'agréables notes de cerise noire à l'agitation. ⧗ 2021-2026

FAMILLE DE LUZE, 3, chem. du Paveil, 33460 Soussans, tél. 09 75 64 57 97, contact@chateaupaveildeluze.com V r.-v.

CH. POUGET 2015 ★★

■ 4e cru clas. | 18 000 | | 50 à 75 €

85 86 88 89 90 92 94 95 96 97 98 99 00 **01** 02 03 04 |05| |06| |07| |08| |09| 10 11 12 13 14 **15**

Réputé de longue date pour ses vins – le maréchal-duc de Richelieu en vantait les vertus au XVIIIes. (son blason est toujours apposé sur l'étiquette) –, ce cru

de 10 ha, classé en 1855, est entré dans la famille Guillemet (Boyd-Cantenac) en 1906. Lucien Guillemet est aux commandes depuis 1996.

Discret d'abord, le bouquet de ce 2015 s'épanouit à l'aération sur une palette séduisante mêlant la confiture de groseille, la prune et des nuances toastées. Cette belle complexité se retrouve dans un palais à la fois rond et tannique. Une superbe harmonie, magnifiquement travaillée. ⧗ 2023-2030

SCE CHÂTEAUX BOYD-CANTENAC ET POUGET, 11, rte de Jean-Faure, 33460 Cantenac, tél. 05 57 88 90 82, guillemet.lucien@wanadoo.fr r.-v.
Famille Guillemet

CH. PRIEURÉ-LICHINE 2015 ★

■ 4ᵉ cru clas. | 213 000 | | 30 à 50 €

82 83 86 88 89 90 92 93 96 97 (98) 99 00 01 02 **03** 04 |05| |06| |07| |08| |09| 10 11 **12** 14 15

Fondé par les moines de l'abbaye de Vertheuil, l'ancien prieuré Saint-Didier de Cantenac produisait un vin déjà renommé sous l'Ancien Régime. Mais il doit sa célébrité – et son nom actuel: le cru s'appelait alors Prieuré-Cantenac – à Alexis Lichine. Ce célèbre propriétaire et négociant américano-russe, surnommé le «pape du vin» et auteur d'une *Encyclopédie des vins et des alcools de tous les pays* qui fit longtemps référence, acquit le cru en 1951 et le fit renaître. Propriété du groupe bordelais Ballande depuis 1999, il compte 80 ha de vignes implantées au cœur du plateau de Cantenac-Margaux. La direction technique est entre les mains d'Étienne Charrier depuis 2009.

Si l'expression aromatique est encore dominée par les notes toastées et vanillées de l'élevage, les fruits noirs commencent à percer, laissant entrevoir leur future intensité. L'ensemble aura le temps de se fondre, la structure étant bien en place avec ses tanins francs, virils et réglissés, et la matière, ample et dense, ainsi que la longue finale se portent également garantes du potentiel de cette bouteille. ⧗ 2022-2028

CH. PRIEURÉ-LICHINE, 34, av. de la Vᵉ-République, 33460 Cantenac, tél. 05 57 88 36 28, contact@prieure-lichine.fr r.-v. *Groupe Ballande*

CH. RAUZAN-SÉGLA 2015 ★★

■ 2ᵉ cru clas. | 150 000 | | 75 à 100 €

82 **83 85** (86) **88 89 90** 91 **92 93 94 95** (96) **97** (98) **99** |(00)| |**01**| |**02**| **03 04 05** |**06**| |**07**| **08 09 10 11 12** 13 **14 15**

L'un des crus les plus anciens de Margaux, créé en 1661 par Pierre de Rauzan. Cet ancien fief de la seigneurie de Ch. Margaux fut scindé en deux sous la Révolution, donnant Rauzan-Gassies et Rauzan-Ségla. Quelque peu endormi au cours du XXᵉs., le cru classé (une mosaïque de 70 ha aujourd'hui) s'est «réveillé» à partir de 1994, date de sa reprise par la famille Wertheimer (Chanel), qui a beaucoup investi, tant au château qu'à la vigne et au chai. Depuis, Rauzan-Ségla a retrouvé son rang, d'abord sous la direction de John Kolasa, aujourd'hui à la retraite, puis sous celle de Nicolas Audebert, revenu d'Argentine et du Cheval des Andes (LVMH) pour s'occuper des vignobles du groupe Chanel.

Dès le premier contact, les reflets noirs de la robe bordeaux foncé annonce un vin de garde. Et déjà le bouquet apparaît intense: réglisse, épices (vanille), fruits rouges et noirs... la palette est large. Le palais n'est pas en reste: à la fois savoureux, corsé, puissant et élégant, il est doté d'une structure tannique au solide potentiel. ⧗ 2022-2028

CH. RAUZAN-SÉGLA, rue Alexis-Millardet, 33460 Margaux, tél. 05 57 88 82 10, contact@rauzan-segla.com *Chanel*

CH. SIRAN 2015 ★★

■ | 120 000 | | 30 à 50 €

Ancienne propriété des grands-parents de Toulouse-Lautrec, le Ch. Siran est entré dans la famille Miailhe en 1859. Depuis 2007, c'est Édouard Miailhe qui en détient les clés. Le vignoble s'étend sur 36 ha: 9 ha en bordeaux supérieur, 2 ha en haut-médoc et 25 ha en margaux, au sud de l'aire d'appellation, sur le plateau de croupes graveleuses de Labarde; un terroir de grande qualité qui lui aurait sans doute valu d'intégrer le fameux classement de 1855 si les Miailhe étaient arrivés plus tôt.

Très charmeur avec son bouquet complexe mêlant les fruits rouges et un fin merrain aux notes épicées, cet harmonieux 2015 séduit aussi par la profondeur de sa robe, d'un rouge sombre, comme par ses tanins élégants et soyeux et par sa grande fraîcheur en bouche. ⧗ 2022-2028 ■ **S de Siran 2015** ★ **(15 à 20 €; 27 000 b.)** : un second vin souple et fin, mûr et gourmand, non dénuée de complexité et aux tanins frais. Parfait pour attendre le grand vin. ⧗ 2021-2024

SC CH. SIRAN, 13, av. du Comte-J.-B.-de-Lynch, 33460 Labarde, tél. 05 57 88 34 04, info@chateausiran.com r.-v. *Famille Miailhe*

CH. DU TERTRE 2015 ★

■ | 150 000 | | 30 à 50 €

Unique cru classé de la commune d'Arsac, ce domaine, propriété d'Éric Albada-Jelgersma comme Giscours, s'étend sur 52 ha d'un seul tenant; il est situé, comme son nom l'indique, sur l'une des plus hautes croupes du Médoc.

L'harmonie qui se dégage de la robe, intense et profonde, se manifeste aussi dans le bouquet, où les arômes de fruits noirs et les notes de boisé torréfié s'accordent parfaitement. On la perçoit également en bouche, où le vin s'appuie sur des tanins suaves et délicats, et déploie une longue finale épicée. ⧗ 2022-2026

SEV CH. DU TERTRE, 14, allée du Tertre, 33460 Arsac, tél. 05 57 88 52 52, tertre@chateaudutertre.fr r.-v. 5
Albada

CH. LA TOUR DE BESSAN 2015 ★

■ | 90 800 | | 20 à 30 €

Œnologue de formation, Marie-Laure Lurton a pris la tête en 1992 de trois domaines médocains de son père Lucien: Villegeorges (haut-médoc), Duplessis (moulis) et La Tour de Bessan (margaux). Ce dernier, acquis en 1972 et situé à Soussans, doit son nom à une tour du XIIIᵉs.

Une robe intense et limpide, un bouquet fruité qui s'enrichit de notes épicées et chocolatées: ce vin sait se présenter. Après une attaque franche et pleine, le palais séduit en révélant une matière charnue et un bel équilibre entre fruité et boisé. La finale, longue et ample, laisse une impression de plénitude. ⧗ 2021-2024

⊶ MARIE-LAURE LURTON, 17, chem. de Villegeorges, 33480 Avensan, tél. 05 57 88 84 23, contact@marielaurelurton.com V ♿ ▪ *r.-v.*

CH. LES VIMIÈRES Le Tronquéra 2015 ★★

■	n.c.	◍ ▮	15 à 20 €

En 1984 Jacques Boissenot, œnologue à Lamarque, a acquis, à Soussans, une parcelle de moins de 46 ares de merlot fort bien située sur un plateau de graves d'appellation margaux. Un cru de poche aujourd'hui conduit par son fils Éric.

Ce vin fait une entrée remarquable dans le Guide. Il se distingue d'emblée par sa robe intense et par son bouquet unissant parfaitement les parfums de fruits très mûrs et les notes boisées. Ces arômes se prolongent dans un palais aux tanins souples, équilibrés et bien fondus, évoluant avec beaucoup de complexité et de persistance jusque dans une longue finale épicée. Un petit cru, mais un grand margaux. ⧗ 2022-2028

⊶ ÉRIC BOISSENOT, 47, rue principale, 33460 Lamarque, tél. 06 83 51 72 72, ec.boissenot@wanadoo.fr V ♿ ▪ *r.-v.*

MOULIS-EN-MÉDOC

Superficie : 630 ha / Production : 23 830 hl

Ruban de 12 km de long sur 300 à 400 m de large, moulis est la moins étendue des appellations communales du Médoc. Elle offre pourtant une large palette de terroirs.

Comme à Listrac, ceux-ci forment trois ensembles. À l'ouest, près de la route de Bordeaux à Soulac, le secteur de Bouqueyran présente une topographie variée, avec une crête calcaire et un versant de graves anciennes (pyrénéennes). Au centre, une plaine argilo-calcaire prolonge celle de Peyrelebade (voir listrac-médoc). Enfin, à l'est et au nord-est, près de la voie ferrée, se développent des croupes de graves du Günz (graves garonnaises) qui constituent un terroir de choix. C'est dans ce dernier secteur que se trouvent les buttes réputées de Grand-Poujeaux, Maucaillou et Médrac.

Charnus, les moulis se caractérisent par leur caractère suave et délicat. Tout en étant de garde (sept à huit ans), ils peuvent s'épanouir un peu plus rapidement que les vins des autres appellations communales.

CH. BISTON-BRILLETTE 2015

■ Cru bourg.	113 000	◍ ▮	15 à 20 €

Né en 1827, ce cru fut démembré pendant la crise des années 1930. En 1963, la marque et 5 ha de vignes sont achetés par la famille Lagarde, dont les héritiers, Christiane et Michel Barbarin, sont toujours aux commandes. La superficie du vignoble est aujourd'hui de 26,5 ha.

S'annonçant par une belle robe grenat à reflets noirs, ce vin est encore dominé par le bois et ses tonalités torréfiées, mais il libère à l'aération des notes de fruits noirs. Le palais se révèle charnu, avec une bonne présence tannique. ⧗ 2021-2024

⊶ EARL CH. BISTON-BRILLETTE, 91, rte de Tiqueporte, 33480 Moulis-en-Médoc, tél. 05 56 58 22 86, contact@chateaubistonbrillette.com V ♿ ▪ *t.l.j. sf dim. 10h-12h 14h-18h; sam. 10h-12h ⊶ Barbarin*

CH. BOUQUEYRAN 2015 ★

■	82 200	▮	11 à 15 €

Clos Margalaine et Marojallia à Margaux, Bouqueyran à Moulis, Rose Sainte-Croix à Listrac, Benjamin de Margalaine en haut-médoc, les domaines Philippe Porcheron regroupent plusieurs crus médocains (167 ha en production) qui lui permettent d'offrir une belle collections de vins et d'étiquettes dans différentes appellations.

Sans chercher à rivaliser avec son voisin listracais (Rose Sainte Croix), ce moulis impressionne par la profondeur de sa robe, d'un rubis très sombre. Très expressif, le bouquet offre d'élégants parfums de cerise, tandis qu'au palais se développent des tanins puissants et soyeux à la fois. ⧗ 2021-2026

⊶ PHILIPPE PORCHERON, 2, rue du Gal-de-Gaulle, 33460 Margaux, tél. 05 56 58 35 77, chateau@marojallia.com V ♿ ▪ *r.-v.*

CH. BRANAS GRAND POUJEAUX 2015 ★★

■ Cru bourg.	40 000	◍	20 à 30 €

02 03 **04** ⑤ **06** 07 08 |⑨| |**10**| 11 **12** 13 14 **15**

Ce cru confortablement établi sur 12 ha de graves garonnaises, entre les prestigieux châteaux Chasse-Spleen et Poujeaux, a été repris en 2002 par Justin Onclin (également propriétaire de Villemaurine à Saint-Émilion). Ce dernier, aussi méticuleux à la vigne qu'au chai, y a beaucoup investi et en a fait un domaine très régulier en qualité.

Somptueux dans sa robe bordeaux à reflets rubis, ce 2015 particulièrement réussi développe un bouquet fin de raisin bien mûr, de fruits rouges cuits et d'orange sanguine. La bouche, persistante, subtile et élégante, confirme la finesse du nez et révèle la qualité du terroir. ⧗ 2021-2024

⊶ JUSTIN ONCLIN, lieu-dit Grand-Poujeaux, 33480 Moulis-en-Médoc, tél. 05 56 58 93 30, contact@branasgrandpoujeaux.com

CH. BRILLETTE 2015

■ Cru bourg.	165 000	◍	15 à 20 €

Dans la famille Flageul depuis 1976, ce vaste domaine étend ses terres sur 110 ha, dont 40 ha sont dédiés à la vigne et plantés sur la croupe de graves dominant le Tiquetorte, ruisseau séparant Moulis et Avensan.

Malgré une certaine austérité en finale, ce vin se montre déjà plaisant par son expression aromatique qui intègre l'apport du fût, reconnaissable aux arômes grillés, à l'intensité du fruité (fruits rouges, cerise noire). La puissance de sa structure laisse supposer une garde sereine. ⧗ 2021-2025

⊶ SARL CH. BRILLETTE, rte de Peyvignau, 33480 Moulis-en-Médoc, tél. 05 56 58 22 09, contact@chateau-brillette.fr V 🚶 🍷 *r.-v. ⊶ M. Flageul*

CH. CAROLINE 2015 ★

■ Cru bourg. | 37000 | 🛢 | 11 à 15 €

Les Chanfreau, viticulteurs rapatriées d'Algérie, possèdent plusieurs crus dans le Médoc, gérés aujourd'hui par Jean Chanfreau, ingénieur agronome, avec son épouse Marie-Hélène et sa soeur Caroline Chanfreau-Philippon. Encadrant la route de Soulac un peu avant le bourg de Listrac en arrivant de Bordeaux, les domaines de Fonréaud et Lestage présentent la particularité de posséder deux châteaux de style Napoléon III (de l'architecte Garros pour le premier). Les deux crus, de même que le Clos des Demoiselles, acquis en 1962, possèdent un beau terroir de graves pyrénéennes avec des calcaires et argilo-calcaires pour Lestage. En 1981, les Chanfreau ont également acquis le Ch. Caroline en AOC moulis (6 ha).

Un vin bien dans son appellation et dans son millésime. Ce 2015 déploie un bouquet qui s'ouvre sur le boisé avec des notes torréfiées et vanillées, avant de laisser apparaître à l'aération un joli fruité. Franc, souple et bien équilibré, de belle structure, le palais mêle les saveurs fruitées et les tanins boisés jusque dans une finale persistante et fraîche. ⧗ 2021-2025

⊶ SC CH. LESTAGE, 33480 Listrac-Médoc, tél. 05 56 58 02 43, contact@vignobles-chanfreau.com V 🚶 🍷 *r.-v. ⊶ Famille Chanfreau*

CH. CHASSE-SPLEEN 2015 ★

■ | 394000 | 🛢 | 20 à 30 €

Premier cru acquis par Jacques Merlaut (1976), cofondateur du groupe Taillan, Chasse-Spleen doit sa notoriété en partie à son nom, suggéré, dit-on, au propriétaire de l'époque par le peintre bordelais Odilon Redon, illustrateur des *Fleurs du mal*, ou par Lord Byron, amateur du vin de la propriété, «qui n'a pas son pareil pour chasser les idées noires»... Mais la renommée de ce vaste domaine (102 ha) tient aussi, et surtout, à l'ancienneté de sa vocation viticole (1865) et à la qualité de ses vins, nés sur un terroir de graves garonnaises. Le cru possède également 21 ha dans l'appellation haut-médoc. Le vin s'est appelé Ermitage de Chasse Spleen jusqu'en 2000, avant d'être rebaptisé L'Héritage de Chasse-Spleen. Aux commandes de l'ensemble depuis 2000, Céline Villars-Foubet, petite-fille de Jacques Merlaut.

Ce 2015 paraît encore bien jeune, mais ses tanins serrés, sa concentration, son équilibre, ainsi que la complexité de son nez aux belles notes de fruits rouges mûrs sur fond boisé, annoncent de bien belles promesses. ⧗ 2022-2030

⊶ SAS CH. CHASSE-SPLEEN, 32, chem. de la Raze, 33480 Moulis-en-Médoc, tél. 05 56 58 02 37, info@chasse-spleen.com V 🚶 🍷 *r.-v.* 🏠 ⑤ *⊶ Céline Villars-Foubet*

CH. DUTRUCH GRAND POUJEAUX 2015

■ | 125000 | 🛢 | 20 à 30 €

Situé sur la croupe de Grand-Poujeaux, ce cru d'une trentaine d'hectares – fondé en 1850 par M. Dutruch – bénéficie d'un terroir de graves garonnaises de qualité. Acquis par la famille des actuels propriétaires en 1967, il est géré depuis 2016 par François Cordonnier.

Malgré une certaine austérité en finale, ce vin laisse une impression favorable, les apports du bois et du fruit s'équilibrant pour tapisser agréablement le palais. ⧗ 2020-2024

⊶ SCEA FRANÇOIS CORDONNIER, 10, rue de la Forge, 33480 Moulis-en-Médoc, tél. 05 56 58 02 55, contact@chateaudutruch.com V 🚶 🍷 *r.-v.*

CH. GALLAND 2015 ★

■ | 5000 | 🛢 | 15 à 20 €

La famille Bernaleau est propriétaire de plusieurs crus dans la partie sud du Médoc, dont le plus connu est le Ch. Mongravey en margaux, constitué en 1981. Dernier-né (2011), le Ch. Galland est un micro-cru (à peine 1 ha) en moulis, situé sur l'un des plus hauts points du Médoc, au pied d'un ancien moulin médiéval.

Une belle robe grenat, un bouquet aux élégantes notes fruitées et toastées : la présentation de ce joli 2015 met en confiance. Bien charpenté par des tanins veloutés, le palais s'exprime aussi avec bonheur, avant de laisser place à une finale fruitée d'une belle amplitude. ⧗ 2021-2026

⊶ SARL MONGRAVEY, 8, av. Jean-Luc-Vonderheyden, 33460 Arsac, tél. 05 56 58 84 51, chateau.mongravey@wanadoo.fr V 🚶 🍷 *r.-v.* 🏠 Ⓔ *⊶ Bernaleau*

CH. HAUT-BELLEVUE 2015

■ | 9600 | 🛢🍾 | 15 à 20 €

L'aïeul, qui louait ses bras dans les propriétés voisines, a débuté avec un demi-hectare à la fin du XIXᵉs. Les quatre générations suivantes ont agrandi le domaine. Installés en 1986, Alain et Corinne Roses, disposent d'un vignoble de 16 ha à cheval sur plusieurs appellations: haut-médoc, où se trouve l'essentiel du vignoble, margaux (Ch. Grand Tayac, acquis en 2004) et moulis, où se trouve une petite parcelle.

Ce moulis séduit par l'élégance de son bouquet généreux de fruits mûrs. Bien équilibré, suave et rond, le palais témoigne d'une bonne présence tannique qui permettra au bois, encore un peu dominant, de se fondre assez rapidement. ⧗ 2020-2023

⊶ ALAIN ROSES, 10, chem. des Calinottes, 33460 Lamarque, tél. 05 56 58 91 64, contact@chateauhautbellevue.com V 🚶 🍷 *r.-v.*

CH. MALMAISON
Baronne Nadine de Rothschild 2015 ★★

■ | 73500 | 🛢🍾 | 20 à 30 €

Edmond de Rothschild – arrière-petit-fils de James, qui fit entrer Lafite dans la famille en 1868 – a acquis en 1973 le Ch. Clarke, en listrac, et le Ch. Malmaison, en moulis, avant de fonder la Compagnie vinicole Baron Edmond de Rothschild, propriétaire de plusieurs crus en Bordelais et dans le Nouveau Monde.

Riche et complexe, le bouquet s'exprime généreusement autour de belles notes de fruits rouges, de cassis, de cuir et de torréfaction. Tout aussi expressif, le palais se développe harmonieusement et laisse le souvenir d'un ensemble aimable, onctueux et tendre, sans manquer de structure. ⧗ 2021-2026

BENJAMIN DE ROTHSCHILD, 1, Laurets, 33570 Puisseguin, tél. 05 57 74 63 40, contact@edrh-wines.com V *r.-v.*

CH. MOULIN À VENT 2015

■ Cru bourg. | 11994 | | 20 à 30 €

Situé sur le coteau qui ferme les appellations moulis et listrac à l'ouest, ce cru de 22 ha est commandé par une élégante chartreuse. Il appartient à la société Bordeaux Vineam, qui exploite en tout 250 ha dans plusieurs vignobles du Bordelais et en Bergeracois. Une affaire créée par les frères Yi Zhu et Hongtao You, l'un Chinois, l'autre Canadien, qui ont fait fortune dans la pharmacie. Elle est dirigée par une équipe d'œnologues avec à sa tête Jean-Baptiste Soula.

Sans se montrer d'une force exceptionnelle, ce vin se révèle bien constitué, offrant une agréable souplesse et une belle expression aromatique autour des fruits cuits et de la vanille. Un ensemble flatteur. ⧗ 2021-2025

SCA MOULIN À VENT, 72, av. du Médoc, 33480 Moulis-en-Médoc, tél. 05 57 40 08 88, jb.soula@bordeaux-vineam.fr *Bordeaux Vineam*

CH. MOULIS 2015 ★

■ | 10000 | | 50 à 75 €

La famille Guillot dirige deux crus en appellation moulis-en-médoc: le Ch. Graveyron Poujeaux (5 ha), acquis en 2013, et le Ch. Moulis, acheté en 2015 (2,5 ha).

S'il est encore un peu trop marqué par le bois, ce vin dispose d'une structure tannique et d'une expression fruitée (fruits rouges et noirs) intéressantes, qui lui permettront de gagner en harmonie avec le temps. Un 2015 encore très jeune et prometteur. ⧗ 2022-2028 ■ **Ch. Graveyron Poujeaux 2015 ★ (30 à 50 €; 21000 b.)** : un moulis volontaire, moderne, au caractère richement boisé et au palais ample, gras, solaire, taillé pour la garde. ⧗ 2022-2028

CHRISTIAN GUILLOT, 19, av. de la Gironde, 33480 Moulis-en-Médoc, tél. 06 82 12 90 10, contact@chateaumoulis.com V *r.-v.*

CH. MYON DE L'ENCLOS 2015 ★

■ | 30000 | | 11 à 15 €

Issu d'une famille d'agriculteurs de Listrac, Bernard Lartigue a créé le Ch. Mayne Lalande en 1982; un domaine qui s'étend aujourd'hui sur 15 ha à l'ouest de la commune, à l'orée de la pinède, complété depuis par les 5 ha de vignes du Ch. Myon de L'Enclos dans l'appellation «sœur», moulis-en-médoc.

Sa belle robe sombre et brillante et son bouquet expressif et complexe annoncent de jolies promesses. À juste titre car, bien soutenue par le bois, la bouche, charnue, ronde et puissante, confirme le potentiel et l'attrait de cette bouteille dont la mâche et les tanins laissent le souvenir d'un ensemble harmonieux. ⧗ 2021-2026

BERNARD LARTIGUE, 7, rte du Mayne, 33480 Listrac-Médoc, tél. 05 56 58 27 63, blartigue2@wanadoo.fr V *t.l.j. sf sam. dim. 9h-12h30 14h-17h30* 5

CH. POUJEAUX 2015 ★

■ | 290000 | | 30 à 50 €

82 83 85 (86) **87 88 89 90 93 94 95 96 97 98 99 00** 01 02 03 04 **|05| |06|** 07 **|08| |09| 10** 11 12 13 **14** 15

Oublié du classement de 1855, Moulis étant resté longtemps un pays de céréaliculture, ce cru figure néanmoins parmi les plus réputés du Médoc. Ancienne seigneurie dépendante de Latour Saint-Maubert, futur Ch. Latour, il connaît un essor dans les années 1920 avec la famille Theil, qui unifia le vignoble – aujourd'hui 68 ha d'un seul tenant sur le beau terroir de graves de Grand-Poujeaux – et porta le domaine au sommet de l'appellation. Depuis 2008, il appartient à Philippe Cuvelier, propriétaire du Clos Fourtet (1er grand cru classé de Saint-Émilion), qui maintient haut l'exigence de qualité.

Entre rubis et grenat, la teinte foncée de la robe, traversée de reflets noirs, traduit la jeunesse de ce vin. Cette dernière s'exprime également à travers le bouquet, qui distille progressivement des arômes de fruits noirs (mûre) et de boisé vanillé. Ample et généreux, le palais révèle une matière puissante alliée à des tanins riches qui promettent une garde harmonieuse. ⧗ 2022-2028 ■ **La Salle de Ch. Poujeaux 2015 ★ (11 à 15 €; 75000 b.)** : un moulis riche et gorumand, dont le toucher de bouche particulièrement velouté a fortement séduit le jury. ⧗ 2019-2024

PHILIPPE CUVELIER, 33480 Moulis-en-Médoc, tél. 05 56 58 02 96, contact@chateau-poujeaux.com V *r.-v.*

CH. RUAT PETIT POUJEAUX 2015

■ | 40000 | | 11 à 15 €

Dans la même famille depuis 1871, ce cru servit de pâture aux brebis après le grand gel de 1956 qui détruisit partout les ceps. Il a connu une seconde jeunesse dans les années 1970, quand Pierre Goffre-Viaud s'est lancé dans la replantation du vignoble – 15 ha aujourd'hui – et dans la rénovation des équipements.

Le nez de ce 2015 est particulièrement engageant, jouant d'abord sur la cerise noire, puis, au deuxième plan, sur un bon boisé fumé. Bien équilibré, le palais s'avère savoureux et ample, soutenu par une trame tannique fondue. ⧗ 2020-2024

SCEA VIGNOBLES GOFFRE-VIAUD, 57, rte de Tiquetorte, 33480 Moulis-en-Médoc, tél. 05 56 58 25 15, ruat.petit.poujeaux@wanadoo.fr V *r.-v.*

PAUILLAC

Superficie : 1 215 ha / Production : 53 215 hl

À peine plus peuplé qu'un gros bourg rural, Pauillac est une vraie petite ville, agrémentée d'un port de plaisance sur la route du canal du Midi. C'est un endroit où il fait bon déguster, à la terrasse des cafés sur les quais, les crevettes fraîchement pêchées dans l'estuaire. C'est aussi, et surtout, la capitale du Médoc viticole, tant par sa situation géographique au centre du vignoble, que par la

LE BORDELAIS

présence de trois 1ers crus classés (Lafite, Latour et Mouton) complétés par une liste assez impressionnante de quinze autres crus classés. La commune compte aussi une coopérative qui assure une production importante.
L'aire d'appellation est coupée en deux en son centre par le chenal du Gahet, petit ruisseau séparant les deux plateaux qui portent le vignoble. Celui du nord, qui doit son nom au hameau de Pouyalet, se distingue par une altitude légèrement plus élevée (une trentaine de mètres) et par des pentes plus marquées.
Détenant le privilège de posséder deux 1ers crus classés (Lafite et Mouton), il se caractérise par une parfaite adéquation entre sol et sous-sol, que l'on retrouve aussi dans le plateau de Saint-Lambert, au sud du Gahet. Ce dernier bénéficie de la proximité du vallon du Juillac, petit ruisseau marquant la limite méridionale de la commune, qui assure un bon drainage, et de ses graves de grosse taille, particulièrement remarquables sur le terroir du 1er cru de ce secteur, Château Latour.
Provenant de croupes graveleuses très pures, les pauillac allient la puissance et la charpente à l'élégance et à la délicatesse de leur bouquet. Comme ils évoluent très heureusement au vieillissement (jusqu'à vingt-cinq ans), il convient de les attendre.

CH. D'ARMAILHAC 2015 ★

■ 5e cru clas. | n.c. | (fût) | 30 à 50 €

82 83 84 85 (86) **87 88 89 90** 92 **93** 94 **95** 96 97 **98** 99
00 01 **02** |03| |04| |**05**| |06| |07| |08| **09 10 11** 12 13 14 15

Ce cru ancien – on en trouve la trace dès le XVIIe s. – dispose d'un vaste vignoble de 70 ha au nord de Pauillac, sur trois groupes de parcelles. Voisin de Mouton Rothschild, ce qui ne l'empêche pas d'affirmer sa propre personnalité, il appartient lui aussi à la baronnie depuis 1933, année de son acquisition par Philippe de Rothschild.
Quasiment opaque, la robe pourpre aux reflets violets de ce 2015 suggère un vin solide. Solide, et très bien équilibré, comme le démontre le bouquet où l'entente est parfaite entre les arômes fruités (prune, cassis) et la présence boisée. Après une attaque large et enveloppante, le palais s'harmonise autour de saveurs de fruits, d'une chair tendre et de tanins fins et délicats. ⧗ 2021-2028

BARON PHILIPPE DE ROTHSCHILD (CH. D'ARMAILHAC), 10, rue de Grassi, 33250 Pauillac, tél. 05 56 73 20 20, webmaster@bpdr.com

CH. BATAILLEY 2015 ★

■ 5e cru clas. | 270 000 | (fût) | 50 à 75 €

82 **83 85 86 88** 89 90 **92 93 95** (96) **97 98** 99 00 **01** 02
03 |04| |**05**| |06| |07| |08| 09 10 11 12 13 15

Le navire amiral de la maison Borie Manoux, vénérable maison de négoce fondée en 1870 par les Castéja, l'une des plus anciennes familles de Pauillac, propriétaire du cru depuis 1932. Une belle unité de 55 ha à l'extrémité sud-ouest de l'appellation, qui devrait son nom à une bataille s'étant déroulée sur ces terres en 1453.
Même s'il ne s'est pas encore complètement ouvert, le bouquet de ce vin montre déjà qu'il est riche et puissant à travers de belles notes de cassis. Fruité, puissant et onctueux, le palais s'agrémente en finale de touches épicées et boisées. Une très belle bouteille en perspective. ⧗ 2022-2028

HÉRITIERS CASTÉJA, Ch. Batailley, 33250 Pauillac, tél. 05 56 00 00 70, domaines@borie-manoux.fr V r.-v.

CH. BELLEGRAVE 2015 ★

■ | 31 000 | (fût) | 20 à 30 €

Bien connus dans la vallée du Rhône, les Meffre ont pris pied en Médoc dans les années 1950. Jean-Paul Meffre a acquis en 1997 ce petit cru de 9 ha situé au sud de l'appellation, non loin des châteaux Latour, Pichon Comtesse et Pichon Baron. Ses fils Ludovic et Julien sont aujourd'hui aux commandes.
Distingué dans sa présentation, ce vin séduit par la finesse et la complexité de ses arômes mariant avec bonheur les apports du bois et du fruit (cerise et framboise). Racée et équilibrée, la structure tannique soutient une bouche élégante, prolongée par une belle finale aux saveurs de noyaux. ⧗ 2021-2026

CH. BELLEGRAVE, 22, rte des Châteaux, 33250 Pauillac, tél. 05 56 59 05 53, contact@chateau-bellegrave.com V *r.-v.*

♥ CH. CHANTECLER 2015 ★★

■ | 4 500 | (fût) | 20 à 30 €

Un confetti viticole de 99 ares acquis par la famille Mirande en 2004, détaché de Fleur-Milon lors de la vente de ce cru aux domaines Philippe de Rothschild. Aux commandes, Yannick Mirande, qui vise à court terme la culture bio, avec ou sans certification.
Ce magnifique pauillac à la robe de velours dévoile à l'aération un nez diablement charmeur de fruits noirs agrémentés de notes vanillées. La bouche se montre à la fois onctueuse, riche et puissante, portée par des tanins solides et étirée dans une longue finale aux saveurs de chocolat et de cuir. Une bouteille de grande garde assurément. ⧗ 2023-2030

YANNICK MIRANDE, 3, rte de Bordeaux, 33250 Pauillac, tél. 06 62 04 97 95, yannick.mirande@wanadoo.fr V *t.l.j. 9h-12h 14h-18h*

CH. CLERC MILON 2015 ★

■ 5e cru clas. | n.c. | (fût) | 50 à 75 €

82 83 85 86 87 88 89 90 92 93 94 (95) **96 97** 98 **99 00**
01 |**02**| |03| |04| |05| |06| |07| |**08**| **09 10** 11 12 13 14 15

Ancienne possession de Lafite, ce cru classé fut acquis à la Révolution par la famille Clerc, qui ajouta à son nom celui d'un hameau de Pauillac, puis par le baron Philippe de Rothschild en 1970. Situé entre Mouton et Lafite, dans la partie nord-est de l'appellation, il dispose d'un vignoble de 41 ha implanté

sur un terroir de choix (pour l'essentiel, la croupe de Mousset qui surplombe la Gironde) et d'un nouveau chai depuis 2011.

Encore un peu austère, ce vin se présente dans une robe rubis à reflets violines du plus bel effet. L'olfaction, caressante, propose une valse savoureuse de fruits rouges et noirs, orchestrée par les arômes du bois (biscotte, pain grillé et chocolat noir). Corsé, puissant, chaleureux, le palais s'agrémente lui aussi d'élégantes saveurs fruitées. ⧗ 2022-2028

⊶ BARON PHILIPPE ROTHSCHILD (CH. CLERC MILON), lieu-dit Mousset, 33250 Pauillac, tél. 05 56 73 20 20, webmaster@bpdr.com V ⚲ ! *r.-v.*

CH. DUHART-MILON 2015 ★★

■ 4ᵉ cru clas.	n.c.	⊕	+ de 100 €

81 82 83 85 86 87 88 89 90 91 92 93 94 **95 96 97 98** |**99**| |00| |**01**| |**02**| |**03**| |04| |**05**| |**06**| |07| |08| **09 10 11 12 13 14 15**

Ces anciennes terres du « Prince des vignes », Nicolas-Alexandre de Ségur (XVIIIᵉs.), furent longtemps propriété des Castéja, qui donnèrent son nom au cru (celui d'un corsaire de Louis XV établi à Pauillac à sa retraite, dont la maison orne aujourd'hui l'étiquette). Vendu en 1937, morcelé et en déclin, le vignoble de Duhart-Milon a été racheté en 1962 par les Rothschild, qui l'ont restructuré, agrandi et lui ont redonné son lustre de 4ᵉ cru classé. Le vignoble couvre aujourd'hui 76 ha attenants au Ch. Lafite, sur le coteau de Milon qui prolonge le plateau des Carruades.

Sans surprise, le cabernet-sauvignon joue le rôle principal (73 %) sur ce millésime, engendrant un vin de grande classe, au nez racé et élégant, déjà riche en arômes fruités (mûre, cerise à l'eau-de-vie), poivrés et réglissés. La bouche fait preuve d'une belle concentration, avec du volume, de la chair, des tanins ronds et mûrs, mais aussi une belle fraîcheur qui équilibre parfaitement son aromatique chaleureuse. Un pauillac sur la richesse, très classique et maîtrisé. ⧗ 2023-2030

⊶ CH. DUHART-MILON, rue Étienne-Dieuzède, BP 40, 33250 Pauillac, tél. 05 56 73 18 18, visites@lafite.com
⊶ Dom. Barons de Rothschild (Lafite)

CH. FONBADET 2015 ★

■ Cru bourg.	n.c.	30 à 50 €

Ce cru à la notoriété ancienne, déjà planté de vignes au XVIIIᵉs., couvre 20 ha au nord de Saint-Lambert; le vignoble est assez morcelé, au milieu de grands crus classés (Mouton Rothschild, Latour, Lynch Bages...). La famille Peyronie (Pascale, aujourd'hui), établie à Pauillac depuis au moins 1700, l'a acquis dans les années 1930.

Tout de pourpre vêtue, cette jolie bouteille déploie au nez des parfums fruités, épicés et finement toastés. Chaleureuse, ronde et souple, la bouche s'appuie sur des tanins riches, puis se prolonge sur le fruit, accompagnée d'un discret boisé de qualité pour composer une finale harmonieuse. ⧗ 2020-2026

⊶ DOMAINES PEYRONIE, Ch. Fonbadet, 47, rte des Châteaux, 33250 Pauillac, tél. 05 56 59 02 11, contact@chateaufonbadet.com V ⚲ ! *r.-v.*

CH. GRAND-PUY DUCASSE 2015 ★

■ 5ᵉ cru clas.	100 000	⊕	30 à 50 €

Constituée pour l'essentiel au XVIIIᵉs. par l'avocat Arnaud Ducasse, la propriété a pris son nom actuel en 1932. Le château regardant la Gironde date, lui, de 1820. Trois grandes parcelles de graves forment ce cru de 40 ha, propriété de CA Grands Crus (groupe Crédit Agricole) depuis 2004.

Classique par sa robe rubis et par son bouquet fruité (fruits noirs mûrs) et finement toasté et épicé, ce vin déploie un palais rond et caressant, se développant autour du fruit et d'un boisé discret. Les tanins, mûrs et enrobés, soutiennent une longue finale gourmande. ⧗ 2022-2026

⊶ CH. GRAND-PUY DUCASSE, 4, quai Antoine-Ferchaud, 33250 Pauillac, tél. 05 56 59 00 40, contact@cagrandscrus.fr ⊶ CA Grands Crus

CH. HAUT-BAGES LIBÉRAL 2015 ★

■ 5ᵉ cru clas.	120 000	⊕	30 à 50 €

Ce cru doit son nom aux Libéral, des courtiers propriétaires des lieux au XVIIIᵉs., et à sa situation géographique: une moitié de ses 30 ha de vignes (en conversion bio) est établie sur le plateau de Bages, derrière Pichon-Baron, l'autre partie étant accolée au Ch. Latour. Acquis (et replanté) par les Cruse en 1960, le domaine entre en 1983 dans la famille Merlaut-Villars, qui lui redonne tout son lustre, notamment sous l'impulsion de Claire Villars-Lurton, aux commandes depuis 1999, également propriétaire du Ch. Ferrière (cru classé de Margaux).

D'une belle couleur grenat à reflets violines, ce vin s'affirme également par son bouquet, ouvert sur de fines notes de petits fruits des bois légèrement épicés, et par sa structure moelleuse en attaque, qui monte ensuite en puissance et en volume. ⧗ 2022-2028

⊶ CLAIRE VILLARS-LURTON, 33250 Pauillac, tél. 05 57 88 76 65, infos@hautbagesliberal.com V ⚲ ! *r.-v.*

CH. HAUT-BAGES MONPELOU 2015 ★

■	45 000	⊕	20 à 30 €

Ce cru fait partie du patrimoine des Castéja depuis le XVIᵉs. Le « petit frère » du Château Batailley était en effet autrefois attaché au Château Duhart-Milon, ancienne propriété de la famille, avant d'en être séparé en 1950. Le vignoble (15 ha) est conduit comme une propriété indépendante par l'équipe technique de Batailley.

Aussi équilibré qu'élégant, ce 2015 affirme son caractère dès le bouquet, laissant apparaître de délicates notes de fruit mûr (cerise) et de merrain un peu brûlé. Gourmand, le palais affiche du volume et de la puissance autour d'un bon boisé. ⧗ 2022-2028

⊶ HÉRITIERS CASTÉJA, Ch. Haut-Bages Monpelou, 33250 Pauillac, tél. 05 56 00 00 70, domaines@borie-manoux.fr V ⚲ ! *r.-v.*

CH. HAUT DE LA BÉCADE 2015 ★

■	28 000	⊕	20 à 30 €

La Rose Pauillac est une petite coopérative fondée en 1933 par une trentaine de propriétaires. Elle propose

quatre cuvées, avec pour fer de lance, le Ch. Haut de la Bécade, domaine personnel de Sylvie Rainaud, présidente de la cave: 7 ha encerclés de crus classés dans le hameau de Bages, au sud de l'appellation.

Limpide et intense, la robe rubis de ce vin met en confiance. L'intensité de la couleur se retrouve dans le bouquet, ouvert sur la mûre, le tabac, la vanille et le pain grillé. Le palais offre une agréable fraîcheur, de la sève et une structure ample et équilibrée. ⧗ 2022-2028 ■ **La Rose Pauillac Cuvée Bois de rose 2015 ★ (15 à 20 €; 52000 b.)** : un pauillac harmonieux, persistant sur le fruit mâtiné d'un bon boisé, d'une texture fine sans pour autant manquer de puissance. ⧗ 2022-2028 ■ **La rose pourpre de la Rose Pauillac Cuvée Alice 2015 ★ (20 à 30 €; 5900 b.)** : une très belle robe intense, de la rondeur, un fruité précis et une élégance tannique définissent ce 2015. ⧗ 2022-2028

⊶ GROUPEMENT DE VITICULTEURS, 44, rue du Mal-Joffre, BP 14, 33250 Pauillac, tél. 05 56 59 26 00, larosepauillac@wanadoo.fr
V t.l.j. sf dim. 9h-12h 14h-18h; sur r.-v. en hiver

CARRUADES DE LAFITE 2015 ★★

■	n.c.	(I)	+ de 100 €

85 86 88 89 90 92 93 94 **95 96** 97 98 **99** 00 01 |02| |03|
|04| |**05**| |**06**| |**07**| 08 **09 10** 11 12 13 14 **15**

Second vin de Lafite Rothschild, les Carruades offrent des caractéristiques proches du grand vin, avec une personnalité propre liée à une proportion supérieure de merlot et à des parcelles spécifiques destinées à sa production. Son nom provient du «plateau des Carruades», ensemble de parcelles jouxtant la croupe du château, acquises en 1845.

Au nez, d'intenses et délicates notes de graphite, de torréfaction et d'herbe fraîchement coupée se mêlent à la framboise fraîche, au cassis et à un boisé fin. La bouche séduit par sa texture pulpeuse, son caractère alerte et frais et par ses saveurs acidulées de cerise et de prune. La finale, longue et dotée de tanins volontaires, rappelle les dégustateurs à la réalité: nous sommes à Pauillac, dans un grand millésime, patience est donc de mise... Un 2015 remarquable, dynamique et sans lourdeur. ⧗ 2024-2035

⊶ DOM. BARONS DE ROTHSCHILD (CARRUADES DE LAFITE), 33250 Pauillac, tél. 05 56 73 18 18, visites@lafite.com

♥ CH. LAFITE ROTHSCHILD 2015 ★★★

■ 1er cru clas.	n.c.	(I)	+ de 100 €

59 (61) **64** 66 69 70 73 **75 76** 77 **78** 79 80 **81** |**82**| |**83**| 84
85 |**86**| **87** |**88**| |**89**| **90 92 93 94** |(95)| |(96)| **97** |(98)| **99** |(00)|
|**01**| |(02)| |(03)| (04) (05) (06) (07) (08) (09) (10) (11) **12 13** (14) (15)

Ancienne seigneurie, dont la juridiction s'étendait au nord de Pauillac, le domaine doit aux Ségur – parlementaires bordelais et grands propriétaires de vignes – son château et une vocation viticole établie dès le XVII[e]s., qui lui a valu d'être élevé au rang de 1er cru classé en 1855. Mais il doit aux Rothschild, qui l'ont acquis en 1868, d'avoir été à l'abri des divisions et autres cessions qui ont affaibli tant de propriétés prestigieuses. Il doit aussi à l'équipe formée par Éric de Rothschild, aux commandes depuis 1974, et Charles Chevallier, son directeur technique jusqu'en 2016, sa modernisation et ses outils performants, tel son célèbre chai circulaire imaginé par Ricardo Bofill. Outils qui permettent de révéler pleinement la personnalité d'un terroir exceptionnel planté de 112 ha de vignes: une superbe croupe de graves fines et profondes sur un sous-sol calcaire. Éric Kohler a pris en 2016 la direction technique du Lafite, Charles Chevallier restant consultant et ambassadeur du château.

La robe, comme toujours sur ce cru, est d'une profondeur impressionnante, noire d'encre aux reflets mauves. L'olfaction s'ouvre sur des arômes complexes de myrtille, de cerise noire, de cassis, de fraise fraîche, de thé vert et de bois de santal. Ces notes se retrouvent dans une bouche ample, soyeuse, onctueuse même, aux tanins imposants. Derrière tant de puissance, persistent un fruit croquant, juteux, et une grande fraîcheur qui accompagne la dégustation jusqu'à la finale, magistrale, réglissée et poivrée. Un vin à la force maîtrisée, démontrant avec beaucoup de naturel l'autorité tranquille des très grands terroirs. ⧗ 2024-2040

⊶ DOM. BARONS DE ROTHSCHILD, Ch. Lafite Rothschild, 33250 Pauillac, tél. 05 56 73 18 18, visites@lafite.com

LAGNEAUX À PAUILLAC 2015

■	3200	(I)	50 à 75 €

La dernière création de Gaëtan Lagneaux, médecin belge devenu vigneron dans le Médoc en créant le Ch. Petit-Bocq en saint-estèphe et décédé prématurément à la fin de l'année 2012. Une cuvée confidentielle, née de 50 ares de merlot et de cabernet-sauvignon.

Sans être très intense, la robe est d'une jolie couleur rubis. Le bouquet naissant joue la carte de l'élégance et de la finesse à travers d'aimables parfums de fleurs, d'épices et de fruits mûrs. En bouche, les tanins sont rigoureux, assez puissants et en harmonie avec le bois: il faudra attendre qu'ils s'arrondissent. ⧗ 2022-2026

⊶ SCEA LAGNEAUX-BLATON (LAGNEAUX À PAUILLAC), 3, rue de la Croix-de-Pez, 33180 Saint-Estèphe, tél. 05 56 59 35 69, contact@petitbocq.com
V r.-v.

♥ CH. LATOUR 2015 ★★★

■ 1er cru clas.	n.c.	(I)	+ de 100 €

(61) **67 71** 73 74 75 **76** 77 **78** 79 **80** 81 |**82**| |**83**| 84 |**85**| |**86**|
87 |**88**| |**89**| |**90**| |**91**| **92 93 94** |(95)| |**96**| |**97**| |(98)| |**99**| |(00)|
|**01**| |(02)| (03) **04** (05) (06) **07** (08) (09) (10) (11) (12) **13** (14) (15)

Maison forte, dite de Saint-Maubert, commandant une importante seigneurie au Moyen Âge et protégeant l'accès à Bordeaux, le site de Latour fit l'objet d'une bataille pendant la guerre de Cent Ans. Toutefois, l'événement

marquant de son histoire fut l'unification du domaine par Arnauld de Mullet à la fin du XVIes. Elle a permis au cru de posséder très tôt un vignoble homogène (65 ha aujourd'hui), établi sur une belle croupe de grosses graves claires, dont le cœur – le terroir dit de l'Enclos (47 ha) – donne naissance au grand vin. Autre atout, la stabilité: la propriété est restée entre les mains des descendants des Ségur, illustre famille du vignoble médocain, jusqu'en 1962. Après un passage «sous pavillon britannique» (groupe Pearson), le cru a été acquis en 1993 par l'industriel François Pinault, qui a beaucoup investi à la vigne (arrachages et replantations) et à la cave (nouveau chai souterrain, rénovation du cuvier).

On retiendra de ce millésime 2015 qu'il fut celui des extrêmes et des records, avec des périodes très chaudes et sèches (juin et juillet) et d'autres très humides (août et septembre). Fruit de ce millésime hors du commun, le grand vin offre une fois de plus une définition magistrale de son origine. Le visuel de ce presque pur cabernet-sauvignon (plus de 97 % de l'assemblage) présage dès le départ une dégustation intense par la profondeur de sa robe pratiquement noire. Le nez, explosif, dominé par les fruits noirs (myrtille, mûre, cerise noire), évoque également les fleurs (violette, pivoine), le cuir, le café et les épices (vanille, cannelle). D'une ampleur étonnante, ce 2015 déroule un palais hors norme, mariant force et élégance avec un côté presque délicat dans la finesse des tanins et des arômes. La finale, fraîche et d'une persistance aromatique hors du commun, laisse une impression de grande pureté, sans lourdeur ni mollesse. Un vin toujours aussi unique. ⧗ 2026-2040

⊶ SCV DU CH. LATOUR, Saint-Lambert, 33250 Pauillac, tél. 05 56 73 19 80, s.guerlou@chateau-latour.com
⊶ François Pinault

LES FORTS DE LATOUR 2015 ★★

■ | n.c. | ◍ | + de 100 €

82 83 85 86 87 88 89 90 92 94 95 96 97 **98 99 |00|**

|01| |02| |03| |04| **|05| |06|** |07| 08 09 **10 11 12** 13 **14 15**

Le second vin du Ch. Latour, élaboré généralement avec une plus forte proportion de merlot et à partir de parcelles extérieures à l'Enclos (et des jeunes vignes de celui-ci), cœur historique du vignoble réservé au grand vin.

Le nez de ce 2015 impressionne par sa netteté et sa précision: bigarreau, cassis, réglisse, épices douces, ainsi que quelques nuances racinaires. La bouche se révèle remarquable par son équilibre alcool-acidité, sa texture riche mais fraîche, mise en valeur par des saveurs de liqueur de cassis et par des tanins puissants mais sans aucune agressivité. Un ensemble imposant de densité, taillé pour la (longue) garde. ⧗ 2024-2035 ■ **Le Pauillac de Ch. Latour 2015 ★ (75 à 100 €; n.c.)** : d'un rubis soutenu, ce 2015 propose une expression aromatique flatteuse: les notes de cerise noire et de cassis cèdent la place à des nuances florales de violette, puis à des touches de café et de vanille. En bouche, il est à la fois ample, onctueux, frais et doté de tanins fermes qui soulignent une finale chaleureuse aux arômes un peu confits. Un très beau pauillac, dans un style plus méridional qu'à son accoutumée. ⧗ 2022-2025

⊶ SCV DU CH. LATOUR (LES FORTS DE LATOUR), Saint-Lambert, 33250 Pauillac, tél. 05 56 73 19 80, s.guerlou@chateau-latour.com ⊶ F. Pinault

♥ CH. LYNCH-BAGES 2015 ★★

■ 5e cru clas. | n.c. | ◍ | + de 100 €

(82) **83** 84 **85 86 87 88 89 90** 91 92 93 94 95 **96** 97 (98) **99**

(00) **01 02 |03| |04| |05| |06| |07|** 08 **09** 10 **11** 12 13 (14) **15**

Le nom de ce cru associe celui des négociants irlandais propriétaires au XVIIIes. et celui d'un hameau situé aux portes sud de Pauillac. Son succès résulte, depuis les années 1930, du travail continu de trois générations de Cazes: Jean-Charles, André et Jean-Michel. La part de ce dernier, qui a passé la main à son fils Jean-Charles, est essentielle. Sa réussite est liée à la qualité des vins, nés d'un vaste vignoble de 100 ha, et aussi à une vraie stratégie de développement, incluant un négoce et des infrastructures touristiques (hôtel-restaurant, commerces).

Les dégustateurs sont littéralement tombés sous le charme de ce 2015 remarquable. Encore sous l'influence du merrain, le nez développe des notes torréfiées et vanillées puis, puis à l'aération, les fruits noirs prennent le relais, accompagnés de subtils arômes de sous-bois et de cuir. Au palais, on découvre une texture onctueuse et riche, qui n'exclut pas une structure puissante, portée par des tanins solides. La superbe et longue finale chocolatée prolonge le plaisir. Une grande réussite qui demandera d'être patient. ⧗ 2025-2033

⊶ FAMILLE JEAN-MICHEL CAZES, Ch. Lynch-Bages, 33250 Pauillac, tél. 05 56 73 24 00, contact@jmcazes.com

CH. LYNCH-MOUSSAS 2015 ★

■ 5e cru clas. | 180 000 | ◍ | 30 à 50 €

Propriété depuis le XVIIIes. du comte Lynch, jusqu'à sa division en deux, donnant Lynch Moussas et Lynch-Bages. Émile Castéja, entré dans la famille en 1919, reprend ce domaine en 1969 et restructure vignes et chai. Son fils Philippe est aux commandes depuis 2001 de ce cru de 35 ha, proche de Batailley, également propriété des Castéja.

Si le bouquet est encore un peu fermé, il laisse entrevoir sa finesse et une complexité qui s'impose sans ostentation: fruits mûrs, noyau, vanille. Enveloppant et long, le palais développe des flaveurs de raisin et de merrain. Fort bien équilibré, aux tanins enrobés, ce pauillac pourra être apprécié dans sa jeunesse, même si une longue garde la bonifiera certainement. ⧗ 2019-2025

⊶ HÉRITIERS CASTÉJA, Ch. Lynch-Moussas, 33250 Pauillac, tél. 05 56 00 00 70, domaines@borie-manoux.fr
V r.-v.

♥ CH. MOUTON ROTHSCHILD 2015 ★★★

■ 1er cru clas. | n.c. | | + de 100 €

73 74 75 76 77 78 79 80 81 |82| |83| 84 |85| |(86)| 87 |88| |89| |90| 91 92 93 94 (95) |96| 97 |(98)| |99| |(00)| |01| |02| |03| |04| (05) (06) (07) (08) (09) (10) (11) 12 13 (14) (15)

Voisin de Lafite et appartenant à une autre branche de la famille Rothschild (acquis en 1853 par Nathaniel), Mouton est fortement lié à la personnalité du baron Philippe. Arrivé à la tête du cru en 1922, ce dernier lui redonne ses lettres de noblesse en le modernisant (construction du célèbre «grand chai», notamment) – un travail qui aboutit en 1973 à la révision du classement de 1855 et à l'accession de Mouton au rang de 1er cru classé. Le baron Philippe a aussi fait du domaine le socle d'un petit empire comprenant d'autres vignobles et une maison de négoce. Il a également joué un rôle important dans l'histoire du vin en étant l'un des premiers à pratiquer la mise en bouteilles au château, dès 1926, et en faisant illustrer ses étiquettes par des artistes. À partir de 1988, sa fille Philippine, disparue en 2014, a poursuivi son œuvre. Le fils de cette dernière, Philippe Sereys de Rothschild, lui a succédé. Philippe Dhalluin est le directeur depuis 2003. À sa disposition, un vignoble de 84 ha situé pour l'essentiel sur une croupe de graves très profondes dite «Plateau de Mouton» et un tout nouveau cuvier sorti de terre en 2013.

C'est une œuvre du peintre allemand Gerhard Richter qui a été choisie pour orner l'étiquette du millésime 2015. Un millésime marqué par des conditions météorologiques très particulières: la maturation s'est déroulée de façon assez différente selon les parcelles, d'où des vendanges d'une durée inhabituelle. Pour les trois domaines pauillacais de la maison, elles se sont échelonnées du 14 septembre au 6 octobre. Les vendanges les plus longues «de mémoire de vigneron», mais c'était la condition indispensable pour cueillir chaque cépage, chaque parcelle à l'optimum de maturité. L'effort a été payant, comme en témoigne ce superbe vin dont la qualité apparaît dès l'examen visuel avec une magnifique robe pourpre, frangée de parme. Sa densité n'a d'égale que l'intensité du bouquet. Très fringant, celui-ci joue sur de multiples notes de fruits pleines de vivacité (cerise à l'eau-de-vie, mûre, bourgeon de cassis), anoblies par un boisé de très belle envergure (pain grillé). Au palais, le vin monte en puissance, longuement, charpenté par de magnifiques tanins soutenant une matière ample, charnue, onctueuse. Un grand pauillac, où tout est à sa place. ⧗ 2024-2035

o‒ BARON PHILIPPE DE ROTHSCHILD, lieu-dit le Pouyalet, 33250 Pauillac, tél. 05 56 73 20 20, webmaster@bpdr.com V r.-v.

LE PETIT MOUTON DE MOUTON ROTHSCHILD 2015 ★

■ | n.c. | | + de 100 €

Nom du château construit au XIXe s. au cœur du domaine, le Petit Mouton est devenu en 1994 celui du second vin du cru, réalisé à partir des vignes les plus jeunes.

Rigoureux, bien «sanglé» dans son uniforme pourpre, ce 2015 se fait séducteur une fois le nez sur le verre. Les fruits rouges et noirs se bousculent alors, encadrés par des notes poivrées et vanillées traduisant l'influence du bois. Après une attaque vive et alerte, le fruité se fait de plus en plus présent pour déboucher sur une finale harmonieuse, laissant le souvenir d'un bel ensemble suave et fin. ⧗ 2022-2026

o‒ BARON PHILIPPE DE ROTHSCHILD SA (PETIT MOUTON), lieu-dit le Pouyalet, 33250 Pauillac, tél. 05 56 73 20 20, webmaster@bpdr.com V r.-v.

CH. PIBRAN 2015 ★★

■ | 30000 | | 30 à 50 €

Ce cru constitué au début du XXe s. est propriété d'Axa Millésimes depuis 1987. Entièrement restructuré après l'acquisition du voisin Tour Pibran en 2001 par la compagnie d'assurances, ce domaine se hisse maintenant au niveau des plus grands. À sa disposition, un vignoble de 17 ha établi sur la belle croupe de graves de Pontet Canet et d'Armailhac, au nord de l'appellation, et l'expertise de l'équipe de Pichon-Longueville Baron, également propriété d'Axa Millésimes.

Une magnifique parure pourpre très sombre pour ce 2015 très pauillacais. Opulent et complexe, le bouquet est centré sur les fruits noirs (mûre, cassis) que le boisé sous forme de brioché ne perturbe en aucune façon. Le palais confirme l'impression laissée par l'olfaction: une attaque suave, des tanins nobles et fermes, de délicates notes chocolatées et une longue finale qui témoigne d'un grand potentiel de garde. ⧗ 2024-2030

o‒ CH. PIBRAN, 33250 Pauillac, tél. 05 56 73 17 17, contact@pichonbaron.com o‒ Axa Millésimes

♥ CH. PICHON-LONGUEVILLE BARON 2015 ★★★

■ 2e cru clas. | 178000 | | + de 100 €

82 83 84 85 86 87 88 89 (90) 91 92 93 94 95 (96) 97 98 99 |00| 01 |02| 03 |04| |(05)| |06| |07| |08| (09) (10) 11 12 13 14 (15)

Le vignoble originel fut constitué au XVIIe s. par Jacques de Pichon, baron de Longueville. Divisé en deux en 1850, le cru revient en partie à Raoul de Pichon-Longueville (l'autre devenant Pichon Comtesse), qui y fait édifier le château actuel. Inspiré de celui d'Azay-le-Rideau, le bâtiment contraste avec les lignes horizontales du chai construit après le rachat du domaine en 1987 par Axa Millésimes. L'assureur y a entrepris d'importants travaux de rénovation, sous la conduite de Jean-Michel Cazes, puis de Christian Seely, Jean-René Matignon assurant la direction technique. Depuis 2001, la politique de sélection a été intensifiée: ne sont désormais utilisés pour le grand vin que 40 ha sur les 73 que compte ce terroir d'exception, fait de belles graves garonnaises, voisin immédiat de Latour.

Impressionnant dans sa robe d'un noir d'encre qui incite à la méditation, ce superbe pauillac l'est aussi par son intensité aromatique. S'articulant autour d'une puissante présence fruitée (cassis, myrtille, airelle et mûre), le bouquet est renforcé par de discrètes notes de vanille et de chocolat noir. Une attaque impériale ouvre sur un palais d'une harmonie rare, épaulé par des tanins soyeux qui se mettent au service des saveurs fruitées et qui poussent loin, très loin la finale. ⧗ 2025-2035 ■ **Les Griffons de Pichon Baron 2015 ★★ (30 à 50 €; 79000 b.)** : une grande richesse, de l'onctuosité, une belle dimension sculpturale et une longue finale énergique sertie de tanins fins : une classe dont peu de 1ers vins peuvent se targuer... ⧗ 2024-2030

CH. PICHON-BARON, 33250 Pauillac, tél. 05 56 73 17 17, contact@pichonbaron.com V ♿ r.-v. Axa Millésimes

CH. PICHON-LONGUEVILLE COMTESSE DE LALANDE 2015 ★★

■ 2e cru clas.	n.c.		+ de 100 €

82 83 84 **85** (86) 87 (88) **89** 90 **91** 92 **93 94 95** 96 **97 98 99**
00 01 02 |03| |**04**| **05 06** |07| |**08**| **09 10 11 12** 13 **14 15**

Fondé à la fin du XVIIe s., ce cru n'a connu en trois siècles que trois familles à sa tête. En 1850, Virginie de Pichon Longueville, comtesse de Lalande par son mariage, hérite avec ses deux sœurs des trois cinquièmes du vignoble de leur père, le reste allant aux fils (Pichon Baron). Le domaine restera dans la famille jusqu'à son rachat en 1925 par Édouard et Louis Miailhe. À partir de 1978, May-Éliane de Lencquesaing, fille du premier, donne une renommée internationale à ce cru de 90 ha, dont la singularité tient aux 11 ha situés sur la commune de Saint-Julien et à l'importance donnée au merlot (35 %) dans son encépagement. Une renommée et un esprit «féminin» (jusque dans le grand vin) perpétués depuis 2007 par une autre famille, les Rouzaud, propriétaires du champagne Roederer.

Au nez, fin et délicat, le bois s'exprime sans étouffer le fruit: myrtille, mûre et cassis, des arômes reflétant la plénitude d'un cabernet-sauvignon bien né, à l'optimum de sa maturité. Le palais propose une remarquable association de la puissance et de la fraîcheur. Point d'orgue de la dégustation, la très longue finale qui signe un pauillac majuscule. ⧗ 2026-2032 ■ **Réserve de la Comtesse 2015 ★★ (20 à 30 €; n.c.)** : un second vin d'école, ample, équilibré, aux tanins fins et élégants, duquel se dégage une réelle harmonie. ⧗ 2025-2030

CH. PICHON-LONGUEVILLE COMTESSE DE LALANDE, 33250 Pauillac, tél. 05 56 59 19 40, pichon@pichon-lalande.com ♿ r.-v. Champagnes Louis Roederer

CH. PLANTEY 2015

■ Cru bourg.	91200		15 à 20 €

Ce cru bourgeois d'une taille respectable (30 ha) est l'une des propriétés médocaines de la famille Meffre. Le merlot et le cabernet-sauvignon font jeu égal dans son encépagement.

Si le bois domine encore un peu le bouquet de ce vin, il n'étouffe pas les notes fruitées qui pourront sans doute s'étoffer à la garde, les tanins serrés mais enrobés qui apparaissent au palais possédant une puissance suffisante pour permettre à cette bouteille d'évoluer favorablement. Patience donc. ⧗ 2021-2028

SCE CH. PLANTEY, Ch. la Commanderie, 33180 Saint-Estèphe, tél. 05 56 59 32 30, claude.j.meffre@wanadoo.fr V r.-v.

CH. TOUR SIEUJEAN 2015 ★

■	20000		20 à 30 €

Conduit depuis 2002 et sorti de la coopérative de Pauillac par Stéphane Chaumont et son épouse Catherine Lopez, ce cru se distingue par une tour carrée et trapue d'origine médiévale. Autre originalité, c'est l'un des derniers petits domaines familiaux de l'appellation, qui se transmet depuis quatre générations et qui dispose aujourd'hui de 9 ha en pauillac et en haut-médoc.

Fidèle à la tradition du cru, ce millésime s'annonce par une belle robe grenat, intense et brillante. Son bouquet, encore discret, s'ouvre à l'agitation sur des arômes fruités et mentholés. Puissant, équilibré et fondu, le palais révèle des tanins solides, pas encore complétement fondus, mais assurément aptes à une longue garde. ⧗ 2022-2028

STÉPHANE CHAUMONT, Ch. Tour Sieujean, 11, rte de Pauillac, 33112 Saint-Laurent-Médoc, tél. 05 56 59 46 03, tour-sieujean@orange.fr V ♿ r.-v.

SAINT-ESTÈPHE

Superficie : 1 230 ha / Production : 54 200 hl

À quelques encablures de Pauillac et de son port, Saint-Estèphe affirme un caractère terrien avec ses rustiques hameaux pleins de charme. Correspondant (à l'exception de quelques hectares compris dans l'appellation pauillac) à la commune elle-même, l'appellation est la plus septentrionale des six AOC communales médocaines. L'altitude moyenne est d'une quarantaine de mètres et les sols sont formés de graves légèrement plus argileuses que dans les appellations plus méridionales. L'appellation compte cinq crus classés, et les vins qui y sont produits portent la marque du terroir. Celui-ci renforce nettement leur caractère, avec, en général, une acidité des raisins plus élevée, une couleur plus intense et une richesse en tanins plus grande que pour les autres vins du Médoc. Très puissants, ce sont d'excellents vins de garde.

CH. BEAU-SITE HAUT-VIGNOBLE 2015 ★

■	91000		20 à 30 €

Avec quarante-cinq parcelles réparties sur l'ensemble de la commune de Saint-Estèphe et un terroir de graves argileuses très représentatif de l'appellation, ce cru familial de près de 15 ha possède de beaux atouts.

Ce beau terroir a été fort bien exploité en 2015, comme le prouve ce vin à la robe brillante et soutenue, et au bouquet charmeur de cassis et de mûre sur fond de nuances grillées. Une attaque sans heurt introduit un palais ample, subtilement épicé et porté par des tanins fondus. ⧗ 2020-2024

EARL BRAQUESSAC, 10, rte du Vieux-Moulin, Saint-Corbian, 33180 Saint-Estèphe, tél. 05 56 59 30 40, earl.braquessac@sfr.fr V ♿ r.-v.

CH. LE BOSCQ 2015 ★★

■ Cru bourg. | 81000 | ◖◗ | 30 à 50 €

Commandé par une belle demeure de la fin du XIXᵉs., ce cru de 18 ha, appartenant à la maison Dourthe depuis 1995, possède un terroir intéressant: une croupe de graves garonnaises sur argile regardant l'estuaire. Il dispose d'un cuvier modèle équipé de cuves de petite capacité et sans pompes.

S'il montre d'emblée sa noblesse avec sa robe de velours d'un rubis brillant, ce 2015 la confirme par le charme de son bouquet où s'équilibrent les fruits mûrs et les notes grillées. En bouche, il se montre charnu, réglissé, croquant et plaisamment parfumé autour du fruit et du merrain. Encore un peu ferme, la finale invite à faire preuve d'un peu de patience. ⧗ 2022-2028

CH. LE BOSCQ - VIGNOBLES DOURTHE, 33180 Saint-Estèphe, tél. 05 56 35 53 00, contact@dourthe.com r.-v. Dourthe

♥ CH. CALON SÉGUR 2015 ★★

■ 3ᵉ cru clas. | 80000 | ◖◗ | 75 à 100 €

98 01 |**03**| |04| |06| |07| **09** 11 **12 13** 14 **15**

Maison noble portant le nom de la paroisse de Saint-Estèphe au Moyen Âge (Calones), ce cru est l'un des plus anciens de la région. Entre 1659 et 1681, il passe entre les mains des Ségur, qui développent ce vignoble auquel ils sont très attachés: «Je fais du vin à Lafite et à Latour, mais mon cœur est à Calon», disait Nicolas-Alexandre. Adossé au bourg de Saint-Estèphe, le vignoble, d'un seul tenant, entièrement clos par un mur, couvre 55 ha – la même surface que lors du classement de 1855 –, plantés sur une épaisse couche de graves reposant sur des argiles. Propriété de la famille Gasqueton de 1894 à 2012, Calon appartient aujourd'hui à la société Suravenir, filiale du groupe Crédit Mutuel, qui a engagé un vaste programme de rénovation, avec la construction d'un nouveau cuvier.

Grenat à reflets violets, la robe du grand vin 2015 est généreuse en promesses. Celles-ci sont remarquablement tenues par le bouquet, qui passe de puissantes notes de grillé, de vanille et de poivre aux fruits rouges mûrs. Le palais s'appuie sur des tanins bien mûrs et soyeux, et se révèle ample, dense, rond, gras et parfaitement équilibré. La très longue finale, intense et onctueuse, se charge de rappeler le grand potentiel de garde de ce saint-estèphe majuscule. ⧗ 2023-2035 ■ **Le Marquis de Calon Ségur 2015 ★★ (20 à 30 €; 120000 b.)** : dans ce millésime solaire, le second vin de Calon Ségur démontre beaucoup de finesse dans son expression aromatique et déploie une bouche plus puissante qu'à l'accoutumée, composant un superbe vin de garde, harmonieux, ample et racé. ⧗ 2022-2028

CH. CALON SÉGUR, Dom. de Calon, 33180 Saint-Estèphe, tél. 05 56 59 30 08, calon-segur@calon-segur.fr V r.-v. Suravenir

♥ CH. COS LABORY 2015 ★★

■ 5ᵉ cru clas. | 103000 | ◖◗ | 30 à 50 €

82 **83 85 86** 88 89 (90) 91 **92** 93 94 95 **96 97 98 99** 00 **01** 02 03 **04** |05| |**06**| 07 |**08**| **09 10** 11 **12** 13 **14 15**

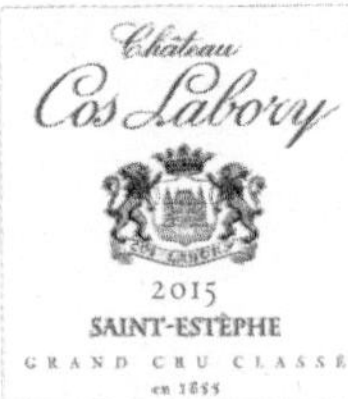

Un authentique domaine familial, encore habité, fait rare, par ses propriétaires. Dans la même famille depuis 1922, Cos Labory est le lieu de résidence de Bernard Audoy, actuel président de l'appellation saint-estèphe. Le cru a été uni à Cos d'Estournel jusqu'en 1810, année de son achat par François Labory. D'une superficie assez modeste pour un classé (18 ha), son vignoble se répartit entre trois grands ensembles, dont un en forme de croissant, à l'ouest du château. Tous sont composés de graves, mais sur des socles plus ou moins argileux.

Ce grand saint-estèphe a donné l'impression au jury de goûter directement le raisin mûr, croquant et parfumé. Ses tanins solides mais enrobés gardent leur fraîcheur au milieu des notes toastées, fumées et vanillées apportées par un boisé des plus nobles; arômes qui se prolongent dans une finale encore virile et très longue. Un vin puissant et équilibré. ⧗ 2023-2028 ■ **Le Charme de Cos Labory 2015 ★ (15 à 20 €; n.c.)** : un saint-estèphe typique, charnu et intense, mais non dénué de finesse. Un ensemble taillé pour la garde. ⧗ 2023-2026

SCE DOMAINES AUDOY, Ch. Cos Labory, 33180 Saint-Estèphe, tél. 05 56 59 30 22, contact@cos-labory.com V r.-v.

CH. COSSIEU-COUTELIN 2015

■ | 37280 | ◖◗ | 11 à 15 €

Propriétaire de nombreux crus et acteur majeur du négoce bordelais à travers différentes marques (Chai de Bordes, Pierre Dumontet...), Cheval Quancard a été fondé par Pierre Quancard en 1844, sous le nom de Quancard et Fils. La maison est toujours dirigée par ses descendants.

Paré d'une robe pourpre, ce vin exhale des senteurs automnales de sous-bois, de truffe et de gibier sur un fond discrètement boisé. Encore un peu mordant en attaque, le palais s'arrondit par la suite et s'oriente vers des saveurs épicées et fruitées. ⧗ 2021-2025

CHEVAL QUANCARD, ZI La Mouline, 4, rue du Carbouney, BP 36, 33565 Carbon-Blanc Cedex, tél. 05 57 77 88 88, chevalquancard@chevalquancard.com V r.-v.

CH. LE CROCK 2015 ★

■ Cru bourg. | 133323 | ◖◗ | 30 à 50 €

Fait rare, ce château, construit à la fin du XVIIIᵉs., agrémenté d'un parc de 6 ha et d'une pièce d'eau, est tourné vers le sud, et non vers le fleuve. Connu autrefois sous le nom de Bastérot-Ségur, son vignoble s'étend aujourd'hui sur 32 ha, sur le haut de la croupe de Marbuzet. Depuis 1903, il appartient à la famille Cuvelier (Léoville-Poyferré à Saint-Julien).

Comme l'annonce sa couleur, d'un grenat sombre et profond, ce vin a de la personnalité. Elle s'exprime par un bouquet intense de fruits rouges, de grillé et de réglisse, agrémenté d'une touche animale. Corsé et charnu à l'attaque, le palais ne manque pas de caractère avec une structure tannique enrobée en soutien, plus ferme en finale. ⧗ 2022-2026

⊶ DOMAINES CUVELIER, Ch. le Crock, 1, rue Paul-Amilhat, 33180 Saint-Estèphe, tél. 05 56 59 73 05, chateaulecrock@orange.fr V r.-v.

CH. HAUT COTEAU 2015

■	n.c.		20 à 30 €

Vignoble familial créé en 1908 et resté un demi-siècle en coopérative, ce cru couvrant 19,5 ha dans le nord de l'appellation est conduit depuis 1988 par Bernard Brousseau.

Encore assez discret dans son expression aromatique, aux fins parfums de fruits soutenus par un boisé délicat, ce vin révèle néanmoins un bon potentiel par sa charpente solide et ses tanins encore jeunes. ⧗ 2021-2024

⊶ SCEA CH. HAUT COTEAU, 16, rte du Vieux-Moulin, 33180 Saint-Estèphe, tél. 05 56 59 39 84, chateau.haut-coteau@wanadoo.fr V *t.l.j. 10h-12h 14h-17h* 3 *⊶ Brousseau*

CH. HAUT-MARBUZET 2015 ★★

■	300000		30 à 50 €

85 86 88 89 90 92 93 94 |**95**| **96** 97 |(98)| |**99**| |**00**| |**01**| |**02**| |**03**| |**04**| |05| |06| |**07**| **08 09 10** 11 12 13 14 **15**

Dans l'après-guerre, Hervé Duboscq était sous-chef de gare à Langon. Pour améliorer l'ordinaire, il s'est établi représentant en bouchons. De voies en vin, il s'installe marchand de vin. Puis, de vin en vignes, il acquiert en 1952 sept hectares de l'ancien cru des Mac Carthy, Irlandais émigrés à Saint-Estèphe, dont les héritiers avaient découpé le domaine pour le revendre. Cinquante ans durant, les Duboscq père et fils ont rassemblé les pièces éparses et reconstitué le puzzle (65 ha). Henri Duboscq a pris la suite de son père en 1973; ses fils Bruno et Hughes l'ont suivi. Le domaine est aujourd'hui l'une des références de l'appellation.

S'il se montre un peu austère en finale, ce vin indique clairement qu'il possède un sérieux potentiel. D'abord par sa couleur, d'un grenat intense aux reflets violines, par son bouquet ensuite, complexe et fin, à dominante de fruits noirs (mûre, cerise noire), et enfin par sa bouche, ample, dense, aux tanins bien enrobés et à la longue finale. Un vin à la fois puissant et harmonieux. ⧗ 2022-2030

⊶ DUBOSCQ ET FILS, Ch. Haut-Marbuzet, 33180 Saint-Estèphe, tél. 05 56 59 30 54, henri.duboscq@haut-marbuzet.com V r.-v.

CH. LA HAYE 2015

■ Cru bourg.	50000		20 à 30 €

Une porte datée de 1557 rappelle qu'ici l'histoire s'écrit en siècles. Les lettres D et H entrelacées qui ornent les pierres du château et l'étiquette du vin rappellent quant à elles que le lieu aurait servi de rendez-vous galant à Diane de Poitiers et à Henri II... Un cru détenu par la famille Bernard pendant plus de trois siècles, avant d'être acquis en 2012 (et agrandi: 20 ha aujourd'hui) par l'entrepreneur belge Chris Cardon.

Sans chercher à rivaliser avec certains millésimes antérieurs, tel le superbe 2012, ce cru se montre fort plaisant par sa couleur bordeaux à reflets grenat, son bouquet aux arômes de fruits rouges mûrs et de boisé fin, ou encore et surtout par son palais chaleureux, charnu et bien équilibré. ⧗ 2020-2024

⊶ CHRIS CARDON, 1, rue de Saint-Afrique, Leyssac, 33180 Saint-Estèphe, tél. 05 56 59 32 18, info@chateaulahaye.com V *t.l.j. sf sam. dim. 11h-17h*

CH. LAFFITTE CARCASSET 2015 ★

■ Cru bourg.	90000		15 à 20 €

Commandé par une chartreuse du XVIII[e]s., ce cru de 30 ha a été créé à la même époque par Joseph Laffitte, procureur du roi à Bordeaux. Il appartenait à la famille de Padirac depuis 1958, juqu'à son rachat en 2017 par Pierre Rousseau.

Un vin sincère, sans artifice. Le terroir parle dans ce 2015 au bouquet fruité plein de charme et dont le développement au palais révèle du corps, du gras, de la rondeur et une finale assez persistante. ⧗ 2022-2026

⊶ PIERRE ROUSSEAU, 33180 Saint-Estèphe, tél. 05 56 59 34 32, contact@laffittecarcasset.com V r.-v.

CH. LAFON-ROCHET 2015 ★

■ 4e cru clas.	108000		30 à 50 €

85 **86** 88 89 90 **91 92** 93 94 (95) **96 97 98 99 00 01 02** 03 |**04**| |05| 06 |07| |**08**| **09 10** 11 **12** 13 **14** 15

Côté château, un petit bijou de chartreuse, construit en... 1960 par Guy Tesseron pour remplacer les anciens bâtiments délabrés. Côté vignoble, 40 ha d'un seul tenant campés sur un plateau en forme de croupe aux sols d'argile et de graves, entre Lafite et Cos d'Estournel. Un cru que Basile Tesseron, petit-fils de Guy et fils de Michel, dirige depuis 2008 et qu'il a orienté vers la biodynamie à partir de 2010. En 2015, chai et cuvier ont été entièrement modernisés, avec un cuvier en béton et Inox.

Une jolie robe couleur pourpre habille ce 2015 «explosif» par sa charpente puissante, dotée de tanins solides et encore frais, par sa chair dense et suave, et par ses arômes intenses de fruits rouges et d'épices douces. Du caractère et du potentiel. ⧗ 2022-2028

⊶ BASILE TESSERON, Blanquet-Ouest, 33180 Saint-Estèphe, tél. 05 56 59 32 06, lafon@lafon-rochet.com V r.-v.

CH. LÉO DE PRADES 2015

■	49000		15 à 20 €

Derrière le Marquis de Saint-Estèphe et la Châtellenie de Vertheuil, une coopérative résultant de la fusion en 2002 des caves de ces communes, fondées au milieu des années 1930. Elle réunit environ soixante-dix viticulteurs, qui exploitent 40 ha en AOC saint-estèphe et 45 ha en haut-médoc.

Très expressif, déployant un bouquet finement boisé évoquant le cassis et la mûre, ce 2015, équilibré et tout en rondeur, se montre d'une plaisante souplesse. Un saint-estèphe aimable et gourmand. ⧗ 2019-2022

⊶ MARQUIS DE SAINT-ESTÈPHE ET CHÂTELLENIE DE VERTHEUIL RÉUNIS, 2, rue du Médoc, 33180 Saint-Estèphe, tél. 05 56 73 35 30, marquis.st.estephe@wanadoo.fr V *t.l.j. sf sam. dim. 8h30-12h15 14h-18h*

CH. LINOT 2015 ★★

■ | 4500 | | 15 à 20 €

Au décès de son grand-père en 2009, Yohan Juste a repris sa micropropriété de 60 ares en saint-estèphe, riche de vieilles vignes et d'un encépagement diversifié, avec même un peu de petit verdot. Il la cultive en famille avec l'agriculture biologique en ligne de mire.

Ce très beau 2015 déploie un bouquet intense de fruits noirs (cassis, mûre) rehaussé d'une note boisée aussi fine que bien intégrée. La suite ne fait que confirmer cette excellente impression. Après une attaque franche et nette, des tanins lisses et soyeux envahissent le palais et porte loin la finale, harmonieuse et riche en saveurs de cerise et de caramel. ⧗ 2022-2028

⊶ YOHAN JUSTE, 11, rue du Chasselas, 33180 Saint-Estèphe, tél. 06 84 49 31 27, yohan.juste@chateau-linot.com V *r.-v.*

CH. MEYNEY 2015 ★

■ | 204 000 | | 30 à 50 €

90 92 93 94 **95 96** 97 99 00 01 02 04 |05| |06| |**08**| 09 10 12 13 **14** 15

Ancien prieuré des Couleys, couvent de l'ordre des Feuillants au XVII^e^s., développé successivement par les familles Luetkens et Cordier, ce cru de 51 ha régulier en qualité, voisin de Montrose, serait l'un des berceaux de la viticulture stéphanoise. Il est depuis 2004 dans le giron de CA Grands Crus (groupe Crédit Agricole), propriétaire entre autres de Grand-Puy Ducasse (pauillac).

Dense et profonde, la robe pourpre de ce vin est en parfaite harmonie avec le bouquet, riche en notes fruitées (cassis, cerise noire et myrtille) et poivrées. Tout à la fois puissante et gourmande, l'attaque ouvre sur un palais rond et crémeux, séveux et tannique, auquel une belle finale apporte un surplus d'élégance et de volupté. ⧗ 2022-2028 ■ **Prieur de Meyney 2015 ★ (20 à 30 €; 100 000 b.)** : le jury a apprécié le fruit particulièrement raffiné et mûr, ainsi que la bouche ample, franche, bien structurée et longue de ce 2015. ⧗ 2021-2025

⊶ CH. MEYNEY, 4, quai Antoine-Ferchaud, 33250 Pauillac, tél. 05 56 59 00 40, contact@cagrandscrus.fr ⊶ CA Grands Crus

CH. MONTROSE 2015 ★★

■ 2e cru clas. | n.c. | | + de 100 €

(82) **83 85 86** 87 **88 89 90** 91 **92 93 94 95 96 97 98** |**99**| |**00**| |**01**| **02** |**03**| |**04**| |**05**| |**06**| |**07**| **08 09 10** 11 **12** **13** 14 **15**

Entouré de 95 ha de vignes d'un seul tenant, Montrose a pour seul horizon l'estuaire de la Gironde. Autrefois, ses sols très pauvres, essentiellement des graves sur argiles, étaient des pâturages couverts de bruyères, qui formaient d'immenses plaques roses lors de la floraison. Ce qui a valu son nom au domaine, transformé en vignoble à la fin du Premier Empire par Étienne-Théodore Dumoulin, développé par Mathieu Dolfuss à partir de 1866 et par les Charmolüe après 1896. Ces derniers ont maintenu intacts le prestige et la qualité de Montrose à travers tout le XX^e^s., avant de céder le cru en 2006 à Martin et Olivier Bouygues, qui en ont confié en 2012 la direction à Hervé Berland et ont entrepris un vaste programme de rénovation.

Le tempérament généreux de ce beau Montrose se décline tout au long de la dégustation. La robe est intense et élégante, dense et foncée. Le nez, complexe, mêle le fruit mûr, les épices douces, la réglisse et le menthol. La bouche impressionne par sa richesse, son toucher onctueux et ses tanins de grande classe. Un retour aromatique de belle fraîcheur marque la finale de ce magnifique vin de garde. ⧗ 2022-2030 ■ **La Dame de Montrose 2015 ★ (30 à 50 €; n.c.)** : un 2015 souple, rond, ample, à la trame tannique fine, qui présente beaucoup de naturel et de charme. ⧗ 2021-2025

⊶ SCEA DU CH. MONTROSE, Ch. Montrose, 33180 Saint-Estèphe, tél. 05 56 59 30 12, chateau@chateau-montrose.com r.-v.
⊶ Martin et Olivier Bouygues

CH. ORMES DE PEZ 2015 ★

■ | n.c. | | 20 à 30 €

89 90 95 96 97 98 99 **00** 01 02 03 04 |06| |07| |08| **09** 10 **12** 13 15

Si Lynch-Bages, à Pauillac, est le navire amiral des Domaines Jean-Michel Cazes, ce n'est pas le premier cru acquis par la famille Cazes. Ce titre revient aux Ormes de Pez, situé au nord de l'appellation saint-estèphe, acheté par Jean-Charles Cazes en 1940. Le vignoble couvre 40 ha sur un terroir typique de graves garonnaises.

Bien que se présentant dans une robe sombre, carmin foncé, ce vin s'inscrit plus dans la finesse que dans la puissance, avec un bouquet d'une généreuse complexité faisant la part belle aux arômes de fruits cuits, stimulés par un discret boisé. Net et allègre, le palais privilégie lui aussi les fruits qu'il encadre de tanins affinés. D'élégantes saveurs de noyau et d'amande grillée donnent à l'ensemble un côté charmeur et harmonieux, qui se prolonge jusque dans la puissante finale. ⧗ 2021-2028

⊶ FAMILLE JEAN-MICHEL CAZES, rte des Ormes, 33180 Saint-Estèphe, tél. 05 56 73 24 00, contact@jmcazes.com V *r.-v.*

CH. PHÉLAN SÉGUR 2015 ★★

■ | 200 000 | | 30 à 50 €

88 89 **90 91 93 94 95 96** 97 **98 99** |**00**| |**01**| |**02**| **03** (04) | |**05**| |06| 07 |**08**| **09 10** 11 **12** 13 **14 15**

Situé sur le plateau à côté du bourg de Saint-Estèphe, ce cru allie un impressionnant ensemble de bâtiments néo-classiques à un terroir de premier choix: 70 ha de graves argileuses. Et aussi des propriétaires de renom. Bernard Phélan, possédant déjà le domaine de Garamey, acheta en 1810 des terres venant de Joseph-Marie de Ségur, comte de Cabanac (qui n'avait qu'une

simple homonymie avec les Ségur de Lafite et Calon). Puis, pendant longtemps, les Delon, une référence en Médoc. Et depuis 1985, Xavier Gardinier.

La robe rubis de ce 2015 est particulièrement séduisante par son intensité et ses reflets de jeunesse annonçant un vin de garde. Cette impression est confirmée par la puissance du bouquet, ouvert sans réserve sur la cerise, les fruits noirs et la noisette grillée. Franc en attaque, corsé et bien équilibré, le palais s'appuie sur des tanins soyeux et fondus qui s'associent aux fruits mûrs et aux épices pour composer un ensemble des plus aboutis. ⧗ 2022-2028 ■ **Frank Phélan 2015 ★ (20 à 30 €; 90000 b.)** : un vin droit et long, à la matière noble, généreuse en fruit, doté de tanins enrobés et d'une jolie finale. ⧗ 2020-2024

CH. PHÉLAN SÉGUR, rue des Écoles, 33180 Saint-Estèphe, tél. 05 56 59 74 00, phelan@phelansegur.com V ♿ ■ *r.-v.* *Van de Vyvere*

CH. PLANTIER ROSE 2015 ★★

■ Cru bourg.	47000		11 à 15 €

Dans la famille Conte depuis plus d'un siècle, ce domaine – cru bourgeois sans interruption depuis 1932 – étend son vignoble sur 30 ha.

Expressif et puissant, le bouquet mêle harmonieusement la cerise, la myrtille, la vanille, le moka et la noix de coco. Un excellent équilibre entre le fruit et le bois que prolonge un palais doté de tanins veloutés et ronds, et d'une finale d'une grande finesse. ⧗ 2021-2028

CH. PLANTIER ROSE, 51, rue du Médoc, Leyssac, 33180 Saint-Estèphe, tél. 05 56 59 36 16, chateauplantierrose@hotmail.com V ♿ ■ *t.l.j. 10h-12h 14h-18h; sam. dim. sur r.-v.* *SCEA Conte*

CH. SÉGUR DE CABANAC 2015 ★

■	39000		20 à 30 €

De noble origine, ce cru de 7 ha est composé de différentes parcelles, dont certaines furent la propriété du comte Joseph-Marie Ségur de Cabanac, le «Prince des Vignes»; des bornes de pierre gravées à son nom se dressent d'ailleurs toujours dans le vignoble. Les Delon ont reconstitué l'exploitation à partir de 1985 et en ont fait l'une des belles références de Saint-Estèphe.

Flatteur dans son habit rouge foncé, digne d'un garde de sa Gracieuse Majesté, ce 2015 l'est aussi par son bouquet aux notes grillées, vanillées et épicées d'intensité croissante, comme par sa bouche concentrée, ample, solide et savoureuse, où le bois s'harmonise avec le raisin, mûr à souhait. ⧗ 2021-2028

SCEA GUY DELON ET FILS, rue du littoral, 33180 Saint-Estèphe, tél. 05 56 59 70 10, sceadelon@wanadoo.fr V ■ *r.-v.*

SAINT-JULIEN

Superficie : 920 ha / Production : 41 775 hl

Pour l'une saint-julien, pour l'autre Saint-Julien-Beychevelle, saint-julien est la seule appellation communale du Haut-Médoc à ne pas respecter scrupuleusement l'homonymie entre les dénominations viticole et municipale. La seconde, il est vrai, a le défaut d'être un peu longue, mais elle correspond parfaitement à l'identité humaine et au terroir de la commune et de l'aire d'appellation, à cheval sur deux plateaux aux sols caillouteux et graveleux.

Situé exactement au centre du Haut-Médoc, le vignoble de Saint-Julien constitue, sur une superficie assez réduite, une harmonieuse synthèse entre margaux et pauillac. Il n'est donc pas étonnant d'y trouver onze crus classés, dont cinq seconds. À l'image de leur terroir, les vins offrent un bon équilibre entre les qualités des margaux (notamment la finesse) et celles des pauillac (la puissance). D'une manière générale, ils possèdent une belle couleur, un bouquet fin et typé, du corps, une grande richesse et de la sève. Mais, bien entendu, les quelque 6 millions de bouteilles produites en moyenne chaque année en saint-julien sont loin de se ressembler toutes, et les dégustateurs les plus avertis noteront les différences qui existent entre les crus situés au sud – plus proches des margaux – et ceux du nord – plus près des pauillac –, ainsi qu'entre ceux qui sont à proximité de l'estuaire et ceux qui se trouvent plus à l'intérieur des terres, vers Saint-Laurent.

CH. BEYCHEVELLE 2015 ★★

■ 4e cru clas.	264000		50 à 75 €

82 **83 85 86 88** (89) 90 91 92 93 **94 95** 96 **97** |**98**| |99| |**00**| |01| |02| |03| |**04**| 05 06 |**07**| 08 **09** 10 **11 12 13 14 15**

Le «Versailles bordelais». Beychevelle est un petit bijou d'architecture classique. Son prestige lui vient aussi des puissantes familles qui en furent propriétaires. Son nom viendrait d'ailleurs d'un grand amiral de France, duc d'Épernon sous Henri III, qui exigeait que les navires passant devant son château «baissent voiles» en signe d'allégeance. Né au XVIIe s. et développé au XVIIIe s., son vignoble (90 ha) a beaucoup évolué, ce qui explique sa dispersion actuelle sur toute l'AOC. Il s'est équipé en 2017 d'un nouveau chai sur les plans d'Arnaud Boulain. Appartenant depuis 2011 aux groupes Suntory et Castel, il est dirigé par Philippe Blanc.

Même s'il ne s'est pas encore complètement ouvert, le 2015 de Beychevelle bénéficie d'un bouquet déjà bien expressif de fruits rouges et noirs, d'épices et de moka. Au palais, renforcé par des tanins gras et bien enrobés, il se révèle riche, élégant, parfaitement équilibré. Une belle bouteille en perspective. ⧗ 2022-2028 ■ **Amiral de Beychevelle 2015 ★ (30 à 50 €; 156600 b.)** : sans avoir la puissance tannique du grand vin, le «second» possède un beau volume et un bel équilibre qui en font un 2015 accessible, riche et gourmand. ⧗ 2020-2025

SC CH. BEYCHEVELLE, 33250 Saint-Julien Beychevelle, tél. 05 56 73 20 70, beychevelle@beychevelle.com V ♿ ■ *r.-v.*

CH. BRANAIRE-DUCRU 2015 ★

■ 4e cru clas.	180000		50 à 75 €

82 **83 85 86 88 89** 90 93 **94 95** 96 97 **98 99** |**00**| |01| 02 |03| |04| |05| **06** |07| |**08**| 09 10 **11** 12 13 14 15

Château (Directoire) et orangerie (XVIIIe s.) aux lignes épurées, les amateurs d'architecture néo-classique seront comblés par la visite de ce bel ensemble qui s'élève sur le coteau au-dessus de Beychevelle. Composé de graves, celui-ci constitue un terroir de choix, dont l'intérêt viticole a été perçu dès la fin du XVIIes. époque de l'achat du domaine par Jean-Baptiste Braneyre. Fort d'un vignoble de 60 ha, le cru appartient depuis 1988 à la famille Maroteaux, qui a réalisé d'importants investissements pour redonner à la propriété son lustre d'antan.

Un vin gourmand, plein de charme et d'élégance, au nez délicat de gelée de groseille, de cuir, de fruits noirs et de menthol. Ample, rond et moelleux, aux tanins enrobés, la bouche se révèle longue et d'une belle harmonie. ⧗ 2022-2028 ■ **Duluc de Branaire-Ducru 2015 (20 à 30 €; 120 000 b.)** : vin cité.

⊶ *CH. BRANAIRE-DUCRU, 1, chem. du Bourdieu, 33250 Saint-Julien-Beychevelle, tél. 05 56 59 25 86, branaire@branaire.com* V ♿ ■ *r.-v.*

CH. LA BRIDANE 2015 ★

■	41 592	◍	20 à 30 €

Ce cru tire son nom de l'abbé Bridane, qui, à la fin de l'Ancien Régime, était curé de Saint-Laurent-du-Médoc tout en exploitant un moulin à Reignac (devenu Saint-Julien). Favorable aux idées de la Révolution, l'ecclésiastique continua à exercer son ministère et son activité minotière. Propriété de Bruno Saintout, dont la famille est enracinée à Saint-Laurent-Médoc depuis le XVIIIes., le Ch. la Bridane couvre 15 ha. Il s'est équipé en 2017 d'un nouveau chai cuvier.

Charnu et puissant, ce saint-julien est encore marqué par le bois. Sa solide trame tannique, serrée et épicée, lui garantit cependant de pouvoir s'arrondir et de s'affiner pendant que son bouquet naissant de fruits et de violette, soutenu par un boisé délicat, continuera à se développer. Un très beau vin en devenir. ⧗ 2021-2026

⊶ *BRUNO SAINTOUT (CH. LA BRIDANE), 20, Cartujac, 33112 Saint-Laurent-Médoc, tél. 05 56 59 91 70, contact@vignobles-saintout.fr* V ♿ ■ *r.-v.*

CLOS DU MARQUIS 2015 ★

■	120 000	◍	30 à 50 €

Souvent considéré comme le second vin de Léoville Las Cases, le Clos du Marquis, créé en 1902, est en réalité un cru à part entière. Son vignoble, planté sur un terroir de graves du Mindel très homogène, est situé au nord-ouest du village de Saint-Julien, le grand clos étant quant à lui au nord-est.

Majestueux dans sa robe sombre, ce 2015 est déjà fringant dans son expression aromatique centrée sur les fruits rouges et les notes boisées et épicées. Une attaque vive et fruitée introduit un palais corsé, séveux, élégant, porté par des tanins encore dans la fougue de la jeunesse. Un vin fort prometteur et très élégant. ⧗ 2022-2028 ■ **La Petite Marquise du Clos du Marquis 2015 ★ (20 à 30 €; 15 000 b.)** : un saint-julien d'école, qui se distingue par sa finesse, ses arômes intenses de cassis, de fruits rouges et de boisé grillé, et par sa bouche longue, aux tanins de soie. ⧗ 2022-2026

⊶ *CH. LÉOVILLE LAS CASES (CLOS DU MARQUIS), 33250 Saint-Julien-Beychevelle, tél. 05 56 73 25 26, contact@leoville-las-cases.com* ♿ ■ *r.-v.*
⊶ *Jean-Hubert Delon*

CH. LA FLEUR LAUGA 2015 ★

■	4 600	◍	30 à 50 €

Ancien Ch. Capdet, ce cru a été acheté en 2015 par Charles Brun, déjà propriétaire du Ch. Lauga à Cussac (haut-médoc), et un groupe d'investisseurs, qui l'ont baptisé La Fleur Lauga.

Très réussi, ce premier millésime permet au cru de faire une belle entrée dans le Guide avec un vin séduisant, tant par sa couleur, rubis profond, que par son bouquet de fruits rouges d'une réelle fraîcheur, ou encore par son palais harmonieux, franc et bien dessiné. L'ensemble, encore un peu austère en finale, s'avère ample et gras et devrait évoluer en cave très sereinement. ⧗ 2021-2026

⊶ *EARL CHARLES BRUN, 13, chem. de Larue, 33460 Cussac-Fort-Médoc, tél. 05 56 58 92 83, chateau@lauga.com* V ♿ ■ *t.l.j. sf dim. 8h30-12h30 13h30-18h*

CH. DU GLANA 2015

■	144 000	◍	20 à 30 €

Pierre et brique, la bichromie du château, construit en 1870, annonce l'architecture soulacaise et la Pointe du Médoc. Le vignoble (43 ha) est lui bien juliénois, planté sur des graves garonnaises. Installés en 1961, les Meffre y ont réalisé d'importants investissements, qu'ils poursuivent aujourd'hui (création d'un nouveau chai à barriques et d'un caveau souterrain).

Classique par sa couleur rubis à reflets pourpres, ce vin séduit par la fraîcheur de son bouquet de cerise sur fond de boisé fin. Rond, charnu et soutenu par des tanins boisés et veloutés, le palais offre une saveur légèrement vanillée en finale. ⧗ 2021-2025

⊶ *CH. DU GLANA, 5, Le Glana, 33250 Saint-Julien-Beychevelle, tél. 05 56 59 06 47, contact@chateau-du-glana.com* V ♿ ■ *r.-v.* ⊶ *Meffre*

CH. GLORIA 2015 ★

■	280 000	◍	50 à 75 €

82 **83** 84 85 86 87 **88** **89** 90 **91** 93 94 **95** 96 97 98 99 00
01 **02** 03 04 |(05)| |06| |07| |08| 09 10 **11** 12 13 14 15

Ce cru, qui s'étend aujourd'hui sur 50 ha, a été constitué *ex nihilo* à partir de 1942 par l'une des grandes figures du vignoble, Henri Martin, qui pendant des années a acheté des parcelles provenant de grands crus classés, au centre de Beychevelle, ainsi qu'à l'ouest et au nord de l'appellation. Sa fille Françoise et son mari Jean-Louis Triaud, qui dirigeaient Gloria et l'ensemble des Domaines Martin, ont transmis en 2016 les commandes de leurs propriétés à leur fils Jean.

Avec ce 2015 d'un rubis profond, le fil rouge de la dégustation est le fruit, ou plutôt les fruits (cassis, mûre et prune). Ils sont très présents aux côtés de discrètes notes toastées, anisées et épicées dans un bouquet auquel ils apportent leur fraîcheur. Ils le sont aussi dans le palais où ils s'associent à de fins tanins pour composer un ensemble rond, tendre et équilibré. ⧗ 2021-2026

⊶ *DOM. MARTIN (CH. GLORIA), 33250 Saint-Julien-Beychevelle, tél. 05 56 59 08 18, contact@domaines-martin.com* V ♿ ■ *r.-v.*

CH. GRUAUD LAROSE 2015 ★★

■ 2e cru clas. | 160 000 | | 50 à 75 €

82 83 84 **85** (86) 87 **88** 89 **90** 91 92 **93 94** |(95)| **96** 97 98 |99| |(00)| |**01**| |02| |**03**| |**04**| 05 06 07 **08** 09 **10** 11 (12) 13 **14 15**

Créé au début du XVIIIes. par la famille Gruaud, le domaine passe en 1771 dans les mains des Larose, qui ajoutent leur nom et font construire le château, de style néo-classique. En 1812, les Balguerie et Sarget achètent la propriété, puis se séparent, donnant naissance à Gruaud Larose-Bethmann et Gruaud Larose-Sarget. La réunification intervient en 1934, grâce à Désiré Cordier. Vendu en 1983 à des investisseurs institutionnels, Gruaud Larose est racheté en 1997 par le groupe familial Taillan (Merlaut), à la tête aujourd'hui d'un vaste vignoble de 82 ha, presque d'un seul tenant.

Si sa robe, d'un beau rubis, semble plutôt légère, ce saint-julien est un vrai vin de caractère. Bien équilibré entre le raisin et le merrain, le bouquet associe des notes de fruits noirs et rouges à un fin boisé épicé. Le palais se révèle ample et corsé, doté d'une trame tannique à la fois fine et solide. Une belle expression du terroir et du millésime. ⧗ 2022-2028 ■ **Sarget de Gruaud Larose 2015 (20 à 30 €; 191 000 b.)** : vin cité.

CH. GRUAUD LAROSE, 33250 Saint-Julien-Beychevelle, tél. 05 56 73 15 20, gl@gruaud-larose.com V r.-v.

CH. LAGRANGE 2015 ★

■ 3e cru clas. | 250 000 | | 50 à 75 €

82 **83 85 86 88 89** (90) **91 92 93 94 95 96 97 98 99** |**00**| **01** 02 **03 04** |**05**| |**06**| 07 |08| 09 10 11 **12 13 14** 15

Un nom modeste pour une vaste propriété (280 ha, dont 120 de vignes) et un château néoclassique agrémenté d'un campanile aux allures toscanes. Le vignoble d'un seul tenant, établi sur deux buttes de graves, est l'héritier d'une longue histoire, la Grange désignant souvent au Moyen Âge un grand domaine avec église, habitations et bâtiments d'exploitation. Propriété du groupe japonais Suntory depuis 1983, le cru, longtemps dirigé par Marcel Ducasse, figure de la viticulture médocaine, puis par son ancien adjoint Bruno Eynard, a recruté Matthieu Bordes en 2013.

S'il n'entend pas rivaliser avec le 2014, coup de cœur dans l'édition précédente, ce millésime a du répondant. D'abord par sa couleur, d'un grenat brillant bien dans la tradition du cru, puis par son bouquet frais et complexe de fruits (fraise et framboise) bien appuyés par les puissantes notes du bois (vanille et nuances toastées). Goûteux, gras et dense, le palais repose sur une structure tannique ample, veloutée, puissante et équilibrée qui promet une bouteille des plus harmonieuses. ⧗ 2021-2028 ■ **Les Fiefs de Lagrange 2015 ★ (20 à 30 €; 350 000 b.)** : un très beau second vin qui se révèle fin et délicat, doté d'une belle et longue finale fraîche et de tanins de soie. ⧗ 2021-2025

CH. LAGRANGE, Beychevelle, 33250 Saint-Julien-Beychevelle, tél. 05 56 73 38 38, contact@chateau-lagrange.com r.-v. 4 *Groupe Suntory*

CH. LALANDE 2015

■ | 89 000 | | 15 à 20 €

Comme son nom l'indique, le terroir de ce cru détaché du château Lagrange en 1964, situé à Saint-Julien-Beychevelle en bordure de la route «des grands vins» qui longe la Gironde, est assez pauvre. Un inconvénient pour toutes les autres cultures, mais un avantage pour la vigne de qualité. Acquis en 1982, l'un des domaines bordelais de la famille Meffre.

Certes, le bois domine l'olfaction avec des notes toastées intenses, mais un agréable fruité (fruits rouges confiturés) se manifeste à l'aération. Après une attaque souple, on découvre un bouche suave et charnue, étayée par de bons tanins ronds. Pas un monstre de puissance, mais un saint-julien aimable et harmonieux. ⧗ 2021-2025

CH. LALANDE, 33250 Saint-Julien-Beychevelle, tél. 05 56 59 06 47 V r.-v. *Meffre*

CH. LANGOA BARTON 2015 ★

■ 3e cru clas. | 90 000 | | 50 à 75 €

82 83 85 86 88 (89) **90** 93 94 95 96 97 98 **99** |**00**| **01** 02 |03| |04| |05| |**06**| |07| |08| 09 **10** 11 12 14 15

Commandé par une belle chartreuse du XVIIIes., ce cru est depuis 1821 la propriété des Barton (Ch. Léoville Barton), famille d'origine irlandaise, l'un des rares domaines à être resté entre les mains de la même famille depuis le classement de 1855. Une tradition que perpétue Lilian Barton depuis 2006, à la tête d'un vignoble de 51 ha réparti en quatre grandes parcelles situées entre les villages de Saint-Julien et Beychevelle.

Mis en confiance par la teinte rubis foncée de ce 2015, on découvre au nez une plaisante panoplie de notes de fruits (cassis) et d'élevage (épices douces). Dès l'attaque, le palais se révèle ample, gras, corpulent, étiré dans une finale longue et fraîche. Un solide potentiel. ⧗ 2022-2028

FAMILLE BARTON (CH. LANGOA BARTON), 33250 Saint-Julien-Beychevelle, tél. 05 56 59 06 05, chateau@barton-family-wines.com r.-v.

♥ CH. LÉOVILLE BARTON 2015 ★★

■ 2e cru clas. | 140 000 | | 75 à 100 €

82 83 85 86 88 |**89**| |(90)| **91** 93 **94** 95 |**96**| **97** |**98**| |**99**| |**00**| 01 **02** |**03**| **04** (05) |**06**| 07 |**08**| **09 10** |11| 12 |13| **14 15**

Si l'Irlandais Thomas Barton a installé aux Chartrons son affaire de négoce en 1725, ce n'est qu'en 1821 que son petit-fils Hugh acquiert le château Langoa, puis en 1826 une partie de l'ancien domaine de Léoville, propriété née au début du XVIIes. et scindée en plusieurs parties à la Révolution. Un domaine resté depuis lors dans la famille Barton (Lilian Barton Sartorius depuis 2006), dont les quelque 50 ha de

vignes s'étendent au sud du bourg de Saint-Julien. Pas de demeure ni de chai ici, vinifications et élevages se déroulent à Langoa.

Particulièrement réussi, raffiné et complet, ce millésime se distingue par une parfaite harmonie entre la puissance et l'élégance. Cet équilibre se lit dans la complexité du bouquet: à de très fines notes épicées et toastées, se mêlent des arômes de cassis mûr et de tabac blond. Parfaitement dessiné, doté de tanins soyeux et racés, le palais affiche une grande amplitude ainsi qu'une longue finale. Un futur classique. ⧗ 2024-2030

FAMILLE BARTON (CH. LÉOVILLE BARTON), 33250 Saint-Julien-Beychevelle, tél. 05 56 59 06 05, chateau@barton-family-wines.com r.-v.

♥ CH. LÉOVILLE LAS CASES 2015 ★★★

■ 2e cru clas. | n.c. | | + de 100 €

(61) **62 64** 67 69 **70 71 75** 76 **78 79** (82) (83) **85** (86) |**88**| |**89**| |**90**| **91** 92 **93** |(00)| |**01**| |**02**| |(03)| |**04**| (05) **06 07 08** (09) (10) **11 12 13 14** (15)

Las Cases ne se contente pas de posséder, avec 98 ha, les trois cinquièmes de l'ancien domaine de Léoville – divisé entre 1826 et 1846 pour aboutir aux trois Léoville connus aujourd'hui –, le cru possède le cœur historique du vignoble, le Grand Clos. Près de 60 ha plantés sur de belles graves reposant en profondeur sur des graves argilo-sableuses, au voisinage de Latour et de la Gironde, complétés par l'actuel Clos du Marquis. À cet avantage s'ajoute celui d'être géré depuis 1900 par la même famille, les Delon (aujourd'hui Jean-Hubert), qui l'ont doté, notamment depuis 2002, d'équipements à la pointe du progrès.

Chez les Delon, on ne fait pas dans la demi-mesure, quel que soit le millésime. Ce 2015 en fait d'emblée la démonstration par la beauté et la profondeur de sa magnifique robe sombre, discrètement frangée de violine. Cette quête d'excellence se prolonge par un bouquet aussi riche que complexe, aux puissants arômes de fruits noirs sublimés par un boisé très bien intégré (notes de chocolat, de cuir, de vanille et de cachou). Dès l'attaque, généreuse à souhait, les tanins sont là, d'une finesse exceptionnelle, en soutien de saveurs opulentes de cassis, de violette et d'épices et d'une chair dense et riche. Et quelle longueur! Un saint-julien d'une rare élégance, et pour très longtemps. ⧗ 2024-2035 ■ **Le Petit Lion du Marquis de Las Cases 2015 ★ (20 à 30 €; 80000 b.)** : un second vin complet, vinifié pour être accessible dès à présent. Un vin flatteur par ses arômes de boisé fin et de fruits noirs, ample et séveux en bouche, étayé par des tanins soyeux. ⧗ 2020-2024

CH. LÉOVILLE LAS CASES, 33250 Saint-Julien-Beychevelle, tél. 05 56 73 25 26, contact@leoville-las-cases.com r.-v.
Jean-Hubert Delon

♥ CH. LÉOVILLE POYFERRÉ 2015 ★★

■ 2e cru clas. | n.c. | | 75 à 100 €

79 80 **82** (83) **85 86 88 89** 90 **91** 93 **94** 95 **96 97 98 99 00** 01 |(02)| |**03**| **04** |**05**| |**06**| 07 **08 09 10 11 12 13** 14 **15**

Comme les deux autres crus nés de l'ancien domaine de Léoville, Poyferré – du nom du comte de Poyferré, issu d'une maison noble d'Armagnac, qui hérita du vignoble par son épouse lors de la scission – bénéficie d'un terroir de choix. Celui-ci, d'une superficie de 80 ha, se répartit sur toute la commune de Saint-Julien: à l'est, près de la Gironde, des graviers et galets bruns; à l'ouest, des sables noirs. Des atouts mis en valeur depuis 1979 par Didier Cuvelier, dont la famille, d'anciens négociants en vins à Lille, acquit la propriété en 1920.

Un millésime remarquable pour Léoville Poyferré avec ce vin très élégant dans sa robe rubis profond comme dans son bouquet puissant de cerise noire, de réglisse et de pain grillé. Tout porte à constater que de bons raisins ont rencontré de bons merrains: la bouche apparaît veloutée, riche, concentrée, structurée par un boisé racé et par des tanins à la fois puissants et soyeux. ⧗ 2022-2030

SOCIÉTÉ FERMIÈRE DU CH. LÉOVILLE POYFERRÉ, 38, rue Saint-Julien, 33250 Saint-Julien, tél. 05 56 59 08 30, lp@leoville-poyferre.fr V r.-v.

CH. SAINT-PIERRE 2015 ★★

■ 4e cru clas. | 80000 | | 50 à 75 €

82 **83 85** (86) **88 89** 90 **93** 94 (95) (96) 97 **98** 99 **01 02** |**03**| |**04**| (05) |**06**| |**07**| |**08**| **09 10 11 12** 13 **14 15**

Ce cru ancien (XVIIe s.) a connu des heures sombres, ayant été totalement dispersé à la suite de plusieurs successions. Henri Martin le reconstitua à partir de 1982. Le vignoble couvre 17 ha, planté sur un beau terroir de graves reposant sur une couche argilo-sablonneuse. La fille d'Henri Martin, Françoise, et son mari Jean-Louis Triaud, qui le conduisaient, ont passé la main en 2016 à leur fils Jean.

Se présentant dans une robe pourpre animée de brillants reflets violacés, ce vin développe un beau bouquet aux arômes concentrés de moka et de vanille, le fruit restant pour l'heure en retrait. Le palais s'avère harmonieux, riche, dense, charnu, muni de tanins élégants et veloutés. La très longue finale, expressive et racée, suggère un très solide potentiel de garde. ⧗ 2023-2030

DOMAINES MARTIN (CH. SAINT-PIERRE), 33250 Saint-Julien-Beychevelle, tél. 05 56 59 08 18, contact@domaines-martin.com V r.-v.

CH. TALBOT 2015 ★★

■ 4e cru clas. | 414700 | | 50 à 75 €

82 83 (85) **86 88** 89 90 **93** 94 **95** 96 97 98 99 **00 01** 02 **03** 04 |**05**| 06 07 |08| |**09**| **10** 11 12 13 14 **15**

Portant le nom du connétable gouverneur de la Guyenne anglaise battu à Castillon-la-Bataille en 1453,

ce château situé sur une croupe de graves, au centre de l'appellation saint-julien, se donne modestement des airs de grosse maison bourgeoise raffinée et confortable, sans souci ostentatoire. Tout autour, se déploie un vaste vignoble de 106 ha d'un seul tenant, à l'origine de saint-julien élégants et bien typés, d'une grande régularité dans la qualité. Un cru acquis par Désiré Cordier en 1917, conduit aujourd'hui par son arrière-petite-fille Nancy et son mari Jean-Paul Bignon, qui en ont confié la direction générale à Jean-Pierre Marty.

Paré d'une robe très sombre, presque noire, le Talbot 2015 dévoile des arômes complexes d'épices douces, d'anis et de fruits (cerise noire, framboise et cassis). Soyeux et parfaitement disciplinés, les tanins soutiennent une bouche ample, dense et raffinée, pourvue d'une très longue finale. ⧗ 2023-2030

CH. TALBOT, 33250 Saint-Julien-Beychevelle, tél. 05 56 73 21 50, chateau-talbot@chateau-talbot.com r.-v. Nancy Bignon-Cordier

LES VINS BLANCS LIQUOREUX

Quand on regarde une carte vinicole de la Gironde, on remarque aussitôt que toutes les appellations de liquoreux se trouvent dans une petite région située de part et d'autre de la Garonne, autour de son confluent avec le Ciron. Simple hasard? Assurément non, car c'est l'apport des eaux froides de la petite rivière landaise, au cours entièrement couvert d'une voûte de feuillages, qui donne naissance à un climat très particulier. Celui-ci favorise l'action du *Botrytis cinerea*, champignon de la pourriture noble. En effet, le type de temps que connaît la région en automne (humidité le matin, soleil chaud l'après-midi) permet au champignon de se développer sur un raisin parfaitement mûr sans le faire éclater: le grain se comporte comme une véritable éponge, et le jus se concentre par évaporation d'eau. On obtient ainsi des moûts très riches en sucre.

Mais, pour obtenir ce résultat, il faut accepter de nombreuses contraintes. Le développement de la pourriture noble étant irrégulier sur les différentes baies, il faut vendanger en plusieurs fois, par tries successives, en ne ramassant à chaque fois que les raisins dans l'état optimal. En outre, les rendements à l'hectare sont faibles (avec un maximum autorisé de 25 hl à Sauternes et à Barsac). Enfin, l'évolution de la surmaturation, très aléatoire, dépend des conditions climatiques et fait courir des risques aux viticulteurs.

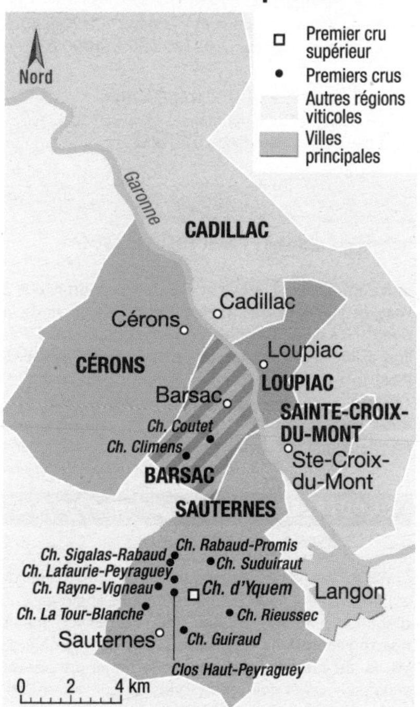

CADILLAC

Superficie : 128 ha / Production : 6 000 hl

Ennoblie par son splendide château du XVIIe s., surnommé le «Fontainebleau girondin», la bastide de Cadillac est souvent considérée comme la capitale des Premières-Côtes. Elle est aussi, depuis 1980, une appellation de vins liquoreux.

CLOS CARMELET Tabanac Grand vin 2015 ★★

	900		11 à 15 €

Un petit cru familial de 3 ha conduit depuis 2004 par Gilles Hébrard (troisième génération): un ensemble de parcelles situées sur les coteaux de la rive droite de la Garonne, voisin du château Carmelet. Les vins sont élevés et conservés dans une ancienne carrière d'extraction de pierre de taille.

Cette cuvée dévoile une palette aromatique d'une grande complexité: ananas, banane rôtie, vanille, notes toastées. Souple, ample et long, le palais révèle une finale fraîche qui vient parfaitement contrebalancer les sucres. Un superbe liquoreux, et pour longtemps. ⧗ 2022-2030

GILLES HÉBRARD, 103, rte de Rouquey, 33550 Tabanac, tél. 06 64 38 03 00, closcarmelet@hotmail.fr V r.-v.

♥ CH. DE GARBES
Cuvée spéciale fût de chêne 2016 ★★

	6646		5 à 8 €

Belle unité de 62 ha sur les coteaux de la Garonne, cette propriété appartient à la famille David depuis 1900. En 2010, la troisième génération (Élodie Liénard-David, Thibault et Fabien David) a pris les commandes.

Une nouvelle fois, les David se distinguent par la qualité de leur production avec cette superbe cuvée spéciale. Limpide et brillante, la robe met en confiance. Élégant, presque primesautier, le bouquet déploie des notes de fleurs d'acacia, de fruits secs, de pêche et d'abricot. Bâti sur une liqueur de grande qualité, ample, longue, suave sans excès, le palais rivalise de complexité et de finesse avec le nez. ⧗ 2022-2028

VIGNOBLES DAVID GARBES, Ch. de Garbes, 1, Garbes, 33410 Gabarnac, tél. 05 56 62 92 23, contact@garbes.fr V t.l.j. sf dim. 8h30-12h 13h30-17h30; sam. sur r.-v.

CH. HAUT-MOULEYRE 2016 ★

■ | 5400 | | 11 à 15 €

La Société fermière des Grands Crus de France est la structure spécialisée dans le Bordelais du groupe Grands Chais de France. Son œnologue Vincent Cachau vinifie le fruit de quinze propriétés, représentant 390 ha dans les différentes AOC bordelaises.

D'un jaune lumineux à reflets d'or, la robe de ce 2016 est aussi prometteuse que limpide et brillante. La suite ne la dément pas avec une belle complexité aromatique (fleur d'acacia et gingembre enrichis de notes fumées, grillées et épicées) qui fait l'originalité et la modernité de ce cadillac très équilibré en bouche. ⧗ 2022-2026

STÉ FERMIÈRE DES GRANDS CRUS DE FRANCE, 33460 Lamarque, tél. 05 57 98 07 20, vcachau@lgcf.fr

♥ CH. MOULIN DE CORNEIL 2015 ★★

■ | 1000 | | 11 à 15 €

À la tête aujourd'hui d'une belle unité d'une quarantaine d'hectares, les Bonneau exploitent ce domaine familial, situé sur des coteaux dominant la Garonne, depuis huit générations.

Irréprochable dans sa robe dorée limpide et brillante, ce cadillac 100 % sémillon sait parfaitement s'exprimer par son bouquet fin et puissant d'abricot, de chèvrefeuille, de mangue et de fruit de la Passion. Riche, ample, soutenue par une belle tension acide, le palais est d'un équilibre parfait. ⧗ 2022-2028

SCEA BONNEAU ET FILS, 6, Corneil, 33490 Le Pian-sur-Garonne, tél. 05 56 76 44 26, moulin-corneil@wanadoo.fr V t.l.j. sf sam. dim. 8h-12h 14h-18h

CH. PEYBRUN 2015

■ | 7000 | | 11 à 15 €

Catherine de Loze, installée en 1985, exploite cette propriété de 15 ha fondée par ses aïeux au milieu du XVIes.

Ce cadillac surprend quelque peu par une note terreuse dans son bouquet, par ailleurs très élégant avec ses arômes de fleurs et de fruits blancs. Fin et puissant, gras et long, le palais s'achève sur une finale plus fraîche. ⧗ 2021-2025

CATHERINE DE LOZE, 41, rue Sainte-Cécile, 33000 Bordeaux, tél. 05 56 96 10 84, peybrun@free.fr V r.-v.

CH. TANESSE 2016 ★

■ | 5000 | | 8 à 11 €

Paul Gonfrier, rapatrié d'Algérie, rachète au début des années 1960 le Ch. de Marsan, terre noble fondée au XVIIes. sur la rive droite de la Garonne: le berceau des domaines familiaux. Ses fils Philippe et Éric suivent ses traces après 1985. Aujourd'hui, pas moins de 400 ha et douze châteaux.

À l'image de son terroir du haut Langoiran, ce 2016 se montre bien typé par son bouquet expressif de cire, de fleurs blanches, de fruits compotés et de fruits secs, comme par son palais concentré, gras, long et plutôt imposant. Un cadillac puissant. ⧗ 2022-2028

SAS GONFRIER FRÈRES, BP 7, 33550 Lestiac-sur-Garonne, tél. 05 56 72 14 38, contact@vignobles-gonfrier.fr V t.l.j. sf sam. dim. 9h-17h30

CH. DE TESTE Grains nobles 2015 ★

■ | 6000 | | 15 à 20 €

Basé à Monprimblanc, à cheval sur l'Entre-deux-Mers et les Côtes de Bordeaux, Laurent Réglat peut jouer sur plusieurs appellations et types de vins, ayant même un pied dans les Graves. Souvent en vue pour ses liquoreux (cadillac, sainte-croix-du-mont), il ne néglige pas pour autant les rouges (cadillac-côtes-de-bordeaux, graves).

Sa présence sur les deux rives de la Garonne n'entraîne aucune dispersion chez Larent Réglat. Cette belle cuvée en apporte la preuve par l'étendue de sa palette aromatique (toast, vanille, fleurs, pêche de vigne et écorce d'orange), comme par sa bouche ample et très bien équilibrée entre fraîcheur et richesse. ⧗ 2019-2028 ■ **Les premières gelées 2015 (20 à 30 €; 1000 b.)** : vin cité.

EARL VIGNOBLES LAURENT RÉGLAT, Ch. de Teste, 33410 Monprimblanc, tél. 06 07 30 43 83, vignobles.l.reglat@wanadoo.fr V r.-v.

LOUPIAC

Superficie : 350 ha / Production : 12 550 hl

Entre Cadillac à l'ouest et Sainte-Croix-du-Mont à l'est, ce vignoble très ancien couvre les côtes de la rive droite de la Garonne, en face de Sauternes. Par son orientation, ses terroirs et son encépagement, il est très proche de celui de Sainte-Croix-du-Mont. Toutefois, comme sur la rive gauche, les vins produits vers le nord ont souvent un caractère plus moelleux que liquoreux.

CH. DU CROS Cuvée Prélude gourmand 2016 ★★

■ | 35000 | | 11 à 15 €

Établi sur les hauteurs de Loupiac, le château du Cros est étroitement lié à l'histoire du duché anglo-gascon d'Aquitaine au Moyen Âge. Fief des Boyer depuis quatre générations, ils commandent un vignoble de 90 ha sur les deux rives de la Garonne, produisant sous diverses étiquettes des vins de qualité, notamment en blanc.

Particulièrement réussie, cette cuvée élevée pour moitié en fût pendant douze mois, mérite pleinement son nom par les notes de miel, d'écorce d'orange, de fruits confits, de cannelle et d'épices constituant son bouquet. Une richesse et une complexité qui se retrouvent dans un palais long et d'une grande harmonie, offrant un bon rôti. ⧗ 2018-2026 ■ **2015 ★★ (15 à 20 €; 30000 b.)** : un beau classique, ample, généreux et très équilibré, aux gourmandes notes confites. À encaver pour plus de complexité. ⧗ 2022-2028

CATHERINE BOYER, Ch. du Cros, 33410 Loupiac, tél. 05 56 62 99 31, info@chateauducros.com V t.l.j. 9h-12h30 13h30-17h30; sam. dim. sur r.-v.

CH. DE RONDILLON 2016 ★

■	n.c.		11 à 15 €

La famille Bord exploite la vigne depuis plus de six générations à Loupiac, à travers deux propriétés. Acquis en 1792, le Clos Jean étend son vignoble sur 20 ha; le Ch. Rondillon, l'un des plus anciens crus de la région, couvre quant à lui 12 ha. Josselin Bord a pris la tête de l'ensemble en 2010.

Ce vin montre qu'il possède déjà une expression aromatique singulière, avec un bouquet tout en nuances allant de la gelée de coing aux fruits exotiques, en passant par le miel. Son élégance se prolonge au palais, qui laisse le souvenir d'un ensemble frais et bien équilibré. ⧗ 2020-2026

GFA CH. DE RONDILLON, Rondillon, 33410 Loupiac, tél. 05 56 62 99 83, vignobles.bord@wanadoo.fr V r.-v.

CH. ROUMAUD 2016 ★

■	8400		5 à 8 €

Dans la même famille depuis cinq générations, ce domaine s'est développé sous l'impulsion d'Henri et de Suzette Gillet (années 1950 à 1980), puis de leur fille Martine et de son mari Bernard Queyrens, aujourd'hui accompagnés par leur fils Romain. Le vignoble couvre 28 ha sur les hauteurs de l'appellation loupiac et à Omet, sur la rive droite de la Garonne.

Diffusé par le négociant libournais Horeau Beylot, ce 2016 bien typé, drapé dans une robe d'or, dévoile un joli bouquet dominé par l'orange confite et un palais harmonieux, ample et riche, porté une bonne liqueur jusqu'en finale. ⧗ 2021-2026

VIGNOBLES GILLET QUEYRENS, 1, Les Plainiers, 33410 Loupiac, tél. 05 56 62 62 71, chateaupeyruchet@wanadoo.fr V t.l.j. 9h-12h 15h-18h

CH. SAINT-MARTIN Cuvée spéciale 2015 ★

■	4500		20 à 30 €

Belle unité d'une cinquantaine d'hectares, le Ch. Saint-Martin est la propriété de la famille de Pierre Bosviel depuis six générations. Si le cœur du domaine est situé aux portes de Cadillac, le vignoble est à cheval sur plusieurs communes et appellations.

Un loupiac encore un peu sur la réserve sur le plan de l'intensité aromatique, mais déjà d'une belle complexité au nez, mêlant agrumes, fruits compotés, notes de café et de figue. Au palais, apparaissent des notes confites et une structure puissante qui méritera une garde de quelques années. ⧗ 2022-2028

PIERRE BOSVIEL, 10, rte de Saint-Malaire, 33410 Cadillac, tél. 06 33 59 81 18, chateau-saint-martin@wanadoo.fr V t.l.j. 8h-20h

PREMIÈRES-CÔTES-DE-BORDEAUX

Superficie : 195 ha / Production : 8 865 hl

Depuis le millésime 2008, les rouges de cette zone sont produits sous le nom de cadillac-côtes-de-bordeaux. Cette appellation est donc aujourd'hui réservée aux vins blancs moelleux ou liquoreux.

LE BORDELAIS

CH. CRABITAN BELLEVUE 2015 ★

■	12000		5 à 8 €

Belle unité de 42 ha implantée sur les coteaux sud dominant la rive droite de la Garonne, ce domaine de la famille Solane (Nicolas depuis 1994) est présent dans plusieurs appellations avec différents types de vins, mais son cœur bat pour le sainte-croix-du-mont.

Un 2015 qui séduit par la finesse et la fraîcheur de son expression aromatique (fruits blancs, fleur de tilleul). Très bien équilibré et long en bouche, dotée d'une belle vivacité, il pourra être apprécié jeune. ⧗ 2018-2022

GFA BERNARD SOLANE ET FILS, Crabitan, 33410 Sainte-Croix-du-Mont, tél. 05 56 62 01 53, crabitan.bellevue@orange.fr V r.-v.

CH. DE JANISSON Cuvée Martin 2016 ★

■	1400		8 à 11 €

Fondée à la fin du XIXᵉs. dans les côtes de Bordeaux, cette propriété familiale a longtemps été confiée en fermage. En 2011, Thierry et Marie-Christine Latrille ont repris 2 ha en faire-valoir direct pour développer un vignoble. Sur cette superficie étroite, le couple parvient à produire rouges, rosés, blancs secs et moelleux.

Thiery Latrille signe une fort jolie bouteille avec ce 2016 à la robe dorée qu'animent des reflets brillants. Montant en puissance à l'aération, le bouquet évoque la pêche, l'ananas et les fruits confits. Ces derniers l'emportent ensuite dans un palais ample et suave, équilibré et allongé par une fine fraîcheur. ⧗ 2018-2023

THIERRY LATRILLE, 9, lieu-dit Janisson, 33410 Cardan, tél. 06 88 55 07 94, janisson@orange.fr V r.-v.

CH. ROZIERS-MORILLONS 2015

■	2630		5 à 8 €

L'histoire de cette propriété familiale située sur les coteaux entre Cadillac et le château de Benauges remonte à 1850. Depuis 2009, le domaine est conduit par Jean-Christophe Crachereau (sixième génération) et sa compagne, tous deux œnologues.

Issu d'une petite parcelle de vignes centenaires, ce vin se distingue par sa belle robe d'or et par son palais riche et gras, d'une bonne longueur. ⧗ 2019-2025

SCEA VIGNOBLES CRACHEREAU, 1, Morillon, 33410 Donzac, tél. 05 56 62 14 07, jc.crachereau@free.fr V r.-v.

SAINTE-CROIX-DU-MONT

Superficie : 400 ha / Production : 15 000 hl

Un site de coteaux abrupts dominant la Garonne, trop peu connu en dépit de son charme, et un vin ayant trop longtemps souffert (à l'égal des autres appellations de liquoreux de la rive droite, loupiac et cadillac) d'une réputation de vin de noces ou de banquets.
Pourtant, cette aire d'appellation située en face de Sauternes mérite mieux: à de bons terroirs, en général calcaires, avec des zones graveleuses, elle ajoute un microclimat favorable au développement du botrytis. Quant aux cépages et aux méthodes de vinification, ils sont très proches de ceux du Sauternais. Les vins, autant moelleux que véritablement liquoreux, offrent une plaisante impression de fruité.

CH. CRABITAN-BELLEVUE 2015 ★★

■ | 42000 | | 5 à 8 €

Belle unité de 42 ha implantée sur les coteaux sud dominant la rive droite de la Garonne, ce domaine de la famille Solane (Nicolas depuis 1994) est présent dans plusieurs appellations avec différents types de vins, mais son cœur bat pour le sainte-croix-du-mont.
Ce superbe 2015, drapé dans une belle robe dorée, a fortement séduit le jury par la complexité de son bouquet, dans lequel les notes grillées de l'élevage se marient parfaitement aux arômes de fruits secs et de truffe. Tout aussi digne d'éloges, le palais se révèle bien équilibré, ample, dense, frais et aromatique. ⧗ 2018-2028

GFA BERNARD SOLANE ET FILS, Crabitan, 33410 Sainte-Croix-du-Mont, tél. 05 56 62 01 53, crabitan.bellevue@orange.fr V r.-v.

CRU DE GRAVÈRE 2015 ★★

■ | 4000 | | 15 à 20 €

Basé à Monprimblanc, à cheval sur l'Entre-deux-Mers et les Côtes de Bordeaux, Laurent Réglat peut jouer sur plusieurs appellations et types de vins, ayant même un pied dans les Graves. Souvent en vue pour ses liquoreux (cadillac, sainte-croix-du-mont), il ne néglige pas pour autant les rouges (cadillac-côtes-de-bordeaux, graves).
Agréable à l'œil dans sa robe limpide et brillante, ce vin révèle sa personnalité en offrant un bouquet d'une belle complexité autour des fleurs blanches, du miel et des fruits confits. Il la confirme ensuite en développant un palais expressif aux saveurs intenses de pâte de coing, souple, gras, concentré et bien équilibré, étiré dans une belle finale boisée. ⧗ 2018-2030

EARL VIGNOBLES LAURENT RÉGLAT, Ch. de Teste, 33410 Monprimblanc, tél. 06 07 30 43 83, vignobles.l.reglat@wanadoo.fr V r.-v.

CH. GRAND PEYROT 2015 ★

■ | 6600 | | 8 à 11 €

La famille Bridet-Tinon a acquis le cœur de La Grave en 1929, juste avant le krach boursier. Le vignoble s'est peu à peu agrandi à partir des années 1970, complété entre autres des 5 ha du Ch. Grand Peyrot acquis en 1977; il compte 25 ha aujourd'hui. Virginie Tinon, aux commandes depuis 1999, a converti les vignes rouges du cru à l'agriculture biologique (certification à partir du millésime 2014).
Résolument moderne, ce vin offre un très beau bouquet aux senteurs printanières de fleurs, agrémentées de notes de miel et de fruits confits. Souple et frais, le palais s'inscrit dans le même style pour laisser le souvenir d'un ensemble bien équilibré, à la fois rond, gras et vif. ⧗ 2018-2028

EARL VIGNOBLE TINON, Ch. la Grave, 33410 Sainte-Croix-du-Mont, tél. 05 56 62 01 65, tinon@terre-net.fr V r.-v.

CH. DES MAILLES
Cuvée Laurence 2015 ★★

■ | 3000 | | 11 à 15 €

Les Larrieu – Daniel et Laurence aujourd'hui, installés en 2006 – sont présents depuis 1734 et six générations sur ce domaine aux sols argilo-calcaires reposant sur des bancs d'huîtres fossilisées. Le vignoble couvre 25 ha.
Cette cuvée baptisée du nom de la viticultrice porte chance aux Larrieu qui signent là un magnifique liquoreux de garde. D'une bonne complexité aromatique (fleurs blanches, truffe, fruits secs, boisé grillé), il se développe agréablement au palais où il se montre charpenté, gras, tout en conservant une belle fraîcheur. ⧗ 2019-2028

LAURENCE LARRIEU, 7, Vilatte sud, 33410 Sainte-Croix-du-Mont, tél. 05 56 62 01 20, chateau.des.mailles@wanadoo.fr V *t.l.j. 8h-12h 14h-18h*

♥ CH. LA RAME 2016 ★★

■ | 30000 | | 11 à 15 €

Implantée à Sainte-Croix depuis huit générations, la famille Armand fait partie des institutions locales pour ses liquoreux renommés. Elle y conduit deux crus (dans un esprit bio, sans certification): la Caussade et la Rame, son fleuron, dont les vins étaient déjà réputés au XIX[e]s. Angélique et Grégoire Armand ont pris la suite de leur père Yves en 2009.
Une fois encore, ce cru se montre à la hauteur de sa renommée avec ce superbe millésime 2016. Bien sûr, le botrytis est présent, liquoreux oblige. Mais il n'est pas seul: aux arômes de fruits confits s'ajoutent de multiples senteurs (caramel, cire d'abeille, fruits secs, fruits confits), pour composer un bouquet aussi complexe que gourmand. Cette complexité se retrouve au palais avec une belle vivacité qui fait de cette bouteille une superbe représentante des douceurs girondines. ⧗ 2022-2035
■ **Ch. la Caussade 2016 ★ (8 à 11 €; 36000 b.)** : un liquoreux à l'aromatique intense, marquée par les agrumes et la poire confite, bien constitué et équilibré en bouche. ⧗ 2020-2028

FAMILLE ARMAND, La Rame, 33410 Sainte-Croix-du-Mont, tél. 05 56 62 01 50, chateau.larame@wanadoo.fr V 🚶 ! *t.l.j. sf sam. dim. 9h-12h 13h3-17h30; sur r.-v. le week-end*

CH. VALENTIN 2016 ★★

■	40000	5 à 8 €

Paul Chevassier a constitué ce vignoble au début du XXes., à Sainte-Croix-du-Mont. Son gendre Pierre Chouvac et, depuis 2000, son petit-fils Hervé l'ont développé sur les deux rives de la Garonne, dans les Graves et le Sauternais (27 ha aujourd'hui), mais Sainte-Croix est resté le cœur du domaine, dont il est l'un des porte-drapeaux.

Un vin riche et élégant. Très classique par son bouquet qui fait la part belle aux notes rôties et confites, il se fait flatteur à l'attaque, avant de révéler son caractère profond et équilibré. ⌛ 2020-2028 ■ **Ch. du Mont Cuvée Pierre 2016 ★ (11 à 15 €; 6000 b.)** : une cuvée de garde, riche, concentrée, puissante en liqueur, qui devrait vieillir gracieusement. ⌛ 2022-2030

HERVÉ ET CLAIRE CHOUVAC, Ch. du Mont, lieu-dit Pascaud, 33410 Sainte-Croix-du-Mont, tél. 06 89 96 54 73, chateau-du-mont@wanadoo.fr V 🚶 ! *r.-v.*

CÉRONS

Superficie : 49 ha / Production : 1 335 hl

Enclavés dans les graves (appellation à laquelle ils peuvent aussi prétendre, à la différence des sauternes et des barsac), les cérons assurent une liaison entre les barsac et les graves supérieures, moelleuses. Là ne s'arrête pas leur originalité, qui réside aussi dans une sève particulière et une grande finesse.

LE MOULIN DE VALÉRIEN 2016 ★

■	3000	🍾	20 à 30 €

En 1976, Valérien Ducau, issu d'une famille de viticulteurs, achète des vignes en graves. Il appelle son petit domaine Clos Graouères (graves, en gascon). En blanc, il propose notamment du cérons sous l'étiquette Moulin de Valérien. Autre étiquette : le Cru des Sescassots.

Frais, élégant et bien équilibré, ce 2016 développe une belle expression aromatique qui se distingue par sa richesse et sa diversité : fleurs blanches, pâte d'amande, fruits exotiques et fruits confits. Un ensemble charmant. ⌛ 2019-2028

VIGNOBLES DUCAU, Clos Graouères, RD 1113, 33720 Podensac, tél. 05 56 27 16 80, vignobles.ducau@wanadoo.fr V 🚶 ! *r.-v.*

BARSAC

Superficie : 480 ha / Production : 6 870 hl

Tous les vins de l'appellation barsac peuvent bénéficier de l'appellation sauternes. Barsac s'individualise cependant par un moindre vallonnement et par les murs de pierre entourant souvent les exploitations. Ses vins ont un caractère plus légèrement liquoreux que les sauternes mais ils appellent les mêmes accords gourmands. Comme les sauternes, ils peuvent être servis de façon classique avec un dessert ou, comme cela se fait de plus en plus, en entrée, sur du foie gras, ou bien en accompagnement de fromages bleus de type roquefort.

CH. DOISY DAËNE 2015 ★★

■ 2e cru clas.	37600	🛢	30 à 50 €

Si Doisy Daëne possède un beau terroir (18,2 ha) de sables rouges et de graviers, c'est plus encore par ses méthodes de travail que le cru se distingue, ce depuis son acquisition par Georges Dubourdieu en 1924. De 1945 à 2000, Pierre, son fils, rêvant d'un vin sans soufre, a multiplié les expérimentations. Depuis 2000, Denis, troisième du nom, professeur à la faculté de Bordeaux et consultant de renommée internationale, disparu en 2016, a orienté ses recherches, tant universitaires que personnelles, sur les arômes et notamment les précurseurs d'arômes. Ses fils Fabrice et Jean-Jacques ont pris la relève.

La robe fringante à reflets verts exprime toute la jeunesse et l'éclat de ce vin au bouquet encore fermé mais délicat, où percent des notes d'agrumes et d'amande. On retrouve au palais toute l'élégance et la finesse du terroir de Barsac, qui doit tant à la famille Dubourdieu. Riche et frais à la fois, ce vin révèle une grande harmonie et sa dégustation s'achève sur des accents boisés délicats. ⌛ 2022-2035

EARL DOMAINES DENIS DUBOURDIEU, 10, Gravas, 33720 Barsac, tél. 05 56 62 96 51, contact@denisdubourdieu.fr V 🚶 ! *r.-v.*

SAUTERNES

Superficie : 1 735 ha / Production : 34 260 hl

Si vous visitez un château à Sauternes, vous saurez tout sur ce propriétaire qui eut un jour l'idée géniale d'arriver en retard pour les vendanges et de décider, sans doute par entêtement, de faire ramasser les raisins surmûris malgré leur aspect peu engageant. Mais si vous en visitez cinq, vous n'y comprendrez plus rien, chacun ayant sa propre version, qui se passe évidemment chez lui. En fait, nul ne sait qui « inventa » le sauternes, ni quand ni où.

Si en Sauternais, l'histoire se cache toujours derrière la légende, la géographie, elle, n'a plus de secret. Chaque caillou des cinq communes constituant l'appellation (dont Barsac, qui possède sa propre appellation) est recensé et connu dans toutes ses composantes.

Il est vrai que c'est la diversité des sols (graveleux, argilo-calcaires ou calcaires) et des sous-sols qui donne un caractère à chaque cru, les plus renommés étant implantés sur des croupes graveleuses. Obtenus avec trois cépages – le sémillon (de 70 à 80 %), le sauvignon (de 20 à 30 %) et la muscadelle –, les sauternes sont dorés, à la fois onctueux et délicats. Leur bouquet « rôti » se développe et gagne en complexité avec le temps : miel, noisette et orange confite enrichissent sa palette. Les plus grandes bouteilles vivent des décennies. Il est à noter que les sauternes sont les seuls vins blancs à avoir été classés en 1855.

CH. L'AGNET LA CARRIÈRE 2016

■ | 15000 | | 20 à 30 €

Les Mallard exploitent la vigne depuis 1870. Laurent, installé avec sa mère en 1991 et en solo depuis 2001, conduit plusieurs crus à Sauternes (L'Agnet La Carrière), à Saint-Émilion (La Croix Fourche Mallard) et dans l'Entre-deux-Mers, berceau de la propriété (Vieux Liron et Naudonnet Plaisance).

Une robe pâle et brillante habille ce vin au nez frais, riche en arômes d'agrumes. Résolument moelleux et gras, le palais affirme sa présence à travers des saveurs confites et une importante sucrosité. ⧗ 2018-2024

LAURENT MALLARD, Ch. Naudonnet Plaisance, 33760 Escoussans, tél. 05 56 23 93 04, contact@laurent-mallard.com V r.-v.

♥ CH. D'ANNA
Cuvée Louis d'Or 2015 ★★

■ | 2200 | | 15 à 20 €

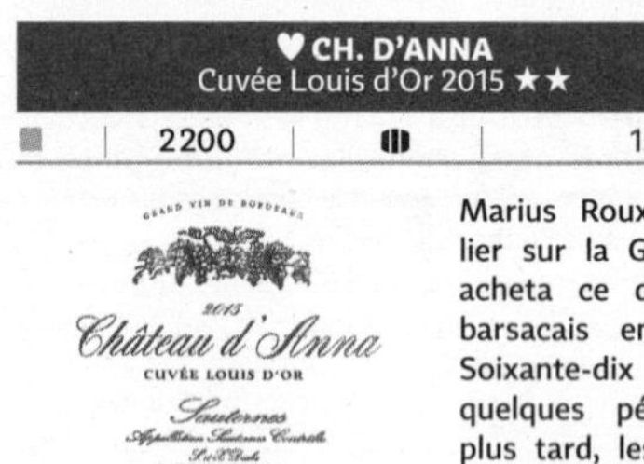

Marius Roux, batelier sur la Garonne, acheta ce domaine barsacais en 1932. Soixante-dix ans et quelques péripéties plus tard, lesquelles réduisirent la surface du vignoble de 10 à 2 ha, Sandrine, née Roux, et Xavier Dauba font revivre l'exploitation familiale.

La robe ambrée annonce la couleur: voici un sauternes traditionnel, concentré et riche, ouvert sur des arômes confits magnifiés par le botrytis. Profond et complexe, le bouquet est composé à la fois de nuances fraîches (fleurs d'acacia et de genêt) et de notes plus denses (miel, oranges confites) se fondant dans un ensemble harmonieux. Le palais se révèle ample, gras, imposant, et déploie des saveurs confites diablement gourmandes d'abricot, d'orange et d'épices douces. ⧗ 2021-2035

SANDRINE ET XAVIER DAUBA, 16, rue Barrau, 33720 Barsac, tél. 06 18 96 08 58, chateaudanna@free.fr V r.-v.

CH. L'ARIESTE Cuvée Prestige 2016 ★

■ | 10000 | | 11 à 15 €

La famille Bon exploite la vigne à Preignac depuis 1948 et trois générations au Ch. Voigny (aujourd'hui Pierre-Antoine et Émilie). Commandé par une belle demeure du XVIIIes., qui reçut la visite du duc d'Anjou, petit-fils de Louis XIV, le vignoble couvre 25 ha jusqu'aux rives de la Garonne.

D'un bel or pâle, la robe délicate et brillante annonce un bouquet plaisant, floral et légèrement muscaté. Le palais, tendre et rond, s'adosse à une fraîcheur caractéristique du millésime 2016. D'agréables saveurs de pomme verte viennent égayer la finale, en lui conférant une jolie longueur. ⧗ 2020-2028 ■ **Ch. des Rochers 2016 ★ (15 à 20 €; 8000 b.)** : la pâte de coing et la poire Williams composent un bouquet frais et fruité. Le palais, sphérique, sans angle ni aspérité, développe progressivement son opulence, bien contenue par de fines notes poivrées en finale. Un sauternes au style très classique. ⧗ 2021-2028 ■ **Grain d'Or du Ch. Voigny 2016 ★ (11 à 15 €; 10000 b.)** : au nez, de délicates notes confites de cédrat et de mirabelle; en bouche, une appréciable nervosité, du fruit (pêche, abricot) et des saveurs épicées (poivre blanc, gingembre). Un 2016 élancé et vigoureux, qui s'appréciera dans sa jeunesse. ⧗ 2018-2023

SCEA VIGNOBLES BON, 70, rue de la République, 33210 Preignac, tél. 05 56 63 28 29, a.j.vins@wanadoo.fr V *t.l.j. sf dim. 10h-12h 14h-19h*

CH. D'ARMAJAN DES ORMES 2015 ★

■ | 12000 | | 20 à 30 €

Issus d'une longue lignée vigneronne de l'Entre-deux-Mers et des Graves, les Perromat exploitent trois crus dans le Sauternais: Le Juge (5 ha), acquis en 1992 et commandé par un château du XVIIes. habité après la Révolution par un juge de paix; son voisin Armajan des Ormes (10 ha), anobli en 1565 par la visite de Charles IX et Catherine de Médicis; le Ch. Ladonne, petit enclos de 4 ha commandé par une élégante chartreuse du XVIIIes.

Solide référence du Sauternais, ce cru possède toutes les qualités du terroir de Preignac dont on apprécie les vins élégants et frais. Le nez est à la fois confit et floral, sans lourdeur ni excès de concentration, et la bouche riche et enveloppante ne se laisse jamais dominer par le caractère confit. Une finale longue et savoureuse, tout en harmonie, achève de convaincre. ⧗ 2021-2028

EARL JACQUES ET GUILLAUME PERROMAT, Ch. d'Armajan, 33210 Preignac, tél. 05 56 63 58 21, gperromat@mjperromat.com V r.-v.

CH. BASTOR-LAMONTAGNE 2015 ★

■ | 20000 | | 20 à 30 €

82 83 84 **85 86 88 89** (90) 94 95 **96 97** 98 99 **00** 01 02 |**03**| 04 |05| 06 |07| 08 |**09**| |10| |11| |12| 13 14 15

Bastor est déjà un domaine important au XVIIIes. Orienté vers la polyculture, il se spécialise à partir de 1839 sous l'impulsion d'Amédée Larrieu, alors propriétaire de Haut-Brion. Aujourd'hui, une belle unité de 40 ha, plantée sur un terroir sablo-graveleux - l'une des plus vastes du Sauternais. Propriété du Crédit Foncier depuis 1987, le cru a été acheté en juillet 2014 par les familles Moulin (groupe Galeries Lafayette) et Cathiard (Smith Haut Lafitte). En conversion bio. Les mêmes propriétaires exploitent en bio le Ch. Bordenave.

Privilégiant la fraîcheur aux dépens de la concentration, Bastor-Lamontagne fait partie des promoteurs des sauternes «modernes», et ce 2015 en est une parfaite illustration. Le nez floral et délicatement boisé annonce une bouche harmonieuse, souple et dotée d'une fraîcheur persistante. On privilégiera sa présence à l'apéritif, sans négliger pour autant des alliances gastronomiques plus audacieuses. ⧗ 2021-2028 ■ **Ch. du Haut Pick 2016 (11 à 15 €; 6500 b.)** Ⓑ : vin cité.

SCEA DE BASTOR ET SAINT-ROBERT (CH. BASTOR-LAMONTAGNE), Dom. de Lamontagne, 33210 Preignac, tél. 05 56 63 27 66, commercial.cellarmony@orange.fr V r.-v. *Domaines Motier*

CH. CAPLANE 2016 ★★

	n.c.		11 à 15 €

Situé dans le haut Bommes, au cœur de l'appellation sauternes, ce petit cru jouit d'un terroir de qualité de sables noirs et de graves, conduit depuis 1981 par Guy David.

Des parfums de fleurs de genêt et d'acacias composent un bouquet printanier qui doit beaucoup à la singulière proportion de muscadelle (15 %) dans l'assemblage. Ce caractère aromatique se retrouve dans une bouche ample et longue, soutenue par une solide charpente confite et un agréable caractère boisé. ⧗ 2021-2030

GUY DAVID, 1, Haut-Bommes, 33410 Laroque, tél. 05 56 62 93 76 V *r.-v.*

DOM. DE CARBONNIEU 2015 ★

	9985		20 à 30 €

Fondée en 1782 et spécialisée dans la viticulture au début du XXes., une propriété familiale de 20 ha établie sur des terroirs variés du Sauternais. L'arrière-grand-père a vendu les premières bouteilles en 1929. Alain Charrier a passé la main dans les années 2000 à ses fils Christophe et Alexis.

Des reflets cuivrés font scintiller la belle robe jaune d'or de ce vin au nez discret de prime abord, ouvert à l'aération sur des notes boisées et confites (abricot, figue). Le palais apparaît rond et généreux, dans la droite ligne des sauternes les plus traditionnels. ⧗ 2021-2028

CHARRIER, 6, les Chons, 33210 Bommes, tél. 05 56 76 64 48, vignobles.charrier@wanadoo.fr V *t.l.j. sf dim. 9h-12h 14h-18h*

CLOS HAUT-PEYRAGUEY 2015 ★

1er cru clas.	20000		30 à 50 €

82 **83** 85 **86 88 89 90** 91 94 **95 96** 97 99 01 02 |03| 04 |**05**| 06 07 |**10**| |**11**| |12| **13** 15

Séparé d'Yquem par un petit val, ce cru est né en 1879 quand les propriétaires du Ch. Peyraguey vendirent la partie la plus élevée de leur propriété à un pharmacien parisien nommé Grillon. En 1914, le cru, devenu Clos Haut-Peyraguey, est acheté par les Pauly et les Ginestet. Seuls propriétaires à partir de 1937, les premiers l'ont gardé jusqu'en 2012, année de son acquisition par Benard Magrez. Le terroir (21 ha) est de premier choix, avec des graves sableuses bien drainées reposant sur des argiles.

Limpide et brillante, la robe est légère, printanière. Le bouquet est déjà agréablement ouvert sur des arômes de caramel et de cannelle. Le palais se montre bien équilibré entre sucres et acidité, et les saveurs confites se mêlent harmonieusement aux notes boisées dues à un élevage de qualité. ⧗ 2021-2028 **Symphonie de Haut-Peyraguey 2015 ★ (20 à 30 €; 13000 b.)** : c'est à une délicate symphonie que nous invite ce vin dont la robe or pâle à reflets verts traduit la fraîcheur. Au nez, la même délicatesse s'exprime à travers des notes de fruits blancs (pêche) finement toastées. Ample et souple, la bouche déploie d'agréables accents citronnés et la dégustation s'achève sur une finale vive et harmonieuse. ⧗ 2021-2028

SC BERNARD MAGREZ (CLOS HAUT-PEYRAGUEY), 33210 Bommes, tél. 05 56 76 61 53, closhautpeyraguey@pape-clement.com V *r.-v.*

CH. DE FARGUES 2014 ★

	10000		+ de 100 €

Forteresse ruinée par un incendie en 1687, dont les solides murailles se dressent encore sur une hauteur, au milieu des ceps, Fargues est le berceau des Lur-Saluces depuis 1472, illustre famille propriétaire pendant plusieurs siècles du Château d'Yquem; un exemple sans doute unique en Bordelais de longévité patrimoniale. Le vignoble, 17 ha aujourd'hui, est complanté de sémillon (80 %) et de sauvignon. Il est dirigé depuis 1968 par Alexandre de Lur-Saluces.

La robe d'or intense et brillante annonce un sauternes au profil traditionnel auquel le cru nous a habitué. Derrière un bouquet subtil, teinté de discrètes notes confites, le vin s'exprime en bouche avec vigueur, dans une explosion de saveurs d'amandes grillées et d'épices. La finale ample et généreuse est ourlée de fines nuances boisées. Une belle bouteille au classicisme assumé, dont le temps polira l'harmonie. ⧗ 2022-2035

ALEXANDRE DE LUR-SALUCES, Ch. de Fargues, 33210 Fargues-de-Langon, tél. 05 57 98 04 20, fargues@chateau-de-fargues.com V *r.-v.*

CH. FILHOT 2015 ★

2e cru clas.	35000		30 à 50 €

81 82 83 85 **86 88** 89 91 92 95 |**96**| |**97**| |98| |99| |00| |01| |03| |**04**| |05| **09** 10 **11 12 13** 15

Un château aux allures de palais, du XVIIIes. pour le bâtiment central, de 1850 pour les ailes: un vaste ensemble de 2 ha. Le cru se distingue aussi par le prestige de ses propriétaires: les Filhot, établis ici en 1709, grande famille de la noblesse bordelaise dès le XVes., puis les Lur-Saluces, dont descendent les propriétaires actuels, les Vaucelles. Un cru qui se singularise enfin par la superficie du vignoble (62 ha), par la place du sauvignon dans l'encépagement (autour d'un tiers) et par le choix d'une vinification à basse température, en cuves Inox.

Printanier et subtil, le bouquet présente de fines notes florales de genêt et d'acacia. Cette impression délicate se poursuit dans une bouche soulignée par une belle vivacité soutenant harmonieusement la richesse de ce vin qui trouvera facilement sa place à l'apéritif. ⧗ 2021-2028

SCEA DU CH. FILHOT, 33210 Sauternes, tél. 05 56 76 61 09, filhot@filhot.com V *r.-v.*

L'ESPRIT DE GRAVAS 2016 ★

	8000		15 à 20 €

Ce cru, jadis nommé Doisy Gravas, est la propriété de la famille Bernard depuis six générations. Bien situé entre Coutet et Climens, il s'étend sur 10 ha au point culminant de Barsac. Dédié exclusivement au sauternes jusqu'en 2007, il a multiplié les cuvées de graves. Un lieu réputé aussi pour son accueil et ses animations œnotouristiques.

Un sauternes «nouvelle vague», comprenez aérien, qui joue la partition de l'élégance et de la fraîcheur. De délicates notes de fleurs d'acacia dominent le bouquet, agrémentées d'arômes d'abricot confit. Souple et alerte, le palais déploie un éventail harmonieux de saveurs de fruits frais. Un joli vin d'apéritif, à apprécier dés maintenant. ⧗ 2018-2023

MICHEL BERNARD, 6, lieu-dit Gravas, 33720 Barsac, tél. 05 56 27 06 91, chateau.gravas@orange.fr r.-v.

CH. LAMOTHE-GUIGNARD 2015

2e cru clas.	30 000		20 à 30 €

(83) **85** 86 87 **88** 89 **90 94 95 96** 97 98 99 00 |**02**| |03| |04| |**05**| |06| |07| |08| |**09**| |11| |12| 13 14 15

Situé sur l'une des croupes argilo-graveleuses les plus élevées de la commune de Sauternes, ce cru (31 ha) est issu d'un partage du château de Lamothe d'Assault, à la suite de querelles familiales au XIXes. En 1981, il a été acquis par les Guignard, l'une des plus anciennes familles de viticulteurs du Sauternais, également producteurs dans les Graves avec le Clos du Hez à Pujols-sur-Ciron.

Encore discret, le bouquet apparaît frais, floral et fruité (fruits exotiques). En bouche, ce sauternes au profil traditionnel se montre ample, rond, bien équilibré, centré sur des arômes de fruits blancs très agréables. Sans être d'une grande complexité, un vin plaisant. ⧗ 2020-2026

GAEC PHILIPPE ET JACQUES GUIGNARD, Ch. Lamothe Guignard, 33210 Sauternes, tél. 05 56 76 60 28, chateau.lamothe.guignard@orange.fr t.l.j. sf sam. dim. 8h-12h 14h-18h

CH. LARIBOTTE 2015 ★

	15 000		15 à 20 €

Un cru de 15 ha, propriété de la même famille depuis six générations. Jean-Pierre Lahiteau, installé en 1987, est un adepte des élevages longs.

Le bouquet d'agrumes (citron confit) et d'abricot, discrètement mentholé, s'exprime avec élégance. On apprécie également le très bel équilibre en bouche entre la douceur et la nervosité. Un vin harmonieux qui se prêtera à de nombreuses alliances culinaires. ⧗ 2020-2028

JEAN-PIERRE LAHITEAU, 1, rue Michou Lacoste, voie 207, 33210 Preignac, tél. 06 86 72 73 84, lahiteau.jean@orange.fr t.l.j. 8h-12h 14h-18h

♥ CH. LAVILLE 2016 ★★

	15 000		20 à 30 €

Propriété très ancienne, le Ch. Laville fut dans les années 1900 l'un des pionniers de la mise en bouteilles au château. Aujourd'hui augmenté du Ch. Delmond, un vignoble voisin, ce domaine de 36 ha très régulier en qualité produit en sauternes et en graves (Ch. Mouras). Aux commandes depuis 1997, Jean-Christophe Barbe, œnologue et maître de conférences à Bordeaux Sciences Agro.

Derrière une robe jaune d'or brillante se révèle un nez riche et intense de notes à la fois confites et finement acidulées. Rond et ample, le palais dévoile des saveurs gourmandes de guimauve et de fleur d'oranger. La figue confite et des accents épicés viennent parfaire la finale de ce vin diablement expressif. ⧗ 2021-2030

Ch. Delmond 2016 ★★ (11 à 15 €; **50 000 b.**) : le bouquet se livre peu, mais il laisse percer des notes de tilleul et de fruits blancs. Assez imposant en bouche, le vin n'en est pas moins soutenu par une belle fraîcheur minérale. Un sauternes traditionnel, confit et gras, qui a encore besoin de se fondre. ⧗ 2022-2030

CH. LAVILLE, 33210 Preignac, tél. 05 56 63 59 45, chateaulaville@hotmail.com r.-v. Barbe

CH. DE MALLE 2015

2e cru clas.	25 000		20 à 30 €

83 85 86 87 **88 89 90 91 94 95 96** 97 **98** 99 00 02 03 **04** |05| |06| |**07**| |08| |**09**| |11| **12** 13 15

Un superbe château construit dans un style Renaissance au début du XVIIes. par Jacques de Malle, président au parlement de Bordeaux. En 1702, un mariage l'a fait entrer dans le patrimoine des Lur-Saluces, dont les descendants, la comtesse de Bournazel et son fils Paul-Henry, perpétuent cet héritage familial. Le vignoble couvre une cinquantaine d'hectares, à cheval sur les AOC sauternes et graves.

À l'image de sa robe pâle, le bouquet est encore discret, subtilement ponctué de fines notes de citron confit et de fruits blancs. Frais et vivant, le palais révèle une opulence heureusement atténuée par des accents acidulés d'écorce de pamplemousse. L'ensemble est équilibré, dans un style assez représentatif de ces sauternes de nouvelle génération à apprécier dans leur jeunesse. ⧗ 2019-2024

SCEA DES VIGNOBLES DU CH. DE MALLE, Ch. de Malle, 33210 Preignac, tél. 05 56 62 36 86, accueil@chateau-de-malle.fr r.-v. de Bournazel

CH. DU MONT Cuvée Jeanne 2015 ★★

	5 000		11 à 15 €

Paul Chevassier a constitué ce vignoble au début du XXes., à Sainte-Croix-du-Mont. Son gendre Pierre Chouvac et, depuis 2000, son petit-fils Hervé l'ont développé sur les deux rives de la Garonne, dans les Graves et le Sauternais (27 ha aujourd'hui), mais Sainte-Croix est resté le cœur du domaine, dont il est l'un des porte-drapeaux.

L'image d'un sauternes classique s'exprime pleinement dans cette cuvée à la couleur soutenue, déjà évoluée pour son jeune âge. Opulent, le bouquet révèle des notes de pain d'épices et de fruits confits (abricot). En finale, d'agréables saveurs de frangipane se mêlent au caractère boisé de ce vin puissant et généreux qui ravira les amateurs de sauternes traditionnel. ⧗ 2022-2030

HERVÉ ET CLAIRE CHOUVAC, Ch. du Mont, lieu-dit Pascaud, 33410 Sainte-Croix-du-Mont, tél. 06 89 96 54 73, chateau-du-mont@wanadoo.fr r.-v.

CH. DE MYRAT 2015 ★

2e cru clas.	20 000		30 à 50 €

Sans Jacques et Xavier de Pontac (de la même famille que Jean de Pontac, fondateur de Haut-Brion), ce cru classé aurait disparu, leur père Max ayant fait

arracher le vignoble au milieu des années 1970 face aux difficultés qu'il rencontrait pour vendre ses sauternes. Ses fils ont tout replanté en 1988. Conduit aujourd'hui par les filles de Jacques et leur oncle Xavier, le domaine a retrouvé son lustre d'antan et sa vingtaine d'hectares de vignes.

Le bouquet est délicatement teinté de notes de fleurs d'aubépine et de genêt sur un fond d'agrumes et d'abricot confit. En bouche, le vin devient rapidement voluptueux et l'on apprécie ses saveurs de pâte de fruit finement boisées. Un sauternes d'une grande élégance et d'une belle finesse. ⧗ 2021-2028

⊶ FAMILLE DE PONTAC, Ch. de Myrat, 33720 Barsac, tél. 05 56 27 09 06, myrat@chateaudemyrat.fr
V r.-v.

CH. DE RAYNE-VIGNEAU 2015 ★

■ 1er cru clas.	38000	◖◗	30 à 50 €

Célèbre pour les cailloux multicolores de son terroir de graves argileuses et surtout pour ses sauternes, ce cru classé de 84 ha fut propriété de la famille de Pontac – Catherine de Pontac devenue Mme de Rayne lui a donné son nom au XIXe s. –, puis entra dans le giron du négoce Cordier-Mestrezat, avant d'être acquis en 2004 par le Crédit Agricole. Finalement, ce dernier a cédé en 2015 la majorité de ses participations au distributeur Trésor du patrimoine, spécialiste de la vente à distance.

La belle robe dorée à reflets vert témoigne de la fraîcheur de ce vin, dont on apprécie les arômes de tilleul et de fleurs blanches. Après aération, apparaissent de discrètes notes grillées, révélatrices d'un élevage de qualité. Ample et voluptueux, le palais se montre dense sans que sa concentration ne nuise à son harmonie. Encore sur la réserve, cette bouteille a besoin de quelques années pour exprimer toute sa richesse. ⧗ 2022-2030 ■ **Clos l'Abeilley 2016 ★ (11 à 15 €; 20000 b.)** : la robe bouton d'or est attirante et invite à la dégustation de ce vin aux arômes de vanille, de miel, de pâte d'amande et de meringue, à la bouche aimable et ronde, au caractère fruité intense. ⧗ 2021-2028

⊶ SC DU CH. DE RAYNE-VIGNEAU, 4, Le Vigneau, 33210 Bommes, tél. 05 56 76 61 63, vlabergere@raynevigneau.fr V t.l.j. 10h-12h 14h-18h; sam. dim. sur r.-v.

CH. ROUMIEU 2015

■	n.c.	20 à 30 €

Ce cru de 15 ha, établi sur le plateau du haut Barsac et contigu à Doisy-Védrines et Climens, est propriété des Craveia depuis le XVIIIe s. À sa disposition, un superbe chai de style néo-basque, construit en 1896 par Fargeaudoux, l'un des architectes d'Arcachon, et un terroir argilo-calcaire, lui, bien barsacais, avec des sables rouges recouvrant du calcaire à astéries. Vincent Craveia est aux commandes depuis 2009.

Séduisant et pur, le bouquet de ce sauternes mêle des arômes de cédrat, de mangue et d'ananas. Des notes de fruits confits subtilement miellés donnent une belle profondeur à une bouche certes d'une concentration moyenne, mais qui n'en possède pas moins une élégante harmonie. ⧗ 2020-2026

⊶ VINCENT CRAVEIA, Lapinesse, 33720 Barsac, tél. 05 56 27 21 01, contact@chateau-roumieu.fr
V r.-v. ⊶ Craveia-Goyaud

CH. SIMON
Cuvée Exceptionnelle 2015 ★

■	26000	◖◗ 🍷	20 à 30 €

La famille Dufour cultive la vigne depuis 1814 au château Simon, qui tire son nom d'un hameau de Barsac. Trois générations - la dernière étant Anne-Laure Dufour, arrivée en 2011 - œuvrent aujourd'hui de concert sur les 38 ha du domaine.

Sur un fond d'agrumes confits, le nez associe des arômes miellés et épicés à de fraîches notes mentholées. En bouche, se déploie une palette aromatique d'une grande richesse, dynamisée par la vivacité de l'abricot confit. Un vin riche et puissant, opulent même, qui mérite quelques années de cave avant de révéler tous ses secrets. ⧗ 2022-2030

⊶ EARL DUFOUR, Ch. Simon, 33720 Barsac, tél. 05 56 27 15 35, contact@chateausimon.fr
V t.l.j. 8h-12h 13h30-17h30; sam. dim. sur r.-v.

CH. SUDUIRAUT 2015 ★★

■ 1er cru clas.	n.c.	◖◗	75 à 100 €

83 85 86 88 89 (90) 96 |(97)| |**99**| |01| |02| |**04**| |**05**| |06| |**07**| |08| |09| |**10**| |11| (13) **14 15**

Sous le règne d'Henri IV, Suduiraut était un château fort et se nommait « cru du Roy ». Incendié pendant la Fronde, il a été reconstruit en 1670 par le comte Blaise de Suduiraut, donnant le magnifique château Grand Siècle que nous connaissons aujourd'hui, entouré de jardins imaginés plus tard par Le Nôtre. Le vignoble, reconstitué lui aussi au XVIIe s., couvre aujourd'hui 91 ha plantés sur un sol sablo-graveleux. Depuis 1992, le domaine est dans le giron d'Axa Millésimes (Pichon Baron à Pauillac, entre autres), qui en a confié la direction à Christian Seely.

On apprécie toujours la grande richesse aromatique de ce cru, soutenue par une belle vivacité. Le 2015 ne fait pas exception en dévoilant des arômes intenses d'agrumes et de fruits confits, de vanille et de miel. Puissant sans être massif, le vin développe en bouche une belle rondeur avec des notes finement citronnées. « Très sauternes », ce vin allie en une parfaite harmonie opulence et élégance. ⧗ 2022-2035 ■ **Castelnau de Suduiraut 2015 ★ (30 à 50 €; n.c.)** : au nez, des arômes de fruits confits (abricots) délicatement miellés. Sans être dominantes, les notes boisées sont bien présentes en bouche et soutiennent avec élégance des saveurs d'agrumes confits. La finale minérale est éclatante, agrémentée de notes persistantes de citron confit. Plus qu'un second vin, tant sa personnalité est affirmée. ⧗ 2019-2028

⊶ CH. SUDUIRAUT, 33210 Preignac, tél. 05 56 63 61 92, contact@suduiraut.com
V r.-v. ⊶ Axa Millésimes

CH. LA TOUR BLANCHE 2015 ★

■ 1er cru clas.	20000	◖◗	30 à 50 €

83 85 86 88 89 **90** 91 94 **95 96** |**97**| **99** |01| |**02**| |03| |04| |05| 06 |**07**| 08 |10| |11| |12| **13** 14 15

On pourrait croire que le nom du cru vient de la tour blanche (en fait, un pigeonnier autrefois) se trouvant sur le domaine. En réalité, il dérive du nom d'un ancien propriétaire, monsieur de Latourblanche,

LE BORDELAIS

trésorier général de Louis XVI. Légué à l'État en 1909 par le mécène Daniel Iffla, dit Osiris, ce cru classé est aussi un lycée viticole, où les futurs professionnels trouvent un beau terrain d'apprentissage (42 ha de vignes) pour s'initier aux subtilités du Botrytis cinerea. Aux commandes du chai, Philippe Pelicano.

Derrière une robe brillante et pâle se révèle un vin au bouquet prometteur mais encore un peu sur la réserve. L'aération exhale des arômes de fruits confits et de fleur de pêcher. Assez classique, le palais se montre puissant, riche mais harmonieux, sans lourdeur ni concentration excessive. Ce millésime 2015 nous offre un vin élégant et plus délié que les millésimes précédents de ce cru emblématique du terroir de Bommes. ⧗ 2022-2030 ■ **Les Charmilles de la Tour Blanche 2016 (15 à 20 €; 18000 b.)** : vin cité.

CH. LA TOUR BLANCHE, 33210 Bommes, tél. 05 57 98 02 73, tour-blanche@tour-blanche.com V 🚶 🍷 *r.-v.* *Conseil régional*

CH. VALGUY 2015 ★

■	8000	🛢	30 à 50 €

Très régulier en qualité, ce petit cru d'un peu plus de 8 ha a été créé en 2000 à partir des prénoms des exploitants (Valérie et Guy Loubrie). Les vignes sont anciennes: cinquante ans d'âge moyen.

D'intensité moyenne, la robe est délicate avec de chatoyants reflets verts. Une agréable fraîcheur domine le bouquet, composé de notes de fleurs blanches et de fruits exotiques, de litchi notamment. La dégustation se poursuit tout en finesse avec bouche alerte et d'une belle pureté. Un vin élégant et racé. ⧗ 2021-2028

LOUBRIE, 4, chem. de Couitte, 33210 Preignac, tél. 05 56 63 58 25, grandsvignoblesloubrie@orange.fr V 🚶 🍷 *r.-v.*

L'INSOLENT DE VEYRES 2016 ★★

■	n.c.	🛢	11 à 15 €

Philippe Mercadier a acquis pendant vingt-cinq ans son savoir-faire à la direction du Ch. Suduiraut. Une expérience qui profite aujourd'hui à ses crus sauternais, conduits avec l'aide de ses deux fils: les châteaux Haut Coustet, Pechon, Tuyttens et Veyres.

La robe ambrée est flatteuse et traduit à elle seule la richesse de ce beau sauternes. Une intense palette de fruits frais, dominée par la mirabelle, compose un bouquet agrémenté de notes miellées. Puis un bon boisé vient en soutien d'un palais ample et gras, dont on apprécie l'harmonie et l'élégante finale rehaussée de menthol et de citron vert. ⧗ 2021-2028 ■ **Ch. de Veyres 2015 ★ (20 à 30 €; 8000 b.)** : toute la tradition de Sauternes s'exprime dans la belle robe d'or soutenu de ce vin au nez épicé et fruité (poire confite et écorce d'orange), frais et acidulé en attaque, onctueux dans son développement. ⧗ 2021-2028 ■ **Ch. Haut Coustet 2015 ★ (11 à 15 €; 28000 b.)** : la jeunesse et la fraîcheur de ce vin se reflètent dans les reflets verts de la belle robe jaune d'or. Le bouquet est floral, agrémenté de notes légèrement fumées. La bouche s'avère délicate, avec une belle minéralité apportant une tension inattendue dans ce millésime 2015 souvent opulent. ⧗ 2021-2028 ■ **Ch. Tuyttens 2015 ★ (15 à 20 €; 16000 b.)** : d'une belle limpidité, ce vin très expressif propose une symphonie d'agrumes (mandarine et citron vert) à l'olfaction, agrémentée de saveurs de noisette grillée dans une bouche ample, souple et longue. ⧗ 2021-2028

SCEA DU CLOS DE LA VICAIRIE, 8, rte de Villandraut, 33210 Fargues, tél. 06 24 03 90 18, emercadier@vignoblesmercadier.com V 🚶 🍷 *r.-v.*

♥ CH. D'YQUEM 2015 ★★★

■ 1er cru clas. sup.	n.c.	🛢	+ de 100 €

21 29 37 |45| 55 59 (67) **|75| 76 83 86 88 |89| 90** |(95)| (96) |(97)| **98 99** |(01)| **|02|** |(03)| **|04|** |(05)| **06** (07) (08) (09) (10) (11) (13) (14) (15)

Superbe manoir fortifié du XVIIe s. entouré de vignes, établi au sommet des coteaux dominant la vallée de la Garonne, le château d'Yquem est, fait unique pour un grand cru, resté dans la même famille, les Sauvage puis les Lur-Saluces, pendant près de quatre cents ans. Un domaine devenu dès le XVIIIe s. le fleuron du Sauternais. Outre sa stabilité, il a pour atout de bénéficier d'un terroir d'une grande variété, tout en nuances, composé d'une multitude de petites collines, avec des vignes en haut de plateau et d'autres en milieu et bas de pente. Une diversité qui permet de s'adapter aux caprices du climat et qui fait la grande complexité du vin d'Yquem. Classé premier cru supérieur en 1855 – le seul dans sa catégorie, il appartient depuis 1999 au groupe LVMH, qui en a confié la direction en 2004 à Pierre Lurton.

Un grand millésime d'équilibre que 2015 à Yquem. Une année chaude et précoce avec juste ce qu'il a fallu de pluie et de fraîcheur pour donner de beaux raisins botrytisés à point. Et cela se vérifie dans le verre avec un sauternes qui se conjugue au plus que parfait. La robe est dorée à l'or fin, lumineuse et nette. Le nez est d'une intensité admirable, ouvert sur des arômes de fruits blancs (pêche, poire), d'agrumes confits, de poivre et de fleurs blanches. Dès l'attaque, le volume et la richesse exceptionnels du vin apparaissent, et pourtant aucune lourdeur ici, c'est même une sensation de légèreté, de fine douceur, d'évolution caressante et aérienne qui domine, le tout souligné par une acidité d'une grande justesse qui pousse loin, très loin la finale. Un Yquem déjà légendaire, à la fois solaire et fin, puissant et velouté. «Quand la légende dépasse la réalité, on imprime la légende», entendait-on dans *L'Homme qui tua Liberty Valance* de John Ford: que se passe-t-il lorsque la réalité dépasse la légende? ⧗ 2024-2050

SA DU CH. D' YQUEM, 33210 Sauternes, tél. 05 57 98 07 07, info@yquem.fr 🚶 🍷 *r.-v.* *LVMH*

LES CRUS CLASSÉS DU SAUTERNAIS EN 1855

PREMIER CRU SUPÉRIEUR
Ch. d'Yquem
PREMIERS CRUS
Ch. Climens
Clos Haut-Peyraguey
Ch. Coutet
Ch. Guiraud
Ch. Lafaurie-Peyraguey
Ch. Rabaud-Promis
Ch. Rayne-Vigneau
Ch. Rieussec
Ch. Sigalas-Rabaud
Ch. Suduiraut
Ch. La Tour-Blanche

SECONDS CRUS
Ch. d'Arche
Ch. Broustet
Ch. Caillou
Ch. Doisy-Daëne
Ch. Doisy-Dubroca
Ch. Doisy-Védrines
Ch. Filhot
Ch. Lamothe (Despujols)
Ch. Lamothe (Guignard)
Ch. de Malle
Ch. Myrat
Ch. Nairac
Ch. Romer
Ch. Romer du Hayot
Ch. Suau

La Bourgogne

SUPERFICIE : 29 300 ha

PRODUCTION : 1 500 000 hl

TYPES DE VINS : Blancs secs (60 %), rouges (32 %), rosés (très rares), effervescents (crémant-de-bourgogne).

SOUS-RÉGIONS : Chablisien et Auxerrois, Côte de Nuits, Côte de Beaune, Côte chalonnaise, Mâconnais.

CÉPAGES :

Rouges : pinot noir principalement, gamay, césar (rare).

Blancs : chardonnay principalement, aligoté, sauvignon (à Saint-Bris), sacy, melon (très rares).

LA BOURGOGNE

Inscrit en 2015 au patrimoine mondial de l'Unesco, un vignoble historique, façonné au Moyen Âge par les moines, puis par les ducs de Bourgogne. S'il n'occupe guère que 3 % du vignoble planté en France, il ne compte pas moins d'une centaine d'appellations d'origine, un record. Ses deux cépages principaux, le pinot noir et le chardonnay, sont à l'origine de crus si célèbres qu'ils ont acquis une réputation mondiale. À la simplicité de l'encépagement s'oppose l'extrême variété des microterroirs, appelés localement *climats*, qui détermine l'immense variété des vins de ce vignoble. Plusieurs ensembles s'individualisent. Du nord au sud, les vignobles de l'Yonne, la Côte-d'Or, la Côte chalonnaise et le Mâconnais.

Les moines et les ducs.

La vigne et le vin ont, dès la plus haute Antiquité, fait vivre ici les hommes. Des témoignages écrits et des fouilles attestent sa présence à l'époque gallo-romaine. À Gevrey-Chambertin ont ainsi été retrouvés les vestiges d'une plantation datant du Ier s. Au Moyen Âge, les moines de Cluny, à partir du Xe s., puis ceux de Cîteaux ont joué un rôle capital dans la mise en valeur du vignoble, comme en témoigne encore aujourd'hui le Clos de Vougeot, héritage des cisterciens. Aux XIVe et XVe s., les ducs de Bourgogne (1342-1477) ont édicté des règles orientant la production vers la qualité. La plus connue est l'ordonnance de Philippe le Hardi qui bannit en 1395 le gamay de ses terres. Le rayonnement des vins de Bourgogne s'étendait alors jusque dans les Flandres. Les notables ont pris le relais des princes et des clercs. Très présent en Bourgogne, le négoce-éleveur, apparu dès le XVIIIe s., s'est développé au siècle suivant. De nombreux vignerons entreprenants ont acquis des terres à la suite des crises du XXe s., tandis que la coopération se développait, notamment dans l'Yonne et en Mâconnais. Aujourd'hui, la vigne occupe 3 949 domaines (1 300 d'entre eux mettent en bouteilles). La région compte 17 coopératives et 300 maisons de négoce. La notoriété de ses vins ne connaît pas d'éclipse, même si les volumes disponibles sont souvent faibles en raison des aléas climatiques. Le chiffre d'affaires à l'export dépasse les 740 millions d'euros.

Un « millefeuille » géologique.

Semi-continental dans l'ensemble, le climat bourguignon offre de multiples nuances dues à la topographie. Très morcelé, le vignoble est surtout implanté sur les pentes et le piémont de coteaux, sur des terrains à dominante calcaire. La structure géologique en « millefeuille » de la Côte-d'Or, cœur du vignoble, résulte d'une accumulation de sédiments suivis de fractures, de soulèvements et d'effondrements survenus lors de la surrection des Alpes. Une faille nord-sud, accompagnée de multiples fractures parallèles, est à l'origine de l'extrême diversité des terroirs (appelés ici *climats*), et donc de la variété des crus de Bourgogne.

Pinot noir et chardonnay.

La Bourgogne produit essentiellement des vins secs, blancs, rouges et, beaucoup plus rarement, rosés, ainsi que des effervescents, élaborés selon la méthode traditionnelle, les crémants-de-bourgogne. Ses vins sont, pour l'essentiel, issus de deux cépages : le chardonnay, en blanc (48 % de l'encépagement) et le pinot noir, en rouge (34 %).

Malgré la simplicité de l'encépagement, les vins prennent de multiples nuances non seulement selon l'appellation, les sols, les pentes et le microclimat, mais aussi selon le savoir-faire de chaque élaborateur. Dans la plupart des cas, un même cru est en effet exploité par plusieurs domaines, dont chacun ne détient qu'une surface réduite.

LES AUTRES CÉPAGES DE BOURGOGNE.

L'aligoté, cépage blanc produisant le bourgogne-aligoté, donne des vins vifs qui atteignent leur meilleur dans le village de Bouzeron, lequel possède sa propre AOC ; le césar, variété rouge, est assemblé au pinot noir dans l'irancy ; le gamay, cultivé en Beaujolais, peut être commercialisé comme bourgogne-gamay ; associé au pinot, il donne le bourgogne-passetoutgrain ; le sauvignon est cultivé à Saint-Bris-le-Vineux, dans l'Yonne, qui bénéficie de l'unique appellation bourguignonne dédiée à ce cépage. Pinot blanc, pinot gris (beurot), melon sont devenus très rares.

LES *CLIMATS* BOURGUIGNONS.

Portant des noms particulièrement évocateurs (Les Amoureuses, Les Grèves, La Renarde, Les Cailles, Genévrières, Montrecul...) et consacrés depuis le XVIIIe s. au moins, les *climats* désignent en Bourgogne des surfaces officiellement délimitées, couvrant au plus quelques hectares, parfois même quelques « ouvrées » (4 ares, 28 centiares), qui s'identifient par leurs sols, leurs pentes, leur microclimat et par le caractère des vins, même si le talent du producteur entre aussi en ligne de compte. Chaque *climat* est souvent partagé entre plusieurs vignerons.

Des appellations hiérarchisées.

Riche d'une centaine d'appellations d'origine, la région classe ses vins selon une hiérarchie à quatre niveaux :

Les appellations régionales. (49 % des volumes) occupent la base de la pyramide. Elles s'étendent à l'ensemble ou à une grande partie du territoire de la Bourgogne : coteaux bourguignons, bourgogne, bourgogne-aligoté, crémant-de-bourgogne, bourgogne-passetougrain.

La Bourgogne viticole correspond aux communes viticoles des départements de l'Yonne, de la Côte-d'Or, de la Saône-et-Loire et d'une partie du Rhône (canton de Villefranche-sur-Saône). Elles incluent donc le Beaujolais. Ce dernier vignoble, qui possède une personnalité propre grâce au cépage gamay, est juridiquement rattaché à la Bourgogne ; ses dix crus (brouilly, morgon, etc.) peuvent produire du bourgogne-gamay.

Compte tenu de la dispersion géographique de l'appellation régionale, le nom de bourgogne est souvent associé à une unité géographique plus petite, région ou commune, ce qui permet d'individualiser un terroir : bourgogne Côtes d'Auxerre, bourgogne Vézelay, par exemple. Implantées sur les hauteurs, en arrière de la Côte-d'Or, les bourgogne-hautes-côtes-de-nuits et bourgogne-hautes-côtes-de-beaune sont aussi considérées comme des appellations régionales, ainsi que la vaste aire des mâcon et mâcon-villages. Toutes ces appellations permettent de s'initier aux vins de Bourgogne.

Les appellations communales. ou *villages* portent le nom d'une commune, comme Nuits-Saint-Georges ou Beaune. L'aire d'appellation peut s'étendre à plusieurs communes.

Les premiers crus. proviennent de *climats* délimités au sein d'un village et distingués pour leur potentiel. L'étiquette indique à la fois le nom du village et celui du *climat* (souvent sur la même ligne). Par exemple, Volnay-Caillerets, Meursault-Charmes.

Les grands crus. occupent le sommet de la pyramide (1 % de la production). Ils ont été sélectionnés parmi les meilleurs *climats*. Ils forment des appellations à part entière, dont le nom est en vedette sur l'étiquette. Par exemple, Chambertin, Montrachet.

Les régions de la Bourgogne.

Le Chablisien-Auxerrois. L'appellation la plus connue donne son nom aux vignobles de l'Yonne, au nord. Ce vignoble s'est beaucoup contracté après la crise phylloxérique et connaît une timide renaissance. Chablis a gardé sa notoriété. L'aire d'appellation couvre le village éponyme et seize communes voisines. Les vignes dévalent les fortes pentes des coteaux aux expositions multiples qui longent les deux rives du Serein, modeste affluent de l'Yonne. Les sols marneux ou marno-calcaires (le célèbre kimméridgien) conviennent parfaitement au chardonnay qui règne ici sans partage. Sous un climat plus rigoureux que celui de la Côte-d'Or, il donne naissance à des vins blancs secs et élégants, d'une grande fraîcheur minérale.

On retrouve à Chablis la pyramide des appellations bourguignonnes : petit-chablis, chablis, chablis 1er cru et chablis grand cru. Plus on monte dans la hiérarchie, plus les vins sont denses, complexes et de garde.

Plusieurs communes ou lieux-dits de l'Yonne produisent des vins en appellation régionale bourgogne, avec parfois une dénomination propre (vins blancs de Vézelay et de Chitry, rouges de Coulanges-la-Vineuse ou d'Épineuil). Au sud d'Auxerre, les irancy, en rouge, et les saint-bris, en blanc, bénéfient d'une AOC communale.

La Côte de Nuits. Au sud de Dijon, la Côte-d'Or est le cœur du vignoble bourguignon. Entre Marsannay et Corgoloin, la Côte de Nuits est linéaire. Elle s'étire en une bande étroite (quelques centaines de mètres), découpée de combes ; une trentaine d'appellations se succèdent, des villages aux noms souvent prestigieux (Gevrey-Chambertin, Chambolle-Musigny, Vougeot, Vosne-Romanée, Nuits-Saint-Georges...), riches de nombreux premiers crus et, pour certains, de grands crus. C'est le royaume du pinot noir, qui atteint des sommets dans 24 grands crus, comme chambertin, musigny, clos-de-vougeot et la mythique romanée-conti.. Les grands vins rouges de la Côte de Nuits ont comme dénominateurs communs densité, profondeur et potentiel de garde.

La Côte de Beaune. La Côte de Beaune prolonge celle de Nuits entre les communes de Ladoix-Serrigny, au nord, et de Chagny, au sud, et compte 24 appellations communales ou grands crus. Elle offre un profil différent : les vignes s'étalent davantage (1 à 2 km), les pentes sont un peu plus douces, les expositions plus variées. Le substrat, fait de calcaires divers et de terrains marneux, est souvent propice au chardonnay. La Côte de Beaune est le paradis des grands blancs. Sur ses sept grands crus, six sont dédiés au chardonnay : le corton-charlemagne, autour de la célèbre colline de Corton, au nord, et, à l'autre bout de la Côte, le montrachet, escorté de quatre crus associés. Sans oublier des appellations communales presque entièrement vouées aux blancs, comme meursault et puligny-montrachet.

La Côte de Beaune fournit également de superbes vins rouges, à commencer par le grand cru corton. Pommard et Volnay, s'ils n'ont pas de grands crus, recèlent de nombreux premiers crus d'un excellent niveau. Riche de nombreux premiers crus, la ville de Beaune abrite depuis le XVIIIe s. de nombreuses maisons de négoce : c'est la capitale du vignoble.

La Côte chalonnaise. Situé entre Chagny et Saint-Gengoux-le-National,

LA VENTE AUX ENCHÈRES DES HOSPICES DE BEAUNE.

C'est la vente publique, le troisième dimanche de novembre, des cuvées de l'important domaine des hospices de Beaune, constitué au fil des siècles grâce à des donations. Son produit est destiné aux hospices (aujourd'hui à des investissements médicaux). Institutionnalisée en 1859, cette vente attire les foules. Variant en fonction des volumes produits, de la réputation du millésime et de la conjoncture, les montants atteints donnent la température du marché. Depuis 2005, c'est la maison Christie's qui organise la vente.

LA CONFRÉRIE DES CHEVALIERS DU TASTEVIN.

Née en 1934, dans une période de grave crise économique pour la viticulture, la confrérie des chevaliers du Tastevin, résurrection d'anciennes confréries des XVIIe et XVIIIe s., se donne pour objectif d'être l'ambassadrice des grands vins de Bourgogne. Elle célèbre ainsi la Bourgogne viticole à travers ses Chapitres, cérémonies organisées dans le château du Clos de Vougeot, où sont intronisés de nouveaux chevaliers. La Confrérie procède également deux fois par an au tastevinage : une dégustation qui donne l'estampille de la Confrérie aux vins jugés caractéristiques de leur appellation et de leur millésime.

au sud de la Côte de Beaune, le vignoble de la Côte chalonnaise tire son nom de Chalon-sur-Saône. Resté longtemps à l'ombre de la Côte-d'Or, il a beaucoup progressé. L'appellation régionale bourgogne-côte-chalonnaise produit une majorité de rouges. Le secteur compte quatre appellations communales : du nord au sud, on trouve les villages de Bouzeron (la seule appellation communale dédiée au cépage aligoté), Rully, Mercurey, Givry et Montagny. On y trouve d'excellents vins rouges et blancs, plus abordables qu'en Côte-d'Or.

Le Mâconnais. Entre Tournus et Mâcon, le Mâconnais s'étend sur 50 km du nord au sud et sur une quinzaine d'est en ouest. La Bourgogne prend des airs méridionaux, tant par ses nuances climatiques que par l'habitat traditionnel. Des chaînons calcaires forment les monts du Mâconnais, surgissant en éperons spectaculaires sur les sites de Solutré et de Vergisson. Le vignoble, surtout exposé à l'est, couvre des terrains en majorité marneux, propices au chardonnay, tandis que quelques formations granitiques annoncent le Beaujolais limitrophe. En volume, le Mâconnais produit plus que la Côte-d'Or et le Chablisien. Des blancs, à 85 %. En rouge, le gamay, cultivé sur les terrains cristallins, côtoie le pinot noir. Le gros des volumes est produit en AOC régionales : mâcon (des rouges en majorité) et mâcon-villages, réservé aux blancs. La région possède cinq AOC communales, pouilly-fuissé, la plus connue, pouilly-loché, pouilly-vinzelles, viré-clessé et saint-véran. Le chardonnay y donne des blancs fruités et ronds, parfois opulents.

LES APPELLATIONS RÉGIONALES DE BOURGOGNE

Les appellations régionales bourgogne couvrent l'aire de production la plus vaste de la Bourgogne viticole. Elles peuvent être produites dans les communes traditionnellement viticoles des départements de l'Yonne, de la Côte-d'Or, de la Saône-et-Loire, et dans le canton de Villefranche-sur-Saône, dans le Rhône.
Compte tenu de la dispersion géographique de l'appellation régionale, celle-ci est souvent associée au nom de la zone de production (Côtes d'Auxerre, Chitry, Côtes du Couchois...). La codification des usages et, plus particulièrement, la définition des terroirs par la délimitation parcellaire ont conduit à une hiérarchie au sein des appellations régionales. L'appellation bourgogne-grand-ordinaire, devenue coteaux bourguignons, est la plus générale, la plus extensive. Avec un encépagement plus spécifique, on récolte dans les mêmes lieux le bourgogne-aligoté, le bourgogne-passetoutgrain et le crémant-de-bourgogne.

COTEAUX BOURGUIGNONS

Superficie : 120 ha
Production : 5 000 hl (75 % rouge et rosé)

L'appellation bourgogne-grand-ordinaire, qui signifiait le « bourgogne du dimanche », tombée en désuétude en raison de son nom devenu peu commercial, a été remplacée par les coteaux bourguignons (mais les deux mentions coexistent toujours pour l'heure). À la base de la hiérarchie des AOC bourguignonnes, elle s'étend sur l'ensemble de la Bourgogne viticole et produit des rouges, des clairets, des rosés et des blancs. Elle peut faire appel à tous les cépages de la région, y compris à des variétés locales en voie de disparition, comme le tressot et le melon (le cépage du muscadet). En blanc, les principaux cépages sont le chardonnay et l'aligoté; en rouge et en rosé, le pinot noir et surtout le gamay.

FRANÇOIS D'ALLAINES Sur le fruit 2015 ★

■ | 7000 | | 8 à 11 €

Après l'école hôtelière, François d'Allaines crée son négoce en 1990 à la frontière entre Saône-et-Loire et Côte-d'Or, puis son domaine en 2009. Cet adepte des élevages longs en fût est souvent au rendez-vous du Guide.

Mi-pinot noir mi-gamay, ce 2015 plutôt réservé au nez livre après agitation du verre des arômes de fruits rouges mûrs. On retrouve ce fruité avec plus de générosité et de persistance dans une bouche souple et ronde. 2018-2021

FRANÇOIS D' ALLAINES, 2, imp. du Meix-du-Cray, 71150 Demigny, tél. 03 85 49 90 16, francois@dallaines.com r.-v.

CH. DES CORREAUX 2016

■ | 3260 | | 5 à 8 €

L'histoire vigneronne de la famille Bernard a débuté en 1803. Située aux confins du Beaujolais et du Mâconnais, cette exploitation était connue des lecteurs du Guide sous le nom de Ch. de Leynes. En 2002, Jean Bernard a reconstitué le domaine, étendu sur 15 ha, relayé en 2014 par son fils Germain.

Un 100 % gamay au nez frais et bien fruité (griotte, framboise), souple et équilibré en bouche, porté par des tanins assez discrets, qui se raffermissent quelque peu en finale toutefois. 2019-2022

GERMAIN BERNARD, Les Correaux, 71570 Leynes, tél. 03 85 35 11 59, bernardleynes@yahoo.fr r.-v.

P. FERRAUD ET FILS 2017 ★

■ | 3000 | | 11 à 15 €

La maison Ferraud, créée en 1882, est une affaire familiale de négoce-éleveur, spécialisée en vins du Beaujolais et du Mâconnais, qui se transmet depuis cinq générations.

Le seul gamay est à l'œuvre dans ce vin expressif (cerise, cassis), franc et frais en attaque, plus rond et charnu dans son développement, avant une finale un peu plus stricte. 2018-2021

La Bourgogne

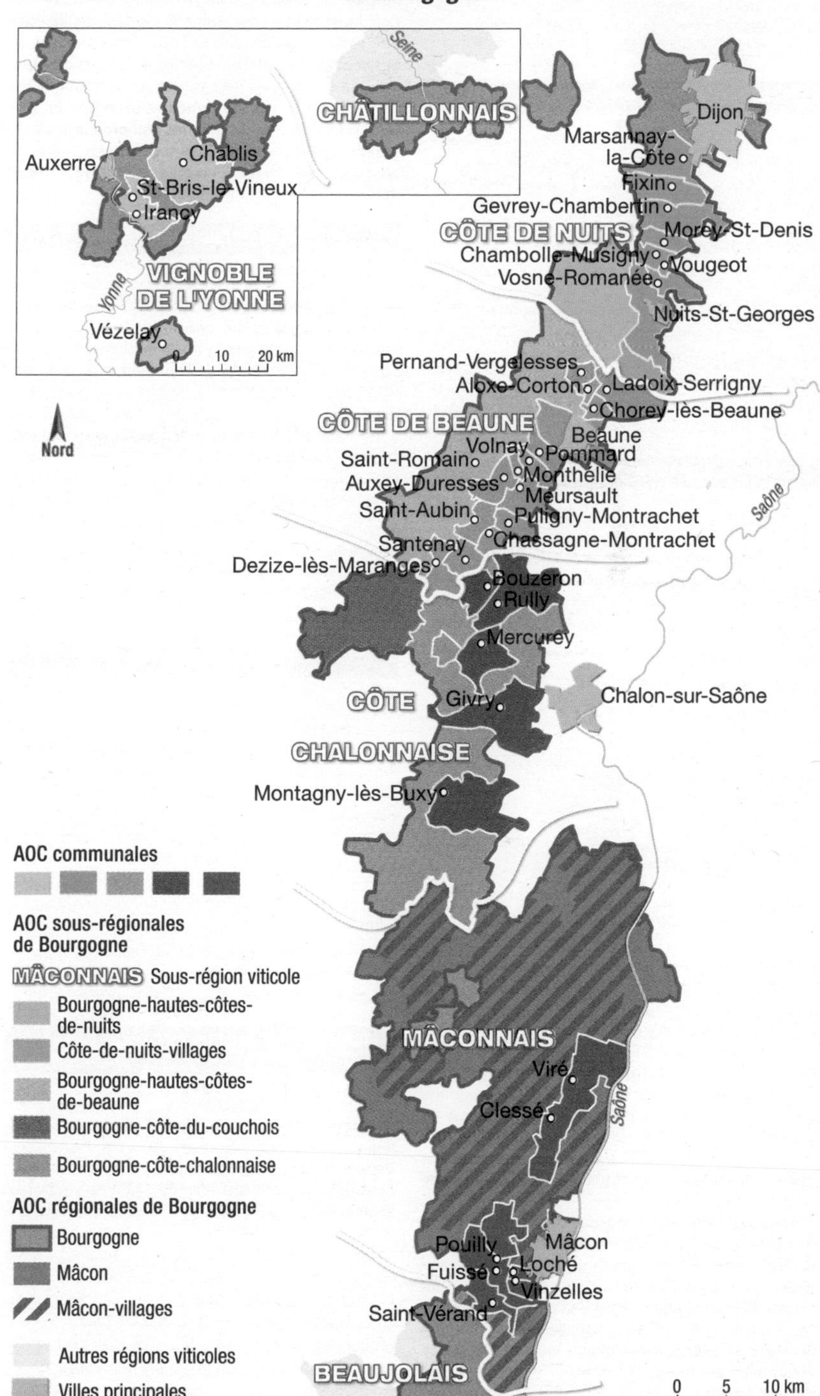

P. FERRAUD ET FILS, 31, rue du Mal-Foch, BP 194, 69823 Belleville Cedex, tél. 04 74 06 47 60, ferraud@ferraud.com V r.-v.

DOM. DE ROTISSON Rosé clair 2017 ★

| 8000 | | 5 à 8 € |

Un domaine créé en 1920 et acquis en 1998 par Didier Pouget. Couvrant 20 ha dans le pays des Pierres dorées, il fait preuve de régularité, en rouge et en blanc, et propose non seulement des beaujolais, mais aussi les AOC régionales bourguignonnes.

Un rosé clair en effet que ce gamay au nez délicat de groseille, de rose et d'herbe coupée. La bouche propose une belle fraîcheur, une texture soyeuse et un fruité persistant. 2018-2019

DIDIER POUGET, 363, chem. de Conzy, 69210 Saint-Germain-Nuelles, tél. 04 74 01 23 08, didier.pouget@domaine-de-rotisson.com V t.l.j. 9h-12h30 14h-17h30; dim. sur r.-v.

L. TRAMIER ET FILS 2016 ★

| 15000 | | 5 à 8 € |

La maison de négoce Tramier, fondée en 1842 et installée à Mercurey, en Saône-et-Loire, est aussi propriétaire de vignes en Côte chalonnaise et en Côte de Nuits. Elle a été reprise dans les années 1960 par la famille de Laurent Dufouleur; ce dernier est aux commandes depuis 2014.

Chardonnay (95 %) et aligoté composent un blanc au nez joliment floral (acacia). En bouche, le vin se montre vif et alerte, d'une agréable finesse fruitée. 2018-2021

LAURENT DUFOULEUR, rue de Chamerose, 71640 Mercurey, tél. 03 85 45 10 83, info@maison-tramier.com V t.l.j. sf dim. 9h-12h 14h-18h

BOURGOGNE

Superficie : 3 200 ha
Production : 154 500 hl (65 % rouge)

L'appellation s'étend sur presque toute la superficie du vignoble régional : de l'Yonne et du Châtillonnais, au nord, au Mâconnais, au sud. Elle comprend même, en théorie, la zone des crus du Beaujolais, la plupart des appellations communales beaujolaises pouvant se «replier» en AOC bourgogne (ces bourgognes sont alors issus de gamay). Ceux qui sont produits en Bourgogne au sens strict naissent en rouge du pinot noir et en blanc du chardonnay (appelé autrefois beaunois dans l'Yonne). À côté des rouges et des blancs, l'appellation fournit de petits volumes de rosés et de clairets.
L'étendue du vignoble et la tradition régionale d'individualiser la production des terroirs et de *climats* ont conduit à compléter le nom de «bourgogne» de ceux d'aires historiques beaucoup plus restreintes, toujours délimitées: lieux-dits (Le Chapitre à Chenôve, Montrecul à Dijon, La Chapelle Notre-Dame à Serrigny, La Côte Saint-Jacques à Joigny), villages ou zones plus étendues. Les coteaux de l'Yonne produisent ainsi le bourgogne Chitry, Épineuil, Tonnerre, Coulange-la-Vineuse, Côtes d'Auxerre, Vézelay (ce dernier en blanc). Quant au bourgogne Côtes du Couchois, c'est un vin rouge provenant de six communes à l'extrémité nord de la Côte chalonnaise.
Les bourgognes offrent les arômes de leurs cépages, avec des nuances liées à leurs origines: fleurs blanches, fruits secs, agrumes, notes beurrées, parfois grillées et miellées dans les blancs, fruits rouges et noirs dans les rouges. Plus souples et moins complexes que les *villages* et les crus, ils sont de petite ou moyenne garde (deux à cinq ans).

BAILLY-LAPIERRE 2016

| 24800 | | 5 à 8 € |

Aujourd'hui, 430 vignerons apportent leurs raisins à la cave de Bailly-Lapierre, qui fut à l'origine du crémant-de-bourgogne. Principal élaborateur d'effervescents de la région, la coopérative propose une vaste gamme de crémants de qualité, qui reposent dans les immenses galeries souterraines d'une ancienne carrière calcaire. Elle fournit aussi des vins tranquilles. Une valeur sûre.

Pêche, fruits exotiques, fleurs blanches, le nez de ce 2016 se révèle délicat. En bouche, le vin est fin et frais, souligné des notes crayeuses. 2018-2021

CAVES BAILLY-LAPIERRE, hameau de Bailly, quai de l'Yonne, 89530 Saint-Bris-le-Vineux, tél. 03 86 53 77 77, nathaliec@bailly-lapierre.fr V t.l.j. 9h (sam. dim. 10h)-12h 14h-18h30

CH. BELLIARD 2016 ★★

| 50000 | 11 à 15 € |

La Compagnie des vins d'autrefois (CVA) est une maison de négoce créée en 1975 par Jean-Pierre Nié, établie à Beaune, qui propose une large gamme de vins de négoce et de domaines de Bourgogne et du Beaujolais.

Ce 100 % gamay dévoile un joli nez de fruits rouges frais (fraise, framboise) nuancés de notes végétales et épicées. En bouche, il apparaît rond, ample et long, souligné par des tanins soyeux et par une fine acidité qui lui confère un côté aérien. 2018-2021

LA COMPAGNIE DES VINS D'AUTREFOIS, 3, pl. Notre-Dame, 21200 Beaune, tél. 03 80 26 33 00, cva@cva-beaune.fr

JEAN-FRANÇOIS ET PIERRE-LOUIS BERSAN
Côtes d'Auxerre Cuvée Marianne 2015 ★

| 8000 | | 11 à 15 € |

Ce domaine (20 ha de vignes), aussi maison de négoce, a été restructuré en 2010 par Pierre-Louis Bersan et son père Jean-François, issus d'une famille implantée à Saint-Bris depuis 1453 et vingt-deux générations. Depuis, leurs vins fréquentent régulièrement ces pages.

D'une belle intensité, le nez de ce chardonnay évoque les fleurs blanches mêlées à un fin boisé vanillé. La bouche est équilibrée, fraîche et longue, faisant écho aux arômes perçus à l'olfaction. 2019-2023

JEAN-FRANÇOIS ET PIERRE-LOUIS BERSAN, 5, rue du Dr.-Tardieux, 89530 Saint-Bris-le-Vineux, tél. 03 86 53 07 22, domainejfetplbersan@orange.fr V t.l.j. 8h-12h 14h-18h; dim. sur r.-v.

DOM. BERSAN
Côtes d'Auxerre Cuvée Louis Bersan 2015 ★

	8000		15 à 20 €

Le village de Saint-Bris, dans l'Yonne, compte plusieurs Bersan. Fondé en 2009 après une scission familiale, le domaine de Jean-Louis et Jean-Christophe compte 21 ha répartis sur les communes de Chablis, Irancy et Saint-Bris, exploités en bio (certifié depuis 2012).

Né de ceps de cinquante-cinq ans, ce vin livre un bouquet intense de fruits rouges sur fond boisé. En bouche, il se montre tout aussi expressif et s'adosse à des tanins fermes qui lui garantiront une saine évolution. 2019-2023

SCEA JEAN-LOUIS ET JEAN-CHRISTOPHE BERSAN, 20, rue du Dr-Tardieux, 89530 Saint-Bris-le-Vineux, tél. 03 86 53 33 73, jean-louis.bersan@wanadoo.fr V r.-v.

BOUCHARD PÈRE ET FILS 2016 ★

	108000		5 à 8 €

Fondée en 1731 et propriété du Champagne Joseph Henriot depuis 1995, cette maison de négoce est à la tête d'un vaste vignoble de 130 ha, dont 12 ha en grands crus et 74 ha en 1ers crus. Elle propose une très large gamme de vins, des AOC les plus prestigieuses aux simples régionales, qui reposent dans les magnifiques caves enterrées de l'ancien château de Beaune (XVe s.), conservatoire unique de très vieux millésimes.

Très ouvert et fort gourmand, ce chardonnay dévoile des arômes de miel, de tilleul, de noisette grillée et d'agrumes. En bouche, il allie une aimable rondeur aux accents beurrés à une fraîcheur délicate, aux tonalités minérales et citronnées. 2018-2023

MAISON BOUCHARD PÈRE ET FILS, 15, rue du Château, 21200 Beaune, tél. 03 80 24 80 24, contact@bouchard-pereetfils.com V r.-v.

JEAN-MARIE CHALAND La Chapelle 2016 ★

	1500		11 à 15 €

Un vignoble de 9 ha conduit en bio, des vendanges manuelles et des élevages longs: une méthode qui a fait ses preuves, témoin les nombreuses sélections des vins de Jean-Marie Chaland dans le Guide.

De vénérables ceps de quatre-vingts ans sont à l'origine de ce vin ouvert sur les fruits rouges mûrs agrémentés d'un boisé fumé et de notes mentholées. La bouche est fraîche et tonique en attaque, fruitée, boisée et épicée, soutenue par de bons tanins. 2020-2025

JEAN-MARIE CHALAND, 12, rue En-Chapotin, 71260 Viré, tél. 09 64 48 09 44, jean-marie.chaland@orange.fr V r.-v.

CHRISTINE, ÉLODIE ET PATRICK CHALMEAU
Chitry 2015

	13000		5 à 8 €

Patrick Chalmeau a repris en 1977 avec sa femme Christine les quelques arpents plantés par son grand-père vers 1945, devenus 18 ha aujourd'hui. Leur fille Élodie les a rejoints en 2009 sur ce domaine souvent en vue pour ses blancs de Chitry.

De douces senteurs de fleurs blanches sur fond boisé composent un bouquet engageant. En bouche, le vin est équilibré, frais sans manquer de rondeur, de bonne longueur et boisé avec mesure. 2018-2023

CHRISTINE, ÉLODIE ET PATRICK CHALMEAU, 76, rue du Ruisseau, 89530 Chitry, tél. 03 86 41 43 71, contact@chalmeau-chitry.com V r.-v.

EDMOND CHALMEAU ET FILS
Chitry Sidonie 2015 ★

	2100		8 à 11 €

Une ancienne famille vigneronne installée au cœur de Chitry: Franck Chalmeau a pris la suite de son père Edmond en 1991, avant d'être rejoint par son frère Sébastien. Un domaine passé peu à peu de la polyculture à la seule viticulture (18 ha) et devenu une référence pour ses bourgognes Chitry.

Sidonie est la fille de Sébastien Chalmeau. Dans le verre, un Chitry d'une belle finesse olfactive, sur les fleurs blanches, les agrumes et la vanille. La bouche, soutenue par un boisé fondu, offre du volume et de la rondeur, avec une agréable fraîcheur en filigrane. 2019-2023 **L'Autre Colline 2016 ★ (5 à 8 €; 10000 b.)** : un vin au nez intense de miel, de fleurs blanches, de beurre et d'agrumes, ample, frais et long en bouche. 2018-2021

EDMOND CHALMEAU ET FILS, 20, rue du Ruisseau, 89530 Chitry, tél. 03 86 41 42 09, domaine.chalmeau@wanadoo.fr V r.-v.

DOM. DES CHENEVIÈRES La Baronne 2016

	6180		8 à 11 €

Ce domaine de 43 ha situé à l'ouest de Mâcon est exploité par la même famille depuis six générations. Il s'est forgé une solide réputation avec ses bourgognes d'appellations régionales et ses cuvées de mâcon, souvent en vue dans ces pages. Aujourd'hui, Vincent et Nicolas Lenoir, aidés de leurs épouses et de leurs enfants, sont aux commandes.

Le nez, complexe, évoque le bois de santal, les épices, les fruits rouges et le menthol. En bouche, le vin séduit par la finesse de ses tanins et sa souplesse. 2018-2022

DOM. DES CHENEVIÈRES, 230, rte d'Azé, 71260 Saint-Maurice-de-Satonnay, tél. 03 85 33 31 27, domaine.chenevieres@orange.fr V t.l.j. 9h-12h 14h-19h; dim. sur r.-v. Lenoir

CLOS DU ROI
Coulanges-la-Vineuse Tradition 2016 ★

	40000		5 à 8 €

Un domaine créé par Michel et Denise Bernard en 1969. Après une expérience de caviste en Île-de-France et un an passé en Nouvelle-Zélande, leur fille Magali prend en charge en 2001 les vinifications et la gestion complète de l'exploitation (15 ha de vignes en 2005, 18 aujourd'hui), avec son compagnon, Arnaud Hennoque, ancien chef cuisinier.

Une cuvée passée en cuves et en foudres. À un nez agréable de fruits rouges fait écho une bouche ample et fine, aux tanins soyeux et fondus. Une vraie gourmandise. 2018-2023 **Coulanges-la-Vineuse Charly 2016 (8 à 11 €; 4000 b.)** : vin cité.

MAGALI BERNARD, 17, rue André-Vildieu, 89580 Coulanges-la-Vineuse, tél. 03 86 42 25 72, magali@closduroi.com V t.l.j. 9h30-19h30 (dim. sur r.-v.)

BOURGOGNE

♥ B CLOSERIE DES ALISIERS 2016 ★★

| 20000 | ▮ | 8 à 11 € |

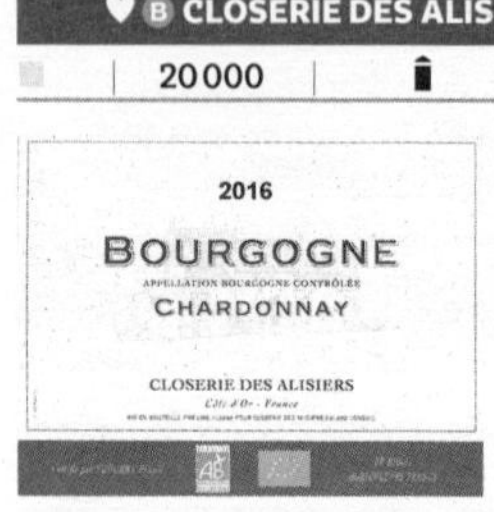

Venu du Chablisien, Stéphane Brocard a quitté en 2007 le domaine familial fondé par son père pour créer son négoce, établi à Longvic, aux portes sud de Dijon. Il propose une jolie gamme de vins dans une dizaine d'appellations bourguignonnes.

Après dix mois de cuve, ce 2016 livre un bouquet aussi intense qu'élégant, centré sur les agrumes (pamplemousse, zeste de citron) et les fleurs blanches. En bouche, il se révèle ample, délicat, persistant sur le fruit (pêche, agrumes), d'une grande fraîcheur, impression renforcée par une finale minérale. ⧗ 2018-2022

⊶ MAISON STÉPHANE BROCARD, 21 bis, rue de l'Ingénieur-Bertin, 21600 Longvic, tél. 03 80 52 07 71, s.brocard@orange.fr V r.-v.

MAISON COLIN SEGUIN
Cuvée Jean Sans Peur 2015

| ■ | 5200 | ◍▮ | 11 à 15 € |

Pierre Colin et Olivier Seguin se sont associés en 2005 pour créer leur maison. Après des débuts dans la vente de vins fins, ils ont initié en 2008 une activité de négoce-éleveur, appuyés par leur œnologue, Olivier Bosse-Platière.

Au nez, les épices du merrain se mêlent à d'agréables nuances florales. En bouche, le vin se montre plutôt souple, malgré une finale plus austère. À attendre un peu. ⧗ 2019-2023

⊶ MAISON COLIN SEGUIN, 4, rte de Dijon, BP 80097, 21700 Nuits-Saint-Georges, tél. 03 80 30 20 20, contact@maison-colin-seguin.com V r.-v.

CH. DES CORREAUX 2016 ★

| 4290 | ▮ | 5 à 8 € |

L'histoire vigneronne de la famille Bernard a débuté en 1803. Située aux confins du Beaujolais et du Mâconnais, cette exploitation était connue des lecteurs du Guide sous le nom de Ch. de Leynes. En 2002, Jean Bernard a reconstitué le domaine, étendu sur 15 ha, relayé en 2014 par son fils Germain.

D'un abord fermé, ce vin s'ouvre à l'aération sur des notes de noyau, de beurre frais et de pierre à fusil. En bouche, il se révèle ample et rond, avec une agréable fraîcheur en soutien, et s'étire dans une belle finale un brin épicée. ⧗ 2018-2021

⊶ GERMAIN BERNARD, Les Correaux, 71570 Leynes, tél. 03 85 35 11 59, bernardleynes@yahoo.fr V r.-v. G

PIERRE DAMOY 2015

| ■ | 6887 | ◍ | 20 à 30 € |

Établi sur les plus beaux terroirs de Gevrey, Pierre Damoy, très en vue pour ses grands crus (notamment ses chambertin, clos-de-bèze, chapelle-chambertin), est aux commandes depuis 1992 d'un domaine de 10,5 ha complété en 2007 par une affaire de négoce. Une valeur sûre.

Ce 2015 présente un joli nez floral, boisé et épicé. En bouche, il se montre souple en attaque, puis rond et gras, avant une finale plus serrée qui appelle une petite garde. ⧗ 2019-2023

⊶ DOM. PIERRE DAMOY, 11, rue du Mal-de-Lattre-de-Tassigny, 21220 Gevrey-Chambertin, tél. 03 80 34 30 47, info@domaine-pierre-damoy.com V r.-v.

♥ ÉRIC ET EMMANUEL DAMPT
Tonnerre Le Parc du château 2016 ★★

| 30400 | ▮ | 5 à 8 € |

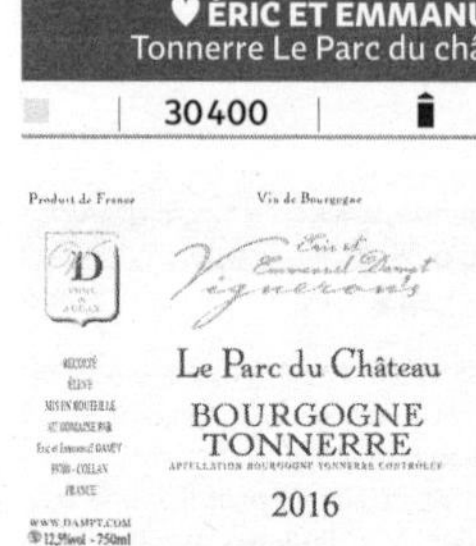

Issu d'une longue lignée vigneronne, Bernard Dampt a constitué à partir de 1980 un vignoble dont il livrait le produit à la coopérative. Éric Dampt, l'aîné de ses trois fils, l'a rejoint en 1985, suivi d'Emmanuel, en 1990, et d'Hervé, en 1998. Les frères ont chacun leur propre exploitation mais mettent leurs moyens en commun; ils affichent sur leurs étiquettes tantôt le nom du domaine familial, tantôt leurs prénoms.

Très élégant et d'une belle intensité, le nez de ce 2016 évoque les fleurs blanches et la minéralité du terroir. La bouche propose un long écho à ces arômes et impressionne par la justesse de son équilibre, sa finesse et sa fraîcheur. ⧗ 2018-2023 **Tonnerre Le Clos du château 2016 ★★ (8 à 11 €; n.c.)** : un vin net, droit, sans fioritures, d'une fraîcheur soutenue de bout en bout, boisé avec justesse, ample et long. Du caractère et un solide potentiel. ⧗ 2020-2026 ■ **Dampt Frères Le Clos du château 2016 ★★ (11 à 15 €; 3040 b.)** : un bourgogne très fruité (cerise, framboise, fraise) et finement boisé, consistant, rond et charnu en bouche, étayé par des tanins fins et veloutés. ⧗ 2020-2025 ■ **Le Parc du château 2016 ★ (8 à 11 €; 17013 b.)** : un vin expressif et fruité (cerise, cassis), ample, concentré et frais à la fois en bouche. ⧗ 2019-2023

⊶ EARL ÉRIC DAMPT, 16, rue de l'Ancien-Presbytère, 89700 Collan, eric@dampt.com V t.l.j. sf dim. a.-m. 9h-13h 14h-18h G

DOM. DÉSERTAUX-FERRAND 2016 ★

| 5600 | ▮ | 8 à 11 € |

Ce domaine familial de 15 ha fondé en 1899 à Corgoloin, village-frontière entre les deux Côtes, celle de Nuits et celle de Beaune, est conduit depuis 1995 par Vincent Désertaux, son épouse Geneviève et sa sœur Christine. Souvent en vue pour ses côtes-de-nuits-villages.

Pinot blanc et chardonnay sont associés dans ce vin au nez délicat et complexe de jasmin, aubépine, agrumes, amande. La bouche est fine, fraîche, alerte et de bonne longueur. Un profil aérien et élégant. ⧗ 2018-2022

DOM. DÉSERTAUX-FERRAND, 135, Grande-Rue, 21700 Corgoloin, tél. 03 80 62 98 40, contact@desertaux-ferrand.com V r.-v.

LOU DUMONT 2015 ★

■	10000		15 à 20 €

Fondée en 2000 à Nuits-Saint-Georges par le Japonais Koji Nakada, ancien sommelier, et son épouse Jae-Hwa Park, cette petite maison de négoce, aujourd'hui implantée à Gevrey, crée un pont entre la Bourgogne et l'Asie, 96 % de la production partant à l'export. En 2012, le couple Nakada a acquis ses premières vignes en propre : environ 1 ha de vignes en conversion bio.

Ouvert sur un beau fruité (griotte, mûre) et un joli boisé épicé, ce vin présente en bouche une matière ample et tendre, étayée par des tanins fermes mais sans dureté et par une fine fraîcheur bien sentie. 2019-2025

MAISON LOU DUMONT, 32, rue du Mal-de-Lattre-de-Tassigny, 21220 Gevrey-Chambertin, tél. 03 80 51 82 82, sales@loudumont.com V r.-v. *Nakada Koji*

YVES ET DELPHINE DUPONT
Vézelay Les Saulniers 2016

□	7000		8 à 11 €

Un petit domaine familial de 5 ha fondé en 2009 par Yves Dupont et sa fille Delphine, au pied de la colline de Vézelay. Depuis 2017, Delphine est seule aux commandes, son père étant parti à la retraite.

Au nez, des fleurs blanches et des nuances crayeuses qui évoquent le terroir. La bouche est bien équilibrée, ronde avec une fraîcheur saline en appoint. Le plaisir dans la simplicité. 2018-2021

DELPHINE DUPONT, 19, rue de l'Abbé-Pissier, 89450 Saint-Père, tél. 03 86 33 31 43, delphinedupont@orange.fr V *t.l.j. sf dim. 9h-12h 14h-18h*

DOM. FÉLIX ET FILS Côtes d'Auxerre 2015

■	11900		8 à 11 €

Ancien fonctionnaire, Hervé Félix, cédant à un vieil atavisme, reprend en 1987 l'exploitation où les siens se sont succédé de père en fils depuis le XVIIe s. Établi à Saint-Bris, gros village viticole de l'Yonne, il propose de nombreux types de vins. Son domaine couvre 32 ha, conduit de manière «très raisonnée», proche du bio.

Une belle intensité fruitée, à dominante de griotte, se dégage du verre. En bouche, même impression fruitée, ainsi que des tanins fondus et de la fraîcheur. Un bourgogne croquant. 2018-2022

DOM. FÉLIX, 17, rue de Paris, 89530 Saint-Bris -le-Vineux, tél. 03 86 53 33 87, domaine.felix@wanadoo.fr V *t.l.j. sf dim. 9h-12h 14h-18h30*

DOM. FOREY PÈRE ET FILS 2016 ★★

■	3700		11 à 15 €

Cette famille voisine de la Romanée-Conti exploitait jadis en métayage La Romanée du chanoine Liger-Belair. Installé en 1983 avec son père et son frère, Régis Forey, aux commandes depuis 1989, conduit aujourd'hui un domaine de 9,5 ha régulièrement en vue dans le Guide.

Des ceps de pinot noir âgés de cinquante ans ont donné ce vin expressif, ouvert sur la fraise bien mûre, le cassis et des notes résinées. La bouche offre une belle mâche autour d'une matière ample, concentrée et fruitée, soutenue par des tanins fermes. 2020-2024

DOM. FOREY PÈRE ET FILS, 2, rue Derrière-le-Four, 21700 Vosne-Romanée, tél. 03 80 61 09 68, domaineforey@orange.fr V *r.-v.*

GARNIER ET FILS Épineuil 2015

■	5300		11 à 15 €

Ce domaine a l'âge du Guide: 1985. Première cuverie en 1992. Aujourd'hui 24 ha, conduits par Xavier et Jérôme Garnier. Ici, la priorité est donnée au fruit et au terroir, et l'on a plutôt tendance à laisser faire la nature. Pas de levurage, mais des fermentations longues; pas de filtrations non plus.

Au nez, un boisé toasté encore un peu dominant laisse plus de place aux fruits rouges à l'aération. Une empreinte de la barrique que l'on retrouve dans une bouche bien structurée, encore un peu sévère en finale. 2020-2024

GARNIER ET FILS, chem. de Méré, 89144 Ligny-le-Châtel, tél. 03 86 47 42 12, info@chablis-garnier.com

GUILHEM ET JEAN-HUGUES GOISOT
Côtes d'Auxerre Biaumont 2015 ★

□	9160		11 à 15 €

Une valeur sûre de l'Auxerrois que ce domaine, installé dans une ancienne place forte de Saint-Bris abritant un corps de garde. Jean-Hugues Goisot et son fils Guilhem exploitent en biodynamie un vignoble de 28 ha et élèvent leurs vins dans de vénérables caves des XIe et XIIe s.

Un boisé dominant mais fin, aux accents vanillés, marque l'olfaction. On le retrouve dans une bouche fraîche, soulignée par une belle minéralité crayeuse et agrémentée de délicates nuances florales. 2019-2023

GUILHEM ET JEAN-HUGUES GOISOT, 30, rue Bienvenu-Martin, 89530 Saint-Bris-le-Vineux, tél. 03 86 53 35 15, domaine.jhg@goisot.com V *r.-v.*

GOUFFIER Fort de Vaux 2016 ★

■	900		11 à 15 €

Ayant appartenu à la famille Gouffier pendant plus de deux cents ans, ce petit domaine de 5,5 ha a été repris en 2012 par Frédéric Gueugneau, qui a créé en parallèle une activité de négoce destinée à l'achat de vendanges sur pied.

Riche en fruits rouges tout au long de la dégustation, à peine marqué par ses douze mois d'élevage en fût, ce bourgogne bien né offre en bouche du volume, de la souplesse et de la fraîcheur, sans manquer de structure. 2019-2023

FRÉDÉRIC GUEUGNEAU, 11, Grande-Rue, 71150 Fontaines, tél. 06 47 00 01 04, contact@vinsgouffier.fr V *r.-v.*

♥ JEAN-LUC HOUBLIN
Coulanges-la-Vineuse Cuvée Prestige 2015 ★★

■	22000		8 à 11 €

Jean-Luc Houblin s'installe en 1988 avec 50 ares à Migé, dans le finage de Coulanges-la-Vineuse: plantations puis reprise des vignes familiales, il exploite aujourd'hui 12 ha qu'il vinifie en vins tranquilles et en effervescents.

Du fruit, du fruit, du fruit… Et pourtant ce vin a connu la barrique pendant une année, mais ce sont bien la cerise et le cassis qui l'emportent ici, de bout en bout. Un vin qui séduit aussi par son volume, son caractère riche et dense, ses tanins fins et délicats. Une bouteille déjà très savoureuse, mais qui ne craindra pas votre cave. ⧗ 2019-2026 ■ **Coulanges-la-Vineuse Cuvée Prestige 2016 ★★ (8 à 11 €; 10000 b.)** : un blanc de belle extraction, intense sur les fruits blancs mûrs enrobés de touches miellées, ample et rond en bouche, sans jamais perdre de son élégance. ⧗ 2018-2023

JEAN-LUC HOUBLIN, 1, passage des Vignes, 89580 Migé, tél. 03 86 41 69 87, contact@houblin.com V t.l.j. sf dim. 8h-12h 14h-19h

JANOTSBOS 2015

■	2030		15 à 20 €

Cette maison de négoce conduite par Thierry Janots, un Bourguignon issu du monde du vin, et par Richard Bos, un restaurateur néerlandais, s'est installée à Meursault en 2005 d'où elle exporte 60 % de sa production.

D'un abord timide, ce bourgogne s'ouvre doucement à l'aération sur les fruits noirs (cassis, mûre sauvage) et le boisé vanillé. En bouche, il se montre vif et ferme, et même encore assez austère en finale. À attendre. ⧗ 2020-2024

MAISON JANOTSBOS, 2, pl. de l'Europe, 21190 Meursault, tél. 06 72 16 92 04, richard@janotsbos.eu V r.-v.

CH. DE JAVERNAND 2016 ★★

■	1000		8 à 11 €

Arthur, le fils de Pierre Fourneau, a pris le relais de son père en 2011 en s'associant avec Pierre Prost. Complété par 3 ha dans le sud-Mâconnais, le domaine s'étend dans le Beaujolais sur 10 ha de vignes âgées de cinquante ans.

Une belle fraîcheur se dégage du verre à travers des arômes intenses de citron et de minéralité. Une fraîcheur à laquelle fait écho une bouche dense et ample, florale, fruitée et mentholée. ⧗ 2019-2023

CH. DE JAVERNAND, 421, imp. de Javernand, 69115 Chiroubles, tél. 09 63 29 82 13, chateau@javernand.com V r.-v.

PATRICK JAVILLIER Cuvée des Forgets 2015 ★

■	n.c.		11 à 15 €

Après des études d'œnologie, Patrick Javillier a repris l'exploitation familiale de Meursault et vinifié ses premières cuvées en 1974. Il conduit aujourd'hui un vignoble de 10 ha répartis sur cinq communes de la Côte de Beaune, de Puligny-Montrachet à Pernand-Vergelesses.

Au nez, des notes de chèvrefeuille, d'abricot et de vanille. En bouche, un bel équilibre entre une matière ample et ronde et une fine acidité aux tonalités minérales. ⧗ 2018-2022

DOM. PATRICK JAVILLIER, 9, rue des Forges, 21190 Meursault, tél. 03 80 21 27 87, contact@patrickjavillier.com V r.-v.

DOM. ALAIN JEANNIARD 2016 ★★

■	2000		11 à 15 €

Après une carrière dans l'industrie, Alain Jeanniard est revenu à ses racines vigneronnes (qui remontent au XVIIIe s.) pour reprendre en 2000 le domaine familial de Morey: 0,5 ha à l'époque, 4,25 ha aujourd'hui. Il a également créé une affaire de négoce en 2003.

Des vignes de soixante ans sont à l'origine de ce vin d'une grande finesse qui propose une olfaction complexe: violette, framboise, cassis, sous-bois, thym… La bouche apparaît à la fois riche, concentrée et très fraîche, bâtie sur des tanins aimables et sur un boisé fondu. ⧗ 2019-2024

DOM. ALAIN JEANNIARD, 4, rue aux Loups, 21220 Morey-Saint-Denis, tél. 03 80 58 53 49, domaine.ajeanniard@wanadoo.fr V r.-v.

HERVÉ KERLANN Cuvée Prestige H 2016 ★

■	7080		8 à 11 €

Après avoir vécu au Canada, Hervé Kerlann a acheté le Ch. de Laborde aux Hospices de Beaune en 1998 dans lequel il vinifie et élève ses vins issus essentiellement de vignes en propriété et en fermage. Le château, datant de plus de trois siècles, renoue ainsi avec son passé viticole.

H comme Hervé, la «cuvée du patron» en somme. Dans le verre, un bourgogne qui n'a rien d'un vin de comptoir, mais qui séduit d'emblée par son nez subtil de fruits rouges accompagnés d'un léger boisé. La bouche se montre souple en attaque, puis bien fraîche et structurée par des tanins fermes mais fins. ⧗ 2019-2023

HERVÉ KERLANN, Ch. de Laborde, 1, rte de Géanges, 21200 Meursanges, tél. 03 80 26 59 68, contact@herve-kerlann.com V r.-v.

LABRUYÈRE-PRIEUR SÉLECTION 2015 ★

■	8300		15 à 20 €

Ce domaine de belle notoriété, établi de longue date à Meursault (fin du XVIIIe s.), dispose de 22 ha de vignes pour 22 appellations, exclusivement des 1ers et des grands crus (hormis son meursault Clos de Mazeray, conduit en monopole). Entré dans le capital en 1988, Jean-Pierre Labruyère en est devenu l'actionnaire principal en 2006 et son fils Édouard en est l'actuel directeur général. La famille Labruyère est

également propriétaire à Pomerol (Ch. Rouget), dans le Beaujolais, son fief d'origine (Dom. Labruyère), et en Champagne. Elle peut s'appuyer sur le talent sans faille de Nadine Gublin, l'œnologue maison depuis 1990 en charge de la direction technique depuis 2009. Une structure de négoce (Labruyère-Prieur Sélection) a été créée en 2013 pour étendre la gamme bourguignonne.

La dégustation s'ouvre sur des arômes épanouis de cassis frais et de boisé fin. La bouche apparaît tendre, grasse, généreuse, soutenue par des tanins bien présents et renforcée par un boisé grillé de qualité. De quoi voir venir. ⌛ 2020-2024

⊶ LABRUYÈRE-PRIEUR SÉLECTION, 6, rue des Santenots, 21190 Meursault, tél. 03 80 21 23 85, info@prieur.com

CLOS DU CH. DE LACHASSAGNE Monopole 2016 ★

■	10 200	🍾	5 à 8 €

Les origines de ce domaine établi au cœur du pays des Pierres dorées remontent à 1535. Celui-ci resta propriété des Rochechouart-Mortemart et des Laguiche jusqu'à son rachat en 1977. Aujourd'hui, 62 ha clos de murs entourent le château, qui date de 1810-1830, et 26 ha sont dévolus au vignoble. L'exploitation est dirigée depuis 2007 par Olivier Bosse-Platière et son épouse Véronique.

De bonne intensité, le nez de ce bourgogne évoque le citron, la mirabelle et les fleurs blanches. Des arômes repris par une bouche ronde et dense, soulignée par une discrète acidité. ⌛ 2018-2022

⊶ SARL CH. DE LACHASSAGNE, 416, rue du Château, 69480 Lachassagne, tél. 04 74 67 00 57, contact@chateaudelachassagne.com V 🚶 🍷 *r.-v.*
⊶ Olivier Bosse-Platière

DANIEL LARGEOT 2016 ★

■	4000	8 à 11 €

Un domaine familial créé en 1925. Marie-France, fille de Daniel Largeot installée en 2000, et son mari Rémy Martin, arrivé en 2002, conduisent un vignoble de 13 ha; Marie-France est au chai, Rémy, à la vigne.

Un joli fruité frais et un brin épicé compose une approche délicate et flatteuse. En bouche, le vin se montre tout aussi fruité et frais, soutenu par des tanins souples qui renforcent son caractère aimable et friand. À boire dans sa jeunesse. ⌛ 2018-2021

⊶ EARL DOM. DANIEL LARGEOT, 5, rue des Brenots, 21200 Chorey-lès-Beaune, tél. 03 80 22 15 10, domainedaniellargeot@orange.fr V 🚶 🍷 *r.-v.*

LAROCHE 2016

■	n.c.	11 à 15 €

Négociant et producteur, Michel Laroche est l'une des figures du Chablisien. Fort d'un vignoble passé de 6 ha à la fin des années 1960 à 100 ha aujourd'hui, le domaine – fondé en 1850 – a son siège à l'Obédiencerie, un ancien monastère bâti au-dessus d'un caveau du IX^e^s. ayant abrité les reliques de saint Martin. Une signature incontournable des vins de Chablis, entrée en 2009 dans le giron du groupe Advini. Michel Laroche se consacre désormais à sa nouvelle propriété créée à partir de vignes familiales, le Dom. d'Henri.

Poire, prune, citron, touches florales, le nez de ce 2016 est plaisant mais assez timide. La bouche se montre souple et équilibrée entre rondeur et acidité. ⌛ 2018-2021

⊶ DOM. LAROCHE, 22, rue Louis-Bro, 89800 Chablis, tél. 03 86 42 89 00, info@larochewines.com V 🚶 🍷 *r.-v. ⊶ Advini*

DOM. LEJEUNE Les Grandes Carelles 2016

■	4200	🛢	11 à 15 €

Domaine transmis par les femmes depuis 1850, mais administré et vinifié par les hommes: François Jullien de Pommerol, ancien professeur à la «Viti» de Beaune décédé en 2017, rejoint en 2005 par son gendre Aubert Lefas, qui en assure aujourd'hui la direction. Vinifications en grappes entières et longs élevages sous bois sont leur signature, notamment pour les pommard, le cœur de leurs 10 ha, complétés par une activité de négoce.

Peu de bois à l'olfaction, malgré les onze mois de fût, mais du fruit rouge oui. Un fruité qui imprègne aussi la bouche, bien équilibrée, fraîche et souple. Un profil léger à déguster dans sa jeunesse. ⌛ 2018-2022

⊶ DOM. LEJEUNE, 1, pl. de l'Église, 21630 Pommard, tél. 03 80 22 90 88, commercial@domaine-lejeune.fr V 🚶 🍷 *t.l.j. sf dim. lun. 9h-12h 14h-18h; sur r.-v. janv. à mars* 🏠 Ⓓ *⊶ Famille Jullien de Pommerol*

CAVE DE LUGNY La Vigne du cloître 2016 ★

■	34 600	🛢	8 à 11 €

Fondée en 1926, la Cave de Lugny, en Bourgogne du Sud, est la première coopérative de la région. Elle vinifie aujourd'hui les 1 360 ha de vignes de plus de 200 vignerons adhérents, ce qui en fait le plus gros producteur de Bourgogne, 80 % de la production étant dédiés au chardonnay.

Après dix-huit mois de fût, ce 2016 livre au nez des notes boisées de vanille, de Zan et de chocolat, qui s'harmonisent avec des arômes de fruits mûrs. La bouche, à l'unisson du bouquet, se révèle ronde et riche, bâtie sur des tanins fins et veloutés. Un caractère généreux. ⌛ 2019-2023

⊶ CAVE DE LUGNY, 995, rue des Charmes, 71260 Lugny, tél. 03 85 33 22 85, commercial@cave-lugny.com V 🚶 🍷 *t.l.j. 8h30-12h30 13h30-18h (19h en été)*

LES VIGNERONS DE MANCEY Abbatia 2016 ★

■	2400	🛢	8 à 11 €

Fondée en 1929, la coopérative de Mancey est établie non loin de Tournus et de la Saône. Son terroir occupe la pointe des collines du Mâconnais, où elle mène un important travail de sélection parcellaire.

De vieux ceps de soixante-dix ans sont à l'origine de ce vin intensément bouqueté autour d'un bon boisé torréfié, du cassis, de la framboise et de la violette. La bouche apparaît ronde, tendre et longue, épaulée en douceur par des tanins soyeux, qui montrent un peu plus les muscles en finale toutefois. ⌛ 2019-2024 ■ **Les Essentielles de Mancey 2016 (8 à 11 €; 12 550 b.)** : vin cité.

CAVE DES VIGNERONS DE MANCEY, RN 6, En Velnoux, BP 100, 71700 Tournus, tél. 03 85 51 00 83, contact@bourgogne-vigne-verre.com V t.l.j. 9h-12h30 14h-18h30

CATHERINE ET CLAUDE MARÉCHAL
Gravel 2016 ★

■	5437		20 à 30 €

Installé dans la plaine de Pommard depuis 1981, le couple Maréchal fait partie des valeurs sûres de la Côte de Beaune. Il conduit, avec minutie et dans un esprit bio (pas de désherbants chimiques, levures indigènes, limitation du soufre), un vignoble de 12,8 ha offrant une large gamme d'appellations.

D'un abord un peu réservé au premier nez, cette cuvée s'ouvre à l'agitation du verre sur les fruits rouges mûrs et les senteurs des sous-bois. En bouche, elle se montre dense, ample, veloutée, caressante, étayée par des tanins doux. Un ensemble gourmand à souhait. ⌛ 2019-2023 **Cuvée Antoine 2016 ★ (20 à 30 €; 2552 b.)** : un vin frais, fin, délicat et précis, floral (églantine, acacia) et exotique, offrant aussi du volume et de la longueur. ⌛ 2018-2022

CLAUDE MARÉCHAL, 6, rte de Chalon, 21200 Bligny-lès-Beaune, tél. 03 80 21 44 37, marechalcc@orange.fr V r.-v.

DOM. ALAIN MATHIAS
Épineuil Côte de Grisey 2016

■	5300		15 à 20 €

En 1982, Alain Mathias, géomètre, devient vigneron, plante dans l'Yonne et participe à la renaissance du vignoble d'Épineuil. Il adopte graduellement la démarche bio et obtient la certification en 2015 pour l'intégralité de son domaine. Cette même année, son fils Bastien et sa belle-fille Carole, tous deux œnologues, ont pris les rênes de la propriété, qui couvre 13 ha à Épineuil et en Chablisien. Une petite structure de négoce complète l'activité depuis 2015.

Issu de la parcelle emblématique du domaine, située sur le plus beau coteau d'Épineuil, ce vin livre un bouquet encore sous l'emprise de son élevage en fût. Mais le vin a suffisamment de coffre, de support tannique et de matière, pour l'assimiler sereinement. Une bouteille qui gagnera son étoile en cave. ⌛ 2020-2025

BASTIEN MATHIAS, rte de Troyes, 89700 Épineuil, tél. 03 86 54 43 90, mail@domainealainmathias.com V t.l.j. sf dim. 9h-12h 14h-18h

DOM. DE MAUPERTHUIS Cuvée Amphore 2016 ★

■	600	15 à 20 €

Installés en Tonnerrois depuis 1992, Laurent et Marie-Noëlle Ternynck conduisent un vignoble de 14 ha. Ils signent des vins très souvent en bonne place dans le Guide, notamment en appellations régionales.

Élevé douze mois en amphore d'argile rouge, ce vin livre des arômes de fruits rouges nuancés de notes florales et de sous-bois. En bouche, il affiche un bel équilibre entre des tanins fins, une fraîcheur bien dosée et un fruité soutenu. ⌛ 2019-2023

DOM. DE MAUPERTHUIS, 3, grande-rue de Chablis, 89800 Prehy, tél. 03 86 41 42 70, ternynck@hotmail.com V r.-v. *Ternynck*

CAVE DE MAZENAY 2015 ★

	11500		5 à 8 €

Cette maison de négoce familiale fondée en 1975 est installée à Mazenay, à la lisière du vignoble du Couchois. Jacques Marinot, bien connu des habitués du Guide, vinifie une large gamme d'appellations (santenay, maranges, givry...).

Des arômes de fruits secs (amande grillée), de fruits exotiques et de fruits blancs mûrs composent un nez gourmand et généreux. Un trait de caractère que l'on retrouve dans une bouche ronde, fruitée, légèrement fumée, avec de la fraîcheur en soutien. ⌛ 2018-2021

CAVE DE MAZENAY, 12, Grande-Rue, Mazenay, 71510 Saint-Sernin-du-Plain, tél. 03 85 49 67 19, contact@cavedemazenay.com V t.l.j. sf dim. 8h-12h 14h-18h *Poelaert*

ÉVELYNE ET DOMINIQUE MERGEY
Le Bouteau 2016

	2000		8 à 11 €

Évelyne Mergey est depuis 2005 à la tête d'un petit domaine de 3,5 ha, cultivé de manière très raisonnée. Elle a confié l'élaboration des vins à sa fille Aurélie et à son gendre, du Dom. Cheveau à Pouilly.

De jeunes vignes de quinze ans ont donné naissance à ce vin bien fruité au nez comme en bouche (pomme, coing, agrumes), d'une agréable fraîcheur acidulée. ⌛ 2018-2021

ÉVELYNE ET DOMINIQUE MERGEY, Le Bouteau, 71570 Leynes, tél. 03 85 23 80 87, d.mergey@gmail.com V r.-v.

DOM. DU MERLE Clos des Condemines 2016

■	8000		8 à 11 €

Conduit par Michel Morin, ce domaine de 9 ha est situé à Sennecey-le-Grand, en Côte chalonnaise. Certains vestiges attestent la vocation viticole de ce village bourguignon vieux de plus de deux mille ans.

Des notes de cerise sur fond boisé composent un nez agréable. En bouche, le vin offre du fruit et de la matière, soutenu par des tanins relativement souples, malgré une finale plus astringente. ⌛ 2019-2024

MICHEL MORIN, rue de la Mare, 71240 Jugy, tél. 06 83 25 26 92, domainedumerle@sfr.fr V r.-v.

DOM. DES MOIROTS 2016 ★

■	11000		8 à 11 €

Le domaine est une affaire de famille: celle des Denizot. En 1990, Christophe a rejoint son père Lucien à la tête de l'exploitation (15 ha), qu'il gère en compagnie de sa sœur Muriel et de son cousin Patrice.

Un fruité soutenu émane du verre dès le premier coup de nez. Un fruité qui ne baisse pas en intensité dans une bouche souple, ronde, veloutée, gourmande à souhait. ⌛ 2018-2023

CHRISTOPHE DENIZOT, 14, rue des Moirots, 71390 Bissey-sous-Cruchaud, tél. 03 85 92 16 93, domainedesmoirots@orange.fr V r.-v.

DOM. RENÉ MONNIER 2016

| 8300 | | 11 à 15 € |

Ce domaine murisaltien fondé en 1723, propriété de Xavier Monnot, répartit ses 17 ha entre plusieurs AOC beaunoises. Il est régulièrement distingué dans le Guide, notamment pour ses beaune et ses meursault.
Notes empyreumatiques, fruits secs (amande, noisette), fleurs blanches et agrumes: le nez est attirant. En bouche, le vin se montre bien tendu par la minéralité du terroir, avec un bon soutien boisé. 2018-2021

XAVIER MONNOT, 6, rue du Dr-Rolland, 21190 Meursault, tél. 03 80 21 29 32, domaine-rene-monnier@wanadoo.fr V r.-v.

L'ŒUVRE DE PERRAUD 2017 ★

| 10 000 | | 11 à 15 € |

Après des études au lycée agricole de Mâcon-Davayé, Jean-Christophe Perraud s'installe sur l'exploitation familiale, alors adhérente à la cave coopérative. Aux commandes depuis 2008, il vinifie désormais dans son nouveau chai le fruit des 30 ha que compte le domaine, très régulier en qualité.
D'une belle intensité, le nez de ce bourgogne convoque la cerise, la framboise et les fruits noirs. On retrouve ce fruité avec persistance dans une bouche souple, généreuse et ample, étayée par des tanins fins et soyeux et prolongée par une jolie finale sur la fraîcheur. À boire sur le fruit. 2018-2022

JEAN-CHRISTOPHE PERRAUD, Nancelle, 64, rte d'Hurigny, 71960 La Roche-Vineuse, tél. 03 85 32 95 12, domaineperraud@gmail.com V r.-v.

DOM. PETITJEAN Côtes d'Auxerre 2016 ★★

| 8900 | | 5 à 8 € |

Au cœur du village de Saint-Bris, dans un dédale de rues étroites, cette cave a été créée en 1950. Incarnant la quatrième génération, Romaric et Mathias Petitjean ont repris en 1999 l'exploitation familiale, qui compte 21 ha de vignes.
La poire se mêle à l'acacia et à l'amande pour composer un bouquet très élégant et engageant. La bouche se révèle ample, ronde, riche, persistante sur le fruit et soutenue par un boisé parfaitement fondu. Un blanc sur l'intensité, à réserver pour le repas. 2019-2023

ROMARIC ET MATHIAS PETITJEAN, 16, rue Basse, 89530 Saint-Bris-le-Vineux, tél. 06 29 73 66 64, domainepetitjean@orange.fr V *t.l.j. sf dim. 8h-12h 14h-19h* 2

DOM. DE LA PIERRE DES DAMES
Les Arènes 2016 ★

| 5700 | | 11 à 15 € |

Jean-Michel Aubinel, sa compagne Marie-Thérèse Canard et son associé Vincent Nectout sont à la tête de ce domaine de 28 ha, repris en 1991.
Au nez, les fleurs blanches voisinent avec le beurre et des touches minérales. Puis on découvre un vin frais et tonique en attaque et en finale, plus rond et moelleux en milieu de bouche. L'ensemble est harmonieux. 2018-2022

DOM. DE LA PIERRE DES DAMES, Mouhy, 71960 Prissé, tél. 03 85 20 21 43, jm.aubinel@wanadoo.fr V *r.-v.* *Aubinel-Nectout*

HENRI PION Racines croisées 2015

| 3000 | | 11 à 15 € |

Héritiers de leur père Henri, fondateur d'une maison de distribution de vins fins de Bourgogne dans les années 1950, les frères Olivier et Christian Pion se sont lancés dans l'activité de négociants-éleveurs en 2012, en partenariat avec plus de 300 domaines familiaux. Leur gamme Racines croisées a vu le jour avec le millésime 2013.
Les agrumes (zeste de citron), la gelée de coing et les fleurs blanches sont associés à l'olfaction. En bouche, le vin, à dominante florale, se montre rond et suave. Un profil riche et généreux. 2018-2022

HENRI PION, 4, imp. des Lamponnes, 21190 Meursault, tél. 03 80 20 80 55, info@henri-pion.com *r.-v.*

LA ROCHE BRÛLÉE Les Magny 2016 ★

| 1600 | | 8 à 11 € |

Après dix ans dans le médical et les biotechnologies, Stéphane de Sousa, fils de vignerons de Meursault, est revenu à ses racines vigneronnes: il a créé son négoce en 2012 dans la cuverie de son grand-père maternel et acquis sa première vigne en 2013, avant de reprendre le domaine paternel en 2015 (sur Meursault, Volnay et Pommard).
Le nez, élégant et harmonieux, associe le citron aux fleurs blanches et à des notes miellées. La bouche, à l'unisson du bouquet, avec une dominante florale, apparaît riche et ronde, affinée et allongée par une belle fraîcheur finale. 2018-2023

STÉPHANE DE SOUSA, La Roche Brûlée, 25, RD 974, 21190 Meursault, tél. 06 50 21 73 13, larochebrulee@gmail.com V *r.-v.*

DOM. DE ROTISSON Les Chères 2017

| 9300 | | 5 à 8 € |

Un domaine créé en 1920 et acquis en 1998 par Didier Pouget. Couvrant 20 ha dans le pays des Pierres dorées, il fait preuve de régularité, en rouge et en blanc, et propose non seulement des beaujolais, mais aussi les AOC régionales bourguignonnes.
Ce terroir des Chères est censé apporter du gras et de la rondeur aux vins. De fait, c'est un vin plutôt bien en chair que l'on a ici, mais avec aussi une agréable acidité en appoint et un bon fruité au nez comme en bouche. Équilibré. 2018-2021

DIDIER POUGET, 363, chem. de Conzy, 69210 Saint-Germain-Nuelles, tél. 04 74 01 23 08, didier.pouget@domaine-de-rotisson.com V *t.l.j. 9h-12h30 14h-17h30; dim. sur r.-v.*

DOM. SAINT-PANCRACE
Côtes d'Auxerre La Côte d'Or 2016 ★

| 2000 | | 8 à 11 € |

Xavier Julien, l'un des rares vignerons installés à Auxerre, a planté ses premiers ceps en 1997; il

exploite aujourd'hui 5 ha de vignes. Le domaine tient son nom d'une tour fortifiée, propriété de la famille.

Des vignes relativement jeunes (dix-huit ans) sont à l'origine de ce vin tout en fruit malgré son élevage de douze mois en fût. Un vin qui «pinote» à souhait au nez comme en bouche avec ses arômes de cerise, qui plaît aussi pour son volume, la finesse de ses tanins et sa longue finale fraîche. ⧗ 2019-2023

⊶ XAVIER JULIEN, 17, rue Rantheaume, 89000 Auxerre, tél. 03 86 51 69 71, domaine.saintpancrace@wanadoo.fr V r.-v.

SEGUIN-MANUEL 2016

■	19000		15 à 20 €

Thibaut Marion a repris en 2004 cette maison fondée à Savigny en 1824 et aujourd'hui basée à Beaune. En parallèle de son activité de négoce, il exploite un domaine (certifié bio en 2015) dont il a porté la superficie de 3,5 à 8,5 ha, essentiellement en Côte de Beaune. Une valeur sûre, notamment pour ses savigny.

D'un abord fermé, ce vin s'ouvre sur les fruits rouges, la framboise et la cerise notamment, à l'aération. Le fruit reste bien présent dans une bouche souple et fraîche, aux tanins assez discrets. Un bourgogne au style friand que l'on pourra boire dans sa jeunesse. ⧗ 2018-2022

⊶ SEGUIN-MANUEL, 2, rue de l'Arquebuse, 21200 Beaune, tél. 03 80 21 50 42, contact@seguin-manuel.com V r.-v.

SÉGUINOT-BORDET 2016

■	13300		8 à 11 €

Une des plus anciennes familles du Chablisien, établie à Maligny sur la rive droite du Serein. Jean-François Bordet a repris en 1998 l'exploitation de son grand-père Roger Séguinot. Le domaine couvre aujourd'hui 15 ha, complété par une activité de négoce.

Annus horribilis que 2016 pour les vignerons chablisiens, et plus encore pour ceux de Maligny, avec une terrible grêle le 13 mai qui a tout ravagé. Jean-François Bordet signe néanmoins une jolie cuvée avec ce vin expressif (citron, amande, noisette, fleurs blanches), très vif, serré et tendu en bouche. Un chardonnay énergique. ⧗ 2018-2023

⊶ DOM. SÉGUINOT-BORDET, 8, chem. des Hâtes, 89800 Maligny, tél. 03 86 47 44 42, contact@seguinot-bordet.fr V r.-v.

SIMONNET-FEBVRE Chitry 2015

■	9630		8 à 11 €

Reprise en 2003 par Louis Latour, cette maison de négoce-éleveur, fondée en 1840 et dirigée aujourd'hui par Jean-Philippe Archambaud, est une référence en Chablisien. Une solide renommée qui dépasse largement les frontières de France, 85 % de la production partant à l'export.

De fines notes de fleurs blanches émanent du verre. En bouche, le vin apparaît rond et gras, d'une faible acidité. Un profil généreux bien dans le ton du solaire millésime 2015. ⧗ 2018-2022

⊶ SIMONNET-FEBVRE, 30, rte de Saint-Bris, 89530 Chitry, tél. 03 86 98 99 00, adv@simonnet-febvre.com V *t.l.j. sf dim. lun. 9h-12h 14h-17h30*
⊶ Louis-Fabrice Latour

DOM. SORIN DE FRANCE
Côtes d'Auxerre Cuvée Madeleine 2015 ★

■	1940		8 à 11 €

Les Sorin exploitent la vigne depuis 1577. Jean-Michel Sorin et son épouse Madeleine De France, installés depuis 1965 sur le domaine familial, ont passé le relais à leurs deux fils jusuqu'en 2015 et la reprise par la troisième génération (Maude et son frère Sébastien), à la tête aujourd'hui de 45 ha de vignes.

Hommage à la grand-mère de Maude et Sébastien Sorin, cette cuvée livre un joli bouquet de fruits rouges mâtinés d'un discret boisé. La bouche se révèle ample, bien fruitée, élégante et fine, soutenue par des tanins soyeux. ⧗ 2019-2023

⊶ SORIN, 11 bis, rue de Paris, 89530 Saint-Bris-le-Vineux, tél. 03 86 53 32 99, sorin@domainesorindefrance.com V *t.l.j. sf dim. 9h-12h 14h-18h*

♥ DOM. THOMAS-COLLARDOT
Les Petits Poiriers 2016 ★★

■	2900		11 à 15 €

Une petite exploitation familiale reprise en 2011 par Jacqueline Collardot, qui a signé sa première vinification en 2015. À sa carte, du puligny-montrachet, du blagny et du bourgogne générique.

Seulement le deuxième millésime pour Jacqueline Collardot et déjà une superbe réussite avec ce 2016 au nez délicat et complexe, qui évoque la minéralité du terroir, l'amande, les agrumes, la sève de pin et la camomille. La bouche se révèle d'une grande finesse autour d'une fraîcheur minérale, mentholée et citronnée qui étire longuement le vin. Un domaine à suivre de près. ⧗ 2019-2023

⊶ JACQUELINE COLLARDOT, 4, rue de Poiseul, 21190 Puligny-Montrachet, tél. 06 23 76 92 51, jacqueline@domaine-thomas-collardot.com V r.-v.

DOM. CATHERINE ET DIDIER TRIPOZ
Vieilles Vignes 2016 ★

■	n.c.		8 à 11 €

En 1988, la famille Tripoz succède à la famille Chevalier à la tête de cette exploitation de Charnay couvrant une dizaine d'hectares.

Ces vieilles vignes ont trente ans. Elles ont donné un vin expressif, sur la framboise mûre et le bourgeon de cassis, frais, fringant et structuré par de fins tanins en bouche. Un pinot noir élégant, à boire ou à attendre. ⧗ 2018-2023

⊶ CATHERINE ET DIDIER TRIPOZ, 450, chem. des Tournons, 71850 Charnay-lès-Mâcon, tél. 03 85 34 14 52, didier.tripoz@wanadoo.fr V r.-v.

DOM. JEAN VAUDOISEY 2015 ★

■ | 2100 | | 8 à 11 €

Un domaine familial conduit depuis 2015 par la septième génération vigneronne: Romain et Baptiste Vaudoisey, petits-fils de Jean, parti à la retraite à... 82 ans. À leur disposition, un vignoble de 7,5 ha.

De vieux ceps de soixante ans sont à l'origine de ce vin discrètement boisé au nez, mais bien ouvert sur les fruits rouges et noirs. La bouche se montre bien structurée par des tanins fermes mais sans dureté, enrobés par une chair fine et soulignés par une bonne vivacité. ⧗ 2020-2024

POIRROTTE, 8, rue du Pied-de-la-Vallée, 21190 Volnay, tél. 06 48 06 35 72, jeanvaudoisey@gmail.com V r.-v.

VAUDOISEY-CREUSEFOND 2016

■ | 9500 | | 8 à 11 €

Héritiers d'une longue lignée vigneronne, Alexandre Vaudoisey, arrivé en 2011, a pris la suite de son père Henri en 2017. Il exploite 8 ha répartis entre Pommard, leur fief, Auxey-Duresses, Meursault et Volnay, pratique l'enherbement et vinifie avec des levures indigènes.

Au nez, les fruits rouges et noirs se mêlent aux épices du boisé. En bouche, le vin est souple, frais, fruité, avec en soutien des tanins plutôt ronds, mais qui se raffermissent en finale. À attendre un peu. ⧗ 2019-2023

ALEXANDRE VAUDOISEY, 16, rte d'Autun, 21630 Pommard, tél. 03 80 22 48 63, vaudoisey-creusefond@wanadoo.fr V r.-v.

DOM. DE LA VIEILLE FONTAINE 2016 ★

■ | 2400 | | 8 à 11 €

Installé depuis 1996 à Bouzeron, David Déprés a repris en 2004 une partie du domaine de Jean-Pierre Meulien situé à Mercurey. Il s'appuie sur un vignoble de 5 ha et pratique une viticulture raisonnée.

Plus en finesse qu'en exubérance, le nez de ce bourgogne mêle les fruits rouges, le cassis et la vanille. La bouche se montre riche, ronde, concentrée, légèrement torréfiée et soutenue par de bons tanins mûrs et par une acidité bien dosée. Un vin énergique et séveux. ⧗ 2020-2024

DAVID DÉPRÉS, 3, rue du Clos-L'Évêque, 71640 Mercurey, tél. 03 85 87 02 29, contact@domainedelavieillefontaine.com V r.-v.

BOURGOGNE-PASSETOUTGRAIN

Superficie : 600 ha / Production : 31 650 hl

Cette appellation réservée aux rouges et rosés est produite dans l'aire du bourgogne-grand-ordinaire. Les vins assemblent obligatoirement pinot noir et gamay, le premier représentant au minimum un tiers de l'ensemble. Les meilleurs contiennent des quantités identiques de chacun des deux cépages, voire davantage de pinot noir. Confidentiels, les rosés sont obtenus par saignée, par opposition aux «gris». Tous ces vins sont légers et friands et doivent être consommés jeunes.

DOM. DES CHENEVIÈRES 2016

■ | 2658 | | 5 à 8 €

Ce domaine de 43 ha situé à l'ouest de Mâcon est exploité par la même famille depuis six générations. Il s'est forgé une solide réputation avec ses bourgognes d'appellations régionales et ses cuvées de mâcon, souvent en vue dans ces pages. Aujourd'hui, Vincent et Nicolas Lenoir, aidés de leurs épouses et de leurs enfants, sont aux commandes.

Le nez, expressif et bien ouvert, évoque la framboise et la fraise des bois sur fond de boisé vanillé. En bouche, le vin se montre souple et frais, avec une petite rugosité en finale. ⧗ 2018-2021

DOM. DES CHENEVIÈRES, 230, rte d'Azé, 71260 Saint-Maurice-de-Satonnay, tél. 03 85 33 31 27, domaine.chenevieres@orange.fr V *t.l.j. 9h-12h 14h-19h; dim. sur r.-v.*

BOURGOGNE-ALIGOTÉ

Superficie : 1 590 ha / Production : 96 000 hl

Le cépage aligoté donne des vins plus vifs et plus précoces que le chardonnay, mais le terroir influe sur lui autant que sur les autres cépages. Il y a ainsi autant de profils d'aligotés que de zones où on les élabore. Les aligotés de Pernand étaient connus pour leur souplesse et leur nez fruité (avant de céder la place au chardonnay); ceux des Hautes-Côtes sont recherchés pour leur fraîcheur et leur vivacité; ceux de Saint-Bris dans l'Yonne semblent emprunter au sauvignon quelques traces de sureau, sur des saveurs légères. Le bourgogne-aligoté constitue un excellent vin d'apéritif. Associé à de la liqueur de cassis, il devient alors le célèbre «kir». L'appellation a trouvé ses lettres de noblesse dans le petit village de Bouzeron près de Chagny (Saône-et-Loire), où elle est devenue en 2001 une appellation *village*.

DOM. BADER-MIMEUR
Les Pierres 2015 ★

□ | 1000 | | 8 à 11 €

En 1919, Charles Bader, négociant en vin à Paris, épouse Élise Mimeur, de Chassagne-Montrachet. Leurs héritiers exploitent près de 8 ha, et 98 % des vignes du Ch. de Chassagne. Ingénieur de formation, Alain Fossier veille depuis 1993 sur le domaine, notamment sur les 5 ha du clos du château.

D'un abord discret, le nez de ce 2015 s'ouvre à l'aération sur les fruits jaunes et les fruits exotiques bien mûrs. La bouche se révèle ronde et charnue, bien équilibrée par une fine acidité. Un profil plus gourmand que vif. ⧗ 2018-2021

BADER-MIMEUR, 1, chem. du Château, 21190 Chassagne-Montrachet, tél. 03 80 21 30 22, info@bader-mimeur.com V r.-v.

♥ PASCAL BOUCHARD
Réserve Saint-Pierre 2016 ★★

	13300		8 à 11 €

Une maison de négoce établie à Chablis et spécialisée depuis le début du XX^e^s. dans les vins de l'Yonne. Elle est entrée dans le giron du groupe Albert Bichot en 2015.

Pierre à fusil, agrumes, muguet, fleur d'oranger, le nez de cet aligoté est remarquable de finesse et de complexité. La bouche se révèle ample et dense, minérale et fruitée, avec une belle tension qui vient dynamiser la finale. Un modèle d'élégance et d'équilibre. ⧗ 2018-2021

⊶ SAS PASCAL BOUCHARD, 3, rue du Pressoir, 89800 Chablis, tél. 03 86 42 18 64, info@pascalbouchard.com V t.l.j. sf sam. dim. 8h30-12h 13h30-17h ⊶ Bichot

EDMOND CHALMEAU ET FILS 2017

	10000		5 à 8 €

Une ancienne famille vigneronne installée au cœur de Chitry: Franck Chalmeau a pris la suite de son père Edmond en 1991, avant d'être rejoint par son frère Sébastien. Un domaine passé peu à peu de la polyculture à la seule viticulture (18 ha) et devenu une référence pour ses bourgognes Chitry.

Pas de millésime 2016 en bourgogne-aligoté pour le domaine, la faute à la grêle et au gel... Le 2017 est plaisant: nez frais et fruité, bouche souple, légère, minérale et acidulée. Un bon classique. ⧗ 2018-2020

⊶ EDMOND CHALMEAU ET FILS, 20, rue du Ruisseau, 89530 Chitry, tél. 03 86 41 42 09, domaine.chalmeau@wanadoo.fr V r.-v.

DOM. COLBOIS 2017

	12000		5 à 8 €

Rejoint en 2009 par son fils Benjamin, Michel Colbois est établi depuis 1970 à Chitry-le-Fort. Ses blancs sont souvent en bonne place dans le Guide, qu'ils proviennent du chardonnay ou de l'aligoté. Son vignoble couvre 20 ha.

Ce 2017 présente un joli bouquet d'agrumes, d'églantine et de pierre à fusil. En bouche, il se montre généreux et vineux, avant de déployer une agréable vivacité en finale. ⧗ 2018-2021

⊶ BENJAMIN COLBOIS, 69, Grande-Rue, 89530 Chitry, tél. 03 86 41 43 48, contact@colbois-chitry.com V t.l.j. sf dim. 8h-12h 14h-18h

DOM. DÉSERTAUX-FERRAND 2016

	4300		5 à 8 €

Ce domaine familial de 15 ha fondé en 1899 à Corgoloin, village-frontière entre les deux Côtes, celle de Nuits et celle de Beaune, est conduit depuis 1995 par Vincent Désertaux, son épouse Geneviève et sa sœur Christine. Souvent en vue pour ses côtes-de-nuits-villages.

Passé une note végétale, le nez s'ouvre sur les fleurs blanches et les agrumes. La bouche offre un joli relief autour d'une vivacité marquée. Un aligoté bien typé. ⧗ 2018-2021

⊶ DOM. DÉSERTAUX-FERRAND, 135, Grande-Rue, 21700 Corgoloin, tél. 03 80 62 98 40, contact@desertaux-ferrand.com V r.-v. E

DOM. FILLON 2016 ★

	7000		5 à 8 €

Propriété familiale reprise en cogérance par Hervé Fillon et sa sœur Frédérique en 1995 (troisième génération). Établis dans le joli village de Saint-Bris-le-Vineux, les Fillon exploitent un vignoble de 35 ha dédié aux appellations régionales et aux AOC du Chablisien.

Des ceps de soixante ans ont donné ce vin très expressif, sur les agrumes, les fruits exotiques et la pêche blanche. La bouche allie en toute harmonie une chair ronde et riche à une fine vivacité aux tonalités minérales et acidulées. ⧗ 2018-2021

⊶ FILLON, 53, rue Bienvenu-Martin, 89530 Saint-Bris-le-Vineux, tél. 03 86 53 30 26, domaine.fillon@gmail.com V r.-v.

DOM. LUDOVIC GREFFET 2016 ★

	590		8 à 11 €

Depuis son installation en 2000, Ludovic Greffet, quatrième du nom à la tête du domaine (6,5 ha), a modernisé l'exploitation familiale fondée par son arrière-grand-père Léon en 1929. Il s'est forgé un solide savoir-faire par un apprentissage dès son plus jeune âge dans les vignes avec son père et par de nombreuses expériences auprès de différents vignerons de la Côte de Beaune et de Châteauneuf-du-Pape.

Un 2016 des plus confidentiels, et c'est bien dommage car le vin est bon. Au nez, des arômes élégants de fleurs et fruits blancs. En bouche, la vivacité attendue d'un aligoté, du volume et une belle longueur. Énergique et typé. ⧗ 2018-2021

⊶ LUDOVIC GREFFET, 3, imp. de la Patte-d'Oie, 71960 Davayé, tél. 06 23 75 35 22, domaine@ludovic-greffet.fr V r.-v.

DOM. JEAN-LUC HOUBLIN 2016

	2900	5 à 8 €

Jean-Luc Houblin s'installe en 1988 avec 50 ares à Migé, dans le finage de Coulanges-la-Vineuse: plantations puis reprise des vignes familiales, il exploite aujourd'hui 12 ha qu'il vinifie en vins tranquilles et en effervescents.

Au nez, des notes florales, briochées et réglissées. En bouche, de la souplesse, une acidité bien dosée aux accents citronnés. Un peu fugace mais bien équilibré et typé. ⧗ 2018-2021

⊶ JEAN-LUC HOUBLIN, 1, passage des Vignes, 89580 Migé, tél. 03 86 41 69 87, contact@houblin.com V t.l.j. sf dim. 8h-12h 14h-19h

L'ŒUVRE DE PERRAUD 2017

| 20000 | 8 à 11 € |

Après des études au lycée agricole de Mâcon-Davayé, Jean-Christophe Perraud s'installe sur l'exploitation familiale, alors adhérente à la cave coopérative. Aux commandes depuis 2008, il vinifie désormais dans son nouveau chai le fruit des 30 ha que compte le domaine, très régulier en qualité.

Le nez, engageant, évoque les agrumes et les fleurs blanches. La bouche affiche un bel équilibre: du gras, de la souplesse et une vivacité bien dosée. Simple et efficace. ⧗ 2018-2021

JEAN-CHRISTOPHE PERRAUD, Nancelle, 64, rte d'Hurigny, 71960 La Roche-Vineuse, tél. 03 85 32 95 12, domaineperraud@gmail.com V r.-v.

♥ DOM. GÉRARD PERSENOT 2017 ★★

| 50000 | 5 à 8 € |

VIN DE BOURGOGNE
BOURGOGNE ALIGOTÉ
2017

Un domaine familial icaunais conduit de père en fils depuis 1858. Gérard Persenot en a pris les commandes en 1978.

Après trois mois de cuve, cet aligoté livre un bouquet plein de fraîcheur autour de la pomme verte et de la pierre à fusil, agrémenté de notes plus douces de noisette. Des arômes que l'on retrouve accompagnés de fleurs blanches dans une bouche vive, élancée, fringante en diable. ⧗ 2018-2021

GÉRARD PERSENOT, 20, rue de Gouaix, 89530 Saint-Bris-le-Vineux, tél. 03 86 53 61 46, gerard@persenot.com V r.-v.

DOM. PIGNERET FILS 2016 ★★

| 6600 | 5 à 8 € |

Installés du côté de Givry (en 2001), les frères Éric et Joseph Pigneret, quatrièmes du nom à conduire le domaine familial (30 ha), ont créé la marque de négoce Pigneret Fils pour enrichir leur gamme. Ils achètent ainsi des raisins et des moûts qu'ils vinifient et élèvent dans leur chai.

D'une belle complexité, le nez convoque la pêche, l'abricot, les agrumes, la rose et la fleur d'oranger. En bouche, le vin se montre parfaitement équilibré entre une chair ronde et une fraîcheur bien typée qui amène de la longueur. ⧗ 2018-2021

DOM. PIGNERET FILS, Vingelles, 71390 Moroges, tél. 03 85 47 15 10, domaine.pigneret@wanadoo.fr V t.l.j. 9h-12h 14h-19h; f. dim. 9h-12h

CH. DE ROUGEON 2016 ★

| 1300 | 8 à 11 € |

Un domaine ancien, viticole depuis plus de deux siècles, situé entre Givry et Montagny, repris en 1981 par Dominique Bouchard. Un vignoble alors en friche que Dominique et son épouse Isabelle vont faire revivre: 11 ha aujourd'hui.

Fleurs blanches et fruits frais composent un bouquet avenant. La bouche prolonge agréablement ces arômes et affiche une belle vivacité qui signe le cépage. Classique et de bon goût. ⧗ 2018-2021

EARL DOMINIQUE BOUCHARD, Rougeon, 71390 Bissey-sous-Cruchaud, tél. 03 85 92 02 54, chateauderougeon@gmail.com V r.-v.

DOM. VERRET 2017

| 50000 | 5 à 8 € |

La famille Verret cultive la vigne depuis deux siècles et demi dans l'Yonne. Pionnier dans le vignoble de l'Auxerrois pour la mise en bouteilles et la commercialisation directe pratiquées dès les années 1950, ce vaste domaine (60 ha) demeuré familial fréquente très régulièrement les pages du Guide, notamment pour ses irancy, saint-bris, bourgognes Côtes d'Auxerre et bourgogne-aligoté.

Timide mais fin, le nez de ce 2017 associe minéralité et fruits blancs. En bouche, il apparaît frais, mentholé et léger, stimulé par une pointe d'amertume en finale. ⧗ 2018-2021

BRUNO VERRET, 13, rte de Champs, 89530 Saint-Bris-le-Vineux, tél. 03 86 53 31 81, dverret@domaineverret.com V t.l.j. sf dim. 10h-12h 14h-18h30

BOURGOGNE

CRÉMANT-DE-BOURGOGNE

Superficie : 1 935 ha / Production : 125 850 hl

Comme toutes les régions viticoles françaises, ou presque, la Bourgogne avait son appellation pour les vins mousseux élaborés sur l'ensemble de son aire géographique. La qualité n'était pas très homogène et ne correspondait pas, la plupart du temps, à la réputation de la région, sans doute parce que les mousseux se faisaient à partir de vins trop lourds. Reconnue en 1975, l'appellation crémant-de-bourgogne a remplacé l'AOC bourgogne mousseux en 1984. Elle impose des conditions de production aussi strictes que celles de la région champenoise et calquées sur celles-ci. Elle connaît actuellement un bon développement. Un crémant-de-bourgogne peut être un blanc de blancs élaboré généralement par un assemblage de chardonnay et d'aligoté, ou il peut assembler des cépages blancs avec le pinot noir et/ou le gamay vinifiés en blanc. Il existe aussi des rosés.

BAILLY-LAPIERRE ★

| 350000 | 8 à 11 € |

Aujourd'hui, 430 vignerons apportent leurs raisins à la cave de Bailly-Lapierre, qui fut à l'origine du crémant-de-bourgogne. Principal élaborateur d'effervescents de la région, la coopérative propose une vaste gamme de crémants de qualité, qui reposent dans les immenses galeries souterraines d'une ancienne carrière calcaire. Elle fournit aussi des vins tranquilles. Une valeur sûre.

Du pinot noir et une touche de gamay (10 %) pour ce crémant couleur rose soutenu, à la mousse généreuse et au nez floral (aubépine, rose) et fruité (framboise, pêche). Le fruit reste bien présent en bouche, où le vin se montre rond et tendre. ⌛ 2018-2021 **Chardonnay ★ (8 à 11 €; 100000 b.)** : un crémant à la bulle fine, au nez élégant de fleurs blanches, d'agrumes et de beurre, d'une aimable rondeur en bouche, avec une fine acidité en appoint. ⌛ 2018-2021 **Réserve (8 à 11 €; 500000 b.)** : vin cité. **L'Inattendu (11 à 15 €; 5000 b.)** : vin cité.

CAVES BAILLY-LAPIERRE, hameau de Bailly, quai de l'Yonne, 89530 Saint-Bris-le-Vineux, tél. 03 86 53 77 77, nathaliec@bailly-lapierre.fr t.l.j. 9h (sam. dim. 10h)-12h 14h-18h30

DOM. DU BICHERON
Blanc de blancs ★

| 20000 | | 5 à 8 € |

Créé en 1889 par Antoine Rousset sur 3 ha de vignes, non loin de Cluny et de la roche de Solutré, ce domaine, aujourd'hui conduit par ses arrière-petits-enfants Geneviève et David, compte 50 ha.

La mousse est légère et la bulle fine. Le nez, élégant, évoque la poire mûre, les agrumes, les fleurs blanches et l'anis. La bouche affiche un très bel équilibre entre le gras et une acidité bien dosée. ⌛ 2018-2021

GAEC ROUSSET, rte de Lanques, 71260 Péronne, tél. 03 85 36 94 53, domainedubicheron@wanadoo.fr r.-v.

JEAN-CHARLES BOISSET N°21 ★

| 34000 | | 11 à 15 € |

Une maison de négoce développée par Jean-Charles Boisset, fils de Jean-Claude, négociant et propriétaire réputé de la Côte de Nuits.

Chardonnay, pinot noir, gamay et aligoté pour ce crémant à la bulle fine et abondante, au nez discret mais élégant de fleurs et fruits blancs. Passé une attaque vive, le palais évolue sur la rondeur, avant une finale dynamisée par de beaux amers. ⌛ 2018-2021 **N°69 (11 à 15 €; 38000 b.)** : vin cité.

JEAN-CHARLES BOISSET, 1, quai Dumorey, 21700 Nuits-Saint-Georges, tél. 03 80 62 61 40, info@imaginarium-bourgogne.com t.l.j. sf lun. 10h-19h

SYLVAIN BOUHÉLIER
Cuvée Trésor 2014

| 3000 | 8 à 11 € |

Sylvain Bouhélier s'est installé, hors du cadre familial, dans un petit village du Châtillonnais, aux portes de la Champagne, sur la route touristique des crémants, dont il se fait une spécialité. Il y a planté ses premiers pieds de vigne en 1988 et conduit aujourd'hui un vignoble de 6 ha.

Ce pur chardonnay dévoile au nez des parfums délicats de fleurs blanches. Arômes que l'on retrouve avec une touche miellée dans une bouche fraîche et de bonne longueur. ⌛ 2018-2021

SYLVAIN BOUHÉLIER, 1, pl. Saint-Martin, 21400 Chaumont-le-Bois, tél. 03 80 81 95 97, contact@bouhelier.com r.-v.

♥ LOUIS BOUILLOT Perle Rare 2014 ★★

| 71369 | | 8 à 11 € |

Une maison de négoce spécialiste des crémants fondée en 1877 à Nuits-Saint-Georges par Louis Bouillot, dans le giron du groupe Boisset depuis 1997. Une valeur sûre.

Magnifique série de crémants pour cette maison de référence pour la bulle bourguignonne et un coup de cœur emballant pour cette cuvée jaune pâle animée par une fine effervescence. Le nez, intense, convoque les fleurs blanches, les agrumes et le coing. On retrouve ces saveurs agrémentées d'herbes aromatiques dans une bouche parfaitement équilibrée, qui conjugue rondeur, douceur et fine acidité. ⌛ 2018-2021 **Perle de Vigne Grande Réserve ★★ (8 à 11 €; 147500 b.)** : un crémant à la mousse abondante, ouvert sur les fruits (pêche blanche, abricot, litchi), gourmand et rond en bouche, avec une belle fraîcheur en appoint. ⌛ 2018-2021 **Perle d'Aurore ★★ (8 à 11 €; 302086 b.)** : une perle saumonée, à la bulle fine, au nez élégant de petits fruits rouges et de rose, ample, fraîche et énergique en bouche. Un crémant des plus expressifs. ⌛ 2018-2021 **Perle d'Or Rose 2014 ★ (11 à 15 €; 36160 b.)** : au nez, de la framboise, du cassis et de la réglisse; en bouche, une bulle délicate, de la fraîcheur, de la finesse et de la légèreté. ⌛ 2018-2021

MAISON LOUIS BOUILLOT, 1, av. du Jura, 21700 Nuits-Saint-Georges, tél. 03 80 62 61 40, info@imaginarium-bourgogne.com t.l.j. sf lun. 10h-19h Jean-Claude Boisset

LA BURGONDIE Réserve

| 300000 | | 8 à 11 € |

En 2015, les Caves Bailly Lapierre de l'Yonne et les Vignerons de Buxy fondent la Compagnie de Burgondie, une union de coopératives regroupant leurs moyens commerciaux, marketing et logistique. En septembre 2016, l'Alliance des Vignerons Bourgogne Beaujolais (AVB) a rejoint cette entité.

Une mousse et une bulle persistantes, des arômes de fruits jaunes et de pierre à fusil: l'approche est plaisante. En bouche, on retrouve ce côté minéral assez prononcé ainsi que des notes citronnées qui renforcent la fraîcheur du vin. ⌛ 2018-2021

LA COMPAGNIE DE BURGONDIE, quai de l'Yonne, hameau de Bailly, 89530 Saint-Bris-le-Vineux, tél. 03 86 53 77 77, nathaliec@bailly-lapierre.fr r.-v.

PAUL CHOLLET
Œil de Perdrix 2016 ★

| n.c. | 8 à 11 € |

Une maison de négoce fondée en 1955, spécialisée dans l'élaboration du crémant-de-bourgogne, reprise en 2002 par Gilles Rémy.

Ce 10 % pinot noir aux bulles fines et abondantes dévoile des arômes classiques de petits fruits rouges à l'olfaction. En bouche, il apparaît là aussi bien fruité, également très frais et tonique. ⧗ 2018-2021

GILLES RÉMY, 18, rue du Gal-Leclerc, 21420 Savigny-lès-Beaune, tél. 03 80 21 53 89, contact@paulchollet.fr V r.-v.

DOM. FICHET
Brut Nature Blanc de blancs 2014 ★

●	4000	11 à 15 €

Domaine sorti de la cave coopérative d'Igé par Francis Fichet en 1976. Ses fils Pierre-Yves et Olivier, aux commandes depuis 1999, exploitent aujourd'hui 35 ha de vignes, à partir desquels ils produisent une quinzaine de cuvées différentes nées des quatre cépages de Bourgogne. Une valeur sûre du Mâconnais, complétée en 2006 par une petite structure de négoce.

Des ceps de chardonnay de cinquante ans sont à l'origine de ce crémant à la mousse discrète et la bulle fine. Au nez, des parfums gourmands de cire, de miel et de brioche. En bouche, de la puissance et de la rondeur. ⧗ 2018-2021

DOM. FICHET, 651, rte d'Azé, Le Martoret, 71960 Igé, tél. 03 85 33 30 46, domaine-fichet@wanadoo.fr V *t.l.j. 8h-12h 13h-18h30; dim. sur r.-v.*

CLAUDE GHEERAERT
Pinot Noir

●	10000	5 à 8 €

Claude Gheeraert a créé en 1991 cette petite exploitation familiale de 7 ha, située au cœur du Châtillonnais et spécialisée dans l'élaboration de crémant-de-bourgogne.

Un joli cordon de bulles fines anime ce crémant ouvert sur les fruits jaunes mûrs, la pomme et le coing. Des arômes prolongés par une bouche ronde et souple, plus vive en finale. ⧗ 2018-2021

CLAUDE GHEERAERT, EARL des Vignes de Jours, 1, rue Haute, 21400 Mosson, tél. 03 80 93 71 67, claude.gheeraert@nordnet.fr V *t.l.j. sf dim. 10h30-18h*

LEBEAULT

●	10000		8 à 11 €

Rully est l'un des hauts lieux d'élaboration du crémant et la famille Lebeault a été, dès 1934, l'une des toutes premières à s'investir dans la production de bourgognes mousseux. Les petits-fils (Pierre et Gérard) de Maurice Lebeault, fondateur du domaine, perpétuent aujourd'hui la tradition et proposent aussi des vins rouges et blancs tranquilles. Dans le giron de la maison Picamelot.

Une bulle légère traverse ce crémant jaune pâle, au nez très floral. Une trame aromatique que l'on retrouve agrémentée de pêche et d'abricot dans une bouche équilibrée, fraîche et souple. ⧗ 2018-2021

MAISON LEBEAULT, chez Louis Picamelot, 12, pl. de la Croix-Blanche, 71150 Rully, tél. 03 85 87 13 60, info@louispicamelot.com V *t.l.j. sf sam. dim. 8h-12h 13h30-17h30*

LOUIS LORON Blanc de blancs Prestige ★

●	32000		5 à 8 €

Maison de négoce familiale fondée à Fleurie en 1932 qui, outre ses vins tranquilles du Beaujolais et du Mâconnais, s'est fait une spécialité du crémant-de-bourgogne.

Une mousse très légère et une bulle bien fine animent ce crémant au nez délicat de fleurs blanches. La bouche est nette, longue, bien fruitée (pêche, abricot), enrobée par une touche beurrée. ⧗ 2018-2021 ● **Pinot Gamay Rosé ★ (5 à 8 €; 20000 b.)** : un crémant expressif (framboise, pêche), élégant et frais en bouche, de bonne longueur. ⧗ 2018-2021

LOUIS LORON ET FILS, Le Vivier, 69820 Fleurie, tél. 04 74 04 10 22, fernand.loron@wanadoo.fr V *r.-v.*

DOM. MOUTARD Cuvée 3 cépages ★★

●	3466		15 à 20 €

Originaire de Champagne, où elle cultive la vigne depuis quatre siècles, la famille Moutard a acquis en 2004 un domaine proche de Tonnerre, dont le vignoble de 36 ha s'étend jusqu'à Chablis. L'exploitation est complétée par une structure de négoce.

Les bulles n'ont pas de secret pour cette famille auboise qui cultivait déjà la vigne à Bar-sur-Seine sous Louis XIII et qui élabore son champagne depuis 1927. De ses vignes de l'Yonne, elle tire ce beau crémant aux bulles nombreuses et fines, au nez de noisette grillée et de pomme Granny, à la bouche vive et alerte, ample et longue, fruitée et anisée. ⧗ 2018-2021

DOM. MOUTARD, 81, Grande-Rue, 89700 Molosmes, tél. 03 25 38 50 73, contact@famillemoutard.com

ŒDORIA Rubis ★

●	20000		5 à 8 €

La cave du Beau Vallon de Theizé et celle des Vignerons de Liergues ont décidé de s'unir en 2009: Œdoria est leur marque commune. Cette nouvelle entité dispose de 830 ha (pour 350 adhérents), essentiellement situés au sud du vignoble, à l'ouest de Villefranche-sur-Saône.

D'un rose pâle parcouru de bulles dynamiques, ce crémant livre un joli bouquet floral (acacia) et fruité (fraise, melon, pêche). En bouche, il se montre souple, rond, soyeux, avec une fine acidité qui amène l'équilibre et la longueur. ⧗ 2018-2021

ŒDORIA, 25, rte de Cottet, 69620 Theizé, tél. 04 74 71 48 00, contact@oedoria.com V *t.l.j. sf dim. 9h-12h 14h-18h30*

LOUIS PICAMELOT
Blanc de blancs Jeanne Thomas 2014 ★

●	9224		11 à 15 €

Cette maison de négoce, propriétaire de 14 ha en Côte de Beaune et en Côte chalonnaise, a été fondée en 1926 par Louis Picamelot et reprise par son petit-fils Philippe Chautard en 1987. Dans sa cuverie installée en 2006 au creux de la roche à Rully naissent

BOURGOGNE

de beaux crémants de terroir ou d'assemblage et quelques vins tranquilles.

Chardonnay (85 %) et aligoté composent cette cuvée pâle aux bulles fines, au nez élégant de citron et de menthol. En bouche, on découvre une fraîcheur intense, dynamique, qui allonge le vin, un peu plus tendre en finale. ⧗ 2018-2021 ● **Les Terroirs 2015 (8 à 11 €; 184 000 b.)** : vin cité.

MAISON LOUIS PICAMELOT, 12, pl. de la Croix-Blanche, 71150 Rully, tél. 03 85 87 13 60, info@louispicamelot.com t.l.j. sf sam. dim. 8h-12h 13h30-17h30
P. Chautard

CH. DE SASSANGY ★

● | 8000 | | 8 à 11 €

Situé dans l'arrière-pays vallonné de Chalon-sur-Saône, ce domaine est dans la famille Musso depuis plus de trois siècles: une vaste propriété de 300 ha commandée par un château édifié en 1740 sur les vestiges d'une place forte des Xe et XIIes. Installés en 1979, Jean Musso et son épouse Geno ont redonné vie à ce vignoble endormi depuis la crise du phylloxéra (50 ares à leur arrivée !), qui s'étend aujourd'hui sur 45 ha, conduit en bio.

D'une belle limpidité et orné d'un fin cordon de bulles, ce crémant dévoile un élégant bouquet floral et minéral. En bouche, il se révèle très bien équilibré entre une fraîcheur dynamique et une aimable rondeur. ⧗ 2018-2021

JEAN ET CÉCILE MUSSO, Le Château, 71390 Sassangy, tél. 03 58 09 73 66, mussojean71@gmail.com r.-v.

ALBERT SOUNIT
Grande Cuvée Grands Éminents 2014

● | 2030 | | 11 à 15 €

Fondée en 1851 par Flavien Jeunet, cette maison de négoce, qui possède aussi 16 ha de vignes en propre, a été reprise dans les années 1930 par la famille Sounit, qui l'a cédée à son importateur danois en 1993. L'une des valeurs sûres de la Côte chalonnaise, en vins tranquilles comme en effervescents.

Ce pur chardonnay jaune pâle dévoile des arômes harmonieux de grenade, de pêche et de menthol. En bouche, il se montre frais, fruité et anisé. ⧗ 2018-2021

MAISON ALBERT SOUNIT, 5, pl. du Champ-de-Foire, 71150 Rully, tél. 03 85 87 20 71, albert.sounit@wanadoo.fr r.-v. *K. Kjellerup*

♥ VEUVE AMBAL Grande réserve ★★

● | 600 000 | 5 à 8 €

Vénérable négoce spécialisé en crémant, fondé en 1898 par Marie Ambal et conduit depuis 1988 par son descendant Éric Piffaut. Né à Rully, établi à Beaune depuis 2005, il est le plus important élaborateur de bulles bourguignonnes, issues pour une large part de son vaste vignoble de 250 ha.

Troisième coup de cœur en trois éditions pour la Veuve Ambal. Ici, un crémant pâle et brillant, aux bulles intenses et légères. Les fleurs blanches s'associent aux agrumes pour composer un bouquet élégant et fin. En bouche, un côté miellé se joint à cette palette et apporte de la rondeur et de la douceur bien contrebalancées par une acidité savamment dosée. Un modèle d'équilibre. ⧗ 2018-2022 ● **Grande Cuvée ★ (5 à 8 €; 350 000 b.)** : d'un seyant rosé saumoné et brillant, ce crémant séduit par son nez intense de framboise, de fraise et de pêche, comme par sa bouche vive et persistante sur le fruit, bel écho à l'olfaction. ⧗ 2018-2021 ● **Blanc de blancs (8 à 11 €; 300 000 b.)** : vin cité.

VEUVE AMBAL, Le Pré-Neuf, 21200 Montagny-lès-Beaune, tél. 03 80 25 01 90, contact@veuve-ambal.com t.l.j. 10h-12h 14h-18h
Éric Piffaut

CAVE DE VIRÉ Blanc de blancs ★

● | n.c. | 5 à 8 €

Cette coopérative est née en 1928 pour faire face aux difficultés économiques engendrées par la Première Guerre mondiale et le phylloxera. Une cave réputée depuis toujours pour ses vins blancs, précurseur en matière de commerce puisqu'elle fut la première à vendre au détail en litre et à développer son commerce à l'export. Elle compte 145 adhérents pour 300 ha de vignes.

Agrumes, fleurs blanches, notes beurrées et briochées, ce blanc de blancs s'annonce avec intensité et élégance. En bouche, la bulle est très fine, la vivacité bien dosée, l'expression aromatique en accord avec l'olfaction. ⧗ 2018-2021

CAVE DE VIRÉ, 1, rue de la Cave, 71260 Viré, tél. 03 85 32 25 50, cuverie-cavedevire@orange.fr t.l.j. 9h-12h30 14h-19h

VITTEAUT-ALBERTI ★

● | 36 124 | | 8 à 11 €

L'une des belles références du crémant-de-bourgogne, fondée en 1951 par Lucien Vitteaut, reprise par son fils Gérard en 1969 et dirigée depuis 2010 par sa petite-fille Agnès. La maison possède en propre 23 ha de vignes en Côte chalonnaise et dans les Hautes-Côtes de Beaune.

Pinot noir, chardonnay et aligoté sont associés dans ce crémant à la mousse et aux bulles fines. Au nez, des fleurs blanches, du citron, des fruits secs et une touche épicée. En bouche, une belle vivacité bien dosée, de la longueur et une expression minérale et citronnée. ⧗ 2018-2021 ● **Blanc de blancs (8 à 11 €; 34 868 b.)** : vin cité.

AGNÈS VITTEAUT, 16, rue de la Buisserolle, 71150 Rully, tél. 03 85 87 23 97, contact@vitteaut-alberti.fr t.l.j. sf dim. 9h-12h 14h-18h

➜ LE CHABLISIEN

Malgré une célébrité séculaire qui lui a valu d'être imité de la façon la plus fantaisiste dans le monde entier, le vignoble de Chablis a bien

failli disparaître. Deux gelées tardives, catastrophiques, en 1957 et en 1961, ajoutées aux difficultés du travail de la vigne sur des sols rocailleux et terriblement pentus, avaient conduit à l'abandon progressif de la culture de la vigne; le prix des terrains en grands crus atteignait un niveau dérisoire, et bien avisés furent les acheteurs du moment. L'apparition de nouveaux systèmes de protection contre le gel et le développement de la mécanisation ont rendu ce vignoble à la vie.

L'aire d'appellation couvre les territoires de la commune de Chablis et de dix-neuf communes voisines dans les quatre appellations chablis. Les vignes dévalent les fortes pentes des coteaux qui longent les deux rives du Serein, modeste affluent de l'Yonne. Une exposition sud-sud-est favorise à cette latitude une bonne maturation du raisin, mais on trouvera plantés en vigne des «envers» aussi bien que des «adroits» dans certains secteurs privilégiés. Le sol est constitué de marnes jurassiques (kimméridgien, portlandien). Il convient admirablement à la culture du chardonnay, comme s'en étaient déjà rendu compte au XIIe s. les moines cisterciens de la toute proche abbaye de Pontigny, qui y implantèrent sans doute ce cépage, appelé localement beaunois. Celui-ci exprime ici plus qu'ailleurs ses qualités de finesse et d'élégance, qui font merveille sur les fruits de mer, les escargots, la charcuterie. Premiers et grands crus méritent d'être associés aux mets de choix: poissons, charcuterie fine, volailles ou viandes blanches, qui pourront d'ailleurs être accommodés avec le vin lui-même.

PETIT-CHABLIS

Superficie : 780 ha / Production : 46 000 hl

Cette appellation constitue la base de la hiérarchie bourguignonne dans le Chablisien et provient des parcelles installées à la périphérie des appellations plus prestigieuses. Moins complexe que le chablis, le petit-chablis possède une acidité un peu plus élevée. Autrefois consommé en carafe, dans l'année, il est maintenant mis en bouteilles. Victime de son nom, il a eu de la peine à se développer, mais il semble qu'aujourd'hui le consommateur ne lui tienne plus rigueur de son adjectif dévalorisant.

DOM. ALEXANDRE 2016 ★

| 25000 | 5 à 8 € |

Une exploitation familiale qui se transmet depuis trois générations, dirigée depuis 2012 par Olivier Alexandre, fils de Guy. Le vignoble de 13 ha est réparti sur quatre communes.

Rondeur et légèreté: deux qualificatifs qui collent parfaitement à cette cuvée qui a l'insouciance de sa jeunesse. Derrière un nez de fleurs blanches très séducteur, la bouche retrouve les mêmes saveurs, avec une pointe d'acidité bien sentie en appoint. ⧗ 2018-2021

OLIVIER ALEXANDRE, 36, rue du Serin, 89800 La Chapelle-Vaupelteigne, tél. 03 86 42 44 57, info@chablis-alexandre.com V *t.l.j. sf lun. dim. 9h-12h 14h-18h*

DOM. DE LA CÔTE DE FASSE 2015 ★★

| 3234 | 8 à 11 € |

Un domaine de 17 ha (sur des terroirs hétérogènes) fondé en 1989 par Françoise Gagnepain et deux de ses enfants, Laurent et Isabelle. Ces derniers sont désormais aux commandes, épaulés par Paul, fils de Laurent.

Elle a tout pour plaire cette cuvée 2015, bien dans le style du millésime. Un nez intense avec des arômes gourmands de miel et de fruits jaunes. Une richesse aromatique qui se prolonge dans une bouche soulignée par la minéralité nécessaire à son équilibre. Un vin très équilibré. ⧗ 2018-2021

GAEC GAGNEPAIN, Voile du Gain, 89800 Beine, tél. 03 86 42 46 85, gaec.gagnepain@orange.fr V *t.l.j. sf sam. dim. 9h-12h 14h-17h30*

DOM. JEAN-CLAUDE COURTAULT 2016

| 7100 | 8 à 11 € |

Originaire de Touraine, Jean-Claude Courtault arrive dans le Chablisien en 1984 et s'installe à Lignorelles pour fonder son domaine, qui couvre 21 ha aujourd'hui (dont 1 de bourgogne Epineuil), complété par une activité de négoce. Sa fille Stéphanie et son gendre Vincent Michelet ont créé en parallèle leur propre exploitation (Dom. Michelet): les deux domaines travaillent en synergie, en mutualisant leurs moyens.

Une belle expression de petit-chablis avec ce nez intense ouvert sur la fleur et le fruit. La bouche affiche une bonne densité et des nuances de fruits secs et de fruits jaunes. ⧗ 2018-2021

STÉPHANIE MICHELET ET JEAN-CLAUDE COURTAULT, 1, rte de Montfort, 89800 Lignorelles, tél. 03 86 47 50 59, contact@chablis-courtault-michelet.com V *r.-v.*

ÉRIC ET EMMANUEL DAMPT Vieilles Vignes 2016

| 7260 | 8 à 11 € |

Issu d'une longue lignée vigneronne, Bernard Dampt a constitué à partir de 1980 un vignoble dont il livrait le produit à la coopérative. Éric Dampt, l'aîné de ses trois fils, l'a rejoint en 1985, suivi d'Emmanuel, en 1990, et d'Hervé, en 1998. Les frères ont chacun leur propre exploitation mais mettent leurs moyens en commun; ils affichent sur leurs étiquettes tantôt le nom du domaine familial, tantôt leurs prénoms.

Le nez de fruits jaunes s'agrémente d'agréables arômes iodés. Quant à la bouche, si elle se montre assez fugace, elle séduit par son goût d'amande. ⧗ 2018-2020

VIGNOBLE DAMPT, rue de Fleys, 89700 Collan, tél. 03 86 55 29 55, vignoble@dampt.com V *t.l.j. 9h-13h 14h-18h*

AGNÈS ET DIDIER DAUVISSAT 2016 ★★

| 6500 | 5 à 8 € |

Installés à Beine, Agnès et Didier Dauvissat, qui ont créé leur domaine en 1987, ont compris que l'amélioration de la qualité passait aussi par le travail dans les vignes. C'est ainsi qu'ils sont revenus au labour de leurs 11 ha pour préserver le terroir. Leur fils Florent les a rejoints en 2012.

Un bel exemple de fraîcheur avec ce vin élevé en cuve pendant dix mois. La séduction se manifeste dès l'olfaction à travers des arômes de fleurs et de fruits blancs frais. La subtilité s'exprime aussi en bouche sur un fond de fruits exotiques et un trait d'acidité qui apporte de la longueur et du nerf. Un vin parfaitement équilibré. ⧗ 2018-2021

AGNÈS ET DIDIER DAUVISSAT, chem. de Beauroy, 89800 Beine, tél. 03 86 42 46 40, agnes-didier.dauvissat@wanadoo.fr V t.l.j. 9h-12h 14h-18h

DURUP 2016 ★

	20770		8 à 11 €

Établi à Maligny depuis... 1560, Jean Durup a repris en 1968 l'exploitation familiale qui comptait alors seulement 2 ha. Aujourd'hui, il conduit 198 ha de vignes sur différents terroirs de Chablis. C'est le domaine indépendant le plus vaste de Bourgogne.

Fruits jaunes, amande, vanille, beurre frais... le nez est un joli parcours olfactif qui donne envie de poursuivre. En bouche, le fruit s'exprime dans la douceur, avec élégance et persistance. Un vin expressif et harmonieux. ⧗ 2018-2021

SA JEAN DURUP PÈRE ET FILS, 4, Grande-Rue, 89800 Maligny, tél. 03 86 47 44 49, contact@domainesdurup.com V *t.l.j. sf sam. dim. 8h-12h 13h30-17h*

DOM. WILLIAM FÈVRE
Le Crioux 2016

	n.c.		8 à 11 €

Valeur sûre du vignoble chablisien, le Dom. William Fèvre, producteur et négociant, aujourd'hui propriété de la maison champenoise Henriot, possède un vaste vignoble de près de 80 ha, dont 15,2 ha de grands crus et 15,9 ha de 1ers crus. Didier Séguier, son maître de chai, en élabore les vins avec le souci de la finesse et de la pureté.

Avec ses notes citronnées et minérales, le nez est plutôt flatteur. La bouche aussi, par sa souplesse et sa rondeur, avec un côté beurré très présent et agréable, mais atypique. ⧗ 2018-2021

DOM. WILLIAM FÈVRE, 21, av. d'Oberwesel, 89800 Chablis, tél. 03 86 98 98 98, contact@williamfevre.com V *r.-v.*

Le Chablisien

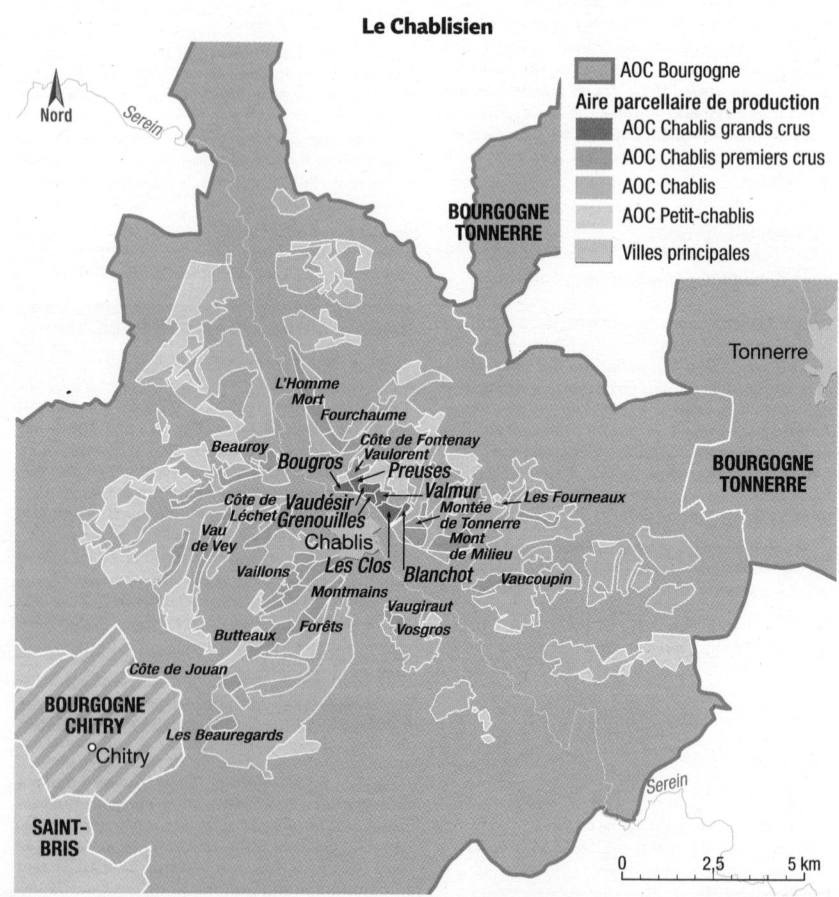

DOM. FILLON 2016 ★

	9000	8 à 11 €

Propriété familiale reprise en cogérance par Hervé Fillon et sa sœur Frédérique en 1995 (troisième génération). Établis dans le joli village de Saint-Bris-le-Vineux, les Fillon exploitent un vignoble de 35 ha dédié aux appellations régionales et aux AOC du Chablisien.

Tout le terroir est dans la bouteille de ce petit-chablis vif et harmonieux. Le nez de fleurs blanches est d'une grande finesse. La bouche est gourmande, ample, fruitée (agrumes), avec un trait de minéralité qui vient souligner cette jolie matière. L'équilibre est impeccable. ⧗ 2018-2021

⊶ FILLON, 53, rue Bienvenu-Martin, 89530 Saint-Bris-le-Vineux, tél. 03 86 53 30 26, domaine.fillon@gmail.com V r.-v.

DOM. ALAIN GEOFFROY 2016 ★

	30 000		8 à 11 €

Perpétuant une tradition viticole remontant à 1850, Alain Geoffroy, figure du vignoble chablisien, conduit un important domaine de 50 ha dont le siège est à Beine, village de la rive gauche du Serein, à l'ouest de Chablis. Pour la vinification, il privilégie l'élevage en cuve afin de préserver la fraîcheur des chablis.

L'élégance est le fil conducteur de ce vin qui se présente avec classe dans sa robe jaune pâle et brillante. Le nez, véritable bouquet de fleurs blanches, est délicat. Quant à la bouche, elle est d'une grande franchise, sur fond beurré, offrant un bel équilibre entre le gras et la minéralité. ⧗ 2018-2021

⊶ DOM. ALAIN GEOFFROY, 4, rue de l'Équerre, 89800 Beine, tél. 03 86 42 43 76, info@chablis-geoffroy.com V *t.l.j. sf sam. dim. 8h-12h 13h30-17h30*

DOM. JEAN JACQUIN ET FILS 2016

	1800		5 à 8 €

Jean Jacquin est parti à la retraite en 2007 en laissant les clés de l'exploitation familiale à son fils Jean-Michel, associé avec sa mère. Le produit des 7,6 ha de vignes est désormais vendu en bouteilles.

Le soleil est dans la bouteille et il s'exprime à travers une robe jaune orangée, des arômes de fruits bien mûrs et une bouche ronde et généreuse, en harmonie avec le nez. ⧗ 2018-2020

⊶ EARL DOM. JEAN JACQUIN ET FILS, 32, rue de Chichée, 89800 Chablis, tél. 03 86 42 16 32, domainejacquin@gmail.com V *t.l.j. 8h-20h*

LAMBLIN ET FILS 2016

	25 000		8 à 11 €

Le village de Maligny se situe au nord de l'aire d'appellation chablis. La famille Lamblin y est établie depuis plus de trois siècles et douze générations. Autant dire que cette maison de négoce fait partie des incontournables du vignoble chablisien.

Un vin classique mais agréable, car la simplicité n'exclut pas la qualité. Le nez flatteur associe les fruits secs et l'amande fraîche. La bouche est ronde mais aussi suffisamment vive pour trouver son équilibre. ⧗ 2018-2020

⊶ LAMBLIN, rue Marguerite-de-Bourgogne, 89800 Maligny, tél. 03 86 98 22 00, infovin@lamblin.com V *t.l.j. sf dim. 8h-12h30 14h-17h*

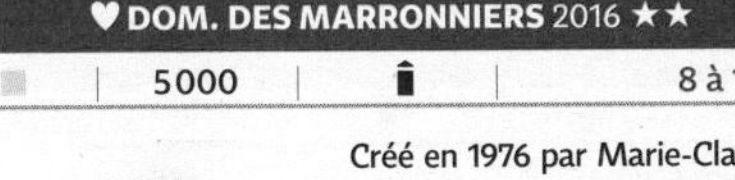

♥ DOM. DES MARRONNIERS 2016 ★★

	5000		8 à 11 €

Créé en 1976 par Marie-Claude et Bernard Légland, ce domaine (21 ha) a été repris en 2013 par un autre couple, Marie-Noëlle et Laurent Ternynck. Ce ne sont pas des inconnus puisqu'ils sont déjà à la tête du Dom. de Mauperthuis à Massangis, avec lequel ils collectionnent les étoiles du Guide.

Souvent récompensée avec ses bourgognes rouges, la famille Ternynck n'a pas tardé à tirer le meilleur de ces vignes chablisiennes reprises en 2013. Le nez, d'une grande finesse, s'ouvre sur les fleurs blanches. La bouche est un modèle du genre avec de la souplesse, de la rondeur et de la vivacité. Plaisir garanti d'un bout à l'autre de la dégustation. ⧗ 2018-2021

⊶ DOM. DES MARRONNIERS, 3, Grande-Rue-de-Chablis, 89800 Préhy, tél. 03 86 41 42 70, ternynck@hotmail.fr V *r.-v. ⊶ Ternynck*

STÉPHANIE ET VINCENT MICHELET 2016 ★★

	6400		8 à 11 €

Vincent Michelet n'est pas né au pied d'un tonneau: il a travaillé dans d'autres vignobles, puis épousé Stéphanie, fille du Chablisien Jean-Claude Courtault. Tout en aidant au domaine familial, le jeune couple a créé en 2008 sa propre exploitation: 7 ha, essentiellement en petit-chablis.

Si le millésime 2015 des Michelet a été distingué d'un coup de cœur dans l'édition précédente, le 2016 a peu à lui envier. Un vin droit, sans détour, qui en vient à l'essentiel dès l'examen olfactif: le nez, très aromatique, se partage entre les fleurs blanches et les fruits jaunes. La bouche, au diapason du bouquet, se montre ronde, ample, riche en fruits mûrs, portée par une fine tension minérale. L'équilibre parfait. ⧗ 2018-2021

⊶ VINCENT MICHELET, 1, rte de Montfort, 89800 Lignorelles, tél. 03 86 47 50 59, contact@chablis-courtault-michelet.com V *r.-v.*

CHARLY NICOLLE 2016 ★★

	8500		8 à 11 €

Les arrière-grands-parents de Charly Nicolle cultivaient déjà la vigne. À la suite des générations précédentes, le jeune vigneron s'est lancé dans l'aventure. Installé à Fleys, à l'est de Chablis, il a quitté le domaine familial de La Mandelière en 2001 pour voler de ses propres ailes, choyant ses 15 ha de chardonnay, et s'est imposé comme une valeur sûre du Chablisien.

Cette cuvée très bien équilibrée a frôlé le coup de cœur. Tout y est: la structure, l'élégance, la vivacité. Au nez, des notes iodées se fondent dans les arômes de fruits. La bouche est cristalline, très fraîche, dense et minérale. ⧗ 2018-2021 *o— CHARLY NICOLLE, 17, rue des Prés-Girots, 89800 Fleys, tél. 09 54 94 40 83, contact@chablis-charlynicolle.com r.-v.*

ISABELLE ET DENIS POMMIER
Hauterivien 2016 ★★

	7900		11 à 15 €

Établis à Chablis, Isabelle et Denis Pommier exploitent un domaine de 18 ha créé en 1990 et très régulier en qualité. Après avoir conduit quinze ans leur vignoble en lutte raisonnée, ils ont engagé sa conversion à l'agriculture biologique (certification à partir du millésime 2014).

Le nez floral, minéral et printanier, donne le ton. Mais c'est la bouche qui emporte l'adhésion: riche autour de notes beurrées et épicées, équilibrée par un trait d'acidité qui souligne les arômes, elle est d'une étonnante longueur. 2018-2021

o— ISABELLE ET DENIS POMMIER, 31, rue de Poinchy, 89800 Chablis, tél. 03 86 42 83 04, isabelle@denis-pommier.com r.-v.

DOM. VOCORET ET FILS 2016

	4000		8 à 11 €

Les Vocoret se succèdent depuis quatre générations. Installé dans les locaux de l'ancienne coopérative laitière de Chablis, leur domaine (40 ha) a pour originalité d'élever ses vins dans des foudres et des demi-muids. De grands contenants qui permettent d'arrondir le boisé.

Une cuvée agréable qui exprime sa finesse à l'olfaction, à travers des arômes de fruits blancs. La bouche est vive et alerte, autour de notes citronnées, sans manquer de rondeur. 2018-2020

o— PATRICE ET JÉRÔME VOCORET, 40, rte d'Auxerre, 89800 Chablis, tél. 03 86 42 12 53, contact@domainevocoret.com t.l.j. sf dim. 8h-12h 14h-18h

GUILLAUME VRIGNAUD 2016

	1523		8 à 11 €

Les Vrignaud ont planté leurs premières vignes en 1955. Ils ont débuté en 1999 la vente en bouteilles avec l'arrivée de Guillaume à la tête du domaine. Les 24 ha de vignes sont en conversion bio.

Délicatesse au nez, gourmandise en bouche, deux qualificatifs qui suffisent pour décrire ce vin. L'élégance des fleurs blanches ajoutée aux arômes d'agrumes assurent la finesse de l'olfaction. Le palais offre du volume et du fruit, la minéralité apportant juste ce qu'il faut de vivacité. 2018-2021

o— GUILLAUME VRIGNAUD, 10, rue de Beauvoir, 89800 Fontenay-près-Chablis, tél. 03 86 42 15 69, guillaume@domaine-vrignaud.com r.-v.

CHABLIS

Superficie : 3 150 ha / Production : 187 000 hl

Le chablis doit à son sol ses qualités inimitables de fraîcheur et de légèreté. Les années froides ou pluvieuses lui conviennent mal, son acidité devenant alors excessive. En revanche, il conserve lors des années chaudes une fraîcheur et une minéralité que n'ont pas les vins blancs de la Côte-d'Or, également issus du chardonnay. On le boit jeune, mais il peut vieillir jusqu'à dix ans et plus, gagnant ainsi en complexité.

BARDET ET FILS 2015 ★★

	10000		8 à 11 €

Les frères Bardet, Philippe et Michel, exploitent des vignes depuis 1991 à Préhy, mais leur caveau de dégustation est situé dans la petite cité de Noyers-sur-Serein. Leurs fils respectifs, Damien et Alexandre, ont rejoint le domaine familial de 9 ha, complété par une activité de négoce en 2009.

Tout en séduction ce chablis 2015 avec sa robe jaune clair aux reflets dorés. Le nez est très expressif, passant du minéral au floral avec douceur. La bouche est du même tonneau: ample, fraîche, portée par l'acidité. Un vin sincère, droit et très agréable. 2019-2023

o— SCEA DE LA BORDE, Ferme de la Borde, 89310 Noyers-sur-Serein, tél. 03 86 82 61 49, vins.bardet@free.fr r.-v.

BESSON 2016 ★★

	40000		11 à 15 €

Petit-fils de tonnelier, fils de vigneron, Alain Besson a pris en main en 1981 le domaine familial constitué par les deux générations précédentes. Après l'avoir agrandi, il dispose de 21 ha qu'il exploite avec ses enfants Camille et Adrien. La première, œnologue, élabore les vins, et le second se charge des vignes.

Finesse et minéralité sont les deux piliers de cette cuvée très harmonieuse. Tout le terroir de Chablis est dans la bouteille. Minéralité au nez, avec en complément des notes d'agrumes très fines sur fond beurré. Des saveurs qui s'épanouissent en bouche, avec ce trait d'acidité qui apporte le dynamisme attendu de l'appellation. 2019-2023

o— BESSON, 8, chem. de Valvan, 89800 Chablis, tél. 03 86 42 40 88, contact@domaine-besson.com r.-v.

♥ SAMUEL BILLAUD Les Grands Terroirs 2016 ★★

	30000		15 à 20 €

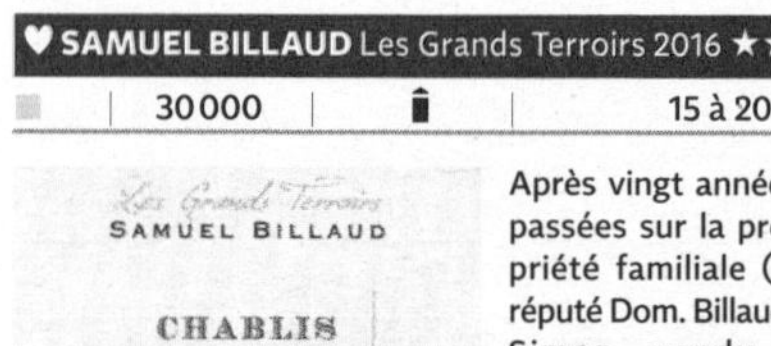

Après vingt années passées sur la propriété familiale (le réputé Dom. Billaud-Simon, vendu à Faiveley en 2014), Samuel Billaud a créé sa propre maison de négociant-vinificateur, qui propose un éventail de cuvées à partir de sélections parcellaires.

Issue d'une sélection parcellaire haut de gamme, cette cuvée atteint naturellement les sommets. Minérale et soyeuse, elle est très représentative de l'appellation tant elle restitue son terroir. À un nez frais et élégant, sur les fleurs blanches et la coquille d'huître, répond une bouche qui ne se pose pas de question, droite, vive, parfaitement équilibrée entre la matière et l'acidité. 2019-2023

SAMUEL BILLAUD, 8, bd Tacussel, 89800 Chablis, tél. 03 86 31 06 75, samuel.billaud@orange.fr V r.-v.

DOM. BILLAUD-SIMON Tête d'Or 2016 ★

| 13000 | | 20 à 30 € |

Un domaine historique de Chablis, fondé en 1815, qui a connu un grand développement après 1945 (première mise en bouteilles à la propriété en 1954). Aujourd'hui, 17 ha et toute la hiérarchie des AOC du Chablisien, avec un bel éventail de 1ers crus et de grands crus prestigieux. En 2014, la propriété a été vendue à la maison nuitonne Faiveley. Une valeur sûre du Guide.

Un élevage mixte (20 % de fût, 80 % de cuve) pour aboutir à ce vin très harmonieux. Les arômes de fruits mûrs (pêche de vigne, agrumes) dominent le nez. La bouche conjugue la fraîcheur et la rondeur, et offre un bel équilibre entre les fruits, les fleurs blanches et la minéralité. 2019-2023

DOM. BILLAUD-SIMON, 1, quai de Reugny, 89800 Chablis, tél. 03 86 42 10 33, contact@billaud-simon.com

FAMILLE BROCARD 2017

| n.c. | | 8 à 11 € |

Valeur sûre du vignoble chablisien, Jean-Marc Brocard a créé son domaine en 1974 à partir de 1 ha de vignes. Aujourd'hui, ce sont 200 ha qui sont exploités par sa famille. À l'arrivée de Julien, la propriété a engagé sa conversion progressive vers la biodynamie. Une activité de négoce complète l'ensemble.

Il offre de la fraîcheur ce 2017 présenté après un court élevage en cuve. Le nez, d'abord discret, s'ouvre sur le fruit à l'aération. La bouche ne manque pas de rondeur pour donner la réplique à une minéralité bien présente. 2019-2022

BROCARD, 3, rte de Chablis, 89800 Préhy, tél. 03 86 41 49 00, info@brocard.fr V r.-v.

DOM. CHRISTOPHE CAMU 2016 ★

| 11200 | | 11 à 15 € |

Représentant la septième génération, Christophe Camu a repris en 1988 l'exploitation familiale présente dans les quatre appellations chablisiennes. Les 13 ha du vignoble entourent le village de Chablis.

Un classique de l'appellation, droit et franc, mais avec quelques signes distinctifs tant au nez qu'en bouche. Quelques notes briochées et beurrées apportent en effet un peu d'originalité à cette cuvée qui ne manque pas de richesse ni de densité au palais. 2019-2023

CHRISTOPHE CAMU, 1, av. de la Liberté, 89800 Chablis, tél. 03 86 42 12 50, info@christophecamu.fr V *t.l.j. 9h30-12h30 13h30-17h30*

LA CHABLISIENNE Les Vénérables 2015 ★★

| 231857 | | 15 à 20 € |

Cave coopérative fondée en 1923 regroupant près de 300 vignerons et représentant un quart du vignoble de Chablis, La Chablisienne a fêté ses quatre-vingt-dix ans en 2013. Une structure moderne et performante qui contribue largement à la notoriété de l'appellation. Le grand cru Grenouilles est une de ses têtes d'affiche.

Du haut de gamme avec ces Vénérables de la non moins vénérable (et excellente) cave coopérative de Chablis. Ce vin est une ligne droite qui ne s'embarrasse pas de fioritures. Le nez puise son élégance dans les fleurs blanches et la minéralité. La bouche se nourrit de fruits blancs, et une très fine acidité ajoute la tension nécessaire à l'équilibre et au dynamisme. Un chablis vif et tendre à la fois. 2019-2024

LA CHABLISIENNE, 8, bd Pasteur, 89800 Chablis, tél. 03 86 42 89 89, chab@chablisienne.fr V *t.l.j. 9h-12h30 14h-19h*

BOURGOGNE

DOM. DES CHAUMES 2016 ★

| 16500 | | 8 à 11 € |

Né en 1976, Romain Poullet, après ses études au lycée viticole de Beaune, a créé son domaine en 2000 à Maligny, au nord de Chablis, tout en secondant ses parents sur leur propriété. En 2014, il a pris leur succession et dispose à présent de 12 ha de vignes.

Le nez plutôt discret de ce chablis n'exclut pas la finesse. Un peu d'aération et les arômes de fleurs blanches se révèlent. En bouche, c'est la vivacité qui domine. Pour autant, ce vin reste aimable et plaisant, ne manquant pas de rondeur. Un ensemble équilibré. 2019-2023 **Vieilles Vignes 2016 ★ (11 à 15 €; 2000 b.)** : une cuvée expressive, faisant la part belle à la fraîcheur et à la minéralité sur fond d'arômes d'agrumes et de pierre à fusil. 2019-2023

ROMAIN POULLET, 6, rue du Temple, 89800 Maligny, tél. 03 86 98 21 83, domainedeschaumes@wanadoo.fr V r.-v.

DOM. DE LA CORNASSE 2016 ★★

| 20000 | | 11 à 15 € |

Nathalie, fille aînée d'Alain Geoffroy, producteur bien connu de Beine, a créé son propre vignoble en 2000. Aujourd'hui, elle est aidée de ses deux sœurs, Sylvie et Aurélie, qui l'ont rejointe sur ce domaine de 6 ha très régulier en qualité. Les cuvées sont vinifiées en cuve pour préserver la fraîcheur typique des vins de Chablis.

Toute la fraîcheur et l'authenticité de l'appellation dans ce chablis élevé en cuve pendant six mois. La minéralité prend possession du nez, intense, avant de soutenir la bouche sur toute sa longueur. Dès lors, le fruit est en terrain conquis et il trouve (belle) matière à s'exprimer. Un vin très harmonieux. 2019-2023

GEOFFROY, 4, rue de l'Équerre, 89800 Beine, tél. 03 86 42 43 76, info@chablis-geoffroy.com V *t.l.j. sf sam. dim. 8h-12h 13h30-17h30*

ÉRIC ET EMMANUEL DAMPT Vieilles Vignes 2016 ★★

| 21508 | | 8 à 11 € |

Issu d'une longue lignée vigneronne, Bernard Dampt a constitué à partir de 1980 un vignoble dont il livrait le produit à la coopérative. Éric Dampt, l'aîné de ses trois fils, l'a rejoint en 1985, suivi d'Emmanuel, en

1990, et d'Hervé, en 1998. Les frères ont chacun leur propre exploitation mais mettent leurs moyens en commun; ils affichent sur leurs étiquettes tantôt le nom du domaine familial, tantôt leurs prénoms.

Cette remarquable cuvée est très représentative de l'appellation, la minéralité étant le fil conducteur de la dégustation. Elle s'exprime déjà au nez avec force et finesse. En bouche, le gras du fruit repose sur cette acidité généreuse, aux tonalités «terroitées», et la finale se révèle tendue, pure et longue. Un vin d'un grand équilibre. ⧗ 2019-2024

VIGNOBLE DAMPT, rue de Fleys, 89700 Collan, tél. 03 86 55 29 55, vignoble@dampt.com V *t.l.j. 9h-13h 14h-18h*

DOM. VINCENT DAMPT 2016 ★

| 20000 | | 11 à 15 €

Fils de Daniel Dampt, Vincent Dampt s'est installé en 2004 à Milly, près de Chablis, sur une superficie de 3,5 ha plantée par son grand-père, portée à 8 ha aujourd'hui. Les vinifications se font en cuves Inox «pour préserver l'identité de chaque terroir».

S'il apparaît réservé au nez avec ses discrets arômes d'agrumes (pamplemousse), ce vin bien structuré n'en est pas moins prometteur. La bouche s'ouvre sur la rondeur du fruit et finit sur une fine vivacité minérale. Beaucoup de fraîcheur et de légèreté dans ce chablis. ⧗ 2019-2023

DOM. VINCENT DAMPT, 19, rue de Champlain, 89800 Chablis, tél. 03 86 42 47 23, vincent.dampt@sfr.fr V *r.-v.*

DOM. WILLIAM FÈVRE 2016

| 51235 | | 11 à 15 €

Valeur sûre du vignoble chablisien, le Dom. William Fèvre, producteur et négociant, aujourd'hui propriété de la maison champenoise Henriot, possède un vaste vignoble de près de 80 ha, dont 15,2 ha de grands crus et 15,9 ha de 1ers crus. Didier Séguier, son maître de chai, en élabore les vins avec le souci de la finesse et de la pureté.

Un chablis dans la plus pure tradition avec pour socle la minéralité. Le fruit jaune est également bien présent tant au nez qu'en bouche. Un vin tendu, délicat et bien équilibré. ⧗ 2018-2022

DOM. WILLIAM FÈVRE, 21, av. d'Oberwesel, 89800 Chablis, tél. 03 86 98 98 98, contact@williamfevre.com V *r.-v. Maisons et Domaines Henriot*

CH. DE FLEYS 2016

| 20300 | | 8 à 11 €

Le premier de la lignée, Julien Philippon, venu du Morvan, s'installe en 1868 comme bûcheron et constitue peu à peu le domaine familial. Son héritier André achète en 1988 le château de Fleys, un ancien pavillon de chasse. Une belle vitrine qu'il a transmise à ses enfants Béatrice, Benoît et Olivier avec un vignoble de 25 ha implanté à l'est de Chablis, sur la rive droite du Serein.

Cette cuvée séduit d'emblée par son profil aromatique élégant tourné vers les agrumes et les fleurs blanches. Quant à la bouche, elle allie bon volume, rondeur et vivacité mesurée. Un vin harmonieux. ⧗ 2018-2022

PHILIPPON, 2, rue des Fourneaux, 89800 Fleys, tél. 03 86 42 47 70, philippon.beatrice@orange.fr V *r.-v.*

GAUTHERON 2016 ★

| 100000 | | 11 à 15 €

Vignerons de père en fils depuis 1809, les Gautheron sont établis à l'est de Chablis. Alain, installé en 1977, représente la sixième génération et Cyril, arrivé en 2001, la septième. Le père et le fils exploitent un domaine qui s'est agrandi (il est passé de 8 à 30 ha entre 1977 et aujourd'hui) et modernisé. Une belle régularité en chablis et en petit-chablis.

Une très belle expression du terroir dans ce chablis droit et élégant. Le nez flatteur donne le ton, la minéralité apportant de la fraîcheur. Il n'est dès lors pas surprenant que la bouche soit vive, mais la rondeur du fruit intervient et favorise l'équilibre de cette jolie cuvée typique de l'appellation. ⧗ 2019-2023

DOM. ALAIN ET CYRIL GAUTHERON, 18, rue des Prégirots, 89800 Fleys, tél. 03 86 42 44 34, vins@chablis-gautheron.com V *t.l.j. 8h-12h 13h30-17h; sam. dim. sur r.-v.*

♥ DOM. ALAIN GEOFFROY 2016 ★★

| 60000 | | 11 à 15 €

Perpétuant une tradition viticole remontant à 1850, Alain Geoffroy, figure du vignoble chablisien, conduit un important domaine de 50 ha dont le siège est à Beine, village de la rive gauche du Serein, à l'ouest de Chablis. Pour la vinification, il privilégie l'élevage en cuve afin de préserver la fraîcheur des chablis.

Un chablis épatant, séduisant sous toutes les coutures dans sa jolie robe jaune aux reflets verts, mais aussi (et surtout) au nez et en bouche, où il n'y a aucune faute de goût. Le bouquet s'ouvre sur la délicatesse du fruit et tient en haleine, avant que la bouche, à la fois ample, vive et soyeuse, double le plaisir des sens. La minéralité ajoute sa signature à ce vin d'une grande pureté. ⧗ 2019-2024

DOM. ALAIN GEOFFROY, 4, rue de l'Équerre, 89800 Beine, tél. 03 86 42 43 76, info@chablis-geoffroy.com V *t.l.j. sf sam. dim. 8h-12h 13h30-17h30*

DOM. ANNE ET ARNAUD GOISOT 2016 ★

| 9000 | | 8 à 11 €

Installé depuis 1981 à Saint-Bris dans une maison bourgeoise du XIX[e]s., au milieu d'un parc arboré, ce couple de vignerons est aujourd'hui à la tête de 25 ha et s'illustre régulièrement avec ses Côtes d'Auxerre.

Il y a beaucoup d'élégance et de précision dans ce vin gourmand et fruité, de la finesse aussi avec son nez d'agrumes. En bouche, il attaque sur une fraîcheur saline, puis se fait plus rond, avec une belle minéralité qui ajoute sa touche de vivacité. Un vin bien équilibré. ⧗ 2019-2023

GOISOT, Caves 4 bis, rte de Champs, 89530 Saint-Bris-le-Vineux, tél. 03 86 53 32 15, aa.goisot@wanadoo.fr V r.-v.

DOM. HEIMBOURGER 2016

	3000		8 à 11 €

Installée dans l'Yonne, la famille Heimbourger cultive la vigne depuis trois générations. Le domaine a été constitué en 1960 par Pierre Heimbourger et repris en 1994 par son fils Olivier. Il couvre 17 ha dans les appellations bourgogne, irancy et chablis.

Senteurs de fleurs blanches, minéralité persistante, pas de doute nous sommes bien à Chablis. Une cuvée classique, assez discrète au nez, des notes florales et beurrées s'épanouissant après aération. La bouche est plutôt stricte avec sa dominante minérale, mais une petite rondeur apporte l'équilibre. ⧗ 2018-2021

OLIVIER HEIMBOURGER, 5, rue de la Porte-de-Cravant, 89800 Saint-Cyr-les-Colons, tél. 03 86 41 40 88, heimbourger@wanadoo.fr V r.-v.

LAMBLIN 2016

	35000		11 à 15 €

Le village de Maligny se situe au nord de l'aire d'appellation chablis. La famille Lamblin y est établie depuis plus de trois siècles et douze générations. Autant dire que cette maison de négoce fait partie des incontournables du vignoble chablisien.

Un élevage court en cuve (six mois) pour un vin qui a gardé toute la fraîcheur de sa jeunesse. Le nez, intense, est marqué par le fruit et quelques notes iodées. Après une attaque gourmande, avec du gras, c'est l'acidité qui s'installe en bouche. ⧗ 2019-2022

LAMBLIN, rue Marguerite-de-Bourgogne, 89800 Maligny, tél. 03 86 98 22 00, infovin@lamblin.com V t.l.j. sf dim. 8h-12h30 14h-17h

DOM. LAROCHE Saint-Martin 2016

	200000	20 à 30 €

Négociant et producteur, Michel Laroche est l'une des figures du Chablisien. Fort d'un vignoble passé de 6 ha à la fin des années 1960 à 100 ha aujourd'hui, le domaine – fondé en 1850 – a son siège à l'Obédiencerie, un ancien monastère bâti au-dessus d'un caveau du IX^e^s. ayant abrité les reliques de saint Martin. Une signature incontournable des vins de Chablis, entrée en 2009 dans le giron du groupe Advini. Michel Laroche se consacre désormais à sa nouvelle propriété créée à partir de vignes familiales, le Dom. d'Henri.

La cuvée Saint-Martin, c'est un peu la vitrine de l'Obédiencerie et la plus grosse production du domaine. Le nez trouve sa fraîcheur dans les arômes de pamplemousse. La bouche apparaît souple et ronde, et plus chaleureuse en finale. ⧗ 2019-2023

DOM. LAROCHE, 22, rue Louis-Bro, 89800 Chablis, tél. 03 86 42 89 00, info@larochewines.com V r.-v.

ROLAND LAVANTUREUX 2016 ★★

	30000		11 à 15 €

Valeur sûre du Guide, cette exploitation est située à Lignorelles, aux confins nord du Chablisien. Après un stage au fameux Clos des Lambrays, Arnaud Lavantureux a rejoint son père Roland sur le domaine de 21 ha où il assure depuis 2010 les vinifications. Son frère David gère quant à lui le développement commercial. Une structure de négoce complète la production.

Fermentations en cuve, puis élevage de 30 % du vin en fûts: cette mixité, parfaitement maîtrisée par David et Arnaud Lavantureux, aboutit à ce chablis remarquable, au nez frais, floral et «pointu», comprenez bien frais. Quant à la bouche, elle croque dans le fruit, et la minéralité y assure longueur et fraîcheur. ⧗ 2019-2023

DAVID ET ARNAUD LAVANTUREUX, 4, rue Saint-Martin, 89800 Lignorelles, tél. 03 86 47 53 75, domaine.lavantureux@gmail.com V r.-v.

BOURGOGNE

DOM. DES MALANDES Vieilles Vignes Tour du Roy 2016 ★★

	8500		15 à 20 €

Une valeur sûre du vignoble chablisien, qui collectionne les coups de cœur du Guide. Un domaine créé en 1949 par André Tremblay, couvrant aujourd'hui 29 ha. Lyne Marchive, fille du fondateur, l'a dirigé seule de 1972 à 2018, date de la reprise par son fils Richard Rottiers, qui entend développer une viticulture plus respectueuse de l'environnement (désherbage mécanique, labour à cheval).

Lyne Marchive a pris sa retraite, mais ce millésime 2016 est toujours signé de sa main et celle de son œnologue Guénolé Breteaudeau. Un vin magnifique élevé à la fois en cuve et en fût. Elégance, vivacité, précision, tout y est. Le nez butine entre la fleur et le fruit. La bouche est un exemple d'équilibre entre la matière et la minéralité. Un ensemble pur et délicat. ⧗ 2019-2023

DOM. DES MALANDES, 11, rte d'Auxerre, 89800 Chablis, tél. 03 86 42 41 37, contact@domainedesmalandes.com V r.-v.
Richard Rottiers

LA MANUFACTURE 2016 ★

	25000		15 à 20 €

Issu d'une famille bien connue dans le Chablisien, enracinée dans la région depuis le XVII^e^s., Benjamin Laroche, après avoir travaillé à la direction commerciale de plusieurs maisons, entre Bourgogne, Rhône et Languedoc, a créé en 2014 sa maison de négoce à Chablis.

Benjamin Laroche signe une belle cuvée élevée en partie en fût, dont le nez est dominé par des arômes de fruits exotiques. La bouche se révèle ample et riche, soutenue et allongée par une fine acidité. À attendre un peu. ⧗ 2020-2024

BENJAMIN LAROCHE, 40, rte d'Auxerre, 89800 Chablis, contact@lamanufacture-vins.fr

DOM. DES MARRONNIERS 2016 ★

	20000		8 à 11 €

Créé en 1976 par Marie-Claude et Bernard Légland, ce domaine (21 ha) a été repris en 2013 par un autre couple, Marie-Noëlle et Laurent Ternynck. Ce ne sont pas des inconnus puisqu'ils sont déjà à la tête

du Dom. de Mauperthuis à Massangis, avec lequel ils collectionnent les étoiles du Guide.

Ce vin brille surtout par son élégance et sa finesse. Le nez est un véritable bouquet de fleurs blanches qui s'ouvre sur un fond minéral. L'acidité est aussi bien présente en bouche, accompagnée par un fruité gourmand qui contribue à l'équilibre de cette cuvée très agréable. ⌛ 2019-2023

⊶ DOM. DES MARRONNIERS, 3, Grande-Rue-de-Chablis, 89800 Préhy, tél. 03 86 41 42 70, ternynck@hotmail.fr V r.-v. ⊶ *Ternynck*

DOM. LOUIS MOREAU 2016 ★

| 129 000 | 11 à 15 € |

Louis Moreau, installé en 1994, représente la sixième génération d'une famille de propriétaires et négociants installée dans le Chablisien depuis 1814. Il est à la tête de 50 ha répartis en deux domaines (Louis Moreau et Biéville) et dans toutes les appellations chablisiennes.

Un très joli nez, intense, floral, fruité, ouvre la dégustation de cette belle cuvée. La bouche offre du gras et de la rondeur autour de notes beurrées, et déploie une belle finale minérale. ⌛ 2019-2023

⊶ SAS LOUIS MOREAU, 2-10, Grande-Rue, 89800 Beine, tél. 03 86 42 87 20, contact@louismoreau.com V *r.-v.*

MOREAU-NAUDET 2016

| 15 400 | 15 à 20 € |

Des ancêtres vignerons au XVIIe s., un aïeul, Alfred Naudet, chargé des délimitations de l'appellation. Le domaine naît du mariage, en 1950, de Marie Naudet avec René Moreau. En 1991, Stéphane Moreau arrive sur l'exploitation. Il porte la superficie du vignoble de 7 ha à 25 ha. Après son décès (août 2016), c'est Virginie, sa femme, qui dirige l'exploitation.

Ce chablis passé dix-huit mois en cuve ne manque ni de franchise ni d'élégance. Elle s'avère agréable avec son nez printanier et intense, comme avec sa bouche ample, gourmande et bien équilibrée. ⌛ 2019-2023

⊶ VIRGINIE MOREAU, 4, chem. de la Vallée-de-Valvan, 89800 Chablis, tél. 03 86 42 14 83, moreau.naudet@wanadoo.fr

DOM. DE LA MOTTE 2016 ★★

| 30 000 | 8 à 11 € |

Henri Michaut a planté les premières vignes en 1946 et a été longtemps coopérateur à La Chablisienne. À sa suite, sa famille s'est lancé avec succès dans la vinification; aujourd'hui conduit par Adrien Michaut, le domaine couvre plus de 28 ha et s'est imposé comme une valeur sûre du Chablisien.

Ce chablis est un généreux, qui restitue tout ce qu'il a engrangé. Pas de faux semblants avec son nez qui trouve sa fraîcheur dans les fleurs et la minéralité. Fraîcheur et minéralité qui sont aussi les fondations d'une bouche très harmonieuse, ample et longue, offrant beaucoup de fruit. Du caractère dans ce beau vin typé. ⌛ 2019-2023

⊶ DOM. DE LA MOTTE, 35, Grande-Rue, 89800 Beine, tél. 03 86 42 49 61, domainemotte@chablis-michaut.fr V *t.l.j. 10h30-18h30; mer. dim. sur r.-v.* ⊶ *Michaut*

DOM. DE NOËLLE 2016

| 6000 | 5 à 8 € |

À l'origine de ce domaine (8,5 ha) créé en 1983, il y a Michel Segard. À son départ à la retraite en 2001, Valérie Segard a pris le relais, associée à Sébastien en 2003.

Vif et fruité, ce vin est bien typique de l'appellation. Le nez est discret mais fin, et la bouche plaît par sa vivacité bien chablisienne. Simple mais efficace. ⌛ 2018-2021

⊶ SEGARD, 25, rue de Vaucharmes, 89800 Préhy, tél. 03 86 41 45 26, domaine.de.noelle@orange.fr V *t.l.j. sf dim. 9h-12h 14h-19h*

DOM. DE PERDRYCOURT 2016 ★★

| 20 000 | 11 à 15 € |

Domaine créé en 1986 dans l'Auxerrois par Arlette et Roger Courty. À l'origine, un demi-hectare, aujourd'hui 14 ha essentiellement autour de Beine, près de Chablis. Depuis 2007, c'est Rémi Courty, le fils de la maison, qui vinifie tous les vins du domaine.

Voici un vin qui nous parle parce qu'il a des choses à dire. Déjà au nez, d'une très belle complexité aromatique avec ses notes fumées, minérales, iodées et fruitées (fruits blancs). Des éléments qui resurgissent dans une bouche où la finesse minérale se conjugue avec le gras du fruit. Une grande pureté et beaucoup d'harmonie. ⌛ 2019-2023

⊶ COURTY, 9, voie Romaine, 89230 Montigny-la-Resle, tél. 03 86 41 82 07, domainecourty@orange.fr V *t.l.j. 9h-19h; dim. 9h-12h*

CHARLÈNE ET LAURENT PINSON 2016 ★

| 5940 | 11 à 15 € |

Établis dans le Chablisien dès 1640, les Pinson exportaient du vin aux États-Unis en 1880. Louis Pinson constitue son domaine en 1983. Ses fils Laurent et Christophe portent sa superficie de 4 à 14 ha. Charlène Pinson, fille de Laurent, les rejoint en 2008. Complétés par une gamme de négoce depuis 2013, les vins de la propriété sont régulièrement mentionnés dans le Guide.

Cette cuvée à la fois généreuse et délicate se montre toutefois un peu réservée au premier nez; elle s'exprime après aération sur la minéralité, les fleurs blanches et les fruits mûrs. Une diversité d'arômes qui devient une richesse de saveurs dans une bouche bien équilibrée entre la rondeur et la minéralité. ⌛ 2019-2023

⊶ DOM. PINSON FRÈRES, 5, quai Voltaire, 89800 Chablis, tél. 03 86 42 10 26, contact@domaine-pinson.com V *t.l.j. sf dim. 8h-12h 13h30-17h30; sam. sur r.-v*

DOM. DE PISSE-LOUP Cuvée Antoine 2016 ★

| 10 000 | 8 à 11 € |

La lignée vigneronne remonte à la Révolution, mais le grand-père de Romuald Hugot avait arraché l'intégralité de ses vignes dans les années 1950. En 1985, le jeune vigneron et son père ont replanté le vignoble, qui compte aujourd'hui 14 ha aux environs de Chablis. «Pisse-Loup» est un lieu-dit proche de Beine, leur village.

Antoine est le fils de Romuald Hugot, et cette cuvée 2016, très réussie, méritait bien ce clin d'œil affectif. Un vin franc et droit soutenu par une trame acide mesurée. Arômes floraux au nez, rondeur et minéralité en bouche, l'équilibre est parfait et le résultat séduisant. 2019-2023

EARL ROMUALD HUGOT, 30, rte Nationale, 89800 Beine, tél. 03 86 42 85 11, domaine.pisseloup@free.fr V *r.-v.*

RÉGNARD Saint-Pierre 2015 ★

| 70 000 | | 15 à 20 € |

La maison Régnard (négoce et domaine) a pignon sur rue à Chablis depuis 1860. Elle a été rachetée en 1984 par Patrick de Ladoucette, bien connu dans le Centre-Loire, également présent dans d'autres vignobles, notamment bourguignons.

Ce vin séduit par son côté gourmand et par son harmonie entre le nez et la bouche. Le fruit frais est très présent, accompagné de notes beurrées et briochées, le tout soutenu par une belle tension minérale. 2019-2023

RÉGNARD, 28, bd Tacussel, 89800 Chablis, tél. 03 86 42 10 45, regnard.chablis@wanadoo.fr V *t.l.j. 10h-12h30 13h30-18h*

CAMILLE ET LAURENT SCHALLER 2016 ★★

| 5000 | | 8 à 11 € |

De 1980 à 2014, ce domaine vendait ses moûts à la coopérative. L'arrivée de Camille, fils de Laurent Schaller, change la donne et le premier vin élaboré à la propriété sort la même année de la toute nouvelle cuverie.

Ils ont fait leurs premières vinifications en 2014. Deux ans plus tard, leur savoir-faire fait déjà mouche avec cuvée élevée dix mois en cuve, très harmonieuse, franche et élégante. Le nez est frais et minéral, parsemé de fleurs blanches. La bouche se révèle à la fois ronde et dynamique, soulignée par cette même tension «terroitée» perçue à l'olfaction, qui signe un chablis digne de ce nom. 2019-2023

CAMILLE ET LAURENT SCHALLER, 10, rue de la Fontaine, 89800 Prehy, tél. 06 81 85 07 95, domaine@chablis-schaller.com V *r.-v.*

DOM. DANIEL SÉGUINOT ET FILLES
Deuxmoizelles 2015

| 5800 | | 11 à 15 € |

Établi à Maligny, Daniel Séguinot a créé en 1971 un petit domaine à partir de vignes familiales, qu'il a progressivement développé. Aujourd'hui, ses filles, Émilie, depuis 2003, et Laurence, depuis 2008, assurent la continuité du vignoble, qui compte une vingtaine d'hectares.

Cette cuvée est un clin d'œil à Laurence et Emilie, les deux filles de la maison qui ont pris les choses en main dans le domaine familial. Un classique de l'appellation avec son nez de fleurs blanches et de fruits. En bouche, c'est la minéralité qui domine. Un vin tendu, comme attendu. 2019-2023

DOM. DANIEL SÉGUINOT ET FILLES, rte de Tonnerre, 89800 Maligny, tél. 03 86 47 51 40, domaine.danielseguinot@wanadoo.fr V *r.-v.*

DOM. SÉGUINOT-BORDET 2016 ★

| 42 000 | | 11 à 15 € |

Une des plus anciennes familles du Chablisien, établie à Maligny sur la rive droite du Serein. Jean-François Bordet a repris en 1998 l'exploitation de son grand-père Roger Séguinot. Le domaine couvre aujourd'hui 15 ha, complété par une activité de négoce.

La finesse du nez ajoutée à la richesse de la bouche, c'est toute la typicité du chablis qui se résume dans cette bouteille. Les arômes sont délicats (fleurs blanches, agrumes); le palais est rond, avec des notes poivrées et une pointe d'acidité en soutien. 2019-2023

DOM. SÉGUINOT-BORDET, 8, chem. des Hâtes, 89800 Maligny, tél. 03 86 47 44 42, contact@seguinot-bordet.fr V *r.-v.*

BOURGOGNE

VENON ET FILS L'inattendue 2016 ★★

| 2000 | | 11 à 15 € |

Un jeune domaine créé ex nihilo en 2014 par Jérémy Venon, qui exploite aujourd'hui un petit vignoble de 2 ha en chablis et petit-chablis.

L'Inattendue car c'est un rêve qui se concrétise pour Jérémy Venon: élever son propre vin. Et quel vin! Petite quantité mais de la qualité à tous les niveaux: à un nez frais d'agrumes et de pierre à fusil succède une bouche ample, tonique et fraîche, centrée sur des saveurs exotiques, avec une minéralité qui ajoute de la tension à ce chablis droit et précis. Un domaine à suivre... 2019-2023

JÉRÉMY VENON, 10, rue des Prégirots, 89800 Fleys, tél. 06 60 38 87 08, celine.jeremy@wanadoo.fr V *r.-v.*

DOM. VERRET 2016 ★★

| 7000 | | 11 à 15 € |

La famille Verret cultive la vigne depuis deux siècles et demi dans l'Yonne. Pionnier dans le vignoble de l'Auxerrois pour la mise en bouteilles et la commercialisation directe pratiquées dès les années 1950, ce vaste domaine (60 ha) demeuré familial fréquente très régulièrement les pages du Guide, notamment pour ses irancy, saint-bris, bourgognes Côtes d'Auxerre et bourgogne-aligoté.

Typique et séduisant, ce vin se situe dans le haut de gamme du millésime 2016. Bien structuré, équilibré, il répond à ce qu'on attend d'un chablis. Le nez, tout en finesse, s'exprime sur la minéralité et les agrumes. À l'unisson, la bouche allie à la densité de sa chair la rondeur du fruit et la fraîcheur du terroir. 2019-2024

BRUNO VERRET, 13, rte de Champs, 89530 Saint-Bris-le-Vineux, tél. 03 86 53 31 81, dverret@domaineverret.com V *t.l.j. sf dim. 10h-12h 14h-18h30*

GUILLAUME VRIGNAUD 2016 ★

| 21 683 | | 11 à 15 € |

Les Vrignaud ont planté leurs premières vignes en 1955. Ils ont débuté en 1999 la vente en bouteilles avec l'arrivée de Guillaume à la tête du domaine. Les 24 ha de vignes sont en conversion bio.

Ce vin s'ouvre sur des notes citronnées et minérales. On retrouve les fondamentaux de l'appellation dans une bouche ronde et fruitée, soulignée, dans sa longueur, par un trait de fraîcheur minérale. ⧗ 2019-2023

GUILLAUME VRIGNAUD, 10, rue de Beauvoir, 89800 Fontenay-près-Chablis, tél. 03 86 42 15 69, guillaume@domaine-vrignaud.com V *r.-v.*

CHABLIS PREMIER CRU

Superficie : 770 ha / Production : 43 900 hl

Le chablis 1er cru provient d'une trentaine de lieux-dits sélectionnés pour leur situation et la qualité de leurs produits. Il diffère du précédent moins par une maturité supérieure du raisin que par un bouquet plus complexe et plus persistant, où se mêlent des arômes de miel d'acacia, un soupçon d'iode et des nuances végétales. Le rendement est limité à 50 hl à l'hectare. Tous les vignerons s'accordent à situer l'apogée du chablis 1er cru vers la cinquième année, lorsqu'il « noisette ». Les *climats* les plus complets sont Montée de Tonnerre, Fourchaume, Mont de Milieu, Forêt ou Butteaux, et Côte de Léchet.

DOM. BARAT
Côte de Léchet 2016 ★

| 6000 | | 15 à 20 € |

Angèle Barat et son frère Ludovic ont pris la relève de leurs parents Joëlle et Michel en 2012 et conduisent un vignoble de 22 ha.

Généralement, les vins de la Côte de Léchet sont plutôt austères. Celui-ci se distingue par son élégance. Le nez s'épanouit sur les fleurs blanches et les agrumes. La bouche est ronde, charnue, très concentrée; la minéralité se manifeste en finale. ⧗ 2021-2024 **L'Umami 2014 (20 à 30 €; 3000 b.)** : vin cité.

DOM. BARAT, 6, rue de Léchet, Milly, 89800 Chablis, tél. 03 86 42 40 07, domaine.barat.angele@orange.fr V *r.-v.*

BESSON
Mont de milieu 2016 ★

| 4500 | | 11 à 15 € |

Petit-fils de tonnelier, fils de vigneron, Alain Besson a pris en main en 1981 le domaine familial constitué par les deux générations précédentes. Après l'avoir agrandi, il dispose de 21 ha qu'il exploite avec ses enfants Camille et Adrien. La première, œnologue, élabore les vins, et le second se charge des vignes.

Le nez convoque les fleurs blanches et les écorces d'agrumes. Une étonnante fraîcheur qui se prolonge dans une bouche franche et équilibrée, suave en attaque, vive et saline dans son développement. ⧗ 2021-2024 **Vaillons 2016 (11 à 15 €; 11 000 b.)** : vin cité.

BESSON, 8, chem. de Valvan, 89800 Chablis, tél. 03 86 42 40 88, contact@domaine-besson.com V *r.-v.*

SAMUEL BILLAUD Les Fourneaux 2016 ★★

| 5000 | | 20 à 30 € |

Après vingt années passées sur la propriété familiale (le réputé Dom. Billaud-Simon, vendu à Faiveley en 2014), Samuel Billaud a créé sa propre maison de négociant-vinificateur, qui propose un éventail de cuvées à partir de sélections parcellaires.

Ce 1er cru de la rive droite du Serein a séduit les dégustateurs. Et pas seulement parce qu'il est très représentatif de l'appellation. La séduction débute avec l'examen olfactif: nez d'aubépine et de fruits frais, avec des notes mentholées. La bouche se distingue par sa pureté, son élégance, sa fraîcheur et sa franchise; elle est guidée par la minéralité. ⧗ 2021-2028

SAMUEL BILLAUD, 8, bd Tacussel, 89800 Chablis, tél. 03 86 31 06 75, samuel.billaud@orange.fr V *r.-v.*

DOM. DU CHARDONNAY
Mont du milieu 2016 ★

| 3600 | | 15 à 20 € |

Installés sur 37 ha, Étienne Boileau, William Nahan et Christian Simon conjuguent leurs efforts depuis 1987 pour faire de ce domaine une des valeurs sûres du vignoble chablisien. Le premier d'entre eux est chargé des vinifications.

Un vin harmonieux qui séduit dès l'approche olfactive avec son nez intense, dominé par les fruits mûrs à tendance exotique, les arômes de fleurs blanches ajoutant de la finesse. La bouche est elle aussi très aromatique et bien équilibrée, offrant à la fois de la rondeur et de la vivacité. ⧗ 2019-2023

DOM. DU CHARDONNAY, moulin du Pâtis, 89800 Chablis, tél. 03 86 42 48 03, info@domaine-du-chardonnay.fr V *t.l.j. sf sam. dim. 8h-12h 13h30-17h; f. août et dernière sem. de déc.*
Boileau, Nahan et Simon

DOM. COLBOIS Côte de Jouan 2016 ★

| 7100 | | 11 à 15 € |

Rejoint en 2009 par son fils Benjamin, Michel Colbois est établi depuis 1970 à Chitry-le-Fort. Ses blancs sont souvent en bonne place dans le Guide, qu'ils proviennent du chardonnay ou de l'aligoté. Son vignoble couvre 20 ha.

Un vin droit, vif, précis, porté par la minéralité. Une minéralité déjà très présente au nez pour donner la réplique aux agrumes. L'acidité est aussi très marquée en bouche, apportant de la tension et dominant le fruit. Un vin très dynamique, qui gagnera à vieillir. ⧗ 2021-2024

BENJAMIN COLBOIS, 69, Grande-Rue, 89530 Chitry, tél. 03 86 41 43 48, contact@colbois-chitry.com V *t.l.j. sf dim. 8h-12h 14h-18h*

DOM. JEAN COLLET ET FILS
Vaillons 2016 ★★

| 17000 | | 20 à 30 € |

La famille Collet piochait déjà le kimméridgien en 1792. Romain, le petit dernier d'une dynastie de vignerons chablisiens (fils de Gilles, petit-fils de Jean), est

depuis septembre 2009 aux commandes de l'exploitation familiale: 40 ha en conversion bio.

Un soupçon de passage en fût pour ce 1er cru élevé en cuve pendant onze mois. Un vin d'une grande richesse, gourmand de fruits blancs bien mûrs et de fruits exotiques. La bouche est ample, riche et ronde sans être lourde, avec une belle minéralité en soutien. ⧗ 2021-2026

ROMAIN COLLET, 15, av. de la liberté, 89800 Chablis, tél. 03 86 42 11 93, collet.chablis@orange.fr V 🚶 ▮ *t.l.j. sf dim. 9h-12h 13h30-17h30*

DOM. DE LA CORNASSE Beauroy 2016 ★

| 10 000 | ▮ | 15 à 20 € |

Nathalie, fille aînée d'Alain Geoffroy, producteur bien connu de Beine, a créé son propre vignoble en 2000. Aujourd'hui, elle est aidée de ses deux sœurs, Sylvie et Aurélie, qui l'ont rejointe sur ce domaine de 6 ha très régulier en qualité. Les cuvées sont vinifiées en cuve pour préserver la fraîcheur typique des vins de Chablis.

Tout en finesse ce Beauroy de la famille Geoffroy. Un prototype de l'appellation avec son nez subtil et frais de fleurs blanches sur fond de minéralité. La bouche est à la fois vive et gourmande, précise et tendue, d'une belle longueur. ⧗ 2020-2024

GEOFFROY, 4, rue de l'Équerre, 89800 Beine, tél. 03 86 42 43 76, info@chablis-geoffroy.com V ▮ *t.l.j. sf sam. dim. 8h-12h 13h30-17h30*

DOM. VINCENT DAMPT Vaillons 2016

| 2400 | ▮ | 15 à 20 € |

Fils de Daniel Dampt, Vincent Dampt s'est installé en 2004 à Milly, près de Chablis, sur une superficie de 3,5 ha plantée par son grand-père, portée à 8 ha aujourd'hui. Les vinifications se font en cuves Inox «pour préserver l'identité de chaque terroir».

Un vin frais et harmonieux. Le nez, d'un abord discret, s'ouvre sur des notes minérales à l'aération. La bouche se montre ronde, assez dense, portée par une belle acidité. ⧗ 2019-2024 ■ **Côte de Léchet 2016 (15 à 20 €; 2400 b.)** : vin cité.

DOM. VINCENT DAMPT, 19, rue de Champlain, 89800 Chablis, tél. 03 86 42 47 23, vincent.dampt@sfr.fr V ▮ *r.-v.*

DANIEL DAMPT ET FILS Fourchaume 2016

| 4600 | ▮ | 15 à 20 € |

Issu d'une lignée enracinée dans l'Yonne depuis un siècle et demi, Daniel Dampt a créé son domaine en 1985 conjointement avec Jean Defaix, son beau-père. Il l'a repris à son compte en 1992 avant de bénéficier du renfort de ses deux fils, Vincent en 2002 et Sébastien en 2005. Le vignoble couvre 35 ha.

Un vin bien typé terroir, bâti sur la minéralité. Au nez, il développe aussi des arômes de fleurs blanches, de fruits secs et de pâte d'amande. La bouche est souple et soyeuse, la rondeur du fruit s'y marie à l'acidité, et la finale est agréable et de bonne persistance. ⧗ 2020-2024

DANIEL DAMPT, 1, chem. des Violettes, 89800 Chablis, tél. 03 86 42 47 23, domaine.dampt.defaix@wanadoo.fr V 🚶 ▮ *r.-v.*

DOM. DAMPT FRÈRES Côte de Jouan 2016

| 3720 | ▯▮ | 11 à 15 € |

Issu d'une longue lignée vigneronne, Bernard Dampt a constitué à partir de 1980 un vignoble dont il livrait le produit à la coopérative. Éric Dampt, l'aîné de ses trois fils, l'a rejoint en 1985, suivi d'Emmanuel, en 1990, et d'Hervé, en 1998. Les frères ont chacun leur propre exploitation mais mettent leurs moyens en commun; ils affichent sur leurs étiquettes tantôt le nom du domaine familial, tantôt leurs prénoms.

Élevage mixte (cuve et fût) pour ce 1er cru séduisant et élégant au nez avec ses parfums de fleurs blanches. La bouche est ronde et suave, sur le fruit, des notes grillées répondant à l'acidité. ⧗ 2019-2023

VIGNOBLE DAMPT, rue de Fleys, 89700 Collan, tél. 03 86 55 29 55, vignoble@dampt.com V 🚶 ▮ *t.l.j. 9h-13h 14h-18h*

DOM. JEAN DAUVISSAT PÈRE ET FILS Côte de Léchet 2015 ★★

| 7270 | ▮ | 15 à 20 € |

Cette exploitation familiale de 22 ha, qui propose des petit-chablis, des chablis et cinq premiers crus, avait cessé de commercialiser sa production dans les années 1990. L'arrivée de Fabien Dauvissat à la tête de la propriété a remis ce domaine sur le devant de la scène chablisienne.

C'est une très belle série de 1ers crus 2015, élevés en cuve, que propose la maison Dauvissat, à l'image de ce remarquable Côte de Léchet, au nez intense et fin de noisette et de fleurs blanches sur fond de minéralité. La bouche est pleine de charme, tendue, précise et vive. Elle résume parfaitement la typicité de l'appellation. ⧗ 2021-2024 ■ **Vaillons 2015 ★ (15 à 20 €; 3800 b.)** : un vin à la fois frais et chaleureux, au nez de fleurs et d'agrumes et à la bouche gourmande, beurrée, soulignée par l'acidité. ⧗ 2021-2024 ■ **Fourchaume 2015 ★ (15 à 20 €; 2466 b.)** : un vin élégant et tout en nuances avec son nez floral et sa bouche fine, aux accents de noisette et de minéralité. ⧗ 2021-2024 ■ **Montmains 2015 (15 à 20 €; 2733 b.)** : vin cité.

FABIEN DAUVISSAT, 11, rue de Léchet, 89800 Milly, tél. 03 86 42 12 23, scea.jeandauvissat@orange.fr V 🚶 ▮ *r.-v.*

DOM. BERNARD DEFAIX Fourchaume 2016 ★★

| 3500 | ▯▮ | 20 à 30 € |

La maison Defaix est un domaine (converti au bio) ayant pignon sur rue à Milly, repris par Sylvain et Didier Defaix, les fils de Bernard. C'est aussi une maison de négoce créée en parallèle, qui travaille dans le même esprit que le domaine.

Tout proche des grands crus, le 1er cru Fourchaume donne généralement des vins harmonieux, élégants, avec du fruit. C'est le cas avec ce millésime 2016 élevé pendant un an en fûts. Le nez de fruits mûrs est intense. La bouche est à la fois ronde et minérale, avec un boisé très bien maîtrisé. Un vin riche, précis et très plaisant. ⧗ 2021-2024

DOM. BERNARD DEFAIX, 17, rue du Château, Milly, 89800 Chablis, tél. 03 86 42 40 75, contact@bernard-defaix.com V 🚶 ▮ *r.-v.*

BOURGOGNE

JEAN-PAUL ET BENOÎT DROIN
Montée de Tonnerre 2016 ★★

	5000		20 à 30 €

Chez les Droin, on est vigneron de père en fils depuis 1620. Si Jean-Paul Droin est devenu l'historien du vignoble de Chablis, son fils Benoît a apporté sa patte à cette exploitation de 25 ha à partir de 2002. Un domaine d'une admirable régularité, qui collectionne les coups de cœur, notamment dans les grands crus.

Benoît Droin a encore produit une cuvée remarquable avec ce 1er cru racé et très typé. Derrière un joli nez ouvert sur le citron, le chèvrefeuille, la pêche de vigne, la bouche apparaît ronde, ample et soyeuse. Le fruité est souligné par l'acidité du terroir et le boisé bien fondu ajoute du caractère. ⧗ 2021-2028 **Montmains 2016 (20 à 30 €; 6000 b.)** : vin cité.

JEAN-PAUL ET BENOÎT DROIN, 14 bis, av. Jean-Jaurès, BP 19, 89800 Chablis, tél. 03 86 42 16 78, benoit@jeanpaulbenoit-droin.fr V r.-v.

DURUP Vau de Vey 2016 ★

	4600		15 à 20 €

Établi à Maligny depuis... 1560, Jean Durup a repris en 1968 l'exploitation familiale qui comptait alors seulement 2 ha. Aujourd'hui, il conduit 198 ha de vignes sur différents terroirs de Chablis. C'est le domaine indépendant le plus vaste de Bourgogne.

La discrétion est de mise dans ce vin, certes harmonieux, mais qui a pour l'heure du mal à exprimer tout ce qu'il pourrait dire. Le nez évoque l'amande et le champignon frais. La bouche est bien ronde, avec du fruit mûr et une minéralité discrète. À attendre pour plus d'expression, le potentiel est là. ⧗ 2021-2025

SA JEAN DURUP PÈRE ET FILS, 4, Grande-Rue, 89800 Maligny, tél. 03 86 47 44 49, contact@domainesdurup.com V t.l.j. sf sam. dim. 8h-12h 13h30-17h

DOM. JEAN-PIERRE ET ALEXANDRE ELLEVIN
Vaucoupin 2016 ★

	6800		11 à 15 €

Si la famille cultive la vigne depuis la nuit des temps, c'est Jean-Pierre Ellevin, à partir de 1975, qui a spécialisé l'exploitation en la dédiant au chardonnay. Son fils Alexandre, qui l'a rejoint en 2004, se charge des vinifications. Le domaine a son siège à Chichée, au sud-est de Chablis, et les 16 ha de vignes s'étendent sur les deux rives du Serein.

Un vin très plaisant, parfaitement équilibré et représentatif de l'appellation. Discret et délicat, le nez libère des senteurs florales après aération. En bouche, la fraîcheur minérale donne la réplique à une matière ronde et gourmande. La finale se révèle tendue et d'une belle longueur. ⧗ 2020-2024

ALEXANDRE ELLEVIN, 7, rue du Pont, 89800 Chichée, tél. 03 86 42 44 24, jean-pierre.ellevin@wanadoo.fr V r.-v.

DOM. NATHALIE ET GILLES FÈVRE
Vaulorent 2016 ★★

	7000		30 à 50 €

Dix générations de vignerons depuis le XVIIIe s. et des coopérateurs de père en fils depuis 1923. En 2004, Nathalie et Gilles Fèvre, tous deux œnologues, ont pris la décision de valoriser leur propre production en bouteilles. Ils sont désormais à la tête d'un domaine de 50 ha, dont une quinzaine est conduite en agriculture biologique.

Comme l'Homme mort, Vaulorent appartient à l'aire du Fourchaume et l'air de famille est indéniable. Cette cuvée est ainsi d'une grande richesse et très élégante. Le nez est bien ouvert sur les fruits jaunes, le citron et les notes beurrées. La bouche n'a plus qu'à lui emboiter le pas. Gourmande, charnue et soyeuse, elle termine sur une saveur saline du meilleur effet. Précis et harmonieux. ⧗ 2021-2026

DOM. NATHALIE ET GILLES FÈVRE, rte de Chablis, 89800 Fontenay-près-Chablis, tél. 03 86 18 94 47, fevregilles@wanadoo.fr V r.-v.

DOM. GAUTHERON Montée de Tonnerre 2016 ★

	n.c.		20 à 30 €

Vignerons de père en fils depuis 1809, les Gautheron sont établis à l'est de Chablis. Alain, installé en 1977, représente la sixième génération et Cyril, arrivé en 2001, la septième. Le père et le fils exploitent un domaine qui s'est agrandi (il est passé de 8 à 30 ha entre 1977 et aujourd'hui) et modernisé. Une belle régularité en chablis et en petit-chablis.

Un boisé bien maîtrisé assure l'équilibre de cette belle cuvée. Le nez se promène entre les fleurs blanches et les fruits secs. La bouche est vive, d'une belle finesse et d'une grande franchise, avec une minéralité qui se fond dans le fruit. ⧗ 2021-2024 **Vaucoupin 2016 ★ (15 à 20 €; n.c.)** : la minéralité apporte de la fraîcheur au nez et un bel équilibre et de la longueur en bouche. Le fruit est aussi bien présent tout au long de la dégustation. Un ensemble harmonieux. ⧗ 2021-2024

DOM. ALAIN ET CYRIL GAUTHERON, 18, rue des Prégirots, 89800 Fleys, tél. 03 86 42 44 34, vins@chablis-gautheron.com V t.l.j. 8h-12h 13h30-17h; sam. dim. sur r.-v.

DOM. ALAIN GEOFFROY Vau-Ligneau 2016 ★

	10000		15 à 20 €

Perpétuant une tradition viticole remontant à 1850, Alain Geoffroy, figure du vignoble chablisien, conduit un important domaine de 50 ha dont le siège est à Beine, village de la rive gauche du Serein, à l'ouest de Chablis. Pour la vinification, il privilégie l'élevage en cuve afin de préserver la fraîcheur des chablis.

Un classique de la commune de Beines chère à la famille Geoffroy. Beaucoup de finesse se dégage du nez, autour des fleurs blanches et de la minéralité du terroir. La richesse du fruit arrondit la bouche, tandis que l'acidité assure l'équilibre. ⧗ 2020-2024 **Fourchaume 2016 (20 à 30 €; 10000 b.)** : vin cité.

DOM. ALAIN GEOFFROY, 4, rue de l'Équerre, 89800 Beine, tél. 03 86 42 43 76, info@chablis-geoffroy.com V t.l.j. sf sam. dim. 8h-12h 13h30-17h30

B DOM. JEAN GOULLEY Fourchaume 2016 ★

	6000		20 à 30 €

Le domaine a été créé en 1985 quand Philippe Goulley a rejoint son père Jean sur la structure familiale.

Il s'est équipé d'une cuverie et s'est agrandi, passant de 6 à 18 ha aujourd'hui, entièrement conduit en bio certifié. Maud, fille de Philippe, a pris le relais en 2016.

Premier millésime en solo pour Maud Gouley. Manifestement, elle a été à bonne école si l'on en juge par la qualité de cette cuvée. Un vin riche de fruits mûrs aussi bien au nez qu'en bouche. Ronde, ample, puissante, cette dernière s'appuie sur une fine minéralité qui assure l'équilibre et la longueur. Un vin complet. ⧗ 2021-2025

DOM. JEAN GOULLEY ET FILS, vallée des Rosiers, 89800 La-Chapelle-Vaupelteigne, tél. 03 86 42 40 85, phil.goulley@orange.fr V r.-v.

DOM. CÉLINE ET FRÉDÉRIC GUEGUEN
Vaucoupin 2016

| 1700 | | 15 à 20 € |

Frédéric Gueguen et son épouse Céline, fille de Jean-Marc Brocard, ont d'abord travaillé pour le compte de ce dernier, notamment au Dom. des Chenevières, avant de décider de voler de leurs propres ailes en 2013. Ils conduisent aujourd'hui un vignoble de 23 ha dans le Chablisien et l'Auxerrois.

Il y a de la finesse dans ce nez floral et minéral. Si le fruit y est un peu retrait, la bouche aussi est flatteuse, tant elle dégage de fraîcheur, avec des notes de coquilles d'huîtres et une acidité bien fondue qui témoignent du terroir. ⧗ 2021-2024

DOM. CÉLINE ET FRÉDÉRIC GUEGUEN, 31, Grande-Rue-de-Chablis, 89800 Préhy, contact@chablis-gueguen.fr V r.-v.

LAMBLIN ET FILS 2016 ★

| 13000 | | 15 à 20 € |

Le village de Maligny se situe au nord de l'aire d'appellation chablis. La famille Lamblin y est établie depuis plus de trois siècles et douze générations. Autant dire que cette maison de négoce fait partie des incontournables du vignoble chablisien.

Aromatique, riche et précis, ce 1er cru a tout pour plaire. Le nez laisse percer des parfums de fruits jaunes sur fond de minéralité. La bouche est à la fois ronde, puissante, tendue et bien équilibrée, avec de beaux amers en finale qui donne de l'allonge. ⧗ 2021-2025

LAMBLIN, rue Marguerite-de-Bourgogne, 89800 Maligny, tél. 03 86 98 22 00, infovin@lamblin.com V *t.l.j. sf dim. 8h-12h30 14h-17h*

OLIVIER LEFLAIVE
Montée de Tonnerre 2015 ★★

| 2500 | | 30 à 50 € |

Négociant-éleveur établi à Puligny-Montrachet depuis 1984, Olivier Leflaive, l'une des références de la Côte de Beaune, collectionne les étoiles, côté cave (négoce et domaine) et côté hôtellerie : quatre pour son hôtel de Puligny. Au chai, l'œnologue Franck Grux et son complice Philippe Grillet.

Un élevage en fûts puis en cuves, selon la méthode Franck Grux, pour ce vin du «meilleur tonneau». Il a toute la finesse et le côté séducteur d'un 2015, avec au nez un fruité sur fond de boisé grillé qui n'exclut pas la fraîcheur. La bouche est précise, vive, soulignée par une minéralité qui épouse le fruit et un merrain parfaitement fondu. Un vin d'une grande pureté. ⧗ 2021-2028

LEFLAIVE, pl. du Monument, 21190 Puligny-Montrachet, tél. 03 80 21 37 65, contact@olivier-leflaive.com V r.-v.

LA MANUFACTURE
Vaillons Vieilles vignes 2016 ★★

| 4200 | | 20 à 30 € |

Issu d'une famille bien connue dans le Chablisien, enracinée dans la région depuis le XVIIes., Benjamin Laroche, après avoir travaillé à la direction commerciale de plusieurs maisons, entre Bourgogne, Rhône et Languedoc, a créé en 2014 sa maison de négoce à Chablis.

Ce 1er cru remarquable a frôlé le coup de cœur. Des parfums élégants de fleurs blanches et de fruits exotiques se dégagent du verre, avec un fond minéral qui apporte de la fraîcheur. Fraîcheur, et même plutôt de la vivacité, que l'on retrouve dans une bouche où le fruit est toujours bien présent, soutenu par un boisé bien fondu. Un vin très harmonieux et racé. ⧗ 2021-2028

BENJAMIN LAROCHE, 40, rte d'Auxerre, 89800 Chablis, contact@lamanufacture-vins.fr

LA MEULIÈRE Fourchaume 2015 ★★

| 2000 | | 20 à 30 € |

Neuf générations de vignerons se sont succédé sur ce domaine dont l'origine remonte à 1774. C'est Ulysse qui débuta la mise en bouteilles au domaine, en 1926. Depuis 2000, ce sont les frères Laroche, Nicolas (au chai) et Vincent (à la vigne), qui gèrent l'exploitation située à Fleys, au sud-est de Chablis, et ses 25 ha de vignes.

Ce vin délicat avance avec élégance dans sa robe dorée à reflets verts. Les qualités du nez, floral, minéral, avec des notes de noisette, sont confirmées par une bouche à la fois vive et gourmande, bien structurée, associant la rondeur du fruit à un fond de beurre et de noisette, avec une belle acidité qui apporte sa part de finesse et de la longueur. ⧗ 2021-2028 **Mont de Milieu Les Gougueys 2015 (20 à 30 €; 8300 b.)** : vin cité.

NICOLAS ET VINCENT LAROCHE, 18, rte de Mont-de-Milieu, BP 25, 89800 Fleys, tél. 03 86 42 13 56, contact@chablis-meuliere.com V *t.l.j. 10h-12h30 13h30-18h30*

LOUIS MICHEL ET FILS
Montée de Tonnerre 2015 ★★

| 24000 | | 30 à 50 € |

La famille Michel est établie à Chablis depuis 1850 et six générations. C'est aujourd'hui Guillaume qui est aux commandes, à la tête d'un vignoble de 25 ha établi sur les deux rives du Serein, avec des parcelles dans trois grands crus et cinq 1ers crus. Une tradition familiale depuis plusieurs décennies: l'élevage en cuve de tous les vins, pour favoriser la précision et la fraîcheur.

L'expression du terroir se concentre dans cette bouteille. Beaucoup d'élégance et de finesse se dégagent du nez, où les fleurs blanches se fondent dans la minéralité. Minéralité qui apporte aussi sa vivacité à un palais enchanteur par sa richesse et sa pureté, sa rondeur et

BOURGOGNE

son volume. Un ensemble diablement harmonieux et délicat. ⧗ 2021-2028

LOUIS MICHEL ET FILS, 9, bd de Ferrières, 89800 Chablis, tél. 03 86 42 88 55 t.l.j. sf sam. dim. 8h30-12h 13h30-17h30; f. août

DOM. LOUIS MOREAU Vaillons 2016 ★

	15200		20 à 30 €

Louis Moreau, installé en 1994, représente la sixième génération d'une famille de propriétaires et négociants installée dans le Chablisien depuis 1814. Il est à la tête de 50 ha répartis en deux domaines (Louis Moreau et Biéville) et dans toutes les appellations chablisiennes.

Ce 1er cru très harmonieux s'exprime sur la fraîcheur. Fraîcheur au nez avec des arômes de fleurs blanches. Fraîcheur en bouche avec de la minéralité associée à une rondeur gourmande, agrémentée de notes vanillées qui ajoutent de la complexité à ce vin à la fois riche et vif. ⧗ 2019-2023

SAS LOUIS MOREAU, 2-10, Grande-Rue, 89800 Beine, tél. 03 86 42 87 20, contact@louismoreau.com r.-v.

J. MOREAU ET FILS Vaucoupin 2016

	10900		15 à 20 €

Difficile de s'y retrouver à Chablis entre toutes les familles Moreau. Fondé en 1814 par Jean-Joseph Moreau, ce négoce, le plus ancien du Chablisien et d'une régularité sans faille, est devenu propriété du groupe Boisset en 1997.

Un vin droit, sans détour et bien typé. Le nez est fin, à la fois minéral et fruité. La bouche se montre puissante, tendue par l'acidité, avec un boisé assez marqué en soutien. L'âge devrait apporter de la rondeur. ⧗ 2022-2028

J. MOREAU ET FILS, rte d'Auxerre, 89800 Chablis, tél. 03 86 42 88 05, depuydt.l@jmoreau-fils.com r.-v. Boisset FGV

SYLVAIN MOSNIER Beauroy 2016

	6596		15 à 20 €

D'abord professeur de mécanique, Sylvain Mosnier, petit-fils de vignerons, a repris en 1978 les vignes de son grand-père et agrandi son domaine autour de Beine. Sa fille Stéphanie a quitté son métier d'ingénieur pour revenir en 2005 sur l'exploitation, qui compte aujourd'hui 19 ha. Elle vinifie depuis 2007.

Cette cuvée est marquée du signe de la jeunesse. Le nez, délicat, est à la fois floral et minéral. La première qualité de la bouche est sa fraîcheur «terroitée», agrémentée de notes mentholées. Un 1er cru plus tendu que gourmand. À attendre. ⧗ 2021-2025

EARL SYLVAIN MOSNIER, 36, rte Nationale, 89800 Beine, tél. 03 86 42 43 96, sylvain.mosnier@libertysurf.fr r.-v.

DOM. DE LA MOTTE Beauroy 2016 ★

	1400		15 à 20 €

Henri Michaut a planté les premières vignes en 1946 et a été longtemps coopérateur à La Chablisienne. À sa suite, sa famille s'est lancé avec succès dans la vinification; aujourd'hui conduit par Adrien Michaut, le domaine couvre plus de 28 ha et s'est imposé comme une valeur sûre du Chablisien.

Toute la palette aromatique chablisienne est passée en revue dans ce 1er cru: minéralité, notes de noisette et arômes de fruits divers (abricot, litchi) se répondent au nez. La bouche présente un beau fruit et une acidité soutenue, de la rondeur et de la tension minérale. Un ensemble des plus complets. ⧗ 2021-2025

DOM. DE LA MOTTE, 35, Grande-Rue, 89800 Beine, tél. 03 86 42 49 61, domainemotte@chablis-michaut.fr t.l.j. 10h30-18h30; mer. dim. sur r.-v. Michaut

CHARLY NICOLLE Les Fourneaux 2016 ★★

	10000		15 à 20 €

Les arrière-grands-parents de Charly Nicolle cultivaient déjà la vigne. À la suite des générations précédentes, le jeune vigneron s'est lancé dans l'aventure. Installé à Fleys, à l'est de Chablis, il a quitté le domaine familial de La Mandelière en 2001 pour voler de ses propres ailes, choyant ses 15 ha de chardonnay, et s'est imposé comme une valeur sûre du Chablisien.

Un vin parfaitement équilibré et très représentatif du millésime, avec un léger boisé qui renforce la structure. Le nez intense s'ouvre sur les fruits mûrs à forte connotation exotique. Un fruité bien installé aussi dans une bouche ample et charnue, soulignée par une acidité qui apporte beaucoup de longueur et de dynamisme. ⧗ 2021-2028

CHARLY NICOLLE, 17, rue des Prés-Girots, 89800 Fleys, tél. 09 54 94 40 83, contact@chablis-charlynicolle.com r.-v.

DOM. DE OLIVEIRA LECESTRE Fourchaume 2016

	20000		11 à 15 €

Un domaine d'une cinquantaine d'hectares créé en 1955. Aujourd'hui c'est la fille de Lucien De Oliveira qui est à la tête de cette exploitation familiale. Pour conduire le vignoble, elle a trouvé du renfort en la personne de sa propre fille.

Pudique ou réservé? Toujours est-il que ce vin a du mal à se dévoiler. Une discrétion apparaissant dès le nez, qui consent à libérer des arômes de fleurs et de fruits après aération. La bouche n'est pas davantage libérée et elle se referme sur une acidité tranchante. À revoir quand il aura vaincu sa timidité, le potentiel est là. ⧗ 2021-2025

DOM. DE OLIVEIRA LECESTRE, 11, rue des Chenevières, 89800 Fontenay-près-Chablis, tél. 03 86 42 40 78, gaecdeoliveira@wanadoo.fr r.-v.

DOM. PAGNIER Fourneaux 2016 ★

	920		11 à 15 €

Jean-Pierre Pagnier est installé depuis 1985 sur ce domaine familial établi dans le village entouré de vignes qu'est Béru.

Un vin qui demande encore un peu patience pour mieux appréhender son évolution. Le nez de fruits mûrs, sur un fond légèrement beurré, est pour l'heure discret. La bouche est bien équilibrée: après une attaque vive sur la minéralité, les saveurs de fruits frais apparaissent rapidement. Très plaisant pour sa fraîcheur. ⧗ 2021-2024

JEAN-PIERRE PAGNIER, 2, av. Sébastien-Rigout, 89700 Béru, tél. 03 86 75 94 61, pagnierjp89@orange.fr V r.-v.

DOM. DE PERDRYCOURT Fourchaume 2016 ★★

3500		20 à 30 €

Domaine créé en 1986 dans l'Auxerrois par Arlette et Roger Courty. À l'origine, un demi-hectare, aujourd'hui 14 ha essentiellement autour de Beine, près de Chablis. Depuis 2007, c'est Rémi Courty, le fils de la maison, qui vinifie tous les vins du domaine.

Les vins de Rémi Courty demandent souvent de la patience. C'est le cas de ce Fourchaume qui fera un bon vin de garde. Pour autant, il est déjà très agréable avec son nez tout en finesse, floral, fruité, vanillé et légèrement acidulé, et avec sa bouche vive, tonique, ample et puissante, qui ne néglige pas la rondeur. ⧗ 2022-2028

COURTY, 9, voie Romaine, 89230 Montigny-la-Resle, tél. 03 86 41 82 07, domainecourty@orange.fr V *t.l.j. 9h-19h; dim. 9h-12h*

JACQUES PICQ ET SES ENFANTS
Vaucoupin 2016

5316		8 à 11 €

Depuis trois générations, la famille Picq exploite un domaine viticole qui compte 15 ha autour de Chichée. Ce village au sud-est de Chablis comporte des 1ers crus intéressants sur les deux rives du Serein.

Un vin classique qui respire son terroir. Le nez, élégant, s'ouvre sur des arômes de fleurs blanches et sur des notes minérales de coquilles d'huîtres. La bouche est vive, concentrée, avec une belle salinité en appoint. Un vin que l'on pourra boire dans sa jeunesse. ⧗ 2018-2023

JACQUES PICQ ET SES ENFANTS, 8, rte de Chablis, 89800 Chichée, tél. 06 22 29 46 72, domaine.picqjacques@gmail.com V *r.-v.*

DOM. PINSON FRÈRES Vaugiraut 2016 ★

1196		20 à 30 €

Établis dans le Chablisien dès 1640, les Pinson exportaient du vin aux États-Unis en 1880. Louis Pinson constitue son domaine en 1983. Ses fils Laurent et Christophe portent sa superficie de 4 à 14 ha. Charlène Pinson, fille de Laurent, les rejoint en 2008. Complétés par une gamme de négoce depuis 2013, les vins de la propriété sont régulièrement mentionnés dans le Guide.

Après un élevage en fût de neuf mois, ce 1er cru riche et bien typé laisse apparaître un boisé bien fondu qui agrémente un nez tout en finesse, ouvert sur les fleurs blanches et les fruits. La bouche est vive, tendue, longue, avec une minéralité qui soutient les fruits jaunes relevés de quelques notes épicées en finale. ⧗ 2021-2024 **La Forêt 2016 ★ (20 à 30 €; 3864 b.)** : floral et délicat au nez, concentré, puissant et long en bouche, un 1er cru bien en place. ⧗ 2021-2025 **Mont de Milieu 2016 ★ (20 à 30 €; 15320 b.)** : un nez franc et minéral prélude à une bouche ronde et suave, légèrement boisée, avec une touche minérale qui apporte une agréable fraîcheur. ⧗ 2021-2025

DOM. PINSON FRÈRES, 5, quai Voltaire, 89800 Chablis, tél. 03 86 42 10 26, contact@domaine-pinson.com V *t.l.j. sf dim. 8h-12h 13h30-17h30; sam. sur r.-v.*

♥ **ISABELLE ET DENIS POMMIER**
Côte de Léchet 2016 ★★

4600		20 à 30 €

Établis à Chablis, Isabelle et Denis Pommier exploitent un domaine de 18 ha créé en 1990 et très régulier en qualité. Après avoir conduit quinze ans leur vignoble en lutte raisonnée, ils ont engagé sa conversion à l'agriculture biologique (certification à partir du millésime 2014).

Des lauriers pour les Pommier, qui ont «confisqué» les deux coups de cœur décernés aux 1ers crus. Ce couple qui maîtrise parfaitement l'élevage mixte en fût et en cuve, propose un Côte de Léchet superbe, puissant et d'une grande richesse, soutenu de bout en bout par un boisé légèrement grillé du meilleur effet. Très élégant, le nez s'ouvre sur la pureté minérale. Une grande tension que l'on retrouve dans une bouche ample, intense et longue. ⧗ 2022-2028 **Troesmes 2016 ★★ (20 à 30 €; 10100 b.)** ♥ : lieu-dit de l'appellation Beauroy, le 1er cru Troesmes est planté sur des marnes blanches qui lui donnent beaucoup de profondeur, de sensualité même et une extrême finesse. Et c'est bien ce que l'on retrouve dans ce 2016 «haute couture», au nez délicat et minéral (coquilles d'huîtres), au palais ample, gras, gourmand, adossé à un boisé bien fondu ajoutant du caractère et à une fine minéralité offrant de la vivacité. Un vin aussi droit et précis qu'intense et dense. ⧗ 2022-2028

ISABELLE ET DENIS POMMIER, 31, rue de Poinchy, 89800 Chablis, tél. 03 86 42 83 04, isabelle@denis-pommier.com V *r.-v.*

DENIS RACE Mont de Milieu 2016 ★

4000		11 à 15 €

Régulièrement distingué dans le Guide, Denis Race exploite 18 ha en Chablisien. Sa fille Claire a rejoint le domaine familial en 2005. Ensemble, ils mettent autant de passion dans l'élaboration de leurs petit-chablis que dans celle de leurs 1ers crus et de leurs grands crus. Une valeur sûre.

Un 1er cru bien né qui véhicule toute la typicité de l'appellation. Une fraîcheur iodée se déploie au nez, avec des zestes de citron. En bouche, c'est surtout la minéralité qui s'impose. Elle s'empare d'un fruité gourmand, donne de la longueur et de la vivacité. Un vin harmonieux et friand. ⧗ 2020-2024

EARL DENIS RACE, 5, rue de Chichée, 89800 Chablis, tél. 03 86 42 45 87, domaine@chablisrace.com r.-v.

RÉGNARD Montée de Tonnerre 2015 ★★

| 13 000 | | 15 à 20 € |

La maison Régnard (négoce et domaine) a pignon sur rue à Chablis depuis 1860. Elle a été rachetée en 1984 par Patrick de Ladoucette, bien connu dans le Centre-Loire, également présent dans d'autres vignobles, notamment bourguignons.

Un vin d'une grande franchise, précis et cristallin. La minéralité, raisonnable, n'est pas étrangère à sa finesse. Le nez, puissant et frais, déploie ainsi des notes de coquilles d'huîtres. Ces promesses aromatiques se concrétisent dans une bouche riche et ample, avec toujours ce fond iodé qui souligne le fruit et une fine acidité qui apporte beaucoup de nerf et de longueur. ⧗ 2021-2026

RÉGNARD, 28, bd Tacussel, 89800 Chablis, tél. 03 86 42 10 45, regnard.chablis@wanadoo.fr t.l.j. 10h-12h30 13h30-18h

DOM. GUY ROBIN Vaillons Vieilles Vignes 2016 ★

| 10 400 | | 15 à 20 € |

Denise et Guy Robin, deux figures du vignoble chablisien, ont passé la main en 2007. Leur fille Marie-Ange a quitté les bureaux pour revenir à la terre. Celle de l'exploitation familiale avec ses 20 ha et de nombreux grands crus dans une cave riche de quelque 120 fûts de chêne.

Un élevage en fût puis un passage en cuve pour cette cuvée qui ne manque pas de caractère. Le nez s'ouvre sur les agrumes et les fleurs blanches. La bouche se révèle gourmande et onctueuse, avec en soutien un boisé bien fondu et une acidité qui donne de la fraîcheur. ⧗ 2021-2024 **Montée de Tonnerre Vieilles Vignes 2016 (15 à 20 €; 10 660 b.)** : vin cité.

EARL DOM. GUY ROBIN, 13, rue Berthelot, 89800 Chablis, tél. 03 86 42 12 63, contact@domaineguyrobin.com r.-v.

LOUIS ROBIN Vaucoupins 2016 ★

| 2845 | | 15 à 20 € |

La famille Robin est établie à Chichée depuis 1888 et huit générations. Après avoir longtemps livré ses raisins à la coopérative, elle produit son propre vin depuis 1999, sous la conduite de Didier et Thierry, à la tête aujourd'hui de 30 ha de vignes.

Une très belle expression minérale dans ce 1er cru particulièrement élégant. Un nez tout en finesse avec ses notes florales (chèvrefeuille) et végétales (ronce) prélude à une bouche où le fruit est bien présent, mais qui séduit surtout par sa vivacité aux accents de silex. Un vin typé et alerte. ⧗ 2021-2024 **Vosgros 2016 (15 à 20 €; 2845 b.)** : vin cité.

SARL LOUIS ROBIN, 40, Grande-Rue, 89800 Chichée, tél. 03 86 42 80 49, dadarobin@orange.fr r.-v.

DOM. ROY Vaulorent 2015

| 2000 | | 11 à 15 € |

Héritier d'une lignée de vignerons remontant à l'Empire, Fernand Roy crée ce domaine en 1920, sur la rive droite du Serein, au nord de Chablis. Aujourd'hui, l'exploitation compte 18 ha ; elle est conduite par les troisième et quatrième générations : Claude Roy, épaulé par David et Karine.

Un 1er cru de la rive droite complexe et bien équilibré. Le nez s'exprime sur les fruits jaunes et les fruits secs. La bouche s'inscrit dans la continuité, avec des notes épicées et une fine acidité en appoint. ⧗ 2019-2023

DOM. ROY, 71, Grand-Rue, 89800 Fontenay-près-Chablis, tél. 03 86 42 10 36, domaine.roy@orange.fr r.-v.

CAMILLE ET LAURENT SCHALLER Vaucoupin 2016

| 1700 | | 11 à 15 € |

De 1980 à 2014, ce domaine vendait ses moûts à la coopérative. L'arrivée de Camille, fils de Laurent Schaller, change la donne et le premier vin élaboré à la propriété sort la même année de la toute nouvelle cuverie.

De la fraîcheur et un fruité bien présent pour ce vin qui se manifeste surtout par son côté gourmand. Poire, pêche, abricot, c'est une corbeille de fruits aussi bien au nez qu'en bouche. ⧗ 2018-2023

CAMILLE ET LAURENT SCHALLER, 10, rue de la Fontaine, 89800 Prehy, tél. 06 81 85 07 95, domaine@chablis-schaller.com r.-v.

DOM. SÉGUINOT-BORDET Fourchaume 2016

| n.c. | | 15 à 20 € |

Une des plus anciennes familles du Chablisien, établie à Maligny sur la rive droite du Serein. Jean-François Bordet a repris en 1998 l'exploitation de son grand-père Roger Séguinot. Le domaine couvre aujourd'hui 15 ha, complété par une activité de négoce.

Un vin discret qui fait preuve de beaucoup de retenue. Néanmoins, le nez, très floral, est séduisant, et la bouche ne manque pas d'élégance avec son attaque ample, son gras et son bel équilibre avec la minéralité. ⧗ 2019-2023

DOM. SÉGUINOT-BORDET, 8, chem. des Hâtes, 89800 Maligny, tél. 03 86 47 44 42, contact@seguinot-bordet.fr r.-v.

DANIEL SÉGUINOT ET FILLES Fourchaume 2015

| 16 600 | | 15 à 20 € |

Établi à Maligny, Daniel Séguinot a créé en 1971 un petit domaine à partir de vignes familiales, qu'il a progressivement développé. Aujourd'hui, ses filles, Émilie, depuis 2003, et Laurence, depuis 2008, assurent la continuité du vignoble, qui compte une vingtaine d'hectares.

Deux expressions différentes au nez et en bouche. La finesse du premier, qui s'ouvre sur les fleurs blanches, contraste avec le côté chaleureux et gras de la seconde, équilibrée toutefois par une discrète trame minérale crayeuse. ⧗ 2020-2023

DOM. DANIEL SÉGUINOT ET FILLES, rte de Tonnerre, 89800 Maligny, tél. 03 86 47 51 40, domaine.danielseguinot@wanadoo.fr r.-v.

DOM. SERVIN
Montée de Tonnerre 2016 ★

	14130		15 à 20 €

Fondé au XVIIe s., ce domaine de 35 ha conduit aujourd'hui par François Servin possède des parcelles dans quatre des sept grands crus de Chablis. Ses vins sont régulièrement mentionnés dans le Guide.

Un vin déjà très plaisant qui s'exprime sur la fraîcheur et la finesse. Le nez, puissant, convoque les fruits jaunes (abricot, pêche, coing). Le prélude à une bouche à la fois ronde et tendue, gourmande, vive et précise. ⧗ 2021-2024 **Vaucoupin 2015 ★ (15 à 20 €; 1300 b.)** : une cuvée très équilibrée et expressive avec son nez délicat d'agrumes et sa bouche à la fois ronde et tendue, à la finale saline. ⧗ 2021-2024

DOM. SERVIN, 20, av. d'Oberwesel, 89800 Chablis, tél. 03 86 18 90 00, contact@servin.fr t.l.j. sf sam. dim. 8h-12h 13h30-17h30

SIMONNET-FEBVRE
Fourchaume 2015 ★

	6725		20 à 30 €

Reprise en 2003 par Louis Latour, cette maison de négoce-éleveur, fondée en 1840 et dirigée aujourd'hui par Jean-Philippe Archambaud, est une référence en Chablisien. Une solide renommée qui dépasse largement les frontières de France, 85 % de la production partant à l'export.

Avec ses arômes de fleurs et de fruits blancs sur un fond noisette, le nez se révèle très expressif. La bouche n'est pas en reste: toujours du fruit, une entame beurrée et un trait de minéralité qui apporte longueur et vivacité. ⧗ 2021-2025

SIMONNET-FEBVRE, 30, rte de Saint-Bris, 89530 Chitry, tél. 03 86 98 99 00, adv@simonnet-febvre.com t.l.j. sf dim. lun. 9h-12h 14h-17h30 Louis Latour

MAISON OLIVIER TRICON
Montmains 2015 ★★

	n.c.		15 à 20 €

Un négociant chablisien renommé en France comme à l'étranger. Après avoir travaillé dans différents vignobles français et comme maître de chai sur le domaine familial, il a créé son affaire et racheté à sa famille l'important Dom. de Vauroux (46 ha avec des parcelles dans des 1ers crus réputés et en grand cru); 80 % de ses vins sont exportés.

C'est sous sa casquette de négociant qu'Olivier Tricon a présenté ce Montmains remarquable. Stylé, racé, élégant, les marqueurs du Chablisien sont réunis. Le nez floral et minéral donne le ton. La bouche est au diapason: une attaque ronde sur le fruit blanc, des notes briochées, d'autres acidulées et surtout une superbe tension minérale. ⧗ 2021-2025 **Dom. de Vauroux Montée de Tonnerre 2015 ★ (15 à 20 €; n.c.)** : une cuvée très marquée par son terroir, au joli nez minéral qui respire le silex et à la bouche logiquement tendue, fruitée (agrumes) et bien équilibrée. ⧗ 2021-2024

OLIVIER TRICON, rte d'Avallon, BP 56, 89800 Chablis, tél. 03 86 42 10 37, maison.tricon@gmail.com r.-v.

DOM. VERRET Beauroy 2016 ★

	14000		15 à 20 €

La famille Verret cultive la vigne depuis deux siècles et demi dans l'Yonne. Pionnier dans le vignoble de l'Auxerrois pour la mise en bouteilles et la commercialisation directe pratiquées dès les années 1950, ce vaste domaine (60 ha) demeuré familial fréquente très régulièrement les pages du Guide, notamment pour ses irancy, saint-bris, bourgognes Côtes d'Auxerre et bourgogne-aligoté.

Un tiers de la cuvée a été vinifiée en fûts pour aboutir à ce vin de caractère, au boisé bien maîtrisé. Le nez, tendance minérale, n'est pas des plus expressifs. En revanche, la bouche a des choses à dire: légèrement fumée, avec des notes citronnées, elle trouve sa fraîcheur dans la minéralité. Un vin droit, avec du potentiel. ⧗ 2021-2028

BRUNO VERRET, 13, rte de Champs, 89530 Saint-Bris-le-Vineux, tél. 03 86 53 31 81, dverret@domaineverret.com t.l.j. sf dim. 10h-12h 14h-18h30

DOM. YVON ET LAURENT VOCORET
Homme mort 2016 ★★

	4800		15 à 20 €

Héritier d'une lignée remontant à 1713, conteur patoisant, bon vivant et pilier chablisien, Yvon Vocoret est une figure du vignoble. Depuis 1980, il conduit le domaine familial (25 ha) situé à Maligny, rejoint par son fils Laurent.

«Laisser faire la nature», c'est la philosophie d'Yvon Vocoret. Et la nature a souvent raison si l'on fait référence à cette remarquable cuvée élevée en cuves. La précision et la richesse sont les deux piliers de ce 2016 au nez minéral, sur les coquilles d'huîtres, et à la bouche droite, tendue, saline, avec le fruit en fond. ⧗ 2021-2028

DOM. YVON ET LAURENT VOCORET, 9, chem. de Beaune, 89800 Maligny, tél. 03 86 47 51 60, domaine.yvon.vocoret@wanadoo.fr t.l.j. 9h-18h; dim. matin sur r.-v.

DOM. VOCORET ET FILS
Montmains 2016 ★

	20000		11 à 15 €

Les Vocoret se succèdent depuis quatre générations. Installé dans les locaux de l'ancienne coopérative laitière de Chablis, leur domaine (40 ha) a pour originalité d'élever ses vins dans des foudres et des demi-muids. De grands contenants qui permettent d'arrondir le boisé.

Gourmand, minéral et élégant, tout ce qu'on attend d'un 1er cru. Une élégance que l'on perçoit d'emblée, avec un nez ouvert sur la noisette et les fleurs blanches. La bouche est ronde, ample, sur le fruit, tendue par la minéralité, étirée dans une longue finale acidulé. ⧗ 2021-2024

PATRICE ET JÉRÔME VOCORET, 40, rte d'Auxerre, 89800 Chablis, tél. 03 86 42 12 53, contact@domainevocoret.com t.l.j. sf dim. 8h-12h 14h-18h

GUILLAUME VRIGNAUD
Côtes de Fontenay Vieilles Vignes 2015

| 5287 | | 20 à 30 € |

Les Vrignaud ont planté leurs premières vignes en 1955. Ils ont débuté en 1999 la vente en bouteilles avec l'arrivée de Guillaume à la tête du domaine. Les 24 ha de vignes sont en conversion bio.

Le nez, assez complexe, propose une dominante minérale agrémentée de notes de fruits blancs. La bouche est ronde et gourmande; on retient plus sa douceur que son acidité. ⧗ 2019-2023 **Fourchaume 2016 (20 à 30 €; 7809 b.)** : vin cité.

GUILLAUME VRIGNAUD, 10, rue de Beauvoir, 89800 Fontenay-près-Chablis, tél. 03 86 42 15 69, guillaume@domaine-vrignaud.com V *r.-v.*

CHABLIS GRAND CRU

Superficie : 103 hl / Production : 5 200 hl

Issu des coteaux les mieux exposés de la rive droite, divisés en sept lieux-dits – Blanchot, Bougros, Les Clos, Grenouilles, Les Preuses, Valmur, Vaudésir –, le chablis grand cru possède à un degré plus élevé toutes les qualités des précédents, la vigne se nourrissant d'un sol enrichi par des colluvions argilo-pierreuses. Quand la vinification est réussie, un chablis grand cru est un vin complet, à forte persistance aromatique, auquel le terroir confère un tranchant qui le distingue de ses rivaux de la Côte-d'Or. Sa capacité de vieillissement stupéfie, car il peut exiger huit à quinze ans pour s'apaiser, s'harmoniser et acquérir un inoubliable bouquet de pierre à fusil, voire, pour Les Clos, de poudre à canon !

DOM. BESSON Vaudésir 2016 ★

| n.c. | | 20 à 30 € |

Petit-fils de tonnelier, fils de vigneron, Alain Besson a pris en main en 1981 le domaine familial constitué par les deux générations précédentes. Après l'avoir agrandi, il dispose de 21 ha qu'il exploite avec ses enfants Camille et Adrien. La première, œnologue, élabore les vins, et le second se charge des vignes.

Il fait partie de ces vins qui vont satisfaire autant les impatients que les « conservateurs ». Ce jeune Vaudésir est en effet déjà agréable à boire, en même temps qu'il sera un beau vin de garde. Le nez, très flatteur, est à la fois floral, fruité et minéral. La bouche est riche de fruits bien mûrs, avec en soutien une minéralité subtile qui apporte vivacité et longueur. ⧗ 2018-2026

BESSON, 8, chem. de Valvan, 89800 Chablis, tél. 03 86 42 40 88, contact@domaine-besson.com V *r.-v.*

DOM. BILLAUD-SIMON Les Preuses 2016

| 2200 | | 50 à 75 € |

Un domaine historique de Chablis, fondé en 1815, qui a connu un grand développement après 1945 (première mise en bouteilles à la propriété en 1954). Aujourd'hui, 17 ha et toute la hiérarchie des AOC du Chablisien, avec un bel éventail de 1ers crus et de grands crus prestigieux. En 2014, la propriété a été vendue à la maison nuitonne Faiveley. Une valeur sûre du Guide.

Cette cuvée s'ouvre à l'olfaction sur de fines senteurs de fruits secs agrémentées de notes iodées. La bouche s'inscrit dans la continuité avec, en plus, une tension minérale gage de vivacité. ⧗ 2021-2026

DOM. BILLAUD-SIMON, 1, quai de Reugny, 89800 Chablis, tél. 03 86 42 10 33, contact@billaud-simon.com *Famille Faiveley*

DOM. JEAN COLLET ET FILS Valmur 2015 ★★

| 3000 | | 30 à 50 € |

La famille Collet piochait déjà le kimméridgien en 1792. Romain, le petit dernier d'une dynastie de vignerons chablisiens (fils de Gilles, petit-fils de Jean), est depuis septembre 2009 aux commandes de l'exploitation familiale: 40 ha en conversion bio.

Entre la famille Collet et le grand cru Valmur, il y a toujours eu un lien sentimental. Romain Collet en est le garant et signe un 2015 en tout point remarquable. Quatorze mois en fûts de chêne pour le façonner et extraire toute la richesse du raisin. Certes, le boisé vient pour l'heure un peu encombrer le nez, par ailleurs frais et fruité. Mais la bouche conjugue richesse et pureté, rondeur et élégance, avec toujours un bon boisé vanillé qui se fond dans la minéralité. ⧗ 2021-2028

ROMAIN COLLET, 15, av. de la Liberté, 89800 Chablis, tél. 03 86 42 11 93, collet.chablis@orange.fr V *t.l.j. sf dim. 9h-12h 13h-17h30*

DOM. DAMPT FRÈRES Bougros 2016 ★

| 1516 | | 20 à 30 € |

Issu d'une longue lignée vigneronne, Bernard Dampt a constitué à partir de 1980 un vignoble dont il livrait le produit à la coopérative. Éric Dampt, l'aîné de ses trois fils, l'a rejoint en 1985, suivi d'Emmanuel, en 1990, et d'Hervé, en 1998. Les frères ont chacun leur propre exploitation mais mettent leurs moyens en commun; ils affichent sur leurs étiquettes tantôt le nom du domaine familial, tantôt leurs prénoms.

Un vin classique et agréable qui se distingue par son côté crayeux et frais. Le nez, à dominante minérale, avec des notes légèrement iodées, laisse aussi échapper quelques parfums de fleurs blanches. La bouche se montre ample et fruitée, avec toujours ce fond crayeux en arrière-plan. ⧗ 2021-2026

VIGNOBLE DAMPT, rue de Fleys, 89700 Collan, tél. 03 86 55 29 55, vignoble@dampt.com V *t.l.j. 9h-13h 14h-18h*

CAVES JEAN ET SÉBASTIEN DAUVISSAT
Les Preuses 2015 ★

| 3000 | | 30 à 50 € |

Un domaine fondé par les Dauvissat en 1899, à côté du Petit Pontigny. Après Jean, son fils Sébastien est aux commandes depuis 2004 du vignoble, qui compte 11 ha.

Une fermentation en fût, puis un élevage en cuve pour aboutir à ce vin très harmonieux. Un léger boisé vanillé est perceptible au nez, sans nuire aux arômes de fruits et à la minéralité. La bouche conjugue rondeur, fine acidité, fruits mûrs, bon boisé toasté: tout y est. ⧗ 2022-2028

⊶ CAVES JEAN ET SÉBASTIEN DAUVISSAT, 3, rue de Chichée, 89800 Chablis, tél. 03 86 42 14 62, jean.dauvissat@wanadoo.fr V r.-v.

♥ JEAN-PAUL ET BENOÎT DROIN
Valmur 2016 ★★

5900		30 à 50 €

Chez les Droin, on est vigneron de père en fils depuis 1620. Si Jean-Paul Droin est devenu l'historien du vignoble de Chablis, son fils Benoît a apporté sa patte à cette exploitation de 25 ha à partir de 2002. Un domaine d'une admirable régularité, qui collectionne les coups de cœur, notamment dans les grands crus.

Respect Monsieur Droin! Deux coups de cœur sur le même millésime, et dans les grands crus s'il vous plaît, comme avec le millésime 2013 (Les Clos et Vaudésir). Ce Valmur est un vin admirable qui trouve son élégance dans sa puissance. À un nez frais de fruits blancs et de silex répond une bouche à la fois ample, riche et tendue, avec des senteurs de coquille d'huître qui émergent du terroir et une finale saline d'une longueur remarquable. Un grand vin de garde. ⧗ 2023-2030 **Jean-Paul et Benoît Droin Les Clos 2016 ★★ (30 à 50 €; 8000 b.)** ♥ : deuxième coup de cœur avec ces Clos qui dévoilent un beau boisé au nez, accompagné par un côté minéral de pierre à fusil. La bouche est parfaitement équilibrée entre la puissance, la tension et le gras. Un vin d'une grande précision. ⧗ 2023-2030 **Jean-Paul et Benoît Droin Vaudésir 2016 ★ (30 à 50 €; 6000 b.)** : un vin très élégant au nez, tendre et fruité en bouche, avec ce qu'il faut de fraîcheur minérale pour donner de l'allonge et apporter le juste équilibre. ⧗ 2022-2028

⊶ JEAN-PAUL ET BENOÎT DROIN, 14 bis, av. Jean-Jaurès, BP 19, 89800 Chablis, tél. 03 86 42 16 78, benoit@jeanpaulbenoit-droin.fr V r.-v.

DOM. NATHALIE ET GILLES FÈVRE
Les Preuses 2015 ★★

4000		50 à 75 €

Dix générations de vignerons depuis le XVIII^e^s. et des coopérateurs de père en fils depuis 1923. En 2004, Nathalie et Gilles Fèvre, tous deux œnologues, ont pris la décision de valoriser leur propre production en bouteilles. Ils sont désormais à la tête d'un domaine de 50 ha, dont une quinzaine est conduite en agriculture biologique.

Tout le terroir de Chablis dans ce vin d'une grande pureté, bien ciselé à tous les stades de la dégustation. Le nez associe les notes de miel et de fleurs d'acacia. Une attaque minérale, saline, ouvre sur un palais puissant, concentré et très élégant, soutenu par un très bon boisé qui se fond dans les fruits mûrs. ⧗ 2023-2028

⊶ DOM. NATHALIE ET GILLES FÈVRE, rte de Chablis, 89800 Fontenay-près-Chablis, tél. 03 86 18 94 47, fevregilles@wanadoo.fr V r.-v.

DOM. LAROCHE Les Clos 2016 ★

5200		50 à 75 €

Négociant et producteur, Michel Laroche est l'une des figures du Chablisien. Fort d'un vignoble passé de 6 ha à la fin des années 1960 à 100 ha aujourd'hui, le domaine – fondé en 1850 – a son siège à l'Obédiencerie, un ancien monastère bâti au-dessus d'un caveau du IX^e^s. ayant abrité les reliques de saint Martin. Une signature incontournable des vins de Chablis, entrée en 2009 dans le giron du groupe Advini. Michel Laroche se consacre désormais à sa nouvelle propriété créée à partir de vignes familiales, le Dom. d'Henri.

Le nez, d'une grande richesse aromatique, associe les arômes de fleurs à des notes vanillées, iodées et minérales. Bien que marquée par le bois, la bouche est aussi complexe et très agréable, conjuguant fraîcheur en attaque, puis rondeur en son milieu et fine acidité en finale. L'équilibre est assuré. ⧗ 2022-2028

⊶ DOM. LAROCHE, 22, rue Louis-Bro, 89800 Chablis, tél. 03 86 42 89 00, info@larochewines.com V r.-v. *⊶ Advini*

OLIVIER LEFLAIVE 2015 ★★

n.c.		50 à 75 €

Négociant-éleveur établi à Puligny-Montrachet depuis 1984, Olivier Leflaive, l'une des références de la Côte de Beaune, collectionne les étoiles, côté cave (négoce et domaine) et côté hôtellerie : quatre pour son hôtel de Puligny. Au chai, l'œnologue Franck Grux et son complice Philippe Grillet.

Cette maison de Puligny-Montrachet sait conjuguer le chardonnay à tous les temps et à tous les modes. À Chablis, c'est le mode boisé, les fermentations ayant lieu en fûts pendant neuf mois. Ce Vaudésir de caractère en témoigne, ouvert sur un beau boisé vanillé au nez, avec des arômes de fruits jaunes; un boisé également fondu dans le fruit et soutenu par la minéralité dans une bouche ample, élégante et ronde. ⧗ 2022-2030

⊶ LEFLAIVE, pl. du Monument, 21190 Puligny-Montrachet, tél. 03 80 21 37 65, contact@olivier-leflaive.com V r.-v.

DOM. DES MALANDES Les Clos 2016

2200		30 à 50 €

Une valeur sûre du vignoble chablisien, qui collectionne les coups de cœur du Guide. Un domaine créé en 1949 par André Tremblay, couvrant aujourd'hui 29 ha. Lyne Marchive, fille du fondateur, l'a dirigé seule de 1972 à 2018, date de la reprise par son fils Richard Rottiers, qui entend développer une viticulture plus respectueuse de l'environnement (désherbage mécanique, labour à cheval).

Discret pour l'heure, ce grand cru ne se livre pas complètement avec un nez sur la réserve, mais élégant, boisé et fruité. La bouche, en revanche, offre plus d'intensité autour du fruit et d'une bonne tension minérale. De la fraîcheur et de la finesse dans ce vin. ⧗ 2022-2028

DOM. DES MALANDES, 11, rte d'Auxerre, 89800 Chablis, tél. 03 86 42 41 37, contact@domainedesmalandes.com V r.-v.
Richard Rottiers

LOUIS MICHEL ET FILS Grenouilles 2015 ★★

	3000		50 à 75 €

La famille Michel est établie à Chablis depuis 1850 et six générations. C'est aujourd'hui Guillaume qui est aux commandes, à la tête d'un vignoble de 25 ha établi sur les deux rives du Serein, avec des parcelles dans trois grands crus et cinq 1ers crus. Une tradition familiale depuis plusieurs décennies: l'élevage en cuve de tous les vins, pour favoriser la précision et la fraîcheur.

Un des rares domaines de Chablis à élever ses grands crus en cuve afin de restituer toute la typicité du terroir. Dans sa belle robe brillante, ce Grenouilles avance avec élégance. Le nez floral et minéral confirme cette finesse. Le palais se montre soyeux, rond et fruité, d'une grande pureté, avec une belle vivacité en soutien. Un très beau vin de garde. ⧗ 2023-2030

LOUIS MICHEL ET FILS, 9, bd de Ferrières, 89800 Chablis, tél. 03 86 42 88 55 V *t.l.j. sf sam. dim. 8h30-12h 13h30-17h30; f. août*

♥ DOM. LOUIS MOREAU Les Clos 2015 ★★

	3090		30 à 50 €

DOMAINE LOUIS MOREAU CHABLIS GRAND CRU LES CLOS Appellation Chablis Grand Cru Contrôlée

Louis Moreau, installé en 1994, représente la sixième génération d'une famille de propriétaires et négociants installée dans le Chablisien depuis 1814. Il est à la tête de 50 ha répartis en deux domaines (Louis Moreau et Biéville) et dans toutes les appellations chablisiennes.

Louis Moreau se souviendra de ses grands crus 2015, tous excellents, à commencer par ces Clos qui respirent la fraîcheur et la précision après dix mois de cuve. Le nez, intense et flatteur, s'exprime sur le fruit et la minéralité. Mais la vraie richesse de cette cuvée se trouve en bouche avec du gras, du fruit, une belle tension minérale et une incroyable longueur. ⧗ 2023-2030 **Valmur 2015 ★★ (30 à 50 €; 1900 b.)** : élevé en fûts, ce grand cru dévoile un beau nez frais, citronné et toasté ; un boisé bien fondu, vanillé et grillé que l'on retrouve dans une bouche ample, généreuse et ronde, avec de la minéralité en soutien. Complet et intense. ⧗ 2022-2028 **Vaudésir 2015 ★★ (30 à 50 €; 1200 b.)** : ce grand cru bien en phase avec les fondamentaux du Chablisien se montre minéral et floral au nez, fruité, riche et puissant en bouche, avec toujours les saveurs du terroir en soutien. ⧗ 2021-2028

SAS LOUIS MOREAU, 2-10, Grande-Rue, 89800 Beine, tél. 03 86 42 87 20, contact@louismoreau.com V r.-v.

DOM. GUY ROBIN Valmur Vieilles Vignes 2016

	5060		30 à 50 €

Denise et Guy Robin, deux figures du vignoble chablisien, ont passé la main en 2007. Leur fille Marie-Ange a quitté les bureaux pour revenir à la terre. Celle de l'exploitation familiale avec ses 20 ha et de nombreux grands crus dans une cave riche de quelque 120 fûts de chêne.

Il faudra se montrer patient avec ce vin bien charpenté qui ne manque pas de caractère. À la finesse florale et fruitée du nez succède une bouche robuste, soutenue par un boisé plutôt bien maîtrisé. L'attaque est vive et droite; les agrumes et des notes vanillées ajoutent de la rondeur. Un vin généreux. ⧗ 2020-2028

EARL DOM. GUY ROBIN, 13, rue Berthelot, 89800 Chablis, tél. 03 86 42 12 63, contact@domaineguyrobin.com V r.-v.

DOM. ROY Bougros 2015

	1700		20 à 30 €

Héritier d'une lignée de vignerons remontant à l'Empire, Fernand Roy crée ce domaine en 1920, sur la rive droite du Serein, au nord de Chablis. Aujourd'hui, l'exploitation compte 18 ha ; elle est conduite par les troisième et quatrième générations : Claude Roy, épaulé par David et Karine.

Un an d'élevage en cuve pour ce vin un peu cachotier. Dans quelques années, il se livrera davantage à nos palais et libèrera son potentiel. En attendant, il s'exprime discrètement sur les fruits mûrs, les fleurs et la minéralité, et offre en bouche un bon mariage de la rondeur et de la vivacité. ⧗ 2021-2026

DOM. ROY, 71, Grand-Rue, 89800 Fontenay-près-Chablis, tél. 03 86 42 10 36, domaine.roy@orange.fr V r.-v.

SÉGUINOT-BORDET Les Preuses 2016 ★

	1300		30 à 50 €

Une des plus anciennes familles du Chablisien, établie à Maligny sur la rive droite du Serein. Jean-François Bordet a repris en 1998 l'exploitation de son grand-père Roger Séguinot. Le domaine couvre aujourd'hui 15 ha, complété par une activité de négoce.

Beaucoup d'élégance et de légèreté dans ce grand cru élevé en cuve. Le nez est séduisant avec ses arômes de fruits jaunes, d'abricot notamment. La bouche offre à la fois de la rondeur et une belle fraîcheur, encore renforcée par une finale iodée. ⧗ 2021-2026

DOM. SÉGUINOT-BORDET, 8, chem. des Hâtes, 89800 Maligny, tél. 03 86 47 44 42, contact@seguinot-bordet.fr V r.-v.

CH. DE VIVIERS Les Blanchots 2015

	4600		30 à 50 €

Un château classique du XVIIes. et un vignoble dont le vin fut servi au mariage de Louis XV. L'une des propriétés de la maison Lupé-Cholet (propriété du groupe Albert Bichot), fondée en 1903 à Nuits-Saint-Georges par deux aristocrates bourguignons, le

comte Mayol de Lupé et le vicomte de Cholet, et forte de 25 ha à Chablis et en Côte-d'Or.

Un classique du millésime, séduisant et bien équilibré. Le nez est un éventail d'arômes: floral, fruité, minéral, avec des notes beurrées et vanillées. La bouche est aussi complexe; on y retrouve les saveurs de fruits (agrumes, fruits secs) et une belle acidité sur fond boisé. Un vin alerte et plaisant. ⧗ 2021-2025

SCEA CH. DE VIVIERS, 45, rue Auxerroise, 89800 Chablis, tél. 03 80 61 25 05, bourgogne@lupe-cholet.com *Dom. Lupe Cholet*

GUILLAUME VRIGNAUD Blanchot 2015

	1066		20 à 30 €

Les Vrignaud ont planté leurs premières vignes en 1955. Ils ont débuté en 1999 la vente en bouteilles avec l'arrivée de Guillaume à la tête du domaine. Les 24 ha de vignes sont en conversion bio.

L'approche est élégante avec une belle robe brillante, et le nez séduit par ses tonalités exotiques. Un fruité que l'on retrouve dans une bouche franche et vive, soulignée par une minéralité discrète. ⧗ 2021-2025

GUILLAUME VRIGNAUD, 10, rue de Beauvoir, 89800 Fontenay-près-Chablis, tél. 03 86 42 15 69, guillaume@domaine-vrignaud.com V *r.-v.*

IRANCY

Superficie : 165 ha / Production : 6 800 hl

Ce petit vignoble situé à une quinzaine de kilomètres au sud d'Auxerre a vu sa notoriété confirmée, devenant AOC communale. Les vins d'Irancy ont acquis une réputation en rouge, grâce au césar (ou romain), cépage local datant peut-être du temps des Gaules. Ce dernier est assez capricieux; lorsqu'il a une production faible à normale, il imprime un caractère particulier au vin et, surtout, lui apporte un tanin permettant une très longue conservation. Lorsqu'il produit trop, il donne difficilement des vins de qualité; c'est la raison pour laquelle il n'a pas fait l'objet d'une obligation dans les cuvées. Le pinot noir, principal cépage de l'appellation, donne sur les coteaux d'Irancy un vin de qualité, très fruité, coloré. Les caractéristiques du terroir sont surtout liées à la situation topographique du vignoble, qui occupe essentiellement les pentes formant une cuvette au creux de laquelle se trouve le village. Le terroir déborde sur les deux communes voisines de Vincelotte et de Cravant, où les vins de la Côte de Palotte sont particulièrement réputés.

BAILLY-LAPIERRE 2015

■	35000		8 à 11 €

Aujourd'hui, 430 vignerons apportent leurs raisins à la cave de Bailly-Lapierre, qui fut à l'origine du crémant-de-bourgogne. Principal élaborateur d'effervescents de la région, la coopérative propose une vaste gamme de crémants de qualité, qui reposent dans les immenses galeries souterraines d'une ancienne carrière calcaire. Elle fournit aussi des vins tranquilles. Une valeur sûre.

Ce n'est pas pour son nez, très animal, avec des notes de sous-bois, que cet irancy intéresse. Sa bouche offre en revanche une belle matière, dense et ferme, soutenu par des tanins soyeux, quoique plus serrés en finale, et par une pointe de fraîcheur bienvenue. À attendre un peu. ⧗ 2020-2025

CAVES BAILLY-LAPIERRE, hameau de Bailly, quai de l'Yonne, 89530 Saint-Bris-le-Vineux, tél. 03 86 53 77 77, nathaliec@bailly-lapierre.fr V *t.l.j. 9h (sam. dim. 10h)-12h 14h-18h30*

BARDET ET FILS 2015 ★

■	3680		8 à 11 €

Les frères Bardet, Philippe et Michel, exploitent des vignes depuis 1991 à Préhy, mais leur caveau de dégustation est situé dans la petite cité de Noyers-sur-Serein. Leurs fils respectifs, Damien et Alexandre, ont rejoint le domaine familial de 9 ha, complété par une activité de négoce en 2009.

Très intense, le nez de cet irancy convoque la cerise et le cassis, agrémentés de quelques notes végétales et épicées. La bouche se montre vive en attaque, plus chaleureuse dans son développement, offrant un beau volume et une solide charpente. Du caractère et du potentiel. ⧗ 2021-2028

SCEA DE LA BORDE, Ferme de la Borde, 89310 Noyers-sur-Serein, tél. 03 86 82 61 49, vins.bardet@free.fr V *r.-v.*

DOM. JEAN-LOUIS ET JEAN-CHRIST BERSAN 2016 ★★

■	6500		11 à 15 €

Le village de Saint-Bris, dans l'Yonne, compte plusieurs Bersan. Fondé en 2009 après une scission familiale, le domaine de Jean-Louis et Jean-Christophe compte 21 ha répartis sur les communes de Chablis, Irancy et Saint-Bris, exploités en bio (certifié depuis 2012).

Une pointe (5 %) de césar accompagne le pinot noir dans ce vin sombre, dense et intense, ouvert sur les fruits noirs mûrs et les épices, à la fois très frais, ample et riche en bouche, étayé par des tanins fermes mais d'une réelle finesse de grain. Le coup de cœur fut mis aux voix. ⧗ 2021-2028

SCEA JEAN-LOUIS ET JEAN-CHRISTOPHE BERSAN, 20, rue du Dr-Tardieux, 89530 Saint-Bris-le-Vineux, tél. 03 86 53 33 73, jean-louis.bersan@wanadoo.fr V *r.-v.*

PASCAL BOUCHARD Les Vieilles Vignes 2015 ★

■	17000		11 à 15 €

Une maison de négoce établie à Chablis et spécialisée depuis le début du XXᵉs. dans les vins de l'Yonne. Elle est entrée dans le giron du groupe Albert Bichot en 2015.

À un nez intense de cerise burlat et de cassis sur fond de boisé grillé succède une bouche tout aussi fruitée, dense, élégante et très fraîche, structurée sans dureté aucune. ⧗ 2021-2025

BOURGOGNE

SAS PASCAL BOUCHARD,
3, rue du Pressoir, 89800 Chablis,
tél. 03 86 42 18 64, info@pascalbouchard.com
t.l.j. sf sam. dim. 8h30-12h 13h30-17h

♥ BENOÎT CANTIN
Palotte Élevé en fût de chêne 2016 ★★

■ | 1900 | | 11 à 15 €

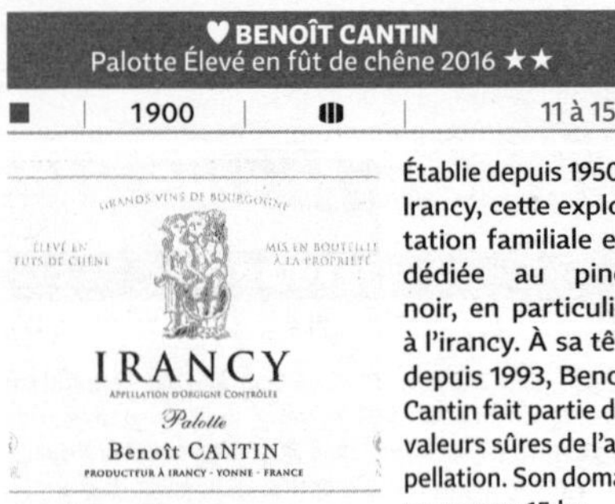

Établie depuis 1950 à Irancy, cette exploitation familiale est dédiée au pinot noir, en particulier à l'irancy. À sa tête depuis 1993, Benoît Cantin fait partie des valeurs sûres de l'appellation. Son domaine couvre 15 ha.

Cette cuvée n'en est pas à son premier coup de cœur. Elle fait à nouveau mouche avec une version 2016 épatante de bout en bout. On apprécie d'emblée la profondeur de sa robe rouge foncé, de même que l'intensité de son bouquet de cerise, de fumée et d'épices agrémenté d'une touche minérale. La bouche achève de convaincre: ample, ronde, riche, puissante, elle ne manque pas d'élégance, s'appuyant sur des tanins d'une grande finesse et sur un boisé racé. ⧗ 2022-2028 ■ **2016 ★ (8 à 11 €; 11700 b.)** : la cuvée principale du domaine est un vin bien équilibré entre le bois et le fruit (cassis, cerise), rond et structuré par des tanins soyeux. ⧗ 2021-2026

BENOÎT CANTIN, 35, chem. des Fossés,
89290 Irancy, tél. 03 86 42 21 96,
cantin.benoit@orange.fr
t.l.j. sf mer. dim. 9h30-17h30

MAISON DE LA CHAPELLE
Les Bâtardes 2015 ★

■ | 600 | | 20 à 30 €

Un tout jeune négoce créé en 2015 par Delphine et Grégory Viennois. La première est issue d'une famille de vignerons et a travaillé dans de grandes maisons de Bourgogne. Le second, bourguignon également et diplômé d'œnologie, présente un beau CV: il a appris le métier avec Nadine Gublin (Dom. Jacques Prieur) et Jean-Pierre de Smet (Dom. de l'Arlot), a vinifié au Ch. Smith-Haut-Lafitte, a été directeur technique de Michel Chapoutier et directeur général de Ferraton Père & Fils. Depuis 2011, il est directeur technique du Dom. Laroche à Chablis et suit comme consultant depuis 2006 la Quinta Do Monte d'Oiro au Portugal.

Coup de cœur l'an dernier avec un superbe 2014, cette maison de négoce revient avec un 2015 bien né, ouvert sur les fruits à noyau et les épices. En bouche, le vin se révèle très frais, presque acidulé, très fruité aussi, avec en soutien de beaux tanins soyeux. ⧗ 2021-2025

MAISON DE LA CHAPELLE,
24, rue du Serein, 89800 La Chapelle-Vaupelteigne,
tél. 03 86 18 96 33, contact@vins-maisondelachapelle.fr
r.-v. Delphine et Grégory Viennois

♥ DOM. COLINOT Cuvée Soufflot 2015 ★★

■ | 3600 | | 20 à 30 €

Un domaine de référence à Irancy, étendu sur 11 ha en propre et sur 2 ha en location auprès de Stéphanie Durup. Aux commandes, Anita Colinot et son chef de cave Thomas Carre, qui vinifie les lieux-dits les plus connus d'Irancy (Palotte, Les Mazelots, Côte du Moutier, Les Cailles, Boudardes...).

Valeur sûre de l'appellation, ce domaine signe ici une cuvée remarquable en tout point, qui fait référence au célèbre architecte Soufflot (créateur du Panthéon à Paris), aïeul des Colinot. Dans le verre, un irancy très sombre et dense, ouvert sans réserve sur des arômes de cassis et sur un boisé racé à l'olfaction, ample, riche et puissant en bouche, avec en soutien une belle fraîcheur et des tanins bien présents mais très fins. Pour la cave assurément. ⧗ 2022-2028 ■ **Les Cailles 2015 ★ (20 à 30 €; n.c.)** : élevé en cuve, un irancy fruité au nez comme en bouche (fraise, mûre écrasée), bien équilibré entre une chair ronde, une agréable fraîcheur et des tanins soyeux. ⧗ 2021-2024

DOM. COLINOT, 1, rue des Chariats,
89290 Irancy, tél. 06 87 15 47 29, earlcolinot@orange.fr
r.-v.

CLOTILDE DAVENNE 2015 ★

■ | 8000 | | 11 à 15 €

Cette vigneronne œnologue a travaillé chez Jean-Marc Brocard avant de créer en 2005 son exploitation au sud de Chablis: une mosaïque de 23 ha plantés de tous les cépages bourguignons. Elle privilégie les élevages en cuve, quel que soit le cépage, pour préserver la subtilité du terroir. Une activité de négoce complète la gamme de vins issus de la Bourgogne septentrionale.

César (10 %) et pinot noir sont associés dans cet irancy expressif, fruité (groseille, framboise), mentholé, réglissé et bien épicé au nez. La bouche se montre puissante, fraîche et corsée, dotée de bons tanins pour la garde. Un beau classique. ⧗ 2021-2028

CLOTILDE DAVENNE, 3, rue de Chantemerle,
89800 Préhy, tél. 03 86 41 46 05, serviceclient@clotildedavenne.fr t.l.j. sf dim. 9h-12h30 13h30-18h 2

CHRISTOPHE FERRARI 2016 ★

■ | 10 000 | | 11 à 15 €

À l'occasion des vendanges 1981, Christophe Ferrari a une révélation: il sera vigneron. Le temps de terminer ses études, il s'installe en 1987 à Irancy comme jeune viticulteur. Il exploite aujourd'hui 21 ha en irancy et en chablis, épaulé par ses fils James et Nicolas, arrivés respectivement en 2012 et 2013.

D'un rouge clair, cet irancy dévoile un nez intense de cerise, bien typé pinot. En bouche, il se montre vif en attaque, dense et solide dans son développement, soutenu par des tanins fermes et prolongé par de beaux amers en finale. Un joli vin de garde. ⧗ 2021-2028 ■ **La Bergère 2015 (15 à 20 €; 1800 b.)** : vin cité.

JAMES ET NICOLAS FERRARI, 7, chem. des Fossés, 89290 Irancy, tél. 03 86 42 33 43, irancy.ferrari@orange.fr t.l.j. sf dim. 8h-12h 14h-18h30

FRANCK GIVAUDIN 2016 ★

■ | 19000 | | 11 à 15 €

Créé en 1963, ce domaine de 13 ha est installé à Irancy dans une maison vigneronne construite en 1783. Franck Givaudin a repris l'exploitation familiale en 1998. Il propose majoritairement des vins rouges de l'appellation communale au nom du village.

Cet irancy présente un joli nez frais et soutenu de cerise, de pivoine et de poivre. En bouche, il offre beaucoup d'intensité et d'équilibre autour de tanins présents sans astringence et d'un beau retour du fruit et des épices. ⧗ 2020-2025

FRANCK GIVAUDIN, sentier de la Bergère, 89290 Irancy, tél. 06 86 72 71 70, franck.givaudin@wanadoo.fr r.-v.

DOM. HEIMBOURGER Cuvée Pierre 2015 ★

■ | 5000 | | 8 à 11 €

Installée dans l'Yonne, la famille Heimbourger cultive la vigne depuis trois générations. Le domaine a été constitué en 1960 par Pierre Heimbourger et repris en 1994 par son fils Olivier. Il couvre 17 ha dans les appellations bourgogne, irancy et chablis.

Un peu de césar (5 %) accompagne le pinot noir dans ce vin au nez frais, floral et fruité. La bouche est ample et bien équilibrée, soutenue par une belle fraîcheur, un boisé discret et des tanins fins. ⧗ 2021-2028

OLIVIER HEIMBOURGER, 5, rue de la Porte-de-Cravant, 89800 Saint-Cyr-les-Colons, tél. 03 86 41 40 88, heimbourger@wanadoo.fr r.-v.

DOM. DE MAUPERTHUIS Palotte 2015 ★

■ | 1000 | | 15 à 20 €

Installés en Tonnerrois depuis 1992, Laurent et Marie-Noëlle Ternynck conduisent un vignoble de 14 ha. Ils signent des vins très souvent en bonne place dans le Guide, notamment en appellations régionales.

Le césar entre à hauteur de 15 % aux côtés du pinot noir dans cet irancy d'un abord fermé, qui s'ouvre à l'aération sur la fraise, la mûre et la réglisse. La bouche apparaît souple en attaque, ronde et généreuse dans son développement, soutenue par des tanins fondus et un boisé discret. ⧗ 2021-2025

DOM. DE MAUPERTHUIS, 3, grande-rue de Chablis, 89800 Prehy, tél. 03 86 41 42 70, ternynck@hotmail.com r.-v. Ternynck

SIMONNET-FEBVRE 2015

■ | 6376 | | 11 à 15 €

Reprise en 2003 par Louis Latour, cette maison de négoce-éleveur, fondée en 1840 et dirigée aujourd'hui par Jean-Philippe Archambaud, est une référence en Chablisien. Une solide renommée qui dépasse largement les frontières de France, 85 % de la production partant à l'export.

Discret mais élégant, le nez de cet irancy évoque la cerise et la violette après agitation du verre. La bouche se révèle souple et ronde, dotée de tanins fondus. Une bouteille que l'on pourra apprécier dans sa jeunesse. ⧗ 2019-2023

SIMONNET-FEBVRE, 30, rte de Saint-Bris, 89530 Chitry, tél. 03 86 98 99 00, adv@simonnet-febvre.com t.l.j. sf dim. lun. 9h-12h 14h-17h30 Louis-Fabrice Latour

DOM. VERRET Élevé en fût de chêne 2016 ★★

■ | 25000 | | 11 à 15 €

La famille Verret cultive la vigne depuis deux siècles et demi dans l'Yonne. Pionnier dans le vignoble de l'Auxerrois pour la mise en bouteilles et la commercialisation directe pratiquées dès les années 1950, ce vaste domaine (60 ha) demeuré familial fréquente très régulièrement les pages du Guide, notamment pour ses irancy, saint-bris, bourgognes Côtes d'Auxerre et bourgogne-aligoté.

Le coup de cœur fut mis aux voix pour cette cuvée née de pinot noir et de césar (5 %). Ses arguments: une belle robe grenat soutenu, un nez non moins intense et élégant de fruits rouges mâtinés de nuances florales, boisées et épicées, une bouche ronde et puissante, aux tanins veloutés. ⧗ 2020-2025 ■ **L'Âme du domaine 2015 ★ (15 à 20 €; 6500 b.)** : un irancy ouvert sur le boisé au premier nez, plus fruité à l'aération. En bouche, on retrouve les notes d'élevage, dominantes, en appoint de tanins fermes. Un beau vin de garde. ⧗ 2021-2028

BRUNO VERRET, 13, rte de Champs, 89530 Saint-Bris-le-Vineux, tél. 03 86 53 31 81, dverret@domaineverret.com t.l.j. sf dim. 10h-12h 14h-18h30

SAINT-BRIS

Superficie : 133 hl / Production : 7 950 hl

VDQS (1974) puis AOC (2001), les saint-bris proviennent essentiellement de la commune du même nom. L'appellation est réservée au sauvignon. Ce cépage est surtout planté sur les plateaux calcaires, où il atteint toute sa puissance aromatique. Contrairement aux vins de sauvignon de la vallée de la Loire ou du Sancerrois, le saint-bris fait généralement sa fermentation malolactique, ce qui lui confère une certaine souplesse.

CHRISTOPHE AUGUSTE 2017 ★

□ | 24000 | | 5 à 8 €

Installé en 1988 sur le domaine familial créé après 1945, Christophe Auguste se distingue régulièrement dans ces pages, notamment avec ses bourgognes Coulanges-la-Vineuse. Il conduit un vignoble de 34 ha.

Un élevage très court (quatre mois) pour ce vin jeune et encore réservé au nez. Pour autant, celui-ci ne manque pas de délicatesse, tout comme la bouche qui s'exprime

BOURGOGNE

avec une belle persistance sur le fruit (agrumes) et la minéralité. ⧗ 2019-2021

SCEA CHRISTOPHE AUGUSTE, 55, rue André-Vildieu, 89580 Coulanges-la-Vineuse, tél. 03 86 42 35 04, scea-christophe.auguste@orange.fr r.-v.

JEAN-FRANÇOIS ET PIERRE-LOUIS BERSAN
Cuvée Marianne 2015 ★★

10000		11 à 15 €

Ce domaine (20 ha de vignes), aussi maison de négoce, a été restructuré en 2010 par Pierre-Louis Bersan et son père Jean-François, issus d'une famille implantée à Saint-Bris depuis 1453 et vingt-deux générations. Depuis, leurs vins fréquentent régulièrement ces pages.

Un sauvignon dans tous ses états, exubérant, dense et plein de potentiel. Centré sur les agrumes et les fruits exotiques, le nez ne peut renier son cépage. La bouche dégage une belle puissance aromatique autour des agrumes, de notes épicées, d'une pointe de réglisse et d'une belle finale minérale. ⧗ 2019-2023

JEAN-FRANÇOIS ET PIERRE-LOUIS BERSAN, 5, rue du Dr.-Tardieux, 89530 Saint-Bris-le-Vineux, tél. 03 86 53 07 22, domainejfetplbersan@orange.fr t.l.j. 8h-12h 14h-18h; dim. sur r.-v.

JEAN-LOUIS ET JEAN-CHRISTOPHE BERSAN
Saint-Bris Classique 2016

7000		8 à 11 €

Le village de Saint-Bris, dans l'Yonne, compte plusieurs Bersan. Fondé en 2009 après une scission familiale, le domaine de Jean-Louis et Jean-Christophe compte 21 ha répartis sur les communes de Chablis, Irancy et Saint-Bris, exploités en bio (certifié depuis 2012).

Un an d'élevage en fûts pour ce vin plutôt fringant. Un boisé bien maîtrisé s'exprime surtout au nez. La bouche vaut par sa fraîcheur et son énergie. ⧗ 2018-2021

SCEA JEAN-LOUIS ET JEAN-CHRISTOPHE BERSAN, 20, rue du Dr-Tardieux, 89530 Saint-Bris-le-Vineux, tél. 03 86 53 33 73, jean-louis.bersan@wanadoo.fr r.-v.

CLOTILDE DAVENNE 2017

20000		11 à 15 €

Cette vigneronne œnologue a travaillé chez Jean-Marc Brocard avant de créer en 2005 son exploitation au sud de Chablis: une mosaïque de 23 ha plantés de tous les cépages bourguignons. Elle privilégie les élevages en cuve, quel que soit le cépage, pour préserver la subtilité du terroir. Une activité de négoce complète la gamme de vins issus de la Bourgogne septentrionale.

Il faudra être un peu patient pour apprécier ce jeune sauvignon encore discret mais prometteur. C'est surtout le nez qui hésite à se livrer. En bouche, la matière fruitée est bien là, légèrement austère, avec une belle acidité qui amène de la fraîcheur et du potentiel. ⧗ 2020-2024

CLOTILDE DAVENNE, 3, rue de Chantemerle, 89800 Préhy, tél. 03 86 41 46 05, serviceclient@clotildedavenne.fr t.l.j. sf dim. 9h-12h30 13h30-18h

♥ DOM. FÉLIX ET FILS 2016 ★★

11500		8 à 11 €

Ancien fonctionnaire, Hervé Félix, cédant à un vieil atavisme, reprend en 1987 l'exploitation où les siens se sont succédé de père en fils depuis le XVIIe s. Établi à Saint-Bris, gros village viticole de l'Yonne, il propose de nombreux types de vins. Son domaine couvre 32 ha, conduit de manière «très raisonnée», proche du bio.

Hervé Félix est un passionné du terroir et sa passion se traduit dans ses vins. Ce sauvignon a séduit le jury qui y a vu «le top» de l'appellation sur ce millésime 2016. Fruité et floral au nez, riche et délicat en bouche, c'est un vin très harmonieux et d'une grande franchise, d'une finesse et d'une fraîcheur épatantes. ⧗ 2019-2023

DOM. FÉLIX, 17, rue de Paris, 89530 Saint-Bris-le-Vineux, tél. 03 86 53 33 87, domaine.felix@wanadoo.fr t.l.j. sf dim. 9h-12h 14h-18h30

DOM. ANNE ET ARNAUD GOISOT 2016

10000		5 à 8 €

Installé depuis 1981 à Saint-Bris dans une maison bourgeoise du XIXe s., au milieu d'un parc arboré, ce couple de vignerons est aujourd'hui à la tête de 25 ha et s'illustre régulièrement avec ses Côtes d'Auxerre.

Une cuvée typique de l'appellation, au nez intense de fruits exotiques, à la bouche fraîche, alerte et persistante sur le fruit. ⧗ 2018-2020

GOISOT, Caves 4 bis, rte de Champs, 89530 Saint-Bris-le-Vineux, tél. 03 86 53 32 15, aa.goisot@wanadoo.fr r.-v.

JEAN-HUGUES ET GUILHEM GOISOT
Moury 2016

6727		8 à 11 €

Une valeur sûre de l'Auxerrois que ce domaine, installé dans une ancienne place forte de Saint-Bris abritant un corps de garde. Jean-Hugues Goisot et son fils Guilhem exploitent en biodynamie un vignoble de 28 ha et élèvent leurs vins dans de vénérables caves des XIe et XIIe s.

Dans la gamme des sauvignons du domaine, on connait bien Exogyra Virgula, un peu moins la cuvée Moury. Celle-ci est très tendue, droite comme un i, avec un minéralité qui règne sans partage aussi bien au nez qu'en bouche. À attendre un peu. ⧗ 2019-2022

GUILHEM ET JEAN-HUGUES GOISOT, 30, rue Bienvenu-Martin, 89530 Saint-Bris-le-Vineux, tél. 03 86 53 35 15, domaine.jhg@goisot.com r.-v.

DOM. GÉRARD PERSENOT 2017

9000		5 à 8 €

Un domaine familial icaunais conduit de père en fils depuis 1858. Gérard Persenot en a pris les commandes en 1978.

Il est juste sorti du berceau ce saint-bris 2017, une raison suffisante pour qu'il soit encore discret à l'heure de la dégustation. On retiendra la fraîcheur de sa jeunesse, son fruité et sa belle vivacité en bouche. Il a tous les gènes d'un bon sauvignon. ⧗ 2019-2022

GÉRARD PERSENOT, 20, rue de Gouaix, 89530 Saint-Bris-le-Vineux, tél. 03 86 53 61 46, gerard@persenot.com V r.-v.

DOM. PETITJEAN 2016

	2660		5 à 8 €

Au cœur du village de Saint-Bris, dans un dédale de rues étroites, cette cave a été créée en 1950. Incarnant la quatrième génération, Romaric et Mathias Petitjean ont repris en 1999 l'exploitation familiale, qui compte 21 ha de vignes.

Un classique avec son nez floral teinté d'arômes exotiques. Il est aussi flatteur en bouche, d'un bon volume et bien fruité (mangue, litchi, pamplemousse, à l'unisson du bouquet. Un vin harmonieux. ⧗ 2018-2021

ROMARIC ET MATHIAS PETITJEAN, 16, rue Basse, 89530 Saint-Bris-le-Vineux, tél. 06 29 73 66 64, domainepetitjean@orange.fr V *t.l.j. sf dim. 8h-12h 14h-19h*

DOM. SORIN DE FRANCE 2017

	150000		5 à 8 €

Les Sorin exploitent la vigne depuis 1577. Jean-Michel Sorin et son épouse Madeleine De France, installés depuis 1965 sur le domaine familial, ont passé le relais à leurs deux fils jusuqu'en 2015 et la reprise par la troisième génération (Maude et son frère Sébastien), à la tête aujourd'hui de 45 ha de vignes.

Seulement trois mois d'élevage en cuve pour ce sauvignon qui s'exprime avec élégance à travers un nez associant le zeste de citron et les fleurs blanches. Les agrumes sont très présents en bouche, accompagnés de quelques notes herbacées qui apportent un surcroît de vivacité. ⧗ 2018-2021

SORIN, 11 bis, rue de Paris, 89530 Saint-Bris-le-Vineux, tél. 03 86 53 32 99, sorin@domainesorindefrance.com V *t.l.j. sf dim. 9h-12h 14h-18h*

DOM. VERRET 2016

	25000		5 à 8 €

La famille Verret cultive la vigne depuis deux siècles et demi dans l'Yonne. Pionnier dans le vignoble de l'Auxerrois pour la mise en bouteilles et la commercialisation directe pratiquées dès les années 1950, ce vaste domaine (60 ha) demeuré familial fréquente très régulièrement les pages du Guide, notamment pour ses irancy, saint-bris, bourgognes Côtes d'Auxerre et bourgogne-aligoté.

Ce vin demande un peu de patience. Pour autant, il dégage d'ores et déjà une belle finesse au nez et une agréable vivacité en bouche. Si le premier se partage entre les arômes de fleurs blanches et les fruits exotiques, le palais est une ligne droite tracée par la minéralité. ⧗ 2019-2023

BRUNO VERRET, 13, rte de Champs, 89530 Saint-Bris-le-Vineux, tél. 03 86 53 31 81, dverret@domaineverret.com V *t.l.j. sf dim. 10h-12h 14h-18h30*

LA CÔTE DE NUITS

La Côte de Nuits s'allonge jusqu'au Clos des Langres, sur la commune de Corgoloin. C'est une côte étroite (quelques centaines de mètres seulement), coupée de combes de style alpestre avec des bois et des rochers, soumise aux vents froids et secs. Elle compte vingt-neuf appellations, avec des villages aux noms prestigieux: Gevrey-Chambertin, Chambolle-Musigny, Vosne-Romanée, Nuits-Saint-Georges... Les 1ers crus et les grands crus (chambertin, clos-de-la-roche, musigny, clos-de-vougeot) se situent à une altitude comprise entre 240 et 320 m. C'est dans ce secteur que l'on trouve les plus nombreux affleurements de marnes calcaires, au milieu d'éboulis variés; les vins rouges les plus structurés de toute la Bourgogne, aptes aux plus longues gardes, en sont issus.

BOURGOGNE

BOURGOGNE-HAUTES-CÔTES-DE-NUITS

Superficie : 657 ha
Production : 28 750 hl (80 % rouge)

L'appellation s'applique à des vins rouges, rosés et blancs nés dans 16 communes de l'arrière-pays, ainsi que sur les parties de communes situées au-dessus des appellations communales et des crus de la Côte de Nuits. Cette production a augmenté notablement depuis 1970, date avant laquelle ce secteur proposait des vins plus régionaux, bourgogne-aligoté essentiellement. C'est à cette époque que des terrains, plantés avant le phylloxéra, ont été reconquis. La reconstitution du vignoble s'est accompagnée d'un effort touristique, avec en particulier la construction d'une Maison des Hautes-Côtes où l'on peut découvrir les productions locales – dont les liqueurs de cassis et de framboise.
Les coteaux les mieux exposés donnent certaines années des vins qui peuvent rivaliser avec des parcelles de la Côte, notamment en blanc: le chardonnay, d'un millésime à l'autre, donne des vins d'une meilleure régularité que le pinot noir.

YVES BAZIN
Vieilli en fût de chêne 2015 ★

■	4500		11 à 15 €

Installé à Villars-Fontaine, au cœur des Hautes-Côtes de Nuits, Yves Bazin a repris en 1982 l'exploitation familiale alors dédiée à la culture des petits fruits et des céréales qu'il a planté entièrement en vigne: près de 12,5 ha aujourd'hui, exploités avec son épouse et, depuis 2013, avec sa fille Madeline.

La mention « Vieilli en fût de chêne » n'est ici pas qu'une simple formule: ce vin a passé vingt-quatre mois sous bois. Pour autant la fraîcheur et l'intensité du fruit sont parfaitement mis en avant. Après une attaque en souplesse, la bouche se révèle bien équilibrée, alerte et élégante. ⧗ 2019-2023

YVES BAZIN, 2, rte de la Côte-de-Nuits, 21700 Villars-Fontaine, tél. 03 80 61 35 25, contact@domaine-bazin.fr V *t.l.j. sf dim. 9h-12h 14h-18h30*

La Côte de Nuits

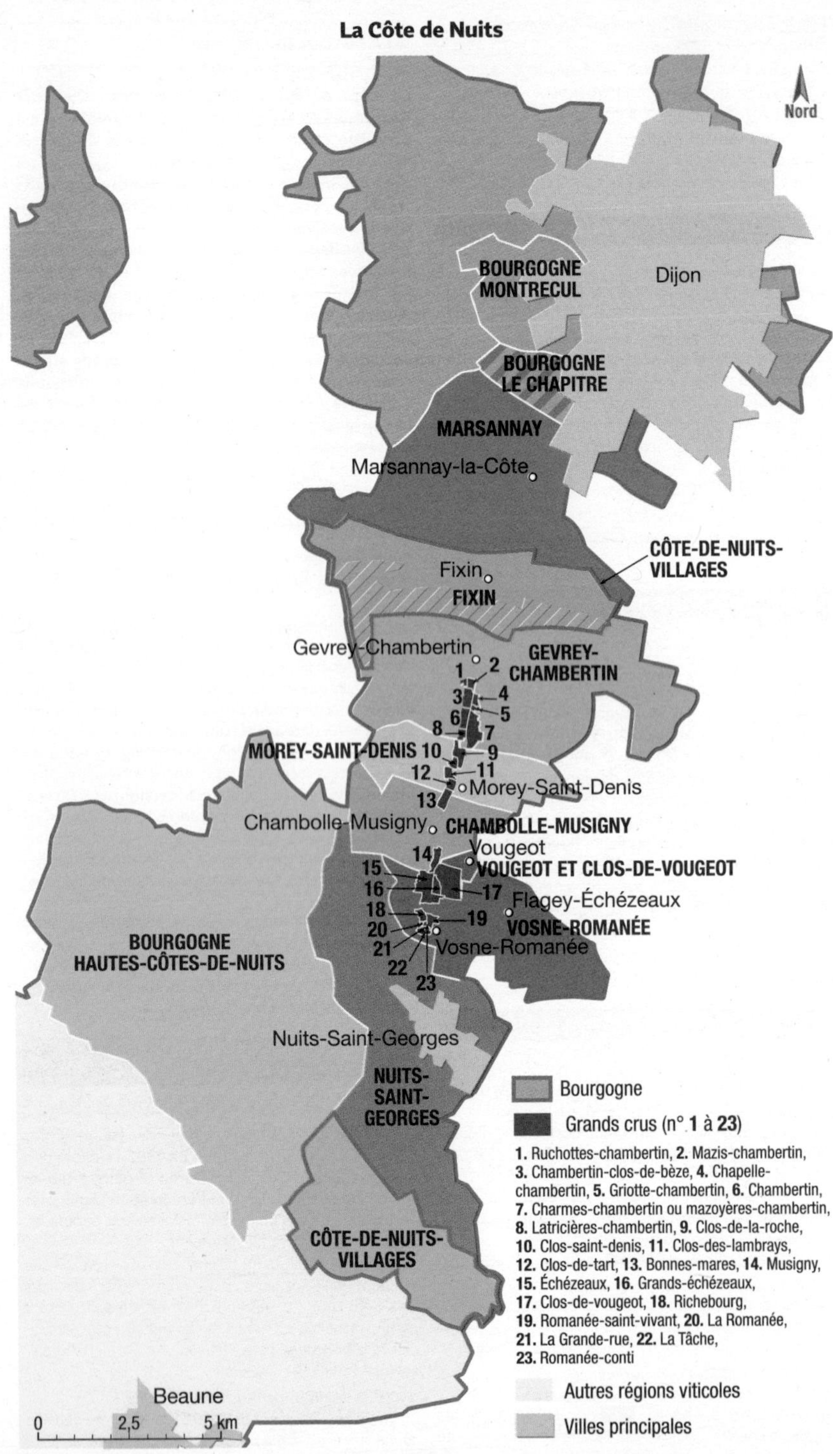

JULIEN CRUCHANDEAU Les Valençons 2016 ★

■ | 2000 | | 15 à 20 €

Le jeune Julien Cruchandeau, originaire de Chenôve, a longtemps eu deux vies: viticulteur donc, et musicien jusqu'en 2010, avant de se consacrer pleinement à son domaine créé en 2003: 6 ha répartis sur les trois Côtes (de Beaune, de Nuits et chalonnaise).

Les cuvaisons de Julien Cruchandeau sont longues et le fût neuf est largement utilisé (50 % ici); des signes de l'ambition que porte le vigneron pour cette cuvée. Une cuvée dont on apprécie la finesse aromatique (cassis, framboise, fruits jaunes), la belle ampleur et le velouté en bouche. ⧗ 2019-2023

JULIEN CRUCHANDEAU, 2-4, rue Robert, 21700 Chaux, tél. 06 74 85 79 62, contact@domaine-cruchandeau.com V r.-v.

♥ RAPHAËL DUBOIS 2016 ★★

□ | 3500 | | 11 à 15 €

Béatrice Dubois et son frère Raphaël, installés depuis 1991, conduisent une vingtaine d'hectares de vignes dans les deux Côtes. La première vinifie, après avoir passé plusieurs années à l'étranger; le second s'occupe de la vente. Ils ont développé en 2000 une affaire de négoce pour étoffer leur gamme.

À la création de la partie négoce, seules les appellations chambolle-musigny et vosne-romanée étaient proposées. La société s'est ensuite diversifiée afin d'avoir une gamme plus représentative de la Bourgogne. Le chardonnay ne craint pas les terroirs un peu plus frais des Hautes-Côtes-de-Nuits, bien au contraire. Les Dubois ont su parfaitement en tirer partie et proposent une cuvée élégante, aux notes de fleurs blanches et d'agrumes. En bouche, le gras et la rondeur obtenus par une bonne maturité des raisins sont équilibrés par une touche de vivacité citronnée. Un vin gourmand et d'ores et déjà savoureux. ⧗ 2019-2023

SARL RAPHAËL DUBOIS, 24, rte de la Courtavaux, 21700 Premeaux-Prissey, tél. 03 80 62 30 61, rdubois@wanadoo.fr V t.l.j. 9h-11h30 13h30-17h30; sam. dim. sur r.-v.

DOM. GUY ET YVAN DUFOULEUR
Les Dames Huguettes 2016

■ | 17000 | | 15 à 20 €

Les Dufouleur perpétuent une tradition vigneronne qui remonte à la fin du XVIe s. Le domaine actuel est né de la fusion en 2007 de la propriété familiale avec le Dom. Yvan Dufouleur créé en 1991. Guy étant décédé, le vignoble (27 ha) est aujourd'hui dirigé par son fils aîné Yvan, épaulé à la gérance par Xavier, frère de Guy.

Le domaine exploite 3 ha de ce terroir de référence, situé juste au-dessus de Nuits-Saint-Georges. Des vignes de trente-cinq ans ont donné un vin aux arômes expressifs et frais de cassis et de groseille accompagnés d'une note vanillée, d'un bon volume mais plutôt léger en bouche, porté par des tanins soyeux. ⧗ 2019-2023

DOM. GUY ET YVAN DUFOULEUR, 15, rue Thurot, BP 80138, 21700 Nuits-Saint-Georges, tél. 03 80 61 09 35, gaelle.dufouleur@21700-nuits.com V t.l.j. sf dim. 9h-12h30 14h-19h

DOM. MICHEL GROS Au Vallon 2016 ★

■ | 7300 | | 15 à 20 €

L'aîné de la famille Gros – Anne-Françoise (A.-F. Gros) et Bernard (Gros Frère et Sœur) ont chacun leur domaine – a débuté en 1979 avec 2 ha en Hautes-Côtes. Il conduit aujourd'hui 23 ha et s'illustre régulièrement avec ses vosne-romanée, ses nuits-saint-georges et ses hautes-côtes.

Il s'agit d'une nouvelle cuvée dans la gamme du domaine. Le vin était auparavant assemblé aux autres parcelles dans la même appellation. Une première réussie. Des notes de framboise et de cerise montent au nez. La bouche montre une certaine puissance, mais sans rugosité, enrobée par un boisé bien intégré, et la finale présente une petite pointe de vivacité qui lui confère une belle allonge. ⧗ 2020-2023

MICHEL GROS, 7, rue des Communes, 21700 Meuilley, tél. 03 80 61 04 69, contact@domaine-michel-gros.com V r.-v.

DOM. DOMINIQUE GUYON
Les Dames de Vergy 2016 ★

■ | 25000 | | 15 à 20 €

Ce domaine s'est constitué à partir des années 1960 sur un vaste vignoble de 48 ha, principalement en 1ers et en grands crus, allant de Gevrey-Chambertin à Meursault. Une exploitation régulière en qualité, conduite par Dominique Guyon, fils d'Antonin.

Un élevage mixte cuve et fût a permis de bien respecter la fraîcheur aromatique de ce vin, ouvert sur les fruits noirs et rouges, mais aussi de patiner un peu les tanins. L'ensemble donne un hautes-côtes harmonieux, que l'on pourra apprécier sans trop attendre. ⧗ 2019-2023

DOM. DOMINIQUE GUYON, 21420 Savigny-lès-Beaune, tél. 03 80 67 13 24, domaine@guyon-bourgogne.com V r.-v.

MANUEL OLIVIER 2016

□ | 4930 | | 11 à 15 €

Installé en 1990, Manuel Olivier, fils d'agriculteurs, a commencé par cultiver les vignes et petits fruits dans les Hautes-Côtes de Nuits. Aujourd'hui spécialisé en viticulture, il exploite un vignoble de 11 ha, complété depuis 2007 par une structure de négoce qui lui a permis de mettre un pied en Côte de Beaune.

Les fermentations ont été réalisées à parts égales en fût et en cuve Inox. Une approche qui convient bien à cette cuvée aux notes de fruits blancs, de pomme verte notamment. L'attaque en bouche est ample, laissant place à une matière d'une engageante légèreté. ⧗ 2018-2023

SARL MANUEL OLIVIER, 7, rue des Grandes-Vignes, hameau de Corboin, 21700 Nuits-Saint-Georges, tél. 03 80 62 39 33, contact@domaine-olivier.com V r.-v.

HENRI ET GILLES REMORIQUET 2016 ★

■ | 3700 | 🛢 | 11 à 15 €

Les Remoriquet travaillaient déjà la vigne au XVIIe s. pour les moines de l'abbaye de Cîteaux. Depuis quatre générations, ils ont constitué peu à peu leur propre parcellaire: 10,5 ha de vignes, à Nuits-Saint-Georges et à Vosne-Romanée notamment. Œnologue, Gilles Remoriquet est aux commandes depuis 1979.

Les cuvaisons des raisins, après un éraflage total, sont assez longues au domaine. Le temps d'extraire un joli fruit, sur une dominante de mûre, et des tanins élégants, dotés d'une pointe de fermeté en finale qui donnent du relief au vin. ⧗ 2019-2023

GILLES REMORIQUET, 25, rue de Charmois, 21700 Nuits-Saint-Georges, tél. 03 80 61 24 84, domaine.remoriquet@wanadoo.fr V 🚶 🍷 *r.-v.*

DOM. THÉVENOT-LE BRUN ET FILS
Clos du Vignon 2016 ★

□ | 4130 | 🛢 🍾 | 11 à 15 €

Un vaste domaine de 28 ha au cœur des Hautes-Côtes de Nuits, créé en 1960 par Maurice Thévenot-Le Brun, l'un des pères fondateurs des hautes-côtes modernes. À sa tête depuis 2010, son petit-fils Nicolas, qui a succédé à son père Daniel et à son oncle Jean.

Un beau terroir des hautes-côtes-de-nuits qui, entre les mains de Nicolas Thévenot, donne une cuvée très régulièrement présente dans les colonnes du Guide. Des notes de fruits blancs et jaunes se déploient avec intensité au nez, agrémenté de la fraîcheur des agrumes. Un fruité frais prolongé par une bouche alerte, d'une belle tension. ⧗ 2019-2021

DOM. THÉVENOT-LE BRUN ET FILS, 36, Grande-Rue, 21700 Marey-lès-Fussey, tél. 03 80 62 91 64, thevenot-le-brun@wanadoo.fr V 🚶 🍷 *t.l.j. sf dim. 10h-12h 14h-18h*

MARSANNAY

Superficie : 227 ha
Production : 9 650 hl (85 % rouge et rosé)

Les géographes discutent encore sur les limites nord de la Côte de Nuits car, au XIXe s., un vignoble couvrant les communes situées de part et d'autre de Dijon constituait la Côte dijonnaise. Aujourd'hui, à l'exception de quelques vestiges comme les Marcs d'Or et les Montreculs, l'urbanisation a chassé les ceps de Dijon et de la commune voisine de Chenôve. Marsannay, puis Couchey ont longtemps approvisionné la ville de grands ordinaires et manqué en 1935 le coche des AOC communales. Petit à petit, les viticulteurs ont replanté ces terroirs en pinot, et la tradition du rosé – vendu sous l'appellation «bourgogne rosé de Marsannay» – s'est développée. Puis ils ont de nouveau proposé des vins rouges et blancs comme avant le phylloxéra et, après plus de vingt-cinq ans d'efforts et d'enquêtes, l'AOC marsannay a été reconnue en 1987.
L'appellation se décline en «marsannay rosé» et «marsannay» (vins rouges et vins blancs). Le rosé peut être produit sur une aire plus extensive, dans le piémont sur les graves, tandis que rouges et blancs doivent provenir uniquement du coteau des trois communes de Chenôve, Marsannay-la-Côte et Couchey.
Les marsannay rouges sont charnus, un peu sévères dans leur jeunesse; il faut les attendre quelques années. Peu répandus dans la Côte de Nuits, les vins blancs sont ici particulièrement recherchés pour leur finesse et leur solidité. Il est vrai que le chardonnay, mais aussi le pinot blanc, trouvent dans des niveaux marneux propices leur terroir d'élection.

DOM. CHARLES AUDOIN
Au Champ Salomon 2015 ★

■ | 2250 | 🛢 | 15 à 20 €

Cyril Audoin (cinquième génération) a repris en 2008 le domaine familial, après des stages à Petrus (Pomerol), puis en Californie. Le vignoble couvre 14 ha, dont 12 ha plantés dans le village d'élection du domaine: Marsannay.

Un vin bien construit et équilibré en provenance d'un terroir de la commune de Couchey (sud de l'appellation), un *climat* qui pourrait faire partie des futurs 1ers crus de l'appellation. De puissants arômes de fruits noirs s'expriment au nez. En bouche, de la rondeur et même un côté crémeux autour de tanins veloutés qui assurent un profil gourmand à ce marsannay. ⧗ 2020-2024 ■ **Les Longeroies 2015 (15 à 20 €; 6000 b.)** : vin cité.

DOM. CHARLES AUDOIN, 7, rue de la Boulotte, 21160 Marsannay-la-Côte, tél. 03 80 52 34 24, domaine-audoin@orange.fr V 🚶 🍷 *r.-v.*

JEAN-CLAUDE BOISSET 2016 ★

□ | 4600 | 🛢 | 11 à 15 €

Un important négoce créé en 1961 par Jean-Claude Boisset qui, installé à Nuits-Saint-Georges dans l'ancien couvent des Ursulines, est propriétaire de vignes dans toute la Bourgogne, et aussi dans d'autres vignobles en France et à l'étranger. Depuis 2002, Grégory Patriat, le vinificateur, s'attache à élaborer des cuvées haut de gamme, dans une approche «domaine».

Avec un élevage de seize mois à 30 % en fûts neufs, Grégory Patriat ne cache pas ses ambitions pour les vins blancs de l'appellation. Le pari est payant puisque le vin fait preuve d'intensité aromatique (noisette grillée, fleurs blanches), d'une belle ampleur, de rondeur sans aucune lourdeur et d'une convaincante longueur. ⧗ 2019-2023

JEAN-CLAUDE BOISSET, 5, quai Dumorey, 21700 Nuits-Saint-Georges, tél. 03 80 62 61 61, contact@boisset.fr V 🚶 🍷 *r.-v.*

DOM. RÉGIS BOUVIER Clos du Roy 2016

■ | 2000 | 🛢 | 15 à 20 €

Régis Bouvier a fondé en 1981 ce domaine (2 ha au départ, 15,3 ha aujourd'hui), qui s'étend de Marsannay, son fief, dont il défend les couleurs avec brio, à Morey, en passant par Fixin et Gevrey. Une activité de négoce lui permet de compléter sa gamme.

Un terroir situé tout au nord de l'appellation, sur la commune de Chenôve. Nous sommes donc à proximité immédiate de Dijon, ancienne capitale du duché de Bourgogne... Le nez dégage une certaine fraîcheur autour de notes de framboise et de cerise accompagnées par un boisé fondu. Arômes repris par une bouche plutôt souple, à la finale saline. ⧗ 2019-2023

⊶ RÉGIS BOUVIER, 52, rue de Mazy, 21160 Marsannay-la-Côte, tél. 03 80 51 33 93, dom.reg.bouvier@hotmail.fr V *r.-v.*

DOM. PHILIPPE CHARLOPIN
En Montchenevoy 2015 ★★

■ | n.c. | ◍ | 30 à 50 €

Repris en 1977, ce domaine familial, passé de 1,5 ha à 25 ha aujourd'hui, est en conversion bio. Avec son fils Yann, Philippe Charlopin fait partie des vignerons emblématiques de Gevrey-Chambertin et plus généralement de la Côte de Nuits. Il propose une large palette de vins, des *villages* aux grands crus du Chablisien, de la Côte de Beaune et de la Côte de Nuits. On ne compte plus ses étoiles et coups de cœur « vendangés » dans le Guide. Incontournable.

Situé entre le Clos du Roy et Les Longeroies, ce *climat* de petite taille fait partie des terroirs à fort potentiel de l'appellation. Avec une dominante florale (pivoine, rose) dans son expression aromatique, ce vin se distingue par son élégance. La bouche fine, ample, élancée, aux tanins délicats renforce cette perception de raffinement. Déjà plaisant, il saura certainement vieillir avec noblesse. ⧗ 2021-2025

⊶ DOM. PHILIPPE CHARLOPIN, 18, rte de Dijon, 21220 Gevrey-Chambertin, tél. 06 24 71 12 05, charlopin.philippe21@orange.fr

HERVÉ CHARLOPIN Clos du Roy 2016

■ | 5700 | ◍ | 15 à 20 €

Hervé Charlopin est installé à Marsannay depuis 1996. Il exploite 7,71 ha de vignes, à cheval sur Fixin et Marsannay.

Le nez demande un peu d'aération pour exprimer des notes de fruits noirs et d'épices. Des tanins sans aspérité, des saveurs bien équilibrées et une finale chocolatée sont les signes d'un vin qui sera abordable assez vite. ⧗ 2019-2023

⊶ HERVÉ CHARLOPIN, 5, rue des Avoines, 21160 Marsannay-la-Côte, tél. 09 50 64 12 69, charlopin.herve@free.fr V *r.-v.*

PIERRE DAMOY Les Longeroies 2015 ★

■ | 1213 | ◍ | 30 à 50 €

Établi sur les plus beaux terroirs de Gevrey, Pierre Damoy, très en vue pour ses grands crus (notamment ses chambertin, clos-de-bèze, chapelle-chambertin), est aux commandes depuis 1992 d'un domaine de 10,5 ha complété en 2007 par une affaire de négoce. Une valeur sûre.

À l'olfaction, des notes florales et épicées accompagnent un beau boisé. En bouche, le vin se révèle ample, dense, concentré, presque pulpeux, et solidement charpenté. Pierre Damoy aime à extraire le maximum de ses raisins et cela se ressent plus particulièrement dans un millésime généreux comme 2015. Du potentiel. ⧗ 2019-2022

⊶ DOM. PIERRE DAMOY, 11, rue du Mal-de-Lattre-de-Tassigny, 21220 Gevrey-Chambertin, tél. 03 80 34 30 47, info@domaine-pierre-damoy.com V *r.-v.*

JEAN-MICHEL GUILLON ET FILS
Monopole Clos des Portes 2016 ★

■ | 920 | ◍ | 20 à 30 €

Établi à Gevrey, Jean-Michel Guillon a débuté en 1980 sur un domaine de 2,3 ha, dont il a porté la superficie à plus de 14 ha répartis dans de nombreuses appellations (mazis, gevrey, chambolle-musigny, clos-de-vougeot...). Secondé par son fils Alexis depuis 2001, il s'illustre avec une grande régularité dans le Guide.

Un terroir situé au cœur de l'appellation, à la sortie nord du village. Jean-Michel Guillon dispose ici d'un peu plus d'un hectare de pinot noir d'une soixantaine d'année. Dans le verre, un vin d'une très belle intensité aromatique où se mêlent la framboise, la cerise et le poivre. Une complexité que l'on retrouve dans une bouche veloutée, riche et fraîche à la fois, équilibrée en somme. ⧗ 2020-2024

⊶ JEAN-MICHEL GUILLON, 33, rte de Beaune, 21220 Gevrey-Chambertin, tél. 03 80 51 83 98, contact@domaineguillon.com V *r.-v.*

ALAIN GUYARD
Charmes aux Prêtres 2015

■ | 2643 | ◍ | 15 à 20 €

Un domaine familial créé en 1900 par les grands-parents pépiniéristes après la crise phylloxérique. Souvent en vue pour ses marsannay et ses fixin, Alain Guyard s'est installé en 1981 et conduit aujourd'hui un vignoble de 8,5 ha.

Un terroir de mi-coteau situé juste au dessus du village qui pourrait faire l'objet d'un classement en 1er cru dans un proche avenir. Y est né ce vin au nez ouvert et généreux, sur des arômes de fruits légèrement confiturés. Le caractère solaire du millésime se traduit également en bouche: les tanins sont fermes tout en restant gourmands. ⧗ 2021-2024

⊶ ALAIN GUYARD, 10, rue du Puits-de-Têt, 21160 Marsannay-la-Côte, tél. 03 80 52 14 46, domaine.guyard@orange.fr V *r.-v.*

HUGUENOT Champs-Perdrix 2016

■ | 8000 | ◍ | 20 à 30 €

Depuis 1790, dix générations se sont succédé sur ce domaine de 20 ha, réputé pour ses marsannay, ses gevrey et ses fixin. Philippe Huguenot a pris la suite de son père Jean-Louis en 1996, et lancé la conversion bio de son vignoble.

La mûre, la cerise, la framboise, l'expression aromatique de ce marsannay fleure bon le pinot noir bien né. En bouche, les tanins sont fondus et donnent une agréable sensation de souplesse. L'ensemble compose un « vin de plaisir » à apprécier dès aujourd'hui. ⧗ 2018-2023

⊶ PHILIPPE HUGUENOT, 7, ruelle du Carron, 21160 Marsannay-la-Côte, tél. 03 80 52 11 56, contact@domainehuguenot.com V *r.-v.*

BOURGOGNE

CH. DE MARSANNAY Clos de Jeu 2016 ★

■ | 1500 | | 20 à 30 €

Le domaine du Ch. de Marsannay s'étend sur 40 ha. Il est présent aussi bien en appellations *village* qu'en 1ers crus et grands crus de la Côte de Nuits. Il appartient depuis 2013 à la famille Halley, également propriétaire du Ch. de Meursault en Côte de Beaune. Un sérieux programme d'investissements à la vigne et au chai a été mené.

Au nez, les fruits noirs frais se mêlent à la réglisse, au boisé et à une petite touche végétale. On retrouve le fruité, bien croquant, dans une bouche ample, veloutée, structurée en finesse et d'une belle fraîcheur. ⧗ 2020-2024 ■ **Longeroies 2016 (30 à 50 €; 1700 b.)** : vin cité. ■ **Clos du Roy 2016 (30 à 50 €; 660 b.)** : vin cité.

CH. DE MARSANNAY, 2, rue des Vignes, 21160 Marsannay-la-Côte, tél. 03 80 51 71 11, domaine@chateau-marsannay.com V *t.l.j. 10h-18h ; f. janv.* *Olivier Halley*

DOM. PHILIPPE ROBERT Les Roncoys 2015 ★

■ | 2600 | | 15 à 20 €

Un domaine familial de père en fils depuis trois générations. Établi à Couchey, au nord de la Côte de Nuits, il compte aujourd'hui 8,5 ha après s'être progressivement agrandi sur les villages alentours: Marsannay, Gevrey-Chambertin, Fixin.

La volonté de Philippe Robert d'extraire de la matière se fait sentir ici: ouvert sur des arômes intenses de cerise et de fruits noirs, le vin se montre ample, riche et puissant, doté d'une solide structure tannique et d'une longue finale saline. À laisser vieillir quelques années. ⧗ 2022-2026

PHILIPPE ROBERT, 26, rue Pasteur, 21160 Couchey, tél. 06 27 04 73 14, domainerobert@gmail.com V *r.-v.*

FIXIN

Superficie : 95 ha
Production : 3 960 hl (95 % rouge)

Après avoir admiré les pressoirs des ducs de Bourgogne à Chenôve et dégusté le marsannay, on rencontre Fixin, qui donne son nom à une AOC où l'on produit surtout des vins rouges. Les fixin sont solides, charpentés, souvent tanniques et de bonne garde. Ils peuvent également revendiquer, au choix, à la récolte, l'appellation côte-de-nuits-villages.

Les *climats* Hervelets, Arvelets, Clos du Chapitre et Clos Napoléon, tous classés en 1ers crus, sont parmi les plus réputés, mais c'est le Clos de la Perrière qui en est le chef de file puisqu'il a même été qualifié de «cuvée hors classe» par d'éminents écrivains bourguignons et comparé au chambertin; ce clos déborde un tout petit peu sur la commune de Brochon. Autre lieu-dit: Le Meix-Bas.

DOM. CHARLES AUDOIN Le Rozier 2015 ★

■ | 2550 | | 15 à 20 €

Cyril Audoin (cinquième génération) a repris en 2008 le domaine familial, après des stages à Petrus (Pomerol), puis en Californie. Le vignoble couvre 14 ha, dont 12 ha plantés dans le village d'élection du domaine: Marsannay.

Ce *climat* est situé au nord de l'appellation, près du hameau de Fixey. Au nez, des notes de cassis, de mûre et de torréfaction s'expriment avec une belle puissance. En bouche, un beau volume et des tanins bien présents mais fondus et soyeux. L'ensemble devrait gagner encore en harmonie avec le temps. ⧗ 2021-2025

DOM. CHARLES AUDOIN, 7, rue de la Boulotte, 21160 Marsannay-la-Côte, tél. 03 80 52 34 24, domaine-audoin@orange.fr V *r.-v.*

DOM. BERTHAUT-GERBET Les Arvelets 2016 ★

■ 1er cru | 1500 | | 30 à 50 €

En 2013, Amélie Berthaut a repris les vignes de son père Denis et de son oncle Vincent - Dom. Denis Berthaut, l'un des domaines phares de Fixin -, complétées par une partie de celles de sa mère, Marie-Andrée Gerbet (Dom. François Gerbet à Vosne-Romanée). L'ensemble couvre 16 ha.

Le domaine dispose d'un hectare tout rond sur ce *climat* de haut de coteau, parmi les plus prisés de l'appellation. Le vin fait preuve d'élégance au nez (fruits noirs mûrs, boisé vanillé discret) et à la fois de longueur, de finesse et de puissance en bouche; des qualités mises en valeur par un élevage bien mené à 30 % en fûts neufs pendant dix-huit mois. ⧗ 2021-2024

DOM. BERTHAUT-GERBET, 9, rue Noisot, 21220 Fixin, tél. 03 80 52 45 48, contact@berthaut-gerbet.com V *t.l.j. sf mer. dim. 10h-12h 14h-18h ; f. janv.*

PIERRE DEREY Les Clos 2015 ★

■ | 3000 | | 20 à 30 €

Les Derey possèdent un titre envié depuis les ducs de Bourgogne: celui de métayers - depuis 1981 - de la ville de Dijon sur le Clos des Marcs d'or. L'exploitation, établie à Couchey, l'une des communes de l'AOC marsannay, dispose de 18 ha de vignes. En 2013, le fils de Pierre et Suzanne Derey a rejoint ses parents au domaine.

Signe de belles promesses pour le vieillissement en cave, ce vin gagne en finesse et en expression après aération. Le nez, complexe, évoque la griotte, et plus généralement les fruits rouges d'un pinot noir bien né. La bouche se montre charnue, riche et ample, bâtie sur des tanins fermes. ⧗ 2021-2025

PIERRE DEREY, 1, rue Jules-Ferry, 21160 Couchey, tél. 03 80 52 15 04, derey-freres@wanadoo.fr V *t.l.j. 9h-11h30 14h-18h; sam. dim. sur r.-v.*

DOM. PIERRE GELIN 2015 ★

■ | 13000 | | 20 à 30 €

Fondée en 1925 par Pierre Gelin, cette propriété familiale exploite un vignoble de 13 ha sur les communes de Fixin et de Gevrey-Chambertin. Elle est conduite aujourd'hui par Pierre-Emmanuel Gelin, qui porte un soin particulier à la méthode culturale: les vignes sont labourées, les désherbants bannis, et la conversion à l'agriculture biologique a été achevée en 2015.

Issue de près de 3 ha de vignes, il s'agit là d'une des cuvées les plus importantes en volume du domaine.

Le nez évoque la cerise burlat et des notes chocolatées. En bouche, un élevage long (vingt-deux mois) a permis de bien affiner les tanins, même s'ils font encore preuve d'une certaine puissance et confèrent un beau volume à ce vin bâti pour la garde. ⧗ 2021-2028 ■ **La Cocarde 2015 ★ (20 à 30 €; 2000 b.)** : la Cocarde est un *climat* situé juste au dessous du hameau de Fixey, au nord de l'appellation. Des arômes d'épices (poivre), de torréfaction et de framboise s'associent avec élégance au nez. En bouche, les tanins sont fondus sur un fond acidulé et frais. ⧗ 2021-2024 ■ **1er cru Clos Napoléon 2015 ★ (30 à 50 €; 8000 b.)** : à un nez plutôt réservé, sur la vanille et les fruits rouges, succède une bouche ample, riche et ferme. ⧗ 2022-2028 ■ **1er cru Les Hervelets 2015 (30 à 50 €; 3000 b.)** : vin cité.

DOM. PIERRE GELIN, 22, rue de la Croix-Blanche, 21220 Fixin, tél. 03 80 52 45 24, info@domaine-pierregelin.fr V r.-v.

JEAN-MICHEL GUILLON ET FILS
Les Crais 2016 ★★

■	1050		20 à 30 €

Établi à Gevrey, Jean-Michel Guillon a débuté en 1980 sur un domaine de 2,3 ha, dont il a porté la superficie à plus de 14 ha répartis dans de nombreuses appellations (mazis, gevrey, chambolle-musigny, clos-de-vougeot…). Secondé par son fils Alexis depuis 2001, il s'illustre avec une grande régularité dans le Guide.

Juste en dessous de la commune de Fixin, Les Crais est un petit *climat* en superficie, mais capable de donner de grandes bouteilles. Mis en valeur par Jean-Michel Guillon, il donne un 2016 intensément fruité au nez comme en bouche, charnu, puissant et élégant à la fois, d'une très belle ampleur et qui saura certainement vieillir dans l'harmonie. ⧗ 2021-2028

JEAN-MICHEL GUILLON, 33, rte de Beaune, 21220 Gevrey-Chambertin, tél. 03 80 51 83 98, contact@domaineguillon.com V r.-v.

ALAIN GUYARD Les Chenevières 2015

■	3566		15 à 20 €

Un domaine familial créé en 1900 par les grands-parents pépiniéristes après la crise phylloxérique. Souvent en vue pour ses marsannay et ses fixin, Alain Guyard s'est installé en 1981 et conduit aujourd'hui un vignoble de 8,5 ha.

Un terroir situé en bas de coteau et au centre de l'appellation. Alain Guyard y dispose de 63 ares de pinot noir dont il a tiré ce vin longuement élevé en fût (vingt-deux mois). Le nez s'exprime spontanément sur les fruits rouges et noirs, agrémentés de notes animales et boisées (caramel). La richesse du millésime 2015 est au rendez-vous dans une bouche tannique en finale. Un fixin qui gagnera son étoile en cave. ⧗ 2021-2028

ALAIN GUYARD, 10, rue du Puits-de-Têt, 21160 Marsannay-la-Côte, tél. 03 80 52 14 46, domaine.guyard@orange.fr V r.-v.

HUGUENOT
Petits Crais 2016 ★

■	5000		20 à 30 €

Depuis 1790, dix générations se sont succédé sur ce domaine de 20 ha, réputé pour ses marsannay, ses gevrey et ses fixin. Philippe Huguenot a pris la suite de son père Jean-Louis en 1996, et lancé la conversion bio de son vignoble.

Coup de cœur avec le millésime 2015, Philippe Huguenot signe un très beau 2016 né d'un hectare de ce *climat* du nord de l'appellation dont le nom évoque un terroir pierreux. D'une expression aromatique raffinée, sur des notes de myrtille et de griotte, élégant et charnu en bouche, doté de tanins à la fois fermes et fins, ce vin fait honneur à la Côte de Nuits. ⧗ 2021-2028

PHILIPPE HUGUENOT, 7, ruelle du Carron, 21160 Marsannay-la-Côte, tél. 03 80 52 11 56, contact@domainehuguenot.com V r.-v.

BOURGOGNE

LAROZE DE DROUHIN 2016 ★

■	1700		20 à 30 €

En 1850, Jean-Baptiste Drouhin fonde un domaine viticole à Gevrey. Six générations plus tard, son héritier Philippe Drouhin, installé en 2001, son épouse Christine et leurs enfants Caroline et Nicolas conduisent dans un esprit bio, mais sans certification, un vignoble de 11,5 ha – dont près de la moitié est dédiée aux grands crus –, complété en 2008 par un petit négoce (Laroze de Drouhin) dirigé par Caroline.

Ces dernières années, le domaine a fait évoluer ses vinifications vers moins d'extraction et davantage d'élégance. Ce fixin développe effectivement des tanins soyeux mais sans sacrifier une certaine consistance. Du côté des arômes, un boisé discret enveloppe des notes de fruits noirs à maturité. ⧗ 2020-2024

DOM. DROUHIN-LAROZE, 20, rue du Gaizot, 21220 Gevrey-Chambertin, tél. 03 80 34 31 49, domaine@drouhin-laroze.com V r.-v.

Ⓑ ARMELLE ET JEAN-MICHEL MOLIN
Les Chenevières Vieilles Vignes 2015 ★

■	2600		15 à 20 €

Armelle et Jean-Michel Molin ont créé en 1987 ce domaine, qui couvre aujourd'hui 7 ha. Après l'arrivée de leur fils Alexandre (en 2004) sur l'exploitation, la conversion bio a été engagée et la certification obtenue en 2010. La propriété est régulièrement sélectionnée pour ses fixin.

En plein cœur de l'appellation et en bas de coteau, la parcelle du domaine s'étend sur 60 ares. Dans le verre, un beau 2015 ouvert sur des notes subtiles et bien typées pinot noir de framboise, de groseille et de fraise. Le solaire millésime 2015 lui assure une gourmande suavité en bouche, sans pour autant que la fraîcheur ne manque, accompagnant des tanins fins et soyeux. ⧗ 2021-2028 ■ **Vieilles Vignes 2016 ★ (20 à 30 €; 700 b.)** Ⓑ : le domaine nous a déjà montré par le passé qu'il savait aussi produire de jolis blancs sur cette commune du nord de la Côte de Nuits. Ce 2016 aux arômes d'abricot confit, de miel et au boisé bien fondu, ample, gras et long en bouche séduit sans tergiverser. ⧗ 2020-2023

JEAN-MICHEL MOLIN, 54, rte des Grands-Crus, 21220 Fixin, tél. 03 80 52 21 28, domaine.molin@wanadoo.fr V r.-v.

♥ DOM. PHILIPPE ROBERT
Entre deux Velles 2015 ★★

■	5500	🛢	15 à 20 €

Un domaine familial de père en fils depuis trois générations. Établi à Couchey, au nord de la Côte de Nuits, il compte aujourd'hui 8,5 ha après s'être progressivement agrandi sur les villages alentours: Marsannay, Gevrey-Chambertin, Fixin.

Situé à mi-coteau, ce *climat* assez vaste fait la jonction entre la commune de Fixin et le hameau de Fixey. Philippe Robert y exploite un hectare dont il a vinifié les raisins pendant une vingtaine de jours, suivis d'un patient élevage en fût de dix-huit mois, pour élaborer cet excellent ambassadeur de son millésime par sa concentration, sa maturité, mais aussi de son terroir par son caractère franc et bien charpenté. ⧗ 2021-2025

⊶ PHILIPPE ROBERT, 26, rue Pasteur, 21160 Couchey, tél. 06 27 04 73 14, domainerobert@gmail.com V 🚶 🍷 *r.-v.*

GÉRARD SEGUIN La Place 2016 ★

■	2400	🛢	15 à 20 €

Établi vers 1850, Alexis Seguin, petit propriétaire à Gevrey, fut l'un des premiers en Bourgogne à greffer avec des bois américains. Le domaine s'est peu à peu agrandi, pour atteindre 6,3 ha aujourd'hui, conduits par Gérard Seguin, son épouse Chantal et leur fils Jérôme. Régulièrement en vue pour ses gevrey.

En plein cœur de l'appellation, ce petit *climat* par la taille nous donne une belle bouteille par son intensité aromatique, autour des fruits noirs mariés à un boisé vanillé de bonne qualité, et par sa bouche franche, en attaque, charnue et longue, étayée par de fins tanins. ⧗ 2021-2024

⊶ GÉRARD SEGUIN, 11-15, rue de l'Aumônerie, 21220 Gevrey-Chambertin, tél. 03 80 34 38 72, domaine.gerard.seguin@wanadoo.fr V 🚶 🍷 *r.-v.*

GEVREY-CHAMBERTIN

Superficie : 410 ha / Production : 17 280 hl

Au nord de Gevrey, trois appellations communales sont produites sur la commune de Brochon: fixin sur une petite partie du Clos de la Perrière, côte-de-nuits-villages sur la partie nord (lieux-dits Préau et Queue-de-Hareng) et gevrey-chambertin sur la partie sud. En même temps qu'elle constitue l'appellation communale la plus importante en volume, la commune de Gevrey-Chambertin abrite des 1ers crus tous plus grands les uns que les autres. La combe de Lavaux sépare la commune en deux parties. Au nord, on trouve, entre autres *climats*, les Évocelles (sur Brochon), les Champeaux, la Combe aux Moines (où allaient en promenade les moines de l'abbaye de Cluny qui furent au XIIIes. les plus importants propriétaires de Gevrey), les Cazetiers, le Clos Saint-Jacques, les Varoilles, etc. Au sud, les crus sont moins nombreux, presque tout le coteau étant en grand cru; on peut citer les *climats* de Fonteny, Petite-Chapelle, Clos-Prieur, entre autres. Les vins de cette appellation sont solides et puissants dans le coteau, élégants et subtils dans le piémont. À ce propos, il y a lieu de réfuter une opinion erronée selon laquelle l'appellation gevrey-chambertin s'étendrait jusqu'à la ligne de chemin de fer Dijon-Beaune, dans des terrains qui ne le mériteraient pas. Cette information, qui fait fi de la sagesse des vignerons de Gevrey, nous donne l'occasion d'apporter une explication: la Côte a été le siège de nombreux phénomènes géologiques, et certains de ses sols sont constitués d'apports de couverture, dont une partie a pour origine les phénomènes glaciaires du quaternaire. La combe de Lavaux a servi de «canal», et à son pied s'est constitué un immense cône de déjection dont les matériaux sont semblables à ceux du coteau. Dans certaines situations, ils sont simplement plus épais, donc plus éloignés du substratum. Essentiellement constitués de graviers calcaires plus ou moins décarbonatés, ils donnent ces vins élégants et subtils dont nous parlions précédemment.

DOM. CHARLES AUDOIN 2015 ★

■	1600	🛢	20 à 30 €

Cyril Audoin (cinquième génération) a repris en 2008 le domaine familial, après des stages à Petrus (Pomerol), puis en Californie. Le vignoble couvre 14 ha, dont 12 ha plantés dans le village d'élection du domaine: Marsannay.

Les terroirs de Gevrey-Chambertin donnent fréquemment des vins d'une belle densité. Le millésime 2015, généreusement ensoleillé, n'a fait qu'amplifier ou confirmer cette inclinaison toute naturelle. Cette jolie cuvée au caractère suave et épicé le confirme. Un vin gras et volumineux qui ne manque pas de fraîcheur et qui saura bien vieillir. ⧗ 2021-2028

⊶ DOM. CHARLES AUDOIN, 7, rue de la Boulotte, 21160 Marsannay-la-Côte, tél. 03 80 52 34 24, domaine-audoin@orange.fr V 🚶 🍷 *r.-v.*

DOM. DES BEAUMONT Vieilles Vignes 2016 ★

■	5500	🛢 🍾	30 à 50 €

Thierry Beaumont (septième génération) a créé son domaine en 1991 en reprenant les vignes familiales et commercialise son vin en bouteille, sous son patronyme, depuis 1999. Le vignoble couvre 5,5 ha à Morey, Chambolle et Gevrey. Les cuvées de ce vigneron peu interventionniste à la vigne et au chai, qui a investi dans un outil de travail moderne, sont chaque année au rendez-vous du Guide.

Une nouvelle fois, les vins de Thierry Beaumont séduisent par leur grande harmonie. Cette cuvée issue de vignes de soixante-dix ans, un brin animale au nez, puis bien fruitée et boisée avec justesse, fait preuve de volume et d'une belle puissance tannique. Un vin bien typé de son appellation, qui reste équilibré tout au long de la dégustation. ⧗ 2021-2028 ■ **1er cru Aux Combottes 2016 ★ (50 à 75 €; 1450 b.)** : situé dans le prolongement des grands crus, au sud de l'appellation, les Combottes est un terroir qui donne généralement des vins puissants. Cette cuvée développe effectivement une texture ample, enveloppée par un boisé vanillé bien intégré. Sa palette aromatique s'exprime avec intensité autour des fruits rouges. ⧗ 2021-2028

THIERRY BEAUMONT, 9, rue Ribordot, 21220 Morey-Saint-Denis, tél. 03 80 51 87 89, contact@domaine-des-beaumont.com V r.-v.

BOUCHARD PÈRE ET FILS
Cuvée Les Grands Chemins 2015 ★

■	79000		20 à 30 €

Fondée en 1731 et propriété du Champagne Joseph Henriot depuis 1995, cette maison de négoce est à la tête d'un vaste vignoble de 130 ha, dont 12 ha en grands crus et 74 ha en 1ers crus. Elle propose une très large gamme de vins, des AOC les plus prestigieuses aux simples régionales, qui reposent dans les magnifiques caves enterrées de l'ancien château de Beaune (XVe s.), conservatoire unique de très vieux millésimes.

Une cuvée vinifiée dans la tradition bourguignonne: la macération est relativement courte (huit à quinze jours) et le boisé très modéré (15 à 20 % de fût neuf). Le vin, fumé et fruité au nez, montre en bouche un caractère élégant et frais et s'appuie sur des tanins assez fondus qui lui apportent une touche gourmande. ⧗ 2021-2023

MAISON BOUCHARD PÈRE ET FILS, 15, rue du Château, 21200 Beaune, tél. 03 80 24 80 24, contact@bouchard-pereetfils.com V r.-v.

CHRISTOPHE BRYCZEK Aux Échézeaux 2016

■	5000		20 à 30 €

Georges Bryczek, né en Pologne en 1912 et arrivé en France en 1938, s'est installé comme vigneron à son compte en 1953, à Morey-Saint-Denis. Un beau parcours poursuivi par son petit-fils Christophe, installé en 2003 à la tête de 3 ha en morey, chambolle-musigny et gevrey.

Un vin dont le potentiel ne fait guère de doute auprès du jury. Il est toutefois un peu handicapé à ce stade par un boisé marqué, les notes de torréfaction et de vanille dominant le fruit. Mais la bouche, bien équilibrée, ne manque ni d'ampleur ni de structure. ⧗ 2021-2028

CHRISTOPHE BRYCZEK, 14, rue Ribordot, 21220 Morey-Saint-Denis, tél. 06 61 23 94 53, christophe.bryczek@orange.fr V r.-v.

DOM. CASTAGNIER 2016 ★

■	1200		20 à 30 €

Installé depuis 1975 sur le domaine familial de Morey-Saint-Denis, Jérôme Castagnier exploite (en biodynamie non certifiée) un vignoble de 4 ha en Côte de Nuits. Ses grands crus, notamment ses clos-de-vougeot, clos-de-la-roche et clos-saint-denis, lui permettent de s'illustrer avec une réelle constance. Il a également développé une activité de négoce.

Jérôme Castagnier exploite une petite parcelle de 25 ares en gevrey-chambertin, plantée de ceps de soixante ans qui ont donné un vin d'une belle intensité aromatique mêlant les fruits noirs, la griotte et un boisé bien fondu. Arômes prolongés par une bouche pleine de charme, ronde et charnue, aux tanins soyeux. ⧗ 2021-2026

DOM. CASTAGNIER, 20, rue des Jardins, 21220 Morey-Saint-Denis, tél. 03 80 34 31 62, jeromecastagnier@yahoo.fr V r.-v.

DOM. PHILIPPE CHARLOPIN
Cuvée Vieilles Vignes 2015

■	n.c.		30 à 50 €

Repris en 1977, ce domaine familial, passé de 1,5 ha à 25 ha aujourd'hui, est en conversion bio. Avec son fils Yann, Philippe Charlopin fait partie des vignerons emblématiques de Gevrey-Chambertin et plus généralement de la Côte de Nuits. Il propose une large palette de vins, des *villages* aux grands crus du Chablisien, de la Côte de Beaune et de la Côte de Nuits. On ne compte plus ses étoiles et coups de cœur « vendangés » dans le Guide. Incontournable.

Un vin souple et ample en attaque dont les tanins s'affermissent en milieu de bouche et qui déploie une finale fraîche. Une cuvée déjà agréable à déguster aujourd'hui, d'autant que son fruité évoquant une belle maturité est accompagné d'un boisé fin et mesuré. ⧗ 2021-2024

DOM. PHILIPPE CHARLOPIN, 18, rte de Dijon, 21220 Gevrey-Chambertin, tél. 06 24 71 12 05, charlopin.philippe21@orange.fr

DOM. DROUHIN-LAROZE Clos-Prieur 2016 ★

■ 1er cru	1560		30 à 50 €

En 1850, Jean-Baptiste Drouhin fonde un domaine viticole à Gevrey. Six générations plus tard, son héritier Philippe Drouhin, installé en 2001, son épouse Christine et leurs enfants Caroline et Nicolas conduisent dans un esprit bio, mais sans certification, un vignoble de 11,5 ha – dont près de la moitié est dédiée aux grands crus –, complété en 2008 par un petit négoce (Laroze de Drouhin) dirigé par Caroline.

Le Clos Prieur est un *climat* du sud de Gevrey, situé sous les célèbres grands crus. Un élevage de dix-huit mois en fût a permis à ce vin d'atteindre une certaine plénitude. Le nez est aromatique et concentré: raisins de Corinthe, figue, groseille, vanille. La bouche se révèle ample et riche, tout en laissant une sensation de subtilité à travers ses tanins doux. ⧗ 2022-2028 ■ **En Champs 2016 ★ (30 à 50 €; 1500 b.)** : nous sommes ici dans la partie nord de l'appellation (côté Fixin), sur une parcelle de 32 ares. Le nez présente de belles nuances de fruits noirs et rouges. La bouche se distingue par sa fraîcheur et sa finesse. Un séducteur. ⧗ 2021-2024 ■ **1er cru Lavaut Saint-Jacques 2016 ★ (30 à 50 €; 1700 b.)** : sur le coteau nord de l'appellation, mais en s'enfonçant dans la combe Lavaux, ce 1er cru est l'une des pépites de Gevrey-Chambertin. Des notes de fruits noirs et de réglisse montent au nez et la bouche affiche de l'équilibre et une belle charpente tannique. ⧗ 2023-2028

DOM. DROUHIN-LAROZE, 20, rue du Gaizot, 21220 Gevrey-Chambertin, tél. 03 80 34 31 49, domaine@drouhin-laroze.com V r.-v.

LOU DUMONT 2015 ★

■	3500		30 à 50 €

Fondée en 2000 à Nuits-Saint-Georges par le Japonais Koji Nakada, ancien sommelier, et son épouse Jae-Hwa Park, cette petite maison de négoce, aujourd'hui implantée à Gevrey, crée un pont entre la Bourgogne et l'Asie, 96 % de la production partant à l'export. En 2012, le couple Nakada a acquis ses premières vignes en propre : environ 1 ha de vignes en conversion bio.

BOURGOGNE

Un vin très élégant et harmonieux, qui sort des canons de l'appellation par sa relative légèreté, mais qui ne manque pas non plus d'intensité. On apprécie aussi son expression aromatique soutenue, centrée sur des notes sauvages de fruits des bois accompagnées d'une touche de cuir. ⧗ 2020-2023

⊶ MAISON LOU DUMONT, 32, rue du Mal-de-Lattre-de-Tassigny, 21220 Gevrey-Chambertin, tél. 03 80 51 82 82, sales@loudumont.com r.-v. ⊶ Koji Nakada

DOM. PIERRE GELIN Clos Prieur 2015

■ | 1200 | | 50 à 75 €

Fondée en 1925 par Pierre Gelin, cette propriété familiale exploite un vignoble de 13 ha sur les communes de Fixin et de Gevrey-Chambertin. Elle est conduite aujourd'hui par Pierre-Emmanuel Gelin, qui porte un soin particulier à la méthode culturale: les vignes sont labourées, les désherbants bannis, et la conversion à l'agriculture biologique a été achevée en 2015.

Le Clos Prieur, un terroir du sud de Gevrey, est une nouvelle fois mis à l'honneur dans cette dégustation. Le Dom. Gelin y exploite une petite parcelle de 23 ares. Une vinification et un élevage long (vingt-deux mois) ont donné un 2015 ample, d'une belle consistance, aux tanins ronds et soyeux lui conférant une belle tenue en bouche. Le nez, généreux en fruits et finement floral, annonçait déjà une bonne concentration. ⧗ 2021-2025

⊶ DOM. PIERRE GELIN, 22, rue de la Croix-Blanche, 21220 Fixin, tél. 03 80 52 45 24, info@domaine-pierregelin.fr r.-v.

DOM. ROBERT GIBOURG 2015

■ | 4800 | | 20 à 30 €

Sébastien Bidault, gendre de Robert Gibourg, est aux commandes depuis 1999 de ce domaine créé en 1965, qui s'étend sur 5,5 ha répartis équitablement entre Côte de Nuits et Côte de Beaune, entre Gevrey-Chambertin et Chorey-lès-Beaune.

Une cuvée vinifiée à 20 % en vendanges entières par Sébastien Bidault. L'élevage pour moitié en fût neuf apporte une jolie touche toastée, puis le fruit s'exprime à l'aération. Quant à la bouche, elle se révèle à la fois tendre, fraîche et croquante, avec une petite dureté de jeunesse en finale. ⧗ 2021-2025

⊶ ROBERT GIBOURG, 3, RN 74, 21220 Morey-Saint-Denis, tél. 03 80 34 38 32, rgibourg@club-internet.fr r.-v.

♥ CAMILLE GIROUD 2015 ★★

■ | n.c. | | 30 à 50 €

Fondée en 1865, cette vénérable maison beaunoise, discrète mais reconnue des amateurs, est propriété d'investisseurs américains depuis 2002. Autrefois spécialiste de la commercialisation de vieux vins, elle vit aujourd'hui avec son temps et c'est Carel Voorhuis qui assure les vinifications, succédant en 2016 à l'œnologue David Croix. Elle présente à sa carte de nombreux grands crus, régulièrement sélectionnés dans ces pages, et aussi de «simples» 1ers crus.

Le soyeux des tanins et l'élégance de l'expression aromatique ont conquis avec une belle unanimité nos dégustateurs. Le coup de patte de David Croix (Carel Voorhuis n'est arrivé qu'en 2016), qui n'a pas son pareil pour mettre en avant la subtilité du pinot noir, y est bien-sûr pour quelque chose. Le terroir reste la base de tout en Bourgogne. La parcelle à l'origine de ce gevrey est ici exposée au sud-est et à une altitude de 220 m, sur un sol très drainant, riche en galets, résultant de l'altération des dépôts du cône alluvial qui s'est épandu au débouché de la Combe de Lavaux. Dans le verre, un vin au nez fin de fruits rouges mûrs et de fleurs, à la bouche ample, au touché très soyeux et délicat. L'harmonie dans toutes ses dimensions... ⧗ 2023-2028

⊶ MAISON CAMILLE GIROUD, 3, rue Pierre-Joigneaux, 21200 Beaune, tél. 03 80 22 12 65, contact@camillegiroud.com r.-v.

S.C. GUILLARD
Aux Corvées - Vieilles Vignes 2015 ★

■ | 3600 | | 20 à 30 €

Michel Guillard, installé en 1979, exploite un petit domaine très régulier de 4,8 ha, dédié aux seuls terroirs de Gevrey, avec un beau patrimoine de vieilles vignes, les premières ayant été plantées en 1911 par le grand-père, Auguste Lyonnet, dit Henri.

Déjà remarquable avec le millésime 2014, cette parcelle située à proximité du village de Gevrey réussit bien à Michel Guillard. La moyenne de ses pinots noirs y atteint l'âge respectable de soixante-huit ans. Ils ont donné un 2015 particulièrement généreux, centré sur des notes de fruits à haute maturité accompagnées par un boisé toasté, à la bouche épicée, soyeuse et volumineuse. ⧗ 2021-2025

⊶ SCEA GUILLARD, 3, rue des Halles, 21220 Gevrey-Chambertin, tél. 03 80 34 32 44 r.-v.

ALAIN GUYARD 2015 ★

■ | 2953 | | 15 à 20 €

Un domaine familial créé en 1900 par les grands-parents pépiniéristes après la crise phylloxérique. Souvent en vue pour ses marsannay et ses fixin, Alain Guyard s'est installé en 1981 et conduit aujourd'hui un vignoble de 8,5 ha.

Un beau *village*, vinifié avec la volonté de tirer le meilleur parti du terroir de Gevrey-Chambertin, doté de tous les atouts pour vieillir harmonieusement. Son éventail d'arômes est large avec une dominante de cerise et de groseille. La bouche, ample et généreuse, laisse percevoir une matière d'une solide concentration et bien structurée. ⧗ 2022-2028

⊶ ALAIN GUYARD, 10, rue du Puits-de-Têt, 21160 Marsannay-la-Côte, tél. 03 80 52 14 46, domaine.guyard@orange.fr r.-v.

DOM. ANTONIN GUYON La Justice 2015

■ | 7500 | 🍷 | 30 à 50 €

Ce domaine s'est constitué à partir des années 1960 sur un vaste vignoble de 48 ha, principalement en 1ers et en grands crus, allant de Gevrey-Chambertin à Meursault. Une exploitation régulière en qualité, conduite par Dominique Guyon, fils d'Antonin.

Une cuvée importante pour le domaine puisque les parcelles couvrent près de 2 ha. Comme de coutume, les raisins ont fermenté pendant trois semaines en cuve bois et le vin obtenu a été élevé en cave une quinzaine de mois. Le résultat est un gevrey au profil rond et généreux, avec une expression aromatique sur les épices et les fruits à l'eau-de-vie. ⧗ 2021-2028

⊶ DOM. ANTONIN GUYON, 21420 Savigny-lès-Beaune, tél. 03 80 67 13 24, domaine@guyon-bourgogne.com V r.-v.

HUGUENOT Les Crais 2016 ★

■ | 14 000 | 🍷 | 20 à 30 €

Depuis 1790, dix générations se sont succédé sur ce domaine de 20 ha, réputé pour ses marsannay, ses gevrey et ses fixin. Philippe Huguenot a pris la suite de son père Jean-Louis en 1996, et lancé la conversion bio de son vignoble.

Une nouvelle fois, Philippe Huguenot est présent en force sur Gevrey-Chambertin. Une valeur sûre du nord de la Côte de la Nuits. Les Crais est un *climat* du bas de l'appellation à l'origine d'un vin expressif (tabac, vanille, fruits rouges), d'un bel équilibre en bouche, dense, frais, aux tanins présents mais fondus qui en font un candidat sérieux à une garde sereine. ⧗ 2022-2028 ■ **Vieilles Vignes 2016 ★ (30 à 50 €; 2400 b.)** : «Vieilles Vignes» est une mention qui n'est pas galvaudée ici puisque les ceps concernés ont quatre-vingt-cinq ans. On retrouve le style tout en équilibre des vins de Philippe Huguenot, avec toujours une bonne densité mais jamais au détriment de la finesse et de l'harmonie. ⧗ 2022-2028 ■ **1er cru Les Fontenys 2016 ★ (30 à 50 €; 1800 b.)** : à proximité du village de Gevrey et dans le prolongement des grands crus, Les Fontenys bénéficie de la fraîcheur apportée par la combe de Lavaux. On ne sera donc pas surpris de constater que ce vin bien fruité joue davantage la carte de la délicatesse et de la finesse plutôt que celle de la puissance. ⧗ 2022-2028

⊶ PHILIPPE HUGUENOT, 7, ruelle du Carron, 21160 Marsannay-la-Côte, tél. 03 80 52 11 56, contact@domainehuguenot.com V r.-v.

HERVÉ KERLANN Vieilles Vignes 2015 ★

■ | 4820 | 🍷 | 30 à 50 €

Après avoir vécu au Canada, Hervé Kerlann a acheté le Ch. de Laborde aux Hospices de Beaune en 1998 dans lequel il vinifie et élève ses vins issus essentiellement de vignes en propriété et en fermage. Le château, datant de plus de trois siècles, renoue ainsi avec son passé viticole.

Issue de vignes d'une quarantaine d'années, cette cuvée se distingue par ses notes suaves de fruits et d'épices soutenues par un boisé assez marqué (50 % de fût neuf), mais pas pour autant dominateur. Une matière ample prend une large place au palais, soutenue par des tanins fermes. ⧗ 2021-2028

⊶ HERVÉ KERLANN, Ch. de Laborde, 1, rte de Géanges, 21200 Meursanges, tél. 03 80 26 59 68, contact@herve-kerlann.com V *r.-v.*

♥ PHILIPPE LECLERC Les Champonnets 2015 ★★

■ 1er cru | n.c. | 🍷 | 50 à 75 €

Installé depuis 1974 sur le domaine familial, Philippe Leclerc exploite de manière très raisonnée 7,8 ha de vignes, très majoritairement à Gevrey-Chambertin, son village natal, et à Chambolle-Musigny. Il élève ses vins longuement en fût de chêne (vingt-deux mois en général) pour peaufiner et arrondir leurs structures.

Sur le coteau des grands crus, proche du fameux Mazis-Chambertin, le *climat* les Champonnets offre des raisins gorgés de soleil. En dégustation, on retrouve logiquement un vin gourmand, rond et chaleureux. Mais le solaire millésime 2015 ne lui a rien retranché de sa délicatesse: les notes de fruits rouges, de cassis et de violette sont au rendez-vous. ⧗ 2021-2028 ■ **1er cru Les Cazetiers 2015 ★ (50 à 75 €; n.c.)** : les Cazetiers est un très beau terroir du coteau nord de Gevrey-Chambertin, marqué par une forte présence du calcaire. Philippe Leclerc y voit l'incarnation de la complexité et de la finesse dans un vin. Le jury confirme – les tanins font preuve de raffinement même si le boisé est bien présent à ce stade – avec en prime la concentration du millésime 2015. ⧗ 2023-2028

⊶ PHILIPPE LECLERC, 9, rue des Halles, 21220 Gevrey-Chambertin, tél. 03 80 34 30 72, philippe.leclerc60@wanadoo.fr V *t.l.j. 9h30-18h (19h en été)*

HENRI MAGNIEN Vieilles Vignes 2016 ★

■ | 8080 | 🍷 | 30 à 50 €

Si les origines du domaine remontent au XVIIes., sa spécialisation en viticulture date du milieu du XIXes. Le domaine «moderne» a été quant à lui créé en 1987 par Henri Magnien, repris par son fils François puis, en 2009, par son petit-fils Charles. Le vignoble couvre 6 ha dédiés très largement au gevrey-chambertin et cultivés dans une approche très raisonnée, avec un maximum de traitements à partir de produits homologués bio.

Cette cuvée est l'assemblage des huit meilleures parcelles de gevrey *village* du domaine (sur quinze au total). Les vignes ont entre quarante et cent ans. Le nez, soutenu par un beau boisé, se présente avec franchise. En bouche, les tanins s'expriment avec une certaine autorité, mais sans agressivité. Un bon candidat à la garde, bien typé de son appellation. ⧗ 2023-2028

⊶ CHARLES MAGNIEN, Dom. Henri Magnien, 17, rue Haute, 21220 Gevrey-Chambertin, tél. 03 80 51 89 88, contact@henrimagnien.com V *r.-v.*

LE MANOIR MURISALTIAN Creux Brouillard 2015 ★

■ | 1824 | | 30 à 50 €

Le Manoir Murisaltien a été acquis en 2017 par un couple d'Américains passionnés d'art de vivre à la française. Propriétaires également du Dom. de Belleville dans la Côte chalonnaise et de la maison de champagne Leclerc Briant, ils ambitionnent de vinifier une gamme de vins très qualitative dans leur vaste cave de Meursault.

Creux Brouillard est un *climat* du bas de l'appellation, à hauteur du village de Gevrey; des sols qui ne craignent généralement pas les étés chauds comme en 2015. Il livre ici une cuvée d'une belle élégance, sans pour autant laisser de côté l'ampleur et la richesse. Un vin déjà plaisant, mais qui pourra aussi attendre. ⌛ 2021-2025

MANOIR MURISALTIEN, 4, rue du Clos-de-Mazeray, 21190 Meursault, tél. 03 80 21 21 83, vin@manoirmurisaltien.com r.-v.

DOM. MAREY La Justice 2016 ★

■ | 7000 | | 20 à 30 €

Initialement voué à la production de petits fruits, ce domaine familial niché dans les Hautes-Côtes de Nuits, non loin de Nuits-Saint-Georges, a débuté son histoire viticole dans les années 1980 avec quelques rangs de vignes cultivés par les grands-parents de Frédéric Marey; ce dernier est à la tête de 20 ha aujourd'hui.

Des raisins éraflés en totalité et des pigeages légers ont permis à Frédéric Marey d'obtenir ce gevrey d'un profil classique, qui présente au nez de belles nuances de fruits et d'épices et qui met avant tout en avant la finesse et l'équilibre en bouche, sans pour autant manquer de structure. ⌛ 2021-2028

EARL DOM. MAREY, 12-14, rue Gabriel-Bachot, 21700 Meuilley, tél. 03 80 61 12 44, contact@domaine-marey.com r.-v.

CH. DE MARSANNAY 2016

■ | 6000 | | 30 à 50 €

Le domaine du Ch. de Marsannay s'étend sur 40 ha. Il est présent aussi bien en appellations *village* qu'en 1ers crus et grands crus de la Côte de Nuits. Il appartient depuis 2013 à la famille Halley, également propriétaire du Ch. de Meursault en Côte de Beaune. Un sérieux programme d'investissements à la vigne et au chai a été mené.

Une belle expression d'un gevrey *village* mariant à la fois une solide structure tannique, qui incitera à le garder quelques années, de la fraîcheur et des arômes francs et fins de cassis et de fruits rouges. Il gagnera son étoile en cave. ⌛ 2022-2028

CH. DE MARSANNAY, 2, rue des Vignes, 21160 Marsannay-la-Côte, tél. 03 80 51 71 11, domaine@chateau-marsannay.com *t.l.j. 10h-18h ; f. janv.* *Olivier Halley*

DOM. FABRICE MARTIN 2016 ★★

■ | 1500 | | 30 à 50 €

Un petit domaine de 2,3 ha régulier en qualité, que Fabrice Martin a créé en 2000 et qu'il exploite dans trois appellations: gevrey-chambertin, nuits-saint-georges et vosne-romanée.

Un très bel exemple des bienfaits du millésime 2016 que ce gevrey ouvert sur des arômes de fruits rouges et de réglisse, à la bouche ample, riche, aux tanins veloutés, et accompagnée par une bonne tension apportée par la vivacité des raisins récoltés sans surmaturité. L'ensemble présente un réel potentiel de garde. ⌛ 2023-2028

FABRICE MARTIN, 42, rue de la Grand-Velle, 21700 Vosne-Romanée, tél. 03 80 61 27 84, fabrice.martin12@hotmail.fr r.-v.

DOM. MAZILLY PÈRE ET FILS Vieilles Vignes 2016 ★

■ | n.c. | | 30 à 50 €

Installés depuis 1980 à Meloisey, charmant village des Hautes-Côtes de Beaune, Frédéric Mazilly et son fils Aymeric exploitent, dans un esprit proche du bio, un coquet vignoble de 17 ha. En 2004, Aymeric a également créé sous son propre nom une maison de négoce dédiée aux seuls vins blancs.

Les pinots noirs de cette parcelle sont quasiment soixantenaires et leurs fruits ont été vinifié sans précipitations: vingt-cinq jours de cuvaisons et quinze mois d'élevage. Le palais présente des tanins fondus, de la fraîcheur et une longueur appréciable. L'ensemble est harmonieux aujourd'hui et bien disposé à vieillir ainsi. ⌛ 2021-2025

DOM. MAZILLY PÈRE ET FILS, 1, rte de Pommard, 21190 Meloisey, tél. 03 80 26 02 00, bourgogne-domaine-mazilly@wanadoo.fr r.-v.

DOM. THIERRY MORTET 2015

■ | 12000 | | 20 à 30 €

Thierry Mortet, dont les vins figurent souvent dans le Guide, s'est installé en 1992 sur une partie du domaine familial. Un vignoble qu'il a agrandi, portant sa superficie à 8,5 ha et converti à l'agriculture biologique à partir de 2007. Il est particulièrement à l'aise sur les terroirs de son village.

Déjà bien notée avec le millésime 2014, cette cuvée importante au domaine (plus de 3 ha) est une valeur sûre. Dans sa version 2015, elle développe des arômes de fruits rouges, avec une dominante de groseille, et un bon boisé vanillé. La bouche est ample, dense, vineuse, avec une petite pointe d'austérité tannique qui devrait se fondre avec le temps. ⌛ 2023-2028

DOM. THIERRY MORTET, 16, pl. des Marronniers, 21220 Gevrey-Chambertin, tél. 03 80 51 85 07, domainethierrymortet@gmail.com r.-v.

FRANÇOIS PARENT 2016

■ | 1500 | | 30 à 50 €

Vinificateur de talent des vins de son épouse Anne-Françoise Gros (Dom. A.-F. Gros à Pommard), François Parent élabore aussi ceux de son vignoble familial (10 ha en bio certifié depuis 2013, travaillés selon une démarche biodynamique, complétés par une structure de négoce). Bien connues des lecteurs, les étiquettes du négoce sont ornées de la truffe noire de Bourgogne.

Un gevrey d'une grande finesse qui séduira les amateurs de pinots noirs tout en fruits rouges et en notes florales (violette notamment). La bouche est construite sur des tanins souples donnant à l'ensemble un caractère harmonieux et plutôt léger pour l'appellation. ⧗ 2021-2024

FRANÇOIS PARENT, 1, pl. de l'Europe, 21630 Pommard, tél. 03 80 22 61 85, francois@parent-pommard.com V r.-v.

HENRI PION Racines croisées 2015

■	1500		30 à 50 €

Héritiers de leur père Henri, fondateur d'une maison de distribution de vins fins de Bourgogne dans les années 1950, les frères Olivier et Christian Pion se sont lancés dans l'activité de négociants-éleveurs en 2012, en partenariat avec plus de 300 domaines familiaux. Leur gamme Racines croisées a vu le jour avec le millésime 2013.

Une cuvée issue de raisins cultivés en bio qui se distingue par sa belle intensité aromatique et sa persistance tout au long de la dégustation: fruits rouges et noirs, réglisse, épices. Une attaque vive précède une bouche chaleureuse et concentrée, aux tanins ronds. ⧗ 2022-2028

HENRI PION, 4, imp. des Lamponnes, 21190 Meursault, tél. 03 80 20 80 55, info@henri-pion.com r.-v.

DOM. QUIVY Les Journaux 2016 ★

■	2100		30 à 50 €

Installé en 1981 dans une belle maison de maître du XVIIIe s., Gérard Quivy conduit un petit vignoble de 7 ha et propose une gamme étendue de vins de Gevrey et de Brochon, des *village*, 1ers et grands crus (chapelle et charmes) souvent en très bonne place dans le Guide.

Les Journeaux est un *climat* situé sur la commune de Brochon, au nord de Gevrey-Chambertin. Le domaine en exploite 40 ares. D'une belle intensité aromatique, le nez évoque les petits fruits rouges et un bon boisé aux tonalités fumées et grillées. La bouche fait preuve d'équilibre, de fraîcheur et de longueur, portée par des tanins fins et délicats. ⧗ 2023-2028 ■ **1er cru Les Corbeaux 2016 (75 à 100 €; 950 b.)** : vin cité.

DOM. QUIVY, 7, rue Gaston-Roupnel, 21220 Gevrey-Chambertin, tél. 03 80 34 31 02, gerard.quivy@wanadoo.fr V *t.l.j. 9h-12h 14h-18h ; f. janv.*

GÉRARD SEGUIN Vieilles Vignes 2016 ★

■	7000		20 à 30 €

Établi vers 1850, Alexis Seguin, petit propriétaire à Gevrey, fut l'un des premiers en Bourgogne à greffer avec des bois américains. Le domaine s'est peu à peu agrandi, pour atteindre 6,3 ha aujourd'hui, conduits par Gérard Seguin, son épouse Chantal et leur fils Jérôme. Régulièrement en vue pour ses gevrey.

Gérard Seguin a mené un éraflage total et un élevage long (dix-huit mois) à 40 % en fûts neufs sur cette belle cuvée. Une réussite d'autant plus notable qu'avec 2 ha, ce gevrey représente une bonne proportion du domaine. L'intensité aromatique est rendez-vous sur des notes de fruits rouges. La bouche offre du volume, de la fraîcheur et de l'harmonie, portée par des tanins fins et un boisé fondu. ⧗ 2023-2028

GÉRARD SEGUIN, 11-15, rue de l'Aumônerie, 21220 Gevrey-Chambertin, tél. 03 80 34 38 72, domaine.gerard.seguin@wanadoo.fr V *r.-v.*

L. TRAMIER ET FILS 2016

■	2000		30 à 50 €

La maison de négoce Tramier, fondée en 1842 et installée à Mercurey, en Saône-et-Loire, est aussi propriétaire de vignes en Côte chalonnaise et en Côte de Nuits. Elle a été reprise dans les années 1960 par la famille de Laurent Dufouleur; ce dernier est aux commandes depuis 2014.

Expressif sur des notes de fruits rouges frais soutenues par un boisé discret, ce gevrey *village* livre une bonne déclinaison d'un pinot noir de la Côte de Nuits. En bouche, il s'adosse à des tanins bien présents mais sans rugosité. ⧗ 2023-2028

LAURENT DUFOULEUR, rue de Chamerose, 71640 Mercurey, tél. 03 85 45 10 83, info@maison-tramier.com V *t.l.j. sf dim. 9h-12h 14h-18h*

DOM. TRAPET-ROCHELANDET
Vieilles Vignes 2015 ★

■	4500		30 à 50 €

Laurent Trapet-Rochelandet, repésentant la sixième génération de viticulteurs, a pris la tête du domaine familial en 2015. Il cultive 7 ha de vignes, avec notamment le grand cru ruchottes à la gamme.

Le nez se développe sur des notes empyreumatiques et des arômes de réglisse et de cassis. La bouche, fraîche et longue, est bâtie sur des tanins bien présents mais élégants, qui lui donnent une bonne densité. Un gevrey bien consitué. ⧗ 2021-2025

TRAPET-ROCHELANDET, 9 bis, rue du chambertin, 21220 Gevrey-Chambertin, tél. 06 62 12 99 26, domaine-trapet@bbox.fr V *r.-v.*

DOM. DES VAROILLES
La Romanée Monopole 2015 ★★

■ 1er cru	3500		50 à 75 €

Bien connu pour ses gevrey et ses charmes-chambertin, ce domaine conduit depuis 1990 par Gilbert Hammel dispose de 10 ha répartis dans de nombreux crus prestigieux de Gevrey, dont plusieurs en monopole (Clos des Varoilles, Clos du Meix, Clos du Couvent et La Romanée). Une valeur sûre.

Ce *climat* d'un hectare est tout entier entre les mains du domaine. Un monopole donc, qui se situe dans la combe Lavaut, à l'ouest du Gevrey. Le bouquet se montre spontanément ouvert sur des notes de fruits noirs et d'épices. Après une attaque en souplesse, la bouche se révèle à la fois concentrée et soyeuse, soulignée par une fine acidité et renforcée par des tanins très élégants. ⧗ 2021-2028 ■ **Clos du Meix des Ouches Monopole 2015 ★★ (30 à 50 €; 4000 b.)** : un monopole établi sur un terroir situé au-dessus du village et couvrant 1 ha tout rond. D'une

BOURGOGNE

expression aromatique généreuse, sur la réglisse et les fruits rouges, le vin se dévoile avec fraîcheur, finesse et élégance en bouche. Des qualités appréciables dans ce millésime 2015. ⧗ 2021-2028

⊶ GILBERT HAMMEL, rue de la Croix-des-Champs, 21220 Gevrey-Chambertin, tél. 03 80 34 30 30, contact@domaine-varoilles.com V r.-v.
⊶ Hammel-Cheron

DOM. FABRICE VIGOT
Vieilles Vignes 2015 ★

■ | 2000 | | 50 à 75 €

Fabrice Vigot est installé depuis 1990 à la tête d'un petit domaine de 6,5 ha constitué à partir de vignes familiales, en vosne-romanée pour l'essentiel, dont il est devenu l'une des bonnes références, de même qu'en échézeaux et en nuits-saint-georges.

La superficie du domaine dans l'appellation s'étend sur presque 80 ares pour un âge moyen des vignes de cinquante-cinq ans. Dans le verre, une cuvée qui conjugue une belle matière, de la rondeur, mais également la puissance du millésime 2015. L'ensemble donne une bouteille déjà agréable aujourd'hui où la gourmandise est à l'honneur, mais qui vieillira bien aussi. ⧗ 2021-2025

⊶ DOM. FABRICE VIGOT, 20, rue de la Fontaine, 21700 Vosne-Romanée, tél. 03 80 61 13 01, fabrice.vigot@orange.fr V r.-v.

CHAMBERTIN-CLOS-DE-BÈZE

Superficie : 15 ha / Production : 510 hl

Les religieux de l'abbaye de Bèze plantèrent en 630 une vigne dans une parcelle de terre qui donna un vin particulièrement réputé : ce fut l'origine de l'appellation. Les vins de cette aire AOC peuvent également s'appeler chambertin.

DOM. DROUHIN-LAROZE 2016 ★

■ Gd cru | 5100 | | + de 100 €

En 1850, Jean-Baptiste Drouhin fonde un domaine viticole à Gevrey. Six générations plus tard, son héritier Philippe Drouhin, installé en 2001, son épouse Christine et leurs enfants Caroline et Nicolas conduisent dans un esprit bio, mais sans certification, un vignoble de 11,5 ha – dont près de la moitié est dédiée aux grands crus –, complété en 2008 par un petit négoce (Laroze de Drouhin) dirigé par Caroline.

La famille Drouhin-Laroze exploite 1,5 ha dans ce qui est sans doute le doyen des clos bourguignons. Une cuvée élevée pendant dix-huit mois en fût permettant d'accompagner la puissance et l'ampleur naturelle de ce terroir au caractère bien affirmé. Le nez fait preuve de distinction évoquant la réglisse, le cassis et la cerise. La bouche, ample et riche, s'exprime avec intensité et plénitude autour de tanins veloutés. ⧗ 2023-2028

⊶ DOM. DROUHIN-LAROZE, 20, rue du Gaizot, 21220 Gevrey-Chambertin, tél. 03 80 34 31 49, domaine@drouhin-laroze.com V r.-v.

LATRICIÈRES-CHAMBERTIN

Superficie : 7 ha / Production : 275 hl

♥ DOM. FAIVELEY 2016 ★★

■ Gd cru | 5000 | | + de 100 €

Ce domaine fondé à Nuits-Saint-Georges en 1825 est un nom qui compte en Bourgogne, depuis sept générations. À sa tête depuis 2005, Erwan Faiveley, qui a succédé à son père François, est à la direction générale. Aujourd'hui, c'est l'un des plus importants propriétaires de vignes en Bourgogne : 120 ha du nord de la Côte-de-Nuits au sud de la Côte Chalonnaise, dont 10 ha en grand cru et près de 25 ha en 1er cru.

Le domaine dispose d'un peu plus d'un hectare de ce grand cru situé à l'extrême sud de l'appellation et en haut de coteau. Issu de raisins éraflés, ce 2016 a été élevé à 60 % en fûts neufs. Un boisé qui s'exprime par des touches délicatement torréfiées ne masquant pas l'expression de fruits noirs. La bouche apparaît ample, riche, dense et longue, structurée par des tanins diablement veloutés. Un latricières d'une gourmande harmonie.

⊶ FAMILLE FAIVELEY, 8, rue du Tribourg, 21700 Nuits-Saint-Georges, tél. 03 80 61 04 55, contact@domaine-faiveley.com

CHAPELLE-CHAMBERTIN

Superficie : 5,5 ha / Production : 175 hl

♥ DOM. DROUHIN-LAROZE 2016 ★★

■ Gd cru | 2090 | | 75 à 100 €

En 1850, Jean-Baptiste Drouhin fonde un domaine viticole à Gevrey. Six générations plus tard, son héritier Philippe Drouhin, installé en 2001, son épouse Christine et leurs enfants Caroline et Nicolas conduisent dans un esprit bio, mais sans certification, un vignoble de 11,5 ha – dont près de la moitié est dédiée aux grands crus –, complété en 2008 par un petit négoce (Laroze de Drouhin) dirigé par Caroline.

Situé juste en dessous du Clos de Bèze, ce grand cru s'étend sur un peu plus de 5 ha. Le domaine Drouhin-Laroze en exploite un demi-hectare. En 2016, il a donné un grand vin expressif et généreux sur le plan aromatique, auquel un élevage en fût de dix-huit mois n'a rien enlevé à l'expression fruitée. La bouche laisse une sensation d'équilibre et de plénitude autour d'une matière dense, ample, enrobée, étayée par des tanins particulièrement soyeux qui poussent loin la finale. ⧗ 2023-2028

⊶ DOM. DROUHIN-LAROZE, 20, rue du Gaizot, 21220 Gevrey-Chambertin, tél. 03 80 34 31 49, domaine@drouhin-laroze.com V r.-v.

CHARMES-CHAMBERTIN

Superficie : 29 ha / Production : 1 115 hl

DOM. CASTAGNIER 2016 ★★

■ Gd cru | 1200 | ◧ | 50 à 75 €

Installé depuis 1975 sur le domaine familial de Morey-Saint-Denis, Jérôme Castagnier exploite (en biodynamie non certifiée) un vignoble de 4 ha en Côte de Nuits. Ses grands crus, notamment ses clos-de-vougeot, clos-de-la-roche et clos-saint-denis, lui permettent de s'illustrer avec une réelle constance. Il a également développé une activité de négoce.

Ce vin a été élevé pendant seize mois en fût (neuf pour près de 40 %). Une option qui a parfaitement respecté l'expression aromatique, généralement fine et élégante, de ce terroir du sud de Gevrey. Le nez s'ouvre ainsi avec délicatesse sur des notes de cassis et d'épices. En bouche, des tanins soyeux et délicats renforcent le caractère charnu, velouté et très racé de ce grand cru. ⧗ 2023-2028

DOM. CASTAGNIER, 20, rue des Jardins, 21220 Morey-Saint-Denis, tél. 03 80 34 31 62, jeromecastagnier@yahoo.fr V r.-v.

DOM. PHILIPPE CHARLOPIN 2015 ★

■ Gd cru | n.c. | ◧ | + de 100 €

Repris en 1977, ce domaine familial, passé de 1,5 ha à 25 ha aujourd'hui, est en conversion bio. Avec son fils Yann, Philippe Charlopin fait partie des vignerons emblématiques de Gevrey-Chambertin et plus généralement de la Côte de Nuits. Il propose une large palette de vins, des *villages* aux grands crus du Chablisien, de la Côte de Beaune et de la Côte de Nuits. On ne compte plus ses étoiles et coups de cœur « vendangés » dans le Guide. Incontournable.

Le nez s'ouvre d'abord sur des notes boisées, puis développe des parfums de sureau et de groseille acidulée à l'aération. En bouche, des tanins souples et élégants se déploient avec beaucoup d'équilibre, épaulés par le même boisé racé et bien intégré que celui perçu au nez (notes de torréfaction), ainsi que par une fine acidité qui apporte de la longueur. ⧗ 2023-2028

DOM. PHILIPPE CHARLOPIN, 18, rte de Dijon, 21220 Gevrey-Chambertin, tél. 06 24 71 12 05, charlopin.philippe21@orange.fr

DOM. DUPONT-TISSERANDOT 2016 ★

■ Gd cru | 4300 | ◧ | + de 100 €

Ce domaine réputé, conduit depuis 1990 par Marie-Françoise Guillard et Patricia Chevillon, est passé en 2013 dans le giron de la famille Faiveley. Il possède est l'un des plus vastes vignobles de Gevrey-Chambertin avec plus de 20 ha répartis en 200 parcelles, et dispose de beaux terroirs en 1ers et grands crus dont le mazis-chambertin et le charmes-chambertin.

La finesse d'un grand cru de la Côte de Nuits est ici bien mise en valeur. Au nez, se développent des arômes élégants de fruits noirs et de boisé noble. Dès l'attaque, une matière suave et veloutée vient tapisser le palais, soutenu par des tanins soyeux et bien équilibrés. La vinification a été réalisée en raisins éraflés. ⧗ 2023-2028

FAMILLE FAIVELEY, 8, rue du Tribourg, BP 09, 21701 Nuits-Saint-Georges, tél. 03 80 61 04 55, contact@duponttisserandot.com

Ⓑ DOM. MICHEL MAGNIEN 2016 ★

■ Gd cru | 1500 | ◧ | + de 100 €

Michel Magnien incarne la quatrième génération à la tête d'un vignoble familial qu'il a considérablement agrandi entre les années 1960 et 1990 (18 ha aujourd'hui, conduits en bio et biodynamie). Jusqu'en 1993, il porte sa récolte à la coopérative de Morey. L'arrivée de son fils Frédéric, en charge des vinifications depuis lors, change la donne: les vins sont désormais mis en bouteilles à la propriété et, depuis le millésime 2015, l'élevage se fait pour partie dans des jarres en terre cuite. Des vins d'une grande régularité, qui font du domaine l'une des valeurs sûres de la Côte de Nuits.

Le vinificateur est le même que le vin précédemment cité, Frédéric Magnien, mais cette fois les raisins sont issus des vignes du domaine familial (28 ares). Des vignes cultivées en biodynamie qui ont donné un grand cru aux arômes persistants et complexes de fruits rouges, de rose, de Zan et d'épices douces. La bouche, puissante, s'appuie sur des tanins qui doivent encore s'assouplir, mais cette solide charpente s'accompagne d'une grande et prometteuse longueur. ⧗ 2023-2028

FRÉDÉRIC MAGNIEN, 4, rue Ribordot, 21220 Morey-Saint-Denis, tél. 03 80 51 82 98, domaine@michel-magnien.com V r.-v.

FRÉDÉRIC MAGNIEN 2016 ★

■ Gd cru | n.c. | + de 100 €

Frédéric Magnien est un fin vinificateur en chambolle et l'une des valeurs sûres de cette appellation, et plus largement des grands crus de la Côte de Nuits. Après avoir travaillé quatre ans sur le domaine de son père Michel, dont il vinifie toujours les vins, exercé un an dans des vignobles du Nouveau Monde (Californie, Australie) et obtenu un diplôme d'œnologie à Dijon, il a lancé en 1995 sa maison de négoce.

Ce charmes dévoile un bouquet naissant de fruits rouges et noirs sur fond de boisé épicé. Passé une attaque vive, il déploie une bouche ample, concentrée, solide, dotée de tanins généreux et encore assez vigoureux à ce stade. Prometteur. Un peu de patience. ⧗ 2023-2028

FRÉDÉRIC MAGNIEN, 26, rte Nationale, 21220 Morey-Saint-Denis, tél. 03 80 58 54 20, frederic@fred-magnien.com V r.-v.

♥ DOM. TAUPENOT-MERME 2015 ★★

■ Gd cru | n.c. | + de 100 €

En 1963, Jean Taupenot, de Saint-Romain, épouse Denise Merme et se fixe à Morey. Aujourd'hui, leurs enfants Romain et Virginie conduisent, en bio non certifié, un vignoble de 13 ha avec un pied en Côte de Nuits et l'autre en Côte de Beaune. Un domaine constant en

BOURGOGNE

qualité. Romain a développé par ailleurs, sous son nom, une petite structure de négoce.

Si «Charmes» désigne d'anciens champs retournés en friche ou bien des friches recouvertes de bois de charmes, pour ce grand cru qui a séduit le jury dans une belle unanimité, c'est au sens «séducteur» auquel on pense. Le nez dévoile une palette envoûtante de violette, de fruits rouges et de réglisse sur fond de boisé fondu. Le palais se révèle ample, tendre et long, étayé par des tanins d'un grand raffinement et par une fine tension qui en font un vin de grande classe. ⧗ 2023-2028

⊶ DOM. TAUPENOT-MERME, 33, rte des Grands-Crus, 21220 Morey-Saint-Denis, tél. 03 80 34 35 24, romain.taupenot@orange.fr V *r.-v.*

DOM. TORTOCHOT 2016 ★

■ Gd cru	2500	◖◗	75 à 100 €

Fondé à Gevrey en 1865, ce domaine est régulièrement sélectionné pour ses gevrey et ses mazis-chambertin. En 1997, Chantal Michel-Tortochot (quatrième génération), ancienne contrôleuse de gestion dans l'industrie bourguignonne, a repris les vignes familiales, un beau parcellaire de 12 ha (dont 10 % de grands crus et autant de 1ers crus), en bio certifié depuis 2013.

La vendange, issue de vignes cinquantenaires, a été éraflée à 80 % pour procéder à une cuvaison de quinze jours. Une approche qui a donné un vin élégant et déjà harmonieux. Le nez s'ouvre généreusement sur des notes de fruits rouges, de pivoine et de réglisse. La bouche est soyeuse, ample, fraîche, dotée de tanins soyeux et d'une finale persistante sur le fruit. ⧗ 2023-2028

⊶ DOM. TORTOCHOT, 12, rue de l'Église, 21220 Gevrey-Chambertin, tél. 03 80 34 30 68, contact@tortochot.com V *r.-v.*

DOM. DES VAROILLES 2015 ★

■ Gd cru	2500	◖◗	75 à 100 €

Bien connu pour ses gevrey et ses charmes-chambertin, ce domaine conduit depuis 1990 par Gilbert Hammel dispose de 10 ha répartis dans de nombreux crus prestigieux de Gevrey, dont plusieurs en monopole (Clos des Varoilles, Clos du Meix, Clos du Couvent et La Romanée). Une valeur sûre.

Un vin énergique doté d'un bon potentiel de garde. L'élevage en fût de dix-huit mois se fait sentir à travers un boisé épicé, mais sans masquer une belle complexité du fruit. On retrouve ces arômes dans une bouche solide, charpentée par des tanins fermes, et s'achevant sur une finale longue et harmonieuse. ⧗ 2023-2028

⊶ GILBERT HAMMEL, rue de la Croix-des-Champs, BP 7 21220 Gevrey-Chambertin, tél. 03 80 34 30 30, contact@domaine-varoilles.com V *r.-v.*
⊶ Hammel-Cheron

MAZIS-CHAMBERTIN

Superficie : 8,8 ha / Production : 275 hl

DOM. TORTOCHOT 2016

■ Gd cru	2500	◖◗	75 à 100 €

Fondé à Gevrey en 1865, ce domaine est régulièrement sélectionné pour ses gevrey et ses mazis-chambertin. En 1997, Chantal Michel-Tortochot (quatrième génération), ancienne contrôleuse de gestion dans l'industrie bourguignonne, a repris les vignes familiales, un beau parcellaire de 12 ha (dont 10 % de grands crus et autant de 1ers crus), en bio certifié depuis 2013.

Cette cuvée a macéré pendant quinze jours après encuvage de raisins éraflés à 80 %. La palette aromatique s'ouvre avec puissance sur les épices et la cerise fraîche. La bouche, riche et concentrée, se déploie dans l'équilibre, bâtie sur des tanins bien fondus. ⧗ 2023-2028

⊶ DOM. TORTOCHOT, 12, rue de l'Église, 21220 Gevrey-Chambertin, tél. 03 80 34 30 68, contact@tortochot.com V *r.-v.*

MAZOYÈRES-CHAMBERTIN

Superficie : 1,7 ha / Production : 65 hl

DOM. TAUPENOT-MERME 2015 ★★

■ Gd cru	n.c.	+ de 100 €

En 1963, Jean Taupenot, de Saint-Romain, épouse Denise Merme et se fixe à Morey. Aujourd'hui, leurs enfants Romain et Virginie conduisent, en bio non certifié, un vignoble de 13 ha avec un pied en Côte de Nuits et l'autre en Côte de Beaune. Un domaine constant en qualité. Romain a développé par ailleurs, sous son nom, une petite structure de négoce.

Romain Taupenot a parfaitement tiré parti du caractère généreux et concentré de ce millésime 2015. Rien ne vient en trop dans ce mazoyères qui sait se monter harmonieux et d'une grande longueur. Sa texture soyeuse soutenue par des tanins au grain très fin offre d'ores et déjà beaucoup de plaisir, de même que ses arômes de fruits mûrs mâtinés de nuances empyreumatiques. ⧗ 2023-2028

⊶ DOM. TAUPENOT-MERME, 33, rte des Grands-Crus, 21220 Morey-Saint-Denis, tél. 03 80 34 35 24, romain.taupenot@orange.fr V *r.-v.*

MOREY-SAINT-DENIS

Superficie : 96 ha
Production : 3 822 hl (95 % rouge)

Entre Gevrey-Chambertin et Chambolle-Musigny, Morey-Saint-Denis constitue l'une des plus petites appellations communales de la Côte de Nuits. Outre d'excellents 1ers crus (en majorité rouges), la commune possède cinq grands crus ayant une appellation d'origine contrôlée particulière: clos-de-tart, clos-saint-denis, bonnes-mares (en partie), clos-de-la-roche et clos-des-lambrays. Les vins rouges de cette commune apparaissent comme intermédiaires entre les puissants gevrey et les délicats chambolle. Les vignerons présentent au public les morey-saint-denis, et uniquement ceux-ci, le vendredi précédant la vente des Hospices de Nuits (3e semaine de mars) lors d'un Carrefour de Dionysos à la salle des fêtes communale.

DOM. PIERRE AMIOT ET FILS Les Blanchards 2016

■ 1er cru	903	◖◗	30 à 50 €

Un domaine établi à Morey-Saint-Denis depuis cinq générations, conduit aujourd'hui par les fils de Pierre Amiot, Jean-Louis et Didier. Le vignoble couvre 7,9 ha

à Morey, essentiellement, et à Gevrey, avec deux grands crus. Souvent en vue pour ses morey et ses clos-de-la-roche.

Une petite parcelle d'une quinzaine d'ares a donné naissance à cette cuvée d'une belle ampleur, florale, épicée et fruitée au nez. La concentration et la fraîcheur du millésime 2016 sont bien mises en exergue dans une bouche d'un bon volume. Un morey séduisant qui joue autant sur la gourmandise que la complexité. ⌛ 2021-2028 ■ **2016 (20 à 30 €; 9233 b.)** : vin cité.

⊶ DOM. PIERRE AMIOT ET FILS, 27, Grande-Rue, 21220 Morey-Saint-Denis, tél. 03 80 34 34 28, contact@domainepierreamiot.fr V ⚲ ▮ *r.-v.*

RÉGIS BOUVIER En la rue de Vergy 2016 ★

■	2500	◍	20 à 30 €

Régis Bouvier a fondé en 1981 ce domaine (2 ha au départ, 15,3 ha aujourd'hui), qui s'étend de Marsannay, son fief, dont il défend les couleurs avec brio, à Morey, en passant par Fixin et Gevrey. Une activité de négoce lui permet de compléter sa gamme.

Brillant, limpide et intense, ce vin annonce la couleur. Le nez montre lui aussi une belle présence avec des notes profondes de griotte et de vanille. En bouche, les tanins sont fins et se développent dans l'équilibre, accompagnant des arômes de fruits rouges. ⌛ 2021-2028

⊶ RÉGIS BOUVIER, 52, rue de Mazy, 21160 Marsannay-la-Côte, tél. 03 80 51 33 93, dom.reg.bouvier@hotmail.fr V *r.-v.*

DOM. CASTAGNIER Aux Cheseaux 2016 ★★

■ 1er cru	800	◍	30 à 50 €

Installé depuis 1975 sur le domaine familial de Morey-Saint-Denis, Jérôme Castagnier exploite (en biodynamie non certifiée) un vignoble de 4 ha en Côte de Nuits. Ses grands crus, notamment ses clos-de-vougeot, clos-de-la-roche et clos-saint-denis, lui permettent de s'illustrer avec une réelle constance. Il a également développé une activité de négoce.

Un vin issu d'un *climat* jouxtant Gevrey-Chambertin, au nord du vignoble de Morey. Un 1er cru expressif (cuir, cerise, vanille, Zan), d'une superbe concentration, d'une réelle finesse de grain et d'une grande longueur, qui gagnera encore en harmonie au fil de la garde, les tanins étant en effet encore un peu fermes aujourd'hui. Le potentiel est indéniable. ⌛ 2023-2030

⊶ DOM. CASTAGNIER, 20, rue des Jardins, 21220 Morey-Saint-Denis, tél. 03 80 34 31 62, jeromecastagnier@yahoo.fr V ⚲ ▮ *r.-v.*

DOM. DROUHIN-LAROZE Très Girard 2016 ★

■	1200	◍	20 à 30 €

En 1850, Jean-Baptiste Drouhin fonde un domaine viticole à Gevrey. Six générations plus tard, son héritier Philippe Drouhin, installé en 2001, son épouse Christine et leurs enfants Caroline et Nicolas conduisent dans un esprit bio, mais sans certification, un vignoble de 11,5 ha – dont près de la moitié est dédiée aux grands crus –, complété en 2008 par un petit négoce (Laroze de Drouhin) dirigé par Caroline.

Une petite parcelle de 18 ares située en bas du village, bien mise en valeur par la famille Drouhin-Laroze avec ce 2016 qui s'exprime sur des notes de cerise, de réglisse et de violette. En bouche, c'est la délicatesse et la gourmandise qui priment, même si les tanins se montrent plus sévères en finale. Le boisé est bien intégré. ⌛ 2023-2028

⊶ DOM. DROUHIN-LAROZE, 20, rue du Gaizot, 21220 Gevrey-Chambertin, tél. 03 80 34 31 49, domaine@drouhin-laroze.com V ⚲ ▮ *r.-v.*

DOM. FOREY PÈRE ET FILS 2016 ★

■	4000	◍	20 à 30 €

Cette famille voisine de la Romanée-Conti exploitait jadis en métayage La Romanée du chanoine Liger-Belair. Installé en 1983 avec son père et son frère, Régis Forey, aux commandes depuis 1989, conduit aujourd'hui un domaine de 9,5 ha régulièrement en vue dans le Guide.

Régis Forey a opté pour une vinification à 30 % en vendanges entières et un élevage en fût de 500 l pendant quatorze mois. Les fruits rouges frais, agrémentées d'une note végétale, dominent l'expression aromatique du vin. Une fraîcheur que l'on retrouve dans une bouche souple et gourmande, structurée en finesse. ⌛ 2020-2024

⊶ DOM. FOREY PÈRE ET FILS, 2, rue Derrière-le-Four, 21700 Vosne-Romanée, tél. 03 80 61 09 68, domaineforey@orange.fr V ⚲ ▮ *r.-v.*

RÉMI JEANNIARD Vieilles Vignes 2016 ★

■	4350	◍	15 à 20 €

Après avoir travaillé près de vingt ans avec son père, Rémi Jeanniard a repris une partie des vignes familiales en 2004 et s'est construit une nouvelle cuverie. Il exploite aujourd'hui 5,85 ha, à Morey-Saint-Denis principalement.

Il y a déjà quelques années que les lecteurs du Guide connaissent les morey-saint-denis de Rémi Jeanniard. Cette cuvée Vieilles Vignes s'inscrit parmi les nombreuses belles réussites du domaine. Au nez, des notes de griotte et de violette lui confèrent une réelle élégance. Après une attaque souple, la bouche, fraîche, longue, d'une belle intensité, s'appuie sur des tanins soyeux. ⌛ 2021-2026

⊶ RÉMI JEANNIARD, 19-21, rue de Cîteaux, 21220 Morey-Saint-Denis, tél. 03 80 58 52 42, remijeanniard@orange.fr V ⚲ ▮ *r.-v.*

PATRICK LAGRANGE En Pierre Virant 2015 ★

■	600	◍	20 à 30 €

Patrick Lagrange, retraité de la restauration et de la commercialisation de caves à vins, s'est engagé en 2009 comme négociant-éleveur confidentiel à Fixin, vinifiant de petits lots de vendanges intéressants.

En Pierre Virant est un *climat* de haut de coteaux sur la partie nord de l'appellation (côté Gevrey-Chambertin). Élevé dix-huit mois en fût, ce vin ample et frais fait preuve d'une belle élégance autour de notes florales et de tanins soyeux. Des qualités qu'il n'était pas toujours facile à obtenir dans un millésime solaire comme 2015. ⌛ 2019-2024

⊶ PATRICK LAGRANGE, 22, rue de l'Abbé-Chevalier, 21220 Fixin, tél. 06 63 71 15 15, palagrange@wanadoo.fr V ⚲ ▮ *r.-v.*

DOM. MICHEL MAGNIEN Chaffots 2016 ★

1er cru	6000		75 à 100 €

Michel Magnien incarne la quatrième génération à la tête d'un vignoble familial qu'il a considérablement agrandi entre les années 1960 et 1990 (18 ha aujourd'hui, conduits en bio et biodynamie). Jusqu'en 1993, il porte sa récolte à la coopérative de Morey. L'arrivée de son fils Frédéric, en charge des vinifications depuis lors, change la donne: les vins sont désormais mis en bouteilles à la propriété et, depuis le millésime 2015, l'élevage se fait pour partie dans des jarres en terre cuite. Des vins d'une grande régularité, qui font du domaine l'une des valeurs sûres de la Côte de Nuits.

Situé au-dessus du Clos Saint-Denis, Les Chaffots est un 1er cru qui donne des vins d'une belle complexité. Le constat se confirme avec ce 2016 très harmonieux et d'une grande intensité aromatique, sur la mûre, la violette et la griotte, puissant et frais en bouche. ⧗ 2023-2028

FRÉDÉRIC MAGNIEN, 4, rue Ribordot, 21220 Morey-Saint-Denis, tél. 03 80 51 82 98, domaine@michel-magnien.com V r.-v.

MANUEL OLIVIER 2015 ★★

	2179		30 à 50 €

Installé en 1990, Manuel Olivier, fils d'agriculteurs, a commencé par cultiver les vignes et petits fruits dans les Hautes-Côtes de Nuits. Aujourd'hui spécialisé en viticulture, il exploite un vignoble de 11 ha, complété depuis 2007 par une structure de négoce qui lui a permis de mettre un pied en Côte de Beaune.

Le nez se fait d'abord discret, sur des notes de feuille de cassis, puis gagne en intensité autour des fruits noirs et de la vanille. La bouche se montre à la fois large et longue, fraîche, souple et intense. Un 2015 plein de charme, bien représentatif de la Côte de Nuits. ⧗ 2021-2026

SARL MANUEL OLIVIER, 7, rue des Grandes-Vignes, hameau de Corboin, 21700 Nuits-Saint-Georges, tél. 03 80 62 39 33, contact@domaine-olivier.com V r.-v.

♥ **DOM. ANNE ET HERVÉ SIGAUT**
Les Charrières 2016 ★★

1er cru	3500		30 à 50 €

Depuis le départ à la retraite d'Hervé Sigaut en 2008, son épouse Anne, qui assurait les vinifications depuis 2004, est seule aux commandes. Une valeur sûre en chambolle-musigny, appellation fer de lance de ce domaine de 7 ha.

Sur un terroir en pente douce et au sol assez épais, ce 1er cru s'étend au nord de l'appellation, sous la protection du fameux Clos de la Roche. Anne et Hervé Sigaut en exploitent avec beaucoup de soins 62 ares. Le vin qui y naît se distingue généralement par la finesse de sa texture et l'élevage sous bois doit être subtilement dosé (25 % de fût neuf ici). Ce 2016 est bien dans le ton: un nez très élégant de rose et de cassis, une bouche pleine de charme mariant volume, fraîcheur et suavité, finesse des tanins et légèreté du boisé. ⧗ 2023-2030 ■ **1er cru Les Millandes 2016 ★★ (30 à 50 €; 1900 b.)** ♥ : à proximité du village de Morey-Saint-Denis, Les Millandes est considéré comme l'un des 1ers crus les plus qualitatifs de la commune. Il peut revendiquer un lien de filiation avec le Clos de la Roche dont il jouxte la partie basse. Le vin s'exprime ici avec élégance autour des fruits noirs, puis offre beaucoup de richesse, de volume et de longueur en bouche, et fait preuve d'une énergie remarquable tout au long de la dégustation. ⧗ 2023-2030

ANNE SIGAUT, 12, rue des Champs, 21220 Chambolle-Musigny, tél. 03 80 62 80 28, herve.sigaut@wanadoo.fr V r.-v.

TAUPENOT-MERME La Riotte 2015 ★★

1er cru	n.c.		70 à 100 €

En 1963, Jean Taupenot, de Saint-Romain, épouse Denise Merme et se fixe à Morey. Aujourd'hui, leurs enfants Romain et Virginie conduisent, en bio non certifié, un vignoble de 13 ha avec un pied en Côte de Nuits et l'autre en Côte de Beaune. Un domaine constant en qualité. Romain a développé par ailleurs, sous son nom, une petite structure de négoce.

La Riotte est un *climat* situé juste au-dessous du village de Morey. Jouxtant Les Millandes, il donne généralement des vins d'une bonne puissance, construit sur des tanins fermes mais sans agressivité. Romain Taupenot a ici parfaitement accompagné le terroir et respecté la souplesse du millésime. L'expressivité du nez, sur des notes de fruits rouges bien mûrs, et le caractère croquant et fin de la bouche en font un 1er cru remarquable d'équilibre, au profil plus élégant que puissant. ⧗ 2021-2028

DOM. TAUPENOT-MERME, 33, rte des Grands-Crus, 21220 Morey-Saint-Denis, tél. 03 80 34 35 24, romain.taupenot@orange.fr V r.-v.

CLOS-DE-LA-ROCHE

Superficie : 13,4 ha / Production : 450 hl

DOM. CASTAGNIER 2016

Gd cru	1800		50 à 75 €

Installé depuis 1975 sur le domaine familial de Morey-Saint-Denis, Jérôme Castagnier exploite (en biodynamie non certifiée) un vignoble de 4 ha en Côte de Nuits. Ses grands crus, notamment ses clos-de-vougeot, clos-de-la-roche et clos-saint-denis, lui permettent de s'illustrer avec une réelle constance. Il a également développé une activité de négoce.

L'un des fiefs de Jérôme Castagnier, en tout cas celui dont il dispose de la plus importante superficie (60 ares); un terroir réputé pour donner des vins d'une bonne structure. C'est effectivement le cas de ce 2016 doté d'une belle matière, d'une structure derme et de complexité autour de notes de réglisse et de cerise qui s'affirment avec générosité. Il devrait gagner en rondeur avec un peu de garde. ⧗ 2023-2028

DOM. CASTAGNIER, 20, rue des Jardins, 21220 Morey-Saint-Denis, tél. 03 80 34 31 62, jeromecastagnier@yahoo.fr r.-v.

DOM. MICHEL MAGNIEN 2016 ★

■ Gd cru	2000		+ de 100 €

Michel Magnien incarne la quatrième génération à la tête d'un vignoble familial qu'il a considérablement agrandi entre les années 1960 et 1990 (18 ha aujourd'hui, conduits en bio et biodynamie). Jusqu'en 1993, il porte sa récolte à la coopérative de Morey. L'arrivée de son fils Frédéric, en charge des vinifications depuis lors, change la donne: les vins sont désormais mis en bouteilles à la propriété et, depuis le millésime 2015, l'élevage se fait pour partie dans des jarres en terre cuite. Des vins d'une grande régularité, qui font du domaine l'une des valeurs sûres de la Côte de Nuits.

Le domaine dispose de 39 ares de ce grand cru du nord du village. Fidèle à ses principes, Frédéric Magnien a élevé pour partie cette cuvée en jarres de terre de cuite. Un vin qui fait preuve d'équilibre autour d'un nez assez discret mais fin de violette, de groseille et d'épices douces, et d'une bouche ample, ronde et longue. ⧗ 2023-2028

FRÉDÉRIC MAGNIEN, 4, rue Ribordot, 21220 Morey-Saint-Denis, tél. 03 80 51 82 98, domaine@michel-magnien.com r.-v.

DOM. CHANTAL RÉMY 2015 ★★

■ Gd cru	1300		+ de 100 €

Après la division du domaine Louis Rémy, Chantal Rémy a créé sa propre exploitation en 2009, doublée d'une petite structure de négoce en 2011, à l'arrivée de son fils Florian – le tout dans un «esprit bio» (labour au cheval, pas de produits chimiques) mais sans certification. Le domaine exploite trois grands crus (clos-de-la-roche, chambertin, latricières-chambertin) et le Clos des Rosiers en monopole sur Morey-Saint-Denis.

Le domaine cherche à mettre en évidence l'élégance et la finesse du pinot noir avec ce grand cru. Le solaire millésime n'était pas forcément le plus aisé pour y parvenir, mais l'objectif est parfaitement atteint. Des notes d'épices s'accompagnent d'une délicate touche florale et de nuances fruitées (framboise, cerise) à l'olfaction. En bouche, les tanins sont souples et très fins, renforçant le côté gracieux de ce vin. Une franche réussite. ⧗ 2023-2028

CHANTAL RÉMY, 1, pl. du Monument, 21220 Morey-Saint-Denis, tél. 03 80 34 32 59, domaine.chantal-remy@orange.fr r.-v. 5

CLOS-SAINT-DENIS

Superficie : 6 ha / Production : 200 hl

DOM. CASTAGNIER 2016 ★

■ Gd cru	1300		50 à 75 €

Installé depuis 1975 sur le domaine familial de Morey-Saint-Denis, Jérôme Castagnier exploite (en biodynamie non certifiée) un vignoble de 4 ha en Côte de Nuits. Ses grands crus, notamment ses clos-de-vougeot, clos-de-la-roche et clos-saint-denis, lui permettent de s'illustrer avec une réelle constance. Il a également développé une activité de négoce.

L'harmonie, la finesse, la puissance contenue et la longueur dont sont capables les vins nés sur ce beau terroir de Morey-Saint-Denis sont ici présentes. Jérôme Castagnier, dont le nom est déjà bien connu des lecteurs du Guide, démontre une nouvelle fois tout son savoir-faire pour mettre en évidence le caractère unique de chacun de ses terroirs. Et l'on aime aussi la palette aromatique subtile de son grand cru, centrée sur des notes de cerise et de violette. ⧗ 2023-2028

DOM. CASTAGNIER, 20, rue des Jardins, 21220 Morey-Saint-Denis, tél. 03 80 34 31 62, jeromecastagnier@yahoo.fr r. v.

DOM. PHILIPPE CHARLOPIN 2015 ★

■ Gd cru	n.c.	+ de 100 €

Repris en 1977, ce domaine familial, passé de 1,5 ha à 25 ha aujourd'hui, est en conversion bio. Avec son fils Yann, Philippe Charlopin fait partie des vignerons emblématiques de Gevrey-Chambertin et plus généralement de la Côte de Nuits. Il propose une large palette de vins, des *villages* aux grands crus du Chablisien, de la Côte de Beaune et de la Côte de Nuits. On ne compte plus ses étoiles et coups de cœur «vendangés» dans le Guide. Incontournable.

La matière et la concentration des 2015 biens nés sont ici au rendez-vous. Mais la classe du clos-saint-denis s'exprime aussi à travers des tanins bien fondus et veloutés et une palette aromatique subtile de framboise, de griotte et de poivre. ⧗ 2023-2028

DOM. PHILIPPE CHARLOPIN, 18, rte de Dijon, 21220 Gevrey-Chambertin, tél. 06 24 71 12 05, charlopin.philippe21@orange.fr

DOM. MICHEL MAGNIEN 2016 ★

■ Gd cru	700		+ de 100 €

Michel Magnien incarne la quatrième génération à la tête d'un vignoble familial qu'il a considérablement agrandi entre les années 1960 et 1990 (18 ha aujourd'hui, conduits en bio et biodynamie). Jusqu'en 1993, il porte sa récolte à la coopérative de Morey. L'arrivée de son fils Frédéric, en charge des vinifications depuis lors, change la donne: les vins sont désormais mis en bouteilles à la propriété et, depuis le millésime 2015, l'élevage se fait pour partie dans des jarres en terre cuite. Des vins d'une grande régularité, qui font du domaine l'une des valeurs sûres de la Côte de Nuits.

La grande originalité du domaine est d'élever une bonne partie de ses vins en jarres de terre de cuite. C'est le cas aussi des grands crus (73 % de la cuvée exactement). Une approche qui réussit bien à ce clos-saint-denis d'une belle expression aromatique autour du cassis, de la myrtille et de notes florales. En bouche, l'équilibre entre tanins fins et rondeur soyeuse est parfaitement atteint. ⧗ 2023-2028

FRÉDÉRIC MAGNIEN, 4, rue Ribordot, 21220 Morey-Saint-Denis, tél. 03 80 51 82 98, domaine@michel-magnien.com r.-v.

CHAMBOLLE-MUSIGNY

Superficie : 152 ha / Production : 6 050 hl

Commune de grande renommée malgré sa petite étendue, Chambolle-Musigny doit sa réputation à la qualité de ses vins et à la notoriété de ses 1ers crus, dont le plus connu est le *climat* des Amoureuses. Tout un programme! Mais Chambolle a aussi ses Charmes, Chabiots, Cras, Fousselottes, Groseilles et autres Lavrottes... Le petit village aux rues étroites et aux arbres séculaires abrite des caves magnifiques (domaine des Musigny).
Toujours rouges, les chambolle sont élégants et subtils. Ils allient la force des bonnes-mares à la finesse des musigny, à l'image d'un pays de transition dans la Côte de Nuits.

DOM. DES BEAUMONT Les Chardannes 2016

■ | 2900 | | 30 à 50 €

Thierry Beaumont (septième génération) a créé son domaine en 1991 en reprenant les vignes familiales et commercialise son vin en bouteille, sous son patronyme, depuis 1999. Le vignoble couvre 5,5 ha à Morey, Chambolle et Gevrey. Les cuvées de ce vigneron peu interventionniste à la vigne et au chai, qui a investi dans un outil de travail moderne, sont chaque année au rendez-vous du Guide.
Régulièrement présente dans le Guide, cette cuvée est issue d'une parcelle d'un demi-hectare situé au nord du vignoble de Chambolle-Musigny. La version 2016 se présente sur des notes de cassis, de framboise et d'épices douces, et propose une bouche charnue, équilibrée et bien structurée. ⧗ 2023-2028

THIERRY BEAUMONT, 9, rue Ribordot, 21220 Morey-Saint-Denis, tél. 03 80 51 87 89, contact@domaine-des-beaumont.com V r.-v.

ANNE ET SÉBASTIEN BIDAULT Les Herbues 2015

■ | 1500 | | 30 à 50 €

Sébastien et Anne Bidault se sont installés en 2000, cultivant alors un micro-vignoble de 5 ares de gevrey-chambertin; ils exploitent 1,2 ha aujourd'hui, sur cinq appellations (gevrey, morey, chambolle-musigny, aloxe-corton et clos-de-la-roche).
Un chambolle charmeur, sur le fruit, qui se montrera accessible assez vite. Le nez se montre d'abord assez discret, avant de s'ouvrir sur des notes florales et fruitées (fraise). Peu structurée, la bouche séduit par son fruité et par sa fraîcheur, renforcée par une finale acidulée. ⧗ 2020-2023

ANNE ET SÉBASTIEN BIDAULT, 9, rue des Jardins, 21220 Morey-Saint-Denis, tél. 06 73 84 03 34, annebidault@yahoo.fr V r.-v.

JEAN-CLAUDE BOISSET 2015 ★

■ | 3240 | | 30 à 50 €

Un important négoce créé en 1961 par Jean-Claude Boisset qui, installé à Nuits-Saint-Georges dans l'ancien couvent des Ursulines, est propriétaire de vignes dans toute la Bourgogne, et aussi dans d'autres vignobles en France et à l'étranger. Depuis 2002, Grégory Patriat, le vinificateur, s'attache à élaborer des cuvées haut de gamme, dans une approche « domaine ».
Une cuvée bien typée de son appellation: le nez évoque les fruits noirs frais, la myrtille notamment, les tanins sont souples et harmonieux, donnant une sensation d'élégance plutôt que de puissance. L'ensemble fait preuve toutefois d'une certaine densité et pourra être gardé en cave sans crainte. ⧗ 2021-2026

JEAN-CLAUDE BOISSET, 5, quai Dumorey, 21700 Nuits-Saint-Georges, tél. 03 80 62 61 61, contact@boisset.fr V r.-v.

CHRISTOPHE BRYCZEK 2016

■ | 1800 | | 20 à 30 €

Georges Bryczek, né en Pologne en 1912 et arrivé en France en 1938, s'est installé comme vigneron à son compte en 1953, à Morey-Saint-Denis. Un beau parcours poursuivi par son petit-fils Christophe, installé en 2003 à la tête de 3 ha en morey, chambolle-musigny et gevrey.
Le nez, bien ouvert, développe des notes de fruits rouges et de poivre. Après une attaque souple et tout en fruit, des tanins un peu austères se font sentir en bouche; rien qui ne nuise à l'équilibre général du vin pour autant, d'une belle fraîcheur en finale. ⧗ 2021-2025

CHRISTOPHE BRYCZEK, 14, rue Ribordot, 21220 Morey-Saint-Denis, tél. 06 61 23 94 53, christophe.bryczek@orange.fr V r.-v.

DOM. RENÉ CACHEUX ET FILS 2015 ★

■ | 600 | | 30 à 50 €

En 2005, après avoir travaillé sur d'autres exploitations viticoles, Gérald Cacheux a succédé à ses parents à la tête de ce petit domaine familial (3,26 ha), fondé en 1966. Il exploite des vignes à Vosne-Romanée et à Chambolle-Musigny.
Un très joli chambolle doté d'une structure soyeuse et flatteuse répondant bien à la typicité des vins de l'appellation. Un boisé bien intégré (élevage en fût de dix-huit mois) accompagne des notes de violette et de fruits noirs. De l'élégance du début à la fin. ⧗ 2021-2026

DOM. RENÉ CACHEUX ET FILS, 28, rue de la Grand-Velle, 21700 Vosne-Romanée, tél. 03 80 61 28 72, contact@domaine-cacheux.com V r.-v.

♥ DOM. CASTAGNIER Cuvée Jeanne 2016 ★★

■ | 800 | | 20 à 30 €

Installé depuis 1975 sur le domaine familial de Morey-Saint-Denis, Jérôme Castagnier exploite (en biodynamie non certifiée) un vignoble de 4 ha en Côte de Nuits. Ses grands crus, notamment ses clos-de-vougeot, clos-de-la-roche et clos-saint-denis, lui permettent de s'illustrer avec une réelle constance. Il a également développé une activité de négoce.

Décidément un nom qui compte en Côte de Nuits. Jérôme Castagnier montre une fois encore l'étendue de son talent avec ce 2016 qui a toutes les qualités de son terroir d'origine. Des arômes de framboise et un boisé noble (élevage entre 40 à 50 % fût neuf) montent au nez avec délicatesse, puis une chair tendre et des tanins soyeux viennent caresser le palais, étiré dans une longue finale qui conjugue élégance, équilibre et fraîcheur. Un vin complet et abouti. ⧗ 2021-2028

DOM. CASTAGNIER, 20, rue des Jardins, 21220 Morey-Saint-Denis, tél. 03 80 34 31 62, jeromecastagnier@yahoo.fr V r.-v.

DOM. PHILIPPE CHARLOPIN 2015 ★

■ | n.c. | | 50 à 75 €

Repris en 1977, ce domaine familial, passé de 1,5 ha à 25 ha aujourd'hui, est en conversion bio. Avec son fils Yann, Philippe Charlopin fait partie des vignerons emblématiques de Gevrey-Chambertin et plus généralement de la Côte de Nuits. Il propose une large palette de vins, des *villages* aux grands crus du Chablisien, de la Côte de Beaune et de la Côte de Nuits. On ne compte plus ses étoiles et coups de cœur « vendangés » dans le Guide. Incontournable.

D'abord marqué par des arômes vanillés apportés par l'élevage en fût, le nez gagne en précision à l'aération avec des notes de myrtille et de violette que l'on retrouve fréquemment dans les vins de l'appellation. Quant à la bouche, elle présente une bonne structure tannique, du volume, ainsi qu'une belle longueur. ⧗ 2021-2028

DOM. PHILIPPE CHARLOPIN, 18, rte de Dijon, 21220 Gevrey-Chambertin, tél. 06 24 71 12 05, charlopin.philippe21@orange.fr

DOM. CHAUVENET-CHOPIN 2016 ★

■ | 2100 | | 20 à 30 €

En 1985, Évelyne et Hubert Chauvenet reprennent la propriété familiale, qu'ils complètent en 2001 par le domaine Chopin-Groffier de Comblanchien. Ils exploitent aujourd'hui 13,6 ha de vignes en Côte de Nuits et proposent notamment un large éventail de climats en nuits-saint-georges.

Un vin robuste, d'une belle richesse, qui méritera d'être attendu quelques années pour atteindre son apogée. Sa large palette aromatique évoquant la framboise, la griotte et les épices douces est fort engageante. Ample, puissante et charnue, la bouche fait également preuve d'une bonne longueur. ⧗ 2023-2028

CHAUVENET-CHOPIN, 97, rue Félix-Tisserand, 21700 Nuits-Saint-Georges, tél. 03 80 61 28 11, chauvenet-chopin@wanadoo.fr V r.-v.

DOM. A. CHOPIN ET FILS 2015

■ | 1000 | | 30 à 50 €

Installé à l'extrême sud de la Côte de Nuits, Arnaud Chopin a repris le domaine familial en 2010, à la retraite de ses parents. Avec l'aide de son jeune frère Alban, il s'apprête à convertir le vignoble au bio. Régulièrement, il s'illustre par ses nuits-saint-georges et ses côtes-de-nuits-villages.

Le domaine produit généralement des vins amples et généreux. C'est le cas de ce chambolle évoquant au nez une corbeille de fruits agrémentée de notes de rose, aux tanins fins et bien extraits, mais avec une petite pointe de dureté en finale qui le pénalise aujourd'hui. Un peu de patience... ⧗ 2021-2024

A. CHOPIN ET FILS, D 974, 21700 Comblanchien, tél. 03 80 62 92 60, domaine.chopin-fils@orange.fr V r.-v.

DOM. GLANTENAY 2015 ★

■ | 2500 | | 30 à 50 €

Ce domaine de 8 ha est conduit depuis quatre siècles par la famille Glantenay, qui a accueilli en 2012 une nouvelle génération: Guillaume et sa sœur Fanny, enfants de Pierre. Les vignes sont situées sur Volnay, Pommard, Monthélie, Meursault et Chambolle-Musigny.

Un demi-hectare planté de vignes d'une soixantaine d'années ont donné ce vin aux arômes élégants de fruits rouges, accompagnés par un boisé très fin. Une finesse que l'on retrouve dans une bouche équilibrée, à la fois ronde et fraîche, aux tanins délicats. Un profil plus friand que puissant. ⧗ 2021-2024

GLANTENAY GEORGES ET FILS, 3. rue de la Barre, 21190 Volnay, tél. 03 80 21 61 82, contact@domaineglantenay.com V r.-v.

DOM. ANTONIN GUYON Clos du Village 2015 ★★

■ | 2700 | | 30 à 50 €

Ce domaine s'est constitué à partir des années 1960 sur un vaste vignoble de 48 ha, principalement en 1ers et en grands crus, allant de Gevrey-Chambertin à Meursault. Une exploitation régulière en qualité, conduite par Dominique Guyon, fils d'Antonin.

Comme son nom l'indique, cette cuvée est issue d'un petit clos situé à proximité immédiate du village de Chambolle-Musigny. Élevé pendant quatorze mois en fût, elle dévoile un joli nez d'épices et de fruits rouges, et fait preuve de beaucoup de finesse en bouche, autour de tanins soyeux et délicats, tout en affichant la gourmandise propre au généreux millésime 2015. ⧗ 2021-2025

DOM. ANTONIN GUYON, 21420 Savigny-lès-Beaune, tél. 03 80 67 13 24, domaine@guyon-bourgogne.com V r.-v.

DOM. MICHEL MAGNIEN Fremières 2016 ★

■ | 500 | | 75 à 100 €

Michel Magnien incarne la quatrième génération à la tête d'un vignoble familial qu'il a considérablement agrandi entre les années 1960 et 1990 (18 ha aujourd'hui, conduits en bio et biodynamie). Jusqu'en 1993, il porte sa récolte à la coopérative de Morey. L'arrivée de son fils Frédéric, en charge des vinifications depuis lors, change la donne: les vins sont désormais mis en bouteilles à la propriété et, depuis le millésime 2015, l'élevage se fait pour partie dans des jarres en terre cuite. Des vins d'une grande régularité, qui font du domaine l'une des valeurs sûres de la Côte de Nuits.

Ce vin a la particularité d'avoir été très majoritairement (78 %) élevé en jarre. Au nez, il présente une belle intensité autour de la griotte et du cassis, sur fond de boisé très discret. En bouche, l'équilibre est au rendez-vous, la fraîcheur et le fruit également; les tanins sont certes encore un peu serrés, mais l'ensemble ne manque pas d'élégance. À garder. ⌛ 2023-2028

🔑 *FRÉDÉRIC MAGNIEN, 4, rue Ribordot, 21220 Morey-Saint-Denis, tél. 03 80 51 82 98, domaine@michel-magnien.com* V 🚶 ■ *r.-v.*

DOM. MICHEL NOËLLAT 2016 ★

■ | 1800 | 🛢 | 50 à 75 €

Alain (au commercial) et Jean-Marc Noëllat (à la vigne et au chai) ont pris en 1990 la relève de leur père Michel sur ce vaste domaine de 27 ha. Ils ont été rejoints en 2012 et en 2015 par la sixième génération - Sébastien, fils du second, et Sophie, fille du premier. Une valeur sûre de la Côte de Nuits, notamment pour ses vosne-romanée.

Les chambolle-musigny ont été rares en 2016: la faute à de cruelles gelées de printemps. Ainsi, le Dom. Michel Noëllat n'a-t-il produit que 1 800 bouteilles à partir des 1,2 ha qu'il possède dans l'appellation, en village. Et c'est bien dommage car le vin est fort réussi: expressif (fraise des bois, griotte, épices), fin en bouche, bien équilibré, structuré avec élégance, mais aussi, et c'est logique au vu de la récolte, d'une belle concentration. ⌛ 2021-2028

🔑 *DOM. MICHEL NOËLLAT, 5, rue de la Fontaine, 21700 Vosne-Romanée, tél. 03 80 61 36 87, contact@domaine-michel-noellat.com* V 🚶 ■ *r.-v.*

ROUX PÈRE ET FILS Les Borniques 2015 ★

■ 1er cru | 900 | 🛢 | 75 à 100 €

Cette maison créée en 1885, qui associe domaine et négoce, est à la tête d'un vaste ensemble de 65 ha répartis sur 52 lieux-dits et treize villages de la Côte-d'Or et de la Côte chalonnaise. Elle propose une vaste gamme de vins, souvent en vue, notamment en saint-aubin, puligny, chassagne et meursault.

Dans la continuité du grand cru musigny, par le nord, Les Borniques est un terroir de mi-coteau apte à donner de grandes bouteilles. Passé une touche boisée, le nez s'ouvre sur de belles notes florales et fruitées à l'aération. En bouche, une attaque gourmande et veloutée laisse place à des tanins denses en soutien d'une matière bien fruitée, ample et suave. ⌛ 2021-2028 **■ 1er cru Les Noirots 2015 ★ (75 à 100 €; 600 b.)** : un 1er cru fruité (cassis), floral (rose) et boisé avec douceur. En bouche, une bonne densité, la chaleur du millésime et de fins tanins. ⌛ 2021-2028

🔑 *FAMILLE ROUX, 42, rue des Lavières, 21190 Saint-Aubin, tél. 03 80 21 32 92, france@domaines-roux.com* V 🚶 ■ *r.-v.*

DOM. ANNE ET HERVÉ SIGAUT
Les Sentiers Vieilles Vignes 2016 ★★

■ 1er cru | 3700 | 🛢 | 30 à 50 €

Depuis le départ à la retraite d'Hervé Sigaut en 2008, son épouse Anne, qui assurait les vinifications depuis 2004, est seule aux commandes. Une valeur sûre en chambolle-musigny, appellation fer de lance de ce domaine de 7 ha.

Dans le secteur nord de l'appellation, en dessous du grand cru bonnes-mares, la terre présente un caractère argileux prononcé. C'est aussi un terroir où l'on trouve des roches calcaires de différentes époques géologiques. La Côte de Nuits en miniature en somme... Le vin des Sigaut est quant à lui un modèle d'équilibre et de finesse. Il délivre des notes intenses de fruits rouges et noirs, accompagnés d'une pointe de torréfaction bien intégrée; arômes prolongés par une bouche ample et charnue, aux tanins délicats. ⌛ 2023-2028

🔑 *ANNE SIGAUT, 12, rue des Champs, 21220 Chambolle-Musigny, tél. 03 80 62 80 28, herve-sigaut@wanadoo.fr* V ■ *r.-v.*

HENRI DE VILLAMONT Les Chatelots 2015

■ 1er cru | 1167 | 🛢 | 50 à 75 €

Ce propriétaire (10 ha: 6 ha en savigny, 4 ha en Côte de Nuits) et négociant-éleveur, dans le giron du groupe suisse Schenk depuis 1964, élève ses vins dans une cuverie spectaculaire créée entre 1880 et 1888 à Savigny-lès-Beaune par Léonce Bocquet, alors unique propriétaire du Clos de Vougeot.

Un *climat* situé au centre de l'appellation, face à la combe qui rythme la Côte, un secteur assis en majorité sur du calcaire de Comblanchien. La terre est maigre et c'est le caractère élégant qui l'emporte dans les vins; ce que confirme ce 2015 au nez fin de cassis et d'épices, au palais riche et généreux, mais avec une pointe de vivacité qui lui donne un bel équilibre. Un bon compromis entre la finesse des chambolle et la chaleur du millésime. ⌛ 2021-2024

🔑 *HENRI DE VILLAMONT, rue du Dr-Guyot, 21420 Savigny-lès-Beaune, tél. 03 80 21 50 59, contact@hdv.fr* V 🚶 ■ *r.-v.* 🔑 *Schenk*

BONNES-MARES

Superficie : 16 ha / Production : 520 hl

Cette appellation déborde sur la commune de Morey, le long du mur du clos-de-tart, mais la plus grande partie est située sur Chambolle. C'est le grand cru par excellence. Les bonnes-mares, pleins, vineux, riches, ont une bonne aptitude à la garde et accompagnent volontiers le civet ou la bécasse après quelques années de vieillissement.

♥ JÉRÔME CASTAGNIER 2016 ★★

■ Gd cru | n.c. | 🛢 | + de 100 €

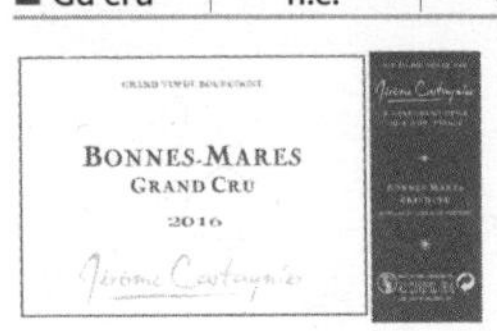

Installé depuis 1975 sur le domaine familial de Morey-Saint-Denis, Jérôme Castagnier exploite (en biodynamie non certifiée) un vignoble de 4 ha en Côte de Nuits. Ses grands crus, notamment ses clos-de-vougeot, clos-de-la-roche et clos-saint-denis, lui permettent de s'illustrer avec une réelle constance. Il a également développé une activité de négoce.

Un nouveau coup de cœur pour Jérôme Castagnier, qui a parfaitement dompté le terroir de bonnes-mares. Réputé donner des vins assez austères, ce grand cru montre ici un profil délicat. Le nez s'ouvre sur des notes de fruits noirs (mûre, cassis) d'une grande finesse, agrémenté d'un boisé bien intégré (quatorze à seize mois d'élevage en fût) qui lui assure une complexité supplémentaire. La bouche se révèle ample, riche et longue, dotée de tanins nobles et soyeux. ⧗ 2023-2028

DOM. CASTAGNIER, 20, rue des Jardins, 21220 Morey-Saint-Denis, tél. 03 80 34 31 62, jeromecastagnier@yahoo.fr V r.-v.

DOM. PHILIPPE CHARLOPIN 2015 ★

■ Gd cru | n.c. | | + de 100 €

Repris en 1977, ce domaine familial, passé de 1,5 ha à 25 ha aujourd'hui, est en conversion bio. Avec son fils Yann, Philippe Charlopin fait partie des vignerons emblématiques de Gevrey-Chambertin et plus généralement de la Côte de Nuits. Il propose une large palette de vins, des *villages* aux grands crus du Chablisien, de la Côte de Beaune et de la Côte de Nuits. On ne compte plus ses étoiles et coups de cœur « vendangés » dans le Guide. Incontournable.

Un grand cru dont la puissance et la générosité naturelle sont bien équilibrés par une appréciable acidité dans ce millésime solaire. L'expression aromatique conjugue boisé fin et fruité soutenu de cerise et de framboise mûres. Après une attaque souple, les tanins se montrent bien enrobés et veloutés. ⧗ 2023-2028

DOM. PHILIPPE CHARLOPIN, 18, rte de Dijon, 21220 Gevrey-Chambertin, tél. 06 24 71 12 05, charlopin.philippe21@orange.fr

DOM. DROUHIN-LAROZE 2016

■ Gd cru | 4250 | | 75 à 100 €

En 1850, Jean-Baptiste Drouhin fonde un domaine viticole à Gevrey. Six générations plus tard, son héritier Philippe Drouhin, installé en 2001, son épouse Christine et leurs enfants Caroline et Nicolas conduisent dans un esprit bio, mais sans certification, un vignoble de 11,5 ha – dont près de la moitié est dédiée aux grands crus –, complété en 2008 par un petit négoce (Laroze de Drouhin) dirigé par Caroline.

On appréciera ce bonnes-mares, construit sur un chair d'une belle finesse, davantage pour son élégance que pour sa concentration. La bouche se développe dans la rondeur, et la maturité du fruit se lit au travers d'une expression aromatique évoquant la cerise noire. ⧗ 2021-2025

DOM. DROUHIN-LAROZE, 20, rue du Gaizot, 21220 Gevrey-Chambertin, tél. 03 80 34 31 49, domaine@drouhin-laroze.com V r.-v.

VOUGEOT

Superficie : 16 ha
Production : 525 hl (70 % rouge)

C'est la plus petite commune de la côte viticole. Si l'on ôte de ses 80 ha les 50 ha 59 a 10 ca du Clos, les maisons et les routes, il ne reste que quelques hectares de vignes en vougeot, dont plusieurs 1ers crus, les plus connus étant le Clos Blanc (vins blancs) et le Clos de la Perrière.

ROUX PÈRE ET FILS Les Petits Vougeots 2015

■ 1er cru | 3950 | | 50 à 75 €

Cette maison créée en 1885, qui associe domaine et négoce, est à la tête d'un vaste ensemble de 65 ha répartis sur 52 lieux-dits et treize villages de la Côte-d'Or et de la Côte chalonnaise. Elle propose une vaste gamme de vins, souvent en vue, notamment en saint-aubin, puligny, chassagne et meursault.

Le domaine dispose d'un peu plus d'un hectare de ce terroir situé en dessous du grand cru musigny. D'une structure souple et bâti sur des tanins fondus, le vin ne se distingue pas par sa très grande concentration, mais offre une finale longue et séduit aussi par ses arômes de fruits rouges mûrs signant la générosité du millésime 2015. ⧗ 2023-2028

FAMILLE ROUX, 42, rue des Lavières, 21190 Saint-Aubin, tél. 03 80 21 32 92, france@domaines-roux.com V r.-v.

BOURGOGNE

CLOS-DE-VOUGEOT

Superficie : 50 ha / Production : 1 630 hl

Tout a été dit sur le Clos ! Comment ignorer que plus de soixante-dix propriétaires se partagent ses quelque 50 ha ? Un tel attrait n'est pas dû au hasard ; c'est bien parce que le célèbre Clos produit du bon vin et que tout le monde en veut ! Il faut faire la différence entre les vins « du dessus », ceux « du milieu » et ceux « du bas », mais les moines de Cîteaux, lorsqu'ils ont élevé le mur d'enceinte, avaient tout de même bien choisi leur lieu... Fondé au début du XII[e]s., le Clos atteignit très rapidement sa dimension actuelle ; l'enceinte d'aujourd'hui est antérieure au XV[e]s. Quant au château, construit aux XIIe et XVI[e]s., il mérite qu'on s'y attarde un peu. La partie la plus ancienne comprend le cellier, de nos jours utilisé pour les chapitres de la Confrérie des Chevaliers du Tastevin, actuelle propriétaire des lieux, et la cuverie, qui abrite à chaque angle quatre magnifiques pressoirs d'époque.

DOM. PHILIPPE CHARLOPIN 2015 ★

■ Gd cru | n.c. | | + de 100 €

Repris en 1977, ce domaine familial, passé de 1,5 ha à 25 ha aujourd'hui, est en conversion bio. Avec son fils Yann, Philippe Charlopin fait partie des vignerons emblématiques de Gevrey-Chambertin et plus généralement de la Côte de Nuits. Il propose une large palette de vins, des *villages* aux grands crus du Chablisien, de la Côte de Beaune et de la Côte de Nuits. On ne compte plus ses étoiles et coups de cœur « vendangés » dans le Guide. Incontournable.

Un clos-vougeot qui joue dans le registre de la finesse et de la complexité dans un millésime où la concentration a souvent primé. Des notes de réglisse, de fraise et de cerise montent au nez. Après une attaque délicate en bouche, les tanins gagnent en intensité et la finale s'exprime sur une tonalité florale. ⧗ 2022-2028

DOM. PHILIPPE CHARLOPIN, 18, rte de Dijon, 21220 Gevrey-Chambertin, tél. 06 24 71 12 05, charlopin.philippe21@orange.fr

DOM. MICHEL NOËLLAT 2016 ★

■ Gd cru | 1000 | | + de 100 €

Alain (au commercial) et Jean-Marc Noëllat (à la vigne et au chai) ont pris en 1990 la relève de leur père Michel sur ce vaste domaine de 27 ha. Ils ont été rejoints en 2012 et en 2015 par la sixième génération - Sébastien, fils du second, et Sophie, fille du premier.

Une valeur sûre de la Côte de Nuits, notamment pour ses vosne-romanée.

Le domaine dispose de 47 ares de vignes dans le Clos, une parcelle parfaitement mise en valeur par une vinification et un élevage qui a favorisé la structure et la concentration, tout en préservant un bel équilibre, avec des notes subtiles de fruits rouges et noirs au nez comme en bouche. ⌛ 2023-2028

DOM. MICHEL NOËLLAT, 5, rue de la Fontaine, 21700 Vosne-Romanée, tél. 03 80 61 36 87, contact@domaine-michel-noellat.com V r.-v.

DOM. DES VAROILLES 2015 ★

Gd cru	300		75 à 100 €

Bien connu pour ses gevrey et ses charmes-chambertin, ce domaine conduit depuis 1990 par Gilbert Hammel dispose de 10 ha répartis dans de nombreux crus prestigieux de Gevrey, dont plusieurs en monopole (Clos des Varoilles, Clos du Meix, Clos du Couvent et La Romanée). Une valeur sûre.

Le domaine a produit une toute petite cuvée dans ce millésime 2015: 300 bouteilles, soit l'équivalent d'un fût de chêne. Un grand cru puissant et profond, au nez intense, centré sur des notes poivrées et de violette, d'un beau volume en bouche, doté de solides tanins qui ne manquent pas de finesse non plus et d'une longue finale. ⌛ 2023-2028

GILBERT HAMMEL, rue de la Croix-des-Champs, BP 7 21220 Gevrey-Chambertin, tél. 03 80 34 30 30, contact@domaine-varoilles.com V r.-v.

ÉCHÉZEAUX

Superficie : 35 ha / Production : 1 235 hl

JÉRÔME CASTAGNIER 2016 ★

Gd cru	n.c.		75 à 100 €

Installé depuis 1975 sur le domaine familial de Morey-Saint-Denis, Jérôme Castagnier exploite (en biodynamie non certifiée) un vignoble de 4 ha en Côte de Nuits. Ses grands crus, notamment ses clos-de-vougeot, clos-de-la-roche et clos-saint-denis, lui permettent de s'illustrer avec une réelle constance. Il a également développé une activité de négoce.

Les vignes dont est issue cette cuvée sont âgées de soixante-dix ans. Il ne sera sans doute pas nécessaire d'attendre ce vin plusieurs décennies pour qu'il atteigne son apogée, mais il convient de laisser les tanins, encore assez vigoureux, se patiner. Long, complexe (griotte, cassis, épices, notes florales), puissant et dense, ce grand cru fait la démonstration de son solide potentiel. ⌛ 2023-2028

DOM. CASTAGNIER, 20, rue des Jardins, 21220 Morey-Saint-Denis, tél. 03 80 34 31 62, jeromecastagnier@yahoo.fr V r.-v.

DOM. PHILIPPE CHARLOPIN 2015 ★

Gd cru	n.c.		+ de 100 €

Repris en 1977, ce domaine familial, passé de 1,5 ha à 25 ha aujourd'hui, est en conversion bio. Avec son fils Yann, Philippe Charlopin fait partie des vignerons emblématiques de Gevrey-Chambertin et plus généralement de la Côte de Nuits. Il propose une large palette de vins, des *village* aux grands crus du Chablisien, de la Côte de Beaune et de la Côte de Nuits. On ne compte plus ses étoiles et coups de cœur « vendangés » dans le Guide. Incontournable.

Un échézeaux qui se démarque par sa grande finesse. Au nez, montent des notes de cassis, de framboise et un boisé fondu et respectueux du fruit. En bouche, le vin déploie des tanins tout en dentelle qui lui assurent beaucoup d'élégance. Sans être d'une grande concentration, il ne manque pas pour autant de longueur. ⌛ 2023-2028

DOM. PHILIPPE CHARLOPIN, 18, rte de Dijon, 21220 Gevrey-Chambertin, tél. 06 24 71 12 05, charlopin.philippe21@orange.fr

DOM. DES PERDRIX 2015 ★★

Gd cru	4 000		+ de 100 €

Ce domaine incontournable de la Côte de Nuits (12 ha dont 6 en grands et en 1ers crus) a été pris en main en 1996 par la famille Devillard (Ch. de Chamirey à Mercurey et Dom. de la Ferté à Givry). Il doit son nom au 1er cru Aux Perdrix, l'une des plus belles parcelles de Nuits-Saint-Georges, possédée en quasi monopole.

Le domaine produit régulièrement parmi les vins les plus denses, riches et complexes dans leurs différentes appellations. Cet échézeaux ample et élégant ne déroge pas à ce constat. Le nez mêle très harmonieusement les notes d'épices et les nuances florales (violette), et la bouche déploie des tanins bien enrobés et veloutés et une longue finale. ⌛ 2023-2028

DOM. DES PERDRIX, rue des Écoles, 21700 Premeaux-Prissey, tél. 03 85 45 21 61, contact@domaines-devillard.com V *t.l.j. 10h-19h (9h-18h de nov. à avr.)* 4 *Devillard*

MAISON ROCHE DE BELLENE 2015

Gd cru	1100		75 à 100 €

Nicolas Potel a créé son propre domaine en 2006 suite à l'acquisition et la reprise de vignes en Côte de Nuits et en Côte de Beaune. De 13 ha en 2007, il exploite aujourd'hui 22 ha répartis entre Santenay et Vosne-Romanée. Il met l'accent sur le respect de l'environnement et raisonne les apports en sulfites dans ses vins pour préserver l'identité de ses terroirs.

Un grand cru issu d'une cuvaison longue de vingt-sept jours, en grappes entières. Le nez s'exprime sur des tonalités épicées et fruitées (mûre, myrtille). La bouche est dense en bouche et les tanins se développent avec finesse. ⌛ 2023-2028

NICOLAS POTEL, 41, rue du Fg-Saint-Nicolas, 21200 Beaune, tél. 03 80 20 67 64, florence@maisonrochedebellene.com V *r.-v.*

DOM. DE LA ROMANÉE-CONTI 2016 ★★

Gd cru	n.c.		+ de 100 €

De ce grand cru parmi les plus vastes de Bourgogne (plus de 35 ha), la Romanée-Conti est l'un des plus importants propriétaires: elle en possède une belle parcelle de 4 ha 67 a 37 ca. Y naît le plus précoce des grands crus du domaine, réputé moins complexe que les grands-échézeaux – « glorieux aîné dont il brûle d'égaler la fortune », selon Aubert de Villaine.

L'échézeaux, comme son « frère » les grands-échézeaux, n'a pas été épargné par le gel d'avril 2016, c'est peu de le dire : 90 % de la récolte sont passés par pertes et profits, avec nécessairement des rendements minuscules : environ 6 hl/ha... Mais de ce terroir dévasté est né un vin de haute expression, au nez délicat de pivoine et de fruits rouges, au palais tout aussi fin, et aussi très frais, très séveux, très volumineux, étiré dans une finale longue et puissante. ⌛ 2022-2035

SC DU DOM. DE LA ROMANÉE-CONTI, 1, rue Derrière-le-Four, 21700 Vosne-Romanée, tél. 03 80 62 48 80

DOM. FABRICE VIGOT 2016 ★

■ Gd cru | 580 | | + de 100 €

Fabrice Vigot est installé depuis 1990 à la tête d'un petit domaine de 6,5 ha constitué à partir de vignes familiales, en vosne-romanée pour l'essentiel, dont il est devenu l'une des bonnes références, de même qu'en échézeaux et en nuits-saint-georges.

« Avec que des beaux raisins », explique Fabrice Vigot au sujet de son mode de vinification. Le millésime 2016 a en effet gâté les vignerons. Cette parcelle de 59 ares, unique grand cru du domaine, a donné un vin aux notes de mûre, de cassis et d'épices douces, à la bouche solidement structurée par des tanins vigoureux. Un grand cru d'avenir. ⌛ 2023-2028

DOM. FABRICE VIGOT, 20, rue de la Fontaine, 21700 Vosne-Romanée, tél. 03 80 61 13 01, fabrice.vigot@orange.fr r.-v.

GRANDS-ÉCHÉZEAUX

Superficie : 7,5 ha / Production : 240 hl

DOM. DE LA ROMANÉE-CONTI 2016 ★★

■ Gd cru | n.c. | | + de 100 €

Le domaine de la Romanée-Conti est propriétaire de 3 ha 52 a et 63 ca des 8 ha de ce grand cru mitoyen du Clos de Vougeot, dont il est très proche aussi par son terroir. Comme le Clos de Vougeot, les Grands Échézeaux ont appartenu à l'abbaye de Cîteaux. Dans le verre, un vin souvent droit, d'une grande élégance, « aristocrate ».

Le gel du 27 avril 2016 a fait beaucoup de dégâts ici : 90 % de la récolte a été dévastée. Vendangé le 29 septembre, le grand cru a ainsi connu un rendement des plus bas avec 7 hl/ha environ. Dans le verre, un vin sombre et fermé à double tour, qui s'ouvre doucement sur les fruits rouges et noirs et les épices. En bouche, il se montre d'une haute densité, très profond et serré, d'une longueur remarquable. Un grands-échézeaux qui est loin d'avoir tout dit, mais qui a de grandes choses à révéler. ⌛ 2023-2040

SC DU DOM. DE LA ROMANÉE-CONTI, 1, rue Derrière-le-Four, 21700 Vosne-Romanée, tél. 03 80 62 48 80

VOSNE-ROMANÉE

Superficie : 150 ha / Production : 5 955 hl

Là aussi, la coutume bourguignonne est respectée : le nom de Romanée est plus connu que celui de Vosne. Quel beau tandem ! Comme Gevrey-Chambertin, cette commune est le siège d'une multitude de grands crus ; mais il existe à proximité des *climats* réputés, tels les 1ers crus Suchots, Les Beaux-Monts, Les Malconsorts et bien d'autres.

DOM. DE BELLENE Les Suchots 2015 ★

■ 1er cru | 1209 | | + de 100 €

Nicolas Potel a créé son propre domaine en 2006 suite à l'acquisition et la reprise de vignes en Côte de Nuits et en Côte de Beaune. De 13 ha en 2007, il exploite aujourd'hui 22 ha répartis entre Santenay et Vosne-Romanée. Il met l'accent sur le respect de l'environnement et raisonne les apports en sulfites dans ses vins pour préserver l'identité de ses terroirs.

Le domaine dispose de 21 ares de ce 1er cru situé au nord du village. Des vignes âgées de près de quatre-vingts ans qui ont donné un vin ouvert sur les fruits rouges et les épices, au touché satiné correspondant bien à la typicité de l'appellation, structuré en finesse par des tanins soyeux, quoiqu'un peu plus sévères en finale. ⌛ 2023-2028

NICOLAS POTEL, 41, rue du Fg-Saint-Nicolas, 21200 Beaune, tél. 03 80 20 67 64, contact@domainedebellene.com r.-v.

DOM. BERTAGNA
Les Beaux Monts 2015 ★

■ 1er cru | 4088 | | 75 à 100 €

Ce domaine de 17 ha rayonne sur un beau patrimoine de cinq grands crus. Il est dirigé depuis 1982 par la famille Reh, originaire de la Moselle allemande, et depuis 1988 par Eva Reh-Siddle. Une valeur sûre, notamment pour ses vougeot et son monopole Clos de la Perrière.

Les Beaux Monts est, comme son nom l'indique, un secteur de haut de coteau. Dominant le grand cru échézeaux, il est réputé donner des vins élégants. Cela se confirme avec cette cuvée bien fruitée au nez comme en bouche, boisée avec mesure, dotée de tanins nobles et fins et d'une longue finale. ⌛ 2023-2028

DOM. BERTAGNA, 16, rue du Vieux-Château, 21640 Vougeot, tél. 03 80 62 86 04, contact@domainebertagna.com t.l.j. sf jeu. dim. 10h-12h30 13h30-14h30 Eva Reh

JEAN-CLAUDE BOISSET Les Jacquines 2016

■ | 912 | | 30 à 50 €

Un important négoce créé en 1961 par Jean-Claude Boisset qui, installé à Nuits-Saint-Georges dans l'ancien couvent des Ursulines, est propriétaire de vignes dans toute la Bourgogne, et aussi dans d'autres vignobles en France et à l'étranger. Depuis 2002, Grégory Patriat, le vinificateur, s'attache à élaborer des cuvées haut de gamme, dans une approche « domaine ».

Grégory Patriat a procédé à une vinification à 50 % en vendanges entières pour obtenir ce vin bien équilibré, qui s'ouvre sur des notes florales et épicées après aération. Le palais est très frais, voir vif, porté par des tanins assez souples, de bonne longueur. ⌛ 2021-2024

JEAN-CLAUDE BOISSET, 5, quai Dumorey, 21700 Nuits-Saint-Georges, tél. 03 80 62 61 61, contact@boisset.fr r.-v.

DOM. RENÉ CACHEUX ET FILS
Les Beaux Monts 2015 ★

■ 1er cru | 600 | ◍ | 50 à 75 €

En 2005, après avoir travaillé sur d'autres exploitations viticoles, Gérald Cacheux a succédé à ses parents à la tête de ce petit domaine familial (3,26 ha), fondé en 1966. Il exploite des vignes à Vosne-Romanée et à Chambolle-Musigny.

Le domaine dispose de vignes d'une soixantaine d'années sur ce *climat* du haut du coteau de Vosne-Romanée. Après un élevage de dix-huit mois en fût, le vin présente naturellement des notes boisées, mais rien qui masque le fruit (cerise, framboise...). Passé une attaque franche, il dévoile une bouche ample et solide mais sans dureté, portée par des tanins fins et relativement fondus. ⧗ 2023-2028

⊶ DOM. RENÉ CACHEUX ET FILS, 28, rue de la Grand-Velle, 21700 Vosne-Romanée, tél. 03 80 61 28 72, contact@domaine-cacheux.com V r.-v.

MAISON CHANZY
La Croix Blanche 2016

■ | 1400 | ◍ | 30 à 50 €

Implanté à Bouzeron, dont il possède à lui seul la moitié des vignes, ce domaine de 32 ha (en Côte chalonnaise, avec un pied en Côte de Beaune et en Côte de Nuits) est exploité depuis 2013 par Jean-Baptiste Jessiaume, son régisseur et maître de chai, issu d'une lignée vigneronne de Santenay. Une maison de négoce complète la propriété.

Nous sommes ici sur un *climat* de l'extrême sud de l'appellation, en limite avec Nuits-Saint-Georges. Le domaine y dispose de 21 ares qui ont livré en 2016 un vin ouvert au nez sur des notes de fruits rouges confits et d'épices, rond et généreux en bouche. ⧗ 2020-2024

⊶ MAISON CHANZY, 6, rue de la Fontaine, 71150 Bouzeron, tél. 03 85 87 23 69, domaine@chanzy.com V *t.l.j. 10h-12h30 14h-18h; sam. dim. sur r.-v.*

DOM. PHILIPPE CHARLOPIN 2015 ★

■ | n.c. | ◍ | 50 à 75 €

Repris en 1977, ce domaine familial, passé de 1,5 ha à 25 ha aujourd'hui, est en conversion bio. Avec son fils Yann, Philippe Charlopin fait partie des vignerons emblématiques de Gevrey-Chambertin et plus généralement de la Côte de Nuits. Il propose une large palette de vins, des *village* aux grands crus du Chablisien, de la Côte de Beaune et de la Côte de Nuits. On ne compte plus ses étoiles et coups de cœur « vendangés » dans le Guide. Incontournable.

Un vin qui reflète bien la délicatesse des vins de l'appellation. La palette aromatique évoque la cerise burlat et le moka. Une attaque souple et fraîche précède un milieu bouche soutenu par des tanins soyeux et fins. Un ensemble charmeur. ⧗ 2021-2025

⊶ DOM. PHILIPPE CHARLOPIN, 18, rte de Dijon, 21220 Gevrey-Chambertin, tél. 06 24 71 12 05, charlopin.philippe21@orange.fr

DOM. CHEVILLON-CHEZEAUX 2016 ★

■ | 1900 | ◍ | 30 à 50 €

Représentant la cinquième génération, Claire Chevillon et son époux Philippe Chezeaux ont repris en 2000 le domaine familial créé en 1887. Ils exploitent aujourd'hui 8,6 ha, dont 90 % de rouge, avec des parcelles dans une demi-douzaine de *climats* de Nuits-Saint-Georges.

Des vignes d'une cinquantaine d'années sont à l'origine d'un vin à la fois subtil et consistant. Le nez fait preuve d'une belle finesse autour de notes de cassis, de fruits rouges et de pâte d'amandes. La bouche séduit quant à elle par l'élégance de ses tanins et sa finale longue, fraîche et saline. Une cuvée bien typée de l'AOC. ⧗ 2021-2028

⊶ DOM. CHEVILLON-CHEZEAUX, 41, rue Henri-de-Bahèzre, 21700 Nuits-Saint-Georges, tél. 03 80 61 23 95, chevillon.chezeaux@orange.fr V *r.-v.*

DOM. A.-F. GROS Les Chalandins 2016

■ | 2200 | ◍ | 50 à 75 €

Fille de Jean Gros (Vosne-Romanée), sœur de Bernard (Dom. Gros Frère et Sœur), Anne-Françoise Gros a choisi François Parent comme époux et maître de chai et créé son domaine en 1988. Leurs enfants Caroline et Mathias conduisent aujourd'hui un vignoble de 14 ha dans les deux Côtes qui collectionne les coups de cœur. Incontournable.

À proximité du Clos Vougeot, les Chalandins est un terroir du bas de l'appellation. Le domaine d'Anne-Françoise Gros y possède 34 ares de pinot noir qui ont donné une cuvée ouverte sur de délicats arômes de fruits frais (framboise, cerise), souple et tendre en bouche, aux tanins mesurés. ⧗ 2020-2023

⊶ DOM. A.-F. GROS, 5, Grande-Rue, 21630 Pommard, tél. 03 80 22 61 85, af-gros@wanadoo.fr V *r.-v.*

DOM. MICHEL GROS Clos des Réas Monopole 2016

■ 1er cru | 11000 | ◍ | 50 à 75 €

L'aîné de la famille Gros – Anne-Françoise (A.-F. Gros) et Bernard (Gros Frère et Sœur) ont chacun leur domaine – a débuté en 1979 avec 2 ha en Hautes-Côtes. Il conduit aujourd'hui 23 ha et s'illustre régulièrement avec ses vosne-romanée, ses nuits-saint-georges et ses hautes-côtes.

Le Clos des Réas est situé côté sud de l'appellation sur un peu plus de 1,5 ha. La cuvée emblématique du domaine est de nouveau au rendez-vous du Guide. Elle se montre sous un profil un brin végétal au nez, riche et souple en bouche, portée par des tanins raffinés et enveloppés par un beau boisé. ⧗ 2021-2026

⊶ MICHEL GROS, 7, rue des Communes, 21700 Meuilley, tél. 03 80 61 04 69, contact@domaine-michel-gros.com V *r.-v.*

JEAN-PIERRE GUYON
Les Charmes de Mazières 2016 ★

■ | 1200 | ◍ | 50 à 75 €

Un domaine familial très régulier en qualité (on ne compte plus les étoiles et les coups de cœur), repris

en 1991 par Jean-Pierre Guyon. Le vignoble couvre 9 ha conduits en bio certifié, dans la Côte de Nuits et le nord de la Côte de Beaune.

Cette cuvée est une sélection de vieilles vignes vinifiées en vendanges entières et sans apport de soufre, l'une des marques de fabrique du domaine depuis de nombreux millésimes. Elle s'ouvre spontanément sur des notes de fruits noirs et de boisé grillé, puis dévoile une bouche très suave, aux tanins enrobés et élégants, étirée dans une belle finale évoquant le cacao. ⧗ 2021-2028 ■ **1er cru En Orveaux 2016 ★ (75 à 100 €; 1200 b.)** Ⓑ : après aération, les quelques notes de réduction laissent place à de beaux arômes de fruits noirs à maturité. Tout en rondeur et en subtilité, le palais offre aussi beaucoup de matière, d'intensité et de longueur. ⧗ 2023-2028

⊶ JEAN-PIERRE GUYON, 11-16, RN 74, 21700 Vosne-Romanée, tél. 03 80 61 02 46, domaineguyon@gmail.com V ▪ *r.-v.*

DOM. JOANNET 2016 ★

■	3150	⦀ î	30 à 50 €

Les Joannet, Michel le père et Fabien le fils, sont installés en plein cœur des Hautes-Côtes de Nuits. Ils exploitent 16 ha de vignes répartis en un vaste éventail allant de Pernand-Vergelesses à Vosne-Romanée, dont près de la moitié est dédiée aux hautes-côtes.

Adeptes des vinifications longues, Michel et Fabien Joannet ont donné naissance à un vosne-romanée élégamment fruité et boisé (café), riche et consistant en bouche, d'un bon volume et doté de tanins fermes qui devraient gagner en harmonie avec le temps. Une belle rétro-olfaction agrémente la finale. ⧗ 2023-2028

⊶ DOM. MICHEL JOANNET, 76, Grande-Rue, 21700 Marey-lès-Fussey, tél. 03 80 62 90 58, domaine-michel.joannet@wanadoo.fr V ▪ ▪ *r.-v.*

DOM. FABRICE MARTIN 2016 ★

■	1500	⦀	30 à 50 €

Un petit domaine de 2,3 ha régulier en qualité, que Fabrice Martin a créé en 2000 et qu'il exploite dans trois appellations: gevrey-chambertin, nuits-saint-georges et vosne-romanée.

La finesse du pinot noir est bien mise en valeur avec ce vin qui développe au nez des arômes de fruits rouges frais (groseille) et de fruits noirs plus mûrs. Des tanins souples donnent une sensation de rondeur et d'équilibre en bouche. Un vosne-romanée charnu qui sera à son meilleur assez vite. ⧗ 2020-2023

⊶ FABRICE MARTIN, 42, rue de la Grand-Velle, 21700 Vosne-Romanée, tél. 03 80 61 27 84, fabrice.martin12@hotmail.fr V ▪ *r.-v.*

DOM. MICHEL NOËLLAT 2016 ★

■	2500	⦀	30 à 50 €

Alain (au commercial) et Jean-Marc Noëllat (à la vigne et au chai) ont pris en 1990 la relève de leur père Michel sur ce vaste domaine de 27 ha. Ils ont été rejoints en 2012 et en 2015 par la sixième génération - Sébastien, fils du second, et Sophie, fille du premier. Une valeur sûre de la Côte de Nuits, notamment pour ses vosne-romanée.

D'une expression aromatique intense, sur des notes de cassis associées à un bon boisé toasté, ce vosne-romanée affiche une harmonie générale et une longueur qui en font un bon candidat pour une garde sereine, impression renforcée par des tanins au touché fin et par une pointe de vivacité en finale. ⧗ 2021-2028 ■ **1er cru Les Suchots 2016 ★ (50 à 75 €; 9000 b.)** : une cuvée assez conséquente en volume, puisqu'elle représente 1,8 ha. Le vin se montre flatteur, riche et gras, dominé par les fruits noirs et les épices et soutenu par de bons tanins de garde. ⧗ 2021-2027 ■ **1er cru Les Beaux Monts 2016 (50 à 75 €; 2500 b.)** : vin cité.

⊶ DOM. MICHEL NOËLLAT, 5, rue de la Fontaine, 21700 Vosne-Romanée, tél. 03 80 61 36 87, contact@domaine-michel-noellat.com V ▪ ▪ *r.-v.*

BOURGOGNE

♥ DOM. DE LA POULETTE Les Suchots 2015 ★★

■ 1er cru	1400	⦀ î	50 à 75 €

Appartenant à une famille dont la présence sur la Côte viticole est attestée depuis l'époque de Louis XIV, ce domaine se transmet par les femmes depuis sept générations: Hélène Michaut en est l'actuelle propriétaire, succédant en 2014 à ses parents Françoise et François, avec pour ambition notamment de développer l'export. Le vignoble couvre 16 ha, implanté notamment sur trois *climats* de Nuits-Saint-Georges et à Vosne-Romanée.

Ce 1er cru fort séduisant dévoile au nez une expression aromatique intense où le fruit joue les premiers rôles, tout en semblant avoir encore de la réserve. Sérieux et bien structurés, les tanins font aussi preuve d'une belle finesse. L'ensemble donne un vin très équilibré, droit et net, apte à vieillir harmonieusement. ⧗ 2023-2028

⊶ HÉLÈNE MICHAUT-AUDIDIER, 103, Grande-Rue, 21700 Corgoloin, tél. 03 80 62 98 02, michaut.helene@poulette.fr V *r.-v.*

DOM. ARMELLE ET BERNARD RION Cuvée Dame Juliette Vieilles Vignes 2016

■	3300	⦀	30 à 50 €

Un domaine fondé en 1896 et transmis de père en fils depuis cinq générations; de père en filles aujourd'hui: Nelly (à la commercialisation), Alice (à la vinification) et son mari Louis (à la vigne) ont rejoint Armelle et Bernard Rion pour exploiter - avec le moins d'interventions possible à la vigne et au chai - le fruit de 7,5 ha de vignes, du simple bourgogne au grand cru.

Une cuvée hommage à la mère de Bernard Rion. Elle représente un demi-hectare de vignes âgées de quatre-vingts ans. Le nez s'ouvre spontanément et avec gourmandise sur des notes de cerise et de torréfaction. La trame tannique est solide en bouche, permettant d'être optimiste sur son évolution. Une bouteille qui gagnera son étoile en cave. ⧗ 2023-2028

⊶ BERNARD RION, 8, rte nationale, 21700 Vosne-Romanée, tél. 03 80 61 05 31, rion@domainerion.fr V ▪ ▪ *t.l.j. 9h-12h 13h30-18h; dim. sur r.-v.*

DOM. FABRICE VIGOT Les Chalandins 2015 ★

■	900		50 à 75 €

Fabrice Vigot est installé depuis 1990 à la tête d'un petit domaine de 6,5 ha constitué à partir de vignes familiales, en vosne-romanée pour l'essentiel, dont il est devenu l'une des bonnes références, de même qu'en échézeaux et en nuits-saint-georges.

Au nez, apparaissent des notes séduisantes de violette, de mûre et de cerise accompagnées d'une pointe épicée. Une matière riche, suave et charnue comme le solaire millésime 2015 a su en donner vient prendre une large place en bouche, avant une finale un brin plus austère. ⧗ 2021-2024

DOM. FABRICE VIGOT, 20, rue de la Fontaine, 21700 Vosne-Romanée, tél. 03 80 61 13 01, fabrice.vigot@orange.fr V r.-v.

RICHEBOURG

Superficie : 7,5 ha / Production : 200 hl

DOM. A.-F. GROS 2016 ★

■ Gd cru	1600		+ de 100 €

Fille de Jean Gros (Vosne-Romanée), sœur de Bernard (Dom. Gros Frère et Sœur), Anne-Françoise Gros a choisi François Parent comme époux et maître de chai et créé son domaine en 1988. Leurs enfants Caroline et Mathias conduisent aujourd'hui un vignoble de 14 ha dans les deux Côtes qui collectionne les coups de cœur. Incontournable.

Le domaine dispose d'une parcelle de 60 ares située dans la partie haute de ce grand cru de Vosne-Romanée. Il s'agit bien évidemment de la tête d'affiche de la famille Parent-Gros, une cuvée bien bichonnée qui s'exprime ici avec beaucoup de finesse et de précision sur des notes de griotte, de framboise et de groseille. Les tanins sont soyeux et un boisé vanillé apporte une sucrosité de bon aloi. ⧗ 2023-2028

DOM. A.-F. GROS, 5, Grande-Rue, 21630 Pommard, tél. 03 80 22 61 85, af-gros@wanadoo.fr V r.-v. E

DOM. DE LA ROMANÉE-CONTI 2016 ★★

■ Gd cru	n.c.		+ de 100 €

Avec 3,51 ha, le domaine possède près de la moitié de l'appellation (8 ha environ). Des vignes mitoyennes (au nord-est) de celles de la Romanée-Conti ; on prête d'ailleurs souvent au richebourg le même caractère soyeux que son prestigieux voisin. Ce que l'on sait moins, c'est qu'il s'agit d'une vigne de Cîteaux vinifiée jadis au château du Clos de Vougeot.

L'un des crus du domaine qui a échappé au gel d'avril 2016. Dans le verre, un richebourg tout à fait dans le ton, puissant et musculeux comme attendu. Le nez, profond et riche, exprime des arômes de boisé épicé et grillé et de fruits noirs mûrs, agrémentés de très élégantes nuances de rose et de violette. Un caractère floral que l'on retrouve dans une bouche dense, de grande intensité, à la fois très charnue et très «carrée d'épaules». De très longue garde évidemment. ⧗ 2023-2035

SC DOM. DE LA ROMANÉE-CONTI, 1, rue Derrière-le-Four, 21700 Vosne-Romanée, tél. 03 80 62 48 80

ROMANÉE-CONTI

Superficie : 1,63 ha / Production : 46 hl

♥ DOM. DE LA ROMANÉE-CONTI 2016 ★★★

■ Gd cru	5281		+ de 100 €

84 |88| |89| |90| |91| |94| |95| (96) (97) 98 01 03 (05) (06) (08) (09) (10) 12 (13) (14) (15) (16)

Un domaine, le plus prestigieux de Bourgogne, dont les limites n'ont pratiquement pas varié depuis le XVIe s. (1 ha 81 a 40 ca aujourd'hui), une appellation (en monopole) et un vin né d'une petite vigne d'exception plantée sur un carré presque parfait d'environ 150 m de côté. La quintessence du terroir bourguignon. Une histoire emblématique de la Bourgogne viticole également. Propriété jusqu'en 1584 du prieuré de Saint-Vivant, elle resta dans la famille Croonembourg jusqu'en 1760 et son acquisition par celui qui lui donna son nom définitif et son prestige, Louis-François de Bourbon, prince de Conti. En 1869, Jacques-Marie Duvault-Blochet fait entrer le cru dans la famille de Villaine, associée depuis 1942 aux Leroy. La gestion quotidienne du domaine est assurée depuis 1974 par Henry-Frédéric Roch (famille Leroy) et Aubert de Villaine, aujourd'hui épaulés par le neveu de ce dernier, Bertrand de Villaine, et par un chef de cave de talent, Bernard Noblet. Ce dernier, après quarante ans de (très) bons et loyaux services, a pris sa retraite en janvier 2018, remplacé par Alexandre Bernier, qui travaillait déjà à ses côtés depuis plusieurs années.

2016 n'a pas été de tout repos, loin s'en faut. «Un millésime où les extrêmes se sont affrontés et dont on pourra dire encore une fois que l'on n'en a jamais vu de pareil», écrit Aubert de Villaine dans ses fameux cahiers de vendanges. L'hiver fut doux, sans ces périodes de gel et/ou de neige qui «nettoient» la vigne. Résultat : un débourrement précoce. Puis la pluie, la pluie, encore la pluie, pendant tout le printemps et jusqu'à mi-juillet : 516 mm sont ainsi tombés entre janvier et mai sur Vosne-Romanée, soit plus que la triste année 1910 dont les précipitations avaient entraîné la perte quasi-totale de la récolte... Qui dit pluie incessante, dit difficultés pour le travail du sol et pour la protection phytosanitaire. Puis arriva le 27 avril et son terrible gel, aggravé par ce contexte de forte humidité. Mais la romanée-conti ne fut pas ou peu touchée. Et le beau temps de l'été mit tout en ordre. Dans le verre, un grand cru d'exception, parfaitement équilibré de bout en bout et si élégant. La robe est sombre et veloutée. Au nez, apparaissent de fines senteurs de rose et de cerise confite sur fond de boisé si fondu qu'il en est presque imperceptible. La bouche, au toucher soyeux et caressant, est soutenue par des tanins d'une finesse exceptionnelle qui renforcent la douceur du vin. La finale, très longue et intense, laisse le souvenir d'une romanée-conti intemporelle. ⧗ 2023-2040

SC DU DOM. DE LA ROMANÉE-CONTI 1, rue Derrière-le-Four, 21700 Vosne-Romanée, tél. 03 80 62 48 80

ROMANÉE-SAINT-VIVANT

Superficie : 9,3 ha / Production : 240 hl

DOM. DE L'ARLOT 2015

■ Gd cru | 980 | | + de 100 €

Un domaine fondé au XVIII[e]s., réputé pour ses nuits-saint-georges et propriété d'Axa Millésimes depuis 1987. L'œnologue Géraldine Godot, ancienne régisseuse de la maison Alex Gambal, a pris en 2015 la relève du directeur technique Jacques Devauges. Le domaine, sous la direction générale de Christian Seely, étend son vignoble sur 15 ha exploités en biodynamie, dont deux monopoles en nuits-saint-georges 1[er]cru : le Clos des Forêts et le Clos de l'Arlot.

La parcelle du domaine (25 ares) est située sous la Romanée-Conti, un voisinage pour le moins prestigieux. La vinification s'inscrit dans la lignée des méthodes mises en place par le domaine depuis de nombreux millésimes : une cuvaison en vendanges entières et un élevage long à 75 % en fût de chêne neuf. Le vin, centré à l'olfaction sur des notes empyreumatiques et épicées, se présente avec un profil dense, carré, solidement structuré. Un vin taillé pour une très longue garde, ou qu'il faudra carafer sérieusement en cas de manque de patience. 2023-2035

GÉRALDINE GODOT, 14, RD 74, 21700 Premeaux-Prissey, tél. 03 80 61 01 92, contact@arlot.fr V *r.-v. Axa Millésimes*

DOM. POISOT PÈRE ET FILS
Les Quatre Journaux 2015 ★★

■ Gd cru | 1735 | | + de 100 €

Après vingt-cinq ans dans la Marine, Rémi Poisot a repris en 2010 le vignoble familial, 2 ha hérités en 1902 par Marie Poisot, fille de Louis Latour : un 1er cru en pernand et trois grands crus (corton, corton-charlemagne et romanée-saint-vivant).

Il s'agit de la parcelle voisine du domaine de l'Arlot, également citée dans cette édition. Nous sommes donc toujours sous la Romanée-Conti. Il suffit de traverser la ruelle. La vinification est ici très majoritairement réalisée en vendanges égrappées (85 %), avec un élevage pour 35 % du vin de fût neuf. Le nez, discret mais élégant, évoque les fruits noirs bien mûrs, la violette et les épices. La bouche, aussi large que longue, se distingue par sa forte densité et sa grande concentration. Le millésime a été particulièrement peu productif et cela se ressent... 2022-2035

RÉMI POISOT, 8, rue des Corton, 21420 Aloxe-Corton, tél. 03 80 21 16 91, contact@domaine-poisot.fr V *r.-v.*

DOM. DE LA ROMANÉE-CONTI 2016 ★★★

■ Gd cru | n.c. | | + de 100 €

82 87 89 91 92 |95| |97| |98| **99 00 01** (03) (04) (05) (06) (08) (09) (10) (11) **12 13** (14) (15) (16)

Avec 5,28 ha, le domaine est le plus important propriétaire de ce grand cru historique (9,3 ha), qui doit sa naissance et son nom au prieuré de Saint-Vivant (fondé en 900), auquel le duc de Bourgogne céda en 1131 les terres de la future appellation dont une partie deviendra la Romanée-Conti. Exploitée en fermage par le domaine à partir de 1966, la parcelle a été rachetée aux Marey-Monge en 1988.

Si 2015 fut une année exceptionnelle par la maturité extrêmement homogène et complète du raisin, 2016 fut tout sauf un long fleuve tranquille, avec notamment le gel du 27 avril qui fit si mal à la Bourgogne, d'autant qu'il était couplé à une forte humidité qui ne cessera véritablement que mi-juillet... Heureusement, la romanée-saint-vivant n'a que peu souffert de cet épisode (10 % de pertes environ), et le temps estival qui ne cessera pas jusqu'aux vendanges a permis d'obtenir un pinot noir d'une grande qualité sanitaire, gorgé de jus et de sucre, sans la moindre attaque de botrytis. Grâce à quoi, le cru 2016 a tout d'un grand, d'un très grand même. L'intensité et la profondeur de la robe trouvent un écho parfait dans un bouquet de haute expression : épices douces, chocolat, cerise, rose, terre humide... La bouche est d'une élégance et d'une finesse admirables, étayée par des tanins croquants qui roulent sous la langue et renforcent le caractère souple et soyeux du vin. Et quelle longueur... Une saint-vivant diablement séductrice, tellement « saint-vivant » en somme. 2023-2040

SC DU DOM. DE LA ROMANÉE-CONTI, 1, rue Derrière-le-Four, 21700 Vosne-Romanée, tél. 03 80 62 48 80

LA TÂCHE

Superficie : 6 ha / Production : 95 hl

DOM. DE LA ROMANÉE-CONTI 2016 ★★★

■ Gd cru | n.c. | | + de 100 €

72 73 75 78 (79) **80** |81| |82| |85| |87| |89| |91| |92| |96| |97| |98| (99) **00** (02) (04) (05) **06 08** (09) (11) **12** (13) (14) (15) (16)

L'autre monopole du domaine, 6 ha 6 a 20 ca situés au sud de la Romanée-Conti. Son nom provient d'une ancienne expression bourguignonne : « faire une tâche », signifiant cultiver la vigne en échange d'une rémunération forfaitaire. Acquis par La Romanée-Conti en 1933, ce grand cru n'a connu que quatre propriétaires depuis le XVII[e]s. Des greffons de ses vignes ont permis de reconstituer le vignoble de La Romanée-Conti entre 1947 et 1948, créant ainsi un lien de parenté entre les deux vins.

Épargné par le gel d'avril, le grand cru a délivré un 2016 cistercien. À la robe sombre et dense répond un nez sourd, terrien, corsé, sur l'humus, la réglisse, le bois brûlé et les fruits noirs mûrs. La bouche offre beaucoup de richesse et de force, portée par des tanins serrés, voire sévères, qui poussent loin, très loin, la finale. Un vin d'une immense profondeur, qui se livre avec pudeur, comme pour nous dire que le meilleur est à venir... 2024-2040

SC DU DOM. DE LA ROMANÉE-CONTI, 1, rue Derrière-le-Four, 21700 Vosne-Romanée, tél. 03 80 62 48 80

NUITS-SAINT-GEORGES

Superficie : 306 ha
Production : 12 030 hl (97 % rouge)

Cette bourgade de 5 500 habitants est l'une des plus petites capitales du vin de Bourgogne. Elle accueille

BOURGOGNE

le siège de nombreuses maisons de négoce et de liquoristes qui produisent le cassis de Bourgogne, ainsi que d'élaborateurs de vins mousseux qui furent à l'origine du crémant-de-bourgogne. Elle a également son vignoble des Hospices, avec vente aux enchères annuelle de la production le dimanche précédant les Rameaux, et abrite le siège administratif de la confrérie des Chevaliers du Tastevin.

La cité donne son nom à l'appellation communale la plus méridionale de la Côte de Nuits. Cette dernière, qui déborde au sud sur la commune de Premeaux, n'engendre pas de grands crus comme ses voisines du nord, mais elle compte de très nombreux 1ers crus réputés, aux caractères fort divers selon leur situation au nord ou au sud de Nuits. Tous ces vins ont en commun une grande richesse tannique qui leur confère un solide potentiel de garde (de cinq à quinze ans).

Parmi les 1ers crus, les plus connus sont les Saint-Georges, dont on dit qu'ils portaient déjà des vignes en l'an mil, les Vaucrains, les Cailles, les Champs-Perdrix, les Porrets, sur la commune de Nuits, et les Clos de la Maréchale, des Argillières, des Forêts-Saint-Georges, des Corvées, de l'Arlot, sur Premeaux.

JEAN-CLAUDE BOISSET Le Coteau des Bois 2016

■ | 5700 | ◍ | 30 à 50 €

Un important négoce créé en 1961 par Jean-Claude Boisset qui, installé à Nuits-Saint-Georges dans l'ancien couvent des Ursulines, est propriétaire de vignes dans toute la Bourgogne, et aussi dans d'autres vignobles en France et à l'étranger. Depuis 2002, Grégory Patriat, le vinificateur, s'attache à élaborer des cuvées haut de gamme, dans une approche «domaine».

Une cuvée élevée quatorze mois en fût (35 % de neuf) après une vinification en raisins totalement égrappés. Au nez, le boisé s'exprime sur des notes poivrées et vanillées, et s'harmonise avec les fruits rouges. La bouche, persistante et ronde, développe des tanins fondus. ⧗ 2021-2026

JEAN-CLAUDE BOISSET, 5, quai Dumorey, 21700 Nuits-Saint-Georges, tél. 03 80 62 61 61, contact@boisset.fr V r.-v.

DOM. JEAN CHAUVENET Rue de Chaux 2016 ★★

■ 1er cru | 750 | ◍ | 30 à 50 €

Christine et Christophe Drag ont repris la propriété familiale en 1994 à la suite du départ à la retraite de Jean Chauvenet, père de Christine et fondateur du domaine en 1969. Ils exploitent aujourd'hui un vignoble de 9,17 ha et s'imposent comme une valeur sûre de l'appellation nuits-saint-georges.

Ce *climat* est le plus proche du village en allant vers le sud. Le domaine y exploite 24 ares plantés de vignes de soixante ans. La cuvée 2016 laisse percevoir un excellent potentiel tant sa présence tannique lui assure du volume et de la persistance. Du côté des arômes, les notes de fruits rouges sont accompagnées par un boisé bien fondu. ⧗ 2022-2028 ■ **1er cru Les Vaucrains 2016 ★★ (50 à 75 €; 1350 b.)** : un terroir du sud de l'appellation réputé livrer des vins épaulés, bien typés de leur appellation. Ce 2016 présente en effet des tanins bien en place, mais sans agressivité. Sa longueur est un gage supplémentaire pour l'avenir. ⧗ 2022-2028 ■ **1er cru Les Damodes 2016 ★ (30 à 50 €; 1500 b.)** : nous sommes ici dans la partie nord de l'appellation. Ce vin est appréciable pour son nez intense de cassis, pour son volume, sa longueur et pour la qualité soyeuse de ses tanins. Un ensemble prometteur. ⧗ 2022-2028 ■ **1er cru Les Perrières 2016 ★ (30 à 50 €; 900 b.)** : cette cuvée dévoile au nez de beaux arômes de cassis et d'épices. La bouche, entre tanins fermes et fine acidité, est très harmonieux. ⧗ 2022-2028 ■ **2016 ★ (20 à 30 €; 15000 b.)** : avec son fruité de cerise noire traduisant une belle maturité des raisins et un caractère épicé, ce *village* fait preuve de complexité. La bouche franche et structurée ne déçoit pas. ⧗ 2021-2028

DOM. JEAN CHAUVENET, 6, rue de Gilly, 21700 Nuits-Saint-Georges, tél. 03 80 61 00 72, domaine-jean.chauvenet@orange.fr V r.-v.

Christophe Drag

DOM. CHAUVENET-CHOPIN Aux Thorey 2016 ★

■ 1er cru | 1500 | ◍ | 30 à 50 €

En 1985, Évelyne et Hubert Chauvenet reprennent la propriété familiale, qu'ils complètent en 2001 par le domaine Chopin-Groffier de Comblanchien. Ils exploitent aujourd'hui 13,6 ha de vignes en Côte de Nuits et proposent notamment un large éventail de *climats* en nuits-saint-georges.

Ce vin demande un peu de temps pour s'ouvrir. Il laisse percevoir à l'aération des notes de fruits noirs et un boisé bien intégré. La bouche apparaît profonde, dense et longue, structurée par des tanins fermes. Un candidat à une garde prospère et harmonieuse. ⧗ 2021-2028

CHAUVENET-CHOPIN, 97, rue Félix-Tisserand, 21700 Nuits-Saint-Georges, tél. 03 80 61 28 11, chauvenet-chopin@wanadoo.fr V r.-v.

CHOPIN ET FILS Vieilles Vignes 2015 ★

■ | 1500 | 20 à 30 €

Installé à l'extrême sud de la Côte de Nuits, Arnaud Chopin a repris le domaine familial en 2010, à la retraite de ses parents. Avec l'aide de son jeune frère Alban, il s'apprête à convertir le vignoble au bio. Régulièrement, il s'illustre par ses nuits-saint-georges et ses côtes-de-nuits-villages.

Un vin fruité (griotte confite) et finement boisé, dense et riche, qui s'illustre aussi par son équilibre en bouche. Une bouche qui s'appuie sur des tanins ronds, mais qui gagneront encore en harmonie après quelques années de vieillissement. ⧗ 2021-2028

A. CHOPIN ET FILS, D 974, 21700 Comblanchien, tél. 03 80 62 92 60, domaine.chopin-fils@orange.fr V r.-v. 3 C

JOSEPH DROUHIN Procès 2016 ★

■ 1er cru | n.c. | ◍ | 50 à 75 €

Créée en 1880, cette maison beaunoise travaille une large palette d'AOC bourguignonnes: de Chablis (38 ha sous l'étiquette Drouhin-Vaudon) à la Côte chalonnaise (3 ha), en passant par les Côtes de Beaune et de Nuits (32 ha). On peut y ajouter les vignes américaines du Dom. Drouhin en Oregon (90 ha) et de Roserock Vineyard, 112 ha dans la région des Eola-Amity Hills. Ce négoce d'envergure grâce à ce vaste

domaine de 73 ha – développé par Robert Drouhin à partir de 1957 et désormais géré par ses quatre enfants – est aussi le plus important propriétaire de vignes cultivées en biodynamie. Incontournable.

Ce *climat* est situé à proximité de la commune, au sud. Il donne naissance ici à un vin encore un peu fermé aujourd'hui (fruits noirs et touche de café à l'agitation), mais qui fait preuve d'une très belle longueur en bouche, ainsi que d'une ampleur et d'une puissance fort prometteuses autour de tanins solides. ⧗ 2023-2028

⊶ MAISON JOSEPH DROUHIN, 7, rue d'Enfer, 21200 Beaune, tél. 03 80 24 68 88, christellehenriot@drouhin.com V 🚶 ▪ *r.-v. ; f. 13-19 août*

DOM. R. DUBOIS ET FILS 2015

■	13000	⦀ 🍾	20 à 30 €

Béatrice Dubois et son frère Raphaël, installés depuis 1991, conduisent une vingtaine d'hectares de vignes dans les deux Côtes. La première vinifie, après avoir passé plusieurs années à l'étranger; le second s'occupe de la vente. Ils ont développé en 2000 une affaire de négoce pour étoffer leur gamme.

Une traditionnelle macération d'une vingtaine de jours a donné naissance à un nuits *village* aux notes généreusement poivrées, associées à une touche de griotte. On retrouve ces arômes dans une bouche ronde, construite sur des tanins fondus. ⧗ 2021-2025

⊶ DOM. R. DUBOIS ET FILS, 7, rte de nuits Saint-Georges, 21700 Premeaux-Prissey, tél. 03 80 62 30 61, contact@domaine-dubois.com V 🚶 ▪ *t.l.j. 9h-11h30 13h30-17h30; sam. dim. sur r.-v.*

DOM. FAIVELEY Les Porêts-Saint-Georges 2016 ★

■ 1er cru	7700	⦀	50 à 75 €

Ce domaine fondé à Nuits-Saint-Georges en 1825 est un nom qui compte en Bourgogne, depuis sept générations. À sa tête depuis 2005, Erwan Faiveley, qui a succédé à son père François, est à la direction générale. Aujourd'hui, c'est l'un des plus importants propriétaires de vignes en Bourgogne: 120 ha du nord de la Côte-de-Nuits au sud de la Côte Chalonnaise, dont 10 ha en grand cru et près de 25 ha en 1er cru.

Un *climat* du sud de l'appellation, réputé pour donner les nuits-saint-georges les plus structurés. Cette cuvée fait effectivement preuve d'une grande solidité qui devrait l'emmener loin en vieillissement. Pour l'heure, le nez est discret, mêlant les notes de fruits et d'épices, et la bouche, ample et riche, se déploie à la fois avec finesse et puissance. ⧗ 2023-2028

⊶ FAMILLE FAIVELEY, 8, rue du Tribourg, 21700 Nuits-Saint-Georges, tél. 03 80 61 04 55, contact@domaine-faiveley.com

DOM. PHILIPPE GAVIGNET Les Chabœufs 2016 ★

■ 1er cru	5400	⦀	30 à 50 €

Installé en 1979 à la suite de son père Michel, Philippe Gavignet, qui incarne la quatrième génération à la tête du domaine familial, est le premier à se consacrer pleinement à la vigne. Cet éminent spécialiste des nuits-saint-georges exploite aujourd'hui 13 ha. Et la relève est là, avec son fils Benoît, à ses côtés depuis 2015. Incontournable.

Les Chabœufs est un remarquable terroir qui domine le 1er cru Les Cailles au sud de l'appellation. Philippe Gavignet y exploite 1 ha tout rond qui a donné en 2016 un vin d'une belle finesse aromatique, sur des notes de fraise et de groseille agrémentées d'une touche florale. Bien équilibrée, la bouche joue sur la rondeur et la souplesse plutôt que la puissance. ⧗ 2021-2028

⊶ DOM. PHILIPPE GAVIGNET, 36, rue du Dr-Louis-Legrand, 21700 Nuits-Saint-Georges, tél. 03 80 61 09 41, contact@domaine-gavignet.fr V 🚶 ▪ *t.l.j. 9h-12h 14h-17h30; sam. dim. sur r.-v.*

DOM. PHILIPPE GIRARD Les Charmois 2016 ★

■	845	⦀	20 à 30 €

Ici, on est vigneron de père en fils depuis 1530. Arnaud Girard a rejoint en 2011 son père Philippe à la tête des 11 ha de vignes, disséminées de Nuits Saint-Georges à Savigny-lès-Beaune.

À l'olfaction, l'élevage en fût de chêne (40 % neuf) ne passe pas inaperçu, mais le fruit, à dominante de cassis, est également de la partie. Les tanins viennent soutenir le palais avec une certaine rondeur, mais aussi une pointe de fermeté en finale. L'ensemble reste gourmand et équilibré. ⧗ 2021-2026

⊶ PHILIPPE GIRARD, 37, rue du Gal-Leclerc, 21420 Savigny-lès-Beaune, tél. 03 80 21 57 97, contact@domaine-philippe-girard.com V ▪ *r.-v.*

DOM. MICHEL GROS 2016 ★★★

■ 1er cru	1200	⦀	30 à 50 €

L'aîné de la famille Gros – Anne-Françoise (A.-F. Gros) et Bernard (Gros Frère et Sœur) ont chacun leur domaine – a débuté en 1979 avec 2 ha en Hautes-Côtes. Il conduit aujourd'hui 23 ha et s'illustre régulièrement avec ses vosne-romanée, ses nuits-saint-georges et ses hautes-côtes.

Deux *climats* du nord de l'appellation entrent dans la composition de cette cuvée: les Vignerondes et les Murgers. Deux terroirs qui occupent le tiers inférieur du coteau sur des sols à texture sableuse, très filtrants. Un secteur qui donne généralement des vins aux tanins fondus qui rappellent la proximité géographique avec Vosne-Romanée. Un constat largement confirmé ici avec cette cuvée à la fois élégante, complexe, riche et puissante, ouverte sur les épices et le cassis, et soutenue par des tanins de velours. ⧗ 2021-2028 ■ **2016 ★ (20 à 30 €; 5000 b.)** : ce *village* est en provenance du nord de l'appellation, côté Vosne-Romanée, fait une belle démonstration d'équilibre entre rondeur, fraîcheur et tanins fins, ainsi que de longueur, sur des notes de framboise et de mûre. ⧗ 2021-2025

⊶ MICHEL GROS, 7, rue des Communes, 21700 Meuilley, tél. 03 80 61 04 69, contact@domaine-michel-gros.com V ▪ *r.-v.*

LABOURÉ-ROI 2015

■	12500	⦀	30 à 50 €

Situé à Nuits-Saint-Georges, la maison de négoce Labouré-Roi a été fondée en 1832. Elle s'est notamment fait connaître depuis de nombreuses années en fournissant des compagnies aériennes et de navires de croisières. Aux commandes techniques, Brigitte Putzu est en place depuis 2016.

Le nez, aux notes légères d'épices et de fruits rouges, est un peu discret pour l'heure. Avec ses tanins présents et sa bonne fraîcheur, ce *village* est bien représentatif des vins de l'appellation. ⧗ 2021-2026

LABOURÉ-ROI, 13, rue Lavoisier, 21700 Nuits-Saint-Georges, tél. 03 80 62 64 00, contact@laboure-roi.com V *r.-v.*

BERTRAND ET AXELLE MACHARD DE GRAMONT
Les Terrasses de Vallerots 2015 ★

■	6000		20 à 30 €

Après avoir géré successivement deux domaines familiaux, Bertrand Machard de Gramont a décidé de voler de ses propres ailes en 1983. En 2016, il a passé la main à sa fille Axelle, à ses côtés depuis 2004. Le vignoble, certifié bio, couvre 6 ha, principalement à Vosne-Romanée et à Nuits-Saint-Georges.

Ce *climat* est situé au sud de l'appellation et en haut de coteau. Le domaine y exploite 2 ha à l'origine de ce 2015 qui dévoile un nez typé et généreux de fruits rouges et de cassis, et qui allie avec bonheur en bouche fraîcheur, rondeur, finesse et longueur. ⧗ 2021-2026

BERTRAND MACHARD DE GRAMONT, 13, rue de Vergy, 21700 Nuits-Saint-Georges, tél. 03 80 61 16 96, bertrandmachardddegramont@gmail.com V *r.-v.*

FRÉDÉRIC MAGNIEN Damodes 2016 ★

■ 1er cru	900		75 à 100 €

Frédéric Magnien est un fin vinificateur en chambolle et l'une des valeurs sûres de cette appellation, et plus largement des grands crus de la Côte de Nuits. Après avoir travaillé quatre ans sur le domaine de son père Michel, dont il vinifie toujours les vins, exercé un an dans des vignobles du Nouveau Monde (Californie, Australie) et obtenu un diplôme d'œnologie à Dijon, il a lancé en 1995 sa maison de négoce.

Ce 1er cru dense et structuré s'appuie sur des tanins encore un peu marqués pour l'heure. Il se distingue aussi par son équilibre, son volume, son élégance et ses notes intenses de fruits rouges et noirs à bonne maturité. ⧗ 2021-2025

FRÉDÉRIC MAGNIEN, 26, rte Nationale, 21220 Morey-Saint-Denis, tél. 03 80 58 54 20, frederic@fred-magnien.com V *r.-v.*

DOM. MAREY Les Poisets 2016

■	1200		20 à 30 €

Initialement voué à la production de petits fruits, ce domaine familial niché dans les Hautes-Côtes de Nuits, non loin de Nuits-Saint-Georges, a débuté son histoire viticole dans les années 1980 avec quelques rangs de vignes cultivés par les grands-parents de Frédéric Marey; ce dernier est à la tête de 20 ha aujourd'hui.

Ouvert sur une jolie palette aromatique évoquant la mûre et la cerise, ce vin issu d'un *climat* du sud de l'appellation campe sur des tanins vigoureux et sur une bonne acidité. À garder pour plus d'harmonie. ⧗ 2021-2025

EARL DOM. MAREY, 12-14, rue Gabriel-Bachot, 21700 Meuilley, tél. 03 80 61 12 44, contact@domaine-marey.com V *r.-v.*

DOM. MICHEL NOËLLAT
Les Boudots 2016 ★★

■ 1er cru	1300		50 à 75 €

Alain (au commercial) et Jean-Marc Noëllat (à la vigne et au chai) ont pris en 1990 la relève de leur père Michel sur ce vaste domaine de 27 ha. Ils ont été rejoints en 2012 et en 2015 par la sixième génération – Sébastien, fils du second, et Sophie, fille du premier. Une valeur sûre de la Côte de Nuits, notamment pour ses vosne-romanée.

Le domaine dispose de près d'un demi-hectare de ce terroir situé à la frontière entre Nuits-Saint-Georges et Vosne-Romanée, idéalement positionné à mi-coteau. Il en extrait un 1er cru magnifique, ouvert sur des notes raffinées de fruits noirs, de vanille et de poivre. Une attaque veloutée ouvre sur une bouche longue, ample et ronde, aux tanins très fins qui ajoutent à son caractère gourmand. ⧗ 2022-2028

DOM. MICHEL NOËLLAT, 5, rue de la Fontaine, 21700 Vosne-Romanée, tél. 03 80 61 36 87, contact@domaine-michel-noellat.com V *r.-v.*

MANUEL OLIVIER 2015 ★

■	1299		30 à 50 €

Installé en 1990, Manuel Olivier, fils d'agriculteurs, a commencé par cultiver les vignes et petits fruits dans les Hautes-Côtes de Nuits. Aujourd'hui spécialisé en viticulture, il exploite un vignoble de 11 ha, complété depuis 2007 par une structure de négoce qui lui a permis de mettre un pied en Côte de Beaune.

Manuel Olivier a procédé à une vinification pour moitié en vendanges entières, suivie d'un élevage en fût de dix-huit mois. Il signe une cuvée d'une bonne intensité aromatique, sur des notes de cassis et de cerise mûrs. Une générosité qui se confirme en bouche où l'ampleur, la densité et la persistance sont au rendez-vous. ⧗ 2022-2028

SARL MANUEL OLIVIER, 7, rue des Grandes-Vignes, hameau de Corboin, 21700 Nuits-Saint-Georges, tél. 03 80 62 39 33, contact@domaine-olivier.com V *r.-v.*

DOM. DES PERDRIX
Aux Perdrix 2015 ★

■ 1er cru	11500		50 à 75 €

Ce domaine incontournable de la Côte de Nuits (12 ha dont 6 en grands et en 1ers crus) a été pris en main en 1996 par la famille Devillard (Ch. de Chamirey à Mercurey et Dom. de la Ferté à Givry). Il doit son nom au 1er cru Aux Perdrix, l'une des plus belles parcelles de Nuits-Saint-Georges, possédée en quasi monopole.

Le nez est puissant, sur des nuances de fruits noirs agrémentées d'une note toastée. En bouche, on découvre un vin rond, concentré et suave, soit le profil que nous offre souvent ce *climat* et que le millésime 2015, solaire, ne pouvait que confirmer. Un vin gourmand, qui saura vieillir harmonieusement. ⧗ 2022-2028

DOM. DES PERDRIX, rue des Écoles, 21700 Premeaux-Prissey, tél. 03 85 45 21 61, contact@domaines-devillard.com V *t.l.j. 10h-19h (9h-18h de nov. à avr.)* 4 *Devillard*

DOM. PETITOT
Les Poisets 2016 ★★

■ | 3800 | | 20 à 30 €

Installés à Corgoloin, Nathalie (œnologue) et son époux Hervé Petitot travaillent de concert depuis 2002 sur le domaine familial (8,6 ha aujourd'hui) développé à la fin des années 1970 par Jean Petitot. Ils sont adeptes d'une viticulture très raisonnée avec le plus possible de travail du sol et des vendanges manuelles. Ils accueillent les œnophiles dans un beau bâtiment du XVIIIᵉs.

Un terroir situé sous le 1er cru Les Cailles, dont le domaine Petitot exploite 1 ha de pinots noirs âgés de soixante ans. Des arômes élégants de cerise noire et d'épices se font sentir avec intensité. Après une attaque souple, le vin trouve un très bel équilibre entre tanins et fine acidité. L'ensemble est persistant et de bonne garde. ⧗ 2022-2028

DOM. PETITOT, 26, pl. de la Mairie, 21700 Corgoloin, tél. 03 80 62 98 21, domaine.petitot@wanadoo.fr V r.-v.

HENRI ET GILLES REMORIQUET
Les Damodes 2016

■ 1er cru | 2600 | | 30 à 50 €

Les Remoriquet travaillaient déjà la vigne au XVIIᵉ s. pour les moines de l'abbaye de Cîteaux. Depuis quatre générations, ils ont constitué peu à peu leur propre parcellaire: 10,5 ha de vignes, à Nuits-Saint-Georges et à Vosne-Romanée notamment. Œnologue, Gilles Remoriquet est aux commandes depuis 1979.

La maturité et l'intensité n'empêchent pas la finesse, c'est la démonstration de ce vin aux notes de framboise, de rose et de cassis. En bouche, la matière est consistante, un peu boisée à ce stade, mais bien équilibrée. La patience s'impose. ⧗ 2022-2028

GILLES REMORIQUET, 25, rue de Charmois, 21700 Nuits-Saint-Georges, tél. 03 80 61 24 84, domaine.remoriquet@wanadoo.fr V *r.-v.*

ARMELLE ET BERNARD RION
Cuvée Dame Marguerite Vieilles Vignes 2016 ★

■ | 4320 | | 30 à 50 €

Un domaine fondé en 1896 et transmis de père en fils depuis cinq générations; de père en filles aujourd'hui: Nelly (à la commercialisation), Alice (à la vinification) et son mari Louis (à la vigne) ont rejoint Armelle et Bernard Rion pour exploiter – avec le moins d'interventions possible à la vigne et au chai – le fruit de 7,5 ha de vignes, du simple bourgogne au grand cru.

La Dame Marguerite à laquelle il est rendu hommage à travers cette cuvée était la grand-mère de Bernard Rion. Un vin issu de vénérables vignes de quatre-vingts ans qui ont donné un nuits harmonieux, onctueux et rond, où le fruit frais est à l'honneur (cerise, cassis, framboise), accompagné d'une belle note boisée. ⧗ 2021-2025

BERNARD RION, 8, rte Nationale, 21700 Vosne-Romanée, tél. 03 80 61 05 31, rion@domainerion.fr V *t.l.j. 9h-12h 13h30-18h; dim. sur r.-v.*

DOM. TRUCHETET Vieilles Vignes 2016 ★

■ | 1600 | | 30 à 50 €

Domaine établi à Premeaux-Prissey, le village aux deux églises, celle de Premeaux et celle de Prissey. Représentant la cinquième génération de vignerons, Jean-Pierre Truchetet s'est installé en 1980 sur l'exploitation (5,4 ha). Ses deux filles s'apprêtent à rejoindre leur père.

Avec des pinots noirs de quatre-vingt-cinq ans, sur une superficie de 44 ares, il est effectivement permis de parler de vieilles vignes... Le vin lui se distingue par son harmonie, sa rondeur et son élégance autour de tanins fins. Les fruits rouges et les épices se manifestent aussi bien au nez qu'en bouche. Une belle longueur conclut la dégustation. ⧗ 2021-2028

JEAN-PIERRE TRUCHETET, 5, rue des Masers, 21700 Premeaux-Prissey, tél. 06 25 85 03 39, morgantruchetet@gmail.com V *r.-v.*

BOURGOGNE

DOM. FABRICE VIGOT Vieilles Vignes 2015

■ | 1800 | | 50 à 75 €

Fabrice Vigot est installé depuis 1990 à la tête d'un petit domaine de 6,5 ha constitué à partir de vignes familiales, en vosne-romanée pour l'essentiel, dont il est devenu l'une des bonnes références, de même qu'en échézeaux et en nuits-saint-georges.

La griotte, et plus généralement les petits fruits, se manifestent au nez. En bouche, on découvre un vin structuré et frais, aux tanins assez austères pour l'heure, mais qui fait preuve d'une jolie présence. Un ensemble équilibré, qui devrait bien vieillir. ⧗ 2021-2026

DOM. FABRICE VIGOT, 20, rue de la Fontaine, 21700 Vosne-Romanée, tél. 03 80 61 13 01, fabrice.vigot@orange.fr V *r.-v.*

CÔTE-DE-NUITS-VILLAGES

Superficie : 148 ha
Production : 6 345 hl (95 % rouge)

Cette appellation associe cinq communes situées aux deux extrémités de la Côte de Nuits: au nord, Fixin (qui a aussi sa propre appellation) et Brochon (dont une partie du vignoble est classée en gevrey-chambertin); au sud, aux portes de la Côte de Beaune, Premeaux, Prissey (commune fusionnée avec la précédente), Comblanchien, réputée pour son «marbre», une pierre calcaire extraite de son coteau, et enfin Corgoloin, qui marque la limite sud de l'appellation tout comme celle de la Côte de Nuits, au niveau du Clos des Langres. Dans ce dernier village, la «montagne» diminue d'altitude et le vignoble s'amenuise; sa largeur ne dépasse guère 200 m. Rouges le plus souvent, les côtes-de-nuits-villages sont d'un bon niveau qualitatif et assez abordables.

CHAPUIS & CHAPUIS Les Chaillots 2016 ★

■ | 2100 | | 15 à 20 €

Petits-fils de vignerons d'Aloxe-Corton, les frères Chapuis, Jean-Guillaume (le juriste) et Romain (l'œnologue), ont fondé leur structure de négoce en 2009, installant leur cuverie dans l'ancien château de Pommard.

Ils privilégient autant que faire se peut les raisins issus de l'agriculture biologique ou biodynamique.

Les Chaillots est un terroir situé en plein cœur de Corgoloin, au sud de la Côte de Nuits. Romain Chapuis y possède 40 ares. Il égrappe totalement ses raisins avant la cuvaison (quatorze jours). Une belle fraîcheur aromatique autour des fruits rouges et noirs et d'une touche de cuir, des tanins soyeux et une finale aux accents de réglisse donnent à ce vin une capacité de séduction immédiate. ⌛ 2020-2023

CHAPUIS, 9, rue des Charmots, 21630 Pommard, tél. 06 89 56 05 12, r.chapuis@chapuisfreres.fr V r.-v.

CHEVALIER PÈRE ET FILS 2015

■ | n.c. | | 15 à 20 €

Installé en 1994 sur ce domaine créé en 1850 par son arrière-grand-père Émile, Claude Chevalier exploite avec trois de ses filles - Chloé à la vigne et au chai, Julie au commercial et Anaïs à la comptabilité - un vignoble de 15 ha situé au pied et sur les pentes de la montagne de Corton. Une valeur sûre de la Côte de Beaune.

Le nez se montre profond mais encore sur la réserve. Une structure bien concentrée, sérieuse mais sans excès, et une finale fraîche et délicate rendent cette bouteille agréable à déguster dès aujourd'hui. Il sera également judicieux de savoir l'attendre un peu pour l'apprécier au meilleur de sa forme. ⌛ 2019-2023

SCEA CHEVALIER PÈRE ET FILS, 2, Grande-Rue-de-Buisson, Cidex 18, 21550 Ladoix-Serrigny, tél. 03 80 26 46 30, contact@domaine-chevalier.fr V r.-v.

A. CHOPIN ET FILS Vieilles Vignes 2015

■ | 6000 | | 15 à 20 €

Installé à l'extrême sud de la Côte de Nuits, Arnaud Chopin a repris le domaine familial en 2010, à la retraite de ses parents. Avec l'aide de son jeune frère Alban, il s'apprête à convertir le vignoble au bio. Régulièrement, il s'illustre par ses nuits-saint-georges et ses côtes-de-nuits-villages.

Alban et Arnaud Chopin exploitent 2 ha destinés à la production de cette cuvée. Ce côte-de-nuits-villages correspond bien à la touche qu'ils aiment à donner à leurs cuvées: des «vins de plaisir», au profil fruité (et ici épicé), souple et rond. Un 2015 harmonieux. ⌛ 2019-2023

A. CHOPIN ET FILS, D 974, 21700 Comblanchien, tél. 03 80 62 92 60, domaine.chopin-fils@orange.fr V r.-v.

DOM. DÉSERTAUX-FERRAND Creux de Sobron 2015 ★

■ | 882 | | 15 à 20 €

Ce domaine familial de 15 ha fondé en 1899 à Corgoloin, village-frontière entre les deux Côtes, celle de Nuits et celle de Beaune, est conduit depuis 1995 par Vincent Désertaux, son épouse Geneviève et sa sœur Christine. Souvent en vue pour ses côtes-de-nuits-villages.

Nous sommes ici tout au sud de la Côte de Nuits, dans le village de Corgoloin. Le vin a été élevé pendant douze mois en fût, le temps d'apporter une touche légèrement boisée sans sacrifier les notes florales et la fraîcheur du fruit. La bouche est fine et droite, portée par une acidité bien dosée et par des tanins bien en place. Le potentiel de garde est là. ⌛ 2021-2028

DOM. DÉSERTAUX-FERRAND, 135, Grande-Rue, 21700 Corgoloin, tél. 03 80 62 98 40, contact@desertaux-ferrand.com V r.-v.

R. DUBOIS ET FILS Les Monts de Boncourt 2016 ★

■ | 4000 | | 15 à 20 €

Béatrice Dubois et son frère Raphaël, installés depuis 1991, conduisent une vingtaine d'hectares de vignes dans les deux Côtes. La première vinifie, après avoir passé plusieurs années à l'étranger; le second s'occupe de la vente. Ils ont développé en 2000 une affaire de négoce pour étoffer leur gamme.

Situé au nord de Corgoloin, le *climat* des Monts de Boncourt occupe une large partie du coteau. Le domaine Dubois exploite ici 73 ares de chardonnay. Le vin a fermenté en fût, mais ce sont surtout des notes de fleurs blanches et d'abricot qui dominent au nez. La bouche propose un bel équilibre entre la nervosité et l'ampleur. ⌛ 2019-2022

DOM. R. DUBOIS ET FILS, 7, rte de nuits Saint-Georges, 21700 Premeaux-Prissey, tél. 03 80 62 30 61, contact@domaine-dubois.com V t.l.j. 9h-11h30 13h30-17h30; sam. dim. sur r.-v. ; f. 13-19 août

DOM. ALAIN JEANNIARD Vieilles Vignes 2016

■ | 1500 | | 20 à 30 €

Après une carrière dans l'industrie, Alain Jeanniard est revenu à ses racines vigneronnes (qui remontent au XVIIIes.) pour reprendre en 2000 le domaine familial de Morey: 0,5 ha à l'époque, 4,25 ha aujourd'hui. Il a également créé une affaire de négoce en 2003.

Avec 1 ha, cette cuvée représente une part importante de la production du domaine. La moitié des raisins est mise en cuve sans égrappage et les cuvaisons sont poussées à cinq semaines. De quoi produire un vin charpenté, aux tanins encore un peu accrocheurs aujourd'hui, à l'expression aromatique généreuse, sur les fruits rouges et noirs bien mûrs. ⌛ 2021-2023

DOM. ALAIN JEANNIARD, 4, rue aux Loups, 21220 Morey-Saint-Denis, tél. 03 80 58 53 49, domaine.ajeanniard@wanadoo.fr V r.-v.

DOM. PETITOT Les Vignottes Vieilles Vignes 2016 ★

■ | 3400 | | 15 à 20 €

Installés à Corgoloin, Nathalie (œnologue) et son époux Hervé Petitot travaillent de concert depuis 2002 sur le domaine familial (8,6 ha aujourd'hui) développé à la fin des années 1970 par Jean Petitot. Ils sont adeptes d'une viticulture très raisonnée avec le plus possible de travail du sol et des vendanges manuelles. Ils accueillent les œnophiles dans un beau bâtiment du XVIIIes.

Ce *climat* est situé au-dessous du Clos de la Maréchale (en AOC nuits-saint-georges) et planté de vignes de quatre-vingts ans. Le vin fait la démonstration de sa concentration grâce à un nez généreux évoquant le cassis frais et la cerise noire, grâce à la densité de ses tanins et à sa persistance aromatique. ⌛ 2020-2023

DOM. PETITOT, 26, pl. de la Mairie, 21700 Corgoloin, tél. 03 80 62 98 21, domaine.petitot@wanadoo.fr V r.-v.

PILLOT-HENRY 2016 ★

■ | 4000 | | 15 à 20 €

Fils d'un vigneron propriétaire de quelques ares de pommard 1er cru Les Charmots, Thomas Henry, après avoir travaillé pendant dix ans comme technicien en viticulture, a repris un domaine à Comblanchien en 2008 (le caveau est à Pommard) et exploite aujourd'hui 8,5 ha de vignes entre Nuits-Saint-Georges et Pommard.

Au nez, la mûre et la myrtille sont associées à une touche poivrée. L'équilibre est perceptible dès l'attaque entre des tanins soyeux et fondus, une agréable fraîcheur, un fruité d'une bonne persistance et un élevage à 25 % en fût neuf bien maîtrisé. ⧗ 2021-2024

EARL PILLOT-HENRY, 7, rue Nouvelle, 21700 Comblanchien, tél. 06 28 29 73 97, earl.pillot-henry@orange.fr V r.-v.

DOM. TRUCHETET 2015 ★

■ | 3500 | | 15 à 20 €

Domaine établi à Premeaux-Prissey, le village aux deux églises, celle de Premeaux et celle de Prissey. Représentant la cinquième génération de vignerons, Jean-Pierre Truchetet s'est installé en 1980 sur l'exploitation (5,4 ha). Ses deux filles s'apprêtent à rejoindre leur père.

Des ceps de cinquante-cinq ans et un élevage long (dix-sept mois), voilà qui explique au moins en partie la structure puissante et serrée de ce vin doté de bons atouts pour bien vieillir, ainsi que d'une expression aromatique persistante (fruits à noyau, épices, cacao). ⧗ 2021-2025

JEAN-PIERRE TRUCHETET, 5, rue des Masers, 21700 Premeaux-Prissey, tél. 06 25 85 03 39, morgantruchetet@gmail.com V r.-v.

LA CÔTE DE BEAUNE

Plus large (un à deux kilomètres) que la Côte de Nuits, la Côte de Beaune est plus tempérée et soumise à des vents plus humides, ce qui entraîne une plus grande précocité dans la maturation. La vigne monte à une altitude plus élevée que dans la Côte de Nuits, à 400 m et parfois plus. Le coteau est coupé de larges combes, dont celle de Pernand-Vergelesses qui sépare la « montagne » de Corton du reste de la Côte. Géologiquement, la Côte de Beaune apparaît plus homogène que la Côte de Nuits : au bas, un plateau presque horizontal, formé par les couches du bathonien supérieur recouvertes de terres fortement colorées. C'est de ces sols assez profonds que proviennent les grands vins rouges (beaune Grèves, pommard Épenots…). Au sud de la Côte de Beaune, les bancs de calcaires oolithiques avec, sous les marnes du bathonien moyen recouvertes d'éboulis, des calcaires sus-jacents donnent des sols à vigne caillouteux, graveleux, sur lesquels sont récoltés les vins blancs parmi les plus prestigieux: premiers et grands crus des communes de Meursault, Puligny-Montrachet, Chassagne-Montrachet. Si l'on parle de «côte des rouges» et de «côte des blancs», il faut citer entre les deux le vignoble de Volnay, implanté sur des terrains pierreux argilo-calcaires et donnant des vins rouges d'une grande finesse.

BOURGOGNE-HAUTES-CÔTES-DE-BEAUNE

Superficie : 815 ha
Production : 39 500 hl (85 % rouge)

Cette appellation est située sur une aire géographique comprenant une vingtaine de communes et débordant sur le nord de la Saône-et-Loire. Comme celui des hautes-côtes-de-nuits, ce vignoble s'est développé depuis les années 1970-1975.
Le paysage est pittoresque et de nombreux sites méritent une visite, comme Orches, La Rochepot et son château, Nolay et ses halles. Enfin, les Hautes-Côtes, qui étaient autrefois une région de polyculture, sont restées productrices de petits fruits destinés à alimenter les liquoristes de Nuits-Saint-Georges et de Dijon. Cassis et framboise servent à élaborer des liqueurs et des eaux-de-vie d'excellente qualité. L'eau-de-vie de poire des Monts de Côte-d'Or trouve également ici son origine.

DOM. BILLARD PÈRE ET FILS La Justice 2016

□ | 20000 | | 8 à 11 €

Un domaine de 25 ha situé à proximité du château médiéval de La Rochepot, dans les Hautes-Côtes de Beaune, et conduit depuis 2001, dans un esprit proche du bio, par Jérôme Billard, représentant la troisième génération.

Produit sur pas moins de 5 ha, cette cuvée importante en volume offre à l'olfaction des parfums d'agrumes et de fleurs blanches. En bouche, la rondeur du fruit se combine à la fraîcheur d'une belle finale. ⧗ 2019-2023

JÉRÔME BILLARD, 1, rte de Chambéry, 21340 La Rochepot, tél. 03 80 21 87 94, domainebillard21@orange.fr V r.-v.

DOM. BOURGOGNE-DEVAUX La Perrière 2016 ★★

■ | 4870 | | 11 à 15 €

Sylvie Bourgogne a repris en 1986 le domaine créé en 1899 par son arrière-grand-père. Contrainte de vendre la production en raisin et de réduire le vignoble (2,75 ha aujourd'hui), elle a vinifié son premier hautes-côtes-de-beaune en 2012. En 2015, elle a transmis l'exploitation à ses deux fils, Luc, également chargé d'affaires dans la banque, et Fabrice, formé à la «viti-oeno» de Beaune.

Malgré le gel d'avril, le millésime 2016 aura bien réussi à ce producteur qui place deux vins dans cette sélection. De cette ancienne carrière reconvertie à la vigne, il a extrait un très beau hautes-côtes ouvert sur des parfums frais de cassis et de framboise; arômes agrémentés de poivre et de menthol dans une bouche fraîche, ample et longue, étayée par des tanins fins et serrés. ⧗ 2019-2024 ■ **Le Clou 2016 ★★ (11 à 15 €; 1812 b.)** : à un nez gourmand de cassis et de groseille relevé de poivre répond une bouche ample, longue et bien structurée par un boisé maîtrisé. ⧗ 2021-2025

LUC ET FABRICE BOURGOGNE, 2, chem. de Mavilly, 21190 Meloisey, tél. 06 03 11 65 40, domaine.bourgogne@gmail.com V r.-v.

La Côte de Beaune
Bourgogne
Bourgogne-hautes-côtes-de-beaune
Grands crus
Autres régions viticoles
Villes principales
Nord
Nuits-Saint-Georges
BOURGOGNE LA CHAPELLE NOTRE-DAME
PERNAND-VERGELESSES ET ALOXE-CORTON
Corton
Pernand-Vergelesses
Ladoix-Serrigny
LADOIX ET ALOXE-CORTON
Corton-charlemagne
Aloxe-Corton
SAVIGNY-LÈS-BEAUNE
ALOXE-CORTON
Savigny-lès-Beaune
Chorey-lès-Beaune
CHOREY-LÈS-BEAUNE
CÔTE-DE-BEAUNE
Beaune
BEAUNE
POMMARD
Pommard
Volnay
SAINT-ROMAIN
MONTHÉLIE
VOLNAY
Monthélie
Saint-Romain
Auxey-Duresses
Meursault
MEURSAULT
AUXEY-DURESSES
BLAGNY
Blagny
Bienvenues-bâtard-montrachet
Chevalier-montrachet
PULIGNY-MONTRACHET
Montrachet
Puligny-Montrachet
Saint-Aubin
Bâtard-montrachet
Criots-bâtard-montrachet
SAINT-AUBIN
Chassagne-Montrachet
CHASSAGNE-MONTRACHET
Chagny
SANTENAY
Santenay
MARANGES
0
2,5
5 km

DOM. LE BOUT DU MONDE Les Fougères 2015

■ | 12000 | | 5 à 8 €

Christophe Guillo a hérité de son grand-père une belle parcelle en saint-aubin. Il a installé sa cuverie à Combertault, dans la plaine de Beaune, et agrandi son domaine (10 ha). Vinificateur des cuvées du Dom. du Bout du Monde à Nolay, il en a pris la tête en 2013.

À l'origine de ce 2015, une belle parcelle de 2 ha. Au nez, les fruits rouges et le chèvrefeuille se mêlent à un boisé toasté. Passé une attaque franche, la bouche se révèle assez tannique et austère. À attendre pour plus de souplesse. 2020-2024

LES DOMAINES CHRISTOPHE GUILLO, 5, rte de Bourguignon, 21200 Combertault, tél. 03 80 26 67 05, guillo-c@wanadoo.fr V *r.-v.*

DOM. JEAN-FRANÇOIS BOUTHENET Sur Mercey 2016 ★

| 3600 | | 8 à 11 €

Jean-François Bouthenet est établi à Cheilly-les-Maranges, dans le hameau de Mercey qui domine la vallée de la Dheune, vers le Couchois. À la tête de 11 ha de vignes, il fut l'un des premiers à proposer du maranges blanc.

Drapée d'une jolie robe dorée, cette cuvée dévoile au nez des parfums harmonieux de fleurs blanches, d'amande et d'agrumes. En bouche, elle se révèle ample, vive et longue. Un hautes-côtes alerte et expressif. 2018-2022

JEAN-FRANÇOIS BOUTHENET, 4, rue du Four, 71150 Cheilly-lès-Maranges, tél. 03 85 91 14 29, bouthenetjf@free.fr V *r.-v.*

DOM. DENIS CARRÉ Le Clou 2015 ★

■ | n.c. | | 11 à 15 €

À Meloisey, dans les Hautes-Côtes, Martial et Gaëtane Carré ont rejoint leur père Denis, fondateur en 1975 de ce domaine qui excelle dans plusieurs AOC, en hautes-côtes-de-beaune, saint-romain et pommard notamment.

Ce hautes-côtes a bénéficié d'un élevage long de dix-huit mois habituellement réservé aux grands crus. Et pourtant, ce sont les fruits qui dominent à l'olfaction, la framboise notamment, le bois restant très discret. Un boisé qui reste bien fondu dans une bouche séduisante par sa profondeur, son volume et ses tanins fondus et veloutés. 2019-2024

MARTIAL CARRÉ, 1, rue du Puits-Bouret, 21190 Meloisey, tél. 03 80 26 02 21, domainedeniscarre@wanadoo.fr V *r.-v.*

CHAPUIS ET CHAPUIS 2016 ★

| 1500 | | 11 à 15 €

Petits-fils de vignerons d'Aloxe-Corton, les frères Chapuis, Jean-Guillaume (le juriste) et Romain (l'œnologue), ont fondé leur structure de négoce en 2009, installant leur cuverie dans l'ancien château de Pommard. Ils privilégient autant que faire se peut les raisins issus de l'agriculture biologique ou biodynamique.

Une belle robe dorée comme les blés habille cette cuvée ouverte sur les fleurs blanches et la minéralité au nez. Bien équilibrée entre rondeur et fraîcheur, la bouche s'appuie sur un bon boisé vanillé. Un ensemble harmonieux. 2019-2023

CHAPUIS, 9, rue des Charmots, 21630 Pommard, tél. 06 89 56 05 12, r.chapuis@chapuisfreres.fr V *r.-v.*

DOM. DEMANGEOT Cuvée Delphine Saint-Ève 2016

| 2200 | | 11 à 15 €

Originaire de Sampigny-lès-Maranges, cette famille vigneronne est bien enracinée dans les Hautes-Côtes: elle ne s'est déplacée que de 4 km en... quatre siècles (elle cultive la vigne de père en fils depuis le XVIIes.). Jean-Luc Demangeot s'est installé en 1982 sur le domaine, qui couvre aujourd'hui un peu plus de 10 ha.

Ce vin couleur or vert exprime des senteurs d'acacia et de miel à l'olfaction. En bouche, il se montre frais et intense, et s'étire dans une jolie finale beurrée. 2019-2023

MARYLINE ET JEAN-LUC DEMANGEOT, 6, rue de Santenay, 21340 Change, tél. 03 85 91 11 10, contact@demangeot.fr V *r.-v.*

LOÏC DURAND 2016 ★

| 6000 | | 8 à 11 €

Jeune viticulteur, Loïc Durand a repris en 2005 le domaine familial, situé à côté de l'église de Bouze, dans les Hautes-Côtes. Il l'a étendu progressivement et cultive aujourd'hui 8,5 ha. À sa carte, des hautes-côtes-de-beaune, beaune, savigny, chorey et rully notamment.

La brillance intense de la robe évoque la blondeur des blés. Le beurre et la noisette composent un bouquet gourmand et flatteur. Ample et rond, le palais garde de la fraîcheur jusqu'en finale. Un ensemble très équilibré. 2019-2023

LOÏC DURAND, 6, rue de l'Église, 21200 Bouze-lès-Beaune, tél. 06 25 20 28 97 V *r.-v.*

DOM. LABRY 2016

■ | 7000 | | 8 à 11 €

Bernard Labry assure la continuité de l'exploitation d'Auxey-Duresses créée après-guerre par André. La propriété s'étend sur plus de 15 ha. Le vigneron affectionne les élevages longs.

Les hautes-côtes représentent 2,28 ha chez les Labry, autant dire qu'il s'agit d'une cuvée phare de leur gamme. Dans le verre, un vin ouvert sur des parfums de griotte, de fraise et de pruneau, équilibré et persistant en bouche, avec une finale toutefois plus sévère. 2019-2024

DOM. ANDRÉ ET BERNARD LABRY, 135, rte de Beaune-Melin, 21190 Auxey-Duresses, tél. 03 80 21 21 60, contact@domainelabry.fr V *r.-v.*

HENRI LATOUR ET FILS Les Terrasses 2016 ★

■ | 1080 | | 11 à 15 €

Les Latour cultivent la vigne depuis sept générations à Auxey-Duresses. Installé en 1992, François Latour exploite un domaine de 15 ha, dont l'essentiel est

BOURGOGNE

implanté dans sa commune d'origine, le reste à Saint-Romain et à Meursault.

Sur les 15 ha de leur domaine, les hautes-côtes représentent pas moins de 5,10 ha. Cette cuvée est issue de vignes plantées en terrasses sur 1,10 ha. Elle propose un nez généreux de fruits rouges mûrs, prolongé par une bouche ronde et soyeuse, soutenue par des tanins fermes qui assureront un bon vieillissement. ⧗ 2020-2024 ■ **2016 (8 à 11 €; 5900 b.)** : vin cité.

HENRI LATOUR ET FILS, 51, rte de Beaune, 21190 Auxey-Duresses, tél. 03 80 21 65 49, h.latour.fils@wanadoo.fr V r.-v.

DOM. SÉBASTIEN MAGNIEN Vieilles Vignes 2016

■ | n.c. | | 11 à 15 €

Sébastien Magnien, originaire des Hautes-Côtes, a créé en 2004 son domaine à partir des vignes maternelles – 12,5 ha aujourd'hui. Il se dit très interventionniste à la vigne pour les travaux manuels (ce qui permet de limiter les intrants), beaucoup moins au chai (macérations longues, pas de surextraction, usage modéré de fûts neufs).

Ce vin né de ceps de soixante ans se pare de rouge sombre et dévoile au nez des senteurs de fruits noirs bien mûrs agrémentés d'une touche de vanille. On retrouve cette maturité dans une bouche vive et solidement structurée par des tanins encore un brin stricts en finale. Du potentiel. ⧗ 2021-2025

DOM. SÉBASTIEN MAGNIEN, 6, rue Pierre-Joigneaux, 21190 Meursault, tél. 03 80 21 28 57, domainesebastienmagnien@orange.fr V r.-v.

MANOIR DE MERCEY Au Paradis 2016 ★

■ | 7000 | | 8 à 11 €

Gérard Berger-Rive a fondé ce domaine en 1943, au cœur des Maranges. Xavier, son fils, a pris la relève en 1977 et développé la surface du vignoble pour la porter à 22 ha, principalement situés dans le secteur des Hautes-Côtes. La troisième génération (Paul Berger) a rejoint le domaine en 2015.

Au nez, des arômes de fruits rouges mûrs annoncent un vin généreux. La bouche confirme: elle apparaît riche, vineuse, chaleureuse, étayée par des tanins bien en place qui autorisent la garde. ⧗ 2021-2024 **Clos des Dames 2016 (8 à 11 €; 9000 b.)** : vin cité.

DOM. BERGER-RIVE, Manoir de Mercey, 2, rue Saint-Louis, 71150 Cheilly-lès-Maranges, tél. 03 85 91 13 81, contact@berger-rive.fr V r.-v.

DOM. MAZILLY PÈRE ET FILS La Dalignère 2016

■ | 1800 | | 15 à 20 €

Installés depuis 1980 à Meloisey, charmant village des Hautes-Côtes de Beaune, Frédéric Mazilly et son fils Aymeric exploitent, dans un esprit proche du bio, un coquet vignoble de 17 ha. En 2004, Aymeric a également créé sous son propre nom une maison de négoce dédiée aux seuls vins blancs.

Des vignes de cinquante ans ont donné ce vin ouvert sur un bouquet chaleureux de fruits rouges cuits. On retrouve ce fruité très mûr agrémenté de poivre et de grillé dans une bouche souple en attaque, plus tannique et carrée dans son développement. À attendre pour plus de fondu. ⧗ 2021-2024

DOM. MAZILLY PÈRE ET FILS, 1, rte de Pommard, 21190 Meloisey, tél. 03 80 26 02 00, bourgogne-domaine-mazilly@wanadoo.fr V r.-v.

PASCAL MURE 2016

| 1220 | | 8 à 11 €

Installé à Volnay depuis 1987, Pascal Mure, rejoint par son fils Fabien, poursuit l'histoire familiale sur ce domaine de près de 9 ha. Il fait partie de ces vignerons discrets qui, dans l'ombre des «locomotives» du cru, s'appliquent à valoriser leur appellation.

Cette cuvée délivre des parfums discrets mais plaisants d'acacia et de citron. On les retrouve avec une touche beurrée et miellée dans une bouche bien équilibrée entre une attaque fraîche et un développement sur la rondeur. ⧗ 2019-2023

PASCAL MURE, 2, Grande-Rue, 21190 Volnay, tél. 03 80 21 61 15, contact@domaine-mure.com V r.-v.

DOM. NICOLAS PÈRE ET FILS En Château 2016 ★

■ | 9000 | | 8 à 11 €

Un domaine familial de 18 ha établi sur les hauteurs de Nolay, dans les Hautes-Côtes beaunoises, et conduit depuis 1987 par Alain Nicolas, représentant la cinquième génération. Les enfants, Mylène et Benoît, s'apprêtent à prendre la relève.

Des vignes de cinquante ans sont à l'origine de ce joli vin d'un rouge profond, ouvert sur des arômes de fruits rouges et noirs mûrs, ample, rond et long en bouche, étayé par une fine fraîcheur et des tanins fermes. Du potentiel et de caractère. ⧗ 2021-2025

DOM. NICOLAS PÈRE ET FILS, 38, rte de Cirey, 21340 Nolay, tél. 03 80 21 82 92, contact@domaine-nicolas.fr V *t.l.j. 9h-12h 14h-18h30; dim. sur r.-v.*

DOM. CLAUDE NOUVEAU Vieilles Vignes 2016

■ | 20000 | | 11 à 15 €

Souvent en vue pour ses maranges et ses santenay, ce domaine établi dans le hameau de Marcheseuil, dans les Hautes-Côtes de Beaune, s'étend sur 14 ha. En 2010, Claude Nouveau en a confié les rênes à son gendre Stéphane Ponsard, rejoint en 2015 par son épouse Aline.

D'un beau rouge profond, cette cuvée convoque les fruits rouges frais et la menthe poivrée à l'olfaction. En bouche, elle se révèle généreuse et ronde en attaque, avant de montrer les muscles à travers des tanins encore assez sévères. À attendre donc. ⧗ 2021-2024

DOM. CLAUDE NOUVEAU, Marcheseuil, 21340 Change, tél. 03 85 91 13 34, domaine@claudenouveau.com V r.-v.

DOM. PARIGOT Clos de la Perrière 2016 ★

■ | 25000 | | 15 à 20 €

Sur un domaine de 20 ha, Régis Parigot et son fils Alexandre valorisent avec talent les terroirs bourguignons, témoins les nombreux coups de cœur obtenus pour leurs vins de la Côte de Beaune et des Hautes-Côtes.

Ce clos de 4,75 ha accueille depuis peu du chardonnay. Mais c'est le pinot noir qui est à l'honneur ici, avec un 2016 discret mais plaisant au nez, sur les fruits rouges frais, ample, rond et concentré en bouche, adossé à des tanins bien en place mais d'une belle finesse. Bien que déjà harmonieux, il s'appréciera mieux encore après un peu de garde. ⧗ 2020-2025

⊶ ALEXANDRE PARIGOT, rte de Pommard, 21190 Meloisey, tél. 03 80 26 01 70, domaine.parigot@orange.fr V r.-v.

DOM. PARIS L'HOSPITALIER 2016 ★

■ | 3300 | | 11 à 15 €

Pierre Colin et Olivier Seguin se sont associés en 2005 pour créer leur maison. Après des débuts dans la vente de vins fins, ils ont initié en 2008 une activité de négoce-éleveur, appuyés par leur œnologue, Olivier Bosse-Platière.

Un élevage mi-cuve mi-fût pour cette cuvée d'un beau rouge profond aux reflets violines, assez discret mais élégant au nez, centré sur les fruits noirs, ample, généreux et solide en bouche. Une bouteille qui vieillira harmonieusement. ⧗ 2021-2026

⊶ MAISON COLIN SEGUIN, 4, rte de Dijon, BP 80097, 21700 Nuits-Saint-Georges, tél. 03 80 30 20 20, contact@maison-colin-seguin.com V r.-v.

♥ DOM. CHRISTIAN REGNARD 2016 ★★

■ | 4130 | | 11 à 15 €

En 2010, Florian Regnard a rejoint son père Christian sur le domaine familial situé à Sampigny, l'un des trois villages de l'AOC maranges. Parcelle après parcelle, il agrandit le vignoble (aujourd'hui 12 ha dans la partie sud de la Côte de Beaune et dans les Hautes-Côtes) et fait bouger les lignes en matière de culture, de vinification et de commercialisation.

Les Regnard sont régulièrement en vue pour leur hautes-côtes blanc, le 2010 obtint même un coup de cœur. La version 2016 atteint les mêmes sommets. Un vin d'un bel or pâle éclatant, au bouquet complexe mariant le pain grillé, l'amande, le chèvrefeuille et les agrumes, et à la bouche ample, ronde, concentrée et longue, soutenue par un boisé délicat. ⧗ 2019-2023

⊶ FLORIAN REGNARD, 9, rue Saint-Antoine, 71150 Sampigny-lès-Maranges, tél. 03 85 91 10 43, regnardc@wanadoo.fr V *t.l.j. 8h-12h 14h-18h*

DOM. DE LA ROCHE AIGUË La Dalignère 2016 ★

■ | 2200 | | 8 à 11 €

Florence et Éric Guillemard, établis à la sortie d'Auxey-Duresses depuis 1995, conduisent un vignoble de 14 ha en auxey-duresses, saint-romain, meursault, pommard et hautes-côtes.

Sur la commune de Meloisey, ce *climat* est le plus revendiqué par les producteurs. Les Guillemard y cultivent 63 ares de pinot noir à l'origine de ce vin ouvert sur des parfums de fleurs (aubépine) et de fruits rouges (groseille), frais, boisé et solidement structuré en bouche. Bâti pour la garde. ⧗ 2021-2028

⊶ ÉRIC GUILLEMARD, 145, rte de Beaune, Melin, 21190 Auxey-Duresses, tél. 03 80 21 28 33, guillemarderic@wanadoo.fr V r.-v.

DOM. SAINT-ANTOINE DES ÉCHARDS 2016 ★

■ | 1800 | | 8 à 11 €

Au creux de leur verdoyant village de Change, dans les Hautes-Côtes, Marie-Christine et Franck Guérin ont eu la bonne idée de s'épouser et d'associer leurs efforts pour faire naître ce domaine de 20 ha en 1998. Ils l'ont développé, portant sa superficie à plus de 50 ha. La relève est assurée: leur fils Pierre-Antoine a rejoint l'exploitation.

Ce vin bien construit dévoile un nez racé associant le boisé de ses douze mois de fût aux fruits rouges mûrs. Arômes prolongés par une bouche riche et puissante, dotée de tanins fermes mais au grain fin, qui assureront une bonne évolution en cave à ce hautes-côtes de caractère. ⧗ 2021-2024

⊶ GUÉRIN, 21, rue de Santenay, 21340 Change, tél. 03 85 91 10 40, pierreantoine.guerin@gmail.com V r.-v. *⊶ Guérin*

CH. DE SANTENAY
Clos de la Chaise-Dieu Monopole 2016

■ | 83000 | | 15 à 20 €

Ce majestueux château aux tuiles vernissées, aussi appelé «château Philippe le Hardi», fut propriété du premier duc de la grande Bourgogne (1342-1404). Dans le giron du Crédit Agricole depuis 1997, il étend son vaste vignoble sur 90 ha répartis dans plusieurs AOC beaunoises et chalonnaises, sous la houlette de l'œnologue et directeur d'exploitation Gérard Fagnoni.

Un clos de 12,78 ha en monopole, entièrement dédié au chardonnay et souvent en vue dans ces pages. Le 2016 plaît par son nez floral et vanillé et par sa bouche fraîche, exotique et citronnée. ⧗ 2019-2022

⊶ SCEA CH. DE SANTENAY, 1, rue du Château, 21590 Santenay, tél. 03 80 20 61 87, contact@chateau-de-santenay.com V r.-v.

STÉPHANE DE SOUSA Le Cretot à gauche 2015 ★

■ | 1200 | | 11 à 15 €

Après dix ans dans le médical et les biotechnologies, Stéphane de Sousa, fils de vignerons de Meursault, est revenu à ses racines vigneronnes: il a créé son négoce en 2012 dans la cuverie de son grand-père maternel et acquis sa première vigne en 2013, avant de reprendre le domaine paternel en 2015 (sur Meursault, Volnay et Pommard).

Cette cuvée a du caractère, et on le perçoit dès le bouquet, complexe et bien ouvert sur les fruits noirs, la groseille, le cuir et le menthol. En bouche, elle se révèle vive et solidement charpentée par des tanins fermes. Assurément bâtie pour la garde. ⧗ 2022-2028

STÉPHANE DE SOUSA, La Roche Brûlée, 25, RD 974, 21190 Meursault, tél. 06 50 21 73 13, larochebrulee@gmail.com V r.-v.

DOM. TRENET PÈRE ET FILS 2016

■	800		5 à 8 €

Philippe Trenet possédait son exploitation depuis 1983. En 2014, il s'est associé à son fils Jérémy pour créer le domaine Trenet Père et Fils. Ils cultivent quelque 9 ha en appellations hautes-côtes-de-beaune et en volnay.

Les Trenet signent un hautes-côtes d'un beau grenat brillant, ouvert sur les fruits rouges et la violette à l'olfaction. Une attaque fraîche introduit une bouche corsée (poivre) et solidement structurée par des tanins encore un peu sévères. Il est urgent d'attendre. 2021-2024

JÉRÉMY TRENET, 13, rue du Tilleul, 21190 Meloisey, jeremy-trenet1@hotmail.fr V r.-v.

DAVID TROUSSELLE La Couleuvraire 2016

□	1500		8 à 11 €

Après différentes expériences en Bourgogne et dans le Bordelais, David Trousselle a réalisé son rêve et créé son domaine en 2015 à partir de 1,6 ha d'aligoté appartenant à sa famille, complété par des achats de vignes dans les Hautes-Côtes et de locations de parcelles: au total, 4 ha aujourd'hui.

Ce jeune producteur installé sous les falaises d'Orches, au cœur des Hautes-Côtes, exploite 55 ares d'un lieu-dit au nom peu engageant. Mais dans le verre, le vin est tout à fait séduisant avec son nez floral et finement boisé, comme avec sa bouche très fraîche et tonique, qui ne manque ni de rondeur ni de fruit. 2019-2023

DAVID TROUSSELLE, 26, rue du Tilleul-de-la-Révolution, hameau Orches, 21340 Baubigny, tél. 06 73 04 38 77, davidtrousselle@gmail.com V r.-v.

DOM. DU VIEUX PRESSOIR 2016 ★

■	1500		8 à 11 €

Éric Duchemin s'est installé en 1991 à Sampigny-lès-Maranges sur un domaine qui compte aujourd'hui 9,5 ha (en AOC maranges, santenay et hautes-côtes-de-beaune) et qui tire son nom d'un énorme pressoir du XVIIᵉs. utilisé jusqu'en 1939.

Au nez, cette cuvée libère des arômes harmonieux de framboise, de mûre, de girofle et de boisé toasté. Une attaque tendre et souple prélude à un développement plus tannique et serré jusqu'en finale. Un vin de bonne garde. 2021-2024

ÉRIC DUCHEMIN, 16, Grande-Rue, 71150 Sampigny-lès-Maranges, tél. 03 85 91 12 71, domaine@vieuxpressoir.fr V r.-v.

LADOIX

Superficie : 94 ha
Production : 4 065 hl (75 % rouge)

Porte de la Côte de Beaune, cette appellation mériterait d'être mieux connue. Elle porte le nom d'un des trois hameaux de la commune de Ladoix-Serrigny, les deux autres étant Serrigny, près de la ligne de chemin de fer, et Buisson. Ce dernier est situé exactement à la frontière géographique des Côtes de Nuits et de Beaune, marquée par la combe de Magny. Au-delà commence la montagne de Corton, aux grandes pentes à intercalations marneuses, constituant avec toutes ses expositions, est, sud et ouest, l'une des plus belles unités viticoles de la Côte.
Ces différentes situations contribuent à la variété des ladoix rouges, auxquels s'ajoute une production de vins blancs mieux adaptés aux sols marneux de l'argovien; c'est le cas des Gréchons, par exemple, *climat* situé sur les mêmes niveaux géologiques que les corton-charlemagne, plus au sud, et qui donnent des vins très typés.
Autre particularité: bien que jouissant d'une classification favorable donnée par le Comité de viticulture de Beaune en 1860, Ladoix ne possédait pas de 1ers crus, omission qui a été réparée par l'INAO en 1978: La Micaude, La Corvée et Le Clou d'Orge, aux vins de même caractère que ceux de la Côte de Nuits, Les Mourottes (basses et hautes), de tempérament sauvage, Le Bois-Roussot, Sur la Lave, sont les principaux de ces 1ers crus.

♥ CAPITAIN-GAGNEROT Monopole La Micaude 2016 ★★

■ 1er cru	4200		20 à 30 €

Vénérable domaine familial de 15 ha fondé en 1802 et implanté à Ladoix-Serrigny. Depuis le 1er janvier 2013, Pierre-François Capitain est seul maître à bord; son père Patrice et son oncle Michel restant à l'écoute. Propriété en vue notamment pour ses ladoix, aloxe et échézeaux.

Un monopole de 1,63 ha dont le nom vient d'un dérivé du patois local signifiant que la vigne se trouve à «mi-côte». Dans le verre, un ladoix limpide et brillant, au nez élégant associant les fruits confits à un boisé racé. Une attaque souple ouvre sur une bouche ample, concentrée et ronde, étayée par des tanins à la fois fermes et fins. Le pinot noir dans toute sa splendeur. 2021-2026

PIERRE-FRANÇOIS CAPITAIN, 38, rte de Dijon, 21550 Ladoix-Serrigny, tél. 03 80 26 41 36, contact@capitain-gagnerot.com V r.-v.

DOM. CHEVALIER PÈRE ET FILS 2016 ★

■	n.c.		15 à 20 €

Installé en 1994 sur ce domaine créé en 1850 par son arrière-grand-père Émile, Claude Chevalier exploite avec trois de ses filles – Chloé à la vigne et au chai, Julie au commercial et Anaïs à la comptabilité – un vignoble de 15 ha situé au pied et sur les pentes de la montagne de Corton. Une valeur sûre de la Côte de Beaune.

Dans ce millésime marqué par le gel, la maison Chevalier signe un ladoix rouge ouvert sur des parfums intenses de petits fruits. Passé une attaque ronde, des tanins soyeux structurent la bouche avec finesse. 2021-2024

SCEA CHEVALIER PÈRE ET FILS, 2, Grande-Rue-de-Buisson, Cidex 18, 21550 Ladoix-Serrigny, tél. 03 80 26 46 30, contact@domaine-chevalier.fr r.-v.

DOM. JACOB 2016 ★

	15000		15 à 20 €

Quatre générations de Jacob se sont succédé sur ce domaine régulier en qualité, établi à Ladoix-Serrigny, au pied de la montagne de Corton. Depuis 2007, Raymond, jusqu'alors aux commandes avec son frère Robert, est épaulé par son fils Damien pour conduire un vignoble de 13 ha.

Une cuvée importante par le volume et fort séduisante dans sa robe jaune d'or, au nez dominé par un boisé torréfié soutenu. La bouche propose ce même boisé intense, ainsi qu'une belle fraîcheur, contrebalancée par un agréable moelleux qui apporte de la rondeur. 2020-2024

RAYMOND ET DAMIEN JACOB, 15, Grande-Rue-de-Buisson, Cidex 20 bis, 21550 Ladoix-Serrigny, tél. 03 80 26 40 42, domainejacob@orange.fr r.-v.

DOM. MARATRAY-DUBREUIL En Naget 2016

1er cru	3300		20 à 30 €

Domaine de Ladoix-Serrigny fondé en 1935 lorsque le père de Maurice Maratray préféra réinvestir ses gains dans l'achat de vignes plutôt que dans son entreprise de travaux publics. Maurice Maratray épousa la fille de Pierre Dubreuil, figure de Pernand. Aujourd'hui, l'exploitation couvre 18 ha; elle est dirigée depuis 1997 par François-Xavier Maratray et sa sœur Marie-Madeleine.

L'un des onze 1ers crus de Ladoix et le plus élevé. Les Maratray y disposent de 53 ares de chardonnay qui ont donné ce ladoix au nez de fruits frais et de noisette grillée. Rond et moelleux en attaque, le palais distille ensuite une fine fraîcheur jusqu'à la finale, longue et tonique. 2020-2024

DOM. MARATRAY-DUBREUIL, 5, pl. du Souvenir, 21550 Ladoix-Serrigny, tél. 03 80 26 41 09, contact@domaine-maratray-dubreuil.com *t.l.j. sf sam. dim. 8h-12h 13h30-17h30*

PILLOT-HENRY 2016

	1200		15 à 20 €

Fils d'un vigneron propriétaire de quelques ares de pommard 1er cru Les Charmots, Thomas Henry, après avoir travaillé pendant dix ans comme technicien en viticulture, a repris un domaine à Comblanchien en 2008 (le caveau est à Pommard) et exploite aujourd'hui 8,5 ha de vignes entre Nuits-Saint-Georges et Pommard.

Doté d'une seyante robe à l'or pâle, ce ladoix dévoile à l'olfaction des parfums harmonieux de fleurs blanches, de citron et de grillé. En bouche, il offre un bon équilibre entre gras et acidité, avec un bon boisé en soutien. 2019-2022

EARL PILLOT-HENRY, 7, rue Nouvelle, 21700 Comblanchien, tél. 06 28 29 73 97, earl.pillot-henry@orange.fr r.-v.

DOM. PRIN Les Joyeuses 2016 ★

1er cru	1200		20 à 30 €

Implanté à Ladoix-Serrigny, ce domaine de 6 ha est conduit par Jean-Luc Boudrot depuis 1994. Régulièrement en vue pour ses ladoix, aloxe, corton et savigny.

Une cuvée souvent en vue dans ces pages. La version 2016 ne rate pas le rendez-vous. Au nez, elle déploie de généreux arômes de cerise mûre. En bouche, elle offre une bonne longueur et un bel équilibre entre tanins fins et acidité bien dosée. 2021-2025 **2015 ★ (15 à 20 €; 3700 b.)** : avec son nez floral et épicé et sa bouche aimable et ronde, dotée de tanins soyeux, ce vin pour bientôt se partager. 2019-2023

DOM. PRIN, 2, rue Saint-Marcel, Cidex 44, 21550 Ladoix-Serrigny, tél. 03 80 26 45 83, contact@domaineprin.com r.-v.

GASTON ET PIERRE RAVAUT Les Carrières 2015 ★

	n.c.		15 à 20 €

Un domaine dans la même famille depuis cinq générations, conduit aujourd'hui par Vincent Ravaut, installé depuis 2009 à Ladoix, au pied du coteau de Corton. Son vignoble s'étend sur 12,5 ha.

Né de vieilles vignes de cinquante ans, ce ladoix dévoile au nez un fruité élégant mais encore discret. En bouche, il présente un caractère tendre et rond, étayé par des tanins fins et par une acidité savamment dosée. 2021-2024

RAVAUT, Hameau Buisson, 16, GRande-Rue, 21550 Ladoix-Serrigny, tél. 03 80 26 41 94, domaine.ravaut@orange.fr *t.l.j. sf dim. 9h-12h 14h-18h*

ALOXE-CORTON

Superficie : 118 ha
Production : 4 380 hl (98 % rouge)

Encerclé par les vignes, Aloxe-Corton est l'un des trois villages établis au pied de la Montagne de Corton, à l'extrémité nord de la Côte de Beaune. Les terroirs les plus réputés sont situés sur la pente, en grand cru (corton et corton-charlemagne) et en 1er cru, sur des terrains marneux et calcaires. Parmi ces derniers, Les Maréchaudes, Les Valozières, Les Lolières (Grandes et Petites) sont les plus connus. Plusieurs châteaux aux tuiles vernissées méritent le coup d'œil.

DOM. ARNOUX PÈRE ET FILS Les Chaillots 2016

	3500		20 à 30 €

Créée en 1950, cette exploitation familiale, installée à Chorey-lès-Beaune, est dirigée depuis 2008 par Pascal Arnoux, troisième du nom à la tête du domaine. Au menu, une large gamme de vins de la Côte de Beaune (une vingtaine d'appellations sur plus de 20 ha entre Beaune et Corton), souvent en vue dans ces pages.

Un *climat* en pente très douce situé sous le corton Grèves et le corton Perrière, au piémont de la colline de

BOURGOGNE

Corton. Pascal Arnoux y cultive 80 ares de pinot noir. Son vin libère des senteurs de fruits rouges et de boisé léger. Au palais, il déploie un même fruité bien présent et des tanins enrobés, soyeux, mais plus austères en finale. ⧗ 2021-2024

PASCAL ARNOUX, 5, rue de Ley, 21200 Chorey-lès-Beaune, tél. 03 80 22 57 98, contact@arnoux-pereetfils.com V *r.-v.*

CAPITAIN-GAGNEROT Les Moutottes 2016 ★

1er cru	6400		30 à 50 €

Vénérable domaine familial de 15 ha fondé en 1802 et implanté à Ladoix-Serrigny. Depuis le 1er janvier 2013, Pierre-François Capitain est seul maître à bord; son père Patrice et son oncle Michel restant à l'écoute. Propriété en vue notamment pour ses ladoix, aloxe et échézeaux.

Avec 94 ares, ce *climat* basé sur Ladoix est le plus petit des quatorze 1ers crus d'Aloxe. Paré d'une robe sombre, ce 2016 livre des parfums généreux et charmeurs de fruits noirs confiturés et d'épices douces. En bouche, il se révèle ample, charnu et long, étayé par des tanins solides mais sans astringence. Une bonne garde s'impose. ⧗ 2022-2028

PIERRE-FRANÇOIS CAPITAIN, 38, rte de Dijon, 21550 Ladoix-Serrigny, tél. 03 80 26 41 36, contact@capitain-gagnerot.com V *r.-v.*

DOM. CHAPELLE ET FILS Les Petites Lolières 2015 ★★

1er cru	900		30 à 50 €

Jean-François Chapelle conduit depuis 1991 le vignoble familial (17,75 ha en bio certifié) situé à l'extrémité sud de la Côte de Beaune. Il détient aussi des parcelles à l'autre bout de la Côte, autour de la montagne de Corton. En 2004, il a adjoint au domaine une partie négoce.

Une seyante robe grenat habille ce 2015 au nez fin de cerise noire sur fond de boisé léger. La bouche apparaît nette, puissante, ample et longue, bâtie sur de solides tanins et un bon boisé bien intégré, qui laisse le fruit s'exprimer. Un aloxe de noble extraction, paré pour la cave. ⧗ 2022-2028

SCEA PH CHAPELLE ET FILS, 2, rue des Petits-Sentiers, 21590 Santenay, tél. 03 80 20 60 09, contact@domainechapelle.com V *t.l.j. sf sam. dim. 9h-12h 13h30-17h; sam. dim. sur r.-v.*

EDMOND CORNU ET FILS Vieille Vigne 2015 ★

	6700		20 à 30 €

Edmond Cornu, à la retraite, a laissé en 1985 la conduite des 16 ha du domaine familial à son fils Pierre, épaulé par son épouse Édith et son cousin Emmanuel. Installée à Ladoix, la famille Cornu exploite ses vignes autour de la montagne de Corton et jusqu'à Meursault pour former une large palette d'AOC 100 % Côte de Beaune.

À part 1,80 ha planté en chardonnay, les vignes d'Aloxe-Corton ne reconnaissent que le pinot noir pour seigneur. Ce dernier a donné ici un vin aux parfums de fruits rouges bien mûrs, rond, tendre et solaire en bouche, doté de tanins enrobés et veloutés. ⧗ 2021-2026

EDMOND CORNU ET FILS, Le Meix-Gobillon, 6, rue du Bief Cidex 34, 21550 Ladoix-Serrigny, tél. 03 80 26 40 79, domaine.cornuetfils@orange.fr V *r.-v.*

DOM. DUBOIS D'ORGEVAL 2015

	1500		20 à 30 €

Installée sur la commune de Chorey-lès-Beaune, la famille Dubois d'Orgeval met en valeur 13 ha de vignes en appellations de la Côte de Beaune.

Cette cuvée fleure bon la fraise et la framboise avec une touche de boisé en appoint. Un fruité que l'on retrouve dans une bouche souple, soutenue par des tanins et un boisé bien fondus. ⧗ 2019-2023

DOM. DUBOIS D'ORGEVAL, 3, rue Joseph-Bard, 21200 Chorey-lès-Beaune, tél. 03 80 24 70 89, duboisdorgeval@aol.com V *r.-v.*

DOM. ESCOFFIER Les Chaillots 2016 ★

1er cru	3036		20 à 30 €

Fondé en 1996 par Franck Escoffier, ce domaine installé dans la plaine dispose d'un petit vignoble de 3,3 ha répartis sur six appellations de la Côte de Beaune.

Au piémont de la colline de Corton, Franck Escoffier exploite 93 ares d'un 1er cru qui en revendique 4,63 ha. Il signe un aloxe en robe d'encre et aux arômes intenses de fruits noirs et d'épices, charnu et dense en bouche, étayé par des tanins fermes que le temps doit encore patiner. ⧗ 2022-2028

ESCOFFIER, 16, rue du Parc, 71350 Saint-Loup-Géanges, tél. 06 11 55 80 67, domaine.escoffier@gmail.com V *r.-v.*

DOM. DE LA GALOPIÈRE 2015

	3400		20 à 30 €

Après avoir enseigné l'œnologie pendant quatre ans, Gabriel Fournier s'est installé en 1982 sur le domaine familial. Il exploite avec son épouse Claire et, depuis 2015, son fils Vincent 11,5 ha de vignes répartis dans plusieurs AOC de la Côte de Beaune, de Chassagne-Montrachet à la colline de Corton.

Ce millésime est le dernier produit par Gabriel Fournier avant que son fils Vincent ne le rejoigne sur le domaine. Au nez, des fruits rouges et du cassis. En bouche, du fruit toujours, de la fraîcheur, une structure tannique souple et veloutée, et une finale plus chaleureuse. ⧗ 2020-2024

DOM. DE LA GALOPIÈRE, 6, rue de l'Église, 21200 Bligny-lès-Beaune, tél. 03 80 21 46 50, cgfournier@wanadoo.fr V *r.-v.*

MICHEL GAY ET FILS 2015

	6000		20 à 30 €

Les Gay sont plusieurs à Chorey. Ici, c'est le domaine des fils de Michel: Sébastien, installé en 2000, et Laurent, l'œnologue, qui l'a rejoint en 2010. Incarnant la quatrième génération, ils disposent de 15 ha à Chorey et dans les communes voisines.

Ce 2015 grenat profond dévoile un bouquet discret mais plaisant de framboise derrière un boisé soutenu. En bouche, des tanins fermes ainsi qu'une bonne acidité en font un vin qui devra passer par la cave pour s'assouplir. ⧗ 2020-2024

DOM. MICHEL GAY ET FILS, 1B, rue des Brenots, 21200 Chorey-lès-Beaune, tél. 03 80 22 22 73, michelgayetfils@orange.fr V r.-v.

DOM. DANIEL LARGEOT ET FILS 2016 ★★

■ | 1500 | | 15 à 20 €

Un domaine familial créé en 1925. Marie-France, fille de Daniel Largeot installée en 2000, et son mari Rémy Martin, arrivé en 2002, conduisent un vignoble de 13 ha; Marie-France est au chai, Rémy, à la vigne.

Valeur sûre de l'appellation, le domaine Largeot signe un 2016 de très belle facture. Fruits rouges et épices douces composent un nez fin et équilibré. On retrouve cet équilibre dans une bouche ample, tendre et élégante, à la texture veloutée et aux tanins délicats. Un aloxe de grande classe. ⧗ 2021-2028

EARL DOM. DANIEL LARGEOT, 5, rue des Brenots, 21200 Chorey-lès-Beaune, tél. 03 80 22 15 10, domainedaniellargeot@orange.fr V r.-v.

DOM. MAILLARD PÈRE ET FILS 2016

■ | n.c. | | 20 à 30 €

Représentant la dixième génération de viticulteurs sur le domaine (1766), Pascal Maillard (au chai) et son frère Alain (à la vigne) exploitent un vignoble constitué par leur père Daniel à partir de 1952. Aujourd'hui, pas moins de 19 ha répartis dans sept communes aux environs de la montagne de Corton, ainsi qu'à Pommard et à Volnay. Une valeur sûre, notamment en corton et en chorey.

Les Maillard signent un aloxe bien sous tous rapports: une belle robe rubis, un bouquet fin de cerise, de cassis et de vanille, une bouche à la fois tendre et fraîche, aux tanins patinés et d'une belle longueur. ⧗ 2021-2028

DOM. MAILLARD, 2, rue Joseph-Bard, 21200 Chorey-lès-Beaune, tél. 03 80 22 16 67, contact@domainemaillard.com V *t.l.j. sf dim. 9h-12h 14h-18h*

MICHEL MALLARD ET FILS La Toppe au vert 2014

■ 1er cru | 2000 | | 30 à 50 €

Michel Mallard agrandit dans les années 1950 le domaine familial, repris depuis par son fils Patrick et son petit-fils Michel. Un domaine de 12 ha aujourd'hui, qui se distingue régulièrement pour ses ladoix, aloxe et corton.

Le nom étrange de ce *climat* mérite explication: il associe la friche («toppe») à un terrain en pente («vert» ou «vers» en bourguignon). Dans le verre, un vin encore dominé par le bois à l'olfaction, mais avec le fruit qui pointe derrière, rond et dense en bouche, doté de tanins fondus qui le rendent déjà agréable, même si la garde est conseillée pour atténuer le boisé. ⧗ 2019-2024

DOM. MICHEL MALLARD ET FILS, 43, rte de Dijon, Cedex 14, 21550 Ladoix-Serrigny, tél. 03 80 26 40 64, domainemallard@hotmail.fr V r.-v.

DOM. MAREY Les Bruyères 2016 ★

■ | 2000 | | 20 à 30 €

Initialement voué à la production de petits fruits, ce domaine familial niché dans les Hautes-Côtes de Nuits, non loin de Nuits-Saint-Georges, a débuté son histoire viticole dans les années 1980 avec quelques rangs de vignes cultivés par les grands-parents de Frédéric Marey; ce dernier est à la tête de 20 ha aujourd'hui.

Les fruits rouges confiturés, la cerise notamment, agrémentés d'un boisé discret, composent un nez expressif et généreux. Construit sur l'élégance et la finesse, le palais s'appuie sur des tanins présents mais soyeux et sur une fraîcheur bien dosée. ⧗ 2021-2025

EARL DOM. MAREY, 12-14, rue Gabriel-Bachot, 21700 Meuilley, tél. 03 80 61 12 44, contact@domaine-marey.com V r.-v.

DOM. PETITOT La Coutière 2016 ★

■ 1er cru | 1170 | | 20 à 30 €

Installés à Corgoloin, Nathalie (œnologue) et son époux Hervé Petitot travaillent de concert depuis 2002 sur le domaine familial (8,6 ha aujourd'hui) développé à la fin des années 1970 par Jean Petitot. Ils sont adeptes d'une viticulture très raisonnée avec le plus possible de travail du sol et des vendanges manuelles. Ils accueillent les œnophiles dans un beau bâtiment du XVIIIes.

Situés sur la commune de Ladoix, les 21 ares de cette Coutière ont donné naissance à un vin ouvert sur les fruits noirs confiturés. Arômes que l'on retrouve dans une bouche tendre et fondue, aux tanins veloutés et à la longue finale poivrée. ⧗ 2021-2028

DOM. PETITOT, 26, pl. de la Mairie, 21700 Corgoloin, tél. 03 80 62 98 21, domaine.petitot@wanadoo.fr V r.-v.

DOM. JOËL REMY La Combe 2016 ★

■ | n.c. | | 20 à 30 €

Un domaine fondé en 1853 au sud-est de Beaune, repris en 1988 par Joël Remy (cinquième génération), qui met en valeur avec son épouse Florence et leur fils Maxime, arrivé en 2015, un vignoble de 12 ha répartis dans plusieurs appellations de la Côte de Beaune.

Ce lieu-dit étend ses 6,61 ha de vignes sous la route, le long de la combe en frontière avec Pernand qui lui a donné son nom. Y est né cet aloxe évoquant le cassis, la mûre et les épices douces à l'olfaction, doté d'un beau volume en bouche et d'une belle mâche autour de tanins ronds. ⧗ 2021-2026

DOM. REMY, 4, rue du Paradis, 21200 Sainte-Marie-la-Blanche, tél. 03 80 26 60 80, domaine.remy@wanadoo.fr V r.-v.

DOM. GEORGES ROY Les Cras 2016

■ | 1300 | | 15 à 20 €

Vincent Roy, le vinificateur, installé en 1998, et sa sœur Claire, arrivée quelques années plus tard, conduisent un domaine familial de 9 ha, établi dans la plaine de Chorey-lès-Beaune, en vue notamment pour ses chorey et ses aloxe-corton. Alors que la propriété vendait sa production au négoce, ils ont développé la vente directe.

La célèbre route des vins longe ce *climat* de 8,35 ha, de forme triangulaire et au sol calcaire varié. Dans le verre, un aloxe-corton au nez expressif de framboise et de cerise sur fond de boisé léger, au palais souple et frais, un brin plus tannique en finale. ⧗ 2020-2024

DOM. GEORGES ROY ET FILS, 20, rue des Moutots, 21200 Chorey-lès-Beaune, tél. 03 80 22 16 28, domaine.roy-fils@wanadoo.fr V r.-v.

PERNAND-VERGELESSES

Superficie : 135 ha
Production : 5 640 hl (52 % rouge)

Situé à la jonction de deux vallées, exposé plein sud, le village de Pernand est sans doute le plus « vigneron » de la Côte. Rues étroites, caves profondes, vignes de coteaux, hommes de grand cœur et vins subtils lui ont fait une solide réputation, à laquelle de vieilles familles bourguignonnes ont largement contribué. Il possède le bois de Corton, ainsi qu'une partie des terroirs en grand cru de la célèbre « montagne ». Parmi les 1ers crus, le plus réputé est l'Île des Vergelesses, qui donne des vins tout en finesse.

DOM. FRANÇOISE ANDRÉ Sous Frétille 2015 ★

1er cru	1480		30 à 50 €

Un domaine de 10 ha (en bio certifié depuis 2012), créé en 1983 par Françoise André, l'un des derniers à avoir ses caves derrière les remparts de Beaune. Auparavant confiée au comte Sénard, la gestion est assurée depuis 2009 par Lauriane André, belle-fille de la propriétaire.

Ce 1er cru se dévoile à l'olfaction un bouquet complexe de lys, de pivoine et de sève de pin. Entre fraîcheur et finesse des arômes et de la texture, le palais affiche un bel équilibre et une réelle élégance. ⌛ 2019-2023

DOM. FRANÇOISE ANDRÉ, 7, rempart Saint-Jean, 21200 Beaune, tél. 03 80 24 21 65, andre.lauriane@yahoo.com V r.-v.

JEAN-BAPTISTE BOUDIER 2016 ★

	1500		20 à 30 €

Après des expériences viticoles en France, dans des domaines renommés (Haut-Brion, Gauby, Rossignol, Vieux Télégraphe) et en Nouvelle-Zélande, Jean-Baptiste Boudier s'est installé à Pernand-Vergelesses en 2015, sur 3 ha.

Cette cuvée d'un beau jaune pâle déploie au nez des senteurs de chèvrefeuille et de bois neuf. Une attaque fraîche ouvre sur une bouche à la fois fraîche et charnue, centrée sur les fruits secs et les agrumes. ⌛ 2019-2023 **■ 1er cru Les Fichots 2016 (20 à 30 € ; 2300 b.)** : vin cité.

JEAN-BAPTISTE BOUDIER, 1, rue de Pralot, 21420 Pernand-Vergelesses, tél. 06 19 37 81 48, jb.boudier@gmail.com V r.-v.

DOM. CHANSON Les Vergelesses 2015

■ 1er cru	n.c.		30 à 50 €

L'une des plus anciennes maisons de négoce de Bourgogne, fondée en 1750, reprise en 1999 par le Champagne Bollinger. En plus de ses achats de raisins, elle dispose d'un important vignoble de 45 ha et de l'expertise de Jean-Pierre Confuron, son œnologue-conseil largement salué pour son talent (aussi pour son domaine familial Confuron-Cotedidot conduit avec son frère Yves), qui a développé un style reconnaissable grâce à ses vinifications en grappes entières. Son fief est situé autour de Beaune, mais Chanson propose aussi des appellations en Côte de Nuits.

Régulièrement distinguée dans ces pages, cette cuvée d'un beau pourpre profond livre un bouquet franc de cassis et de mûre teinté d'épices. Dès la mise en bouche, des tanins fermes encore assez sévères se font sentir. Un 1er cru vigoureux qui gagnera son étoile en cave. ⌛ 2022-2024

DOM. CHANSON PÈRE ET FILS, 10, rue Paul-Chanson, 21200 Beaune, tél. 03 80 25 97 97, chanson@domaine-chanson.com V r.-v.

CLOS DU MOULIN AUX MOINES Les Combottes 2016 ★

	1038		30 à 50 €

Un domaine historique, propriété de l'abbaye de Cluny au Xe s., puis de Cîteaux pendant six siècles. Une très longue histoire rythmée par plusieurs propriétaires, par la famille Andrieu depuis 2008. Le vignoble s'étend sur 15,5 ha (en bio et biodynamie), dont quatre parcelles en monopole.

Le gel de 2016 a réduit à seulement 1 038 bouteilles cette cuvée née de vignes de quarante-cinq ans pourtant plantées sur 1,10 ha... Une belle robe or pâle et un nez bien ouvert sur les fleurs blanches, les agrumes et les fruits exotiques composent une entrée en matière engageante. La bouche ne déçoit pas : elle se révèle ample, fraîche et très fine, centrée sur un fruité persistant enrobé de nuances beurrées. ⌛ 2019-2023

SCEA CLOS DU MOULIN AUX MOINES, lieu-dit Moulin-aux-Moines, 21190 Auxey-Duresses, tél. 03 80 21 60 79, info@moulinauxmoines.com V r.-v.

DOM. DENIS PÈRE ET FILS Les Vergelesses 2016 ★★

■ 1er cru	2100		20 à 30 €

En 1940, Raoul Denis, vigneron des Hospices de Beaune comme l'étaient son père et son grand-père, reprend le vignoble familial (13 ha aujourd'hui). Christophe tient le flambeau depuis 1992.

Sa position émergeante à mi-coteau a donné son nom à ce *climat* réputé pour sa qualité de garde. Ce Vergelesses 2016 ne fait pas exception. Un vin intensément bouqueté autour des fruits rouges bien mûrs sur fond de boisé grillé. On retrouve ces arômes avec une touche d'épices dans une bouche ample, concentrée et dotée de tanins fins et soyeux. ⌛ 2021-2028 **2016 (15 à 20 € ; 2000 b.)** : vin cité.

DOM. DENIS PÈRE ET FILS, 4, chem. des Vignes-Blanches, 21420 Pernand-Vergelesses, tél. 03 80 21 50 91, contact@domaine-denis.com V r.-v.

DOM. DOUDET Les Fichots 2015

■ 1er cru	2128		20 à 30 €

Fondée en 1849 par Albert Brenot et acquise par la famille Doudet en 1933, la maison de négoce Doudet-Naudin propose des cuvées issues de terroirs restreints. Elle est depuis 2014 la propriété de

Christophe Rochet, épaulé à la direction technique par François Lay. La maison Doudet possède aussi son propre domaine: 13 ha entre Beaune et Pernand, conduits en lutte raisonnée par Isabelle Doudet avec des expérimentations en bio.

Sur 11,22 ha, ce 1er cru tient son nom de la famille qui en était autrefois l'unique propriétaire. Dans le verre, un parfum fondu de cassis et de mûre et une bouche charnue, aux tanins croquants. ⌛ 2019-2023

⊶ DOUDET-NAUDIN, 3, rue Henri-Cyrot, 21420 Savigny-lès-Beaune, tél. 03 80 21 51 74, contact@doudetnaudin.com V r.-v.

DUBREUIL-FONTAINE
Clos Berthet Monopole 2016 ★

1er cru	3000		20 à 30 €

La famille Dubreuil est installée à Pernand-Vergelesses depuis 1879. Incarnant la cinquième génération, Christine Dubreuil, œnologue, a pris la tête du domaine en 1991 (20 ha sur plus d'une dizaine d'AOC).

Ce clos de 1,2 ha dédié au chardonnay est le seul 1er cru en monopole de l'appellation. Au nez, les fleurs blanches, l'acacia notamment, côtoient un bon boisé toasté. Fine et précise, la bouche offre un bel équilibre entre une délicate vivacité minérale et citronnée et une texture souple et douce. ⌛ 2019-2023 ■ **1er cru Îles des Vergelesses 2016 ★ (30 à 50 €; 3300 b.)** : un vin construit autour des fruits rouges et d'un tanin fin, fondu, soyeux. ⌛ 2019-2023

⊶ DOM. P. DUBREUIL-FONTAINE, 18, rue Rameau-Lamarosse, 21420 Pernand-Vergelesses, tél. 03 80 21 55 43, domaine@dubreuil-fontaine.com V *r.-v.*

JEAN FÉRY ET FILS Les Combottes 2016 ★

	2572		20 à 30 €

Un domaine familial des Hautes-Côtes de Beaune créé en 1890 et développé dans les années 1990 par Jean-Louis Féry: aujourd'hui, 14 ha en bio certifié (depuis 2011) en Côte de Nuits et en Côte de Beaune. Depuis 2016, Frédéric Féry, fils de Jean-Louis, assure la gestion du domaine, avec notamment l'appui de Laurence Danel, œnologue.

Le second *climat* communal de Pernand par la taille (19,74 ha) est situé dans la combe qui mène aux Hautes-Côtes. Frédéric Féry y exloite 56 ares de chardonnay à l'origine de ce vin pâle et brillant, aux senteurs complexes d'agrumes, de fruits blancs et de brioche, et à la bouche ronde, riche, beurrée, équilibrée et allongée par une fine acidité. ⌛ 2020-2024

⊶ DOM. JEAN FÉRY ET FILS, 1, rte de Marey, 21420 Échevronne, tél. 03 80 21 59 60, fery.vin@orange.fr V *r.-v.*

DOM. LALEURE-PIOT En Caradeux 2015 ★

1er cru	3600		30 à 50 €

Une propriété de 14,2 ha repris en 2010 par la maison beaunoise Champy (groupe Advini). Dimitri Bazas est l'œnologue attitré depuis 1999 de ce domaine en vue notamment pour ses pernand-vergelesses, dans les deux couleurs.

Discret mais élégant, le nez de ce 1er cru évoque les fleurs blanches, les agrumes et l'amande. La bouche apparaît franche et fraîche, soulignée et allongée par la minéralité du terroir. ⌛ 2019-2023 ■ **1er cru Les Vergelesses 2015 ★ (30 à 50 €; 6300 b.)** : un vin intensément bouqueté sur les fruits noirs, la réglisse et le pain grillé, bien bâti en bouche par des tanins fermes mais au grain fin. ⌛ 2020-2025

⊶ MAISON CHAMPY, 3, rue du Grenier-à-Sel, 21200 Beaune, tél. 03 80 25 09 99, boutique.champy@maisonchampy.com V *t.l.j. sf lun. dim. 10h-19h*
⊶ Advini

LOUIS LATOUR En Carradeux 2015

1er cru	11000		20 à 30 €

Une maison familiale toujours indépendante, fondée en 1797 et conduite successivement par dix générations de Latour. Un acteur incontournable de la Bourgogne viticole et le plus important propriétaire de grands crus de la Côte-d'Or (28 ha sur les 48 que compte son vignoble). Les raisins sont vinifiés à Aloxe-Corton, berceau de la famille, et la maison possède sa propre tonnellerie.

Du côté de Savigny, les 5,23 ha de ce *climat* placé sur les hauteurs de la colline sont classés en *village* tandis que les 14,38 ha situés juste en dessous revendiquent un niveau de 1er cru. La maison Latour signe un vin ouvert sur des notes de vanille, de praline et de fruits jaunes, riche et rond en bouche, aux saveurs de bergamote. ⌛ 2019-2023

⊶ LOUIS LATOUR, 18, rue des Tonneliers, 21200 Beaune, tél. 03 80 24 81 00, contact@louislatour.com

DOM. PAVELOT Sous Frétille 2016

1er cru	5800		20 à 30 €

Un domaine de près de 9 ha implanté au pied d'une des pentes de la montagne de Corton, transmis de père en fils depuis le XIXe s. et conduit depuis 2002 par Luc Pavelot et sa sœur Lise.

Du haut de ses 385 m, la colline de Frétille domine le village de son sommet boisé. Elle a donné son nom à ce *climat* classé à la fois en *village* et en 1er cru. Douze mois d'élevage en fûts plus tard, voici une cuvée qui plaît par ses fragrances de fleurs jaunes et blanches mâtinées de fruits secs et par sa bouche bien équilibrée entre souplesse et fraîcheur mentholée. ⌛ 2019-2023

⊶ EARL DOM. PAVELOT, 6, rue du Paulant, 21420 Pernand-Vergelesses, tél. 03 80 26 13 65, domaine.pavelot@orange.fr V *r.-v.*

♥ DOM. RAPET PÈRE ET FILS
Île des Vergelesses 2015 ★★

■ 1er cru	2600		30 à 50 €

Pernand-Vergelesses 1er Cru
Ile des Vergelesses
Domaine RAPET

Ce domaine ancien (1765) et incontournable de Pernand-Vergelesses est conduit par Vincent Rapet depuis 1985. S'il se passionne pour sa commune natale, ce dernier travaille les

appellations voisines avec le même soin, sur un vignoble de 20 ha. Une valeur sûre de la Côte de Beaune.

Ce *climat* étend ses 9,4 ha entre deux 1ers crus: Les basses Vergelesses et Les Vergelesses. À partir de 46 ares de pinot noir, Vincent Rapet signe un superbe vin qui lui vaut un nouveau coup de cœur dans le Guide. Un vin d'un seyant rouge sombre qui déploie des arômes délicats et complexes de framboise, de cassis, de pivoine et de poivre. La bouche, fruitée, ample et charnue, offre une mâche gourmande autour de tanins soyeux qui ajoutent à son élégance. ⌛ 2021-2025

VINCENT RAPET, 2, pl. de la Mairie, 21420 Pernand-Vergelesses, tél. 03 80 21 59 94, vincent@domaine-rapet.com V r.-v.

DOM. ROLLIN PÈRE ET FILS Les Cloux 2016 ★★

	7000		20 à 30 €

Longtemps modestes vignerons au service d'autres exploitations, les Rollin (aujourd'hui Rémi et Simon) se sont mis peu à peu à leur compte; ils exploitent depuis 1932 et quatre générations un domaine de 14 ha à Pernand-Vergelesses, appellation dans laquelle leurs vins brillent régulièrement, dans les deux couleurs.

Coup de cœur l'an passé avec un *village* blanc 2015, la famille Rollin récolte deux étoiles dans le «petit» millésime 2016. Le nez, discret mais élégant, convoque les agrumes, les fleurs blanches et la noisette. Une attaque charnue ouvre sur une bouche longue et très équilibrée, à la fois ample, dense et très fraîche. ⌛ 2020-2024 ■ **1er cru Les Vergelesses 2015 ★ (20 à 30 €; 1700 b.)** : cette cuvée met les petits fruits noirs en lumière, agrémentés de nuances épicées, puis dévoile une bouche élégante et fraîche, aux tanins fermes, serrés, mais fins. ⌛ 2021-2026

ROLLIN PÈRE ET FILS, 49, rte des Vergelesses, 21420 Pernand-Vergelesses, tél. 03 80 21 57 31, contact@domaine-rollin.com V r.-v.

CORTON

Superficie : 95 ha
Production : 2 985 (95 % rouge)

Au nord de la Côte de Beaune, la «montagne de Corton» est constituée, du point de vue géologique, de différents niveaux auxquels correspondent plusieurs types de vins. Couronnées par le bois qui pousse sur les calcaires durs du rauracien (oxfordien supérieur), les marnes argoviennes laissent apparaître sur plusieurs dizaines de mètres des terres blanches propices aux vins blancs. Elles recouvrent la «dalle nacrée», calcaire en plaquettes qui recèle de nombreuses coquilles d'huîtres de grande dimension; sur cette formation ont évolué des sols bruns propices au pinot noir.

L'appellation corton peut produire du vin blanc, mais elle est surtout connue en rouge. Les Bressandes naissent sur des terres rouges et allient la puissance à la finesse. En revanche, dans la partie haute des Renardes, des Languettes et du Clos du Roy, les terres blanches donnent en rouge des vins charpentés qui, en vieillissant, prennent des notes animales sauvages que l'on retrouve dans Les Mourottes de Ladoix. Le corton est le grand cru le plus important en volume.

B DOM. D'ARDHUY Les Pougets 2016 ★

■ Gd cru	598		50 à 75 €

Gabriel d'Ardhuy, fondateur du domaine en 1947, disparaît le premier jour des vendanges 2009. Ses sept filles prennent alors la relève, épaulées par l'œnologue Vincent Bottreau, aux commandes du chai depuis 2016. La propriété dispose de 42 ha de vignes comprenant notamment six grands crus et quinze 1ers crus dans les deux Côtes, certifiés en biodynamie depuis 2012.

Dans le prolongement des chardonnays du grand cru corton-charlemagne, ce *climat* s'étend sur près de 2 ha. Son nom est un dérivé de «pouge», du latin «podium» ou «petite éminence»: il est en quelque sorte le sommet de l'appellation. Le domaine d'Ardhuy y exploite 15 ares à l'origine d'un vin au nez gourmand de petits fruits rouges et noirs (cerise, cassis) et de chocolat noir, souple et fin en attaque, plus ferme et tannique dans son développement. Un grand cru solide, au grand potentiel de garde. ⌛ 2022-2028 ■ **Les Renardes 2016 ★ (75 à 100 €; 4 172 b.)** B : à un nez complexe de cassis, de cerise, de chocolat et de romarin succède un palais équilibré et frais. ⌛ 2021-2026

DOM. D' ARDHUY, Clos des Langres, 21700 Corgoloin, tél. 03 80 62 98 73, domaine@ardhuy.com V r.-v.

DOM. ARNOUX PÈRE ET FILS Le Rognet 2016

■ Gd cru	1600		50 à 75 €

Créée en 1950, cette exploitation familiale, installée à Chorey-lès-Beaune, est dirigée depuis 2008 par Pascal Arnoux, troisième du nom à la tête du domaine. Au menu, une large gamme de vins de la Côte de Beaune (une vingtaine d'appellations sur plus de 20 ha entre Beaune et Corton), souvent en vue dans ces pages.

Cette cuvée est née de raisins de pinot noir de trente ans. La réglisse, la rose et le chocolat noir composent un bouquet séduisant. Le palais se révèle gras et ferme, étayé par des tanins fins qui dynamisent une finale fraîche et fruité. Le temps est son allié. ⌛ 2022-2028

PASCAL ARNOUX, 5, rue de Ley, 21200 Chorey-lès-Beaune, tél. 03 80 22 57 98, contact@arnoux-pereetfils.com V r.-v.

DOM. BERTAGNA Les Grandes Lolières 2015 ★

■ Gd cru	886		+ de 100 €

Ce domaine de 17 ha rayonne sur un beau patrimoine de cinq grands crus. Il est dirigé depuis 1982 par la famille Reh, originaire de la Moselle allemande, et depuis 1988 par Eva Reh-Siddle. Une valeur sûre, notamment pour ses vougeot et son monopole Clos de la Perrière.

Un *climat* situé à Ladoix, vers la source de la Lauve. On suppose que son nom fait référence aux loups qui allaient s'y abreuver jadis. Le domaine Bertagna y cultive 25 ares de pinot noir qui ont donné ce vin à la robe concentrée comme la nuit, ouvert sur des arômes de cerise et de fraise sur fond de boisé grillé (dix-huit mois de barrique). Ample, dense, frais, bâti sur des tanins soyeux et puissants, le palais signe un corton de longue garde. ⧗ 2022-2030

DOM. BERTAGNA, 16, rue du Vieux-Château, 21640 Vougeot, tél. 03 80 62 86 04, contact@domainebertagna.com V ▮ *t.l.j. sf jeu. dim. 10h-12h30 13h30-14h30*

CAPITAIN-GAGNEROT
Les Grandes Lolières 2016 ★

Gd cru	2800		30 à 50 €

Vénérable domaine familial de 15 ha fondé en 1802 et implanté à Ladoix-Serrigny. Depuis le 1er janvier 2013, Pierre-François Capitain est seul maître à bord; son père Patrice et son oncle Michel restant à l'écoute. Propriété en vue notamment pour ses ladoix, aloxe et échézeaux.

Cette cuvée a bénéficié d'un égrappage total avant de connaître quinze mois d'élevage en fût. Au nez, elle convoque avec intensité les fruits rouges, le cassis et la vanille. La bouche se révèle ample, dense et profonde, dotée de tanins fermes mais au grain fin. Un grand cru de garde. ⧗ 2022-2030

PIERRE-FRANÇOIS CAPITAIN, 38, rte de Dijon, 21550 Ladoix-Serrigny, tél. 03 80 26 41 36, contact@capitain-gagnerot.com V ▮ ▮ *r.-v.*

MAURICE ET ANNE-MARIE CHAPUIS
Perrières 2015

Gd cru	4500		30 à 50 €

Un domaine familial fondé en 1872 par un ancêtre ouvrier viticole à Aloxe-Corton. Depuis 1985, Maurice Chapuis et son épouse Anne-Marie sont aux commandes d'un vignoble de 12 ha, complété en 1997 par une activité de négoce.

Sur ce *climat* situé côté Aloxe, les Chapuis exploitent 1 ha de pinot noir. Dans le verre, un corton ouvert sur le cassis et la myrtille à l'olfaction, ample et tannique en bouche, avec une pointe d'austérité en finale. ⧗ 2022-2028

MAURICE CHAPUIS, 3, rue Boulmeau, 21420 Aloxe-Corton, tél. 03 80 26 40 99, info@domainechapuis.com V ▮ ▮ *r.-v.*

EDMOND CORNU ET FILS Bressandes 2015 ★

Gd cru	1500		50 à 75 €

Edmond Cornu, à la retraite, a laissé en 1985 la conduite des 16 ha du domaine familial à son fils Pierre, épaulé par son épouse Édith et son cousin Emmanuel. Installée à Ladoix, la famille Cornu exploite ses vignes autour de la montagne de Corton et jusqu'à Meursault pour former une large palette d'AOC 100 % Côte de Beaune.

Né de jeunes vignes de dix-sept ans, ce corton en robe profonde dévoile un nez subtilement fruité et réglissé. En bouche, il se montre tout aussi fruité, frais, ample et dense, étayé par des tanins fins, sans dureté aucune. ⧗ 2022-2028

EDMOND CORNU ET FILS, Le Meix-Gobillon, 6, rue du Bief Cidex 34, 21550 Ladoix-Serrigny, tél. 03 80 26 40 79, domaine.cornuetfils@orange.fr V ▮ ▮ *r.-v.*

♥ DOM. FAIVELEY
Clos des Corton Faiveley Monopole 2016 ★★

Gd cru	13500		+ de 100 €

Ce domaine fondé à Nuits-Saint-Georges en 1825 est un nom qui compte en Bourgogne, depuis sept générations. À sa tête depuis 2005, Erwan Faiveley, qui a succédé à son père François, est à la direction générale. Aujourd'hui, c'est l'un des plus importants propriétaires de vignes en Bourgogne: 120 ha du nord de la Côte-de-Nuits au sud de la Côte Chalonnaise, dont 10 ha en grand cru et près de 25 ha en 1er cru.

Un clos de 2,76 ha, monopole de la famille Faiveley depuis 1930. Dans le verre, un vin qui a tout bon de bout en bout dans ce grand millésime solaire. La robe affiche de beaux reflets violines. Le nez associe avec force élégance et harmonie les fruits rouges mûrs, des nuances florales et un boisé parfaitement fondu. La bouche, faisant un long écho à l'olfaction, offre beaucoup de relief et de finesse autour de tanins délicats et soyeux, s'étire dans une longue finale florale. Une belle promesse pour l'avenir. ⧗ 2022-2030

FAMILLE FAIVELEY, 8, rue du Tribourg, 21700 Nuits-Saint-Georges, tél. 03 80 61 04 55, contact@domaine-faiveley.com

♥ DOM. MAILLARD PÈRE ET FILS 2016 ★★

Gd cru	n.c.		30 à 50 €

Représentant la dixième génération de viticulteurs sur le domaine (1766), Pascal Maillard (au chai) et son frère Alain (à la vigne) exploitent un vignoble constitué par leur père Daniel à partir de 1952. Aujourd'hui, pas moins de 19 ha répartis dans sept communes aux environs de la montagne de Corton, ainsi qu'à Pommard et à Volnay. Une valeur sûre, notamment en corton et en chorey.

Souvent en vue, les corton de la maison Maillard ne laissent jamais indifférents. Celui-ci, né d'une vigne de trente ans, fait forte impression. Il séduit d'emblée par sa couleur or vert et son nez élégant et complexe, à la fois minéral, floral et fruité (pamplemousse, pêche, groseille blanche). En bouche, le charme continue d'agir: c'est riche, ample, soyeux, avec une fine fraîcheur en soutien, aux tonalités d'agrumes et de pierre à fusil. Un corton précis et distingué, à un prix relativement doux pour un grand cru. ⧗ 2021-2028

DOM. MAILLARD, 2, rue Joseph-Bard, 21200 Chorey-lès-Beaune, tél. 03 80 22 16 67, contact@domainemaillard.com V ▮ ▮ *t.l.j. sf dim. 9h-12h 14h-18h*

DOM. JEAN-PIERRE MALDANT
Les Grandes Lolières 2016

Gd cru	1500		30 à 50 €

Jean-Pierre Maldant est le dernier d'une lignée de vignerons aux Hospices de Beaune. Il a quitté cette

BOURGOGNE

fonction en 1998 pour se consacrer pleinement à son domaine de 8,5 ha. Son fils Pierre-François (cinquième génération), qui assurait les vinifications depuis 2010, a pris officiellement les rênes de l'exploitation en 2014.

Pierre-François Maldant exploite 27 ares de ce *climat*, plantés en vignes de plus de cinquante ans, à l'origine d'un corton de belle facture. Au nez, la cerise, le thym et le chocolat font bon ménage. La bouche apparaît souple en attaque, puis se fait plus fraîche et tannique jusqu'à la finale, de bonne longueur et réglissée. ⧗ 2021-2026

⊶ JEAN-PIERRE MALDANT, 30, rte de Beaune, Cidex 29 bis, 21550 Ladoix-Serrigny, tél. 03 80 26 44 50, jean.pierre.maldant@wanadoo.fr V r.-v.

DOM. MICHEL MALLARD ET FILS
Le Rognet 2014 ★

■ Gd cru | 2538 | | 50 à 75 €

Michel Mallard agrandit dans les années 1950 le domaine familial, repris depuis par son fils Patrick et son petit-fils Michel. Un domaine de 12 ha aujourd'hui, qui se distingue régulièrement pour ses ladoix, aloxe et corton.

Ce *climat* possède le privilège d'être le plus vaste en superficie au sein de la colline de Corton, mais aussi de pouvoir être récolté en blanc, 2,72 ha revendiquant l'appellation corton-charlemagne. Côté pinot noir, ce 2014 livre des parfums de petits fruits rouges mûrs et de Zan agrémentés de nuances florales. Passé une attaque fraîche, la bouche déploie une belle structure de tanins fins et délicats et renoue avec les arômes de l'olfaction. Un corton en finesse qui ne craindra pas la garde. ⧗ 2022-2028

⊶ DOM. MICHEL MALLARD ET FILS, 43, rte de Dijon, Cedex 14, 21550 Ladoix-Serrigny, tél. 03 80 26 40 64, domainemallard@hotmail.fr V r.-v.

DOM. MEUNEVEAUX Perrières 2016 ★

■ Gd cru | 2200 | | 30 à 50 €

Un domaine familial fondé au début du XXᵉs. et conduit depuis 1990 par Didier et Yvonne Meuneveaux, rejoints en 2009 par leur fils Freddy et leur belle-fille Daisy, œnologue. Le vignoble s'étend sur 6 ha, essentiellement à Aloxe-Corton.

Les 9,87 ha que composent ce *climat* sont dédiés au pinot noir. Les 68 ares cultivés par ce domaine ont donné un vin au nez complexe et racé, fruité (cerise), floral (violette, rose), chocolaté et poivré. La bouche, élégante et tout aussi expressive, reste fraîche de bout en bout et s'appuie sur des tanins d'une belle finesse qui poussent loin la finale. ⧗ 2021-2028

⊶ MEUNEVEAUX, 9, pl des Brunettes, 21420 Aloxe-Corton, tél. 06 27 95 42 25, freddy.meuneveaux@gmail.com V t.l.j. sf dim. 8h-12h 14h-18h

CH. DE MEURSAULT Vergennes 2015 ★

□ Gd cru | 632 | | + de 100 €

L'emblématique Ch. de Meursault, haut-lieu du tourisme bourguignon et du folklore vineux – on y célèbre la fameuse Paulée le lendemain de la vente des Hospices de Beaune – a souvent changé de mains: famille de Pierre de Blancheton jusqu'à la Révolution; famille Serre au XIXᵉs.; famille du comte de Moucheron; famille Boisseaux (maison Patriarche) à partir de 1973. En décembre 2012, nouveau changement: la famille Halley achète le domaine, avant d'acquérir fin 2013 les 60 ha de vignes. Aux commandes du chai: Emmanuel Escutenaire.

Offert par l'empereur Charlemagne en 775 à la collégiale Saint-André de Saulieu, ce *climat* est resté la propriété de cette dernière jusqu'à la Révolution française, soit plus de mille ans... Le Ch. de Meursault y exploite 18 ares d'une jeune vigne de dix ans, qui a donné un corton d'une belle complexité aromatique (pêche de vigne, silex, fleurs blanches, boisé torréfié, note mentholée), ample, riche et grasse en bouche, avec une juste fraîcheur en appoint. ⧗ 2021-2026

⊶ DOM. DU CH. DE MEURSAULT, rue du Moulin-Foulot, 21190 Meursault, tél. 03 80 26 22 75, domaine@chateau-meursault.com V t.l.j. 9h-12h 13h-18h ⊶ Halley

DOM. DE LA ROMANÉE-CONTI 2016 ★★

■ Gd cru | n.c. | | + de 100 €

En 2008, le domaine de la Romanée-Conti a étendu sa gamme prestigieuse vers Aloxe-Corton en prenant en fermage les vignes en corton du domaine Prince Florent de Mérode: 2,27 ha répartis sur trois *climats* de renom, Le Clos du Roi (0,57 ha), Les Bressandes (1,19 ha) et Les Renardes (0,5 ha).

Au nez, de fines nuances de boisé frais sont vite relayées par des notes de fleurs et de cerise mûre. Souple et fraîche en attaque, la bouche, profonde et longue, déploie de beaux tanins fins et croquants qui roulent sous la langue, avant une finale soulignée par une pointe d'amertume. Un corton terrien, racinaire, plein de fougue, qui affiche un solide potentiel de garde. ⧗ 2022-2028

⊶ SC DU DOM. DE LA ROMANÉE-CONTI, 1, rue Derrière-le-Four, 21700 Vosne-Romanée, tél. 03 80 62 48 80

CORTON-CHARLEMAGNE

Superficie : 52 ha / Production : 2 240 hl

Le grand cru corton-charlemagne provient de la partie haute de la «montagne de Corton», propice au chardonnay – cépage qui a aujourd'hui totalement remplacé l'aligoté, autorisé jusqu'en 1948. Il tire son nom de l'empereur carolingien qui, dit-on, aurait fait planter ici des vignes blanches pour ne pas tacher sa barbe. La plus grande partie de la production vient des communes de Pernand-Vergelesses et d'Aloxe-Corton. Vins de garde, les corton-charlemagne atteignent leur plénitude après cinq à dix ans.

B DOM. FRANÇOISE ANDRÉ 2015

□ Gd cru | 1650 | | + de 100 €

Un domaine de 10 ha (en bio certifié depuis 2012), créé en 1983 par Françoise André, l'un des derniers à avoir ses caves derrière les remparts de Beaune. Auparavant confiée au comte Sénard, la gestion est assurée depuis 2009 par Lauriane André, belle-fille de la propriétaire.

Ce corton-charlemagne pâle aux reflets argentés dévoile un bouquet charmeur de fleurs blanches, de miel et de vanille. En bouche, l'effet solaire du millésime 2015 se fait sentir à travers une matière riche et chaleureuse, heureusement épaulée par une pointe de vivacité. ⧗ 2021-2024

DOM. FRANÇOISE ANDRÉ, 7, rempart Saint-Jean, 21200 Beaune, tél. 03 80 24 21 65, andre.lauriane@yahoo.com V r.-v.

CAPITAIN-GAGNEROT 2016 ★

Gd cru	1500		75 à 100 €

Vénérable domaine familial de 15 ha fondé en 1802 et implanté à Ladoix-Serrigny. Depuis le 1er janvier 2013, Pierre-François Capitain est seul maître à bord; son père Patrice et son oncle Michel restant à l'écoute. Propriété en vue notamment pour ses ladoix, aloxe et échézeaux.

Au nez, se dévoilent de fines notes de fleurs blanches, d'épices douces et de noisette. En bouche, le vin se montre puissant et long, soutenu par un bon boisé toasté et par une acidité justement dosée, aux saveurs d'agrumes. ⧗ 2021-2028

PIERRE-FRANÇOIS CAPITAIN, 38, rte de Dijon, 21550 Ladoix-Serrigny, tél. 03 80 26 41 36, contact@capitain-gagnerot.com V r.-v.

MAURICE ET ANNE-MARIE CHAPUIS 2015

Gd cru	4500		50 à 75 €

Un domaine familial fondé en 1872 par un ancêtre ouvrier viticole à Aloxe-Corton. Depuis 1985, Maurice Chapuis et son épouse Anne-Marie sont aux commandes d'un vignoble de 12 ha, complété en 1997 par une activité de négoce.

Ce domaine exploite une belle surface d'1 ha sur ce grand cru. Il en tire un 2015 aux parfums de poire, de fleurs blanches, de miel et de vanille. En bouche, la richesse et le gras sont de mise, avec en appoint une fraîcheur crayeuse qui amène l'équilibre. ⧗ 2021-2026

MAURICE CHAPUIS, 3, rue Boulmeau, 21420 Aloxe-Corton, tél. 03 80 26 40 99, info@domainechapuis.com V r.-v.

DOM. FAIVELEY 2016 ★

Gd cru	4600		+ de 100 €

Ce domaine fondé à Nuits-Saint-Georges en 1825 est un nom qui compte en Bourgogne, depuis sept générations. À sa tête depuis 2005, Erwan Faiveley, qui a succédé à son père François, est à la direction générale. Aujourd'hui, c'est l'un des plus importants propriétaires de vignes en Bourgogne: 120 ha du nord de la Côte-de-Nuits au sud de la Côte Chalonnaise, dont 10 ha en grand cru et près de 25 ha en 1er cru.

Ce corton-charlemagne fort bien, d'une brillance pâle, dévoile de délicates senteurs de fruits blancs (poire), d'abricot sec, de fleurs blanches et de muscade. Après une attaque tonique, il dévoile un palais ample et très frais, aux tonalités exotiques et finement boisées. ⧗ 2021-2026

FAMILLE FAIVELEY, 8, rue du Tribourg, 21700 Nuits-Saint-Georges, tél. 03 80 61 04 55, contact@domaine-faiveley.com

DOM. ANTONIN GUYON 2015 ★

Gd cru	3500		+ de 100 €

Ce domaine s'est constitué à partir des années 1960 sur un vaste vignoble de 48 ha, principalement en 1ers et en grands crus, allant de Gevrey-Chambertin à Meursault. Une exploitation régulière en qualité, conduite par Dominique Guyon, fils d'Antonin.

C'est avant tout l'équilibre qui a séduit le jury dans ce corton-charlemagne. Équilibre des arômes à l'olfaction, entre le côté minéral (pierre à fusil), fruité (pêche, agrumes), floral et boisé. Équilibre en bouche, entre une matière ample et riche et une vivacité impeccablement dosée, qui confère une belle allonge à la finale. ⧗ 2022-2028

DOM. ANTONIN GUYON, 21420 Savigny-lès-Beaune, tél. 03 80 67 13 24, domaine@guyon-bourgogne.com V r.-v.

BOURGOGNE

LOUIS LATOUR 2015 ★

Gd cru	47000		+ de 100 €

Une maison familiale toujours indépendante, fondée en 1797 et conduite successivement par dix générations de Latour. Un acteur incontournable de la Bourgogne viticole et le plus important propriétaire de grands crus de la Côte-d'Or (28 ha sur les 48 que compte son vignoble). Les raisins sont vinifiés à Aloxe-Corton, berceau de la famille, et la maison possède sa propre tonnellerie.

Avec 9,90 ha de cette appellation, la famille Latour est le plus grand propriétaire de la colline de Corton. Les fleurs blanches, la poire, la vanille et le pain grillé composent un nez ouvert et très harmonieux. En bouche, gras et acidité s'équilibrent parfaitement, et une belle finale saline vient conclure la dégustation sur la longueur. ⧗ 2021-2028

LOUIS LATOUR, 18, rue des Tonneliers, 21200 Beaune, tél. 03 80 24 81 00, contact@louislatour.com

B DOM. PAVELOT 2015 ★

Gd cru	1860		50 à 75 €

Un domaine de près de 9 ha implanté au pied d'une des pentes de la montagne de Corton, transmis de père en fils depuis le XIXe s. et conduit depuis 2002 par Luc Pavelot et sa sœur Lise.

Produit sur 74 ares, cette cuvée a passé pas moins de dix-sept mois en tonneaux. Elle s'ouvre sur des parfums élégants de poire, d'agrumes, de café torréfié et de vanille. En bouche, elle se révèle volumineuse, riche et suave, soutenue par un boisé bien fondu. Un corton-charlemagne mûr et bien dans le ton du millésime 2015. ⧗ 2021-2026

EARL DOM. PAVELOT, 6, rue du Paulant, 21420 Pernand-Vergelesses, tél. 03 80 26 13 65, domaine.pavelot@orange.fr V r.-v.

DOM. POISOT PÈRE ET FILS 2015

Gd cru	1555		75 à 100 €

Après vingt-cinq ans dans la Marine, Rémi Poisot a repris en 2010 le vignoble familial, 2 ha hérités en 1902 par Marie Poisot, fille de Louis Latour: un 1er cru en pernand et trois grands crus (corton, corton-charlemagne et romanée-saint-vivant).

Ce corton-charlemagne né de vénérables ceps de soixante-cinq ans dévoile des arômes de poire, de pêche et d'acacia sur fond de minéralité et de boisé vanillé. Équilibré en bouche, il se montre à la fois riche et souligné par une fraîcheur crayeuse bien typée. ⧗ 2021-2026

⊶ *RÉMI POISOT, 8, rue des Corton, 21420 Aloxe-Corton, tél. 03 80 21 16 91, contact@domaine-poisot.fr* V 🚶 ▮ *r.-v.*

SAVIGNY-LÈS-BEAUNE

Superficie : 350 ha
Production : 13 350 hl (85 % rouge)

Au nord de Beaune, Savigny est un village vigneron par excellence. L'esprit du terroir y est entretenu, et la confrérie de la Cousinerie de Bourgogne est le symbole de l'hospitalité bourguignonne. Les Cousins jurent d'accueillir leurs convives « bouteilles sur table et cœur sur la main ».
« Nourrissants, théologiques et morbifuges » selon la tradition, les savigny sont souples, tout en finesse, fruités, agréables jeunes tout en vieillissant bien. Parmi les 1ers crus, on citera Aux Clous, Aux Serpentières, Les Hauts Jarrons, Les Marconnets, Les Narbantons.

Ⓑ DOM. FRANÇOISE ANDRÉ Les Vergelesses 2015 ★

1er cru	3500	◖◗	30 à 50 €

Un domaine de 10 ha (en bio certifié depuis 2012), créé en 1983 par Françoise André, l'un des derniers à avoir ses caves derrière les remparts de Beaune. Auparavant confiée au comte Sénard, la gestion est assurée depuis 2009 par Lauriane André, belle-fille de la propriétaire.

L'un des 1ers crus les plus connus de l'appellation, qui partage son nom avec la commune voisine de Pernand-Vergelesses. Le chardonnay se plaît particulièrement dans cette partie haute de Savigny. Au nez, des senteurs de fleurs blanches et de fruits jaunes se mêlent à une touche de vanille. La bouche apparaît dense, riche et ronde, et s'étire dans une longue finale. ⧗ 2020-2023

⊶ *DOM. FRANÇOISE ANDRÉ, 7, rempart Saint-Jean, 21200 Beaune, tél. 03 80 24 21 65, andre.lauriane@yahoo.com* V 🚶 ▮ *r.-v.*

Ⓑ DOM. D'ARDHUY Aux Clous 2015 ★

■ 1er cru	20000	◖◗	20 à 30 €

Gabriel d'Ardhuy, fondateur du domaine en 1947, disparaît le premier jour des vendanges 2009. Ses sept filles prennent alors la relève, épaulées par l'œnologue Vincent Bottreau, aux commandes du chai depuis 2016. La propriété dispose de 42 ha de vignes comprenant notamment six grands crus et quinze 1ers crus dans les deux Côtes, certifiés en biodynamie depuis 2012.

Ce 2015 a connu un élevage en fûts de seize mois, ce qui est rare pour un volume aussi important. Il en ressort avec une couleur rouge griotte aux reflets violets, le nez ouvert sur un bon boisé vanillé et sur les fruits rouges. La bouche se révèle à la fois puissante et ronde, étayée par des tanins fermes. ⧗ 2022-2026

⊶ *DOM. D' ARDHUY, Clos des Langres, 21700 Corgoloin, tél. 03 80 62 98 73, domaine@ardhuy.com* V 🚶 ▮ *r.-v.*

BOUCHARD PÈRE ET FILS Cuvée au moulin 2015

■	26800	◖◗	11 à 15 €

Fondée en 1731 et propriété du Champagne Joseph Henriot depuis 1995, cette maison de négoce est à la tête d'un vaste vignoble de 130 ha, dont 12 ha en grands crus et 74 ha en 1ers crus. Elle propose une très large gamme de vins, des AOC les plus prestigieuses aux simples régionales, qui reposent dans les magnifiques caves enterrées de l'ancien château de Beaune (XVes.), conservatoire unique de très vieux millésimes.

Cette cuvée importante par le volume est aussi de belle qualité. Elle dévoile une olfaction dominée par la griotte agrémentée d'une touche de boisé. En bouche, elle se montre ronde et souple, soutenue par des tanins fondus et prolongée par une jolie finale poivrée. ⧗ 2021-2024

⊶ *MAISON BOUCHARD PÈRE ET FILS, 15, rue du Château, 21200 Beaune, tél. 03 80 24 80 24, contact@bouchard-pereetfils.com* V 🚶 ▮ *r.-v.*

PASCAL CLÉMENT Dessus les Vermots 2015

■	1800	◖◗	15 à 20 €

Après vingt ans de vinification dans différents domaines de Bourgogne, Pascal Clément a créé son négoce en 2012, tourné essentiellement vers les blancs de la Côte chalonnaise et de la Côte de Beaune.

Ce *climat* représente, avec 13,11 ha, la deuxième plus importante surface classée en appellation communale. Dans le verre, un savigny ouvert sur les fruits jaunes mâtinés de boisé, franc, minéral et frais en bouche. ⧗ 2018-2022

⊶ *PASCAL CLÉMENT, 13, rue de Cîteaux, 21420 Savigny-lès-Beaune, tél. 03 80 24 75 05, contact@pascal-clement.fr* V 🚶 ▮ *r.-v.*

DOM. DENIS PÈRE ET FILS 2016 ★

■	3700	◖◗	11 à 15 €

En 1940, Raoul Denis, vigneron des Hospices de Beaune comme l'étaient son père et son grand-père, reprend le vignoble familial (13 ha aujourd'hui). Christophe tient le flambeau depuis 1992.

Cette cuvée d'une belle brillance grenat dévoile un nez de fruits rouges et noirs légèrement vanillés. Riche en tanins, ample et longue en bouche, elle appelle la garde. ⧗ 2022-2026

⊶ *DOM. DENIS PÈRE ET FILS, 4, chem. des Vignes-Blanches, 21420 Pernand-Vergelesses, tél. 03 80 21 50 91, contact@domaine-denis.com* V 🚶 ▮ *r.-v.*

DOM. DOUDET Aux Guettes 2015 ★

■ 1er cru	2128	◖◗	15 à 20 €

Fondée en 1849 par Albert Brenot et acquise par la famille Doudet en 1933, la maison de négoce Doudet-Naudin propose des cuvées issues de terroirs restreints. Elle est depuis 2014 la propriété de Christophe Rochet, épaulé à la direction technique

par François Lay. La maison Doudet possède aussi son propre domaine: 13 ha entre Beaune et Pernand, conduits en lutte raisonnée par Isabelle Doudet avec des expérimentations en bio.

Ce domaine exploite 80 ares de ce *climat* situé sur l'ancienne voie romaine qui, grâce à sa position haute (plus de 300 m), à l'entrée de la combe de Barboron, servait à l'observation des chars. Dans le verre, un 1er cru au nez intense de fruits rouges et de café, et à la bouche ample, dense, puissante et longue. ⧗ 2022-2028

DOUDET-NAUDIN, 3, rue Henri-Cyrot, 21420 Savigny-lès-Beaune, tél. 03 80 21 51 74, contact@doudetnaudin.com V r.-v.

DOM. DUBOIS D'ORGEVAL
Les Narbantons 2015 ★

■ 1er cru	1700		20 à 30 €

Installée sur la commune de Chorey-lès-Beaune, la famille Dubois d'Orgeval met en valeur 13 ha de vignes en appellations de la Côte de Beaune.

L'un des vingt-deux 1ers crus de l'appellation et l'un des plus froids. Ce domaine en exploite 1 ha à l'origine de ce vin au nez gourmand de framboise et de groseille sur fond de vanille, et à la bouche à la fois fine et ronde, dotée de tanins veloutés. ⧗ 2021-2026

DOM. DUBOIS D'ORGEVAL, 3, rue Joseph-Bard, 21200 Chorey-lès-Beaune, tél. 03 80 24 70 89, duboisdorgeval@aol.com V r.-v. E

BERNARD DUBOIS ET FILS 2015

■	2900		15 à 20 €

Cette famille de Chorey exploite la vigne de père en fils depuis 1850. Le vignoble s'étend aujourd'hui sur 13 ha. Régulier en qualité, notamment pour ses aloxe et ses savigny.

Si le chardonnay est bien présent dans les 1ers crus de Savigny, il l'est moins en appellation *village*. Ici, il donne naissance à un savigny ouvert sur les fleurs blanches, les fruits jaunes mûrs et des nuances beurrées, à la bouche chaleureuse et finement boisée. ⧗ 2019-2023

JACQUES DUBOIS, 14, rue des Moutots, 21200 Chorey-lès-Beaune, tél. 06 29 74 46 75, domaine.dubois-bernard@wanadoo.fr V r.-v.

♥ PHILIPPE ET ARNAUD DUBREUIL 2015 ★★

■	4300		11 à 15 €

Anciennement Dubreuil-Cordier. Un domaine familial créé en 1950 par le grand-père d'Arnaud Dubreuil. Ce dernier a pris la suite de son père Philippe en 2010, à la tête d'un vignoble de 11 ha.

Le savigny blanc ne représente que 35 ha, mais quand il est bien travaillé, cela peut donner de grandes choses, à l'image de ce 2015 étincelant dans sa robe d'or, au nez à la fois intense et fin de beurre frais et de fruits jaunes. La bouche apparaît ample, dense, riche, solaire, mais jamais lourde, affinée par une belle fraîcheur saline qui pousse loin la finale. ⧗ 2019-2024

ARNAUD DUBREUIL, 4, rue Pejot, 21420 Savigny-lès-Beaune, tél. 03 80 21 53 73, dubreuil.cordier@aliceadsl.fr V r.-v.

♥ B JEAN FÉRY ET FILS Ez Connardises 2015 ★★

■	2380		20 à 30 €

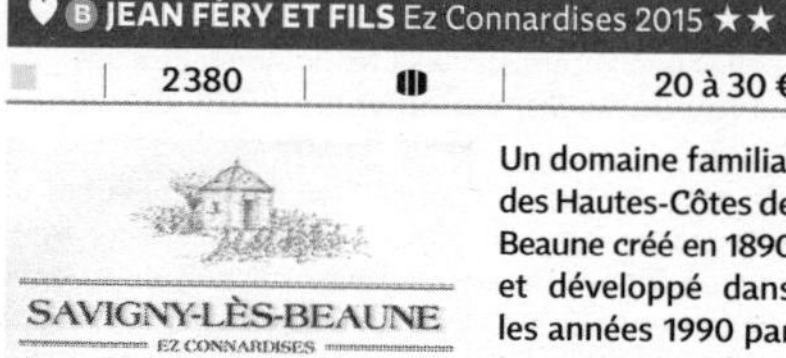

Un domaine familial des Hautes-Côtes de Beaune créé en 1890 et développé dans les années 1990 par Jean-Louis Féry: aujourd'hui, 14 ha en bio certifié (depuis 2011) en Côte de Nuits et en Côte de Beaune. Depuis 2016, Frédéric Féry, fils de Jean-Louis, assure la gestion du domaine, avec notamment l'appui de Laurence Danel, œnologue.

Des chardonnays de trente cinq ans ont donné naissance à cette cuvée admirable en tous points, pâle aux reflets verts, au nez intense de fruits jaunes et de fleurs blanches mâtinés d'un fin boisé. Une attaque franche et vive introduit une bouche dense, fraîche et très longue. Un savigny à l'équilibre impeccable. ⧗ 2019-2023 ■ **Sous la Cabotte 2015 (15 à 20 €; 10700 b.)** B : vin cité.

DOM. JEAN FÉRY ET FILS, 1, rte de Marey, 21420 Échevronne, tél. 03 80 21 59 60, fery.vin@orange.fr V r.-v. D

DOM. DE LA GALOPIÈRE 2015 ★

■	2800		15 à 20 €

Après avoir enseigné l'œnologie pendant quatre ans, Gabriel Fournier s'est installé en 1982 sur le domaine familial. Il exploite avec son épouse Claire et, depuis 2015, son fils Vincent 11,5 ha de vignes répartis dans plusieurs AOC de la Côte de Beaune, de Chassagne-Montrachet à la colline de Corton.

De ces terres profondes d'argile caillouteuse est né un vin au grenat soutenu, ouvert sur des arômes généreux de fruits rouges confiturés et d'épices. ⧗ 2019-2023

DOM. DE LA GALOPIÈRE, 6, rue de l'Église, 21200 Bligny-lès-Beaune, tél. 03 80 21 46 50, cgfournier@wanadoo.fr V r.-v.

DOM. PHILIPPE GIRARD 2016

■ 1er cru	2373		20 à 30 €

Ici, on est vigneron de père en fils depuis 1530. Arnaud Girard a rejoint en 2011 son père Philippe à la tête des 11 ha de vignes, disséminées de Nuits-Saint-Georges à Savigny-lès-Beaune.

Le gel du 27 avril 2016 a donné naissance à ce 1er cru assemblant plusieurs *climats*. Et il ne reste que peu de bouteilles pour 1,8 ha de récolte. La nature a toujours le dernier mot… Dans le verre, une couleur fortement concentrée, des parfums de cassis mûr et un palais souple en attaque, plus dense dans son développement et plutôt vif en finale. ⧗ 2019-2023

PHILIPPE GIRARD, 37, rue du Gal-Leclerc, 21420 Savigny-lès-Beaune, tél. 03 80 21 57 97, contact@domaine-philippe-girard.com V r.-v.

BOURGOGNE

DOM. JEAN GUITON Les Hauts Jarrons 2015 ★★

■ 1er cru | 3000 | | 20 à 30 €

Jean Guiton est installé depuis 1973 à Bligny, dans la plaine de Pommard. Les vignes (11,5 ha) sont quant à elles implantées sur la Côte, notamment à Savigny. Guillaume, le fils, est arrivé au début des années 2000.

De ce 1er cru des hauteurs, Guillaume Guiton a tiré un fort joli vin ouvert sur des parfums de petits fruits rouges et noirs (framboise, mûre) mâtinés de nuances empyreumatiques. Le palais, ample et corsé, offre une belle mâche autour de tanins bien présents mais au grain soyeux. ⧗ 2021-2028

GUILLAUME GUITON, 4, rte de Pommard, 21200 Bligny-lès-Beaune, tél. 03 80 21 62 07, domaine.guiton@orange.fr V r.-v.

B JEAN-PIERRE GUYON Les Planchots 2016

■ | 9000 | | 20 à 30 €

Un domaine familial très régulier en qualité (on ne compte plus les étoiles et les coups de cœur), repris en 1991 par Jean-Pierre Guyon. Le vignoble couvre 9 ha conduits en bio certifié, dans la Côte de Nuits et le nord de la Côte de Beaune.

Une cuvée souvent en vue dans ces pages. La version 2016 compose un savigny au nez discret de fruits rouges, de cacao et d'humus, et à la bouche encore assez serrée et tannique. À attendre. ⧗ 2021-2024

JEAN-PIERRE GUYON, 11-16, RN 74, 21700 Vosne-Romanée, tél. 03 80 61 02 46, domaineguyon@gmail.com V r.-v.

DOM. JACOB Les Petits Picotins 2016

■ | 3000 | | 15 à 20 €

Quatre générations de Jacob se sont succédé sur ce domaine régulier en qualité, établi à Ladoix-Serrigny, au pied de la montagne de Corton. Depuis 2007, Raymond, jusqu'alors aux commandes avec son frère Robert, est épaulé par son fils Damien pour conduire un vignoble de 13 ha.

Picotins? Des mesures d'avoine que l'on réservait autrefois aux chevaux vivant sur ce *climat* de l'entrée du village. Les Jacob y exploitent 49 ares à l'origine de ce vin aux jolies notes florales et au boisé délicat, frais et finement tannique en bouche. ⧗ 2019-2023

RAYMOND ET DAMIEN JACOB, 15, Grande-Rue-de-Buisson, Cidex 20 bis, 21550 Ladoix-Serrigny, tél. 03 80 26 40 42, domainejacob@orange.fr V r.-v.

DOM. PATRICK JAVILLIER
Les Montchenevoy 2015

■ | n.c. | | 15 à 20 €

Après des études d'œnologie, Patrick Javillier a repris l'exploitation familiale de Meursault et vinifié ses premières cuvées en 1974. Il conduit aujourd'hui un vignoble de 10 ha répartis sur cinq communes de la Côte de Beaune, de Puligny-Montrachet à Pernand-Vergelesses.

Situé entre 300 et 350 m, ce *climat* de 3,95 ha est le plus haut du village et planté sur un sol convenant bien au chardonnay. Patrick Javillier en a tiré un vin au nez floral et minéral et au palais souple et gras, plus chaleureux en finale. Bien dans le ton du millésime. ⧗ 2019-2023

DOM. PATRICK JAVILLIER, 9, rue des Forges, 21190 Meursault, tél. 03 80 21 27 87, contact@patrickjavillier.com V r.-v.

DOM. PIERRE ET JEAN-BAPTISTE LEBREUIL 2016

■ | 4000 | | 15 à 20 €

Un domaine fondé en 1935 à partir de 2 ha, développé au cours des années 1960 par Pierre Lebreuil, repris en 2000 par son fils Jean-Baptiste, aujourd'hui à la tête de 13,5 ha en Côte de Beaune. Régulièrement en vue pour ses savigny.

Une robe dense habille ce vin ouvert à l'olfaction sur la cerise noire et mûre et sur un boisé grillé assez soutenu. Suivant la même ligne aromatique, la bouche se montre vive en attaque, plus chaleureuse et tannique dans son développement. ⧗ 2020-2023

PIERRE ET JEAN-BAPTISTE LEBREUIL, 17, rue Chanson-Maldant, 21420 Savigny-lès-Beaune, tél. 03 80 21 52 95, domaine.lebreuil@wanadoo.fr V r.-v.

CATHERINE ET CLAUDE MARÉCHAL
Vieilles Vignes 2016 ★

■ | 3649 | | 30 à 50 €

Installé dans la plaine de Pommard depuis 1981, le couple Maréchal fait partie des valeurs sûres de la Côte de Beaune. Il conduit, avec minutie et dans un esprit bio (pas de désherbants chimiques, levures indigènes, limitation du soufre), un vignoble de 12,8 ha offrant une large gamme d'appellations.

Ces vieilles vignes ont cinquante ans, plantées sur près de 2 ha. Elles ont donné peu de bouteilles dans cette année gélive. Et c'est bien dommage car le vin est bon. Il délivre des parfums intenses de cerise bien mûre et de cassis, prolongés en compagnie d'un boisé fin par une bouche ample et dense, aux tanins soyeux qui renforcent son caractère gourmand. ⧗ 2020-2026

CLAUDE MARÉCHAL, 6, rte de Chalon, 21200 Bligny-lès-Beaune, tél. 03 80 21 44 37, marechalcc@orange.fr V r.-v.

DOM. PETITOT
Les Pimentiers Vieilles Vignes 2016

■ | 1750 | | 11 à 15 €

Installés à Corgoloin, Nathalie (œnologue) et son époux Hervé Petitot travaillent de concert depuis 2002 sur le domaine familial (8,6 ha aujourd'hui) développé à la fin des années 1970 par Jean Petitot. Ils sont adeptes d'une viticulture très raisonnée avec le plus possible de travail du sol et des vendanges manuelles. Ils accueillent les œnophiles dans un beau bâtiment du XVIIIes.

Ce terroir engage les vignes à grimper le coteau: il tient son nom de «pimont», qui désigne le pied de la montagne. Avec 16 ha, c'est le plus vaste *climat* de rang communal de l'appellation. Les Petitot y exploitent une parcelle de 67 ares dont ils ont extrait un vin au nez élégant de griotte mûre, à la bouche ample, ronde et bien concentrée, soutenue par des tanins soyeux et un bon boisé. ⧗ 2020-2025

DOM. PETITOT, 26, pl. de la Mairie, 21700 Corgoloin, tél. 03 80 62 98 21, domaine.petitot@wanadoo.fr V r.-v.

DOM. DU PRIEURÉ Les Grands Picotins 2015 ★

■	3500		15 à 20 €

Établi sur les vestiges d'un prieuré cistercien acquis par sa famille dans les années 1960, ce domaine de 12 ha est conduit depuis 1981 par Jean-Michel Maurice, rejoint par son fils Stephen au début des années 1990. Ce dernier a pris la relève en 2015.

Collé aux Petits Picotins, ce *climat* bien que qualifié de «grand» est légèrement plus petit que son voisin par sa surface: 11,30 ha contre 11,52. Un mystère arithmétique et le charme des noms de *climats* bourguignons... Dans le verre, du charme aussi, à travers une belle robe rubis, un nez de groseille et de framboise mâtinées de bois, et une bouche ample et dense, dotée de bons tanins fermes. ⧗ 2021-2026 ■ **2016 ★ (15 à 20 €; 2000 b.)** : une cuvée expressive qui combine notes exotiques et mellifères à l'olfaction, puis qui déploie une bouche fraîche et longue, avec ce qu'il faut de gras pour enrober le tout. ⧗ 2019-2023

STEPHEN MAURICE, 23, rte de Beaune, 21420 Savigny-lès-Beaune, tél. 03 80 21 54 27, contact@domaineduprieure-maurice.com V r.-v. 3

DOM. RAPET PÈRE ET FILS Aux Fournaux 2015 ★

■ 1er cru	5300		20 à 30 €

Ce domaine ancien (1765) et incontournable de Pernand-Vergelesses est conduit par Vincent Rapet depuis 1985. S'il se passionne pour sa commune natale, ce dernier travaille les appellations voisines avec le même soin, sur un vignoble de 20 ha. Une valeur sûre de la Côte de Beaune.

Des vestiges de fourneaux à charbon retrouvés sur cette parcelle donnent son nom à ce *climat* au sol graveleux, voisin de Pernand. Vincent Rapet y exploite une vigne de 83 ares. Il signe un savigny pourpre intense, au nez floral et épicé, dense et gras en bouche, épaulé par des tanins ronds. ⧗ 2021-2026

VINCENT RAPET, 2, pl. de la Mairie, 21420 Pernand-Vergelesses, tél. 03 80 21 59 94, vincent@domaine-rapet.com V r.-v.

CHOREY-LÈS-BEAUNE

Superficie : 134 ha
Production : 5 240 hl (95 % rouge)

Situé dans la plaine, près de Savigny-lès-Beaune et d'Aloxe-Corton, en face du cône de déjection de la combe de Bouilland, le village produit une majorité de vins rouges friands et faciles d'accès.

DOM. ARNOUX PÈRE ET FILS Les Beaumonts 2016

■	20000		15 à 20 €

Créée en 1950, cette exploitation familiale, installée à Chorey-lès-Beaune, est dirigée depuis 2008 par Pascal Arnoux, troisième du nom à la tête du domaine. Au menu, une large gamme de vins de la Côte de Beaune (une vingtaine d'appellations sur plus de 20 ha entre Beaune et Corton), souvent en vue dans ces pages.

Plus d'une fois distinguée, cette cuvée provient d'un vaste *climat*, entre Aloxe et Savigny. S'il n'est pas très pentu, ce lieu-dit fournit de jolis volumes. Ainsi, cette cuvée pourpre intense représente 3,5 ha de vignes. Son nez s'annonce puissant, même s'il reste réservé. La griotte perce en attaque, puis des tanins font sentir leur présence, assez discrets cependant. Un vin franc et équilibré. ⧗ 2019-2022

PASCAL ARNOUX, 5, rue de Ley, 21200 Chorey-lès-Beaune, tél. 03 80 22 57 98, contact@arnoux-pereetfils.com V r.-v.

DOM. DES CLOS 2015

■	1269		20 à 30 €

Après plusieurs expériences à l'étranger, Grégoire Bichot a intégré la maison de négoce familiale Albert Bichot, pour la quitter quelques années après et créer en 1995 le Dom. des Clos. Depuis 2011, il est établi dans l'ancien couvent des Bernardines de Nuits-Saint-Georges et dirige un vignoble de 6 ha à Beaune, Nuits-Saint-Georges et Chablis (conduit en bio sur la Côte-d'Or, en biodynamie dans le Chablisien).

Une parcelle de 28 ares de vignes âgées de plus de soixante ans a engendré ce vin à la robe profonde animée de reflets violets. Fraise et framboise, rehaussées d'une touche de boisé, forment un nez agréable. La bouche équilibrée révèle des tanins fermes qui enserrent pour l'heure un fruit gourmand. ⧗ 2021-2023

GRÉGOIRE BICHOT, 3, rue des Seuillets, 21700 Nuits-Saint-Georges, tél. 03 80 21 42 66, contact@domainedesclos.com V r.-v.

EDMOND CORNU ET FILS Les Bons Ores 2015 ★

■	7500		15 à 20 €

Edmond Cornu, à la retraite, a laissé en 1985 la conduite des 16 ha du domaine familial à son fils Pierre, épaulé par son épouse Édith et son cousin Emmanuel. Installée à Ladoix, la famille Cornu exploite ses vignes autour de la montagne de Corton et jusqu'à Meursault pour former une large palette d'AOC 100 % Côte de Beaune.

Cette terre est bonne, comme son nom l'indique – le mot «ores» vient du latin *hortus*, qui signifie jardin: voilà une reconversion des plus agréables... D'une couleur franche et profonde, ce vin libère des parfums engageants de fruits rouges, groseille confiturée en tête, rehaussés d'une touche épicée. Équilibré et long, charpenté, encore ferme, il appelle la garde. ⧗ 2021-2023

EDMOND CORNU ET FILS, Le Meix-Gobillon, 6, rue du Bief Cidex 34, 21550 Ladoix-Serrigny, tél. 03 80 26 40 79, domaine.cornuetfils@orange.fr V r.-v.

DOM. DENIS PÈRE ET FILS 2016

■	2000		11 à 15 €

En 1940, Raoul Denis, vigneron des Hospices de Beaune comme l'étaient son père et son grand-père,

reprend le vignoble familial (13 ha aujourd'hui). Christophe tient le flambeau depuis 1992.

Une jolie parcelle d'un demi-hectare a donné naissance à ce chorey rouge clair, qui demande un peu d'aération pour livrer des parfums discrets de griotte. C'est en bouche que ce vin séduit, tant par son attaque franche et souple que par ses arômes de petits fruits rouges d'une belle finesse, qui s'affirment jusqu'en finale. À apprécier dans sa jeunesse. ⧗ 2018-2021

⊶ DOM. DENIS PÈRE ET FILS, 4, chem. des Vignes-Blanches, 21420 Pernand-Vergelesses, tél. 03 80 21 50 91, contact@domaine-denis.com V r.-v.

DOM. DOUSSOT-ROLLET
Les Ratosses 2015 ★

■ | 3700 | | 11 à 15 €

Créé en 1850, ce domaine conduit par les familles Troussard et Rollet a son siège à la sortie de Chorey-les-Beaune, dans la plaine. Il exploite des vignes dans le village, vers Savigny.

Ce nom de Ratosse évoque non les rats, mais le défrichement d'une terre. Ce *climat* jouxte un lieu-dit de Savigny-les-Beaune orthographié «Ratausses». Quant à ce vin, il charme par l'élégance de son nez de fruits rouges confits. Ces arômes se prolongent dans une bouche adossée à des tanins soyeux, marquée en finale par des notes de pruneau. ⧗ 2019-2022

⊶ TROUSSARD, 7, rte de Serrigny, 21200 Chorey-lès-Beaune, tél. 06 87 70 11 08, doussot-rollet@orange.fr V r.-v.

LOÏC DURAND Les Beaumonts 2016 ★

| 2500 | | 15 à 20 €

Jeune viticulteur, Loïc Durand a repris en 2005 le domaine familial, situé à côté de l'église de Bouze, dans les Hautes-Côtes. Il l'a étendu progressivement et cultive aujourd'hui 8,5 ha. À sa carte, des hautes-côtes-de-beaune, beaune, savigny, chorey et rully notamment.

Encastré entre les premières vignes d'Aloxe-Corton, à l'ouest, et de Savigny, à l'est, le *climat* des Beaumonts couvre à lui seul un tiers de l'appellation. Une parcelle de 25 ares plantée de chardonnay – chose rare sur ces terres argilo-calcaires en général dédiées au pinot noir – est à l'origine de ce blanc au nez partagé entre notes acidulées de pomme verte, arômes suaves de miel et touche boisée. En bouche, ce vin se révèle puissant, onctueux et charnu. ⧗ 2019-2022

⊶ LOÏC DURAND, 6, rue de l'Église, 21200 Bouze-lès-Beaune, tél. 06 25 20 28 97 V r.-v.

FRANÇOIS GAY ET FILS 2015

■ | 7780 | | 11 à 15 €

Établies dans la plaine de Chorey, sept générations de vignerons ont porté ce nom depuis 1880. Pascal Gay, fils de François, a pris les commandes de l'exploitation familiale en 1998.

Si le vin rouge de Chorey peut être vendu sous l'appellation côte-de-beaune, sur cette étiquette, le nom de la commune figure bien en évidence. Très marqués eux aussi, le boisé légué par un séjour de dix-huit mois en barrique et les notes de fruits rouges confits. Franc et généreux, ce vin s'appuie sur des tanins réglissés qui devraient lui permettre d'évoluer dans le bon sens. ⧗ 2021-2023

⊶ EARL FRANÇOIS GAY ET FILS, 9, rue des Fiètres, 21200 Chorey-lès-Beaune, dom.gay.francois.fils@orange.fr V r.-v.

Ⓑ DOM. JEAN-PIERRE GUYON
Les Bons Ores 2016 ★

■ | 5000 | | 20 à 30 €

Un domaine familial très régulier en qualité (on ne compte plus les étoiles et les coups de cœur), repris en 1991 par Jean-Pierre Guyon. Le vignoble couvre 9 ha conduits en bio certifié, dans la Côte de Nuits et le nord de la Côte de Beaune.

Souvent retenue, cette cuvée représente une part non négligeable de la surface de ce domaine, puisque la vigne d'où elle provient couvre 1,87 ha. Le 2016 évoque la cerise noire, tant par sa couleur que par son nez. En bouche, les notes d'élevage s'affirment, ainsi qu'une fraîcheur acidulée qui donne finesse et longueur à l'ensemble. Bientôt prête, cette bouteille a suffisamment d'étoffe pour se garder. ⧗ 2019-2022

⊶ JEAN-PIERRE GUYON, 11-16, RN 74, 21700 Vosne-Romanée, tél. 03 80 61 02 46, domaineguyon@gmail.com V r.-v.

DOM. MAILLARD PÈRE ET FILS 2016

| n.c. | | 11 à 15 €

Représentant la dixième génération de viticulteurs sur le domaine (1766), Pascal Maillard (au chai) et son frère Alain (à la vigne) exploitent un vignoble constitué par leur père Daniel à partir de 1952. Aujourd'hui, pas moins de 19 ha répartis dans sept communes aux environs de la montagne de Corton, ainsi qu'à Pommard et à Volnay. Une valeur sûre, notamment en corton et en chorey.

Ce vigneron s'est bien tiré du millésime du gel, avec deux cuvées retenues, dans les deux couleurs. D'un or vert brillant, le blanc séduit par son nez frais, entre fleurs blanches et agrumes, puis par son palais tout aussi tonique, franc et équilibré, dans le même registre. À apprécier dans sa jeunesse. ⧗ 2018-2021 ■ **2016 (15 à 20 €; n.c.)** : vin cité.

⊶ DOM. MAILLARD, 2, rue Joseph-Bard, 21200 Chorey-lès-Beaune, tél. 03 80 22 16 67, contact@domainemaillard.com V *t.l.j. sf dim. 9h-12h 14h-18h*

MARTIN-DUFOUR Les Beaumonts 2016

■ | 3400 | | 11 à 15 €

La sixième génération de vignerons de cette exploitation familiale est incarnée par Jean-Pierre et Pascale Martin, installés depuis 1990 à la tête d'un vignoble de 9,7 ha.

Si à Chorey il n'y a pas de premiers crus, on compte toutefois 19 *climats* cadastrés et répertoriés. Parmi eux, seuls les vastes Beaumonts, dans la partie ouest de l'appellation, sont en pente – une pente assez douce cependant. Le lieu de naissance de ce vin mêlant au nez la framboise et la gelée de groseille à la cannelle. Souple et tendre en attaque, fruitée et fraîche, soutenue par des tanins fins, la bouche offre une finale épicée, de bonne longueur. ⧗ 2021-2023

⊶ FAMILLE MARTIN, 4A, rue des Moutots, 21200 Chorey-lès-Beaune, tél. 06 15 79 98 85, domaine@martin-dufour.com V r.-v.

DOM. MICHEL PRUNIER ET FILLE
Les Beaumonts 2016

■	3200		15 à 20 €

Les Prunier sont vignerons à Auxey depuis cinq générations. Michel, installé en 1968, transmet progressivement à sa fille Estelle un domaine de 12 ha souvent en vue pour ses auxey-duresses.

Cette cuvée provient du plus vaste *climat* de Chorey, proche de Savigny, qui représente en surface un tiers de l'appellation. Issue de vigne âgées d'environ un demi-siècle, elle affiche une robe soutenue et livre des parfums discrets de fruits rouges soulignés d'un léger boisé. L'attaque fraîche ouvre sur un palais fruité (mûre, cassis), auquel des tanins épicés donnent consistance et longueur. Un vin encore sur sa réserve, qui gagnera une étoile en cave. ⧗ 2021-2023

⊶ DOM. MICHEL PRUNIER ET FILLE, 18 rte de Beaune, 21190 Auxey-Duresses, tél. 03 80 21 21 05, domainemichelprunier-fille@wanadoo.fr V r.-v.

DOM. JOËL REMY Le Grand Saussy 2016

■	n.c.		15 à 20 €

Un domaine fondé en 1853 au sud-est de Beaune, repris en 1988 par Joël Remy (cinquième génération), qui met en valeur avec son épouse Florence et leur fils Maxime, arrivé en 2015, un vignoble de 12 ha répartis dans plusieurs appellations de la Côte de Beaune.

L'étymologie de ce *climat* évoque le saule. De fait, ce terroir de plaine est proche d'une zone humide où cette essence se plaît. Planté ici de chardonnay, il a engendré un vin au nez frais, entre fleurs et fruits blancs, et au palais bien équilibré: attaque acidulée, développement en rondeur, sur des arômes de fruits jaunes, finale plaisante et assez longue. ⧗ 2021-2023

⊶ DOM. REMY, 4, rue du Paradis, 21200 Sainte-Marie-la-Blanche, tél. 03 80 26 60 80, domaine.remy@wanadoo.fr V r.-v.

DOM. GEORGES ROY ET FILS 2016

■	900	11 à 15 €

Vincent Roy, le vinificateur, installé en 1998, et sa sœur Claire, arrivée quelques années plus tard, conduisent un domaine familial de 9 ha, établi dans la plaine de Chorey-lès-Beaune, en vue notamment pour ses chorey et ses aloxe-corton. Alors que la propriété vendait sa production au négoce, ils ont développé la vente directe.

Deux citations pour ce domaine en chorey, une par couleur. Les blancs – minoritaires dans l'appellation – intéressent souvent nos jurés. C'est encore le cas avec ce 2016: nez agréable, entre bonbon anglais et fleurs blanches, palais alerte, aux arômes de fruits blancs et jaunes frais assortis d'un léger boisé. ⧗ 2018-2021 ■ **2016 (11 à 15 €; 9100 b.)** : vin cité.

⊶ DOM. GEORGES ROY ET FILS, 20, rue des Moutots, 21200 Chorey-lès-Beaune, tél. 03 80 22 16 28, domaine.roy-fils@wanadoo.fr V r.-v.

CH. DU VAL DE MERCY 2015

■	930		15 à 20 €

En 1680, les vins étaient produits par le Clos du Ch. du Val de Mercy, situé à Chitry, dans l'Yonne. Le nouveau propriétaire du domaine (30 ha) perpétue la tradition viticole au-delà de ses terres pour fournir des vins du Chablisien, de l'Auxerrois et de la Côte de Beaune. Une activité de négoce complète la gamme de la propriété.

L'appellation est plantée à 93 % de pinot noir, cépage qui trouve un terrain propice dans ses sols d'alluvions marno-calcaires. Représentant 37 ares de vignes, ce chorey offre une approche agréable: fruits fruits rouges frais et boisé épicé composent un nez intense. Une très courte garde attendrira rapidement quelques petits tanins qui dominent aujourd'hui le fruit. Un représentant typique de son appellation: accessible. ⧗ 2019-2023

⊶ CH. DU VAL DE MERCY GRANDS VINS, 4, rue des Écoles, 21630 Pommard, tél. 03 80 22 77 34, roy@valdemercy.com V r.-v.

BEAUNE

Superficie : 410 ha
Production : 15 650 hl (85 % rouge)

En termes de superficie, l'appellation beaune est l'une des plus importantes de la Côte. Beaune, ville d'environ 23 000 habitants, est aussi et surtout la capitale viti-vinicole de la Bourgogne. Siège d'un important négoce, centre d'un nœud autoroutier, la cité possède un patrimoine architectural qui attire de nombreux touristes. La vente des vins des Hospices est devenue un événement mondial et représente l'une des ventes de charité les plus illustres. Les vins, essentiellement rouges, sont pleins de force et de distinction. La situation géographique a permis le classement en 1er cru d'une grande partie du vignoble: Les Bressandes, Le Clos du Roy, Les Grèves, Les Teurons et Les Champimonts figurent parmi les plus prestigieux.

DOM. ARNOUX PÈRE ET FILS
En Genêt 2016 ★

■ 1er cru	2000		20 à 30 €

Créée en 1950, cette exploitation familiale, installée à Chorey-lès-Beaune, est dirigée depuis 2008 par Pascal Arnoux, troisième du nom à la tête du domaine. Au menu, une large gamme de vins de la Côte de Beaune (une vingtaine d'appellations sur plus de 20 ha entre Beaune et Corton), souvent en vue dans ces pages.

Suite au gel de printemps, la courte récolte du millésime 2016 a donné ce vin aux parfums discrets de cerise et de groseille alliés à un boisé léger. Une attaque souple et fruitée ouvre sur une bouche ronde et dense, soutenue par des tanins soyeux. ⧗ 2019-2024

BOURGOGNE

PASCAL ARNOUX, 5, rue de Ley, 21200 Chorey-lès-Beaune, tél. 03 80 22 57 98, contact@arnoux-pereetfils.com V *r.-v.*

DOM. BERTHELEMOT Clos des Mouches 2016

1er cru	1870		30 à 50 €

Un domaine créé par Brigitte Berthelemot en 2006 avec la reprise des vignes de Jean Garaudet et d'Yves Darviot: 8 ha dans plusieurs communes de la Côte de Beaune et dans les Hautes-Côtes, administrés avec Marc Cugney. Un duo complémentaire, à en juger par sa régularité depuis son installation.

Cette cuvée de chardonnay fait partie des plus régulières de l'appellation. La version 2016 présente un profil aromatique délicat et frais de fleurs blanches et de citron. Fraîcheur que l'on retrouve dans une bouche fruitée, plus minérale en finale. ⧗ 2019-2023

BRIGITTE BERTHELEMOT, 24, rue des Forges, BP 30008, 21190 Meursault, tél. 03 80 21 68 61, contact@domaineberthelemot.com V *r.-v.*

DOM. LE BOUT DU MONDE
En Lulune Clos de la Fontaine 2015

	n.c.		11 à 15 €

Christophe Guillo a hérité de son grand-père une belle parcelle en saint-aubin. Il a installé sa cuverie à Combertault, dans la plaine de Beaune, et agrandi son domaine (10 ha). Vinificateur des cuvées du Dom. du Bout du Monde à Nolay, il en a pris la tête en 2013.

Le nom «Lulune» désignait autrefois un hameau aujourd'hui disparu, qui datait de l'époque gallo-romaine. Un *climat* situé sur les hauteurs en bordure de Pommard qui donne ici naissance à un vin expressif, au nez d'agrumes et de fruits exotiques, vif et tonique en bouche. ⧗ 2019-2023

LES DOMAINES CHRISTOPHE GUILLO, 5, rte de Bourguignon, 21200 Combertault, tél. 03 80 26 67 05, guillo-c@wanadoo.fr V *r.-v.*

CAPUANO-FERRERI
Cuvée Jean-Marc Ferreri 2016

1er cru	n.c.		15 à 20 €

Associé à l'ancien footballeur Jean-Marc Ferreri, John Capuano – dont le père Gino a créé en 1987 ce domaine implanté à Santenay – exploite 8 ha de parcelles s'égrenant de Beaune à Mercurey. Très régulier en qualité.

Une note de vanille s'ajoute au caractère fruité à l'olfaction. En bouche, le fruit reste bien présent, souligné par des tanins mûrs et par une bonne acidité qui lui confère de la longueur et du potentiel de garde. Ce beaune se bonifiera en cave. ⧗ 2021-2026

SARL CAPUANO-FERRERI, 14, rue Chauchien, 21590 Santenay, tél. 03 80 20 68 04, john.capuano@wanadoo.fr V *r.-v.*

DOM. CAUVARD 2016 ★★

1er cru	1800		20 à 30 €

Depuis 1974, Henri et Jacqueline Cauvard sont à la tête de cette exploitation familiale, rejoints en 2007 par leurs fils Julien. Installés au cœur de Beaune, ils exploitent aujourd'hui 19 ha de vignes sur cinq villages de la Côte de Beaune.

Le gel d'avril a limité la production de ces 2,39 ha de vignes à seulement 1 800 bouteilles. Peu donc, mais du bon: robe d'un beau rubis profond, nez subtil de fruits noirs et d'humus, bouche franche, dense et fraîche, épaulée par des tanins soyeux. Le coup de cœur fut mis aux voix. ⧗ 2021-2028

DOM. CAUVARD, 34 bis, rte de Savigny, 21200 Beaune, tél. 03 80 22 29 77, domaine.cauvard@wanadoo.fr V *r.-v.*

DOM. CHANSON Clos du Roi 2015

1er cru	n.c.		50 à 75 €

L'une des plus anciennes maisons de négoce de Bourgogne, fondée en 1750, reprise en 1999 par le Champagne Bollinger. En plus de ses achats de raisins, elle dispose d'un important vignoble de 45 ha et de l'expertise de Jean-Pierre Confuron, son œnologue-conseil largement salué pour son talent (aussi pour son domaine familial Confuron-Cotedidot conduit avec son frère Yves), qui a développé un style reconnaissable grâce à ses vinifications en grappes entières. Son fief est situé autour de Beaune, mais Chanson propose aussi des appellations en Côte de Nuits.

Quand Louis XI fit main basse sur les domaines des ducs de Bourgogne, quelques-uns des meilleurs arpents, dont cette vigne, prirent le nom de Clos du Roi, que l'on retrouve à Chenôve, Marsannay et dans les Maranges. La maison Chanson en propose une jolie version qui s'exprime à travers les fruits rouges et les épices et à travers une bouche fraîche et corsée, soulignée par des tanins bien dessinés, un brin plus sévères en finale. ⧗ 2021-2026

DOM. CHANSON PÈRE ET FILS, 10, rue Paul-Chanson, 21200 Beaune, tél. 03 80 25 97 97, chanson@domaine-chanson.com V *r.-v.*

B **DOM. DES CLOS** Les Grèves 2015 ★★

1er cru	1093		50 à 75 €

Après plusieurs expériences à l'étranger, Grégoire Bichot a intégré la maison de négoce familiale Albert Bichot, pour la quitter quelques années après et créer en 1995 le Dom. des Clos. Depuis 2011, il est établi dans l'ancien couvent des Bernardines de Nuits-Saint-Georges et dirige un vignoble de 6 ha à Beaune, Nuits-Saint-Georges et Chablis (conduit en bio sur la Côte-d'Or, en biodynamie dans le Chablisien).

Un *climat* emblématique, le plus vaste des quarante-deux 1ers crus beaunois, qui désigne un terrain sablonneux propice à la viticulture car naturellement drainant et qui est réputé donner des vins d'une belle finesse. Ce 2015 est bien dans le ton avec sa belle robe grenat, ses parfums délicats de mûre, de myrtille et d'épices, sa bouche à la fois ronde, charnue et très fraîche, étayée par des tanins fondus et veloutés. ⧗ 2021-2028 **1er cru Les Avaux 2015 ★ (30 à 50 €; 1095 b.)** B : au nez, des arômes de poivre et de fruits rouges très mûrs; en bouche, une bonne présence tannique, de la fraîcheur et du volume. Pour la cave. ⧗ 2021-2028

GRÉGOIRE BICHOT, 3, rue des Seuillets, 21700 Nuits-Saint-Georges, tél. 03 80 21 42 66, contact@domainedesclos.com V *r.-v.*

♥ JOSEPH DROUHIN Grèves 2015 ★★

1er cru	n.c.		50 à 75 €

Créée en 1880, cette maison beaunoise travaille une large palette d'AOC bourguignonnes: de Chablis (38 ha sous l'étiquette Drouhin-Vaudon) à la Côte chalonnaise (3 ha), en passant par les Côtes de Beaune et de Nuits (32 ha). On peut y ajouter les vignes américaines du Dom. Drouhin en Oregon (90 ha) et de Roserock Vineyard, 112 ha dans la région des Eola-Amity Hills. Ce négoce d'envergure grâce à ce vaste domaine de 73 ha – développé par Robert Drouhin à partir de 1957 et désormais géré par ses quatre enfants – est aussi le plus important propriétaire de vignes cultivées en biodynamie. Incontournable.

Cette vénérable maison du cru possède 81 ares du plus grand des *climats* de Beaune. Elle en a extrait un vin magnifique dans sa robe sombre comme dans son bouquet complexe et généreux de fruits mûrs, de poivre et de grillé. La bouche, ample, dense et riche, concentrée sur les fruits rouges, soutenue par des tanins fermes au grain fin, achève de convaincre. ⧗ 2021-2028 **1er cru Clos des Mouches 2016 ★ (75 à 100 €; n.c.)** : un 1er cru expressif (amande, fruits blancs bien mûrs), gras, rond et volumineux en bouche, souligné par juste ce qu'il faut d'acidité. ⧗ 2019-2023

MAISON JOSEPH DROUHIN, 7, rue d'Enfer, 21200 Beaune, tél. 03 80 24 68 88, christellehenriot@drouhin.com r.-v.

DOM. FAIVELEY
Clos de l'Écu Monopole 2016

1er cru	8000		30 à 50 €

Ce domaine fondé à Nuits-Saint-Georges en 1825 est un nom qui compte en Bourgogne, depuis sept générations. À sa tête depuis 2005, Erwan Faiveley, qui a succédé à son père François, est à la direction générale. Aujourd'hui, c'est l'un des plus importants propriétaires de vignes en Bourgogne: 120 ha du nord de la Côte-de-Nuits au sud de la Côte Chalonnaise, dont 10 ha en grand cru et près de 25 ha en 1er cru.

Ce monopole de 2,37 ha se situe parmi les plus hauts 1ers crus, à 300 m d'altitude, côté Savigny. Il tire son nom de la monnaie royale et rappelle la valeur de sa terre. Dans le verre, un vin au nez discret mais plaisant de petits fruits rouges et à la bouche fraîche, tonique et ferme, encore sur la réserve. À attendre. ⧗ 2021-2026

FAMILLE FAIVELEY, 8, rue du Tribourg, 21700 Nuits-Saint-Georges, tél. 03 80 61 04 55, contact@domaine-faiveley.com

FRANÇOIS GAY ET FILS
Les Teurons 2015

1er cru	1010		20 à 30 €

Établies dans la plaine de Chorey, sept générations de vignerons ont porté ce nom depuis 1880. Pascal Gay, fils de François, a pris les commandes de l'exploitation familiale en 1998.

Un vaste *climat* de 21 ha en forme de tertre placé au milieu de la colline de Beaune. Pascal Gay y cultive 51 ares. Son vin dévoile des arômes de fruits des bois sur un fond boisé assez soutenu (dix-huit mois d'élevage) et propose une bouche bien équilibrée entre acidité et rondeur, aux tanins présents mais soyeux. Il gagnera son étoile en cave. ⧗ 2021-2025

EARL FRANÇOIS GAY ET FILS, 9, rue des Fiètres, 21200 Chorey-lès-Beaune, dom.gay.francois.fils@orange.fr r.-v.

♥ GILBERT ET PHILIPPE GERMAIN
Les Grèves 2016 ★★

1er cru	2000		20 à 30 €

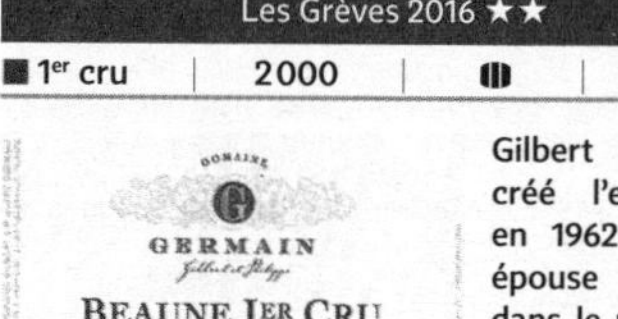

Gilbert Germain a créé l'exploitation en 1962 avec son épouse Bernadette dans le pittoresque village de Nantoux, en Hautes-Côtes. Philippe, le fils, a repris le flambeau en 1995, débuté la vente en bouteilles et développé le parcellaire: son vignoble couvre aujourd'hui 20 ha.

Un coup de cœur pour un *climat* emblématique de l'appellation, dont la famille Germain exploite 1 ha. Un fruité frais (cerise et cassis) mêlé de senteurs de sous-bois compose un nez intense. Souple en attaque, la bouche se révèle ample, dense et solide, bâtie sur des tanins fermes qui poussent loin la finale, aussi large que longue, sur les épices et le cuir. ⧗ 2021-2028 **1er cru Les Pertuisots 2016 ★★ (20 à 30 €; 800 b.)** : le nom de ce *climat*, situé au milieu de la montagne de Beaune, vient d'une déformation du mot «pertuis» qui signifie «détroit, défilé». Dans le verre, un 1er cru boisé avec élégance, fruité, très frais, puissant et fin à la fois. ⧗ 2019-2024

GILBERT ET PHILIPPE GERMAIN, rue du Vignoble, 21190 Nantoux, tél. 03 80 26 05 63, germain.vins@wanadoo.fr r.-v.

DOM. GUILLAUME LEGOU
La Montée rouge 2015 ★

	3000		15 à 20 €

Après plusieurs années passées en Côte de Nuits et en Côte de Beaune pour perfectionner ses connaissances acquises au lycée viticole de Beaune, Guillaume Legou a acheté une première parcelle de vignes en 2012. En 2016, il fait construire une nouvelle cave qui sert également de cuverie puis complète sa production l'année suivante en Pernand-Vergelesses et en Côteaux bourguignons. Il est aujourd'hui à la tête d'un vignoble de 8 ha.

Majoritairement classé en *village* (et en 1er cru sur 4,74 ha), ce *climat* tient son nom de l'argile rouge qui colore sa terre. Guillaume Legou en exploite pas moins de 1,80 ha. Il signe un vin intense en couleur, rouge tirant sur le violet, et en arômes (cerise noire, vanille), rond et charnu en bouche, doté de tanins assouplis mais qui peuvent aussi vieillir. ⧗ 2021-2024

GUILLAUME LEGOU, ZA la Petite-Champagne, 21640 Gilly-lès-Cîteaux, tél. 06 12 54 20 39, legouguilaume@aol.fr r.-v.

BOURGOGNE

DOM. SÉBASTIEN MAGNIEN Les Aigrots 2016

■ 1er cru | n.c. | | 20 à 30 €

Sébastien Magnien, originaire des Hautes-Côtes, a créé en 2004 son domaine à partir des vignes maternelles – 12,5 ha aujourd'hui. Il se dit très interventionniste à la vigne pour les travaux manuels (ce qui permet de limiter les intrants), beaucoup moins au chai (macérations longues, pas de surextraction, usage modéré de fûts neufs).

Le nez convoque les épices, la groseille et la framboise. En bouche, le vin apparaît suave et assez concentré, étayé par des tanins fondus qui lui confèrent une certaine rondeur, malgré une finale plus stricte. ⧗ 2020-2025 ■ **Les Bons Feuvres 2016 (15 à 20 €; n.c.)** : vin cité.

DOM. SÉBASTIEN MAGNIEN, 6, rue Pierre-Joigneaux, 21190 Meursault, tél. 03 80 21 28 57, domainesebastienmagnien@orange.fr V r.-v.

ALBERT MOROT Cent Vignes 2015 ★

■ 1er cru | 4000 | | 20 à 30 €

Si le château de la Creusotte possède un parc magnifique, non loin de celui de la Bouzaise, il a d'autres atouts dans sa cave également. Régulier en qualité, ce domaine beaunois de 8 ha exploite une jolie collection de 1ers crus.

Avec ses 23,50 ha, les Cent Vignes est le deuxième plus vaste 1er cru de Beaune. La maison Morot y exploite une belle parcelle de 1,27 ha, à l'origine d'un vin équilibré entre le boisé de ses quatorze mois d'élevage et les fruits rouges et noirs, au palais frais et tendre à la fois, soutenu par des tanins fins et veloutés. ⧗ 2021-2026

DOM. ALBERT MOROT, Ch. de la Creusotte, 20, av. Charles-Jaffelin, 21200 Beaune, tél. 03 80 22 35 39, geoffroy@albertmorot.fr V r.-v.

♥ DOM. C. NEWMAN Clos des Avaux 2015 ★★

■ 1er cru | n.c. | | 30 à 50 €

Beaune 1er Cru
CLOS DES AVAUX
DOMAINE C. NEWMAN

Un domaine créé par Christopher Newman, constitué de parcelles rachetées entre 1972 et 1974 à son père, l'un des premiers Américains à avoir investi dans la vigne en Bourgogne, et à Alexis Lichine; des parcelles replantées à la même période: 5,5 ha de vignes, avec un pied dans chaque Côte, dont trois grands crus nuitons.

Cette cuvée, valeur sûre de l'appellation, n'en est pas à son premier coup de cœur. La version 2015 s'affiche dans une très belle robe grenat aux reflets violines, le nez ouvert sur des notes de fruits rouges et de grillé. La bouche apparaît ample, charnue et ronde, imprégnée de délicats arômes floraux (rose) et fruités, et soutenue par des tanins fins. Un vin des plus équilibrés qu'il conviendra de faire vieillir pour en profiter au mieux. ⧗ 2021-2028 ■ **1er cru Les Grèves 2015 ★ (30 à 50 €; n.c.)** : un 1er cru boisé au premier nez, plus ouvert sur le fruit à l'aération, croquant et frais en bouche, avec un bon apport tannique en soutien. ⧗ 2021-2026

NEWMAN, 29, bd Clemenceau, 21200 Beaune, tél. 03 80 22 80 96, info@domainenewman.com

DOM. PARIGOT Les Grèves 2016 ★★

■ 1er cru | 3000 | | 30 à 50 €

Sur un domaine de 20 ha, Régis Parigot et son fils Alexandre valorisent avec talent les terroirs bourguignons, témoins les nombreux coups de cœur obtenus pour leurs vins de la Côte de Beaune et des Hautes-Côtes.

Cette cuvée a accédée à la finale des coups de cœur. Ses arguments: une belle robe limpide, un bouquet intense et flatteur, à la fois toasté et floral (rose), et une bouche parfaitement équilibrée entre acidité et alcool, entre bois et tanins, avec en prime une belle finale rectiligne. ⧗ 2021-2028

ALEXANDRE PARIGOT, rte de Pommard, 21190 Meloisey, tél. 03 80 26 01 70, domaine.parigot@orange.fr V r.-v.

VINCENT PRUNIER 2015 ★

■ 1er cru | 1200 | | 20 à 30 €

Au départ, en 1988, 2,5 ha de vignes hérités des parents, non viticulteurs; le vignoble couvre 12,5 ha aujourd'hui, et Vincent Prunier s'est imposé comme l'une des valeurs sûres de la Côte de Beaune. En complément de son domaine, il a créé une petite structure de négoce en 2007.

Paré d'un beau rouge framboise, ce vin dévoile des parfums de fruits rouges et noirs intenses et gourmands. Un fruité généreux que l'on retrouve dans une bouche très équilibrée, ronde avec de la fraîcheur et bien épaulée par des tanins fermes. ⧗ 2021-2028

VINCENT PRUNIER, 53, rte de Beaune, 21190 Auxey-Duresses, tél. 03 80 21 27 77, domaine.prunier.vincent@wanadoo.fr V r.-v.

DOM. DE LA ROSERAIE Montée Rouge 2016

■ | 853 | | 20 à 30 €

Installé à Puligny avec le millésime 2012, Julien Petitjean aura mis dix ans (de formation et de recherche de terres «de caractère») avant de créer son domaine viticole: 3 ha sur quatre parcelles situées entre Beaune et Les Maranges et cultivées dans un esprit bio.

Petite récolte mais jolie citation pour ce jeune producteur qui signe un beaune grenat profond, ouvert sur le cassis et la cerise noire, à la bouche franche, fraîche et croquante. Une bouteille qui pourra se boire jeune comme être mise de côté. ⧗ 2019-2023

JULIEN PETITJEAN, 9, rue Saint-Quentin, 21340 Nolay, tél. 06 47 16 41 65, contact@domaine-de-la-roseraie.fr V r.-v.

CÔTE-DE-BEAUNE

Superficie : 35 ha
Production : 990 hl (70 % rouge)

À ne pas confondre avec le côte-de-beaune-villages, l'appellation côte-de-beaune ne peut être

produite que sur quelques lieux-dits de la montagne de Beaune.

DOM. DUBOIS D'ORGEVAL 2015 ★

| 2200 | | 15 à 20 € |

Installée sur la commune de Chorey-lès-Beaune, la famille Dubois d'Orgeval met en valeur 13 ha de vignes en appellations de la Côte de Beaune.

Cette cuvée dévoile à l'olfaction une fine minéralité qui s'harmonise avec le toasté-grillé du tonneau. En bouche, elle se montre ample, ronde et mûre, stimulée par une finale plus vive et tonique. Un bon potentiel en perspective. ⌛ 2021-2024

DOM. DUBOIS D'ORGEVAL, 3, rue Joseph-Bard, 21200 Chorey-lès-Beaune, tél. 03 80 24 70 89, duboisdorgeval@aol.com r.-v.

♥ DOM. C. NEWMAN La Grande Chatelaine 2015 ★★

| n.c. | | 15 à 20 € |

Un domaine créé par Christopher Newman, constitué de parcelles rachetées entre 1972 et 1974 à son père, l'un des premiers Américains à avoir investi dans la vigne en Bourgogne, et à Alexis Lichine; des parcelles replantées à la même période: 5,5 ha de vignes, avec un pied dans chaque Côte, dont trois grands crus nuitons.

Les coups de cœur sont rares dans cette appellation qui se partage équitablement entre pinot noir et chardonnay au-dessus des 1ers crus beaunois. Celui-ci emporte l'adhésion grâce à sa seyante robe burlat aux reflets violines, à son nez élégant de framboise et de cassis sur fond de boisé grillé bien intégré, et grâce à son palais long, ample et charnu, doté de tanins fins. ⌛ 2021-2025

NEWMAN, 29, bd Clemenceau, 21200 Beaune, tél. 03 80 22 80 96, info@domainenewman.com

DOM. POULLEAU PÈRE ET FILS Les Mondes rondes 2015

| 6173 | | 15 à 20 € |

Depuis le départ à la retraite de son père Michel en 1996, Thierry Poulleau (à la technique) et son épouse Florence (au commercial) gèrent les 8,3 ha du domaine familial créé par le grand-père Gaston et signent des vins souvent en vue, notamment des volnay, des chorey et des côte-de-beaune.

Ce *climat* de 5,5 ha se situe dans une combe à l'arrière de la colline et touche La Grande Châtelaine. Le domaine Poulleau en exploite pas moins de 3,1 ha. À l'aération, se développent des parfums de fruits rouges bien typés de cerise. Une attaque fruitée introduit à une bouche suave et gourmande, qui offre un bon volume. ⌛ 2019-2023

MICHEL POULLEAU, 7, rue du Pied-de-la-Vallée, 21190 Volnay, tél. 03 80 21 26 52, domaine.poulleau@wanadoo.fr r.-v.

POMMARD

Superficie : 320 ha / Production : 12 900 hl

C'est l'appellation bourguignonne la plus connue à l'étranger, sans doute en raison de sa facilité de prononciation… Les formations de calcaires tendres sont particulièrement favorables au pinot noir qui produit des vins colorés, solides, tanniques et de garde (jusqu'à dix ans). Les meilleurs *climats* sont classés en 1ers crus, dont les plus connus sont Les Rugiens et Les Épenots.

DOM. BRIGITTE BERTHELEMOT Noizons 2016

| 4500 | | 20 à 30 € |

Un domaine créé par Brigitte Berthelemot en 2006 avec la reprise des vignes de Jean Garaudet et d'Yves Darviot: 8 ha dans plusieurs communes de la Côte de Beaune et dans les Hautes-Côtes, administrés avec Marc Cugney. Un duo complémentaire, à en juger par sa régularité depuis son installation.

Ce domaine exploite une grande parcelle d'1,84 ha de ce *climat* exposé au sud, dont le nom vient des noyers qui étaient jadis plantés là. Le vin affiche un rubis brillant et offre aussi bien au nez qu'en bouche des notes intenses de petits fruits rouges. Un pommard équilibré, aux tanins encore jeunes, qui devrait bien évoluer en cave. ⌛ 2023-2028

BRIGITTE BERTHELEMOT, 24, rue des Forges, BP 30008, 21190 Meursault, tél. 03 80 21 68 61, contact@domaineberthelemot.com r.-v.

DOM. ALBERT BOILLOT Les Chanlins-Bas 2016

| 1er cru | 900 | | 20 à 30 € |

La famille Boillot, qui a donné naissance à l'un des fondateurs français du vignoble californien, Paul Masson, est établie à Volnay depuis la fin du XVIIes. Raymond Boillot, installé en 1988, conduit aujourd'hui un domaine de 4 ha dédié au pommard, au volnay et aux AOC régionales.

Les anciens champs de lin sont devenus des vignes sur 4,43 ha et partagent le nom de ce *climat* avec leurs voisins de Volnay. Dans le verre, des parfums finement boisés venus des quatorze mois de fût. On découvre ensuite une bouche tannique et concentrée. Un vin ferme qui s'affinera en cave. ⌛ 2021-2026

DOM. ALBERT BOILLOT, 2, ruelle Saint-Étienne, 21190 Volnay, tél. 03 80 21 61 21, dom.albert.boillot@wanadoo.fr r.-v.

JEAN-CLAUDE BOISSET Les Arvelets 2016 ★★

| 1er cru | 2000 | | 30 à 50 € |

Un important négoce créé en 1961 par Jean-Claude Boisset qui, installé à Nuits-Saint-Georges dans l'ancien couvent des Ursulines, est propriétaire de vignes dans toute la Bourgogne, et aussi dans d'autres vignobles en France et à l'étranger. Depuis 2002, Grégory Patriat, le vinificateur, s'attache à élaborer des cuvées haut de gamme, dans une approche «domaine».

Cette cuvée a participé au jury des coups de cœur. Les douze mois passés en fût ont apporté de belles notes torréfiées. Après une attaque souple, on découvre un palais ample, puissant, complexe, au fruité généreux et aux tanins encore jeunes, mais parfaitement mûrs. Très pommard. ⧗ 2022-2028

JEAN-CLAUDE BOISSET, 5, quai Dumorey, 21700 Nuits-Saint-Georges, tél. 03 80 62 61 61, contact@boisset.fr r.-v.

BOUCHARD PÈRE ET FILS
Cuvée Les Corbins 2015 ★

■	50 000		20 à 30 €

Fondée en 1731 et propriété du Champagne Joseph Henriot depuis 1995, cette maison de négoce est à la tête d'un vaste vignoble de 130 ha, dont 12 ha en grands crus et 74 ha en 1ers crus. Elle propose une très large gamme de vins, des AOC les plus prestigieuses aux simples régionales, qui reposent dans les magnifiques caves enterrées de l'ancien château de Beaune (XVe s.), conservatoire unique de très vieux millésimes.

Cette vénérable maison beaunoise signe ici, dans le riche millésime 2015, un pommard expressif, sur les fruits rouges confiturés relevés d'une délicate note épicée. Le palais offre une saveur fruitée de kirsch et s'appuie sur des tanins élégants et fondus. ⧗ 2021-2028

MAISON BOUCHARD PÈRE ET FILS, 15, rue du Château, 21200 Beaune, tél. 03 80 24 80 24, contact@bouchard-pereetfils.com r.-v.

CAPUANO-FERRERI Vieilles Vignes 2016

■	n.c.		20 à 30 €

Associé à l'ancien footballeur Jean-Marc Ferreri, John Capuano – dont le père Gino a créé en 1987 ce domaine implanté à Santenay – exploite 8 ha de parcelles s'égrenant de Beaune à Mercurey. Très régulier en qualité.

Ce pommard, issu de vignes de quarante ans, présente un nez «pinotant» en diable avec ses notes de petits fruits rouges. La bouche est franche, équilibrée, dotée de tanins souples et d'une jolie finale. ⧗ 2021-2024

SARL CAPUANO-FERRERI, 14, rue Chauchien, 21590 Santenay, tél. 03 80 20 68 04, john.capuano@wanadoo.fr r.-v.

DOM. DENIS CARRÉ Les Charmots 2015

■ 1er cru	n.c.		30 à 50 €

À Meloisey, dans les Hautes-Côtes, Martial et Gaëtane Carré ont rejoint leur père Denis, fondateur en 1975 de ce domaine qui excelle dans plusieurs AOC, en hautes-côtes-de-beaune, saint-romain et pommard notamment.

Un *climat* dont le nom désigne des champs retournés à la friche. Parfaitement exposée au sud, une vigne de quarante-six ans a donné ici un pommard aux senteurs délicates de violette et de cerise. L'onctuosité de la bouche, alliée à des tanins souples et soyeux, font de cette cuvée un 1er cru déjà fort appréciable, mais qui vieillira bien également. ⧗ 2019-2024

MARTIAL CARRÉ, 1, rue du Puits-Bouret, 21190 Meloisey, tél. 03 80 26 02 21, domainedeniscarre@wanadoo.fr r.-v.

DOM. CHANGARNIER Les Vignots 2016

■	1300		20 à 30 €

Complété par une activité de négoce, un domaine régulier en qualité, dans la famille Changarnier depuis le XVIIe s., repris en 2004 par les frères Claude et Antoine, avec Fabrice Groussin aux commandes de la cave depuis 2012. Le vignoble couvre 5 ha, en conversion bio avec des pratiques biodynamiques.

Au milieu du XVe s., une invasion d'insectes détruisit une grande partie du vignoble bourguignon. Seul survécut au sommet de la montagne de Pommard un bouquet de vignes qui prit le nom de Vignots, aujourd'hui un vaste *climat* de 15,44 ha. Le domaine en exploite 30 ares qui donnent naissance à un vin joliment fruité de fraise et de framboise, agrémenté de notes torréfiées. Une attaque franche ouvre sur une bouche aussi charnue qu'équilibrée. ⧗ 2021-2024

SCEA DOM. CHANGARNIER, pl. du Puits, 21190 Monthelie, tél. 03 80 21 22 18, contact@domainechangarnier.com r.-v.

DOM. COSTE-CAUMARTIN
Le Clos des Boucherottes Monopole 2016 ★

■ 1er cru	3200		30 à 50 €

Cet ancien domaine de Pommard est entré en 1793 dans la famille des actuels propriétaires. Jadis directeur d'une usine d'imprégnation du bois, Jérôme Sordet a officié entre 1988 et 2014 à la tête du vignoble de 12,2 ha qu'il a transmis à Benoît.

Un monopole situé à mi-pente, en limite de l'appellation beaune. Le 2016, d'un pourpre épais, dévoile à l'olfaction un parfum intense de fruits rouges. Dotée de tanins fermes, la bouche se montre voluptueuse et de grand équilibre. À encaver. ⧗ 2022-2028

BENOÎT SORDET, 2, rue du Parc, 21630 Pommard, tél. 03 80 22 45 04, domaine@costecaumartin.fr *t.l.j. sf dim. 10h-12h 14h-18h*

♥ DOM. GUY ET YVAN DUFOULEUR
Les Vaumuriens 2016 ★★

■	3900		20 à 30 €

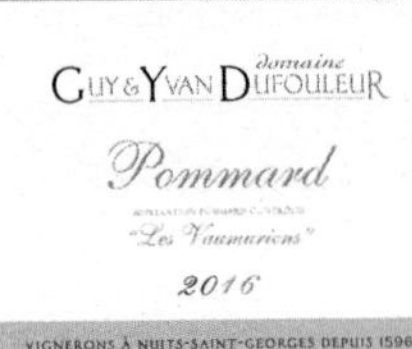

Les Dufouleur perpétuent une tradition vigneronne qui remonte à la fin du XVIe s. Le domaine actuel est né de la fusion en 2007 de la propriété familiale avec le Dom. Yvan Dufouleur créé en 1991. Guy étant décédé, le vignoble (27 ha) est aujourd'hui dirigé par son fils aîné Yvan, épaulé à la gérance par Xavier, frère de Guy.

Ce *climat* pentu a donné naissance à cette cuvée plébiscitée par nos jurés. Coup de cœur donc, pour ce vin à la robe cerise, ouvert à l'olfaction sur des nuances fruitées de framboise et qui déploie un palais ample, très équilibré, à la fois frais et rond, au fruité généreux. Un pommard de très grande classe. ⧗ 2023-2028

DOM. GUY ET YVAN DUFOULEUR, 15, rue Thurot, BP 80138, 21700 Nuits-Saint-Georges, tél. 03 80 61 09 35, gaelle.dufouleur@21700-nuits.com *t.l.j. sf dim. 9h-12h30 14h-19h*

DOM. DE LA GALOPIÈRE 2015

■ | 1300 | ◍ | 20 à 30 €

Après avoir enseigné l'œnologie pendant quatre ans, Gabriel Fournier s'est installé en 1982 sur le domaine familial. Il exploite avec son épouse Claire et, depuis 2015, son fils Vincent 11,5 ha de vignes répartis dans plusieurs AOC de la Côte de Beaune, de Chassagne-Montrachet à la colline de Corton.

Issu de 83 ares de vignes, ce pommard s'ouvre sur un noble boisé aux accents de tabac blond et de santal. En bouche, il débute sur une trame épicée, puis s'équilibre entre rondeur et tanins souples et fondus. ⧗ 2019-2023

⊶ DOM. DE LA GALOPIÈRE, 6, rue de l'Église, 21200 Bligny-lès-Beaune, tél. 03 80 21 46 50, cgfournier@wanadoo.fr V r.-v. *⊶ Fournier*

ALBERT GRIVAULT Clos Blanc 2015 ★

■ 1er cru | 4900 | ◍ | 30 à 50 €

Un domaine créé en 1879 par Albert Grivault, ancien distillateur de Béziers devenu vigneron; un dégustateur expert également, qui représenta la Bourgogne au jury du Concours des vins de l'Exposition universelle de Paris en 1900. Ses héritiers – Claire Bardet à la gérance depuis 2004 – exploitent aujourd'hui un vignoble de 6 ha, essentiellement planté en chardonnay, dont le meursault 1er cru Clos des Perrières, un clos de 1 ha monopole du domaine.

Un clos de 4,17 ha situé face à un autre clos, plus connu des amateurs, celui du château de Pommard. La maison Grivault y exploite 89 ares à l'origine d'un vin couleur cerise noire, au nez puissant évoquant les fruits mûrs, à la bouche ample et concentrée, dotée de tanins francs et fermes. À mettre en cave. ⧗ 2023-2028

⊶ ALBERT GRIVAULT, 7, pl. du Murger, 21190 Meursault, tél. 03 80 21 23 12, albert.grivault@wanadoo.fr V *r.-v.*

DOM. JEAN GUITON 2015 ★

■ | 1900 | ◍ | 30 à 50 €

Jean Guiton est installé depuis 1973 à Bligny, dans la plaine de Pommard. Les vignes (11,5 ha) sont quant à elles implantées sur la Côte, notamment à Savigny. Guillaume, le fils, est arrivé au début des années 2000.

Reconnue dès 1936 parmi les premières appellations de Bourgogne, Pommard est synonyme de pinot noir à travers le monde. Ce *village* 2015 lui fait honneur avec une olfaction élégante mêlant la fraise, la framboise et la cerise à une touche de moka, et avec une bouche puissante, ferme, rectiligne. ⧗ 2021-2026

⊶ GUILLAUME GUITON, 4, rte de Pommard, 21200 Bligny-lès-Beaune, tél. 03 80 21 62 07, domaine.guiton@orange.fr V *r.-v.*

JEAN-LUC JOILLOT Les Bresculs 2016 ★

■ | 2300 | ◍ | 20 à 30 €

Valeur sûre en pommard, Jean-Luc Joillot s'est installé en 1982 sur le domaine familial, aujourd'hui constitué de 15,6 ha, avec soixante parcelles dans son cru d'origine. Simon Goutard, le fils de son épouse, est désormais aux commandes des vinifications, qu'il a «assouplies».

Coup de cœur l'an passé avec ses Noizons 2015, le domaine revient avec un Bresculs 2016 de belle facture, né d'un *climat* peu connu situé en limite de Beaune. Au nez, une aromatique épicée et fruitée (cerise). Au palais, un beau classique, équilibré, complet, puissant, ferme, mais sans dureté. ⧗ 2021-2025 ■ **1er cru Les Charmots 2016 (50 à 75 €; 2300 b.)** : vin cité.

⊶ DOM. JEAN-LUC JOILLOT, 6, rue Marey-Monge, 21630 Pommard, tél. 03 80 24 20 26, joillot@vin-pommard.com V *r.-v.*

OLIVIER LEFLAIVE 2015

■ | 9200 | ◍ | 30 à 50 €

Négociant-éleveur établi à Puligny-Montrachet depuis 1984, Olivier Leflaive, l'une des références de la Côte de Beaune, collectionne les étoiles, côté cave (négoce et domaine) et côté hôtellerie : quatre pour son hôtel de Puligny. Au chai, l'œnologue Franck Grux et son complice Philippe Grillet.

Si les vins blancs font la réputation d'Olivier Leflaive, les rouges ont aussi leur place, à l'image de ce 2015 d'un rouge profond, au nez encore marqué par l'élevage (vanille, notes torréfiées). Le fruit reprend un peu d'espace dans un palais rond, étayé par des tanins qui commencent à se fondre. ⧗ 2020-2024

⊶ LEFLAIVE, pl. du Monument, 21190 Puligny-Montrachet, tél. 03 80 21 37 65, contact@olivier-leflaive.com V *r.-v.*

DOM. LEJEUNE Unique 2016

■ 1er cru | 3000 | ◍ | 50 à 75 €

Domaine transmis par les femmes depuis 1850, mais administré et vinifié par les hommes: François Jullien de Pommerol, ancien professeur à la «Viti» de Beaune décédé en 2017, rejoint en 2005 par son gendre Aubert Lefas, qui en assure aujourd'hui la direction. Vinifications en grappes entières et longs élevages sous bois sont leur signature, notamment pour les pommard, le cœur de leurs 10 ha, complétés par une activité de négoce.

Le gel du 28 avril a conduit Aubert Lefas à créer une cuvée «unique» venue d'un assemblage de deux 1ers crus: Poutures et Rugiens. Au nez, les petits fruits rouges sont accompagnés d'une touche de cacao. Le palais débute en rondeur et en suavité, avant que les tanins ne se fassent plus insistants. Le temps les amadouera. ⧗ 2021-2026

⊶ DOM. LEJEUNE, 1, pl. de l'Église, 21630 Pommard, tél. 03 80 22 90 88, commercial@domaine-lejeune.fr V *t.l.j. sf dim. lun. 9h-12h 14h-18h; sur r.-v. janv. à mars ⊶ Famille Jullien de Pommerol*

CATHERINE ET CLAUDE MARÉCHAL
La Chanière 2016

■ | 3849 | ◍ | 30 à 50 €

Installé dans la plaine de Pommard depuis 1981, le couple Maréchal fait partie des valeurs sûres de la Côte de Beaune. Il conduit, avec minutie et dans un esprit bio (pas de désherbants chimiques, levures indigènes, limitation du soufre), un vignoble de 12,8 ha offrant une large gamme d'appellations.

Au bout de la combe de Pommard, se situe ce *climat* classé pour partie en appellation *village*, pour l'autre en 1er cru, et dont le nom signifie «chêne» en ancien français. De 87 ares, les Maréchal tirent un *village* très sombre, qui s'ouvre à l'olfaction sur des arômes de mûre, d'épices douces et de vanille. La bouche se révèle franche, ample, fruitée (griotte) et épicée, avant de déployer une finale austère et tannique. À attendre donc. ⧗ 2022-2028

CLAUDE MARÉCHAL, 6, rte de Chalon, 21200 Bligny-lès-Beaune, tél. 03 80 21 44 37, marechalcc@orange.fr V r.-v.

♥ PIERRE MEURGEY Les Grands Épenots 2015 ★★

■ 1er cru	878		50 à 75 €

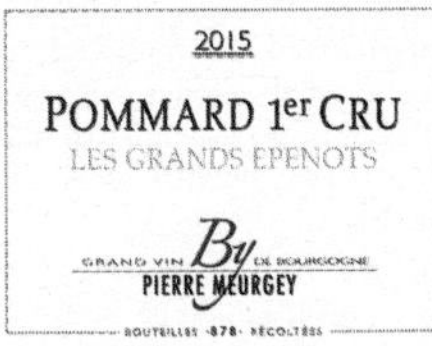

Né en 1959 aux Hospices de Beaune, Pierre Meurgey est issu d'une longue lignée de régisseurs de domaines viticoles, œnologues et courtiers en vins bourguignons. Après avoir racheté la maison Champy en 1990, il a fondé en 2013 une activité de négoce sous son nom pour les vins de la Côte d'Or et lancé en 2014 la marque Meurgey-Croses, spécialisée en vins du Mâconnais – sa mère est originaire d'Uchizy.

Voilà un pommard qui dit fièrement son nom. D'une robe au rubis intense et limpide se dégagent de délicats parfums de cassis et de fraise des bois, ainsi qu'une pointe de verveine. La bouche, ample, mûre et fraîche à la fois, impressionne par sa complexité, son harmonie, sa longueur et sa structure impeccable. ⧗ 2022-2030

PIERRE MEURGEY, 25, bd Clémenceau, 21200 Beaune, tél. 09 81 83 29 04, mmeurgey@pierremeurgey.com V r.-v.

CH. DE MEURSAULT Clos des Épenots 2015 ★

■ 1er cru	6432		50 à 75 €

L'emblématique Ch. de Meursault, haut-lieu du tourisme bourguignon et du folklore vineux – on y célèbre la fameuse Paulée le lendemain de la vente des Hospices de Beaune – a souvent changé de mains: famille de Pierre de Blancheton jusqu'à la Révolution; famille Serre au XIXe s.; famille du comte de Moucheron; famille Boisseaux (maison Patriarche) à partir de 1973. En décembre 2012, nouveau changement: la famille Halley achète le domaine, avant d'acquérir fin 2013 les 60 ha de vignes. Aux commandes du chai: Emmanuel Escutenaire.

Qu'on l'orthographie «Épeneaux» ou «Épenots», ce 1er cru fait rêver tout amateur de vin de Pommard. Le Ch. de Meursault a la chance d'en exploiter 3,16 ha (sur les 5,23 que compte le *climat*). Le 2014 fut coup de cœur, le 2015 fait très belle figure. Au nez, la mûre et la cerise s'associent au moka, au tabac et aux épices douces. Puis on découvre en bouche un vin équilibré, à la texture ronde étayée par des tanins fondus et veloutés. Quelques hivers le porteront au sommet. ⧗ 2023-2028

DOM. DU CH. DE MEURSAULT, rue du Moulin-Foulot, 21190 Meursault, tél. 03 80 26 22 75, domaine@chateau-meursault.com V *t.l.j. 9h-12h 13h-18h* *Halley*

DOM. MOISSENET-BONNARD Les Épenots 2016 ★

■ 1er cru	1800		30 à 50 €

Souvent en vue pour ses pommard, Jean-Louis Moissenet, issu d'une longue lignée vigneronne, a débuté comme responsable du rayon fruits et légumes dans la grande distribution, avant de reprendre en 1988 les vignes familiales provenant de sa grand-mère, Madame Henri Lamarche. Depuis 2015, c'est sa fille Emmanuelle-Sophie qui conduit le domaine et ses 6 ha de vignes.

Paré d'un beau rouge rubis, ce 2016 dévoile un nez très marqué par le cassis. En bouche, il se révèle concentré, aimable et long, épaulé par des tanins mûrs et veloutés. ⧗ 2022-2028 ■ **Les Tavannes 2016 (20 à 30 €; 900 b.)** : vin cité.

JEAN-LOUIS MOISSENET, 4, rue des Jardins, 21630 Pommard, tél. 03 80 24 62 34, emmanuelle-sophie@moissenet-bonnard.com V r.-v.

DOM. RENÉ MONNIER Les Vignots 2016

■	3800		20 à 30 €

Ce domaine murisaltien fondé en 1723, propriété de Xavier Monnot, répartit ses 17 ha entre plusieurs AOC beaunoises. Il est régulièrement distingué dans le Guide, notamment pour ses beaune et ses meursault.

Ce domaine exploite une belle parcelle de 77 ares sur les 15,54 ha que compte ce *climat*. Le nez exhale des senteurs élégantes de fruits rouges et de vanille. La bouche se révèle ample, dense, structurée en douceur par des tanins ronds qui lui permettront de bien évoluer. ⧗ 2022-2028

XAVIER MONNOT, 6, rue du Dr-Rolland, 21190 Meursault, tél. 03 80 21 29 32, domaine-rene-monnier@wanadoo.fr V r.-v.

DOM. MONTHELIE-DOUHAIRET-PORCHERET Les Chanlins 2016 ★

■ 1er cru	2300		30 à 50 €

Longtemps régisseur des Hospices de Beaune, André Porcheret acquit en 1989 avec Armande Monthelie-Douhairet ce domaine fondé il y a plus de trois siècles. Sa petite-fille Cataldina Lippo l'a rejoint en 2004 et conduit désormais le vignoble, qui compte 6,5 ha.

Des vignes de quatre-vingts ans ont donné un joli vin rubis, qui offre à l'olfaction des arômes de fruits rouges et d'épices douces. Le palais, élégant, révèle une mâche charnue et un bel équilibre autour de tanins fins et soyeux. ⧗ 2022-2028

DOM. MONTHELIE-DOUHAIRET-PORCHERET, 1, rue Cadette, 21190 Monthelie, tél. 03 80 21 63 13, contact@domainemontheliedouhairet.com V r.-v.

B DOM. PARENT Les Épenots 2015 ★

■ 1er cru	2648		50 à 75 €

Fondé en 1803, ce domaine historique de Pommard possède une belle collection de *villages* et de 1ers crus dans cette appellation, dont il est l'une des valeurs sûres. Il est dirigé depuis 1998 par Anne Parent et Catherine Pagès-Parent, filles de Jacques, qui disposent de 10 ha de vignes complétés par une activité de négoce.

Issu d'un *climat* de premier ordre, ce 2015 à la robe pourpre intense évoque au nez les fruits rouges et le moka, ainsi qu'une pointe d'eucalyptus. Le palais libère des saveurs de cerise et de framboise dans un ensemble soyeux, harmonieux, aux tanins crémeux. Un 1er cru déjà délicieux et qui vieillira fort bien. ⧗ 2019-2028 ■ **La Croix Blanche 2015 ★ (30 à 50 €; 2059 b.)** Ⓑ : un vin ouvertement fruité (cassis, mûre), à la fois onctueux et frais en bouche, avec en soutien des tanins fermes mais sans dureté aucune. ⧗ 2019-2024

SAS DOM. PARENT, 3, rue de la Métairie, BP 20008, 21630 Pommard, tél. 03 80 22 15 08, contact@domaine-parent.com V r.-v.

DOM. PARIGOT Les Riottes 2016 ★

■	5000		30 à 50 €

Sur un domaine de 20 ha, Régis Parigot et son fils Alexandre valorisent avec talent les terroirs bourguignons, témoins les nombreux coups de cœur obtenus pour leurs vins de la Côte de Beaune et des Hautes-Côtes.

Régulièrement distingué pour ses différentes cuvées de pommard, le Dom. Parigot propose ici un *climat* de bas de coteau avec ce 2016 expressif, où moka et épices agrémentent subtilement une olfaction qui «pinote» autour de la framboise et de la cerise. Élégante et franche, aux saveurs de griotte et de framboise, la bouche dévoile une superbe rondeur, des tanins veloutés et une longue finale. ⧗ 2020-2026 ■ **1er cru Les Charmots 2016 ★ (30 à 50 €; 2800 b.)** : un pommard profond, dense, puissant et équilibré, soutenu par une fine acidité qui le fera vieillir avec noblesse. Patience. ⧗ 2022-2028

ALEXANDRE PARIGOT, rte de Pommard, 21190 Meloisey, tél. 03 80 26 01 70, domaine.parigot@orange.fr V r.-v.

DOM. VINCENT PERRIN Chanlains 2016 ★

■	3000		20 à 30 €

Établi en 1987 dans le berceau familial de Volnay (1445), ce couple exploite 8,5 ha de vieilles vignes réparties dans cinq communes et revendique un travail en viticulture durable.

Vincent Perrin propose un 2016 généreux, mêlant au nez le cassis, la mûre et de subtiles notes grillées et fumées. La bouche, longue et particulièrement harmonieuse, allie puissance, rondeur, fraîcheur et tanins de velours. ⧗ 2022-2028

VINCENT PERRIN, 8, rue Saint-Étienne, 21190 Volnay, tél. 06 62 30 56 16, vin.perrin.mcv@orange.fr V r.-v.

PILLOT-HENRY Les Charmots 2016 ★★

■ 1er cru	n.c.		20 à 30 €

Fils d'un vigneron propriétaire de quelques ares de pommard 1er cru Les Charmots, Thomas Henry, après avoir travaillé pendant dix ans comme technicien en viticulture, a repris un domaine à Comblanchien en 2008 (le caveau est à Pommard) et exploite aujourd'hui 8,5 ha de vignes entre Nuits-Saint-Georges et Pommard.

Ce vigneron du cru propose une cuvée partiellement égrappée et élevée dans 50 % de fûts neufs. Paré d'une robe pourpre aux reflets violacés, ce 2016 évoque au nez la framboise et le cassis, agrémentés d'une pointe de cannelle et de girofle. En bouche, il apparaît puissant mais soyeux, et s'étire dans une longue finale finement réglissée. De garde assurément. ⧗ 2022-2030

EARL PILLOT-HENRY, 7, rue Nouvelle, 21700 Comblanchien, tél. 06 28 29 73 97, earl.pillot-henry@orange.fr V r.-v.

VINCENT PRUNIER 2015 ★

■ 1er cru	1500		20 à 30 €

Au départ, en 1988, 2,5 ha de vignes hérités des parents, non viticulteurs; le vignoble couvre 12,5 ha aujourd'hui, et Vincent Prunier s'est imposé comme l'une des valeurs sûres de la Côte de Beaune. En complément de son domaine, il a créé une petite structure de négoce en 2007.

Issu de l'activité de négoce, ce 1er cru dévoile un nez intense de mûre et de cassis qui donne envie de poursuivre. On découvre alors un palais souple, élégant et harmonieux, aux saveurs de fruits noirs et aux tanins soyeux, souligné par une agréable fraîcheur. Un vin de grande classe que l'on appréciera aussi bien jeune que vieux. ⧗ 2019-2028

VINCENT PRUNIER, 53, rte de Beaune, 21190 Auxey-Duresses, tél. 03 80 21 27 77, domaine.prunier.vincent@wanadoo.fr V r.-v.

MICHEL REBOURGEON Les Rugiens 2015 ★

■ 1er cru	700		50 à 75 €

Ce domaine établi au cœur de Pommard a pris le nom de Dom. Michel Rebourgeon en 1964 avec les parents de Delphine Whitehead. Cette dernière est aux commandes depuis 1996 avec son mari Stephen et exploite un petit vignoble de 3,55 ha en AOC beaune, pommard et volnay. Leur fils William les rejoint en 2017.

Pas le moins réputé des vingt-huit 1ers crus que compte Pommard pour sa terre rouge, riche en nodules de fer. Celui-ci offre un nez intense de cerise, de fraise et de chocolat noir. Les dégustateurs ont loué aussi sa bouche élégante, charnue, d'une grande finesse tannique et d'une très belle longueur. ⧗ 2022-2028

DOM. MICHEL REBOURGEON, 7, pl. de l'Europe, 21630 Pommard, tél. 06 03 52 42 32, michel.rebourgeon@wanadoo.fr V t.l.j. 10h-12h 14h-17h

STÉPHANE DE SOUSA Les Vaumuriens 2015 ★

■	750		20 à 30 €

Après dix ans dans le médical et les biotechnologies, Stéphane de Sousa, fils de vignerons de Meursault, est revenu à ses racines vigneronnes: il a créé son négoce en 2012 dans la cuverie de son grand-père maternel et acquis sa première vigne en 2013, avant de reprendre le domaine paternel en 2015 (sur Meursault, Volnay et Pommard).

Ce domaine «de poche» exploite 16 petits ares plantés d'une vénérable vigne de soixante-et-un ans. Du nez de ce 2015 jaillissent d'élégantes notes de petits fruits mûrs, ainsi qu'une touche de grillé due aux douze mois d'élevage en barrique. Même approche flatteuse en bouche, où l'on découvre un vin complet, fin et harmonieux, aux tanins soyeux. ⧗ 2020-2025

STÉPHANE DE SOUSA, La Roche Brûlée, 25, RD 974, 21190 Meursault, tél. 06 50 21 73 13, larochebrulee@gmail.com V r.-v.

CH. DU VAL DE MERCY 2015 ★

■	800		20 à 30 €

En 1680, les vins étaient produits par le Clos du Ch. du Val de Mercy, situé à Chitry, dans l'Yonne. Le nouveau propriétaire du domaine (30 ha) perpétue la tradition viticole au-delà de ses terres pour fournir des vins du Chablisien, de l'Auxerrois et de la Côte de Beaune. Une activité de négoce complète la gamme de la propriété.

Cette belle parcelle plantée de vieux ceps de soixante-quinze ans représente presque 20 % de la production de ce domaine. Elle a donné naissance à un 2015 ouvert sur des arômes de griotte et de vanille. La bouche, d'une belle typicité, allie charpente, générosité et fraîcheur. ⧗ 2021-2026

CH. DU VAL DE MERCY GRANDS VINS, 4, rue des Écoles, 21630 Pommard, tél. 03 80 22 77 34, roy@valdemercy.com V r.-v.

♥ **CHRISTOPHE VAUDOISEY** Les Chanlins 2016 ★★

■ 1er cru	n.c.		20 à 30 €

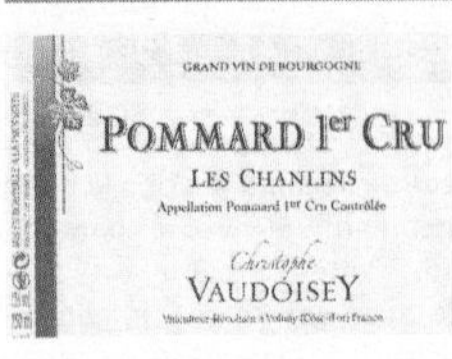

Fondé en 1804, ce domaine a vu passer huit générations de vignerons. Secondé par son fils Pierre, Christophe Vaudoisey, souvent en vue pour ses volnay, est installé depuis 1985 à la tête de 12 ha en volnay, pommard et meursault.

Une lumineuse robe rubis habille ce superbe pommard ouvert sur des parfums intenses de cassis, de sous-bois et de café torréfié. Après une attaque franche, la bouche se révèle riche, dense, puissante, associant dans une parfaite harmonie tanins soyeux et saveurs fruitées. Et quelle longueur ! À attendre patiemment. ⧗ 2023-2030

CHRISTOPHE VAUDOISEY, 1, rue de la Barre, 21190 Volnay, tél. 03 80 21 20 14, christophe.vaudoisey@wanadoo.fr V r.-v.

VAUDOISEY-CREUSEFOND Les Charmots 2016

■ 1er cru	3300		20 à 30 €

Héritiers d'une longue lignée vigneronne, Alexandre Vaudoisey, arrivé en 2011, a pris la suite de son père Henri en 2017. Il exploite 8 ha répartis entre Pommard, leur fief, Auxey-Duresses, Meursault et Volnay, pratique l'enherbement et vinifie avec des levures indigènes.

Cette cuvée à la robe pivoine s'ouvre discrètement sur des notes florales et fruitées (fraise, cerise et rose). En bouche, elle affiche un caractère ample, frais et tannique. Une garde de quelques années serait judicieuse. ⧗ 2021-2026

ALEXANDRE VAUDOISEY, 16, rte d'Autun, 21630 Pommard, tél. 03 80 22 48 63, vaudoisey-creusefond@wanadoo.fr V r.-v.

VOLNAY

Superficie : 207 ha / Production : 7 735 hl

Blotti au creux du coteau, le village de Volnay évoque une jolie carte postale bourguignonne. Moins connu que Pommard son voisin, le vignoble n'a rien à lui envier. Ses vins sont tout en finesse; ils vont de la légèreté des Santenots, situés sur la commune voisine de Meursault, à la solidité et à la vigueur du Clos des Chênes ou des Champans. Nous ne citerons pas tous ses trente 1ers crus, de peur d'en oublier... Le Clos des Soixante Ouvrées y est également très connu et donne l'occasion de définir cette mesure: 4 ares et 28 centiares, unité de base des terres viticoles, correspondant à la surface travaillée à la pioche par un ouvrier au Moyen Âge dans sa journée.

BITOUZET-PRIEUR Clos des Chênes 2015 ★

■ 1er cru	1100		30 à 50 €

Aux origines du domaine, deux familles, l'une de Volnay, l'autre de Meursault. Aujourd'hui, 13,5 ha de vignes (pas d'herbicides, compost, travail du sol) et des vins, de Beaune à Puligny, en passant par Meursault et Volnay, mis en musique depuis 2008 par François Bitouzet, seul aux commandes depuis 2012. Un domaine souvent en vue pour ses volnay.

Ce *climat*, situé sous la montagne du Chagnot, doit son nom aux chênes qui le surplombent. François Bitouzet y cultive 54 ares, à l'origine d'un vin au nez de cassis et de groseille, à la bouche à la fois suave et structurée, longue, dotée de tanins mûrs et d'une dominante boisée qui se dissipera en cave. ⧗ 2021-2026

BITOUZET-PRIEUR, 19, rue de la Combe, 21190 Volnay, tél. 03 80 21 62 13, contact@bitouzet-prieur.com V r.-v.

DOM. RÉYANE ET PASCAL BOULEY 2015

■	1940		20 à 30 €

Succédant à quatre générations de vignerons, Réyane et Pascal Bouley exploitent un vignoble de 9 ha répartis sur une cinquantaine de parcelles, principalement à Volnay (dont six premiers crus), mais aussi à Pommard et à Monthelie. Arrivé en 2005, leur fils Pierrick a pris la relève.

Le nez, élégant, allie la griotte et le pruneau aux épices douces. La bouche, grasse, enrobée, offre des tanins soyeux qui prennent un caractère plus sévères dans une finale un brin acidulée. ⧗ 2021-2024

PIERRICK BOULEY, 5, pl. de l'Église, 21190 Volnay, tél. 03 80 21 61 69, bouleypascal@wanadoo.fr V r.-v.

JEAN-MARIE BOUZEREAU Les Santenots 2015 ★

■ 1er cru	600		30 à 50 €

Jean-Marie Bouzereau s'est établi en 1994 sur une partie du domaine familial et conduit un vignoble de 9 ha. Valeur sûre de l'appellation meursault, il vinifie aussi en puligny, volnay, pommard et beaune.

Né sur une petite parcelle de 18 ares, ce volnay d'une belle brillance dévoile un nez qui «pinote» bien autour de notes caractéristiques de cerise. Large, concentrée, puissante, la bouche offre encore à ce stade des tanins fougueux mais fort prometteurs. À encaver. ⧗ 2023-2028

⊶ *JEAN-MARIE BOUZEREAU, 5, rue de la Planche-Meunière, 21190 Meursault, tél. 03 80 21 62 41, jm.bouzereau@club-internet.fr* r.-v.

DOM. VINCENT BOUZEREAU
Les Champans 2015 ★

■ 1er cru | 600 | | 30 à 50 €

Issu d'une ancienne famille de vignerons et installé dans l'ancien prieuré du château de Meursault, dont l'un de ses ancêtres était propriétaire, Vincent Bouzereau a pris la suite de son père en 1990 à la tête de ce domaine de 10 ha, souvent en vue pour ses meursault.

L'un des *climats* les plus vastes de l'appellation, situé à mi-hauteur d'un coteau qui monte en pente douce, réputé donner des vins tout en finesse, très représentatifs de Volnay. C'est bien le cas avec ce 2015 qui s'ouvre sur les fruits mûrs agrémentés de quelques notes fumées. La bouche, bien équilibrée entre la maturité du fruit et des tanins fins et frais, dévoile une matière ronde et une longue finale. ⧗ 2021-2024

⊶ *VINCENT BOUZEREAU, 25, rue de Mazeray, 21190 Meursault, tél. 03 80 21 61 08, vincent.bouzereau@wanadoo.fr* r.-v.

DOM. Y. CLERGET
Clos du Verseuil Monopole 2015 ★★

■ 1er cru | 2200 | | 50 à 75 €

Les Clerget sont établis dans le vignoble bourguignon depuis le... XIIIe s. ! Thibaud, lui, s'est installé en 2015 à la tête du domaine, avec à sa disposition 6 ha de vignes de Meursault jusqu'au Clos Vougeot.

Un monopole de 62 ares, contigu au fameux 1er cru Taillepieds. Sa jolie pente a donné naissance à un 2015 aux senteurs subtiles de framboise, de cassis et de fleurs blanches. La bouche, à la fois riche et tonique, se montre d'une grande amplitude et s'adosse à des tanins charnus. La très longue finale aux saveurs épicées achève de convaincre. Le coup de cœur fut mis aux voix. ⧗ 2022-2028

⊶ *DOM. Y. CLERGET, 12, rue de la Combe, 21190 Volnay, tél. 03 80 21 61 56, thibaud@domaine-clerget.com* r.-v.

DOM. GLANTENAY Les Brouillards 2015 ★

■ 1er cru | 4500 | | 30 à 50 €

Ce domaine de 8 ha est conduit depuis quatre siècles par la famille Glantenay, qui a accueilli en 2012 une nouvelle génération: Guillaume et sa sœur Fanny, enfants de Pierre. Les vignes sont situées sur Volnay, Pommard, Monthélie, Meursault et Chambolle-Musigny.

Ce volnay harmonieux et typé demandera deux ou trois années de cave pour débuter son apogée. Au nez, il mêle la groseille et la griotte à des nuances boisées. Le palais se révèle ample et gras, soutenus par des tanins riches, avant d'offrir une finale subtilement réglissée et d'une belle tension. ⧗ 2021-2025

⊶ *GLANTENAY GEORGES ET FILS, 3. rue de la Barre, 21190 Volnay, tél. 03 80 21 61 82, contact@domaineglantenay.com* r.-v.

DOM. ANTONIN GUYON Clos des Chênes 2015 ★

■ 1er cru | 4000 | | 30 à 50 €

Ce domaine s'est constitué à partir des années 1960 sur un vaste vignoble de 48 ha, principalement en 1ers et en grands crus, allant de Gevrey-Chambertin à Meursault. Une exploitation régulière en qualité, conduite par Dominique Guyon, fils d'Antonin.

Le Clos des Chênes est un *climat* réputé pour la qualité de garde de ses vins, ce que confirme ce 2015 très prometteur. Un vin au bouquet complexe mêlant les fruits rouges et noirs à une touche de chocolat, au palais solaire, ample, gras, puissant et très long, doté de tanins suaves et fins. ⧗ 2022-2028

⊶ *DOM. ANTONIN GUYON, 21420 Savigny-lès-Beaune, tél. 03 80 67 13 24, domaine@guyon-bourgogne.com* r.-v.

LOUIS LATOUR En Chevret 2015

■ 1er cru | 10000 | | 50 à 75 €

Une maison familiale toujours indépendante, fondée en 1797 et conduite successivement par dix générations de Latour. Un acteur incontournable de la Bourgogne viticole et le plus important propriétaire de grands crus de la Côte-d'Or (28 ha sur les 48 que compte son vignoble). Les raisins sont vinifiés à Aloxe-Corton, berceau de la famille, et la maison possède sa propre tonnellerie.

Cette maison beaunoise possède plus d'un tiers des 6,35 ha que compte ce *climat*. Son 2015 propose un nez expressif où la cerise et le sureau côtoient les fruits noirs. En bouche, se profile une jolie construction: de la souplesse, de la finesse et des tanins délicats. Un volnay déjà plaisant. ⧗ 2019-2024

⊶ *LOUIS LATOUR, 18, rue des Tonneliers, 21200 Beaune, tél. 03 80 24 81 00, contact@louislatour.com*

MONTHELIE-DOUHAIRET-PORCHERET
En Champans 2016

■ 1er cru | 3500 | | 30 à 50 €

Longtemps régisseur des Hospices de Beaune, André Porcheret acquit en 1989 avec Armande Monthelie-Douhairet ce domaine fondé il y a plus de trois siècles. Sa petite-fille Cataldina Lippo l'a rejoint en 2004 et conduit désormais le vignoble, qui compte 6,5 ha.

Une jolie parcelle de 59 ares, plantée de vignes de quatre-vingts ans, a donné naissance à cette cuvée aux parfums de fruits rouges, à la bouche riche et ronde, soutenue par des tanins veloutés. Un vin séduisant. ⧗ 2021-2024

⊶ *DOM. MONTHELIE-DOUHAIRET-PORCHERET, 1, rue Cadette, 21190 Monthelie, tél. 03 80 21 63 13, contact@domainemontheliedouhairet.com* r.-v.

JEAN-RENÉ NUDANT Les Santenots 2015 ★

■ 1er cru | 2200 | | 30 à 50 €

Un Guillaume Nudant d'Aloxe-Corton était déjà vigneron en 1453. Son descendant, Guillaume également, a

BOURGOGNE

rejoint en 2003 son père Jean-René sur le domaine familial de 16 ha, planté pour l'essentiel autour de la montagne de Corton.

La qualité se fait dans les vignes, disent souvent les vignerons, et quand le terroir est aussi beau que celui des Santenots... Cette qualité saute d'abord aux narines avec un bouquet fin et complexe évoquant les petits fruits rouges, soutenus par un boisé discret. Puis elle se confirme dans un palais opulent, velouté, mais frais, étiré dans une finale puissante qui révèle des tanins encore fougueux. Un volnay de garde. ⧗ 2023-2028

JEAN-RENÉ NUDANT, 11, rte de Dijon, 21550 Ladoix-Serrigny, tél. 03 80 26 40 48, domaine.nudant@wanadoo.fr V t.l.j. sf dim. 8h30-12h 13h30-17h30; sam. sur r.-v.

VINCENT PRUNIER Les Mitans 2015

■ 1er cru	1800		20 à 30 €

Au départ, en 1988, 2,5 ha de vignes hérités des parents, non viticulteurs; le vignoble couvre 12,5 ha aujourd'hui, et Vincent Prunier s'est imposé comme l'une des valeurs sûres de la Côte de Beaune. En complément de son domaine, il a créé une petite structure de négoce en 2007.

Ce 1er cru bien connu des amateurs de Volnay désigne le «centre» en ancien français: en effet, il se situe en plein milieu du coteau. Dans le verre, la griotte et le boisé de l'élevage forment un bouquet complexe, relayé par une bouche fine, aux tanins fondus et à la finale longue et droite. Un volnay qui pourra s'apprécier dans sa jeunesse. ⧗ 2020-2025

VINCENT PRUNIER, 53, rte de Beaune, 21190 Auxey-Duresses, tél. 03 80 21 27 77, domaine.prunier.vincent@wanadoo.fr V r.-v.

MICHEL REBOURGEON 2015

■ 1er cru	858		30 à 50 €

Ce domaine établi au cœur de Pommard a pris le nom de Dom. Michel Rebourgeon en 1964 avec les parents de Delphine Whitehead. Cette dernière est aux commandes depuis 1996 avec son mari Stephen et exploite un petit vignoble de 3,55 ha en AOC beaune, pommard et volnay. Leur fils William les rejoint en 2017.

Cet assemblage de deux 1ers crus, Brouillards et Carelle sous la Chapelle, nous rappelle que cela fait perdre le nom du *climat* sur l'étiquette. Dans le verre, un vin floral et fruité au nez, puissant, épicé et tannique en bouche. Un séjour en cave s'impose. ⧗ 2021-2025

DOM. MICHEL REBOURGEON, 7, pl. de l'Europe, 21630 Pommard, tél. 06 03 52 42 32, michel.rebourgeon@wanadoo.fr V t.l.j. 10h-12h 14h-17h

DOM. ROBLET-MONNOT Saint-François 2015 ★

■	3600		30 à 50 €

Pascal Roblet fait partie de la jeune génération de vignerons de Volnay. À sa disposition, un domaine de 6 ha.

Ce vin a bénéficié d'un long élevage de vingt-quatre mois en fûts. Mis en bouteille sans collage, ni filtration, il affiche une robe grenat très lumineuse, un nez associant le kirsch au sureau et une bouche aux tanins puissants mais sans agressivité, qui développe une belle fraîcheur. Un volnay digne d'être attendri par le temps. ⧗ 2021-2025

DOM. ROBLET-MONNOT, 11, rue de la Combe, 21190 Volnay, tél. 03 80 21 22 47, robletmonnot@yahoo.fr V r.-v.

DOM. RÉGIS ROSSIGNOL-CHANGARNIER Les Mitans 2015 ★

■ 1er cru	1700		20 à 30 €

Installé en 1966, Régis Rossignol exploite un domaine de 7,25 ha, dont le vignoble s'étend de Savigny-lès-Beaune à Meursault, en passant par Beaune, Pommard et Volnay, son fief. Un vignoble en grande partie issu des vignes ayant appartenu à sa famille (domaine François Rossignol Boillot et domaine Pierre Changarnier), complété par des achats.

Précis et flatteur, le nez de ce 1er cru exprime une belle complexité: fruits rouges compotés, poivre noir, rose. On retrouve cette aromatique dans une bouche ample, ronde, tendre, aux tanins bien enrobés. ⧗ 2022-2027

DOM. RÉGIS ROSSIGNOL-CHANGARNIER, 3, rue d'Amour, 21190 Volnay, tél. 03 80 21 61 59, regisrossignol@free.fr V r.-v.

CHRISTOPHE VAUDOISEY Les Mitans 2016 ★

■ 1er cru	n.c.		20 à 30 €

Fondé en 1804, ce domaine a vu passer huit générations de vignerons. Secondé par son fils Pierre, Christophe Vaudoisey, souvent en vue pour ses volnay, est installé depuis 1985 à la tête de 12 ha en volnay, pommard et meursault.

Si le gel a réduit la production, il n'a pas empêché pas les Vaudoisey de récolter plusieurs étoiles dans le Guide cette année. L'olfaction de ces Mitans est avenante avec ses notes de petits fruits rouges accompagnées de subtiles nuances grillées issues du chêne. En bouche, toujours du fruit, de la puissance et du velouté, une finale expressive tenue par des tanins encore jeunes. Un vin complet, à l'avenir prometteur. ⧗ 2023-2028 ■ **2016 ★ (20 à 30 €; n.c.)** : un nez floral précède une bouche soyeuse, longue, aux saveurs de framboise. Élégant et plaisant. ⧗ 2019-2023

CHRISTOPHE VAUDOISEY, 1, rue de la Barre, 21190 Volnay, tél. 03 80 21 20 14, christophe.vaudoisey@wanadoo.fr V r.-v.

DOM. JEAN VAUDOISEY Les Mitans 2015

■ 1er cru	900		20 à 30 €

Un domaine familial conduit depuis 2015 par la septième génération vigneronne: Romain et Baptiste Vaudoisey, petits-fils de Jean, parti à la retraite à... 82 ans. À leur disposition, un vignoble de 7,5 ha.

Un 2015 qui flirte avec l'étoile. Un volnay rubis profond qui propose un nez tout en finesse, mêlant la fraise à la framboise. En bouche, des tanins élégants et toastés par l'élevage de quinze mois en tonneaux confèrent un côté souple au vin, qui s'achève sur une jolie finale réglissée. ⧗ 2019-2022

POIRROTTE, 8, rue du Pied-de-la-Vallée, 21190 Volnay, tél. 06 48 06 35 72, jeanvaudoisey@gmail.com V r.-v.

MONTHÉLIE

Superficie : 120 ha
Production : 4 745 hl (85 % en rouge)

Moins connu que ses voisins, Volnay au nord et Meursault au sud, le village de Monthelie est installé à l'entrée de la combe de Saint-Romain qui sépare les terroirs à rouges des terroirs à blancs; ses coteaux exposés au sud donnent des vins d'excellente qualité.

DOM. ÉRIC BOUSSEY Les Riottes 2016 ★

■ 1er cru	1700		15 à 20 €

Grande famille de vignerons de Monthelie (Jean-Baptiste, le grand-père, fut l'un des précurseurs de la mise en bouteilles), les Boussey exploitent 5 ha répartis sur plusieurs AOC en Côte de Beaune. Éric, installé en 1981, a complété son activité en 2007 par une structure de négoce.

L'une des valeurs sûres du domaine que ce 1er cru (le 2014 fut coup de cœur). Le 2016 s'ouvre sur la cerise noire. En bouche, il se montre rond et élégant, étayé par des tanins fins et enrobés. Bien équilibré, ce monthélie saura vieillir. ⧗ 2020-2024

ÉRIC BOUSSEY, 21, Grande-Rue, 21190 Monthelie, tél. 03 80 21 60 70, ericboussey@orange.fr V r.-v.

DOM. CHANGARNIER Les Clous 2016

■ 1er cru	2000		20 à 30 €

Complété par une activité de négoce, un domaine régulier en qualité, dans la famille Changarnier depuis le XVIIe s., repris en 2004 par les frères Claude et Antoine, avec Fabrice Groussin aux commandes de la cave depuis 2012. Le vignoble couvre 5 ha, en conversion bio avec des pratiques biodynamiques.

Variante bourguignonne du mot «clos», les Clous est l'un des deux 1ers crus de l'appellation qui se situent côté Auxey-Duresses. Dans le verre, un vin au nez discret associant les fruits noirs aux rouges avec le boisé de douze mois d'élevage, bien équilibré en bouche entre tanins et rondeur. ⧗ 2020-2024

SCEA DOM. CHANGARNIER, pl. du Puits, 21190 Monthelie, tél. 03 80 21 22 18, contact@domainechangarnier.com V r.-v.

SÉBASTIEN DESCHAMPS Les Clous 2016 ★

■ 1er cru	1200		15 à 20 €

Cela fait quinze ans cette année que Sébastien Deschamps a repris les 6 ha du domaine familial. Son exploitation compte aujourd'hui des parcelles de Monthélie et de Volnay.

Cet ancien clos est le dernier des quinze 1ers crus que compte l'appellation: il fut classé en 2006. Sébastien Deschamps en exploite 20 ares à l'origine d'un vin profond, qui déploie des parfums de cassis et de groseille, prolongés par un palais ample et concentré, épaulé par des tanins soyeux et fondus, un peu plus fermes en finale. ⧗ 2021-2025

SÉBASTIEN DESCHAMPS, 6, rue du Château-Gaillard, 21190 Monthelie, tél. 03 80 21 52 08, mireilledeschamps@sfr.fr V r.-v.

DOM. DUBUET-MONTHELIE Les Champs Fulliot 2016 ★

■ 1er cru	2700		20 à 30 €

L'essentiel des vignes de ce domaine de 8 ha, régulier en qualité, est à Monthélie. Guy Dubuet - Monthélie était le nom de sa mère - a cédé la place en 2004 à son fils David, qui perpétue les labours sur l'ensemble de la propriété.

Le plus connu et le plus étendu des 1ers crus de Monthélie. Ce domaine exploite 40 ares qui ont donné ce joli vin aux arômes de fruits rouges (framboise) et noirs agrémentés d'une touche de café venue du fût. Le palais apparaît dense, ample, rond et gras, soutenu par des tanins fondus. ⧗ 2021-2026 **La Combe Danay 2016 (15 à 20 €; 1800 b.)** : vin cité.

DOM. DUBUET-MONTHELIE, 1, rue Bonne-Femme, 21190 Monthelie, tél. 06 64 46 10 17, david.dubuet@orange.fr V r.-v.

DOM. DUJARDIN 2015 ★

■ 1er cru	5000		20 à 30 €

À leur départ à la retraite en 2007, les Bouzerand ont confié les clés du domaine (7 ha) et de ses caves cisterciennes des XIIe et XVe s. à Ulrich Dujardin, installé ici depuis 1990. Le vigneron a lancé sa maison de négoce en 2014.

Ce 1er cru issu d'assemblage de parcelles se présente dans une robe profonde, le nez bien ouvert sur la groseille. En bouche, il affiche de la densité, du volume et de la persistance sur un bon fruité rehaussé d'épices et s'appuie sur des tanins fermes et fins. ⧗ 2021-2026

ULRICH DUJARDIN, 1, Grande-Rue, 21190 Monthelie, tél. 03 80 21 20 08, domaine-dujardin@orange.fr V r.-v.

PAUL GARAUDET Champs Fuillot 2015

	2000		15 à 20 €

Un domaine de 8 ha conduit par Paul Garaudet, quatrième du nom à la tête de cette propriété régulièrement sélectionnée en monthélie.

Les Champs Fuillots sont rarement plantés en chardonnay, comme c'est le cas ici, car ce *climat* se situe dans le prolongement du coteau de Volnay où s'épanouit le pinot noir. Paul Garaudet en a tiré un vin pâle, au nez plaisant de fleurs blanches et de beurre frais, équilibré entre rondeur et acidité en bouche. ⧗ 2019-2022

PAUL GARAUDET, imp. de l'Église, 21190 Monthelie, tél. 03 80 21 28 78, paul.garaudet@orange.fr V r.-v.

FLORENT GARAUDET Sous le cellier 2015 ★

	2200		20 à 30 €

Florent Garaudet a vinifié dans l'aire du Pic Saint-Loup puis à Pomerol avant de se construire en 2008 un petit vignoble de 3 ha à Monthélie, Meursault et Puligny-Montrachet. Il fait partie de la jeune garde de la commune.

Ce *climat* de 3,31 ha situé en bout de combe annonce l'entrée du village. Florent Garaudet y cultive 30 ares de chardonnay qui ont donné ce vin floral, fruité (agrumes) et beurré à l'olfaction, rond et gras en bouche, dynamisé par une fine acidité en finale. ⧗ 2019-2023 ■ **1er cru Les Riottes 2015 ★ (20 à 30 €; 1900 b.)** : un 1er cru au nez discret mais subtil de fruits rouges, boisé avec justesse, dense et ferme en bouche. Du potentiel. ⧗ 2021-2028

FLORENT GARAUDET, 3, rue du Château-Gaillard, 21190 Monthelie, tél. 06 87 77 01 28, florentgaraudet@orange.fr V r.-v.

MAURICE GAVIGNET Les Sous-Roches 2015

■	6300		15 à 20 €

L'histoire débute vers 1900, lorsqu'Honoré Gavignet, vigneron à la Romanée-Conti, fonde son domaine à Nuits-Saint-Georges. Son arrière-petit-fils, Arnaud, qui est passé par la maison Bichot et par une coopérative languedocienne, est à la tête de la propriété depuis 2008. Il exploite des vignes sur la Côte de Nuits et la Côte de Beaune.

Cette importante cuvée en volume libère au nez un parfum gourmand de confiture de fruits rouges. En bouche, elle affiche un bon équilibre rondeur-acidité et déploie des tanins bien présents mais assez soyeux. ⧗ 2020-2024

MAURICE GAVIGNET PÈRE ET FILS, 71, rue Félix-Tisserand, 21700 Nuits-Saint-Georges, tél. 03 80 61 03 87, contact@maurice-gavignet.com V *t.l.j. sf dim. 9h-12h 14h-18h; lun. mat. sur r.-v.*

DOM. GLANTENAY Les Champs Fulliots 2015

■ 1er cru	1200		20 à 30 €

Ce domaine de 8 ha est conduit depuis quatre siècles par la famille Glantenay, qui a accueilli en 2012 une nouvelle génération: Guillaume et sa sœur Fanny, enfants de Pierre. Les vignes sont situées sur Volnay, Pommard, Monthélie, Meursault et Chambolle-Musigny.

Quand on est de Volnay, il est assez aisé de récolter sur les Champs Fuillots, ce *climat* touchant la commune. Dans le verre, un monthélie riche en arômes fruités mâtinés d'épices, au profil assez tannique en bouche. Pour la cave. ⧗ 2021-2025

GLANTENAY GEORGES ET FILS, 3. rue de la Barre, 21190 Volnay, tél. 03 80 21 61 82, contact@domaineglantenay.com V r.-v.

DOM. MONTHELIE-DOUHAIRET-PORCHERET Le Meix Bataille 2016 ★

■ 1er cru	2000		20 à 30 €

Longtemps régisseur des Hospices de Beaune, André Porcheret acquit en 1989 avec Armande Monthelie-Douhairet ce domaine fondé il y a plus de trois siècles. Sa petite-fille Cataldina Lippo l'a rejoint en 2004 et conduit désormais le vignoble, qui compte 6,5 ha.

Ce petit *climat* de 2,27 ha situé en bordure du village rappelle l'existence sur ses terres d'une ferme (*mansus* en latin médiéval) ayant appartenu à la famille Bataille, dont l'un des membres fut capitaine au château de la Rochepot. Cataldina Lippo y cultive 42 ares de pinot noir qui ont donné ce vin très expressif, sur le cassis, la cerise, les épices et le grillé, à la bouche ample, concentrée, dense et bien charpentée. ⧗ 2021-2028 ■ **Clos du Meix Garnier Monopole 2016 (15 à 20 €; 7700 b.)** : vin cité.

DOM. MONTHELIE-DOUHAIRET-PORCHERET, 1, rue Cadette, 21190 Monthelie, tél. 03 80 21 63 13, contact@domainemontheliedouhairet.com V r.-v.

DOM. C. NEWMAN 2015

■	n.c.		20 à 30 €

Un domaine créé par Christopher Newman, constitué de parcelles rachetées entre 1972 et 1974 à son père, l'un des premiers Américains à avoir investi dans la vigne en Bourgogne, et à Alexis Lichine; des parcelles replantées à la même période: 5,5 ha de vignes, avec un pied dans chaque Côte, dont trois grands crus nuitons.

Ce 2015 dévoile un joli nez de fruits rouges mûrs sur fond boisé. Arômes que l'on retrouve dans une bouche équilibrée, dotée de tanins encore jeunes et vifs. ⧗ 2021-2025

NEWMAN, 29, bd Clemenceau, 21200 Beaune, tél. 03 80 22 80 96, info@domainenewman.com

DOM. JEAN-PIERRE ET LAURENT PRUNIER Les Vignes Rondes 2016 ★

■ 1er cru	1855		15 à 20 €

Jean-Pierre Prunier a laissé son vignoble de 10 ha à ses deux fils: Pascal, établi à Meursault, et Laurent, installé depuis 1992. Une valeur sûre en auxey-duresses et en monthélie.

Autrefois, on ne terrassait pas le terrain, les vignes étaient plantées «en foule» et suivaient l'arrondi de la pente: d'où ce nom de *climat* original. Les Prunier en récoltent près d'un demi-hectare qui ont donné ce 2016 au nez de petit fruits rouges et noirs confiturés. En bouche, les tanins sont présents mais agréables car déjà fondus. Une jolie finale poivrée complète l'ensemble. ⧗ 2021-2025

JEAN-PIERRE ET LAURENT PRUNIER, 1, rue Traversière, 21190 Auxey-Duresses, tél. 03 80 21 27 51, domaine.prunier@wanadoo.fr V r.-v.

AUXEY-DURESSES

Superficie : 135 ha
Production : 5 840 hl (65 % rouge)

Le village d'Auxey-Duresses se niche dans un vallon qui conduit vers les Hautes-Côtes. Son vignoble couvre les deux versants de la combe et se répartit en trois îlots: sur la pente nord, il prolonge le terroir de Monthelie et porte des 1ers crus rouges exposés au midi, comme les Duresses ou le Val, fort réputés; au fond de la combe, il jouxte des parcelles de Saint-Romain; sur le versant de Meursault, au sud, il produit d'excellents vins blancs.

CHRISTOPHE BUISSON 2015

■	4400		20 à 30 €

Plutôt que maçon, comme son père, Christophe Buisson a choisi d'être vigneron. D'abord courtier, il crée son domaine à Saint-Romain en 1996: 7 ha (en bio) complétés en 2007 par une petite activité de négoce, avec des vins souvent en vue en saint-romain et en auxey-duresses. En 2015, le domaine a fusionné

avec le négoce Alex Gambal pour devenir le domaine Gambal Buisson, Christophe conservant un rôle de consultant et se consacrant désormais au développement de la partie négoce à son nom.

Issu d'achat de raisins, cet auxey-duresses rouge sombre dévoile un nez puissant de griotte relevé d'épices. Sa structure tanique est soyeuse, le fruité croquant et bien présent, et la finale de bonne longueur. Un ensemble harmonieux. ⧗ 2019-2023

⊶ CHRISTOPHE BUISSON, 34, rue de la Tartebouille, 21190 Saint-Romain, tél. 06 64 86 07 29, sarlchristophebuisson@wanadoo.fr V r.-v.

DOM. DICONNE Les Grands Champs 2015 ★

■ 1er cru | 3000 | | 15 à 20 €

Christophe Diconne s'est installé en 2005 sur le domaine familial d'Auxey-Duresses (10,2 ha), succédant à son grand-père Paul et à son père Jean-Pierre. Souvent en vue pour ses auxey-duresses, dans les deux couleurs.

Ce lieu-dit forme la base du coteau des neufs 1ers crus du village. Après douze mois de fût et six de cuve, ce vin dévoile un nez de fruits rouges mûrs, de réglisse et de boisé toasté. En bouche, il affiche des tanins bien en place présents et élégants, avec un bon boisé en soutien. ⧗ 2020-2024 ■ **2015 ★ (11 à 15 €; 2800 b.)** : un vin fruité, floral et fumé au nez, ample et dense en bouche, structuré par des tanins fermes mais fins. ⧗ 2020-2023

⊶ CHRISTOPHE DICONNE, 5, rue de la Velle, 21190 Auxey-Duresses, tél. 03 80 21 25 60, contact@domaine-diconne.fr V r.-v.

DOM. RAYMOND DUPONT-FAHN Les Terrasses 2016 ★

| 1800 | | 11 à 15 €

Établi à Tailly, petite localité pittoresque qui campe dans la plaine agricole de Meursault, Raymond Dupont-Fahn incarne la troisième génération de vignerons sur ce domaine de 6 ha régulier en qualité.

Né d'une vigne de trente ans, cette cuvée d'un beau vert brillant évoque le citron confit, le tilleul, l'acacia et le pain grillé. Passé une attaque fraîche, la bouche se montre ample, riche et vineuse, étirée dans une longue finale et soutenue par un bon boisé toasté. ⧗ 2019-2023 **Les Vireux 2016 ★ (11 à 15 €; 1200 b.)** : au nez, des agrumes confits, des nuances florales et un boisé grillé; en bouche, un bel équilibre gras-acidité, du volume et de la persistance. ⧗ 2019-2023

⊶ DUPONT-FAHN, 70, rue des Eaux, 21190 Tailly, tél. 06 14 38 53 21, domaine.raymond.dupontfahn@orange.com V r.-v.

VINCENT GIRARDIN Vieilles Vignes 2015 ★

| 3000 | | 20 à 30 €

Une maison de grande qualité créée en 1984 par Véronique et Vincent Girardin, cédée en 2012 à leur partenaire historique la Compagnie des Vins d'Autrefois, dirigée par Jean-Pierre Nié. Les équipes techniques et commerciales sont restées les mêmes, et les vins sont toujours vinifiés à Meursault par Éric Germain, bras droit de Vincent Girardin pendant dix ans.

L'appellation communale ne compte qu'une petite quarantaine d'hectares de chardonnay, mais à l'instar du reste de la Côte de Beaune ce cépage progresse encore. Produit sur 1 ha «tout rond», ce vin limpide aux reflets verts présente d'élégantes notes florales et boisées à l'olfaction et une bouche nette et bien tendue, centrée sur les agrumes. ⧗ 2020-2023

⊶ VINCENT GIRARDIN, 5, imp. des Lamponnes, 21190 Meursault, tél. 03 80 20 81 00, vincent.girardin@vincentgirardin.com

DOM. ALAIN GRAS Les Crais 2016 ★

| 1500 | | 20 à 30 €

Le grand-père et le père vendaient leur vin au négoce. En reprenant le domaine (14 ha) en 1979, Alain Gras s'est lancé dans la mise en bouteilles. Il est aujourd'hui l'une des figures de proue de l'appellation saint-romain.

À la sortie du hameau du Petit Auxey, longeant le ruisseau des Clous, ce *climat* est formé d'éboulis sur 5,33 ha. Alain Gras y décroche une belle étoile avec ce vin bien doré, aux arômes expressifs de fleurs blanches, de poire et de boisé, ample, riche et intense au palais, étiré dans une longue finale plus fraîche. ⧗ 2020-2023 ■ **Les Très Vieilles Vignes 2016 (20 à 30 €; 9000 b.)** : vin cité.

⊶ DOM. ALAIN GRAS, 7, rue Sous-la-Velle, 21190 Saint-Romain, tél. 03 80 21 27 83, gras.alain1@wandoo.fr V r.-v.

DOM. JESSIAUME Les Écussaux 2015 ★

1er cru | 2000 | | 20 à 30 €

Acheté en 2007 par Sir David Murray, ce domaine fondé en 1850 (9 ha, en grande partie à Santenay, et en conversion bio) fait figure de valeur sûre en Côte-d'Or. En 2008, une structure de négoce est venue compléter la production de la propriété. L'œnologue est William Waterkeyn.

De ce *climat* classé pour moitié en *village* pour moitié en 1er cru, le domaine Jessiaume exploite 30 ares de chardonnay à l'origine d'un 2015 distingué, ouvert sur les fruits blancs (pêche et poire), les agrumes et le boisé. La bouche offre du volume, du gras, de la suavité et une belle longueur gourmande. Bien dans le ton du millésime. ⧗ 2019-2023 ■ **1er cru Les Écussaux 2015 (20 à 30 €; 2900 b.)** : vin cité.

⊶ DOM. JESSIAUME, 10, rue de la Gare, 21590 Santenay, tél. 03 80 20 60 03, contact@jessiaume.com V r.-v. *⊶ Sir David Murray*

DOM. LABRY 2016

| 2800 | | 11 à 15 €

Bernard Labry assure la continuité de l'exploitation d'Auxey-Duresses créée après-guerre par André. La propriété s'étend sur plus de 15 ha. Le vigneron affectionne les élevages longs.

Au nez, l'abricot et la pêche voisine avec les fleurs blanches. De fins arômes que l'on retrouve dans une bouche fraîche, souple, légère. Un vin facile d'accès, à boire dans la jeunesse. ⧗ 2018-2021

⊶ DOM. ANDRÉ ET BERNARD LABRY, 135, rte de Beaune-Melin, 21190 Auxey-Duresses, tél. 03 80 21 21 60, contact@domainelabry.fr V r.-v.

BOURGOGNE

HENRI LATOUR ET FILS Vieilles Vignes 2016 ★

■ | 6230 | 🛢 | | 11 à 15 €

Les Latour cultivent la vigne depuis sept générations à Auxey-Duresses. Installé en 1992, François Latour exploite un domaine de 15 ha, dont l'essentiel est implanté dans sa commune d'origine, le reste à Saint-Romain et à Meursault.

Une vigne de cinquante ans entièrement égrappée est à l'origine de ce vin aux senteurs discrètes mais élégantes de fruits rouges, de fraise notamment. Un fruit que l'on retrouve aux côtés d'un boisé bien intégré dans une bouche dense et ample, dotée de tanins fermes qui laissent entrevoir une bonne garde. ⧗ 2021-2024

HENRI LATOUR ET FILS, 51, rte de Beaune, 21190 Auxey-Duresses, tél. 03 80 21 65 49, h.latour.fils@wanadoo.fr V r.-v.

DOM. MOISSENET-BONNARD
Les Duresses 2016 ★

■ 1er cru | 1500 | 🛢 | | 15 à 20 €

Souvent en vue pour ses pommard, Jean-Louis Moissenet, issu d'une longue lignée vigneronne, a débuté comme responsable du rayon fruits et légumes dans la grande distribution, avant de reprendre en 1988 les vignes familiales provenant de sa grand-mère, Madame Henri Lamarche. Depuis 2015, c'est sa fille Emmanuelle-Sophie qui conduit le domaine et ses 6 ha de vignes.

Né de vénérables ceps de soixante ans, ce 1er cru délivre d'intenses des notes de cerise, de groseille et d'épices. Fruits qui prennent d'assaut une bouche ample et ronde, étayée par des tanins très fins et par une pointe d'acidité bien sentie. ⧗ 2021-2025

JEAN-LOUIS MOISSENET, 4, rue des Jardins, 21630 Pommard, tél. 03 80 24 62 34, emmanuelle-sophie@moissenet-bonnard.com V r.-v.

DAVID MORET 2016

□ | 2000 | 🛢 | | 20 à 30 €

David Moret a créé en 1999 sa maison de négoce, établie derrière les remparts de Beaune. Cet adepte des élevages longs s'est fait une spécialité de la vinification «haute couture» des blancs de la Côte de Beaune.

Après quatorze mois d'élevage, ce *village* se présente dans une robe dorée d'une belle limpidité. Son nez allie les notes grillées du fût aux fleurs blanches et à la pierre à fusil. Porté par une matière riche et encore marquée par la jeunesse de son boisé, la bouche appelle un peu de garde. ⧗ 2019-2023

SARL DAVID MORET, 1 et 3, rue Émile-Goussery, 21200 Beaune, tél. 03 80 24 00 70, davidmoret.vins@orange.fr V r.-v.

MAX ET ANNE-MARYE PIGUET-CHOUET
Les Heptures Cuvée Mathis 2016 ★

■ | 3000 | 🛢 | | 15 à 20 €

Un domaine de 10 ha, 100 % familial et 100 % beaunois, né en 1981 de l'union de Max Piguet-Chouet (sixième génération de vignerons) avec Anne-Marye (issue de la plus ancienne famille vigneronne de Meursault), rejoints par leurs fils Stéphane et William en 2004. Souvent en vue pour ses auxey-duresses et ses meursault.

Ce lieu-dit est situé au-dessus du hameau du Petit Auxey. Dans le verre, un vin sombre aux reflets violines, mêlant au nez le cassis, la mûre et la réglisse. En bouche, on découvre un auxey suave, corpulent et bien charpenté, bâti pour la garde. ⧗ 2021-2028 ■ **1er cru Le Val Cuvée Stéphane 2016 (20 à 30 €; 2100 b.)** : vin cité.

MAX ET ANNE-MARYE PIGUET-CHOUET, 16, rte de Beaune, 21190 Auxey-Duresses, tél. 03 80 21 25 78, piguet.chouet@wanadoo.fr V r.-v.

DOM. JEAN-PIERRE ET LAURENT PRUNIER
Les Duresses 2016 ★

■ 1er cru | 2650 | 🛢 | | 15 à 20 €

Jean-Pierre Prunier a laissé son vignoble de 10 ha à ses deux fils: Pascal, établi à Meursault, et Laurent, installé depuis 1992. Une valeur sûre en auxey-duresses et en monthélie.

Ce 1er cru dévoile à l'olfaction un beau fruité de griotte relevé d'une touche d'épices. En bouche, il apparaît ample, compact, solide, soutenue par des tanins fermes et prolongé par une finale droite et fraîche. ⧗ 2021-2026

JEAN-PIERRE ET LAURENT PRUNIER, 1, rue Traversière, 21190 Auxey-Duresses, tél. 03 80 21 27 51, domaine.prunier@wanadoo.fr V r.-v.

DOM. VINCENT PRUNIER 2015

□ | 4200 | 🛢 | | 15 à 20 €

Au départ, en 1988, 2,5 ha de vignes hérités des parents, non viticulteurs; le vignoble couvre 12,5 ha aujourd'hui, et Vincent Prunier s'est imposé comme l'une des valeurs sûres de la Côte de Beaune. En complément de son domaine, il a créé une petite structure de négoce en 2007.

Une vigne de soixante ans est à l'origine de ce vin aux parfums d'agrumes et de fleurs blanches sur fond de boisé bien fondu, minéral et frais en bouche. Un ensemble équilibré et alerte. ⧗ 2019-2022

VINCENT PRUNIER, 53, rte de Beaune, 21190 Auxey-Duresses, tél. 03 80 21 27 77, domaine.prunier.vincent@wanadoo.fr V r.-v.

DOM. MICHEL PRUNIER ET FILLE
Vieilles Vignes 2016

□ | 1300 | 🛢 | | 20 à 30 €

Les Prunier sont vignerons à Auxey depuis cinq générations. Michel, installé en 1968, transmet progressivement à sa fille Estelle un domaine de 12 ha souvent en vue pour ses auxey-duresses.

De vénérables ceps de quatre-vingt-deux ans ont donné naissance à ce vin d'un beau jaune soutenu, ouvert sur des senteurs de fleurs blanches, de miel et de vanille. En bouche, il propose un bon équilibre rondeur-fraîcheur et se voit dynamisé par une fine amertume en finale. ⧗ 2019-2022

DOM. MICHEL PRUNIER ET FILLE, 18, rte de Beaune, 21190 Auxey-Duresses, tél. 03 80 21 21 05, domainemichelprunier-fille@wanadoo.fr V r.-v.

DOM. DE LA ROCHE AIGUË 2016

	5700		11 à 15 €

Florence et Éric Guillemard, établis à la sortie d'Auxey-Duresses depuis 1995, conduisent un vignoble de 14 ha en auxey-duresses, saint-romain, meursault, pommard et hautes-côtes.

Au nez, l'acacia, la pomme et la poire s'associent au boisé. La bouche se révèle d'un bon volume, équilibrée en offrant du gras en même temps qu'une fine acidité. 2019-2022

ÉRIC GUILLEMARD, 145, rte de Beaune, Melin, 21190 Auxey-Duresses, tél. 03 80 21 28 33, guillemarderic@wanadoo.fr V r.-v.

SAINT-ROMAIN

Superficie : 96 ha
Production : 3 900 hl (55 % blanc)

À l'ouest de Meursault, le site mérite une excursion : le village de Saint-Romain se blottit au fond d'une combe, adossé à de superbes falaises. Son vignoble est situé dans une position intermédiaire entre la Côte et les Hautes-Côtes. Les vins rouges sont fruités et gouleyants; les terrains argileux, avec des bancs marno-calcaires, conviennent bien au chardonnay.

DOM. BAROLET-PERNOT 2016 ★

	3500		11 à 15 €

André Barolet s'installe sur le domaine en 1947 et épouse Huguette Pernot dix ans plus tard. En 1985, Didier rejoint l'exploitation, et ensemble ils développent la vente de bouteilles aux particuliers, tout en créant un caveau de dégustation. En 2015, Romain, le fils de Didier, les rejoint sur un domaine qui compte désormais 14 ha répartis sur six appellations.

Cette cuvée importante issue de 3,5 ha sur les 14 que compte le domaine affiche un nez bien ouvert sur la vanille, le toasté et les fleurs blanches. Une attaque tendue prélude un palais frais et net, de belle longueur et bien épaulé par le bois. 2019-2022

DOM. BAROLET-PERNOT, Rue Poillange, 21190 Saint-Romain, tél. 03 80 21 20 88, barolетromain@gmail.com V r.-v.

DOM. DE BELLENE Vieilles Vignes 2016 ★★

	12275		20 à 30 €

Nicolas Potel a créé son propre domaine en 2006 suite à l'acquisition et la reprise de vignes en Côte de Nuits et en Côte de Beaune. De 13 ha en 2007, il exploite aujourd'hui 22 ha répartis entre Santenay et Vosne-Romanée. Il met l'accent sur le respect de l'environnement et raisonne les apports en sulfites dans ses vins pour préserver l'identité de ses terroirs.

Le coup de cœur fut mis aux voix pour cette cuvée née d'une vigne de cinquante-cinq ans, vinifiée et élevée en demi-muids (600 l) Le résultat est un saint-romain complexe et élégant, sur les agrumes, le pain grillé, le beurre, l'aubépine et l'amande, au palais ample, dense et profond, bien tendu en finale. 2019-2023

NICOLAS POTEL, 41, rue du Fg-Saint-Nicolas, 21200 Beaune, tél. 03 80 20 67 64, contact@domainedebellene.com V r.-v. *Nicolas Potel*

DOM. BOHRMANN
Clos sous le château Monopole 2015

	5000		20 à 30 €

Un domaine créé en 2002 par Sofie Bohrmann, d'origine belge, qu'elle gère avec Dimitri Blanc, son complice de vigne et de chai: 12 ha conduits en bio non certifié depuis 2007.

Ce monopole de 1 ha livre un vin qui sent bon les fleurs blanches et le thé sur fond de boisé discret. Une attaque franche dévoile une bouche elle aussi florale, fraîche sans manquer de rondeur. 2019-2023

SCEA DOM. BOHRMANN, 9, rue de la Barre, 21190 Meursault, tél. 03 80 21 60 06, domaine.bohrmann@wanadoo.fr V r.-v.

CHRISTOPHE BUISSON 2015 ★

	9500		20 à 30 €

Plutôt que maçon, comme son père, Christophe Buisson a choisi d'être vigneron. D'abord courtier, il crée son domaine à Saint-Romain en 1996: 7 ha (en bio) complétés en 2007 par une petite activité de négoce, avec des vins souvent en vue en saint-romain et en auxey-duresses. En 2015, le domaine a fusionné avec le négoce Alex Gambal pour devenir le domaine Gambal Buisson, Christophe conservant un rôle de consultant et se consacrant désormais au développement de la partie négoce à son nom.

Après dix-huit mois d'élevage en fût, ce saint-romain issu du négoce livre un bouquet généreux de fruits jaunes mûrs, de miel, d'amande et de fleurs blanches. Un profil solaire que l'on retrouve dans une bouche ample et riche. 2019-2023

CHRISTOPHE BUISSON, 34, rue de la Tartebouille, 21190 Saint-Romain, tél. 06 64 86 07 29, sarlchristophebuisson@wanadoo.fr V r.-v.

B DOM. HENRI ET GILLES BUISSON
Sous la velle 2016

	6000		20 à 30 €

Avec l'arrivée en 2009 sur le domaine familial (19 ha) des fils de Gilles Buisson, Franck et Frédérick, la conversion bio que le grand-père Henri, novateur, avait entamée dans les années 1970 a été officialisée et acquise en 2012.

Ce vin dévoile un bouquet intense et frais d'agrumes, de poire et de silex. Une fraîcheur que l'on retrouve dans une bouche alerte et fruitée, à la finale saline. 2019-2023

FRANCK ET FRÉDÉRIC BUISSON, imp. du Clou, 21190 Saint-Romain, tél. 03 80 21 22 22, contact@domaine-buisson.com V r.-v.

DOM. DENIS CARRÉ Le Jarron 2015 ★

	n.c.		15 à 20 €

À Meloisey, dans les Hautes-Côtes, Martial et Gaëtane Carré ont rejoint leur père Denis, fondateur en 1975 de ce domaine qui excelle dans plusieurs

AOC, en hautes-côtes-de-beaune, saint-romain et pommard notamment.

Les 12,09 ha de ce lieu-dit forment la continuité de la combe d'Auxey. Le terme de «jarrie» dont est issu son nom vient de l'ancien français désignant une terre pierreuse sur laquelle ne poussent que des plantes broussailleuses comme le chêne vert ou encore le houx. Planté de pinot noir, ce *climat* donne ici naissance à un saint-romain expressif, sur les fruits rouges et les épices, ample et charnu en bouche, doté de tanins fins et soyeux. ⧗ 2021-2026

⊶ MARTIAL CARRÉ, 1, rue du Puits-Bouret, 21190 Meloisey, tél. 03 80 26 02 21, domainedeniscarre@wanadoo.fr V r.-v.

Ⓑ CLOS DU MOULIN AUX MOINES 2016 ★

	498		20 à 30 €

Un domaine historique, propriété de l'abbaye de Cluny au Xᵉs., puis de Cîteaux pendant six siècles. Une très longue histoire rythmée par plusieurs propriétaires, par la famille Andrieu depuis 2008. Le vignoble s'étend sur 15,5 ha (en bio et biodynamie), dont quatre parcelles en monopole.

Le gel de 2016 a réduit les 90 ares de la vigne à seulement 498 bouteilles... Peu mais bon: jolie robe étincelante, nez délicatement floral et boisé, bouche bien équilibrée, ni trop vive ni trop riche, et de bonne longueur. ⧗ 2019-2023

⊶ SCEA CLOS DU MOULIN AUX MOINES, lieu-dit Moulin-aux-Moines, 21190 Auxey-Duresses, tél. 03 80 21 60 79, info@moulinauxmoines.com V r.-v.

MAISON DUJARDIN Sous le château 2016

	1100		15 à 20 €

À leur départ à la retraite en 2007, les Bouzerand ont confié les clés du domaine (7 ha) et de ses caves cisterciennes des XIIᵉ et XVᵉs. à Ulrich Dujardin, installé ici depuis 1990. Le vigneron a lancé sa maison de négoce en 2014.

Sous l'étiquette de son négoce, Ulrich Dujardin a composé une cuvée agréable, aux parfums de brioche et de fruits exotiques, ronde et suave en bouche, qui laisse imaginer un bon potentiel de conservation. ⧗ 2021-2024

⊶ ULRICH DUJARDIN, 1, Grande-Rue, 21190 Monthelie, tél. 03 80 21 20 08, domaine-dujardin@orange.fr V r.-v.

DOM. GERMAIN PÈRE ET FILS Sous le château 2016

■	5000		15 à 20 €

Un domaine créé en 1955 par Bernard Germain, rejoint en 1976 par son fils Patrick, avec lequel il lance la mise en bouteilles. En 2010, Arnaud, le petit-fils, s'installe sur l'exploitation. Il conduit 16 ha, complétés par une activité de négoce à son nom.

Ce saint-romain de belle extraction s'ouvre sur la griotte à l'alcool, la vanille et le toasté. En bouche, il se montre riche, ample, charnu, adossé à des tanins fins qui ajoutent à son élégance et à sa longueur. ⧗ 2021-2025

⊶ ARNAUD GERMAIN, 34, rue de la Pierre-Ronde, 21190 Saint-Romain, tél. 03 80 21 60 15, contact@domaine-germain.com V *t.l.j. sf dim. 8h30-12h 13h30-18h30*

♥ JAFFELIN 2016 ★★

	1800		15 à 20 €

Cette maison de négoce-éleveur implantée à Beaune depuis 1816 appartient à la galaxie des vins Boisset. Elle conserve son autonomie d'achat avec Marinette Garnier à sa tête, une jeune œnologue qui a pris la suite de Prune Amiot en 2011. En vue notamment pour ses pernand-vergelesses et ses auxey-duresses.

D'un bel or intense et brillant, ce saint-romain dévoile un bouquet racé d'amande grillée, de toasté, de fleurs blanches et de fruits jaunes (pêche, abricot). En bouche, il se révèle ample, consistant, beurré et long, souligné par une fine minéralité qui amène longueur et fraîcheur. ⧗ 2020-2024

⊶ MAISON JAFFELIN, 2, rue Paradis, 21200 Beaune, tél. 03 80 22 12 49, jaffelin@maisonjaffelin.com V r.-v.

HENRI LATOUR ET FILS Le Jarron 2016 ★

	4290		15 à 20 €

Les Latour cultivent la vigne depuis sept générations à Auxey-Duresses. Installé en 1992, François Latour exploite un domaine de 15 ha, dont l'essentiel est implanté dans sa commune d'origine, le reste à Saint-Romain et à Meursault.

Avec ses 12 ha, ce terroir est l'un des plus grands *climats* de Saint-Romain. François Latour y cultive 1,32 ha de chardonnay qui ont donné ce vin limpide et brillant, au nez mentholé et grillé. La bouche apparaît nette, fraîche, élégante et croquante, prolongée par une touche saline du meilleur effet. ⧗ 2019-2023

⊶ HENRI LATOUR ET FILS, 51, rte de Beaune, 21190 Auxey-Duresses, tél. 03 80 21 65 49, h.latour.fils@wanadoo.fr V r.-v.

OLIVIER LEFLAIVE 2015 ★

	8650		20 à 30 €

Négociant-éleveur établi à Puligny-Montrachet depuis 1984, Olivier Leflaive, l'une des références de la Côte de Beaune, collectionne les étoiles, côté cave (négoce et domaine) et côté hôtellerie : quatre pour son hôtel de Puligny. Au chai, l'œnologue Franck Grux et son complice Philippe Grillet.

Cette cuvée issue de la partie négoce se distingue par des parfums expressifs de fleurs blanches, de marron et de grillé. En bouche, elle affiche un bel équilibre entre fraîcheur citronnée, gras et boisé. ⧗ 2019-2023

⊶ LEFLAIVE, pl. du Monument, 21190 Puligny-Montrachet, tél. 03 80 21 37 65, contact@olivier-leflaive.com V r.-v.

♥ DOM. MARTENOT MALLARD
Les Poillanges 2016 ★★

	12000		15 à 20 €

À l'origine, le domaine de la Perrière, créé par Bernard Martenot. La nouvelle génération a pris la relève en 2010 sur un vignoble de 15 ha et sous l'étiquette Martenot-Mallard.

Une importante cuvée par la quantité, qui représente 3,16 ha, soit le tiers de ce *climat*. Importante aussi par la qualité avec un saint-romain brillant à tous les sens du terme, ouvert sur de fines fragrances exotiques mâtinées d'un boisé délicat, ample, riche, gras et long en bouche. ⧗ 2019-2023 ■ **La Perrière les Vieilles Vignes 2016 ★ (15 à 20 €; 7200 b.)** : un vin expressif (ananas, pêche, abricot, fin boisé), consistant, généreux et charnu en bouche. Un profil plutôt solaire. ⧗ 2019-2023

MARTENOT MALLARD, 11, rue de la Perrière, 21190 Saint-Romain, tél. 06 42 94 20 63, bernard.martenot@wanadoo.fr r.-v.

CH. DE MELIN Sous château 2016 ★

■	8000		11 à 15 €

La famille cultive la vigne depuis sept générations. Ingénieur dans le BTP, Arnaud Derats a repris le domaine de son grand-père Paul Dumay à Sampigny-lès-Maranges. En 2000, il a acquis le Ch. de Melin (XVIe s.) à Auxey-Duresses et y a transféré ses caves. Le vignoble (25 ha) a engagé graduellement sa conversion bio (certification en 2012 pour certaines appellations).

Ce vin dévoile un nez délicat et complexe de rose, de coriandre et de toasté. En bouche, il apparaît rond, tendre et long, adossé à des tanins soyeux et fins. Un saint-romain élégant et racé. ⧗ 2021-2025

SCEA CH. DE MELIN, Ch. de Melin, Melin, 21190 Auxey-Duresses, tél. 03 80 21 21 19, derats@chateaudemelin.com r.-v. 5

DOM. NICOLAS PÈRE ET FILS
En Chevrot 2016 ★★

	2100		11 à 15 €

Un domaine familial de 18 ha établi sur les hauteurs de Nolay, dans les Hautes-Côtes beaunoises, et conduit depuis 1987 par Alain Nicolas, représentant la cinquième génération. Les enfants, Mylène et Benoît, s'apprêtent à prendre la relève.

Les 8,66 ha de ce petit vallon que les locaux appelaient « le creux de Chevrot » n'était pas un lieu de pâture pour les chèvres mais l'évolution du mot « chave », qui définit un lieu creux, un terrain enfoncé. Alain Nicolas y exploite 30 ares de chardonnay à l'origine de ce vin pâle, élégant et complexe (pêche, touche crayeuse, boisé fin), souple et tendre, avec en soutien une acidité parfaitement dosée qui tient la bouche en haleine. ⧗ 2019-2023

DOM. NICOLAS PÈRE ET FILS, 38, rte de Cirey, 21340 Nolay, tél. 03 80 21 82 92, contact@domaine-nicolas.fr *t.l.j. 9h-12h 14h-18h30; dim. sur r.-v.*

STÉPHANE PIGUET En Poillange 2016

	2000		15 à 20 €

Ouvrier viticole depuis 2003 sur la propriété de ses parents, Max et Anne-Marye Piguet-Chouet, Stéphane Piguet a entrepris en 2012 de créer sa propre activité de négoce pour élargir la gamme du domaine, qui s'étend aujourd'hui aux appellations saint-romain, puligny-montrachet et corton-charlemagne.

Une vigne de quarante ans est à l'origine de ce 2016 plaisant par son nez mentholé et boisé comme par son palais qui combine fruité croquant et fraîcheur. ⧗ 2019-2023

STÉPHANE PIGUET, 16, rte de Beaune, 21190 Auxey-Duresses, tél. 06 87 54 59 02, maisonstephanepiguet@yahoo.fr r.-v.

VAL DE MERCY GRANDS VINS
Sous le château 2015

	1000		15 à 20 €

En 1680, les vins étaient produits par le Clos du Château du Val de Mercy, situé à Chitry, dans l'Yonne. Le nouveau propriétaire du domaine (30 ha) perpétue la tradition viticole au-delà de ses terres pour fournir des vins du Chablisien, de l'Auxerrois et de la Côte de Beaune. Une activité de négoce complète la gamme de la propriété.

Avec 23,85 ha, ce *climat* est le plus grand de l'appellation. Il tourne autour de la colline faisant varier son exposition de sud à est. Issue du négoce, cette cuvée née de ceps de vingt-cinq ans développe un nez « très chardonnay » de petites fleurs blanches sur fond boisé, prolongé par une bouche souple et équilibrée. ⧗ 2019-2023

CH. DU VAL DE MERCY, 4, rue des Écoles, 21630 Pommard, tél. 03 80 22 77 34, roy@valdemercy.com r.-v.

MEURSAULT

Superficie : 395 ha
Production : 18 540 hl (98 % blanc)

La commune chevauche une vallée qui prolonge celle d'Auxey-Duresses et marque une sorte de frontière: avec Meursault commence la véritable production de grands vins blancs. Certains de ses 1ers crus sont mondialement réputés: Les Perrières, Les Charmes, Les Poruzots, Les Genevrières, Les Gouttes d'Or... Ils allient la subtilité à la force, la fougère à l'amande grillée, l'aptitude à être consommés jeunes au potentiel de garde. Si Meursault est bien la « capitale des vins blancs de Bourgogne », elle n'en fournit pas moins quelques vins rouges, issus des terroirs voisins de Volnay, au nord. Ses « petits châteaux » attestent une opulence ancienne. La Paulée, qui a pour origine le nom du repas pris en commun à la fin des vendanges, est devenue une manifestation qui clôt en novembre les « Trois Glorieuses », journées au cours desquelles se déroule la vente des Hospices de Beaune.

JEAN-LUC ET PAUL AEGERTER
Réserve personnelle 2016

	5000		50 à 75 €

Jean-Luc Aegerter fonde son négoce en 1988. Il achète ses premières vignes en 1994 (7 ha aujourd'hui) et son

fils Paul le rejoint en 2001. La maison propose une vaste gamme allant des AOC régionales aux grands crus, du Chablisien au Mâconnais en passant par les deux Côtes.

Au nez, ce *village* dévoile des parfums engageants de fruits secs, de vanille, de toasté, de fleurs blanches et de citron. En bouche, il se montre rond, chaleureux et gras, dynamisé par une pointe de fraîcheur bienvenue en finale. ⧗ 2019-2023

JEAN-LUC ET PAUL AEGERTER, 49, rue Henri-Challand, 21700 Nuits-Saint-Georges, infos@aegerter.fr

DOM. BERTHELEMOT Les Tillets 2016

	1230		30 à 50 €

Un domaine créé par Brigitte Berthelemot en 2006 avec la reprise des vignes de Jean Garaudet et d'Yves Darviot: 8 ha dans plusieurs communes de la Côte de Beaune et dans les Hautes-Côtes, administrés avec Marc Cugney. Un duo complémentaire, à en juger par sa régularité depuis son installation.

Ce *climat* perché sur les hauteurs de la montagne Saint Christophe domine Meursault. Il doit son nom à la présence de tilleuls, appelés «tillets» au Moyen Âge, époque à laquelle on les utilisait pour leurs vertus médicinales. Dans le verre, un vin dominé par des notes de raisin mûr et d'agrumes, fin en bouche et bien équilibré entre fraîcheur et rondeur. ⧗ 2019-2023

BRIGITTE BERTHELEMOT, 24, rue des Forges, BP 30008, 21190 Meursault, tél. 03 80 21 68 61, contact@domaineberthelemot.com V r.-v.

DOM. ÉRIC BOUSSEY Limozin 2016

	1000		20 à 30 €

Grande famille de vignerons de Monthelie (Jean-Baptiste, le grand-père, fut l'un des précurseurs de la mise en bouteilles), les Boussey exploitent 5 ha répartis sur plusieurs AOC en Côte de Beaune. Éric, installé en 1981, a complété son activité en 2007 par une structure de négoce.

Une cuvée souvent en vue dans ces pages, qui doit son nom à une rivière. Le vin dévoile des parfums harmonieux et bien typés de brioche beurrée, de poire et de fleurs blanches. En bouche, il attaque sur la vivacité avant de se faire plus gras et rond, une touche citronnée venant dynamiser la finale. Un meursault équilibré. ⧗ 2019-2023

ÉRIC BOUSSEY, 21, Grande-Rue, 21190 Monthelie, tél. 03 80 21 60 70, ericboussey@orange.fr V r.-v.

♥ DOM. JEAN-MARIE BOUZEREAU 2015 ★★

	9000		30 à 50 €

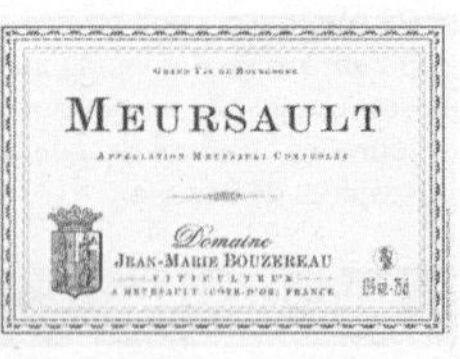

Jean-Marie Bouzereau s'est établi en 1994 sur une partie du domaine familial et conduit un vignoble de 9 ha. Valeur sûre de l'appellation meursault, il vinifie aussi en puligny, volnay, pommard et beaune.

Valeur sûre de l'appellation, Jean-Marie Bouzereau signe, dans le solaire millésime 2015, un vin admirable de fraîcheur. Au nez, des parfums de fleurs blanches, de fruits cuits et de boisé torréfié s'allient à une fine touche minérale. La bouche se montre certes riche et suave, comme attendue d'un meursault, mais elle paraît aussi très croquante et alerte, soulignée de bout en bout par une acidité savamment dosée qui apporte beaucoup de longueur et lui confère un caractère aérien. ⧗ 2020-2024 **1er cru 2015 ★ (30 à 50 €; 600 b.)** : un vin expressif, floral, fruité (écorce d'orange) et miellé, très équilibré en bouche, offrant du gras et une belle fraîcheur qui cisèle une longue finale. ⧗ 2021-2026 **Les Narvaux 2016 ★ (30 à 50 €; 2000 b.)** : un meursault qui s'ouvre à l'agitation sur les fleurs blanches et le boisé; arômes prolongés par une bouche séveuse et fraîche, minérale et citronnée. ⧗ 2020-2024

JEAN-MARIE BOUZEREAU, 5, rue de la Planche-Meunière, 21190 Meursault, tél. 03 80 21 62 41, jm.bouzereau@club-internet.fr V r.-v.

♥ DOM. VINCENT BOUZEREAU Les Charmes 2015 ★★

1er cru	1800		50 à 75 €

Issu d'une ancienne famille de vignerons et installé dans l'ancien prieuré du château de Meursault, dont l'un de ses ancêtres était propriétaire, Vincent Bouzereau a pris la suite de son père en 1990 à la tête de ce domaine de 10 ha, souvent en vue pour ses meursault.

Coup de cœur dans ses versions 2009 et 2013, ce 1er cru emblématique de l'appellation fait aussi bien dans le millésime 2015. Né d'une vigne de quarante ans, il se distingue d'emblée par sa seyante robe dorée et par son bouquet diablement gourmand de fleurs blanches, de brioche beurrée et de poire mûre. La bouche se révèle ample, suave et riche sans lourdeur, soulignée de bout en bout par une fine acidité. ⧗ 2020-2024

VINCENT BOUZEREAU, 25, rue de Mazeray, 21190 Meursault, tél. 03 80 21 61 08, vincent.bouzereau@wanadoo.fr V r.-v.

♥ HUBERT BOUZEREAU-GRUÈRE ET FILLES Charmes 2016 ★★

1er cru	2000		30 à 50 €

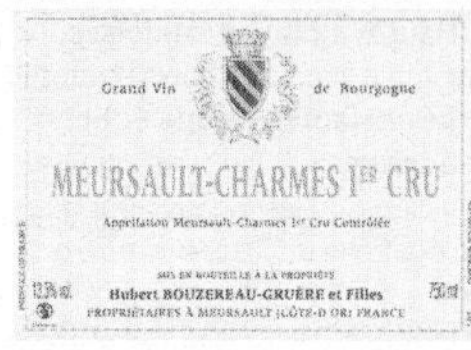

Installé en 1965, Hubert Bouzereau exploite avec ses filles Marie-Laure et Marie-Anne un vignoble de 10 ha réparti sur six villages de la Côte de Beaune. Un domaine souvent en vue pour ses meursault, puligny et chassagne. Anecdote bien connue des œnophiles bourguignons: le vigneron a figuré en tant que pompier de Meursault dans le cultissime *La Grande Vadrouille* de Gérard Oury, un sujet de conversation savoureux au caveau…

Les Charmes des Bouzereau sont régulièrement en vue dans ces colonnes. La version 2016 est magnifique. La robe est éclatante et intense, tout comme le nez, ouvert et complexe, sur la noisette grillée, le lys, le coing et la pierre à fusil. La bouche se révèle ample, riche, concentrée, charnue et pourtant toujours fraîche, de bout en bout, soulignée par la minéralité des lieux. Une superbe expression du terroir. ⧗ 2021-2028

MARIE-ANNE ET MARIE-LAURE BOUZEREAU, 22A, rue de la Velle, 21190 Meursault, tél. 03 80 21 20 05, contact@bouzereaugruere.com V r.-v. ③

CHAPELLE DE BLAGNY Blagny 2015 ★

1er cru	6600		30 à 50 €

Ancienne propriété cistercienne, le domaine est exploité depuis 1811 par la famille de Jean-Louis de Montlivault, qui a passé le relais à son gendre Étienne de Bréchard en 2013. Les 7 ha de la propriété sont labellisés Haute Valeur Environnementale depuis 2015.

Les vins du hameau de Blagny sont uniquement rouges si le nom de leur commune natale, Puligny ou Meursault, ne leur est pas adjoint. Étienne de Bréchard exploite 5 ha de chardonnay sur ce terroir. Il en tire un joli meursault ouvert sur le boisé grillé et vanillé, les fleurs blanches et les fruits jaunes, au palais bien équilibré, à la fois frais et bien concentré. ⧗ 2019-2024

ÉTIENNE DE BRECHARD, 2 bis, hameau de Blagny, 21190 Meursault, tél. 06 81 61 61 87, contact@chapelledeblagny.fr V r.-v.

CHRISTIAN CHOLET-PELLETIER 2016 ★

	900		15 à 20 €

Christian Cholet a débuté avec le caniculaire millésime 1976. Établi dans la plaine, entre Meursault et Puligny-Montrachet, il conduit aujourd'hui, avec sa fille Florence, œnologue, un vignoble de 8 ha et s'illustre avec régularité dans ces pages, notamment par ses auxey-duresses.

Quarantième vendange pour Christian Cholet avec ce millésime 2016. Dans le verre, un meursault bien sous tous rapports, expressif et complexe (fleurs et fruits blancs, agrumes, beurre, miel), ample, suave sans lourdeur et long en bouche, étayé par une fine fraîcheur et un boisé bien intégré. ⧗ 2020-2026

CHRISTIAN CHOLET, 40, rue de la Citadelle, 21190 Corcelles-les-Arts, tél. 03 80 21 47 76 V r.-v.

DOM. DUPONT-FAHN Les Vireuils 2016

	n.c.		20 à 30 €

Depuis le cœur de Monthelie, ce producteur exploite 4 ha de vignes toutes situées en Côte de Beaune. Une originalité: il produit aussi en IGP Pays d'Oc.

Les Vireuils forment un virage sous la colline Saint-Christophe. C'est le nom donné à une parcelle qui suit et contourne le coteau. On le retrouve aussi dans le vignoble voisin d'Auxey-Duresses, au lieu-dit Les Vireux. Michel Dupont-Fahn en tire un 2016 très solaire, centré sur les fruits très mûrs, presque confits, au palais très riche, chaleureux et gras. Pour amateurs de vins blancs suaves et concentrés. ⧗ 2019-2024

MICHEL DUPONT-FAHN, Les Troisières, 21190 Monthelie, domaine.dupontfahn@gmail.com

DOM. RAYMOND DUPONT-FAHN Les Clous 2016 ★

	3000		15 à 20 €

Établi à Tailly, petite localité pittoresque qui campe dans la plaine agricole de Meursault, Raymond Dupont-Fahn incarne la troisième génération de vignerons sur ce domaine de 6 ha régulier en qualité.

Entre Les Clous «Du dessus» et ceux «Du dessous», ce *climat*, le plus vaste au niveau communal, forme un large rectangle de 18 ha en milieu de coteau. Raymond Dupont-Fahn y cultive 80 ares de chardonnay qui ont donné un meursault expressif, sur les fleurs et les fruits blancs, très bien équilibré en bouche, offrant un gras intense et aussi beaucoup de fraîcheur. ⧗ 2019-2025

DUPONT-FAHN, 70, rue des Eaux, 21190 Tailly, tél. 06 14 38 53 21, domaine.raymond.dupontfahn@orange.com V r.-v.

BOURGOGNE

JEAN FÉRY ET FILS Les Bouchères 2015

1er cru	614		30 à 50 €

Un domaine familial des Hautes-Côtes de Beaune créé en 1890 et développé dans les années 1990 par Jean-Louis Féry: aujourd'hui, 14 ha en bio certifié (depuis 2011) en Côte de Nuits et en Côte de Beaune. Depuis 2016, Frédéric Féry, fils de Jean-Louis, assure la gestion du domaine, avec notamment l'appui de Laurence Danel, œnologue.

Entre 250 et 300 m d'altitude, ce *climat* était autrefois planté de broussailles et de buis. Les Féry y exploitent une petite parcelle de 16 ares, à l'origine de ce meursault ouvert sur les agrumes, généreux et gras en attaque, plus frais et acidulé dans son développement. ⧗ 2019-2024

DOM. JEAN FÉRY ET FILS, 1, rte de Marey, 21420 Échevronne, tél. 03 80 21 59 60, fery.vin@orange.fr V r.-v. Ⓓ

DOM. GLANTENAY Les Santenots 2016 ★

	900		30 à 50 €

Ce domaine de 8 ha est conduit depuis quatre siècles par la famille Glantenay, qui a accueilli en 2012 une nouvelle génération: Guillaume et sa sœur Fanny, enfants de Pierre. Les vignes sont situées sur Volnay, Pommard, Monthélie, Meursault et Chambolle-Musigny.

Sur ce *climat*, qui tire son nom du latin *sentes* (ronces), les raisins rouges donnent du volnay, les blancs du meursault. Les Glantenay exploitent 10 ares côté chardonnay et signent un 2016 au nez joliment minéral, fruité et légèrement empyreumatique, ample, rond et intense en bouche, souligné par une belle fraîcheur et un bon boisé fondu. ⧗ 2021-2028

GLANTENAY GEORGES ET FILS, 3. rue de la Barre, 21190 Volnay, tél. 03 80 21 61 82, contact@domaineglantenay.com V r.-v.

ALBERT GRIVAULT Clos des Perrières Monopole 2016 ★

1er cru	6176		75 à 100 €

Un domaine créé en 1879 par Albert Grivault, ancien distillateur de Béziers devenu vigneron; un dégustateur expert également, qui représenta la Bourgogne au Jury du Concours des vins de l'Exposition universelle de

Paris en 1900. Ses héritiers – Claire Bardet à la gérance depuis 2004 – exploitent aujourd'hui un vignoble de 6 ha, essentiellement planté en chardonnay, dont le meursault 1er cru Clos des Perrières, un clos de 1 ha monopole du domaine.

Cette cuvée est née d'une vigne d'une trentaine d'années située dans le centre de Meursault, au cœur du *climat* Les Perrières. Au nez, elle convoque les notes minérales et les agrumes. En bouche, elle se montre souple et bien fraîche, sans manquer de volume et de rondeur. ⧗ 2019-2025 ■ **Clos du Murger 2016 (30 à 50 €; 7300 b.)** : vin cité.

⊶ ALBERT GRIVAULT, 7, pl. du Murger, 21190 Meursault, tél. 03 80 21 23 12, albert.grivault@wanadoo.fr V *r.-v.*

DOM. ANTONIN GUYON Les Charmes Dessus 2015

■ 1er cru	2500	⬮	50 à 75 €

Ce domaine s'est constitué à partir des années 1960 sur un vaste vignoble de 48 ha, principalement en 1ers et en grands crus, allant de Gevrey-Chambertin à Meursault. Une exploitation régulière en qualité, conduite par Dominique Guyon, fils d'Antonin.

Qu'ils soient issus du «dessus» ou du «dessous», les Charmes se situent toujours à mi-coteau, autour des 250 m d'altitude. Dominique Guyon y cultive une vigne de trente ans à l'origine de ce vin au nez floral et à la bouche souple, fraîche et boisée. ⧗ 2020-2024

⊶ DOM. ANTONIN GUYON, 21420 Savigny-lès-Beaune, tél. 03 80 67 13 24, domaine@guyon-bourgogne.com V *r.-v.*

PATRICK JAVILLIER Cuvée Tête de Murger 2015 ★

■	n.c.	⬮	50 à 75 €

Après des études d'œnologie, Patrick Javillier a repris l'exploitation familiale de Meursault et vinifié ses premières cuvées en 1974. Il conduit aujourd'hui un vignoble de 10 ha répartis sur cinq communes de la Côte de Beaune, de Puligny-Montrachet à Pernand-Vergelesses.

Cette cuvée provient d'un assemblage entre les *climats* Les Casse-Têtes et Les Murgers de Monthélie. Elle présente un nez intense et élégant de miel, d'acacia et de fruits jaunes. La bouche associe une belle fraîcheur à une chair ronde et tendre. Un ensemble très harmonieux, qui vieillira bien. ⧗ 2020-2026 ■ **Les Clousots 2015 ★ (30 à 50 €; n.c.)** : un vin d'une bonne complexité (fleurs blanches, amande, notes mentholées et grillées), ample et concentré en bouche, avec un bon boisé en soutien. ⧗ 2020-2024 ■ **Les Tillets 2015 (30 à 50 €; n.c.)** : vin cité.

⊶ DOM. PATRICK JAVILLIER, 9, rue des Forges, 21190 Meursault, tél. 03 80 21 27 87, contact@patrickjavillier.com V *r.-v.*

DOM. SYLVAIN LANGOUREAU La Pièce sous le bois 2016

■ 1er cru	3000	⬮	30 à 50 €

Représentant la cinquième génération, Sylvain Langoureau s'est installé en 1988 à la tête du domaine familial, dont les bâtiments datent de 1647. Fort de 10 ha, le vignoble est régulièrement en vue pour ses saint-aubin blancs.

Une cuvée souvent en vue dans ces pages, née sur un *climat* qui se partage entre blagny (vins rouges), puligny ou meursault (vins blancs). Ici, un meursault au nez plaisant de chèvrefeuille et d'agrumes, souple, frais et harmonieux en bouche. ⧗ 2019-2023

⊶ DOM. SYLVAIN LANGOUREAU, 20, rue de la Fontenotte, 21190 Saint-Aubin, tél. 03 80 21 39 99, domainesylvainlangoureau@orange.fr V *r.-v.*

OLIVIER LEFLAIVE 2015 ★★

■	37500	⬮	30 à 50 €

Négociant-éleveur établi à Puligny-Montrachet depuis 1984, Olivier Leflaive, l'une des références de la Côte de Beaune, collectionne les étoiles, côté cave (négoce et domaine) et côté hôtellerie : quatre pour son hôtel de Puligny. Au chai, l'œnologue Franck Grux et son complice Philippe Grillet.

Après douze mois passé en fût, ce meursault dévoile un bouquet complexe et intense de fruits compotés, de fleurs blanches et de brioche beurrée sur fond de minéralité. Après une attaque souple et fraîche, la bouche se révèle ample, profonde et riche, étirée dans une longue finale et soutenue par un beau boisé toasté. Une cuvée bâtie pour durer. ⧗ 2021-2028

⊶ LEFLAIVE, pl. du Monument, 21190 Puligny-Montrachet, tél. 03 80 21 37 65, contact@olivier-leflaive.com V *r.-v.*

CH. DE MEURSAULT Les Charmes Dessus 2015 ★

■ 1er cru	14730	⬮	75 à 100 €

L'emblématique Ch. de Meursault, haut-lieu du tourisme bourguignon et du folklore vineux – on y célèbre la fameuse Paulée le lendemain de la vente des Hospices de Beaune – a souvent changé de mains: famille de Pierre de Blancheton jusqu'à la Révolution; famille Serre au XIXe s.; famille du comte de Moucheron; famille Boisseaux (maison Patriarche) à partir de 1973. En décembre 2012, nouveau changement: la famille Halley achète le domaine, avant d'acquérir fin 2013 les 60 ha de vignes. Aux commandes du chai: Emmanuel Escutenaire.

D'un bel or lumineux aux reflets verts, ce 1er cru dévoile un nez ouvert et flatteur de fleurs blanches et de vanille. Arômes prolongés par une bouche ample, généreuse, opulente et longue. Beaucoup de présence se dégage de ce meursault, qui vieillira sereinement. ⧗ 2021-2028 ■ **Clos des Grands Charrons 2015 ★ (30 à 50 €; 6108 b.)** : un vin au nez floral, fruité (coing, cédrat) et beurré, bien équilibré en bouche entre une aimable rondeur et une fine vivacité. ⧗ 2019-2023

⊶ DOM. DU CH. DE MEURSAULT, rue du Moulin-Foulot, 21190 Meursault, tél. 03 80 26 22 75, domaine@chateau-meursault.com V *t.l.j. 9h-12h 13h-18h*
⊶ Halley

DOM. RENÉ MONNIER Les Chevalières 2016 ★

■	16000	⬮	20 à 30 €

Ce domaine murisaltien fondé en 1723, propriété de Xavier Monnot, répartit ses 17 ha entre plusieurs AOC beaunoises. Il est régulièrement distingué dans le Guide, notamment pour ses beaune et ses meursault.

Calé au pied du coteau qui part en direction du vignoble voisin d'Auxey-Duresses, ce lieu-dit rappelle que l'on y gardait autrefois les chevaux; le *climat* Les Forges est logiquement son voisin. Xavier Monnot en est le principal producteur avec de 2,45 ha de vignes (sur les 8,71 que compte ce terroir). Il signe un meursault au nez minéral, floral et vanillé, ample et puissant en bouche, étiré dans une belle finale pleine de fraîcheur. ⧗ 2021-2025

⊶ XAVIER MONNOT, 6, rue du Dr-Rolland, 21190 Meursault, tél. 03 80 21 29 32, domaine-rene-monnier@wanadoo.fr V r.-v.

DAVID MORET Les Narvaux 2016 ★

	1000		30 à 50 €

David Moret a créé en 1999 sa maison de négoce, établie derrière les remparts de Beaune. Cet adepte des élevages longs s'est fait une spécialité de la vinification «haute couture» des blancs de la Côte de Beaune.

Narvaux est un *climat* des hauteurs, situé autour des 300 m, au-dessus des 1ers crus. David Moret propose un meursault élégant et expressif, sur le boisé toasté, la noisette, les fruits exotiques et les fleurs blanches, à la fois frais et rond en bouche, étiré dans une longue finale minérale du meilleur effet. ⧗ 2020-2024 **1er cru Les Charmes 2016 ★ (50 à 75 €; 1200 b.)** : ouvert sur des notes florales, boisées et fumées, ce 1er cru affiche en bouche à la fois beaucoup de richesse, de droiture et de longueur. ⧗ 2021-2026

⊶ SARL DAVID MORET, 1 et 3, rue Émile-Goussery, 21200 Beaune, tél. 03 80 24 00 70, davidmoret.vins@orange.fr V r.-v.

JEAN-RENÉ NUDANT Le Pré de Manche 2016

	1200		30 à 50 €

Un Guillaume Nudant d'Aloxe-Corton était déjà vigneron en 1453. Son descendant, Guillaume également, a rejoint en 2003 son père Jean-René sur le domaine familial de 16 ha, planté pour l'essentiel autour de la montagne de Corton.

Issue de la partie négoce, cette cuvée mêle les fleurs blanches et la vanille du boisé à l'olfaction. En bouche, elle se montre rectiligne et minérale, sans manquer ni de volume ni de rondeur. ⧗ 2019-2024

⊶ JEAN-RENÉ NUDANT, 11, rte de Dijon, 21550 Ladoix-Serrigny, tél. 03 80 26 40 48, domaine.nudant@wanadoo.fr V *t.l.j. sf dim. 8h30-12h 13h30-17h30; sam. sur r.-v.*

DOM. VINCENT PERRIN L'Ormeau 2016

	1000		20 à 30 €

Établi en 1987 dans le berceau familial de Volnay (1445), ce couple exploite 8,5 ha de vieilles vignes réparties dans cinq communes et revendique un travail en viticulture durable.

Né d'une vénérable vigne de soixante-dix ans, ce meursault dévoile un nez encore sous l'emprise boisée de ses seize mois de fût. Il en va de même en bouche, où le vin affiche un bon équilibre rondeur-acidité. À attendre pour plus de fondu. ⧗ 2020-2024

⊶ VINCENT PERRIN, 8, rue Saint-Étienne, 21190 Volnay, tél. 06 62 30 56 16, vin.perrin.mcv@orange.fr V *r.-v.*

MAX ET ANNE-MARYE PIGUET-CHOUET Les Narvaux 2016 ★

	1800		20 à 30 €

Un domaine de 10 ha, 100 % familial et 100 % beaunois, né en 1981 de l'union de Max Piguet-Chouet (sixième génération de vignerons) avec Anne-Marye (issue de la plus ancienne famille vigneronne de Meursault), rejoints par leurs fils Stéphane et William en 2004. Souvent en vue pour ses auxey-duresses et ses meursault.

Les Piguet-Chouet exploitent 1,33 ha des 16,22 ha qui composent les Narvaux. Une vigne offerte en cadeau de mariage à la famille Chouet en... 1792. Elle donne en 2016 un meursault de belle facture, bien boisé pour l'heure, mais un boisé racé qui laisse poindre des arômes floraux, pâtissiers et fruités, et qui soutient une bouche ample et ronde, soulignée par une fine minéralité en finale. ⧗ 2021-2028

⊶ MAX ET ANNE-MARYE PIGUET-CHOUET, 16, rte de Beaune, 21190 Auxey-Duresses, tél. 03 80 21 25 78, piguet.chouet@wanadoo.fr V *r.-v.*

BOURGOGNE

DOM. ROUX Clos des Poruzots 2016

1er cru	600		75 à 100 €

Cette maison créée en 1885, qui associe domaine et négoce, est à la tête d'un vaste ensemble de 65 ha répartis sur 52 lieux-dits et treize villages de la Côte-d'Or et de la Côte chalonnaise. Elle propose une vaste gamme de vins, souvent en vue, notamment en saint-aubin, puligny, chassagne et meursault.

Une petite cuvée par la taille (deux fûts), mais bien réussie. Le nez associe la brioche et la noisette aux fleurs blanches. La bouche, un peu légère mais élégante, apparaît franche et fraîche. ⧗ 2019-2023

⊶ FAMILLE ROUX, 42, rue des Lavières, 21190 Saint-Aubin, tél. 03 80 21 32 92, france@domaines-roux.com V *r.-v.*

CHRISTOPHE VAUDOISEY Les Vireuils 2016 ★

	n.c.		20 à 30 €

Fondé en 1804, ce domaine a vu passer huit générations de vignerons. Secondé par son fils Pierre, Christophe Vaudoisey, souvent en vue pour ses volnay, est installé depuis 1985 à la tête de 12 ha en volnay, pommard et meursault.

Après un coup de cœur pour ce Vireuils dans sa version 2015, les Vaudoisey signent un joli meursault dans le gélif millésime 2016. Le nez, discret mais plaisant, associe notes boisées et florales. La bouche apparaît ample, riche, opulente même, et longue, mais encore sous l'emprise du merrain. Patience... ⧗ 2021-2026

⊶ CHRISTOPHE VAUDOISEY, 1, rue de la Barre, 21190 Volnay, tél. 03 80 21 20 14, christophe.vaudoisey@wanadoo.fr V *r.-v.*

PULIGNY-MONTRACHET

Superficie : 208 ha
Production : 10 850 hl (99 % blanc)

Centre de gravité des vins blancs de Côte-d'Or, serrée entre ses deux voisines Meursault et Chassagne, cette petite commune tranquille ne représente en

surface de vignes que la moitié de Meursault, ou les deux tiers de Chassagne, mais se console en possédant les plus grands crus blancs de Bourgogne, dont le montrachet (en partage avec Chassagne). La position géographique de ces grands crus, selon les géologues de l'université de Dijon, correspond à une émergence de l'horizon bathonien, qui leur confère plus de finesse, plus d'harmonie et plus de subtilité aromatique qu'aux vins récoltés sur les marnes avoisinantes. Les autres *climats* et 1ers crus de la commune exhalent fréquemment des senteurs végétales à nuances résineuses ou terpéniques qui leur donnent beaucoup de distinction.

DOM. BRIGITTE BERTHELEMOT La Garenne 2016 ★★

1er cru	1540	◖◗	30 à 50 €

Un domaine créé par Brigitte Berthelemot en 2006 avec la reprise des vignes de Jean Garaudet et d'Yves Darviot: 8 ha dans plusieurs communes de la Côte de Beaune et dans les Hautes-Côtes, administrés avec Marc Cugney. Un duo complémentaire, à en juger par sa régularité depuis son installation.

Avec près de 10 ha, ce *climat* situé au-dessus du grand cru montrachet est l'un des plus vastes 1ers crus de l'appellation. Brigitte Berthelemot y exploite 22 ares qui ont donné un puligny très racé, d'un bel or pâle, ouvert sur des parfums élégants de fleurs blanches et de pomme verte sur fond de boisé fin, à la bouche à la fois ronde et fine, ample et longue, soulignée par une touche de minéralité. ⧗ 2020-2026

⊶ BRIGITTE BERTHELEMOT, 24, rue des Forges, BP 30008, 21190 Meursault, tél. 03 80 21 68 61, contact@domaineberthelemot.com V 🚶 ! *r.-v.*

ÉRIC BOUSSEY Les Reuchaux 2016 ★

	600	◖◗	20 à 30 €

Grande famille de vignerons de Monthelie (Jean-Baptiste, le grand-père, fut l'un des précurseurs de la mise en bouteilles), les Boussey exploitent 5 ha répartis sur plusieurs AOC en Côte de Beaune. Éric, installé en 1981, a complété son activité en 2007 par une structure de négoce.

Juste deux petits tonneaux pour l'un des plus grands *climats* communal de l'appellation. Dans le verre, un puligny expressif et complexe, ouvert sur le citron, la vanille, le toasté et le beurre, franc, fin et rectiligne en bouche, soutenu par un bon boisé. ⧗ 2020-2025

⊶ ÉRIC BOUSSEY, 21, Grande-Rue, 21190 Monthelie, tél. 03 80 21 60 70, ericboussey@orange.fr V 🚶 ! *r.-v.*

DOM. DU CELLIER AUX MOINES Les Pucelles 2015

1er cru	1700	◖◗ 🍾	50 à 75 €

Fondé en 1130 par les cisterciens, propriété d'une seule famille après la Révolution française, ce domaine classé Monument historique a été acquis et restauré à partir de 2004 par Philippe Pascal, ancien cadre dirigeant chez LVMH, avec son épouse Catherine et leurs trois enfants. En 2007 a eu lieu la première vinification depuis la Révolution, et une cuverie a été inaugurée en 2015. Le vignoble (9 ha, en conversion bio depuis 2015) est constitué des 4,7 ha de pinot noir du Clos du Cellier aux Moines, un des 1ers crus historiques de Givry, complétés par quelques hectares de chardonnay en Côte de Beaune.

Un *climat* de 6,76 ha situé juste à côté des grands crus bâtard-montrachet et bienvenues-bâtard. On connaît pire voisinage, et ce puligny a de beaux atouts à faire valoir: une belle robe pâle, un nez subtil de fruits secs, de miel, de pierre à fusil et de fleurs blanches, un palais tendre et souple qui ne manque pas d'élégance. ⧗ 2019-2023

⊶ DOM. DU CELLIER AUX MOINES, Clos du Cellier aux Moines, 71640 Givry, tél. 03 85 44 53 75, contact@cellierauxmoines.fr V *r.-v.*

MAISON CHANZY Les Reuchaux 2016

	3700	◖◗	30 à 50 €

Implanté à Bouzeron, dont il possède à lui seul la moitié des vignes, ce domaine de 32 ha (en Côte chalonnaise, avec un pied en Côte de Beaune et en Côte de Nuits) est exploité depuis 2013 par Jean-Baptiste Jessiaume, son régisseur et maître de chai, issu d'une lignée vigneronne de Santenay. Une maison de négoce complète la propriété.

Ce *village* propose un joli nez minéral et citronné sur fond de boisé grillé. En bouche, il se montre vif et alerte, d'une bonne longueur et bien épaulé par le bois. ⧗ 2019-2023

⊶ MAISON CHANZY, 6, rue de la Fontaine, 71150 Bouzeron, tél. 03 85 87 23 69, domaine@chanzy.com V 🚶 ! *t.l.j. 10h-12h30 14h-18h; sam. dim. sur r.-v.*

JEAN CHARTRON Clos du Cailleret Monopole 2016

1er cru	2900	◖◗ 🍾	50 à 75 €

Créé en 1859 par le tonnelier Jean-Édouard Dupard, ce domaine d'une grande constance, bien implanté dans les grands crus de Puligny, étend son vignoble sur 14 ha – dont 90 % de chardonnay et trois monopoles (Clos de la Pucelle et Clos du Cailleret en puligny, Clos des Chevaliers en chevalier-montrachet) –, conduits en bio non certifié. Jean-Michel Chartron est aux commandes depuis 2004, épaulé depuis 2015 par sa sœur Anne-Laure; l'un de ses credo: «Du bois, oui, mais pas trop». Une valeur sûre.

Coup de cœur l'an passé avec son monopole Clos de la Pucelle, le domaine Chartron propose ici avec cet autre monopole un puligny prometteur, mais encore sous l'emprise du bois. Au nez, les senteurs grillées du merrain accompagnent les fruits mûrs et le tilleul. En bouche, on retrouve le boisé en soutien d'une matière charnue et concentrée, tendue par une vivacité intense. ⧗ 2021-2025

⊶ SCEA JEAN CHARTRON, 8 bis, Grande-Rue, 21190 Puligny-Montrachet, tél. 03 80 21 99 19, info@jeanchartron.com V ! *r.-v.*

JEAN-LOUIS CHAVY Les Folatières 2016 ★

1er cru	6500	◖◗ 🍾	30 à 50 €

Héritier d'une lignée vigneronne remontant à 1820, Jean-Louis Chavy exploite depuis 2003 un domaine couvrant 6,5 ha de vignes à Puligny et dans ses environs.

Ce 1er cru des hauteurs tient son nom des nappes de brouillard – nommées localement les «follots» – qui parfois apparaissent. Idéalement exposé au sud/sud-est, il bénéficie des rayons du soleil une majeure partie de la journée. Jean-Louis Chavy en propose régulièrement des versions fort intéressantes, à l'image du 2014, qui fut coup de cœur, ou du 2016 présenté ici. Un puligny couleur paille, au nez expressif de fruits blancs, long et bien équilibré en bouche entre la vivacité, la rondeur et un boisé fondu. ⧗ 2021-2025

JEAN-LOUIS CHAVY, 27, rue de Bois, 21190 Puligny-Montrachet, tél. 03 80 21 38 85, jeanlouis.chavy@wanadoo.fr V r.-v.

CHRISTIAN CHOLET-PELLETIER 2016 ★

	2000		15 à 20 €

Christian Cholet a débuté avec le caniculaire millésime 1976. Établi dans la plaine, entre Meursault et Puligny-Montrachet, il conduit aujourd'hui, avec sa fille Florence, œnologue, un vignoble de 8 ha et s'illustre avec régularité dans ces pages, notamment par ses auxey-duresses.

Pêche, abricot, agrumes, pivoine, rose, le bouquet de ce puligny se révèle aussi intense que complexe. Une attaque franche laisse place à un palais ample, riche et gras, bien soutenu par une fine acidité qui pousse loin la finale. Un ensemble des plus harmonieux. ⧗ 2021-2026

CHRISTIAN CHOLET, 40, rue de la Citadelle, 21190 Corcelles-les-Arts, tél. 03 80 21 47 76 V r.-v.

DOM. DE LA CHOUPETTE Garenne 2016 ★

1er cru	1000		30 à 50 €

Les frères jumeaux Jean-Christophe (à la vigne) et Philippe Gutrin (au chai) ont créé leur domaine en 1992. Le vignoble couvre aujourd'hui environ 12 ha répartis en une quinzaine de *climats* dans les communes de Santenay, Chassagne et Puligny-Montrachet.

Autour de 400 m d'altitude, ce *climat* est situé au-dessus du grand cru montrachet. Né de vignes de soixante-cinq ans, ce 2016 dévoile des parfums flatteurs de fruits jaunes agrémentés d'un boisé léger. En bouche, il se révèle ample, gras et corsé, plus vif en finale. Un ensemble très équilibré. ⧗ 2020-2025 **1er cru Chalumaux 2016 (30 à 50 €; 1000 b.)** : vin cité.

GUTRIN FILS, 2, pl. de la Mairie, 21590 Santenay, tél. 06 81 46 71 13, gutrinfils@orange.fr V t.l.j. *9h-12h 14h-18h*

MARC COLIN ET SES FILS Le Trézin 2016

	2300		20 à 30 €

Marc Colin et son épouse Michèle ont créé ce domaine à la fin des années 1970, à partir de 6 ha. Leurs trois enfants Joseph, Caroline et Damien ont conduit longtemps ensemble le domaine familial, qui comptait 19 ha. En 2017, le premier a pris son indépendance, si bien qu'il reste à Caroline et à Damien 13 ha disséminés sur les communes de Saint-Aubin, Chassagne, Puligny et Santenay. Une valeur sûre de la Côte de Beaune.

Ce secteur de Puligny, établi à 320 m d'altitude, forme un chapeau au sommet de la colline de Blagny. Les Colin y cultivent 70 ares, à l'origine d'un vin encore dominé au nez par le grillé du bois. On retrouve ce boisé dans une bouche ronde et suave, équilibrée par une fraîcheur minérale bienvenue. ⧗ 2020-2024

DOM. MARC COLIN, rue de la Chatenière, 21190 Saint-Aubin, tél. 03 80 21 30 43, contact@marc-colin.com V r.-v.

DOM. RAYMOND DUPONT-FAHN Les Folatières 2016

1er cru	1200		30 à 50 €

Établi à Tailly, petite localité pittoresque qui campe dans la plaine agricole de Meursault, Raymond Dupont-Fahn incarne la troisième génération de vignerons sur ce domaine de 6 ha régulier en qualité.

Ce 1er cru né d'une jeune vigne de quinze ans présente un nez agréable et ouvert de poire mûre et d'amande grillée. À la fois fraîche et fruitée, ronde et beurrée, la bouche affiche un bon équilibre. ⧗ 2019-2023

DUPONT-FAHN, 70, rue des Eaux, 21190 Tailly, tél. 06 14 38 53 21, domaine.raymond.dupontfahn@orange.com V r.-v.

B JEAN FÉRY ET FILS Les Nosroyes 2016

	2078		20 à 30 €

Un domaine familial des Hautes-Côtes de Beaune créé en 1890 et développé dans les années 1990 par Jean-Louis Féry: aujourd'hui, 14 ha en bio certifié (depuis 2011) en Côte de Nuits et en Côte de Beaune. Depuis 2016, Frédéric Féry, fils de Jean-Louis, assure la gestion du domaine, avec notamment l'appui de Laurence Danel, œnologue.

Ce terroir, situé au pied de la colline de Blagny, côté Meursault, signifie «noyer» en ancien français; des arbres que l'on retrouve également au milieu des vignes à Pommard, dans le *climat* Les Noizons, mais aussi à Gevrey et à Chambolle-Musigny avec leurs «Noirets». Dans le verre, un puligny au nez expressif de fleur d'acacia et d'agrumes confits sur fond de minéralité, au palais équilibré, rond avec de la vivacité. ⧗ 2019-2023

DOM. JEAN FÉRY ET FILS, 1, rte de Marey, 21420 Échevronne, tél. 03 80 21 59 60, fery.vin@orange.fr V r.-v.

MANOIR MURISALTIEN Les Boudrières 2015 ★

	1826		30 à 50 €

Le Manoir Murisaltien a été acquis en 2017 par un couple d'américains passionnés d'art de vivre à la française. Propriétaires également du Dom. de Belleville dans la Côte chalonnaise et de la maison de champagne Leclerc Briant, ils ambitionnent de vinifier une gamme de vins très qualitative dans leur vaste cave de Meursault.

Dérivé du mot «boudro» qui signifie «vase» en provençal, ce petit *climat* (1,83 ha) voisine avec un lavoir au sortir du village. Dans le verre, un puligny ouvert sur des arômes d'acacia, d'agrumes et de silex frotté, à la bouche très veloutée et enrobée, conforme à la chaleur du millésime et tout aussi expressive que le nez avec ses saveurs de salinité, de toast et de noisette grillée. ⧗ 2019-2023

MANOIR MURISALTIEN, 4, rue du Clos-de-Mazeray, 21190 Meursault, tél. 03 80 21 21 83, vin@manoirmurisaltien.com V r.-v.

BOURGOGNE

JEAN-LOUIS MOISSENET-BONNARD
Hameau de Blagny 2016 ★

1er cru | 900 | | 30 à 50 €

Souvent en vue pour ses pommard, Jean-Louis Moissenet, issu d'une longue lignée vigneronne, a débuté comme responsable du rayon fruits et légumes dans la grande distribution, avant de reprendre en 1988 les vignes familiales provenant de sa grand-mère, Madame Henri Lamarche. Depuis 2015, c'est sa fille Emmanuelle-Sophie qui conduit le domaine et ses 6 ha de vignes.

Pinot noir et chardonnay voisinent dans ce *climat*: le premier donne du meursault-blagny, le second du meursault ou du puligny. Ici, un puligny bien ouvert sur les fruits blancs, la cire d'abeille et le chèvrefeuille, gras, charnu et velouté en bouche, avec ce qu'il faut de vivacité pour amener l'équilibre et la longueur. ⧗ 2021-2024

JEAN-LOUIS MOISSENET, 4, rue des Jardins, 21630 Pommard, tél. 03 80 24 62 34, emmanuelle-sophie@moissenet-bonnard.com V r.-v.

JEAN-RENÉ NUDANT Les Charmes 2016

| 3600 | | 30 à 50 €

Un Guillaume Nudant d'Aloxe-Corton était déjà vigneron en 1453. Son descendant, Guillaume également, a rejoint en 2003 son père Jean-René sur le domaine familial de 16 ha, planté pour l'essentiel autour de la montagne de Corton.

Cinquante ares de Charmes, ce n'est pas énorme, mais ce n'est pas rien. Un vigneron de Bourgogne vous dira qu'il préfère en avoir « un ch'tiot bout » que pas de vigne du tout ! Les Nudant en tirent un puligny expressif, floral et fruité (abricot, agrumes), d'un bon volume et bien équilibré en bouche, la rondeur étant compensée par une juste acidité qui prend des tonalités acidulées en finale. ⧗ 2019-2023

JEAN-RENÉ NUDANT, 11, rte de Dijon, 21550 Ladoix-Serrigny, tél. 03 80 26 40 48, domaine.nudant@wanadoo.fr V *t.l.j. sf dim. 8h30-12h 13h30-17h30; sam. sur r.-v.*

CHEVALIER-MONTRACHET

Superficie : 7,5 ha / Production : 310 hl

♥ JEAN CHARTRON
Monopole Clos des Chevaliers 2016 ★★

Gd cru | 1813 | | + de 100 €

Créé en 1859 par le tonnelier Jean-Édouard Dupard, ce domaine d'une grande constance, bien implanté dans les grands crus de Puligny, étend son vignoble sur 14 ha – dont 90 % de chardonnay et trois monopoles (Clos de la Pucelle et Clos du Cailleret en puligny, Clos des Chevaliers en chevalier-montrachet) –, conduits en bio non certifié. Jean-Michel Chartron est aux commandes depuis 2004, épaulé depuis 2015 par sa sœur Anne-Laure; l'un de ses credo: « Du bois, oui, mais pas trop ». Une valeur sûre.

Au sein des 7,47 ha de ce grand cru, la famille Chartron exploite 42 ares en monopole. Quinze mois de fût, dont 30 % de chêne neuf, ont contribué au nez expressif et complexe de ce chevalier-montrachet de haute volée: vanille, noisette grillée, muguet, verveine, agrumes... Une attaque vive laisse place à un palais ample et puissant, rond et gras, souligné par un élevage parfaitement maîtrisé et par une fine acidité aux tonalités minérales. Tout ce que l'on attend d'un grand cru. ⧗ 2022-2030

SCEA JEAN CHARTRON, 8 bis, Grande-Rue, 21190 Puligny-Montrachet, tél. 03 80 21 99 19, info@jeanchartron.com V r.-v.

BÂTARD-MONTRACHET

Superficie : 11,2 ha / Production : 475 hl

♥ JEAN CHARTRON 2016 ★★

| n.c. | | + de 100 €

Créé en 1859 par le tonnelier Jean-Édouard Dupard, ce domaine d'une grande constance, bien implanté dans les grands crus de Puligny, étend son vignoble sur 14 ha – dont 90 % de chardonnay et trois monopoles (Clos de la Pucelle et Clos du Cailleret en puligny, Clos des Chevaliers en chevalier-montrachet) –, conduits en bio non certifié. Jean-Michel Chartron est aux commandes depuis 2004, épaulé depuis 2015 par sa sœur Anne-Laure; l'un de ses credo: « Du bois, oui, mais pas trop ». Une valeur sûre.

Issu de la partie négoce, un bâtard d'une grande noblesse, paré d'une superbe robe or clair et limpide, ouvert sur des arômes complexes et très élégants de poire, de litchi, de jasmin, de kumquat et de noisette grillée. Une attaque franche et souple introduit une bouche d'un équilibre admirable, bien balancée entre une matière ample et riche, une acidité savamment dosée et un beau boisé vanillé. ⧗ 2022-2030

SCEA JEAN CHARTRON, 8 bis, Grande-Rue, 21190 Puligny-Montrachet, tél. 03 80 21 99 19, info@jeanchartron.com V r.-v.

LOUIS LEQUIN 2014 ★

Gd cru | 140 | | + de 100 €

Les premières vignes furent acquises à Santenay au début du XVIIe s. et des ancêtres furent vignerons des hospices d'Autun. Leurs lointains héritiers Antoine et Quentin Lequin, fils de Louis, conduisent aujourd'hui un vignoble de 7 ha sur lequel ils procèdent à des essais de protection des plants avec le concours de l'INRA.

Avec ses 11,86 ha, le bâtard-montrachet est le plus vaste des grands crus blancs de la colline. Les Lequin y exploitent 12 ares plantés de vignes de quarante ans, à l'origine d'un vin or pâle aux reflets verts, au nez très floral (acacia, lys, jasmin), mais aussi un peu miellé, minéral et grillé. La bouche se révèle ample, riche et suave dès l'attaque, mais sans jamais perdre en élégance grâce au soutien d'une fine acidité. ⧗ 2021-2028

⊶ DOM. LOUIS LEQUIN , 2, rue du Pasquier-de-Pont, 21590 Santenay, tél. 03 80 20 63 82, louis.lequin@wanadoo.fr V r.-v.

CRIOTS-BÂTARD-MONTRACHET

Superficie : 1,6 ha / Production : 75 hl

♥ DOM. ROGER BELLAND 2016 ★★

Gd cru | 2000 | | + de 100 €

Un domaine ancien, dont on trouve trace au XVIIIᵉs, couvrant aujourd'hui 24 ha. À sa tête, Roger Belland, installé en 1981, et sa fille Julie, arrivée en 2003 et chargée des vinifications. Pas de bio certifié ici, mais une viticulture raisonnée et maîtrisée (enherbement total du vignoble, pas de désherbants), et des vins d'une grande constance.

Le criots des Belland ne rate jamais le rendez-vous du Guide. Certes, ils sont, avec 70 ares, les principaux propriétaires de ce grand cru, mais l'exigence des dégustateurs pour ce type de vin est très élevée. Elle est ici récompensée par un vin d'une réelle pureté, ouvert sur des nuances florales, minérales et toastées parfaitement mariées, à la fois ample, rond, riche et d'une grande fraîcheur en bouche. Et quelle longueur… ⧗ 2021-2030

⊶ DOM. ROGER BELLAND, 3, rue de la Chapelle, 21590 Santenay, tél. 03 80 20 60 95, belland.roger@wanadoo.fr V r.-v.

LOUIS LATOUR 2015 ★

Gd cru | 1100 | | + de 100 €

Une maison familiale toujours indépendante, fondée en 1797 et conduite successivement par dix générations de Latour. Un acteur incontournable de la Bourgogne viticole et le plus important propriétaire de grands crus de la Côte-d'Or (28 ha sur les 48 que compte son vignoble). Les raisins sont vinifiés à Aloxe-Corton, berceau de la famille, et la maison possède sa propre tonnellerie.

Expressif et très élégant, le nez de ce criots convoque les fleurs blanches, l'amande douce, le boisé grillé et de fines notes minérales. La bouche charme par sa grande fraîcheur, sa souplesse et son soyeux. Un ensemble très délicat et harmonieux. ⧗ 2021-2028

⊶ LOUIS LATOUR, 18, rue des Tonneliers, 21200 Beaune, tél. 03 80 24 81 00, contact@louislatour.com

CHASSAGNE-MONTRACHET

Superficie : 300 ha
Production : 15 660 hl (65 % blanc)

Le village de Chassagne est situé au sud de la Côte de Beaune, entre Puligny, Montrachet et Santenay. Exposé est-sud-est, le vignoble se partage entre pinot noir et chardonnay. La combe de Saint-Aubin, parcourue par la RN 6, forme à peu près la limite méridionale de la zone des vins blancs. Les Clos Saint-Jean et Morgeot, qui donnent des vins solides et vigoureux, sont les 1ers crus les plus réputés de la commune.

VINCENT BACHELET Les Benoites 2016 ★★

■ | 3000 | | 15 à 20 €

Originaire d'une vieille famille vigneronne des Maranges (il est fils de Bernard Bachelet), Vincent Bachelet a travaillé avec ses frères avant de s'installer, en 2008, à Chassagne-Montrachet, dans les anciens chais du négociant de Marcilly. Il exploite 17 ha, essentiellement dans la Côte de Beaune.

Après un coup de cœur en *village* blanc dans la précédente édition, ce vin rouge né de terres argileuses a manqué de peu cette distinction. Son nez intense et gourmand, tout en fruits rouges (cerise, framboise), et sa bouche franche et consistante, soutenue par des tanins soyeux composent une bouteille d'une réelle harmonie, bientôt prête à passer à table. ⧗ 2019-2023

⊶ VINCENT BACHELET, 27, rte de Santenay, 21190 Chassagne-Montrachet, tél. 06 19 77 51 87, contact@vincent-bachelet.com V r.-v.

DOM. BACHEY-LEGROS
Morgeot Les Petits Clos Vieilles Vignes 2016

1er cru | 6500 | | 30 à 50 €

Régulièrement mentionnés dans le Guide, les Bachey-Legros – Christiane et ses fils Samuel et Lénaïc – sont les cinquième et sixième générations à œuvrer sur ce domaine de 19 ha auquel s'est ajoutée une activité de négoce en 2008. En 2017, la propriété s'est équipée d'une nouvelle cuverie.

Déjà retenue l'an dernier, cette importante cuvée est issue d'une parcelle de 1,92 ha qui représente 10 % du domaine. L'acacia et la poire composent un nez des plus frais. On retrouve la poire, rehaussée d'une touche d'amande grillée, dans une bouche souple, tonifiée par une longue finale minérale et acidulée. ⧗ 2020-2023 ■ **Les Plantes Momières Vieilles Vignes 2015 (20 à 30 € ; 3500 b.)** : vin cité. **2016 (30 à 50 € ; 4000 b.)** : vin cité.

⊶ DOM. BACHEY-LEGROS, 12, rue de la Charrière, 21590 Santenay, tél. 03 80 20 64 14, christiane.bachey-legros@wanadoo.fr V r.-v.

BADER-MIMEUR En Journoblot 2015

| 2000 | | 30 à 50 €

En 1919, Charles Bader, négociant en vin à Paris, épouse Élise Mimeur, de Chassagne-Montrachet. Leurs héritiers exploitent près de 8 ha, et 98 % des vignes du Ch. de Chassagne. Ingénieur de formation, Alain Fossier veille depuis 1993 sur le domaine, notamment sur les 5 ha du clos du château.

Proche de la propriété, mais du côté de Puligny, ce *climat* jouxte le grand cru criots-bâtard-montrachet. Il a engendré un vin or pâle, au nez miellé et grillé et à la bouche franche et équilibrée, servie en finale par une pointe d'acidité qui lui donne de l'allonge. ⧗ 2020-2022

BADER-MIMEUR, 1, chem. du Château, 21190 Chassagne-Montrachet, tél. 03 80 21 30 22, info@bader-mimeur.com r.-v.

DOM. ROGER BELLAND
Morgeot-Clos Pitois Monopole 2016

1er cru	8000		50 à 75 €

Un domaine ancien, dont on trouve trace au XVIIIe s, couvrant aujourd'hui 24 ha. À sa tête, Roger Belland, installé en 1981, et sa fille Julie, arrivée en 2003 et chargée des vinifications. Pas de bio certifié ici, mais une viticulture raisonnée et maîtrisée (enherbement total du vignoble, pas de désherbants), et des vins d'une grande constance.

Situé au sud de l'appellation, ce clos de 2,97 ha exploité en monopole jouxte Santenay. Une petite moitié de sa surface est dédiée au chardonnay. Ce 2016 offre au nez un boisé flatteur aux parfums «vanille-caramel», qui laisse percer des notes d'abricot sec. Le prélude à une bouche puissante, opulente et ronde. ⧗ 2018-2021

DOM. ROGER BELLAND, 3, rue de la Chapelle, 21590 Santenay, tél. 03 80 20 60 95, belland.roger@wanadoo.fr r.-v.

CHRISTIAN BERGERET ET FILLE 2016 ★

	2100		15 à 20 €

Un domaine dans la même famille depuis plusieurs générations. Comptable de formation, professeure pendant quelques années, Clotilde Brousse-Bergeret en a pris la direction en 2001 à la suite de son père Christian. L'exploitation compte aujourd'hui 14 ha répartis sur plusieurs communes répartis sur plusieurs communes de la Côte de Beaune et des Hautes-Côtes.

Les deux millésimes précédents de ce chassagne blanc, issu de vieilles vignes, avaient décroché un coup de cœur. Le 2016 obtient une belle étoile pour son bouquet délicat, entre fleurs jaunes, agrumes et fruits secs, puis pour sa bouche vive et longue, aux arômes de pêche et de poire, servie par une finale saline. ⧗ 2018-2020

CHRISTIAN BERGERET ET FILLE, 2, cour Michaud, 21340 Nolay, tél. 06 58 52 41 48, vins.bergeret@outlook.fr r.-v.

DOM. BERTHELEMOT
Abbaye de Morgeot 2016

1er cru	2480		30 à 50 €

Un domaine créé par Brigitte Berthelemot en 2006 avec la reprise des vignes de Jean Garaudet et d'Yves Darviot: 8 ha dans plusieurs communes de la Côte de Beaune et dans les Hautes-Côtes, administrés avec Marc Cugney. Un duo complémentaire, à en juger par sa régularité depuis son installation.

Un 1er cru du cœur historique de Chassagne. Son vin, très apprécié l'an dernier, séduit cette année par son nez mêlant les fleurs blanches et les agrumes aux notes beurrées, vanillées et torréfiées de l'élevage, puis par sa bouche souple et ronde, réveillée par une finale citronnée. ⧗ 2020-2023

BRIGITTE BERTHELEMOT, 24, rue des Forges, BP 30008, 21190 Meursault, tél. 03 80 21 68 61, contact@domaineberthelemot.com r.-v.

BOUARD-BONNEFOY 2016 ★

	1800		20 à 30 €

Les trois générations précédentes ont agrandi peu à peu le domaine qui couvre aujourd'hui 5 ha en saint-aubin, puligny et chassagne. Alors que la récolte était jusqu'alors vendue en moûts, Carine et Fabrice Bouard ont débuté la vente en bouteilles dès leur installation en 2006.

Né d'une jeune vigne (dix ans), ce blanc offre déjà tout ce que l'on attend d'un chassagne: un nez aromatique, panier de fruits jaunes et blancs (abricot et poire) teintés d'une nuance toastée; un palais gras et rond aux arômes de fruits mûrs, tonifié en finale par un trait d'acidité qui lui donne de l'allonge. ⧗ 2020-2023

FABRICE ET CARINE BOUARD, 12, rte de Santenay, 21190 Chassagne-Montrachet, tél. 03 80 21 28 46, domaine-bouard-bonnefoy@orange.fr r.-v.

GILLES BOUTON ET FILS
Les Voillenots Dessus 2016

	2500		20 à 30 €

Gilles Bouton a pris la suite de son grand-père Aimé Langoureau en 1977 sur le domaine familial: 4 ha à l'époque, 16 ha aujourd'hui, qu'il exploite depuis 2009 avec son fils Julien. Le vignoble est réparti sur quatre communes: Saint-Aubin, Chassagne, Puligny et Meursault. Une activité de négoce a été créée en 2015 pour compléter la gamme.

Entre ceux du dessous et ceux du dessus, Les Voillenots, forment, avec 8,49 ha, l'un des plus vaste *climats* communaux de Chassagne. Gilles Bouton en a tiré un vin plaisant par son nez délicatement floral (acacia), nuancé de notes d'élevage (noisette, vanille). Franc et équilibré, le palais offre une finale acidulée tout en fraîcheur. ⧗ 2019-2022

GILLES BOUTON, 24, rue de la Fontenotte, 21190 Saint-Aubin, tél. 03 80 21 32 63, domaine.bouton-gilles@wanadoo.fr r.-v.

DOM. HUBERT BOUZEREAU-GRUÈRE ET FILLES
Les Blanchots-Dessous 2016

	800		20 à 30 €

Installé en 1965, Hubert Bouzereau exploite avec ses filles Marie-Laure et Marie-Anne un vignoble de 10 ha réparti sur six villages de la Côte de Beaune. Un domaine souvent en vue pour ses meursault, puligny et chassagne. Anecdote bien connue des œnophiles bourguignons: le vigneron a figuré en tant que pompier de Meursault dans le cultissime *La Grande Vadrouille* de Gérard Oury, un sujet de conversation savoureux au caveau…

Régulièrement distingué, ce vin provient d'un *climat* au nom connu, puisqu'il a un grand cru de Montrachet pour illustre voisin. C'est de la partie située en *village* que provient ce blanc à la robe vieil or et au nez sur les fleurs blanches et les fruits secs, avec des notes grillées. Au palais, le boisé s'allie à des notes plus suaves de fruits confits, de pain d'épice et de miel. Une bouteille harmonieuse que l'on peut déjà déboucher. ⧗ 2019-2023

MARIE-ANNE ET MARIE-LAURE BOUZEREAU, 22A, rue de la Velle, 21190 Meursault, tél. 03 80 21 20 05, contact@bouzereaugruere.com r.-v. 3

♥ PIERRE BRISSET La Grande Montagne 2015 ★★

1er cru	600		30 à 50 €

Propriétaire de vignes en chassagne-montrachet, en 1er cru Abbaye de Morgeot, Pierre Brisset a créé une maison de négoce en 2014 pour étendre sa gamme sur toute la Côte d'Or. Les locaux sont situés dans le château de Bligny au sein du *Wine Lab* créé par Dominique Lafon et Pierre Meurgey.

Son premier millésime lui avait valu l'an dernier une première étoile, dans un autre *climat*. Dès la seconde année, le domaine obtient un coup de cœur pour un chardonnay issu d'une parcelle de 20 ares située dans le 1er cru le plus haut de l'appellation (300 m). Après un élevage de dix-sept mois, ce vin offre un nez à la fois intense et délicat, fait de jasmin, de fruits blancs, d'agrumes et de verveine, alliés à un fin boisé. Charnu, concentré et rond, le palais prolonge bien l'olfaction. La finale, encore sous l'emprise du chêne, appelle la garde. ⧗ 2021-2027

PIERRE BRISSET, Ch. de Bligny, 14, Grande-Rue, 21200 Bligny-lès-Beaune, tél. 06 77 17 49 54, pierrebrisset@gmail.com V r.-v.

CAPUANO-FERRERI Morgeot 2016 ★

1er cru	n.c.		30 à 50 €

Associé à l'ancien footballeur Jean-Marc Ferreri, John Capuano – dont le père Gino a créé en 1987 ce domaine implanté à Santenay – exploite 8 ha de parcelles s'égrenant de Beaune à Mercurey. Très régulier en qualité.

Deux chassagne blancs du domaine ont été distingué. Celui-ci est issu du 1er cru le plus vaste de l'appellation. Discret au premier nez, il s'ouvre sur des fragrances minérales et florales. Ample en attaque, il se déploie avec rondeur, marqué en finale par un boisé assez présent. Déjà harmonieux mais assez peu démonstratif, il pourra se garder. ⧗ 2021-2023 **Cuvée Prestige 2016 ★ (20 à 30 €; n.c.)** : une fois de plus apprécié, un blanc intense et riche, d'une grande persistance, pour l'heure sous l'emprise de l'élevage. ⧗ 2020-2023

SARL CAPUANO-FERRERI, 14, rue Chauchien, 21590 Santenay, tél. 03 80 20 68 04, john.capuano@wanadoo.fr V r.-v.

DOM. DU CELLIER AUX MOINES Les Chaumées 2015 ★

1er cru	1500		50 à 75 €

Fondé en 1130 par les cisterciens, propriété d'une seule famille après la Révolution française, ce domaine classé Monument historique a été acquis et restauré à partir de 2004 par Philippe Pascal, ancien cadre dirigeant chez LVMH, avec son épouse Catherine et leurs trois enfants. En 2007 a eu lieu la première vinification depuis la Révolution, et une cuverie a été inaugurée en 2015. Le vignoble (9 ha, en conversion bio depuis 2015) est constitué des 4,7 ha de pinot noir du Clos du Cellier aux Moines, un des 1ers crus historiques de Givry, complétés par quelques hectares de chardonnay en Côte de Beaune.

Ce 1er cru de 7,43 ha tire son nom de friches (chaumes) qui ont fait place à la vigne. Ici, du chardonnay à l'origine de ce vin aux reflets or blanc. Un séjour de quatorze mois en fût lui a légué des arômes de noisette grillée qui laissent au second plan des notes d'agrumes et de fruits blancs. Chaleureux, concentré et persistant, doté d'une finale citronnée, le palais laisse deviner un potentiel de garde intéressant. ⧗ 2021-2024

DOM. DU CELLIER AUX MOINES, Clos du Cellier aux Moines, 71640 Givry, tél. 03 85 44 53 75, contact@cellierauxmoines.fr V *r.-v.*

DOM. DE LA CHOUPETTE Morgeot 2016 ★

1er cru	1600		20 à 30 €

Les frères jumeaux Jean-Christophe (à la vigne) et Philippe Gutrin (au chai) ont créé leur domaine en 1992. Le vignoble couvre aujourd'hui environ 12 ha répartis en une quinzaine de *climats* dans les communes de Santenay, Chassagne et Puligny-Montrachet.

Un vaste *climat* réputé pour ses pinots noirs comme pour ses chardonnays. Deux vins de ce 1er cru ont été retenus, avec une préférence pour ce rouge. Cassis et cerise dominent le nez. Concentrée et charpentée, soutenue par des tanins serrés, de bonne longueur, la bouche incite à oublier cette bouteille en cave. ⧗ 2022-2025 **1er cru Morgeot 2016 (30 à 50 €; 1000 b.)** : vin cité.

GUTRIN FILS, 2, pl. de la Mairie, 21590 Santenay, tél. 06 81 46 71 13, gutrinfils@orange.fr V *t.l.j. 9h-12h 14h-18h*

BRUNO COLIN La Boudriotte 2015

1er cru	2300		50 à 75 €

Bruno Colin s'est installé en 2004 à la suite du partage du domaine familial avec son frère Philippe. Cet adepte des élevages longs exploite 9 ha de vignes allant des Maranges à Puligny en passant par Chassagne, son fief.

Ce *climat* tirerait son nom de sa terre humide, argilo-calcaire, boueuse par temps de pluie. S'il est connu pour ses rouges, on en tire aussi de bons blancs, à l'instar de cette cuvée aux reflets verts. Son nez frais s'ouvre sur un boisé vanillé et grillé, qui laisse percer à l'aération des notes d'acacia, de tilleul et de fruits blancs d'une belle fraîcheur. L'attaque onctueuse ouvre sur une bouche charnue, de belle longueur, tendue par un trait d'acidité bienvenu. Ce 2015 devrait gagner une étoile en cave. ⧗ 2023-2028

DOM. BRUNO COLIN, 3, imp. des Crêts, 21190 Chassagne-Montrachet, tél. 03 80 24 75 61, contact@domainebrunocolin.com V *r.-v.*

MARC COLIN ET FILS Les Caillerets 2016

1er cru	3000	30 à 50 €

Marc Colin et son épouse Michèle ont créé ce domaine à la fin des années 1970, à partir de 6 ha. Leurs trois enfants Joseph, Caroline et Damien ont conduit longtemps ensemble le domaine familial, qui comptait 19 ha. En 2017, le premier a pris son indépendance, si bien qu'il reste à Caroline et à Damien 13 ha disséminés sur les communes de Saint-Aubin, Chassagne, Puligny et Santenay. Une valeur sûre de la Côte de Beaune.

Parmi les 55 *climats* classés en 1er cru, celui-ci, qui tire son nom de sa nature caillouteuse, figure au nombre des cinq préférés des amateurs de chassagne. Ce 2016 à la robe animée de reflets verts associe au nez acacia, miel, agrumes confits et fruits blancs, poire Williams en tête. Onctueuse et beurrée, la bouche laisse percevoir une vendange bien mûre tout en gardant de la fraîcheur. ⧗ 2019-2022

DOM. MARC COLIN, rue de la Chatenière, 21190 Saint-Aubin, tél. 03 80 21 30 43, contact@marc-colin.com V r.-v.

JEAN FÉRY ET FILS Abbaye de Morgeot 2016 ★★

1er cru	750		30 à 50 €

Un domaine familial des Hautes-Côtes de Beaune créé en 1890 et développé dans les années 1990 par Jean-Louis Féry: aujourd'hui, 14 ha en bio certifié (depuis 2011) en Côte de Nuits et en Côte de Beaune. Depuis 2016, Frédéric Féry, fils de Jean-Louis, assure la gestion du domaine, avec notamment l'appui de Laurence Danel, œnologue.

Proposé pour un coup de cœur, ce chassagne blanc affiche une robe or soutenu à laquelle répond un nez alliant la fleur blanche à des notes mûres d'amande, de frangipane. La bouche, à l'unisson, séduit par son style rond, suave et gourmand, et par sa finale pâtissière. De l'intensité, du fond et un certain potentiel. ⧗ 2019-2023

DOM. JEAN FÉRY ET FILS, 1, rte de Marey, 21420 Échevronne, tél. 03 80 21 59 60, fery.vin@orange.fr V r.-v.

DOM. FLEUROT-LAROSE
Clos de la Rocquemaure 2015

1er cru	n.c.	30 à 50 €

Entreprise familiale créée en 1872, le Dom. Fleurot-Larose est établi à Santenay, au Ch. du Passe-Temps. Un château construit en 1843 par Jacques-Marie Duvault, figure de la viticulture bourguignonne au XIXes. – propriétaire de la Romanée-Conti à partir de 1869 –, passé dans les mains de la famille Fleurot en 1912 et dans celles de Nicolas en 1991.

Ce clos de 62 ares se trouve à l'entrée du *climat* Morgeot. Doré sur tranche, son vin mêle au nez les fruits blancs, les agrumes et un beurré brioché. En bouche, ses arômes de fruits confits s'harmonisent avec une matière ronde et suave. La finale chaleureuse laisse une impression de puissance. ⧗ 2019-2023

NICOLAS FLEUROT, 7, rte de Chassagne, 21590 Santenay, tél. 03 80 20 61 15, fleurot.larose@wanadoo.fr V r.-v.

JANOTSBOS 2015

	1740		30 à 50 €

Cette maison de négoce conduite par Thierry Janots, un Bourguignon issu du monde du vin, et par Richard Bos, un restaurateur néerlandais, s'est installée à Meursault en 2005 d'où elle exporte 60 % de sa production.

Issu de 34 ares en achats de raisin, ce *village* à la robe or jaune séduit par son nez expressif, entre fleurs blanches, agrumes, fruits blancs et noisette grillée. En bouche, le boisé grillé accompagne une matière ample, ronde et fruitée, tonifiée en finale par une pointe d'amertume. ⧗ 2020-2023

MAISON JANOTSBOS, 2, pl. de l'Europe, 21190 Meursault, tél. 06 72 16 92 04, richard@janotsbos.eu V r.-v.

VINCENT ET FRANÇOIS JOUARD
Morgeot 2016

1er cru	2000		30 à 50 €

Les frères Vincent et François Jouard (cinquième génération) se sont établis en 1990 sur le domaine familial de Chassagne, à la tête d'un vignoble de 11 ha.

Ces vignerons du cru ont vu trois de leurs chassagne, tous blancs, retenus dans un millésime 2016 sinistré à la suite du gel de printemps. De ces 75 ares plantés sur marnes argoviennes et calcaire bathonien, ils ont fait jaillir un vin doré, aux parfums d'acacia, de genêt et de miel légèrement torréfiés, à la bouche ronde en attaque, de bonne longueur, tendue par une fraîcheur acidulée et minérale. ⧗ 2021-2023 **1er cru La Maltroie 2016 (30 à 50 €; 1800 b.)** : vin cité. **2016 (20 à 30 €; 5000 b.)** : vin cité.

EARL VINCENT ET FRANÇOIS JOUARD, 2, pl. de l'Église, 21190 Chassagne-Montrachet, tél. 03 80 21 30 25, domaine.jouardvf@orange.fr V r.-v.

OLIVIER LEFLAIVE Clos Saint-Marc 2015

1er cru	4850		50 à 75 €

Négociant-éleveur établi à Puligny-Montrachet depuis 1984, Olivier Leflaive, l'une des références de la Côte de Beaune, collectionne les étoiles, côté cave (négoce et domaine) et côté hôtellerie : quatre pour son hôtel de Puligny. Au chai, l'œnologue Franck Grux et son complice Philippe Grillet.

Calé au milieu des maisons du quartier Saint-Jean, ce 1er cru voit affleurer le calcaire bathonien du sous-sol. Dans le verre, il s'exprime sur les agrumes et les fleurs blanches, rehaussés d'un léger boisé. En bouche, il se distingue par sa nervosité et par sa longueur. Un vin prometteur. ⧗ 2020-2024

LEFLAIVE, pl. du Monument, 21190 Puligny-Montrachet, tél. 03 80 21 37 65, contact@olivier-leflaive.com V r.-v.

♥ DOM. LOUIS LEQUIN ET FILS
Morgeot 2015 ★★

1er cru	750		30 à 50 €

Les premières vignes furent acquises à Santenay au début du XVIIes. et des ancêtres furent vignerons des hospices d'Autun. Leurs lointains héritiers Antoine et Quentin Lequin, fils de Louis, conduisent aujourd'hui un vignoble de 7 ha sur lequel ils procèdent à des essais de protection des plants avec le concours de l'INRA.

Le plus vaste 1er cru de Chassagne-Montrachet, avec une soixantaine d'hectares, est à l'honneur avec ce vin issu de vieilles vignes. Après onze mois passés en fût, ce 2015 libère des notes toastées qui laissent largement s'exprimer des fragrances complexes et fraîches: zeste d'agrumes, fleur d'oranger, muguet et verveine. Charnu, il est tendu par une franche vivacité qui lui donne dynamisme, droiture et longueur. Une bouteille élégante, modèle de l'appellation. ⧗ 2019-2024

⊶ *DOM. LOUIS LEQUIN, 2, rue du Pasquier-de-Pont, 21590 Santenay, tél. 03 80 20 63 82, louis.lequin@wanadoo.fr* V r.-v.

DOM. MARTENOT MALLARD
Fontaine Sot 2016

	1600		20 à 30 €

À l'origine, le domaine de la Perrière, créé par Bernard Martenot. La nouvelle génération a pris la relève en 2010 sur un vignoble de 15 ha et sous l'étiquette Martenot-Mallard.

Déjà retenu dans le millésime précédent, un *village* qui s'approche du niveau des 1ers crus bien qu'il provienne d'un *climat* situé au bas de Chassagne, côté Puligny. Au nez, le beurre frais s'allie aux fruits jaunes, aux agrumes et aux fleurs. Ces arômes floraux et fruités accompagnent une bouche fraîche et nette, à la finale ciselée. ⧗ 2020-2024

⊶ *MARTENOT MALLARD, 11, rue de la Perrière, 21190 Saint-Romain, tél. 06 42 94 20 63, bernard.martenot@wanadoo.fr* V r.-v.

MESTRE PÈRE ET FILS Morgeot 2015

1er cru	1000	30 à 50 €

Cinq générations de viticulteurs se sont succédé ici depuis 1887. Des Maranges à Ladoix en passant par Chassagne et Aloxe, les frères Mestre (Gilbert, Gérard et Michel) exploitent un vignoble de 18 ha.

Cette cuvée est issue d'une petite parcelle de 18 ares. D'un rubis léger, elle offre un nez gourmand centré sur les petits fruits rouges et souligné d'un boisé torréfié. Toujours très fruitée, à la fois souple et fraîche, la bouche est flattée par des tanins soyeux et par une finale poivrée de belle longueur. ⧗ 2020-2024

⊶ *MESTRE PÈRE ET FILS, 12, pl. du Jet-d'Eau, 21590 Santenay, tél. 03 80 20 60 11, gilbert.mestre@wanadoo.fr* V *t.l.j. sf dim. 10h-12h30 14h30-18h*

DOM. PATRICK MIOLANE
La Canière 2015 ★

	6000		20 à 30 €

En 2007, Barbara, la septième génération, a rejoint son père Patrick Miolane sur les 9 ha du domaine, répartis sur Saint-Aubin, Chassagne et Puligny-Montrachet.

Situé au centre de l'appellation, sous le village de Chassagne, ce *climat* tirerait son nom des cognassiers qui y étaient jadis plantés. Les Miolane y cultivent du pinot noir et du chardonnay. Ce dernier est à l'origine de ce blanc bien ouvert sur l'aubépine, les agrumes, les fruits blancs et l'amande, soulignés d'un fin boisé. Charnu, chaleureux, équilibré entre rondeur et fraîcheur, le palais offre une finale suave aux accents de noisette. ⧗ 2019-2022

⊶ *PATRICK MIOLANE, 2, rue des Perrières, 21190 Saint-Aubin, tél. 03 80 21 31 94, contact@miolane-vins.fr* V *r.-v.*

FERNAND ET LAURENT PILLOT 2016

	9800		20 à 30 €

Installé en 1993, Laurent Pillot, fils de Fernand, représente la quatrième génération de vignerons sur cette propriété de Chassagne-Montrachet; la cinquième (Adrien) a rejoint le domaine en 2016 après avoir parcouru le monde de cave en cave. L'exploitation, qui s'est étendue sur Pommard grâce à la reprise des vignes Pothier-Rieusset, approche aujourd'hui les 15 ha.

Les chassagne blancs, en *village*, même s'ils ont progressé en superficie, restent proportionnellement moins importants que dans les 1ers crus. Les Pillot en récoltent une belle surface de 2,13 ha pour proposer ce vin aux parfums d'amande et de fleurs blanches. Le fruit s'allie aux notes toastées de la barrique dans un palais très rond en attaque, équilibré par une finale fraîche. ⧗ 2018-2021
1er cru Morgeot 2016 (30 à 50 €; 2400 b.) : vin cité.

⊶ *LAURENT PILLOT, 2, pl. des Noyers, 21190 Chassagne-Montrachet, tél. 03 80 21 99 83, contact@vinpillot.com* V *r.-v.*

DOM. CHRISTIAN REGNARD 2016 ★

	600		20 à 30 €

En 2010, Florian Regnard a rejoint son père Christian sur le domaine familial situé à Sampigny, l'un des trois villages de l'AOC maranges. Parcelle après parcelle, il agrandit le vignoble (aujourd'hui 12 ha dans la partie sud de la Côte de Beaune et dans les Hautes-Côtes) et fait bouger les lignes en matière de culture, de vinification et de commercialisation.

Première vendange pour cette jeune vigne à sa «troisième feuille», plantée sur une parcelle de 24 ares. Petite récolte, mais de qualité: robe or pâle, nez intense sur la fleur blanche, la noisette fraîche, la pâte d'amande, la vanille, s'orientant à l'aération vers l'abricot; attaque ample, développement rond, finale fraîche et assez longue. Un style gourmand et charmeur. ⧗ 2019-2022

⊶ *FLORIAN REGNARD, 9, rue Saint-Antoine, 71150 Sampigny-lès-Maranges, tél. 03 85 91 10 43, regnardc@wanadoo.fr* V *t.l.j. 8h-12h 14h-18h*

CH. DE SANTENAY 2015 ★

	2000		30 à 50 €

Terroirs et Chateaux de Bourgogne est la structure de négoce du Ch. de Santenay. Ce majestueux château aux tuiles vernissées, aussi appelé «château Philippe le Hardi», fut propriété du premier duc de la grande Bourgogne (1342-1404). Dans le giron du Crédit Agricole depuis 1997, il dispose d'un vaste vignoble de 90 ha répartis dans plusieurs AOC beaunoises et chalonnaises, sous la houlette de l'œnologue et directeur d'exploitation Gérard Fagnoni.

Pâle de couleur, ce *village* mêle au nez la minéralité du sol, le boisé de l'élevage et des nuances de fleurs blanches et d'agrumes. Les fruits jaunes entrent en scène dans un palais gras en attaque, tendu par un trait d'acidité qui lui donne de l'élégance et de l'allonge en étirant sa finale saline. ⧗ 2019-2023

⊶ *SAS TERROIRS ET CHÂTEAUX DE BOURGOGNE, 1, rue du Château, 21590 Santenay, tél. 03 80 20 61 87, contact@chateau-de-santenay.com* V *r.-v.*

SAINT-AUBIN

Superficie : 162 ha
Production : 8 265 hl (75 % blanc)

Saint-Aubin est dans une position topographique voisine des Hautes-Côtes; mais une partie de la commune joint Chassagne au sud et Puligny et Blagny à l'est. Le 1er cru Les Murgers des Dents de Chien se trouve même à faible distance des Chevalier-Montrachet et des Caillerets. Le vignoble s'est un peu développé en rouge, mais c'est en blanc qu'il atteint le meilleur.

CHRISTIAN BERGERET ET FILLE
Les Murgers des dents de chien 2016 ★

1er cru	900		15 à 20 €

Un domaine dans la même famille depuis plusieurs générations. Comptable de formation, professeure pendant quelques années, Clotilde Brousse-Bergeret en a pris la direction en 2001 à la suite de son père Christian. L'exploitation compte aujourd'hui 14 ha répartis sur plusieurs communes répartis sur plusieurs communes de la Côte de Beaune et des Hautes-Côtes.

Situé au-dessus du grand cru montrachet, ce *climat* forme la limite haute du vignoble côté Puligny. Sa nature calcaire aux cailloux pointus évoque les dents d'un chien. Dans le verre, les fruits blancs, la pêche notamment, dessinent un bouquet intense. La bouche apparaît vive, tonique et longue, bien épaulée par le bois. ⌛ 2020-2023

CHRISTIAN BERGERET ET FILLE, 2, cour Michaud, 21340 Nolay, tél. 06 58 52 41 48, vins.bergeret@outlook.fr V r.-v.

GILLES BOUTON ET FILS En Remilly 2016 ★

1er cru	4000		15 à 20 €

Gilles Bouton a pris la suite de son grand-père Aimé Langoureau en 1977 sur le domaine familial: 4 ha à l'époque, 16 ha aujourd'hui, qu'il exploite depuis 2009 avec son fils Julien. Le vignoble est réparti sur quatre communes: Saint-Aubin, Chassagne, Puligny et Meursault. Une activité de négoce a été créée en 2015 pour compléter la gamme.

Ce *climat* exposé aux vents d'ouest se place sur le coteau adossé à la colline du Montrachet. Issu d'une vigne représentant 85 ares, ce 1er cru brille par sa pâleur et dévoile un nez élégant, aussi floral que fruité (poire, pamplemousse). La bouche se révèle bien concentrée et très équilibrée entre une aimable rondeur et une fine acidité saline. ⌛ 2019-2023 ■ **1er cru Les Champlots 2015 (11 à 15 €; 3000 b.)** : vin cité.

GILLES BOUTON, 24, rue de la Fontenotte, 21190 Saint-Aubin, tél. 03 80 21 32 63, domaine.bouton-gilles@wanadoo.fr V r.-v.

HUBERT BOUZEREAU-GRUÈRE ET FILLES
Les Cortons 2016

1er cru	900		20 à 30 €

Installé en 1965, Hubert Bouzereau exploite avec ses filles Marie-Laure et Marie-Anne un vignoble de 10 ha réparti sur six villages de la Côte de Beaune. Un domaine souvent en vue pour ses meursault, puligny et chassagne. Anecdote bien connue des œnophiles bourguignons: le vigneron a figuré en tant que pompier de Meursault dans le cultissime *La Grande Vadrouille* de Gérard Oury, un sujet de conversation savoureux au caveau…

Des plants de vigne du plus célèbre des *climats* d'Aloxe-Corton ont été plantés là et ont donné leur nom à cette parcelle qui regarde l'ouest. L'éclat et la limpidité définissent la robe de ce 2016, tandis que les agrumes, l'amande et la noisette composent un bouquet avenant. On retrouve les agrumes dans une bouche vive et rectiligne. ⌛ 2019-2023

MARIE-ANNE ET MARIE-LAURE BOUZEREAU, 22A, rue de la Velle, 21190 Meursault, tél. 03 80 21 20 05, contact@bouzereaugruere.com V r.-v. 3

FRANÇOISE ET DENIS CLAIR
Les Murgers des dents de chien 2016

1er cru	4500		20 à 30 €

Créé par Françoise et Denis Clair en 1986 à partir de 5 ha, ce domaine souvent en vue pour ses saint-aubin et ses santenay couvre aujourd'hui 14 ha, avec une petite activité de négoce en complément. Le fils Jean-Baptiste, arrivé en 2000, assure les vinifications depuis 2011.

Né d'une vigne qui affiche cinquante vendanges, ce 1er cru dévoile un nez de chèvrefeuille et d'acacia agrémenté d'une touche de miel. Une attaque vive ouvre sur une bouche alerte et équilibrée, dotée d'une bonne longueur. ⌛ 2019-2023

JEAN-BAPTISTE CLAIR, 14, rue de la Chapelle, 21590 Santenay, tél. 03 80 20 61 96, fdclair@orange.fr V r.-v.

MARC COLIN ET FILS En Remilly 2016

1er cru	13000		20 à 30 €

Marc Colin et son épouse Michèle ont créé ce domaine à la fin des années 1970, à partir de 6 ha. Leurs trois enfants Joseph, Caroline et Damien ont conduit longtemps ensemble le domaine familial, qui comptait 19 ha. En 2017, le premier a pris son indépendance, si bien qu'il reste à Caroline et à Damien 13 ha disséminés sur les communes de Saint-Aubin, Chassagne, Puligny et Santenay. Une valeur sûre de la Côte de Beaune.

Cette importante cuvée née d'une vigne de trente ans livre des parfums intenses alliant les fleurs aux fruits blancs et la minéralité de la pierre. En bouche, elle apparaît à la fois fraîche, souple et ronde, bien équilibrée en somme. ⌛ 2019-2023

DOM. MARC COLIN, rue de la Chatenière, 21190 Saint-Aubin, tél. 03 80 21 30 43, contact@marc-colin.com V r.-v.

JANOTSBOS En Créot 2015 ★

1er cru	2030		20 à 30 €

Cette maison de négoce conduite par Thierry Janots, un Bourguignon issu du monde du vin, et par Richard Bos, un restaurateur néerlandais, s'est installée à Meursault en 2005 d'où elle exporte 60 % de sa production.

Avec ses 2,17 ha, ce *climat* est l'un des plus petits parmi les trente que compte l'appellation. Dans le verre, un vin parfumé de fleurs blanches avec une touche toastée venue du boisé. La bouche se montre généreuse, ronde et expressive, sur l'abricot et l'amande grillée. ⧗ 2020-2023

MAISON JANOTSBOS, 2, pl. de l'Europe, 21190 Meursault, tél. 06 72 16 92 04, richard@janotsbos.eu r.-v.

DOM. SYLVAIN LANGOUREAU Le Champlot 2016

1er cru	12000		15 à 20 €

Représentant la cinquième génération, Sylvain Langoureau s'est installé en 1988 à la tête du domaine familial, dont les bâtiments datent de 1647. Fort de 10 ha, le vignoble est régulièrement en vue pour ses saint-aubin blancs.

Ce *climat* pentu tient son nom du terme dialectal pyrénéen qui désigne une terre en pente. Au nez, le vin mêle les agrumes et les fleurs blanches. En bouche, il se révèle léger, vif et acidulé, enrobé par une touche de gras qui va bien. ⧗ 2019-2022

DOM. SYLVAIN LANGOUREAU, 20, rue de la Fontenotte, 21190 Saint-Aubin, tél. 03 80 21 39 99, domainesylvainlangoureau@orange.fr r.-v.

DOM. DES MEIX
Les Murgers des dents de chien 2015

1er cru	8000		15 à 20 €

Christophe Guillo a hérité de son grand-père une belle parcelle en saint-aubin. Il a installé sa cuverie à Combertault, dans la plaine de Beaune, et agrandi son domaine (10 ha). Vinificateur des cuvées du Dom. du Bout du Monde à Nolay, il en a pris la tête en 2013.

Une vigne de soixante ans a donné naissance à un 1er cru mêlant fleurs blanches et agrumes à l'olfaction. En bouche, l'acidité est marquée, mais le vin trouve son équilibre grâce un léger gras qui enrobe le tout. ⧗ 2020-2023

LES DOMAINES CHRISTOPHE GUILLO, 5, rte de Bourguignon, 21200 Combertault, tél. 03 80 26 67 05, guillo-c@wanadoo.fr r.-v.

DOM. PATRICK MIOLANE 2015

	5000		11 à 15 €

En 2007, Barbara, la septième génération, a rejoint son père Patrick Miolane sur les 9 ha du domaine, répartis sur Saint-Aubin, Chassagne et Puligny-Montrachet.

Ce *village* dévoile, sous une belle robe dorée, des notes de fruits à chair blanche sur fond de boisé discret. Centré sur la pêche et le miel, le palais apparaît gras, rond et de bonne longueur. ⧗ 2019-2023 **1er cru Les Perrières 2015 (15 à 20 €; 900 b.)** : vin cité.

PATRICK MIOLANE, 2, rue des Perrières, 21190 Saint-Aubin, tél. 03 80 21 31 94, contact@miolane-vins.fr r.-v.

DOM. ANDRÉ MOINGEON ET FILS
Sous Roche Dumay 2016

1er cru	1800		15 à 20 €

Un domaine de près de 10 ha sur Saint-Aubin, Blagny, Chassagne et Puligny, créé en 1983 par André Moingeon et ses deux fils Gérard et Michel. Ce dernier, désormais aux commandes, a été rejoint par son fils Florent en 2009.

Avec ses 2,24 ha, ce *climat* est l'un des plus petits 1ers crus de l'appellation, mais aussi le plus haut: de ses 400 m, il surplombe le village. Ce 2016 dévoile un nez citronné et légèrement réglissé, relayé par une bouche alerte, portée par une belle fraîcheur. ⧗ 2019-2022

DOM. ANDRÉ MOINGEON ET FILS, 2, rue de la Fontaine, 21190 Saint-Aubin, tél. 03 80 21 93 67, contact@vins-moingeon.com r.-v.

♥ DOM. BERNARD PRUDHON Le Ban 2015 ★★

1er cru	1200		11 à 15 €

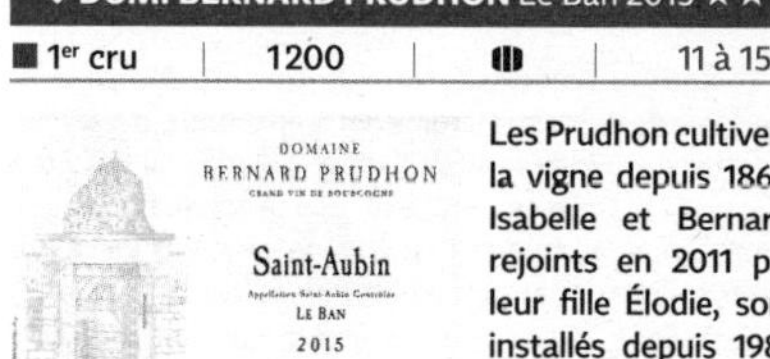

Les Prudhon cultivent la vigne depuis 1860. Isabelle et Bernard, rejoints en 2011 par leur fille Élodie, sont installés depuis 1982 à la tête d'un vignoble de 8 ha.

Avec ses 16,63 ha, ce *climat* constitue de loin la plus importante parcelle cadastrée en *village* de l'appellation. Ce coup de cœur, rare en rouge, montre la qualité de ce terroir qui a donné ici un vin d'un seyant rubis limpide, ouvert sur des parfums généreux de fruits noirs compotés et d'épices. Le palais se révèle ample, riche et rond, étayé par des tanins fondus et veloutés et par une fraîcheur qui allonge bien la finale. ⧗ 2021-2026 **1er cru Les Murgers des dents de chien 2016 ★★ (20 à 30 €; 1500 b.)** : cette cuvée a disputé la finale des coups de cœur. Des vignes de vingt-sept ans ont donné naissance à un 1er cru qui marie parfaitement le boisé aux fleurs blanches, au palais souple et gras, soulignée par une belle fraîcheur minérale. ⧗ 2019-2023

BERNARD PRUDHON, 15, rue du Jeu-de-Quilles, 21190 Saint-Aubin, tél. 03 80 21 35 66, contact@domaine-bernard-prudhon.com r.-v.

♥ HENRI PRUDHON ET FILS
Les Perrières 2016 ★★

1er cru	3800		20 à 30 €

L'une des familles les plus anciennes de Saint-Aubin et une exploitation transmise depuis de nombreuses générations. Aujourd'hui, Vincent et Philippe Prudhon épaulent leur père Gérard à la tête d'un domaine de 14,5 ha très régulier en qualité.

Dominant le village de Saint-Aubin, ce *climat* de 5,24 ha tire son nom d'une ancienne carrière d'où l'on extrayait autrefois de minces dalles de calcaire. Dans le verre, un superbe 1er cru aussi limpide que brillant, ouvert sur des parfums complexes d'amande, de fruits blancs et d'agrumes sur fond de minéralité crayeuse et de bon boisé vanillé. En bouche, il se montre à la fois ample et droit, concentré et persistant. ⧗ 2019-2024 **1er cru La Chatenière 2016 ★ (20 à 30 €; 700 b.)** : cette cuvée, d'une belle richesse aromatique autour des fruits secs

BOURGOGNE

et des fleurs blanches, se montre ronde et puissante en bouche, équilibrée par une juste acidité. ⧗ 2021-2024 ■ **1er cru Les Murgers des dents de chien 2016 ★ (20 à 30 €; 1600 b.)** : un vin floral, minéral et brioché au nez, ample et gras en bouche, soutenu par un boisé bien intégré. ⧗ 2020-2024

PRUDHON, 32, rue des Perrières, 21190 Saint-Aubin, tél. 03 80 21 36 70, henri-prudhon@wanadoo.fr r.-v.

ROUX PÈRE ET FILS Les Cortons 2016

1er cru	5300		30 à 50 €

Cette maison créée en 1885, qui associe domaine et négoce, est à la tête d'un vaste ensemble de 65 ha répartis sur 52 lieux-dits et treize villages de la Côte-d'Or et de la Côte chalonnaise. Elle propose une vaste gamme de vins, souvent en vue, notamment en saint-aubin, puligny, chassagne et meursault.

Situé à flanc de coteau, ce lieu-dit borne la colline offrant sa pente au rayon du midi. La famille Roux en extrait un saint-aubin ouvert sur les agrumes et le miel, équilibré et frais en bouche, doté d'un boisé bien intégré et d'une agréable finale briochée. ⧗ 2020-2023

FAMILLE ROUX, 42, rue des Lavières, 21190 Saint-Aubin, tél. 03 80 21 32 92, france@domaines-roux.com r.-v.

DOM. GÉRARD THOMAS ET FILLES
Murgers des dents de chien 2016

1er cru	13300		15 à 20 €

Isabelle et Anne-Sophie sont désormais aux commandes du domaine créé par leur père Gérard Thomas dans les années 1990. Le vignoble couvre une douzaine d'hectares en saint-aubin (principalement) ainsi qu'en meursault, chassagne et puligny.

Ce terroir de cailloux blancs a donné vie à une cuvée joliment bouquetée sur le muguet et le silex. La bouche, plus axée sur les fruits mûrs, affiche quant à elle un profil tendre et rond. ⧗ 2019-2023

DOM. GÉRARD THOMAS, 6, rue des Perrières, 21190 Saint-Aubin, tél. 03 80 21 32 57, domaine.gerard.thomas@orange.fr r.-v.

SANTENAY

Superficie : 330 ha
Production : 14 040 hl (85 % rouge)

Dominé par la montagne des Trois-Croix, le village de Santenay est devenu, grâce à sa « fontaine salée » aux eaux les plus lithinées d'Europe, une ville d'eau réputée... C'est donc un village polyvalent, puisque son terroir produit également d'excellents vins. Les Gravières, la Comme, Beauregard en sont les crus les plus connus. Comme à Chassagne, le vignoble présente la particularité d'être souvent conduit en cordon de Royat, élément qualitatif non négligeable.

VINCENT BACHELET 2015

■	4500		15 à 20 €

Originaire d'une vieille famille vigneronne des Maranges (il est fils de Bernard Bachelet), Vincent Bachelet a travaillé avec ses frères avant de s'installer, en 2008, à Chassagne-Montrachet, dans les anciens chais du négociant de Marcilly. Il exploite 17 ha, essentiellement dans la Côte de Beaune.

Un hectare d'une vigne de soixante ans est à l'origine de ce *village* au nez discret mais fin de fruits rouges et de pivoine. La bouche se montre souple en attaque, avant de dévoiler des tanins jeunes qui lui apportent de la consistance, avec toujours une belle expression du fruit. ⧗ 2019-2023

VINCENT BACHELET, 27, rte de Santenay, 21190 Chassagne-Montrachet, tél. 06 19 77 51 87, contact@vincent-bachelet.com r.-v.

DOM. BACHEY-LEGROS
Clos Rousseau les Fourneaux Vieilles Vignes 2015 ★

■ 1er cru	2300		30 à 50 €

Régulièrement mentionnés dans le Guide, les Bachey-Legros – Christiane et ses fils Samuel et Lénaïc – sont les cinquième et sixième générations à œuvrer sur ce domaine de 19 ha auquel s'est ajoutée une activité de négoce en 2008. En 2017, la propriété s'est équipée d'une nouvelle cuverie.

Une très vénérable vigne de cent-deux ans est à l'origine de ce 1er cru qui distille au nez des arômes de fruits noirs sur un fond légèrement boisé. La bouche apparaît généreuse et concentrée, bâtie sur des solides tanins qui laissent confiant sur la capacité de garde de ce santenay de caractère. ⧗ 2021-2028

DOM. BACHEY-LEGROS, 12, rue de la Charrière, 21590 Santenay, tél. 03 80 20 64 14, christiane.bachey-legros@wanadoo.fr r.-v.

CHRISTIAN BERGERET ET FILLE 2015 ★

■	2100		11 à 15 €

Un domaine dans la même famille depuis plusieurs générations. Comptable de formation, professeure pendant quelques années, Clotilde Brousse-Bergeret en a pris la direction en 2001 à la suite de son père Christian. L'exploitation compte aujourd'hui 14 ha répartis sur plusieurs communes répartis sur plusieurs communes de la Côte de Beaune et des Hautes-Côtes.

Ce santenay dévoile des parfums élégants de fruits noirs (mûre, cassis) associés à une fine touche florale qui ajoute à son élégance. La bouche, bien qu'encore sur la réserve, laisse apparaître un côté grillé et de la finesse dans ses tanins. ⧗ 2020-2024

CHRISTIAN BERGERET ET FILLE, 2, cour Michaud, 21340 Nolay, tél. 06 58 52 41 48, vins.bergeret@outlook.fr r.-v.

JEAN-CLAUDE BOISSET 2015

■	1600		20 à 30 €

Un important négoce créé en 1961 par Jean-Claude Boisset qui, installé à Nuits-Saint-Georges dans l'ancien couvent des Ursulines, est propriétaire de vignes dans toute la Bourgogne, et aussi dans d'autres vignobles en France et à l'étranger. Depuis 2002, Grégory Patriat, le vinificateur, s'attache à élaborer des cuvées haut de gamme, dans une approche « domaine ».

Au nez, les fruits rouges et noirs se mêlent à un bon boisé. Souple en attaque, la bouche affiche plus de vigueur dans son développement, ainsi qu'une longueur intéressante. L'étoile sera pour la cave. ⧗ 2021-2024

⊶ JEAN-CLAUDE BOISSET, 5, quai Dumorey, 21700 Nuits-Saint-Georges, tél. 03 80 62 61 61, contact@boisset.fr V r.-v.

ÉRIC BOUSSEY 2016

	600		15 à 20 €

Grande famille de vignerons de Monthelie (Jean-Baptiste, le grand-père, fut l'un des précurseurs de la mise en bouteilles), les Boussey exploitent 5 ha répartis sur plusieurs AOC en Côte de Beaune. Éric, installé en 1981, a complété son activité en 2007 par une structure de négoce.

Cette cuvée très confidentielle séduit par son bouquet harmonieux de vanille, de fruits blancs et d'agrumes. En bouche, elle se montre franche et nerveuse, soutenue par un joli boisé. ⧗ 2019-2024

⊶ ÉRIC BOUSSEY, 21, Grande-Rue, 21190 Monthelie, tél. 03 80 21 60 70, ericboussey@orange.fr V r.-v.

DOM. BOUTHENET-CLERC Clos Rousseau 2016

1er cru	1400		11 à 15 €

Marc Bouthenet exploite depuis 1988 ce domaine familial de 21 ha, ce qui est loin d'être négligeable à l'échelle bourguignonne. Son beau-fils Antoine Clerc, arrivé en 2009 et aujourd'hui co-gérant, compte développer la vente en bouteilles grâce à un nouveau caveau installé à Mercey, hameau de Cheilly-lès-Maranges.

Ce 2016 propose un joli nez mêlant la cerise noire et le cassis. En bouche, passé une attaque plutôt souple, il se révèle plus sévère et tannique jusqu'en finale. À laisser dormir en cave. ⧗ 2021-2025

⊶ EARL BOUTHENET-CLERC, 11, rue Saint-Louis-Mercey, 71150 Cheilly-lès-Maranges, tél. 03 85 91 16 51, earlbouthenet-clerc@orange.fr V r.-v.

CAPUANO-FERRERI Vieilles Vignes 2016 ★

	n.c.		11 à 15 €

Associé à l'ancien footballeur Jean-Marc Ferreri, John Capuano – dont le père Gino a créé en 1987 ce domaine implanté à Santenay – exploite 8 ha de parcelles s'égrenant de Beaune à Mercurey. Très régulier en qualité.

Cette cuvée issue de vignes de quarante ans séduit d'emblée par ses parfums élégants de petits fruits rouges finement toastés par le fût. C'est l'équilibre qui définit le mieux sa bouche, fine, longue et fraîche, dotée de tanins fondus et soyeux qui signent un pinot noir bien extrait. ⧗ 2019-2024

⊶ SARL CAPUANO-FERRERI, 14, rue Chauchien, 21590 Santenay, tél. 03 80 20 68 04, john.capuano@wanadoo.fr V r.-v.

B DOM. CHAPELLE ET FILS Beaurepaire 2016 ★

1er cru	2400		20 à 30 €

Jean-François Chapelle conduit depuis 1991 le vignoble familial (17,75 ha en bio certifié) situé à l'extrémité sud de la Côte de Beaune. Il détient aussi des parcelles à l'autre bout de la Côte, autour de la montagne de Corton. En 2004, il a adjoint au domaine une partie négoce.

Ce *climat* est un beau repaire pour la vigne, ce que démontre ce 1er cru ouvert sans réserve sur le cassis et la framboise. La bouche se révèle consistante, ronde et suave, fruitée et un brin épicée, portée par des tanins fins et soyeux. ⧗ 2020-2025

⊶ SCEA PH CHAPELLE ET FILS, 2, rue des Petits-Sentiers, 21590 Santenay, tél. 03 80 20 60 09, contact@domainechapelle.com V *t.l.j. sf sam. dim. 9h-12h 13h30-17h; sam. dim. sur r.-v.*

CHAPUIS ET CHAPUIS 2016

	589		15 à 20 €

Petits-fils de vignerons d'Aloxe-Corton, les frères Chapuis, Jean-Guillaume (le juriste) et Romain (l'œnologue), ont fondé leur structure de négoce en 2009, installant leur cuverie dans l'ancien château de Pommard. Ils privilégient autant que faire se peut les raisins issus de l'agriculture biologique ou biodynamique.

Centrée sur la griotte et la cerise, cette cuvée définit bien le profil aromatique des santenay. En bouche, elle se montre généreuse, ouverte sur un fruité mûr et soutenue par des tanins souple et par une agréable fraîcheur en finale. Une bouteille que l'on pourra apprécier dans sa jeunesse. ⧗ 2019-2023

⊶ CHAPUIS, 9, rue des Charmots, 21630 Pommard, tél. 06 89 56 05 12, r.chapuis@chapuisfreres.fr V *r.-v.*

DOM. MAURICE CHARLEUX ET FILS 2016

	2620		11 à 15 €

Un domaine régulier en qualité; 60 ares au temps de Ferdinand Charleux, en 1894, 10 ha aujourd'hui, en maranges et en santenay. Maurice, figure des Maranges, ayant pris sa retraite en 2008, Vincent, l'aîné de ses trois fils, qui travaille depuis 1999 sur l'exploitation, l'a relayé.

Né d'une vigne de trente-cinq ans, ce santenay mêle un bon boisé torréfié à des notes d'agrumes et de beurre. En bouche, il se montre franc, souple et frais jusqu'en finale. ⧗ 2019-2022

⊶ VINCENT CHARLEUX, 1, Petite-Rue, 71150 Dezize-lès-Maranges, tél. 03 85 91 15 15, domaine.charleux@wanadoo.fr V r.-v.

CH. DE LA CHARRIÈRE Les Gravières 2016

1er cru	1590		15 à 20 €

Issu de la division en 1981 des vignes paternelles entre les quatre enfants Girardin, le Dom. Yves Girardin comptait 3 ha à ses débuts. L'acquisition en 2004 du Ch. de la Charrière a porté à 22 ha la superficie de cette propriété qui a son siège dans le hameau de Santenay-le-Haut.

Une vigne de cinquante ans est à l'origine de ce 1er cru centré sur les fruits rouges au nez comme en bouche, bien équilibré entre tanins fondus et rondeur délicate. Un bon «caractère pinot» selon les jurés. ⧗ 2019-2023

⊶ DOM. YVES GIRARDIN, 1, rte de Dezize-lès-Maranges, 21590 Santenay, tél. 03 80 20 64 36, yves.girardin-domaine@orange.fr V r.-v.

BOURGOGNE

DOM. DE LA CHOUPETTE La Comme 2016

■ 1er cru | 1800 | | 15 à 20 €

Les frères jumeaux Jean-Christophe (à la vigne) et Philippe Gutrin (au chai) ont créé leur domaine en 1992. Le vignoble couvre aujourd'hui environ 12 ha répartis en une quinzaine de *climats* dans les communes de Santenay, Chassagne et Puligny-Montrachet.

À un nez expressif de fruits rouges mûrs et de chocolat succède une bouche boisée sans excès, fraîche et structurée par des tanins fondus, avec une pointe de sévérité en finale toutefois, mais rien de rédhibitoire. ⧗ 2020-2024

GUTRIN FILS, 2, pl. de la Mairie, 21590 Santenay, tél. 06 81 46 71 13, gutrinfils@orange.fr V t.l.j. 9h-12h 14h-18h

FRANÇOISE ET DENIS CLAIR Clos Genet 2016 ★

■ | 6000 | | 15 à 20 €

Créé par Françoise et Denis Clair en 1986 à partir de 5 ha, ce domaine souvent en vue pour ses saint-aubin et ses santenay couvre aujourd'hui 14 ha, avec une petite activité de négoce en complément. Le fils Jean-Baptiste, arrivé en 2000, assure les vinifications depuis 2011.

Ce domaine cultive 1,2 ha des 8,23 que compte ce *climat* situé derrière leur maison d'habitation. Il en tire un 2016 de belle facture, au joli nez fruité (mûre, cerise) et fumé, et à la bouche ample, riche et charnue, étayée par des tanins ronds. Un santenay que l'on appréciera aussi bien jeune que patiné par la garde. ⧗ 2019-2024

JEAN-BAPTISTE CLAIR, 14, rue de la Chapelle, 21590 Santenay, tél. 03 80 20 61 96, fdclair@orange.fr V *r.-v.*

DOM. BRUNO COLIN Les Gravières 2015 ★★

■ 1er cru | 1800 | | 30 à 50 €

Bruno Colin s'est installé en 2004 à la suite du partage du domaine familial avec son frère Philippe. Cet adepte des élevages longs exploite 9 ha de vignes allant des Maranges à Puligny en passant par Chassagne, son fief.

Le dérivé du mot « graviers » a donné son nom au plus vaste des 1ers crus de l'appellation, divisé en quatre lieux-dits. Bruno Colin y exploite 38 ares de pinot noir qui ont donné ce beau santenay au nez expressif et complexe (baies sauvages, sous-bois et truffe), ample et concentré en bouche, étayé par des tanins soyeux et fins. Le coup de cœur fut mis aux voix. ⧗ 2020-2024

DOM. BRUNO COLIN, 3, imp. des Crêts, 21190 Chassagne-Montrachet, tél. 03 80 24 75 61, contact@domainebrunocolin.com V *r.-v.*

DOM. DEMANGEOT 2016

■ | 3545 | | 15 à 20 €

Originaire de Sampigny-lès-Maranges, cette famille vigneronne est bien enracinée dans les Hautes-Côtes: elle ne s'est déplacée que de 4 km en… quatre siècles (elle cultive la vigne de père en fils depuis le XVIIe s.). Jean-Luc Demangeot s'est installé en 1982 sur le domaine, qui couvre aujourd'hui un peu plus de 10 ha.

Ce vin dévoile des parfums harmonieux et généreux de fruits rouges bien mûrs mâtinés d'épices. En bouche, il se montre tout aussi généreux en fruit, rond et souple, doté de tanins fondus. ⧗ 2019-2023

MARYLINE ET JEAN-LUC DEMANGEOT, 6, rue de Santenay, 21340 Change, tél. 03 85 91 11 10, contact@demangeot.fr V *r.-v.*

DOM. JÉRÔME FORNEROT Les Charrons 2016

■ | 1500 | | 15 à 20 €

Installé en 2004, Jérôme Fornerot est établi à Saint-Aubin, village de ses ancêtres. Son vignoble de 7,5 ha produit surtout de l'AOC bourgogne et du santenay, tout en se développant à Saint-Aubin.

Une route pierreuse dite « des Romains » longe le bas de ce *climat* d'altitude (350 m), qui servait autrefois au passage des charrettes. Jérôme Fornerot y cultive 42 ares de chardonnay à l'origine d'un vin joliment bouqueté autour des fleurs blanches, de la pêche et de la pomme, franc et frais en bouche, avec un peu de gras qui vient enrober le tout. Équilibré. ⧗ 2019-2023

JÉRÔME FORNEROT, 8, rue des Lavières, 21190 Saint-Aubin, tél. 06 81 32 64 32, jeromefornerot@aol.com V *r.-v.*

JUSTIN GIRARDIN Beauregard 2015

■ 1er cru | 5000 | | 20 à 30 €

Après avoir obtenu en 2013 son BTS « viti-œno » à Beaune et suivi plusieurs stages à Pomerol, Maury et jusqu'en Tasmanie, le jeune Justin Girardin (treizième génération) a rejoint en 2013 ses parents Jacques et Valérie sur le domaine familial établi à Santenay-le-Haut (17 ha). Il a créé dans la foulée une activité de négoce en son nom pour compléter la gamme.

Situé entre 350 et 400 m, ce *climat* offre une vue unique sur le vignoble du sud de la Côte de Beaune. Justin Girardin y exploite 90 ares de pinot noir dont il a tiré ce vin ouvert sur les fruits rouges et noirs agrémentés d'une touche de cacao. La bouche est franche, généreuse, équilibrée entre tanins et acidité. De quoi bien dormir en cave. ⧗ 2020-2024

JUSTIN GIRARDIN, 13, rue de Narosse, 21590 Santenay, tél. 03 80 20 60 12, justin.girardin@gmail.com V *r.-v.* E

JAFFELIN Les Gravières 2015 ★

■ 1er cru | 2366 | | 30 à 50 €

Cette maison de négoce-éleveur implantée à Beaune depuis 1816 appartient à la galaxie des vins Boisset. Elle conserve son autonomie d'achat avec Marinette Garnier à sa tête, une jeune œnologue qui a pris la suite de Prune Amiot en 2011. En vue notamment pour ses pernand-vergelesses et ses auxey-duresses.

De ce 1er cru réputé, Marinette Garnier a tiré un vin expressif, sur les fruits rouges et noirs, la vanille et le torréfié (seize mois de fût). Généreux mais sans opulence, ample et long, le palais est soutenu par une belle trame tannique, solide mais sans astringence. Soyez patient. ⧗ 2021-2026

MAISON JAFFELIN, 2, rue Paradis, 21200 Beaune, tél. 03 80 22 12 49, jaffelin@maisonjaffelin.com V *r.-v.*

HERVÉ DE LAVOREILLE Clos des Gravières 2015 ★

1er cru | 1000 | | 20 à 30 €

Couronne, blason, devise («la souche est bonne»): une vieille famille établie à Santenay depuis sept générations, spécialisée dans les vins de cette commune. Hervé de Lavoreille, qui conduit le domaine (5 ha) depuis 1981, descend de Jean-Marie Duvault-Blochet, important propriétaire du village qui acquit également la Romanée-Conti en 1869, à la fin de sa vie.

Des ceps de soixante ans ont donné naissance à ce 1er cru au nez élégant et complexe de fleurs blanches, de pêche, d'agrumes et d'anis sur un fond boisé léger. Une attaque suave ouvre sur un palais ample, riche et rond, bien épaulé par une fine acidité aux tonalités de pierre à fusil. Un vin complet et très équilibré. ⧗ 2019-2023

DOM. HERVÉ DE LAVOREILLE, 10, rue de la Crée, Les Hauts-de-Santenay, 21590 Santenay, tél. 03 80 20 61 57, delavoreille.herve@orange.fr V *r.-v.*

DOM. LOUIS LEQUIN La Comme 2015 ★

1er cru | 3500 | | 15 à 20 €

Les premières vignes furent acquises à Santenay au début du XVIIes. et des ancêtres furent vignerons des hospices d'Autun. Leurs lointains héritiers Antoine et Quentin Lequin, fils de Louis, conduisent aujourd'hui un vignoble de 7 ha sur lequel ils procèdent à des essais de protection des plants avec le concours de l'INRA.

En frontière avec Chassagne, ce *climat* est avec ses 21,65 ha le deuxième plus grand des 1ers crus de la commune. Les Lequin y cultivent 1 ha de pinot noir. Dans le verre, un vin au nez délicat de rose, d'églantine, de fruits rouges et de vanille, à la bouche ample et ferme, étayée par des tanins bien présents mais soyeux. À attendre. ⧗ 2022-2028

DOM. LOUIS LEQUIN, 2, rue du Pasquier-de-Pont, 21590 Santenay, tél. 03 80 20 63 82, louis.lequin@wanadoo.fr V *r.-v.*

PROSPER MAUFOUX Comme dessus 2015 ★

| n.c. | | 20 à 30 €

Constitué en 1860, le négoce Prosper Maufoux est une institution à Santenay, installé dans l'hôtel particulier bâti en 1838 pour Jacques-Marie Duvault, alors unique propriétaire de la Romanée-Conti. Il a été repris en 2010 par Éric Piffaut et la maison André Delorme, spécialiste des vins de la Côte chalonnaise: la fusion des deux entités a donné la Maison des Grands crus.

La «Comme» désigne, en patois bourguignon, une combe, que l'on retrouve dans nombre de villages viticoles de la Côte. La maison Maufoux propose un vin limpide et brillant, bien ouvert sur des parfums élégants de fleurs et de fruits blancs, onctueux, consistant et frais à la fois en bouche, souligné par une fine acidité qui étire la finale. ⧗ 2019-2023 ■ **2015 (20 à 30 €; 5119 b.)** : vin cité.

PROSPER MAUFOUX, 1, pl. du Jet-d'eau, 21590 Santenay, tél. 03 80 20 68 71, contact@prosper-maufoux.com V *t.l.j. 10h-13h 14h-18h; f. dim. oct-mars*

DAVID MOREAU Beaurepaire 2015

1er cru | 1700 | | 30 à 50 €

David Moreau s'est installé en 2009 à la tête des 6 ha plantés par ses grands-parents. Ce jeune vigneron se flatte d'être plus interventionniste à la vigne qu'à la cave. Il a lui-même greffé les sélections massales de ses vignes où il pratique aussi labour et enherbement.

Ce terroir d'altitude au sol marneux parsemé de pierres calcaires est idéal pour la culture du chardonnay. David Moreau en extrait un vin couleur or, au nez discret d'agrumes, de fleurs et de fruits blancs, au palais équilibré entre onctuosité et vivacité (agrumes, silex). ⧗ 2019-2023

DOM. DAVID MOREAU, 2, rue de la Bussière, 21590 Santenay, tél. 06 85 96 30 28, contact@bourgogne-david-moreau.com V *r.-v.*

LUCIEN MUZARD ET FILS Maladière 2016 ★

1er cru | n.c. | | 20 à 30 €

Domaine de 18 ha fondé à partir de 1965 par le Santenois Lucien Muzard. Ses fils Hervé et Claude Muzard, vignerons et négociants, ont pris la relève dans les années 1990, avec brio: leurs vins, notamment leurs santenay, collectionnent les étoiles du Guide.

Les frères Muzard exploitent pas moins de 5 ha de ce *climat* à l'exposition solaire qui tire son nom de «Maladrerie»; autrefois, un lieu privilégié où les curistes pouvaient se reposer au calme et au soleil. Une petite partie est plantée en blanc: cela donne ici un vin or pâle, balançant entre les fleurs blanches et la vanille, ample, rectiligne et minéral en bouche. Du nerf et de l'élégance. ⧗ 2019-2024

LUCIEN MUZARD ET FILS, 11, rue de La Chapelle, 21590 Santenay, tél. 03 80 20 61 85, lucienmuzard71@gmail.com V *r.-v.*

♥ **DOM. NICOLAS PÈRE ET FILS**
Grand Clos Rousseau 2016 ★★

1er cru | 1800 | | 15 à 20 €

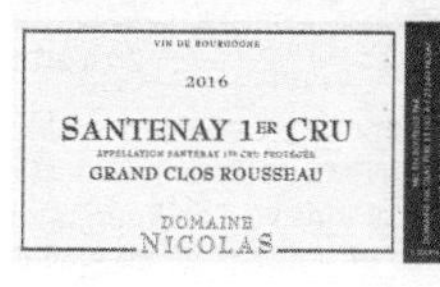

Un domaine familial de 18 ha établi sur les hauteurs de Nolay, dans les Hautes-Côtes beaunoises, et conduit depuis 1987 par Alain Nicolas, représentant la cinquième génération. Les enfants, Mylène et Benoît, s'apprêtent à prendre la relève.

On notera que les 7,92 ha du Grand Clos Rousseau, 1er cru voisin des Maranges, représentent la moitié de la surface du Clos Rousseau. La famille Nicolas y cultive 26 ares de pinot noir vieux de soixante ans, dont ils ont extrait ce vin brillant à tous les sens du terme. La robe est limpide, le nez élégant et ouvert, sur les fruits rouges et le cassis agrémentés de nuances florales et boisées. La bouche conjugue avec élégance la rondeur et la fraîcheur, portée par de beaux tanins soyeux et tendres qui ajoutent à son profil gourmand. Déjà agréable, ce santenay saura vieillir avec grâce. ⧗ 2019-2026

DOM. NICOLAS PÈRE ET FILS, 38, rte de Cirey, 21340 Nolay, tél. 03 80 21 82 92, contact@domaine-nicolas.fr V *t.l.j. 9h-12h 14h-18h30; dim. sur r.-v.*

BOURGOGNE

DOM. CLAUDE NOUVEAU
Grand Clos Rousseau 2016 ★

■ 1er cru	7000		15 à 20 €

Souvent en vue pour ses maranges et ses santenay, ce domaine établi dans le hameau de Marcheseuil, dans les Hautes-Côtes de Beaune, s'étend sur 14 ha. En 2010, Claude Nouveau en a confié les rênes à son gendre Stéphane Ponsard, rejoint en 2015 par son épouse Aline.

Ce producteur des Hautes-Côtes travaille 1,1 ha des 7,92 que compte ce *climat* parfaitement exposé. Il signe un santenay ouvert sur des notes de petits fruits noirs mâtinées du grillé de la barrique, à la bouche riche et généreuse, dotée de tanins veloutés. ⧗ 2021-2025 ■ **Le Chainey 2016 (15 à 20 €; 9800 b.)** : vin cité.

DOM. CLAUDE NOUVEAU, Marcheseuil, 21340 Change, tél. 03 85 91 13 34, domaine@claudenouveau.com V r.-v.

DOM. PAGNOTTA Les Cornières 2016 ★

■	5000		11 à 15 €

Créé au début des années 1970 dans l'appellation rully avec 5 ha, ce domaine s'est diversifié à partir de 1989 vers d'autres AOC de la Côte chalonnaise et de la Côte de Beaune. Rocco Pagnotta est aujourd'hui à la tête de 40 ha, entrés en 2015 dans le giron de la maison Chanzy.

Sur ce grand *climat* de 10,89 ha poussait autrefois du sorbier, que l'on nommait alors «cornier», une variété aujourd'hui rare de petites poires... Le pinot noir y a pris ses aises et donne ici naissance à un joli vin au nez discret mais gourmand de griotte confiturée sur fond de caramel, au palais souple et persistant sur le fruit, doté de tanins délicats. ⧗ 2019-2024

DOM. PAGNOTTA, 1, rue de Chaudenay, 71150 Chagny, tél. 03 85 87 22 08, domaine.pagnotta@chanzy.com V r.-v.

PATRIARCHE 2015

■	3900		20 à 30 €

Cette maison de négoce fondée en 1780 est établie à Beaune, dans l'ancien couvent de la Visitation. Elle élève toute une gamme de grands vins de Bourgogne au sein des caves fraîches et voûtées de ce magnifique édifice.

Voici une des nombreuses cuvées de *villages* de la Côte que la maison Patriarche fait découvrir dans ces caves de Beaune. Un vin à la robe argentée, d'une belle intensité aromatique sur les fruits blancs, les agrumes et le gingembre, tendu en bouche par une franche vivacité. ⧗ 2018-2023

PATRIARCHE PÈRE ET FILS, 78, rte de Challanges, 21200 Beaune, tél. 03 80 24 53 75, contact@patriarche.com

BERNARD ET FLORIAN REGNAUDOT 2016

■	4200		8 à 11 €

Installé en 1996, le discret mais talentueux Bernard Regnaudot, d'ascendance vigneronne (père et grand-père), a transmis le vignoble familial – 7 ha plantés de vieilles vignes – à son fils Florian en 2015. Un domaine qui s'illustre régulièrement dans son fief des Maranges et qui signe aussi de belles cuvées du village voisin de Santenay.

Une robe rouge sombre habille ce santenay qui convoque les fruits à l'olfaction: cerise, fraise et mûre. La bouche, souple et fraîche, s'appuie sur des tanins fins qui montrent un peu plus les muscles en finale. ⧗ 2019-2023

BERNARD ET FLORIAN REGNAUDOT, 14, rte de Nolay, 71150 Dezize-lès-Maranges, tél. 03 85 91 14 90, regnaudot.bernardetflorian@orange.fr V r.-v.

JEAN-CLAUDE REGNAUDOT ET FILS
Clos Rousseau 2016 ★

■ 1er cru	1216		15 à 20 €

Installés au cœur du village de Dezize, Jean-Claude et Didier Regnaudot cultivent avec talent 6,5 ha de vignes entre les Maranges et Santenay. Leurs vins parlent pour eux: le domaine a plusieurs coups de cœur à son actif. Une valeur (très) sûre.

Après quinze mois passé entre les douelles du chêne, ce 1er cru qui touche leurs vignes des Maranges affiche une robe grenat intense et dévoile un nez discret de fruits mûrs. Un fruité prolongé avec plus de puissance par une bouche souple et tendre, aux tanins déjà assouplis et veloutés. ⧗ 2019-2023 ■ **2016 (11 à 15 €; 1216 b.)** : vin cité.

JEAN-CLAUDE REGNAUDOT ET FILS, 6, Grande-Rue, 71150 Dezize-lès-Maranges, tél. 03 85 91 15 95, regnaudot.jc-et-fils@orange.fr V r.-v.

MARANGES

Superficie : 170 ha
Production : 7 450 hl (95 % rouge)

Situé en Saône-et-Loire, à l'extrémité sud de la Côte de Beaune, le vignoble des Maranges regroupe les trois communes de Chailly, Dezize et Sampigny-lès-Maranges qui avaient leur propre appellation jusqu'en 1989. Il comporte six 1ers crus. Les vins rouges ont droit également à l'AOC côte-de-beaune-villages. Fruités, corpulents et charpentés, ils peuvent vieillir de cinq à dix ans.

VINCENT BACHELET
La Fussière Vieilles Vignes 2016

■ 1er cru	4400		15 à 20 €

Originaire d'une vieille famille vigneronne des Maranges (il est fils de Bernard Bachelet), Vincent Bachelet a travaillé avec ses frères avant de s'installer, en 2008, à Chassagne-Montrachet, dans les anciens chais du négociant de Marcilly. Il exploite 17 ha, essentiellement dans la Côte de Beaune.

Une vénérable vigne de quatre-vingts ans est à l'origine de ce vin mêlant au nez les fleurs blanches à la cerise et à une touche de boisé. Des tanins souples viennent en soutien d'une bouche ronde et suave. ⧗ 2019-2023

VINCENT BACHELET, 27, rte de Santenay, 21190 Chassagne-Montrachet, tél. 06 19 77 51 87, contact@vincent-bachelet.com V r.-v.

JEAN-CLAUDE BOISSET La Fussière 2016 ★

■ 1er cru	9000		15 à 20 €

Un important négoce créé en 1961 par Jean-Claude Boisset qui, installé à Nuits-Saint-Georges dans l'ancien couvent des Ursulines, est propriétaire de vignes dans toute la Bourgogne, et aussi dans d'autres vignobles en France et à l'étranger. Depuis 2002, Grégory Patriat, le vinificateur, s'attache à élaborer des cuvées haut de gamme, dans une approche «domaine».

Ce 1er cru dévoile un bouquet de rose et de fruits rouges sur fond de boisé léger. En bouche, il se montre bien équilibré entre le gras, la concentration et la fraîcheur, avec une trame grasse et charpentée par des tanins fins. ⧗ 2021-2024

JEAN-CLAUDE BOISSET, 5, quai Dumorey, 21700 Nuits-Saint-Georges, tél. 03 80 62 61 61, contact@boisset.fr V r.-v.

DOM. BONNARDOT Sur le bois 2015 ★

■	4500		15 à 20 €

Installé en 2006 sur 40 ares, Ludovic Bonnardot, jeune vigneron originaire des Hautes-Côtes de Beaune, s'est associé en 2012 avec ses frères et ses parents, jusqu'alors en coopérative. Le vignoble s'étend désormais sur 16 ha cultivés dans un «esprit bio» (amendements organiques, labours, pas de levures sélectionnées ni autre produit œnologique).

Paré d'une belle robe profonde, ce *village* dégage un parfum de cassis et de myrtille agrémenté d'une touche de menthol. En bouche, il se révèle fruité, charnu et puissant, étayé par des tanins fermes. ⧗ 2020-2024

LUDOVIC ET ÉMILIEN BONNARDOT, 27, Grande-Rue, 21250 Bonnencontre, tél. 03 80 36 31 60, ludovic-bonnardot@orange.fr V r.-v.

DOM. JEAN-FRANÇOIS BOUTHENET
Sur le chêne 2016

	2300		11 à 15 €

Jean-François Bouthenet est établi à Cheilly-les-Maranges, dans le hameau de Mercey qui domine la vallée de la Dheune, vers le Couchois. À la tête de 11 ha de vignes, il fut l'un des premiers à proposer du maranges blanc.

D'une jolie brillance, ce maranges présente un nez expressif de fleurs jaunes et de miel. En bouche, il dévoile une matière tout en rondeur, soulignée par une acidité sans agressivité. ⧗ 2018-2021

JEAN-FRANÇOIS BOUTHENET, 4, rue du Four, 71150 Cheilly-lès-Maranges, tél. 03 85 91 14 29, bouthenetjf@free.fr V r.-v.

DOM. BOUTHENET-CLERC La Fussière 2016 ★★

■ 1er cru	3500		11 à 15 €

Marc Bouthenet exploite depuis 1988 ce domaine familial de 21 ha, ce qui est loin d'être négligeable à l'échelle bourguignonne. Son beau-fils Antoine Clerc, arrivé en 2009 et aujourd'hui co-gérant, compte développer la vente en bouteilles grâce à un nouveau caveau installé à Mercey, hameau de Cheilly-lès-Maranges.

Cette cuvée présente une seyante robe grenat limpide et un nez franc de fruits rouges qui «pinote» à souhait. En bouche, elle apparaît dense et intense, portée par des tanins fins et serrés qui laissent imaginer une belle évolution dans le temps. ⧗ 2021-2026

EARL BOUTHENET-CLERC, 11, rue Saint-Louis-Mercey, 71150 Cheilly-lès-Maranges, tél. 03 85 91 16 51, earlbouthenet-clerc@orange.fr V r.-v.

DOM. MAURICE CHARLEUX ET FILS
Les Clos Roussots 2016 ★

■ 1er cru	9900		15 à 20 €

Un domaine régulier en qualité; 60 ares au temps de Ferdinand Charleux, en 1894, 10 ha aujourd'hui, en maranges et en santenay. Maurice, figure des Maranges, ayant pris sa retraite en 2008, Vincent, l'aîné de ses trois fils, qui travaille depuis 1999 sur l'exploitation, l'a relayé.

Ce *climat* des Clos Roussots porte le nom de la famille qui en fut longtemps propriétaire. Une robe rubis et un nez discret mais délicat de fruits rouges composent une entrée en matière engageante. La bouche, fine et souple, dotée de tanins soyeux, ne déçoit pas. Une bouteille élégante de bout en bout. ⧗ 2019-2023 **1er cru La Fussière 2016 ★ (15 à 20 €; 3000 b.)** : ce vin conjugue un joli nez floral (tilleul) et fruité (pêche, abricot) et une bouche fraîche et équilibrée, centrée sur les agrumes. ⧗ 2018-2022

VINCENT CHARLEUX, 1, Petite-Rue, 71150 Dezize-lès-Maranges, tél. 03 85 91 15 15, domaine.charleux@wanadoo.fr V r.-v.

DOM. CHEVROT La Fussière 2015 ★

■ 1er cru	3600		20 à 30 €

Depuis sa création, l'exploitation est passée de 5 ha à 17 ha. Les fils de Fernand et Catherine Chevrot, Pablo et Vincent, tous deux œnologues, se sont installés au début de ce siècle et ont engagé en 2008 la conversion bio de la propriété. Le cheval est revenu labourer la vigne comme à l'époque de Paul et Henriette, fondateurs du domaine en 1930.

Du solaire millésime 2015 et de ce *climat* des hauteurs, les frères Chevrot ont extrait un maranges sombre et intense, ouvert sur des parfums gourmands de fruits noirs très mûrs. Fruité que l'on retrouve dans une bouche généreuse, riche, puissante, dotée de tanins fermes. ⧗ 2021-2026 **2016 (20 à 30 €; 7000 b.)** : vin cité.

DOM. CHEVROT ET FILS, 19, rte de Couches, 71150 Cheilly-lès-Maranges, tél. 03 85 91 10 55, contact@chevrot.fr V r.-v.

DOM. DEMANGEOT
Le Clos des Rois 2016

■ 1er cru	906		15 à 20 €

Originaire de Sampigny-lès-Maranges, cette famille vigneronne est bien enracinée dans les Hautes-Côtes: elle ne s'est déplacée que de 4 km en... quatre siècles (elle cultive la vigne de père en fils depuis le XVIIes.). Jean-Luc Demangeot s'est installé en 1982 sur le domaine, qui couvre aujourd'hui un peu plus de 10 ha.

C'est l'un des cinq clos que compte l'appellation; tous classés en 1er cru. Jean-Luc Demangeot y exploite 13 ares de pinot noir qui ont donné ce vin pourpre brillant, ouvert sur les fruits noirs (mûre, cassis), souple en attaque, plus ferme et sévère dans son développement, épicé en finale. ⧗ 2021-2026

MARYLINE ET JEAN-LUC DEMANGEOT, 6, rue de Santenay, 21340 Change, tél. 03 85 91 11 10, contact@demangeot.fr V r.-v.

DOM. SYLVAIN DEPIESSE En Buliet 2016 ★

■	2400		11 à 15 €

Après vingt-cinq ans d'expérience en Bourgogne, dans la vallée de la Loire et en Afrique du Sud, Sylvian Depiesse, œnologue et directeur de la maison Veuve Ambal, a créé son propre domaine en 2012 en achetant 70 ares de vignes sur le terroir de Cheilly. Il élabore ses vins dans sa cuverie, à Demigny.

En Buliet est le plus grand *climat* classé en village sur Cheilly. Cette cuvée, issue de ceps de soixante ans, livre un nez de fruits noirs agrémentés d'un léger toasté venu de douze mois de fût. En bouche, elle se montre sérieuse, ferme, corsée, avec une longue finale poivrée. À laisser dormir en cave. ⧗ 2021-2026

SYLVAIN DEPIESSE, 38, rue de Rion, 71150 Demigny, tél. 06 62 52 15 05, sylvaindepiesse@orange.fr V r.-v.

DOUDET-NAUDIN Les Clos Roussots 2016 ★

■ 1er cru	3940		11 à 15 €

Fondée en 1849 par Albert Brenot et acquise par la famille Doudet en 1933, la maison de négoce Doudet-Naudin propose des cuvées issues de terroirs restreints. Elle est depuis 2014 la propriété de Christophe Rochet, épaulé à la direction technique par François Lay. La maison Doudet possède aussi son propre domaine: 13 ha entre Beaune et Pernand, conduits en lutte raisonnée par Isabelle Doudet avec des expérimentations en bio.

L'un des 1ers crus les plus importants de l'appellation par la taille: 18,59 ha sur la commune de Cheilly et 9,59 ha sur Dezize. La maison Doudet-Naudin en propose une version solide, ouverte sur un nez intense de griotte et de mûre agrémenté de notes de sous-bois, ample, fraîche et vigoureusement charpentée en bouche. ⧗ 2022-2028

DOUDET-NAUDIN, 3, rue Henri-Cyrot, 21420 Savigny-lès-Beaune, tél. 03 80 21 51 74, contact@doudetnaudin.com V r.-v.

LES HÉRITIERS SAINT-GENYS Clos des Loyères 2015 ★★

■ 1er cru	800		20 à 30 €

Créée en 2012 à Chassagne-Montrachet sous l'impulsion de Patrice du Jeu associé à des proches et aux anciens propriétaires des vignes, cette structure exploite 13,5 ha entre Côte de Beaune et Côte chalonnaise complétés d'une activité de négoce. La société a restructuré le domaine et rénové la cuverie. Aux commandes des vinifications, Jean-Baptiste Alinc.

Après le coup de cœur obtenu avec la version 2013 de ce Clos des Loyères, la maison – ici la partie négoce – confirme ses excellentes dispositions avec un 2015 impeccable, bien ouvert sur les fruits noirs, relayés par une bouche ample et intense, à la fois fraîche et généreuse, structurée par des tanins soyeux. ⧗ 2021-2028

LES HÉRITIERS SAINT-GENYS, 1, pl. de l'Église, 21190 Chassagne-Montrachet, tél. 03 80 24 72 63, contact@saint-genys.fr V r.-v.
du Jeu

DOM. JEANNOT La Fussière 2016

■ 1er cru	3000		11 à 15 €

Domaine fondé en 1996 par Valérie et Philippe Jeannot, rejoints en 2014 par leur fils Quentin. L'exploitation, qui a son siège dans le Couchois, compte 11 ha de vignes disséminés entre Pommard et les Maranges. Elle propose de nombreuses références en santenay et en maranges.

Dans le gélif millésime 2016, les Jeannot ont élaboré un bon 1er cru né de vignes de soixante ans. Au nez, des arômes plaisants de cerise, de cassis et de mûre agrémentés d'un boisé grillé. En bouche, un bon équilibre entre un côté rond et charnu et une fraîcheur bien dosée. Il gagnera son étoile en cave. ⧗ 2020-2024

JEANNOT, 21, rue de Saint-Léger, 71510 Saint-Sernin-du-Plain, tél. 06 21 60 51 73, domaine.jeannot@gmail.com V r.-v.

DOM. FRANCK LAMARGUE Clos Roussots 2015

■ 1er cru	1470		15 à 20 €

En 2005, à l'issue de ses études à Beaune, Franck Lamargue s'est associé à son ancien maître de stage pour fonder un domaine qu'il dirige seul depuis 2011. Installé à La Rochepôt dans une ancienne tuilerie, il exploite 12 ha de vignes en hautes-côtes et dans cinq communes du sud de la Côte de Beaune, de Monthélie aux Maranges.

Ce producteur exploite 25 ares des 12 ha que compte ce *climat*. Il en tire un 2015 sombre, ouvert sur des arômes de cassis bien mûr. Passé une attaque souple, le palais se raffermit jusqu'en finale sur des tanins encore assez sévères. Patience... ⧗ 2021-2026

FRANCK LAMARGUE, 63, rte de Beaune, 21340 La Rochepot, tél. 06 60 25 57 88, domaineflamargue@outlook.fr V *t.l.j. 9h-12h30 13h30-19h*

CH. DE MELIN Clos des Rois 2016 ★

■ 1er cru	6000		15 à 20 €

La famille cultive la vigne depuis sept générations. Ingénieur dans le BTP, Arnaud Derats a repris le domaine de son grand-père Paul Dumay à Sampigny-lès-Maranges. En 2000, il a acquis le Ch. de Melin (XVI[e]s.) à Auxey-Duresses et y a transféré ses caves. Le vignoble (25 ha) a engagé graduellement sa conversion bio (certification en 2012 pour certaines appellations).

Ce 1er cru livre un bouquet discret mais séduisant de groseille et de fraise des bois. En bouche, il apparaît riche et rond, étayé par des tanins fermes qui le destinent à la garde. ⧗ 2020-2024

SCEA CH. DE MELIN, Ch. de Melin, Melin, 21190 Auxey-Duresses, tél. 03 80 21 21 19, derats@chateaudemelin.com V r.-v. *Derats*

DOM. CLAUDE NOUVEAU La Fussière 2016 ★

1er cru	4600		15 à 20 €

Souvent en vue pour ses maranges et ses santenay, ce domaine établi dans le hameau de Marcheseuil, dans les Hautes-Côtes de Beaune, s'étend sur 14 ha. En 2010, Claude Nouveau en a confié les rênes à son gendre Stéphane Ponsard, rejoint en 2015 par son épouse Aline.

À l'olfaction, ce Fussière 2016 allie la mûre écrasée à un boisé plutôt discret. En bouche, il se montre ferme et vigoureux autour de tanins bien serrés et d'une finale acidulée qui lui donne du nerf. À mettre en cave. 2022-2028

DOM. CLAUDE NOUVEAU, Marcheseuil, 21340 Change, tél. 03 85 91 13 34, domaine@claudenouveau.com V r.-v.

DOM. PAGNOTTA La Fussière 2016 ★

1er cru	6000		11 à 15 €

Créé au début des années 1970 dans l'appellation rully avec 5 ha, ce domaine s'est diversifié à partir de 1989 vers d'autres AOC de la Côte chalonnaise et de la Côte de Beaune. Rocco Pagnotta est aujourd'hui à la tête de 40 ha, entrés en 2015 dans le giron de la maison Chanzy.

Avec ses 41 ha, ce *climat* représente presque la moitié de la surface plantée en 1er cru. Née d'une vigne de trente-cinq ans, cette cuvée aux arômes de fruits rouges et de sous-bois (fougères) se distingue par sa bouche équilibrée, soutenue par des tanins fins et une salinité qui rafraîchit la finale. 2020-2025

DOM. PAGNOTTA, 1, rue de Chaudenay, 71150 Chagny, tél. 03 85 87 22 08, domaine.pagnotta@chanzy.com V r.-v. *Groupe Chanzy*

DOM. PONSARD-CHEVALIER
Clos des Rois 2016 ★★

1er cru	2000		15 à 20 €

Reprise en 1977 par Michel Ponsard et Danielle Chevalier qui l'avaient cultivée en fermage pendant plusieurs années, et désormais dirigée par leur fille Coralie, cette exploitation familiale couvre 6,16 ha. Comme nombre de propriétés établies à Santenay, elle dispose aussi de vignes dans trois 1ers crus des Maranges.

Une vigne de cinquante ans est à l'origine de ce 1er cru très expressif, ouvert sur les petits fruits rouges (fraise des bois et framboise). Un fruité gourmand que prolonge une bouche fraîche, fine et précise, aux tanins délicats. Une bouteille qui s'appréciera aussi bien dans sa jeunesse qu'après un peu de garde. 2019-2025 **1er cru La Fussière 2016 ★ (15 à 20 €; 2000 b.)** : un vin boisé au premier nez, plus fruité à l'aération. En bouche, de la finesse et du volume autour de tanins serrés mais pas trop. 2019-2025

DOM. PONSARD-CHEVALIER, 2, Les Tilles, 21590 Santenay, tél. 03 80 20 60 87, coralie.bernard@orange.fr V r.-v.

♥ **DOM. JEAN-CLAUDE REGNAUDOT ET FILS** Les Clos Roussots 2016 ★★

1er cru	3400		15 à 20 €

Installés au cœur du village de Dezize, Jean-Claude et Didier Regnaudot cultivent avec talent 6,5 ha de vignes entre les Maranges et Santenay. Leurs vins parlent pour eux: le domaine a plusieurs coups de cœur à son actif. Une valeur (très) sûre.

Après un double coup de cœur obtenu l'an passé dans cette même appellation, la famille Regnaudot fait aussi bien avec le millésime 2016. Historique. Ce Clos Roussots revêt une robe éclatante et déploie des arômes non moins intenses de fruits noirs, de réglisse et de violette. En bouche, il se montre à la fois puissant, concentré et élégant, épaulé par des tanins veloutés qui renforcent son caractère aimable. Déjà diablement savoureux, ce 1er cru vivra longtemps et bien. 2019-2026 **1er cru Clos des Loyères 2016 ★★ (15 à 20 €; 1520 b.)** ♥ : deuxième coup de cœur pour le domaine avec ce 1er cru au nez complexe et fin (réglisse, menthol, sève de pin, fruits rouges). Doté de tanins soyeux, le palais apparaît ample, suave, dense et long. Un beau potentiel de garde en perspective. 2021-2028 **1er cru La Fussière 2016 ★ (15 à 20 €; 5400 b.)** : à un bouquet bien développé de fruits rouges et noirs répond une bouche dense, ample, structurée par des tanins enrobés et par un bon boisé réglissé. 2020-2025

JEAN-CLAUDE REGNAUDOT ET FILS, 6, Grande-Rue, 71150 Dezize-lès-Maranges, tél. 03 85 91 15 95, regnaudot.jc-et-fils@orange.fr V r.-v.

SAINT-ANTOINE DES ÉCHARDS
Clos des Loyères 2016

1er cru	1600		8 à 11 €

Au creux de leur verdoyant village de Change, dans les Hautes-Côtes, Marie-Christine et Franck Guérin ont eu la bonne idée de s'épouser et d'associer leurs efforts pour faire naître ce domaine de 20 ha en 1998. Ils l'ont développé, portant sa superficie à plus de 50 ha. La relève est assurée: leur fils Pierre-Antoine a rejoint l'exploitation.

Ce 1er cru doit son nom aux loups qui venaient autrefois s'abreuver dans la rivière locale, la Cosanne. Dans le verre, un maranges sombre qui fleure bon la cerise noire, le cassis écrasé et le boisé, dense et charnu en bouche, avec des tanins encore austères en soutien. Un vin qui gagnera à être attendu. 2021-2025

GUÉRIN, 21, rue de Santenay, 21340 Change, tél. 03 85 91 10 40, pierreantoine.guerin@gmail.com V r.-v.

BOURGOGNE

CÔTE-DE-BEAUNE-VILLAGES

Superficie : 3 ha / Production : 195 hl

À ne pas confondre avec l'appellation côte-de-nuits-villages qui possède une aire de production particulière, l'appellation côte-de-beaune-villages n'est en elle-même pas délimitée. C'est une appellation de substitution pour tous les vins rouges des AOC communales de la Côte de Beaune, à l'exception des beaune, aloxe-corton, pommard et volnay.

CH. DU VAL DE MERCY 2015 ★

■ | 1250 | | 15 à 20 €

En 1680, les vins étaient produits par le Clos du Ch. du Val de Mercy, situé à Chitry, dans l'Yonne. Le nouveau propriétaire du domaine (30 ha) perpétue la tradition viticole au-delà de ses terres pour fournir des vins du Chablisien, de l'Auxerrois et de la Côte de Beaune. Une activité de négoce complète la gamme de la propriété.

Une limpide robe cerise habille ce vin ouvert sur des parfums délicats de mûre et de rose. Si la bouche débute sur la rondeur, elle développe ensuite une trame tannique bien serrée, accompagnée par une fine fraîcheur. Un peu de cave lui fera du bien. ⧗ 2020-2024

CH. DU VAL DE MERCY GRANDS VINS, 4, rue des Écoles, 21630 Pommard, tél. 03 80 22 77 34, roy@valdemercy.com V *r.-v.*

➡ LA CÔTE CHALONNAISE

Le paysage s'épanouit quelque peu dans la Côte chalonnaise (4 500 ha); la structure linéaire du relief s'y élargit en collines de faible altitude s'étendant plus à l'ouest de la vallée de la Saône. La structure géologique est beaucoup moins homogène que celle du vignoble de la Côte-d'Or; les sols reposent sur les calcaires du jurassique, mais aussi sur des marnes de même origine ou d'origine plus ancienne, lias ou trias. Des vins rouges d'AOC *village* et premier cru sont produits à partir du pinot noir à Mercurey, Givry et Rully, mais ces mêmes communes proposent aussi des blancs de chardonnay, cépage qui devient unique pour l'appellation montagny située un peu plus au sud; c'est aussi là que se trouve Bouzeron, à l'aligoté réputé. Il faut enfin signaler un bon vignoble aux abords de Couches, que domine le château médiéval. D'églises romanes en demeures anciennes, chaque itinéraire touristique peut d'ailleurs se confondre ici avec une route des Vins.

BOURGOGNE-CÔTE-CHALONNAISE

Superficie : 460 ha
Production : 24 150 hl (75 % rouge et rosé)

Située entre Chagny et Saint-Gengoux-le-National (Saône-et-Loire), la Côte chalonnaise possède une identité qui lui a permis d'être reconnue en AOC en 1990. L'appellation produit une majorité de rouges assez fermes dans leur jeunesse, quelques rosés et des blancs de style léger.

CH. DE CHAMILLY 2015 ★

■ | 38 000 | | 8 à 11 €

Véronique Desfontaine est, depuis 1999 et le décès de son mari, à la tête de l'ancienne demeure du marquis de Chamilly. En 2007, ses deux fils, Xavier et Arnaud, l'ont rejointe et ils exploitent ensemble un vignoble de 25 ha, complété en 2008 par le rachat du Ch. de Carry-Potet à Buxy.

Le nez, bien ouvert, révèle une palette d'arômes allant des fruits rouges frais aux notes poivrées et toastées. Une attaque franche, ronde, gourmande de fruits noirs, prélude à un palais frais, plus boisé en finale. ⧗ 2018-2022

DESFONTAINE, 7, allée du Château, 71510 Chamilly, tél. 03 85 87 22 24, contact@chateaudechamilly.com V *t.l.j. sf dim. 8h-12h 13h30-18h*

DOM. CHARBONNAUD Cuvée d'Exception 2016

■ | 4 200 | | 8 à 11 €

Après dix années chez Antonin Rodet et cinq chez Albert Bichot, Benoît Charbonnaud a décidé de se mettre à son compte, avec l'aide de quelques amis, pour créer en 2011 ce modeste domaine de 4,9 ha.

Une cuvée bien nommée si l'on en croit les appréciations du jury qui ont décelé dans ce vin remarquable un beau potentiel de garde. Le nez évoque les fruits rouges (confiture de framboises) sur un fond de caramel. Une jolie matière se déploie en bouche, soutenue par des tanins ronds et soyeux qui épousent le fruit et par une grande fraîcheur. ⧗ 2019-2023

BENOÎT CHARBONNAUD, 7, chem. de la Plaine, 71150 Rully, tél. 03 85 87 27 78, benoit.charbonnaud@wanadoo.fr V *r.-v.*

JOCELYNE CHAUSSIN La Fortune 2016 ★★

□ | 1500 | | 5 à 8 €

Jocelyne Chaussin assure depuis 1988 la continuité de cette petite exploitation familiale (1,33 ha) ancrée depuis trois générations à Bouzeron. Respectueuse de la nature, elle travaille la vigne comme « dans l'ancien temps », sans produit chimique.

C'est toute la vivacité d'un chardonnay racé et bien typé qui s'exprime après un élevage en fûts de dix mois dans ce vin ouvert sur les fleurs blanches. La bouche, ronde, souple et parfaitement équilibrée, croque dans le fruit exotique, avec une fine acidité citronnée en soutien. ⧗ 2018-2021

JOCELYNE CHAUSSIN, 3, rue des Dames, 71150 Bouzeron, tél. 03 85 87 09 01, jeanlouis.chaussin@orange.fr V *r.-v.*

DOM. DAVANTURE Clos Saint-Pierre 2015 ★

■ | 4 900 | | 8 à 11 €

Les trois frères Davanture (Xavier, Damien et Éric) sont issus d'une longue dynastie de vignerons (huit générations). Ils officient sur un domaine de 22 ha situé à Saint-Désert, village de la Côte chalonnaise

connu pour son église fortifiée. Ce grand domaine est géré en viticulture raisonnée et les vendanges se font exclusivement à la main.

Dans sa robe rubis foncé, ce vin évolue avec élégance. À la puissance aromatique du nez, ouvert sur la cerise mûre, les épices et des notes animales, sur un fond légèrement boisé, répond une bouche ample et bien équilibrée, à la fois ronde et fraîche. ⧗ 2019-2023 ■ **2016 (8 à 11 €; 3700 b.)** : vin cité.

⊶ DOM. DAVANTURE, 26, rue de la Messe, Cidex 1516, 71390 Saint-Désert, tél. 03 85 47 95 57, domaine.davanture@orange.fr V ⚲ ⚲ *r.-v.* ⊶ *GAEC des Murgers*

DOM. DE L'ÉVÊCHÉ Clos de l'Évêché 2016 ★

■ | 4600 | ⦀ | 8 à 11 €

Sylvie et Vincent Joussier sont installés depuis 1985 sur ce domaine de 13 ha auparavant planté en arbres fruitiers. Après des études à la Viti de Beaune et une expérience dans l'Oregon, leur fils Quentin les rejoint sur le domaine.

Ce vin élevé en fûts pendant quinze mois se montre d'abord fruité à l'olfaction, puis apparaît un léger boisé et des notes de fleurs. En bouche, des notes de framboise fraîches et croquantes s'accompagnent d'épices et d'un côté giboyeux, avec en soutien des tanins arrondis

Le Chalonnais

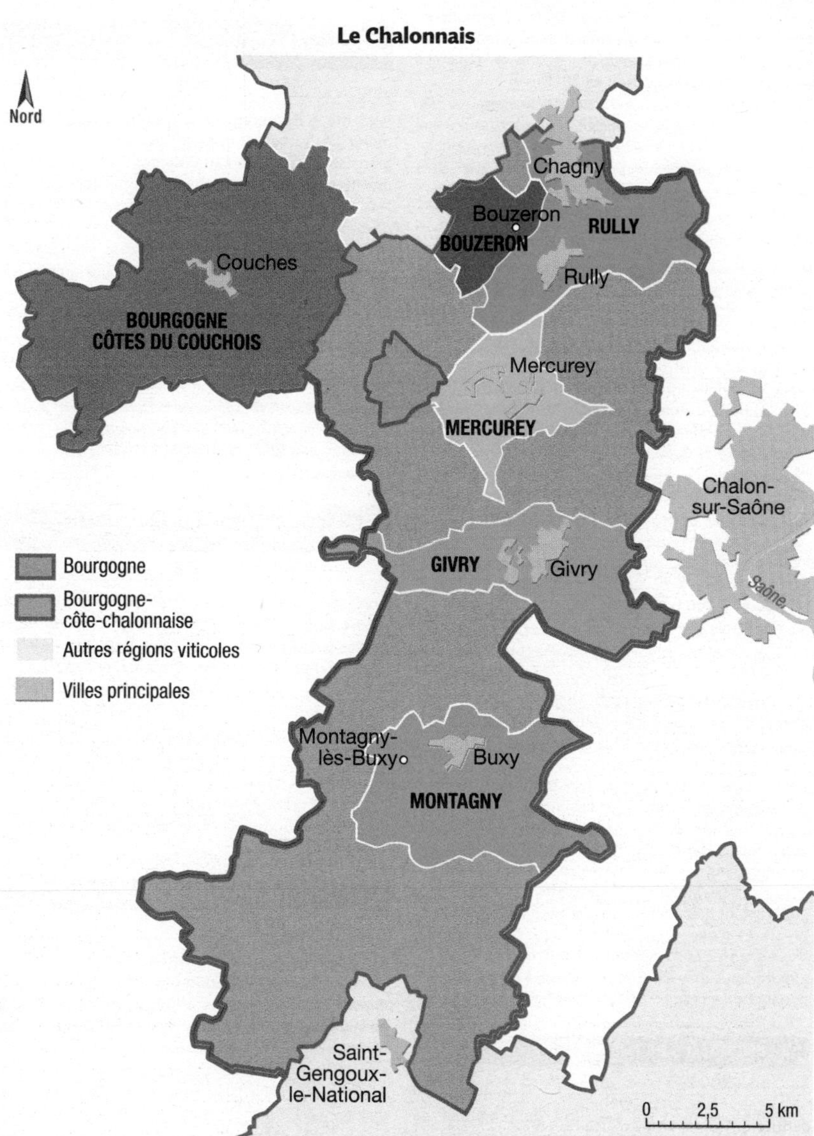

et une agréable fraîcheur. ⧗ 2019-2023 ■ **2016 ★ (8 à 11 €; 16000 b.)** : les fruits rouges sont très présents au nez (confiture de fruits rouges) comme en bouche, relevés de notes épicées. Une belle fraîcheur parcourt aussi toute la dégustation. ⧗ 2018-2021

VINCENT ET QUENTIN JOUSSIER, 6, rue de l'Évêché, 71640 Saint-Denis-de-Vaux, tél. 03 85 44 30 43, vincentjoussier@cegetel.net V *t.l.j. sf dim. 8h-12h 13h30-18h*

DOM. DE LA MONETTE En Cortechat 2016 ★

■ | 1840 | | 8 à 11 €

Depuis sa reprise en 2008 par Roelof Ligtmans et Marlon Steine, couple de Néerlandais tombés sous le charme de la Bourgogne, ce vignoble de 11 ha est conduit en bio (certification en 2013).

De vieilles vignes au service d'un vin de caractère, qui présente un nez d'une belle typicité, tout en fruits (cassis, framboise, cerise). La bouche est vive et concentrée, riche en fruits mûrs, agrémentés de notes épicées. ⧗ 2019-2023

LIGTMANS-STEINE, 15, rue du Château, 71640 Mercurey, tél. 03 85 98 07 99, vigneron@domainedelamonette.fr V *r.-v.*

DOM. DE VILLAINE La Digoine 2016

■ | 8240 | | 15 à 20 €

Ce domaine situé à Bouzeron exploite près de 26 ha de vignes en culture biologique, répartis dans les diverses appellations de la Côte chalonnaise. Aubert de Villaine (copropriétaire de la Romanée-Conti) et son épouse Pamela en ont confié la gestion à leur neveu Pierre de Benoist depuis 2001.

Ce pinot noir bien charpenté a de quoi séduire les amateurs de vins corsés. Ouvert sur des notes de cuir, le nez évolue vers les fruits rouges à l'aération. La bouche se montre franche et croquante en attaque, puis laisse parler le merrain et les tanins, avant une finale réglissée. Un vin de caractère. ⧗ 2020-2024 □ **Les Clous Aimé 2016 (15 à 20 €; 12700 b.)** : vin cité.

DE VILLAINE, 2, rue de la Fontaine, 71150 Bouzeron, tél. 03 85 91 20 50, contact@de-villaine.com V *r.-v.*

BOUZERON

Superficie : 47 ha / Production : 2 450 hl

Petit village situé entre Chagny et Rully, Bouzeron est de longue date réputé pour ses vins d'aligoté. Cette variété occupe la plus grande partie du vignoble communal. Planté sur des coteaux orientés est-sud-est, dans des sols à forte proportion calcaire, ce cépage à l'origine de vins blancs vifs s'exprime particulièrement bien, donnant naissance à des vins complexes et d'une «rondeur pointue». Les vignerons du lieu, après avoir obtenu l'appellation bourgogne-aligoté-bouzeron en 1979, ont réussi à hisser l'aire de production au rang d'AOC communale.

LES CHAMPS DE THEMIS Les Clous 2015 ★

□ | 2000 | | 11 à 15 €

Xavier Moissenet était substitut du procureur de la République au Tribunal de Grande Instance de Chalon-sur-Saône avant de devenir vigneron en 2014, en acquérant 6 ha de vignes sur la Côte chalonnaise, en conversion bio.

Jaune à reflets pistache, ce 2015 s'oriente vers les fruits secs, les fruits jaunes mûrs, l'iode et la verveine à l'olfaction. On retrouve en bouche le côté solaire et riche du millésime, mais bien balancé par une acidité citronnée. Un bel exemplaire du chaleureux millésime 2015, que l'on peut déjà boire à l'apéritif mais qui se bonifiera avec encore quelques années de garde. ⧗ 2018-2022

LES CHAMPS DE THÉMIS, rue des Dames, 71150 Bouzeron, tél. 06 80 28 79 96, xavier.moissenet@gmail.com V *r.-v. Xavier Moissenet*

MAISON CHANZY Clos de la fortune Monopole 2016

□ | 20000 | | 11 à 15 €

Implanté à Bouzeron, dont il possède à lui seul la moitié des vignes, ce domaine de 32 ha (en Côte chalonnaise, avec un pied en Côte de Beaune et en Côte de Nuits) est exploité depuis 2013 par Jean-Baptiste Jessiaume, son régisseur et maître de chai, issu d'une lignée vigneronne de Santenay. Une maison de négoce complète la propriété.

Ce monopole au sol d'argile et de calcaire constitue le berceau de ce 2016 aux arômes de fruits jaunes mûrs, nuancés de touches végétales. Un caractère franc et droit se manifeste dès la mise en bouche, puis le palais s'arrondit autour de notes de raisin frais, pour s'achever sur une saveur fraîche et croquante. ⧗ 2018-2020

MAISON CHANZY, 6, rue de la Fontaine, 71150 Bouzeron, tél. 03 85 87 23 69, domaine@chanzy.com V *t.l.j. 10h-12h30 14h-18h; sam. dim. sur r.-v.*

DOM. CHARBONNAUD Cuvée d'Exception 2016

□ | 4800 | | 11 à 15 €

Après dix années chez Antonin Rodet et cinq chez Albert Bichot, Benoît Charbonnaud a décidé de se mettre à son compte, avec l'aide de quelques amis, pour créer en 2011 ce modeste domaine de 4,9 ha.

Ce bouzeron frais et agréable, partagé entre la pomme caramélisée, la menthe fraîche et le raisin blanc au nez, propose une sensation équilibrée en bouche grâce à une matière enveloppante et une finale acidulée. ⧗ 2018-2020

BENOÎT CHARBONNAUD, 7, chem. de la Plaine, 71150 Rully, tél. 03 85 87 27 78, benoit.charbonnaud@wanadoo.fr V *r.-v.*

JOCELYNE CHAUSSIN La Fortune 2016

□ | 4000 | | 5 à 8 €

Jocelyne Chaussin assure depuis 1988 la continuité de cette petite exploitation familiale (1,33 ha) ancrée depuis trois générations à Bouzeron. Respectueuse de la nature, elle travaille la vigne comme «dans l'ancien temps», sans produit chimique.

Une vendange bien évidemment manuelle, fin septembre, et une vinification et un élevage en cuves, sans passage sous bois, ont donné un vin à la robe jaune d'or brillante et limpide. La palette aromatique oscille entre fleurs blanches et abricot, tandis qu'au palais, on découvre un léger pétillant à l'attaque. S'ensuit une légère sucrosité, bien balancée par une vivacité mordante et une finale aux beaux amers. ⧗ 2018-2021

JOCELYNE CHAUSSIN, 3, rue des Dames, 71150 Bouzeron, tél. 03 85 87 09 01, jeanlouis.chaussin@orange.fr r.-v.

DOM. CRUCHANDEAU Massale 2016

	5000		8 à 11 €

Le jeune Julien Cruchandeau, originaire de Chenôve, a longtemps eu deux vies: viticulteur donc, et musicien jusqu'en 2010, avant de se consacrer pleinement à son domaine créé en 2003: 6 ha répartis sur les trois Côtes (de Beaune, de Nuits et chalonnaise).

Cette cuvée est issue d'une vigne massale de soixante-six ans, plantée sur marnes blanches et exposée sud/sud-ouest. Du verre s'échappent de nombreuses senteurs rappelant les fruits jaunes compotés, le pain d'épices et le sureau. La souplesse et l'équilibre du palais et sa finale acidulée sur l'orange en font un vin à boire dès aujourd'hui. ⧗ 2018-2020

JULIEN CRUCHANDEAU, 4, rue Robert, 21700 Chaux, tél. 06 74 85 79 62, contact@domaine-cruchandeau.com r.-v.

DOUDET-NAUDIN 2016

	6000		8 à 11 €

Fondée en 1849 par Albert Brenot et acquise par la famille Doudet en 1933, la maison de négoce Doudet-Naudin propose des cuvées issues de terroirs restreints. Elle est depuis 2014 la propriété de Christophe Rochet, épaulé à la direction technique par François Lay. La maison Doudet possède aussi son propre domaine: 13 ha entre Beaune et Pernand, conduits en lutte raisonnée par Isabelle Doudet avec des expérimentations en bio.

Brillant de reflets paille, ce 2016 accroche le nez par des sensations agréables de pêche blanche, de citron et de pierre à fusil. En bouche, il fait preuve de largeur et offre également une vivacité dynamisante et un brin perlante. Une belle réalisation qui pourra accompagner une douzaine d'escargot dès cet automne. ⧗ 2018-2020

DOUDET-NAUDIN, 3, rue Henri-Cyrot, 21420 Savigny-lès-Beaune, tél. 03 80 21 51 74, contact@doudetnaudin.com r.-v.

DOM. DE L'ÉCETTE Les Corcelles 2016

	3000		8 à 11 €

Auparavant viticulteur dans le Mâconnais, Jean Daux s'installe dans le Chalonnais (Rully) en 1983. Arrivé sur l'exploitation en 1997, son fils Vincent conduit aujourd'hui ce domaine de 17 ha souvent en vue dans ces pages.

Limpide, cristallin même, ce vin s'ouvre tout d'abord sur des notes minérales, puis apparaissent l'abricot sec et la noisette grillée. Douce à l'attaque, la bouche se révèle simple et fraîche. Un vin sans prétention, à servir sous la tonnelle... ⧗ 2018-2020

VINCENT DAUX, 21, rue de Geley, 71150 Rully, tél. 03 85 91 21 52, daux.vincent@wanadoo.fr r.-v.

GOUFFIER Les Corcelles 2016 ★

	3000		11 à 15 €

Ayant appartenu à la famille Gouffier pendant plus de deux cents ans, ce petit domaine de 5,5 ha a été repris en 2012 par Frédéric Gueugneau, qui a créé en parallèle une activité de négoce destinée à l'achat de vendanges sur pied.

Marque créée en 2013 appartenant au domaine éponyme, ce négoce se destine à l'achat de vendanges sur pied. D'un or léger aux délicats reflets argentés, cette cuvée mêle à l'olfaction les arômes de l'élevage en fût, comme la fumée, aux notes plus classiques de l'aligoté, comme les fruits frais et citronnés. Dès l'attaque, on note là aussi l'influence d'un boisé bien intégré dans un palais charnu et équilibré. Un vin croquant, à forte personnalité. ⧗ 2019-2022

FRÉDÉRIC GUEUGNEAU, 11, Grande-Rue, 71150 Fontaines, tél. 06 47 00 01 04, contact@vinsgouffier.fr r.-v.

DOM. DES MOIROTS 2016

	2200		8 à 11 €

Le domaine est une affaire de famille: celle des Denizot. En 1990, Christophe a rejoint son père Lucien à la tête de l'exploitation (15 ha), qu'il gère en compagnie de sa sœur Muriel et de son cousin Patrice.

Des reflets céladon ourlent la robe dorée de ce vin. Des notes de citron et de fleurs blanches dominent le nez, tandis que la bouche, croquante, imprégnée de saveurs de pamplemousse rose, s'étire en finale sur des notes acidulées. Un vin de belle facture, à boire à l'apéritif. ⧗ 2018-2020

CHRISTOPHE DENIZOT, 14, rue des Moirots, 71390 Bissey-sous-Cruchaud, tél. 03 85 92 16 93, domainedesmoirots@orange.fr r.-v.

RULLY

Superficie : 357 ha
Production : 16 050 hl (65 % blanc)

La Côte chalonnaise assure la transition entre le vignoble de Côte-d'Or et celui du Mâconnais. L'appellation rully déborde de sa commune d'origine sur celle de Chagny, petite capitale gastronomique. Nés sur le jurassique supérieur, les rully sont aimables et généralement de bonne garde. Certains lieux-dits classés en 1er cru ont déjà accédé à la notoriété.

ARTHUR BAROLET ET FILS 2016

	2685		15 à 20 €

Derrière cette étiquette se trouve la maison de négoce Henri de Villamont installée à Savigny-lès-Beaune depuis 1880. Ce propriétaire (10 ha) et négociant-éleveur est dans le giron du groupe suisse Schenk depuis 1964.

Ce rully jaune pâle à reflets brillants dévoile un nez bien typé chardonnay de fleurs blanches, de beurre frais et d'agrumes, avec une pointe minérale en soutien. Passé de tendres notes vanillées en attaque, le palais, bien équilibré, à la fois rond et frais, s'ouvre sur l'orange et le citron, avant une finale sur le miel d'acacia. ⧗ 2018-2022

ARTHUR BAROLET, rue du Dr-Guyot, 21420 Savigny-lès-Beaune, tél. 03 80 21 50 59, contact@hdv.fr V r.-v. *Schenk*

DOM. BELLEVILLE Chaponnière 2016 ★

■	6307		15 à 20 €

Né à Rully au début du XXes., ce domaine compte 22 ha répartis de la Côte chalonnaise à la Côte de Nuits. Il est rattaché au Ch. de Messey (Mâconnais) et au Manoir Murisaltien (Côte-d'Or), propriétés depuis 2017 d'un couple d'américains passionnés d'art de vivre à la française.

Ce 2016 d'un beau rouge grenat déploie un bouquet intense de bourgeon de cassis et de petites baies noires: myrtille, mûre et cassis. Des arômes que l'on retrouve dans une bouche boisée, ample et ronde, tenue par des tanins soyeux. ⧗ 2019-2023 **1er cru Les Cloux 2016 (20 à 30 €; 3971 b.)** : vin cité.

DOM. BELLEVILLE, 6, ZA Les Champs-Rouges, 71150 Rully, tél. 03 85 91 06 00, contact@domainebelleville.com V r.-v.

DOM. MICHEL BRIDAY La Pucelle 2016 ★

1er cru	2400		20 à 30 €

Les Briday sont vignerons de père en fils: Stéphane, le fils de Michel, est installé depuis 1989 à la tête de ce domaine qui s'étend sur 15 ha implantés au cœur du village de Rully.

D'un bel or pâle, ce 2016 livre un nez fin et élégant rappelant le muguet, la poire juteuse et le citron, le tout enveloppé des notes grillées de l'élevage. Dans la continuité, la bouche est complexe, bien structurée, riche et équilibrée, avec une pointe saline dans sa finale. Cette bouteille témoigne d'un excellent mariage entre le vin et le fût. ⧗ 2019-2023 **2016 ★ (11 à 15 €; 10000 b.)** : un blanc concentré, ample, généreux et aromatique (mandarine, pêche et fleur d'oranger). ⧗ 2018-2021 **1er cru Grésigny 2016 (20 à 30 €; 6000 b.)** : vin cité.

STÉPHANE ET SANDRINE BRIDAY, 31, Grande-Rue, 71150 Rully, tél. 03 85 87 07 90, domainemichelbriday@orange.fr V r.-v.

MAISON CHANZY En Rosey 2016 ★

■	40000		11 à 15 €

Implanté à Bouzeron, dont il possède à lui seul la moitié des vignes, ce domaine de 32 ha (en Côte chalonnaise, avec un pied en Côte de Beaune et en Côte de Nuits) est exploité depuis 2013 par Jean-Baptiste Jessiaume, son régisseur et maître de chai, issu d'une lignée vigneronne de Santenay. Une maison de négoce complète la propriété.

Des reflets pourpres parcourent la robe rubis de ce vin ouvert, après aération, sur des notes de fruits rouges compotés, de cuir et de musc. Plutôt stricte en attaque, la bouche s'assouplit ensuite autour d'une chair ronde et d'une jolie finale de groseille et de griotte. Un beau vin puissant qui demande à mûrir encore quelques années. ⧗ 2021-2025

MAISON CHANZY, 6, rue de la Fontaine, 71150 Bouzeron, tél. 03 85 87 23 69, domaine@chanzy.com V *t.l.j. 10h-12h30 14h-18h; sam. dim. sur r.-v.*

DUVERNAY PÈRE ET FILS Les Raclots 2016 ★

1er cru	3000		11 à 15 €

Propriété fondée par Georges Duvernay en 1973 avec un seul hectare de vigne. Elle compte aujourd'hui 17 ha et est dirigée depuis 2000 par ses enfants Dominique et Patricia.

Ce 2016 élevé douze mois en fût présente une belle teinte jaune d'or et une olfaction florale, fruitée et minérale. Après une attaque tout en vivacité, le palais s'arrondit autour d'une chair tendre et friande et d'une présence boisée un tantinet dominante. Pour la table. ⧗ 2019-2023 **1er cru Rabourcé 2016 (11 à 15 €; 14000 b.)** : vin cité.

GFA DUVERNAY PÈRE ET FILS, 4, rue de l'Hôpital, 71150 Rully, tél. 03 85 87 04 69, gfaduvernay@wanadoo.fr V r.-v.

DOM. DE L'ECETTE Clos de Vésignot 2016

■	4000		11 à 15 €

Auparavant viticulteur dans le Mâconnais, Jean Daux s'installe dans le Chalonnais (Rully) en 1983. Arrivé sur l'exploitation en 1997, son fils Vincent conduit aujourd'hui ce domaine de 17 ha souvent en vue dans ces pages.

Paré d'une robe légère d'un rouge à reflets auburn, ce vin libère à l'aération des notes de petits fruits rouges légèrement masquées par l'intensité des notes boisées et grillées. Son séjour de quinze mois en fût lui a légué des tanins qui, après une attaque ronde, se montrent encore fermes. Un rully qui demande un peu de temps pour s'assouplir et révéler tout son potentiel. ⧗ 2021-2024

VINCENT DAUX, 21, rue de Geley, 71150 Rully, tél. 03 85 91 21 52, daux.vincent@wanadoo.fr V r.-v.

CH. D'ETROYES La Chatalienne 2016 ★

	4580		11 à 15 €

Depuis 1720, les Protheau se sont relayés à Mercurey pour perpétuer la tradition viticole du château d'Etroyes. Le domaine dispose aujourd'hui d'un vignoble de 50 ha en Côte chalonnaise.

Un élevage traditionnel en fût de dix mois avec bâtonnage a été opéré pour ce 2016 d'un beau jaune franc, qui dévoile des senteurs d'ananas, de citron, d'acacia et d'amande, ainsi que quelques notes iodées. Vif mais sans dureté, le palais s'inscrit dans la continuité du nez, avec des saveurs fruitées et une longueur sapide. Il joue la carte de la simplicité et de l'efficacité. ⧗ 2019-2022 ■ **La Chatalienne 2016 (15 à 20 €; 15000 b.)** : vin cité.

PROTHEAU, 18, rue des Varennes, 71640 Mercurey, tél. 03 85 45 10 84, contact@domaine-protheau-mercurey.fr V *t.l.j. sf dim. 10h-12h 14h-18h* *Protheau*

JEAN-CHARLES FAGOT 2016

	3500		11 à 15 €

Installé entre Chagny et Puligny-Montrachet, Jean-Charles Fagot est à la tête de 4 ha de vignes. Il s'est fait négociant pour étoffer sa carte des vins et restaurateur en ouvrant en 1998 *l'Auberge du Vieux Vigneron*, où il propose une cuisine du terroir.

Ce 2016 ne manque pas de charme, tant par la brillance de sa robe jaune pâle que par son nez dans lequel on distingue, outre les arômes d'un boisé fondu, d'intenses notes de fruits blancs et d'aubépine. On retrouve la pêche blanche dans une bouche ronde et dense, avec une fraîcheur présente mais un peu en retrait. La finale encore austère appelle la garde. 2019-2022

JEAN-CHARLES FAGOT, 5, rue de l'Église, 21190 Corpeau, tél. 03 80 21 30 24, jeancharlesfagot@free.fr V r.-v.

FERREIRA-CAMPOS Plante moraine 2016 ★

	1671		8 à 11 €

Fils de salariés viticoles, Domingos décide de poursuivre ses études « viti » à Beaune. Après un apprentissage chez différents vignerons, il s'installe en 2005 sur 30 ares de vignes en location. Reflétant une belle évolution, son domaine compte aujourd'hui 10 ha de vignes en mercurey et rully.

Les pinots noirs de la Plante Moraine cueillis mûrs à la main mi-septembre ont permis l'élaboration de cette cuvée pourpre dégageant d'intenses parfums de fruits rouges et noirs et de poivre noir. Tout en fraîcheur, structurée par une trame tannique fine et charnue, la bouche est bien équilibrée. 2018-2021

FERREIRA-CAMPOS, 18, rue de Geley, 71150 Rully, tél. 06 76 38 14 04, ferreira-campos@orange.fr V *r.-v.*

DOM. DE LA FOLIE Clos Saint-Jacques Vieilles Vignes Monopole 2016 ★★

1er cru	14 000		20 à 30 €

Le domaine de la Folie jouit d'un panorama exceptionnel de toute la Côte chalonnaise jusqu'à Nuits-Saint-Georges. Il appartient depuis 1870 à la famille Noël-Bouton. La cinquième génération – Baptiste (ingénieur) et Clémence Dubrulle (ancienne attachée de presse) – a repris les commandes des 12,25 ha de vignes familiales en 2010.

Sa présentation brillante, d'un bel éclat doré, son ampleur et sa complexité ont fait mouche. Ce 1er cru offre au nez un savant mélange de noisette grillée, de jasmin, de coing et de verveine. En bouche, il se montre vif, tonique, ample et minéral. 2018-2023 ■ **Clos de Bellecroix 2016 (11 à 15 €; 6 500 b.)** : vin cité.

BAPTISTE ET CLÉMENCE DUBRULLE, chem. de la Folie, 71150 Chagny, tél. 03 85 87 18 59, contact@domainedelafolie.fr V *t.l.j. sf dim. 9h-18h*

GOUFFIER Les Champs Cloux 2016

■ 1er cru	1500		20 à 30 €

Ayant appartenu à la famille Gouffier pendant plus de deux cents ans, ce petit domaine de 5,5 ha a été repris en 2012 par Frédéric Gueugneau, qui a créé en parallèle une activité de négoce destinée à l'achat de vendanges sur pied.

Une robe de belle intensité, rouge profond, habille ce vin au nez expressif de fruits noirs et rouges et de vanille. Une attaque franche et enveloppante ouvre sur une bouche suave, dotée de tanins encore fermes et de saveurs boisées bien en harmonie avec le fruit. Un vin d'avenir, à garder quelques années en cave. 2020-2024

FRÉDÉRIC GUEUGNEAU, 11, Grande-Rue, 71150 Fontaines, tél. 06 47 00 01 04, contact@vinsgouffier.fr V *r.-v.*

DOM. JAEGER-DEFAIX Rabourcé 2016

1er cru	3000		20 à 30 €

Épouse de Bernard Defaix, vigneron à Chablis, Hélène Jaeger a repris en 2005 l'exploitation de sa grande-tante Henriette Niepce. Elle a engagé la conversion bio dans la foulée.

Ce vin éclatant dans sa robe or pâle aux très légers reflets verts dévoile un nez très expressif: abricot, mandarine, poire, senteurs florales. Le palais s'avère ample et soyeux, avec un bon équilibre apporté par une acidité citronnée, mais la finale manque encore un peu d'harmonie que quelques mois de cave sauront lui apporter. 2019-2022 **1er cru Mont-Palais 2016 (20 à 30 €; 3 300 b.)** : vin cité.

DOM. JAEGER-DEFAIX, 20, rue des Buis, 71150 Rully, tél. 03 86 42 40 75, contact@jaeger-defaix.com V *r.-v.*

DOM. MICHEL JUILLOT Les Thivaux 2016

	10 000	11 à 15 €

Fondé par Louis Juillot, développé par son fils Michel et conduit depuis la fin des années 1990 par son petit-fils Laurent, ce domaine emblématique de la Côte chalonnaise couvre 31 ha essentiellement en AOC mercurey, avec des parcelles en Côte de Beaune.

Des chardonnays presque quinquagénaires, cueillis à la main, sont à l'origine de ce vin élevé sous bois durant dix mois. Or clair, il présente un nez bien ouvert sur des notes toastées, briochées et vanillées. Son joli volume en bouche, sa rondeur bien équilibrée par une acidité tranchante, son empreinte boisée qui se prolonge jusqu'en finale composent un rully de caractère, à encaver. 2020-2024

LAURENT JUILLOT, 59-59A, Grande-Rue, 71640 Mercurey, tél. 03 85 98 99 89, infos@domaine-michel-juillot.fr V *r.-v.*

DOM. LABORBE-JUILLOT Les Saint-Jacques 2016

	33 000		8 à 11 €

Situé à Poncey (hameau de Givry), ce domaine de quelque 13 ha est entré dans le giron de la Cave des Vignerons de Buxy en 2007.

Après un pressurage pneumatique, le moût a été élevé en cuve Inox pendant une petite année. Le vin se présente dans une robe dorée, ouvert sur de délicats parfums fruités (poire, pêche et abricot). La bouche, également fruitée, se révèle ample et ronde, légèrement amère en finale. 2018-2021

SCEA LABORBE-JUILLOT, 2, rte de Chalon, 71390 Buxy, tél. 03 85 92 03 03, accueil@vigneronsdebuxy.fr V *t.l.j. 9h-12h 14h-18h30*
Vignerons de Buxy

MANOIR DE MERCEY Cuvée Louise 2016

	3000		11 à 15 €

Gérard Berger-Rive a fondé ce domaine en 1943, au cœur des Maranges. Xavier, son fils, a pris la relève en 1977 et développé la surface du vignoble pour la porter à 22 ha, principalement situés dans le secteur des Hautes-Côtes. La troisième génération (Paul Berger) a rejoint le domaine en 2015.

BOURGOGNE

Une vinification en fût avec bâtonnage a donné ce vin à la robe blanche et brillante. Le nez s'ouvre sur des notes de noisette, d'églantine, de poire et de citron. La bouche fruitée et boisée s'équilibre par une présence acidulée et minérale. ⧗ 2018-2021

DOM. BERGER-RIVE, Manoir de Mercey, 2, rue Saint-Louis, 71150 Cheilly-lès-Maranges, tél. 03 85 91 13 81, contact@berger-rive.fr V ★ ■ r.-v.

B DOM. LOUIS MAX Les Plantenays 2016 ★

	10700	◍	30 à 50 €

Maison de négoce fondée en 1859 par Evgueni-Louis Max, émigré de Géorgie. Depuis 2007, elle est la propriété de Philippe Bardet, un amateur de vin genevois qui a confié en 2014 à David Duband, célèbre vigneron de la Côte de Nuits, la responsabilité de la vinification et de l'élevage des vins de la maison. Elle dispose, en plus de ses achats de raisins, d'un vignoble en propre de 20 ha à Mercurey et de 165 ha dans les Corbières. Sur les flacons, des étiquettes reconnaissables entre toutes, dessinées par Pierre Le Tan.

Issue de chardonnay certifié en agriculture biologique, cette cuvée élevée selon la tradition bourguignonne, un an sous bois dont 20 % de fûts neufs, se présente dans une robe or clair cristalline, le nez ouvert sur des senteurs florales, l'abricot et la vanille. Une attaque vive et ciselée précède une bouche ample et souple. ⧗ 2018-2021

LOUIS MAX, 6, rue de Chaux, 21700 Nuits-Saint-Georges, tél. 03 80 62 43 00, louismax@louis-max.fr ★ ■ r.-v.

DAVID MORET 2016

	15000	◍	15 à 20 €

David Moret a créé en 1999 sa maison de négoce, établie derrière les remparts de Beaune. Cet adepte des élevages longs s'est fait une spécialité de la vinification «haute couture» des blancs de la Côte de Beaune.

Issue d'un sol argilo-calcaire, cette cuvée revêt une parure jaune pâle aux reflets verts. Très expressive au nez, elle libère d'intenses notes boisées dues à son séjour prolongé de quatorze mois en fût de chêne. Derrière une attaque franche, apparaissent des saveurs de vanille et de noisette grillée dans un palais riche, chaleureux et puissant. Un blanc ambitieux, encore sous l'emprise du bois d'élevage, à mettre en cave et à ressortir pour la table. ⧗ 2020-2023

SARL DAVID MORET, 1 et 3, rue Émile-Goussery, 21200 Beaune, tél. 03 80 24 00 70, davidmoret.vins@orange.fr V ★ ■ r.-v.

DOM. PAGNOTTA La Crée 2016

	15000	◍	11 à 15 €

Créé au début des années 1970 dans l'appellation rully avec 5 ha, ce domaine s'est diversifié à partir de 1989 vers d'autres AOC de la Côte chalonnaise et de la Côte de Beaune. Rocco Pagnotta est aujourd'hui à la tête de 40 ha, entrés en 2015 dans le giron de la maison Chanzy.

D'une belle couleur jaune d'or, ce 2016 développe un bouquet enjôleur de fruits frais, de vanille et d'agrumes. Une attaque fraîche précède une bouche ronde et généreuse, avec ce qu'il faut d'acidité et une finale longue sur l'orange et le citron. ⧗ 2018-2021 ■ **Clos de Bellecroix 2016 (11 à 15 €; 5000 b.)** : vin cité.

DOM. PAGNOTTA, 1, rue de Chaudenay, 71150 Chagny, tél. 03 85 87 22 08, domaine.pagnotta@chanzy.com V ★ ■ r.-v.

PIGNERET FILS 2016

	4250	11 à 15 €

Installés du côté de Givry (en 2001), les frères Éric et Joseph Pigneret, quatrièmes du nom à conduire le domaine familial (30 ha), ont créé la marque de négoce Pigneret Fils pour enrichir leur gamme. Ils achètent ainsi des raisins et des moûts qu'ils vinifient et élèvent dans leur chai.

Cette cuvée jaune aux reflets pistache propose une palette aromatique complexe sur les fruits mûrs, la vanille et les fleurs blanches, auxquels s'ajoutent des notes minérales. Dès la mise en bouche, on sent de la rondeur avec du fond et une fraîcheur citronnée qui allonge bien le vin. ⧗ 2018-2021

DOM. PIGNERET FILS, Vingelles, 71390 Moroges, tél. 03 85 47 15 10, domaine.pigneret@wanadoo.fr V ★ ■ *t.l.j. 9h-12h 14h-19h; f. dim. 9h-12h*

DOM. DES ROIS MAGES
Clos du Moulin à Vent 2015 ★

	2000	◍	15 à 20 €

Anne-Sophie Debavelaere crée son domaine à Rully en 1984. Elle est rejointe plus tard par son fils Félix, alors jeune œnologue fraîchement diplômé. Ensemble, ils gèrent aujourd'hui 11 ha sur plusieurs appellations.

Né sous un millésime caniculaire, ce 2015 se montre toutefois élégant tout au long de la dégustation. Paré d'or intense, il affiche un nez complexe avec des notes fruits jaunes mûrs, de coing, d'orange et de pamplemousse, le tout souligné de caramel. Le palais franc et généreux repose sur une matière ronde, imprégnée d'arômes de fleurs blanches et de vanille. Puissant, ample et solaire, ce vin est déjà prêt, mais il possède le potentiel pour bien vieillir. ⧗ 2018-2023 ■ **Cailloux 2015 (15 à 20 €; 6500 b.)** : vin cité.

DEBAVELAERE, 21, rue des Buis, 71150 Rully, tél. 03 85 48 65 64, as.debavelaere@gmail.com V ★ ■ r.-v.

CH. DE RULLY
Clos la Bressande Monopole 2016 ★

1er cru	10236	◍ ▮	15 à 20 €

Fondée en 1875, la maison Antonin Rodet, négoce établi en Côte chalonnaise, propose une vaste gamme de vins de toute la Bourgogne. Elle possède aussi les châteaux de Mercey (45 ha au sud de la Côte de Beaune et en Côte chalonnaise) et de Rully (32 ha en rully), ainsi que le Dom. de la Bressande. Depuis 2010, elle appartient au groupe Boisset.

D'un bel or brillant bordé de reflets pistache, ce vin évoque le raisin confit, les fruits jaunes et le miel d'acacia accompagnés par des arômes subtils d'élevage (vanille et caramel). De sa bouche dense et ronde, on retient surtout la prédominance du boisé, qui lui confère de la puissance mais peu d'équilibre pour l'instant. Un joli vin en devenir. 2020-2024 **1er cru La Pucelle 2016 (15 à 20 €; 8026 b.)** : vin cité.

MAISON ANTONIN RODET, 55, Grande-Rue, 71640 Mercurey, tél. 03 85 98 12 12, contact@rodet.com V *t.l.j. sf dim. 10h-12h 14h-17h (18h en été)* *FGV Boisset*

ALBERT SOUNIT La Pucelle 2016 ★★

1er cru	2432		20 à 30 €

Fondée en 1851 par Flavien Jeunet, cette maison de négoce, qui possède aussi 16 ha de vignes en propre, a été reprise dans les années 1930 par la famille Sounit, qui l'a cédée à son importateur danois en 1993. L'une des valeurs sûres de la Côte chalonnaise, en vins tranquilles comme en effervescents.

Ce 2016 vinifié et élevé en fût de chêne présente une belle teinte jaune pâle animée de reflets vert et une olfaction rappelant le beurre frais, les agrumes, les fruits jaunes mûrs et les fleurs blanches. Après une attaque croquante, le palais s'arrondit autour d'un bon boisé aux saveurs de vanille et de brioche. 2018-2021 **Les Saint-Jacques 2016 ★ (15 à 20 €; 4333 b.)** : un vin ample, généreux charnu, puissant, ouvert sur des arômes exotiques et boisés. 2020-2023

MAISON ALBERT SOUNIT, 5, pl. du Champ-de-Foire, 71150 Rully, tél. 03 85 87 20 71, albert.sounit@wanadoo.fr V *r.-v.* *K. Kjellerup*

MERCUREY

Superficie : 645 ha
Production : 27 700 hl (80 % rouge)

Situé à 12 km au nord-ouest de Chalon-sur-Saône, Mercurey jouxte au sud le vignoble de Rully. C'est l'appellation communale la plus importante en volume de la Côte chalonnaise. Le vignoble s'étage entre 250 et 300 m d'altitude autour de Mercurey (fusionnée avec Bourgneuf-Val-d'Or) et de Saint-Martin-sous-Montaigu. Plus charpentés sur marnes, plus fins sur sols caillouteux, les vins sont en général solides et aptes à la garde (jusqu'à six ans, voire davantage). Parmi trente-deux *climats* classés en 1ers crus, on citera Les Champs Martin, Clos des Barrault ou encore Clos l'Évêque.

DOM. BELLEVILLE Champ Ladoy 2016

	7030		15 à 20 €

Né à Rully au début du XXes., ce domaine compte 22 ha répartis de la Côte chalonnaise à la Côte de Nuits. Il est rattaché au Ch. de Messey (Mâconnais) et au Manoir Murisaltien (Côte-d'Or), propriétés depuis 2017 d'un couple d'américains passionnés d'art de vivre à la française.

Ce 2016 à la robe rouge rubis et aux légers reflets tuilés offre un agréable nez fruité, épicé et grillé. La bouche, d'une bonne vivacité, est centrée sur les fruits rouges et déploie des tanins souples. 2018-2021

DOM. BELLEVILLE, 6, ZA Les Champs-Rouges, 71150 Rully, tél. 03 85 91 06 00, contact@domainebelleville.com V *r.-v.*

DOM. DE LA BRESSANDE En Sazennay 2016

1er cru	9983		15 à 20 €

Fondée en 1875, la maison Antonin Rodet, négoce établi en Côte chalonnaise, propose une vaste gamme de vins de toute la Bourgogne. Elle possède aussi les châteaux de Mercey (45 ha au sud de la Côte de Beaune et en Côte chalonnaise) et de Rully (32 ha en rully), ainsi que le Dom. de la Bressande. Depuis 2010, elle appartient au groupe Boisset.

La robe de ce vin oscille entre pourpre et rubis et sa large palette aromatique s'ouvre sur les fruits confits, la griotte, le cassis et la crème de cassis, le tout sur un fond boisé. Son palais puissant est soutenu par une belle vivacité et par une structure tannique solide qui appellent la garde. 2021-2028

MAISON ANTONIN RODET, 55, Grande-Rue, 71640 Mercurey, tél. 03 85 98 12 12, contact@rodet.com V *t.l.j. sf dim. 10h-12h 14h-17h (18h en été)* *Boisset*

DOM. BRINTET La Levrière 2016

	6000		20 à 30 €

Famille vigneronne depuis le XVIes., les Brintet - Luc depuis 1984 - ont pris leurs quartiers dans une belle bâtisse à la sortie du village de Mercurey où ils conduisent 9,5 ha de vignes.

Des pinots noirs de près de soixante ans cueillis à la main s'associent aux argiles et aux calcaires du terroir de la Levrière pour donner cette cuvée à la robe légère. Le nez, tout en simplicité, rappelle la framboise, la mûre et la cerise. Fraîcheur et délicatesse caractérisent la bouche fruitée de ce mercurey à boire dans sa jeunesse. 2018-2021

LUC BRINTET, 105, Grande-Rue, 71640 Mercurey, tél. 03 85 45 14 50 V *t.l.j. 9h-12h 14h-18h*

VIGNERONS DE BUXY Buissonnier 2016

	12000		8 à 11 €

Créée durant la crise de 1929, la cave des Vignerons de Buxy poursuit son développement. Cette coopérative a su rassembler et valoriser les producteurs d'un même terroir et les impliquer dans son fonctionnement.

Cette cuvée jaune d'or animée de reflets tilleul dévoile de jolies senteurs de beurre frais, de petites fleurs blanches et de fruits jaunes à l'olfaction. La bouche se révèle fluide et délicate, empreinte de fruits et nantie d'une jolie finale saline. 2018-2020

VIGNERONS DE BUXY, Les Vignes-de-la-Croix, 71390 Buxy, tél. 03 85 92 03 03, accueil@vigneronsdebuxy.fr V *t.l.j. 9h-12h 14h-18h30*

CH. DE CHAMILLY Les Puillets 2015

1er cru	5500		15 à 20 €

Véronique Desfontaine est, depuis 1999 et le décès de son mari, à la tête de l'ancienne demeure du marquis de Chamilly. En 2007, ses deux fils, Xavier et Arnaud, l'ont rejointe et ils exploitent ensemble un vignoble de 25 ha, complété en 2008 par le rachat du Ch. de Carry-Potet à Buxy.

Ce 1er cru se pare d'une robe rubis aux jolis reflets aubergine. Des parfums de fruits rouges, de tabac et

BOURGOGNE

de fougère précèdent une bouche vive, souple et d'une longueur intéressante. ⏳ 2018-2022 ■ **Clos la Perrière Monopole 2015 (15 à 20 €; 12000 b.)** : vin cité.

DESFONTAINE, 7, allée du Château, 71510 Chamilly, tél. 03 85 87 22 24, contact@chateaudechamilly.com V *t.l.j. sf dim. 8h-12h 13h30-18h*

♥ CH. DE CHAMIREY La Mission 2015 ★★

1er cru	13450		30 à 50 €

Propriété de la famille Devillard, ce domaine emblématique a développé son activité viticole dans les années 1930, sous l'impulsion du marquis de Jouennes. Les héritiers de ce dernier, Bertrand Devillard et ses enfants Amaury et Aurore, conduisent aujourd'hui un vaste vignoble de 37 ha.

Ce 1er cru confirme, s'il le fallait, que La Mission est l'un des meilleurs terroirs de l'appellation quant il passe dans les mains de la famille Devillard. Dans un millésime réputé difficile pour les vins blancs à cause d'un ensoleillement très (trop) important, ce 2015 a pourtant enchanté le jury. D'un seyant doré à reflets bronze, il offre un nez frais et délicat de pamplemousse et d'acacia. La bouche dévoile une superbe matière, charnue, souple et fraîche, soulignée par une noble minéralité. Un vin racé à réserver pour un mets de choix. ⏳ 2018-2023 ■ **1er cru Les Ruelles 2015 (30 à 50 €; 10250 b.)** : vin cité. ■ **2015 (20 à 30 €; 50000 b.)** : vin cité.

CH. DE CHAMIREY, Chamirey, 71640 Mercurey, tél. 03 85 45 21 61, contact@chateaudechamirey.com V *t.l.j. 10h-18h (19h)* 4 *Devillard*

MAISON CHANZY Clos du Roy 2016

1er cru	7000		20 à 30 €

Implanté à Bouzeron, dont il possède à lui seul la moitié des vignes, ce domaine de 32 ha (en Côte chalonnaise, avec un pied en Côte de Beaune et en Côte de Nuits) est exploité depuis 2013 par Jean-Baptiste Jessiaume, son régisseur et maître de chai, issu d'une lignée vigneronne de Santenay. Une maison de négoce complète la propriété.

Ce 1er cru séduit par son nez de cassis frais et de mûre, souligné de notes de pain grillé. En bouche, on découvre un vin ample, ouvert sans réserve sur des saveurs de framboise sauvage et de cerise noire, épaulé par des tanins souples et fondus. ⏳ 2018-2021 ■ **Les Caraby 2016 (15 à 20 €; 3000 b.)** : vin cité.

MAISON CHANZY, 6, rue de la Fontaine, 71150 Bouzeron, tél. 03 85 87 23 69, domaine@chanzy.com V *t.l.j. 10h-12h30 14h-18h; sam. dim. sur r.-v.*

DOM. CHARTON Vieilles Vignes 2016

■	10000		11 à 15 €

Un domaine créé en 1960, conduit depuis 2011 par la troisième génération. Vincent Chartron exploite aujourd'hui un vignoble de 10 ha.

Ce mercurey issu d'une vénérable vigne de soixante-dix ans dévoile un nez charmeur qui évoque les épices, la fougère et les petits fruits rouges. La bouche, fraîche et fruitée, s'achève sur une note encore sévère des tanins. À attendre un peu. ⏳ 2019-2022 ■ **Chapitre 2016 (11 à 15 €; 3000 b.)** : vin cité.

CHARTON, 29, Grande-Rue, 71640 Mercurey, tél. 06 32 07 11 73, jean-pierre-charton@wanadoo.fr V *r.-v.*

ANDRÉ DELORME 2015

■	5010	15 à 20 €

Spécialisée dans le crémant-de-bourgogne et les vins de la Côte chalonnaise, cette maison créée par André Delorme en 1942 a été rachetée en 2005 par Éric Piffaut, qui l'a installée à Rully dans des chais équipés d'une cuverie des plus modernes. En 2010, elle a fusionné avec la maison Propser Maufoux de Santenay pour devenir la Maison des Grands Crus et s'enrichir ainsi de vins de la Côte de Beaune.

Ce joli vin couleur grenat aux reflets cerise affiche une belle intensité aromatique autour des notes de sous-bois, de cuir, de griotte et de réglisse. Droit et franc, le palais décline en finesse des saveurs fruitées dans un environnement tannique encore un peu ferme. À apprécier dans quelques années. ⏳ 2020-2024

ANDRÉ DELORME, rue des Bordes, 71150 Rully, tél. 03 85 87 10 12, contact@andre-delorme.com V *t.l.j. 9h-12h30 14h-18h*
Éric Piffaut

♥ CH. D'ETROYES Les Velleys 2015 ★★

■ 1er cru	4560		20 à 30 €

Depuis 1720, les Protheau se sont relayés à Mercurey pour perpétuer la tradition viticole du château d'Etroyes. Le domaine dispose aujourd'hui d'un vignoble de 50 ha en Côte chalonnaise.

Ce 2015 est issu de jeunes vignes vendangées à la main tout début septembre, éraflées et macérées pendant quinze jours. Vêtu d'une majestueuse robe rubis, il mêle au nez les fruits rouges (cerise et framboise) aux notes poivrées, nuancées de vanille, de réglisse et de menthol. L'harmonie est déjà là en bouche: gourmande, riche, ample, elle est portée par des tanins soyeux et par une finale puissante. Concentration et noblesse du terroir caractérisent cette bouteille taillée pour la garde. ⏳ 2021-2026 ■ **Les Ormeaux 2016 ★ (11 à 15 €; 9500 b.)** : cette cuvée, qui tire son nom de la présence de ces coquillages dans les calcaires du terroir, est habillée d'un or brillant et éclatant. Elle offre un nez complexe de petites fleurs blanches et de citron et une bouche ronde et agréable. Un très beau vin qui devrait bien évoluer dans les prochaines années. ⏳ 2019-2023

PROTHEAU, 18, rue des Varennes, 71640 Mercurey, tél. 03 85 45 10 84, contact@domaine-protheau-mercurey.fr V *t.l.j. sf dim. 10h-12h 14h-18h*

DOM. DE L'EUROPE
Les Chazeaux Vieilles Vignes 2016

■	5000	◍	15 à 20 €

Chantal Côte et Guy Cinquin conduisent depuis 1994 un petit domaine de 3 ha à Mercurey. « Observer et écouter la nature, s'imprégner de la terre et de l'air, et devenir leurs humbles serviteurs », telle est leur devise.

Une vigne de soixante ans s'associe aux éboulis calcaires du coteau des Chazeaux dans ce vin au bouquet capiteux de fruits noirs. Dans le prolongement, le palais se montre droit et bien équilibré, avec des arômes de fruits noirs très frais et des tanins soyeux. ⧗ 2018-2022 ■ **Les Chazeaux 2016 (15 à 20 €; n.c.)** : vin cité.

GUY ET CHANTAL CINQUIN, 7, rue du Clos-Rond, 71640 Mercurey, tél. 06 08 04 28 12, cote.cinquin@wanadoo.fr V r.-v.

DOM. DE L'ÉVÊCHÉ Les Murgers 2016 ★

■	6400	◍	11 à 15 €

Sylvie et Vincent Joussier sont installés depuis 1985 sur ce domaine de 13 ha auparavant planté en arbres fruitiers. Après des études à la Viti de Beaune et une expérience dans l'Oregon, leur fils Quentin les rejoint sur le domaine.

Ce vin rouge sombre bordé d'éclats rubis livre un beau bouquet de fruits rouges intenses et de roses. Des arômes que l'on retrouve dans une bouche ample et généreuse, dotée de tanins fins et soyeux. ⧗ 2019-2023

VINCENT ET QUENTIN JOUSSIER, 6, rue de l'Évêché, 71640 Saint-Denis-de-Vaux, tél. 03 85 44 30 43, vincentjoussier@cegetel.net V *t.l.j. sf dim. 8h-12h 13h30-18h*

DOM. FAIVELEY
Le Clos du Roy La Favorite 2016 ★

■ 1er cru	800	◍	30 à 50 €

Ce domaine fondé à Nuits-Saint-Georges en 1825 est un nom qui compte en Bourgogne, depuis sept générations. À sa tête depuis 2005, Erwan Faiveley, qui a succédé à son père François, est à la direction générale. Aujourd'hui, c'est l'un des plus importants propriétaires de vignes en Bourgogne: 120 ha du nord de la Côte-de-Nuits au sud de la Côte Chalonnaise, dont 10 ha en grand cru et près de 25 ha en 1er cru.

Ce vin très confidentiel dévoile au nez des senteurs agréables de griotte, de vanille et de caramel. Vif et chaleureux à la fois, bien équilibré et fermement charpenté, le palais porte haut les couleurs du Clos du Roy. ⧗ 2021-2028 ■ **Clos des Myglands Monopole 2016 (20 à 30 €; 33000 b.)** : vin cité.

FAMILLE FAIVELEY, 8, rue du Tribourg, 21700 Nuits-Saint-Georges, tél. 03 80 61 04 55, contact@domaine-faiveley.com

MAISON GOUFFIER Clos l'Évêque 2016 ★

■ 1er cru	4000	◍	20 à 30 €

Ayant appartenu à la famille Gouffier pendant plus de deux cents ans, ce petit domaine de 5,5 ha a été repris en 2012 par Frédéric Gueugneau, qui a créé en parallèle une activité de négoce destinée à l'achat de vendanges sur pied.

D'un rouge violet brillant, ce 2016 dévoile un bouquet expressif de framboise et de myrtille souligné de vanille. En bouche, les fruits rouges et noirs éclatent en attaque, puis laissent la place à des notes chocolatées dans un environnement encore tannique. ⧗ 2021-2024 ■ **Les Murgers 2016 (15 à 20 €; 4800 b.)** : vin cité.

FRÉDÉRIC GUEUGNEAU, 11, Grande-Rue, 71150 Fontaines, tél. 06 47 00 01 04, contact@vinsgouffier.fr V r.-v.

♥ DOM. PATRICK GUILLOT
Les Veley 2016 ★★

■ 1er cru	1400	◍	20 à 30 €

Représentant la troisième génération à conduire la propriété familiale, Patrick Guillot, installé depuis 1988, exploite près de 6 ha de vignes situés principalement à Mercurey.

Ce mercurey d'un bel or clair, brillant et limpide, dévoile au nez des senteurs d'acacia, de pêche de vigne et d'agrumes mêlées de notes minérales. Des arômes qui s'imposent également dans une bouche riche, ronde et intense, soulignée de bout en bout par une acidité fine et précise qui lui apporte de la droiture et de la longueur. ⧗ 2018-2023 ■ **Les Chavances Vieilles Vignes 2016 ★ (11 à 15 €; 1800 b.)** : une étoffe cerise noire habille ce vin au nez riche et puissant de fruits rouges et noirs agrémentés de bonbon à la réglisse et de menthe. La bouche est charnue et généreuse, dotée de tanins déjà souples et d'une longue finale sur les épices orientales. ⧗ 2019-2023 ■ **Les Saumonts 2016 (15 à 20 €; 950 b.)** : vin cité.

DOM. PATRICK GUILLOT, 9 A, rue de Vaugeailles, Chamirey, 71640 Mercurey, tél. 03 85 45 27 40, domaine.pguillot@orange.fr V *r.-v.*

DOM. JEANNIN-NALTET
Clos des Grands Voyens Monopole 2016 ★

■ 1er cru	13500	◍	15 à 20 €

Après une carrière de dix ans en tant qu'ingénieur en optimisation industrielle et après une formation à la « Viti » de Beaune, Benoît Eschard, neveu de Thierry Jeannin-Naltet, a repris les rênes en 2013 de ce domaine familial de 8,6 ha créé en 1858.

Des pinots noirs plantés sur un sol argilo-calcaire ont donné ce vin profond, rubis aux reflets améthyste. On découvre un nez subtilement fruité, qui marie la griotte à des notes plus végétales de fougère. Ample et croquant en attaque, le palais dévoile des tanins encore un peu serrés mais de belle qualité. À conserver quelques années en cave. ⧗ 2021-2024 ■ **2016 ★ (11 à 15 €; 2200 b.)** : un vin apprécié pour ses arômes élégants et délicats de fleurs blanches et pour sa bouche très équilibrée, ronde avec de la fraîcheur en soutien. ⧗ 2018-2021

BENOÎT ESCHARD, 4, rue de Jamproyes, 71640 Mercurey, tél. 03 85 45 13 83, domaine@jeannin-naltet.fr V *r.-v.*

BOURGOGNE

DOM. MICHEL JUILLOT
Les Vignes de Maillonge 2016 ★★

■ | 26000 | 15 à 20 €

Fondé par Louis Juillot, développé par son fils Michel et conduit depuis la fin des années 1990 par son petit-fils Laurent, ce domaine emblématique de la Côte chalonnaise couvre 31 ha essentiellement en AOC mercurey, avec des parcelles en Côte de Beaune.

Cette cuvée d'un beau rouge profond dévoile des senteurs très expressives de petits fruits rouges et noirs, ponctuées de vanille. Rond, riche mais équilibré, le palais s'appuie sur des tanins enrobés et veloutés, tandis que la finale, puissante, persiste longuement sur des notes de mûre. ⧗ 2019-2024 ■ **1er cru Clos des Barraults 2015 ★ (20 à 30 €; 11000 b.)** : un 1er cru ample, dense et puissant, bâti pour bien vieillir. Du caractère et du potentiel. ⧗ 2021-2026

⊶ LAURENT JUILLOT, 59-59A, Grande-Rue, 71640 Mercurey, tél. 03 85 98 99 89, infos@domaine-michel-juillot.fr V ▪ *r.-v.*

Ⓑ DOM. LOUIS MAX 2016 ★

■ 1er cru | 5600 | ◍ | 30 à 50 €

Maison de négoce fondée en 1859 par Evgueni-Louis Max, émigré de Géorgie. Depuis 2007, elle est la propriété de Philippe Bardet, un amateur de vin genevois qui a confié en 2014 à David Duband, célèbre vigneron de la Côte de Nuits, la responsabilité de la vinification et de l'élevage des vins de la maison. Elle dispose, en plus de ses achats de raisins, d'un vignoble en propre de 20 ha à Mercurey et de 165 ha dans les Corbières. Sur les flacons, des étiquettes reconnaissables entre toutes, dessinées par Pierre Le Tan.

Rubis aux reflets noirs, ce vin au nez discret laisse toutefois échapper des petites touches de cassis, de mûre et de pivoine à l'aération. Une attaque ferme, des tanins enrobés de fruits, mais restant à s'adoucir, composent un palais prometteur. Un très beau vin qui devrait bien évoluer dans les prochaines années. ⧗ 2021-2024 ■ **Coron Père et Fils 2016 ★ (30 à 50 €; 6000 b.)** Ⓑ : ce mercurey dévoile un joli nez boisé, épicé et vanillé, agrémenté de petits fruits rouges. Des arômes que l'on retrouve dans une bouche ronde et gourmande, aux tanins veloutés et fondus. ⧗ 2018-2022

⊶ LOUIS MAX, 6, rue de Chaux, 21700 Nuits-Saint-Georges, tél. 03 80 62 43 00, louismax@louis-max.fr ▪ ▪ *r.-v.*

Ⓑ DOM. DE LA MONETTE Les Bourguignons 2016

■ | 2700 | ◍ ▮ | 15 à 20 €

Depuis sa reprise en 2008 par Roelof Ligtmans et Marlon Steine, couple de Néerlandais tombés sous le charme de la Bourgogne, ce vignoble de 11 ha est conduit en bio (certification en 2013).

Vêtue de rubis, cette cuvée possède une palette aromatique complexe où se mêlent les épices, la vanille et les fruits noirs comme la mûre. La bouche ronde et charnue ajoute à ces impressions des arômes poivrés. Un vin au caractère affirmé. ⧗ 2019-2024 ■ **Le Saut Muchiau 2016 (15 à 20 €; 3000 b.)** : vin cité.

⊶ LIGTMANS-STEINE, 15, rue du Château, 71640 Mercurey, tél. 03 85 98 07 99, vigneron@domainedelamonette.fr V ▪ ▪ *r.-v.*

PATRIARCHE PÈRE ET FILS 2015 ★

□ | 1500 | ◍ ▮ | 15 à 20 €

Cette maison de négoce fondée en 1780 est établie à Beaune, dans l'ancien couvent de la Visitation. Elle élève toute une gamme de grands vins de Bourgogne au sein des caves fraîches et voûtées de ce magnifique édifice.

Ce mercurey affiche une robe étincelante, couleur paille à reflets verts. D'abord réservé, le nez dévoile peu à peu un fruité frais rappelant l'ananas, agrémenté de nuances briochées et vanillées. Dès l'attaque, le palais plein, généreux et gras nous rappelle que ce vin est né sous le soleil de 2015. Une belle finale sur les agrumes lui apporte de la fraîcheur et de la longueur. ⧗ 2018-2022

⊶ PATRIARCHE PÈRE ET FILS, 78, rte de Challanges, 21200 Beaune, tél. 03 80 24 53 75, contact@patriarche.com

DOM. PIGNERET FILS 2016 ★

■ | 2500 | 11 à 15 €

Installés du côté de Givry (en 2001), les frères Éric et Joseph Pigneret, quatrièmes du nom à conduire le domaine familial (30 ha), ont créé la marque de négoce Pigneret Fils pour enrichir leur gamme. Ils achètent ainsi des raisins et des moûts qu'ils vinifient et élèvent dans leur chai.

Ce vin se pare de rubis étincelant et laisse échapper des parfums subtils: petites baies rouges, cassonade et vanille. En bouche, il se fait souple, frais et fruité. ⧗ 2018-2021 □ **2016 (11 à 15 €; 3000 b.)** : vin cité.

⊶ DOM. PIGNERET FILS, Vingelles, 71390 Moroges, tél. 03 85 47 15 10, domaine.pigneret@wanadoo.fr V ▪ ▪ *t.l.j. 9h-12h 14h-19h; f. dim. 9h-12h*

♥ JEAN-MICHEL ET LAURENT PILLOT
Clos des Montaigus 2015 ★★

■ 1er cru | 1200 | ◍ | 15 à 20 €

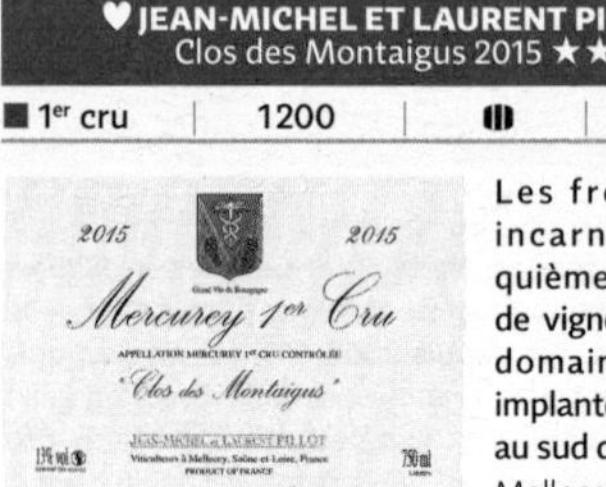

Les frères Pillot incarnent la cinquième génération de vignerons sur ce domaine de 16 ha, implanté à Mellecey, au sud de Mercurey.

Mellecey a vu naître Lyonel Leconte, meilleur sommelier de France en 1994. Ce dégustateur hors pair ne renierait sans doute pas ce vin vêtu d'un beau rouge franc à reflets violets, au nez délicat et subtil de cerise, de silex, de poivre noir et d'amande grillée. La bouche apparaît ample et généreuse, centrée sur des nuances fruitées, dotée d'une charpente tannique puissante et d'une finale fraîche et longue. ⧗ 2021-2026 ■ **1er cru En Sazenay 2015 (15 à 20 €; 6760 b.)** : vin cité.

⊶ LAURENT PILLOT, 47, rue des Vendangeurs, 71640 Mellecey, tél. 03 85 45 20 48, domaine.pillot@club-internet.fr V ▪ ▪ *r.-v.*

CH. DE SANTENAY 2016

■ | 200000 | ◍ | 15 à 20 €

Ce majestueux château aux tuiles vernissées, aussi appelé «château Philippe le Hardi», fut propriété du

premier duc de la grande Bourgogne (1342-1404). Dans le giron du Crédit Agricole depuis 1997, il étend son vaste vignoble sur 90 ha répartis dans plusieurs AOC beaunoises et chalonnaises, sous la houlette de l'œnologue et directeur d'exploitation Gérard Fagnoni.

Ce 2016, encore marqué par l'élevage, d'une belle couleur pourpre intense, dévoile à l'olfaction des notes dominantes de fumée et de poivre noir qui masquent quelque peu les petits fruits rouges. Vif et fruité en attaque, le palais se révèle ensuite massif et tannique. Un mercurey à forte personnalité. ⧗ 2020-2024 ■ **2016 (15 à 20 €; 79 000 b.)** : vin cité.

SCEA CH. DE SANTENAY, 1, rue du Château, 21590 Santenay, tél. 03 80 20 61 87, contact@chateau-de-santenay.com V *r.-v.*

ALBERT SOUNIT Clos des Montaigus 2015

■ 1er cru	3648		20 à 30 €

Fondée en 1851 par Flavien Jeunet, cette maison de négoce, qui possède aussi 16 ha de vignes en propre, a été reprise dans les années 1930 par la famille Sounit, qui l'a cédée à son importateur danois en 1993. L'une des valeurs sûres de la Côte chalonnaise, en vins tranquilles comme en effervescents.

Vêtu d'une étoffe grenat, scintillante d'éclats tuilés, ce 2015 s'anime au nez sur les fruits rouges compotés, puis sur les épices et le pain grillé. La bouche, concentrée et puissante, étayée par des tanins de qualité, se montre prometteuse. ⧗ 2021-2028 ■ **Noblesse 2015 (30 à 50 €; 608 b.)** : vin cité.

MAISON ALBERT SOUNIT, 5, pl. du Champ-de-Foire, 71150 Rully, tél. 03 85 87 20 71, albert.sounit@wanadoo.fr V *r.-v.* *Kjellerup*

DOM. DE SUREMAIN 2016

■	13490		15 à 20 €

Situé au cœur de Mercurey, le Ch. du Bourgneuf est le fief de la famille de Suremain depuis sept générations. Un domaine né en 1870 du regroupement de différentes métairies familiales. La mise en bouteilles date de 1947. Installés en 1979, Yves et Marie-Hélène de Suremain, rejoints en 2005 par leur fils aîné Loïc, exploitent aujourd'hui un vignoble de 18 ha.

Après un élevage de douze mois en fût de chêne, ce vin se présente avec de beaux atouts: une robe violette intense et profonde, des notes délicates de cerise et de boisé grillé, une bouche très fruitée mais encore sous l'emprise de tanins fermes et austères. ⧗ 2021-2025 ■ **1er cru Les Croichots 2016 (15 à 20 €; 3200 b.)** : vin cité.

DE SUREMAIN, Ch. du Bourgneuf, 71, Grande-Rue, 71640 Mercurey, tél. 03 85 98 04 92, contact@domaine-de-suremain.com V *t.l.j. 8h30-12h30 13h30-18h; sam. dim. sur r.-v.*

DOM. THEULOT JUILLOT Champs Martins 2016 ★

■	4000		15 à 20 €

Nathalie et Jean-Claude Theulot dirigent depuis 1986 le domaine créé par leurs grands-parents au début du siècle dernier. Ils ont progressivement étendu le vignoble de 5,5 ha à 11,5 ha aujourd'hui, comprenant le fameux 1er cru La Cailloute, en monopole.

Issu de vendanges manuelles, ce vin affiche une robe d'un rouge profond aux reflets carmin. Élevé douze mois en fût de chêne, il ne garde que d'infimes notes de son passage sous bois et propose un bon fruité (framboise, griotte). Le mariage réussi du bois et du vin se poursuit dans un palais délicat, élégant et frais. Un joli vin tout en finesse. ⧗ 2019-2024 ■ **Vieilles Vignes 2016 ★ (15 à 20 €; 9000 b.)** : passé en barrique, ce vin se révèle corsé par ses puissantes notes de cassis et par ses tanins encore fermes. Un vin complet, à fort caractère et au joli potentiel. ⧗ 2020-2024

NATHALIE ET JEAN-CLAUDE THEULOT, 4, rue de Mercurey, 71640 Mercurey, tél. 03 85 45 13 87, contact@theulotjuillot.eu V *t.l.j. 8h-12h 13h30-18h; sam. dim. sur r.-v.*

L. TRAMIER & FILS 2016 ★

■	2500		11 à 15 €

La maison de négoce Tramier, fondée en 1842 et installée à Mercurey, en Saône-et-Loire, est aussi propriétaire de vignes en Côte chalonnaise et en Côte de Nuits. Elle a été reprise dans les années 1960 par la famille de Laurent Dufouleur; ce dernier est aux commandes depuis 2014.

Or vert d'une transparence parfaite, ce vin offre un nez bien ouvert de pain grillé, de vanille, de pêche blanche et de fleur de lys. En bouche, rondeur et acidité se conjuguent harmonieusement. ⧗ 2018-2021

LAURENT DUFOULEUR, rue de Chamerose, 71640 Mercurey, tél. 03 85 45 10 83, info@maison-tramier.com V *t.l.j. sf dim. 9h-12h 14h-18h*

DOM. TUPINIER-BAUTISTA Vieilles Vignes 2016 ★

■	n.c.		15 à 20 €

Manuel Bautista exploite depuis 1997 la propriété (10 ha aujourd'hui) de sa belle-famille, les Tupinier, vignerons à Mercurey depuis 1770. Une affaire de négoce a été créée pour l'achat de raisins de la Côte chalonnaise et de la Côte de Beaune.

De vieilles vignes de cinquante ans ont donné ce vin grenat sombre aux reflets rubis. La framboise, la mûre et le cassis composent une palette aromatique puissante et complexe, tandis que le palais se révèle souple, tendre et fruité (groseille et framboise). Des tanins encore serrés ferment la marche. ⧗ 2021-2024 ■ **1er cru Clos du Roy 2016 (20 à 30 €; n.c.)** : vin cité.

TUPINIER-BAUTISTA, 30 ter, rue du Liard, 71640 Mercurey, tél. 03 85 45 26 38, tupinier.bautista@wanadoo.fr V *t.l.j. 9h-12h 14h-18h; sam. dim. sur r.-v.*

DOM. DE LA VIEILLE FONTAINE Les Crêts 2016 ★

■ 1er cru	3300		15 à 20 €

Installé depuis 1996 à Bouzeron, David Déprés a repris en 2004 une partie du domaine de Jean-Pierre Meulien situé à Mercurey. Il s'appuie sur un vignoble de 5 ha et pratique une viticulture raisonnée.

Ce 1er cru d'un beau rubis foncé livre un nez discret mêlant le cassis et la framboise. La bouche, complexe, privilégie la cerise bien mûre et les fruits noirs, et s'adosse à des tanins souples et soyeux, avec de beaux amers en finale. ⧗ 2021-2024

BOURGOGNE

DAVID DÉPRÉS, 3, rue du Clos-L'Évêque, 71640 Mercurey, tél. 03 85 87 02 29, contact@domainedelavieillefontaine.com V r.-v.

GIVRY

Superficie : 270 hl
Production : 12 580 hl (80 % rouge)

À 6 km au sud de Mercurey, cette petite bourgade typiquement bourguignonne est riche en monuments historiques. Le givry rouge, la production principale, aurait été le vin préféré d'Henri IV. Mais le blanc intéresse aussi. L'appellation s'étend principalement sur la commune de Givry, mais « déborde » aussi légèrement sur Jambles et Dracy-le-Fort.

♥ FRANÇOIS D'ALLAINES 2015 ★★

	2400		15 à 20 €

2015 FA 2015
FRANÇOIS D'ALLAINES
Grand Vin de Bourgogne
GIVRY
Appellation Givry Contrôlée

Après l'école hôtelière, François d'Allaines crée son négoce en 1990 à la frontière entre Saône-et-Loire et Côte-d'Or, puis son domaine en 2009. Cet adepte des élevages longs en fût est souvent au rendez-vous du Guide.

Jaune d'or éclatant nuancé de reflets bronze, ce givry fleure bon la poire, la pêche et le pain grillé. Élevé douze mois en fût de chêne neuf, son boisé s'exprime avec subtilité, sans effacer la minéralité du terroir. Une attaque mûre et charnue ouvre sur une bouche volumineuse, pleine de saveurs et parfaitement équilibrée, étirée dans une finale gourmande et fruitée qui confère de la puissance et une persistance rare à ce vin épatant. ⧗ 2019-2023

FRANÇOIS D' ALLAINES, 2, imp. du Meix-du-Cray, 71150 Demigny, tél. 03 85 49 90 16, francois@dallaines.com V r.-v.

DOM. BESSON Le Haut Colombier 2016 ★★

1er cru	15000		11 à 15 €

Installés en 1989 sur le domaine familial fondé en 1938, Guillemette et Xavier Besson, producteurs renommés de la Côte chalonnaise, conduisent un vignoble de 8,5 ha. À leur disposition également, une magnifique cave du XVIIe s. classée Monument historique.

Du verre s'échappent de fins arômes de fruits rouges et noirs. En bouche, ce givry affiche une remarquable consistance et un équilibre parfait mariant l'acidité et la rondeur aux mêmes saveurs gourmandes que celles perçues au nez. ⧗ 2018-2022 **Teppe de Chevènes 2016 ★ (11 à 15 €; 1500 b.)** : paré d'une belle robe or pâle, ce givry fleure bon la mandarine et les fleurs blanches, et présente une bouche délicate et fraîche qui invite à passer à table. ⧗ 2018-2021 **La Matrosse 2016 ★ (11 à 15 €; 1800 b.)** : un vin aux tonalités exotiques et fruitées de litchi et de pomme verte, épaulées par un bon boisé empyreumatique. ⧗ 2018-2022

DOM. XAVIER ET GUILLEMETTE BESSON, 9, rue des Bois-Chevaux, 71640 Givry, tél. 03 85 44 42 44, xavierbesson3@wanadoo.fr V r.-v. 3

RENÉ BOURGEON 2016 ★

	n.c.	8 à 11 €

Jambles, où vous ne manquerez pas de visiter l'église Saint-Bénigne, compte de nombreuses belles maisons vigneronnes, telle celle de René Bourgeon. Ce dernier a été rejoint par son fils Jean-François qui s'apprête à prendre seul la relève.

D'un rouge grenadine à reflets grenat, ce givry n'a pas laissé insensible le jury. Il mêle harmonieusement des arômes de fruits rouges, la griotte notamment, à des notes florales de pivoine et de camélia. Le palais, légèrement perlant à l'attaque, dévoile une chair ronde, étayée par des tanins souples et agréables. À boire dans sa jeunesse. ⧗ 2018-2021

EARL RENÉ BOURGEON, 2, rue du Chapitre, 71640 Jambles, tél. 03 85 44 35 85, gaec.renebourgeon@wanadoo.fr V r.-v.

VIGNERONS DE BUXY Buissonnier 2016

	40000		8 à 11 €

Créée durant la crise de 1929, la cave des Vignerons de Buxy poursuit son développement. Cette coopérative a su rassembler et valoriser les producteurs d'un même terroir et les impliquer dans son fonctionnement.

Un vin léger, souple et équilibré, sans fioriture, à boire dès aujourd'hui. ⧗ 2018-2021

VIGNERONS DE BUXY, Les Vignes-de-la-Croix, 71390 Buxy, tél. 03 85 92 03 03, accueil@vigneronsdebuxy.fr V *t.l.j. 9h-12h 14h-18h30*

DOM. DU CELLIER AUX MOINES Clos Pascal Monopole 2015 ★★

	900		50 à 75 €

Fondé en 1130 par les cisterciens, propriété d'une seule famille après la Révolution française, ce domaine classé Monument historique a été acquis et restauré à partir de 2004 par Philippe Pascal, ancien cadre dirigeant chez LVMH, avec son épouse Catherine et leurs trois enfants. En 2007 a eu lieu la première vinification depuis la Révolution, et une cuverie a été inaugurée en 2015. Le vignoble (9 ha, en conversion bio depuis 2015) est constitué des 4,7 ha de pinot noir du Clos du Cellier aux Moines, un des 1ers crus historiques de Givry, complétés par quelques hectares de chardonnay en Côte de Beaune.

Ce vin séduit d'emblée par sa robe pourpre intense, brillante et limpide. Des senteurs puissantes mais élégantes de fruits rouges (groseille, framboise) mêlées de nobles épices introduisent un palais friand, frais et charnu, d'un beau volume, aux tanins fondus. Un excellent givry de garde, généreux et harmonieux, qui frôle le coup de cœur. ⧗ 2021-2025

DOM. DU CELLIER AUX MOINES, Clos du Cellier aux Moines, 71640 Givry, tél. 03 85 44 53 75, contact@cellierauxmoines.fr V r.-v. *Famille Pascal*

DOM. CHOFFLET VALDENAIRE Les Galaffres 2016 ★

1er cru	6000		15 à 20 €

Ce vieux vignoble créé en 1710 est exploité depuis 1988 par Denis Valdenaire, le gendre de M. Chofflet,

savoyard d'origine à la tête aujourd'hui de 14 ha de vignes.

Ce 2016 a reçu un bon accueil du jury. Il faut dire que son habit d'or vert à reflets paille est attrayant, tout comme son nez de pomme fraîchement coupée et de citron, agrémenté de notes végétales fraîches comme la verveine et la fougère. Ce qu'il ressort en bouche, c'est sa tonicité, sa fraîcheur et sa pointe d'amertume élégante. ⧗ 2018-2021 ■ **1er cru Clos Jus 2016 (15 à 20 €; 6000 b.)** : vin cité.

⊶ VALDENAIRE, 9, rue du Lavoir, Russilly, 71640 Givry, tél. 03 85 44 34 78, chofflet.valdenaire@orange.fr V r.-v.

DANJEAN-BERTHOUX Clos du Cras Long 2016 ★

■ 1er cru	7700		11 à 15 €

Blotti au pied du célèbre mont Avril, le petit village bourguignon de Jambles développe sa vocation viticole ainsi que l'élevage de la célèbre race bovine charolaise. Pascal Danjean y élabore ses vins depuis 1993, à la tête aujourd'hui de 12 ha de vignes.

Récoltés à la machine, ces raisins sont ensuite égrappés et cuvés pendant dix jours. Habillé d'une robe rubis étincelante, ce 2016 sent bon le fruit, la feuille de cassis et le Zan. Solide, plein, structuré par des tanins encore jeunes, le palais propose une bonne mâche. ⧗ 2021-2028 **1er cru La Plante 2016 ★ (11 à 15 €; 8400 b.)** : un 1er cru intense, floral et boisé, ample et riche en bouche, à attendre. ⧗ 2020-2023

⊶ DANJEAN, Le Moulin-Neuf, 45, rte de Saint-Désert, 71640 Jambles, tél. 03 85 44 54 74, danjean.berthoux@wanadoo.fr V t.l.j. 8h-12h 13h30-19h

DOM. DAVANTURE 2016

	2600		11 à 15 €

Les trois frères Davanture (Xavier, Damien et Éric) sont issus d'une longue dynastie de vignerons (huit générations). Ils officient sur un domaine de 22 ha situé à Saint-Désert, village de la Côte chalonnaise connu pour son église fortifiée. Ce grand domaine est géré en viticulture raisonnée et les vendanges se font exclusivement à la main.

Issue d'une vendange manuelle de vieux chardonnay, ce vin se distingue par une parure jaune délicatement dorée. Le tilleul, l'abricot et le jasmin se sont donné rendez-vous dans le verre. Fruitée, fraîche et bien équilibrée, la bouche est simple et efficace. ⧗ 2018-2021

⊶ DOM. DAVANTURE, 26, rue de la Messe, Cidex 1516, 71390 Saint-Désert, tél. 03 85 47 95 57, domaine.davanture@orange.fr V r.-v.
⊶ GAEC des Murgers

DOM. DESVIGNES Les Grandes Vignes 2016 ★

1er cru	1700		15 à 20 €

Depuis 2016, Gautier Desvignes est à la tête de l'exploitation familiale et de ses 11 ha de vignes, exclusivement en appellation givry (villages et 1er cru).

Élevé douze mois en fût de chêne, ce vin, à la robe jaune d'or, offre un nez distingué rappelant les fleurs de printemps et le citron. L'attaque joue également dans le registre de la fraîcheur avec une explosion de saveurs d'amande amère et de citron, puis la bouche se fait plus ronde et charnue. ⧗ 2018-2021

⊶ DESVIGNES, 36, rue de Jambles, Poncey, 71640 Givry, tél. 06 35 54 91 08, domainedesvignesgivry@orange.fr V r.-v. B

DOM. DE LA FERTÉ Givry Rouge 2016

■	12000		20 à 30 €

Ce domaine doit son nom à l'abbaye de la Ferté, première fille de l'abbaye de Cîteaux, bâtie au début du VIIes. Cultivés par les moines cisterciens jusqu'à la Révolution, les 2,4 ha de ce domaine ont été repris en 1995 par Bertrand Devillard (Ch. de Chamirey, Dom. des Perdrix).

D'un rouge cerise bien soutenu, ce vin déploie un large éventail aromatique allant du fruit noir à des notes empyreumatiques de fumée et de boisé grillé. Une attaque ample ouvre sur un palais dans lequel les fruits sont très présents, surtout le cassis et la myrtille, avec des tanins encore bien fermes en soutien. La finale persiste sur d'élégantes notes de poivre noir. Un vin à fort potentiel. ⧗ 2022-2028

⊶ DOM. DE LA FERTÉ, BP 5, 71640 Mercurey, tél. 03 85 45 21 61, contact@domaines-devillard.com V t.l.j. sf dim. 10h-19h (avr.-nov.); 9h-18h (déc.-mar.) 4 ⊶ Devillard

BOURGOGNE

DOM. LABORBE-JUILLOT Clos Vernoy 2016 ★

1er cru	2200		15 à 20 €

Situé à Poncey (hameau de Givry), ce domaine de quelque 13 ha est entré dans le giron de la Cave des Vignerons de Buxy en 2007.

Situé à Poncey (hameau de Givry), le domaine de près de 13 ha qui a produit ce vin est entré dans le giron de la Cave de Buxy en 2007. D'un jaune limpide brillant, ce 2016 s'ouvre sur des senteurs florales mariées à des arômes plus puissants comme la banane ou la pêche de vigne. Rond et charnu, le palais déploie toutefois une minéralité vivifiante qui lui confère de la complexité et de la longueur. ⧗ 2018-2021

⊶ SCEA LABORBE-JUILLOT, 2, rte de Chalon, 71390 Buxy, tél. 03 85 92 03 03, accueil@vigneronsdebuxy.fr V t.l.j. 9h-12h 14h-18h30

DOM. MOUTON Les Grands Prétants 2016

■ 1er cru	3500		15 à 20 €

Cette exploitation familiale, installée depuis quatre générations à Givry, dispose aujourd'hui de 12 ha de vignes répartis entre appellations régionales, communales et 1ers crus. Elle est menée par Laurent Mouton.

Paré d'une belle robe rubis profonde et éclatante, ce vin dévoile des arômes discrets qui évoquent toutefois la puissance et la chaleur (fruits noirs et notes empyreumatiques). Après une attaque austère et charpentée, la bouche retrouve ces notes fumées et boisées, avant une finale révélant des tanins encore bien présents. ⧗ 2021-2024 ■ **1er cru Clos Jus 2016 (15 à 20 €; 12000 b.)** : vin cité.

⊶ SCEA DOM. MOUTON, 6, rue de l'Orcène-Poncey, 71640 Givry, tél. 03 85 44 37 99, contact@domainemouton.com V r.-v.

PARIZE PÈRE ET FILS Champ Nalot 2016

1er cru	2200	15 à 20 €

L'histoire de la famille Parize en terre givrotine remonte à 1896, lorsque les aïeux de Laurent s'installent à Poncey, alors commune indépendante. Le domaine compte aujourd'hui 8 ha. Une valeur sûre de l'appellation givry.

De jeunes chardonnays de vingt ans, cueillis à la main et élevés six mois en fût de chêne neuf, ont donné un vin à l'allure dorée et aux nuances aromatiques florales (acacia) et fruitées (poire). Très séveux, aux saveurs d'ananas, le palais se révèle intense et acidulé. ⧗ 2018-2021

GÉRARD ET LAURENT PARIZE, 18, rue des Faussillons, 71640 Givry, tél. 06 72 93 36 31, laurent.parize@wanadoo.fr t.l.j. sf dim. 9h-18h

DOM. PELLETIER-HIBON Les Margalice 2016

■	3500		11 à 15 €

La propriété n'a cessé de se développer depuis qu'André Pelletier (1898-1953) a pu acquérir quelques parcelles de Givry. Son fils Henri a poursuivi son œuvre jusqu'à sa retraite en 2005, après s'être associé avec son gendre Luc Hibon en 2001. Ce dernier et son épouse exploitent désormais les 7,2 ha de vignes familiales.

D'un beau rouge rubis profond, cette cuvée timide et discrète dévoile à l'aération de subtiles notes de fruits rouges. La bouche, fraîche et tonique en attaque et offrant une belle présence fruitée, révèle des tanins fins. Cet ensemble équilibré devra toutefois être attendu pour une harmonie complète. ⧗ 2020-2023 ■ **1er cru Le Vigron 2016 (15 à 20 €; 4300 b.)** : vin cité.

LUC HIBON, 6, rue de la Planchette, Poncey, 71640 Givry, tél. 03 85 94 87 42, pelletier.hibon@club-internet.fr r.-v.

PIGNERET FILS Clos de la Brûlée 2016 ★

	2700	11 à 15 €

Installés du côté de Givry (en 2001), les frères Éric et Joseph Pigneret, quatrièmes du nom à conduire le domaine familial (30 ha), ont créé la marque de négoce Pigneret Fils pour enrichir leur gamme. Ils achètent ainsi des raisins et des moûts qu'ils vinifient et élèvent dans leur chai.

Né de chardonnay planté sur un sol argilo-calcaire, ce vin revêt une belle robe jaune clair à reflets d'or. Son olfaction, très expressive, offre des arômes de fleurs blanches, d'agrumes et des notes boisées et beurrées. Après une attaque ronde, la bouche se révèle à la fois soyeuse et rectiligne, avec une finale sur l'amande et le citron. Une très belle bouteille, encore en devenir. ⧗ 2020-2023 ■ **2016 (11 à 15 €; 15000 b.)** : vin cité.

DOM. PIGNERET FILS, Vingelles, 71390 Moroges, tél. 03 85 47 15 10, domaine.pigneret@wanadoo.fr t.l.j. 9h-12h 14h-19h; f. dim. 9h-12h

DOM. RAGOT Teppe de Chenèves 2016 ★

■	3800		15 à 20 €

En 2003, Nicolas Ragot, incarnant la cinquième génération, vient épauler son père, Jean-Paul, à la tête de ce domaine familial de quelque 9 ha, établi au cœur de Givry. Il en reprend seul les commandes en 2008.

Paré d'une belle robe pourpre intense, ce givry dévoile d'intenses senteurs de kirsch et d'encre mêlées à des notes plus fines de petits fruits rouges comme la griotte. La bouche, tout en souplesse, tient toutes les promesses aromatiques du nez. Un vin harmonieux et racé. ⧗ 2018-2021 **1er cru Crausot 2016 (20 à 30 €; 1400 b.)** : vin cité.

DOM. RAGOT, 4, rue de l'École, 71640 Givry, tél. 03 85 44 35 67, vin@domaine-ragot.com t.l.j. sf dim. 8h-19h

♥ **MICHEL SARRAZIN ET FILS** Champ Lalot 2016 ★★

■ 1er cru	13000		15 à 20 €

La généalogie de ce domaine, toujours dans la même famille quelques siècles plus tard, remonte à 1671. Régulièrement distingués dans le Guide, les frères Sarrazin, Guy et Jean-Yves, savent tirer la quintessence des cépages bourguignons et des sols argilo-calcaires de Givry, leur fief d'origine. Incontournable.

Une nouvelle grande réussite pour ce domaine d'une régularité hors du commun dans la qualité. Deux coups de cœur l'an dernier, et un nouveau cette année. Ce 1er cru se présente vêtu d'une élégante robe grenat clair aux légers reflets violets. Le nez, «explosif», réunit la cerise, la mûre, les pétales de rose, ainsi que de fines notes fumées. Une attaque ronde et franche laisse la place à un palais noble, velouté tout en affichant une charpente solide. «Un vin qui allie structure et fruit, facile à associer, on pense surtout à une pièce de bœuf charolais» conclut un juré enthousiaste. ⧗ 2019-2026 **Champ Lalot 2016 ★ (15 à 20 €; 5000 b.)** : un 1er cru apprécié pour son nez miellé et boisé et pour sa bouche fraîche et fruitée, centrée sur le pamplemousse. ⧗ 2018-2021 ■ **Les Grands Prétants 2016 ★ (15 à 20 €; 8000 b.)** : vêtu de rouge vif, ce vin offre un nez encore discret de petits fruits rouges et une bouche équilibrée et élégante. ⧗ 2019-2024

MICHEL SARRAZIN ET FILS, 26, rue de Charnailles, 71640 Jambles, tél. 03 85 44 30 57, sarrazin2@wanadoo.fr t.l.j. sf dim. 8h-12h 13h30-19h

SEGUIN-MANUEL Crémillons 2016

■	4500		20 à 30 €

Thibaut Marion a repris en 2004 cette maison fondée à Savigny en 1824 et aujourd'hui basée à Beaune. En parallèle de son activité de négoce, il exploite un domaine (certifié bio en 2015) dont il a porté la superficie de 3,5 à 8,5 ha, essentiellement en Côte de Beaune. Une valeur sûre, notamment pour ses savigny.

Rouge rubis à reflets violets, ce vin dévoile un premier nez un peu animal et boisé (notes toastées et fumées). Après aération, se développent des senteurs de petits fruits noirs (myrtille, mûre). Quant à la bouche, elle se montre épicée et enveloppante, dotée de tanins sérieux mais mûrs. ⧗ 2020-2023

SEGUIN-MANUEL, 2, rue de l'Arquebuse, 21200 Beaune, tél. 03 80 21 50 42, contact@seguin-manuel.com V r.-v.

DOM. JEAN TATRAUX ET FILS
La Grande Berge 2016

1er cru | 5900 | | 15 à 20 €

Sylvain Tatraux a pris les rênes du domaine familial en 1997, dont le vignoble couvre aujourd'hui près de 9 ha.

Élevé onze mois en fût de chêne, ce vin possède une couleur grenat franche et profonde. Fermé à l'approche, il laisse ensuite deviner de discrètes senteurs de fruits mûrs, de vanille et de toast grillé. Le palais est fin et charnu, charpenté par des tanins fermes mais encore un peu austères. Quelques années de vieillissement seront nécessaires. ⧗ 2021-2025

TATRAUX, 20, rue de l'Orcène, Poncey, 71640 Givry, tél. 03 85 44 36 89, sylvain.tatraux@wanadoo.fr V r.-v.

MONTAGNY

Superficie : 310 ha / Production : 17 000 hl

Entièrement vouée aux blancs, Montagny est l'appellation la plus méridionale de la Côte chalonnaise et annonce déjà le Mâconnais. Ses vins peuvent être produits sur quatre communes: Montagny, Buxy, Saint-Vallerin et Jully-lès-Buxy. Plusieurs 1ers crus (les Coères, les Burnins, les Platières...) sont délimités sur la commune de Montagny. Assez subtils, avec des arômes d'agrumes et une touche de minéralité, de bonne garde, les montagny mériteraient d'être mieux connus.

FRANÇOIS D'ALLAINES L'Épaule 2015

1er cru | 2400 | | 15 à 20 €

Après l'école hôtelière, François d'Allaines crée son négoce en 1990 à la frontière entre Saône-et-Loire et Côte-d'Or, puis son domaine en 2009. Cet adepte des élevages longs en fût est souvent au rendez-vous du Guide.

Doré à reflets verts, ce vin mêle intimement à l'olfaction les petites fleurs blanches du chardonnay aux fines notes boisées de l'élevage (quinze mois). Un côté vineux et un bel élevage caractérisent le palais, équilibré et puissant, auquel une petite touche saline apporte de la fraîcheur et de la persistance. Un bel exemplaire du solaire millésime 2015. ⧗ 2019-2023

FRANÇOIS D' ALLAINES, 2, imp. du Meix-du-Cray, 71150 Demigny, tél. 03 85 49 90 16, francois@dallaines.com V r.-v.

DOM. BERNOLLIN Les Coères 2016

1er cru | 5000 | 11 à 15 €

Fondée en 1851 par Flavien Jeunet, cette maison de négoce, qui possède aussi 16 ha de vignes en propre, a été reprise dans les années 1930 par la famille Sounit, qui l'a cédée à son importateur danois en 1993. L'une des valeurs sûres de la Côte chalonnaise, en vins tranquilles comme en effervescents.

Ce 2016 affiche une couleur or pâle à reflets argentés et une belle complexité aromatique: fleurs blanches, pamplemousse, notes minérales. On retrouve ces arômes dans une bouche encore austère et tendue. À attendre. ⧗ 2019-2023

MAISON ALBERT SOUNIT, 5, pl. du Champ-de-Foire, 71150 Rully, tél. 03 85 87 20 71, albert.sounit@wanadoo.fr V r.-v. *K. Kjellerup*

♥ DOM. BERTHENET Vieilles Vignes 2016 ★★

1er cru | 12000 | | 15 à 20 €

Vigneron depuis 1974, Jean-Pierre Berthenet quitte la cave coopérative de Buxy en 2002 pour vinifier sa propre production, le fruit d'une vingtaine d'hectares. Son fils François l'a rejoint en 2009. L'une des valeurs sûres de l'appellation montagny.

Cette magnifique cuvée s'affiche dans une robe dorée à souhait et dévoile un nez flatteur et élégant de citron vert, de pamplemousse et de jasmin dans un écrin minéral. En bouche, se mêlent harmonieusement la générosité et la vivacité, sur un fond citronné qui vient renforcer son caractère tonique. Un montagny émoustillant, plein de gaîté et de fraîcheur. ⧗ 2017-2022 **1er cru Les Bonneveaux 2015 ★ (20 à 30 €; 5400 b.)** : un vin ample, fruité et délicatement boisé. ⧗ 2017-2022 **Tête de cuvée 2016 ★ (8 à 11 €; 40000 b.)** : un montagny charmeur par sa belle fraîcheur et son fruité intense et persistant. ⧗ 2018-2021

DOM. BERTHENET, 2, rue du Lavoir, 71390 Montagny-lès-Buxy, tél. 09 65 38 99 03, domaine.berthenet@free.fr V *t.l.j. sf sam. dim. 9h-12h 13h30-17h30*

VIGNERONS DE BUXY Buissonnier 2016

1er cru | 19000 | | 8 à 11 €

Créée durant la crise de 1929, la cave des Vignerons de Buxy poursuit son développement. Cette coopérative a su rassembler et valoriser les producteurs d'un même terroir et les impliquer dans son fonctionnement.

Récoltés début octobre, ces chardonnays de trente-cinq ans sont issus d'un sol composé de calcaire et de marnes grises. Élevé en cuve, le vin se révèle agréable et aérien. Il offre des senteurs élégantes d'orange sanguine, d'aubépine, d'acacia et de fruits blancs, et une bouche souple et équilibrée. ⧗ 2018-2020 **1er cru Millebuis Vigne du soleil 2016 (15 à 20 €; 10000 b.)** : vin cité.

VIGNERONS DE BUXY, Les Vignes-de-la-Croix, 71390 Buxy, tél. 03 85 92 03 03, accueil@vigneronsdebuxy.fr V *t.l.j. 9h-12h 14h-18h30*

CH. DE CHAMILLY Les Bassets 2016

| 30000 | | 8 à 11 €

Véronique Desfontaine est, depuis 1999 et le décès de son mari, à la tête de l'ancienne demeure du marquis de Chamilly. En 2007, ses deux fils, Xavier et Arnaud, l'ont rejointe et ils exploitent ensemble un vignoble de 25 ha, complété en 2008 par le rachat du Ch. de Carry-Potet à Buxy.

Ce vin or pâle déploie de jolies notes florales au nez. En bouche, il se montre souple et acidulé, souligné par de beaux amers en finale. ⌛ 2018-2021 ■ **1er cru Les Burnins 2015 (15 à 20 €; 11000 b.)** : vin cité.

DESFONTAINE, 7, allée du Château, 71510 Chamilly, tél. 03 85 87 22 24, contact@chateaudechamilly.com V *t.l.j. sf dim. 8h-12h 13h30-18h* *Desfontaine*

MAISON COLIN SEGUIN Les Damoiselles 2016 ★

	11130		15 à 20 €

Pierre Colin et Olivier Seguin se sont associés en 2005 pour créer leur maison. Après des débuts dans la vente de vins fins, ils ont initié en 2008 une activité de négoce-éleveur, appuyés par leur œnologue, Olivier Bosse-Platière.

Originaire d'un sol argilo-calcaire, ce montagny présente une robe dorée brillante et une palette aromatique très chardonnay: petites fleurs blanches des haies, citron, noisette fraîche et miel. Souple, équilibré et rond, ce vin est parcouru tout au long de la dégustation de saveurs de pommes sucrées. ⌛ 2018-2021

MAISON COLIN SEGUIN, 4, rte de Dijon, BP 80097, 21700 Nuits-Saint-Georges, tél. 03 80 30 20 20, contact@maison-colin-seguin.com V *r.-v.*

FEUILLAT-JUILLOT Les Jardins 2016 ★

1er cru	4800		11 à 15 €

Françoise Feuillat-Juillot, fille d'une illustre famille vigneronne de Mercurey, a posé ses valises en 1989 en s'associant avec un vigneron de Montagny à la tête alors de 8 ha de vignes. Après le décès de ce dernier, elle rachète l'intégralité du domaine, étendu aujourd'hui sur 14,5 ha, dont treize 1ers crus.

Sur ces terroirs calcaires, le chardonnay s'épanouit pleinement et donne des vins à tendance minérale. C'est le cas de ce 2016, aux parfums délicats de silex, de citron et de fleurs blanches. Une attaque franche et nette ouvre sur une bouche vive, tonique, qui conjugue la douceur des fruits exotiques et l'amertume du pamplemousse. ⌛ 2018-2021

FRANÇOISE FEUILLAT-JUILLOT, 11, rte de Montorge, 71390 Montagny-lès-Buxy, tél. 06 80 22 73 61, domaine@feuillat-juillot.com V *t.l.j. 9h-12h 14h-18h; dim. sur r.-v.*

GOUFFIER Les Coères 2016

	600		15 à 20 €

Ayant appartenu à la famille Gouffier pendant plus de deux cents ans, ce petit domaine de 5,5 ha a été repris en 2012 par Frédéric Gueugneau, qui a créé en parallèle une activité de négoce destinée à l'achat de vendanges sur pied.

Ces 13 ares de vignes de trente ans, vendangés manuellement, ont donné, après douze mois d'élevage en fût, ce vin limpide, or pâle à reflets verts, qui s'ouvre sur des notes fruitées (agrumes, poire et abricot), puis de sous-bois et de champignon frais. Après une attaque fraîche, la bouche déploie des saveurs vanillées et une finale longue et savoureuse. ⌛ 2019-2022

FRÉDÉRIC GUEUGNEAU, 11, Grande-Rue, 71150 Fontaines, tél. 06 47 00 01 04, contact@vinsgouffier.fr V *r.-v.*

CAVE DE MAZENAY 2016 ★

1er cru	6000	8 à 11 €

Cette maison de négoce familiale fondée en 1975 est installée à Mazenay, à la lisière du vignoble du Couchois. Jacques Marinot, bien connu des habitués du Guide, vinifie une large gamme d'appellations (santenay, maranges, givry...).

Ce 2016 vêtu d'or pâle présente un nez séduisant d'agrumes, de pomme, de poire et de verveine. Une attaque tout en vivacité introduit une bouche élégante et ronde, nuancée de citron et prolongée par une jolie finale persistante et expressive. ⌛ 2018-2021

CAVE DE MAZENAY, 12, Grande-Rue, Mazenay, 71510 Saint-Sernin-du-Plain, tél. 03 85 49 67 19, contact@cavedemazenay.com V *t.l.j. sf dim. 8h-12h 14h-18h*

DOM. DES MOIROTS Le Vieux Château 2016

1er cru	9800		15 à 20 €

Le domaine est une affaire de famille: celle des Denizot. En 1990, Christophe a rejoint son père Lucien à la tête de l'exploitation (15 ha), qu'il gère en compagnie de sa sœur Muriel et de son cousin Patrice.

Brillant de reflets or clair, ce 2016 accroche le nez par des sensations agréables: agrumes, fruits blancs et tilleul. En bouche, il fait preuve d'équilibre et de persistance. Un vin aromatique et déjà très ouvert. ⌛ 2018-2020

CHRISTOPHE DENIZOT, 14, rue des Moirots, 71390 Bissey-sous-Cruchaud, tél. 03 85 92 16 93, domainedesmoirots@orange.fr V *r.-v.*

DOM. PIGNERET FILS Champ Toizeau 2016 ★

1er cru	4800	11 à 15 €

Installés du côté de Givry (en 2001), les frères Éric et Joseph Pigneret, quatrièmes du nom à conduire le domaine familial (30 ha), ont créé la marque de négoce Pigneret Fils pour enrichir leur gamme. Ils achètent ainsi des raisins et des moûts qu'ils vinifient et élèvent dans leur chai.

Ce 1er cru orienté sud est le berceau de ce 2016 jaune d'or teinté de vert. Finement beurré, délicat et subtil, le nez dévoile des notes de pomme, de poire et de tilleul. La bouche, fraîche et équilibrée, s'achève sur de jolis amers qui ajoutent à sa complexité et à son dynamisme. ⌛ 2019-2022 ■ **1er cru Pigneret Fils Les Coères 2016 (11 à 15 €; 4250 b.)** : vin cité.

DOM. PIGNERET FILS, Vingelles, 71390 Moroges, tél. 03 85 47 15 10, domaine.pigneret@wanadoo.fr V *t.l.j. 9h-12h 14h-19h; f. dim. 9h-12h*

♥ SEGUIN-MANUEL Vigne du soleil 2016 ★★

1er cru	4500		11 à 15 €

Thibault Marion a repris en 2004 cette maison fondée à Savigny en 1824 et aujourd'hui basée à Beaune. En parallèle de son activité de négoce, il exploite un domaine (certifié bio en 2015) dont il a porté la superficie de 3,5 à 8,5 ha, essentiellement en

Côte de Beaune. Une valeur sûre, notamment pour ses savigny.

Issue d'une vendange récoltée à la main et à belle maturité, cette cuvée a été vinifiée et élevée en fût de chêne pendant douze mois. De légers reflets verts tendres ourlent sa robe d'un or blanc éclatant. Elle n'est pas avare au nez et propose une large palette aromatique: orange, aubépine, pamplemousse rose, poire William. La bouche, reflet du bouquet, se montre franche, fraîche et concentrée, étirée dans une longue finale minérale qui ajoute à sa noblesse. ⧗ 2018-2022

SEGUIN-MANUEL, 2, rue de l'Arquebuse, 21200 Beaune, tél. 03 80 21 50 42, contact@seguin-manuel.com V r.-v.

LE MÂCONNAIS

Jeu de collines découvrant souvent de vastes horizons, où les bœufs charolais ponctuent de blanc le vert des prairies, le Mâconnais (5 700 ha en production) cher à Lamartine – Milly, son village, est vinicole, et lui-même possédait des vignes – est géologiquement plus simple que le Chalonnais. Les terrains sédimentaires du triasique au jurassique y sont coupés de failles ouest-est. 20 % des appellations sont communales, 80 % régionales (mâcon blanc et mâcon rouge). Sur des sols bruns calcaires, les blancs les plus réputés, issus de chardonnay, naissent sur les versants particulièrement bien exposés et très ensoleillés de Pouilly, Solutré et Vergisson avec les AOC pouilly-fuissé, pouilly-vinzelles, pouilly-loché, saint-véran. Ils sont remarquables par leur aptitude à une longue garde. Les rouges et rosés proviennent du pinot noir pour les vins d'appellation bourgogne, et de gamay noir à jus blanc pour les mâcon issus de terrains à plus basse altitude et moins bien exposés, aux sols souvent limoneux où des rognons siliceux facilitent le drainage.

MÂCON ET MÂCON-VILLAGES

L'aire de production est assez vaste: du nord au sud, de la région de Tournus jusqu'aux environs de Mâcon, une cinquantaine de kilomètres sur une quinzaine de kilomètres d'est en ouest. À la diversité des situations répond celle des vins. Les appellations mâcon ou mâcon suivi de la commune d'origine sont utilisées pour les rouges, rosés et blancs. Les deux premiers sont le plus souvent issus de gamay, les troisièmes de chardonnay. Les vins blancs peuvent s'appeler aussi mâcon-villages.

VINS AUVIGUE Fuisse 2016

	4700		8 à 11 €

C'est dans les pas de leur grand-père, Francis Auvigue, qui s'était installé dans un ancien moulin en 1946, que Jean-Pierre et Michel Auvigue ont transformé cette ancienne bâtisse en chai de vinification et pratiquent l'achat de raisins depuis 1982. Comme leur grand-père, ils s'attachent au respect des terroirs avec une vinification parcellaire. Aujourd'hui, l'histoire se poursuit en famille avec l'arrivée fin 2015 de Sylvain Brenas, neveu de Jean-Pierre et Michel, qui s'attache à préserver le style et l'esprit maison.

Un 2016 de belle allure, or brillant à l'œil, qui offre un nez d'abord minéral puis fruité (brugnon, ananas, litchi). Le jury a également apprécié sa bouche ronde, bien équilibrée par une fraîcheur minérale. ⧗ 2018-2021

VINS AUVIGUE, Le Moulin-du-Pont, 3131, rte de Davayé, 71850 Charnay-lès-Mâcon, tél. 03 85 34 17 36, contact@auvigue.fr V r.-v.

♥ CAVE D'AZÉ
Vendange de la Saint-Martin ★★

	20000		8 à 11 €

Fondée en 1927, la cave d'Azé vinifie aujourd'hui 275 ha de vignes sous la houlette de Denis Charlot. Elle s'est taillé une belle réputation pour ses vins blancs, sans négliger ses pinots noirs et ses effervescents, sans oublier non plus sa cuvée originale de liquoreux.

Cueillis à la main autour du 11 novembre, ces chardonnays botrytisés ont été élevés durant quinze mois en fût de 400 litres. Original est l'adjectif qui revient le plus souvent pour ce vin à la parure d'ambre, qui laisse glisser de nombreuses jambes le long de la paroi du verre. À l'olfaction, on décèle de nombreuses senteurs rappelant la maturité: pâte de coing, raisins secs et citron confit, avec une note végétale fraîche. De l'ampleur aromatique, de la vinosité sans lourdeur et une finale fraîche caractérisent le palais. Une belle curiosité à découvrir avec un fromage à pâte persillée. ⧗ 2018-2024 **Azé Reflets d'Ambre Vieilles Vignes 2016 ★★ (8 à 11 €; 13000 b.)** : un vin rond et expressif aux saveurs de pêche rôtie et au charme voluptueux en bouche. ⧗ 2018-2021 **Azé Sélection Prestige 2016 ★ (8 à 11 €; 35000 b.)** : abricot et miel imprègnent ce vin équilibré, offrant de la rondeur et une fine fraîcheur. ⧗ 2018-2021 ■ **2017 (5 à 8 €; 10000 b.)** : vin cité.

CAVE COOPÉRATIVE D' AZÉ, 153 rue basse, 71260 Azé, tél. 03 85 33 30 92, contact@caveaze.com V *t.l.j. 9h-12h 14h-18h30*

DOM. JEAN-PHILIPPE BAPTISTA
Bussières Élevé en fût de chêne 2016 ★

	3756		8 à 11 €

Depuis 1989, Muriel et Jean-Philippe Baptista ont repris l'exploitation familiale et ses 14 ha de vignes (ancien Dom. René Dussauge). Ce domaine est situé à Bussières, joli village du val Lamartinien, en Bourgogne du sud, à une dizaine de kilomètres de Mâcon.

Jaune paille et brillant, cette cuvée allie avec élégance des arômes de miel à des nuances boisées. La bouche, portée par une belle acidité, dévoile des saveurs de citron et de pamplemousse dans un environnement boisé encore un peu dominant. Il devrait être abouti dans quelques mois. ⧗ 2019-2023 ■ **Bussières Les Varennes 2016 ★ (8 à 11 €; 2605 b.)** : ce vin fleure bon la cerise, la framboise et les épices douces, tandis que son palais souple, frais et gouleyant réjouit les papilles. ⧗ 2018-2021

⊶ *JEAN-PHILIPPE BAPTISTA,*
78, rue des Roses-Tremières, Le Petit Bussières,
71960 Bussières, tél. 06 13 23 71 63, dombaptista@sfr.fr
V r.-v.

PASCAL BERTHIER Chaintré Les Champs 2017 ★★

	13 000		11 à 15 €

Installé sur 11 ha à la limite du Mâconnais et du Beaujolais, Pascal Berthier a un pied dans ces deux vignobles, produisant beaujolais, mâcon blanc et saint-amour. Après avoir appris à vinifier les rouges,

Le Mâconnais

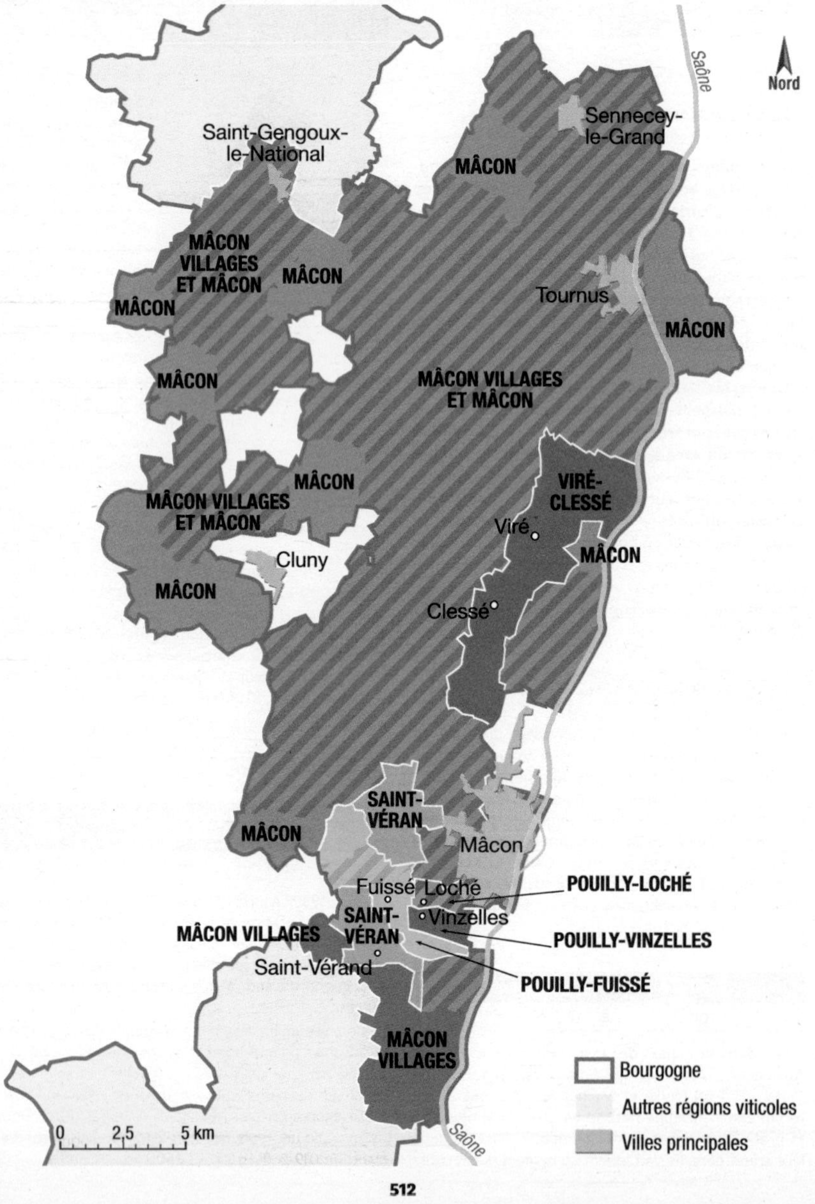

il a acquis un réel savoir-faire dans l'élaboration des blancs.

Ce mâcon Chaintré séduit d'emblée par sa robe or blanc à reflets d'opaline et par ses arômes délicats de fleurs blanches et de pêche de vigne. Égayée par une première impression sucrée et miellée, la bouche se montre ensuite muscatée et fraîche, soulignée par une belle minéralité. 2019-2023

PASCAL BERTHIER, 384, chem. des Bruyères, 71680 Crêches-sur-Saône, tél. 03 85 37 41 64, pascalberthier@sfr.fr V *r.-v.*

DOM. BOURDON Vergisson 2016 ★★

	5600		8 à 11 €

Ce domaine de 17,5 ha possède deux caves: un chai moderne au cœur du hameau de Pouilly et une magnifique cave voûtée en pierre à Vergisson. À sa tête, Sylvie et François Bourdon représentent la cinquième génération.

Ce vin a été élevé pendant huit mois en cuve sur lies fines sans levurage. Or vert, limpide et brillant, il possède une palette aromatique principalement fruitée (poire, fruits exotiques), soulignée de menthe fraîche. La bouche, ample et vive, tient les promesses du nez, avec cette même richesse fruitée. 2018-2021 **Mâcon-villages 2016 (5 à 8 €; 12000 b.)** : vin cité.

EARL FRANÇOIS ET SYLVIE BOURDON, rue de la Chapelle, Pouilly, 71960 Solutré-Pouilly, tél. 03 85 35 81 44, francoisbourdon2@wanadoo.fr V *r.-v.*

JEAN-MARIE CHALAND Burgy Terres Rouges 2015

	4000		11 à 15 €

Un vignoble de 9 ha conduit en bio, des vendanges manuelles et des élevages longs: une méthode qui a fait ses preuves, témoin les nombreuses sélections des vins de Jean-Marie Chaland dans le Guide.

Derrière sa robe rubis, ce vin dévoile un nez expressif de bourgeon de cassis accompagné de notes de cuir et de sous-bois. Souple et franc à l'attaque, fruitée (cerise), la bouche est soutenue par une légère trame de tanins fins, bien qu'encore un peu sévères en finale. Un vin encore jeune, à garder en cave. 2020-2023

JEAN-MARIE CHALAND, 12, rue En-Chapotin, 71260 Viré, tél. 09 64 48 09 44, jean-marie.chaland@orange.fr V *r.-v.* 3

MAISON CHANDESAIS 2017 ★★

	10500		5 à 8 €

Un négoce familial fondé en 1933 par Émile Chandesais, sur la commune de Fontaine, au cœur de la Côte chalonnaise. Il prospère au fil des ans en assurant la vinification, l'élevage et la commercialisation de ses vins de Bourgogne. En 1993, Émile Chandesais cède sa société à la Compagnie Vinicole de Bourgogne, filiale du groupe Picard Vins et Spiritueux.

Paré d'une robe rubis tirant sur le fuchsia, ce vin offre un nez encore un peu fermentaire, mais révélant aussi un bon fruité (groseille, framboise). La bouche, gourmande et croquante, affiche une belle rondeur et de la longueur. 2018-2021 **Dom. Dubois Mâcon-villages 2016 (5 à 8 €; 20000 b.)** : vin cité.

COMPAGNIE VINICOLE DE BOURGOGNE (MAISON CHANDESAIS, rte, de Saint-Loup-de-la-Salle, 71150 Chagny, tél. 03 85 87 51 04, david.fernez@m-p.fr t.l.j. sf sam. dim. 9h-12h 14h-16h

CH. DE CHAZOUX 2016 ★★

	1650		8 à 11 €

En plein cœur du Mâconnais, à Hurigny, le Ch. de Chazoux est dans la même famille depuis deux siècles. Autour du parc paysager qu'abrite le château s'étend un vaste vignoble de 17 ha d'un seul tenant. Depuis 2002, c'est Christophe de la Chapelle qui est aux commandes.

Ce 2016 se présente dans une belle robe jaune pâle ornée de reflets dorés. Le nez dévoile une aromatique principalement fruitée: on y retrouve pêle-mêle du citron, de la poire juteuse et de l'amande fraîche, le tout enrobé de miel d'acacia. La bouche, ample et longue, se montre complexe autour de saveurs fruitées et florales (verveine et chèvrefeuille). Un nez et une bouche en adéquation pour cette bouteille des plus harmonieuses. 2018-2022

CHRISTOPHE DE LA CHAPELLE, 1828, rte de Macon, 77870 Hurigny, tél. 06 07 05 32 23, chdelachapelle@gmail.com V *r.-v.*

♥ DOM. CHÊNE 2017 ★★

	65000		5 à 8 €

Vigneronne depuis 1973, la famille Chêne quitte la cave coopérative de Prissé en 1999 pour vinifier et commercialiser sa propre production. Établi en plein cœur du Val Lamartinien, le domaine dispose d'un important vignoble: 42 ha répartis dans plusieurs appellations. Une valeur sûre du Mâconnais.

Vêtue d'une robe paille cousue de fil absinthe, ce vin dévoile un nez de raisin mûr et de fleurs blanches. La bouche est un modèle d'équilibre: après une attaque fraîche et franche, le gras de la noisette et l'acidité du citron s'imposent et s'harmonisent. Un vin à la fois riche et frais, qui plus est d'un excellent rapport qualité-prix. 2018-2022 **La Roche Vineuse 2016 (5 à 8 €; 10000 b.)** : vin cité.

CÉDRIC CHÊNE, Ch. Chardon, 71960 La Roche-Vineuse, tél. 03 85 37 65 90, domainechene@orange.fr V *t.l.j. 9h30-12h 14h30-19h*

DOM. DES CHENEVIÈRES Les Sillons Longs 2016 ★

	6400		5 à 8 €

Ce domaine de 43 ha situé à l'ouest de Mâcon est exploité par la même famille depuis six générations. Il s'est forgé une solide réputation avec ses bourgognes d'appellations régionales et ses cuvées de mâcon, souvent en vue dans ces pages. Aujourd'hui, Vincent et Nicolas Lenoir, aidés de leurs épouses et de leurs enfants, sont aux commandes.

Ce mâcon aux reflets rubis intenses offre de multiples arômes typiques du gamay mûr comme la cerise burlat, le cassis et la groseille. Son palais équilibré et frais achève de convaincre. ⧗ 2018-2021 ■ **Mâcon-villages Les Poncemeugnes 2016 ★ (5 à 8 €; 6400 b.)** : il sent bon les fruits frais et les agrumes ce vin ample et généreux en bouche, avec une petite amertume qui vient titiller les papilles en finale. ⧗ 2019-2023

⊶ DOM. DES CHENEVIÈRES, 230, rte d'Azé, 71260 Saint-Maurice-de-Satonnay, tél. 03 85 33 31 27, domaine.chenevieres@orange.fr V ✗ ▪ *t.l.j. 9h-12h 14h-19h; dim. sur r.-v. ⊶ Lenoir*

GEOFFREY CHEVALIER Fuissé 2016

■ | 4000 | ▮ | 8 à 11 €

Les vignes (4,64 ha) sont dans la famille Chevalier depuis cinq générations. Geoffrey, lui, aime la musique et le son, et a créé plusieurs groupes avant de se lancer dans le vin en 2009. «Le bagne», raconte-t-il. Il se forme au lycée de Mâcon Davayé et a le déclic grâce à une collègue de promotion qui lui a permis de «rêver le vin». Après quelques mois dans une *winery* au Canada, il revient au bercail en 2012 pour son premier millésime. Souhaitant revenir à la viticulture de son grand-père, sans chimie, il a engagé la conversion bio.

Ce beau vin or clair propose un nez gourmand de fruits exotiques et de miel d'acacia, signature d'une bonne maturité des raisins. Maturité qui trouve un écho dans une bouche riche et puissante, voire opulente. Un vin de belle constitution, à réserver pour la table. ⧗ 2018-2022

⊶ CHEVALIER, 683, rte de Fuissé, 71000 Loché, tél. 06 76 38 93 01, contact@chevalier-fuisse.fr V ✗ ▪ *r.-v. ⊶ Vincent*

Ⓑ CLOSERIE DES ALISIERS 2016

■ | 12000 | ▮ | 8 à 11 €

Venu du Chablisien, Stéphane Brocard a quitté en 2007 le domaine familial fondé par son père pour créer son négoce, établi à Longvic, aux portes sud de Dijon. Il propose une jolie gamme de vins dans une dizaine d'appellations bourguignonnes.

Ce vin gourmand à la robe dorée brillante et limpide offre au nez des senteurs typiques comme le citron, la poire, la pomme et la pêche blanche. La bouche se révèle ronde et grasse, imprégnée en finale de miel d'acacia et d'abricot frais. ⧗ 2018-2021

⊶ MAISON STÉPHANE BROCARD, 21 bis, rue de l'Ingénieur-Bertin, 21600 Longvic, tél. 03 80 52 07 71, s.brocard@orange.fr V *r.-v.*

♥ DOM. CORDIER PÈRE ET FILS Aux Bois d'Allier 2016 ★★

■ | 20000 | 8 à 11 €

Basé à Fuissé, Christophe Cordier a pris la tête de ce vignoble de 35 ha à la suite de son père Roger. Il a élargi sa gamme en créant une affaire de négoce sous son nom. Une référence en Mâconnais, sous les deux casquettes, également présent en Beaujolais.

Brillant de mille feux, ce 2016 s'épanouit dans un bouquet exubérant et flatteur de fruit de la Passion, de vanille et de petites notes fleuries. Franc dès l'attaque, le palais puissant et consistant est soutenu par une bonne acidité et des saveurs de fruits confits. Un mâcon de caractère. ⧗ 2018-2022

⊶ DOM. CORDIER, Les Molards, 71960 Fuissé, tél. 03 85 35 60 76, domaine.cordier@wanadoo.fr V ✗ ▪ *r.-v.*

DOM. CORSIN 2017 ★

■ | 14000 | ▮ | 8 à 11 €

Ce domaine prestigieux, et toujours familial, existe depuis plus d'un siècle. Précurseur dans la vente en bouteilles, il est aujourd'hui entre les mains expertes de Jean-Jacques et de Gilles Corsin.

Or pâle aux reflets mastic, limpide et brillant, ce vin dévoile une olfaction fraîche, principalement minérale. Après une entrée en bouche souple et voluptueuse, une trame acidulée surgit et, avec elle, des saveurs agréables de pêche et d'abricot. Un vin d'ores et déjà plaisant et harmonieux. ⧗ 2018-2021

⊶ GILLES ET JEAN-JACQUES CORSIN, 404, rue des Plantes, 71960 Davayé, tél. 03 85 35 83 69, contact@domaine-corsin.com V ▪ *r.-v.*

DOM. COTEAUX DES MARGOTS Cuvée Margots 2016

■ | 2000 | ◍ | 8 à 11 €

Jean-Luc Duroussay s'installe en 1983 sur le domaine familial, 16 ha situés au cœur des collines du Mâconnais, essentiellement sur Pierreclos. Il y est rejoint en 1999 par son épouse Véronique; ensemble, ils entreprennent de valoriser la production en développant la vente en bouteilles aux particuliers.

Vêtu d'une belle robe rubis aux reflets aubergine, ce vin reste discret au nez, même si on y décèle déjà des notes de fruits rouges et de petites baies sauvages. La bouche dévoile une rondeur fruitée soutenue par des tanins encore un peu austères. Une belle bouteille en devenir, encore sur la retenue aujourd'hui. ⧗ 2020-2023

⊶ DUROUSSAY, 219, rue des Margots, 71960 Pierreclos, tél. 03 85 35 73 91, domainecoteauxdesmargots@wanadoo.fr V ✗ ▪ *r.-v.*

DOM. DES CRÊTS Climat en bout 2016 ★★

■ | 4000 | ◍ | 11 à 15 €

Le Dom. des Crêts est né de la rencontre entre François Lequin, vigneron réputé de la Côte de Beaune installé à Santenay, et Matthieu Ponson, entrepreneur passionné de vins et originaire de Cornas: une propriété de 4 ha rachetée en 2014 à Pascal Pauget.

Revêtu d'un drapé or vert et de reflets citron, ce 2016 dévoile d'intenses parfums mentholés et minéraux mêlés aux notes plus douces des petites fleurs blanches des haies. L'élevage de douze mois en fût permet le déploiement d'une matière vineuse et ronde, un respect des saveurs de pêche et d'abricot et une élégance rare. La finale fraîche et minérale apporte un élan remarquable à ce vin. ⧗ 2019-2023 ■ **Climat l'Échenault de**

Serre 2016 ★ (11 à 15 €; 10000 b.) : cette cuvée séduit par son nez élégant et frais d'agrumes et d'aubépine et par sa persistance en bouche, bel écho à l'olfaction. ⧗ 2018-2021

⊶ DOM. DES CRÊTS, Les Crêts, 71700 Ozenay, tél. 06 31 12 43 07, info@domainedescrets.fr ■ r.-v. ⊶ Ponson

DOM. DE LA CROIX SENAILLET Davayé 2016

■	20000	▮	11 à 15 €

Le Dom. de la Croix Senaillet fut créé en 1969 par Maurice Martin, qui a progressivement abandonné la polyculture pour la vigne. En 1990, son fils Richard reprend le domaine familial, avant d'être rejoint par son frère Stéphane en 1992. La propriété de 6,5 ha au départ s'est agrandie pour atteindre 27 ha aujourd'hui, répartis sur 60 parcelles en bio certifié depuis 2010. Forts de leur expérience, au mois d'août 2015, ils font l'acquisition du Dom. de Mont Épin à Clessé (13 ha).

Issu de jeunes ceps et élevé huit mois en cuve sur lies fines, ce vin or blanc à reflets argent présente un nez explosif rappelant le seringa du jardin et les fruits du verger (coing, pomme et poire). En bouche, c'est le citron qui domine, renforçant une tension importante, qu'il conviendra d'assagir avec un peu de garde. ⧗ 2019-2023

⊶ RICHARD ET STÉPHANE MARTIN, 471, rue des Personnets, En-Coland, 71960 Davayé, tél. 03 85 35 82 83, accueil@domainecroixsenaillet.com V ■ ■ r.-v.

DOM. JOËL CURVEUX ET FILS
Fuissé 2016 ★★

■	6000	▮	8 à 11 €

Vignerons de père en fils depuis quatre générations, les Curveux conduisent une petite propriété familiale située sur la commune de Fuissé – 8 ha de vignes, principalement en pouilly-fuissé – aujourd'hui dirigée par Joël et son fils Guillaume.

Cette cuvée brille de mille feux dans sa parure or pâle aux reflets argentés. Son nez discret au premier abord s'ouvre ensuite sur un panier de fruits frais et de fruits mûrs, puis sur un bouquet de seringa et de chèvrefeuille. Une attaque franche et droite introduit une bouche acidulée qui ne manque ni de corpulence ni de gras ni d'élégance. ⧗ 2018-2021

⊶ CURVEUX, 100, rue Cache-Poupons, 71960 Fuissé, tél. 07 86 74 02 24, domaine.curveux@sfr.fr V ■ ■ t.l.j. sf dim. 10h-12h 14h-18h

DEUX ROCHES Tradition 2016 ★

■	n.c.	8 à 11 €

L'aventure au domaine commence en 1928 avec les premières vignes que Joanny Collovray possède autour de Davayé, à l'ouest de Mâcon. Deux générations plus tard, les Collovray ont rencontré les Terrier et s'associent au sein du Dom. des Deux Roches qui naît en 1986. Aujourd'hui la quatrième génération est à l'œuvre... Une valeur sûre du Mâconnais.

Brillant, doré à l'or fin, ce mâcon propose une gamme aromatique intéressante de fruits frais et de fleurs blanches mâtinés de touches minérales. La bouche, réjouissante, est très équilibrée, avec une forte minéralité et une matière bien enveloppante. ⧗ 2018-2021

⊶ COLLOVRAY ET TERRIER, 181, rte de Mâcon, 71960 Davayé, tél. 03 85 35 86 51, info@collovrayterrier.com V ■ ■ t.l.j. 8h30-12h 13h30-17h30; sam. dim. sur r.-v. ⊶ Jean-Luc Terrier

JOSEPH DROUHIN
Bussières Les Clos 2016

■	n.c.	◍▮	8 à 11 €

Créée en 1880, cette maison beaunoise travaille une large palette d'AOC bourguignonnes: de Chablis (38 ha sous l'étiquette Drouhin-Vaudon) à la Côte chalonnaise (3 ha), en passant par les Côtes de Beaune et de Nuits (32 ha). On peut y ajouter les vignes américaines du Dom. Drouhin en Oregon (90 ha) et de Roserock Vineyard, 112 ha dans la région des Eola-Amity Hills. Ce négoce d'envergure grâce à ce vaste domaine de 73 ha – développé par Robert Drouhin à partir de 1957 et désormais géré par ses quatre enfants – est aussi le plus important propriétaire de vignes cultivées en biodynamie. Incontournable.

Cette cuvée est issue d'un achat de moût sur la commune de Bussières, qui a été vinifié sans levurage, ni enzymage, puis a été élevée huit mois en cuves et en fûts de chêne. Drapée d'un or très clair, presque blanc, elle laisse monter du verre d'intenses arômes mêlant le citron, la pêche, les fleurs blanches et un soupçon de beurre frais. La bouche offre un bel équilibre entre la rondeur, la finesse des arômes et une jolie finale acidulée. ⧗ 2018-2021

⊶ MAISON JOSEPH DROUHIN, 7, rue d'Enfer, 21200 Beaune, tél. 03 80 24 68 88, christellehenriot@drouhin.com V ■ ■ r.-v.

DOM. FICHET Igé La Cra 2016 ★

■	15000	◍▮	15 à 20 €

Domaine sorti de la cave coopérative d'Igé par Francis Fichet en 1976. Ses fils Pierre-Yves et Olivier, aux commandes depuis 1999, exploitent aujourd'hui 35 ha de vignes, à partir desquels ils produisent une quinzaine de cuvées différentes nées des quatre cépages de Bourgogne. Une valeur sûre du Mâconnais, complétée en 2006 par une petite structure de négoce.

Doré à l'or fin, la robe de ce vin est ourlée de reflets verts. Le nez exhale de fines notes boisées dans un environnement fruité et floral: pêche de vigne, citron, rose et fleur d'oranger. D'une bonne vivacité à l'attaque, le palais se révèle justement boisé, délicatement fruité et délicieusement long. ⧗ 2018-2023 ■ **Igé lieu-dit Ch. London 2016 (8 à 11 €; 35000 b.)** : vin cité.

⊶ DOM. FICHET, 651, rte d'Azé, Le Martoret, 71960 Igé, tél. 03 85 33 30 46, domaine-fichet@wanadoo.fr V ■ ■ t.l.j. 8h-12h 13h-18h30; dim. sur r.-v.

MARIE-ODILE FRÉROT ET DANIEL DYON
2016 ★

■	4400	▮	5 à 8 €

Établi dans le charmant village d'Étrigny, un domaine de 10 ha fondé en 1989 par Marie-Odile Frérot et Daniel Dyon.

BOURGOGNE

Un rosé aux jolis reflets saumonés, délicatement bouqueté autour du bonbon anglais et de la pêche. En bouche, rondeur et vivacité font bon ménage et la finale minérale apporte un supplément d'âme. ⧗ 2018-2019

⊶ MARIE-ODILE FRÉROT ET DANIEL DYON, Veneuze, 71240 Étrigny, tél. 03 85 92 24 31, domainejonchey@orange.fr V r.-v.

DOM. DE FUSSIACUS Fuissé 2017 ★

| 20000 | | 8 à 11 €

Jean-Paul Paquet est à la tête de cette propriété familiale depuis 1978. Ce domaine porte le nom du seigneur romain Fussiacus qui s'installa à Fuissé. Un domaine très régulier en qualité.

Cueillis à la main, ces chardonnays ont donné un jus d'un bel or jaune profond. Fin et assez réservé, le nez laisse entrapercevoir de petites notes végétales rappelant le buis et le chèvrefeuille. La bouche apparaît riche et ronde, puissante et structurée. À laisser s'assagir en cave. ⧗ 2020-2023

⊶ JEAN-PAUL PAQUET, Les Molards, 71960 Fuissé, tél. 03 85 27 01 06, domainespaquet@gmail.com V r.-v.

ÉRIC ET CATHERINE GIROUD Le Champ du Bief 2016

| 7800 | | 5 à 8 €

Éric et Catherine Giroud ont créé en 1990 ce domaine de 16 ha implanté à Uchizy, petite bourgade du Tournugeois, au nord de l'appellation. Les premières vinifications datent de 2000.

Après une récolte à la mi-septembre et un pressurage lent, le jus obtenu a été élevé un an durant en cuve Inox. Il en résulte un vin or pâle aux reflets argentés, au nez discret de miel et de fleurs du jardin, auxquels s'ajoutent des notes de citron. La bouche affiche un bon équilibre entre le gras et l'acidité, en association avec des saveurs salines. « Un bon compromis entre la personnalité rieuse du mâcon et le côté terrien du bourgogne », conclut le jury. ⧗ 2019-2023

⊶ ÉRIC ET CATHERINE GIROUD, 145, rue du Quart, 71700 Uchizy, tél. 03 85 40 52 24, domaine.giroud71@gmail.com V r.-v.

DOM. GONON Bussières 2016

| 6900 | | 5 à 8 €

Situé à Vergisson au pied de la célèbre roche de Solutré, ce domaine de 14 ha, propriété des Gonon depuis cinq générations, produit bon nombre des AOC du Mâconnais: pouilly-fuissé, saint-véran, bourgogne rouge... et même le très rare mâcon rosé.

Des reflets verts ornent cette cuvée aux senteurs agréables de fleurs blanches, de menthol et de citron, le tout couronné de minéralité. Dès l'attaque, le palais se montre frais, puis se développent des arômes plus mûrs comme l'abricot, lui apportant une texture suave et avenante. ⧗ 2018-2021

⊶ JEAN-FRANÇOIS GONON, 1, chem. de la Renardière, 71960 Vergisson, tél. 03 85 37 78 42, domgonon@aol.com V r.-v.

DOM. GUERRIN ET FILS Vergisson Les Rochers 2016 ★

| 13000 | | 8 à 11 €

En 1984, Maurice Guerrin a créé avec seulement 2,5 ha ce domaine qui compte aujourd'hui 15 ha de chardonnay. Son fils Bastien l'a rejoint fin 2011 afin de développer la commercialisation en bouteilles.

Cette cuvée séduit d'emblée par sa robe jaune pâle, brillante et limpide, aux légers reflets verts. Au nez, des notes de pain de mie côtoient les fruits blancs et les fruits exotiques. Le palais attaque sur une sensation de rondeur, offre une ampleur aromatique en accord avec l'olfaction et déroule une jolie finale citronnée. Un vin d'avenir. ⧗ 2019-2023

⊶ DOM. GUERRIN ET FILS, 572, rte des Bruyères, 71960 Vergisson, tél. 03 85 35 80 25, contact@domaineguerrin.fr V r.-v.

DOM. GUEUGNON RÉMOND Prissé 2016 ★

| 6300 | | 8 à 11 €

Établis à Charnay-lès-Mâcon, Véronique, la fille, et Jean-Christophe, le gendre, ont repris en 1997 ce domaine familial de 13 ha créé dans les années 1980 au bord de la voie Verte, très courue des Mâconnais et des touristes en quête de grand air.

Ce blanc se présente dans une parure or vert, le nez timidement ouvert sur les petites fleurs blanches. C'est au palais qu'il se révèle, offrant un bon équilibre entre le gras et l'acidité et une belle persistance citronnée. Un vin avenant et agréable dès aujourd'hui. ⧗ 2018-2021

⊶ JEAN-CHRISTOPHE RÉMOND, 117, chem. de la Cave, 71850 Charnay-lès-Mâcon, tél. 03 85 29 23 88, vinsgueugnonremond@free.fr V r.-v.

♥ DOM. MARC JAMBON ET FILS Pierreclos Cuvée Fût de chêne 2015 ★★

| 900 | | 8 à 11 €

Présente à Pierreclos depuis 1752, la famille Jambon (aujourd'hui Marc et son fils Pierre-Antoine) conduit un domaine de 12 ha et signe de belles cuvées avec une réelle constance.

Une fois de plus, ce domaine nous donne un bien bel aperçu de sa qualité avec l'obtention du seul et unique coup de cœur en mâcon rouge. Ce 2015 possède de nombreux atouts, à commencer par une robe limpide, rubis soutenu à reflets sombres, et par un nez complexe et fin d'airelle, de framboise et d'épices douces. Après une attaque tout en souplesse, la bouche dévoile des arômes de fruits rouges mûrs et des tanins en devenir qui tendent vers le velours. Une texture remarquable pour ce vin à la fois solide et élégant. ⧗ 2019-2023

⊶ PIERRE-ANTOINE JAMBON, 38, imp. de la Roche, 71960 Pierreclos, tél. 06 25 68 80 61, domainemarcjambon@orange.fr V r.-v.

⊶ Jambon-Prudhon

DOM. DE LA JOBELINE Verzé En Prévisy 2016 ★★

| 3920 | | 15 à 20 € |

Ce domaine centenaire a été créé en 1915 par le grand-père de Pierre Maillet, l'actuel propriétaire. Ce dernier, qui apportait sa récolte à la cave coopérative de Verzé, la quitte en 2014 pour vinifier son premier millésime dans sa nouvelle cuverie.

Ce mâcon doré à l'or fin se révèle comme un vin à forte personnalité, à boire dans l'année pour le plaisir procuré. Le nez dévoile de fines notes minérales, témoins de l'origine calcaire de ce vin, puis s'enchaînent des touches d'orange, de citron et de fleurs blanches. Rond en attaque, le palais donne ensuite une impression de vivacité dans un équilibre remarquable. Les arômes floraux de la finale lui apportent longueur et élégance. Un vin typique du Mâconnais. ⧗ 2018-2022 **Verzé 2016 ★ (8 à 11 €; 5180 b.)** : les agrumes dominent au nez comme en bouche dans ce vin frais et alerte, tout indiqué pour les produits de la mer. ⧗ 2018-2021

PIERRE MAILLET, 887, rte de la Roche-Vineuse, 71960 Verzé, tél. 03 85 22 98 03, contact@domainedelajobeline.com t.l.j. sf dim. 8h-12h 13h30-18h

CH. DE LOCHÉ Loché 2016 ★★

| 18000 | 8 à 11 € |

Aux origines de la maison, Jean Loron, vigneron né dans le Beaujolais en 1711. Son petit-fils Jean-Marie fonda en 1821 un commerce d'expédition de vins. Aujourd'hui dirigée par la huitième génération, l'entreprise familiale est propriétaire de plusieurs domaines, comme le Ch. de la Pierre (régnié, brouilly), ceux de Fleurie, de Bellevue (morgon), les domaines des Billards (saint-amour) et de la Vieille Église (juliénas).

Parée d'une ravissante robe or blanc aux reflets argentés, cette cuvée livre un bouquet expressif et opulent de mandarine, de zeste d'orange et de réglisse. La bouche dévoile une matière généreuse, parfaitement équilibrée par une fraîcheur acidulée. Une finale saline et minérale lui confère de la longueur et de l'élégance. ⧗ 2019-2022 **Jean Loron La Crochette 2016 (8 à 11 €; 10000 b.)** : vin cité.

MAISON JEAN LORON, Pontanevaux, 71570 La-Chapelle-de-Guinchay, tél. 03 85 36 81 20, vinloron@loron.fr t.l.j. sf sam. dim. 9h-12h 14h-17h
Philippe Bardet

DOM. MANCIAT-PONCET Charnay Les Chênes 2016

| 25000 | | 8 à 11 € |

Cette propriété créée en 1870, qui s'étend aujourd'hui sur 23 ha, a été transmise de père en fils jusqu'en 2003. Depuis cette date, c'est la fille de Claude Manciat, Marie-Pierre, qui tient les rênes du domaine.

Cette cuvée a longuement fermenté en cuve Inox thermo-régulée avant d'être mise en bouteille. Sa couleur or clair animée de reflets verts, son nez fruité et floral et sa bouche ronde et franche ont séduit le jury. ⧗ 2018-2021 **Marie-Pierre Manciat Les Morizottes 2016 (8 à 11 €; 13800 b.)** : vin cité.

MARIE-PIERRE MANCIAT, 217, rue Saint-Vincent, 71570 Chaintré, tél. 03 85 35 61 50, mpmanciat@orange.fr r.-v.

ÉVELYNE ET DOMINIQUE MERGEY
Fuissé Les Grandes Bruyères 2016

| 2000 | | 11 à 15 € |

Évelyne Mergey est depuis 2005 à la tête d'un petit domaine de 3,5 ha, cultivé de manière très raisonnée. Elle a confié l'élaboration des vins à sa fille Aurélie et à son gendre, du Dom. Cheveau à Pouilly.

Ce 2016 élevé en foudre possède une parure d'or lumineuse qui attire l'œil. Son olfaction laisse libre cours aux notes boisées de son année d'élevage en foudres : vanille, beurre, miel, mie de pain. Puis des arômes vifs de citron et de pamplemousse s'invitent dans une bouche ronde et gourmande. Un bon « vin de copains », simple et équilibré. ⧗ 2018-2020

ÉVELYNE ET DOMINIQUE MERGEY, Le Bouteau, 71570 Leynes, tél. 03 85 23 80 87, d.mergey@gmail.com r.-v.

CH. DE MESSEY
Cruzille Clos des Avoueries Tête de Cuvée 2016 ★

| 2594 | | 15 à 20 € |

En 1988, Marc Dumont a repris le château de Messey, propriété de 89 ha, dont 17 en AOC, dirigé aujourd'hui par son fils Patrick. Pour élargir sa gamme, il acquiert en 1992 le Manoir Murisaltien, maison de négoce de Meursault, puis le Château de Belleville à Rully, revendus en 2017 à un couple d'américains passionnés d'art de vivre à la française.

Cette Tête de cuvée parée d'une belle robe or vert limpide et brillante dévoile des arômes de fruits exotiques et d'amande. La bouche, d'une belle ampleur, apparaît boisée puis acidulée sur la finale. Cette bouteille gagnera à attendre quelques années. ⧗ 2019-2023 **Cruzille Clos des Avoueries 2016 (11 à 15 €; 8684 b.)** : vin cité.

GFA CH. DE MESSEY, Ch. de Messey, 71700 Ozenay, tél. 03 85 51 33 83, gfa@demessey.com r.-v. Marc Dumont

MEURGEY-CROSES Uchizy 2016

| 16000 | | 8 à 11 € |

Né en 1959 aux Hospices de Beaune, Pierre Meurgey est issu d'une longue lignée de régisseurs de domaines viticoles, œnologues et courtiers en vins bourguignons. Après avoir racheté la maison Champy en 1990, il a fondé en 2013 une activité de négoce sous son nom pour les vins de la Côte d'Or et lancé en 2014 la marque Meurgey-Croses, spécialisée en vins du Mâconnais – sa mère est originaire d'Uchizy.

D'une robe couleur blé, agréable à l'œil, s'échappent des parfums floraux et fruités. À une attaque vive et perlante succède un milieu de bouche plus dense et rond, avant une finale marquée par une légère amertume aux tonalités de pamplemousse. ⧗ 2019-2021

PIERRE MEURGEY, 25, bd Clémenceau, 21200 Beaune, tél. 09 81 83 29 04, mmeurgey@pierremeurgey.com r.-v.

DOM. MICHEL 2016

| 27000 | | 11 à 15 € |

Ce domaine de 21 ha situé dans le pittoresque hameau de Cray est réputé tant pour son excellence que pour

sa longévité (fondation en 1840): les générations se succèdent, la qualité des vins demeure. Il faut dire qu'une attention très particulière est portée à la conduite de la vigne (pas d'engrais chimiques, travail du sol) et à l'élaboration des vins (récolte à maturité et tri manuels, pas de levurage, pas de chaptalisation).

Ce 2016 ourlé d'or pâle possède une palette aromatique intéressante: pomme, poire, coing, pamplemousse, citron. Fin et souple en bouche, il se révèle bien équilibré par une finale minérale, si typique du millésime. ⧗ 2018-2021

DOM. MICHEL, 372, rte de Cray, Cidex 624, 71260 Clessé, tél. 03 85 36 94 27, domainemichelclesse@orange.fr V ♿ ! *t.l.j. sf dim. 9h-12h 14h-18h30*

♥ JEAN-PIERRE MICHEL
Terroir de Quintaine 2016 ★★

■	20000	▮	11 à 15 €

Valeur sûre du Mâconnais, ce vigneron exploite 8,5 ha à Quintaine, au cœur de l'AOC viré-clessé, sur les premiers coteaux exposés au soleil levant surplombant la vallée de la Saône, à mi-chemin entre Mâcon et Tournus. Ses pratiques: labour des sols, récolte manuelle à maturité, vinifications longues et «naturelles» (sans chaptalisation ni levurage) conduites, selon la nature des terroirs, en cuve ou en fût, avec des élevages longs sur lies fines.

La couleur est jaune d'or brillante et le nez d'abord discret s'ouvre, après aération, sur des senteurs typiques du chardonnay: fleurs blanches, pomme, poire, miel d'acacia. En bouche, on est conquis par l'équilibre entre le gras et l'acidité, la persistance aromatique autour de la pêche et de l'abricot et par la longue finale racée et minérale. Un mâcon riche, au solide potentiel. ⧗ 2019-2023

JEAN-PIERRE MICHEL, 955, rte de Quintaine, lieu-dit Quintaine, 71260 Clessé, tél. 03 85 23 04 82, vinsjpmichel@orange.fr V ♿ ! *r.-v.*

DOM. PAIRE Azé 2016 ★

■	20000	8 à 11 €

La Compagnie des vins d'autrefois (CVA) est une maison de négoce créée en 1975 par Jean-Pierre Nié, établie à Beaune, qui propose une large gamme de vins de négoce et de domaines de Bourgogne et du Beaujolais.

Des ceps de gamay récoltés à Azé ont donné ce vin foncé, nuancé d'éclat rubis, au nez complexe de petits fruits rouges, de vanille et de poivre. D'une approche très agréable, il développe au palais une aimable rondeur et des tanins fondus et élégants. Un mâcon bien typé, à boire sur le fruit. ⧗ 2018-2021

LA COMPAGNIE DES VINS D'AUTREFOIS, 3, pl. Notre-Dame, 21200 Beaune, tél. 03 80 26 33 00, cva@cva-beaune.fr

DOM. DES PÉRELLES Chaintré 2017

■	6000	◍	5 à 8 €

Jean-Yves Larochette a pris en 1990 les rênes du domaine familial. Son exploitation a son siège aux confins du Mâconnais et du Beaujolais, et couvre aujourd'hui 10 ha répartis dans ces deux régions.

D'un seyant jaune à reflets dorés, ce vin livre de nombreuses senteurs rappelant les petites fleurs blanches, le citron et le silex. Une fraîcheur au palais se développe d'emblée, avec une vivacité qui chatouille les papilles et un bon retour de la minéralité (craie, pierre à fusil) en finale. ⧗ 2018-2021

EARL JEAN-YVES LAROCHETTE, 393, rue des Barbiers, 71570 Chânes, tél. 06 82 04 21 57, jy.larochette@orange.fr V ♿ ! *r.-v.*

CHRISTOPHE PERRIN Bray La Guenon 2016 ★★

■	2700	◍	5 à 8 €

Grand gaillard et ancien rugbyman, Christophe Perrin a travaillé pendant onze ans dans un domaine à Vosne-Romanée avant de s'installer en 2007 sur ce petit bout de terre aux confins du Clunysois: 3 ha au départ, 7 ha aujourd'hui. Premières vinifications en 2011.

Né sur les terres granitiques de Bray, ce vin est issu de gamay noir à jus blanc plantés à la fin des années 1950. D'une enveloppe rubis profond aux reflets grenat s'échappent de nombreux arômes de fraise et de framboise, mâtinés de cannelle, tandis que la bouche, souple mais vivace, s'appuie sur des tanins fondus et de belle facture. La finale sur la pêche de vigne persiste longuement. ⧗ 2018-2022 ■ **Chapaize 2016 (5 à 8 €; 6000 b.)** : vin cité.

CHRISTOPHE PERRIN, Chazeux, 71460 Chissey-lès-Mâcon, tél. 06 20 69 83 11, domaine.christopheperrin@orange.fr V ♿ ! *t.l.j. 9h-12h 14h-19h*

DOM. DE LA PIERRE DES DAMES
Serrières Le Bois Saint 2016

■	2300	◍	8 à 11 €

Jean-Michel Aubinel, sa compagne Marie-Thérèse Canard et son associé Vincent Nectout sont à la tête de ce domaine de 28 ha, repris en 1991.

Issu de gamay planté sur un sol granitique, ce 2016, élevé douze mois en fût de chêne revêt une robe rubis et libère d'intenses parfums de raisin, de framboise et de chocolat. La puissance de ses tanins et sa persistance sur la griotte en font un vin prometteur. À garder quelques années pour qu'il trouve son harmonie. ⧗ 2020-2024

DOM. DE LA PIERRE DES DAMES, Mouhy, 71960 Prissé, tél. 03 85 20 21 43, jm.aubinel@wanadoo.fr V ♿ ! *r.-v.*

DOM. DE QUINTEFEUILLE
Lugny Les Charmes 2016 ★★

■	3500	◍ ▮	8 à 11 €

Si le domaine de Quintefeuille est récent dans le paysage bourguignon, son viticulteur, Serge Lespinasse, dispose déjà d'une solide expérience. Natif du Beaujolais, fils de vigneron, il a commencé sa vie comme opticien. En 1999, l'envie de nature et de vigne ainsi que ses origines le rappellent. Il reprend alors un domaine à Lugny et livre son raisin à la cave coopérative. Pendant quinze ans, il réapprend son métier, se perfectionne, explore ses terroirs et les assimile, mais il ne fait toujours pas de vin. En 2013, c'est chose faite, il construit son propre chai et quitte la cave coopérative.

Une magnifique entrée dans le Guide pour Serge Lespinasse. Vêtu d'une robe dorée aux reflets argentés, son mâcon Les Charmes exhale de fines senteurs de pêche rôtie, d'acacia et d'aubépine. Minéralité et boisé parfaitement intégrés caractérisent la bouche, qui offre une superbe rétro-olfaction sur la pêche de vigne dans une finale longue et persistante. ⧗ 2018-2023 **Lugny 2016 ★ (5 à 8 €; 4200 b.)** : un mâcon ouvert sur les fruits exotiques, frais et fringant en bouche. ⧗ 2018-2021 **Mâcon-villages 2016 ★ (5 à 8 €; 4500 b.)** : au nez d'abricot, de poire et de mirabelle répond une bouche fraîche et longue. ⧗ 2018-2021

SCEV ÉMILE BLANC, 33 rue de l'Écluse, 71260 Lugny, tél. 06 66 77 13 64, slespinasse@quintefeuille-lugny.fr r.-v.

PASCAL ET MIREILLE RENAUD
Solutré-Pouilly Au Rompay 2016

	2700		8 à 11 €

Depuis 1987 à la tête de l'ancienne propriété de la famille Balladur, Pascal et Mireille Renaud sont aujourd'hui secondés par leurs enfants Guillaume et Amandine pour cultiver les 18 ha du vignoble, principalement en appellation pouilly-fuissé.

Ce vin élevé en foudre, issu d'une sélection parcellaire sur le lieu-dit Au Rompay de Solutré, séduit d'emblée par sa robe claire aux reflets argentés et par son nez discret de fruits confits, agrémenté de notes citronnées. La bouche se révèle gourmande et même opulente, soutenue par une acidité aux tonalités d'agrumes. Pour la table. ⧗ 2018-2021

PASCAL RENAUD, imp. du Tonnelier, 71960 Solutré-Pouilly, tél. 03 85 35 84 62, domainerenaudpascal@wanadoo.fr r.-v.

ANTONIN RODET Igé En Thuzot 2016

	13600		8 à 11 €

Fondée en 1875, la maison Antonin Rodet, négoce établi en Côte chalonnaise, propose une vaste gamme de vins de toute la Bourgogne. Elle possède aussi les châteaux de Mercey (45 ha au sud de la Côte de Beaune et en Côte chalonnaise) et de Rully (32 ha en rully), ainsi que le Dom. de la Bressande. Depuis 2010, elle appartient au groupe Boisset.

La séduisante robe jaune pâle aux reflets d'argent de ce vin flatte le regard. Des senteurs intenses de citron et de fruits à coque composent un nez tout aussi engageant. Une attaque vive ouvre sur une bouche onctueuse, gourmande et friande, bien épaulée par une pointe acidulée. Un joli vin de repas. ⧗ 2018-2021

MAISON ANTONIN RODET, 55, Grande-Rue, 71640 Mercurey, tél. 03 85 98 12 12, contact@rodet.com t.l.j. sf dim. 10h-12h 14h-17h (18h en été)
Boisset

RAPHAËL SALLET Chardonnay 2016 ★

	10600		5 à 8 €

Issu d'une famille vigneronne de plusieurs générations, Raphaël Sallet rejoint en 1983 son père qui livre alors ses raisins à la coopérative. Souhaitant produire son propre vin, il crée son domaine en 1986, étendu aujourd'hui sur 29 ha sur les coteaux argilo-calcaires d'Uchizy et de Chardonnay. Sa devise: «produire de beaux raisins pour produire de bons vins».

Une robe or blanc et un nez frais, floral et fruité dans lequel on distingue également des notes de miel d'acacia composent une belle entrée en matière. Des arômes qui se retrouvent dans une bouche souple, franche, d'une réelle finesse, soulignée par une jolie acidité. Un vin élégant et dynamique. ⧗ 2018-2021

RAPHAËL SALLET, 90, rte de Chardonnay, 71700 Uchizy, tél. 03 85 40 50 45, mrsallet@orange.fr r.-v. 3

DOM. SANGOUARD-GUYOT
Clos de la Bressande 2016

	5540		8 à 11 €

Pierre-Emmanuel Sangouard s'est installé en 1997 sur l'exploitation familiale alors tenue par son grand-père, et en 2000, a repris les vignes de ses beaux-parents (Dom. Guyot): le Dom. Sangouard-Guyot est né (12 ha aujourd'hui). Ici, les traitements sont raisonnés et limités au strict nécessaire, les vignes labourées et les vendanges manuelles.

Ce 2016 d'un bel or blanc cristallin évoque les petites fleurs blanches à l'olfaction. La bouche révèle des arômes de fruits mûrs et de citron sur un fond minéral qui apporte de l'équilibre et de la fraîcheur. Un vin bien typé mâcon, parfait pour l'apéritif. ⧗ 2018-2020

PIERRE-EMMANUEL SANGOUARD, 83, rue du Repostère, 71960 Vergisson, tél. 03 85 35 89 45, domaine@sangouard-guyot.fr r.-v.

BOURGOGNE

VIGNOBLE DE SOMMÉRÉ
La Roche-Vineuse Les Nongelettes 2016 ★

	3900		5 à 8 €

Établi dans le hameau de Sommèré, aux portes de Mâcon, Hervé Santé représente la cinquième génération de vignerons sur ce vignoble de 11 ha. Installé en 1996, il revient à la récolte manuelle dès les vendanges 2000.

Cette cuvée issue du superbe coteau de La Roche Vineuse est vêtue d'une belle robe jaune d'or. Floral dès l'approche, elle s'ouvre ensuite sur des senteurs de fruits très frais. La bouche, souple et alerte est un modèle d'équilibre. ⧗ 2018-2021 **La Roche-Vineuse Les Noyerets 2016 ★ (8 à 11 €; 4000 b.)** : un vin puissamment boisé, torréfié, prometteur par son ampleur et sa bonne structure. ⧗ 2020-2024

HERVÉ SANTÉ, 32, montée de Monceau, Sommère, 71960 La Roche-Vineuse, tél. 03 85 37 80 57, herve.sante@orange.fr r.-v.

♥ GÉRALD TALMARD Uchizy 2017 ★★

	100000		5 à 8 €

Les Talmard sont viticulteurs de père en fils depuis 1645. Installé en 1997, Gérald ne fait pas défaut à la tradition familiale et conduit selon les principes de l'agriculture biologique (sans certification) ses 30 ha de vignes.

Ce vin séduit d'emblée par sa couleur pâle d'un jaune délicat et par ses puissants arômes d'agrumes et de beurre frais. Au palais, les saveurs florales dominent, longuement portées par une matière fine et fraîche qui s'amplifie autour de la pêche de vigne au fur et à mesure de la dégustation, conclue par une longue finale pleine d'allant. Une harmonie rare. ⧗ 2019-2023

GÉRALD TALMARD, 700, rte de Chardonnay, 71700 Uchizy, tél. 03 85 40 59 40, gerald.talmard@wanadoo.fr t.l.j. 8h-18h; dim. 9h-12h

DOM. DES TERRES DE CHATENAY
Péronne Vieilles Vignes 2016 ★

8500 | 5 à 8 €

Ce couple de vignerons est installé depuis 2006 à Péronne, village situé à l'ouest des coteaux de Viré et de Clessé. Leur vignoble de 10 ha est en conversion bio.

Or vert brillant, ce mâcon issu de vignes de soixante-dix ans libère au nez de fines notes fruitées qui s'épanouissent aussi en bouche. Celle-ci ronde, suave, harmonieuse, s'achève sur une finale fraîche et acidulée. Ce vin a de la réserve, mais peut déjà s'apprécier. ⧗ 2018-2022

JEAN-CLAUDE JANIN, Les Picards, 71260 Péronne, tél. 03 85 36 94 01, janinmojc@wanadoo.fr r.-v.

♥ DOM. THIBERT PÈRE ET FILS Verzé 2016 ★★

40000 | 15 à 20 €

Issus d'une dynastie de vignerons forte de huit générations, Andrée et René Thibert créent leur propre domaine en 1967, sur 2,5 ha. Aujourd'hui, leurs enfants Sandrine et Christophe sont cogérants d'un vignoble de 30 ha. Une valeur (très) sûre du Mâconnais.

Ce remarquable mâcon Verzé a été élevé en cuve Inox pendant dix mois (90 % du vin) et en fût de chênes âgés de cinq ans (10 %) dans l'objectif de garder la pureté du chardonnay. De nombreux reflets bronze ourlent la robe jaune bouton d'or de ce vin qui n'est pas avare à l'olfaction, proposant une large palette aromatique: citron, chèvrefeuille, amande et vanille. La bouche, parfait reflet du nez, se révèle franche et fraîche, étirée dans une longue finale fruitée qui lui confère une grande noblesse de caractère. ⧗ 2019-2023

DOM. THIBERT PÈRE ET FILS, 20, rue Adrien-Arcelin, 71960 Fuissé, tél. 03 85 27 02 66, info@domaine-thibert.com r.-v.

DOM. JEAN TOUZOT Cruzille Les Parettes 2016 ★

5701 | 5 à 8 €

Bourgogne de Vigne en Verre est le prolongement commercial de douze domaines du Mâconnais et de la Côte chalonnaise qui se sont regroupés pour faciliter la distribution de leur production et ainsi mieux se concentrer sur la partie technique.

Ce 2016 à la robe or jaune ourlée de reflets bronze a séduit le jury par son nez très expressif, voire explosif, de fleurs du jardin et les fruits du verger un brin beurrés. La bouche est sincère, sans acidité, onctueuse, avec une longueur modeste mais plaisante, qui laisse deviner une complexité à venir avec le temps. ⧗ 2019-2022 ■ **Dom. Dupré 2016 (5 à 8 €; 13600 b.)** : vin cité.

BOURGOGNE DE VIGNE EN VERRE, En Velnoux, RN 6 BP 100, 71700 Tournus, tél. 03 85 51 00 83, contact@bourgogne-vigne-verre.com t.l.j. 9h-12h30 14h-18h30

DOM. CATHERINE ET DIDIER TRIPOZ
Charnay-lès-Mâcon Clos des Tournons 2016 ★

15000 | 5 à 8 €

En 1988, la famille Tripoz succède à la famille Chevalier à la tête de cette exploitation de Charnay couvrant une dizaine d'hectares.

Bien doré, ce vin présente à l'olfaction des parfums de poire Williams et de citron mêlés à une pointe végétale fraîche. Après une attaque ronde et grasse, le palais développe une finale acidulée laissant une sensation de fraîcheur. ⧗ 2019-2023 **Charnay-lès-Mâcon Prestige des Tournons 2016 ★ (8 à 11 €; 5300 b.)** : un vin ouvert sur des arômes d'amande fraîche et d'ananas, ample et bien équilibré en bouche. ⧗ 2018-2021

CATHERINE ET DIDIER TRIPOZ, 450, chem. des Tournons, 71850 Charnay-lès-Mâcon, tél. 03 85 34 14 52, didier.tripoz@wanadoo.fr r.-v.

♥ PIERRE VESSIGAUD Fuissé Les Taches 2015 ★★

n.c. | 15 à 20 €

Établi au cœur du hameau de Pouilly, entre les villages de Fuissé et de Solutré, ce domaine très régulier en qualité a engagé la conversion de son vignoble à l'agriculture biologique.

Blond comme les blés et brillant de mille feux, ce 2015 fait offrande d'une olfaction délicate de fruits bien mûrs, finement boisée, dans laquelle on distingue également des notes minérales extraites du sol calcaire. Harmonieux, puissant et gorgé de pomme Granny Smith et de poire Williams, il impressionne par sa fraîcheur, son élégance et sa persistance. ⧗ 2019-2023

PIERRE VESSIGAUD, hameau de Pouilly, 71960 Solutré, tél. 03 85 35 81 18, contact@vins-pierrevessigaud.fr t.l.j. sf dim. 9h-12h 13h30-18h30

VIRÉ-CLESSÉ

Superficie : 390 ha / Production : 22 000 hl

Appellation communale récente née en 1998, viré-clessé a de solides ambitions en matière de vins blancs. Elle a fait disparaître les dénominations mâcon-viré et mâcon-clessé avec le millésime 2002.

JEAN-LUC ET PAUL AEGERTER
Réserve personnelle 2016

3500 | 20 à 30 €

Jean-Luc Aegerter fonde son négoce en 1988. Il achète ses premières vignes en 1994 (7 ha aujourd'hui) et son fils Paul le rejoint en 2001. La maison propose une vaste gamme allant des AOC régionales aux grands

crus, du Chablisien au Mâconnais en passant par les deux Côtes.

Une robe pâle à reflets verts et un nez intense de vanille et de fleurs mêlées à l'abricot, composent une approche engageante. La bouche se révèle ample, ronde et douce. Une jolie gourmandise. ⧗ 2018-2021

JEAN-LUC ET PAUL AEGERTER, 49, rue Henri-Challand, 21700 Nuits-Saint-Georges, infos@aegerter.fr

DOM. ANDRÉ BONHOMME Vieilles vignes 2015

	17000		15 à 20 €

André Bonhomme et son épouse Gisèle ont créé ce domaine en 1956 et l'ont transmis en 2001 à leur gendre Éric Palthey, ancien architecte, et à leur fille Jacqueline, tous deux rejoints entre-temps par leurs enfants Aurélien et Johan. Le travail des vignes est biologique (conversion en cours), les vendanges sont manuelles et la vinification est traditionnelle avec des élevages longs. Une valeur sûre en viré-clessé.

Ce viré-clessé orné d'or paille offre une jolie palette aromatique rappelant la fleur d'oranger, la pêche, l'abricot et le beurre frais sur fond de minéralité. Après une attaque fraîche et élégante se développe une bouche moelleuse, imprégnée de citron confit et de zeste d'orange. Un vin déjà harmonieux. ⧗ 2018-2021

DOM. ANDRÉ BONHOMME, 12, rue Jean-Large, 71260 Viré, tél. 03 85 27 93 93, earl.bonhomme.andre@terre-net.fr r.-v.

NATHALIE ET PASCAL BONHOMME Empreintes 2015

	1700		15 à 20 €

Fils d'André Bonhomme, vigneron reconnu en viré-clessé, Pascal décide de voler de ses propres ailes en 2001; il repart alors de zéro avec son épouse Nathalie, afin d'avoir son libre arbitre et la pleine satisfaction de son métier de vigneron. Aujourd'hui, ils exploitent 6 ha de vignes.

Cette vénérable vigne de quatre-vingt-six ans, cueillie à la main, a donné un jus vinifié uniquement en fût de chêne pendant une année. Paré d'une robe jaune doré très intense, ce vin offre un bouquet délicatement boisé de beurre frais et de vanille, agrémenté de notes anisées. La bouche, bien construite, se montre florale et fraîche. ⧗ 2018-2021

PASCAL BONHOMME, 24, rue du 19-Mars-1962, 71260 Viré, tél. 03 85 33 10 27, domaine@bonhomme-vire.fr r.-v.

JEAN-MARIE CHALAND L'Épinet 2016 ★

	10000		11 à 15 €

Un vignoble de 9 ha conduit en bio, des vendanges manuelles et des élevages longs: une méthode qui a fait ses preuves, témoin les nombreuses sélections des vins de Jean-Marie Chaland dans le Guide.

Ce vin a séduit d'emblée par sa belle robe brillante teintée d'or vert et par son nez de bonne intensité, sur l'amande fraîche, les agrumes et les fleurs d'acacia. Une attaque tonique prélude à une bouche finement construite autour d'une matière riche, équilibrée par ce qu'il faut d'acidité. Une belle bouteille qui gagnera en harmonie avec la garde. ⧗ 2019-2022

JEAN-MARIE CHALAND, 12, rue En-Chapotin, 71260 Viré, tél. 09 64 48 09 44, jean-marie.chaland@orange.fr r.-v. 3

CH. CHANEL 2016 ★

	1400	11 à 15 €

Laurent Huet s'installe comme vigneron en 1987. D'abord apporteur à la cave coopérative de Clessé, il vinifie pour la première fois «à la maison» le millésime 1994. En 2008, son épouse embrasse le métier et reprend 8 ha de vignes. Le couple conduit aujourd'hui un domaine de 23 ha.

La robe jaune paille se pare de reflets brillants. Le nez, distingué, offre des senteurs de poire juteuse, d'abricot et de fruits exotiques. Après une attaque souple et ronde, le palais se montre gras mais aussi minéral, tandis que des saveurs de miel d'acacia animent la finale, longue et savoureuse. ⧗ 2018-2021

LAURENT HUET, 12, rte de Germolles, 71260 Clessé, tél. 06 12 35 96 45, laurent.huet16@wanadoo.fr r.-v.

CHANSON 2015 ★

	n.c.	15 à 20 €

L'une des plus anciennes maisons de négoce de Bourgogne, fondée en 1750, reprise en 1999 par le Champagne Bollinger. En plus de ses achats de raisins, elle dispose d'un important vignoble de 45 ha et de l'expertise de Jean-Pierre Confuron, son œnologue-conseil largement salué pour son talent (aussi pour son domaine familial Confuron-Cotedidot conduit avec son frère Yves), qui a développé un style reconnaissable grâce à ses vinifications en grappes entières. Son fief est situé autour de Beaune, mais Chanson propose aussi des appellations en Côte de Nuits.

Ce viré-clessé livre un bouquet des plus intéressants qui mêle habilement la minéralité du terroir aux notes de fruits confits du millésime dans un environnement vanillé. La bouche se montre riche, ample, charnue, puissante, étirée dans une longue finale ronde et gourmande. ⧗ 2018-2021

DOM. CHANSON PÈRE ET FILS, 10, rue Paul-Chanson, 21200 Beaune, tél. 03 80 25 97 97, chanson@domaine-chanson.com r.-v.

JEAN LORON Vieilles vignes 2016

	12000	11 à 15 €

Aux origines de la maison, Jean Loron, vigneron né dans le Beaujolais en 1711. Son petit-fils Jean-Marie fonda en 1821 un commerce d'expédition de vins. Aujourd'hui dirigée par la huitième génération, l'entreprise familiale est propriétaire de plusieurs domaines, comme le Ch. de la Pierre (régnié, brouilly), ceux de Fleurie, de Bellevue (morgon), les domaines des Billards (saint-amour) et de la Vieille Église (juliénas).

Paré d'une étoffe or vert, ce viré-clessé offre un nez flatteur de genêt et de petites fleurs blanches. Souple et plaisant, il persiste longuement sur le chèvrefeuille en bouche. Un vin sympathique à boire dans sa jeunesse. ⧗ 2018-2020

MAISON JEAN LORON, Pontanevaux, 71570 La-Chapelle-de-Guinchay, tél. 03 85 36 81 20, vinloron@loron.fr t.l.j. sf sam. dim. 9h-12h 14h-17h

BOURGOGNE

MEURGEY-CROSES Vieilles vignes 2016

	26000		11 à 15 €

Né en 1959 aux Hospices de Beaune, Pierre Meurgey est issu d'une longue lignée de régisseurs de domaines viticoles, œnologues et courtiers en vins bourguignons. Après avoir racheté la maison Champy en 1990, il a fondé en 2013 une activité de négoce sous son nom pour les vins de la Côte d'Or et lancé en 2014 la marque Meurgey-Croses, spécialisée en vins du Mâconnais - sa mère est originaire d'Uchizy.

Une belle robe limpide à légers reflets verts habille ce vin au nez épanoui de citron et de fleurs blanches. Une attaque franche précède une bouche bien équilibrée, avec ce qu'il faut de rondeur et de fraîcheur, dynamisée par une finale saline et vive. ⌛ 2018-2021

PIERRE MEURGEY, 25, bd Clémenceau, 21200 Beaune, tél. 09 81 83 29 04, mmeurgey@pierremeurgey.com V *r.-v.*

DOM. MICHEL
Vieilles vignes Sur le chêne 2015

	27000		15 à 20 €

Ce domaine de 21 ha situé dans le pittoresque hameau de Cray est réputé tant pour son excellence que pour sa longévité (fondation en 1840): les générations se succèdent, la qualité des vins demeure. Il faut dire qu'une attention très particulière est portée à la conduite de la vigne (pas d'engrais chimiques, travail du sol) et à l'élaboration des vins (récolte à maturité et tri manuels, pas de levurage, pas de chaptalisation).

Ce 2015 d'une belle couleur jaune d'or propose une agréable palette aromatique faite de miel, de fleurs blanches et de brioche au beurre. La bouche apparaît ample, riche et vineuse, étirée dans une finale chaleureuse. Un vin solaire, bien dans son millésime. ⌛ 2018-2021 ■ **Tradition 2016 (15 à 20 €; 60000 b.)** : vin cité.

DOM. MICHEL, 372, rte de Cray, Cidex 624, 71260 Clessé, tél. 03 85 36 94 27, domainemichelclesse@orange.fr V *t.l.j. sf dim. 9h-12h 14h-18h30*

DOM. MONTBARBON Sélection 2016 ★

	4400		11 à 15 €

Martine et Jacky Montbarbon, vignerons adhérents à la cave coopérative de Viré depuis 1981, s'installent en 2008 en cave particulière et commencent à vinifier leurs 13 ha de vignes. Ils privilégient désormais un entretien du sol le plus naturel possible (labours, sarclages, semis d'engrais vert).

En robe jaune paille, cette cuvée distille d'intenses senteurs de pamplemousse rose et de pêche de vigne légèrement muscatées, le tout enrobé d'un boisé distingué. La bouche se montre puissante, riche et bien équilibrée par une vivacité mordante. ⌛ 2018-2021 ■ **La Petite Condemine 2016 ★ (8 à 11 €; 3260 b.)** : un viré-clessé apprécié pour ses notes fruitées et miellées et pour sa rondeur et sa suavité en bouche. ⌛ 2018-2021

JACKY MONTBARBON, 3, chem. des Vignes, 71260 Viré, tél. 03 85 33 16 98, jacky.montbarbon@orange.fr V *r.-v.*

DOM. DE NAISSE 2016 ★

	2000		5 à 8 €

Né de parents agriculteurs à Laizé, Guy Béranger en 1975 s'installe à la ferme de Naisse. En 1982, il plante ses premières vignes et apporte sa vendange à la coopérative. Son gendre Christophe Brenot (en 2004) et sa fille Élodie (en 2017) se sont associés à l'aventure de ce vignoble qui compte désormais 20 ha.

Habillé d'une lumineuse robe dorée, ce vin livre un bouquet subtil et fin de citron, de pêche et de poire. La bouche est vive, minérale et bien équilibrée. Un vin frais et bien fait. ⌛ 2018-2021

CHRISTOPHE ET ÉLODIE BRENOT, chem. de Naisse, 71870 Laizé, tél. 03 85 33 45 29, christophe.brenot71@gmail.com V *r.-v.*

RAPHAËL SALLET 2016

	4300		11 à 15 €

Issu d'une famille vigneronne de plusieurs générations, Raphaël Sallet rejoint en 1983 son père qui livre alors ses raisins à la coopérative. Souhaitant produire son propre vin, il crée son domaine en 1986, étendu aujourd'hui sur 29 ha sur les coteaux argilo-calcaires d'Uchizy et de Chardonnay. Sa devise: «produire de beaux raisins pour produire de bons vins».

D'un bel or vert, ce 2016 dévoile un bouquet tout en subtilité mêlant le chèvrefeuille et l'acacia aux notes presque végétales de la figue fraîche. En bouche, il se montre fin et léger, dynamisé par une finale acidulée. ⌛ 2018-2020

RAPHAËL SALLET, 90, rte de Chardonnay, 71700 Uchizy, tél. 03 85 40 50 45, mrsallet@orange.fr V *r.-v.* 3

DOM. DES TERRES DE CHATENAY
Fontenay 2016 ★

	3500		8 à 11 €

Ce couple de vignerons est installé depuis 2006 à Péronne, village situé à l'ouest des coteaux de Viré et de Clessé. Leur vignoble de 10 ha est en conversion bio.

Des doux coteaux argilo-calcaires de Viré, Jean Claude Janin a extrait un vin d'un bel or vert, associant au nez les fleurs blanches, les agrumes et le silex. On retrouve cette discrète minéralité dans une bouche bien équilibrée entre gras et acidité. Un vin simple et fringant, parfait pour l'apéritif. ⌛ 2018-2021

JEAN-CLAUDE JANIN, Les Picards, 71260 Péronne, tél. 03 85 36 94 01, janinmojc@wanadoo.fr V *r.-v.*

♥ CAVE DE VIRÉ Viré d'or 2016 ★★

	n.c.		15 à 20 €

Cette coopérative est née en 1928 pour faire face aux difficultés économiques engendrées par la Première Guerre mondiale et le phylloxera. Une cave réputée depuis toujours pour ses vins blancs, précurseur en matière de commerce puisqu'elle fut la

première à vendre au détail en litre et à développer son commerce à l'export. Elle compte 145 adhérents pour 300 ha de vignes.

Assemblage de parcelles vendangées manuellement, ce vin a été élevé neuf mois en fût de chêne sur lies fines. On apprécie d'emblée le brillant de la robe dorée, ainsi que les intenses senteurs florales et vanillées. On savoure ensuite une bouche dense et ample, parfaitement équilibrée entre le gras et la vivacité, étirée dans une finale noble et riche de cire d'abeille. ⧗ 2018-2023

CAVE DE VIRÉ, 1, rue de la Cave, 71260 Viré, tél. 03 85 32 25 50, cuverie-cavedevire@orange.fr V t.l.j. 9h-12h30 14h-19h

POUILLY-FUISSÉ

Superficie : 760 ha / Production : 39 150 hl

Le profil des roches de Solutré et de Vergisson s'avance dans le ciel comme la proue de deux navires; à leur pied, le vignoble le plus prestigieux du Mâconnais, celui du pouilly-fuissé, se développe sur les communes de Fuissé, de Solutré-Pouilly, de Vergisson et de Chaintré. Les pouilly-fuissé ont acquis une très grande notoriété, notamment à l'exportation, et leurs prix ont toujours été en compétition avec ceux des chablis. Ils sont vifs, pleins de sève et complexes. Élevés en fût de chêne, ils acquièrent avec l'âge des arômes d'amande grillée ou de noisette.

VINS AUVIGUE Hors classe 2016 ★★

	1500		15 à 20 €

C'est dans les pas de leur grand-père, Francis Auvigue, qui s'était installé dans un ancien moulin en 1946, que Jean-Pierre et Michel Auvigue ont transformé cette ancienne bâtisse en chai de vinification et pratiquent l'achat de raisins depuis 1982. Comme leur grand-père, ils s'attachent au respect des terroirs avec une vinification parcellaire. Aujourd'hui, l'histoire se poursuit en famille avec l'arrivée fin 2015 de Sylvain Brenas, neveu de Jean-Pierre et Michel, qui s'attache à préserver le style et l'esprit maison.

Cette cuvée, produite uniquement les très bonnes années, d'une teinte or animée de reflets paille, libère des arômes enchanteurs mêlant dans un registre de finesse et d'élégance les notes empyreumatiques aux fleurs blanches et à la pivoine. Le palais se révèle ample et profond, avec une fraîcheur saline qui vient alléger l'ensemble. ⧗ 2018-2023 **Héritiers Auvigue 2016 (15 à 20 €; 1500 b.)** B : vin cité.

VINS AUVIGUE, Le Moulin-du-Pont, 3131, rte de Davayé, 71850 Charnay-lès-Mâcon, tél. 03 85 34 17 36, contact@auvigue.fr V r.-v.

DAVID BIENFAIT Les Crays 2016

	4000		15 à 20 €

David Bienfait a grandi à Vergisson, fasciné par le métier de vigneron. Après un BTS «viti», il part pour la Nouvelle-Zélande puis rentre en Mâconnais fin 2009 pour s'installer sur 1,8 ha de pouilly-fuissé. Aujourd'hui, son domaine compte 4 ha de chardonnay.

La robe de ce 2016 affiche de jolies nuances dorées. Du verre exhalent de sympathiques notes de litchi, de vanille et de caramel. Même si la bouche possède tous les atouts nécessaires (amplitude, vivacité et persistance), il faudra un peu de temps pour que ceux-ci s'harmonisent. ⧗ 2020-2023

DAVID BIENFAIT, 67, rue de l'Étang, 71960 Bussières, tél. 06 86 72 53 93, davidbienfait@hotmail.fr V r.-v.

DOM. BOURDON Cuvée réservée 2016 ★

	2500		15 à 20 €

Ce domaine de 17,5 ha possède deux caves: un chai moderne au cœur du hameau de Pouilly et une magnifique cave voûtée en pierre à Vergisson. À sa tête, Sylvie et François Bourdon représentent la cinquième génération.

Issus d'un sol principalement argileux, ces ceps de chardonnay ont été vendangés à la main et vinifiés en fût et demi-muids avec des bâtonnages réguliers. De ce terroir propice et de cet élevage traditionnel, ce vin en a tiré une robe or vert brillant, un nez qui respire les agrumes, la pêche blanche et les herbes sèches, et une bouche fraîche et souple. ⧗ 2018-2021

EARL FRANÇOIS ET SYLVIE BOURDON, rue de la Chapelle, Pouilly, 71960 Solutré-Pouilly, tél. 03 85 35 81 44, francoisbourdon2@wanadoo.fr V r.-v.

CH. DE CHAINTRÉ 2016

	7000		15 à 20 €

Ce domaine prestigieux, et toujours familial, existe depuis plus d'un siècle. Jean-Paul Paquet, vigneron fuisséen (Dom. de Fussiacus), a repris en 2003 ce vignoble qui fut l'ancienne propriété du château de Chaintré. Il l'a transmis à son fils Yannick en 2006.

Jaune clair à reflets or vert, ce 2016 offre un nez d'abord fermé, qui s'ouvre après aération sur d'aimables senteurs de fleurs blanches et de fruits exotiques. En bouche, il se montre très frais autour d'une trame minérale agrémentée de notes acidulées. Encore un peu jeune et tendu, il mérite une petite de garde. ⧗ 2019-2022

YANNICK PAQUET, Les Granges, 71570 Chaintré, tél. 03 85 27 01 06, domainespaquet@gmail.com V r.-v.

DOM. DU CHÂTEAU DE VERGISSON En Servy 2016

	880		15 à 20 €

Stéphanie Saumaize et Pierre Desroches sont à la tête de ce domaine de 10 ha situé au pied de la roche de Vergisson. Depuis 2012, ils vinifient leur récolte dans les fameuses caves voûtées et superposées du château de Vergisson.

Produit en toute petite quantité, ce 2016 couleur vieil or dévoile un nez délicat qui se partage entre le beurre frais, les senteurs minérales et le boisé du fût qui l'a vu naître. La bouche, délicatement boisée et croquante, ne manque pas de charme et d'élégance. ⧗ 2018-2021

PIERRE DESROCHES ET STÉPHANIE SAUMAIZE, 101, rue du Château-de-France, 71960 Vergisson, tél. 03 85 37 83 07, pierredesroches@hotmail.fr V r.-v.

CHÂTEAU-FUISSÉ
Le Clos Monopole 2016 ★

| 8500 | | 30 à 50 € |

Ce domaine emblématique de Fuissé exploite aujourd'hui 40 ha de chardonnay sur les meilleurs terroirs de l'appellation. La famille Vincent en est propriétaire depuis 1862 et Antoine, ingénieur agronome et œnologue, depuis 2003. Des caves du XVe s. sortent des vins à la renommée internationale: 80 % sont vendus à l'export.

Or jaune brillant de mille feux, ce vin a fière allure: menthol, toast, fruits confits, miel et genêt composent une palette aromatique intense et complexe. La bouche se révèle boisée, onctueuse et ronde, avant une finale plus nerveuse. À attendre pour plus de fondu. ⧗ 2020-2024 **Tête de cru 2016 (20 à 30 €; 80 000 b.)** : vin cité.

CH. DE FUISSÉ, 419, rue du Plan, 71960 Fuissé, tél. 03 85 35 61 44, domaine@chateau-fuisse.fr V *r.-v.* *Famille Vincent*

DOM. CLOS GAILLARD Vieilles Vignes 2016

| 1000 | | 15 à 20 € |

Gérald Favre s'est installé en 1984 à la tête d'un domaine de quelque 5 ha et, comme il se plaît à le rappeler, il représente la première génération de vignerons de la famille.

Des reflets d'argent animent la robe limpide et dorée de ce vin ouvert sur l'orange et le pamplemousse, associés à la fougère et au silex. «Frétillant» et vif en bouche, droit et équilibré, ce vin sera le compagnon idéal de produits de la mer. ⧗ 2018-2020

GÉRALD FAVRE, passage des Vignes, Pouilly, 71960 Solutré-Pouilly, tél. 06 16 46 31 08, geraldfavre@orange.fr V *r.-v.*

DOM. CORSIN Vieilles Vignes 2015

| 16 800 | | 15 à 20 € |

Ce domaine prestigieux, et toujours familial, existe depuis plus d'un siècle. Précurseur dans la vente en bouteilles, il est aujourd'hui entre les mains expertes de Jean-Jacques et de Gilles Corsin.

Brillant de reflets dorés, ce 2015 accroche le nez par des sensations agréables de fruits mûrs gorgés de soleil et de subtiles notes boisées. En bouche, il fait preuve de volume et de générosité, mais offre également une étonnante vivacité pour ce millésime. ⧗ 2018-2021

GILLES ET JEAN-JACQUES CORSIN, 404, rue des Plantes, 71960 Davayé, tél. 03 85 35 83 69, contact@domaine-corsin.com V *r.-v.*

DOM. MARCEL COUTURIER
Les Scellés 2016

| n.c. | | 15 à 20 € |

Installé en cave particulière depuis 2005 après avoir été apporteur à la cave coopérative des Grands Crus à Vinzelles, Marcel Couturier revendique une viticulture proche de l'agrobiologie. Son vignoble couvre 12 ha (en cours de conversion bio).

Le berceau de naissance de ce vin est un *climat* aux sols de schistes, rare dans l'appellation pouilly-fuissé. Un vin jaune d'or pâle, au nez discret de verveine fraîche et de pierre à fusil, au palais rond et épicé, bien équilibré par une finale acidulée. ⧗ 2018-2020

MARCEL COUTURIER, 730, rte de Fuissé, 71960 Fuissé, tél. 06 23 97 23 21, domainemarcelcouturier@orange.fr V *r.-v.*

DOM. DE LA CREUZE-NOIRE
Le Clos de Monsieur Noly 2016

| 2500 | | 15 à 20 € |

Loïc Martin, jeune vigneron installé en 2009, exploitait 4 ha de vignes dans la partie méridionale de l'appellation saint-véran. Depuis 2013, il a intégré le domaine familial de ses parents Christine et Dominique Màrtin.

Limpide et brillant dans sa robe vert pâle, ce vin présente, après aération, une complexité aromatique mariant subtilement senteurs florales et citronnées. Saveurs que l'on retrouve dans une bouche ronde et suave, soulignée par une fine fraîcheur saline en finale. ⧗ 2018-2021

DOMINIQUE ET CHRISTINE MARTIN, La Creuze-Noire, 71570 Leynes, tél. 03 85 37 46 43, domainemartin.dcn@gmail.com V *t.l.j. sf dim. 8h-12h 14h-18h*

DOM. DE LA CROIX SENAILLET 2016

| 4000 | | 20 à 30 € |

Le Dom. de la Croix Senaillet fut créé en 1969 par Maurice Martin, qui a progressivement abandonné la polyculture pour la vigne. En 1990, son fils Richard reprend le domaine familial, avant d'être rejoint par son frère Stéphane en 1992. La propriété de 6,5 ha au départ s'est agrandie pour atteindre 27 ha aujourd'hui, répartis sur 60 parcelles en bio certifié depuis 2010. Forts de leur expérience, au mois d'août 2015, ils font l'acquisition du Dom. de Mont Épin à Clessé (13 ha).

D'une belle limpidité aux reflets argentés, ce 2016 offre de délicates fragrances de fleur de lys et de zeste d'orange à l'olfaction. La bouche, fraîche et alerte, est portée par l'intensité du zeste d'agrume. Un vin sans chichi, à servir à l'apéritif. ⧗ 2018-2021

RICHARD ET STÉPHANE MARTIN, 471, rue des Personnets, En-Coland, 71960 Davayé, tél. 03 85 35 82 83, accueil@domainecroixsenaillet.com V *r.-v.*

DOM. JOËL CURVEUX ET FILS
Les Ménestrières 2016

| 2000 | | 11 à 15 € |

Vignerons de père en fils depuis quatre générations, les Curveux conduisent une petite propriété familiale située sur la commune de Fuissé – 8 ha de vignes, principalement en pouilly-fuissé – aujourd'hui dirigée par Joël et son fils Guillaume.

Pas extrêmement concentrée mais bien faite, avec un élevage qui préserve la vivacité des arômes fruités, cette cuvée des Ménestrières est agréable et bien typée. ⧗ 2018-2021 **2016 (11 à 15 €; 5000 b.)** : vin cité.

CURVEUX, 100, rue Cache-Poupons, 71960 Fuissé, tél. 07 86 74 02 24, domaine.curveux@sfr.fr V *t.l.j. sf dim. 10h-12h 14h-18h*

DOM. DE LA DENANTE 2016 ★★

| 2000 | | 11 à 15 €

Investi de multiples missions syndicales viticoles depuis de nombreuses années, Robert Martin est épaulé sur le domaine par son fils Damien. Ensemble, ils ont construit une cuverie moderne à Davayé pour accueillir le fruit de leurs quelque 17 ha de vignes.

Après une vendange manuelle pour préserver l'intégrité des raisins mûrs, ce vin fut élevé durant neuf mois dans la nouvelle cave à tonneaux. D'un or vert soutenu, il exhale des senteurs de brioche, de petites fleurs sauvages et de caillou. Savoureux, le palais se révèle puissant mais équilibré. Soutenue par une belle acidité, la finale s'égrène longuement sur des notes de fruits mûrs. Un flacon précieux, à servir sur des mets distingués. ⧗ 2018-2023

DAMIEN MARTIN, Les Gravières, 71960 Davayé, tél. 03 85 35 82 88, martin.denante@wanadoo.fr V r.-v.

DEUX ROCHES Plénitude de bonté 2016 ★★

| n.c. | 15 à 20 €

L'aventure au domaine commence en 1928 avec les premières vignes que Joanny Collovray possède autour de Davayé, à l'ouest de Mâcon. Deux générations plus tard, les Collovray ont rencontré les Terrier et s'associent au sein du Dom. des Deux Roches qui naît en 1986. Aujourd'hui la quatrième génération est à l'œuvre... Une valeur sûre du Mâconnais.

Le nom de cette cuvée vient d'une expression en vieux français signifiant qu'un raisin devait être cueilli en « plénitude de bonté », c'est-à-dire complètement mûr et bon. Et cela semble bien être le cas. Vêtu d'une robe profonde aux reflets d'or, ce pouilly-fuissé attire l'œil. Des senteurs agréables d'amande grillée, de fleurs d'acacia, de toast beurré et de citron dominent l'olfaction. Une richesse aromatique que l'on retrouve dans une bouche offrant par un équilibre gras-acidité parfait. Un beau vin taillé pour la garde mais déjà très agréable. ⧗ 2018-2024

COLLOVRAY ET TERRIER, 181, rte de Mâcon, 71960 Davayé, tél. 03 85 35 86 51, info@collovrayterrier.com V *t.l.j. 8h30-12h 13h30-17h30; sam. dim. sur r.-v.*

NADINE FERRAND Lise-Marie 2016 ★

| 8000 | | 15 à 20 €

Incarnant la troisième génération de vignerons, Nadine Ferrand est depuis l'année 1984 à la tête d'une exploitation dont elle a porté la superficie à plus de 11 ha. Sa fille Marine l'a rejointe en 2012. Un domaine régulier en qualité.

Cette cuvée d'un beau doré vif et éclatant offre au nez des parfums précis et fins mêlant les fleurs (iris et violette) au miel d'acacia frais. La bouche associe la rondeur gourmande de l'abricot à la fraîcheur du terroir. Un ensemble harmonieux. ⧗ 2019-2022 **Climat Pouilly 2016 (30 à 50 €; 3500 b.)** : vin cité. **Prestige 2016 (20 à 30 €; 3300 b.)** : vin cité.

NADINE FERRAND, 51, chem. du Voisinet, 71850 Charnay-lès-Mâcon, tél. 06 09 05 19 74, ferrand.nadine@wanadoo.fr V *t.l.j. sf dim. 8h-12h 13h30-19h*

DOM. GAILLARD 2016

| 910 | | 15 à 20 €

En 1981, Roger Gaillard s'installe avec 1 ha de pouilly-fuissé à Davayé. Sa femme Véronique le rejoint en 1988 et, au fil des années, ils développent l'exploitation, en ajoutant de nouvelles appellations (saint-véran, mâcon, crémant-de-bourgogne) à leur escarcelle. Ils ont été rejoints en 2015 par leur fils Romain et leur domaine compte désormais 11 ha.

Né sur sol de marne et de calcaire, ce vin élevé durant onze mois en cuve et en fût porte une jolie robe or blanc. D'abord sur la réserve, le nez développe après aération de séduisants arômes de noisette, d'abricot et de coing. La bouche se révèle finement boisée, fraîche et saline. ⧗ 2018-2021

ROMAIN ET ROGER GAILLARD, 420, rue des Plantes, 71960 Davayé, tél. 03 85 35 83 31, domaine.gaillard@orange.fr V *r.-v.*

DOM. DES GERBEAUX Champs Roux 2016 ★

| 2000 | | 15 à 20 €

Ce vignoble familial fut créé en 1896 par Jacques Charvet, l'arrière-grand-père de Jean-Michel Drouin. Il compte aujourd'hui 14 ha de chardonnay répartis dans les appellations mâcon, saint-véran et pouilly-fuissé. Une valeur sûre, avec des coups de cœur réguliers dans cette dernière AOC. En 2016, Xavier a pris les commandes, épaulé par son père Jean-Michel.

À l'olfaction, cet excellent pouilly-fuissé, couleur jaune moutarde aux reflets dorés, a la minéralité comme fil conducteur, en appoint des épices douces, de l'aubépine et de la reine claude compotée. La bouche est franche et fraîche, d'un bon volume, ouverte sur des arômes prononcés de fruits blancs, de caillou, de pain grillé et de noisette torréfiée. ⧗ 2019-2024 **Cuvée Jacques Charvet 2016 (20 à 30 €; 1800 b.)** : vin cité.

XAVIER DROUIN, Les Gerbeaux, 71960 Solutré-Pouilly, tél. 03 85 35 80 17, j-michel.drouin.gerbeaux@wanadoo.fr V *r.-v.*

DOM. GIROUX Sélection Vieilles Vignes 2015

| 2000 | | 20 à 30 €

Yves Giroux a créé ce domaine en 1973 à partir de vignes paternelles divisées. C'est depuis 2009 son fils Sébastien qui, après une carrière dans l'automobile, préside aux destinées de ce vignoble de 6,8 ha.

De vieilles vignes de quatre-vingts ans sont à l'origine de ce vin qui a séjourné six mois en fût de chêne, puis un an en cuve. Il se présente drapé d'un or intense, le nez ouvert sur des nuances d'agrumes, de fruits blancs mûrs et de vanille. Une palette typique de ce millésime solaire prolongée par une bouche ample, riche, ronde et chaleureuse. ⧗ 2018-2021

SÉBASTIEN GIROUX, Les Molards, 71960 Fuissé, tél. 09 79 00 64 33, domainegiroux@wanadoo.fr V *r.-v.*

DOM. GONON Aux Vignes Dessus 2016

| 2400 | | 15 à 20 €

Situé à Vergisson au pied de la célèbre roche de Solutré, ce domaine de 14 ha, propriété des Gonon

BOURGOGNE

depuis cinq générations, produit bon nombre des AOC du Mâconnais: pouilly-fuissé, saint-véran, bourgogne rouge… et même le très rare mâcon rosé.

Une belle maîtrise de l'élevage sous bois donne à ce vin une couleur d'or rose brillante et limpide. Le nez fleure bon la vanille, la brioche beurrée et, après aération, la pêche de vigne. La bouche se montre ample et riche, soutenue par un boisé encore présent et prolongée par une finale abricotée fraîche et persistante. ⧗ 2020-2023

⊶ *JEAN-FRANÇOIS GONON, 1, chem. de la Renardière, 71960 Vergisson, tél. 03 85 37 78 42, domgonon@aol.com* V ♿ ▪ *r.-v.*

LES GRANDS CRUS BLANCS
Clos Reyssier 2016

	10800		11 à 15 €

Créée en 1929, la Cave des Grands Crus Blancs a scellé l'union des vignerons de deux villages voisins: Vinzelles et Loché. Surtout présente dans le Mâconnais, la coopérative propose aussi des crus du Beaujolais. Élaborés par un jeune œnologue, Jean-Michel Atlan, ses vins figurent régulièrement dans le Guide.

Ce joli pouilly-fuissé orné de reflets verts dévoile au nez des senteurs fruitées et minérales. Nette dès l'attaque, finement ciselée, la bouche fait un bel écho à l'olfaction avec des saveurs salines et anisées. ⧗ 2018-2021

⊶ *CAVE DES GRANDS CRUS BLANCS, 2367, rte des Allemands, 71680 Vinzelles, tél. 03 85 27 05 70, contact@lesgrandscrusblancs.com* V ▪ *t.l.j. 8h30-12h30 13h30-19h*

DOM. GUERRIN ET FILS Les Crays 2016 ★

	2500		15 à 20 €

En 1984, Maurice Guerrin a créé avec seulement 2,5 ha ce domaine qui compte aujourd'hui 15 ha de chardonnay. Son fils Bastien l'a rejoint fin 2011 afin de développer la commercialisation en bouteilles.

Vêtu d'or jaune aux reflets paille, ce vin sent le yaourt aux fruits et les petites fleurs blanches des haies. La bouche, ronde dès l'attaque, est empreinte d'une richesse et d'une concentration fruitée bien balancées par une élégante acidité. ⧗ 2018-2021 ▪ **Vieilles Vignes 2016 (15 à 20 €; 15000 b.)** : vin cité.

⊶ *DOM. GUERRIN ET FILS, 572, rte des Bruyères, 71960 Vergisson, tél. 03 85 35 80 25, contact@domaineguerrin.fr* V ♿ ▪ *r.-v.*

MANOIR DU CAPUCIN
Clos de la Maison Monopole 2016 ★★

	2100		15 à 20 €

Le manoir aux colonnes toscanes, avec ses caves et son clos, fut la demeure de Capucin Luillier (auteur des *Noëls Mâconnais* au XVIIe s.) et entra dans la famille Bayon au début du XXe s. Chloé Bayon et son ami Guillaume Pichon, les actuels propriétaires, en ont entrepris la rénovation en 2002 et conduisent aujourd'hui un vignoble de 12,5 ha.

Malgré un orage de grêle ravageur le 13 avril 2016, qui a entraîné une perte considérable de récolte, le domaine a bien maîtrisé son millésime. Pour preuve, ce vin drapé d'or fin aux reflets curry, ouvert sur d'intenses arômes mêlant avec beaucoup de finesse et de distinction la noisette, l'amande amère et la vanille. Le gras, la puissance et la richesse caractérisent la bouche, mais sans lourdeur aucune, avec même une belle vivacité en soutien. ⧗ 2019-2023 ▪ **Quintessence 2016 (15 à 20 €; 2560 b.)** : vin cité.

⊶ *CHLOÉ BAYON, 22, rue Cache-Poupons, 71960 Fuissé, tél. 03 85 35 87 74, manoirducapucin@yahoo.fr* V ♿ ▪ *r.-v.*

Ⓑ DOM. MATHIAS Tradition 2016

	6000		11 à 15 €

La famille Mathias produit des vins à Chaintré depuis 1894, Béatrice et Gilles depuis 1992, à partir de 10 ha de vignes conduits en bio depuis 2010.

Éclairée de reflets cuivrés, la robe vieil or de ce vin est engageante. Le nez gourmand de poire Williams et de citron se révèle finement boisé. Le palais apparaît large, dense et opulent, mais avec de la fraîcheur en soutien. Une jolie signature de l'appellation qui se boit déjà et qui saura vieillir. ⧗ 2018-2023

⊶ *GILLES MATHIAS, 225, rue Saint-Vincent, 71570 Chaintré, tél. 03 85 27 00 50, contact@domaine-mathias.fr* V ♿ ▪ *t.l.j. 10h-19h*

MEURGEY-CROSES
Vieilles Vignes 2016

	3000		15 à 20 €

Né en 1959 aux Hospices de Beaune, Pierre Meurgey est issu d'une longue lignée de régisseurs de domaines viticoles, œnologues et courtiers en vins bourguignons. Après avoir racheté la maison Champy en 1990, il a fondé en 2013 une activité de négoce sous son nom pour les vins de la Côte d'Or et lancé en 2014 la marque Meurgey-Croses, spécialisée en vins du Mâconnais – sa mère est originaire d'Uchizy.

Des reflets d'argent ourlent la robe de ce vin éclatant, ouvert sur des notes boisées de noisette grillée et de café torréfié. La bouche, ample et bien structurée, prolonge les saveurs de l'élevage. À mettre en cave pour plus de fondu. ⧗ 2020-2023

⊶ *PIERRE MEURGEY, 25, bd Clémenceau, 21200 Beaune, tél. 09 81 83 29 04, mmeurgey@pierremeurgey.com* V *r.-v.*

GILLES MORAT Terres du menhir 2016

	13000		15 à 20 €

Après une carrière dans l'électronique, Gilles Morat décide de reprendre le domaine familial (6 ha au pied de la roche de Vergisson) en 1997. Ce vigneron consciencieux s'illustre avec une grande régularité par ses pouilly-fuissé.

D'un seyant vieil or, ce vin développe un nez floral mêlant la rose, le vétiver et la fougère. En bouche, il se montre gras, rond, généreux et de bonne longueur. ⧗ 2018-2021 ▪ **Bélemnites 2016 (15 à 20 €; 7000 b.)** : vin cité.

⊶ *GILLES MORAT, Châtaigneraie Laborier, 595, rte des Bruyères, 71960 Vergisson, tél. 03 85 35 85 51, gil.morat@wanadoo.fr* V ▪ *r.-v.*

DOM. GILLES NOBLET Les Champs 2016

| n.c. | | 11 à 15 € |

Cette exploitation de plus de 11 ha, transmise de génération en génération depuis 1936, est située au cœur de Fuissé. En juillet 2017, Mylène Noblet Durand succède à ses parents.

Des chardonnays de cinquante ans, implantés sur un sol argilo-calcaire, ont donné ce vin élevé un an en foudres et fûts de chêne. La robe est jaune clair et le nez flatteur avec ses notes de fleur d'acacia et de miel. La bouche, bien épanouie et équilibrée, allie gras et vivacité. 2018-2021

GILLES NOBLET, 135, rue En-Collonge, 71960 Fuissé, tél. 03 85 35 63 02, gillesnoblet@wanadoo.fr V r.-v.

SYLVAINE ET ALAIN NORMAND 2016 ★

| 20000 | | 11 à 15 € |

Alain Normand s'est installé en 1993 à la tête de 13 ha. En 2010, le domaine s'est agrandi considérablement avec le vignoble du père de Sylvaine. Aujourd'hui, 32 ha de vignes répartis sur Solutré, Chaintré, Prissé et La Roche-Vineuse.

Issu de ceps de chardonnay de trente ans, ce pouilly-fuissé a été élevé pendant une année en cuve. Or pâle à reflets verts, il surprend par la complexité de ses arômes: d'abord minéraux, puis dans un registre floral et amylique. La bouche ne déçoit pas: l'attaque est fraîche et franche, puis le vin s'arrondit autour de saveurs fruitées (mirabelle et citron), pour aboutir à un bel équilibre. 2018-2021 **Aux Vigneraies 2016 (20 à 30 €; 5000 b.)** : vin cité.

SYLVAINE ET ALAIN NORMAND, 10, allée en Darèle, 71960 La Roche-Vineuse, tél. 03 85 36 61 69, vins@domaine-normand.com V r.-v.

DOM. DES PÉRELLES Les Chevrières 2016 ★

| 2000 | | 11 à 15 € |

Jean-Yves Larochette a pris en 1990 les rênes du domaine familial. Son exploitation a son siège aux confins du Mâconnais et du Beaujolais, et couvre aujourd'hui 10 ha répartis dans ces deux régions.

Cette parcelle de 45 ares de chardonnay planté dans les années 1950 sur un sol argilo-calcaire a donné un vin frais et élégant. Jaune mat dans le verre, il offre un nez de fleurs blanches et de miel d'acacia. Le palais souple et élégant présente des saveurs originales de gâteau à la crème, équilibrées par une légère amertume de zeste de pamplemousse. 2018-2023

EARL JEAN-YVES LAROCHETTE, 393, rue des Barbiers, 71570 Chânes, tél. 06 82 04 21 57, jy.larochette@orange.fr V r.-v. E

DOM. ALEXIS POLLIER 2016

| 1405 | | 15 à 20 € |

Représentant la cinquième génération de vignerons, Alexis Pollier s'est installé en 2015 avec à sa disposition 3,5 ha de vignes.

Ce vin or vert brillant dévoile un nez exubérant de noisette grillée et de mangue très mûre. Au palais, il se montre gourmand et chaleureux, stimulé par une finale plus vive, sur le citron. Une bouteille à attendre un peu pour qu'elle se donne avec plus de mesure et de douceur. 2019-2022

ALEXIS POLLIER, chem. des Prouges, 71960 Fuissé, tél. 06 34 65 49 04, domainealexispollier@gmail.com V r.-v.

DOM. DANIEL POLLIER Les Perrières 2016

| 1520 | | 15 à 20 € |

Ce domaine familial de 12 ha, exploité depuis quatre générations par la famille Pollier, est situé au cœur du bucolique village de Fuissé. Adepte de la modernité, avec une approche très technique du métier de vigneron, Daniel Pollier récolte ses chardonnays à la machine, puis vinifie et élève son vin en cuve Inox avec maîtrise des températures.

Cette cuvée a connu le bois. Vêtue d'un drapé paille profond, elle s'ouvre à l'aération sur des senteurs de beurre frais soulignées d'un brin d'agrumes. Une attaque franche et vive laisse ensuite place à une bouche riche, presque crémeuse. À attendre un peu pour que l'ensemble s'harmonise parfaitement. 2019-2022

DANIEL POLLIER, 22, rue de la Planchette, 71960 Fuissé, tél. 03 85 35 66 85, contact@domainedanielpollier.com V r.-v. 4

CH. POUILLY Cuvée 1551 2015 ★

| 21000 | | 20 à 30 € |

Perché sur le mont Pouilly, à la sortie du hameau, ce château se dresse fièrement depuis 1551 au milieu de ses 7 ha de vignes. À sa tête depuis 1981, Mme Canal du Comet vise à redonner son prestige à ce domaine protagoniste des Expositions universelles entre 1862 et 1912. Les traditions sont ici respectées, de la vigne à la bouteille (vinification de douze mois, assemblage avant mise, élevage long en bouteilles).

Ce vin jaune clair à reflets dorés dévoile au nez des parfums légers de miel et de fleurs blanches qui se marient harmonieusement aux notes vanillées de l'élevage en fût (douze mois). La bouche, ample et ronde, est soutenue par une fraîcheur qui rehausse le fruit, tandis que le bois se fond parfaitement dans l'ensemble. Une belle réussite dans un millésime solaire. 2018-2022

CH. POUILLY, rue du Château, 71960 Solutré-Pouilly, tél. 06 71 77 21 41, gerald.saunier@chateaupouilly.fr V r.-v.

DOM. DES PRÉAUDS 2016

| 19200 | | 15 à 20 € |

Rejoint par Franck, Georges Dubœuf est toujours à la tête de l'affaire de négoce-éleveur qu'il a créée en 1964 et qui a largement contribué à la notoriété du Beaujolais. La société travaille avec de nombreux vignerons et coopératives et réalise 75 % de son chiffre d'affaires à l'international. Georges Dubœuf est aussi pionnier en matière d'œnotourisme avec son œnoparc (Hameau Georges Dubœuf) aménagé en 1993 dans l'ancienne gare de Romanèche-Thorins.

Or blanc à reflets verts intenses, ce pouilly-fuissé associe le fruité (citron), le floral (aubépine) et le boisé

BOURGOGNE

(vanille) à l'olfaction. En bouche, on découvre un vin franc, frais et net. ⧗ 2018-2020

⊶ LES VINS GEORGES DUBŒUF, 208, rue de Lancié, 71570 Romanèche-Thorins, tél. 03 85 35 34 20, gduboeuf@duboeuf.com V t.l.j. 10h-18h; f. janv.

PASCAL ET MIREILLE RENAUD Aux Bouthières 2015 ★

	2500		20 à 30 €

Depuis 1987 à la tête de l'ancienne propriété de la famille Balladur, Pascal et Mireille Renaud sont aujourd'hui secondés par leurs enfants Guillaume et Amandine pour cultiver les 18 ha du vignoble, principalement en appellation pouilly-fuissé.

De vieux chardonnays centenaires sont à l'origine de ce vin jaune clair, qui présente un imposant dispositif boisé à l'olfaction: vanille et pain grillé dans un environnement fruité mûr. Après une attaque généreuse, le palais dévoile une belle richesse et un équilibre penchant vers le gras, sur des notes encore dominantes d'élevage (vingt-quatre mois en demi-muids). Ce pouilly-fuissé devrait avoir une belle vie, si on a la patience de l'attendre. ⧗ 2021-2025

⊶ PASCAL RENAUD, imp. du Tonnelier, 71960 Solutré-Pouilly, tél. 03 85 35 84 62, domainerenaudpascal@wanadoo.fr V r.-v.

PASCAL RENOUD-GRAPPIN 2016

	3940	11 à 15 €

Créé de toutes pièces par Pascal Renoud-Grappin en 1996 à partir d'une parcelle de 30 ares de chardonnay, ce domaine compte aujourd'hui 13 ha. Avec les années, il a développé principalement une clientèle de particuliers.

Ce 2016 d'un jaune tendre aux reflets vert pâle dévoile un nez discrètement floral qui s'exprime sur l'aubépine, l'acacia et le chèvrefeuille mâtinés de notes fruitées. Le palais se révèle frais, acidulé, flatteur et souple. ⧗ 2018-2021

⊶ PASCAL RENOUD-GRAPPIN, 421, rue des Plantes, 71960 Davayé, tél. 03 85 35 81 35, rg.pascal@orange.fr V r.-v.

DOM. SANGOUARD-GUYOT Quintessence 2016

	9586		15 à 20 €

Pierre-Emmanuel Sangouard s'est installé en 1997 sur l'exploitation familiale alors tenue par son grand-père, et en 2000, a repris les vignes de ses beaux-parents (Dom. Guyot): le Dom. Sangouard-Guyot est né (12 ha aujourd'hui). Ici, les traitements sont raisonnés et limités au strict nécessaire, les vignes labourées et les vendanges manuelles.

Or bronze limpide, ce vin dégage du verre d'intenses arômes floraux. Si son attaque se fait franche et fraîche, le développement en bouche est, lui, caractérisé par une certaine rondeur fruitée (pêche, mirabelle), avant une finale plus tendue. ⧗ 2018-2021

⊶ PIERRE-EMMANUEL SANGOUARD, 83, rue du Repostère, 71960 Vergisson, tél. 03 85 35 89 45, domaine@sangouard-guyot.fr V r.-v.

DOM. JEAN-PIERRE SÈVE Terroir 2016

	18500		11 à 15 €

Ce domaine de 7,5 ha (vingt parcelles) est situé sur les hauteurs du village de Solutré, au pied de la célèbre roche. En sortant du caveau de dégustation, on découvre un beau panorama allant du vignoble de Pouilly-Fuissé au massif du Mont-Blanc, en passant par la plaine de la Saône. Jean-Pierre Sève y est installé, à la suite de son père, depuis 1981.

Or blanc très pâle à l'œil, sur la noisette fraîche, le silex et l'aubépine au nez, ce vin se révèle fin et élégant en bouche, sans opulence ni gros volume. Un vin simple et sympathique, à ouvrir à l'apéritif sous la tonnelle. ⧗ 2018-2020

⊶ JEAN-PIERRE SÈVE, rue Adrien-Arcelin, 71960 Solutré-Pouilly, tél. 03 85 35 80 19, domaine@vins-seve.com V r.-v.

DOM. SIMONIN Aux Charmes 2016

	2134		15 à 20 €

Vergisson, paisible village viticole blotti au pied des Roches, mérite un détour pour son panorama époustouflant sur la vallée de la Saône et la chaîne des Alpes. Jacques Simonin y possède 7 ha de chardonnay, qu'il travaille de façon traditionnelle.

Issu de chardonnays d'une trentaine d'années implantés sur un sol d'argile et de marnes bleues, ce vin limpide et brillant évoque au nez la finesse des fleurs blanches: acacia, aubépine et chèvrefeuille. Plus marqué par le bois, le palais est soutenu par des saveurs salines et citronnées, gage d'une belle tenue dans le temps. ⧗ 2019-2023 **Les Ammonites 2016 (20 à 30 €; 768 b.)** : vin cité.

⊶ JACQUES SIMONIN, 94, rue Froide, 71960 Vergisson, tél. 03 85 35 84 72, domsimonin.ja@wanadoo.fr V r.-v.

DOM. TROUILLET Aux Chailloux 2016 ★

	6666		15 à 20 €

Au décès de son père Frédéric en 2007, William Trouillet, alors étudiant au lycée viticole de Davayé, revient sur l'exploitation familiale pour seconder sa mère Marie-Agnès, non sans avoir effectué plusieurs stages en France et à l'étranger. Aujourd'hui, l'exploitation s'est beaucoup agrandie et couvre 19 ha.

Habillé d'or clair, ce pouilly-fuissé riche et opulent s'ouvre à l'olfaction sur des notes empyreumatiques (marc, café grillé...), puis laisse la place à des senteurs plus fines de pêche jaune et d'ananas. Dense, riche et vineux, le palais est dynamisé par une amertume aux accents de zeste d'agrumes et persiste en finale sur des notes de vanille et de menthol frais. À attendre. ⧗ 2021-2024

⊶ WILLIAM TROUILLET, rte des Concizes, 71960 Solutré-Pouilly, tél. 03 85 35 80 04, domaine.trouillet@wanadoo.fr V r.-v.

PIERRE VESSIGAUD Vieilles Vignes 2015 ★

	n.c.		20 à 30 €

Établi au cœur du hameau de Pouilly, entre les villages de Fuissé et de Solutré, ce domaine très régulier en qualité a engagé la conversion de son vignoble à l'agriculture biologique.

De vieilles vignes de cinquante ans ont donné ce vin couleur topaze, qui développe une olfaction discrète mais élégante de fleurs blanches, de fruits confits et de cire d'abeille. Une attaque généreuse introduit une bouche riche et dense, bien soutenue par un élevage judicieux. Sa finale capiteuse témoigne de la richesse de ce millésime 2015. Une bouteille à oublier au fond de sa cave afin qu'elle s'affine. ⧗ 2020-2024

PIERRE VESSIGAUD, hameau de Pouilly, 71960 Solutré, tél. 03 85 35 81 18, contact@vins-pierrevessigaud.fr V *t.l.j. sf dim. 9h-12h 13h30-18h30*

▶ POUILLY-LOCHÉ ET POUILLY-VINZELLES

Moins connues que leur voisine, ces petites appellations situées sur le territoire des communes de Loché et de Vinzelles produisent des vins blancs secs de même nature que le pouilly-fuissé, avec peut-être un peu moins de corps.

POUILLY-LOCHÉ

Superficie : 32 ha / Production : 1 500 hl

MARCEL COUTURIER Le Bourg 2016 ★★

| 5000 | 15 à 20 € |

Installé en cave particulière depuis 2005 après avoir été apporteur à la cave coopérative des Grands Crus à Vinzelles, Marcel Couturier revendique une viticulture proche de l'agrobiologie. Son vignoble couvre 12 ha (en cours de conversion bio).

D'un or vert tilleul très brillant, ce vin présente un nez bien ouvert, où se mêlent les senteurs de citron, de pêche jaune et de verveine. Une attaque percutante introduit une bouche parfaitement équilibrée entre le gras de la chair et l'acidité des agrumes, qui s'étire dans une longue et belle finale florale. Un vin de repas très bien construit, que l'on pourra garder plusieurs années. ⧗ 2019-2024

MARCEL COUTURIER, 730, rte de Fuissé, 71960 Fuissé, tél. 06 23 97 23 21, domainemarcelcouturier@orange.fr V *r.-v.*

LES GRANDS CRUS BLANCS Les Mûres 2016 ★

| 7500 | | 8 à 11 € |

Créée en 1929, la Cave des Grands Crus Blancs a scellé l'union des vignerons de deux villages voisins : Vinzelles et Loché. Surtout présente dans le Mâconnais, la coopérative propose aussi des crus du Beaujolais. Élaborés par un jeune œnologue, Jean-Michel Atlan, ses vins figurent régulièrement dans le Guide.

Élevé neuf mois en cuves sur lies fines, ce 2016 doré, brillant et limpide se révèle discret mais fin : fleurs blanches, fleur d'oranger, melon et guimauve s'entremêlent aussi bien au nez qu'en bouche. La finale franche, nette et citronnée amène une belle énergie. ⧗ 2018-2021

CAVE DES GRANDS CRUS BLANCS, 2367, rte des Allemands, 71680 Vinzelles, tél. 03 85 27 05 70, contact@lesgrandscrusblancs.com V *t.l.j. 8h30-12h30 13h30-19h*

DOM. THIBERT PÈRE ET FILS En Chantone 2015 ★★

| 1800 | | 20 à 30 € |

Issus d'une dynastie de vignerons forte de huit générations, Andrée et René Thibert créent leur propre domaine en 1967, sur 2,5 ha. Aujourd'hui, leurs enfants Sandrine et Christophe sont cogérants d'un vignoble de 30 ha. Une valeur (très) sûre du Mâconnais.

Ce blanc couleur jaune serin nuancé de pointes dorées s'exprime joliment sur des notes de fleurs blanches et d'herbes fraîches, le tout couronné de senteurs boisées. La bouche, très équilibrée, associe à une aimable rondeur des nuances fraîches d'agrumes et de minéralité qui apportent de la tonicité à ce vin ample et gourmand. ⧗ 2019-2024

DOM. THIBERT PÈRE ET FILS, 20, rue Adrien-Arcelin, 71960 Fuissé, tél. 03 85 27 02 66, info@domaine-thibert.com V *r.-v.*

POUILLY-VINZELLES

Superficie : 52 ha / Production : 1 700 hl

MARCEL COUTURIER Les Quarts 2016

| 330 | | 20 à 30 € |

Installé en cave particulière depuis 2005 après avoir été apporteur à la cave coopérative des Grands Crus à Vinzelles, Marcel Couturier revendique une viticulture proche de l'agrobiologie. Son vignoble couvre 12 ha (en cours de conversion bio).

Ce pouilly-vinzelles très confidentiel a la particularité d'avoir été vinifié avec des levures indigènes en amphore. D'un jaune d'or d'une belle brillance, il présente un nez gourmand de fruits mûrs rappelant la pêche et l'abricot. Miellé au palais, d'une bonne persistance, il est agréable dès aujourd'hui. ⧗ 2018-2021

MARCEL COUTURIER, 730, rte de Fuissé, 71960 Fuissé, tél. 06 23 97 23 21, domainemarcelcouturier@orange.fr V *r.-v.*

JOSEPH DROUHIN 2016 ★

| n.c. | | 15 à 20 € |

Créée en 1880, cette maison beaunoise travaille une large palette d'AOC bourguignonnes : de Chablis (38 ha sous l'étiquette Drouhin-Vaudon) à la Côte chalonnaise (3 ha), en passant par les Côtes de Beaune et de Nuits (32 ha). On peut y ajouter les vignes américaines du Dom. Drouhin en Oregon (90 ha) et de Roserock Vineyard, 112 ha dans la région des Eola-Amity Hills. Ce négoce d'envergure grâce à ce vaste domaine de 73 ha – développé par Robert Drouhin à partir de 1957 et désormais géré par ses quatre enfants – est aussi le plus important propriétaire de vignes cultivées en biodynamie. Incontournable.

D'un bel or clair à reflets vert tendre, ce pouilly-vinzelles, né sur les argiles et les calcaires du sud mâconnais, ne renie rien de son origine : le nez, puissant, minéral et floral, est en harmonie avec une bouche ample, à laquelle une finale sur l'abricot et le flan à la vanille confère beaucoup de personnalité. ⧗ 2019-2023

MAISON JOSEPH DROUHIN, 7, rue d'Enfer, 21200 Beaune, tél. 03 80 24 68 88, christellehenriot@drouhin.com V r.-v.

DOM. MANCIAT-PONCET
Les Longeays 2016

2200		11 à 15 €

Cette propriété créée en 1870, qui s'étend aujourd'hui sur 23 ha, a été transmise de père en fils jusqu'en 2003. Depuis cette date, c'est la fille de Claude Manciat, Marie-Pierre, qui tient les rênes du domaine.

Paré d'une robe jaune clair ornée de reflets verts, ce 2016 dévoile un bouquet frais composé de notes d'aubépine et d'acacia. En bouche, il se montre tendre et souple. Un vin bien fait, à boire dans sa jeunesse. 2018-2021

MARIE-PIERRE MANCIAT, 217, rue Saint-Vincent, 71570 Chaintré, tél. 03 85 35 61 50, mpmanciat@orange.fr V r.-v.

CÉDRIC ET PATRICE MARTIN 2016 ★

2000		8 à 11 €

Cédric et Patrice Martin exploitaient leurs vignes individuellement avant de décider en 2012 de mutualiser leurs structures viticoles respectives, au départ à la retraite de leurs parents Sylvaine et Jean-Jacques. Ils ont ainsi créé un domaine de 12 ha de vieilles vignes de chardonnay et de gamay, qui propose des vins du Mâconnais et du Beaujolais.

Il a été procédé à un élevage en cuve de douze mois pour ce vin or vert, qui évoque dans son approche aromatique la pêche de vigne et l'églantine. La bouche se révèle ample, généreuse, souple, ronde et persistante. 2019-2023

SCEV CÉDRIC ET PATRICE MARTIN, Les Verchères, 192, rte du Stade, 71570 Chânes, tél. 06 74 10 15 49, martinpatris@club-internet.fr V r.-v.

♥ B DOM. MATHIAS 2016 ★★

5000		8 à 11 €

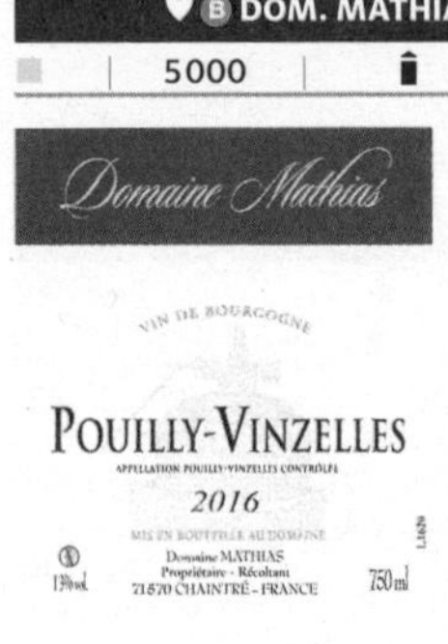

La famille Mathias produit des vins à Chaintré depuis 1894, Béatrice et Gilles depuis 1992, à partir de 10 ha de vignes conduits en bio depuis 2010.

Élevé sur lies fines durant huit mois en cuve Inox, ce vin couleur or paille déploie à l'olfaction des senteurs fraîches et pures de poire Williams, mais aussi de verger sicilien avec des notes d'agrumes (orange et pamplemousse), le tout souligné par un trait de miel d'acacia. En bouche, il présente une matière fine travaillée sur le fruit et la fraîcheur avec une maîtrise sans pareil. 2018-2023

GILLES MATHIAS, 225, rue Saint-Vincent, 71570 Chaintré, tél. 03 85 27 00 50, contact@domaine-mathias.fr V *t.l.j. 10h-19h*

SAINT-VÉRAN

Superficie : 680 ha / Production : 37 500 hl

Implantée surtout sur des terroirs calcaires, l'appellation, reconnue en 1971, constitue la limite sud du Mâconnais, entre les AOC pouilly-fuissé, pouilly-vinzelles et beaujolais. Elle est réservée aux vins blancs produits dans huit communes de Saône-et-Loire. Légers, élégants et fruités, les saint-véran accompagnent bien les débuts de repas. Ils sont intermédiaires entre les pouilly-fuissé et les mâcon suivis d'un nom de village.

DOM. BOURDON 2016 ★

8700		8 à 11 €

Ce domaine de 17,5 ha possède deux caves : un chai moderne au cœur du hameau de Pouilly et une magnifique cave voûtée en pierre à Vergisson. À sa tête, Sylvie et François Bourdon représentent la cinquième génération.

Après un élevage sur lies fines de huit mois en cuve, ce vin se présente vêtu d'une jolie robe or clair. Fleurs blanches, amande fraîche et silex composent la palette aromatique, que l'on retrouve accompagnée de notes réglissées dans un palais frais et tonique. Charmante et plaisante, une bouteille à boire fraîche sous la tonnelle. 2018-2021

EARL FRANÇOIS ET SYLVIE BOURDON, rue de la Chapelle, Pouilly, 71960 Solutré-Pouilly, tél. 03 85 35 81 44, francoisbourdon2@wanadoo.fr V r.-v.

DOM. CHARDIGNY Vieilles vignes 2016

5000		15 à 20 €

Ce domaine, dans la même famille depuis deux siècles, étend ses vignes sur 8 ha de saint-véran, 6 ha de saint-amour et 6 ha de beaujolais-villages et de bourgogne. En 2015, Pierre-Maxime et Victor-Emmanuel Chardigny ont pris la suite de leurs parents Catherine et Jean-Michel. La conversion bio a été engagée la même année.

Le cépage domine au nez avec ses arômes caractéristiques de fruits à chair blanche (pêche de vigne et poire juteuse) et de petites fleurs (aubépine et chèvrefeuille). Une attaque sur la minéralité ouvre sur un palais ample, droit, frais et bien équilibré. 2018-2021

CHARDIGNY, Le Creux du Vy, 71570 Leynes, tél. 06 26 37 81 24, info@domaine-chardigny.com V r.-v.

DOM. DE LA CHARMERAIE
Le Clos Élevé en fût de chêne 2016 ★

820		8 à 11 €

C'est dans le petit village de Chânes, aux portes du Beaujolais, que se trouve ce petit domaine de 2,3 ha, géré par Anny Dumoux, qui a pris la suite de son père Maurice en 1995.

De multiples senteurs s'échappent du verre après aération : anis, fleurs blanches, orange. La bouche se révèle ample et très fruitée, soulignée par une fine acidité qui ajoute à sa longueur. 2018-2023

ANNY DUMOUX, 350, montée du village, 71570 Chânes, dumoux.maurice@orange.fr V *t.l.j. 10h-12h 16h-20h*

♥ DOM. CHÊNE
La Grande Vigne Cuvée Prestige 2016 ★★

| 4300 | | 8 à 11 € |

Vigneronne depuis 1973, la famille Chêne quitte la cave coopérative de Prissé en 1999 pour vinifier et commercialiser sa propre production. Établi en plein cœur du Val Lamartinien, le domaine dispose d'un important vignoble: 42 ha répartis dans plusieurs appellations. Une valeur sûre du Mâconnais.

Or à reflets verts, ce 2016 livre une palette complexe évoquant le tilleul, le citron confit, le réséda et le menthol, le tout nuancé d'une note de toast beurré. La bouche apparaît puissante, généreuse et charnue, équilibrée par une belle vivacité finale. Ce saint-véran a tout pour lui. ⧗ 2018-2024

CÉDRIC CHÊNE, Ch. Chardon, 71960 La Roche-Vineuse, tél. 03 85 37 65 90, domainechene@orange.fr V *t.l.j. 9h30-12h 14h30-19h*

CLOS LA BOISSEROLLE
La Boisserolle 2015 ★★

| 7200 | | 15 à 20 € |

Propriétaire du Café de Flore jusqu'en 1920, le grand-père de François Girard a acquis le Clos la Boisserolle et la belle demeure qui s'y rattache pour une retraite bourguignonne. Situé à Prissé, dans la partie septentrionale de l'appellation saint-véran, ce clos de 1,65 ha travaillé sans désherbage chimique est en cours de conversion à l'agriculture biologique.

Ce vin jaune paille à reflets pistache dévoile à l'olfaction des notes de fleurs blanches, de pêche, d'abricot et de beurre frais rehaussées de nuances minérales. La bouche, ample et longue, présente un équilibre très assuré entre les fruits mûrs et la minéralité et déploie une finale exceptionnellement fraîche pour un 2015. Un beau vin de terroir et de caractère, fruité et gourmand. ⧗ 2018-2023

FRANÇOIS GIRARD, 115, chem. de La Boisserolle, 71960 Prissé, tél. 03 85 37 81 66, saint-veran@clos-la-boisserolle.com V *r.-v.*

DOM. CORSIN Vieilles vignes 2016 ★

| 26700 | | 11 à 15 € |

Ce domaine prestigieux, et toujours familial, existe depuis plus d'un siècle. Précurseur dans la vente en bouteilles, il est aujourd'hui entre les mains expertes de Jean-Jacques et de Gilles Corsin.

Paré d'une robe à l'or vert intense, ce saint-véran dévoile un nez puissant et très aromatique de chèvrefeuille, d'aubépine, de mandarine et d'orange sanguine, avec une touche iodée en appoint. La bouche est fine et précise, élégante et équilibrée, prolongée par une finale saline et vivifiante. ⧗ 2018-2021

GILLES ET JEAN-JACQUES CORSIN, 404, rue des Plantes, 71960 Davayé, tél. 03 85 35 83 69, contact@domaine-corsin.com V *r.-v.*

♥ DOM. COTEAUX DES MARGOTS
Aux Colas 2016 ★★

| 2000 | | 11 à 15 € |

Jean-Luc Duroussay s'installe en 1983 sur le domaine familial, 16 ha situés au cœur des collines du Mâconnais, essentiellement sur Pierreclos. Il y est rejoint en 1999 par son épouse Véronique; ensemble, ils entreprennent de valoriser la production en développant la vente en bouteilles aux particuliers.

Des chardonnays de quarante ans sont à l'origine de ce vin élevé neuf mois en cuve Inox. Un saint-véran or blanc aux reflets argentés, qui charme d'emblée par ses arômes complexes de fleurs blanches, de fruits secs, de raisin blanc et de zeste de citron. On retrouve les notes fruitées dans un palais riche et bien structuré, relevé en finale par de beaux amers et une sensation anisée. ⧗ 2018-2024

DUROUSSAY, 219, rue des Margots, 71960 Pierreclos, tél. 03 85 35 73 91, domainecoteauxdesmargots@wanadoo.fr V *r.-v.*

♥ B DOM. DE LA CROIX SENAILLET
Les Buis 2016 ★★

| 4900 | | 15 à 20 € |

Le Dom. de la Croix Senaillet fut créé en 1969 par Maurice Martin, qui a progressivement abandonné la polyculture pour la vigne. En 1990, son fils Richard reprend le domaine familial, avant d'être rejoint par son frère Stéphane en 1992. La propriété de 6,5 ha au départ s'est agrandie pour atteindre 27 ha aujourd'hui, répartis sur 60 parcelles en bio certifié depuis 2010. Forts de leur expérience, au mois d'août 2015, ils font l'acquisition du Dom. de Mont Épin à Clessé (13 ha).

Une robe cristalline aux reflets or blanc habille ce superbe vin ouvert sur d'intenses senteurs de fruits tropicaux, de zeste de mandarine et d'épices douces. La bouche apparaît à la fois imposante et parfaitement équilibrée entre la rondeur du fruit mûr, la suavité du miel et la vivacité des agrumes. ⧗ 2018-2023

RICHARD ET STÉPHANE MARTIN, 471, rue des Personnets, En-Coland, 71960 Davayé, tél. 03 85 35 82 83, accueil@domainecroixsenaillet.com V *r.-v.*

BOURGOGNE

DOM. DE LA DENANTE Les Maillettes 2016 ★

| 12000 | | 11 à 15 € |

Investi de multiples missions syndicales viticoles depuis de nombreuses années, Robert Martin est épaulé sur le domaine par son fils Damien. Ensemble, ils ont construit une cuverie moderne à Davayé pour accueillir le fruit de leurs quelque 17 ha de vignes.

Ce saint-véran à l'allure printanière, or pâle, limpide et brillant, dévoile un nez intense et bien typé de fleurs blanches et de citron. Un caractère aromatique que l'on retrouve dans une bouche bien structurée et soyeuse, soulignée par une fine vivacité. Ce vin encore jeune possède une bonne aptitude de garde. ⧗ 2019-2023

DAMIEN MARTIN, Les Gravières, 71960 Davayé, tél. 03 85 35 82 88, martin.denante@wanadoo.fr r.-v.

DOM. DENUZILLER Les Bruyères 2016

| 2500 | | 11 à 15 € |

Situé au pied de la roche de Solutré, ce domaine familial de 13,5 ha est constitué de 63 parcelles de chardonnay, que Gilles et Joël Denuziller vinifient en petit contenant afin de respecter au mieux la typicité de chaque terroir.

Des chardonnays de trente ans ont donné un vin prêt à boire, agréable et flatteur. Or blanc à l'approche, il dévoile une palette aromatique appréciable, sur les agrumes et la brioche. On retrouve ces saveurs enrobées d'une touche de miel dans une bouche soulignée par une fine vivacité laissant présager une belle évolution. ⧗ 2018-2021

DOM. GILLES ET JOËL DENUZILLER, imp. de l'Église, 71960 Solutré-Pouilly, tél. 03 85 35 80 77, domaine.denuziller@orange.fr r.-v.

DEUX ROCHES Les Cras 2016 ★★

| n.c. | 20 à 30 € |

L'aventure au domaine commence en 1928 avec les premières vignes que Joanny Collovray possède autour de Davayé, à l'ouest de Mâcon. Deux générations plus tard, les Collovray ont rencontré les Terrier et s'associent au sein du Dom. des Deux Roches qui naît en 1986. Aujourd'hui la quatrième génération est à l'œuvre... Une valeur sûre du Mâconnais.

Succombant aux charmes de ce 2016, le jury souligne sa complexité aromatique dans laquelle on retrouve la pêche et le brugnon. La bouche est souple d'entrée, ronde et fraîche à la fois, étirée dans une longue finale fruitée. ⧗ 2018-2022 ■ **Tradition 2016 ★ (11 à 15 €; n.c.)** : un saint-véran net et précis, franc, frais et long. ⧗ 2018-2021

COLLOVRAY ET TERRIER, 181, rte de Mâcon, 71960 Davayé, tél. 03 85 35 86 51, info@collovrayterrier.com t.l.j. 8h30-12h 13h30-17h30; sam. dim. sur r.-v.

DOM. ELOY 2016

| n.c. | | 8 à 11 € |

Installé depuis 1987 au cœur de Fuissé, à quelques encablures de Pierreclos, son village d'origine, Jean-Yves Eloy est à la tête d'un domaine de 28 ha.

Ce 2016 or pâle, brillant et limpide, développe un nez complexe rappelant les agrumes, l'amande fraîche et la minéralité. La bouche se révèle savoureuse, équilibrée et fraîche. ⧗ 2018-2020

JEAN-YVES ELOY, 358, rue du Plan, 71960 Fuissé, tél. 03 85 35 67 03, domaine.eloy@outlook.fr r.-v.

P. FERRAUD ET FILS Cuvée 130 2016

| 2000 | | 15 à 20 € |

La maison Ferraud, créée en 1882, est une affaire familiale de négoce-éleveur, spécialisée en vins du Beaujolais et du Mâconnais, qui se transmet depuis cinq générations.

Créée pour les 130 ans de la maison, cette cuvée se révèle pure et cristalline à l'œil. Des nuances de tilleul et de citron composent un nez fin, tandis que la bouche, souple et de bonne ampleur, laisse une sensation gourmande. ⧗ 2018-2021

P. FERRAUD ET FILS, 31, rue du Mal-Foch, BP 194, 69823 Belleville Cedex, tél. 04 74 06 47 60, ferraud@ferraud.com r.-v.

DOM. DE LA FEUILLARDE Vieilles vignes Maison rouge 2016

| 14000 | | 8 à 11 € |

Créé en 1934 par Jean-Marie Thomas, ce domaine familial est depuis 1988 géré par son petit-fils Lucien, actif défenseur de l'appellation saint-véran. Les 20 ha du vignoble entourent la propriété située à Prissé, ancien bourg fortifié du Mâconnais.

Laissez-vous tenter par cette cuvée à la jolie couleur jaune d'or. Elle offre un nez discret mais frais de fleurs blanches et de pierre à fusil. La bouche conjugue fraîcheur et caractère charnu autour de fines nuances d'amande et de citron. Une légère amertume rappelant la gentiane conclut la dégustation. ⧗ 2018-2021

LUCIEN THOMAS, La Feuillarde, 71960 Prissé, tél. 03 85 34 54 45, contact@domaine-feuillarde.com r.-v.

CH. FUISSÉ 2016

| 12000 | | 15 à 20 € |

Ce domaine emblématique de Fuissé exploite aujourd'hui 40 ha de chardonnay sur les meilleurs terroirs de l'appellation. La famille Vincent en est propriétaire depuis 1862 et Antoine, ingénieur agronome et œnologue, depuis 2003. Des caves du XV[e]s. sortent des vins à la renommée internationale: 80 % sont vendus à l'export.

Doré à souhait, ce 2016 évoque les fruits frais comme la pomme, la poire et le citron. Après une attaque perlante, la bouche s'enrobe de gras sans manquer d'acidité. ⧗ 2018-2021

CH. DE FUISSÉ, 419, rue du Plan, 71960 Fuissé, tél. 03 85 35 61 44, domaine@chateau-fuisse.fr r.-v. Famille Vincent

DOM. DE FUSSIACUS La Grande Bruyère 2016

| 9500 | | 8 à 11 € |

Jean-Paul Paquet est à la tête de cette propriété familiale depuis 1978. Ce domaine porte le nom du

seigneur romain Fussiacus qui s'installa à Fuissé. Un domaine très régulier en qualité.
Né sur un sol où se mêlent argile et calcaire, ce vin élevé huit mois en cuve et en barrique se pare d'une bel or brillant et dévoile un nez discrètement minéral, floral et mentholé. Vive et perlante en attaque, la bouche donne ensuite dans la rondeur et la gourmandise. Un saint-véran encore jeune. ⧗ 2019-2023

JEAN-PAUL PAQUET, Les Molards, 71960 Fuissé, tél. 03 85 27 01 06, domainespaquet@gmail.com V r.-v.

PHILIPPE GENETIER La Discorde 2016 ★

	900		11 à 15 €

Philippe Genetier, par ailleurs marchand de matériel viticole, a acquis en 2009 une parcelle de 0,4 ha de chardonnay et signe des cuvées nécessairement très confidentielles.
Du verre s'échappent de nombreux arômes rappelant la pomme verte, la poire et le jasmin, agrémentés d'une délicate touche minérale. S'il est encore un peu sur la réserve, le palais est toutefois précis et élégant, avec du fruit et de la densité. ⧗ 2019-2022

PHILIPPE GENETIER, 86, Le Bourgneuf, 71570 Chânes, tél. 06 18 08 51 08, genetierphilippe@wanadoo.fr V r.-v.

DOM. DES MAILLETTES En Pommard 2016 ★

	7000		8 à 11 €

Touché dès son plus jeune âge par le virus de la viticulture en accompagnant ses parents dans les vignes, Guy Saumaize s'est naturellement orienté vers le métier de vigneron; il a également créé une pépinière reconnue et fréquentée par de nombreux producteurs de la région. Depuis sa disparition en 2013, c'est Annie, sa femme, et son fils Guillaume qui ont repris le flambeau.
Des chardonnays âgés de plus de cinquante ans ont donné ce vin vieil or, aux arômes de fruits exotiques (litchi et mangue) et de petites fleurs blanches. Une légère effervescence ouvre le palais, puis une tension minérale et acidulée traverse la chair fruitée du vin, jusqu'à la saveur citronnée de la finale. ⧗ 2018-2022

ANNIE SAUMAIZE, Dom. des Maillettes, 600, rue des Maillettes, 71960 Davayé, tél. 03 85 35 82 65, guy.saumaize.maillette@wanadoo.fr V r.-v.

DOM. MANCIAT-PONCET 2016

	5000		11 à 15 €

Cette propriété créée en 1870, qui s'étend aujourd'hui sur 23 ha, a été transmise de père en fils jusqu'en 2003. Depuis cette date, c'est la fille de Claude Manciat, Marie-Pierre, qui tient les rênes du domaine.
Issu de chardonnays vieux de quarante-cinq ans, ce vin puise dans son terroir argilo-calcaire la précision et la fraîcheur, même s'il reste encore serré pour l'instant. Un or pâle l'habille. Au nez, les fleurs blanches se mêlent aux fruits secs et aux agrumes. D'une grande fraîcheur, le palais déroule finement une matière dense et pleine de vivacité. ⧗ 2020-2024

MARIE-PIERRE MANCIAT, 217, rue Saint-Vincent, 71570 Chaintré, tél. 03 85 35 61 50, mpmanciat@orange.fr V r.-v.

LOÏC MARTIN Champ Rond 2015

	3000	11 à 15 €

Loïc Martin, jeune vigneron installé en 2009, exploitait 4 ha de vignes dans la partie méridionale de l'appellation saint-véran. Depuis 2013, il a intégré le domaine familial de ses parents Christine et Dominique Martin.
Jaune d'or lumineux, ce vin séduit par sa palette aromatique riche et complexe de pamplemousse rose, de banane séchée, de citron confit et de cire d'abeille. Une matière riche et moelleuse tapisse le palais, tandis qu'une finale acidulée l'allège. Un beau représentant de ce millésime solaire. ⧗ 2018-2021 **Dom. de la Creuze Noire La Côte 2016 (8 à 11 €; 8000 b.)** : vin cité.

DOMINIQUE ET CHRISTINE MARTIN, La Creuze-Noire, 71570 Leynes, tél. 03 85 37 46 43, domainemartin.dcn@gmail.com V *t.l.j. sf dim. 8h-12h 14h-18h*

GILLES MORAT 2016 ★

	8000		11 à 15 €

Après une carrière dans l'électronique, Gilles Morat décide de reprendre le domaine familial (6 ha au pied de la roche de Vergisson) en 1997. Ce vigneron consciencieux s'illustre avec une grande régularité par ses pouilly-fuissé.
Issu du lieu-dit La Côte Rôtie, ce vin ne peut malheureusement pas revendiquer son *climat*, nommé ainsi depuis des siècles, les vignerons de l'appellation rhodanienne en interdisant l'utilisation... Dans le verre, un vin jaune clair aux lumineux reflets dorés et au nez délicatement minéral et floral, à la bouche longue et fraîche. ⧗ 2018-2022

GILLES MORAT, Châtaigneraie Laborier, 595, rte des Bruyères, 71960 Vergisson, tél. 03 85 35 85 51, gil.morat@wanadoo.fr V r.-v.

L'ŒUVRE DE PERRAUD 2016 ★

	18000		11 à 15 €

Après des études au lycée agricole de Mâcon-Davayé, Jean-Christophe Perraud s'installe sur l'exploitation familiale, alors adhérente à la cave coopérative. Aux commandes depuis 2008, il vinifie désormais dans son nouveau chai le fruit des 30 ha que compte le domaine, très régulier en qualité.
Ce vin à la couleur dorée et lumineuse se montre discret à l'olfaction. Il se révèle plus nettement dans une bouche fraîche, équilibrée, où l'on décèle des arômes de mandarine, de fleurs blanches et, en finale, d'ananas et de menthol. ⧗ 2018-2021

JEAN-CHRISTOPHE PERRAUD, Nancelle, 64, rte d'Hurigny, 71960 La Roche-Vineuse, tél. 03 85 32 95 12, domaineperraud@gmail.com V r.-v.

ROMUALD PETIT Champs-Ronds 2016 ★

	4500		8 à 11 €

Après des études de «viti-œno» qui l'ont conduit dans différents vignobles en France, Romuald Petit revient en 2005 sur ses terres du Mâconnais pour créer un domaine couvrant aujourd'hui 12 ha (en saint-véran, en morgon et en chiroubles).
Élevé dix mois sur lies fines, en fût (60 %) et cuve, ce saint-véran offre un nez fin et subtil de mandarine, de fleurs blanches, d'abricot et de vanille. Une attaque fraîche et citronnée prélude à une bouche généreuse et ronde. ⧗ 2018-2021

BOURGOGNE

ROMUALD PETIT, Les Dîmes, 71570 Saint-Vérand, tél. 06 61 14 94 99, petitromuald@yahoo.fr V *t.l.j. sf dim. 8h-19h*

DOM. DES PONCETYS Les Chailloux 2016 ★

3000 | 11 à 15 €

Le lycée viticole de Mâcon-Davayé forme les vignerons de Bourgogne et d'ailleurs depuis de nombreuses générations. Le domaine attenant (16 ha) est cultivé en bio, et Frédéric Servais, le maître de chai, entend produire les vins les plus «naturels» possibles.

Des ceps de quarante-cinq ans, qui ont grandi sur des «chailles», des calcaires décomposés, sont à l'origine de cette cuvée à la robe chatoyante, dorée à l'or fin. Le nez conjugue les notes boisées, l'abricot confit, la pomme et la poire. Une attaque douce et vanillée introduit une bouche riche et généreuse, soulignée par de fines épices en finale. ⧗ 2019-2023 **Le Clos des Poncetys 2016 (11 à 15 €; 7300 b.)** B : vin cité.

DOM. DES PONCETYS, Les Poncetys, 71960 Davayé, tél. 03 85 33 56 22, domaineponcetys@free.fr r.-v.

DOM. SIMONIN Terroirs 2016 ★★

4544 | 11 à 15 €

Vergisson, paisible village viticole blotti au pied des Roches, mérite un détour pour son panorama époustouflant sur la vallée de la Saône et la chaîne des Alpes. Jacques Simonin y possède 7 ha de chardonnay, qu'il travaille de façon traditionnelle.

Cette cuvée est née de l'assemblage de deux parcelles, Les Rochettes, à Chasselas, au sud de l'appellation, et La Côte Rôtie, à Davayé, au nord. La robe est claire et lumineuse, le bouquet vif et flatteur, et le palais ample et parfaitement équilibré par une fine acidité citronnée. Un vin d'une grande fraîcheur. ⧗ 2018-2023

JACQUES SIMONIN, 94, rue Froide, 71960 Vergisson, tél. 03 85 35 84 72, domsimonin.ja@wanadoo.fr V *r.-v.*

VIGNERONS DES TERRES SECRÈTES Les Cras 2015

12000 | 11 à 15 €

Les Vignerons des Terres secrètes sont les héritiers du mouvement coopératif qui s'est constitué au début du XXᵉs. en Mâconnais. Cette association, née de la fusion des caves coopératives de Prissé, Sologny et Verzé, exploite aujourd'hui près de 950 ha de vignes (pour 120 coopérateurs), principalement de chardonnay.

Ce vin brillant à reflets paille propose un bon bouquet épanoui de pierre à fusil, de pêche blanche et de citron, qui ouvre la voie à un palais équilibré, à la fois riche et acidulé. ⧗ 2018-2021

VIGNERONS DES TERRES SECRÈTES, 158, rue des Grandes-Vignes, 71960 Prissé, tél. 03 85 37 88 06, contact@terres-secretes.fr V *t.l.j. 9h-12h30 13h30-19h* G

THEVENET ET FILS Clos de l'Ermitage Saint-Claude 2016 ★

15560 | 5 à 8 €

Le grand-père paternel créa l'exploitation en 1952. Installé en 1971, Jean-Claude, le père, fit prospérer le domaine pour porter sa surface de 3 à 30 ha en 2008 (année de son décès). Ses fils Benjamin, Jonathan et Aurélien sont désormais aux commandes.

Vêtu d'or clair, ce vin libère au premier nez d'intenses arômes de fleurs blanches et de fruits, puis des notes boisées qui s'amplifient à l'aération. Cette complexité aromatique s'estompe en bouche pour laisser la place à la minéralité issue de son terroir d'origine: l'argile et le calcaire. Un vin à forte personnalité. ⧗ 2018-2023

VIGNOBLES THÉVENET ET FILS, 123, chem. du Breu, 71960 Pierreclos, tél. 03 85 35 72 21, thevenetetfils@orange.fr V *t.l.j. 7h30-12h 13h30-18h; sam. dim. sur r.-v.* G

♥ DOM. DES VALANGES Les Cras 2016 ★★

9000 | 15 à 20 €

SAINT-VÉRAN
MILLÉSIME 2016
"LES CRAS"
MIS EN BOUTEILLE AU DOMAINE

Fervent défenseur de l'appellation saint-véran, Michel Paquet exploite depuis 1980 ce domaine de 12 ha à Davayé, planté de chardonnay à l'origine de vins à forte personnalité. Une valeur sûre.

Une robe d'or brillante et limpide habille ce vin qui attire d'emblée par ses nuances à la fois fines et intenses de fleurs blanches et de menthol. Pur, frais et parfaitement équilibré, le palais est un modèle du genre. Un saint-véran déjà savoureux, et pour longtemps. ⧗ 2018-2026 **Les Crèches 2016 ★ (15 à 20 €; 9000 b.)** : un vin élégant, qui offre une subtile association entre la minéralité du terroir et la maturité du raisin. ⧗ 2018-2022

DOM. DES VALANGES, 314, rue des Valanges, 71960 Davayé, tél. 03 85 35 85 03, paquet.camille@gmail.com V *r.-v.*

IGP COTEAUX DE L'AUXOIS

DOM. DE FLAVIGNY-ALÉSIA Oppidum 2016 ★★

1800 | 11 à 15 €

Situé au pied de l'oppidum d'Alésia, ce domaine de 13,5 ha créé en 1994 a été entièrement replanté par Gérard Vermeere. Depuis 2004, il est conduit par Ida Nel, épaulée par Cyril Raveau, œnologue. Une valeur sûre et un acteur de la renaissance de ce vignoble des Coteaux de l'Auxois, ancienne place forte de la viticulture française au XIIIᵉs.

Après quatorze mois de fût, ce 2016 livre un bouquet élégant et harmonieux de vanille et de fruits rouges, de groseille notamment. La bouche, à l'unisson du nez, avec une note poivrée en plus, se montre intense, fraîche et solidement structurée. ⧗ 2019-2023

SCEA VIGNOBLE DE FLAVIGNY-ALÉSIA, Pont-Laizan, 21150 Flavigny-sur-Ozerain, tél. 03 80 96 25 63, domaine@flavignyalesia.com V *t.l.j. 10h-18h; f. hiver*

La Champagne

SUPERFICIE : 33 800 ha

PRODUCTION : 268 000 000 bouteilles ou 2 010 000 hl

TYPES DE VINS : blancs ou rosés effervescents pour l'essentiel. Quelques vins tranquilles rouges, blancs et rosés (AOC coteaux-champenois et rosé-des-riceys).

PRINCIPALES RÉGIONS : Montagne de Reims, Côte des Blancs, vallée de la Marne, Aube.

CÉPAGES :
Blancs : chardonnay pour l'essentiel (pinot blanc, pinot gris, arbane, petit meslier très rarement).
Rouges : pinot noir, pinot meunier.

LA CHAMPAGNE

C'est dans le vignoble le plus septentrional du pays qu'a été mise au point la méthode champenoise, à l'origine d'un des vins les plus prestigieux du monde, le vin des rois devenu celui de toutes les fêtes. Un vin unique, nulle autre production ne pouvant usurper ce nom; mais pluriel, en raison de l'étendue de l'aire d'appellation et de la diversité des styles.

Naissance du champagne

Apparu à l'époque gallo-romaine, le vignoble s'est d'abord développé grâce à des abbayes comme Hautvillers ou Saint-Thierry. Il a bénéficié de la proximité de la capitale et du sacre des rois à Reims. Cependant, les vins sont tranquilles jusqu'à la fin du XVIIes. S'ils ont tendance à pétiller dans les tonneaux – les frimas de cette région septentrionale arrêtant parfois les fermentations qui repartaient lorsque les températures remontaient –, la mousse apparaît longtemps comme un accident de vinification.

Ce fut sans doute en Angleterre que l'on commença à mettre systématiquement en bouteilles ces vins instables qui, jusque vers 1700, étaient livrés en fût; ce conditionnement permit au gaz carbonique de se dissoudre dans le vin pour se libérer au débouchage: le vin effervescent était né. La mode se répandit dans la haute société. Et dom Pérignon, à qui la tradition attribue la paternité du champagne, ce moine bénédictin, contemporain de Louis XIV et procureur de l'abbaye de Hautvillers, produisait les meilleurs vins de la région. Il perfectionna l'art du pressurage et de l'assemblage – à la base des champagnes de qualité –, mais n'inventa sans doute pas la méthode champenoise.

En 1728, le conseil du roi autorise le transport du vin en bouteilles; un an plus tard, la première maison de vin de négoce est fondée: Ruinart. D'autres suivent (Moët en 1743), mais c'est au XIXes. que la plupart des grandes maisons se créent ou se développent. Au cours du même siècle, l'élaboration du champagne se perfectionne et différents styles de champagnes s'affirment. En 1804, Mme Clicquot lance ainsi le premier champagne rosé; à partir de 1860, Mme Pommery élabore des «bruts», à l'encontre du goût majoritaire de l'époque pour les doux ; vers 1870 sont proposés les premiers champagnes millésimés. Raymond Abelé invente, en 1884, le banc de dégorgement à la glace.

La Champagne est tardivement frappée par le phylloxéra, puis la Grande Guerre ravage les vignobles. La crise conduit à la protection juridique de l'appellation contre les usurpations et à la délimitation de l'aire de production. Un long processus semé de contestations et de troubles, entre l'arrêt de 1887 réservant aux producteurs de la région le terme de champagne et la loi de 1927 fixant les limites de la région viticole.

Un vignoble septentrional

La Champagne est la plus septentrionale des régions viticoles de France. Le vignoble s'étend dans les départements de la Marne, de l'Aisne et de l'Aube, avec de modestes extensions en Seine-et-Marne et en Haute-Marne. Il est soumis à une double influence climatique, océanique et continentale. La première apporte de l'eau en quantité régulière; la seconde, si elle favorise l'ensoleillement l'été, entraîne des risques de gel, notamment au printemps, qui fait obstacle à la régularité de la production. Les écarts climatiques sont cependant atténués par la présence d'importants massifs forestiers. L'absence d'excès de chaleur contribue à la finesse des vins.

Les régions du vignoble

Un même paysage de coteaux se révèle dans tout le vignoble, où l'on distingue cependant plusieurs régions: la Montagne de Reims; la Côte des Blancs; la vallée de la Marne (la zone proche d'Épernay, sur la rive droite, étant appelée « Grande Vallée de la Marne »); enfin, à l'extrême sud-est, le vignoble de l'Aube.

De la craie, du calcaire et des marnes

La mer, en se retirant il y a quelque 70 millions d'années, a laissé un socle crayeux dont la perméabilité et la richesse en principes minéraux apportent leur finesse aux vins de la Champagne; ce substrat crayeux a également facilité le percement des galeries où mûrissent longuement des millions de bouteilles. Une couche argilo-calcaire recouvre le socle crayeux sur près de 60 % des terroirs actuellement plantés. Dans l'Aube, les sols marneux sont proches de ceux de la Bourgogne voisine.

Géologiquement, le vignoble correspond aux lignes de côtes concentriques de l'est du Bassin parisien: la côte d'Île-de-France regroupe la Montagne de Reims, la vallée de la Marne, la Côte des Blancs et celle du Sézannais. La côte de Champagne porte quelques vignes, autour de Vitry-le-François (Marne) et de Montgueux (Aube). Enfin, la Côte des Bar est occupée par la plus grande partie des vignobles de l'Aube (autour de Bar-sur-Seine et de Bar-sur-Aube). Les fronts de côte sont constitués de couches dures de calcaire ou de craie, les pentes des coteaux, où est installée la vigne, de formations plus tendres, crayeuses, marneuses ou sableuses.

L'ÉCHELLE DES CRUS CHAMPENOIS

Le prix du kilo de raisin payé aux viticulteurs, en Champagne, est fixé en fonction de la qualité des grappes, elle-même liée à leur provenance. Il a servi d'étalon pour le classement en crus : les communes viticoles ont été placées sur une échelle variant de 100 à 80 % : 100 % pour les 17 grands crus, 99 à 90 % pour les 1ers crus et 89 à 80 % pour les autres. Les crus champenois ne prennent donc pas en compte la parcelle, comme en Bourgogne, mais la commune. Les mentions «grand cru», «premier cru» indiquent que les raisins proviennent uniquement de communes classées respectivement en grand cru ou en premier cru. Si le nom d'une commune apparaît, la vendange en provient exclusivement.

Cépages : deux noirs et un blanc

Le choix des cépages s'adapte aux variations pédologiques et climatiques. Pinot noir (38 %), pinot meunier (31 %), chardonnay (31 %) ainsi que d'autres variétés devenues très rares – pinot blanc, pinot gris, petit meslier, arbane – se partagent les surfaces plantées. Le pinot noir est surtout cultivé sur les coteaux de la Montagne de Reims et de l'Aube, le meunier sur ceux de la Marne, tandis que le chardonnay a donné son nom à la Côte des Blancs.

Une économie florissante

Malgré les crises et aléas politiques, plus de 306 millions de bouteilles de champagne ont été écoulées en 2016. Poids lourd de l'agriculture française, ce vin représente plus de 4,5 milliards d'euros de chiffre d'affaires, dont la moitié à l'export. En valeur, il contribue à 33 % des exportations de vins. Son élaboration particulière sur plusieurs années (en moyenne trois ans) oblige à un stockage supérieur à 1,4 milliard de bouteilles. La viticulture et l'élaboration occupent environ 30 000 personnes, dont 15 800 vignerons exploitants, parmi lesquels seulement 4 720 sont des récoltants-manipulants. Les autres sont des « vendeurs au kilo » qui approvisionnent le négoce ou les coopératives. Parmi ces dernières, 43 vendent au public. Si les neuf dixièmes des superficies appartiennent à des viticulteurs, le négoce assure près des trois quarts du chiffre d'affaires et plus de 80 % des exportations. On compte 300 maisons de négoce, dont quelques dizaines de sociétés d'envergure remontant souvent au XIXe, voire au XVIIIes.

Les étapes de l'élaboration

Les vendanges : en Champagne, la machine à vendanger est interdite, car il est essentiel que les grains de raisin parviennent en parfait état au lieu de pressurage et que les peaux des raisins noirs ne tachent pas le moût. Les centres de pressurage sont disséminés au cœur du vignoble afin de raccourcir le temps de transport du raisin. Le pressurage est sévèrement réglementé. De 4 000 kg de raisins, on ne peut extraire que 25,5 hl de moût. Le pressurage est fractionné entre la cuvée (20,5 hl) et la taille (5 hl). Les moûts sont vinifiés très classiquement comme tous les vins blancs.

Style de champagne selon le dosage	Pourcentage de sucres
Brut zéro (brut nature)	Moins de 3 g/l (pas de sucres ajoutés)
Extra-brut	0 à 6 g/l
Brut	6 à 12 g/l
Extra-dry	12 à 17 g/l
Sec (dry)	17 à 32 g/l
Demi-sec	32 à 50 g/l
Doux (très rare)	Plus de 50 g/l

L'assemblage des cuvées : à la fin de l'hiver, le chef de cave goûte les vins disponibles et les mêle de façon à obtenir une cuvée harmonieuse, qui corresponde au goût suivi de la marque.

Le tirage : une liqueur de tirage, composée de levures, de vieux vins et de sucre, est ajoutée au vin au moment de la mise en bouteilles; c'est le tirage. Les levures vont transformer le sucre en alcool et il se dégage du gaz carbonique, prisonnier du flacon, qui se dissout dans le vin. Cette deuxième fermentation en bouteilles s'effectue lentement, à basse température (11 °C), dans les vastes caves champenoises.

Le repos sur lies : les levures forment des lies, qui influent sur le goût du vin. Un long vieillissement sur lies est indispensable à la finesse des bulles et à la qualité aromatique. La réglementation fixe un délai de quinze mois entre le tirage et l'expédition (dont douze mois sur lies) pour la plupart des champagnes, qui est porté à trois ans pour les millésimés. Ces durées sont supérieures dans la plupart des maisons. Le meilleur champagne, le plus complexe, est en effet celui qui a mûri le plus longtemps sur ses lies (cinq à dix ans).

Le remuage : il permet d'entraîner les lies vers le col du flacon en inclinant progressivement les bouteilles – à la main, sur les célèbres pupitres, et le plus souvent grâce aux gyropalettes, qui automatisent et raccourcissent le processus.

Le dégorgement : après deux ou trois mois de remuage, on gèle le col dans un bain réfrigérant et on ôte le bouchon; le dépôt est expulsé sous la pression du gaz carbonique.

Le dosage : on remplace le vide créé par l'expulsion du dépôt par une « liqueur de dosage » (ou « liqueur d'expédition ») : le plus souvent, celle-ci est composée de sucre de canne dissous dans du vin, pour arrondir le champagne qui a perdu tous ses sucres. Le mélange est ensuite homogénéisé et les bouteilles se reposent encore avant l'habillage pour laisser disparaître le goût de levure.

Tous les champagnes sont classés selon leur dosage en sept catégories (du brut zéro au rarissime doux). La catégorie figure obligatoirement sur l'étiquette. Une mention utile pour le consommateur, car le dosage conditionne le style du champagne, son usage et les accords avec les mets. Ainsi, les bruts (les plus nombreux) ne conviennent pas pour les desserts sucrés.

Les styles de champagnes

En dépit de l'appellation unique, il existe de nombreux styles de champagnes, qui tiennent au dosage (voir ci-dessus) et à l'assemblage. L'art du champagne repose en effet sur l'assemblage, avant la prise de mousse, de vins tranquilles différents (les vins de base). Les cuvées peuvent associer des cépages, des années de récolte, des communes (crus), des vins vinifiés différemment (en cuve ou en fût). On trouve ainsi :

Des blancs de blancs et des blancs de noirs : les premiers sont issus du seul cépage chardonnay, les seconds du pinot noir et/ou du pinot meunier vinifiés en blanc. Le blanc de blancs se caractérise par sa finesse et sa fraîcheur. Il dévoile des arômes de fleurs et de fruits blancs, d'agrumes. On peut le servir à l'apéritif ou avec poissons et volailles. Le blanc de noirs, plutôt puissant et vineux, avec des arômes de fruits rouges et d'épices, peut accompagner un repas. De nombreux champagnes associent des cépages blancs et noirs.

La Champagne

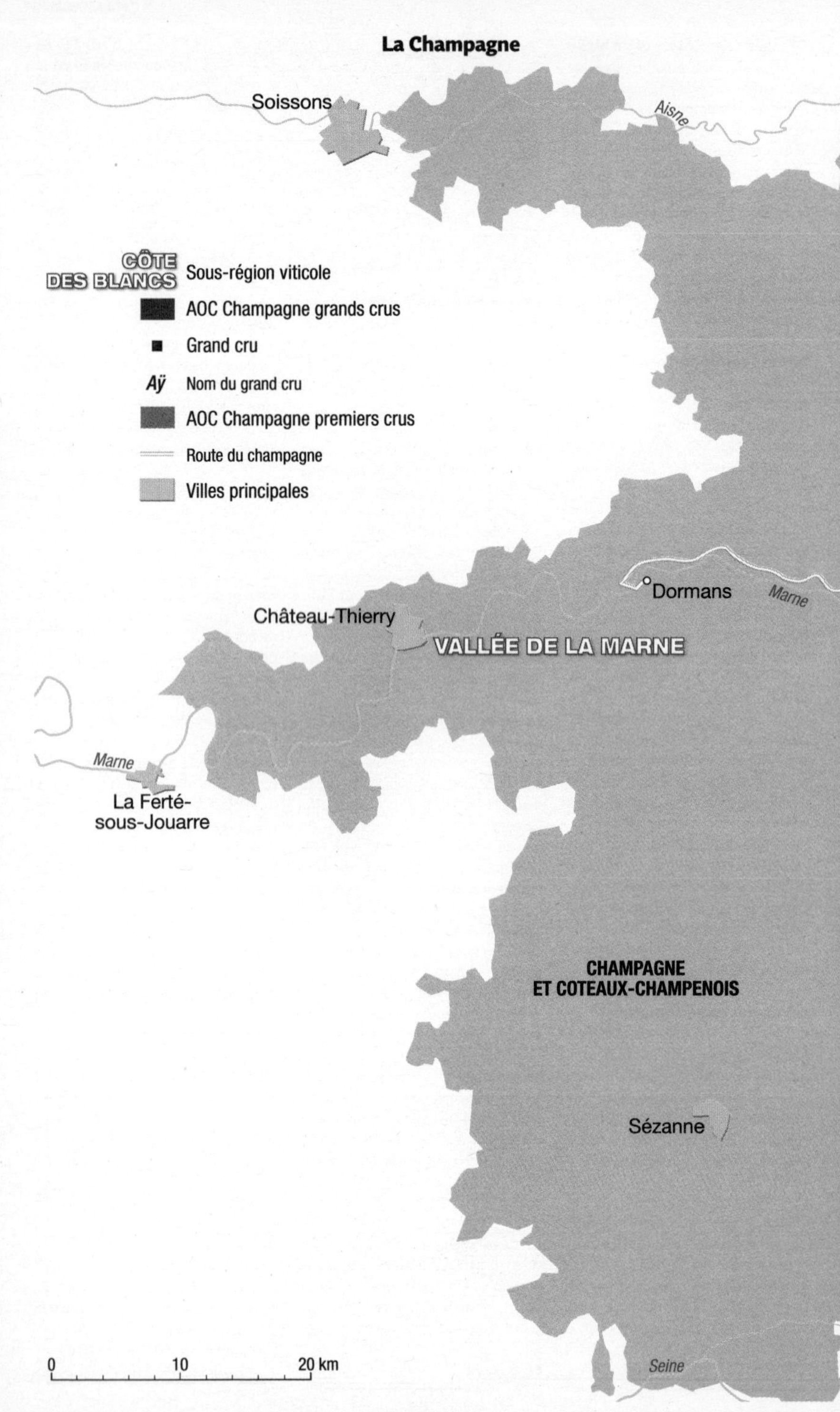

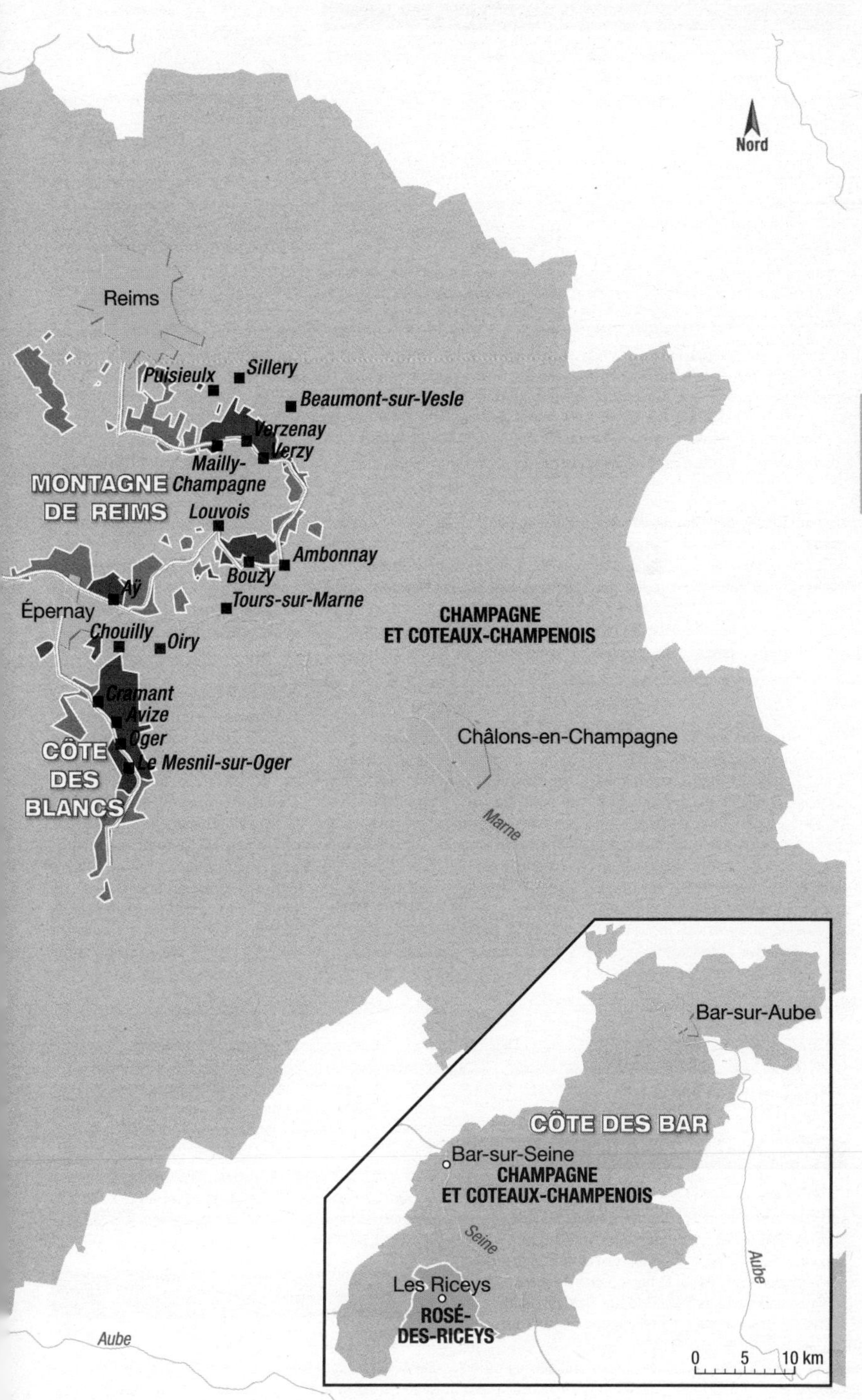
Nord
Reims
Sillery
Puisieulx
Beaumont-sur-Vesle
Verzenay
Verzy
Mailly-
Champagne
MONTAGNE
DE REIMS
Louvois
Ambonnay
Bouzy
Aÿ
Tours-sur-Marne
Épernay
Chouilly
Oiry
CHAMPAGNE
ET COTEAUX-CHAMPENOIS
Cramant
Avize
Oger
Le Mesnil-sur-Oger
CÔTE
DES
BLANCS
Châlons-en-Champagne
Marne
Bar-sur-Aube
CÔTE DES BAR
Bar-sur-Seine
CHAMPAGNE
ET COTEAUX-CHAMPENOIS
Seine
Aube
Les Riceys
ROSÉ-
DES-RICEYS
Aube
0 5 10 km

LE STATUT DE L'ÉLABORATEUR

Le statut professionnel du producteur est une mention obligatoire, portée en petits caractères sous forme codée :

RM : récoltant-manipulant
NM : négociant-manipulant
CM : coopérative de manipulation
RC : récoltant-coopérateur
SR : société de récoltants
CM : coopérative de manipulation
MA : marque d'acheteur

« Manipuler » signifie « élaborer ». La marque d'acheteur désigne un champagne acheté par une structure qui ne le fabrique pas (restaurant, enseigne de supermarché…). L'amateur a alors intérêt à se renseigner sur l'élaborateur. Les récoltants-manipulants sont des vignerons qui ne peuvent élaborer leurs cuvées qu'à partir du raisin de leur domaine, à la différence des coopératives et des négociants qui peuvent s'approvisionner dans tout le vignoble. Ces derniers ont souvent aussi des vignes en propre, mais celles-ci ne fournissent qu'une partie de leurs raisins. Le récoltant-coopérateur confie tout ou partie de l'élaboration à une coopérative.

Des champagnes blancs et des rosés : il est possible en Champagne d'ajouter un peu de vin rouge au vin blanc pour obtenir un rosé, ce qui est interdit ailleurs. À côté de ces rosés d'assemblage, il existe des rosés de saignée, plus colorés et plus structurés, issus d'une macération de cépages noirs.

Des bruts sans année : ils sont issus de vins d'années différentes. La grande majorité des champagnes n'est pas millésimée. La situation septentrionale du vignoble ne permet pas en effet de présenter chaque année un champagne de qualité né d'une seule vendange. Les Champenois ont donc créé une banque de vins – les vins de réserve, issus d'années antérieures – dans laquelle peut puiser le chef de cave pour composer des cuvées équilibrées. Certaines sont composées de vins jeunes, d'autres font appel à plus ou moins de vins de réserve. Nés d'un assemblage propre à chaque maison, parfois tenu secret, les bruts sans année représentent le style de la marque.

Des millésimés : ils proviennent des vendanges d'une seule année, précisée obligatoirement sur l'étiquette et le bouchon. Les millésimés ne sont élaborés que dans les meilleures années (la décision de millésimer une année est du ressort de chaque maison). Ils sont plus structurés et complexes que les bruts sans année, grâce à la qualité des vendanges et à un long repos sur lies. Les cuvées de prestige des grandes maisons sont souvent millésimées.

Politique de marque

Que peut-on lire en effet sur une étiquette champenoise? La marque et le nom de l'élaborateur; le dosage (brut, sec, etc.); le millésime – ou son absence; la mention «blanc de blancs» lorsque seuls des raisins blancs participent à la cuvée; quand cela est possible – cas rare –, la commune d'origine des raisins; parfois, enfin, mais cela est peu fréquent, la cotation qualitative des raisins: «grand cru» pour les 17 communes qui ont droit à ce titre, ou «premier cru» pour les 41 autres. Le statut professionnel du producteur, lui, est une mention obligatoire, portée en petits caractères sous forme codée: NM, négociant-manipulant; RM, récoltant-manipulant; CM, coopérative de manipulation; MA, marque d'acheteur; RC, récoltant-coopérateur; SR, société de récoltants; ND, négociant-distributeur.

Que déduire de tout cela? Que les Champenois ont délibérément choisi une politique de marque; que l'acheteur commande du Moët et Chandon, du Bollinger, du Taittinger, parce qu'il préfère le goût suivi de telle ou telle marque. Cette conclusion est valable pour tous les champagnes de négociants-manipulants, de coopératives et de marques auxiliaires, mais ne concerne pas les récoltants-manipulants qui, par obligation, n'élaborent de champagne qu'à partir des raisins de leurs vignes, souvent groupées dans une seule commune. Ces champagnes sont dits monocrus et le nom de ce cru figure en général sur l'étiquette.

CHAMPAGNE

Production : 2 640 000 hl

XAVIER ALEXANDRE Signature A 2005 ★★★

1er cru | 1100 | | 30 à 50 €

Les Alexandre sont récoltants depuis 1933. Xavier a pris en 1994 les rênes du domaine familial qui s'étend sur plus de 7 ha répartis dans dix communes – dont cinq 1ers crus – situés sur le flanc ouest de la Montagne de Reims, à deux pas de la Cité des Sacres. (RM)

Issue des trois cépages champenois, cette cuvée mi-blancs mi-noirs provient d'une vinification parcellaire de 25 ares. Vinifiée en fût de chêne, sans fermentation malolactique ni filtration, dosée avec mesure, elle a enchanté les dégustateurs par l'élégance de sa palette associant un fin boisé aux nuances de noisette, de caramel et d'épices à des touches florales et minérales. Tout aussi complexe, structuré, gras avec finesse, le palais brille par sa fraîcheur. Une cuvée vendue en magnum. ⧗ 2018-2021 **Sélection (15 à 20 €; 12 000 b.)** : vin cité.

XAVIER ALEXANDRE, 1, chem. de Marfaux, via rue Saint-Vincent, 51390 Courmas, tél. 06 26 07 04 08, contact@champagne-xavier-alexandre.com V *t.l.j. sf dim. 9h30-18h30*

ALLOUCHERY-PERSEVAL
Blanc de noirs Le Tradition

1er cru | 40 000 | | 15 à 20 €

De souche vigneronne, Émilien Allouchery s'est installé en 2006 après ses études à Avize et à Beaune,

suivies d'expériences en Afrique du Sud et en Nouvelle-Zélande. Implanté sur la Montagne de Reims, aux portes de la Cité des Sacres, le domaine familial couvre 4 ha. (RC)

Issu de pur pinot noir, un brut associant fleurs et fruits blancs, vanille et pain grillé. La pêche jaune et les fruits compotés s'ajoutent à cette palette dans une bouche structurée et fraîche, voire un peu nerveuse. Un blanc de noirs équilibré et juvénile. ⧗ 2018-2022

⊶ ÉMILIEN ALLOUCHERY, 11, rue de l'Église, 51500 Écueil, tél. 03 26 49 74 61, contact@alloucheryperseval.com V r.-v.

JEAN-ANTOINE ARISTON
Extra-brut Meunier Vinifié en fût de chêne 2014 ★

● | 1600 | | 30 à 50 €

Établi dans un minuscule village de la vallée de l'Ardre, à l'ouest de Reims, Bruno Ariston exploite le domaine familial (7,5 ha), épaulé à la cave par son fils Charles-Antoine. (RM)

Très cultivé dans la vallée de l'Ardre, le meunier s'affiche fièrement sur l'étiquette de cette cuvée millésimée vendue en bouteilles numérotées. La robe dorée montre des reflets bronze, le nez associe petits fruits rouges, fougère et amande. La prune vient enrichir cette gamme dans une bouche structurée et harmonieuse. ⧗ 2018-2021 ● **Cap jaune ★ (15 à 20 €; 25000 b.)** : un blanc de noirs issu de pinot noir et de meunier à parité. Ample et puissant, il déploie des arômes fruités, miellés et briochés. ⧗ 2018-2021

⊶ BRUNO ARISTON, 4, rue Haute, 51170 Brouillet, tél. 03 26 97 47 02, champagne.ariston@wanadoo.fr V *r.-v.*

ARNOULD & GIBELIN ★

● Gd cru | 8000 | 15 à 20 €

Thierry Gibelin est un amoureux du pinot noir de la Montagne de Reims. Installé depuis 2001 à Verzenay, ce négociant-manipulant s'est spécialisé dans les vins du secteur. (NM)

Un pinot noir de Verzenay au nez expressif, partagé entre les agrumes et les fleurs (violette). Frais, structuré et persistant, il semble avoir un bon potentiel de garde. ⧗ 2019-2023

⊶ ARNOULD ET GIBELIN, 5, rue de la Gare, 51360 Verzenay, tél. 03 26 49 48 74, thgibelin@wanadoo.fr V *r.-v.*

MICHEL ARNOULD ET FILS Extra-Brut

● Gd cru | 4200 | | 20 à 30 €

Famille établie depuis la fin du XIXes. à Verzenay, grand cru de la Montagne de Reims. Michel Arnould a lancé sa marque en 1961, mais ses aïeux ont commercialisé leurs premières bouteilles dès 1929. Aujourd'hui, les 12 ha de vignes sont conduits par le fils et le gendre de Michel Arnould. (RM)

Peu dosé (3 g/l), ce pur pinot noir de la Montagne de Reims montre la rondeur et la puissance caractéristiques du cépage. Il dévoile aussi des notes de café torréfié léguées par un séjour en fût. Équilibré, de belle longueur, il trouvera sa place à l'apéritif et au début du repas. ⧗ 2018-2021

⊶ MICHEL ARNOULD ET FILS, 28, rue de Mailly, 51360 Verzenay, tél. 03 26 49 40 06, info@champagne-michel-arnould.com V *t.l.j. 9h-12h 14h-17h; dim. 9h-12h*

ASPASIE Carte blanche ★

● | 30000 | | 20 à 30 €

À la tête de 12 ha de vignes dans la vallée de l'Ardre, Paul-Vincent Ariston a pris en 2011 la suite de son père Rémi sur l'exploitation, dont les origines remontent à 1794. Il commercialise ses champagnes sous les marques Ariston fils ou Aspasie, marque créée en hommage à une aïeule. (RM)

Composé des trois cépages champenois (avec 60 % de noirs qui ressortent à la dégustation), ce brut s'ouvre avec discrétion sur la brioche. Rond en attaque, de bonne persistance, il séduit par sa finesse. ⧗ 2018-2021 ● **Brut Rosé (20 à 30 €; 10000 b.)** : vin cité.

⊶ PAUL-VINCENT ARISTON, 4, Grande-Rue, 51170 Brouillet, tél. 03 26 97 43 46, contact@champagneaspasie.com V *r.-v.*

PAUL AUGUSTIN Collection Saint-Martin ★

● | 2000 | | 30 à 50 €

Repris en 1990 par Éric Ammeux et son épouse Isabelle, ce vignoble familial d'environ 4 ha se partage entre Jonquery, dans un vallon entre Ardre et Marne, et Fontaine-sur-Aÿ, près d'Épernay. Les raisins de Jonquery donnent naissance au champagne Auguste Huiban, ceux de Fontaine-sur-Aÿ à la marque Paul Augustin, lancée en 2005 par Isabelle. (RM)

Associant le chardonnay (60 %) et le pinot meunier des récoltes 2014 et 2013, cette cuvée a connu le bois. Au nez, elle mêle la brioche et le toast. En bouche, elle se déploie avec puissance, vinosité et longueur sur des notes de beurre, de vanille et de viennoiserie. Un champagne gourmand, que nos jurés suggèrent d'apprécier maintenant. ⧗ 2018-2020 ● **Auguste Huiban 2009 (20 à 30 €; 2000 b.)** : vin cité.

⊶ PAUL AUGUSTIN, 1, rue de la Barbe-aux-Cannes, 51700 Jonquery, tél. 03 26 58 10 55, eric.ammeux@wanadoo.fr V *t.l.j. 9h-11h30 14h-18h; sam. dim. sur r.-v.*

⊶ Isabelle Ammeux

AUTRÉAU-LASNOT Prestige 2009 ★

● | 5000 | | 20 à 30 €

À partir de 1932, la famille Autréau constitue son domaine aux environs de Venteuil, sur la rive droite de la Marne. Aujourd'hui, Fabrice Autréau met en valeur un coquet domaine de 16 ha. (RM)

Issu de pinot noir majoritaire (65 %) et de chardonnay, ce millésimé offre un nez expressif, grillé, beurré et miellé. En bouche, il monte en puissance et séduit par son ampleur et sa longue finale suave, en harmonie avec l'olfaction. ⧗ 2018-2021 ● **Blanc de noirs Carte bleue (15 à 20 €; 15000 b.)** : vin cité.

⊶ AUTRÉAU, 6, rue du Château, 51480 Venteuil, tél. 03 26 58 49 35, info@champagne-autreau-lasnot.com V *t.l.j. 9h-12h 14h-17h30; dim. 9h-12h*

CHAMPAGNE

CH. D'AVIZE Blanc de blancs 2012 ★

Gd cru | 10 613 | | + de 100 €

Domaine de la Côte des Blancs, acquis en 2010 par l'homme d'affaires russe Boris Titof, qui l'a transmis à son fils Pavel. Situé au pied du château d'Avize (XIXᵉs.), le vignoble est constitué d'une seule parcelle de 2,13 ha. Il est conduit en biodynamie (certification bio en 2015 et biodynamique en 2018). Les champagnes sont élaborés dans le même esprit sous la direction de l'œnologue Hervé Jestin. (RM)

Resté quatre ans en cave, ce millésime de la Côte des Blancs, élevé à 80 % en fût, garde de son séjour dans le chêne un boisé vanillé très présent, qui laisse percer des senteurs de fruits jaunes mûrs. On lui trouve la rondeur et la générosité propres à l'année 2012. Sa complexité naissante devrait s'affirmer avec le temps. ⧗ 2018-2021

CH. D' AVIZE, 26, rue Pasteur, 51190 Avize, tél. 03 10 25 00 30, sales@chateaudavize.com V r.-v.

ALAIN BAILLY Réserve

| 10 934 | | 15 à 20 €

Six générations de viticulteurs. Premières bouteilles vers 1940 (sous d'autres marques), création de l'actuel domaine en 1962 par Alain Bailly, installation de Franck en 1993. Avec ses deux sœurs, Nathalie et Patricia, ce dernier exploite un vignoble de 12 ha composé de 83 parcelles dans la vallée de l'Ardre, ainsi qu'à Sacy et Villedommange, près de Reims. (RM)

Tirant sa teinte rose pâle d'un apport de vin rouge, un rosé de noirs dominé par le cépage meunier. Aromatique, il montre de l'élégance, du caractère et fait preuve d'une bonne persistance. ⧗ 2018-2021 **Cuvée Prestige (15 à 20 €; 14 170 b.)** : vin cité.

SCEV ALAIN BAILLY, 3, rue du Tambour, 51170 Serzy-et-Prin, tél. 03 26 97 41 58, champagne.bailly@wanadoo.fr V r.-v.

PAUL BARA Grand Rosé ★★

Gd cru | 20 000 | | 20 à 30 €

Fondé en 1833 et conduit aujourd'hui par Chantale Bara, fille de Paul, ce domaine réputé est implanté dans l'un des grands crus de noirs de la Montagne de Reims. Les 11 ha sont exclusivement plantés de pinot noir et de chardonnay classés en grand cru. Ils fournissent champagnes et coteaux-champenois. (RM)

Un rosé d'assemblage mariant 80 % de pinot noir et 20 % de chardonnay. On aime sa robe saumon pastel parcourue de bulles fines, son nez élégant, brioché et confituré, sa bouche équilibrée, fraîche et complexe, délicatement fruitée, à la longue finale tonique et acidulée. Un champagne harmonieux et gourmand. ⧗ 2018-2021

PAUL BARA, 4, rue Yvonnet, 51150 Bouzy, tél. 03 26 57 00 50, info@champagnepaulbara.fr V r.-v.

BARBIER-LOUVET
Blanc de noirs Les Vignes d'Henri ★★

Gd cru | 1500 | | 20 à 30 €

Fondée en 1835 et conduite depuis 1992 par David Barbier, cette exploitation implantée sur le versant sud de la Montagne de Reims couvre près de 7 ha, avec des parcelles dans plusieurs grands crus et 1ᵉʳˢ crus. (RM)

Cette cuvée née de pur pinot noir récolté en 2014 s'ouvre sur des notes intenses et vineuses de fleurs jaunes, de tilleul et de miel. La mangue, l'ananas bien mûr et le coing viennent compléter cette palette dans une bouche puissante, structurée et longue. «Un très beau pinot noir» conclut un dégustateur devant sa bouteille anonyme. ⧗ 2018-2021

BARBIER-LOUVET, 8, rue de Louvois, 51150 Tauxières-Mutry, tél. 03 26 57 04 79, contact@champagne-barbier-louvet.com V r.-v.

♥ **CLAUDE BARON** Cuvée Topaze 2009 ★★

| 5000 | | 15 à 20 €

Fondé en 1947 par Albert Baron, repris en 1972 par son fils Claude, secondé aujourd'hui par ses trois filles, Claire, Aline et Lise (ces deux dernières œnologues), ce négoce dispose d'un important vignoble (55 ha) dans la vallée de la Marne, aux environs de Château-Thierry. Les champagnes élaborés par Lise Baron cultivent la fraîcheur. Quatre marques: Baron Albert, Claude Baron, Jean de La Fontaine et Eugénie Bézard. (NM)

Ce 2009 privilégie le chardonnay (60 %), complété par le pinot noir. Si la bulle se fait discrète, la robe a gardé sa teinte or pâle aux reflets verts, et le nez des arômes frais et délicats d'aubépine et d'agrumes, nuancés de notes beurrées, briochées et toastées. Dans le même registre, la bouche enchante par son onctuosité, son ampleur et sa rondeur, équilibrées par une tension qui souligne la longue finale. Le dosage mesuré (6 g/l) contribue à l'harmonie de ce champagne d'excellente facture, à son apogée. ⧗ 2018-2021 **Cuvée Saphir (11 à 15 €; 80 000 b.)** : vin cité. **Eugénie Bézard (11 à 15 €; 90 000 b.)** : vin cité.

ALBERT BARON, 1, rue des Chaillots, Grand-Porteron, 02310 Charly-sur-Marne, tél. 03 23 82 02 65, contact@champagnebaronalbert.fr V *t.l.j. sf dim. 8h15-12h 13h30-17h45; sam. sur r.-v.*

BARON DAUVERGNE L'Or caché de Bouzy ★★

Gd cru | 1000 | | 30 à 50 €

Domaine créé en 1923, aujourd'hui structure de négoce dirigée depuis 2000 par Vincent Dauvergne, arrière-petit-fils des fondateurs. La maison a pignon sur rue à Bouzy, célèbre grand cru de la Montagne de Reims, et dispose de 7,5 ha en propre. La marque a été lancée en 2011. (NM)

L'«Or caché de Bouzy» n'est autre que le chardonnay, rare et méconnu dans ce grand cru réputé pour son pinot noir. Les raisins blancs composent 70 % de la cuvée, le pinot noir jouant les seconds rôles. Ce champagne a connu le bois. Le résultat est convaincant: un nez entre la pêche, la brioche et un léger boisé, une bouche structurée, dynamique et longue. ⧗ 2018-2023 **Gd cru Fine Fleur de Bouzy (20 à 30 €; 8 000 b.)** : vin cité.

VINCENT DAUVERGNE, 31, rue de Tours-sur-Marne, 51150 Bouzy, tél. 03 26 57 00 56, barondauvergne@orange.fr V r.-v.

BARON-FUENTÉ 2009 ★★★

| 40000 | | 30 à 50 € |

Maison née en 1967 du mariage de Gabriel Baron, vigneron champenois, avec Dolorès Fuenté, originaire d'Andalousie. Elle est gérée depuis 1993 par leurs enfants, Sophie et Ignace, qui s'appuient sur un domaine de 38 ha à l'ouest de Château-Thierry. Deux étiquettes: Baron-Fuenté et Monthuys Père et Fils. (NM)

Cette cuvée millésimée privilégie le chardonnay (60 %), complété par les deux pinots. Si la robe animée d'une bulle alerte a gardé des tons or clair, le nez offre un caractère évolué, avec ses arômes agréables de confiture de coings, de fruits macérés et de cire d'abeille. En bouche, ce 2009 reste dans le même registre mûr, avec ses notes de miel et de fruits secs, tout en conservant une belle fraîcheur malgré son âge. Un champagne harmonieux, gourmand et fin. 2018-2022 **Monthuys Père et Fils Blanc de blancs ★ (30 à 50 €; 30000 b.)** : un blanc de blancs un peu évolué mais de belle tenue, crémeux, assez long, aux parfums intenses de fruits exotiques, de fruits mûrs, de biscuit et de beurre. 2018-2020 **Monthuys Père et Fils Grand Cru (30 à 50 €; 30000 b.)** : vin cité.

BARON-FUENTÉ, 21, av. Fernand-Drouet, 02310 Charly-sur-Marne, tél. 03 23 82 01 97, accueil@baronfuente.com V *t.l.j. sf dim. 9h-18h*

BAUCHET Extra-brut Blanc de pinot noir Contraste ★

| 5000 | | 20 à 30 € |

Viticulteurs au début du XXᵉs., les Bauchet sont devenus récoltants-manipulants en 1960, tout en constituant aux environs d'Épernay un domaine de 34 ha, géré depuis 2010 par Bruno Bauchet et sa cousine Florence Bauchet-Labelle. Le domaine a son siège à Bisseuil, commune classée en 1er cru sur la rive droite de la Marne. (RM)

Cuvée Contraste? Une façon de mettre en lumière l'opposition entre la rondeur du pinot noir et la vivacité favorisée par un dosage faible (en extra-brut). Nullement dissocié, ce brut se révèle au contraire très équilibré. Au nez, il mêle des arômes frais et citronnés à des notes de fruits jaunes. En bouche, il allie générosité et élégance. 2018-2021 **1er cru Signature (20 à 30 €; 25000 b.)** : vin cité.

SAS BAUCHET, 4, rue de la Crayère, Bisseuil, 51150 Aÿ-Champagne, tél. 03 26 58 92 12, info@champagne-bauchet.fr V *r.-v.*

BAUDIN FILS Cuvée de réserve

| 28000 | | 11 à 15 € |

Établie à Cormoyeux, minuscule village proche de la vallée de la Marne, en lisière de la forêt de Hautvillers, la famille Baudin travaille la vigne depuis la fin du XVIIIᵉs. Patrice Baudin, investi sur le domaine dès l'âge de seize ans, a lancé son champagne en 1991. Il est épaulé par son fils depuis 2016. (RM)

Les trois cépages champenois composent cette cuvée qui s'ouvre sur les fruits blancs, la pêche et l'abricot. Toujours fruitée, la bouche offre une ampleur flatteuse, équilibrée par une belle acidité. Pour l'apéritif ou pour un dessert fruité. 2018-2021 **Tradition (11 à 15 €; 28000 b.)** : vin cité.

PATRICE BAUDIN, 9, rue des Gouttes-d'Or, 51480 Cormoyeux, tél. 03 26 58 65 01, patrice.baudin0086@orange.fr V *r.-v.*

J.-P. BAUDOIN Cuvée Véronique ★

| 30000 | | 11 à 15 € |

Le premier cep de ce domaine implanté près de Bar-sur-Aube a été planté en 1964, la marque lancée en 1968. L'exploitation s'agrandit vite, acquiert son premier pressoir en 1970. À la tête de la propriété depuis 1980, Jean-Pierre Baudoin élabore ses propres cuvées à partir de 11 ha de vigne. (RM)

Malgré une prédominance du pinot noir dans la Côte des Bar, ces récoltants ont fort bien réussi cette cuvée qui doit presque tout au chardonnay (5 % de pinot noir). Un champagne apprécié pour sa palette aromatique intense, fine et complexe, dominée par l'aubépine et les fruits blancs, et pour sa bouche élégante et persistante, à la finale citronnée. 2018-2021 **Cuvée Sélection ★ (11 à 15 €; 30000 b.)** : presque un blanc de noirs, à 5 % de chardonnay près (95 % de pinot noir). Un brut élégant, frais et long, aux arômes d'agrumes, de fruits jaunes et de brioche. 2018-2021

BAUDOIN, 1, rte d'Engente, 10200 Arrentières, tél. 03 25 27 35 86, champagne.jeanpierre.baudoin@wanadoo.fr V *r.-v.*

BAUDRY Privilège ★

| 121000 | | 15 à 20 € |

Héritiers d'une lignée vigneronne remontant à 1660, les deux frères José et Armel Baudry exploitent un domaine de 20 ha dans la Côte des Bar. Représentatif de ce secteur aubois, l'encépagement fait une large place au pinot noir. Nouvelle étiquette: Jacques Bolland. (RM)

Cette cuvée aux arômes intenses et frais, dominés par les agrumes et les fruits blancs, laisse une impression d'élégance et de finesse. Et pourtant, la puissance est bien au rendez-vous, sans doute celle du pinot noir (80 %, le chardonnay faisant l'appoint). Un champagne tonique, droit et persistant. 2018-2021 **Distinction ★ (30 à 50 €; 2000 b.)** : un brut issu de pinot noir majoritaire, qui a connu le bois. L'élevage ne transparaît guère dans ce champagne vineux et structuré, aux arômes de fleurs, de fruits jaunes, de mirabelle confiturée et de croûte de pain. 2018-2021

BAUDRY, 72, Grande-Rue, 10250 Neuville-sur-Seine, tél. 03 25 38 20 59, info@champagne-baudry.fr V *r.-v.*

BAUSER ★★

| 15000 | 15 à 20 € |

Après avoir constitué son vignoble dans les années 1960, René Bauser, ancien salarié viticole, a quitté la coopérative et lancé sa marque en 1970. La famille dispose aujourd'hui de 18 ha. Cépage roi des Riceys, le pinot noir est à l'honneur dans les cuvées du domaine, que ce soit en champagne ou en vins tranquilles (coteaux champenois et rosé-des-riceys). (RM)

CHAMPAGNE

Le pinot noir est seul à l'œuvre dans ce rosé intense à l'œil, séduisant par sa belle expression de petits fruits rouges, entre framboise et groseille. Dans le même registre, le palais se montre onctueux, puissant et persistant. Une réelle harmonie. 2018-2019 **Excellence (15 à 20 €; 3000 b.)** : vin cité.

SCEV BAUSER, 36, rue de la Voie-Pouche, 10340 Les Riceys, tél. 03 25 29 37 37, contact@champagne-bauser.com V *t.l.j. 10h-12h 15h-18h*

HERBERT BEAUFORT Carte d'or Tradition ★

Gd cru | 50000 | | 20 à 30 €

Bien connue à Bouzy, la famille cultive la vigne depuis le XVIe s. En 1904, Marcellin Beaufort vend des «vins nature de Bouzy»; en 1929, il commercialise ses premiers champagnes. Son petit-fils Henri a transmis en 2016 à ses enfants Hugues et Ludovic la maison, qui s'appuie sur un vignoble en propre de 13,5 ha essentiellement implanté à Bouzy, à Ambonnay et à Tours-sur-Marne, grands crus de la Montagne de Reims. Deux étiquettes: Herbert Beaufort (RM) et Marcellin Beaufort (NM). (RM)

Reflet du coteau de Bouzy, cette Carte d'or, associant au pinot noir majoritaire (90 %) une goutte de chardonnay, séduit par son nez expressif, floral et minéral, aux nuances de tilleul. Ronde en attaque, bien équilibrée, elle montre l'étoffe héritée de son cépage principal. 2018-2023

HERBERT BEAUFORT, 32, rue de Tours-sur-Marne, 51150 Bouzy, tél. 03 26 57 01 34, beaufort-herbert@wanadoo.fr V *t.l.j. 9h30-12h 14h-17h30; visite de la cave sur r.-v.* D

BEAUGRAND Blanc de blancs

| 16000 | | 15 à 20 €

Héritier de quatre générations, Arnaud Beaugrand conduit depuis 2000 le domaine familial fondé en 1927: 20 ha à Montgueux (Aube). Située aux portes de Troyes, cette commune est dotée d'un coteau aux sols calcaires, bien exposé au sud-est, où le chardonnay mûrit à merveille et règne en maître. (RM)

Il a les qualités de finesse attendues d'un blanc de blancs: un nez discret mais précis et délicat, sur la fleur d'oranger, sur la pomme et l'ananas un rien compotés; une bouche plus biscuitée, ample en attaque puis tendue, à la finale acidulée. 2018-2021

M Beaugrand, 4, rue Léon-Beaugrand, 10300 Montgueux, tél. 03 25 79 85 11, arnaud@champagne-beaugrand.com VFH t.l.j. sf sam. dim. 13h30-17h15

ALBERT BEERENS BRUT NATURE ★★

| 2500 | | 20 à 30 €

Les origines de ce domaine familial proche de Bar-sur-Aube remontent à 1862. À la tête de la propriété depuis 2005, Anne-Laure Beerens dispose d'un espace de travail modernisé et d'un vignoble de plus de 7 ha planté de quatre cépages: outre le pinot noir, le meunier, le chardonnay et le pinot blanc. Elle élève ses vins de réserve en foudres de chêne tronconiques. (RM)

Ce brut non dosé est un blanc de noirs issus majoritairement de pinot noir (90 %). Expressif et fruité, il allie des notes toniques de citron, d'ananas et de pamplemousse à des nuances de fruits compotés. On retrouve ce fruité et cette fraîcheur dans une bouche élégante, marquée en finale par une fine amertume. 2018-2023

ANNE-LAURE BEERENS, 37, rue Blanche, 10200 Arrentières, tél. 03 25 27 11 88, commerciale@champagnebeerens.com V *t.l.j. sf mer. dim. 10h-17h; sam. 15h-18h (avr. à sept.)*

BELIN Extra-brut 2012 ★★

| 1000 | | 20 à 30 €

L'exploitation familiale s'est tournée vers la viticulture vers 1960, et la première cave date de 1975. Olivier, œnologue, rejoint par Katty dix ans plus tard, a repris en 1997 le domaine familial qui couvre 8 ha autour d'Essômes-sur-Marne, en aval de Château-Thierry. Les coteaux environnants sont plantés majoritairement de meunier. (RM)

Né des trois cépages, un extra-brut jaune doré au nez expressif mariant les fleurs, les agrumes, la pêche jaune et la noisette à des nuances briochées que l'on retrouve en bouche. Le palais intense est tendu par une belle fraîcheur qui donne de l'allonge à la finale délicatement citronnée. 2018-2023

OLIVIER BELIN, 30 A, Aulnois, 02400 Essômes-sur-Marne, tél. 03 23 70 88 43, info@champagne-belin.fr V *t.l.j. sf dim. 9h-12h 14h-18h; f. 10-25 août*

LAURENT BÉNARD Extra-brut 2011 ★

1er cru | 4024 | | 30 à 50 €

À la tête du Dom. Bénard-Pitois depuis 1991, Michelle et Laurent Bénard songeaient à l'agriculture biologique. Après avoir mené des essais, ils constituent en 2008, sur les coteaux de Mareuil-sur-Aÿ et de Mutigny, le «vignoble des sept Arpents» (2,45 ha) exploité en bio, dont les champagnes portent la signature de Laurent Bénard. La certification est acquise en 2012. (RM)

Très peu dosé (2 g/l), cet extra-brut est un blanc de noirs issus des deux pinots. La présence des raisins noirs se traduit par d'agréables arômes de fruits des bois et de bonbon acidulé, nuancés de notes complexes reflétant l'évolution et un élevage partiel en fût: brioche, crème pâtissière, fin boisé et cannelle. Dans le même registre, le palais se montre vif et harmonieux. 2018-2019 **1er cru Extra-brut Vibratis 2013 (30 à 50 €; 5809 b.)** B : vin cité.

EARL VIGNOBLE DES SEPT ARPENTS, 23, rue Duval, Mareuil-sur-Aÿ, 51160 Aÿ, tél. 03 26 52 60 28, champagnelaurentbenard@orange.fr V *r.-v.*

A. BERGÈRE Sélection ★

| 70000 | | 15 à 20 €

A. Bergère: comme Albert qui élabora les premiers champagnes en 1949, comme André, arrivé en 1986, qui développa le vignoble, du Sézannais à la vallée de la Marne en passant par la Côte des Blancs. Depuis 2007, la maison, à la tête de 65 ha de vignes, a une adresse qui en impose, avenue de Champagne à Épernay. (NM)

Mi-chardonnay mi-pinot noir, cette cuvée dorée est construite sur la récolte 2014. Tonique au nez, elle mêle les fleurs, les agrumes et autres fruits frais. Ronde et crémeuse en attaque, puissante, elle est équilibrée par une élégante vivacité et finit sur une note suave et miellée: l'équilibre même. ⏳ 2018-2021

BERGÈRE, 40, av. de Champagne, 51200 Épernay, tél. 03 26 59 30 23, annaelle.bergere@champagne-andre-bergere.com V t.l.j. 9h-18h

F. BERGERONNEAU-MARION Grande Réserve ★

1er cru | 15000 | | 15 à 20 €

Héritier d'une lignée de vignerons et de tonneliers remontant au XVIes., Florent Bergeronneau s'est installé en 1982 avec Véronique Marion sur le domaine constitué par son père non loin de la cité des Sacres. (RM)

Dominé par les raisins noirs (90 %, dont 60 % de meunier), un brut généreux au fruité éclatant, alliant la pêche, l'abricot et la mirabelle, un rien confits, au genêt, à la rose et à la brioche. La bouche, à l'unisson, est complexe, gourmande, ronde avec finesse et offre une longue finale minérale. ⏳ 2018-2021

BERGERONNEAU, 22, rue de la Prévôté, 51390 Villedommange, tél. 03 26 49 75 26, contact@florent-bergeronneau-marion.fr V r.-v.

HENRI DE BERR ★★

| 30000 | | 15 à 20 €

En 1950, Roger Picard plante des vignes sur les flancs du mont de Berru, qui s'élève dans la plaine, à l'est de Reims. Son fils Jacques lance son champagne. Sylvie et Corinne, filles de Jacques, et José Lievens, son gendre, conduisent aujourd'hui la propriété (17 ha, à Berru, Avenay-Val-d'Or et Montbré). Plusieurs étiquettes: Jacques Picard, Corinne Picard, Henri de Berr. (RM)

Le chardonnay (60 %) laisse dans l'assemblage une belle place au meunier, qui transparaît dans la vinosité et les parfums fruités (fraise, groseille, abricot) de ce brut. Le beurre frais, la poire, la pêche, les fruits secs viennent enrichir cette palette dans une bouche bien structurée et persistante, marquée en finale par des touches de noisette et d'épices. Un champagne expressif et bien construit. ⏳ 2018-2021 **Jacques Picard Brut nature Double Solera (20 à 30 €; 5000 b.)** : vin cité. **Jacques Picard Réserve (15 à 20 €; 40000 b.)** : vin cité.

JACQUES PICARD, 12, rue de Luxembourg, 51420 Berru, tél. 03 26 03 22 46, champagnepicard@aol.com V r.-v.

BERTHELOT-PIOT Cuvée dévoilée ★

| 1000 | | 30 à 50 €

Installé en 2005, Eddy Berthelot représente la cinquième génération sur ce domaine de la vallée de la Marne. Il travaille de concert avec Chantal et Yves, ses parents. (RM)

Né d'un assemblage de chardonnay (60 %) et de meunier, un brut au nez complexe et mûr, mariant fruits jaunes, fruits secs, cannelle, amande et notes toastées. Frais en attaque, chaleureux, structuré, de bonne longueur, il trouvera sa place à table. ⏳ 2018-2020 **Rosé de saignée ★ (20 à 30 €; 1000 b.)** : issu d'une macération du meunier, un rosé soutenu, à la fois vineux et frais, aux arômes de cerise. ⏳ 2018-2019

EDDY BERTHELOT, 7, rue du Moulin, Neuville, 51700 Festigny, tél. 03 26 58 08 42, contact@champagne-berthelot-piot.fr V r.-v.

PIERRE BERTRAND ★

1er cru | 8000 | | 15 à 20 €

Pierre Bertrand crée son vignoble à partir de 1946 et devient récoltant-manipulant. Il a neuf enfants dont beaucoup de garçons, mais c'est sa fille Thérèse qui lui succède en 1982. Bertrand, son petit-fils, a pris la relève en 2010. Il exploite 6 ha dans la Grande Vallée de la Marne, autour de Cumières, 1er cru connu pour sa précocité. (RM)

Né des trois cépages champenois (avec 40 % de chardonnay), ce champagne s'ouvre sur des notes discrètes de miel et de fruits à chair blanche. Plus expressif en bouche, il se montre ample, gourmand et équilibré. ⏳ 2018-2020

PIERRE BERTRAND, 166, rue Louis-Dupont, 51480 Cumières, tél. 03 26 54 08 24, bertrand.pierre7@wanadoo.fr V r.-v.

BESSERAT DE BELLEFON Cuvée des moines 2008 ★★

| n.c. | | 30 à 50 €

Originaire de Hautvillers, Edmond Besserat a fondé en 1843 cette société qui, après plusieurs changements de sièges et de propriétaires, appartient à la maison Burtin d'Épernay (groupe Lanson-BCC). Elle dispose d'un vignoble de 25 ha. Les champagnes maison sont vinifiés sans fermentation malolactique et tirés à petite mousse. (NM)

Obtenue grâce à un moindre apport de liqueur de tirage qui ralentit la prise de mousse, la finesse de la bulle est le caractère distinctif des champagnes de la gamme Cuvées des moines. Celui-ci offre une remarquable image du très beau millésime 2008 et reflète la part importante du chardonnay dans l'assemblage (69 %, complété par 21 % de pinot noir et 10 % de meunier). Des raisins de bonne origine: grands crus et Cumières en 1er cru. À la fois vineux et subtil, le nez s'ouvre sur les fruits mûrs, des notes toastées et un soupçon de caramel. La bouche, à l'unisson, brille aussi bien par sa consistance que par sa finesse. ⏳ 2018-2021 **Extra-brut Cuvée des moines (30 à 50 €; n.c.)** : vin cité.

BESSERAT DE BELLEFON, 22, rue Maurice-Cerveaux, 51200 Épernay, tél. 03 26 78 52 16, info@besseratdebellefon.com V r.-v. *Lanson-BCC*

BLIARD-MORISET Brut nature Blanc de blancs

Gd cru | 1960 | | 15 à 20 €

En 1900, Georges Moriset est le premier de la lignée à élaborer du vin (sans bulles) au Mesnil-sur-Oger. La marque Bliard-Moriset naît du mariage des deux familles. En 2002, Jean-Loup Bliard a pris les rênes d'un beau patrimoine familial: 6,3 ha au cœur de la Côte des Blancs. Du chardonnay, avec juste quelques rangs de pinot à Vertus, pour élaborer le rosé de la gamme. (RM)

Ce chardonnay de la Côte des Blancs, mariant la récolte 2015 avec des vins de réserve élevés en solera, offre une belle expression aromatique: fruits blancs au sirop, fleurs blanches, avec une pointe de caramel. S'il n'est pas des plus longs, il séduit par son élégance et par sa vivacité finale, qui traduit l'absence de dosage. ⧗ 2018-2021

⊶ SCEV BLIARD-MORISET, 2, rue du Grand-Mont, 51190 Le Mesnil-sur-Oger, tél. 03 26 57 53 42, jl.bliard@wanadoo.fr V *r.-v.*

H. BLIN Blanc de noirs 100 % meunier ★★

●	15000		20 à 30 €

En 1947, dans les temps difficiles de l'après-guerre, une trentaine de vignerons, autour d'Henri Blin, fondent la «coop» de Vincelles (vallée de la Marne). La cave regroupe aujourd'hui environ 120 adhérents qui cultivent autant d'hectares de vignes, meunier en tête. (CM)

Encore un meunier qui s'affiche fièrement sur l'étiquette. À juste titre. Atterrissant masqué sur la table des jurés, dans sa bouteille enveloppée d'un cache, il a été reconnu («beaucoup de meunier») et apprécié. Les dégustateurs saluent son nez vineux, floral et surtout fruité, confit, puis sa bouche puissante, à la finale vive et acidulée. Le dosage mesuré (5 g/l) pourrait contribuer à son harmonie. ⧗ 2018-2019 ● **L'Esprit nature (30 à 50 €; 3000 b.)** Ⓑ : vin cité.

⊶ H. BLIN, 5, rue de Verdun, 51700 Vincelles, tél. 03 26 58 20 04, contact@champagne-blin.com V *t.l.j. sf sam. dim. 8h30-12h 14h-17h30; f. 13-19 août*

MAXIME BLIN Extra-brut L'Onirique ★

●	n.c.	20 à 30 €

Située dans le massif de Saint-Thierry, au nord-ouest de Reims, cette exploitation de 13 ha, fondée par Robert Blin en 1960, vinifie depuis 1988. Gilles Blin, rejoint par son fils Maxime en 2004, a passé la main à ce dernier en 2014. Deux marques: R. Blin & Fils et, depuis 2000, Maxime Blin. (RM)

Cette cuvée faiblement dosée est un blanc de noirs dominé par le meunier (80 %). On aime son nez partagé entre la brioche et le fruit jaune et sa bouche équilibrée et fraîche. ⧗ 2018-2021 ● **R. Blin et Fils Grande Tradition ★ (15 à 20 €; n.c.)** : mariant 90 % de chardonnay et 10 % de pinot noir, ce brut libère des parfums toniques de fruits blancs (pomme et poire, avec une nuance de litchi) et garde cette agréable fraîcheur en bouche. On le dégustera comme un blanc de blancs, à l'apéritif ou avec du poisson. ⧗ 2018-2021

⊶ MAXIME BLIN, 17, rue des Lombards, 51140 Trigny, tél. 03 26 03 10 97, maxime.blin@champagne-blin-et-fils.fr V *r.-v.*

A. BOATAS ET FILS Extra-brut Blanc de blancs Cuvée Ch. Legendre 2009 ★★★

● Gd cru	6000		20 à 30 €

Héritier de quatre générations de viticulteurs à Avize, grand cru de la Côte des Blancs, Armand Boatas est devenu ingénieur, tout en reprenant en 2005 les vignes familiales (3,4 ha). En 2014, il a abandonné sa carrière dans l'industrie automobile pour se consacrer à plein temps à son domaine. Coopérateur comme les trois générations précédentes, il a commencé à vinifier ses cuvées, fort des connaissances acquises à l'université de Bourgogne.

Le 2009 est le premier millésime élaboré par Armand Boatas. Cet extra-brut en hommage à un ancêtre lui vaut une belle entrée dans le Guide. La vinification évite la fermentation malolactique et a recours au bois. Les jurés ont été enchantés par ce champagne or pâle animé de bulles fines, au nez encore très frais et délicat, d'une rare complexité: l'agrume confit et le limoncello s'allient à la crème anglaise vanillée, à des notes grillées et à des touches calcaires. Des arômes que l'on retrouve dans un palais charnu et ample, conjuguant puissance et finesse, d'une rare longueur. ⧗ 2018-2021 ● **Gd cru Blanc de blancs ★ (15 à 20 €; 8000 b.)** : un chardonnay élégant au nez comme en bouche, aux arômes frais, nets et délicats de fleurs blanches, de pomme et de poire, à la finale dynamique et citronnée. ⧗ 2018-2021 ● **Gd cru Extra-brut Paradis 2009 (20 à 30 €; 5000 b.)** : vin cité.

⊶ EARL BOATAS GENTIL, 176, av. de Mazagran, 51190 Avize, tél. 06 62 69 42 52, aboatas@free.fr V *r.-v.*

BOCHET-LEMOINE Cuvée sélectionnée ★

●	51500		11 à 15 €

Domaine constitué en 1992 à la suite du mariage de Jacky Bochet avec Valérie Lemoine: après la réunion de vignobles issus des deux familles, la propriété couvre plus de 8 ha sur la rive droite de la Marne. Pierre Bochet, le fils, a rejoint l'exploitation en 2015. (RM)

Très cultivé dans ce secteur, le meunier représente la moitié de l'assemblage de cette cuvée dominée par les noirs (80 %). Assez complexe et flatteur, le nez s'ouvre sur les fleurs et des fruits blancs bien mûrs. Dans le même registre, le palais apparaît bien construit, gourmand et persistant, rond avec élégance. ⧗ 2018-2021

⊶ JACKY BOCHET, 3, rue Dom-Pérignon, 51480 Cormoyeux, tél. 03 26 58 64 11, bochet.lemoine@wanadoo.fr V *t.l.j. sf dim. 9h-12h 14h-18h* Ⓑ

BOIZEL Grand Vintage 2008 ★★

●	n.c.	30 à 50 €

Fondée en 1834, cette maison sparnacienne très régulière en qualité a vu se succéder cinq générations. En 1973, Évelyne Roques-Boizel en a pris les commandes, avec son mari Christophe Roques. Avec Lionel et Florent, la sixième génération participe aujourd'hui à l'élaboration des cuvées. Tout en restant familiale, la société a rejoint en 1994 le groupe créé par Philippe Baijot et Bruno Paillard, devenu Lanson-BCC. (NM)

Une fois de plus, la maison offre un superbe millésimé, issu de l'année 2008, très cotée en Champagne. Mi-pinot noir mi-chardonnay, ce brut affiche une robe or pâle parcourue de fines bulles. Le nez monte en puissance, sur des notes de fleurs, d'agrumes et de brioche. D'une belle complexité, la bouche brille par son équilibre et par sa longue finale marquée par un retour des agrumes. ⧗ 2018-2021 ● **Réserve ★ (20 à 30 €; n.c.)** : donnant une courte majorité au chardonnay (55 %, avec les deux pinots en appoint), un brut élégant et long, à la palette flatteuse (fleurs blanches, fruits secs, fruits jaunes, miel). ⧗ 2018-2021 ● **Rosé (30 à 50 €; n.c.)** : vin cité.

⊶ BOIZEL, 46, av. de Champagne, 51200 Épernay, tél. 03 26 55 21 51, boizelinfo@boizel.fr V *r.-v.*
⊶ Lanson-BBC

♥ BONNAIRE Blanc de blancs Variance ★★

8000 | 30 à 50 €

Comme plus d'un viticulteur champenois, l'arrière-grand-père des vignerons actuels a pris son indépendance vis-à-vis du négoce à la suite de la crise de 1929 et s'est lancé dans la manipulation en 1932. Aujourd'hui, le domaine s'étend sur 22 ha, principalement dans la Côte des Blancs. Il est conduit par Jean-Emmanuel et Jean-Étienne Bonnaire, fils de Jean-Louis, disparu en 2015. (RM)

Plus d'une fois en bonne place dans le Guide, ce blanc de blancs a fait l'unanimité cette année. Il naît de chardonnays des vendanges 2008 et 2007, élevés un an en fût, et restés cinq ans en cave. Sa robe jaune soutenu est parcourue de fines bulles. Son nez associe les fruits confits et des arômes toastés et vanillés traduisant un séjour dans le bois. La brioche vient enrichir cette palette dans une bouche épanouie, ample et élégante. Un bel apogée. ⧗ 2018-2021

JEAN-ÉTIENNE BONNAIRE, 120, rue d'Épernay, 51530 Cramant, tél. 03 26 57 50 85, contact@bonnaire.com r.-v.

BONNET-GILMERT
Extra-brut Blanc de blancs Cuvée de réserve ★

Gd cru | 2000 | 15 à 20 €

Émile Gilmert commercialise ses premières bouteilles en 1910; la marque est lancée après l'union des grands-parents d'Aude Vauban, cinquième génération, qui a succédé à son oncle Denis Bonnet en 2015. Le vignoble couvre 7 ha autour d'Oger, grand cru de la Côte des Blancs, si bien que le chardonnay est très présent dans les cuvées de la propriété. (NM)

Vieilli quatre ans en cave, ce blanc de blancs peu dosé assemble la récolte 2013 avec des vins de réserve des trois années antérieures. On apprécie ses senteurs de fleurs blanches et de brioche que l'on retrouve dans une bouche de belle tenue, harmonieuse et fraîche. ⧗ 2018-2019

SARL BONNET AND CO, 1 Bis, rue des Gouttes-d'Or, 51190 Oger, tél. 06 22 68 13 63, contact@champagne-bonnet-gilmert.com r.-v.

BONNET-PONSON Non dosé ★

1er cru | 20000 | 20 à 30 €

Depuis Grégoire Bonnet en 1862, six générations de vignerons se sont succédé à Chamery, au sud-ouest de Reims. Aujourd'hui, Thierry et son fils Cyril conduisent 10 ha sur le flanc nord de la Montagne de Reims: 70 parcelles en 1er cru et en grand cru. Domaine en bio certifié depuis 2016. (RM)

On parle de champagne «non dosé» ou de «brut nature»: aucun sucre n'est ajouté en fin de vinification, après le dégorgement. Celui-ci, né d'un assemblage par tiers des trois cépages champenois, a connu le bois. Mêlant des arômes plaisants de toast et d'agrumes, il est structuré, gourmand et harmonieux. ⧗ 2018-2021 ● **1er cru (20 à 30 €; 8000 b.)** : vin cité.

CYRIL BONNET, 9, rue du Sourd, 51500 Chamery, tél. 03 26 97 65 40, champagne.bonnet.ponson@wanadoo.fr r.-v.

FRANCK BONVILLE Blanc de blancs Prestige ★★

Gd cru | 25000 | 20 à 30 €

Créé en 1926, le domaine a commercialisé ses premières bouteilles après la Seconde Guerre mondiale. Il est dirigé depuis 1996 par Olivier Bonville, le petit-fils de Franck, qui dispose de 18 ha – dont 15 dans trois grands crus de la Côte des Blancs: Avize, Cramant et Oger. (RM)

Resté quatre ans en cave, ce grand cru or clair libère des fragrances délicates de fleurs blanches, mêlées de notes plus mûres de pâte de fruits et de pain grillé. Ce côté confit se prolonge dans un palais consistant, rond en attaque, soyeux et gourmand, qui laisse une impression de richesse. ⧗ 2018-2022 **Camille Bonville Gd cru Blanc de blancs (20 à 30 €; 30000 b.)** : vin cité.

SAS FRANCK BONVILLE, 9, rue Pasteur, 51190 Avize, tél. 03 26 57 52 30, contact@champagnebonville.fr r.-v.

BOUCANT-THIÉRY Fantaisie ★

25000 | 20 à 30 €

Installé en 2007, Emmanuel Boucant gère un domaine familial agrandi dans les années 1970 (7 ha aujourd'hui), qui élabore ses champagnes depuis 1993. Son vignoble domine l'un des plus jolis méandres de la Marne, en aval de Château-Thierry (Aisne). (RM)

L'habillage de la bouteille évoque un champagne de cabaret. Léger? Accessible certes, mais ce brut né des trois cépages champenois, meunier en tête, mérite qu'on s'arrête sur sa robe or rose, sur ses senteurs fruitées, briochées et noisettées, puis sur sa bouche ample, ronde, délicate et suave. ⧗ 2018-2019

BOUCANT-THIÉRY, 10, rte de Crogis, Mont-de-Bonneil, 02400 Bonneil, tél. 06 78 14 31 18, champagne@boucantthiery.fr r.-v.

BOUCHÉ PÈRE ET FILS 2005 ★★

20000 | 20 à 30 €

Créée en 1920, cette maison établie à la porte sud d'Épernay a commercialisé ses premières cuvées en 1945. Elle est dirigée par Nicolas Bouché, ingénieur agricole et œnologue, qui dispose d'un important vignoble de 30 ha disséminé sur onze crus différents. Tous les champagnes de la propriété restent au minimum quatre ans en cave. (NM)

Composé de chardonnay et de pinot noir à parts égales, ce millésimé a vieilli dix ans sur lies. Sur la réserve au premier nez, il s'ouvre à l'aération sur des notes très agréables de fruits à noyau, de fleurs, de pomme compotée, de beurre et de miel. Cette complexité s'affirme dans un palais équilibré, onctueux, gras et rond. Une réelle harmonie. ⧗ 2018-2021 **Cuvée réservée (20 à 30 €; 200000 b.)** : vin cité.

NICOLAS BOUCHÉ, 10, rue du Gal-de-Gaulle, 51530 Pierry, tél. 03 26 54 12 44, info@champagne-bouche.fr t.l.j. sf dim. 8h-13h 14h-17h; f. août et sam. en janv.-fév.

BOULACHIN-CHAPUT As 2009 ★

| 4600 | | 30 à 50 € |

Un Joseph Boulachin, ouvrier viticole dans la région de Bar-sur-Aube, achète les premières parcelles. Le domaine se développe au XXes. Après une carrière militaire, Albert Boulachin, marié avec Sylvette Chaput, en reprend une partie en 1986 et lance la marque Boulachin-Chaput dix ans plus tard. Il a transmis les clés de la cave à son fils Geoffroy qui met en valeur un vignoble de 8,5 ha. (NM)

Mi-blancs mi-noirs, ce millésime issu des trois cépages champenois déploie au nez comme en bouche les arômes puissants, complexes et évolués d'un champagne longuement vieilli: fruits mûrs, pain beurré, tarte Tatin. Consistant et gourmand, il a gardé de la fraîcheur et finit sur une légère amertume aux accents de pamplemousse. ⧗ 2018-2020

BOULACHIN-CHAPUT, 21, rue Michelot, 10200 Arrentières, tél. 03 25 27 27 13, contact@champagneboulachinchaput.fr V t.l.j. sf dim. 9h-12h 14h-18h

BOULARD-BAUQUAIRE Blanc de blancs Cuvée Mélanie Vinifié en fût de chêne ★

| n.c. | | 20 à 30 € |

Denis Boulard a constitué en 1963 ce domaine aux alentours de Cormicy, village viticole le plus septentrional du vignoble, au nord-ouest de Reims. Il l'a transmis en 2005 à son fils Christophe, qui exploite plus de 7 ha dans ce secteur ainsi qu'à Trépail, dans la Montagne de Reims. Exploitation certifiée Haute valeur environnementale niveau 3. (RM)

Ce blanc de blancs vinifié en fût de chêne apparaît une fois de plus dans ces pages. Le passage sous bois, insoupçonné des jurés, n'a pas maquillé ce brut qui s'ouvre sur des notes d'agrumes et de fleurs. La mise en bouche dévoile un vin équilibré, ample, gourmand et persistant, aux arômes de beurre et de brioche. ⧗ 2018-2021 **Blanc de noirs Carte noire (15 à 20 €; 7658 b.)** : vin cité.

BOULARD-BAUQUAIRE, 30, rue Petit-Guyencourt, 51220 Cormicy, tél. 03 26 61 30 79, info@champagne-boulard-bauquaire.fr V t.l.j. sf dim. 9h-12h 13h30-18h

BOULOGNE-DIOUY Tradition ★

| n.c. | | 11 à 15 € |

Représentant la troisième génération de viticulteurs, Philippe Boulogne est coopérateur. Installé dans un vallon irrigué par un petit cours d'eau, sur la rive gauche de la Marne, il met en valeur un vignoble implanté à Nesle-le-Repons, Festigny et au Mesnil-le-Hutier, trois villages des environs. (RC)

Cépage le plus cultivé du secteur, le meunier est majoritaire (56 %) dans cette cuvée, associé au pinot noir et à un petit appoint (12 %) de chardonnay. Un brut jaune doré, charpenté et persistant, aux arômes flatteurs de fleurs blanches, d'agrumes et de petits fruits rouges. ⧗ 2018-2021

BOULOGNE-DIOUY, 28, rue de l'Église, 51700 Nesle-le-Repons, tél. 03 26 52 83 94, champagne.boulogne@wanadoo.fr V r.-v.

EDMOND BOURDELAT Sélection

| 8000 | | 15 à 20 € |

Les Bourdelat cultivent la vigne depuis 1870. Installés en 1990, Bruno, fils d'Edmond, et son épouse Sandrine exploitent près de 5 ha sur les coteaux sud d'Épernay. Ils vinifient leurs cuvées en fûts de réemploi. (RM)

Le meunier (60 %) laisse une bonne place au chardonnay dans ce brut élevé en fût. On aime son nez brioché, fruité et délicatement boisé, tout comme sa bouche équilibrée et vive, à la finale saline. ⧗ 2018-2020

EARL ALBERT BOURDELAT, 3, rue des Limons, 51530 Brugny, tél. 06 07 80 31 03, contact@champagne-edmond-bourdelat.fr V r.-v.

R. BOURDELOIS Blanc de noirs ★

| 1er cru | 3544 | | 20 à 30 € |

Créée en 1901 par Adonis Bourdelois, cette exploitation familiale est dirigée depuis 2012 par la petite-fille de Raymond Bourdelois, Audrey Renoir, qui représente la sixième génération. Le vignoble couvre 5,6 ha sur les coteaux de Dizy proches d'Épernay et d'Aÿ. (RM)

Pinots noir et meunier contribuent à parité à ce blanc de noirs harmonieux, à la fois gras et très tonique, mêlant des arômes évolués de miel et de noix à des notes vives de fruits exotiques (ananas, fruit de la Passion). ⧗ 2018-2021

SCEV RENOIR-BOURDELOIS, 737, av. du Gal-Leclerc, 51530 Dizy, tél. 06 73 60 82 39, champagnebourdelois@hotmail.fr V r.-v.

♥ BOURGEOIS-BOULONNAIS Grande Réserve ★★

| 1er cru | n.c. | | 15 à 20 € |

Établie à Vertus, dans la partie sud de la Côte des Blancs, la famille Bourgeois dispose d'un vignoble de 5,6 ha implanté uniquement sur cette vaste commune classée en 1er cru. Le chardonnay est logiquement très présent dans ses cuvées. (RM)

Dans la cave de ces vignerons où l'on pratique encore le remuage à la main, cette Grande Réserve associant les récoltes 2010 et 2009 a mûri lentement. L'étiquette ne le dit pas, mais il s'agit d'un blanc de blancs, qui a emporté l'adhésion des jurés. Intense et fin, déjà évolué mais encore frais, le nez associe les fruits du verger (mirabelle), la réglisse et des touches anisées. La brioche et l'amande torréfiée complètent cette palette complexe dans un palais soyeux, intense, équilibré, remarquable par sa longue finale grillée. ⧗ 2018-2022

BOURGEOIS-BOULONNAIS, 8, rue de l'Abbaye, 51130 Vertus, tél. 03 26 52 26 73, bourgeoi@hexanet.fr V r.-v.

CH. DE BOURSAULT Tradition ★

| 19702 | | 20 à 30 € |

Construit en 1843, un fastueux château néo-Renaissance dominant la vallée de la Marne, sur la

rive gauche: le cadeau de mariage de Barbe-Nicole Clicquot (la «veuve Clicquot») à sa petite-fille. Cas presque unique en Champagne, le domaine, clos de murs, inclut les bâtiments d'exploitation et le vignoble. Acquis par la famille Fringhian en 1927, il couvre aujourd'hui 13 ha. (NM)

Cette cuvée marie trois quarts de raisins noirs (meunier en tête, 47 %) et un quart de chardonnay. De couleur vieil or, elle développe d'agréables arômes de pain grillé et séduit par son équilibre, son dosage juste et sa longueur. ⧗ 2018-2019 ● **Cuvée Prestige (30 à 50 €; 3492 b.)** : vin cité.

⊸ CH. DE BOURSAULT, 2, rue Maurice-Gilbert, 51480 Boursault, tél. 03 26 58 42 21, info@champagnechateau.com **V** r.-v. *⊸ H. Fringhian*

BOUTILLEZ-GUER Blanc de blancs

● 1er cru | 3500 | | 15 à 20 €

La famille Boutillez est établie à Villers-Marmery depuis le XVe s. Installé en 1980, Marc Boutillez cultive un peu plus de 5 ha dans ce 1er cru, l'un des rares de la Montagne de Reims où domine le chardonnay. (RM)

Avec sa robe or pâle, son nez sur le citron confit, sa bouche ronde en attaque, fraîche, de bonne longueur, aux arômes de citron vert et de pamplemousse, cette cuvée offre tout ce que l'on attend d'un blanc de blancs. ⧗ 2018-2021

⊸ BOUTILLEZ-GUER, 38, rue Pasteur, 51380 Villers-Marmery, tél. 03 26 97 91 38, boutillez.guer@orange.fr **V** r.-v.

G. BOUTILLEZ-VIGNON Extra-brut Sélection ★★

● 1er cru | 800 | | 15 à 20 €

Les Boutillez cultivaient déjà la vigne au XVIe s. à Villers-Marmery. Gérard et Colette ont créé leur domaine en 1964 et commercialisé leurs premières bouteilles en 1976. Colette, appuyée par ses trois filles depuis 2004, a passé les commandes à la nouvelle génération en 2014. Le vignoble familial couvre 5 ha dans cinq crus de la Montagne de Reims. À la cave, Armelle Boutillez-Gaudinat. (RM)

Mariant le chardonnay majoritaire (70 %) au pinot noir, cet extra-brut est resté quatre ans en cave. Sa palette complexe et mûre associe les fruits exotiques, le beurre, la biscotte, la noisette et le pain d'épice. Le moka torréfié s'ajoute à cette palette dans une bouche harmonieuse, fraîche et pourtant suave. Une heureuse évolution. ⧗ 2018-2019

⊸ G. BOUTILLEZ-VIGNON, 26, rue Pasteur, 51380 Villers-Marmery, tél. 03 26 97 95 87, champagne.g.boutillez.vignon@orange.fr **V** r.-v.

OLIVIER ET BERTRAND BOUVRET Tradition ★

● | 18000 | | 11 à 15 €

Un jeune domaine aubois de 3 ha environ, implanté dans la région de Bar-sur-Seine. 1986, installation d'Olivier Bouvret et premières plantations. 2001, arrivée de son frère Bertrand, suivie de la construction de la cave. Premières vinifications en 2002. (RM)

Beaucoup d'intensité dans cette cuvée Tradition, qui met en avant le pinot noir (87 %), majoritaire dans le secteur. Avec sa robe jaune doré, son expression aromatique discrète mais plaisante, beurrée et vanillée, sa bouche équilibrée, tendue par une pointe de vivacité qui lui donne de l'allonge, il offre tout ce que l'on attend d'un brut sans année. ⧗ 2018-2020 ● **★ (15 à 20 €; 2200 b.)** : un rosé de noirs (100 % pinot noir) gourmand, frais, de bonne longueur, aux arômes de fraise et de framboise. ⧗ 2018-2021 ● **Extra-brut Blanc de blancs L'Origine (20 à 30 €; 1000 b.)** : vin cité.

⊸ GAEC DES BLÉS D'OR, 39, rue de l'Église, 10110 Merrey-sur-Arce, tél. 06 30 60 81 93, champagnebouvret@gmail.com **V** r.-v.

BRATEAU-MOREAUX Réserve ★

● | 10000 | | 11 à 15 €

Succédant à deux générations de récoltants manipulants, Dominique Brateau a repris en 1982 l'exploitation familiale qui couvre aujourd'hui 8 ha sur la rive gauche de la Marne. (RM)

Né d'un assemblage de meunier et de chardonnay à parts égales, ce champagne séduit par sa belle matière comme par sa palette aromatique aussi complexe qu'élégante: la pêche, la poire et l'abricot bien mûrs, le miel, la noisette et la pâtisserie se mêlent au nez et s'épanouissent en bouche. ⧗ 2018-2020

⊸ DOMINIQUE BRATEAU, 12, rue Douchy, 51700 Leuvrigny, tél. 03 26 58 00 99, champagnebrateau-moreaux@orange.fr **V** r.-v.

SÉBASTIEN BRESSION Cuvée Prestige ★

● | 3000 | | 15 à 20 €

Sébastien Bression a repris en 2000 le petit domaine familial, qui a son siège à Étoges, entre Côte des Blancs et Sézannais. Il l'a agrandi, parcelle après parcelle: aujourd'hui, 3,6 ha sur les coteaux du Petit Morin et à Dizy, près d'Épernay. (RM)

Composée de 90 % de chardonnay et de 10 % de meunier, cette cuvée or clair offre un nez frais et finement floral avant de dévoiler un palais rond en attaque, tendu par une arête acide lui donnant de l'allonge. Un champagne droit, qui fera le même usage qu'un blanc de blancs. ⧗ 2018-2021

⊸ SÉBASTIEN BRESSION, La Haie-Carbon, 51270 Étoges, tél. 03 26 53 76 67, champagnebression.s@orange.fr **V** r.-v.

BRETON FILS

● | 15000 | | 15 à 20 €

Parti de 5 ares dans les années 1950, Ange Breton a développé son domaine pendant un demi-siècle. Établie à Congy, entre Côte des Blancs et Sézannais, l'exploitation, forte d'un vignoble de 16 ha réparti sur onze communes, est dirigée depuis 2009 par son fils Reynald, qui officie à la cave. (RM)

Né des trois cépages champenois (avec 42 % de chardonnay), un rosé construit sur la récolte 2014. Une robe saumon franc, un nez expressif, entre fleurs, fruits rouges et grenadine, une bouche à la fois ronde et svelte composent un champagne équilibré et plaisant. ⧗ 2017-2021

REYNALD BRETON, 12, rue Courte-Pilate, 51270 Congy, tél. 03 26 59 31 03, contact@champagne-breton-fils.fr V t.l.j. 9h-12h 14h-17h30

BRICE Bouzy 2012 ★

Gd cru | 2000 | | 30 à 50 €

Le domaine tire son origine de l'achat par un ancêtre de vignes ecclésiastiques ou nobiliaires vendues à la Révolution. Fondée en 1994 par Jean-Paul Brice, la maison de négoce est gérée depuis 2009 par son fils Jean-René. Forte d'un vignoble en propre de 12 ha, dont le noyau de 8 ha sur le terroir de Bouzy, elle propose une gamme de champagnes issus de grands crus affichés sur l'étiquette. Les vins sont élaborés sans fermentation malolactique. (NM)

Original et rare, ce rosé de Bouzy laisse au second plan le pinot noir, donnant le premier rôle au chardonnay (85 %) élevé en fût. Le vin rouge de Bouzy lui lègue sa teinte saumon soutenu. Reflet de cet assemblage et de cette vinification, ce champagne ample et persistant associe des arômes acidulés de groseille à maquereau et de mandarine à des notes de confiture de fraises, assorties de touches de pâte d'amandes. ⧗ 2018-2021 **Tradition (20 à 30 €; 50000 b.)** : vin cité.

BRICE, 22, rue Gambetta, 51150 Bouzy, tél. 03 26 52 06 60, contact@champagne-brice.com V t.l.j. 10h-18h

BRISSON-JONCHÈRE Vieilles Vignes

| 5469 | | 15 à 20 €

Un petit domaine (3 ha) aubois récent. La famille vendait son raisin au négoce. Installés en 1998, Bénédicte et Claude Jonchère ont été coopérateurs jusqu'en 2005, puis se sont lancés dans l'élaboration de leurs cuvées. Bénédicte est à la cave. (RM)

Ce brut doit tout au pinot noir, cépage majoritaire dans la Côte des Bar. La moitié des vins de base ont séjourné quatre mois en fût avec bâtonnage. Portant la marque de cette vinification, ce champagne dévoile au nez comme en bouche un boisé vanillé qui laisse percer des notes de fruits jaunes. Bien structuré, il offre une finale tendue. ⧗ 2018-2023

BRISSON-JONCHÈRE, 6, chem. de l'Argillier, 10200 Bar-sur-Aube, tél. 06 66 61 27 07, champagnebrissonjonchere@orange.fr V r.-v.

M. BRUGNON Sélection

| 10000 | | 15 à 20 €

Domaine fondé en 1947 par le grand-père de l'actuel vigneron et agrandi de vignobles familiaux. À la tête de la propriété depuis 1986, Alain Brugnon exploite 8,5 ha: 3,5 ha de pinot noir à Écueil, 1 ha de chardonnay à Rilly (dans la Montagne, non loin de Reims) et 4 ha dans la vallée de la Marne. (RC)

Allié au pinot noir, le chardonnay compose deux tiers de ce brut or blanc, au nez gourmand, entre pomme confite et vanille, et à la bouche tonique, de bonne longueur, où l'on retrouve la pomme, dans des tons plus frais. ⧗ 2018-2021

ALAIN BRUGNON, 1, rue Brûlée, 51500 Écueil, tél. 03 26 49 25 95, champagne-brugnon@orange.fr V r.-v.

ÉDOUARD BRUN & CIE Blanc de blancs ★

1er cru | 10000 | | 20 à 30 €

Fondée en 1898, cette structure de négoce familiale porte le nom de son créateur, un ancien tonnelier. Les fûts ou foudres sont toujours utilisés pour la vinification de certaines cuvées. La maison dispose en propre de 10 ha dans la Montagne de Reims et aux environs d'Aÿ. (NM)

Ce blanc de blancs au nez délicat d'acacia et de miel se montre riche et rond en bouche, tendu par une belle vivacité citronnée: un réel équilibre. ⧗ 2018-2021 **Gd cru Extra-brut Blanc de noirs ★ (50 à 75 €; 2000 b.)** : du pinot noir, cépage roi de ce grand cru d'ancienne réputation, ce vin aux arômes de fruits compotés a tiré son ampleur et sa rondeur, équilibrées en finale par une fraîcheur acidulée. ⧗ 2018-2022

ÉDOUARD BRUN, 14, rue Marcel-Mailly, 51160 Aÿ, tél. 03 26 55 20 11, contact@champagne-edouard-brun.fr V r.-v.

BULIDON ★

| 7000 | 11 à 15 €

Domaine situé dans le village aubois de Channes, situé à l'extrême sud de l'aire d'appellation champagne, aux confins de la Côte-d'Or et de l'Yonne. Fondé en 1967, il dispose d'environ 3 ha de vignes et s'est doté d'une cave en 1978. À sa tête depuis 1986, Pascal Bulidan a lancé son champagne. (RM)

Issu de pinot noir majoritaire (80 %) et de chardonnay, un champagne juvénile et nerveux, au nez délicat et frais de fleurs blanches, dont la fraîcheur en bouche est soulignée par des arômes acidulés d'agrumes. ⧗ 2018-2023

PASCAL BULIDON, 3, rue des Pressoirs, 10340 Channes, tél. 03 25 29 16 16, maxime.charlene.davesne@gmail.com V r.-v.

JACQUES BUSIN 2012 ★★

Gd cru | 10500 | | 15 à 20 €

Ernest Busin commercialisait déjà son champagne en 1902. Après Pierre et Jacques, Emmanuel Busin a pris en 2006 les commandes de la propriété, forte de près de 11 ha répartis dans cinq grands crus prestigieux de la Montagne de Reims: Verzenay, Mailly-Champagne, Verzy, Sillery et Ambonnay. (RM)

Vieilli cinq ans en cave, ce grand cru de la Montagne de Reims laisse une bonne place au chardonnay, aux côtés du pinot noir majoritaire (60 %). La robe or jaune est animée de bulles alertes qui laissent monter des parfums précis et élégants, fruités et épicés. Au palais, ce brut a pour atouts son volume, son gras, sa droiture et sa finale persistante, marquée par des notes de pain grillé. Une réelle harmonie. ⧗ 2021-2023 **Gd cru Cuvée blanche ★ (30 à 50 €; 3000 b.)** : privilégiant le chardonnay (60 %), complété par le pinot noir, ce brut vieilli dix ans se déploie avec ampleur et rondeur. Ses arômes complexes de beurre et de pain grillé traduisent une heureuse évolution. ⧗ 2018-2021

SCEV JACQUES BUSIN, 17, rue Thiers, 51360 Verzenay, tél. 03 26 49 40 36, jacques-busin@wanadoo.fr V r.-v.

PIERRE CALLOT
Extra-brut Blanc de blancs Les Chênes

Gd cru | n.c. | | 50 à 75 €

Prenant la suite d'une lignée de viticulteurs remontant au XVIIIᵉs., Pierre Callot a lancé son champagne en 1955. Son fils Thierry, œnologue, lui a succédé en 1996. Son domaine de 5 ha, implanté principalement dans la Côte des Blancs, fait la part belle au chardonnay qui compose la base des cuvées de la propriété. (RM)

Issu d'un lieu-dit d'Avize, le chardonnay à l'origine de cet extra-brut a séjourné quatre mois en fût. Un blanc de blancs structuré et vif, fruité, beurré et vanillé, qui porte l'empreinte de son élevage. ⧗ 2018-2021

⊶ THIERRY CALLOT, 100, av. Jean-Jaurès, 51190 Avize, tél. 03 26 57 51 57, thierry.callot@orange.fr r.-v.

CAMIAT ET FILS Cuvée Prestige ★★

| 4000 | 15 à 20 €

Domaine établi sur les coteaux du Petit Morin. Auguste plante les premiers ceps vers 1940; Paul élabore les premières cuvées dans les années 1950. Après une expérience dans le conseil viticole, Romuald Camiat s'installe en 2008 sur l'exploitation (4,5 ha) et succède à son père en 2014. Il a aménagé une cuverie et s'oriente vers des pratiques respectueuses de l'environnement. (RM)

Mi-blancs mi-noirs, cette cuvée séduit par son nez tonique, partagé entre fleurs et agrumes, pamplemousse en tête. Cette agréable fraîcheur se poursuit dans une bouche harmonieuse et longue, qui ajoute à la palette aromatique des arômes de torréfaction. ⧗ 2018-2021

Cuvée de réserve (15 à 20 €; 3000 b.) : vin cité.

⊶ ROMUALD CAMIAT, 34, Grande-Rue, 51130 Loisy-en-Brie, tél. 06 10 78 56 63, contact@champagne-camiat.fr r.-v.

CANARD-DUCHÊNE
Blanc de blancs Charles VII Grande Cuvée des lys ★

| n.c. | 30 à 50 €

Fondée en 1868 par Victor Canard, tonnelier, et Léonie Duchêne, vigneronne, cette maison est restée implantée à Ludes, dans la Montagne de Reims, où elle dispose de 6 km de caves. Elle a été reprise en 2003 par le groupe Thiénot. (NM)

La gamme de prestige de la maison rappelle le sacre de Charles VII, une des grandes heures de l'histoire rémoise. Son blanc de blancs, discret au nez mais assez complexe, s'ouvre sur des arômes d'épices (poivre), de pomme mûre et de coing. Vive et élégante, l'attaque annonce un palais rond, d'une bonne longueur. ⧗ 2018-2020

⊶ CANARD-DUCHÊNE, 1, rue Edmond-Canard, 51500 Ludes, tél. 03 26 61 10 96, info@canard-duchene.fr t.l.j. sf dim. 10h30-18h ⊶ Thiénot Bordeaux Champagnes

LIONEL CARREAU Cuvée PréemBulles 2012 ★

| 3000 | | 20 à 30 €

Si ce domaine aubois, constitué par Lionel Carreau dans la Côte des Bar, ne remonte qu'à 1991, au milieu du XVIᵉs., des ancêtres cultivaient déjà la vigne pour l'abbaye de Mores, à deux pas de Celles-sur-Ource. Fille du fondateur, Oriane Carreau a pris en 2013 – à moins de trente ans – les rênes du vignoble familial qui compte 6 ha. (RM)

«Préambule à toute soirée», cette cuvée résulte d'un assemblage bien aubois: du pinot noir majoritaire (60 %), complété par deux cépages blancs à parité: le chardonnay et le pinot blanc. On aime son expression aromatique, entre rose, pivoine, brioche et toast, puis son harmonie en bouche: attaque sur les agrumes, développement en rondeur, finale fraîche et soyeuse, sur une touche de coquille d'huître. ⧗ 2018-2021

⊶ LIONEL CARREAU, 10, rue du Ruisselot, 10110 Celles-sur-Ource, tél. 03 25 38 57 27, info@champagne-lionel-carreau.com r.-v.

DE CASTELLANE

| n.c. | 20 à 30 €

Bien connue à Épernay pour son beffroi dressé au bout de l'avenue de Champagne, cette maison fondée en 1895 par le vicomte Florens de Castellane a été associée aux fastes de la Belle Époque et des Années folles. Elle est aujourd'hui dans le giron du groupe Laurent-Perrier. Autre emblème de la marque: la croix rouge de Saint-André. (NM)

Né d'un assemblage classique des trois cépages champenois privilégiant les noirs (70 %, dont 40 % de pinot noir), ce brut sans année est la signature de la maison. La version goûtée par les jurés apparaît juvénile, avec sa robe or pâle aux reflets verts et son nez réservé, qui s'ouvre sur la pomme verte puis, après aération, sur le beurre frais, la pêche blanche, le jasmin et les fruits jaunes. Ce fruité se confirme dans un palais intense, très frais, voire nerveux, et se prolonge en finale, rehaussé d'une touche épicée. ⧗ 2018-2023

⊶ DE CASTELLANE, 63, av. de Champagne, 51200 Épernay, tél. 03 26 51 19 19, olivier.kanengieser@castellane.com t.l.j. 10h-12h 14h-18h; f. 1ᵉʳ janv.-15 mars ⊶ Laurent-Perrier

CATTIER Brut nature Absolu ★

| 7192 | | 30 à 50 €

Les origines de cette maison familiale remontent au XVIIᵉs. et les premières bouteilles ont été vendues en 1918. La société, qui a pris le statut de négociant en 1958, a son siège à Chigny-les-Roses, au cœur de la Montagne de Reims. Elle dispose d'un vignoble en propre de 33 ha et de caves creusées à 30 m de profondeur. (NM)

Des notes de coing et de pomme cuite, puis des touches de fumée composent la palette aromatique de ce brut, né d'un assemblage classique des trois cépages champenois (70 % de noirs). Un champagne harmonieux, rond et délicat. ⧗ 2018-2021

⊶ CATTIER, 11, rue Dom-Pérignon, BP 15, 51500 Chigny-les-Roses, tél. 03 26 03 42 11, champagne@cattier.com t.l.j. sf sam. dim. 8h-12h 14h-18h

CLAUDE CAZALS Blanc de blancs Carte or ★

Gd cru | 25000 | | 20 à 30 €

Un nom du Midi: Ernest Cazals, le fondateur du domaine, tonnelier de son état, quitta l'Hérault pour

venir s'installer en 1897 au Mesnil-sur-Oger. Olivier lui succéda, puis Claude, inventeur du gyropalette. Depuis 1996, c'est sa fille Delphine qui dirige l'exploitation: 9 ha environ sur la Côte des Blancs. (RC)

Ce blanc de blancs resté trois ans en cave séduit par la délicatesse de son nez mêlant la fleur d'oranger et la poire, nuancées de touches confites, puis par son palais équilibré, ample et suave, tonifié par une finale vive. 2018-2022

DELPHINE CAZALS, 28, rue du Grand-Mont, 51190 Le Mesnil-sur-Oger, tél. 03 26 57 52 26, cazals.delphine@wanadoo.fr V *r.-v.*

CHANOINE FRÈRES Réserve privée

	n.c.		20 à 30 €

Dès 1730, les frères Chanoine creusent leur cave à Épernay. Leur maison, la plus ancienne derrière Ruinart, a subi une éclipse après la guerre, avant de renaître grâce à son intégration dans le groupe Lanson-BCC. Elle a créé la marque Tsarine en souvenir de Catherine II, grande amatrice de champagne. Aujourd'hui, Isabelle Tellier officie à la cave. (NM)

Une robe saumon pastel pour ce rosé d'assemblage issu des trois cépages champenois (85 % de noirs, dont 10 % de pinot noir vinifié en rouge). Un champagne plaisant par ses arômes de fruits rouges et d'orange qui se prolongent dans une bouche d'une fraîcheur tonique. 2018-2021

CHANOINE FRÈRES, allée du Vignoble, 51100 Reims, tél. 03 26 78 50 08, contact@champagnechanoine.com V *r.-v.* *Lanson-BBC*

CL. DE LA CHAPELLE Écrin ★

1er cru	30000		15 à 20 €

Marque d'une coopérative créée en 1948 par cinq familles de vignerons de Villedommange. Issus des mêmes familles, les adhérents actuels vinifient le fruit de près de 30 ha. Leur ambition: faire naître de grands champagnes de la Petite Montagne de Reims, tous vieillis au moins trois ans. (CM)

Ce 1er cru met en œuvre les trois cépages champenois (80 % de noirs, dont 50 % de pinot noir). Nez franc, léger et délicat, sur les fleurs blanches et les agrumes, bouche charnue et ronde, de bonne persistance, marquée en finale par le retour tonique des agrumes: un champagne équilibré, idéal à l'apéritif. 2018-2021

CL DE LA CHAPELLE, 44, rue de Reims, 51390 Villedommange, tél. 03 26 49 26 76, info@cldelachapelle.com V *t.l.j. 9h-12h 13h30-18h*

GEORGES DE LA CHAPELLE Extra-brut ★

	2000		20 à 30 €

Établis entre Côte des Blancs et Sézannais, au nord des marais de Saint-Gond, Yveline et Alain Prat ont constitué à partir de 1975 un coquet domaine de 13,5 ha, avec du chardonnay à Congy et dans le Sézannais, du meunier dans la vallée de la Marne et du pinot noir dans la Côte des Bar. En 2015, leur fils Alexandre les a rejoints à la cave. Deux étiquettes: Yveline Prat et Georges de la Chapelle. (RM)

Né des trois cépages champenois à parts sensiblement égales, un extra-brut mêlant au nez fruits confits, notes briochées, grillées et sous-bois. Restant au palais dans le même registre évolué, il convainc par son équilibre et par sa persistance. 2018-2021

SAS PRAT, 9, rue des Ruisselots, 51130 Vert-Toulon, tél. 03 26 52 12 16, info@champagneprat.com V *t.l.j. sf dim. 8h-18h*

JACQUES CHAPUT L'Authentic ★

	15000		20 à 30 €

Installés dans la région de Bar-sur-Aube, les Chaput cultivent la vigne depuis plus de deux siècles. Jacques Chaput a lancé sa marque dans les années 1950. Ses fils Jean-Paul et Jacky exploitent aujourd'hui un vignoble de près de 14 ha. (NM)

Le pinot noir, majoritaire (70 %), et le chardonnay composent ce brut aux arômes toniques de fruits rouges, de pomme et de pêche blanche, teintés au palais d'une touche de pruneau. Un champagne crémeux, structuré, puissant et rond, équilibré par ce qu'il faut de fraîcheur et par une pointe d'amertume en finale. 2018-2020

JACQUES CHAPUT, 1, rue Blanche, 10200 Arrentières, tél. 03 25 27 00 14, contact@jacques-chaput.com V *t.l.j. 9h-12h 14h-18h; sam. dim. sur r.-v.*

DENIS CHAPUT Extra-brut Blanc de noirs ★★

	3000		20 à 30 €

Implanté du côté de Bar-sur-Aube, un domaine familial fondé en 1862. Le premier champagne a été commercialisé en 1934. Aujourd'hui, Xavier et Nicolas Chaput cultivent leurs 28 parcelles en lutte raisonnée. Équipés d'une cuverie moderne régulée par un système de géothermie, ils reçoivent dans une demeure du XIVes. (RM)

Reflétant le pinot noir, seul à l'œuvre, cette cuvée construite sur l'année 2011, associée aux vendanges 2010 et 2008, affiche une robe dorée et se montre vineuse, gourmande et généreuse, affinée et tonifiée par ce qu'il faut d'acidité. Le nez est vanillé, beurré et grillé, la finale marquée par une plaisante pointe de réglisse. Un champagne de repas. 2018-2021 **Tradition** ★ **(20 à 30 €; 2000 b.)** : le pinot noir (70 %) et le chardonnay, en appoint, composent cette cuvée vineuse et expressive, mariant le noyau et le fruit blanc, nuancés d'herbes aromatiques et de réglisse. 2018-2021

DENIS CHAPUT, 8, rue de la Souche, 10200 Arrentières, tél. 03 25 27 10 28, contact@champagne-denischaput.com V *r.-v.*

GUY CHARBAUT 2008 ★

1er cru	15300		20 à 30 €

André Charbaut achète et plante les premières vignes, toujours choyées par son petit-fils, et lance son champagne en 1936. Son fils Guy développe le domaine. Avec Xavier, la troisième génération a pris les commandes de l'exploitation en 1996. Le vignoble couvre près de 20 ha répartis sur plusieurs communes, majoritairement situées en 1er cru. Maison certifiée Haute valeur environnementale. (NM)

Composé de pinot noir (60 %) et de chardonnay, ce millésimé s'ouvre sur de subtiles notes florales, puis s'oriente vers les fruits cuits. Le palais se déploie dans le même registre gourmand, fruité et compoté, souligné par un dosage assez généreux. Une fraîcheur acidulée vient en contrepoint. Une belle tenue pour un champagne de dix ans. 2018-2023

XAVIER CHARBAUT, 12, rue du Pont, 51160 Mareuil-sur-Aÿ, tél. 03 26 52 60 59, contact@champagne-guy-charbaut.com V r.-v. 4

ROLAND CHARDIN Tradition

	10 000		11 à 15 €

Constitué à partir de 1970 par Roland Chardin, ce domaine a été repris en 2010 par son fils Arnaud. Situé dans la Côte des Bar (Aube), il s'étend sur près de 6 ha, non loin des Riceys, secteur où domine le pinot noir. (RM)

Issue de pinot noir, une cuvée appréciée, tant pour sa bouche équilibrée et fraîche que pour sa palette aromatique bien fruitée: au nez, des fleurs, du fruit blanc, des senteurs de vendange fraîche; en bouche, de la pêche jaune, de la prune et des touches toniques d'ananas et de pamplemousse. La finale, plus austère, ne nuit pas à l'équilibre général. 2018-2021

SCEA CHARDIN PÈRE ET FILS, 23, rue de l'Église, 10340 Avirey-Lingey, tél. 03 25 29 33 90, champagnechardin@terre-net.fr V r.-v.

ROBERT CHARLEMAGNE Blanc de blancs 2008 ★

	3 000		20 à 30 €

Robert Charlemagne a commencé la vente de son champagne dans les années 1940. Depuis 1998, c'est la troisième génération, avec Sophie et Didier Delavier-Chaillot, qui conduit le domaine: plus de 4 ha de vignes bien situées sur la Côte des Blancs. Le chardonnay est donc au cœur des cuvées de la propriété. (RM)

L'heureuse année 2008 a suscité de nombreuses cuvées millésimées. En voici une interprétation élégante. Caractéristique de la Côte des Blancs, subtil, le nez associe le citron mûr et l'orange à des notes de croûte de pain, de vanille et de poivre blanc. Dans le même registre, le palais montre la vivacité et la rectitude du millésime, offrant une finale saline et persistante, un rien amère. De l'énergie et de la fraîcheur. 2018-2021

ROBERT CHARLEMAGNE, 5 bis, av. Eugène-Guillaume, 51190 Le Mesnil-sur-Oger, tél. 03 26 57 51 02 V r.-v.
S. Delavier

GUY CHARLEMAGNE
Extra-brut Blanc de blancs Mesnillésime
Vieilles Vignes 2009 ★

Gd cru	3146		30 à 50 €

Fondée en 1892 et conduite depuis 1987 par Philippe Charlemagne, cette propriété de 15 ha s'étend pour l'essentiel autour du Mesnil-sur-Oger, au cœur de la Côte des Blancs. Le champagne a été lancé en 1950. Propriété certifiée Haute valeur environnementale. (SR)

Issue du Mesnil-sur-Oger, cette cuvée de prestige millésimée, vinifiée à 30 % en fût, a ses habitudes dans le Guide, avec deux coups de cœur à son actif (les 2002 et 2004). Aussi bien accueilli que le 2008, le 2009 reçoit une belle étoile pour sa robe dorée animée d'un joli cordon de bulles et surtout pour son nez généreux avec finesse, entre agrumes et fruits exotiques confits, poire séchée et raisin sec, prélude à une bouche ronde et ample, tendue par une belle fraîcheur. Une heureuse évolution. 2018-2021 **Gd cru Blanc de blancs Les Coulmets 2012 (30 à 50 €; 9653 b.)** : vin cité.

PHILIPPE CHARLEMAGNE, 4, rue de La Brèche-d'Oger, 51190 Le Mesnil-sur-Oger, tél. 03 26 57 52 98, champagneguycharlemagne@orange.fr V r.-v.

CHARPENTIER Terre d'émotion ★

	4 000		30 à 50 €

Au milieu du XIXe s., des ancêtres abreuvaient les cochers qui hâlaient les péniches sur la Marne. Aujourd'hui, Jean-Marc Charpentier exporte 30 % de ses champagnes. Il exploite 20 ha aux environs de Château-Thierry. À signaler: la forte présence du chardonnay dans l'encépagement du domaine, ce qui est rare dans le secteur. (NM)

Né de vieilles vignes, ce rosé a connu le bois. Privilégiant le chardonnay (88 %), il tire sa couleur saumon de l'apport de meunier vinifié en rouge. Un champagne flatteur par ses senteurs de fruits rouges et de rose, nuancés de notes plus évoluées, et par son palais fondu, équilibré et long, à la finale suave. 2018-2021

CHARPENTIER, 11, rte de Paris, 02310 Charly-sur-Marne, tél. 03 23 82 10 72, info@champagne-charpentier.com r.-v.

GUY DE CHASSEY Brut Rosé ★

1er cru	4 000		15 à 20 €

Sept générations se sont succédé sur cette propriété familiale implantée sur le flanc sud de la Montagne de Reims, qui dispose de 9,5 ha de vignes entre Bouzy et Louvois (grands crus) et Tauxières-Mutry (1er cru). Aux commandes, Marie-Odile de Chassey et sa fille Ingrid Oudart, qui officie en cave. Autre étiquette: Nicolas d'Olivet. (RM)

Un rosé d'assemblage mariant pinot noir (70 %) et chardonnay, vinifié sans fermentation malolactique. La pêche blanche et la cerise donnent le ton de ce champagne rond en attaque, puis d'une vivacité aérienne, marqué en finale par une touche d'amertume. 2018-2021 **Gd cru Cuvée de Buretel (15 à 20 €; 40 000 b.)** : vin cité. **Gd cru Nicolas d'Olivet Cuvée réservée 2013 (15 à 20 €; 4 000 b.)** : vin cité.

GUY DE CHASSEY, 1, pl. de la Demi-Lune, 51150 Louvois, tél. 03 26 57 04 45, info@champagne-guy-de-chassey.com V *t.l.j. sf dim. 10h-12h 14h-17h; f. janv-fév. et août*

CHAUDRON Blanc de blancs ★

Gd cru	n.c.	15 à 20 €

Les ancêtres de Luc Chaudron se sont établis en 1820 à Verzenay, grand cru de la Montagne de Reims. Depuis 2000, ce dernier est à la tête d'une affaire de négoce exportant 40 % de sa production. Il vend ses cuvées sous plusieurs étiquettes. (NM)

Ce blanc de blancs ne manque pas d'atouts: des arômes intenses et gourmands de pêche blanche et de beurre, un palais harmonieux, puissant et frais, d'une grande persistance. 2018-2021

CHAUDRON, 2, rue de Beaumont, 51360 Verzenay, tél. 03 26 66 66 66, commercial@champagnechaudron.com V t.l.j. sf dim. 9h-12h 13h30-17h30; sam. sur r.-v.

CHAUMUZART-GÉ Cuvée réservée

| | n.c. | | 11 à 15 € |

Créée en 1984, cette exploitation familiale est établie à Cuchery, village proche de la vallée de la Marne. Damien Chaumuzart et son frère ont rejoint en 2007 leurs parents et s'apprêtent à prendre leur succession. (RC)

Un assemblage classique en Champagne: 70 % de noirs pour 30 % de blancs, avec 30 % de vins de réserve. On aime son nez intense et riche, sur les fruits jaunes à noyau et le moka, qui laisse deviner la forte présence du meunier (65 %). Un peu en retrait, généreusement dosée, la bouche se déploie avec ampleur et une certaine puissance. 2018-2021

CHAUMUZART, 11, rte de Menicourt, 51480 Cuchery, tél. 06 75 22 36 11, champagne-chaumuzart-ge@orange.fr V r.-v.

MARC CHAUVET

| | 10000 | 15 à 20 € |

Une famille enracinée depuis le XVIe s. à Rilly-la-Montagne, au sud de Reims. Aujourd'hui, Nicolas (à la vigne) et sa sœur Clotilde, œnologue (à la cave), installés en 1996, cultivent 13 ha de vignes, perpétuant le domaine créé en 1964 par leur père Marc. Leurs vins sont vinifiés sans fermentation malolactique. (RM)

Un rosé d'assemblage issu des trois cépages champenois. On aime ses arômes de petits fruits rouges, framboise en tête, et sa bouche souple et équilibrée. 2018-2021 **Sélection (15 à 20 €; 20000 b.)** : vin cité.

CLOTILDE ET NICOLAS CHAUVET, 3, rue de la Liberté, 51500 Rilly-la-Montagne, tél. 03 26 03 42 71, champagnemarcchauvet@gmail.com V r.-v.

HENRI CHAUVET

| | n.c. | | 15 à 20 € |

Le fondateur du domaine, Henri Chauvet, était un viticulteur et pépiniériste qui cultivait vers 1900 les plants greffés nécessaires à la reconstitution du vignoble dévasté par le phylloxéra. Depuis 1987, Damien, son arrière-petit-fils, exploite avec Mathilde 8 ha à deux pas de Reims. (RM)

Les rosés du domaine figurent souvent dans ces pages. Issu de pur pinot noir vendangé en 2015, celui-ci offre un fruité suave, mettant en avant la fraise et le bonbon à la fraise. Dans le même registre, le palais associe vivacité et délicatesse, marqué en finale par une touche de bonbon anglais. 2018-2021

DAMIEN CHAUVET, 6, rue de la Liberté, 51500 Rilly-la-Montagne, tél. 03 26 03 42 69, contact@champagne-chauvet.com V r.-v.

ÉTIENNE CHÉRÉ Tradition

| | 15000 | | 11 à 15 € |

Au sud de la Côte des Blancs, la vigne, qui formait jusque-là un ruban continu, s'éparpille en petits îlots. C'est dans cette zone, sur les coteaux du Petit Morin, que Damien Chéré exploite depuis 2003 le domaine de 6 ha créé en 1975 par la génération précédente. (RM)

Les trois cépages champenois (dont 40 % de chardonnay) composent ce brut puissant, vif et acidulé mêlant fleurs blanches, agrumes et notes plus évoluées. Équilibré, de bonne longueur, c'est un champagne de caractère. 2018-2022

ÉTIENNE CHÉRÉ, 2, rue des Vignes-Basses, 51270 Courjeonnet, tél. 06 14 15 24 84, champagnechere@yahoo.fr V r.-v.

CHEURLIN-DANGIN Spéciale ★★

| | 46000 | | 15 à 20 € |

Descendant d'une lignée de vignerons aubois remontant au XVIIIe s. et fort d'un vignoble d'environ 20 ha implanté sur les coteaux de l'Ource, près de Bar-sur-Seine, Thomas Cheurlin a créé en 2012 une maison de négoce. Il vend ses champagnes sous deux étiquettes: Cheurlin-Dangin et Comte de Cheurlin. (NM)

Mi-chardonnay mi-pinot noir, ce champagne attire par son nez généreux partagé entre la viennoiserie, le pain grillé et les petits fruits rouges. Au palais, il se montre gourmand et persistant, tendu par une plaisante fraîcheur acidulée. 2018-2023

SARL LE SUCHOT, 5, rue des Jardins, 10110 Celles-sur-Ource, tél. 03 25 38 50 26, contact@cheurlin-dangin.fr V t.l.j. sf dim. 9h-12h 14h-17h30; f. 13-19 août

J. CHOPIN
Les Originelles Multimillésimes Blanc de rosé

| 1er cru | 2000 | | 20 à 30 € |

Les aïeux des Chopin cultivaient déjà la vigne au XVIIIe s. à Monthelon. La famille commercialise son champagne depuis 1947. Installé en 2006, Emmanuel Chopin conduit un domaine de 7 ha entre coteaux au sud d'Épernay et Côte des Blancs. (RC)

Blanc de rosé ou, oserait-on, «rosé de blancs»? Le chardonnay compose 90 % de cette cuvée. Forcément, le pinot noir, vinifié en rouge, a mis sa touche rubis dans les jus, si bien qu'on ne peut se méprendre: il s'agit bien de rosé. Les raisins noirs ont aussi apporté leurs arômes de framboise et de cassis à ce vin rond, gras et persistant, équilibré par la fraîcheur du chardonnay. 2018-2021 **Blanc de noirs Les Originelles (20 à 30 €; 8000 b.)** : vin cité.

EMMANUEL CHOPIN, 1, rue Gaston-Poittevin, 51530 Monthelon, tél. 03 10 15 36 41, info@champagnejulienchopin.com V r.-v.

J. CLÉMENT Prestige ★

| | 15000 | | 15 à 20 € |

Premières vignes en 1920, premières bouteilles en 1954. James Clément porte la surface du domaine de 4 à 9 ha et lance une étiquette à son nom. Il transmet en 2000 à son fils Fabien la propriété, implantée dans la vallée de la Marne. (RM)

Cette cuvée met en vedette le chardonnay (70 %, avec le pinot noir en appoint). Au nez comme en bouche, des arômes d'agrumes – pamplemousse rose en tête – dominent sa palette. Un brut frais et élégant. 2018-2021

⊶ FABIEN CLÉMENT, 16, rue des Vignes, 51480 Reuil, tél. 03 26 51 05 62, contact@champagne-clement.fr V r.-v.

CHARLES CLÉMENT Tradition

● | n.c. | | 15 à 20 €

Marque de la coopérative de Colombé-le-Sec, créée en 1956 près de Bar-sur-Aube, aux confins de la Haute-Marne. Elle rend hommage à Charles Clément, l'un des fondateurs. La cave compte une soixantaine d'adhérents et vinifie le produit de 120 ha de vignes. (CM)

Né des trois cépages champenois (dont 70 % de noirs), un brut séduisant par son nez bien ouvert, associant les agrumes (citron et pamplemousse) et la poire à des touches florales et briochées. Les fruits jaunes s'ajoutent à cette palette bien fruitée dans un palais rond et équilibré. ⧗ 2018-2021

⊶ STÉ COOPÉRATIVE VINICOLE DE COLOMBÉ-LE-SEC ET ENVIRONS, 33, rue Saint-Antoine, 10200 Colombé-le-Sec, tél. 03 25 92 50 71, champagne-charles-clement@fr.oleane.com V *t.l.j. 8h-12h 14h-18h; dim. sur r.-v.* 3

PAUL CLOUET Sélection

● | 20000 | | 20 à 30 €

Domaine fondé en 1907 à Bouzy par Paul Clouet et conduit depuis 1992 par Marie-Thérèse Bonnaire, sa petite-fille: 6 ha entre Bouzy, grand cru de noirs, et Chouilly, grand cru de blancs. Les cuvées sont élaborées par Jean-Emmanuel et Jean-Étienne Bonnaire, fils de la vigneronne, également récoltants à Cramant. (RM)

Composée de pinot noir (40 %), de meunier et de chardonnay (30 % chacun) des récoltes 2011 et 2010, ce brut mêle au nez le citron et des notes plus évoluées de fruits confits. On retrouve ces arômes mûrs, avec une nuance exotique, dans une bouche restée fraîche. ⧗ 2018-2020

⊶ MARIE-THÉRÈSE BONNAIRE, 10, rue Jeanne-d'Arc, 51150 Bouzy, tél. 03 26 57 50 85, contact@bonnaire.com V r.-v. 5

BENOÎT COCTEAUX Blanc de blancs Or blanc ★

● | 10500 | | 20 à 30 €

Héritiers l'un comme l'autre de lignées vigneronnes remontant à un siècle, Hélène et Benoît Cocteaux sont établis à Montgenost, dans les coteaux du Sézannais, où Benoît a pris la suite de son père en 1998. Leur vignoble comprend de nombreuses parcelles dans ce secteur, ainsi que dans l'Aube. (RM)

Or pâle aux reflets verts, parcouru d'un fin cordon, ce vin offre tout ce que l'on attend d'un blanc de blancs: un nez frais sur les agrumes, avec une pointe de menthe, un palais vif en attaque, équilibré et persistant. Apéritif ou poisson? ⧗ 2018-2021

⊶ BENOÎT COCTEAUX, 11, rue du Château, 51260 Montgenost, tél. 03 26 81 80 30, contact@champagnebenoitcocteaux.com V r.-v.

COLIN Blanc de blancs 2010

● Gd cru | 5000 | | 30 à 50 €

Le premier de la lignée cultivait la vigne en 1829. Dans les années 1990, les frères Colin, Richard et Romain, quittent la coopérative pour lancer leur champagne. Ils disposent de 10 ha de vignes implantées pour l'essentiel dans la Côte des Blancs, avec des parcelles dans le Sézannais et la vallée de la Marne. (RM)

Une robe or pâle animée de fines bulles, un nez frais, sur le citron, les fruits exotiques et la brioche, un palais vif et équilibré, de bonne persistance. ⧗ 2018-2022

⊶ RICHARD ET ROMAIN COLIN, 101, av. du Gal-de-Gaulle, 51130 Vertus, tél. 03 26 58 86 32, info@champagne-colin.com V r.-v.

COLLERY Brut

● | 120000 | | 20 à 30 €

Établi près d'Épernay, à Oiry, grand cru de la Côte des Blancs, un négoce discret mais prospère, créé en 1993 par Nicolas Gueusquin, jeune ingénieur agronome. Toujours dirigé par son fondateur, il s'appuie sur un vignoble en propre de 10 ha. (NM)

Marque d'Aÿ-Champagne reprise en 2016 par la maison Nicolas Gueusquin. Elle signe un rosé d'assemblage à la fois vineux et fin, mariant les trois cépages champenois. Robe fraise, nez fraise, d'une belle élégance, attaque vive ouvrant sur un palais équilibré, sur la framboise, à la finale suave. Pour l'apéritif. ⧗ 2018-2021

⊶ COLLERY, rue Pierre-et-Marie-Curie, 51530 Dizy, tél. 03 26 59 99 34, info@sa-lesrochesblanches.fr *t.l.j. 8h-17h*

♥ DOM. COLLET Empreinte de terroir ★★★

● | 18000 | | 20 à 30 €

Au début du XXᵉs., les Collet vendent leurs raisins au négoce. René Collet, coopérateur, lance son champagne en 1973. Ses trois fils, Thomas, Vincent et Florent, s'installent entre 2001 et 2011 et décident d'élaborer leurs cuvées. Ils disposent de 5 ha de vignes dans le Sézannais. Deux marques: René Collet et Anthime. (RM)

Née de l'assemblage de quinze vins différents, avec une dominante de chardonnay (70 %) complété par le pinot noir, cette cuvée de la gamme Empreinte de terroir a fait l'unanimité. Un élevage partiel en fût apporte un surcroît de complexité à ce vin qui s'ouvre sur de jolies notes de brioche, de pain d'épice, d'aubépine, de fruits blancs et de vanille. Fort bien construit, ample et structuré, le palais est tonifié par une longue finale subtilement citronnée. Un champagne idéal pour l'apéritif ou les poissons blancs simplement cuisinés. ⧗ 2018-2023

⊶ COLLET, 6, ruelle de Louche, 51120 Fontaine-Denis, tél. 03 26 80 22 48, info@domaine-collet-champagne.fr V r.-v.

DANIEL COLLIN Esprit Shiraz ★

● | 2500 | | 20 à 30 €

Entre Côte des Blancs et Sézannais, le vignoble de Baye ne couvre que quelques dizaines d'hectares. En 1959, Daniel Collin y acquiert ses premières parcelles et lance sa marque un peu plus tard. Il a transmis en 1983 à son fils Hervé un vignoble de 5 ha. (NM)

Esprit shiraz? Aucune référence, bien sûr, à la syrah: le nom de la cuvée évoque la cité persane où vécurent au Moyen Âge des poètes épris de sensualité. Mariant les trois cépages champenois à parts égales, ce brut s'ouvre sur des notes de fruits confits, de miel et d'abricot sec. Un champagne gourmand, puissant, équilibré et bien dosé. ⧗ 2018-2019

⊶ *HERVÉ COLLIN, 3, rue Caye, 51270 Baye, tél. 03 26 52 80 50, champ.collin0011@orange.fr* V ♿ ■ *r.-v.*

CHARLES COLLIN Cuvée Charles ★

●	50000	■	20 à 30 €

En 1952, une poignée de viticulteurs aubois se rassemble pour fonder la coopérative de Fontette, dans la région de Bar-sur-Seine. En 1993, la cave prend pour marque le nom de son principal fondateur, Charles Collin. Aujourd'hui, elle vinifie le produit des 290 ha de vignes cultivés par adhérents. (CM)

Issue de quatre parts de chardonnay pour une part de pinot noir, cette cuvée vieillie cinq ans sur lattes ne manque pas de personnalité. Sa robe or pâle est parcourue d'un cordon de bulles fines et vives, qui font monter des senteurs élégantes de mandarine, de thé et de pain grillé. Ce fruité complexe dominé par les agrumes se prolonge dans un palais structuré, frais et droit. ⧗ 2018-2021

⊶ *SCA CHARLES COLLIN, 27, rue des Pressoirs, 10360 Fontette, tél. 03 25 38 31 00, info@champagne-charles-collin.com* V ♿ ■ *t.l.j. sf sam. dim. 8h30-12h 13h30-17h30*

COMTES DE DAMPIERRE Cuvée des Ambassadeurs ★

● 1er cru	30000	30 à 50 €

Audoin de Dampierre est le descendant d'une dynastie champenoise sept fois séculaire. Son arrière-grand-père s'est intéressé au champagne en 1880. Lui-même a créé en 1986 une maison de négoce. Il s'est retiré en 2011, laissant la présidence de la société à l'homme d'affaires Philippe Rosy. Le siège du négoce a été transféré en 2014 à Bouzy, et la marque rebaptisée Comtes de Dampierre. Si l'habillage des bouteilles a été revu, le ficelage à l'ancienne des bouchons a été maintenu pour les cuvées de prestige. (NM)

Privilégiant le chardonnay (85 %, avec le pinot noir en appoint), vinifié sans fermentation malolactique et dosé avec mesure, ce rosé d'assemblage saumon orangé montre une agréable fraîcheur et séduit aussi par ses arômes de petits fruits rouges nuancés de notes biscuitées. ⧗ 2018-2021

⊶ *SAS COMTES DE DAMPIERRE, 22, rue Gambetta, 51150 Bouzy, tél. 03 26 53 16 67, champagne@dampierre.com* V ♿ ■ *r.-v.*

COMTE STANISLAS 2005 ★★

●	22000	20 à 30 €

Fondée en 1955, la coopérative de Mardeuil vinifie 85 ha, principalement situés sur les coteaux proches d'Épernay. Elle apparaît avec régularité dans les sélections du Guide, sous différentes marques: Beaumont des Crayères, Comte Stanislas, Charles Leprince, Jacques Lorent. (CM)

Issu des trois cépages champenois, un remarquable millésimé mi-noirs mi-blancs: robe dorée parcourue d'une fine bulle; nez intense, riche avec finesse, sur la pêche jaune, l'abricot, les fruits exotiques (mangue, ananas) et les fleurs blanches; palais puissant et élégant, allégé par une belle fraîcheur. ⧗ 2018-2023 ● **Jacques Lorent Grande Réserve ★ (15 à 20 €; 173000 b.)** : dominée par le meunier (55 %), complété par le chardonnay (30 %) et le pinot noir, une cuvée au nez complexe (abricot, noisette, beurre) et à la bouche équilibrée, à la fois onctueuse et tonique. ⧗ 2018-2021 ● **Jacques Lorent 2005 (20 à 30 €; 22100 b.)** : vin cité. ● **Beaumont des Crayères Grand Rosé (20 à 30 €; 28000 b.)** : vin cité. ● **Beaumont des Crayères Fleur de prestige 2008 (30 à 50 €; 22100 b.)** : vin cité.

⊶ *JACQUES LORENT, 64, rue de la Liberté, 51530 Mardeuil, tél. 03 26 55 29 40, contact@champagne-beaumont.com*

COPIN-CAUTEL Grande Réserve ★★

●	7500	■	15 à 20 €

Philippe Copin a pris en 1996 la suite de trois générations et lancé son champagne en 2010 en associant à son patronyme le nom de jeune fille de son épouse selon la tradition champenoise. Établi dans la vallée de la Marne, il exploite 4 ha, avec quelques parcelles dans la Côte des Blancs, à Mareuil et à Aÿ. (RC)

Une cuvée mi-blancs mi-noirs (les deux pinots), construite sur la récolte 2012. Sa palette délicate associe la mirabelle et la poire à des touches briochées. Rond et onctueux en attaque, énergique et frais, de belle longueur, le palais laisse une impression d'équilibre. ⧗ 2018-2023 ● **Mademoiselle Cassandre (20 à 30 €; 3000 b.)** : vin cité.

⊶ *COPIN-CAUTEL, 21, rue Bailly, 51700 Vandières, tél. 03 26 52 67 29, champagne.copincautel@orange.fr* V ♿ ■ *r.-v.*

MARIE COPINET Blanc de noirs ★★

●	7000	20 à 30 €

En 1975, Jacques Copinet vend ses premières bouteilles. Sa fille Marie-Laure et son mari Alexandre Kowal ont repris en 2008 la propriété et lancé leur étiquette en 2016. Conduit en viticulture raisonnée, leur vignoble de 8,5 ha s'étend principalement au sud du Sézannais, terre propice au chardonnay, ainsi que dans l'Aube, en Champagne méridionale. Le couple a aussi installé des ruches dans les parcelles. (RM)

Mariant pinots noir (60 %) et meunier, ce blanc de noirs montre des reflets roses dans sa robe or pâle parcourue de bulles fines et persistantes. Sa palette associe fleurs blanches et fruits confits à des notes toniques d'agrumes que l'on retrouve dans un palais vif, intense et persistant. ⧗ 2018-2021

⊶ *MARIE-LAURE ET ALEXANDRE KOWAL, 17, rue du Moulin, 51260 Montgenost, tél. 06 71 62 43 63, champagne@marie-copinet.com* V ♿ ■ *r.-v.*

CORDEUIL 2011 ★

●	3000	■	20 à 30 €

Établie dans la Côte des Bar (Aube), la famille Cordeuil a reconstitué dans les années 1950 le vignoble familial et réalisé ses premières vinifications dans les années

1970. Salima et Alain Cordeuil ont succédé à Gilbert en reprenant une partie des vignes du domaine Cordeuil Père et fils. Ils conduisent leurs 3,8 ha en bio certifié depuis 2015. (RM)

Issu d'un assemblage équilibré de chardonnay (55 %) et de pinot noir, ce millésimé or vert s'ouvre sur des senteurs intenses de brioche, de fleurs blanches et d'agrumes. Puissant et équilibré, il offre une finale persistante et fraîche marquée par un retour plaisant des agrumes. ⧗ 2018-2021 ● **2012 ★ (20 à 30 €; 3000 b.)** : mariant chardonnay (55 %) et pinot noir, une cuvée non dosée juvénile, florale, printanière et minérale, conjuguant consistance, finesse et tension. ⧗ 2018-2023

EARL SALIMA ET ALAIN, 4, rue du Val-des-Vignes, 10360 Noé-les-Mallets, tél. 03 25 29 00 28, contact@champagnecordeuil.com V r.-v.

CORDEUIL PÈRE ET FILLE 2006

● | 5000 | | 15 à 20 €

Domaine aubois fondé en 1950 dans la Côte des Bar. La première génération plante les vignes et élabore ses champagnes à partir de 1971. Gilbert Cordeuil s'installe peu après, prenant la tête de l'exploitation en 1985. En 2017, il transmet à sa fille les 5 ha de l'exploitation familiale. La certification bio de l'ensemble du domaine est prévue pour 2019. (RM)

Mi-chardonnay mi-pinot noir, ce millésimé vinifié sans fermentation malolactique s'ouvre à l'aération sur des notes subtiles de citron et de mangue. Les arômes d'agrumes se confirment dans une bouche équilibrée, assez longue, qui a gardé de la fraîcheur. ⧗ 2018-2021 ● **Brut Tradition (15 à 20 €; 11500 b.)** : vin cité. ● **Réserve (15 à 20 €; 4000 b.)** : vin cité.

ERLANDE CORDEUIL, 2, rue de Fontette, 10360 Noé-Les-Mallets, tél. 07 86 56 38 17, champagne.cordeuil@orange.fr V r.-v.

FABRICE COURTILLIER Prestige ★

● | 4600 | 15 à 20 €

Fils et petit-fils de coopérateurs, Fabrice Courtillier, installé en 1997, a investi dans un pressoir pour devenir récoltant-manipulant. Il exploite 6,5 ha de vignes au nord-est de Bar-sur-Aube. (RM)

Cette cuvée Prestige donne le premier rôle au chardonnay (90 %), complété par le meunier. Expressive, structurée et fraîche, elle finit sur des notes gourmandes d'abricot et de mangue. Agréable à l'apéritif, elle peut aussi être servie à table. ⧗ 2018-2023

FABRICE COURTILLIER, chem. des Écrières, 10200 Colombé-la-Fosse, tél. 03 25 92 62 86, lux.courtillier@orange.fr V *t.l.j. 8h-20h*

LAURENT COURTILLIER Blanc de blancs ★

● | 3024 | | 11 à 15 €

Laurent Courtillier a pris la suite en 1992 de plusieurs générations de vignerons. Il exploite près de 10 ha au sud-est de l'aire d'appellation champagne, du côté de Bar-sur-Aube. (RM)

Construit sur la récolte 2015, ce blanc de blancs séduit par son nez intensément floral, nuancé de touches d'amande, puis par son palais équilibré, frais et persistant. ⧗ 2018-2019

LAURENT COURTILLIER, 15, Grande-Rue, 10200 Colombé-la-Fosse, tél. 03 25 27 27 15, laurent.courtillier@wanadoo.fr V r.-v.

COUSTHEUR-BONNARD Blanc de blancs

● | 10000 | | 11 à 15 €

Quatre générations se sont succédé sur cette exploitation située au pied du mont de Berru, à 10 km à l'est de Reims. Constitué en 1960, le domaine viticole, de 3 ha, est planté à 95 % de chardonnay. La récolte est confiée à la coopérative de Nogent l'Abbesse. (RC)

Resté cinq ans en cave, ce blanc de blancs puissant s'ouvre sur des notes fruitées intenses. Son ampleur gourmande est soulignée par un dosage généreux. Plus rond que pointu, un chardonnay flatteur et consensuel. ⧗ 2018-2021

COUSTHEUR-BONNARD, 337, rue Derrière-l'Abbaye, 51420 Nogent-l'Abbesse, tél. 06 83 88 78 44, champagnecoustheur.bonnard@hotmail.com V r.-v.

A.D. COUTELAS Cuvée 1809 Fût de chêne 2013

● | 5000 | | 30 à 50 €

Héritier d'une lignée vigneronne remontant à 1809, Damien Coutelas représente la huitième génération. Installé en 2005, il exploite près de 7 ha dans la vallée de la Marne et a pris le statut de négociant. Selon la tradition familiale, il vinifie ses vins en foudre, sans fermentation malolactique. (NM)

Faisant la part belle au chardonnay (80 %, avec du pinot noir en complément), les vins de base à l'origine de cette cuvée ont été vinifiés en petits fûts de chêne. Il en résulte un champagne de caractère, qui se distingue par sa fraîcheur et par ses arômes évolués et grillés. Pour le repas. ⧗ 2018-2023 ● **1er cru Blanc de blancs Cuvée Éloge 2012 (15 à 20 €; 8000 b.)** : vin cité.

DAMIEN COUTELAS, 557, av. du Gal-Leclerc, 51530 Dizy, tél. 06 89 42 23 76, contact@champagne-adcoutelas.com V *t.l.j. sf dim. lun. 10h-12h 14h-19h*

C. COUTELET Blanc de blancs ★

● | 1269 | 15 à 20 €

Une nouvelle marque de champagne lancée en 2017 par la famille Dyjak, héritière de cinq générations de vignerons. La récolte de ce microdomaine de 41 ares est confiée à la coopérative. (RC)

Or vert, il offre les qualités attendues d'un blanc de blancs: des arômes de pomme, de poire et de fleurs blanches précis, délicats et frais, avec une touche beurrée; une bouche élégante, citronnée et minérale. ⧗ 2018-2021

DYJAK, 32, av. Alfred-Anatole, Thévenet, 51530 Magenta, tél. 06 38 67 42 37, champagne.coutelet@gmail.com V r.-v.

COUVENT FILS Cœur de cuvée meunier ★★

● | 1500 | | 20 à 30 €

La grand-mère de Sylvie Monnin-Couvent a commercialisé les premiers champagnes en 1947. À la succession de son père en 1985, cette dernière a repris sa part de vignes (environ 3 ha), qu'elle exploite avec

son mari Gérard. Le domaine est situé dans la vallée de la Marne. (RM)

Le meunier, cépage roi de la vallée de la Marne, s'affiche aujourd'hui sur l'étiquette. Il a engendré ici un brut au nez expansif, mêlant les fruits secs, les petits fruits rouges et des touches fumées. À la fois ample et tendu, ce vin très équilibré et persistant offre bien les caractères d'un blanc de noirs. ⧗ 2018-2021

SCEV MONNIN-COUVENT, 4-5, rue Corneille, 02850 Trélou-sur-Marne, tél. 03 23 70 33 36, champagne-couventfils@orange.fr V r.-v.

ALAIN COUVREUR Rosé ★

●	4441		20 à 30 €

Créé en 1961 dans le massif de Saint-Thierry, à l'ouest de Reims, ce domaine de 3,5 ha est conduit depuis 2008 par David et Rémi Couvreur, les fils d'Alain, issus d'une vieille famille de tonneliers et de vignerons. Ils élaborent aussi des cuvées sous leurs prénoms. (RM)

Ce rosé d'assemblage privilégie le chardonnay (65 %, avec le pinot noir en complément). Il tire sa teinte saumon pastel d'un apport de vin rouge. Discret dans son expression aromatique (pêche), il se signale par son attaque vive et par sa finale minérale. Pour l'apéritif. ⧗ 2018-2021

EARL ALAIN COUVREUR, 18, Grande-Rue, 51140 Prouilly, tél. 03 26 48 58 95, earl-alain.couvreur@laposte.net V r.-v.

COUVREUR-PHILIPPART Blanc de blancs

○	2329		20 à 30 €

Situé au pied de la Montagne de Reims, Rilly-la-Montagne est un ancien village classé en 1er cru, proche de la cité des Sacres. Jacques et Élisabeth Couvreur-Phillipart y ont fondé en 1974 leur domaine et l'ont transmis en 1990 à leur fils Emmanuel; le vignoble compte 8 ha. (RM)

Avec sa palette dominée par les fruits exotiques et les fruits à noyau, un rien évoluée, et sa bouche vive en attaque, de bonne persistance, assez généreusement dosée, ce blanc de blancs adopte un style plutôt cossu, tout en restant équilibré. ⧗ 2018-2019

EMMANUEL COUVREUR, 12, rue de Reims, 51500 Rilly-la-Montagne, tél. 03 26 03 40 05, couvreur.philippart@orange.fr V r.-v.

DOMINIQUE CRÉTÉ Sélection ★

○	18350		15 à 20 €

Les Crété cultivent la vigne depuis 1887. En 1980, à dix-neuf ans, Dominique Crété achète une première parcelle, puis d'autres sur les coteaux sud d'Épernay. Il aide son père Roland, avant de lancer en 1994 la marque à son nom. Après avoir hérité du vignoble paternel en 1998, il dispose de près de 8 ha de vignes disséminées de l'Aisne à la Côte des Blancs. (RM)

Reflétant la forte proportion de chardonnay dans l'assemblage (85 %), ce brut s'ouvre sur la noisette, les fleurs blanches et la brioche avant de dévoiler une bouche élégante, à la fois ample et fraîche, minérale et saline. ⧗ 2018-2021

DOMINIQUE CRÉTÉ, 99, rue des Prieurés, 51530 Moussy, tél. 03 26 54 52 10, champagne@dominique-crete.com V r.-v.

CRUCIFIX PÈRE ET FILS Signature 2010 ★★

○	1000		30 à 50 €

Poursuivant l'œuvre des trois générations précédentes, Jean-Jacques Crucifix et son fils Sébastien, arrivé en 2002, conduisent un vignoble de 6 ha autour d'Avenay-Val-d'Or, 1er cru de la Grande Vallée de la Marne, près d'Aÿ. (RM)

Élevé en barriques (neuves à 20 %), ce millésimé privilégie le chardonnay (80 %, pour 20 % de pinot noir). Heureusement évolué, il déploie des senteurs de fruits confits, de pruneau et de brioche, prélude à un palais intense et gras, vivifié par une fine effervescence et par une pointe de fraîcheur. Un champagne gourmand et délicat. ⧗ 2018-2019 ○ **1er cru Cruxifix Père et Fils Réserve (15 à 20 €; 15000 b.)** : vin cité.

SÉBASTIEN CRUCIFIX, 3, allée de la Livre, 51160 Avenay-Val-d'Or, tél. 03 26 52 34 93, champagne.crucifix@wanadoo.fr V r.-v.

F. CUCHET-CEZ La Monastique Montvoisin ★

○	2000		15 à 20 €

Héritier d'une lignée vigneronne remontant au XVIIIe s., François Cuchet s'est installé en 1976 et se passionne pour la géologie, la viticulture et les techniques, se livrant à de nombreux essais. Implanté sur la rive gauche de la Marne, non loin de Boursault et de son château, son vignoble couvre 5 ha. (RC)

Issue de pur meunier de la vendange 2013, cette cuvée révèle les caractères de ce cépage: une robe jaune doré, un nez intensément fruité et complexe, sur la poire, la prune et la pêche de vigne, une bouche consistante et vineuse, affinée par ce qu'il faut de fraîcheur. ⧗ 2018-2021

FRANÇOIS CUCHET, 18, rue de Champagne, Montvoisin, 51480 Œuilly, tél. 03 26 58 08 82, champagnecuchetcez@sfr.fr V r.-v.

CUPERLY Prestige ★★

○ Gd cru	50000		20 à 30 €

Fondée en 1845 par Auguste Cuperly, cette maison de négoce a constitué un domaine au début du XXe s. Dirigée depuis 1967 par Gérard Cuperly, elle s'appuie sur un vignoble de 10 ha implanté dans la Montagne de Reims, autour de Verzy. Les vinifications s'effectuent sans fermentation malolactique et, partiellement, en fût. (NM)

Une cuvée mariant pinot noir (70 %) et chardonnay (30 %) des grands crus de la Montagne de Reims. Des vins vinifiés sans fermentation malolactique et élevés pour partie six mois en fût de chêne (fûts tirés en partie de la forêt qui couronne la Montagne). Il en résulte un vin harmonieux, à la fois vineux et frais, aux arômes intenses et complexes de fruits jaunes, de coing, d'abricot confit, de beurre et de brioche, qui se prolongent avec persistance en bouche. ⧗ 2018-2021

CUPERLY, ZI Les Monts-de-Sillery, rte de Sainte-Menehould, 51360 Prunay, tél. 03 26 05 44 60, cuperly.commercial@orange.fr V *t.l.j. sf sam. dim. 8h30-12h 13h30-17h*

DAUBY MÈRE & FILLE Blanc de noirs ★

1er cru	6000		15 à 20 €

Francine Dauby (depuis 1990) et Flore (arrivée en 2007): un tandem mère-fille conduit cette exploitation constituée au début du XXe s., qui a commercialisé son champagne à partir de 1956. Le domaine couvre 8 ha autour d'Aÿ, célèbre grand cru de noirs. (RM)

Ce brut resté quatre ans sur lies porte la marque du pinot noir dans sa palette fruitée, mêlant au zeste d'agrumes des senteurs de fruits rouges, voire de cerise noire. L'élevage en foudre des vins de réserve apporte sa pincée d'épices et, en bouche, un léger boisé miellé. Vif en attaque, structuré, de bonne longueur, le palais est marqué en finale par une pointe d'amertume qui n'affecte pas son équilibre général. ⧗ 2018-2020 **Blanc de blancs (15 à 20 €; 2000 b.)** : vin cité.

DAUBY MÈRE ET FILLE, 22, rue Jeanson, 51160 Aÿ, champagne.dauby@orange.fr V r.-v.

MAXIME DAUVERGNE Séduction ★

Gd cru	3000	15 à 20 €

Depuis 1906, les Dauvergne sont vignerons à Bouzy, grand cru de la Montagne de Reims. Installé en 2004, Maxime conduit l'exploitation (près de 3 ha) avec son père François et son frère Aurélien. Chaque membre du trio signe sa cuvée. (RC)

Mi-pinot noir mi-chardonnay, ce brut est servi par une belle effervescence qui vient soutenir le pouvoir de «séduction» de sa robe or pâle. Discrètement fruité, sur des notes d'agrumes, le nez s'oriente vers des nuances plus mûres, briochées et réglissées. Une attaque fraîche ouvre sur une bouche gourmande et persistante, toujours partagée entre les fruits et la brioche. ⧗ 2018-2023

DAUVERGNE, 12, rue Jeanne-d'Arc, 51150 Bouzy, tél. 06 32 00 02 64, champagne.dauvergne@orange.fr V r.-v.

SÉBASTIEN DAVIAUX Blanc de blancs Spécial F ★

Gd cru	1000		15 à 20 €

Quatre générations se sont succédé sur ce domaine implanté à Chouilly, au cœur de la Côte des Blancs. Philippe et Josiane Daviaux ont agrandi l'exploitation et la cèdent progressivement à leur fils Sébastien qui a lancé un champagne à son nom en 2014. Situé dans plusieurs communes de la Côte des Blancs, le vignoble familial privilégie le chardonnay. (RM)

Cuvée F? Des chardonnays de Chouilly vieillis en fût de chêne. Après quatre ans de repos en cave, ce brut affiche une robe aux reflets dorés. Assez discret, tout en nuances, le nez se partage entre la fleur blanche, des arômes plus évolués et un boisé toasté. Dans le même registre, la bouche apparaît à la fois souple et fraîche, mais encore sous l'emprise du bois qui marque la finale d'une pointe tannique. ⧗ 2018-2021

SÉBASTIEN DAVIAUX, 4, rue de la Noue-Coutard, 51530 Chouilly, tél. 06 27 04 04 06, champagnedaviaux@gmail.com V r.-v.

ALAIN DAVID Duo d'effervescence ★★

	3032	15 à 20 €

Quatre générations se sont succédé sur ce domaine implanté sur la rive gauche de la Marne. Alain David, installé en 1992, décide de commercialiser ses champagnes, et agrandit son vignoble (de 2,5 à 4,7 ha). Adhérent au Centre vinicole de la Champagne (N. Feuillatte) jusqu'en 2013, il élabore aujourd'hui ses cuvées, confiant seulement le pressurage à la coopérative. (RC)

Un duo de pinot noir (60 %) et de chardonnay pour ce brut aux reflets très dorés. Le nez élégant évoque les fruits blancs, assortis de touches toastées. La pêche blanche s'associe à des notes complexes de brioche et d'épices (poivre) dans une bouche étoffée, fraîche et persistante. Un très beau champagne d'apéritif. ⧗ 2018-2021 **Harmonie cépagienne (15 à 20 €; 12976 b.)** : vin cité.

ALAIN DAVID, 2, rue de Boursois, 51480 Boursault, tél. 03 26 58 41 76, champagne.a.david@orange.fr V t.l.j. 8h-12h 14h-18h 4

DANIEL DEHEURLES ET FILLES Prestige ★

	19000	15 à 20 €

Établie dans la Côte des Bar, la famille Deheurles a vendu son raisin au kilo jusqu'en 1990, puis s'est lancée dans la manipulation, tout en agrandissant peu à peu son domaine (6,5 ha aujourd'hui). Daniel Deheurles, qui a commercialisé ses premières bouteilles en 2000, travaille désormais avec sa fille Émilie. (RM)

À l'origine de cette cuvée jaune clair, du chardonnay (60 %) et du pinot noir. Léger, tout en fraîcheur, le nez mêle la pomme verte et le pain frais. Conjuguant souplesse et vivacité, assez gourmande, la bouche déploie des arômes d'agrumes (pamplemousse), marquée en finale par une pointe d'amertume. ⧗ 2018-2021 **Grande Cuvée ★ (11 à 15 €; 12000 b.)** : privilégiant le pinot noir (70 %), un brut séduisant par son expression aromatique tout en fraîcheur (fleurs, agrumes, fruits jaunes, fruits exotiques), fraîcheur que l'on retrouve dans une bouche persistante. ⧗ 2018-2021 **Blanc de blancs White Pearl (15 à 20 €; 2500 b.)** : vin cité.

DEHEURLES, 1, rue de l'École, 10110 Celles-sur-Ource, tél. 03 25 38 57 64, contact@champagne-daniel-deheurles.com V t.l.j. 8h-12h 14h-18h; sam. dim. sur r.-v. B

MARCEL DEHEURLES ET FILS Prestige ★

	2000	15 à 20 €

Créé en 1970 dans l'Aube, au cœur de la Côte des Bar, ce domaine s'est lancé dans la manipulation au cours de la décennie suivante. Installé en 2006, Benoît Deheurles exploite 7,5 ha répartis sur cinq communes. Outre le chardonnay et le pinot noir, il cultive le pinot blanc, présent dans l'Aube. (RM)

Un assemblage bien aubois: trois cépages, du pinot noir et du chardonnay à 40 % chacun, le pinot blanc se substituant au meunier. Le résultat est convaincant: nez frais et intense, bien ouvert sur les agrumes et le pain grillé, bouche tonique et gourmande, dans le même registre, la brioche en plus. ⧗ 2018-2021 **Céleste Pinot blanc vrai**

(20 à 30 €; 800 b.) : vin cité. ● **Blanc de blancs Opale et Sens (15 à 20 €; 1480 b.)** : vin cité.

⊶ BENOÎT DEHEURLES, 3, rue de l'École, 10110 Celles-sur-Ource, tél. 03 25 38 55 06, contact@champagne-deheurles.fr **V** **ⓚ** **▪** *r.-v.*

LOUIS DÉHU Tradition

●	50 000	11 à 15 €

Conduit depuis 2011 par Thierry Niziolek, ce domaine familial implanté à Venteuil, sur la rive droite de la Marne, compte 10 ha répartis sur plusieurs communes des environs. (RM)

Ce brut aux reflets dorés met en œuvre les trois cépages champenois, avec une nette dominante de noirs (80 %, les deux pinots à parité). Le nez est très discret, minéral. Une attaque agréablement fraîche ouvre sur un palais équilibré, aux arômes persistants de fruits secs. ⧗ 2018-2021

⊶ NIZIOLEK THIERRY, 10, bd Saint-Michel, 51480 Venteuil, tél. 03 26 57 64 95, dehu-isabelle@wanadoo.fr **V** **ⓚ** **▪** *r.-v.* ⌂ ⓒ

DÉHU PÈRE ET FILS Extra-brut Tradition ★

●	10 000	15 à 20 €

Installé en 2000 en amont de Château-Thierry, dans l'Aisne, Benoît Déhu, huitième du nom, perpétue une tradition vigneronne remontant à la fin du XVIIIes. Récoltant-coopérateur, il confie ses raisins à la Covama, mais commence à élaborer des cuvées parcellaires et convertit certaines vignes à la bio. Cépage roi du secteur, le pinot meunier est très présent dans ses cuvées. (RC)

Complété par le pinot noir et le chardonnay, le meunier compose les trois quarts de cette cuvée or jaune, qui s'ouvre sur des arômes intenses et frais d'agrumes, vite relayés par des notes de beurre et de brioche. À l'unisson du nez, la bouche apparaît tonique en attaque, onctueuse, ronde et crémeuse dans son développement; des arômes épicés apportent une certaine complexité à sa palette. Pour l'apéritif ou les produits de la mer. ⧗ 2018-2021 ● **Blanc de blancs 2010 ★ (30 à 50 €; 3000 b.)** : un style de chardonnay gourmand et rond: nez toasté, pâtissier, aux arômes de tarte aux poires; bouche mûre, sur l'abricot sec, les fruits exotiques bien mûrs, généreusement dosée. L'attaque fraîche apporte de l'équilibre. ⧗ 2018-2020 ● **Prestige ★ (20 à 30 €; 3000 b.)** : issue de meunier majoritaire (85 %), cette cuvée tire sa teinte saumon de 15 % de vin rouge. Nez délicatement évolué, évoquant la tarte aux fraises, bouche à l'unisson, étoffée, kirschée et suave: conseillée au dessert. ⧗ 2018-2020

⊶ DÉHU PÈRE ET FILS, 3, rue Saint-Georges, 02650 Fossoy, tél. 03 23 71 90 47, contact@champagne-dehu.com **V** **▪** *r.-v.*

DELABARRE Cuvée Prestige

●	2500	▮	15 à 20 €

Domaine familial implanté dans la vallée de la Marne depuis les années 1920; premiers champagnes en 1950. Christiane Delabarre, qui a pris les rênes du vignoble en 1979, l'a agrandi (6 ha aujourd'hui), tout en modernisant la cuverie. Sa fille Charline l'a rejointe en 2013. (RM)

Mi-blancs mi-noirs (avec les deux pinots à parité), ce brut aux reflets or vert offre un nez discrètement floral et fruité, sur la pomme verte et la pêche blanche. Vive et minérale en attaque, la bouche déploie ensuite des arômes de brioche et de noisette avant de finir sur des impressions acidulées et sur une touche d'amertume. ⧗ 2018-2021

⊶ CHRISTIANE DELABARRE, 26, rue de Chatillon, 51700 Vandières, tél. 03 26 58 02 65, delabarre.christiane@orange.fr **V** **ⓚ** **▪** *r.-v.*

MAURICE DELABAYE ET FILS Rose secret Rosé de saignée ★

● 1er cru	2000	▥ ▮	20 à 30 €

Victor Delabaye fonde l'exploitation en 1921 à Damery, non loin d'Épernay; Maurice devient récoltant-manipulant et lance sa marque en 1959. Germain, qui lui a succédé en 2001, est épaulé par son fils Victor depuis 2014. Il exploite 10 ha autour d'Aÿ, grand cru, et de Cumières, Hautvillers et Dizy, 1ers crus. (RM)

Un rosé issu d'une seule parcelle de Cumières, plantée des trois cépages champenois. Après macération des raisins pendant deux ou trois jours, la cuve est «saignée». Vinifié en partie sous bois, ce brut affiche une robe saumon aux reflets orange. Au nez, il mêle harmonieusement la viennoiserie, les agrumes et la griotte. Offrant un bel équilibre entre sucre et acidité, d'une belle ampleur, la bouche apparaît un peu tannique en finale. ⧗ 2018-2020 ● **1er cru Prestige ★ (15 à 20 €; 27000 b.)** : une cuvée issue des trois cépages champenois. Nez entre agrumes, pêche et mirabelle; bouche à l'unisson, équilibrée, généreusement fruitée (fruits blancs compotés, fruits exotiques), servie par une longue finale acidulée. ⧗ 2018-2021

⊶ SCE MAURICE DELABAYE ET FILS, 16, rue Anatole-France, 51480 Damery, tél. 03 26 51 94 91, champagne-delabaye@outlook.com **V** **ⓚ** **▪** *t.l.j. 8h-12h 14h-18h; dim. sur r.-v.*

DELAGNE ET FILS Cuvée Prestige ★

●	250 000	15 à 20 €

Propriétaire de vignes autour de Cerseuil, dans la vallée de la Marne, et de caves à Épernay, la famille Mansard a cédé sa marque, Mansard-Baillet, qui fait désormais partie du groupe Rapeneau. Deux étiquettes: Mansard et Delagne et Fils. (MA)

Trois quarts de raisins noirs (meunier en tête) et un quart de chardonnay composent cette cuvée au nez discret mais agréable. Ce brut s'affirme en bouche. Après une attaque vive, sur des arômes d'agrumes, des notes plus évoluées se déploient: miel, amande, pain grillé. La longue finale laisse le souvenir d'un champagne flatteur, pour l'apéritif comme pour le repas. ⧗ 2018-2021

⊶ MANSARD-BAILLET, 9, av. Paul-Chandon, CS 31011, 51200 Épernay, tél. 03 26 54 18 55, contact@champagnemansard.com ⊶ Rapeneau

DELAHAIE Brut Premier ★

●	52 000	▮	15 à 20 €

Jacques Brochet a repris en 1991 la marque Delahaie et son vignoble, qui appartenaient à son oncle, et créé une gamme de champagnes. Ses cuvées sont souvent remarquées par les dégustateurs. (NM)

Les raisins noirs sont majoritaires (80 %, les deux pinots à parité) dans cette cuvée or pâle au nez bien ouvert sur des notes de maturité: fruits confits, nuances toastées. Plein, gourmand, le palais garde ce registre évolué. Un peu généreusement dosé, il est soutenu par une belle fraîcheur. ⧗ 2018-2021 ● **1er cru Prestige ★ (15 à 20 €; 12500 b.)** : un assemblage de pinot noir (60 %) et de chardonnay. Robe or soutenu, nez intense et vineux, sur les fruits confits, bouche à l'unisson, puissante et ronde, aux arômes persistants de griotte. ⧗ 2018-2021

JACQUES BROCHET, 16, allée de la Côte-des-Blancs, 51200 Épernay, tél. 03 26 54 08 74, champagne.delahaie@wanadoo.fr V r.-v.

DELAMOTTE Blanc de blancs 2007 ★★★

● | 113000 | | 50 à 75 €

L'une des plus anciennes maisons de Champagne, née en 1760. Elle a conservé le nom de son fondateur, conseiller échevin de Reims marié à une riche propriétaire de vignes à Aÿ. Depuis 1988, elle est rattachée au groupe Laurent-Perrier. Société sœur du mythique Salon, elle est établie au Mesnil-sur-Oger, au cœur de la Côte des Blancs, et le chardonnay est très présent dans ses cuvées. (NM)

Un superbe blanc de blancs de haute origine (des chardonnays du Mesnil-sur-Oger, d'Oger, d'Avize et de Cramant, grands crus de la Côte de Blancs). Le millésime 2007? Une année précoce (vendanges débutées le 30 août pour ces raisins), chahutée en été et finalement favorable aux blancs. La robe dorée aux reflets verts, animée d'une bulle fine, est engageante. Le nez fait preuve d'une discrète élégance, entre agrumes, citron mûr en tête, et notes plus évoluées de grillé. C'est en bouche que ce blanc de blancs donne toute sa mesure. Toute la fraîcheur et la finesse du chardonnay s'y révèlent, donnant au vin une grande persistance. Ajoutons une belle vinosité, une structure pleine, les nuances complexes d'évolution d'un vin de onze ans (fruits secs, notes toastées...), un dosage parfaitement fondu pour conclure le portrait de ce champagne d'une rare harmonie. ⧗ 2018-2021

DELAMOTTE, 7, rue de la Brèche-d'Oger, 51190 Le Mesnil-sur-Oger, tél. 03 26 57 51 65, champagne@salondelamotte.com V *r.-v.*
Laurent-Perrier

D. DELAUNOIS ET FILS La Royale ★

● | 5942 | 15 à 20 €

Établie depuis environ un siècle à Rilly, 1er cru de la Montagne de Reims, cette famille met en valeur plus de 5 ha. Edmond Poraux a été le premier récoltant-manipulant, en 1920. Son arrière-petit-fils, Étienne Delaunois, à la tête de l'exploitation depuis 2008, s'attache à faire vieillir ses cuvées sur lies bien au-delà de la durée minimale requise. (RM)

Une bulle discrète mais fine traverse la robe dorée de ce blanc de noirs. Intense, frais et jeune, le nez allie les fleurs aux fruits rouges et à des touches plus évoluées de torréfaction. Bien équilibrée, la bouche suit la même ligne, avec ses arômes de pain grillé et sa finale acidulée. ⧗ 2018-2021

ÉTIENNE DELAUNOIS, 16, rue Valmy, BP 52, 51500 Rilly-la-Montagne, tél. 03 51 24 51 89, contact@champagne-delaunois.com V *t.l.j. 9h-12h 14h-17h; sam. dim. sur r.-v.*

MARLÈNE DELONG Grande Réserve ★★

● | 7000 | | 20 à 30 €

En 1966, Gérard Delong, ouvrier, loue des terres, y plante des vignes, puis achète des parcelles. Premières vendanges en 1970, acquisition d'un pressoir en 1980: premières cuvées au domaine. Aujourd'hui, 9,5 ha dans le Sézannais. À la tête de l'exploitation depuis 2001, Marlène Delong vinifie sans levurage ni filtration, laisse ses cuvées au moins trois ans en cave et les dose peu. Propriété certifiée Haute valeur environnementale. (RM)

Mi-blancs mi-noirs (avec les deux pinots), ce brut vinifié avec des levures indigènes a reposé six ans en bouteille. La robe jaune paille aux reflets dorés est parcourue de bulles fines. Intense et complexe, le nez associe les fruits exotiques, l'amande et le pain grillé. Dans une belle continuité, la bouche joue sur les fruits secs et de subtils arômes d'évolution, tout en laissant s'exprimer les fruits. Vive en attaque, ample et ronde dans son développement, de belle longueur, elle finit sur une note iodée qui confère à ce vin une singularité très appréciée. ⧗ 2018-2020

MARLÈNE DELONG, 2, ruelle du Larry, 51120 Allemant, tél. 03 26 80 58 73, info@champagne-delong-marlene.com V *r.-v.*

DELOUVIN-NOWACK Bis repetita 2005 ★★

● | 1250 | | 30 à 50 €

Si la marque Delouvin-Nowack est née en 1949 du mariage des parents de l'actuel propriétaire, les Delouvin, vignerons ou tonneliers, sont établis à Vandières depuis le XVIIe s. et élaborent leurs champagnes depuis 1930. Installé en 1976, Bertrand Delouvin exploite 7 ha dans la vallée de la Marne. Les champagnes de la maison ne font pas leur fermentation malolactique. (RM)

Il est resté plus de dix ans sur lattes, ce millésimé qui donne le premier rôle au chardonnay (80 %), complété par le meunier. À la robe jaune d'or répond un nez puissant et harmonieux, nettement évolué, aux nuances de café grillé. La bouche, à l'unisson, offre une attaque chaleureuse, une texture soyeuse et fondue, soutenue par une fraîcheur encore bien présente. Un champagne de caractère à son apogée. ⧗ 2018-2020 ● **Extra Sélection 2011 ★ (15 à 20 €; 10000 b.)** : un repos de cinq ans sur lattes pour cette cuvée issue de chardonnay majoritaire (80 %). Robe jaune doré, nez intense et élégant, entre fleurs blanches, fruits jaunes et fruits secs; bouche très fraîche, de belle longueur, marquée par une pointe d'évolution en finale. ⧗ 2018-2020

BERTRAND DELOUVIN, 29, rue Principale, 51700 Vandières, tél. 03 26 58 02 70, info@champagne-delouvin-nowack.com V *r.-v.*

YVES DELOZANNE Tradition ★

● | 30000 | | 15 à 20 €

De vieille souche vigneronne, Valérie Delozanne et Vincent Delagarde ont repris en 2000 les vignes de leurs parents respectifs: 8 ha à dominante de meunier, cépage très cultivé dans le secteur des monts de Reims et dans la vallée de l'Ardre. Deux étiquettes: V. Delagarde et Yves Delozanne. (RM)

Donnant une large majorité aux raisins noirs (90 %, meunier en tête), un brut jaune doré, au nez partagé entre les

CHAMPAGNE

fruits jaunes et la poire. De belle tenue, ample, crémeuse et longue, la bouche déploie une large palette aromatique où ressortent les fleurs et la mangue. ⧗ 2018-2022 ● **V. Delagarde Rosé ★ (20 à 30 €; 4000 b.)** : mariant les trois cépages champenois, meunier en tête (80 %), ce rosé tire sa teinte saumon de l'apport de 17 % de vin rouge. Nez frais et léger sur la cerise et la framboise, bouche tout aussi fruitée, élégante et longue, marquée en finale par un soupçon d'amertume. ⧗ 2018-2021

⊶ VALÉRIE ET VINCENT DELAGARDE, 67, rue de Savigny, 51170 Serzy-et-Prin, tél. 03 26 97 40 18, contact@champagne-delagarde-delozanne.fr V ■ *r.-v.*

SERGE DEMIÈRE Blanc de blancs ★

1er cru	10500	■	15 à 20 €

Ce vigneron s'est installé en 1976 sur le domaine familial de 6 ha, implanté sur le versant sud-est de la Montagne de Reims. Il tire parti de deux grands crus voisins célèbres pour leur pinot noir: Ambonnay et Bouzy, et d'un 1er cru, Trépail, riche en chardonnay. (RM)

Du chardonnay de la Montagne de Reims: les blancs s'y font une place, même dans les «grands crus de noirs». D'un or blanc aux reflets verts, celui-ci demande de l'aération pour révéler une palette assez complexe, entre pâte de fruits et pain grillé. Plus expressive, gourmande, de bonne longueur, la bouche ajoute aux fruits confits des notes de fleurs blanches, de fruits exotiques, de mirabelle et de vanille. ⧗ 2018-2023

⊶ SERGE DEMIÈRE, 7, rue de la Commanderie, 51150 Ambonnay, tél. 03 26 57 07 79, serge.demiere@wanadoo.fr V ■ ■ *r.-v.*

A. & J. DEMIÈRE Solera 23 ★★

●	2500	20 à 30 €

A. et J. pour Audrey et Jérôme Demière, récoltants établis sur la rive droite de la Marne. Fernand a acheté la première parcelle en 1936, élaboré les premières bouteilles en 1945; son fils Jack a agrandi le vignoble et construit pressoir et cuverie. La dernière génération, installée en 1996, a inauguré une salle de dégustation offrant une vue panoramique sur le vignoble. (RM)

Solera 23? Le numéro de la cuve qui conserve les vins de meunier selon le principe de la solera: une réserve perpétuelle qui permet de mélanger de nombreuses années. D'un jaune doré intense, cette cuvée a pour principal défaut sa rareté. Elle s'impose d'emblée par la puissance de son nez aux arômes complexes: fruits exotiques, fruits secs, épices (noix de muscade). L'attaque vive, sur le citron, est relayée par des arômes acidulés de griotte et de cassis, mâtinés de notes grillées. Une palette mise en valeur par un trait d'acidité et par un dosage discret. Une belle harmonie entre acidité et évolution. ⧗ 2018-2021 ● **Demière Blanc de meunier Cuvée Lysandre 2009 ★ (20 à 30 €; 5923 b.)** : une robe dorée aux reflets rosés pour ce millésimé au nez opulent, entre crème de marrons et sucre d'orge, teintés de groseille. Malgré son âge, ce vin onctueux montre encore une fraîcheur minérale qui souligne ses arômes et qui lui donne relief et allonge. ⧗ 2018-2021

⊶ DEMIÈRE, 2, rue Dom-Pérignon, 51480 Fleury-la-Rivière, tél. 03 26 58 43 36, a-j-demiere@wanadoo.fr V ■ ■ *r.-v.* ■ ■

DEMILLY DE BAERE Blanc de blancs Cuvée rare

●	10000	■	20 à 30 €

Gérard Demilly appartient à une famille établie à Bligny (Côte des Bar) depuis le XVIIe s. En 1978, il étudie la viticulture et achète avec son épouse Françoise un vignoble (8 ha aujourd'hui) dont le siège occupe une ancienne verrerie du XVIIIe s. Après avoir fait ses classes en Australie et en Californie, leur fils Vincent, œnologue, les a rejoints. (NM)

Cuvée rare? Du chardonnay combiné à 30 % de pinot blanc: un assemblage peu courant dans les caves champenoises. À une robe très pâle aux reflets verts répond un nez assez discret, légèrement évolué, entre fruits compotés et notes toastées. Ample et ronde, plutôt longue, la bouche reste dans le même registre, équilibrée par une touche minérale et par un trait de fraîcheur. ⧗ 2018-2021

⊶ DEMILLY DE BAERE, Dom. de la Verrerie, 1, rue du Château, 10200 Bligny, tél. 03 25 27 44 81, champagne-demilly@wanadoo.fr V ■ ■ *r.-v.*

DERICBOURG Hommage ★★

Gd cru	40000	■ ■	50 à 75 €

Maire de Pierry, près d'Épernay, et président des vignerons du village durant trente ans, Gaston Dericbourg avait lancé sa marque en 1920. Sans enfant, il a transmis en 1955 sa maison de champagne et ses vignes à la famille Mandois. (NM)

Élevé pour 30 % sous bois, ce blanc de blancs enchante par ses arômes intenses de pain d'épice, de brioche et de miel traduisant une maturité flatteuse et la présence du fût. Tonique en attaque, gourmand, le palais conjugue la fraîcheur du chardonnay avec de beaux arômes d'évolution (le miel encore, un soupçon de cuir, de la brioche). Un brut charmeur. ⧗ 2018-2021 ● **1er cru Gaston Dericbourg (30 à 50 €; 30000 b.)** : vin cité. ● **Gaston Dericbourg Tradition (30 à 50 €; 40000 b.)** : vin cité.

⊶ DERICBOURG, 66, rue du Gal-de-Gaulle, BP 9, 51530 Pierry, tél. 03 26 54 03 18, info@champagne-dericbourg.fr

DÉROT-DELUGNY Blanc de noirs ★

●	n.c.	■	11 à 15 €

Fils de maréchal-ferrant, l'arrière-grand-père Philippe Dérot, fabricant de charrues vigneronnes, puis de tracteurs-enjambeurs, vendit ses premières bouteilles en 1929. Aujourd'hui, François Dérot, rejoint par son fils Laurent – revenu du Nouveau Monde –, exploite 10 ha aux confins de la Seine-et-Marne et de l'Aisne. (RM)

Une robe jaune d'or pour ce pur meunier au nez franc, sur les fruits confiturés et le caramel au lait. La bouche tout en rondeur fait ressortir des arômes de petits fruits rouges acidulés (groseille), rehaussés d'un soupçon de menthe fraîche. On devine un parfait équilibre entre les vins de réserve et les vins de l'année. ⧗ 2018-2021 ● **Blanc de blancs (15 à 20 €; n.c.)** : vin cité.

⊶ FRANÇOIS DÉROT, 21, Grande-Rue, 02310 Crouttes-sur-Marne, tél. 03 23 82 18 18, derot.delugny@orange.fr V ■ ■ *r.-v.*

DÉROUILLAT Blanc de blancs L'Esprit ★

1er cru | 9254 | | 15 à 20 €

Premiers champagnes familiaux avant 1945, sous la marque Dérouillat-Bauchet, puis Dérouillat-Franquet. Installé en 1983, Luc Dérouillat a préféré simplifier. Secondé par ses filles Fanny et Cécile, il exploite près de 6 ha sur les coteaux d'Épernay, dans la Côte des Blancs et la vallée de la Marne. (RM)

Née dans la Côte des Blancs, cette cuvée or pâle libère à l'aération des senteurs de fleurs blanches et de fruits jaunes, nuancées d'une touche évoluée d'abricot confit. Une attaque fraîche et nette ouvre sur un palais dont la rondeur et l'ampleur sont soulignées par un dosage gourmand. Un vin harmonieux qui devrait gagner en expression avec le temps. ⧗ 2018-2021

LUC DÉROUILLAT, 23, rue des Chapelles, 51530 Monthelon, tél. 03 26 59 76 54, champagne.derouillat@wanadoo.fr V t.l.j. sf dim. 9h-12h 14h-17h30

♥ E. DÉSAUTEZ ET FILS ★★

Gd cru | 1600 | | 15 à 20 €

Fondé en 1905 par Émile Désautez, ce domaine est géré depuis 1975 par sa petite-fille et son mari Patrick Deibener, qui a construit une nouvelle cave et développé l'élaboration du champagne. Il dispose de près de 4 ha dans les grands crus voisins de la Montagne de Reims: Verzenay, Verzy et Mailly-Champagne. (RM)

À l'origine de ce rosé, 22 % de chardonnay et 73 % de pinot noir, dont 8 % vinifiés en rouge, lui donnent sa teinte délicate, saumon pâle. D'abord subtilement floral, le nez, tout en fraîcheur, s'oriente à l'aération vers les agrumes rehaussés de touches fumées. Ample, élégante et longue, la bouche charme par l'harmonie entre sa fraîcheur, ses arômes floraux et sa matière étoffée mais soyeuse. Un rosé d'apéritif. ⧗ 2018-2021 **Gd cru Tradition ★ (15 à 20 €; 21000 b.)** : issu du pinot noir (pour les trois quarts) et du chardonnay, un brut au nez légèrement toasté, plaisant par son attaque fraîche et citronnée relayée par une rondeur vineuse. Du caractère et de la légèreté. ⧗ 2018-2021 **Grande Cuvée Saint-Nicolas ★ (15 à 20 €; 2600 b.)** : issu de pinot noir majoritaire, un brut partagé entre fleurs et agrumes, séduisant par sa fraîcheur et sa finesse. ⧗ 2018-2021

EARL DÉSAUTEZ ET FILS, 22, rue de Mailly, 51360 Verzenay, tél. 03 26 49 40 59, desautezetfils@free.fr V r.-v. Deibener

PAUL DÉTHUNE ★

Gd cru | 4000 | | 30 à 50 €

Lignée remontant à 1610, propriété constituée en 1840. Des caves du XVIIes. et 7 ha autour d'Ambonnay, grand cru de noirs de la Montagne de Reims. Vignoble conduit depuis 1995 par Pierre et Sophie Déthune, qui élèvent une partie de leurs vins en foudre. Domaine certifié Haute valeur environnementale. (RM)

Issu de pinot noir majoritaire (80 %), un rosé à la robe soutenue et au nez fruité et biscuité, évocateur de tarte aux fraises. La bouche, à l'unisson, est à la fois gourmande et fraîche. Un vin élégant qui semble doté d'un réel potentiel. ⧗ 2018-2023 **Gd cru Cuvée Prestige Princesse des Thunes (30 à 50 €; 2500 b.)** : vin cité.

EARL PAUL DÉTHUNE, 2, rue du Moulin, 51150 Ambonnay, tél. 03 26 57 01 88, info@champagne-dethune.com V r.-v.

DEUTZ William Deutz 2007 ★

| 30000 | | + de 100 €

Originaires d'Aix-la-Chapelle, deux négociants en vins, William Deutz et Pierre-Hubert Geldermann, ont fondé en 1838 cette prestigieuse maison. Longtemps demeurée familiale, elle est entrée en 1993 dans le groupe Roederer. Réputée pour ses assemblages minutieux (30 à 40 crus différents pour son brut Classic), elle s'approvisionne dans un rayon restreint de 30 km autour du grand cru Aÿ, dans la Grande Vallée de la Marne. (NM)

Mariant 65 % de pinot noir, 30 % de chardonnay et une goutte de meunier, ce millésimé or vert à l'effervescence légère offre une image fidèle du millésime, aux dires d'un juré. Il brille moins par sa richesse que par la précision et la finesse de son nez minéral, qui a gardé une belle présence fruitée. On retrouve en bouche cette élégance et ce fruité, rehaussé de touches de beurre frais et de caramel au lait. ⧗ 2018-2028 **Classic ★ (30 à 50 €; 1650000 b.)** : né des trois cépages champenois assemblés par tiers, un brut or pâle à la bulle fine et généreuse, aux arômes de brioche et de noisette sur fond floral. Une attaque fraîche, une bouche généreuse et longue: un ensemble équilibré et droit. ⧗ 2018-2021 **★ (50 à 75 €; 88000 b.)** : d'une teinte pastel aux reflets cuivrés, un rosé d'assemblage (pinot noir 80 %, chardonnay 20 %), tout en finesse florale et fruitée (cerise). Vif, d'une discrète élégance, il sera parfait à l'apéritif. ⧗ 2018-2021

DEUTZ, 16, rue Jeanson, 51160 Aÿ, tél. 03 26 56 94 00, france@champagne-deutz.fr V r.-v. Roederer

VEUVE A. DEVAUX Sténopé 2010 ★★

| 6556 | | + de 100 €

Les frères Jules et Auguste Devaux fondent en 1846 une maison de champagne qui a pignon sur rue à Épernay et que la dernière génération, sans héritier, cède en 1987 à l'Union auboise, importante coopérative créée en 1967. Sous la marque Vve Devaux (ou Devaux), la cave «habille» son haut de gamme. (CM)

Cuvée de luxe élaborée en collaboration avec le célèbre vigneron-négociant rhodanien Michel Chapoutier. Mi-chardonnay mi-pinot noir, vinifié et élevé en fût, ce champagne à la robe d'or traversée de fines bulles libère d'intenses parfums de fleurs blanches, d'agrumes et de fruits blancs, nuancés de notes de pain grillé. Déclinaison parfaite du nez, la bouche, soyeuse et fine en attaque, prend de l'ampleur, s'imposant par sa puissance et par sa persistance. Les jurés ne font pas référence au boisé, preuve que le contenant n'a pas dénaturé le contenu. ⧗ 2018-2021 **Devaux Extra-brut Ultra D ★ (30 à 50 €; 15000 b.)** : pratiquement mi-noirs mi-blancs (45 % de chardonnay), ce champagne très peu dosé comprend plus d'un tiers de vins de réserve, élevés en foudre pour la plupart. Après quatre ans de cave, il développe des arômes gourmands de maturité: pain grillé, beurre, petits fruits noirs, pain d'épice. Une attaque fine ouvre sur un palais étoffé, ample, tendu par une ligne de fraîcheur minérale. Beaucoup d'arômes (fleurs, prune, abricot) et de gras pour enrober l'ensemble. De la finesse et du caractère. Un champagne de repas. ⧗ 2018-2021

DEVAUX, Dom. de Villeneuve, 10110 Bar-sur-Seine, tél. 03 25 38 63 85, elodiechevriot@champagne-devaux.fr V t.l.j. *10h-18h* *Union auboise*

GISÈLE DEVAVRY 2012 ★★

1er cru	30000		20 à 30 €

Domaine familial créé en 1920 à Champillon, dans la vallée de la Marne, près d'Épernay et de Hautvillers. Depuis 1998, c'est Gisèle Devavry-Méa qui dirige la maison avec son mari Jean-Loup Méa, œnologue. (NM)

Le chardonnay, majoritaire (70 %), s'allie aux deux pinots pour composer ce millésimé or pâle, au nez complexe: fleurs blanches, fruits mûrs, pain blanc, avec du pain grillé et une touche mentholée à l'aération. Vif en attaque, tout en finesse, le palais se développe avec ampleur sur des notes de fruits secs torréfiés, tendu par une belle acidité qui étire la finale. Un champagne raffiné et gourmand, pour l'apéritif ou le poisson. ⧗ 2018-2022

1er cru Collection Prestige (15 à 20 €; n.c.) : vin cité.

GISÈLE MÉA, 43, rue Pasteur, 51160 Champillon, tél. 03 26 59 46 21, contact@champagne-devavry.com V *t.l.j. sf dim. 9h-12h 13h30-17h30*

JACQUES DEVILLERS ET FILS Réserve ★

	6000		15 à 20 €

Les Devillers élaborent leurs champagnes depuis quatre générations. Aujourd'hui, Nadine Devillers et son fils Raphaël exploitent 3,5 ha à La Neuville-aux-Larris, à mi-chemin entre les vallées de la Marne et de l'Ardre. (RM)

Une approche séduisante pour ce brut composé de chardonnay et de meunier à parts égales: une robe aux reflets dorés à la bulle dynamique, des senteurs d'agrumes discrètes mais engageantes. L'attaque gourmande aux nuances pâtissières ouvre sur un palais harmonieux, soutenu par une belle fraîcheur et servi par un dosage judicieux. ⧗ 2018-2021

JACQUES DEVILLERS ET FILS, 19, rue de Paradis, 51480 La Neuville-aux-Larris, tél. 06 85 15 48 31, devillers.raphael@orange.fr V *r.-v.*

PASCAL DEVILLIERS 2006 ★★

1er cru	n.c.		20 à 30 €

Implantée à Ville-Dommange, joli village de la Petite Montagne de Reims, avec vue sur la cité des Sacres, cette petite exploitation familiale (moins de 2 ha) est conduite depuis 1993 par Florence et Pascal Devilliers, qui représentent la troisième génération. Le vignoble s'étend sur des coteaux en 1er cru. (RM)

Un bel apogée pour ce millésimé mariant à parts égales pinot noir et chardonnay. Un fin cordon de bulles, l'effervescence est toujours présente, voilà qui est de bon augure. D'une belle finesse, les arômes d'amande grillée et de fruits confits traduisent une heureuse évolution. La bouche étoffée tient les promesses du nez, avec ses arômes de fruits blancs compotés et de fruits secs torréfiés, mis en valeur par une fraîcheur préservée. Un ensemble harmonieux à apprécier maintenant. ⧗ 2018-2020

PASCAL DEVILLIERS, 8, rue de Saint-Lié, 51390 Ville-Dommange, tél. 03 26 49 26 08, contact@champagne-devilliers.com V *r.-v.*

ANDRÉ DILIGENT Atticisme

	5000		15 à 20 €

Héritiers d'une lignée de viticulteurs, Patrick et Joël Diligent sont établis dans la Côte des Bar (Aube). Ils élaborent du champagne depuis les années 1980 et disposent d'une surface de 11 ha sur les coteaux de la Seine. (RM)

Du pinot noir (60 %) et du chardonnay pour cette cuvée vieillie cinq ans sur lattes. Une robe dorée parcourue d'une bulle fine et persistante, un nez intense, assez évolué, mariant brioche, pêche et poire bien mûres. Souple en attaque, allégée par ce qu'il faut de fraîcheur, d'une belle persistance, la bouche prolonge bien le nez, avec ses arômes de fruits jaunes et de miel. Une rondeur gourmande. ⧗ 2018-2021

GAEC LA VIGNOBLOISE, 23, Grande-Rue, 10110 Buxeuil, tél. 03 25 38 51 78, contact@champagne-andre-diligent.com V *r.-v.*

DISSAUX-BROCHOT Cuvée Vieilles Vignes ★

	5500		15 à 20 €

Exploitation familiale de 5 ha, reprise en 1975 par Jean-Claude Dissaux et son épouse Catherine qui ont quitté la coopérative pour élaborer leurs cuvées. Le vignoble est disséminé sur quatre communes de la vallée de la Marne et sur deux villages des coteaux sud d'Épernay. (RM)

Vieilles Vignes? Quatre-vingt-dix ans. Des raisins blancs et des pinots (55 %, pinot noir surtout). Une robe dorée, des parfums intenses, à la fois épanouis et frais, de miel, de crème et de fruits mûrs font une belle approche. Ronde, vineuse et riche, la bouche confirme le nez, avec ses notes de fraise mûre et ses arômes plus acidulés de fruits exotiques. Une réelle harmonie. ⧗ 2018-2023

Pinot Meunier (15 à 20 €; 4500 b.) : vin cité.

JEAN-CLAUDE DISSAUX, Dissaux-Brochot, 2, rue des Cannes, 51700 Binson-et-Orquigny, tél. 03 26 58 05 63, dissaux.brochot@wanadoo.fr V *r.-v.*

DOM BACCHUS
Brut nature Cuvée Prana Vieilles Vignes 2009

	3000		20 à 30 €

En 1992, Arnaud Billard et son épouse Lydie ont pris la suite des trois générations précédentes sur le domaine familial dont ils ont porté la surface à près de 8 ha, tout en développant l'accueil. Leur vignoble est implanté sur le coteau de Reuil qui domine la Marne, tourné vers le midi. Deux étiquettes: Arnaud Billard et Dom Bacchus. (RM)

L'étiquette ne le précise pas, mais il s'agit d'un blanc de noirs issu de meunier (60 %) et de pinot noir. Pas de sucre ajouté après le dégorgement pour ce vin d'un millésime solaire, favorable aux pinots. D'un jaune d'or brillant, ce champagne s'ouvre d'emblée sur des arômes de brioche, de pain toasté, de fruits confits et de pain d'épice au miel reflétant une belle évolution. La bouche suit la même ligne, soutenue par une vivacité encore très présente. ⧗ 2018-2021 ● **Rosé de saignée Cuvée Aphrodite (20 à 30 €; 3730 b.)** : vin cité.

ARNAUD BILLARD, hameau de l'Échelle, 4, rue Bacchus, 51480 Reuil, tél. 03 26 58 66 60, info@domaine-bacchus.com V r.-v. 4

DOM CAUDRON Sublimité 50/50 2009 ★

●	6000		50 à 75 €

Cette marque de la coopérative de Passy-Grigny rend hommage au curé de ce village de la vallée de la Marne. Un bon vivant qui appuya, par un don de 1 000 F, la fondation de la cave en 1929. Cette dernière vinifie 130 ha cultivés par ses adhérents. (CM)

Du meunier et du chardonnay à parité, ce dernier vieilli en fût. Une robe dorée, un nez bien ouvert sur le fruit à noyau, le fruit confit, des notes miellées, épicées (poivre et safran) et empyreumatiques. Mise en valeur par un dosage adapté, la bouche aux arômes fruités et toastés allie une belle rondeur et une fraîcheur surprenante pour le millésime. ⧗ 2018-2021 ● **Prédiction Le Meunier au singulier ★ (20 à 30 €; 50000 b.)** : une expression typée et gourmande du cépage roi de la vallée de la Marne: robe dorée, large palette fruitée (agrumes, puis fruits rouges, pêche et abricot), rondeur et longueur. ⧗ 2018-2021

DOM CAUDRON, 10, rue Jean-York, 51700 Passy-Grigny, tél. 03 26 52 45 17, champagne@domcaudron.fr V r.-v.

PIERRE DOMI Cœur de rose ★★★

● 1er cru	5000		15 à 20 €

Créée en 1947, cette exploitation familiale, aujourd'hui conduite par Stéphane et Thierry Lutz, les petits-fils de Pierre Domi, a son siège à Grauves, village surplombé par des falaises, à l'ouest de la Côte des Blancs. Le vignoble de 8,5 ha s'éparpille sur les coteaux sud d'Épernay. Ici, on pratique encore le remuage sur pupitres et le dégorgement à la volée. (RM)

« Cœur de rose ». De quoi imaginer un énorme bouquet de roses... Les jurés, qui ont dégusté cette cuvée à l'aveugle, sont tombés sous son charme, y trouvant des fleurs... et nombre d'autres attraits. Ce champagne tire sa robe rose pastel aux reflets cuivrés d'un apport de 10 % de vin rouge. Pour le reste, il naît de chardonnay, qui lui a légué sa vivacité. Complexe au nez, il mêle un léger fruit rouge à des notes de biscuit rose. La bouche confirme cette richesse et ce côté pâtissier, déployant des nuances de pain d'épice, assorties d'une touche de torréfaction. Des arômes mis en valeur par une fraîcheur toujours présente, qui lui donne relief et longueur. ⧗ 2018-2021 ● **1er cru Blanc de blancs Les Hautes Roualles ★★ (20 à 30 €; 3000 b.)** : né d'une seule parcelle vendangée en 2011, un blanc de blancs doré à la palette riche et complexe (fruits confits, datte, figue, pain grillé, cacao). Tout aussi mûr et complexe en bouche, Il n'a rien perdu de sa fraîcheur, qui étire sa finale. ⧗ 2018-2021 ● **Cuvée Memory ★★ (15 à 20 €; 3000 b.)** : ce blanc de noirs aux reflets rosés brille par sa complexité (notes vanillées, épicées et grillées) et par sa longueur. Il devrait encore gagner en expression, car le potentiel est là. ⧗ 2018-2022

PIERRE DOMI, 10, rue Bruyère, 51190 Grauves, tél. 03 26 59 71 03, contact@champagne-domi.com V r.-v.

♥ DOM PÉRIGNON Vintage Rosé 2005 ★★★

●		n.c.	+ de 100 €

Le champagne de prestige par excellence, nommé en hommage au « père du champagne ». Chargé du vignoble et de la cave de l'abbaye de Hautvillers, dom Pérignon, à qui la tradition attribue l'invention de la méthode champenoise, montra cette maîtrise de l'art de l'assemblage qui fait les grandes cuvées. Son lointain successeur, depuis les années 1990, est le Vertusien Richard Geoffroy. La composition du Dom Pérignon reste secrète et chaque millésime est une création. Tout au plus sait-on qu'il met en œuvre du chardonnay et du pinot noir des grands crus de la Côte des Blancs et de la Montagne de Reims, ainsi que de Hautvillers, en souvenir de dom Pérignon. (NM)

L'adage veut que les grands vins s'améliorent avec le temps. Présenté lors de la dernière édition, le « Dom Pé » rosé 2005 avait obtenu deux étoiles. Avec une année de maturation supplémentaire, il atteint des sommets. Des bulles légères et alertes animent sa robe lumineuse aux multiples reflets cuivrés, saumonés et dorés. Le nez, après aération, envoûte par l'intensité de sa palette empyreumatique et fruitée: le pain grillé, la fumée s'allient aux fruits confits, rouges et blancs, et à des touches minérales et épicées. Cette gamme complexe se prolonge dans une bouche impressionnante par sa richesse et son ampleur, à l'effervescence onctueuse. Une acidité tonique lui apporte fraîcheur et allonge: un équilibre parfait. ⧗ 2018-2025 ● **P2 2000 ★★ (+ de 100 €; n.c.)** : P2 pour « second niveau de Plénitude ». La maison ne met ses cuvées sur le marché qu'après une dizaine d'années de vieillissement, au moment où s'achève leur jeunesse. Elle commercialise dans la gamme P2 des vins à leur apogée, après seize ans de cave. Ce 2000 est composé de chardonnay et de pinot noir à parts pratiquement égales. Au nez, le style habituel, grillé et minéral, se mâtine de notes de bergamote et de fruits. La bouche, sur les fleurs et la noisette, avec une touche mentholée, s'impose par sa richesse et sa structure, bien tenue par une douce acidité. ⧗ 2018-2021 ● **Vintage 2009 ★ (+ de 100 €; n.c.)** : cette cuvée naît de pinot noir (51 %) et de chardonnay à parité. Encore jeune, ce champagne puissant, gourmand et rond mérite une décantation en carafe pour livrer toutes ses subtilités. Sa richesse et sa longueur laissent augurer un très bel avenir à ce millésimé. ⧗ 2020-2024

DOM PÉRIGNON, 9, av. de Champagne, 51200 Épernay, cregnier@moethennessy.com
LVMH

CHAMPAGNE

DIDIER DOUÉ La Chanose ★

	5000		15 à 20 €

Didier Doué s'est installé en 1975 sur le domaine familial et s'est équipé d'un pressoir cinq ans plus tard. Établi à 10 km à l'ouest de Troyes, il cultive 5 ha sur le coteau de Montgueux, dont les sols crayeux sont propices au chardonnay. Il a engagé en 2009 la conversion bio de son vignoble (aujourd'hui certifié) et travaille dans l'esprit de la biodynamie, produisant en outre son électricité. (RM)

Le chardonnay domine (80 %) l'assemblage de cette cuvée, complété par le pinot noir. Or pâle, ce champagne dévoile une complexité naissante qui se révèle à l'aération: d'abord floral et végétal, il s'oriente ensuite vers les agrumes, les petits fruits des bois rehaussés d'une pointe de Zan. La bouche tient les promesses du nez, avec ses arômes de fruit de la Passion et d'agrumes (pamplemousse) soulignés par une belle vivacité. ⧗ 2018-2023

DIDIER DOUÉ, 3, voie des Vignes, 10300 Montgueux, tél. 03 25 79 44 33, doue.didier@wanadoo.fr V r.-v.

DOURDON-VIEILLARD
Extra-brut Tradition ★

	3000	20 à 30 €

Héritière d'une lignée de vignerons établie depuis 1812 à Reuil, sur la rive droite de la Marne, Fabienne Dourdon a pris la relève en 2006 sur ce domaine qui commercialise son vin depuis 1958 et compte près de 10 ha. (RM)

Née des trois cépages champenois, cette cuvée tire ses caractères des raisins noirs, qui composent 90 % de l'assemblage: une robe vieil or aux reflets dorés, des parfums intenses de fruits jaunes bien mûrs, rehaussés de notes de beurre et de touches minérales, un palais généreux, rond et gourmand, équilibré par une finale acidulée. ⧗ 2018-2021

DOURDON-VIEILLARD, 8, rue des Vignes, 51480 Reuil, tél. 03 26 58 06 38, dourdonvieillard@aol.com V r.-v.

DOYARD-MAHÉ
Blanc de blancs Carte d'or Empreinte ★

1er cru	25000	20 à 30 €

Créé en 1927 par Maurice Doyard, cofondateur du Comité interprofessionnel du vin de Champagne, ce domaine de 6 ha situé dans la Côte des Blancs est géré depuis 1988 par Philippe Doyard, l'un de ses petits-fils, rejoint en 2005 par sa fille Carole. Le chardonnay est à la base de ses cuvées. (RM)

Un blanc de blancs bien typé: robe or clair aux reflets verts animée de bulles fines, nez tonique, minéral, entre fruits blancs et agrumes, bouche dans le même registre, nette, fraîche, équilibrée et longue. ⧗ 2018-2021 **100 % Chardonnay 2012 (30 à 50 €; 6000 b.)** : vin cité.

DOYARD-MAHÉ, 28, chem. des Sept-Moulins, Moulin d'Argensole, 51130 Vertus, tél. 03 26 52 23 85, champagne.doyard-mahe@wanadoo.fr V r.-v.

DRAPPIER Grande Sendrée 2008 ★★

	n.c.		75 à 100 €

Une maison auboise de renom fondée en 1808. Son actuel propriétaire, Michel Drappier, conduit un vignoble de 57 ha (dont un tiers en bio) aux environs de Bar-sur-Aube, mais il s'approvisionne aussi dans d'autres secteurs. À la cave, les sulfitages et les dosages sont mesurés. Les bouteilles de prestige vieillissent dans les vénérables caves creusées en 1152 par les moines de la proche abbaye de Clairvaux. (NM)

Un nom étrange pour cette cuvée de prestige: c'est – avec une altération orthographique – celui d'un lieu-dit désignant des parcelles du village d'Urville recouvertes de cendres à la suite d'un incendie, en 1838. Mariant pinot noir (55 %) et chardonnay à parts presque égales, ce brut d'un beau millésime champenois s'annonce par une robe or pâle traversée d'une bulle fine et alerte. Assez discret, le nez intéresse par sa complexité et sa finesse, mêlant les fleurs et les fruits blancs à un léger toasté. Cette gamme s'affirme et s'épanouit dans une bouche intense, élégante, fraîche et longue. Une rare harmonie. ⧗ 2017-2021 **Carte d'or 2002 ★ (50 à 75 €; n.c.)** : construit sur le pinot noir (80 %), un brut d'un millésime ancien et très coté. La robe jaune d'or soutenu, parcourue d'une bulle très fine, a pris des reflets ambrés. Alliant puissance et finesse, le nez, encore frais, légèrement iodé, marie pain grillé, réglisse et fruits secs torréfiés. Crémeuse, équilibrée, la bouche n'est pas des plus longues, mais elle montre une belle tenue. ⧗ 2018-2021

DRAPPIER, 14, rue des Vignes, 10200 Urville, tél. 03 25 27 40 15, info@champagne-drappier.com V r.-v.

DRIANT-VALENTIN
Extra-brut L'Origine Grande Réserve ★★

	8000		20 à 30 €

Grauves se niche dans un vallon voisin de la Côte des Blancs ceinturé de coteaux pentus couronnés de bois. Jacques Driant cultive 8 ha de vignes aux environs, ainsi qu'à Aÿ. Son fils David suit ses pas, tradition familiale oblige: le jour même de sa naissance, il a dégusté sa première goutte de champagne ! (RM)

Une cuvée baptisée L'Origine pour rappeler que le grand-père du récoltant dosait très peu ses cuvées. Un assemblage dominé par le chardonnay (80 %, avec du pinot noir en appoint), mariant les années 2011 et 2010. Intense et complexe, le nez mêle la poire et la pêche blanche, la brioche et un soupçon de fumée. Après une attaque fraîche et minérale, les fruits blancs bien mûrs, le beurre, la viennoiserie et le miel le miel reviennent avec force et persistance. Une évolution heureuse pour ce champagne gourmand et harmonieux. ⧗ 2018-2021

JACQUES ET DAVID DRIANT, 4, imp. de la Ferme, 51190 Grauves, tél. 03 26 59 72 26, contact@champagne-driant-valentin.com V r.-v.

HERVÉ DUBOIS Blanc de blancs Cuvée Réserve ★

Gd cru	7000		15 à 20 €

Transporteur de vins, Paul Dubois achète en 1920 des terres à Avize pour y semer du fourrage. Après 1930, il devient cultivateur et vigneron; son fils Jean spécialise l'exploitation et son petit-fils Hervé lance son champagne en 1981. Rejoint en 2012 par ses deux filles, il cultive 7 ha, dont 4,5 ha sur la Côte des Blancs. Il vinifie ses chardonnays sans fermentation malolactique. (RM)

Du chardonnay de haute origine (Avize, Oger et Cramant) pour ce brut or pâle à la mousse fine et persistante. Discrètement fruité et végétal au nez, il s'impose en bouche par sa délicatesse, sa franchise et sa fraîcheur typée du blanc de blancs. ⧗ 2018-2021 ● **Gd cru ★ (15 à 20 €; 2000 b.)** : avec ses reflets rouges, il ravira les amateurs de rosés soutenus et pourtant, il est composé à 90 % de raisins blancs. Du vin rouge de Verzenay lui lègue sa teinte, ses arômes de petits fruits des bois, sa puissance et un certain volume. Le chardonnay de la Côte des Blancs lui assure une grande fraîcheur. ⧗ 2018-2021

HERVÉ DUBOIS, 67, rue Ernest-Vallée, 51190 Avize, tél. 03 26 57 52 45, champagnedubois@gmail.com V r.-v.

FRANÇOIS DUBOIS 1764 Pur Chardonnay ★★★

●	30000		20 à 30 €

Fils de vignerons de Faverolles-et-Coëmy, François Dubois vend du champagne dès le XVIIIe s. Nicolas, son descendant, crée en 1999 une structure de négoce qui connaît une forte croissance (40 ha de vignes en propres, des pressoirs, puis une cuverie qui permet de vinifier 200 ha) et rachète la maison Jeeper. En 2013, il continue à la gérer, alors que Michel Reybier (propriétaire du Ch. Cos d'Estournel, cru classé de Saint-Estèphe) a pris le contrôle de la maison. (NM)

Les vins de base qui constituent cette cuvée ont été vinifiés pour partie sous bois. Le champagne s'habille d'une robe jaune doré animée d'une bulle fine et dansante. Aussi puissant qu'élégant, le nez décline des nuances gourmandes de beurre, de noisette et de génoise à peine sortie du four. Dans une belle continuité, le palais offre une attaque intense et fraîche et déploie une matière charnue et étoffée, où l'on retrouve les arômes pâtissiers de l'olfaction. Une remarquable bouteille pour l'apéritif ou le début du repas. ⧗ 2018-2021 ● **Pure Sélection ★★ (20 à 30 €; 35000 b.)** : mi-blancs mi-noirs (les deux pinots), ce brut or clair séduit par son nez frais et végétal, légèrement boisé. Le passage en fût apparaît encore plus marqué en bouche, mais sans écraser ce vin puissant, servi par un dosage judicieux. La longue finale saline signe un champagne de caractère, adapté au repas. ⧗ 2018-2021 ● **1er cru Jeeper ★★ (75 à 100 €; 10000 b.)** : le chardonnay (80 %) domine l'assemblage de ce brut, qui attire d'emblée par la finesse et le dynamisme de son effervescence. Le passage en fût s'exprime par des effluves boisés aux nuances de fruits secs, alliés à des touches miellées. Souple et rond en attaque, dosé avec mesure, le palais est tendu par un trait de fraîcheur qui met en valeur ses arômes - des notes grillées et toastées, de l'acacia. La finale persistante laisse le souvenir d'un vin harmonieux. Un champagne de repas. ⧗ 2018-2021

LES DOMAINES JEEPER, 3, rue de Savigny, 51170 Faverolles-et-Coëmy, tél. 03 26 05 08 98, info@champagne-jeeper.com

DANIEL DUMONT
Extra-brut Blanc de blancs Cuvée Solera ★

● 1er cru	3600		20 à 30 €

Située à proximité de la cité des Sacres, sur la Montagne de Reims, cette exploitation fondée en 1970 est conduite depuis 1992 par deux frères et une sœur, secondés par la génération suivante. Elle dispose d'une cave voûtée de 1870 et d'un vignoble de 10 ha répartis entre quatre villages de la Montagne et deux communes du Sézannais. (RM)

La solera est un mode d'élevage consistant à prélever du vin dans la cuve (ou le foudre) en comblant le vide par du vin plus jeune, ce qui permet de mélanger les années: pour cet extra-brut, trois vendanges. Un vin or blanc parcouru de jolis trains de bulles. Expressif, jeune et frais au nez, il mêle les fleurs, les fruits blancs et le bonbon anglais. Vif et minéral en attaque, intense, de bonne longueur, il est encore jeune et peut rester en cave. ⧗ 2018-2023 ● **Grande Réserve ★ (15 à 20 €; n.c.)** : né des trois cépages champenois, un brut au nez discret, entre fleur blanche et pomme verte, et au palais frais et persistant, qui laisse une impression de légèreté. ⧗ 2018-2021

DANIEL DUMONT, 11, rue Gambetta, 51500 Rilly-la-Montagne, tél. 03 26 03 40 67, info@champagne-danieldumont.com V r.-v.

R. DUMONT ET FILS Extra-brut 2009 ★★

●	12000		20 à 30 €

Installés dans un petit village des environs de Bar-sur-Aube, les Dumont perpétuent une tradition viticole qui remonte au XVIIIe s. La dernière génération a constitué un coquet vignoble (25 ha) et fait construire un chai moderne inspiré de l'architecture locale avec ses parements de brique. (RM)

Le pinot noir, pour les deux tiers, et le chardonnay composent ce millésimé jaune doré à la bulle fine et légère. Le dosage en extra-brut a sans doute renforcé la fraîcheur de ce champagne né dans une année solaire. Discret, fin et tonique, le nez libère des notes citronnées avant de s'orienter vers la pêche et les fruits exotiques, litchi inclus. La bouche généreuse suit la même ligne, véritable corbeille de fruits, avec de l'ananas et de la mangue. Quant à la finale, nerveuse et longue, elle est marquée par la vivacité des agrumes. ⧗ 2018-2020

R. DUMONT ET FILS, 8, rue de Champagne, 10200 Champignol-lez-Mondeville, tél. 03 25 27 45 95, rdumontetfils@wanadoo.fr V *t.l.j. sf sam. dim. 9h-12h30 14h-18h*

PHILIPPE DUNOYER DE SEGONZAC ★

● 1er cru	1000		30 à 50 €

Philippe Dunoyer de Segonzac appartient à une vieille famille, qui compte des artistes, des savants, des chefs d'entreprise. Il a hérité de cette lignée une passion du vin qui s'est concrétisée par la création en 2009, avec Mauricette Mordant, d'une maison de champagne à son nom. (NM)

Mariant pinot meunier (60 %) et chardonnay, ce rosé se distingue par sa jolie teinte, rosé cuivré aux reflets dorés. Le nez puissant s'ouvre sur les fruits rouges teintés d'agrumes. À la fois ronde et fraîche, de bonne longueur, la bouche offre une belle présence et un réel équilibre. ⧗ 2018-2021

PH. DUNOYER DE SEGONZAC, 19. pl. du Grand-Jard, 51160 Mareuil-sur-Aÿ, tél. 07 81 12 74 75, g_depaz@dunoyer-de-segonzac.com 4

G. F. DUNTZE Réserve ★★

●	n.c.		20 à 30 €

Ancien responsable de Montaudon (marque familiale revendue en 2008), Victor Duntze, œnologue,

devient ensuite courtier, avant de relancer en 2012 une ancienne marque fondée en 1913 par son arrière-grand-père Georges Frédéric Duntze, fils d'un Brêmois venu chercher fortune en Champagne comme de nombreux compatriotes. (NM)

Issu des trois cépages champenois, ce brut privilégie les noirs (80 %, pinot noir majoritaire). La bulle paraît un peu grosse, mais elle est dynamique. Pour décrire les autres étapes de la dégustation, l'adjectif «élégant», revient sur toutes les fiches. Élégance et finesse d'un nez entre pêche et clémentine, nuancé de notes gourmandes de biscuit et de fruits secs; élégance et intensité d'un palais frais, harmonieux et long, où l'on retrouve les agrumes bien mûrs, mis en valeur par un dosage faible (5 g/l). ⧗ 2018-2021 ● **Blanc de noirs Légende ★★ (20 à 30 €; n.c.)** : du pinot noir de la Côte des Bar, né des récoltes 2014 et 2013 pour l'essentiel. Bien typé «noirs» par sa robe dorée, un brut à la bulle alerte et au nez ouvert, à la fois frais et mûr. En bouche, il conjugue un caractère tonique et des arômes de fruits jaunes compotés traduisant une certaine patine. ⧗ 2018-2021

G. F. DUNTZE, 109, rue Edmond-Rostand, 51726 Reims Cedex, tél. 03 26 86 00 10, champagne@duntze.com V *r.-v.*

B DURDON-BOUVAL
Zéro dosage Blanc de blancs Bio ★★★

●	4600		30 à 50 €

Ludovic et Sandie Durdon ont pris en 2005 la suite de trois générations de vignerons sur le domaine familial implanté dans la vallée de la Marne. Ils ont engagé la conversion bio de leurs 3 ha de vignes; la certification a été acquise en 2013 pour le chardonnay et en 2015 pour le meunier et le pinot noir. La coopérative locale (H. Blin) assure la vinification selon le cahier des charges bio. (RC)

Si la robe jaune pâle aux reflets verts est celle, classique, d'un blanc de blancs, le nez emballe par sa complexité, sa puissance et son élégance. Fruits blancs, fruits jaunes, minéralité, viennoiserie, pain grillé, pain d'épice, tout se mêle harmonieusement, sans se contrarier. En bouche, ce vin déploie toute la gamme d'un magnifique chardonnay, ajoutant les fruits confits, le miel et la vanille à la palette aromatique. On soulignera aussi la texture charnue, à la fois ample et fraîche, la finale longue, nette et minérale pour compléter le portrait de ce champagne accompli qui se passe du renfort d'un sucre ajouté. ⧗ 2018-2021 ● **Extra-brut Blanc de noirs 100 % meunier ★★★ (15 à 20 €; 3000 b.)** : une expression superbe du cépage roi de la vallée de la Marne: robe jaune d'or parcourue d'une fine bulle, nez expressif et élégant, sur le fruit jaune nuancé de notes toastées et vanillées, bouche fraîche en attaque, structurée, dense et persistante, où l'on retrouve les fruits jaunes rehaussés d'épices. ⧗ 2018-2021

DURDON-BOUVAL, 11, rue de Verdun, 51700 Vincelles, tél. 06 33 51 49 04, contact@champagne-durdonbouval.com V *r.-v.* E

DUVAL-LEROY Pur Chardonnay Réserve ★★

●	n.c.		30 à 50 €

Forte d'un vignoble de 200 ha et de cinq centres de pressurage, cette maison fondée en 1859 à Vertus est la plus importante de la Côte des Blancs. Dirigée depuis 1991 par Carol Duval-Leroy, elle est restée dans le giron familial. La plupart des cuvées sont construites sur le chardonnay. (NM)

La robe or jaune annonce un nez intense et mûr. Pleine de charme, l'olfaction mêle les fleurs, les fruits secs et le pain grillé. L'attaque franche ouvre sur un palais harmonieux, à la fois ample et frais, où l'on retrouve les notes grillées et toastées traduisant une belle évolution. Le dosage est parfait et la finale montre une grande persistance. Un blanc de blancs de caractère. ⧗ 2018-2021

DUVAL-LEROY, 69, av. de Bammental, 51130 Vertus, tél. 03 26 52 10 75, champagne@duval-leroy.com V *r.-v.*

B ÉLÉMART ROBION VB01 ★★

●	5000		30 à 50 €

Les Robion élaborent du champagne depuis le XXᵉs. Aujourd'hui, c'est Thierry et Catherine, épaulés par leur fils Éloi, qui sont à la tête du vignoble familial implanté dans la vallée de l'Ardre, aux sols principalement argilo-calcaires sur tuffeau. En 2011, ils ont engagé la conversion bio de leur exploitation (première vendange en bio certifiée en 2014). (RM)

VB01? Le premier vin biologique de la propriété. Un blanc de noirs (du meunier à 90 %) caractéristique, avec sa robe paille dorée parcourue d'un beau cordon de bulles, son nez partagé entre le beurre, le miel et les fruits jaunes, abricot en tête, et son palais gras, tout en rondeur, équilibré par une longue finale acidulée. Un vin gourmand, à son apogée. ⧗ 2018-2021

THIERRY ROBION, 1, rue Principale, 51170 Lhéry, tél. 03 26 97 43 36, champagnerobion@gmail.com V *r.-v.*

CHARLES ELLNER Prestige 2006 ★

●	10000		20 à 30 €

Maison de négoce créée en 1905 par Charles-Émile Ellner, remueur devenu élaborateur. Les générations successives ont agrandi peu à peu le vignoble, qui compte aujourd'hui 50 ha. Jean-Pierre Ellner, petit-fils du fondateur, est aux commandes, épaulé par ses deux filles et ses deux neveux. (NM)

Mariant 72 % de chardonnay et 28 % de pinot noir, ce millésimé affiche une robe paille dorée parcourue d'une bulle discrète. Puissant, plutôt automnal, dominé par des senteurs de pain grillé, de poire, le nez laisse aussi percer de subtiles fragrances de violette et de jasmin. Une heureuse évolution pour ce champagne onctueux à apprécier sans trop tarder. ⧗ 2018-2020 ● **Grande Réserve ★ (15 à 20 €; 150000 b.)** : née d'un assemblage de chardonnay (60 %) et de pinot noir, restée cinq ans en cave, cette cuvée or pâle séduit par sa palette évoluée et complexe (fruits jaunes, poire, noisette, amande, brioche et légère torréfaction), par sa richesse et par sa fraîcheur conservée. ⧗ 2018-2021

ELLNER, 6, rue Côte-Legris, 51200 Épernay, tél. 03 26 55 60 25, info@champagne-ellner.com V *r.-v.*

ERARD-SALMON Carte or ★

●	10000		15 à 20 €

Vignerons de père en fils depuis cinq générations sur la rive droite de la Marne, les Erard sont devenus

récoltants-manipulants en 1981. Installé trois ans plus tard, Sylvain dispose de 9 ha. En 2009, il a acquis des barriques pour proposer un nouveau style de champagne. (RM)

L'étiquette ne l'indique pas, mais il s'agit d'un blanc de noirs (du meunier à 80 %), élevé plus de trois ans sur lattes. Un cordon de bulles alertes forme une belle couronne de mousse dans une robe dorée. Aussi intense, le nez est tout en fruits, avec un soupçon d'évolution et une touche de minéralité. L'attaque fraîche ouvre sur un palais très aromatique, mûr lui aussi, aux nuances de mandarine, d'agrumes et de fruits rouges confits, marqué en finale par une pointe de vivacité. ⧗ 2018-2020 ● **Cuvée Prestige (15 à 20 €; 15000 b.)** : vin cité. ● **Erard-Salmon et Fils Carte blanche (11 à 15 €; 2800 b.)** : vin cité.

⊶ ERARD-SALMON, 8, rue du Pressoir, 51700 Olizy, tél. 03 26 58 13 30, champagne.erard.salmon@orange.fr V r.-v.

ESTERLIN Blanc de blancs Éclat ★

●	90000		20 à 30 €

En 1947, trois vignerons fondent à Mancy la coopérative des Coteaux d'Épernay, qui prend pour marque Esterlin. Aujourd'hui, 200 adhérents, cultivant 115 ha, et trois centres de pressurage. Le chardonnay est très présent dans les cuvées de la cave, vinifiées sans fermentation malolactique. (CM)

Une robe de blanc de blancs, aux légers reflets verts. Si la bulle fine apparaît discrète, le nez est intense, sur la pomme et l'amande. Ces arômes se confirment en bouche et gagnent en complexité, prenant des tons de pâte d'amande, de vanille, de fruits mûrs, voire de pâte de fruits, en harmonie avec un palais crémeux, riche et ample. ⧗ 2018-2021 ● **Réserve ★ (20 à 30 €; 250000 b.)** : issu des trois cépages champenois (avec 40 % de blancs), un champagne au bouquet patiné mariant harmonieusement brioche, fruits confits, sous-bois et pierre à fusil. Puissant et rond, il est servi par une finale minérale et nette, de bonne longueur. ⧗ 2018-2021

⊶ ESTERLIN, 25, av. de Champagne, 51200 Épernay, tél. 03 26 59 71 52, contact@champagne-esterlin.fr V *t.l.j. sf sam. dim. 9h-12h 14h-17h ⊶ Coop Mancy*

PASCAL ÉTIENNE Blanc de blancs ★★

●	2500		15 à 20 €

Après avoir travaillé jusqu'en 1993 avec son père Jean-Marie, Pascal Étienne lui a succédé sur le domaine familial: 5 ha sur les communes de Cumières, d'Hautvillers et de Damery. Il signe ses cuvées depuis 2010 et a une salle de réception offrant une vue panoramique sur la vallée de la Marne. (RM)

Une effervescence fine et persistante anime une robe jaune pâle. Encore plus attirant, le nez, expressif et frais, mêle les agrumes et les fruits exotiques (ananas). On retrouve les agrumes dans une bouche fraîche et persistante. Un champagne simple sans doute, mais gourmand et alerte à la fois. Parfait pour un apéritif dînatoire. ⧗ 2018-2020 ● **Grande Cuvée ★★ (15 à 20 €; 5100 b.)** : privilégiant le chardonnay (80 %, avec les deux pinots en appoint), cette cuvée brille par son joli cordon de bulles, par son nez fin et complexe prolongé par une bouche briochée, ample, vineuse et persistante. ⧗ 2018-2020

⊶ PASCAL ÉTIENNE, 39, rte Nationale, 51530 Mardeuil, tél. 03 26 54 49 60, champagne-pascal-etienne@orange.fr V *r.-v.*

DANIEL ÉTIENNE Blanc de noirs ★★

●	9000		15 à 20 €

Depuis quatre générations, la famille Étienne cultive 7 ha de vignes autour de Cumières, dans la Grande Vallée de la Marne. Exposé au sud, son vignoble est connu pour sa précocité et fournit, outre des champagnes en 1er cru, des vins rouges réputés. Après le père, Jean-Marie, connu de nos premiers lecteurs, Daniel, son fils, signe la production depuis 2009. (RM)

Pur pinot noir, ce brut séduit d'emblée par sa robe or pâle aux reflets rosés, animée par une bulle fine et régulière, puis par son nez intense, un rien évolué, associant les petits fruits rouges et une touche beurrée. Souple en attaque, tout en rondeur, la bouche est équilibrée par un trait de fraîcheur qui souligne sa persistance. Parfait pour la table. ⧗ 2018-2021

⊶ DANIEL ÉTIENNE, 166, rue de Dizy, 51480 Cumières, tél. 03 26 55 14 33, champagne.etiennedaniel@wanadoo.fr V *r.-v.* 4

CHRISTIAN ÉTIENNE Cuvée La Rosée ★

●	4600		15 à 20 €

Installé en 1978 – à dix-sept ans – non loin de Bar-sur-Aube, Christian Étienne et son épouse Anne mettent en valeur 10 ha de vignes. S'il dispose de vastes équipements modernes, Christian, formé à Beaune, apprécie les élevages en pièce de chêne. (RM)

Un rosé d'assemblage mariant pinot noir (60 %) et chardonnay. Un apport de vin rouge passé en fût lui donne sa teinte rose aux reflets cuivrés. D'abord discret, le nez s'ouvre sur des tons légèrement vineux de fruits rouges confits, de mûre à l'alcool. Frais en attaque, le palais se déploie avec ampleur et rondeur, marqué en finale par un retour des fruits rouges et noirs confits. Un rosé gourmand. ⧗ 2018-2021 ● **Cuveé Tradition (11 à 15 €; 30000 b.)** : vin cité.

⊶ CHRISTIAN ÉTIENNE, 12, rue de la Fontaine, 10200 Meurville, tél. 03 25 27 46 66, champagnesperance@orange.fr V *r.-v.*

EUGÈNE III ★★

●	22000		15 à 20 €

Marque de la coopérative de Baroville et des environs (Aube). Fondée en 1962, la cave vinifie les récoltes de près de 130 ha. Le pinot noir, largement dominant dans le secteur de Bar-sur-Aube, est très présent dans les assemblages. (CM)

Un rosé d'assemblage, alliant pinot noir (60 %) et chardonnay. Un petit apport de vin rouge a à peine teinté sa robe œil-de-perdrix, jaune aux reflets saumon. Très expressif, le nez associe les fleurs, les fruits jaunes, la cerise et le noyau. On peut même y déceler des touches grillées et mentholées. Le fruit jaune mûr s'épanouit dans un palais ample et riche, soutenu par un trait de vivacité. Une remarquable complexité. ⧗ 2018-2021 ● **De Barfontarc Tradition ★ (15 à 20 €; 250000 b.)** : faisant la part belle au pinot noir (80 %), complété par le chardonnay, un brut de bonne facture, mêlant au nez

CHAMPAGNE

la poire, le raisin sec et la noisette. Les agrumes et les fruits jaunes s'ajoutent à cette palette dans une bouche équilibrée et fraîche. Parfait pour l'apéritif et pour les poissons en sauce légère. 2018-2021

DE BARFONTARC, 18, rue de Bar-sur-Aube, 10200 Baroville, tél. 03 25 27 07 09, champagne@barfontarc.com V t.l.j. sf dim. 9h-12h 13h30-17h30

FANIEL ET FILS Oriane ★

| 10000 | 15 à 20 €

Au milieu du XXe s., André Faniel plante des vignes autour de Cormoyeux, sur la rive droite de la Marne, et lance son champagne. En 1992, son fils Jacques crée sa marque. Avec Mathieu et Romain, la troisième génération arrive en 2009 sur le domaine, qui compte près de 9 ha. (RM)

Composée de trois quarts de pinot noir et d'un quart de chardonnay, une cuvée au nez engageant, printanier, subtilement floral, nuancé d'une touche de fruits jaunes. À la fois ample et fraîche, la bouche déploie des arômes persistants de fruits exotiques. Un vin prometteur. 2018-2023

MATHIEU FANIEL, 19, rue des Gouttes-d'Or, 51480 Cormoyeux, tél. 03 26 58 64 04, contact@champagne-faniel.fr V r.-v.

FANIEL-FILAINE Carte verte ★

| n.c. | 15 à 20 €

Les Filaine cultivaient déjà la vigne à la fin du XVIIe s., du vivant de dom Pérignon. Les premières bouteilles ont été élaborées trois siècles plus tard, en 1992, par Jean-Louis Faniel et Patricia Filaine, installés dans la vallée de la Marne. (NM)

Mi-blancs mi-noirs (les deux pinots), une cuvée mettant en œuvre les années 2010 et 2009. La robe jaune doré est parcourue par une bulle nerveuse et fine. Le nez, évolué, évoque le sous-bois. Puissante et ample, la bouche se déploie sur des notes de fruits compotés, tendue par une belle acidité qui étire sa finale. 2018-2021 **Millésime 2006 (15 à 20 €; n.c.)** : vin cité.

MAISON FANIEL-FILAINE, 77, rue Paul-Douce, 51480 Damery, tél. 03 26 58 62 67, champagne.faniel.filaine@wanadoo.fr V t.l.j. sf dim. 9h-12h 14h-18h

FENEUIL-COPPÉE Brut ★

1er cru | 4000 | 15 à 20 €

Annabelle et Olivier Coppée, frère et sœur, ont repris en 2000 le domaine et la marque créés par leurs parents. Leur vignoble couvre un peu plus de 7 ha à Chamery et à Écueil, deux villages voisins de la Montagne de Reims, classés l'un comme l'autre en 1er cru. (RC)

Dominé par les noirs (90 %, les deux pinots à parité), ce rosé d'assemblage tire sa teinte saumon de 12 % de vin rouge. Du nez intense et gourmand à la finale persistante, il déploie d'intenses arômes de fruits rouges, fraise en tête. Crémeux en attaque, ample et long, il offre tout ce que l'on apprécie dans un rosé: du fruit et de la fraîcheur. 2018-2020 **1er cru Cuvée éternelle (15 à 20 €; 5000 b.)** : vin cité.

COPPÉE, 9, rue des Prés-Éloys, 51500 Chamery, tél. 03 26 97 66 72, info@champagne-feneuilcoppee.com V r.-v.

FENEUIL-POINTILLART Rosé Tradition

1er cru | 5500 | 15 à 20 €

Lancée en 1972, cette marque a consacré l'alliance de deux familles vigneronnes enracinées depuis le XVIIe s. à Chamery, 1er cru de la Montagne de Reims. En 2011, la dernière génération, représentée par Benjamin Feneuil, a pris les rênes du domaine, qui compte près de 7 ha. (RC)

Issu des trois cépages champenois (75 % de noirs), ce rosé tire sa teinte rose pâle d'un apport de 8 % de pinot noir vinifié en rouge. Subtilement fruité, il séduit par son équilibre et par sa longueur. 2018-2021 **1er cru Cuvée La Belle Vie (15 à 20 €; 2000 b.)** : vin cité. **1er cru Blanc de blancs Marquis de Luth (15 à 20 €; 1500 b.)** : vin cité.

FENEUIL-POINTILLART, 21, rue du Jard, 51500 Chamery, tél. 03 26 97 62 35, champagne.fp@wanadoo.fr V r.-v.

M. FÉRAT ET FILS Blanc de blancs ★

1er cru | n.c. | 15 à 20 €

Maison fondée au XVIIIe s. par Paul Férat, gérée aujourd'hui par Pierre-Yves et Clémentine Férat, associés à d'autres récoltants. Elle est implantée à Vertus, 1er cru de la Côte des Blancs, et dispose de parcelles autour de Verzenay, grand cru de noirs de la Montagne de Reims. (ND)

Une robe or vert aux reflets argentés, parcourue d'une bulle fine et alerte. Discret, subtil et frais, le nez s'ouvre sur des notes citronnées, nuancées de touches toastées. La bouche suit la même ligne, associant la fraîcheur acidulée des agrumes à des arômes de fruits blancs, de croûte de pain et de grillé. Sa tension donne à l'ensemble dynamisme et longueur. Un blanc de blancs complexe et élégant. 2018-2023 **Prestige ★ (20 à 30 €; n.c.)** : privilégiant le chardonnay (85 %), un brut au nez intensément fruité, déjà évolué, nuancé de touches florales et briochées. Ample en attaque, frais et long, il apparaît un peu ferme et strict en finale. 2019-2022

PIERRE-YVES FÉRAT, 23, hameau de la Madeleine, 51130 Vertus, tél. 06 77 85 74 63, champagne.ferat@gmail.com V r.-v.

NICOLAS FEUILLATTE
Blanc de blancs Cuvée spéciale ★

| n.c. | 30 à 50 €

Nicolas Feuillatte est depuis 1986 la marque du Centre vinicole de Chouilly. Fondée en 1972, cette union de producteurs regroupe 82 coopératives, 5 000 adhérents et plus de 2 100 ha répartis dans toute la Champagne. Ses caves stockent des dizaines de millions de bouteilles. (CM)

Une robe d'un or pâle et lumineux, parcourue d'un train de bulles fines. Un nez discret et tonique, entre fruits frais et jasmin. L'attaque fraîche ouvre sur un palais acidulé, aux arômes très plaisants de pamplemousse et de bonbon anglais, soulignés par une effervescence délicate. Un blanc de blancs bien typé, alerte et subtil. 2018-2020

⊶ CENTRE VINICOLE CHAMPAGNE, Ch. de Plumecoq, CD 40A , 51530 Chouilly, tél. 03 26 59 55 50, service-visites@feuillate.com V r.-v.

DANY FÈVRE ★

●	4500		15 à 20 €

Ce domaine fondé en 1880 dispose de près de 9 ha de vignes implantées sur les coteaux de l'Arce, à l'est de Bar-sur-Seine (Aube). Conduit depuis 1981 par Évelyne Penot, épaulée par Stéphane Fèvre depuis 2012, il change ses pratiques en vue d'une conversion bio. (RM)

Une goutte de chardonnay dans 95 % de pinot noir. La teinte est pastel, le nez frais, tout en finesse; la bouche suit la même ligne, tonique, légère et élégante, sur des notes de fruits rouges. Ce rosé harmonieux gagnera à vieillir un peu. ⧗ 2018-2021 ● **Sauvage (11 à 15 €; 1000 b.)** : vin cité.

⊶ STÉPHANE FÈVRE ET ÉVELYNE PENOT, 8, rue Benoit, 10110 Ville-sur-Arce, tél. 03 25 38 76 63, champagne.fevre@wanadoo.fr V r.-v.

ALEXANDRE FILAINE DMY ★★

●	3000		30 à 50 €

Ancien salarié de Bollinger, Fabrice Gass est installé à Damery, sur la rive droite de la Marne, non loin d'Épernay. Il consacre une minuscule surface (1,5 ha) à sa marque, dont le nom double est un hommage à ses grands-parents, Emmanuel Filaine et Marcelle Alexandre. (RM)

Deux tiers de noirs (du pinot noir surtout) et un tiers de blancs des récoltes 2012 et 2011 composent cette cuvée, vinifiée sans fermentation malolactique ni filtration et élevée en fût. La robe jaune pâle aux reflets verts est parcourue d'une bulle discrète mais insistante. Le nez intense associe la brioche et le sous-bois à des notes d'élevage. L'attaque fraîche, soulignée par des notes de fruits exotiques puis de fleur, ouvre sur un palais ample à la finale persistante, minérale et fraîche. ⧗ 2018-2023 ● **Cuvée spéciale ★ (20 à 30 €; 5000 b.)** : un assemblage et une vinification similaires à ceux de la cuvée DMY (deux tiers de pinots, un tiers de chardonnay, passage sous bois), avec des vins plus jeunes. Nez intense, entre boisé, sous-bois et agrumes, bouche intense, fraîche et complexe (orange confite, ananas, pêche, fruits secs et touche cacaotée). ⧗ 2018-2021

⊶ FABRICE GASS, 17, rue Raymond-Poincaré, 51480 Damery, tél. 03 26 58 88 39, alexandrefilaine@orange.fr V r.-v.

FLUTEAU Symbiose 2008 ★

●	6000		15 à 20 €

À l'origine, une maison de négoce créée en 1935 par Émile Hérard, vigneron, associé à son gendre Georges Fluteau, fils d'un courtier en vins. Installé en 1996, Thierry Fluteau, lui, a préféré le statut de récoltant. Avec son épouse américaine Jennifer et leur fils Jérémy, il conduit 9 ha de vignes à l'extrême sud de la Côte des Bar. Domaine certifié Haute valeur environnementale. (RM)

Mi-chardonnay mi-pinot noir, un vin d'un millésime coté. Si l'effervescence est discrète, la robe affiche un bel or paille et le nez apparaît bien ouvert sur des notes de fruits rouges. Très frais en attaque, le palais se montre structuré, ample et soyeux. ⧗ 2018-2022 ● **Blanc de noirs ★ (15 à 20 €; 25000 b.)** : le pinot noir lui lègue des reflets rosés; le nez est frais, tout en fruits (pomme et pêche); puissante, assez complexe (notes florales, poivrées, réglissées), la bouche offre une finale agréable et tonique, de belle longueur. ⧗ 2018-2021 ● **Cuvée réservée ★ (15 à 20 €; 10000 b.)** : du pinot noir (80 %, avec du chardonnay en appoint). Robe or jaune, nez sur la poire confite, nuancée de touches de tabac blond, palais intense et gourmand, alliant des arômes de fruits compotés et une belle fraîcheur. Du caractère et de l'élégance. ⧗ 2018-2021

⊶ THIERRY FLUTEAU, 5, rue de la Nation, 10250 Gyé-sur-Seine, tél. 03 25 38 20 02, champagne.fluteau@wanadoo.fr V r.-v.

FOISSY-JOLY Réserve

●	15000		11 à 15 €

Noé-les-Mallets: un village aubois au bord du ru Noé, entouré d'un amphithéâtre couvert de vignes, dans la région de Bar-sur-Seine. Installé en 2003 à la suite de trois générations, Frédéric Joly y conduit le domaine familial (7,5 ha). Il a lancé sa propre étiquette. (RM)

Presque un blanc de noirs (95 % de pinot noir, 5 % de chardonnay). Robe jaune doré, bulle dynamique; nez discret, s'ouvrant sur la fleur, le fruit jaune ou blanc; bouche fraîche, gourmande et longue, marquée en finale par une agréable amertume. De la présence. ⧗ 2018-2021

⊶ FRÉDÉRIC JOLY, 2 et 4, rue de Chatet, 10360 Noé-les-Mallets, tél. 03 25 29 65 24, contact@champagne-foissy-joly.com V t.l.j. sf sam. 9h-12h 14h-18h; dim. sur r.-v.

FOLLET-RAMILLON Harmonie Brut 2009 ★

●	2100		20 à 30 €

Quatre générations se sont succédé à la tête de cette exploitation. Épaulé par ses deux fils (Nicolas, œnologue, à la cave, et Yannick, à la vigne), Joël Follet conduit depuis 1982 le domaine familial implanté dans la vallée de la Marne et la Montagne de Reims. (RM)

Né des trois cépages champenois (avec une présence marquée du chardonnay, 56 %), ce millésimé a tiré d'un élevage sous bois une robe vieil or, un nez complexe, évolué, beurré et toasté, une bouche à l'unisson, aux arômes de fruits secs et de grillé, qui a su garder une belle fraîcheur. Un champagne de repas. ⧗ 2018-2021 ● **Brut (15 à 20 €; 2380 b.)** : vin cité.

⊶ SCEV FOLLET-RAMILLON, 29, Grande-Rue, 51480 Belval-sous-Châtillon, tél. 06 70 52 04 41, info@champagnefollet.com V r.-v.

FOREST-MARIÉ 2008 ★★★

● 1er cru	6280		20 à 30 €

Thierry Forest, de Trigny (massif de Saint-Thierry, au nord-ouest de Reims), et Gracianne Marié, d'Écueil (1er cru de la Montagne de Reims au sud de la cité des Sacres), ont uni leur destinée et leurs vignes en 1991 et installé un pressoir dans le village du premier. Rejoints par leurs enfants Louis et Marthe, ils exploitent 86 parcelles réparties dans les deux secteurs. (RM)

Le fruit de vieilles vignes de chardonnay et de pinot noir d'Écueil, assemblé à parité, et vinifié en partie sous bois, a enchanté les dégustateurs. Robe dorée, bulle fine, l'approche est engageante. Intense et complexe, le nez mêle l'acacia, les fleurs jaunes, le lilas et les fruits mûrs. La mise en bouche dévoile un vin puissant, au caractère affirmé, à la palette intense et mûre, où les arômes du nez se nuancent de sous-bois et d'une touche de truffe. Cette richesse aromatique est mise en valeur par une fine acidité qui donne à l'ensemble relief, élégance et persistance. Beau reflet d'une belle année, ce brut devrait avoir une longue vie. ⧗ 2018-2028 ● **Extra-brut Cuvée Saint-Crespin ★★ (15 à 20 €; 12030 b.)** : du pinot noir d'Écueil, un élevage en foudre et un séjour en cave de cinq ans. Il en résulte un vin jaune doré, à la palette complexe (fruits blancs, fruits jaunes compotés, vanille, fruits secs) et une bouche à l'unisson, ample et ronde, à la longue finale acidulée et minérale. Un extra-brut intense, structuré, vineux avec élégance. ⧗ 2018-2022

⊶ SCEV FOREST-MARIÉ, 20, rue de la Chapelle, 51140 Trigny, tél. 03 26 03 13 23, champagne-forest-marie@orange.fr V 🚶 🍷 *r.-v.*

MICHEL FORGET ★

● 1er cru	n.c.	20 à 30 €

Perpétuant une tradition vigneronne transmise depuis six générations, Michel Forget crée la maison Forget-Brimont en 1978. Il s'associe en 2000 à Frédéric Jorez, fils d'un vigneron de son village. Le tandem exploite sur le flanc nord de la Montagne de Reims un vignoble de 19 ha classé en grand cru et en 1er cru. (NM)

Privilégiant les noirs (80 %, les deux pinots à parts égales), ce 1er cru or jaune comprend 50 % de vins de réserve. Discret, tout en finesse, le nez s'ouvre sur les fruits mûrs, avec un soupçon de bonbon. Le fruit s'épanouit dans une bouche ronde et étoffée, sur des notes de coing compoté. Un vin harmonieux et accessible. ⧗ 2018-2020 ● **Gd cru Blanc de blancs (30 à 50 €; n.c.)** : vin cité. ● **1er cru Grand Rosé (20 à 30 €; n.c.)** : vin cité.

⊶ FORGET-BRIMONT, 11, rte de Louvois, 51500 Craon-de-Ludes, tél. 03 26 61 10 45, contact@champagne-forget-brimont.fr V 🚶 🍷 *r.-v.*

JEAN FORGET Réserve ★★

● 1er cru	n.c.	🍾	15 à 20 €

Installé en 2000 sur le vignoble familial, Christian Forget est établi à Ludes, dans la Montagne de Reims. Son vignoble, en 1er cru et en grand cru, se répartit entre ce secteur et la Côte des Blancs. (RM)

Mi-blancs mi-noirs, un champagne jaune d'or, animé d'une bulle généreuse, au nez mûr, puissamment fruité, rehaussé d'une touche épicée. Consistante et longue, la bouche poursuit dans le même registre, avec ses arômes de miel et de pain d'épice. ⧗ 2018-2020 ● **1er cru Cuvée Andréa ★ (15 à 20 €; n.c.)** : un rosé issu des trois cépages champenois, meunier en tête. Robe soutenue, couleur grenadine, nez généreusement fruité, bouche tout en rondeur et en fruits rouges, équilibrée par une belle fraîcheur. ⧗ 2018-2021 ● **1er cru Tradition (15 à 20 €; n.c.)** : vin cité.

⊶ CHRISTIAN FORGET, 2, rue Nationale, 51500 Ludes, tél. 06 52 03 14 18, champagnejforget@aol.com V 🍷 *r.-v.*

PAUL FORGET Héritage ★

●	10000	🍾	15 à 20 €

Thierry Forget, œnologue, représente la quatrième génération sur l'exploitation familiale qui couvre 14 ha répartis sur dix crus et soixante parcelles de la Montagne de Reims, de la vallée de la Marne et de celle de l'Ardre. Domaine certifié Haute valeur environnementale. (RM)

Une cuvée dont l'assemblage varie selon l'année. Pour cette version, les trois cépages champenois sont assemblés à parts égales. Robe or pâle, nez discret mais subtil, palais tendre et onctueux, qui ne manque pas pour autant de présence. Plutôt pour l'apéritif. ⧗ 2018-2021

⊶ FORGET-CHEMIN, 15, rue Victor-Hugo, 51500 Ludes, tél. 06 80 13 15 18, champagne.forget.chemin@gmail.com V 🚶 🍷 *r.-v.*

PHILIPPE FOURRIER Blanc de blancs Cuvée Prestige ★

●	40000	15 à 20 €

Fondée en 1847, cette structure familiale est présente depuis cinq générations dans la Côte des Bar (Aube) et élabore ses champagnes depuis le début du XXes. Elle a son siège à Baroville, le plus gros village viticole de la région de Bar-sur-Aube, et dispose de 18 ha en propre. Maison certifiée Haute valeur environnementale. (NM)

Un bel or pâle aux reflets verts pour ce blanc de blancs au nez frais et floral et à la bouche bien construite, vineuse avec élégance, aux arômes persistants de pêche blanche. ⧗ 2018-2023 ● **Réserve ★ (11 à 15 €; 30000 b.)** : né d'un assemblage de pinot noir (60 %) et de chardonnay, un brut or limpide, aux parfums plaisants de fleurs blanches et de fruits exotiques, qui prennent des tons confits dans un palais équilibré et long. ⧗ 2018-2020 ● **Rosé de saignée (11 à 15 €; 15000 b.)** : vin cité. ● **Delfour Rosé de saignée Brut (11 à 15 €; 15000 b.)** : vin cité.

⊶ PHILIPPE FOURRIER, 39, rue Bar-sur-Aube, 10200 Baroville, tél. 03 25 27 13 44, contact@champagne-fourrier.fr V 🚶 🍷 *t.l.j. sf dim. 9h-12h 13h30-17h30*

FRANCART ET FILS Blanc de blancs Vaudemange 2011

● 1er cru	3600	🍾	15 à 20 €

Cinq générations se sont succédé sur cette exploitation familiale implantée à Vaudemange, l'un des rares villages de la Montagne de Reims où le chardonnay est plus cultivé que le pinot noir. Installé en 1986, Philippe Francart est devenu récoltant-manipulant en 2000, misant sur l'œnotourisme. (RM)

Le récoltant souligne la précocité exceptionnelle de cette année 2011 où, pour la première fois, il avait rentré ses vendanges avant septembre. Son blanc de blancs, lui, est tout ce qu'il y a de plus classique: robe pâle, olfaction élégante, entre aubépine et fruits blancs, bouche acidulée, équilibrée, de bonne longueur, ajoutant le fruit sec à la palette du nez. ⧗ 2018-2021

⊶ PHILIPPE FRANCART, 2, rue du Moulin, 51380 Vaudemange, tél. 06 07 68 60 18, champagnefrancart@orange.fr V 🚶 🍷 *t.l.j. 10h-19h* 🏠 ④

FRANÇOIS-BROSSOLETTE Esprit de Violette ★

	1160		30 à 50 €

Six générations se sont succédé sur le domaine implanté à Polisy, village situé à la confluence de la Seine et de la Laigne, dans la Côte des Bar (Aube). La marque, lancée en 1991, réunit le nom du vigneron et le patronyme de son épouse, Sylvie François. Le vignoble s'étend sur 14,5 ha. (RM)

Une seule parcelle, au lieu-dit La Violette, mais sept années différentes pour cette cuvée à la robe claire et au nez léger, entre fleurs blanches, agrumes et minéralité. Dans une belle continuité, la bouche déploie des arômes toniques de citron et de bonbon acidulé. Servie par un dosage bien maîtrisé, elle laisse une impression d'élégance. ⧗ 2018-2021 **Blanc de blancs Cuvée Dame Nesle ★ (15 à 20 €; 9200 b.)** : Dame Nesle est le nom de la parcelle où naît ce chardonnay harmonieux, au nez intense et frais (fruits blancs, agrumes), et à la bouche bien structurée, assez longue, où les agrumes se teintent de notes beurrées. ⧗ 2018-2021

FRANÇOIS-BROSSOLETTE, 42, Grande-Rue, 10110 Polisy, tél. 03 25 38 57 17, francois-brossolette@wanadoo.fr V r.-v.

FRESNE-DUCRET Le Chemin du Chemin ★★

1er cru	6000	20 à 30 €

Sept générations de viticulteurs, premiers champagnes en 1946. Après avoir vinifié en Bourgogne et en Nouvelle-Zélande, puis épaulé ses parents, Pierre Fresne a pris en 2007 les rênes du domaine: 6 ha autour de Villedommange, 1er cru au sud de Reims. (RM)

Deux tiers de pinot noir et un tiers de chardonnay composent cette cuvée jaune doré, au nez intense, frais et gourmand, mêlant l'aubépine, les fruits blancs, la pâtisserie et le miel. Le prélude à une bouche ample, bien structurée, nette, tendue et longue. Un vin qui mérite d'attendre. ⧗ 2018-2022 **1er cru Fresne Ducret La Grande Hermine 2008 ★ (20 à 30 €; 3000 b.)** : le récoltant fait découvrir son 2008 après son 2009. Privilégiant lui aussi le chardonnay (60 %, avec le pinot noir en appoint), un brut aux parfums de fleurs blanches et au palais à la fois puissant, onctueux et vif, plus évolué que le nez. ⧗ 2018-2023

SCEV JA MILAUR, 10, rue Saint-Vincent, 51390 Villedommange, tél. 03 26 49 24 60, champagne@fresneducret.com V r.-v. *Fresne*

LAURENT FRESNET Brut ★

Gd cru	10000		20 à 30 €

Œnologue, chef de cave de la maison Henriot, Laurent Fresnet brille dans les concours internationaux, désigné deux fois Chef de cave de l'année par l'*International Wine Challenge*. Il veille aussi sur les 2,5 ha transmis par ses parents (Champagne Fresnet-Baudot), un petit vignoble situé sur les pentes de la Montagne de Reims (Mailly-Champagne, Sillery et Verzy). Il a lancé fin 2014 une marque à son nom. (RM)

Le pinot noir (60 %) s'allie au chardonnay dans ce brut resté quatre ans en cave et faiblement dosé (à la limite d'un extra-brut). La robe or jaune est parcourue par un cordon de bulles alertes. Intense, le nez évoque la pêche mûre, les fruits confits et le pruneau. La bouche, à l'unisson, déploie avec vinosité et persistance des arômes de fruits compotés, d'amande et de sous-bois. Un bel apogée. ⧗ 2018-2020

FRESNET-BAUDOT, 5, rue du 8-Mai, 51500 Mailly-Champagne, tél. 03 26 49 11 74, laurent.fresnet@orange.fr V r.-v.

FROMENT-GRIFFON Privilège 2012

1er cru	3000		15 à 20 €

Marie et Mathias Froment, tous deux œnologues diplômés, exploitent depuis 2002 les 6,6 ha du vignoble créé par l'arrière-grand-père de Mathias dans la Montagne de Reims. Mathias est aussi le vice-président de la coopérative de Sermiers, où il apporte ses raisins; le couple de récoltants intervient dans les assemblages. (RC)

Complété par le pinot noir, le chardonnay compose plus des deux tiers de cette cuvée au nez frais et pourtant évolué, mêlant les agrumes aux fruits secs et au caramel. On retrouve les agrumes dans un palais nerveux en attaque, plus rond et généreux dans son développement. Un vin accessible, qui pourrait bénéficier d'une petite garde. ⧗ 2018-2023

FROMENT-GRIFFON, 2, rue du Clos-des-Moines, 51500 Sermiers, tél. 03 26 46 94 36, contact@champagne-froment-griffon.com V r.-v.

FROMENTIN LECLAPART Tradition ★

Gd cru	28000		15 à 20 €

Depuis 1925, quatre générations de viticulteurs se sont succédé sur ce domaine, dont Jean-Baptiste Fromentin a pris la tête en 2005. Le vignoble de 5 ha est fort bien situé à Bouzy et à Ambonnay, deux grands crus de noirs de la Montagne de Reims. (RC)

Une belle effervescence et une robe jaune doré pour ce brut qui met en avant le pinot noir (70 %) complété par le chardonnay. Le nez intense évoque les fruits jaunes, rehaussés de touches de cuir et de fruits secs. Frais en attaque, structuré, de bonne longueur, le palais associe la brioche vanillée et la noisette. Une heureuse évolution. ⧗ 2018-2020

FROMENTIN-LECLAPART, 1, rue Paul-Doumer, 51150 Bouzy, tél. 03 26 57 06 84, contact@champagne-fromentin-leclapart.fr V r.-v.

MICHEL FURDYNA La Loge 2009 ★★

	3930		20 à 30 €

Ouvriers agricoles d'origine polonaise, les parents de Michel Furdyna ont constitué peu à peu dans la Côte des Bar un vignoble de 9 ha repris par ce dernier en 1976. La première bouteille a été commercialisée deux ans plus tard. (RM)

Une cuvée millésimée issue d'une parcelle de vieux pinots noirs, bien connue des lecteurs. Après le 2006, voici le 2009 à la robe jaune doré traversée d'une bulle discrète. Subtil et gourmand, le nez s'ouvre sur les fruits jaunes, la viennoiserie et les fruits secs. Une attaque fraîche ouvre sur un palais à la fois vineux, puissant, alerte et élégant, aux arômes complexes et évolués de fruits mûrs et de pain d'épice. ⧗ 2018-2021

EARL FURDYNA, 13, rue du Trot, 10110 Celles-sur-Ource, tél. 03 25 38 54 20, contact@champagne-furdyna.com V r.-v.

CHAMPAGNE

GALLIMARD PÈRE ET FILS
Cuvée de prestige 2012 ★

| 7500 | 20 à 30 € |

Des Gallimard qui rencontrent souvent les éditions Hachette. Cette famille des Riceys, important village viticole de la Côte des Bar (Aube), a élaboré ses premiers champagnes en 1930. Installé sur l'exploitation en 1989, Didier Gallimard conduit 12 ha plantés majoritairement de pinot noir. (NM)

Vieillie quatre ans, cette cuvée or jaune couronnée de mousse privilégie le pinot noir (65 %), complété par le chardonnay. Le nez se cache un peu, révélant à l'aération des senteurs briochées. Après une attaque fraîche, la maturité du vin se confirme en bouche par des arômes de fruits blancs compotés et par un retour en finale des notes pâtissières, soulignées par une matière tout en rondeur. Un champagne heureusement évolué, subtilement dosé. ⧗ 2018-2020 ● **Cuvée de réserve (11 à 15 €; 100 000 b.)** : vin cité.

⊶ GALLIMARD PÈRE ET FILS, 18, rue Gaston-Cheq, 10340 Les Riceys, tél. 03 25 29 32 44, champ-gallimard@wanadoo.fr V 🚶 ▪ *t.l.j. sf sam. dim. 9h-12h 14h-17h*

GARDET
Extra-brut Selected Reserve Vieilli en fût de chêne ★★

| 2000 | ▥ | 20 à 30 € |

Négociant à Mareuil-sur-Aÿ, Charles Gardet fonda sa maison en 1895, l'installa à Dizy d'abord, puis à Épernay. Son fils Georges la déplaça à Chigny-les-Roses. Depuis, les dirigeants de la maison (aujourd'hui la famille Prieux) se sont succédé et sont demeurés dans la Montagne de Reims. Stéphanie Sucheyre, œnologue, officie en cave. (NM)

Née des trois cépages champenois à parts égales, cette cuvée peu dosée attire d'emblée par sa bulle dynamique et par son nez tout en finesse qui promet monts et merveilles, avec ses senteurs d'agrumes et les fleurs blanches, teintés de touches de beurre et de caramel. Pamplemousse, viennoiserie… : cette palette complexe, alliant notes fraîches, nuances de maturité et arômes d'élevage se confirme dans une bouche intense, élégante et longue, d'une rondeur surprenante pour un extra-brut. Un vin original. ⧗ 2018-2021 ● **Brut rosé ★ (20 à 30 €; 30 000 b.)** : un apport de vin rouge donne sa teinte saumon pâle à ce rosé né des trois cépages champenois (avec 90 % de noirs). Nez tout en fruits rouges acidulés (groseille), bouche fraîche, dosage maîtrisé, l'ensemble est fort plaisant. ⧗ 2018-2021 ● **Brut Tradition ★ (20 à 30 €; 250 000 b.)** : la signature de la maison. Un brut né des trois cépages champenois (noirs à 90 %, les deux pinots à parité). Robe jeune, aux reflets verts, nez frais, entre notes végétales, agrumes doux (orange) teintés de notes briochées, bouche tonique dans le même registre, légèrement torréfiée. ⧗ 2018-2021

⊶ GARDET, 13, rue Georges-Legros, 51500 Chigny-les-Roses, tél. 03 26 03 42 03, info@champagne-gardet.com V 🚶 ▪ *r.-v. ⊶ Prieux*

GAUDINAT-BOIVIN Extra-brut Sélection

| 1500 | ▮ | 11 à 15 € |

La famille cultive la vigne depuis cinq générations. Aujourd'hui, les frères Hervé et David Gaudinat sont installés sur la rive gauche de la Marne et exploitent près de 12 ha à Festigny, Leuvrigny, Nesles-le-Repons et Œuilly. La famille élabore ses champagnes depuis les années 1950 – sous la marque Gaudinat-Boivin depuis 1970. (RM)

Cette cuvée légèrement dosée porte l'empreinte des raisins noirs (85 %), meunier en tête: robe or brillant, nez discret, sur le melon et la fraise compotée, attaque acidulée, sur les petits fruits rouges et quelques notes d'évolution. Un champagne flatteur et consensuel. ⧗ 2018-2021

⊶ GAUDINAT-BOIVIN, 6, rue des Vignes, 51700 Festigny, tél. 03 26 58 01 52, ch.gaudinat.boivin@wanadoo.fr V 🚶 ▪ *r.-v.*

GAUTHIER-CHRISTOPHE Réserve

| 35 000 | ▮ | 15 à 20 € |

Issus d'une lignée de viticulteurs, Serge Gauthier et son épouse Jacqueline Christophe créent la marque Gauthier-Christophe en 1988 et transmettent leur vignoble à leur fils Laurent et à son épouse Catherine. Installée à Chouilly (Côte des Blancs), la famille cultive les trois cépages champenois sur 6 ha. (RM)

Le chardonnay cède la première place aux raisins noirs (60 %, pinot noir pour l'essentiel) dans cette cuvée comprenant 50 % de vins de réserve. Dorée dans le verre, intensément florale au nez, avec quelques nuances beurrées, elle montre en bouche une nervosité soulignée par des notes acidulées d'agrumes et par une effervescence vive. Elle devrait gagner à vieillir. ⧗ 2019-2023

⊶ LAURENT GAUTHIER, 4, rue Saint-Vincent, 51530 Chouilly, tél. 03 26 55 40 02, contact@gauthier-christophe.com V 🚶 ▪ *r.-v.*

MICHEL GENET Blanc de blancs Brut Esprit ★

| Gd cru | 26 000 | 20 à 30 € |

Michel Genet a lancé son champagne en 1965. Ce sont maintenant ses enfants, Vincent, Agnès et Antoine, qui perpétuent l'exploitation. Le vignoble s'étend sur plus de 10 ha, dont 7 implantés dans les prestigieux grands crus de Cramant et de Chouilly, dans la Côte des Blancs. (RM)

Plus d'une fois remarqué, ce brut assemble des chardonnays de Chouilly et de Cramant. Pour cette version, des raisins récoltés en 2014, 2015 et 2011. Un champagne aux reflet dorés et au nez gourmand, florilège de fruits jaunes compotés, avec une pointe de noisette, et au palais ample, complexe, de bonne longueur, mêlant la fraîcheur des agrumes à la suavité de la mirabelle. Parfait pour l'apéritif. ⧗ 2018-2020

⊶ MICHEL GENET, 27-29, rue des Partelaines, 51530 Chouilly, tél. 03 26 55 40 51, champagne.genet.michel@wanadoo.fr V 🚶 ▪ *r.-v.*

GEORGETON-RAFFLIN Signature par Rémi 2013 ★

| Gd cru | 1200 | ▮ | 20 à 30 € |

Petite exploitation familiale (un peu plus de 3 ha) constituée par quatre générations au sein de la Montagne de Reims. Bruno Georgeton, installé en 1976, a été rejoint en 2006 par son fils Rémi. Exploitation certifiée Haute valeur environnementale. (RM)

Un pinot noir de Verzy aux reflets dorés, animé par une bulle fine et généreuse. Il séduit par ses parfums gourmands, typés des raisins noirs: fruits jaunes compotés, presque confits, nuancés de touches de cerise et de fraise. Ce fruité se prolonge dans une bouche ample et gourmande. Une expression élégante du millésime. ⧗ 2018-2021 ● **1er cru Réserve (15 à 20 €; 6500 b.)** : vin cité.

⊶ EARL GEORGETON ET FILS, 25, rue Victor-Hugo, 51500 Ludes, tél. 03 26 61 13 14, champagne.georgeton.rafflin@wanadoo.fr **V** *t.l.j. 8h-19h*

PIERRE GIMONNET ET FILS
Blanc de blancs Fleuron 2010 ★

● 1er cru	21516		30 à 50 €

La lignée des Gimonnet de Cuis remonte au XVIIIe s. Le champagne naît dans les années 1920, avec Pierre. Arrivés sur l'exploitation dans les années 1980, ses petits-fils Didier et Olivier ont pris le relais en 1996. Ils conduisent dans la Côte des Blancs un vaste domaine (28 ha) planté pour l'essentiel de chardonnay, en grand cru et 1er cru. (RM)

Souvent en bonne place dans le Guide, cette cuvée Fleuron, «l'esprit d'un millésime», mérite son nom. Un champagne peu dosé (4,5 g/l), qui assemble cinq crus de grande origine. Si 2010 n'est pas le millésime le plus coté en Champagne, il a donné ici un champagne harmonieux, à la robe paille dorée animée d'un cordon de bulles fines. On aime son nez discrètement évolué, sur la brioche, le beurre et le pain grillé, et surtout sa bouche intense, qui affirme sa puissance dès l'attaque, associant des caractères de maturité et une fraîcheur florale très élégante. ⧗ 2018-2020 ● **Grands Terroirs de chardonnay Spécial club 2012 (30 à 50 €; 33680 b.)** : vin cité.

⊶ PIERRE GIMONNET ET FILS, 1, rue de la République, 51530 Cuis, tél. 03 26 59 78 70, info@champagne-gimonnet.com **V** *r.-v.*

DOM. B. GIRARDIN Blanc de blancs Vibrato 2009

●	3120		20 à 30 €

Bernard Girardin a créé sa marque en 1971 et constitué son vignoble sur les coteaux sud d'Épernay. Sa fille Sandrine Brites-Girardin a deux passions: le champagne et la musique. Elle aime le jazz, joue du piano et aide son père dans les vignes et à la cave. À dix-huit ans, elle opte pour les bulles. Trois ans plus tard, en 1994, elle compose sa première cuvée: Vibrato. Elle prend la tête de l'exploitation en 1998. (RM)

Ce blanc de blancs d'une année solaire affiche une robe jaune doré parcourue d'une bulle vive. D'abord tout en fleurs et en agrumes, le nez s'oriente à l'aération vers des notes de beurre et de brioche. L'attaque fraîche ouvre sur un palais à la fois vif et rond, marqué en finale par une touche de pain grillé et une pointe d'amertume. ⧗ 2018-2021

⊶ SANDRINE GIRARDIN, Dom. B. Girardin, 14, Grande-Rue, 51530 Mancy, tél. 06 11 63 06 41, info@champagne-bgirardin.com **V** *r.-v.* 4

PIERRE GOBILLARD Réserve ★

● 1er cru	n.c.		15 à 20 €

Fondée en 1947, cette maison de négoce est établie dans la vallée de la Marne à l'entrée du village d'Hautvillers, le «berceau du champagne» où officia dom Pérignon. Hervé et Florence Gobillard, à sa tête depuis 1990, transmettent l'exploitation à leurs enfants Pierre-Alexis et Chloé. (NM)

Mi blancs mi-noirs (les deux pinots), cette cuvée or pâle aux reflets verts séduit d'emblée par sa belle tenue de mousse. Le nez demande un peu d'aération pour s'ouvrir sur la noisette et la brioche, nuancées de notes toastées et d'un soupçon de miel. La bouche généreuse, à l'unisson, ajoute à cette palette complexe les agrumes et une touche de sous-bois. ⧗ 2018-2021 ● **1er cru Blanc de blancs ★ (15 à 20 €; 20000 b.)** : un blanc de blancs salué pour ses arômes d'agrumes et de fruits exotiques, et pour sa bouche expressive, acidulée et fraîche, malgré un dosage sensible. ⧗ 2018-2021

⊶ PIERRE GOBILLARD, 341, rue des Côtes-de-L'Héry, 51160 Hautvillers, tél. 03 26 59 45 66, info@champagne-gobillard-pierre.com **V** *t.l.j. 10h-12h 14h-18h; dim. 10h-12h ⊶ Hervé Gobillard*

J.-M. GOBILLARD ET FILS Tradition

●	500000	15 à 20 €

Sandrine, Jean-François, Philippe et Thierry Gobillard sont les petits-enfants de Gervais et les enfants de Jean-Marie Gobillard. Le premier créa le vignoble en 1945, le second lança sa marque dix ans plus tard. Les vignes couvrent 25 ha autour d'Hautvillers, village de la vallée de la Marne où officia dom Pérignon. Deux étiquettes: Gervais et J.-M. Gobillard. (NM)

Née des trois cépages champenois (avec 70 % de pinots), cette cuvée d'un bel or, animée d'un cordon de bulles fines et persistantes, offre un nez agréable, teinté d'évolution, et une bouche ronde et gourmande, de bonne longueur, harmonieuse en dépit d'un dosage sensible. ⧗ 2018-2021

⊶ J.-M. GOBILLARD ET FILS, 38, rue de l'Église, 51160 Hautvillers, tél. 03 26 51 00 24, caveau@champagne-gobillard.com **V** *t.l.j. 10h-12h30 14h-17h30*

SABINE GODMÉ Blanc de noirs ★

● Gd cru	7000		20 à 30 €

Le champagne Godmé existe depuis 1930. Après une expérience aux États-Unis, Sabine Godmé a repris en 1983 avec son époux Jean-Marie Guillaume le domaine créé par ses arrière-grands-parents dans la Montagne de Reims et apposé son prénom sur l'étiquette familiale. Le vignoble (5 ha) est réparti entre trois grands crus, Verzenay, Verzy et Beaumont-sur-Vesle, et deux 1ers crus, Villedommange et Villers-Marmery. (RM)

Du pinot noir de Verzy et de Verzenay, vinifié pour 20 % en fût. Si la robe animée d'une bulle fine est d'un jaune soutenu, le nez apparaît léger, tout en finesse florale. Les fruits rouges entrent en scène dans une bouche un peu courte mais très équilibrée, à la fois tendre et fraîche. Un peu jeune, ce blanc de noirs devrait gagner en intensité avec le temps. ⧗ 2018-2023 ● **1er cru Réserve ★ (15 à 20 €; 10000 b.)** : l'assemblage privilégie les blancs (70 %, avec les deux pinots en appoint) et contient 50 % de vins de réserve. Un brut jaune doré, au nez puissant de bergamote, de compote de coings et à la bouche tout aussi fruitée, puissante et longue. ⧗ 2018-2020

⊶ SABINE GODMÉ, 1, rue du Phare, 51360 Verzenay, tél. 03 26 49 45 28, contact@champagne-godme-sabine.fr V t.l.j. 10h-13h 14h-18h

GONDÉ-ROUSSEAUX Brut Tradition 2013

	10000		15 à 20 €

Ces vignerons sont installés aux portes de la cité des Sacres, à Taissy, au pied de la Montagne de Reims. Les terres du village appartenaient jadis aux religieux de Saint-Remy. Beaucoup plus récent, le domaine a été fondé en 1976, à partir de 4 ha en location. Conduit par Florian Gondé depuis 2009, il est certifié Haute valeur environnementale. (RM)

Mariant les trois cépages champenois à parts égales, ce brut séduit par son nez intense sur les fruits cuits, la figue et le raisin sec, rafraîchi par une pointe acidulée aux nuances de citron et de pomme verte. La bouche n'est pas des plus longues, mais elle a pour atouts un côté gourmand allié à une belle fraîcheur citronnée. ⧗ 2018-2021

⊶ FLORIAN GONDÉ, 47 A, rue des Ailettes, 51500 Taissy, tél. 03 26 82 22 41, champagne.gr@gmail.com V r.-v.

PHILIPPE GONET
Extra-brut Blanc de blancs 3210 ★

	14750		20 à 30 €

Maison datant de 1830 et disposant en propre de 19 ha disséminés dans les principaux terroirs de l'appellation. Depuis 2001, elle est conduite par Pierre Gonet et sa sœur Chantal Brégeon, enfants de Philippe. La maison est installée au cœur de la Côte des Blancs et le chardonnay est très présent dans sa gamme. (NM)

3210? Entendez: trois années de cave, deux terroirs (Le Mesnil-sur-Oger et Montgueux dans l'Aube), un cégage et zéro dosage (pas de sucre ajouté après dégorgement). Il en résulte un champagne or pâle, au nez intense et frais, entre fleurs blanches et notes végétales, à la bouche tendue et minérale, encore stricte et fermée. ⧗ 2018-2023 ● **Extra-brut Blanc de blancs TER ★ (30 à 50 €; 7500 b.)** : trois parcelles et trois ans de cave pour cette cuvée élevée en foudre. Nez expressif (fruits blancs bien mûrs, notes toastées), bouche riche, droite, fraîche et complexe, finale citronnée élégante et longue. ⧗ 2018-2022 ● **Extra-brut Blanc de blancs TER noir ★ (30 à 50 €; 7500 b.)** : les trois cépages champenois assemblés par tiers, trois parcelles, trois ans de cave. Un élevage en foudre bien maîtrisé a donné à ce vin une personnalité affirmée, un nez élégant et complexe (fleurs blanches, notes boisées), une bouche vineuse et structurée. ⧗ 2018-2021

⊶ PHILIPPE GONET, 1, rue de la Brèche-d'Oger, 51190 Le Mesnil-sur-Oger, tél. 03 26 57 53 47, office@champagne-philippe-gonet.com V r.-v.

GONET-SULCOVA
Chardonnay Cuvée Gaïa Vieilli en fût de chêne ★★★

Gd cru	9000		30 à 50 €

Domaine créé au début du XXᵉs. par Charles Gonet et développé par son fils Jacques. Vincent Gonet et son épouse Davy Sulcova en prennent les rênes en 1985, lancent leur marque et s'installent à Épernay. Leurs enfants Yan-Alexandre et Karla ont pris le relais en 2006. Ils exploitent 14,5 ha dans la Côte des Blancs et à Montgueux, dans l'Aube. (RM)

Plus d'une fois remarquée, cette cuvée met en œuvre du chardonnay d'une vendange (ici 2010) vinifié sans fermentation malolactique, élevé en fût et dosé en extra-brut. Sa palette complexe révèle avec mesure le séjour dans le chêne: on y trouve de la vanille, du pain d'épice, qui laissent une place à des arômes de fruits blancs bien mûrs et au miel. Cette gamme se prolonge dans une bouche ronde, ample, veloutée et persistante, à l'unisson du nez. L'harmonie même. ⧗ 2018-2023 ● **Gd cru Blanc de blancs ★ (20 à 30 €; 24000 b.)** : des chardonnays d'Oger et du Mesnil, récoltés en 2011. Robe or blanc, nez délicat et complexe, entre fleurs blanches, poire William, fruits jaunes confits, amande et épices douces; bouche vineuse et gourmande, sur le fruit blanc, l'abricot, la groseille blanche acidulée et la pâtisserie. ⧗ 2018-2020 ● **Blanc de blancs (15 à 20 €; 25000 b.)** : vin cité.

⊶ SCEV BEAUREGARD, 13, rue Henri-Martin, 51200 Épernay, tél. 03 26 54 37 63, jagonet@wanadoo.fr V r.-v.

GOSSET Grande Réserve

	420000		30 à 50 €

«La plus ancienne maison de la Champagne», fondée en 1584 - avant que le vin de la région ne prît mousse - par Pierre Gosset, échevin d'Aÿ et propriétaire de vignes. À l'époque, les vins de cette ville, souvent rouges, rivalisaient à la cour avec ceux de Beaune. Après Pierre Gosset, treize générations se sont succédé. Implantée aujourd'hui à Épernay, la société est aujourd'hui dans le giron du groupe Renaud-Cointreau. Les champagnes Gosset ne font pas leur fermentation malolactique. En 2016, Odilon de Varine, directeur adjoint et œnologue, a succédé à Jean-Pierre Mareignier, disparu après avoir exercé trente-trois ans comme chef de cave. (NM)

Cette cuvée issue des trois cépages champenois donne une courte majorité aux noirs (55 %, dont 45 % de pinot noir). D'un or intense parcouru par un fin cordon de bulles, elle offre un premier nez très floral, un rien anisé, qui s'oriente à l'aération vers des notes plus évoluées de fruits mûrs, de toast et de fruits secs. Une attaque fraîche, sur les agrumes, citron en tête, et sur les fruits exotiques acidulés donne le ton d'un palais droit, tendu, précis et structuré. Un air de jeunesse pour ce vin qui ne manque pas de fond. ⧗ 2018-2023

⊶ GOSSET, 12, rue Godart-Roger, 51200 Épernay, tél. 03 26 56 99 56, info@champagne-gosset.com V t.l.j. sf sam. dim. 8h30-11h45 14h-17h
⊶ Renaud Cointreau

PIERRE GOULARD Sélection ★

	8404		15 à 20 €

Trois générations se sont succédé sur ce domaine conduit depuis 2014 par Pierre Goulard. Son vignoble compte 5,5 ha de vignes répartis sur cinq villages du Massif de Saint-Thierry et des monts de Reims. (RM)

Les raisins noirs (80 %, les deux pinots à parité) jouent le premier rôle dans cette cuvée jaune doré parcourue d'une bulle fine et abondante. Un peu timide, le nez s'ouvre à l'aération sur des notes florales et fruitées, puis sur des tons plus évolués, briochés et compotés.

L'attaque fraîche est contrebalancée par une belle maturité aromatique. La longue finale laisse un bon souvenir. 2018-2021 **Sélection Rosé (20 à 30 €; 2004 b.)** : vin cité.

PIERRE GOULARD, 4, rue de la Couture, 51140 Trigny, tél. 06 78 89 43 94, champagnegoulard@orange.fr r.-v.

J.-M. GOULARD La Sereine ★

8000 | | 20 à 30 €

Implanté à Prouilly, dans le massif de Saint-Thierry, ce vignoble familial couvre 8 ha aujourd'hui. Paul Goulard plante les premières vignes. Jean-Marie Goulard commercialise les premières bouteilles en 1978, quitte la coopérative et monte la cuverie. Il a cédé les rênes du domaine en 2015 à son fils Damien, épaulé par ses frères Sylvain et Sébastien – l'œnologue de la maison. (RM)

Cette cuvée naît des trois cépages champenois (avec une proportion classique de 70 % de noirs). L'élevage de sept mois sous bois des vins de base n'est guère perceptible dans ce champagne paille dorée. Le nez intense mêle les fleurs et les fruits jaunes mûrs; la bouche ronde, élégante et persistante déploie des arômes d'abricot et de fruits secs qui prolongent bien l'olfaction. Un ensemble harmonieux. 2018-2021

J.-M. GOULARD, 13, Grande-Rue, 51140 Prouilly, tél. 03 26 48 21 60, contact@champagne-goulard.com r.-v.

GOULIN-ROUALET Cuvée Sous Bois ★

1er cru | 2000 | | 30 à 50 €

Petit domaine familial issu du mariage d'une demoiselle Roualet avec un monsieur Goulin, qui furent apporteurs de raisins, puis coopérateurs. Installé en 1990, Christophe Goulin est devenu récoltant-manipulant. Rejoint en 2013 par sa fille Marine, il exploite 3,5 ha à Sacy et dans trois villages voisins de la « Petite Montagne de Reims », aux portes de la cité des Sacres. (RM)

Composée à parts égales de pinot noir et de chardonnay vendangés en 2013, cette cuvée est restée huit mois en fût. Bien maîtrisé, ce passage sous bois lui a apporté complexité et harmonie sans écraser le vin. Le nez intense associe des notes gourmandes de bonbon et de guimauve à des arômes d'évolution – de la cire, du miel, de la torréfaction. La bouche est intense, étoffée, fraîche et longue. Un champagne original. 2018-2021 **Blanc de blancs Saint-Vincent (15 à 20 €; 5000 b.)** : vin cité.

CHRISTOPHE GOULIN, 2, rue Saint-Vincent, 51500 Sacy, tél. 03 26 49 22 77, contact@goulin-roualet.fr r.-v.

DIDIER GOUSSARD Esprit Élégant ★

4015 | 15 à 20 €

Héritier de deux générations de vignerons, Didier Goussard, diplômé de la faculté d'œnologie de Dijon, s'est d'abord associé à sa sœur et à son beau-frère (Goussard et Dauphin) avant de constituer en 2007 avec son épouse Marie-Hélène un domaine à son nom, dans le vaste village viticole des Riceys (Aube). Il est aussi à la tête du Champagne Gustave Goussard. (RM)

Complété par le pinot noir, le chardonnay domine (60 %) l'assemblage de ce brut or pâle, aux bulles fines et dynamiques. Expressif, franc et gourmand, le nez se partage entre fruits jaunes et notes plus évoluées de miel. Le fruit prend des tons compotés dans une bouche ample, riche et structurée, puissante sans lourdeur, servie par un dosage discret. 2018-2020 **Rêve de rosé ★ (15 à 20 €; 2043 b.)** : né de pur pinot noir, un rosé généreux, suave, tout en rondeur, à la robe rubis et aux parfums gourmands de petits fruits des bois (framboise, mûre, fraise des bois). 2018-2020

DIDIER GOUSSARD, 69, rue du Gal-de-Gaulle, 10340 Les Riceys, tél. 03 25 38 65 25, champagne.didier.goussard@orange.fr r.-v.

GUSTAVE GOUSSARD 2005

1560 | 30 à 50 €

Ancienne exploitation Goussard et Dauphin créée en 1989, par Francine et Jean-Claude Dauphin. Après la disparition de ce dernier en 2011, Didier Goussard, œnologue, initialement associé au couple, a repris l'exploitation, rebaptisée en 2014 Gustave Goussard, du nom du grand-père. Complété d'une structure de négoce, le vignoble a engagé sa conversion bio en 2011. (NM)

Très favorable à Bordeaux, l'année 2005 n'a pas été toujours facile en Champagne… On trouve sans doute moins de 2005 que de 2004. Ici, une cuvée de belle tenue, issue de chardonnay. Un blanc de blancs jaune doré, aux arômes encore frais mais teintés d'évolution : amande et autres fruits secs, praline, crème. Très frais dès l'attaque, harmonieux, le palais laisse espérer une bonne garde. 2018-2023

DIDIER GOUSSARD, SARL du Val-de-Sarce, 2, chem. Saint-Vincent, 10340 Avirey-Lingey, tél. 03 25 29 30 03, gustave.goussard@orange.fr r.-v.

HENRI GOUTORBE 2008

Gd cru | 25000 | | 20 à 30 €

Au début du XXes., à l'époque où le vignoble champenois devait se reconstituer, Émile Goutorbe s'est fait pépiniériste viticole. Henri a agrandi peu à peu son domaine et s'est lancé dans la manipulation après la dernière guerre. Son fils René et ses enfants Élisabeth et Étienne exploitent aujourd'hui 22 ha et gèrent un hôtel à Aÿ, Étienne étant chargé du vignoble. (RM)

Le pinot noir (75 %) compose avec le chardonnay dans ce millésimé or pâle. Le nez libère des senteurs de fruits blancs qui font place à des arômes plus évolués de fruits confiturés, de crème et de biscuit. La bouche, à l'unisson, apparaît tonique et intense en attaque, tout en laissant l'impression de maturité. Malgré un dosage perceptible en finale, l'ensemble reste frais et élégant. 2018-2021

RENÉ GOUTORBE, 9 bis, rue Jeanson, 51160 Aÿ, tél. 03 26 55 21 70, info@champagne-henri-goutorbe.com r.-v.

THIERRY GRANDIN Éclat noir 2012

1er cru | 1300 | | 20 à 30 €

La famille commercialise son vin à la fin du XIXes. Établi dans un village niché entre Marne et Ardre,

Thierry Grandin, par ailleurs président de la coopérative de La Neuville-aux-Larris, a lancé sa marque en 1982. Ses vignes (5,5 ha) sont implantées dans la vallée de la Marne et à Villedommange. (RC)

Le nom de la cuvée laisse deviner qu'il s'agit d'un blanc de noirs: né de meunier (60 %) et de pinot noir récoltés en 2012, ce brut vinifié sans fermentation malolactique a connu le bois. D'un jaune ambré, il offre un nez d'une belle intensité, mêlant la pêche, l'acacia, le miel, la réglisse et le menthol. L'attaque vive et fraîche, sur les fruits blancs, est relayée par des notes plus évoluées d'abricot sec, de pâte d'amande et de brioche. Un vin gourmand. ⧗ 2018-2021 ● **Éclat blanc 2010 (15 à 20 €; n.c.)** : vin cité. ● **Cuvée de réserve (11 à 15 €; 10000 b.)** : vin cité.

THIERRY GRANDIN, 10, rue de la Mairie, 51480 Champlat, tél. 03 26 58 11 71, grandinconstant@orange.fr V r.-v.

GRANZAMY PÈRE ET FILS Prestige ★

● | 25000 | | 15 à 20 €

Reprise par Béatrice et Raphaël Lamiraux au début des années 2000, cette structure familiale établie à Venteuil dans la vallée de la Marne a commercialisé ses premières bouteilles en 1907. La maison s'approvisionne dans la vallée de la Marne et en Côte des Blancs. Autre étiquette: Georges Fremy. (NM)

Les trois cépages champenois, noirs en tête (60 %) collaborent à cette cuvée au nez intense et complexe, libérant à l'aération des senteurs toastées, briochées, des notes de fruits secs et même des touches gourmandes de frangipane. L'attaque fraîche vient soutenir en bouche une gamme tout aussi large d'arômes, en harmonie avec l'olfaction. Le dosage juste contribue à l'agrément de ce brut riche et mûr. ⧗ 2018-2021 ● **Cuvée spéciale ★ (11 à 15 €; 30000 b.)** : un brut portant la marque du meunier (60 %, le chardonnay en complément). Robe dorée, arômes de pêche mûre et d'abricot, bouche ample, compotée, équilibrée par une finale fraîche aux accents d'agrumes. ⧗ 2018-2021 ● **Blanc de blancs (15 à 20 €; 30000 b.)** : vin cité. ● **Georges Fremy Brut Réserve (15 à 20 €; 20000 b.)** : vin cité.

RAPHAËL LAMIRAUX, 15, rue de Champagne, 51480 Venteuil, tél. 03 26 58 60 62, champ.granzamy@orange.fr V r.-v.

ALFRED GRATIEN Cuvée Paradis 2009 ★★

● | 8000 | | 50 à 75 €

Une maison fondée en 1864 par Alfred Gratien, rachetée en 2000 par le groupe allemand Henkell & Co., qui a rassemblé de nombreuses marques européennes d'effervescents. Elle a conservé son chef de cave, Nicolas Jaeger, quatrième du nom à travailler pour la marque et à en garder les traditions (absence de fermentation malolactique, élevage des vins de base en pièce champenoise de réemploi). (NM)

La cuvée de prestige millésimée de la maison collectionne les étoiles, et ce 2009 ne fait pas exception. Mariant deux tiers de chardonnay et un tiers de pinot noir, ce brut brille par sa robe jaune soutenu, parcourue d'une bulle fine et alerte. Le nez intense allie opulence et élégance, grâce à une fraîcheur préservée: il mêle le beurre et la pâtisserie, les fruits secs, le moka, une belle gamme d'arômes reflétant l'élevage et la maturité. La bouche est à l'image de l'olfaction: on y retrouve la pâtisserie, la vanille et une belle puissance, avec le soutien d'une vivacité qui lui donne droiture, précision et longueur. ⧗ 2018-2021 ● **2005 ★★ (50 à 75 €; 12000 b.)** : du chardonnay dominant (70 %), complété par les deux pinots. Avec sa robe paille dorée, ce millésimé captive par sa complexité: minéralité, crème, boisé fumé, touche délicate de liqueur. Crémeux, structuré et frais, le palais déploie lui aussi toutes les nuances de ce riche boisé – jusqu'à la cannelle. Une rare élégance. ⧗ 2018-2023 ● **Brut (30 à 50 €; n.c.)** : vin cité.

ALFRED GRATIEN, 30, rue Maurice-Cerveaux, 51200 Épernay, tél. 03 26 54 38 20, contact@alfredgratien.com V *t.l.j. sf dim. lun. 10h-13h 14h-18h*

GRATIOT-PILLIÈRE

● | 12000 | | 15 à 20 €

Les ancêtres cultivaient la vigne du vivant de dom Pérignon. Le champagne est lancé en 1969 par les parents des actuels récoltants et le vignoble s'agrandit. Installés en 1991, Olivier et Sébastien Gratiot exploitent 18 ha dans la vallée de la Marne. Ils confient leur récolte à la Covama, importante coopérative du secteur. (RC)

Un rosé d'assemblage issu de meunier majoritaire (80 %, avec le chardonnay en complément). Un apport de 18 % de vin rouge lui donne une teinte saumonée. Le nez, floral et léger, prend à l'aération des tons biscuités. Vif en attaque, un peu végétal, le palais se montre ensuite vineux et chaleureux. Un rosé à la fois gourmand et frais, pour l'apéritif. ⧗ 2018-2021

SCEV GRATIOT-PILLIÈRE, 8-10, av. Fernand-Drouet, 02310 Charly-sur-Marne, tél. 03 23 82 08 68, info@champagne-gratiot-pilliere.com V *t.l.j. sf dim. 9h-18h*

A. GRILLIAT & FILS Carte d'or Réserve ★

● 1er cru | n.c. | | 15 à 20 €

En 2014, Fabien Grilliat a succédé à son père Alain qui avait lancé sa marque en 1975. Le vignoble familial (5 ha) est bien situé, partagé entre la Grande Vallée de la Marne (notamment Aÿ, grand cru de noirs) et Avize, grand cru de la Côte des Blancs. (RM)

Une assemblage classique (les trois cépages champenois, deux gros tiers de noirs, un petit tiers de blancs) pour ce brut au nez à la fois minéral et floral, laissant poindre à l'aération des notes de beurre et de pain frais. Cette complexité naissante se confirme en bouche, où les agrumes côtoient les fruits blancs, les fruits secs et la viennoiserie – des arômes soulignés par une agréable fraîcheur. ⧗ 2018-2021 ● **Gd cru 2013 (15 à 20 €; 4000 b.)** : vin cité.

GRILLIAT, 27, rue Jules-Blondeau, 51160 Aÿ, tél. 03 26 55 17 65, champagne.a.grilliat@orange.fr V *r.-v.*

GRUET Rosé de saignée 2014

● | 38304 | | 15 à 20 €

Les Gruet cultivaient déjà la vigne sous Louis XIV dans la Côte des Bar, mais c'est Claude Gruet – toujours en activité – qui a constitué le domaine, se lançant dans l'élaboration du champagne en 1975. À la production de ses 20 ha s'ajoute une structure de négoce. (NM)

Né d'une macération de pinot noir, cépage privilégié dans ce secteur aubois, ce rosé affiche une robe profonde, presque cerise, à laquelle répond un nez intense – bassine à confiture pleine de fruits rouges. Ce fruité puissant se retrouve dans une bouche structurée, un rien tannique. À servir plutôt au repas. ⌛ 2018-2020

SAS GRUET, 48, Grande-Rue, 10110 Buxeuil, tél. 03 25 38 54 94, contact@champagne-gruet.com V t.l.j. sf sam. dim. 8h-12h 13h30-17h30

G. GRUET ET FILS Tradition ★

	150000		15 à 20 €

L'Union viticole des Coteaux de Bethon a choisi pour marque le nom de son fondateur, Gilbert Gruet. Créée en 1967, cette coopérative regroupe une centaine d'adhérents qui apportent le produit d'environ 120 ha de vignes. Tout au sud du Sézannais, à l'extrémité méridionale de l'aire d'appellation, le secteur de Bethon est propice au chardonnay. (CM)

Le chardonnay (55 %) et le pinot noir sont presque à parité dans cette cuvée construite sur la vendange 2015. La robe est jaune doré, l'effervescence discrète mais active; le nez, d'une belle intensité, évoque une corbeille de fruits d'été: pêche, prune, mâtinées de pruneau, de touches végétales et de brioche. Le fruit jaune à noyau se confirme dans une bouche fraîche, généreusement dosée, aux accents de nectarine. ⌛ 2018-2023 **Grande Réserve (15 à 20 €; 60000 b.)** : vin cité.

COOP. UVCB, 5, rue des Pressoirs, 51260 Béthon, tél. 03 25 80 48 19, champagne.g.gruetetfils@wanadoo.fr V t.l.j. sf dim. 9h-12h 13h30-17h30 ③

♥ MAURICE GRUMIER
Extra-brut Cuvée Amand 2008 ★★★

	2400		30 à 50 €

Héritier d'une lignée remontant à 1743, Amand Grumier commercialise ses premières bouteilles en 1928. Fabien arrive sur le domaine en 1999 et en prend les rênes en 2006. Avec son épouse Hélène, il exploite 8 ha dans la vallée de la Marne. Domaine certifié Haute valeur environnementale. (RM)

Il est des vins que l'on rencontre par hasard, et qui séduisent au premier contact. Cet extra-brut, mi-chardonnay mi-pinot noir, est de ceux-là. Un grand millésime pour célébrer le quatre-vingt-dixième anniversaire de la première bouteille. Robe dorée, bulle foisonnante et alerte: un feu d'artifice dans la flûte. Complexe, le nez porte l'empreinte de l'élevage de douze mois en fût, avec ses notes de pain d'épice et de tartine grillée. Le bois reste cependant discret, trait d'union entre l'abricot compoté, les fruits exotiques, la tarte Tatin, la viennoiserie. La bouche enrichit encore cette palette de fruits rouges acidulés, de mangue, d'ananas, de brioche beurrée. Servie par un dosage juste, elle s'impose par son ampleur et son onctuosité, équilibrées par une fraîcheur conservée qui souligne sa longue finale aux accents de fruits confits. ⌛ 2018-2021 **Réserve perpétuelle (20 à 30 €; 10000 b.)** : vin cité.

FABIEN GRUMIER, 13, rte d'Arty, 51480 Venteuil, tél. 03 26 58 48 10, champagnegrumier@wanadoo.fr V r.-v.

NICOLAS GUEUSQUIN ★★

1er cru	180000		15 à 20 €

Établi près d'Épernay, un négoce discret mais prospère, créé en 1993 par Nicolas Gueusquin, jeune ingénieur agronome. Toujours dirigé par son fondateur, il s'appuie sur un vignoble en propre de 10,5 ha à Dizy et à Oiry. (NM)

Or clair animé d'une bulle alerte, ce remarquable brut porte l'empreinte des raisins noirs (80 %, pinot noir surtout). Intense, complexe et subtil, le nez libère des senteurs fraîches d'agrumes, puis s'oriente vers des notes riches de pêche et de mangue. Cette palette fruitée s'affirme et s'enrichit encore d'arômes de framboise compotée dans une bouche ample et suave. Une belle fraîcheur donne du tonus et de l'allonge à la finale. ⌛ 2018-2021 **Cuvée Prestige ★ (15 à 20 €; 160000 b.)** : privilégiant les noirs (80 %, pinot noir en tête), un brut ample, assez complexe, s'ouvrant sur les fruits jaunes et le beurre frais. Encore discret, il a du potentiel. ⌛ 2018-2022 **Brut Tradition (15 à 20 €; 200000 b.)** : vin cité.

NICOLAS GUEUSQUIN, 5, allée du Petit-Bois, 51530 Dizy, tél. 03 26 59 99 34, info@sa-lesrochesblanches.fr V t.l.j. 8h-17h

CÉDRIC GUYOT Tradition ★

	24600	11 à 15 €

Albert, l'arrière-grand-père, élève des moutons et produit du vin pour sa consommation. Gaston plante de la vigne en 1965. Premières bouteilles en 1970, nouvelles plantations avec Patrice. Après avoir vinifié dans la vallée du Rhône et la Napa Valley, Cédric Guyot prend en 2004 la tête du domaine: 5,6 ha dans le Sézannais. (RM)

Le pinot noir (60 %) s'allie au chardonnay dans ce brut or pâle, au nez partagé entre les agrumes et les fruits compotés. On retrouve le fruit compoté dans un palais intense, généreux et mûr, à l'unisson du nez. Une belle harmonie. ⌛ 2018-2023 **Extra-brut Réserve (11 à 15 €; 18250 b.)** : vin cité.

CÉDRIC GUYOT, 100, rue des Tessards, 51120 Fontaine-Denis-Nuisy, tél. 03 26 80 22 18, info@champagneguyot.com V t.l.j. 8h-12h 13h-17h30

GUYOT-GUILLAUME Brut nature ★★

	1000		15 à 20 €

Premiers champagnes Guyot en 1954, plantations entre 1960 et 1980 dans la vallée de l'Ardre. Installé en 1975, Dominique Guyot a ajouté le nom de son épouse sur l'étiquette. En 2016, il a transmis le domaine de 5 ha à Agathe et Thomas, ce dernier œnologue. Adhérents à la coopérative, les Guyot assurent l'élaboration après la prise de mousse. (RC)

Majoritaire dans la vallée de l'Ardre, le meunier occupe le devant de la scène (85 %) dans ce brut non dosé qui est un blanc de noirs. La robe or jaune est parcourue d'un fin cordon de bulles. Le nez offre une somptueuse corbeille de fruits: pêche, abricot, litchi, poire, agrémentés d'une touche de petit-beurre. Généreuse, ronde et gourmande, bien équilibrée entre onctuosité et fraîcheur, la bouche monte en puissance et ajoute à cette palette des notes de petits fruits acidulés – groseille et cassis. Une belle maîtrise de l'assemblage et de la

CHAMPAGNE

vinification. ⌛ 2018-2023 ● **Numéro 6 ★ (30 à 50 €; 1000 b.)** : issue de chardonnay majoritaire et de meunier, une cuvée au joli nez floral (aubépine, lilas, pivoine) et végétal. Délicate, fraîche et fondue, la bouche s'enrichit de notes fumées d'élevage. ⌛ 2018-2021

DOMINIQUE GUYOT, 9, rue des Sablons, 51390 Méry-Prémecy, tél. 03 26 03 65 25, dom.guyo@wanadoo.fr V r.-v.

GUYOT-POUTRIEUX Blanc de blancs ★

● | 6500 | | 15 à 20 €

Cédric Guyot obtient un diplôme de sommellerie, puis reprend en 2002 le domaine familial fondé en 1920 par son arrière-grand-mère Élise dans la Côte des Blancs. Hommage est rendu à l'aïeule avec la gamme «Les Vertus d'Élise». Autre marque: Guyot-Poutrieux. (RM)

Une bulle fine et des reflets or jaune pour ce blanc de blancs au nez floral d'une discrète élégance. La palette s'affirme et s'enrichit de notes briochées dans une bouche intense, ronde et soyeuse. ⌛ 2018-2021 ● **1er cru Guyot-Poutrieux Cuvée Sélection (11 à 15 €; 4500 b.)** : vin cité.

SCEV LES VERTUS D'ÉLISE, 12, rue du Dr-Bonnet, 51130 Vertus, tél. 06 70 72 84 87, guyot.poutrieux@gmail.com V r.-v.

HARLIN Tradition ★

● | 24000 | | 15 à 20 €

Descendant de viticulteurs, Guy Harlin développe le vignoble au cours des années 1970 à Épernay et dans la vallée de la Marne (Tours-sur-Marne, notamment). Dominique, l'un de ses fils, s'installe en 1985, aménage pressoir et cuverie et se lance dans la vente directe. Maxime et Guillaume, les petits-fils, ont rejoint en 2012 l'exploitation, qui couvre 9,5 ha. Domaine certifié Haute valeur environnementale. (RM)

Privilégiant le meunier (80 %), un brut à la robe jaune doré animée d'une bulle abondante et fine. Si le nez apparaît évolué, avec ses notes de fruits jaunes mûrs ou secs (abricot, coing), la bouche surprend par sa fraîcheur, qui met en valeur des arômes complexes, jeunes puis mûrs: fleurs, poire, fruits rouges ou jaunes, miel... Un vin puissant et complexe, élégant et profond. ⌛ 2018-2021 ● **Gouttes d'or ★ (15 à 20 €; 15500 b.)** : un brut mi-blancs mi-noirs (pinot noir surtout). Nez réservé, libérant à l'aération des senteurs de fruits frais, de vanille et de caramel; bouche fraîche en attaque, sur les agrumes et la pomme verte, gagnant en complexité (fruits rouges, rose, litchi et touche finale briochée). ⌛ 2018-2021 ● **Gouttes d'or Rosé ★ (15 à 20 €; 5000 b.)** : 45 % de chardonnay dans ce rosé d'assemblage à la robe très soutenue, teintée par 10 % de vin rouge. Un champagne rond, ample, gourmand et long, aux arômes intenses de fruits des bois. ⌛ 2018-2020

HARLIN, 8, rue de la Fontaine, Port-à-Binson, 51700 Mareuil-le-Port, tél. 03 26 58 34 38, contact@champagne-harlin.com V r.-v.

JEAN-NOËL HATON Réserve ★

● | 100000 | 20 à 30 €

Fondé en 1928 par Octave Haton, l'un des pionniers de la manipulation à Damery, ce négoce est dirigé par Jean-Noël Haton depuis 1971; son fils Sébastien officie en cave. La famille s'approvisionne sur 110 ha et détient un vignoble de 20 ha. À la cuverie, plus de cent cuves, permettant de vinifier les crus séparément, et des fûts utilisés pour certains vins de réserve. (NM)

Né d'un assemblage par tiers des trois cépages champenois, un champagne au nez élégant et frais, mariant le pamplemousse à des nuances grillées et beurrées. Tonique en attaque, le palais se fait ensuite crémeux et ample, sur des notes pâtissières soulignées par un dosage généreux. Une pointe de fraîcheur bienvenue réveille la finale. ⌛ 2018-2021 ● **Blanc de blancs Extra ★ (30 à 50 €; 20000 b.)** : resté cinq ans en cave, un blanc de blancs bien typé et plaisant, avec son nez tonique et minéral, entre fruits frais, agrumes et pierre à fusil, prolongé par un palais vif, puissant et élégant. ⌛ 2018-2021

JEAN-NOËL HATON, 5, rue Jean-Mermoz, 51480 Damery, tél. 03 26 58 40 45, contact@champagne-haton.com V r.-v.

HATON ET FILLES Solo de meunier ★★

● | 45000 | | 15 à 20 €

À Damery, gros bourg viticole sur la rive droite de la Marne, on compte plusieurs branches de la famille Haton. Cette maison a été fondée en 1928 par Eugène Haton et son fils Octave. Elle est dirigée par l'un des petits-fils d'Eugène, Philippe Haton, épaulé par son épouse Isabelle. Avec l'installation de leurs filles Élodie et Ophélie en 2017, la marque Haton et Fils est devenue «Haton et Filles». (NM)

Ce blanc de noirs d'un jaune d'or avenant donne d'emblée toute satisfaction avec son nez exubérant et riche associant fruits blancs et fruits rouges, qui prennent des tons compotés et beurrés. La bouche, à l'unisson, s'impose par sa belle matière fruitée et persistante. Un champagne de repas. ⌛ 2018-2021 ● **Cuvée Prestige (20 à 30 €; 10000 b.)** : vin cité.

HATON ET FILLES, 28, rue Alphonse-Perrin, 51480 Damery, tél. 03 26 58 41 11, contact@champagnehatonetfils.com V *t.l.j. 9h-12h 14h-18h*

LUDOVIC HATTÉ L'Éloge Blanc de meunier

● | 1500 | | 20 à 30 €

Ludovic Hatté a repris en 1979 le vignoble familial constitué au début du siècle dernier: 10,5 ha dans quatre grands crus de la Montagne de Reims dédiés au pinot noir, ainsi que des parcelles de meunier dans la vallée de l'Ardre. (RM)

Récoltant de Verzenay, grand cru de pinot noir, Ludovic Hatté a voulu proposer une cuvée de meunier ! Construit sur la récolte 2015, ce blanc de noirs montre des reflets or rose; il demande de l'aération pour livrer des notes de fruits mûrs (fraise écrasée), de cannelle et de fleurs. Tout aussi fruitée, la bouche se montre ample, crémeuse, encore fraîche. ⌛ 2018-2021

LUDOVIC HATTÉ, 3, rue Thiers, 51360 Verzenay, tél. 03 26 49 43 94, champagneludovichatte@orange.fr V r.-v.

CHARLES HEIDSIECK Brut 2006 ★

● | n.c. | 50 à 75 €

La saga des Heidsieck débute avec Florens Louis, originaire d'Allemagne, qui crée en 1785 une structure à

l'origine de toutes les maisons Heidsieck. Celle-ci est fondée en 1851 par son petit-neveu Charles-Camille. Ce dernier achète 47 crayères remontant à l'Antiquité pour entreposer les nombreuses cuvées qu'il entend écouler et part à la conquête des États-Unis, où il se fait l'ambassadeur de la maison. Comme Piper Heidsieck, la marque appartient depuis 2011 au groupe EPI, détenteur de marques haut de gamme. Après Thierry Roset, disparu en 2014, Cyril Brun est le chef de cave. (NM)

Une belle proportion de chardonnay (41 %) complète le pinot noir dans ce millésimé qui, après dix ans de cave, a gardé une robe d'un bel or pâle, aux reflets dorés, traversée d'une effervescence fine et légère. Le nez affiche son évolution, dans des notes de beurre et de grillé, tout en gardant de la fraîcheur. La bouche montre une belle continuité aromatique – pain toasté, beurre, assortis de nuances fruitées plus fraîches. Ample, d'une rondeur agréable, elle a gardé une fine acidité qui étire la finale, laissant le souvenir d'un champagne aérien. ⧗ 2018-2021

CHARLES HEIDSIECK, 12, allée du Vignoble, 51100 Reims, tél. 03 26 84 43 00, contact.charlesheidsieck@champagnes-ph-ch.com

PASCAL HÉNIN Tradition ★★

● | 20000 | 🍾 | 15 à 20 €

Installés près d'Épernay à Aÿ, célèbre village classé en grand cru et fief du pinot noir, Delphine et Pascal Hénin, tous deux issus de lignées vigneronnes, exploitent 7,5 ha de vignes répartis entre Côte des Blancs, Montagne de Reims et vallée de la Marne. Ils ont lancé leur marque en 1990. (RM)

La cuvée Tradition assemble les trois cépages champenois, avec 60 % de noirs. Cette version est particulièrement harmonieuse. La robe or pâle est parcourue d'un cordon persistant. Le nez apparaît bien ouvert sur les fruits mûrs, nuancés de notes plus évoluées, beurrées et fumées. La mise en bouche révèle un vin puissant et rond, aux arômes gourmands de fruits confits et de beurre, équilibré par une finale tendue, fruitée et longue. Pour l'apéritif comme pour la table. ⧗ 2018-2021 ● **1er cru ★★ (15 à 20 €; 4000 b.)** : un rosé d'assemblage dominé par le pinot noir (80 %, avec du chardonnay en appoint). Une robe saumonée, aux reflets ambrés; un nez légèrement évolué, complexe et épicé; une bouche onctueuse, dont la rondeur est soulignée par un dosage généreux, allégée par une longue finale fraîche. ⧗ 2018-2020

PASCAL HÉNIN, 22, rue Jules-Lobet, 51160 Aÿ, tél. 03 26 54 61 50, pascal.henin@orange.fr V r.-v.

HÉNIN-DELOUVIN Tradition

● | 16842 | 🍾 | 15 à 20 €

Christine Delouvin et son mari Jacky Hénin ont regroupé leurs vignobles et lancé leur marque en 1990. Leur domaine couvre près de 7 ha répartis dans sept communes, notamment à Aÿ (grand cru de pinot noir), Chouilly (grand cru de blancs) et dans la vallée de la Marne. (RM)

Cette version de la cuvée Tradition, qui marie 40 % de chardonnay aux deux pinots (pinot noir surtout), associe les années 2014 et 2013. Sa robe est claire, son nez un peu fermé, vif et léger, sa bouche discrète mais agréable avec ses arômes persistants d'agrumes mâtinés de fougère. Un champagne juvénile. ⧗ 2018-2023

JACKY HÉNIN, 22, quai du Port, 51160 Aÿ, tél. 03 26 54 01 81, champagne-henin-delouvin@orange.fr V r.-v.

MARC HENNEQUIÈRE 2006 ★★

● | 1400 | 🍾 | 20 à 30 €

Une maison du XVes. et un domaine récent: vigneron autodidacte, Marc Hennequière a planté les premiers rangs de vignes en 1980 (75 ares, 3,3 ha aujourd'hui) et s'est lancé dans l'élaboration du champagne en 1999 avec son épouse Marie-Nelly. Leur propriété est située à Avirey-Lingey, non loin des Riceys, dans l'Aube. (RM)

Mi-chardonnay mi-pinot noir, ce 2006 à la bulle fine, encore dynamique, offre un nez complexe et flatteur, qui traduit une belle évolution avec ses arômes de sous-bois et de brioche beurrée. Suave en attaque, il monte en puissance, et déploie avec ampleur et vinosité les arômes du nez. Une fraîcheur conservée donne une belle allonge à la finale. ⧗ 2018-2023 ● **Rosé (15 à 20 €; 3500 b.)** : vin cité.

MARC HENNEQUIÈRE, 1, rte de Pargues, 10340 Avirey-Lingey, tél. 03 25 29 85 32, champagne.hennequiere@gmail.com V r.-v.

CHAMPAGNE

MICHEL HENRIET Grande Réserve ★

● Gd cru | 10000 | 🍾 | 15 à 20 €

Arthémise Henriet achète les premières vignes en 1850, Gaston commercialise les premières bouteilles en 1930. Après Robert et Michel, Magali Henriet-Guiet a pris en 2010 les rênes du domaine avec son conjoint: 5 ha de pinot noir et de chardonnay, implantés pour l'essentiel à Verzy et à Verzenay, grands crus de la Montagne de Reims. (RM)

Sans surprise, le pinot noir, cépage roi de Verzy et de Verzenay, est privilégié dans ce brut (80 %). Or pâle aux reflets rosés, la robe est animée d'une effervescence fournie et persistante. Le nez s'ouvre sur des parfums vifs de fruits blancs frais, puis prend des tons beurrés. À la fois ronde et acidulée, l'attaque ouvre sur un palais charpenté, charnu et complexe, où ressort le fruit jaune compoté. ⧗ 2018-2021 ● **Gd cru 2012 (20 à 30 €; 8000 b.)** : vin cité.

MICHEL HENRIET, 12, rue du Paradis, 51360 Verzenay, tél. 03 26 49 40 42, contact@champagnemichelhenriet.fr V *t.l.j. 9h-12h 13h30-18h; dim. 10h-13h*

GÉRARD HENRY Brut ★

● | n.c. | 🍾 | 11 à 15 €

Conduite par Gérard Henry depuis 1986, cette exploitation est implantée dans la vallée de la Marne. Le vigneron fait vieillir ses cuvées longuement sur lattes: il faut quatre à sept ans pour que le grain de raisin se retrouve dans la flûte. (RM)

L'assemblage privilégie le meunier, très cultivé dans le secteur (75 %, avec du chardonnay et un soupçon de pinot noir). La robe or intense est animée d'une bulle persistante. À la fois puissant et élégant, le nez déploie des notes pâtissières. Dans le même registre évolué, la bouche se développe avec souplesse et générosité, étirée par un trait de fraîcheur. ⧗ 2018-2021

GÉRARD HENRY, 8, rue de Reims, 51700 Verneuil, tél. 03 26 52 96 02, champagnegerardhenry@wanadoo.fr V r.-v.

HERBELET Blanc de blancs ★

Gd cru | 10165 | | 15 à 20 €

Installés dans une maison champenoise typique avec ses parements de brique, Grégoire et Valérie Herbelet conduisent depuis 2005 ce domaine familial de 9 ha, très bien situé à Oger, grand cru de la Côte des Blancs. Les champagnes de la propriété reposent au moins trois ans en cave. (RM)

Une robe or clair à la bulle dynamique, un nez floral et léger, qui prend à l'aération des nuances plus intenses de fruits mûrs. Frais en attaque, le palais évolue avec ampleur et générosité, tout en restant élégant. 2018-2021

SCEV HERBELET, 4, rue de Chastillon, 51190 Oger, tél. 03 26 52 24 75, gregoire.herbelet@wanadoo.fr r.-v.

DIDIER HERBERT
Les Coutures Blanc de blancs 2010 ★

| 4000 | | 30 à 50 €

Didier Herbert reprend en 1982 l'exploitation familiale, installe un pressoir, aménage une cuverie, lance sa marque. Ses vignes ne lui suffisant plus, il prend le statut de négociant. Il dispose aujourd'hui en propre de plus de 6 ha dans cinq communes de la Montagne de Reims, en 1er cru et en grand cru (Mailly, Verzenay). (NM)

Cette maison de la Montagne mobilise pourtant souvent le chardonnay dans ses cuvées. Vinifié sans fermentation malolactique, resté neuf mois en fût, ce blanc de blancs millésimé issu de la parcelle de Coutures porte l'empreinte de l'élevage dans sa palette aromatique: des fruits secs, du grillé, des notes beurrées, briochées, fumées, qui laissent à l'aération une petite place aux agrumes. Dans le même registre boisé, le palais est structuré, équilibré, vif et persistant. 2019-2023 **Gd cru Les Coutures Blanc de blancs 2009 (30 à 50 €; 4000 b.)** : vin cité.

DIDIER HERBERT, 32, rue de Reims, 51500 Rilly-la-Montagne, tél. 03 26 03 41 53, infos@champagneherbert.fr r.-v. 5

CHARLES HESTON Blanc de noirs L'Agat ★★

| 6000 | | 15 à 20 €

Lancée en 2010, Charles Heston est la marque de la coopérative Les Six Coteaux, fondée en 1951 dans le massif de Saint-Thierry, au nord-ouest de Reims: plus de cent adhérents y apportent la récolte de leurs 120 ha. (CM)

Il a bien les caractères d'un blanc de noirs, ce brut jaune paille issu des deux pinots à parité: une robe couronnée d'une belle mousse, un nez vineux, fait de fleurs jaunes, de fruits mûrs et de miel. Il reflète un bref passage sous bois dans ses notes de pain grillé et de vanille. Brugnon, ananas, mangue, un florilège d'arômes complexes et gourmands s'épanouit en bouche, au sein d'une matière puissante, ronde et longue. 2018-2021 **Sélection ★ (15 à 20 €; 8500 b.)** : né des trois cépages champenois, avec 60 % de chardonnay, un brut équilibré et structuré, aux arômes intenses et évolués: fruits jaunes macérés, confits, brioche, beurre, grillé et fruits secs. La finale bénéficie d'un trait d'acidité bienvenu. 2018-2021 **L'Ambassadrice ★ (15 à 20 €; 7000 b.)** : mi-chardonnay mi-pinot noir, une cuvée spéciale équilibrée, à la fois ample et fraîche, au nez discrètement floral, évoluant à l'aération vers des notes de beurre et de brioche. Une complexité naissante qui se révélera avec le temps. 2019-2023

COOPÉRATIVE DES SIX COTEAUX, 20, rte de Thil, 51220 Villers-Franqueux, tél. 03 26 03 08 78, contact@champagne-charlesheston.com t.l.j. 9h-13h 14h-19h

FRANÇOIS HEUCQ Brut Rosé ★

| 4000 | | 15 à 20 €

François Heucq a pris en 1974 la suite de trois générations sur le domaine familial: 6 ha aux environs de Fleury-la-Rivière, village proche d'Épernay situé sur la rive droite de la Marne. (RM)

Un rosé issu des trois cépages champenois. D'une teinte saumon aux reflets tuilés, il séduit par son nez expressif, floral et réglissé, et par sa bouche équilibrée, à la fois ronde et fraîche, à l'unisson du nez. 2018-2021 **Réserve (11 à 15 €; 30000 b.)** : vin cité.

SARL FRANÇOIS HEUCQ ET FILS, 3, imp. de l'École, 51480 Fleury-la-Rivière, tél. 03 26 58 60 20, champagne.francoisheucq@gmail.com r.-v.

L'HOSTE PÈRE ET FILS
Extra-brut Blanc de blancs Les Loges ★★

| 3000 | 20 à 30 €

À l'écart des capitales du champagne que sont Reims et Épernay, le vignoble de Vitry-le-François ne s'est développé que récemment. Jean L'Hoste, qui a constitué son exploitation à partir de 1971, est un des pionniers de l'élaboration du champagne dans la région. Aujourd'hui, son fils Pascal dispose d'un coquet domaine de 14 ha à dominante de chardonnay. (NM)

Un extra-brut issu de la plus vieille vigne de la propriété, âgée d'un demi-siècle. Si la robe est pâle, animée de reflets verts, le nez, expressif, révèle richesse et maturité; d'abord minéral, il laisse s'affirmer à l'aération les fruits jaunes, la viennoiserie et le pain grillé. Vif et subtil dès l'attaque, le palais montre de bout en bout une tension qui souligne des arômes gourmands de fruits exotiques. La finale est persistante, minérale et élégante. La force conjuguée à la subtilité. 2018-2023 **Blanc de blancs Prestige (15 à 20 €; 45000 b.)** : vin cité.

L' HOSTE, 11, rue Vavray, 51300 Bassuet, tél. 03 26 73 94 43, champagnelhoste@wanadoo.fr t.l.j. 9h-12h 14h-19h; dim sur r.-v.

HOUSSART Réserve

1er cru | 5300 | | 11 à 15 €

Fraîchement diplômé d'œnologie, Romain Houssart reprend en 2007 l'exploitation de ses grands-parents à Chamery, 1er cru de la Montagne de Reims. Sa démarche: vinification sans fermentation malolactique, élevages longs sur lies fines, en cuve Inox ou en fût, conservation des vins de réserve en demi-muid. (RM)

Les pinots (meunier en tête) représentent 60 % de l'assemblage de ce brut or pâle au nez frais, discrètement floral, et à la bouche alerte, dont la vivacité est soulignée par des notes de citron et de pamplemousse. À déboucher dès maintenant sur des produits de la mer ou plus tard, pour lui laisser le temps de gagner en complexité. 2018-2022

⊶ ROMAIN HOUSSART, 7, rue de l'Église, 51500 Chamery, tél. 06 84 38 39 66, champagnehoussart@hotmail.fr V r.-v.

HUGUENOT-TASSIN
Rosées Cuvée Les Fioles n° 14 ★★

●	2000		20 à 30 €

Bien que l'arrière-grand-père d'Édouard Huguenot, déjà élaborateur, ait été à l'origine du premier pressoir communal de Celles-sur-Ource (Aube), la famille ne vit totalement de la vigne que depuis deux générations. Installé en 2008 après ses études à Beaune et des expériences en Afrique du Sud et en Australie, Édouard Huguenot exploite 7 ha dans la région de Bar-sur-Seine. (RM)

Les Fioles? Le nom de la parcelle. N° 14: une évocation de l'année de la vendange. «Oh le joli rosé que voilà», s'exclame une dégustatrice, à la vue de ce rosé, qui tire son caractère de la macération du pinot noir: une robe soutenue aux reflets violines, un nez intensément fruité, mêlant les fruits rouges mûrs à des notes acidulées d'agrumes. La bouche, à l'unisson, se montre à la fois puissante, fraîche et voluptueuse. Un rosé de caractère, pour le repas. ⧗ 2018-2021 ● **Extra-brut Cuvée Signature ★ (20 à 30 €; 5000 b.)** : 70 % de pinot noir et 30 % de pinot blanc, une alliance peu commune en Champagne. Un extra-brut harmonieux, discrètement floral au premier nez, dévoilant à l'aération des notes de fruits confits et des touches de pain grillé reflétant un passage sous bois. Le palais sur les fruits secs finit sur une légère amertume. ⧗ 2018-2021

⊶ ÉDOUARD HUGUENOT, 4, rue du Val-Lune, 10110 Celles-sur-Ource, tél. 03 25 38 54 49, champhuguenot.tassin@free.fr V r.-v.

LOUIS HUOT Carte noire

●	30000		15 à 20 €

En 1950, Louis Huot, héritier d'une lignée de viticulteurs, lance son champagne. En 2000, ce sont ses arrière-petits-enfants, Virginie et Olivier Huot, qui reprennent le domaine, fort d'un vignoble de 7,6 ha sur les coteaux sud d'Épernay. (RM)

Une dominante de noirs (78 %, les deux pinots) pour ce brut qui comprend 55 % de vins de réserve. Le nez, subtil, marie les fleurs blanches, la poire Williams à des touches épicées (anis, gingembre). Le prélude à une bouche fruitée, fraîche, de bonne longueur. ⧗ 2018-2021

⊶ LOUIS HUOT, 27 rue Julien-Ducos, 51530 Saint-Martin-d'Ablois, tél. 03 26 59 92 81, champagne.huot@wanadoo.fr V r.-v.

YVES JACQUES Cuvée Gisèle 2011 ★

●	8601		15 à 20 €

Originaires de la Brie, les Jacques se lancent dans la viticulture en 1932. Yves s'installe en 1955, agrandit le domaine et commercialise ses premiers champagnes en 1962. Son fils Rémy, qui a pris le relais en 1985, exploite 17 ha dans le Sézannais, la vallée de la Marne et l'Aube. (RM)

Une robe or pâle pour cette cuvée millésimée privilégiant le chardonnay (70 %, avec le pinot noir en complément). Bien ouvert, assez complexe, légèrement évolué, le nez mêle les fruits secs et la brioche. La pêche blanche et le pain grillé s'affirment dans une bouche douce en attaque, charnue, tout en rondeur sans manquer de longueur. Une belle harmonie. ⧗ 2018-2021

⊶ RÉMI JACQUES, 1, rue de Montpertuis, 51270 Baye, tél. 03 26 52 80 77, champagne.yvesjacques@wanadoo.fr V r.-v.

GILBERT JACQUESSON Cuvée Sélection ★

●	9947		15 à 20 €

Henri Michel s'est lancé dans l'élaboration du champagne en 1926. Installé en 2004, son descendant Jean-Baptiste Jacquesson représente la quatrième génération de récoltants-manipulants. Établi sur la rive gauche de la Marne, il exploite 6,8 ha de vignes. (RM)

Un assemblage classique des trois cépages champenois, avec 70 % de noirs (dont 40 % de meunier). D'un jaune doré, ce brut libère de fraîches fragrances florales et végétales, avant de s'orienter vers les fruits mûrs. L'attaque ronde ouvre sur un palais fruité et soyeux, où s'épanouissent des arômes suaves d'abricot, de pâte d'amande et de tilleul. Une finale acidulée vivifie et allège l'ensemble. Un champagne à la fois gourmand et élégant. ⧗ 2018-2021

⊶ JEAN-BAPTISTE JACQUESSON, 6, rue de l'Avenir, 51700 Troissy, tél. 03 26 52 70 69, troissy@club-internet.fr V r.-v. 3

JACQUESSON-BERJOT

●	n.c.	11 à 15 €

Loïc et Véronique Jacquesson exploitent 5 ha dans la vallée de la Marne. Ils ont lancé en 1992 leur champagne, dont ils confient l'élaboration au Centre vinicole Nicolas Feuillatte à Chouilly. (RC)

Les raisins noirs (90 %, dont 50 % de pinot noir) occupent le devant de la scène dans ce brut jaune d'or au nez expressif, tout en fraîcheur fruitée, aux nuances de poire et de prune. Les fruits rouges acidulés s'invitent dans une bouche un peu fugace mais séduisante par sa netteté et son côté tonique. ⧗ 2018-2021

⊶ LOÏC JACQUESSON, 6, rue de Troissy, 51700 Nesle-le-Repons, tél. 03 26 58 38 92, loic.jacquesson@wanadoo.fr V r.-v.

MICHEL JACQUOT Prestige Brut ★★

●	18000	15 à 20 €

Le premier de la lignée, fils de forgeron, épouse à la fin du XIX^e^s. une fille de vignerons d'Arconville, près de Bar-sur-Aube. La famille cultive aussi des céréales. Georges Gaucher développe l'exploitation viticole au sortir de la Seconde Guerre mondiale. Son fils Bernard lance son champagne en 1985. En 2017, Guillaume a rejoint l'exploitation, qui couvre 19 ha. Deux étiquettes: Bernard Gaucher et Michel Jacquot. (RM)

Guillaume Gaucher a lancé en 2016 cette nouvelle marque familiale qui fait une belle entrée dans le Guide avec cette cuvée, assemblage de pinot noir (60 %) et de chardonnay. La robe or clair animée de bulles alertes et scintillantes attire, et plus encore le nez expressif, complexe et mûr, où se côtoient les fruits secs (noisette et raisin), la cerise macérée, le noyau et les épices, de la vanille au curry. Cette complexité se retrouve dans une bouche intense, à la fois ronde et fraîche. Si la finale n'était pas un peu fugace, ce champagne ferait presque

CHAMPAGNE

songer à un millésimé... 2018-2023 **Bernard Gaucher Réserve ★ (11 à 15 €; 100 000 b.)** : issu à 90 % de pinot noir, un brut séducteur. Nez frais, joliment évolué, entre beurre, brioche et vanille. Bouche fraîche en attaque, sur les agrumes, ample dans son développement, justement dosée, aux arômes complexes de fruits jaunes et de viennoiserie. 2018-2021

SCEV GAUCHER, 27, rue de la Croix-de-l'Orme, 10200 Arconville, tél. 03 25 27 87 31, champagnemicheljacquot@gmail.com r.-v.

E. JAMART ET CIE Extra-dry Dulci ★

n.c.		15 à 20 €

En 1936, année de crise et de mévente, le jeune boulanger Émilien Jamart monte une affaire de négoce avec son beau-père, caviste. Dirigée aujourd'hui par son arrière-petit-fils Maxime Oudart, la maison, qui a son siège à Saint-Martin-d'Ablois, village des coteaux sud d'Épernay, dispose de près de 5 ha de vignes. (NM)

Issu de meunier majoritaire (80 %, avec le chardonnay en appoint), voici le seul champagne de la catégorie Extra-dry de toute la sélection. À l'heure où les élaborateurs tendent à réduire les «sucres ajoutés», voici un style à mi-chemin entre le demi-sec et le brut par son dosage. À vrai dire, avec 13,5 g/l, ce Dulci est plus rond que doux, si bien qu'il pourra même être débouché à l'apéritif. Discret et élégant, subtilement fruité et floral, le nez s'oriente vers le fruit blanc à l'aération. Le palais séduit par son équilibre entre l'acidité et la douceur, avec un sucre bien fondu et une fraîcheur préservée. De la finesse et de la personnalité. 2018-2021

MAXIME OUDART, 13, rue Marcel-Soyeux, 51530 Saint-Martin-d'Ablois, tél. 03 26 59 92 78, champagne.jamart@wanadoo.fr r.-v.

HERVÉ JAMEIN Blanc de blancs ★

n.c.	15 à 20 €

À 3 km au nord-est de Reims, le mont Berru culmine à 267 m au milieu de la plaine. Portant des vignes avant le phylloxéra, cette colline a été replantée à partir des années 1960. Rejoint par son fils Clément, Hervé Jamein cultive 2,65 ha sur ses flancs – des raisins vinifiés par la coopérative de Nogent-l'Abbesse. Il cultive aussi 70 ha de blé et de betterave. (RC)

Un fin cordon de bulles anime la robe jaune pâle aux reflets verts. Intense, évolué, le nez mêle les fruits secs grillés et les fruits confits. On retrouve ces arômes de maturité dans une bouche ample, tendue par une belle fraîcheur. Un brut accessible et élégant. 2018-2021

HERVÉ JAMEIN, 7, rue de Sillery, 51420 Cernay-les-Reims, tél. 06 15 64 15 49, champagne.herve.jamein@gmail.com r.-v.

JANISSON-BARADON ET FILS Grande Réserve ★★

n.c.		20 à 30 €

Implanté sur les hauteurs d'Épernay, ce domaine fondé en 1922 par un remueur et un tonnelier est aujourd'hui conduit par leurs descendants, Maxence et Cyril Janisson, qui disposent de plus de 9 ha de vignes. Propriété certifiée Haute valeur environnementale. (NM)

Cette cuvée mi-blancs mi-noirs est une valeur sûre de la maison. Cette version s'annonce par une robe soutenue aux reflets dorés, animée d'une bulle fine, et par un nez exubérant, où le fût s'exprime d'emblée sur une gamme variée: beurre, épices, fruits secs, toast, vanille et même caramel. Servie par une attaque fraîche, la bouche, décline, elle aussi, toute la palette boisée, soulignée par une vivacité maîtrisée qui donne aux arômes une notable persistance. Un champagne expressif et «large d'épaules», pour le repas. 2017-2028

JANISSON-BARADON, 9, pl. de la République, 51200 Épernay, tél. 03 10 15 16 93, info@champagne-janisson-baradon.com t.l.j. 10h-12h 15h-16h45

RENÉ JOLLY Cuvée spéciale RJ ★

8000		20 à 30 €

Créé au XVIIIe s. dans la vallée de l'Ource (Aube), ce domaine familial de 13,5 ha est conduit depuis 2000 par Pierre-Éric Jolly. Ce dernier, s'il est fidèle aux traditions (pressoir Coquard, dégorgement à la volée, élevage en fût), est aussi soucieux d'innovation, et a mis au point un muselet à trois branches. Diplômé de commerce international, il développe l'export. (RM)

Les blancs (54 %) et les noirs (du pinot noir) sont presque à parts égales dans ce brut à la bulle active et régulière. Bien présent, le nez passe des fleurs et des agrumes aux fruits à noyau et même aux fruits à l'eau-de-vie. Un soupçon de fruits rouges s'invite dans une bouche ronde et suave, douce sans lourdeur, de bonne longueur. Un champagne complexe, fruité et gourmand. 2018-2021

PIERRE-ÉRIC JOLLY, 10, rue de la Gare, 10110 Landreville, tél. 03 25 38 50 91, office@jollychamp.com r.-v.

JONCHÈRE-RENAUD Blanc de noirs ★

1664		20 à 30 €

Micropropriété créée en 2014. Céline Jonchère, fille de vignerons (Dom. Brisson-Jonchère) et son conjoint Renaud suivent les traces de la génération précédente et lancent leur champagne, qu'ils élaborent eux-mêmes en ayant recours au pressoir familial. Pour commencer, ils ont acquis 25 ares à deux pas de Bar-sur-Aube et du lac d'Orient. (RM)

Une microcuvée prometteuse, issue de pinot noir récolté en 2015. Une bulle active forme un beau cordon dans sa robe or pâle. Délicatement floral, le nez s'aventure dans l'univers gourmand de la pâtisserie. De belle tenue, le palais séduit, tant par son expression aromatique, entre fleurs et fruits blancs, que par sa fraîcheur élégante. 2018-2021

JONCHÈRE-RENAUD, 6, chem. de l'Argillier, 10200 Bar-sur-Aube, tél. 06 82 90 49 73, renaud.jonchere@laposte.net r.-v.

BERTRAND JOREZ Rosé

n.c.	15 à 20 €

Domaine familial de 5 ha établi depuis trois générations à Ludes, sur le versant nord de la Montagne de Reims. Installé en 1980, Bertrand Jorez a lancé son champagne la même année. (RC)

Récoltés en 2013, les trois cépages champenois (dont 40 % de chardonnay) contribuent à ce rosé aux nuances orangées. D'une belle fraîcheur, le nez associe les fruits rouges à des notes de crème pâtissière et de caramel. Le prélude à une bouche bien construite, ronde en attaque, tonique et longue, dans la continuité de l'olfaction. ⧗ 2018-2021

⊶ BERTRAND JOREZ, 13, rue de Reims, 51500 Ludes, tél. 06 19 64 92 34, bertrand.jorez@wanadoo.fr **V** **🚶** **▮** *r.-v.*

JOREZ-LE BRUN Chardonnay ★★

●	3000	15 à 20 €

Prenant la suite de huit générations de vignerons, Denis et Sandrine Jorez se sont installés en 1990 sur l'exploitation familiale implantée à Ludes dans la Montagne de Reims. Leur domaine de près de 6 ha comprend des parcelles dans ce secteur ainsi que dans la vallée de l'Ardre, sur les coteaux sud d'Épernay et sur la Côte des Blancs. (RC)

Une approche réservée pour ce blanc de blancs: une bulle discrète dans une robe or pâle, un nez jeune, fermentaire, libérant à l'aération d'agréables senteurs toastées. Ce brut s'affirme en bouche: vif en attaque, sur des notes d'agrumes, il se déploie ensuite avec ampleur et onctuosité, renouant avec le côté grillé et beurré du nez. Un vin gras et long qui gagnera à vieillir un peu. ⧗ 2018-2023 ● **Brut La Jorézienne ★ (20 à 30 €; 1500 b.)** : mi-blancs mi-noirs (les deux pinots), un brut séduisant par son nez ouvert et élégant, floral et fruité, puis par sa bouche harmonieuse et ronde, d'une maturité aboutie, équilibrée par une belle fraîcheur en finale. ⧗ 2018-2021

⊶ EARL JOREZ-LE BRUN, 39, rue Victor-Hugo, 51500 Ludes, tél. 03 26 61 13 32, jorez-lebrun@orange.fr **V** **🚶** **▮** *r.-v.*

JEAN JOSSELIN Cuvée des Jeans ★

●	65652	🍾	15 à 20 €

Autrefois point stratégique entre comté de Champagne et duché de Bourgogne, le village de Gyé-sur-Seine (Aube) est aujourd'hui bien ancré dans le vignoble champenois. À la tête d'un domaine de près de 12 ha, la famille Josselin y cultive la vigne depuis 1854. Jean a lancé sa marque en 1957. Son fils Jean-Pierre a pris le relais en 1980, rejoint à son tour en 2010 par Jean-Félix, œnologue. (RM)

Dédié à Jean, à Jean-Pierre et à Jean-Félix – les trois générations de récoltants – ce blanc de noirs apparaît jeune avec sa robe d'un jaune pâle, son nez discret et frais, évocateur de sureau en fleur et de pamplemousse. L'attaque vive ouvre sur un palais encore nerveux. Déjà agréable, ce brut gagnera en expression d'ici quelques années. ⧗ 2018-2023

⊶ JEAN-PIERRE JOSSELIN, 14, rue des Vannes, 10250 Gyé-sur-Seine, tél. 03 25 38 21 48, champagne-josselin@orange.fr **V** **🚶** **▮** *t.l.j. 9h-12h 14h-18h; sam. dim. sur r.-v.*

KRUG 2004 ★★★

●	n.c.	+ de 100 €

Originaire de la vallée du Rhin, Joseph Krug, fondateur en 1843 de cette célèbre maison rémoise, fut un assembleur hors pair, qui réussit à magnifier terroirs, cépages et millésimes pour élaborer des cuvées de prestige à son goût qui racontent le meilleur de la Champagne. Il codifia sa méthode, transmise de génération en génération. Une obsession du détail qui fait de Krug une maison à part. Si l'affaire appartient depuis 1999 au groupe LVMH, elle est restée maîtresse de son savoir-faire, le style étant garanti par Olivier Krug, gardien du temple, et l'élaboration suivie par Éric Lebel, chef de cave. Elle ne propose que des cuvées haut de gamme, fruits d'assemblages minutieux et savants de vins vinifiés en fûts de 205 l identifiés par le cru. Le vieillissement sur pointe dure six ans au minimum. Il en résulte des champagnes complexes et de garde. (NM)

L'année 2004 s'est signalée par ses gros volumes de vendanges d'un bon état sanitaire, qui ont permis de sélectionner les meilleurs raisins pour élaborer des cuvées millésimées. Pour le 2004, Krug a assemblé 39 % chardonnay et 37 % de pinot noir, complétés par le meunier. Après plus de douze ans de cave, la robe a gardé un ton or clair brillant. Le nez, minéral et iodé, a acquis une rare richesse et une belle maturité, qui s'exprime sur des notes de miel, de cire d'abeille, de pain d'épice, de pâte d'amande et de noix. Rond et gourmand, le palais conserve cette minéralité saline et cette palette complexe, où l'on décèle de la brioche, du fruit sec, du chocolat et une touche de menthe. Un champagne captivant qui mérite d'être dégusté lentement. ⧗ 2018-2028 ● **Rosé 21e édition ★★ (+ de 100 €; n.c.)** : chez Krug, on parle d'édition pour identifier chaque version de cette Grande Cuvée qui, pour n'être pas millésimée, n'est pas sans prestige. Brut sans année? Certes, issu de plus de dix années. Cependant, la cuvée est recréée tous les ans, et le chef de cave n'hésite pas à livrer les secrets de ses minutieux assemblages. Cette 163e édition, qui a reçu son bouchon en 2013, assemble ainsi 183 vins de 12 années différentes; elle est construite sur l'année précoce 2007 (73 % de l'assemblage), le vin le plus vieux remontant à 1990; 37 % de pinot noir, 32 % de chardonnay, 31 % de meunier. Le nez minéral associe des notes grillées, vanillées, des arômes d'abricot sec et d'ananas confit. La bouche harmonieuse, à la fois ronde et vive, fait ressortir des notes beurrées, offrant une finale boisée. ⧗ 2018-2022 ● **Grande Cuvée 164e édition ★ (+ de 100 €; n.c.)** : elle a reçu son bouchon en 2015, cette version construite sur la vendange 2008, mariant 127 vins de 11 années, entre 2008 et 1990; 48 % de pinot noir, 35 % de chardonnay et 17 % de meunier. Elle séduit par son nez intense et frais, aux nuances d'amande, de crème pâtissière, de frangipane, de vanille et de pâte de coing. Un rien tannique en finale, la bouche se signale par sa vivacité, avec ses arômes d'agrumes et de citron vert alliés au boisé torréfié. ⧗ 2018-2023

⊶ KRUG, 5, rue Coquebert, 51100 Reims, tél. 03 26 84 44 20, krug@krug.fr ⊶ LVMH

♥ J.-M. LABRUYÈRE Prologue ★★★

● Gd cru	30000	30 à 50 €

Propriété implantée autour de Verzenay, grand cru de la Montagne de Reims. Héritier d'une lignée de vignerons, Christian Busin a lancé sa marque en 1966 et transmis son domaine à son fils Luc en 1997. Ce dernier l'a cédé en 2012 à la famille Labruyère, propriétaire en Bourgogne (maison Jacques Prieur), à Pomerol (Ch. Rouget) et dans le Beaujolais, son fief d'origine, qui prend ainsi pied en Champagne. (RM)

Riche, droit et net: les dégustateurs ne tarissent pas d'éloges sur ce brut né de pinot noir (70 %) et de chardonnay (30 %) récoltés en 2012. La mise en bouteilles eut lieu l'été suivant, avant un vieillissement sur lattes de trois ans. Faiblement dosée (4,8 g/l), la bouteille présentée a été dégorgée en août 2016 - des informations intéressantes pour le consommateur, précisées sur l'étiquette. Les jurés ont apprécié la robe dorée, son effervescence à la fois alerte et crémeuse et, plus encore, le nez flatteur, intense, vineux et beurré, avec des nuances de fruits confits. Et enfin son palais dense, charnu, expressif (fruits mûrs et fruits secs), étiré par une belle acidité saline. Un superbe champagne de repas. ⧗ 2019-2022

J.-M. LABRUYÈRE, 1, place Carnot, 51360 Verzenay, tél. 03 26 49 40 94, info@champagne-labruyere.com V r.-v.

GEORGES LACOMBE ★

1er cru | 60000 | | 20 à 30 €

L'œnologue Francis Tribaut, également à la tête du champagne Lallier, a créé en 2004 la maison portant le nom de son beau-père, vigneron à Cahors, qui a constitué un vignoble en Champagne. Implantée à Aÿ, l'affaire s'appuie sur 20 ha de vignes en propre et sur un site de production très moderne, à Oger, construit en 2011. (NM)

Issue en majorité de raisins noirs (pinot noir 50 %, meunier 20 %), cette cuvée brille par son équilibre entre fraîcheur et agréable rondeur. Sa palette aromatique, partagée entre brioche et fruits mûrs (coing, abricot), participe à l'élégance de l'ensemble. D'une puissance mesurée, ce champagne convainc par son harmonie. ⧗ 2018-2021 **1er cru Grande Cuvée (15 à 20 €; 100000 b.)** : vin cité.

GEORGES LACOMBE, 4, pl. de la Libération, 51160 Aÿ, tél. 03 26 55 43 40, contact@champagne-lacombe.fr V r.-v. *Francis Tribaut*

LACOURTE-GODBILLON
Extra-brut Blanc de noirs Mi-Pentes ★

1er cru | 4500 | | 20 à 30 €

Domaine fondé en 1883 autour d'Écueil, 1er cru au sud-ouest de Reims. Premières bouteilles en 1947. Géraldine Lacourte et son conjoint Richard Desvignes abandonnent leur activité de cadres en ville pour reprendre en 2006 l'exploitation familiale (8 ha). Ils ont inauguré en 2014 un pressoir-cuverie moderne. En ligne de mire: l'agriculture biologique. (RM)

Un tiers de vins de réserve complète la récolte 2014 dans cet extra-brut né du seul pinot noir, cépage roi d'Écueil. La vinification partielle (20 %) en fût, sans marquer sa palette aromatique, apporte un surcroît de complexité à ce champagne mêlant au nez fleur d'oranger, miel et fruits confits (ananas, citrus). Elle marque peut-être d'une pointe d'amertume la bouche, qui offre un bel équilibre entre rondeur et fraîcheur. ⧗ 2018-2023 **1er cru Terroirs d'Écueil (20 à 30 €; 45000 b.)** : vin cité.

LACOURTE-GODBILLON, 16, rue des Aillys, 51500 Écueil, tél. 03 26 49 74 75, contact@champagne-lacourte-godbillon.com V r.-v.

VIGNOBLE LACULLE Cuvée Prestige

| 10000 | 20 à 30 €

La famille Laculle, établie en 1789 dans l'Aube, cultive la vigne depuis cette époque - aujourd'hui plus de 11 ha sur les coteaux de la vallée de l'Arce, à l'est de Bar-sur-Seine. La marque a été créée en 2000. (RM)

Né d'un assemblage de pinot noir et de chardonnay à parité, ce brut offre un nez intense et complexe: des arômes de fleurs, d'agrumes, de vanille et de miel se libèrent à la faveur d'une fine effervescence et se prolongent dans une bouche ample, équilibrée par une finale persistante et fraîche. ⧗ 2018-2022

VIGNOBLE LACULLE, 1, rue du Vieux-Château, 10110 Chervey, tél. 03 25 38 78 17

LAGILLE ET FILS
Grand Vintage Reflet d'une passion 2011 ★

| n.c. | 15 à 20 €

Treslon n'est pas le village champenois le plus connu. Si l'autoroute et le TGV passent tout près, la localité se cache dans un vallon proche de l'Ardre, à l'ouest de Reims. La grand-mère avait cultivé ici les premiers plants et Bernard Lagille lancé sa marque (1975). Ses filles Claire et Maud, installées en 2005, puis Vincent, le fils, en 2012, l'ont rejoint. (RM)

Une année précoce, malgré un été en demi-teinte. Récoltés à partir du 23 août, chardonnay (70 %) et pinot noir sont à l'origine de ce brut doré, au nez un peu réservé. C'est en bouche que ce 2011 convainc, révélant une belle évolution dans ses arômes de miel, de brioche, de fruits mûrs, en harmonie avec une matière ronde et riche, équilibrée par ce qu'il faut d'acidité. ⧗ 2018-2022 **Grande Réserve (15 à 20 €; n.c.)** : vin cité.

LAGILLE ET FILS, 49, rue de la Planchette, 51140 Treslon, tél. 03 26 97 43 99, contact@champagne-lagille.com V r.-v.

PHILIPPE LAMARLIÈRE Brut rosé

| 20000 | | 20 à 30 €

Fondée en 1929 par les familles Tribaut et Schloesser, cette structure de négoce se niche dans un vallon tributaire de la Marne, à l'orée de la forêt d'Hautvillers. Valentin et Sébastien Tribaut, qui ont pris la suite de Jean-Marie à la tête de l'affaire, disposent de 20 ha de vignes. Deux étiquettes: Tribaut-Schloesser et Philippe Lamarlière - cette dernière créée en hommage à un ouvrier fin dégustateur qui travailla trente ans au service de la maison. (NM)

Né des trois cépages champenois (avec 70 % de noirs), ce brut vinifié en cuve Inox (80 %) et en foudre, a vieilli trois ans en cave. Une effervescence vigoureuse anime sa robe très pâle. Ses arômes frais, fruités et floraux se prolongent dans une bouche ample, équilibrée entre générosité et acidité. Sa finale assez persistante est tonifiée par de beaux amers. Parfait pour un apéritif dînatoire. ⧗ 2018-2022

SARL PHILIPPE LAMARLIÈRE, 8, rue des Gais-Hordons, 51480 Romery, tél. 03 26 58 64 21, contact@svromery.fr

LAMBLOT L'Essentiel ★

| 8500 | | 15 à 20 €

Entre Ardre et Vesle, Janvry annonce la Montagne de Reims. Au XVIIe s., Droüin Lamblot fut le premier de la lignée à y cultiver de la vigne. Aujourd'hui, Patrick Lamblot et son fils Alexandre conduisent 6 ha éparpillés en de multiples parcelles. Suivant une

démarche biodynamique, ils ont engagé la conversion bio de leur domaine. (RM)

Elle prend ses habitudes dans le Guide, cette cuvée issue des trois cépages champenois (70 % de noirs). Cette version, qui met en œuvre la récolte 2012, ne manque pas de personnalité. Restée six ans en cave, elle a tiré d'un long élevage sur lattes vinosité et arômes d'évolution: pêche mûre, coing, fruits secs, miel et beurre s'expriment au nez et parfument une bouche tout en rondeur, de bonne longueur. ⌛ 2018-2020 ● **1er cru Terroir Vieilles Vignes ★ (20 à 30 €; 3500 b.)** : un pur meunier au nez fruité et beurré et à la bouche équilibrée, conjuguant rondeur et vivacité. ⌛ 2018-2021

⊶ ALEXANDRE LAMBLOT, 9, rue Saint-Vincent, 51390 Janvry, tél. 03 26 03 80 00, contact@champagne-lamblot.fr V t.l.j. 9h30-18h30; dim. 10h30-15h30 ③

LAMIABLE Extra-brut ★

● Gd cru	17000		20 à 30 €

Installée à Tours-sur-Marne depuis huit générations, la famille plante des vignes dans les années 1950, tandis que les frères Lamiable creusent les caves à la pioche pendant plus de vingt hivers. Jean-Pierre Lamiable, installé en 1972, développe les ventes. En 2006, il a laissé les rênes du domaine à Ophélie Lapie-Lamiable, l'une de ses filles. (NM)

Assemblant les années 2015 à 2012, ce mariage de pinot noir (60 %) et de chardonnay présente un caractère juvénile avec sa robe claire et ses arômes de fleurs, d'agrumes et de fruits exotiques d'une grande fraîcheur. Porté par une arête acide, il se montre vif de l'attaque à la finale. Du potentiel. ⌛ 2019-2023

⊶ LAMIABLE, 8, rue de Condé, 51150 Tours-sur-Marne, tél. 03 26 58 92 69, lamiable@champagnelamiable.fr V r.-v.

R. LAMIRAUX Blanc de blancs ★

●	8000		15 à 20 €

Reprise par Béatrice et Raphaël Lamiraux au début des années 2000, cette structure familiale établie à Venteuil dans la vallée de la Marne a commercialisé ses premières bouteilles en 1907. La maison s'approvisionne dans la vallée de la Marne et en Côte des Blancs. Autre étiquette: Georges Fremy. (NM)

Dosé à 10 g/l, ce chardonnay, qui met en œuvre la récolte 2015, est apprécié pour son nez subtil et pour sa bouche structurée, crémeuse, vineuse avec grâce. Sa belle longueur ajoute à son charme. ⌛ 2019-2022 ● **Brut ★ (15 à 20 €; 10000 b.)** : né du seul meunier vendangé en 2015, il tire de ce cépage son fruité expressif (poire, pomme cuite) mâtiné de fruits secs (amande), ainsi que son ampleur et sa générosité. Une acidité de bon aloi lui apporte équilibre et longueur. Un blanc de noirs élégant et raffiné. ⌛ 2019-2022

⊶ RAPHAËL LAMIRAUX, 15, rue de Champagne, 51480 Venteuil, tél. 03 26 58 60 62, champ.granzamy@orange.fr V r.-v.

PHILIPPE LANCELOT Les Bas de Saran 2008 ★★

● Gd cru	5500		20 à 30 €

Après ses études près de chez lui (au lycée d'Avize) et ses stages aux antipodes (en Nouvelle-Zélande), Philippe Lancelot a rejoint ses parents en 2004 et pris en 2007 les rênes du domaine constitué par la génération précédente. À la tête de 4 ha au cœur de la Côte des Blancs, il cherche à élaborer des vins de garde. (RM)

Un coteau prisé de la commune de Cramant classée en grand cru, un beau millésime champenois, frais et mûr, tous les facteurs sont réunis pour faire un grand vin. Ce blanc de blancs a comblé nos dégustateurs. Sa robe or pur traversée de bulles fines annonce une présence aromatique subtile et complexe. C'est en bouche que ce champagne s'épanouit, intensément parfumé, porté par une belle acidité qui souligne sa longue finale. Une heureuse maturité. ⌛ 2018-2022 ● **Gd cru Y. Lancelot-Wanner Chardonnay Cramant Vieilles Vignes 2009 ★ (20 à 30 €; 1700 b.)** : reflétant son année solaire, un blanc de blancs vineux et riche, mêlant au nez comme en bouche des arômes de pêche jaune et des notes grillées. Une jolie trame acide lui donne un très bel équilibre et étire sa finale. ⌛ 2018-2021

⊶ PHILIPPE LANCELOT, 155, rue de la Garenne, 51530 Cramant, tél. 03 26 57 58 95, philippe@champagnelancelot.com V r.-v.

P. LANCELOT-ROYER Blanc de blancs Cuvée des chevaliers ★

● Gd cru	14441		20 à 30 €

Située à Cramant, grand cru de la Côte des Blancs, une exploitation créée par Pierre Lancelot et Françoise Royer en 1960 et conduite depuis 1996 par leur fille Sylvie et son mari Michel Chauvet, qui officie en cave. Le vignoble couvre 5 ha. (RM)

De l'association du chardonnay et d'un terroir crayeux, on est en droit d'attendre un vin élégant. Contrat rempli pour ce blanc de blancs issu de grands crus de la Côte des Blancs. Limpide et clair, il dévoile de délicates senteurs florales, prélude à une bouche fruitée et aérienne, tenue par une acidité vibrante. Un champagne frais et précis. ⌛ 2018-2022 ● **Gd cru Extra-brut Blanc de blancs Cuvée Dualissime (20 à 30 €; 2221 b.)** : vin cité.

⊶ EARL P. LANCELOT-ROYER, 540, rue du Gal-de-Gaulle, 51530 Cramant, tél. 03 26 57 51 41, champagne.lancelot.royer@cder.fr V r.-v. ⊶ Sylvie Lancelot

LANSON Black Label ★

●	n.c.		30 à 50 €

Maison fondée en 1760 par François Delamotte, propriétaire de vignes à Cumières. Jean-Baptiste Lanson prend le contrôle de l'affaire en 1837, lui donne son nom et sa dimension internationale en commerçant vers l'Europe du Nord. La marque est depuis 2006 le fleuron du groupe BCC. Le style maison: une grande fraîcheur due à des vinifications sans fermentation malolactique. (NM)

L'entrée dans l'univers Lanson se fait par ce brut, de loin le champagne le plus diffusé par la marque. Il assemble une majorité de noirs (50 % pinot noir, 15 % meunier) au chardonnay, des raisins provenant d'une centaine de crus. Ce tirage ne surprendra pas les habitués qui retrouveront le style qui fait le succès de l'étiquette. La bulle dynamique met en avant un nez gourmand, où se mêlent notes grillées, briochées et senteurs de fruits blancs confits. Des arômes qui se prolongent

CHAMPAGNE

dans une bouche tonique et persistante. ⧗ 2018-2021 ● **Gold Label 2009 ★ (30 à 50 €; n.c.)** : chardonnay et pinot noir, nés d'un millésime solaire, sont sensiblement à parité dans ce brut au nez gourmand et frais. Pêche blanche, tilleul et mangue se partagent la palette aromatique; crémeuse sans lourdeur, la bouche se montre équilibrée et longue. ⧗ 2018-2022

LANSON, 66, rue de Courlancy, 51100 Reims, tél. 03 26 78 50 50, info@lanson.com r.-v.
Lanson-BCC

GUY LARMANDIER Cramant Blanc de blancs ★

Gd cru | 28500 | | 20 à 30 €

Récoltants-manipulants depuis plusieurs générations, les Larmandier sont bien connus dans la Côte des Blancs. La marque a été lancée en 1961. Les enfants de Guy et de Colette, Marie-Hélène et François, ont pris les commandes du domaine: 9 ha à Vertus, Chouilly et Cramant. (RM)

Habitué du Guide, ce récoltant signe des champagnes d'un grand classicisme, tel ce blanc de blancs né d'un joli patrimoine de vignes implanté au cœur de ce célèbre grand cru de la Côte des Blancs. Un brut séduisant par son nez intense et frais, sur les agrumes et les épices, bien prolongé par une bouche parfumée et persistante, parfaitement équilibrée entre volume et vivacité. Un champagne abouti. ⧗ 2018-2022 ● **Gd cru Blanc de blancs Signé François Vieilles Vignes (20 à 30 €; 4500 b.)** : vin cité.

FRANÇOIS LARMANDIER, 30, rue du Gal-Kœnig, 51130 Vertus, tél. 03 26 52 12 41, guy.larmandier@orange.fr r.-v.

LAURENT LAUNAY Réserve

| 20000 | | 11 à 15 €

Pierre Launay a commencé ses plantations en 1967 dans le Sézannais et vendu ses premières bouteilles en 1973. Associés, ses trois fils Jérôme (à la vigne), Lionel (à la cave) et Laurent (à la gestion) commercialisent leurs vins sous des prénoms différents. Le domaine de 14 ha s'étend aussi dans la Côte des Bar, dans l'Aube. (RM)

Né d'un assemblage de chardonnay (60 %) et de pinot noir, ce brut à l'effervescence vive libère des senteurs discrètes et agréables de beurre et de fruits confits. Un registre aromatique qui se décline également dans une bouche d'une belle droiture, à la finale acidulée. Un brut sans année frais et léger, pour l'apéritif. ⧗ 2018-2022

GAEC CHAMPAVIGNE, 11, rue Saint-Antoine, 51120 Barbonne-Fayel, tél. 03 26 80 20 03, contact@champagne-launay.fr t.l.j. sf dim. 9h-19h
Launay

LÉON LAUNOIS Prestige 2006

Gd cru | 6000 | | 30 à 50 €

Charles Mignon est une maison de négoce familiale créée à Épernay en 1995 par Bruno Mignon, arrière-petit-fils de vignerons, et par sa femme Laurence. Trois marques: Charles Mignon, Louis Tollet (destinée aux cavistes et aux restaurateurs) et Léon Launois. (NM)

Léon Launois est une maison du Mesnil-sur-Oger rachetée en 2003 par Charles Mignon. Cette cuvée est issue de ce village, grand cru entièrement dévolu au chardonnay. Dans sa robe vieil or animée de trains de bulles fines, elle révèle une intéressante évolution: son nez évoque le beurre, la brioche et les fruits mûrs; sa bouche offre un certain volume, équilibrée par ce qu'il faut d'acidité. ⧗ 2018-2020

CHARLES MIGNON, 7, rue Irène-Joliot-Curie, 51200 Épernay, tél. 03 26 58 33 33, cm@champagne-mignon.fr r.-v.
Charles Mignon

LAURENT-GABRIEL Réserve ★

1er cru | 15000 | | 15 à 20 €

Une marque créée par Daniel Laurent en 1982. Depuis 2007, Marie-Marjorie Laurent, sa fille, exploite les 3 ha du domaine répartis dans la Grande Vallée de la Marne et dans la Côte des Blancs. (RM)

Les noirs ont la part belle (75 % pinot, 5% meunier) dans cet assemblage qui marie la vendange 2013 à des vins de réserve; la vinification s'est effectuée sans fermentation malolactique. Un parcours qui permet de mettre en valeur l'évolution tout en conservant la fraîcheur. Il en résulte un nez bien ouvert et complexe, mêlant agrumes, épices, fruits mûrs et brioche. La bouche, à l'unisson, est structurée, croquante et vive. Un champagne harmonieux. ⧗ 2018-2022

EARL LAURENT-GABRIEL, 2, rue des Remparts, 51160 Avenay-Val-d'Or, tél. 03 26 52 32 69, email@laurent-gabriel.com r.-v.
Marie-Marjorie Laurent

LAURENT-PERRIER Cuvée Rosé ★★

| n.c. | | 50 à 75 €

Cette célèbre maison, créée en 1812 par le tonnelier André-Michel Pierlot, associe les patronymes de Mathilde Perrier et de son époux Eugène Laurent, chef de cave ayant repris l'affaire. Elle connaît l'expansion jusqu'au lendemain de la Grande Guerre, puis la léthargie après la disparition sans héritier de la veuve Laurent-Perrier en 1925. Marie-Louise de Nonancourt, née Lanson, rachète la maison en 1939; son fils Bernard (1920-2010) lui redonne son lustre et en fait un groupe d'importance détenant des marques réputées, comme Salon et Delamotte, et célèbre pour ses cuvées spéciales. (NM)

Des fiches de dégustation bien remplies sont l'indice d'un vin captivant. C'est le cas pour ce rosé resté cinq ans en cave, issu du seul du pinot noir de la Montagne de Reims. Après tri et égrappage, une macération de deux à trois jours est effectuée pour obtenir une belle teinte framboise aux lumineux reflets saumonés, parcourue de bulles très fines. D'une admirable complexité, le nez mêle les fruits rouges, fraise écrasée en tête, à la fleur séchée et au tabac blond. La prise en bouche révèle un vin tout aussi aromatique, généreux, doux et long, marqué par de nobles amers en finale. ⧗ 2018-2022 ● **Grand Siècle ★ (+ de 100 €; n.c.)** : la cuvée la plus huppée de la maison, conçue comme un chef-d'œuvre d'assemblage. Pour elle, on marie chardonnay (environ 55 %) et pinot noir, grands terroirs (11 grands crus, comme Bouzy, Ambonnay et Mailly pour les noirs, Avize, Cramant et Le Mesnil-sur-Oger pour les blancs) et années (toujours trois grands millésimes). Après un vieillissement d'au moins sept ans, cette version se pare d'une robe dorée animée de bulles fines; elle offre un nez bien ouvert sur les fruits, la fumée et l'amande grillée, ainsi qu'une bouche tendue et longue, citronnée et iodée. Un champagne qui mérite une dégustation attentive. Il se prêtera aussi bien à l'apéritif qu'au repas. ⧗ 2018-2025 ● **La Cuvée (30 à 50 €; n.c.)** : vin cité.

⊶ LAURENT-PERRIER, 32, av. de Champagne, 51150 Tours-sur-Marne, tél. 03 26 58 91 22, direction.communication@laurent-perrier.fr V *r.-v.*
⊶ de Nonancourt

LAVAURE-HUBER Tradition ★

●	n.c.	11 à 15 €

Vigneron à Chavot-Courcourt dans l'entre-deux-guerres, Diogène Tissier fut le père d'une famille très nombreuse: il est à l'origine de plusieurs maisons de ce village des coteaux sud d'Épernay. Celle-ci est née en 1999 de l'union de sa petite-fille Isabelle Huber avec Patrick Lavaure. (NM)

Le meunier joue les premiers rôles (57 %) dans l'assemblage de cette cuvée, complété par le chardonnay et une goutte (5 %) de pinot noir. Il en résulte un champagne intense et complexe. Au nez comme en bouche, sa palette aromatique faite de fleurs blanches, de fruits confits et de vanille laisse une impression de finesse et de fraîcheur. Une bouteille de belle tenue, équilibrée et longue. ⧗ 2018-2022

⊶ LAVAURE-HUBER, 4, Le Pont-de-Bois, 51530 Chavot-Courcourt, tél. 03 26 54 57 95, champagne-lavaure-huber@orange.fr V *r.-v.*

LEBLANC-COLLARD Brut Rosé ★★

● 1er cru	1000	🍾	15 à 20 €

Installé en 1984, Pascal Collard exploite 5 ha au cœur de la Montagne de Reims. Son vignoble est implanté à Tauxières-Mutry et sur les coteaux dominant la Marne à Aÿ, Mareuil-sur-Aÿ et Cumières. (RM)

Le chardonnay entre dans la composition de ce rosé d'assemblage qui doit beaucoup au pinot noir (70 %). D'une teinte délicate aux reflets groseille, il séduit par son nez intense et complexe mêlant les fruits à noyau bien mûrs et les épices. Tout aussi généreuse, la bouche se montre à la fois structurée et fraîche, d'une longueur enviable. Un rosé qui pourra être servi à table. ⧗ 2018-2022 ● **Brut Tradition ★ (11 à 15 €; 10000 b.)** : du pinot noir majoritaire (70 %), complété par le chardonnay. Mirabelle, pomme, genêt, nuances beurrées et briochées composent le bouquet complexe et délicat. Dans le même registre, la bouche séduit par son intensité, son équilibre et sa longueur. ⧗ 2018-2022

⊶ PASCAL COLLARD, 8, rue d'Avenay, Tauxières-Mutry, 51150 Val-de-Livre, tél. 03 26 57 04 62, collard-pascal@wanadoo.fr V 🚶 *r.-v.*

NOËL LEBLOND-LENOIR Perle de Dizet ★

●	4000	15 à 20 €

Les Leblond-Lenoir sont plusieurs à Buxeuil, village de la région de Bar-sur-Seine (Aube). Fils et petit-fils de vignerons, Noël y exploite depuis 1969 un vignoble de près de 14 ha; il est aujourd'hui secondé par ses filles Mélaine et Élise. (RM)

Une exception que cette cuvée, puisqu'elle naît du pinot blanc – rare en Champagne et choyé par quelques vignerons aubois. Plantés au lieu-dit Dizet, les raisins ont été récoltés en 2015 pour produire ce brut sans année. Délicat au nez, ce champagne associe fleurs blanches, fruits jaunes et ananas avant de prendre des tons de fleur d'oranger et de mandarine dans un palais étonnamment tendu pour le cépage. Un ensemble énergique. ⧗ 2018-2021 ● **Prestige (15 à 20 €; 10000 b.)** : vin cité.

⊶ NOËL LEBLOND-LENOIR, 3, rue de la Fontaine-Saint-Loup, 10110 Buxeuil, tél. 03 25 38 53 33, noel.leblond@wanadoo.fr V 🚶 *r.-v.*

PASCAL LEBLOND-LENOIR Grande Réserve ★

●	33000	🍾	11 à 15 €

Établie dans l'Aube sur les hauteurs de la Seine, à l'extrême sud de la Champagne, cette famille a commercialisé ses premières bouteilles après 1945. Pascal a lancé sa marque en 1980. Avec ses enfants Claire et Julien, il exploite un domaine de 11 ha, dont une partie est dédiée au rare pinot blanc. (RM)

Si la robe jaune pâle, animée d'un train régulier de bulles fines, est avenante, le nez est des plus réservés, livrant de discrètes notes d'agrumes, de fleurs et de fruits blancs. Ce brut séduit surtout au palais, où s'épanouissent des arômes de pêche jaune, de pomme mûre et de meringue dans une matière ample et vineuse, tonifiée par l'effervescence et par une pointe d'amertume en finale. Un champagne gourmand et long qui ne manque pas de personnalité. ⧗ 2018-2020 ● **Désir de Matthieu (15 à 20 €; 1125 b.)** : vin cité.

⊶ PASCAL LEBLOND-LENOIR, 49, Grande-Rue, 10110 Buxeuil, tél. 03 25 38 54 04, pascal.leblondlenoir@free.fr V 🚶 *r.-v.*

ALAIN LEBOEUF
Extra-brut Blanc de blancs Quiétude ★★

●	8000	🍾	15 à 20 €

Fils et petit-fils de vignerons aubois, Alain Leboeuf a repris en 1989 le domaine familial: 7 ha à l'extrême sud-est de la Champagne, aux confins de la Haute-Marne. (RM)

Sur les terres du pinot noir, le chardonnay peut montrer de belles qualités : pour preuve celui-ci, d'un jaune clair aux reflets verts, qui livre d'intenses senteurs de fruits jaunes confits. Sa palette aromatique s'enrichit de moka et de fruits secs dans une bouche riche et gourmande qui évite toute lourdeur. Un élégant champagne de table. ⧗ 2018-2022

⊶ SCEV ALAIN LEBOEUF, 1, rue du Moulin, 10200 Colombé-la-Fosse, tél. 03 25 27 11 26, scevleboeuf@wanadoo.fr V 🚶 *r.-v.*

PAUL LEBRUN
Blanc de blancs Cuvée 80 Hommage à Jean

●	2000	🛢🍾	20 à 30 €

Établie au cœur de la Côte des Blancs, une famille dans la viticulture depuis plus de dix générations. Première marque en 1902. En 1931, Paul Lebrun lance son champagne. Aujourd'hui, ses petits-enfants Nathalie et Jean Vignier cultivent 16,3 ha de chardonnay autour de Cramant et dans le Sézannais. (RM)

Dédié au père des exploitants, ce blanc de blancs qui a connu le bois est un vin de fête. Complexe à l'olfaction, il évoque la pâtisserie avec ses arômes miellés, toastés, beurrés et vanillés, alliés au citron confit et au moka. En bouche, il offre une matière déliée et vive, en harmonie avec des notes de citron et de pamplemousse, marquée en finale par une touche grillée. ⌛ 2018-2022

SA VIGNIER-LEBRUN, 65, rue Nestor-Gaunel, 51530 Cramant, tél. 03 26 57 54 88, champagne-vignier-lebrun@wanadoo.fr V t.l.j. 8h-12h 13h30-17h

LE BRUN DE NEUVILLE
Extra-brut Blanc de blancs ★

●	n.c.	20 à 30 €

Coopérative créée en 1963 par une vingtaine de producteurs des coteaux sud de Sézanne, alors peu plantés en vignes. La structure s'est développée au gré des plantations: aujourd'hui 145 ha, à dominante de chardonnay, pour un peu plus d'adhérents. (CM)

Cet extra-brut assemble quatre années, de 2012 à 2008. Il reflète surtout la proportion importante (50 %) de vins de réserve qu'il comprend. Son nez puissant, nettement évolué, mariant les fruits surmûris, confits et secs, à une note de pralin, séduit les uns et déroute les autres. Le palais, d'une belle ampleur, montre aussi de la fraîcheur. ⌛ 2018-2019

SCV LE BRUN DE NEUVILLE, rte de Chantemerle, 51260 Bethon, tél. 03 26 80 48 43, commercial@lebrundeneuville.fr V r.-v.

LE BRUN SERVENAY
Cuvée exhilarante Vieilles Vignes 2009 ★

●	4500	▮	30 à 50 €

Patrick Le Brun, qui conduisait depuis 1996 le vignoble familial – près de 7 ha situé pour la majeure partie au cœur de la Côte des Blancs –, l'a transmis en 2017 à son fils Gauthier, qui représente la cinquième génération sur le domaine. Les cuvées de la propriété ne font pas leur fermentation malolactique et sont faiblement dosées. (RM)

Un coup de cœur pour le 2004, une étoile pour le 2008, cette cuvée millésimée a ses habitudes dans le Guide. L'utilisation exclusive de têtes de cuvées issues de vignes âgées de soixante-quinze à cent ans et le long vieillissement sur lies contribuent sans doute pour beaucoup à ces sélections. Heureusement évolué au nez avec ses senteurs de brioche chaude, de frangipane, de grillé et d'amande, cet extra-brut reflète en bouche la prédominance du chardonnay (80 %) par sa belle fraîcheur. À son apogée. ⌛ 2018-2022

SCEV LE BRUN SERVENAY, 14, pl. Léon-Bourgeois, 51190 Avize, tél. 03 26 57 52 75, contact@champagnelebrun.com V r.-v.

DANIEL LECLERC ET FILS Cuvée Gabin ★★

●	3500	◍	15 à 20 €

Daniel Leclerc plante sa première vigne en 1975 à Polisot, au sud de Bar-sur-Seine, et se lance en 1990 dans l'élaboration du champagne, avec 2 ha. Ses enfants Alexandre et Raphaëlle le rejoignent en 1999 et prennent le relais en 2011; ils exploitent aujourd'hui 8 ha. (RM)

Pinot noir et chardonnay à parité ont passé huit mois en fût de chêne avant la mise en bouteilles. Cette cuvée a tiré de ce séjour dans le bois des nuances dorées, et surtout une expression aromatique complexe: au nez, des nuances briochées, grillées et toastées s'allient au miel d'acacia et aux fruits compotés; elles s'épanouissent dans une bouche charpentée, tonifiée par l'effervescence et par une belle arête acide. Un champagne expressif, équilibré et frais. ⌛ 2018-2022 ● ★ **(11 à 15 €; 8500 b.)** : issu exclusivement de pinot noir, un rosé saumoné, équilibré et frais, de belle longueur, aux arômes intenses de fruits rouges et de noisette grillée. Un champagne de repas. ⌛ 2018-2022

LECLERC, Maison-Rouge, 10110 Polisot, tél. 03 25 38 51 12, champagne.daniel.leclerc@orange.fr V r.-v.

LECLERC-MONDET Chardonnay ★★

●	8000	▮	15 à 20 €

Installés en 1952 à Trélou-sur-Marne sur la rive droite de la Marne, Henri Leclerc et son épouse Renée Mondet lancent leur première cuvée. Leur fils Christian reprend l'exploitation en 1976 et passe le relais en 1992 à son épouse Jacqueline, rejointe en 1998 par la troisième génération. Fabien, œnologue, est à la cave et son frère Cédric à la vigne. Le domaine, qui couvre 10 ha, a engagé sa conversion bio. (RM)

Juvénile d'apparence avec sa robe pâle, son cordon de bulles alertes et son nez réservé, ce blanc de blancs n'en est pas moins épanoui. Il s'ouvre à l'aération sur des parfums de fleurs blanches et de fruits jaunes; des arômes de miel et de fruits exotiques confits s'affirment au palais dans une matière ronde, mûre, un rien dosée, équilibrée par une juste fraîcheur. L'ensemble est fort harmonieux. ⌛ 2018-2021

LECLERC-MONDET, 5, rue Beethoven, Chassins, 02850 Trélou-sur-Marne, tél. 03 23 70 23 39, leclerc-mondet@orange.fr V r.-v.

LECLÈRE-POINTILLART Brut nature ★★

●	2000	▮	15 à 20 €

Quatre générations se sont succédé sur ce domaine implanté à Écueil, village en 1er cru de la Montagne de Reims, au sud de la cité des Sacres. Installé en 1979, Patrice Leclère exploite avec Guillaume 9 ha de vignes aux environs. (RC)

Ce brut nature, – élaboré sans adjonction de sucre en fin de vinification –, naît de chardonnay et de pinot noir à parité; il assemble les récoltes 2007 et 2008. Une effervescence abondante favorise la montée de subtiles senteurs florales (fleur d'oranger, aubépine) nuancées de notes plus évoluées (cire, coing). Ces arômes s'associent en bouche à des sensations crayeuses, salines et iodées, en harmonie avec une acidité délicate qui laisse une remarquable impression de fraîcheur au palais. ⌛ 2018-2021

GUILLAUME LECLÈRE, 3, Grande-Rue, 51500 Écueil, tél. 03 26 49 77 47, contact@leclere-pointillart.com V t.l.j. sf dim. 9h-12h 13h30-19h

XAVIER LECONTE L'Héritage de Xavier ★

●	14580	◍▮	15 à 20 €

À la suite de quatre générations de viticulteurs, Xavier Leconte exploite un vignoble sur la rive gauche de la Marne. Il est le premier de la lignée à vinifier: coopérateur lors de son installation en 1978, il est devenu récoltant-manipulant dans les années 1980 et

a passé la main en 2013 à son fils Alexis, œnologue. Le domaine couvre 10 ha. (RM)

Un blanc de noirs construit sur le pinot noir (70 %), partiellement vinifié en fût, les vins de réserve étant conservés en foudre. Le bois s'est marié au fruit pour donner ce vin équilibré et puissant. Intense et mûr, le nez allie les fruits secs et les épices aux fruits à noyau dans une belle harmonie. Fraîche en attaque, ample et aromatique, dotée d'un petit grain tannique, la bouche laisse une bien belle impression. Un champagne de repas. ⧗ 2018-2022 ● **Cœur d'histoire ★ (15 à 20 €; 7000 b.)** : un blanc de noirs issu de meunier. Assez puissant, il brille par ses arômes d'abricot et de toast et, en finale, de poivre et de réglisse, qui traduisent une belle évolution. ⧗ 2018-2022 ● **Signature du hameau (15 à 20 €; 17 226 b.)** : vin cité.

XAVIER LECONTE, 7, rue des Berceaux, 51700 Troissy, tél. 03 26 52 73 59, contact@champagne-xavier-leconte.com V r.-v.

DIDIER LEFÈVRE Blanc des blancs 2012 ★

Gd cru	2000	20 à 30 €

On trouvera Didier Lefèvre à Épernay, sur les bords de la Marne. Il cultive un vignoble réparti entre Côte des Blancs (Oger), coteaux ouest d'Épernay, Sézannais et rive droite de la Marne, dont il livre la récolte à l'une des coopératives d'Avize. (RC)

Tardif, mûr, sain, de belle acidité, le millésime 2012 voit sa carrière commerciale s'accélérer. Celui de Didier Lefèvre est un pur produit de la Côte des Blancs. Or pâle aux reflets argentés, il offre un nez ouvert et harmonieux, beurré, miellé et toasté. Sa matière ronde enrobe une trame acide qui apporte netteté à l'attaque et fraîcheur à la finale. ⧗ 2018-2023

DIDIER LEFÈVRE, 13, quai de la Villa, 51200 Épernay, tél. 03 26 54 57 16, champagne.d.lefevre@orange.fr V r.-v.

LE GALLAIS Cuvée du Manoir

●	14 000		20 à 30 €

1927: l'arrière-grand-père de l'actuel récoltant achète des terres du célèbre château de Boursault, sur la rive gauche de la Marne. 1998: Hervé Le Gallais commercialise ses premiers champagnes. En 2010, il transmet à sa fille Charlotte un petit vignoble de 4 ha, clos de murs. (RM)

Le Manoir est la maison du XVI[e]s. dans laquelle est installée la famille. Dominée par les noirs (45 % de pinot noir et autant de meunier), cette cuvée assemble les récoltes 2009 à 2012. Dans la force de l'âge, elle s'habille d'or et livre des senteurs de miel, d'abricot et de raisins secs, qui se prolongent dans une bouche structurée, plutôt souple, sans manquer pour autant de tonus. ⧗ 2018-2020 ● **Rosé des poètes Rosé de saignée (30 à 50 €; 2000 b.)** : vin cité.

CHARLOTTE LE GALLAIS, 2, rue Maurice-Gilbert, 51480 Boursault, tél. 06 25 01 73 69, clg@champagnelegallais.com V r.-v.

LEGRAND FRÈRES Cuvée Isis ★★

●	2500		20 à 30 €

Rejoint par son fils Édouard en 2014, Éric Legrand cultive depuis 1980 la propriété familiale qui couvre 13 ha dans les vallées de l'Ource et de la Seine (Aube). Deux étiquettes: Éric Legrand et Legrand Frères. (RM)

Cette cuvée a conquis les dégustateurs. Particulièrement réussie, la vinification en fût permet au chardonnay, seul en lice, de jouer une remarquable partition. Le toast, la brioche, les fruits confits et les épices se déploient du premier coup de nez jusqu'à la finale et parfument avec élégance une bouche généreuse, fraîche et longue. ⧗ 2014-2024 ● **Éric Legrand Réserve ★ (15 à 20 €; 46000 b.)** : bien connue de nos lecteurs, cette cuvée mariant 80 % de pinot noir et 20 % de chardonnay séduit par la complexité de sa palette aromatique (fruits blancs bien mûrs, genêt, beurre et pain grillé) qui se prolonge dans une bouche franche, équilibrée et minérale. ⧗ 2018-2022

ÉRIC LEGRAND, 39, Grande-Rue, 10110 Celles-sur-Ource, tél. 03 25 38 55 07, champagne.legrand@wanadoo.fr V *t.l.j. sf sam. dim. 9h-12h 14h-17h30*

LEGRAS ET HAAS Tradition ★

Gd cru	31000		20 à 30 €

Maison fondée en 1991 à Chouilly (Côte des Blancs) par François Legras et Brigitte Haas, de vieille souche vigneronne, aujourd'hui relayés par leurs fils Rémi, Olivier et Jérôme. Le vignoble ne compte pas moins de 37 ha. Chacun des fils cultive à part ses parcelles, la récolte étant mise en commun et complétée par des apports de quelques viticulteurs. (NM)

Mi-blancs mi-noirs (les deux pinots à parité), un champagne doré aux reflets verts, à l'effervescence fine et alerte. Discret à l'olfaction, il révèle toute sa puissance en bouche. Charnu, intense, ample, crémeux, il déploie des arômes de fruits mûrs (mirabelle), soutenu par une fine acidité qui lui donne du tonus et du relief. Sa longueur laisse deviner un bon potentiel. ⧗ 2018-2022 ● **Gd cru Blanc de blancs (30 à 50 €; 30000 b.)** : vin cité.

LEGRAS ET HAAS, 9, Grande-Rue, 51530 Chouilly, tél. 03 26 54 92 90, info@legras-et-haas.fr V r.-v.

LEGRET ET FILS Extra-brut Équilibre ★

●	26000		20 à 30 €

Talus-Saint-Prix? Un village de la vallée du Petit Morin. Son coteau forme l'un des îlots viticoles qui prolongent vers le sud la Côte des Blancs. Les grands-parents, puis les parents de l'actuel récoltant y ont planté 3 ha de vignes, puis deux autres dans le Sézannais, constituant le domaine. Alain Legret l'exploite aujourd'hui en s'inspirant de la démarche biodynamique. À la fin de 2016, il a obtenu la certification «vegan». (RM)

Complexe mais discret au nez, cet assemblage des trois cépages champenois, qui porte bien son nom, convainc surtout par sa matière en bouche. Frais en attaque, équilibré, il bénéficie d'une finale persistante, citronnée et saline. Un champagne à son apogée, pour l'apéritif comme pour la table. ⧗ 2018-2021

ALAIN LEGRET, 6, rue de Bannay, 51270 Talus-Saint-Prix, tél. 03 26 52 81 41, contact@champagne-legret.fr V r.-v.

♥ ROGER-CONSTANT LEMAIRE
Cuvée Les Hautes Prières Blanc de blancs 2010 ★★

1er cru	10 000		20 à 30 €

Héritiers d'une lignée de vignerons remontant à la fin du XIXes., Guillaume et Sébastien Tournant sont les petit-fils de Roger-Constant Lemaire, qui agrandit le domaine après 1945 et installa son siège à Villers-sous-Châtillon. Ils exploitent un vignoble de 13 ha implanté sur les deux rives de la Marne, entre Épernay et Dormans. (RM)

Un blanc de blancs millésimé couvert d'éloges pour son élégance. Du chardonnay en provenance de Hautvillers, vinifié sans fermentation malolactique selon le style maison, et élevé neuf mois en fût. Or pâle aux reflets verts, il enchante d'entrée par son nez intense, complexe et gourmand. Ses arômes de fruits blancs, d'abricot sec, d'amande, de nougatine et de brioche traduisent l'élevage ainsi qu'une heureuse évolution. Ciselée en attaque, ample dans son développement, saline en finale, la bouche apparaît croquante et fraîche. À quelques caudalies de la troisième étoile. ⧗ 2018-2021 ● **Sélect Réserve (15 à 20 €; 20 000 b.)** : vin cité.

GUILLAUME TOURNANT, rue de la Glacière, 51700 Villers-sous-Châtillon, tél. 03 26 58 36 79 t.l.j. 10h-12h 13h-17h

LEMAIRE PÈRE ET FILS Extra-brut ★

	n.c.	20 à 30 €

Maison de négoce familiale fondée en 1885 dans le massif de Saint-Thierry, très ancien secteur du vignoble au nord-ouest de Reims. Nicolas Lemaire l'exploite depuis 1995 avec son frère. Le tandem a ouvert un hôtel et dispose de 14 ha de vignes. (NM)

Le pinot noir (55 %) est majoritaire dans l'assemblage de cette cuvée, complété par le meunier (15 %) et le chardonnay (30 %). La robe dorée est surmontée d'une mousse onctueuse et persistante. Aérien et complexe, le nez allie les agrumes à des nuances florales, beurrées et briochées. Des arômes que l'on retrouve dans une bouche équilibrée, tout en finesse et en fraîcheur. ⧗ 2018-2023 ● **Millésime 2008 (30 à 50 €; 4 000 b.)** : vin cité.

LEMAIRE, 8, rue du Mont-d'Hor, 51220 Saint-Thierry, tél. 03 26 03 12 42, info@mhchampagne.com t.l.j. sf dim. lun. 9h-12h 14h-18h

MICHEL LENIQUE Blanc de blancs 2010 ★

Gd cru	2 500		20 à 30 €

Un Alexandre Lenique, fils d'un chef de cave, fonde le domaine en 1768. Michel Lenique lance son champagne en 1960. Il travaille aujourd'hui avec son fils Alexandre. La maison a son siège à Pierry, premier village viticole au sud d'Épernay, et le vignoble couvre 6,5 ha sur la Côte des Blancs et dans la vallée de la Marne. (NM)

Compliqué, le millésime 2010 n'engendra que de rares réussites, sauf peut-être en chardonnay. Provenant du Mesnil-sur-Oger, grand cru de la Côte des Blancs, les raisins à l'origine de cette cuvée ont engendré un champagne droit, frais et fin, qui traduit son évolution par des arômes aériens de noisette et d'agrumes confits. Son dosage léger (6 g/l) le destine plutôt à l'apéritif et au début du repas. ⧗ 2018-2022 ● **Alexandre Lenique Cuvée Excellence ★ (15 à 20 €; 2 500 b.)** : marque créée en 2008, qui constitue le haut de gamme de la maison. Née de chardonnay majoritaire (70 %) associé aux deux pinots, une cuvée harmonieuse et gourmande, mêlant au nez fleurs blanches, beurre, pêche, amande et pain grillé. Ronde et fine, elle pourra accompagner tout un repas. ⧗ 2018-2022

MICHEL LENIQUE, 20, rue du Gal-de-Gaulle, 51530 Pierry, tél. 03 26 54 03 65, salenique@wanadoo.fr r.-v.

LEPREUX-PENET 2011 ★★

Gd cru	4 700	30 à 50 €

Descendant d'une lignée remontant au règne de Louis XIV, Gilbert-Louis Penet est poussé par la crise des années 1930 à élaborer et commercialiser son champagne. En 2008, la quatrième génération, représentée par Virginie Lepreux et François Barbosa, a pris les rênes du domaine: 8 ha à Verzy et Verzenay, deux grands crus de la Montagne de Reims. (RM)

Élaborer des cuvées millésimées en 2011 a demandé un réel savoir-faire. Ce récoltant a su éviter les embûches et élaborer un champagne d'une grande fraîcheur. Mi-blancs mi-noirs (pinot noir), son grand cru dévoile un nez fin et complexe, qui gagne en intensité à l'aération. Les fruits blancs côtoient le beurre et la brioche, composant une palette aromatique élégante qui se prolonge dans une bouche à la fois dense et tonique, d'une persistance notable. ⧗ 2018-2024 ● **Gd cru Blanc de noirs Bulles noires ★ (30 à 50 €; 10 000 b.)** : du raisin noir (pinot noir vendangé en 2011), et des bulles d'argent. Traversant avec insistance une robe dorée, elles font monter des senteurs intenses de fraise, de cerise kirschée, d'abricot et d'amande. Un panier de fruits que l'on retrouve dans une bouche ample, structurée, un rien tannique. ⧗ 2017-2022

LEPREUX-BARBOSA, 18 rue de Villers, 51380 Verzy, tél. 03 26 97 95 52, champagne@lepreux-penet.com r.-v.

LAURENT LEQUART Extra-brut Prestige ★★

	3 000		20 à 30 €

Domaine transmis depuis quatre générations à Passy-Grigny, aux confins de la Marne et de l'Aisne. Installé en 1989, Laurent Lequart met en valeur 10 ha et chérit le meunier, cépage très cultivé dans le secteur. Il confie sa récolte à la coopérative de son village dont le Guide régulièrement la production. (RC)

Vinifié en fût, ce pur meunier est un extra-brut (5 g/l) abouti. De son passage sous bois, il a reçu une belle patine. Sa robe dorée est soutenue et sa palette aromatique, d'une grande richesse, déploie des senteurs grillées, réglissées et des touches de fruits secs. Vive en attaque, la bouche se fait vineuse et gourmande, puis s'étire sur des saveurs salines et iodées. Une vinification maîtrisée, mariant fruit et terroir pour donner un champagne de pur plaisir. ⧗ 2018-2021

⊶ *LAURENT LEQUART, 17, rue Bruslard, 51700 Passy-Grigny, tél. 03 26 58 97 48, l.lequart@champagnelaurentlequart.fr* V r.-v.

LEQUEUX-MERCIER Tradition

● | 18239 | | 15 à 20 €

En aval de Dormans, le coteau de Passy-sur-Marne domine les premiers méandres de la rivière à son entrée dans le département de l'Aisne. Installé en 1973, Michel Lequeux représente la troisième génération sur le domaine familial qui couvre 7 ha. (RM)

Faisant la part belle aux noirs (90 %, les deux pinots) ce brut né de la vendange 2009 n'a pas fait sa fermentation malolactique. Son nez bien ouvert est tout en fruits rouges (fraise confiturée). La bouche, à l'unisson, offre richesse, densité et longueur, et est marquée par une pointe d'amertume en finale. Un champagne de repas. ⧗ 2018-2020

⊶ *LEQUEUX-MERCIER, 13, rue de Champagne, 02850 Passy-sur-Marne, tél. 03 23 70 35 32, info@champagnelequeuxmercier.fr* V r.-v.

PAUL LEREDDE Cuvée Prestige

● | 3402 | | 15 à 20 €

Paul Leredde, récoltant-coopérateur, a lancé sa marque en 1960. Son fils Jean-Yves, installé en 1979, a décidé de vinifier lui-même ses cuvées. Son vignoble couvre 6,7 ha dans la partie la plus occidentale de la vallée de la Marne. (RM)

Un assemblage des trois cépages à parts égales. Complexe, la palette mêle au nez notes fruitées (orange, pomme), florales (aubépine) et végétales (herbe fraîche), relayées au palais par des nuances de fruits confits et des arômes briochés et beurrés. Si la bouche est fraîche de bout en bout, elle est un peu alourdie par le dosage en finale. ⧗ 2018-2021 ● **Extra-brut Carte rouge (11 à 15 €; 18730 b.)** : vin cité.

⊶ *JEAN-YVES LEREDDE, 49, rue de Bézu, 02310 Crouttes-sur-Marne, tél. 03 23 82 09 41, contact@champagne-paul-leredde.com* V r.-v.

LERICHE-TOURNANT Prestige ★

● | 11000 | 15 à 20 €

Fondé en 1967 par une famille de vieille souche vigneronne, ce domaine s'étend sur 6 ha, couvrant les coteaux argilo-calcaires de la vallée de la Marne. En 2007, Isabelle Moulun-Leriche a repris avec son mari Benjamin l'exploitation créée par ses parents. Le couple a aménagé une nouvelle cuverie. (RM)

Mariant 60 % de pinot noir au chardonnay, un brut vinifié sans fermentation malolactique. Robe or pâle traversée par un train de bulles alertes, nez discret, bouche plus expressive, très florale, vive en attaque, généreuse, de bonne longueur. ⧗ 2018-2022 ● **Tradition (11 à 15 €; 25000 b.)** : vin cité.

⊶ *EARL LERICHE-TOURNANT, 8, rue Gamache, 51700 Vandières, tél. 03 26 58 01 29, champagne.leriche-tournant@orange.fr* V r.-v.

LÉTÉ-VAUTRAIN Rosé royal ★★

● | 6000 | | 20 à 30 €

Exploitation créée dans les années 1960 par Robert Lété et Liliane Vautrain dans la vallée de la Marne, en aval de Château-Thierry. En 2011, leur fils Frédéric a vendu à la maison Baron-Fuenté le domaine, qui couvre 7,5 ha. (RM)

Ce rosé d'assemblage porte l'empreinte du chardonnay (60 %, avec les deux pinots en complément). Sa robe est pâle, saumon clair aux reflets ambrés. Sa palette aromatique mêle les fleurs, la pomme et les agrumes. Des arômes qui s'épanouissent avec persistance dans une bouche tout en finesse. Un rosé aérien et élégant, idéal à l'apéritif. ⧗ 2018-2020 ● **2011 ★ (30 à 50 €; 5000 b.)** : les trois cépages champenois, avec une majorité de noirs (60 %, meunier en tête), composent ce millésimé au nez subtil, entre amande, mie de pain et fruits blancs. Tout aussi élégante, la bouche conjugue onctuosité et tension. ⧗ 2018-2021

⊶ *LÉTÉ-VAUTRAIN, 21, av. Fernand-Drouet, 02310 Charly-sur-Marne, tél. 03 23 82 01 97, contact@lete-vautrain.com* V *t.l.j. sf dim. 9h-18h*

LHEUREUX PLÉKHOFF Blanc de blancs

● | 25000 | | 20 à 30 €

Née en 2002 de l'union de Georges Lheureux et de Stéphanie Plékhoff, cette maison a son siège à Mutigny, près d'Épernay, et s'appuie sur un vignoble en propre de 14 ha. (NM)

Une approche engageante pour ce blanc de blancs or pâle au nez complexe, toasté, mentholé et beurré. Citron et saveurs salines entrent en scène dans une bouche à la fois ronde et vive, à la finale élégante, de bonne longueur. ⧗ 2018-2021

⊶ *LHEUREUX PLÉKHOFF, manoir de Montflambert, 51160 Mutigny, tél. 03 26 52 33 21, contact@manoirdemontflambert.fr* V r.-v. 5

LIÉBART-RÉGNIER ★

● | 2700 | | 15 à 20 €

Installé en 1987 sur la propriété familiale, Laurent Liébart exploite avec Valérie et leur fille Alexandra 10 ha de vignes autour des deux villages d'origine de ses parents: Baslieux-sous-Châtillon et Vauciennes, sur les deux rives de la Marne. Domaine certifié Haute valeur environnementale. (RM)

Le brut rosé de ce producteur sérieux a une fois encore intéressé les jurés. Assemblage de meunier (55 %), cépage dominant du secteur, de pinot noir (30 %) et de chardonnay, ce champagne affiche une robe soutenue, rubis, traversée d'une bulle délicate et vivace. Intense et vif, son nez marie la cerise et la purée de fraises. Tout aussi fruitée, aussi large que longue, la bouche allie ampleur et fraîcheur. ⧗ 2019-2024 ● **Chardonnay 2015 ★ (15 à 20 €; 10000 b.)** : un blanc de blancs né de la récolte 2015. Nez puissant, entre agrumes et noisette, bouche gourmande, sur la poire et le coing, soutenue par une belle acidité: l'alliance harmonieuse de la fraîcheur et de la maturité du fruit. ⧗ 2018-2022

⊶ *LIÉBART-RÉGNIER, 6, rue Saint-Vincent, 51700 Baslieux-sous-Châtillon, tél. 03 26 58 11 60, liebart-regnier@orange.fr* V r.-v. C

GÉRARD LITTIÈRE Grande Réserve

| 8000 | | 15 à 20 € |

Geoffray Littière a pris en 2006 la suite de son père Gérard à la tête du domaine familial, constitué par son grand-père dans les années 1950. Le vignoble couvre 5 ha autour d'Œuilly, village situé sur la rive gauche de la Marne. (RM)

Mi-pinot noir mi-chardonnay, ce brut demande de l'aération pour s'ouvrir sur la fleur blanche, la mie de pain et le citron vert. La bouche se montre équilibrée, vivifiée par une belle vivacité et une certaine minéralité en finale. En devenir, un champagne aujourd'hui parfait pour l'apéritif. 2018-2021 **Brut Carte d'or (11 à 15 €; 19 917 b.)** : vin cité.

GEOFFRAY LITTIÈRE, 1, rue du Palais, 51480 Œuilly, tél. 03 26 58 31 76, littiere.gerard@wanadoo.fr V r.-v.

LOMBARD Brut nature Verzenay ★

| Gd cru | n.c. | 50 à 75 € |

Née en 1925, cette maison de négoce familiale a connu une belle croissance dans les années 1960 avec Philippe Lombard. Elle poursuit son développement depuis 1980 avec Thierry Lombard, petit-fils du fondateur. Sa spécialité: les 1ers crus et les grands crus, élevés au moins quatre ans en cave, aux dosages faibles. (NM)

Après un superbe blanc de blancs non dosé du Mesnil-sur-Oger, voici un autre champagne non dosé, né dans un grand cru de noirs de la Montagne de Reims. Sans surprise, le pinot noir domine (80 %) dans l'assemblage, complété par le chardonnay. Timide au nez, cette cuvée brille surtout en bouche, où elle allie une mousse onctueuse à une grande fraîcheur soulignée par des arômes de citron nuancés d'amande amère. 2018-2021 **Gd cru Brut nature ★ (50 à 75 €; n.c.)** : étoffée par un long vieillissement en cave, une cuvée mi-pinot noir mi-chardonnay, au nez épanoui, partagé entre brioche et agrumes confits, bien prolongé par une bouche équilibrée, nuancée, vive en finale. 2018-2021

LOMBARD ET MÉDOT, 1, rue des Cotelles, 51200 Épernay, tél. 03 26 59 57 40, info@champagne-lombard.com V r.-v.

BERNARD LONCLAS Blanc de blancs ★

| | 68000 | 15 à 20 € |

Bernard Lonclas a planté ses premiers ceps en 1974 dans le jeune vignoble de Vitry-le-François, à l'est du département de la Marne, et lancé sa marque en 1976. Avec sa fille Aurélie, qui l'a rejoint en 2002, il exploite 9 ha de vignes, essentiellement du chardonnay. (NM)

Terrain de conquête – ou de reconquête – récente (années 1970) du vignoble champenois, le Vitryat, avec ses coteaux crayeux, est largement planté de chardonnay. En voici un représentant flatteur, tant par ses délicates senteurs d'agrumes, de fruits blancs et de miel que par son palais à la fois souple et net, aux arômes d'ananas rôti, marqué en finale par des sensations acidulées et légèrement amères. Parfait pour l'apéritif. 2018-2022

BERNARD LONCLAS, chem. de Travent, 51300 Bassuet, tél. 03 26 73 98 20, contact@champagne-lonclas.com V t.l.j. sf dim. 9h-12h30 14h-19h

MICHEL LORIOT Extra-brut Apollonis Monodie 2008 ★

| 4000 | | 50 à 75 € |

Des ancêtres de Michel Loriot cultivaient la vigne en 1675, du vivant de dom Pérignon. En 1903, les arrière-grands-parents Palmyre et Léopold ont été les premiers vignerons à installer leur pressoir au village de Festigny. Premières bouteilles en 1931, installation de Michel en 1977, rejoint en 2008 par sa fille Marie, œnologue, et son gendre. L'exploitation compte 7 ha dans la vallée de la Marne. (RM)

Membres de la fanfare locale, les prédécesseurs de Michel Loriot lui ont légué le goût de la musique. Un amour qu'il transmet à ses cuvées en diffusant de la musique classique en cave. Né du millésime 2008 à la fois frais et mûr, issu de pur meunier, cet extra-brut, à son apogée, montre une évolution harmonieuse. Son nez, intense, d'une belle complexité, offre un méli-mélo de fruits confits, de miel, de fleurs séchées et de sous-bois. Le tilleul et le zeste de citron s'ajoutent à cette palette dans une bouche équilibrée et longue. Il n'a manqué à cette cuvée qu'un soupçon de vivacité pour atteindre les deux étoiles. 2018-2019

MICHEL LORIOT, 13, rue de Bel-Air, 51700 Festigny, tél. 03 26 58 34 01, contact@champagneapollonis.com V r.-v.

GÉRARD LORIOT Cuvée Prestige ★

| 6000 | | 15 à 20 € |

Issu d'une lignée vigneronne remontant à plus de quatre générations, Gérard Loriot s'est installé en 1981 et a porté le vignoble familial à 7,5 ha, répartis sur cinquante-deux parcelles dans la vallée de la Marne. En 2009, Florent Loriot, son fils, l'a rejoint. Le domaine s'est équipé d'une nouvelle cuverie en 2014. (RM)

Composé des trois cépages champenois (avec 70 % de noirs), un brut loué pour son élégance. Habillé d'or pâle et couronné d'une mousse généreuse et fine, il mêle au nez les fleurs et les fruits blancs. Une attaque vive ouvre sur un palais délicat et frais, judicieusement dosé (7 g/l). Pour l'apéritif et les produits de la mer. 2019-2022 **Sélection (11 à 15 €; 11 400 b.)** : vin cité.

GÉRARD LORIOT, 10, rue Saint-Vincent, Le Mesnil-le-Huttier, 51700 Festigny, tél. 03 26 58 35 32, champagne-gerard.loriot@wanadoo.fr V r.-v.

JOSEPH LORIOT-PAGEL Cuvée de réserve 2010 ★

| Gd cru | 5000 | | 20 à 30 € |

Son arrière-grand-père fut l'un des premiers Champenois à greffer son vignoble après le phylloxéra et à installer un pressoir dès 1910. En 1980, Joseph Loriot lance sa marque après son union avec Odile Pagel, fille d'un vigneron d'Avize. Son fils Jean-Philippe les a rejoints en 2006 sur la propriété – 9 ha dans la vallée de la Marne et sur la Côte des Blancs. (RM)

Après de nombreuses années passées en bouteilles (tirage en mars 2011), cet assemblage des trois cépages champenois (70 % de noirs) présente le visage de la maturité. La bulle est fine, la robe dorée; le nez expressif mêle fruits secs, cire et notes toastées. Dans le même registre, la bouche se montre opulente, gardant son équilibre grâce à une ligne acide qui apporte de la vivacité de l'attaque à la finale. ⌛ 2019-2022 ● **Gd cru Blanc de blancs 2010 (20 à 30 €; 5000 b.)** : vin cité.

⊶ JOSEPH LORIOT-PAGEL, 40, rue de la République, 51700 Festigny, tél. 03 26 58 33 53, contact@champagne-loriot-pagel.fr V r.-v.

YVES LOUVET Sélection d'Émile ★

● 1er cru	30000		11 à 15 €

Une lignée de vignerons qui remonte au XIXes. Installé sur le flanc sud-est de la Montagne de Reims, Frédéric Louvet a succédé en 2004 à son père Yves. Il exploite 12 ha dans quatre villages des environs (dont les grands crus de noirs Bouzy et Louvois), ainsi que dans la Côte des Blancs. (RM)

Une cuvée composée pour les trois quarts de pinot noir, complété par le chardonnay. Jaune clair aux reflets verts, elle séduit par la finesse et la complexité de ses parfums de pomme verte, d'agrumes, de fleurs blanches et de beurre. Les fruits jaunes s'ajoutent à cette palette dans un palais à la fois ample et frais, servi par une finale persistante et minérale. ⌛ 2018-2021 ● **1er cru Réserve de Théophile (15 à 20 €; 6000 b.)** : vin cité.

⊶ FRÉDÉRIC LOUVET, 21, rue du Poncet, 51150 Tauxières, tél. 03 26 57 03 27, yves.louvet@wanadoo.fr V r.-v.

LUTUN Rosé ★★

●	2500	15 à 20 €

Au XVIIIes., on cultivait la vigne à Courtagnon, minuscule village niché près des sources de l'Ardre, dans la Montagne de Reims. En 1952, Fernand Lutun y achète des terres, y reconstitue un vignoble (6 ha aujourd'hui). Toujours la seule récoltante de la commune, sa petite-fille Aude, ingénieur agricole comme son mari Vincent, l'a repris en 2000. Elle confie sa récolte à la coopérative de Sermiers. (RC)

Un rosé d'assemblage associant les trois cépages champenois, dont 42 % de chardonnay; 15 % de vin rouge colorent sa robe saumonée traversée d'une bulle fine. On apprécie son nez fruité, prélude à une bouche plus vanillée. On aime encore davantage son palais, qui conjugue avec bonheur rondeur et tension, sucre et acidité. Un champagne élégant. ⌛ 2018-2020 ● **2012 (15 à 20 €; 2500 b.)** : vin cité.

⊶ SCEV LES BARONNIES, Ferme du Château, 51480 Courtagnon, tél. 03 26 59 41 33, aude.lutun@wanadoo.fr V r.-v.

MICHEL MAILLIARD Blanc de blancs Cuvée Prestige 2010 ★

●	10000		20 à 30 €

Cette propriété, dont les origines remontent à la fin du XIXes., a été développée par Michel Mailliard. Son vignoble s'étend aujourd'hui sur 14 ha, implanté principalement aux environs de Vertus, le plus vaste 1er cru de la Côte des Blancs. (RM)

Vinifié sans fermentation malolactique, ce blanc de blancs or clair libère des parfums discrets, suaves et élégants de miel et de caramel. Ces arômes s'épanouissent, enrichis de notes de poire, dans une bouche ample, vivifiée par une fine effervescence et par une fraîcheur qui donne du relief à la finale minérale. ⌛ 2018-2021 ● **Gd cru Blanc de blancs L'Oger 2007 (20 à 30 €; 5000 b.)** : vin cité.

⊶ MICHEL MAILLIARD, 52, av. de Bammental, 51130 Vertus, tél. 03 26 52 15 18, info@champagne-michel-mailliard.com V r.-v.

MAILLY GRAND CRU Les Échansons 2007 ★

● Gd cru	11655	75 à 100 €

Le terroir pour enseigne, telle est la démarche de cette coopérative fondée en 1929. Pour en être adhérent, on doit obéir à une exigence de taille: n'apporter que des raisins de l'aire de Mailly, grand cru du flanc nord de la Montagne de Reims, où prospère le pinot noir. La cave regroupe 80 viticulteurs qui cultivent 70 ha. (CM)

Assemblage de pinot noir (pour les trois quarts) et de chardonnay, ce millésimé décline des arômes de fruits blancs compotés, d'agrumes confits et de grillé traduisant une heureuse évolution. En bouche, il montre la rondeur du cépage principal, avec un côté acidulé qui lui donne du tonus. ⌛ 2018-2019 ● **Gd cru L'Intemporelle Rosé 2009 (50 à 75 €; 10337 b.)** : vin cité.

⊶ MAILLY GRAND CRU, 28, rue de la Libération, 51500 Mailly-Champagne, tél. 03 26 49 41 10, contact@champagne-mailly.com V r.-v.

ÉRIC MAÎTRE Sélection ★

●	20000		15 à 20 €

Installé en 1985, Éric Maître perpétue une exploitation familiale qui remonte à 1869. Son vignoble s'étend sur 8,5 ha dans la Côte des Bar, secteur de l'Aube où le pinot noir est roi. (RM)

Le pinot noir est seul à l'œuvre dans cette cuvée à la robe claire, au nez floral, sur le genêt et les fleurs blanches, plus discrètement fruité. Structurée et fraîche, la bouche offre une finale acidulée, de bonne longueur. Un champagne juvénile. ⌛ 2018-2021

⊶ ÉRIC MAÎTRE, 32, Grande-Rue, 10110 Celles-sur-Ource, tél. 03 25 38 58 69, champagne.ericmaitre@wanadoo.fr V *t.l.j. sf dim. 9h-17h*

FRÉDÉRIC MALÉTREZ ★

● 1er cru	9200	15 à 20 €

Héritier d'une lignée vigneronne remontant au XVIIes., Frédéric Malétrez reprend l'exploitation familiale en 1982 et commence la vinification deux ans plus tard. Il a porté de 5 à 10 ha la superficie de son vignoble qui s'étend autour de Chamery, un 1er cru de la Petite Montagne de Reims, au sud de la cité des Sacres. (RM)

Privilégiant les noirs (83 %, pinot noir en tête), un rosé d'assemblage séduisant par la finesse de ses parfums de petits fruits rouges frais. Dans le même registre, la bouche, structurée et ronde, ne manque pas de fraîcheur. Un champagne élégant, pour l'apéritif. ⌛ 2018-2020

⊶ FRÉDÉRIC MALÉTREZ, 11, rue de la Bertrix, 51500 Chamery, tél. 03 26 97 63 92, champagne.maletrez.f@orange.fr V r.-v.

MALLOL-GANTOIS Blanc de blancs ★

● Gd cru	35000		15 à 20 €

En 2016, Grégory Mallol a pris la suite des trois générations précédentes, succédant à son père Bernard.

Son vignoble de 7 ha est très bien situé, implanté pour l'essentiel à Cramant et à Chouilly, deux grands crus de la Côte des Blancs, et à Mareuil-sur-Aÿ, 1er cru, où il cultive du pinot noir. Deux étiquettes: Mallol-Gantois et Bernard Gantois. (RM)

Un blanc de blancs vraiment gourmand, avec son nez résolument pâtissier: des arômes d'amande, de viennoiserie, de compote de pommes, de caramel montent au-dessus du verre et s'enrichissent en bouche de notes de vanille, de brioche, de crème pâtissière. La finale acidulée, sur le pamplemousse rose, donne tonus et allonge à ce champagne riche et harmonieux. ⧗ 2018-2021 ● **Gd cru Blanc de blancs Grande Réserve (15 à 20 €; 5000 b.)** : vin cité.

GRÉGORY MALLOL, 290, rue du Gal-de-Gaulle, 51530 Cramant, tél. 03 26 57 96 14, champagne.mallol@wanadoo.fr V ♿ ■ *r.-v.*

MANDOIS Blanc de blancs 2012 ★

● 1er cru | 70000 | ▮ | 30 à 50 €

En 1735, Jean Mandois devient propriétaire de vignes près d'Épernay. Victor, son arrière-petit-fils, fonde en 1860 la maison dirigée aujourd'hui par la neuvième génération. Les Mandois disposent en propre de 40 ha sur les coteaux d'Épernay, la Côte des Blancs et dans le Sézannais. Leurs caves ont été creusées à la fin du XVIIes. sous l'église de Pierry où repose le frère Jean Oudard, qui œuvra comme dom Pérignon dans le vignoble. (NM)

Très bien accueilli comme dans les deux millésimes précédents, ce blanc de blancs or vert séduit d'emblée par l'intensité et la précision de son nez toasté, brioché, citronné et mentholé. Un prélude délicat à une bouche dense, droite et vive, encore réservée. La finale longue et saline laisse le souvenir d'un champagne harmonieux, qui ne manque pas de fond. ⧗ 2019-2022 ● **Victor Rosé Vieilles Vignes 2007 (50 à 75 €; 10000 b.)** : vin cité.

MANDOIS, 66, rue du Gal-de-Gaulle, BP 9, 51530 Pierry, tél. 03 26 54 03 18, info@champagne-mandois.fr V ♿ ■ *r.-v.*

ARTHUR MARC Ultima Lune de miel ★

● | n.c. | ◍▮ | 20 à 30 €

À la tête de 4 ha de vignes, Patrice Marc, rejoint par Grégory, perpétue une lignée de vignerons qui remonte à 1625. Il est installé à Fleury-la-Rivière, dans une petite vallée sur la rive droite de la Marne. Du fait du réchauffement climatique, il ne fait plus faire à ses champagnes leur fermentation malolactique, pour préserver l'acidité du raisin. Il exporte 66 % de sa production. (RM)

Mi-chardonnay mi-pinot noir, assemblant les récoltes 2014 et 2013 (avec des vins de réserve élevés un an en fût), ce brut vieilli trois ans sur lies présente une évolution certaine: sa robe dorée se pare de reflets ambrés et son nez associe le fruit mûr et le pain grillé beurré. Quant à la bouche, ample et charpentée, elle est tendue par une belle arête acide qui lui apporte intensité et fraîcheur. De la personnalité. ⧗ 2018-2020 ● **Gd cru Initiale Noir et Blanc (20 à 30 €; n.c.)** : vin cité.

GRÉGORY ET PATRICE MARC, 1, rue du Creux-Chemin, 51480 Fleury-la-Rivière, tél. 03 26 58 46 88, contact@champagne-marc.fr V ♿ ■ *r.-v.*

D. MARC Grande Réserve ★

● | n.c. | 15 à 20 €

Les Marc sont plusieurs à Fleury-la-Rivière, où leurs ancêtres cultivaient la vigne au XVIIes. Installé en 1982, Didier Marc perpétue la tradition, rejoint en 2017 par sa fille Émeline; à la tête de 4 ha dans la vallée de la Marne, il a engagé la conversion bio de son vignoble. (RM)

Le terme de *réserve* est justifié par les cinq années de maturation sur lattes dont a bénéficié ce brut dominé par les noirs (70 % meunier, 10 % pinot noir). Au cours de ce long séjour en cave, il a acquis une robe dorée, des arômes intenses et évolués (fruits jaunes macérés, brioche) ainsi qu'une bouche ample et généreuse. La vinification sans fermentation malolactique apporte, avec un surcroît d'acidité, une fraîcheur bienvenue en finale. ⧗ 2018-2020

DIDIER MARC, 11, rue Dom-Pérignon, 51480 Fleury-la-Rivière, tél. 03 26 58 60 69, champagnedidiermarc@free.fr V ♿ ■ *t.l.j. sf dim. 9h-12h 14-18h* 🏠 Ⓑ

CAMILLE MARCEL Cuvée Mata Hari ★

● | 5000 | 15 à 20 €

Dans les années 1950, Marcel Bonnet plante les premiers ceps de l'exploitation – une époque où la viticulture était délaissée dans ce pays de l'Aube méridionale, proche des Riceys. Installé en 1988, Pascal Bonnet, le petit-fils du fondateur, rejoint par sa fille Adeline, est à la tête de 5,5 ha de vignes.

Depuis que le champagne trouve plutôt sa place à l'apéritif qu'au dessert, les demi-secs sont moins mis en avant. En voici un de belle facture. Moins voluptueuse que la célèbre espionne, danseuse exotique, cette cuvée est pourtant joliment suave. Ses délicates fragrances d'agrumes, de fruits blancs et de fleurs se prolongent en bouche. Le sucre enrobe la structure et la vivacité du pinot noir, seul cépage mis en œuvre ici. Un dosage réussi pour un demi-sec harmonieux. ⧗ 2018-2020

ADELINE ET PASCAL BONNET, 12, chem. de Nicey, 10340 Bragelogne, tél. 06 28 25 76 13, contact@champagne-camille-marcel.com V ♿ ■ *r.-v.*

D. G. MARCHAND ET FILLE Millésime 2007 ★

● | 1500 | 20 à 30 €

Descendant d'une lignée vigneronne remontant au début du XVIIIes., Guillaume Marchand a repris en 2015 l'exploitation familiale à la suite du décès de son père Didier. Coopérateur, il cultive des vignes au sud d'Épernay, sur les coteaux de Grauves, de Monthelon et de Moussy. (RC)

Dans ce millésimé, le chardonnay (45 %) fait jeu égal avec le pinot noir; le meunier (10 %) fait pencher la balance en faveur des noirs. Un champagne qui affiche sa maturité au nez mêlant notes pâtissières, mirabelle et fruits confits, puis au palais, où richesse et fraîcheur acidulée s'équilibrent. Un champagne épanoui, à son apogée. ⧗ 2018-2019

GUILLAUME MARCHAND, 5, rue Saint-Nicolas, 51530 Monthelon, tél. 03 26 59 77 51, contact@champagne-marchand.fr V ♿ ■ *r.-v.*

OLIVIER ET LAËTITIA MARTEAUX
Terre d'origine ★

| 1640 | | 30 à 50 € |

Petit-fils d'un viticulteur et pépiniériste viticole, fils d'un récoltant, Olivier Marteaux s'est installé sur une partie de la propriété familiale en 1998. À la tête de 6,5 ha de vignes réparties sur 8 communes à l'ouest de Château-Thierry, il a créé sa marque en 2009 avec son épouse. (RM)

Les plus vieilles vignes de l'exploitation – et les trois cépages champenois assemblés par tiers – sont mobilisés pour élaborer ce brut doré, complexe et intense. Fruits confits, miel, amande et épices percent au nez, signant un début d'évolution, et annoncent une bouche tout aussi aromatique, à la fois ronde et fraîche. Un bel équilibre. ⧗ 2018-2019 ● **Réserve ★ (15 à 20 €; 19000 b.)** : composé de 80 % de noirs (meunier en tête) et 20 % de blancs, un brut au nez élégant, entre fruits confits et brioche, et à la bouche dans le même registre, riche, équilibrée et longue. Il trouvera sa place au repas, de l'entrée au dessert. ⧗ 2018-2020

OLIVIER MARTEAUX, 6, rte de Bonneil, 02400 Azy-sur-Marne, tél. 06 87 15 31 12, oliviermarteaux@hotmail.com V r.-v.

ALBIN MARTINOT Rosé ★

| 2000 | | 15 à 20 € |

Installé en 2000 sur 1,3 ha près de Bar-sur-Seine, Albin Martinot s'est lancé dans l'élaboration du champagne. Il a agrandi le vignoble familial – dont les premiers arpents furent achetés par son arrière-grand-père, qui était tonnelier – et dispose à présent de 4,5 ha. (RM)

Sans surprise pour un vin du secteur aubois, le pinot noir est à l'origine de ce rosé expressif. On apprécie sa robe saumon pâle, son nez bien ouvert sur la compote de fruits rouges, le bonbon anglais et le toast, puis sa bouche vineuse aux arômes de cassis et de cerise, fraîche en attaque et teintée d'une légère amertume en finale. ⧗ 2018-2020 ● **Prestige (15 à 20 €; 4000 b.)** : vin cité.

ALBIN MARTINOT, Ferme de Chanceron, 10260 Jully-sur-Sarce, tél. 03 25 29 83 49, champagne.albin.martinot@gmail.com V r.-v.

MARY-SESSILE
Extra-brut 100 % meunier L'Inattendue ★

| n.c. | | 20 à 30 € |

Marque créée en 2013 par Claire, Maud et Vincent Lagille, enfants de Bernard Lagille (Champagne Lagille et Fils) installés à Treslon, village proche de la vallée de l'Ardre. (RM)

Construit sur le seul meunier, cet extra-brut montre du caractère. Une robe dorée, un nez tout en fruits, légèrement évolué, une bouche ample et ronde, équilibrée en finale par une acidité bienvenue. Un champagne harmonieux. ⧗ 2018-2020

MARY-SESSILE, 49, rue de la Planchette, 51140 Treslon, tél. 06 11 45 70 10, contact@champagne-mary-sessile.com V r.-v.
Lagille

D. MASSIN Cuvée spéciale ★

| 15000 | | 15 à 20 € |

Les Massin se succèdent sur la propriété depuis cinq générations. Dominique et Rachel lancent leur champagne en 1975. En 2009, Tristan Massin, œnologue diplômé, s'installe aux côtés de sa mère, rejoint en 2013 par sa sœur Céline, chargée de la gestion. Situé dans la Côte des Bar, le vignoble de 12 ha est principalement composé de pinot noir. (NM)

Le pinot noir aubois est souvent à l'origine de vins gourmands et charpentés. Ce brut, issu de ce seul cépage et de la récolte 2014, apparaît fidèle à la réputation des vins de ce secteur. Suave au premier nez, il délivre des senteurs de fruits blancs confits, nuancées à l'aération de touches de silex. Quant à la bouche, aromatique, ample et ronde, elle est équilibrée par une belle fraîcheur. ⧗ 2018-2021

SAS CHAMPAGNE D. MASSIN, 2, rue Coulon, 10110 Ville-sur-Arce, tél. 03 25 38 74 97, contact@dominique-massin.com V r.-v. B

♥ **THIERRY MASSIN** Mélodie ★★

| 8200 | | 15 à 20 € |

Affluent de la Seine, l'Arce suit un cours sinueux dans la Côte des Bar (Aube). Sur ses coteaux, Thierry et Dominique Massin, frère et sœur, cultivent depuis 1974 un vignoble qui compte aujourd'hui 12 ha, dont 9,5 sont consacrés au pinot noir. Thibault et Violaine, leurs enfants respectifs, les ont rejoints. (RM)

Au pays du pinot noir, c'est le chardonnay qui joue, en solo, une harmonieuse partition, dans cet assemblage des années 2015, 2014 et 2013. À la robe pâle, à peine dorée, coiffée d'une jolie mousse, répond un nez léger et avenant, finement fruité et complexe. Le prélude aérien à une bouche qui conjugue avec bonheur ampleur et fraîcheur, notes végétales et minérales, acidité et noble amertume. On aime beaucoup cet équilibre, allié à une réelle persistance. ⧗ 2018-2021 ● **Sélection (11 à 15 €; 29000 b.)** : vin cité.

THIERRY MASSIN, 6, rte des 2 Bar, 10110 Ville-sur-Arce, tél. 03 25 38 74 01, contact@champagnethierrymassin.com V *t.l.j. sf sam. dim. 9h-12h 14h-18h*

LOUIS MASSING Blanc de blancs Prestige ★★

| Gd cru | 4000 | | 20 à 30 € |

Les petits-enfants de Louis Massing, fondateur de la maison de négoce, disposent en propre de 11 ha dans la Côte des Blancs. (NM)

Un blanc de blancs construit sur la récolte 2013. Le nez mêle la fleur blanche à des arômes gourmands de brioche, de beurre, de pêche blanche et d'épices. Dans une belle continuité, le palais, bien construit, offre une attaque nette, un développement ample et rond, équilibré par une agréable acidité en finale. Le dosage maîtrisé se fond parfaitement dans la fraîcheur de ce champagne harmonieux. ⧗ 2018-2020

SAS DEREGARD-MASSING, 118, allée Jules-Lucotte, P.A. Le Paradis, 51190 Avize, tél. 03 26 57 52 92, champagne.louismassing@wanadoo.fr r.-v.

MATHELIN Prestige 2011 ★

	7000		20 à 30 €

En 1930, Gaëtan Mathelin constitue sur la rive gauche de la Marne un vignoble qui compte aujourd'hui 15 ha. Son fils Hervé devient récoltant-manipulant en 1961 et lance sa marque, valorisée par Nicolas à partir de 1999. Avec Florian, la quatrième génération a rejoint le domaine. Propriété certifiée Haute valeur environnementale. (RM)

La couleur or pâle à reflets verts met en lumière la forte proportion de chardonnay dans l'assemblage (80 %). Si le nez apparaît fermé, la bouche convainc: l'attaque ample annonce une matière riche et ronde, aux arômes de fruits confits, de beurre et d'orange, tendue par une finale vive et minérale. Un champagne de repas. 2018-2021 **L'Orée des chênes ★ (15 à 20 €; 15090 b.)** : les trois cépages champenois - dont 45 % de chardonnay élevé en fût - composent cette cuvée au nez beurré, brioché et miellé, rehaussé de notes de fruits secs et de moka. On retrouve ces arômes évolués et complexes dans une bouche équilibrée, structurée et suave. 2018-2021

SCEV MATHELIN, 4, rue des Gibarts, Cerseuil, 51700 Mareuil-le-Port, tél. 03 26 52 73 58, mathelin.champagne@orange.fr t.l.j. 8h30-12h 13h30-17h30; sam. dim. sur r.-v.; f. 3 sem. fin août

MATHIEU-PRINCET ★

	n.c.		11 à 15 €

Grauves est situé entre la Côte des Blancs (à l'est) et les coteaux sud d'Épernay. C'est dans ce village que Michel Mathieu et Françoise Princet ont commencé en 1960 leur carrière vigneronne avec quelques parcelles représentant à peine un hectare. En quarante ans, ils ont constitué un vignoble de près de 9 ha. Leurs filles Sylvie et Véronique ont rejoint le domaine. (RM)

Soigné comme un millésimé (plus de trois ans de cave), cet assemblage de pinot noir et de chardonnay arbore une robe d'un or soutenu déployant un feu nourri de fines bulles. Le nez, vineux et épanoui, libère des arômes de fruits mûrs. La bouche, à l'unisson, offre de la mâche et une certaine puissance. 2018-2020

SARL MATHIEU-PRINCET, 16, rue Bruyère, 51190 Grauves, tél. 03 26 59 73 72, info@mathieuprincet.fr r.-v.

MÉTÉYER PÈRE ET FILS Brut nature Exclusif 100 % meunier ★★

	800	20 à 30 €

Franck Météyer exploite depuis 1998 le domaine fondé par son trisaïeul en 1860. Sa famille a été la première de Trélou-sur-Marne à installer son propre pressoir en 1929. Le vignoble s'étend sur la rive droite de la rivière. (RM)

Vinifié sans fermentation malolactique, ce brut nature résulte d'une sélection de vieux meuniers âgés de soixante-cinq ans. Les jurés saluent son nez d'une grande finesse, entre menthol et fruits secs, puis son palais gourmand, rond et long, aux arômes d'abricot et de pain d'épice, tonifié par une finale vive. 2018-2020

MÉTÉYER PÈRE ET FILS, 39, rue de l'Europe, 02850 Trélou-sur-Marne, tél. 03 23 70 26 20, contact@champagne-meteyer.com r.-v.

VINCENT MÉTIVIER 2010

	3500		30 à 50 €

Une exploitation familiale créée par les grands-parents de Vincent Métivier. À la tête du domaine depuis 2007, il cultive un vignoble de plus de 8 ha sur les coteaux surplombant la Marne, proches de Château-Thierry. Il pratique une culture raisonnée rigoureuse. (RM)

Vinifié et élevé en fût de chêne, ce millésimé privilégie le chardonnay (70 %), complété par le meunier. Au nez boisé, toasté, répond une bouche à la fois riche et équilibrée, aux arômes de fruits frais, relayés en finale par les notes vanillées et grillées de l'élevage. Une forte personnalité qui suscite des avis tranchés. 2018-2020

VINCENT MÉTIVIER, 4, rue de Rome, 02400 Gland, tél. 03 23 83 43 09, vimetivier@wanadoo.fr r.-v.

BRUNO MICHEL Extra-brut Assemblée ★

	5000		30 à 50 €

D'abord pépiniériste viticole, Bruno Michel est devenu récoltant, créant en 1980 avec son épouse Catherine un domaine au sud d'Épernay. Il exploite 12 ha de vignes. Sa propriété est l'une des rares en Champagne à s'être orientée - dès 1998 - vers l'agriculture biologique. La certification date de 2004. (RM)

Mi-chardonnay mi-meunier, cette cuvée issue de vieilles vignes assemble la récolte 2010 et 20 % de vins de réserve. Discret, le nez mêle fruits jaunes, agrumes et beurre. En bouche, la palette aromatique reste dans un registre plutôt mûr: fruits exotiques, miel d'acacia, réglisse et épices. La matière est équilibrée, la finale acidulée et fraîche. Un champagne harmonieux. 2018-2021 **Assemblée (20 à 30 €; 30000 b.)** : vin cité.

BRUNO MICHEL, 4, allée de la Vieille-Ferme, 51530 Pierry, tél. 03 26 55 10 54, contact@champagnebrunomichel.com r.-v.

PIERRE MIGNON Blanc de blancs ★★

Gd cru	7453	20 à 30 €

Pierre et Yveline Mignon dirigent depuis 1970 le domaine familial implanté dans la vallée du Surmelin, affluent de la Marne, sur la rive gauche. Leur vignoble - pas moins de 17 ha dans la vallée de la Marne, sur les coteaux d'Épernay et la Côte des Blancs - ne suffit pas à leur dynamisme commercial. À l'arrivée de Jean-Charles et Céline, en 2000, la propriété a pris le statut de négociant. (NM)

D'un or pâle et lumineux, ce blanc de blancs naît de la rencontre des terroirs de Chouilly, de Cramant et d'Avize, grands crus de la Côte des Blancs. Au nez, il libère des parfums intenses et frais de fleurs blanches et d'agrumes. En bouche, il se déploie avec ampleur et richesse, sur des notes gourmandes de viennoiserie et de miel. Une acidité douce et des bulles fines apportent la fraîcheur nécessaire et font de ce champagne un modèle d'équilibre. ⧗ 2018-2021

PIERRE MIGNON, 5, rue des Grappes-d'Or, 51210 Le Breuil, tél. 03 26 59 22 03, info@pierre-mignon.com t.l.j. sf sam. dim. 9h-12h 14h-17h

JEAN MILAN
Extra-brut Blanc de blancs Grand cru d'Oger

Gd cru | 20000 | | 15 à 20 €

Établis depuis 1864 à Oger, grand cru de la Côte des Blancs, les Milan élaboraient déjà leurs champagnes au XIXᵉs. Caroline et Jean-Charles Milan ont rejoint en 2007 la maison, dont ce dernier a pris les rênes en 2015. (NM)

Un blanc de blancs très classique. Le nez évoque la fleur blanche et la brioche, avec une pointe de caramel. La bouche apparaît plus fruitée, citronnée, en harmonie avec une franche acidité qui laisse une belle sensation de fraîcheur. ⧗ 2018-2020

JEAN MILAN, 8, rue d'Avize, 51190 Oger, tél. 03 26 57 50 09, info@champagne-milan.com r.-v.

ALBERT DE MILLY Tradition ★

| 100000 | | 11 à 15 €

Fils d'Albert Demilly, petit viticulteur de Mareuil-sur-Aÿ, Alain Demilly crée une entreprise de services, dont les revenus lui permettent d'agrandir son vignoble (12 ha aujourd'hui) et de lancer son champagne en 1994. Il a transmis en 2012 à son fils Thomas sa maison installée à Bisseuil, à la croisée de la Montagne de Reims, de la vallée de la Marne et de la Côte des Blancs. (NM)

Les trois cépages champenois (dont 70 % de noirs) sont à l'origine de cette cuvée qui est l'assise de la maison. Bien ouvert, le nez évoque les fruits mûrs et les fruits secs – des arômes d'évolution qui se prolongent dans une bouche ronde, riche et onctueuse, à la finale fraîche. Un champagne complexe qui peut accompagner tout un repas. ⧗ 2018-2020 ● **Premier cru (11 à 15 €; 14000 b.)** : vin cité.

SAS A. DEMILLY, La Maladrie, RD Nº 1, 51150 Bisseuil, tél. 03 26 52 33 44, contact@demilly.com r.-v.

MINARD ET FILLES Éléonor ★★

● | 4000 | 15 à 20 €

Les champagnes Minard ont été commercialisés à partir de 1922. En 2013, lorsque son père part à la retraite, Audrey Promsy, infirmière dans une première vie, reprend l'exploitation familiale. Elle crée sa marque, avec un «s» à Filles, pour associer sa sœur jumelle, ses deux nièces et ses deux filles à l'aventure. Elle cultive 4 ha dans le massif de Saint-Thierry, au nord-ouest de Reims. (RM)

Éléonor serait la plus coquette des quatre jeunes filles de la maison. Quoi qu'il en soit, ce rosé de saignée, né de la macération de pinot noir et de meunier à parts égales, est joliment paré d'une robe rubis soutenu. Il se parfume de senteurs de fraise et de framboise, des arômes qui se prolongent dans une bouche ronde et souple, justement dosée. Un rosé flatteur. ● **Ondine ★ (15 à 20 €; 6000 b.)** : issue d'un assemblage de 70 % de chardonnay complété des deux noirs, cette cuvée ne manque pas de fraîcheur, avec sa robe claire parcourue d'une bulle fine et alerte, et son nez entre fruits frais, fleurs blanches et la pierre à fusil. À l'inverse, malgré une attaque vive, la bouche ample et puissante laisse l'impression d'une généreuse vinosité, tout en restant très équilibrée. ⧗ 2018-2020

AUDREY PROMSY, 12, rue des Hauts-Murs, 51390 Courmas, tél. 06 83 42 80 46, champagne.minardetfilles@orange.fr r.-v.

MOËT ET CHANDON Grand Vintage 2009 ★★

| n.c. | | 50 à 75 €

L'une des plus anciennes maisons de Champagne, fondée en 1743 par Claude Moët, propriétaire de vignes. Au début du XIXᵉs., son petit-fils Jean-Rémy donne à la société une dimension internationale, avec la complicité de son gendre Pierre-Gabriel Chandon de Briailles. Leurs héritiers ont conforté le succès de la marque, devenue la plus connue et la plus vendue au monde. Aujourd'hui, Moët et Chandon, riche de 1 190 ha de vignes (dont 50 % en grand cru) et de 28 km de caves, continue son expansion au sein du puissant groupe LVMH. Ses ambitions se sont concrétisées par l'inauguration en 2012, sur le site du Mont Aigu, à Oiry, au bas de la Côte des Blancs, d'une vaste cuverie de style contemporain, qui s'ajoute à ses installations historiques d'Épernay. (NM)

À leur avantage en 2009, les pinots noirs dominent l'assemblage de ce brut millésimé (50 %, avec le chardonnay et le meunier en complément) – une proportion inconnue depuis le millésime 1996. Le premier nez, de style «maison», minéral et fumé, ouvre la voie à des senteurs de fleurs blanches, d'agrumes et de mie de pain. Un accueil flatteur qui aiguise la curiosité. Tout en finesse, à la fois ronde et tendue, la bouche ne déçoit pas. Une finale iodée et saline met en relief la longue finale de ce vin délicat au fort potentiel. ⧗ 2020-2025 ● **Impérial Rosé ★ (30 à 50 €; n.c.)** : issu des trois cépages champenois (avec 10 à 20 % de blancs), un rosé saumon pâle au nez de fleurs et de petits fruits montrant une belle évolution. D'abord timorée, la bouche monte en puissance et laisse en finale une impression d'harmonie. Une cuvée accomplie. ⧗ 2018-2021 ● **Impérial (30 à 50 €; n.c.)** : vin cité.

MOËT ET CHANDON, 20, av. de Champagne, 51200 Épernay, tél. 03 26 51 20 00, cregnier@moethennessy.com t.l.j. sf sam. dim. 9h30-11h30 14h-16h30, f. jan.
LVMH

PIERRE MONCUIT
Blanc de blancs Nicole Moncuit Vieilles Vignes 2005 ★

Gd cru | 2500 | 50 à 75 €

Cette propriété fondée en 1889 choie les blancs de blancs provenant de son vaste vignoble (20 ha, dont 15 en grand cru) entre Côte des Blancs et Sézannais. Elle est conduite par Yves et Nicole Moncuit, laquelle se charge des vinifications et forme sa fille Valérie. (RM)

Un blanc de blancs arrivé à maturité, comme le montrent la robe dorée parcourue de bulles fines, le nez sur les fleurs blanches, le pain grillé et le coing, puis la bouche, expressive, bien équilibrée entre fraîcheur et vinosité.

⧗ 2018-2020 ● **Gd cru Extra-brut Blanc de blancs 2010 ★ (30 à 50 €; 5000 b.)** : discret mais plutôt complexe, le nez associe verveine, chèvrefeuille, fruits secs et écorce d'orange. Le prélude à une bouche tout en finesse, à la finale de belle longueur, sur l'agrume confit. ⧗ 2018-2022 ● **Gd cru Blanc de blancs 2010 (30 à 50 €; 30000 b.)** : vin cité.

NICOLE, VALÉRIE ET YVES MONCUIT, 11, rue Persault-Maheu, 51190 Le Mesnil-sur-Oger, tél. 03 26 57 52 65, contact@pierre-moncuit.fr V r.-v.

MONDET Brut Intense

●	6900		15 à 20 €

Le village où cette maison a son siège se niche près d'Hautvillers. Fondée en 1926, l'affaire est dirigée par Francis Mondet, ses filles et ses gendres, qui disposent de 10 ha en propre. (NM)

Une rare bouteille bleue renferme ce brut qui met en vedette le meunier (80 %), associé au chardonnay – des raisins de la vendange 2014. Son nez puissant, panier de fruits jaunes que l'on retrouve en bouche, sa matière dense et structurée dessinent le profil d'un champagne plus rond que vif, destiné au repas. ⧗ 2018-2020

SARL CHAMPAGNE FRANCIS MONDET, 2, rue Dom-Pérignon, 51480 Cormoyeux, tél. 03 26 58 64 15, champagne.mondet@wanadoo.fr V *t.l.j. 9h-12h 14h-17h30; dim. sur r.-v.*

MONMARTHE Millésime 2011 ★

● 1er cru	9000		15 à 20 €

Sous Louis XV, les Monmarthe étaient déjà vignerons. En 1930, Ernest lance son champagne. Soixante ans plus tard, Jean-Guy Monmarthe s'installe à la tête du domaine: 17 ha dans la Montagne de Reims. En 2014, il prend en outre la succession de Gérard Doré (4 ha à Ludes), dont il conserve la marque. (RM)

Les jurés avaient salué le 2008. Le 2011 associe également 60 % de pinot noir au chardonnay et présente comme son devancier des senteurs d'évolution, avec plus de grillé et de torréfaction que de fruits. Quant à la bouche, sans bénéficier de la même ampleur que son remarquable prédécesseur, elle est généreuse, équilibrée, de belle longueur. ⧗ 2018-2021 ● **1er cru Secret de famille (15 à 20 €; 95000 b.)** : vin cité.

JEAN-GUY MONMARTHE, 38, rue Victor-Hugo, 51500 Ludes, tél. 03 26 61 10 99, contact@champagne-monmarthe.com V r.-v.

DANIEL MOREAU Les Crinquettes Rosé de saignée Élevé en fût de chêne 2012

●	923		30 à 50 €

Robert Moreau plante ses premières vignes en 1947 aux environs de Vandières, dans la vallée de la Marne. Son fils Daniel, installé en 1969, quitte la coopérative en 1977 pour élaborer ses champagnes. Bastien, le petit-fils, arrive en 1994 sur l'exploitation et en prend la tête en 2005. Son domaine, de près de 7 ha, est en conversion bio depuis 2017. (RM)

Récolté sur la parcelle des Crinquettes, le pinot noir à l'origine de cette cuvée a macéré en cuve avant saignée; après un élevage de huit mois en fût, il est resté cinq ans en cave. Le résultat est intéressant: nez intense et complexe mariant fraise écrasée, cassis, orange, épices, notes animales et fumées; bouche à l'unisson, puissante, structurée et fraîche. Un champagne de caractère qui divise: il enchante les amateurs de rosés vineux, et plaît moins à ceux qui les préfèrent tout en finesse et sur le fruit. ⧗ 2018-2020

BASTIEN MOREAU, 5, rue du Moulin, 51700 Vandières, tél. 03 26 58 01 64, contact@champagne-daniel-moreau.fr V r.-v.

MOREL L'Extra ★★

●	10000		20 à 30 €

Prenant la suite de quatre générations, Pascal Morel s'est installé en 1973 à la tête du vignoble familial (8 ha aujourd'hui). C'est l'un des spécialistes du rosé-des-riceys, qu'il a vinifié avant le champagne. En 2016: Simon au vignoble, Émilie à la cave et à la commercialisation. Propriété certifiée Haute valeur environnementale. (RM)

Dosé en extra-brut, ce pur pinot noir assemble les années 2013 à 2010. Un champagne loué pour la finesse et la complexité de ses arômes compotés (pêche et abricot), briochés et citronnés, puis pour sa bouche dans le même registre (fruits jaunes, groseille), tendue par une belle vivacité. Une cuvée droite et précise. ⧗ 2018-2021 ● **Rosé de saignée (20 à 30 €; 8000 b.)** : vin cité.

PASCAL MOREL, 93, rue du Gal-de-Gaulle, 10340 Les Riceys, tél. 03 25 29 10 88, info@champagnemorel.com V r.-v.

MORIZE PÈRE ET FILS Brut Réserve ★

●	24042		15 à 20 €

Établis aux Riceys (Aube) depuis 1830, les Morize sont récoltants-manipulants depuis trois générations. Guy Morize, installé en 1970, dispose d'un vignoble de plus de 6 ha et de splendides caves voûtées bâties par les cisterciens au XIIes. (RM)

Majoritaire aux Riceys, le pinot noir est associé à 15 % de chardonnay dans ce brut. Née de la récolte 2012 et de vins de réserve, la cuvée présente un caractère évolué, mêlant délicatement les fleurs, le miel, la cire et des notes grillées et beurrées d'une belle finesse. En bouche, elle montre une rondeur et une suavité agréables. ⧗ 2018-2020

MORIZE PÈRE ET FILS, 122, rue du Gal-de-Gaulle, 10340 Les Riceys, tél. 03 25 29 30 02, champagnemorize@wanadoo.fr V r.-v.

MOUSSÉ-GALOTEAU ET FILS Brut Rosé ★

●	6000		15 à 20 €

Des Galoteau cultivaient la vigne en 1810 à Binson-et-Orquigny, sur la rive droite de la Marne. Premier pressoir en 1880. La propriété s'agrandit après le second conflit mondial, se lance dans l'élaboration du champagne en 1958 (sous la marque actuelle en 1975). Le domaine est depuis 2014 aux mains de Jérémy et de Geoffroy Moussé. (RM)

Du meunier vinifié en blanc (90 %) et du pinot noir vinifié en rouge collaborent à ce rosé d'assemblage à la robe rubis éclatant. Démonstratif, gourmand, le nez est un panier de fruits – rouges surtout – rehaussé d'herbes aromatiques, que l'on a plaisir à retrouver dans une bouche équilibrée et longue. Un champagne très expressif. ⧗ 2018-2020 ● **Brut Réserve ★ (15 à 20 €; 3000 b.)** : mariant meunier (70 %) et chardonnay, un brut gourmand, vineux et tout en rondeur, au nez de compote de fruits. ⧗ 2018-2020

MOUSSÉ-GALOTEAU ET FILS, 19, rue Blanche, 51700 Binson-Orquigny, tél. 03 26 58 08 91, moussegaloteau@laposte.net V r.-v.

YVON MOUSSY Cuvée Prestige ★

● | 5500 | | 15 à 20 €

Constitué en 1947 par Yvon Moussy, encore présent sur la propriété, ce domaine comptant aujourd'hui 5,3 ha est implanté à Congy, îlot viticole situé entre Côte des Blancs au nord et Sézannais au sud. Il est dirigé par Marylène Moussy, rejointe en 2008 par son fils Antonin Aubry. (RM)

Le chardonnay (95 %) règne sur cet assemblage, complété par une goutte des deux pinots. Avec ses arômes intenses de fruits jaunes bien mûrs, voire macérés, et ses notes miellées, le nez affirme son évolution. Le palais, à l'unisson, apparaît gourmand et vineux, tout en restant alerte. Un champagne robuste. ⧗ 2018-2020

MARYLÈNE MOUSSY, 16, rue des Moulins, 51270 Congy, tél. 03 26 59 34 47, marylene-moussy@wanadoo.fr V r.-v.

CORINNE MOUTARD Cuvée Tradition ★

● | 20000 | 11 à 15 €

Héritière d'une lignée de viticulteurs bien connue dans l'Aube, Corinne Moutard s'est installée en 1985 et commercialise depuis 1998 sa propre marque. Ses champagnes sont élaborés dans l'exploitation familiale située non loin des Riceys. (NM)

Née de 70 % de noirs, pinot noir en tête, cette cuvée apparaît légèrement évoluée. Son nez timide s'ouvre sur la pomme et la poire, avec quelques notes briochées. Le miel, le coing, l'abricot et la noisette s'ajoutent à cette palette dans un palais agréablement rond, de bonne longueur, à la finale acidulée. Un équilibre plaisant. ⧗ 2018-2020 ● **Extra-brut Cuvée Blanc de noirs ★ (15 à 20 €; 1500 b.)** : le pinot noir joue en solo avec finesse une partition sur des notes de fruits secs et de grillé. Concentrée, la bouche conjugue ampleur et acidité. Un brut vineux et frais qui n'a pas dit son dernier mot. ⧗ 2018-2022

CORINNE MOUTARD, 49, Grande-Rue, 10110 Polisy, tél. 03 25 38 52 47, champagnecorinnemoutard@wanadoo.fr V *t.l.j. 9h-12h 14h-18h; sam. dim. sur r.-v.*

MOUTARDIER Carte d'or ★

● | 96293 | | 15 à 20 €

Camille est le premier des Moutardier à avoir élaboré son champagne en 1921. William Saxby, l'arrière-petit-fils, s'est installé en 2010. Proche de la vallée de la Marne et forte de 18 ha, la maison a un slogan peu commun: «le meilleur du meunier». Très cultivé dans la vallée de la Marne, ce cépage forme la base de presque toutes ses cuvées. (NM)

L'an dernier, la cuvée Pur Meunier avait décroché un coup de cœur. Ce brut associe le cépage roi du secteur à 15 % de chardonnay. Une fine évolution se traduit par des nuances de petits fruits confiturés, de noisette et par des notes grillées, épicées et miellées. La bouche, à l'unisson, dévoile une vinosité souple et fait preuve d'une bonne longueur. ⧗ 2018-2020

MOUTARDIER, Chem. des Ruelles, 51210 Le Breuil, tél. 03 26 59 21 09, contact@champagne-jean-moutardier.fr V *t.l.j. 8h30-12h 13h30-17h30; sam. dim. sur r.-v.*

MOUTARD PÈRE ET FILS
Brut nature Chardonnay Vignes Chiennes

● | 6408 | | 30 à 50 €

Sous Louis XIII, des Moutard cultivaient déjà la vigne à Bar-sur-Seine (Aube), mais la famille n'élabore son champagne que depuis 1927. Aujourd'hui, François, Véronique et Agnès disposent d'un domaine de 23 ha, complété par les vendanges de viticulteurs voisins. Ils cultivent d'anciens cépages et proposent des champagnes de terroir. Ils proposent aussi des bourgognes de l'Yonne. (NM)

Chez les Moutard on cultive une certaine filiation avec la Bourgogne voisine: on parle de «climat» de Champagne, on vinifie en fût et on ne dose pas ce pur chardonnay. Il en résulte un brut nature empyreumatique, boisé et mûr, de belle ampleur. Une certaine idée du terroir. ⧗ 2018-2020 ● **Vignes Beugneux Pinot noir (20 à 30 €; 18597 b.)** : vin cité.

MOUTARD, 6, rue des Ponts, 10110 Buxeuil, tél. 03 25 38 50 73, contact@famillemoutard.com V *t.l.j. sf sam. dim. 8h-12h 14h-18h*

BERNARD NAUDÉ Esprit 2009 ★★

● | 5647 | | 15 à 20 €

Un monument surmonté d'une statue de Napoléon, érigé en 1830 par un ancien officier de la Grande Armée, Armand-Prosper Cornette, signale cette exploitation de Charly-sur-Marne, aux confins de l'Aisne et de la Seine-et-Marne. Bernard Naudé, récoltant depuis les années 1970, s'est lancé dans la manipulation en 1983; il cultive aujourd'hui avec son fils Vincent un vignoble de plus de 8 ha. (RM)

Or pâle à l'effervescence vive, cette cuvée millésimée issue d'une année solaire, née des trois cépages à parts égales, est saluée par les jurés pour son nez intense, mêlant le beurre et un fruité dominé par les petites baies rouges. Florale et toujours fruitée, la bouche conjugue l'ampleur et la richesse du millésime avec une belle élégance. Un champagne équilibré et subtil. ⧗ 2018-2020 ● **Réserve (15 à 20 €; 2000 b.)** : vin cité.

EARL LA TOUR NAPOLÉON, 12, av. Fernand-Drouet, BP 61, 02310 Charly-sur-Marne, tél. 03 23 82 09 26, info@champagne-bernard-naude.com V r.-v.

NICOLO ET PARADIS Chardonnay

● | 14500 | | 15 à 20 €

David Nicolo a pris les rênes en 2011 de l'exploitation familiale fondée en 1951 et repris peu de temps après la maison Camille Paradis et Fils. Sa cave est située à Arsonval, commune proche de Bar-sur-Aube, et son vignoble couvre une coquette surface – 12 ha à Colombé-le-Sec, à quelques kilomètres de là. (RM)

Bien que leur cépage fétiche soit le pinot noir, les vignerons aubois peuvent présenter des blancs de blancs de

CHAMPAGNE

bonne facture comme celui-ci, au nez aérien sur l'aubépine, la poire et l'abricot. Une attaque délicate ouvre sur un palais énergique, harmonieux, de bonne longueur. ⧗ 2018-2020

DAVID NICOLO, 6, rue du Désert, 10200 Arsonval, tél. 03 25 27 30 57, champagne.np@gmail.com V r.-v.

CAROLE NOIZET Sélection fleur de vigne ★

●	15000		15 à 20 €

En 500, saint Thierry fonda au nord-ouest de Reims une abbaye qui fut l'un des berceaux du vignoble champenois et qui donna son nom au village où Carole Noizet est aujourd'hui établie. La récoltante, installée en 2000, représente la troisième génération sur un domaine couvrant 6,5 ha. (RC)

Mi-blancs mi-noirs (les deux pinots), ce brut livre d'intenses parfums de fleurs et de fruits blancs accompagnés de notes grillées et beurrées que l'on retrouve en bouche. Aussi expressif que le nez, le palais apparaît mûr, complexe, rond et équilibré. ⧗ 2018-2020 ● **Perle noire (15 à 20 €; 5000 b.)** : vin cité.

CAROLE NOIZET, 1, rte de Thil, D 330 bis, 51220 Saint-Thierry, tél. 03 26 97 77 45, champagnenoizetcarole@gmail.com V *r.-v.* 3

NOMINÉ-RENARD ★★

●	15408		15 à 20 €

Simon Nominé a succédé en 2010 à son père Claude à la tête du domaine créé par son grand-père en 1960. Il exploite un vignoble de 21 ha implanté sur les coteaux du Petit Morin, du Sézannais et de la vallée de la Marne. (RM)

Un rosé d'assemblage issu des trois cépages champenois, où noirs et blancs sont presque à parité. Sa robe rose fuchsia, flashy, attire l'œil. Plus classique, le nez s'ouvre sur la rose et le bonbon acidulé. On retrouve en attaque cette acidité, en harmonie avec des notes de pamplemousse, relayées par des arômes de fruits rouges. Un champagne gourmand et long. ⧗ 2018-2021 ● **Blanc de blancs ★ (15 à 20 €; 18180 b.)** : Il offre ce que l'on attend de ce type de champagne: un nez fin, entre fleurs blanches et citron confit, un palais dense et long, aussi vif en attaque qu'en finale. Classique et efficace. ⧗ 2018-2021

NOMINÉ, 32, rue Vigne-l'Abbesse, 51270 Villevenard, tél. 03 26 52 82 60, contact@champagne-nomine-renard.com V *r.-v.*

FRANCIS ORBAN Réserve ★★

●	52000		15 à 20 €

L'arrière-grand-père de Francis Orban a été le premier en 1929 à se lancer dans l'élaboration de ses cuvées. Installé en 1999, ce dernier exploite 7,5 ha sur la rive gauche de la Marne. Il s'applique à mettre en valeur le meunier, cépage qu'il juge trop méconnu. (RM)

Né de pur meunier, ce brut généreux est issu pour moitié de vins de réserve. Intense et complexe, sa palette dévoile au nez comme au palais des arômes de fruits confits et de pruneau qui traduisent une évidente maturité, tout en gardant des notes de jeunesse florales et citronnées. La bouche, à l'unisson, apparaît à la fois ronde et fraîche. Un champagne structuré et long, expressif et harmonieux. ⧗ 2018-2020

FRANCIS ORBAN, 23, rue du Gal-de-Gaulle, 51700 Leuvrigny, tél. 03 26 58 84 41, francis.orban@free.fr V *r.-v.*

LUCIEN ORBAN Rosé ★

●	5000		15 à 20 €

À la tête de plus de 6 ha de vignes dans la vallée de la Marne, Hervé Orban dirige depuis 1991 l'exploitation fondée par son grand-père; ses champagnes portent l'étiquette créée par son père Lucien. (RM)

Un rosé d'assemblage qui tire d'un apport de vin rouge sa couleur soutenue aux reflet rubis. Bien ouvert et élégant, le nez n'est pas avare de senteurs de framboise, de fraise et de mûre, rehaussées de notes de rose, de poivre et de pain grillé. Le prélude à une bouche ample, suave et longue. Un champagne expressif et gourmand. ⧗ 2018-2020 ● **Brut (11 à 15 €; 12000 b.)** : vin cité.

SCEV HERVÉ ORBAN, 11, rue du Gal-de-Gaulle, 51700 Cuisles, tél. 03 26 58 16 11, herve.orban@wanadoo.fr V *r.-v.*

BRUNO PAILLARD Première Cuvée ★

●	n.c.		30 à 50 €

Une maison de négoce créée en 1981 par Bruno Paillard. Alors âgé de vingt-sept ans, ce descendant de courtiers et de vignerons vend sa vieille Jaguar pour fonder son affaire. Il mise sur des champagnes haut de gamme. Aujourd'hui, il dispose en propre de 32 ha de vignes (dont 45 % en grand cru) et d'une cuverie «hors sol» ultramoderne. Toutes ses cuvées comptent au moins 20 % de vins vinifiés en fût, leur dosage est très mesuré, leur bulle très fine. La date de dégorgement est indiquée sur chaque bouteille. (NM)

Vin blanc (chardonnay et pinot noir) et vin rouge s'allient pour donner ce rosé d'assemblage resté trois ans en cave. Sa robe, légère et brillante, saumon très clair, est parcourue par un cordon de bulles fin et régulier. Plus engageant encore, le nez associe les fruits rouges à la rose. Quant à la bouche, si elle n'est pas des plus longues, elle se montre franche à l'attaque, structurée et fraîche, et offre des arômes fruités à profusion. ⧗ 2018-2020 ● **N.P.U. Nec plus ultra 2002 ★ (+ de 100 €; n.c.)** : cuvée de prestige toujours issue d'une grande année, restée douze ans sur lies et trois ans en cave après dégorgement. Cet extra-brut s'est «fait» en fût de chêne, où les vins de base (des grands crus) sont vinifiés et longuement élevés. Il en a tiré des arômes de pruneau, de moka, de cacao et d'épices et une bouche consistante, riche et ronde, vanillée et fumée, équilibrée par une belle fraîcheur. Une cuvée ambitieuse au style très affirmé: elle plaira aux amateurs de champagnes longuement évolués. ⧗ 2018-2020 ● **Première Cuvée (30 à 50 €; n.c.)** : vin cité.

BRUNO PAILLARD, av. de Champagne, 51100 Reims, tél. 03 26 36 20 22, info@brunopaillard.com V *t.l.j. sf sam. dim. 8h30-12h30 14h-17h*

PAILLETTE 2011 ★★

●	1596		15 à 20 €

Richard Paillette a pris la tête en 1997 de la propriété familiale constituée en 1922. Il exploite 7 ha de vignes

en aval de Château-Thierry, sur le coteau d'Essômes-sur-Marne exposé au soleil levant. (RM)

Chardonnay et pinot noir sont assemblés à parts égales dans ce 2011. À la robe d'un or profond répond un nez élégant et mûr, alliant les fruits cuits ou confits à la torréfaction. Reflet d'une noble évolution, cette palette s'enrichit d'arômes de pain d'épice dans une bouche cossue, sans lourdeur ni tranchant. Pour la table. ⧗ 2018-2020 ● **Brut (11 à 15 €; 38413 b.)** : vin cité.

PAILLETTE, 4, Aulnois, 02400 Essômes-sur-Marne, tél. 03 23 70 82 63, champagne.paillette@orange.fr V r.-v.

PALMER & CO Extra-brut Extra réserve ★★

●	20000		30 à 50 €

Fondée à Avize en 1947 par sept vignerons, cette coopérative aujourd'hui installée à Reims a connu un bel essor dans les années 1980. Elle tire son approvisionnement de plus de 400 ha répartis dans une quarantaine de crus – pour l'essentiel situés dans la Montagne de Reims. Palmer est sa marque. (CM)

Du blanc et du noir, du chardonnay surtout (55 %) et du pinot noir (35 %), pour cet extra-brut à la robe claire et brillante. Groseille blanche, biscuit au beurre, miel d'acacia, touches crayeuses composent un nez un rien évolué, remarquable par sa délicatesse. Une complexité qui s'affirme en bouche, où l'on découvre de l'orange, de l'abricot, de la vanille et du pain grillé. Autre attrait de cette cuvée, une texture enrobée et fraîche. Une harmonie exemplaire. ⧗ 2018-2021

PALMER, 67, rue Jacquart, 51100 Reims, tél. 03 26 07 35 07, communication@champagnepalmer.fr V r.-v. 5

PANNIER Extra-brut Exact ★

●	50000		20 à 30 €

En 1899, Louis-Eugène Pannier crée une maison de négoce qui s'installe à Château-Thierry, dans la vallée de la Marne. En 1974, ses héritiers cèdent la marque à la Covama (un groupement de producteurs), ainsi que d'impressionnantes galeries, anciennes carrières creusées au XIIᵉs. Depuis 2010, la coopérative dispose de 730 ha de vignes. (CM)

Issu d'un assemblage des trois cépages champenois (60 % de noirs, les deux pinots à parité), cet extra-brut or clair séduit par la délicatesse de son nez où se rencontrent le biscuit beurré, la pêche, l'abricot et la cerise. Raisin, noisette grillée et framboise enrichissent encore la palette aromatique dans une bouche équilibrée, fine, fraîche et longue. Un champagne de table. ⧗ 2018-2020 ● **Blanc de noirs 2012 (30 à 50 €; 12000 b.)** : vin cité.

PANNIER, 23, rue Roger-Catillon, 02400 Château-Thierry, tél. 03 23 69 51 30, info@champagnepannier.com V r.-v.

DENIS PATOUX Cuvée Prestige 2007 ★

●	n.c.		15 à 20 €

Viticulteurs depuis plus d'un siècle sur la rive droite de la Marne, les Patoux ont commencé à élaborer du champagne en 1945. Installé en 1976, Denis Patoux dispose d'un vignoble de 8,5 ha qui s'est beaucoup agrandi ces vingt dernières années grâce à des plantations nouvelles. (RM)

Le millésime 2006 de ce producteur avait reçu un coup de cœur. Mariant lui aussi les trois cépages champenois (avec 60 % de noirs, pinot noir en tête), son successeur a séduit. Avec ses notes de fruits blancs confits et ses arômes briochés, le nez reflète une heureuse évolution, que l'on retrouve dans une bouche tendre, vivifiée par un trait acidulé et citronné. ⧗ 2018-2020 ● **(15 à 20 €; n.c.)** : vin cité.

DENIS PATOUX, 1, rue Bailly, 51700 Vandières, tél. 03 26 58 36 34, denis.patoux@wanadoo.fr V r.-v.

PAUL-SADI Simone ★

● 1ᵉʳ cru	3549		15 à 20 €

Après avoir travaillé une quinzaine d'années comme salarié dans la maison Virgile Portier, l'entreprise familiale gérée par ses parents, Jérôme Portier a lancé en 2011 sa maison et son champagne, qui porte le nom de son grand-père. Il dispose en propre de près de 3 ha de vignes. (NM)

Une cuvée née de chardonnay récolté sur les coteaux de Villers-Marmery – l'un des rares villages de la Montagne de Reims surtout dédié aux blancs. Elle a hérité d'une vinification partielle en fût une robe paille dorée, un surcroît de complexité et une finale marquée par une pointe tannique un rien amère. Ses arômes gourmands (viennoiserie, fougère, menthol, citron et pamplemousse), sa mousse crémeuse et sa vivacité laissent une sensation d'équilibre. ⧗ 2018-2020

JÉRÔME PORTIER, 21 bis, RN, 51360 Beaumont-sur-Vesle, tél. 03 26 40 25 18, paul.sadi@orange.fr V r.-v.

GHISLAIN PAYER ET FILLE Tradition ★★

●	n.c.		15 à 20 €

Viticulteurs depuis 1854, établis dans un vallon proche de la vallée de la Marne, les Payer se flattent de figurer parmi les vingt-quatre fondateurs de la Coopérative régionale des vins de Champagne en 1962 (voir Jacquart, de Castelnau), qui élabore encore deux de leurs cuvées, même s'ils sont devenus récoltants-manipulants. Ghislain Payer a transmis en 2014 le vignoble de 4 ha à sa fille Élise. (RM)

S'il doit beaucoup au meunier (66 %), ce brut tire profit du chardonnay et du pinot noir qui entrent dans l'assemblage, ainsi que de quatre ans de vieillissement sur lattes. Bien ouvert, le nez associe agrumes et fleurs blanches, mariage abouti de jeunesse et d'évolution. Le palais est à l'image de l'olfaction: souple en attaque, intense et tonifié par des arômes de pamplemousse et d'orange. Un champagne élégant et persistant. ⧗ 2018-2020 ● **(15 à 20 €; n.c.)** : vin cité.

GHISLAIN PAYER, 18, rue des Longs-Champs, 51480 Fleury-la-Rivière, tél. 03 26 58 48 00, contact@champagne-ghislain-payer.com V r.-v.

CHRISTIAN PÉLIGRI Réserve ★

●	10000		11 à 15 €

Colombey-les-Deux-Églises, où séjourna et mourut le général de Gaulle, est un des lieux de mémoire du pays. On sait moins que cette commune de la Haute-Marne est incluse dans l'aire d'appellation champagne (il n'y en a que deux dans ce département). La

CHAMPAGNE

famille Péligri s'est installée en 1988 dans l'ancienne coopérative laitière du village qu'elle a transformée en cave. Au fil des ans, son domaine s'est agrandi. Il compte aujourd'hui 8 ha. (RM)

Cette cuvée tire du seul chardonnay sa robe claire, son nez expressif, floral, fruité et finement épicé, et sa bouche dans le même registre, suave, équilibrée et longue. Un champagne franc et net. ⧗ 2018-2020 ● **Tradition (11 à 15 €; 25000 b.)** : vin cité.

⊶ CHRISTIAN PÉLIGRI, 60, RD 619, 52330 Colombey-les-Deux-Églises, tél. 03 25 01 52 74, christian.peligri@wanadoo.fr V ✶ ▪ *t.l.j. 8h-19h; dim. sur r.-v.*

JEAN-MICHEL PELLETIER Brut Sélection ★

●	5000	▮	11 à 15 €

Jean-Michel Pelletier a repris en 1982 des vignes familiales dans la vallée de la Marne et porté la superficie de son domaine à près de 5 ha. Diplômé en œnologie, il participe aux assemblages à la coopérative de Passy-Grigny qui vinifie sa production. (RC)

Composé de 50 % de pinot noir et de 30 % de meunier complétés par le chardonnay, ce brut revêt une robe claire aux légers reflets cuivrés. Évolué et gourmand, le nez allie des arômes pâtissiers à des notes de fruits rouges frais et d'épices. Cette palette mûre se retrouve dans une bouche équilibrée et tonique. Une réelle harmonie. ⧗ 2018-2020

⊶ JEAN-MICHEL PELLETIER, 22, rue Bruslard, 51700 Passy-Grigny, tél. 03 26 52 65 86, champagnejmpelletier@wanadoo.fr V ▪ *r.-v.*

PENET-CHARDONNET Blanc de blancs Terroir & Sens ★

● Gd cru	1300	▮	50 à 75 €

Ingénieur et œnologue descendant d'une lignée de vignerons remontant à quatre siècles, Alexandre Penet conduit depuis 2009 l'exploitation familiale: 6 ha de vignes implantées sur les coteaux de Verzy et Verzenay, grands crus de la Montagne de Reims. Il a lancé en 2011 une activité de négoce. Toutes ses cuvées sont nature ou extra-brut. (NM)

Né du seul chardonnay de grande origine, vinifié en fût, cet extra-brut apparaît fort marqué par le chêne. Expressif et gourmand, il mêle au nez les fruits blancs et jaunes à un puissant boisé grillé. En bouche, les dégustateurs détectent l'absence de fermentation malolactique à une arête vive, qui trace jusqu'en finale une ligne de fraîcheur dans sa chair vineuse et opulente. ⧗ 2018-2021

⊶ ALEXANDRE PENET, 12, rue Gambetta, 51380 Verzy, tél. 03 51 00 28 80, contact@lamaisonpenet.com V ✶ ▪ *r.-v.*

JEAN PERNET Blanc de blancs Prestige ★

● Gd cru	n.c.	▮	20 à 30 €

Un ancêtre de Christophe et de Frédéric Pernet cultivait la vigne au début du XVIIᵉs. Le tandem dirige aujourd'hui une petite maison de négoce forte d'un vignoble de 17 ha répartis entre Côte des Blancs, vallée de la Marne et coteaux d'Épernay. Deux étiquettes: Jean Pernet et Camille Jacquet. (NM)

Un blanc de blancs né de raisins récoltés au Mesnil-sur-Oger, un grand cru dont les vins ont la réputation d'être réservés dans leur jeunesse. Celui-ci n'est plus dans l'enfance, sans avoir atteint l'âge de la maturité. Doré et coiffé d'une jolie mousse, il présente un nez délicat à dominante d'agrumes, avec des nuances de fleurs et de fruits blancs. Ample en attaque, toastée et crayeuse, la bouche est tendue par une acidité tonique. Un champagne dépouillé et subtil, en devenir. ⧗ 2018-2023 ● **Brut Tradition (15 à 20 €; n.c.)** : vin cité.

⊶ JEAN PERNET, 6, rue de la Brèche-d'Oger, 51190 Le Mesnil-sur-Oger, tél. 03 26 57 54 24, champagne.pernet@orange.fr V ✶ ▪ *r.-v.*

JOSEPH PERRIER Cuvée Joséphine 2008 ★

●	n.c.		+ de 100 €

À la fin du XIXᵉs., les vignes entourant Châlons-en-Champagne, qui ont aujourd'hui cédé la place à la ville, étaient réputées et la cité comptait une dizaine de maisons de champagne. Seule subsiste celle-ci, fondée en 1825 par Joseph Perrier, fils de négociant. Elle est présidée par Jean-Claude Fourmon, l'arrière-petit-fils de Paul Pithois qui avait pris le contrôle de l'affaire en 1888. L'entreprise possède un vignoble de 21 ha dans le cœur historique de la Champagne, aux alentours de Cumières et de Hautvillers. (NM)

2008? Un très beau millésime pour les Champenois. La cuvée de prestige en offre une belle image. Elle naît de 54 % de chardonnay et de 46 % de pinot noir – des raisins issus de 1ers crus et de grands crus – et reste six ans sur lies, avant remuage à la main. Au nez, elle s'ouvre sur des parfums discrets de fruits exotiques et gagne en complexité à l'aération. Les arômes s'affirment en bouche – du citron et des fruits mûrs –, parfumant une matière riche et charnue, tendue par une acidité qui donne allant, fraîcheur et longueur. Du potentiel. ⧗ 2018-2023 ● **Blanc de blancs Cuvée royale ★ (30 à 50 €; n.c.)** : or pâle, ce chardonnay vieilli cinq ans montre une belle continuité entre le nez délicatement citronné et la bouche vive et fraîche, d'une longueur notable. ⧗ 2018-2020

⊶ JOSEPH PERRIER, 69, av. de Paris, 51000 Châlons-en-Champagne, tél. 03 26 68 29 51, contact@josephperrier.fr V ✶ ▪ *r.-v. ⊶ Fourmon*

DANIEL PERRIN 2006 ★

●	11500	▮	15 à 20 €

Daniel Perrin reprend en 1957 le vignoble familial et devient récoltant-manipulant. Aujourd'hui, son fils cadet Christian exploite 14 ha à Urville, près de Bar-sur-Aube. (RM)

Né de pinot noir et de chardonnay à parts égales, ce millésimé à la robe dorée déploie un nez chaleureux, entre fruits confits, miel, caramel et pain grillé. On retrouve sans surprise ces arômes de maturité dans un palais ample et frais auquel un dosage appuyé apporte beaucoup d'onctuosité. Un champagne suave, à son apogée. ⧗ 2018-2020 ● **2014 ★ (15 à 20 €; 5700 b.)** : une macération de pinot noir a donné la couleur soutenue de la fraise à ce rosé, dont le nez penche aussi vers la fraise – associée à la framboise et à d'autres petits fruits rouges. Harmonieuse, de belle longueur, la bouche allie fruité, richesse et fraîcheur dans un bel équilibre. ⧗ 2018-2020

CHRISTIAN PERRIN, 40, rue des Vignes, 10200 Urville, tél. 03 25 27 40 36, info@champagne-perrin.fr r.-v.

PESSENET-LEGENDRE Cuvée Prestige ★★

5000 | 15 à 20 €

Cyrille Pessenet a repris en 1996 le domaine familial qui couvre 4,2 ha sur la rive droite de la Marne, entre Reuil et Hautvillers. Il a lancé sa propre marque en l'an 2000. (RM)

Un assemblage à dominante de chardonnay (75 %), avec le pinot noir en appoint. Les raisins blancs ont été vinifiés sans fermentation malolactique. Rien d'étonnant donc à ce que ce brut fasse preuve d'une telle fraîcheur. Le nez s'ouvre sur des parfums précis d'agrumes, citron et pamplemousse en tête, nuancés de touches végétales. Tonique en attaque, la bouche suit le même registre, en harmonie avec une vivacité qui rend ce vin très harmonieux. 2018-2020 **1er cru Cuvée Cléo (15 à 20 €; 2500 b.)** : vin cité.

PESSENET-LEGENDRE, 37, Grande-Rue, 51480 Reuil, tél. 03 26 57 87 19, champagne-pessenet-legendre@orange.fr r.-v.

TH. PETIT 2012 ★★

Gd cru | 1000 | 20 à 30 €

Pour échapper aux ravages de la crise de 1929, Théophile Petit commercialise son champagne. Son fils André prend la relève en 1948 et, profitant des Trente Glorieuses, porte le vignoble de 1 à 6,3 ha. Sa nièce Bénédicte Bérard-Meuret gère depuis 1995 le domaine situé dans la Montagne de Reims et confie sa vendange à l'Union Champagne. (RC)

Construit sur le pinot noir (80 %), ce brut tire profit de la part de chardonnay qui complète l'assemblage. Ouvert, complexe et subtil, le nez mêle le fruit à noyau, le fruit confituré et des notes pâtissières. La bouche, quant à elle, convoque orange, abricot et pain. Vive, presque tranchante, généreuse dans sa bulle et son ampleur, elle est encore animée par une fougue juvénile. 2018-2021

BÉNÉDICTE BÉRARD-MEURET, 11, rue Colbert, 51150 Ambonnay, tél. 03 26 57 01 13, champagneth.petit@wanadoo.fr r.-v. *EARL Th. Petit*

PETITJEAN-PIENNE Blanc de blancs Réserve ★★

Gd cru | 2600 | 15 à 20 €

De vieille souche vigneronne, Denis Petitjean crée avec son épouse sa propre marque en 1981. Leur fille Marie les rejoint en 2004. La famille exploite 3,5 ha de vignes, implantées pour plus des deux tiers dans des grands crus de la Côte des Blancs. (RM)

Après un coup de cœur l'an dernier pour un blanc de blancs extra-brut, ces vignerons signent cette année une cuvée de la même veine. Un blanc de blancs de grande origine, qui assemble à l'année 2009, les récoltes 2008 (35 %) et 2007 (5 %). Son évolution se traduit par d'intenses notes torréfiées et toastées et par des arômes de fruits secs, vivifiés par des touches citronnées, et se confirme dans une bouche ample et puissante. Une maturité heureuse et sereine. 2018-2021 **Gd cru Blanc de blancs Prestige (20 à 30 €; 1336 b.)** : vin cité.

PETITJEAN, 4, allée des Bouleaux, 51530 Cramant, tél. 03 26 57 58 26, petitjean.pienne@wanadoo.fr r.-v.

MAURICE PHILIPPART Carte d'or ★

1er cru | 16293 | 15 à 20 €

Un Nicaise Philippart cultivait déjà la vigne sur la Montagne de Reims en 1827, mais c'est seulement cent ans plus tard, en 1930, que Maurice Philippart lança son champagne. En 1996, son petit-fils Franck a pris les commandes du vignoble familial et a été rejoint en 2013 par son fils Christophe; pour compléter la production de ses 3 ha, il a adopté le statut de négociant en 2011. (NM)

Une approche agréable pour ce brut né de l'assemblage des trois cépages champenois (70 % de noirs): une robe dorée animée d'une fine bulle, des senteurs de fleurs blanches et de pain grillé. Quant à la bouche, elle laisse une impression de fraîcheur soulignée par des arômes d'agrumes. 2018-2021

SARL MAURICE PHILIPPART, 3, rue des Vignes, 51500 Chigny-les-Roses, tél. 03 26 03 42 44, contact@champagne-mphilippart.com r.-v.

♥ PHILIPPONNAT Clos des Goisses 2008 ★★★

23779 | + de 100 €

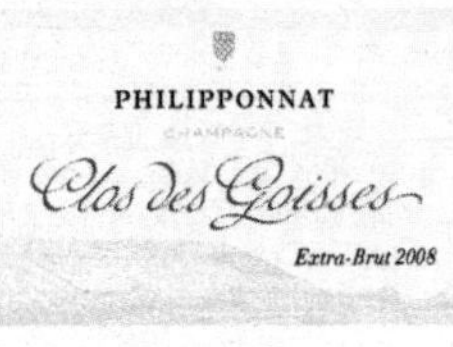

Les Philipponnat sont propriétaires de vignes à Aÿ depuis le début du XVIes.; négociants et vinificateurs, ils ont un blason datant de la fin du XVIIes. et un château à Mareuil-sur-Aÿ, acquis en 1910. Ils ont acheté en 1935 le Clos des Goisses, l'un des rares clos champenois ceint de murs et le plus vaste aussi (5,5 ha), implanté sur un coteau aux pentes vertigineuses, en surplomb du canal latéral de la Marne et de cette rivière. (NM)

Une question a divisé les dégustateurs: deux ou trois étoiles ? La plupart ont opté pour trois, et tous se sont accordés pour donner à cette cuvée un coup de cœur. Ce n'est pas le premier, car tous les facteurs sont réunis pour donner naissance à une grande bouteille: un beau terroir calcaire, pentu, aéré et solaire; une viticulture attentive; une élaboration soignée, avec une vinification partielle sous bois; ajoutons un grand millésime – une maturité aboutie, avec beaucoup de sucre et d'acidité, un état sanitaire parfait. Vinifié en extra-brut, ce 2008 donne une courte majorité au chardonnay (55 %), complété par le pinot noir – alors que ce dernier représente en général deux tiers de l'assemblage. La robe or clair est couronnée de bulles d'une rare finesse. Délicat et complexe, le nez associe la fraîcheur du cédrat, du citron et du menthol à la richesse des notes grillées, briochées et vanillées. Tout aussi complexe, remarquablement construit et persistant, le palais conjugue à la perfection ampleur et tension. Sa vivacité et sa longueur garantissent un plaisir durable. 2018-2025 **Brut Royale Réserve ★ (30 à 50 €; 407637 b.)** : né de 70 % de noirs (essentiellement du pinot noir), ce brut sans année resté trois ans en cave comprend 20 à 30 % de vins de réserve élevés sous bois. D'une belle finesse, assez évolué, le nez mêle les fruits secs, le toast et le beurre. Vive en attaque, souple et ronde en finale, la bouche confirme l'impression olfactive. ⌛ 2018-2020 ● **Grand Blanc 2008 (50 à 75 €; 39178 b.)** : vin cité.

⊶ PHILIPPONNAT, 13, rue du Pont, Mareuil-sur-Aÿ, 51160 Aÿ-Champagne, tél. 03 26 56 93 00, info@philipponnat.com V ♿ 🍷 *r.-v.*

G. PIERRARD
Blanc de blancs Les Hautes Bauves 2008 ★

● Gd cru	3957	🛢	20 à 30 €

Après une première vie dans le négoce en tant que directeur de cave, Gérald Pierrard a repris une exploitation de 2,1 ha à Cramant, grand cru de la Côte des Blancs. (RM)

De Cramant? Forcément, un blanc de blancs grand cru. Nouveauté introduite par le domaine en 2008, une vinification partielle en pièces champenoises (205 l.) dont le chêne provient de la forêt d'Argonne voisine. Or clair, traversé de bulles très fines, ce brut au nez discret s'épanouit en bouche. Il déploie une gamme variée d'arômes – fleurs, fruits mûrs, pain grillé, beurre et boisé – dans une matière équilibrée, d'une notable longueur. ⌛ 2018-2021

⊶ EARL PIERRARD-FRÉZIER, 411, rue Ferdinand-Moret, 51530 Cramant, tél. 03 26 51 90 25, champagne.g.pierrard@gmail.com V ♿ 🍷 *r.-v.*

PIERSON-CUVELIER ★

● 1er cru	16000	🍾	15 à 20 €

Création du domaine en 1901 dans la Montagne de Reims. Premières bouteilles en 1928. François Pierson, à la tête du vignoble familial (12,5 ha) depuis 1978, possède encore le journal de vendanges tenu par son arrière-grand-mère à partir de 1860. Ses cuvées sont construites sur le pinot noir. (RM)

Saumon soutenu aux reflets ambrés, ce brut est né en 2014 d'une macération du pinot noir de près d'une semaine. Son nez évoque les agrumes avec suavité. Après une attaque vive, citron et pomme s'allient aux fruits rouges et se fondent en une chair équilibrée et douce. ⌛ 2018-2020 ● **Gd cru 2012 ★ (20 à 30 €; 8000 b.)** : vieilli en fût de chêne, un pur pinot noir de Louvois, grand cru de la Montagne de Reims. Nez discret, d'une complexité naissante, sur la poire, la pêche, les fruits secs et les agrumes, complétés en bouche par l'abricot, l'amande, la cerise et le pain grillé. Palais d'une belle ampleur, marqué en finale par une touche d'amertume. ⌛ 2018-2020

⊶ PIERSON-CUVELIER, 4, rue de Verzy, 51150 Louvois, tél. 03 26 57 03 72, pierson-cuvelier@orange.fr V ♿ 🍷 *r.-v.*

PINOT-CHEVAUCHET Brut Nature généreuse ★

● 1er cru	5000	🍾	20 à 30 €

Comptable dans une première vie, Didier Chevauchet exploitait l'hectare et demi familial en parallèle. Au milieu des années 2000, il quitte son emploi salarié, achète des vignes, en loue d'autres et s'installe sur 4 ha, près d'Épernay. Sa récolte est vinifiée en coopérative et ses bouteilles sont commercialisées après un vieillissement de cinq ans minimum. (RC)

Non dosée, cette cuvée met en avant le meunier (90 %), complété par un soupçon de chardonnay. Des senteurs briochées et beurrées lui font un nez délicat. Dans le même registre, le palais franc et équilibré s'enrichit de notes d'amande et de miel, ainsi que de touches iodées; il est marqué en finale par une pointe d'amertume. L'ensemble, d'une belle complexité, reste frais. ⌛ 2018-2021 ● **Brut Cuvée joyeuse (20 à 30 €; 19000 b.)** : vin cité.

⊶ DIDIER CHEVAUCHET, 2, rue Prelot, 51530 Moussy, tél. 03 26 51 05 76, pinot.chevauchet@orange.fr V ♿ 🍷 *t.l.j. 10h-12h 14h-19h*

PIOT-SÉVILLANO Extra-brut Tradition ★★

●	6000	20 à 30 €

Alexis Piot devient récoltant-manipulant en 1955. En 2007, sa petite-fille Christine Sévillano et Vincent Scher quittent leur métier respectif de journaliste et de créateur de site Internet pour reprendre ce vignoble de 8 ha dans la vallée de la Marne, et pratiquent l'enherbement. (RM)

Cette cuvée mariant 70 % de meunier aux deux autres cépages champenois séduit d'emblée par sa robe or aux multiples reflets. Ses bulles toniques font monter des arômes de fruits jaunes, de citron confit et de mie de pain. Les fruits exotiques, la torréfaction et les épices s'ajoutent aux agrumes dans un palais ample en attaque, complexe, généreux et long, marqué en finale par une suavité rare pour un extra-brut. ⌛ 2018-2021

⊶ CHRISTINE ET VINCENT SCHER, 23, rue d'Argentelle, 51700 Vincelles, tél. 03 26 58 23 88, contact@piot-sevillano.com V ♿ 🍷 *r.-v.*

PIPER-HEIDSIECK
Extra-brut essentiel Cuvée réservée ★

●	n.c.	30 à 50 €

À l'origine de cette marque, Florens Louis Heidsieck. Arrivant en Champagne en 1777 de sa Westphalie natale pour faire fortune dans le commerce de la laine, il s'intéresse bien vite à l'autre richesse locale, appelée à un avenir plus durable, et fonde son négoce de vins en 1785. La maison est à l'origine de toutes les maisons Heidsieck de Champagne, notamment Charles Heidsieck, la société sœur. Quant à la maison Piper-Heidsieck, elle résulte de l'association de Christian Heidsieck, neveu du fondateur, avec Henri-Guillaume Piper. Le groupe EPI, spécialisé dans le luxe, est aujourd'hui le propriétaire de ces négoces prestigieux. (NM)

Dominée par les noirs (pinot noir 50 %, meunier, 30 %), cette cuvée restée quatre ans en cave revêt une robe pâle traversée de bulles fines. Elle demande beaucoup d'aération pour s'ouvrir; elle monte alors en puissance, libérant des notes complexes de fleurs blanches, de pêche, d'amande grillée et de cacao. En bouche, elle se déploie avec une rondeur traduisant la proportion importante de raisins noirs et développe des nuances empyreumatiques, marquée en finale par une légère pointe d'amertume. ⌛ 2018-2021

⊶ PIPER-HEIDSIECK, 12, allée du Vignoble, 51100 Reims, tél. 03 26 84 43 00, contact.piperheidsieck@champagnes-ph-ch.com

POINTILLART ET FILS Cuvée Rencontre 2009 ★★

● 1er cru	3000	🛢🍾	20 à 30 €

Marque créée en 1946 par le grand-père d'Anthony Pointillart. Ce dernier, après avoir travaillé en Provence, a repris l'exploitation familiale en 2006:

6 ha sur les coteaux d'Écueil, d'où l'on aperçoit la cathédrale de Reims. (RC)

Née de la rencontre du pinot noir (40 %) et d'un chardonnay vinifié en barrique, une cuvée louée pour l'élégance et la complexité de sa palette aromatique dominée par la fleur, le miel, le beurre et le citron confit. La bouche, à l'unisson, apparaît délicate, tendue et longue. Un champagne harmonieux, à son apogée. ⧗ 2018-2019 ● **Brut Sélection (15 à 20 €; 5000 b.)** : vin cité.

ANTHONY POINTILLART ET FILS, 10, Grande-Rue, 51500 Écueil, tél. 03 26 49 74 95, anthony@champagnepointillartetfils.com V r.-v.

GASTON POITTEVIN Brut ★

1er cru	2984		15 à 20 €

Entre les deux guerres, un Gaston Poittevin fut député de la Marne et président du Syndicat des vignerons. Son arrière-petit-fils, prénommé lui aussi Gaston, exploite 5,8 ha à Cumières, 1er cru de la Grande Vallée de la Marne. Dans sa cave, on pratique encore le remuage à la main. (RM)

Saumon aux reflets cuivrés, ce rosé d'assemblage marie le pinot noir (60 %), le meunier (20 %) et le chardonnay. On loue ses arômes fruités, délicats et frais, puis sa bouche suave en attaque tendue et longue, marquée en finale par une pointe d'agréable amertume. ⧗ 2018-2020 ● **1er cru ★ (11 à 15 €; 13762 b.)** : issu de pinot noir majoritaire (75 %), un blanc de noirs au nez intensément fruité. Son attaque vive ouvre sur un palais nerveux aux arômes de citron et de pamplemousse, plus suave en finale. ⧗ 2018-2020

EARL GASTON POITTEVIN, 129, rue Louis-Dupont, 51480 Cumières, tél. 03 26 55 38 37, gaston.poittevin@wanadoo.fr V r.-v.

POL ROGER Réserve ★

	n.c.	30 à 50 €

Cette maison de négoce d'Épernay expédia ses premières bouteilles en Angleterre dès sa création par le jeune Pol Roger en 1849. Devenue rapidement célèbre dans le royaume, elle a tissé des liens privilégiés avec les amateurs britanniques, et Winston Churchill ne manquait pas d'afficher sa préférence pour le champagne Pol Roger. L'affaire, restée familiale, s'appuie sur un vignoble de 92 ha. Au directoire, Hubert de Billy représente la cinquième génération de la famille; Laurent d'Harcourt, président du directoire, a succédé en 2013 à Patrice Noyelle après avoir coiffé la direction stratégique de l'export. Parti à la retraite, Dominique Petit, chef de cave, a laissé en avril 2018 sa cave à Daniel Cambres, ancien directeur de la coopérative de la Goutte d'or de Vertus. (NM)

Cœur de la production de la maison, le brut Réserve définit le style Pol Roger. Issu de trente crus différents et de 25 % de vins de réserve, il assemble par tiers les trois cépages champenois: du pinot noir (provenant surtout de la Montagne de Reims), du meunier (issu de la vallée de la Marne et des coteaux d'Épernay), du chardonnay (de ce même secteur d'Épernay et de la Côte des Blancs). Il reste quatre ans en cave. La version présentée pour notre sélection – une base de 2012, complétée par les trois récoltes précédentes – apparaît dans la lignée de ses devancières. Sa jolie robe dorée s'anime d'une effervescence intense et fine, qui laisse monter des senteurs d'abricot, de fruits exotiques et de fruits blancs, rehaussées de touches salines. Des arômes repris avec vigueur par une bouche ronde à l'attaque, suave et équilibrée. Un champagne mûr et élégant. ⧗ 2018-2021 ● **Sir Winston Churchill 2006 (+ de 100 €; n.c.)** : vin cité. ● **2009 (50 à 75 €; n.c.)** : vin cité.

POL ROGER, 1, rue Winston-Churchill, 51200 Épernay, tél. 03 26 59 58 00, polroger@polroger.fr V *r.-v.*

CHRISTOPHE POMMELET

	5900		11 à 15 €

Installé en 1988 sur les 5,5 ha de l'exploitation familiale située dans la vallée de la Marne, Christophe Pommelet représente la quatrième génération sur le domaine. Son fils l'a rejoint au tournant des années 2010. (RM)

Deux mots pour décrire ce brut? Fin et élégant. Il naît de huit parts de meunier, pour deux de chardonnay. La robe dorée est parcourue de bulles nombreuses. Le nez s'ouvre sur les fleurs blanches et la brioche, puis sur la poire. Une palette délicate qui se prolonge dans une bouche douce, épurée et persistante. ⧗ 2018-2020

CHRISTOPHE POMMELET, 5, rue Cuirasse-Bretagne, 51480 Fleury-la-Rivière, tél. 03 26 58 62 34, champchristophe.pommelet@gmail.com V r.-v.

PASCAL PONSON Rosé des Gentes Dames ★★

1er cru	10000		15 à 20 €

Domaine créé à la fin du XIXes. À sa tête depuis 1980, Pascal Ponson exploite 13 ha de vignes en 1er cru dans le pays parfois appelé «Petite Montagne de Reims», au sud-ouest de la cité des Sacres. Le domaine, en conversion bio, a arrêté l'utilisation des désherbants à la vigne et des intrants (hors soufre) à la cave. (RM)

Un rosé d'assemblage privilégiant le meunier (75 %, dont une partie vinifiée en rouge), complété par le chardonnay et le pinot noir. Une jolie mousse couronne la robe légère et cuivrée de ce brut au nez tonique et intensément fruité. L'attaque fraîche, sur les agrumes, ouvre sur un palais bien équilibré entre puissance, suavité et fraîcheur, qui finit sur des notes de pêche et de fruits rouges. Un champagne harmonieux et long, qui tiendra sa place de l'apéritif au dessert. ⧗ 2018-2021 ● **1er cru Prestige ★ (15 à 20 €; 70000 b.)** : issu de meunier majoritaire (80 %), un brut intense, frais et long, aux arômes de fruits confits et de grillé. Du potentiel. ⧗ 2018-2023 ● **Grande Réserve ★ (15 à 20 €; 15000 b.)** : faisant la part belle aux noirs (75 %, dont 50 % de meunier) un brut onctueux et fondu, allégé par une belle acidité, aux arômes de fleur d'oranger, de miel d'acacia et de citron. ⧗ 2018-2021

PASCAL PONSON, 2, rue du Château, 51390 Coulommes-la-Montagne, tél. 03 26 49 00 77, ponson@wanadoo.fr V *t.l.j. sf dim. 9h-12h 14h-18h*

R. POUILLON ET FILS Réserve ★★

	25000		20 à 30 €

Vigneron chez un négociant, Roger Pouillon a lancé son champagne en 1947. Aujourd'hui, son petit-fils Fabrice exploite 6,2 ha répartis sur trente-six parcelles et sept communes de la Grande Vallée de la Marne et du versant sud de la Montagne de Reims. Il est attaché à l'élevage sous bois. (RM)

Construite sur les noirs (pinot noir 65 %, meunier 20 %), cette cuvée met en œuvre la récolte 2014 avec 20 % de vins de réserve. Elle a connu le bois (vinification partielle en fût, élevage des vins de réserve en foudre de chêne). Sans surprise, sa palette aromatique révèle des notes toastées, alliées aux fruits confits; sa bouche, harmonieuse, se montre charpentée et légèrement tannique, vigoureuse et fraîche. De la personnalité. ⧗ 2018-2021 ● **1er cru Extra-brut Solera ★ (30 à 50 €; 4000 b.)** : mi-blancs mi-noirs (pinot noir), il marie vins des années 2012 à 1997 (l'assemblage est perpétuellement renouvelé par ajout de la dernière récolte, selon le principe de la solera). D'où un nez complexe et mûr (fraise, pêche au sirop, compote de pommes, brioche et notes empyreumatiques), un palais vif en attaque, sur le citron et la mandarine, bien équilibré entre richesse et acidité, à la finale longue et crayeuse. ⧗ 2018-2021

POUILLON, 17, rue d'Aÿ, 51160 Mareuil-sur-Aÿ, tél. 03 26 52 63 62, contact@champagne-pouillon.com V ⬛ *r.-v.*

CLAUDE PRIEUR Tradition ★★

●	26000	11 à 15 €

Trois générations se sont succédé sur ce domaine de plus de 9 ha situé au sud de Bar-sur-Aube, non loin de la Gironde – un petit ruisseau local! Claude Prieur a repris l'exploitation familiale en 1975 et s'est lancé dans l'élaboration du champagne. (RM)

Les jurés ont été enchantés par ce brut, qui incorpore 40 % de chardonnay aux côtés du pinot noir. Un franc cordon de bulles fines traverse la robe dorée et met en avant un nez alliant des caractères de jeunesse (agrumes et fruits frais) et d'évolution (fruits secs, fleurs). Cette palette aromatique complexe s'épanouit dans une bouche à la fois ronde et fraîche. Le dosage maîtrisé, qui souligne la matière sans la maquiller, n'est pas pour rien dans sa séduction. ⧗ 2018-2021 ● **Réserve ★ (15 à 20 €; 5000 b.)** : un brut mariant deux tiers de pinot noir et un tiers de chardonnay. Nez pâtissier aux multiples nuances (quetsche, abricot, noisette grillée et raisin sec), bouche gourmande, fruitée et ronde: une heureuse évolution. ⧗ 2018-2021 ● **Rosé ★ (15 à 20 €; 2000 b.)** : un rosé de noirs issu des deux pinots. Une robe soutenue, des arômes puissants de fruits rouges bien mûrs et de fumée, un palais ample et musclé: du caractère. ⧗ 2018-2020

CLAUDE PRIEUR, 2, rue Gaston-Cheq, 10200 Bergères, tél. 03 25 27 44 01, contact@champagneclaudeprieur.com V ⬛ ⬛ *r.-v.*

PROY-GOULARD Funambule ★★

●	1000	⬛	20 à 30 €

Les grands-parents de Lucile Goulard commercialisaient déjà du champagne dans les années 1950. Cette dernière s'installe à Épernay avec Alexandre Proy, agriculteur. À la tête de 4,5 ha de vignes, le couple a créé sa marque en 2012. Il cultive ses raisins noirs au nord-ouest de Reims, dans le massif de Saint-Thierry, et ses chardonnays en Côte des Blancs. Il élève ses vins de réserve en fût, ses champagnes trois ans sur lies au minimum, et pratique des dosages très mesurés. (RM)

Un Funambule qui garde son équilibre. Il assemble 60 % de chardonnay au pinot noir et reste quatre ans en cave. Surmonté d'une mousse alerte, il a tiré de sa vinification sous bois une robe or paille aux reflets vieil or et un surcroît de complexité: des senteurs de noisette, de raisins secs, de fruits confits et de miel s'élèvent au-dessus du verre et parfument un palais onctueux, riche et salin. La finale, marquée par des tanins et par une certaine minéralité, montre de bien agréables amers. ⧗ 2018-2021 ● **Grande Réserve (15 à 20 €; 7000 b.)** : vin cité.

LUCILE PROY-GOULARD, 8, chem. Ferme-des-Forges, 51200 Épernay, tél. 03 26 32 44 69, champagne@proy-goulard.fr V ⬛ ⬛ *jeu. ven. 10h-13h 15h-17h; sam. 10h-13h* ⬛ 4

QUATRESOLS-GAUTHIER Brut Belle Estime ★★

● 1er cru	14000	⬛	15 à 20 €

Une lignée vigneronne remontant au XVIIe s. et un domaine créé en 1928. Comme beaucoup de viticulteurs champenois, les Quatresols sont devenus récoltants-manipulants pour faire face à la mévente durant la période de l'entre-deux-guerres. Aujourd'hui, ce sont Régis et son fils Guillaume qui cultivent le vignoble: plus de 7 ha dans la Montagne de Reims. (RM)

Un champagne doré qui n'a pas à douter de lui, bien campé sur ses bases – les trois cépages à parts (presque) égales. Bien ouvert, il libère des senteurs gourmandes de pêche blanche et de fruits confits, mâtinées de nuances grillées et florales. Dans le même registre, le palais, frais en attaque, monte en puissance et prend de l'ampleur avant d'offrir une finale longue et alerte. Du potentiel. ⧗ 2018-2023 ● **Gd cru Blanc de noirs ★ (15 à 20 €; 2500 b.)** : pur pinot noir au nez délicatement citronné, ce brut brille par son équilibre et sa fraîcheur, et ne manque pas de longueur. Idéal à l'apéritif. ⧗ 2018-2023

QUATRESOLS-GAUTHIER, 4, rue de Reims, 51500 Ludes, tél. 03 26 61 10 13, regis.quatresols@wanadoo.fr V ⬛ ⬛ *t.l.j. 8h-19h*

QUENARDEL ET FILS Blanc de blancs

●	2000	20 à 30 €

Alfred Ravez produit ses premières bouteilles en 1863. Avant la Seconde Guerre mondiale, une Ravez épouse un Quenardel de Verzenay. Leur fils Francis, installé en 1965, porte la superficie de la propriété de 60 ares à 6,5 ha et la transmet en 1993 à sa fille et à son gendre, qui la cèdent en 2012 à la famille Labruyère, propriétaire à Meursault (Jacques Prieur), à Pomerol (Ch. Rouget) et en moulin-à-vent (Dom. Labruyère). (RM)

Vieilli au moins trois ans en cave comme tous les bruts sans année de la propriété, ce blanc de blancs jaune paille dévoile au nez comme en bouche une heureuse évolution, avec ses arômes de fruits secs (amande et noisette) et confits (pomme, ananas, citron). Souple, ample et suave, le palais est équilibré par une finale acidulée. ⧗ 2018-2020

QUENARDEL ET FILS, 1, pl. Carnot, 51360 Verzenay, tél. 03 26 49 40 63, info@champagne-labruyere.com V ⬛ *r.-v.*

SERGE RAFFLIN Prestige 2012 ★★

●	20000	15 à 20 €

Une lignée vigneronne remontant au règne de Louis XV. Premiers champagnes dans les années 1920.

Aujourd'hui, 8 ha dans la Montagne de Reims et la vallée de l'Ardre. Denis Rafflin, l'actuel récoltant, préside le conseil d'administration de la coopérative de Chigny-les-Roses qui vinifie ses cuvées. (RC)

S'il a produit de très faibles volumes, le millésime 2012 a donné de jolis raisins riches en sucres et en acidité. Assemblant les trois cépages champenois (avec 60 % de noirs), cette cuvée confirme sa qualité. Discrète au nez, elle libère des arômes de fleurs blanches et d'agrumes d'une belle fraîcheur, qui prennent de l'intensité en bouche. Au palais, son équilibre, sa densité et sa longueur laissent deviner un réel potentiel. Son apogée est pour demain. ⧗ 2018-2023 ● **Extra-réserve (15 à 20 €; 12000 b.)** : vin cité.

⊶ EARL SERGE RAFFLIN, 1 A, rue de Chigny, 51500 Ludes, tél. 03 26 61 12 84, contact@champagnesergerafflin.fr V 🚶 ▪ r.-v.

RAFFLIN-LEPITRE ★

●	n.c.	▮	15 à 20 €

Domaine créé en 1971 à la suite de l'alliance de deux lignées de viticulteurs remontant au XVIIe s. Premières bouteilles sous cette marque en 1984, installation en 2015 de la nouvelle génération, avec Perrine et Émilie. Situé dans la Montagne de Reims, le vignoble compte 10 ha. Les champagnes, élaborés par la coopérative de Chigny-les-Roses, ne sont vendus qu'après trois années de vieillissement sur lies. (RC)

Ce rosé d'assemblage né des trois cépages champenois (avec 80 % de noirs) affiche une robe soutenue et offre un nez tout en fruits rouges. Le cassis s'ajoute à cette palette intense dans une bouche alliant une belle fraîcheur à un côté suave. ⧗ 2018-2020

⊶ PERRINE RAFFLIN, 40, rue des Carrières, 51500 Chigny-les-Roses, tél. 03 26 03 46 23, champagnerafflinlepitre@gmail.com V ▪ r.-v.

DIDIER RAIMOND Grande Réserve ★★

●	n.c.	◍ ▮	15 à 20 €

Didier Raimond a travaillé comme œnologue, tout en constituant à partir de 1984 un domaine sur les hauteurs d'Épernay, en plantant des vignes sur d'anciens vergers. Disposant au bout d'une décennie de près de 7 ha (jusque dans l'Aube), il a lancé son champagne en 1994. (RM)

Né de pinot noir et de chardonnay à parts égales, cette cuvée a connu le bois. Parée d'une robe or soutenu animée de bulles légères, elle livre des parfums vineux, évolués et complexes de miel d'acacia et de fruits compotés, mâtinés de nuances empyreumatiques. Briochée et beurrée, équilibrée et persistante, la bouche allie matière et fraîcheur. Un champagne de repas. ⧗ 2018-2021

⊶ RAIMOND, 39, rue des Petits-Prés, 51200 Épernay, tél. 06 80 20 98 00, champagnedidier.raimond@wanadoo.fr V 🚶 ▪ r.-v.

CHAMPAGNE DU RÉDEMPTEUR Cuvée du Centenaire 2004 ★★

●	1000	◍	30 à 50 €

Vignoble créé en 1911 par Edmond Dubois, qui prit cette même année la tête de la révolte vigneronne contre la fraude, ce qui lui valut d'être surnommé Le Rédempteur par ses pairs. En 2010, Claude Dubois, petit-fils d'Edmond, a transmis l'exploitation à sa fille Claudie Dubois-Michaux: 7 ha dans la vallée de la Marne. (RM)

Cette cuvée millésimée a été créée pour célébrer le centenaire du fondateur de la propriété. Élaborée à partir de pinot noir et de chardonnay à parts égales, elle est restée huit ans en cave et a connu le bois. Sa robe jaune d'or apparaît aussi intense que son nez, bien ouvert sur les fruits blancs compotés. Le prélude à un palais gras, d'une belle rondeur, équilibré par une finale acidulée. À son apogée. ⧗ 2018-2021

⊶ EARL DU RÉDEMPTEUR DUBOIS P & F, 30, rte d'Arty, Les Almanachs, 51480 Venteuil, tél. 03 26 58 48 37, contact@redempteur.com V 🚶 ▪ r.-v. 🏠 E

DE REKENEIRE-PETIT Tradition

●	15000	▮	11 à 15 €

Quatre générations se sont succédé sur cette propriété implantée dans la partie ouest de la vallée de la Marne. Les récoltants actuels, qui ont repris le domaine en 1989, ont porté la surface du vignoble de 7 à 12,5 ha et commencé les vinifications à la propriété en 2008. Exploitation certifiée Haute valeur environnementale. (RM)

Le meunier (60 %) donne la réplique au chardonnay et au pinot noir dans ce brut jaune paille au nez de belle intensité. La palette mêlant la mûre, les fruits à noyau et les fruits secs traduit une certaine évolution. Vive en attaque, structurée, la bouche finit sur une pointe saline. ⧗ 2018-2020

⊶ DE REKENEIRE-PETIT, 41, rue Robert-Gerbaux, 02570 Chézy-sur-Marne, tél. 03 23 82 81 48, les-hautes-roches@wanadoo.fr V 🚶 ▪ r.-v.

BERNARD REMY Blanc de blancs ★

●	n.c.	11 à 15 €

Installé dans le Sézannais, Bernard Remy plante ses premiers pieds de vigne en 1970, construit sa cave et lance son champagne en 1983. En 2009, son fils Rudy a pris la tête de la maison, qui a adopté le statut de négociant. Il exploite en propre 12 ha et exporte 80 % de sa production. (NM)

Né d'un assemblage de jeunes vins (récoltes 2015 et 2014), ce blanc de blancs revêt une robe jaune pâle aux reflets verts, traversée d'un fin cordon de bulles. Un peu simple, le nez n'en est pas moins agréable avec ses notes d'agrumes nuancées d'une touche fumée. Les agrumes prennent des tons confits dans une bouche à l'attaque crémeuse et à la finale persistante, soulignée par une belle acidité. Un champagne vif. ⧗ 2018-2020 ● **Carte blanche (11 à 15 €; 120000 b.)** : vin cité.

⊶ BERNARD REMY, 19, rue des Auges, 51120 Allemant, tél. 03 26 80 60 34, info@champagnebernardremy.com V 🚶 ▪ r.-v. ⊶ Remy Rudy

CLAUDE RIGOLLOT ET FILS Grande Réserve

●	1000	11 à 15 €

Claude Rigollot a créé son exploitation en 1970 du côté de Bar-sur-Aube, avec quelques ares de vignes, et commercialisé ses premières bouteilles dix ans plus tard. Son fils Emmanuel a pris sa suite en 2009.

Le domaine compte près de 7 ha de vignes implantées à Bergères et à Baroville. (RC)

Le pinot noir contribue pour moitié à ce brut, associé au meunier (30 %) et au chardonnay. Expressif et fin, le nez mêle la pâtisserie aux fruits secs et aux fruits blancs. Si elle manque un peu de nerf, la bouche apparaît riche et structurée, généreuse et gourmande, de bonne longueur. Un champagne mûr. ⧗ 2018-2020 ● **(15 à 20 €; 1000 b.)** : vin cité.

⊶ EMMANUEL RIGOLLOT, 10, rue Gaston-Cheq, 10200 Bergères, tél. 03 25 57 23 61, contact@champagne-rigollot.com V ▮ *r.-v.*

SIMON RION Blanc de blancs 2013

●	300	▮	20 à 30 €

Héritier de quatre générations de viticulteurs, Simon Rion a repris l'exploitation familiale en 2007 – un peu plus de 2 ha à Courmas, village de la Petite Montagne de Reims – et a commencé en 2011 la commercialisation de ses bouteilles. Il apporte sa récolte à la coopérative du village, où il est chargé des vinifications. (RC)

Un nez subtil sur les fleurs blanches, le citron, la tarte aux pommes et les fruits secs. Des notes de zeste d'orange et de pamplemousse s'affirment dans une bouche dynamique en attaque, précise et fraîche. Un champagne droit qui gagnera en complexité et en rondeur avec le temps. ⧗ 2018-2023

⊶ SIMON RION, 3 bis, rue des Auches, 51390 Courmas, tél. 06 67 50 04 91, champagne.rionsimon@gmail.com V ⚲ ▮ *r.-v.*

ANDRÉ ROBERT Extra-brut Blanc de blancs Les Jardins du Mesnil ★

● Gd cru	3000	▮	20 à 30 €

Exploitation créée au cœur de la Côte des Blancs, il y a quatre générations. André Robert commence la commercialisation du champagne en 1962. Bertrand Robert exploite aujourd'hui 14 ha. Il élève le plus souvent ses vins de base en barrique. (RM)

Un extra-brut élevé pour partie en barrique. Le nez, entre brioche et fruits confits, révèle une maturité que l'on retrouve dans une bouche franche, puissante et longue. Le dosage négligeable (2 g/l) et l'absence de fermentation malolactique donnent à ce champagne une tension bénéfique à son équilibre. ⧗ 2018-2021

⊶ BERTRAND ROBERT, 15, rue de l'Orme, 51190 Le Mesnil-sur-Oger, tél. 03 26 57 59 41, info@champagne-andre-robert.com V ⚲ ▮ *r.-v.*

JEAN-CLAUDE ROBERT Tradition ★

●	10000	11 à 15 €

Jean-Claude Robert s'est installé en 1988. Il exploite 3 ha de vignes implantées sur les deux rives de la Marne, à Cormoyeux, Mardeuil et Vauciennes. (RM)

Née d'un assemblage dominé par les pinots (80 %, dont 70 % de meunier), une cuvée aux multiples atouts: une robe dorée, un nez généreux, entre fruits et pâtisserie, une bouche ample et vineuse, traduisant la présence de vins de réserve et la forte proportion de raisins noirs, équilibrée par une légère acidité. L'ensemble apparaît évolué, mais nullement fatigué. ⧗ 2018-2021

⊶ JEAN-CLAUDE ROBERT, 26, rue Saint-Vincent, 51480 Cormoyeux, tél. 03 26 58 65 04, robert.jeanclaude@orange.fr V ⚲ ▮ *r.-v.*

ROBERT-ALLAIT Cuvée Prestige ★★

●	33743	▮	15 à 20 €

De vieille souche vigneronne, Sylvie et Régis Robert ont repris en 1979 l'exploitation familiale sise à Villers-sous-Châtillon. Avec l'aide de leur fille Stéphanie et de son mari Aurélien, ils cultivent 14 ha de vignes dans la vallée de la Marne. Domaine certifié Haute valeur environnementale. (RM)

Issue pour les deux tiers de noirs, meunier en tête (50 %), cette cuvée arbore une robe or aux reflets roses parcourue d'une bulle dynamique. Le nez allie fraise au sucre et caramel. Une palette aromatique gourmande qui s'enrichit au palais d'agrumes, de fruits confits et d'une touche épicée en finale. Équilibrée et longue, la bouche fait preuve d'une vivacité tonique de bout en bout – peut-être due à une fermentation malolactique partielle. Quoi qu'il en soit, les jurés sont conquis. ⧗ 2018-2021 ● **Cuvée Pinot-Chromie 2014 ★ (30 à 50 €; 1200 b.)** : un nez discrètement compoté (pomme et ananas) et citronné, une bouche plus expressive, ample et équilibrée. Un certain reflet du cépage, avec une puissance mesurée toutefois. ⧗ 2018-2021 ● **Cuvée Stéphanie 2013 (20 à 30 €; 6216 b.)** : vin cité.

⊶ RÉGIS ROBERT, 6, rue du Parc, 51700 Villers-sous-Châtillon, tél. 03 26 58 37 23, champagne.allait@wanadoo.fr V ⚲ ▮ *t.l.j. sf dim. 9h-11h30 14h-17h*

JACQUES ROBIN Cuvée Tradition ★

●	4760	▮	11 à 15 €

Établi dans la région de Bar-sur-Seine (Aube), Jacques Robin s'est installé en 1973. Il élabore son champagne depuis 1985 et exploite plus de 9 ha avec ses enfants Sébastien, Aude et Séverine. (RM)

Cette cuvée doit tout au pinot noir, cépage dominant dans la Côte des Bar. Le nez se partage entre fruits blancs, citron et fleur d'oranger. La bouche, à l'unisson, marie vinosité et vivacité. L'effervescence tonique et la nervosité finale laissent une sensation de fraîcheur qui fera merveille à l'apéritif. ⧗ 2018-2021

⊶ SCEA JACQUES ROBIN, 23, rue de la 2e Division Blindée, 10110 Buxières-sur-Arce, tél. 03 25 38 76 25, ajrobin@orange.fr V ⚲ ▮ *t.l.j. sf dim. 9h-12h 14h-18h*

ROGGE-CERESER Excellence ★

●	7000	▮	15 à 20 €

Créée en 1982 sur la rive droite de la Marne, cette exploitation familiale a lancé son champagne en 1997. Le fils, Benjamin Rogge, a rejoint en 2000 le domaine, qui couvre 11 ha. (RM)

Le chardonnay l'emporte (60 %) sur le pinot noir dans l'assemblage de ce brut or pâle. D'un caractère évolué, le nez fait la part belle à la mirabelle, aux fruits jaunes, avec des nuances d'eau-de-vie. Ample à l'attaque, vineux, le palais est tendu par une agréable acidité qui préserve son équilibre. Un champagne patiné et original. ⧗ 2018-2020 ● **Réserve (11 à 15 €; 25000 b.)** : vin cité.

⊶ *ROGGE-CERESER, 1, imp. des Bergeries, 51700 Passy-Grigny, tél. 03 26 52 96 05, info@rogge-cereser.fr* V r.-v. ③

ROLLIN Opalescence 2011 ★

	4000		20 à 30 €

La famille cultive la vigne depuis quatre générations et élabore son champagne depuis 1982. Implantée à l'extrémité sud de la Champagne, non loin des Riceys (Aube), l'exploitation, qui couvre 6 ha, est mise en valeur par Éric Braux. (RM)

Dans une région où le pinot noir est roi, ce pur chardonnay tire son épingle du jeu. De jolis reflets verts nuancent sa robe or pâle, et son nez se partage entre fleurs blanches et fruits mûrs. La bouche, tout en finesse, se montre à la fois riche et tendue par une belle acidité. Ce champagne devrait bien vieillir. ⧗ 2018-2023
● **Rosé (15 à 20 €; 4000 b.)** : vin cité.

⊶ *EARL VIGNOBLE ROLLIN, 41, Grande-Rue, 10340 Bragelogne, tél. 03 25 29 10 13, champagnerollin@gmail.com* V r.-v.

OLIVIER ROUSSEAUX Tradition

Gd cru	14720		15 à 20 €

Petit-fils d'un tonnelier viticulteur, Olivier Rousseaux a succédé à son père en 1985, à l'âge de dix-neuf ans. À la tête de près de 5 ha de vignes, il est installé à Verzenay, grand cru de la Montagne de Reims, non loin du célèbre moulin. Exploitation certifiée Haute valeur environnementale. (RM)

Ce brut, qui doit presque tout au pinot noir (90 %, avec du chardonnay en appoint), assemble une proportion importante de vins de réserve (80 %) à l'année 2015. À la robe or pâle répondent un nez plutôt discret mais gourmand, centré sur les agrumes, et une bouche tout en fraîcheur, équilibrée et minérale. ⧗ 2018-2021

⊶ *OLIVIER ROUSSEAUX, 21, rue de Mailly, 51360 Verzenay, tél. 03 26 49 40 50, orousseaux@orange.fr* V r.-v.

ROUSSEAUX-BATTEUX Cuvée noire Blanc de noirs ★

Gd cru	1650		20 à 30 €

Héritier d'une lignée vigneronne remontant au XVIIIe s., Paul Rousseaux a commercialisé les premières bouteilles au début du XXe s. Son arrière-petit-fils Adrien exploite 2,5 ha répartis en quatorze parcelles à Verzenay, grand cru de la Montagne de Reims et terre d'élection du pinot noir. (RM)

Née du seul pinot noir, cette cuvée assemble à parts égales des jus de la récolte 2015 vinifiés en cuve et des vins de réserve de l'année 2014 vinifiés et élevés pendant un an dans des fûts d'origine bourguignonne. Bien ouvert, vineux, le nez déploie un éventail complexe d'arômes: fruits exotiques, fleurs, notes toastées, miel et pain d'épice. Cette palette mûre s'épanouit dans une bouche structurée, à la finale nerveuse et tannique. Un champagne de caractère, pour le repas. ⧗ 2018-2021
● **Gd cru Cuvée RB 2012 (20 à 30 €; 4000 b.)** : vin cité.

⊶ *EARL ROUSSEAUX-BATTEUX, 21 bis, rue de Mailly, 51360 Verzenay, tél. 03 26 49 81 81, champagne.rousseaux.batteux@orange.fr* V r.-v.

RICHARD ROYER Réserve ★

	10000		11 à 15 €

Ingénieur agronome et œnologue, Richard Royer a repris en 2007 un domaine cultivé par sa famille depuis au moins deux siècles dans la Côte des Bar (Aube), qui couvre aujourd'hui 13 ha. Il a lancé son étiquette en 2008. (RM)

Majoritaire, le pinot noir (80 %) a pour faire-valoir le chardonnay dans cette cuvée qui se présente avec discrétion: une robe diaphane et un nez discret, sur les fruits blancs, le beurre et le pain. C'est en bouche que ce champagne séduit, ample en attaque, fruité (les fruits blancs, puis l'abricot), doucement acidulé, doté d'une finale un rien saline. Un champagne léger, mais sans maigreur, pour l'apéritif. ⧗ 2018-2021

⊶ *RICHARD ROYER, 14, Grande-Rue, 10110 Balnot-sur-Laignes, tél. 03 25 29 33 23, richard@champagne-richard-royer.com* V r.-v.

ROYER PÈRE ET FILS Réserve ★

	133897		15 à 20 €

Les Royer sont plusieurs à Landreville, petit village des bords de l'Ource, près de Bar-sur-Seine. Franck et Jean-Philippe sont les petits-fils de Georges Royer, le fondateur de l'exploitation en 1960. Dans leur vignoble de plus de 28 ha, le pinot noir trouve une large place. (RM)

Pinot noir (75 %) et chardonnay sont associés dans ce brut doré aux reflets orangés, qui s'ouvre sur les fleurs blanches avant de s'orienter vers les fruits blancs, poire en tête, puis vers l'abricot. Ce fruité se prolonge dans une bouche fraîche en attaque, équilibrée et gourmande. Parfait pour l'apéritif. ⧗ 2018-2021

⊶ *ROYER ET CIE, 120, Grande-Rue, 10110 Landreville, tél. 03 25 38 52 16, infos@champagne-royer-pf.com* V *t.l.j. sf sam. dim. 8h30-12h 13h30-17h*

♥ RUINART ★★

	n.c.		50 à 75 €

La doyenne des maisons de champagne. On pourrait la classer monument historique, comme le sont ses caves creusées dans la craie pendant la période gallo-romaine. Le fondateur de l'affaire, Nicolas Ruinart, ajouta le négoce en vin en 1729 à son activité de marchand drapier – une autre industrie florissante dans la région à l'époque. La société est restée familiale jusqu'à son absorption par Moët et Chandon en 1963. Son champagne de prestige tire son nom du moine dom Ruinart, contemporain de dom Pérignon. Au cœur des cuvées Ruinart, le chardonnay. (NM)

Le chardonnay (45 %) fait presque jeu égal avec le pinot noir dans ce rosé charmeur. Sa robe rose clair est mise en valeur par un cordon droit de bulles fines. Bien ouvert, complexe, d'une rare finesse, le nez mêle les fruits rouges bien mûrs, les agrumes et les fruits secs, nuancés au palais de touches de sous-bois et d'angélique. On loue l'harmonie exemplaire de la bouche, sa rondeur et sa richesse, équilibrées par un trait de fraîcheur qui lui donne relief, vivacité et longueur. Un champagne expressif et tonique. ⧗ 2018-2021 ● **Ruinart 2010 ★★ (50 à 75 €; n.c.)** : jaune clair aux reflets verts, ce millésimé assemble chardonnay (55 %) et pinot noir à parts presque égales. Son nez fin et complexe mêle la noisette grillée, la torréfaction, le beurre et la vanille. Une palette gourmande, enrichie au palais par de fraîches notes fruitées, agrumes en tête. Puissante et riche sans la moindre lourdeur, la bouche met en évidence l'heureuse maturité du vin. ⧗ 2018-2021

⊶ RUINART, 4, rue des Crayères, 51100 Reims, tél. 03 26 77 51 51, aaubry@ruinart.com ⬛ ⬛ *r.-v.*
⊶ LVMH

RENÉ RUTAT 2006

●	5000	20 à 30 €

Les grands-parents de Michel Rutat, viticulteurs, apportaient leur récolte à la coopérative de Vertus, village situé dans la partie sud de la Côte des Blancs. Son père, René Rutat, devint récoltant-manipulant. En 1985, l'exploitant actuel reprit le domaine (7 ha) et modernisa l'outil de travail. Avec l'arrivée en 2017 de Flavien et de Baptiste, les petits-fils de René, la propriété a engagé la conversion bio de l'exploitation. (RM)

2006? Une année compliquée due à une météo contrastée tout au long de la saison végétative. Michel Rutat n'a pas démérité face aux aléas, ce qui lui permet de présenter un millésimé de bonne facture. Née du seul chardonnay, cette cuvée en donne une version évoluée: robe dorée, nez pâtissier évoquant la pâte d'amande, le raisin sec, le beurre, la figue et le pruneau, en harmonie avec une bouche onctueuse. ⧗ 2018-2019

⊶ MICHEL RUTAT, 27, av. du Gal-de-Gaulle, 51130 Vertus, tél. 03 26 52 14 79, champagne-rutat@wanadoo.fr V ⬛ ⬛ *r.-v.*

DE SAINT-GALL Tradition ★★

● 1er cru	1000000	20 à 30 €

Marque commerciale de l'Union Champagne. Créé en 1966, ce groupement de coopératives a son siège à Avize dans la Côte des Blancs: plus de 2 300 adhérents apporteurs de raisins, 15 centres de production, 1 350 ha de vignes implantées essentiellement en grand cru et en 1er cru dans la Côte des Blancs et dans la Montagne de Reims. (CM)

Loué pour son harmonie, ce brut met en œuvre deux tiers de chardonnay et de pinot noir. Sa robe d'un or profond est parcourue de bulles fines. Réservé mais élégant, son nez se partage entre notes grillées, beurrées, nuances de caramel et de fruits secs. La bouche enrichit cette palette de fruits et de cuir, et offre une matière structurée et fraîche. Le dosage est juste (8 g/l) et la longueur remarquable. Un champagne à son apogée. ⧗ 2018-2020 ● **Gd cru Blanc de blancs Orpale 2004 (50 à 75 €; 50000 b.)** : vin cité.

⊶ UNION CHAMPAGNE, 7, rue Pasteur, 51190 Avize, tél. 03 26 57 94 22, contact@de-saint-gall.com

SALMON Sélection Montgolfière

●	45994	🍾	15 à 20 €

Ce domaine de 10 ha est implanté dans la vallée de l'Ardre. Olivier Salmon a succédé en 1980 à Michel Salmon, fondateur de la marque, et a été rejoint en 2003 par son fils Alexandre. La montgolfière sur les étiquettes? Une passion du producteur. (RM)

Le meunier, pour moitié, le pinot noir et le chardonnay (à parité) composent cette cuvée retenue pour sa richesse gourmande. Les arômes? Un panier de fruits jaunes mûrs ou confits, que l'on retrouve dans une bouche ronde et souple, marquée en finale par une légère amertume. ⧗ 2018-2021 ● **100 % meunier Rosé (20 à 30 €; 4112 b.)** : vin cité.

⊶ SALMON, 21-23, rue du Capitaine-Chesnais, 51170 Chaumuzy, tél. 03 26 61 82 36, info@champagnesalmon.com V ⬛ ⬛ *t.l.j. 9h-12h 13h-18h*

CHRISTELLE SALOMON Résurgence ★

●	3331	15 à 20 €

Christelle Salomon a pris en 1999 les rênes du domaine familial, qui couvre 3 ha à Vandières, sur la rive droite de la Marne. Elle a commencé la commercialisation de son champagne en 2004, construit pressoir et cuverie en 2006. (RM)

Issu de meunier (60 %) et de chardonnay, ce brut or blanc se montre floral au premier nez, avant de s'ouvrir sur le citron, l'amande et l'abricot. Plutôt discrets au-dessus du verre, les arômes s'affirment en bouche, nuancés de notes de kiwi, de fruits rouges acidulés et de poivre. Frais en attaque, frais en milieu de bouche, frais en finale, ce champagne laisse une impression de... fraîcheur. ⧗ 2018-2021 ● **Si j'ose 2014 (20 à 30 €; 1604 b.)** : vin cité.

⊶ CHRISTELLE SALOMON, 7, rue Principale, 51700 Vandières, tél. 03 26 53 18 55, champ.c.salomon@orange.fr V ⬛ ⬛ *r.-v.*

DENIS SALOMON Blanc de noirs Prestige 2013 ★★

●	8975	🍾	20 à 30 €

Un domaine implanté sur la rive droite de la Marne, à Vandières, derrière les remparts du village. Créé en 1974 par Denis Salomon, il a été repris trente ans plus tard par son fils Nicolas. Le vignoble couvre un peu moins de 4 ha. (RM)

Les cuvées millésimées 2013 ne sont pas si fréquentes, en voici une fort appréciée. Un blanc de noirs qui met en avant le pinot noir (70 %). La robe brillante, plus ambrée que dorée, est traversée par un cordon de fines bulles. Intense et complexe, le nez mêle la pêche jaune, les agrumes, la brioche et la noisette. La palette s'enrichit encore en bouche de notes d'amande, de noix, d'abricot et de miel. Si l'expression aromatique apparaît évoluée, une belle acidité donne du tonus au palais. Un champagne de repas, expressif, dense, frais et élégant. ⧗ 2018-2021 ● **Rosé de meunier (20 à 30 €; 3964 b.)** : vin cité.

⊶ NICOLAS SALOMON, 5, rue Principale, 51700 Vandières, tél. 03 26 58 05 77, info@champagne-salomon.com V ⬛ ⬛ *r.-v.*

♥ SALON Blanc de blancs Le Mesnil 2006 ★★★

● | 50 000 | | + de 100 €

Aimé Salon, fils de charron, naît en 1867 à Pocancy, village de la plaine, à quelques kilomètres de la Côte des Blancs. Ses parents veulent faire de lui un instituteur. Il choisit les affaires et commence sa carrière en ramassant, à bicyclette, des peaux de lapin pour une entreprise de fourrures de la capitale qu'il finit par diriger. Épicurien, il revient dans son pays natal pour créer un champagne de rêve. Avec l'aide de son beau-frère, chef de cave, il choisit le terroir: Le Mesnil-sur-Oger; les meilleures parcelles: celles du haut de l'église; son premier millésime, 1905, est réservé à sa consommation personnelle. La maison (dans l'orbite du groupe Laurent-Perrier depuis 1988) naît en 1920. Elle est célèbre pour ne proposer qu'une cuvée de blanc de blancs millésimé élaborée seulement les bonnes années et exclusivement issue du Mesnil-sur-Oger, grand cru de la Côte des Blancs. (NM)

Pluvieux, le mois d'août 2006 fit craindre le pire aux vignerons de champagne, mais le retour de nuits fraîches et de journées ensoleillées en septembre redonna le sourire à tous. Pour Salon, les vignes saines, puisant leur force dans la craie originelle, ont offert des raisins de très belle qualité, mis en valeur par une vinification juste et un élevage sur lies de onze ans. Le résultat est probant, et une seule question s'est posée aux jurés, puisque le coup de cœur était unanime: deux ou trois étoiles? Vous trancherez vous aussi, si vous avez la chance de déguster cette cuvée à la robe dorée, traversée d'une bulle fine et scintillante. Séducteur, complexe, le nez évoque l'amande grillée, la brioche, le bon pain chaud, la vanille et le menthol. Soyeuse et enrobée, crayeuse, la bouche, à l'unisson, offre avec générosité des arômes d'agrumes, de pralin et de vanille, avant de finir sur une élégante note mentholée. L'acidité magnifie la puissance pour donner un champagne captivant, fait pour la haute gastronomie. ⧗ 2018-2023

⊶ SALON, 5, rue de la Brèche-d'Oger, 51190 Le Mesnil-sur-Oger, tél. 03 26 57 51 65, champagne@salondelamotte.com ⊶ Laurent-Perrier

♥ SANGER
Louise Eugénie Vinifié en fût de chêne 2010 ★★★

● | n.c. | | 30 à 50 €

L'École de viticulture d'Avize a vu le jour en 1919 grâce au legs des époux Puisard, riches négociants. Depuis 1927, c'est un établissement public (rebaptisé Viti Campus) qui forme la majorité des professionnels champenois. En 1952, d'anciens élèves ont créé la coopérative des Anciens. Aujourd'hui, ils sont plus de cent coopérateurs, et plus de deux cents apprentis et stagiaires participent à l'élaboration des cuvées en travaillant à la vigne et à la cave. (CM)

Les élèves ont bien travaillé, la relève est assurée: pour preuve cette cuvée vinifiée et élevée six mois en fût de chêne, hommage à madame Puisais. Ce champagne doit beaucoup au chardonnay (60 %), mais il n'oublie pas l'influence des noirs (40 %, les deux pinots à parité). Son dosage léger le rapproche de l'extra-brut (6 g/l). Sa robe dorée aux reflets verts s'anime d'une effervescence fine et tonique. D'abord discret, son nez monte en puissance, sur des notes florales et briochées. C'est en bouche que ce vin dévoile sa complexité, déployant dans une matière parfaitement équilibrée une riche palette d'arômes: agrumes, violette, vanille, beurre et notes boisées. Sa persistance remarquable achève de convaincre. ⧗ 2018-2021 ● **Générosité noire ★ (15 à 20 €; n.c.)** : mi-pinot noir mi-meunier, un blanc de noirs au nez fin et frais et à la bouche équilibrée, ronde et vineuse. Tout-terrain, il tiendra sa place à l'apéritif comme à table. ⧗ 2018-2021 ● **Extra-brut Blanc de blancs Les Oubliés 2004 (+ de 100 €; n.c.)** : vin cité.

⊶ COOPÉRATIVE LES ANCIENS DE LA VITICULTURE, 33, rempart du Midi, 51190 Avize, tél. 03 26 57 79 79, contact@sanger.fr t.l.j. 9h-12h 14h-17h; sam. 10h-17h; dim. sur r.-v.

CAMILLE SAVÈS Bouzy 2011 ★

● Gd cru | 7700 | | 20 à 30 €

Aux origines du domaine, le mariage, en 1894, d'Eugène Savès, ingénieur agronome, avec Anaïs Jolicœur, fille d'un vigneron de Bouzy. Installé en 1982, Hervé Savès, rejoint par Arthur en 2012, conduit 10 ha dans la Montagne de Reims. (RM)

Fidèle à l'encépagement de ce grand cru, ce brut met en avant le pinot noir (80 %), avec le chardonnay en appoint. Après cinq années de vieillissement, il présente un nez discret, aux nuances de fleurs et de fruits blancs. Cette palette aromatique se retrouve dans une bouche tendue dont la vivacité a été préservée par une vinification sans fermentation malolactique. ⧗ 2018-2021 ● **1er cru Carte blanche (15 à 20 €; 39 179 b.)** : vin cité.

⊶ CAMILLE SAVÈS, 4, rue de Condé, 51150 Bouzy, tél. 03 26 57 00 33, champagne.saves@hexanet.fr r.-v.

FRANÇOIS SECONDÉ Cuvée Clavier composition

● | 2500 | 20 à 30 €

La production de Sillery, grand cru de la Montagne de Reims, approvisionne surtout les maisons de champagne. François Secondé est le seul récoltant à proposer du sillery grand cru. Ancien ouvrier viticole, il a acheté sa première vigne en 1972; il exploite aujourd'hui 5,5 ha dans quatre grands crus. (RM)

Composé de deux tiers de chardonnay et d'un tiers de pinot noir, comme le clavier d'un piano, ce brut or pâle s'ouvre sur les fleurs blanches, les agrumes et l'abricot. Ronde et souple à l'attaque, la bouche, en demi-corps, est équilibrée par une finale légère et fraîche, à la saveur de pamplemousse. Un champagne flatteur, à son apogée. ⧗ 2017-2020 ● **Gd cru (15 à 20 €; 22 000 b.)** : vin cité.

⊶ FRANÇOIS SECONDÉ, 6, rue des Galipes, 51500 Sillery, tél. 03 26 49 16 67, francois.seconde@wanadoo.fr t.l.j. sf dim. 8h-12h 13h-17h

SECONDÉ-SIMON Cuvée Valérie ★

Gd cru | 10000 | | 15 à 20 €

Fils et petit-fils de vignerons, Jean-Luc Secondé s'installe en 1983 à Ambonnay, village de la Montagne de Reims classé en grand cru. Le domaine, qui s'étend sur 6 ha, est aujourd'hui dirigé par Jérôme Bôle, son gendre, tandis que son fils, Nicolas Secondé, œnologue, se charge des vinifications. (RM)

Une brillante robe rose pâle; un nez frais et intense, panier de fruits rouges; une attaque vive ouvrant sur un palais tirant son ampleur du pinot noir (80 %) et sa fraîcheur du chardonnay (20 %): un rosé fruité et équilibré. ⧗ 2018-2021 **Gd cru Cuvée Nicolas (15 à 20 €; 10000 b.)** : vin cité.

SCEV J.-L. SECONDÉ-SIMON, 14, rue de Trépail, 51150 Ambonnay, tél. 03 26 56 13 02, champagne@seconde-simon.fr t.l.j. sf dim. 9h-12h 14h-18h

J.-M. SÉLÈQUE Solessence Brut nature

| 4000 | 30 à 50 €

Établie aux portes d'Épernay, cette exploitation élabore ses champagnes depuis les années 1970 et s'est équipée d'une cuverie flambant neuve à une nouvelle adresse. Elle dispose de 9 ha de vignes dans la vallée de la Marne et la Côte des Blancs. Après le départ à la retraite de Richard Sélèque, c'est son fils Jean-Marc, installé en 2008, qui officie à la cave. Les vins de réserve de la propriété sont élevés en barrique ou foudre de chêne. (RM)

Mi-blancs mi-noirs (40 % de meunier), ce champagne non dosé apparaît d'abord réservé, livrant des senteurs agréables, mais légères, de pomme et de pain. Plus expressif en bouche, il séduit par son attaque fraîche, en harmonie avec ses arômes de pamplemousse, de mandarine et d'amande amère, puis par sa finale saline, de bonne longueur. ⧗ 2018-2021 **Extra-brut Les Solistes Infusion meunier 2013 (30 à 50 €; 1000 b.)** : vin cité.

SCEV R. ET J.-M. SÉLÈQUE, 9, allée de la Vieille-Ferme, 51530 Pierry, tél. 03 26 55 27 15, contact@seleque.fr r.-v.

JEAN SÉLÈQUE Extra-brut Cuvée de réserve ★

| 5000 | | 15 à 20 €

Arrière-grand-père de l'actuelle récoltante, Jean Bagnost, fondateur de la coopérative de Pierry et maire de la commune, plante avec son gendre Henry Sélèque les premiers ceps à la fin des années 1960. Jean Sélèque commence à vendre du champagne. Sa fille Nathalie, installée en 2011, a lancé la marque au nom de son père deux ans plus tard. Son vignoble de 5,4 ha est implanté sur différents coteaux aux environs d'Épernay. (RC)

Un extra-brut composé de chardonnay et de pinot noir (40 % chacun), complétés par le meunier. Après cinq années de vieillissement sur lies, il apparaît nettement évolué, avec sa robe dorée et son nez gourmand, pâtissier, sur le beurre, la vanille, le miel, le grillé, le caramel et les fruits exotiques. On retrouve ces arômes dans une bouche équilibrée et fondue, fraîche en attaque, un peu austère en finale. À son apogée. ⧗ 2018-2019

JEAN SÉLÈQUE, 12, rue de l'Égalité, 51530 Pierry, tél. 06 80 38 66 32, champagne.seleque@orange.fr t.l.j. 10h-18h

SERVEAUX FILS Brut nature Meunier d'antan

| 7500 | | 30 à 50 €

Domaine familial créé en 1954 sur la rive droite de la Marne, entre Dormans et Château-Thierry. Installé en 1993, Pascal Serveaux, rejoint à partir de 2002 par ses fils Nicolas et Hugo et par sa fille Élodie, cultive 15 ha de vignes. (RM)

Majoritaire dans cette partie de la vallée de la Marne, le meunier, choyé par ces récoltants, est seul à l'œuvre dans ce brut nature (non dosé), né pour moitié de la récolte 2014 vinifiée en cuve Inox et pour l'autre de la vendange 2013 vinifiée en fût de chêne. Au nez, il mêle les senteurs fruitées et florales du cépage aux nuances vanillées, grillées et toastées du bois. À la fois ample, gras et salin au palais, il est marqué en finale par une touche tannique un peu amère. ⧗ 2018-2021 **Carte d'or (15 à 20 €; 13477 b.)** : vin cité.

SERVEAUX, 2, rue de Champagne, 02850 Passy-sur-Marne, tél. 03 23 70 35 65, serveaux.p@wanadoo.fr r.-v.

SIMON-DEVAUX ★

| 17000 | | 11 à 15 €

Une marque créée dans les années 1990 par la mère d'Alain Simon. Après ses études de viticulture-œnologie à Beaune, ce dernier s'est installé en 1998 sur l'exploitation familiale qui, agrandie, compte aujourd'hui 8 ha entre Côte des Bar (Aube), vallée de la Marne et Côte des Blancs. Il a investi dans un pressoir et vinifié sa première cuvée en 2003. (RM)

Une trilogie de pinots, le noir en tête (80 %) puis le meunier et le blanc (5 % chacun), avec du chardonnay en appoint, pour ce brut bien séduisant. La présentation est discrète: robe légère aux reflets cuivrés, bulle timide. Plus disert, le nez libère des parfums de framboise, de mûre, de baie de sureau, nuancés à l'aération de notes plus mûres de musc, de miel et de cacao. Dans le même registre gourmand et évolué, la bouche offre une attaque souple, puis monte en puissance et se déploie avec ampleur et suavité sur des notes confites, plutôt servies par un dosage sensible. ⧗ 2018-2021 **★ (11 à 15 €; 5000 b.)** : le pinot noir (90 %, avec du chardonnay en appoint) lègue à cette cuvée sa puissance – une robe rose soutenu aux reflets tuilés, un nez généreusement fruité, sur la confiture de fraises, et une bouche aromatique, ample et riche. ⧗ 2018-2020

ALAIN SIMON, 4, rue du Clamart, 10110 Celles-sur-Ource, tél. 03 25 29 00 35, simon-devaux@neuf.fr r.-v.

JACQUES SONNETTE Tradition ★

| 43000 | | 11 à 15 €

Installé en 1973 sur l'exploitation familiale située dans un hameau de Charly-sur-Marne – le village viticole le plus proche de Paris –, Jacques Sonnette élabore son champagne depuis 1976. Dans son vignoble de 8 ha, le meunier est très présent. (RM)

Né de meunier majoritaire (76 %, avec le chardonnay et une goutte de pinot noir en appoint), ce brut aux reflets jaune d'or libère des parfums intenses de fleurs, de fruits mûrs et de pain grillé. Tonique en attaque, il offre un bon équilibre entre acidité et douceur, le dosage généreux compensant sa vivacité. Un champagne aromatique, frais et facile. ⧗ 2018-2021 ● **Réserve (11 à 15 €; 15900 b.)** : vin cité.

⊶ SAS JACQUES SONNETTE, 2, rue du Port-Picard, Grand-Porteron, 02310 Charly-sur-Marne, tél. 03 23 82 05 71, contact@champagnesonnette.com V ▮ *r.-v.*

♥ SOUTIRAN Collection privée ★★

● Gd cru	4000	▮	30 à 50 €

Orphelin, Gérard Soutiran prend en location les vignes de son parrain, puis s'associe à un viticulteur possédant un pressoir. Il ne cesse d'agrandir son bien (6 ha aujourd'hui), tout en créant avec d'autres la coopérative d'Ambonnay. Son fils Alain Soutiran lance sa marque en 1970 et passe le relais en 1990 à sa fille Valérie Renaux, qui a confié les vinifications à son mari Patrick. La propriété privilégie les longs vieillissements en cave. (NM)

Déjà en vue dans la précédente édition, cette cuvée en série limitée, assemblage à parts égales de pinot noir et de chardonnay d'Ambonnay, enchante de nouveau les dégustateurs. Cette version privilégie la très qualitative année 2012, complétée par la récolte 2011. De couleur paille dorée, elle dévoile un bouquet bien ouvert fait d'agrumes, de fruits exotiques, de miel et de torréfaction. Des arômes que l'on retrouve dans une bouche puissante en attaque, à la fois crémeuse et vive, dont la finale brille par sa finesse citronnée. Sa persistance et sa fraîcheur laissent deviner un réel potentiel. ⧗ 2018-2023

⊶ SOUTIRAN, 3, rue de Crilly, 51150 Ambonnay, tél. 03 26 57 07 87, info@soutiran.com V ▮ *r.-v.*

PATRICK SOUTIRAN Blanc de noirs ★★

● Gd cru	13500	▮	20 à 30 €

Vigneron bien connu, Gérard Soutiran a eu plusieurs fils. Patrick Soutiran, installé en 1970, cultive avec sa fille Estelle (depuis 2007) et son fils Fabrice (depuis 2013) un vignoble de 3 ha implanté à Ambonnay et à Trépail, deux villages voisins de la Montagne de Reims, classés respectivement en grand cru et en 1er cru. (RM)

Si l'on cultive aussi le chardonnay à Ambonnay, le pinot noir est le cépage roi de ce grand cru. Il règne sans partage sur ce blanc de noirs or foncé, qui s'ouvre sur une palette complexe où ressortent le fruit de la Passion et les épices (curry). Ces arômes se prolongent dans une bouche intense et puissante, tendue par une franche acidité. Un champagne charpenté, précis et harmonieux qui donnera sa pleine mesure à table. ⧗ 2018-2023 ● **Gd cru Rosé ★ (20 à 30 €; n.c.)** : un rosé d'assemblage issu à 90 % de chardonnay d'Ambonnay, complété d'un vin rouge de pinot noir de même origine, qui lui donne ses tons cuivrés. Les raisins blancs lui lèguent beaucoup de fraîcheur, tant au nez qu'en bouche. Une bouteille vive et harmonieuse, parfaite à l'apéritif. ⧗ 2018-2021

⊶ PATRICK SOUTIRAN, 2, rue des Tonneliers, 51150 Ambonnay, tél. 03 26 57 08 18 V 🚶 ▮ *r.-v.*

♥ TAITTINGER
Blanc de blancs Comtes de Champagne 2006 ★★★

●	n.c.	▮	+ de 100 €

Alexandre Fourneaux produisait des vins tranquilles à Rilly-la-Montagne. Son fils créa une maison de négoce dès 1734. Deux siècles plus tard, Pierre Taittinger devint en 1936 l'actionnaire principal de la maison Forest-Fourneaux à laquelle il donna son nom. Passée en 2005 sous le contrôle d'un fonds de pension américain, rachetée un an plus tard par la famille, l'affaire est dirigée par Pierre-Emmanuel Taittinger. Avant de s'installer sur la butte Saint-Nicaise, site historique, elle avait son siège à l'hôtel des Comtes de Champagne, d'où le nom de sa cuvée de prestige. La maison dispose de crayères du IVe s. et d'un vaste vignoble (288 ha). Le chardonnay est son cépage emblématique. (NM)

Déjà élue coup de cœur l'an dernier, la cuvée haut de gamme de la maison renouvelle l'exploit avec une étoile supplémentaire. Ce superbe millésimé naît des meilleurs terroirs de la Côte des Blancs (grands crus) et patiente plus de dix ans en cave. Si la robe jeune, or clair traversée d'un train de bulles fines, fait bonne impression, on loue surtout le nez, aux délicates nuances de pain grillé, de brioche, de beurre, de thym, de sarriette, de fruits confits et de vanille. Une gamme subtile et complexe que l'on retrouve dans une bouche remarquablement équilibrée entre acidité et ampleur, richesse et fraîcheur. Son harmonie et sa longueur laissent entrevoir une belle longévité. ⧗ 2018-2022 ● **Prélude Grands Crus ★ (30 à 50 €; n.c.)** : «grands crus» au pluriel, car il s'agit d'un assemblage de chardonnay et de pinot noir à parts égales. Or nacré, un brut plein d'atouts: un nez intense de fleurs, de mandarine et d'épices, une bouche fraîche en attaque, ample et longue. ⧗ 2018-2021 ● **Prestige (50 à 75 €; n.c.)** : vin cité.

⊶ TAITTINGER, 9, pl. Saint-Nicaise, 51100 Reims, tél. 03 26 85 45 35, claire.sarazin@taittinger.fr V 🚶 ▮ *r.-v.*

SÉBASTIEN TAPRAY
Blanc de blancs L'Irrésistible ★

●	2000	▮	15 à 20 €

Viticulteur depuis 2000 dans la région de Bar-sur-Aube, Sébastien Tapray apporte la récolte de ses 2 ha à la coopérative de Colombé-le-Sec qui élabore ses cuvées. (RC)

Or pâle, ce blanc de blancs séduit par son nez expressif et fin où se mêlent tilleul, agrumes, amande fraîche et brioche. En bouche, il s'impose par son palais alerte en attaque, à la fois rond et acidulé, aux arômes de pamplemousse, de beurre noisette et d'épices. Un champagne sphérique et harmonieux. ⧗ 2018-2021 ● **Prestige (15 à 20 €; 6000 b.)** : vin cité.

⊶ TAPRAY, 29, Grande-Rue, 10200 Colombé-la-Fosse, tél. 03 25 27 99 12, tapray.sebastien@orange.fr V 🚶 ▮ *r.-v.*

TARLANT Prestige L'Étincelante 2002 ★★

| 5000 | | + de 100 € |

Enracinés en Champagne, les Tarlant cultivaient déjà la vigne à l'époque de dom Pérignon. Constitution du domaine à partir de 1780 dans la vallée de la Marne, premier champagne livré en 1929. Aujourd'hui, un vignoble de 14 ha et un style reconnu. Aux commandes depuis 1999, Benoît et Mélanie, les enfants de Jean-Mary Tarlant, qui préside la maison. À la cave, Benoît vinifie en petite cuve ou en barrique par «climat», sans fermentation malolactique, élève sur lies les vins de réserve et privilégie les dosages faibles (extra-brut) ou absents (brut zéro). (RM)

Pour les Champenois, 2002 est un très grand millésime; pour Benoît Tarlant, ce fut le premier de cette qualité qu'il ait eu à mettre en valeur. Pour preuve de l'excellence de l'année, il a commercialisé ses millésimés 2003 et 2004, pourtant de bonne réputation, avant celui-ci. Composé en majorité de chardonnay (57 %) associé au pinot noir (29 %) et au meunier, ce brut nature (sans sucre ajouté en fin de vinification) montre une évolution contenue: robe dorée, nez sur la torréfaction, rehaussé de notes de fruits mûrs et de fruits secs, bouche dense, tendue, étonnamment vive. Un champagne à l'équilibre souverain, parfait aujourd'hui, et sans doute encore demain. ⧗ 2018-2021 ● **Brut nature zéro ★ (30 à 50 €; 100000 b.)** : les trois cépages champenois à parts égales, du bois, un peu de cuve et six ans de cave ont engendré ce brut non dosé d'une grande complexité. Notes florales, briochées, grillées, vanillées, senteurs de noisette et d'abricot s'élèvent du verre et se marient à des saveurs d'orange et de craie dans une bouche ample et acidulée. La longue finale saline confirme la minéralité et l'élégance de ce vin. ⧗ 2018-2021

TARLANT, 21, rue de la Coopérative, 51480 Œuilly, tél. 03 26 58 30 60, champagne@tarlant.com V ♿ ▪ *r.-v.*

EMMANUEL TASSIN Cuvée ancestrale 2012 ★★

| 2000 | | 20 à 30 € |

Installés dans la Côte des Bar (Aube), les Tassin sont vignerons de père en fils et se sont lancés dans l'élaboration du champagne dès 1930. Emmanuel Tassin a repris en 1987 l'exploitation familiale et lancé son étiquette. Il exploite 9 ha dans la vallée de l'Ource. (RM)

Pinot noir et chardonnay contribuent à parité à ce brut fringant d'une belle année, vinifié et élevé en fûts de chêne (neufs à 20 %). À la robe jaune, aux reflets verts, répond un nez floral et frais. Cette vivacité se confirme en bouche, où le bois, loin de dominer, se contente de souligner les arômes d'agrumes et de fruits blancs, puis de laisser un délicat sillage mentholé et torréfié. La finale longue et saline signe un champagne harmonieux. ⧗ 2018-2022

EMMANUEL TASSIN, 104, Grande-Rue, 10110 Celles-sur-Ource, tél. 03 25 38 59 44, champagne.tassin.emmanuel@sfr.fr V ♿ ▪ *r.-v.*

J. DE TELMONT Blanc de blancs 2010 ★★

| 31288 | 30 à 50 € |

Une maison de négoce sise à Damery, sur la rive droite de la Marne. Fondée en 1912 par Henry Lhopital, la société est restée familiale, gérée par Bertrand Lhopital et sa sœur Pascale Parinet qui représentent la quatrième génération. Elle dispose d'un approvisionnement de 106 ha, et d'un vignoble en propre de 32 ha, dont 10 ha sont exploités en biodynamie. (NM)

Si l'année 2010 n'a pas en Champagne la cote qu'elle a en Bordelais, cette maison a proposé une version remarquable du millésime: plusieurs jurés ont proposé de donner un coup de cœur à ce blanc de blancs or pâle aux reflets argentés. Son faible dosage (5,5 g/l) en fait un extra-brut et il a été vinifié sans fermentation malolactique, avant de bénéficier d'un long vieillissement sur lattes. Le nez expressif met en avant des senteurs grillées et beurrées, rehaussées de délicates nuances de tabac blond et de roche chauffée au soleil. Bien construite sur une ligne acide, la bouche, suave en attaque, se déploie avec richesse et vinosité. Tout est fondu, bien marié, et laisse une sensation d'harmonie. ⧗ 2018-2023 ● **Sans soufre ajouté ★ (30 à 50 €; 6881 b.)** : issu du vignoble en bio, ce brut faiblement dosé (3,5 g/l), dégorgé en octobre 2017, met en œuvre à parité meunier et chardonnay récoltés en 2012. Si sa bouche charpentée est fraîche, ses arômes apparaissent évolués (pomme, blette, figue, noix, miel, noix muscade, cacao et café). ⧗ 2018-2019

BERTRAND LHOPITAL, 1, av. de Champagne, 51480 Damery, tél. 03 26 58 40 33, commercial@champagne-de-telmont.com V ♿ ▪ *r.-v.*

Bertrand Lhopital

V. TESTULAT
Blanc de blancs Nature Zéro Dosage ★★

| 4000 | | 20 à 30 € |

Une maison d'Épernay fondée en 1862 par Vincent Testulat. Cinq générations plus tard, c'est toujours un Vincent Testulat qui signe les cuvées. (NM)

Quatre années de vieillissement sur lattes ont permis à ce pur chardonnay d'acquérir un caractère nettement évolué. Quelques reflets verts persistent dans la robe or pâle, mais la bulle est d'une grande finesse et le nez livre tout un cortège d'arômes de maturité: fruits jaunes, torréfaction (moka), pain grillé, pralin s'élèvent du verre et se prolongent en bouche. Le palais conjugue ampleur et fraîcheur, et la longue finale grillée laisse une sensation d'harmonie. ⧗ 2021-2020

VINCENT TESTULAT, 23, rue Léger-Bertin, 51200 Épernay, tél. 03 26 54 10 65, vtestulat@champagne-testulat.com V ▪ *t.l.j. sf dim. 9h-12h 14h-18h*

THÉVENET-DELOUVIN Carte rosée ★

| 4000 | | 15 à 20 € |

Issus l'un comme l'autre de familles vigneronnes, Isabelle et Xavier Thévenet mettent leurs compétences agronomiques au service d'une viticulture durable depuis le début des années 1990 (exploitation certifiée Haute qualité environnementale depuis 2016). Leur vignoble s'étend sur les deux rives de la Marne. (RM)

Majoritaire dans l'assemblage (90 %), le meunier, en partie vinifié en rouge, est complété par du chardonnay. D'un rose orangé clair, cette cuvée au nez tout en finesse se partage entre le citron et la framboise. Tout aussi fruitée, la bouche se montre très fraîche mais nullement mordante et fait preuve d'une bonne persistance. Une vivacité qui fera merveille à l'apéritif. ⧗ 2018-2021 ● **Réserve (15 à 20 €; 11000 b.)** : vin cité.

⊶ ISABELLE ET XAVIER THÉVENET, 28, rue Bruslard, 51700 Passy-Grigny, tél. 03 26 52 91 64, xavier.thevenet@wanadoo.fr V r.-v.

THIÉNOT Vintage 2008 ★

	n.c.	30 à 50 €

Ancien banquier, Alain Thiénot est revenu à ses racines champenoises. Il a débuté par le courtage, acheté des vignes à partir de 1976, créé sa maison en 1985, acquis les marques Marie Stuart, Joseph Perrier et Canard-Duchêne, s'est diversifié dans le Bordelais et le Languedoc. Depuis 2003, il a pour appui ses enfants Stanislas et Garance. (NM)

À la fois concentrés en sucres et en acides, les raisins de la récolte 2008 ont donné nombre de champagnes millésimés. Celui-ci naît de 60 % de raisins noirs (dont 40 % de meunier) et de 40 % de blancs. Très discret au nez, il se révèle au palais. Frais en attaque, ample dans son développement, il déploie des arômes de miel, de caramel, de fruits mûrs et des touches minérales et offre une finale suave. ⧗ 2018-2021 ● **Rosé (30 à 50 €; n.c.)** : vin cité.

⊶ THIÉNOT, 4, rue Joseph-Cugnot, 51500 Taissy, tél. 03 26 77 50 10, infos@thienot.com V r.-v.

J.-M. TISSIER Ancestrale 2012 ★

	2900		20 à 30 €

Petit-fils de Diogène Tissier, vigneron à la nombreuse descendance, Jacques Tissier a travaillé dès l'âge de quatorze ans avec son père Jean-Marie et repris la propriété en 1993. Il exploite plus de 5 ha de vignes sur les coteaux d'Épernay et dans le Sézannais. (RM)

Un millésimé mariant 60 % de noirs (dont 40 % de pinot noir) et 40 % de blancs. Paré d'une robe dorée animée d'une bulle fine, il montre une belle maturité. Bien ouvert au nez, il libère des notes de fleurs blanches, de brioche, de beurre et de toast. En bouche, il se déploie avec ampleur et rondeur, tonifié par une acidité de bon aloi qui lui assure une finale fraîche, sinon très longue. Un champagne équilibré, sobre et élégant, adapté à la table. ⧗ 2018-2020 ● **Rosé de saignée Délicatessence 2014 (20 à 30 €; 3400 b.)** : vin cité.

⊶ SAS J.-M. TISSIER, 9, rue du Gal-Leclerc, 51530 Chavot-Courcourt, tél. 03 26 54 17 47, contact@champagne-jm-tissier.com V r.-v.

GUY TIXIER Cœur de vignes 2013

1er cru	7488		15 à 20 €

Guy Tixier hérite en 1960 du quart du vignoble paternel constitué par André à partir de 1920 et lance sa marque. Son fils Olivier lui succède en 1989. Le domaine couvre un peu plus de 5 ha, principalement dans la Montagne de Reims. (RC)

Mi-chardonnay mi-pinot noir, un millésimé expressif, aux senteurs de fleurs blanches, libérant à l'agitation des nuances de crème et de fruits rouges. Franche, équilibrée entre suavité et fraîcheur, assez longue, la bouche garde une belle présence aromatique. ⧗ 2018-2021

⊶ OLIVIER TIXIER, 12, rue Jobert, BP 3, 51500 Chigny-les-Roses, tél. 03 26 03 42 51, champagneguytixier@wanadoo.fr V r.-v.

MICHEL TIXIER Rosé de saignée ★

● 1er cru	5000	15 à 20 €

Le vignoble familial remonte aux années 1920. En 1963, Michel Tixier s'installe et lance sa marque. Benoît, son fils, prend le relais en 1998. Son domaine de 5 ha comprend trente-six parcelles réparties dans la Montagne de Reims, la Côte des Blancs et la vallée de la Marne. Domaine certifié Haute valeur environnementale. (RM)

Plus d'une fois apprécié, ce rosé résulte d'une macération de 48 heures de meunier qui lui donne une robe soutenue, presque rubis. Avec une telle apparence, le nez, sans surprise, livre une farandole de fruits rouges et noirs. La bouche, à l'unisson, se montre gourmande et vineuse, préservée de toute lourdeur par une belle acidité. Un champagne riche et croquant, pour le repas. ⧗ 2018-2021 **1er cru Grande Année (15 à 20 €; 14 000 b.)** : vin cité.

⊶ BENOÎT TIXIER, 8, rue des Vignes, 51500 Chigny-les-Roses, tél. 03 26 03 42 61, champ.michel.tixier@wanadoo.fr V r.-v.

BERNARD TORNAY 2008 ★

Gd cru	28 279		20 à 30 €

Une exploitation familiale dont les lointaines origines remontent au XVII[e]s, et un champagne lancé en 1930. Nathalie Tornay-Hutasse a pris les commandes du domaine en 1914, au décès de son père avec lequel elle travaillait depuis 1984. Le domaine de 20 ha est installé à Bouzy, au cœur du vignoble des «grands noirs». (RM)

Encore un millésime 2008? Sa présence s'explique par sa qualité: avec le 2002, c'est le plus coté de la décennie 2000-2010. Celui-ci unit chardonnay et pinot noir à parité. Minéral et iodé au premier nez, il monte en puissance et déploie des arômes de mimosa, de miel d'acacia, de mangue, de beurre et de grillé. La bouche, à l'unisson, offre une attaque fraîche avant de prendre de l'ampleur et de révéler sa farandole d'arômes gourmands et évolués. ⧗ 2018-2020 **Grand Cru (15 à 20 €; 12 816 b.)** : vin cité.

⊶ SARL TORNAY, rue du Haut-Petit-Chemin, 51150 Bouzy, tél. 03 26 57 08 58, info@champagne-tornay.fr V *t.l.j. sf dim. 9h-12h 13h30-17h; sam. 10h30-12 13h30-17h ⊶ Nathalie Hutasse*

ALFRED TRITANT Mes racines ★

Gd cru	14 000		20 à 30 €

Installé sur le versant sud de la Montagne de Reims, Alfred Tritant devient récoltant-manipulant en 1929. Depuis 2000, Jean-Luc Weber-Tritant est aux commandes. Son vignoble a une superficie restreinte (2,7 ha), mais il est très bien situé à Bouzy et à Ambonnay, grands crus fiefs du pinot noir. (RM)

Ce brut à la robe dorée animée d'une effervescence tonique assemble deux tiers de pinot noir et un tiers de chardonnay. Le second cépage lui lègue sans doute la fraîcheur et la finesse de son nez de fleurs blanches, d'agrumes et de fruits blancs puis, en bouche, ses notes de noisette. Le cépage majoritaire lui apporte une matière riche et des arômes de fruits confits. L'équilibre est agréable, la longueur notable, le potentiel probable. ⧗ 2018-2023

CHAMPAGNE

ALFRED TRITANT, 23, rue de Tours, 51150 Bouzy, tél. 03 26 57 01 16, accueil@champagne-tritant.fr r.-v.

TROUILLARD Cuvée du fondateur 2009 ★

	n.c.	20 à 30 €

Maison fondée en 1896 par Lucien Trouillard, alors jeune caviste à façon, devenu à la force du poignet chef de cave d'une petite affaire à Pierry, avant de créer sa société. Celle-ci a été reprise en 2006 par la famille Gobillard de Hautvillers. (NM)

Cette cuvée avait obtenu trois étoiles dans la dernière édition pour le millésime 2008. De bon niveau, mais un cran en dessous, les chardonnays ont donné l'année suivante ce brut qui mêle or et argent à l'œil, mandarine et fleurs au nez, fraîcheur et rondeur en bouche. Le dosage, présent sans excès, n'alourdit pas la finale fumée et minérale. Assez proche d'un brut sans année, ce millésimé devrait donner sa pleine mesure dans quelques mois. ⧗ 2018-2021

TROUILLARD, 38, rue de l'Église, 51160 Hautvillers, tél. 03 26 55 37 55, contact@champagnetrouillard.com r.-v.

♥ **TRUDON** Monochrome ★★

	5000		15 à 20 €

CHAMPAGNE TRUDON À FESTIGNY MONOCHROME

Fondée en 1920 par l'arrière-grand-père de Jérôme Trudon, œnologue et dirigeant depuis 2010, cette exploitation s'étend sur 7,5 ha aux environs de Festigny, dans la vallée de la Marne. (RM)

Monochrome? Cette cuvée naît d'un seul cépage, le meunier. Parfois dédaignée pour son fruité facile et pour son indolence en bouche, cette variété est aujourd'hui défendue par les vignerons qui la cultivent, qui savent que, traitée avec respect et expérience, elle peut donner des cuvées remarquables. Celle-ci «offre tout ce que l'on attend d'un blanc de noirs»: une robe bien dorée, un nez expansif, mêlant jasmin, beurre, miel et toast, une bouche tout aussi expressive, tonique, persistante, montrant un excellent équilibre entre richesse et acidité (la vinification sans fermentation malolactique contribue sans doute à cette fraîcheur). Un meunier d'anthologie. ⧗ 2018-2021

JÉRÔME TRUDON, 1, rue de la Libération, 51700 Festigny, tél. 03 26 58 00 38, champagnetrudon@orange.fr r.-v.

TSARINE 2012 ★

	n.c.		30 à 50 €

Dès 1730, les frères Chanoine creusent leur cave à Épernay. Leur maison, la plus ancienne après Ruinart, a subi une éclipse après la guerre, avant de renaître grâce à son intégration dans le groupe Lanson-BCC. Elle a créé la marque Tsarine en souvenir de Catherine II, grande amatrice de champagne. Aujourd'hui, Isabelle Tellier officie à la cave. (NM)

Les trois cépages champenois sont assemblés à parts égales dans ce millésimé à la robe or vert. Pamplemousse et fleurs blanches marquent de leur fraîcheur le nez, puis la bouche. Au palais, l'acidité équilibre le sucre, composant une bouteille harmonieuse, de belle longueur. ⧗ 2018-2021 **By Adriana ★ (50 à 75 €; n.c.)** : du beurre, de la brioche et du miel pour ce brut issu du pinot noir, du meunier et du chardonnay à parité. Une cuvée qui convainc aussi en bouche, souple en attaque, ample et ronde, fruitée et fraîche. Sa tenue, sa densité et son acidité laissent espérer une belle longévité. ⧗ 2018-2024 **Cuvée Premium Brut (20 à 30 €; n.c.)** : vin cité.

TSARINE, allée du Vignoble, 51100 Reims, tél. 03 26 78 50 08, contact@champagnetsarine.com r.-v.

JEAN VALENTIN Blanc de blancs Saint-Avertin

1er cru	5000	15 à 20 €

Ancien ingénieur viticole au CIVC (Comité interprofessionnel des vins de Champagne), Gilles Valentin est établi aux portes de la cité des Sacres. Il dirige depuis 1995 le domaine fondé en 1922 par sa grand-mère. Le vignoble de 5,5 ha est situé dans la Montagne de Reims. (RM)

Saint Avertin, patron de Sacy, n'aurait sans doute pas renié ce brut. Issu de chardonnay bien mûr, il offre des arômes de mirabelle compotée, de brioche et de cire, avec une pointe de torréfaction. Ces arômes s'épanouissent dans une bouche ronde, généreusement dosée (10,5 g/l), équilibrée par ce qu'il faut de fraîcheur. ⧗ 2018-2020 **1er cru Tradition (11 à 15 €; 22000 b.)** : vin cité.

EARL LES COTEAUX VALENTIN, 9, rue Saint-Remi, 51500 Sacy, tél. 03 26 49 21 91, givalentin@wanadoo.fr r.-v.

JEAN-CLAUDE VALLOIS
Blanc de blancs Assemblage noble ★

	12000		15 à 20 €

Établi à Cuis, premier village de la Côte des Blancs, au nord, Jean-Guy Vallois représente la cinquième génération sur le domaine familial. Il s'est installé en 2011 et cultive un coquet vignoble de 11 ha. Propriété certifiée Haute valeur environnementale. (RM)

Le nez expressif mêle les fleurs et les agrumes à des notes de fruits jaunes et de fruits exotiques qui signent une évolution élégante. En bouche, la pêche, la pomme, le citron vert, l'orange, les épices et le beurre se succèdent dans une matière équilibrée, à la fois ample et vive. Harmonieux et délicat, ce champagne est à son apogée et devrait y rester quelque temps. ⧗ 2018-2023

JEAN-GUY VALLOIS, 4, rte des Caves, 51530 Cuis, tél. 06 07 69 22 88, vallois.jeanguy@orange.fr r.-v.

VAN GYSEL-LIÉBART 2012

	2000		15 à 20 €

Succédant à trois générations de viticulteurs, Valérie et Benoît Van Gysel se sont installés en 1996 sur le domaine familial avant de commercialiser leurs cuvées trois ans plus tard. Ils cultivent 4 ha sur la rive gauche de la Marne. (RC)

Issu de meunier majoritaire (60 %) et de chardonnay, ce millésimé dévoile une complexité naissante, laissant s'échapper du verre des senteurs discrètes d'agrumes, de fruits blancs, de beurre et de toast. L'expression aromatique s'affirme dans une bouche tendue, de l'attaque ciselée et minérale à la finale quelque peu mordante – une acidité contrebalancée par une effervescence crémeuse, une bonne ampleur et un dosage suave. ⧗ 2018-2021

VAN GYSEL-LIÉBART, 3, rue des Bons-Vivants, Cerseuil, 51700 Mareuil-le-Port, tél. 03 26 51 78 46, champagne.vangysel-liebart@orange.fr V r.-v.

VARNIER-FANNIÈRE
Extra-brut Blanc de blancs Esprit de craie ★

●	9000		20 à 30 €

Un domaine viticole fondé en 1860. Jean Fannière fut le premier récoltant manipulant de la famille en 1950. Guy Varnier, son gendre, lui succéda en 1965. Son fils Denis, œnologue, s'était installé en 1988. Après sa disparition prématurée en 2017, son épouse Valérie poursuit son œuvre. À la tête de 4 ha de vignes très bien situées dans la Côte des Blancs, la famille reste fidèle au petit pressoir Coquart carré, devenu rare dans le vignoble. (RM)

Une sélection parcellaire de chardonnay, dont les racines plongent dans une craie omniprésente dans la Côte des Blancs. Élevé dix-huit mois en cuve puis deux ans sur lattes, ce blanc de blancs offre toute la distinction attendue de ce style de vin: un nez expressif et flatteur, aux nuances de fruits blancs, de pêche jaune et de viennoiserie rehaussées d'une note crayeuse; une bouche charnue, ample et fraîche à la fois, à la finale généreuse et persistante, iodée et saline. ⧗ 2018-2021 ● **Gd cru Extra-brut Blanc de blancs Cuvée Jean Fannière Origine ★ (20 à 30 €; 2500 b.)** : un nez subtil sur les fleurs et les fruits blancs, le pain beurré, la craie; un palais à la fois épanoui et tendu, à la longue finale minérale. Une discrète élégance, belle expression de grand cru de la Côte des Blancs. ⧗ 2018-2021

VALÉRIE VARNIER, 23, rempart du Midi, 51190 Avize, tél. 03 26 57 53 36, varnier-fanniere@orange.fr V r.-v.

VARRY-LEFÈVRE Sélection ★

● 1er cru	3200		15 à 20 €

Établie dans la Montagne de Reims, près de la cité des Sacres, cette propriété (4,6 ha) a commercialisé ses premières cuvées en 1948. À sa tête depuis 2009, Christophe Lefèvre confie les vinifications à la coopérative d'Écueil, mais il effectue les assemblages, la mise en bouteilles et le dégorgement. (RC)

Si cette cuvée incorpore cette année 5 % de chardonnay, elle doit presque tout au pinot noir (très cultivé à Écueil). Rien d'étonnant à ce qu'elle ressemble à un blanc de noirs, avec son nez intense et vineux, légèrement évolué, mêlant les fruits mûrs aux fleurs blanches et à des notes pâtissières, suivi d'une bouche ronde, expressive, judicieusement dosée, équilibrée par ce qu'il faut de fraîcheur. ⧗ 2018-2021 ● **1er cru Rosé ★ (15 à 20 €; 1450 b.)** : un rosé d'assemblage dominé par les noirs (90 %, pinot noir surtout). Robe saumonée, nez bien ouvert sur la framboise, bouche vineuse et charpentée, rafraîchie par une douce acidité et par une note iodée. À son apogée. ⧗ 2018-2020 ● **1er cru (11 à 15 €; 9300 b.)** : vin cité.

CHRISTOPHE LEFÈVRE, 17, Grande-Rue, 51500 Écueil, tél. 03 26 49 74 47, champagnelefevre@wanadoo.fr V r.-v.

VAUTRIN PÈRE ET FILS Rosé

●	2000		11 à 15 €

Cette exploitation, établie dans la vallée de la Marne, manipule depuis trois générations. Elle dispose d'un peu plus de 4 ha de vignes implantées sur les coteaux bordant la rivière. Édouard Vautrin est aux commandes depuis 2008. (RM)

Vinifié en cuve et élevé en fût, ce rosé doit beaucoup aux noirs (49 % meunier, 29 % pinot noir). Il affiche une robe avenante, saumon soutenu. D'intenses senteurs de fruits rouges, cerise en tête, s'élèvent au-dessus du verre et se prolongent en bouche. Bien équilibré, ample et rond, le palais tire d'un dosage généreux (10 g/l) un côté gourmand, mais une certaine lourdeur en finale. ⧗ 2018-2021

ÉDOUARD VAUTRIN, 12, rue des Grains-d'Argent, 51480 Cormoyeux, tél. 03 26 58 64 66 V r.-v.

CHAMPAGNE

VAZART-COQUART ET FILS
Blanc de blancs Réserve ★

● Gd cru	50000		20 à 30 €

Établis dans la Côte des Blancs, les Vazart ont lancé en 1954 leur marque, qui s'est développée sous l'impulsion de Jacques Vazart. Son fils Jean-Pierre a rejoint la propriété en 1991, prenant le relais en 1995. Entièrement situé à Chouilly, village classé en grand cru, le vignoble familial couvre 11 ha. (RM)

Un blanc de blancs d'un bel éclat, avec sa robe claire et son nez aérien, sur le citron vert et les fleurs blanches. Alerte et fine en attaque, vive et longue, la bouche reste dans le même registre aromatique et laisse une impression de grande fraîcheur. ⧗ 2018-2021 ● **Gd cru Blanc de blancs Grand Bouquet 2012 (30 à 50 €; 5000 b.)** : vin cité.

JEAN-PIERRE VAZART, 6, rue des Partelaines, 51530 Chouilly, tél. 03 26 55 40 04, contact@vazart-coquart.com V r.-v.

JEAN VELUT
Blanc de blancs Lumière et Craie

●	6000		20 à 30 €

Avec ses sols argilo-calcaires propices au chardonnay, la colline de Montgueux, à l'ouest de Troyes, fait figure d'exception dans un vignoble aubois acquis au pinot noir. C'est sur ses pentes que Jean Velut, agriculteur des environs, a constitué son domaine (7,7 ha aujourd'hui) et réalisé sa première mise en bouteilles en 1976. Il l'a transmis en 1972 à Denis, rejoint en 2016 par son fils Benoît. (RM)

Un blanc de blancs au caractère affirmé. Assemblant les années 2011 à 2009, il révèle des caractères d'évolution: une robe dorée, un nez mûr, mêlant la cire d'abeille aux fruits confits, et une bouche ample, vineuse, de belle persistance. Un champagne puissant. ⧗ 2018-2020

JEAN VELUT, 9, rue du Moulin, 10300 Montgueux, tél. 03 25 74 83 31, champ.velut10@gmail.com V r.-v.

VÉLY-PRODHOMME Améthyste ★

1er cru | 5400 | | 15 à 20 €

À deux pas de Reims, Séverine Vély et son conjoint Jean-Marie Di Girolamo ont pris la suite en 2003 de quatre générations. Ils confient pour le pressurage la récolte de leurs 4 ha de vignes à la coopérative d'Écueil. Ils se chargent ensuite des assemblages et de la commercialisation. (RC)

Issu de pinot noir (60 %) et de chardonnay des récoltes 2010 à 2008, ce brut or vert séduit par son nez aérien alliant tilleul, citron, brioche et fruits blancs. Pamplemousse, ananas et amande grillée prennent le relais dans une bouche qui a l'ampleur d'un champagne évolué tout en gardant une belle tonicité: maturité et fraîcheur. ⌛ 2018-2021 **1er cru Blanc de blancs Nuit blanche (20 à 30 €; 1500 b.)** : vin cité.

VÉLY-PRODHOMME, 5, rue de Chamery, 51500 Écueil, tél. 03 26 49 74 52 t.l.j. 9h-12h 13h-19h Jean-Marie Di Girolamo

DE VENOGE Blanc de blancs Princes ★★

| n.c. | | 50 à 75 €

Cette maison de champagne doit son existence à un citoyen suisse venu du canton de Vaud – région viticole. Henri-Marc de Venoge crée la société en 1837. Son fils la développe à l'international, lance des cuvées spéciales et introduit sur les étiquettes le cordon bleu emblématique, qui rappelle une décoration du temps de la monarchie. L'affaire appartient depuis 1998 au groupe Lanson-BCC. (NM)

Créée en 1858 par Joseph de Venoge, en hommage aux Princes d'Orange, la cuvée des Princes a séjourné plus de trois ans en cave. Comme toutes les cuvées renfermées dans une bouteille spéciale (elle adopte la forme d'une carafe), elle a été servie au verre aux jurés, pour préserver l'anonymat. Les dégustateurs ont apprécié son heureuse évolution, qui se traduit par de délicats parfums d'abricot, de pomme cuite et de fruits exotiques puis par une bouche ample, vineuse et suave, servie par une finale longue et crayeuse. ⌛ 2018-2021 **Blanc de noirs Princes ★★ (50 à 75 €; n.c.)** : né du seul pinot noir, le blanc de noirs est aussi appréciable que le blanc de blancs de la même gamme – certains jurés lui auraient bien donné un coup de cœur. La couleur dorée est plus prononcée, le nez se porte sur les fruits rouges et la bouche apparaît plus ronde, un rien tannique, mais on y trouve la même élégance et une finale de même qualité. ⌛ 2018-2021 ● **Princes (50 à 75 €; n.c.)** : vin cité.

DE VENOGE, 33, av. de Champagne, 51200 Épernay, tél. 03 26 53 34 34, adv@champagnedevenoge.com r.-v. 5 Lanson-BCC

J.-L. VERGNON Extra-brut Blanc de blancs Résonance 2009

Gd cru | 3178 | | 50 à 75 €

Issu d'une famille de négociants du Mesnil-sur-Oger, Jean-Louis Vergnon reconstitue en 1950 le vignoble familial et commence à élaborer ses champagnes en 1985. Conduite aujourd'hui par Didier Vergnon et son fils Clément, appuyés par l'œnologue Julian Gout, l'exploitation dispose de 5 ha très bien situés dans la Côte des Blancs. La maison évite la fermentation malolactique et choie les cuvées peu ou non dosées. (NM)

Un pur chardonnay, récolté dans le secteur réputé des Chétillons, au Mesnil-sur-Oger. Un champagne à deux faces: des arômes de fruits secs traduisant une légère évolution, et une bouche très tendue. Aucune maigreur pour autant, mais le vin ne semble pas être encore en place et devrait s'harmoniser dans les prochains mois. Sa vivacité tranchante sera du goût des amateurs de champagnes extra-bruts qui le serviront à l'apéritif ou avec des produits de la mer. ⌛ 2019-2021

DIDIER VERGNON, 1, Grande-Rue, 51190 Le Mesnil-sur-Oger, tél. 03 26 57 53 86, contact@champagne-jl-vergnon.com r.-v.

VERRIER ET FILS Cuvée Raymond Verrier 2012 ★★

| 452 | | 20 à 30 €

Auguste et Ismérie Verrier produisaient des vins tranquilles en 1860. Raymond Verrier élabore ses premiers champagnes en 1929. Installé en 2009, son petit-fils Emmanuel exploite 5 ha entre Sézanne et Épernay. (NM)

Le chardonnay joue les premiers rôles (90 %, avec le pinot noir en appoint) dans ce millésimé vinifié pour partie en fût. Sa robe dorée est parcourue d'une effervescence fine et pleine de vitalité. Son nez intense s'ouvre sur les fleurs, l'abricot et autres fruits mûrs. Riche, puissante sans lourdeur, sa bouche fait preuve d'une grande persistance. Adapté au repas, un champagne charpenté et tonique, auquel on prédit un bel avenir. ⌛ 2019-2025 **Cuvée Fleuron (15 à 20 €; 8000 b.)** : vin cité.

VERRIER, rue des Rochelles, 51270 Étoges, tél. 03 26 59 32 42, champagne.verrier@orange.fr r.-v.

LES VERTUS D'ÉLISE Extra-brut Blanc de blancs Cuvée Solal 2008 ★

1er cru | 1500 | | 20 à 30 €

Cédric Guyot obtient un diplôme de sommellerie, puis reprend en 2002 le domaine familial fondé en 1920 par son arrière-grand-mère Élise dans la Côte des Blancs. Hommage est rendu à l'aïeule avec la gamme «Les Vertus d'Élise». Autre marque: Guyot-Poutrieux. (RM)

Né du seul chardonnay et du millésime 2008 très coté, cet extra-brut a été vinifié sans fermentation malolactique, et pour moitié en demi-muid (gros tonneau). Au terme d'un vieillissement sur lattes de huit ans, il présente encore des airs de jeunesse avec sa robe or pâle et son nez élégant et aérien, citronné et floral, teinté de notes plus évoluées de fruits secs et d'abricot confit. Reflet du millésime, la bouche est tendue, fraîche, d'une belle densité. ⌛ 2018-2022 **1er cru Guyot-Poutrieux Blanc de blancs ★ (15 à 20 €; 6500 b.)** : une bulle fine et des reflets or jaune pour ce blanc de blancs au nez floral d'une discrète élégance. La palette s'affirme et s'enrichit de notes briochées dans une bouche intense, ronde et soyeuse. ⌛ 2018-2021 **1er cru Guyot-Poutrieux Cuvée Sélection (11 à 15 €; 4500 b.)** : vin cité. **Blanc de blancs Vieilli en fût de chêne Cuvée Élise-Ambre (15 à 20 €; 3000 b.)** : vin cité.

SCEV LES VERTUS D'ÉLISE, 12, rue du Dr-Bonnet, 51130 Vertus, tél. 06 70 72 84 87, guyot.poutrieux@gmail.com V r.-v.

ALAIN VESSELLE Tradition

	20000		15 à 20 €

Une des branches de la famille Vesselle, établie depuis 1885 à Bouzy, village classé en grand cru sur le flanc sud et sud-est de la Montagne de Reims. Après Alain, puis Éloi, Guillaume Vesselle a repris en 2014 les rênes de l'exploitation, forte de 18 ha. (RM)

Complété par une goutte de chardonnay, le pinot noir (95 %) mène le jeu dans ce brut doré aux reflets argentés. Très discret, le nez libère à l'agitation de légères senteurs d'agrumes. C'est en bouche que ce champagne se révèle. Structuré, souple et équilibré, il déploie des arômes de zeste d'orange, de fruits rouges, de miel et de toast. Un ensemble gourmand. 2018-2021

GUILLAUME VESSELLE, 15, rue de Louvois, 51150 Bouzy, tél. 03 26 57 00 88, contact@champagne-alainvesselle.fr V r.-v.

GEORGES VESSELLE Extra-brut Blanc de noirs ★★

Gd cru	5000		30 à 50 €

La famille Vesselle est installée depuis plusieurs générations à Bouzy, célèbre grand cru de la Montagne de Reims. Georges, qui fut durant vingt-cinq ans maire du village, a créé la maison en 1954. Ses deux derniers fils, Éric et Bruno, se sont associés avec lui en 1993 avant de reprendre l'affaire, forte de 18 ha principalement dédiés au pinot noir. (NM)

Élégance, subtilité, longueur, présence minérale et saline, cet extra-brut né du seul pinot noir, resté trois ans en cave, possède tous les attributs attendus d'un grand cru de noirs. Tout en finesse, il libère des senteurs de fruits jaunes et de fruits secs, rehaussées de touches crayeuses. L'attaque citronnée ouvre sur un palais dense, dont la vivacité souligne des arômes à l'unisson du nez. La longue finale est teintée de touches minérales et iodées. 2018-2021 **Gd cru Extra-brut Blanc de blancs (30 à 50 €; 3000 b.)** : vin cité.

GEORGES VESSELLE, 16, rue des Postes, 51150 Bouzy, tél. 03 26 57 00 15, contact@champagne-vesselle.fr V *t.l.j. sf sam. dim. 9h-12h 14h-17h* 5

VEUVE CHEURLIN Rosé

	29900		15 à 20 €

Edmond Cheurlin plante ses premiers ceps en 1898; Raymond se lance dans l'élaboration du champagne en 1930. Arrivé à la tête de la maison en 1978, Alain, le petit-fils, crée la marque Veuve Cheurlin. Il dispose d'un vignoble de 12 ha répartis sur cinq communes de la Côte des Bar, dans l'Aube. Autres marques: Jean Arnoult et Cheurlin et Fils. (NM)

Né du seul pinot noir, ce brut attire l'œil avec sa robe d'un rose «pétant», intense et profond. Moins tapageur, le nez dévoile une palette fruitée très classique. La bouche est dans la même ligne, élégante et légère, équilibrée et sans ostentation. 2018-2021

ALAIN CHEURLIN, 100, Grande-Rue, 10110 Celles-sur-Ource, tél. 03 25 38 56 49, benedicte@veuvecheurlin.com V r.-v.

VEUVE DOUSSOT Blanc de blancs

	9000	15 à 20 €

Stéphane Joly est établi à l'est de Bar-sur-Seine où il dirige depuis 2000 la maison créée en 1973 par son grand-père. Son vignoble de plus de 7 ha est implanté dans l'Aube, au pied du plateau de Blu (357 m), un des points culminants de la Champagne viticole. (NM)

Bien que le pinot noir soit majoritaire dans le vignoble aubois, le chardonnay n'y est pas qu'un faire-valoir, comme le prouve ce brut généreusement dosé (11 g/l). Des trains de bulles dynamiques traversent une robe pâle aux reflets verts et argentés, laissant monter des arômes d'acacia, de poire et de pain grillé. Offrant une attaque ronde, de la fraîcheur et de la minéralité en finale, la bouche se montre gourmande grâce à son support sucré. 2018-2021

SARL CHATET, 1, rue de Chatet, 10360 Noé-les-Mallets, tél. 03 25 29 60 61, champagne.veuve.doussot@wanadoo.fr V r.-v.

VEUVE MAÎTRE-GEOFFROY
Blanc de blancs 2013

1er cru	4000		20 à 30 €

Thierry Maître et son fils Maxime perpétuent l'exploitation fondée en 1878 par leur aïeule devenue veuve. Situé dans la Grande Vallée de la Marne, le domaine couvre 12 ha. Il a son siège à Cumières, un 1er cru réputé pour sa précocité. (RM)

Tardive, hétérogène et fraîche, l'année 2013 a tout de même permis d'élaborer des millésimés, comme ce chardonnay. Sa palette, complexe, se partage entre senteurs fraîches et nuances plus évoluées: fleur d'oranger, pomme, poire williams, citron confit, praliné et notes toastées. La bouche, à l'unisson du nez, est à la fois vive et ample. Vanillée et saline, un rien tannique, la finale traduit un élevage partiel en foudre de chêne et révèle le dosage: à attendre un peu. 2019-2022

SA VEUVE MAÎTRE-GEOFFROY, 116, rue Gaston-Poittevin, 51480 Cumières, tél. 03 26 55 29 87, th.maitre@wanadoo.fr V r.-v.

VEUVE OLIVIER ET FILS
La Cachotte Vieilli en fût de chêne ★

	2000		20 à 30 €

Domaine constitué en 1922 sur la rive droite de la Marne par Edmond Olivier. La marque a été lancée en 1955 par sa fille. C'est aujourd'hui l'arrière-petite-fille du fondateur, Sandrine Charpentier-Olivier, qui met en valeur le coquet vignoble familial, qui compte 18 ha. (RM)

Fermenté en cuve, ce pur chardonnay a été élevé un an en fût, puis est resté plus de six ans sur lattes sous bouchage liège. Rien d'étonnant donc à ce qu'il affiche maturité et complexité: robe vieil or éclatant, nez riche et évolué (pomme mûre, fruits confiturés, pruneau, figue sèche, miel et noisette), bouche à l'unisson, équilibrée et longue, où la noisette s'allie aux épices (curry) et au boisé, marquée en finale par une pointe d'amertume. Un «champagne de méditation», selon certains dégustateurs. 2019-2020 **Perle de lumière (15 à 20 €; 5000 b.)** : vin cité.

CHAMPAGNE

VEUVE OLIVIER ET FILS, 10, rte de Dormans, 02850 Trélou-sur-Marne, tél. 03 23 70 24 01, info@champagne-veuve-olivier.com r.-v.

MARCEL VÉZIEN Lumières de l'aube ★

| 20000 | | 20 à 30 € |

Armand Vézien plante les premiers pieds de vigne à la fin du XIXᵉs. Son petit-fils Marcel élabore les premières cuvées en 1956. Aujourd'hui, Jean-Pierre Vézien gère une affaire de négoce, forte de 20 ha dans l'Aube. (NM)

Le pinot noir est majoritaire (85 %) dans ce brut vieilli plus de trois ans; le chardonnay et le pinot blanc – présent dans l'Aube – lui donnent la réplique. Le premier nez libère des senteurs de tilleul qui font place à l'aération à des notes plus vives de citron et de pamplemousse. Mangue et pêche blanche s'ajoutent aux agrumes dans une bouche équilibrée entre rondeur et fraîcheur. Un champagne facile d'accès. ⧗ 2018-2021 **Blanc de blancs Secret d'éclairés (15 à 20 €; 10000 b.)** : vin cité.

MARCEL VÉZIEN ET FILS, 68, Grande-Rue, 10110 Celles-sur-Ource, tél. 03 25 38 50 22, marcelvezien@champagne-vezien.com t.l.j. *8h30-11h45 13h30-16h45; sam. dim. sur r.-v.*

FLORENT VIARD Blanc de blancs ★★

| 1ᵉʳ cru | 8000 | | 15 à 20 € |

Une exploitation fondée en 1842. En s'installant avec Karine sur le domaine familial en 1994, Florent Viard a commencé à signer les champagnes de la propriété. Il cultive 4,5 ha dans la Côte des Blancs et confie sa récolte à la coopérative de la Goutte d'Or à Vertus. (RC)

Ce chardonnay à la robe or pâle surmontée d'une mousse crémeuse déploie une palette aromatique riche et suave associant agrumes et fruits compotés. Parfumée, ronde et ample, la bouche allie vinosité, délicatesse et fraîcheur. Du potentiel. ⧗ 2018-2023 **1ᵉʳ cru 2007 ★ (15 à 20 €; 2000 b.)** : ce millésime mémorable par son été pourri n'a pas été défavorable au chardonnay. Il a engendré ce blanc de blancs or pâle au nez évolué sur le beurre et les fruits confits, auquel fait écho un palais gras, opulent et long, rafraîchi en finale par une belle acidité. Un champagne de repas. ⧗ 2018-2021

FLORENT VIARD, 35, av. Saint-Vincent, 51130 Vertus, tél. 03 26 51 60 82, champagne.florent.viard@orange.fr r.-v.

LA VILLESENIÈRE Harmony 2012 ★

| 3000 | | 20 à 30 € |

Descendants d'apporteurs de raisins, les parents de Laurence Michez deviennent coopérateurs en 1973. Installée en 1999, cette dernière décide avec son mari Cyrille Chenevotot de se lancer dans l'élaboration du champagne. Ayant pris le statut de récoltant-manipulant, le couple exploite un vignoble de 4,2 ha principalement situé autour de Boursault, sur la rive gauche de la Marne. (RM)

Chardonnay et pinot noir à parts égales composent cette cuvée millésimée. Vinifiée et élevée en barrique, elle a pris des accents boisés: au nez, des nuances de résine se marient à des notes de fleurs blanches et de groseille. En bouche, cette empreinte de l'élevage est encore plus perceptible: dès l'attaque, le pain grillé, l'amande, le pralin et le tabac blond tiennent le devant de la scène et quelques tanins se fondent dans une matière équilibrée et longue. ⧗ 2018-2021

LAURENCE CHENEVOTOT, 3, rue du Chêne, Villesaint, 51480 Boursault, tél. 03 26 58 45 03, claude.michez@orange.fr r.-v.

VILMART & CIE Grand Cellier ★

| 1ᵉʳ cru | 30000 | | 30 à 50 € |

Domaine fondé en 1890 par Désiré Vilmart, au sud de Reims. Un siècle plus tard, son arrière-arrière-petit-fils, Laurent Champs, en a pris les rênes. Il dispose de 11 ha partagés entre chardonnay (majoritaire) et pinot noir. À la cave, il évite la fermentation malolactique et, comme les vignerons du XVIᵉs. représentés sur les stalles de l'église de Rilly, il est resté fidèle au bois pour l'élevage de ses vins. (NM)

Né d'un assemblage de 70 % de chardonnay et 30 % de pinot noir, ce brut à la robe dorée parcourue de fines bulles ne laisse aucun doute quant au contenant dans lequel les vins de base ont été vinifiés: son nez apparaît intensément boisé, vanillé et toasté. Dans le même registre, la bouche laisse percer des arômes de pêche et d'abricot. À la fois ample et vive, tannique, elle n'a pas encore atteint sa pleine harmonie. ⧗ 2020-2023 **1ᵉʳ cru Grand Cellier d'or 2013 (30 à 50 €; 7000 b.)** : vin cité.

VILMART ET CIE, 5, rue des Gravières, 51500 Rilly-la-Montagne, tél. 03 26 03 40 01, laurent.champs@champagnevilmart.fr r.-v.

A. VIOT ET FILS Prestige 100 % chardonnay ★

| 13409 | | 15 à 20 € |

Fondée au lendemain de la Première Guerre mondiale, cette propriété proche de Bar-sur-Aube a élaboré ses premiers champagnes en 1921. Julien Viot, qui représente la quatrième génération, la dirige depuis 2005. Il exploite 8 ha de vignes et commercialise ses bouteilles après au moins quatre ans de vieillissement en cave. (RM)

Dans le verre, une robe or pâle aux reflets verts, animée par une effervescence abondante. Au nez, d'intenses arômes de beurre et de grillé. En bouche, après une attaque souple et ronde, des notes d'agrumes et un côté salin apportent de la fraîcheur. Un blanc de blancs équilibré et justement dosé, parfait pour l'apéritif. ⧗ 2018-2021

MAURICE MIGNEREY, 67, Grande-Rue, 10200 Colombé-la-Fosse, tél. 03 25 27 02 07, champagneviot@wanadoo.fr t.l.j. *8h-12h 13h30-17h30; sam. dim. sur r.-v.* *Julien Viot*

VOIRIN-DESMOULINS Cuvée Prestige 2009 ★

| Gd cru | 4000 | | 20 à 30 € |

Aidée de son mari pour le vignoble et de son cousin à la cave, Pascale Voirin exploite depuis 1997 le domaine et la marque créés en 1960 par ses parents, Bernard Voirin et Nicole Desmoulins. Le vignoble (plus de 9 ha) se partage entre la Côte des Blancs (Chouilly) et la vallée de la Marne, non loin de Château-Thierry. (RM)

Ce blanc de blancs d'une année solaire arrive à son apogée. Sa robe dorée est parcourue d'une bulle fine. Reflet d'une heureuse évolution, son nez complexe marie noisette, brioche, notes fumées, agrémentées d'arômes de fruits jaunes confits et de fruits secs. Ample et fraîche à la fois, la bouche se montre gourmande et élégante. Un champagne ouvert et harmonieux. ⧗ 2018-2021

⊶ VOIRIN, 24, rue des Partelaines, 51530 Chouilly, tél. 03 26 54 50 30, champagne.voirin-desmoulins@wanadoo.fr V r.-v.

VOIRIN-JUMEL Blanc de blancs Cuvée 555 ★★

Gd cru | 5000 | | 30 à 50 €

En 1945, les Voirin élaborent leurs premières cuvées et les Jumel achètent des vignes. La marque est lancée en 1967. Depuis 1980, Patrick et Alice Voirin, frère et sœur, exploitent le domaine: 12 ha de vignes situées principalement dans la Côte des Blancs. (NM)

555? Le nombre de mètres qui sépare la maison du centre du village. Son élaboration? Du chardonnay grand cru; 20 % de vins de réserve; une fermentation en fût sans fermentation malolactique; un vieillissement de cinq ans sur lattes; un dosage faible (6 g/l). Les jurés ont beaucoup apprécié le résultat: une robe or pâle aux reflets verts animée d'une bulle abondante, dynamique et fine; des senteurs intenses d'acacia, de fruits confits et de torréfaction; une attaque ronde, ouvrant sur un palais équilibré et long, aux arômes citronnés et toastés. Un champagne séducteur. ⧗ 2018-2020 **Gd cru Blanc de blancs ★ (20 à 30 €; 45000 b.)** : un nez tonique aux nuances de fruits jaunes, une attaque fraîche, une bouche ample, d'une belle vivacité en finale: un brut harmonieux, idéal à l'apéritif. ⧗ 2018-2021 **Gd cru Brut zéro Blanc de blancs (20 à 30 €; 5000 b.)** : vin cité.

⊶ PATRICK VOIRIN, 555, rue de la Libération, 51530 Cramant, tél. 03 26 57 55 82, info@champagne-voirin-jumel.com V *t.l.j. sf dim. 9h-12h 14h-17h*

VRANKEN Demoiselle E.O. Tête de cuvée ★★

| n.c. | 20 à 30 €

En 1976, l'homme d'affaires belge Paul-François Vranken a lancé un champagne à son nom, avant de créer la marque Demoiselle en 1985. Il s'est taillé un empire, grâce aux acquisitions successives de maisons comme Charles Lafitte, Heidsieck and Co Monopole, Pommery et de domaines viticoles en Languedoc, en Provence et au Portugal (Rozès). (NM)

Une Demoiselle bien apprêtée. Dans sa lumineuse robe or clair – le chardonnay domine (80 %, complété par le pinot noir) – naissent de dynamiques cordons de bulles fines. Le nez, bien ouvert, mêle les agrumes et les fruits exotiques. La bouche enchante: équilibrée, sans raideur ni mollesse, elle suit la même ligne que l'olfaction, avec ses arômes de citron et d'ananas. Une réelle harmonie. ⧗ 2018-2021 **Diamant ★ (30 à 50 €; n.c.)** : mi-pinot noir mi-chardonnay, cette cuvée livre des parfums subtils de fruits jaunes et de brioche. Aussi réservée que le nez, la bouche a pour elle sa franchise, son équilibre et une certaine longueur. ⧗ 2018-2021

⊶ VRANKEN POMMERY PRODUCTION, 5, pl. du Gal-Gouraud, BP 1049, 51689 Reims Cedex 2, tél. 03 26 61 62 63 *r.-v. ⊶ Vranken Pommery Monopole*

DANIEL VRAYET Cuvée Garance ★

| 1400 | 15 à 20 €

De vieille souche vigneronne, Daniel Vrayet s'est installé en 2002 sur l'exploitation familiale implantée dans la vallée de la Marne. Épaulé par son fils, il cultive les trois cépages champenois sur son vignoble de 5,5 ha. (RM)

Agrumes et notes grillées composent la palette aromatique de ce brut légèrement évolué, qui naît des trois cépages champenois. À la fois fraîche et ronde, la bouche séduit par son équilibre et par son fruité gourmand. ⧗ 2018-2021 **Rosé (15 à 20 €; 3600 b.)** : vin cité.

⊶ DANIEL VRAYET, 60, rte de Champagne, 02850 Passy-sur-Marne, tél. 03 23 70 32 07, daniel.vrayet@orange.fr V *r.-v.*

WARIS-HUBERT
Extra-brut Blanc de blancs Blanche 2012 ★

Gd cru | 5000 | | 20 à 30 €

Installés à Avize, grand cru de la Côte des Blancs, Olivier Waris et son épouse Stéphanie conduisent depuis 1997 un vignoble de 11,5 ha implanté dans ce secteur, ainsi que dans le Sézannais, la vallée de l'Ardre et la Côte des Bar. Succédant à trois générations de viticulteurs, le couple s'est lancé dans l'élaboration du champagne. Il privilégie les cuvées monocépage et les faibles dosages. (RM)

Blanche? Comme le prénom de la fille des vignerons, comme la couleur du chardonnay et celle de la craie d'Avize, grand cru de la Côte des Blancs, où ont été récoltés les raisins à l'origine de cet extra-brut. Or pâle, ce millésimé séduit par la finesse de son nez alliant des senteurs fraîches et citronnées, des notes de fruits exotiques et des touches minérales, calcaires. Équilibré entre ampleur et tension, encore jeune, il donnera sa pleine mesure dans quelques années. ⧗ 2020-2023 **Gd cru Zéro dosage Blanc de blancs Lilyale (20 à 30 €; 10000 b.)** : vin cité.

⊶ WARIS-HUBERT, 14, rue d'Oger, 51190 Avize, tél. 03 26 58 29 93, contact@champagne-waris-hubert.fr V *t.l.j. 10h-12h 14h-17h30 ⊶ Olivier Waris*

CHAMPAGNE

COTEAUX-CHAMPENOIS

Production : 550 hl

Appelés à l'origine vins nature de Champagne, ils devinrent AOC en 1974 et prirent le nom de coteaux-champenois. Tranquilles, souvent rouges, plus rarement blancs ou rosés, ils sont la survivance de temps antérieurs à la naissance du champagne. Comme ce dernier, ils peuvent naître de raisins noirs vinifiés en blanc (blanc de noirs), de raisins blancs (blanc de blancs) ou encore d'assemblages. Le coteaux-champenois rouge le plus connu porte le nom de la célèbre commune de Bouzy (grand cru de pinot noir). Dans cette commune, on peut découvrir l'un des deux vignobles les plus étranges au monde (l'autre est situé à Aÿ): de «vieilles vignes françaises préphylloxériques», conduites en foule, selon une technique immémoriale abandonnée partout ailleurs. Tous les travaux sont exécutés artisanalement, à l'aide d'outils anciens. C'est la maison Bollinger qui entretient ce joyau destiné à l'élaboration d'un rare

champagne. Les coteaux-champenois se boivent jeunes, à 7-8 °C pour les blancs, à 9-10 °C pour les rouges que l'on pourra, pour quelques années exceptionnelles, laisser vieillir.

MORIZE PÈRE ET FILS 2015 ★

■ | 2000 | 🍾 | 15 à 20 €

Établis aux Riceys (Aube) depuis 1830, les Morize sont récoltants-manipulants depuis trois générations. Guy Morize, installé en 1970, dispose d'un vignoble de plus de 6 ha et de splendides caves voûtées bâties par les cisterciens au XIIes. (RM)

Une macération de dix jours en grappes entières a permis au pinot noir de livrer la meilleure part de son fruit, d'autant qu'aucun élevage sous bois n'est venu le marquer. Si la robe est légère, rubis clair aux reflets orangés, le bouquet mariant framboise, cassis et groseille est aussi expressif que flatteur. Ces arômes fruités se déploient avec persistance dans une bouche équilibrée, à la fois souple et fraîche, adossée à des tanins très fins. ⧗ 2018-2021

⊶ MORIZE PÈRE ET FILS, 122, rue du Gal-de-Gaulle, 10340 Les Riceys, tél. 03 25 29 30 02, champagnemorize@wanadoo.fr V 🚶 ■ *r.-v.*

ALAIN VESSELLE Bouzy Rouge ★

■ Gd cru | 4500 | 🛢 🍾 | 15 à 20 €

Une des branches de la famille Vesselle, établie depuis 1885 à Bouzy, village classé en grand cru sur le flanc sud et sud-est de la Montagne de Reims. Après Alain, puis Éloi, Guillaume Vesselle a repris en 2014 les rênes de l'exploitation, forte de 18 ha. (RM)

Issu de deux lieux-dits (La Mignotte et La Chaudette), ce coteaux-champenois, après un séjour de neuf mois sous bois, se montre à la hauteur de la réputation de ce grand cru, fief du pinot noir. Après aération, il livre des senteurs de fruits rouges et noirs bien mûrs, alliées aux notes de torréfaction de l'élevage. On retrouve le fruit dans une attaque fraîche, ouvrant sur un palais ample et vineux, construit sur des tanins fins et enrobés. Du caractère pour un rouge si septentrional. ⧗ 2018-2021

⊶ GUILLAUME VESSELLE, 15, rue de Louvois, 51150 Bouzy, tél. 03 26 57 00 88, contact@champagne-alainvesselle.fr V ■ *r.-v.*

ROSÉ-DES-RICEYS

Production : 360 hl

Les trois villages des Riceys (Haut, Haute-Rive et Bas) sont situés à l'extrême sud de l'Aube, non loin de Bar-sur-Seine. La commune accueille les trois appellations: champagne, coteaux-champenois et rosé-des-riceys. Ce dernier est un vin tranquille, l'un des meilleurs rosés de France. Déjà apprécié par Louis XIV, il aurait été apporté à Versailles par les canats, spécialistes réalisant les fondations du château, originaires des Riceys.

Ce rosé est issu de la vinification par macération courte de pinot noir, dont le degré alcoolique naturel ne peut être inférieur à 10 % vol. Il faut interrompre la macération – saigner la cuve – à l'instant précis où apparaît le «goût des Riceys» (un goût d'amande et de fruits rouges) qui, sinon, disparaît. Ne sont labellisés que les rosés marqués par ce goût spécial. Élevé en cuve, le rosé-des-riceys se boit jeune, à 8-9 °C, à l'apéritif ou en entrée; élevé en pièce, il mérite d'attendre entre trois et cinq ans, et on le servira alors à 10-12 °C pendant le repas.

JEAN-JACQUES LAMOUREUX Rosé des Riceys 2015

■ | 4666 | 🍾 | 11 à 15 €

René Lamoureux a planté ses premières vignes en 1947 aux Riceys, relayé en 1978 par Jean-Jacques qui a lancé son champagne en 1985. Son fils Vivien, œnologue, officie aujourd'hui en cave. Le domaine couvre 12 ha. (RM)

Un rosé-des-riceys musclé, comme l'annoncent sa robe soutenue tirant sur le grenat, moirée de reflets sombres, et son bouquet qui, après aération, évoque le kirsch, avec des nuances animales. Après une attaque fraîche, le vin impose sa richesse, sa vinosité, sa souplesse puis ses tanins, sur des arômes de cerise confite. Malgré sa structure, il ne souffre d'aucune lourdeur, preuve d'une vinification maîtrisée. Du caractère. ⧗ 2018-2021

⊶ JEAN-JACQUES LAMOUREUX, 27 bis, rue du Gal-de-Gaulle, 10340 Les Riceys, tél. 03 25 29 11 55, champlamoureux@orange.fr V 🚶 ■ *t.l.j. sf dim. 10h-12h 14h-18h*

MOREL Rosé des Riceys 2014

■ | 7000 | 🛢 | 15 à 20 €

Prenant la suite de quatre générations, Pascal Morel s'est installé en 1973 à la tête du vignoble familial (8 ha aujourd'hui). C'est l'un des spécialistes du rosé-des-riceys, qu'il a vinifié avant le champagne. En 2016: Simon au vignoble, Émilie à la cave et à la commercialisation. Propriété certifiée Haute valeur environnementale. (RM)

Saumon foncé aux reflets cuivrés, ce 2014 résulte d'une macération de cinq jours du pinot noir, suivie d'un élevage ambitieux de onze mois en fût. Le cépage lui a légué un nez flatteur, entre fleurs et fruits rouges frais, qui évolue à l'aération vers la confiture de fraises. À la fois tonique et ronde en attaque, la bouche montre ensuite une certaine fermeté, voire de l'austérité en finale. Un rosé-de-riceys bien typé. ⧗ 2018-2020

⊶ PASCAL MOREL, 93, rue du Gal-de-Gaulle, 10340 Les Riceys, tél. 03 25 29 10 88, info@champagnemorel.com V 🚶 ■ *r.-v.*

IGP COTEAUX DE COIFFY

♥ LES COTEAUX DE COIFFY Pinot noir 2017 ★★

■ | 16000 | 🍾 | 5 à 8 €

Ce domaine de 16 ha, dont les vignes sont plantées en lyre, a été restructuré en 1982 par les prédécesseurs de Laurent Renaut, à la tête de l'exploitation depuis 1995.

Des notes de sureau et de brioche accompagnent les fruits rouges et noirs pour composer une olfaction délicate. En bouche, le vin se révèle franc, droit, solide, sans manquer de chair ni de rondeur. L'équilibre est là. ⧗ 2020-2024

SCEA LES COTEAUX DE COIFFY, 6, rue des Bourgeois, 52400 Coiffy-le-Haut, tél. 03 25 84 80 12, renautlaurent@aol.com V t.l.j. sf dim. 14h30-17h30 *Renaut-Camus*

IGP HAUTE-MARNE

♥ LE MUID MONTSAUGEONNAIS
Auxerrois 2017 ★★

■ | 7836 | | 5 à 8 €

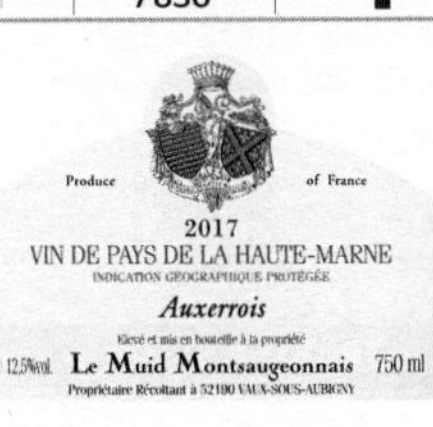

Après un long sommeil dû à la crise phylloxérique de la fin du XIXes., le vignoble de la Haute-Marne renaît de ses cendres depuis la fin des années 1980 grâce à l'action d'une poignée d'hommes du terroir, à l'image de Dominique Bernard, à la tête depuis 1989 d'un vignoble de près de 13 ha établi sur les coteaux du Montsaugeonnais.

Les lecteurs du Guide connaissent bien les vins de pinot noir et de chardonnay du domaine. Dans cette édition, ils cèdent le pas à un auxerrois, cultivé à Montsaugeon sur un petit hectare. Ce blanc offre tout ce que l'on attend du cépage: une robe or blanc limpide et brillante; un nez tonique, précis et printanier, sur la fleur de cerisier nuancée d'une touche végétale; une bouche vive et minérale aux arômes acidulés et persistants d'ananas, de pomme granny, de bonbon anglais, avec un soupçon de tomate verte. La fraîcheur même. ⧗ 2018-2021 ■ **Pinot noir 2016 (5 à 8 €; 15 315 b.)** : vin cité.

LE MUID MONTSAUGEONNAIS, 23, av. de Bourgogne, 52190 Vaux-sous-Aubigny, tél. 03 25 90 04 65, muidmontsaugeonnais@orange.fr V r.-v.

RATAFIA CHAMPENOIS

LOUIS BROCHET

■ | 500 | | 20 à 30 €

Les Brochet cultivent la vigne depuis 1674 à Écueil, 1er cru de la Montagne de Reims. Henri Brochet et Yvonne Hervieux ont lancé après la guerre la marque Brochet-Hervieux et créé le domaine géré pendant quarante-cinq ans par leur fils Alain, disparu en 2012. En 2011, nouvelle marque et nouvelle génération, avec Hélène et son frère Louis, œnologue comme son père. Le vignoble familial, à dominante de pinot noir, couvre 13 ha. Exploitation certifiée Haute valeur environnementale. (RM)

Une microcuvée de pinot noir muté à l'alcool (fine et distillat). De belle intensité, le nez marie le raisin sec, la noisette et la noix. Une année de conservation en fût donne une bouche équilibrée, harmonieuse et chaleureuse. ⧗ 2018-2023

EARL BROCHET-HERVIEUX, 12, rue de Villers-aux-Nœuds, 51500 Écueil, tél. 03 26 49 77 44, contact@champagne-brochet.com V r.-v.

DOYARD-MAHÉ Solera ★★

■ | n.c. | | 20 à 30 €

Créé en 1927 par Maurice Doyard, cofondateur du Comité interprofessionnel du vin de Champagne, ce domaine de 6 ha situé dans la Côte des Blancs est géré depuis 1988 par Philippe Doyard, l'un de ses petits-fils, rejoint en 2005 par sa fille Carole. Le chardonnay est à la base de ses cuvées. (RM)

Un ratafia obtenu par mutage de pinot noir à la fine champenoise, élevé en solera et en fût. Il en résulte une couleur ambrée, chaleureuse, un nez riche et complexe, sur le cacao, la pomme caramélisée, l'amande, la prunelle sauvage, et une bouche intense, aux arômes de miel d'acacia, de pruneau et de griotte. ⧗ 2018-2021

DOYARD-MAHÉ, 28, chem. des Sept-Moulins, Moulin d'Argensole, 51130 Vertus, tél. 03 26 52 23 85, champagne.doyard-mahe@wanadoo.fr V r.-v.

J. DUMANGIN FILS ★★

■ | 15 428 | | 20 à 30 €

Représentant la cinquième génération d'élaborateurs, Gilles Dumangin a repris en 2001 les vignes familiales implantées à Chigny-les-Roses, sur le flanc nord de la Montagne de Reims. Son vignoble compte aujourd'hui 10 ha. (NM)

Resté plus de huit ans en fût, ce ratafia a enchanté le jury par sa couleur ambrée et par son fruité complexe et confit, aux nuances de datte, de figue, de pruneau et de coing, rehaussées de touches vanillées. Fidèle au nez, envoûtante, chaleureuse et ample, la bouche déploie des arômes de fruits confits et des notes d'élevage rappelant le chocolat, le caramel et les épices douces. Elle brille par sa longue finale fraîche et par sa sucrosité fondue. Sa complexité permettra d'apprécier cette bouteille pour elle-même, en digestif. ⧗ 2018-2021

DUMANGIN FILS, 3, rue de Rilly, BP 23, 51500 Chigny-les-Roses, tél. 03 26 03 46 34, info@champagne-dumangin.fr

FRESNE-DUCRET ★

■ | 400 | 20 à 30 €

Sept générations de viticulteurs, premiers champagnes en 1946. Après avoir vinifié en Bourgogne et en Nouvelle-Zélande, puis épaulé ses parents, Pierre Fresne a pris en 2007 les rênes du domaine: 6 ha autour de Villedommange, 1er cru au sud de Reims. (RM)

Brillant à l'œil, ce ratafia, à base de pinot noir muté à l'alcool, libère des notes très agréables de fruits cuits, de pruneau, d'orangette et surtout de pomme et de poire au four, rehaussées de touches épicées. L'alcool, encore dominant en finale, incite à laisser reposer quelque temps cette bouteille en cave. ⧗ 2018-2023

SCEV JA MILAUR, 10, rue Saint-Vincent, 51390 Villedommange, tél. 03 26 49 24 60, champagne@fresneducret.com V r.-v.

DENIS FRÉZIER ★

■ | 428 | | 20 à 30 €

Le premier des Frézier vignerons naquit en 1799. Alfred Frézier commença la commercialisation des

champagnes en 1935. Depuis 2001, c'est son petit-fils Sébastien, fils de Denis, qui gère l'exploitation: près de 6 ha, répartis dans six villages, entre coteaux d'Épernay, Côte des Blancs et Grande Vallée de la Marne. Propriété certifiée Haute valeur environnementale. (RM)

Ce ratafia met en œuvre du meunier muté à la fine de la Marne. Conservé un an en fût, il présente un caractère spiritueux, chaleureux et suave, dévoilant un bel équilibre entre l'alcool et le sucre du moût; ses arômes évoquent à la fois le raisin et l'élevage: griotte à l'eau-de-vie, amande et boisé. ⧗ 2018-2023

SÉBASTIEN FRÉZIER, 50, rue Gaston-Poittevin, 51530 Monthelon, tél. 03 26 59 70 16, contact@champagne-frezier.com V r.-v.

HATON ET FILLES ★

	500		15 à 20 €

À Damery, gros bourg viticole sur la rive droite de la Marne, on compte plusieurs branches de la famille Haton. Cette maison a été fondée en 1928 par Eugène Haton et son fils Octave. Elle est dirigée par l'un des petits-fils d'Eugène, Philippe Haton, épaulé par son épouse Isabelle. Avec l'installation de leurs filles Élodie et Ophélie en 2017, la marque Haton et Fils est devenue «Haton et Filles». (NM)

Élaboré à partir de moût de meunier, ce ratafia a bénéficié d'un élevage de vingt-quatre mois en fût. Il en a retiré une robe ambrée, un nez sur l'abricot confit et le miel, agrémentés de notes de vanille, de caramel et de spiritueux et une bouche chaleureuse en attaque, suave, équilibrée par une finale fraîche aux accents de caramel. ⧗ 2019-2024

HATON ET FILLES, 28, rue Alphonse-Perrin, 51480 Damery, tél. 03 26 58 41 11, contact@champagnehatonetfils.com V *t.l.j. 9h-12h 14h-18h*

DIDIER HERBERT Solera de fût de chêne ★★

	n.c.		15 à 20 €

Didier Herbert reprend en 1982 l'exploitation familiale, installe un pressoir, aménage une cuverie, lance sa marque. Ses vignes ne lui suffisant plus, il prend le statut de négociant. Il dispose aujourd'hui en propre de plus de 6 ha dans cinq communes de la Montagne de Reims, en 1er cru et en grand cru (Mailly, Verzenay). (NM)

Ce ratafia champenois a été élevé en fût de chêne pendant cinq ans. Encore discret au nez, il a retiré de ce long séjour dans le bois une jolie couleur jaune paille, et une bouche équilibrée et suave aux arômes charmeurs et gourmands de raisins secs, d'orange et de citron confits. ⧗ 2018-2021

DIDIER HERBERT, 32, rue de Reims, 51500 Rilly-la-Montagne, tél. 03 26 03 41 53, infos@champagneherbert.fr V *r.-v.* 5

STÉPHANE HERBERT Acte I ★

	1000		15 à 20 €

Héritier de plusieurs générations de vignerons, Stéphane Herbert a lancé sa marque en 2000, quatre ans après son installation. Il exploite 4,5 ha autour de Rilly-la-Montagne, 1er cru de la Montagne de Reims proche de la cité des Sacres. Ses vins de base sont vinifiés en fût. (RC)

Né de moût de pinot noir muté à l'alcool, ce ratafia est resté trente-six mois en fût. Sa robe a pris des tons or et montre des reflets orangés; son nez est marqué par de plaisantes odeurs de miel, de bois ciré et de tarte Tatin. Les agrumes confits, la crème pâtissière et la crème caramel s'ajoutent à cette palette dans une bouche harmonieuse, de belle tenue, à la finale fraîche. ⧗ 2018-2021

STÉPHANE HERBERT, 11, rue Roger-Salengro, 51500 Rilly-la-Montagne, tél. 03 26 03 49 93, champagneherbert@wanadoo.fr V *r.-v.*

DANIEL PÉTRÉ ET FILS

	1000		15 à 20 €

À la suite de nombreuses générations, Daniel et Marie-Christine Pétré, rejoints par leurs fils Vincent et Étienne, exploitent 18 ha dans l'Aube, avec le statut de coopérateurs. (RC)

Pas de bois, mais un séjour de quatre ans en cuve pour ce ratafia d'une simplicité de bon aloi, séduisant par ses notes de jus de raisin, de poire, de pâte de fruits blancs soulignés par une belle acidité. ⧗ 2018-2023

DANIEL PÉTRÉ ET FILS, 2, chem. de la Voie-aux-Chèvres, 10110 Ville-sur-Arce, tél. 03 25 38 77 23, mc.petre10@gmail.com V *r.-v.*

VILMART ET CIE

	5000		20 à 30 €

Domaine fondé en 1890 par Désiré Vilmart, au sud de Reims. Un siècle plus tard, son arrière-arrière-petit-fils, Laurent Champs, en a pris les rênes. Il dispose de 11 ha partagés entre chardonnay (majoritaire) et pinot noir. À la cave, il évite la fermentation malolactique et, comme les vignerons du XVIes. représentés sur les stalles de l'église de Rilly, il est resté fidèle au bois pour l'élevage de ses vins. (NM)

Ce ratafia champenois, qui met en œuvre du moût de pinot noir, est resté cinq ans en foudre et en barrique de chêne. D'un jaune paille brillant et limpide, il apparaît encore fermé et chaleureux au nez, laissant poindre des notes de fruits blancs et de vanille. La vanille s'allie au miel dans une bouche harmonieuse, vive et fraîche. À conserver quelques années pour permettre une meilleure expression aromatique. ⧗ 2018-2023

VILMART ET CIE, 5, rue des Gravières, 51500 Rilly-la-Montagne, tél. 03 26 03 40 01, laurent.champs@champagnevilmart.fr V *r.-v.*

Le Jura la Savoie et le Bugey

• LE JURA

SUPERFICIE : 1 850 ha

PRODUCTION MOYENNE

80 000 hl

TYPES DE VINS : blancs pour les deux tiers, rouges et rosés (un tiers), effervescents.

Spécialités: vins jaunes (vins de voile) et liquoreux (vins de paille).

CÉPAGES :

Rouges : pinot noir, poulsard (ou ploussard), trousseau.

Blancs : chardonnay, savagnin.

• LA SAVOIE ET LE BUGEY

SUPERFICIE : 2 031 ha

PRODUCTION : 106 990 hl

TYPES DE VINS : blancs majoritairement (70 %), secs pour la plupart ; rouges et quelques rosés. Quelques blancs effervescents.

CÉPAGES :

Rouges : mondeuse, gamay, pinot noir.

Blancs : jacquère (majoritaire), altesse (roussette), bergeron (roussanne), chasselas, chardonnay, molette, gringet.

LE JURA

Faisant pendant à celui de la Bourgogne, le vignoble du Jura, soumis à un climat plus continental, est d'une superficie bien plus restreinte. S'il cultive largement le chardonnay et le pinot noir bourguignons, il choie des cépages autochtones, comme le savagnin en blanc et le trousseau et le poulsard en rouge. Les amateurs prisent ses productions aussi originales que confidentielles, telles que le vin de paille, le vin jaune et le macvin.

Face à la Côte-d'Or. Le vignoble, situé sur la rive gauche de la Saône, occupe les pentes qui descendent du premier plateau des monts du Jura vers la plaine, selon une bande nord-sud traversant tout le département, de la région de Salins-les-Bains à celle de Saint-Amour. Ces pentes, beaucoup plus dispersées et irrégulières que celles de la Côte-d'Or, se répartissent sous toutes les expositions, à une altitude se situant entre 250 et 400 m.

Nettement continental, le climat voit ses caractères accusés par l'orientation générale en façade ouest et par les traits spécifiques du relief jurassien, notamment l'existence des «reculées», ces profondes échancrures du plateau; les hivers sont très rudes et les étés très irréguliers, mais avec souvent beaucoup de journées chaudes. La vendange se prolonge parfois jusqu'à novembre en raison des différences de précocité entre les cépages. Les sols marneux et argileux sont en majorité issus du trias et du lias, surtout dans la partie nord, ainsi que des calcaires qui les surmontent, surtout dans le sud du département. Les cépages locaux sont parfaitement adaptés à ces terrains. Ils nécessitent toutefois un mode de conduite assez élevé au-dessus du sol, pour éloigner le raisin d'une humidité parfois néfaste à l'automne. C'est la taille dite «en courgées», longs bois arqués que l'on retrouve sur les sols semblables du Mâconnais. La culture de la vigne est ici très ancienne: elle remonte au moins au début de l'ère chrétienne si l'on en croit les textes de Pline; et il est sûr que le vin du Jura, qu'appréciait tout particulièrement Henri IV, était fort en vogue dès le Moyen Âge. La région compta jusqu'à 20 000 ha de vignes avant la crise phylloxérique.

Des vins originaux. Des cépages locaux voisinent avec d'autres, issus de la Bourgogne. Le poulsard (ou ploussard) est propre aux premières marches des monts du Jura; il n'a été cultivé, semble-t-il, que dans le Revermont, ensemble géographique incluant également le vignoble du Bugey, où il porte le nom de mècle. Ce raisin à gros grains oblongs, très parfumé et peu coloré, contient peu de tanin. C'est le cépage type des vins rosés, vinifiés ici le plus souvent comme des rouges. Le trousseau, autre cépage local, est en revanche riche en couleur et en tanin. Il donne naissance à des vins rouges caractéristiques des appellations d'origine du Jura. Le pinot noir, venu de la Bourgogne, est utilisé en assemblage ou vinifié seul. Il contribue aussi, avec le chardonnay, au crémant-du-jura, vin effervescent élaboré selon la méthode traditionnelle. Le chardonnay, comme en Bourgogne, réussit ici parfaitement sur les terres argileuses, où il apporte aux vins blancs leur bouquet inégalable. Le savagnin est le cépage blanc local. Il est cultivé sur les marnes les plus ingrates, et donne, après plus de six ans d'élevage spécial dans des fûts en vidange (non ouillés), le vin jaune, un vin de garde vif, riche et complexe, fruit d'une patiente vinification du savagnin sous voile de levures. Le vin de paille, un liquoreux, et le macvin, un vin de liqueur, sont deux autres productions réputées du Jura. Vins de paille et vins jaunes sont proposés dans trois appellations : arbois, côtes-du-jura et l'étoile. Château-chalon est réservée au vin jaune et le macvin-du-jura, un vin de liqueur, bénéficie de son AOC.

Les vins blancs ont parfois un caractère très évolué, presque oxydé : ils sont élevés longuement, sans ouillage, dans le style des vins jaunes. Ils sont souvent issus de savagnin, parfois assemblé au chardonnay. À côté de ces blancs « tradition », on trouve nombre de blancs classiques, les « floraux », vinifiés en cuve ou en fût. Au début du XX^{e}s., on trouvait des vins rouges de plus de cent ans ; ce n'est plus le cas aujourd'hui.

Le rosé, quant à lui, est en réalité un vin rouge peu coloré et peu tannique, qui se rapproche souvent plus du rouge que du rosé des autres vignobles. De ce fait, il est apte à un certain vieillissement.

ARBOIS, CAPITALE DU VIGNOBLE

Pleine de charme, la vieille cité d'Arbois, si paisible, est la capitale de ce vignoble; on y évoque le souvenir de Pasteur qui, après y avoir passé sa jeunesse, y revint souvent. C'est là, de la vigne à la maison familiale, qu'il mena ses travaux sur les fermentations, si précieux pour la science œnologique; ils devaient, entre autres, aboutir à la découverte de la «pasteurisation». C'est à Arbois qu'a été fondée la plus ancienne coopérative de la région, en 1906.

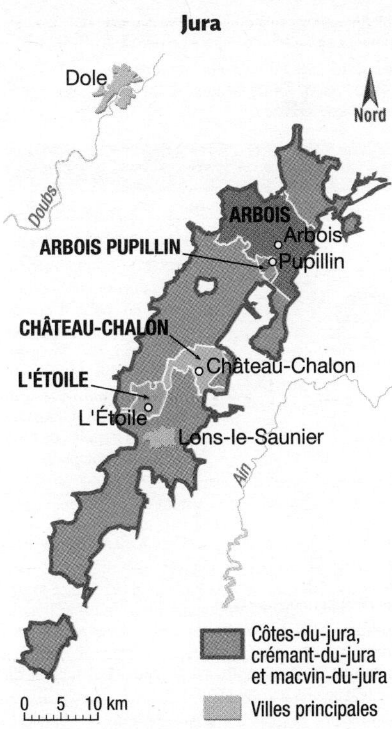

ARBOIS

Superficie : 795 ha
Production : 30 000 hl (54 % rouge et rosé ; 45 % blanc et jaune ; 1 % vin de paille)

La plus connue des AOC du Jura s'applique à tous les types de vins produits sur douze communes de la région d'Arbois. Il faut rappeler l'importance des marnes triasiques dans cette zone, et la qualité toute particulière des « rosés » de poulsard qui sont issus des sols correspondants. Réputé justement pour ses vins de poulsard, le village de Pupillin peut faire figurer son nom sur les étiquettes à côté de celui d'Arbois.

FRUITIÈRE VINICOLE D'ARBOIS
Chardonnay Terre de marnes 2015 ★

■	8000	◍	11 à 15 €

Arbois, 1906 : après la crise phylloxérique, quelques vignerons décident de fonder cette coopérative, l'une des premières en France. La fruitière est toujours là, forte des apports de cent familles vigneronnes (pour 270 ha de vignes), de chais modernes au château Béthanie, acquis en 1969, et d'une gamme très complète. Ses vins figurent souvent en tête d'affiche dans le Guide.

Élevée en partie en demi-muids de chêne, ce chardonnay se pare d'une belle robe jaune pâle aux reflets dorés. D'abord sur les agrumes et les fleurs blanches, le nez évolue vers les fruits exotiques. Un fruité qui va accompagner aussi une bouche franche et souple. Un vin de plaisir. ⌛ 2018-2022 ■ **Trousseau Terres de marnes 2016 ★ (11 à 15 €; 8000 b.)** : couleur cerise et allure brillante pour ce trousseau qui joue au nez la carte du bigarreau et de la groseille dans une certaine puissance. Structurée sans dureté, la bouche s'appuie sur des tanins mûrs et ronds. ⌛ 2019-2022

⊶ FRUITIÈRE VINICOLE D' ARBOIS, 2, rue des Fossés, 39600 Arbois, tél. 03 84 66 11 67, contact@chateau-bethanie.com V 🚶 ! *t.l.j. 10h-12h 14h-18h*

JÉRÔME ARNOUX Poulsard subtil 2016 ★

■	2000	🍾	8 à 11 €

Déjà tout petit, Jérôme Arnoux occupait son temps libre chez son voisin viticulteur en se disant qu'il serait plus tard vigneron. Après avoir été salarié dans plusieurs domaines d'Arbois, il devient caviste au Cellier des Tiercelines, puis actionnaire. Il possède aussi des vignes exploitées dans les alentours d'Arbois et vendues à cette petite société de négoce, ce qui lui permet de vinifier ses propres cuvées.

Le rubis scintillant et profond de la robe est délicatement coloré de reflets tuilés. Complexe, le nez évoque le cassis et la groseille, avec encore un peu de notes animales. Passée une attaque franche, la bouche se montre puissante et racée, toujours sur un fond de fruits, mais agrémentés d'épices. Une certaine subtilité effectivement. ⌛ 2021-2028 ■ **Trousseau Exception 2015 ★ (11 à 15 €; 2300 b.)** : un vin élevé en fût pendant douze mois, d'une grande intensité tant au nez qu'en bouche. Fraise, groseille et cerise forment un bouquet élégant et puissant. Une qualité aromatique qui perdure au sein d'une bouche riche et ample, adossée à des tanins mûrs et une fine acidité. ⌛ 2020-2028

⊶ CELLIER DES TIERCELINES, 23, rte de Villeneuve, 39600 Arbois, tél. 03 84 37 36 09, vin.ja@orange.fr V 🚶 ! *r.-v.*

♥ CAVEAU DE BACCHUS
Cuvée des géologues 2015 ★★★

■	2400	◍	20 à 30 €

Le caveau de Bacchus, c'est le repaire original qu'a créé Lucien Aviet en 1961 dans le charmant village de Montigny-lès-Arsures. Son fils l'y a rejoint en 1999. Ils dirigent une exploitation de 5 ha et pratiquent la vinification et l'élevage en foudre pour toutes leurs cuvées, dont les bouteilles sont cirées.

L'usage des foudres est ici patrimonial. Vincent Aviet a osé vinifier cette cuvée dans ces fameux gros tonneaux par macération des grains avec les peaux et les pépins pendant... 229 jours. Egrappés, les raisins issus du lieu-dit Nonceau (éboulis calcaires) ont ainsi pu donner un magnifique arbois, élevé à l'ombre d'une cave blottie au creux du petit village de Montigny-lès-Arsures. La robe, d'une belle couleur rubis, est claire mais typique. Expressif, puissant et racé, le nez passe toutes les strates du fruité, de la cerise au cassis, en teintant son parcours de multiples épices. De fins tanins, la bouche en a tiré un caractère soyeux et délicat qui lui confère souplesse et rondeur. Du plaisir dès aujourd'hui et pour longtemps. ⧗ 2019-2028

VINCENT AVIET, 4, quartier de la Boutière, 39600 Montigny-lès-Arsures, tél. 03 84 66 11 02, caveaubacchus39@gmail.com V r.-v.

CH. DE BELLEROCHE Chardonnay 2016

	2000		8 à 11 €

Ce petit domaine de moins de 2 hectares a été créé par Cédric Georgeon en 2014 sur les hauteurs de Molamboz. Les vignes se situent à Arbois et à Buvilly, en orientation plein sud. Le savagnin représente la moitié de l'encépagement, accompagné de chardonnay et d'un peu de poulsard.

Élevée douze mois en cuve, cette cuvée jaune pâle offre une belle intensité au nez, dans des tons briochés, de beurre et de noisette venant s'associer à des notes fruitées et florales. Souple et de facture classique, la bouche affiche un bel équilibre et une bonne longueur. ⧗ 2018-2022

CÉDRIC GEORGEON, 4b, rue du Coin-des-Côtes, 39600 Molamboz, tél. 06 86 43 10 30, cedric.georgeon0802@orange.fr V *r.-v.*

PAUL BENOIT ET FILS
Pupillin Grande Chenevière 2015 ★★

	1000		20 à 30 €

Paul Benoit et son fils Christophe, installés au hameau La Chenevière, ancien lieu de culture du chanvre, exploitent un domaine de 8 ha sur le terroir de Pupillin, complété par une activité de négoce.

Cette cuvée de pinot noir n'est élaborée que dans les grands millésimes, à partir de raisins triés manuellement, avec un élevage en fût de dix-huit mois. D'une couleur grenat intense, limpide et brillante, elle possède un nez de fruits légèrement surmûris, mêlés au tabac, que vient élégamment souligner un trait de boisé. En bouche, une très belle matière allie fruité, épices et cacao dans une belle rondeur. Ses tanins bien fondus assurent une finale structurée où un boisé bien dosé trouve toute sa place. ⧗ 2019-2023 **Pupillin La Loge 2015 ★ (20 à 30 €; 800 b.)** : élaborée dans les années fastes, cette cuvée jaune dorée est issue de vignes aux rendements faibles (25 hl/ha). Le nez, magnifique, associe tons briochés et vanillés au chèvrefeuille. Puissante mais ronde, la bouche est très équilibrée, boisée sans excès, avec aussi de jolies notes d'anis et de pomme verte. ⧗ 2020-2025

PAUL BENOIT ET FILS, 2, rue du Chardonnay, La Chenevière, 39600 Pupillin, tél. 03 84 37 43 72, paul-benoit-et-fils@orange.fr V *t.l.j. sf dim. 9h-17h*

CELLIER SAINT-BENOIT
Pupillin Ploussard Côte de Feule 2016 ★

	800		8 à 11 €

Denis Benoit s'est installé en 1989 et a d'abord livré en coopérative avant de créer sa cave sur la ferme de ses grands-parents (6,25 ha en lutte raisonnée) et vinifier lui-même ses raisins à partir de 2004.

Belle robe rubis aux reflets violines. Expressif, le nez est centré sur les fruits rouges. La bouche se révèle très structurée grâce à des tanins bien présents mais fondus et une fine acidité. Les petits fruits rouges sont toujours, accompagnés d'une pointe animale. L'ensemble est harmonieux et à attendre encore un peu. ⧗ 2019-2023

DENIS BENOIT, 36, rue du Chardonnay, 39600 Pupillin, tél. 03 84 66 06 07, celliersaintbenoit@wanadoo.fr V *r.-v.*

♥ DOM. DANIEL DUGOIS
Reflet de Roi 2010 ★★

	3300		30 à 50 €

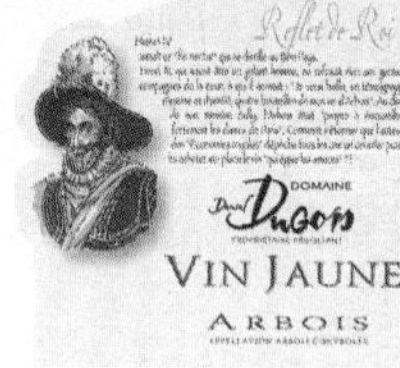

Daniel Dugois s'installe en 1974 et commercialise sa production au négoce. En 1982, il décide d'élaborer lui-même ses vins. Son fils, Philippe, le rejoint en 2007 après avoir vinifié à l'étranger. Il conduit seul le domaine (10,3 ha) depuis 2013 à la retraite de son père.

Totalement royal ce vin jaune de Philippe Dugois, qui cite sur son étiquette Henri IV écrivant à des compagnes de la cour: «Je vous baille en témoignage d'estime et d'amitié, quatre bouteilles de mon vin d'Arbois». Or soutenu, il va certainement «égayer les amours» comme le prêtait Sully aux vins d'Arbois. Et ce nez, puissant, tout de noix empli, contribuera à attiser les sens. Ronde, presque opulente, la bouche peut compter sur une bonne acidité pour gagner le point d'équilibre parfait et assurer un solide potentiel de garde. Très typique de l'appellation. ⧗ 2020-2040

PHILIPPE DUGOIS, 4, rue de la Mirode, 39600 Les Arsures, tél. 03 84 66 03 41, daniel.dugois@wanadoo.fr V *t.l.j. sf dim. 10h-18h*

DOM. AMÉLIE GUILLOT
Trousseau En Tartot 2016

	2000		8 à 11 €

Forte d'un diplôme d'œnologue obtenu en 1995, Amélie Guillot s'installe la même année sur 2 ha de vignes. Originaire de Bourgogne mais étrangère au milieu viticole, elle exploite aujourd'hui 4,2 ha qu'elle vendange manuellement.

Après une cuvaison de quinze jours, ce trousseau, rouge légèrement tuilé, a été élevé en cuve pendant un an. Passé une légère réduction au premier nez, les fruits rouges prennent subtilement le dessus, évoluant vers la fraise cuite; viennent alors des tons de venaison. Du fruité, de jolis tanins souples: la bouche est facile et agréable. ⧗ 2019-2023

AMÉLIE GUILLOT, 1, rue du Coin-des-Côtes, 39600 Molamboz, tél. 03 84 66 04 00, amelie.guillot@wanadoo.fr V *r.-v.*

DOM. LIGIER Trousseau 2016 ★

	2100		8 à 11 €

Installée à Arbois, la famille Ligier a créé ce domaine de toutes pièces en 1986 – 10 ha aujourd'hui. Des investissements réguliers ont été faits, notamment la construction, en 2002, d'un chai adapté au vieillissement des vins jaunes. Une valeur sûre du vignoble jurassien, avec une femme de talent aux commandes de la vinification: Marie-Colette Vandelle.

Totalement égrappée, la vendange a cuvé pendant douze jours pour donner ce vin couleur rubis. Le nez, intense, associe fruits bien mûrs (groseille, airelle, cassis) et écorce d'orange. Subtile et élégante, la bouche est fine, avec des tanins soyeux, de la fraîcheur et une jolie évolution aromatique qui nous amène de la fraise et de la cerise à une finale épicée (poivre gris). Un vin facile au sens noble du terme, à boire jeune ou vieilli. ⧗ 2019-2025

⊶ HERVÉ ET STÉPHANE LIGIER, 56, rue de Pupillin, 39600 Arbois, tél. 03 84 66 28 06, gaec.ligier@wanadoo.fr V t.l.j. sf dim. 10h-18h30

FRÉDÉRIC LORNET Trousseau 2016 ★

■	4500		8 à 11 €

Il est plutôt rare pour un viticulteur de travailler sur le site d'une abbaye cistercienne du XIIe s., et il n'est pas non plus souvent donné aux œnophiles de déguster dans une ancienne chapelle. Boire un vin de Frédéric Lornet, c'est un peu aller aux sources de l'abbaye de Gennes et du travail séculaire autour de la vigne et du vin. Une valeur sûre.

Issu de vignes d'une trentaine d'années, ce trousseau couleur rubis offre un nez intense et typique de fruits rouges très murs associés aux épices. Très élégante, la bouche est constituée de tanins soyeux, bien calés sur une fine acidité et un joli gras. Un agréable fruité s'en dégage. ⧗ 2020-2026

⊶ FRÉDÉRIC LORNET, 7, quartier de l'Abbaye, 39600 Montigny-lès-Arsures, tél. 03 84 37 45 10, frederic.lornet@orange.fr V *t.l.j. sf sam. dim. 8h-12h 13h30-17h30; r.-v. sam. dim.*

DOM. HENRI MAIRE Savagnin 2017 ★★

■	10500		11 à 15 €

Né en 1917, Henri Maire fut le pionnier de la vente de vin grâce à laquelle il fit prospérer après-guerre sa petite maison de négoce. Également propriétaire de vignes, la société est depuis 2015 sous le contrôle de l'entreprise bourguignonne Boisset. Un acteur important du vignoble jurassien.

Un coup de maître pour le premier millésime du nouvel œnologue de la maison, Denis de la Bourdonnaye. Ce savagnin à la robe jaune très claire n'a été élevé que six mois, et en cuve. Très loin des vins sous voile auxquels le cépage est généralement associé, il a élaboré ici un vin d'une très grande fraîcheur, aux parfums aériens de fleurs blanches. La bouche, tout aussi élégante, associe richesse, rondeur et fraîcheur, mais offre aussi une belle présence aromatique sur une ligne florale et iodée. Une remarquable synthèse qui pourrait aisément se substituer à un rosé frais des beaux jours. ⧗ 2018-2022

⊶ SCV HENRI MAIRE, Ch. Boichailles, 39600 Arbois, tél. 03 84 66 12 34, info@henri-maire.fr *t.l.j. 10h-19h sf lun. en hiver*

DOM. DÉSIRÉ PETIT Chardonnay Le Grapiot 2016

■	5000		11 à 15 €

Désiré Petit a bâti dès 1932 ce domaine, qui compte aujourd'hui 27 ha. Ses fils Gérard et Marcel l'ont fait prospérer à partir de 1970, et ce sont désormais les enfants de Marcel, Anne-Laure et Damien, qui en ont la responsabilité, confortant certains positionnements, comme les vendanges manuelles, mais explorant aussi de nouvelles voies, telle la cuvée sans soufre. Une valeur sûre du vignoble jurassien, qui a obtenu de nombreux coups de cœur.

Cette cuvée a été élevée sans apport de soufre, en foudre pendant vingt-quatre mois. Jaune doré clair, elle présente un nez où fleurs blanches et abricot partagent avec délicatesse le champ aromatique des agrumes. Puis la pomme reinette s'avance, accentuant le coté vif d'une bouche minérale et légèrement perlante. ⧗ 2018-2021

⊶ ANNE-LAURE ET DAMIEN PETIT, Dom. Désiré Petit, 62, rue du Ploussard, 39600 Pupillin, tél. 03 84 66 01 20, contact@desirepetit.com V *t.l.j. 8h-12h 14h-18h*

FRUITIÈRE VINICOLE DE PUPILLIN
Vin de paille 2014 ★

■	3000		20 à 30 €

Fondée par quelques vignerons en 1909, cette coopérative couvre aujourd'hui 65 ha provenant d'une quarantaine de sociétaires, pour une production d'environ 3 500 hl. Située au cœur du village, dans un cadre régulièrement modernisé, elle allie les dernières techniques de vinification et le respect des usages traditionnels.

Une jolie robe ambrée pour ce vin de paille issu de 40 % de ploussard, 30 % de chardonnay et 30 % de savagnin. Très fin, le nez oscille entre fruits secs (ananas, abricot, raisin), notes de rancio et bouche épicée. Suave mais équilibrée, ample et grasse, la bouche confirme le grand déploiement aromatique, entre orange amère, abricot, café et épices. ⧗ 2025-2035 ■ **Chardonnay Grande Réserve 2016 ★ (8 à 11 €; 4500 b.)** : une vinification traditionnelle en cuve puis fin de fermentation et élevage en fût avec bâtonnage. Mettre son nez sur le verre, c'est comme se plonger sur le cadre d'une ruche et la cire d'abeille. Mais ce joli appel ne vient pas seul: fleurs blanches, pomme et même touche anisée. L'attaque se fait un peu vive, puis la bouche devient riche et ample, soulignée d'un léger boisé. ⧗ 2019-2023

⊶ FRUITIÈRE VINICOLE DE PUPILLIN, 35, rue du Ploussard, 39600 Pupillin, tél. 03 84 66 12 88, info@pupillin.com V *t.l.j. 9h-12h 14h-18h*

Ⓑ DOM. DE LA RENARDIÈRE
Pupillin Les Terrasses 2016 ★

■	4000		15 à 20 €

Depuis son installation en 1990, Jean-Michel Petit n'a cessé d'investir: construction d'une cuverie en 1992, caveau de dégustation en 1996 et cave de vieillissement en rochers naturels en 2013 régulée par des puits canadiens. Son vignoble couvre 7 ha.

Comme le nom de ce vin l'indique, les vignes sont cultivées en terrasses. Une cuvée 100 % savagnin, fermentée en fût de 400 l par des levures indigènes, bâtonnée et élevée sur lies pendant douze mois. Un fruité exotique nous accueille au nez dans une agréable fraîcheur qui est le fil conducteur de la dégustation, ce qui n'empêche pas l'expression d'une rondeur et d'une belle puissance au sein d'une bouche équilibrée. Le côté frais est accentué par un léger perlant qui va s'estomper avec le temps. ⧗ 2019-2024 ■ **Pupillin Les Vianderies 2016 (15 à 20 €; 2500 b.)** : vin cité.

⊶ DOM. DE LA RENARDIÈRE, 24, rue du Chardonnay, 39600 Pupillin, tél. 03 84 66 25 10, domainedelarenardiere@gmail.com V *r.-v. ⊶ Jean-Michel Petit*

JURA

ROLET PÈRE ET FILS Vin jaune 2011

| 5000 | | 30 à 50 € |

Désiré Rolet a créé dans les années 1940 ce domaine, sorti de la coopérative en 1958. Ses enfants conduisent aujourd'hui une des plus importantes exploitations du Jura, constituée de 65 ha dans les AOC arbois, côtes-du-jura, l'étoile et château-chalon.

Un peu plus de 20 % du domaine est planté en savagnin, cépage à l'origine de ce vin jaune d'un or intense. Puissant, le nez oscille entre champignon, sous-bois, pomme verte et noix. Un peu levurée, la bouche suit la ligne aromatique du bouquet dans une belle profondeur. Sa fine acidité contribuera à une bonne garde. ⧗ 2020-2040

DOM. ROLET PÈRE ET FILS, Lieu-dit Montesserin, rte de Dole, 39600 Arbois, tél. 03 84 66 00 05, rolet@wanadoo.fr t.l.j. 9h(dim. 9h30)-12h 14h (dim. 14h30)-18h30

DOM. JEAN-LOUIS TISSOT Rosières 2016

| 4000 | | 11 à 15 € |

L'arrière-grand-père maternel fut l'un des fondateurs de la Fruitière d'Arbois. C'est en 1965 que Jean-Louis Tissot décida de créer son domaine qui, depuis 1994, est cogéré par son fils Jean-Christophe et sa fille Valérie, et qui compte aujourd'hui 17 ha.

Fort d'une macération de dix jours, ce trousseau se présente dans une robe rouge intense. Le cassis marque avec hégémonie tant le nez que la bouche de ce vin souple, équilibré et long. Un caractère quelque peu atypique mais plaisant. ⧗ 2019-2023

JEAN-CHRISTOPHE ET VALÉRIE TISSOT, Vauxelles, 39600 Montigny-lès-Arsures, tél. 03 84 66 13 08, jean.louis.tissot.vigneron.arbois@wanadoo.fr V t.l.j. sf sam. dim. 9h-12h 14h-17h30; r.-v. sam. dim.

♥ DOM. JACQUES TISSOT
Chardonnay Les Corvées sous Curon 2016 ★★

| 3500 | | 11 à 15 € |

C'est en 1962 que Jacques Tissot crée son domaine avec une parcelle héritée de son père. La modernisation des chais est engagée en 1992 avec la création d'une surface de 2 000 m² au bord de la nationale 83. Aujourd'hui, la propriété, conduite désormais par les enfants, Philippe et Nathalie, compte 30 ha de vignes.

Une cuvée jaune pâle aux reflets verts fermentée et élevée en pièces de 228 l (60 % de bois neuf). Des odeurs briochées et des nuances d'agrumes s'associent dans un nez délicatement boisé. La bouche, légèrement vanillée, suit cette ligne aromatique où l'élevage a marqué de son empreinte, pour finir sur l'amande et la banane mûre dans une belle longueur. Matière et complexité aromatique pour ce vin charmeur en diable. ⧗ 2019-2023

DOM. JACQUES TISSOT, 39, rue de Courcelles, BP 88, 39600 Arbois, tél. 03 84 66 24 54, courrierjt@yahoo.fr V r.-v.

DOM. DE LA TOURAIZE Ammonites 2015 ★★

| 3000 | | 15 à 20 € |

Héritier de huit générations de vignerons (un acte de décès de 1704 mentionne un Morin vigneron de profession), André-Jean Morin a d'abord livré sa vendange à la «coop», comme son père et son grand-père, avant de «reprendre ses raisins en main» à partir de 2009. Pratiquant une viticulture sans engrais, insecticides et désherbants chimiques, il conduit 12 ha, dont 9 sont vinifiés et 3 dont la récolte est vendue en raisins. Après s'être essayé à l'agriculture biologique sur quelques parcelles, il a décidé d'entamer une conversion sur la totalité du domaine à compter de 2016. L'une des valeurs montantes du Jura viticole.

Une cuvée jaune doré qui a été élevée en foudre de 20 hl pendant vingt-quatre mois et embouteillée en octobre 2017. Du beurré, de l'amande, une nuance de noisette et un zeste d'écorce d'orange: le nez est déjà épatant. Teintée d'amande, la bouche attaque en souplesse, puis développe une fine minéralité qui amène de l'allonge et de la fraîcheur. Un vin droit, au beau potentiel. ⧗ 2020-2024 **Chardonnay en Flandre 2016 ★ (11 à 15 €; 3000 b.)** : le nom de ce vin tire son origine d'une parcelle située sur un plateau calcaire dont le relief plat évoque les Pays-Bas. Plat, ce vin ne l'est point: un nez vanillé et miellé précède une bouche riche, beurrée, équilibrée par une acidité bien maîtrisée. ⧗ 2019-2023

ANDRÉ-JEAN MORIN, 7, rte de la Villette, 39600 Arbois, tél. 06 83 41 74 60, aj.morin@wanadoo.fr V r.-v.

CHÂTEAU-CHALON

Superficie : 50 ha / Production : 1 620 hl

Le plus prestigieux des vins du Jura est exclusivement du vin jaune, le célèbre vin de voile élaboré en quantité limitée selon des règles strictes. Le raisin est récolté sur les marnes noires du lias, dans un site remarquable: un vieux village établi sur des falaises. La mise en vente s'effectue six ans et trois mois après la vendange. Il est à noter que, dans un souci de qualité, les producteurs eux-mêmes ont refusé l'agrément en AOC pour les récoltes de 1974, 1980, 1984 et 2001.

DOM. BERTHET-BONDET 2010

| 8000 | | 30 à 50 € |

Issu d'une famille travaillant dans la lunetterie, Jean Berthet-Bondet, ancien maire de Château-Chalon, est ingénieur agronome, tout comme son épouse. Ils se sont installés en 1985 et travaillent désormais 15 ha de vignes, conduits en bio depuis 2010 et commandés par une très belle demeure aux caves voûtées. Une valeur sûre du Jura.

Jaune doré, ce 2010 suit les traces du millésime précédent, affichant ostensiblement la puissance d'un nez typique de l'appellation, entre pomme verte et noix. Avec une attaque discrète mais franche, la bouche offre une belle matière, assez chaude. Noix et pain d'épice s'y expriment agréablement, dans une bonne longueur. ⧗ 2021-2040

JEAN BERTHET-BONDET, 7, rue de la Tour, 39210 Château-Chalon, tél. 03 84 44 60 48, berthet-bondet@orange.fr V r.-v.

PHILIPPE BUTIN 2009 ★★

| 850 | | 30 à 50 € |

Cette exploitation (5,5 ha aujourd'hui), dans la famille depuis trois générations, est fidèle aux vendanges manuelles. Philippe Butin produit surtout des vins à partir de cépages blancs qu'il cultive sur les coteaux de Lavigny. Sa production figure régulièrement en bonne place dans le Guide.

Jaune or aux reflets verts, ce château-chalon se montre déjà à l'œil sous les meilleurs auspices. Ouvert et puissant, le nez associe la finesse de notes mentholées et la richesse du camphre. Bien représentatif du millésime, il offre un palais équilibré, où l'acidité est à sa juste place. La noix se dévoile en milieu de bouche et, s'associant avec les épices, nous emmène avec intensité jusque dans une belle finale, longue et chaleureuse. ⧗ 2023-2050

PHILIPPE BUTIN, 21, rue de la Combe, 39210 Lavigny, tél. 03 84 25 36 26, ph.butin@wanadoo.fr V r.-v.

CAVEAU DES BYARDS 2011 ★

| 520 | | 30 à 50 € |

Cette petite coopérative est relativement récente puisqu'elle a été créée en 1953. C'est une affaire à taille humaine : 42 ha de vignes seulement et dix-sept adhérents. Mais elle investit régulièrement et sa production figure souvent en bonne place dans le Guide, notamment en crémant, qui représente 50 % de sa production.

Sur la route qui mène de Lons-le-Saunier à Château-Chalon en passant par Voiteur, vous pourrez déguster ce vin à la robe or pâle et au nez discret qui associe notes de sous bois et de champignons. Ronde, la bouche n'est pas tonitruante, mais démontre une belle qualité aromatique, très marquée par la noix. Un agréable reflet de l'appellation, dans un style léger. ⧗ 2020-2040

CAVEAU DES BYARDS, 265 rte de Voiteur, 39210 Le Vernois, tél. 03 84 25 33 52, info@caveau-des-byards.fr V r.-v.

MARCEL CABELIER 2009 ★

| 55000 | | 20 à 30 € |

Sous cette dénomination œuvre un négociant-vinificateur qui s'est installé en 1986 et s'est fortement développé depuis quelques années dans le Jura en vendant ses vins sous la marque Marcel Cabelier, aujourd'hui dans le giron des Grands Chais de France. Les apports de 70 vignerons concernent toutes les appellations jurassiennes.

La maison le rappelle sur son étiquette: le vin jaune doit se boire chambré. C'est comme cela qu'on pourra apprécier les résultats d'un long élevage, dont ce nez puissant où la noix se montre déjà avec élégance. La bouche est bien équilibrée; avenante, sa minéralité cisèle un beau volume. Un vin à la portée de tous et déjà ouvert. ⧗ 2018-2030

MAISON DU VIGNERON, 22, rte de Champagnole, Crançot, 39570 Hauteroche, tél. 03 84 87 66 71, enoel@maisonduvigneron.fr V t.l.j. sf sam. dim. 10h-12h30 13h30-18h
Helfrich

DOM. GRAND 2011

| 3000 | | 30 à 50 € |

Chez les Grand, on est vigneron de père en fils depuis 1692. Après René Grand, Lothain et ses frères consacrent les années 1970 à 1990 à développer le domaine familial. Aujourd'hui, ce sont Emmanuel et Nathalie qui conduisent les 10,5 ha de vignes, en AOC côtes-du-jura, château-chalon et arbois. Ensemble, ils pratiquent une viticulture raisonnée et raisonnable en utilisant le plus possible des traitements homologués en agriculture biologique. Pour eux, une des clés de la réussite est avant tout environnementale. Une valeur sûre.

Un coup de cœur dans l'édition précédente pour le 2010. Le millésime suivant n'atteint pas ce sommet, mais s'annonce bien au nez dans ses tons de noix fraîche, de sous-bois et de vanille. Sans être très ample, la bouche s'avère agréable et harmonieuse. ⧗ 2020-2030

EMMANUEL ET NATHALIE GRAND, 139, rue du Savagnin, 39230 Passenans, tél. 03 84 85 28 88, domaine-grand@wanadoo.fr V r.-v.

DOM. HENRI MAIRE 2010

| 6800 | | 30 à 50 € |

Né en 1917, Henri Maire fut le pionnier de la vente de vin grâce à laquelle il fit prospérer après-guerre sa petite maison de négoce. Également propriétaire de vignes, la société est depuis 2015 sous le contrôle de l'entreprise bourguignonne Boisset. Un acteur important du vignoble jurassien.

La maison revendique une des plus vastes réserves de vin jaune. Dans ce trésor, ce 2010 d'une robe assez pâle et très limpide. Camphre, noix, épices et miel forment un nez apprécié. La structure est légère mais homogène, et la persistance aromatique soutenue. ⧗ 2021-2040

SCV HENRI MAIRE, Ch. Boichailles, 39600 Arbois, tél. 03 84 66 12 34, info@henri-maire.fr t.l.j. 10h-19h sf lun. en hiver

JEAN-LUC MOUILLARD 2010 ★

| 1900 | | 30 à 50 € |

Depuis 1991, Jean-Luc Mouillard élève dans ses belles caves voûtées datant de la fin du XVIes. des vins des AOC l'étoile, côtes-du-jura, macvin-du-jura, crémant-du-jura et château-chalon. Un vigneron multi-appellations et une valeur sûre du vignoble jurassien.

Ce château-chalon couleur vieil or est déjà très ouvert au nez: noix, champignons, humus et vanille forment une belle entrée en matière. Pas de déconvenue en bouche: le caractère ouvert, voire évolué, est confirmé, avec une acidité bien fondue, donnant ainsi une attaque qui invite à la découverte. Au sein d'une matière ample, se développent des arômes typés où la noix règne. ⧗ 2022-2040

JEAN-LUC MOUILLARD, 379, rue du Parron, 39230 Mantry, tél. 03 84 25 94 30, domainemouillard@hotmail.fr V t.l.j. 9h-12h 13h30-19h ❷

DOM. DÉSIRÉ PETIT En Beaumont 2010 ★★

| 1350 | | 30 à 50 € |

Désiré Petit a bâti dès 1932 ce domaine, qui compte aujourd'hui 27 ha. Ses fils Gérard et Marcel l'ont fait

prospérer à partir de 1970, et ce sont désormais les enfants de Marcel, Anne-Laure et Damien, qui en ont la responsabilité, confortant certains positionnements, comme les vendanges manuelles, mais explorant aussi de nouvelles voies, telle la cuvée sans soufre. Une valeur sûre du vignoble jurassien, qui a obtenu de nombreux coups de cœur.

Le 2009 avait été auréolé d'un coup de cœur. Ce 2010 n'atteint pas cette distinction, mais il n'a pas à rougir de la comparaison. Discret, le nez n'en est pas moins délicat. Bien dessinée, la bouche laisse entrevoir un beau potentiel. Matière et alcool sont présents mais avec équilibre. La finale sur la noix donne déjà un bel avant-goût de ce que ce château-chalon, décidément bien né, qu'il offrira dans quelques années. ⧗ 2021-2050

⊶ ANNE-LAURE ET DAMIEN PETIT, Dom. Désiré Petit, 62, rue du Ploussard, 39600 Pupillin, tél. 03 84 66 01 20, contact@desirepetit.com t.l.j. 8h-12h 14h-18h

DOM. DE SAVAGNY 2011

6000		30 à 50 €

Un domaine de 45 ha, créé en 1986 par Claude Rousselot-Pailley et acquis une quinzaine d'années plus tard par la Maison du Vigneron, affaire de négoce établie à Crançot, dans le giron des Grands Chais de France.

Robe or pâle aux reflets verts et nez discret. L'attaque est vive, mais la bouche se développe ensuite sur une belle ampleur, affichant un bon équilibre et une persistance honorable. ⧗ 2022-2040

⊶ DOM. DE SAVAGNY, 22, rte de Champagnole, Crançot, 39570 Hauteroche, tél. 03 84 87 66 71, enoel@maisonduvigneron.fr t.l.j. sf sam. dim. 10h-12h30 13h30-18h

CÔTES-DU-JURA

Superficie : 512 ha
Production : 20 540 hl (70 % blanc et jaune ; 28 % rouge et rosé ; 2 % vin de paille)

L'appellation englobe toute la zone du vignoble de vins fins et produit tous les types de vins jurassiens, à l'exception des effervescents.

CH. D'ARLAY Chardonnay 2016 ★

5000		15 à 20 €

Constitué à la fin du XIᵉs., ce domaine viticole (20 ha), aujourd'hui propriété du comte Alain de Laguiche, a été au cours de son histoire une vigne royale d'Espagne, d'Angleterre et de France. Le château et les caves sont classés Monuments historiques.

Un élevage de six mois en cuve et trois mois en fût pour ce vin de couleur or assez soutenu. Le nez, évolué, est marqué par la cire d'abeille. Bien équilibrée entre bois et fruit, grasse, la bouche est aussi marquée par l'évolution, mais elle reste agréable et bien racée. Bon sang ne saurait mentir... ⧗ 2018-2021

⊶ CH. D' ARLAY, 2, rte de Proby, 39140 Arlay, tél. 03 84 85 04 22, chateau@arlay.com t.l.j. sf dim. 10h-12h 14h-18h ⊶ A. de Laguiche

♥ DOM. BADOZ
Vin jaune Les Roussots 2011 ★★

15000		20 à 30 €

Dix générations de Badoz se sont succédé sur ce domaine de 10 ha, dont les caves sont situées dans la petite ville de Poligny, qui sait si bien marier production viticole et affinage de fromage de Comté. Benoît a pris la succession de son père en 2003 et engagé la conversion bio en 2016.

Le savagnin a mené pour le meilleur ses racines au cœur des marnes bleues du lieu-dit Les Roussots. La noix capte tout de suite notre attention au nez: on la sent tout juste énoisée, accompagnée de notes tout aussi subtiles comme la noisette ou le beurré. La bouche apparaît à la fois vive, ample et puissante, offrant une belle matière encore sur la réserve, comme assise sur un fond minéral au fort potentiel. Une très belle finale épicée clôt une dégustation prometteuse. ⧗ 2025-2050

⊶ BENOÎT BADOZ, 3, av. de la Gare, 39800 Poligny, tél. 03 84 37 18 00, contact@domaine-badoz.fr t.l.j. 8h30-12h30 14h-19h

DOM. BAUD GÉNÉRATION 9
Poulsard En Rougemont 2016 ★

5500		5 à 8 €

La neuvième génération de Baud, formée de Clémentine et Bastien, a pris la suite d'Alain et Jean-Michel en 2016, perpétuant ainsi la tradition familiale depuis 1742. Acte de modernité symbolique, le Dom. Baud Père et Fils est devenu le Dom. Baud Génération 9. Berceau du domaine, le vignoble du Vernois fit l'objet d'un important remembrement dans les années 1960. Les 24 ha de l'exploitation sont implantés en côtes-du-jura, l'étoile et château-chalon.

Ce joli poulsard rubis aux reflets orangés est issu d'une vendange traitée par macération pelliculaire, avec un égrappage de trois semaines. Complexe et puissant, le nez nous entraîne avec conviction vers les agrumes, l'abricot, les fruits rouges et les épices. Fraîche à en être presque minérale, la bouche évoque les fruits rouges. Légère et équilibrée, elle est très avenante. ⧗ 2018-2022

⊶ CLÉMENTINE ET BASTIEN BAUD, 222, rte de Voiteur, 39210 Le Vernois, tél. 03 84 25 31 41, clementine@domainebaud.fr t.l.j sf dim. 8h-12h 14h-18h

CH. DE BELLEROCHE Chardonnay 2015 ★

2500		8 à 11 €

Ce petit domaine de moins de 2 ha a été créé par Cédric Georgeon en 2014 sur les hauteurs de Molamboz. Les vignes se situent à Arbois et à Buvilly, en orientation plein sud. Le savagnin représente la moitié de l'encépagement, accompagné de chardonnay et d'un peu de poulsard.

Pour ce vin jaune doré, Cédric Georgeon a pratiqué une fermentation et un élevage en fût de chêne pendant douze mois. «Si on lui pinçait le nez, il en sortirait du lait», peut-on penser quand on hume ce vin encore fermé, aux senteurs d'abord lactées. Puis, après ce signe de jeunesse, viennent les fleurs blanches et le fruité. Acidulée, la bouche capitalise sur un boisé fondu et une bonne fraîcheur, soulignée par de jolies notes de menthol, de réglisse et d'anis. ⌛ 2019-2022

CÉDRIC GEORGEON, 4bis, rue du Coin-des-Côtes, 39600 Molamboz, tél. 06 86 43 10 30, cedric.georgeon0802@orange.fr V r.-v.

Ⓑ DOM. BERTHET-BONDET Savagnier 2016 ★

	6000		11 à 15 €

Issu d'une famille travaillant dans la lunetterie, Jean Berthet-Bondet, ancien maire de Château-Chalon, est ingénieur agronome, tout comme son épouse. Ils se sont installés en 1985 et travaillent désormais 15 ha de vignes, conduits en bio depuis 2010 et commandés par une très belle demeure aux caves voûtées. Une valeur sûre du Jura.

Ne cherchez pas dans «savagnier» quelque croisement entre du savagnin et du viognier ou tout autre cépage. Il s'agit juste du nom d'un lieu-dit de la commune de Lavigny d'où est issue cette cuvée parcellaire, 100 % savagnin donc. Vinifié en mode «normal», comprenez non oxydatif, le cépage donne ici un vin ultra aromatique, où explosent des notes de litchi, de citron, de poire et de fleurs blanches. La bouche, gourmande, tire d'un côté mentholé un supplément de fraîcheur. On est dans l'expression des arômes primaires du cépage, à mille lieues des vins dits «typés», mais on y est drôlement bien. ⌛ 2018-2022 **Tradition 2014 (11 à 15 €; 10000 b.)** Ⓑ : vin cité.

JEAN BERTHET-BONDET, 7, rue de la Tour, 39210 Château-Chalon, tél. 03 84 44 60 48, berthet-bondet@orange.fr V r.-v.

PHILIPPE BUTIN 2015 ★

	2000	15 à 20 €

Cette exploitation (5,5 ha aujourd'hui), dans la famille depuis trois générations, est fidèle aux vendanges manuelles. Philippe Butin produit surtout des vins à partir de cépages blancs qu'il cultive sur les coteaux de Lavigny. Sa production figure régulièrement en bonne place dans le Guide.

La robe de ce trousseau est très sombre, ce qui est plutôt rare pour ce cépage. Tout aussi étonnant que ce nez chocolaté et que cette bouche de pruneau et de fruits confits, aguicheuse par sa sucrosité et son onctuosité. Un profil proche de certains vins du Roussillon: atypique donc, surprenant, mais fort appréciable. ⌛ 2020-2028

PHILIPPE BUTIN, 21, rue de la Combe, 39210 Lavigny, tél. 03 84 25 36 26, ph.butin@wanadoo.fr V r.-v.

MARCEL CABELIER Savagnin Esprit 39 ★★

	9000		11 à 15 €

Sous cette dénomination œuvre un négociant-vinificateur qui s'est installé en 1986 et s'est fortement développé depuis quelques années dans le Jura en vendant ses vins sous la marque Marcel Cabelier, aujourd'hui dans le giron des Grands Chais de France. Les apports de 70 vignerons concernent toutes les appellations jurassiennes.

Un pur savagnin non millésimé, tout d'or vêtu, fermenté en cuve classique puis élevé sous voile pendant quatre à cinq ans. Typé, complexe, le nez évoque le vin jaune avec la noix, le curry, le caramel et le pain d'épice. La bouche s'avère ronde, chaleureuse, intense et d'une très grande longueur. Un joli côté vanillé vient couronner une très belle dégustation. ⌛ 2020-2028 **La Côte 39 ★★ (8 à 11 €; 20000 b.)** : pour cette cuvée non millésimée, le savagnin a été fermenté en cuve, puis élevé sous voile en barriques pendant trois à quatre ans, et enfin assemblé au chardonnay. Un vin complexe, ouvert sur les fruits secs, les épices, le beurre, ample, gras, riche en bouche, bien soutenu par une fine acidité en finale. ⌛ 2020-2028

MAISON DU VIGNERON, 22, rte de Champagnole, Crançot, 39570 Hauteroche, tél. 03 84 87 66 71, enoel@maisonduvigneron.fr V t.l.j. sf sam. dim. 10h-12h30 13h30-18h *Helfrich*

Ⓑ PHILIPPE CHATILLON
La Grande Chaude 2017 ★★

	600		15 à 20 €

Philippe Chatillon est revenu sur ses terres en 2013 après avoir dirigé pendant dix-huit ans le Dom. de la Pinte à Arbois et avoir «bourlingué» entre Lirac et le Libournais. À la tête de 4 ha sur les communes d'Arbois, de Passenans et de Toulouse-le-Château, il conduit son vignoble en biodynamie.

Cet assemblage de trousseau et de pinot a été cuvé trois semaines, puis pressé à l'aide d'un pressoir vertical datant de 1860 et enfin élevé en fût. Mais quel élevage! Accompagné pendant douze mois par les vibrations de la harpe de cristal et du bol chantant du vigneron, ce vin convoque les fruits rouges, la réglisse, la violette et le poivre gris. Il offre une bouche agréable, entre rondeur de la structure, sucrosité et finale un brin sauvage. Un vin aussi puissant et chaleureux qu'harmonieux. ⌛ 2019-2023

PHILIPPE CHATILLON, 8bis, rue du Collège, 39800 Poligny, tél. 06 45 39 17 63, domainechatillon@gmail.com V r.-v. Ⓐ

JURA

DOM. GRAND
Chardonnay La Grande Chaude 2016 ★

	4000		11 à 15 €

Chez les Grand, on est vigneron de père en fils depuis 1692. Après René Grand, Lothain et ses frères consacrent les années 1970 à 1990 à développer le domaine familial. Aujourd'hui, ce sont Emmanuel et Nathalie qui conduisent les 10,5 ha de vignes, en AOC côtes-du-jura, château-chalon et arbois. Ensemble, ils pratiquent une viticulture raisonnée et raisonnable en utilisant le plus possible des traitements homologués en agriculture biologique. Pour eux, une des clés de la réussite est avant tout environnementale. Une valeur sûre.

Une cuvée croustillante à tous les sens du terme: les grands-parents des propriétaires actuels ont relaté l'histoire d'une femme aux formes généreuses qui, se promenant régulièrement sur la parcelle, aguichait l'équipe des vendangeurs au moment de la récolte... Dans le verre, un vin pâle aux reflets verts, au nez élégant, frais, très expressif, sur les agrumes et les fruits exotiques. En bouche, des arômes fermentaires (lies, levures) laissent la place à un joli fruité, teinté d'acidulé. Paradoxalement, beaucoup de fraîcheur pour cette «grande chaude». ⌛ 2019-2023 **Savagnin 2014 ★ (15 à 20 €; 4000 b.)** : avec quatre ans sous voile, ce savagnin aurait pu tirer sur la typicité du vin jaune. Il en a quelques attributs aromatiques (noix, curry), mais il est surtout très axé sur la fraîcheur. ⏳ 2021-2028

EMMANUEL ET NATHALIE GRAND, 139, rue du Savagnin, 39230 Passenans, tél. 03 84 85 28 88, domaine-grand@wanadoo.fr V 🚶 ! *r.-v.*

CH. GRÉA Savagnin 2014 ★

■	6000	◍	11 à 15 €

Conduits depuis 1995 par Nicolas Caire et Alexandre Rousselot, les 20 ha du domaine sont situés dans la partie du vignoble dénommée sud Revermont. La vigne y domine la plaine de la Bresse et ses célèbres poulets qui se marient si bien avec le vin jaune.

Trente-six mois de fût, probablement sous voile au vu du nez, bien typé, de noisette et d'épices (curry). Du volume en bouche, sans exubérance mais avec de l'élégance et un côté presque gourmand alors que les vins de ce cépage ainsi vinifiés peuvent quelquefois apparaître un peu austères de prime abord, surtout dans leur jeunesse. Une belle finale vanillée finit de convaincre. ⏳ 2019-2028

CH. GRÉA, 39190 Rotalier, tél. 06 81 83 67 80, nicolas.caire@aricia.fr V 🚶 ! *r.-v.*

DOM. JOLY Les Soupois 2015

■	3100	◍ 🍾	5 à 8 €

Cette société a été créée en 2000 à partir d'un domaine fondé à la fin des années 1960 par Claude Joly. Son fils Cédric en est aujourd'hui le gérant et conduit un vignoble de 6,9 ha.

De couleur rouge prononcée et profonde, ce pinot noir est issu de vignes qui ont été plantées dans les années 1990. Les fruits rouges s'expriment agréablement au nez. Avec une belle attaque, la bouche est ronde mais suffisamment tonique, avec des tanins assez légers en soutien. La cerise s'y sent bien. ⏳ 2020-2023

EARL CLAUDE ET CÉDRIC JOLY, 3, chem. des Pataratttes, 39190 Rotalier, tél. 03 84 25 04 14, contact@domainejoly.fr V ! *r.-v.*

DOM. FRÉDÉRIC LAMBERT Trousseau 2016 ★★

■	2000	◍	11 à 15 €

Œnologue de formation, Frédéric Lambert a commencé à acheter des vignes en production et des terrains dès 1993. L'installation s'est faite dix ans plus tard et l'exploitation compte désormais 7 ha, comprenant tous les cépages jurassiens, vendangés manuellement.

Une vinification en cuve et un élevage en fût de dix mois, avant une mise en bouteilles effectuée assez tôt pour conserver le caractère fruité du vin. On sent le nez encore fermé, mais déjà pointent quelques notes de fruits rouges et d'épices très agréables. Passé une attaque nette, la bouche déploie une structure tannique bien présente et beaucoup de matière. Les petits fruits rouges y rencontrent un boisé délicat, après qu'un zeste d'orange est apparu. ⏳ 2020-2028 ■ **Les Gryphées 2016 (8 à 11 €; 1200 b.)** : vin cité.

FRÉDÉRIC LAMBERT, 14, Pont-du-Bourg, 39230 Le Chateley, tél. 06 03 10 69 04, domainefredericlambert@orange.fr V 🚶 ! *r.-v.*

DOM. LIGIER Cuvée des poètes 2016

■	2800	🍾	11 à 15 €

Installée à Arbois, la famille Ligier a créé ce domaine de toutes pièces en 1986 – 10 ha aujourd'hui. Des investissements réguliers ont été faits, notamment la construction, en 2002, d'un chai adapté au vieillissement des vins jaunes. Une valeur sûre du vignoble jurassien, avec une femme de talent aux commandes de la vinification: Marie-Colette Vandelle.

« C'est un poète », dit-on souvent pour qualifier quelqu'un d'original. La vinification du savagnin avec ouillage le fut pendant un temps, mais c'est devenu depuis maintenant quelques années un fait généralisé, à côté des cuvées avec élevage sous voile. Floral, le nez est élégant, une belle fraîcheur apparaît en bouche, accentuée par des arômes de pomme verte et de menthol. Un soupçon de sucres résiduels en finale toutefois. ⏳ 2019-2023

HERVÉ ET STÉPHANE LIGIER, 56, rue de Pupillin, 39600 Arbois, tél. 03 84 66 28 06, gaec.ligier@wanadoo.fr V 🚶 ! *t.l.j. sf dim. 10h-18h30*

JEAN-LUC MOUILLARD Chardonnay 2016

■	7000	◍	8 à 11 €

Depuis 1991, Jean-Luc Mouillard élève dans ses belles caves voûtées datant de la fin du XVI[e]s. des vins des AOC l'étoile, côtes-du-jura, macvin-du-jura, crémant-du-jura et château-chalon. Un vigneron multi-appellations et une valeur sûre du vignoble jurassien.

Un début de fermentation en cuve, une fin de fermentation en fût et un élevage un an sur lies avec ouillages pendant douze mois. La robe jaune pâle, limpide et brillante, est agrémentée de jolis reflets verts. Très aromatique, le nez dégage des notes de miel, de fruits blancs et d'agrumes. La bouche traduit une vinification « à la bourguignonne » où un boisé bien marié côtoie d'élégants tons beurrés au sein d'une matière ronde, presque grasse. ⏳ 2019-2022

JEAN-LUC MOUILLARD, 379, rue du Parron, 39230 Mantry, tél. 03 84 25 94 30, domainemouillard@hotmail.fr V 🚶 ! *t.l.j. 9h-12h 13h30-19h* 🏠 ②

DOM. PÊCHEUR Trousseau 2016 ★

■	3500	◍	8 à 11 €

Les vignes ont toujours été présentes dans cette exploitation de polyculture élevage qui s'est spécialisée depuis, notamment à partir de plantations nouvelles en 1976, mais surtout avec l'arrivée de Christian en 1992 puis de Patricia en 1995, après des études viticoles à Beaune. Le domaine compte aujourd'hui 8 ha.

La groseille est le fil conducteur dans cette dégustation d'un trousseau au nez bien ouvert et à la bouche élégante malgré sa relative légèreté. Les tanins sont fondus et le fruité caractéristique est bien développé, avec un côté noyau de cerise intéressant. Il ne tiendra pas des lustres, mais sa bonhommie en fera un bon compagnon de repas. ⏳ 2018-2021

SCEA DOM. CHRISTIAN ET PATRICIA PÊCHEUR, 39, rue Philibert, 39230 Darbonnay, tél. 03 84 85 50 19, domainepecheur@orange.fr V 🚶 ! *t.l.j. 9h-12h 14h-19h; dim. sur r.-v.*

DOM. LA PETITE MARNE Savagnin 2014

■ | 2800 | | 11 à 15 €

Jean-Yves et Philippe Noir ont pris la suite de leur père sur une propriété de 11 ha. Adhérents à la cave coopérative depuis 1976, ils ont décidé en 2003 de vinifier au domaine. Le nom de celui-ci fait référence à la nature des sols du terroir polinois. Un nouveau caveau a ouvert ses portes en 2016.

L'élevage dans des fûts non ouillés a été réalisé durant trois ans dans deux caves différentes: une sèche et l'autre plus humide. De la sélection et de l'assemblage des pièces est né ce vin jaune pâle aux reflets verts, au nez frais et épicé. Rond en bouche, sa structure est légère. ⧗ 2018-2022 ■ **Dom. de la Petite Marne Trousseau 2016 (11 à 15 €; 6000 b.)** : vin cité.

⊶ NOIR FRÈRES, La Petite Marne, ZAC Grimont-Sud, 39800 Poligny, tél. 09 81 39 19 74, petitemarne.noir@wanadoo.fr V t.l.j. sf dim. 10h-12h 14h-18h30
⊶ Noir Frères

DOM. PIERRE RICHARD Savagnin Chardonnay 2013

■ | 8000 | | 11 à 15 €

Pierre Richard s'est installé en 1976 à la suite de son père. Il travaille désormais avec son fils Vincent, revenu sur l'exploitation en 2009. Les 10 ha de vignes sont cultivés principalement dans le village du Vernois, dont le vignoble a fait l'objet d'un vaste remembrement dans les années 1960. Un domaine d'une grande régularité dans la qualité.

Moitié chardonnay, moitié savagnin, cette cuvée jaune doré a été élevée sous voile. Florale et beurrée au nez, elle n'exprime que timidement le côté «typé». Dotée d'une belle fraîcheur, la bouche est dominée par les agrumes, associés aux épices. Elle fait un tour et puis s'en va... ⧗ 2019-2022

⊶ VINCENT RICHARD, 136, rte de Voiteur, 39210 Le Vernois, tél. 03 84 25 33 27, domainepierrerichard@wanadoo.fr V r.-v.

DOM. MICHEL THIBAUT Trousseau 2016

■ | 3600 | | 8 à 11 €

Natif de Poligny, Michel Thibaut a multiplié les expériences professionnelles dans différents vignobles en France. Il a été cogérant du Dom. Morel-Thibaut de 1989 à 2013, puis a créé son propre domaine en 2014 avec son épouse Catherine: 10 ha en côtes-du-jura, sur les coteaux de Poligny. Hubert, le fils, les a rejoints en 2018.

Avec une macération d'une quinzaine de jours, ce trousseau couleur rubis a été conservé en cuve pendant douze mois. Beaucoup de fraise au nez, mais aussi de la groseille et de la framboise. Un bouquet de fruits rouges qui, loin de se faner, poursuit son éclat au sein d'une bouche harmonieuse et fraîche, en compagnie de la réglisse. ⧗ 2018-2022 ■ **Tradition 2014 (8 à 11 €; 2500 b.)** : vin cité.

⊶ THIBAUT, 2, rue des Petites-Marnes, 39800 Poligny, tél. 06 84 57 56 15, domaine.michel.thibaut@orange.fr V r.-v.

JACQUES TISSOT Pinot noir Grande réserve 2016

■ | 4700 | | 11 à 15 €

C'est en 1962 que Jacques Tissot crée son domaine avec une parcelle héritée de son père. La modernisation des chais est engagée en 1992 avec la création d'une surface de 2 000 m² au bord de la nationale 83. Aujourd'hui, la propriété, conduite désormais par les enfants, Philippe et Nathalie, compte 30 ha de vignes.

Ce pinot noir pourpre profond a vieilli douze mois en fût de 228 l (40 % de bois neuf). Intense, le nez associe les fruits (cassis, groseille) et des notes d'élevage (caramel). La bouche offre un bel équilibre entre fruité, tonicité et densité, avec des tanins fort présents. ⧗ 2021-2028

⊶ DOM. JACQUES TISSOT, 39, rue de Courcelles, BP 88, 39600 Arbois, tél. 03 84 66 24 54, courrierjt@yahoo.fr V r.-v.

FRUITIÈRE DE VOITEUR Chardonnay Vieilli en fût de chêne 2015 ★★

■ | 26784 | | 8 à 11 €

Cette fruitière – une coopérative, au sens de la mise en commun du fruit du travail – a été créée assez récemment, en 1957, par rapport à de vénérables consœurs locales. Située au pied de Château-Chalon, elle offre un panorama intéressant sur le village et le vignoble. Elle regroupe 70 vignerons pour une surface plantée de 75 ha.

Une fermentation en cuve avec contrôle des températures, puis un élevage de dix-huit mois en fûts de chêne sous voile de levures, sans ouillage. Comme on peut s'y attendre avec ce type d'élevage, le nez, puissant, nous emmène du côté de l'amande, de la noix et du grillé, dans un registre qu'on appelle «typé». La bouche, très équilibrée, apparaît bien ronde, souple, ample, tout en conservant de la fraîcheur. Une cuvée marquée «Jura» avec ses tons de fruits secs, de très belle tenue. ⧗ 2019-2023

⊶ SCA FRUITIÈRE VINICOLE DE VOITEUR, 60, rue de Nevy, 39210 Voiteur, tél. 03 84 85 21 29, voiteur@fvv.fr V t.l.j. 8h30-12h 13h30-18h; dim. 10h-12h 14h-18h

JURA

CRÉMANT-DU-JURA

Superficie : 331 ha
Production : 19 700 hl (93 % blanc)

Reconnue en 1995, l'AOC crémant-du-jura s'applique à des mousseux élaborés selon les règles strictes des crémants (la méthode traditionnelle), à partir de raisins récoltés à l'intérieur de l'aire de production de l'AOC côtes-du-jura. Les cépages rouges autorisés sont le poulsard (ou ploussard), le pinot noir (appelé localement gros noirien) et le trousseau; les cépages blancs sont le chardonnay (appelé aussi melon d'Arbois ou gamay blanc), le savagnin (appelé localement naturé) et le pinot gris (rare).

CAVEAU DES BYARDS 2016 ★★★

● | 8000 | | 8 à 11 €

Cette petite coopérative est relativement récente puisqu'elle a été créée en 1953. C'est une affaire à taille humaine: 42 ha de vignes seulement et dix-sept adhérents. Mais elle investit régulièrement et

sa production figure souvent en bonne place dans le Guide, notamment en crémant, qui représente 50 % de sa production.

Tous les cépages rouges du Jura sont présents dans cet assemblage: 50 % de pinot noir, 45 % de trousseau et 5 % de poulsard. Fine et régulière, la mousse égaye une jolie robe qui a la couleur de certaines roses anciennes. Frais, le nez est totalement dédié aux fruits rouges dans un bel élan aromatique. La bouche, très expressive, a ce petit supplément d'acidité et le dosage parfait qui lui donne la fraîcheur exacte. Un développement sur la fraise des bois est du plus bel effet. ⧗ 2018-2021 ● **2016 ★ (8 à 11 €; 16000 b.)** : ce crémant jaune paille dévoile une jolie mousse et de fines bulles. Le nez est d'abord floral puis évolue vers la pomme verte. La bouche apparaît ronde, assez chaleureuse, avec des arômes citronnés qui apportent de la fraîcheur. ⧗ 2018-2021

CAVEAU DES BYARDS, 265 rte de Voiteur, 39210 Le Vernois, tél. 03 84 25 33 52, info@caveau-des-byards.fr V r.-v.

MARIE-PIERRE CHEVASSU-FASSENET ★

● | 4000 | | 8 à 11 €

Les vignes ont été plantées par les parents de la vigneronne, éleveurs. Nichée dans la verdure sur les hauts de Menétru, la maison familiale, une ancienne tuilerie, abrite des caves du XVIIIe s. Marie-Pierre Chevassu a pris, en 2008, les rênes de ce domaine très régulier en qualité (4,5 ha aujourd'hui), après avoir travaillé dans d'autres vignobles.

Un joli reflet du savoir-faire de Marie-Pierre Chevassu-Fassenet qui, avant de reprendre l'exploitation familiale, a fait ses armes en Champagne. Ce brut issu de chardonnay est légèrement citronné au nez. Une attaque vive, sur une belle acidité bien maîtrisée, ouvre sur une bouche longue, nantie de fines notes de pamplemousse. ⧗ 2018-2020

MARIE-PIERRE CHEVASSU-FASSENET, Les Granges-Bernard, 39210 Menétru-le-Vignoble, tél. 06 89 86 89 06, mpchevassu@yahoo.fr V r.-v.

DOM. LIGIER

● | 6500 | 8 à 11 €

Installée à Arbois, la famille Ligier a créé ce domaine de toutes pièces en 1986 – 10 ha aujourd'hui. Des investissements réguliers ont été faits, notamment la construction, en 2002, d'un chai adapté au vieillissement des vins jaunes. Une valeur sûre du vignoble jurassien, avec une femme de talent aux commandes de la vinification: Marie-Colette Vandelle.

D'une robe jaune très brillante s'échappent de fines bulles dans un cordon persistant. Le nez, très agréable, évolue sur des notes de citron et de pomme. Vineuse mais sans excès, la bouche possède une élégance certaine, même si elle ne s'éternise pas. ⧗ 2018-2020

HERVÉ ET STÉPHANE LIGIER, 56, rue de Pupillin, 39600 Arbois, tél. 03 84 66 28 06, gaec.ligier@wanadoo.fr V *t.l.j. sf dim. 10h-18h30*

CH. DE MIÉRY 2013

● | 3400 | 8 à 11 €

Philippe de Buhren voulait déguster ses propres vins et en faire profiter ses amis. C'est ainsi qu'il a replanté 2 ha en 1985, pour les trois quarts en chardonnay et un quart en savagnin, sur des parcelles cultivées avant le phylloxéra.

Quatre ans de vieillissement sur lattes avant le dégorgement pour ce vin peu dosé (4 g/l). Un extra brut au nez très frais d'agrumes et de noisette. La bouche est vive, citronnée et un peu évoluée. Plus qu'un vin d'apéritif, ce sera un compagnon de repas apprécié. ⧗ 2018-2021

CH. DE MIÉRY, 4, rue de la Croix, 39800 Miéry, tél. 03 84 37 31 28, philippe.debuhren@hotmail.fr V *r.-v.*

Philippe de Buhren

DOM. DÉSIRÉ PETIT 2016 ★

● | 24000 | 8 à 11 €

Désiré Petit a bâti dès 1932 ce domaine, qui compte aujourd'hui 27 ha. Ses fils Gérard et Marcel l'ont fait prospérer à partir de 1970, et ce sont désormais les enfants de Marcel, Anne-Laure et Damien, qui en ont la responsabilité, confortant certains positionnements, comme les vendanges manuelles, mais explorant aussi de nouvelles voies, telle la cuvée sans soufre. Une valeur sûre du vignoble jurassien, qui a obtenu de nombreux coups de cœur.

Un rosé issu de ploussard (70 %), de pinot noir (22 %) et de trousseau (8 %). Fines et persistantes, les bulles s'échappent avec vivacité d'une seyante robe rose aux reflets rubis. Frais, le nez rappelle les petits fruits rouges. La bouche, bien fraîche, pétille agréablement et délivre de jolis arômes d'agrumes. ⧗ 2018-2021

ANNE-LAURE ET DAMIEN PETIT, Dom. Désiré Petit, 62, rue du Ploussard, 39600 Pupillin, tél. 03 84 66 01 20, contact@desirepetit.com V *t.l.j. 8h-12h 14h-18h*

CH. DE QUINTIGNY ★★

● | 20000 | 8 à 11 €

L'exploitation familiale a été créée en 1973. Co-exploitant en 1993, Sébastien Cartaux assure seul le devenir du domaine depuis 2010, secondé par son épouse Sandrine. Le vignoble couvre 16 ha, dont la moitié en AOC l'étoile.

Jaune très clair aux reflets d'argent, ce crémant dégage des bulles fines et persistantes. En plus d'une belle fraîcheur minérale, le nez développe de très jolies notes de fleur d'acacia. Avec aucune aspérité mais tout ce qu'il faut de vivacité, la bouche offre un feu d'artifice aromatique commençant par le citronné et développant ensuite un fruité exotique dans une belle longueur. Une fraîcheur de tous les instants. ⧗ 2018-2021

SÉBASTIEN CARTAUX, 5, rue des Vignes, Juhans, 39140 Arlay, tél. 03 84 48 11 51, contact@vinscartaux.fr V *r.-v.*

XAVIER REVERCHON 2015

● | 3900 | | 8 à 11 €

Xavier représente la quatrième génération de Reverchon sur ce domaine créé en 1900. Il s'est installé en 1978, appliquant un principe qui lui est cher: le labour des vignes. Il se fait fort aussi de n'employer sur ses 6 ha de vignes ni engrais ou désherbant

chimiques, ni insecticide ou acaricide. Les vendanges sont manuelles. Une belle régularité, notamment en côtes-du-jura et en crémant.

Un assemblage peu courant, où aux côtés de 80 % de chardonnay et 15 % de pinot noir, on retrouve 5 % de savagnin. La robe est pâle et affiche un joli cordon de fines bulles. Passé un premier nez sur la noisette, les agrumes prennent la place. On les retrouve dans une bouche vive, tonique. ⧗ 2018-2020

⊶ XAVIER REVERCHON, 2, rue du Clos, 39800 Poligny, tél. 03 84 37 02 58, reverchon.chantemerle@wanadoo.fr V *t.l.j. sf dim. 9h-12h 14h-18h30*

DOM. PIERRE RICHARD
Perles d'automne 2015 ★★

● | 2500 | | 8 à 11 €

Pierre Richard s'est installé en 1976 à la suite de son père. Il travaille désormais avec son fils Vincent, revenu sur l'exploitation en 2009. Les 10 ha de vignes sont cultivés principalement dans le village du Vernois, dont le vignoble a fait l'objet d'un vaste remembrement dans les années 1960. Un domaine d'une grande régularité dans la qualité.

Un assemblage issu pour 75 % de pinot noir et pour 25 % de chardonnay pour ce rosé aux reflets rubis et argentés. La mousse est très présente et le nez fruité, avec de doux rappels d'agrumes. La bouche, très fraîche et expressive, évoque quant à elle la cerise. L'effervescence y est active et s'exprime dans la durée. ⧗ 2018-2021

⊶ VINCENT RICHARD, 136, rte de Voiteur, 39210 Le Vernois, tél. 03 84 25 33 27, domainepierrerichard@wanadoo.fr V *r.-v.*

DOM. DE SAVAGNY ★

● | 3400 | 8 à 11 €

Un domaine de 45 ha, créé en 1986 par Claude Rousselot-Pailley et acquis une quinzaine d'années plus tard par la Maison du Vigneron, affaire de négoce établie à Crançot, dans le giron des Grands Chais de France.

Sa belle robe rose pâle, ce crémant la tire d'un savant assemblage de pinot noir et de trousseau. Les bulles fines forment une mousse généreuse, agréable au regard. Le nez, finement fruité, est expressif et intense. Puis les agrumes s'invitent dans une bouche fraîche, élégante et équilibrée. ⧗ 2018-2020

⊶ DOM. DE SAVAGNY, 22, rte de Champagnole, Crançot, 39570 Hauteroche, tél. 03 84 87 66 71, enoel@maisonduvigneron.fr V *t.l.j. sf sam. dim. 10h-12h30 13h30-18h*

♥ DOM. JACQUES TISSOT ★★★

○ | 12000 | 8 à 11 €

Jacques Tissot
CRÉMANT DU JURA
BRUT
DOMAINE JACQUES TISSOT - ARBOIS - JURA - FRANCE

C'est en 1962 que Jacques Tissot crée son domaine avec une parcelle héritée de son père. La modernisation des chais est engagée en 1992 avec la création d'une surface de 2 000 m² au bord de la nationale 83. Aujourd'hui, la propriété, conduite désormais par les enfants, Philippe et Nathalie, compte 30 ha de vignes.

60 % de chardonnay et 40 % de pinot noir composent ce brut parfaitement limpide, aux bulles très fines. Un premier nez sur le mousseron et voici qu'apparaissent les fleurs blanches puis des tons briochés. Avec une belle matière, presque vineuse, la bouche reste cependant fraîche à souhait, évoquant la pomme, le champignon, avec un côté fruits rouges (fraise notamment) pittoresque et délicat qui révèle l'apport du pinot noir. Un vin bien structuré, complexe, pour la table. ⧗ 2018-2021

⊶ DOM. JACQUES TISSOT, 39, rue de Courcelles, BP 88, 39600 Arbois, tél. 03 84 66 24 54, courrierjt@yahoo.fr V *r.-v.*

DOM. PHILIPPE VANDELLE 2015

○ | 25000 | | 5 à 8 €

La famille Vandelle est arrivée à L'Étoile dans les années 1880. Philippe et Bernard sont installés depuis 2001, en bas du village, où ils exploitent 16 ha de vignes. Une valeur sûre de l'appellation l'étoile, très à l'aise aussi en crémant.

Chardonnay à 99 %, ce crémant délivre une mousse persistante au sein d'une robe jaune très pâle. Le nez, assez expressif, évoque les agrumes et la pomme verte. Citronnée mais aussi sur la pomme cuite, la bouche dégage une fraîcheur sympathique malgré une finale un peu sèche. ⧗ 2018-2020

⊶ DOM. PHILIPPE VANDELLE, 186, rue Bouillod, 39570 L'Étoile, tél. 03 84 86 49 57, info@vinsphilippevandelle.com V *t.l.j. sf dim. 9h-12h 14h-19h*

JURA

L'ÉTOILE

Superficie : 66 ha / Production : 2 345 hl

Le village doit son nom à des fossiles, segments de tiges d'encrines (échinodermes en forme de fleurs), petites étoiles à cinq branches. Son vignoble produit des vins blancs, jaunes et de paille.

DOM. GENELETTI Au Désaire 2016

○ | 11000 | | 8 à 11 €

Le domaine, historiquement ancré dans l'appellation l'étoile, s'est agrandi dans les AOC château-chalon et arbois dont il est devenu l'une des belles références. Il compte désormais 15 ha, conduits depuis 1997 par David Geneletti, qui s'est installé à Château-Chalon, dans une ancienne maison d'Henri Maire.

Cette cuvée est élaborée à partir de chardonnay élevé en fût pendant un an avec ouillages réguliers. Loin des arômes des vins typés de ce style de vins, le nez offre des notes de menthol et de fleurs blanches de bonne intensité. La bouche, fruitée, est bien équilibrée et dotée d'une belle fraîcheur. ⧗ 2018-2022

⊶ DOM. GENELETTI, 14, rue Saint-Jean, 39210 Château-Chalon, tél. 03 84 44 95 06, contact@domaine-geneletti.net V *r.-v.*

♥ DOM. DE MONTBOURGEAU
Vin de paille 2014 ★★

■	2000		20 à 30 €

En 1920, Victor Gros, le grand-père de Nicole Deriaux, s'est installé à Montbourgeau. Le père, Jean Gros, a conforté la renommée du domaine. À proximité des 11 ha de vignes se dévoile un lieu bucolique, bordé par une allée de tilleuls débouchant sur les chais qui entourent la maison familiale. Un domaine de référence de l'appellation l'étoile.

Les Guides passent… et les coups de cœur pour le vin de paille de cette maison s'accumulent d'année en année: troisième d'affilée pour ne parler que des derniers! Baies récoltées en septembre et pressurage délicat aux jours les plus courts de l'année pour le plus beau des cadeaux de Noël. À la magie d'une robe vieil or répond un nez captivant d'abricot sec et de graphite. Majestueuse, ample, dense, la bouche est soutenue par une superbe acidité: douceur et fraîcheur ne font qu'un, et les arômes de fruits secs, de noisette et des notes fumées s'y étirent dans une longueur infinie. Il y a dans ce vin une grande force pour un plaisir des plus avouables. ⧗ 2022-2035
■ **2015 ★ (11 à 15 €; 15 000 b.)** : ce pur chardonnay a fermenté en cuve Inox puis vieilli en foudres et en fûts de 500 l. Brioché, vanillé et beurré au nez, il est vif mais équilibré en bouche. Fleurs blanches et touches de miel s'y expriment avec une certaine puissance. Un vin de belle maturité. ⧗ 2019-2024

⊶ FAMILLE DERIAUX, 53, rue de Montbourgeau, 39570 L'Étoile, tél. 03 84 47 32 96, domaine@montbourgeau.com V r.-v. *⊶ Nicole Deriaux*

CH. DE QUINTIGNY Savagnin 2013

■	5000		11 à 15 €

L'exploitation familiale a été créée en 1973. Co-exploitant en 1993, Sébastien Cartaux assure seul le devenir du domaine depuis 2010, secondé par son épouse Sandrine. Le vignoble couvre 16 ha, dont la moitié en AOC l'étoile.

Jaune pâle aux reflets dorés, ce pur savagnin a été fermenté et élevé en fût de 228 l pendant trois ans et demi, sous voile. Impossible de ne pas trouver dans ce nez intense de noix, la marque typique de cet élevage si caractéristique. Face à une telle présence, la bouche, assez souple, laisse un peu sur sa faim, mais le côté frais s'avère agréable et l'ensemble élégant. ⧗ 2019-2025

⊶ SÉBASTIEN CARTAUX, 5, rue des Vignes, Juhans, 39140 Arlay, tél. 03 84 48 11 51, contact@vinscartaux.fr V r.-v.

DOM. PHILIPPE VANDELLE Vin jaune 2011

■	8000		20 à 30 €

La famille Vandelle est arrivée à L'Étoile dans les années 1880. Philippe et Bernard sont installés depuis 2001, en bas du village, où ils exploitent 16 ha de vignes. Une valeur sûre de l'appellation l'étoile, très à l'aise aussi en crémant.

Il ne sera pas dit que c'est un pur savagnin puisqu'il en contient… 99 %! Six mois de cuve puis six ans en tonneau sous voile. Affichant une bonne typicité de vin jaune, le nez s'avère puissant, avec du caractère, des arômes de noix et d'épices. Franche, vive et nette, la bouche est encore jeune mais déjà jolie. ⧗ 2022-2040

⊶ DOM. PHILIPPE VANDELLE, 186, rue Bouillod, 39570 L'Étoile, tél. 03 84 86 49 57, info@vinsphilippevandelle.com V *t.l.j. sf dim. 9h-12h 14h-19h*

MACVIN-DU-JURA

Superficie : 88 ha
Production : 4 095 hl (92 % blanc)

Tirant probablement son origine d'une recette des abbesses de l'abbaye de Château-Chalon, l'AOC macvin-du-jura – anciennement maquevin ou marc-vin-du-jura – a été reconnue en 1991. C'est en 1976 que la Société de Viticulture engagea pour la première fois une démarche de reconnaissance en AOC pour ce produit très original. L'enquête fut longue. En effet, au cours du temps, le macvin, d'abord vin cuit additionné d'aromates ou d'épices, est devenu mistelle, élaboré à partir du moût concentré par la chaleur (cuit), puis vin de liqueur muté soit au marc, soit à l'eau-de-vie de vin. C'est cette dernière méthode, la plus courante, qui a été finalement retenue pour l'AOC. Vin de liqueur, le macvin met en œuvre du moût ayant subi un léger départ en fermentation, muté avec une eau-de-vie de marc de Franche-Comté à appellation d'origine issue de la même exploitation que le moût. Ce dernier doit provenir des cépages et de l'aire de production ouvrant droit à l'AOC. L'eau-de-vie doit être «rassise», c'est-à-dire vieillie en fût de chêne pendant dix-huit mois au moins. Après cette association réalisée sans filtration, le macvin doit «reposer» pendant un an en fût de chêne, puisque sa commercialisation ne peut se faire avant le 1er octobre de l'année suivant la récolte. Apéritif d'amateur, il rappelle les produits jurassiens à forte influence du terroir.

DOM. FRÉDÉRIC LAMBERT

■	3000		15 à 20 €

Œnologue de formation, Frédéric Lambert a commencé à acheter des vignes en production et des terrains dès 1993. L'installation s'est faite dix ans plus tard et l'exploitation compte désormais 7 ha, comprenant tous les cépages jurassiens, vendangés manuellement.

Le jus de raisin qui a été muté ici provient pour moitié de chardonnay et pour moitié de savagnin. Le marc jeune nous attrape au premier nez, puis un développement plus doux se fait sur la pâte d'amandes, la noisette et des tons de pâtisserie. En bouche, le marc exprime toujours une certaine fougue, mais trouve avec le sucre un point d'équilibre. ⧗ 2018-2022

⊶ FRÉDÉRIC LAMBERT, 14, Pont-du-Bourg, 39230 Le Chateley, tél. 06 03 10 69 04, domainefredericlambert@orange.fr V r.-v.

DOM. MOUILLARD

■ | 4000 | ◍ | 11 à 15 €

Depuis 1991, Jean-Luc Mouillard élève dans ses belles caves voûtées datant de la fin du XVIᵉs. des vins des AOC l'étoile, côtes-du-jura, macvin-du-jura, crémant-du-jura et château-chalon. Un vigneron multi-appellations et une valeur sûre du vignoble jurassien.

Au-delà du côté aromatique, il y a souvent dans le macvin un ravissement pour l'œil. Celui-ci ne fait pas exception avec sa magnifique robe d'or. Avec une belle intensité, le nez nous emmène vers le grillé, les fruits secs et la confiture d'abricots. Une attaque légère ouvre sur une bouche bien équilibrée entre sucrosité et vivacité, assortie d'un joli fruité. ⧗ 2019-2022

⊶ JEAN-LUC MOUILLARD, 379, rue du Parron, 39230 Mantry, tél. 03 84 25 94 30, domainemouillard@hotmail.fr **V** t.l.j. 9h-12h 13h30-19h ②

Ⓑ DOM. DE LA RENARDIÈRE 2015 ★

■ | 2200 | ◍ | 15 à 20 €

Depuis son installation en 1990, Jean-Michel Petit n'a cessé d'investir: construction d'une cuverie en 1992, caveau de dégustation en 1996 et cave de vieillissement en rochers naturels en 2013 régulée par des puits canadiens. Son vignoble couvre 7 ha.

Une belle robe d'or pour ce macvin issu de chardonnay et vieilli en fût pendant vingt-quatre mois. Légèrement boisé, le nez associe du fruité frais comme la pomme et le raisin à du fruité sec avec l'amande, la noix et l'abricot. Une note de miel apporte une touche finale à ce bel élan aromatique. Même si l'alcool se fait un peu démonstratif, la bouche reste harmonieuse. Une puissance qui accompagne bien l'expression des fruits secs. ⧗ 2018-2020

⊶ DOM. DE LA RENARDIÈRE, 24, rue du Chardonnay, 39600 Pupillin, tél. 03 84 66 25 10, domainedelarenardiere@gmail.com **V** *r.-v. ⊶ Jean-Michel Petit*

XAVIER REVERCHON 2015 ★★

■ | 800 | ◍ | 15 à 20 €

Xavier représente la quatrième génération de Reverchon sur ce domaine créé en 1900. Il s'est installé en 1978, appliquant un principe qui lui est cher: le labour des vignes. Il se fait fort aussi de n'employer sur ses 6 ha de vignes ni engrais ou désherbant chimiques, ni insecticide ou acaricide. Les vendanges sont manuelles. Une belle régularité, notamment en côtes-du-jura et en crémant.

C'est au cœur de la petite ville de Poligny que ce macvin tout d'or paré est né, puis a vieilli en fût pendant trente mois, dans l'ombre des caves. Au nez, un léger boisé accompagne le raisin et les fruits confits. Après une attaque légère, on découvre de la densité et de l'équilibre en bouche, avec une belle alliance de l'alcool, de la suavité et de la fraîcheur. ⧗ 2018-2023

⊶ XAVIER REVERCHON, 2, rue du Clos, 39800 Poligny, tél. 03 84 37 02 58, reverchon.chantemerle@wanadoo.fr **V** *t.l.j. sf dim. 9h-12h 14h-18h30*

IGP FRANCHE-COMTÉ

♥ VIGNOBLE GUILLAUME
Pinot noir Collection Réservée 2016 ★★

■ | 3800 | ◍ | 15 à 20 €

La famille Guillaume cultive la vigne depuis le XVIIIᵉs. sur les terres de Charcenne. Un long passé viticole, complété à la fin du XIXᵉs. par une activité de pépiniériste viticole. Autant dire que ce vaste domaine de 43 ha dispose d'un matériau de premier choix pour élaborer ses cuvées; cuvées signées depuis 1989 par Xavier Guillaume et très souvent remarquées, notamment celles issues de pinot noir.

«Le domaine enchaîne les coups de cœur avec une régularité épatante», écrivions-nous dans l'édition précédente. Et bien l'histoire continue: après un 2015 au sommet pour cette même cuvée, place à un 2016 tout aussi admirable. Belle robe soutenue, nez aussi élégant qu'intense, sur les fruits rouges, la vanille et la cannelle, bouche à l'avenant, à la fois fine et structurée, aux tanins doux: tout est en place. ⧗ 2020-2028 ■ **2016 ★★ (5 à 8 €; 5000 b.)** : un rosé épatant que cet assemblage pinot noir et gamay. Robe brillante aux reflets saumonés, nez intense et fin à la fois de fruits rouges et d'églantine, bouche parfaitement équilibrée: tout est bon dans ce vin. ⧗ 2018-2019

⊶ VIGNOBLE GUILLAUME, 32, Grande-Rue, 70700 Charcenne, tél. 03 84 32 98 84, vignoble@guillaume.fr **V** *t.l.j. sf dim. 9h-12h 14h-18h*

LA SAVOIE ET LE BUGEY

Du lac Léman à la rive droite de l'Isère, dans les départements de la Haute-Savoie, de l'Ain, de l'Isère et surtout de la Savoie, le vignoble s'éparpille en îlots le long des vallées, borde les lacs ou s'accroche aux basses pentes les mieux exposées des Préalpes. Il fournit surtout des vins friands à boire jeunes, blancs secs pour les deux tiers, mais les sélections du Guide montrent l'existence de vins de caractère, voire de garde.

La vigne, la montagne et l'eau. Le vignoble savoyard est principalement situé à proximité du lac Léman ou de celui du Bourget, ou le long des rives du Rhône et de l'Isère. Les barrières rocheuses des Bauges et de la Chartreuse, les lacs et les cours d'eau tempèrent la rudesse du climat montagnard.

Des cépages typiques. Du fait de la grande dispersion du vignoble, ils sont assez nombreux. Les principales variétés sont au nombre de deux en rouge et de quatre en blanc. En rouge, le gamay, importé du Beaujolais voisin après la crise phylloxérique, donne des vins vifs et gouleyants, à consommer dans l'année. La mondeuse, cépage local, fournit des vins rouges bien charpentés, notamment à Arbin; c'était, avant le phylloxéra, le cépage le plus important de la Savoie; elle connaît un regain d'intérêt mérité, car ses vins ont de la personnalité et du potentiel. En blanc, la jacquère et le chasselas (ce dernier cultivé sur les rives du lac Léman) sont à l'origine de vins blancs frais et légers. L'altesse est un cépage très fin, typiquement savoyard, celui de l'appellation roussette-de-savoie. La roussanne, appelée localement bergeron, donne également des vins blancs de haute qualité, spécialement à Chignin (Chignin Bergeron). On trouve encore, sur des superficies restreintes, le pinot noir et le chardonnay, et des variétés locales comme le persan (rouge), la molette et le gringet (blancs).

L'altesse et la jacquère doivent représenter au moins 60 % de l'assemblage de la nouvelle appellation (2015) crémant-de-savoie qui s'applique à un effervescent élaboré selon la méthode traditionnelle dans l'aire d'appellation savoie.

VIN-DE-SAVOIE

Superficie : 1 744 ha
Production : 93 372 hl (70 % blanc)

Le vignoble donnant droit à l'appellation est installé le plus souvent sur les anciennes moraines glaciaires ou sur des éboulis. La dispersion géographique s'ajoute à ce facteur géologique pour expliquer la diversité des vins savoyards, souvent consacrée par l'adjonction d'une dénomination locale à celle de l'appellation régionale (ex.: vin-de-savoie Apremont). Au bord du Léman, à Marin, Ripaille, Marignan et Crépy (ex-AOC), comme sur la rive suisse, c'est le chasselas qui règne. Il donne des vins blancs légers, à boire jeunes, souvent perlants. Les autres zones ont des cépages différents et, selon la vocation des sols, produisent des vins blancs ou des vins rouges. On trouve ainsi, du nord au sud, Ayze, au bord de l'Arve, et ses vins blancs pétillants ou mousseux, puis, au bord du lac du Bourget (et au sud de l'appellation seyssel), la Chautagne et ses vins rouges au caractère affirmé. Au sud de Chambéry, les bords du mont Granier recèlent des vins blancs frais, comme le cru Apremont et celui des Abymes, vignoble établi sur le site d'un effondrement qui, en 1248, fit des milliers de victimes. En face, Monterminod, envahi par l'urbanisation, a malgré tout conservé un vignoble qui donne des vins remarquables; il est suivi de ceux de Saint-Jeoire-Prieuré, de l'autre côté de Challes-les-Eaux, puis de Chignin, dont le bergeron a une renommée justifiée. En remontant l'Isère par la rive droite, les pentes sud-est sont occupées par les crus de Montmélian, Arbin, Cruet et Saint-Jean-de-la-Porte.

DOM. DES ANGES Aligoté Le Plaisir des Anges 2017 ★

■	6600	🍾	5 à 8 €

Situé à la frontière de la Savoie et de l'Isère, ce domaine de 15 ha se trouve non loin du château des Marches. En 2016, Michel et Joseph Angelier ont transmis la propriété à Benjamin et Armand Caillet, sixième génération aux commandes d'une exploitation. Ces derniers continuent à être épaulés au caveau et au chai par les ex-propriétaires.

Nez intense de fleurs blanches et d'agrumes, bouche perlante avec une belle matière et des notes abricotées. Fin, frais et équilibré. ⧗ 2019-2021

⊶ BENJAMIN ET ARMAND CAILLET, 526, chem. de Murs, 73800 Les Marches, tél. 06 75 76 13 11, domainedesanges@wanadoo.fr
V ! t.l.j. sf dim. 9h-12h 15h-18h30 ⊶ Michel Angelier

PHILIPPE BETEMPS Apremont 2017 ★★

■	6000	5 à 8 €

Philippe Betemps s'est installé en 1990 à l'âge de dix-huit ans sur ce domaine établi sur le site d'une ancienne école communale. Ce spécialiste de l'Apremont conduit 10,4 ha de vignes sur les contreforts du mont Granier et sur les dalles calcaires de Saint-Baldoph.

Frais, minéral et fruité, cet Apremont aux arômes de pêche blanche et de citron, allie finesse, richesse et salinité. Très harmonieux, il persiste sur les agrumes. Belle typicité. ⧗ 2019-2020

⊶ PHILIPPE BETEMPS, Saint-Pierre, 73190 Apremont, tél. 06 09 05 24 95, philippebetemps@orange.fr
V 🚶 ! t.l.j. sf sam. dim. 8h-12h 14h-17h

EUGÈNE CARREL ET FILS
Jongieux Gamay Prestige Vieilles Vignes 2017 ★

■	12000	🍾	5 à 8 €

Les Carrel sont vignerons de père en fils et filles depuis 1830 et six générations. Spécialisé dans les années 1970 par Eugène Carrel et conduit par son fils Olivier depuis 1994, le domaine couvre 24 ha implantés sur les fortes pentes du mont de la Charvaz et du

mont du Chat. Une valeur sûre en blanc comme en rouge.

Des arômes très intenses de fraise et de mûre, un palais riche, équilibré, enveloppé de jolis tanins. Prometteur. ⧗ 2020-2023

⊶ *DOM. EUGÈNE CARREL ET FILS, Le Haut, 73170 Jongieux, tél. 04 79 44 00 20, carrel-eugene@orange.fr* V ✝ ! *t.l.j. 8h-12h 14h-18h*

MICHEL ET MIREILLE CARTIER
Abymes 2017 ★★

■	6000	▮	5 à 8 €

Laurent Cartier s'est installé en 1996 sur ce domaine de 11 ha, sur lequel il produit des vins en AOC vins-de-savoie, en Apremont et en Abymes.

Avec son nez de fruits mûrs, de pêche et d'abricot, ses notes toastées et fumées, sa bouche harmonieuse à la fois vive, ronde, minérale et persistante, cet Abymes très réussi a fait l'unanimité du jury qui l'a proposé en coup de cœur. ⧗ 2019-2022

⊶ *LAURENT CARTIER, rue du Puits, 38530 Chapareillan, tél. 04 76 45 21 26, earl-du-chateauwanadoo.fr* V ✝ ! *t.l.j. sf dim. 9h-19h*

JEAN CAVAILLÉ
Pinot Noir Vieilles Vignes 2017 ★

■	5000	▮	5 à 8 €

Fondée en 1949 par Jean Cavaillé, cette maison de négoce a son siège à Aix-les-Bains. Si elle diffuse aujourd'hui des vins de toute la France, elle veille particulièrement à ses vins de Savoie. Laurent Cavaillé représente la troisième génération.

De la finesse au nez comme en bouche. Ce 2017 libère de jolis arômes de cerise et de groseille et offre un palais vif et fruité bien caractéristique du pinot. ⧗ 2019-2021

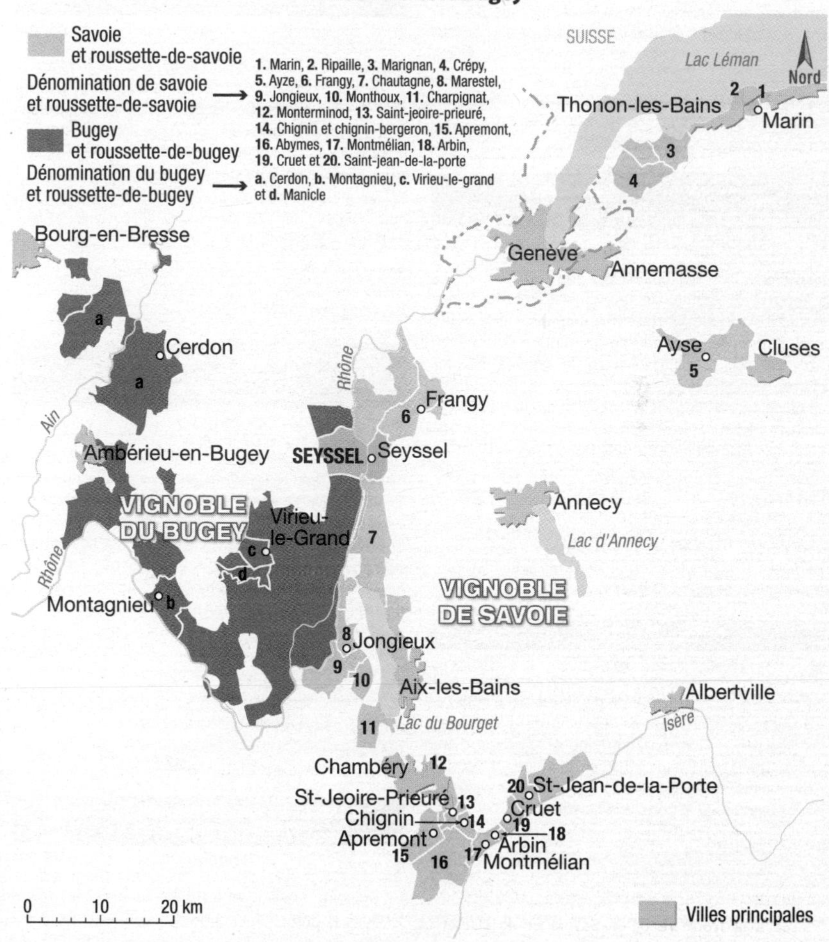

LAURENT CAVAILLÉ, PAE Les Combaruches, 285, bd Jean-Jules-Herbert, 73100 Aix-les-Bains, tél. 04 79 61 04 90, web@cavaille.com t.l.j. sf dim. lun. 9h30-12h30 15h-19h

DOM. LA CHANCELIÈRE
Chignin Bergeron 2017 ★★

	23000		8 à 11 €

Fabien Félix s'est installé en 1999 sur ce domaine familial qui ne trouvait pas de successeur: 4,5 ha à l'époque, et une vendange cédée en vrac au négoce. Aujourd'hui, le vignoble couvre 15 ha et vend 70 % de sa production en bouteilles. Depuis 2012, Fabien Félix est associé avec Georges Navarro.

Des arômes d'abricot et d'ananas enveloppés de miel d'acacia, une bouche fruitée, grasse, très harmonieuse: une belle roussanne proposée en coup de cœur, construite pour la garde et déjà pleine de séduction. 2020-2024 **Apremont 2017 ★ (5 à 8 €; 18000 b.)** : des arômes intenses de fleurs blanches et de fruits mûrs (pêche, poire) précèdent une bouche perlante, ronde et minérale: voici un Apremont très harmonieux et persistant qui s'achève sur de beaux amers. 2019-2021

FÉLIX-NAVARRO, Dom. la Chancelière, Le Villard, 73800 Chignin, tél. 04 79 71 57 38, fabien.felix.vins@gmail.com r.-v.

CHEVALLIER-BERNARD
Jongieux Mondeuse 2017 ★

	12000		5 à 8 €

Jean-Pierre Bernard, épaulé par son épouse Chantal, a apporté du Beaujolais sa connaissance du gamay quand il s'est installé en 1996 à Jongieux sur la petite exploitation de son beau-père, étendue aujourd'hui sur 12,5 ha. Il maîtrise aussi la vinification des blancs, témoin les sélections régulières de sa roussette-de-savoie. Son fils Antoine l'a rejoint en 2016.

Un joli nez de violette et de mûre, des tanins fins et fruités: voici une mondeuse équilibrée qui représente bien l'appellation et le cépage. 2021-2023 **Gamay 2017 (5 à 8 €; 6000 b.)** : vin cité. **Jongieux Gamay 2017 (5 à 8 €; 20000 b.)** : vin cité.

CHANTAL ET JEAN-PIERRE BERNARD, Le Haut, 73170 Jongieux, tél. 04 79 44 00 33, cjpbernard@orange.fr r.-v.

DOM. DE CHEVILLARD Pinot noir 2016

	3000		15 à 20 €

Né en 2016, ce tout jeune domaine est situé à 350 m d'altitude, en plein cœur de la Savoie, dans le hameau de Chevillard. Savoyard d'origine et partisan d'une vinification très peu interventionniste, Matthieu Goury conduit 9,5 ha de vignes implantées sur les beaux terroirs de la Combe de Savoie.

Pour son premier millésime, Matthieu Goury a vu juste. Son 2016 a séduit le jury avec ses notes de fruits rouges bien mûrs. Souligné d'un boisé discret dû à un élevage en fûts de 3 à 5 vins, ce pinot égrappé à 100 % offre une expression ample et complexe. À décanter pour laisser s'exprimer les arômes. 2021-2023

MATTHIEU GOURY, 433, rue des Chevillard, 73250 Saint-Pierre-d'Albigny, tél. 06 33 01 12 21, domainedechevillard@yahoo.com t.l.j. sf dim. 8h-18h

DOM. DU CLOS D'ARVIÈRES Pinot 2016 ★

	3500		5 à 8 €

Depuis le départ à la retraite de son époux, Martine Mollex s'est associée à son fils Régis pour conduire cette exploitation familiale créée en 1978. Le caveau de dégustation est situé dans le cellier du clos d'Arvières, une ancienne propriété des moines chartreux d'Arvières créée au XIIes.

Un vin de plaisir, flatteur et gourmand avec des arômes de fruits rouges bien mûrs et un joli grain en bouche. Long et harmonieux. 2019-2021

RÉGIS MOLLEX, 131, chem. de la Cascade, Eilloux, 01420 Corbonod, tél. 04 50 56 10 02, vins.mollex@wanadoo.fr t.l.j. sf dim. 8h-12h 13h30-18h30

DOM. DU COLOMBIER Mondeuse 2017 ★

	9000		8 à 11 €

Aujourd'hui à la tête d'un domaine de 16 ha, Patrick Tardy a démarré en 1987 avec 1 ha d'apremont, avant de s'étendre sur neuf crus. En 2003, il a inauguré son nouveau chai et un caveau de vente flambant neuf en 2013. Il aime vendanger tard, vinifier à basse température et élever ses vins sur lies fines.

Un nez de fruits rouges très mûrs et des tanins serrés mais soyeux pour une mondeuse harmonieuse et bien construite. 2019-2021

PATRICK TARDY, 230, chem. de la Grue, Saint-André, 73800 Les Marches, tél. 06 18 63 11 35, patrick@lesvinstardy.fr t.l.j. sf dim. 8h-12h 13h30-19h

DOM. DES CÔTES ROUSSES
Saint-Jean-de-la-Porte Les Montagnes Rousses 2016 ★★

	2900		15 à 20 €

Après un master en management des territoires ruraux, Nicolas Ferrand reprend ses études au lycée viticole de Beaune. En 2013, il crée son domaine en rachetant des parcelles d'anciens coopérateurs sur les coteaux argilo-calcaires de Saint-Jean-de-la-Porte. La couleur des sols argileux donne son nom à sa propriété: les Côtes Rousses. Ce «vigneron-paysan», comme il aime se décrire, conduit aujourd'hui 5 ha en conversion bio.

Voici une mondeuse égrappée à 80 % non filtrée, très peu sulfitée aux arômes de mûre et à la bouche ample, tannique et gourmande qui s'achève sur le fruit. N'hésitez pas à la carafer si le nez est fermé. 2021-2023

NICOLAS FERRAND, 546, rte de Villard-Marin, 73290 La Motte-Servolex, tél. 06 62 52 70 64, lescotesrousses@gmail.com r.-v.

SAMUEL ET FABIEN GIRARD-MADOUX
Chignin Bergeron 2017 ★

	9000		8 à 11 €

Ce domaine familial de 6 ha est tenu par les frères Samuel et Fabien Girard-Madoux (quatrième génération). Le premier s'est destiné à la vigne dès ses

quatorze ans, le second a fait un détour par la boulangerie avant de s'installer en 2001.

Des arômes floraux d'une grande finesse (fleurs d'amandier et d'abricotier), une bouche franche, ample et ronde: un bergeron tout en séduction! ⧗ 2019-2021

⊶ SAMUEL GIRARD-MADOUX, 32, chem. de la Borne-Romaine, Torméry, 73800 Chignin, tél. 04 79 28 11 76, caveplantin@gmail.com V r.-v.

YVES GIRARD-MADOUX
Chignin Mondeuse 2017 ★

■ | 12000 | | 5 à 8 €

René Girard-Madoux possédait 4 ha de vignes et 50 vaches allaitantes. En 1960, le vigneron s'attache à replanter certaines parcelles en friche du coteau de Torméry. À la suite de son père, Yves s'installe en 1988 et, après avoir été conducteur de travaux, il se consacre aux travaux de la vigne: il défriche d'autres parcelles pour les replanter et constituer un domaine qui couvre aujourd'hui 11 ha.

Des arômes de fruits rouges et noirs (cerise et cassis en tête), une bouche construite autour de tanins soyeux mais présents: une mondeuse bien typée avec une bonne longueur. ⧗ 2019-2021

⊶ YVES GIRARD-MADOUX, 1146, rte du Coteau-de-Torméry, 73800 Chignin, tél. 06 07 13 47 87, girard-madoux.yves@wanadoo.fr V r.-v.

DOM. CHARLES GONNET
Chignin Bergeron 2017 ★

■ | 20000 | | 8 à 11 €

Charles Gonnet, ingénieur en agriculture de formation, a repris l'exploitation familiale en 1989, étendue aujourd'hui sur 14 ha de vignes. Ce domaine en progression constante, souvent en vue pour ses vins blancs (chignin, roussette) et qui n'hésite pas à faire évoluer ses pratiques pour permettre au raisin d'exprimer tout son potentiel a été repris en 2018 par le Dom. du Château de la Violette.

De beaux arômes d'abricot typiques du bergeron qui se poursuivent en bouche jusqu'en finale donnent beaucoup de fraîcheur à cette roussanne bien faite. ⧗ 2019-2021

⊶ DOM. CHARLES GONNET, Chef-Lieu, 73800 Chignin, tél. 04 79 28 13 30, chateaudelaviolette@gmail.com V r.-v.

DOM. GRISARD Persan 2016 ★

■ | 2000 | | 11 à 15 €

Vigneron mais aussi pépiniériste (une tradition familiale qui remonte à la crise phylloxérique de la fin du XIXe s.), Jean-Pierre Grisard exploite aujourd'hui dans la Combe de Savoie, un vignoble de 25 ha, exposé plein sud, sur des éboulis calcaires. Il propose une large gamme de vins (une quarantaine de cuvées), dont certains issus de cépages oubliés comme le persan.

Des arômes de cerise et de griotte enveloppés de notes torréfiées et cacaotées préludent une bouche gourmande, fruitée aux tanins lissés et à la finale de réglisse. Une belle complexité pour ce rare cépage savoyard. ⧗ 2019-2021

⊶ BENOIT GRISARD, 91, rue de la Tronche, 73250 Fréterive, tél. 04 79 28 54 09, gaecgrisard@aol.com V *t.l.j. sf dim. 8h-12h 13h30-18h*

DOM. DE L'IDYLLE Arbin Mondeuse 2017 ★★

■ | 10000 | | 8 à 11 €

Philippe et François Tiollier ont accueilli au domaine la jeune génération, en l'occurrence Sylvain, de retour pour les vendanges 2012 après des études d'œnologie sur cet important domaine de 23 ha. Depuis que Philippe a pris sa retraite en 2017, ce sont Sylvain et son oncle François qui gèrent l'exploitation.

Les notes de fruits rouges enveloppés d'épices se prolongent dans une bouche soutenue par des tanins élégants et gourmands. Tout dans cette mondeuse rappelle le cru Arbin. ⧗ 2019-2023

⊶ SYLVAIN TIOLLIER, Dom. de l'Idylle, 345, rue Croix-de-l'Ormaie, 73800 Cruet, tél. 04 79 84 30 58, tiollier.idylle@wanadoo.fr V *t.l.j. sf dim. 10h-12h15 14h-18h30*

DOM. LABBÉ Abymes L'Authentique 2017 ★

■ | 12000 | 5 à 8 €

Depuis 2004, les cousins Jérôme et Alexandra Labbé exploitent 10 ha au pied du mont Granier.

De jolis arômes de fleurs (mimosa en tête) et de fruits blancs (poire et banane), de la vigueur et une bonne longueur en bouche: une jacquère qui porte bien son nom. ⧗ 2019-2021

⊶ ALEXANDRA ET JÉRÔME LABBÉ, 22, chem. de Pré-la-Grange, 73800 Les Marches, tél. 04 76 13 21 79, domainelabbe@free.fr V *t.l.j. 8h-12h 13h30-17h30; sam. dim. sur r.-v.*

CH. DE LA MAR Jongieux Pinot 2016 ★

■ | 3000 | | 11 à 15 €

Jean-Paul Richard a acheté en 2009 et rénové jusqu'en 2013 cette splendide bâtisse du XIIIe s. qui tombait en ruine au pied du coteau de Marestel, ancienne propriété du comte Humbert de Mareste, célèbre croisé qui rapporta de Chypre les premiers plants du cépage altesse. Il exploite son vignoble de 7 ha en biodynamie (non certifiée) et confie le soin de vinifier à Olivier Turlais, œnologue réputé de la région.

Le domaine vinifie pour la première fois ses 40 ares de pinot noir. Il en résulte une cuvée aux arômes discrets de groseille et de cassis rehaussés par un boisé subtil dû à un élevage de dix mois en fût: un 2016 équilibré, long et bien fait. ⧗ 2021-2023

⊶ JEAN-PAUL RICHARD, Aimavigne, 73170 Jongieux, tél. 04 79 96 09 84, chateaudelamar@live.fr V *r.-v.* 5

NATHALIE ET FRANCK MASSON
Abymes 2017 ★

■ | 3600 | | - de 5 €

Représentant la troisième génération, Franck Masson exploite depuis 1987 avec son épouse Nathalie un domaine familial de 6 ha: ils cultivent sept cépages et proposent une gamme de neuf vins de Savoie.

SAVOIE

Une jacquère vive, minérale au nez floral et citronné: un modèle du genre! Avec en plus une belle longueur. Finesse et équilibre! ⧗ 2019-2021

NATHALIE ET FRANCK MASSON, chem. des Désertes, La Palud, 38530 Chapareillan, tél. 04 76 45 24 05, franck.nathalie.masson@gmail.com V *r.-v.*

B CH. DE MÉRANDE
Arbin Mondeuse La Belle Romaine 2017 ★★

■	50000		15 à 20 €

En 2009, l'ensemble du domaine (12 ha) est passé en biodynamie et la certification est à présent acquise. Daniel Genoux et Yann Pernuit travaillent principalement la roussette (1,2 ha) et l'arbin (4 ha).

Le nom de la cuvée rappelle le site gallo-romain sur lequel le domaine est implanté. Égrappée à 30 %, cette superbe mondeuse se présente dans ses plus beaux atours: fruits noirs (mûre en tête), café, poivre blanc, cannelle se retrouvent dans une bouche gourmande aux tanins fondus mais présents. ⧗ 2022-2026

ANDRÉ GENOUX, Dom. Genoux, 73800 Arbin, tél. 04 79 65 24 32, domaine.genoux@wanadoo.fr V *r.-v.*

MICHEL ET XAVIER MILLION-ROUSSEAU
Jongieux Gamay 2017 ★

■	10000		5 à 8 €

En 1920 déjà, Charles Million-Rousseau vendait sa production aux grands hôtels d'Aix-les-Bains. Ses héritiers, Michel et son fils Xavier, sont aujourd'hui à la tête d'un vignoble de 10 ha implanté sur le coteau de Monthoux. Situées à une altitude de 300 à 500 m, les vignes s'étagent en forte pente avec une exposition au sud-sud-ouest.

Un nez très intense de cerise et une bouche gourmande pour ce gamay partiellement égrappé, agréable et prêt à boire. ⧗ 2019-2021

MICHEL ET XAVIER MILLION-ROUSSEAU, Monthoux, 73170 Saint-Jean-de-Chevelu, tél. 04 79 36 83 93, vinsmillionrousseau@orange.fr V *t.l.j. sf dim. 8h30-12h 14h-19h*

DOM. DES OPHRYS Apremont 2017 ★

■	14000	5 à 8 €

Les coopératives viticoles de Chautagne et du Vigneron savoyard d'Apremont ont fusionné en 2016. Fondées respectivement en 1952 et en 1966, elle réunissent aujourd'hui 60 vignerons qui travaillent individuellement leurs vignes (150 ha au total), puis les vendangent en commun. Ils apportent leur récolte à la cave qui assure la vinification à Ruffieux, l'embouteillage et la commercialisation.

Cet apremont est issu des vignes de Jean Dupraz. Nez très intense d'aubépine, de poire et de bonbon à la violette, bouche perlante avec une certaine rondeur. Fruité persistant et séducteur. ⧗ 2019-2021

LE VIGNERON SAVOYARD, 47, imp. de la Cave, 73310 Ruffieux, tél. 04 79 54 27 12 V *t.l.j. 9h-12h 14h-18h*

PASCAL PERCEVAL
Apremont La Pierre Hâché 2016 ★

■	9000		8 à 11 €

Créée en 1910 par Jean-Baptiste Perceval, ce domaine situé aux Marches, juste en-dessous du mont Granier, est conduit depuis 1990 par Pascal Perceval. En 2014, le vigneron reprend le château de la Gentilhommière. Il exploite aujourd'hui un vignoble de 48 ha donnant naissance à une gamme d'une trentaine de vins en AOC et en IGP.

Le nom de la cuvée donne le ton et rappelle l'origine de cette jacquère très minérale plantée sur les éboulis calcaires du mont Granier. Un Apremont plein de fraîcheur aux notes d'amande, d'aubépine et de fruits blancs. ⧗ 2019-2020

SARL PASCAL PERCEVAL, 709, chem. de Cresmont, 73800 Les Marches, tél. 04 79 28 13 13, vinperceval.gp@wanadoo.fr V *t.l.j. sf dim. 8h-12h 14h-18h; sam. 9h-12h*

JEAN PERRIER ET FILS
Arbin Mondeuse Fleur d'altesse 2016 ★★

■	6000		8 à 11 €

Les Perrier cultivent la vigne depuis 1853. Par la suite, l'entreprise (négoce et propriété) s'est largement développée, notamment sous la conduite de Gilbert Perrier dans les années 1960. Ce sont aujourd'hui ses fils Philippe, Christophe et Gilles qui conduisent le vignoble familial, lequel s'étend sur 60 ha, huit communes et plusieurs domaines.

Un nez élégant de fruits rouges (griotte en tête), une bouche savoureuse où se mêlent les fruits gourmands et des tanins très fins: une belle expression du cru Arbin confidentiel et... recherché par tous les amateurs de mondeuse. ⧗ 2021-2024 ■ **Chignon Bergeron Fleur de roussanne 2017 ★ (11 à 15 €; 20000 b.)** : finesse et harmonie caractérisent ce bergeron fruité, ample et long en bouche. ⧗ 2019-2021

PERRIER PÈRE ET FILS, Saint-André, 73800 Les Marches, tél. 04 79 28 11 45, info@vins-perrier.com V *t.l.j. sf sam. dim. 9h-12h 14h-17h30*

♥ LA CAVE DU PRIEURÉ
Jongieux Mondeuse 2017 ★★

■	22000		5 à 8 €

Pascal et Noël Barlet, épaulés par Julien (cinquième génération et fils du second), sont à la tête d'un vignoble d'une trentaine d'hectares sur les coteaux de Jongieux. Des vignerons aussi à l'aise en rouge qu'en blanc; en témoigne la présence régulière dans le Guide de leurs cuvées, désormais vinifiées par Julien.

Issue de moraines glaciaires, cette mondeuse vinifiée en grappes entières possède tout le charme du cépage et la finesse du terroir: un nez très fruité de mûre et de cassis précède des saveurs tout aussi fruitées et légèrement épicées dans un palais souligné de tanins très fins, presque soyeux. Une très belle expression du cépage rouge le plus emblématique de Savoie. ⧗ 2019-2021

⊶ RAYMOND BARLET ET FILS, Le Haut, 73170 Jongieux, tél. 04 79 44 02 22, caveduprieure@wanadoo.fr V 🚶 🍷 *t.l.j. sf dim. 14h-18h*

♥ LES FILS DE RENÉ QUÉNARD
Chignin Bergeron La Bergeronnelle 2016 ★★

	36000	🍾	11 à 15 €

Philippe Viallet a racheté en 2008 ce domaine fondé dans les années 1930 avec Claire Taittinger, des champagnes éponymes. Depuis 2014, Philippe Viallet conduit seul cette propriété de 18 ha (dont 15 ha de bergeron).

Élevée sur lies pendant un an, cette superbe roussanne a gagné sur tous les fronts: de puissants arômes d'abricot, une texture riche et ronde, une persistance très fruitée. Pour ce très bel équilibre, le jury lui a décerné à l'unanimité un coup de cœur. ⧗ 2019-2022 ■ **Arbin Mondeuse Clos de la Galèze 2017 (11 à 15 €; 7500 b.)** : vin cité.

⊶ LES FILS DE RENÉ QUÉNARD, rte de Myans, 73190 Apremont, tél. 04 79 28 33 29, viallet-vins-qualite@wanadoo.fr V 🚶 🍷 *t.l.j. sf sam. dim. 8h-11h30 14h-16h*

ANDRÉ ET MICHEL QUÉNARD
Chignin Bergeron Les Terrasses 2017 ★★★

	15000	🍾	11 à 15 €

Michel Quénard s'est installé en 1976 à la tête du domaine familial, fondé par ses grands-parents. Son fils Guillaume l'a rejoint en 2009, après des études au lycée viticole de Beaune, puis à l'école d'ingénieurs de Changins (Suisse). Il assure aujourd'hui les vinifications aux côtés de son frère Romain, arrivé en 2013 après des études de viticulture. Aujourd'hui l'un des domaines les plus réputés de Savoie, très régulier en qualité, aussi bien en rouge qu'en blanc.

Planté en terrasses dans le coteau réputé de Torméry, ce chignin bergeron aux arômes d'abricot confit et de frangipane offre une bouche savoureuse, riche, pleine, à la finale fruitée très persistante. Un vrai plaisir, de la volupté en bouteille! À deux lampées du coup de cœur! ⧗ 2019-2023

⊶ ANDRÉ ET MICHEL QUÉNARD, 1327 rte du coteau-de-Torméry, Torméry, 73800 Chignin, tél. 04 79 28 12 75, contact@am-quenard.fr V 🍷 *r.-v.*

PHILIPPE ET SYLVAIN RAVIER
Chignin Bergeron Les Amandiers 2017 ★

	20000	🍾	8 à 11 €

Philippe Ravier conduit un domaine qui s'est considérablement agrandi, passant de 3 ha à ses débuts, en 1983, à 38 ha aujourd'hui. Son fils Sylvain l'a rejoint en 2007. L'une des belles références de la Savoie viticole.

Que de finesse dans ce bergeron aux arômes d'abricot, de violette et de beurre frais! Belle sensation de souplesse en bouche avec une finale franche et fruitée. ⧗ 2019-2022 □ **Les Abymes 2017 ★ (5 à 8 €; 100000 b.)** : une expression très plaisante de jacquère pleine de fruits blancs, d'agrumes et de fleurs. La bouche ronde, minérale et équilibrée persiste sur la poire. ⧗ 2019-2021

⊶ PHILIPPE RAVIER, 68, chem. du Cellier, 73800 Myans, tél. 04 79 28 17 75, vinsdesavoie@wanadoo.fr V 🚶 🍷 *t.l.j. sf dim. 14h-19h*

JULIEN RENÉ 2017 ★★

■	1500	🍾	- de 5 €

Cette exploitation a misé sur la viticulture à partir des années 1950. À sa tête depuis 2000, Julien René perpétue la tradition des trois générations précédentes sur 4,5 ha de vignes.

Avec son nez délicat de fleur (rose blanche) et de fruits rouges acidulés (cerise et groseille), sa bouche ronde et équilibrée, voici un rosé de mondeuse léger, consensuel et séduisant. ⧗ 2018-2019 ■ **Mondeuse 2017 (5 à 8 €; 2000 b.)** : vin cité.

⊶ EARL JULIEN RENÉ, 9, chem. de Joyan, La Palud, 38530 Chapareillan, tél. 06 75 00 10 02, julien.rene@wanadoo.fr V 🚶 🍷 *r.-v.*

LES ROCAILLES
Chardonnay Prestige 2017 ★

	9700	🍾	8 à 11 €

Un domaine créé en 1984 et repris en 2006 par deux amis d'enfance, Alban Thouroude et Guillaume Durand, à la tête aujourd'hui d'un vignoble de 18 ha.

La finesse de la fleur et du fruit blanc alliées à la douceur de la brioche font de ce chardonnay un vin harmonieux, souple, gras et long en bouche. ⧗ 2019-2021

⊶ LES ROCAILLES, 2492, rte du Lac-Saint-André, 73290 Les Marches, lesrocailles.boniface@wanadoo.fr V 🍷 *r.-v.*

♥ DOM. DES SABOTS DE VÉNUS
Apremont 2017 ★★

	30000	5 à 8 €

Les coopératives viticoles de Chautagne et du Vigneron savoyard d'Apremont ont fusionné en 2016. Fondées respectivement en 1952 et en 1966, elle réunissent aujourd'hui 60 vignerons qui travaillent individuellement leurs vignes (150 ha au total), puis les vendangent en commun. Ils apportent leur récolte à la cave qui assure la vinification à Ruffieux, l'embouteillage et la commercialisation.

Cet Apremont qui provient des vignes âgées de 40 ans de Jean-François et Dominique Vissoud a été vinifié à part. Tout dans ce beau vin blanc sec reflète ce que la jacquère a de meilleur quand elle est dans son terroir d'éboulis calcaires au pied du mont Granier. Très minérale et perlante, elle développe des arômes d'agrumes et de fruits blancs croquants pour s'achever sur une fine amertume rafraîchissante. ⧗ 2019-2021

SAVOIE

LE VIGNERON SAVOYARD, 47, imp. de la Cave, 73310 Ruffieux, tél. 04 79 54 27 12 V t.l.j. 9h-12h 14h-18h

FABIEN TROSSET
Arbin Mondeuse Avalanche 2017 ★★

■	40000		11 à 15 €

Fabien Trosset a repris en 2011 le domaine familial à la suite du décès de son père: à l'époque, 7 ha à Arbin - un des crus consacrés à la mondeuse - et une vendange intégralement livrée en coopérative. Aujourd'hui, le vigneron vinifie à la propriété et a porté la surface plantée à 17 ha, dont 13 ha de mondeuse.

La macération semi-carbonique en vendange entière et le passage partiel en fût (10 %) est à l'origine de cette mondeuse riche et fruitée. La bouche généreuse aux tanins souples, pleine de fruits rouges apporte beaucoup de plaisir. Un arbin bien constitué et séducteur, proposé en coup de cœur. ⧗ 2019-2024 ■ **Arbin Mondeuse 1952 2016 ★★ (15 à 20 €; 4000 b.)** : cette cuvée «1952» évoque l'année de naissance du père de Fabien, aujourd'hui décédé. Passé en partie en fût de chêne (70 %), cet arbin aux beaux arômes vanillés et fruités bien mariés présente un bel équilibre et une longueur en bouche remarquable. Le jury conquis l'a également proposé en coup de cœur. ⧗ 2020-2025

DOM. FABIEN TROSSET, ZA d'Arbin, Av. Gambetta, 73800 Arbin, tél. 06 23 58 11 80, trosset.fabien@orange.fr V r.-v.

ADRIEN VACHER Gamay Les Adrets 2017 ★

■	50000		5 à 8 €

Charles-Henri Gayet, propriétaire du château de la Violette, est également négociant et dirigeant depuis 1989 de la maison familiale Adrien Vacher, fondée en 1950. Il est épaulé par ses filles Pauline et Charlotte.

Ce vin est issu de ceps de gamay plantés sur les versants des montagnes de la Combe de Savoie, exposés au sud. Le nez évoque le bonbon anglais, la rose sauvage (églantine) et les fruits rouges frais (groseille et framboise). La bouche est consistante, fruitée et très équilibrée. Un rosé flatteur et persistant. ⧗ 2018-2021 ■ **Aligoté 2016 (5 à 8 €; 5000 b.)** : vin cité.

MAISON ADRIEN VACHER, ZA Plan Cumin, 177, rue de la Mondeuse, 73800 Les Marches, tél. 04 79 28 11 48, production@adrien-vacher.fr V *t.l.j. sf sam. dim. 8h-12h 14h-17h* *Charles-Henri Gayet*

DOM. VENDANGE Mademoiselle A 2017 ★

■	6500		5 à 8 €

Après des études de viticulture et d'œnologie à Beaune, Benjamin Vendange est revenu en 2015 sur la propriété familiale et son vignoble de 10 ha, dont les raisins étaient jusqu'alors portés à la coopérative de Cruet. Avec sa compagne Diane Gounel, œnologue, il élabore aujourd'hui ses propres vins.

Ce rosé né de gamays plantés sur un sol limono-argileux est un clin d'œil à Anaïs, la fille de Benjamin et Diane Vendange. Tout en fraîcheur et en fruits, ce vin à la robe corail évoque ainsi la fraise, la cerise et la groseille à l'olfaction. Un fruité prolongé par une bouche énergique, perlante et vive. ⧗ 2018-2019

DOM. VENDANGE, 132, rte du Clou, Miolanet, 73250 Saint-Pierre-d'Albigny, tél. 06 84 68 77 48, info@domaine-vendange.com V r.-v.

ADRIEN VEYRON Pinot noir 2017 ★

■	4000		5 à 8 €

Ce domaine familial fondé en 1950 est conduit depuis 1979 par Adrien Veyron (quatrième génération), à la tête aujourd'hui de 14 ha de vignes à Apremont.

Ce 2017 livre d'emblée d'intenses arômes de fruits compotés évoquant la mûre et la cerise que l'on retrouve dans une bouche tout aussi gourmande et persistante. ⧗ 2018-2020

ADRIEN VEYRON, La Ratte, 73190 Apremont, tél. 04 79 28 20 20, veyron.vins.savoie@wanadoo.fr V r.-v.

ROUSSETTE-DE-SAVOIE

Superficie : 213 ha / Production : 10 600 hl

Issue aujourd'hui du seul cépage altesse, la roussette-de-savoie est produite à Frangy, le long de la rivière des Usses, à Monthoux et à Marestel, au bord du lac du Bourget. L'usage qui veut que l'on serve jeunes les roussettes de ce cru est regrettable, puisque, bien épanouies avec l'âge, elles font merveille sur du poisson, des viandes blanches ou encore avec le beaufort local.

♥ G. ET G. BOUVET
Monterminod 2017 ★★

■	n.c.	11 à 15 €

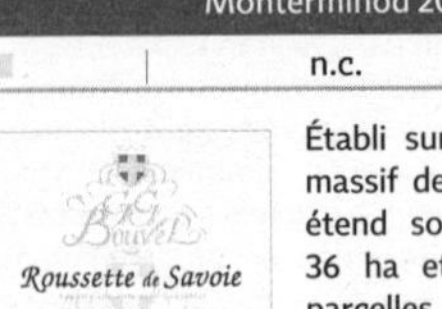

Établi sur les versants sud du massif des Bauges, ce domaine étend son vaste vignoble sur 36 ha et une soixantaine de parcelles qui lui permettent de proposer une large palette de cépages et de vins savoyards. Depuis 2017, c'est Philippe Viallet qui conduit l'exploitation.

Voici une roussette de cru qui ne laissera aucun amateur de vins blancs secs indifférent: le tout petit terroir de Monterminod révèle le cépage altesse dans toute sa grandeur. La complexité des arômes (fleurs d'abricotier, écorce d'agrumes, citron vert, truffe blanche), la belle tension de la bouche fraîche, perlante et ronde à la fois ont séduit le jury. Un vin qui «pétille de vie et d'envie» selon un dégustateur qui lui promet un bel avenir. ⧗ 2020-2023

DOM. G. ET G. BOUVET, Le Villard, 130, chem. des Pillettes, 73250 Fréterive, tél. 04 79 28 54 11, viallet-vins-qualite@wanadoo.fr

LE CELLIER DU PALAIS Altesse 2016

■	1500	8 à 11 €

Au pied du mont Granier, Le Cellier du Palais est la propriété de la famille Bernard depuis 1700. Béatrice

Bernard y exploite 8 ha de vignes, dont la majeure partie en jacquère. Un domaine régulier en qualité.

Un nez complexe de fruits exotiques, d'agrumes et de miel, une bouche à la fois fraîche et ronde avec une finale vive et fruitée: une roussette tout en délicatesse. ⧗ 2019-2021

RENÉ ET BÉATRICE BERNARD, L'Église, 73190 Apremont, tél. 04 79 28 33 30, bea-bernard@wanadoo.fr V r.-v.

DOM. DE CHEVILLARD Altesse 2016 ★

| 2800 | | 20 à 30 € |

Né en 2016, ce tout jeune domaine est situé à 350 m d'altitude, en plein cœur de la Savoie, dans le hameau de Chevillard. Savoyard d'origine et partisan d'une vinification très peu interventionniste, Matthieu Goury conduit 9,5 ha de vignes implantées sur les beaux terroirs de la Combe de Savoie.

Du fruit, du miel et quelques notes toastées dues à un passage de onze mois en fût font de cette roussette fraîche et ronde un vin très élégant. ⧗ 2019-2021

MATTHIEU GOURY, 433, rue des Chevillard, 73250 Saint-Pierre-d'Albigny, tél. 06 33 01 12 21, domainedechevillard@yahoo.com V *t.l.j. sf dim. 8h-18h*

DOM. DU COLOMBIER Altesse 2017 ★

| 10000 | | 5 à 8 € |

Aujourd'hui à la tête d'un domaine de 16 ha, Patrick Tardy a démarré en 1987 avec 1 ha d'apremont, avant de s'étendre sur neuf crus. En 2003, il a inauguré son nouveau chai et un caveau de vente flambant neuf en 2013. Il aime vendanger tard, vinifier à basse température et élever ses vins sur lies fines.

Une altesse tout en délicatesse avec des arômes de fleurs blanches et d'agrumes, soulignés d'une trame minérale et d'un perlant rafraîchissant. ⧗ 2019-2021

PATRICK TARDY, 230, chem. de la Grue, Saint-André, 73800 Les Marches, tél. 06 18 63 11 35, patrick@lesvinstardy.fr V *t.l.j. sf dim. 8h-12h 13h30-19h*

VINCENT COURLET Frangy Notre Altesse 2017 ★

| 18000 | | 5 à 8 € |

Ce domaine a été créé en 1968 par le père et le grand-père à partir de 20 ares de vignes. Depuis 1998, Vincent Courlet, qui est passé par l'Oregon, exploite 5,5 ha autour de Frangy, l'un des meilleurs crus pour la roussette. Enherbement des rangs, réduction des désherbants, arrêt des insecticides, effeuillage mécanique plutôt que traitements anti-pourriture... il s'intéresse au bio, mais n'a pas pour l'heure engagé de conversion.

Nez d'aubépine et d'agrumes, bouche à l'attaque mordante caractéristique du cru Frangy: une roussette fine et bien structurée à la finale franche et agréable. ⧗ 2021-2024

VINCENT COURLET, 550, rte du Tram, 74270 Frangy, tél. 06 81 86 02 52, contact@vincourlet.fr V *r.-v.*

CHARLES GONNET Altesse 2017

| 6000 | | 5 à 8 € |

Charles Gonnet, ingénieur en agriculture de formation, a repris l'exploitation familiale en 1989, étendue aujourd'hui sur 14 ha de vignes. Ce domaine en progression constante, souvent en vue pour ses vins blancs (chignin, roussette) et qui n'hésite pas à faire évoluer ses pratiques pour permettre au raisin d'exprimer tout son potentiel a été repris en 2018 par le Dom. du Château de la Violette.

Des arômes très intenses de bonbon anglais soutenus par de fines notes minérales se prolongent dans une bouche fruitée et persistante. Une roussette bien faite, très séduisante. ⧗ 2019-2022

DOM. CHARLES GONNET, Chef-Lieu, 73800 Chignin, tél. 04 79 28 13 30, chateaudelaviolette@gmail.com V *r.-v.*

JACQUIN Marestel 2017

| 12000 | | 11 à 15 € |

Patrice Jacquin, aujourd'hui président de la Chambre d'agriculture de Savoie, conduit avec son frère Jean-François et son fils Steven un coquet domaine de 38 ha fondé en 1850, dont une grande partie est dédiée à la roussette-de-savoie, avec des vins souvent en vue dans le Guide.

Ce 2017 libère d'emblée des notes de fleurs et de fruits exotiques soulignées par de fines nuances d'agrumes. En bouche, cette altesse de cru se montre vive et minérale et s'achève sur une amertume rafraîchissante. ⧗ 2020-2023 **Altesse 2017 (8 à 11 €; 50000 b.)** : vin cité.

EARL EDMOND JACQUIN ET FILS, Le Haut, 73170 Jongieux, tél. 04 79 44 02 35, jacquin4@wanadoo.fr V *t.l.j. sf dim. 9h-12h 14h-18h* 3

GUY JUSTIN 2016 ★

| 13000 | | 5 à 8 € |

Emmanuelle Justin (quatrième génération) épaule son père Guy depuis 2008 au domaine: à lui, le tracteur et les vinifications (il a été initié à l'œnologie dès son plus jeune âge par sa tante Gabrielle), à elle, le commerce et les marchés. Le domaine est spécialiste de l'altesse, ce cépage occupant près des deux tiers de la superficie totale (12 ha).

Du verre s'échappent des arômes de fruits blancs et de fruits exotiques soulignés par de fines notes minérales. On retrouve les fruits dans une bouche ronde non dénuée de fraîcheur qui se prolonge agréablement. ⧗ 2019-2023

EARL GUY JUSTIN, La Touvière, 73170 Jongieux, tél. 04 79 36 81 61, justin.emmanuelle@live.fr V *t.l.j. sf dim. 9h-12h 14h-19h*

DOM. LUPIN Frangy 2017 ★

| 28000 | | 5 à 8 € |

Bruno Lupin possède 6 ha du minuscule cru Frangy occupant un coteau exposé plein sud et un terroir de moraine glaciaire, sur lequel il exploite l'altesse, déclinée en plusieurs cuvées, complétées par 50 ares de

SAVOIE

mondeuse. Cet ancien œnologue intervient très peu sur ses cuves, laissant au vin le temps de se faire.

Une belle complexité d'arômes (fleurs blanches, cédrat, pêche, datte, miel), une bouche ronde, pleine, longue, rehaussée d'une fine amertume en finale: tout «donne envie de poursuivre ce moment», d'après un dégustateur. ⧗ 2019-2023

⊶ BRUNO LUPIN, rue du Grand-Pont, 74270 Frangy, tél. 04 50 32 29 12, bruno.lupin74@gmail.com V ▮ *t.l.j. sf dim. lun. 8h-12h 17h-19h*

CH. DE LA MAR Le Golliat 2016 ★

	5000	▮	11 à 15 €

Jean-Paul Richard a acheté en 2009 et rénové jusqu'en 2013 cette splendide bâtisse du XIIIe s. qui tombait en ruine au pied du coteau de Marestel, ancienne propriété du comte Humbert de Mareste, célèbre croisé qui rapporta de Chypre les premiers plants du cépage altesse. Il exploite son vignoble de 7 ha en biodynamie (non certifiée) et confie le soin de vinifier à Olivier Turlais, œnologue réputé de la région.

Des arômes expressifs de fleurs blanches et d'agrumes s'échappent du verre soulignés par de fines notes salines et iodées. Tout aussi aromatique, la bouche se révèle fruitée, souple et fraîche, s'achevant sur une pointe d'amertume bienvenue. ⧗ 2021-2023

⊶ JEAN-PAUL RICHARD, Aimavigne, 73170 Jongieux, tél. 04 79 96 09 84, chateaudelamar@live.fr V ▮ ▮ *r.-v.* 5

B CH. DE MÉRANDE Son Altesse 2017 ★

	4000	▮	15 à 20 €

En 2009, l'ensemble du domaine (12 ha) est passé en biodynamie et la certification est à présent acquise. Daniel Genoux et Yann Pernuit travaillent principalement la roussette (1,2 ha) et l'arbin (4 ha).

Ce 2017 libère des senteurs de fleurs blanches et des nuances végétales agrémentées de fines notes lactées et beurrées. En bouche, il se révèle à la fois tendre et vif, animé par une finale croquante et fruitée: une roussette tout en élégance. ⧗ 2019-2021

⊶ ANDRÉ GENOUX, Dom. Genoux, 73800 Arbin, tél. 04 79 65 24 32, domaine.genoux@wanadoo.fr V ▮ ▮ *r.-v.* 4 C

JEAN PERRIER ET FILS
Altesse Cuvée gastronomie 2017 ★★

	15000	▮	8 à 11 €

Les Perrier cultivent la vigne depuis 1853. Par la suite, l'entreprise (négoce et propriété) s'est largement développée, notamment sous la conduite de Gilbert Perrier dans les années 1960. Ce sont aujourd'hui ses fils Philippe, Christophe et Gilles qui conduisent le vignoble familial, lequel s'étend sur 60 ha, huit communes et plusieurs domaines.

Cette cuvée élégante et prometteuse s'est retrouvée sur la table des coups de cœur en lice grâce à une belle complexité d'arômes floraux, miellés et beurrés. La bouche révèle un bon équilibre entre douceur et fraîcheur et s'étire en finale sur des accents fruités. ⧗ 2021-2023 **Ch. de Monterminod 2016 ★ (11 à 15 €; 16000 b.)** : les arômes de confiserie, d'ananas et de pomelos annoncent une bouche ronde et beurrée bien construite. ⧗ 2019-2023 **Monthoux Fleur d'altesse 2016 ★ (8 à 11 €; 15000 b.)** : cédrat, cire, miel d'acacia, confiture de pissenlits: une séduisante palette d'arômes pour cette roussette de cru franche et vive, sans artifice. ⧗ 2019-2023

⊶ PERRIER PÈRE ET FILS, Saint-André, 73800 Les Marches, tél. 04 79 28 11 45, info@vins-perrier.com V ▮ ▮ *t.l.j. sf sam. dim. 9h-12h 14h-17h30*

LA CAVE DU PRIEURÉ Marestel 2017 ★★

	35000	▮	11 à 15 €

Pascal et Noël Barlet, épaulés par Julien (cinquième génération et fils du second), sont à la tête d'un vignoble d'une trentaine d'hectares sur les coteaux de Jongieux. Des vignerons aussi à l'aise en rouge qu'en blanc; en témoigne la présence régulière dans le Guide de leurs cuvées, désormais vinifiées par Julien.

Au nez, une jolie palette d'arômes frais (citron, pamplemousse, pêche) enveloppés de miel. En bouche, ce 2017 se montre franc, rond et souple. Un bel équilibre et de la finesse pour cette roussette déjà très agréable à déguster. ⧗ 2019-2023

⊶ RAYMOND BARLET ET FILS, Le Haut, 73170 Jongieux, tél. 04 79 44 02 22, caveduprieure@wanadoo.fr V ▮ ▮ *t.l.j. sf dim. 14h-18h*

VIGNERONS DES TERROIRS DE SAVOIE
Altesse 2017 ★

	43000	▮	5 à 8 €

En 1998, Philippe Viallet reprend la cave de Montmélian et décide de créer la Fruitière des Vignerons des Terroirs de Savoie regroupant 60 vignerons (pour un total de 300 ha de vignes) et produisant des vins en AOC et IGP.

Une roussette fine et rafraîchissante grâce à un élevage de dix mois sur lies. De beaux arômes de fleurs et de fruits blancs, de citron et d'amande. Un bel équilibre et une longue persistance. ⧗ 2019-2021

⊶ FRUITIÈRE DES VIGNERONS DES TERROIRS DE SAVOIE, rte de Myans, 73190 Apremont, tél. 04 79 28 33 29, viallet-vins-qualite@wanadoo.fr

ADRIEN VEYRON Altesse 2017 ★

	4000	5 à 8 €

Ce domaine familial fondé en 1950 est conduit depuis 1979 par Adrien Veyron (quatrième génération), à la tête aujourd'hui de 14 ha de vignes à Apremont.

Nez intense de mangue et d'ananas, de pêche et d'abricot, bouche gourmande à la finale citronnée: une roussette consensuelle à déguster dès maintenant. ⧗ 2019-2021

⊶ ADRIEN VEYRON, La Ratte, 73190 Apremont, tél. 04 79 28 20 20, veyron.vins.savoie@wanadoo.fr V ▮ ▮ *r.-v.*

DOM. JEAN VULLIEN ET FILS
Altesse 2017 ★★

	25000	▮	5 à 8 €

Olivier et David Vullien, les fils de Jean, sont, comme nombre de leurs collègues de Fréterive, à la fois

vignerons et pépiniéristes. Ils exploitent 35 ha répartis sur les pentes de la combe de Savoie, de Fréterive à Montmélian.

Cette altesse s'ouvre à l'aération sur des arômes de fleurs blanches, de fruits à noyau, de miel et de beurre. Du gras, de la finesse, une belle matière soutenue par une fine amertume de bon aloi. ⧗ 2021-2023

⊶ *EARL DOM. JEAN VULLIEN ET FILS, La Grande-Roue, 60, rue de la Soierie, 73250 Fréterive, tél. 04 79 28 61 58, contact@jeanvullien.com* V ⛹ ▮ *t.l.j. sf dim. 9h-12h 14h-18h30; sam. 9h-12h*

CRÉMANT-DE-SAVOIE

DOM. DE ROUZAN 2015 ★★

● | 2100 | 🍾 | 8 à 11 €

Denis Fortin est installé à Saint-Baldoph, à l'entrée de Chambéry, à la tête d'un petit domaine de 7 ha (dont la moitié en Apremont) qu'il a repris en 1991, succédant à son beau-père. Il a construit un chai en 1992, puis l'a agrandi en 2005. En 2013, il a aussi aménagé une ferme pédagogique pour expliquer son métier de vigneron aux enfants. Ses vins sont régulièrement au rendez-vous du Guide.

Issu de jacquère à 100 % et donc résolument savoyard, ce crémant aux bulles fines et légères, au nez d'agrumes et de beurre frais, présente une bouche très délicate et persistante sur les fleurs blanches. ⧗ 2019-2021

⊶ *DENIS FORTIN, Dom. de Rouzan, 152, chem. de la Mairie, 73190 Saint-Baldoph, tél. 04 79 28 25 58, denis.fortin@wanadoo.fr* V ⛹ ▮ *r.-v.*

SEYSSEL

Superficie : 73 ha / Production : 3 016 hl

Occupant les deux rives du Rhône entre Haute-Savoie et Ain, cette AOC produit des vins blancs tranquilles, à base du seul cépage altesse, et des vins mousseux associant cette variété à la molette; les effervescents sont commercialisés trois ans après leur prise de mousse. Les cépages locaux donnent au seyssel un fin bouquet aux nuances de violette.

DOM. DU CLOS D'ARVIÈRES
Altesse 2016 ★

● | 45000 | 🍾 | 5 à 8 €

Depuis le départ à la retraite de son époux, Martine Mollex s'est associée à son fils Régis pour conduire cette exploitation familiale créée en 1978. Le caveau de dégustation est situé dans le cellier du clos d'Arvières, une ancienne propriété des moines chartreux d'Arvières créée au XIIᵉs.

Un nez séduisant de fleurs blanches et de miel précède une bouche portée sur les fruits à chair blanche. Une altesse souple, s'achevant sur la fine amertume des agrumes et de la bergamote. ⧗ 2019-2021 ● **Méthode Traditionnelle 2015 (5 à 8 €; 8000 b.)** : vin cité.

⊶ *RÉGIS MOLLEX, 131, chem. de la Cascade, Eilloux, 01420 Corbonod, tél. 04 50 56 10 02, vins.mollex@wanadoo.fr* V ⛹ ▮ *t.l.j. sf dim. 8h-12h 13h30-18h30*

BUGEY

Superficie : 490 ha
Production : 30 335 hl (55 % rouge et rosé)

Dans le département de l'Ain, le vignoble du Bugey occupe les basses pentes des monts du Jura, dans l'extrême sud du Revermont, de Bourg-en-Bresse à Ambérieu-en-Bugey, ainsi que celles qui, de Seyssel à Lagnieu, descendent vers la rive droite du Rhône. Autrefois important, il est aujourd'hui réduit et dispersé. En 2009, il a accédé à l'AOC. Il est établi le plus souvent sur des éboulis calcaires assez escarpés. L'encépagement reflète la situation de carrefour de la région: en rouge, le poulsard jurassien – limité à l'assemblage des effervescents de Cerdon – y voisine avec la mondeuse savoyarde et le pinot et le gamay de Bourgogne; de même, en blanc, la jacquère et l'altesse sont en concurrence avec le chardonnay – majoritaire – et l'aligoté, sans oublier la molette, cépage local surtout utilisé dans l'élaboration des vins effervescents. En 2011 a été reconnue l'appellation roussette-du-bugey.

MAISON ANGELOT
Gamay Reflet du terroir 2017 ★★

■ | 10130 | 🍾 | 5 à 8 €

Philippe et Éric Angelot ont repris en 1987 le domaine familial, qu'ils ont agrandi à grands pas, en portant sa surface de 5 ha de vignes à 29 ha aujourd'hui.

Une touche de mondeuse (5 %) apporte une jolie complexité à ce gamay aux arômes de cassis, ferme à l'attaque, soyeux et gourmand dans son développement. ⧗ 2019-2021 ■ **Mondeuse 2017 ★ (8 à 11 €; 22000 b.)** : du fruit, des épices et de la réglisse caractérisent cette mondeuse égrappée, à la bouche charnue, bien structurée et souple en finale. ⧗ 2019-2021 ● **Cuvée Maxime 2017 (8 à 11 €; 25000 b.)** : vin cité.

⊶ *MAISON ANGELOT, 121, rue du Lavoir, 01300 Marignieu, tél. 04 79 42 18 84, contact@maison-angelot.fr* V ⛹ ▮ *t.l.j. 9h-12h 14h-19h*

VÉRONIQUE ANTOINE
Cerdon Méthode ancestrale 2017

● | 3000 | 5 à 8 €

Véronique Antoine a créé son exploitation en 2005 après une reconversion professionnelle. Elle a débuté avec une petite vigne de 6 ares pour conduire aujourd'hui un vignoble de 2,6 ha qu'elle travaille de manière très raisonnée, avec le bio dans le viseur.

Un cerdon très gourmand aux arômes de framboise, de cassis et de grenadine. Bouche nette, fraîche et fruitée avec une sucrosité agréable. ⧗ 2019-2020

⊶ *VÉRONIQUE ANTOINE, 281, En Reculet, 01250 Bohas-Meyriat-Rignat, tél. 06 67 13 00 86, vinpetillant.veroniqueantoine@gmail.com* V ⛹ ▮ *t.l.j. 8h-19h*

♥ DOM. BARDET
Cerdon Méthode ancestrale Demi-sec 2017 ★★

● | 23000 | 5 à 8 €

Olivier Bardet s'est lancé en 2007 avec la reprise d'une exploitation de 2,5 ha. Il conduit aujourd'hui, autour du village de Mérignat, un vignoble de 6 ha à l'origine d'une seule production: le cerdon méthode ancestrale.

Issue de gamay (95 %) et d'une touche de poulsard, cette méthode ancestrale à la mousse abondante et aux arômes intenses de poire et de baies des bois (mûre et framboise), est un enchantement pour les papilles. Persistante sur le fruit, elle dispense une agréable fraîcheur. Un modèle de cerdon. ⧗ 2019-2021

⊶ OLIVIER BARDET, 169, rue Principale, 01450 Mérignat, tél. 06 19 18 25 74, olivier.bardet01@orange.fr V 🚶 ▪ *r.-v.*

DANIEL BOCCARD LB 2016 ★

■ | 2250 | ▮ | 5 à 8 €

Daniel Boccard a repris en 1979 l'exploitation de son père et de son oncle: 2 ha à l'origine, près de 24 ha aujourd'hui.

Cette cuvée issue de pinot noir porte les initiales de Laura Boccard, la fille de Daniel. À la fois fine, florale et fruitée au nez, elle offre une bouche ronde et suave, avec de jolies notes de rose qui persistent longuement. ⧗ 2018-2019

⊶ DANIEL BOCCARD, Poncieux, 66-88, rue de la Chapelle, 01640 Boyeux-Saint-Jérôme, tél. 04 74 36 84 34, caveau@daniel-boccard.com V 🚶 ▪ *t.l.j. sf dim. 8h-12h 14h-19h*

♥ CAVE SYLVAIN BOIS
Le Grand Colombier Chardonnay 2017 ★★

■ | 15000 | ▮ | 5 à 8 €

Sylvain Bois s'est établi en 2001, à vingt et un ans, sur les 1,5 ha de vignes plantées par son grand-père. Un domaine qu'il a agrandi progressivement, sur Béon et les coteaux pentus de Talissieu. Il exploite aujourd'hui 5 ha exposés plein sud dans les éboulis de pierres du Grand Colombier et s'est imposé comme l'une des valeurs sûres du Bugey.

Ce chardonnay parle de son terroir: il libère de belles notes minérales et regorge de fraîcheur avec ses arômes de fleurs blanches et de fins agrumes. La bouche, ample et fruitée, soutenue par une vivacité bienvenue, offre une longueur remarquable. Un beau moment de dégustation. ⧗ 2019-2021 , bouchée à la reine ■ **Coteau de Chambon Pinot noir 2017 ★★★ (5 à 8 €; 4500 b.)**: noté à l'unanimité par le jury comme vin exceptionnel et proposé en coup de cœur, ce pinot noir aux arômes très intenses de cassis et de griotte révèle une bouche souple et charnue tapissée de tanins soyeux: de la légèreté, de la fraîcheur et du fruité. Un vrai régal. ⧗ 2019-2021

⊶ SYLVAIN BOIS, 11, rte de Bourgogne, 01350 Béon, tél. 06 88 49 03 95, cavesylvainbois@yahoo.fr V ▪ *r.-v.*

DOM. EUGÈNE CARREL ET FILS
Chardonnay 2016 ★

■ | 6000 | ▮ | 5 à 8 €

Les Carrel sont vignerons de père en fils et filles depuis 1830 et six générations. Spécialisé dans les années 1970 par Eugène Carrel et conduit par son fils Olivier depuis 1994, le domaine couvre 24 ha implantés sur les fortes pentes du mont de la Charvaz et du mont du Chat. Une valeur sûre en blanc comme en rouge.

Beurre frais, pain d'épice et agrumes caractérisent ce chardonnay harmonieux. Il offre en bouche de la rondeur, soulignée par un trait de vivacité qui étire la finale. ⧗ 2019-2021

⊶ DOM. EUGÈNE CARREL ET FILS, Le Haut, 73170 Jongieux, tél. 04 79 44 00 20, carrel-eugene@orange.fr V 🚶 ▪ *t.l.j. 8h-12h 14h-18h*

DOM. MONIN Manicle 2016 ★★

■ | 8026 | ⏸ | 11 à 15 €

Vigneron et maître fromager, Charles Varin-Bernier a repris en 2015 le domaine Monin, fondé en 1960, régulier en qualité. Le vignoble couvre 10,5 ha, dont 2 ha dédiés au cru Manicle.

Très beau pinot élevé douze mois en barrique dont 25 % de fût neuf. Un nez complexe de griotte et de fruits noirs bien mariés aux notes boisées prélude à une bouche raffinée et ample à la finale confite. Constitué pour la garde et bien représentatif du cru Manicle. ⧗ 2021-2023

⊶ CHARLES VARIN-BERNIER, 255, chem. des Vignes, 01350 Vongnes, tél. 04 79 87 92 33, info@domaine-monin.fr V 🚶 ▪ *t.l.j. 9h-12h 14h-19h*

CAVEAU D'ONCIN
Montagnieu Mondeuse 2016 ★

■ | 2000 | ⏸ | 5 à 8 €

Benoît Dumont a repris en 1999 l'exploitation fondée par son arrière-grand-père, un vignoble de poche de 3,4 ha, sur lequel il produit quatre vins.

Des arômes de cerise au kirsch, une bouche à la matière riche et aux tanins bien présents qui se fondront avec le temps. Une mondeuse de garde. ⧗ 2019-2024

⊶ BENOÎT DUMONT, rte d'Oncin, 01470 Montagnieu, tél. 04 74 36 72 23, caveau-oncin@wanadoo.fr V 🚶 ▪ *r.-v.* 🏠 Ⓑ

BERNARD ET MARJORIE RONDEAU
Cerdon Méthode ancestrale 2017 ★

● | 44000 | 5 à 8 €

Bernard et Marjorie Rondeau se sont installés en 1998 à Boyeux-Saint-Jérôme. Ils conduisent aujourd'hui un vignoble de 6 ha.

Un nez subtil de pivoine et de framboise, une bouche fraîche avec de fines bulles au toucher plaisant font de cette méthode ancestrale un cerdon léger à déguster en toutes occasions. ⧗ 2019-2021

⊶ BERNARD ET MARJORIE RONDEAU, Cornelle, 7, rue des Vignerons, 01640 Boyeux-Saint-Jérôme, tél. 04 74 37 12 34, bernard.rondeau01@orange.fr V r.-v.

THIERRY TISSOT Chardonnay 2016 ★

	4900		8 à 11 €

Après plusieurs expériences dans différents vignobles en France et à l'étranger, Thierry Tissot, œnologue, a repris en 2001 l'exploitation familiale créée à la fin du XIXes. Il a rénové la cave et replanté le coteau du Mataret, longtemps laissé à l'abandon en raison de son caractère morcelé et pentu. Il exploite aujourd'hui un petit vignoble de 5,3 ha, dont il a entamé en 2016 la conversion bio.

Ce 2016 élevé sur lies fines pendant huit mois livre d'emblée des arômes de fleurs blanches. En bouche, ce chardonnay élégant se révèle à la fois gras et frais par ses notes minérales qui se prolongent jusque dans sa longue finale. ⧗ 2019-2021

⊶ THIERRY TISSOT, 42, quai du Buizin, 01150 Vaux-en-Bugey, tél. 06 70 65 96 52, tissot.bugey@gmail.com V *r.-v.*

DOM. TRICHON Chardonnay 2016

	17600		8 à 11 €

Stéphane Trichon a repris en 2008 ce domaine familial créé en 1925 par son arrière-grand-père. Il conduit en bio un vignoble de 13 ha et produit, outre ses vins, du jus de raisins que sa femme Claire commercialise au caveau.

Un nez plaisant de fleurs blanches et d'agrumes enrobé de notes beurrées donnent de la complexité à ce chardonnay soutenu par une finale minérale: une belle expression du cépage. ⧗ 2019-2021

⊶ EARL DOM. TRICHON, 63 chem. du lavoir, 01680 Lhuis, tél. 04 74 39 83 77, domaine.trichon@gmail.com V *t.l.j. 8h-12h 14h-18h30*

ROUSSETTE-DU-BUGEY

La roussette-du-bugey a eu droit à une AOC spécifique en 2009. Comme la roussette-de-savoie, elle est dédiée aux vins blancs issus du cépage altesse (roussette est synonyme d'altesse). L'appellation possède deux crus: Montagnieu et Virieu-le-Grand. La roussette est plantée sur les sols les plus pentus.

CAVE SYLVAIN BOIS Coteau de Chambon 2017 ★

	8800		5 à 8 €

Sylvain Bois s'est établi en 2001, à vingt et un ans, sur les 1,5 ha de vignes plantées par son grand-père. Un domaine qu'il a agrandi progressivement, sur Béon et les coteaux pentus de Talissieu. Il exploite aujourd'hui 5 ha exposés plein sud dans les éboulis de pierres du Grand Colombier et s'est imposé comme l'une des valeurs sûres du Bugey.

C'est en bouche que cette altesse de bonne typicité se révèle. Onctueuse, elle offre des arômes d'agrumes relayés par des touches de coing et de jolis amers en finale. ⧗ 2019-2021

⊶ SYLVAIN BOIS, 11, rte de Bourgogne, 01350 Béon, tél. 06 88 49 03 95, cavesylvainbois@yahoo.fr V *r.-v.*

IGP DES ALLOBROGES

LE CELLIER DU PALAIS Mondeuse 2016

	1000	8 à 11 €

Au pied du mont Granier, Le Cellier du Palais est la propriété de la famille Bernard depuis 1700. Béatrice Bernard y exploite 8 ha de vignes, dont la majeure partie en jacquère. Un domaine régulier en qualité.

Cette mondeuse plantée sur schistes livre au premier abord des senteurs de confiture. On retrouve les fruits mûrs (cerise, cassis), dans un palais finement poivré, étayé de tanins qui demandent à se fondre un peu. ⧗ 2019-2021

⊶ RENÉ ET BÉATRICE BERNARD, L'Église, 73190 Apremont, tél. 04 79 28 33 30, bea-bernard@wanadoo.fr V *r.-v.*

MAISON GALLICE Molette 2017 ★

	20000	5 à 8 €

Créé en 1920, ce domaine familial produit, à l'origine, du vin et du lait. Dans les années 1960, la famille Gallice décide de se consacrer exclusivement à la viticulture (1,5 ha). Au fil des années, la propriété s'agrandit pour atteindre aujourd'hui 14 ha, conduits par Stéphane Gallice.

Toute la typicité de la molette se trouve dans ce vin qui mêle les fleurs blanches, le citron et les notes de pierre à fusil. Un vin joliment aromatique et minéral. ⧗ 2019-2021

⊶ GALLICE, 236, rue des Peupliers, 01420 Corbonod, tél. 04 50 59 25 73, mgallice@orange.fr V *t.l.j. sf dim. 9h-12h 14h-19h; sur r.-v. dim.*

IGP ISÈRE

DOM. DU BANÉ Cuvée Maxime 2016 ★★

	1000		15 à 20 €

Sur une terre liée à la production de noix, Rémy Dirrig a pris les commandes de ce domaine en 1995. Il a réintroduit de la vigne (1,2 ha) en 2003 pour sortir son premier millésime en 2009.

Cet assemblage de syrah majoritaire complétée de pinot et de viognier livre des arômes de cassis et d'épices agrémentées de notes réglissées et fumées. En bouche, on retrouve des notes fraîches de menthol en compagnie des fruits rouges mûrs (cassis, pruneau) étayés par des tanins bien présents au grain délicat. Un beau rouge du Sud-Grésivaudan fin, très fruité et frais. ⧗ 2019-2021

⊶ RÉMY DIRRIG, lieu-dit Le Bané, 38160 Saint-Sauveur, tél. 06 47 21 11 75, lebane.dr@orange.fr V *r.-v.*

SAVOIE

Le Languedoc et le Roussillon

• LE LANGUEDOC

SUPERFICIE : 246 000 ha

PRODUCTION : 12,7 Mhl (toutes catégories confondues) ; 1 245 000 hl (AOC du Languedoc).

TYPES DE VINS : Rouges majoritaires, rosés et blancs secs ; effervescents (à Limoux) ; vins doux naturels (muscats).

CÉPAGES PRINCIPAUX (en AOC)

Rouges : grenache noir, syrah, carignan, mourvèdre, cinsault, cabernet-sauvignon.
Blancs : grenaches gris et blanc, macabeu, clairette, bourboulenc, vermentino (rolle), muscat à petits grains, muscat d'Alexandrie, marsanne, roussanne, piquepoul, chardonnay, mauzac, chenin, ugni blanc.

• LE ROUSSILLON

SUPERFICIE : 7 300 ha

PRODUCTION : 900 000 hl environ (dont 540 000 en AOC, et 307 000 en IGP, le reste sans IG).

TYPES DE VINS : Rouges majoritaires, rosés, quelques blancs secs ; vins doux naturels.

CÉPAGES PRINCIPAUX

Rouges : grenache noir, carignan, syrah, mourvèdre, lladoner pelut.
Blancs : grenaches gris et blanc, macabeu, malvoisie du Roussillon, roussanne, marsanne, vermentino, muscat à petits grains, muscat d'Alexandrie.

LE LANGUEDOC

Plus de deux mille ans d'histoire pour cette région viticole, sous le même soleil méditerranéen. Et pourtant, que de mutations! Aucun vignoble de France n'a connu de tels bouleversements. Naguère symbole de la viticulture de masse, il fournit encore un tiers de la production française. Si, depuis les années 1980, il se contracte comme peau de chagrin, depuis la première édition en 1985, il s'étoffe dans le Guide ! La preuve de son ascension qualitative. En une génération, le «gros rouge» a fait place à des rouges multiples, tour à tour profonds, veloutés, épicés, ronds, suaves, fringants, aux arômes de cerise, de garrigue, de réglisse... Les vins doux naturels sont toujours superbes, mais la région fournit désormais des blancs vifs, avec ou sans bulles, et des rosés pimpants.

De la montagne à la mer. Entre la bordure méridionale du Massif central, les Corbières et la Méditerranée, le Languedoc est formé d'une mosaïque de vignobles répartis dans trois départements côtiers: le Gard, l'Hérault et l'Aude. On y distingue quatre zones successives: la plus haute, formée de régions montagneuses, notamment de terrains anciens du Massif central; la deuxième, région des Soubergues (coteaux pierreux) et des garrigues, la partie la plus ancienne du vignoble; la troisième, la plaine alluviale, assez bien abritée et présentant quelques coteaux peu élevés (200 m); et la quatrième, la zone littorale formée de plages basses et d'étangs où le développement concerté du tourisme balnéaire dans les années 1960 n'a pas fait totalement disparaître la viticulture.

L'héritage de l'Antiquité. La vigne est ici chez elle, léguée par les Grecs dès le VIII^e^s. av. J.-C., puis par les Romains, qui font la conquête des terres bordant le golfe du Lion dès le II^e^s. av. J.-C. Le vignoble se développe rapidement et concurrence même celui de la péninsule. Affecté par les incursions sarrasines plus que par les grandes invasions, il connaît un début de renaissance au IX^e^s. grâce aux monastères. La vigne occupe alors surtout les coteaux, les plaines étant vouées aux cultures vivrières. Le commerce du vin s'étend aux XIVe et XV^e^s. Aux XVIIe et XVIII^e^s., l'essor économique donne une nouvelle impulsion à la viticulture. Création du port de Sète, ouverture du canal des Deux Mers... ces nouvelles infrastructures encouragent les exportations. Avec le développement des manufactures de tissage de draps et de soieries, une certaine prospérité règne. Le vignoble commence alors à se répandre dans la plaine. Le frontignan est réputé jusque dans le nord de l'Europe.

De la viticulture de masse à la recherche des terroirs. L'essor du chemin de fer, entre les années 1850 et 1880, assure l'ouverture de nouveaux marchés urbains, dont les besoins sont satisfaits par l'abondante production de vignobles reconstitués après la crise du phylloxéra. C'est la grande époque du « vin de consommation courante », avec ses crises de surproductions récurrentes, qui ne décline qu'à partir du milieu du XX^e^s. et surtout du milieu des années 1970. Une telle production ne correspond plus au goût du consommateur. Institué en 1949, le statut VDQS, catégorie un peu moins contraignante que l'AOC, a permis à ces vignobles de progresser par paliers : un grand nombre sont devenus AOVDQS. Leur reconnaissance par étapes en AOC a jalonné leurs progrès. Grâce à ses bons terroirs situés sur les coteaux et au retour à des cépages traditionnels, le Languedoc viticole produit aujourd'hui des vins de qualité. En 2009, les vins sans indication géographique comptent pour moins de 10 % (encore 20 % en 2000), les vins de pays (IGP) représentent 70 % de la production, et les AOC 27 %. Le Languedoc est aussi première région pour le bio. Depuis 2007 et la création d'une appellation régionale languedoc (qui s'étend aux Pyrénées-Orientales), la profession cherche à hiérarchiser ses appellations, comme c'est le cas dans les vignobles anciens, tel le Bordelais.

Des terroirs variés. Les différentes appellations du Languedoc se trouvent dans des situations très variées quant à l'altitude, à la proximité de la mer et aux terroirs. Les sols peuvent être ainsi des schistes de massifs primaires, comme dans certains secteurs des Corbières, du Minervois et de Saint-Chinian; des grès du lias et du trias (alternant souvent avec des marnes), comme en Corbières et à Saint-Jean-de-Blaquière; des terrasses et cailloux roulés du quaternaire, excellent terroir à vignes, comme dans le Val d'Orbieu (Corbières), à Caunes-Minervois, dans la Méjanelle; des terrains calcaires à cailloutis souvent en pente ou situés sur des plateaux, comme en Corbières, en Minervois; des terrains d'alluvions récentes dans les coteaux du Languedoc.

Un climat méditerranéen. Assurant l'unité du Languedoc, ce climat a ses contraintes et ses accès de violence. C'est la région la plus chaude de France, avec des températures pouvant dépasser 30 °C en juillet et en août; les pluies sont rares, irrégulières et mal réparties. La belle saison connaît toujours un manque d'eau important du 15 mai au 15 août. Dans beaucoup d'endroits, seule la culture de la vigne et de l'olivier est possible. La pluviométrie peut varier cependant du simple au triple suivant l'endroit (400 mm au bord de la mer, 1 200 mm sur les massifs montagneux). Les vents viennent renforcer la sécheresse du climat lorsqu'ils soufflent de la terre (mistral, cers, tramontane); au contraire, ceux qui proviennent de la mer modèrent les effets de la chaleur et apportent une humidité bénéfique. Fréquemment transformées en torrents après les orages, souvent à sec en période de sécheresse, les rivières ont contribué à l'établissement du relief et des terroirs.

Un encépagement très varié. À partir de 1950, l'aramon, cépage des vins de table légers planté au XIX^e^s., a progressivement laissé la place aux variétés traditionnelles du Languedoc-Roussillon, comme le grenache noir; venus des autres régions françaises, des cépages comme les cabernet-sauvignon, cabernet franc, merlot et chardonnay se sont également répandus, notamment pour produire des vins de pays. Dans le vignoble des vins d'appellation, les cépages rouges sont le carignan, qui apporte au vin structure, tenue et couleur, le grenache, qui donne au vin sa chaleur, participe au bouquet mais s'oxyde facilement avec le temps, la syrah, cépage de qualité, qui apporte ses tanins et des arômes qui s'épanouissent au vieillissement, le mourvèdre, qui donne des vins élégants et de garde, le cinsault enfin, qui, cultivé en terrain pauvre, donne un vin souple au fruité agréable. Ce dernier entre surtout dans l'assemblage des vins rosés.

Les blancs sont produits à base de grenache blanc pour les vins tranquilles, de piquepoul, de bourboulenc, de macabeu, de clairette. Le muscat à petits grains est à l'origine d'une production traditionnelle de vins doux naturels – les vins liquoreux, riches en sucres et en alcool, se conservaient bien, même sous les climats chauds, ce qui explique leur naissance sur des terres méditerranéennes. Marsanne, roussanne et vermentino se sont ajoutés plus récemment à ce riche éventail de cépages blancs. Pour les vins effervescents, on fait appel au mauzac, au chardonnay et au chenin.

CABARDÈS

Superficie : 400 ha / Production : 18 000 hl

Rouges ou rosés, les cabardès proviennent de dix-huit communes situées au nord de Carcassonne et à l'ouest du Minervois. Implanté dans la partie la plus occidentale du Languedoc, le vignoble subit davantage l'influence océanique que les autres appellations. C'est pourquoi les cépages autorisés comprennent des cépages atlantiques, comme le merlot et le cabernet-sauvignon, à côté de variétés méditerranéennes comme le grenache noir et la syrah.

♥ CH. AUZIAS Cuvée Mademoiselle 2016 ★★★

■ | 30000 | | - de 5 €

À deux pas de la cité de Carcassonne et du canal du Midi, le château de Paretlongue, est fondé au XIIe s par les chanoines de Carcassonne à l'emplacement d'une villa gallo-romaine, puis passe entre les mains de plusieurs propriétaires nobles. Racheté en 1872 par les Auzias, négociants en vin, il est exploité par leurs descendants, Nathalie et Dominique Auzias, qui disposent après agrandissement de 160 ha d'un seul tenant.

Syrah (50 %), cabernet franc (40 %) et grenache (10 %) s'allient avec bonheur dans ce vin paré d'une robe intense et jeune aux nuances violines et aux parfums de fruits rouges. Ces arômes s'allient au cassis et à la mûre dans un palais gourmand, ample et soyeux. La finale laisse une impression mêlée de puissance et de fraîcheur, comme un reflet de la confluence de deux climats, méditerranéen et océanique, dans ces terres du Cabardès. Superbe. ⧗ 2019-2024

⊶ DOMINIQUE AUZIAS, Dom. de Paretlongue, 11610 Pennautier, tél. 04 68 47 28 28, bastien@auzias.fr V *t.l.j. 10h-12h 14h-17h*

CH. LA BASTIDE ROUGEPEYRE Prestige 2015 ★

■ | 50000 | | 8 à 11 €

Situé sur le versant sud de la Montagne noire, à Pennautier, près de Carcassonne, le château la Bastide Rougepeyre est une ancienne ferme fortifiée du XIIIe s. Dans la même famille depuis huit générations, ce domaine de 50 ha est conduit aujourd'hui par l'officier de marine Dominique de Lorgeril.

Ce vin exprime la complémentarité parfaite des cépages bordelais (merlot, cabernet, malbec) et méridionaux (syrah et grenache) dans le terroir du Cabardès: il conjugue la finesse des premiers et la générosité des seconds. Au nez, un trio aromatique intense, composé de fruits rouges, de réglisse et de fruits noirs frais. On retrouve cette palette dans un palais chaleureux, aux tanins vanillés à la fois puissants et veloutés, qui laissent présager une heureuse évolution. ⧗ 2019-2025

⊶ SCEA CH. LA BASTIDE, Dom. la Bastide-RougePeyre, 11610 Pennautier, tél. 04 68 72 51 91, chateaulabastide@rougepeyre.com V *r.-v.*
⊶ de Lorgeril

DOM. DE CABROL La Dérive 2016 ★★

■ | 5000 | | 15 à 20 €

Un pilier de l'appellation cabardès, avec nombre de coups de cœur à son actif. Le domaine s'étend sur 150 ha, mais la vigne n'occupe que 20 ha, à 300 m d'altitude, dans un paysage de garrigue et de bois. Claude Carayol y est installé depuis 1987.

Malgré son nom, cette cuvée, issue de cabernet-sauvignon et de syrah à parts égales, sait où elle va! Elle semble être descendue de son terroir d'altitude vers la garrigue, dont elle offre tous les parfums, agrémentés d'autres senteurs méridionales de tapenade, d'olive noire et d'épices et, en bouche, d'un brin de violette et d'une touche d'épices douces. La vinification d'une partie des raisins en grains entiers apporte une grande puissance aromatique et l'élevage de seize mois en demi-muids n'écrase pas le vin. Frais en attaque, dense, le palais prend du volume et de l'ampleur jusqu'à la finale chaleureuse et onctueuse, qui laisse un sillage réglisssé. ⧗ 2019-2027

⊶ CLAUDE CARAYOL, D 118, 11600 Aragon, tél. 06 81 14 00 26, cc@domainedecabrol.fr V *r.-v.*

CH. JOUCLARY
Cuvée Guillaume de Jouclary Élevé en fût 2016 ★

■ | 3000 | | 11 à 15 €

Fondé en 1530 par un consul de la cité de Carcassonne qui a légué son nom à la propriété, le domaine Jouclary (60 ha), appartient à la famille Gianesini depuis 1969. Une valeur sûre de l'appellation cabardès. Pascal Gianesini a créé en outre en 2017 une structure de négoce pour élargir sa gamme (marque Nore).

LANGUEDOC

Bâti sur le tryptique merlot-syrah-grenache (10 % pour ce dernier), ce Guillaume ne manque pas de prestance, avec sa robe vive et jeune aux reflets bleutés. Il laisse dans son sillage d'intenses arômes de fruits noirs, escortés par des fruits rouges et des touches de cannelle. On retrouve en bouche toute cette gamme, avec des tanins soyeux qui laissent une impression de puissance et de finesse. La finale est marquée par des notes à la fois chaleureuses et raffinées de havane et d'épices. ⧗ 2019-2025

⊶ *SASU PASCAL GIANESINI, rte de Villegailhenc, 11600 Conques-sur-Orbiel, tél. 06 80 28 51 03, chateau.jouclary@orange.fr* V r.-v.

Ⓑ DOM. LOUPIA Julie 2016 ★★

■ | 5000 | | 8 à 11 €

Ce domaine se transmet de mère en fille depuis cinq générations. Pionnier de l'agriculture biologique qu'il a adoptée dès 1974, avant de commencer la mise en bouteilles à la propriété en 1980, il dispose d'un vignoble de 13,5 ha, conduit depuis 2000 par Nathalie et Philippe Pons.

Pour cette cuvée, du merlot (60 %), de la syrah et un élevage en cuve de douze mois. Un vin généreux et élégant, sur les fruits noirs bien mûrs relevés de notes épicées chaleureuses. D'un beau volume, il est tendu par une arête

Le Languedoc

acide qui met en valeur son expression aromatique teintée d'une touche de graphite. Cette minéralité rehausse la longue finale de ce vin aux lignes gracieuses. ⧗ 2018-2022

■ **Antoine 2016 ★ (8 à 11 €; 4500 b.)** Ⓑ : cette cuvée fait entrer 10 % de cabernet aux côtés du merlot et de la syrah. Elle mêle des fragrances de fruits noirs à d'intenses notes grillées et vanillées léguées par un élevage de douze mois en fût. Fraîche en attaque, corsée, ample et épicée, étayée par des tanins bien présents, elle apparaît à la fois puissante et gourmande. ⧗ 2019-2023

NATHALIE ET PHILIPPE PONS, 8, les Albarels, 11610 Pennautier, tél. 04 68 24 91 77, domaineloupia@orange.fr V 🚶 ▮ *t.l.j. 10h-12h30 16h-19h; sam. dim. sur r.-v.*

CH. LA MIJANE Arpège 2017 ★★

■	2500	ⓘ ↑	8 à 11 €

Un jeune domaine fondé en 2011 par Philippe de la Boisse, à la tête d'un vaste ensemble d'une centaine d'hectares en bordure du canal du Midi, dont 50 dédiés à la vigne et aux cabardès, aux IGP Pays d'Oc et Cité de Carcassonne.

Issu de l'union heureuse des cépages atlantiques et méditerranéens, ce vin couleur pétale de rose est particulièrement séducteur avec ses arômes de fruits à chair blanche agrémentés de notes de citron vert. En bouche, grenache et syrah apportent de l'opulence et

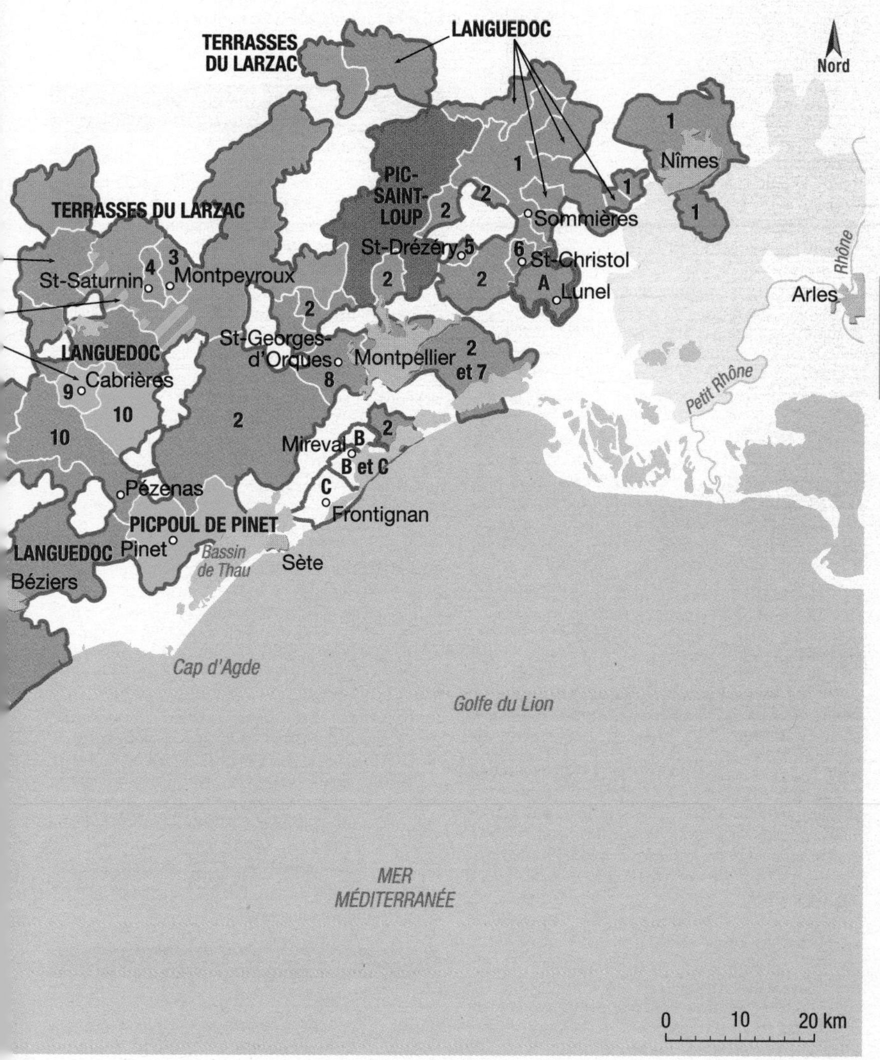

de l'onctuosité, tandis que le merlot confère des notes de cassis et qu'une touche minérale et de beaux amers viennent dynamiser la finale. Un rosé complet, qui laisse une impression de plénitude. ⧗ 2018-2020

PHILIPPE DE LA BOISSE, Dom. La Mijane, carrefour de Bezons, rte de Caunes, 11620 Villemoustaussou, tél. 04 68 10 99 71, vin.lamijane@gmail.com V t.l.j. sf sam. dim. 9h-17h

♥ CH. DE PENNAUTIER
Terroirs d'Altitude 2015 ★★★

■ | 123333 | | 8 à 11 €

Les Lorgeril possèdent six domaines familiaux en Languedoc-Roussillon, parmi lesquels le Ch. de Ciffre (70 ha en conversion bio, dont 37 ha de vignes) qui s'étend sur les appellations faugères, saint-chinian et languedoc. Nicolas et Miren de Lorgeril sont également à la tête d'une structure de négoce.

Né des cépages merlot, cabernet-sauvignon, grenache et syrah, ce vin élu coup de cœur met à l'honneur des terroirs difficiles, souvent froids, qui assurent de lentes maturations, sources d'équilibre et d'arômes intenses et complexes. Il déploie avec générosité une riche palette alliant la truffe, le cassis, la figue et la vanille. Ample, robuste et charpenté, il est allégé par un trait acidulé et par une longue finale fraîche aux accents de menthe poivrée qui laissent une impression de ferme élégance. ⧗ 2018-2025 ■ **Esprit de Pennautier 2015 ★★ (20 à 30 €; 29500 b.)** : pour les Lorgeril, cette cuvée est leur « grand vin », comme on dit à Bordeaux. Né de merlot, de syrah, de cabernet-sauvignon et d'un appoint de grenache récoltés à la main, il déploie des arômes intenses et complexes de fruits frais, soulignés tout au long de la dégustation par de fines touches d'épices douces et de vanille. Ses tanins soyeux et caressants donnent à la finale l'onctuosité caractéristique des grands cabardès. ⧗ 2018-2025

VIGNOBLES LORGERIL, BP 4, 11610 Pennautier, tél. 04 68 72 65 29, directionmarketing@lorgeril.com V r.-v.

CH. VENTENAC Grande Réserve de Georges 2015 ★

■ | 30000 | | 8 à 11 €

Alain Maurel a créé ce domaine en 1973, plantant les vignes en haute densité (6 500 pieds/ha) pour privilégier des rendements faibles et une plus grande concentration des vins. Un beau patrimoine de 115 ha qu'il a transmis à ses enfants, dirigé depuis 2011 par son gendre Olivier Ramé. Une valeur sûre de l'appellation cabardès.

La cuvée emblématique du château, coup de cœur dans le millésime précédent, n'est pas sur sa réserve. Le 2015, toujours constitué du trio cabernet-sauvignon- syrah-merlot (ce dernier en appoint), a bénéficié de 35 jours de cuvaison, avant de rester douze mois en cuve et autant en fût. Le vin, beau ténébreux, déploie des arômes explosifs de cassis et de myrtille, pleins de fougue et de fraîcheur. Musculeux, il laisse une impression de puissance sans excès, et déploie une palette complexe de fruits rouges et noirs. La finale est charmeuse, tout en rondeur. ⧗ 2019-2024

MAISON VENTENAC, 4, rue des Jardins, 11610 Ventenac-Cabardès, tél. 04 68 24 93 42, accueil@maisonventenac.fr V r.-v.

CLAIRETTE-DU-LANGUEDOC

Superficie : 60 ha / Production : 2 487 hl

Les vignes du cépage clairette sont cultivées dans huit communes de la vallée moyenne de l'Hérault. Après vinification à basse température avec le minimum d'oxydation, on obtient un vin blanc généreux, à la robe jaune soutenu. Il peut être sec, demi-sec ou moelleux. En vieillissant, il acquiert un goût de rancio.

DOM. LA CROIX CHAPTAL
Clairette Blanche 2016 ★★

■ | 6900 | | 8 à 11 €

Créé au IXe s. par les moines bénédictins de l'abbaye de Gellone, ce domaine se partage entre 11 ha de bois et 25 ha de vignes. Il revit depuis son rachat en 1999 par Charles-Walter Pacaud, qui l'avait découvert pendant ses études de viticulture-œnologie à Montpellier.

Charles Walter Pacaud propose dans cette édition deux versions de l'appellation aussi remarquables. Deux vins gourmands à apprécier sans attendre pour fêter les soixante-dix ans de l'appellation. Cette version vinifiée en sec revêt une robe or pâle aux reflets argentés. La palette aromatique délicate, mêlant des notes suaves de pâte de coing nuancée d'amande et des évocations fraîches de pamplemousse se teintent au palais des notes épicées et fumées d'un beau boisé. La bouche savoureuse trouve son équilibre dans une pointe d'amertume bienvenue pour tonifier la finale chaleureuse. ⧗ 2019-2021 ■ **Vendanges de Novembre 2011 ★★ (15 à 20 €; 900 b.)** : née de raisins récoltés en surmaturation et atteints par la pourriture noble en novembre 2011, cette cuvée confidentielle a mûri en fût pendant cinq ans. Au terme de cet élevage, elle affiche une robe ambrée et déploie avec exubérance et intensité toute une gamme d'arômes traduisant une heureuse évolution: confiture de coings, compotée de pommes, miel, réglisse, cannelle, orange confite et, à l'aération, un soupçon de cire. Tout aussi généreuse, la bouche offre une matière puissante, où jouent des arômes confits et épicés non dénués d'élégance. L'acidité, encore bien présente, soutient le moelleux jusqu'à la finale aux nuances de pruneau et de confiture de vieux garçon. ⧗ 2019-2025

CHARLES-WALTER PACAUD, hameau de Cambous, 34725 Saint-André-de-Sangonis, tél. 04 67 16 09 36, lacroixchaptal@wanadoo.fr

FULCRAND CABANON 2017 ★

■ | 13000 | | 5 à 8 €

Coopérative fondée en 1937 et riche des 330 ha de ses adhérents, les caves de l'Estabel, réputées pour leurs

rosés qui ont fait la gloire de Cabrières, présentent aussi une gamme de rouges dignes d'un vif intérêt. Elles produisent également de l'AOC clairette-du-languedoc, sur une vingtaine d'hectares de schistes. Le paysage dominé par le pic de Vissou, la richesse géologique et les sites archéologiques en font une étape obligée.

À une robe pâle, claire et limpide répond un nez délicat partagé entre de subtils parfums de fleur d'hibiscus et de légères senteurs abricotées. Gourmande et fruitée, la bouche marie des notes fraîches de fruits exotiques (ananas) et des arômes suaves de confiture de coing dont l'exubérance contraste avec la douceur mesurée de ce moelleux équilibré. ⧗ 2018-2021

o— L'ESTABEL, 20, rte de Roujan, 34800 Cabrières, tél. 04 67 88 91 60, contact@estabel.fr V t.l.j. 9h-12h 14h-18h

PAUL MAS Vinus 2017

	180 000	8 à 11 €

Vigneron-négociant, Jean-Claude Mas dispose d'un vaste vignoble de plus de 600 ha en propre constitué par quatre générations, auxquels s'ajoutent les apports des vignerons partenaires (1 300 ha). Le Ch. Paul Mas se compose de 25 ha à Conas, 27 ha à Moulinas, près de Pézenas, et 80 ha à Nicole, près de Montagnac. Côté négoce, plusieurs marques: Prima Perla, Forge Estaten Arrogant Frog, Côté Mas...

Paul Mas s'est intéressé à cette petite appellation aux expressions diverses. Il présente une clairette vinifiée en sec. La robe claire montre des reflets verts; le nez subtil allie des notes minérales au genêt. Cette délicatesse et cette fraîcheur se prolongent en bouche par des accents floraux d'aubépine et d'iris. La finale est teintée de l'amertume caractéristique du cépage. ⧗ 2018-2019

o— SARL LES DOMAINES PAUL MAS, rte de Villeveyrac, 34530 Montagnac, tél. 04 67 90 16 10, info@paulmas.com V r.-v.

CORBIÈRES

Superficie : 13 000 ha / Production : 461 000 hl

VDQS depuis 1951, reconnus en AOC en 1985, les Corbières constituent une région typiquement viticole, et ce massif montagneux aride, qui sépare le bassin de l'Aude des plaines du Roussillon, n'offre guère d'autres possibilités de culture. Cette vaste appellation s'étend sur 87 communes. Les corbières rouges, majoritaires, ont en commun un côté chaleureux et souvent charpenté. Ils assemblent aux traditionnels carignan et grenache noir la syrah, le cinsault, le mourvèdre, le lladoner pelut... L'appellation produit aussi des rosés et des blancs; ces derniers mettent à contribution les cépages grenache, macabeu, bourboulenc, marsanne, roussanne et vermentino. Corbières maritimes au sud-est, hautes Corbières au sud, Corbières centrales faites de terrasses et de collines, montagne d'Alaric au nord-ouest... la région présente un relief très compartimenté et des terroirs divers par leur altitude, leurs sols, l'influence méditerranéenne plus ou moins dominante. Ce cloisonnement des sites a conduit à une réflexion sur les spécificités des terroirs de l'AOC, notamment ceux de Durban, Lagrasse et Sigean.

♥ **ABBAYE DE FONTFROIDE** Ocellus 2017 ★★

	10 000		8 à 11 €

Fondée en 1093, l'abbaye bénédictine de Fontfroide fut rattachée à l'ordre cistercien au XIIe s. Une puissance spirituelle et temporelle qui donna un pape à la chrétienté. Aujourd'hui, un site splendide, un domaine viticole (38 ha) depuis les années 1990 et une cave rénovée entre 2000 et 2005, sous l'impulsion de Laure d'Andoque et de Nicolas de Chevron Villette, installés en 2004.

Né sur un terroir plutôt sableux et filtrant, un vin blanc moderne séduisant par sa personnalité. Le grenache (25 %) lui donne son caractère méridional; la marsanne et le vermentino lui lèguent son intensité aromatique et son tempérament. Sa robe pâle montre des reflets verts. Son nez gourmand, tout en finesse, se partage entre la pêche blanche et le verger en fleur. L'attaque fraîche, sur un fruité jeune, ouvre sur un palais d'une élégante rondeur, tonifié par une finale alerte, minérale et longue. Parfait pour l'apéritif et le poisson grillé. ⧗ 2018-2020 ■ **Deo Gratias 2015 ★★ (15 à 20 €; 15 000 b.)** : né d'un assemblage de syrah (60 %) et de grenache, un rouge ambitieux issu d'une longue macération (plus de 25 jours), élevé partiellement en barrique. Robe grenat dense montrant un début d'évolution; nez puissant et élégant, sur le cassis très mûr; palais ample, généreux et persistant, soutenu par des tanins fondus. On y retrouve le fruit noir, rehaussé des notes d'épices et de cacao léguées par la barrique. ⧗ 2018-2023 ■ **Ocellus 2017 ★ (8 à 11 €; 10 000 b.)** : grenache, cinsault et syrah à proportions quasi égales pour ce rosé clair, ouvert sur les fruits mûrs. En bouche, une même gourmandise fruitée, avec une bonne fraîcheur en appoint. Harmonieux. ⧗ 2018-2019

o— LES VINS DE FONTFROIDE, RD 613, 11100 Narbonne, tél. 04 68 41 06 92, vin@fontfroide.com V t.l.j. 10h-12h30 13h30-18h o— de Chevron Villette

CH. AIGUILLOUX Cuvée Aventure 2016 ★

	40 000		8 à 11 €

Fondé en 1860 sur le site d'une villa gallo-romaine, un domaine de 125 ha, dont 36 de vignes d'un seul tenant, traversé par un ruisseau du nom d'Aiguilloux. Né en Normandie, François Lemarié a parcouru le monde avant de se poser dans ce coin des Corbières en 1982. En 2018, il a transmis la propriété à son fils Georges. Ce dernier, fort d'une expérience de dix ans dans la restauration, allie vin et gastronomie sur le domaine.

Le nom de cette cuvée rappelle les débuts de Marthe et François Lemarié, vignerons autodidactes. Né d'un assemblage similaire à celui du 2015 (carignan 50 %, complété par la syrah, le grenache et par une goutte de mourvèdre), ce 2016 est de la même veine que son aîné: robe grenat intense, nez sur le fruit mûr, bouche plus expressive, concentrée et longue, soutenue par une solide trame tannique, un peu austère en finale. Un vin net, sincère et sans fard. ⧗ 2018-2023

GEORGES LEMARIÉ, Ch. Aiguilloux, 11200 Thézan-des-Corbières, tél. 04 68 43 32 71, aiguilloux@wanadoo.fr t.l.j. 10h-12h 14h-18h

PIERRE BORIES L'île aux cabanes 2016 ★

■	n.c.		30 à 50 €

Sur son domaine, Pierre Bories (voir Ch. Ollieux-Romanis et Le Champ des Murailles) a déterminé en 2012 les terroirs les plus adaptés à l'élaboration de vins nature, élaborés sans levurage ni sulfites. Situés à Fabrezan, sur le flanc sud de l'Alaric, ces îlots viticoles donnent – les années favorables – des cuvées ambitieuses, destinées aux restaurants et cavistes haut de gamme, également en vente au domaine.

Un vin nature issu de vieux carignans (60 %) et grenaches, âgés de soixante ans, élevé pour moitié en barrique. Une robe sombre, presque noire; un nez gorgé de fruits noirs cuits, légèrement évolué, rehaussé d'un boisé délicat; un palais ample, dense, corsé et long, aux arômes de réglisse, de cannelle et de tapenade, adossé à des tanins fondus. Une bouteille généreuse, au tempérament affirmé. ⧗ 2018-2023

DOM. PIERRE BORIS, 11200 Fabrezan, tél. 04 68 43 35 20, contact@chateaulesollieux.com

CH. LE BOUÏS La Cigale 2016 ★

■	20000		5 à 8 €

Appuyé aux contreforts du massif de La Clape, un ancien domaine de 50 ha. À l'horizon, le trait bleu de la mer, aux alentours, les pins et le vacarme reposant des cigales. Petite fille d'un négociant sétois, Frédérique Olivié a été kiné à la Réunion. De retour en métropole avec ses enfants, elle a acheté d'abord quelques parcelles de la propriété et vinifié dans un garage. Aujourd'hui propriétaire de la totalité, elle s'implique dans le tourisme (musée, restaurant, activités œnotouristiques, etc).

Dans ce secteur, le carignan s'efface au profit de la syrah, qui représente 70 % de l'assemblage de cette cuvée, complétée par le grenache. La robe est soutenue, violine; le nez concentré déploie de multiples nuances: fruits confituré, réglisse, notes fumées, olive noire; les épices s'ajoutent à cette palette dans une bouche ronde, de bonne longueur, aux tanins enrobés. ⧗ 2018-2023

FRÉDÉRIQUE OLIVIÉ, rte Bleue, 11430 Gruissan, tél. 04 68 75 25 25, contact@chateaulebouis.com t.l.j. 9h-12h 14h-18h 4 Olivié

CH. LA BOUTIGNANE 2016 ★

■	40000		5 à 8 €

Implanté sur le terroir de Lagrasse, au cœur des Corbières, le Ch. La Boutignane offre un terroir propice aux maturations tardives. L'exploitation est dans le giron des Grands Chais de France.

Né du trio syrah-grenache-carignan, un vin au bouquet attirant, sauvage, évoquant la garrigue et la venaison. Son palais charnu, tonifié par une pointe de fraîcheur et étayé par une solide trame tannique, en fait également un corbières typique et prometteur, à la fois noble et rugueux. ⧗ 2018-2023

DOMAINES LANGUEDOCIENS, 11200 Fabrezan, tél. 04 67 39 29 49, domaine@labaume.com t.l.j. sf sam. dim. 9h-18h
Grands Chais de France

DOM. LA BOUYSSE Floréal 2017 ★★

■	4000		8 à 11 €

En 1996, Martine Pagès et son frère Christophe Molinier, tous deux œnologues, reprennent le domaine familial (aujourd'hui 40 ha près de Fontfroide, sur le terroir de Boutenac) et quittent la coopérative. Ils engagent la conversion bio de l'exploitation (certification en 2013). Ils ont récemment été rejoints par Hélène, la cinquième génération.

Grenache noir (90 %) et syrah sont associés pour le meilleur dans ce rosé limpide et brillant, au nez gourmand de fraise et de framboise. Un fruité intense que prolonge, agrémentée de nuances citronnées, une bouche ample, fraîche et longue. ⧗ 2018-2020

MARTINE PAGÈS ET CHRISTOPHE MOLINIER, 3 chem. de Montséret, 11200 Saint-André-de-Roquelongue, tél. 04 68 45 50 34, info@domainelabouysse.com t.l.j. sf sam. dim. 8h-12h 14h-17h (8h-12h 14h-19h en juil.-août)

CH. CAMBRIEL Tête de Cuvée 2016 ★

■	2669		11 à 15 €

Les grands-parents des actuels vignerons, jardiniers, débutent avec 4 ha. Les parents sortent de la coopérative en 1986 avec 22 ha. En 2013, deux de leurs fils, Christophe et Éric, prennent leur suite et continuent à agrandir l'exploitation, forte de 72 ha (dont 50 en production), et d'un chai agrandi. À leur carte, des corbières et des IGP.

Vinifiée en macération carbonique et élevée douze mois en fût et en foudre, une cuvée représentative du corbières, avec ses 70 % de carignan complété par le grenache. D'un grenat foncé, elle libère d'abord des senteurs d'élevage vanillées et grillées, mâtinées de fruits secs, qui laissent percer le fruit rouge mûr. Ample et suave, elle déroule des tanins boisés bien fondus, sur des notes de mûre et de pruneau. ⧗ 2018-2023

CAMBRIEL, 79, av. Saint-Marc, 11200 Ornaisons, tél. 04 68 27 43 08, christophe.cambriel@orange.fr t.l.j. 10h-12h15 17h-19h30; dim. 10h-12h15

C DE CAMPLONG 2017

■	13300		8 à 11 €

Fondée en 1932, la coopérative du village de Camplong (30 vignerons, 270 ha à 80 % en AOC corbières) bénéficie d'un excellent terroir, sur les pentes sud de l'Alaric. À l'origine, un seul vin rouge vendu en vrac; aujourd'hui, de larges gammes et des cuvées ambitieuses.

Ce rosé tout grenache (noir, à 85 %, et gris) évoque les fruits exotiques et la fraise. En bouche, il se montre frais et un brin tannique en finale. ⧗ 2018-2020

LES VIGNERONS DE CAMPLONG, 25, av. de la Promenade, 11200 Camplong-d'Aude, tél. 04 68 43 60 86, secretariat.camplong@orange.fr V t.l.j. 9h-12h 14h-18h (19h en juil.-août)

CARA DE CARAGUILHES 2017 ★★

■	29000		11 à 15 €

D'origine cistercienne, le domaine, commandé par des bâtiments imposants, est situé à flanc de coteaux. Il domine le vaste vignoble de 95 ha d'un seul tenant qui s'étale tout autour en pente douce, entouré de 500 ha de garrigue. Un pionnier du bio – dès 1987. Propriétaire depuis 2007, Pierre Gabison reste sur cette ligne.

Issu de grenache (90 %) et de mourvèdre, ce rosé très clair a fait forte impression avec son nez intense de fruits rouges et d'agrumes. La bouche ne déçoit pas: du gras, de la fraîcheur, de la longueur. En un mot: équilibré. ⧗ 2018-2020 ■ **Ch. de Caraguilhes Les Gourgoules 2016 ★ (8 à 11 €; 18000 b.)** : un assemblage de syrah (45 %), de carignan et de grenache, vinifiés selon des techniques différentes. Robe profonde, nez franc, entre cassis, réglisse et épices, rehaussé d'une touche de romarin; bouche ample, riche, consistante, ronde et affable, aux arômes de fruits rouges bien mûrs: une expression svelte mais élégante des corbières. ⧗ 2018-2023

PIERRE GABISON, Dom. de Caraguilhes, 11220 Saint-Laurent-de-la-Cabrerisse, tél. 04 68 27 88 99, chateau@caraguilhes.fr V t.l.j. sf sam. dim. 9h-12h 14h-17h Gabison

CASTELMAURE Cuvée n°3 2016 ★★

■	40000		20 à 30 €

Fondée en 1921, la coopérative d'Embres-et-Castelmaure se niche au fond des hautes Corbières, entre les pentes sauvages de La Sauveille et du col de Bent; 400 ha de vignes. Les ceps plongent leurs racines dans des sols rocailleux, calcaires ou schisteux.

Une nouvelle fois les vignerons de Castelmaure, sont en fort bonne place. Bons connaisseurs de leurs terroirs, ils savent par-dessous tout respecter le raisin. Issue du trio syrah-grenache-carignan, cette cuvée N°3, qui a plus d'un coup de cœur à son actif, s'est placée sur les rangs cette année. On loue sa robe éclatante, son nez alliant finesse et caractère, partagé entre fruits noirs, fleur fanée et pierre chaude; et enfin, son palais ample, gras et concentré, à la fois puissant et délicat, soutenu par des tanins policés, où l'on retrouve le fruit noir souligné de boisé. Un vin authentique. ⧗ 2018-2023 ■ **Grande Cuvée 2016 ★ (11 à 15 €; 100000 b.)** : mi-grenache mi-syrah, cette cuvée offre un nez expressif et flatteur mêlant les fruits rouges à un doux boisé vanillé. Un vin structuré, ample, judicieusement boisé. ⧗ 2018-2023

SCV CASTELMAURE, Cave Coopérative, 4, rte de Canelles, 11360 Embres-et-Castelmaure, tél. 04 68 45 91 83, vins@castelmaure.com V t.l.j. 10h-12h 15h-18h

CELLIER DES DEMOISELLES
Blanc des Demoiselles 2017 ★

■	50000		5 à 8 €

Créée en 1914, la coopérative de Saint-Laurent-de-la-Cabrerisse, dans les Corbières centrales, a été nommée en hommage aux femmes qui l'ont maintenue en activité alors que les hommes étaient au front. À partir des années 2000, elle a développé sa production en bouteilles.

Souvent apprécié, le Blanc des Demoiselles met en œuvre quatre variétés: le grenache blanc (50 %), le macabeu, avec un appoint de marsanne et de bourboulenc. D'un jaune très pâle aux reflets verts, il délivre des arômes de fruits blancs intenses et nets. Le cépage principal lui lègue son gras, sa rondeur confortable, tonifiée en finale par une fraîcheur fruitée. ⧗ 2018-2021 ■ **Rosé des Demoiselles 2017 (5 à 8 €; 69000 b.)** : vin cité.

CELLIER DES DEMOISELLES, 5, rue de la Cave, 11220 Saint-Laurent-de-la-Cabrerisse, tél. 04 68 44 02 73 V t.l.j. sf dim. 8h-12h 14h-18h; sam. 10h-12h 15h-18h

LES CELLIERS D'ORFÉE Ayraud 2015 ★★

■	8000		8 à 11 €

Créée en 1933, la cave d'Ornaisons a fusionné avec celle de Ferrals-les-Corbières. Son nom poétique réunit la première syllabe de ces deux villages. La coopérative dispose d'un vignoble de 970 ha répartis sur les AOC corbières et corbières-boutenac.

Une vinification précise, adaptée aux différents cépages (macération carbonique pour le carignan et une partie du grenache, longue cuvaison pour la syrah), un séjour de douze mois sous bois. Habillé d'une robe profonde, le vin porte la marque d'un élevage bien mené, avec ses arômes d'amande grillée, de caramel, assortis d'une touche d'écorce d'orange et de notes de fruits noirs. L'attaque suave ouvre sur un palais à la fois rond et frais. Veloutés, les tanins font juste sentir leur présence dans une finale aux accents de mûre. Tout est à sa place dans ce corbières généreux et bien typé. ⧗ 2018-2023

CELLIERS D'ORFÉE, 53, av. des Corbières, 11200 Ornaisons, tél. 04 68 27 09 76, contact@celliersdorfee.com V t.l.j. sf dim. 8h-12h 14h-18h

LE CHAMP DES MURAILLES
La Petite Muraille 2016 ★

■	50000		8 à 11 €

Bien connu pour son Ch. Ollieux Romanis, Pierre Bories a racheté en 2012 le Champ des Murailles, domaine en corbières-boutenac créé par François des Ligneris, ancien propriétaire du Ch. Soutard, grand cru classé de Saint-Émilion. Couvrant quelque 10 ha sur le flanc ouest du massif du Pinada, ce vignoble se caractérise par un microclimat plus frais que le Ch. Ollieux Romanis. En conversion bio.

Le carignan (70 %) est complété par le grenache dans ce vin qui ne connaît pas le bois. Il en résulte un nez engageant, tout en fruits rouges, agrémenté de notes complexes, florales, végétales et épicées. Ce fruité un rien confit se prolonge dans un palais souple en attaque, ample et rond, à la finale épicée, de belle longueur. Un vin sincère et gracieux. ⧗ 2018-2021

LANGUEDOC

DOM. LE CHAMP DES MURAILLES, 11200 Fabrezan, tél. 04 68 43 35 20, contact@chateaulesollieux.com

DOM. LA COMBE GRANDE Le Rosé 2017

■	20000		- de 5 €

Selon la légende, les Wisigoths auraient enterré un trésor dans la montagne de l'Alaric. Ce relief, en tout cas, offre des terroirs propices. Sur ses pentes sud, Christophe Sournies et son cousin Jacques Tibie conduisent le domaine (80 ha) où leur famille est installée depuis 1890.

D'un joli rose pâle, ce vin de grenache (90 %) et de syrah évoque surtout les agrumes à l'olfaction. En bouche, il apparaît rond, d'un volume honorable, équilibré par une juste fraîcheur. 2018-2019

TIBIE, 23, av. de la Promenade, 11200 Camplong-d'Aude, domaine.combegrande@orange.fr V t.l.j. sf sam. dim. 8h-12h 14h-18h

CH. COULON Cuvée Veredus 2015 ★★

■	10000		11 à 15 €

Enracinée dans les Corbières depuis 1605, la famille Fabre exploite 360 ha répartis en quatre domaines: le Ch. Fabre Gasparets (corbières-boutenac, le berceau), le Ch. Coulon, le Ch. de Luc et le Dom. de la Grande Courtade, sur le territoire de Béziers, dédié aux vins IGP. Ingénieur agronome et œnologue, Louis Fabre a pris en 1982 la tête de ces vignobles cultivés en bio dès 1991 (certification pour l'ensemble en 2014).

Quatre cépages sont réunis dans cette cuvée: la syrah (40 %), complétée par les carignan, grenache et mourvèdre à parts égales. Discret au nez, ce 2015 libère à l'aération des parfums de fruits rouges bien mûrs, voire confits, rehaussés de touches épicées. Ces arômes se prolongent dans un palais souple en attaque, d'une belle ampleur, qui laisse percevoir en finale des tanins légèrement boisés. Un vin proche de son apogée. 2018-2023 ■ **Ch. de Luc Les Jumelles 2017 (8 à 11 €; 20000 b.)** B : vin cité.

LOUIS FABRE, 1, rue du Château, 11200 Luc-sur-Orbieu, tél. 04 68 27 10 80, info@famille-fabre.com V t.l.j. 9h-12h 14h-18h; sam. dim. sur r.-v.

LES VIGNOBLES FONCALIEU La Lumière 2015 ★★

■	5800		20 à 30 €

Créée en 1967, cette union de caves coopératives du Languedoc propose des vins d'un très grand Sud qui s'étend de la Gascogne à la vallée du Rhône. Elle regroupe plus de 650 vignerons et dispose de 4 500 ha.

Malgré son gigantisme, ce groupement de coopératives propose des cuvées singulières issues d'une vinification exigeante, comme ce vin, œuvre de trois vignerons. Issus de syrah (70 %) et de mourvèdre (30 %) cultivés à petits rendements, les jus macèrent trois à quatre semaines, avec pigeages et remontages, avant un élevage de douze mois en fût neuf. La robe est sombre et dense. Encore sur la réserve, le nez mêle les épices à la tapenade et au pruneau. Le cassis s'ajoute à cette palette dans une bouche ample et structurée. La finale encore tannique et austère suggère de mettre cette Lumière à l'ombre d'une cave. 2019-2024

LES VIGNOBLES FONCALIEU, Dom. de Corneille, 11290 Arzens, tél. 04 68 76 21 68, contact@foncalieu.com

CH. FONTARÈCHE
Sélection Vieilles Vignes 2017 ★★

■	43000	5 à 8 €

C'est en 1682 que les ancêtres d'Édouard de Lamy ont acquis ce domaine. Son vignoble, implanté sur une haute terrasse graveleuse de l'Aude, couvre 140 ha d'un seul tenant, formant un carré parfait autour du château du XVIIᵉs. Il est dirigé depuis 2008 par Vincent Dubernet, ingénieur en agriculture, œnologue et fils d'œnologue.

Issu de vignes de trente ans, ce corbières blanc assemble la roussanne (50 %), le grenache blanc (40 %) et le vermentino. La robe est très pâle, éclatante, animée de reflets verts. Après un premier nez sur les fleurs blanches et des touches végétales, une pointe de bonbon anglais se fait jour à l'aération. Dans une belle continuité, la bouche se montre alerte et fruitée, un fin perlant soulignant sa vivacité. 2018-2020 ■ **Tradition 2017 ★★ (- de 5 €; 93000 b.)** : d'un beau gris pâle, ce rosé né de picpoul noir (50 %), de syrah et de grenache noir dévoile un nez intense de fruits exotiques et de fruits rouges. De la vivacité, du gras, du fruit, de la longueur, du volume, rien ne manque en bouche. 2018-2020

CH. FONTARÈCHE, RD 11 Fontarèche, 11200 Canet-d'Aude, tél. 04 68 27 10 01, contact@fontareche.fr V r.-v. Famille de Lamy

CH. DE FONTENELLES Notre Dame 2016 ★

■	35000		8 à 11 €

Domaine familial situé sur le versant nord de l'Alaric. En cinq générations, sa surface est passée de 7 à 40 ha. Aux commandes depuis 1993, Thierry et Nelly Tastu misent sur la qualité.

Une cuvée souvent en vue, avec trois coups cœur à son actif, dont un pour le millésime précédent. L'assemblage est similaire: une syrah majoritaire (55 %), complétée par du grenache, des vieux carignans et mourvèdres. Robe superbe, presque noire, nez épatant, intense et fin, sur le fruit très mûr, le poivre et le grillé, palais souple en attaque, ample et rond, séduisant par la finesse de son tanin: un vin suave et délicat. 2018-2023 ■ **Renaissance 2016 ★ (15 à 20 €; 30000 b.)** : quatre cépages, syrah en tête, comme pour la cuvée Notre-Dame. L'élevage en barrique fait la différence et laisse son empreinte vanillée, sans masquer le fruit (cassis, fruits confits). Un vin harmonieux, soyeux et complexe. 2018-2023

THIERRY TASTU, 78, av. des Corbières, 11700 Douzens, tél. 04 68 79 12 89, info@fontenelles.com V r.-v.

LES FRÊNES
Élevé en fût de chêne 2016 ★

■	80000		8 à 11 €

Créée en 1921 dans le massif des hautes Corbières et le haut Fitou, à 20 km de la Méditerranée, la cave des Vignerons de Cascastel rassemble une centaine d'adhérents qui cultivent 750 ha. À sa carte, des fitou, des corbières, des vins doux naturels et des vins en IGP.

Vinifié en macération carbonique, le carignan (50 %) s'allie au grenache et à la syrah dans cette cuvée, qui a tiré d'un élevage de douze mois en fût une jolie complexité, avec ses arômes de petits fruits dans le sous-bois, soulignés d'un trait vanillé. Le palais, à l'unisson du nez, est bien construit, à la fois structuré et rond. Quelques tanins fermes et vifs en finale ne nuisent pas à l'impression générale d'affabilité. ⧗ 2018-2023

SCV LES MAÎTRES VIGNERONS DE CASCASTEL, Grand-Rue, 11360 Cascastel, tél. 04 68 45 91 74, info@cascastel.com V r.-v.

LE GRAIN DE FANNY L'Égrappé à picorer 2016 ★

■	5000		5 à 8 €

En 2006, Fanny Tisseyre, héritière de quatre générations de vignerons, reçoit 6 ha de vignes. Elle cherche à faire évoluer ses pratiques, bannit les désherbants et, pour les traitements, se limite au soufre, au cuivre et aux plantes. Elle se flatte de faire des vins différents chaque année, reflets de leur millésime.

Un corbières simple et sincère, né de carignan et de grenache à parts égales et d'une vinification traditionnelle, sans barrique. Souple et frais, il séduit par sa texture légère et par sa jeunesse joviale. Idéal pour la charcuterie, et aussi pour les plats végétariens. ⧗ 2018-2022

FANNY TISSEYRE, 10, av. du Chemin-Neuf, 11200 Ornaisons, tél. 06 78 47 62 98, ftisseyre@free.fr V r.-v.

♥ B DOM. DU GRAND ARC
En Sol Majeur 2016 ★★★

■	10000		11 à 15 €

Bruno et Fabienne Schenck ont changé de vie. Pour lui, fini l'emploi de cadre aux usines Renault. Toute la famille s'installe en 1990 dans les hautes Corbières, au pied des citadelles cathares. Création du domaine en 1995; aujourd'hui, 25 ha en bio (certifié depuis 2016). À la faveur de l'expérience et d'un terroir de grande qualité, le Grand Arc est devenu une bonne adresse de l'appellation.

Le premier millésime en bio certifié du Grand Arc, vinifié sans soufre, et toujours des vins au sommet. En particulier cette cuvée, mariant grenache (60 %) et syrah, valeur sûre du domaine – elle obtient son quatrième coup de cœur. Bruno Schenck joue la modestie en l'appelant En Sol Majeur, comme si c'était le sol qui faisait tout ! Certes, le terroir n'est pas absent de cette bouteille, mais on sent aussi la maîtrise et la pratique dans cette robe dense aux reflets violets, dans ce nez intense, élégant, où un fin boisé joue avec les fruits mûrs et les épices, puis dans ce palais charnu adossé à des tanins courtois, marqué en finale par un retour du merrain. ⧗ 2019-2023 ■ **La DéSyrahble 2016 ★ (8 à 11 €; 8000 b.)** B : la syrah en vedette (80 %), associée au grenache. Un vin au tempérament très méridional, chaleureux, consistant et ample, aux accent de pierre chaude, de garrigue, voire d'eucalyptus. ⧗ 2018-2023

BRUNO SCHENCK, 15, chem. des Métairies-du-Devez, 11350 Cucugnan, tél. 04 68 45 01 03, domaine.grandarc@gmail.com V t.l.j. 9h-12h 14h-18h; sam. dim. sur r.-v.

CH. DU GRAND CAUMONT Capus Monti 2016 ★

■	2500		20 à 30 €

Une villa gallo-romaine, puis un château incendié à la Révolution; constitué au milieu du XIXe s., ce domaine a été acquis en 1906 par Louis Rigal, propriétaire de caves de Roquefort. En 2003, sa petite-fille Laurence, après un début de carrière dans le marketing, est arrivée aux commandes de cette vaste unité (148 ha, dont une centaine plantée de vignes).

Du carignan (40 %) vinifié en macération carbonique, de la syrah (45 %) et un appoint de grenache égrappés sont à l'origine de cette petite cuvée qui a séjourné douze mois en fût. Elle en retire une robe intense, un nez puissant, entre fruits cuits et épices poivrées, un palais franc et gras, où l'on retrouve ce fruité mûr, marqué en finale par une forte présence de tanins boisés et vanillés. Un vin encore dans sa jeunesse. ⧗ 2019-2023

SARL FLB RIGAL, Ch. du Grand Caumont, 11200 Lézignan-Corbières, tél. 04 68 27 10 82, chateau.grand.caumont@wanadoo.fr V t.l.j. 8h-12h 13h-17h30; sam. dim. sur r.-v.

♥ CH. GRAND MOULIN
Terres Rouges 2016 ★★★

■	14000		8 à 11 €

Son père, vendeur de bétail, possédait une petite vigne. Jean-Noël Bousquet décide à huit ans qu'il sera vigneron, achète son premier hectare à dix-sept ans, s'installe comme jeune agriculteur en 1978 – en fermage – et achète des vignes en coteaux alors dédaignées (500 F l'hectare...). En 1988, à la tête de 24 ha, il installe sa cave dans un ancien moulin. Il a transmis en 2014 à son fils Frédéric 130 ha de vignes, en IGP, corbières et corbières-boutenac. L'exploitation exporte 70 % de sa production.

Sur cette terre rouge, argileuse, la syrah prospère: complétée par le grenache, elle représente 80 % de cette cuvée macérée plus de quarante jours et élevée pour un tiers en fût. Le résultat est remarquable: robe profonde aux reflets violines, nez concentré, riche et subtil, sur la cerise noire, le fruit confit, le poivre et les épices, palais ample, dense et charpenté, aux arômes persistants de cassis et de réglisse. D'une belle prestance, un vin méditerranéen tout en muscles et en générosité. ⧗ 2019-2024 ■ **Vieilles Vignes 2015 ★★ (5 à 8 €; 30000 b.)** : quatre cépages composent cette cuvée née sur les terrasses de l'Orbieu, qui a connu le bois: la syrah (40 %), le carignan, le grenache et le mourvèdre. Un vin sombre, charpenté et persistant, aux arômes de fruits noirs, de violette, de caramel et de vanille. ⧗ 2018-2024

EARL FRÉDÉRIC BOUSQUET, 6, av. Gallieni, 11200 Lézignan-Corbières, tél. 04 68 27 40 80, contact@chateaugrandmoulin.com V r.-v.

LANGUEDOC

CH. HAUTE-FONTAINE
Blanc Classico 2017 ★

| 4000 | | 5 à 8 € |

Paul et Pénélope Dudson sont passionnés par les terroirs, et pour cause: ils sont tous deux géologues. Après avoir exploré plus de cinquante vignobles pendant deux ans, ils ont jeté leur dévolu en 2007 sur ce domaine dominant l'étang de Bages: une ancienne grange de l'abbaye de Fontfroide, entourée de 300 ha de garrigue. Le vignoble de 26,5 ha est exploité en bio (certification en 2015). Pénélope est à la vinification.

Complété par le grenache blanc, par la marsanne et par une goutte de muscat, le vermentino (50 %) est très présent dans ce vin blanc pâle, lumineux et cristallin, au nez discrètement floral et miellé. Plus expressive, la bouche est ample, consistante et chaleureuse, équilibrée par une belle fraîcheur. ⧗ 2018-2020

SCEA HAUTE-FONTAINE, Dom. de Java, Prat de Cest, 11100 Bages, tél. 04 68 41 03 73, haute-fontaine@wanadoo.fr V t.l.j. sf dim. 10h-12h 14h-19h 3 D Paul Dudson

CH. HAUT GLÉON 2015 ★

| 39200 | | 15 à 20 € |

De vieilles pierres bien restaurées, aujourd'hui destinées à l'hébergement des visiteurs, une piscine au milieu de 260 ha de garrigue: ce domaine, havre de paix à l'entrée de la vallée de Paradis, non loin de Durban-Corbières, a développé l'œnotourisme. Quelques oliviers, et surtout de la vigne (35 ha de vignes). La propriété a été rachetée en 2012 par les Vignobles Foncalieu.

Syrah, grenache et carignan composent cette cuvée pourpre profond, au nez assez réservé mais original, mêlant un léger fumé à la garrigue, avec ce soupçon de genièvre que l'on trouve dans la garrigue... Une attaque fraîche ouvre sur un palais gourmand aux tanins patinés, où la palette aromatique s'embellit de notes de fruits mûrs. Du potentiel. ⧗ 2018-2024

CH. HAUT GLÉON, Lieu-dit Gléon, 11360 Villesèque-des-Corbières, tél. 04 68 48 85 95, contact@hautgleon.com V t.l.j. 9h-12h 14h-17h 5 E

CRUSCADES HORTALA 2017 ★★

| 2500 | | 8 à 11 € |

En l'an 985, à Cruscades, un Hortala faisait déjà du vin; une dizaine de siècles plus tard, en 2006, un de ses descendants, après avoir enseigné la gynécologie, devint viticulteur à cinquante-six ans, en s'appuyant sur vingt et un associés de la famille, afin de perpétuer le domaine. Il confie la vinification aux Celliers d'Orfée, la coopérative d'Ornaisons.

Le coup de cœur fut mis aux voix pour ce rosé né de syrah (60 %) et de grenache. On aime sa robe tirant vers la cerise, son nez expressif et fin de fruits rouges, sa bouche ronde, fruitée et épicée, joliment acidulée en finale. Une vraie gourmandise. ⧗ 2018-2019

BERNARD HEDON, 338, rue de la Vieille Poste, 34000 Montpellier, tél. 06 75 05 87 88, bernard.hedon@chateau-hortala.com V r.-v.

CH. DE LASTOURS Simone Descamps 2015 ★

| 158500 | | 11 à 15 € |

Dominant l'étang de Bages, cette propriété de 850 ha, rachetée en 2004 par des courtiers en assurances, offre des attraits variés: les sports mécaniques, l'œnotourisme... Les pistes tortueuses servent de pistes de rallye. On y trouve gîte et couvert. Le vin? Le vignoble couvre plus de 85 ha. D'importants investissements y ont été effectués, et un chai moderne a été aménagé.

Carignan, syrah et grenache composent cette cuvée à la robe grenat sombre, au nez raffiné mêlant la pierre chaude de la garrigue, la pierre à fusil, les petits fruits et les épices. D'une souplesse agréable en attaque, le palais se déploie avec élégance sur des notes de fruits rouges et d'épices douces. Les tanins apparaissent bien enrobés, un peu plus vifs en finale. ⧗ 2018-2023

FAMILLE P. ET J. ALLARD, Ch. de Lastours, 11490 Portel-des-Corbières, tél. 04 68 48 64 74, contact@chateaudelastours.com V t.l.j. sf dim. 8h30-12h30 13h30-18h 4 D

CHAI DES VIGNERONS DE LÉZIGNAN
Esprit 1909 2016

| 5000 | | 11 à 15 € |

La première coopérative languedocienne date de 1905. À peine moins ancienne, celle de Lézignan – la plus ancienne du département de l'Aude – a gardé sa façade de 1909 et ses immenses foudres en chêne. Au début des années 2000, elle s'est tournée vers la vente directe et tient boutique près de la ligne de chemin de fer.

Né de syrah (80 %) et de grenache, d'une longue cuvaison et d'un élevage de douze mois sous bois, un vin d'un rouge profond, au nez éloquent et complexe, sur les fruits mûrs et les épices, avec une touche mentholée et un soupçon de camphre. Rond en attaque, il montre ensuite une forte présence tannique, et apparaît marqué par le boisé vanillé et toasté de l'élevage. Une bouteille encore jeune et ferme. ⧗ 2019-2023

LE CHAI DES VIGNERONS DE LÉZIGNAN, 15, av. Frédéric Mistral, 11200 Lézignan-Corbières, tél. 04 68 27 00 36, chai-vignerons@wanadoo.fr V t.l.j. sf dim. 9h-12h 14h-18h30

DOM. DE LONGUEROCHE
Cuvée Réservée Élevé en fût de chêne 2015 ★★

| 15000 | | 11 à 15 € |

Diplômé en droit, marchand d'antiquités, Roger Bertrand cède à sa passion du vin en reprenant en 1995 l'exploitation familiale située au pied de la barre rocheuse de Roquelongue (d'où le nom du domaine, Longueroche), dans le massif de Fontfroide. Il cultive sans pesticides ses 30 ha de vignes qu'il vendange à la main. Il a ouvert une boutique à Narbonne.

Une cuvée régulièrement en bonne place dans le Guide. Elle naît d'une vinification en grains entiers, à parts égales, de carignan, de grenache et de syrah, avec un appoint de mourvèdre. Expressif et élégant, le nez mêle le fruit noir, la violette et une touche de boisé. Le cassis s'épanouit dans une bouche nette, ronde, soyeuse et longue. ⧗ 2018-2023

ROGER BERTRAND, 16, rue Ancienne-Poste, 11200 Saint-André-de-Roquelongue, tél. 06 75 22 85 51, contact@rogerbertrand.fr V t.l.j. 9h-20h

DOM. MARTINOLLE-GASPARETS 2017 ★

	400		5 à 8 €

Aux origines de ce domaine, deux branches, les Martinolle de Lézignan, viticulteurs et charrons au XVIIIᵉs. et les Salvet, vignerons à Gasparets, hameau de Boutenac. Toujours aux commandes, Pierre Martinolle, installé il y a cinquante ans, a été rejoint par son fils Jean-Pierre. La propriété (8,5 ha aujourd'hui), n'ayant jamais cédé au «tout chimique», s'est facilement convertie à l'agriculture biologique.

Une cuvée confidentielle mais intéressante par son terroir, Boutenac, et par sa composition: 80 % de vermentino et 20 % de bourboulenc. On aime son expression olfactive tout en finesse, mariant les fleurs, la pêche et une touche muscatée, et sa bouche nette et fraîche. ⧗ 2018-2020

SCEA JEAN-PIERRE ET FRANÇOISE MARTINOLLE-GASPARETS, 27, av. Frédéric-Mistral, 11200 Lézignan-Corbières, tél. 06 11 42 09 88, pierre.martinolle@domaine-martinolle.com V *t.l.j. 9h-19h30*

CH. DE MATTES-SABRAN Cuvée Chevreuse Élevé en fût de chêne 2015 ★★

■	8000		8 à 11 €

Proche des étangs littoraux, une ancienne dépendance de l'abbaye de Lagrasse, puis une terre noble: 4 000 ha jusqu'en 1914. De nos jours, 300 ha, dont 90 ha de vignes (65 ha en AOC). Dans la même famille depuis 1733, le domaine est géré depuis plus d'un siècle par des femmes – Marie-Alyette Brouillat aujourd'hui.

Sur cette terrasse de gros galets roulés proche de la Méditerranée, le carignan s'efface au profit de la syrah qui compose 80 % de cette cuvée, complétée par du grenache. La robe sombre s'anime de reflets violets. Le nez puissant associe les fruits noirs, cassis en tête, le pruneau et les arômes vanillés légués par un séjour de dix-huit mois en fût. Associant une belle ossature et une texture ronde et souple, d'une belle richesse aromatique, le palais finit sur des notes épicées et poivrées. ⧗ 2019-2024

MARIE-ALYETTE BROUILLAT, Ch. de Mattes Sabran, Mattes, 11490 Portel-des-Corbières, tél. 09 77 78 21 35, mattes.sabran@laposte.net V *t.l.j. sf dim. 8h-12h 14h-19h*

CH. MAYLANDIE Lo Solelh 2017

	30000		5 à 8 €

Jacques Maymil, entrepreneur narbonnais, crée le domaine dans les années 1950; son fils Jean quitte la coopérative en 1987, après l'accession du corbières à l'AOC. La troisième génération, Delphine et son compagnon Éric Virion, a pris les rênes du vignoble en 2007 (27 ha aujourd'hui). La première, qui a d'abord travaillé dans la communication culturelle, oriente le domaine vers l'œnotourisme.

Ce soleil («solelh» en occitan) s'habille de rose très clair et déploie des senteurs plaisantes d'agrumes (citron, pamplemousse). Tout en fraîcheur, la bouche suit la même ligne aromatique. Un rosé alerte. ⧗ 2018-2019

DELPHINE MAYMIL ET ÉRIC VIRION, 18, av. de Lézignan, 11200 Ferrals-les-Corbières, tél. 06 61 93 01 33, contact@maylandie.fr V *t.l.j. 9h-12h30 14h-18h30*

DOM. MAZARD Totalement in... 2016 ★

■	2500		8 à 11 €

Portant le nom des grands-parents, cette exploitation (65 ha) proche de Lagrasse, où s'activent Jean-Pierre et Annie Mazard, Damien et Marie-Pierre, est accueillante avec ses gîtes et ses sentiers botaniques qui permettent de découvrir la flore sauvage.

Syrah (50 %), carignan (30 %) et grenache (20 %) composent cette cuvée vinifiée en grains entiers et élevée six mois en cuve. La robe est intense et le nez flatteur, sur le fruit noir surmûri, la prune, la mûre au soleil. À la fois souple et fraîche en attaque, la bouche se montre plus dense dans son développement, marquée en finale par quelques tanins austères et vifs qui sont la signature des corbières. ⧗ 2018-2023

MAZARD, 6, pl. Fontvieille, 11220 Talairan, tél. 06 85 56 13 39, mazard.jeanpierre@free.fr V *t.l.j. 9h-18h*

CH. MONTFIN Cuvée Pauline 2015 ★

■	6000		11 à 15 €

Peyriac-de-Mer, où est implanté le domaine acquis en 2002 par Jérôme et Raymond Estève, tire son charme des étangs littoraux, où l'on peut apercevoir des flamants roses, de la garrigue, des pinèdes et des vignes. Les 20 ha de l'exploitation sont cultivés en bio, dans un esprit biodynamique. Les propriétaires ont replanté plus de mille arbres sur leurs terres.

Quatre cépages, syrah en tête (50 %) composent ce corbières à la robe intense, qui demande un peu d'aération pour libérer des parfums de fruits rouges plutôt confits, d'une belle finesse. Le fruit mûr s'épanouit dans une bouche tout en rondeur, assez longue, aux tanins bien fondus. ⧗ 2018-2023 **Dom. de Montfin 2017 ★ (8 à 11 €; 7600 b.)** : issu d'un assemblage par tiers de grenache blanc, de roussanne et de vermentino, un blanc au nez intense et frais sur le bonbon et les agrumes. Très équilibré, le palais est vif sans mordant, rond sans lourdeur, ample et pourtant sémillant. ⧗ 2018-2020

JÉRÔME ESTÈVE, 10, rue du Rec-de-l'Aire, 11440 Peyriac-de-Mer, tél. 04 68 41 93 30, info@chateaumontfin.com V *t.l.j. 10h-12h 14h-18h*

CH. PECH-LATT La Chapelle 2015 ★

■	9000		15 à 20 €

Comme bien des propriétés des Corbières, Pech-Latt est d'origine monastique: le domaine dépendait de l'abbaye de Lagrasse, toute proche, dont le vignoble est attesté en 784. Implantée au pied de la montagne d'Alaric, cette vaste unité (340 ha, dont 160 ha de vignes) est cultivée en bio depuis 1991. Lise Sadirac est aujourd'hui la directrice de l'exploitation, qui appartient au groupe bourguignon Louis Max.

Composé de syrah (60 %), de grenache et de carignan, ce 2015 offre une séduisante palette de senteurs: on y respire la violette, la garrigue et la tapenade, rehaussées d'une touche de pain d'épice. Ces arômes complexes se prolongent dans une bouche équilibrée et ronde, à la finale minérale. ⧗ 2018-2022 ■ **Le Roc 2016 ★ (15 à 20 €; 2400 b.)** Ⓑ : un vin bien méridional, construit sur le vieux carignan (80 %), cépage traditionnel de l'appellation. Nez chaleureux, sur le fruit cuit et les épices; bouche à l'unisson, consistante, généreuse sans lourdeur, bâtie sur des tanins doux. ⧗ 2018-2023

CH. PECH-LATT, Ribaute, 11220 Lagrasse, tél. 04 68 58 11 40, chateau.pechlatt@louis-max.fr V *t.l.j. sf sam. dim. 8h-12h 13h-17h; ven. 8h-12h*
Louis Max

Ⓑ CH. DE LA PEYROUSE 2016 ★★

■	3000		8 à 11 €

Domaine familial de 40 ha, implanté à Durban, terroir de coteaux ceinturé au sud par la barrière rocheuse des hautes Corbières. Succédant en 1995 à une longue lignée de viticulteurs, Jean-Louis Gil a quitté la coopérative pour vinifier à la propriété. Le climat chaud et venté du secteur, favorable au bon état sanitaire des raisins, l'a incité à adopter l'agriculture biologique (certification en 2013).

Pas de carignan dans cette cuvée pourtant issue d'un terroir schisteux, mais du grenache et de la syrah à parité. Le résultat est convaincant: ce 2016 à la robe presque noire décline au nez, avec intensité et finesse, toutes les nuances du fruit noir: myrtille, mûre, cassis. Complexe sans complications, sincère, net, il séduit par son ampleur et sa rondeur. À la fois puissant et flatteur, c'est un corbières moderne et pourtant authentique. ⧗ 2018-2023

JEAN-LOUIS GILI, 37, av. de Narbonne, 11360 Durban-Corbières, tél. 04 68 45 85 69, peyrouse.gili@orange.fr V *r.-v.*

PRIEURÉ SAINTE-MARIE D'ALBAS
4 Saisons 2016 ★

■	6000		5 à 8 €

Mentionnées au XIIIe s., les terres du prieuré d'Albas furent rattachées au XVIIIe s. à l'abbaye de Lagrasse. Depuis 1985, c'est un domaine familial de 34 ha niché entre pinèdes et garrigue, sur le flanc nord de la montagne d'Alaric. Aurélien Lucciardi en a pris les rênes en 2008.

Mariant carignan, grenache et syrah par tiers, avec un appoint de mourvèdre, ce corbières tire une partie de sa personnalité à sa vinification en grains entiers. Son nez flatteur, sur les fruits mûrs, voire confits, prélude à une bouche généreuse et ronde, aux tanins enrobés et épicés, un peu fermes en finale. ⧗ 2019-2023

LICCIARDI, 45, av. Henri Bataille, 11700 Moux, tél. 06 69 41 23 46, contact@saintemariedalbas.com V *t.l.j. sf dim. 8h30-12h30 14h-18h*

DOM. PY Antoine 2015 ★

■	22000		8 à 11 €

Jean-Pierre Py a repris depuis dix ans les vignes familiales, décidé de sortir de la coopérative pour faire son vin, et consenti à d'importants investissements d'équipements de la cave. Il dispose de 130 ha sur le flanc nord de la montagne d'Alaric, désormais en bio certifié.

Une cuvée dédiée à l'un des fils du vigneron. Très présent dans ce vin le carignan (50 %), vinifié en macération carbonique, s'associe à la syrah et au grenache éraflés. Discret et délicat, le nez s'ouvre sur la violette et le sous-bois. Ample en attaque, un peu vif en finale, bien construit sur des tanins agréables, le palais retrouve en rétro-olfaction la violette et des épices. Une bouteille pour maintenant. ⧗ 2018-2021 ■ **Jules 2017 ★ (5 à 8 €; 20000 b.)** Ⓑ : Jules est l'un des fils de Jean-Pierre Py. Dans le verre, un rosé de syrah, grenache et cinsault. La robe est claire sans être diaphane, le nez élégant, sur l'amande douce, les fleurs blanches et la fraise, et la bouche se montre généreuse, ample et bien fruitée. ⧗ 2018-2019

JEAN-PIERRE PY, 114, av. des Corbières, 11700 Douzens, tél. 06 07 45 49 63, domaine.py@orange.fr V *t.l.j. 8h-12h 14h-17h; sam. dim. sur r.-v.*

♥ ROQUE SESTIÈRE À l'Orée des Pins 2017 ★★

■	5600		5 à 8 €

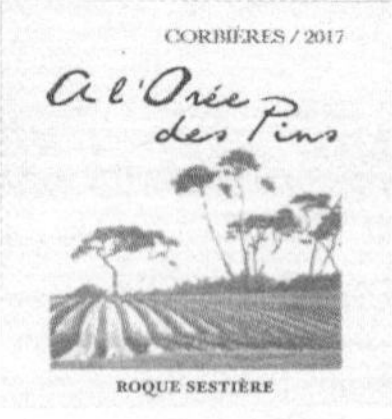

Cette propriété familiale a produit en 1977 ses premières bouteilles: des corbières blancs. C'est dire son originalité: deux tiers des vins sont ici de cette couleur. Arrivé en 1993 sur le domaine, Roland Lagarde a fait passer la superficie cultivée de 28 à 17 ha (sur deux terroirs distincts) et construit un chai. En 2014, il a cédé l'exploitation à l'entrepreneur Thierry Fontanille. En mars 2016, l'exploitation a reçu le label Haute Valeur Environnementale.

Coup de cœur avec un rouge 2014, puis avec un blanc 2016, le domaine signe un troisième coup de cœur en trois éditions avec ce rosé épatant, né de syrah (85 %) et de grenache. La couleur, d'un beau rose franc, attire l'œil. Le nez convoque les fruits exotiques, la framboise et le cassis. La bouche offre un équilibre parfait entre un gras enrobant et une fraîcheur dynamique, aux tonalités acidulées en finale. Et quel fruit! ⧗ 2018-2020 ■ **Dom. Roque Sestière Carte Blanche 2016 ★ (8 à 11 €; 6000 b.)** : du carignan (40 %), de la syrah (60 %), une très longue cuvaison et un élevage en fût pour cette cuvée une fois de plus distinguée. Robe profonde, nez entre fruits confiturés et boisé épicé, palais à l'unisson, concentré, consistant, de belle longueur. ⧗ 2018-2023

SCEA THIERRY FONTANILLE, 8, rue des Étangs, 11200 Luc-sur-Orbieu, tél. 04 68 27 18 00, roque.sestiere@orange.fr V *r.-v.*

DOM. ROUÏRE-SÉGUR Tradition 2017 ★

■	5000		5 à 8 €

Domaine créé en 1910. Les 28 ha de vignes regardent la montagne d'Alaric alors que le chai se situe à Ribaute. Geneviève Bourdel et son fils Nicolas, arrivé en 2004, signent leurs bouteilles.

Très à l'aise en rosé, ce domaine signe un 2017 syrah-grenache de belle intensité colorante et odorante (fruits rouges, épices douces). En bouche, rondeur et suavité l'emportent sur la vivacité, mais l'ensemble reste bien équilibré et très agréable. ⧗ 2018-2019

BOURDEL, 12, rue des Fleurs, 11220 Ribaute, tél. 04 68 27 19 76, jean.bourdel@orange.fr V r.-v.

SAINT-AURIOL Châtelaine 2016 ★★

■ | 33000 | | 11 à 15 €

Fille de Jean Vialade, vigneron bien connu des Corbières, Claude Vialade a dirigé le syndicat des corbières avant de reprendre et de restaurer en 1995 les propriétés familiales (Ch. Cicéron, Ch. Saint-Auriol, Ch. Vialade et Corbières Montmija), tout en créant une importante maison de négoce.

Le nom de cette cuvée évoque la «grande vie» que mena la propriétaire dans les années 1980, lorsqu'elle restaura le Ch. Saint-Auriol, berceau des propriétés familiales à Camplong: toits à refaire, garrigue à défricher… Aujourd'hui, la syrah, le grenache et le carignan vendangés sur les terrasses de l'Orbieu ont engendré une cuvée flatteuse, au nez intense, sur les fleurs et les fruits cuits, et au palais concentré, de belle longueur, adossé à des tanins soyeux. ⧗ 2018-2023 **Châtelaine 2017 ★ (11 à 15 €; 27000 b.)** : marsanne (50 %), roussanne et grenache blanc composent ce blanc resté trois mois en fût. Un vin original à la robe or, au nez subtil et minéral et à la bouche fraîche, nette et complexe, sur le fruit blanc, l'acacia et la minéralité. ⧗ 2018-2020 ■ **Châtelaine 2017 ★ (8 à 11 €; 13300 b.)** : pour ce rosé, 10 % de la vendange a été passée en fût pendant trois mois. Mais pas d'arômes boisés ici, plutôt des fruits rouges, du bonbon anglais et des nuances florales. La bouche reste sur le fruit, la framboise notamment, souligné par une belle fraîcheur. ⧗ 2018-2019

LES DOMAINES AURIOL, 12, rue Gustave-Eiffel, ZI Gaujac, 11200 Lézignan-Corbières, tél. 04 68 58 15 15, adm.achat-vins@les-domaines-auriol.eu V *r.-v.*
Claude Vialade

B SAINTE-MARIE DES CROZES Cuvée Hector et Juliette 2016 ★

■ | 18000 | | 11 à 15 €

Après trois générations de vignerons pluriactifs «par habitude et par héritage», Bernard Alias prend en 1997 les rênes du domaine situé sur le flanc nord de l'Alaric. Il restructure le vignoble et modernise la cave. Sa fille Christelle l'a rejoint en 2012, après une expérience à l'étranger. Aujourd'hui, 38 ha de vignes, en bio certifié depuis 2014.

Dans la partie nord-ouest des Corbières, le carignan laisse place à la syrah, qui règne presque sans partage (90 %) dans cette cuvée dédiée aux arrière-grands-parents, fondateurs du domaine. La robe profonde et jeune montre des reflets violines. Concentré et complexe, le nez mêle le fruit confit, la réglisse, des notes fumées et un soupçon d'olive noire. La bouche dense, aux tanins fins, ajoute à cette palette la vanille d'un boisé déjà fondu; la finale est très agréable. ⧗ 2018-2023

CHRISTELLE ALIAS, 50, av. des Corbières, 11700 Douzens, tél. 06 59 00 67 90, d.alias11@orange.fr V r.-v.

CH. SAINT-ESTÈVE Cuvée Classique 2016 ★★

■ | 35000 | | 5 à 8 €

Dans la famille Latham, on trouve Hubert, qui tenta le premier de traverser la Manche en avion, ou Henri de Monfreid, le célèbre explorateur et écrivain. Petit-fils du second, Éric Latham, après avoir exporté du café et du cacao de la Côte-d'Ivoire, a acquis en 1984 le Ch. Saint-Estève (120 ha aujourd'hui) rattaché jadis à l'abbaye de Fontfroide.

«Classique», cette cuvée? Oui, par sa vinification traditionnelle et par sa robe grenat dense, mais beaucoup moins par son assemblage qui délaisse le carignan au profit du grenache (60 %) et de la syrah. Son nez intense laisse découvrir du petit fruit rouge surmûri, de l'olive noire; son palais riche et gourmand, de belle longueur, s'appuie sur des tanins frais. Un vin généreux et élégant. ⧗ 2018-2023

CH. SAINT-ESTÈVE, Ch. Saint-Estève, 11200 Thézan-des-Corbières, tél. 04 68 43 32 34, contact@chateau-saint-esteve.com V *t.l.j. 9h-12h 14h-18h; sam. dim. sur r.-v.* *Latham*

CH. SAINT-JEAN DE LA GINESTE Nos jours heureux 2017

■ | 6500 | | 5 à 8 €

Située sur la route des abbayes (Fontfroide, Lagrasse), une belle maison vigneronne, des bâtiments d'exploitation tout à côté, quelques pins pour agrémenter le cadre et, tout autour, les vignes: ni trop, ni trop peu (20 ha), juste de quoi les bichonner toutes sur le remarquable terroir de Boutenac. Arrivée sur le domaine en 1982, la quatrième génération des Bacave a repris les vinifications à la propriété.

Ce rosé de saignée, qui affiche néanmoins une robe plutôt claire, livre à l'olfaction des arômes intenses de fruits exotiques et d'agrumes. En bouche, ce sont le gras et la rondeur qui dominent. ⧗ 2018-2019

CH. SAINT-JEAN DE LA GINESTE, 4, Ch. Saint-Jean de la Gineste, 11200 Saint-André-de-Roquelongue, tél. 06 32 39 10 46, saintjeandelagineste@orange.fr V *t.l.j. sf dim. 9h-12h30 14h-18h30* *Bacave*

CH. SPENCER LA PUJADE Le P'tit Spencer 2016 ★

■ | 50000 | | 5 à 8 €

Acquis en 2011 par le financier Christopher Spencer et géré par Sébastien Bonneaud, un «bien de village»: la bâtisse et le chai ne sont pas situés au milieu des vignes, mais dans le bourg. Les ceps (35 ha) couvrent un amphithéâtre entouré de garrigue. Domaine en conversion bio.

Le P'tit Spencer ne connaît pas le bois. Il met en œuvre une bonne proportion de carignan (50 %), complété par la syrah et le mouvèdre à parité. C'est un vin concentré et chaleureux, à la robe presque noire. D'abord discret, il s'ouvre sur les fruits rouges bien mûrs et la confiture de figues teintés d'épices douces, avant de dévoiler un palais généreux, aux tanins doux, où s'épanouissent les arômes confiturés du nez. ⧗ 2018-2023

CH. SPENCER LA PUJADE, 1A, rue de l'église, 11200 Ferrals-les-Corbières, tél. 06 09 04 39 34, contact@chateauspencer-lapujade.fr V r.-v.

LES TERROIRS DU VERTIGE Corvaria 2016 ★

■ | 1300 | | 20 à 30 €

Les terroirs du Vertige, c'est la contrée, jalonnée de châteaux cathares, la plus en altitude des Corbières. C'est le nom d'une cave issue de la fusion de plusieurs petites coopératives communales. Elle regroupe 120 vignerons cultivant 850 ha dans une vingtaine de villages, et dispose de ce fait de terroirs très variés.

Corvaria? Corbières en latin. Une cuvée presque confidentielle, née de 80 % de syrah complétée par du grenache noir. Parée d'une robe superbe d'intensité, aux reflets violets, elle offre un nez engageant, sur les fruits très mûrs, voire confiturés. On retrouve ces arômes compotés dans un palais concentré, marqué par un boisé affirmé mais bien intégré, qui laisse espérer une bonne garde. ⧗ 2020-2026

SCAV LES TERROIRS DU VERTIGE, 2, chem. des Vignerons, 11220 Talairan, tél. 04 68 44 02 17, terroirsduvertige11@orange.fr V r.-v.

CH. TRILLOL 2017 ★

■ | 7550 | | 8 à 11 €

Le village de Cucugnan, immortalisé par A. Daudet, n'est pas en Provence, mais dans les hautes Corbières, sous le regard des châteaux de Quéribus et de Peyrepertuse, aux confins des Pyrénées-Orientales et de Maury. La famille Sichel, propriétaire dans le Médoc, y a acquis en 1990 une exploitation (46 ha aujourd'hui) qu'elle a rénovée.

Ce terroir frais d'altitude convient aux cépages blancs. Le grenache, souvent mis en œuvre dans les assemblages, est absent de cette cuvée construite sur la roussanne (80 %), associée au macabeu. Dun jaune pâle éclatant aux reflets verts, ce vin offre un nez discret mais fin, sur le bonbon anglais, puis sur les fleurs. De bonne longueur, il séduit par sa netteté et par sa fraîcheur soulignée d'un léger perlant. ⧗ 2018-2021

SCA DU TRILLOL, 10, rte de Duilhac, CD 14, 11350 Cucugnan, tél. 04 68 45 01 13, trillol@orange.fr V r.-v.

CH. VAUGELAS V 2016 ★★

■ | 60000 | | 11 à 15 €

Une famille vigneronne depuis 1870 (à l'origine en Algérie). Jean-Michel Bonfils, aujourd'hui épaulé par ses trois fils, Olivier, Laurent et Jérôme gèrent un « empire viticole » constitué à partir des années 1960: 17 domaines en Languedoc Roussillon pour un total de 1 600 hectares de vignes. Ils sont désormais présents en Bordelais.

Syrah, grenache et carignan s'allient dans cette cuvée d'un pourpre très foncé, mêlant les fruits rouges à des arômes d'élevage évoquant les épices, le chocolat et le caramel. L'attaque ronde et pleine ouvre sur un palais consistant et gras, soutenu par une trame tannique raffinée, en harmonie avec le léger boisé. Une finale aux accents de garrigue conclut la dégustation de ce vin harmonieux et complexe. ⧗ 2018-2023

SCEA VIGNOBLES JEAN-MICHEL BONFILS, Dom. de Cibadiès, 34310 Capestang, tél. 04 67 93 10 10, bonfils@bonfilswines.com

B CH. VIEUX MOULIN 2016 ★

■ | 50000 | | 11 à 15 €

Plus de deux siècles d'existence pour ce domaine, qui, avec Alexandre They, installé en 1998, et son œnologue Claude Gros, est devenu une valeur sûre du Guide. Conduit en bio certifié, il couvre 30 ha au cœur des Corbières occidentales.

Cette cuvée semble avoir pris un abonnement au Guide. Elle naît de quatre cépages: le carignan, le grenache, la syrah et le mourvèdre. Le 2016 affiche une robe profonde, presque noire, aux reflets violines, et libère des notes de fruits noirs et de pruneau. Ronde, onctueuse et suave en attaque, la bouche séduit par sa charpente et par son fruité concentré. Une pointe tannique en finale lui donne du relief et de la personnalité. ⧗ 2018-2023

EARL ALEXANDRE THEY ET ASSOCIÉS, 1, rue de Madone, 11700 Montbrun-des-Corbières, tél. 04 68 43 29 39, alex.they@vieuxmoulin.net V r.-v. E

CH. LA VOULTE-GASPARETS 2017 ★

■ | 20000 | 8 à 11 €

Six générations se sont succédé sur ce domaine couvrant aujourd'hui 60 ha, implanté sur une terrasse d'alluvions anciennes longue de 5 km, appuyée sur les collines gréseuses de Boutenac. Conduit avec brio depuis plus de trente ans par Patrick Reverdy, aujourd'hui épaulé par son fils Laurent, il ne quitte pas le devant de la scène.

Pas moins de cinq cépages contribuent à ce corbières blanc. Patrick Reverdy ne se dispense pas du grenache blanc, base de nombre d'assemblages méridionaux (25 % ici), tout en misant sur le vermentino (50 %), très à l'aise sur le terroir de Boutenac, sans oublier la roussanne, la marsanne et le macabeu. D'un jaune pastel, ce vin livre des senteurs de fleurs blanches, nuancées de notes de fruits blancs, poire en tête; dans le même registre, le palais offre une attaque fraîche, puis un développement tout en rondeur tonifié par une finale acidulée. ⧗ 2018-2020 ■ **2017 (5 à 8 €; 16000 b.)** : vin cité.

PATRICK ET LAURENT REVERDY, 13, rue des Corbières, hameau de Gasparets, 11200 Boutenac, tél. 04 68 27 07 86, chateaulavoulte@wanadoo.fr V *t.l.j. 9h-12h 14h-18h*

CORBIÈRES-BOUTENAC

Superficie : 245 ha / Production : 8 926 hl

Le terroir de Boutenac (dix communes de l'Aude) fait depuis 2005 l'objet d'une AOC à part entière pour des vins rouges comportant une proportion notable de carignan (30 à 50 %).

CH. GRAND MOULIN Grès de Boutenac 2015 ★★

■ | 14000 | | 11 à 15 €

Son père, vendeur de bétail, possédait une petite vigne. Jean-Noël Bousquet décide à huit ans qu'il sera

vigneron, achète son premier hectare à dix-sept ans, s'installe comme jeune agriculteur en 1978 – en fermage – et achète des vignes en coteaux alors dédaignées (500 F l'hectare...). En 1988, à la tête de 24 ha, il installe sa cave dans un ancien moulin. Il a transmis en 2014 à son fils Frédéric 130 ha de vignes, en IGP, corbières et corbières-boutenac. L'exploitation exporte 70 % de sa production.

Complété par le carignan, le mourvèdre est très présent (60 %) dans cette cuvée à la robe profonde, au nez encore réservé, sur le fruit noir et le pruneau mâtinés de cerise confite, de garrigue et de grillé. L'attaque ronde ouvre sur un palais gras, particulièrement ample et long, soutenu par une belle charpente de tanins encore austères en finale. Du potentiel. ⧗ 2020-2025

EARL FRÉDÉRIC BOUSQUET, 6, av. Gallieni, 11200 Lézignan-Corbières, tél. 04 68 27 40 80, contact@chateaugrandmoulin.com V r.-v.

♥ OLLIEUX-ROMANIS Cuvée Or 2016 ★★★

■	n.c.		20 à 30 €

Fondé en 1860 dans le terroir de Boutenac, ce vaste vignoble familial, à l'origine dépendance de l'abbaye de Fontfroide, est resté dans la même famille depuis lors. Il possède dès 1896 cave et chai à barriques construits avec les pierres de la carrière du domaine. Jacqueline et François Bories le relancent au cours des années 1980, rejoints en 2001 par leur fils Pierre. Cultivé sans désherbants ni pesticides, le vignoble, en conversion bio, s'étend sur 65 ha.

Bien nommée, cette cuvée décroche un coup de cœur. Elle naît de très vieilles vignes (soixante-cinq ans) de carignan (40 %), de grenache, de mourvèdre et de syrah. Après une vinification en grains entiers et un élevage de treize mois en fût, avec une dominante de chêne neuf, elle a de la couleur à revendre, affichant une robe dense, presque noire. Discrète au nez, elle délivre des parfums de fleurs et de fruits mûrs tout en finesse. Elle enchante par sa chair généreuse, ample et onctueuse, allégée par un ardillon de fraîcheur, par la finesse de ses tanins et par la longueur de sa finale. Un vin à la fois chaleureux et élégant. ⧗ 2018-2023

SCEA VIGNOBLES ROMANIS, TM 26, RD 613, 11200 Montséret, tél. 04 68 43 35 20, contact@chateaulesollieux.com V *t.l.j. sf dim. 9h-12h30 14h-18h* *Pierre Bories*

SAINTE-LUCIE D'AUSSOU
Bella Dama 2015 ★★

■	12600		11 à 15 €

Dans l'Antiquité, une villa gallo-romaine; au XVII^e^s., une congrégation religieuse. Situé à 4 km de l'abbaye de Fontfroide, le domaine actuel, commandé par des bâtiments imposants organisés autour d'une cour d'honneur, remonte à 1869. Il a été acquis en 1992 par Jean-Paul Serres, passé du barreau toulousain à la vigne. Certifiée Haute valeur environnementale, la propriété compte 53 ha (dont une quarantaine en production) en corbières et en corbières-boutenac.

Le 2013 avait été élu coup de cœur. Comme son aîné, ce boutenac ne retient pour cette cuvée que le carignan et le grenache, assemblés à parts égales et vinifiés en macération carbonique. À une robe intense répond un nez expressif, marqué par un boisé aux nuances d'amande et d'épices qui laisse sa place au fruit. Mis en valeur par cet élevage bien mené, le palais présente un côté gourmand. Denses et harmonieux, ses tanins soulignent sa longue finale déjà soyeuse. ⧗ 2018-2023

SCEA CH. SAINTE-LUCIE D'AUSSOU, Dom. Sainte-Lucie d'Aussou, 11200 Boutenac, tél. 04 68 45 12 35, sainteluciedaussou@wanadoo.fr V *r.-v.*

CH. SAINT-ESTÈVE Ganymède 2016 ★

■	10000		15 à 20 €

Dans la famille Latham, on trouve Hubert, qui tenta le premier de traverser la Manche en avion, ou Henri de Monfreid, le célèbre explorateur et écrivain. Petit-fils du second, Éric Latham, après avoir exporté du café et du cacao de la Côte-d'Ivoire, a acquis en 1984 le Ch. Saint-Estève (120 ha aujourd'hui) rattaché jadis à l'abbaye de Fontfroide.

Un successeur très honorable du coup de cœur de la dernière édition. Ses atouts? Une robe profonde aux reflets violets; un nez délicat, révélant une complexité naissante dans ses parfums de fruits très mûrs, un rien confiturés, de pain d'épice et de sous-bois; un palais franc, dans le même registre surmûri, ample, bien construit et long, soutenu par une trame de tanins fins, marqué en finale par les arômes grillés et toastés du fût. ⧗ 2018-2024

CH. SAINT-ESTÈVE, Ch. Saint-Estève, 11200 Thézan-des-Corbières, tél. 04 68 43 32 34, contact@chateau-saint-esteve.com V *t.l.j. 9h-12h 14h-18h; sam. dim. sur r.-v.* *Latham*

TERRE D'EXPRESSION
L'Improbable 2015 ★

■	3000		11 à 15 €

Fondée en 1932, la coopérative de Fabrezan s'est choisi comme nom Terre d'Expression; une manière d'exprimer la diversité des terroirs cultivés par ses adhérents – 1 400 ha répartis dans 23 communes, de Boutenac aux pentes de l'Alaric, de Lézignan à Lagrasse.

Le carignan (50 %) s'allie au grenache (40 %) et à la syrah dans ce boutenac à la robe intense. Le nez, très discret, doit être aéré pour libérer de suaves notes épicées et vanillées léguées par un élevage de dix mois sous bois; le boisé reste mesuré dans un palais bien proportionné, ample, velouté, suave, harmonieux et long, qui laisse deviner une parfaite maturité des raisins. ⧗ 2018-2023

SCAV TERRE D'EXPRESSION, 5, rue des Coopératives, 11200 Fabrezan, tél. 04 68 43 61 18, g.marchive@terredexpression.fr V *t.l.j. sf sam. dim. 9h-12h 14h-18h*

LANGUEDOC

♥ CH. DE VILLEMAJOU Grand Vin 2016 ★★

■ | n.c. | | 20 à 30 €

Enfant des Corbières, Gérard Bertrand est un important propriétaire et négociant du sud de la France, dont les cuvées apparaissent dans le Guide sous diverses AOC (corbières, fitou, minervois, languedoc, côtes-du-roussillon…) et en IGP.

Villemajou est le domaine acheté en 1970 par Georges, le père de Gérard Bertrand: 130 ha, aujourd'hui en corbières-boutenac. Un domaine particulièrement choyé, qui a plus d'un coup de cœur à son actif. Après les 2013 et 2014, ce 2016 est plébiscité. L'assemblage réunit carignan, mourvèdre, syrah et grenache. La robe profonde aux reflets éclatants annonce la richesse de ce vin. Le nez captive par son intensité et sa finesse: cassis, poivre, fruits très mûrs s'allient à des notes d'élevage vanillées et toastées. Enveloppant, charnu, rond et long, opulent et pourtant élégant, d'une belle présence aromatique, ce vin respire le terroir. ⧗ 2020-2024

GÉRARD BERTRAND, rte de Narbonne-Plage, 11100 Narbonne, tél. 04 68 45 28 50, vins@gerard-bertrand.com r.-v.

FAUGÈRES

Superficie : 2 004 ha
Production : 68 733 hl (99 % rouge et rosé)

Reconnus en AOC depuis 1982, comme les saint-chinian leurs voisins, les faugères sont produits sur sept communes situées au nord de Pézenas et de Béziers, et au sud de Bédarieux. Les vignobles sont plantés sur des coteaux à forte pente, d'une altitude relativement élevée (250 m), dans les premiers contreforts schisteux peu fertiles des Cévennes. Produits à partir des cépages grenache, syrah, mourvèdre, carignan et cinsault, les faugères rouges sont bien colorés, chaleureux, avec des arômes de garrigue et de fruits rouges. L'appellation produit aussi des rosés et de rares blancs.

ABBAYE SYLVA PLANA
Le Songe de l'Abbé 2015 ★

■ | 20000 | | 15 à 20 €

Une abbaye fondée en 1139 sous l'abbatiat de Desiderius. Elle dresse sa tour capitulaire au cœur des schistes de Faugères, où la tradition viticole inaugurée par les moines cisterciens se perpétue depuis plus de huit siècles. Nicolas Bouchard officie aujourd'hui sur les 54 ha de vignes du domaine, conduits en bio (certification en 2008).

Ce 2015 à la robe grenat montre des reflets légèrement tuilés. Au premier nez, il livre des parfums de petits fruits noirs, mâtinés de buis et de ciste; à l'aération, il gagne en intensité et en complexité, s'orientant vers des arômes de pain d'épice, de réglisse et de poivre. Parfaitement équilibré, le palais se distingue par ses tanins enrobés et suaves, bien fondus dans une matière ronde. Une pointe d'acidité accompagne avec bonheur un boisé maîtrisé. Une expression fine du terroir. ⧗ 2019-2024 ■ **La Closeraie 2016 (11 à 15 €; 45000 b.)** : vin cité.

BOUCHARD-GUY, 13, Ancienne-RN, 34480 Laurens, tél. 04 67 24 91 67, info@vignoblesbouchard.com t.l.j. sf sam. dim. 9h-12h 14h-17h30 4

DOM. FLORENCE ALQUIER
Plô des Figues 2017 ★

■ | n.c. | | 8 à 11 €

En 2017, cherchant un domaine dans l'appellation faugères, Frédéric Desplats rencontre Florence Alquier, qui vendait sa propriété de 10 ha. Les deux s'associent, ajoutent 10 ha dans la même appellation, restaurent cave et vignoble (en conversion bio), investissent dans des cuves plus petites pour vinifier par cépage et parcelle.

Une première apparition dans le Guide pour ce domaine avec un rosé de cinsault (85 %) et de mourvèdre. Robe claire aux reflets orangés, nez de fruits rouges et d'aubépine avec une touche végétale, bouche souple, fraîche, minérale, puis épicée en finale: un faugères élégant. ⧗ 2018-2019

DOMAINE ALQUIER DESPLATS DEGROS, 165, rte de Pézènes-les-Mines, 34600 Faugères, tél. 06 58 32 85 19, vinsdefaugeres@gmail.com r.-v.

LES AMANTS DE LA VIGNERONNE
Dans la peau 2016 ★

■ | 1500 | | 20 à 30 €

À l'entrée du vieux village de Faugères, une maison de caractère entourée de vignes. Christian et Régine Godefroid y ont aménagé des chambres d'hôtes et conduisent un petit domaine de 8 ha créé en 2004 sur un terroir de schistes, qui s'est rapidement imposé comme une valeur sûre de l'appellation.

Né d'un assemblage de syrah majoritaire (80 %) et de grenache (20 %), ce faugères dévoile au nez une belle maturité liée à une longue macération des raisins et à un élevage de dix-huit mois en fût. Sa robe pourpre montre des nuances bleutées. Ses arômes de fruits bien mûrs sont relevés d'une profusion de touches épicées (cannelle, poivre, genièvre) et de notes grillées et vanillées. Les tanins denses, encore jeunes, laissent une impression de solidité et assureront une belle garde, même s'ils donnent pour l'heure un ton austère à la finale, marquée d'une touche de cuir. ⧗ 2021-2026

GODEFROID, 1207, rte de Pézenas, 34600 Faugères, tél. 04 67 95 78 49, lesamantsdelavigneronne@gmail.com r.-v. 4

DOM. DE L'ARBUSSELE Révélation 2016 ★

■ | 1800 | | 15 à 20 €

Œnologue diplômé, Sébastien Louge a fait ses classes dans divers vignobles de France et du monde avant

de s'installer en 2014 comme jeune agriculteur sur le terroir schisteux de Faugères. Il a créé sa cave et exploite 10,5 ha en lutte raisonnée.

Des reflets violines ornent la robe grenat de cette cuvée, née d'un assemblage de grenache (50 %), de syrah et de carignan. Légèrement iodé, le nez se partage entre fruits mûrs et garrigue. L'attaque élégante ouvre sur un palais plaisant par son équilibre aromatique, par sa persistance et par la texture veloutée de ses tanins au grain fin. Le profil du «vin plaisir» à apprécier assez jeune. ⧗ 2019-2022

SÉBASTIEN LOUGE, Le Moulenc, 34320 Fos, contact@domaine-larbussele.com V ⚑ ▪ *r.-v.*

DOM. BALLICCIONI Kallisté 2016 ★

■ | 5400 | ⬮ | 15 à 20 €

André et Véronique Balliccioni, après un changement de vie professionnelle, ont créé ce domaine en 1998. Ils conduisent aujourd'hui 17 ha de vignes selon les principes de l'agriculture raisonnée et se sont imposés comme l'une des bonnes références en faugères.

Un des must du domaine, fort d'un brillant palmarès dans le Guide. Le 2016, mi-carignan mi-syrah, libère des parfums intenses de fruits noirs et de confiture de mûres, rehaussés des notes d'épices douces, de vanille et de moka laissées par l'élevage. Après une attaque tout en douceur et en rondeur, sur des tanins souples et sur une pointe de cuir, le séjour de quatorze mois en fût se fait sentir – un merrain plus marqué que pour le 2015. L'emprise de la barrique s'atténuera à la faveur d'une petite garde pour laisser toute la place à un fruit intense et à une matière d'une belle ampleur. ⧗ 2021-2025

VÉRONIQUE ET ANDRÉ BALLICCIONI, 1, chem. de Ronde, 34480 Autignac, tél. 04 67 90 20 31, ballivin@sfr.fr V ⚑ ▪ *r.-v.*

CH. CHÊNAIE Les Douves 2016 ★★★

■ | 5000 | ⬮ | 11 à 15 €

Un vrai château, du XII^e^s.: au Moyen Âge, un poste de guet sur le passage de la montagne du Carroux vers la plaine littorale. Établie du côté de Faugères depuis cinq générations, la famille Chabbert est propriétaire des 38 ha de vignes du domaine et a installé son chai à barriques et son caveau de dégustation dans l'imposant donjon.

Souvent distinguée, une cuvée associant la syrah majoritaire (75 %) au grenache et au mourvèdre. Dans sa robe profonde, le 2016 a fait grande impression. Intense et complexe, le nez allie les baies noires (mûre et cassis), les épices et des notes empyreumatiques (cacao et pain grillé) léguées par un séjour de douze mois dans le chêne. La bouche révèle une parfaite maîtrise de l'élevage sous bois, qui sublime une matière première de choix. L'attaque ronde et suave ouvre sur un palais ample, fruité, remarquable par la texture soyeuse de ses tanins. Une saveur finement mentholée apporte de la fraîcheur pour parfaire l'équilibre. D'une rare puissance, ce vin déjà harmonieux saura vieillir avec grâce. ⧗ 2019-2028 ■ **Les Douves blanches 2017 ★ (11 à 15 €; 1500 b.)** : mariant roussanne (55 %) et viognier presque à parité, un blanc franc, vif et persistant, aux arômes subtils de fleurs, de poire mûre et de miel d'acacia. ⧗ 2019-2022

EARL ANDRÉ CHABBERT ET FILS, Le Château, 1, rue du Carcan, 34600 Caussiniojouls, tél. 04 67 95 48 10, chateauchenaie@orange.fr V ⚑ ▪ *r.-v.*

DOM. COTTEBRUNE Le Caïrn 2016 ★★

■ | 40000 | ⬮ | 11 à 15 €

Ce vignoble de 12 ha a été créé en 2007 par Pierre Gaillard, vigneron réputé de la vallée du Rhône nord (Dom. Pierre Gaillard), implanté aussi dans le Roussillon (Dom. Madeloc).

Ce vigneron amoureux des terroirs de schistes produit en faugères non seulement du rouge mais aussi du blanc. Grenache blanc, roussanne et vermentino sont assemblés par tiers dans cette cuvée déjà appréciée dans le millésime précédent. Paré d'une robe aux reflets dorés, le 2016 adopte un registre aérien et élégant, alliant la minéralité de son terroir, le buis et le miel aux arômes fumés, torréfiés et vanillés légués par l'élevage de neuf mois en fût. Ce boisé se prolonge dans un palais ample, riche et rond, qui garde une fraîcheur agréable jusqu'à la finale aux délicats accents de pêche de vigne. ⧗ 2019-2021

PIERRE GAILLARD, rte de la Chaudière, La Liquière, 34480 Cabrerolles, tél. 04 74 87 13 10, cottebrune@gaillard.vin V ⚑ ▪ *r.-v.*

Ⓑ CH. DES ESTANILLES Le Clos du fou 2016 ★

■ | n.c. | ⬮ | 20 à 30 €

L'autodidacte Julien Seydoux conduit ce domaine de 44 ha, conduit en bio certifié (depuis 2010), qui propose des faugères souvent remarquables. Une valeur sûre.

Cette cuvée parée d'une robe sombre doit presque tout à la syrah. Le premier nez est centré sur les arômes empyreumatiques (pain grillé) laissés par l'élevage, qui laissent tout de même une place à des effluves frais et fruités. Riche, puissant et prometteur, le palais s'appuie sur des tanins solides, encore stricts, qui demandent à se fondre. Très présente également en bouche, la barrique s'estompera avec le temps. Un fort potentiel. ⧗ 2021-2026

JULIEN SEYDOUX, hameau de Lentheric, 34480 Cabrerolles, tél. 04 67 90 29 25, contact@chateau-estanilles.com V ⚑ ▪ *t.l.j. sf sam. dim. 10h-17h*

Ⓑ CH. FARDEL-LAURENS L'Ardoise 2016

■ | 80000 | ⬮ | 5 à 8 €

Les origines du Ch. de Laurens, rattaché à la vicomté de Béziers, remontent au XII^e^s. Quant au domaine, situé dans l'appellation faugères, il a été fondé à la fin des années 1960. Son propriétaire, Remy Fardel, l'a revendu en 2013 au négociant Pierre Degroote qui détient de nombreuses propriétés en Languedoc, ainsi qu'à l'étranger. Le vignoble est conduit en bio.

La syrah (70 %) et le grenache sont à l'origine de cette cuvée à la robe profonde et aux parfums intenses de cassis et de cerise, mâtinés d'eucalyptus et de menthe. Tout aussi intense, la bouche dévoile une structure tannique déjà soyeuse. L'élevage sous bois de six mois, parfaitement intégré, se traduit par une saveur épicée et par une finale cacaotée des plus suaves. ⧗ 2019-2022

CH. LAURENS, Dom. la Grangette, 34440 Nissan-lez-Ensérune, tél. 04 67 37 22 36, magali@montariol-degroote.com Pierre Degroote

♥ DOM. DE FENOUILLET Extraits de schistes 2016 ★★

■	50000		5 à 8 €

Acquise en 1993, une des propriétés de la famille Jeanjean, également à la tête d'un important négoce. Couvrant aujourd'hui 25 ha, elle est implantée en faugères sur les plus hauts coteaux de l'appellation, jusqu'à 300 m – une altitude favorable à la maturation lente des raisins. En conversion bio.

Attribué à l'aveugle, ce coup de cœur confirme le savoir-faire de la famille Jeanjean, totalement investie dans le vignoble languedocien; il atteste aussi l'excellence du terroir de ce domaine. Née d'un assemblage classique de syrah (60 %), de grenache (25 %) et de carignan (15 %), cette cuvée affiche une robe profonde aux reflets bleutés. Ses arômes s'affirment par touches successives: parfums subtils de fruits rouges frais, de cerise noire, de mûre, chaleureuses touches épicées, poivre en tête. Le palais aux saveurs réglissées offre une matière ample, ronde et dense, soutenue par des tanins encore vifs qui assureront la garde. La finale à la fois chaleureuse et fraîche, où l'on retrouve le poivre, laisse le souvenir d'une rare harmonie. Une bouteille agréable dès maintenant. ⧗ 2019-2023 ■ **Hautes Combes 2016 ★ (15 à 20 €; 3300 b.)** : issu de roussanne et de marsanne à parité, un blanc au nez élégant (fleurs blanches, fruits exotiques, coing et minéralité) et au palais d'une belle fraîcheur. ⧗ 2019-2021

VIGNOBLES JEANJEAN, L'Enclos, 34725 Saint-Félix-de-Lodez, tél. 04 67 88 80 00, contact@vignobles-jeanjean.com V *t.l.j. sf dim. 9h-12h 14h-19h*

LA GRAINE SAUVAGE Rocalhàs 2016 ★

■	4000		20 à 30 €

Après avoir cherché pendant vingt ans le terroir de ses rêves, Sybil Baldassarre, œnologue italienne, l'a trouvé sur les schistes de l'appellation faugères. Constitué en 2015, son vignoble couvre 3 ha à 450 m altitude, en haut d'une colline de Cabrerolles. Offrant une vue imprenable sur la Méditerranée, ce terroir haut perché favorise les cépages blancs, qui règnent ici en maître dans une AOC dominée par les vignes rouges.

Sybil Baldassarre vinifie dans un esprit bio: levures indigènes, pas d'intrants, sauf, en cas de nécessité, des sulfites à doses réduites. Sa cuvée Rocalhàs naît de 70 % de grenache blanc, complété par la marsanne et la roussanne à parts égales. D'un doré intense, elle déploie des arômes de fruits jaunes (pêche et abricot) et de fenouil. Fraîche et minérale, légèrement iodée, d'un volume contenu et de bonne longueur, elle reflète bien son terroir schisteux d'origine. ⧗ 2019-2020

SYBIL BALDASSARRE, chem. des Combes-d'Amaran, 34600 Caussiniojouls, tél. 06 52 58 39 29, sybil.wine@gmail.com V *r.-v.*

Ⓑ CH. DE LA LIQUIÈRE Les Malpas 2016 ★

■	4000		20 à 30 €

Depuis les années 1970, ce domaine est l'un des fleurons de l'appellation, présent dans le Guide avec une régularité sans faille. Doté d'un magnifique terroir de soixante-dix petites parcelles de schistes (58 ha) qui sculptent le paysage, il bénéficie aujourd'hui du savoir-faire de la jeune génération, hérité du grand-père Jean et du père Bernard Vidal, l'un et l'autre anciens présidents de l'appellation.

Les Malpas désignent un lieu-dit, où sont implantées, jusqu'à 350 m d'altitude, les vignes les plus haut perchées de la propriété. Syrah et mourvèdre ont engendré une cuvée à la robe profonde, presque noire, aux reflets violines de jeunesse. Le nez intense mêle les fruits noirs confiturés, myrtille en tête, la tapenade et les notes fumées, cacaotées et grillées de l'élevage. Le fruit rouge s'affirme dans une bouche gourmande, en harmonie avec l'olfaction. Jeunes mais déjà fondus, les tanins prennent des accents réglissés en finale. Un vin ambitieux. ⧗ 2019-2026

FAMILLE VADAL-DUMOULIN, La Liquière, 34480 Cabrerolles, tél. 04 67 90 29 20, info@chateaulaliquiere.com V *t.l.j. sf sam. dim. 9h-12h 15h-18h*

BERNARD MAGREZ Pérennité 2015

■	7500		- de 5 €

Propriétaire de quatre crus classés en Bordelais, dont Pape Clément en pessac-léognan, Bernard Magrez a investi dans tous les pays viticoles – et jusqu'au au Japon. En Languedoc-Roussillon, il propose 14 références. Pérennité provient d'un vignoble en faugères.

Né du trio syrah, grenache et carignan, ce vin à la robe légère, pourtant du millésime 2015, respire la fraîcheur avec son nez partagé entre minéralité et petits fruits rouges. Épices, aromates et notes fumées s'ajoutent à cette palette dans un palais vif jusqu'en finale, à la trame tannique serrée. ⧗ 2019-2020

BERNARD MAGREZ, 216, av. du Dr-Nancel-Penard, 33600 Pessac, tél. 05 57 26 38 38, accueil@pape-clement.com V *r.-v.*

MAS GABINÈLE Rarissime 2016 ★

■	11200		30 à 50 €

Petit-fils de vignerons, Thierry Rodriguez débute sa carrière dans l'exportation de vins du Languedoc, puis dans le négoce. Il redevint vigneron en achetant en 1997 ses premières parcelles en faugères à son ami Gabriel Mas, surnommé Gabinelle. *Gabinelà* désigne en occitan un cabanon de vignes, c'est le nom qu'il a choisi pour son domaine, qui couvre aujourd'hui 20 ha.

Issue de syrah majoritaire, avec du grenache et du mourvèdre en appoint, cette cuvée d'un grenat franc séduit par son nez explosif, aussi gourmand qu'élégant, sur les petits fruits rouges et noirs bien mûrs. La rétro-olfaction apporte des nuances d'orange et les nuances chocolatées léguées par un élevage de seize mois en fût. Après une attaque souple, ample et séveuse, des tanins serrés montent à l'assaut du palais à la finale chaleureuse. Un vin de garde qui gagnera en fondu après quelques années en cave. ⧗ 2020-2025

THIERRY RODRIGUEZ, 1750, chem. de Bédarieux, 34480 Laurens, tél. 04 67 89 71 72, info@masgabinele.com V t.l.j. sf sam. dim. 10h-12h 16h-18h

MAS OLIVIER Expression 2017 ★★

	20000		8 à 11 €

La coopérative Crus Faugères est l'une des toutes dernières créées en Languedoc. Sa fondation en 1959 correspond à l'émergence du vignoble de cette appellation. Dès les années 1970, la cave vend aux particuliers. En 1995, elle lance la marque Mas Olivier. Elle organise aussi des promenades dans le vignoble où l'on peut découvrir les moulins restaurés de Faugères.

Roussanne, marsanne, grenache blanc et vermentino composent une cuvée aux reflets vert intense, au nez bien ouvert sur les agrumes, pomelo en tête. La mise en bouche révèle un vin à la fois ample et frais, dont les arômes complexes et le boisé élégant et suave traduisent une réelle maîtrise de l'élevage. La finale fraîche et mentholée laisse le souvenir d'un blanc remarquablement équilibré. ⧗ 2019-2021 **■ Parfum de schistes 2017 ★★ (5 à 8 €; 48000 b.)** : grenache (60 %), cinsault et syrah pour ce rosé saumon clair aux reflets gris, au nez complexe et élégant, floral, minéral et fruité, à la bouche fraîche, souple et longue, relevée par une finale poivrée. Un faugères fin et harmonieux. ⧗ 2018-2019

LES CRUS FAUGÈRES, Mas Olivier, 34600 Faugères, tél. 04 67 95 08 80, contact@lescrusfaugeres.com V t.l.j. 9h-12h 14h-18h

MAS ONÉSIME Paradis caché 2016 ★★

■	2000		20 à 30 €

Ses grands-parents ont acquis des vignes après la Seconde Guerre mondiale. Ses parents ont apporté leurs raisins à la coopérative, puis agrandi le vignoble (12 ha aujourd'hui, en bio certifié avec une vue sur la biodynamie). Après ses études en œnologie et quelques escapades à travers le monde, Olivier Villaneuva s'est installé en 1999 sur le domaine et a débuté la mise en bouteilles à la propriété en 2011. Onésime? Le prénom du grand-père.

Ce domaine propose deux cuvées qui prennent leurs habitudes dans le Guide. Paradis caché 2016 marie carignan (45 %), mourvèdre (40 %) et grenache. Le 2015 avait obtenu un coup de cœur. Son successeur est de la même veine. Sa robe est si foncée qu'elle en paraît noire; son nez exubérant libère des notes épicées, mentholées, relayées par des senteurs de garrigue, de prune et de cerise, puis par des effluves de cacao grillé. Ample et plein, le palais déploie une belle sucrosité sur des tanins jeunes et pourtant soyeux. La finale fraîche est marquée par un agréable retour fruité. Une parfaite maîtrise de l'extraction pour ce vin au fort potentiel. ⧗ 2023-2027 **■ Le Sillon 2016 ★★ (15 à 20 €; 5000 b.)** : un vin charmeur, élevé en cuve et issu de grenache majoritaire (70 %). Robe rubis éclatant, olfaction complexe et délicate, entre fleurs, framboise, cassis et touche poivrée, tanins soyeux, agréable nervosité soulignant le fruité croquant de la finale: un faugères harmonieux et moderne. ⧗ 2019-2022

OLIVIER VILLANEUVA, La Liquière, lotissement La Crouzette, 34480 Cabrerolles, tél. 06 20 86 50 35, olivier@masonesime.com V r.-v.

DOM. OLLIER-TAILLEFER Grande Réserve 2015 ★★

■	30000		11 à 15 €

Fos est un charmant village fleuri du haut Languedoc. Incarnant la cinquième génération, Luc et Françoise Ollier, frère et sœur natifs du cru, y conduisent un vignoble familial de 36 ha certifié bio depuis 2012. Une valeur sûre de l'AOC faugères.

Cette cuvée chatoyante aux reflets grenat comprend beaucoup de vieux carignans et de grenache. Complexe, riche et encore jeune, le nez s'ouvre sur des notes fumées, puis sur le sous-bois, le laurier et les petits fruits rouges bien mûrs. Le palais séduit par sa délicatesse, par la texture veloutée de ses tanins bien fondus et par sa finale harmonieuse et fraîche. Une belle expression pour un vin déjà prêt tout en gardant des réserves. ⧗ 2019-2024

FRANÇOISE ET LUC OLLIER, rte de Gabian, 34320 Fos, tél. 04 67 90 24 59, ollier.taillefer@wanadoo.fr V t.l.j. sf dim. 11h-12h 14h-18h; 15 oct.-15 avril sur r.-v.

PEYREGRANDES Prestige 2015 ★★

■	6000		11 à 15 €

Marie Boudal cultive avec un soin méticuleux ses vieilles vignes (24 ha en conversion bio) de syrah, de grenache, de carignan et de mourvèdre (certaines sont âgées de plus de soixante-dix ans) accrochées sur les flancs des coteaux escarpés de Roquessels, en appellation faugères. Elle a deux étiquettes: Ch. de Peyregrandes et Dom. Bénézech-Boudal.

Une robe grenat chatoyant, sans reflet d'évolution pour un millésime 2015. Après un premier nez marqué par des notes empyreumatiques, la palette s'oriente vers de superbes senteurs de garrigue, de bruyère et de ciste, alliées à des notes de cerise. Cette gamme se prolonge dans une bouche souple en attaque, soutenue par des tanins à la fois fermes et soyeux. Un vin riche et complexe, pour maintenant ou dans cinq ans. ⧗ 2019-2024

MARIE-GENEVIÈVE BOUDAL-BÉNÉZECH, 11, chem. de l'Aire, 34320 Roquessels, tél. 04 67 90 15 00, chateau-des-peyregrandes@wanadoo.fr V r.-v.

JÉRÔME RATEAU Empreinte carbone 2016 ★

	1000		15 à 20 €

Jérôme Rateau, œnologue formé à Bordeaux et issu d'une famille champenoise, a repris ce vignoble de 15 ha en 2007 et installé sa cave dans un ancien relais de poste datant du XIXᵉ s.

Pour élaborer cette microcuvée assemblant par tiers roussanne, grenache blanc et vermentino, née d'une petite parcelle de 36 ares, tout a été pensé pour limiter l'empreinte carbone en privilégiant le travail manuel. Un vin d'un jaune doré intense, dont les arômes fumés et les notes de tabac blond témoignent d'une vinification en fût neuf. L'élevage sur lies fines a permis l'expression de senteurs florales (genêt, iris) et de nuances de fruits secs en rétro-olfaction. Le palais d'une grande ampleur finit sur une note vanillée suave. Un blanc de repas tout en nuances. ⧗ 2019-2021 ■ **Ch. Haut Lignières Le 1er 2017 (5 à 8 €; 10 000 b.)** : vin cité.

JÉRÔME RATEAU, 188, rte de Pézenas, Lieu-dit Bel-Air, 34600 Faugères, tél. 06 82 85 65 16, hautlignieres@yahoo.fr V ✝ ! *t.l.j. sf sam. dim. 9h-12h 14h-18h*

DOM. DU ROUGE GORGE 2017 ★

■	4000	⬛	5 à 8 €

Le vin est une vieille histoire de famille chez les Borda, depuis Alain, qui commença à agrandir le domaine à partir de 1964. Elle se poursuit avec Philippe, qui a créé sa propre exploitation (21 ha) tout en conduisant le vignoble familial: en tout, 182 ha. Deux étiquettes: Dom. Affanies, exploité depuis 1964, en IGP, et Dom. du Rouge Gorge, 64 ha en AOC faugères, créé en 1982.

Roussanne (50 %), vermentino et viognier composent ce vin blanc pâle aux reflets verts. D'abord réservé, le nez s'affirme à l'aération sur des notes d'agrumes, de fruits à chair blanche (poire) et d'amande fraîche. Les fleurs blanches s'allient au fruit bien mûr dans une bouche vive en attaque, droite et bien équilibrée. D'une discrète élégance, cette cuvée pourra être appréciée à l'apéritif ou sur des fruits de mer. ⧗ 2019-2020

SCEA ALAIN ET PHILIPPE BORDA, Les Affanies, rte de Saint-Genies-de-Fontedit, 34480 Magalas, tél. 04 67 36 22 86, sceaborda@orange.fr V ✝ ! *r.-v.*

Ⓑ DOM. LES SERRALS Sur le zinc! 2016 ★

■	8400	⬛	8 à 11 €

Chloé Barthet et son compagnon Frédéric Almazor, respectivement contrôleuse de gestion et directeur financier à Paris, ont voulu changer de vie. Après une formation en viticulture, ils se sont installés en 2016 sur 5 ha, sur les hauteurs de Faugères. Ils conduisent leur vignoble en bio et misent sur la vente directe.

Ces jeunes néo-vignerons font leur entrée dans le Guide avec une cuvée mariant syrah (60 %) et carignan. Pourpre profond, ce vin dévoile des arômes subtils de fruits rouges et noirs, rehaussés de parfums de garrigue (laurier, genièvre). Des notes empyreumatiques et réglissées viennent compléter cette palette dans une bouche vive, aux tanins serrés et à la finale fraîche, teintée d'une légère amertume. À la fois gourmande et élégante, riche et bien équilibrée, une bouteille à apprécier dans sa jeunesse «sur le zinc», avec grillades, charcuterie et tapas. ⧗ 2019-2021

CHLOÉ BARTHET, 1, rue de la Poste, 34600 Faugères, tél. 06 64 12 24 34, chloe@serrals.com V ✝ ! *t.l.j. 9h-18h*

Ⓑ DOM. VALAMBELLE Grande Cuvée 2015 ★

■	3200	⦶	15 à 20 €

Un vignoble pour les trois quarts arraché au maquis environnant voici plus de trente-cinq ans par Michel Abbal. Son fils Thierry a pris la relève en 2002, créé le chai et conduit aujourd'hui un domaine de 23 ha en agriculture biologique.

La syrah majoritaire (80 %) et le mourvèdre sont à l'origine de cette cuvée grenat foncé. Une grande douceur caractérise l'olfaction où se rejoignent la torréfaction (chocolat), la vanille, les fruits noirs (cassis, mûre) et la cerise bigarreau, complétés en bouche par les épices et la réglisse. Le palais offre une structure souple, encore marquée cependant par l'élevage de douze mois en barriques qui devra se fondre. ⧗ 2021-2023 ■ **Angolet Rosé 2017 (5 à 8 €; 3200 b.)** Ⓑ : vin cité.

EARL DU DOM. DE VALAMBELLE, 25, av. de la Gare, 34480 Laurens, tél. 04 67 90 12 12, domaine.valambelle@outlook.fr V ✝ ! *r.-v.*
Famille Abbal

FITOU

Superficie : 2 590 ha / Production : 90 023 hl

L'appellation fitou, la plus ancienne AOC rouge du Languedoc-Roussillon (1948), est située dans la zone méditerranéenne de l'aire des corbières; elle comprend à l'est le fitou maritime, qui borde l'étang de Leucate, séparé par un plateau calcaire du fitou de l'intérieur situé dans le massif des Corbières, à l'abri du mont Tauch. L'AOC s'étend sur neuf communes, qui ont également le droit de produire les vins doux naturels rivesaltes et muscat-de-rivesaltes. Le carignan trouve ici son terroir de prédilection. Il peut être complété par le grenache noir, le mourvèdre et la syrah. Élevé au moins neuf mois, le fitou affiche une couleur rubis foncé et un corps puissant et charpenté.

GÉRARD BERTRAND Réserve 2016 ★★

■	n.c.	⦶	5 à 8 €

Enfant des Corbières, Gérard Bertrand est un important propriétaire et négociant du sud de la France, dont les cuvées apparaissent dans le Guide sous diverses AOC (corbières, fitou, minervois, languedoc, côtes-du-roussillon...) et en IGP.

Carignan et grenache composent cette cuvée élevée dix mois en fût, qui dévoile un bouquet élégant et délicat de fruits rouges (fraises, cerise), agrémenté d'une pointe vanillée et réglissée. En attaque, on ressent la rondeur et le gras du grenache, avant que la puissance du carignan ne s'exprime à travers des tanins magnifiques et une longue finale sur les épices et la garrigue. À un souffle du coup de cœur. ⧗ 2019-2023

GÉRARD BERTRAND, rte de Narbonne-Plage, 11100 Narbonne, tél. 04 68 45 28 50, vins@gerard-bertrand.com V ✝ ! *r.-v.*

Ⓑ DOM. BERTRAND-BERGÉ Ancestrale 2015 ★★

■	20000	⦶ ⬛	11 à 15 €

À l'instar de son aïeul Jean Sirven, qui vinifiait son vin à la fin du XIX[e]s., Jérôme Bertrand a quitté la coopérative en 1993 pour élaborer ses propres vins. Il a cru très tôt dans la qualité des terroirs rudes de Fitou, élevé et valorisé les vins du cru, puis hissé son domaine (36 ha) parmi les grands. Depuis la récolte 2011, le vignoble est conduit en bio certifié.

Cette cuvée Ancestrale revêt une robe très intense et déploie un nez complexe où le pruneau côtoie les épices, la garrigue et les notes empyreumatiques. La bouche se révèle ronde, ample, suave, fruitée, boisée avec mesure, portée par des tanins d'une grande qualité et bien présents qui accompagnent longuement la finale. Un vin de caractère. ⧗ 2019-2025 ■ **La Boulière 2015 ★ (15 à 20 €; 8000 b.)** Ⓑ : une cuvée intense, solide, corsée, chaleureuse, qui déroule de beaux tanins et des notes élégantes de cassis et une touche de curry. ⧗ 2020-2026

⊶ JÉRÔME BERTRAND, 38, av. du Roussillon, 11350 Paziols, tél. 04 68 45 41 73, bertrand-berge@wanadoo.fr V 🚶 ! *t.l.j. 9h-12h 14h-18h* 🏠 Ⓑ

LA TIRE BY JEFF CARREL 2016 ★★

■ | 24000 | 🍾 | 8 à 11 €

Conseiller en communication viticole «tout-terrain» (Languedoc-Roussillon, Bordelais, Beaujolais, Bourgogne, Priorat) et négociant, l'œnologue Jeff Carrel a vinifié dans la Loire, en Alsace et enfin dans le Languedoc, où il s'installe en 1996. Il fait preuve d'audace et d'originalité dans le graphisme de ses étiquettes, sans pour autant manquer de rigueur dans la sélection des cuvées, principalement originaires du Languedoc et du Roussillon.

Cette cuvée de couleur sombre affiche sur son étiquette une 2CV créée la même année que l'appellation fitou (1948). Issue de sols de schistes dans la partie haute de l'appellation, elle propose un joli bouquet de fruits rouges et surtout une très belle fraîcheur en bouche qui lui donne un caractère gouleyant bien loin de l'austérité du style traditionnel. Un fitou atypique, espiègle et plein de charme. ⧗ 2018-2021 ■ **Jeff Carrel Sous la Montagne 2016 ★ (11 à 15 €; 6500 b.)** : un fitou à la robe très profonde, au nez complexe (réglisse, tapenade, fruits mûrs) et à la bouche élégante, aux tanins fondus et bien équilibrée entre fraîcheur et gras. ⧗ 2018-2022

⊶ THE WAY OF WINE, 12, quai de Lorraine, 11100 Narbonne, tél. 07 84 19 30 00, info@jeffcarrel.com V *mer. jeu. ven. 16h-19h* 🏠 Ⓔ

LES VIGNERONS DE CASCASTEL Cuvée Prestige 2016 ★

■ | 180000 | 🍾 | 8 à 11 €

Créée en 1921 dans le massif des hautes Corbières et le haut Fitou, à 20 km de la Méditerranée, la cave des Vignerons de Cascastel rassemble une centaine d'adhérents qui cultivent 750 ha. À sa carte, des fitou, des corbières, des vins doux naturels et des vins en IGP.

Le carignan présent à 50 % dans cette cuvée est vinifié en macération carbonique. Il en découle un nez très expressif et fruité: cerise, myrtille et mûre. La bouche, à l'unisson, centrée sur des saveurs de fruits noirs, se montre concentrée, ample et harmonieuse, sertie de jolis tanins mûrs et soyeux. Un vin à la personnalité affirmé. ⧗ 2019-2023 ■ **L'Extravagant 2016 (8 à 11 €; 120000 b.)** : vin cité. ■ **Expression de Schistes 2016 (8 à 11 €; 90000 b.)** : vin cité.

⊶ SCV LES MAÎTRES VIGNERONS DE CASCASTEL, Grand-Rue, 11360 Cascastel, tél. 04 68 45 91 74, info@cascastel.com V 🚶 ! *r.-v.*

DOM. CAZES La Cuvée des 4 vents 2016 ★

■ | 45000 | 🍾 | 5 à 8 €

Fondation en 1895, premières mises en bouteilles en 1955 et une croissance continue. Aujourd'hui, un domaine de 220 ha entièrement conduit en biodynamie depuis 2005. À sa carte, toutes les AOC du Roussillon, des IGP, tous les styles de vin. Dans le giron du groupe Advini depuis 2004.

Un nez agréable, léger, sur les petits fruits rouges frais et la cerise noire. Le palais se révèle tout d'abord souple et gouleyant, joliment fruité et harmonieux, puis s'affirment des tanins encore anguleux qu'une courte garde devrait sans peine assagir. Un vin élégant qui saura récompenser votre patience. ⧗ 2020-2023

⊶ SAS CAZES, 4, rue Francisco-Ferrer, 66600 Rivesaltes, tél. 04 68 64 08 26, info@cazes.com V 🚶 ! *r.-v.* 🏠 Ⓢ

CH. CHAMP DES SŒURS La Tina 2015 ★

■ | 3000 | 🛢🍾 | 15 à 20 €

Domaine de 16 ha situé dans la zone maritime de Fitou. Aux commandes, Laurent Maynadier, quatorzième génération de viticulteurs du cru, et Marie Valette, œnologue. Premières bouteilles en 1999.

Deux hectares de carignan, de grenache et de mourvèdre ont donné naissance à cette cuvée élevée en foudre («tina») et en demi-muid. La robe est sombre avec des reflets acajou. Le nez, d'abord fermé, s'ouvre ensuite sur des notes épicées, giboyeuses et fruitées (myrtille). En bouche, on découvre un fitou de caractère, généreux, aromatique et solidement structuré par des tanins maîtrisés qui s'affineront en cave. ⧗ 2021-2028 ■ **2016 ★ (8 à 11 €; 15000 b.)** : une belle cuvée toute en finesse, avec des notes de fruits noirs bien mûrs et des tanins ronds soutenant une fin de bouche savoureuse. ⧗ 2018-2022

⊶ LAURENT MAYNADIER, 19, av. des Corbières, 11510 Fitou, tél. 04 68 45 66 74, laurent.maynadier@orange.fr V 🚶 ! *r.-v.*

DOM. DE COURTAL 2016 ★★

■ | 52000 | 🍾 | 5 à 8 €

Locomotive des hautes Corbières, cette coopérative fondée à Tuchan en 1913, regroupe quelque 200 vignerons et vinifie le fruit de 1 500 ha de vignes implantées sur un terroir rude et sec propice aux grands vins. À sa carte, des corbières, fitou, vins doux naturels et vins en IGP.

Vinifié par la cave, ce domaine en conversion bio signe une cuvée issue de vieilles vignes, dont certaines centenaires. Si le premier nez évoque les senteurs de la garrigue, à l'agitation, se révèlent des notes de fruits rouges, fraise et cerise en tête. Une attaque franche et fraîche, sur des saveurs de fruits noirs, introduit un palais aux tanins bien maîtrisés et à la longue finale veloutée. Un vin qui fait honneur aux hauts-plateaux de Fitou. ⧗ 2019-2023 ■ **Mont Tauch Les Quatre 2016 ★ (11 à 15 €; 35000 b.)** : les quatre, comme les quatre villages représentés par la cave, est un vin puissant, frais et de belle longueur, ouvert sur des notes de cassis et de poivre. ⧗ 2019-2023 ■ **Mont Tauch Hommage 2016 ★ (15 à 20 €; 15000 b.)** : une cuvée hommage aux pionniers de la cave, intense, riche, mais avec de la vivacité et des notes toastées dues à l'élevage. ⌛ 2019-2022 ■ **Dom. Vieux Moulin 2016 ★ (5 à 8 €; 35000 b.)** : une cuvée au nez expressif (fruits noirs, cannelle), croquante en bouche, fraîche, aux tanins encore un brin serrés mais sans excès. ⌛ 2019-2022

SCA MONT TAUCH, 2, rue de la Cave-Coopérative, 11350 Tuchan, tél. 04 68 45 41 08, pamiot@mont-tach.com V ⚑ ■ *r.-v.*

DOM. ESCLARMONDE La Cuvée 2 Guy 2016

■ | 1200 | 🍾 | 11 à 15 €

Luc Esclarmonde, issu d'une longue lignée de vignerons, s'est installé en 1975 en cave coopérative. En 2003, il est rejoint par son fils Gaëtan sur ce domaine de 24 ha situés sur les terroirs d'argiles calcaires, de schistes et de galets des coteaux de Paziols. En 2013, ils quittent la coopérative, installent leur cave particulière et signent cette même année leur premier millésime.

Cette cuvée est un hommage aux deux grands-pères de Gaëtan Esclarmonde. Le carignan représente 80 % de l'assemblage et donne à la robe une profondeur certaine. Au nez, le cassis domine, agrémenté de notes de violette, de sous-bois et de poivre. La bouche, aux saveurs de fruits noirs confiturés, apparaît grasse, puissante, bâtie sur des tanins solides et sur une belle fraîcheur. Une bouteille qui gagnera son étoile en cave. ⌛ 2020-2023 ■ **L'Impulsif 2016 (5 à 8 €; 7000 b.)** : vin cité.

GAËTAN ET LUC ESCLARMONDE, lieu-dit Le Moulin, 11350 Paziols, tél. 04 68 45 45 55, gaetan.esclarmonde@orange.fr V ⚑ ■ *t.l.j. 9h-12h 13h-19h*

CH. L'ESPIGNE Jean Cassignol 2015

■ | 1856 | 🛢 | 20 à 30 €

Au XVII[e]s., on retrouve trace de ce domaine alors exploité en polyculture. Au fil de son histoire mouvementée, l'exploitation située à Villeneuve-les-Corbières, sur la route des citadelles cathares, s'est orientée vers la vigne. Depuis 1978, elle est dirigée par Philippe Cassignol qui exploite 34 ha de vignes établis sur des schistes primaires.

Cette cuvée née de carignan planté sur des schistes, propose un bouquet d'épices, de griotte et de mûre. Le boisé reste discret, chocolaté, et l'élevage a su dompter des tanins déjà bien fondus. Ajoutez à l'ensemble une touche intense de fraîcheur due à l'altitude du terroir, et vous obtenez ce digne représentant de l'appellation. ⌛ 2020-2024

PHILIPPE CASSIGNOL, 2, rue des Moulins, 11360 Villeneuve-les-Corbières, tél. 06 81 17 64 88, chateau.lespigne@orange.fr V ⚑ ■ *r.-v.*

CH. LES FENALS Cuvée Julie 2016 ★

■ | 2500 | 🍾 | 11 à 15 €

Le domaine est un mas languedocien entre étangs littoraux et Corbières. Commandé par un château détenu par la maison d'Aragon au Moyen Âge, il fut administré par un neveu de Voltaire qui fit apprécier à la cour la «liqueur du Cap de Salses». Racheté et restauré en 1970 par une sage-femme parisienne, il est aujourd'hui dirigé par sa fille Marion Fontanel qui le conduit avec Michaël Moyer, venu de Touraine. Le vignoble de 12 ha est en conversion bio.

Faisant la part belle au carignan (60 %), cette cuvée associe au nez des notes fumées, des senteurs de fruits noirs et des épices. Le palais gras et rond est épaulé par des tanins bien maîtrisés et les arômes de fruits noirs persistent dans une longue finale. Un vin très équilibré. ⌛ 2019-2022 ■ **2016 ★ (8 à 11 €; 12000 b.)** : un fitou très grenache, ample, rond et gras, aux tanins fins et fondus, de belle harmonie. ⌛ 2018-2022

MARION ET MICKAËL FONTANEL-MOYER, les Fenals, 11510 Fitou, tél. 04 68 45 71 94, les.fenals@wanadoo.fr V ⚑ ■ *t.l.j. sf dim. 9h-12h 14h30-18h30*

Ⓑ DOM. DE LA GRANGE Via Domitius 2016 ★

■ | 13000 | 🍾 | 8 à 11 €

Implanté dans le Fitou maritime, le domaine des frères Dell'Ova vinifie en cave particulière depuis 1986. Traversé par la voie Domitienne, le vignoble, cultivé en bio depuis 2012, couvre aujourd'hui 65 ha sur le territoire de La Palme, dans une zone ventée bénéficiant de la fraîcheur des embruns.

Cette cuvée, grande habituée du Guide, fait indéniablement partie des valeurs sûres de l'appellation. La robe, couleur sang, est particulièrement profonde. Le nez, complexe et très plaisant, convoque senteurs d'épices douces et fruits noirs. La bouche se révèle équilibrée, à la fois fraîche et ronde, centrée sur d'intenses arômes de fruits noirs et dotée de tanins très maîtrisés. ⌛ 2019-2023

GAEC DELL'OVA FRÈRES, Cabanes-de-la-Palme, 11480 La Palme, tél. 04 68 48 17 88, dellovafreres@orange.fr V ⚑ ■ *t.l.j. sf dim. 10h-12h 14h30-18h30*

♥ DOM. LEPAUMIER Vieilles Vignes 2016 ★★★

■ | 12000 | 🛢 | 5 à 8 €

Ce domaine est inscrit depuis longtemps dans le paysage fitounais. Fernand Lepaumier a débuté la mise en bouteilles en 1997. Son fils Christophe, après l'avoir secondé, a pris les rênes de la propriété en 2004. Il exploite aujourd'hui 20 ha de vignes, côté mer et côté montagne. Il privilégie l'égrappage et l'élevage en fût.

Sur un terroir argilo-calcaire, des vieilles vignes de plus de trente ans s'expriment avec beaucoup de délicatesse à travers ce vin de haute expression. La robe est remarquable avec ses reflets pourpres et sa profondeur grenat. Le nez, très intense, franc et élégant, offre des notes de toast, d'épices douces et de cuir. On découvre en bouche un ensemble rond, très volumineux, à la subtile sucrosité et aux arômes de fruits confiturés qui s'invitent jusqu'à la longue finale, portée par des tanins encore serrés. Du caractère, de l'harmonie, du fruit: un tout grand fitou. ⌛ 2019-2024 ■ **Cuvée Auzeville 2016 ★ (5 à 8 €; 5000 b.)** : le carignan (60 %) apporte de la puissance à cette cuvée non dénuée d'harmonie, de fruit (prune, fruits rouges, coing) et de rondeur. ⧗ 2019-2022 ■ **Clos de Vigné 2016 (11 à 15 €; 3000 b.)** : vin cité.

CHRISTOPHE LEPAUMIER, 15, av. de la Mairie, 11510 Fitou, tél. 06 12 26 27 71 V t.l.j. 10h-12h 14h-18h30

DOM. LERYS Pur Schistes 2016 ★★

■ | 15000 | | 5 à 8 €

Domaine familial fondé en 1861 sur les terres schisteuses du haut Fitou. Succédant à ses parents Alain et Maguy Izard, Alban Izard a repris cette propriété de 60 ha implantée sur un terroir de schistes. Il est fidèle à la conduite des vignes en gobelet et aux vendanges manuelles et a engagé la conversion bio.

Cette cuvée au nom évocateur dévoile un nez délicieusement surprenant, mêlant des notes de cerises au kirsch et de myrtille à des nuances florales de chèvrefeuille et de jasmin. En bouche, après une attaque franche, on découvre un palais tendre et frais à la fois, très long, marqué par le cassis et soutenu par une trame tannique racée. ⧗ 2019-2023 ■ **Les Oumels 2016 (5 à 8 €; 15000 b.)** : vin cité.

ALBAN IZARD, 1, rue de Pech-de-Gril, 11360 Villeneuve-les-Corbières, tél. 04 68 45 95 47, domlerys@gmail.com V r.-v.

CH. LEUCATE-CEZELLY 2016 ★

■ | 4600 | | 15 à 20 €

Créée en 1920, la cave de Leucate a fusionné avec plusieurs coopératives (Quintillan, Roquefort-des-Corbières, La Palme). Un acteur incontournable du Fitou maritime, avec plus de 150 adhérents, 1 400 ha et un chai sorti de terre en 2010.

Le nez de ce fitou, très typé par le grenache, affiche fièrement des notes d'épices, de chocolat et de fruits noirs. La bouche est franche, fruitée (fruits noirs) et légèrement boisée, dotée de tanins fermes, de qualité et prometteurs. ⧗ 2019-2023

JOËL CASTANY, Chai La Prade, 11370 Leucate, tél. 04 68 33 20 41, contact@cave-leucate.com V r.-v.

MAS DES CAPRICES Ze Fitou 2016 ★

■ | 11000 | | 11 à 15 €

Enfants de viticulteurs alsaciens, Mireille et Pierre Mann ont été restaurateurs avant de devenir viticulteurs en 2005. Premières bouteilles en 2009, premiers succès. Aujourd'hui, 16 ha en biodynamie sur le plateau calcaire de Leucate et sur les contreforts schisteux des Corbières.

Cette cuvée offre un nez d'une grande élégance, intense, sur les fruits rouges et les épices. En bouche, une fraîcheur calcaire est de mise, à l'image du terroir maritime où ce vin est né, les tanins sont de grande qualité, très serrés, et le vin s'étire dans une longue finale légèrement saline. Un fitou très authentique. ⧗ 2018-2023

MAS DES CAPRICES, 5, imp. de la Menuiserie, 11370 Leucate, tél. 09 80 49 33 46, masdescaprices@free.fr V r.-v.
Pierre et Mireille Mann

DOM. MAYNADIER Cuvée de l'Ancêtre 2016

■ | 4500 | | 5 à 8 €

Une lignée vigneronne remontant au XVIe s. Aujourd'hui, Marie-Antoinette et sa fille Cécile vinifient dans la plus ancienne cave de Fitou, jadis relais de diligences datant de 1697, et exploitent un vignoble de 23 ha dans un esprit bio mais sans certification.

Cette cuvée, vinifiée en macération semi-carbonique, dévoile des senteurs de garrigue et de fruits rouges cuits. La bouche, tout en fraîcheur, révèle une belle longueur autour de tanins encore un peu abrupts en finale. ⧗ 2019-2022

CÉCILE MAYNADIER, 45, RD 6009, 11510 Fitou, tél. 06 81 35 65 80, cecile@domainemaynadier.com V t.l.j. 9h-12h30 14h-19h

DOM. LES MILLE VIGNES Dennis Royal 2015

■ | 2600 | | 30 à 50 €

Les mille pieds de vignes des débuts se sont transformés au fil des achats et des plantations en une propriété de 11 ha dans le Fitou maritime. Ce domaine créé en 1979 par Jacques Guérin, ancien professeur de « viti » au lycée d'Orange, est conduit depuis 2000 par sa fille Valérie.

De vénérables vignes de soixante-quinze ans, majoritairement de carignan, s'expriment pleinement dans cette cuvée ouverte sur les épices et les fruits noirs. Ce vin, patiemment élevé en cuve pendant dix-huit mois, propose une bouche franche, croquante, vive, aux arômes de fruits rouges et noirs (cassis). Pour les amateurs de fitou friand et aérien. ⧗ 2018-2021

VALÉRIE GUÉRIN, 24, av. San-Brancat, 11480 La Palme, tél. 04 68 48 57 14, les.mille.vignes@free.fr V r.-v. 5

CH. DE NOUVELLES Augusta 2016 ★

■ | 35000 | 8 à 11 €

Aux abords du col d'Extrême, le domaine tire son nom de Jacques Fournier de Novelli – pape sous le nom de Benoît XII au XIVe s. – qui eut ici un château. Propriété de la famille Daurat-Fort depuis 1834, il couvre 75 ha (en conversion bio). À sa tête, Jean Daurat-Fort et son fils Jean-Rémy, le premier président l'organisme de défense des vins de Fitou.

Augusta fut l'une des fondatrices du domaine; cette cuvée composée de carignan, syrah et grenache lui rend hommage. Le nez présente des notes sauvages de garrigue mêlées à une pointe de cassis, d'arômes de sous-bois et d'épices douces. La bouche révèle en attaque une belle sucrosité, de la rondeur, des saveurs de fruits rouges mûrs et des tanins de velours. Un ensemble très harmonieux. ⧗ 2019-2023 ■ **Gabrielle 2016 ★ (15 à 20 €; 8000 b.)** : une cuvée encore sur l'élevage en fût où le carignan s'exprime à travers des arômes intenses de pruneau et des tanins fermes, encore assez austères en finale. Patientez... ⧗ 2021-2026

SCEA R. DAURAT-FORT, Ch. de Nouvelles, 11350 Tuchan, tél. 04 68 45 40 03, daurat-fort@terre-net.fr V t.l.j. 9h-12h 14h-18h; sam. dim. sur r.-v. D

LANGUEDOC

DOM. DE LA ROCHELIERRE
Cuvée Privilège 2016 ★★

■ | 24000 | | 11 à 15 €

Quatre générations se sont succédé sur ce domaine dirigé depuis 1998 par Jean-Marie Fabre, œnologue et président des Vignerons indépendants de l'Aude, rejoint en 2008 par Émilie. Un producteur engagé qui préserve son terroir de Fitou: ses vignes (14 ha) n'ont pas vu de produits chimiques depuis 1979 (méthode Cousinié). En 2016, a été inaugurée une nouvelle cave.

Ce domaine d'une régularité exemplaire propose ici une cuvée issue des terroirs calcaires et schisteux, composée des quatre cépages rouges de l'appellation. L'olfaction mêle épices et fruits noirs avec élégance. La bouche révèle un fitou de grande classe, aux notes de réglisse, aux tanins serrés et à la fraîcheur salutaire. ⧗ 2020-2026 ■ **Cuvée "à Deux" 2016 (30 à 50 €; 1000 b.)** : vin cité.

FABRE, Dom. de la Rochelierre, 8, rue de la Noria, 11510 Fitou, tél. 04 68 45 70 52, la.rochelierre@orange.fr V t.l.j. *9h-12h 14h-18h; f. matin et dim. en janv.-fév.* B

SARRAT D'EN SOL Arménie 2015 ★

■ | 2500 | | 15 à 20 €

Sur ce domaine, des vignes ancestrales entourent une bergerie datant du XIVᵉs. transformée en gîte. Vigneron depuis près de trente ans, Nicolas Brassou a quitté la cave coopérative depuis 2010 pour voler de ses propres ailes et vinifier des raisins vendangés manuellement sur le terroir de Tuchan.

La cuvée Arménie, en hommage aux vendangeurs de ce pays, est dominée par le grenache. Le nez, après aération, fait la part belle aux fruits noirs et délivre également de subtiles notes épicées et boisées. On découvre en bouche un vin long, suave et chaleureux, centré sur des arômes intenses de fruits noirs et adossé à des tanins fins et à un boisé ajusté qui lui confèrent un bel équilibre. ⧗ 2019-2022 ■ **2016 (11 à 15 €; 5000 b.)** : vin cité.

BRASSOU, 4, chem. Sarrat-d'en-Sol, 11350 Tuchan, tél. 06 38 93 82 86, famille.brassou@wanadoo.fr V *r.-v.* E *Nicolas Brassou*

CH. VALFAURÈS Fitou Sesterces 2016 ★★

■ | 65000 | | 5 à 8 €

Ancien directeur commercial de la cave de Fitou (disparue après fusion), Benoît Valery a ensuite travaillé pour diverses propriétés avant de rejoindre en tant que maître de chai ce domaine qui s'étend sur 25 ha dans le Fitou maritime, acquis en 2012 par Claude Boueilh.

Cette cuvée doit son nom à la monnaie romaine dont un spécimen fut retrouvé sur l'une des parcelles du domaine. Le nez de ce 2016, flatteur à souhait, évoque les fruits rouges, cerise et groseille en tête. La bouche se révèle grasse, onctueuse – probablement l'apport du grenache –, très fruitée (fruits noirs) et dotée de tanins de soie. Un fitou d'un équilibre remarquable, qui a frôlé le coup de cœur. ⧗ 2019-2024 ■ **L'Estacade 2016** ★★ **(8 à 11 €; 35000 b.)** : un beau fitou, très dense, riche, savoureux, aux arômes élégants de fruits rouges et aux tanins soyeux. ⧗ 2019-2023

SARL VALFAURÈS, 5, rue Salamo, lieu-dit Le Village, 11510 Fitou, tél. 06 85 05 98 35, sceavalfaures@gmail.com V *r.-v. Famille Boueilh*

CH. WIALA Rebelle 2016 ★

■ | 4000 | | 8 à 11 €

Vigneron apporteur en cave coopérative, Hubert Busquet a fait le grand saut en mars 2016 en s'offrant le Ch. Wiala, un domaine de 7,5 ha répartis sur deux îlots dans le haut Fitou (l'un composé de schistes, l'autre de galets roulés), créé 2001 par Alain Voorons, venu du Nord, et Wiebke Seubert, originaire d'Allemagne.

Cette cuvée issue d'un terroir de schistes se compose majoritairement de grenache. Le nez s'exprime avec intensité autour de notes de fruits rouges: groseille, cerise et fraise. L'attaque est franche, plutôt souple, puis les fruits envahissent le palais, donnant un vin agréable et gourmand, s'exprimant d'avantage sur le plaisir immédiat que sur la puissance. ⧗ 2018-2021

HUBERT BUSQUET, SCEA Ch. Wiala, 3, rue de la Glacière, 11350 Tuchan, tél. 06 60 90 53 05, hubert@chateau-wiala.com V *r.-v.* D

LANGUEDOC

Superficie : 9 522 ha
Production : 398 780 hl (85 % rouge et rosé)

En 2007, l'appellation coteaux-du-languedoc s'est élargie et a pris le nom de languedoc. L'ancienne AOC était formée de terroirs disséminés en Languedoc, dans la zone des coteaux et des garrigues, entre Narbonne et Nîmes, du pied de la Montagne Noire et des Cévennes à la mer Méditerranée – d'anciennes aires VDQS promues en AOC en 1985. Elle a fait place à partir du millésime 2006 à une vaste appellation régionale incluant toutes les aires d'appellation du Languedoc et du Roussillon, jusqu'à la frontière espagnole – à l'exception de Malepère: près de 500 communes (122 dans les Pyrénées-Orientales, 195 dans l'Aude, 160 dans l'Hérault et 19 dans le Gard). Les AOC existantes (corbières, faugères, côtes-du-roussillon, etc.) subsistent. Quant au nom «coteaux-du-languedoc», il a pu figurer sur les étiquettes jusqu'en 2012 pour les vins provenant de l'aire historique de l'appellation.

Six cépages dominent la production des vins rouges (majoritaires) et des rosés : carignan et cinsault (limités à 40 %) complétés par les grenache noir, lladoner, mourvèdre et syrah; en blanc, grenache blanc, clairette, bourboulenc, marsanne, roussanne et vermentino sont les principaux cépages, le piquepoul étant également utilisé. Ce dernier, qui donne un vin vif, est la variété exclusive du picpoul-de-pinet, produit autour du bassin de Thau, promu au rang d'AOC avec le millésime 2013. Six autres dénominations géographiques correspondent à un terroir particulier et affichent des conditions de production plus restrictives que dans le reste de la région: le pic Saint-Loup pour les rouges et les rosés, les Grés de Montpellier, Pézenas et les Terrasses du Larzac pour les rouges, ainsi que Sommières depuis 2009. Les Terrasses du Larzac, La Clape et le pic Saint-Loupsont devenus des appellations à part entière. En outre, certaines dénominations liées à une renommée ancienne peuvent figurer

sur l'étiquette des rouges et des rosés: Cabrières, célèbre pour ses rosés, Montpeyroux, Saint-Saturnin, Saint-Georges-d'Orques, La Méjanelle, Quatourze, Saint-Drézéry, Saint-Christol et Vérargues.

Ⓑ ABBAYE DE VALMAGNE
Grès de Montpellier H. de Turenne 2016 ★★

■	13000		15 à 20 €

Histoire et vignoble se conjuguent depuis plus de huit siècles à Valmagne, ancienne abbaye cistercienne. L'église aux proportions de cathédrale et son cloître aux baies cintrées abritent des foudres gigantesques. Le comte Henri de Turenne, ancêtre des propriétaires actuels – le dernier en date, Roland, est arrivé en 2017 sur le domaine –, avait acquis l'abbaye en 1838. Le domaine s'étend sur 350 ha, dont 58 plantés de vignes, conduites en bio certifié.

Née sur grès rouges et argilo-calcaires, cette cuvée assemble syrah (45 %), grenache, mourvèdre et une touche de morrastel – cépage emblématique de l'abbaye au XIXᵉs. Elle affiche une robe sombre et jeune, aux reflets violets, et dévoile un nez aussi élégant que riche: on respire dans le verre le thym citronné, le menthol, la tapenade et un fruit rouge bien mûr. Une attaque ample ouvre sur un palais puissant et charpenté, montrant un équilibre subtil entre rondeur et fraîcheur. La longue finale est marquée par une pointe de garrigue. ⌛ 2020-2025

⊶ D' ALLAINES, Rte de Montagnac, 34560 Villeveyrac, tél. 04 67 78 06 09, rdallaines@valmagne.com V 🚶 ! *t.l.j. 10h-12h30 14h-18h*

ABBOTTS ET DELAUNAY À tire d'Aile 2017 ★

□	3300		11 à 15 €

Issu d'une famille de producteurs et négociants bourguignons, Laurent Delaunay, œnologue, après avoir créé Badet Clément & Cie, a racheté en 2005 l'affaire fondée en 1996 par l'œnologue australienne Nerida Abbott, créant sous le nom d'Abbotts & Delaunay une société de négoce-vinificateur spécialisée dans les vins du Languedoc-Roussillon.

Un joli blanc frais et équilibré. Le grenache apporte de la générosité, la roussanne y ajoute sa fraîcheur, sa finesse et son fruité. Nez intense, sur les agrumes, bouche minérale, droite et acidulée, vive en attaque, ronde dans son développement, à la finale longue et citronnée. Parfait pour l'apéritif et les produits de la mer. ⌛ 2018-2021

⊶ ABBOTTS ET DELAUNAY, 32 av. du Languedoc, 11800 Marseillette, tél. 04 68 79 00 00, contact@abbottsetdelaunay.com V 🚶 ! *r.-v.*

Ⓑ ALLEGRIA Dolce Vita 2017 ★

■	15000		8 à 11 €

Créé en 2008 sur les premières collines du haut Languedoc, au nord de Pézenas, Allegria est le fruit d'une amitié franco-argentine entre Ghislain et Delphine d'Aboville et Roberto de la Mota (œnologue de renom). La nouvelle cave bioclimatique, implantée au pied du volcan des Baumes, est entourée d'un vignoble de 9 ha conduit en bio dès l'origine.

Syrah (70 %) et cinsault sont assemblés dans ce rosé saumoné et brillant, au nez délicat de groseille, d'épices douces et de fleurs blanches. La bouche affiche un bel équilibre entre suavité, rondeur et fine acidité, et déploie une longue finale. Un vin élégant et complet. ⌛ 2018-2020

⊶ GHISLAIN ET DELPHINE D' ABOVILLE, Allegria, lieu-dit Fontarèche, 34720 Caux, tél. 06 25 93 08 08, allegria@vinotinto.fr V 🚶 ! *r.-v.*

Ⓑ CH. ARGENTIÈS L'Alaric 2017 ★

□	2800		8 à 11 €

Propriété de 450 ha, dont 52 ha de vignes, implantée sur le flanc sud de la montagne de l'Alaric. Elle dépendait avant la Révolution de l'abbaye bénédictine de Lagrasse, antérieure au règne de Charlemagne. Vendue comme bien national à la Révolution, elle est restée dans la même famille jusqu'à son rachat en 2011 par l'homme d'affaires suisse Pierre-Alain Grossenbacher et son épouse Blen. Le vignoble est conduit en bio certifié depuis 2014.

Deux mots pour résumer cette cuvée issue de grenache blanc (80 %), complété par le piquepoul et par une goutte de viognier: fraîcheur et intensité. Tonique et élégant, le nez s'ouvre sur les agrumes, les fruits jaunes et les fruits exotiques. Toujours fruitée, la bouche séduit par sa vivacité primesautière qui fera merveille à l'apéritif ou avec les fruits de mer. ⌛ 2018-2020

⊶ DELPECH, Dom. d'Argentiès, D 114, 11220 Lagrasse, tél. 04 68 91 29 12, admin@argenties.com V 🚶 ! *r.-v. ⊶ Pierre Alain Grossenbacher*

Ⓑ DOM. GUILLAUME ARMAND
Le Petit Clos Vacquerolles 2017 ★

□	3000		5 à 8 €

Fils de vignerons gardois, Guillaume Armand a multiplié les expériences dans les vignes et les caves d'Australie, de Bourgogne et de la vallée du Rhône avant de s'installer en 2012 sur les 4 ha (portés à 6) d'un vallon caché aux portes de Nîmes. Dans cet environnement préservé, il a d'emblée entrepris une conversion bio.

Pas moins de quatre cépages composent ce blanc: le vermentino, le piquepoul, le grenache, et un appoint de viognier. Il en résulte un nez complexe, mêlant l'acacia, les agrumes, la pêche, l'abricot et les fruits exotiques. La bouche d'une belle vivacité offre une finale saline. Un vin fruité et tonique pour les fruits de mer et le poisson grillé. ⌛ 2018-2020

⊶ GUILLAUME ARMAND, hameau de Robiac, 30730 Saint-Mamert-du-Gard, tél. 06 52 45 78 88, domaineguillaumearmand@gmail.com V 🚶 ! *r.-v.*

DOM. DE L'ASTER
Pézenas En montant la calade 2016 ★★

■	2000		15 à 20 €

Issu d'une vieille famille vigneronne, Jacques Bilhac, rejoint en 2003 par son frère Alex, est à la tête de 30 ha de vignes dont il confie l'essentiel des raisins à la cave coopérative. En 2014, les frères ont construit leur cave de vinification et retiré 7 ha de la «coop» pour élaborer leurs propres vins.

Un mot pour résumer les qualités de ce vin, né des cépages grenache et syrah (à 40 % chacun), mourvèdre et carignan: élégance. Son bouquet offre la délicatesse suave de la rose et de la pivoine, relevées de notes poivrées. Les fruits rouges et le laurier viennent élargir la gamme aromatique en bouche, où l'on découvre un vin complexe, chaleureux et persistant, aux tanins gourmands. Une harmonie très méditerranéenne. ⧗ 2018-2023 ■ **Pézenas Le Hussard noir 2016 ★★ (15 à 20 €; 2000 b.)** : mariant mourvèdre (50 %), grenache et syrah, élevée pour moitié en barrique, une cuvée chaleureuse au caractère méridional affirmé. Nez subtil, tout en nuances, sur les fruits à noyau, la mûre, la réglisse et les épices; palais à l'unisson, généreux, au grain de tanin très doux, relevé de notes poivrées et grillées. ⧗ 2018-2022

⊶ BILHAC, 20, rte de Clermont, 34800 Péret, tél. 06 20 54 51 94, domainedelaster@gmail.com V 🚶 ■ *r.-v.*

♥ Ⓑ DOM. D'AUPILHAC
Montpeyroux Les Cocalières 2015 ★★

■	13000	◍	15 à 20 €

Descendant de quatre générations de vignerons, Sylvain Fadat a créé en 1989 ce domaine qui couvre 25 ha. Il travaille en agriculture biologique (biodynamie) ses deux terroirs, argilo-calcaires et marnes bleues pour Aupilhac, en versant sud, et argilo-calcaire et vestiges volcaniques pour Cocalières, à 350 m d'altitude. Millésime après millésime, il continue à nous faire partager son savoir-faire.

La trilogie syrah, grenache et mourvèdre, après un élevage en foudre, a donné naissance à une cuvée remarquable par son ampleur et par son caractère. Si la mûre et la framboise répondent présentes au premier nez, les fruits secs, la garrigue, le poivre noir, le zan leur font suite en une joyeuse farandole. Ciselée par dix-huit mois d'élevage en foudre, veloutée, la bouche reste dans le même registre fruité et complexe, offrant un équilibre parfait entre rondeur et fraîcheur aérienne. ⧗ 2018-2025 ■ **La Boda 2015 ★ (20 à 30 €; 5600 b.)** Ⓑ : les noces de deux terroirs, de la syrah et du mourvèdre (avec une goutte de carignan) et un élevage de vingt-huit mois sous bois. Nez complexe (laurier puis cerise, mûre, pivoine, rose et chocolat), bouche dans le même registre, structurée, encore ferme, tenue par une fine acidité. ⧗ 2018-2022 □ **Les Cocalières 2017 ★ (15 à 20 €; 5000 b.)** Ⓑ : une cuvée d'altitude, pas moins de cinq cépages (roussanne, marsanne, rolle, grenache blanc et clairette). Des fleurs blanches, des agrumes, du fruit de la Passion, de la minéralité; de la rondeur associée à un côté aérien. ⧗ 2018-2020

⊶ SYLVAIN FADAT, 28-32, rue du Plô, 34150 Montpeyroux, tél. 04 67 96 61 19, aupilhac@wanadoo.fr V 🚶 ■ *r.-v.* 🏠 Ⓔ

Ⓑ CH. BAS D'AUMELAS 2017 ★

■	10000	▮	8 à 11 €

Cette ferme du XII^e^s. devint château au XVI^e^s., quand le seigneur Bonnet la préféra à son domaine ravagé par les guerres de Religion. Propriété depuis trois siècles de la famille d'Albenas, le domaine (17 ha) est exploité depuis 2001 par Geoffroy et Jean-Philippe, qui l'ont converti à l'agriculture biologique.

Grenache (70 %) et syrah pour ce rosé pâle aux reflets melon. Au nez, des agrumes, de l'abricot et de la fraise. En bouche, du fruit toujours, du volume et de la rondeur. Un profil généreux. ⧗ 2018-2020

⊶ JEAN-PHILIPPE D'ALBENAS, Ch. Bas d'Aumelas, 34230 Aumelas, tél. 04 30 40 60 29, contact@chateaubasaumelas.fr V 🚶 ■ *r.-v.*

BEAUVIGNAC Expression Nature 2016

■	42666	▮	11 à 15 €

Après les fusions avec la cave de Castelnau-de-Guers (2003), puis avec celle de Mèze (2007), la cave de Pomérols, fondée en 1932, regroupe aujourd'hui environ 400 viticulteurs en AOC picpoul-de-pinet, langudoc et en IGP Côtes de Thau. Elle gère un vignoble de 1 750 ha, qui couvre aussi bien le terroir de garrigue de Castelnau-de-Guers que le glacis d'épandage qui constitue le cœur historique de l'appellation picpoul-de-pinet.

La syrah majoritaire (80 %) s'allie au mourvèdre dans cette cuvée qui n'a pas connu le bois mais qui a bénéficié d'un élevage de dix-huit mois en cuve. Il en résulte une robe grenat soutenu, un nez intense, sur les fruits mûrs, et une bouche puissante et ample, aux tanins affables et au fruité confituré très gourmand. ⧗ 2018-2022

⊶ CAVE LES COSTIÈRES DE POMÉROLS, 68, av. de Florensac, 34810 Pomérols, tél. 04 67 77 01 59, info@cave-pomerols.com V 🚶 ■ *t.l.j. sf dim. 8h30-12h30 14h-18h*

DOM. BELLES PIERRES
Saint-Georges d'Orques Chant des Âmes 2015 ★

■	5000	◍	15 à 20 €

Un domaine établi à deux pas d'un oppidum romain du II^e^s. avant J.-C., dont les pierres ont été utilisées par les générations précédentes pour entourer la propriété. Damien Coste, qui a pris la succession de son père Joseph en 1989 y conduit en famille 15 ha de vignes. Il a progressivement retiré les vendanges de la coopérative – intégralement à partir de 2010. Recherchant avant tout l'expression du terroir, il a banni l'emploi de barriques neuves et a engagé la conversion bio de l'exploitation.

Cette cuvée, née d'un assemblage de syrah et de mourvèdre à parts égales et élevée dix-huit mois dans le bois, a fourni les caves de l'Élysée. D'une belle finesse, son bouquet mêle la garrigue, la réglisse, des notes fumées et des touches d'épices douces. On retrouve la réglisse, alliée au fruit noir, dans une bouche gourmande, à la fois généreuse et fraîche, aux tanins soyeux. Un vin agréable à boire et prêt à passer à table. ⧗ 2018-2022

⊶ DAMIEN COSTE, rte de Bel-Air, D 102, 34570 Murviel-lès-Montpellier, tél. 04 67 47 30 43, bellespierres@wanadoo.fr V 🚶 ■ *t.l.j. sf dim. 10h-12h 14h-18h30*

Ⓑ BORIE LA VITARÈLE Le Grand Mayol 2016 ★

■	7000	◍▮	11 à 15 €

Un domaine de 20 ha conduit depuis 1998 (en bio et biodynamie) par Jean-François Izarn, adepte des

vinifications douces avec des levures indigènes, respectueuses de l'environnement et du terroir. Ce vigneron d'une grande valeur, reconnu et apprécié de ses pairs, a «quitté la scène» prématurément, en 2014. Sa femme Cathy poursuit aujourd'hui son œuvre, à laquelle elle a largement contribué. Une valeur sûre.

À leur aise sur les terroirs calcaires frais d'exposition nord, la clairette et le vermentino (40 % chacun) et le bourboulenc ont été élevés sur lies fines avec un apport de chêne neuf pour 10 % des vins. Il en résulte un blanc plaisant par sa palette riche et complexe (fleurs blanches légèrement miellées, abricot, mangue, beurre, pain d'épice), par son attaque fraîche et par son développement tout en rondeur. On le verrait bien sur les viandes blanches et produits de la mer cuisinés. ⧗ 2018-2022

⊶ CATHY IZARN, Borie-la-Vitarèle, 34490 Causses-et-Veyran, tél. 04 67 89 50 43, contact@borielavitarele.fr V r.-v.

Ⓑ MAISON BORT
Saint-Christol Légende de famille 2016 ★

■	60000		8 à 11 €

Le plus vaste domaine viticole sur le terroir de Saint-Christol: 65 ha de vignes en coteaux – de la syrah surtout, dont les premières plantations ont été effectuées dès la fin du XIXᵉs. par le grand-père de Frédéric Bort. Ce dernier a pris les rênes de l'exploitation en 2009 et converti son vignoble à l'agriculture biologique.

La robe est intense, à peine frangée de brun. Le nez s'ouvre sur une gamme fruitée mêlant notes fraîches de groseille et nuances plus mûres de pruneau et figue, rehaussées de touches d'épices douces. Cette palette fruitée se retrouve en attaque, en harmonie avec une texture ample et généreuse et avec des tanins très enrobés. Un vin gourmand de style très méditerranéen. ⧗ 2018-2020

⊶ DOM. BORT, 154, av. les Platanes, 34400 Saint-Christol, tél. 04 67 86 06 01, sceadomainebort@orange.fr V *t.l.j. sf dim. 10h-12h30 13h30-18h30*

DOM. LES BRUYÈRES 2017 ★

■	1700	5 à 8 €

Petit-fils de viticulteurs pluri-actifs, lui-même engagé dans la production fruitière, Christophe Combaluzier a eu l'ambition de faire renaître un vignoble avec des amis. Après diverses acquisitions, son domaine de poche (1 ha environ) a vu le jour en 2010 autour de Sommières, cru gardois du Languedoc.

Grenache, syrah et cinsault à parts quasi égales dans ce rosé très pâle, au nez discret mais délicats de fleurs blanches, d'abricot frais et de cerise. En bouche, on découvre un beau fruité mâtiné de notes de garrigue et une fraîcheur bien sentie. ⧗ 2018-2020

⊶ CHRISTOPHE COMBALUZIER, Dom. les Bruyères, 562, chem. du Château-d'Eau, 30260 Quissac, tél. 06 07 11 51 19, c.combaluz@orange.fr V *r.-v.*

Ⓑ CH. LES BUGADELLES Réserve 2017 ★

■	9800		8 à 11 €

Épaulé depuis 2013 par sa fille Béatrice, Jean-Claude Albert a repris en 2005 ce domaine établi sur le massif de la Clape: 400 ha d'oliviers, de chênes truffiers et de vignes. Ces dernières, étendues sur 45 ha, sont conduites en bio.

La roussanne (55 %), le grenache blanc et le bourboulenc, après un élevage partiel sous bois, ont donné naissance à un blanc très équilibré, vif en attaque puis rond, plaisant par sa gamme fruitée où transparaît le cépage principal: de la pêche, de l'abricot et de la poire, nuancés de notes de fruits exotiques. ⧗ 2018-2021

■ **Bergerie 2017 ★ (8 à 11 €; 12000 b.)** Ⓑ : né de syrah (60 %) et de grenache, ce rosé clair et limpide déploie des parfums de fruits rouges, de cassis et de fleurs blanches. On retrouve le fruit dans une bouche longue, ronde sans lourdeur, bien épaulée par une fine vivacité. ⧗ 2018-2019

⊶ ALBERT, rte de Saint-Pierre-la-Mer, 11560 Fleury-d'Aude, tél. 04 68 90 79 08, axel.dewoillemont@maisonalbert.fr V *r.-v.*

DOM. CASTAN Terroir du Lias 2015 ★

■	7000	8 à 11 €

André Castan, qui tenait les rênes du domaine familial depuis 1993, l'avait orienté vers l'agriculture raisonnée avant d'obtenir la certification haute valeur environnementale. Ses enfants Guilhem et Valérie, qui ont pris le relais en 2016, ont engagé la conversion bio de la propriété. Située près de Béziers, en bordure de l'appellation saint-chinian, l'exploitation dispose d'une cave centenaire et de 41 ha de vignes sur terroir argilo-calcaire de la période du Lias.

Souvent appréciée par nos dégustateurs, cette cuvée donne le premier rôle à la syrah (90 %). Le 2015 s'habille d'une robe profonde. On aime ses arômes de fruits rouges et noirs bien mûrs, nuancés de touches d'olive noire et de fumée et sa bouche nette aux tanins bien fondus, tendue en finale par un trait d'acidité qui lui donne tonus et longueur. ⧗ 2019-2023

⊶ GUILHEM CASTAN, 26 bis, av. Jean-Jaurès, 34370 Cazouls-lès-Béziers, tél. 04 67 93 54 45, info@domainecastan.com V *t.l.j. sf dim. 10h-12h30 16h-19h30*

CASTELBARRY Montpeyroux Le Tarral 2016 ★★

■	n.c.	8 à 11 €

Rebaptisée CastelBarry, la «coopérative artisanale» de Montpeyroux a été fondée en 1950: c'est l'une des dernières caves créées en Languedoc (le grand boom coopératif se situant entre 1910 et 1929). Elle a bien grandi depuis sa création: 75 adhérents alors, de modestes propriétaires, 130 aujourd'hui. Le vignoble (510 ha) se partage entre trois entités toutes baignées de soleil: le causse, le piémont et la terrasse d'éboulis.

Le Tarral est le nom donné par les habitants de Montpeyroux à un vent qui chasse le mauvais temps. Derrière sa robe violine, voici un vin au bouquet puissant et complexe, entre épices douces, confiture de cerises et garrigue (ciste et cade). La suite est tout aussi séduisante: une attaque suave, des tanins très soyeux et une longue finale fraîche, épicée et réglissée. Un vin élégant, remarquable image de son terroir. ⧗ 2018-2023

⊶ CAVE COOP. CASTELBARRY, 5, pl. François-Villon, 34150 Montpeyroux, tél. 04 67 96 61 08, contact@castelbarry.com V *t.l.j. 9h-12h 14h-18h; f. dim. de janv.-mars*

LANGUEDOC

Ⓑ DOM. DU CAUSSE D'ARBORAS 320 2016 ★★

■	6000	🍾	20 à 30 €

Ce domaine acquis en 2013 par le groupe Jeanjean dispose d'un vignoble de 16 ha (conduit en bio) planté à 320 m d'altitude sur le causse d'Arboras, un plateau très calcaire au pied du mont Saint-Baudile, en plein cœur des Terrasses du Larzac.

Sur ce terroir frais aux éclats calcaires du plateau d'Arboras, vermentino (45 %), roussanne et marsanne se plaisent. Ils ont donné naissance à un blanc expressif et de belle tenue. Nos dégustateurs ne tarissent pas d'éloges sur son nez élégant, bien ouvert sur la fleur blanche, le miel, les fruits exotiques, les fruits jaunes et la noisette, et sur sa bouche tout aussi aromatique, ample, puissante, vive et longue. ⧗ 2018-2021

⊶ VIGNOBLES JEANJEAN, L'Enclos, 34725 Saint-Félix-de-Lodez, tél. 04 67 88 80 00, contact@vignobles-jeanjean.com V t.l.j. sf dim. 9h-12h 14h-19h

LE CELLIER DU PIC Grès de Montpellier 521 2016 ★

■	2000	🛢🍾	20 à 30 €

Sous le nom de Vignerons du Pic, les caves coopératives de Claret, Assas, Saint-Gely-du-Fesc et Baillargues ont fusionné en 1997. La structure dispose des 700 ha de ses adhérents et propose une gamme de vins IGP et d'appellation, notamment des pic-saint-loup et des languedoc Grés de Montpellier.

L'élevage pour moitié en fût a laissé sa marque dans cet assemblage de grenache, de syrah et de mourvèdre, apportant de délicates notes épicées, toastées, des nuances de cacao en poudre et de poivre gris au nez comme au palais. Les fruits noirs bien mûrs, voire macérés dans l'alcool, complètent le bouquet de ce vin puissant et chaleureux, étayé par des tanins enrobés qui laissent une sensation de plénitude. ⧗ 2018-2023 ■ **Ch. d'Assas 2017 ★ (5 à 8 €; 8300 b.)** : au nez comme au palais, des arômes fruités et floraux (tilleul, fleurs blanches, fruits jaunes) alliés à des notes d'élevage (beurre, vanille, épices et fruits secs). De la rondeur, du gras, de la fraîcheur: un blanc pour le repas. ⧗ 2018-2021

⊶ SCA LES VIGNERONS DU PIC, 285, av. de Sainte-Croix, 34820 Assas, tél. 04 67 59 62 55, cave@vpic.fr V t.l.j. sf lun. 9h-12h 15h-19h; dim. 9h-12h

Ⓑ DOM. ALAIN CHABANON
Montpeyroux L'Esprit de Font Caude 2013

■	7500	🛢🍾	20 à 30 €

Fils d'enseignants et ingénieur œnologue, Alain Chabanon a acquis des vignes en 1992 à Montpeyroux et dans les villages environnants. Il a construit sa cave au milieu de son vignoble (17 ha) travaillé en culture biologique (certification en 2002) et en biodynamie (2011).

Syrah (60 %), mourvèdre et grenache composent cette cuvée qui porte l'ancien nom du domaine – le porte-drapeau de la propriété, élevé trente-six mois, dont vingt-quatre en barrique. Le 2013 atteint son apogée et laisse apprécier sa complexité: les notes de cuir du premier nez évoluent vers le sous-bois, puis vers les fruits rouges, les fruits secs, la réglisse et le grillé. Au palais, des tanins bien fondus s'allient à une vivacité marquée et à une touche animale. Un vin de caractère, qui gagnera au carafage. ⧗ 2018-2023

⊶ DOM. ALAIN CHABANON, chem. de Saint-Étienne, 34150 Lagamas, tél. 04 67 57 84 64, domainechabanon@gmail.com V mer. sam. 9h30-12h30; jeu. 17h30-19h30

LE CHAI D'ÉMILIEN
Grès de Montpellier Épopée 2016 ★

■	n.c.	🛢	11 à 15 €

Les cinq générations précédentes ont agrandi le domaine et cultivé la vigne. Installé en 2014, Émilien Fournel, perpétue cette tradition avec son épouse Ophélie tout en devenant récoltant. Il exploite 35 ha au nord-est de Montpellier.

Mariant la syrah majoritaire au grenache et au mourvèdre, une cuvée grenat intense, à la palette aromatique dominée par le cassis, au nez comme en bouche. On y trouve aussi de la cerise noire et une touche de menthe fraîche, ainsi qu'une pincée d'épices. Un vin rouge gourmand, rond et onctueux, aux tanins bien arrondis. ⧗ 2018-2023 ■ **Edmond le Démon 2017 (8 à 11 €; 3500 b.)** : vin cité.

⊶ ÉMILIEN FOURNEL, 6, rte de Montpellier, 34160 Sussargues, tél. 06 99 50 45 38, contact@lechaidemilien.com V t.l.j. sf dim. 17h-19h; sam. 10h-19h

LES VIGNERONS DU CHEVALIER GEORGES
Grès de Montpellier Terres d'Ocre 2013

■	n.c.	🛢🍾	8 à 11 €

À 8 km à l'ouest de Montpellier, Saint-Georges d'Orques possède un vignoble historique, qui lui a valu une dénomination pour ses vins rouges. Nombre de viticulteurs du cru sont issus de lignées remontant au moins au XVIes. Créée en 1947, la cave des vignerons a pris en 2015 le nom de Vignerons du chevalier Georges. Elle dispose des 400 ha de ses adhérents, sur deux terroirs: les terrasses de galets villafranchiennes et les graves calcaires.

Cet assemblage de syrah (majoritaire) et de grenache se distingue par la finesse et l'élégance de ses arômes de petits fruits noirs et rouges, nuancés de touches de garrigue et d'une très discrète touche vanillée (le court passage en fût de réemploi est peu sensible). La bouche d'une belle rondeur séduit par ses tanins fins qu'une longue garde a assouplis, ainsi que par sa fraîcheur conservée. ⧗ 2018-2020

⊶ LES VIGNERONS DU CHEVALIER GEORGES, 21, av. de Montpellier, 34680 Saint-Georges-d'Orques, tél. 04 67 75 11 16, contact@cavestgeorges.fr

♥ Ⓑ DOM. CLAVEL Cascaille 2016 ★★

■	8472	🛢🍾	15 à 20 €

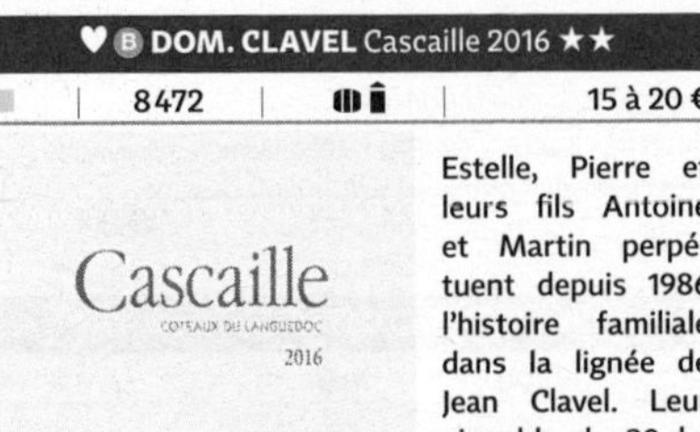

Estelle, Pierre et leurs fils Antoine et Martin perpétuent depuis 1986 l'histoire familiale dans la lignée de Jean Clavel. Leur vignoble de 30 ha (en bio certifié, avec une démarche

biodynamique) couvre trois terroirs: Pic Saint-Loup, Grés de Montpellier et La Méjanelle. Une référence du Languedoc viticole. Les clous représentés sur les étiquettes rappellent que les Clavel en fabriquaient avant de se consacrer entièrement à la vigne.

Pas moins de six cépages entrent dans la composition de ce blanc déjà apprécié dans le millésime précédent: la roussanne, le viognier, le grenache blanc, le vermentino, la marsanne et la clairette... et peut-être une goutte de quelques autres, plantés sur terres rocailleuses d'éboulis calcaires. Les uns apportent rondeur et générosité, les autres intensité aromatique ou vivacité. L'élevage en demi-muid ou cuve béton ovoïde se fait discret. Il en résulte un vin d'un rare équilibre, gras et frais, à la finale élégante et longue, qui brille aussi par la complexité de sa palette: fruits exotiques, citron vert, poire mûre, fruits jaunes, touche de miel. ⧗ 2019-2023

⊶ PIERRE ET ESTELLE CLAVEL, Mas de Périé, rte de Sainte-Croix, 34820 Assas, tél. 04 99 62 06 13, info@vins-clavel.fr V 🚶 ! *t.l.j. sf dim. 14h-19h*

♥ CLOS DE L'AMANDAIE 2016 ★★★

■	7000	🍾	8 à 11 €

À Aumelas, village situé à l'ouest de Montpellier, hameaux et vignobles parsèment la garrigue. Autour d'un château du XIIᵉ s., parmi les chênes verts, de petites parcelles cachées dans les combes et une cave en pierre du Gard composent le domaine de Philippe Peytavy (20 ha).

Élégance: ce mot résume cette cuvée mariant grenache blanc (80 %) et roussanne. Si sa robe jaune à reflets verts est brillante, c'est la suite de la dégustation qui a placé ce blanc au sommet: le nez intense, raffiné et complexe, mêlant tilleul, fleurs blanches, fruits jaunes et notes beurrées; la bouche, aussi plaisante par ses arômes à l'unisson du bouquet que par son harmonie, avec une attaque ronde et onctueuse, un développement ample et une finale d'une rare persistance. Alliant caractère méditerranéen et fraîcheur, un blanc pour poissons cuisinés ou viandes blanches. ⧗ 2018-2021 ■ **2015 ★ (8 à 11 €; 16000 b.)** : un rouge bien méridional avec son nez sur la cerise et la mûre confiturées, sur l'olive noire et le cade. Avec de surcroît, en bouche, de la réglisse, de la résine de pin, du chocolat et des touches épicées. L'élevage partiel dans le bois a affiné ses tanins, apporté structure, densité et complexité. De la présence. ⧗ 2018-2020

⊶ PHILIPPE ET STÉPHANIE PEYTAVY, rte de Montpellier, 34230 Aumelas, tél. 09 53 67 23 57, closdelamandaie@free.fr V 🚶 ! *t.l.j. sf dim. 17h30-19h; sam. 14h-19h*

CLOS DES NINES
Grès de Montpellier O du Clos 2015 ★

■	2500	🛢	20 à 30 €

En 2002, Isabelle Mangeart, chef des ventes dans une multinationale de l'agro-alimentaire, décide de changer de métier et crée de toutes pièces le Clos des Nines, dont le nom est un clin d'œil à ses trois filles (*nines*, en occitan). Le vignoble de 10 ha, d'un seul tenant, se niche au cœur de la garrigue et des oliviers, entre Sète et Montpellier. En conversion bio depuis 2013.

D'un grenat franc, ce vin rouge, issu de syrah majoritaire, livre des parfums de fruits des bois et de garrigue (thym et laurier), nuancés de notes de sous-bois et de cuir. Ses tanins encore serrés en dépit d'un élevage de dix-huit mois en barrique lui donnent de la mâche dans un univers fruité, mentholé, fumé et réglissé. De la puissance et de la fraîcheur. ⧗ 2020-2026 ■ **Obladie 2015 ★ (15 à 20 €; 3000 b.)** : pas moins de quatre cépages (grenache blanc, roussanne, vermentino et viognier) pour cette cuvée dorée élevée à 25 % en barrique. Au nez, des fruits blancs, des fleurs et des touches épicées. En bouche, un bel équilibre entre générosité et fraîcheur. ⧗ 2018-2020

⊶ ISABELLE MANGEART, Clos des Nines, rte de Cournonsec, 34690 Fabrègues, tél. 04 67 68 95 36, clos.des.nines@free.fr V 🚶 ! *r.-v.*

LE CLOS DU LUCQUIER
Montpeyroux Les Loustics 2015 ★★

■	4400	🛢	15 à 20 €

C'est au cœur du réputé glacis de cailloutis calcaires de Jonquières, sur des terrasses-argilo-calcaires, que la famille Panis cultive la vigne depuis cinq générations et qu'elle a repris la vinification à son compte en 2000 en construisant un nouveau chai. Elle propose des languedoc, des terrasses-du-larzac et des vins en IGP.

Une cuvée alliant la puissance de la syrah (70 %), qui lui lègue sa robe profonde et sa matière élégante, au fruité et à la rondeur du grenache et à la touche aérienne et subtile du cinsault. Au nez, de la réglisse, des fleurs séchées, de la confiture de fruits noirs et rouges, soulignés tout au long de la dégustation par les épices de l'élevage en barrique. Une vivacité caractéristique du terroir de Montpeyroux apparaît en contrepoint de tanins de velours. ⧗ 2018-2023

⊶ CLAUDE PANIS, 251, rue de la Font-du-Loup, 34725 Jonquières, tél. 07 68 05 70 19, leclosdulucquier@free.fr V 🚶 ! *r.-v.*

♥ CLOS LA RIVIÈRE
Pierres Blanches 2017 ★★

■	4200	🍾	5 à 8 €

Le grand-père de Jean-Philippe Madalle a planté de la syrah dès 1970. Ce dernier, œnologue, a repris en 2007 avec Carole le domaine familial établi dans un décor magnifique: de vieilles vignes (17 ha) cultivées en terrasses, à 300 m d'altitude.

Ces toutes jeunes vignes – plantées il y a trois ans sur calcaire – commencent juste à produire, et pourtant le vin qui en est issu s'est attiré un concert d'éloges. Composé de grenache blanc et de vermentino à parts égales, il affiche une robe très pâle. Son nez frais, délicatement floral, citronné et minéral brille par sa finesse. Le fruit jaune et les épices percent dans une bouche ronde et persistante, équilibrée par une fine acidité. À la fois généreux et délicat, un blanc d'une belle complexité. ⌛ 2018-2021

⊶ JEAN-PHILIPPE MADALLE, 52, av. Jean-Jaurès (cave de vinification), 34490 Causses-et-Veyran, tél. 06 76 29 26 34, madallejp@orange.fr

CH. COMBE DES DUCS
Pierres de mer 2017

■	5000	8 à 11 €

Sur les pas de ses ancêtres, Gautier Fountic, installé en 2005, cultive en famille 50 ha de vignes dans le massif de La Clape, essentiellement sur le flanc sud, entre mer et garrigue.

Mourvèdre (60 %) et grenache composent un rosé saumoné intense, bien ouvert sur le fruit (framboise, pamplemousse) au nez comme en bouche et d'une agréable fraîcheur. Simple et efficace. ⌛ 2018-2019

⊶ GAEC COMBE DES DUCS, 24, bd du Gal-de-Gaulle, 11560 Fleury-d'Aude, tél. 04 68 33 90 04, combedesducs@orange.fr r.-v.
⊶ Gautier Fountic

DOM. COSTEPLANE
Les Cistes 2015 ★

■	2804		15 à 20 €

Situé sur la bordure des Cévennes, à 15 km au nord de Sommières, ce domaine est une propriété familiale depuis 1450. Françoise et Vincent Coste, tous deux ingénieurs agronomes, y conduisent en biodynamie un vignoble de 23,5 ha.

Mi-grenache mi-syrah, un vin rouge à la robe soutenue, mêlant au nez les fruits noirs, les fruits rouges compotés, une touche kirschée et des arômes d'élevage empyreumatiques et chocolatés. La cerise noire vient compléter cette palette dans un palais chaleureux, aux tanins souples, tendu par un trait d'acidité qui donne du nerf et de l'allonge à sa finale confiturée. ⌛ 2018-2022

⊶ FRANÇOISE ET VINCENT COSTE, Mas Costeplane, CD 194, 30260 Cannes-et-Clairan, tél. 04 66 77 85 02, domaine.costeplane@gmail.com r.-v.

CH. COSTES-CIRGUES
Le Château Vieilles Vignes 2015 ★

■	4000		20 à 30 €

Originaire de Suisse alémanique, Béatrice Althoff a repris en 2003 ce domaine, mosaïque constituée d'une centaine de petites parcelles. Elle le conduit en agriculture biologique et biodynamique et vinifie sans sulfites ajoutés. Les fils de la vigneronne, David et Robin, prendront prochainement la relève.

Élevée quinze mois en barrique, cette cuvée met en avant la syrah (80 %), complétée par le grenache. Elle arbore une robe profonde et jeune, aux reflets violets, et gagne en intensité à l'aération, libérant des notes de fruits noirs et de cerise confiturés, de zan, d'épices et de tapenade. Onctueuse, ample et puissante en bouche, soutenue par une trame de tanins solides et fondus, elle montre encore une certaine fermeté en finale. ⌛ 2019-2024

⊶ BÉATRICE ALTHOFF, 1531, rte d'Aubais, 30250 Sommières, tél. 04 66 71 83 85, info@costescirgues.com lun. mar. jeu. ven. 9h-12h 14h-18h

DOM. LA COSTESSE Louis 2016 ★

■	2000		15 à 20 €

Pâtissier de formation, Gilles Nougalliat a repris en 1999, à l'âge de dix-neuf ans, l'exploitation familiale avant de créer en 2013 son propre domaine (18 ha), dont le nom signifie « légère pente » – le nom donné par le grand-père à la parcelle sur laquelle il a construit sa cave. Il a engagé en 2017 la conversion bio de sa propriété.

Privilégiant la syrah (80 %, avec le grenache en appoint), cette cuvée, restée un an en barrique, offre un nez finement floral et vanillé, avec un peu de fruits rouges et de garrigue. On retrouve la garrigue et le fruit macéré dans un palais gourmand et bien construit, souple en attaque, puissant, bien structuré et long, allégé par une belle fraîcheur. ⌛ 2019-2022

⊶ GILLES NOUGALLIAT, 11, chem. des Cammaous, 34270 Vacquières, tél. 06 87 43 77 28, gilles.nougalliat@orange.fr r.-v.

DOM. COULET Grande Réserve 2016 ★

■	1500		11 à 15 €

En 2011, Benjamin Coulet a créé sa cave particulière à Saint-Jean-de-Buèges, un village médiéval où il a passé toute son enfance. Associé à son cousin Valentin Coeminne, il y cultive sur les fameux éboulis calcaires des coteaux de la Séranne une quinzaine d'hectares ayant appartenu à son grand-père et à son père et vinifie dans les locaux de l'ancienne « coop » locale.

Du vermentino (70 %) escorté des grenache blanc, viognier et roussanne pour ce blanc à l'expression réservée mais élégante et complexe (fleurs suaves, pêche, pierre à fusil). Vif en attaque, rond dans son développement, le palais est tonifié en finale par une agréable amertume. ⌛ 2018-2020 ■ **Tour de Baulx 2017 ★ (5 à 8 €; 3800 b.)** : né de syrah, grenache et cinsault, ce rosé pâle aux reflets violines s'ouvre doucement sur des arômes de fruits rouges acidulés et de bonbon anglais. Arômes prolongés par une bouche croquante, tout en finesse et en fraîcheur. ⌛ 2018-2019

⊶ BENJAMIN COULET, rue du Château, 34380 Saint-Jean-de-Buèges, tél. 06 62 57 24 22, domaine.coulet@live.fr r.-v.

DOM. DE COURSAC Les Garriguettes 2016 ★

■	12000		5 à 8 €

Créer sa propre cave, c'est le rêve qu'a réalisé ce jeune vigneron autodidacte en 2015, après être sorti de la coopérative où il apportait sa récolte depuis 2007. Les vignes (27 ha aujourd'hui, en conversion bio) sont situées dans la partie la plus orientale de l'appellation languedoc, entre Piémont cévenol et Méditerranée.

Né sur un terroir de gravettes, ce languedoc rouge associe le grenache (50 %), la syrah (30 %) et le cinsault. À la fois gourmand et élégant, il séduit par les accents floraux de son nez qui apportent une touche de délicatesse à des arômes de fruits très mûrs, voire confiturés. En bouche, il offre une agréable souplesse sans manquer d'étoffe, et sa fraîcheur lui donne longueur et allant. ⧗ 2018-2021

DAVID CODOMIÉ, chem. du Château-d'Eau, 30260 Carusas, tél. 06 26 82 29 98, domainedecoursac@orange.fr V r.-v.

CH. LES DEUX ROCS Cabrières 2016 ★

■			11 à 15 €

Enfant des Corbières, Gérard Bertrand est un important propriétaire et négociant du sud de la France, dont les cuvées apparaissent dans le Guide sous diverses AOC (corbières, fitou, minervois, languedoc, côtes-du-roussillon...) et en IGP.

Ancienne propriété de MM Zabalia et Hennebert, le Ch. Les Deux Rocs est l'un des trois domaines rachetés en 2017 par Gérard Bertrand: 20 ha en languedoc, nichés dans une vallée au milieu des oliviers et des chênes, sur les schistes de Cabrières. Un domaine en conversion bio, à l'origine de ce vin à la robe presque noire. Le premier nez, sur les fruits noirs (mûre et cassis confiturés) est relayé par des notes toastées, vanillées et cacaotées. La bouche, dans le même registre, est intense et charpentée, ciselée par l'élevage. ⧗ 2020-2025 ■ **Ch. la Sauvageonne La Villa 2017 (30 à 50 €; n.c.)** B : vin cité.

GÉRARD BERTRAND, rte de Narbonne-Plage, 11100 Narbonne, tél. 04 68 45 28 50, vins@gerard-bertrand.com V r.-v.

VIGNOBLE DES DEUX TERRES Larmuse 2017 ★

■	15000		5 à 8 €

Située à proximité du lac du Salagou, de Saint-Guilhem-le-Désert ou encore des cirques de Mourèze et de Navacelle, la cave des Vignerons de Saint-Félix-de-Lodez, créée en 1942, regroupe après plusieurs fusions 520 ha de vignes et a pris en 2009 le nom de Vignoble des Deux Terres. S'inscrivant dans une démarche de production respectueuse du développement durable, elle dispose de 30 ha cultivés en bio.

D'un joli rose poudré, ce 2017 dévoile un bouquet soutenu de pamplemousse, de fraise écrasée, de bonbon et de praline. En bouche, il se montre très frais, très délicat, très élégant. ⧗ 2018-2019

VIGNOBLE DES DEUX TERRES, 21 bis, av. Marcelin-Albert, 34725 Saint-Félix-de-Lodez, tél. 04 67 96 60 61, info@vignerons-saintfelix.com V *t.l.j. sf dim. 9h-12h 14h-18h*

CH. DE LA DEVÈZE-MONNIER 2017

■	2667		5 à 8 €

Ancien professeur de sciences naturelles, Laurent Damais a quitté les tableaux noirs en 1986 pour s'attacher au vignoble familial dans le beau vallon de Montoulieu, entre Larzac et Cévennes. Son vignoble couvre 35 ha.

Syrah (60 %) et grenache sont à l'origine de ce vin d'un joli rose franc, de bonne intensité au nez, autour des fleurs blanches, de la pêche et des fruits rouges. La bouche est équilibrée entre gras et vivacité et de bonne longueur. ⧗ 2018-2019 ■ **2016 (8 à 11 €; 1200 b.)** : vin cité.

LAURENT DAMAIS, Dom. de la Devèze, 34190 Montoulieu, tél. 04 67 73 70 21, domainedeladeveze@hotmail.fr V *t.l.j. sf dim. 9h-12h 15h-19h* G

DOM. DE L'ÉGLISETTE Empreinte Céleste 2015 ★★

■	1350		15 à 20 €

Trois amis, autour du Breton Yvon Pennors, à la tête d'une prospère affaire spécialisée dans l'import-export de céréales et de tourteaux, ont réalisé leur rêve en rachetant en 2015 ce domaine de 15 ha riche de quatre terroirs, situé au nord de l'appellation terrasses-du-larzac. Alors que les anciens propriétaires livraient leur vendange à la coopérative, ils ont fait construire un chai en 2016. La chapelle romane qui domine le vignoble a donné son nom à leur exploitation.

Bien entourés, les nouveaux propriétaires font une entrée remarquée dans le Guide avec leur premier millésime, grâce à cette cuvée proposée pour un coup de cœur. Issu de syrah (60 %) et de grenache, élevé dix-huit mois en fût, ce vin rouge arbore une robe profonde aux reflets violines, à laquelle répond un nez puissant et riche, mêlant les fruits noirs très mûrs, la réglisse, des touches florales, minérales (graphite) et boisées (moka). Dense, gras et long, il montre une remarquable tenue au palais, même s'il apparaît encore jeune et réservé. ⧗ 2019-2023

SCEA DE L' ÉGLISETTE, Vialaure - D115, 34190 Moulès-et-Baucels, tél. 06 89 64 11 95, contact@domainedeleglisette.com V r.-v.

LANGUEDOC

CH. DE L'ENGARRAN Saint-Georges d'Orques 2017 ★

■	37000		8 à 11 €

Le château de l'Engarran est une «folie» montpelliéraine du XVIII[e]s., classée à l'Inventaire national des Monuments historiques. Diane Losfelt et Constance Rerolle, sur les traces de leurs parents, y cultivent un vignoble de 55 ha, à Saint-Georges-d'Orques, dans les Grés de Montpellier.

Subtil et élégant, ce rosé né de grenache (80 %) et de cinsault évoque les fruits exotiques délicatement relevés d'épices. En bouche, des arômes de poire et de melon, du volume, une fraîcheur savamment dosée, de la longueur. ⧗ 2018-2020

SCEA DU CH. DE L' ENGARRAN, Route de Lavérune, 34880 Lavérune, tél. 04 67 47 00 02, lengarran@wanadoo.fr V *t.l.j. sf dim. 10h-13h 15h-19h*
Grill

B DOM. DE L'ESCATTES La Longue 2016 ★

□	2000		11 à 15 €

Entre Sommières et Nîmes, ce domaine familial de 24 ha est remarquable par son mas et par son parc à la française du XIX[e]s. François Robelin, installé en 2009, conduit ses vignes en bio certifié (depuis 2013).

Construit sur le grenache blanc (80 %), complété par le viognier et par le bourboulenc, ce vin blanc a été élevé douze mois en demi-muids de 600 l. Au nez, il mêle la poire, les fruits exotique, des notes florales à une touche boisée. Vif en attaque, il est équilibré, suave, de bonne longueur. Si le fût de réemploi transparaît à peine dans l'expression aromatique, il laisse une empreinte tannique en finale. ⧗ 2018-2021

M. FRANÇOIS ROBELIN, 2300, rte de Saint-Étienne-d'Escattes, 30420 Calvisson, tél. 04 66 01 40 58, smc.robelin@wanadoo.fr V r.-v.

LA RÉSERVE D'ESTELLE
Saint-Saturnin 2015 ★

■ | 6650 | | 15 à 20 €

Au cœur du village de Saint-Saturnin, le Mas d'Estelle est un petit domaine de 9 ha établi au pied du Larzac, créé en 2011 sur les sols à cailloutis calcaires caractéristiques, où l'on pratique la vendange manuelle et le tri des raisins à la parcelle.

Mi-cuve mi-fût, ce vin rouge né des cépages grenache (60 %), syrah et mourvèdre se pare d'une robe profonde. Encore réservé, il s'ouvre à l'aération sur des notes assez complexes de fruits confits, de garrigue et sur un boisé épicé, grillé et fumé. Consistant, charnu, concentré, il s'appuie sur une solide charpente tannique, encore un peu massive, qui révèle une recherche de l'extraction et qui demande à s'affiner. ⧗ 2020-2025

MAS D'ESTELLE, 9, rue du Portail, 34725 Saint-Saturnin-de-Lucian, tél. 04 67 96 11 63, contact@masdestelle.fr V *r.-v. Foureur*

DOM. DE FABRÈGUES Le Mas 2017 ★

■ | 8000 | | 5 à 8 €

Les archéologues ont retrouvé là un four à amphores datant de l'époque romaine. Plus tard, ce domaine, entre Pézenas et Clermont-l'Hérault, fut une halte sur la route de Compostelle où les pèlerins faisaient ferrer leurs chevaux. Depuis 2005, Carine Pichot y conduit un vignoble de 35 ha.

Deux tiers de grenache (élevé quatre mois en barrique) pour un tiers de vermentino composent cette cuvée or blanc au nez de pêche blanche et d'amande. La poire et une touche florale rejoignent la pêche en bouche, ainsi qu'une note réglissée. L'ensemble, équilibré et frais, finit sur une petite pointe d'amertume. ⧗ 2018-2021 ■ **Le Mas 2017 (5 à 8 €; 15000 b.)** : vin cité.

CARINE PICHOT, rte de Péret, 34800 Aspiran, tél. 04 67 44 54 99, contact@domainefabregues.fr V *t.l.j. sf sam. dim. 8h-18h; sam. dim. sur r.-v.*

LA FONT DES ORMES
Pézenas Terres mêlées 2016 ★

■ | 12700 | | 15 à 20 €

Sur un site qui porte les traces de peuplements d'hominidés très anciens, Guy Cazalis de Fondouce a redonné un nouvel élan à ce domaine familial typiquement languedocien et restauré de très belle façon le chai et ses cuves semi-enterrées datant du XVIIe s. pour les convertir en chai à barriques. Le vignoble (20 ha), certifié bio depuis le millésime 2016, est en conversion à la biodynamie.

Les parfums presque confiturés de fruits rouges ou noirs, de fruits secs et d'épices douces traduisent une maturité poussée des quatre cépages à l'origine de cette cuvée. Le palais, à l'unisson du nez, est tout en fruits rouges épicés, en harmonie avec une bouche soyeuse, aux tanins enrobés. ⧗ 2018-2022

GUY CAZALIS DE FONDOUCE, rte de Nizas, 34720 Caux, tél. 04 67 11 09 48, contact@fontdesormes.fr V *r.-v.*

♥ FULCRAND CABANON Cabrières 2017 ★★

■ | 30000 | | 5 à 8 €

Coopérative fondée en 1937 et riche des 330 ha de ses adhérents, les caves de l'Estabel, réputées pour leurs rosés qui ont fait la gloire de Cabrières, présentent aussi une gamme de rouges dignes d'un vif intérêt. Elles produisent également de l'AOC clairette-du-languedoc, sur une vingtaine d'hectares de schistes. Le paysage dominé par le pic de Vissou, la richesse géologique et les sites archéologiques en font une étape obligée.

2015, 2016 et aujourd'hui 2017: autant de millésimes et autant de coups de cœur pour la Cave et son rosé de Cabrières. Toujours un assemblage équilibré de cinsault, de grenache et de syrah et toujours la même impression d'élégance. La robe est d'un beau rose pastel. Le nez, intense et délicat, associe les fruits rouges, le pamplemousse et la minéralité. La bouche apparaît à la fois ample, dense, caressante et fraîche. Un superbe vin de terroir. ⧗ 2018-2020 ■ **Cabrières 2016 ★ (5 à 8 €; 30000 b.)** : élevé en cuve, un assemblage de syrah (65 %) et de grenache gourmand et fruité. Un rouge bien méditerranéen, ample et rond, aux tanins tout en finesse, mêlant le cassis confit, la cerise à l'eau-de-vie et le laurier. ⧗ 2018-2022 ■ **Ch. de Cabrières Cabrières 2015 ★ (11 à 15 €; 10000 b.)** : deux tiers de syrah et un tiers de grenache pour ce vin rouge plein de mâche à la structure encore ferme. Sa palette mêle la confiture de mûres, le zan et un boisé encore très appuyé (vanille, cannelle, réglisse, torréfaction). ⧗ 2020-2022

L' ESTABEL, 20, rte de Roujan, 34800 Cabrières, tél. 04 67 88 91 60, contact@estabel.fr V *t.l.j. 9h-12h 14h-18h*

LA GRANGE
Pézenas Castalides Édition 2016 ★

■ | 6000 | | 20 à 30 €

Un domaine acquis en 2007 par Rolf et Renate Freund, anciens importateurs allemands de vins. Idéalement situé en bordure du parc naturel régional du Haut Languedoc, à une altitude de 250 m, son vignoble, restructuré et passé de 30 à 55 ha, est cerné par la garrigue. Les raisins mûrissent entourés de thym et de romarin, puis sont vinifiés parcelle par parcelle dans de nouveaux chais en pierre implantés au cœur des vignes. L'ancienne cave a été restaurée.

Un assemblage de syrah (60 %) et de grenache. Le premier nez, sur le cuir, est relayé à l'aération par des senteurs de fruits à noyau, de garrigue et par les épices de l'élevage en barrique neuve. On retrouve des nuances animales et les épices douces, alliées aux fruits, au laurier et au cacao dans un palais ample et rond, aux tanins serrés mais soyeux. 2020-2025

SARL LA GRANGE, rte de Fouzilhon, 34320 Gabian, tél. 04 67 24 69 81, shugeux@domaine-lagrange.com V t.l.j. sf sam. dim. 10h-12h 14h-16h

LA GRANGE DES COPAINS À trois mains 2016 ★

■	1200		15 à 20 €

Trois Copains, Cyril, Jérémy et Julien, passionnés par la viticulture, débarquent dans l'Hérault en 2002, avec l'idée de cultiver la vigne. Ils rachètent en 2008 une petite parcelle vouée à l'arrachage, vendent bien leur vin et rachètent une parcelle. À ce jour, 2 ha. À suivre…

Élaboré «à trois mains», ce vin rouge construit sur la syrah (80 %, avec du grenache en appoint) a séjourné un an en fût. Au premier nez, le boisé ressort, sur des notes de vanille, de café et de fumé, puis des senteurs de fruits noirs bien mûrs, de griotte en confiture et de figue se font jour. Dans le même registre, le palais montre de belles qualité d'intensité et de générosité et séduit par la finesse de ses tanins. Un élevage maîtrisé qui laisse sa place au fruit. 2018-2022

LA GRANGE DES COPAINS, 10, rue Mistral, 34800 Nébian, contact@lagrangedescopains.com

DOM. DES GRÉCAUX
Montpeyroux Hêmèra 2014 ★★

■	3500		15 à 20 €

Établis à Saint-Jean-de-Fos, célèbre village de potiers aux toits et chenaux en tuiles vernissées, Arnaud et Sophie Sandras, longtemps expatriés, ont pris les rênes de ce domaine créé en 1999. Leur vignoble de 7 ha, issu de biens de village et conduit en bio, est situé majoritairement au cœur du terroir de Montpeyroux, ainsi qu'en terrasses-du-larzac.

Né de syrah majoritaire et de grenache, ce 2014 affiche d'emblée sa présence dans une robe grenat profond et dans un bouquet à la fois intense et délicat, harmonieux mariage de cassis, de myrtille, de cade, de laurier et de romarin. Structuré, plein et persistant, il montre aussi la fraîcheur du terroir de Montpeyroux, qui lui permet de montrer une belle tenue dans le temps. Un vin de caractère. 2018-2024

SOPHIE ET ARNAUD SANDRAS, 4, av. du Monument, 34150 Saint-Jean-de-Fos, tél. 06 38 25 14 89, contact@domainedesgrecaux.com V r.-v.

DOM. GUINAND
Saint-Christol Grande Cuvée 2015 ★

■	10000		11 à 15 €

C'est au cœur de Saint-Christol, village de culture taurine, que se trouve la cave de la famille Guinand (sixième génération), qui a quitté la coopérative en 1993 pour créer ce domaine réputé de 60 ha. Le caveau de vente voûté est situé dans une bâtisse datant du XVIes. Ici, les vignes de syrah et de grenache trouvent leur expression sur un sol de galets.

Une cuvée régulièrement appréciée par nos dégustateurs. Le 2015 affiche une robe presque noire. Il séduit par son ampleur et par sa structure tannique assouplie par un élevage en barrique bien mené. On aime aussi sa palette aromatique d'une belle richesse, mêlant la cerise noire, la mûre en confiture et la réglisse, rehaussées de poivre et d'un boisé très présent aux nuances de moka. De la puissance et une certaine élégance. 2019-2022

DOM. GUINAND, 36, rue de l'Épargne, 34400 Saint-Christol, tél. 04 67 86 85 55, contact@domaineguinand.com V t.l.j. sf dim. 9h-12h 15h-19h

DOM. GUIZARD
Saint-Georges d'Orques Prestige 2016 ★

■	4000		11 à 15 €

Installé dans les anciens communs du château de Lavérune, jadis résidence d'été des évêques de Montpellier, ce domaine appartient à la famille Guizard depuis le XVIes. Son vignoble de 38 ha s'étend sur une très ancienne terrasse au sol rouge et graveleux.

Portant la marque de son terroir d'origine, les terrasses villafranchiennes, ce vin rouge composé de syrah (75 %) et de mourvèdre se pare d'une robe profonde et offre un nez bien ouvert sur la cerise, la mûre et la réglisse, avec une touche florale. Le cassis, l'olive noire et la violette s'ajoutent à cette palette dans une bouche ample, ronde et charpentée, montrant la fraîcheur caractéristique de son lieu de naissance. 2018-2023 ■ **Saint-Georges d'Orques 2017 (5 à 8 €; 29000 b.)** : vin cité.

GUIZARD, 12, bd de la Mairie, 34880 Lavérune, tél. 06 95 01 52 69, damien-babel@domaine-guizard.com V t.l.j. sf sam. dim. 17h-19h

LA JASSE CASTEL La Pimpanela 2017

■	12000		11 à 15 €

Ancienne journaliste, puis enseignante, Pascale Rivière écrit sur les domaines et a, en 1998, un coup de foudre pour ce causse de Montpeyroux, ses vignes et sa bergerie (jasse) du XVIIes. Dressé face au vent et baigné de soleil, le vignoble de La Jasse Castel (du nom de l'ancien propriétaire) couvre aujourd'hui 10 ha. Les vins sont élaborés dans une cave tout en bois. Domaine en bio depuis 2008.

Pimpanela? La pivoine, en occitan, une fleur aux fragrances délicates, épicées et poivrées. De fait, nos dégustateurs ont trouvé du poivre et des épices dans ce vin issu de quatre cépages (grenache 55 %). Et aussi de la garrigue et du fruit noir, dans une matière souple et soyeuse, un peu plus ferme en finale. Un rouge gourmand pour maintenant. 2018-2021

PASCALE RIVIÈRE, 866, rte de Gignac, 34150 Saint-Jean-de-Fos, tél. 04 67 92 37 39, jasse-castel@orange.fr V r.-v.

VIRGILE JOLY Le Joly Rouge 2016

■	50000		8 à 11 €

Cet œnologue natif de la vallée du Rhône, petit-fils de vigneron, a fondé son propre domaine en 2000 après avoir été *flying winemaker* dans le sud de la France et au Chili. Il s'est installé sur la place du village de Saint-Saturnin-de-Lucian, entre mairie et église. Les vignes, agrandies petit à petit, couvrent 18 ha, conduites en bio.

Le Joly Rouge assemble syrah (50 %), grenache et carignan. C'est un vin gourmand, aux arômes de fruits rouges, d'épices et de garrigue, et à la bouche

LANGUEDOC

souple, veloutée et vive. Parfait pour les grillades. ⧗ 2018-2020 ■ **Saint-Saturnin Saturne 2015 (11 à 15 €; 20 000 b.)** Ⓑ : vin cité.

⊶ VIRGILE JOLY, 6 bis, pl. de la Fontaine, 34725 Saint-Saturnin-de-Lucian, tél. 04 67 44 52 21, virgilejoly@wanadoo.fr V 🚶 ▮ *t.l.j. 9h-12h 14h-18h; sam. dim. sur r.-v.* 🏠 ③ ⌂ Ⓒ

DOM. JORDY Expression 2016 ★

■ | 2000 | ▮ | 5 à 8 €

La famille Jordy est établie depuis fort longtemps au cœur du vieux village de Loiras-du-Bosc, dans l'aire des terrasses-du-larzac. Frédéric Jordy, installé en 1998, représente la quatrième génération de vignerons sur ce domaine qui compte aujourd'hui 20 ha. En conversion bio.

Construit sur le grenache (90 %, avec le carignan en appoint), ce 2016 revêt une robe sombre aux reflets violets qui dit sa jeunesse. Encore fermé, il demande de l'aération pour livrer ses parfums de cerise, teintés de réglisse, de genièvre et d'autres plantes de la garrigue – et même d'eucalyptus. Le fruit noir s'affirme dans une bouche d'une belle rondeur. Encore un peu stricts en finale, les tanins ne devraient guère tarder à s'assouplir. ⧗ 2019-2021

⊶ JORDY, Loiras, 34700 Le Bosc, tél. 04 67 44 70 30, frederic.jordy@orange.fr V 🚶 ▮ *t.l.j. sf dim. 9h-19h*

CH. DE LANCYRE La Rouvière 2017 ★

■ | 14 500 | ▮ | 8 à 11 €

Régis Valentin, œnologue et maître de chai, a repris en 2001 le domaine familial créé en 1960 par les familles Durand-Valentin. Il produit des vins sur 80 ha de vignes occupant un beau terroir de calcaires durs et d'argiles rouges.

Le 2015 de cette cuvée avait obtenu un coup de cœur. L'assemblage est similaire pour ce 2017: roussanne (80 %), avec un appoint de viognier et de marsanne. Après un élevage de quatre mois sur lies, le vin s'ouvre à l'aération sur des notes fraîches de fleurs blanches, d'agrumes et d'épices, teintées d'une nuance d'eucalyptus et d'une touche saline. Le prélude à un palais gras, frais et long. De l'intensité et de la droiture. ⧗ 2018-2021 ■ **Le Rosé 2017 (5 à 8 €; 20 000 b.)** : vin cité.

⊶ RÉGIS VALENTIN, Hameau de Lancyre, 34270 Valflaunès, tél. 04 67 55 32 74, contact@chateaudelancyre.com V 🚶 ▮ *t.l.j. sf dim. 10h-12h30 14h30-18h30*

Ⓑ **CH. DE LASCAUX** Les Pierres d'Argent 2015 ★

■ | 6000 | ◍ | 15 à 20 €

Jean-Benoît Cavalier, agronome de formation, a relancé le domaine familial au milieu des années 1980, marchant dans les pas de quatorze générations de vignerons sur ce terroir de cailloutis calcaires mis en valeur par sa famille depuis 1554. Cette figure emblématique du Pic Saint-Loup conduit son vignoble (85 ha aujourd'hui) en agriculture biologique et en biodynamie. Sur certaines parcelles, des moutons broutent l'herbe entre les ceps, labourent et apportent un engrais tout naturel. Une valeur sûre.

Roussanne (40 %), marsanne, vermentino et clairette composent ce vin blanc fermenté et resté près d'un an dans le bois. Un 2015 encore très frais, à la robe or pâle aux reflets verts. Discret mais assez complexe, il mêle au nez les fruits blancs, les agrumes et des notes vanillées. La bouche ajoute à cette palette fruitée et boisée un soupçon de violette. D'une belle vivacité, elle finit sur une légère touche d'amertume. ⧗ 2018-2021

⊶ JEAN-BENOÎT CAVALIER, rte de Brestalou, 34270 Vacquières, tél. 04 67 59 00 08, info@chateau-lascaux.com V 🚶 ▮ *t.l.j. sf dim. 10h-12h 14h-18h*

DOM. DES LAURIERS Baptiste 2016

■ | 8000 | 8 à 11 €

Jouxtant Pézenas, le domaine de Marc Cabrol s'étend sur 45 ha entre garrigue et pinèdes (22 ha pour la vigne), à Castelnau-de-Guers, l'une des cinq communes de l'appellation picpoul-de-pinet. Une valeur sûre.

Suivant un superbe 2015, ce 2016, un peu moins expressif que le «triple étoilé», ne démérite pas. Les cépages sont les mêmes: du vermentino (60 %), allié au piquepoul. Le nez mêle le fruit blanc, la pêche jaune et les épices douces. De très belle tenue, la bouche séduit par son excellent équilibre entre gras et vivacité. Un vin bien construit. ⧗ 2018-2021

⊶ MARC CABROL, 15, rte de Pézenas, 34120 Castelnau-de-Guers, tél. 04 67 98 18 20, contact@domaine-des-lauriers.com V 🚶 ▮ *r.-v.*

♥ Ⓑ **DOM. LEYRIS-MAZIERE** Les Pouges 2016 ★★

■ | 10 000 | ◍ ▮ | 15 à 20 €

Installés en 1997 sur 8 ha, Odile et Gilles Leyris ont vinifié leurs premières cuvées deux ans plus tard en cave particulière. Tout en agrandissant leur vignoble, ils ont renoncé à la machine à vendanger et ont engagé la conversion bio de leur domaine (certification en 2007). Ils exploitent aujourd'hui 15 ha dans la garrigue gardoise, au pied des Cévennes.

Mariant syrah majoritaire (70 %) et grenache, ce vin mi-cuve mi-fût a fait sensation. Nos dégustateurs relèvent avec intérêt la profondeur de sa robe aux reflets violines de jeunesse, puis son nez très épicé, mêlant les fruits rouges légèrement compotés au genièvre, au clou de girofle et au piment d'Espelette. La mûre et le cassis confiturés s'affirment dans un palais opulent, gourmand, structuré et long, dont les tanins encore massifs laissent deviner un réel potentiel. ⧗ 2019-2025

⊶ GILLES LEYRIS, chem. des Pouges, 30260 Cannes-et-Clairan, tél. 04 66 77 10 78, leyrismaziere@gmail.com V 🚶 ▮ *t.l.j. sf dim. 10h-12h 15h-19h*

DOMAINES PAUL MAS Pézenas Côté Mas 2016 ★★

■ | 12 000 | ◍ | 11 à 15 €

Vigneron-négociant, Jean-Claude Mas dispose d'un vaste vignoble de plus de 600 ha en propre constitué

par quatre générations, auxquels s'ajoutent les apports des vignerons partenaires (1 300 ha). Le Ch. Paul Mas se compose de 25 ha à Conas, 27 ha à Moulinas, près de Pézenas, et 80 ha à Nicole, près de Montagnac. Côté négoce, plusieurs marques: Prima Perla, Forge Estaten Arrogant Frog, Côté Mas...

Un vin brillant à tous les égards: une robe pourpre éclatant, un nez très expressif, aussi riche qu'élégant, où les fruits rouges font écho aux notes épicées et grillées de l'élevage dans le bois. Une attaque ample ouvre sur un palais charnu, dense, à la texture harmonieuse et aux arômes de réglisse. Une longue finale épicée conclut la dégustation de cette superbe cuvée. ⧗ 2018-2023 ■ **Dom. Silène des Peyrals Grès de Montpellier 2016 ★ (15 à 20 €; 40 000 b.)** Ⓑ : né d'un assemblage de syrah et de grenache) un vin suave et gourmand à la robe jeune, au nez entre cerise noire et épices, aux tanins soyeux, arrondis par un séjour de dix-huit mois en fût. ⧗ 2020-2025

SARL LES DOMAINES PAUL MAS, rte de Villeveyrac, 34530 Montagnac, tél. 04 67 90 16 10, info@paulmas.com V ⚐ ▪ *r.-v.*

Ⓑ MAS BRUGUIÈRE Les Mûriers 2016 ★

■	8000		11 à 15 €

On accède au mas Bruguière par une route sublime se faufilant entre les falaises de l'Hortus et le pic Saint-Loup. Après avoir succédé à son père Guilhem en 1999, Xavier Bruguière (septième génération) a converti au bio le domaine familial de 20 ha.

Cette cuvée est majoritairement composée de roussanne (70 %), complétée par la marsanne et le vermentino. Le nez fruité, de belle intensité, se nuance de notes d'amande, de noisette et de grillé. Bien équilibrée, la bouche a pour attraits une fraîcheur croquante soulignée en finale par des notes d'agrumes. ⧗ 2018-2021

XAVIER BRUGUIÈRE, La Plaine, 34270 Valflaunès, tél. 04 67 55 20 97, xavier.bruguiere@wanadoo.fr V ▪ *t.l.j. sf mer. dim. 10h-12h 14h-18h*

Ⓑ MAS CORIS Cabrières Coulée douce 2017 ★★

■	1300		8 à 11 €

Véronique Attard s'est installée en 2009 au pied du pic de Vissou, site classé, sur 8 ha de vignes et de garrigue. Conduit en bio, son domaine couvre aujourd'hui 5 ha sur des sols de schistes caractéristiques du terroir de Cabrières.

Cinsault (65 %) et grenache composent un superbe rosé pâle aux nuances saumonées, qui déploie des arômes délicats de fleurs blanches, de fruits frais et d'amande amère. En bouche, il apparaît rond, tendre et dense mais sans aucune lourdeur, étayé par une juste acidité qui lui donne de l'allonge et un caractère croquant. ⧗ 2018-2020 ■ **Cabrières Bouteilles à la mer 2015 ★★ (11 à 15 €; 2200 b.)** Ⓑ : de la syrah (62 %), escortée par le grenache et le cinsault. Un élevage en cuve met en valeur un fruité croquant, rehaussé de laurier et de poivre et teinté de minéralité. La bouche ample et ronde, entre épices et fruits rouges, est servie par des tanins élégants et par une longue finale réglissée. Un équilibre parfait. ⧗ 2020-2022 ■ **Cabrières Pic de Vissou 2015 ★ (20 à 30 €; 1200 b.)** Ⓑ : le trio syrah-grenache-cinsault, en version boisée. Au nez, de la griotte confite, de la garrigue, du foin et des touches grillées. En bouche, une même richesse aromatique et une texture enrobée, malgré une finale un peu stricte. ⧗ 2019-2024 ■ **Cabrières Pic de Vissou 2016 ★ (20 à 30 €; 450 b.)** Ⓑ : issu de quatre cépages, vermentino en tête, un vin doré, à la fois généreux, consistant et frais, à la palette florale, miellée et boisée (vanille, grillé, caramel), parfait pour les poissons cuisinés, viandes blanches ou autres risottos. ⧗ 2018-2022

VÉRONIQUE ATTARD, 3, rue du Dauphiné, 34170 Castelnau-le-Lez, tél. 06 74 14 88 91, veromascoris@gmail.com V ⚐ ▪ *r.-v.*

MAS D'ARCAŸ Saint-Drézéry Valentibus 2016 ★

■	7700		15 à 20 €

Jean Lacauste est issu d'une très longue lignée de vignerons qui débute en 1730. Il a pris les rênes en 2010 de l'ancienne propriété familiale qui remonte à la fin du XIXᵉs., et exploite aujourd'hui 42 ha sur le terroir historique de Saint-Drézéry.

Un assemblage faisant la part belle à la syrah (50 %), complétée par le grenache et le mourvèdre. À l'aération, le bouquet monte en puissance, dévoilant une palette complexe où le fruit noir côtoie le zan, le thym et le chocolat noir. Le poivre et les épices s'ajoutent à cette gamme dans une bouche encore assez fougueuse, aux tanins fermes, que l'élevage en fût n'a pas encore dompté. Un vin puissant, généreux et long, à servir de préférence en carafe. ⧗ 2020-2025 ■ **Le Nom de la Rose 2017 ★ (8 à 11 €; 11 000 b.)**: né de grenache (70 %) et de cinsault, un rosé fin et élégant, qui exprime des arômes d'iris, de rose, d'amande fraîche et de fruits rouges. La bouche se révèle tout aussi délicate, tout en affichant du volume, un gras bien dosé et tempéré par une acidité ajustée. ⧗ 2018-2020

JEAN LACAUSTE, Mas d'Arcaÿ, 1080, rte de Beaulieu, 34160 Saint-Drézéry, tél. 06 76 04 21 11, lacaustej@arcay.fr V ⚐ ▪ *t.l.j. sf dim. 17h-19h*

Ⓑ MAS DE FIGUIER Seigneur de Leuze 2017 ★

■	10 000	8 à 11 €

Le domaine fut créé par le grand-père en 1920. Gilles Pagès, installé en 1984, y conduit aujourd'hui un vignoble de 22 ha converti à l'agriculture biologique.

Né de grenache blanc et de roussanne à parts égales, un blanc plaisant, tant par sa palette aromatique intense et complexe, entre fleurs et fruits blancs (poire), que par son bel équilibre entre gras et fraîcheur, avec une attaque tonique, un développement rond et chaleureux et une longue finale alerte, marquée par une agréable amertume. ⧗ 2018-2020 ■ **Jean 2016 (8 à 11 €; 10 000 b.)** Ⓑ : vin cité.

GILLES PAGÈS, Mas de Figuier hameau, 34270 Vacquières, tél. 06 18 19 53 33, pagesgi@orange.fr V ⚐ ▪ *r.-v.*

Ⓑ MAS DE LA SERANNE Les Ombelles 2016 ★

■	4506		11 à 15 €

À la suite d'une reconversion professionnelle, Isabelle et Jean-Pierre Venture se sont installés en 1998 sur le terroir réputé d'Aniane. Ils conduisent aujourd'hui, en bio certifié, un vignoble de 16 ha qu'ils continuent

LANGUEDOC

d'embellir, remontant des murs de pierre sèche et plantant des essences méditerranéennes. Côté cave, des vins d'une grande régularité, souvent en vue dans ces pages.

Une fois n'est pas coutume, voici un blanc du domaine. Le nom de la cuvée a été suggéré par le fenouil sauvage, aux ombelles jaunes, qui croît au bord des vignes. Pas de notes anisées dans ce 2016 issu de 70 % de vermentino et de trois autres cépages: des fleurs, des agrumes (citron), une touche de minéralité, rejoints en bouche par du fruit mûr et un léger boisé aux accents de fruits secs et de cacao (50 % de la cuvée ont fermenté en fût). L'attaque est vive, le développement chaleureux, la finale tonique, légèrement amère. ⧗ 2018-2021

VENTURE, Rte, de Puechabon, 34150 Aniane, tél. 04 67 57 37 99, mas.seranne@wanadoo.fr V ⚲ ▮ *t.l.j. sf dim. 10h-12h 15h-19h* Ⓔ

MAS DE MARTIN Grand rosé 2017 ★

■	5411	8 à 11 €

Le Mas de Martin est un îlot secret de 20 ha de vignes caché au milieu des garrigues et des pinèdes. Ancienne dépendance de l'abbaye de Saint-Germain et halte sur le chemin de Saint-Jacques de Compostelle, ce domaine mentionné dès le XIIes. a été repris au printemps 2017 par Marie-Christine Florent, qui succède à Christian Mocci, son propriétaire pendant plus de vingt ans.

Grenache et syrah à parts égales dans ce rosé pâle aux nuances orangées. Le nez, intense, évoque les fruits rouges et les agrumes agrémentés d'une touche végétale. La bouche offre du fruit, de la matière, de la fraîcheur, renforcée par une finale mentholée, et une belle longueur. ⧗ 2018-2020

MARIE-CHRISTINE FLORENT, rte de carnas, 34160 Saint-Bauzille-de-Montmel, tél. 04 67 86 98 82, masdemartin@gmail.com V ⚲ ▮ *t.l.j. 9h-18h*

MAS DES CABRES Sommières Libres Pensées 2016

■	2500		15 à 20 €

Les Boutin sont présents à Aspères depuis 1724, et Florent est depuis 2003 à la tête du domaine familial et de ses 13 ha de vignes, dont il a engagé la conversion bio. Cet ingénieur agronome et œnologue est aussi le président du terroir Sommières officiellement reconnu en 2011.

Un languedoc rouge à la robe très sombre et aux arômes de réglisse. L'élevage prolongé (dix-huit mois), en partie dans le bois, lègue à son olfaction discrète des notes d'épices. Ce 2016 a su assouplir une matière qui offre la rondeur d'une belle maturité, marquée en finale par des notes de fruits noirs teintés d'une petite pointe d'amertume. ⧗ 2020-2023

FLORENT BOUTIN, 12, Le Plan, 30250 Aspères, tél. 06 23 68 14 24, masdescabres@hotmail.fr V ⚲ ▮ *r.-v.*

MAS DU MINISTRE La Tentation du Pasteur Tête de cuvée 2017

■	9000		8 à 11 €

Aux portes de Montpellier, ce mas du XVIes. dominant Petite Camargue et Méditerranée tire son nom d'un pasteur de l'Église réformée (le ministre du culte). Le vignoble est implanté sur le terroir de la Méjanelle, constitué de coteaux aux sols chauds de galets roulés qui bénéficie des brises marines. Denis Tissot l'exploite depuis 1994, avec la bio en ligne de mire.

Le grenache blanc majoritaire (60 %, avec la roussanne et le vermentino en complément), donne un profil assez rond et solaire à ce blanc. Son nez discret s'ouvre sur les fleurs et les fruits blancs, avec une touche anisée et un léger boisé légué par une vinification et un élevage en fût. Sa bouche chaleureuse offre une jolie palette, entre fleurs blanches et notes épicées: vanille et même gingembre. ⧗ 2018-2021 ■ **La Tentation du Pasteur 2017 (8 à 11 €; 10000 b.)** : vin cité.

TISSOT, Mas du Ministre, chem. du Ministre, 34130 Maugio, tél. 04 67 12 19 09, fs.chateauministre@gmail.com V ▮ *t.l.j. sf dim. 10h-12h 14h-18h*

Ⓑ MAS DU NOVI Ô de Novi 2015 ★★

■	20000		15 à 20 €

Halte sur le chemin de Saint-Jacques-de-Compostelle au XIes. et ancien noviciat de l'abbaye de Valmagne, le Mas du Novi possède un calvaire portant l'inscription « *Siste et ora viator* » : « Assieds-toi et prie, voyageur. » C'est aujourd'hui un domaine de 100 ha, dont 42 de vignes en bio (conversion achevée pour toutes les surfaces en 2017), établi dans une couronne de garrigue offrant une vue surprenante sur la mer et l'étang de Thau.

Né d'un assemblage dominé par la syrah (70 %, avec du grenache en complément), ce vin d'un rouge franc demande un peu d'aération pour s'ouvrir sur un subtil mariage de mûre et de fruits rouges compotés, de garrigue et de sous-bois, nuancés d'une légère touche chocolatée et fumée. Généreux et onctueux au palais, il montre une réelle élégance, grâce à ses tanins soyeux et racés et à sa fraîcheur réglissée et mentholée en finale. ⧗ 2020-2025

SAINT-JEAN DU NOVICIAT, Mas du Novi, D5 rte de Villeveyrac, 34530 Montagnac, tél. 04 67 24 07 32, contact@masdunovi.com V ⚲ ▮ *t.l.j. sf sam. dim. 10h-18h en hiver; t.l.j. 10h-19h en été*

Ⓑ MAS DU POUNTIL Le Rosé 2017 ★★

■	2800		5 à 8 €

Ce domaine qui se transmet depuis cinq générations doit son nom au petit pont voisin de la cave. Implanté dans l'aire des terrasses du Larzac, il est conduit depuis 2000 par Brice Bautou qui a installé sa cave et réalisé la conversion bio (2009) du vignoble. Le producteur dispose de 15 ha répartis en 20 parcelles – une richesse de terroirs appréciable pour les assemblages.

Grenache (60 %), cinsault et mourvèdre sont associés dans cette cuvée d'un beau rose vif, au nez intense de pamplemousse, de fraise et de bonbon acidulé. Une énergie fruitée à laquelle fait écho une bouche fraîche, élégante et longue. ⧗ 2018-2020

BRICE BAUTOU, Mas du Pountil, 355, rue du Foyer-Communal, 34725 Jonquières, tél. 04 67 44 67 13, mas.du.pountil@wanadoo.fr V ▮ *t.l.j. sf dim. 10h 12h 15h 18h30*

MAS GABRIEL
Pézenas Clos des lièvres 2015 ★★

■ | 5500 | | 15 à 20 €

Ce petit domaine a été créé en 2006 par Peter et Deborah Core, des Anglais amoureux de la région et de la nature, qui cultivent en bio 6 ha de vignes sur une terrasse villafranchienne et sur les flancs d'une coulée basaltique.

Née de syrah majoritaire et d'un appoint de grenache, longuement macérée (24 jours) et restée douze mois en barrique, une cuvée régulièrement distinguée. Dans la lignée des millésimes précédents, le 2015, authentique expression de son terroir, tire sa minéralité et sa fraîcheur du basalte auquel est associé le villafranchien. Au nez, des fruits noirs très mûrs et des fruits secs. Au palais, une attaque ronde et le soutien de tanins très épicés, qui permettront à cette bouteille de bien évoluer. Une robuste élégance. ⧗ 2018-2023

DEBORAH ET PETER CORE, 9, av. de Mougères, 34720 Caux, tél. 04 67 31 20 95, info@mas-gabriel.com V r.-v.

♥ MAS GRANIER Les Marnes 2016 ★★

■ | 25000 | | 8 à 11 €

Situé dans le Gard, ce domaine était autrefois une ferme du prieuré Saint-Pierre-d'Aspères, qui remonte au IXe s. pour ses parties les plus anciennes. Acquis par Marcel Granier dans l'après-guerre, il est depuis 1992 la propriété de ses deux fils, Dominique et Jean-Philippe, qui conduisent aujourd'hui 40 ha de vignes.

Souvent distingué et déjà jugé remarquable dans le millésime précédent, ce blanc s'est encore attiré un concert d'éloges. Il donne le premier rôle à la roussanne, complétée par le grenache blanc et par le viognier, et séjourne sept mois dans le bois. Il en ressort tout doré, brillant aussi par la richesse de son nez où l'on découvre des fleurs blanches, du miel, des fruits jaunes un rien confits, de la noisette et un boisé beurré. Ces fruits d'été, abricot confituré en tête, s'épanouissent dans un palais tout en rondeur, mariés à un merrain bien fondu. Une finale fraîche, un rien amère apporte du tonus à ce bel ambassadeur des blancs sudistes. ⧗ 2018-2021 ■ **Sommières Camp de l'Oste 2016 ★ (15 à 20 €; 3000 b.)** : syrah (60 %), grenache et mourvèdre composent un vin concentré, charnu et long, pour l'heure très marqué par son élevage de dix-huit mois en barrique. ⧗ 2020-2025 ■ **Parenthèse 2017 ★ (8 à 11 €; 6600 b.)** : une touche de counoise accompagne les plus classiques grenache et syrah dans ce rosé très pâle, ouvert sur les fruits rouges mûrs, le melon et les épices. Une attaque tonique, sur les agrumes, introduit une bouche bien équilibrée entre alcool et acidité. ⧗ 2018-2020

MAS GRANIER, 2, chem. du Mas-Montel, 30250 Aspères, tél. 04 66 80 01 21, contact@masmontel.fr V *t.l.j. sf dim. 9h30-12h30 14h-18h30* 2 *Granier*

MAS LA CHEVALIÈRE Roqua Blanca 2016 ★

■ | 14400 | | 11 à 15 €

Le Chablisien Michel Laroche s'est constitué un petit empire jusqu'au Chili et en Afrique du Sud. En Languedoc, il a acquis en 1995 le Mas de la Chevalière, domaine d'environ 40 ha situé dans la vallée de l'Orb, près de Béziers, et l'a équipé d'un chai en 2003. Il y vinifie ses récoltes et des vendanges de vignerons partenaires.

Issue d'un lieu-dit argilo-calcaire parsemé de gros blocs calcaires (d'où son nom), cette cuvée mi-cuve mi-fût met en avant la syrah (80 %, avec le grenache en appoint). Sa robe sombre, presque noire, brille de reflets violines. Son nez associe le cassis confituré, le pruneau à des notes beurrées et biscuitées léguées par l'élevage. Le fruit s'affirme et s'agrémente de notes de garrigue (thym et romarin) dans une bouche persistante aux tanins d'une belle finesse et au boisé épicé bien intégré. ⧗ 2019-2023

MAS LA CHEVALIÈRE, lieu-dit la Chevalière, 34500 Béziers, tél. 04 67 49 88 30, camille.devergeron@larochewines.com V *r.-v.*

MAS PEYROLLE Finalmente 2017 ★★

■ | 3500 | | 11 à 15 €

Descendant d'une longue lignée de vignerons, Jean-Baptiste Peyrolle a réaménagé la cave de son arrière-grand-père à partir de 2002, après plusieurs aventures viticoles à l'étranger (Maroc, États-Unis, Nouvelle-Zélande, Australie). Il conduit aujourd'hui un vignoble de 11 ha en agriculture biologique.

Les lecteurs du Guide connaissent bien ses pic-saint-loup. Jean-Baptiste Peyrolle élabore aussi des blancs, comme cette remarquable cuvée mariant par tiers la roussanne, le vermentino (rolle) et la marsanne. Un blanc bien méditerranéen, généreux et élégant, avec son nez floral nuancé de notes de frangipane et son palais à la fois rond et vif, entre fruits mûrs et agrumes. Sa finale alerte s'accordera aux fruits de mer et aux poissons à la plancha. ⧗ 2018-2021

JEAN-BAPTISTE PEYROLLE, 5, rte du Brestalou, 34270 Vacquières, tél. 06 12 29 53 91, jbpeyrolle@yahoo.fr V *r.-v.*

MAS SAINT-LAURENT Monmeze 2017 ★

■ | 16000 | | 8 à 11 €

Sur ce terroir, qui regarde l'étang de Thau, on a retrouvé des œufs de dinosaures fossilisés datant de 65 millions d'années. Depuis 1989 et succédant à quatre générations vigneronnes, Roland Tarroux y cultive un vignoble de 38 ha et porte notamment un grand soin à ses parcelles de piquepoul, étendues sur 3,5 ha.

Le domaine est établi dans l'aire du picpoul-de-pinet, et le cépage piquepoul est présent dans l'assemblage de cette cuvée, qui met aussi en œuvre le viognier, la roussanne, la marsanne et le rare terret. Il en résulte un vin très équilibré et assez complexe. Frais, floral et végétal, le nez s'ouvre à l'aération sur la pêche, l'abricot, les fruits confits et les fruits secs. Le palais conjugue rondeur et fraîcheur et offre une finale vive et longue: un blanc bien languedocien. ⧗ 2018-2021

LANGUEDOC

EARL MAS SAINT-LAURENT, Montmèze, 34140 Mèze, tél. 04 67 43 92 30, massaintlaurent@wanadoo.fr V r.-v.

DOM. MIRABEL Les Bancels 2016 ★

14000		11 à 15 €

Les frères Feuillade, Samuel et Vincent, travaillent ensemble et en bio les quelque 14 ha du domaine. Les meilleures parcelles sont situées à la limite nord de l'aire d'appellation du pic Saint-Loup, sur un terroir d'éboulis d'éclats calcaires s'étalant entre Corconne et Brouzet-lès-Quissac.

Pas moins de cinq cépages composent cette cuvée à la robe profonde, restée dix-huit mois dans le bois. Le nez s'ouvre sur les épices, les fleurs, la garrigue et le menthol. On retrouve les épices, associées au zan, dans une bouche tendue en attaque, ample et longue, tenue par des tanins encore serrés mais au grain fin. Du caractère. 2019-2023

SAMUEL ET VINCENT FEUILLADE, 261, rte du Brestalou, 30260 Brouzet-lès-Quissac, tél. 06 22 78 17 47, domainemirabel@neuf.fr V r.-v.

CH. MIRE L'ÉTANG Corail 2017 ★★

7000		8 à 11 €

Depuis les hauteurs du domaine, face au soleil levant, on «mire les étangs», l'embouchure de l'Aude, la Méditerranée et le golfe du Lion. Le terroir caillouteux s'étale en terrasses, caressé par la brise marine. Acquis par la famille Chamayrac en 1972, le domaine comptait alors 36 ha de vignes; il s'étend sur 51 ha aujourd'hui. Un pilier de La Clape.

Des reflets orangés animent la robe de ce rosé au nez intense de fruits rouges mûrs agrémentés de senteurs de pinède. Le palais se révèle généreux, rond, gras et long. Du caractère. 2018-2020

PHILIPPE ET BERNARD CHAMAYRAC, rte des Vins, 11560 Fleury-d'Aude, tél. 04 68 33 62 84, mireletang@wanadoo.fr V *t.l.j. sf dim. 9h-12h 15h-19h*

DOM. MONPLÉZY Pézenas Felicité 2015

5000		15 à 20 €

Ce domaine familial datant de 1734, situé sur une colline près de Pézenas, fut marqué naguère par la forte personnalité de Georges Sutra, syndicaliste viti-vinicole et député européen. Situé en zone Natura 2000, il est désormais dirigé par Anne Sutra de Germa, militante à la Ligue de protection des oiseaux, et par son fils Benoît. L'agriculture biologique et biodynamique est bien sûr de mise sur les 25 ha de vignes.

Mariant syrah, grenache et carignan à parts sensiblement égales, cette cuvée porte l'empreinte d'un élevage de douze mois en fût qui lui a légué des notes épicées et grillées et des arômes de fruits secs, noisette en tête. Ce séjour dans le bois a aussi permis d'affiner ses tanins, et ce beau classique du Languedoc arrive à son apogée. 2018-2021 **Plaisirs 2017 (8 à 11 €; 4000 b.)** : vin cité.

BENOIT GIL, chem. Mère-des-Fontaines, 34120 Pézenas, tél. 06 84 02 08 68, info@domainemonplezy.fr V *t.l.j. sf sam. dim. 14h-18h* 2

DOM. DE NIZAS Pézenas La Réserve 2015

3000		15 à 20 €

Dans les années 1970, John Goelet, descendant d'une famille de négociants bordelais, a fondé les domaines Clos Duval en Californie, Taltarni et Clover Hill en Australie. Puis il a posé son sac dans le Languedoc, reprenant en 1998 cette propriété établie sur le terroir de Pézenas: environ 40 ha répartis sur une mosaïque de sols argilo-calcaires, de galets roulés et de basalte.

Une dominante de fruits rouges très mûrs et d'épices pour cette cuvée composée de 50 % de mourvèdre, complété par du grenache et du carignan à parité. La garrigue s'ajoute en bouche à cette palette très épicée, portant l'empreinte de son élevage de dix-huit mois en barrique. L'équilibre en bouche est fait de suavité méditerranéenne et d'une structure tannique soyeuse, encore ferme en finale. 2019-2023

DOM. DE NIZAS, hameau de Sallèles, 34720 Caux, tél. 04 67 90 17 92, contact@domaine-de-nizas.com V *t.l.j. sf sam. dim. 9h-16h30* *John Goelet*

DOM. LE NOUVEAU MONDE L'Estanquier 2015 ★★

2400		11 à 15 €

Ce vignoble de 20 ha établi au sud de Béziers, propriété de la famille Borras-Gauch depuis plusieurs générations, est situé entre mer et étang, sur une terrasse villafranchienne de galets roulés mêlés à l'argile rouge, et sous l'influence de la Méditerranée. Anne-Laure, œnologue, et Sébastien Borras, restaurateur, ont pris les commandes en 2003.

Dans la lignée du millésime précédent, cette cuvée du «Gardien de l'étang» provient de syrah (60 %) et de mourvèdre plantés sur les terrasses dominant l'étang de Vendres. Après un élevage en cuve et en fût, le vin affiche une robe intense; il offre un nez concentré et complexe, fruité, balsamique et épicé, avec des touches d'eucalyptus, de réglisse, de poivre et de cade. Charnu, ample et long, soutenu par des tanins enrobés, plus fermes en finale, il laisse le souvenir d'une bouteille puissante et typée. 2019-2023

FAMILLE BORRAS-GAUCH, av. du Port, 34350 Vendres-Plage, tél. 04 67 37 33 68, info@nouveaumonde.com V *r.-v.* E

CAVE DE L'ORMARINE Préambule 2017 ★

150000		- de 5 €

Coopérative fondée en 1922, L'Ormarine – à l'époque Association des producteurs de vins blancs de Pinet – est un acteur de poids dans la défense de la récente AOC pipoul-de-pinet. Après la fusion avec les caves de Villeveyrac (2009) et de Cournonterral (2014), puis en 2017 des caves de Saint-Hippolyte-du-Fort et de Vias, elle regroupe 500 coopérateurs et dispose de 2 500 ha, dont 520 dédiés au seul cépage piquepoul.

Syrah, grenache et mourvèdre pour ce rosé aux nuances framboise, centré sur les fruits rouges au nez comme en bouche, qui offre un bel équilibre entre une matière douce et une fraîcheur minérale. 2018-2019

CAVE DE L' ORMARINE, 13, av. du Picpoul, 34850 Pinet, tél. 04 67 77 03 10, contact@caveormarine.com V *t.l.j. sf dim. 8h30-12h 14h-18h; t.l.j. de mai à mi-sept.*

DOM. ORTOLA Or 2016

	8000		8 à 11 €

Aux portes de Narbonne et au bord de l'étang de Bages, le plateau de Quatourze est un terroir historique du Languedoc, aux sols de galets roulés. Les évêques de la cité audoise y avaient des vignes. En 1983, Georges Ortola, ingénieur, rachète un vignoble à l'abandon, puis un deuxième cinq ans plus tard. Aujourd'hui, il exploite avec ses enfants Hélène et Nelson 120 ha en biodynamie. Son vignoble sert de pacages à des moutons en hiver.

Ce vin blanc tire son caractère du vermentino, qui compose la majeure partie de son assemblage (90 %), avec le viognier en complément. Discret, le nez s'ouvre sur les fleurs blanches, les agrumes et la pêche, avec une touche muscatée. La bouche linéaire et vive, à la finale citronnée, destine cette bouteille à l'apéritif ou aux produits de la mer. ⧗ 2018-2021

GEORGES ORTOLA, Notre-Dame-du-Quatourze, 11100 Narbonne, tél. 06 74 78 69 07, georges@ortola.fr V r.-v.

DOM. PECH ROME Pézenas Clemens 2015 ★★

	2500		11 à 15 €

La passion de deux pharmaciens pour le vin, Mary, originaire d'Irlande, et Pascal Blondel, natif du Languedoc, est à l'origine de ce domaine né en 2001: 12 ha établis sur des terrasses de Pézenas composées d'une trilogie de sols (basalte, calcaires dolomitiques et galets).

Quatre cépages – grenache (57 %), syrah, mourvèdre et carignan - contribuent à la réussite de ce vin grenat profond dont la richesse se manifeste dès le premier nez. L'élevage en cuve a préservé le fruit, qui se décline en une large palette: griotte, myrtille, mûre et prune à l'eau-de-vie. Expressif et harmonieux, le palais prolonge bien le nez et séduit par son ampleur, son gras et sa bonne structure. Un vin encore en devenir. ⧗ 2020-2025

SCEA REMPARTS DE NEFFIÈS, 17, Montée-des-Remparts, 34320 Neffiès, tél. 06 08 89 58 11, pechromevin@wanadoo.fr V r.-v.
Pascal Blondel

DOM. PICARO'S Amano 2015 ★★

	1330		20 à 30 €

Après trois ans passés en Amérique du Sud, Pierre-Yves Rouille et Caroline Vioche ont créé leur domaine en 2006, 11 ha sur les coteaux de Roujan, vendangés à la main et conduits en culture très raisonnée.

Il donne la sensation de croquer le grain de raisin, ce vin issu de grenache (60 %) et de syrah égrappés à la main (d'où le nom de cette microcuvée), puis vinifiés en grains entiers. Cependant, si le registre est fruité, un séjour de dix mois en fût a donné un surcroît de complexité. Le cacao s'ajoute ainsi à la violette en bouche, où le vin confirme son harmonie et sa personnalité, rond et suave, soutenu par une belle charpente de tanins ciselés par l'élevage. ⧗ 2020-2023

CAROLINE ET PIERRE-YVES VIOCHE ET ROUILLE, 5, chem. de Pézenas, 34320 Roujan, tél. 06 81 97 10 44, cvioche@orange.fr V r.-v.

PRIEURÉ SAINT-HIPPOLYTE 2017 ★

	28000		- de 5 €

La cave de Fontès a été créée en 1932 par une trentaine de vignerons. Aujourd'hui, cette coopérative, rebaptisée La Fontesole, en compte près de 160. Sur les premiers contreforts des Cévennes méridionales, les vignes recouvrent les coulées basaltiques de Fontès.

Le grenache blanc (80 %), la clairette et le vermentino apportent à ce vin sa générosité et sa rondeur, équilibrées par un trait de vivacité. Discrète mais élégante, assez complexe, la palette aromatique associe les fruits blancs bien mûrs, les fruits exotiques, la rose et d'agréables touches épicées et végétales. ⧗ 2018-2020 **2017 ★ (- de 5 €; 300000 b.)** : syrah (80 %) et grenache sont à l'origine de ce rosé aux reflets mauves, de bonne intensité à l'olfaction, autour des fleurs blanches et des petits fruits rouges. En bouche, on apprécie son fruit, sa fraîcheur et sa finesse. ⧗ 2018-2019

SCA LA FONTESOLE, 16, bd Jules-Ferry, 34320 Fontès, tél. 04 67 25 14 25, cave@fontesole.fr V *t.l.j. sf dim. 8h-12h 14h-18h*

DOM. PUECH-AUGER
Montpeyroux Élégance 2013 ★

	1500		11 à 15 €

Sur ce domaine créé par leur père, Christophe et Didier Crézégut vinifient et élèvent leurs vins dans la plus stricte tradition. Les 15 ha du vignoble sont disséminés sur des terroirs argilo-calcaires et marno-calcaires typiques du terroir de Montpeyroux, où syrah, grenache, mourvèdre et carignan ont trouvé une terre de prédilection.

Quelques reflets bruns témoignent de l'évolution de ce 2013 qui a gardé des arômes de cerise noire confite, mâtinés de garrigue, d'épices et de cuir. En bouche, des nuances de chocolat et de noix muscade, alliées à des touches de menthol, laissent transparaître l'élevage sous bois. Une fraîcheur préservée et une trame tannique bien fondue donnent de la tenue à ce vin épanoui, prêt à passer à table. ⧗ 2018-2021

DOM. PUECH-AUGER, 3, chem. de la Cagaroulette, 34150 Montpeyroux, tél. 06 74 63 33 02, domainepuechauger@wanadoo.fr V r.-v.
Crezegut

DOM. LES QUATRE AMOURS
Louis 2015

	3300		15 à 20 €

Quatre générations de vignerons se sont succédé depuis le XIXes. à la tête de ce domaine. Conduit depuis 2006 par France et Michel Siohan, le vignoble compte aujourd'hui 18 ha. Les Quatre Amours? Paul, Olga, Louis et Rose, les enfants du couple.

Mariant syrah majoritaire (75 %) et grenache, ce 2015 a séjourné quinze mois dans le bois, ce qui lui a apporté de la complexité: le nez s'ouvre sur les petites baies bien mûres, voire confiturées, sur le coulis de framboise, relevés de touches poivrées et de nuances de caramel. La garrigue et le menthol viennent compléter cette palette dans un palais équilibré et frais, aux tanins fondus. ⧗ 2018-2023

LANGUEDOC

FRANCE ET MICHEL SIOHAN-CUNY, 8, rte de Croix-de-Saint-Antoine, 34230 Belarga, tél. 06 33 65 15 39, contact@les4amours.com V r.-v.

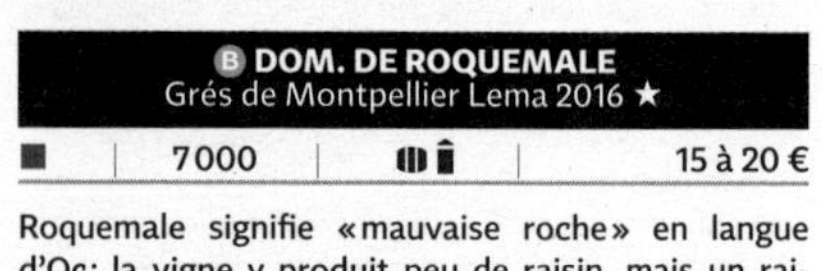

DOM. DE ROQUEMALE
Grés de Montpellier Lema 2016 ★

■	7000		15 à 20 €

Roquemale signifie «mauvaise roche» en langue d'Oc; la vigne y produit peu de raisin, mais un raisin de bonne maturité. Valérie et Dominique Ibanez, enfants de vignerons, ont entièrement créé ce domaine en 2001, séduits par ce terroir constitué de sols argilo-calcaires et de terres rouges: 12 ha aujourd'hui, en bio certifié.

Né de syrah (50 %), de grenache et d'un appoint de mourvèdre, ce 2016 affiche une robe jeune aux reflets violets. Le nez, très présent, offre un mariage harmonieux de fruits noirs en confiture, de réglisse et de tapenade, avec une délicate touche toastée – léguée par un élevage partiel en fût. Ce fruit suave et ce boisé grillé et cacaoté bien fondu se nuancent de notes de garrigue dans une bouche gourmande et ronde, veloutée à souhait, adossée à des tanins soyeux. Un vin solaire. ⧗ 2018-2022

VALÉRIE ET DOMINIQUE IBANEZ, 25, rte de Clermont, 34560 Villeveyrac, tél. 04 67 78 24 10, contact@roquemale.com V r.-v.

♥ CH. ROUMANIÈRES
Grès de Montpellier Le Chant des Pierres 2016 ★★★

■	16500		11 à 15 €

Entre Gard et Hérault, au flanc sud du bois de Paris, le village de Garrigues porte bien son nom. Le Ch. Roumanières y compte 40 ha de vignes sur cailloutis calcaires à flanc de colline. Mathieu Gravegeal a pris le relais à la tête de l'exploitation familiale en 2008.

Dans le verre, la robe profonde arrête le regard. Le nez attire par sa finesse et par sa complexité, déployant des parfums de cassis et de mûre rehaussés de touches de tapenade, de menthol et de toute la palette des senteurs de la garrigue, que l'on retrouve en bouche. Ample, charnu, le palais s'appuie sur des tanins soyeux et élégants, rafraîchi par une touche de menthe qui donne de l'allonge et du tonus à la finale. Un vrai vin de terroir, assemblage de syrah (80 %) et de mourvèdre, dans la plus pure déclinaison méditerranéenne. ⧗ 2018-2028 ■ **Refrain d'été 2017 ★ (11 à 15 €; 1100 b.)** : une robe pâle et brillante habille ce rosé complexe, ouvert sur les fruits noirs, le coing, l'orange et les épices. Tout aussi expressive (pêche, framboise, notes épicées), la bouche affiche un équilibre impeccable entre un côté suave et généreux et une fine acidité. ⧗ 2018-2020 ■ **L'Instant 2016 (8 à 11 €; 10000 b.)** : vin cité.

MATTHIEU GRAVEGEAL, Ch. Roumanières, 34160 Garrigues, tél. 06 78 00 24 62, vins.roumanieres@gmail.com V *t.l.j. sf lun. 9h-12h 15h-18h30*

♥ B DOM. SAINTE-CÉCILE DU PARC
Pézenas Sonatina 2015 ★★

■	3300		11 à 15 €

Au XVII^e^s. ces terres servaient de terrain de chasse au duc de Montmorency lorsqu'il séjournait à Pézenas, alors capitale des États du Languedoc. Reprises en 2005 par Christine Mouton-Bertoli, les vignes en terrasses (15 ha, dont 10 en production) de ce domaine sont conduites en bio. Elles cernent une cave récente, achevée en 2011. Toutes les cuvées font ici référence à la musique, dont sainte Cécile est la patronne.

Avec cet assemblage de l'énergique syrah (75 %) et du léger cinsault, les vignerons ont voulu composer une «petite sonate exquise». L'objectif est atteint: ce vin à la robe profonde offre un nez élégant et complexe, subtile alliance de confiture de fruits noirs et d'épices douces. En bouche, il se déploie avec ampleur et longueur. Ses tanins racés, à la fois présents et affinés, laissent une sensation de plénitude. Du grand art. ⧗ 2020-2023

SCEA MOUTON BERTOLI, rte de Caux, 34120 Pézenas, tél. 06 79 18 68 56, cmb@stececileduparc.com V *r.-v.*

CH. SAINTE-HÉLÈNE 2016 ★

■	118000		5 à 8 €

Appelé à l'origine Mas Belles Eaux, ce domaine du XVII^e^s. devait son nom aux sources qui naissent sur ses terres pour rejoindre la vallée de la Peyne, au nord de Pézenas. Son vignoble (65 ha) est implanté à Caux, sur des terrasses anciennes de galets roulés, d'argiles rouges et de graviers de quartz. Propriété entre 2002 et 2015 d'Axa Millésimes, il a été revendu aux Grands Chais de France qui l'ont rebaptisé.

Syrah (60 %), grenache et mourvèdre composent un vin harmonieux, élevé quinze mois en fût pour un tiers de la cuvée: robe grenat sombre, nez sur les fruits rouges, souligné d'un boisé ciré, bouche dynamique et soyeuse jusqu'en finale. Un vin à la fois méditerranéen et moderne. ⧗ 2019-2023 ■ **Ch. Arcades 2017 ★ (5 à 8 €; 34000 b.)** : issu d'une autre propriété rachetée en 2016 par les Grands Chais de France (23 ha à Laures-Minervois), un vin charmeur et bien équilibré, ample et frais, soyeux et fondu, aux arômes de cassis et de mûre. ⧗ 2019-2023 ■ **2017 ★ (5 à 8 €; 20000 b.)** : pour ce rosé très pâle, du grenache et du mourvèdre à parts égales, complétés par la syrah. Au nez, des fruits rouges et des nuances florales. En bouche, de la puissance, de la richesse et ces mêmes arômes, intenses, floraux et fruités. ⧗ 2018-2020

DOM. DE LA BAUME, rte de Pézenas, 34290 Servian, tél. 04 67 39 29 49, domaine@labaume.com V *t.l.j. 10h-18h; sam. dim. sur r.-v.* *Grands chais de France*

CH. SAINTE-MARTHE 2016 ★

■	93000		5 à 8 €

Situé entre Pézenas et Faugères, entre Pic de Vissou et Montagne Noire, ce vignoble de 93 ha en coteaux,

planté à 140 m d'altitude, est l'une des nombreuses propriétés viticoles appartenant à la famille Bonfils, acquis en 1988. Il est constitué de quatre îlots, sur des terroirs variés: basaltes, galets roulés, marnes et calcaires coquilliers.

Syrah, grenache et mourvèdre composent ce vin à la robe profonde, animée de reflets violines de jeunesse. Encore sous l'emprise de la barrique, où ce 2016 a séjourné dix-huit mois, le nez libère des arômes grillés et torréfiés (chocolat) qui laissent percer des senteurs de fleurs et de sous-bois. Le prélude à une bouche puissante, charpentée et longue, encore marquée par des tanins boisés qui demandent à se fondre. ⧗ 2019-2023

SCEA OLIVIER BONFILS, Dom. de Sainte-Marthe, 34320 Roujan, tél. 04 67 93 10 10, bonfils@bonfilswines.com

DOM. SAINT-JEAN DE L'ARBOUSIER
Gourmandise 2017 ★

■	9000	5 à 8 €

Jadis propriété des Templiers (1235), ce domaine est dans la famille Viguier depuis quatre générations: 110 ha en tout, dont 45 ha de vignes exploités en bio depuis 2010 et une activité œnotouristique très développée (balades vigneronnes, cabanes perchées, artisanat d'art...).

Ornée de reflets grenat et orangés, ce rosé déploie un joli bouquet de fruits rouges mûrs et de fruits exotiques. La bouche se montre ample, grasse et ronde. Un vin généreux, qui a du grain. ⧗ 2018-2020

VIGUIER, 34160 Castries, tél. 04 67 87 04 13, contact@domainearbousier.fr V t.l.j. 9h-12h 15h-19h

CH. SAINT-MARTIN DE LA GARRIGUE
Grès de Montpellier 2015

■	n.c.		15 à 20 €

Au milieu des pins centenaires, le château d'inspiration Renaissance a conservé son esthétique classique en s'enrichissant des apports de ses propriétaires successifs: seigneurs et notables, hommes d'épée ou d'Église, investisseurs. Depuis 2011, Jean-Luc Parret, assisté de Gilles Habit à la vinification, est responsable de ce domaine de 60 ha, planté de dix-sept cépages répartis sur des terroirs de grès rouges et de calcaires lacustres.

Mourvèdre (40 %), syrah et grenache contribuent à cette cuvée restée seize mois en fût et en demi-muid. D'abord réservé, le nez libère à l'aération des notes d'élevage évoquant le chocolat et le grillé, mêlées de touches de garrigue. Le fruit, toujours rehaussé de garrigue, s'affirme dans un palais souple, de bonne longueur, aux tanins discrets. ⧗ 2018-2022

JEAN-LUC PARRET, RD 613, 34530 Montagnac, tél. 04 67 24 00 40, contact@stmartingarrigue.com V t.l.j. 8h30-12h30 14h-17h30

LES VINS DE SAINT-SATURNIN
L'Exception 2015 ★

■	40000		5 à 8 €

«La Cathédrale», comme l'appellent les vignerons de Saint-Saturnin-de-Lucian, a été créée en 1950. Elle regroupe quelque 500 ha de vignes. Une tour carrée du XIVᵉs. est aujourd'hui le clocher du village et l'emblème de la cave.

La robe, d'un grenat frangé de violet, est d'une belle profondeur. Le nez monte en puissance et libère des parfums de fruits noirs à l'alcool, de garrigue, de cade, de thym et de menthe qui se développent à l'aération. Cette farandole se retrouve en bouche, rejointe par les épices, la réglisse et des touches poivrées. Les tanins, encore fermes, donnent une certaine mâche à l'ensemble. ⧗ 2018-2020 ■ **Seigneur des Deux Vierges Saint-Saturnin 2015 ★ (8 à 11 €; 5000 b.)** : une palette aromatique originale pour cette cuvée élevée en barrique: notes florales, cade, nuances camphrées et boisées. En bouche, des fleurs et des fruits rouges compotés, de la suavité, des tanins soyeux et une finale longue et fraîche. De l'élégance. ⧗ 2018-2022 ■ **Rosé d'une Nuit 2017 ★ (- de 5 €; 200000 b.)** : grenache (50 %), syrah, cinsault et carignan composent ce rosé clair et limpide, d'une belle complexité olfactive: fruits rouges, fruits exotiques, épices douces. En bouche, il offre du corps et de la rondeur, avec une agréable fraîcheur en soutien. ⧗ 2018-2020

LES VINS DE SAINT-SATURNIN, 5, av. Noël-Calmel, 34725 Saint-Saturnin-de-Lucian, tél. 04 67 96 61 52, contact@vins-saint-saturnin.com V t.l.j. 8h30-12h 14h-18h

COUR SAINT-VINCENT Les Mourguettes 2017

□	4500		8 à 11 €

Bergers, éleveurs, vignerons... Cette famille est enracinée dans ce pays languedocien, au nord de Montpellier. L'histoire de la propriété débute au XVIIIᵉs. par le mariage d'un Lozérien avec la fille d'un tonnelier du village. Aujourd'hui, Francis Bouys exploite – en bio depuis 2007 – un vignoble de 15 ha sur un terroir argilo-calcaire riche en galets.

Marsanne, roussanne, viognier et clairette: quatre cépages composent ce blanc aux parfums légers et frais d'agrumes, et au palais équilibré, vif en attaque puis ample, marqué par une légère amertume en finale. On le verrait bien sur un pélardon crémeux. ⧗ 2018-2021

SCEA COUR SAINT-VINCENT, 1, pl. Saint-Vincent, 34730 Saint-Vincent-de-Barbeyrargues, tél. 04 67 59 60 74, sceacourstvincent@free.fr V r.-v.

DOM. DE SAUMAREZ S' 2016 ★

□	8000		8 à 11 €

Liz Williamson est néo-zélandaise et Robin est anglais. Ils ont choisi en 2004 de s'établir sur le terroir de calcaire jurassique à silex des collines de Murviel-lès-Montpellier, dans un site proche de ruines romaines, offrant une vue étonnante sur la Méditerranée, pour créer leur domaine: 13 ha, conduits en agriculture biologique.

Le grenache blanc (50 %) s'allie à la marsanne et à un appoint de roussanne pour donner cette cuvée aux senteurs de fleurs blanches et de miel, nuancées de touches d'anis et de pain d'épice. De belle tenue, bien équilibrée entre rondeur et vivacité, la bouche finit sur une élégante fraîcheur aux accents d'agrumes. ⧗ 2018-2022

LIZ ET ROBIN WILLIAMSON, chem. de Cathala, 34570 Murviel-lès-Montpellier, tél. 06 24 41 56 20, desaumarez@yahoo.fr V t.l.j. sf dim. 8h30-12h 14h-18h30

LANGUEDOC

B SAUTA ROC Pézenas In Treccio 2016 ★

■	3000		15 à 20 €

Sauta Roc, c'est un petit domaine de 9 ha en agriculture biologique, (re)créé en 2016 par Bertrand Quesne et Laura Borrelli, un couple de jeunes vignerons qui ont fait leurs armes en Toscane. Ils travaillent avec minutie leur domaine, adaptant leurs façons en fonction des parcelles. Dans leur chai aménagé dans une vieille bâtisse de leur village de Vailhan, ils vinifient en limitant les taux de sulfites.

La robe intense et brillante annonce une belle présence. Le nez puissant joue sur la myrtille, la cerise noire et sur les notes d'épices de l'élevage, vanille en tête. Dans le même registre, la bouche, d'une bonne ampleur, dévoile une structure tannique fine et élégante et offre une longue finale marquée par un retour fruité. Un vin encore en devenir. ⧗ 2020-2022

LAURA ET BERTRAND QUESNE, 3, rue de Trignan, 34320 Vailhan, tél. 04 34 45 90 88, contact@sauta-roc.com V r.-v.

LES VIGNERONS DU SOMMIÉROIS
Sommières Bois de Carelle 2015 ★

■	4380		8 à 11 €

Fondée en 1923 à Sommières, dans la partie la plus orientale de l'appellation languedoc, cette cave coopérative dispose de près de 700 ha de vignes réparties dans sept communes gardoises. Pour élaborer ses cuvées, elle sélectionne minutieusement les parcelles établies sur des terroirs variés (marnes, alluvions, terres rouges à silex, défriches calcaires). Le pont romain de Sommières orne les étiquettes.

Syrah et grenache sont assemblés à parité dans ce 2015 à la robe frangée de brun, au nez complexe mariant les fruits rouges confits à des senteurs balsamiques de garrigue, à du zan et à du clou de girofle. Soutenue par une bonne charpente tannique en harmonie avec des notes d'élevage, la bouche conjugue maturité et fraîcheur. ⧗ 2020-2025 ■ **Les Romanes 2016** ★ (5 à 8 €; 16400 b.) : né de roussanne (60 %) et de grenache blanc, un vin au nez assez évolué de coing, d'ananas confit, de noix fraîche et d'épices douces. Après une attaque alerte, le palais se montre suave et épicé. ⧗ 2018-2020

LES VIGNERONS DU SOMMIÉROIS, 2, rue de l'Arnède, 30250 Sommières, tél. 04 66 80 03 31, charlotte@vin-vds.com V *t.l.j. sf dim. 9h-12h30 15h-19h*

CH. LE THOU Cuvée Or Série 2017 ★

■	4000		8 à 11 €

En 1956, Gilbert Valéry achète entre Béziers et la côte un vignoble de 30 ha établi à l'emplacement d'une ancienne villa romaine, l'agrandit et le transmet à sa famille, qui commence en 2001 la vente en bouteille. Aujourd'hui la famille exploite deux domaines qui totalisent 150 ha: le Ch. le Thou (15 ha en AOC languedoc) et le domaine des Deux Ruisseaux, en IGP.

Une cuvée assez confidentielle née de grenache (80 %) et de syrah. Un vin pâle et brillant, au nez discret mais fin d'agrumes, de fruits exotiques et de menthe poivrée, à la bouche fraîche, saline, élégante. ⧗ 2018-2020

LES VINS FAMILLE VALÉRY, rte de Béziers, 34410 Sauvian, tél. 04 99 41 02 74, info@famillevalery.com V *t.l.j. 9h-12h 13h-19h*

♥ B DOM. DE TRÉPALOUP
Sommières Le Clos des Oliviers 2016 ★★

■	5000		11 à 15 €

Situé sur les éboulis de calcaire jurassique du bois de Paris, le domaine a été repris en 2002 par Laurent et Rémi Vandôme. Les deux frères ont converti leurs 15 ha de vignes à l'agriculture biologique en 2013, et replanté figuiers et oliviers.

La robe dense, aux nuances violines de jeunesse, annonce la concentration de cette cuvée, qui brille aussi par sa complexité. Du verre montent des senteurs de confiture de fraises et de mûres, des parfums de réglisse, de plantes de la garrigue (cade, thym et ciste) et les notes toastées de l'élevage. Cette richesse aromatique se prolonge dans un palais généreux à souhait, à la texture veloutée, ciselée par son séjour dans le bois. Une belle fraîcheur assure un équilibre parfait. ⧗ 2020-2028

RÉMI ET LAURENT VANDÔME, rue du Moulin-d'Huile, 30260 Saint-Clément, tél. 04 66 77 48 39, trepaloup@gmail.com V *r.-v.*

B DOM. DE LA TRIBALLE
En attendant que... 2016 ★

■	3000		15 à 20 €

Ce domaine de 15 ha cerné par la garrigue est situé au nord-est de Montpellier. Sabine et Olivier Durand, sixième génération sur l'exploitation familiale, l'ont repris en 1990, perpétuant la culture des vignes en agriculture biologique (principes respectés depuis 1974).

Composé de syrah (60 %) et de grenache, ce languedoc rouge offre une belle approche, avec une robe soutenue et jeune, aux reflets violines, et un nez expressif, alliant les fruits noirs très mûrs, une note animale et un boisé grillé et fumé. Généreuse et ample, équilibrée par une belle fraîcheur, étayée par des tanins épicés, la bouche est marquée en finale par une touche d'amertume agréable. ⧗ 2019-2023

SABINE ET OLIVIER DURAND, chem. DP 26, 34820 Guzargues, tél. 04 67 59 66 32, la-triballe@club-internet.fr V *r.-v.*

LES TROIS PUECHS PÉZENAS
L'Excellence 2016 ★★

■	2000		20 à 30 €

Le vignoble (25 ha sur argilo-calcaires mêlés de basalte) est implanté sur trois puechs - «monts» en occitan -, correspondant chacun à un lieu-dit. Un patrimoine familial que Jacques Couderc, ancien président de la cave de Gabian, a largement restructuré (nouvelles plantations, remembrements) pour créer le domaine en 2010.

Les parfums de cassis confituré et de fruits rouges à l'eau-de-vie traduisent une grande maturité et donnent un côté solaire à cette cuvée, née de syrah majoritaire complétée par du mourvèdre. L'élevage en barrique ajoute à cette palette ses notes de grillé, de torréfaction, de vanille et de caramel. Fruitée et épicée à souhait, la bouche affiche sa concentration et sa générosité dès l'attaque, dévoilant une belle mâche, de la rondeur et des tanins serrés en train de se fondre. La longue finale, encore ferme, est marquée par un retour du boisé vanillé. ⧗ 2020-2025 ■ **Cuvée Julie 2017 ★ (8 à 11 €; 3300 b.)** : un blanc issu de roussanne (65 %), de grenache blanc et d'une goutte du rare carignan blanc. Du premier coup de nez à la finale, agrumes et fruits exotiques apportent leur fraîcheur à ce vin, un peu rond et confit en bouche, tonifié par une finale fraîche et légèrement amère. ⧗ 2018-2020

JACQUES COUDERC ET FILS, 4, rte de Magalas, 34480 Fouzilhon, tél. 09 62 20 98 87, lestroispuechs@gmail.com V r.-v.

CH. DE VALFLAUNÈS
Pourquoi pas ? 2017 ★★

■	11000		11 à 15 €

Établi à 25 km au nord de Montpellier, Fabien Reboul a installé son chai en 1998 au cœur du village de Valflaunès, à l'emplacement de l'ancienne ménagerie du baron Jean-Jacques Louis Durand, premier maire de Montpellier élu au XVIIIᵉs. Il exploite aujourd'hui sans insecticides son vignoble de 14 ha, avec en ligne de mire la conversion bio.

Roussanne, marsanne et vermentino, ce trio, souvent rencontré, est à l'origine d'une cuvée déjà appréciée dans le millésime précédent. Or très pâle, le 2017 s'attire encore plus d'éloges, grâce à son expression aromatique intense, entre pêche et prune jaunes, agrumes et notes pâtissières, puis à sa bouche dans le même registre, acidulée, vive et longue. ⧗ 2018-2021

EARL FABIEN REBOUL, 128, rte de Trente-Loups, 34270 Valflaunès, tél. 04 67 55 76 30, chateaudevalflaunes@gmail.com V r.-v.

VERMEIL DU CRÈS
Collection Vermeil Élevé en fût de chêne 2016

■	19200		8 à 11 €

Située près de Béziers à 3 km d'« éco-plages », la coopérative de Sérignan, fondée en 1935, regroupe quelque 925 ha de vignes établies sur les plateaux caillouteux de cette commune et des villages de Vendres et de Sauvian.

Si cette cuvée privilégie la syrah (80 %), c'est surtout le chêne neuf de la barrique qui donne le ton de ce 2016 à la robe profonde, et aux accents intenses de torréfaction (chocolat). Le fruit noir et la cerise à l'eau-de-vie, mâtinés de garrigue, percent cependant sous le merrain. Portant lui aussi l'empreinte de l'élevage, le palais déploie une belle matière, ronde, puissante, onctueuse et suave, étayée par des tanins enrobés. Une complexité naissante et une étoffe assez concentrée pour assimiler le bois. ⧗ 2019-2023

SCAV LES VIGNERONS DE SÉRIGNAN, 114, av. Roger-Audoux, 34410 Sérignan, tél. 04 67 32 23 26, gestion@vignerons-serignan.com V *t.l.j. sf dim. 9h-12h 15h-18h*

B VILLA DONDONA
Montpeyroux Cuvée Oppidum 2014

■	3600		30 à 50 €

André Suquet, médecin devenu vigneron, reçoit les visiteurs dans la chapelle de l'ancien hôpital du XIVᵉs, convertie en caveau de dégustation, en compagnie de l'artiste peintre Jo Lynch, devenue vigneronne. Tous deux conduisent depuis 2001 ce domaine de 8,6 ha situé à la sortie du hameau du Barry.

Né du mourvèdre (60 %) et de la syrah, élevé douze mois en barrique, ce 2014 offre un nez mûr et fin, légèrement évolué, mariant cerise, tabac, réglisse, cacao et une touche d'encens. Si la bouche n'affiche pas une grande puissance, elle bénéficie d'une fraîcheur préservée, signature du terroir, bien tenue par des tanins grillés arrondis par l'élevage. Un vin à son apogée. ⧗ 2018-2021

LYNCH-SUQUET, Villa Dondona, Le Barry, 34150 Montpeyroux, tél. 04 67 96 68 34, villadondona@wanadoo.fr V r.-v.

DOM. LA VOÛTE DU VERDUS 2016

■	6000		8 à 11 €

Guilhem Bonnet et son épouse Sylvie ont repris en 1983 les vignes familiales (23 ha aujourd'hui). Coopérateurs, ils décident en 2011, d'en vinifier une part croissante. Leur fille Mélanie (à la vinification) et son mari Pierre Estival, œnologues, les accompagnent dans l'aventure. Au cœur de Saint-Guilhem-le-Désert, leur cave voûtée enjambe le ruisseau du Verdus qui traverse le village.

Quatre cépages, syrah et grenache en tête, sont mis en œuvre pour obtenir ce languedoc au joli nez fait de fruits noirs, de cerise, de poivre, de clou de girofle et des herbes de la garrigue. Prolongeant bien l'olfaction, à la fois gras et frais, le palais persistant est marqué en finale par un plaisant retour de la garrigue et du poivre. ⧗ 2018-2022

GUILHEM BONNET, 15, rue Descente-du-Portal, 34150 Saint-Guilhem-le-Désert, tél. 04 67 57 45 90, lavouteduverdus@gmail.com V r.-v.

TERRASSES-DU-LARZAC

Superficie : 470 ha / Production : 14 000 hl

Ancienne dénomination de l'AOC languedoc, les terrasses-du-larzac sont devenues en 2015 une appellation à part entière (vins rouges). L'aire est délimitée dans 32 communes au nord-ouest de Montpellier aux terroirs variés (terrasses de galets, argilo-calcaires, grès, schistes, ruffes...), tous pauvres et caillouteux. Éloignée de la mer, elle est limitée au nord du plateau du Larzac, avec pour repère le mont Baudile, qui culmine à 800 m. La bordure abrupte du causse abrite le vignoble des vents du nord, tout en maintenant une atmosphère fraîche. Elle favorise de fortes amplitudes thermiques entre le jour et la nuit (jusqu'à 20 °C en été), avec pour conséquence des maturations lentes et des récoltes plus tardives que près du littoral. Les vins en tirent une grande fraîcheur et une belle expression aromatique.

Les terrasses-du-larzac proviennent de l'assemblage d'au moins trois cépages, choisis parmi neuf

LANGUEDOC

variétés. Deux des variétés principales – syrah, grenache, mourvèdre et carignan – doivent entrer dans leur composition. Après un élevage d'au moins douze mois, ils apparaissent colorés, concentrés, structurés, profonds et frais. Complexe, leur palette aromatique mêle les fruits rouges et noirs, la réglisse, la violette, l'olive noire, la garrigue et les épices, auxquels peuvent s'ajouter avec le temps le cuir, le tabac et la truffe.

CH. CAPION 2016 ★

■ | 16 500 | 🛢 | 30 à 50 €

Dans la vallée du Gassac, entre Aniane et Gignac, sur un terroir de petits cailloutis calcaires entourés de bois et garrigues, le Ch. Capion exploite 35 ha de vignes en conversion vers l'agriculture biologique. Un domaine géré depuis 2016 par Philippe Morel.

Une pointe de mourvèdre complète la syrah et le grenache dans ce vin sombre aux reflets violines. Le nez convoque les fruits rouges mûrs, les épices et la vanille. Le prélude gourmand à une bouche puissante, concentrée et tout en rondeur, centrée sur les fruits confiturés, le chocolat et le poivre doux. La finale, encore un peu austère, appelle la garde. ⌛ 2021-2025

⊶ CH. CAPION, Chem. de Capion, 34150 Aniane, tél. 04 67 57 71 37, contact@chateaucapion.com V 🚶 ! *t.l.j. 10h-18h*

Ⓑ DOM. DU CAUSSE D'ARBORAS
La Sentinelle 2016 ★

■ | 12 000 | 🍾 | 8 à 11 €

Ce domaine acquis en 2013 par le groupe Jeanjean dispose d'un vignoble de 16 ha (conduit en bio) planté à 320 m d'altitude sur le causse d'Arboras, un plateau très calcaire au pied du mont Saint-Baudile, en plein cœur des Terrasses du Larzac.

Une robe sombre et brillante habille ce vin né d'un assemblage équilibré de grenache, de syrah et de mourvèdre. Intense et fruité, sur la cerise, la myrtille et les épices, le nez est engageant. La bouche séduit tout autant par son volume, sa générosité en fruit et ses tanins solides. Un vin harmonieux, à la fois élégant et puissant, qui vieillira bien. ⌛ 2021-2025

⊶ VIGNOBLES JEANJEAN, L'Enclos, 34725 Saint-Félix-de-Lodez, tél. 04 67 88 80 00, contact@vignobles-jeanjean.com V *t.l.j. sf dim. 9h-12h 14h-19h*

Ⓑ LES CHEMINS DE CARABOTE
Les pierres qui chantent 2015 ★★

■ | 4 000 | 🛢🍾 | 20 à 30 €

Depuis son premier millésime en 2005, Jean-Yves Chaperon s'est imposé comme l'une des valeurs sûres de l'appellation. Ce journaliste de radio, amateur de jazz, sait faire vibrer son terroir de galets roulés. Il a construit sa cave en pierre du Gard et conduit son vignoble (7,8 ha) en bio.

De la richesse et de l'éclat dès le premier abord pour ce trio syrah-grenache-carignan en robe de velours noir. À l'olfaction, le vin apparaît riche, complexe et furieusement méridional, ouvert sur des arômes d'olive noire, de truffe, de sous-bois, de cuir et de cassis. Le palais convoque un intense fruité, soutenu par des tanins fermes mais très fins et par une fraîcheur délicate qui lui assure un parfait équilibre. De la concentration, du charme et du temps devant lui. ⌛ 2022-2028 ■ **Chemin faisant 2016 ★ (15 à 20 €; 5 000 b.)** Ⓑ : un nez intense et élégant de fruits rouges confiturés prélude à une bouche bien équilibrée entre fraîcheur et rondeur, aux saveurs épicées et aux tanins fondus. ⌛ 2020-2023

⊶ JEAN-YVES CHAPERON, Mas de Navas, 34150 Gignac, tél. 06 07 16 76 13, contact@carabote.com V 🚶 ! *r.-v.*

♥ CLOS AGUILEM 2016 ★★

■ | 5 080 | 🛢 | 20 à 30 €

En 2015, aidé financièrement par sa famille et des amis, l'ingénieur agronome et œnologue Jean-Charles Auffret a créé ce domaine de 7 ha, dont le parcellaire, en conversion bio, est réparti sur quatre communes (Saint-Saturnin-de-Lucian, Saint-Guiraud, Ceyras et Arboras) et présente une belle diversité de sols permettant des adaptations variées.

Difficile de rester insensible à ses charmes. Avec quatre cépages, dont une majorité de carignan et cinsault, c'est un vrai languedocien paré de pourpre sombre. Du verre montent des parfums intenses de fruits rouges et d'épices: groseille, grenadine, cannelle et vanille. Derrière une jolie fraîcheur, le palais dévoile une structure dense et puissante bâtie sur des tanins de velours; on y retrouve les fruits en confiture et les notes boisées, auxquelles se joignent le cacao et la réglisse dans une finale longue et suave. ⌛ 2021-2028

⊶ JEAN-CHARLES AUFFRET, 29, cours Grégoire, 34725 Saint-André-de-Sangonis, tél. 06 88 82 92 48, jcauffret@yahoo.fr V 🚶 ! *r.-v.*

CLOS DU PRIEUR 2016

■ | 15 000 | 🛢🍾 | 15 à 20 €

Entre les falaises calcaires du Larzac et les berges de la Buèges, un authentique clos de 5 ha, établi sur un terroir de cailloutis calcaires au climat original par sa fraîcheur repris en 1999 en fermage par Marie, fille de Jean Orliac (Dom. de l'Hortus).

Le nez, intense, d'abord sur le moka et le bourgeon de cassis, évolue doucement sur le fruit rouge. La bouche ample et fraîche déroule des tanins souples sur fond de saveurs de garrigue. À carafer avant le service. ⌛ 2020-2023

⊶ CLOS DU PRIEUR, rue du Prieur, 34380 Saint-Jean-de-Buèges, tél. 04 67 55 31 20, m.orliac@wanadoo.fr r.-v.

Ⓑ LE CLOS DU SERRES Les Maros 2015 ★★

■ | 10 000 | 🍾 | 15 à 20 €

Entre le soleil de l'Hérault et l'air frais de l'Aveyron, sur une mosaïque de schistes, galets et grès rouges, Sébastien Fillon a repris en 2006 ce domaine de 15 ha. Cet ingénieur chimiste de formation, assisté de son épouse Béatrice, conduit aujourd'hui son vignoble en agriculture biologique.

Un assemblage de grenache, de cinsault et de carignan sur un terroir de schistes ensoleillé pour ce vin au nez expressif et riche de fruits noirs et d'épices agrémentés d'une touche fumée. Fruitée, réglissée et poivrée, la bouche est douce et ronde, portée par des tanins bien présents mais assouplis et élégants et étirée dans une finale longue et fraîche. Un beau mariage de gourmandise, de finesse et de complexité. ⧗ 2019-2025

SÉBASTIEN FILLON, rte du Viala, 34700 Saint-Jean-de-la-Blaquière, tél. 06 88 35 90 07, contact@leclosduserres.fr V ⚲ ! *r.-v.*

DOM. LE CLOS RIVIERAL Les Maros 2015

■	1000	◍	20 à 30 €

Ce domaine a été créé en 2008 par Olivier Bellet, jeune œnologue: un petit vignoble de 7 ha conduit en bio, éparpillé sur une vingtaine de parcelles autour du village du Bosc, dans les premiers contreforts du Larzac, sur un terroir de schistes et de grès.

Ce vin issu d'une sélection parcellaire présente un nez intense de fruits rouges, de garrigue et de vanille. La bouche se révèle franche et gourmande, centrée sur un fruité très mûr mêlé de cacao et soutenue par des tanins bien présents mais sans dureté. ⧗ 2020-2024

OLIVIER BELLET, 6, rue du Rivieral, Loiras, 34700 Le Bosc, tél. 06 72 22 38 68, celiabellet4@gmail.com V ⚲ ! *r.-v.*

CH. DES CRÈS RICARDS Œnothera 2016 ★★

■	12000	◍	15 à 20 €

Colette et Gérard Foltran ont passé la main à Jean-Claude Mas en 2010. Ce domaine fondé en 1960, est situé au lieu-dit Les Crès Ricards, au cœur des Terrasses du Larzac, sur un terroir de schistes et de galets roulés. Agrandi, il compte une quarantaine d'hectares.

Née d'une majorité de grenache, cette cuvée propose un bouquet croquant de fruits rouges, de poivre blanc et de réglisse mêlés à un boisé délicat. La bouche, centrée sur les fruits rouges et la garrigue, se révèle dense et raffinée, adossée à des tanins ciselés par un bel élevage. La finale, fraîche et longue, achève de convaincre. Un très beau classique de l'appellation. ⧗ 2021-2025 ■ **Stecia 2016 ★ (11 à 15 €; 35000 b.)** : un nez racé et riche de tapenade, de cade, d'épices et de fruits en compote, et une bouche ample, chaleureuse et concentrée, aux tanins encore jeunes et serrés, composent un bon vin de garde. ⧗ 2021-2028

SARL DOM. CRÈS RICARDS, rte de Villeveyrac, 34530 Montagnac, tél. 04 69 90 16 10, info@paulmas.com Jean-Claude Mas

DOM. DE L'ÉGLISETTE Terre Astrale 2016 ★★

■	6000	▮	11 à 15 €

Quand trois amis décident en 2015 de créer leur domaine, ils découvrent au nord de l'appellation un vignoble au pied des montagnes orné d'une petite église romane. Un an plus tard un chai en pierre du Gard est construit, et les 14 ha du domaine sont orientés vers l'agriculture biologique.

Dira-t-on assez les charmes des terroirs frais du Languedoc? Deux tiers de syrah, un de grenache et une goutte de cinsault composent un vin gracieux aux reflets violines, dont le nez d'abord discret et floral évoque la cerise mûre, le romarin, le cade et le fumé à l'aération. La bouche ravit par sa souplesse et sa fraîcheur, ses tanins fondus, ses notes d'épices et de caramel et sa longueur. Un modèle d'équilibre. ⧗ 2020-2023

SCEA DE L'ÉGLISETTE, Lieu-dit Vialaure, D 115, 34190 Moulès-et-Baucels, tél. 06 89 64 11 95, contact@domainedeleglisette.com V ⚲ ! *r.-v.*

L'HERMAS 2016 ★

■	8000	◍	15 à 20 €

En 2004, Matthieu Torquebiau a défriché un petit plateau calcaire à 250 m d'altitude, où son grand-père avait établi son domaine. Il a planté des vignes de syrah et de mourvèdre (le vignoble couvre 10 ha aujourd'hui), qu'il a vinifiées pour la première fois en 2009.

De la syrah, du mourvèdre et une pointe de grenache pour ce vin expressif, ouvert sur les fruits rouges confiturés, le fumé et une touche de cuir. Soutenue par des tanins affinés, la bouche allie la sucrosité et la fraîcheur, des notes de cachou et des saveurs généreuses de fruits des bois, avant une finale élégante et longue. ⧗ 2021-2024

MATTHIEU TORQUEBIAU, lieu-dit Mas-de-Ratte, 34150 Gignac, tél. 06 64 89 20 29, mt@lhermas.com V ⚲ ! *r.-v.*

MAS BRUNET
Cuvée Prestige Élevé en fût de chêne 2015

■	8000	◍	11 à 15 €

Le haut terroir du Causse-de-la-Selle, fait d'argiles rouges et de pierres dolomitiques sculptées par les ans, est l'un des plus septentrionaux de l'appellation. Serge et Marc Coulet œuvrent respectivement depuis 1988 et 1990 sur ce domaine de 28 ha implanté en pleine garrigue.

Ce vin d'altitude à dominante de syrah dévoile des arômes expressifs de garrigue, de cade, de vanille et de grillé. La bouche est à la fois ronde et fraîche, fluide, aux tanins souples, et l'on apprécie les notes de fumé et de caramel qui animent la finale. ⧗ 2018-2022

GAEC DU DOM. DE BRUNET, 34380 Causse-de-la-Selle, tél. 04 67 73 10 57, brunet.vins.oc@domainedebrunet.com V ⚲ ! *t.l.j. sf dim. 9h-12h 15h-19h*

MAS DE LA SÉRANNE Antonin et Louis 2015 ★

■	7935	◍ ▮	20 à 30 €

À la suite d'une reconversion professionnelle, Isabelle et Jean-Pierre Venture se sont installés en 1998 sur le terroir réputé d'Aniane. Ils conduisent aujourd'hui, en bio certifié, un vignoble de 16 ha qu'ils continuent d'embellir, remontant des murs de pierre sèche et plantant des essences méditerranéennes. Côté cave, des vins d'une grande régularité, souvent en vue dans ces pages.

La robe est élégante, d'un seyant grenat ourlée de brun, et le nez est à lui seul une invitation à la balade dans la garrigue: thym, romarin, notes poivrées, petits fruits rouges et fraîcheur mentholée. La bouche est

LANGUEDOC

suave, tout en rondeur, épaulé par des tanins soyeux et par une fine fraîcheur. Une touche de vanille rejoint les arômes du nez pour une finale en douceur. Un fort joli vin, complexe et équilibré, typique de son terroir. ⧗ 2019-2024

VENTURE, Rte, de Puechabon, 34150 Aniane, tél. 04 67 57 37 99, mas.seranne@wanadoo.fr V ♿ ! *t.l.j. sf dim. 10h-12h 15h-19h*

MAS DE L'ERME L'Évidence 2015 ★

■	2800		15 à 20 €

Créé en 2006 par Florence Milesi, œnologue et ingénieur agronome, et son mari Fabien, informaticien, fils et petit-fils de vignerons languedociens, ce domaine étend son vignoble sur 10 ha, convertis à l'agriculture biologique et à la biodynamie.

Grenache (50 %), carignan et de syrah pour cette cuvée au nez intense et frais de fruits rouges confits, de garrigue et de thym. Le prélude à une bouche ronde, dotée de tanins serrés, imprégnée d'arômes d'eucalyptus et d'épices qui apportent de la fraîcheur. ⧗ 2021-2025

FLORENCE MILESI, 7, rte de Saint-André, 34725 Jonquières, tél. 04 67 88 70 63, contact@masdelerme.fr V ♿ ! *r.-v.*

MAS DES CHIMÈRES Nuit grave 2016 ★

■	20000		11 à 15 €

Guilhem Dardé, « paysan-vigneron » comme il se présente, produit ses vins en agriculture biologique, en bordure du lac du Salagou. Son épouse Palma travaille avec lui, et leur fille Maguelone les a rejoints en 2008 à la tête d'un vignoble de 23 ha.

Cinquième sélection en six ans pour ce classique du domaine, qui ajoute une pointe de counoise à la syrah, au grenache et au mourvèdre mûris sur du basalte. Robe sombre aux reflets violines, nez discret de fruits rouges qui s'ouvre peu à peu, bouche longue, ronde et fraîche à la fois, sur les épices douces et une pointe de lavande en finale : l'ensemble est très harmonieux. ⧗ 2020-2023

DARDÉ, 26, rue de la Vialle, 34800 Octon, tél. 04 67 96 22 70, mas.des.chimeres@wanadoo.fr V ♿ ! *r.-v.*

DOM. DE MISTRE Negua Saumas 2016 ★

■	11000		11 à 15 €

C'est en 2016 que Daniel Requirand quitte la coopérative et crée son domaine sur les terres données à ses aïeux par Eugénie Mistre en 1892. Au cœur des Terrasses du Larzac, les 6 ha de vignes sont plantés de syrah, grenache et mourvèdre.

Prometteur au premier regard, en robe rubis sombre, ce vin offre un nez concentré et généreux de mûre, de cerise et de prune sur fond de senteurs de la garrigue. La bouche, gourmande et chaleureuse, dotée d'une trame de tanins jeunes au beau potentiel, dévoile un fruité légèrement épicé, sans oublier la touche de fraîcheur caractéristique de l'appellation. ⧗ 2021-2025

DANIEL REQUIRAND, 2, rue du Château d'eau, 34725 Saint-Guiraud, tél. 06 77 08 86 74, danielrequirand@homail.fr V ! *r.-v.*

♥ **DOM. PUECH-AUGER** Les Canques 2016 ★★

■	4000		15 à 20 €

Sur ce domaine créé par leur père, Christophe et Didier Crézégut vinifient et élèvent leurs vins dans la plus stricte tradition. Les 15 ha du vignoble sont disséminés sur des terroirs argilo-calcaires et marno-calcaires typiques du terroir de Montpeyroux, où syrah, grenache, mourvèdre et carignan ont trouvé une terre de prédilection.

Première cuvée en Terrasses du Larzac… et un coup de cœur d'emblée pour ce domaine. Une majorité de mourvèdre, de la syrah, du grenache et du carignan composent un vin pourpre sombre. Le nez riche et intense convoque la réglisse, la framboise, la mûre et les senteurs de la garrigue. La bouche est simplement remarquable par sa concentration et sa puissance, ses tanins denses et veloutés sans la moindre lourdeur. Les arômes, généreux, demeurent sur le même registre qu'à l'olfaction, agrémentés d'une touche d'amande amère, et s'étirent longuement dans une finale savoureuse. Un élevage maîtrisé pour un vin harmonieux et complet, promis à une belle garde. ⧗ 2021-2028

DOM. PUECH-AUGER, 3, chem. de la Cagaroulette, 34150 Montpeyroux, tél. 06 74 63 33 02, domainepuechauger@wanadoo.fr V ♿ ! *r.-v.*
Crézégut

DOM. DE LA RÉSERVE D'O Hissez O 2016 ★★

■	1500		20 à 30 €

Situées en altitude sur le causse d'Arboras, les vignes (12 ha) cherchent ici la terre sous les cailloux. Installés en 2005, Marie, la nouvelle présidente du syndicat Terrasses du Larzac, et Frédéric Chauffray travaillent en biodynamie et vinifient avec des méthodes douces (minimum de SO_2, pas de levurage, ni de collage et de filtration) des vendanges où chaque grain est minutieusement choisi.

Tout près du coup de cœur, ce vin séduit d'emblée avec sa robe dense et profonde et son nez de fruits confits, de cannelle et de vanillé tendre et fondu. La bouche, puissante et structurée avec de la fraîcheur et du moelleux, est un modèle d'équilibre ; y dominent des notes de fruits confiturés, agrémentées de touches épicées et chocolatées. La finale est longue, aérienne et délicatement mentholée. ⧗ 2021-2026

MARIE ET FRÉDÉRIC CHAUFFRAY, Dom. de la Réserve d'O, rue du Château, 34150 Arboras, tél. 06 76 04 03 88, contact@lareservedo.fr V ♿ ! *r.-v.*

CH. SAINT-JEAN D'AUMIÈRES
L'Alchimiste 2016 ★★

■	30000		15 à 20 €

Au XVIIIe s., cette propriété appartenait au procureur du roi J.-B. Claparède. Situé sur une colline marno-calcaire à l'entrée de Gignac, ce domaine de 50 ha, dont 35 de vignes, a été repris en 2013 par le

négociant Vianney Castan, qui renoue ainsi avec la tradition vigneronne familiale.

Séducteur par ses arômes intenses de fruits rouges, d'épices et de garrigue, ce vin associe la syrah et le grenache à une pointe de carignan macéré en grappes entières. Rond et généreux en bouche, aux tanins puissants et veloutés, il régale par son fruité croquant et ses notes poivrées et finement chocolatées qui persistent longuement en finale. Un élevage soigné pour un équilibre très assuré et un beau potentiel de garde. ⧗ 2022-2028

VIANNEY CASTAN, Ch. Saint-Jean d'Aumières, 34150 Gignac, tél. 04 67 40 00 64, contact@josephcastan.com r.-v.

CH. LA SAUVAGEONNE Les Ruffes 2016 ★★★

■	n.c.		8 à 11 €

Enfant des Corbières, Gérard Bertrand est un important propriétaire et négociant du sud de la France, dont les cuvées apparaissent dans le Guide sous diverses AOC (corbières, fitou, minervois, languedoc, côtes-du-roussillon...) et en IGP.

Le Ch. La Sauvageonne est la dernière acquisition de Gérard Bertrand (2011), située au nord-ouest de Montpellier, près du village de Saint-Jean-de-Blaquière, aux portes du Causse du Larzac: 57 ha en biodynamie. Les Ruffes sont un terroir de coteaux maigres à la couleur lie-de-vin caractéristique, sur lequel grenache et syrah ont mûri longuement pour offrir cette cuvée ébouriffante. Ce vin très sombre livre des arômes intenses de romarin, de réglisse, de poivre noir et de fruits compotés. La bouche ronde et longue, soutenue par des tanins denses et tendres, évolue quant à elle sur des notes persistantes de cacao, de moka et de grillé. Une force tranquille. ⧗ 2021-2026

GÉRARD BERTRAND, rte de Narbonne-Plage, 11100 Narbonne, tél. 04 68 45 28 50, vins@gerard-bertrand.com r.-v.

LA TÊTE DANS LES ÉTOILES Au-delà des rêves 2016 ★

■	2500		11 à 15 €

L'héritage de cinq générations de vignerons, un passage par la coopérative, «l'envie de faire quelque chose de petit pour maîtriser toutes les étapes»: Luc Jourdan a redonné vie en 2009 à l'ancienne cave de son grand-père en créant un petit domaine d'à peine 4 ha.

Une dominante de mourvèdre et de syrah pour ce vin grenat clair et limpide. Le nez s'ouvre progressivement, d'abord sur la cerise à l'alcool, puis sur la garrigue et le boisé grillé. La bouche se révèle suave et ronde, fruitée et épicée, étayée par des tanins souples et soyeux, et s'étire dans une belle finale pleine de fraîcheur. ⧗ 2020-2025

LUC JOURDAN, 1, rue du Cayre, 34700 Salelles-du-Bosc, tél. 06 47 04 05 35, latetedanslesetoiles@orange.fr r.-v.

PIC-SAINT-LOUP

Ce terroir réputé, ancienne dénomination géographique du Languedoc, est devenu en 2017 une appellation à part entière réservée aux vins rouges et aux rosés. À 20 km de Montpellier, dans la partie nord-est du Languedoc, l'AOC Pic-saint-loup s'étend sur 15 communes de l'Hérault et 2 du Gard, toutes dominées par la pointe acérée du pic Saint-Loup, l'un des sites les plus spectaculaires du vignoble languedocien. Le vignoble du pic Saint-Loup, implanté sur des sols à dominante calcaire, s'inscrit dans un paysage de garrigue et de pinèdes, succession de crêtes et de combes, à l'écart de grandes vallées. Le climat y est plus frais et plus arrosé que dans le reste du Languedoc. Les pluies, qui tombent au printemps et en automne, permettent aux ceps d'éviter sécheresse et stress hydrique ; elles autorisent des plantations à densité élevée, facteur de concentration. En août et septembre, l'amplitude thermique importante entre le jour et la nuit favorise l'expression aromatique et l'acidité. Ces conditions sont propices au cépage syrah, l'une des variétés principales de la nouvelle appellation, aux côtés du grenache et du mourvèdre, et de cépages accessoires (carignan, cinsault, counoise, morrastel, plus le grenache gris pour les rosés. Tant les rouges que les rosés doivent toujours assembler au moins deux cépages, la syrah étant mise en avant (50 % minimum pour les rouges et 30 % pour les rosés). Les vins rouges tirent de la syrah leur texture dense, leurs arômes intenses de fruits noirs et de réglisse et leur potentiel. Les rosés sont, eux aussi, toniques et fruités. Le climat donne à tous ces vins relief et fraîcheur.

BERGERIE DU CAPUCIN Dame Jeanne 2016 ★

■	21500	11 à 15 €

Guilhem Viau, après dix ans passés en cave coopérative, s'est lancé en 2008 et a baptisé son domaine languedocien du nom du lieu-dit où se situaient les pâturages et la bergerie de son aïeule Jeanne. Il conduit aujourd'hui un vignoble de 15 ha au pied du pic Saint-Loup.

Une pointe de mourvèdre, un peu de grenache et beaucoup de syrah dans ce vin expressif évoquant la violette, le laurier et la garrigue. La bouche est franche, soutenue, portée par une trame tannique riche et dense, et centrée sur de notes persistantes d'épices et de torréfaction. Un bel équilibre, entre élégance, finesse et générosité. ⧗ 2019-2023

SAS BERGERIE DU CAPUCIN, 80, imp. Puech Camp, 34270 Lauret, tél. 04 67 59 01 00, contact@bergerieducapucin.fr r.-v. *Guilhem Viau*

DOM. CAMMAOUS Marie 2017 ★★

■	5500		11 à 15 €

Viticulteur, Olivier Panchau travaillait en famille depuis 1985. Il s'est installé à son compte en 2000, baptisant son domaine du nom d'un lieu-dit de Vacquières, Cammaous. Il a créé sa cave et élaboré ses premiers vins en 2013.

Robe pourpre soutenue aux reflets violines pour cet assemblage de syrah (80 %) et de grenache. Le nez, intense et complexe, évoque les fruits confiturés, la garrigue et les épices. La bouche, à l'unisson du bouquet, est remarquable par son ampleur, sa densité, sa structure robuste et sa longue finale tout en fraîcheur et en délicatesse. ⧗ 2019-2023 ■ **Cammaous Marie 2017 (8 à 11 €; 3000 b.)** : vin cité.

OLIVIER PANCHAU, 14, chem. des Cammaous, 34270 Vacquières, tél. 06 76 08 97 84, opanchau@domainecammaous.com r.-v.

♥ LE CHEMIN DES RÊVES
Gueule de Loup 2016 ★★★

■	9000	ⓘ	15 à 20 €

Pour Benoît Viot, ancien pharmacien et toujours passionné de biologie et de médecine, l'alchimie du vin n'a pas de secret. Après une première vie professionnelle, ce Tourangeau, qui revendique aujourd'hui une «vie de passion», a créé ex nihilo en 2004 son domaine (aujourd'hui 20 ha en conversion bio).

Installé à la pointe méridionale de l'appellation pic-saint-loup, Benoît Viot signe des vins pleins de fraîcheur et de finesse. Issue de syrah et de grenache, cette Gueule de Loup en robe sombre allie délicatesse et intensité autour de senteurs de garrigue et de fruits noirs très mûrs, avec des touches d'épices et de menthol. Dense et soyeux, sur des notes de mûre confite, d'olive noire, de violette et de cachou, le palais déroule des tanins suaves qui témoignent de la maîtrise des maturités et de l'élevage. La finale, longue et savoureuse, achève de convaincre. Un vin riche et harmonieux. ⧗ 2019-2025 ■ **L'Optimiste 2016 ★ (11 à 15 €; 15 000 b.)** : au nez, une corbeille de fruits rouges sur fond de garrigue; en bouche, des épices et de la violette, de la souplesse, de la finesse et de la fraîcheur. ⧗ 2019-2023

⊶ BENOÎT VIOT, 218, rue de la Syrah, 34980 Saint-Gély-du-Fesc, tél. 04 99 62 74 25, contact@chemin-des-reves.com V 🚶 ■ *t.l.j. sf dim. 16h-19h*

Ⓑ LA CHOUETTE DU CHAI Rien ne m'effraie 2016 ★

■	9100	▮	11 à 15 €

Après plus de dix ans au Mas de Mortiès, Sylvie Guiraudon et Oivier Rabassa se sont installés sur les hauteurs de Cazevieille avec 17 ha de vigne cultivés en bio.

Avec une moitié de syrah, du grenache et du mourvèdre mûris à près de 300 m d'altitude, sur l'un des plus hauts terroirs de l'appellation, ce vin dévoile un nez à la fois méridional et frais de thym, de laurier, de genièvre et de fraise. La bouche, en harmonie avec le bouquet, allie la vivacité, le moelleux et la finesse des tanins. ⧗ 2019-2023

⊶ SYLVIE ET OLIVIER GUIRAUDON ET RABASA, Lieu-dit La Figarede, 34270 Cazevieille, tél. 04 67 57 34 75, contact@lachouetteduchai.com V 🚶 ■ *r.-v.*

CAVE DE CORCONNE Vignes Hautes 2016 ★

■	7000	ⓘ ▮	11 à 15 €

Créée en 1939, la coopérative de Corconne, aujourd'hui appelée Cave La Gravette, regroupe une centaine d'adhérents cultivant environ 500 ha sur le territoire de quatre communes. Une partie importante du vignoble est en AOC languedoc Pic Saint-Loup.

Fleuron de la cave, cette cuvée fait la part belle à la syrah (70 %). Le nez est intense et flatteur, sur des notes de poivre doux, de cerise et de groseille. Portée par des tanins raffinés, la bouche apparaît ample et généreuse tout en affichant une fraîcheur remarquable et une belle longueur sur les épices. Un vin équilibré et savoureux. ⧗ 2019-2023

⊶ CAVE COOP. LA GRAVETTE, rte de Montpellier, 30260 Corconne, tél. 04 66 77 32 75, caveau@lagravette.fr V 🚶 ■ *t.l.j. 9h-12h30 14h-18h*

DOM. LA COSTESSE Les Conques 2017 ★

■	3000	▮	8 à 11 €

Pâtissier de formation, Gilles Nougalliat a repris en 1999, à l'âge de dix-neuf ans, l'exploitation familiale avant de créer en 2013 son propre domaine (18 ha), dont le nom signifie «légère pente» – le nom donné par le grand-père à la parcelle sur laquelle il a construit sa cave. Il a engagé en 2017 la conversion bio de sa propriété.

Première apparition dans le Guide pour ce domaine avec un rosé grenache-syrah de belle facture: robe pâle et brillante, nez expressif et complexe (fruits rouges, bonbon acidulé, agrumes, menthol), bouche ample, fraîche, tonique, croquante. ⧗ 2018-2019

⊶ GILLES NOUGALLIAT, 11, chem. des Cammaous, 34270 Vacquières, tél. 06 87 43 77 28, gilles.nougalliat@orange.fr V 🚶 ■ *r.-v.*

LES COTEAUX DU PIC
Sainte-Lucie d'Euzet 2017 ★

■	60 000	▮	5 à 8 €

Fondée en 1950, la cave coopérative de Saint-Mathieu-de-Tréviers, établie au pied du pic Saint-Loup, exploite ses vignes (850 ha, soit un tiers de l'appellation) en agriculture raisonnée et la conversion au bio est acquise pour une partie du vignoble.

Syrah (60 %), grenache (30 %) et cinsault sont associés dans ce rosé limpide aux reflets framboise, ouvert sur des notes complexes de fruits rouges confits, de pâte de coing, de grenadine et de garrigue. En bouche, il apparaît ample, chaleureux, gras, onctueux, souligné par une pointe de fraîcheur aux accents d'agrumes. Un rosé pour la table. ⧗ 2018-2020 ■ **Diablesse 2016 ★ (11 à 15 €; 12 000 b.)** : assemblage de syrah (80 %) et de grenache, ce vin dévoile un nez intense de fruits rouges mûrs et de thym, de cade et de cuir. La bouche d'un bon volume, centrée sur le fruit et les épices, déroule des tanins encore un peu sévères qui gagneront à s'affiner. ⧗ 2020-2024

⊶ LES COTEAUX DU PIC, 140, av. des Coteaux-de-Montferrand, 34270 Saint-Mathieu-de-Tréviers, tél. 04 67 55 20 22, cecilia.galaret@coteaux-du-pic.com V ■ *t.l.j. 9h30-12h30 14h30-18h*

CH. L'EUZIÈRE
Les Escarboucles 2015 ★

■	11 000	ⓘ	15 à 20 €

Représentant la quatrième génération de vignerons, Marcelle Causse a rejoint son frère Michel en 1991 sur ce domaine de 25 ha, dans la famille depuis 1920; un ancien relais de chevaux au XIVᵉs. situé sur la route de Maguelonne, devenu aujourd'hui une référence en Pic Saint-Loup.

Cette cuvée souvent en vue dans ces pages, composée à 80 % de syrah, séduit par son nez intense de fruits rouges, de thym et de poivre. La bouche, dense et vineuse, déroule des tanins soyeux et une belle finale épicée, encore un brin sévère toutefois. ⧗ 2020-2024

⊶ MICHEL ET MARCELLE CAUSSE, 9, Ancien-Chemin-d'Anduze, 34270 Fontanès, tél. 06 27 17 90 77, leuziere@chateauleuziere.fr V 🚶 ▪ *r.-v.*

DOM. HAUT-LIROU Constance 2015 ★

■	n.c.	🛢	30 à 50 €

Cinq générations se sont succédé sur ce domaine fondé en 1848 au pied du pic Saint-Loup et conduit par Jean-Pierre Rambier depuis 1990. Le vignoble s'étend sur 95 ha.

Une cuvée pour célébrer la naissance de Constance (en 2014), fille de Jean-Pierre Rambier. Dans le verre, des arômes flatteurs de pivoine, de violette et de gelée de mûre sur un fond de garrigue, et en bouche, un vin fruité, onctueux et gourmand, aux tanins souples, souligné par une fine fraîcheur. ⧗ 2019-2022

⊶ JEAN-PIERRE RAMBIER, Le Triadou, 34270 Saint-Jean-de-Cuculles, tél. 04 67 55 38 50, info@hautlirou.com V 🚶 ▪ *t.l.j. 9h-12h30 14h30-18h30* 🏠 Ⓒ

BERGERIE DE L'HORTUS 2017 ★

■	45000	🍾	11 à 15 €

Entre le pic Saint-Loup et le causse de l'Hortus, dans la combe de Fambetou, ce domaine de référence s'étend sur 85 ha de terroirs variés. À partir de 1978, Jean et Marie-Thérèse Orliac ont défriché la garrigue, remis en état des terrasses, construit un chai, bâti une maison puis installé leurs enfants désormais à leurs côtés.

Syrah, grenache et mourvèdre par tiers pour ce joli rosé couleur framboise. Au nez, des fruits exotiques, des fruits rouges, des notes pâtissières et minérales. En bouche, des agrumes, de la fraîcheur et une belle longueur. ⧗ 2018-2020

⊶ DOM. DE L' HORTUS, 34270 Valflaunès, tél. 04 67 55 31 20, orliac.hortus@wanadoo.fr V ▪ *t.l.j. sf dim. 10h-12h 15h-18h ⊶ Famille Orliac*

CH. DE LANCYRE Grande Cuvée 2015 ★

■	15200	🛢	15 à 20 €

Régis Valentin, œnologue et maître de chai, a repris en 2001 le domaine familial créé en 1960 par les familles Durand-Valentin. Il produit des vins sur 80 ha de vignes occupant un beau terroir de calcaires durs et d'argiles rouges.

Composée aux trois quarts de syrah, avec le grenache et le mourvèdre en appoint, cette cuvée en robe noire offre un nez élégant de violette et de fruits à l'alcool. En bouche, on découvre un vin puissant et savoureux, qui s'exprime longuement sur la réglisse et les fruits noirs (mûre et cassis), avec des tanins encore un peu austères en soutien. ⧗ 2021-2025

⊶ RÉGIS VALENTIN, Hameau de Lancyre, 34270 Valflaunès, tél. 04 67 55 32 74, contact@chateaudelancyre.com V 🚶 ▪ *t.l.j. sf dim. 10h-12h30 14h30-18h30*

Ⓑ CH. DE LASCAUX Les Secrets Bois de Tourtourel 2013 ★

■	1500	🛢	50 à 75 €

Jean-Benoît Cavalier, agronome de formation, a relancé le domaine familial au milieu des années 1980, marchant dans les pas de quatorze générations de vignerons sur ce terroir de cailloutis calcaires mis en valeur par sa famille depuis 1554. Cette figure emblématique du Pic Saint-Loup conduit son vignoble (85 ha aujourd'hui) en agriculture biologique et en biodynamie. Sur certaines parcelles, des moutons broutent l'herbe entre les ceps, labourent et apportent un engrais tout naturel. Une valeur sûre.

Issu d'une parcelle où la syrah et le grenache mûrissent sur les éclats calcaires du bois de Tourtourel, ce vin puissant et concentré dévoile des arômes balsamiques et torréfiés, agrémentés de notes de garrigue et de kirsch. La bouche, sur le cassis et la cerise à l'alcool, apparaît dense et encore un peu stricte, étayée par des tanins serrés et prolongée par une finale chaleureuse. ⧗ 2021-2024

⊶ JEAN-BENOÎT CAVALIER, rte de Brestalou, 34270 Vacquières, tél. 04 67 59 00 08, info@chateau-lascaux.com V 🚶 ▪ *t.l.j. sf dim. 10h-12h 14h-18h*

BERNARD MAGREZ Comme une évidence 2016 ★

■	1500		- de 5 €

Le Bordelais Bernard Magrez, « l'homme aux quarante châteaux », propriétaire entre autres du célèbre Ch. Pape Clément (pessac-léognan) ou encore de la Tour Carnet (haut-médoc), a investi dans le Languedoc, sur différents terroirs.

De beaux reflets violines égayent la robe sombre de ce vin au nez charmeur d'épices, de sous-bois et de fruits noirs. La bouche est puissante, très méridionale, avec des arômes de garrigue et d'olive noire, et des tanins encore jeunes qui gagneront à s'assouplir un peu. ⧗ 2019-2023

⊶ BERNARD MAGREZ, 216, av. du Dr-Nancel-Pénard, 33600 Pessac, tél. 05 57 26 38 38, accueil@pape-clement.com V 🚶 ▪ *r.-v.*

LANGUEDOC

Ⓑ MAS BRUGUIÈRE L'Arbouse 2016 ★★

■	30000	🛢🍾	11 à 15 €

On accède au mas Bruguière par une route sublime se faufilant entre les falaises de l'Hortus et le pic Saint-Loup. Après avoir succédé à son père Guilhem en 1999, Xavier Bruguière (septième génération) a converti au bio le domaine familial de 20 ha.

Cet habitué du Guide séduit d'emblée par ses arômes flatteurs de confiture de mûres, d'orange confite, de cannelle et de boisé grillé. En bouche, il apparaît suave, charnu et fondu, alliant dans un cortège chaleureux d'épices, de saveurs de garrigue et de menthol la douceur du grenache et le fruité de la syrah présents à parts égales. ⧗ 2019-2023

⊶ XAVIER BRUGUIÈRE, La Plaine, 34270 Valflaunès, tél. 04 67 55 20 97, xavier.bruguiere@wanadoo.fr V ▪ *t.l.j. sf mer. dim. 10h-12h 14h-18h*

MAS DE FOURNEL Pierre 2016 ★

■	3500	🍾	15 à 20 €

Bâti au XIVe s., le Mas de Fournel appartient à la famille Jeanjean depuis 1911. Après trente-cinq ans d'une vie de camionneur, Gérard Jeanjean s'est lancé dans l'aventure vigneronne en 1998 et il est aujourd'hui le doyen de l'AOC Pic Saint-Loup. À la tête de 27 ha de vignes, il dit rechercher avant tout

l'aromatique dans le respect du terroir et a ainsi cessé l'élevage en fût dès 2006.

Avec ce classique du domaine souvent en vue dans ces pages, Gérard Jeanjean propose un vin au nez intense de fruits mûrs, d'épices et de pâte d'olive. Une attaque franche et croquante ouvre sur une bouche aux accents de fruits rouges et de cassis confit, bâtie sur des tanins souples et veloutés et prolongée par une finale tout en fraîcheur. ⧗ 2019-2023

JEANJEAN, Mas de Fournel, 34270 Valflaunès, tél. 04 67 55 22 12, masdefournel.jeanjean@orange.fr V r.-v.

Ⓑ MAS PEYROLLE Esprit 2016 ★

■ | 22 000 | | 11 à 15 €

Descendant d'une longue lignée de vignerons, Jean-Baptiste Peyrolle a réaménagé la cave de son arrière-grand-père à partir de 2002, après plusieurs aventures viticoles à l'étranger (Maroc, États-Unis, Nouvelle-Zélande, Australie). Il conduit aujourd'hui un vignoble de 11 ha en agriculture biologique.

Discret au premier nez, ce vin offre à l'aération de belles notes de garrigue et de petits fruits noirs. En bouche, il se révèle à la fois élégant et chaleureux, doté de tanins soyeux et d'arômes d'olive noire, de cassis et de cuir. Un vin encore jeune, à carafer pour l'apprécier dans sa jeunesse. ⧗ 2019-2023 ■ **Goloso 2017 ★ (8 à 11 €; 4 500 b.)** Ⓑ : grenache (80 %) et syrah sont assemblés dans ce rosé aux reflets orangés, dont le nez évoque les pétales de rose, les fruits rouges et le coing. En bouche, l'équilibre est bien assuré entre le gras et l'acidité. ⧗ 2018-2019

JEAN-BAPTISTE PEYROLLE, 5, rte du Brestalou, 34270 Vacquières, tél. 06 12 29 53 91, jbpeyrolle@yahoo.fr V r.-v.

Ⓑ MORTIÈS Jamais content 2015 ★

■ | 6 500 | | 20 à 30 €

Ce domaine, créé en 1996 autour d'un mas du XVIIIe s., est situé à 20 km au nord de Montpellier, sur le versant sud du pic Saint-Loup, dans la cuvette de Mortiès. Les familles Guiraudon, Moustiés et Rabasa ont repris en 2008 ce vignoble de 24 ha, entièrement conduit en bio. Une valeur sûre de l'appellation.

Une cuvée emblématique du domaine, façonnée avec deux tiers de syrah pour un de grenache. Le nez, complexe, évoque les épices, la pivoine et les fruits rouges très mûrs. La bouche est fraîche, franche, solide et longue, bâtie sur des tanins serrés. ⧗ 2020-2024

MOUSTIÉS, rte de Cazevieille, 34270 Saint-Jean-de-Cuculles, tél. 04 67 55 11 12, contact@morties.com V r.-v.

CH. DES MOUCHÈRES Cuvée L'Estelou 2016

■ | 3 000 | | 8 à 11 €

À la fin du XVIIe s., Fulcrand Teissèdre cultivait quelques parcelles dans le lieu-dit Masage-de-la-Vieille, à Saint-Mathieu-de-Tréviers, au pied du pic Saint-Loup. En 2004, Jean-Philippe Teissèdre est revenu au domaine de son ancêtre et lui a donné un nouvel essor, avec aujourd'hui 29 ha exploités.

Cette cuvée livre un bouquet flatteur de fruits croquants (cerise et cassis) agrémentés d'une touche de violette. En bouche, elle se montre équilibrée, fraîche, fruitée et réglissée, structurée par des tanins encore un peu vifs. ⧗ 2020-2023

JEAN-PHILIPPE TEISSÈDRE, 1, chem. de la Vieille, 34270 Saint-Mathieu-de-Tréviers, tél. 04 67 34 04 39, contact@chateaudesmoucheres.com V r.-v.

DOM. PECH-TORT
Une Bonne Étoile Hommage à Francis Jeanjean 2016 ★★

■ | 13 000 | | 11 à 15 €

C'est en 2008 que Nadège Jeanjean a créé son domaine, à partir de vignes auparavant vinifiées en cave coopérative par son père Francis, décédé en 2016. Le Pech Tort, tout proche, est une colline boisée dont la courbure sert d'écrin au vignoble. Son exploitation de 16 ha produit des rouges et des rosés en AOC Pic Saint-Loup et des IGP.

Pas une mais deux «bonnes étoiles» pour cette cuvée qui frôle le coup de cœur avec ses arômes explosifs de petits fruits rouges, de garrigue, d'épices et de violette, et avec sa bouche harmonieuse et longue, friande et fraîche, réglissée et fruitée, aux tanins soyeux et fondus. ⧗ 2019-2023 ■ **Un soir d'été 2017 ★★ (8 à 11 €; 3 000 b.)** : né de syrah (60 %), grenache (30 %) et mourvèdre, ce rosé couleur œil-de-perdrix s'ouvre à l'aération sur de fines notes florales (acacia), l'eucalyptus et le bonbon acidulé. La bouche se montre ample et riche, avec ce qu'il faut de fraîcheur pour assurer l'équilibre et une belle dynamique sur la longueur. ⧗ 2018-2020

NADÈGE JEANJEAN, 419, rte de Pompignan, 34270 Valflaunès, tél. 06 18 92 65 08, nadegejeanjean@domaine-pech-tort.com V *t.l.j. sf lun. 17h-19h; sam. dim. 10h-12h 16h-20h*

LES VIGNERONS DU PIC Galabert 2017 ★

■ | 10 000 | | 8 à 11 €

Sous le nom de Vignerons du Pic, les caves coopératives de Claret, Assas, Saint-Gely-du-Fesc et Baillargues ont fusionné en 1997. La structure dispose des 700 ha de ses adhérents et propose une gamme de vins IGP et d'appellation, notamment des pic-saint-loup et des languedoc Grés de Montpellier.

Syrah (40 %), grenache et mourvèdre composent un rosé gras et suave, ouvert sur les épices, la pêche et les fleurs blanches à l'olfaction, sur le pamplemousse et le bonbon anglais en bouche. ⧗ 2018-2020

SCA LES VIGNERONS DU PIC, 285, av. de Sainte-Croix, 34820 Assas, tél. 04 67 59 62 55, cave@vpic.fr V *t.l.j. sf lun. 9h-12h 15h-19h; dim. 9h-12h*

CH. DE LA SALADE SAINT-HENRI
Mille huit cent trois 2016

■ | 11 000 | | 11 à 15 €

Sur ce domaine familial, qui doit son nom à un casque romain trouvé en ces lieux, les bâtiments datent du Moyen Âge, et la vigne est cultivée depuis le début du XVIIIe s. Anne Donnadieu, pharmacienne de formation, est aux commandes depuis 2006, avec à sa disposition un vignoble de 35 ha qu'elle prépare à une future conversion bio.

Un assemblage de syrah, grenache et mourvèdre pour ce vin au nez élégant et expressif de griotte et d'olive noire agrémenté d'une pointe fumée. La bouche est fruitée, gourmande et généreuse, étayée par des tanins souples et soyeux. Un «vin de plaisir», à la longueur moyenne, mais bien typé, à savourer sur le fruit. ⧗ 2018-2021

⊶ *VIALLA-DONNADIEU, 1050, rte de Saint-Jean-de-Cuculles, 34270 Saint-Mathieu-de-Tréviers, tél. 04 67 55 20 11, annedonnadieu@gmail.com* V ☥ ▮ *t.l.j. sf dim. 11h-13h 16h-18h*

CH. DE VALFLAUNÈS T'EM T'EM 2016 ★

■ | 9800 | ⦀ | 20 à 30 €

Établi à 25 km au nord de Montpellier, Fabien Reboul a installé son chai en 1998 au cœur du village de Valflaunès, à l'emplacement de l'ancienne ménagerie du baron Jean-Jacques Louis Durand, premier maire de Montpellier élu au XVIIIes. Il exploite aujourd'hui sans insecticides son vignoble de 14 ha, avec en ligne de mire la conversion bio.

Cette cuvée dévoile un nez exubérant et diablement charmeur de fruits confits, de fraise des bois, de liqueur de cassis et de caramel. En bouche, elle se révèle ample, suave, concentrée, tout en conservant de la fraîcheur et ce même fruité intense agrémenté de notes de grillé et de garrigue. ⧗ 2021-2025

⊶ *EARL FABIEN REBOUL, 128, rte de Trente-Loups, 34270 Valflaunès, tél. 04 67 55 76 30, chateaudevalflaunes@gmail.com* V ▮ *r.-v.*

DOM. DE VILLENEUVE Fol'Envie 2016 ★★

■ | 1800 | ⦀ | 30 à 50 €

À Claret, au nord de Montpellier, le domaine d'Anne-Lise Fraisse et de son mari apiculteur étend son vignoble sur 50 ha. Les bâtiments et le caveau voûté du XIIes., récemment restauré, sont établis au cœur des vignes, dans un cirque naturel bordé de garrigue et de pinède.

Une robe pourpre, sombre et mate, habille cette cuvée issue d'une majorité de syrah complétée de grenache, qui s'ouvre sans réserve sur des parfums intenses et complexes de poivre, de genièvre, de camphre, de tapenade et de liqueur de cerise. Centrée sur le cade et les épices, la bouche apparaît solide et chaleureuse, soutenue par des tanins denses, assouplis par l'élevage, et dynamisée par une fraîcheur mentholée en finale. ⧗ 2021-2026

⊶ *ANNE-LISE FRAISSE, 149, chem. des Horts, 34270 Claret, tél. 04 67 59 08 66, fraisse.villeneuve@orange.fr* V ☥ ▮ *t.l.j. sf dim. 10h-12h 14h-17h*

LA CLAPE

Superficie : 780 ha / Production : 23 900 hl

Cette ancienne dénomination géographique de l'appellation languedoc a été élevée en 2015 au rang d'appellation communale pour ses vins rouges (80 %) et aussi pour ses blancs. La Clape, en occitan, désigne un «tas de pierres». Île jusqu'au XIVes., ce massif calcaire forme une barrière séparant la côte de Narbonne. Favorisée dès la conquête romaine par l'importance de cette ville, capitale de la Narbonnaise, alors ouverte sur la Méditerranée, la vigne a colonisé ses contreforts et ses vallons, entre garrigue sauvage et pinède. Éclats calcaires, terres rouges, marnes, grès, les sols, très variés, expliquent la variété des cépages cultivés. Les vins bénéficient d'un climat méditerranéen très ensoleillé, presque semi-aride, de l'air maritime et de nombreux vents qui éloignent les pluies. L'appellation concerne sept communes, dont Narbonne. Les vins assemblent au moins deux variétés. En rouge, les principales sont les grenache, mourvèdre, syrah, adaptés à la chaleur. Parmi les onze cépages autorisés en blanc, le bourboulenc est le plus typé du lieu (40 % des surfaces). À la fois ronds et frais, les blancs sont floraux, fruités, minéraux et iodés. Les rouges sont profonds, amples et structurés, souvent marqués par des notes balsamiques.

♥ Ⓑ CH. D'ANGLÈS Classique 2017 ★★

□ | 25000 | | 8 à 11 €

Éric Fabre, après une longue carrière de directeur technique au château Lafite-Rothschild dans le Médoc, s'est installé à La Clape. Un terroir déjà couvert de vignes du temps de Jules César, qu'il s'attache à valoriser depuis 2002. Le vignoble couvre 42 ha.

Quelle présence pour un vin qui marie, aux côtés du classique duo bourboulenc-grenache blanc, une once de marsanne, de roussanne et de viognier. Un vin à la fois abouti et en devenir. La fleur d'amandier, le miel, l'anis et la cire d'abeille sur fond de minéralité composent un bouquet puissant et inégalable. Du grain, de l'ampleur, de la douceur et une vivacité saline, le palais est de haute tenue. Un grand vin de terroir. ⧗ 2018-2023 ■ **Classique 2016** ★ **(8 à 11 €; 60000 b.)** Ⓑ : au nez, des parfums de laurier, de romarin, d'eucalyptus et de fruits rouges en marmelade; en bouche, un profil chaleureux, dense, avec en soutien des tanins fermes. ⧗ 2019-2023

⊶ *ÉRIC FABRE, Ch. d'Anglès, 11560 Saint-Pierre-la-Mer, tél. 04 68 33 61 33, info@chateaudangles.com* V ☥ ▮ *t.l.j. sf dim. 9h-19h* ⌂ Ⓔ

CH. CAPITOUL Grand Terroir 2016

■ | 68000 | ⦀ | 8 à 11 €

Ses arrières grands-parents maternels s'étaient installés en Algérie dans les années 1930. Son grand-père décida d'acquérir plusieurs domaines en Languedoc, dont le Ch. Capitoul. Charles Mock, la quatrième génération de vigneron, y est arrivé en 1983. Depuis 2011, la famille Bonfils préside aux destinées du domaine et de ses 62 ha de vignes. Une curiosité: la cave, comme l'intérieur d'un bateau.

Un vin clairement marqué par le fût: un boisé puissant, toasté et vanillé accompagne des parfums de réglisse, de fruits noirs à l'alcool et d'eucalyptus. La bouche offre un bon volume et une structure suffisamment dense pour digérer le merrain. ⧗ 2021-2025

CH. CAPITOUL, rte de Gruissan, 11100 Narbonne, tél. 04 68 49 23 30, contact@chateau-capitoul.com t.l.j. sf dim. 10h-13h 16h-20h, f. janv.

LA COMBE SAINT-PAUL Grès Rouges 2016

■	10000		8 à 11 €

Représentant la quatrième génération d'une famille de vignerons, Paul Maury, épaulé par son épouse Line, exploite 25 ha de vignes pour partie sur les bords du massif de la Clape, entre garrigue et pins, pour partie près de l'oppidum de Nissan-les-Ensérune.

Un assemblage de syrah, grenache et mourvèdre. Le nez, franc et intense, convoque la réglisse, le cassis et le poivre. La bouche est chaleureuse et riche, étayée par des tanins encore fermes qui lui confèrent une bonne mâche. À attendre un peu. 2019-2023

LA COMBE SAINT-PAUL, 34b, rue du Jeu-du-Mail, 11110 Salles-d'Aude, tél. 06 15 08 54 07, contact@lacombesaintpaul.com r.-v.

CH. DE MARMORIÈRES
Marquis de Raymond 2016 ★

■	20000		15 à 20 €

Une chapelle romane datant du XIes. semble veiller sur ce vaste domaine de 120 ha, le plus vaste (et le plus ancien) de La Clape, dans la même famille depuis 1826.

Une belle harmonie entre les épices, le côté fumé de l'élevage et l'expression du terroir à travers le laurier, le menthol et la réglisse se dégage de cette cuvée souple, très enrobée et soyeuse en bouche. Un vin gourmand. 2018-2023

SCEA CH. DE MARMORIÈRES, rte de Fleury, 11110 Vinassan, tél. 04 68 45 23 64, contact@woillemont.com t.l.j. sf dim. 10h30-18h; sam. 9h30-11h30

♥ **CH. MIRE L'ÉTANG** Réserve du château 2015 ★★

■	6000		20 à 30 €

Depuis les hauteurs du domaine, face au soleil levant, on «mire les étangs», l'embouchure de l'Aude, la Méditerranée et le golfe du Lion. Le terroir caillouteux s'étale en terrasses, caressé par la brise marine. Acquis par la famille Chamayrac en 1972, le domaine comptait alors 36 ha de vignes; il s'étend sur 51 ha aujourd'hui. Un pilier de La Clape.

Le travail de Philippe Chamayrac est une fois de plus récompensé d'un coup de cœur et cette cuvée, dominée par la syrah (70 %), avec le grenache et le mourvèdre en appoint, est la parfaite expression de son terroir. À l'élégance du bouquet – notes florales d'immortelle et de ciste, mûre sauvage en confiture, épices, moka – fait écho celle du palais, ample, riche, solaire et très longue, structurée par des tanins bien présents mais parfaitement ciselés, avec en soutien une fine fraîcheur maritime. 2021-2028 ■ **Cuvée des Ducs de Fleury 2016** ★ **(11 à 15 €; 33000 b.)** : au nez, la garrigue se mêle à la minéralité du terroir, et l'élevage apporte un côté fumé, torréfié et épicé. En bouche, l'élégance est de mise autour de tanins soyeux et d'une pointe de vivacité. 2020-2026 ■ **Cuvée Aimée de Coigny 2017** ★ **(8 à 11 €; 16500 b.)** : bien représentatif de son appellation, ce vin marie la vivacité du bourboulenc à la rondeur et à l'expressivité (abricot, pêche, fleurs d'amandiers et de genêt) de la roussanne et du grenache blanc. 2018-2021

PHILIPPE ET BERNARD CHAMAYRAC, rte des Vins, 11560 Fleury-d'Aude, tél. 04 68 33 62 84, mireletang@wanadoo.fr t.l.j. sf dim. 9h-12h 15h-19h

CH. LA NÉGLY Brise marine 2017 ★

■	60000	8 à 11 €

Sur le versant sud du massif de La Clape, les brises marines estivales tempèrent la force du soleil et de la tramontane. Installé en 1996, Jean Paux-Rosset a replanté le vignoble qui couvre aujourd'hui 100 ha et qu'il exploite avec son fils Bastien et Claude Gros, célèbre œnologue narbonnais qui vient de rejoindre l'équipe.

Cet assemblage de bourboulenc, de roussanne et de clairette est d'une franche typicité, alliant la vivacité et la finesse, sans manquer de gras. Il offre aussi une belle expression autour des fleurs, des agrumes et des fruits secs avec une touche saline qui prolonge la finale et renforce son dynamisme. 2018-2021

JEAN PAUX-ROSSET, rte des Vins, 11560 Fleury-d'Aude, tél. 04 68 32 41 50, marion@lanegly.fr t.l.j. sf sam. dim. 10h-12h 14h-17h

Ⓑ **CH. PECH REDON** L'Épervier 2015 ★

■	15000		15 à 20 €

Une route sinueuse mène au point culminant du massif de La Clape, le Coffre de Pech-Redon, qui donne son nom au domaine, situé au cœur du parc naturel. Christophe Bousquet y conduit, depuis 1988, ses 30 ha de vignes en agriculture biologique.

Une belle densité à tous les niveaux pour cette cuvée d'un pourpre profond, au nez très expressif d'épices, de résine et de cade. Très présentes dès la mise en bouche, les notes de fruits noirs rejoignent la muscade, le poivre et le pain grillé. La structure est ferme, offrant une charpente solide, soulignée par une fraîcheur caractéristique permettant une belle perspective de garde. 2020-2026 ■ **La Centaurée 2016** ★ **(15 à 20 €; 1000 b.)** Ⓑ : au nez, beaucoup de complexité: noisette, beurre, fruits confits, touche fumée. En bouche, de la rondeur, de la mâche et une sensation de plénitude. 2018-2021

CHRISTOPHE BOUSQUET, chem. de la Couleuvre, rte de Gruissan, 11100 Narbonne, tél. 04 68 90 41 22, chateaupechredon@orange.fr t.l.j. sf dim. 9h-12h30 13h30-18h

CH. RICARDELLE
Cuvée Vendredi XIII 2016 ★

■	8000		20 à 30 €

Aux portes de Narbonne, le terroir de La Clape n'a plus de secret pour Bruno Pellegrini, œnologue de formation et originaire du Tyrol italien, installé ici

depuis 1990. Une longue histoire précède le Ch. de Ricardelle (43 ha) puisque des parchemins font état de ses vignes dès 1696.

Cette cuvée propose une palette puissante d'eucalyptus, de menthol, de poivre vert et de cerise. La bouche est souple, fraîche et aérienne, portée par des tanins au grain très fin et renforcée par un élevage de qualité qui amène un surcroît de fermeté. ⧗ 2019-2023 ■ **Vignelacroix 2017 (11 à 15 €; 11700 b.)** : vin cité.

⊶ PELLEGRINI, rte de Gruissan, 11100 Narbonne, tél. 04 68 65 21 00, ricardelle@orange.fr V *t.l.j. 9h-12h 14h-19h* D

CH. ROUQUETTE SUR MER L'Absolu 2015 ★

■	3500		50 à 75 €

Implantées sur les falaises de bord de mer du massif de La Clape, les vignes, disposées en îlots entourés de garrigues et de bois, regardent la mer, dont elles reçoivent les brises salutaires. Ancienne propriété de la vicomtesse de Narbonne au XVᵉs., le domaine appartient depuis 1970 à Jacques Boscary, à la tête aujourd'hui d'un vignoble de 57 ha.

La robe est soutenue, ourlée de notes chocolatées que l'on retrouve en compagnie de senteurs de garrigue et de fruits rouges très mûrs dans un bouquet riche. Le palais, boisé en finesse et réglissé, élégant et racé, est porté par des tanins bien ciselés. ⧗ 2020-2024

⊶ JACQUES BOSCARY, rte Bleue, 11100 Narbonne-Plage, tél. 04 68 65 68 65, bureau@chateaurouquette.com V *r.-v.* E

DOM. SARRAT DE GOUNDY Le Planteur 2016 ★

■	5000		11 à 15 €

Pour la famille Calix, Sarrat de Goundy est une aventure familiale démarrée en 2000. Claude, le père, a acquis sa première vigne en 1966 – le vignoble couvre 80 ha aujourd'hui sur le massif de la Clape – et présidé aux destinées de la cave coopérative d'Armissan. Puis il a voulu tirer profit de son terroir rocailleux pour signer ses propres vins, aidé par sa femme Rosy et rejoint par son fils Olivier, en 2003, actuellement à la tête de l'exploitation.

Cette cuvée dévoile un nez d'une belle intensité: citron confit, miel, fleurs séchées, brioche au beurre. La bouche, associant boisé fondu et notes de mangue, se montre riche, opulente et chaleureuse, avec une touche de mangue qui se mêle aux notes boisées. ⧗ 2019-2022 ■ **Combe aux Louves 2016 (20 à 30 €; 1500 b.)** : vin cité.

⊶ OLIVIER CALIX, 46, av. de Narbonne, 11110 Armissan, tél. 04 68 45 30 68, oliviercalix@hotmail.com V *t.l.j. sf dim. 9h30-12h30 15h-19h*

PICPOUL-DE-PINET

Superficie : 250 ha

Couvrant six communes autour de l'étang de Thau, sur le littoral, entre Agde, Pézenas et Sète, cet ancien terroir délimité de l'appellation languedoc (il bénéficiait d'une dénomination complémentaire), dédié de longue date aux vins blancs, est devenu en 2013 une appellation à part entière. Déjà cité par Olivier de Serres au début du XVIIᵉs., le cépage piquepoul donne des vins particulièrement vifs pour la région, aux arômes de fleurs blanches et d'agrumes, avec une note minérale. Des vins parfaits pour les huîtres, notamment celles de Bouzigues produites localement. Ils sont à apprécier jeunes, dans les trois ans.

DOM. AURIOL Blanc de blancs Les Flamants 2017 ★

■	15000		8 à 11 €

Fille de Jean Vialade, vigneron bien connu des Corbières, Claude Vialade a dirigé le syndicat des corbières avant de reprendre et de restaurer en 1995 les propriétés familiales (Ch. Cicéron, Ch. Saint-Auriol, Ch. Vialade et Corbières Montmija), tout en créant une importante maison de négoce.

Il ne passe pas inaperçu ce picpoul avec sa robe pailletée et brillante aux nuances vertes. Le nez, intense et fin, convoque le citron mur et le pamplemousse dans une jolie fraîcheur. La bouche est ample et pleine de vivacité, avec une légère amertume qui renforce son caractère. Un vin aromatique et d'une typicité élégante. ⧗ 2018-2019

⊶ LES DOMAINES AURIOL, 12, rue Gustave-Eiffel, ZI Gaujac, 11200 Lézignan-Corbières, tél. 04 68 58 15 15, adm.achat-vins@les-domaines-auriol.eu V *r.-v.*

BEAUVIGNAC 2017

■	386666		5 à 8 €

Après les fusions avec la cave de Castelnau-de-Guers (2003), puis avec celle de Mèze (2007), la cave de Pomérols, fondée en 1932, regroupe aujourd'hui environ 400 viticulteurs en AOC picpoul-de-pinet, languedoc et en IGP Côtes de Thau. Elle gère un vignoble de 1 750 ha, qui couvre aussi bien le terroir de garrigue de Castelnau-de-Guers que le glacis d'épandage qui constitue le cœur historique de l'appellation picpoul-de-pinet.

Une robe brillante et très pâle habille ce vin au nez frais de citron et de pamplemousse. Arômes que l'on retrouve dans une bouche vive et minérale, à la finale aérienne et iodée. ⧗ 2018-2019

⊶ CAVE LES COSTIÈRES DE POMÉROLS, 68, av. de Florensac, 34810 Pomérols, tél. 04 67 77 01 59, info@cave-pomerols.com V *t.l.j. sf dim. 8h30-12h30 14h-18h*

DOM. FÉLINES JOURDAN Cuvée Classique 2017 ★

■	200000		5 à 8 €

Claude Jourdan a intégré le domaine familial en 1995, prenant la suite de sa mère Marie-Hélène au côté de Serge, son oncle, en charge de la culture des vignes. Ce vaste domaine de 95 ha se répartit en trois entités sur la zone de Picpoul-de-Pinet, en bordure de l'étang de Thau, à quelques mètres de la mer. Une situation géographique particulière qui confère aux vins blancs beaucoup de fraîcheur.

Dans sa jolie robe d'or pâle pailletée de vert, ce picpoul offre des senteurs intenses et fraîches de pêche blanche, d'églantine et d'amandier. Une attaque tonique et ample ouvre sur une bouche élégante, alliant la rondeur à une vivacité minérale et citronnée. ⧗ 2018-2019

CLAUDE JOURDAN, Dom. Félines Jourdan, 34140 Mèze, tél. 04 67 43 69 29, claude@felines-jourdan.com V *r.-v.*

DOM. GAUJAL
Cuvée Ludovic Gaujal 2017 ★

| 40000 | | 5 à 8 € |

La famille Gaujal est à Pinet depuis 1744. La rue dans laquelle se trouve leur cave porte même le nom de «Ludovic Gaujal» qui a largement contribué à la renommée du picpoul-de-pinet. Son fils Laurent a repris le flambeau en 2013 et conduit 30 ha de vignes.

Un grand classique par sa robe pâle et brillante, et un séducteur par son nez intense et frais de pêche blanche, d'agrumes et de fleur de genêt. La bouche est ample et équilibrée, à la fois ronde et généreusement citronnée, dynamisée par une fine amertume en finale. ⧗ 2018-2019

DOM. GAUJAL, 1, rue Ludovic-Gaujal, 34850 Pinet, tél. 04 67 77 02 12, lg@gaujal.fr V *mar. jeu. 10h-12h 14h-18h*

DOM. LA GRANGETTE Poule de Pic 2017 ★

| 23000 | | 5 à 8 € |

Au Moyen Âge, les terres du domaine appartenaient à la seigneurie du Baron de Guers. Elles étaient plantées de luzerne et de céréales pour nourrir l'importante cavalerie du château, d'où le nom de «grangette» (petite grange). La vigne y était aussi cultivée, ce dont témoignent de très anciennes cuves de pierre. Elle s'étend aujourd'hui sur 10 ha, et produit du picpoul-de-pinet et des vins en IGP.

D'une jolie brillance aux nuances vertes, ce picpoul très pâle dévoile un nez d'un abord discret qui révèle à l'aération une belle complexité autour des fruits blancs, des senteurs de la garrigue, du pomelo et de la guimauve. La bouche, centrée sur les agrumes, séduit par son équilibre entre une aimable rondeur et la fraîcheur typique de l'appellation. Un beau vin de repas. ⧗ 2018-2019

M. ET MME MATTHIEU CARON, 305, chem. du Picpoul, 34120 Castelnau-de-Guers, tél. 06 64 71 42 58, info@domainelagrangette.com V *t.l.j. sf sam. dim. 10h-12h30 14h-19h (été); sam. dim. sur r.-v. (hiver); f. jan*

DOM. DES LAURIERS Classic 2017 ★★

| 50000 | | 5 à 8 € |

Jouxtant Pézenas, le domaine de Marc Cabrol s'étend sur 45 ha entre garrigue et pinèdes (22 ha pour la vigne), à Castelnau-de-Guers, l'une des cinq communes de l'appellation picpoul-de-pinet. Une valeur sûre.

Récompensé d'un coup de cœur l'an passé avec sa cuvée Prestige 2016, Marc Cabrol signe ici un picpoul qui a aussi de beaux atouts à faire valoir: une robe pâle et brillante, un nez intense d'écorces d'agrumes et d'abricot et de pêche mûrs, une bouche ample, généreuse, concentrée, soulignée par la vivacité attendue de l'appellation et prolongée par une finale onctueuse. Un vin harmonieux et complet. ⧗ 2018-2020 **Prestige 2017 ★ (5 à 8 €; 50000 b.)** : un vin très pâle, centré sur le citron et le pamplemousse avec une pointe de fleurs blanches, vif, intense et très fruité en bouche, relevé par une petite amertume en finale qui signe sa typicité. ⧗ 2018-2019

MARC CABROL, 15, rte de Pézenas, 34120 Castelnau-de-Guers, tél. 04 67 98 18 20, contact@domaine-des-lauriers.com V *r.-v.*

MAS SAINT-LAURENT Le Ginestet 2017 ★★

| 18000 | | 8 à 11 € |

Sur ce terroir, qui regarde l'étang de Thau, on a retrouvé des œufs de dinosaures fossilisés datant de 65 millions d'années. Depuis 1989 et succédant à quatre générations vigneronnes, Roland Tarroux y cultive un vignoble de 38 ha et porte notamment un grand soin à ses parcelles de piquepoul, étendues sur 3,5 ha.

Doré et brillant, orné de reflets émeraude, ce picpoul bien né offre un nez intense et frais de pêche blanche, d'agrumes et de fleurs de printemps. La bouche, très équilibrée, évolue en finesse et sur la fraîcheur, centrée sur de friandes notes citronnées. Par ses arômes et son élégance, un beau représentant de l'appellation. ⧗ 2018-2020

EARL MAS SAINT-LAURENT, Montmèze, 34140 Mèze, tél. 04 67 43 92 30, massaintlaurent@wanadoo.fr V *r.-v.*

VIGNOBLES MONTAGNAC
Les Terres Rouges 2017 ★

| 20000 | | 5 à 8 € |

Cette coopérative produit du vin depuis 1937. Aujourd'hui, cinq cents vignerons issus de huit communes cultivent 2 000 ha de vignes bordées au sud par l'étang de Thau et la Méditerranée, au nord par des reliefs calcaires où l'Hérault a creusé des gorges profondes.

Issu d'une sélection de parcelles au sol rouge entourées de garrigue, ce vin charme d'emblée par ses arômes intenses et frais de fleurs printanières: acacia, aubépine et genêt. En bouche, il allie rondeur et vivacité autour de savoureuses notes de pêche blanche et propose une longue finale pleine de dynamisme. Intense et typé. ⧗ 2018-2020

SCAV LES VIGNOBLES MONTAGNAC, 15, av. d'Aumes, CS 30001, 34530 Montagnac, tél. 04 67 24 03 74, cooperative.montagnac@wanadoo.fr V *t.l.j. sf dim. 9h30-12h 15h30-18h00, sam. 9h30-12h*
J.-L. Reffle

DOM. MORIN-LANGARAN Cuvée Noire 2017

| 50000 | | 5 à 8 € |

Dominant le Bassin de Thau et longeant la Via Domitia, le domaine d'Albert Morin existe depuis 1330 et compte aujourd'hui 60 ha de vignes. En 2016, la nouvelle génération est arrivée avec Caroline, la fille.

Paré d'une robe pâle et dorée, ce picpoul présente une jolie palette de fruits blancs très mûrs, de fleurs et de garrigue. La bouche offre de la rondeur et du gras, des notes d'agrumes et une touche minérale amenant la fraîcheur. Un peu fugace mais équilibré. ⧗ 2018-2019

CAROLINE MORIN, rte de Marseillan, 34140 Mèze, tél. 04 67 43 71 76, domainemorin-langaran@wanadoo.fr V *t.l.j. 10h-18h; f. dim. janv.-fév.*

♥ L'ORMARINE Duc de Morny 2017 ★★★

| 200 000 | 5 à 8 € |

DUC DE MORNY 2017 PICPOUL DE PINET l'Ormarine

Coopérative fondée en 1922, L'Ormarine – à l'époque Association des producteurs de vins blancs de Pinet – est un acteur de poids dans la défense de la récente AOC pipoul-de-pinet. Après la fusion avec les caves de Villeveyrac (2009) et de Cournonterral (2014), puis en 2017 des caves de Saint-Hippolyte-du-Fort et de Vias, elle regroupe 500 coopérateurs et dispose de 2 500 ha, dont 520 dédiés au seul cépage piquepoul.

Coup de cœur et félicitations du jury pour ce Duc de Morny, déjà lauréat sur le millésime 2015. Parmi les pionniers de l'appellation, les vignerons de l'Ormarine continuent de perfectionner leur art pour la gloire du picpoul et pour leur plus grand plaisir. Cette cuvée enthousiasmante revêt une robe jaune et brillante aux mille reflets de jade. Au nez, elle dévoile d'intenses notes exotiques de litchi, d'ananas et de combava, avec une touche de réglisse. En bouche, elle conjugue volume et fruité soutenu (pêche blanche et poire), rondeur et fraîcheur dans un équilibre de haute tenue, avec en prime une longueur remarquable. Harmonieux, complexe et savoureux, un bel étendard pour l'appellation. ⧗ 2018-2020 **Prestige 2017 ★★ (5 à 8 €; 68 000 b.)** : à un nez intense de mangue et de pamplemousse rose succède une bouche élégante, friande, vive et longue, portée sur les agrumes et la verveine. ⧗ 2018-2020

CAVE DE L' ORMARINE, 13, av. du Picpoul, 34850 Pinet, tél. 04 67 77 03 10, contact@caveormarine.com V t.l.j. sf dim. 8h30-12h 14h-18h; t.l.j. de mai à mi-sept.

DOM. DU CH. DE PINET
Cuvée des Comtesses 2017

| 20 000 | 5 à 8 € |

Le Château de Pinet se transmet de père en fils depuis plus de deux cent cinquante ans. Depuis 2013, ce sont deux femmes, Simone Arnaud-Gaujal et sa fille Anne-Virginie, qui conduisent le domaine étendu sur 35 ha.

Ce vin en robe pâle et dorée animée de nuances vertes offre un nez plaisant de fleurs blanches et de fruits frais. La bouche est fluide et équilibrée, centrée sur les agrumes et relevée par une pointe minérale et une fine amertume. Un bon classique. ⧗ 2018-2019

SIMONE ET ANNE-VIRGINIE GAUJAL, 1, rue Ludovic-Gaugal, 34850 Pinet, tél. 04 68 32 16 67, chateaudepinet@orange.fr V *t.l.j. 10h-12h30 15h30-19h; sur r.-v. de nov. à mai*

DOM. REINE JULIETTE Terres Rouges 2017 ★★

| 80 000 | 5 à 8 € |

Tracée en 118 av. J.-C. pour relier l'Italie à l'Espagne, la Via Domitia est la plus ancienne voie romaine de Gaule. Elle favorisa l'expansion de la viticulture en Narbonnaise. Sous le nom de «chemin de la reine Juliette», elle jouxte ce domaine familial créé en 1986. Couvrant 60 ha, le vignoble propose des cuvées en picpoul-de-pinet et en IGP.

Cette cuvée, devenue une référence de l'appellation, a frôlé le coup de cœur. Ses arguments: une seyante robe pâle et brillante nuancée de vert, un nez intense et élégant sur l'aubépine, l'acacia et le litchi, une bouche expressive (fruits à chair blanche et agrumes) et à l'équilibre très assuré entre rondeur et vivacité. ⧗ 2018-2020

EARL ALLIÈS, lieu-dit Montredon, rte de Pinet, 34120 Castelnau-de-Guers, tél. 06 35 25 67 78, marion.allies0765@orange.fr V *r.-v.*

▶ LES APPELLATIONS DE LIMOUX

BLANQUETTE MÉTHODE ANCESTRALE

AOC à part entière, la blanquette méthode ancestrale reste un produit confidentiel. Le principe d'élaboration réside dans une seule fermentation en bouteille. Aujourd'hui, les techniques modernes permettent d'élaborer un vin peu alcoolisé (autour de 6 % vol.), doux, provenant de l'unique cépage mauzac.

MICHÈLE CAPDEPON Fruité

| ● | 66 900 | 5 à 8 € |

L'arrière-grand-père a été pionnier dans la commercialisation de la blanquette de «propriétaires». Une production alors confidentielle. Depuis 1984, Régis et David conduisent le vignoble (80 ha) implanté à l'ouest de Limoux, entre chênes et garrigues, et mettent en avant leur mère Michèle sur leurs étiquettes. Si leur spécialité est la blanquette méthode ancestrale, ils proposent tous les styles de vins.

Une robe jaune paille à reflets dorés traversée d'une bulle fine et abondante, un bouquet subtil, sur la pomme verte, une bouche souple et bien équilibrée, à la finale agréable: une méthode ancestrale bien dans le type. ⧗ 2018-2019

CAPDEPON, Dom. des Trois Fontaines, 11300 Villelongue-d'Aude, tél. 04 68 69 51 81, capdepon@wanadoo.fr V *r.-v.*

ROBERT Doux ★

| ● | 10 000 | 8 à 11 € |

En 1937, Pierre Robert s'installe au domaine de Fourn pour y cultiver quelques arpents de mauzac, cépage traditionnel de la région. Aujourd'hui, ses deux petits-fils Jean-Luc et Bernard sont aux commandes de 40 ha de vignes, rejoints par la quatrième génération. Un haut-lieu de la bulle de Limoux.

Une robe avenante, couleur paille, des bulles fines et abondantes, un nez de poire William et de pêche blanche, prélude plaisant à une bouche élégante et fine, d'un bon volume et à la finale agréable, dynamisée par une touche fraîche de fruits exotiques. ⧗ 2018-2019

STÉ DES VINS ROBERT, Dom. de Fourn, 11300 Pieusse, tél. 04 68 31 15 03, robert.blanquette@wanadoo.fr V *t.l.j. 9h-12h 14h-19h*

LANGUEDOC

BLANQUETTE-DE-LIMOUX

Ce sont les moines de l'abbaye Saint-Hilaire, commune proche de Limoux, qui, découvrant que leurs vins repartaient en fermentation, ont été les premiers élaborateurs de blanquette-de-limoux. Trois cépages sont utilisés pour son élaboration: le mauzac (90 % minimum), le chenin et le chardonnay; ces deux derniers cépages introduits à la place de la clairette apportent à la blanquette acidité et finesse aromatique. La blanquette-de-limoux est élaborée suivant la méthode de seconde fermentation en bouteille et se présente sous dosages brut, demi-sec ou doux.

♥ ANTECH Élégance ★★

	100000	8 à 11 €

Propriétaire de vignes, une maison de négoce familiale depuis six générations, dirigée aujourd'hui par Françoise Antech, à la suite de son père Georges et de son oncle Roger. Une valeur sûre, spécialisée dans l'élaboration des bulles limouxines.

Tradition, Grande Réserve, et cette année Élégance: troisième coup de cœur consécutif pour cette maison forte d'un brillant palmarès. Une robe citron clair aux reflets verts, parcourue de bulles fines et abondantes, qui font monter des arômes toniques de fleurs blanches et de citron; une bouche délicate, complexe, remarquablement équilibrée, à la finale teintée de minéralité: cette cuvée, qui mérite bien son nom, sera une très belle ambassadrice de l'appellation. ⧗ 2018-2021 ● **Brut Nature ★ (8 à 11 €; 60000 b.)** : un très bel équilibre pour cette blanquette d'une agréable fraîcheur, qui n'a reçu aucune liqueur de dosage (sucre ajouté) en fin de vinification. ⧗ 2018-2021

⊶ MAISON ANTECH, Dom. de Flassian, 11300 Limoux, tél. 04 68 31 15 88, courriers@antech-limoux.com V *t.l.j. sf sam. dim. 8h-12h 14h-18h*

DA Blanc de blancs ★

	20000	11 à 15 €

Vigneron-négociant, Jean-Claude Mas dispose d'un vaste vignoble de plus de 600 ha en propre constitué par quatre générations, auxquels s'ajoutent les apports des vignerons partenaires (1 300 ha). Depuis 2003, il est le propriétaire de ce domaine de 50 ha (dont 25 dédiés à l'appellation limoux), créé en 1862 par Jean Astruc, cocher du fiacre au château de Bourigeole.

Cette blanquette 100 % mauzac affiche une robe jaune pâle aux reflets verts; elle séduit par ses arômes intenses d'aubépine, d'agrumes et de pomme rainette, et par sa bouche fraîche, harmonieuse, d'une belle longueur. ⧗ 2018-2021

⊶ SARL PIERJACQ ASTRUC, 20, av. du Chardonnay, 11300 Malras, tél. 04 68 31 13 26, info@paulmas.com r.-v. ⊶ Jean-Claude Mas

Ⓑ DELMAS Tradition ★

	60000	11 à 15 €

Domaine implanté sur le versant méridional d'un coteau en amphithéâtre, dans le charmant village d'Antugnac, dans la haute vallée de l'Aude. Bernard Delmas, cuisinier de formation et troisième du nom à conduire l'exploitation familiale, avec son épouse Marlène, est un pionnier de l'agriculture biologique: ses 31 ha de vignes sont convertis depuis 1986. Son fils Baptiste l'a rejoint en 2015.

Un nez gourmand, aux nuances de pomme mûre, de miel et de jasmin, prélude à une bouche équilibrée, étoffée et soyeuse. ⧗ 2018-2019

⊶ DELMAS, 11, rte de Couiza, 11190 Antugnac, tél. 04 68 74 21 02, domainedelmas@orange.fr V *t.l.j. sf sam. dim. 9h-12h 14h-18h*

DOM. ROSIER Prestige ★★

	28000		5 à 8 €

En 1982, Michel Rosier a quitté sa Champagne natale pour venir s'implanter sur les terres d'altitude (300 à 450 m) de Villelongue-d'Aude, ancien village fortifié en circulade, situé dans la partie ouest de l'appellation limoux. Douceur du climat... et du foncier, les terres du Sud ont leurs attraits. Au programme, des bulles, de blanquette, puis de crémant. En 1985, la maison s'est installée à Limoux. Michel Rosier est épaulé depuis 2010 par son fils Nicolas et 12 viticulteurs lui apportent leurs raisins.

Cette nouvelle cuvée haut de gamme assemble les meilleures cuvées du domaine. La robe jaune pâle est animée d'une mousse fine et persistante. Aussi intense qu'élégant, le nez mêle des fragrances florales et des senteurs de pomme verte. Vive et tonique dès l'attaque, la bouche séduit par sa finesse et par sa finale agréable et longue. ⧗ 2018-2021 ● **Cuvée réservée ★ (5 à 8 €; 28000 b.)** : elle offre tout ce que l'on attend d'une blanquette-de-limoux, des arômes tout en fruits et en fleurs, un bon équilibre et une finale plaisante et bien typée, sur la pomme verte. ⧗ 2018-2021 ● **Cuvée Ma maison ★ (5 à 8 €; 28000 b.)** : une blanquette bien construite aux arômes de citron et de miel. ⧗ 2018-2021

⊶ ROSIER, rue Farman, ZI de Flassian, 11300 Limoux, tél. 04 68 31 48 38, domaine-rosier@wanadoo.fr V *r.-v.*

Ⓑ NICOLAS THEREZ Nature Tradition

	2000	8 à 11 €

Nicolas Therez a repris les rênes en 2008 du domaine familial niché dans la haute vallée de l'Aude. Il a quitté la coopérative pour exploiter avec sa compagne Amandine Caruso les 20 ha de vignes de la propriété – en agriculture biologique – et signer ses blanquettes et crémant-de-limoux.

Bien que non millésimée, cette blanquette provient de la récolte 2016. Elle mêle au nez le beurre et les agrumes. En bouche, elle offre de la fraîcheur et un bon équilibre, teintée en finale d'une pointe d'évolution et d'une légère amertume. ⧗ 2018-2019

⊶ NICOLAS THEREZ, 7, Grand-Rue, 11190 Serres, tél. 06 79 06 67 99, contact@vignoble-nicolas-therez.fr V *r.-v.*

CRÉMANT-DE-LIMOUX

Production : 30 000 hl

Reconnu seulement en 1990, le crémant-de-limoux n'en bénéficie pas moins de la solide expérience et de l'exigence des producteurs de la région en matière de vins effervescents. Les conditions de production de la blanquette étant déjà très strictes, les Limouxins n'ont eu aucune difficulté à adopter la rigueur de l'élaboration propre au crémant. Depuis déjà quelques années s'affinaient dans leurs chais des cuvées issues de subtils mariages entre la personnalité et la typicité du mauzac, l'élégance et la rondeur du chardonnay, la jeunesse et la fraîcheur du chenin. Depuis 2004, le mauzac, cépage traditionnel de la région, est désormais réservé à la blanquette et c'est le chardonnay qui règne en maître dans l'appellation crémant-de-limoux. Enfin, le pinot noir peut être utilisé en appoint dans l'élaboration des rosés.

AGUILA ★★

● | 79000 | | 5 à 8 €

La cave coopérative Sieur d'Arques est un acteur incontournable du vignoble limouxin, où elle assure environ 60 % de la production. Fondée en 1946, elle fédère aujourd'hui quelque 205 adhérents et dispose d'un vaste vignoble de 1 800 ha éparpillés dans plus de quarante communes, ce qui lui permet d'opérer une sélection parcellaire rigoureuse sur une très large variété de terroirs. Sa vente aux enchères Toques et Clochers, instituée en 1990, a donné à Limoux un regain de notoriété et attiré l'attention sur ses vins tranquilles.

Ce crémant rosé assemble 65 % de chardonnay, 20 % de chenin et 15 % de pinot noir. Paré d'une robe pastel légèrement saumonée, il libère d'agréables senteurs de fraise et de fleurs blanches. L'attaque tonique et minérale, d'une grande finesse, est relayée par des sensations d'onctuosité, mais un trait de vivacité assure l'équilibre et donne de l'allonge à la finale. ⧗ 2018-2021

SAS SIEUR D'ARQUES, av. du Languedoc, BP 30, 11303 Limoux Cedex, tél. 04 68 74 63 00, contact@sieurdarques.com V *t.l.j. 9h30-12h30 14h-18h30; dim. 10h-12h*

ANTECH Héritage 2016 ★

● | 18000 | 11 à 15 €

Propriétaire de vignes, une maison de négoce familiale depuis six générations, dirigée aujourd'hui par Françoise Antech, à la suite de son père Georges et de son oncle Roger. Une valeur sûre, spécialisée dans l'élaboration des bulles limouxines.

Après une cuvée élue coup de cœur, en voici une autre de belle facture, élevée douze mois sur lattes. Robe claire et brillante animée de fines bulles, nez intense et complexe mêlant de subtiles senteurs florales (acacia, aubépine) à des notes de pêche blanche, bouche délicate, fraîche et longue, à l'unisson du bouquet: de l'élégance. ⧗ 2018-2021 ● **Émotion 2016 (8 à 11 €; 40000 b.)** : vin cité.

MAISON ANTECH, Dom. de Flassian, 11300 Limoux, tél. 04 68 31 15 88, courriers@antech-limoux.com V *t.l.j. sf sam. dim. 8h-12h 14h-18h*

CALMEL & JOSEPH Tête de Cuvée ★

● | n.c. | 15 à 20 €

Laurent Calmel, œnologue, s'est associé avec Jérôme Joseph pour fonder en 1995 une maison de négoce spécialisée dans les vins de terroir du Languedoc-Roussillon. Le duo a lancé son étiquette en 2007. Il sélectionne les parcelles, vinifie et élève les cuvées.

La robe jaune pâle aux reflets verts est parcourue d'un cordon persistant de bulles fines qui laissent monter des parfums complexes, briochés, floraux et fruités. On retrouve cette complexité dans une bouche vive en attaque, bien équilibrée et justement dosée. ⧗ 2018-2021

CALMEL ET JOSEPH, chem. de la Madone, 11800 Montirat, tél. 04 68 72 09 88, contact@calmel-joseph.com V *r.-v.*

COLLOVRAY & TERRIER ★

● | 6000 | 11 à 15 €

Jean-Luc Terrier et son beau-frère Christian Collovray, associés depuis 1986, sont devenus des valeurs sûres du Mâconnais avec leur Dom. des Deux Roches. Dix ans plus tard, ils se sont intéressés à une autre terre d'élection du chardonnay (et du pinot noir), la haute vallée de l'Aude, où ils ont acheté en 1997 le Ch. d'Antugnac, vaste propriété de 98 ha, qui vient compléter leur gamme avec du limoux. Aujourd'hui, la nouvelle génération est à l'œuvre.

Plus connu de nos lecteurs pour leurs limoux blancs tranquilles du Ch. d'Antugnac, le domaine signe un crémant fort bien fait, assemblant le chardonnay majoritaire (70 %) au chenin et au pinot noir. Sa plaisante palette aromatique mêle la brioche, le pain grillé, la pêche jaune et le pamplemousse. Une attaque citronnée, vive et énergique ouvre sur un palais ample, frais et persistant. Un vin alerte. ⧗ 2018-2019

COLLOVRAY ET TERRIER, 4, rue du Château, 11190 Antugnac, tél. 03 85 35 86 51, info@collovrayterrier.com V *r.-v.*

J. LAURENS Clos des Demoiselles 2016 ★

● | 31225 | | 11 à 15 €

Jacques Calvel, un enfant du pays de Sault, dans les Pyrénées audoises, est revenu aux sources après une carrière dans l'informatique aux États-Unis et en Suisse. En 2002, il a repris le domaine Laurens, fondé dans les années 1980 par le Champenois Michel Dervin, l'a agrandi (30 ha aujourd'hui) et modernisé, secondé par son maître de chai Henri Albrus.

Une mousse fine et des bulles persistantes pour ce crémant très expressif, entre fruits blancs – pomme, poire et coing – et fleur d'amandier. Le fruit s'affirme en bouche, sur des notes de citron et de pêche jaune, en harmonie avec une belle ampleur, tonifiée par une finale longue et fraîche. Un équilibre des plus réussis. ⧗ 2018-2021

JACQUES CALVEL, Les Graimenous, 11300 La Digne-d'Aval, tél. 04 68 31 54 54, domaine.jlaurens@wanadoo.fr V *t.l.j. 9h-12h 14h-18h; sam. dim. sur r.-v.*

ROBERT Réserve 2014 ★★

● | 10000 | 11 à 15 €

En 1937, Pierre Robert s'installe au domaine de Fourn pour y cultiver quelques arpents de mauzac, cépage

LANGUEDOC

traditionnel de la région. Aujourd'hui, ses deux petits-fils Jean-Luc et Bernard sont aux commandes de 40 ha de vignes, rejoints par la quatrième génération. Un haut-lieu de la bulle de Limoux.

Ce 2014 or vert a gardé beaucoup de jeunesse. Agréable et complexe au nez, il marie l'acacia, les fruits mûrs et les fruits secs. Bien équilibré en bouche, onctueux, à la fois puissant et subtil, de belle longueur, il pourra accompagner un repas. ⧗ 2018-2020

STÉ DES VINS ROBERT, Dom. de Fourn, 11300 Pieusse, tél. 04 68 31 15 03, robert.blanquette@wanadoo.fr V *t.l.j. 9h-12h 14h-19h*

♥ DOM. ROSIER Terre de Villelongue ★★★

●	28 000		8 à 11 €

En 1982, Michel Rosier a quitté sa Champagne natale pour venir s'implanter sur les terres d'altitude (300 à 450 m) de Villelongue-d'Aude, ancien village fortifié en circulade, situé dans la partie ouest de l'appellation limoux. Douceur du climat… et du foncier, les terres du Sud ont leurs attraits. Au programme, des bulles, de blanquette, puis de crémant. En 1985, la maison s'est installée à Limoux. Michel Rosier est épaulé depuis 2010 par son fils Nicolas et 12 viticulteurs lui apportent leurs raisins.

Issu de la vendange 2015 et d'un assemblage largement dominé par le chardonnay (80 %), élevé onze mois sur lattes, ce crémant au cordon fin et persistant a fait l'unanimité. Il a tout pour lui: une palette aromatique aussi intense que complexe, aux nuances d'aubépine, de coing et de grillé; une bouche tout en finesse, fraîche, d'une rare persistance. ⧗ 2018-2021 ● **Ch. de Villelongue 2016 ★★ (8 à 11 €; 10 000 b.)** : une robe rose tendre, églantine, parcourue de bulles fines pour ce crémant issu de l'année 2016. Ses atouts: un nez délicat et frais, entre fleurs blanches, mandarine et fruits rouges; un palais tonique en attaque, sur la groseille, plus onctueux dans son développement, à la finale agréable. ⧗ 2018-2021 ● **Cuvée Ma Maison 2015 ★ (8 à 11 €; 60 000 b.)** : un crémant plaisant par sa complexité (fleurs, fruits macérés, pêche), par sa bouche ronde et équilibrée à la finale agréablement toastée. ⧗ 2018-2022 ● **Tholomies ★ (8 à 11 €; 60 000 b.)** : né de la vendange 2015, un crémant harmonieux, à la fois rond et alerte, plaisant aussi par son expression aromatique entre fleurs blanches, fruits frais et pain toasté. ⧗ 2018-2021 ● **Terroir La Baume Saint-Paul (8 à 11 €; 60 000 b.)** : vin cité

ROSIER, rue Farman, ZI de Flassian, 11300 Limoux, tél. 04 68 31 48 38, domaine-rosier@wanadoo.fr V *r.-v.*

LIMOUX

Superficie : 194 ha
Production : 8 097 hl (60 % blanc)

L'appellation limoux nature, reconnue en 1938, désignait le vin de base destiné à l'élaboration de l'appellation blanquette-de-limoux et toutes les maisons de négoce en commercialisaient quelque peu. En 1981, cette AOC s'est vu interdire, au grand regret des producteurs, l'utilisation du terme *nature*, et elle est devenue limoux. Resté à 100 % mauzac, le limoux a décliné lentement, les vins de base de la blanquette-de-limoux étant alors élaborés avec du chenin, du chardonnay et du mauzac. Cette appellation renaît depuis l'intégration, pour la première fois à la récolte 1992, des cépages chenin et chardonnay, le mauzac restant toutefois obligatoire. La dynamique équipe limouxine voit ainsi ses efforts récompensés. Une particularité: la fermentation et l'élevage jusqu'au 1er mai, à réaliser obligatoirement en fût de chêne. Depuis 2004, l'AOC produit également des vins rouges à partir des cépages atlantiques (merlot surtout, cabernets et côt) et des cépages méditerranéens (syrah, grenache).

ANNE DE JOYEUSE La Butinière 2015 ★

■	50 000		8 à 11 €

Fondée en 1929, la cave coopérative Anne de Joyeuse s'est fait une spécialité de l'élaboration des vins rouges de Limoux et de la haute vallée de l'Aude issus de sélections parcellaires rigoureuses, sans pour autant négliger la production des vins blancs de l'appellation. À sa carte figurent aussi des vins en IGP.

Cette coopérative écoule quelque 4,5 millions de cols. Dont cette cuvée à la robe profonde, mêlant au nez les fruits noirs, les épices orientales et la vanille de l'élevage en fût. Le boisé prend des tons de pain d'épice dans une bouche qui se distingue par son ampleur et sa longueur. De la finesse. ⧗ 2018-2021 ■ **La Butinière 2016 ★ (8 à 11 €; 50 000 b.)** : un limoux blanc bien équilibré, mariage harmonieux des notes florales du chardonnay et des nuances vanillées du fût. Le boisé est bien intégré. ⧗ 2018-2021

ANNE DE JOYEUSE, 41, av. Charles-de-Gaulle, BP 39, 11303 Limoux Cedex, tél. 04 68 74 79 40, marketing@cave-adj.com V *t.l.j. 10h-12h 15h-19h*

CH. D'ANTUGNAC
Terres amoureuses Haute vallée 2016 ★★

■	40 000		8 à 11 €

Jean-Luc Terrier et son beau-frère Christian Collovray, associés depuis 1986, sont devenus des valeurs sûres du Mâconnais avec leur Dom. des Deux Roches. Dix ans plus tard, ils se sont intéressés à une autre terre d'élection du chardonnay (et du pinot noir), la haute vallée de l'Aude, où ils ont acheté en 1997 le Ch. d'Antugnac, vaste propriété de 98 ha, qui vient compléter leur gamme avec du limoux. Aujourd'hui, la nouvelle génération est à l'œuvre.

Terres amoureuses? L'expression désigne des terres argileuses qui collent aux chaussures. Cette cuvée où le chardonnay laisse une petite place au mauzac (15 %) se maintient à un haut niveau. Le 2016 affiche une robe dorée aux reflets verts, et délivre des notes beurrées, grillées et vanillées mêlées à des senteurs de zeste d'orange. Une belle attaque ouvre sur un palais ample, gras et riche, où s'épanouissent avec complexité les arômes du nez. Une belle fraîcheur équilibre le tout et souligne la finale harmonieuse et persistante. ⧗ 2018-2021 ■ **Las Gravas 2016 ★ (15 à 20 €; 2 000 b.)** : portant le nom d'une parcelle pierreuse, un blanc aux arômes de miel et de pain grillé, à la bouche étoffée, bien équilibrée, servie par une finale agréable et longue. ⧗ 2018-2021

COLLOVRAY ET TERRIER, 4, rue du Château, 11190 Antugnac, tél. 03 85 35 86 51, info@collovrayterrier.com V r.-v.

♥ LA CAPITELLE DE BARONARQUES 2015 ★★

■ | 42 300 | | 15 à 20 €

Ancienne propriété de l'abbaye de Saint-Polycarpe au XVIIᵉs., ce domaine (110 ha, dont 43 ha de vignes) a été acquis en 1998 par la baronne Philippine de Rothschild (Ch. Mouton-Rothschild à Pauillac) et ses deux fils, qui l'ont entièrement rénové, à la vigne et au chai, et en ont fait l'une des valeurs sûres de l'appellation.

Après le 2013 et le 2014, ce 2015. Troisième coup de cœur consécutif pour cette Capitelle, un second vin selon ses propriétaires, et selon la terminologie girondine. Moins second que différent. On serait tenté de dire «moins océanique» (pour ne pas dire «moins bordelais») que le «Domaine». Les cépages bordelais restent dominants, selon les canons du limoux rouge, mais leur proportion est moindre: 53 % de merlot ici, une goutte de cabernet franc (5 %); ajoutons 18 % de malbec, la syrah faisant l'appoint. Le séjour en barrique se limite à six mois. Le vin n'en affiche pas moins une rare concentration: robe noire, nez réservé, libérant à l'aération des arômes de fruits noirs, d'épices douces et de violette, palais imposant par sa consistance et son ampleur. ⧗ 2021-2028 ■ **Dom. de Baronarques Grand vin blanc 2016 ★ (30 à 50 €; 42 600 b.)** : leur fief étant en Bordelais, les propriétaires se sont d'abord attachés au vin rouge avant de planter du chardonnay. Depuis 2009, ils proposent du blanc. Ampleur, fraîcheur, intensité et élégance des arômes, persistance: le 2016 est un grand limoux blanc. ⧗ 2020-2024

DOM. DE BARONARQUES, 11300 Saint-Polycarpe, tél. 04 68 31 96 60, cfoucachon@domainedebaronarques.com V *t.l.j. sf sam. dim. 9h-12h 14h-17h* *GFA Baronne Philippine de Rothschild*

LA COUME-LUMET 2015 ★★

■ | 3200 | | 15 à 20 €

Domaine créé en 2013 par Luc Abadie, ingénieur en informatique, conseillé par son beau-frère Mathieu Dubernet, œnologue de renom établi à Narbonne. Couvrant 54 ha d'un seul tenant, le vignoble est implanté à Cépie, au nord de Limoux, dans un site préservé classé Natura 2000.

Après un coup de cœur pour un limoux blanc 2015, le domaine s'attire beaucoup d'éloges pour cette cuvée composée de merlot (50 %), de grenache (40 %) et de syrah. Après un élevage de neuf mois en fût et de deux mois en cuve, ce 2015 arrête le regard par sa robe grenat soutenu. Il enchante ensuite par ses arômes complexes de petits fruits (cerise et fruits noirs), d'épices et de vanille, puis par sa bouche riche et charnue. ⧗ 2019-2024 ■ **Lo Camin de Lumet 2016 ★ (8 à 11 €; 3000 b.)** : quatre cépages et un élevage mi-cuve mi-fût pour ce vin, dont on apprécie la structure et la richesse. ⧗ 2019-2023

SCEA ABADIE-MALET, La Coume, 11300 Cépie, tél. 06 30 60 23 77, luc.abadie@la-coume-lumet.com V *r.-v.*

S. DELAFONT Limoux 2016 ★★

■ | 3460 | | 15 à 20 €

Après avoir créé une structure de négoce en 2000, Samuel Delafont a eu envie de s'investir davantage dans l'élaboration et s'est installé en 2010 dans un petit village gardois comme négociant éleveur spécialisé dans les vins du Languedoc. Il met en valeur les plus beaux terroirs de la région.

Samuel Delafont élabore des microcuvées haut de gamme, des vins qui allient charme et caractère. Comme ce limoux blanc, authentique «vin plaisir», qui montre beaucoup de finesse dans son bouquet: la brioche, la noisette grillée, un léger vanillé se mêlent à de délicates notes florales. En bouche, ce chardonnay fait preuve d'un remarquable équilibre, aussi ample que vif, offrant une finale à la fois boisée et saline. ⧗ 2019-2025

SAMUEL DELAFONT, ZA Mas David, chem. du Cimetière, 30360 Vézénobres, tél. 04 66 56 94 78, info@delafont-languedoc.fr V *r.-v.*

TOQUES ET CLOCHERS Océanique 2016 ★★

■ | 14 000 | | 11 à 15 €

La cave coopérative Sieur d'Arques est un acteur incontournable du vignoble limouxin, où elle assure environ 60 % de la production. Fondée en 1946, elle fédère aujourd'hui quelque 205 adhérents et dispose d'un vaste vignoble de 1 800 ha éparpillés dans plus de quarante communes, ce qui lui permet d'opérer une sélection parcellaire rigoureuse sur une très large variété de terroirs. Sa vente aux enchères Toques et Clochers, instituée en 1990, a donné à Limoux un regain de notoriété et attiré l'attention sur ses vins tranquilles.

Toques et Clochers: le nom d'une vente festive et aussi d'une cuvée de chardonnay qui se décline en quatre versions en fonction du terroir et du microclimat. En 2016, l'été très sec a favorisé les terroirs les plus frais. Comme ces coteaux situés à l'ouest de Limoux, à l'origine de la cuvée Océanique. Un chardonnay au nez intense, floral, épicé, légèrement empyreumatique, au palais vif en attaque, très structuré, mêlant les fleurs blanches et les notes grillées et vanillées laissées par les dix mois en fût de chêne. Le merrain est bien présent mais agréable dans la finale toastée, longue et fraîche. ⧗ 2019-2023 ■ **Haute Vallée 2016 ★ (11 à 15 €; 14 000 b.)** : né du terroir de Limoux le plus proche des Pyrénées, frais et abrité des influences marines, un blanc salué pour son équilibre, sa fraîcheur et pour ses arômes de fleurs blanches, de miel et d'agrumes. ⧗ 2019-2022

SAS SIEUR D'ARQUES, av. du Languedoc, BP 30, 11303 Limoux Cedex, tél. 04 68 74 63 00, contact@sieurdarques.com V *t.l.j. 9h30-12h30 14h-18h30; dim. 10h-12h*

LANGUEDOC

♥ DOM. DE TREILLE La Ferrande 2016 ★★

■ | 4500 | 🛢 | 8 à 11 €

Ce vaste domaine de 250 ha, dont 28 ha de vignes en coteaux, a été racheté en 1997 par Pascal Eyt-Dessus, qui l'a replanté en merlot, syrah, cabernet franc et chardonnay et a aménagé une cave de vinification. À sa carte, des limoux et des vins en IGP Pays d'Oc. Didier Baldo est le régisseur et le maître de chai et Jacques Trannoy l'œnologue.

Les lecteurs du Guide connaissent ses limoux rouges. Ils découvriront avec ce chardonnay que les blancs n'ont rien à leur envier. D'un jaune pâle aux reflets argentés, ce 2016 a enchanté nos dégustateurs qui louent l'intensité de ses arômes de fleurs blanches, d'agrumes et d'épices douces, nuancés de touches grillées. Sa bouche, ample, concentrée, à la finale fraîche et longue, aux saveurs de noisette a, elle aussi, fait l'unanimité. ⧗ 2019-2022 ■ **Cuvée du Renouveau 2015 ★★ (8 à 11 €; 4500 b.)** : avec son nez d'épices douces, de réglisse et de fruits noirs, et sa bouche ample et généreuse, cet assemblage de merlot, syrah et cabernet franc offre une remarquable expression du limoux rouge. ⧗ 2019-2023

SCEA DOM. DE TREILLE, 11250 Gardie, tél. 04 68 31 23 94, didierbaldo@wanadoo.fr V 🚶 🍷 *t.l.j. sf dim. 8h-13h30 14h-18h*

MALEPÈRE

Superficie : 384 ha / Production : 18 521 hl

Longtemps AOVDQS côtes-de-la-malepère, ce vignoble a accédé à l'appellation d'origine contrôlée en 2007. Il s'étend sur le territoire de trente-neuf communes de l'Aude. Sa situation au nord-ouest des hauts de Corbières limite les influences méditerranéennes pour le soumettre à des influences océaniques. Aussi les malepère, vins rouges ou rosés, ne privilégient-ils pas les cépages du Sud mais les variétés bordelaises. En rouge, le merlot doit constituer la moitié de l'assemblage, suivi du cabernet franc ou du côt (20 %). En rosé, c'est le cabernet franc qui joue le rôle majeur (50 %). Les cépages méditerranéens comme le grenache et le cinsault n'entrent dans les assemblages qu'à titre accessoire.

CH. DE CAUX ET SAUZENS 2016 ★★★

■ | 7000 | 🛢 | 11 à 15 €

Située à 5 km de Carcassonne au bord du canal du Midi, l'une des plus anciennes propriétés viticoles de la Malepère, dont l'origine remonte au XIIe s. et à la famille Roger Cahuzac de Caux, et le vignoble au XVIe s. Acquise en 1871 par les ancêtres des actuels propriétaires, une vieille famille du cru, elle connaît un premier essor vers 1900. Son renouveau, récent, est lié à la réhabilitation de la cave en 2015 par les Boyer, qui viennent de prendre les rênes du domaine (70 ha, dont 45 de vignes).

Une entrée remarquée dans le Guide pour cette cuvée qui obtient d'entrée la note maximale. Issu d'un assemblage privilégiant le merlot (80 %, avec le cabernet franc en complément), ce 2016 affiche une robe pourpre profond et s'ouvre sur du fruit très mûr aux accents de pruneau. La bouche s'impose par son ampleur et par son grain de tanin très fin. Déjà agréable, cette bouteille saura vieillir. ⧗ 2018-2028

CH. DE CAUX ET SAUZENS, rue Louis Guitard, 11170 Caux et Sauzens, tél. 04 68 26 97 39, sceadecaux@gmail.com V 🚶 🍷 *r.-v.* *Boyer*

CH. DE COINTES 2016 ★

■ | 20000 | 🍾 | 8 à 11 €

Consuls de Carcassonne au XVIIe s., les premiers châtelains ont légué leur nom à la propriété. Au siècle dernier, les grands-parents de François Gorostis y exploitaient les vignes (30 ha) pour le négoce. Ce dernier a repris avec Anne, son épouse, ce domaine devenu une valeur sûre du Guide.

Du merlot (50 %) et des cabernets (40 %), un appoint de grenache pour ce vin élevé en cuve. Un mot pour le résumer? Élégance. Avec son nez expressif sur les fruits noirs et la cerise, son palais souple et frais en attaque, adossé à des tanins soyeux et fondus, ce 2016 fera plaisir dès maintenant. ⧗ 2018-2023

GOROSTIS, 1, dom. de Cointes, 11290 Roullens, tél. 04 68 26 81 05, chateaudecointes@wanadoo.fr V 🚶 🍷 *t.l.j. sf dim. lun. 10h30-12h30 17h30-19h*

LE FOUCAULD 2017 ★

■ | 6007 | - de 5 €

Créée en 1949 à Arzens dans l'Aude, regroupant quatre coopératives voisines et 170 viticulteurs qui travaillent sur 1 850 ha, la Cave la Malepère représente l'une des plus importantes coopératives de France. À sa carte, des cabardès et des malepère (AOC), des IGP Pays d'Oc et Cité de Carcassonne, des vins de France.

Le millésime précédent de cette cuvée de rosé, assemblage de cabernet franc et de cinsault, avait obtenu un coup de cœur. Celui-ci n'est pas mal du tout, avec sa robe pastel, son nez très floral rappelant l'acacia et sa bouche franche, d'une belle fraîcheur. ⧗ 2018-2019

CAVE LA MALEPÈRE, 247, av. des Vignerons, 11290 Arzens, tél. 04 68 76 71 76, caveau@cavelamalepere.fr V 🚶 🍷 *t.l.j. sf sam. dim. 8h-12h 14h-18h*

DOM. GIRARD Cuvée Néri 2016 ★★

■ | 3000 | 🛢 | 11 à 15 €

Le village d'Alaigne est une circulade: un village médiéval bâti en rond, les ruelles s'enroulant autour de l'église. Les Girard, vignerons depuis quatre générations, y conduisent un domaine en altitude (350 à 450 m) qui couvre aujourd'hui 38 ha. Ils élaborent leurs propres vins depuis 2000, année de l'installation de Philippe, secondé depuis 2014 par Jean-François. Une valeur sûre de l'appellation.

Une cuvée bien connue des lecteurs du Guide, qui a plus d'un coup de cœur à son actif. Une fois encore, Philippe Girard signe une remarquable cuvée, assemblage de merlot (50 %), cabernet franc (40 %) et malbec longuement mûris sur un terroir d'altitude. Le vin, grenat profond, s'ouvre sur des notes vineuses accompagnées du léger boisé vanillé de la barrique. Ample et plein, soutenu par des tanins affables et bien fondus, il est flatté par une certaine suavité. Une réelle harmonie. ⌛ 2018-2026

⊶ PHILIPPE ET JEAN-FRANÇOIS GIRARD, La Garriguette, 11240 Alaigne, tél. 04 68 69 05 27, domaine-girard@wanadoo.fr V ♿ ▮ *r.-v.*

Ⓑ CH. GUILHEM Clos du Blason 2016 ★★★

■ | 3000 | ▥ | 20 à 30 €

Établi à Malviès, près de Carcassonne, ce domaine, commandé par un château construit à la fin du XVIIIes. sur des vestiges gallo-romains, est dans la même famille depuis 1878 et six générations. Brigitte Gourdou-Guilhem, aux commandes pendant plus de vingt-cinq ans, a passé le relais en 2005 à Bertrand Gourdou qui a engagé la conversion bio du vignoble. Aujourd'hui, ce dernier exploite 30 ha (en bio certifié depuis 2013). Une valeur sûre de l'appellation.

Issue de vieilles vignes, cette cuvée assemble 60 % de merlot aux deux cabernets à parité. Elle achève sa fermentation en fût où elle reste quinze mois. Le vin s'impose d'emblée par la profondeur de sa robe. Il porte l'empreinte de l'élevage dans son bouquet, mais sans excès, un léger grillé venant souligner une belle palette fruitée, aux nuances de fruits confits et de griotte. L'attaque chaleureuse et la finale harmonieuse signent un superbe vin de garde qu'il conviendra d'attendre. ⌛ 2021-2028

⊶ CH. GUILHEM, 1, bd du Château, 11300 Malviès, tél. 04 68 31 14 41, contact@chateauguilhem.com V ♿ ▮ *t.l.j. 9h-12h 14h-18h; sam. dim. sur r.-v.*
⊶ Gourdou

♥ Ⓑ DOM. LA LOUVIÈRE
L'Empereur 2016 ★★★

■ | 2000 | ▥ | 30 à 50 €

C'est l'histoire d'un industriel allemand, Klaus Grohe, qui tombe sous le charme de cette région et de ce terroir de la Malepère. Installé en 1992, désormais épaulé par son fils Nicolas, il a patiemment reconstruit ce domaine dont le vignoble couvre aujourd'hui 48 ha conduits en bio.

Après un coup de cœur dans le millésime précédent pour une autre cuvée, le domaine renouvelle l'exploit avec ce vin impérial, en effet. Assemblage de merlot majoritaire (60 %), de cabernet franc (30 %) et de malbec, il a terminé sa fermentation en fût de chêne où il est resté dix-huit mois. Sa robe profonde impressionne. Son nez très expressif s'ouvre sur les petits fruits rouges bien mûrs, qui prennent à l'aération des tons réglissés. Rond et suave en attaque, le palais charme par sa texture veloutée, par l'enrobage parfait de ses tanins et par sa finale ample et longue aux accents de fruits confiturés. Une bouteille harmonieuse où l'élevage prolongé dans le chêne n'écrase pas le fruit, tout en restant présent. ⌛ 2020-2024

⊶ KLAUS GROHE, Dom. la Louvière, 11300 Malviès, tél. 04 68 20 70 55, jharris@domaine-la-louviere.com V ♿ ▮ *t.l.j. sf sam. dim. 8h-12h 14h-18h*

DOM. DE MATIBAT Foudre 1927 2016 ★★

■ | 4700 | ▥ | 5 à 8 €

Un domaine acquis en 1973 par Jean-Claude Turetti: création de la cave en 1977 et premières mises en bouteilles en 1979. Le vignoble couvre aujourd'hui 34 ha.

L'année de l'installation de la famille en France, 1927, a donné son nom à une cuvée plus d'une fois remarquée par nos dégustateurs. Le 2016 fait encore mieux que le précédent. Né d'un assemblage de cabernet franc et de malbec à parité, il a séjourné douze mois en fût. Il en ressort paré d'une robe grenat profond. L'élevage lui a apporté de la complexité, des notes vanillées qui soulignent ses arômes de fruits confiturés. En bouche, ce vin séduit par son attaque ronde et ample, par sa texture fondue et par sa finale harmonieuse, marquée par un retour du boisé. On peut l'apprécier dès maintenant. ⌛ 2019-2027

⊶ JEAN-CLAUDE TURETTI, Dom. de Matibat, 11300 Saint-Martin-de-Villereglan, tél. 04 68 31 15 52, domainematibat@orange.fr V ▮ *t.l.j. sf dim. 8h-12h 14h-18h30*

DOM. DE LA SAPINIÈRE Bianca Flora 2017 ★

■ | 4674 | ▮ | 11 à 15 €

Il n'y a plus de sapins à la Sapinière: le bois a été fourni à Viollet-le-Duc pour la restauration du château comtal de Carcassonne. Il n'y avait plus de ceps non plus sur la propriété, mais Joëlle Parayre, après une carrière dans l'industrie agroalimentaire, a redonné vie à partir de 1997 à ce domaine à l'abandon, créé par un négociant bordelais en 1865. L'exploitation est certifiée Haute valeur environnementale et son vignoble, de 13,5 ha, est en conversion bio.

Un assemblage à parts égales du grenache noir et du cabernet-sauvignon contribue à l'élégance de ce vin saumon pastel: le premier cépage apporte sa rondeur et son gras et le second sa finesse. Au nez, de jolis arômes de fruits exotiques, en bouche, ampleur et longueur. ⌛ 2018-2019

⊶ PARAYRE, Dom. de la Sapinière, Maquens, 11000 Carcassonne, tél. 04 68 72 65 99, j.parayre@domainedelasapiniere.com V ♿ ▮ *r.-v.*

DOM. DES SOULEILLES
Le Chant de la pierre 2016 ★

■ | 3935 | ▮ | 5 à 8 €

Très vieux hameau que celui de Pech-Salamou, aux maisons blotties en rond: il date de 970. Ancien aussi est ce domaine, fondé au XIVes. Une propriété dans la famille Delaude depuis neuf générations. Installée en 2006, Sophie est à la tête d'un vignoble de 32 ha en collines et coteaux.

Issu de merlot et de cabernet franc à parts égales, ce vin grenat séduit par son nez intense sur les fruits confits et les épices. L'attaque ronde, sur le fruit, ouvre

LANGUEDOC

sur un palais élégant et fondu, montrant une légère sucrosité en finale. Une bouteille prête à passer à table. ⧗ 2018-2023

SOPHIE DELAUDE, 2, rue des Fosses, Pech-Salamou, 11240 Donazac, tél. 06 12 93 69 21, d.souleilles@orange.fr r.-v.

MINERVOIS

Superficie : 4 000 ha
Production : 120 000 hl (97 % rouge et rosé)

Le minervois est produit sur soixante et une communes, dont quarante-cinq dans l'Aude et seize dans l'Hérault. Cette région plutôt calcaire, aux collines douces et aux revers exposés au sud, protégée des vents froids par la Montagne Noire, produit des vins blancs, rosés et rouges. Le vignoble du Minervois est sillonné de routes séduisantes; un itinéraire fléché constitue la route des Vins, bordée de nombreux caveaux de dégustation. Un site célèbre dans l'histoire du Languedoc, celui de l'antique cité de Minerve, où eut lieu un acte décisif de la tragédie cathare; de nombreuses chapelles romanes et les églises de Rieux et de Caune sont les atouts touristiques de la région.

♥ ABBOTTS ET DELAUNAY Cumulo Nimbus 2015 ★★★

■ | 9200 | | 15 à 20 €

Issu d'une famille de producteurs et négociants bourguignons, Laurent Delaunay, œnologue, après avoir créé Badet Clément & Cie, a racheté en 2005 l'affaire fondée en 1996 par l'œnologue australienne Nerida Abbott, créant sous le nom d'Abbotts & Delaunay une société de négoce-vinificateur spécialisée dans les vins du Languedoc-Roussillon.

Cumulo Nimbus ! Quel nom étrange, évocateur d'orages si peu désirés dans le vignoble... Il fallait bien trouver un nom pour chaque cuvée de la gamme *Nuages et vents*. Un nom finalement bien trouvé, puisque ce Cumulo Nimbus, brillant comme l'éclair, a ébloui le grand jury qui lui a donné un coup de cœur. Intensité de la robe, profondeur et richesse du nez qui délivre par touches successives des senteurs puissantes de vanille, de tapenade et de réglisse. Robustesse d'une bouche charpentée, ample, harmonieuse et longue, aux accents épicés de clou de girofle, dont la générosité est équilibrée par des notes fraîches de menthe poivrée et d'herbes de la garrigue : une rare harmonie. ⧗ 2019-2024

ABBOTTS ET DELAUNAY, 32, av. du Languedoc, 11800 Marseillette, tél. 04 68 79 00 00, contact@abbottsetdelaunay.com r.-v.

DOM. ANCELY La Muraille 2016 ★★

■ | 8000 | | 5 à 8 €

La propriété est née dans les années 1970 sur les coteaux de Siran, aux pieds de la Montagne Noire, quand les parents de Bernard et Nathalie Ancely firent l'acquisition des premières parcelles et y plantèrent syrah et grenache. Elle compte aujourd'hui 20 ha.

Année après année, la Muraille construit la réputation du domaine et fait de cette cuvée une valeur sûre de l'appellation. Rien d'austère dans cet assemblage de syrah (70 %), de grenache et de carignan au nez expansif, bien ouvert sur le cassis et la groseille. En bouche, ce vin s'appuie sur une solide charpente de tanins vanillés et épicés (paprika, clou de girofle) et déploie des arômes exubérants et suaves de fruits des bois qui s'affirment en finale. ⧗ 2019-2023

ANCELY, 24bis, av. du Petit-Soleil, 34210 Siran, tél. 04 68 91 55 43, domaineancelybernard@wanadoo.fr r.-v.

CH. ARTIX Les Murailles 2016 ★★

■ | 90000 | | 8 à 11 €

Installé en 1997, Jérôme Portal, qui exploite plusieurs propriétés en Minervois, non loin de la Serre d'Oupia, a pris ses marques dans le Guide. Il décline bon nombre de cuvées, sous différentes étiquettes : Ch. Beaufort, Ch. Molières, Ch. Artix, Ch. Portal.

Issus d'un même terroir, la Serre d'Oupia, vinifiés l'un comme l'autre en macération carbonique, Ch. Artix et Ch. Portal offrent des caractères proches. Un cran au-dessus, le premier – qui succède à un coup de cœur – assemble syrah (50 %), grenache et carignan. On apprécie la puissance aromatique de son bouquet aux nuances de fruits rouges, de cassis, de figue et de fleurs, puis son attaque alerte, ouvrant sur un palais ample et rond, à l'armature solide et élégante, où s'épanouit avec persistance la violette. ⧗ 2019-2026 ■ **Ch. Portal Vieilles Vignes Cuvée Haute Expression 2016 ★ (8 à 11 €; 75000 b.)** : une robe jeune aux reflets bleutés pour ce vin né de syrah (70 %) et de mourvèdre. On aime son nez de fruits rouges, relevé d'une touche de gingembre, et sa bouche équilibrée, gourmande et suave. ⧗ 2020-2026

SCEA CH. DE BEAUFORT, Ch. Beaufort, 34210 Beaufort, tél. 04 68 91 28 28, ch-beaufort@wanadoo.fr r.-v.

DOM. DE BARROUBIO 2017 ★

■ | 15000 | 5 à 8 €

La famille est établie dans le Minervois depuis la fin du XVᵉ s. Installé en 2000, Raymond Miquel exploite 60 ha, dont 31 ha sont dédiés à la vigne. Référence en muscat-de-saint-jean-de-minervois, le domaine propose aussi des rouges intéressants en AOC minervois.

Un beau bouquet de printemps que ce rosé mi-syrah mi-grenache, couleur pomelo brillant. Capiteux par ses arômes de fleur d'acacia et de mélia, le nez offre aussi un côté frais avec ses parfums de sirop de framboise acidulé et de fruit de la Passion. Des arômes subtils qui imprègnent aussi un palais très élégant et gouleyant, aérien et tendre, équilibré et frais. ⧗ 2018-2019 ■ **Marie-Thérèse 2015 (11 à 15 €; 6000 b.)** : vin cité.

RAYMOND MIQUEL, Barroubio, 11, chem. des Jardins, 34360 Saint-Jean-de-Minervois, tél. 04 67 38 14 06, barroubio@barroubio.fr t.l.j. *10h-12h 14h-18h*

DOM. BÉNAZETH
Le Plo du Roy Élevé en fût de chêne 2016 ★★

■ | 20000 | | 8 à 11 €

Frank Bénazeth a suivi les traces de ses parents vignerons et repris en 1987 le domaine familial (32 ha), établi sur les contreforts de la Montagne Noire. Plus original, il élève depuis 1998 une cuvée en barrique sous les stalactites du gouffre géant de la Cabrespine.

Dans la grotte de la Cabrespine, voisine de son domaine et ouverte aux visiteurs, Franck Bénazeth a eu l'idée d'élever des cuvées en fût à température et hygrométrie constantes, sur un piton rocheux nommé le Balcon du diable. Le Plo du Roy privilégie la syrah (60 %, avec le grenache en complément). Sa lente maturation souterraine aboutit à un vin sombre et intense, gorgé de fruits rouges, structuré et vif, aux tanins mûrs et vanillés et à la finale chaleureuse et poivrée. Généreux et suave sans la moindre lourdeur, un minervois complexe et épanoui. ⧗ 2020-2025 ■ **Franck Bénazeth Aragonite 2016 ★★ (11 à 15 €; 27000 b.)** : une cuvée habituée du Guide, dont le nom désigne une concrétion du gouffre de la Cabrespine (elle sort aussi de cette grotte). Née de grenache (60 %) et de syrah, elle mêle au nez les fruits mûrs, les épices et les notes empyreumatiques de l'élevage, que l'on retrouve dans une bouche ample, chaleureuse et épicée, à la finale ronde et suave. ⧗ 2019-2023

FRANK BÉNAZETH, rte du Pont-Vieux, Le Moulin, 11160 Villeneuve-Minervois, tél. 06 30 61 30 01, benazeth.frank@orange.fr V r.-v.

DOM. DE BLAYAC 2016 ★

■ | 20000 | | 5 à 8 €

Fondé en 1900, un domaine implanté à La Caunette, joli village troglodytique au bord de la Cesse à deux pas de Minerve. Sept générations s'y sont succédé. Depuis 2003, Stéphane Blayac est aux commandes du vignoble, qui couvre 40 ha.

La syrah, majoritaire (80 %), assure une ossature solide à ce vin et donne de la profondeur à sa robe; un peu de grenache (10 %) arrondit les angles, tandis qu'autant de carignan vinifié en macération carbonique apporte cette minéralité du terroir de la Caunette sur une structure chaleureuse et charpentée. Les touches d'un poivre un peu mordant sont bien contrebalancées par une chair fruitée aux accents suaves d'abricot; les tanins veloutés et cacaotés reflètent un élevage bien mené et laissent augurer une bonne garde. ⧗ 2019-2025

STÉPHANE BLAYAC, Vialanove, 34210 La Caunette, tél. 04 68 91 25 40, domaineblayac@orange.fr V r.-v.

DOM. DU BOSC ROCHET Carp&Diem 2016 ★

■ | 6000 | | 8 à 11 €

Une histoire vigneronne et une aventure familiale commencée avec l'arrière-grand-père André Rochet qui, à la tête de 10 ha, agrandit sa propriété en achetant le domaine du Bosc en 1960 (32 ha aujourd'hui). Le père de l'actuel exploitant plante des cépages nobles, cultivés ensuite par sa mère. Michaël Barthes arrive en 1998 sur l'exploitation dont il prend les rênes en 2009 avec Christelle, son épouse. Le couple mise sur la vente directe.

Au Bosc Rochet, on cite volontiers Horace, chantre de l'épicurisme et de la modération. Carpe&Diem invite à «cueillir le jour» et à goûter le beau fruit de ces syrahs (60 %) et de ces carignans, à respirer dans le verre la cerise juteuse et le pruneau suave. La bouche se distingue elle aussi par son exubérance aromatique, avec ces notes caractéristiques d'olive noire et de tapenade. Ronde et soyeuse, elle conjugue générosité et fermeté grâce à des tanins denses qui invitent à ne pas se soucier du lendemain. ⧗ 2020-2024

MICHAËL BARTHÈS, Le Bosc, 34210 Aigues-Vives, tél. 06 72 82 63 20, michaelbarthes@hotmail.fr V *t.l.j. 9h-12h; sam. dim. sur r.-v.*

CH. CABEZAC Cuvée Arthur 2015 ★★

■ | 3500 | | 15 à 20 €

En 1997, Gontran Dondain, industriel dans l'agroalimentaire et grand amateur de vins, a racheté cette propriété dans le Minervois, dotée de chais vieux d'un siècle et de 78 ha de terres (65 ha de vignes aujourd'hui). Il a restructuré le vignoble et les installations et fait du Ch. Cabezac un complexe œnotouristique avec hôtel et restaurant gastronomique. En 2003, il a acquis le Mas Roc de Bo en minervois-la-livinière.

Avec 60 % de mourvèdre et quinze mois de fût, voici une cuvée qui affiche d'entrée ses ambitions par une robe pourpre profond et par un nez riche d'arômes boisés, de poivre et de fruits noirs. Charnue à la mise en bouche, généreuse, elle s'appuie sur des tanins réglissés, racés et soyeux, portant la marque de l'élevage en fût de chêne, qui montrent en finale une fermeté de bon augure pour la garde. ⧗ 2020-2026

SCEA CH. CABEZAC, 23, hameau Cabezac, 11120 Bize-Minervois, tél. 04 68 46 23 05, info@chateaucabezac.com V *t.l.j. 10h-13h 14h-18h*
Dondain

DOM. CAILHOL-GAUTRAN
La Table du loup 2016 ★

■ | 6700 | | 15 à 20 €

Quatre générations se sont succédé sur ce domaine fondé au début du XXᵉs. En 1997, l'exploitation s'équipe d'une cave au hameau de Cailhol. En 2006, Jeanne et Christian Gautran transmettent le domaine à leur fils Nicolas et à son épouse Olivia. En conversion bio, vignoble couvre 55 ha dans le Causse du haut Minervois.

Mariant la syrah (70 % à un appoint de carignan et de grenache), cette cuvée tire son nom d'un rocher plat en forme de tête de loup fiché dans la Cessière, petite rivière qui serpente dans le causse calcaire et traverse les propriétés. Conviés à la table, nos jurés ont goûté la douceur du nez mêlant la mûre, la myrtille et la framboise aux notes toastées de l'élevage. La réglisse, la truffe et les arômes capiteux de la garrigue viennent compléter cette gamme dans une bouche à la fois charpentée et soyeuse. Un vin complexe, étoffé et fondu. ⧗ 2020-2025

NICOLAS GAUTRAN, hameau de Cailhol, 34210 Aigues-Vives, tél. 04 68 91 26 03, gautran@orange.fr V r.-v.

LANGUEDOC

CH. CANET Les Évangiles 2016 ★★

■ | 4000 | | 20 à 30 €

Commandé par une grande demeure du XIXe s., ce domaine viticole en Minervois a été racheté en 2007 par les Néerlandais Floris et Victoria Lemstra. Aujourd'hui, 45 ha de vignes, 3 ha d'oliviers et 55 ha de champs et de pinèdes, un chai créé dans les écuries, ainsi que des gîtes aménagés dans les anciennes maisons des ouvriers vignerons.

Construite sur la syrah (80 %) et élevée dix-huit mois en fût, cette cuvée s'est attiré un concert d'éloges. Dès la première agitation, elle libère à profusion des arômes de fruits secs et de menthol. Charnue et gourmande, la bouche est un modèle d'équilibre et de concentration. Sa suavité se conjugue avec une acidité bienvenue, le pruneau s'allie au chocolat noir et une note de cuir apporte la touche finale. ⧗ 2019-2024 ■ **La Chapelle 2016 ★ (20 à 30 €; n.c.)** : déjà appréciée dans le millésime précédent, une cuvée marquée par une forte présence du grenache et un élevage en cuve. Un nez intense et charmeur, sur les fruits rouges, annonce une bouche équilibrée, onctueuse et veloutée, entre cerise confite et notes cacaotées. Une jeunesse éclatante, enjouée et fraîche. ⧗ 2019-2022

FLORIS LEMSTRA, Lieu-dit Ch. Canet, 11800 Rustiques, tél. 04 68 79 28 25, nathalie@chateaucanet.com V ★ ! *t.l.j. 9h-12h 13h-17h*

DOM. CAVAILLES Cuvée Coralie 2016 ★

■ | 3450 | | 5 à 8 €

Situé dans le causse de Minerve, ce domaine d'environ 13 ha se transmet depuis trois générations. Il a son siège au cœur même de la superbe cité qui a donné son nom à l'appellation, dans la rue qui surplombe les gorges de la Cesse. Installé en 1995, Didier Cavailles pratique avec un grand savoir-faire la macération carbonique.

Une cuvée retenue pour la troisième année consécutive. Ce millésime comporte cette année encore plus de carignan (60 %, de vieilles vignes) – comme un retour aux sources, car il est rare de trouver à présent des vins dominés par ce cépage en Minervois. Après une macération carbonique et sept mois de cuve, ce 2016 libère d'intenses parfums de fruits noirs et de réglisse caractéristiques de la vinification, avant de dévoiler les tanins un rien granuleux du cépage principal, auxquels des arômes de chocolat noir donnent quelque aménité. On y décèle également les essences capiteuses de la garrigue de Minerve et la chaleur des épices apportées par le grenache et quelques gouttes de syrah. ⧗ 2019-2023

DIDIER CAVAILLES, 2, Grand-Rue, 34210 Minerve, tél. 04 68 91 12 60, didier.cavailles0486@orange.fr V ! *t.l.j. 14h-19h*

DOM. LE CAZAL La Pas de Zarat 2015 ★★

■ | 5500 | | 11 à 15 €

Fondé en 1870, ce domaine s'inscrit dans le terroir d'altitude du causse minervois, bordé à l'ouest par le Pas de Zarat, un petit canyon. Il se transmet depuis cinq générations. En 1996, Claude Derroja a pris les rênes de la propriété, riche d'un beau patrimoine de vieilles vignes, qui compte aujourd'hui 14 ha.

D'une démarche assurée, le Pas de Zarat trace son chemin au fil des millésimes. Né de syrah (40 %) complétée par le grenache et le carignan à parité, il tire son caractère de la macération carbonique. D'une grande prestance, le 2015 libère profusion de parfums de cassis, de framboise et de mûre avec un soupçon de réglisse. Il a la finesse de son terroir d'altitude et le grain de tanin ferme du causse calcaire, attendri par un séjour de douze moins dans le bois. La note vanillée délicate apporte en outre de la complexité à cette bouteille, qui laisse une sensation de plénitude. ⧗ 2020-2026

CLAUDE DERROJA, lieu-dit Le Cazal, 34210 La Caunette, tél. 04 68 91 62 53, info@lecazal.com V ★ ! *r.-v.*

DOM. DE CLARMON Manon 2016 ★

■ | 3200 | | 20 à 30 €

Ce nom à consonance occitane est la contraction du prénom des deux filles de Frédérique et de Denis Josserand, Clara et Manon. Le couple s'est établi en 1997 sur un vignoble du Minervois; il a créé sa cave en 2004. Aujourd'hui, 15 ha de vignes – en bio certifiés depuis 2012 et en agroforesterie (pour la biodiversité) –, un nouveau chai (2018), une oliveraie et des chênes truffiers.

Issu de syrah majoritaire (80 %), ce vin d'un rouge profond porte l'empreinte de son séjour de douze mois en barrique, avec son nez partagé entre notes boisées et arômes intenses de fruits rouges. Dans le même registre, la bouche montre beaucoup d'onctuosité. Le boisé vanillé, appuyé mais fondu dans une matière chaleureuse, témoigne d'un élevage bien mené. La finale est marquée par une petite pointe d'amertume pas désagréable, associée à des notes de griotte. Une maturité épanouie. ⧗ 2020-2025 ■ **Hommage 2016 ★ (15 à 20 €; 6400 b.)** : l'assemblage comporte 50 % de grenache, pour 40 % de syrah et 10 % de carignan. Après neuf mois dans le bois, le vin dévoile un nez concentré et gourmand, entre petits fruits et toast grillé, et un corps charnu et étoffé, marqué en finale par des arômes de moka et des notes kirschées. ⧗ 2020-2025

DENIS JOSSERAND, 16, pl. du Château, 11200 Tourouzelle, tél. 04 68 41 60 12, domaine@clarmon.fr V ★ ! *r.-v.*

DOM. COMBE BLANCHE
Calamiac terroir 2015 ★★★

■ | 4000 | | 5 à 8 €

Guy Vanlancker, ancien instituteur originaire de Wallonie, se trouva en 1981 parachuté par les hasards de la vie sur les hauts coteaux de Calamiac où il commença à planter sur des terroirs alors délaissés. D'abord régisseur dans des domaines voisins, il conduit depuis 2000 à plein temps son vignoble qui couvre 12 ha sur les coteaux de La Livinière.

Ce vigneron a été bien inspiré de réhabiliter un vignoble d'altitude sur le terroir de Calamiac, sur les hauteurs de La Livinière. Un quatuor bien accordé des cépages syrah, grenache, carignan et cinsault a fait naître un vin d'une rare harmonie, aux nuances violines et aux parfums intenses de mûre et de myrtille, rehaussés de clou de girofle. La réglisse entre en scène au palais, bien fondue dans une matière charnue et veloutée, titillée par un soupçon de poivre. Conjuguant puissance et fraîcheur, voilà un vin accompli, à peine perturbé en finale par quelques tanins encore vifs et fougueux, qui lui ont fait manquer le coup de cœur (un coup de cœur que Guy Venlancker décroche avec un minervois-la-livinière né dans le voisinage). ⧗ 2020-2028

GUY VANLANCKER, 34210 La Livinière, tél. 04 68 91 44 82, contact@lacombeblanche.com *t.l.j. 10h-12h 17h-19h*

DOM. LA CROIX DE SAINT-JEAN Lo Paire 2015 ★

■	16000		15 à 20 €

La famille Fabre est établie depuis trois générations en Minervois. Pierre, le grand-père, mise sur la pêche, Robert, le fils, réintroduit le vignoble sur les coteaux. Michel parie sur le vin de propriété et crée en 2003 (pour commencer) le domaine de la Croix de Saint-Jean. Dominé par la syrah et le carignan, le vignoble couvre 17 ha, implanté pour l'essentiel sur le plateau de Cazelles, à l'orient du Minervois.

Lo Paire ou le Père est un vin de caractère, musculeux, né de la syrah (70 %, avec le grenache et mourvèdre en complément). Un 2015 qui reste encore charmeur et riche en arômes de fruits rouges, teintés de réglisse et d'une touche de garrigue. Son corps souple en attaque, franc et guilleret se fait plus tannique, chaleureux et épicé en finale. Une bouteille de caractère qui peut regarder l'avenir avec confiance. ⧗ 2020-2027

FABRE, La Croix-de-Saint-Jean, 11120 Bize-Minervois, tél. 06 14 98 27 34, domainelacroixdesaintjean@gmail.com *r.-v.*

♥ PIERRE CROS Vieilles Vignes 2016 ★★★

■	9400		15 à 20 €

Installé sur 25 ha de vignes, et au moins autant d'oliviers, d'amandiers et de chênes truffiers, Pierre Cros est un grand artiste vigneron, référence du Minervois, à en juger par son palmarès dans le Guide. Il se voit comme un «paysan» et dit tenir de ses pères et grands-pères, boulangers à Badens, son respect du client. Outre les cépages de l'appellation, Pierre Cros préserve de vieux ceps oubliés, voire «mal aimés» (comme l'aramon et le terret), et acclimate des variétés venues d'ailleurs.

Un carignan presque centenaire, seul à l'œuvre dans cette cuvée, est à l'origine de cette «potion magique» qui donne au vigneron un dixième coup de cœur. Nos dégustateurs ont pris leur temps pour humer les effluves envoûtants de cassis qui montent d'emblée du verre, nuancés d'épices, d'un soupçon de vanille et de touches florales. L'extraction et l'élevage, maîtrisés, lèguent une élégante touche grillée qui vient souligner des arômes de prune à l'eau-de-vie. L'étoffe, soyeuse et fine à souhait, est à peine marquée en finale par la chaleur d'un boisé qui apporte un surcroît de complexité et de plaisir. ⧗ 2020-2028 ■ **Les Aspres 2016 ★★ (30 à 50 €; 5300 b.)** : cette cuvée née de très vieux ceps de syrah a fourni le plus gros (huit) contingent de coups de cœur du domaine même si, pour cette édition, les Vieilles Vignes bénéficient d'un petit plus en termes de séduction. Nos dégustateurs n'en sont pas moins impressionnés par sa densité, par sa matière, et louent ses arômes de cassis et de fruits des bois. Les douze mois de fût lui ont légué des tanins vanillés encore très présents. La solide constitution de ce grand vin lui permettra de vieillir avec grâce et d'obtenir, sans doute, un coup de cœur sur votre table. ⧗ 2021-2030

PIERRE CROS, rue du Minervois, 11800 Badens, tél. 04 68 79 21 82, dom-pierre-cros@sfr.fr *t.l.j. sf sam. dim. 8h-12h 13h30-18h*

CH. DU DONJON 2017 ★★

■	10000		8 à 11 €

Véritable curiosité, le pittoresque donjon du XIIIe s. de l'antique château de Bagnoles – ancienne dépendance de l'abbaye de Caunes – jaillit au milieu de la cave du XXIe s. de la famille Panis, propriétaire des lieux depuis le XVe s. À la tête de la propriété depuis 1996, Jean et Caroline Panis. Le vignoble est implanté à cheval sur les appellations minervois et cabardès.

En Minervois, le blanc, minoritaire, s'efface devant les rouges. «Crime de lèse-majesté», celui-ci, né de roussanne et de vermentino, a frôlé le coup de cœur. Il avait, pour y prétendre, de solides arguments: son teint éclatant; l'intensité de ses parfums d'aubépine, de pêche et de pâte de coing se bousculant au-dessus du verre, un parfait équilibre entre fraîcheur et volume, en harmonie avec des notes de bonbon et de citron, une agréable sucrosité. Un vin complexe, exubérant, friand et gracieux. ⧗ 2018-2021 ■ **Prestige 2015 ★ (11 à 15 €; 10000 b.)** : un vin dont l'élevage en fût est particulièrement réussi. La barrique lui donne des notes de moka qui semblent sortir de la tasse, et les raisins de jolies notes de cerise kirschée, en harmonie avec une bouche ronde, ample, suave et généreuse. ⧗ 2019-2023

JEAN PANIS, Ch. du Donjon, 11600 Bagnoles, tél. 04 68 77 18 33, jean.panis@wanadoo.fr *t.l.j. 9h-12h 15h-19h; sam. dim. sur r.-v.*

DOM. ENTRETAN Cuvée Polère 2015

■	3990		8 à 11 €

Vigneron discret, Jean-Claude Plantade s'est installé en 1980 avec Dominique et vinifie en cave particulière depuis 2001. Il cultive 12 ha au sud du Minervois, près du canal du Midi, et exporte 25% de ses vins.

Malgré les sonorités de son nom (qui est en fait celui d'un oncle), cette cuvée issue de syrah majoritaire souffle le chaud plutôt que le froid, avec ses parfums de prune à l'eau-de-vie. L'élevage en barrique ne se fait pas oublier, marquant de notes vanillées une bouche ample, corsée et particulièrement robuste, aux nuances de cuir de Russie. Un sérieux potentiel qui ne se révélera que dans quelques années. ⧗ 2020-2024

GAEC PLANTADE, 10, rue des Alizés, 11200 Roubia, tél. 04 68 43 25 16, jean.plantade@wanadoo.fr *r.-v.*

CH. FAÎTEAU 2016 ★

■	17000		8 à 11 €

Le domaine offre une vue imprenable sur les Pyrénées. L'arrière-grand-père de Jean-Michel Arnaud a planté les premiers ceps vers 1920. Ce dernier a repris

LANGUEDOC

l'exploitation en 2000, toujours secondé à la vigne par son père Yves; il est sorti de la coopérative pour proposer ses cuvées: minervois et minervois-la-livinière, IGP Pays d'Oc.

Quoi de mieux qu'un assemblage de syrah (45 %), de carignan, de grenache et d'une goutte de mourvèdre pour exprimer la richesse du terroir et la traduire en un vin rouge concentré? L'agitation du verre fait surgir d'intenses notes de poivre vert relayées par des senteurs de fruits rouges. Ces arômes fruités se lient en bouche à de solides tanins qui donneront à cette cuvée une bonne tenue dans le temps. Un potentiel qui se révélera d'ici deux à trois ans. ⧗ 2020-2023

JEAN-MICHEL ARNAUD, 17 bis, rte des Mourgues, 34210 La Livinière, tél. 06 15 90 89 48, contact@chateaufaiteau.com t.l.j. sf dim. 10h-12h 17h-19h

CH. DE FAUZAN 2016 ★★

■ | 90000 | | 5 à 8 €

Domaine proche de Minerve. Le grand-père de Jean-Philippe Bourrel, intéressé par les truites fario de la Cesse, l'achète en 1956 et s'attache à ce terroir lumineux et minéral. Son père, double actif, continue les plantations de cépages nobles et lui lègue en 2002 la propriété. À son tour, Jean-Philippe concasse, rénove, construit un chai et restructure un vignoble qui couvre aujourd'hui 70 ha. En 2016, il plante les plus hautes syrah de l'appellation, à 400 m d'altitude. En conversion bio.

La syrah (60 %), le grenache et le carignan composent cette cuvée dont la robe intense et sombre arrête le regard. Le premier coup de nez suffit à faire jaillir du verre une farandole d'arômes exubérants: le cassis ouvre le bal, suivi du thym et de la lavande de la garrigue, puis des épices. Les terroirs d'altitude marquent d'une fraîcheur bienvenue une bouche charpentée par des tanins en rangs serrés, dont les arômes de cerise burlat font place en finale à une réglisse suave. ⧗ 2020-2024

BOURREL, hameau de Fauzan, 34210 Cesseras, tél. 06 83 82 24 90, chateaudefauzan@orange.fr t.l.j. 9h-12h 14h30-18h30

DOM. PIERRE FIL Dolium 2016 ★★

■ | 15500 | | 15 à 20 €

Situé dans la partie orientale du Minervois, ce domaine couvre 28 ha sur des terrasses de graves ou des calcaires lacustres. Dans la famille depuis sept générations, il associe l'expérience du père et la technicité du fils. Le tandem vinifie la plupart des cépages en macération carbonique.

Des fragments de ces jarres antiques, les dolia, où se faisait le vin, ont été découverts à Mailhac. Issu de mourvèdre majoritaire (70 %, avec de la syrah et du grenache en complément), ce Dolium, fleuron de la gamme, affiche une robe noir ébène qui annonce sa profondeur et son intensité. Le sous-bois, le cuir du premier nez sont relayés à l'aération par une profusion de fruits mûrs soulignés d'une touche de vanille. La vinification en grain entier laisse ses nuances de cassis, de framboise et de tapenade, associées aux arômes de pain grillé légués par la barrique. La bouche est arrondie et généreuse, le boisé bien fondu: une réelle harmonie. ⧗ 2020-2028

PIERRE ET JÉRÔME FIL, 12, imp. des Combes, 11120 Mailhac, tél. 09 67 19 40 24, info@domaine-pierre-fil.fr t.l.j. 9h-12h 14h-18h

CH. LA GRAVE Expression 2017 ★★

| 22000 | | 5 à 8 €

Ancien prieuré de l'abbaye de Lagrasse devenu métairie, ce domaine de 100 ha est installé sur les balcons de l'Aude, vaste amphithéâtre dominant le canal du Midi. Héritiers d'une longue lignée de vignerons, Josiane et Jean-Pierre Orosquette, établis en 1978, ont transmis le flambeau en 1985 à leur fils Jean-François.

Un des rares minervois blancs de la sélection. Celui-ci est construit sur une vieille vigne de macabeu (60 %), qui gagne en expression aromatique avec les ans. Le vermentino (30 %) apporte fraîcheur et notes d'agrumes et la marsanne donne sa rondeur et ses touches épicées. L'assemblage de ces trois variétés engendre un vin complexe, qui montre un bel équilibre entre volume, générosité et tension acidulée. Une vinification moderne ajoute des nuances flatteuses de bonbon puis une fraîcheur citronnée donnant à la finale de l'allonge, du dynamisme et une vitalité juvénile. ⧗ 2018-2021

JEAN-FRANÇOIS OROSQUETTE, Ch. la Grave, 11800 Badens, tél. 04 68 79 16 00, chateaulagrave@wanadoo.fr t.l.j. 9h-12h 14h-17h; sam. dim. sur r.-v.

CH. GUÉRY Grès 2016 ★

■ | 13500 | | 5 à 8 €

René-Henry Guéry représente la huitième génération d'une famille vigneronne enracinée à Azille, dans le Minervois. Avec son épouse Florence, venue du Lot, autre terre de vignes, il exploite depuis 1998 le domaine, qui compte 40 ha.

Grès? Les parcelles à l'origine de cette cuvée sont pour l'essentiel situées sur un sol marneux dont le grès est la roche mère. Grand connaisseur de ses terroirs, ce vigneron sait implanter les ceps de manière à en tirer toutes les nuances qui font les grands vins d'assemblage. Celui-ci, qui associe au grenache dominant (60 %) la syrah et le mourvèdre, se distingue par son élégance et par sa concentration. Au nez, il offre à profusion des fruits rouges acidulés rehaussés de subtiles notes épicées. Généreux et structuré, il dévoile une fraîcheur surprenante et une charpente encore ferme que le temps devrait patiner. ⧗ 2020-2023

RENÉ-HENRY GUÉRY, 4, av. du Minervois, 11700 Azille, tél. 04 34 44 20 32, chateau.guery@gmail.com t.l.j. sf dim. 10h-12h 16h-19h; sam. sur r.-v.

CH. DE L'HERBE SAINTE Tradition 2016 ★★

■ | 4460 | | 5 à 8 €

Situé dans la partie orientale du Minervois, près de Narbonne, le domaine (85 ha) a été acquis en 2001 par la famille Greuzard, originaire de Bourgogne et installée en Languedoc depuis 1980. Premier achat de vignes en 1987 et premières vinifications à la propriété en 2001.

La cuvée Tradition affiche de sérieuses garanties avec 30 % de vieux carignan, 60 % de syrah et 10 % de mourvèdre. Le trio a engendré un vin particulièrement charpenté et dense, qui déploie une matière riche et onctueuse aux arômes de chocolat, de garrigue et d'épices. Un minervois séveux et racé, d'une longueur hors du commun, qualifié par d'aucuns de «bête à concours». Proche du coup de cœur. ⧗ 2020-2028

■ **Ambroisie Élevé en barrique 2016 ★★ (15 à 20 €; 1993 b.)** : proche des trois étoiles, ce millésime issu de syrah (40 %), de carignan et de mourvèdre s'est imposé par la richesse de son nez (épices orientales, camphre, petits fruits rouges, pain toasté), par son ampleur, son volume et sa puissance rare. Une jeunesse volubile. ⧗ 2020-2028

FAMILLE GREUZARD, rte de Ginestas, 11120 Mirepeisset, tél. 04 68 46 30 37, herbe.sainte@wanadoo.fr V r.-v.

♥ B DOM. DES HOMS Paul 2016 ★★★

■	30000		11 à 15 €

À la croisée du vent marin et du cers, les vignes sont idéalement plantées sur des terrasses caillouteuses au pied de la Montagne Noire. Jean-Marc de Crozals a repris en 2000 l'exploitation familiale, qui compte aujourd'hui environ 20 ha (en bio depuis 2007). Il a replanté 90 % du vignoble et commencé la mise en bouteilles à la propriété.

Une image : Paul (fils du vigneron, né en 2006) faisant des ricochets avec ses galets roulés, et visant juste. Le vin qui porte son nom, en tout cas, issu de la terrasse quaternaire de galets, a fait mouche et enchante dès l'approche. Né de syrah (70 %) et de grenache, il affiche une robe aux nuances acajou et décline toute une gamme aromatique associant la garrigue, la mûre, la fraise et la cerise suave. La bouche soyeuse à souhait et très persistante conjugue souplesse, volume et fraîcheur dans un rare équilibre; on y retrouve les arômes fruités du bouquet relevés par des épices chaleureuses qui ajoutent leur touche ensoleillée. L'harmonie même. ⧗ 2019-2025

DE CROZALS, Dom. des Homs, 11160 Rieux-Minervois, tél. 04 68 78 10 51, jm.decrozals@free.fr V *t.l.j. 10h-13h 15h-19h*

B KHALKHAL-PAMIÈS Lauraire des lys 2016 ★★

■	3000		20 à 30 €

En 2001, David Pamiès fonde avec son épouse Danielle Khalkhal un domaine sur le causse de Vialanove à la Caunette, dans la région natale du premier. Dans ces confins nord de l'appellation minervois, l'hiver est froid, l'été sec et venté, le sol calcaire est très rocailleux. Le vignoble (15 ha aujourd'hui) est conduit en bio certifié.

Plantées au milieu de la garrigue, entre pins et chênes verts, sur un terrain calcaire fracturé de failles, les vieilles vignes se fraient un passage dans les sols rocailleux pour engendrer des vins envoûtants, d'une rare richesse. Comme cette cuvée, issue d'un trio classique dominé par la syrah (60 %), complété par le grenache (30 %) et par le carignan. Un vin ample, rond et suave, aux tanins denses, encore un peu anguleux mais plaisants, en harmonie avec d'intenses arômes de fruits rouges teintés de minéralité, d'un soupçon de moka et relevés de touches de poivre blanc qui donnent à l'ensemble beaucoup de classe. ⧗ 2020-2024

KHALKHAL-PAMIÈS, Vialanove, 9, rte du Sieuré, 34210 La Caunette, tél. 04 67 97 07 11, laurairedeslys@wanadoo.fr V *r.-v.*

LA LANGUEDOCIENNE
Cuvée Marcelin Albert 2016 ★

■	20000		5 à 8 €

La Cave La Languedocienne, autrement dit les Vignerons d'Argeliers. C'est de cette commune audoise que partit la révolte vigneronne de 1907 contre la fraude. Quatre-vingt-sept vignerons du village emmenés par Marcelin Albert furent les premiers à manifester. Ils étaient 600 000 trois mois plus tard dans les rues de Montpellier. Créée en 1932, la coopérative compte 300 adhérents et son domaine couvre 2 000 ha.

Issue de syrah majoritaire (70 %, avec le grenache en appoint), cette cuvée offre une belle approche, avec ses reflets violets de jeunesse et son nez franc, très épicé, marqué par un boisé grillé. Localement très sec en Languedoc, le millésime 2016 a conservé en Minervois beaucoup de fraîcheur, comme le montre ce vin délicat et séveux, aux nuances de griotte et de cassis agrémentées d'élégantes touches mentholées. La bouche chaleureuse sans excès gagne en volume, et s'appuie sur les tanins laissés par douze mois de fût. ⧗ 2019-2024

LA LANGUEDOCIENNE ET SES VIGNERONS, 10, av. Pierre-de-Coubertin, 11120 Argeliers, tél. 04 68 46 11 14, lang-vin@wanadoo.fr V *t.l.j. sf dim. 9h-12h 15h-18h*

B DOM. DES MAELS Le Clos du Pech Laurié 2016

■	4600		15 à 20 €

Un projet de vie: jeunes œnologues, Morgane et Frédéric Laigre-Schwertz ont quitté l'Alsace pour s'installer en 2002 sur les rives du canal du Midi dans un petit domaine de 15 ha exploité en bio (certification en 2011). Les nouvelles plantations sont menées en agroforesterie (plantées d'arbres ou entourées de haies). Pâtissiers à la retraite, les parents de Morgane s'occupent des chambres et tables d'hôtes.

Souvent décrite dans ces pages, cette cuvée issue de grenache majoritaire (80 %) est issue d'une parcelle au cœur de la garrigue. La vinification en baies entières achevée, le vin prend la direction de la barrique où il reste un an. Après ce séjour dans le chêne, son bouquet évoque une tartine de pain grillé nappé de tapenade, l'olive noire et le poivre de Colombo. La bouche reste très épicée, dominée par la présence exubérante des tanins du bois qui demandent à se fondre. Une courte garde devrait suffire à les affiner. ⧗ 2020-2025

SCHWERTZ, 32, av. des Platanes, 11200 Argens-Minervois, tél. 04 68 27 52 29, vignoble@domainedesmaels.com V *r.-v.*

MÉGALITHES 2016 ★

■	10000		15 à 20 €

Réunissant une centaine de vignerons de deux communes voisines au sud-est de l'appellation minervois, non loin de Narbonne, cette coopérative dispose des quelque 500 ha de ses adhérents.

Cette cuvée donne le premier rôle à la syrah (80 %), complétée par le mourvèdre. Elle tire son nom d'un dolmen sur le territoire de Mailhac. Après un élevage en tonneaux de 400 l., elle libère de belles notes de confiture de prunes et de griottes soulignées de touches de vanille qui s'épanouissent en douceur au palais. Etoffée et onctueuse, très équilibrée, la bouche montre aussi une fraîcheur qui aidera cette bouteille à vieillir avec grâce. ⧗ 2019-2024

LES VIGNERONS DE POUZOLS MAILHAC, RD 5, 11120 Pouzols-Minervois, tél. 04 68 46 13 76, cave.pouzols@yahoo.fr V *t.l.j. 9h-12h 14h-18h*

CH. MIGNAN Aurus 2015 ★★

■ | 25000 | | 8 à 11 €

Domaine créé en 1956 par le grand-père de Christian Mignard sur les hautes terrasses argilo-calcaires de Siran et repris en 2002 par ce dernier. Aujourd'hui, 22 ha partagés entre les AOC minervois et minervois-la-livinière. L'actuel vigneron a construit sa cave et converti son vignoble au bio (certification en 2012).

Sur l'étiquette, quatre mots latins «*terra, labor, homo, sanguis*»: la terre, le travail, l'homme, le sang. Le programme du vigneron, en quelque sorte. Ajoutons le raisin, ici de vieilles vignes: la syrah (50 %), le carignan (30 %) et le grenache. Ce 2015 est le fruit d'un travail acharné et le résultat est à la hauteur des espérances. Son bouquet associe les fruits rouges cuits à d'intenses senteurs empyreumatiques liées à élevage partiel en barrique: on respire des effluves de pain grillé nappé de confiture. La bouche, à l'unisson, se montre onctueuse, suave, gourmande et charmeuse, tout en laissant une impression de puissance. La finale est marquée par la fraîcheur de la griotte. ⧗ 2019-2023

CHRISTIAN MIGNARD, Pech-Quisou, 34210 Siran, tél. 04 68 49 35 51, christianmignard@icloud.com V *r.-v.*

CH. MILLEGRAND Cuvée Aurore 2016

■ | 26000 | | 11 à 15 €

Rapatrié d'Algérie, Jean-Michel Bonfils a constitué un «empire» viticole: 17 propriétés en Languedoc, soit 1 600 ha, et même des vignes en Bordelais. La famille exploite notamment Millegrand, anciennes terres de l'abbaye de Lagrasse, propriété de l'évêché de Carcassonne jusqu'en 2003: 200 ha sur un plateau graveleux le long du canal du Midi, non loin de la cité fortifiée.

Syrah, grenache et carignan à l'origine de cette cuvée bénéficient d'un microclimat qui les préserve du stress hydrique, favorisant de bonnes conditions de maturation. En 2016, ils ont donné un vin agréable et de belle tenue: au nez, de belles notes de fraise, de framboise et de mûre; au palais de la finesse et de l'élégance conjuguées à une belle générosité. Quelques tanins anguleux en finale incitent à une petite garde. ⧗ 2020-2024

SCEA CH. MILLEGRAND, Ch. Millegrand, 11800 Trèbes, tél. 04 67 93 10 10, bonfils@bonfilswines.com — Domaines Bonfils

CH. MIRAUSSE Le Grand Penchant 2016 ★★

■ | 10000 | | 8 à 11 €

Proche de Carcassonne, une ancienne terre du seigneur de Badens, émigré en Autriche à la Révolution, devenue bien national et achetée par un ancêtre de Raymond Julien. Ce dernier a pris les rênes de la propriété en 1971 et exploite aujourd'hui une vingtaine d'hectares, accompagné de ses deux enfants. Viticulteur exigeant, il reste fidèle à la vendange manuelle et pratique la vinification en grains entiers.

Coup de cœur dans le millésime précédent, ce Grand Penchant, issu de syrah majoritaire (70%) et de grenache, est un must du domaine. Le 2016 ressemble à son devancier: son nez apparaît intense, bien ouvert sur la myrtille et sur les agrumes confits, relevé de ces notes épicées qui lui donnent un côté chaleureux et méridional, mais sans emphase. De même, en bouche, ce vin allie corpulence et élégance, structure tannique et finesse, équilibré par une fraîcheur juvénile. ⧗ 2018-2024 ■ **L'Enchantement simple 2016 ★ (15 à 20 €; n.c.)**: construite sur le grenache (90 %), cette cuvée offre des senteurs de cerise kirschée et de pruneau qui se prolongent en bouche, bien fondues dans une matière onctueuse et chaleureuse et teintées en finale de notes de chocolat. Le profil du «vin plaisir». ⧗ 2018-2021

RAYMOND JULIEN, Ch. Mirausse, 11800 Badens, tél. 06 87 77 81 53, julien.mirausse@wanadoo.fr V *r.-v.*

♥ **CH. DE PARAZA** Bad Rosie 2017 ★★

■ | 13000 | | 8 à 11 €

Au cœur du village de Paraza, ce château datant du XVII^e^s. accueillit à l'époque Paul Riquet, l'architecte à qui l'on doit le percement du canal du Midi. Annick Danglas a repris ce domaine familial de 75 ha en 2005, épaulée par ses deux fils.

Original de la bouteille jusqu'à l'étiquette inspirée des Années Folles et affichant un nom de cuvée assez déconcertant, ce Bad Rosie se place hors des conventions. Mais il sait s'y prendre pour nous accrocher et décrocher le coup de cœur. Qui aurait cru que derrière son teint pâle se cachait une telle richesse aromatique? Au premier tour de verre, on perçoit une senteur intense de bonbon anglais, puis des notes de melon sucré et charnu et de fruits exotiques. La bouche conjugue harmonie, élégance, soyeux et onctuosité, avant de déployer une fraîcheur bienvenue qui fait de la finale une apothéose se jouant des caudalies... ⧗ 2018-2020 ■ **Ad vinam aeternam 2015 ★★ (15 à 20 €; 11000 b.)**: vendangés en légère surmaturité, syrah, grenache (40 % chacun) et mourvèdre ont engendré une cuvée d'une rare richesse aromatique, associant des senteurs chaleureuses de garrigue à des notes de mûre et de châtaigne grillée. Ces arômes se déploient dans une bouche charmeuse, friande et légère, fondue et suave. Ad vinam aeternam? Peut-être pas, mais le plaisir est là. ⧗ 2018-2022

ANNICK DANGLAS, SCEA les Terres de Paraza, Ch. de Paraza, 1, rue du Viala, 11200 Paraza, tél. 09 64 33 37 43, chateaudeparaza@gmail.com V *t.l.j. 9h-18h*

CH. PIQUE-PERLOU Batacla 2015 ★

■ | 10000 | | 8 à 11 €

Serge Serris a repris en 1981 le domaine familial implanté dans le Minervois. Il exploite 35 ha sur des terrasses argilo-calcaires dominant le canal du Midi, au sud de l'AOC minervois (Ch. Pique-Perlou) et en corbières (Dom. Fairjal).

Pour la troisième année consécutive, cette cuvée née d'un assemblage équilibré des quatre cépages majeurs du Minervois (mourvèdre et carignan à 30 % chacun, grenache et syrah à 20 %) est au rendez-vous du Guide. Son bouquet expressif associe le zan et les fruits noirs, myrtille et mûre en tête. Le palais gourmand déploie de belles rondeurs enrobées d'une douce vanille héritée de l'élevage. Une suavité équilibrée par ce qu'il faut de fraîcheur. ⌛ 2018-2023

SERGE SERRIS, 12, av. des Écoles, 11200 Roubia, tél. 04 68 43 22 46, chateau.pique-perlou@wanadoo.fr V ✝ ■ *t.l.j. 10h-12h30 15h30-19h*

DOM. PUJOL-IZARD Grande Réserve 2015

■ | 25000 | | 8 à 11 €

Le domaine résulte de l'association en 2000 de deux vieilles familles vigneronnes de Saint-Frichoux, village proche du canal du Midi: André Izard (aux vignes), ancien coopérateur, et Yves et Jean-Claude Pujol (le premier aux vignes et à la cave, le second à la gestion). Les deux exploitations réunies couvrent 110 ha. Emmanuel Pujol, fils de Jean-Claude, est le maître de chai.

Une cuvée où se dévoile une gamme aromatique d'une belle richesse: griotte, puis vanille de l'élevage et nuances de prune. En bouche, ce vin souple, velouté et friand – qui comprend 20 % de cinsault dans son assemblage, aux côtés des classiques syrah, grenache et carignan – mise sur la souplesse et la légèreté. Enjoué et enjôleur, privilégiant la fraîcheur, il reste généreux et offre une finale racée. ⌛ 2018-2022

DOM. PUJOL-IZARD, 8 bis, av. de l'Europe, 11800 Saint-Frichoux, tél. 04 68 78 15 30, info@pujol-izard.com V ✝ ■ *t.l.j. 8h-12h 14h-18h; sam. dim. sur r.-v.*

CH. SAINT-JACQUES D'ALBAS La Chapelle en rose 2017 ★

■ | 5800 | 11 à 15 €

Amateur de vins et financier dans une vie antérieure, l'Anglais Graham Nutter s'est ménagé une retraite active en rachetant ce domaine viticole du Minervois (60 ha, dont 25 de vignes). Il a construit un chai et restauré tant les vignes que les vieilles pierres – la chapelle romane du XIes. qui domine la propriété et des maisons anciennes dont il a fait des gîtes. Ses cuvées sont écoulées majoritairement à l'export.

Séduit par l'élégance et la pâleur lumineuse de ce rosé de grenache (80 %) et de mourvèdre, on découvre avec le même enchantement ses senteurs expressives de violette et de cerise. Tout en volume, d'un équilibre séducteur entre vivacité, chaleur et suavité, le palais charme aussi par sa complexité et sa puissance aromatiques, amylique, florale et fruitée. ⌛ 2018-2019

GRAHAM NUTTER, Le Bas, 11800 Laure-Minervois, tél. 04 68 78 24 82, info@chateaustjacques.com V ✝ ■ *t.l.j. sf dim. 9h-12h 13h30-17h*

LES VIGNERONS DE SAINT-JEAN 2016 ★

■ | 10000 | | 5 à 8 €

Fondée en 1955, la coopérative Le Muscat – autrement nommée Les Vignerons de Saint-Jean –, a contribué au renouveau de ce cépage traditionnel, qui n'occupait qu'une dizaine d'hectares au début du siècle dernier. Elle regroupe les 220 ha de ses adhérents et fournit la moitié des volumes de l'appellation muscat-de-saint-jean-de-minervois. Elle fournit aussi des minervois rouges et des IGP Pays d'Oc.

Le mariage des schistes et des calcaires, l'alliance à parité de la syrah et du grenache donnent une cuvée à la brillante robe cerise et aux parfums intenses de burlat. On décèle aussi au nez une belle finesse, l'élégance et la fraîcheur puisées dans ces terroirs d'altitude. Souple et fondue, la bouche dévoile un côté minéral; une douce chaleur évoque la réverbération du soleil sur les terres pierreuses et apporte en finale un fondu délicat. ⌛ 2018-2022

SCA LE MUSCAT, 2, pl. du Muscat, 34360 Saint-Jean-de-Minervois, tél. 04 67 38 03 24, lemuscat@wanadoo.fr V ■ *t.l.j. 9h-12h 14h-18h*

CH. SAINT-MÉRY Tradition 2016 ★

■ | 6000 | | 5 à 8 €

Héritier de huit générations de vignerons et petit-fils d'un viticulteur roussillonnais venu s'établir en Minervois, Richard Labène exploite 23 ha sur deux terroirs bien distincts, l'un sec et rocailleux, sur les coteaux de Tourouzelle, l'autre de galets roulés à Marseillette, près du canal du Midi, ce qui lui offre une belle richesse d'assemblage. Avec le mont Alaric comme horizon lointain, il s'attache à marier la tradition au souffle neuf d'un jeune vigneron.

Aussi appréciée que dans le millésime précédent, cette cuvée résulte d'un assemblage similaire: syrah et grenache à parts égales, vinifiés en macération carbonique. On y retrouve bien des caractères du 2015: une robe soutenue, noir d'encre, un nez exubérant, tout en fruits rouges (cerise, gelée de groseille) mâtinés d'olive noire et de tapenade; une bouche elle aussi très expressive, mêlant le sous-bois à des notes balsamiques, dotée de tanins vifs qui lui donnent de la consistance et marquée en finale par un côté chaleureux bien méridional, qui laisse le souvenir d'un vin puissant. ⌛ 2019-2023

RICHARD LABÈNE, Dom. Saint-Méry, 11800 Marseillette, tél. 09 50 30 06 00, info@saintmery.com V ✝ ■ *r.-v.*

DOM. LA SELETTE 2017

■ | 6000 | | - de 5 €

La Cave La Languedocienne, autrement dit les Vignerons d'Argeliers. C'est de cette commune audoise que partit la révolte vigneronne de 1907 contre la fraude. Quatre-vingt-sept vignerons du village emmenés par Marcelin Albert furent les premiers à manifester. Ils étaient 600 000 trois mois plus tard dans les rues de Montpellier. Créée en 1932, la

coopérative compte 300 adhérents et son domaine couvre 2 000 ha.

Un rosé «tendance et technologique» avec sa tenue saumon scintillant et ses arômes généreux en bonbon anglais et en caramel mou. Rehaussée par un perlant bienvenue, la bouche affiche rondeur et onctuosité, ajoute une touche exotique et propose un final doux et chaleureux. ⧗ 2018-2019

LA LANGUEDOCIENNE ET SES VIGNERONS, 10, av. Pierre-de-Coubertin, 11120 Argeliers, tél. 04 68 46 11 14, lang-vin@wanadoo.fr t.l.j. sf dim. 9h-12h 15h-18h

DOM. SICARD Hommage à Élie 2016 ★★

■ | 6660 | | 8 à 11 €

À la tête de 40 ha de vignes en Minervois, Philippe Sicard est l'actuel propriétaire de ce domaine familial fondé par son arrière-grand-père Élie en 1920, avec moins de 3 ha de vignes. Les Sicard sont également apiculteurs, d'où l'abeille sur l'étiquette.

Après un coup de cœur dans la dernière, cette cuvée, hommage à l'arrière-grand-père, est d'un excellent niveau. Elle privilégie le mourvèdre (70 %, avec la syrah et un appoint de mourvèdre). Malgré un élevage de dix-huit mois en barrique du meilleur chêne, ce sont des senteurs de fraises sauvages bien mûres que l'on perçoit au premier nez – la marque d'un élevage maîtrisé. De même, la bouche gourmande, avec ses notes flatteuses de sirop de cassis teintées d'olive noire, porte plutôt la marque de la macération carbonique. La matière, remarquablement équilibrée, est à la fois concentrée et onctueuse. La vanille du fût se manifeste à fleurets mouchetés, apportant un surcroît d'élégance. Un vin harmonieux et raffiné. ⧗ 2020-2025

DOM. SICARD, 11, rte de Saint-Pons, 34210 Aigues-Vives, tél. 04 68 91 23 94, gaecsicard@wanadoo.fr r.-v.

DOM. TERRES GEORGES Quintessence 2016 ★★

■ | 5800 | | 11 à 15 €

Trois semaines après avoir confié son bien, Georges s'est éteint. Satisfait de savoir que ses vignes resteraient dans la famille. Anne-Marie, sa fille, et Roland Coustal ont quitté leur métier pour assurer la pérennité du domaine, qu'ils ont rebaptisé en 2001 Terres Georges en hommage au père. Ce dernier était coopérateur; les héritiers ont créé une cave et limité à 14 ha la surface de leur exploitation pour tout suivre de près.

Ce sont sans doute les terroirs argilo-calcaires de Castelnau-d'Aude qui ont légué à cette cuvée issue de syrah majoritaire (80 %, avec du grenache en complément) cette pointe de pierre à fusil décelée à la dégustation. Le passage de huit mois en fût apporte une touche vanillée qui vient délicatement souligner des parfums suaves de fruits noirs bien mûrs. La garrigue environnante semble avoir laissé des notes capiteuses. Tous ces arômes d'une belle richesse se mêlent harmonieusement dans une bouche à la fois consistante et flatteuse. ⧗ 2019-2023

ANNE-MARIE ET ROLAND COUSTAL, 2, rue des Jardins, 11700 Castelnau-d'Aude, tél. 06 30 49 97 73, info@domaineterresgeorges.com r.-v.

CH. TOUR BOISÉE Marielle et Frédérique 2016 ★★

■ | 22000 | | 11 à 15 €

Fondé en 1826, ce domaine familial du Minervois doit son nom à la tour fortifiée datant du Moyen Âge qui se trouve sur la propriété. Marie-Claude et Jean-Louis Poudou, aujourd'hui rejoints par la deuxième génération – leur fille Frédérique et son mari Jean-François Ruiz –, l'ont repris et ont créé une cave particulière en 1984. Forte de 75 ha de vignes et d'un millier d'oliviers, la propriété est conduite en bio (certification en 2009).

Dédiée aux filles du vignerons, cette cuvée issue de syrah et grenache, avec un appoint de carignan et de mourvèdre, porte la marque de fabrique de la maison: maturité optimale et concentration. Dans le verre, des nuances acajou, des senteurs intenses de fruits cuits, de confiture. La bouche, à l'unisson, offre un caractère très gourmand, déployant des arômes de cerise confite, puis de prune à l'eau-de-vie, avec un trait de vivacité pour équilibrer le tout. Une pointe chaleureuse et poivrée conclut la dégustation. ⧗ 2020-2025

JEAN-LOUIS POUDOU, 1, rue du Château-d'Eau, 11800 Laure-Minervois, tél. 04 68 78 10 04, info@domainelatourboisee.com t.l.j. sf sam. dim. 9h-12h 14h-17h

DOM. DES TOURELS Louis Sabatier Élevé en fût de chêne 2016 ★★

■ | 1200 | | 8 à 11 €

Domaine fondé en 1885 par un médecin qui épousa une patiente vigneronne. Installé en 2005, son descendant Sébastien Sabatier exploite 30 ha dans la partie sud-est du Minervois, au voisinage de l'Aude et du canal du Midi.

Les vignes de Sébastien Sabatier sont disséminées aux quatre coins de son village, ce qui lui permet d'obtenir des vins divers et de travailler finement les assemblages. Dans cette cuvée, la syrah, majoritaire (80 %) apporte son bouquet floral, sur la violette, accompagnée d'arômes de réglisse et de fruits cuits. Le grenache lègue sa générosité et son onctuosité, tandis que l'élevage teinte la palette de touches de caramel. Un soupçon de fruits exotiques donne un côté friand à l'ensemble et une pincée de poivre vient relever la finale. Un vin harmonieux et d'une belle prestance. ⧗ 2020-2025

DOM. DES TOURELS, 12, Le Sol, 11200 Tourouzelle, tél. 04 68 91 35 94, sebastien@domainedestourels.com r.-v.
Sébastien Sabatier

CH. TOURRIL Havana 2017

■ | 11000 | | 5 à 8 €

Ce domaine ancien de 16 ha sur argilo-calcaires, orienté au levant, s'inscrit dans un amphithéâtre naturel, bordé de pinèdes et de garrigues. Il a été acquis et rénové en 1998 par l'entrepreneur Philippe Espeluque.

Cet Havana «parfaitement roulé» est une invitation au voyage avec ses effluves capiteuses de rose et de fruits exotiques (de litchi notamment). En bouche, le cinsault (70 %) amène finesse et fluidité, tandis que le grenache apporte un supplément de chaleur et de velouté, avant une finale ample et saupoudrée d'épices. ⧗ 2018-2019

EARL DU CH. TOURRIL, lieu-dit Tourril, chem. des Matelles, 11200 Roubia, tél. 06 08 58 48 59, stephane.kandler@chateautourril.fr V r.-v.
Kandler

MINERVOIS-LA-LIVINIÈRE

Superficie : 200 ha / Production : 7 000 hl

Reconnue en 1999, l'appellation minervois-la-livinière regroupe cinq communes des contreforts de la Montagne Noire. Elle produit des vins rouges issus de petits rendements.

DOM. DES AIRES HAUTES Réserve 2016 ★★

■	40000		11 à 15 €

C'est à Siran, sur le chemin des Aires, que se cachent le Clos de l'Escandil et le Dom. Aires Hautes de Gilles Chabbert. Fondée par le grand-père, alors éleveur, la propriété est devenue incontournable, avec plusieurs coups de cœur à son actif, en particulier grâce au Clos de l'Escandil. En 1995, Gilles a pris les commandes du domaine.

Élue coup de cœur dans le millésime précédent, cette cuvée est encore remarquable. Un vin pourpre aux nuances bleutées, au nez exubérant, entre fruits noirs (myrtille et mûre) et poivre vert. Taillé pour durer, il offre un corps massif, généreux, en harmonie avec une palette d'une grande richesse, alliant liqueur de cassis et notes de coulis de caramel léguées par le séjour de seize mois en fût. Seize mois supplémentaires de cuve ont patiné ses tanins denses pour les rendre soyeux, marqués en finale par une douce chaleur épicée qui laisse une impression de plénitude. ⧗ 2020-2028

GILLES CHABBERT, 12, chem. des Aires, 34210 Siran, tél. 04 68 91 54 40, gilles.chabbert@wanadoo.fr V r.-v.

DOM. ANCELY Les Vignes oubliées 2015 ★

■	4000		15 à 20 €

La propriété est née dans les années 1970 sur les coteaux de Siran, aux pieds de la Montagne Noire, quand les parents de Bernard et Nathalie Ancely firent l'acquisition des premières parcelles et y plantèrent syrah et grenache. Elle compte aujourd'hui 20 ha.

Coup de cœur pour le millésime 2013, ces vignes oubliées se rappellent à notre bon souvenir. On y retrouve cette richesse et cette concentration caractéristiques, mises en valeur par un élevage qui évite les excès musculeux de tanins de chêne. Tout au contraire, la barrique s'efface derrière les senteurs de violette héritées de la syrah, accompagnées de la douce chaleur du grenache et d'accents de cassis. Les douze mois de fût ont laissé une sucrosité vanillée qui s'exprime pleinement dans une finale corsée et poivrée. Ce vin donnera sa pleine mesure d'ici trois ans et ne décevra pas. ⧗ 2021-2028

ANCELY, 24bis, av. du Petit-Soleil, 34210 Siran, tél. 04 68 91 55 43, domaineancelybernard@wanadoo.fr V r.-v.

DOM. DE LA BORIE BLANCHE 2015 ★★

■	3800		20 à 30 €

Les Lorgeril possèdent six domaines familiaux en Languedoc-Roussillon, parmi lesquels le Ch. de Ciffre (70 ha en conversion bio, dont 37 ha de vignes) qui s'étend sur les appellations faugères, saint-chinian et languedoc. Nicolas et Miren de Lorgeril sont également à la tête d'une structure de négoce.

Miren et Nicolas de Lorgeril chérissent les terroirs d'altitude. Borie blanche, adossée à la Montagne Noire, culmine à 400 m. Les vignes sont établies pour l'essentiel sur des sols calcaires, et localement sur des éclats de schistes. Leur vin a bénéficié de la fraîcheur nocturne et l'a restituée dans des arômes acidulés de griotte, relevés d'épices chaleureuses typiquement méridionales. Il se montre tendre au palais, à la fois gourmand et raffiné, gorgé d'arômes de petits fruits, cassis et cerise en tête. La finale laisse une impression d'élégance, signature de ces terroirs d'exception propices à l'épanouissement des raisins. ⧗ 2018-2022

VIGNOBLES LORGERIL, BP 4, 11610 Pennautier, tél. 04 68 72 65 29, directionmarketing@lorgeril.com V r.-v. D

B DOM. BORIE DE MAUREL La Féline 2016 ★★

■	20000		11 à 15 €

En 1989, Michel Escande laisse tomber son autre passion, la voile, rentre au pays et crée son domaine à partir d'achats et de vignes familiales. Installé au cœur du Minervois, dans la zone du « Petit Causse », celui que l'on surnomme « le sorcier de Félines » bénéficie d'un terroir remarquable, berceau de ce qui deviendra en 1999 l'AOC minervois-la-livinière. Aujourd'hui, il travaille 35 ha en biodynamie et vinifie en grains entiers. Une valeur sûre du Guide avec des cuvées comme Sylla ou Félines.

Le sorcier de Borie de Maurel a plus d'un tour dans son sac et en sort cette cuvée Féline très typée par les sols de grès. L'assemblage (syrah 70 %, grenache et carignan à parité) fait merveille dans ce 2016 aux senteurs intenses de cassis et de framboise. On apprécie ensuite le côté très fondu de la matière – un trait recherché par le vigneron pour obtenir un vin de caractère procurant d'emblée du plaisir –, qui va de pair avec une belle puissance, de la rondeur et du volume. Les tanins sont bien là, mais ils semblent ronronner sous ce soleil, bercés par les accents capiteux de la garrigue mêlée d'arbouse et d'olive noire. Virginie, au caveau, ne manquera pas d'arguments pour vanter les qualités de cette Féline racée. ⧗ 2021-2028

MICHEL ESCANDE, 2, rue de la Sallele, 34210 Félines-Minervois, tél. 04 68 91 68 58, contact@boriedemaurel.fr V *t.l.j. sf dim. 9h-12h 14h-18h* 1 B

CH. CESSERAS 2016 ★★

■	35000		20 à 30 €

Huit générations se sont succédé depuis 1840 sur le château. Pierre-André Ournac a rejoint son frère (aujourd'hui disparu) au domaine en 1985, l'année où la propriété a quitté la coopérative. L'encépagement a été revu, deux chais ont été aménagés. Aujourd'hui

LANGUEDOC

Pierre-André exploite avec son neveu Guillaume 90 ha, dont 15 en minervois-la-livinière. L'exploitation produit un tiers de vins de cépages blancs.

Pierre-André Ournac plante des variétés d'ailleurs, comme le sangiovese ou le pinot gris. Ce minervois-la-livinière, en revanche, puise ses racines aux sources de la tradition: il est composé de 70 % de syrah, complétée par les carignan, grenache et mourvèdre. Ces derniers, vinifiés en macération carbonique, apportent cette touche particulière de fruits noirs, cassis en tête. S'y ajoutent la touche épicée de la syrah, et une note de noix muscade. À la mise en bouche, le fruit se fond dans une matière soyeuse, teintée de la vanille du fût et de la minéralité du terroir de grès. Complexité, finesse, douce chaleur: un équilibre parfait. ⧗ 2020-2028

PIERRE-ANDRÉ ET GUILLAUME OURNAC, 5, chem. de Minerve, 34210 Cesseras, tél. 04 68 49 35 21, domainecoudoulet@gmail.com V t.l.j. sf sam. dim. 9h-17h30

DOM. CHABBERT 2016 ★★

■ | 9000 | | 15 à 20 €

Déjà à la tête de la Croix de Saint-Jean en minervois, Michel Fabre a acquis en 2016 le Dom. Chabbert en minervois-la-livinière – 16 ha de vignes, sur les terroirs d'altitude (450 m) du hameau de Fauzan, entre la Cesse et la garrigue. Un vignoble qu'il exploite avec sa fille Annabelle. En conversion bio.

Un démarrage en trombe pour les nouveaux propriétaires avec ce vin d'un rouge éclatant, semant des effluves de cassis et de mûre sur son passage. La bouche puissante impose ses notes vanillées et épicées aussi riches que fines, témoins d'un élevage de douze mois en fût, tendue par la fraîcheur minérale des calcaires de Fauzan. Ce jeune millésime tiendra la distance. Sans doute le premier d'une série griffée par la famille Fabre. ⧗ 2020-2028

MICHEL FABRE, hameau de Fauzan, 34210 Cesseras, tél. 06 20 92 02 93, earldomainechabbert@gmail.com V r.-v.

♥ DOM. COMBE BLANCHE La Galine 2016 ★★★

■ | 13000 | | 8 à 11 €

Guy Vanlancker, ancien instituteur originaire de Wallonie, se trouva en 1981 parachuté par les hasards de la vie sur les hauts coteaux de Calamiac où il commença à planter sur des terroirs alors délaissés. D'abord régisseur dans des domaines voisins, il conduit depuis 2000 à plein temps son vignoble qui couvre 12 ha sur les coteaux de La Livinière.

Le vigneron nous écrit: «à vous de dire si cette cuvée vous plaît et si elle est à son juste prix». La réponse au deuxième terme de la question appartient au consommateur, mais celle de nos dégustateurs concernant la qualité rassurera Guy Valancker: ce 2016 reçoit à l'aveugle un coup de cœur – pour sa robe d'un noir brillant d'une belle prestance et d'une jeunesse éclatante, pour la générosité de ses arômes de fruits noirs teintés de noix muscade, qui prennent en bouche des accents de garrigue, de pâte de coing et de vanille. Et enfin pour sa finesse, son élégance et son équilibre parfait, alliant un dynamisme, une vivacité primesautière hérités des hauts coteaux à un côté chaleureux qui lui permet d'atteindre les sommets de l'harmonie. ⧗ 2019-2024

GUY VANLANCKER, 3, ancien chem. du Moulin-Rigaud 34210 La Livinière, tél. 04 68 91 44 82, contact@lacombeblanche.com V *t.l.j. 10h-12h 17h-19h*

CH. LAVILLE BERTROU 2016

■ | n.c. | | 11 à 15 €

Enfant des Corbières, Gérard Bertrand est un important propriétaire et négociant du sud de la France, dont les cuvées apparaissent dans le Guide sous diverses AOC (corbières, fitou, minervois, languedoc, côtes-du-roussillon…) et en IGP.

L'une des premières propriétés de Gérard Bertrand, acquise en 1997, forte d'un vignoble de 75 ha très morcelé. Les ceps de grenache, syrah, mourvèdre et carignan ont atteint l'âge de raison et donnent des vins ronds et généreux. Les quelque douze mois d'élevage en barrique n'étouffent pas le vin qui laisse respirer d'intenses senteurs de garrigue, puis savourer un cassis mûr à point et bien juteux avant que des épices ne viennent relever l'ensemble, s'accordant à merveille aux velouté des tanins et à la texture chaleureuse et onctueuse. ⧗ 2019-2024

GÉRARD BERTRAND, rte de Narbonne-Plage, 11100 Narbonne, tél. 04 68 45 28 50, vins@gerard-bertrand.com V r.-v.

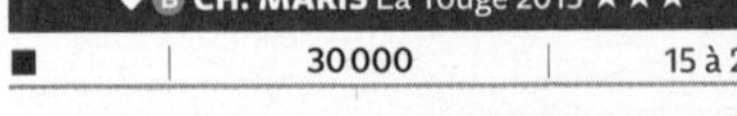

♥ B CH. MARIS La Touge 2015 ★★★

■ | 30000 | 15 à 20 €

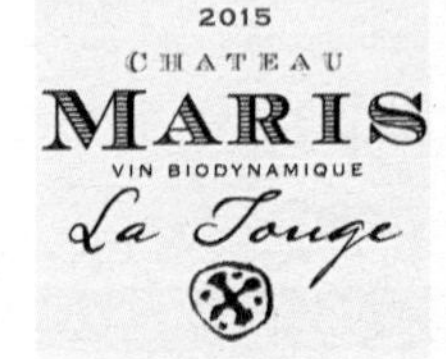

Issu d'une illustre famille britannique – son père, Anthony Eden, fut ministre de Winston Churchill avant de lui succéder comme Premier Ministre – Robert Eden, après avoir œuvré dans de nombreux vignobles du monde, a acheté en 1997 le château Maris en Minervois. Cet avant-gardiste, grand défenseur de l'agriculture biologique et de la biodynamie, a construit une cave en briques de chaux et de chanvre, à l'ancienne, l'équipant de cuves ovoïdes où le vin mûrit lentement.

Bien couvée dans sa cuve ovoïde, cette cuvée a «cassé sa coquille» pour surgir, timide, derrière une robe rubis. C'est au nez qu'elle se révèle, libérant d'intenses senteurs de garrigue (thym et romarin) nuancées de touches de coing. Dans le même registre aromatique, la bouche joue avec justesse, rondeur et finesse, dévoilant une structure étoffée et vineuse, corsée juste ce qu'il faut, sans excès de chaleur. Un vent de fraîcheur souffle en finale, porteur de notes toniques de fruits noirs, cassis en tête. Générosité et dynamisme: des qualités propres à faire de ce millésime un ambassadeur de l'appellation. ⧗ 2019-2024

ROBERT EDEN, chem. des Parignoles, 34210 La Livinière, tél. 04 68 91 42 63, hannah@chateaumaris.com V r.-v.

CH. MIGNAN L'Œil du temps 2014 ★★

■	5000		20 à 30 €

Domaine créé en 1956 par le grand-père de Christian Mignard sur les hautes terrasses argilo-calcaires de Siran et repris en 2002 par ce dernier. Aujourd'hui, 22 ha partagés entre les AOC minervois et minervois-la-livinière. L'actuel vigneron a construit sa cave et converti son vignoble au bio (certification en 2012).

Sur l'étiquette, des symboles égyptiens: le vent, l'eau, la terre et le soleil. Ces quatre éléments ont connu une conjonction favorable qui a permis à la syrah, au grenache et à quelques souches de carignan de produire un bon fruit et de s'entendre à merveille pour mettre en avant ce beau vin ténébreux, aux arômes de fruits bien mûrs. Rond en attaque, il se déploie avec puissance et chaleur sur des tanins aux accents de cuir de Russie, parfaitement patinés par un élevage en fût bien maîtrisé. Sa matière dense se teinte en finale d'une touche de prune à l'eau-de-vie. ⌛ 2020-2025

CHRISTIAN MIGNARD, Pech-Quisou, 34210 Siran, tél. 04 68 49 35 51, christianmignard@icloud.com V r.-v.

SAINT-CHINIAN

Superficie : 3 261 ha
Production : 138 218 hl (99 % rouge et rosé)

Mentionnés dès 1300, les saint-chinian, promus en VDQS en 1945 sont en AOC depuis 1982. Implanté dans l'Hérault, au nord-ouest de Béziers, orienté vers la mer, le vignoble couvre vingt communes et s'étend sur des coteaux le plus souvent situés entre 100 et 300 m d'altitude. Il s'enracine dans les schistes, surtout dans la partie nord, et dans les cailloutis calcaires, vers le sud. Nés du grenache, de la syrah, du mourvèdre, du carignan et du cinsault, les saint-chinian ont un potentiel de garde de quatre à cinq ans.

VIGNOBLE BELOT Vignalet 2017

■	10000		5 à 8 €

Dans les années 1980, peu après la promotion en AOC du saint-chinian, Jacques Belot, instituteur, crée un vignoble de toutes pièces, défrichant, plantant des cépages nobles. Lionel, qui prend sa suite en 1997, acquiert pour agrandir son domaine et installer sa cave un ancien rendez-vous des chasses royales du XVIIe s., qui aurait reçu la visite de Louis XIV. Il cultive aujourd'hui 38 ha en saint-chinian, languedoc et IGP.

Syrah, mourvèdre et grenache à parts quasi égales pour ce rosé pâle, couleur litchi, au nez d'agrumes, d'un profil plutôt rond en bouche, sans toutefois manquer de fraîcheur. ⌛ 2018-2019

LIONEL BELOT, Dom. du Tendon, 34360 Pierrerue, tél. 04 67 38 08 96, vignoble.belot@wanadoo.fr V *t.l.j. sf sam. dim. 9h-12h 14h-18h*

DOM. DE CAMBIS Caudomato 2016 ★

■	1800		8 à 11 €

En 2002, la famille Perolari a acquis ce domaine et engagé d'importants travaux de restructuration du vignoble. En 2004, elle est sortie de la coopérative et a signé ses premières cuvées. En 2015, le fils, Martin a intégré l'exploitation et se prépare à prendre la relève. La propriété compte aujourd'hui 17 ha.

Issue de très vieilles vignes (soixante ans), cette cuvée fait la part belle au carignan (50 %), associé au grenache noir (30 %) et à la syrah (20 %). D'un grenat clair, elle libère des parfums gourmands de petits fruits rouges bien mûrs (fraise et framboise). La souplesse du grenache se révèle en bouche, en harmonie avec des tanins fondus, une fraîcheur presque acidulée teintée de minéralité venant équilibrer l'ensemble. Une harmonie aérienne à apprécier sans tarder. ⌛ 2019-2020

PEROLARI, Dom. de Cambis, rte de la Mausse, 34360 Berlou, tél. 06 20 79 78 93, contact@cambis.fr V *r.-v.*

DOM. DE CANIMALS LE HAUT 2016 ★★

■	4000		5 à 8 €

À l'origine, une ancienne laiterie. Le vignoble a remplacé les prés et fait vivre quatre générations sur la propriété. Agrandi, il couvre aujourd'hui environ 20 ha dans une des vallées encaissées de Saint-Chinian, sur un terroir de schistes au cœur de l'appellation.

Syrah (50 %), grenache et carignan composent cette cuvée à la robe profonde et jeune animée de reflets violets. D'emblée le nez s'affirme; puissant et raffiné, il libère des senteurs de fruits rouges et noirs bien mûrs, de garrigue (laurier et cade), agrémentés d'une touche de réglisse. Le fruit noir et des notes grillées viennent compléter cette palette dans un palais intense, soutenu par des tanins encore jeunes. La finale fraîche se teinte de notes de fenouil. Un vin de caractère, belle expression du terroir de schistes, à laisser vieillir un temps pour permettre à sa charpente de s'affiner, et à carafer avant le service. ⌛ 2021-2025

BRIGITTE CASTEL, Canimals Le Haut, 34360 Saint-Chinian, tél. 04 67 38 19 13, brigittecastel@sfr.fr V *t.l.j. sf dim. 8h30-12h 13h-20h*

DOM. CATHALA Passion rosé A 2017 ★

■	5000		8 à 11 €

La famille Cathala cultive la vigne de père en fils depuis sept générations à Cessenon-sur-Orb, à 20 km au nord-ouest de Béziers. Les frères Bruno et Pascal ont constitué en 2011 à partir des terres familiales (15 ha) un vignoble de 5 ha dédié au saint-chinian. Ils proposent également des cuvées de négoce.

Une dominante de syrah (70 %) aux côtés du cinsault et du grenache pour ce rosé orangé soutenu, bien ouvert sur les fruits rouges frais, dense, long, fruité et mentholé en bouche. ⌛ 2018-2020 ■ **Cuvée A 2016 (15 à 20 €; 5000 b.)** : vin cité.

BRUNO CATHALA, 19, chem. du Pizou, 34460 Cessenon-sur-Orb, tél. 06 33 59 55 34, domaine.cathala@gmail.com V *r.-v.*

DOM. CIFFRE Taurou Grande Réserve 2015

■	6670		8 à 11 €

Les Lorgeril possèdent six domaines familiaux en Languedoc-Roussillon, parmi lesquels le Ch. de Ciffre (70 ha en conversion bio, dont 37 ha de vignes) qui

s'étend sur les appellations faugères, saint-chinian et languedoc. Nicolas et Miren de Lorgeril sont également à la tête d'une structure de négoce.

Mariant syrah et grenache, un vin à la robe légère. Après une légère aération, le nez libère des arômes de sous-bois et de truffe; le fruit rouge se libère à l'aération, accompagné de notes empyreumatiques. Une attaque souple ouvre sur un palais frais et friand, aux tanins soyeux et fondus. Un vin facile d'accès, pour grillades et légumes à la plancha. ⧗ 2019-2020

⊶ VIGNOBLES LORGERIL, BP 4, 11610 Pennautier, tél. 04 68 72 65 29, directionmarketing@lorgeril.com V r.-v.

CLOS BAGATELLE Au fil de soi 2016 ★

■ | 33 000 | | 11 à 15 €

En 1623, un ancêtre, artisan drapier, s'établit à Saint-Chinian, au lieu-dit Bagatelle. Au XXᵉs., le domaine est transmis de mère en fille. Le vignoble est replanté dans les années 1960, avec une extension sur un terroir de muscat. Depuis 1993, ce sont Christine Deleuze (au commercial) et son frère Luc Simon (à la vigne) qui sont aux commandes des 60 ha de vignes familiales, à l'origine de saint-chinian et de muscat-de-saint-jean-de-minervois appréciés. Une valeur sûre.

Quatre cépages sont mis en œuvre dans cette cuvée aux reflets bleutés de jeunesse. Le nez gourmand associe les fruits bien mûrs (mûre écrasée) à la garrigue, agrémenté d'une touche fraîche de menthol et de la note toastée de l'élevage. Le fruit noir, cassis en tête, se prolonge dans un palais d'une grande ampleur, équilibré par des nuances toniques de réglisse à la menthe. La fermeté de la finale, aux tanins encore vifs et anguleux, est atténuée par la vanille suave de la barrique. Une courte garde affinera l'ensemble. ⧗ 2021-2023

⊶ EARL BAGATELLE, Clos Bagatelle, 34360 Saint-Chinian, tél. 04 67 93 61 63, closbagatelle@wanadoo.fr V *t.l.j. sf sam. dim. 9h-12h 14h-18h*

CLOS LA RIVIÈRE 2015 ★

■ | 17 000 | | 8 à 11 €

Le grand-père de Jean-Philippe Madalle a planté de la syrah dès 1970. Ce dernier, œnologue, a repris en 2007 avec Carole le domaine familial établi dans un décor magnifique: de vieilles vignes (17 ha) cultivées en terrasses, à 300 m d'altitude.

Ce 2015, qui marie la syrah (80 %) à un appoint de grenache, montre de légers reflets tuilés d'évolution dans sa robe grenat. Son nez intense mêle la cerise à l'eau-de-vie et les épices douces de l'élevage, vanille en tête. Le fruit noir écrasé, la réglisse et le menthol viennent enrichir cette palette dans un palais onctueux, adossé à des tanins enrobés et fins. Une longue finale fraîche vivifie l'ensemble. Une élégance à apprécier aujourd'hui. ⧗ 2019-2020 ■ **2017 ★ (5 à 8 €; 4000 b.)** : du grenache (70 %) et du cinsault pour ce rosé issu d'une saignée partielle des vins rouges du domaine. La robe est pâle, brillante, le nez bien ouvert sur les fruits exotiques et la fraise écrasée, la bouche ample, tendre, offrant de la mâche et une jolie finale épicée. Du caractère. ⧗ 2018-2020

⊶ JEAN-PHILIPPE MADALLE, 52, av. Jean-Jaurès (cave de vinification), 34490 Causses-et-Veyran, tél. 06 76 29 26 34, madallejp@orange.fr C

DOM. COMPS Cuvée les Gleizettes 2016

■ | 5000 | | 5 à 8 €

Défriché par un ancêtre venu des premiers contreforts du Massif central, le domaine est resté dans la même famille depuis 1870. Pierre Comps vend les premières bouteilles en 1975. En 1982, il est le premier à produire du saint-chinian à Puisserguier. Pierre-François Comps conduit aujourd'hui l'exploitation, à la suite de Jean-Christophe Martin. Le vignoble compte 17 ha.

De la syrah majoritaire et du grenache en appoint pour cette cuvée à la robe profonde et jeune, presque noire, frangée de bleu. Si le nez reste encore sur sa réserve, la bouche, charnue dévoile des arômes intenses de cassis et de mûre écrasés. Des tanins encore marqués et fougueux appellent une petite garde. ⧗ 2021-2023

⊶ SCEA MARTIN-COMPS, 23, rue Paul-Riquet, 34620 Puisserguier, tél. 06 08 75 77 38, contact@domainecomps.com V *r.-v.*

B CH. COUJAN Gabrielle de Spinola 2016 ★

■ | 14 500 | | 8 à 11 €

La famille Guy est propriétaire depuis 1868 de ce vaste domaine (plus de 140 ha cultivables) établi sur un îlot de corail fossilisé. Replanté par François Guy et exploité depuis 1990 par sa fille Florence, le vignoble, converti à l'agriculture biologique, couvre 55 ha et côtoie oliveraie, vergers et jardins peuplés de paons.

La syrah (50 %) s'associe au grenache et à un appoint de mourvèdre dans cette cuvée rubis intense au nez expansif et gourmand, fait de fruits rouges frais rehaussés d'épices douces, de poivre et, à l'aération, de tapenade noire et de zan à la violette. La bouche ample se déploie avec rondeur et suavité sur des tanins souples, équilibrée par ce qu'il faut de fraîcheur. ⧗ 2019-2021 ■ **Tradition rosé 2017 ★ (5 à 8 €; 15 000 b.)** B : une robe claire et lumineuse habille ce rosé mi-mourvèdre mi-syrah. Au nez, des notes intenses d'épices et de pêche se mêlent aux agrumes et aux fleurs blanches. En bouche, on ressent beaucoup de fraîcheur, de l'attaque jusqu'à la finale. Un vin nerveux. ⧗ 2018-2019

⊶ FLORENCE GUY, Ch. Coujan, 34490 Murviel-lès-Béziers, tél. 04 67 37 80 00, chateau-coujan@orange.fr V *t.l.j. 9h-12h 14h-18h; dim. sur r.-v.* E

CH. CREISSAN Fin Amor 2017 ★

□ | 8000 | | 5 à 8 €

La cave du domaine est située dans l'enceinte médiévale de Creissan. Bernard Reveillas, à la tête de 35 ha de vignes plantés sur la partie argilo-calcaire de l'appellation saint-chinian, met à l'honneur la langue d'Oc dans le nom de ses vins, notamment avec sa cuvée Cort d'Amor (« Cour d'amour »), inspirée d'un célèbre récit poétique du XIIᵉs.

Mi-vermentino mi-grenache blanc, ce vin jaune pâle aux reflets verts séduit par son nez intense et délicat, mêlant l'aubépine, les agrumes, la pêche de vigne et des touches d'herbe fraîche. Tout aussi élégante, la bouche offre un équilibre subtil entre une belle rondeur et une vivacité contenue, qui met en valeur l'expression du fruit. ⧗ 2019-2021 ■ **Cort d'Amor 2017 (5 à 8 €; 14 000 b.)** : vin cité.

⊶ BERNARD REVEILLAS, 3, chem. du Moulin-d'Abram, 34370 Creissan, tél. 06 85 13 83 15, bernard.reveillas@orange.fr V r.-v.

DOM. LA CROIX SAINTE-EULALIE
Cuvée Clémence 2016 ★

	3200		11 à 15 €

L'ancienne chapelle qui a laissé son nom au lieu a disparu, mais la croix trône encore au cœur du vignoble. Ce domaine familial compte aujourd'hui 32 ha de vignes réparties sur les trois types de terroirs de l'appellation saint-chinian: schistes, grès et argilo-calcaires. Il est conduit depuis 1996 par Agnès Gleizes, héritière de quatre générations de viticulteurs, qui l'a sorti de la coopérative.

Le grenache blanc (50 %) s'associe avec la roussanne et le viognier à parité pour composer cette cuvée jaune pâle aux reflets dorés. Derrière les arômes fumés et grillés légués par l'élevage en fût percent des parfums floraux intenses, d'une grande élégance, relayés au palais par des notes généreuses de fruits blancs (poire) et d'épices. Bien équilibré entre rondeur et vivacité, marqué en finale par des notes mentholées et fumées, un blanc de belle facture, à apprécier sans attendre. ⧗ 2019-2020 ■ **Cuvée Baptiste 2015 (11 à 15 €; 14987 b.)** : vin cité.

⊶ AGNÈS GLEIZES, 17-19, av. de Saint-Chinian, hameau de Combejean, 34360 Pierrerue, tél. 03 86 42 44 34, croix-sainte-eulalie@neuf.fr V *t.l.j. 8h-12h 13h30-17h30; dim. sur r.-v.*

CH. LA DOURNIE Étienne 2014 ★

■	15000		11 à 15 €

Ce domaine de 45 ha d'un seul tenant, implanté sur les sols schisteux de Saint-Chinian, a vu se succéder cinq générations de femmes de la famille Étienne.

Né d'un assemblage de syrah (50 %), de grenache et de carignan, ce 2014 montre quelques reflets cuivrés d'évolution dans sa robe grenat. Il s'ouvre sur des notes épicées de curry et de gingembre relayées par des touches de sous-bois, de mousse, avant que n'apparaissent les petits fruits rouges rehaussés d'une touche finement grillée. La bouche souple et légère déroule des tanins fondus et élégants, tonifiée par une finale d'une agréable vivacité. ⧗ 2019-2021

⊶ VÉRONIQUE ÉTIENNE, La Dournie, 34360 Saint-Chinian, tél. 04 67 38 19 43, chateau.ladournie@wanadoo.fr V *t.l.j. sf sam. dim. 9h-12h 13h-18h*

CH. FONSALADE 2015 ★★

■	7500		11 à 15 €

Un domaine de 20 ha en coteaux, sur une mosaïque de terroirs, au cœur de l'appellation saint-chinian. Propriété de Julien Peltier depuis 2008, l'exploitation a été rachetée en 2014 par Cédric Barbé.

Ce 2015 montre encore des reflets violets. Il séduit d'emblée par la complexité et la finesse de ses arômes: les notes épicées, grillées et torréfiées de l'élevage se mêlent harmonieusement à des senteurs de mûre et de réglisse. Au palais, le vin conserve toute sa jeunesse et sa puissance. On y retrouve un boisé cacaoté élégant; les tanins, encore très présents mais enrobés, mettent en valeur une belle rondeur. Une finale longue et savoureuse, relevée de poivre noir, conclut la dégustation. Un vin remarquable, encore en devenir. ⧗ 2019-2024 ■ **Félix Culpa 2015 ★ (20 à 30 €; 4500 b.)** : élevé dix-huit mois dans le bois, un vin gras, rond, équilibré et long, aux arômes de fruits noirs compotés, de garrigue et de pruneau, associés en bouche à une pointe de vanille. Un réel potentiel. ⧗ 2021-2025

⊶ SARL CH. FONSALADE, lieu-dit Fonsalade, 34490 Causses-et-Veyran, tél. 05 62 88 13 35, commande@fonsalade.com V *r.-v.* 4 E *⊶ Cédric Barbé*

CH. FONTANCHE 2017

■	20000		5 à 8 €

Propriété de Frédéric Lornet, valeur sûre du vignoble jurassien, ce domaine a changé de mains en 2014, repris par Nathalie et Gilles Cantons. Le vignoble s'étend sur 18 ha à travers bois et vallons, sur un plateau sauvage situé à 200 m d'altitude. La conversion bio est engagée.

Né de grenache (50 %), syrah et cinsault, un rosé énergique, couleur litchi, au nez frais de fruits rouges, plus amylique et minéral en bouche, mais toujours frais. ⧗ 2018-2019

⊶ SAS CH. FONTANCHE, rte de Fontanche, 34310 Quarante, tél. 06 14 54 15 25, gilles.cantons@wanadoo.fr V *r.-v. ⊶ Gilles Cantons*

CH. GALTIER L'Accompli 2014 ★

■	3000		11 à 15 €

Entouré de garrigue et de pins, ce domaine, commandé par un mas du XVIIIe s. construit jadis par le médecin du village, compte aujourd'hui 30 ha. Il est implanté sur un plateau entre 100 et 120 m d'altitude, à 15 km au nord de Béziers. Entré en 1948 dans la famille Galtier-Carbonne, il commercialise des vins depuis 1996. Œnologue, Lise Carbonne propose des vins typés, en languedoc, saint-chinian et IGP.

Le temps n'a pas encore marqué ce 2014 à la robe profonde et brillante, issu de syrah majoritaire. D'abord timide, le nez s'ouvre sur une note de venaison, avant de libérer à l'aération des senteurs de mûre et de cerise noire compotées. Ces arômes s'affirment au palais, où l'on découvre des tanins assouplis mais serrés et une fraîcheur préservée. Une touche finale de laurier conclut la dégustation de cette cuvée qui porte bien son nom. Si elle peut s'apprécier dès à présent, son équilibre autorise une garde de plusieurs années. ⧗ 2019-2024

⊶ LISE CARBONNE, Mas-Maury, 34490 Murviel-lès-Béziers, tél. 04 67 37 85 14, domainegaltier@wanadoo.fr V *t.l.j. sf dim. lun. 14h-18h*

B DOM. DES JOUGLA Viels Arrasics 2015

■	3000		11 à 15 €

Dans ce domaine familial, qui se transmet de génération en génération depuis 1545, le chai de vinification a été construit en 1900 et rénové la dernière fois en 2007. Les 28 ha vignes sont conduits en bio certifié depuis 2009.

La syrah compose la moitié de cette cuvée aux reflets violines, complétée par du mourvèdre et du grenache à parts

LANGUEDOC

égales. Ses parfums discrets de moka, de fraise écrasée et d'épices se mêlent avec beaucoup d'élégance, tant au nez qu'en bouche. Les tanins, bien fondus, mettent en valeur la rondeur de ce vin fait pour maintenant. ⧗ 2019-2021

ALAIN JOUGLA, Le Village, 34360 Prades-sur-Vernazobre, tél. 04 67 38 06 02, info@domainedesjougla.com V t.l.j. sf mer. 9h-12h 15h-18h30

DOM. DU LANDEYRAN 2016 ★★

■	20000		5 à 8 €

Ancienne propriété de Michel et Patricia Soulier, issus du secteur bancaire, qui ont vinifié de très belles cuvées sur ce superbe terroir de schistes. Après des épreuves et des difficultés de santé, ils ont mis en vente leurs 12 ha vignes, acquis en 2012 par la famille Jeanjean, acteur de poids des vins du sud de la France, rattaché au groupe Advini.

Né d'un assemblage de syrah majoritaire (60 %), de grenache (35 %) et de carignan, ce 2016 affiche une robe sombre et offre un nez tout en finesse sur les fruits noirs, l'olive noire, la violette et le poivre de Sichuan. Les fruits rouges, des touches grillées et une note fraîche de fenouil viennent compléter cette palette dans un palais ample et puissant, aux tanins tendres, plus fermes et austères en finale. ⧗ 2020-2023 ■ **Roquebrun 2016 ★ (15 à 20 €; 4000 b.)** : syrah (70 %) et grenache noir (30 %) se marient dans ce 2016 aux reflets violets. Au nez, du fruit à l'alcool et des arômes d'élevage fumés et torréfiés (café). Au palais, de l'ampleur, un boisé fondu, des tanins encore fermes et une finale épicée. Un ensemble viril. ⧗ 2021-2026

VIGNOBLES JEANJEAN, L'Enclos, 34725 Saint-Félix-de-Lodez, tél. 04 67 88 80 00, contact@vignobles-jeanjean.com V *t.l.j. sf dim. 9h-12h 14h-19h (à la boutique Vignerons et Passions)*

♥ DOM. LA LAUZETA
Roquebrun La Lauzeta 2016 ★★★

■	3000		30 à 50 €

Thomas Hills s'est établi en 2015 sur les coteaux schisteux du nord de l'appellation saint-chinian. Il a d'emblée engagé la conversion bio de son vignoble, plus de 21 ha plantés entre 200 et 300 m d'altitude.

Après un premier coup de cœur dans l'édition précédente, avec la cuvée Mezura 2015, ce domaine fait coup double, avec cette «alouette» (*lauzeta* en occitan) qui s'élève vers le soleil. Née sur un terroir de schistes sombres comme sa robe, mariant syrah (75 %) et grenache longuement macérés et patiemment élevés en fût, elle conjugue élégance et concentration. Intense et complexe, sa palette aromatique mêle la violette, les épices, la garrigue et la torréfaction. Le palais harmonieux brille par son ampleur, sa puissance et sa charpente, étayé par des tanins encore fermes qui appellent la garde. ⧗ 2021-2027 ■ **Roquebrun Mezura 2016 ★★ (20 à 30 €; 6800 b.)** : dans la lignée du 2015, coup de cœur de la dernière édition, ce millésime demande un peu de patience. Il a pour atouts sa minéralité, ses arômes de fruits noirs (cassis écrasé), son palais gourmand, charnu, rond, suave et soyeux. ⧗ 2020-2024

THOMAS HILLS, 1, rue du Pont, 34490 Saint-Nazaire-de-Ladarez, tél. 04 67 38 18 84, tom@domainelalauzeta.com V *r.-v.*

DOM. LA LINQUIÈRE Le Chant des Cigales 2016 ★

■	14000		8 à 11 €

Le nom du domaine rappelle que le lin et le textile, avant la vigne, ont fait la prospérité de Saint-Chinian. Robert Salvestre sort de la coopérative en 2001 et reconstitue le vignoble familial, fondé au milieu du XIXes. En 2010, il disparaît et ses fils Luc et Pierre poursuivent son œuvre. Le domaine, qui couvre 25 ha sur les trois terroirs de Saint-Chinian (schistes, calcaires et grès), s'est affirmé comme l'un des porte-drapeaux de l'appellation.

La syrah (70 %) s'associe au mourvèdre et au carignan pour composer cette cuvée grenat sombre, où l'on retrouve au nez la puissance et l'élégance, marque de fabrique du domaine. Complexe et riche, la palette aromatique mêle la garrigue, l'olive noire et toute une gamme de fruits noirs à la fine note toastée laissée par les douze mois d'élevage dans le bois. Dans un même registre, la bouche offre une matière tendre et raffinée, adossée à des tanins fondus et soyeux, marquée en finale par une touche vanillée. ⧗ 2019-2023

FAMILLE SALVESTRE, 12, av. de Béziers, 34360 Saint-Chinian, tél. 04 67 38 25 87, linquiere@neuf.fr V *t.l.j. 9h-12h 14h30-19h; dim. 9h-12h*

BERNARD MAGREZ En Silence 2016

■	1200		- de 5 €

Le Bordelais Bernard Magrez, «l'homme aux quarante châteaux», propriétaire entre autres du célèbre Ch. Pape Clément (pessac-léognan) ou encore de la Tour Carnet (haut-médoc), a investi dans le Languedoc, sur différents terroirs.

En silence, Bernard Magrez s'est installé en Languedoc où il met en valeur différents terroirs. Il signe ici un saint-chinian au profil convivial et simple: robe claire, nez partagé entre cassis, fruits rouges et réglisse, relevé de poivre noir, palais frais et équilibré, aux tanins fondus. Un saint-chinian parfait pour les grillades et pour la cuisine d'été. ⧗ 2019-2020

BERNARD MAGREZ, 216, av. du Dr-Nancel-Pénard, 33600 Pessac, tél. 05 57 26 38 38, accueil@pape-clement.com V *r.-v.*

MAS D'ALBO Or brun 2015

■	2000		11 à 15 €

Le domaine a confié pendant plusieurs décennies sa vendange à la cave coopérative. En 2004, Max Azema a décidé de créer ses propres vins. Dix ans plus tard, son fils Fabien, après une décennie passée dans le secteur du social, a pris la relève. Il est à la tête de 11 ha de vignes en saint-chinian, réparties sur une vingtaine de micro-parcelles.

Issue de syrah majoritaire (80 %), de grenache et de mourvèdre, cette cuvée grenat profond offre un nez gourmand et franc, encore jeune, aux nuances suaves de fleurs et de fruits matinées d'épices. De l'attaque à la finale persistante, la bouche déroule une matière à la fois dense et soyeuse, ample et fraîche. Ce que l'on appelle l'équilibre. ⧗ 2019-2020

FABIEN AZEMA, Ceps, 34460 Roquebrun, tél. 06 80 06 99 24, masdalbo@wanadoo.fr V t.l.j. 10h-19h

MAS DE CYNANQUE Acutum 2015 ★

■	6000		11 à 15 €

Depuis sa création en 2004, ce domaine de 16 ha conduit en bio fait preuve d'une belle constance. Violaine et Xavier de Franssu, tous deux anciens élèves de l'Agro de Montpellier, savent tirer la quintessence de ce terroir atypique de grès rouge.

Composée de syrah (60 %), complétée par du grenache et du mourvèdre à parité, cette cuvée se distingue par son élégance et par son originalité, avec ses nuances toniques de verveine et d'anis. La bouche révèle une recherche réussie d'extraction qui préserve la rondeur de la matière. On y retrouve la verveine, associée aux notes vanillées et légèrement grillées de l'élevage. La légère amertume de la finale, qui s'estompera avec le temps, atteste la fraîcheur de ce vin de garde. ⧗ 2020-2025

XAVIER ET VIOLAINE DE FRANSSU, rte d'Assignan, 34310 Cruzy, tél. 04 67 25 01 34, contact@masdecynanque.com V r.-v.

DOM. LA MAURINE Secrets de Paul 2015 ★

■	15000		11 à 15 €

Carole et Sébastien Collot ont restructuré le domaine familial fondé en 1905, se sont lancés en 2003 dans la vinification et, dans une ancienne écurie restaurée au cœur du village, ont aménagé un caveau de dégustation. En conversion bio, le vignoble s'étend aujourd'hui sur 22 ha.

Une cuvée issue de syrah majoritaire. À la profondeur d'une robe presque noire répond la chaleur épicée des arômes de l'élevage, rapidement relayés par des senteurs fraîches de garrigue. La mise en bouche dévoile une matière ample et ronde, en harmonie avec des tanins fins et soyeux et des arômes de fruits noirs bien mûrs. La finale laisse le souvenir d'un vin charnu et chaleureux. ⧗ 2019-2022

COLLOT, 2, rue du Stade, 34490 Causses-et-Veyran, tél. 06 82 96 28 00, lamaurinerouge@hotmail.fr V r.-v.

CH. PECH-MÉNEL 2013

■	1300		11 à 15 €

Au cœur de la garrigue, sur une éminence (Pech), un dolmen et les vestiges d'une villa romaine témoignent de l'ancienneté de l'occupation des lieux. Les bâtiments actuels, de 1720, abritaient la bergerie des moines de Quarante. Les sœurs Marie-Françoise et Élisabeth Poux sont nées sur ce domaine de 55 ha – dont 25 ha de vignes en conversion bio, qui produisent du saint-chinian et des vins en IGP.

Marie-Françoise et Elisabeth Poux proposent une cuvée haut de gamme issue d'un assemblage de syrah (70 %) et de carignan, ce dernier vinifié en macération carbonique. La robe aux reflets brique traduit la légère évolution de ce 2013 qui demeure pourtant étonnamment jeune et intense, tant au nez qu'en bouche. À l'olfaction, des fruits mûrs et des épices; au palais, des tanins assouplis, une fraîcheur préservée en harmonie avec des arômes persistants de garrigue et de réglisse: un vin complet, équilibré et tendre, dans sa plénitude. ⧗ 2019-2023

MARIE-FRANÇOISE ET ÉLISABETH POUX, rte de Creissan, 34610 Quarante, tél. 04 67 89 41 42, pech-menel@wanadoo.fr V r.-v.

DOM. MARION PLA Premier Sceau 2015

■	12000		5 à 8 €

En 1978, Jean-Pierre Pla, après une formation d'électromécanique, décide finalement de prendre la suite de son père, modeste viticulteur (4 ha) installé dans l'aire du saint-chinian (pas encore en AOC). Sa fille Marion le rejoint. Les viticulteurs deviennent vignerons puis lancent leur étiquette en 2007. Aujourd'hui, leur domaine couvre 22 ha (en bio depuis 2010).

Né de quatre cépages (dont grenache 50 %), ce 2015 affiche une robe rubis aux nuances violettes et mêle au nez la mûre écrasée et la garrigue (thym et romarin). Tout en souplesse et en rondeur, la bouche déploie des arômes élégants et complexes de petits fruits rouges et de violette. La longue finale gourmande est marquée par une certaine fermeté tannique. ⧗ 2019-2020

DOM. MARION PLA, 15, rue de la Savonnerie, 34460 Cessenon-sur-Orb, tél. 06 83 52 46 87, marionpladomaine@orange.fr V r.-v.

DOM. DES PRADELS-QUARTIRONI Cuvée Le Moineau des glycines 2016 ★★

□	3270		8 à 11 €

Guilhem et Magali Quartironi ont pris en 2008 la suite de leurs parents Armelle et Roger à la tête de ce domaine créé en 1950 par leurs grands-parents et aujourd'hui conduit en bio. Au hameau du Priou – au sud du Caroux et de l'Espinouse –, les vignes (15,7 ha) sont implantées sur des coteaux aux sols de schistes, entre 300 et 400 m d'altitude, au-dessus de la vallée de Saint-Chinian.

Une robe scintillante, jaune pâle aux reflets verts. Intense, concentré et complexe, le nez s'ouvre sur le buis, le bourgeon de cassis, relayés par la pêche et les fleurs blanches puis par les agrumes, pamplemousse en tête. Dans le même registre, la bouche associe des notes suaves d'abricot et des nuances fraîches de pomelo. Sa matière fine, ronde et douce est équilibrée par une fraîcheur exempte de nervosité, soulignée en finale par une pointe anisée. Magnifique expression du grenache blanc (80 %) associé à la roussanne (20 %), cette cuvée s'est placée sur les rangs pour un coup de cœur. Elle s'alliera à de nombreux produits de la mer tout en pouvant être appréciée pour elle-même, à l'apéritif. ⧗ 2019-2021

QUARTIRONI, hameau Le Priou, 34360 Saint-Chinian, tél. 04 67 38 01 53, quartironipradels@gmail.com V r.-v.

CH. DU PRIEURÉ DES MOURGUES Grande Réserve 2015 ★★

■	8000		11 à 15 €

Bâti en 1820, le prieuré appartenait alors à l'évêché de Saint-Pons-de-Thomières, époque dont témoignent

LANGUEDOC

encore plusieurs calvaires. Installé en 1990, Jérôme Roger a souhaité reconstituer ce vignoble tel qu'il était au XIXᵉs. L'œuvre est achevée et les vignes couvrent aujourd'hui une surface de quelque 20 ha.

Privilégiant la syrah (75 %), ce 2015 affiche une robe profonde qui témoigne d'une belle conservation, malgré quelques reflets ambrés. D'abord discret, le nez s'ouvre à l'aération sur des senteurs complexes de petits fruits noirs, de cacao et d'épices, mâtinées d'une pointe de cuir. D'une remarquable tenue en bouche, ce vin a pour atouts la largeur de sa gamme aromatique, sa densité, son acidité maîtrisée et ses tanins fermes et soyeux. Frais, élégant et complet, harmonieux dès aujourd'hui, il gagnera en fondu avec le temps. ⧗ 2019-2025

CH. DU PRIEURÉ DES MOURGUES, 34360 Pierrerue, tél. 04 67 38 18 19, prieure.des.mourgues@wanadoo.fr V r.-v.

CAVE DE ROQUEBRUN
Roches noires Macération 2016 ★

■ | 300000 | | 8 à 11 €

Inclus dans l'aire AOC saint-chinian, le village de Roquebrun, à 30 km au nord de Béziers, bénéficie d'un microclimat permettant la culture des orangers et d'un terroir de schistes qui lui valent une dénomination particulière. La Cave de Roquebrun, créée en 1967, dispose de 650 ha de vignes. Exigeante, la coopérative pratique des sélections parcellaires selon les cépages, les vignobles et les maturités.

Vinifiée en macération carbonique, cette cuvée emblématique de la cave de Roquebrun a plusieurs coups de cœur à son actif. Le 2016 revêt une robe sombre et libère des senteurs de petits fruits noirs bien mûrs alliés à d'intenses parfums de garrigue, relayées par des notes d'épices douces et des touches fumées. Des nuances fraîches de sous-bois et d'eucalyptus se font jour dans une bouche ample, suave, veloutée à souhait. Une belle personnalité, à apprécier dès aujourd'hui. ⧗ 2019-2022 ■ **Les Fiefs d'Aupenac 2017 ★ (11 à 15 €; 80000 b.)** : assemblage de roussanne et de grenache blanc, ce vin a bénéficié d'une macération pelliculaire avant un élevage en fût. Dans le verre, des reflets dorés. Au nez, des fleurs, de l'abricot, de l'amande et un boisé vanillé, grillé et fumé. En bouche, de la rondeur alliée à une pointe d'acidité, une finale fraîche aux accents d'agrumes. Une réelle harmonie. ⧗ 2019-2021

CAVE DE ROQUEBRUN, 62, av. des Orangers, 34460 Roquebrun, tél. 04 67 89 64 35, cave@cave-roquebrun.fr V r.-v.

DOM. DU SACRÉ-CŒUR JM Cuvée Jean Madoré 2016

■ | 3000 | | 15 à 20 €

La famille Cabaret est installée depuis 1991 à Assignan. Luc a pris la succession de son père Marc en 2007, mais tous deux travaillaient depuis longtemps côte à côte – la vigne certes (40 ha en saint-chinian et en muscat-de-saint-jean-de-minervois), mais pas seulement: ici, on propose aussi de l'huile d'olive et des navets de Pardailhan. Et l'épouse du propriétaire tient l'épicerie fine du village.

Issue de quatre cépages, syrah en tête, une cuvée au caractère frais et fruité, avec ses arômes de menthol et de petites baies rouges. Intense et fine au palais, elle porte encore l'empreinte de son séjour dans le bois, marquée en finale par une touche vanillée – la signature de la barrique. ⧗ 2019-2020

LUC CABARET, Dom. du Sacré-Cœur, 34360 Assignan, tél. 04 67 38 17 97, gaecsacrecoeur@wanadoo.fr V *t.l.j. 9h-12h 14h-19h*

DOM. LA SERVELIÈRE
Le Roc de la Baumelle 2016 ★★

■ | 3330 | | 8 à 11 €

La Servelière est l'ancien nom du village de Babeau, où est établi ce domaine familial, en plein cœur du terroir de schistes de l'appellation saint-chinian. À la tête de l'exploitation, Joël Berthomieu a, en vingt ans, doublé la superficie des vignes cultivées, portant celle-ci de 12 à 26 ha. L'ancienne bergerie abrite le caveau de dégustation.

Né de syrah majoritaire, ce vin à la robe profonde s'ouvre après une légère aération sur des arômes gourmands de moka, de chocolat, puis de fruits noirs (myrtille, cassis) et de poivre. Cette palette se retrouve dans un palais ample et charnu, dont la rondeur suave est mise en valeur par des tanins doux soulignant une longue finale racée. Un millésime qui donnera le meilleur de lui-même après une petite garde. ⧗ 2020-2023

JOËL BERTHOMIEU, 1, rue des Cèdres, 34360 Babeau-Bouldoux, tél. 04 67 38 17 08, joel.berthomieu@orange.fr V *t.l.j. sf dim. lun. 9h30-12h 15h-19h; dim. 9h-13h*

♥ VIGNES ROYALES Rieu Berlou 2016 ★★

■ | 9000 | | 8 à 11 €

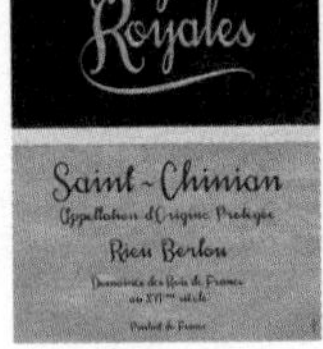

Fille de Jean Vialade, vigneron bien connu des Corbières, Claude Vialade a dirigé le syndicat des corbières avant de reprendre et de restaurer en 1995 les propriétés familiales (Ch. Cicéron, Ch. Saint-Auriol, Ch. Vialade et Corbières Montmija), tout en créant une importante maison de négoce.

Plus d'une fois retenue, cette cuvée a fait l'unanimité dans ce millésime. D'un grenat lumineux, elle affiche son caractère dans son bouquet mêlant le thym de la garrigue, la tapenade, les fruits frais, le poivre et la réglisse. Cette gamme aromatique se confirme dans un palais ample, puissant et frais, adossé à des tanins soyeux. La longue finale délicatement grillée laisse le souvenir d'une remarquable harmonie, à apprécier dès aujourd'hui ou dans quelques années. ⧗ 2019-2022

LES DOMAINES AURIOL, 12, rue Gustave-Eiffel, ZI Gaujac, 11200 Lézignan-Corbières, tél. 04 68 58 15 15, adm.achat-vins@les-domaines-auriol.eu V r.-v.

CH. VIRANEL Tradition 2017 ★★

■ | 10000 | | 8 à 11 €

Histoire familiale et patrimoine se transmettent depuis 1551 sur cette propriété en terrasses dominant la vallée de l'Orb, dans l'aire du saint-chinian. Depuis 2012, la dernière génération, représentée par Arnaud et Nicolas Bergasse, conduit le vignoble qui couvre aujourd'hui 40 ha.

La cuvée Tradition se décline en rouge et en blanc. La version blanche assemble quatre cépages (dont 60 % pour le grenache blanc). D'un jaune pâle scintillant aux reflets verts, elle libère des parfums aussi intenses que variés: buis, poire, pêche de vigne, pamplemousse et fruits exotiques. Cette riche palette se prolonge jusqu'en finale dans un palais joyeux, frais et fruité, montrant un équilibre parfait entre fraîcheur et rondeur. ⧗ 2019-2020 ■ **Tradition 2015 ★ (8 à 11 €; 30000 b.)** : la version rouge de la cuvée Tradition séduit par sa souplesse, sa fraîcheur, ainsi que par ses arômes de ciste, de garrigue, de cerise et d'épices douces, teintés au palais d'une légère touche boisée. ⧗ 2019-2020

⊶ ARNAUD ET NICOLAS BERGASSE, rte de Causses-et-Veyran, 34460 Cessenon-sur-Orb, tél. 04 67 89 60 59, contact@viranel.fr V 🚶 ! *t.l.j. sf sam. dim. 9h-12h 14h-18h*

MUSCAT-DE-LUNEL

Superficie : 321 ha / Production : 8 206 hl

Implanté entre Nîmes et Montpellier, le vignoble est principalement installé sur des nappes de cailloutis de plusieurs mètres d'épaisseur à ciment d'argile rouge. Le seul muscat à petits grains est à l'origine de vins doux naturels qui doivent garder au minimum 110 g/l de sucre.

♥ DOM. DES AIRES 2017 ★★★

■ | 9934 | ▮ | 8 à 11 €

En créant le domaine en 1986, Robert Brun a misé d'emblée sur la vente directe. Son fils Christophe, après avoir été professeur d'espagnol pendant six ans, a repris l'exploitation paternelle en 2012: 19 ha, du muscat à petits grains et d'autres cépages pour les IGP.

Avec son teint très pâle, on pourrait croire à un manque de soleil et d'expression. Au contraire, ses arômes jaillissent du verre, exubérants au nez comme en bouche: finesse des agrumes et de la mangue, suavité de la poire juteuse et bien mûre, fraîcheur subtile de l'aubépine et du sureau en fleur. La minéralité du terroir caillouteux se fait jour dans un palais ample et plein, jouant avec des touches épicées qui s'harmonisent avec une chaleur douce, mesurée, équilibrée en finale par une vivacité mentholée et par des notes de fruits exotiques délicatement citronnées. ⧗ 2018-2021

⊶ CHRISTOPHE BRUN, 67, rue des Aires, 34400 Lunel, tél. 04 67 71 12 08, domainedesaires@yahoo.fr V 🚶 ! *t.l.j. 8h-18h; 8h-19h30 (été)*

MAS DE BELLEVUE Lacoste 2017 ★

■ | 20000 | 8 à 11 €

Situé sur les hauteurs de Saturargues, le domaine porte bien son nom. La vue panoramique donne sur la mer au sud et la montagne au nord. Racheté aux époux Lacoste en 2010 par Nicolas Charrière, ancien directeur d'une coopérative ardéchoise, le Clos de Bellevue compte 15 ha. Le vigneron cultive du muscat dont il tire les vins les plus divers: outre le muscat-de-lunel, des vins hors appellation (muscats secs, pétillants, carthagène…). Il propose aussi des languedoc.

Cette cuvée en hommage aux Lacoste, les anciens propriétaires, est une valeur sûre de l'appellation. Le nez, bien typé, associe la fleur blanche et le sureau à une touche de mandarine. De style plus moderne, fraîche et délicate, la bouche déploie des arômes de pêche, de poire et de fruits exotiques puis se fait plus volumineuse et suave, tonifiée par une pointe d'orange amère bienvenue. ⧗ 2018-2021

⊶ NICOLAS CHARRIÈRE, Mas de Bellevue, 34400 Saturargues, tél. 04 67 83 24 83, leclosdebellevue@gmail.com V 🚶 ! *t.l.j. sf dim. 9h-12h 15h-19h*

MUSCAT DE LUNEL Cuvée Prestige 2017 ★

■ | 12000 | ▮ | 8 à 11 €

Créée en 1957, la coopérative de Lunel réunit plus de 90 adhérents qui cultivent environ 350 ha sur grès et galets roulés, dont 70 % sont dédiés au muscat à petits grains à l'origine du muscat-de-lunel et le reste à des vins de pays et à des effervescents.

Ce muscat aux reflets scintillants, or et verts, charme par l'intensité et la vivacité de son nez tout en fruits frais – poire, pêche et fruits exotiques, nuancés d'une touche de menthe. En bouche, il mêle avec bonheur le litchi à des notes acidulées de citron vert. Un litchi que l'on retrouve dans une finale à la fois chaleureuse, aérienne et charmeuse. ⧗ 2018-2021

⊶ SCA DU MUSCAT DE LUNEL, rte de Lunel-Viel, 34400 Vérargues, tél. 04 67 86 00 09, info@muscat-lunel.com V 🚶 ! *r.-v.*

MUSCAT-DE-FRONTIGNAN

Superficie : 812 ha / Production : 19 666 hl

Reconnu en 1936, le frontignan a été le premier muscat à obtenir l'appellation d'origine contrôlée. Il naît entre Sète et Mireval. Le vignoble, exposé au sud-est, est abrité des vents du nord par le massif de la Gardiole. Il s'enracine dans des terrains secs, caillouteux, pierreux, issus de couches jurassiques, molassiques et d'alluvions anciennes – des sols ingrats pour toute autre culture. Autrefois appelé «muscat doré de Frontignan», le muscat à petits grains est le cépage exclusif de l'appellation. Avec un minimum de 110 g/l de sucre, les frontignan sont des vins doux naturels puissants; ils ne manquent pourtant jamais d'élégance.

MAS ROUGE 2017 ★

■ | 5000 | ▮ | 11 à 15 €

Un mas (rouge effectivement) entre Méditerranée et étangs, niché au cœur du bois des Aresquiers. Julien Cheminal, qui l'a acquis en 1997, en a restauré sans relâche le vignoble (35 ha), ainsi que le chai à l'imposante charpente. Il vinifie depuis 2002, montrant une belle régularité dans ses vins doux de muscat, en mireval et frontignan. Il développe aussi une production de vins secs en IGP.

Coup de cœur dans l'AOC voisine mireval, ce vigneron a soumis à nos dégustateurs un frontignan très apprécié pour son bouquet floral intense et tout en finesse, bien typé de l'appellation, puis par son harmonie en bouche, où la vivacité suave de l'ananas s'allie à des impressions de fraîcheur et de légèreté, avant une finale moelleuse et caressante. ⧗ 2018-2021

SCEA LES ARESQUIERS, Mas Rouge, 34110 Vic-la-Gardiole, tél. 04 67 51 66 85, contact@domainedumasrouge.com t.l.j. sf dim. 10h-13h 15h-19h

CH. DE LA PEYRADE Sol invictus 2017 ★★

■	7000	🍾	8 à 11 €

Le Ch. de la Peyrade a été construit à la fin du XVIII[e]s. sur un léger promontoire au bord de l'étang des Eaux blanches, face à l'île de Sète. Son vignoble de 24 ha est entièrement dédié au muscat blanc à petits grains. Une valeur sûre de l'appellation.

Les deux cuvées phares du domaine sont l'une comme l'autre sélectionnées. Sol invictus dépasse d'une courte tête la cuvée Prestige, sans doute grâce à son expression aromatique au nez, où la puissance tonique des agrumes s'allie à la délicatesse des fleurs blanches. Le sureau en fleur et l'orange confite viennent compléter cette palette dans une bouche élégante, fraîche et tonique, à la finale soyeuse. Un frontignan moderne. ⧗ 2018-2021 ■ **Prestige 2017 ★ (8 à 11 €; 20000 b.)** : un muscat plus traditionnel que Sol invictus, plus chaleureux et doux, aux arômes de fleurs blanches rehaussées de touches surprenantes de vanille et d'épices. Dense et vigoureux de bout en bout, il représente le classicisme à la mode de Frontignan. ⧗ 2018-2023

RÉMI ET BRUNO PASTOUREL ET FILS, chem. Bas de la Gaze, 34110 Frontignan, tél. 04 67 48 61 19, info@chateaulapeyrade.com t.l.j. sf dim. 9h-12h 14h-18h30

DOM. PEYRONNET Cuvée Belle Étoile 2017 ★★

■	7000	🍾	11 à 15 €

Le petit commerce de vins et muscats installé en 1935 dans l'ancienne forge de l'arrière-grand-père est toujours là. L'achat de la première parcelle date de la même époque. Œnologue, Alain Peyronnet a repris en 1990 le vignoble familial – 12 ha dédiés au muscat – et montre une régularité sans faille.

Décidément, cette Belle Étoile n'est pas filante, gardant son éclat au fil des millésimes. D'un jaune d'or intense, le 2017 évoque toujours un jardin exotique avec ses senteurs de litchi, rehaussées de notes chaleureuses de cocktail épicé. L'abricot frais, charnu et acidulé, s'épanouit dans une bouche onctueuse, rejoint par les fruits secs. La finale chaleureuse est vivifiée par une touche de menthe poivrée. ⧗ 2018-2022

ALAIN PEYRONNET, 9, av. de la Libération, 34110 Frontignan, tél. 04 67 48 34 13, caves.favier-bel@wanadoo.fr t.l.j. 9h-12h 14h-19h

CH. DE PEYSSONNIE 2017 ★★

■	70000	🍾	5 à 8 €

Fondée dès 1904, la cave de Frontignan (devenue Frontignan Muscat) dispose aujourd'hui plus de 600 ha (dont plus de 540 en AOC) cultivés par 150 coopérateurs; elle fournit 85 % de l'AOC muscat-de-frontignan, tout en déclinant de multiples styles de vins à base de muscat à petits grains.

Située dans la partie la plus orientale de l'appellation, tout près du littoral, un fleuron de la cave, ancienne propriété des évêques de Montpellier: 20 ha de vignes vendangés à la main. Son muscat offre un nez aussi explosif qu'original, sur la garrigue, le serpolet, la menthe et l'amande amère. Plus fruitée, la bouche se partage entre les fruits exotiques (litchi), les fruits blancs acidulés (pomme Granny) et des nuances suaves d'abricot confit. Sa matière ronde et onctueuse, sa finale chaleureuse et suave sont typiques de l'appellation. ⧗ 2018-2021 ■ **Ch. Six Terres 2017 ★ (5 à 8 €; 50000 b.)** : né en 1865 du remembrement de six parcelles, un vignoble de 20 ha dominant l'étang de Thau, dédié à l'origine à la production de vermouth. Dans le verre, des évocations de verveine, de menthe poivrée et de citron. En bouche, des notes acidulées de fruits exotiques alliées à des nuances suaves de miel de garrigue et de pâte de coing. De la douceur, de l'intensité et du volume: un muscat élégant. ⧗ 2018-2021 ■ **Cave de Frontignan Vingt ans d'âge Vieilli en fût de chêne ★ (8 à 11 €; 5000 b.)** : les muscats s'apprécient le plus souvent sur leur fruit. Celui-ci, élevé dans le bois comme un rivesaltes ou un maury ambré, est une curiosité: robe ambrée, nez intense et complexe sur les fruits secs (noix, amande), matière douce et patinée aux accents de kirsch, rafraîchie en finale par une pointe de zeste d'orange. De garde. ⧗ 2018-2028

SCA FRONTIGNAN MUSCAT, 14, av. du Muscat, BP 136, 34112 Frontignan Cedex, tél. 04 67 48 12 26, contact@frontignanmuscat.fr t.l.j. 9h30-12h30 14h30-18h

MUSCAT-DE-MIREVAL

Superficie : 275 ha / Production : 6 211 hl

Ce vignoble est bordé par Frontignan à l'ouest, le massif de la Gardiole au nord et la mer et les étangs au sud. D'origine jurassique, les sols se présentent sous forme d'alluvions anciennes de cailloutis calcaires. Le cépage exclusif est le muscat à petits grains; le mutage est effectué assez tôt, car les vins doivent avoir un minimum de 110 g/l de sucre; ceux-ci sont fruités et liquoreux, avec onctuosité.

DOM. DE LA BELLE DAME
La Verte printanière 2017 ★★

■	3000	🍾	8 à 11 €

Jean-Luc Mazas a créé en 1996 ce domaine qui couvre 19 ha. Depuis 2007, il vinifie sa récolte et commercialise ses vins – secs, pétillants et VDN (muscat-de-mireval). Il propose aussi des produits du terroir. Il a engagé la conversion bio de son exploitation, située dans un secteur classé en zone Natura 2000.

Le millésime précédent de cette cuvée avait décroché un coup de cœur. Ce 2017 est très proche de son devancier: on lui trouve autant de finesse, de prestance et une expression aromatique tout aussi intense. Au nez, des fruits et des fleurs exotiques, relevés d'épices. En bouche, du coulis de mangue, des fruits jaunes comme la nectarine, rafraîchis par des touches de menthe poivrée et d'ananas. Une palette mise en valeur par une bouche élégante, charmeuse et mutine, à la finale tout en dentelle. ⧗ 2018-2021

JEAN-LUC MAZAS, 135, chem. de la Tieulière, 34110 Mireval, tél. 06 62 24 10 10, contact@belledame.fr V r.-v.

♥ MAS ROUGE 2017 ★★★

■	6000		11 à 15 €

Un mas (rouge effectivement) entre Méditerranée et étangs, niché au cœur du bois des Aresquiers. Julien Cheminal, qui l'a acquis en 1997, en a restauré sans relâche le vignoble (35 ha), ainsi que le chai à l'imposante charpente. Il vinifie depuis 2002, montrant une belle régularité dans ses vins doux de muscat, en mireval et frontignan. Il développe aussi une production de vins secs en IGP.

Le domaine obtient son quatrième coup de cœur dans cette appellation avec ce muscat qui séduit d'emblée par son nez harmonieux déployant une belle gamme de fruits jaunes, entre pêche et abricot. Sa séduction se confirme en bouche, où ses arômes d'orange amère confite et de zeste de citron vert, nuancés de litchi, s'accordent à un côté aérien, svelte et acidulé: autant de traits qui en font l'archétype du muscat moderne. Finesse, douceur, intensité, richesse: un très grand mireval. ⧗ 2018-2021

SCEA LES ARESQUIERS, Mas Rouge, 34110 Vic-la-Gardiole, tél. 04 67 51 66 85, contact@domainedumasrouge.com V *t.l.j. sf dim. 10h-13h 15h-19h*

MUSCAT-DE-SAINT-JEAN-DE-MINERVOIS

Superficie : 185 ha / Production : 5 522 hl

Constitué de parcelles imbriquées dans la garrigue, le vignoble est perché à 200 m d'altitude. Il s'ensuit une récolte tardive – près de trois semaines environ après les autres appellations de muscat de l'Hérault. Seul cépage autorisé, le muscat à petits grains plonge ses racines dans des sols calcaires d'un blanc étincelant où apparaît parfois le rouge de l'argile. Les vins doivent avoir un minimum de 125 g/l de sucre. Ils sont très aromatiques, avec beaucoup de finesse, de fraîcheur et des notes florales caractéristiques.

DOM. DE BARROUBIO Carte noire 2017 ★★

■	50000	8 à 11 €

La famille est établie dans le Minervois depuis la fin du XVᵉs. Installé en 2000, Raymond Miquel exploite 60 ha, dont 31 ha sont dédiés à la vigne. Référence en muscat-de-saint-jean-de-minervois, le domaine propose aussi des rouges intéressants en AOC minervois.

Il ne se passe pas de millésime sans que Raymond Miquel n'abatte sa Carte noire; cette cuvée est cette année son atout maître, grâce à son nez exubérant d'agrumes, rehaussé d'un soupçon d'essence de menthe et de verveine; puis à son harmonie en bouche, où l'on retrouve ce fondu délicat, cette souplesse et ce juste équilibre entre une vivacité aux accents d'abricot frais et une onctuosité teintée de poire Williams bien mûre et charnue. ⧗ 2018-2021 ■ **Dieuvaille 2016 ★ (11 à 15 €; 5000 b.)** : son nom fait référence à la splendide chapelle du XIIᵉs. que l'on voit sur le domaine. Un petit cran en dessous de la Carte noir, ce muscat mise sur la densité et la puissance dans un registre traditionnel, en harmonie avec des arômes de fruits séchés, de figue et d'orange. Il n'oublie pas pour autant la marque de fabrique Barroubio: un moelleux tonifié par la vivacité des agrumes et d'une touche de menthe. ⧗ 2018-2021

RAYMOND MIQUEL, Barroubio, 11, chem. des Jardins, 34360 Saint-Jean-de-Minervois, tél. 04 67 38 14 06, barroubio@barroubio.fr V *t.l.j. 10h-12h 14h-18h*

CLOS BAGATELLE Bagatelle 2017

■	13000		8 à 11 €

En 1623, un ancêtre, artisan drapier, s'établit à Saint-Chinian, au lieu-dit Bagatelle. Au XXᵉs., le domaine est transmis de mère en fille. Le vignoble est replanté dans les années 1960, avec une extension sur un terroir de muscat. Depuis 1993, ce sont Christine Deleuze (au commercial) et son frère Luc Simon (à la vigne) qui sont aux commandes des 60 ha de vignes familiales, à l'origine de saint-chinian et de muscat-de-saint-jean-de-minervois appréciés. Une valeur sûre.

Translucide, oui, mais pas pour autant transparent. Bien au contraire, ce muscat tranche sur les autres avec ses fragrances surprenantes de pivoine et d'ananas. La bouche semble plus classique, offrant des fruits à chair blanche sur une matière douce et onctueuse. Cependant, la finale marquée par une touche d'amertume aux accents de gentiane – une amertume typée du cépage – lui donne du relief, de la complexité et une certaine originalité. ⧗ 2018-2021

CLOS BAGATELLE, 34360 Saint-Chinian, tél. 04 67 93 61 63, closbagatelle@wanadoo.fr V *t.l.j. 9h-12h 14h-18h* *Luc Simon*

ÉCLAT BLANC 2017 ★★

■	10000		11 à 15 €

Fondée en 1955, la coopérative Le Muscat – autrement nommée Les Vignerons de Saint-Jean –, a contribué au renouveau de ce cépage traditionnel, qui n'occupait qu'une dizaine d'hectares au début du siècle dernier. Elle regroupe les 220 ha de ses adhérents et fournit la moitié des volumes de l'appellation muscat-de-saint-jean-de-minervois. Elle fournit aussi des minervois rouges et des IGP Pays d'Oc.

Les deux cuvées présentées par la coopérative font à peu près jeu égal, le jury montrant toutefois une petite préférence pour l'Éclat blanc, bien nommé tant ses reflets diaphanes scintillent dans le verre. Cette sélection des meilleures parcelles séduit par son bouquet floral très printanier, entre tilleul et acacia. En bouche, la palette s'oriente vers les agrumes, clémentine et citron vert – des notes acidulées à l'unisson d'une matière charnue et fraîche. La finale laisse une sensation de douce harmonie. ⧗ 2018-2021 ■ **Sélection Petit Grain**

2017 ★★ (8 à 11 €; 30000 b.) : bien connue des lecteurs, une cuvée fidèle à elle-même – le fruit d'une sélection des premiers jus de goutte. Une vinification soignée à basse température conserve la jeunesse des arômes exotiques, litchi frais et ananas. Un muscat onctueux et exubérant, relevé en finale par une pointe de gingembre. ⧗ 2018-2021

SCA LE MUSCAT, 2, pl. du Muscat, 34360 Saint-Jean-de-Minervois, tél. 04 67 38 03 24, lemuscat@wanadoo.fr V t.l.j. 9h-12h 14h-18h

♥ DOM. MARCON Petit Grain 2017 ★★★

■	10000	8 à 11 €

Fils de viticulteur, Philippe Marcon, installé en 1989, fait ses premières gammes comme coopérateur et préside aux destinées de la cave pendant trois ans. En 2010, il décide de voler de ses propres ailes et de vinifier ses propres vins. Il dispose aujourd'hui de 13,5 ha de vignes. Si le caveau de dégustation se trouve à Saint-Chinian, le vignoble est implanté au hameau de Barroubio, à Saint-Jean-de-Minervois.

Ce vigneron perfectionniste a pris la pleine mesure de son magnifique terroir. À force de s'approcher des sommets, il a fini par les atteindre avec ce sublime 2017. Dès l'approche, ce vin allie caractère et élégance, offrant un nez charmeur, intensément floral. En bouche, il monte en puissance, sans rien perdre de sa grâce et de sa légèreté, sur des arômes frais et suaves de verveine rejoints par des notes plus acidulées de zeste de citron. Fondu, consistance, finesse: c'est le muscat de l'année! ⧗ 2018-2021

PHILIPPE MARCON, 30, rue du Magot, 34360 Saint-Chinian, tél. 06 15 02 18 34, marconp@wanadoo.fr V r.-v.

IGP AUDE

LA VILLATADE 2017 ★

■	1000		8 à 11 €

Acquis en 2016 par Richard Andreelli, ce domaine est situé sur une colline de schistes, de marnes et de calcaires sur les contreforts des montagnes noires. Offrant gîte et tables d'hôtes, il s'étend sur 130 ha d'un seul tenant, dont 11 ha de vignes en production et 5 ha de jeunes vignes.

Sur les schistes du domaine, carignan, grenache et syrah s'expriment pleinement dans ce rosé aux reflets tuilés, ouvert sur de belles senteurs de verveine citron, de cerise à l'alcool et d'épices de la garrigue. Passé une attaque fraîche, on découvre une bouche chaleureuse et ronde, aux saveurs étonnantes de bergamote et de résineux. ⧗ 2018-2020

EARL LA VILLATADE, Lieu-dit La Villatade, 11600 Sallèles-Cabardès, tél. 04 68 77 57 51, wine@villatade.com V t.l.j. 10h-19h; f. janv.-fév. Richard Andreelli

IGP CÉVENNES

DOM. DE BERGUEROLLES
Épisode cévenol Marsanne Viognier Sauvignon 2017 ★

■	11000	5 à 8 €

Robert Saint Étienne acheta en 1967 ce domaine alors à l'abandon, qu'il restaura et transmit en 1991 à sa fille et à son gendre. En 2010, la troisième génération, représentée par Mathieu Manifacier, a pris les rênes de l'exploitation. Limité par un méandre de la Cèze, planté de 17 cépages, le vignoble s'étend sur 45 ha en IGP cévennes.

Sa robe claire et légère aux reflets argentés pourrait laisser croire à un tempérament réservé. Il n'en n'est rien: le nez s'ouvre sur des senteurs intenses de fleurs blanches et d'agrumes, et la bouche, onctueuse, équilibrée par une belle fraîcheur en finale, déploie des arômes persistants de pêche et d'abricot. La marque du viognier, majoritaire dans cette cuvée (80 %, avec la marsanne et le sauvignon en appoint). ⧗ 2019-2022 ■ **Épisode cévenol Cinsault Syrah Grenache 2017 ★ (5 à 8 €; 20000 b.)** : plantés sur des sols limono-argileux, la syrah, le grenache et le cinsault composent un rosé pâle, dominé au nez par des notes de citron et de pamplemousse. L'attaque est franche, le milieu de bouche plus gras, mais avec en soutien une trame de fraîcheur aux tonalités d'agrumes qui soutient bien le vin. ⧗ 2018-2019

MATHIEU MANIFACIER, 109, chem. de Cambricou, 30500 Saint-Ambroix, tél. 04 66 24 01 84, domaine.berguerolles@orange.fr V t.l.j. sf dim. 9h-12h30 14h30-18h30 Mathieu Manifacier

BOS DE CANNA Les Boréales 2017 ★

■	4200		- de 5 €

Aurore Baniol a quitté avec enthousiasme les ressources humaines pour revenir en 2017 travailler une partie – 6 ha morcelés sur trois communes gardoises – de la propriété familiale rebaptisée pour l'occasion: l'ancien domaine Serres Cabanis a pris le nom d'une cuvée, Bos de Canna. L'exploitation amorce aussi sa conversion bio. À la carte de la jeune vigneronne, des languedoc et des IGP cévennes.

Issue d'une macération courte, une syrah bien typée dans un style souple et élégant: la robe montre d'intenses reflets violines; le nez très floral marie la violette à la réglisse; la bouche se déploie avec persistance sur des tanins veloutés. On verrait bien cette bouteille sur de la volaille ou des viandes blanches. ⧗ 2019-2022

AURORE BANIOL, 88 A, rte des Vigneaux, 30350 Mauressargues, tél. 06 61 92 76 25, baniolaurore@yahoo.fr V r.-v.

DOM. CHABRIER 2017 ★

■	14000		5 à 8 €

Constitué en 1925 par Louis Chabrier, ce domaine a été repris en 1988 par les petits-fils du fondateur,

Christophe et Patrick, qui ont créé la même année leur cave particulière. La propriété compte aujourd'hui 65 ha de vignes éparpillées en une mosaïque de terroirs. À sa carte, du duché-d'uzès et des IGP.

Ce chardonnay mêle au nez fleurs blanches, fruits compotés et notes briochées. En bouche, il allie volume, rondeur suave et générosité à une vivacité teintée de minéralité. Ce que l'on appelle l'équilibre. ⧗ 2019-2022

SCEA DOM. CHABRIER FILS, chem. du Grès, 30190 Bourdic, tél. 04 66 81 24 24, domaine.chabrier@terre-net.fr V t.l.j. sf dim. 9h-12h 14h30-18h30

DOM. DE COULORGUES Les Prémices 2016 ★★

■ | 2500 | | 8 à 11 €

Son métier de sommelier exercé dans un restaurant étoilé parisien a donné à Frédéric Kchouk l'envie de produire du bon vin. Après un cursus théorique à la faculté de Dijon et une formation de tractoriste, il achète sa première parcelle en 2012, puis reprend le vignoble du Mont Bouquet à Seynes: 6 ha sur éboulis calcaires, à 280 m d'altitude. Il propose des duché-d'uzès et des IGP cévennes.

Nés de syrah (60 %) et de grenache, des Prémices très prometteurs... Avec sa robe intense et jeune, aux reflets violines, ses arômes de fruits mûrs et d'épices, poivre en tête, et sa structure affirmée, voilà un vin authentique qui se bonifiera avec le temps. ⧗ 2019-2023

FRÉDÉRIC KCHOUK, 2, rue de la croix, 30180 Saint-Just et Vacquières, tél. 06 60 11 42 64, frederic.kchouk@hotmail.fr V t.l.j. 14h-19h

DOM. GALANT Merlot 2016 ★

■ | 2200 | | 5 à 8 €

On retrouve la trace des Galants vignerons dès le XVII[e]s. sur la commune d'Aubussargues. Olivier Galant y conduit depuis 1998 les 40 ha de vignes familiales et a entrepris ses premières vinifications au domaine en 2014 après être sorti de la cave coopérative.

Les amoureux de vins chaleureux et expressifs seront servis avec celui-ci, d'un pourpre intense, dense et puissant, au nez de pruneau et de fruits confiturés. Une bouteille flatteuse et consensuelle qui montre que le merlot sait aussi s'exprimer en occitan. ⧗ 2019-2022

OLIVIER GALANT, Les Boudouses, 30190 Aubussargues, tél. 06 81 12 16 50, clos-galant@sfr.fr V t.l.j. sf dim. 10h-12h 15h-19h

Ⓑ LE BRETON VIAL Coste Joulène 2016 ★

■ | 1600 | | 15 à 20 €

Julie Le Breton et Christophe Vial ont créé en 2016 le Domaine LBV près d'Uzès. Ils conduisent en bio un vignoble 5 ha qu'ils espèrent agrandir.

Toute l'expression de la syrah sur un terroir argilo-calcaire et frais: puissance aromatique au nez comme en bouche, sur des notes de cassis frais, de petites baies et de réglisse; ampleur de la structure et longueur. Une bouteille très agréable. ⧗ 2019-2022

CHRISTOPHE VIAL, 6, imp. du Barry, 30700 Montaren-et-Saint-Médiers, tél. 06 87 35 27 41, contact@lebretonvial.fr V r.-v.

♥ DOM. LES LYS La Grande 2015 ★★

■ | 2500 | | 15 à 20 €

Ce vignoble s'étend sur 25 ha de vignes à la frontière des Côtes-du-Rhône et des Cévennes. Marie-Hélène Veyrunes et Thomas Faure sont à la tête de cette exploitation en conversion bio.

Le terroir des Cévennes rend ici hommage à la syrah, mise en valeur par une réelle maîtrise de l'élevage. Après un séjour de douze mois en demi-muids de 600 l, le vin charme par la richesse de son nez: les baies sauvages comme l'arbouse s'allient au bois de réglisse et à des notes fumées. En bouche, le gras, la fraîcheur, les tanins fins bien patinés et une longue finale confèrent à cette bouteille une rare élégance. ⧗ 2019-2022 ■ **Sainte-Anastasie 2015 ★★ (15 à 20 €; 1500 b.)** Ⓑ : une remarquable harmonie entre les notes boisées et vanillées de l'élevage en fût et la puissance aromatique de ce chardonnay aux arômes de fruits exotiques persistants et très fins. ⧗ 2019-2022

MARIE-HÉLÈNE VEYRUNES ET THOMAS FAURE, rte d'Uzes, 30700 Blauzac, tél. 04 66 59 33 08, contact@les-lys.fr V t.l.j. sf sam. dim. 9h30-12h30 14h-17h30

Ⓑ MAS BRÈS Pinot noir 2016 ★

■ | 29000 | | 5 à 8 €

Prenant en 1983 les commandes de l'exploitation fruitière achetée par son père à la fin des années 1950, Maurice Barnouin développe un vignoble sur ces terres fraîches du piémont cévenol. Il mise sur les vins de cépage. Aujourd'hui, la famille dispose de 180 ha en deux exploitations: le Dom. de Gournier et, depuis 2009, le Mas Brès, 45 ha exploités en bio et plantés de 23 cépages différents.

Venu de Bourgogne et des régions fraîches du Nord-Est, le pinot noir donne des vins sans intérêt dans les vignobles chauds, mais il peut réussir sur ces terres cévenoles. Celui-ci n'en offre pas moins un côté très méditerranéen, conjuguant finesse et générosité. Le nez marie dans une belle harmonie les fruits rouges à des notes fumées et épicées. La bouche surprend par son ampleur et sa suavité. Un ensemble flatteur. ⧗ 2019-2021

MAURICE BARNOUIN, 59, rue de la Plaine, 30190 Boucoiran, tél. 04 66 83 30 91, domaine.gournier@wanadoo.fr V t.l.j. sf sam. dim. 8h-12h 14h-18h

MAS DES CABRES Équinoxe 2017 ★

■ | 5000 | | 5 à 8 €

Les Boutin sont présents à Aspères depuis 1724, et Florent est depuis 2003 à la tête du domaine familial et de ses 13 ha de vignes, dont il a engagé la conversion bio. Cet ingénieur agronome et œnologue est aussi le président du terroir Sommières officiellement reconnu en 2011.

Un assemblage original de merlot (55 %), de cinsault (30 %) et de muscat de Hambourg. Il en résulte un vin

LANGUEDOC

très équilibré, aux arômes de fruits noirs confiturés et à la bouche ronde, tonifiée par une finale expressive et fraîche. Parfait pour les grillades. ⧗ 2019-2021

FLORENT BOUTIN, 12, Le Plan, 30250 Aspères, tél. 06 23 68 14 24, masdescabres@hotmail.fr r.-v.

MAS SEREN Étincelle nomade 2017

	5000		8 à 11 €

Ce domaine, créé en 2009 par Emmanuelle Schoch, ancienne technicienne viticole, étend son vignoble sur 6 ha perchés à 300 m d'altitude et entourés de garrigues et de bois de chênes, sur la commune de Monoblet dans le Gard, à proximité d'Anduze. Le domaine est conduit en bio et les travaux mobilisent le cheval.

Une cuvée mariant le vermentino majoritaire (70 %) avec l'ugni blanc. Robe claire et limpide, nez subtil, sur le fruit mûr, bouche harmonieuse, fraîche et citronnée. Simple mais sincère, un vin à boire sous la tonnelle avec poissons grillés et salades composées. ⧗ 2019-2020

EMMANUELLE SCHOCH, 1820, rte de St.-Jean-du-Gard, 30140 Anduze, tél. 06 79 41 13 29, mas.seren@orange.fr r.-v.

DOM. DE L'ORVIEL Clair intense 2017 ★★

	2800		8 à 11 €

Le domaine est implanté sur la commune de Saint-Jean-de-Serres, dans le Gard. À proximité des premiers contreforts des Cévennes, les sols et l'exposition des coteaux y favorisent la culture qualitative de la vigne. Jean-Pierre Cabane y conduit depuis 1976 un vignoble de 25 ha. Premières vinifications en 2002 après avoir quitté la cave coopérative.

Un rosé 100 % petit verdot, cela ne court pas les rues. Et qui plus est d'une couleur soutenue à contre-courant de la mode actuelle. Les fruits rouges frais s'expriment au nez. Également portée sur les fruits rouges, la bouche ne déçoit pas, offrant une belle arête acide qui s'équilibre avec une aimable rondeur. ⧗ 2018-2020

JEAN-PIERRE CABANE, 22, Mas Flavard, 30350 Saint-Jean-de-Serres, tél. 04 66 92 08 68, jean-pierre.cabane@orviel.com t.l.j. 10h-12h 14h-19h; dim. 10h-12h

LES VIGNERONS DE LA PORTE DES CÉVENNES Grandeur nature 2017 ★

	5300		5 à 8 €

Après la fusion des caves de Massillargues et de Lézan, est née cette coopérative qui bénéficie de l'apport de 600 ha de vignes (dont 200 en bio). Les terroirs sont établis en coteaux ou en plaine et les vins reflètent cette diversité.

Pas d'élevage sous bois pour ce chardonnay, au nez frais, un peu amylique, entre citron, jasmin et bonbon anglais. La bouche suit la même ligne aromatique, en harmonie avec un côté acidulé et tonique, jusqu'à la finale citronnée, de belle longueur. Parfait pour l'apéritif. ⧗ 2019-2020 **Grandeur nature 2017 ★ (5 à 8 €; 6500 b.)** : cette cuvée pâle aux reflets roses, composée de grenache à 80 % et de cinsault, dévoile un bouquet expressif et complexe: notes florales et miel de garrigue. En bouche, on apprécie le côté vineux, gras, rond, renforcé par des notes de brioche et d'amande, sans pour autant manquer de fraîcheur. ⧗ 2018-2020

CHRISTIAN VIGNE, 1, rte de la Plaine, 30140 Massillargues Attuech, tél. 04 66 61 81 64, christian.vigne@vin-sud.com t.l.j. 9h-12h 14h-18h

DOM. SAINT-ALBAN Bacchus Rouge 2016 ★

	4500		15 à 20 €

Représentant la cinquième génération sur le domaine, Loïc Evesque a pris en 2016 la suite de Jean-Luc et Christine. L'exploitation dispose d'un chai de vinification depuis 1997 et de 30 ha de vignes sur éboulis calcaires, entre Saint-Privat-des-Vieux et Rousson, à l'est d'Alès.

Le grenache (55 %) s'allie à la syrah (30 %) et à un appoint de merlot dans cette cuvée issue de quatre semaines de cuvaison et d'un élevage de treize mois dans le bois. Malgré le séjour dans le chêne, le bouquet est dominé par de délicates notes fruitées, teintées de fleurs et d'épices. En bouche, ce vin se montre soyeux, généreux avec élégance. ⧗ 2019-2022

LOÏC EVESQUE, chem. de la chapelle, 30340 Saint-Privat-des-Vieux, tél. 07 68 96 71 31, loic@famille-evesque.com t.l.j. sf dim. 9h-12h 14h-18h

DOM. SAINTE-OCTIME Les Grès 2016 ★

	3200		8 à 11 €

Établi sur les premiers contreforts des Cévennes, ce domaine se transmet de père en fils depuis le XV[e]s. Lionel Rampon, qui a repris le flambeau en 2007 avec sa compagne Élodie, représente la seizième génération. À la tête de 22 ha, il cultive de nombreux cépages sur des sols à dominante argilo-calcaire et développe l'enherbement, pour faire paître ses brebis et fumer le sol.

La syrah domine largement l'assemblage (85 %) de cette cuvée. Si la robe aux reflets fuchsia est plutôt claire, le nez est intense, jouant sur le fruit rouge, la réglisse et les épices. En bouche, une belle fraîcheur exalte des arômes de petits fruits croquants et acidulés, comme la groseille. Un vin élégant et facile d'accès. ⧗ 2019-2021

LIONEL RAMPON, rte de Sommières, 20, chem. des bois, 30260 Sardan, tél. 04 66 53 55 33, sainteoctime@orange.fr r.-v.

VIGNERONS DE TORNAC Chasan 2017 ★★

	13000		- de 5 €

Implantée au pied des Cévennes, à 5 km d'Anduze, la cave coopérative de Tornac, fondée en 1924, s'est tournée vers la vente directe à partir de 1970. Elle dispose de près de 400 ha de vignes installées sur argilo-calcaires, marnes et sols caillouteux et mise sur l'agriculture biologique depuis 2002: aujourd'hui, la majorité de la production est en bio certifié.

Cépage blanc aux grosses grappes, le chasan ne se plaît pas dans les zones très chaudes où il tend à donner des vins mous. Les vignerons de Tornac ont su l'acclimater dans les Cévennes, à en juger par les fiches de nos dégustateurs qui détaillent à l'envi ses attraits: richesse et finesse de sa palette aromatique mariant dans une parfaite harmonie mangue, litchi, fruits jaunes et note citronnée et, au palais, abricot et agrumes confits; bouche ample et soyeuse, aussi ronde que longue, à la finale subtilement épicée. Proche du coup de cœur. ⧗ 2019-2021

SCA CAVE DE TORNAC, 712, rte de Cuissac, 30140 Tornac, tél. 04 66 61 81 31, contact@vignerons-tornac.com V r.-v.

LA TOUR DE GÂTIGNE Viognier 2017 ★★

| | 13000 | | 5 à 8 € |

En 1212, les Templiers élèvent une commanderie à Saint-Chaptes, sur les terres alluviales de la rive nord du Gardon. Huit cents ans après, le donjon des Templiers domine toujours les bâtiments du domaine. L'exploitation, dans la famille des actuels propriétaires depuis 1835, compte aujourd'hui 85 ha de vignes, en AOC duché-d'uzès et en IGP. Jean-Michel Guibal en a pris les rênes en 1980.

Les amateurs de viogniers méditerranéens seront comblés par celui-ci, frais, intense, fruité et persistant. Au nez comme en bouche, les agrumes donnent le ton, en harmonie avec une belle fraîcheur qui contrebalance la générosité du cépage. Idéal à l'apéritif ou sur des plats exotiques. ⧗ 2019-2022

DOM. LA TOUR DE GÂTIGNE, rte de la Tour, D 18, 30190 Saint-Chaptes, tél. 04 66 81 26 80, domainedelatour@sfr.fr V *t.l.j. sf dim. 9h-12h 14h-18h; sam. 9h-12h*
Guibal

DOM. DE LA VAILLÈRE Viognier 2017 ★

| | 3600 | | 8 à 11 € |

La famille des propriétaires est à la tête depuis le début du XXᵉs. du château de Saint-Jean-de-Serre et de terres viticoles sur les coteaux du piémont cévenol. Sur des sols argilo-calcaires, les cépages méridionaux traditionnels côtoient aujourd'hui les merlot, chardonnay et viognier. En 2017, la cinquième génération s'est installée – plusieurs membres de la famille aux parcours divers, décidés à vinifier à la propriété.

Toute l'opulence du viognier et sa richesse aromatique. Au nez, une profusion de parfums floraux et fruités: acacia, rose, fruits jaunes, avec une note de miel et une touche muscatée. En bouche, le fruit prend des tons mûrs et confits, la pêche et l'ananas jouant les premiers rôles. Un vin ample, généreux et flatteur. ⧗ 2019-2020

Chardonnay 2017 ★ (8 à 11 €; 5000 b.): un chardonnay très plaisant, gras et onctueux, original par sa palette aromatique épicée, où se mêlent le curry, le gingembre et le poivre dans une belle harmonie. ⧗ 2019-2021

SAS DUMACO, 12, rte des Côtes, 30350 Saint-Jean de Serre, tél. 04 11 89 37 46, dumaco@outlook.fr V *r.-v.*

LES VIGNES DE L'ARQUE Petit gris 2017 ★★

| | 12000 | | - de 5 € |

Ce domaine du pays d'Uzège (Gard) porte le nom du château médiéval du IXᵉs. qui surplombe la cave. Il a été créé en 1994 par MM. Fabre et Rouveyrolles, deux anciens coopérateurs, et Patrick, fils du premier, est responsable des vinifications. Le vignoble s'étend sur 80 ha dispersés dans quatre villages voisins; il produit du duché-d'uzès et des vins en IGP Cévennes et Pays d'Oc.

Beaucoup de cinsault (80 %) dans cette cuvée claire et saumonée. Le nez est riche en parfums de pamplemousse et de citron. La bouche apparaît ronde, souple et fruitée (les agrumes persistent et signent), dynamisée par une finale saline. ⧗ 2018-2019

FABRE ET ROUVEYROLLES, rte d'Alès, 30700 Baron, tél. 04 66 22 37 71, vigne-de-larque@wanadoo.fr V *t.l.j. 9h-12h 14h-18h*
Fabre

IGP CITÉ DE CARCASSONNE

CH. AUZIAS Chardonnay-viognier 2017 ★★

| | 6666 | | - de 5 € |

À deux pas de la cité de Carcassonne et du canal du Midi, le château de Paretlongue, est fondé au XIIᵉs par les chanoines de Carcassonne à l'emplacement d'une villa gallo-romaine, puis passe entre les mains de plusieurs propriétaires nobles. Racheté en 1872 par les Auzias, négociants en vin, il est exploité par leurs descendants, Nathalie et Dominique Auzias, qui disposent après agrandissement de 160 ha d'un seul tenant.

Un assemblage de chardonnay (60 %) et de viognier remarquable par la finesse de sa palette aromatique qui met la poire en avant, aux côtés du tilleul. Le viognier apporte juste ce qu'il faut de structure et de rondeur, sans masquer la fraîcheur du chardonnay; l'élevage partiel en fût est imperceptible: un vin équilibré et gourmand au rapport qualité-prix imbattable. ⧗ 2019-2022

DOMINIQUE AUZIAS, Dom. de Paretlongue, 11610 Pennautier, tél. 04 68 47 28 28, bastien@auzias.fr V *t.l.j. 10h-12h 14h-17h*

CHAPITRE DE LA CITÉ 2017 ★

| | 8039 | - de 5 € |

Créée en 1949 à Arzens dans l'Aude, regroupant quatre coopératives voisines et 170 viticulteurs qui travaillent sur 1 850 ha, la Cave la Malepère représente l'une des plus importantes coopératives de France. À sa carte, des cabardès et des malepère (AOC), des IGP Pays d'Oc et Cité de Carcassonne, des vins de France.

À l'image de la Cité de Carcassonne, ce vin, né de merlot et de marselan, séduit dès la première approche: sa robe aux reflets violet profond et son bouquet riche et complexe, entre fruits noirs, fraise et épices sont des plus engageants. Une attaque douce et veloutée ouvre grand les portes d'un palais ample et puissant, qui dévoile toute la richesse de ses arômes, vivifié par une finale subtile, fraîche et épicée. ⧗ 2019-2021

CAVE LA MALEPÈRE, 247, av. des Vignerons, 11290 Arzens, tél. 04 68 76 71 76, caveau@cavelamalepere.fr V *t.l.j. sf sam. dim. 8h-12h 14h-18h*

LANGUEDOC

DOM. DE L'ESTAGNÈRE 2017 ★

■ | n.c. | | 5 à 8 €

Enfant des Corbières, Gérard Bertrand est un important propriétaire et négociant du sud de la France, dont les cuvées apparaissent dans le Guide sous diverses AOC (corbières, fitou, minervois, languedoc, côtes-du-roussillon…) et en IGP.

Ce domaine – aujourd'hui 100 ha aux environs de Carcassonne – tire son nom de ses premiers propriétaires connus qui vivaient au XIII[e]s. La famille Sarrail l'avait acquis en 1980 et rénové. En 2017, Gérard Bertrand l'a pris en fermage. Pas moins de six cépages (les deux cabernets, le merlot, le malbec, le caladoc et le marselan) concourent à ce 2017 aux reflets violines. Le nez mêle les fruits noirs, la réglisse et les épices douces, que l'on retrouve dans une bouche bien structurée, aux tanins soyeux. Un assemblage complexe et très équilibré qui traduit tout le sérieux du travail réalisé, tant dans les vignes (en conversion bio) qu'au chai où la vinification est réalisée sans sulfite. ⧗ 2019-2022

GÉRARD BERTRAND, rte de Narbonne-Plage, 11100 Narbonne, tél. 04 68 45 28 50, vins@gerard-bertrand.com V r.-v.

♥ DOM. SAINT-MARTIN Merci! 2016 ★★

■ | 8000 | | 5 à 8 €

Situé en plein cœur du pays cathare, ce domaine, ancienne métairie du château de Leuc, au sud de Carcassonne, est entré dans la famille d'Henri Cases en 1919. Il doit son nom au célèbre évêque de Tours qui évangélisa les campagnes au IV[e]s. À sa tête depuis 2000, Henri Cases, quatrième génération, exploite aujourd'hui un vaste ensemble de 150 ha.

Déjà repérée par nos jurés dans des millésimes précédents, cette cuvée se hisse au sommet avec ce 2016. Elle est construite sur le marselan (90 %), croisement du cabernet-sauvignon et du grenache. D'un pourpre soutenu aux reflets violines, la robe est engageante. Les parfums de fruits noirs, de violette, de réglisse et de garrigue ont un caractère bien sudiste. La bouche tient les promesses du nez: ample et voluptueuse, soutenue par des tanins fondus, elle évolue tout en douceur dans un univers aromatique raffiné, où le cassis et les fruits mûrs épousent un subtil boisé. La finale réglissée est d'une grande classe. Merci! ⧗ 2022-2024

HENRI CASES, Dom. Saint-Martin, 11250 Leuc, tél. 06 85 80 91 03, henri.cases@domaine-saintmartin.fr V *t.l.j. 9h-12h30 14h-19h*

DOM. DE SERRES Rosé premières gouttes 2017 ★

■ | 4400 | | 5 à 8 €

Après trente ans passés à Paris, dans le journalisme notamment, Sabine Le Marié a retrouvé en 1996 les terres appartenant depuis près d'un siècle à sa famille, vigneronne depuis… le XVI[e]s. Établie sur une colline face à la cité de Carcassonne, elle y conduit un vignoble de 25 ha qu'elle a entièrement restructuré, aidée aujourd'hui de son fils et sa belle-fille.

Une robe claire pour ce rosé né à parts égales de cabernet franc et de grenache. Le nez s'exprime sur des notes de fleurs blanches et de miel, puis sur les fruits exotiques à l'agitation. Le palais se montre légèrement perlant, vif et fruité, encore stimulé par une touche de minéralité. ⧗ 2018-2020

SABINE LE MARIÉ, Herminis, 11000 Carcassonne, tél. 04 68 25 03 94, info@chateaudeserres.com V r.-v.

IGP COTEAUX DE BÉZIERS

DOM. PREIGNES LE NEUF Exception 2016 ★★

■ | 4000 | | 8 à 11 €

Entre Agde et Béziers, un terroir mis en valeur depuis les Romains, un château fortifié et aujourd'hui un vignoble de 200 ha d'un seul tenant, qui s'étend en pente douce sur les coteaux du Libron. Le domaine a été acquis en 1905 par l'arrière-grand-père de la génération actuelle, ouvrier agricole enrichi par la distillation et le négoce du vin. Depuis 1990, il est conduit par Jérôme Vic, rejoint par Aurélie qui vinifie.

Un assemblage médocain pour ce vin «biterrois»: du cabernet-sauvignon (55 %), complété par du merlot (25 %) et du petit verdot (20 %). Il ne manque plus qu'un élevage en barrique (douze mois). Il en résulte un millésime remarquable, ample et intense, aux tanins veloutés, soutenu par une pointe de fraîcheur. Il n'en a pas moins l'accent du Midi, car on y perçoit des notes de garrigue alliées à une belle rondeur en bouche. ⧗ 2019-2022

BÉATRICE LASSERRE, chem. de preignes, 34450 Vias, tél. 04 67 21 51 48, contact@preignesleneuf.com V *t.l.j. sf sam. dim. 8h-18h*

IGP COTEAUX D'ENSÉRUNE

ENSEDUNE Marsanne 2017 ★

■ | 8600 | 5 à 8 €

Créée en 1967, cette union de caves coopératives du Languedoc propose des vins d'un très grand Sud qui s'étend de la Gascogne à la vallée du Rhône. Elle regroupe plus de 650 vignerons et dispose de 4 500 ha.

Présentée par Foncalieu, une petite cuvée (à l'échelle de la structure) – le vin de Michel et de Luc, dont on voit la photo sur l'étiquette. Moins connue que sa complice la roussanne, la marsanne a bénéficié du soleil de la Méditerranée pour donner un vin généreux et souple, aux arômes de miel et de tilleul soutenus par des notes boisées flatteuses, bien fondues. Parfait pour les viandes blanches ou les noix de saint-jacques. ⧗ 2019-2022

LES VIGNOBLES FONCALIEU, Dom. de Corneille, 11290 Arzens, tél. 04 68 76 21 68, contact@foncalieu.com

IGP COTEAUX DE NARBONNE

DOM. LALAURIE Alliance 2016 ★

■ | 60000 | | - de 5 €

Transmis depuis dix générations, ce vaste domaine familial de 50 ha a démarré la mise en bouteille à la

propriété en 1974, sous l'impulsion de Jean-Charles et Catherine Lalaurie, épaulés depuis 2007 par leurs filles jumelles, Camille et Audrey. À sa carte, des vins en IGP.

Quatre cépages, le marselan (40 %), le merlot (30 %), les cabernets franc et sauvignon, ont fait alliance pour engendrer ce vin rond, souple et suave, aux arômes de fruits rouges et noirs bien mûrs rehaussés de notes d'épices et de cacao. ⧗ 2019-2022 ■ **Alliance 2017 ★ (- de 5 €; 50000 b.)** : la robe pâle de cette cuvée contraste avec le nez intense, où dominent le bonbon acidulé à l'orange, le citron et les fruits rouges. La bouche, bien équilibrée, est à la fois fraîche et ronde, les agrumes s'y joignent aux fruits rouges, et l'acidité donne de l'allant à la finale. ⧗ 2018-2020

⊶ JEAN-CHARLES LALAURIE, 2, rue Le-Pelletier-de-Saint-Fargeau, 11590 Ouveillan, tél. 04 68 46 84 96, lalaurie@domaine-lalaurie.com V t.l.j. sf dim. 10h-12h30 15h-18h30

IGP COTEAUX DU PONT DU GARD

VIGNOBLE CHABRIER 2017

■ | 12000 | | - de 5 €

Constitué en 1925 par Louis Chabrier, ce domaine a été repris en 1988 par les petits-fils du fondateur, Christophe et Patrick, qui ont créé la même année leur cave particulière. La propriété compte aujourd'hui 65 ha de vignes éparpillées en une mosaïque de terroirs. À sa carte, du duché-d'uzès et des IGP.

Les grenaches (noir et gris) sont à l'honneur dans cette cuvée. Le nez associe notes d'agrumes, nuances iodées et senteurs de bonbon anglais. En bouche, du volume, l'apparition de quelques arômes de fruits rouges et une agréable fraîcheur. ⧗ 2018-2019

⊶ SCEA DOM. CHABRIER FILS, chem. du Grès, 30190 Bourdic, tél. 04 66 81 24 24, domaine.chabrier@terre-net.fr V t.l.j. sf dim. 9h-12h 14h30-18h30

B DOM. DE LA PATIENCE Syrah 2016 ★

■ | 10000 | | - de 5 €

Christophe Aguilar a repris le domaine familial en 1999, alors 12 ha en vins de pays apportés à la coopérative. Après des travaux de réencépagement et l'achat d'un domaine voisin, il conduit aujourd'hui 82 ha en bio, dont une vingtaine en costières-de-nîmes.

Sur ce terroir de loess, la syrah a engendré une cuvée élégante, fruitée, épicée et poivrée, à la texture soyeuse, qui ne demandera guère de patience à l'amateur, tout en ayant quelques réserves. Elle est vinifiée sans sulfites ajoutés. ⧗ 2019-2022

⊶ SCEA DOM. DE LA PATIENCE, 61, RD 6086, 30320 Bezouce, tél. 04 66 75 95 94, domainedelapatience@orange.fr V t.l.j. sf dim. 9h-12h 14h-18h30 ⊶ Aguilar

DOM. TARDIEU FERRAND Les Galets 2016 ★

■ | 2100 | | 15 à 20 €

Un domaine créé en 2015, réunissant deux natifs du Gard qui se sont rencontrés sur les bancs du DNO (diplôme national d'œnologue) de Toulouse et associant deux propriétés: une près d'Uzès, sur les premiers contreforts des Cévennes, et l'autre dans la partie la plus méridionale de la Vallée du Rhône.

Assemblés dans les règle de l'art, syrah (80 %) et grenache offrent une très belle expression de ce terroir méditerranéen. Fruits noirs, pruneau, réglisse et vanille se partagent le nez. Le tabac, les épices et la truffe s'ajoutent à cette palette dans une bouche suave, généreuse et longue. ⧗ 2019-2024 ■ **2017 ★ (5 à 8 €; 1200 b.)** : ce rosé de grenache n'échappe pas à la mode des rosés à la couleur pelure d'oignon. Le bouquet évoque les fleurs blanches (aubépine, acacia). La bouche est vive, légèrement perlante, dominée par des notes de fruits rouges frais. ⧗ 2018-2020

⊶ ELSA ET NICOLAS TARDIEU FERRAND, 160, chem. de Saint-Jean, 30490 Montfrin, tél. 06 16 51 63 55, domainetardieuferrand@gmail.com V r.-v.

IGP COTEAUX DU SALAGOU

CLOS DES CLAPISSES Carignan 2017 ★

■ | 2500 | | 8 à 11 €

Cette petite propriété familiale est située non loin du lac du Salagou, sur des terres volcaniques. À proximité du lac du Salagou, dans un clos entouré de murs naturels, quelques souches de carignan ont été plantées il y a plus de soixante-dix ans sur une terre singulière de basalte et de cinérites noires – témoins d'un passé volcanique. Les ceps sont soutenus dans leur vieillesse par un amas de petits cailloux appelés «clapisses». Depuis 2004, Bruno Peyre y fait renaître les vignes (4,5 ha aujourd'hui) plantées par son grand-père et submergées par les eaux du Salagou.

Né de vieux carignans de quatre-vingts ans, ce rosé dévoile une robe d'une intensité assez soutenue et exhale un bouquet intense dominé par le citron confit. On retrouve les agrumes dans une bouche alerte, soutenue par une belle acidité. ⧗ 2018-2020

⊶ BRUNO PEYRE, 4, chem. des Landes, 34800 Octon, tél. 04 67 96 26 01, clos.clapisses@yahoo.fr V r.-v.

IGP CÔTES DE THAU

DOM. LA GRANGETTE La Part du Diable 2015 ★

■ | 900 | | 15 à 20 €

Au Moyen Âge, les terres du domaine appartenaient à la seigneurie du Baron de Guers. Elles étaient plantées de luzerne et de céréales pour nourrir l'importante cavalerie du château, d'où le nom de «grangette» (petite grange). La vigne y était aussi cultivée, ce dont témoignent de très anciennes cuves de pierre. Elle s'étend aujourd'hui sur 10 ha, et produit du picpoul-de-pinet et des vins en IGP.

Trois semaines de macération suivies d'un élevage de douze mois en barrique pour cette microcuvée. Puissance et richesse aromatique sont au rendez-vous. La palette laisse percevoir de subtiles nuances de tabac et d'épices. Il n'est pas certain que le Diable en ait sa part, car cette cuvée très équilibrée... et confidentielle ne devrait pas manquer d'amateurs. ⧗ 2022-2024

M. ET MME MATTHIEU CARON, 305, chem. du Picpoul, 34120 Castelnau-de-Guers, tél. 06 64 71 42 58, info@domainelagrangette.com V t.l.j. sf sam. dim. 10h-12h30 14h-19h (été); sam. dim. sur r.-v. (hiver); f. jan *Moret*

RICHEMER Terre et mer rosé 2017 ★★

	13224		5 à 8 €

Cette cave située sur le quai du port de Marseillan, au bord de l'étang de Thau, a été longtemps intimement liée au commerce maritime du vin. En effet, son créateur, Henri Richet, fut surnommé Henri de Richemer en raison de la prospérité de son activité de négoce. Aujourd'hui, c'est une coopérative née de la fusion des caves de Marseillan et d'Agde qui regroupe 200 viticulteurs et 1 400 ha de vignes.

Dans cette cuvée, le cépage marselan est mis à l'honneur aux côtés de la syrah. Dans le verre, une jolie robe d'un rosé profond, de plus en plus rare. Le nez est très minéral, agrémenté de notes d'agrumes et de fruits rouges. La bouche se montre puissante, dense, structurée par de petits tanins très fins. Beaucoup de personnalité dans ce rosé. ⧗ 2018-2020

LES CAVES RICHEMER, 1, rue du Progrès, BP 20, 34340 Marseillan, tél. 04 67 77 20 16, contact@richemer.fr t.l.j. sf dim. 9h-12h30 14h-18h30

IGP CÔTES DE THONGUE

DOM. BASSAC Le Manpòt 2017 ★

	6000		8 à 11 €

Situé à Puissalicon, petit village médiéval du Languedoc, à égale distance de Béziers, Pézenas et Bédarieux, un domaine de 80 ha cultivé en bio depuis 1990, sur des sols d'une grande diversité, propriété depuis 2014 de François Delhon et Jean-Philippe Leca.

Un nouveau millésime de la gamme Manpòt qui illustre encore une fois la qualité du travail réalisé à la vigne et au chai. Ce chardonnay élevé six mois en fût associe puissance aromatique et structure ronde et généreuse. Le boisé vanillé, très présent mais agréable, s'entremêle à des notes fruitées, florales et briochées. Un délice. ⧗ 2019-2022 ■ **Le Manpòt 2017 (8 à 11 €; 1600 b.)** : vin cité.

SARL BASSAC, 10, rue d'Emblan, 34480 Puissalicon, tél. 04 67 36 05 37, contact@domaine-bassac.com V t.l.j. sf sam. dim. 10h-12h 14h-17h *Delhon et Leca*

DOM. DES CAPRIERS Larmes d'Ema 2017 ★

	5000		8 à 11 €

Marion Vergnes et son frère Mathieu, autodidactes mais d'origine vigneronne, ont repris les commandes de ce domaine familial (32 ha) en 2001. En 2003, ils ont construit un nouveau chai et se sont lancés dans la commercialisation de leurs vins.

Ce rosé saumoné pâle, dominé par la syrah, offre un nez élégant et complexe, frais, floral et fruité. En bouche, il se révèle ample et rond, équilibré et long, centré sur les fruits jaunes et dynamisé par une légère amertume très agréable en finale. ⧗ 2018-2020

GAEC MARION ET MATHIEU VERGNES, 605, av. de la Gare, 34480 Puissalicon, contact@domainedescapriers.fr V r.-v.

DOM. LA CROIX BELLE Le Champ des lys 2017 ★

	64000		8 à 11 €

En 1977, Jacques et Françoise Boyer ont repris et agrandi (135 ha aujourd'hui) le domaine familial de Puissalicon, petit village médiéval accroché aux flancs des Cévennes.

Le viognier (50 %) s'allie avec le grenache blanc et avec le chardonnay pour donner un blanc tout en finesse: robe très pâle, nez montant, délicatement fruité, bouche onctueuse et longue, où l'abricot se mêle aux agrumes et au fruit blanc. Un vin moins exubérant que certains purs viogniers, mais d'une réelle harmonie. ⧗ 2019-2021

SCEA JACQUES ET FRANÇOISE BOYER, 160, av. de la Gare, 34480 Puissalicon, tél. 04 67 36 27 23, information@croix-belle.com V t.l.j. sf dim. 9h-12h 14h-18h

LA FONT DE L'OLIVIER
Carignan Vieilles Vignes 2016 ★

	10000		5 à 8 €

Bruno Granier s'est installé à son compte en 1999, après s'être consacré au domaine familial pendant plusieurs années. Son domaine s'étend sur 21 ha à Magalas, à quelque 15 km au nord de Béziers. Propriété certifiée Haute valeur environnementale.

Les cuvées de carignan connaissent un regain d'intérêt, du moins quand elles sont issues de vieilles vignes qui donnent de petits rendements. Ces ceps ont quatre-vingts ans. Le vin offre des parfums de fruits rouges bien mûrs, un rien poivrés. La bouche, à l'unisson du nez, se montre vive et longue, étayée par des tanins fondus. « De la douceur, une pointe de fraîcheur, de l'expression, du fruit, de la matière, de l'équilibre », conclut un juré. Une bouteille élégante. ⧗ 2019-2022

BRUNO GRANIER, 620, chem. du Pendut, 34480 Magalas, tél. 04 67 36 11 70 contact@lafontdelolivier.com V r.-v.

DOM.ÉRIC GELLY Plaisir des sens 2017 ★

		10800	5 à 8 €

Sept générations se sont succédé à la tête de ce domaine, dans la famille depuis 1850. Conduit depuis 2006 par Éric Gelly, le vignoble couvre 48 ha, dédiés aux IGP Pays d'Oc et Côtes de Thongue.

Ce vin aux reflets nacrés assemble le chardonnay, le viognier et le sauvignon. Ce dernier, qui ne représente que 20 % de la cuvée, laisse son empreinte aromatique: des notes d'agrumes et une touche de buis, qui s'ajoutent aux senteurs de fleurs blanches et à un soupçon de vanille. La structure ronde et gourmande, qui met en valeur cette palette, porte plutôt la signature des deux autres variétés. Un blanc très équilibré. ⧗ 2019-2022

ÉRIC GELLY, 35, av. de Magalas, 34480 Pouzolles, tél. 06 28 33 93 94, domaineericgelly@orange.fr V r.-v.

DOM. LOU PEIRIGAS Gravels 2016 ★

8000		8 à 11 €

Brice Bagan a repris en 2015 une partie de l'exploitation familiale – 10 ha sur terrasses villafranchiennes, au sud-ouest de Pézenas – et a engagé d'entrée la conversion bio de son vignoble. Sa propriété tire son nom d'un lieu-dit qui signifie «le champ de pierres».

Syrah (80 %), carignan, soleil, terroir, savoir-faire et respect de l'environnement: la Méditerranée est représentée avec tous ses attraits dans le premier millésime de Brice Bagan. De la puissance aromatique (fruits rouges, réglisse et épices), des tanins fins et enrobés qui donnent structure et texture, une attaque ronde et fruitée, une longue finale fraîche: une belle entrée dans le Guide. ⧗ 2020-2024

EARL DU PEIRIGAS, 704, av. de la Montagne, Av. du Petit-Train, 34290 Valros, tél. 06 86 65 34 44, contact@domaineloupeirigas.com V r.-v. *Bagan*

DOM. MONPLEZY Emocion 2016

1500		15 à 20 €

Ce domaine familial datant de 1734, situé sur une colline près de Pézenas, fut marqué naguère par la forte personnalité de Georges Sutra, syndicaliste vitivinicole et député européen. Situé en zone Natura 2000, il est désormais dirigé par Anne Sutra de Germa, militante à la Ligue de protection des oiseaux, et par son fils Benoît. L'agriculture biologique et biodynamique est bien sûr de mise sur les 25 ha de vignes.

Né d'un assemblage de viognier et de sauvignon à parts égales, un blanc gras, onctueux et long. Autre atout, sa palette complexe, mêlant les fruits exotiques, l'abricot et un fin boisé vanillé bien fondu. ⧗ 2019-2021

BENOIT GIL, chem. Mère-des-Fontaines, 34120 Pézenas, tél. 06 84 02 08 68, info@domainemonplezy.fr V *t.l.j. sf sam. dim. 14h-18h* 2

DOM. DE MONTMARIN 2017 ★★

50000		- de 5 €

La famille Sarret est aux commandes de cette ancienne seigneurie royale depuis treize générations, aujourd'hui un vaste domaine de 450 ha (dont 85 de vignes et autant de céréales) qui s'étend sur une ligne de coteaux dominant plein sud le Golfe du Lion.

Ce rosé pâle, issu d'un assemblage de grenache et de syrah, offre beaucoup d'expression au nez: notes florales et végétales, petits fruits rouges. En bouche, il apparaît fruité à souhait (groseille), ample, rond, bien épaulé par une fine acidité qui apporte de la longueur. ⧗ 2018-2020 **Viognier 2017 ★ (- de 5 €; 60000 b.)** : ce blanc séduit par son nez complexe sur les fleurs blanches et les fruits jaunes. Cette belle palette se prolonge avec persistance en bouche, mise en valeur par une attaque fraîche qui porte les arômes, relayée par des impressions de souplesse. Un viognier dynamique et très équilibré. ⧗ 2019-2022

GFA DOM. DE MONTMARIN, D 28, 34290 Montblanc, tél. 04 67 77 47 70, montmarin@terre-net.fr V *r.-v.* *De Bertier*

DOM. DE MONTROSE 1701 2017 ★

9500		15 à 20 €

Implanté à quelques kilomètres de Pézenas, dans la zone des Côtes de Thongue, le domaine a été créé en 1701 par Jacques Alazard – d'où les armoiries aux trois lézards figurant sur les étiquettes –, ancêtre des vignerons actuels, Bernard Coste et son fils Olivier. Le vaste vignoble couvre 95 ha et côtoie plus de 1 000 arbres (chênes, oliviers, figuiers). Les rosés sont la spécialité de la maison.

La robe pâle et brillante de ce rosé vieilli cinq mois en fût est une belle invitation. Le nez se révèle complexe autour des fruits secs, du bourgeon de cassis, de l'amande amère et du bonbon anglais. La bouche est ronde, tendre, pleine de douceur. ⧗ 2018-2019 **La Balade 2016 (8 à 11 €; 13500 b.)** : vin cité.

OLIVIER COSTE, Dom. Montrose, 34120 Tourbes, tél. 04 67 98 63 33, contact@domaine-montrose.com V *t.l.j. sf sam. dim. 8h30-17h30*

DOM. SAINT-GEORGES D'IBRY Viognier 2017 ★

15000		5 à 8 €

Fondé en 1860, ce domaine établi sur la commune d'Abeilhan, entre Agde et Pézenas, compte 40 ha. Michel Cros est à sa tête depuis 1985.

Au fil des éditions, ce domaine s'est distingué dans les trois couleurs. Cette année, un viognier qui offre tous les caractères du cépage: une palette aromatique sur les fruits exotiques, le miel, la pêche et l'abricot, une bouche ample et suave. Une pointe de fraîcheur donne à l'ensemble un très bel équilibre et prolonge le plaisir. ⧗ 2019-2021

MICHEL CROS, Dom. Saint-Georges d'Ibry, 34290 Abeilhan, tél. 04 67 39 19 18, info@saintgeorgesdibry.com V *t.l.j. sf dim. 9h-12h 14h-18h* E

VILLA DELMAS Le Gaillard 2015 ★★

4000		11 à 15 €

Achat de vignes entre 1998 et 2005, construction de la cave et du caveau de 2009 à 2011, et voici Jocelyn Delmas et son frère Fabrice aujourd'hui aux commandes d'un petit vignoble, qu'ils agrandissent (11,5 ha aujourd'hui). Ils y cultivent les cépages languedociens et aussi l'alsacien gewurztraminer.

Sur l'étiquette, deux taureaux, comme pour symboliser le Sud; dans le verre, deux cépages, la syrah (80 %) et le grenache. La matière est ample, suave et généreuse, la palette aromatique, complexe et élégante. Un boisé très présent mais de qualité rehausse de ses notes de café torréfié des nuances de réglisse, d'épices et de sous-bois. On admire la finesse des tanins et la persistance de la finale. Proche du coup de cœur. ⧗ 2019-2022

DELMAS, rte de Valros, lieu-dit La Manse, 34630 Saint-Thibéry, tél. 06 77 74 00 35, earldelmas@wanadoo.fr V *r.-v.*

LANGUEDOC

IGP GARD

CAMPUGET Viognier 1753 2017 ★

| 10 000 | | 8 à 11 € |

La famille Dalle a fui son Nord natal en 1942 pour s'installer dans Les Costières, sur ce vaste et vénérable domaine fondé au XVII^e^s., ancienne propriété du marquis de Nogaret. Elle propose des costières-de-nîmes réguliers en qualité, dans les trois couleurs. Autre étiquette: le Ch. de l'Amarine, ancienne propriété du Cardinal de Bernis.

Abricot, pêche, melon, agrumes, fruit de la Passion, ce viognier, après un très court séjour en fût, offre au nez un festival d'arômes fruités intenses. On les retrouve, accompagnés d'eau de rose et d'un soupçon de vanille, dans une bouche souple, de bonne longueur. Un vin flatteur à apprécier jeune, à l'apéritif ou sur un dessert fruité. ⧗ 2019-2021

FAMILLE DALLE, 1800, chem. de Campuget, 30129 Manduel, tél. 04 66 20 20 15, campuget@campuget.com V t.l.j. sf dim. 9h-12h 14h-18h

CELLIER DES CHARTREUX La nuit tous les chats sont gris 2017 ★★

| 200 000 | | 5 à 8 € |

Née en 1929, la coopérative de Pujaut, bourgade des environs d'Avignon, vinifie 720 ha de vignes dans les crus lirac et tavel, en AOC régionales et en IGP. Ses cuvées sont régulièrement en vue dans ces pages, notamment ses vins blancs.

Cette cuvée largement dominée par le grenache (95 %) a frôlé le coup de cœur. La robe est cristalline, presque blanche, avec de beaux reflets orangés. Le nez, intense, associe les agrumes, omniprésents, à des notes de pêche blanche. La bouche se révèle très expressive elle aussi, sur les agrumes toujours, élégante, délicate et longue. ⧗ 2018-2020 **Grand Viognier 1612 2016 (11 à 15 €; 15 000 b.)** : vin cité.

CELLIER DES CHARTREUX, 1412 D 6580, 30131 Pujaut, tél. 04 90 26 39 40, contact@cellierdeschartreux.fr V r.-v.

DOM. DE L'ESCATTES Les Roches Bleues 2016 ★★

| 2200 | | 11 à 15 € |

Entre Sommières et Nîmes, ce domaine familial de 24 ha est remarquable par son mas et par son parc à la française du XIX^e^s. François Robelin, installé en 2009, conduit ses vignes en bio certifié (depuis 2013).

Né d'un terroir singulier de marnes bleues, ce chardonnay offre une remarquable expression, à laquelle contribue un élevage en fût mené avec doigté. Le bois donne de la complexité et souligne, sans les écraser, des arômes de fruits exotiques et de pêche blanche. La fraîcheur met en relief ces belles nuances, apporte de la finesse et de l'allonge. ⧗ 2019-2023

M. FRANÇOIS ROBELIN, 2300, rte de Saint-Étienne-d'Escattes, 30420 Calvisson, tél. 04 66 01 40 58, smc.robelin@wanadoo.fr V r.-v.

MAS DES BRESSADES Cabernet Syrah Les Vignes de mon Père Élevé en fût de chêne 2016 ★

| 20 000 | | 11 à 15 € |

Du Languedoc à l'Afrique du Nord, de l'Afrique du Nord au Médoc et à la vallée du Rhône, la famille Marès cultive la vigne sans frontières depuis six générations. Cyril s'est installé en 1996 à la tête du vignoble qui compte aujourd'hui 42 ha. Ses costières-de-nîmes sont régulièrement en bonne place dans le Guide.

Un assemblage dominé par le cabernet-sauvignon (70 %), en hommage au père de Cyril, Roger, qui détenait un domaine dans le Haut-Médoc et qui créa cette cuvée au Mas des Bressades. À la syrah, le fruit et l'élégance; au cabernet-sauvignon, la puissance et l'ampleur. Un vin à carafer (si l'on souhaite l'ouvrir prochainement) ou à conserver plusieurs années en cave. ⧗ 2022-2025

CYRIL MARÈS, Le Grand-Plagnol, RD 3 de Bellegarde, 30129 Manduel, masdesbressades@aol.com V t.l.j. sf sam. dim. 8h-12h 13h30-17h

GRIS DE NABOR 2017 ★

| 100 000 | - de 5 € |

Une petite structure de négoce créée en 2004, spécialisée dans les vins de la vallée du Rhône, du Languedoc et de la Provence.

C'est un cépage quelque peu exotique qui compose l'essentiel (50 %) de cette cuvée: le tempranillo. Le nez s'articule autour de notes fruitées comme la framboise et la grenadine. La bouche est ample, ronde, très aromatique, fruitée et épicée. ⧗ 2018-2019

LES VIGNERONS DU GRAND SUD, 32, chem. de Roquebrune, 30130 Saint-Alexandre, tél. 04 66 30 02 00, contact@vigneronsdugrandsud.fr

ROCCA MAURA Les P'tits Galets 2017

| 145 000 | | - de 5 € |

C'est à Roquemaure, berceau historique des côtes-du-rhône grâce à son port fluvial, que les vignerons purent en 1737 marquer leurs tonneaux des lettres «CdR». Fondée en 1922, la petite coopérative locale – longtemps nommée Cellier Saint-Valentin – fédère aujourd'hui 60 adhérents pour 350 ha de vignes. Elle s'est tournée vers la vente en bouteilles au tournant du XXI^e^s.

Plantés sur les galets de Roquemaure, la syrah (50 %) et le grenache (30 %) accompagnés d'une pointe de merlot et de marselan ont engendré un vin convivial et facile d'accès, à la fois fruité et structuré, qui trouvera de nombreux amateurs. ⧗ 2018-2021

SCA ROCCA MAURA, 1, rue des Vignerons, 30150 Roquemaure, tél. 04 66 82 82 01, contact@vignerons-de-roquemaure.com V r.-v.

DOM. DE TAVERNEL 2017 ★

| 30 000 | | - de 5 € |

M. Tavernel, maire de Beaucaire en 1830, a donné son nom à ce mas du XIX^e^s., qui a appartenu à la famille de Frédéric Mistral, écrivain et poète emblématique de la Provence. Entré dans la famille de Denise

Compagne en 1920, il s'étend sur 96 ha cultivés en bio depuis... 1987.

Muscat en tête (42 %), vermentino (30 %), colombard (20 %), gewurztraminer (8 %): attelage incongru, quatuor improbable? Un personnage de Hansi passant une tête dans le mas du Grand Félibre? Sans parler du colombard, venu des Charentes. L'Indication géographique protégée offre aux vignerons un espace d'expérimentation. Le résultat, ici très heureux, montre le savoir-faire du domaine. Toutes ces variétés aromatiques donnent un vin harmonieux, ample, frais et long, au fruité intense et complexe (pêche, ananas, litchi, zeste d'agrumes). ⧗ 2019-2022 ■ **2017 ★ (- de 5 €; 50 000 b.)** Ⓑ : six cépages au service d'un vin rouge aux arômes de fruits mûrs, de réglisse et de cacao, qui prennent des tons confits dans une bouche soyeuse et longue. ⧗ 2019-2022

⊶ DENISE COMPAGNE, 1479, chem. de Tavernel, 30300 Beaucaire, tél. 04 66 58 57 01, tavernel@orange.fr V *t.l.j. sf dim. 9h-12h 14h-18h; sam. 9h-12h*

DOM. LE VIEUX LAVOIR 2017 ★

■ | 20 000 | - de 5 €

Ce domaine – dont la cave a une architecture proche de celle du lavoir de Tavel – est dans la même famille depuis six générations. Le vignoble a été créé en 1956. Sébastien Jouffret, installé en 1991, vinifie aujourd'hui la récolte de 68 ha.

Assemblage de merlot, de grenache et de cabernet, cette cuvée affiche une robe profonde et jeune aux reflets violines et framboise. Ses parfums de fruits noirs (mûre) et de réglisse se dévoilent progressivement; ses tanins soyeux sont soutenus par une agréable fraîcheur: «on s'imagine déjà le déguster au cours d'un repas entre amis», conclut un juré. À carafer. ⧗ 2019-2022

⊶ EARL ROUDIL-JOUFFRET, 775, rte de la Commanderie, Le Palai-Nord, 30126 Tavel, tél. 04 66 82 85 11, roudil-jouffret@wanadoo.fr V *t.l.j. sf sam. dim. 8h-12h 14h-18h*

IGP HAUTE-VALLÉE DE L'AUDE

DOM. GARRABOU Le Salsous 2016 ★

■ | 3000 | 11 à 15 €

Fils et petit-fils de coopérateurs, Frédéric Garrabou a repris l'exploitation familiale en 2014. Avant de s'installer sur ces terres fraîches de la haute vallée de l'Aude, dans l'aire du limoux, cet œnologue formé à Bordeaux a travaillé dix ans dans des vignobles qui comptent de l'ancien et du nouveau monde, notamment en Bourgogne – aux domaines A.-F. Gros et Chanson –, en Australie, en Californie (Napa Valley) et en Nouvelle-Zélande. Il a engagé la conversion bio de ses 22 ha de vignes.

Parcelle exposée au nord-ouest à une altitude assez élevée, le Salsous a engendré une cuvée de pinot noir qui aurait presque un accent bourguignon. Quel meilleur cépage pour valoriser ce terroir aux caractères climatiques septentrionaux en pleine zone méditerranéenne? Frédéric Garrabou, dont la Bourgogne est la région d'adoption, a parfaitement réussi ce mariage «Nord-Sud» dans ce vin rouge fin, souple, frais et élégant, aux arômes de fraise, de cassis et de cerise. ⧗ 2019-2022

⊶ FRÉDÉRIC GARRABOU, 10, chem. de Ronde, 11250 Gardie, tél. 06 16 28 30 22, frederic.garrabou@hotmail.fr V *r.-v.*

PLÔ ROUCARELS La petite rive 2017 ★

■ | 2500 | | 5 à 8 €

Deux jeunes vignerons et un jeune domaine, constitué à partir de 2006. Originaire de Dresde, Julia s'est formée à Montpellier et dans le Bordelais. Quant à Julien, natif du sud de la France, passionné de cuisine et de vin dès l'adolescence, il a fait un détour par le Médoc pour apprendre le métier. Le couple a commencé par «sauver» 2 ha de vieux carignans promis à l'arrachage puis acquis des vignes en AOC limoux. Au total, 10 ha.

D'un seyant rose pâle aux reflets jaunes, ce 100 % grenache offre un nez plaisant de fraise fraîche et de framboise. En bouche, il se révèle très rond, très souple, intensément fruité (agrumes) et long. ⧗ 2018-2019

⊶ JULIEN ET JULIA GIL, 18, rue Frédéric-Mistral, 11250 Couffoulens, tél. 06 61 77 51 35, post@plo-roucarels.com V *r.-v.*

IGP HAUTE-VALLÉE DE L'ORB

LA CLÉ D'O FÉE 2017 ★

■ | 2236 | | 5 à 8 €

Régisseur pendant quinze ans d'une propriété dans le Saint-Chinianais, Frédéric Papeloux et sa compagne Ophélie Lamoureux ont créé ce domaine quand 4 ha de vignes se sont libérés. Clé d'O Fée? Un clin d'œil à Ophélie et au fils du couple, Cléo.

Le grenache, présent à 40 % dans l'assemblage, marque de son empreinte la robe soutenue et brillante de ce rosé. Au nez, se mêlent des notes de groseille et de rose. On retrouve les fruits rouges dans une bouche où domine une impression de sucrosité caractéristique du cépage, bien équilibrée par une fraîcheur bienvenue. ⧗ 2018-2020

⊶ FRÉDÉRIC PAPELOUX, ZI Fonclare, rte de Riols, 34220 Saint-Pons-de-Thomières, tél. 07 77 31 22 71, f.papeloux@pftvins.com V *r.-v.*

DOM. SAINT-ANDRÉ Les Nuits Bleues 2017 ★

■ | 2300 | | 5 à 8 €

Les Coteaux de Capimont: le nom d'une petite coopérative nichée en moyenne montagne à Hérépian, dans la haute vallée de l'Orb, entre Lamalou-les-Bains et Bédarieux. Fondée en 1939, elle dispose des 280 ha cultivés par ses 77 adhérents. Les rosés composent 70 % de son offre.

Dans les hauts cantons de l'Hérault, en moyenne altitude, la Méditerranée est toujours influente, mais quand la nuit arrive, c'est la montagne qui s'affirme et qui apporte sa fraîcheur. Ce magnifique terroir de la haute vallée de l'Orb s'exprime parfaitement dans ces Nuits Bleues, assemblage à parts égales de syrah et de marselan (croisement de cabernet-sauvignon et de grenache). Un vin puissant, ample et généreux où la réglisse et les fruits noirs dominent la palette, complétés de touches subtiles de chocolat noir et d'épices. ⧗ 2019-2022

LANGUEDOC

LES COTEAUX DE CAPIMONT, 11, av des treize-vents, 34600 Hérépian, tél. 04 67 95 03 53, cave.coop.herepian@orange.fr t.l.j. sf dim. 9h-12h 14h-19h

IGP MONT BAUDILE

VIGNOBLE DES DEUX TERRES 2017 ★

	40000			- de 5 €

Située à proximité du lac du Salagou, de Saint-Guilhem-le-Désert ou encore des cirques de Mourèze et de Navacelle, la cave des Vignerons de Saint-Félix-de-Lodez, créée en 1942, regroupe après plusieurs fusions 520 ha de vignes et a pris en 2009 le nom de Vignoble des Deux Terres. S'inscrivant dans une démarche de production respectueuse du développement durable, elle dispose de 30 ha cultivés en bio.

Ce rosé est composé majoritairement de cinsaut associé au grenache et au mourvèdre. La robe est intense avec des reflets violines. Le nez s'exprime sur la fraise et la framboise, avant que n'apparaissent des notes florales à l'agitation. Franc et vif, le palais propose une jolie salinité en finale. ⧗ 2018-2019

VIGNOBLE DES DEUX TERRES, 21 bis, av. Marcelin-Albert, 34725 Saint-Félix-de-Lodez, tél. 04 67 96 60 61, info@vignerons-saintfelix.com t.l.j. sf dim. 9h-12h 14h-18h

IGP PAYS D'HÉRAULT

DOM. DU CHAPITRE
Collines de la Moure Marsellan 2016 ★

	4078			5 à 8 €

Legs de la comtesse Sabatier d'Espeyran à l'école d'agronomie de Montpellier en 1968, le domaine du Chapitre (35 ha) a désormais vocation pédagogique et expérimentale, sélectionnant de nouvelles variétés de vignes qu'il diffuse aux viticulteurs, à l'image du marselan né sur ses terres. Il a conservé des bâtiments caractéristiques de l'architecture viticole languedocienne, qui abritent un ancien chai aux côtés de la cave de vinification rénovée en 2002.

Le marselan résulte d'un croisement entre le grenache et le cabernet-sauvignon. Celui-ci, d'un grenat profond, séduit par sa palette aromatique où se rencontrent la cerise et les fruits noirs confiturés, teintés d'épices. La bouche prolonge bien le nez, ajoutant la figue à cette gamme mûre; dense et généreuse, elle offre une finale épicée d'une belle persistance. Une harmonie sudiste. ⧗ 2019-2022

CHRISTOPHE CLIPET, 170, bd du Chapitre, 34750 Villeneuve-lès-Maguelone, tél. 04 67 69 48 04, chapitre@supagro.inra.fr r.-v. Supagro

PIERRE CHAVIN Chevalier d'or 2017 ★

	100000			5 à 8 €

Une jeune maison de négoce créée en 2010 par Fabien Gross, présente sur différents vignobles français, qui vise des «créations haute couture» et du «prêt-à-consommer».

Un rosé à la robe soutenue. Le nez convoque l'amande amère et le pamplemousse. La bouche propose de la douceur et de la rondeur, tout en restant élégante et légère. ⧗ 2018-2019

PIERRE CHAVIN, 2, bd Jean-Bouin, 34500 Béziers, tél. 04 67 90 12 60, info@pierre-chavin.com r.-v.

DOM. DES CONQUÊTES Les Innocents 2016 ★

	3872			20 à 30 €

Philippe Ellner, champenois d'origine, s'est établi en 1997 sur ce domaine de 16 ha situé au pied des contreforts du Larzac, près du village de Saint-Guilhem-le-Désert et du Pont du Diable. Ce sont aujourd'hui ses enfants Charles et Emilie qui sont aux commandes.

Très remarquée dans le millésime précédent, cette cuvée reçoit encore un bon accueil. L'assemblage comporte cette année un appoint de mourvèdre (12 %) aux côtés du grenache et d'une syrah majoritaire (75 %). Un rouge ambitieux, élevé dix-huit mois, pour moitié en barrique neuve. La robe soutenue montre des reflets violines. Complexe, le bouquet mêle fruits rouges, réglisse et épices. On retrouve le mariage harmonieux des fruits noirs et d'un boisé cacaoté bien fondu dans une bouche ample et charpentée, de belle longueur. Un vin flatté par l'élevage. ⧗ 2019-2023

ELLNER, 220, chem. des Conquêtes, 34150 Aniane, tél. 04 67 57 35 99, domainedesconquetes.vin@outlook.fr t.l.j. sf dim. lun. 9h-12h 14h-19h

♥ DOM. DE COUJAN
Coteaux du Murviel Rolle 2017 ★★

	13400		8 à 11 €

La famille Guy est propriétaire depuis 1868 de ce vaste domaine (plus de 140 ha cultivables) établi sur un îlot de corail fossilisé. Replanté par François Guy et exploité depuis 1990 par sa fille Florence, le vignoble, converti à l'agriculture biologique, couvre 55 ha et côtoie oliveraie, vergers et jardins peuplés de paons.

Une macération pelliculaire a exalté les arômes de ce rolle (vermentino) très expressif, au nez complexe, fait de fleurs blanches, de pêche, d'agrumes et de fruits exotiques. Une attaque fraîche ouvre sur un palais généreux, tonifié en finale par une fraîcheur aux accents d'agrumes. Un vin intense et bien construit, qui a fait l'unanimité. ⧗ 2019-2022

FLORENCE GUY, Ch. Coujan, 34490 Murviel-lès-Béziers, tél. 04 67 37 80 00, chateau-coujan@orange.fr t.l.j. 9h-12h 14h-18h; dim. sur r.-v.

DOM. DES FABRÈGUES As de Cœur 2014 ★★

	2000			30 à 50 €

Les archéologues ont retrouvé là un four à amphores datant de l'époque romaine. Plus tard, ce domaine, entre Pézenas et Clermont-l'Hérault, fut une halte sur la route de Compostelle où les pèlerins faisaient ferrer leurs chevaux. Depuis 2005, Carine Pichot y conduit un vignoble de 35 ha.

As de cœur... et si son nom suffisait à le décrire? Un vin «haute couture» d'une réelle élégance. Il assemble à parité le cabernet-sauvignon et la syrah, et combine deux modes de vinification, la macération carbonique et une cuvaison traditionnelle avec pigeage. Après un élevage prolongé en barrique, il révèle ses atouts à chaque étape de la dégustation: une robe intense et profonde; un bouquet tout en finesse, floral et épicé; une bouche ronde et longue, aussi raffinée que l'olfaction. ⏳ 2019-2023

⊸ CARINE PICHOT, rte de Péret, 34800 Aspiran, tél. 04 67 44 54 99, contact@domainefabregues.fr V t.l.j. sf sam. dim. 8h-18h; sam. dim. sur r.-v. Ⓔ

DOM. GALLIÈRES
Collines de la Moure Montpelhier 2017 ★

■ | 1200 | | 5 à 8 €

Pépiniéristes viticoles, les Esteban ont créé leur domaine en 1985 et construit leur chai en 2008. Situé à la périphérie de Montpellier, le vignoble de 18 ha est établi sur le plateau villafranchien entre la ville et la Méditerranée, en bordure du Lez, fleuve côtier. Un havre de paix face aux jaillissements du béton urbain.

La ville de Montpellier conserve en son sein quelques domaines qui ont résisté à l'urbanisation, comme celui-ci, qui affiche fièrement sur ses étiquettes le nom de sa ville en langue d'Oc. Né de grenache majoritaire (70 %), de carignan et de marselan, ce vin rouge sera un bel ambassadeur des vins de la région grâce à son expression aromatique intense, entre fruits rouges mûrs et notes réglissées, et à sa bouche à la fois souple et longue, aux tanins soyeux. Une bouteille à la fois puissante et très agréable à boire, qui sent le soleil et la mer. ⏳ 2019-2024

⊸ ESTEBAN, 1292, rue du Mas-Rouge, 34000 Montpellier, tél. 06 08 63 10 65, pepi.esteban@wanadoo.fr V *r.-v.*

DOM. DU MAS DES ARMES
Grain de Sagesse 2016 ★★

■ | 25000 | | 11 à 15 €

Un domaine acquis par Marc et Régis Puccini en 2003 et entièrement restructuré, avec la création d'une cave sur les hauteurs d'Aniane en 2009.

Pour nous séduire, ce mas a usé ici de toutes ses armes, alignant quatre cépages: en première ligne, le merlot et la syrah (40 % chacun); en renfort, le grenache et le mourvèdre. Après un élevage de six mois en cuve, le vin s'annonce par un nez à la fois intense et élégant, prolongé par un palais vif en attaque, ample, de belle longueur, qui déploie des arômes de fruits rouges, cerise en tête: de quoi conquérir le jury. ⏳ 2019-2022 ■ **Cavalino 2017 ★ (11 à 15 €; 30000 b.)** : pas moins de cinq cépages constituent l'assemblage de ce rosé très pâle. Le nez dévoile des parfums intenses et exotiques d'ananas et de grenade. La bouche séduit par son équilibre, son tonus et sa finale légèrement aux tonalités d'épices et d'amande. ⏳ 2018-2019

⊸ MARC ET RÉGIS PUCCINI, rte de Capion, 34150 Aniane, tél. 04 67 29 62 30, masdesarmes@orange.fr V *t.l.j. sf dim. 10h30-12h30 15h-19h*

MAS DES ROMPUDES
Les Hauts de Tabaussac 2016 ★★

■ | 2500 | | 11 à 15 €

Après une première vie dans les sports automobiles, Patrice Coste, fils et petit-fils de viticulteurs, a repris des vignes familiales (12 ha) pour créer son domaine en 2014. S'il apporte une grande partie des raisins à la coopérative du village, il vinifie ses propres cuvées à partir d'une petite surface de 1,7 ha établie sur le plateau de Sainte-Bauzille-de-la-Sylve, à l'ouest de Montpellier.

Syrah (60 %), grenache et alicante s'allient pour donner un vin au bouquet puissant et tonique, mêlant le fruit rouge à des notes de tabac. Des arômes intenses de framboise et de mûre confiturées s'épanouissent dans une bouche gourmande et soyeuse, tendue par une belle fraîcheur. ⏳ 2019-2022

⊸ PATRICE COSTE, Chem. du Peyrou, 34230 Saint-Bauzille-de-la-Sylve, tél. 06 79 02 19 64, masdesrompudes@orange.fr V *r.-v.*

♥ MAS GABINÈLE
Grenache gris Vieilles Vignes 2017 ★★

■ | 2600 | | 15 à 20 €

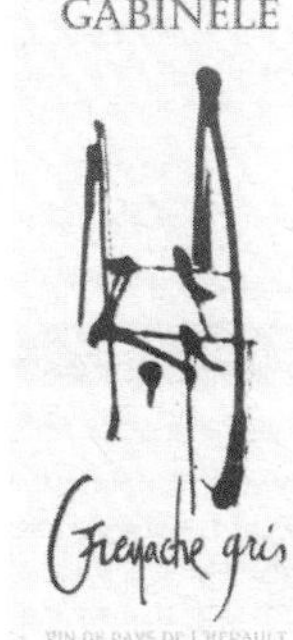

Petit-fils de vignerons, Thierry Rodriguez débute sa carrière dans l'exportation de vins du Languedoc, puis dans le négoce. Il redevint vigneron en achetant en 1997 ses premières parcelles en faugères à son ami Gabriel Mas, surnommé Gabinelle. *Gabinelà* désigne en occitan un cabanon de vignes, c'est le nom qu'il a choisi pour son domaine, qui couvre aujourd'hui 20 ha.

Les blancs issus du seul grenache gris ne sont pas si courants, celui-ci est d'autant plus précieux qu'il a décroché un coup de cœur. Sa robe est très claire, presque transparente. Son nez déploie d'intenses parfums floraux, relayés par des notes fruitées. En bouche, la palette de fleurs blanches teintées de notes muscatées est mise en valeur par un équilibre parfait entre l'onctuosité du cépage et une belle fraîcheur qui donne de l'allonge à la finale. Ce vin fera plaisir aussi bien à l'apéritif qu'au dessert, et aussi avec les cuisines du monde. ⏳ 2019-2022

⊸ THIERRY RODRIGUEZ, 1750, chem. de Bédarieux, 34480 Laurens, tél. 04 67 89 71 72, info@masgabinele.com V *t.l.j. sf sam. dim. 10h-12h 16h-18h* Ⓔ

Ⓑ MAS GABRIEL Les trois terrasses 2016 ★★

■ | 4500 | | 11 à 15 €

Ce petit domaine a été créé en 2006 par Peter et Deborah Core, des Anglais amoureux de la région et de la nature, qui cultivent en bio 6 ha de vignes sur une terrasse villafranchienne et sur les flancs d'une coulée basaltique.

Le millésime précédent avait intéressé nos dégustateurs, ce 2016 s'est placé sur les rangs pour un coup de cœur. La robe profonde aux reflets violines annonce la noblesse de cet assemblage dominé par le vieux carignan (70 %, avec le grenache et la syrah en appoint). Les effluves de violette, de réglisse et de menthe captivent. La bouche brille par sa rondeur et par sa générosité, tendue en finale par une belle fraîcheur aux accents réglissés. À carafer avant dégustation. ⧗ 2019-2022

⊶ *DEBORAH ET PETER CORE, 9, av. de Mougères, 34720 Caux, tél. 04 67 31 20 95, info@mas-gabriel.com* V ! *r.-v.*

Ⓑ DOM. PETIT ROUBIÉ Tannat 2016 ★

■ | 12 000 | 🍾 | 5 à 8 €

Installé en 1980, Olivier Azan, en précurseur, pratique l'agriculture biologique depuis plus de trente ans sur un domaine situé au cœur de l'aire du picpoul-de-pinet, à proximité de l'étang de Thau: 70 ha de vignes, dont près d'une vingtaine dédiée cette appellation de vins blancs. Il propose aussi des vins de cépage en IGP.

Cépage du Sud-Ouest, surtout cultivé en Béarn, le tannat est rare en Languedoc. Il a montré qu'il savait voyager, et s'acclimate parfaitement en Pays d'Hérault, à en juger par ce vin aux parfums de fruits rouges croquants rehaussés de notes épicées et réglissées. On retrouve ces arômes en bouche, soutenus par des tanins de qualité, un peu jeunes mais sans rien de rébarbatif. Une belle découverte. ⧗ 2019-2022

⊶ *OLIVIER AZAN, Dom. de Petit Roubié, 34850 Pinet, tél. 04 67 77 09 28, petitroubie@gmail.com* V 🚶 ! *t.l.j. sf sam. dim. 9h-12h 13h30-17h*

DOM. DE LA RENCONTRE Poète 2015 ★

■ | 5 000 | 🍾 | 11 à 15 €

C'est ici, en 1854, que Gustave Courbet a peint son chef-d'œuvre *La Rencontre*, stylisé sur les étiquettes. Rencontre encore, au Mexique, entre Pierre Viudes qui courait le monde et Julie, une Anglaise exilée. Enfin, les jeunes mariés «rencontrent» ces vignes de Vic-la-Gardiole et créent en 2011 un domaine qui compte aujourd'hui 10 ha.

Issu de raisins de muscat passerillés, vendangés à la main, ce vin moelleux est harmonieux et gourmand. Sa gamme aromatique met en avant les fruits confits, nuancés de notes de rose. ⧗ 2019-2024 ■ **Philosophe 2016 ★ (11 à 15 €; 3000 b.)** : une cuvée très originale, associant un muscat sec et un muscat surmûri élevé en fût. Intensément aromatique, sur la poire et la menthe, ce vin se montre onctueux, légèrement moelleux au palais. Une rencontre qui ne s'oublie pas. ⧗ 2019-2024

⊶ *PIERRE ET JULIE VIUDES, 50, chem. de la Condamine, 34110 Vic-la-Gardiole, tél. 06 24 05 39 46, pierre@domainedelarencontre.com* V 🚶 ! *r.-v.*

Ⓑ DOM. SAINTE-CÉCILE DU PARC
Mouton Bertoli 2015 ★

■ | 2 500 | 🛢 | 20 à 30 €

Au XVIIe s. ces terres servaient de terrain de chasse au duc de Montmorency lorsqu'il séjournait à Pézenas, alors capitale des États du Languedoc. Reprises en 2005 par Christine Mouton-Bertoli, les vignes en terrasses (15 ha, dont 10 en production) de ce domaine sont conduites en bio. Elles cernent une cave récente, achevée en 2011. Toutes les cuvées font ici référence à la musique, dont sainte Cécile est la patronne.

Né d'un assemblage original de cabernet franc (80 %) et de syrah, un vin rouge promis à un bel avenir. Sa palette d'une belle finesse mêle les fruits rouges et les fleurs séchées. Dans le même registre, la bouche se montre ample et riche, étayée par des tanins qui garantissent une évolution heureuse. ⧗ 2020-2024

⊶ *SCEA MOUTON-BERTOLI, rte de Caux, 34120 Pézenas, tél. 06 79 18 68 56, cmb@stececileduparc.com* V 🚶 ! *r.-v.*

DOM. DE VIRANEL Trilogie 2016 ★

■ | 30 000 | 🍾 | 5 à 8 €

Histoire familiale et patrimoine se transmettent depuis 1551 sur cette propriété en terrasses dominant la vallée de l'Orb, dans l'aire du saint-chinian. Depuis 2012, la dernière génération, représentée par Arnaud et Nicolas Bergasse, conduit le vignoble qui couvre aujourd'hui 40 ha.

Trilogie? Trois cépages assemblés par tiers. Le premier, la syrah, est bien connu maintenant en Languedoc; le second, l'alicante bouschet, cépage teinturier apportant de la couleur, a beaucoup régressé; le troisième, le cabernet franc, est plus répandu dans les vignobles océaniques. Voilà qui donne un ouvrage de qualité. Le premier opus parle d'une robe grenat aux reflets violines; le deuxième déroule des arômes de cerise, de cassis et de raisin, avec des touches de violette. Le troisième déploie une matière charnue, ample et généreuse, aux tanins fondus, tendue par une belle fraîcheur. Une agréable finale conclut cette trilogie. On attend avec impatience la suite, avec le millésime 2017. ⧗ 2019-2022

⊶ *ARNAUD ET NICOLAS BERGASSE, rte de Causses-et-Veyran, 34460 Cessenon-sur-Orb, tél. 04 67 89 60 59, contact@viranel.fr* V 🚶 ! *t.l.j. sf sam. dim. 9h-12h 14h-18h*

IGP PAYS D'OC

ABBOTTS ET DELAUNAY
Sauvignon Les Fruits sauvages 2017 ★

□ | n.c. | 🍾 | 8 à 11 €

Issu d'une famille de producteurs et négociants bourguignons, Laurent Delaunay, œnologue, après avoir créé Badet Clément & Cie, a racheté en 2005 l'affaire fondée en 1996 par l'œnologue australienne Nerida Abbott, créant sous le nom d'Abbotts & Delaunay une société de négoce-vinificateur spécialisée dans les vins du Languedoc-Roussillon.

Un blanc aux arômes d'agrumes teintés de buis caractéristiques du sauvignon. Avec son attaque fraîche, son développement ample et rond et sa finale vive et longue, marquée par une petite amertume agréable, c'est un vin bien construit. ⧗ 2018-2020 □ **Chardonnay Les Fruits sauvages 2017 ★ (8 à 11 €; n.c.)** : un tiers de la cuvée a été vinifiée et élevée sur lies en fût. Le boisé vanillé et torréfié, bien marqué, laisse sa place au raisin, qui s'exprime sur des notes de fruits exotiques. Un vin bien fait, équilibré et long. ⧗ 2018-2022

⊶ *ABBOTTS ET DELAUNAY, 32 av. du Languedoc, 11800 Marseillette, tél. 04 68 79 00 00, contact@abbottsetdelaunay.com* V 🚶 ! *r.-v.*

J.A. BY JEAN D'ALIBERT Gris La Forge 2017 ★

■ | 50 000 | 🍾 | - de 5 €

Le groupe Jean d'Alibert-Chantovent est une union de producteurs du Minervois constituée en 1993. Il

regroupe six caves, ce qui représente 1 200 vignerons et 6 000 ha. À sa carte, des vins en AOC (minervois, languedoc) et en IGP. Jean d'Alibert? Un religieux de la région de Caunes-Minervois qui, au XVIe s., participa au développement des vignobles languedociens.

Un 100 % grenache gris, pâle aux reflets saumonés, ouvert au nez comme en bouche sur des arômes de fleurs et de fraise écrasée, ample, frais et harmonieux. ⧗ 2018-2019

⊶ SA CHANTOVENT, quai du Port-au-Vin, 78270 Bonnières-sur-Seine, tél. 01 30 98 59 10, marketing2@chantovent.fr

ALMA CERSIUS
Les Pieds dans l'eau 2017

■ | 156 667 | 🍾 | - de 5 €

Fondée en 1937, la coopérative de Cers, rebaptisée Alma Cersius, regroupe trois communes aux portes de Béziers: outre Cers, Portiragnes et Villeneuve-les-Béziers. Elle dispose des 1 200 ha de ses adhérents et développe vente en bouteilles et gammes de cuvées.

Robe pâle aux reflets orangés, nez intense de fruits rouges, d'agrumes, de poire et de bonbon acidulé, bouche ample, ronde et riche: ce rosé apparaît bien gourmand, lui manque juste un brin de fraîcheur pour décrocher l'étoile. ⧗ 2018-2019

⊶ ALMA CERSIUS, 3, av. de l'Égalité, 34420 Portiragnes, tél. 04 67 90 91 90, caveau.portiragnes@almacersius.com **V** **⌂** *t.l.j. sf dim. 9h-12h 15h-19h*

DOM. L'AMIRAL L'Odyssée 2017 ★

■ | 2600 | 11 à 15 €

Un domaine fondé en 1817 par l'amiral Gayde, commandé par de spectaculaires bâtiments en forme de fer à cheval, que l'on remarque par satellite. Dans ce cadre abrité des vents dominants, Bénédicte Gobé, arrière-petite-nièce de l'amiral, est aux commandes depuis 2008 d'un vignoble de 30 ha. À la carte du domaine, des minervois et des vins en IGP.

Les cépages blancs, une nouveauté dans cette propriété vouée au rouge depuis deux cents ans: ils ont été plantés en 2010. Le sauvignon, majoritaire (80 %), la marsanne et le viognier sont à l'origine de ce vin étoffé, gourmand, suave et rond, plaisant par son côté aromatique: le fruit de la Passion et la mangue y rencontrent les épices et le musc, avec la note de buis du sauvignon. ⧗ 2018-2020

⊶ BÉNÉDICTE ET RODOLPHE GOBÉ, 14, av. de l'Amiral-Gayde, 11800 Aigues-Vives, tél. 06 83 51 68 88, contact@chateaulamiral.fr **V** **🚶** **⌂** *r.-v.*

ANNE DE JOYEUSE French Défilé 2017

■ | 25 000 | 8 à 11 €

Fondée en 1929, la cave coopérative Anne de Joyeuse s'est fait une spécialité de l'élaboration des vins rouges de Limoux et de la haute vallée de l'Aude issus de sélections parcellaires rigoureuses, sans pour autant négliger la production des vins blancs de l'appellation. À sa carte figurent aussi des vins en IGP.

Syrah, malbec, pinot noir et cabernet franc à parts égales pour ce rosé assez soutenu en couleur, au nez discret mais plaisant de fruits rouges, d'agrumes et de fleurs blanches, au palais bien équilibré. ⧗ 2018-2019

⊶ ANNE DE JOYEUSE, 41, av. Charles-de-Gaulle, BP 39, 11303 Limoux Cedex, tél. 04 68 74 79 40, marketing@cave-adj.com **V** **⌂** *t.l.j. 10h-12h 15h-19h*

DOM. D'AUBARET Merlot 2017 ★

■ | n.c. | - de 5 €

Acquis en 1992, l'un des 17 domaines languedociens de l'« empire » constitué après 1962 par les Bonfils en Languedoc. Abritant une chapelle, très ancien lieu de pèlerinage, il est implanté à Magalas, au nord-ouest de Pézenas. Les vignes (70 ha) croissent sur un plateau argilo-calcaire aux terres rouges, localement schisteuses, au voisinage de l'appellation faugères.

Une longue cuvaison pour ce merlot à la robe jeune, aux parfums de fruits noirs teintés de violette, d'eucalyptus et de notes fumées. Le petit fruit très mûr s'épanouit dans un palais consistant et ample, à la longue finale épicée. De l'élégance. ⧗ 2018-2023 ■ **Sauvignon 2017 ★ (- de 5 €; n.c.)** : un peu discret au nez, entre fleurs et agrumes, ce sauvignon sudiste montre une belle présence en bouche, avec du gras, une belle fraîcheur citronnée et une finale persistante. ⧗ 2018-2021

⊶ GFA DOM. DE CANTAUSSELS, Dom. de Cibadiès, 34310 Capestang, tél. 04 67 93 10 10, bonfils@bonfilswines.com

GÉRARD BERTRAND Extra Blanc 2017 ★

■ | n.c. | 5 à 8 €

Enfant des Corbières, Gérard Bertrand est un important propriétaire et négociant du sud de la France, dont les cuvées apparaissent dans le Guide sous diverses AOC (corbières, fitou, minervois, languedoc, côtes-du-roussillon...) et en IGP.

Né sur des terroirs littoraux du grenache blanc et du vermentino, ce blanc à la robe pâle mêle au nez des notes florales et des arômes de pêche, teintés de minéralité. Bien équilibré en bouche, il se montre aussi rond que long. ⧗ 2018-2021

⊶ GÉRARD BERTRAND, rte de Narbonne-Plage, 11100 Narbonne, tél. 04 68 45 28 50, vins@gerard-bertrand.com **V** **🚶** **⌂** *r.-v.*

CALMEL ET JOSEPH
Sauvignon Villa blanche 2017 ★★

■ | 20 000 | 🍾 | 8 à 11 €

Laurent Calmel, œnologue, s'est associé avec Jérôme Joseph pour fonder en 1995 une maison de négoce spécialisée dans les vins de terroir du Languedoc-Roussillon. Le duo a lancé son étiquette en 2007. Il sélectionne les parcelles, vinifie et élève les cuvées.

Villa blanche est une gamme consacrée aux vins monocépages, le plus souvent en IGP. Son sauvignon s'est placé sur les rangs pour un coup de cœur. Intensément aromatique, il mêle au nez les agrumes, les fruits exotiques (litchi), des touches minérales, avec un soupçon de buis à l'arrière-plan. Au palais, il offre un remarquable équilibre entre gras et vivacité, ainsi qu'une longue finale. ⧗ 2018-2020 ■ **Chardonnay Villa Blanche 2017 ★★ (8 à 11 €; 200 000 b.)** : trois mois de fût, de quoi donner un surcroît de complexité à ce vin consistant, onctueux, frais et persistant, qui donne la première place au fruit: un trait discrètement vanillé et épicé vient souligner de jolis arômes de fleurs blanches, d'agrumes et de pêche. ⧗ 2018-2021

CALMEL ET JOSEPH, chem. de la Madone, 11800 Montirat, tél. 04 68 72 09 88, contact@calmel-joseph.com t.l.j. sf sam. dim. 9h-16h30

DOM. CAPENDU Cuvée Prestige 2017

	n.c.	5 à 8 €

Implanté dans les Corbières sur le piémont nord de l'Alaric, ce domaine dont le siège est au cœur de Capendu recèle un puits qui alimentait le village en eau au XIXes. Conduit depuis 2005 par Didier Ragaru, il fournit aujourd'hui beaucoup de vins grâce à un vignoble de 87 ha.

Une fois n'est pas coutume, c'est un blanc qui apparaît dans la sélection. Né d'un assemblage de sauvignon et de chardonnay, il dévoile une palette originale, associant aux fruits jaunes, la cire d'abeille et des notes grillées. Dans le même registre, la bouche gourmande et bien structurée offre l'ampleur du chardonnay et la finale fraîche et acidulée du sauvignon. ⧗ 2018-2020

DIDIER RAGARU, pl. de la Mairie, 11700 Capendu, tél. 04 68 79 00 61, contact@chateau-capendu.com r.-v.

PIERRE CHAVIN
Cabernet-sauvignon Nigiro Nature 2017 ★

	150000		5 à 8 €

Une jeune maison de négoce créée en 2010 par Fabien Gross, présente sur différents vignobles français, qui vise des «créations haute couture» et du «prêt-à-consommer».

Nigiro: une gamme vegan et sans sulfites ajoutés, assurément dans l'air du temps. L'étiquette est fabriquée en bois de l'Illinois, et le cabernet-sauvignon élevé au contact du chêne. Le vin, à la robe très profonde, en retire de la complexité: sa palette mêle des notes variétales (cassis, fruits rouges, touche de poivron) et des nuances boisées (réglisse, épices, vanille et cacao). Équilibrée, de bonne longueur, la bouche s'appuie sur des tanins fondus, plus stricts en finale. ⧗ 2018-2022

PIERRE CHAVIN, 2, bd Jean-Bouin, 34500 Béziers, tél. 04 67 90 12 60, info@pierre-chavin.com r.-v.

DOM. CIRY CATTANEO
Malbec Sang neuf 2016 ★★

	1692		15 à 20 €

David Ciry, œnologue conseil en France et à l'étranger, a créé son propre domaine en 2015 sur des parcelles d'altitude au-dessus de Siran et de La Livinière, en Minervois. Il y produit sur moins de 3 ha plusieurs microcuvées que l'on pourra déguster avec les chocolats spécialement imaginés par Marion Cattaneo, sa femme, pour révéler les arômes du vin. Les vignes sont cultivées en bio (certification pour l'essentiel à partir du millésime 2016).

Le cépage du cahors, planté à 400 m d'altitude, tout près d'un causse – méridional celui-là – a engendré un vin de caractère, à la robe profonde et jeune, animée de reflets violines. Intense, le nez libère des arômes de cerise noire confiturée. Quant au palais, puissant, opulent et long, il s'appuie sur des tanins denses et enrobés, encore un peu fermes en finale. ⧗ 2019-2023

DAVID CIRY, 9, av. de la Montagne-Noire, 11800 Laure-Minervois, tél. 06 70 36 36 37, cirydavid@yahoo.fr r.-v.

♥ COLLINES DU BOURDIC
Grenandise La folie des collines 2017 ★★

	100000		- de 5 €

Créée en 1928 grâce à la volonté d'une poignée de viticulteurs, la cave coopérative Les Collines du Bourdic, dans le Gard, compte aujourd'hui une centaine d'adhérents qui cultivent 1700 ha. À sa carte, du duché-d'uzès (AOC) et des vins en IGP.

Le seul grenache noir est à l'œuvre dans ce superbe rosé profond et brillant, aux jolis reflets violines. Des arômes délicats de fleurs blanches, de fruits rouges, de bourgeon de cassis et de garrigue composent un nez élégant. La bouche offre un très bel équilibre entre volume, gras et fine vivacité. ⧗ 2018-2020 ■ **Secret de cave 2015 ★ (15 à 20 €; 5900 b.)** : du merlot et du marselan issus d'une sélection parcellaire, longuement macérés et élevés dix-huit mois en fût. Une cuvée ambitieuse, puissante et ample, marquée au nez comme en bouche par un boisé épicé et chocolaté. ⧗ 2018-2022 ■ **Le Prestige Blanc 2017 ★ (5 à 8 €; 40000 b.)** : un chardonnay (bien) élevé six mois en fût, au nez complexe (agrumes, fruits exotiques, pêche blanche, notes florales, vanille et grillé, avec une touche de curry); de belles promesses tenues par un palais ample et onctueux, à la finale tonique. ⧗ 2018-2022

SCA LES COLLINES DU BOURDIC, chem. de Saint-Chaptes, 30190 Bourdic, tél. 04 66 81 20 82, contact@bourdic.fr t.l.j. sf dim. 9h-12h30 14h-18h

DOM. DES CRÈS RICARDS Merlot 2017 ★

	15000		5 à 8 €

Colette et Gérard Foltran ont passé la main à Jean-Claude Mas en 2010. Ce domaine fondé en 1960, est situé au lieu-dit Les Crès Ricards, au cœur des Terrasses du Larzac, sur un terroir de schistes et de galets roulés. Agrandi, il compte une quarantaine d'hectares.

Une longue macération et un élevage partiel en fût ont donné à ce merlot une robe colorée et des arômes discrets de fruits rouges et d'épices. La barrique ressort davantage en bouche, sur des notes de cacao bien mariées au fruit mûr. Équilibrée par ce qu'il faut de fraîcheur, la matière est ample, souple et suave. ⧗ 2018-2021 ■ **Alexaume 2016 ★ (8 à 11 €; 30000 b.)** : un assemblage savant de merlot (44 %), de cabernet-sauvignon, de syrah et de carignan, ce dernier vinifié en macération carbonique; un élevage sous bois pour 30 % de la cuvée. Étoffé, fondu et long, le vin est intéressant par sa complexité (notes animales, cerise kirschée, garrigue, cannelle, clou de girofle). ⧗ 2018-2022

SARL DOM. CRÈS RICARDS, rte de Villeveyrac, 34530 Montagnac, tél. 04 67 90 16 10, info@paulmas.com Jean-Claude Mas

VIGNOBLES DES DEUX TERRES Vermentino 2017 ★

10 000 | - de 5 €

Située à proximité du lac du Salagou, de Saint-Guilhem-le-Désert ou encore des cirques de Mourèze et de Navacelle, la cave des Vignerons de Saint-Félix-de-Lodez, créée en 1942, regroupe après plusieurs fusions 520 ha de vignes et a pris en 2009 le nom de Vignoble des Deux Terres. S'inscrivant dans une démarche de production respectueuse du développement durable, elle dispose de 30 ha cultivés en bio.

Une récolte nocturne a préservé le potentiel aromatique de ce vermentino fort apprécié pour sa palette mêlant tilleul, agrumes, pêche blanche et fruits exotiques (litchi). Très aromatique elle aussi, d'une belle ampleur, la bouche offre une finale vive et saline qui fera apprécier cette bouteille à l'apéritif et sur les produits de la mer. ⌛ 2018-2019 **Syrah 2017 (- de 5 €; 24 000 b.)** : vin cité.

VIGNOBLE DES DEUX TERRES, 21 bis, av. Marcelin-Albert, 34725 Saint-Félix-de-Lodez, tél. 04 67 96 60 61, info@vignerons-saintfelix.com V t.l.j. sf dim. 9h-12h 14h-18h

L'ENCLOS DE LA CHANCE Aiguillettes 2017 ★

20 000 | 5 à 8 €

François et Sylvia Cornut deviennent propriétaires du Château Guiot en 1976, une centaine d'hectares au cœur des Costières; en 2008, leurs fils jumeaux Alexis et Numa complètent le vignoble avec l'Enclos de la chance, une vingtaine d'hectares sur les terres fraîches, argileuses, du Duché d'Uzès, dédiées surtout aux vins blancs.

Aiguillettes? Le nom de la parcelle d'où proviennent le chardonnay (70 %) et le sauvignon qui composent cette cuvée à la robe jaune franc et au nez délicatement floral, nuancé de miel et d'épices douces. Dans une belle continuité, la bouche se montre ample, ronde et gourmande avec ses arômes de fruits jaunes épicés. ⌛ 2018-2020

ALEXIS ET NUMA CORNUT, Dom. de Guiot, D 197, 30800 Saint-Gilles, tél. 04 66 73 30 86, contact@chateauguiot.com V t.l.j. sf dim. 9h-12h 14h-18h

♥ L'EXUBÉRANT Viognier 2017 ★★

11 592 | - de 5 €

Le village de Bessan, entre Agde et Béziers, élabore des rosés depuis le début du siècle dernier, si bien que sa coopérative, fondée en 1938, a pris pour nom Le Rosé de Bessan. La cave dispose d'une surface de 550 ha.

Ce coup de cœur décerné à l'aveugle arrive à point nommé pour le quatre-vingtième anniversaire de la cave, récemment modernisée. Il distingue non un rosé, mais un blanc de viognier, plébiscité pour son expression aromatique intense et nette, florale et très fruitée, et surtout pour sa finesse et pour son élégance. Loin de la lourdeur de certains vins nés de ce cépage, celui-ci brille par sa fraîcheur aux accents d'agrumes, qui équilibre sa rondeur en lui donnant de l'allonge. Il pourra accompagner les poissons au four. ⌛ 2018-2021

LE ROSÉ DE BESSAN, chem de la Coopérative, 34550 Bessan, tél. 04 67 77 42 03, le.rose.de.bessan@wanadoo.fr V t.l.j. sf dim. 9h-12h30 15h-19h

FERRANDIÈRE Le Grand Vin rouge 2016 ★★

15 000 | 11 à 15 €

Constitués par la famille Gau, les Vignobles de la Ferrandière ont été rachetés en 2013 par Jean-Claude Mas (Dom. Paul Mas). Couvrant 100 ha de vignes (surtout) et de pommiers, le domaine est implanté sur l'étang asséché de Marseillette, une ancienne lagune, entre les Corbières et le Minervois, à 40 km de la Méditerranée. Les sols salés doivent être périodiquement inondés au printemps, ce qui permet aux vignes d'échapper au phylloxéra: de nombreux ceps sont ici francs de pied (non greffés).

Une vinification séparée pour chacun des trois cépages (cabernet-sauvignon, merlot et marselan) composant cette cuvée; une partie (40 %) du vin achève sa fermentation en barrique où elle séjourne neuf mois. Il en résulte une bouteille harmonieuse, fondue, d'un bon potentiel, offrant un heureux mariage entre les notes de fruits mûrs du raisin et les notes d'élevage épicées et réglissées. ⌛ 2018-2023

VIGNOBLES DE LA FERRANDIÈRE, Dom. la Ferrandière, 11800 Aigues-Vives, tél. 04 68 79 29 30, info@paulmas.com

♥ DOM. DE FIGUIÈRES Tempus 2017 ★★

5 000 | 5 à 8 €

Fondé en 1969, le domaine de Figuières se niche au cœur de la garrigue odorante, à 150 m d'altitude, protégé par le massif calcaire de la Clape, entre Narbonne et la côte. Alain Bovis, industriel et galeriste, l'a acquis en 2008, et les équipes ont été renouvelées en 2015. L'exploitation de 22 ha produit dans la jeune AOC la-clape, tout en proposant des vins en IGP.

Les environs de la Clape favorisent autant les vins blancs que les vins rouges. Celui-ci, en IGP, privilégie le viognier (80 %), complété par la roussanne. Il permet au domaine de faire une entrée remarquée dans le Guide. Nos dégustateurs soulignent la complexité de son expression aromatique: citron, pamplemousse, jasmin, tilleul et même la touche de garrigue du terroir montent du verre et se prolongent en bouche, où la fleur blanche se teinte de miel d'acacia. Une finale élégante conclut la dégustation de ce vin harmonieux, à la fois vif et rond. ⌛ 2018-2021

CH. DE FIGUIÈRES, chem. de la couleuvre, La Clape, 11100 Narbonne, tél. 07 85 60 01 92, contact.figuieres@yahoo.com V r.-v.

LES VIGNERONS DE FLORENSAC Mademoiselle Florensac 2017 ★

25 000 | 5 à 8 €

Née en 1934, cette coopérative installée dans des bâtiments à l'architecture typique du Languedoc

LANGUEDOC

regroupe 150 adhérents et 700 ha de vignes. À sa carte, du picpoul-de-pinet et des vins IGP.

Merlot (80 %) et cinsault sont associés dans ce beau rosé saumon clair, intensément bouqueté autour des fruits rouges et des fleurs blanches. Une attaque énergique introduit une bouche fruitée, longue et alerte, un brin plus suave en finale. ⧗ 2018-2019

LES VIGNERONS DE FLORENSAC, 5, av. des Vendanges, 34510 Florensac, tél. 04 67 77 00 20, c.bertrand@vignerons-florensac.fr V t.l.j. 9h-18h; dim. 10h30-15h30

DOM. GAYDA Figure Libre Freestyle 2016 ★

n.c.		11 à 15 €

Situé au sud-ouest de Carcassonne, le domaine était une ancienne ferme construite en 1749. Il a été racheté en 2003 par une équipe constituée dans des chais d'Afrique du Sud, autour de Tim Ford et de Vincent Chansault. Ce dernier, qui conduit le domaine viticole, s'est formé à Cognac, a travaillé dans le Val de Loire, la vallée du Rhône et le Languedoc avant de gagner le vignoble de Stellenbosch. Les propriétaires ont fait construire un chai, engagé la conversion bio du vignoble (2011) et planté des oliviers.

Syrah (40 %), carignan, grenache et mourvèdre cueillis à la main composent un vin au nez délicat, partagé entre fruits mûrs et épices, et à la bouche agréable, tant par sa texture soyeuse que ses arômes de fruits rouges soulignés du trait vanillé de l'élevage. ⧗ 2018-2021

DOM. GAYDA, chem. de Moscou, 11300 Brugairolles, tél. 04 68 31 64 14, info@domainegayda.com V r.-v.

DOM. ÉRIC GELLY 2017 ★★

11 000	- de 5 €

Sept générations se sont succédé à la tête de ce domaine, dans la famille depuis 1850. Conduit depuis 2006 par Éric Gelly, le vignoble couvre 48 ha, dédiés aux IGP Pays d'Oc et Côtes de Thongue.

Une alliance harmonieuse de vermentino (70 %) et de muscat: le second se reconnaît à ses parfums intenses, mariés à la fleur blanche et à la pêche. Le premier s'exprime en bouche, puis laisse le muscat conclure la dégustation par son fruité expressif, sur les agrumes, nuancés d'une agréable pointe végétale. Un vin aromatique, ample et équilibré, de belle longueur. ⧗ 2018-2019

ÉRIC GELLY, 35, av. de Magalas, 34480 Pouzolles, tél. 06 28 33 93 94, domaineericgelly@orange.fr V r.-v.

DOM. DU GRAND CHEMIN Incroyable 2017

15 000		8 à 11 €

Au pied des Cévennes, le domaine du Grand Chemin est exploité depuis cinq générations par la famille Floutier, de père en fils. Le vignoble s'étend sur une superficie de 70 ha.

Né de cinsault (90 %) et de pinot noir, ce rosé aux reflets orangés intéresse par son bouquet fin, floral et fruité, et par sa bouche tout en rondeur et en douceur. Une pointe de fraîcheur en plus et c'était l'étoile… ⧗ 2018-2019

FLOUTIER, Dom. du Grand Chemin, 115 rue des Vins, 30350 Savignargues, tél. 04 66 83 42 83, contact@domainedugrandchemin.fr V t.l.j. 9h-12h 13h30-18h30 ; dim. sur r.-v.

GRANDE COURTADE L'instant 2017 ★

130 000		5 à 8 €

Enracinée dans les Corbières depuis 1605, la famille Fabre exploite 360 ha répartis en quatre domaines: le Ch. Fabre Gasparets (corbières-boutenac, le berceau), le Ch. Coulon, le Ch. de Luc et le Dom. de la Grande Courtade, sur le territoire de Béziers, dédié aux vins IGP. Ingénieur agronome et œnologue, Louis Fabre a pris en 1982 la tête de ces vignobles cultivés en bio dès 1991 (certification pour l'ensemble en 2014).

Des airs bordelais (merlot à 50 %, cabernet-sauvignon) et une touche bourguignonne (pinot noir) pour ce rosé très pâle, au nez intense d'agrumes, de litchi et de rose. Une intensité aromatique que l'on retrouve dans une bouche ample, élégante et fraîche. ⧗ 2018-2019

LOUIS FABRE, 1, rue du Château, 11200 Luc-sur-Orbieu, tél. 04 68 27 10 80, info@famille-fabre.com V t.l.j. 9h-12h 14h-18h; sam. dim. sur r.-v.

LA GRANGE Tradition Grande Cuvée blanc 2016 ★

4 000		11 à 15 €

Un domaine acquis en 2007 par Rolf et Renate Freund, anciens importateurs allemands de vins. Idéalement situé en bordure du parc naturel régional du Haut Languedoc, à une altitude de 250 m, son vignoble, restructuré et passé de 30 à 55 ha, est cerné par la garrigue. Les raisins mûrissent entourés de thym et de romarin, puis sont vinifiés parcelle par parcelle dans de nouveaux chais en pierre implantés au cœur des vignes. L'ancienne cave a été restaurée.

Deux tiers de chardonnay et un tiers de sauvignon pour ce blanc auquel un court séjour (quatre mois) dans le bois a donné un surcroît de complexité: des notes de fruits secs, de grillé, s'ajoutent aux arômes de fleurs blanches, d'agrumes et de fruits confits. Plus nettement boisé au palais, ce vin retient l'attention par son ampleur, sa minéralité et sa longueur. «Un vin dont on se souvient», conclut un dégustateur. ⧗ 2018-2021

SARL LA GRANGE, rte de Fouzilhon, 34320 Gabian, tél. 04 67 24 69 81, shugeux@domaine-lagrange.com V t.l.j. sf sam. dim. 10h-12h 14h-16h Freund

LA GRAVETTE Marquis des Horts 2017 ★

8 000		- de 5 €

Créée en 1939, la coopérative de Corconne, aujourd'hui appelée Cave La Gravette, regroupe une centaine d'adhérents cultivant environ 500 ha sur le territoire de quatre communes. Une partie importante du vignoble est en AOC languedoc Pic Saint-Loup.

Un 100 % cabernet-sauvignon aux reflets bruns-orangés. Au nez, des agrumes, de l'ananas et de la fraise. En bouche, du volume, du gras, de la rondeur. Un rosé gourmand. ⧗ 2018-2019

CAVE COOP. LA GRAVETTE, rte de Montpellier, 30260 Corconne, tél. 04 66 77 32 75, caveau@lagravette.fr V r.-v.

SERRE DE GUÉRY
Sauvignon Sagesse 2017 ★★

	25000	5 à 8 €

René-Henry Guéry représente la huitième génération d'une famille vigneronne enracinée à Azille, dans le Minervois. Avec son épouse Florence, venue du Lot, autre terre de vignes, il exploite depuis 1998 le domaine, qui compte 40 ha.

Plusieurs de nos dégustateurs auraient volontiers donné un coup de cœur à ce sauvignon qui allie l'intensité aromatique du cépage à une rare élégance. Très parfumé, d'une grande fraîcheur, le nez associe les fruits exotiques et l'orange amère à une pointe mentholée. Des arômes qui se prolongent dans un palais à la fois tonique, rond et persistant, marqué en finale par un retour du menthol, teinté de buis. ⧗ 2018-2021

RENÉ-HENRY GUÉRY, 4, av. du Minervois, 11700 Azille, tél. 04 68 91 44 34, chateau.guery@gmail.com t.l.j. sf dim. 10h-12h 16h-19h

DOM. HAUT COURCHAMP
La Petite Sœur 2017 ★

	6000		5 à 8 €

Ce domaine familial de 12 ha portait ses raisins à la coopérative jusqu'en 2012. Pascal Conge signe désormais ses propres cuvées, vinifiées sans sulfite.

Ce pur cabernet franc pâle et brillant dévoile des parfums bien mariés d'agrumes et de fruits exotiques. Des arômes prolongés par un palais franc et frais. ⧗ 2018-2019

DOM. HAUT COURCHAMP, 359, av. Cave-Coopérative, 34400 Saint-Christol, tél. 06 27 43 19 20, pascalconge@yahoo.fr t.l.j. sf dim. 9h30-12h 15h-19h
Conge Pascal

CH. HAUT GLÉON
Les Amours de Gléon 2017 ★

	45000		5 à 8 €

De vieilles pierres bien restaurées, aujourd'hui destinées à l'hébergement des visiteurs, une piscine au milieu de 260 ha de garrigue: ce domaine, havre de paix à l'entrée de la vallée de Paradis, non loin de Durban-Corbières, a développé l'œnotourisme. Quelques oliviers, et surtout de la vigne (35 ha de vignes). La propriété a été rachetée en 2012 par les Vignobles Foncalieu.

Assemblage classique de grenache (70 %) et de syrah, ce rosé d'une belle brillance conjugue à l'olfaction des arômes de fruits rouges et d'épices. La bouche se révèle fine, fraîche, fruitée et persistante. ⧗ 2018-2019

CH. HAUT GLÉON, Lieu-dit Gléon, 11360 Villesèque-des-Corbières, tél. 04 68 48 85 95, contact@hautgleon.com t.l.j. 9h-12h 14h-17h

DOM. DE L'HERBE SAINTE
Grenache 2017 ★

	2600		5 à 8 €

Situé dans la partie orientale du Minervois, près de Narbonne, le domaine (85 ha) a été acquis en 2001 par la famille Greuzard, originaire de Bourgogne et installée en Languedoc depuis 1980. Premier achat de vignes en 1987 et premières vinifications à la propriété en 2001.

D'un rose tendre aux reflets bleutés, ce pur grenache dévoile des arômes floraux de belle finesse. En bouche, il apparaît ample, charnu, frais et fruité. ⧗ 2018-2019

FAMILLE GREUZARD, rte de Ginestas, 11120 Mirepeisset, tél. 04 68 46 30 37, herbe.sainte@wanadoo.fr r.-v.

DOM. LALANDE
Merlot Vieilles Vignes 2016

	180000		- de 5 €

À Pennautier, entre Toulouse et Carcassonne, un domaine acquis en 1996 par le Belge Pierre Degroote, ingénieur agronome et œnologue, et par le vigneron Bernard Montariol. Le château Lalande est une bâtisse historique: Paul Riquet y aurait dessiné au XVII[e]s. les plans du canal du Midi, qui borde ce vaste vignoble de 155 ha.

Élevé six mois en barrique, un merlot caractéristique du cépage dans sa version méridionale: une robe grenat soutenu, un nez sur le fruit rouge bien mûr, discrètement boisé, une bouche souple et suave, d'une belle longueur, à la finale vanillée. ⧗ 2018-2021

DOM. LALANDE, Dom. la Grangette, 34440 Nissan-lez-Ensérune, tél. 04 67 37 22 36, magali@montariol-degroote.com Degroote

DOM. LALAURIE Syrah 2017 ★

	6000		- de 5 €

Transmis depuis dix générations, ce vaste domaine familial de 50 ha a démarré la mise en bouteille à la propriété en 1974, sous l'impulsion de Jean-Charles et Catherine Lalaurie, épaulés depuis 2007 par leurs filles jumelles, Camille et Audrey. À sa carte, des vins en IGP.

D'un joli rose saumoné, ce vin évoque à l'olfaction les fleurs blanches, le menthol et les agrumes. En bouche, c'est rond, généreux, charnu, avec une fine trame acide en arrière-plan. ⧗ 2018-2019

JEAN-CHARLES LALAURIE, 2, rue Le-Pelletier-de-Saint-Fargeau, 11590 Ouveillan, tél. 04 68 46 84 96, lalaurie@domaine-lalaurie.com t.l.j. sf dim. 10h-12h30 15h-18h30

DOM. LAURIGA Grenache gris 2017

	20000		5 à 8 €

Vigneron-négociant, Jean-Claude Mas dispose d'un vaste vignoble de plus de 600 ha en propre constitué par quatre générations, auxquels s'ajoutent les apports des vignerons partenaires (1 300 ha). Le Ch. Lauriga s'étend sur 60 ha dans les Aspres.

Rose pâle et brillant, ce vin convoque au nez les fruits rouges et le litchi. En bouche, il se montre suave et rond, ouvert sur des notes de cassis et d'amande douce. ⧗ 2018-2019

SARL DOM. LAURIGA, traverse de Ponteilla, RD 32, 66300 Thuir, tél. 04 68 53 58 37, info@paulmas.com t.l.j. 9h-12h 14h-17h
Jean-Claude Mas

DOM. LA LOUVIÈRE La Muse 2017 ★

| 7000 | | 11 à 15 € |

C'est l'histoire d'un industriel allemand, Klaus Grohe, qui tombe sous le charme de cette région et de ce terroir de la Malepère. Installé en 1992, désormais épaulé par son fils Nicolas, il a patiemment reconstruit ce domaine dont le vignoble couvre aujourd'hui 48 ha conduits en bio (conversion en cours).

Bien connu pour ses rouges d'appellation, le domaine propose avec cette cuvée un blanc de belle facture, né d'un assemblage de viognier (60 %), de chenin blanc et de chardonnay. Après un élevage mi-cuve mi-fût, ce vin s'ouvre et monte en puissance sur des notes florales et fruitées, où ressortent le citron confit, la mandarine, les fruits exotiques et l'abricot. L'élevage, bien fondu, se révèle dans un palais consistant, charnu et élégant, marqué en finale par une pointe chaleureuse. ⧗ 2018-2021

KLAUS GROHE, Dom. la Louvière, 11300 Malviès, tél. 04 68 20 70 55, jharris@domaine-la-louviere.com V *t.l.j. sf dim. 8h-18h*

DOM. LA MADELEINE SAINT-JEAN Cuvée de la Maison Blanche 2017 ★★

| 7000 | 5 à 8 € |

Domaine familial de 32 ha situé sur le territoire de Marseillan, petit port sur l'étang de Thau, à l'est du cap d'Agde. Max et Daniel Banq ont restructuré le vignoble. La cave de vinification, le chai et le caveau ont été aménagés à l'arrivée de la nouvelle génération. Jérémy s'est installé en 2002 après avoir fait ses classes en Languedoc, en Côte-Rôtie et à Saint-Émilion.

Issue de chardonnay (50 %), de viognier et de sauvignon, cette cuvée reçoit souvent un très bon accueil de nos dégustateurs. Le 2017 s'est placé sur les rangs pour un coup de cœur. Ses atouts: un nez puissant, mêlant des touches fumées et toastées à des nuances de fruits jaunes et à des senteurs capiteuses de fleurs blanches; un palais charnu, gras et long, où s'épanouissent des arômes de fruits blancs, de mangue et d'abricot très mûrs, rehaussés de notes épicées. De la matière et de l'intensité. ⧗ 2018-2021

DOM. LA MADELEINE SAINT-JEAN, rue Édouard-Adam, Port rive gauche, 34340 Marseillan, tél. 04 67 26 12 42, lamadeleinesaintjean@orange.fr V *t.l.j. 9h30-12h30 14h30-19h Jérémy Banq*

DOM. MARTINOLLES Chardonnay 2017 ★★

| 80000 | | 5 à 8 € |

Ancienne dépendance de l'abbaye voisine de Saint-Hilaire, où les moines élaboraient des vins effervescents dès 1531, le Ch. de Martinolles (80 ha aujourd'hui) a été racheté en 2010 à la famille Vergnes par Jean-Claude Mas, négociant et propriétaire de neuf domaines (plus de 600 ha) en Languedoc-Roussilon.

Le chardonnay est l'un des cépages vedettes de la région de Limoux. En IGP, il donne un vin élégant et complexe, dont la gamme aromatique harmonieuse – beurre, vanille, notes grillées et torréfiées – reflète une présence boisée. L'ensemble est bien fondu, agréable et la fraîcheur du raisin offre un joli contrepoint. ⧗ 2018-2021

SARL CH. MARTINOLLES, 11250 Saint-Hilaire, tél. 04 68 69 41 93, info@paulmas.com V *r.-v.*

DOMAINES PAUL MAS Chardonnay Viognier Vignes de Nicole 2017 ★

| 10000 | | 8 à 11 € |

Vigneron-négociant, Jean-Claude Mas dispose d'un vaste vignoble de plus de 600 ha en propre constitué par quatre générations, auxquels s'ajoutent les apports des vignerons partenaires (1 300 ha). Le Ch. Paul Mas se compose de 25 ha à Conas, 27 ha à Moulinas, près de Pézenas, et 80 ha à Nicole, près de Montagnac. Côté négoce, plusieurs marques: Prima Perla, Forge Estate, Arrogant Frog, Côté Mas…

Du chardonnay majoritaire (70 %) élevé trois mois en fût, complété par du viognier élevé en cuve. Il en résulte un vin au boisé très présent mais élégant, aux nuances épicées et réglissées, avec du fruit blanc à l'arrière-plan. La barrique entre de nouveau en scène en attaque, relayée par le fruit, dans une bouche charnue et longue. Une bouteille gourmande et bien construite, pour poissons cuisinés et viandes blanches. ⧗ 2018-2021 **Jean-Claude Mas Viognier Le Pioch 2017 ★ (5 à 8 €; 70000 b)** : il offre la rondeur et l'expression aromatique du cépage, ce blanc aux parfums de fleurs et d'abricot sec; une petite partie (15 %) du vin séjourne trois mois en fût, ce qui suffit à léguer à la cuvée un léger boisé vanillé qui apporte de la complexité. Idéal à l'apéritif. ⧗ 2018-2021 **Côté Mas Rosé Aurore 2017 (5 à 8 €; 250000 b.)** : vin cité.

SARL VIGNOBLES PAUL MAS, rte de Villeveyrac, Dom. Nicole, 34530 Montagnac, tél. 04 67 90 16 10, info@paulmas.com V *t.l.j. sf dim. 10h-12h 14h-18h*

MAS DU SALAGOU Cinérite 2016

| 1700 | | 15 à 20 € |

Cette petite propriété familiale est située non loin du lac du Salagou, sur des terres volcaniques. À proximité du lac du Salagou, dans un clos entouré de murs naturels, quelques souches de carignan ont été plantées il y a plus de soixante-dix ans sur une terre singulière de basalte et de cinérites noires – témoins d'un passé volcanique. Les ceps sont soutenus dans leur vieillesse par un amas de petits cailloux appelés « clapisses ». Depuis 2004, Bruno Peyre y fait renaître les vignes (4,5 ha aujourd'hui) plantées par son grand-père et submergées par les eaux du Salagou.

Ce « carignaneur » bien connu qu'est Bruno Peyre commercialise sous l'étiquette Mas du Salagou cette micro-cuvée où son cépage choyé s'efface derrière la syrah (50 %) et le merlot (35 %). Après un élevage de dix mois en barrique, le vin affiche une robe presque noire qui annonce sa concentration. Le nez intense s'ouvre sur la mûre, les fruits des bois, les fruits rouges confits nuancés de touches d'épices douces et de goudron. Tout aussi expressif, le palais se montre chaleureux et dense, soutenu par des tanins fondus et épicés. ⧗ 2018-2023

BRUNO PEYRE, 4, chem. des Landes, 34800 Octon, tél. 04 67 96 26 01, clos.clapisses@yahoo.fr V *r.-v.*

DOM. DE MÉDEILHAN Grenache 2017 ★

| 35000 | 5 à 8 € |

Exploité depuis cinq générations par la même famille et depuis 1999 par Christine de Saussine, ce domaine s'étend aujourd'hui sur 70 ha à Vias, près d'Agde – aux abords du canal du Midi sur le point d'achever

son parcours. Le vignoble couvre les flancs aux sols de basalte d'un volcan, Roque Haute: une roche sombre que l'on remarque dans le bâti local.

Une robe soutenue habille ce rosé au joli nez de fruits rouges et jaunes, d'amande amère et de bonbon acidulé. La bouche est ronde, généreuse, un peu structurée, ce qui lui donne du caractère. ⧗ 2018-2020

SCEA DE MÉDEILHAN, Dom. de Médeilhan, 34450 Vias, tél. 06 14 42 53 14, contact@medeilhan.fr V t.l.j. sf sam. dim. 9h-12h30

MILLEGRAND 2017 ★

n.c.	- de 5 €

Une famille vigneronne depuis 1870 (à l'origine en Algérie). Jean-Michel Bonfils, aujourd'hui épaulé par ses trois fils, Olivier, Laurent et Jérôme gèrent un «empire viticole» constitué à partir des années 1960: 17 domaines en Languedoc Roussillon pour un total de 1 600 hectares de vignes. Ils sont désormais présents en Bordelais.

Agrumes, menthol, buis, minéralité composent un nez intense, complexe et frais. Au palais, ce sauvignon allie rondeur et vivacité. ⧗ 2018-2020 **Villerambert Chardonnay 2017 ★ (- de 5 €; n.c.)** : récolté en surmaturité, un chardonnay puissant, ample et rond, à la robe profonde, jaune paille, et aux arômes de fleurs, de fruits mûrs et de vanille. ⧗ 2018-2021

SCEA VIGNOBLES JEAN-MICHEL BONFILS, Dom. de Cibadiès, 34310 Capestang, tél. 04 67 93 10 10, bonfils@bonfilswines.com

LAURENT MIQUEL Père et fils Cinsault Syrah 2017

500000	5 à 8 €

Henri Miquel, qui fut président de l'AOC saint-chinian, cultive avec son fils Laurent un vaste et ancien domaine de 140 ha, le plus grand de l'AOC: le Ch. Cazal Viel, propriété de l'abbaye de Fontcaude jusqu'à la Révolution française et entré dans la famille Miquel en 1791. Laurent a aussi acquis en 2009 le Dom. les Auzines dans les Corbières (170 h) et créé une structure de négoce en 2000, qui diffuse les vins de ces propriétés ainsi que d'autres domaines.

Cinsault (60 %) et syrah composent un rosé pâle et tendance, au nez expressif et élégant: notes amyliques et florales, grenadine. La bouche se montre fraîche, nette, droite et longue. ⧗ 2018-2019

LAURENT MIQUEL, hameau Cazal-Viel, 34460 Cessenon-sur-Orb, tél. 04 67 89 74 93, laurent@laurent-miquel.com V t.l.j. sf sam. dim. 9h-12h 13h-17h

MONTAGNAC Syrah M 2017 ★

8000	- de 5 €

Cette coopérative produit du vin depuis 1937. Aujourd'hui, cinq cents vignerons issus de huit communes cultivent 2 000 ha de vignes bordées au sud par l'étang de Thau et la Méditerranée, au nord par des reliefs calcaires où l'Hérault a creusé des gorges profondes.

Un joli vin de syrah, à la robe pâle et nette, au nez expressif de fruits rouges et de bonbon anglais, ample et bien équilibré en bouche, frais et tout en fruit. ⧗ 2018-2019

SCAV LES VIGNOBLES MONTAGNAC, 15, av. d'Aumes, CS 30001, 34530 Montagnac, tél. 04 67 24 03 74, cooperative.montagnac@wanadoo.fr V *t.l.j. sf dim. 9h30-12h 15h30-18h00, sam. 9h30-12h*

LES FLEURS DE MONTBLANC Syrah 2017 ★★

n.c.	- de 5 €

Témoin d'une époque, l'imposante cave coopérative de Montblanc, fondée en 1937, regroupe 280 adhérents cultivant 1 500 ha à Montblanc et dans les communes limitrophes, entre Pézenas et Béziers. Elle produit des vins de pays (IGP).

Une belle robe couleur grenadine habille ce vin finement bouqueté autour des fruits rouges frais. La bouche apparaît ample, généreuse, intense, dynamisé par une finale plus tendue. Du relief et de l'élégance. ⧗ 2018-2020

SCAV LES VIGNERONS DE MONTBLANC, 447, av. d'Agde, 34290 Montblanc, tél. 04 67 98 50 26, cavecoop.montblanc@orange.fr V *t.l.j. 8h-12h 13h30-17h*

B DOM. MONTMIJA Syrah 2017 ★

30000	8 à 11 €

Fille de Jean Vialade, vigneron bien connu des Corbières, Claude Vialade a dirigé le syndicat des corbières avant de reprendre et de restaurer en 1995 les propriétés familiales (Ch. Cicéron, Ch. Saint-Auriol, Ch. Vialade et Corbières Montmija), tout en créant une importante maison de négoce.

Issue de la partie négoce, cette cuvée claire aux reflets gris séduit d'emblée par ses parfums d'agrumes, de fruits exotiques et de menthol agrémentés d'une note fumée. La bouche se révèle plus épicée et surtout bien tendue. Un rosé énergique. ⧗ 2018-2019

LES DOMAINES AURIOL, 12, rue Gustave-Eiffel, ZI Gaujac, 11200 Lézignan-Corbières, tél. 04 68 58 15 15, adm.achat-vins@les-domaines-auriol.eu V *r.-v.*

NORE Grenache Blanc 2017 ★

30000	5 à 8 €

Fondé en 1530 par un consul de la cité de Carcassonne qui a légué son nom à la propriété, le domaine Jouclary (60 ha), appartient à la famille Gianesini depuis 1969. Une valeur sûre de l'appellation cabardès. Pascal Gianesini a créé en outre en 2017 une structure de négoce pour élargir sa gamme (marque Nore).

Le nom de ce vin a été inspiré par un des sommets de la Montagne Noire, le pic de Nore. Un grenache blanc qui ne manque pas d'agréments: une robe jaune pâle brillant, bien typée du cépage; un nez d'une discrète élégance, entre fleurs et fruits jaunes; un palais ample et gras, sur des notes de fruits confiturés, tonifié par une finale fraîche et légèrement amère, qui lui donne de l'allonge. ⧗ 2018-2021

SASU PASCAL GIANESINI, rte de Villegailhenc, 11600 Conques-sur-Orbiel, tél. 06 80 28 51 03, chateau.jouclary@orange.fr V *r.-v.*

DOM. LE NOUVEAU MONDE Fandango 2017 ★

10000	5 à 8 €

Ce vignoble de 20 ha établi au sud de Béziers, propriété de la famille Borras-Gauch depuis plusieurs

générations, est situé entre mer et étang, sur une terrasse villafranchienne de galets roulés mêlés à l'argile rouge, et sous l'influence de la Méditerranée. Anne-Laure, œnologue, et Sébastien Borras, restaurateur, ont pris les commandes en 2003.

Fandango? Une danse basque, joyeuse et rythmée. Et du rythme, ce rosé aux reflets orangés n'en manque pas avec son nez intense d'agrumes, de fruits rouges et d'épices, ni avec sa bouche ample, fraîche, dynamique et longue. ⧗ 2018-2019

FAMILLE BORRAS-GAUCH, av du Port, 34350 Vendres-Plage, tél. 04 67 37 33 68, info@nouveaumonde.com V *r.-v.*

DOM. PICARO'S Plurielle 2016

■ | 5500 | 11 à 15 €

Après trois ans passés en Amérique du Sud, Pierre-Yves Rouille et Caroline Vioche ont créé leur domaine en 2006, 11 ha sur les coteaux de Roujan, vendangés à la main et conduits en culture très raisonnée.

Plurielle? Plusieurs cépages, plusieurs terroirs et plusieurs modes de vinification: de la syrah (50 %), du grenache (40 %), du carignan; les deux premiers nés sur argilo-calcaire, le troisième sur alluvions; le carignan et une partie de la syrah vinifiés en macération carbonique, le solde des raisins vinifié de façon traditionnelle. Au nez, de la réglisse, des épices et du moka; en bouche, beaucoup de vivacité et une finale fruitée. ⧗ 2018-2022

CAROLINE ET PIERRE-YVES VIOCHE ET ROUILLE, 5, chem. de Pézenas, 34320 Roujan, tél. 06 81 97 10 44, cvioche@orange.fr V *r.-v.*

DOM. PREIGNES Grains de grenache 2017

■ | 56500 | 5 à 8 €

Entre Agde et Béziers, un terroir mis en valeur depuis les Romains, un château fortifié et aujourd'hui un vignoble de 200 ha d'un seul tenant, qui s'étend en pente douce sur les coteaux du Libron. Le domaine a été acquis en 1905 par l'arrière-grand-père de la génération actuelle, ouvrier agricole enrichi par la distillation et le négoce du vin. Depuis 1990, il est conduit par Jérôme Vic, rejoint par Aurélie qui vinifie.

Une belle robe cristalline aux reflets argentés pour ce rosé ouvert à l'agitation sur des parfums de yaourt aux fruits, souple et frais en bouche. ⧗ 2018-2019

SARL LES DOMAINES ROBERT VIC, Dom. Preignes le Vieux, 34450 Vias, tél. 04 67 21 67 82, jeromevic@preignes.com V *t.l.j. sf sam. dim. 9h-18h; d'oct. à avr. sur r.-v.*

LES VIGNERONS DE PUIMISSON Syrah Le chant des grillons 2017 ★

■ | 20000 | | - de 5 €

Créée en 1947, la cave de Puimisson compte aujourd'hui une trentaine d'adhérents pour quelque 230 ha de vignes plantés sur des terroirs soubergues, sur les contreforts du Faugérois.

D'un joli rose pastel, ce vin propose un nez aérien et fin de pêche de vigne, de violette et de fleurs blanches; arômes auquel fait écho une bouche ronde et généreuse, mais qui ne manque pas de vivacité non plus. Harmonieux. ⧗ 2018-2019

LES VIGNERONS DE PUIMISSON, 4, rue des Pins, 34480 Puimisson, tél. 04 67 36 09 74, vignerons-de-puimisson@wanadoo.fr V *r.-v.*

CAVE DE ROQUEBRUN Terres d'Orb 2017 ★

■ | 300000 | - de 5 €

Inclus dans l'aire AOC saint-chinian, le village de Roquebrun, à 30 km au nord de Béziers, bénéficie d'un microclimat permettant la culture des orangers et d'un terroir de schistes qui lui valent une dénomination particulière. La Cave de Roquebrun, créée en 1967, dispose de 650 ha de vignes. Exigeante, la coopérative pratique des sélections parcellaires selon les cépages, les vignobles et les maturités.

Cinq cépages, avec deux tiers de variétés «océaniques» (merlot et cabernet) et un tiers de variétés méditerranéennes (syrah, grenache et carignan), sont à l'origine de ce vin rouge intense, ample et concentré, aux arômes fruités gourmands (mûre, framboise, léger cassis, fruits confits) rehaussés de sous-bois et d'épices, poivre gris en tête. ⧗ 2018-2022

CAVE DE ROQUEBRUN, 62, av. des Orangers, 34460 Roquebrun, tél. 04 67 89 64 35, cave@cave-roquebrun.fr V *r.-v.*

LES VIGNERONS DE SAINT-DÉZÉRY L'Héritage 2017 ★★

■ | 1800 | 8 à 11 €

Les 42 vignerons de la cave de Saint-Dézéry, petit village gardois, cultivent environ 420 ha. Ils ont décidé de donner de la notoriété à leur coopérative, fondée en 1928, en misant sur la qualité. À leur carte, beaucoup de vins de cépage.

À côté des vins de cépage, cette cuvée – qui n'a pour seul défaut que son caractère confidentiel – est un vin d'assemblage remarquable, composé de merlot et de cabernet à parts égales (40 % chacun), complétés par le marselan. On loue sa robe soutenue, son nez expansif sur la mûre, les fruits rouges confits, la réglisse et la violette, son palais dans le même registre, structuré, ample et frais, adossé à des tanins soyeux. Une finale poivrée et réglissée conclut la dégustation. ⧗ 2018-2021

SCA LES VIGNERONS DE SAINT-DÉZÉRY, 28, rte de Saint-Chaptes, 30190 Saint-Dézéry, tél. 04 66 81 21 31, cavestdezery@orange.fr V *t.l.j. sf dim. 9h-12h 14h-18h*

DOM. SAINT-HILAIRE Le rosé 2017 ★

■ | 6000 | | 8 à 11 €

Un domaine de 70 ha, dont 26,5 plantés en vignes, acquis en 1817 par le baron Hilaire, général de l'armée napoléonienne. Nick et Lisa Kent en sont les propriétaires depuis 2015.

Grenache noir et syrah à parts égales dans ce vin d'une belle intensité colorante et odorante (bourgeon de cassis, fruits rouges, agrumes). La bouche offre du volume, de la fraîcheur, du fruit et de la longueur. Tout ce que l'on attend d'un bon rosé. ⧗ 2018-2019

SARL SAINT-HILAIRE, Saint-Hilaire, 34530 Montagnac, tél. 04 67 24 00 08, vin@domainesaint-hilaire.com V *t.l.j. sf dim. 10h-17h30* *Nick Kent*

DOM. SALITIS Sauvignon 2017 ★

	8000	5 à 8 €

Un des domaines historiques du Cabardès, jadis dépendance de l'abbaye de Lagrasse. Anne et Frédéric Maurel conduisent depuis 1986 cette vaste exploitation de 110 ha établie sur le plateau caillouteux de Conques-sur-Orbiel. À l'origine, dit-on, un arrière-grand-père chanceux l'aurait gagné à un jeu de hasard…

Le nez demande de l'aération pour libérer des parfums d'agrumes mûrs et de buis teintés de minéralité. Plus expressif en bouche, ce sauvignon déploie avec intensité de belles notes fruitées, accompagnées de touches de fleurs de garrigue. Il s'impose aussi par son équilibre conjuguant rondeur, gras et vivacité, puis par sa longue finale chaleureuse et épicée. ⧗ 2018-2020

FRÉDÉRIC MAUREL, Dom. Salitis, 11600 Conques-sur-Orbiel, tél. 04 68 77 16 10, salitis@orange.fr V *t.l.j. 8h30-12h 14h-17h30*

♥ DOM. VAISSIÈRE Sauvignon blanc 2017 ★★

	10000		8 à 11 €

Dans la famille depuis 1776, ce domaine du Minervois a trouvé un nouveau souffle après 1952 avec Paul Mandeville, qui a été le premier en 1961 à planter de la syrah en Languedoc. Depuis 1984, son fils Olivier est aux commandes, rejoint par ses deux enfants. Sur le domaine, une chapelle (IXe-X[e]s.).

La famille développe les cépages blancs, à l'origine de vins en IGP. Déjà remarqué dans une édition récente, ce sauvignon provient d'une parcelle haut perchée, implantée dans un terroir frais. Ce millésime a emballé le jury par son nez vif, intense et complexe: agrumes, fruits exotiques, buis, menthe, garrigue et touches minérales s'entremêlent avec bonheur au-dessus du verre. On retrouve ces fruits et le thym de la garrigue dans une bouche à la fois ronde et très fraîche, d'une grande longueur: superbe. ⧗ 2018-2021

OLIVIER MANDEVILLE, Dom. Vaissière, 11700 Azille, tél. 06 18 39 31 22, vmandeville@chateauvaissiere.fr V *r.-v.*

♥ DOM. VENTENAC La Cuvée d'Aure 2017 ★★

	25000		5 à 8 €

Alain Maurel a créé ce domaine en 1973, plantant les vignes en haute densité (6 500 pieds/ha) pour privilégier des rendements faibles et une plus grande concentration des vins. Un beau patrimoine de 115 ha qu'il a transmis à ses enfants, dirigé depuis 2011 par son gendre Olivier Ramé. Une valeur sûre de l'appellation cabardès.

Très à l'aise avec ses cabardès, le domaine soigne aussi ses IGP. Ici, un rosé dominé par le cabernet-sauvignon (70 %), complété de grenache et de syrah. La robe est élégante, pâle aux reflets violines. Le nez, racé et complexe, associe le pomelo, la pêche, les fleurs blanches et la pierre à fusil. Une même élégance se dégage de la bouche, ample, soyeuse, fraîche avec du gras et de la rondeur, longue et fruitée. ⧗ 2018-2020 **Cuvée de Marie Colombard Chenin 2017 ★ (5 à 8 €; 60000 b.)** : des cépages peu répandus dans ces terres d'Oc, surtout le colombard (70 %), plus gascon qu'occitan. Les deux variétés, connues pour donner des vins vifs, remplissent leur contrat, et le colombard apporte son intensité aromatique. Un vin droit, vif, acidulé, au nez explosif de pamplemousse, de citron et de fruits jaunes. ⧗ 2018-2019

MAISON VENTENAC, 4, rue des Jardins, 11610 Ventenac-Cabardès, tél. 04 68 24 93 42, accueil@maisonventenac.fr V *r.-v.*

VERMEIL DU CRÈS Muscat sec 2017

	38900		5 à 8 €

Située près de Béziers à 3 km d'« éco-plages », la coopérative de Sérignan, fondée en 1935, regroupe quelque 925 ha de vignes établies sur les plateaux caillouteux de cette commune et des villages de Vendres et de Sauvian.

Le muscat d'Alexandrie, à l'origine de cette cuvée, demande des terroirs chauds pour bien mûrir. Les grappes se sont dorées près de la côte, pour donner un vin sec, au nez typé et élégant, et à la bouche expressive, tout en finesse, de bonne longueur. ⧗ 2018-2021

SCAV LES VIGNERONS DE SÉRIGNAN, 114, av. Roger-Audoux, 34410 Sérignan, tél. 04 67 32 23 26, gestion@vignerons-serignan.com V *t.l.j. sf dim. 9h-12h 15h-18h*

LES VIGNES DE L'ARQUE Alexia 2017 ★

	16000		5 à 8 €

Ce domaine du pays d'Uzège (Gard) porte le nom du château médiéval du IX[e]s. qui surplombe la cave. Il a été créé en 1994 par MM. Fabre et Rouveyrolles, deux anciens coopérateurs, et Patrick, fils du premier, est responsable des vinifications. Le vignoble s'étend sur 80 ha dispersés dans quatre villages voisins; il produit du duché-d'uzès et des vins en IGP Cévennes et Pays d'Oc.

Composé à parts égales de deux cépages aromatiques, le muscat et le sauvignon, ce blanc à la robe pâle et cristalline offre un nez à la fois explosif et précis, au caractère nettement muscaté, avec ses arômes d'agrumes et de fleurs. Sa fraîcheur minérale est soulignée par un petit perlant. Un vin charmeur et tonique. ⧗ 2018-2021

FABRE ET ROUVEYROLLES, rte d'Alès, 30700 Baron, tél. 04 66 22 37 71, vigne-de-larque@wanadoo.fr V *t.l.j. 9h-12h 14h-18h*

VILLA NORIA Grand Prestige 2017 ★★

	50000	5 à 8 €

Un domaine créé de toutes pièces en 2010 par quatre jeunes vignerons: 43 ha de vignes nichés entre mer et contreforts montagneux, sur des terroirs basaltiques, entre Pézenas et Montagnac. L'engagement en agriculture biologique (certifiée) concerne tous les aspects de la propriété, de l'eau aux paysages.

Mi-pinot noir mi-grenache, ce rosé a fait forte impression avec sa robe soutenue et brillante, son nez intense et fin à la fois, floral, fruité et amylique, et sa bouche pleine de relief et très équilibrée, à la fois ronde et dense sans manquer de la fraîcheur attendue. ⧗ 2018-2020 ■ **La Noria Organic 2017 ★★ (5 à 8 €; 150 000 b.)** : un 100 % grenache intense de bout en bout, très fruité, rond en attaque, plus frais en finale. ⧗ 2018-2019

CÉDRIC ARNAUD, 9, av. André-Bringuier, 34530 Montagnac, tél. 04 67 38 00 86, carnaud@domaine-noria.com V r.-v.

Ô D'YEUSES 2017

■	2000		8 à 11 €

Située entre le littoral et la garrigue méditerranéenne, cette propriété d'origine templière (XIIIes.) doit son nom à une forêt de chênes verts (Yeuses) qui a aujourd'hui pratiquement disparu, remplacée par une allée d'oliviers menant à la cour du domaine. Dans la famille Dardé depuis 1977, elle couvre 80 ha. À sa tête, Jean-Paul et Michel Dardé, rejoints par leurs enfants Sylvain et Magali, proposent une large gamme de vins en IGP.

Syrah, grenache et cinsault à parts quasi égales dans ce rosé saumoné, floral, fruité (framboise, agrumes) et amylique au nez, franc en attaque, rond et gras dans son évolution. ⧗ 2018-2019

GAEC DU DOM. LES YEUSES, rte de Marseillan, RD 51, 34140 Mèze, tél. 04 67 43 68 54, contact@lesyeuses.fr V *t.l.j. sf dim. 9h-12h 15h-19h* *Dardé*

IGP SABLE DE CAMARGUE

♥ DUNE Gris de gris 2017 ★★

■	500 000		5 à 8 €

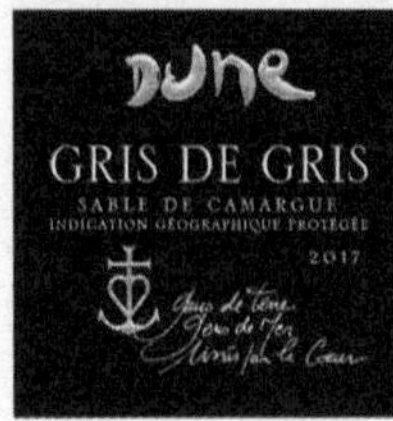

En 1952, la cave particulière Les Sablons, située non loin des remparts d'Aigues-Mortes, devient cave coopérative et prend le nom de Sabledoc en 1987. Équipée d'un outil de vinification à la pointe de la technologie, elle vinifie le fruit de quelque 600 ha de vignes plantées sur des sables éoliens par une centaine de coopérateurs.

La robe rose irisée a charmé les dégustateurs. Le grenache présent à 95 % s'exprime ici avec gourmandise: petits fruits rouges, violette, mandarine et pêche. La bouche apparaît dense, riche et d'une forte intensité aromatique autour de la pêche blanche et des fleurs blanches, le tout souligné par une fine acidité qui apporte équilibre et longueur. ⧗ 2018-2020

SABLEDOC, caveau Les Sablons, rte d'Arles, 30220 Aigues-Mortes, tél. 04 66 53 75 20, sabledoc@wanadoo.fr V *t.l.j. 9h-12h 14h-18h*

DOM. LE PIVE Vie de bohème 2017 ★

■	30 000	11 à 15 €

Entre étangs et marais de la petite Camargue, cet îlot d'une quarantaine d'hectares de vignes, propriété du groupe Jeanjean, entoure la chapelle de Pive, petit bijou d'architecture néo-romane. Encadré par des canaux, les roubines, le vignoble, certifié Haute Valeur environnementale, est exploité en bio.

Né du seul grenache gris, ce rosé livre un nez floral (rose et violette) et fruité (fraise), intense et élégant. En bouche, longueur et finesse sont les mots clés, avec en soutien une agréable vivacité et une pointe de minéralité qui portent loin la finale. ⧗ 2018-2020 ■ **2017 (8 à 11 €; 400 000 b.)** : vin cité.

VIGNOBLES JEANJEAN, L'Enclos, 34725 Saint-Félix-de-Lodez, tél. 04 67 88 80 00, contact@vignobles-jeanjean.com V *t.l.j. sf dim. 9h-12h 14h-19h à la boutique Vignerons et Passions* *Famille Jeanjean*

DOM. ROYAL DE JARRAS Gris de gris 2017 ★

■	250 000		5 à 8 €

Fondés en 1883, les Grands Domaines du Littoral détiennent près de 1 800 ha de vignes, une surface qui en fait le plus grand propriétaire récoltant d'Europe. Des vignes franches de pied – non greffées, en raison de la protection naturelle contre le phylloxéra offerte par le sable – couvrent 90 ha. L'ensemble du vignoble, classé HVE (Haute Valeur Environnementale), est labouré et tondu par 5 000 moutons chaque année.

Un grenache à la robe très claire. Le floral domine au nez, avec des notes de lilas blanc, complétées par le zest d'agrumes et une touche de fruits rouges. La bouche est très gourmande, offrant du gras et de la rondeur. On y retrouve les petits fruits rouges, ainsi qu'une fine acidité salivante qui étire la finale. ⧗ 2018-2020

GRANDS DOMAINES DU LITTORAL (DOM. ROYAL DE JARRAS), 30220 Aigues-Mortes, tél. 04 66 51 17 00, lcarbonell@gdl.fr V *t.l.j. 10h-12h 14h-18h*

IGP SAINT-GUILHEM-LE-DÉSERT

MAS CONSCIENCE Cas 2016 ★

■	4 000		11 à 15 €

Après deux années passées en Inde en tant que volontaires pour une ONG locale, Éric et Nathalie Ajorque ont été séduits par le site et le vignoble du Mas Conscience. Ils ont mis en place un financement collectif avec quarante associés pour acquérir le domaine et ses 13 ha de vignes, conduits en bio.

Né d'un vieux carignan, ce vin offre un profil typiquement sudiste, agréable et gourmand. Structuré et frais, de bonne longueur, il déploie une palette fruitée, nuancée de touches de garrigue, de sous-bois et de grillé. ⧗ 2019-2025

ÉRIC ET NATHALIE AJORQUE, Mas Conscience, rte de Montpeyroux, 34150 Saint-Jean-de-Fos, tél. 06 76 42 87 88, mas.conscience@gmail.com V *r.-v.*

MAS D'AGAMAS Carignan bleu 2016 ★

■	2900		8 à 11 €

Viticulteurs depuis plusieurs générations à Lagamas, sur les contreforts du Larzac, les Visseq

coopérateurs, ont commencé en 2009 à vinifier une partie de leur production. Leur fils Vincent, œnologue, a pris en 2016 les rênes du domaine familial et c'est désormais l'intégralité des vendanges de ses 11 ha qui est vinifiée dans un nouveau chai.

Une ancienne variété de carignan, issue d'une sélection massale. Le cépage a été cultivé à faibles rendements pour exprimer tout son potentiel aromatique et l'élevage s'est prolongé quinze mois, en fût pour un petit tiers de la cuvée. La palette mêle les fruits rouges confiturés ou macérés à des notes de fruits secs et d'épices. Suave en attaque, la bouche se déploie avec ampleur sur des tanins enrobés, marquée en finale par un boisé fumé. ⧗ 2019-2022

VINCENT VISSEQ, rue des Treilles, 34150 Lagamas, tél. 06 22 05 04 78, c.visseq@sfr.fr V r.-v.

IGP COLLINES DE LA MOURE

CLOS DES NINES Le Mour 2016 ★

■	3000	11 à 15 €

En 2002, Isabelle Mangeart, chef des ventes dans une multinationale de l'agro-alimentaire, décide de changer de métier et crée de toutes pièces le Clos des Nines, dont le nom est un clin d'œil à ses trois filles (*nines*, en occitan). Le vignoble de 10 ha (en bio), d'un seul tenant, se niche au cœur de la garrigue et des oliviers, entre Sète et Montpellier.

Le Mour? Un clin d'œil au terroir des collines de la Moure et au mourvèdre, qui compose 70 % de cette cuvée (assemblé au carignan, vinifié en grains entiers). Typiquement méridional, ce cépage qui exige beaucoup de soleil révèle tout son potentiel dans ce vin complexe et équilibré, généreux, structuré et long, aux arômes d'épices et de sous-bois et aux tanins parfaitement fondus. On pourra le servir prochainement, en le carafant. ⧗ 2019-2022

ISABELLE MANGEART, Clos des Nines, rte de Cournonsec, 34690 Fabrègues, tél. 04 67 68 95 36, clos.des.nines@free.fr V r.-v.

IGP CÔTES DU BRIAN

DOM. ANNE GROS ET JEAN-PAUL TOLLOT La Grenache 8 2016 ★

■	4000		11 à 15 €

De Vosne-Romanée au hameau de Cazelles en Minervois, il n'y a finalement qu'un pas qu'ont su franchir ces deux vignerons réputés de la Côte-d'Or, qui mettent en valeur depuis trente ans les vignes familiales en Bourgogne. Installés en 2008, ils ont été d'emblée adoptés par une terre qui semblait n'attendre plus qu'eux pour se révéler. Ils cultivent 16 ha sur six terroirs différents.

Du grenache dans des mains bourguignonnes. Dans le verre, un vin qui montre dès le premier coup d'œil sa générosité par les larmes qu'il laisse sur les parois du verre, et dès le premier coup de nez son fruité intense. La bouche, onctueuse, ronde, ample, fondue et suave, tient les promesses de l'olfaction. On y retrouve les fruits rouges, nuancés de notes de réglisse et d'épices. ⧗ 2019-2022

ANNE GROS ET JEAN-PAUL TOLLOT, rue du Couchant, hameau de Cazelles, 34210 Aigues-Vives, tél. 03 80 61 07 95, domaine-annegros@orange.fr V r.-v.

MAS ROC DE BÔ Pépite originale 2015 ★★

■	2340		20 à 30 €

Déjà propriétaire du Ch. Cabezac à Bize-Minervois, Gontran Dondain, industriel dans l'agroalimentaire et passionné de ces terroirs, a acquis en 2003 ce vignoble de 35 ha situé sur le plateau de Cazelles, inclus dans celui de Saint-Jean-de-Minervois, aux sols caillouteux de calcaires très blancs. Il en a confié la direction à sa fille Stéphanie Dondain. En 2011, il a racheté et modernisé la cave historique de l'ancienne coopérative d'Agel.

Pépite? Du cabernet-sauvignon en Languedoc, cépage peu répandu, moins que le merlot en tout cas. Une pépite à trouver du côté d'Agel, sur le plateau calcaire de Cazelles. Ce vin a bénéficié d'une cuvaison de plus de trois semaines et a terminé sa fermentation en barrique. Son bouquet allie le fruit rouge aux notes vanillées de l'élevage. Le fruit s'affirme en attaque, bien marié à un boisé qui respecte le raisin. Les tanins apparaissent enrobés et fondus et une finale épicée et longue conclut la dégustation. Remarquable. ⧗ 2020-2025

MAS ROC DE BÔ, 2, rue Carrierasse, 34210 Agel, tél. 04 68 46 23 05, info@chateaucabezac.com V r.-v. *Gontran Dondain*

IGP VALLÉE DU PARADIS

DOM. DES GARRIGOTTES 2017 ★

■	35000		5 à 8 €

Créée en 1921 dans le massif des hautes Corbières et le haut Fitou, à 20 km de la Méditerranée, la cave des Vignerons de Cascastel rassemble une centaine d'adhérents qui cultivent 750 ha. À sa carte, des fitou, des corbières, des vins doux naturels et des vins en IGP.

Par son nom comme par ses agréments, ce vin rend hommage à la vallée de Paradis et à son terroir de garrigue, havre de nature. Issu de merlot majoritaire (80 %) et de syrah, il affiche une robe pourpre soutenu et offre un nez fin et précis, sur les fruits noirs, la framboise et la fraise. Une belle attaque ouvre sur un palais aux tanins denses et agréables, où l'on retrouve les fruits noirs (mûre), alliés à la cerise et aux épices. Une finale subtile et élégante conclut la dégustation. ⧗ 2022-2024

SCV LES MAÎTRES VIGNERONS DE CASCASTEL, Grand-Rue, 11360 Cascastel, tél. 04 68 45 91 74, info@cascastel.com V r.-v.

DOM. HAUT GLÉON 2017 ★

■	6666		8 à 11 €

De vieilles pierres bien restaurées, aujourd'hui destinées à l'hébergement des visiteurs, une piscine au milieu de 260 ha de garrigue: ce domaine, havre de paix à l'entrée de la vallée de Paradis, non loin de Durban-Corbières, a développé l'œnotourisme. Quelques oliviers et surtout de la vigne (35 ha). La propriété a été rachetée en 2012 par les Vignobles Foncalieu.

Issu d'un assemblage de chardonnay et de roussanne, ce blanc affiche une robe engageante, paille dorée aux reflets argentés. D'une grande richesse au nez, il mêle les fruits mûrs, le miel et la viennoiserie. En bouche, il suit la même ligne: onctueux et ample, il est équilibré par une belle fraîcheur qui laisse une impression d'harmonie. ⧗ 2019-2021

⊶ *CH. HAUT GLÉON, 11360 Villesèque-des-Corbières, tél. 04 68 48 85 95, contact@hautgleon.com* V *t.l.j. 9h-12h 14h-17h*

IGP VICOMTÉ D'AUMÉLAS

DOM. HAUT-BLANVILLE Perle Noire 2013 ★

■ | 2500 | | 20 à 30 €

À partir de 1997, Bernard Nivollet, après un long parcours dans le monde de la finance et de l'entreprise, réalise un projet de vie: constituer un domaine avec son épouse Béatrice. Il dispose aujourd'hui de 70 ha à l'ouest de Montpellier: 40 ha en languedoc Grés de Montpellier et 30 en IGP. Sa démarche vise à mettre en lumière des terroirs. Elle s'inspire aussi de la biodynamie.

Pur cabernet-sauvignon, cette Perle Noire élevée vingt-quatre mois en barrique de chêne français déploie une riche palette olfactive: fruits noirs, réglisse, cèdre, boisé fumé. L'attaque est puissante, la bouche bien structurée, tannique, encore ferme, avec une finale fraîche, un rien amère; bref, un authentique cabernet-sauvignon, mais avec un accent méditerranéen: un petit côté chaleureux, de la mûre épicée. ⧗ 2021-2025

⊶ *CHAIS DE BLANVILLE, Rieutort rte de Gignac, 34230 Saint-Pargoire, tél. 04 67 25 22 53, info@blanville.com* V *t.l.j. sf dim. 10h-12h30 15h-19h*

DOM. MARIÉ Les Rieux 2015 ★

■ | 1900 | | 20 à 30 €

Après un passage dans le monde des SSII, Pascal Marié a opté en 2010 pour la vigne en reprenant un domaine de 65 ha, dont l'essentiel des raisins est confié à une cave coopérative, hormis un îlot de 5 ha vinifié par ses propres soins.

Cultivée sur graves villafranchiennes, la syrah a macéré dix semaines en cuve avant de séjourner dix-huit mois en fût. D'emblée, le vin affirme un boisé puissant, épicé, presque pimenté, qui laisse à l'arrière-plan des arômes de fruits noirs, de figue et de réglisse. Consistant et corsé, aux tanins déjà assouplis, le palais porte, lui aussi, l'empreinte de la barrique dans ses accents chocolatés. Pour les amateurs de vins boisés. ⧗ 2019-2022 ■ **Les Callades rousses 2016 ★ (8 à 11 €; 4000 b.)**: des notes d'épices et de garrigue relèvent les senteurs de fruits rouges mûrs. Le palais se montre ample, puissant, généreux et fin, de belle longueur. Une valeur sûre pour qui recherche un vin méditerranéen. ⧗ 2019-2022

⊶ *PASCAL MARIÉ, av. Notre-Dame-de-Rouviège, 34230 Puilacher, tél. 06 86 76 37 64, contact@domainemarie.com* V *r.-v.*

IGP COTEAUX DE PEYRIAC

DOM. TOUR BOISÉE Malbec Alicante 2017

■ | 18000 | | 5 à 8 €

Fondé en 1826, ce domaine familial du Minervois doit son nom à la tour fortifiée datant du Moyen Âge qui se trouve sur la propriété. Marie-Claude et Jean-Louis Poudou, aujourd'hui rejoints par la deuxième génération – leur fille Frédérique et son mari Jean-François Ruiz –, l'ont repris et ont créé une cave particulière en 1984. Forte de 75 ha de vignes et d'un millier d'oliviers, la propriété est conduite en bio (certification en 2009).

Née sur les coteaux argilo-calcaires du domaine, cette cuvée résulte d'un assemblage original de malbec (85 %) et de vieil alicante: avec son nez expansif, tout en fruits rouges frais, rehaussés de pivoine, et sa bouche légère et alerte, où les fruits rouges sont encore à l'honneur, ce vin printanier trouvera sa place à l'apéritif ou avec grillades et viandes blanches. ⧗ 2019-2021

⊶ *JEAN-LOUIS POUDOU, 1, rue du Château-d'Eau, 11800 Laure-Minervois, tél. 04 68 78 10 04, info@domainelatourboisee.com* V *t.l.j. sf sam. dim. 9h-12h 14h-17h*

LE ROUSSILLON

Le Roussillon viticole, qui correspond au département des Pyrénées-Orientales, est très proche du Languedoc voisin par son climat, son histoire, son encépagement et les styles de vins. Il est d'ailleurs inclus dans la nouvelle appellation régionale languedoc. La différence est surtout culturelle : le Roussillon est en majeure partie catalan. L'offre du plus méridional des vignobles de France se partage entre de superbes vins doux naturels et des vins secs : rouges aux multiples facettes, rosés généreux et même, de plus en plus, blancs vifs.

Aux portes de l'Espagne. Amphithéâtre tourné vers la Méditerranée, le vignoble du Roussillon est bordé par trois massifs: les Corbières au nord, le Canigou à l'ouest, les Albères au sud, qui forment la frontière avec l'Espagne. Trois fleuves, la Têt, le Tech et l'Agly, ont modelé un relief de terrasses dont les sols caillouteux et lessivés sont propices aux vins de qualité, et particulièrement aux vins doux naturels. On rencontre également des schistes noirs et bruns, des arènes granitiques, des argilo-calcaires ainsi que des collines détritiques du pliocène. Le vignoble du Roussillon bénéficie d'un climat très ensoleillé, avec des températures clémentes en hiver, chaudes en été. La pluviométrie (350 à 600 mm/an) est mal répartie, et les pluies d'orage ne profitent guère à la vigne. Il s'ensuit une période estivale très sèche, dont les effets sont souvent accentués par la tramontane, vent qui favorise la maturation des raisins. La vigne, depuis l'invasion phylloxérique, est plantée sur les meilleurs terroirs, en particulier sur les coteaux. Sa culture reste traditionnelle, souvent peu mécanisée. La plante est encore souvent conduite en gobelet: les ceps forment de petits buissons, sans palissage.

Vins doux naturels et vins secs. L'implantation de la vigne en Roussillon, sous l'impulsion des marins grecs attirés par les richesses minières de la côte, date du VIIe s. avant notre ère. Sans doute produisait-on ici déjà des vins doux. Au Moyen Âge, époque d'essor de la viticulture, fut mise au point, dans la région, la technique du mutage des vins à l'alcool, qui permet la conservation et qui valut aux vins doux roussillonnais une réputation solide. Si la part de ces derniers dans la production a baissé à la fin du XXe s., leur qualité s'est améliorée, et la région en offre une diversité sans pareille. La modernisation de l'équipement des caves, la diversification de l'encépagement et des techniques de vinification (avec la macération carbonique, par exemple), et la maîtrise des températures au cours de la fermentation permettent aujourd'hui au Roussillon d'exceller dans les vins secs.

▶ CÔTES-DU-ROUSSILLON ET CÔTES-DU-ROUSSILLON-VILLAGES

Ces deux appellations s'étendent dans les Pyrénées-Orientales – la région historique du Roussillon. L'aire la plus étendue, celle des côtes-du-roussillon, produit des vins dans les trois couleurs, tandis que les côtes-du-roussillon-villages sont toujours rouges.

Les côtes-du-roussillon blancs sont produits principalement à partir des cépages macabeu et grenache blanc, complétés par le grenache gris, la malvoisie du Roussillon, la marsanne, la roussanne et le rolle, et vinifiés par pressurage direct. Bien méditerranéens, finement floraux (fleur de vigne), ils accompagnent les fruits de mer, les poissons et les crustacés. Les vins rosés et les vins rouges sont obtenus à partir d'au moins trois cépages, le carignan (50 % maximum), le grenache noir, la syrah et le mourvèdre constituant les cépages principaux. Tous ces cépages (sauf la syrah) sont conduits en taille courte à deux yeux. Souvent, une partie de la vendange est vinifiée en macération carbonique, notamment le carignan qui donne, avec cette méthode de vinification, d'excellents résultats. Les vins rouges sont fruités, épicés et riches. Les rosés, vinifiés obligatoirement par saignée, sont aromatiques, corsés et nerveux.

Au sud de Perpignan, depuis 2003, on produit des côtes-du-roussillon-Les-Aspres, une dénomination attribuée aux vins rouges après identification parcellaire.

Les côtes-du-roussillon-villages sont localisés dans la partie septentrionale du département des Pyrénées-Orientales; ils s'enrichissent de quatre dénominations reconnues pour leur terroir particulier: Caramany, Lesquerde, Latour-de-France et Tautavel. Gneiss, arènes granitiques et schistes confèrent aux vins une richesse et une diversité qualitatives que les vignerons ont bien su mettre en valeur. Les côtes-du-roussillon-villages varient selon la nature de leur terroir mais affichent toujours de beaux tanins, fins pour les terroirs acides, plus solides sur schistes et argilo-calcaires; certains peuvent se boire jeunes, d'autres gagnent à être gardés quelques années; ils développent alors un bouquet intense et complexe.

CÔTES-DU-ROUSSILLON

Superficie : 5 770 ha
Production : 215 500 hl (98 % rouge et rosé)

ABBOTTS ET DELAUNAY
À tire d'aile 2015 ★★

■ | 6600 | ⅡⅠ | 11 à 15 €

Issu d'une famille de producteurs et négociants bourguignons, Laurent Delaunay, œnologue, après avoir créé Badet Clément & Cie, a racheté en 2005 l'affaire fondée en 1996 par l'œnologue australienne Nerida Abbott, créant sous le nom d'Abbotts & Delaunay une

société de négoce-vinificateur spécialisée dans les vins du Languedoc-Roussillon.

Deux étoiles pour un 2015, c'est la preuve que ce millésime a conservé tous ses attraits, comme l'annoncent sa robe dense, toujours très fraîche, puis son nez fait d'épices douces et de réglisse, rehaussés d'une touche étonnante d'agrumes. Le plaisir réside surtout en bouche, où l'on découvre un vin franc, aussi rond que long, aux tanins réglissés et au fruité suave, mâtiné de la touche plus vive de l'airelle. Une gourmandise. ⧗ 2018-2021

🔑 *ABBOTTS ET DELAUNAY, 32, av. du Languedoc, 11800 Marseillette, tél. 04 68 79 00 00, contact@abbottsetdelaunay.com* V *r.-v.*

LES VIGNERONS DES ALBÈRES
La Mandorle 2015 ★

■	15000		8 à 11 €

Installée à Saint-Genis-des-Fontaines, la coopérative des vignerons des Albères regroupe une trentaine de viticulteurs et un vignoble de 440 ha. Elle propose une large gamme de vins rouges, rosés et blancs, sans oublier les vins doux naturels, et commercialise plusieurs étiquettes: le Prestige, Ch. la Roca, Ch. Montesquieu…

Trois 2015 de cette coopérative ont été retenus, tous élevés un an sous bois, jouant sur des proportions variées de syrah, de grenache et de carignan. Un petit cran au-dessus, avec une belle étoile, cette cuvée privilégie la syrah (70 %). Un vin doucement évolué, apprécié pour sa palette partagée entre fruits confits, tabac blond et touches épicées traduisant un heureux mariage du bois et du raisin. Une note de truffe et, en finale, une pointe poivrée viennent compléter cette gamme aromatique dans un palais suave, fondu et soyeux. De l'élégance. ⧗ 2018-2022 ■ **Ch. la Roca 2015 ★ (5 à 8 €; 20000 b.)** : le grenache et le carignan, assez présents (30 % chacun) complètent la syrah (40 %) pour donner un vin solide et tannique, mêlant le fruit rouge confituré, le sous-bois, la venaison et la vanille de l'élevage. ⧗ 2019-2022 ■ **Le Prestige 2015 (5 à 8 €; 30000 b.)** : vin cité.

🔑 *SCV LES VIGNERONS DES ALBÈRES, 9, av. des Écoles, 66740 Saint-Génis-des-Fontaines, tél. 04 68 89 81 12, vigneronsdesalberes@wanadoo.fr* V *t.l.j. 9h30-12h 15h-18h*

DOM. ALQUIER Tradition 2016 ★

■	3000		5 à 8 €

Implanté au pied des Pyrénées et du col du Perthus, ce domaine familial conduit depuis 1995 par Patricia et Pierre Alquier a été constitué en 1898. Fort de 32 ha de vignes, il est établi sur le superbe terroir des Albères – merveilleux tant par ses paysages que par l'expression de finesse et de minéralité que les sols acides du piémont pyrénéen confèrent aux vins.

Cette cuvée mariant macabeu (50 %), vermentino et grenache blanc reflète bien le terroir des Albères. À la minéralité du nez viennent s'ajouter des fragrances florales (chèvrefeuille), relayées par des senteurs plus vives

Le Roussillon

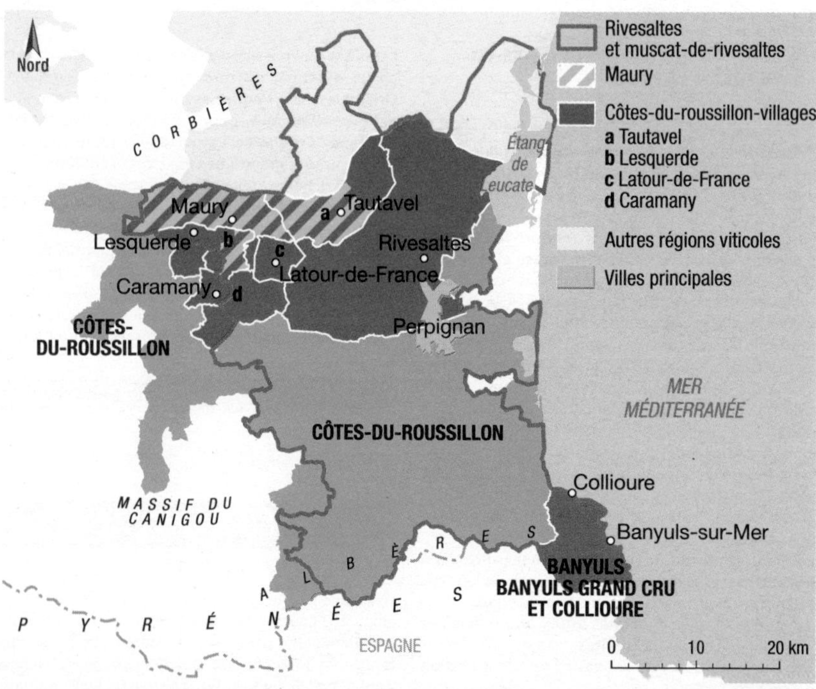

de citrus. Une fraîcheur que l'on retrouve en attaque. Franc, bien équilibré, souple et tonique à la fois, le palais dévoile lui aussi des arômes d'agrumes. Parfait à l'apéritif, avec des crevettes grises. ⧗ 2018-2021

ALQUIER, 66490 Saint-Jean-Pla-de-Corts, tél. 04 68 83 20 66, domainealquier@wanadoo.fr V *t.l.j. sf dim. 9h-12h 15h-19h*

DOM. DE L'ARGILE
La Première fois 2016

■ | 2000 | | 11 à 15 €

Axel Rey-Landriq est propriétaire depuis 2007 de vignes autour de Vingrau, village situé au pied des Corbières et célèbre par ses falaises rocheuses formant un cirque. Il a lancé son domaine en 2016 en vinifiant le produit de deux parcelles, l'une de grenache et l'autre de syrah.

Première cuvée et première sélection dans le Guide. Un vin né de grenache (60 %) et de syrah à la robe d'un grenat très profond. Un brin réservé, il s'ouvre sur le fruit noir bien mûr, puis s'oriente vers la tapenade, mâtinée d'une touche de musc et d'une pointe de venaison. Suave en attaque, il se déploie avec douceur sur le petit fruit et le noyau, adossé à des tanins au grain fin avant de dévoiler en finale des notes de fruits secs et de cuir. ⧗ 2018-2022

AXEL REY-LANDRIQ, chem. de la Millère, 66600 Vingrau, tél. 06 59 74 14 60, rey-axel@hotmail.fr V *r.-v.*

♥ B DOM. BELLAVISTA Ava 2016 ★★★

■ | 7560 | | 8 à 11 €

Acquis en 1992 par la famille Bertrand, ce domaine de 50 ha, adossé aux collines de Castelnou, dresse fièrement de superbes bâtisses du XIIIes. bien restaurées. Le vignoble est conduit en bio certifié depuis 2013.

La syrah, le grenache et le mourvèdre composent ce 2016 superbe. Dès l'approche, ce vin en impose, avec sa robe noire de gala. Il captive par ses parfums de fruits rouges intenses et concentrés, rehaussés de touches épicées, réglissées et d'une nuance de sous-bois. La bouche persistante tient les promesses du nez, avec son fruit croquant, sa chair étoffée, sa fraîcheur et sa charpente tannique adoucie par la sucrosité du grenache. ⧗ 2019-2024

DOM. BELLAVISTA, Mas Bellavista, 66300 Camélas, tél. 04 68 53 25 18, domaine-bellavista@orange.fr V *t.l.j. sf sam. dim. 9h-12h30 13h30-17h* *Bertrand*

DOM. BOUDAU Le Clos 2017 ★★★

■ | 9000 | | 8 à 11 €

Véronique Boudau et son frère Pierre sont à la tête du domaine familial depuis 1993. Ils ont décidé de donner un nouveau souffle à la propriété, qui couvre quelque 60 ha sur d'excellents terroirs, à l'entrée de la vallée de l'Agly. Le pari est réussi: la totalité de la production est mise en bouteilles et commercialisée, notamment dans un réseau de restaurants et de cavistes. Une valeur sûre, qui a engagé la conversion bio de son vignoble.

Construit sur le vermentino (80 %, avec du grenache en complément), un blanc original dès l'approche, avec sa robe légèrement dorée et sa palette aromatique complexe: au premier nez, de frais parfums floraux; à l'aération, un fruité citronné aux tonalités confites. Ample et fin au palais, ce vin se déploie avec rondeur et suavité, équilibré par des arômes persistants d'agrumes, citron et pamplemousse en tête. Pour l'accompagner, on pourra servir des crustacés, puis du loup. ⧗ 2018-2021 ■ **Henri Boudau 2017 ★★ (11 à 15 €; 4000 b.)** : issue de grenache majoritaire (80 %), une cuvée remarquable. Ses atouts: son expression aromatique complexe, entre fleurs blanches et agrumes, sa richesse, sa rondeur et sa minéralité. Parfait sur une dorade en papillote ou sur du poisson en croûte de sel. ⧗ 2018-2021 ■ **Le Clos 2017 ★ (8 à 11 €; 8000 b.)** : entre senteurs florales d'églantier et de rose, touche exotique d'épices et de gingembre, fruité léger de fraise et de framboise sauvages, l'expression aromatique en impose. Ample en attaque, la bouche offre beaucoup de générosité autour d'un fruité gourmand, bien accompagné par d'élégants petits tanins. ⧗ 2018-2020

VÉRONIQUE ET PIERRE BOUDAU, 6, rue Marceau, 66600 Rivesaltes, tél. 04 68 64 45 37, contact@domaineboudau.fr V *t.l.j. sf dim. 10h-12h 15h-19h; sam. 15h-19h de sept. à mai*

ROUSSILLON

CH. DE CALADROY Passion rosé 2017 ★

■ | 15000 | | 8 à 11 €

Une forteresse médiévale qui gardait la frontière entre le royaume de France et celui d'Espagne. De la terrasse du château, on découvre un panorama exceptionnel: au loin, la mer, le Canigou; en contrebas, les vignes (130 ha) et les oliviers (7 ha). La chapelle du XIIes. accueille le caveau de dégustation.

Original, ce rosé d'altitude à base de mourvèdre. Un rosé soutenu, à la fois fruité, minéral avec une note plus sauvage de sous-bois. Riche, rond, sans manquer de tension, il offre un cœur de bouche bien construit, centré sur les fruits rouges. ⧗ 2018-2019 ■ **Rosé des vents 2017 ★ (5 à 8 €; 12000 b.)** : un rosé souple, élégant, sur les petits fruits rouges et les agrumes. ⧗ 2018-2019

SCEA CH. DE CALADROY, rte de Bélesta, 66720 Bélesta, tél. 04 68 57 10 25, cave@caladroy.com V *t.l.j. sf dim. 9h-12h 13h-19h* *Mézerette*

CH. DE CALCE 2017

■ | 2400 | | - de 5 €

Au nord-ouest de Perpignan, sur la rive gauche de l'Agly, le village vigneron de Calce hésite entre schistes et calcaires, entre plaine et collines. En son sein, une forteresse médiévale. Fondée en 1932, la coopérative est forte des 213 ha de ses 35 adhérents. En mai, elle organise une journée portes ouvertes festive: « Les caves se rebiffent ».

Légèrement coloré, ce rosé emprunte sa robe à la framboise des bois. Un peu timide, il tarde à révéler un nez équilibré entre petits fruits des bois et douceur fermentaire. La bouche est à l'avenant, bien fruitée, alliant sucrosité, rondeur et fraîcheur acidulée, avec une légère amertume qui prolonge la finale. ⧗ 2018-2019

⊶ SCV LES VIGNERONS DU CH. DE CALCE, 66600 Calce, tél. 04 68 64 47 42, scvcalce@orange.fr V t.l.j. 9h-12h 15h-18h; sam. 9h-12h

CH. CAP DE FOUSTE Tradition 2016 ★★

■ | 15000 | | 5 à 8 €

La vieille demeure catalane (construite en 1830) et son parc au charme délicieux sont situés aux portes de Perpignan, non loin du lac de Villeneuve de la Raho. Joseph Mas conduit ce domaine depuis 1978. Le vignoble couvre aujourd'hui 90 ha.

La syrah (50 %) impose sa couleur sombre aux reflets violines de jeunesse. Elle marque aussi le nez de notes de fruits noirs très mûrs (mûre, cassis) que l'on retrouve au palais, et lègue ses tanins au grain épicé. Le grenache, lui, apporte la note de cerise noire, le velouté et la rondeur de la texture. La finale fraîche et épicée laisse le souvenir d'un vin harmonieux et apte à la garde. Il pourra mettre en valeur la finesse du chevreuil ou se mesurer à la force d'un lièvre à la royale. ⧗ 2019-2023

⊶ SCI CH. CAP DE FOUSTE, 1, D 39, 66180 Villeneuve-de-la Raho, tél. 04 68 55 91 04, capdefouste@free.fr V t.l.j. sf dim. 9h-12h 14h30-18h30 ⊶ Groupama

DOM. CARLE-COURTY Camps Bernats 2016

□ | 1200 | | 11 à 15 €

Implanté au pied de l'ermitage de Força Réal, d'où le panorama embrasse tout le Roussillon, le vignoble de Carle-Courty (3,5 ha au départ, 12 ha aujourd'hui) est cultivé en bio depuis 2002. Un choix de vie pour Frédéric Carle, comptable né en Champagne, installé depuis 1995 dans la vallée de la Têt, entre ceps de syrah et schistes bruns, vieilles vignes de carignan et de grenache, et cheminées de fées.

Mi-roussanne mi-macabeu, un vin vinifié en barrique avec des levures indigènes et resté sur ses lies. Il tire de ce mode d'élaboration une robe dorée et un nez complexe, qui fait la part belle au grillé, aux épices et aux notes briochées de l'élevage, tout en dévoilant à l'arrière-plan des arômes de pêche cuite et d'abricot confituré. Puissant et ample en bouche, toujours boisé, il dévoile aussi un fruité plus vif qu'à l'olfaction, aux accents d'agrumes, qui marque de sa nervosité la finale. Une bouteille de caractère. ⧗ 2018-2021

⊶ FRÉDÉRIC CARLE, 6, rte de Corneilla, 66170 Millas, tél. 04 68 57 21 79, domaine.carlecourty@orange.fr V t.l.j. sf dim. 9h30-12h 14h30-19h

DOM. CAZES John Wine 2017 ★★

■ | 21000 | | 8 à 11 €

Fondation en 1895, premières mises en bouteilles en 1955 et une croissance continue. Aujourd'hui, un domaine de 220 ha entièrement conduit en biodynamie depuis 2005. À sa carte, toutes les AOC du Roussillon, des IGP, tous les styles de vin. Dans le giron du groupe Advini depuis 2004.

Issue de syrah (50 %), alliée au grenache et au mourvèdre, cette cuvée affiche une robe intense et jeune aux reflets violines. L'approche est tout en fruits mûrs: mûre, myrtille et cerise. Par la forte présence de cette dernière, le nez évoque celui d'un vin doux naturel grenat. Les fruits noirs s'allient à la tapenade dans une bouche puissante, étayée par une trame de tanins au grain fin, à la finale vive. Un vin de caractère qui saura attendre. ⧗ 2019-2024

⊶ SCEA CAZES, 4, rue Francisco-Ferrer, 66600 Rivesaltes, tél. 04 68 64 08 26, info@cazes.com V r.-v. 5

CLOS DES VINS D'AMOUR Flirt 2017 ★

■ | 15000 | | 8 à 11 €

Christine et Nicolas Dornier, tous deux œnologues, se sont associés à Christophe et Laurence Dornier pour reprendre en 2002 les vignes cultivées par la famille depuis 1860. Les deux couples ont quitté la coopérative en 2004 pour créer le Clos des Vins d'amour. Leur domaine (25 ha en conversion bio) s'étend sur les terroirs schisteux de Tautavel, de Maury et de Saint-Paul-de-Fenouillet.

Le terroir de Maury apporte une pointe minérale à ce rosé pâle, où la groseille prend le pas sur des senteurs florales de sous-bois. La bouche est ronde en attaque, puis plus fraîche, légèrement citronnée, avec un accent de petits fruits rouges en finale. ⧗ 2018-2019

⊶ DORNIER, 3, rte de Lesquerde, 66460 Maury, tél. 04 68 34 97 06, maury@closdesvinsdamour.fr V r.-v. ⊶ Dornier

CH. DE CORNEILLA 2017 ★★

■ | 50000 | | 5 à 8 €

Célèbre pour les exploits olympiques de Pierre en hippisme et de Christian en escrime, la famille Jonquères d'Oriola est installée depuis 1485 au Ch. de Corneilla bâti par les templiers au XIIes. et conduit 78 ha de vignes. William, qui a rejoint en 2010 son père Philippe après un «tour du monde œnologique», représente la vingt-septième génération de vignerons!

Issu d'un assemblage de syrah (60 %), de grenache et de carignan, ce 2017 affiche une robe profonde aux reflets violines de jeunesse. D'entrée, il dévoile sa fraîcheur soulignée par des parfums de groseille, de framboise et de fruits frais bien mûrs. On retrouve des notes croquantes de cassis dans une bouche équilibrée, à la fois tonique, ample et suave. Un vin gourmand prêt à accompagner une pièce de bœuf ou de la truffade. ⧗ 2018-2023 ■ **Pur sang 2016 ★ (8 à 11 €; 30000 b.)** : une cuvée aux arômes de garrigue, nuancés de notes épicées apportées par l'élevage sous bois. Avec sa structure puissante et ses arômes relevés, elle pourra affronter le gibier. ⧗ 2019-2023 □ **Cavalcade 2017 (11 à 15 €; 6600 b.)** : vin cité.

⊶ PHILIPPE JONQUÈRES D'ORIOLA, 3, rue du Château, 66200 Corneilla-del-Vercol, tél. 04 68 22 73 22, contact@jonqueresdoriola.fr V t.l.j. sf dim. lun. 10h-12h 15h-18h30

DOM. DES DEMOISELLES Le Mas 2015

■ | 8000 | | 11 à 15 €

Sept générations de vignerons et de marchands de chevaux se sont succédé à la tête de ce domaine au

cœur des Aspres. C'est en hommage aux trois dernières, représentées par des femmes, que la propriété porte son nom. Isabelle Raoux a abandonné l'équitation en 1998 pour perpétuer l'exploitation. Elle officie à la cave et son mari Didier à la vigne (30 ha en bio).

Si la robe aux reflets vermillon montre de l'évolution, ce 2015 surprend par la fraîcheur de son nez aux arômes de petits fruits bien mûrs, cassis et mûre en tête. Une attaque franche ouvre sur un palais ample et rond, aux tanins savoureux; le fruit y prend des accents de pruneau et se nuance d'une touche épicée. Un vin équilibré, à savourer dès à présent sur des viandes en sauce, du gibier ou du fromage. ⧗ 2018-2023

ISABELLE RAOUX, Mas Mulés, 66300 Tresserre, tél. 06 83 04 34 62, domaine.des.demoiselles@gmail.com V *r.-v.*

DOM. DE L'EDRE
Carrément blanc 2016 ★★

	4000		11 à 15 €

Jacques Castany travaillait dans les transports et Pascal Dieunidou, dans l'informatique. En 2002, ils se lancent en viticulture dans une cave minuscule. Avec succès, comme en témoigne un palmarès déjà brillant. Le vignoble de 10 ha est situé à Vingrau, face à un cirque grandiose où domine le calcaire.

Le grenache blanc (50 %) rencontre la roussanne et le grenache gris dans ce vin mi-cuve mi-fût. La robe apparaît légère, or pâle aux reflets verts. Discret au nez, le vin libère à l'aération des senteurs de fleurs blanches miellées rehaussées de touches grillées. Titillé en attaque par un petit perlant, le palais se déploie avec rondeur et ampleur, tendu par un joli trait de vivacité souligné d'un léger vanillé. La finale est fraîche, mentholée, marquée par une pointe d'amertume. Un blanc de caractère. ⧗ 2018-2022

JACQUES CASTANY ET PASCAL DIEUNIDOU, 81, rue du Mal-Joffre, 66600 Vingrau, tél. 06 08 66 17 51, contact@edre.fr V *r.-v.*

CH. L'ESPARROU
Le Castell 2016 ★★

■	142000		8 à 11 €

Construit à la fin du XIXe s. par l'architecte danois Petersen, comme ceux de Rey, de Valmy et d'Aubiry, un château noyé dans son parc, à deux pas des plages et de l'étang de Canet. Le vignoble (92 ha) occupe la pointe avancée d'un plateau viticole de galets roulés de haute expression. Longtemps propriété de la famille Rendu, il a été acquis en 2012 par Jean-Michel Bonfils, dont la famille détient de nombreux vignobles en Languedoc.

À la robe grenat légèrement tuilée répond un nez partagé entre des arômes frais de framboise et des notes de fruits compotés finement poivrés. Reflétant des raisins bien mûrs, la bouche dévoile une attaque gourmande, réglissée et fruitée et s'appuie sur une trame tannique veloutée. Ce vin montrera une bonne tenue dans le temps. ⧗ 2018-2023

CH. L'ESPARROU, rte de Saint-Cyprien, 66140 Canet-en-Roussillon, tél. 04 68 73 30 93, esparrou@hotmail.com V *t.l.j. sf dim. 10h-19h en haute saison* *Domaines Bonfils*

DOM. FERRER RIBIÈRE Tradition 2017 ★★

■	20000		8 à 11 €

Denis Ferrer et Bruno Ribière ont créé ce domaine en 1993 avec des vignes situées sur différents terroirs des Aspres. Convaincus par l'agriculture biologique, ils convertissent leurs 30 ha en 2007, s'essaient même à la biodynamie et signent des vins sincères qui reflètent la complexité du terroir.

Issu de quatre cépages (avec la syrah et le carignan en tête, le grenache et le mourvèdre en appoint), ce 2017, d'entrée, ne cache pas sa nature: il est fait pour durer. Il demande de l'aération pour dévoiler une palette complexe associant venaison, clou de girofle, eucalyptus, réglisse et fruit noir. La mise en bouche dévoile un vin racé, solide, puissant, tendu, étayé par des tanins serrés et marqué en finale par une fraîcheur mentholée. Un vin de caractère. ⧗ 2020-2024

DOM. FERRER-RIBIÈRE, SCEA des Flo, 20, rue du Colombier, 66300 Terrats, tél. 04 68 53 24 45, domferrerribiere@orange.fr

DOM. FONTANEL 2016 ★★★

	2600		11 à 15 €

Les origines du domaine, où six générations se sont succédé, remontent à 1864. La propriété est forte d'un vignoble de 25 ha installé sur des terroirs variés. À sa tête depuis 1989, Pierre et Marie-Claude Fontaneil ont proposé pendant près de trente ans des cuvées à forte personnalité, aussi bien en vins secs qu'en vins doux naturels. En 2017, ils ont cédé l'exploitation à un jeune couple de vignerons, Élodie et Matthieu Collet.

Né de roussanne (50 %) et de grenaches blanc et gris, ce blanc a bénéficié d'un an d'élevage en barrique qui lui a donné de chaleureux reflets dorés. Un vin charmeur, qui joue à la fois sur la douceur avec ses arômes d'acacia miellé et sur la fraîcheur, avec le duo poire et pêche blanche. La bouche, à l'unisson, se montre suave avec élégance, fraîche et longue; le fût apporte des notes briochées, des nuances de caramel au beurre salé – un boisé très fondu qui laisse toute sa place au fruit. De quoi jouer avec de multiples mets, y compris exotiques. ⧗ 2018-2021 ■ **2016 (8 à 11 €; 6000 b.)** : vin cité.

ÉLODIE ET MATTHIEU COLLET, 25, av. Jean-Jaurès, 66720 Tautavel, tél. 04 68 29 45 21, contact@domainefontanel.fr V *t.l.j. sf dim. 15h-18h; nov à mars sur r.-v.*

DOM. GRIER Clot Saint-Jaume 2017 ★

■	20000		5 à 8 €

La famille Grier, propriétaire d'un vignoble en Afrique du Sud réputé pour ses effervescents, a constitué en 2006 ce domaine de 25 ha d'un seul tenant dans les Fenouillèdes. Elle en a confié les rênes à Raphaël Graugnard, qui apporte toute son expérience dans l'élaboration de vins symbolisant l'union réussie de l'Ancien et du Nouveau Mondes.

Pas moins de quatre vins retenus pour Jeffrey Grier en côtes-du-roussillon. La préférence de nos dégustateurs va à celui-ci, issu d'un seul lieu-dit, né de syrah (50 %), de carignan et de grenache. Un vin à la robe profonde,

ROUSSILLON

aux parfums de fruits noirs frais relevés d'épices, qui convainc en bouche par son volume, sa fraîcheur, ses tanins veloutés au grain fin, et par la finesse de sa finale réglissée. ⧗ 2019-2023 ■ **Alba 2017 ★ (11 à 15 €; 2600 b.)** : construit sur les grenaches blanc (80 %) et gris, élevé en fût de réemploi, un blanc rond, gras et suave, à la finale minérale. ⧗ 2018-2021 ■ **Aquila 2017 ★ (5 à 8 €; 20000 b.)** : né de syrah (40 %), de grenache et de carignan, élevé en cuve, un vin soyeux, épicé, aux arômes de fruits rouges et noirs bien mûrs. ⧗ 2018-2022 ■ **Galamus 2016 (8 à 11 €; 8000 b.)** : vin cité.

DOM. GRIER, 18 av. Jean-Moulin, 66220 Saint-Paul-de-Fenouillet, tél. 04 68 73 34 39, contact@domainegrier.com r.-v.

CH. DES HOSPICES Gaïa 2017 ★★★

■	10000		8 à 11 €

Depuis cinq générations, la famille Benassis est installée au cœur de Canet-en-Roussillon. La cave est abritée dans une bâtisse traditionnelle catalane datant de 1836. Le vignoble (50 ha) est implanté sur les terrasses de galets roulés entre le littoral et la ville de Perpignan. Aujourd'hui, trois générations officient sur le domaine: Louis, le grand-père, Michel, le père et Marc, le petit-fils, ingénieur agronome.

La couleur tendre de ce vin, rose pivoine pâle, attire le regard. Un parfum léger et fin, alliant les fleurs blanches (chèvrefeuille) à une fraîcheur citronnée, ajoute à cette impression de délicatesse et de fragilité. Souple, rond, ample, avec un soupçon de salinité venant appuyer une fraîcheur acidulée, le palais affiche un équilibre parfait. ⧗ 2018-2020 ■ **Grande terre 2015 ★★ (11 à 15 €; 5000 b.)** : un élevage en cuve et en barrique pour cet assemblage à dominante de syrah (80 %), où le grenache apporte rondeur, suavité et une note de cerise confiturée. La barrique souligne les épices et la réglisse de la syrah, apporte un côté soyeux, du glissant et des notes toastées. La syrah offre un joli grain de tanins, une élégante évolution vers la truffe et contribue à exprimer la richesse d'un vin de terroir encore en pleine jeunesse. ⧗ 2019-2023 ■ **Grande terre 2016 ★ (11 à 15 €; 5000 b.)** : issu de grenache blanc majoritaire, resté onze mois en barrique, un blanc vif et franc, à la palette partagée entre agrumes et notes d'élevage beurrées et briochées. ⧗ 2018-2021

BENASSIS, 13, av. Joseph-Sauvy, 66140 Canet-en-Roussillon, tél. 04 68 80 34 14, contact@chateau-des-hospices.fr r.-v.

DOM. LAFAGE
La Grande cuvée 2017 ★★

■	5000		15 à 20 €

Éliane et Jean-Marc Lafage ont vinifié pendant dix ans dans l'hémisphère Sud, puis ont repris l'exploitation familiale en 1995, établie sur trois terroirs bien distincts du Roussillon: les terrasses de galets roulés proches de la mer; les Aspres et ses terres d'altitude; la vallée de l'Agly, vers Maury (depuis l'acquisition en 2006 du Ch. Saint-Roch). Aujourd'hui, quelque 180 ha cultivés à petits rendements. Un domaine très régulier en qualité, souvent en vue pour ses côtes-du-roussillon et ses muscats.

Mirabelle, pêche blanche, nuance florale: dès l'aération, ce vin or pâle aux reflets verts, construit sur le grenache blanc (90 %), s'exprime avec intensité. Fraîche, l'attaque montre aussi du volume, sur des notes de bonbon anglais relayées par des arômes de fruits frais. L'ensemble, persistant, est soutenu par une acidité plaisante qui prolonge le plaisir. ⧗ 2018-2021 ■ **Authentique 2016 ★★ (8 à 11 €; 30000 b.)** : composée de carignan (50 %), de syrah et d'un appoint de grenache, cette cuvée mi-cuve mi-fût charme par sa souplesse, son élégance, sa puissance maîtrisée et par ses arômes persistants de fruits noirs compotés, de réglisse et d'épices. ⧗ 2019-2023 ■ **La Grande cuvée 2017 ★ (15 à 20 €; 5000 b.)** : une robe très légère, très pâle, agrémentée d'un timide soupçon de rose, habille ce vin, qui s'impose rapidement avec des senteurs intenses de petits fruits rouges, de fraise notamment, sur fond d'arômes fermentaires. Le pamplemousse et les fruits exotiques s'invitent aux côtés des fruits rouges acidulés dans une bouche fine, équilibrée, marquée par une légère amertume en finale. ⧗ 2018-2019

DOM. LAFAGE, Mas Miraflor, rte de Canet, 66000 Perpignan, tél. 04 68 80 35 82, contact@domaine-lafage.com *t.l.j. sf dim. 10h-12h15 14h45-18h30; ouvert le dim. en été*

♥ CH. LAURIGA
Grande Réserve Cuvée Jean 2016 ★★★

■	6500		15 à 20 €

Vigneron-négociant, Jean-Claude Mas dispose d'un vaste vignoble de plus de 600 ha en propre constitué par quatre générations, auxquels s'ajoutent les apports des vignerons partenaires (1 300 ha). Le Ch. Lauriga s'étend sur 60 ha dans les Aspres.

Le domaine de l'année dans cette appellation, avec cinq vins retenus, dont ce coup de cœur. Syrah (60 %), carignan (30 %, vinifié en macération carbonique) et grenache composent cette cuvée restée douze mois en barrique. Sa robe est profonde; intense et subtil, son nez mêle fruits noirs (mûre et myrtille), notes plus fraîches de framboise et touche poivrée. Frais, structuré, remarquable d'équilibre, le palais prolonge ce fruit charnu. L'élevage sous bois, discret, vient apporter une fine touche grillée. Superbe. ⧗ 2019-2025 ■ **Jardin de roses 2017 ★★★ (15 à 20 €; 7200 b.)** : en robe légère, couleur pétale de rose aux reflets nacrés, ce vin s'apprivoise doucement à l'aération et dévoile des parfums de groseille, de framboise et de pêche blanche. Mais c'est en bouche qu'il se révèle pleinement: de la rondeur, de la suavité, du volume, de la fraîcheur, de la longueur et des arômes intenses de groseille et de fraise des bois. Un grand rosé complet et complexe. ⧗ 2018-2020 ■ **Le Cadet de Lauriga 2016 ★★ (8 à 11 €; 6000 b.)** : un assemblage dominé par la syrah (70 %) et un élevage en cuve pour ce vin qui brille par sa présence aromatique (cassis, myrtille, pruneau, poivre) et par sa finesse. ⧗ 2018-2023 ■ **Le Mas 2016 ★ (8 à 11 €; 6600 b.)** : trois cépages (syrah en tête), une vinification en grains entiers, une courte macération pour préserver le fruit. Objectif atteint avec un nez explosif et complexe sur le cassis, la violette et les épices, suivi d'une bouche fine et fraîche, au tanin fin. ⧗ 2018-2022 ■ **Réserve Cuvée Bastien 2016 ★ (11 à 15 €; 6500 b.)** : le trio syrah (60 %), carignan (30 %) et grenache, une macération de trois semaines. Un vin fruité et épicé, assez étoffé. ⧗ 2019-2023

SARL DOM. LAURIGA, traverse de Ponteilla, RD 37, 66300 Thuir, tél. 04 68 53 26 73, info@paulmas.com V *t.l.j. 9h-12h 14h-17h*
Jean-Claude Mas

DOM. LAS MARIQUITAS La Nine 2016 ★

■ | 1300 | | 11 à 15 €

Mariquita? La coccinelle, en espagnol. C'est le nom très «latino» que Julie Guiol a donné à son domaine. En 2014, à moins de trente ans, la vigneronne a repris les 2 ha familiaux, y ajoutant 3 ha de vieilles vignes. Son exploitation est située près de la côte, sur le piémont des Albères.

La Fille (*nine* en catalan) a cette année la préférence. Un assemblage privilégiant la syrah (80 %), brièvement élevé dans le bois. Malgré une couleur peu soutenue et un nez timide, associant le cassis et un boisé marqué, cette «fille» a de la tenue. Généreuse, un brin chaleureuse, elle déploie les arômes réglissés hérités du cépage principal, soulignés par un joli boisé. À déboucher dès cet hiver sur des viandes en sauce, du gibier par exemple. ⧗ 2018-2023 ■ **J'ai demandé à la lune 2017 (8 à 11 €; 5200 b.)** : vin cité.

JULIE GUIOL, chem. de la Gabarre, 66700 Argelès-sur-Mer, tél. 06 23 93 78 60, domainemariquita@gmail.com V *r.-v.*

Ⓑ MAS AMIEL Le Plaisir 2017 ★

■ | 25000 | | 8 à 11 €

Protégé par la barre rocheuse où s'accroche le château de Quéribus, le mas Amiel est, avec 160 ha, l'un des plus vastes domaines des Pyrénées-Orientales. En 1816, un évêque le perd en jouant aux cartes contre un certain Raymond-Étienne Amiel. Charles Dupuy, l'ancien propriétaire, a donné une grande notoriété aux vins doux naturels de la propriété, notamment à ses «vintages». Olivier Decelle, qui a repris le Mas Amiel en 1999, diversifie la gamme en proposant des vins secs.

Sur les terres noires de Maury, le grenache est roi et se décline autant en vins doux naturels qu'en vins secs, comme dans cette cuvée où il laisse une place (20 %) à sa complice la syrah. Le nez associe minéralité, cerise mûre, épices et touche florale de ciste. Gourmand, savoureux, d'un joli volume, le palais déploie des notes fraîches de confiture de groseilles, marqué en finale par de solides tanins qui assureront la garde. ⧗ 2019-2023

NICOLAS RAFFY, Mas Amiel, 66460 Maury, tél. 04 68 29 01 02, contact@lvod.fr V *r.-v.* *Decelle*

Ⓑ MAS BAUX Velours rouge 2017 ★★

■ | 6400 | | 11 à 15 €

Serge Baux a changé de vie en 1998 pour devenir vigneron et reprendre ce domaine situé à quelques pas de la mer, entre Perpignan et Canet-en-Roussillon. La propriété couvre 20 ha, dont 12,5 ha de vignes sur un terroir de galets roulés, travaillés en bio (certification en 2013). La production est variée et valorise toutes les richesses des terroirs du Roussillon.

D'un grenat profond, ce vin, timide au premier nez, se dévoile doucement, un peu sauvage avec ses notes de sous-bois et d'épices avant que les fruits noirs (cassis, mûre) et rouges (cerise) ne s'imposent. On retrouve en bouche le cassis, accompagné de fruits mûrs et d'une discrète touche grillée. Puissant et ample, le palais déroule des tanins veloutés; la rondeur du grenache enrobe l'ensemble. À servir dès aujourd'hui sur des viandes rouges, des civets ou des fromages de caractère. ⧗ 2018-2023

MAS BAUX, voie des Coteaux, 66140 Canet-en-Roussillon, tél. 04 68 80 25 04, contact@mas-baux.com V *t.l.j. sf dim. 09h-18h30*
Serge Baux

Ⓑ MAS BÉCHA Barrique rouge Serge 2016 ★★

■ | 6000 | | 11 à 15 €

Au sud de Perpignan, Charles Perez exploite son domaine depuis 2008 au hameau de Nyls, dans les Aspres – 25 ha en bio plantés sur trois collines au sein d'un ensemble de 110 ha. En rouge, ses assemblages mettent la syrah en avant. Cette figure du vignoble se fait «croquer» par un artiste différent chaque année pour illustrer ses étiquettes. Il en va de même pour les membres de sa famille. Le Mouton Rothschild catalan, en quelque sorte!

Élevé douze mois en barrique, ce vin se pare d'une robe profonde et libère des senteurs de fruits noirs bien mûrs mêlées de touches vanillées et cacaotées héritées du fût. Les fruits rouges, cerise en tête, et le cassis s'épanouissent dans un palais structuré et ample, concentré mais adouci par la patine du boisé. ⧗ 2018-2023 ■ **Classique Charles 2016 (8 à 11 €; 15600 b.)** Ⓑ : vin cité.

CHARLES PEREZ, 3, av. de Pollestres, 66300 Nyls-Ponteilla, tél. 04 68 95 42 04, contact@masbecha.com V *r.-v.*

DOM. MAS CRÉMAT L'Envie 2016 ★

■ | 9000 | | 8 à 11 €

Les terres de schistes noirs ont donné son nom au Mas Crémat («brûlé» en catalan), repris en 2006 par une famille de vignerons bourguignons: Christine et Julien Jeannin, secondés par leur mère Catherine. Un superbe mas du XIXes. et un vignoble de 30 ha labouré et conduit en fonction du cycle de la lune, en conversion bio.

Quatre cépages (grenache 40 %) et un élevage de huit mois en cuve pour cette cuvée à la robe cerise. Une cerise que l'on retrouve au nez, accompagnée du cassis, de la mûre et d'une note minérale de pierre à fusil. Cette corbeille de petits fruits persiste en bouche, mise en valeur par un joli volume, des tanins au grain fin et de la fraîcheur: un «vin plaisir» gourmand, jouant plus sur la finesse que sur la puissance. ⧗ 2018-2021 ■ **Dédicace 2016 ★ (20 à 30 €; 600 b.)** : élevée huit mois en fût, une microcuvée originale par sa proportion importante de carignan (70 %). Sa fraîcheur et ses tanins encore vifs appellent une petite garde. ⧗ 2020-2023

DOM. MAS CRÉMAT, Mas Crémat, 66600 Espira-de-l'Agly, tél. 04 68 38 92 06, mascremat@mascremat.com V t.l.j. sf dim. 10h-12h 14h-18h
Jeannin

♥ MAS DE LA DEVÈZE
Nathalie et Simon Élevé en fût de chêne 2016 ★★★

	2200		11 à 15 €

Simon Hugues était agriculteur, Nathalie commerciale dans la filière viticole à l'export. Ils ont repris en 2012 au cœur du terroir de Maury une très ancienne propriété qui avait été démantelée dans les années 1980. Ils cultivent 33 ha de vignes, la plupart conduites en gobelet.

Quand macabeu (60 %) et grenache, cépages de tradition multiséculaire en Roussillon, s'enracinent depuis plus de trente ans sur des schistes noirs et des argilo-calcaires, cela donne une dégustation mémorable. L'accueil est chaleureux, avec une robe solaire. Le nez mêle des senteurs subtiles de fleurs de maquis à des notes vives d'agrumes, teinté de la vanille d'un délicat boisé. Charnu, à la fois rond et vif, souligné en finale d'un trait de citron vert, le palais dévoile un superbe équilibre. Autre atout, ce blanc trouvera sa place de l'apéritif au dessert (au citron). ⧗ 2018-2021

NATHALIE ET SIMON HUGUES, rte des Mas, 66720 Tautavel, tél. 04 68 61 04 58, contact@masdeladeveze.fr V *r.-v.*

DOM. DU MAS ROUS Cuvée domaine 2015

	7600		11 à 15 €

En 1838, Michel Bizern, agriculteur, transforme en maison une bergerie des Albères, au pied des Pyrénées, fondant le Mas del Ros (« maison du blond » en catalan), qui devient Mas Rous. Son arrière-petit-fils, José Pujol, qui est brun, reprend l'exploitation en 1978 et vend sa production en bouteilles en 1983, obtenant un coup de cœur dans le Guide dès 1985. Une valeur sûre de 35 ha, en bio certifié depuis 2014.

Ce vin mise sur la concentration et la finesse du terroir des Albères. Il a été élevé douze mois en barrique, et d'élégantes notes d'élevage toastées et grillées prennent quelque peu le pas sur le raisin, sans empêcher l'expression du fruit sur des nuances de baies noires épicées. Si les tanins sont encore serrés, ce 2015 est déjà prêt à accompagner une gardiane de bœuf ou une entrecôte. ⧗ 2018-2023

DOM. DU MAS ROUS, 13, rue du Renard, 66740 Montesquieu-des-Albères, tél. 04 68 89 64 91, masrous@mas-rous.com V *t.l.j. sf sam. dim. 9h30-12h 14h-18h* *Pujol*

DOM. MODAT
Le Petit Moda(t)'mour 2016 ★★

	18700		11 à 15 €

D'origine catalane, Philippe Modat, magistrat, est un amateur de vins éclairé – comme son père, devenu lui aussi vigneron. Cette passion s'est concrétisée par la constitution en 2007 d'un domaine dans la vallée de l'Agly: 25 ha de vignes sur un plateau à 200 m d'altitude, conduites en bio (conversion à partir de 2011) et une cave de conception écologique, dotée de cellules photovoltaïques, inaugurée en 2008. En 2016, les deux fils de Philippe, Louis et Quentin, ont pris les rênes de la propriété.

Plantés sur des sols sablonneux et caillouteux acides, nés de gneiss et de granites, la syrah, le grenache et le carignan ont donné un vin remarquable par la finesse de son expression aromatique, dominée par les fruits des bois. Une élégance qui caractérise aussi la bouche: on loue la souplesse de ses tanins, sa fraîcheur et sa minéralité. On verrait bien cette bouteille sur un carré de veau ou sur une salade périgourdine. ⧗ 2018-2021

FAMILLE MODAT, lieu-dit Les Plas, 66720 Cassagnes, contact@domaine-modat.fr V *r.-v.*

CH. MONTANA L'Astre blanc 2016

	4500		15 à 20 €

Depuis 1996, Patrick Saurel n'a pas chômé. Venu du monde du commerce, il a poussé sa passion pour la vigne jusqu'au bout: restructuration et agrandissement du domaine, création d'un nouveau chai, inauguration d'un musée du Vin, conduite raisonnée... Son exploitation couvre aujourd'hui 35 ha.

Des grenaches blanc et gris composent cette cuvée à la robe engageante, jaune clair aux reflets or. Discret, le nez se développe rapidement à l'aération, sous l'emprise d'un boisé vanillé de qualité. La sage évolution apporte rondeur et notes miellées, équilibrées par une vivacité soulignée par des touches anisées. La finale dévoile l'empreinte subtilement tannique du grenache gris. ⧗ 2018-2021

PATRICK SAUREL, Mas Vidalou D 40 B, 66300 Banyuls-dels-Aspres, tél. 04 68 37 54 84, chateaumontana@orange.fr V *t.l.j. sf dim. 9h30-12h30 14h30-18h*

DOM. MONT-NOIR
Chêne vert 2015 ★★

	1500		15 à 20 €

Gérée par Jean-Luc Garrigue depuis 1980, cette exploitation familiale de 20 ha doit son nom à la traduction en français du nom de la commune où elle est installée (Montner), située dans la vallée de l'Agly, à 25 km au nord-ouest de Perpignan. Conduit en bio certifié depuis 2008, le vignoble est implanté sur un sol de schiste métamorphique.

Complexe, le mot revient sous la plume des jurés pour décrire ce blanc mi-grenache mi-vermentino. Rien d'original dans la robe, marquée d'or par l'élevage, mais le nez surprend. Outre les notes vanillées et beurrées liées à une vinification en barrique et à un élevage sur lies de qualité, on y trouve des nuances de fruits à l'eau-de-vie, des touches fraîches d'eucalyptus et une pointe de cire d'abeille. Dans le même registre, la bouche suave s'enrichit d'arômes de fruits mûrs, de tabac blond, de cuir... Complexe est bien le mot. ⧗ 2018-2020

GAEC VIGNOBLES JEAN-LUC GARRIGUE, 15, rue des Oliviers, 66720 Montner, tél. 04 68 29 15 34, domaine.mont.noir@gmail.com V *r.-v.*

♥ CH. MOSSÉ 2017 ★★★

■ | 30000 | | 5 à 8 €

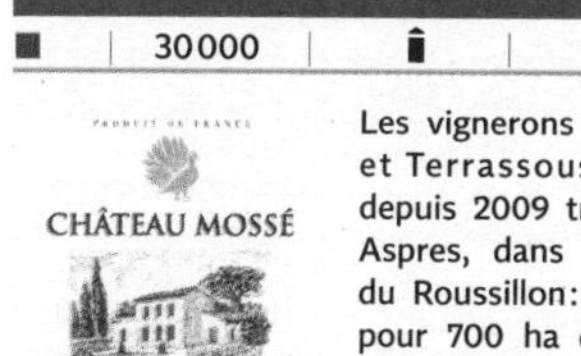

Les vignerons de Constance et Terrassous regroupent depuis 2009 trois caves des Aspres, dans la partie sud du Roussillon: 70 adhérents pour 700 ha de vignes. Un ensemble de collines et de terrasses au pied du Canigou, lequel apporte avec ses schistes une palette supplémentaire de terroirs. La cave commercialise en tirage limité toute une gamme de splendides vins doux naturels, du six ans d'âge aux millésimes anciens.

Beaucoup de maturité et de présence pour cette superbe syrah (80 %) qui vient s'enrouler autour de la charpente de vieux carignans. Cela donne une robe profonde tirant sur le noir, un nez intensément fruité sur la mûre confiturée et autres baies sauvages, rehaussé de nuances balsamiques évoquant les plantes de la garrigue. Le fruit rouge compoté marque l'attaque, mâtiné de touches empyreumatiques, puis des arômes toniques d'eucalyptus jouent avec la force de tanins veloutés. Un vin harmonieux, plein, équilibré entre puissance, fraîcheur et sucrosité gourmande. ⧗ 2018-2024 ■ **Terrassous Villare Juliani 2017 ★★★ (8 à 11 €; 18000 b.)** : une fois de plus, cette cuvée est sublime. La version 2017 allie la syrah (80 %) au carignan. Au nez, du fruit noir bien mûr (mûre et cassis), des touches de garrigue et d'épices. En bouche, une structure dense, des tanins enrobés et fondus, une longue finale marquée par un retour des épices. ⧗ 2018-2023

SCV LES VIGNOBLES DE CONSTANCE ET DU TERRASSOUS, BP 32, 66300 Terrats, tél. 04 68 53 02 50, contact@terrassous.com V t.l.j. sf dim. 9h-12h 14h-18h30

Ⓑ CH. L'OU 2017 ★★

■ | 5000 | 8 à 11 €

Philippe Bourrier, agronome, et son épouse Séverine, œnologue, ont acheté en 1999 ce domaine dont le nom vient d'une résurgence dans un bassin en forme d'œuf (*ou* en catalan). Ils ont refait le chai et travaillé d'emblée en agriculture biologique leur vignoble qui couvre 47 ha entre plaine du Roussillon et Fenouillèdes.

Avec une sélection en rouge comme en blanc, on pourra accompagner tout un repas avec un vin du domaine. La préférence va au blanc, né de grenache gris (50 %), de grenache blanc et de roussanne. Un vin or limpide, brillant, aux senteurs d'agrumes nuancées d'une légère touche grillée. Friand au palais, à la fois ample et vif, mis en valeur par un petit perlant, il mêle la douceur de l'abricot à la fraîcheur de la pêche blanche. Il accompagnera aussi bien des crustacés que du fromage, voire un dessert fruité peu sucré. ⧗ 2018-2020 ■ **2016 ★ (8 à 11 €; 40000 b.)** Ⓑ : issu du trio grenache (50 %), syrah et mourvèdre, un vin rouge fruité et épicé, soutenu par des tanins soyeux, pour viandes rouges et gibier. ⧗ 2018-2022

SÉVERINE ET PHILIPPE BOURRIER, rte de Villeneuve, 66200 Montescot, tél. 04 68 54 68 67, contact@chateau-de-lou.fr V t.l.j. sf lun. dim. 10h-12h 15h-18h

Ⓑ DOM. PARCÉ-RAMOS Fraîcheur rosée 2017 ★

■ | 3732 | | 5 à 8 €

Depuis leur installation en 1982, André et Armelle Parcé, qui ont succédé à trois générations de coopérateurs, ont accompli un patient travail de restructuration de leur domaine de 35 ha, qu'ils ont parachevé en 2013 en obtenant la certification bio. En 2017, ils se sont associés avec le jeune viticulteur Romain Ramos.

La robe est attrayante, légère, et immédiatement le vin se dévoile, intense, associant une pointe carbonique à la fraise mara des bois, la cerise noire et la fleur d'acacia. La suavité du grenache donne une attaque douce, renforcée par un fruité mûr, puis apparaît une fine fraîcheur qui apporte l'équilibre. ⧗ 2018-2019

RAMOS, 8, chem. du Plas, 66670 Bages, tél. 04 68 21 80 45, contact@domaine-parce-ramos.fr V t.l.j. sf dim. 9h30-12h 16h-18h30 Ramos

CH. DE PENA 2017 ★

■ | 5200 | | 5 à 8 €

Le village de Cases-de-Pène tient son nom d'un ermitage du Xᵉs. établi sur un roc (*pena* en catalan) calcaire qui ferme la vallée de l'Agly. Les terres noires schisteuses y alternent avec l'ocre des argilo-calcaires, formant deux superbes terroirs de 480 ha sur lesquels travaillent les 60 vignerons de la coopérative locale.

Un vin or très pâle, limpide et brillant. Si l'on y trouve la note d'agrumes classique des blancs du Roussillon, cette cuvée surprend par l'originalité de son fruité aux tonalités exotiques, entre litchi et mangue. Fraîche en bouche, légèrement miellée, minérale, elle porte la marque du grenache (90 %) par sa rondeur et sa finesse. Une bouteille à la fois riche et élégante. ⧗ 2018-2021 ■ **2017 ★ (5 à 8 €; 32400 b.)** : un vin qui se présente dans une robe très pâle, légèrement saumonée, donnant une impression de délicatesse et fragilité. L'élevage sur lies apporte à l'olfaction une note douce et beurrée qui accompagne la vivacité de la fraise des bois. Délicatesse qui se confirme dans une bouche fraîche en attaque, sur les petits fruits acidulés, avant que le grenache n'exprime sa présence tout en rondeur et en suavité. ⧗ 2018-2019

SCV L'AGLY, 2, bd Mal-Joffre, 66600 Cases-de-Pène, tél. 04 68 38 93 30, chateau-de-pena@orange.fr V t.l.j. 9h-12h 14h-18h Bourquin

DOM. DE LA PERDRIX
Cuvée Joseph-Sébastien Pons 2016 ★★★

■ | 6000 | | 11 à 15 €

À l'origine, en 1820, le vin était élaboré au village dans la vieille cave familiale. Installés en 1996, Virginie et André Gil décide d'élaborer leurs vins. Après avoir passé treize ans dans les anciens locaux, ils ont établi en 2009 un nouveau chai plus vaste au milieu des vignes, regardant le Canigou. Leur domaine couvre 35 ha en plein cœur des Aspres. La perdrix? Un hommage au grand-père d'André, peintre catalan de renom, qui avait fait de l'animal l'un de ses sujets préférés.

Un duo majoritaire original, syrah-carignan, complété par un appoint de grenache et de mourvèdre: un bel usage des quatre cépages rouges des vins d'appellation

ROUSSILLON

du Roussillon. Après douze mois passés en barrique, ce 2016 affiche une robe très sombre et un nez expressif et complexe, où un boisé légèrement fumé et vanillé ne masque en rien le fruit noir, accompagné de touches d'épices, de venaison et de sous-bois. Le fruit apparaît plus confituré, relevé d'une note poivrée, dans un palais puissant et chaleureux, soutenu par de savoureux tanins. Un vin de garde que l'on pourra bientôt déboucher. ⧗ 2020-2024

GIL, Dom. de la Perdrix, Traverse-de-Thuir, 66300 Trouillas, tél. 04 68 53 12 74, contact@domaine-perdrix.com V ⚐ ■ *r.-v.*

DOM. PIQUEMAL Les Terres grillées 2017 ★

■	4500	◖◗	5 à 8 €

Sous l'impulsion d'Annie et de Pierre Piquemal, ce domaine familial (57 ha) est devenu une référence du Roussillon. Tout en maintenant les pratiques traditionnelles, il dispose d'un chai très moderne, à l'extérieur du village. Un outil adapté pour exalter l'expression de chaque terroir (schistes feuilletés, argilo-calcaires, galets roulés). Les vinifications sont assurées par Marie-Pierre Piquemal.

Le rose est tendre, délicat, «tendance», puis le vin nous invite chez le fruitier avec son nez de pêche, de melon, d'abricot juteux et de fraise charnue. Une attaque généreuse ouvre sur un palais puissant, au fruité mûr, auquel quatre mois d'élevage sur lies en barrique apportent rondeur, longueur et gourmandise. Un rosé bien en chair. ⧗ 2018-2020 ■ **Les Terres grillées 2015 (8 à 11 €; 12000 b.)** : vin cité.

MARIE-PIERRE PIQUEMAL, RD 117, km 7, lieu-dit Della-Lo-Rec, 66600 Espira-de-l'Agly, tél. 04 68 64 09 14, contact@domaine-piquemal.com V ⚐ ■ *t.l.j. sf dim. 9h-12h 14h-18h; f. sam. de janv. à avril*

CH. PLANÈRES Prestige 2017

■	15000	▮	5 à 8 €

Le domaine des frères Jaubert et de Roland Noury, l'un des pionniers des crus du Roussillon, apparaît tel un balcon donnant sur les Albères, la mer et le Canigou. Le vignoble s'étend sur 100 ha, dont une soixantaine d'un seul tenant autour d'une bâtisse catalane du XIXe s., sur le plateau de Planères.

À la robe légèrement teintée de ce rosé, on devine que la syrah a pris le pas sur le pâle cinsaut, cépage d'une belle finesse enfin de retour en Roussillon. Au nez, une bonne intensité aromatique, avec une note douce lactée qui cède ensuite le pas aux petits fruits acidulés. La bouche propose une belle fraîcheur, un fruité mûr et une pointe d'amertume en soutien. ⧗ 2018-2019

FAMILLE JAUBERT-NOURY, Ch. Planères, 66300 Saint-Jean-Lasseille, tél. 04 68 21 74 50, contact@chateauplaneres.com V ⚐ ■ *t.l.j. sf dim. 8h30-12h30 14h30-18h; sam. 15h-19h* *Famille Jaubert-Noury*

DOM. DE LA PRÉCEPTORIE
Terres nouvelles 2016 ★★

■	2000	◖◗	15 à 20 €

Banyulenque et donc marin, ancré dans les schistes et les vignes de la Côte Vermeille, Joseph Parcé, fils de Marc (La Rectorie) débarque à Maury en 2007 comme maître de chai au domaine de la Préceptorie, qui avait été créé en 2001. En 2017, la nouvelle génération, avec Martin, Augustin et Vincent, a rejoint Marc et prend le relais dans la gestion des 45 ha du vignoble, conduit en bio.

Après un séjour de huit mois en demi-muid, ce blanc né de grenache gris a pris des tons dorés. Sa richesse s'exprime aussi par sa palette d'une belle intensité, où se mêlent la pêche de vigne, le clou de girofle, puis un doux boisé aux accents de noisette grillée. Vive, franche et chaleureuse, bien structurée, la bouche porte la marque du chêne, mais l'élevage n'étouffe pas le vin. Un blanc de caractère. ⧗ 2018-2021 ■ **La Préceptorie Coume Marie 2015 ★ (11 à 15 €; 13000 b.)** : du grenache (50 %), du carignan et un appoint de syrah au service d'un vin gorgé de fruits rouges compotés, épicé, boisé, mûr et chaleureux. ⧗ 2019-2022

AUGUSTIN, MARTIN ET VINCENT PARCÉ, rue de la Fou, 66220 Saint-Paul-de-Fenouillet, tél. 04 68 81 02 94, lapreceptorie@gmail.com V ⚐ ■ *r.-v.*

CH. DE REY Sisquò 2017 ★

■	14000	▮	8 à 11 €

Dominant la Grande Bleue et les étangs, le Ch. de Rey, fondé en 1875, déroule ses 35 ha sur les galets et les sables de la «haute» terrasse de l'Agly culminant à 15 m. Un château très «fin XIXe s.» à la tour élancée, des gîtes à 5 mn des plages. Aux commandes depuis 1996, Cathy et Philippe Sisqueille, héritiers de quatre générations de vignerons.

Une longue cuvaison confère à ce 2017 une couleur profonde aux nuances grenat. Le nez très fruité fait respirer des fruits rouges (framboise, fraise), accompagnés de la pointe réglissée de la syrah (60 %). Le fruit s'invite aussi dans un palais élégant, ample et frais, adossé à des tanins fins et veloutés. Un vin à apprécier jeune. ⧗ 2018-2021 ■ **Sisquò 2017 ★ (5 à 8 €; 8000 b.)** : un assemblage de grenache blanc (50 %), de roussanne et de macabeu. Gras, suave et minéral, un blanc aux arômes d'agrumes et d'ananas, pour l'apéritif ou pour le poisson grillé. ⧗ 2018-2019

CATHY ET PHILIPPE SISQUEILLE, rte de Saint-Nazaire, 66140 Canet-en-Roussillon, tél. 04 68 73 86 27, contact@chateauderey.com V ⚐ ■ *t.l.j. sf dim. 10h-12h 15h-18h*

DOM. RIÈRE-CADÈNE Jean Rière 2015

■	6835	▮	11 à 15 €

Fondé en 1904 par un arrière-grand-père opticien, ce domaine familial (30 ha aujourd'hui, en conversion bio) s'étend sur deux terroirs: les galets roulés des hautes terrasses de la Têt et les marnes et schistes de la vallée de l'Agly. Laurence et Jean-François Rière, installés en 1994, ont renoué avec les vinifications à la propriété. Ils ont été rejoints en 2015 par leur neveu Guillem. La cave est située à Perpignan même, dans un secteur agricole encore préservé, ce qui a permis l'aménagement de gîtes.

Une longue cuvaison, un élevage de douze mois en cuve, suivi d'un affinage de même durée en bouteille expliquent cette mise en marché tardive. Au nez, le fruit rouge prend des tons compotés, accompagnés de notes de mûre et de la touche suave et réglissée apportée par la syrah (70 %). Une impression de puissance se dégage de ce vin campé sur de solides tanins, un peu austères, qui appellent une pièce de viande grillée. 2018-2023

JEAN-FRANÇOIS ET LAURENCE RIÈRE, chem. de Saint-Génis-de-Tanyères, 66000 Perpignan, tél. 04 68 63 87 29, contact@domainerierecadene.com V t.l.j. sf dim. 10h-19h

CH. ROMBEAU
Pierre de la Fabrègue 2016 ★★

■	26400		11 à 15 €

Le Dom. de Rombeau est dans la famille depuis 1810. Vigneron médiatique, restaurateur et hôtelier, Pierre-Henri de La Fabrègue, arrivé à sa tête en 1993, lui a donné un bel éclat. Des 90 ha de l'exploitation, dont 27 ha en bio, naissent des muscat-de-rivesaltes, des rivesaltes et des vins secs, en AOC et en IGP. Une production large et bien connue des lecteurs du Guide.

Grenache (25 %) et syrah (70 %) sont vinifiés à part, élevés sous bois toujours séparément et réunis peu avant la mise en bouteilles. Il en résulte un vin taillé pour la garde, au regard noir, solide et puissant, où le fruit noir essaie de percer derrière d'intenses notes vanillées et empyreumatiques. La dominante boisée persiste en bouche, jouant avec des épices poivrées, sur un fond dense et structuré mais enrobé par la belle sucrosité du grenache. De beaux accords en perspectives avec du gibier ou du foie gras poêlé. 2020-2025 ■ **Dom. de Rombeau Le Rosé 2017 (8 à 11 €; 6900 b.)** : vin cité.

PIERRE-HENRI DE LA FABRÈGUE, 2, av. de la Salanque, 66600 Rivesaltes, tél. 04 68 64 35 35, vin@rombeau.com V t.l.j. 9h-18h

ROUSDELLARO N'Doki 2017 ★★★

■	847		11 à 15 €

Située à Perpignan même, entre la ville et la mer, une propriété familiale créée au siècle dernier et reprise il y a un peu moins de dix ans par Anne-Marie Castagné et cultivée par son père jusqu'en 2009. Le vignoble qui s'étend sur près de 8 ha est conduit en culture raisonnée.

Un vin marqué dès l'approche par la complicité de la syrah (65 %) et de la barrique, avec un regard noir, profond, et des senteurs de violette rehaussées de notes épicées, réglissées et légèrement torréfiées. Superbe, solaire, la bouche allie puissance et moelleux, volume et finesse, épices et torréfaction, fruité suave de la mûre et belle acidité. Du potentiel. 2019-2023 ■ **Tanawa 2017 ★ (8 à 11 €; 712 b.)** : né d'un assemblage de grenache (65 %) et de syrah, ce vin élevé en cuve joue sur le fruité et la fraîcheur. 2018-2021

ANNE-MARIE CASTAGNE, 7, pl. du Mas-Llard, 66000 Perpignan, tél. 06 14 69 36 72, rousam48@gmail.com V r.-v.

DOM. DE SABBAT 2014 ★

■	2500		15 à 20 €

Après avoir travaillé dans plusieurs propriétés du Bordelais, de Bourgogne et de Provence, Sylvain Lejeune a créé en 2009 son domaine dans la vallée de l'Agly: 11,5 ha, cultivés en bio. Fervent défenseur des travaux à la main, le vigneron a banni le tracteur de sa propriété.

Issu de grenaches blanc et gris (75 %) assemblés au macabeu, voici un blanc qui comblera les amateurs de vins posés, où l'évolution apporte le charme de la rondeur et d'une texture veloutée, tout en marquant la palette aromatique de nuances de fruits blancs très mûrs accompagnés d'une pointe miellée. Nécessaire à l'équilibre, une belle acidité soutient l'ensemble et joue avec les notes grillées et fumées du boisé qui prend de surprenants accents de cacao. 2018-2021

SYLVAIN LEJEUNE, 24, bd Carnot, 66720 Latour-de-France, tél. 06 75 48 19 74, contact@domainedesabbat.fr V r.-v.

DOM. DES SCHISTES Essencial 2016 ★

■	10000		8 à 11 €

La cinquième génération officie dans cette exploitation de la vallée de l'Agly qui vinifie en cave particulière depuis 1989. Comme son nom l'indique, les marnes schisteuses dominent. À la vigne, Jacques et Mickaël Sire sont pointilleux sur le travail du sol et leur domaine de 55 ha est conduit en bio (certification en 2015). Une valeur sûre du Guide.

Le duo vermentino-grenache gris (40 % chacun, complétés par le macabeu) donne une palette aromatique intense et harmonieuse, associant la douceur des fleurs blanches à la vivacité des agrumes (orange, pamplemousse), teintés de minéralité. La bouche, à l'unisson, montre de la fraîcheur en attaque, se déploie avec puissance, ampleur et suavité avant d'offrir une longue finale saline. 2018-2021

DOM. DES SCHISTES, 1, av. Jean-Lurçat, 66310 Estagel, tél. 04 68 29 11 25, sire-schistes@wanadoo.fr V t.l.j. 9h-12h 14h-18h *Jacques Sire*

ROUSSILLON

LES VIGNOBLES DU SOLEIL Cuvée B 2016 ★

■	1200		8 à 11 €

Vignobles du Soleil, c'est le nom plus commercial que s'est trouvé en 1998 la cave issue de la fusion, dix ans plus tôt, de la coopérative de Canet et de celle de Saleilles (fondées respectivement en 1926 et en 1935). La structure dispose des 205 ha cultivés par ses 24 adhérents sur des parcelles implantées au sud de Perpignan, non loin de l'étang de Canet et de la mer.

B comme «bio». Issu d'une longue macération (28 jours), ce vin traduit la recherche de l'extraction maximale, notamment sur la syrah bien mûre qui compose 80 % de cette cuvée. Il en résulte une robe d'un pourpre profond tirant sur le noir et un nez d'abord fermé, qui demande un brin d'aération pour dévoiler du fruit noir très épicé. La bouche surprend: solide, ample et ronde, elle conserve une étonnante fraîcheur. Ses arômes de cerise et de cassis accompagnent des tanins denses appelant les grillades. 2018-2021

SCV LES VIGNOBLES DU SOLEIL, 11, av. du Canigou, 66280 Saleilles, tél. 04 68 22 43 81, vignobles.soleil@free.fr V *mar. ven. 9h30-12h 14h30-17h; sam. 9h30 12h*

DOM. SOL-PAYRÉ Albae 2017 ★★★

■	6000		8 à 11 €

Le grand-père de Jean-Claude Sol, ouvrier agricole émigré d'Espagne en 1913, a reconstruit sa vie à

l'abri de la cathédrale d'Elne, fondant un domaine qui s'est agrandi petit à petit pour atteindre 60 ha. Principalement implanté au sud du département, entre Perpignan et Collioure, le vignoble s'est étendu au nord, sur les sols acides des Fenouillèdes. Jean-Claude Sol a déménagé en 2016 le caveau de dégustation, qui se trouvait à Elne, sur les coteaux Saint-Martin, au cœur de la propriété.

Le grenache gris (50 %, aux côtés du grenache blanc et d'un appoint de macabeu) apporte à l'or pâle de la robe un fin reflet grisé. Après un premier nez amylique, sur le bonbon anglais, le vin gagne rapidement en complexité et libère des notes de fruits exotiques agrémentées d'une touche florale. Le court passage en barrique d'une part de la récolte ajoute au vin de l'ampleur sans apporter d'arômes boisés. Le vin reste sur le fruit, vif et élégant. ⌛ 2018-2021

DOM. SOL-PAYRÉ, rte de Saint-Martin, 66200 Elne, tél. 04 68 22 17 97, contact@sol-payre.com V r.-v.
Jean-Claude et Bertrand Sol

DOM. LA SOULANE
El Serrat 2017 ★★

■	n.c.		8 à 11 €

En 1964, une poignée de vignerons s'unissent parce qu'ils sont convaincus que «le groupe est meilleur que le meilleur du groupe». Aujourd'hui, les Vignerons Catalans rassemblent sept caves coopératives, 1 500 adhérents et une quarantaine de caves privées, soit plus de 10 000 ha.

La confrontation entre le couple syrah-grenache et les arènes granitiques des hautes terres – du côté de Vinça, Rodès et Tarerach – donne un vin minéral, aux senteurs de maquis, de genièvre, de fruits mûrs confiturés, légèrement grillés. Le fruit se prolonge dans une bouche souple en attaque, ample, puissante et persistante, soutenue par des tanins robustes et soyeux. Du caractère et des perspectives de garde. ⌛ 2019-2024 ■ **Vignerons catalans Ginette 2017 ★★ (5 à 8 €; 50000 b.)** : la robe est très légère, délicatement saumonée. Le nez s'ouvre sur une délicate note florale de rose au petit matin, avant que la pêche blanche puis des notes plus amyliques de fraise et de bonbon anglais ne viennent s'imposer. La bouche offre un bon équilibre entre rondeur et fraîcheur, un joli volume, du fruit rouge à volonté. Un vin de caractère, vif et élégant. ⌛ 2018-2020 ■ **Paulette 2017 ★ (5 à 8 €; 10000 b.)** : un rosé aux senteurs de bourgeon de cassis à l'olfaction, tendre et rond en attaque, centré sur la pêche blanche et la groseille, plus vif et iodé en finale. ⌛ 2018-2019 ■ **Marcel 2017 ★ (5 à 8 €; n.c.)** : une étiquette et un nom désuets fleurant le «bon vieux temps» et les congés payés pour cette cuvée issue de syrah et de grenache. Un rouge frais et fruité, à apprécier jeune. ⌛ 2018-2021 ■ **Janine 2017 (5 à 8 €; 10000 b.)** : vin cité.

LES VIGNERONS CATALANS,
1870, av. Julien-Panchot, BP 29000,
66962 Perpignan Cedex 9, tél. 04 68 85 04 51,
regincos@vigneronscatalans.com

TERRA NOBILIS 2017 ★★

■	8000		8 à 11 €

Au pied des Albères, le Ch. Valmy, construit en 1888 par l'architecte danois Viggo Dorph Petersen, est entouré de 26 ha de vignes. En 1998, Bernard Carbonnell et son épouse Martine ont fait renaître non seulement le vignoble et ses vins (réguliers en qualité), mais aussi le château en créant des chambres d'hôtes de luxe, complétées en 2014 par le restaurant *La Table de Valmy*, un projet conduit par les filles des propriétaires, Anaïs et Clara. Sous le nom de Terra Nobilis, le domaine a créé en 2015 une structure de négoce-éleveur.

Ce rosé en robe légère, saumonée, dévoile un bouquet intense et élégant de cerise, de poire et de bonbon anglais. La bouche se révèle fine et vive en attaque, puis monte en volume et en suavité, avant un retour de la fraîcheur en finale. ⌛ 2018-2019 ■ **Ch. Valmy 2017 ★ (11 à 15 €; 2000 b.)** : un vin rose soutenu à dominante de syrah, très frais, jouant sur le cassis et la framboise, arrondi par le grenache. ⌛ 2018-2019 ■ **Vieilles Vignes 2016 ★ (5 à 8 €; 15000 b.)** : issue de la partie négoce et de parcelles en altitude, cette cuvée affiche une robe profonde et brillante. D'abord fermée, elle s'ouvre à l'aération sur les fruits noirs et sur la garrigue rehaussés d'une touche de cuir et d'une note plus fraîche de clou de girofle. Souple en attaque, elle s'appuie sur des tanins bien marqués, encore vifs, qui laissent présager une bonne garde. Un vin équilibré, réservé mais plaisant. ⌛ 2019-2023

SARL LES VINS DE VALMY,
chem. de Valmy, 66700 Argelès-sur-Mer,
tél. 04 68 81 25 70, contact@chateau-valmy.com
V r.-v. *Carbonnell*

DOM. LA TOUPIE Fine Fleur 2016

■	4500		11 à 15 €

Après vingt ans passés dans l'administration viticole, puis à parcourir le vignoble pour la coopérative du Mont Tauch, dans l'Aude, Jérôme Collas a franchi le pas et la «frontière» entre Languedoc et Roussillon, pour s'installer en 2012 sur 10 ha dans la vallée de l'Agly.

Né de grenache gris (49 %), de grenache blanc et de macabeu, ce vin blanc a achevé sa fermentation en fût avant un élevage sur lies en barrique, avec bâtonnage. Sa couleur est restée très fraîche, or clair aux reflets verts. Sa palette est dominée par des notes d'élevage grillées et fumées, avec du fruit et de la pierre à fusil à l'arrière-plan. Marquée par l'élevage sur lies, la bouche déploie des arômes d'épices et de pain brioché, tendue en finale par un trait de vivacité légèrement citronnée. ⌛ 2019-2022

JÉRÔME COLLAS,
19, rte de Perpignan, 66380 Pia,
tél. 07 86 28 99 52, contact@domainelatoupie.fr
V r.-v.

TRÉMOINE DE RASIGUÈRES 2017 ★★

■	200000	5 à 8 €

Les Vignerons de Trémoine: une coopérative fondée en 1919, regroupant quelque 80 vignerons qui cultivent 540 ha dans quatre villages situés dans la vallée de l'Agly (Planèzes, Rasiguères, Lansac et Cassagnes). L'histoire de la cave est liée au festival de musique classique créé en 1980 par la pianiste britannique Moura Lympany.

Ce rosé affiche la couleur: groseille, vif, appétant, un vin de personnalité gorgé de fruits où le grenache apporte une belle note de cerise bigarreau et la syrah, la fraîcheur réglissée de la violette. Présent, rond, offrant une jolie sucrosité autour d'un fruité mûr, compensée par une fraîcheur remarquée, le palais est des plus harmonieux. ⧗ 2018-2020

LES VIGNERONS DE TRÉMOINE, 5, av. de Caramany, 66720 Rasiguères, tél. 04 68 29 11 82, rasigueres@wanadoo.fr V t.l.j. sf dim. 8h-12h 14h-18h

DOM. VAQUER L'Éphémère 2017 ★★★

■	4000		5 à 8 €

Domaine acheté en 1912 par la famille Vaquer dans les Aspres. Dans la lignée, le «maréchal», Fernand Vaquer, figure historique du rugby catalan, deux fois champion de France avant-guerre puis entraîneur dans les années 1950 de l'USAP. Premières mises en bouteilles en 1968. Aujourd'hui, le domaine couvre 17 ha, conduits depuis 2001 par Frédérique.

Loin de la pâleur des rosés de Provence, cet Éphémère présente une robe soutenue, vive et engageante. La trilogie syrah-grenache-carignan apporte au nez une envoûtante corbeille de fruits rouges mûrs à croquer. De la fraîcheur, du volume, l'omniprésence du fruit, la bouche est à la fois élégante et corpulente. Une vraie gourmandise. ⧗ 2018-2020

INDIVISION VAQUER, 1, rue des Écoles, 66300 Tresserre, tél. 04 68 38 89 53, domainevaquer@gmail.com V r.-v.

CH. DE VILLECLARE Cuvée Révélation 2015

■	2300		11 à 15 €

Un domaine de la famille Jonquères d'Oriola situé dans les Albères, sur la rive gauche du Tech. Au milieu des vergers de pêchers et d'abricotiers, des vignes (40 ha, le bio en ligne de mire) et d'un parc aux arbres plus que centenaires, la bâtisse des Templiers du XIIᵉs. se dessine, imposante, sur fond de massif pyrénéen.

Après huit mois de fût, le vin a attendu sagement un an en bouteille avant d'être mis sur le marché, prêt à boire. Un élevage judicieux a permis au fruit mûr, voire confituré, aux accents de fraise et de cerise, de s'enrichir d'une touche épicée et réglissée et d'une nuance d'olive noire. Si l'ensemble est fondu, des tanins marqués suggèrent un accord avec des viandes rouges grillées ou du magret de canard au poivre. ⧗ 2019-2022

SCEA YVES JONQUÈRES D'ORIOLA, 66690 Palau-del-Vidre, tél. 06 84 11 44 76, villeclare@wanadoo.fr V t.l.j. sf dim. 9h-12h30 15h30-18h30

ARNAUD DE VILLENEUVE N°153 2017 ★★

■	20000	5 à 8 €

Résultant de la fusion de trois caves, cette coopérative porte le nom de l'inventeur des vins doux naturels, Arnaud de Villeneuve. Elle rassemble 320 viticulteurs de Salses, de Rivesaltes et de Pézilla-la-Rivière, qui cultivent quelque 2 000 ha de vignes (dont 125 ha en bio) répartis sur 26 communes et des terroirs variés.

Une belle robe limpide, cristalline, d'un tendre saumoné, pour ce rosé très enlevé au niveau aromatique entre notes fermentaires et fruit du raisin. Un fruité bien présent en bouche également, avec une jolie vivacité qu'accompagne une pointe frétillante de perlant. Un vin bien équilibré entre finesse, rondeur et fraîcheur. ⧗ 2018-2020 ■ **N°153 2017 ★ (5 à 8 €; 15000 b.)** : une cuvée construite sur le grenache blanc (80 %). Sa fraîcheur se manifeste dès l'approche, avec une robe or pâle et un nez partagé entre fleurs blanches et fruit exotiques légèrement citronnés, sur fond de minéralité. L'attaque conjugue rondeur et vivacité, une touche végétale accompagne le cœur de bouche et la finale chaleureuse convie la pêche mûre. ⧗ 2019-2023 ■ **Ch. Pezilla La Marquise 2017 (5 à 8 €; 18000 b.)** : vin cité.

ARNAUD DE VILLENEUVE, 153, RD 900, 66600 Rivesaltes, tél. 04 68 64 06 63, contact@caveadv.com V t.l.j. sf dim. 9h30-12h30 14h30-18h30

CÔTES-DU-ROUSSILLON-VILLAGES

Superficie : 2 270 ha / Production : 67 500 hl

DOM. ARGUTI Ugo 2015

■	n.c.		15 à 20 €

En 2004, Marie-Christine et Ugo Arguti ont posé leurs valises dans la vallée de l'Agly. Toscan d'origine, Bordelais d'adoption, le second a longtemps dirigé un grand château à Saint-Émilion. Il signe désormais ses propres cuvées à partir de 6,5 ha de vignes.

Un trio grenache, syrah et carignan plantés sur schistes pour ce vin couleur cerise noire, ouvert sur les fruits noirs et la noisette, souple en attaque, plus serré dans son développement. ⧗ 2021-2025

UGO ARGUTI, 14, av. du 16-Août-1944, 66220 Saint-Paul-de-Fenouillet, tél. 06 73 85 17 93, domaine.arguti@orange.fr V r.-v.

GÉRARD BERTRAND Les Aspres 2016 ★★

■	n.c.		8 à 11 €

Enfant des Corbières, Gérard Bertrand est un important propriétaire et négociant du sud de la France, dont les cuvées apparaissent dans le Guide sous diverses AOC (corbières, fitou, minervois, languedoc, côtes-du-roussillon...) et en IGP.

Grenat intense aux reflets violines, ce vin s'ouvre sur un beau fruité de cerise sur fond de réglisse et de boisé fin. En bouche, le poivre gris et la noix de muscade accompagnent une trame tannique ferme sans dureté qui apporte beaucoup d'ampleur, avant une finale chaleureuse. ⧗ 2019-2023

GÉRARD BERTRAND, rte de Narbonne-Plage, 11100 Narbonne, tél. 04 68 45 28 50, vins@gerard-bertrand.com V r.-v.

DOM. BOUDAU Henri Boudeau 2016 ★★

■ | 25000 | | 11 à 15 €

Véronique Boudau et son frère Pierre sont à la tête du domaine familial depuis 1993. Ils ont décidé de donner un nouveau souffle à la propriété, qui couvre quelque 60 ha sur d'excellents terroirs, à l'entrée de la vallée de l'Agly. Le pari est réussi: la totalité de la production est mise en bouteilles et commercialisée, notamment dans un réseau de restaurants et de cavistes. Une valeur sûre, qui a engagé la conversion bio de son vignoble.

Vinification traditionnelle de vingt-et-un jours et douze mois de barriques pour cet assemblage syrah-grenache. Dans le verre, un vin profond, brillant aux reflets grenat, au nez intense de groseille, de cacao et de tabac, ample, long et généreux en bouche, bâti sur des tanins bien en place. ⧗ 2021-2024

VÉRONIQUE ET PIERRE BOUDAU, 6, rue Marceau, 66600 Rivesaltes, tél. 04 68 64 45 37, contact@domaineboudau.fr V *t.l.j. sf dim. 10h-12h 15h-19h; sam. 15h-19h de sept. à mai*

DOM. DE LA BRESSE
Clos de la Bresse 2016 ★★

■ | 5900 | | 11 à 15 €

Domaine de 50 ha, créé en 2008, dans la basse vallée de l'Agly, sur la commune de Salses-le-Château. François Pierson, le propriétaire, conduit son vignoble en bio certifié. Les cépages cultivés sont tous traditionnels du bassin méditerranéen.

Amoureux de la vallée de l'Agly, François Pierson signe un vin de caractère élevé cinq mois en cuve. Le nez intense évoque le bourgeon de cassis, puis s'ouvre sur les épices et la garrigue. La bouche se révèle ample, caressante et charnue, soulignée par une juste fraîcheur et par des tanins veloutés qui subliment une finale longue et suave. Irrésistible. ⧗ 2019-2024

DOM. DE LA BRESSE, Mas de la Bresse, 66600 Salses-le-Château, tél. 06 87 42 45 01 V *r.-v.* *Pierson*

CH. DE CALADROY
Rouge Émotion 2015 ★★

■ | 6000 | | 30 à 50 €

Une forteresse médiévale qui gardait la frontière entre le royaume de France et celui d'Espagne. De la terrasse du château, on découvre un panorama exceptionnel: au loin, la mer, le Canigou; en contrebas, les vignes (130 ha) et les oliviers (7 ha). La chapelle du XIIes. accueille le caveau de dégustation.

Une sélection parcellaire rigoureuse et un élevage de douze mois en fût pour ce vin d'un grenat profond et intense, ouvert sur un bouquet complexe de poivre, de noix, de badiane et de sous-bois. En bouche, il s'appuie sur des tanins puissants et ronds, mais sans aucune dureté. Un ensemble des plus harmonieux. ⧗ 2019-2025 ■ **Cuvée Saint-Michel 2015 ★★ (20 à 30 €; 4000 b.)** : un joli nez floral (rose, pivoine) et une bouche fraîche et soyeuse composent un vin élégant et complexe. ⧗ 2019-2024 ■ **Pierre Droite 2016 ★★ (15 à 20 €; 6000 b.)** : au nez, des notes de fruits noirs intenses, de poivre gris et de menthol; en bouche, une matière riche et des tanins fermes. Du caractère et du potentiel. ⧗ 2021-2026

SCEA CH. DE CALADROY, rte de Bélesta, 66720 Bélesta, tél. 04 68 57 10 25, cave@caladroy.com V *t.l.j. sf dim. 9h-12h 13h-19h* *Mézerette*

CALMEL & JOSEPH Les Terroirs 2016

■ | 25000 | | 11 à 15 €

Laurent Calmel, œnologue, s'est associé avec Jérôme Joseph pour fonder en 1995 une maison de négoce spécialisée dans les vins de terroir du Languedoc-Roussillon. Le duo a lancé son étiquette en 2007. Il sélectionne les parcelles, vinifie et élève les cuvées.

Ce vin grenat profond et soutenu propose à l'olfaction des notes de fruits mûrs et de marc de raisin. En bouche, il se montre généreux et chaleureux, étayé par des tanins encore présents, qui doivent se fondre. ⧗ 2021-2024

CALMEL ET JOSEPH, chem. de la Madone, 11800 Montirat, tél. 04 68 72 09 88, contact@calmel-joseph.com V *t.l.j. sf sam. dim. 9h-16h30*

VIGNERONS DE CARAMANY
Caramany Édition limitée 2016 ★★

■ | 12714 | 8 à 11 €

Caramany se niche dans la vallée de l'Agly, non loin d'un lac de retenue. Fondée en 1924, sa coopérative est au centre de la vie locale, proposant des journées d'animation au bord du lac. Les vignes en altitude de ses adhérents (280 ha) bénéficient de nuits fraîches et de terroirs de gneiss qui confèrent de la subtilité aux vins.

Une belle étiquette vintage qui reprend le style de la première mise en bouteille de 1974 pour cette cuvée bien sous tous rapports: jolie robe grenat aux reflets bleutés, nez subtil de cerise en confiture, de réglisse et de noix muscade, bouche charnue, solide, fraîche et équilibrée. Un beau potentiel en perspective. ⧗ 2021-2026 ■ **Caramany Mémoire de nos Vignerons 2016 ★ (8 à 11 €; 13662 b.)** : le nez est épicé (piment de Cayenne, paprika) et légèrement balsamique, le palais ample et fin, tout en fraîcheur. Un vin en dentelle, bien typé « Caramany ». ⧗ 2018-2023

LES VIGNERONS DE CARAMANY, 70, Grand-Rue, 66720 Caramany, tél. 04 68 84 51 80, contact@vigneronsdecaramany.com V *r.-v.*

DOM. CAZES Le Credo 2014 ★

■ | 5000 | | 30 à 50 €

Fondation en 1895, premières mises en bouteilles en 1955 et une croissance continue. Aujourd'hui, un

domaine de 220 ha entièrement conduit en biodynamie depuis 2005. À sa carte, toutes les AOC du Roussillon, des IGP, tous les styles de vin. Dans le giron du groupe Advini depuis 2004.

D'un beau rubis foncé, cette cuvée livre un bouquet tout en fraîcheur de menthol, de poivre et de réglisse. En bouche, on découvre un vin élégant, ample et tonique, à l'unisson de l'olfaction, soutenu par des tanins bien en place laissant augurer une bonne évolution. ⧗ 2019-2023

■ **Trilogy 2017 ★** (8 à 11 €; 15000 b.) Ⓑ : à un nez de cassis et de pruneaux évoluant vers des notes de cuir succède une bouche dense et vigoureuse, sur les fruits mûrs. ⧗ 2021-2024

SCEA CAZES, 4, rue Francisco-Ferrer, 66600 Rivesaltes, tél. 04 68 64 08 26, info@cazes.com r.-v.

M. CHAPOUTIER 2016 ★★

■	n.c.	5 à 8 €

Cette vénérable (XIXe s.) et incontournable maison, mise sur orbite internationale par Michel Chapoutier à partir des années 1990, propose une large gamme issue de ses propres vignes (350 ha, en biodynamie) ou d'achats de raisin dans la plupart des appellations phares de la vallée du Rhône, et aussi en Roussillon et en Alsace.

Assemblage de grenache, de syrah et de carignan, ce vin d'un grenat profond présente un nez intense et expressif de fruits rouges et noirs, de romarin, de tapenade et de réglisse. Rondeur, volume, trame tannique veloutée, fraîcheur en milieu de bouche, longueur en finale, le palais ne manque de rien. ⧗ 2019-2023

MICHEL CHAPOUTIER, 18, av. du Dr-Paul-Durand, 26600 Tain-l'Hermitage, tél. 04 75 08 28 65, chapoutier@chapoutier.com r.-v.

DOM. CHEMIN FAISANT
Tautavel Un de ces 4 2016 ★

■	5000		5 à 8 €

En 2013, Charles Faisant et Jean-Noël Calmon ont mis en commun deux vignobles familiaux: l'un de 20 ha sur Opoul (appartenant à la famille Calmon depuis plusieurs générations), l'autre de la même superficie sur Tautavel (déjà exploité par le grand-père par de Charles Faisant).

D'un seyant rubis profond, ce vin livre un nez plaisant de petits fruits rouges et noirs. Elle aussi centrée sur le fruit, la bouche se montre ample, ronde, élégante et de bonne longueur. Un Tautavel au profil gourmand, à boire sur le fruit. ⧗ 2018-2021

JEAN-NOËL CALMON, av. du Verdouble, 66720 Tautavel, tél. 06 83 24 65 51, scfaisant@orange.fr r.-v.

DOM. DES CHÊNES Tautavel La Carissa 2012 ★★

■	2000		20 à 30 €

Fondé au XVIIIe s., ce vieux mas catalan a vu plusieurs générations de Razungles se succéder et livrait à l'origine ses raisins à un célèbre fabricant d'apéritifs. Couvrant aujourd'hui 36 ha sur les terroirs du cirque de Vingrau, il est conduit par Alain Razungles, qui prouve que l'on peut être à la fois professeur en œnologie (à Sup Agro Montpellier) et grand vigneron. Sa fille Marion est désormais à ses côtés.

Né de grenache noir, de syrah, de mourvèdre et de carignan, ce vin a été élevé douze mois en fût de chêne, puis en cuve. Beaucoup de charme se dégage de sa robe grenat profond et de son nez gourmand et ouvert mêlant le toasté, l'eucalyptus et les épices douces. Le charme continue d'agir dans une bouche ample, soyeuse et dense, bâtie sur des tanins bien enrobés, au grain fin, et sur un boisé fondu, le tout souligné par une délicate fraîcheur qui amène du nerf et de la longueur. De bonne garde assurément. ⧗ 2021-2028

RAZUNGLES, 7, rue Mal-Joffre, 66600 Vingrau, tél. 04 68 29 40 21, domainedeschenes@wanadoo.fr t.l.j. 10h-12h 14h-18h; sam. dim. sur r.-v.

CLOS DEL REY 2015 ★

■	2000		20 à 30 €

Domaine créé en 2001 par Jacques Montagné. Aujourd'hui, Julien, qui a pris le relais en 2010, travaille une douzaine d'hectares au milieu de 300 ha de garrigue aux senteurs de thym et de romarin. À 300 m d'altitude, ses parcelles sont les plus hautes du cru Maury, au pied du château cathare de Quéribus.

Si l'étiquette est toujours sobre et minimaliste, dans la bouteille, on découvre un vin intense et profond. Le nez, fin et complexe, convoque le poivre et le raisin sec. Une attaque souple introduit un palais riche, dense, aux tanins puissants mais sans dureté. ⧗ 2021-2026

CLOS DEL REY, 7, rue Henri-Barbusse, 66460 Maury, tél. 04 68 59 15 08, closdelrey@gmail.com r.-v. Montagné

CH. DE CORNEILLA Les Aspres Cavalcade 2016

■	32000		15 à 20 €

Célèbre pour les exploits olympiques de Pierre en hippisme et de Christian en escrime, la famille Jonquères d'Oriola est installée depuis 1485 au Ch. de Corneilla bâti par les templiers au XIIe s. et conduit 78 ha de vignes. William, qui a rejoint en 2010 son père Philippe après un «tour du monde œnologique», représente la vingt-septième génération de vignerons!

Grenache noir, syrah, mourvèdre et un long élevage en barriques pour ce vin grenat profond aux reflets bruns. Le nez évoque la cire d'abeille, ainsi que des notes balsamiques et boisées. La bouche est ronde et veloutée, étayée par des tanins qui ajoutent à sa souplesse. ⧗ 2018-2022

PHILIPPE JONQUÈRES D'ORIOLA, 3, rue du Château, 66200 Corneilla-del-Vercol, tél. 04 68 22 73 22, contact@jonqueresdoriola.fr t.l.j. sf dim. lun. 10h-12h 15h-18h30

VIGNERONS DES CÔTES D'AGLY
Latour de France Expression 2016 ★★

■	12000		8 à 11 €

Les Vignerons des Côtes d'Agly regroupent six caves coopératives dans la vallée de l'Agly. Ils sont 250 viticulteurs à cultiver des vignes (1 150 ha) à Estagel, Montner, Lesquerde, Saint-Paul-de-Fenouillet et Caudiès. Ils proposent la plupart des productions du Roussillon, en vins secs et en vins doux naturels.

Rouge sombre aux reflets vifs, ce dévoile un nez expressif de fruits noirs, de cistes et de réglisse. En bouche, il se montre dense et puissant, épaulé par des tanins soyeux et enveloppants et par une fine fraîcheur saline qui amène de la longueur en finale. ⧗ 2021-2026 ■ **Tautavel Expression 2015 ★★ (8 à 11 €; 15000 b.)** : un vin ouvert sur d'intenses arômes d'épices et de fruits noirs, prolongés par une bouche ample et riche, structurée par des tanins bien présents, mais fins et fondus. ⧗ 2021-2026 ■ **Tentations 2015 ★ (5 à 8 €; 4000 b.)** : le nez évoque les fruits rouges, la réglisse et les épices. On retrouve ces dernières dans une bouche corsée, tannique, de bonne longueur. ⧗ 2020-2024

⊶ LES VIGNERONS DES CÔTES D'AGLY, av. Louis-Vigo, 66310 Estagel, tél. 04 68 29 00 45, contact@agly.fr V ▮ *t.l.j. 9h-12h 14h-18h*

DOM. DEPEYRE
Cuvée Sainte-Colombe 2015 ★★

■	3000	◍	15 à 20 €

Serge Depeyre et Brigitte Bile se rencontrent pendant leurs études, s'installent en 1995 à Cases-de-Pène, à quelques kilomètres de Perpignan, et créent en 2002 leur domaine: 13 ha dans la vallée de l'Agly, sur argilo-calcaires et schistes noirs. Ici, pas d'engrais chimiques, un apport de matière organique et une mule assurant une partie des labours.

Ce vin grenat brillant propose un nez expressif de fruits rouges et de sous-bois, qui évolue vers les épices à l'aération. En bouche, le fruit domine, relevé d'épices et de réglisse, et des tanins soyeux accompagnent un bon boisé vanillé. Un vin à la fois gourmand et solide. ⧗ 2020-2025 ■ **Tradition 2017 ★ (8 à 11 €; 8500 b.)** : aussi bien en nez qu'en bouche, ce vin généreux, ample, souple et dense se révèle aromatique, ouvert sur les fruits frais et les épices douces. ⧗ 2019-2023

⊶ BRIGITTE BILE, 2, rue des Oliviers, 66600 Cases-de-Pène, tél. 06 15 04 08 96, brigitte.bile@orange.fr V ▮ *r.-v.*

LA DIFFÉRENCE Tautavel 2012 ★

■	1200	◍	75 à 100 €

Un domaine créé en 2007 par un groupe d'amis réunis autour du vigneron Charles Faisant, «pour faire la différence en Roussillon»: 12,5 ha de vignes sur le terroir de Tautavel.

La robe est tout aussi intense que le nez, ouvert sur des notes épicées, toastées, réglissées et mentholées. La bouche, ample et puissante, met en relief les fruits macérés, le tabac et le cuir, et déploie une belle finale fraîche et boisée. ⧗ 2020-2024

⊶ CHARLES FAISANT, 1, av. Jean-Badia, 66720 Tautavel, tél. 04 68 66 89 38, contact@ladifference-roussillon.com V 🚶 ▮ *r.-v.*

DOM BRIAL Crest Petit 2015 ★★

■	9400	◍	20 à 30 €

Suivi à la parcelle, maîtrise de la totalité de la chaîne d'élaboration, du raisin à la bouteille, démarche de développement durable... La cave de Baixas, fondée en 1923, compte aujourd'hui 350 coopérateurs qui exploitent 2 100 ha répartis sur une trentaine de communes. Elle est aussi la première productrice de muscat-de-rivesaltes. Une valeur sûre.

De beaux reflets pourpres animent la robe profonde et limpide de cette cuvée au nez intense de framboise, de mûre et de réglisse. Ces nuances se retrouvent dans une bouche ample, dense et généreuse, soutenue par des tanins suaves. Un vin de très grande tenue. ⧗ 2021-2025 ■ **Ch. les Pins 2013 ★ (11 à 15 €; 76000 b.)** : à un nez frais de poivre, de réglisse et de menthol fait écho un palais tout aussi frais, corsé, bien structuré et équilibré. ⧗ 2019-2024

⊶ VIGNOBLES DOM BRIAL, 14, av. Mal-Joffre, 66390 Baixas, tél. 04 68 64 22 37, contact@dom-brial.com V 🚶 ▮ *t.l.j. sf dim. 9h-12h 14h-18h30*

DOM. DE L'EDRE Tautavel Carrément Rouge 2016 ★

■	5500	🍾	11 à 15 €

Jacques Castany travaillait dans les transports et Pascal Dieunidou, dans l'informatique. En 2002, ils se lancent en viticulture dans une cave minuscule. Avec succès, comme en témoigne un palmarès déjà brillant. Le vignoble de 10 ha est situé à Vingrau, face à un cirque grandiose où domine le calcaire.

Ce vin grenat sombre livre un bouquet élégant de cassis, de mûre et de cerise. On retrouve les fruits agrémentés d'épices dans une bouche d'une bonne amplitude, suave et ronde. ⧗ 2019-2023

⊶ DOM. DE L' EDRE, 81, rue du Mal-Joffre, 66600 Vingrau, tél. 06 08 66 17 51, contact@edre.fr V 🚶 ▮ *r.-v. ⊶ Jacques Castany et Pascal Dieunidou*

Ⓑ **DOM. FERRER RIBIÈRE** Les Aspres Cana 2016 ★

■	10000	🍾	15 à 20 €

Denis Ferrer et Bruno Ribière ont créé ce domaine en 1993 avec des vignes situées sur différents terroirs des Aspres. Convaincus par l'agriculture biologique, ils convertissent leurs 30 ha en 2007, s'essaient même à la biodynamie et signent des vins sincères qui reflètent la complexité du terroir.

Dans son habit noir, ce 2016 s'ouvre sans réserve sur des notes de mûre, de cerise burlat de et fruits rouges confits. Solide, dense et concentrée, la bouche révèle un vin puissant, au fort potentiel, doté de tanins droits et d'une longue finale. ⧗ 2021-2028

⊶ DOM. FERRER-RIBIÈRE, SCEA des Flo, 20 rue du Colombier, 66300 Terrats, tél. 04 68 53 24 45, domferrerribiere@orange.fr V 🚶 ▮ *r.-v.*

♥ **DOM. FONTANEL** Tautavel Prieuré 2015 ★★★

■	4000	◍ 🍾	15 à 20 €

Les origines du domaine, où six générations se sont succédé, remontent à 1864. La propriété est forte d'un vignoble de 25 ha installé sur des terroirs variés. À sa tête depuis 1989, Pierre et Marie-Claude Fontaneil ont proposé pendant près de trente ans des cuvées à forte personnalité, aussi bien

en vins secs qu'en vins doux naturels. En 2017, ils ont cédé l'exploitation à un jeune couple de vignerons, Élodie et Matthieu Collet.

Après dix-huit mois de barrique, ce magnifique Tautavel se présente dans une profonde robe violine, le nez bien ouvert et généreux, sur les épices orientales et les fruits noirs très mûrs. La bouche est superbe, ample, veloutée, enrobée, concentrée, dotée de tanins soyeux et fondus à souhait et d'une longue, très longue finale. Un vin d'exception, au fort potentiel. ⧗ 2022-2028 ■ **Tautavel Cistes 2016 ★★ (11 à 15 €; 5300 b.)** : ce magnifique vin, proche du coup de cœur, se révèle puissant, intense, riche en fruits et en épices, étiré dans une longue finale pleine de fraîcheur. De la force et beaucoup d'élégance. ⧗ 2022-2028

ÉLODIE ET MATTHIEU COLLET, 25, av. Jean-Jaurès, 66720 Tautavel, tél. 04 68 29 45 21, contact@domainefontanel.fr V ⚐ ▪ *t.l.j. sf dim. 15h-18h; nov à mars sur r.-v.*

MAS BÉCHA
Les Aspres Excellence Charles Chapitre 16 2016 ★★

■	66000	▮	20 à 30 €

Au sud de Perpignan, Charles Perez exploite son domaine depuis 2008 au hameau de Nyls, dans les Aspres – 25 ha en bio plantés sur trois collines au sein d'un ensemble de 110 ha. En rouge, ses assemblages mettent la syrah en avant. Cette figure du vignoble se fait «croquer» par un artiste différent chaque année pour illustrer ses étiquettes. Il en va de même pour les membres de sa famille. Le Mouton Rothschild catalan, en quelque sorte!

Une robe pourpre intense presque noire pour ce vin au nez fin et délicat de cerise en confiture. Bâtie sur des tanins puissants, la bouche convoque la réglisse et les fruits mûrs, et déploie une longue finale pleine d'élégance. ⧗ 2021-2028

CHARLES PEREZ, 3, av. de Pollestres, 66300 Nyls-Ponteilla, tél. 04 68 95 42 04, contact@masbecha.com V ⚐ ▪ *r.-v.*

MAS DE LA DEVÈZE Tautavel 2016 ★★

■	3900	◍▮	11 à 15 €

Simon Hugues était agriculteur, Nathalie commerciale dans la filière viticole à l'export. Ils ont repris en 2012 au cœur du terroir de Maury une très ancienne propriété qui avait été démantelée dans les années 1980. Ils cultivent 33 ha de vignes, la plupart conduites en gobelet.

D'un seyant rubis éclatant et brillant, ce Tautavel bien né livre des parfums à la fois intenses et délicats de cerise, de mûre et de cassis. On retrouve ce fruité agrémenté de senteurs de la garrigue dans une bouche puissante, fraîche, élégante et longue, aux tanins fins. ⧗ 2021-2028

NATHALIE ET SIMON HUGUES, rte des Mas, 66720 Tautavel, tél. 04 68 61 04 58, contact@masdeladeveze.fr V ⚐ ▪ *r.-v.*

MAS JANEIL Sans Soufre 2017 ★★

■	17000	▮	15 à 20 €

Issu d'une grande famille bordelaise et présent sur plusieurs continents, le propriétaire et négociant François Lurton est aussi implanté dans le Languedoc-Roussillon depuis les années 1990. Associé à son frère Jacques jusqu'en 2007, il y dirige seul aujourd'hui plusieurs domaines dans les AOC saint-chinian, fitou, corbières, maury, côtes-du-roussillon-villages ou encore en IGP pays d'Oc.

À l'origine de cette belle cuvée, les quatre cépages emblématiques que sont le grenache noir, la syrah, le mourvèdre et le carignan, et un élevage court de quatre mois en cuve. Le nez évoque la mûre confite, les fruits rouges à l'eau-de-vie, la garrigue et la réglisse. La bouche est ample et veloutée, épaulée par des tanins enrobés qui soulignent longuement une finale fine et poivrée. ⧗ 2019-2023

DOM. FRANÇOIS LURTON, Mas Janeil, 66720 Tautavel, tél. 04 68 38 04 64, francois.lurton@francoislurton.com

MAS KAROLINA 2016

■	7000	◍▮	15 à 20 €

Elle est allée vinifier aux États-Unis et en Afrique du Sud; elle connaît le Bordelais où elle a longtemps vécu et où elle a obtenu son diplôme d'œnologue; pourtant, c'est dans la vallée de l'Agly au charme sauvage que Caroline Bonville a posé ses valises en 2003. Elle conduit aujourd'hui un domaine de 16,5 ha.

Grenat profond aux reflets violines, ce vin propose un joli nez de fruits rouges agrémentés de notes empyreumatiques. Centré sur la réglisse et la vanille, le palais se montre soyeux, gras et rond. ⧗ 2019-2023

CAROLINE BONVILLE, 29, bd de l'Agly, 66220 Saint-Paul-de-Fenouillet, tél. 06 20 78 05 77, mas.karolina@wanadoo.fr V ⚐ ▪ *t.l.j. 10h-13h 14h30-18h; sam. dim. sur r.-v.; f. janv.-fév.*

MAS LAVAIL La Désirade 2015

■	10000	◍	11 à 15 €

Jean et Nicolas Batlle, père et fils, ont acquis ce joli mas du XIXᵉs. en 1999, à l'installation du second. À la tête de ce domaine de 80 ha de vieilles vignes, Nicolas poursuit le travail de quatre générations de vignerons sur les terres noires de Maury.

La robe est grenat, profonde et lumineuse, ornée de reflets violines. Le nez, intense, libère des notes de noix, de raisins secs et de caramel. On retrouve ces arômes dans une bouche souple et ronde. ⧗ 2019-2023

NICOLAS BATLLE, Mas de Lavail, RD 117, 66460 Maury, tél. 04 68 59 15 22, masdelavail@wanadoo.fr V ⚐ ▪ *t.l.j. sf dim. 10h-12h 14h-18h*

LES VIGNERONS DE MAURY
Lesquerde Granit Tradition 2017 ★

■	20000	▮	8 à 11 €

Fondée en 1910, la cave coopérative de Maury est aujourd'hui la plus ancienne du département encore en activité. Après les révoltes viticoles de 1907, elle regroupa plus de 130 propriétaires. Aujourd'hui, la cave dispose des 870 ha de ses adhérents; elle vit du grenache qui donne les traditionnels vins doux naturels et, depuis 2011, les maury secs.

Syrah et grenache noir plantés sur arènes granitiques pour ce vin couleur cerise burlat aux reflets violines. Le nez libère des arômes fruités de belle intensité, évoluant vers des notes mentholées et réglissées à l'aération. Une attaque puissante et franche ouvre sur un palais tonique et frais, doté de tanins encore bien présents. ⌛ 2020-2024

SCV LES VIGNERONS DE MAURY, 128, av. Jean-Jaurès, 66460 Maury, tél. 04 68 59 00 95, contact@vigneronsdemaury.com t.l.j. 9h-12h30 14h-18h

CH. MILLAS 2011 ★★

■	6900		5 à 8 €

Força Réal? La «forteresse royale», en catalan. Un château fort (détruit au XVII^e^s.), élevé au XIV^e^s. au sommet d'une montagne par les rois d'Aragon et de Majorque pour garder la vallée de la Têt qui marquait la frontière nord de leur royaume. C'est le nom qu'a pris la coopérative de Millas, créée en 1930, qui regroupe aujourd'hui 90 adhérents et dispose de 130 ha.

Intense, ce 2011 s'ouvre sur des notes mentholées et poivrées, puis évolue vers la réglisse et la confiture de cassis. Étonnant de fraîcheur et de franchise, le palais s'adosse à des tanins veloutés et sur un beau boisé toasté qui n'écrase par le fruit. Un vin harmonieux et prêt à boire. ⌛ 2018-2021

SCA FORÇA RÉAL LA CATALANE, 4, rue Léo-Lagrange, 66170 Millas, tél. 04 68 57 35 02, cave-coop-millas@wanadoo.fr r.-v.

CH. MONTAURIOL-DELPAS Les Aspres 2016 ★★

■	6600		15 à 20 €

Les vignerons de Constance et Terrassous regroupent depuis 2009 trois caves des Aspres, dans la partie sud du Roussillon: 70 adhérents pour 700 ha de vignes. Un ensemble de collines et de terrasses au pied du Canigou, lequel apporte avec ses schistes une palette supplémentaire de terroirs. La cave commercialise en tirage limité toute une gamme de splendides vins doux naturels, du six ans d'âge aux millésimes anciens.

D'un beau grenat intense et profond, ce vin dévoile au nez des parfums complexes de framboise, de coquelicot et de tulipe. Une attaque franche ouvre sur une bouche ample et suave, aux tanins veloutés. ⌛ 2020-2026 ■ **Summum Les Aspres 2015 ★ (30 à 50 €; 2148 b.)** : au nez, des fruits noirs, des notes de garrigue et une pointe de vanille. Une attaque vive prélude à un palais équilibré et expressif, sur les épices douces, la réglisse et un boisé fin. ⌛ 2019-2024

SCV LES VIGNOBLES DE CONSTANCE ET DU TERRASSOUS, BP 32, 66300 Terrats, tél. 04 68 53 02 50, contact@terrassous.com t.l.j. sf dim. 9h-12h 14h-18h30

PIERRE PELOU Tautavel Tramontane 2016 ★★

■	8000		5 à 8 €

Dans la même famille depuis 1908, ce domaine de 25 ha est aussi connu sous le nom de Celler d'al Mouli. Il est implanté sur les argilo-calcaires de Tautavel, terroir particulièrement adapté au grenache noir. Jean-Pierre Pelou, «vigneron-kiné», a transmis ses vignes et son savoir-faire à son fils Pierre, œnologue, installé en 1999.

Ouvert sur la cerise noire et la mûre, le nez évolue à l'aération vers le poivre. La bouche se révèle riche, ample, puissante et savoureuse, étirée dans une longue finale réglissée et épicée. Un vin de caractère, au solide potentiel. ⌛ 2021-2028

PIERRE PELOU, 9, rue de la République, 66720 Tautavel, tél. 06 16 96 49 61, pierre@pelou.eu r.-v.

CH. DE PENA Les Pierres Noires 2016 ★★

■	5000		15 à 20 €

Le village de Cases-de-Pène tient son nom d'un ermitage du X^e^s. établi sur un roc (*pena* en catalan) calcaire qui ferme la vallée de l'Agly. Les terres noires schisteuses y alternent avec l'ocre des argilo-calcaires, formant deux superbes terroirs de 480 ha sur lesquels travaillent les 60 vignerons de la coopérative locale.

D'un joli grenat aux reflets carminés, ce vin dévoile un nez à la fois puissant et subtil de myrtille, de mûre, de cerise, de vanille et de… guimauve. Ample, généreuse et onctueuse, bâtie sur des tanins enrobés, la bouche reste bien fruitée, accompagnée par un boisé parfaitement intégré. ⌛ 2020-2025

SCV L' AGLY, 2, bd Mal-Joffre, 66600 Cases-de-Pène, tél. 04 68 38 93 30, chateau-de-pena@orange.fr t.l.j. 9h-12h 14h-18h Bourquin

DOM. PIQUEMAL Les Terres Grillées 2016 ★★

■	13000		8 à 11 €

Sous l'impulsion d'Annie et de Pierre Piquemal, ce domaine familial (57 ha) est devenu une référence du Roussillon. Tout en maintenant les pratiques traditionnelles, il dispose d'un chai très moderne, à l'extérieur du village. Un outil adapté pour exalter l'expression de chaque terroir (schistes feuilletés, argilo-calcaires, galets roulés). Les vinifications sont assurées par Marie-Pierre Piquemal.

Ce joli 2016 grenat aux reflets cerise présente un nez puissant de fruits rouges et noirs, de sous-bois et de truffe. La bouche apparaît ample, riche et ronde, étayée par des tanins doux et veloutés qui renforcent le caractère aimable et tendre de ce vin. ⌛ 2020-2024 ■ **Pygmalion 2016 ★ (15 à 20 €; 4000 b.)** : un nez expressif de fruits rouges en confiture et de garrigue et un palais élégant, volumineux, vanillé et réglissé, aux tanins souples et fondus, composent un vin gourmand. ⌛ 2019-2024

MARIE-PIERRE PIQUEMAL, RD 117, km 7, lieu-dit Della-Lo-Rec, 66600 Espira-de-l'Agly, tél. 04 68 64 09 14, contact@domaine-piquemal.com t.l.j. sf dim. 9h-12h 14h-18h; f. sam. de janv. à avril

CH. PLANÈZES Latour de France 2015 ★★

■	20000		8 à 11 €

Les Vignerons de Trémoine: une coopérative fondée en 1919, regroupant quelque 80 vignerons qui cultivent 540 ha dans quatre villages situés dans la vallée de l'Agly (Planèzes, Rasiguères, Lansac et Cassagnes). L'histoire de la cave est liée au festival de

musique classique créé en 1980 par la pianiste britannique Moura Lympany.

Une robe cerise noire aux reflets fuchsia habille ce 2015 au nez toasté, grillé et vanillé. On retrouve ces notes boisées dans une bouche souple en attaque, généreuse, onctueuse et suave dans son développement, portée par des tanins veloutés. Un vin puissant, doté d'un fort potentiel. ⧗ 2021-2028 ■ **Le Barral de Trémoine 2015 ★★ (20 à 30 €; 6000 b.)** : le séjour de dix-huit mois en fût n'a pas affecté la complexité du nez, centré sur les fruits (cassis, myrtille, mûre, griotte). Une sensation fruitée prolongée par un palais ample, charnu, frais et long, étayé par des tanins fins. ⧗ 2021-2026

LES VIGNERONS DE TRÉMOINE, 5, av. de Caramany, 66720 Rasiguères, tél. 04 68 29 11 82, rasigueres@wanadoo.fr V t.l.j. sf dim. 8h-12h 14h-18h

DOM. DE RANCY Latour de France 2016 ★★

■	5000		11 à 15 €

Brigitte et Jean-Hubert Verdaguer conduisent depuis 1989 le domaine familial (17 ha aujourd'hui en bio) installé au cœur du village de Latour-de-France. Depuis sa fondation en 1920, cette propriété s'intéresse aux vins doux naturels longuement élevés sous bois, notamment aux rivesaltes, même si au tournant de ce siècle, elle s'est lancée dans l'élaboration de vins secs, en AOC ou en IGP. Autre cheval de bataille des vignerons, le rancio sec, en IGP.

Né sur les schistes de Latour d'un trio de mourvèdre, de grenache et de carignan, ce vin dévoile des arômes intenses de fruits rouges et noirs et de garrigue. Une attaque fraîche et alerte, sur le poivre, ouvre sur une bouche puissante, chaleureuse et profonde, dotée de tanins fermes, mais au grain très fin. ⧗ 2021-2025

DOM. DE RANCY, 8, place du 8-mai-1945, 66720 Latour-de-France, tél. 04 68 29 03 47, info@domaine-rancy.com V *r.-v.*

Verdaguer

DOM. RETY Souffle d'Or 2016 ★

■	7000		20 à 30 €

Fils de paysans bretons émigrés aux États-Unis, né à Manhattan et Franco-Américain, Patrick Rety a réalisé son rêve: faire du vin, travailler sur l'expression du terroir. Il étudie et commence son parcours en Bretagne, vendant des franchises d'une chaîne de restauration. En 2012, son domaine (4 ha aujourd'hui) voit le jour, près de Rivesaltes. En conversion bio (biodynamie).

Le nez tout en fruit, ouvert et avenant de ce 2016 convoque le cassis, la cerise et la mûre. La bouche se révèle fraîche, intense et équilibrée, mais encore un peu marquée par des tanins présents et droits. Du potentiel. ⧗ 2021-2025

PATRICK RETY, 6, rue Rigaud, 66600 Espira-de-l'Agly, tél. 06 20 02 29 65, rety.patrick@orange.fr V *r.-v.*

CH. ROMBEAU Cuvée Élise 2015 ★★

■	15460		15 à 20 €

Le Dom. de Rombeau est dans la famille depuis 1810. Vigneron médiatique, restaurateur et hôtelier, Pierre-Henri de La Fabrègue, arrivé à sa tête en 1993, lui a donné un bel éclat. Des 90 ha de l'exploitation, dont 27 ha en bio, naissent des muscat-de-rivesaltes, des rivesaltes et des vins secs, en AOC et en IGP. Une production large et bien connue des lecteurs du Guide.

Superbe réussite pour cette cuvée Élise habituée du Guide et proche du coup de cœur dans sa version 2015. Grenat profond aux reflets pourpres, elle présente un nez élégant et gourmand de pâte de fruits et de réglisse. En bouche, elle se révèle ample et fraîche, portée par des tanins d'une grande finesse et par un boisé qui n'altère pas la prédominance du fruit. ⧗ 2021-2028

PIERRE-HENRI DE LA FABRÈGUE, 2, av. de la Salanque, 66600 Rivesaltes, tél. 04 68 64 35 35, vin@rombeau.com V *t.l.j. 9h-18h*

DOM. ROSSIGNOL Les Aspres Bérénice 2015 ★★

■	3552		8 à 11 €

Où vont s'arrêter Fabienne et Pascal Rossignol? Création du domaine en 1995, construction d'un chai souterrain pour les vins secs en 2002, certification bio en 2009, musée, automates, clos des cépages, boutique paysanne et aujourd'hui 15 ha dans les Aspres pour ces vignerons qui ont le sens de l'accueil.

Ce vin grenat profond aux reflets bruns dévoile un nez ouvert sur des notes fumées, les fruits en confiture, la réglisse et le sous-bois. Équilibré, gourmand et intense, le palais s'adosse à des tanins doux et soyeux. ⧗ 2019-2024

PASCAL ROSSIGNOL, rte de Villemolaque, 66300 Passa, tél. 04 68 38 83 17, domaine.rossignol@free.fr V *t.l.j. sf dim. 10h-12h 15h-18h30*

ROUSSILLON

CH. SAINT-ROCH Chimères 2016 ★★

■	20000		11 à 15 €

Éliane et Jean-Marc Lafage ont vinifié pendant dix ans dans l'hémisphère Sud, puis ont repris l'exploitation familiale en 1995, établie sur trois terroirs bien distincts du Roussillon: les terrasses de galets roulés proches de la mer; les Aspres et ses terres d'altitude; la vallée de l'Agly, vers Maury (depuis l'acquisition en 2006 du Ch. Saint-Roch). Aujourd'hui, quelque 180 ha cultivés à petits rendements. Un domaine très régulier en qualité, souvent en vue pour ses côtes-du-roussillon et ses muscats.

Noir intense aux reflets violines, ce vin dévoile des arômes de fruits rouges mûrs, de réglisse, de tapenade et de cuir, agrémentés de notes fumées. Une attaque riche introduit une bouche ample et complexe (notes viandées, fruits secs), soutenue par un élevage boisé fort bien réussi et par des tanins nobles. ⧗ 2020-2025 ■ **Dom. Lafage Les Aspres Cuvée Léa 2016 ★ (15 à 20 €; 20000 b.)** : à un nez discret de violette et d'épices succède une bouche intense et gourmande, sur la cerise et la fraise des bois, étayée par des tanins souples et élégants. ⧗ 2018-2023

DOM. LAFAGE, Mas Miraflor, rte de Canet, 66000 Perpignan, tél. 04 68 80 35 82, contact@domaine-lafage.com V *t.l.j. sf dim. 10h-12h15 14h45-18h30; ouvert le dim. en été*

DOM. DES SCHISTES
Tautavel Le Parcellaire Devant le mas 2016 ★★

■ | 4000 | | 15 à 20 €

La cinquième génération officie dans cette exploitation de la vallée de l'Agly qui vinifie en cave particulière depuis 1989. Comme son nom l'indique, les marnes schisteuses dominent. À la vigne, Jacques et Mickaël Sire sont pointilleux sur le travail du sol et leur domaine de 55 ha est conduit en bio (certification en 2015). Une valeur sûre du Guide.

Face à Queribus, au mas de Las Fredas, le couple grenache noir et lledoner pelut planté sur schistes donne naissance à un vin surprenant, authentique et expressif. Noir profond aux reflets violines, ce 2016 apparaît riche, ample, dense et puissant, d'une réelle complexité avec ses arômes de cassis, de poivre et de réglisse, tout en restant très frais. ⧗ 2021-2028 ■ **Tautavel Le Parcellaire Caune d'en Joffre 2016 (15 à 20 €; 4000 b.)** : vin cité.

DOM. DES SCHISTES, 1, av. Jean-Lurçat, 66310 Estagel, tél. 04 68 29 11 25, sire-schistes@wanadoo.fr t.l.j. 9h-12h 14h-18h *Sire*

CH. SEGUALA
Tautavel Élevé en fût de chêne 2016 ★

■ | 27924 | | - de 5 €

Cette étiquette est née de la rencontre entre Charles Faisant (Dom. La Différence, Dom. Chemin Faisant) et les Grands Chais de France, géant français du négoce de vins créé à la fin des années 1980 par Joseph Helfrich, aujourd'hui présent dans l'ensemble des régions viticoles françaises et dans le monde entier.

Le nez élégant mais un peu fermé de ce Tautavel s'ouvre sur les fruits à l'aération. Une attaque puissante laisse place à une bouche ample, épaulée par des tanins fins. ⧗ 2019-2023

SAS CH. SEGUALA, av. Verdouble, 66720 Tautavel, tél. 04 68 29 48 15, cavekasolin@orange.fr

SEMPER Lesquerde Cuvée Voluptas 2015 ★★

■ | 10000 | | 8 à 11 €

Tradition, ce terme est omniprésent dans cette famille vigneronne. Après leurs parents Paul et Geneviève, Florent (à la vigne) et Mathieu (à la cave) perpétuent un travail authentique de la vendange. Sur leur domaine de 30 ha, ils peuvent jouer sur deux terroirs: les schistes noirs de Maury et les arènes granitiques de Lesquerde.

Une vinification en barriques ouvertes, puis un élevage en cuves ont donné ce vin grenat profond, au nez sauvage et mentholé. Net en attaque, porté par des tanins souples, le palais évolue sur la fraîcheur, avec une pointe d'amertume qui lui donne du relief, sans toutefois manquer ni d'étoffe ni de suavité. Un ensemble équilibré. ⧗ 2019-2025 ■ **Lesquerde Cuvée Famae 2015 ★ (5 à 8 €; 13000 b.)** : à un nez ouvert sur les épices et les fruits noir succède une bouche riche et douce, imprégnée de notes de tapenade et soutenue par des tanins fermes. ⧗ 2019-2024

DOM. SEMPER, 2, chem. du Rec, 66460 Maury, tél. 06 21 61 23 09, domaine.semper@wanadoo.fr r.-v.

DOM. SINGLA Passe Temps 2016 ★★

■ | 6500 | | 11 à 15 €

L'ancien domaine de Besombes-Singla, devenu domaine Singla. Au XVIII[e]s. la famille Singla s'installe en Roussillon pour développer un commerce vinicole entre l'Espagne et l'Afrique. Le commerce étant fructueux, elle s'installe à Rivesaltes pour exploiter dans la vallée de l'Agly un grand vignoble de 250 ha. En 2001, Laurent prend la tête de la propriété et en isole les meilleures parcelles: 50 ha conduits en bio certifié depuis 2006.

Beaucoup de charme dans cette cuvée grenat profond, au nez complexe et ouvert de violette, de groseille, de mûre, de myrtille et de réglisse. La bouche affiche de la densité, de la puissance, de la concentration et de la rondeur autour de tanins bien présents mais soyeux. Un vin de velours. ⧗ 2021-2028 ■ **Bressol 2013 ★ (15 à 20 €; 1500 b.)** : le nez évoque la cerise noire et le poivre. Une attaque franche ouvre sur un palais frais et expressif, sur le curry et le menthol, étayé par de jolis tanins fondus. ⧗ 2018-2023 ■ **El Moli 2016 ★ (11 à 15 €; 6500 b.)** : ce vin dévoile un nez puissant de fruits rouges et noirs, et un palais volumineux, riche et concentré, souligné par un boisé maîtrisé qui n'affecte en rien la présence fruitée et par des tanins vigoureux. ⧗ 2021-2025

DE BESOMBES, 4, rue de Rivoli, 66250 Saint-Laurent-de-la-Salanque, tél. 06 11 77 07 11, laurent@domainesingla.com r.-v.

DOM. DES SOULANES
Cuvée Jean Pull 2017 ★

■ | 14000 | | 8 à 11 €

Avant de se mettre à son compte en 2002, Daniel Laffite a travaillé quinze ans pour une importante propriété, exploitée en agriculture biologique depuis 1972. Il en a racheté une partie et a aménagé sa cave. Il conduit aujourd'hui 17 ha avec sa femme Cathy.

Chaque cépage (grenache, carignan, syrah) a été vinifié à part et l'élevage en cuve a duré cinq mois. Dans le verre, un vin grenat dense aux reflets violines, qui conjugue puissance et finesse à l'olfaction, autour de la mûre, du cassis et du poivre. La bouche se montre riche, soyeuse et concentrée, portée par des tanins harmonieux. ⧗ 2021-2026

DANIEL LAFFITE, Mas de Las Fredas, 66720 Tautavel, tél. 06 12 33 63 14, daniel.laffite@nordnet.fr r.-v.

VIGNERONS TAUTAVEL VINGRAU
sans sulfites ajoutés 2017 ★★

■ | n.c. | | 8 à 11 €

Depuis 2010, date de la fusion des trois caves de Tautavel et de Vingrau, les vignerons disposent de 850 ha. Ils ont mis en place une nouvelle gamme afin d'affirmer leur identité propre et proposent, grâce à des sélections parcellaires, des vins à forte personnalité.

Cette cuvée séduit d'emblée par sa robe grenat limpide aux nuances violines et par son concentré de mûre, de framboise et de cassis, mâtiné des senteurs de la garrigue. Une attaque veloutée et souple introduit une bouche épicée et réglissée, épaulée par une belle structure tannique. ⌛ 2020-2024 ■ **Tautavel Vingt Marches 2016 ★ (11 à 15 €; n.c.)** : un nez fin, ouvert sur la vanille, la cannelle et la réglisse et une bouche ample, ronde et riche, aux tanins fins, composent une jolie cuvée qui vieillira bien. ⌛ 2020-2024

SCV LES VIGNERONS TAUTAVEL VINGRAU, 24, av. Jean-Badia, 66720 Tautavel, tél. 04 68 29 12 03, m.verges@tautavelvingrau.com V t.l.j. 9h-12h 14h-17h
Ouguères

THUVENIN-CALVET L'Amourette 2015 ★

■ | 15000 | | 11 à 15 €

En 2001, Jean-Roger Calvet, son épouse et Jean-Luc Thunevin, propriétaire bien connu à Saint-Émilion (Ch. Valandraud), se sont associés pour créer ce domaine (60 ha). Depuis dix ans, les désherbants sont proscrits sur l'exploitation.

Cette cuvée d'un beau rouge profond révèle un nez charmeur de framboise mûre et de laurier. Une attaque franche et agréable ouvre sur un palais ample et puissant, soutenu par des tanins denses et par une fine fraîcheur. ⌛ 2021-2026

DOM. THUNEVIN-CALVET, 13, rue Pierre-Curie, 66460 Maury, tél. 04 68 51 05 57, contact@thunevin-calvet.fr V

♥ DOM. LA TOUPIE Volte-Face 2016 ★★★

■ | 1800 | | 15 à 20 €

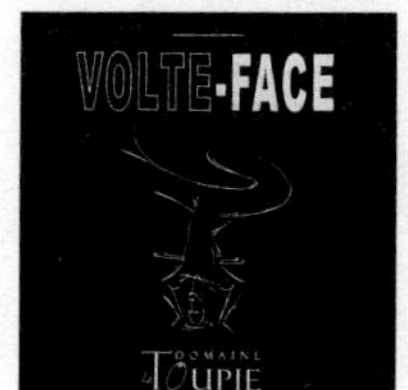

Après vingt ans passés dans l'administration viticole, puis à parcourir le vignoble pour la coopérative du Mont Tauch, dans l'Aude, Jérôme Collas a franchi le pas et la «frontière» entre Languedoc et Roussillon, pour s'installer en 2012 sur 10 ha dans la vallée de l'Agly.

Cette cuvée a tout pour plaire. Sombre et profonde, elle dévoile un nez splendide qui mêle la cerise, la mûre, le cassis, les notes fumées, la réglisse et le café. En bouche, elle se révèle ample, puissante et aérienne à la fois, épaulée par des tanins veloutés d'une grande finesse. Un modèle d'équilibre. ⌛ 2021-2028 ■ **Quatuor 2016 ★ (8 à 11 €; 6500 b.)** : d'un seyant rubis profond, ce vin livre des arômes de fruits noirs et de réglisse; une palette agrémentée d'épices dans un palais friand et équilibré, à la fois rond et frais. ⌛ 2019-2023

JÉRÔME COLLAS, 19, rte de Perpignan, 66380 Pia, tél. 07 86 28 99 52, contact@domainelatoupie.fr V r.-v.

DOM. TRILLES Les Aspres LXIR 2016

■ | 2000 | | 20 à 30 €

BTS en poche, Jean-Baptiste Trilles rejoint en 2000 le domaine familial (40 ha) dans les Aspres. Apporteur de raisins à la coopérative à ses débuts, il devient vinificateur en 2007, avant de construire une nouvelle cave à sa mesure en 2010, à Tresserre, au pays des «bruixes» (fées ou sorcières). Des sorcières qui ont inspiré le nom de ses cuvées.

Pourpre profond et intense, ce vin présente au nez des notes de cassis, d'épices et de sous-bois. En bouche, il se montre vif, porté par des tanins souples et fins. Un profil plutôt léger et aérien. ⌛ 2018-2021

JEAN-BAPTISTE TRILLES, chem. des Coulouminettes, 66300 Tresserre, tél. 06 15 46 64 71, contact@domainetrilles.fr V r.-v.

DOM. VAQUER Les Aspres Epsilon 2015 ★

■ | 1300 | | 20 à 30 €

Domaine acheté en 1912 par la famille Vaquer dans les Aspres. Dans la lignée, le «maréchal», Fernand Vaquer, figure historique du rugby catalan, deux fois champion de France avant-guerre puis entraîneur dans les années 1950 de l'USAP. Premières mises en bouteilles en 1968. Aujourd'hui, le domaine couvre 17 ha, conduits depuis 2001 par Frédérique.

Une robe profonde aux reflets violines habille ce vin au nez splendide de cassis, de violette, de poivre et de garrigue. Vive en attaque, la bouche apparaît à la fois longue, fine, élégante, ample et ronde, bâtie sur des tanins soyeux. Harmonieux, complexe et déjà savoureux, ce vin a de belles années devant lui. ⌛ 2018-2024

INDIVISION VAQUER, 1, rue des Écoles, 66300 Tresserre, tél. 04 68 38 89 53, domainevaquer@gmail.com V r.-v.

VIGNERONS CATALANS Lesquerde Racine 2017 ★★

■ | n.c. | | 8 à 11 €

En 1964, une poignée de vignerons s'unissent parce qu'ils sont convaincus que «le groupe est meilleur que le meilleur du groupe». Aujourd'hui, les Vignerons Catalans rassemblent sept caves coopératives, 1 500 adhérents et une quarantaine de caves privées, soit plus de 10 000 ha.

Grenat aux reflets violines, ce vin livre un bouquet charmeur de bourgeon de cassis et de mûre sauvage. Tout en finesse, fraîche et mentholée, la bouche s'appuie sur des tanins mûrs et ronds qui lui confèrent un caractère diablement gourmand. ⌛ 2018-2022 ■ **Élévation Vieilles Vignes 2016 ★ (8 à 11 €; n.c.)** : ce vin expressif convoque les fruits rouges à l'eau-de-vie et la réglisse. En bouche, il se révèle chaleureux et rond, étayé par des tanins souples et enrobés. ⌛ 2019-2024 ■ **Terre d'Agly 2017 ★ (5 à 8 €; n.c.)** : le nez, intense, évoque la framboise, la mûre, le cassis et la violette. Centré sur les épices douces et la réglisse, le palais apparaît suave, délicat, onctueux et rond. ⌛ 2018-2021

LES VIGNERONS CATALANS, 1870, av. Julien-Panchot, BP 29000, 66962 Perpignan Cedex 9, tél. 04 68 85 04 51, regincos@vigneronscatalans.com

ARNAUD DE VILLENEUVE Altatura 2015 ★

■ | 11500 | | 11 à 15 €

Résultant de la fusion de trois caves, cette coopérative porte le nom de l'inventeur des vins doux naturels, Arnaud de Villeneuve. Elle rassemble 320 viticulteurs de Salses, de Rivesaltes et de Pézilla-la-Rivière, qui cultivent quelque 2 000 ha de vignes (dont 125 ha en bio) répartis sur 26 communes et des terroirs variés.

ROUSSILLON

Une seyante robe profonde aux reflets noirs habille ce vin au nez racé de myrtille, de groseille, de poivre et de muscade. La bouche, élégante et ample, épicée et toastée, s'appuie sur des tanins soyeux d'une belle finesse. ⧗ 2019-2024

⊶ ARNAUD DE VILLENEUVE, 153, RD 900, 66600 Rivesaltes, tél. 04 68 64 06 63, contact@caveadv.com V ♿ ▮ *t.l.j. sf dim. 9h30-12h30 14h30-18h30*

COLLIOURE

Superficie : 619 ha
Production : 19 930 hl (85 % rouge et rosé)

Portant le nom d'un charmant petit port méditerranéen, cette appellation couvre le même terroir que celui de l'appellation banyuls ; il regroupe les quatre communes de Collioure, Port-Vendres, Banyuls-sur-Mer et Cerbère. Les collioures rouges et rosés assemblent principalement grenache noir, mourvèdre et syrah, le cinsault et le carignan entrant comme cépages accessoires. Issus de petits rendements, ce sont des vins colorés, chaleureux aux arômes de fruits rouges bien mûrs. Les rosés sont aromatiques, riches et néanmoins nerveux. Les collioures blancs, qui font la part belle aux grenaches blanc et gris, sont produits depuis le millésime 2002.

ABBÉ ROUS
Cuvée des Peintres 2016 ★★

■ | 13400 | ▮ | 8 à 11 €

Coopérative créée en 1950 et nommée en hommage à l'abbé qui vers 1870 devint négociant-éleveur de vins de Banyuls pour financer l'agrandissement de l'église paroissiale sans faire appel à la générosité publique et qui se fit à l'occasion le mécène de Maillol. Installée à Banyuls-sur-Mer, la cave s'appuie sur les 825 ha de ses 750 adhérents pour proposer toute une gamme de banyuls et de collioure. Une valeur sûre.

L'élevage en cuve du grenache noir et du mourvèdre donne un joli vin grenat clair et brillant, au nez fin et délicat, qui révèle à l'aération des notes intenses de poivre, de laurier, de café et d'herbes sauvages. La bouche se montre franche et alerte, dotée d'une fraîcheur minérale prolongée par une finale saline et iodée. Un vin hautement expressif. ⧗ 2019-2024 ■ **Cuvée des Peintres 2017 (8 à 11 € ; 34446 b.)** : vin cité.

⊶ CAVE DE L'ABBÉ ROUS, rte du Balcon-de-Madeloc, 66650 Banyuls-sur-Mer, tél. 04 68 88 72 72, contact@banyuls.com

DOM. AUGUSTIN Adeodat 2016 ★★

■ | 3400 | ⏀ | 20 à 30 €

Une nouvelle page s'est ouverte en 2015 dans l'histoire viticole de l'incontournable famille Parcé : Augustin, fils de Marc et neveu de Thierry, a créé son domaine, 7 ha de vignes en colliour. Avant cela, il avait œuvré sur le domaine familial de la Rectorie, puis a eu envie d'ailleurs : quelques années de compagnonnage chez Jean Thévenet à Quintaine, puis chez Frédéric Mugnier à Chambolle, et enfin chez Pierre Dorie à Boutenac.

Le grenache gris planté sur schistes a inspiré Augustin Parcé, qui a parfaitement maîtrisé son élevage de huit mois en fûts. Limpide, brillant et lumineux, son collioure dévoile un nez net, franc et frais de fruits blancs. Une fraîcheur que l'on retrouve dans une bouche ample, puissante, longue, équilibrée, centrée sur la poire et la pêche blanche. ⧗ 2018-2021

⊶ AUGUSTIN PARCÉ, 54, av du Puig Del Mas, 66650 Banyuls-sur-Mer, tél. 06 32 74 90 33, augustinparce@yahoo.fr V ♿ ▮ *r.-v.*

LES CLOS DE PAULILLES 2016 ★

■ | 70000 | ▮ | 15 à 20 €

Avec 100 ha d'un seul tenant (dont soixante-trois plantés), le plus vaste domaine des AOC collioure et banyuls, situé dans le site protégé de l'anse de Paulilles. Ancienne propriété de la famille Pams, puis pendant trente-cinq ans des Dauré (Jau). Ces derniers l'ont vendue en 2013 à la famille Cazes, laquelle s'implante ainsi en Côte Vermeille. La cave a été totalement rénovée. Le restaurant les pieds dans l'eau est un des attraits du lieu.

Ce vin d'un beau grenat profond présente un nez élégant et intense de framboise, de griotte, d'olive noire, de cuir et de café. Dès l'attaque, fraîcheur et équilibre sont au rendez-vous dans une bouche aux tanins veloutés, qui s'exprime sur les fruits, les épices et le cacao, avec en finale des notes minérales ajoutant de l'élégance à ce collioure de caractère. ⧗ 2021-2026

⊶ SCEA CLOS DE PAULILLES, Baie de Paupilles, 66660 Port-Vendres, tél. 04 68 64 08 26, info@cazes.com V ♿ ▮ *r.-v.* ⌂ 5

CLOS SAINT-SÉBASTIEN Le Clos 2015 ★★

■ | 720 | | 50 à 75 €

Jacques Piriou et Romuald Peronne – l'œnologue – se sont associés pour racheter le Dom. Saint-Sébastien en 2008, rebaptisé Clos Saint-Sébastien en 2014 après le rachat du Clos Xatard. Ils sont entrés dans le Guide par la grande porte avec leurs cuvées de collioure. Ils gèrent à Banyuls un restaurant en terrasse face au port, *Le Jardin de Saint-Sébastien*, et proposent une promenade en bateau pour découvrir par la mer les 20 ha de leur vignoble en terrasses. À leur carte, du collioure et du banyuls exclusivement.

Petite par le volume, mais une grande cuvée d'assemblage (grenache, carignan, syrah, mourvèdre) par la qualité, signée Romuald Peronne. La robe est d'un seyant rubis brillant et le nez, « très terroir », distille des parfums de fruits frais et de fruits plus mûrs. Une attaque souple introduit une bouche ample et équilibrée, bâtie sur des tanins bien présents mais soyeux, qui s'étire dans une longue finale chaleureuse. ⧗ 2021-2028 ■ **Inspiration marine 2016 ★★ (20 à 30 € ; 3000 b.)** : le mourvèdre est à l'honneur (90 %, avec le grenache en complément) dans ce vin pourpre et profond, au nez intense de fruits mûrs et d'épices, à la bouche ample et fraîche, structurée par des tanins fins et fondus. ⧗ 2021-2026 ■ **Inspiration céleste 2016 ★★ (20 à 30 € ; 3000 b.)** : bien typé grenache (90 %, avec le carignan en appoint), ce vin est élégant, frais et intense, centré sur le fruit, avec une fine arête minérale en soutien. ⧗ 2019-2024 ■ **Empreintes 2017 ★ (15 à 20 € ; 18000 b.)** : ce collioure blanc, d'un bel or pâle et brillant, possède un nez franc et iodé, et une bouche fondue, élégante et fraîche, dominée par le citron vert. ⧗ 2018-2021

⊶ *JACQUES PIRIOU ET ROMUALD PERONNE, 10, av. Pierre-Fabre, 66650 Banyuls-sur-Mer, tél. 04 68 88 30 14, contact@clos-saint-sebastien.com* V t.l.j. 10h-13h 14h-19h

COUME DEL MAS Quadratur 2016 ★★

■ | 10000 | | 20 à 30 €

Ingénieur agronome, Philippe Gard a d'abord travaillé à la chambre d'agriculture d'Auxerre, puis à celle de Bordeaux. Mais sa passion, c'est la vigne, et il a fini par se poser avec Nathalie en 1998 à Cosprons, près de l'anse de Paulilles, où il exploite aujourd'hui 15 ha en terrasses. Il lance son étiquette Coume del Mas en 2001. Intenses et raffinés, ses banyuls comme ses collioure ont d'emblée fait sensation.

D'une régularité remarquable, Philippe Gard signe une fois encore des cuvées fort appréciées. Ce Quadratur, d'un beau grenat profond aux reflets noirs, dévoile un nez puissant de mûre, de réglisse et de cuir. La bouche est enveloppante, dense, ample et généreuse, soulignée par des tanins enrobés. ⧗ 2021-2026 ■ **Schistes 2016 ★ (15 à 20 €; 12000 b.)** : la dominante de grenache noir donne à ce vin tout son caractère. Richesse, longueur, fruité intense (mûre, pruneau), volume, la bouche se montre généreuse, tendre et ronde. ⧗ 2019-2024

⊶ *COUME DEL MAS, 3, rue Alphonse-Daudet, 66650 Banyuls-sur-Mer, tél. 06 86 81 71 32, philippe@coumedelmas.com* V r.-v. ⊶ *Philippe Gard*

♥ LE DOMINICAIN Padreils 2017 ★★

□ | 20000 | | 11 à 15 €

Face au château royal de Collioure, cette coopérative est installée depuis sa fondation (1926) dans l'ancienne église du couvent des Dominicains, sécularisé à la Révolution. Ce monument du XIIIes. abrite de vieux foudres qui créent une atmosphère particulière. La cave vinifie 125 ha situés sur le terroir de la commune.

Grenache blanc, vermentino et grenache gris sont associés pour le meilleur dans ce superbe 2017 limpide aux reflets verts. Le nez subtil et délicat convoque de fines notes de fleurs blanches. La bouche, ample, fraîche et élégante, s'exprime quant à elle sur le citrus et la pamplemousse. Un collioure d'une grande harmonie et d'un réel raffinement. ⧗ 2018-2021

⊶ *CAVE COOP. DE COLLIOURE, pl. Orfila, 66190 Collioure, tél. 04 68 82 05 63, contact@dominicain.com* V t.l.j. sf dim. 8h-12h 13h30-18h

L'ÉTOILE Le Clos du Fourat 2016 ★★

■ | 3700 | | 15 à 20 €

Au cœur du village, la petite cave garde l'aspect rétro de l'époque de sa création. Fondée en 1921, c'est la plus ancienne coopérative de Banyuls. Connue pour ses vins doux naturels traditionnels hors d'âge, elle a su maintenir les traditions dans un esprit de famille. Les grands foudres, les demi-muids et les dames-jeannes accueillent des produits bien typés.

D'un rouge rubis concentré et profond, ce collioure dévoile un nez intense de petits fruits rouges et d'épices douces. Portée par un boisé fin et des tanins soyeux, la bouche est tendre, veloutée et tout aussi expressive que l'olfaction (cerise, laurier, réglisse, moka, cacao). ⧗ 2020-2026

⊶ *SCV L'ÉTOILE, 26, av. du Puig-del-Mas, BP 3, 66651 Banyuls-sur-Mer, tél. 04 68 88 00 10, info@cave-letoile.com* V t.l.j. 9h30-12h30 14h30-18h

DOM. LAFAGE Arqueta 2016

■ | 10000 | | 15 à 20 €

Éliane et Jean-Marc Lafage ont vinifié pendant dix ans dans l'hémisphère Sud, puis ont repris l'exploitation familiale en 1995, établie sur trois terroirs bien distincts du Roussillon: les terrasses de galets roulés proches de la mer; les Aspres et ses terres d'altitude; la vallée de l'Agly, vers Maury (depuis l'acquisition en 2006 du Ch. Saint-Roch). Aujourd'hui, quelque 180 ha cultivés à petits rendements. Un domaine très régulier en qualité, souvent en vue pour ses côtes-du-roussillon et ses muscats.

Rubis aux reflets bruns, ce vin présente au nez des arômes de torréfaction et une touche de prune. En bouche, il se montre frais en attaque, plus chaleureux et charnu dans son développement. ⧗ 2019-2022

⊶ *DOM. LAFAGE, Mas Miraflor, rte de Canet, 66000 Perpignan, tél. 04 68 80 35 82, contact@domaine-lafage.com* V t.l.j. sf dim. 10h-12h15 14h45-18h30; ouvert le dim. en été

DOM. MADELOC Magenca 2016 ★★

■ | 3000 | | 15 à 20 €

Pierre Gaillard aime les côtes et les schistes. Producteur bien connu de la Côte Rôtie, il s'est tourné vers le sud et s'est intéressé à Faugères, avant de racheter en 2002 Madeloc en Côte Vermeille. Sa fille Élise, ingénieur agricole, conduit le domaine (18 ha environ) et vinifie avec brio. Sur certaines pentes, on a recours au treuil, comme dans la vallée du Rhône.

Élise Gaillard signe avec cette cuvée Magenca, d'un seyant grenat profond, un vin intense, au nez puissant de cerise et d'épices. Gourmand dès l'attaque, ample, élégant et frais, le palais convoque quant à lui les fruits rouges, la réglisse et un bon boisé fondu. ⧗ 2021-2028 ■ **Serral 2015 ★★ (11 à 15 €; 15000 b.)** : brillant aux reflets pourpres, ce vin livre un bouquet intense et persistant de fruits mûrs. Du gras, du volume, de la générosité, des tanins fins: la bouche achève de convaincre. ⧗ 2019-2024 ■ **Cuvée Foranell 2017 (8 à 11 €; 5300 b.)** : vin cité.

⊶ *PIERRE GAILLARD, 1 bis, av. du Gal-de-Gaulle, 66650 Banyuls-sur-Mer, tél. 04 68 88 38 29, madeloc@gaillard.vin* V t.l.j. sf sam. dim. 9h-12h 14h-18h

BERNARD MAGREZ Une Émotion 2015 ★

■ | 9000 | 5 à 8 €

Bernard Magrez, connu notamment pour son Château Pape Clément, cru classé des Graves, collectionne les vignobles dans l'Ancien et le Nouveau Monde. Il aime investir de nouveaux terroirs à forte personnalité et a créé à partir de 2002 un domaine dans la vallée de l'Agly (25 ha). La propriété est aujourd'hui installée à Montner, dans la cave du village magnifiquement rénovée et s'est développée vers la vallée de la Têt et Collioure.

Rubis aux reflets orangés, ce vin dévoile un joli nez de fruits mûrs et de confiture de fraises. Une attaque souple et fondue introduit une bouche riche et ronde. Un collioure à boire sur le fruit. ⧗ 2018-2021

⊶ BERNARD MAGREZ, 216, av. Docteur-Nancel-Pénard, 33600 Pessac, tél. 05 57 26 38 38, accueil@pape-clement.com V 🚶 ▮ *r.-v.*

DOM. PIC JOAN 2016

■ | 6000 | ◍ ▮ | 15 à 20 €

Jean Solé et Laura Parcé ont fondé leur domaine en 2009 à partir de vignes familiales et créé leur cave avec seulement 2,3 ha. Aujourd'hui, ils exploitent plus de 7 ha en «artisans vignerons». À leur carte, des collioure fort remarqués et de jeunes banyuls rimage.

Rouge profond aux reflets rubis, ce vin propose un bouquet intense de fruits mûrs agrémenté de nuances exotiques. La bouche, délicate, met en relief un beau volume autour de tanins serrés et d'arômes de noix de coco, de cacao et de café. ⧗ 2021-2024

⊶ JEAN SOLÉ, 20, rue de l'Artisanat, 66650 Banyuls-sur-Mer, tél. 06 21 34 20 96, domainepicjoan@orange.fr V 🚶 ▮ *r.-v.*

DOM. PIÉTRI-GÉRAUD Le Moulin de la Cortine 2016 ★

■ | 3012 | ▮ | 15 à 20 €

Établi au cœur de Collioure, dans une des plus petites rues de la cité, ce domaine est dirigé depuis 2006 par Laetitia Piétri-Clara, qui a pris la suite de sa mère Maguy. Appuyée par l'œnologue Hélène Grau, la vigneronne perpétue la tradition inaugurée à la fin du XIXe s. par son arrière-grand-père Étienne Géraud, médecin retourné aux vignes familiales. Le vignoble couvre 20 ha, essentiellement en AOC banyuls et collioure.

Une robe rouge profond aux reflets brillants habille ce vin au nez superbe, intense et dense de poivre, de laurier et de fruits à l'eau-de-vie. La bouche, ronde, expressive et équilibrée, s'étire en longueur autour d'élégants arômes de cassis, de griotte et de mûre, et déploie une finale puissante. ⧗ 2020-2024 ■ **Trousse-Chemise 2015 ★ (20 à 30 €; 4386 b.)** : une robe brillante et limpide, un nez généreux de fruits mûrs et d'arbouses, une bouche chaleureuse, souple et longue, étayée par des tanins fins composent un vin à forte dominante de mourvèdre très agréable. ⧗ 2021-2024

⊶ LAETITIA PIÉTRI-CLARA, Dom. Piétri-Géraud, 22, rue Pasteur, 66190 Collioure, tél. 04 68 82 07 42, domaine.pietri-geraud@wanadoo.fr V 🚶 ▮ *r.-v.*

♥ DOM. DE LA RECTORIE Côté Mer 2017 ★★★

■ | 9000 | ◍ | 11 à 15 €

La famille Parcé avait renoncé à vinifier après la mort de l'arrière-grand-père en 1913. Marc et son frère Thierry – rejoints par Jean-Emmanuel, fils de ce dernier – ont agrandi le domaine et sont sortis de la coopérative en 1984. À partir d'une trentaine de parcelles, Thierry, le vinificateur, propose des vins d'une régularité exemplaire en banyuls et en collioure.

Plus connue des lecteurs du Guide pour ses vins rouges et pour ses blancs, le domaine montre que son savoir-faire s'étend aux rosés avec cette cuvée née du grenache noir (60 %), de la syrah et du carignan. La robe colorée, cerise aux reflets lumineux, est typée, tout comme le nez intense, sur les fruits rouges et noirs bien mûrs et la garrigue, auquel une pointe épicée donne du relief. Quant au palais, fruité et persistant, il conjugue le gras et l'ampleur avec une fraîcheur qui lui donne une réelle élégance. Un rosé de repas. ⧗ 2018-2021 ■ **L'Argile 2016 ★★ (20 à 30 €; 10000 b.)** : la signature du grenache gris dans ce vin lumineux dans sa robe d'or, délicat avec son nez de fleurs blanches et de vanille, gourmand et harmonieux avec sa bouche ample, fraîche, fruitée et finement boisée. ⧗ 2018-2022 ■ **L'Oriental 2016 ★★ (15 à 20 €; 6500 b.)** : d'un beau grenat profond, ce vin à forte proportion de grenache noir dévoile un nez fin et intense de fruits rouges mûrs agrémenté d'un boisé discret. En bouche, il s'appuie sur des tanins enrobés et fondus. ⧗ 2019-2024

⊶ THIERRY ET JEAN-EMMANUEL PARCÉ, 28-65, av. du Puig-del-Mas, 66650 Banyuls-sur-Mer, tél. 04 68 88 13 45, info@rectorie.fr V 🚶 ▮ *t.l.j. sf dim. 10h-13h 14h-19h*

DOM. TAMBOUR Cuvée de l'Alchimiste 2015

■ | 8000 | ◍ ▮ | 15 à 20 €

Fondée en 1920, cette propriété a choisi son nom en mémoire d'un ancêtre qui fut jadis tambour dans l'armée. Depuis 2004, c'est la cinquième génération, représentée par Clémentine Herre, qui est aux commandes. Proposant des visites du vignoble (22 ha) à pied, à cheval, en catamaran ou en hélicoptère, des dégustations à thème, elle mise sur l'œnotourisme.

Ce vin d'un grenat profond aux nuances rubis présente un nez intense et puissant de sous-bois et de notes viandées. La bouche est fraîche et structurée par des tanins encore bien présents mais de qualité. ⧗ 2020-2024

⊶ CLÉMENTINE HERRE, 2, rue Charles-de-Foucault, 66650 Banyuls-sur-Mer, tél. 04 68 88 12 48, domainetambour@gmail.com V 🚶 ▮ *t.l.j. 10h-12h 14h-18h*

TERRES DES TEMPLIERS Premium 2016 ★★

■ | 24450 | ◍ | 30 à 50 €

Devenu Terres des Templiers, l'ancien Cellier des Templiers est une coopérative créée en 1921. Elle

revendique l'héritage de cet ordre militaire à qui l'on doit la mise en valeur des pentes schisteuses de Banyuls. Aujourd'hui, la cave dispose des 825 ha de ses adhérents et, depuis la récolte 2011, du Mas Ventous, un vaste chai de vinification qui s'ajoute à la grande cave de 1964, réservée aux longs élevages. À sa carte, des collioure et des banyuls.

Une forte personnalité se dégage de ce collioure d'un beau rubis profond, au nez riche de cerise, de cuir et d'épices. La bouche est puissante et suave, bâtie sur des tanins soyeux, sur un boisé maîtrisé aux accents de cacao et sur une belle vivacité qui amène du nerf et de la longueur. ⌛ 2021-2025 ■ **Prestige 2016 ★ (30 à 50 €; 7878 b.)** : à un nez épicé succède une bouche ample et soyeuse, boisée avec élégance et d'une belle longueur. ⌛ 2019-2023 ■ **Cuvée de la Salette 2017 ★ (11 à 15 €; 176376 b.)** : une couleur soutenue – rose fluo – bien typée pour cette cuvée mariant deux tiers de grenache noir au mourvèdre et à un appoint de syrah et de carignan. Bien présent, épicé, le nez évoque les fruits mûrs. Dans une belle continuité, le palais apparaît ample et puissant, équilibré par une fraîcheur étirant la longue finale gourmande sur le cassis. Pour l'apéritif comme pour le repas. ⌛ 2018-2020

TERRES DES TEMPLIERS, rte du Mas-Reig, 66650 Banyuls-sur-Mer, tél. 04 68 98 36 70, info@templiers.com V t.l.j. 10h-19h

♥ B TERRIMBO 2016 ★★★

■	4000		20 à 30 €

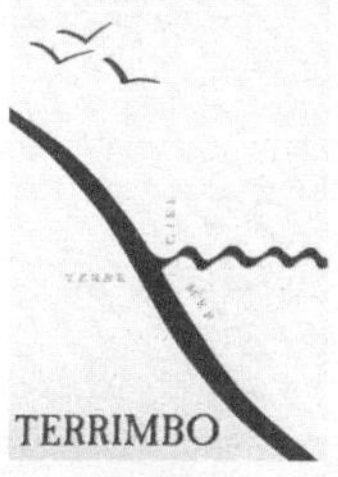

Philippe Gard, propriétaire en vue de Coume del Mas, s'est associé avec Jacky Loos, créateur de l'hôtel *Host et Vinumet* et de son restaurant *Le Clos des Pins* à Canet-en-Roussillon, pour fonder en 2011 Terrimbo, un petit domaine (à peine plus de 1 ha en bio). Le vignoble est implanté sur des terrasses de schistes, en bas du village de Cospron, près de la baie de Paulilles.

Duo gagnant pour ce domaine avec Philippe Gard et Jacky Loos, qui se démarquent chaque année avec leurs cuvées. Grenat profond, ce 2016 livre un nez aussi fin qu'intense de myrtille sur fond de boisé grillé. On retrouve ces arômes agrémentés d'épices dans une bouche à la fois ample, charnue, fraîche et élégante, étayée par des tanins d'une grande finesse. Un vin superbe, au solide potentiel. ⌛ 2021-2028

TERRIMBO, 3, rue Alphonse-Daudet, 66650 Banyuls-sur-Mer, tél. 06 86 81 71 32, info@terrimbo.com *Jacky Loos*

DOM. LA TOUR VIEILLE Rosé des Roches 2017 ★★

■	7000		8 à 11 €

Créé en 1982, ce domaine de 13 ha regroupe les vignes de Vincent Cantié (à Collioure) et celles de Christine Campadieu (à Banyuls), issus l'un comme l'autre de vieilles familles vigneronnes. L'exploitation domine la mer sur les hauteurs de Collioure. Elle montre une belle régularité, aussi bien en vins doux naturels qu'en vins secs.

Assemblant syrah macérée (40 %) et grenaches (gris et noir) pressurés, ce rosé présente une robe saumon plutôt pâle pour l'appellation. Il enchante par la fraîcheur et la subtilité de son nez relevé d'épices. Une élégance que l'on retrouve dans une bouche fraîche et longue. ⌛ 2018-2020 ■ **Les Canadells 2016 ★ (11 à 15 €; 8000 b.)** : quatre cépages (grenaches blanc et gris, macabeu et roussanne) pour ce vin élevé dix mois en fût pour 30 % de la cuvée. Le résultat : une belle robe jaune soutenu, un nez fondu, sur des notes beurrées, grillées et vanillées, et une bouche ample et ronde, sur les fruits compotés. ⌛ 2018-2021 ■ **La Pinède 2016 (11 à 15 €; 10000 b.)** : vin cité.

VINCENT CANTIÉ, 12, rte de Madeloc, 66190 Collioure, tél. 04 68 82 44 82, info@latourvieille.com V *t.l.j. sf sam. dim. 8h30-12h 14h-18h* *Vincent Cantié et Christine Campadieu*

DOM. VIAL-MAGNÈRES Les Espérades 2015 ★★

■	1400		15 à 20 €

Bernard Sapéras, œnologue et chimiste de formation, arrivé en 1985 sur le domaine de son beau-père, avait donné un bel élan à la propriété et à l'appellation : c'est à lui que l'on doit le banyuls blanc, l'engouement pour le rancio, la réussite du collioure blanc et le chemin d'Anicet pour découvrir le cru. Après sa disparition en 2013, Olivier et Chrystel Sapéras sont les garants de l'avenir. En 2016, ils se sont associés à Laurent Dal Zovo pour gérer les 10 ha de vignes et les nouvelles chambres d'hôtes.

En plus de ses chambres d'hôtes, magnifiques, Laurent Dal Zovo organise des dégustations verticales, des randonnées à pied ou à cheval et des cours de cuisine. Mais c'est son très beau travail au chai qui nous intéresse ici, avec un élevage partagé entre cuves et barriques qui donne à ce vin somptueux sa robe brillante aux reflets rubis, son nez délicat de sous-bois et de fruits rouges, son palais équilibré, à la fois fondu, frais et généreux avec ses arômes de fruits compotés. ⌛ 2021-2025 ■ **Armenn 2014 ★ (15 à 20 €; 1800 b.)** : assemblage de grenaches gris et blanc, ce vin jaune paille aux reflets dorés dévoile un nez puissant de fleurs blanches et de brioche sur fond boisé. En bouche, il se révèle à la fois frais et rond, avec toujours les notes d'élevage, grillées et torréfiées, en soutien. ⌛ 2018-2021 ■ **Le Petit Couscouril 2017 ★ (8 à 11 €; 1700 b.)** : le 2016 avait décroché un coup de cœur. Bien typé, son successeur comprend plus de grenache (85 %) et de carignan, avec à peine une goutte de syrah. Ses atouts : une robe franche et brillante, légèrement tuilée; un nez sur le cassis et les petits fruits bien mûrs, rehaussés d'épice; un palais dynamique et persistant. ⌛ 2018-2020

DOM. VIAL-MAGNÈRES, 14, rue Édouard-Herriot, Clos Saint-André, 66650 Banyuls-sur-Mer, tél. 04 68 88 31 04, info@vialmagneres.com V *t.l.j. 9h-12h 14h-18h* 5 *Saperas Dal Zovo*

MAURY SEC

Réservée à l'origine aux vins doux naturels, l'appellation maury est accordée à partir du millésime 2011 aux vins secs produits sur le même terroir (communes de Maury, Tautavel, Saint-Paul et Rasiguères).

Les vignerons de cette aire d'appellation proposaient auparavant leurs vins secs en AOC côtes-du-roussillon-villages. Le grenache noir, emblématique de l'appellation, entre à hauteur de 60 % minimum (et 80 % maximum) dans les assemblages. Les vins bénéficient d'un élevage de six mois au minimum.

JEFF CARREL Le Grenache dans la peau 2016 ★

■ | 19000 | 11 à 15 €

Conseiller en communication viticole « tout-terrain » (Languedoc-Roussillon, Bordelais, Beaujolais, Bourgogne, Priorat) et négociant, l'œnologue Jeff Carrel a vinifié dans la Loire, en Alsace et enfin dans le Languedoc, où il s'installe en 1996. Il fait preuve d'audace et d'originalité dans le graphisme de ses étiquettes, sans pour autant manquer de rigueur dans la sélection des cuvées, principalement originaires du Languedoc et du Roussillon.

Ce maury d'un grenat brillant aux reflets violines déploie une large palette à l'olfaction: violette, garrigue, eucalyptus, réglisse, notes fumées... Passé une attaque sur le bourgeon de cassis, le palais se montre frais, long et bien équilibré. ⧗ 2019-2023 ■ **Sous la montagne 2016 ★ (11 à 15 €; 5900 b.)** : à un nez de cassis, d'épices et de garrigue succède une bouche toute en finesse, sur la cerise, dotée de tanins fermes mais sans dureté et d'une finale fraîche. ⧗ 2019-2023

THE WAY OF WINE, 12, quai de Lorraine, 11100 Narbonne, tél. 07 84 19 30 00, info@jeffcarrel.com

CLOS DES VINS D'AMOUR Une lubie 2017

■ | 3500 | 11 à 15 €

Christine et Nicolas Dornier, tous deux œnologues, se sont associés à Christophe et Laurence Dornier pour reprendre en 2002 les vignes cultivées par la famille depuis 1860. Les deux couples ont quitté la coopérative en 2004 pour créer le Clos des Vins d'amour. Leur domaine (25 ha en bio) s'étend sur les terroirs schisteux de Tautavel, de Maury et de Saint-Paul-de-Fenouillet.

Jeune et brillant, ce vin se démarque par ses notes violines. À un nez gourmand de cassis répond une bouche souple et tout en fraîcheur. Un « vin plaisir » à déguster sur le fruit. ⧗ 2018-2020

DORNIER, 3, rte de Lesquerde, 66460 Maury, tél. 04 68 34 97 06, maury@closdesvinsdamour.fr V r.-v.

♥ DOM. FONTANEL 2016 ★★

■ | 4000 | | 11 à 15 €

Les origines du domaine, où six générations se sont succédé, remontent à 1864. La propriété est forte d'un vignoble de 25 ha installé sur des terroirs variés. À sa tête depuis 1989, Pierre et Marie-Claude Fontaneil ont proposé pendant près de trente ans des cuvées à forte personnalité, aussi bien en vins secs qu'en vins doux naturels. En 2017, ils ont cédé l'exploitation à un jeune couple de vignerons, Élodie et Matthieu Collet.

Élodie et Matthieu Collet ont pris la suite de Pierre et Marie Claude Fontaneil de très belle façon et signent des vins qui n'on pas perdu en personnalité. Ici, ils proposent une superbe vinification en cuves du grenache noir et du mourvèdre. Brillant dans sa robe pourpre intense, ce 2016 présente un nez séducteur en diable, sur la groseille, la myrtille et le poivre, évoluant vers le grillé et le cuir. La bouche apparaît gourmande, ample, savoureuse, étayée par une trame tannique puissante mais veloutée, au grain fin et élégant. Un beau potentiel de garde en perspective. ⧗ 2021-2028

ÉLODIE ET MATTHIEU COLLET, 25, av. Jean-Jaurès, 66720 Tautavel, tél. 04 68 29 45 21, contact@domainefontanel.fr V *t.l.j. sf dim. 15h-18h; nov à mars sur r.-v.*

CH. DES JAUME 2016 ★★

■ | 36800 | | 5 à 8 €

Cette étiquette est née de la rencontre entre Charles Faisant (Dom. La Différence, Dom. Chemin Faisant) et les Grands Chais de France, géant français du négoce de vins créé à la fin des années 1980 par Joseph Helfrich, aujourd'hui présent dans l'ensemble des régions viticoles françaises et dans le monde entier.

Grenat sombre et profond aux reflets violines, ce maury sec dévoile un premier nez intense de fruits mûrs, qui s'ouvre à l'aération sur des notes d'épices, de kirsch, de thym et de cacao. La bouche se révèle ample, charnue, équilibrée, centrée sur des arômes de tapenade, de garrigue, de violette et de réglisse. Un vin puissant et flatteur, plein de fraîcheur et de gourmandise, que l'on appréciera aussi bien jeune que patiné par le temps. ⧗ 2019-2028

SAS CH. SEGUALA, av. Verdouble, 66720 Tautavel, tél. 04 68 29 48 15, cavekasolin@orange.fr
Charles Faisant

MAS DE LA DEVÈZE 2016 ★

■ | 6000 | | 15 à 20 €

Simon Hugues était agriculteur, Nathalie commerciale dans la filière viticole à l'export. Ils ont repris en 2012 au cœur du terroir de Maury une très ancienne propriété qui avait été démantelée dans les années 1980. Ils cultivent 33 ha de vignes, la plupart conduites en gobelet.

Grenat intense aux reflets violines, ce vin déploie d'emblée son charme autour de la fraise des bois, du cassis, de l'eucalyptus et des senteurs de la garrigue. Frais, direct, gourmand, épicé, bâti sur des tanins encore bien présents, il a aussi de la personnalité en bouche. ⧗ 2020-2024

NATHALIE ET SIMON HUGUES, rte des Mas, 66720 Tautavel, tél. 04 68 61 04 58, contact@masdeladeveze.fr V *r.-v.*

MAS LAVAIL Ego 2014 ★

■ | 10000 | | 11 à 15 €

Jean et Nicolas Batlle, père et fils, ont acquis ce joli mas du XIX^e^s. en 1999, à l'installation du second. À la tête de ce domaine de 80 ha de vieilles vignes, Nicolas

poursuit le travail de quatre générations de vignerons sur les terres noires de Maury.

Une robe soutenue aux reflets bruns habille ce vin ouvert au nez sur des notes de café, d'épices et de pruneau cuit. Finesse et élégance sont au rendez-vous dans une bouche aux tanins souples et soyeux, étirée dans une finale tonique. ⏳ 2019-2024

⊶ NICOLAS BATLLE, Mas de Lavail, RD 117, 66460 Maury, tél. 04 68 59 15 22, masdelavail@wanadoo.fr V t.l.j. sf dim. 10h-12h 14h-18h

LES VIGNERONS DE MAURY
Tradition schiste 2017 ★★

■ | 42000 | | 8 à 11 €

Fondée en 1910, la cave coopérative de Maury est aujourd'hui la plus ancienne du département encore en activité. Après les révoltes viticoles de 1907, elle regroupa plus de 130 propriétaires. Aujourd'hui, la cave dispose des 870 ha de ses adhérents; elle vit du grenache qui donne les traditionnels vins doux naturels et, depuis 2011, les maury secs.

Une dominante de grenache noir et un élevage en cuve pour ce petit bijou tout en fruits frais. Si le bourgeon de cassis domine le nez, la bouche, à la fois riche, ronde et fraîche, évoque la cerise noire bien mûre et gouteuse, avant une finale épicée. ⏳ 2019-2024 ■ **L'Akmé 2016 ★ (15 à 20 €; 8000 b.)** : un vin tout en finesse et très alerte, où le grenache planté sur schistes impose un nez très frais de cerise et de cannelle, puis une trame tannique souple qui favorise l'équilibre et la fraîcheur, encore renforcée par une finale droite et tendue. ⏳ 2019-2023

⊶ SCV LES VIGNERONS DE MAURY, 128, av. Jean-Jaurès, 66460 Maury, tél. 04 68 59 00 95, contact@vigneronsdemaury.com V t.l.j. 9h-12h30 14h-18h

Ⓑ DOM. POUDEROUX Montpin 2015 ★★

■ | 3000 | | 15 à 20 €

Une remarquable régularité pour ce domaine de 20 ha niché au cœur du village de Maury. Une petite cave bien agencée et un joli jardin-terrasse où Robert et Cathy Pouderoux accueillent leurs visiteurs. À leur carte, le rouge est en vedette: du maury, bien sûr (doux ou sec), et aussi des côtes-du-roussillon-villages. Certifié bio sur une partie du vignoble, en conversion sur d'autres parcelles.

Coup de cœur dans sa version 2014, cette cuvée née du grenache noir et du carignan (20 %) a peu à envier à sa «grande sœur». D'un beau grenat profond aux reflets pourpres et noirs, elle dévoile un nez expressif et net de fruits en confiture, de cannelle et de brioche. Elle se magnifie encore en bouche, offrant beaucoup de volume, de rondeur et d'équilibre autour d'une solide trame tannique. Un grand vin de l'appellation, et pour longtemps. ⏳ 2021-2028

⊶ ROBERT POUDEROUX, 2, rue Émile-Zola, 66460 Maury, tél. 04 68 57 22 02, domainepouderoux@sfr.fr V r.-v.

ROCHER DES BUIS 2015

■ | 11000 | | 11 à 15 €

Depuis 2010, date de la fusion des trois caves de Tautavel et de Vingrau, les vignerons disposent de 850 ha. Ils ont mis en place une nouvelle gamme afin d'affirmer leur identité propre et proposent, grâce à des sélections parcellaires, des vins à forte personnalité.

Une robe cerise burlat d'une belle brillance habille ce vin ouvert sur les fruits à l'eau-de-vie et des notes viandées. Si l'attaque est vive, la bouche se montre ensuite plus ronde et fondue, portée par des tanins fins et une jolie finale fruitée. ⏳ 2019-2023

⊶ SCV LES VIGNERONS TAUTAVEL VINGRAU, 24, av. Jean-Badia, 66720 Tautavel, tél. 04 68 29 12 03, m.verges@tautavelvingrau.com V t.l.j. 9h-12h 14h-17h

SEMPER Cuvée Clos Florent 2014 ★

■ | 7000 | | 11 à 15 €

Tradition, ce terme est omniprésent dans cette famille vigneronne. Après leurs parents Paul et Geneviève, Florent (à la vigne) et Mathieu (à la cave) perpétuent un travail authentique de la vendange. Sur leur domaine de 30 ha, ils peuvent jouer sur deux terroirs: les schistes noirs de Maury et les arènes granitiques de Lesquerde.

Grenat lumineux et profond aux reflets rubis, ce vin s'ouvre sur des notes de fruits mûrs et une pointe de réglisse. Surprenante, la bouche est délicate, souple et vive à la fois, parcourue de notes de caramel, de café et de poivre, une pointe de clou de girofle apportant un surcroît de caractère. ⏳ 2020-2024

⊶ DOM. SEMPER, 2, chem. du Rec, 66460 Maury, tél. 06 21 61 23 09, domaine.semper@wanadoo.fr V r.-v.

TERRA NOBILIS 2016 ★★

■ | 11000 | | 11 à 15 €

Au pied des Albères, le Ch. Valmy, construit en 1888 par l'architecte danois Viggo Dorph Petersen, est entouré de 26 ha de vignes. En 1998, Bernard Carbonnell et son épouse Martine ont fait renaître non seulement le vignoble et ses vins (réguliers en qualité), mais aussi le château en créant des chambres d'hôtes de luxe, complétées en 2014 par le restaurant *La Table de Valmy*, un projet conduit par les filles des propriétaires, Anaïs et Clara. Sous le nom de Terra Nobilis, le domaine a créé en 2015 une structure de négoce-éleveur.

Intense et soutenu, d'un beau grenat aux reflets violines, ce maury propose un nez intense de cassis et d'épices, agrémenté à l'aération de notes briochées, vanillées et légèrement toastées. La bouche se montre ample, ronde, gourmande et complexe, évoquant la cerise, la framboise, le poivre blanc et la réglisse. Un vin élégant et harmonieux, au beau potentiel. ⏳ 2021-2028

⊶ SARL LES VINS DE VALMY, chem. de Valmy, 66700 Argelès-sur-Mer, tél. 04 68 81 25 70, contact@chateau-valmy.com V r.-v.

DOM. LA TOUPIE Sur 1 fil rouge 2016 ★★

■ | 4600 | | 11 à 15 €

Après vingt ans passés dans l'administration viticole, puis à parcourir le vignoble pour la coopérative du Mont Tauch, dans l'Aude, Jérôme Collas a franchi le pas et la «frontière» entre Languedoc et Roussillon,

ROUSSILLON

pour s'installer en 2012 sur 10 ha dans la vallée de l'Agly.

Remarquable flacon de Jérôme Collas, qui prend ses (bonnes) habitudes dans le Guide. Grenat brillant, cette cuvée se montre très expressive avec son bouquet gourmand de fruits compotés, de garrigue et d'épices, agrémenté d'une touche viandée. Centré sur des notes de sous-bois et adossé à des tanins veloutés, le palais est élégant, rond, soyeux et très équilibré, étiré dans une belle et longue finale épicée. ⧗ 2021-2028

JÉRÔME COLLAS, 19, rte de Perpignan, 66380 Pia, tél. 07 86 28 99 52, contact@domainelatoupie.fr
V r.-v.

▶ LES VINS DOUX NATURELS

Dès l'Antiquité, les vignerons de la région ont élaboré des vins liquoreux de haute renommée. Au XIIIᵉs., Arnaud de Villeneuve découvrit le mariage miraculeux de la «liqueur de raisin et de son eau-de-vie»: c'est le principe du mutage qui, appliqué en pleine fermentation sur des vins rouges ou blancs, arrête celle-ci en préservant ainsi une certaine quantité de sucre naturel. Les vins doux naturels d'appellation contrôlée se répartissent dans la France méridionale: Pyrénées-Orientales, Aude, Hérault, Vaucluse et Corse, jamais bien loin de la Méditerranée. Les cépages utilisés sont le grenache (blanc, gris, noir), le macabeu, la malvoisie du Roussillon, dite tourbat, le muscat à petits grains et le muscat d'Alexandrie. La taille courte est obligatoire. Les rendements sont faibles et les raisins doivent, à la récolte, avoir une richesse en sucre de 252 g minimum par litre de moût. L'agrément des vins est obtenu après un contrôle analytique. Ils doivent présenter un taux d'alcool acquis de 15 à 18 % vol., une richesse en sucre de 45 g minimum à plus de 100 g pour certains muscats et un taux d'alcool total (alcool acquis plus alcool en puissance) de 21,5 % vol. minimum. Certains sont commercialisés tôt (muscats), d'autres le sont après trente mois d'élevage. Vieillis sous bois de manière traditionnelle, c'est-à-dire dans des fûts, ils acquièrent parfois après un long élevage des notes très appréciées de rancio.

▶ BANYULS ET BANYULS GRAND CRU

Superficie : 1 160 ha
Production : 28 500 hl (90 % rouge)

Voici un terroir exceptionnel, comme il en existe peu dans le monde viticole: à l'extrémité orientale des Pyrénées, des coteaux en pente abrupte sur la Méditerranée. Seules les quatre communes de Collioure, Port-Vendres, Banyuls-sur-Mer et Cerbère bénéficient de l'appellation. Le vignoble s'accroche à des terrasses installées sur des schistes dont le substrat rocheux est, sinon apparent, tout au plus recouvert d'une mince couche de terre. Le sol est donc pauvre, souvent acide, n'autorisant que des cépages très rustiques, comme le grenache, au rendement extrêmement faible - souvent moins d'une vingtaine d'hectolitres à l'hectare. En revanche, le lieu bénéficie d'un microclimat particulier avec un ensoleillement optimisé par la culture en terrasses - culture difficile car manuelle, afin de protéger la terre qui ne demande qu'à être ravinée par le moindre orage - et par la proximité de la Méditerranée.

L'encépagement des rouges, majoritaires, est à base de grenache; ce sont surtout de vieilles vignes qui occupent le terroir. La vinification se fait par macération; le mutage intervient parfois sur le raisin, permettant ainsi une longue macération qui peut durer plus d'un mois; c'est la pratique de la macération sous alcool, ou mutage sur grains. Grenaches gris et blanc, macabeu, plus rarement muscat et malvoisie, entrent dans la composition des blancs.

L'élevage joue un rôle essentiel. En général, il tend à favoriser une évolution oxydative du produit, dans le bois (foudres, demi-muids) ou en bonbonnes exposées au soleil sur les toits des caves. Les différentes cuvées ainsi élevées sont assemblées avec le plus grand soin par le maître de chai pour créer les nombreux types que nous connaissons. Dans certains cas, l'élevage cherche à préserver au contraire le fruit du vin jeune en empêchant toute oxydation; on obtient alors des produits différents: ce sont les rimages. Pour l'appellation grand cru, l'élevage sous bois est obligatoire pendant trente mois.

BANYULS

♥ ARRELS Traditionnel Âme de pierre 2010 ★★★

■ | 6000 | ⬮ | 20 à 30 €

Œnologues, Thibault et Christine Cazalet ont repris en 1996 le domaine familial. Le premier se charge des vignes et la seconde des vinifications. L'essentiel de leur vignoble de 26 ha est implanté dans les Corbières maritimes, entre le massif de Fontfroide et les étangs littoraux, sur le site de l'ancienne abbaye bénédictine Sainte-Eugénie, fondée en 817, devenue prieuré cistercien de Fontfroide en 1189 puis domaine viticole au XVIIᵉs. Le couple détient aussi 3,2 ha en appellation banyuls.

Arrels: la traduction en catalan du mot «racines». Ce vin ancré dans son terroir a convaincu nos dégustateurs. Après sept ans passés en barrique, grenaches noir et gris ont donné une cuvée à la robe acajou qui recèle des trésors: une révélation. Au nez, des notes iodées et minérales (pierre à fusil), expression du terroir; des nuances de vieil armagnac, de pain d'épice, de cannelle et de tabac, reflet du contenant; et encore des arômes d'agrumes confits, de pruneau, nés du fruit: quelle complexité! En bouche, c'est frais, vif, puissant, velouté, suave... Une longue finale sur les fruits secs conclut la dégustation. Ce que l'on appelle un vin de méditation. ⧗ 2018-2040 ■ **Âme de pierre Traditionnel 2014** ★ **(15 à 20 €; 6000 b.)** : un banyuls traditionnel, qui n'est resté «que» trois ans en barrique. Gourmand, savoureux, un brin minéral, il associe un fin boisé chocolaté et des arômes de cerise et d'orange confites. ⧗ 2018-2028

⊶ THIBAUT CAZALET, 11440 Peyriac-de-Mer, tél. 04 68 42 48 93, abbaye.sainte.eugenie@wanadoo.fr V 🚶 ▮ *t.l.j. 10h-13h 16h-20h*

DOM. BERTA-MAILLOL Rimage 2016

■	5500	🛢	15 à 20 €

Ce domaine de Banyuls remonte à 1611! Jean-Louis Berta-Maillol en 1996, puis ses frères Michel et Georges, respectivement en 2003 et 2009, ont pris la suite de leur père. Leurs 15 ha de vignes s'accrochent aux pentes schisteuses de la vallée de la Baillauri, aménagées en terrasses.

Le millésime précédent avait été élu coup de cœur. Le «vin de l'année» 2016, pour être plus modeste, n'est en pas moins un joli grenat d'école. Son nez frais mêle la griotte et une touche mentholée. En bouche, la fraise domine, et le grenache exprime toute sa suavité. Le tanin bien présent rappelle le grain de la fraise, et l'ensemble prend en finale des accents de cerise à l'eau-de-vie. À déguster avec du chocolat noir ou avec une salade de fruits des bois. ⧗ 2018-2024

⊶ DOM. BERTA-MAILLOL, Mas Paroutet, rte des Mas, 66650 Banyuls-sur-Mer, tél. 04 68 88 00 54, domaine@bertamaillol.com V 🚶 ▮ *t.l.j. 9h30-12h30 14h30-19h30; f. du 1er-15 jan.*

DOM. CASA BLANCA Rimage Pineil 2016 ★

■	2100	11 à 15 €

L'enfant du pays, le terrien Laurent Escapa, a accueilli le marin Hervé Levano, puis Valérie Reig est venue compléter le trio pour œuvrer dans une des plus vieilles caves de Banyuls (1870). Sur ce petit domaine (7 ha), la mule et le treuil ont fait leur apparition pour éviter l'emploi de désherbant sur les terrasses accrochées aux collines banyulencques.

Après un blanc élu coup de cœur l'an dernier, voici un rouge de belle tenue, un rimage, mis précocement en bouteille pour préserver sa couleur et ses arômes fruités. Une robe grenat profond et brillant: la présentation est soignée. L'expression aromatique intense, dominée par les fruits rouges très mûrs, reflète un vin encore jeune, mais des nuances plus confiturées, ainsi que des notes de moka signalent un début d'évolution. Ces mêmes arômes, complétés d'une touche fraîche d'eau-de-vie de fruits, accompagnent en bouche un tanin velouté et la douceur kirschée du grenache. ⧗ 2018-2028

⊶ DOM. DE LA CASA BLANCA, 16, av. de la Gare, 66650 Banyuls-sur-Mer, tél. 04 68 88 12 85, domainedelacasablanca@orange.fr V 🚶 ▮ *r.-v.*

CLOS SAINT-SÉBASTIEN Empreinte 2016 ★

■	5000	🍾	15 à 20 €

Jacques Piriou et Romuald Peronne – l'œnologue – se sont associés pour racheter le Dom. Saint-Sébastien en 2008, rebaptisé Clos Saint-Sébastien en 2014 après le rachat du Clos Xatard. Ils sont entrés dans le Guide par la grande porte avec leurs cuvées de collioure. Ils gèrent à Banyuls un restaurant en terrasse face au port, Le Jardin de Saint-Sébastien, et proposent une promenade en bateau pour découvrir par la mer les 20 ha de leur vignoble en terrasses. À leur carte, du collioure et du banyuls exclusivement.

Un banyuls blanc une fois de plus apprécié par nos jurés. Un petit appoint (10 %) de muscat d'Alexandrie, qui s'ajoute aux grenaches blanc et gris, vient apporter une touche d'agrumes à la palette aromatique faite de fleurs blanches et de sureau. La robe or pâle, délicate, cache un vin ample, à la fois rond et vif, qui joue sur la pomme et la pêche blanche. Le fruit sec grillé perce en finale, annonçant l'évolution aromatique de ce jeune millésime. ⧗ 2018-2023 ■ **Traditionnel Hors d'âge Inspiration ardente ★ (15 à 20 €; n.c.)** : les trois grenaches (noir 50 %, gris et blanc) se rencontrent dans ce banyuls resté vingt ans en fût. Robe acajou, bouche ample et suave avec ce qu'il faut de fraîcheur, registre évolué, entre cacao, tabac blond et pruneau: les atouts d'un vin bien élevé. (Bouteilles de 50 cl.). ⧗ 2018-2030

⊶ JACQUES PIRIOU ET ROMUALD PERONNE, 10, av. Pierre-Fabre, 66650 Banyuls-sur-Mer, tél. 04 68 88 30 14, contact@clos-saint-sebastien.com V 🚶 ▮ *t.l.j. 10h-13h 14h-19h*

COUME DEL MAS
Rimage Galateo 2016 ★

■	6000	15 à 20 €

Ingénieur agronome, Philippe Gard a d'abord travaillé à la chambre d'agriculture d'Auxerre, puis à celle de Bordeaux. Mais sa passion, c'est la vigne, et il a fini par se poser avec Nathalie en 1998 à Cosprons, près de l'anse de Paulilles, où il exploite aujourd'hui 15 ha en terrasses. Il lance son étiquette Coume del Mas en 2001. Intenses et raffinés, ses banyuls comme ses collioure ont d'emblée fait sensation.

Voilà un vin fait pour durer. Entre rouge et noir, la robe est profonde. Réservé, le nez s'ouvre à l'aération sur des notes sauvages de sous-bois, de venaison, de cassis et sur des nuances plus douces de cerise à l'alcool. On retrouve cette dernière dans une bouche fraîche et enrobée, aux tanins riches et fins. Un vin à déguster dans sa jeunesse sur une soupe de fruits ou plus tard, avec du chocolat noir. ⧗ 2018-2028

⊶ COUME DEL MAS, 3, rue Alphonse-Daudet, 66650 Banyuls-sur-Mer, tél. 06 86 81 71 32, philippe@coumedelmas.com V 🚶 ▮ *r.-v.*

DOMINICAIN
Tradition Vieilli en fût de chêne 2008 ★

■	8000	🛢	15 à 20 €

Face au château royal de Collioure, cette coopérative est installée depuis sa fondation (1926) dans l'ancienne église du couvent des Dominicains, sécularisé à la Révolution. Ce monument du XIIIes. abrite de vieux foudres qui créent une atmosphère particulière. La cave vinifie 125 ha situés sur le terroir de la commune.

Élevé de longues années dans des fûts de chêne hongrois, dans la fraîcheur suave de l'ancien couvent du XIIIes., le grenache a mis sa bure d'acajou, et s'annonce par des senteurs empyreumatiques (torréfaction), par des notes de pruneau, de zeste d'agrumes et, plus surprenant, de curry. D'une belle finesse, suave et gourmand, tout en rondeur élégante, il offre une finale persistante sur les épices et le cacao, qui prolonge le plaisir. ⧗ 2018-2028

CAVE COOP. DE COLLIOURE, pl. Orfila, 66190 Collioure, tél. 04 68 82 05 63, contact@dominicain.com V ♿ ▪ *t.l.j. sf dim. 8h-12h 13h30-18h*

L'ÉTOILE Traditionnel Doré ★★

■ | 20000 | ◍ | 11 à 15 €

Au cœur du village, la petite cave garde l'aspect rétro de l'époque de sa création. Fondée en 1921, c'est la plus ancienne coopérative de Banyuls. Connue pour ses vins doux naturels traditionnels hors d'âge, elle a su maintenir les traditions dans un esprit de famille. Les grands foudres, les demi-muids et les dames-jeannes accueillent des produits bien typés.

En fait de doré, ce banyuls traditionnel, qui doit presque tout au grenache noir (90 %), est plutôt tuilé, avec des nuances acajou. Son nez révèle une nette évolution, avec ses arômes de fruits secs (amande), de ciste, ses notes balsamiques nuancées d'une touche de noix marquant un début de rancio. L'attaque minérale et empyreumatique ouvre sur un palais ample, bien équilibré entre fraîcheur de l'alcool et douceur, sur fond de café, de cacao, de quinquina et de noix. ⧗ 2018-2030 ■ **Banyuls rosé 2017 ★ (11 à 15 €; 40000 b.)** : l'appellation s'est ouverte assez récemment aux rosés, des vins mis précocement en bouteille. En voici un représentant très réussi, avec sa robe saumonée, son nez floral et sa bouche dominée par les petits fruits, fraise en tête: il n'attend plus qu'un fraisier. ⧗ 2018-2020

SCV L' ÉTOILE, 26, av. du Puig-del-Mas, BP 3, 66651 Banyuls-sur-Mer, tél. 04 68 88 00 10, info@cave-letoile.com V ♿ ▪ *t.l.j. 9h30-12h30 14h30-18h*

DOM. MADELOC Asphodeles 2016 ★★

■ | 1000 | 11 à 15 €

Pierre Gaillard aime les côtes et les schistes. Producteur bien connu de la Côte Rôtie, il s'est tourné vers le sud et s'est intéressé à Faugères, avant de racheter en 2002 Madeloc en Côte Vermeille. Sa fille Élise, ingénieur agricole, conduit le domaine (18 ha environ) et vinifie avec brio. Sur certaines pentes, on a recours au treuil, comme dans la vallée du Rhône.

L'élevage en fût apporte à la robe de ce blanc des reflets dorés chatoyants; il accentue la note florale miellée et ajoute une nuance grillée à des touches minérales. En bouche, la pêche jaune, présente dès l'attaque, s'accompagne d'arômes de fruits secs torréfiés. Dense, d'une belle rondeur, cette bouteille trouvera sa place de l'apéritif au dessert, sans oublier les mets sucrés-salés comme les tajines. (Bouteilles de 50 cl.) ⧗ 2018-2022 ■ **Traditionnel Robert Pagès ★ (15 à 20 €; 4000 b.)** : issu de grenaches centenaires, élevé quatre ans en foudres et bonbonnes de verre, un banyuls équilibré, plaisant par sa palette évoluée et complexe, entre fruits secs (amande, figue, noix), orange amère et chocolat. ⧗ 2018-2028 ■ **Cirera 2015 (15 à 20 €; 3000 b.)** : vin cité.

PIERRE GAILLARD, 1 bis, av. du Gal-de-Gaulle, 66650 Banyuls-sur-Mer, tél. 04 68 88 38 29, madeloc@gaillard.vin V ♿ ▪ *t.l.j. sf sam. dim. 9h-12h 14h-18h*

PARCÉ FRÈRES Rimage 2016

■ | 6000 | 11 à 15 €

Parcé Frères est la structure de négoce qui commercialise les vins du Dom. Augustin et du Dom. de la Préceptorie, propriété de la famille Parcé. La nouvelle génération est désormais aux commandes avec Martin, Augustin et Vincent.

La difficulté dans les rimages, embouteillés dans leur jeunesse, est de retenir toute la fraîcheur du grenache noir et ses arômes de petits fruits et de cerise typiques de ce style de vin. Il s'agit aussi d'arriver au plus vite à un juste équilibre en bouche entre tanins, alcool ajouté lors du mutage et sucrosité du cépage. Le rimage des Frères Parcé correspond tout à fait à ce profil, avec une touche épicée et vanillée qui fera merveille sur un fondant au chocolat. ⧗ 2018-2028

AUGUSTIN, VINCENT ET MARTIN PARCÉ FRÈRES, 54, av. du Puig-del-Mas, 66650 Banyuls-sur-Mer, tél. 04 68 81 02 94, lesvinsparcefreres@orange.fr V ♿ ▪ *r.-v.*

DOM. PIC JOAN 2016 ★

■ | 2000 | ▮ | 15 à 20 €

Jean Solé et Laura Parcé ont fondé leur domaine en 2009 à partir de vignes familiales et créé leur cave avec seulement 2,3 ha. Aujourd'hui, ils exploitent plus de 7 ha en «artisans vignerons». À leur carte, des collioure fort remarqués et de jeunes banyuls rimage.

Sur ce terroir tourmenté de schistes rocailleux, le grenache blanc apporte de la rondeur et beaucoup de sucrosité aux vins. Dans sa robe or pâle, celui-ci parait fragile; il distille timidement des senteurs de fruits exotiques et de fleurs miellées. La bouche, à l'unisson du nez, ajoute à cette palette une touche minérale dans un ensemble tout en douceur. Accord parfait avec un sorbet à la pêche. (Bouteilles de 50 cl.). ⧗ 2018-2023

JEAN SOLÉ, 20, rue de l'Artisanat, 66650 Banyuls-sur-Mer, tél. 06 21 34 20 96, domainepicjoan@orange.fr V ♿ ▪ *r.-v.*

DOM. PIETRI-GÉRAUD Cuvée du soleil 2013 ★★★

■ | 1300 | 20 à 30 €

Établi au cœur de Collioure, dans une des plus petites rues de la cité, ce domaine est dirigé depuis 2006 par Laetitia Piétri-Clara, qui a pris la suite de sa mère Maguy. Appuyée par l'œnologue Hélène Grau, la vigneronne perpétue la tradition inaugurée à la fin du XIX[e]s. par son arrière-grand-père Étienne Géraud, médecin retourné aux vignes familiales. Le vignoble couvre 20 ha, essentiellement en AOC banyuls et collioure.

Le jury, sans hésitation, a donné la note maximale à ce banyuls issu de grenaches blanc (80 %) et gris et d'un élevage de quatre ans en bonbonnes au soleil. Il en ressort paré d'une lumineuse robe ambrée et libère des senteurs miellées et des parfums de fruits très mûrs. Jouant sur les fruits secs, la noix, l'orange confite, l'eau-de-vie vieillie, le palais offre un superbe équilibre entre rondeur et vivacité. Pour le foie gras poêlé, le fromage ou un gâteau aux noix. (Bouteilles de 50 cl.). ⧗ 2018-2028 ■ **Traditionnel Cuvée Joseph-Géraud 2010 ★★ (15 à 20 €; 6114 b.)** : élevé sept ans en foudre, un banyuls suave et voluptueux, aux arômes de pruneau, d'abricot sec, de fruits à coque et d'agrumes confits. Parfait sur du foie gras mi-cuit. ⧗ 2018-2030 ■ **2015 ★ (15 à 20 €; 4386 b.)** : une robe cousue d'or pour ce banyuls blanc aux arômes de fleurs blanches et de fruits exotiques sur fond empyreumatique, apprécié aussi pour sa rondeur harmonieuse et pour son équilibre. ⧗ 2018-2023

⊶ LAETITIA PIÉTRI-CLARA, Dom. Piétri-Géraud, 22, rue Pasteur, 66190 Collioure, tél. 04 68 82 07 42, domaine.pietri-geraud@wanadoo.fr V 🚶 ▪ *r.-v.*

RENO Traditionnel doux 2012 ★★★

■	2900	🛢	11 à 15 €

Fondée en 1948, cette exploitation est conduite depuis 1998 par la troisième génération: Anne et Frédéric Capdet, respectivement œnologue et viticulteur. Elle a son siège à l'entrée de Collioure, à deux pas de la mer, et son vignoble de 46 ha s'étage en terrasses. Les visiteurs peuvent voir son parc de 400 bonbonnes où le banyuls mûrit au soleil pendant trois ans.

Après six ans passés en fût, ce rouge se pare d'une robe tuilée aux reflets orangés et déploie une palette aromatique à laisser bouche bée: agrumes, pain d'épice, pruneau, sans oublier cannelle, bois de cèdre, cuir, datte, cumin et autre curcuma! En bouche, il charme tout autant, complexe, enrobé et rond avant que la trame tannique ne vienne apporter du volume sur fond de fruits confits. Un vin aussi original que racé, qui trouvera sa place de l'apéritif au dessert (au chocolat). On pensera aussi à lui pour de la cuisine indienne. ⧗ 2018-2020 ■ **Demi-sec 2010 ★★ (8 à 11 €; 3340 b.)** : élevé quatre ans en fût et trois en bouteille, il affiche une robe acajou et mêle au nez le tabac brun, l'eucalyptus, l'abricot sec, le moka, le cacao et une noix traduisant un début de rancio. Puissante, ample et fraîche à la fois, la bouche élégante prolonge bien le nez. ⧗ 2018-2030

⊶ EARL CAPDET ET FILS, Les Hauts-de-l'Ouille, D 114, 66190 Collioure, tél. 04 68 81 12 65, domainereno@orange.fr V 🚶 ▪ *t.l.j. 9h30-12h30 14h-18h*

♥ **TERRES DES TEMPLIERS** Rimage Premium 2016 ★★★

■	4746	🛢	30 à 50 €

Devenu Terres des Templiers, l'ancien Cellier des Templiers est une coopérative créée en 1921. Elle revendique l'héritage de cet ordre militaire à qui l'on doit la mise en valeur des pentes schisteuses de Banyuls. Aujourd'hui, la cave dispose des 825 ha de ses adhérents et, depuis la récolte 2011, du Mas Ventous, un vaste chai de vinification qui s'ajoute à la grande cave de 1964, réservée aux longs élevages. À sa carte, des collioure et des banyuls.

Les rimages 2016 de la coopérative ont fait mouche, avec trois cuvées retenues, dont un coup de cœur pour ce Premium. Un jury intéressé par le regard sombre de ce banyuls, par l'intensité de son nez jouant sur les fruits noirs, les épices, la réglisse et un toasté délicat; et définitivement conquis après la mise en bouche par le remarquable équilibre entre le fruit frais croquant et le superbe boisé qui accompagne le vin, par la qualité, la puissance et le fondu des tanins. Promise à une longue vie, cette cuvée procurera dès à présent beaucoup de plaisir avec du fromage de brebis, un clafoutis ou un dessert au chocolat. ⧗ 2018-2028 ■ **Rimage Mise précoce 2016 ★★ (20 à 30 €; 67494 b.)** : mis en bouteille au plus tôt, sans passage en barrique, un banyuls intense, à la robe noire. Gourmand, rond, tout en fruits rouges, il donne l'impression de croquer une cerise burlat finement poivrée. ⧗ 2018-2025 ■ **Rimage Prestige 2016 (30 à 50 €; 3606 b.)** : vin cité.

⊶ TERRES DES TEMPLIERS, rte du Mas-Reig, 66650 Banyuls-sur-Mer, tél. 04 68 98 36 70, info@templiers.com V 🚶 ▪ *t.l.j. 10h-19h*

DOM. DE LA TOUR VIEILLE Réserva ★

■	10000	🛢	15 à 20 €

Créé en 1982, ce domaine de 13 ha regroupe les vignes de Vincent Cantié (à Collioure) et celles de Christine Campadieu (à Banyuls), issus l'un comme l'autre de vieilles familles vigneronnes. L'exploitation domine la mer sur les hauteurs de Collioure. Elle montre une belle régularité, aussi bien en vins doux naturels qu'en vins secs.

Assemblage de vins élevés soit en barrique, soit en bonbonnes de verre en plein air, sur les hauts de Collioure, ce vin conserve encore une robe soutenue, animée de reflets fauves. Très complexe, il mêle de multiples arômes: figue, cacao, vanille, clou de girofle, noix muscade et note iodée se bousculent au-dessus du verre. La sucrosité du grenache, sur un fond boisé torréfié, équilibre une présence tannique marquée, soulignée par des notes de fruits secs grillés: une puissance qui révèle un vin d'avenir. ⧗ 2018-2030

⊶ VINCENT CANTIÉ, 12, rte de Madeloc, 66190 Collioure, tél. 04 68 82 44 82, info@latourvieille.com V 🚶 ▪ *t.l.j. sf sam. dim. 8h30-12h 14h-18h ⊶ Vincent Cantié et Christine Campadieu*

DOM. VIAL-MAGNÈRES Rimage 2017 ★

■	n.c.	15 à 20 €

Bernard Sapéras, œnologue et chimiste de formation, arrivé en 1985 sur le domaine de son beau-père, avait donné un bel élan à la propriété et à l'appellation: c'est à lui que l'on doit le banyuls blanc, l'engouement pour le rancio, la réussite du collioure blanc et le chemin d'Anicet pour découvrir le cru. Après sa disparition en 2013, Olivier et Chrystel Sapéras sont les garants de l'avenir. En 2016, ils se sont associés à Laurent Dal Zovo pour gérer les 10 ha de vignes et les nouvelles chambres d'hôtes.

La robe grenat brillant aux reflets violines a l'éclat de la jeunesse. Au nez, ce rimage intéresse d'emblée par une touche minérale de pierre à fusil, qui rehausse des senteurs plus classiques de fruits noirs et de griotte à l'eau-de-vie. En bouche, des arômes gourmands de cerise noire, nuancés d'une note fraîche d'eau-de-vie patinée et d'une pincée d'épices, accompagnent un tanin sapide. ⧗ 2018-2028

⊶ DOM. VIAL-MAGNÈRES, 14, rue Édouard-Herriot, Clos Saint-André, 66650 Banyuls-sur-Mer, tél. 04 68 88 31 04, info@vialmagneres.com V 🚶 ▪ *t.l.j. 9h-12h 14h-18h* 🏠 5 *⊶ Sapéras et Dal Zovo*

ROUSSILLON

BANYULS GRAND CRU

ABBÉ ROUS Baillaury 2009 ★

■ | 10 518 | | 15 à 20 €

Coopérative créée en 1950 et nommée en hommage à l'abbé qui vers 1870 devint négociant-éleveur de vins de Banyuls pour financer l'agrandissement de l'église paroissiale sans faire appel à la générosité publique et qui se fit à l'occasion le mécène de Maillol. Installée à Banyuls-sur-Mer, la cave s'appuie sur les 825 ha de ses 750 adhérents pour proposer toute une gamme de banyuls et de collioure. Une valeur sûre.

Avec un long élevage – six ans – en foudre, la couleur d'origine, bigarreau sombre, s'est estompée, dépouillée, pour offrir une nuance élégante, entre acajou et ambre. Une élégance et une finesse que l'on retrouve tout au long de la dégustation, avec un nez empreint de douceur épicée et de notes de fruits secs grillés, puis avec une bouche dans le même registre aromatique, où le vin se révèle ample, souple, délicat, enrobé, fondu, tout en gardant une étonnante fraîcheur. ⏳ 2018-2030

CAVE DE L' ABBÉ ROUS, rte du Balcon-de-Madeloc, 66650 Banyuls-sur-Mer, tél. 04 68 88 72 72, contact@banyuls.com

CLOS SAINT-SÉBASTIEN
Le Cœur 1991 ★★

■ | n.c. | | 75 à 100 €

Jacques Piriou et Romuald Peronne – l'œnologue – se sont associés pour racheter le Dom. Saint-Sébastien en 2008, rebaptisé Clos Saint-Sébastien en 2014 après le rachat du Clos Xatard. Ils sont entrés dans le Guide par la grande porte avec leurs cuvées de collioure. Ils gèrent à Banyuls un restaurant en terrasse face au port, Le Jardin de Saint-Sébastien, et proposent une promenade en bateau pour découvrir par la mer les 20 ha de leur vignoble en terrasses. À leur carte, du collioure et du banyuls exclusivement.

Plus de vingt-cinq ans d'un patient élevage sous bois pour arriver enfin jusqu'à nous dans une robe limpide, d'un beau tuilé. D'entrée, le vin ne cache pas son penchant: ce sera torréfaction, pruneau et surtout rancio – cette note de fruits secs poussée jusqu'au cerneau de noix et qui, en bouche, défie le temps. Cette palette se conjugue à une attaque vive, avant que le grenache n'impose sa rondeur et sa puissance autour d'arômes de raisins secs et de fruits à coque qui prennent en finale des tons de noix. ⏳ 2018-2032

JACQUES PIRIOU ET ROMUALD PERONNE, 10, av. Pierre-Fabre, 66650 Banyuls-sur-Mer, tél. 04 68 88 30 14, contact@clos-saint-sebastien.com t.l.j. 10h-13h 14h-19h

L'ÉTOILE Cuvée réservée 1995 ★

■ | 2500 | | 30 à 50 €

Au cœur du village, la petite cave garde l'aspect rétro de l'époque de sa création. Fondée en 1921, c'est la plus ancienne coopérative de Banyuls. Connue pour ses vins doux naturels traditionnels hors d'âge, elle a su maintenir les traditions dans un esprit de famille. Les grands foudres, les demi-muids et les dames-jeannes accueillent des produits bien typés.

Elle a passé vingt ans en foudre et en tonneau à attendre sagement que le temps fasse son œuvre, au voisinage de fringants vins jeunes et de quelques autres cuvées d'âge encore plus vénérable: tout un univers d'Étoile(s). Si le tuilé de la robe surprend par son caractère encore soutenu, le nez reflète un âge certain, déployant une gamme d'arômes évolués: cacao, café, fruits secs, pruneau et notes passerillées de raisin de Corinthe. La rondeur de la bouche est remarquable, le vin bien équilibré, rien n'accroche, la vivacité s'accompagne en finale d'une douceur vanillée. Ce 1995 est fin prêt et pourra se déguster de l'apéritif au dessert (une forêt-noire par exemple), en passant par le foie gras poêlé. ⏳ 2018-2030

SCV L' ÉTOILE, 26, av. du Puig-del-Mas, BP 3, 66651 Banyuls-sur-Mer, tél. 04 68 88 00 10, info@cave-letoile.com t.l.j. 9h30-12h30 14h30-18h

♥ DOM. VIAL-MAGNÈRES
Cuvée André Magnères 2005 ★★★

■ | 1900 | | 30 à 50 €

Bernard Sapéras, œnologue et chimiste de formation, arrivé en 1985 sur le domaine de son beau-père, avait donné un bel élan à la propriété et à l'appellation: c'est à lui que l'on doit le banyuls blanc, l'engouement pour le rancio, la réussite du collioure blanc et le chemin d'Anicet pour découvrir le cru. Après sa disparition en 2013, Olivier et Chrystel Sapéras sont les garants de l'avenir. En 2016, ils se sont associés à Laurent Dal Zovo pour gérer les 10 ha de vignes et les nouvelles chambres d'hôtes.

Dix ans en barrique sans ouillage. On a beau être un vieux grenache noir né de ceps âgés de soixante ans, ça marque! La couleur déjà totalement dépouillée hésite entre l'ambré et le tuilé. Le nez montre une évolution remarquable, déployant une large palette d'arômes au nez comme en bouche: fruits secs, fruits à noyau, raisin passerillé, orange amère confite, liqueur (kirsch et Grand Marnier), torréfaction (café), rancio, avec la noix. Fin, ample, fondu, harmonieux, offrant une finale d'une rare persistance aux accents de rancio, ce grand cru procure, aux dires du jury pourtant exigeant et critique, «un vrai grand plaisir». ⏳ 2018-2040

DOM. VIAL-MAGNÈRES, 14, rue Édouard-Herriot, Clos Saint-André, 66650 Banyuls-sur-Mer, tél. 04 68 88 31 04, info@vialmagneres.com t.l.j. 9h-12h 14h-18h 5
Dal Zovo-Sapéras

VIGNERONS CATALANS
Les Murets d'Esprades 2010 ★★

■ | 16 000 | | 11 à 15 €

En 1964, une poignée de vignerons s'unissent parce qu'ils sont convaincus que «le groupe est meilleur que le meilleur du groupe». Aujourd'hui, les Vignerons Catalans rassemblent sept caves coopératives, 1 500 adhérents et une quarantaine de caves privées, soit plus de 10 000 ha.

Dans les grands crus de Banyuls, la part belle est faite à l'élevage. Certes, ils naissent de ce terroir de schistes plongeant dans la mer, où s'accroche le grenache, mais après le mutage et une longue macération commence un patient élevage sous bois. Le noir grenache prend alors cette couleur brique, tuilée; le fruit rouge se fait confituré, puis sec, et s'enrobe ici de cacao, avec la douceur d'un sucre brûlé. En bouche, le temps apporte la rondeur, le terroir, l'ampleur et la longue macération, la puissance. Un grand cru généreux et long, aux arômes de cacao, de figue sèche et de fruits à coque relayés par la noix en finale. ⧗ 2018-2030

⊶ LES VIGNERONS CATALANS, 1870, av. Julien-Panchot, BP 29000, 66962 Perpignan Cedex 9, tél. 04 68 85 04 51, regincos@vigneronscatalans.com

RIVESALTES

Superficie : 5 180 ha
Production : 107 930 hl (55 % blanc)

Longtemps, rivesaltes fut la plus importante des appellations des vins doux naturels: elle couvrait 14 000 ha et produisait 264 000 hl en 1995. Puis la crise a frappé et après un Plan rivesaltes qui a permis la reconversion d'une partie de ce vignoble, la production de cette appellation se rapproche désormais en volume de celle du muscat-de-rivesaltes. Le terroir du rivesaltes s'étend en Roussillon et dans une toute petite partie des Corbières, sur des sols pauvres, secs, chauds, favorisant une excellente maturation. Quatre cépages sont autorisés: grenache, macabeu, malvoisie et muscat, les deux premiers étant largement dominants. La vinification se fait en blanc et en rouge. Les rivesaltes rouges proviennent principalement du grenache noir ; ce cépage subit alors souvent une macération, afin de donner le maximum de couleur et de tanins.

L'élevage des rivesaltes est fondamental pour la détermination de la qualité. Les blancs donnent les ambrés, et les rouges les tuilés, au terme de deux ans ou plus d'élevage. Selon l'élevage, en cuve ou dans le bois, ils développent des arômes bien différents. Le bouquet rappelle la torréfaction, les fruits secs, avec une note de rancio dans les vins les plus évolués. Certains rivesaltes rouges ne sont pas soumis à un élevage et sont mis très jeunes en bouteilles. Ce sont les grenats, caractérisés par des arômes de fruits frais: cerise, cassis, mûre. Les derniers cahiers des charges autorisent les rivesaltes rosés.

DOM. BOBÉ
Grenat Cuvée des 50 ans 2016 ★

■ | 3400 | ▮ | 8 à 11 €

Robert Vila, représentant la troisième génération, est établi depuis 1986 tout près de Perpignan sur les terrasses caillouteuses de la Têt. Il conduit un vignoble de 45 ha.

Pour l'anniversaire du «patron» – 2016 marque la trentième vendange de Robert Vila –, le grenache a sorti le costume noir orné de reflets grenat. Un grenache concentré, aux senteurs sauvages de sous-bois, de mûre et de venaison, qui s'affirme en bouche avec une attaque fraîche sur les petits fruits acidulés, avant de s'imposer par sa structure autour de tanins veloutés. Sur un équilibre plutôt sec (qui le prédispose au chocolat noir), ce vin généreux revient sur la mûre en finale. ⧗ 2018-2028

⊶ ROBERT VILA, Mas de la Garrigue, 5, chem. de Baixas, 66240 Saint-Estève, tél. 04 68 92 66 38, robert.vila@wanadoo.fr V ▮ lun. mer. ven. 15h-18h30

CH. DE CALADROY Grenat 2016

■ | 5000 | ▮ | 8 à 11 €

Une forteresse médiévale qui gardait la frontière entre le royaume de France et celui d'Espagne. De la terrasse du château, on découvre un panorama exceptionnel: au loin, la mer, le Canigou; en contrebas, les vignes (130 ha) et les oliviers (7 ha). La chapelle du XIIes. accueille le caveau de dégustation.

Comme le ciel dégagé par un coup de tramontane, très présente au château, ce vin est brillant et lumineux dans sa sobre robe grenat profond. Au nez, le fruit est très présent (mûre, cassis, cerise). Puis, passé une attaque franche, fraîche et fruitée (zest d'orange), le palais surprend par la dualité entre des senteurs de tabac à rouler et une note lactée. Au final, un rivesaltes élégant. ⧗ 2018-2028

⊶ CH. DE CALADROY, rte de Bélesta, 66720 Bélesta, tél. 04 68 57 10 25, cave@caladroy.com V ▮ t.l.j. sf dim. 9h-12h 13h-19h

CH. CAP DE FOUSTE Tuilé ★★

■ | 3000 | ◍ | 11 à 15 €

La vieille demeure catalane (construite en 1830) et son parc au charme délicieux sont situés aux portes de Perpignan, non loin du lac de Villeneuve de la Raho. Joseph Mas conduit ce domaine depuis 1978. Le vignoble couvre aujourd'hui 90 ha.

Après plus de sept ans de vie en foudre, le noir grenache a troqué sa robe sombre pour une tenue plus tendre au fauve chatoyant. Cacao, sucre brûlé, épices, zest d'orange, tabac brun et vieille eau-de-vie de prune, la palette aromatique est d'une formidable richesse. Ronde en attaque, puis ample et vive, dotée de tanins enrobés, la bouche déploie des arômes de tabac miellé, d'orange confite et pain d'épices. Déjà savoureux, et pour longtemps. ⧗ 2018-2035

⊶ SCI CH. CAP DE FOUSTE, 1, D 39, 66180 Villeneuve-de-la Raho, tél. 04 68 55 91 04, capdefouste@free.fr V ♿ ▮ r.-v. ⊶ Groupama

DOM. DES CHÊNES Tuilé 2008

■ | 2500 | ◍ | 15 à 20 €

Fondé au XVIIIes., ce vieux mas catalan a vu plusieurs générations de Razungles se succéder et livrait à l'origine ses raisins à un célèbre fabricant d'apéritifs. Couvrant aujourd'hui 36 ha sur les terroirs du cirque de Vingrau, il est conduit par Alain Razungles, qui prouve que l'on peut être à la fois professeur en œnologie (à Sup Agro Montpellier) et grand vigneron. Sa fille Marion est désormais à ses côtés.

Le long élevage en barrique dans le cirque naturel de Vingrau, s'il explique la belle résistance de la couleur rouge-tuilé de ce rivesaltes, est-il aussi responsable de ces reflets fauves? Timide, le nez tarde à s'exprimer,

ROUSSILLON

puis dévoile doucement des senteurs de torréfaction et de pruneau confituré. La bouche est à la fois vive et chaleureuse, soutenue par un boisé aux notes d'épices et de réglisse et par un tanin encore très présent. ⧗ 2020-2030

⊶ *RAZUNGLES, 7, rue Mal-Joffre, 66600 Vingrau, tél. 04 68 29 40 21, domainedeschenes@wanadoo.fr t.l.j. 10h-12h 14h-18h; sam. dim. sur r.-v.*

♥ LES VIGNERONS DES CÔTES D'AGLY
François d'Arago Hors d'âge 2002 ★★★

■	9000		11 à 15 €

Les Vignerons des Côtes d'Agly regroupent six caves coopératives dans la vallée de l'Agly. Ils sont 250 viticulteurs à cultiver des vignes (1 150 ha) à Estagel, Montner, Lesquerde, Saint-Paul-de-Fenouillet et Caudiès. Ils proposent la plupart des productions du Roussillon, en vins secs et en vins doux naturels.

L'aigle qui a donné son nom aux Côtes d'Agly plane sur les rivesaltes de la cave, qui obtient deux coups de cœur ! Cette cuvée François d'Arago, en hommage à l'enfant du village, est un vin encore sombre aux reflets acajou, très attirant par ses senteurs douces de pruneau et de figue sèche, agrémentées de nuances plus « sèches » de tabac et de café torréfié. La bouche est superbe: une attaque fraîche, de l'ampleur, un grain de tanin élégant et une large palette aromatique où l'on retrouve le café, mais aussi l'orange amère, le cacao et les fruits secs, avant qu'un air de rancio ne s'offre en finale. ⧗ 2020-2035 ■ Ch. Montner Ambré 2003 ★★★ (11 à 15 €; 11000 b.) ♥ : drapé dans une lumineuse robe d'ambre, cette cuvée évoque au nez le tabac miellé, les fruits secs, la torréfaction et la noix du rancio; arômes que prolonge une bouche d'un équilibre admirable entre concentration, douceur, vivacité et puissance du rancio en finale. ⧗ 2022-2035

⊶ *LES VIGNERONS DES CÔTES D'AGLY, av. Louis-Vigo, 66310 Estagel, tél. 04 68 29 00 45, contact@agly.fr t.l.j. 9h-12h 14h-18h*

DOM BRIAL
Ambré Grande Réserve 1999 ★★

■	4000		30 à 50 €

Suivi à la parcelle, maîtrise de la totalité de la chaîne d'élaboration, du raisin à la bouteille, démarche de développement durable... La cave de Baixas, fondée en 1923, compte aujourd'hui 350 coopérateurs qui exploitent 2 100 ha répartis sur une trentaine de communes. Elle est aussi la première productrice de muscat-de-rivesaltes. Une valeur sûre.

Quasiment vingt ans d'élevage entre cuves, foudres en vidange et bouteilles, dans l'ombre feutrée des caveaux d'élevage répartis dans le vieux village de Baixas. Cela donne un ambré soutenu, lumineux, aux reflets cuivrés-orangés, aux senteurs douces de fruits confits, d'orange et de coing fondues avec la note plus grillée des fruits secs. La bouche est enrobée, suave, d'une puissance maîtrisée, offrant une sensation liquoreuse équilibrée par la fraîcheur d'une vieille eau-de-vie de prune et prolongée par les fruits secs et un discret mais très agréable rancio. ⧗ 2020-2035

⊶ *VIGNOBLES DOM BRIAL, 14, av. Mal-Joffre, 66390 Baixas, tél. 04 68 64 22 37, contact@dom-brial.com t.l.j. sf dim. 9h-12h 14h-18h30*

DOM. FONTANEL Ambré 2008 ★

■	1700		15 à 20 €

Les origines du domaine, où six générations se sont succédé, remontent à 1864. La propriété est forte d'un vignoble de 25 ha installé sur des terroirs variés. À sa tête depuis 1989, Pierre et Marie-Claude Fontaneil ont proposé pendant près de trente ans des cuvées à forte personnalité, aussi bien en vins secs qu'en vins doux naturels. En 2017, ils ont cédé l'exploitation à un jeune couple de vignerons, Élodie et Matthieu Collet.

Dix ans de barriques pour se parer d'ambre et offrir cette robe dépouillée, lumineuse. Cet ambré offre un joli mariage entre les notes oxydatives et empyreumatiques apportées par le bois, et l'évolution du fruité, qui se matérialise par un nez complexe: pain d'épice, léger fumé, amande et abricot secs. La bouche affiche une belle présence: douce, suave, plus élégante que puissante, elle convoque les fruits confits, le tabac blond et un soupçon d'orange qui assure la fraîcheur en finale. ⧗ 2020-2035

⊶ *ÉLODIE ET MATTHIEU COLLET, 25, av. Jean-Jaurès, 66720 Tautavel, tél. 04 68 29 45 21, contact@domainefontanel.fr t.l.j. sf dim. 15h-18h; nov à mars sur r.-v.*

CH. DES HOSPICES
Ambré Hors d'âge Petite Vermeille ★★

■	6000		11 à 15 €

Depuis cinq générations, la famille Benassis est installée au cœur de Canet-en-Roussillon. La cave est abritée dans une bâtisse traditionnelle catalane datant de 1836. Le vignoble (50 ha) est implanté sur les terrasses de galets roulés entre le littoral et la ville de Perpignan. Aujourd'hui, trois générations officient sur le domaine: Louis, le grand-père, Michel, le père et Marc, le petit-fils, ingénieur agronome.

La solera, c'est au départ un assemblage de vieux millésimes dans des barriques en vidange, avec au-dessus une rangée de vins moins âgés et encore au-dessus une autre rangée de vins plus jeunes encore. On met alors en bouteille une partie du vin de la rangée du bas, ce retrait étant compensé en « cascade » par les vins du dessus, et pour la rangée supérieure par du vin jeune. Une méthode d'élevage apportant beaucoup de fondu et de finesse que l'on retrouve dans cet ambré ample et vif, mêlant avec bonheur les fruits mûrs aux fruits secs miellés (abricot, figue) et à un zest d'agrumes. ⧗ 2020-2035

BENASSIS, 13, av. Joseph-Sauvy, 66140 Canet-en-Roussillon, tél. 04 68 80 34 14, contact@chateau-des-hospices.fr V r.-v.

DOM. JOLLY FERRIOL Ambré Entre Temps 2009 ★

■	1800		20 à 30 €

Anciennement Mas Ferriol, un très ancien domaine. Des terres et des vignes (25 ha, dont 8,3 ha de vignoble) entourent un corps de ferme de quatre cents ans, l'un des plus vieux de la région. Plus tard, la propriété fournissait, nous dit-on, des vins à Napoléon III. Restée à l'abandon après la dernière guerre, elle a été reprise en 2005 par Isabelle Jolly et Jean-Luc Chossart, qui exploitent leurs vignes en bio.

Cet ambré fauve aux reflets mordorés, né d'un long élevage en cuves en vidange, se démarque par ses arômes intenses de pain grillé, de noisette, de foin sec et d'encens. Les épices, l'abricot sec, l'amande grillée et une étonnante note minérale viennent compléter l'ouvrage dans un palais puissant, généreux, structuré. ⧗ 2020-2030 ■ **Ambré Temp'O 2008 (30 à 50 €; 750 b.)** : vin cité.

JEAN-LUC CHOSSART, Mas Ferriol, RD 117, 66600 Espira-de-l'Agly, tél. 06 13 22 96 73, jollyferriol@gmail.com V r.-v.

CH. LAURIGA Grenat 2016 ★★

■	2300		11 à 15 €

Vigneron-négociant, Jean-Claude Mas dispose d'un vaste vignoble de plus de 600 ha en propre constitué par quatre générations, auxquels s'ajoutent les apports des vignerons partenaires (1 300 ha). Le Ch. Lauriga s'étend sur 60 ha dans les Aspres.

Une longue macération a entraîné une intense extraction qu'un court élevage en cuve a permis d'arrondir et de fondre pour donner ce grenat aux tendres reflets violines, au nez riche en fruits (mûre et cerise), agrémentés d'une touche de cacao et de sous-bois. Centrée sur des arômes gourmands de cerise et de la fraise Mara des bois, la bouche apparaît fraîche, élégante, bien fondue, joliment structurée par un grain de tanin velouté. ⧗ 2019-2035

SARL DOM. LAURIGA, traverse de Ponteilla, RD 37, 66300 Thuir, tél. 04 68 53 26 73, info@paulmas.com V *t.l.j. 9h-12h 14h-17h* *Jean-Claude Mas*

MAS PEYRE Ambré La Rage du Soleil 2013

■	4000		15 à 20 €

La famille Bourrel a constitué son domaine en 1988. Elle a quitté la coopérative en 2003 pour créer sa cave. À l'arrivée de Baptiste, le fils aîné, en 2009, elle a engagé progressivement la conversion bio du vignoble, 35 ha plantés sur les terroirs de schistes de la vallée des Fenouillèdes. Le jeune frère, César, gère la commercialisation.

Rares sont les vins doux portés à l'élevage avec le seul macabeu. En voici un pour lequel la volonté du vigneron a été de conserver la finesse de ce cépage, tout en l'accompagnant de l'apport oxydatif d'un élevage sous bois. D'où cette robe topaze aux reflets cuivrés et ce nez partagé entre notes grillées, tabac, cuir et fruité de l'orange et de l'abricot. En bouche, un équilibre relativement «sec» permet de conserver cette palette aromatique et d'offrir beaucoup de fraîcheur, avec en finale des arômes plus chaleureux de fruits macérés à l'alcool et d'amande grillée. ⧗ 2020-2030

BAPTISTE BOURREL, 39, av. du Gal-de-Gaulle, 66220 Saint-Paul-de-Fenouillet, tél. 06 18 70 62 24, maspeyre@orange.fr V *t.l.j. 9h30-19h f. janv.* 2

PIERRE PELOU Muté sur Grains 2017 ★

■	2000		11 à 15 €

Dans la même famille depuis 1908, ce domaine de 25 ha est aussi connu sous le nom de Celler d'al Mouli. Il est implanté sur les argilo-calcaires de Tautavel, terroir particulièrement adapté au grenache noir. Jean-Pierre Pelou, «vigneron-kiné», a transmis ses vignes et son savoir-faire à son fils Pierre, œnologue, installé en 1999.

Le mutage est l'opération qui consiste à ajouter de l'alcool dans le moût en pleine fermentation pour stopper celle-ci et garder ainsi une partie des sucres naturels du raisin. Elle peut se réaliser sur le jus extrait de la cuve ou bien, comme c'est le cas ici, directement dans la cuve, sur les pellicules, la pulpe et le jus en pleine fermentation. Cela permet plus d'extraction en laissant macérer l'ensemble une ou plusieurs semaines. Dans le verre, un rivesaltes d'un grenat intense à reflets violines, au nez tout aussi soutenu de mûre et de fruits rouges confiturés nappés de cacao, à la bouche ample et fruitée, dotée de solides tanins, ainsi que d'une belle fraîcheur et d'une finale réglissée. ⧗ 2019-2024

PIERRE PELOU, 9, rue de la République, 66720 Tautavel, tél. 06 16 96 49 61, pierre@pelou.eu V *r.-v.*

DOM. DE RANCY Ambré 1998 ★

■	2000		20 à 30 €

Brigitte et Jean-Hubert Verdaguer conduisent depuis 1989 le domaine familial (17 ha aujourd'hui en bio) installé au cœur du village de Latour-de-France. Depuis sa fondation en 1920, cette propriété s'intéresse aux vins doux naturels longuement élevés sous bois, notamment aux rivesaltes, même si au tournant de ce siècle, elle s'est lancée dans l'élaboration de vins secs, en AOC ou en IGP. Autre cheval de bataille des vignerons, le rancio sec, en IGP.

Dans ce domaine, royaume des vins rancio, la recherche de l'extraction et de vins complets est permanente. C'est bien le cas avec cet ambré couleur acajou, qui a perdu de sa brillance après vingt ans d'attente oxydative, mais quelle expression aromatique! Intense et puissante, celle-ci évoque la truffe, la venaison, la torréfaction, le cacao, les fruits secs ou encore la noix de cajou. En bouche, on découvre un vin concentré, généreux, chaleureux, qui évoque le café et le cacao, avant de se laisser porter très loin par la noix en finale. ⧗ 2020-2035

DOM. DE RANCY, 8, place du 8-mai-1945, 66720 Latour-de-France, tél. 04 68 29 03 47, info@domaine-rancy.com V *r.-v.*
Verdaguer

RENO Hors d'âge Vieilli en fûts 1994 ★★

■ | 1500 | | 11 à 15 €

Fondée en 1948, cette exploitation est conduite depuis 1998 par la troisième génération: Anne et Frédéric Capdet, respectivement œnologue et viticulteur. Elle a son siège à l'entrée de Collioure, à deux pas de la mer, et son vignoble de 46 ha s'étage en terrasses. Les visiteurs peuvent voir son parc de 400 bonbonnes où le banyuls mûrit au soleil pendant trois ans.

Ce vin du siècle dernier a patienté quinze ans en cuve et huit ans en fût avant de revêtir sa robe acajou et de s'entourer de parfums aériens de liqueur de prune, d'encens et de café fruité. Une complexité aromatique à laquelle la bouche fait un long écho: «vieille» prune, sherry, brin de torréfaction, raisins passerillés, cacao. Le vin y est très présent, le tanin aussi, mais bien enrobé, une pointe d'amertume ajoutant un très apprécié «côté mordant». Un hors d'âge «stylé» et harmonieux. ⧗ 2021-2035

EARL CAPDET ET FILS, Les Hauts-de-l'Ouille, D 114, 66190 Collioure, tél. 04 68 81 12 65, domainereno@orange.fr V t.l.j. 9h30-12h30 14h-18h

CH. ROMBEAU Ambré 2008 ★

■ | 5000 | | 8 à 11 €

Le Dom. de Rombeau est dans la famille depuis 1810. Vigneron médiatique, restaurateur et hôtelier, Pierre-Henri de La Fabrègue, arrivé à sa tête en 1993, lui a donné un bel éclat. Des 90 ha de l'exploitation, dont 27 ha en bio, naissent des muscat-de-rivesaltes, des rivesaltes et des vins secs, en AOC et en IGP. Une production large et bien connue des lecteurs du Guide.

L'or et l'ambre se sont donné rendez-vous dans ce rivesaltes rappelant les fruits macérés à l'eau-de-vie à l'olfaction. La bouche en impose plus nettement. Complexe – l'apport du grenache gris, 50 % de l'assemblage aux côtés du macabeu –, sur les épices, les fruits confiturés, les fruits secs et le miel, elle affiche une belle intensité. ⧗ 2020-2030

PIERRE-HENRI DE LA FABRÈGUE, 2, av. de la Salanque, 66600 Rivesaltes, tél. 04 68 64 35 35, vin@rombeau.com V t.l.j. 9h-18h

DOM. ROSSIGNOL Ambré 2011 ★★

■ | 2718 | | 8 à 11 €

Où vont s'arrêter Fabienne et Pascal Rossignol? Création du domaine en 1995, construction d'un chai souterrain pour les vins secs en 2002, certification bio en 2009, musée, automates, clos des cépages, boutique paysanne et aujourd'hui 15 ha dans les Aspres pour ces vignerons qui ont le sens de l'accueil.

Voilà un vin construit pour durer, mais pourquoi se priver d'un plaisir immédiat? Le bel ambré se pare d'étonnants reflets cuivrés. Le nez, intense, évoque les fruits secs, le pain grillé, l'orange et l'abricot confits, la figue sèche, le cacao. Le plaisir aromatique se poursuit dans une bouche puissante, mêlant virilité et douceur, vivacité et rondeur dans un équilibre remarquable et une longueur défiant le temps. ⧗ 2018-2035

PASCAL ROSSIGNOL, rte de Villemolaque, 66300 Passa, tél. 04 68 38 83 17, domaine.rossignol@free.fr V t.l.j. sf dim. 10h-12h 15h-18h30

DOM. DES SCHISTES Solera

■ | 4000 | | 15 à 20 €

La cinquième génération officie dans cette exploitation de la vallée de l'Agly qui vinifie en cave particulière depuis 1989. Comme son nom l'indique, les marnes schisteuses dominent. À la vigne, Jacques et Mickaël Sire sont pointilleux sur le travail du sol et leur domaine de 55 ha est conduit en bio (certification en 2015). Une valeur sûre du Guide.

De vieilles vignes de grenache, un terroir de schistes, un élevage en vidange en demi-muid en solera depuis 1989 – cette pratique du «tonneau perpétuel» où le vin vieux éduque les vins plus jeunes –, et voilà un bel ambré qui s'ouvre doucement sur les fruits macérés, puis le cuir, le tabac, les fruits secs et une légère note rancio. La concentration par solera donne un vin puissant, plutôt «sec» et généreux en bouche, évoquant les fruits à l'eau-de-vie, le tabac brun et le sous-bois. ⧗ 2020-2030

DOM. DES SCHISTES, 1, av. Jean-Lurçat, 66310 Estagel, tél. 04 68 29 11 25, sire-schistes@wanadoo.fr V t.l.j. 9h-12h 14h-18h

TRÉMOINE Ambré Hors d'âge ★★★

■ | 10000 | | 8 à 11 €

Les Vignerons de Trémoine: une coopérative fondée en 1919, regroupant quelque 80 vignerons qui cultivent 540 ha dans quatre villages situés dans la vallée de l'Agly: Planèzes, Rasiguères, Lansac et Cassagnes. L'histoire de la cave est liée au festival de musique classique créé en 1980 par la pianiste britannique Moura Lympany.

Des vieilles vignes de quatre-vingts ans, les terres acides de la vallée de l'Agly, un élevage oxydatif bien maîtrisé sous bois, et ce vin frôle le coup de cœur. Ses atouts: une belle robe ambrée, lumineuse avec ses reflets acajou; une grande puissance aromatique (nougatine, torréfaction, cacao, épices, miel, abricot, coing, amande sèche...); une bouche très bien équilibrée, à la fois fraîche, suave et ronde. Un modèle du genre. ⧗ 2021-2035

LES VIGNERONS DE TRÉMOINE, 5, av. de Caramany, 66720 Rasiguères, tél. 04 68 29 11 82, rasigueres@wanadoo.fr V t.l.j. sf dim. 8h-12h 14h-18h

LES VIGNERONS CATALANS Ambré Haute Coutume 1986 ★★

■ | 2600 | | 30 à 50 €

En 1964, une poignée de vignerons s'unissent parce qu'ils sont convaincus que «le groupe est meilleur que le meilleur du groupe». Aujourd'hui, les Vignerons Catalans rassemblent sept caves coopératives, 1 500 adhérents et une quarantaine de caves privées, soit plus de 10 000 ha.

Que faisiez-vous en 1986 sous la «cohabitation»? Ce rivesaltes commençait la sienne, né de grenaches blanc et gris et d'un zest de muscat. Trente ans après, il atteint l'ambre pur orné de reflets orangés. Un vin superbe d'intensité et de complexité au nez: abricot sec, fruits surmûris, fleurs jaunes miellées, noisette, quinquina, rancio de la noix. La bouche, sur le pain d'épice et le zest d'orange amère, se révèle fraîche, fine, soyeuse et délicieusement fondue. ⧗ 2020-2035 ■ **Ambré Haute**

Coutume 1996 ★ (20 à 30 €; 12 000 b.) : à un nez de rancio et de fruits secs et confits succède une bouche suave, délicate et fine, aux tonalités d'épices et d'agrumes. ⧗ 2020-2035

⊶ LES VIGNERONS CATALANS, 1870, av. Julien-Panchot, BP 29000, 66962 Perpignan Cedex 9, tél. 04 68 85 04 51, regincos@vigneronscatalans.com

♥ ARNAUD DE VILLENEUVE
Ambré 1970 Collection 1970 ★★★

■	1380		50 à 75 €

Résultant de la fusion de trois caves, cette coopérative porte le nom de l'inventeur des vins doux naturels, Arnaud de Villeneuve. Elle rassemble 320 viticulteurs de Salses, de Rivesaltes et de Pézilla-la-Rivière, qui cultivent quelque 2 000 ha de vignes (dont 125 ha en bio) répartis sur 26 communes et des terroirs variés.

Quasiment un demi-siècle d'attente pour découvrir cet ambré splendide. Certes, l'or blond d'origine a pris la couleur ambrée à reflets auburn de la patine du temps, mais le regard est toujours vif, brillant, accueillant. Au nez, les arômes de fleurs blanches et de fruits frais ont disparu, remplacés par des senteurs plus douces de miel, de pain d'épice, d'orange confite et d'encens, avec toujours le «piquant» original de la griotte toutefois. Une note que l'on perçoit aussi dans un palais diablement fondu et tendre, étonnamment ample et souple, avec une belle fraîcheur en soutien. Un rivesaltes magnifique de finesse, un beau vin de toucher. ⧗ 2020-2035 ■ **Ambré 1979 Collection 1979 ★★ (30 à 50 €; 1350 b.)** : à un souffle du coup de cœur, cet ambré séduit par ses arômes de fruits macérés, son volume, sa générosité, sa fraîcheur et sa longue finale sur le rancio. ⧗ 2020-2035

⊶ ARNAUD DE VILLENEUVE, 153, RD 900, 66600 Rivesaltes, tél. 04 68 64 06 63, contact@caveadv.com V t.l.j. sf dim. 9h30-12h30 14h30-18h30

MUSCAT-DE-RIVESALTES

Superficie : 5 221 ha / Production : 106 765 hl

Le muscat-de-rivesaltes peut provenir de l'ensemble du terroir des appellations rivesaltes, maury et banyuls. Les deux cépages autorisés sont le muscat à petits grains et le muscat d'Alexandrie. Le premier, souvent appelé muscat blanc ou muscat de Rivesaltes, est précoce et préfère les terrains relativement frais et calcaires. Le second, appelé aussi muscat romain, est plus tardif et très résistant à la sécheresse. La vinification s'opère soit par pressurage direct, soit avec une macération plus ou moins longue. La conservation se fait obligatoirement en milieu réducteur, pour éviter l'oxydation des arômes primaires. Avec 100 g/l minimum de sucres, les vins sont liquoreux. Ils sont à boire jeunes, à une température de 9 à 10 °C.

DOM. BOBÉ 2017

■	1500		5 à 8 €

Robert Vila, représentant la troisième génération, est établi depuis 1986 tout près de Perpignan sur les terrasses caillouteuses de la Têt. Il conduit un vignoble de 45 ha.

La robe est brillante et limpide, d'un bel or lumineux. Au nez, dominent des arômes de verveine, de vanille et de fruits blancs légèrement compotés. La bouche est à la fois ronde et fine, avec des notes de grain de muscat et de pomelo. ⧗ 2018-2021

⊶ ROBERT VILA, Mas de la Garrigue, 5, chem. de Baixas, 66240 Saint-Estève, tél. 04 68 92 66 38, robert.vila@wanadoo.fr V lun. mer. ven. 15h-18h30

DOM. BOUDAU Classique 2017

■	30 000	8 à 11 €

Véronique Boudau et son frère Pierre sont à la tête du domaine familial depuis 1993. Ils ont décidé de donner un nouveau souffle à la propriété, qui couvre quelque 60 ha sur d'excellents terroirs, à l'entrée de la vallée de l'Agly. Le pari est réussi: la totalité de la production est mise en bouteilles et commercialisée, notamment dans un réseau de restaurants et de cavistes. Une valeur sûre, qui a engagé la conversion bio de son vignoble.

La robe est d'un bel or pâle scintillant. À un premier nez discret, succèdent des notes plus soutenues de pomelo, de rose et de bergamote. L'équilibre en bouche se fait sur la fraîcheur, avec des arômes de citron et de bonbon acidulé. ⧗ 2018-2021

⊶ VÉRONIQUE ET PIERRE BOUDAU, 6, rue Marceau, 66600 Rivesaltes, tél. 04 68 64 45 37, contact@domaineboudau.fr V t.l.j. sf dim. 10h-12h 15h-19h; sam. 10h-12h de sept. à mai

CH. DE CALADROY 2017

■	28 000		8 à 11 €

Une forteresse médiévale qui gardait la frontière entre le royaume de France et celui d'Espagne. De la terrasse du château, on découvre un panorama exceptionnel: au loin, la mer, le Canigou; en contrebas, les vignes (130 ha) et les oliviers (7 ha). La chapelle du XIIes. accueille le caveau de dégustation.

La robe est d'or pâle aux reflets verts. Les arômes, d'une agréable finesse, évoquent les fleurs blanches et les fruits à chair blanche (poire, pêche). En bouche, domine la vivacité avec des notes citronnées et une finale exotique. ⧗ 2018-2021

⊶ CH. DE CALADROY, rte de Bélesta, 66720 Bélesta, tél. 04 68 57 10 25, cave@caladroy.com V t.l.j. sf dim. 9h-12h 13h-19h ⊶ Mezerette

CH. DE CALCE 2017

■	1800	5 à 8 €

Au nord-ouest de Perpignan, sur la rive gauche de l'Agly, le village vigneron de Calce hésite entre schistes et calcaires, entre plaine et collines. En son sein, une forteresse médiévale. Fondée en 1932, la coopérative est forte des 213 ha de ses 35 adhérents. En mai, elle organise une journée portes ouvertes festive: «Les caves se rebiffent».

ROUSSILLON

D'une jolie couleur or paille, ce muscat d'une belle intensité olfactive évoque le raisin mûr, le miel et l'écorce d'orange confite agrémentés d'une nuance finement mentholée. En bouche, l'équilibre est assuré entre fraîcheur et onctuosité. ⧗ 2018-2021

SCV LES VIGNERONS DU CH. DE CALCE, 66600 Calce, tél. 04 68 64 47 42, scvcalce@orange.fr V *t.l.j. 9h-12h 15h-18h; sam. 9h-12h*

CH. CAP DE FOUSTE 2016

	6000		8 à 11 €

La vieille demeure catalane (construite en 1830) et son parc au charme délicieux sont situés aux portes de Perpignan, non loin du lac de Villeneuve de la Raho. Joseph Mas conduit ce domaine depuis 1978. Le vignoble couvre aujourd'hui 90 ha.

Ce muscat or jaune et brillant dévoile des arômes très intenses et variés de fleur d'acacia, de fruits exotiques et de menthol, avec en bouche des nuances d'agrumes, de miel, d'abricot et d'épices. Un beau muscat classique. ⧗ 2018-2021

SCI CH. CAP DE FOUSTE, 1, D 39, 66180 Villeneuve-de-la Raho, tél. 04 68 55 91 04, capdefouste@free.fr V *r.-v.* *Groupama*

VIGNOBLES CAP LEUCATE Royal Muscat 2017 ★★

	12600		8 à 11 €

Créée en 1920, la cave de Leucate a fusionné avec plusieurs coopératives (Quintillan, Roquefort-des-Corbières, La Palme). Un acteur incontournable du Fitou maritime, avec plus de 150 adhérents, 1 420 ha et un chai sorti de terre en 2010.

Beaucoup de fraîcheur se dégage de la robe brillante aux reflets verts de ce muscat épatant. Une fraîcheur confirmée au nez par des arômes intenses de fruits (poire, pêche mûre, litchi) et de fines notes végétales (menthe, anis). La bouche est parfaitement équilibrée, à la fois vive et ronde, et la finale, d'une belle longueur, évoque l'abricot et le grain de muscat. ⧗ 2018-2024

JOËL CASTANY, Chai La Prade, 11370 Leucate, tél. 04 68 33 20 41, contact@cave-leucate.com V *r.-v.*

DOM. CARLE-COURTY Harmonie des sens 2017

	2000		11 à 15 €

Implanté au pied de l'ermitage de Força Réal, d'où le panorama embrasse tout le Roussillon, le vignoble de Carle-Courty (3,5 ha au départ, 12 ha aujourd'hui) est cultivé en bio depuis 2002. Un choix de vie pour Frédéric Carle, comptable né en Champagne, installé depuis 1995 dans la vallée de la Têt, entre ceps de syrah et schistes bruns, vieilles vignes de carignan et de grenache, et cheminées de fées.

De beaux reflets animent la robe dorée de ce muscat. Les arômes sont intenses et d'une belle fraîcheur: ananas, mangue, citron... La vivacité se retrouve en bouche avec des notes de raisin frais et de citron vert, soutenues par une légère pointe d'amertume. ⧗ 2018-2021

FRÉDÉRIC CARLE, 6, rte de Corneilla, 66170 Millas, tél. 04 68 57 21 79, domaine.carlecourty@orange.fr V *t.l.j. sf dim. 9h30-12h 14h30-19h*

♥ DOM. CAZES 2015 ★★

	30000	11 à 15 €

Fondation en 1895, premières mises en bouteilles en 1955 et une croissance continue. Aujourd'hui, un domaine de 220 ha entièrement conduit en biodynamie depuis 2005. À sa carte, toutes les AOC du Roussillon, des IGP, tous les styles de vin. Dans le giron du groupe Advini depuis 2004.

La robe, somptueuse, est d'un vieil or brillant. Au nez, les arômes se révèlent intenses et originaux avec leurs notes d'évolution: miel, résine de pin, liqueur de verveine. La bouche est à l'avenant, douce et ample, faisant la part belle à la minéralité et à l'écorce d'orange. Un très beau vin, atypique et élégamment évolué. ⧗ 2018-2028

SCEA CAZES, 4, rue Francisco-Ferrer, 66600 Rivesaltes, tél. 04 68 64 08 26, info@cazes.com V *r.-v.* 5

DOM. DES CHÊNES 2016 ★

	2800		11 à 15 €

Fondé au XVIIIe s., ce vieux mas catalan a vu plusieurs générations de Razungles se succéder et livrait à l'origine ses raisins à un célèbre fabricant d'apéritifs. Couvrant aujourd'hui 36 ha sur les terroirs du cirque de Vingrau, il est conduit par Alain Razungles, qui prouve que l'on peut être à la fois professeur en œnologie (à Sup Agro Montpellier) et grand vigneron. Sa fille Marion est désormais à ses côtés.

D'un seyant jaune d'or brillant, ce muscat présente une belle puissance aromatique autour de notes de miel, de litchi et d'agrumes confits. La bouche est franche en attaque, puis elle dévoile une belle liqueur, avant une longue finale exotique et épicée. ⧗ 2018-2028

RAZUNGLES, 7, rue Mal-Joffre, 66600 Vingrau, tél. 04 68 29 40 21, domainedeschenes@wanadoo.fr V *t.l.j. 10h-12h 14h-18h; sam. dim. sur r.-v.*

DOM. DES DEMOISELLES Dona Del Sol 2017 ★★

	5000		11 à 15 €

Sept générations de vignerons et de marchands de chevaux se sont succédé à la tête de ce domaine au cœur des Aspres. C'est en hommage aux trois dernières, représentées par des femmes, que la propriété porte son nom. Isabelle Raoux a abandonné l'équitation en 1998 pour perpétuer l'exploitation. Elle officie à la cave et son mari Didier à la vigne (30 ha en bio).

D'un bel or jaune lumineux, ce muscat libère à l'olfaction des arômes à la fois fins et complexes de fleurs blanches, de fruits exotiques et de raisin de muscat frais. En bouche, il présente beaucoup de rondeur et une belle longueur sur des arômes de raisin mûr. ⧗ 2018-2028

ISABELLE RAOUX, Mas Mulés, 66300 Tresserre, tél. 06 83 04 34 62, domaine.des.demoiselles@gmail.com V *r.-v.*

DOM. D'ESPERET 2017 ★

■ | 10000 | | 11 à 15 €

Sur la route des châteaux cathares, au cœur des Fenouillèdes, ce domaine de 45 ha conduit par la famille Balaguer produit des vins des grandes appellations du secteur: côtes-du-roussillon, côtes-du-roussillon-villages, muscat-de-rivesaltes et maury.

Ce muscat or pâle et brillant dévoile des arômes intenses de fleurs et de fruits blancs. Une attaque franche ouvre sur un palais d'une même intensité aromatique que l'olfaction, sur des notes d'agrumes, de litchi et de grain de muscat mûr. Un beau vin gourmand. ⧗ 2018-2024

BALAGUER, 66220 Saint-Paul-de-Fenouillet, domainedesperet@sfr.fr V *r.-v.*

DOM. DE L'ÉVÊCHÉ 2017 ★★

■ | 20000 | | 5 à 8 €

Situé sur les hauteurs d'Espira-de-l'Agly, ce domaine est une ancienne propriété de l'Église, d'où son nom. Alain Sabineu y exploite 70 ha de vignes sur les différents terroirs du Roussillon.

Une robe jaune pâle aux reflets verts habille ce muscat expressif et complexe, ouvert sur des notes de grain de raisin, de pétale de rose, d'agrumes frais et d'abricot mûr. La bouche est délicate et remarquablement équilibrée entre fraîcheur et onctuosité. ⧗ 2018-2024

DOM. DE L' ÉVÊCHÉ, rte de Baixas, 66600 Espira-de-l'Agly, tél. 06 07 78 27 86, alain.sabineu@orange.fr r.-v. Sabineu

DOM. LAFAGE Grain de vigne 2017 ★

■ | 15000 | | 11 à 15 €

Éliane et Jean-Marc Lafage ont vinifié pendant dix ans dans l'hémisphère Sud, puis ont repris l'exploitation familiale en 1995, établie sur trois terroirs bien distincts du Roussillon: les terrasses de galets roulés proches de la mer; les Aspres et ses terres d'altitude; la vallée de l'Agly, vers Maury (depuis l'acquisition en 2006 du Ch. Saint-Roch). Aujourd'hui, quelque 180 ha cultivés à petits rendements. Un domaine très régulier en qualité, souvent en vue pour ses côtes-du-roussillon et ses muscats.

D'un bel or très pâle aux légers reflets verts, ce muscat affiche beaucoup d'élégance à l'olfaction avec ses parfums de poire Williams, de fleurs blanches et d'anis frais. En bouche, dominent des arômes de bourgeon de cassis qui lui confèrent une excellente fraîcheur. ⧗ 2018-2023

DOM. LAFAGE, Mas Miraflors, rte de Canet, 66000 Perpignan, tél. 04 68 80 35 82, contact@domaine-lafage.com V *t.l.j. sf dim. 10h-12h15 14h45-18h30; ouvert le dim. en été*

CH. LAURIGA 2016

■ | 3300 | | 11 à 15 €

Vigneron-négociant, Jean-Claude Mas dispose d'un vaste vignoble de plus de 600 ha en propre constitué par quatre générations, auxquels s'ajoutent les apports des vignerons partenaires (1 300 ha). Le Ch. Lauriga s'étend sur 60 ha dans les Aspres.

Aux arômes de citron confit, d'écorce d'agrumes et de verveine perçus à l'olfaction de ce muscat jaune d'or brillant répond une bouche d'une belle ampleur, assortie d'une fraîcheur agréable. La finale s'exprime sur des nuances de raisin confit et de fleur d'oranger. ⧗ 2018-2023

SARL DOM. LAURIGA, traverse de Ponteilla, RD 37, 66300 Thuir, tél. 04 68 53 26 73, info@lauriga.com V *t.l.j. 9h-12h 14h-17h*
Jean-Claude Mas

MAS CRISTINE 2017 ★★

■ | 3000 | | 11 à 15 €

Superbe mas installé depuis 1810 dans le massif des Albères, à la limite du cru banyuls, isolé au milieu du maquis ponctué de chênes-lièges. Les vignes dominent les pins qui descendent en pente douce vers la mer. Implanté sur des sols de schistes, de quartz et d'argile rouge, le domaine (25 ha aujourd'hui) a été acheté en 2006 à la famille Dauré (Jau) par Philippe Gard (Coume del Mas), Julien Grill (vigneron roussillonnais) et Andy Cook (œnologue britannique).

Au nez, ce muscat or pâle et brillant dévoile des arômes d'une grande subtilité de menthol, de fleurs et de fruits blancs. Beaucoup de fraîcheur et d'élégance se dégagent du palais, ainsi qu'une belle intensité aromatique sur des nuances de verveine, de litchi et d'ananas frais. ⧗ 2018-2024

MAS CRISTINE, chem. de Saint-André, 66700 Argelès-sur-Mer, tél. 04 68 54 27 60, info@mascristine.com V *t.l.j. sf dim. 10h-12h30 14-19h*

ROUSSILLON

MAS LAVAIL Expression muscat 2017

■ | 6000 | | 8 à 11 €

Jean et Nicolas Batlle, père et fils, ont acquis ce joli mas du XIX^e^s. en 1999, à l'installation du second. À la tête de ce domaine de 80 ha de vieilles vignes, Nicolas poursuit le travail de quatre générations de vignerons sur les terres noires de Maury.

Ce muscat or pâle aux reflets vert tendre se montre discret de prime abord, avant de dévoiler à l'agitation du verre de fines nuances végétales (menthe, coriandre) et des senteurs de citron confit et de fleur d'oranger. Le palais se montre frais, avec une finale savoureuse, légèrement amère. ⧗ 2018-2021

NICOLAS BATLLE, Mas de Lavail, RD 117, 66460 Maury, tél. 04 68 59 15 22, masdelavail@wanadoo.fr V *t.l.j. sf dim. 10h-12h 14h-18h*

(B) DOM. DU MAS ROUS 2017 ★

■ | n.c. | | 8 à 11 €

En 1838, Michel Bizern, agriculteur, transforme en maison une bergerie des Albères, au pied des Pyrénées, fondant le Mas del Ros (« maison du blond » en catalan), qui devient Mas Rous. Son arrière-petit-fils, José Pujol, qui est brun, reprend l'exploitation en 1978 et vend sa production en bouteilles en 1983, obtenant un coup de cœur dans le Guide dès 1985. Une valeur sûre de 35 ha, en bio certifié depuis 2014.

D'un bel or jaune clair et brillant, ce muscat présente un nez subtil et racé de tilleul, de verveine et de menthol, auquel répond une bouche toute en fraîcheur, centrée sur des arômes de fruits blancs. Un vin élégant et délicat. ⧗ 2018-2024

⊶ PUJOL, 13, rue du Renard, 66740 Montesquieu-des-Albères, tél. 04 68 89 64 91, masrous@mas-rous.com **V** *t.l.j. sf sam. dim. 9h30-12h 14h-18h* ⓔ
⊶ Pujol

CH. MONTNER 2017 ★

■ | 12000 | 8 à 11 €

Les Vignerons des Côtes d'Agly regroupent six caves coopératives dans la vallée de l'Agly. Ils sont 250 viticulteurs à cultiver des vignes (1 150 ha) à Estagel, Montner, Lesquerde, Saint-Paul-de-Fenouillet et Caudiès. Ils proposent la plupart des productions du Roussillon, en vins secs et en vins doux naturels.

Vêtu d'une brillante robe d'or jaune, ce muscat présente un bouquet intense et frais de fruits exotiques et d'agrumes. En bouche, il offre du croquant, de la vivacité et une grande suavité. Un vin au caractère affirmé et d'un équilibre appréciable. ⧗ 2018-2024

⊶ LES VIGNERONS DES CÔTES D'AGLY, av. Louis-Vigo, 66310 Estagel, tél. 04 68 29 00 45, contact@agly.fr **V** *t.l.j. 9h-12h 14h-18h*

♥ MONT TAUCH Cuvée Prestige 2017 ★★

■ | 23000 | 8 à 11 €

Locomotive des hautes Corbières, cette coopérative fondée à Tuchan en 1913, regroupe quelque 200 vignerons et vinifie le fruit de 1 500 ha de vignes implantées sur un terroir rude et sec propice aux grands vins. À sa carte, des corbières, fitou, vins doux naturels et vins en IGP.

D'un lumineux jaune paille, ce muscat admirable présente un nez à la fois puissant, élégant et complexe de clémentine confite, d'abricot frais, de fleurs blanches et de litchi. Il affiche également une très belle présence en bouche, offrant un volume important autour de notes diablement gourmandes de fruits confits et de biscuit. ⧗ 2018-2025 ■ **Aguilar 2017 ★ (8 à 11 €; 50000 b.)** : un muscat bien construit, très équilibré et expressif, ouvert sur de puissantes et originales notes exotiques. ⧗ 2018-2023

⊶ SCA MONT TAUCH, 2, rue de la Cave, 11350 Tuchan, tél. 04 68 45 41 08, pamiot@mont-tauch.com **V** *r.-v.*

PIERRE PELOU Le Muscat d'Inès 2017

■ | 6000 | ▮ | 11 à 15 €

Dans la même famille depuis 1908, ce domaine de 25 ha est aussi connu sous le nom de Celler d'al Mouli. Il est implanté sur les argilo-calcaires de Tautavel, terroir particulièrement adapté au grenache noir. Jean-Pierre Pelou, «vigneron-kiné», a transmis ses vignes et son savoir-faire à son fils Pierre, œnologue, installé en 1999.

Jaune paille et brillant, cette cuvée Inès (la fille de Pierre Pelou) dévoile au nez des notes de fruits exotiques, de citron frais, d'orange et de fleurs blanches. Dès l'attaque, la bouche se révèle vive et tonique, étirée dans une belle finale sur la pêche blanche. ⧗ 2018-2021

⊶ PIERRE PELOU, 9, rue de la République, 66720 Tautavel, tél. 06 16 96 49 61, pierre@pelou.eu **V** *r.-v.* ⓒ

CH. DE PENA Regards de femmes 2017 ★

■ | 10000 | 8 à 11 €

Le village de Cases-de-Pène tient son nom d'un ermitage du X^e^s. établi sur un roc (*pena* en catalan) calcaire qui ferme la vallée de l'Agly. Les terres noires schisteuses y alternent avec l'ocre des argilo-calcaires, formant deux superbes terroirs de 480 ha sur lesquels travaillent les 60 vignerons de la coopérative locale.

Ce muscat limpide et brillant se présente en finesse avec ses notes de raisin frais, de fruits exotiques et de fleurs blanches agrémentées de légères nuances végétales. En bouche, il propose une belle onctuosité, une liqueur bien présente et des nuances de raisin mûr. ⧗ 2018-2026

⊶ SCV L' AGLY, 2, bd Mal-Joffre, 66600 Cases-de-Pène, tél. 04 68 38 93 30, chateau-de-pena@orange.fr **V** *t.l.j. 9h-12h 14h-18h ⊶ Bourquin*

DOM. DE LA ROCHELIERRE 2016 ★

■ | 2500 | ▮ | 8 à 11 €

Quatre générations se sont succédé sur ce domaine dirigé depuis 1998 par Jean-Marie Fabre, œnologue et président des Vignerons indépendants de l'Aude. Un producteur engagé qui, accompagné de sa fille Émilie depuis 2008, préserve son terroir de Fitou: ses vignes (15 ha) n'ont pas vu de produits chimiques depuis 1979 (méthode Cousinié). En 2016, a été inaugurée une nouvelle cave.

Ce muscat jaune pâle et brillant s'ouvre sur des arômes intenses et harmonieux de miel, de citron, de pêche et de raisin mûr. La bouche apparaît équilibrée, fraîche, croquante et épicée, étirée dans une belle finale citronnée. ⧗ 2018-2026

⊶ FABRE, 8, rue de la Noria, 11510 Fitou, tél. 04 68 45 70 52, la.rochelierre@orange.fr **V** *t.l.j. 9h-12h 14h-18h; f. matin et dim. en janv.-fév.* ⓑ

ⓑ CH. ROMBEAU 2017 ★

■ | 6600 | 11 à 15 €

Le Dom. de Rombeau est dans la famille depuis 1810. Vigneron médiatique, restaurateur et hôtelier, Pierre-Henri de La Fabrègue, arrivé à sa tête en 1993, lui a donné un bel éclat. Des 90 ha de l'exploitation, dont 27 ha en bio, naissent des muscat-de-rivesaltes, des rivesaltes et des vins secs, en AOC et en IGP. Une production large et bien connue des lecteurs du Guide.

La robe est lumineuse, d'un bel or pâle. Le nez, d'un abord discret, s'ouvre à l'aération sur des notes puissantes de poire, de raisin frais, de litchi et de menthol. Cette palette aromatique se confirme dans une bouche longue, agrémentée de saveurs marquées de fruits exotiques (mangue, ananas). ⧗ 2018-2024

⊶ PIERRE-HENRI DE LA FABRÈGUE, 2, av. de la Salanque, 66600 Rivesaltes, tél. 04 68 64 35 35, vin@rombeau.com **V** *t.l.j. 9h-18h*

DOM. DES SCHISTES 2017 ★★

	10000		8 à 11 €

La cinquième génération officie dans cette exploitation de la vallée de l'Agly qui vinifie en cave particulière depuis 1989. Comme son nom l'indique, les marnes schisteuses dominent. À la vigne, Jacques et Mickaël Sire sont pointilleux sur le travail du sol et leur domaine de 55 ha est conduit en bio (certification en 2015). Une valeur sûre du Guide.

Une superbe robe légère et dorée habille ce muscat ouvert sur des arômes très frais de fruits exotiques (fruit de la Passion) et d'agrumes (citron vert), alliés à des nuances de raisins surmûris. Cette complexité se retrouve dans une bouche longue et parfaitement équilibrée entre fraîcheur et liqueur. ⧗ 2018-2025

⊶ DOM. DES SCHISTES, 1, av. Jean-Lurçat, 66310 Estagel, tél. 04 68 29 11 25, sire-schistes@wanadoo.fr V t.l.j. 9h-12h 14h-18h ⊶ Sire

DOM. SOL-PAYRÉ 2017

	6000		11 à 15 €

Le grand-père de Jean-Claude Sol, ouvrier agricole émigré d'Espagne en 1913, a reconstruit sa vie à l'abri de la cathédrale d'Elne, fondant un domaine qui s'est agrandi petit à petit pour atteindre 60 ha. Principalement implanté au sud du département, entre Perpignan et Collioure, le vignoble s'est étendu au nord, sur les sols acides des Fenouillèdes. Jean-Claude Sol a déménagé en 2016 le caveau de dégustation, qui se trouvait à Elne, sur les coteaux Saint-Martin, au cœur de la propriété.

La robe est claire, très brillante. Les arômes, puissants et originaux, évoquent le buis et le bourgeon de cassis. À une attaque fraîche, succède une bouche d'une agréable douceur, soutenue par une légère note d'amertume. Un vin pour les amateurs d'originalité. ⧗ 2018-2021

⊶ DOM. SOL-PAYRÉ, rte de Saint-Martin, 66200 Elne, tél. 04 68 22 17 97, contact@sol-payre.com V *r.-v.*
⊶ Jean-Claude et Bertrand Sol

TERRASSOUS Muscat 2017

	12090	8 à 11 €

Les vignerons de Constance et Terrassous regroupent depuis 2009 trois caves des Aspres, dans la partie sud du Roussillon: 70 adhérents pour 700 ha de vignes. Un ensemble de collines et de terrasses au pied du Canigou, lequel apporte avec ses schistes une palette supplémentaire de terroirs. La cave commercialise en tirage limité toute une gamme de splendides vins doux naturels, du six ans d'âge aux millésimes anciens.

D'un doré très pâle et brillant, cette cuvée dévoile des arômes puissants de litchi, de fleurs blanches, de menthe et de zeste de pomelo. Fraîche et franche, la bouche évolue ensuite vers une belle onctuosité relevée de notes citronnées. ⧗ 2018-2022

⊶ SCV LES VIGNOBLES DE CONSTANCE ET DU TERRASSOUS, BP 32, 66300 Terrats, tél. 04 68 53 02 50, contact@terrassous.com V *t.l.j. sf dim. 9h-12h 14h-18h30*

LES VIGNERONS DE TRÉMOINE 2016

	25000	8 à 11 €

Les Vignerons de Trémoine: une coopérative fondée en 1919, regroupant quelque 80 vignerons qui cultivent 540 ha dans quatre villages situés dans la vallée de l'Agly: Planèzes, Rasiguères, Lansac et Cassagnes. L'histoire de la cave est liée au festival de musique classique créé en 1980 par la pianiste britannique Moura Lympany.

Paré d'une robe d'or très pâle, ce muscat se révèle plutôt discret mais élégant au nez, offrant des parfums de litchi frais et de fleurs blanches. L'équilibre est agréable en bouche, autour de notes de rose et de fruits à chair blanche (poire, pêche). ⧗ 2018-2021

⊶ LES VIGNERONS DE TRÉMOINE, 5, av. de Caramany, 66720 Rasiguères, tél. 04 68 29 11 82, rasigueres@wanadoo.fr V *t.l.j. sf dim. 8h-12h 14h-18h*

MAURY

Superficie : 280 ha
Production : 6 600 hl (85 % rouge)

Le vignoble recouvre la commune de Maury, au nord de l'Agly, et une partie des trois communes limitrophes. Encadré par des montagnes calcaires, les Corbières au nord et les Fenouillèdes au sud, il s'accroche à des collines escarpées aux sols de schistes noirs de l'aptien plus ou moins décomposés. Les maury rouges doivent leur caractère au grenache noir, cépage dominant. La vinification se fait souvent par de longues macérations, suivies d'un long élevage en fût – parfois en bonbonnes de verre – qui permet d'affiner des cuvées remarquables. D'un rouge profond lorsqu'ils sont jeunes, les maury prennent par la suite une teinte acajou. Au bouquet, ils évoquent d'abord les petits fruits rouges, avant d'évoluer vers le cacao, les fruits cuits et le café. Plus rares sont les blancs, élaborés à partir des grenaches blancs et gris et du macabeu.

CLOS DES VINS D'AMOUR
Grenat Alcove 2014

	4000		15 à 20 €

Christine et Nicolas Dornier, tous deux œnologues, se sont associés à Christophe et Laurence Dornier pour reprendre en 2002 les vignes cultivées par la famille depuis 1860. Les deux couples ont quitté la coopérative en 2004 pour créer le Clos des Vins d'amour. Leur domaine (25 ha en conversion bio) s'étend sur les terroirs schisteux de Tautavel, de Maury et de Saint-Paul-de-Fenouillet.

Un grenat en vue dans le millésime précédent et de bonne tenue cette année. Le regard reste noir, intense et profond; le grenache noir apporte les senteurs bien typées de cerise kirschée, nuancées de notes plus originales de violette et de sous-bois. La bouche se montre d'abord suave sur fond épicé, gourmande – on y croque la cerise burlat –, puis la structure s'impose, avec un tanin encore solide, adouci par une pointe de réglisse. Un grenat bien fait, équilibré, qui n'attend plus que le foie gras ou du fromage persillé. ⧗ 2018-2021

⊶ DORNIER, 3, rte de Lesquerde, 66460 Maury, tél. 04 68 34 97 06, maury@closdesvinsdamour.fr V 🚶 🍷 *r.-v.*

LES VIGNERONS DES CÔTES D'AGLY
Grenat 2015 ★

■	9000	8 à 11 €

Les Vignerons des Côtes d'Agly regroupent six caves coopératives dans la vallée de l'Agly. Ils sont 250 viticulteurs à cultiver des vignes (1 150 ha) à Estagel, Montner, Lesquerde, Saint-Paul-de-Fenouillet et Caudiès. Ils proposent la plupart des productions du Roussillon, en vins secs et en vins doux naturels.

Le tuilé se glisse en reflets sur la robe d'un grenat profond. Mais surprise, dès l'approche, le nez apporte sa corbeille de fruits – les arômes classiques d'un maury grenat – tout en montrant la complexité d'un vin élevé, avec des notes de cacao, de café, de cuir et des parfums de garrigue. La bouche est fraîche, charpentée, tannique, solaire et chaleureuse. On y retrouve la palette complexe qui fait la part belle à la torréfaction. ⧗ 2018-2028

⊶ LES VIGNERONS DES CÔTES D'AGLY, av. Louis-Vigo, 66310 Estagel, tél. 04 68 29 00 45, contact@agly.fr V 🍷 *t.l.j. 9h-12h 14h-18h*

LA COUME DU ROY Rancio 2002 ★

■	1500	🛢	30 à 50 €

Créé en 1850, l'un des plus anciens domaines de Maury, dans la vallée de l'Agly, précurseur de la vente en bouteilles, sous la marque Maury doré (déposée en 1932). Aujourd'hui, il a gardé un esprit conquérant. Agnès de Volontat-Bachelet exploite avec son époux Jean-François 25 ha et propose des vins secs et des vins doux naturels où le grenache est en vedette. À sa carte, de très vieux maury vinifiés par l'arrière-grand-père. Une valeur sûre.

Après quinze ans d'élevage, le rouge encore grenat de la robe montre des reflets acajou; le pruneau et les fruits confits ont pris la place de la cerise, accompagnés d'une touche de vanille. Un fruit encore charnu, mais les fruits secs percent timidement. L'ensemble est bien présent, réglissé, avec un côté chaleureux souligné par des notes de vieille eau-de-vie de prune. Ce maury se plaira sur des fromages à pâte dure très affinés; il pourra aussi s'apprécier comme digestif. (Bouteilles de 50 cl.) ⧗ 2018-2030

⊶ AGNÈS DE VOLONTAT-BACHELET, 13, rte de Cucugnan, 66460 Maury, tél. 04 68 59 67 58, contact@lacoumeduroy.com V 🚶 🍷 *r.-v.*

DOM. DU DERNIER BASTION
Tuilé Vieilli en foudre de chêne 2010 ★★★

■	4000	🛢	11 à 15 €

Le nom du domaine fait référence à Quéribus, dernier bastion cathare dominant le village. Une très ancienne exploitation familiale (1798) établie à l'entrée du village de Maury, si l'on vient de Perpignan. Sébastien Lafage en a pris les rênes en 2014. Dans son vignoble de 12 ha, le grenache est roi.

Sébastien Lafage a soumis à nos dégustateurs deux vins qui ont fait grande impression, ce tuilé et un rancio 2008, pratiquement de même niveau. Ce 2010, après sept ans en foudre, s'est dépouillé de son rouge d'antan pour montrer des reflets fauves. Il déploie une riche palette d'arômes – cacao, miel de sapin, figue et abricot secs, avec un soupçon de noix – qui s'épanouit avec la même complexité dans une bouche encore fraîche, enrobée, douce, d'une longueur infinie. ⧗ 2018-2028 ■ **Rancio Vieilli au soleil 2008 ★★ (11 à 15 €; 2000 b.)** : élevé en plein air, ce 2008 cache bien son jeu, avec sa robe brune un peu terne. Quand on se penche au-dessus du verre, on respire d'emblée une gamme complexe d'arômes: pain d'épice, cacao, eau-de-vie de prune et noix. Charnue et généreuse, la bouche adopte le même registre évolué, avec de la figue, du zeste d'orange confite, du moka, relayés en finale par des notes de fruits secs et de rancio. ⧗ 2018-2030

⊶ M. LAFAGE, 29 av. Jean-Jaurès, 66460 Maury, tél. 04 68 38 97 68, dernierbastion@orange.fr V 🚶 🍷 *t.l.j. sf dim. 10h-12h 14h-18h*

♥ DOM. FONTANEL Grenat 2015 ★★★

■	3000	🛢 🍾	11 à 15 €

Les origines du domaine, où six générations se sont succédé, remontent à 1864. La propriété est forte d'un vignoble de 25 ha installé sur des terroirs variés. À sa tête depuis 1989, Pierre et Marie-Claude Fontaneil ont proposé pendant près de trente ans des cuvées à forte personnalité, aussi bien en vins secs qu'en vins doux naturels. En 2017, ils ont cédé l'exploitation à un jeune couple de vignerons, Élodie et Matthieu Collet.

La relève est assurée: malgré le changement de propriétaires, le domaine continue à briller, aussi bien en vins secs qu'en vins doux naturels. Quelle complexité dans ce jeune vin! Très juvénile d'aspect avec sa robe d'un grenat limpide et brillant, ce 2015 mêle au nez des senteurs fraîches et fruitées caractéristiques du style grenat, tout en montrant un début d'évolution qui ajoute d'autres nuances à sa palette: la pâte de fruits, entre prune et cerise, alliée à de fines notes toastées, à des touches de tabac blond et de crème brûlée. Une attaque opulente ouvre sur un palais racé, gourmand et persistant, où la cerise confite rencontre le cacao et la vanille. Une «simple complexité», conclut un des jurés pour résumer ce vin tout à la fois riche et accessible. Tous rêvent de l'accompagner d'un cacao grand cru, ou énumèrent les desserts qui le mettraient en valeur, comme ce croquant au chocolat sur caramel au beurre salé. ⧗ 2018-2028

⊶ ÉLODIE ET MATTHIEU COLLET, 25, av. Jean-Jaurès, 66720 Tautavel, tél. 04 68 29 45 21, contact@domainefontanel.fr V 🚶 🍷 *t.l.j. sf dim. 15h-18h; nov à mars sur r.-v.* 🏠 Ⓔ

LE MANOIR DES SCHISTES
Tuilé Grande Réserve Le Secret des Marchands 2014

■	4200	🛢 🍾	20 à 30 €

Bruno Sanchez se définit comme un «aventurier viticulteur». Issu d'une famille d'agriculteurs du Lot qui produisait du raisin livré à la coopérative, il s'est consacré lui aussi à l'agriculture et à l'œnologie, mais

il a décidé de faire son vin. Il a quitté le vignoble de Cahors pour fonder en 2013 dans les Fenouillèdes un domaine de 4 ha après avoir racheté des parcelles issues de plusieurs propriétés d'anciens coopérateurs.
Des ceps de grenache presque centenaires sont à l'origine de ce tuilé surprenant, dont la palette, au-delà de la classique cerise confiturée et de la touche empyreumatique liée à l'élevage sous bois, révèle des senteurs orientales, à la fois épicées et balsamiques. Le vin a pris quelques reflets tuilés, mais il garde en bouche beaucoup de fraîcheur. Volumineux, poivré, il offre un joli grain de tanins et des arômes de fruits mûrs, avant de finir sur une note fumée qui s'accordera avec un lièvre à la royale ou avec un fromage affiné. ⧗ 2018-2023

SAS LE MANOIR DES SCHISTES, 39, rue de la fou, 66220 Saint-Paul-de-Fenouillet, wine@manoir-des-schistes.com

MAS AMIEL Vingt ans d'âge ★

■ | 10000 | | 30 à 50 €

Protégé par la barre rocheuse où s'accroche le château de Quéribus, le mas Amiel est, avec 160 ha, l'un des plus vastes domaines des Pyrénées-Orientales. En 1816, un évêque le perd en jouant aux cartes contre un certain Raymond-Étienne Amiel. Charles Dupuy, l'ancien propriétaire, a donné une grande notoriété aux vins doux naturels de la propriété, notamment à ses «vintages». Olivier Decelle, qui a repris le Mas Amiel en 1999, diversifie la gamme en proposant des vins secs.
Le Mas Amiel fait le grand écart, proposant cette année un jeune grenat et ce maury d'élevage, hors d'âge, qui a patienté vingt ans dans des grands foudres de châtaigner, dans l'ombre du mas. Un vin qui conte son histoire de fruits noirs et de cerise peu à peu métamorphosés en pruneau, cacao, café et noix caractéristique du rancio. Il a gardé sa puissance, sa présence, mais s'est arrondi, assagi, en conservant une belle fraîcheur qui équilibre sa douceur, avant que la noix n'emporte la finale. ⧗ 2018-2030 ■ **Vintage 2014 ★ (15 à 20 €; 20000 b.)** : un grenat chaleureux, gras et épicé, dont la palette riche en fruits noirs évolue doucement vers le pruneau. Accord parfait avec le chocolat sous toutes ses formes. ⧗ 2018-2028

NICOLAS RAFFY, Mas Amiel, 66460 Maury, tél. 04 68 29 01 02, caveau@lvod.fr r.-v.

MAS KAROLINA Grenat 2015 ★

■ | 3000 | | 15 à 20 €

Elle est allée vinifier aux États-Unis et en Afrique du Sud; elle connaît le Bordelais où elle a longtemps vécu et où elle a obtenu son diplôme d'œnologue; pourtant, c'est dans la vallée de l'Agly au charme sauvage que Caroline Bonville a posé ses valises en 2003. Elle conduit aujourd'hui un domaine de 16,5 ha.
Une longue macération – plus de trois semaines –, vingt mois d'élevage en barrique, concourent à l'intensité de la robe d'un grenat pur. Au nez, la garrigue (ciste et thym) joue avec les fruits noirs et la touche torréfiée de la barrique. Cette palette aromatique se complète de notes de confiture de mûres, de cacao et d'une nuance de tabac brun dans une bouche équilibrée et solidement structurée. Un dessert aux cerises (clafoutis) ou aux figues formera un bon accord. ⧗ 2018-2028

CAROLINE BONVILLE, 29, bd de l'Agly, 66220 Saint-Paul-de-Fenouillet, tél. 06 20 78 05 77, mas.karolina@wanadoo.fr t.l.j. 10h-13h 14h30-18h; sam. dim. sur r.-v.; f. janv.-fév.

MAS LAVAIL 2013

■ | 5000 | | 11 à 15 €

Jean et Nicolas Batlle, père et fils, ont acquis ce joli mas du XIXᵉs. en 1999, à l'installation du second. À la tête de ce domaine de 80 ha de vieilles vignes, Nicolas poursuit le travail de quatre générations de vignerons sur les terres noires de Maury.
La production de vin doux naturel blancs en maury reste confidentielle. Ce sont des vins originaux, marqués par leur terroir de schistes, par le volume du grenache blanc et par la pointe tannique du grenache gris (30 % dans cette cuvée). Ajoutez pour celui-ci une vinification soignée en barrique, et vous obtenez un vin paré d'or, aux senteurs florales mêlées de fruits secs. Le boisé domine l'attaque avant que le vin ne s'impose, suave et rond, entre abricot sec et agrumes, tonifié par une finale fraîche. Accord parfait avec un sorbet à la pêche. ⧗ 2018-2023

NICOLAS BATLLE, Mas de Lavail, RD 117, 66460 Maury, tél. 04 68 59 15 22, masdelavail@wanadoo.fr t.l.j. sf dim. 10h-12h 14h-18h

MAS PEYRE Tuilé La Rage du soleil 2013 ★★★

■ | 4000 | | 15 à 20 €

La famille Bourrel a constitué son domaine en 1988. Elle a quitté la coopérative en 2003 pour créer sa cave. À l'arrivée de Baptiste, le fils aîné, en 2009, elle a engagé progressivement la conversion bio du vignoble, 35 ha plantés sur les terroirs de schistes de la vallée des Fenouillèdes. Le jeune frère, César, gère la commercialisation.
Un grenache gorgé de soleil, né de vieilles vignes, muté sur grain, élevé trois ans en foudre de 30 hl, et voilà un vin abouti, aux reflets d'automne chatoyants, superbe par sa complexité aromatique et par son fondu délicieux. Au nez, du moka, des épices, du cacao, avec un fruit confituré – de ces figues qui appellent le foie gras. En bouche, le zeste d'orange et le pruneau s'invitent et s'épanouissent sur un tanin velouté. Ajoutez ampleur, fraîcheur et longueur et vous comprendrez que ce savoureux tuilé ait eu de chaleureux partisans au moment d'élire le coup de cœur : il s'est placé juste en dessous de l'heureux élu. ⧗ 2018-2023

BAPTISTE BOURREL, 39, av. du Gal-de-Gaulle, 66220 Saint-Paul-de-Fenouillet, tél. 06 18 70 62 24, maspeyre@orange.fr t.l.j. 9h30-19h f. janv. Bourrel

LES VIGNERONS DE MAURY Tuilé Rancio ★★★

■ | | 20000 | 8 à 11 €

Fondée en 1910, la cave coopérative de Maury est aujourd'hui la plus ancienne du département encore en activité. Après les révoltes viticoles de 1907, elle regroupa plus de 130 propriétaires. Aujourd'hui, la cave dispose des 870 ha de ses adhérents; elle vit du grenache qui donne les traditionnels vins doux naturels et, depuis 2011, les maury secs.

En vin doux naturel, les Vignerons de Maury ont obtenu des sélections dans de nombreux styles de vin, jeunes ou longuement élevés. Le préféré est ce tuilé à la belle robe patinée par le temps, mêlant cacao, fruits secs, café, cuir et tabac. Très fondu en bouche, il allie des notes suaves de marmelade à des arômes plus vifs d'abricot sec, sur fond de rancio se prolongeant à l'infini. ⧗ 2018-2028 ■ **Chabert de Barbera 1988 ★★ (30 à 50 €; 8000 b.)** : ce vin d'un autre siècle, aux reflets fauves, se maintient parfaitement, jouant sur le pruneau, la figue sèche, la noix, l'orange confite et le cacao, et prenant des accents de sherry en finale. ⧗ 2018-2030 ■ **Ambré 2008 ★★ (11 à 15 €; 14000 b.)** : un vin bien élevé; après dix ans sous bois, il joue sur la figue et les fruits secs, à la fois très frais et délicieusement rancio. ⧗ 2018-2030 ■ **Grenat Pollen 2017 (8 à 11 €; 26000 b.)** : vin cité.

SCV LES VIGNERONS DE MAURY, 128, av. Jean-Jaurès, 66460 Maury, tél. 04 68 59 00 95, contact@vigneronsdemaury.com V ▪ *t.l.j. 9h-12h30 14h-18h*

PARCÉ FRÈRES 2015 ★★
Grenat Muté sur grains

■	4000		11 à 15 €

Parcé Frères est la structure de négoce qui commercialise les vins du Dom. Augustin et du Dom. de la Préceptorie, propriété de la famille Parcé. La nouvelle génération est désormais aux commandes avec Martin, Augustin et Vincent.

Le grenat très sombre de la robe traduit un mutage sur grains – l'ajout d'alcool intervient vers le milieu de la fermentation pour l'arrêter, tout en conservant une part des sucres du raisin. Une opération qui permet également d'extraire le maximum de composés du raisin. Les fruits noirs (mûre, myrtille, cassis) et la cerise prennent au nez des tons confiturés, sur fond de cacao. La bouche apparaît travaillée, affinée, avec des tanins polis. Croquante, souple et solide à la fois, elle déploie toujours ce fruit noir, accompagné d'une douceur épicée et vanillée. ⧗ 2018-2028

AUGUSTIN, VINCENT ET MARTIN PARCÉ FRÈRES, 54, av. du Puig-del-Mas, 66650 Banyuls-sur-Mer, tél. 04 68 81 02 94, lesvinsparcefreres@orange.fr V ▪ ▪ *r.-v.*

DOM. POUDEROUX
Grenat Vendange mise tardive 2011 ★

■	3000	⦶	15 à 20 €

Une remarquable régularité pour ce domaine de 20 ha niché au cœur du village de Maury. Une petite cave bien agencée et un joli jardin-terrasse où Robert et Cathy Pouderoux accueillent leurs visiteurs. À leur carte, le rouge est en vedette: du maury, bien sûr (doux ou sec), et aussi des côtes-du-roussillon-villages. Certifié bio sur une partie du vignoble, en conversion sur d'autres parcelles.

Élevé deux ans en demi-muid, puis affiné trois ans en bouteilles, ce 2011 est un vin très sombre aux légers reflets tuilés, ancré sur un fruité mûr, où domine la myrtille, puis le pruneau, sur un fond épicé et empyreumatique aux accents de moka. Grillé et fruits noirs se prolongent dans une bouche très équilibrée, structurée et fondue, aux tanins enrobés. De beaux accords en perspective avec un magret de canard ou avec du fromage persillé. ⧗ 2018-2028 ■ **Grenat Vendange 2016 (15 à 20 €; 12000 b.)** Ⓑ : vin cité.

ROBERT POUDEROUX, 2, rue Émile-Zola, 66460 Maury, tél. 04 68 57 22 02, domainepouderoux@sfr.fr V ▪ ▪ *r.-v.*

TERRA NOBILIS Grenat 2016 ★★

■	2000	⦶ ▮	11 à 15 €

Au pied des Albères, le Ch. Valmy, construit en 1888 par l'architecte danois Viggo Dorph Petersen, est entouré de 26 ha de vignes. En 1998, Bernard Carbonnell et son épouse Martine ont fait renaître non seulement le vignoble et ses vins (réguliers en qualité), mais aussi le château en créant des chambres d'hôtes de luxe, complétées en 2014 par le restaurant *La Table de Valmy*, un projet conduit par les filles des propriétaires, Anaïs et Clara. Sous le nom de Terra Nobilis, le domaine a créé en 2015 une structure de négoce-éleveur.

Grâce à leur structure de négoce, les propriétaires du Ch. Valmy peuvent proposer sous la marque Terra nobilis un maury né d'exploitations éloignées de leur port d'attache. Fruit d'une longue macération où l'extraction a été poussée, le vin se présente dans une robe superbe, d'un grenat profond tirant sur le noir. Le fruit mûr est omniprésent, entre cerise burlat et mûre gorgée de soleil. La bouche se montre riche, ample et généreuse, équilibrée par une belle fraîcheur. On y retrouve le fruit noir, souligné d'un joli boisé qui apporte des arômes de torréfaction, café en tête, et accompagné d'un pruneau perçant timidement. Un grenat harmonieux qui appelle le chocolat. ⧗ 2018-2028

SARL LES VINS DE VALMY, chem. de Valmy, 66700 Argelès-sur-Mer, tél. 04 68 81 25 70, contact@chateau-valmy.com V ▪ ▪ *r.-v.*

IGP CÔTES CATALANES

DOM. ALQUIER Les Corts 2016 ★

■	5000	▮	5 à 8 €

Implanté au pied des Pyrénées et du col du Perthus, ce domaine familial conduit depuis 1995 par Patricia et Pierre Alquier a été constitué en 1898. Fort de 32 ha de vignes, il est établi sur le superbe terroir des Albères – merveilleux tant par ses paysages que par l'expression de finesse et de minéralité que les sols acides du piémont pyrénéen confèrent aux vins.

La robe est sombre et profonde, et le nez puissant, ouvert sur des senteurs d'olives noires, de fruits mûrs et de cacao. Dominée par des arômes d'épices douces et de poivre, la bouche se révèle ample, riche et veloutée, dotée de tanins bien présents mais soyeux et d'une finale chaleureuse. ⧗ 2018-2021

ALQUIER, 66490 Saint-Jean-Pla-de-Corts, tél. 04 68 83 20 66, domainealquier@wanadoo.fr V ▪ ▪ *t.l.j. sf dim. 9h-12h 15h-19h*

Ⓑ DOM. LA BEILLE Mourvèdre 2015 ★★

■	2500	▮	11 à 15 €

Agathe Larrère a créé sa cave en 2005 et vinifie au domaine implanté à Corneilla-La-Rivière, sur les pentes du massif de Força Real. Entre galets roulés et terres de schistes, le terroir est exigeant mais il fait

naître des vins de grande classe, vins d'appellation ou vins de cépage en IGP. Le vignoble est certifié bio depuis 2013.
Le mourvèdre se plaît sur les pentes schisteuses, et cette cuvée en est la preuve. La robe est très sombre et le nez intense et complexe: cassis et cerise très mûres, cannelle et autres épices orientales. La bouche se révèle ample, concentrée et expressive, à l'unisson du bouquet, avant de déployer une longue finale plus tannique. ⧗ 2019-2023 ■ **Syrah 2016 ★ (11 à 15 €; 1500 b.)** Ⓑ : des notes de cacao au nez, des tanins serrés en bouche, avec des arômes de griotte, pour cette cuvée d'une belle puissance. ⧗ 2019-2023

⊶ AGATHE LARRÈRE, Dom. la Beille, 18, rue Saint-Jean, 66550 Corneilla-la-Rivière, tél. 06 80 07 25 88, la-beille@neuf.fr V ⚐ ▮ *r.-v.*

Ⓑ DOM. BELLAVISTA Zoé en Claudine 2017 ★

■	2750	▮	8 à 11 €

Acquis en 1992 par la famille Bertrand, ce domaine de 50 ha, adossé aux collines de Castelnou, dresse fièrement de superbes bâtisses du XIII^e^s. bien restaurées. Le vignoble est conduit en bio certifié depuis 2013.
Ce 100 % grenache noir revêt une robe saumonée, pâle et brillante. Le nez est élégant, offrant une note fraîche d'agrumes complétée par une touche de rose. La bouche, dotée d'un bel équilibre, apparaît tout aussi fraîche, légère et fine. ⧗ 2018-2019

⊶ DOM. BELLAVISTA, Mas Bellavista, 66300 Camélas, tél. 04 68 53 25 18, domaine-bellavista@orange.fr V ⚐ ▮ *t.l.j. sf sam. dim. 9h-12h30 13h30-17h* ⌂ Ⓒ *⊶ Monique Bertrand*

DOM. BOUDAU Le Petit Closi 2017 ★

■	16000		5 à 8 €

Véronique Boudau et son frère Pierre sont à la tête du domaine familial depuis 1993. Ils ont décidé de donner un nouveau souffle à la propriété, qui couvre quelque 60 ha sur d'excellents terroirs, à l'entrée de la vallée de l'Agly. Le pari est réussi: la totalité de la production est mise en bouteilles et commercialisée, notamment dans un réseau de restaurants et de cavistes. Une valeur sûre, qui a engagé la conversion bio de son vignoble.
Cette cuvée drapée dans une robe grenat dévoile un nez expressif qui s'articule autour des fruits rouges (cerise, fraise, framboise). La bouche est ronde, soyeuse et persistante sur le fruit. ⧗ 2019-2022 ■ **Le Petit Closi 2017 ★ (5 à 8 €; 24000 b.)** : le Petit Closi a été coup de cœur dans sa version 2016; le 2017 est très réussi. Un vin aux reflets fuchsias, au nez très intense de fruits rouges, notamment de framboise, à la bouche tout aussi fruitée, ample et franche, soulignée par une finale acidulée. ⧗ 2018-2019

⊶ VÉRONIQUE ET PIERRE BOUDAU, 6, rue Marceau, 66600 Rivesaltes, tél. 04 68 64 45 37, contact@domaineboudau.fr V ▮ *t.l.j. sf dim. 10h-12h 15h-19h; sam. 10h-12h de sept. à mai ⊶ Véronique et Pierre Boudau*

DOM. DE CALADROY Rosée des Vignes 2017 ★★

■	20000	▮	5 à 8 €

Une forteresse médiévale qui gardait la frontière entre le royaume de France et celui d'Espagne. De la terrasse du château, on découvre un panorama exceptionnel: au loin, la mer, le Canigou; en contrebas, les vignes (130 ha) et les oliviers (7 ha). La chapelle du XII^e^s. accueille le caveau de dégustation.
Ce vin se pare d'une belle robe rosée aux reflets violines. Le nez, d'une belle complexité, s'exprime sur un registre fruité (fraise écrasée, poire) agrémenté d'une délicate touche florale. En bouche, on garde le cap fruité avec des notes de cerise et de fraise, soulignées par une belle acidité qui porte loin la finale. ⧗ 2018-2020

⊶ SCEA CH. DE CALADROY, rte de Bélesta, 66720 Bélesta, tél. 04 68 57 10 25, cave@caladroy.com V ▮ *t.l.j. sf dim. 9h-12h 13h-19h ⊶ Mézerette*

BY CARAMANIAC Le Grand Rocher 2016 ★

■	3600	▮	- de 5 €

Caramany se niche dans la vallée de l'Agly, non loin d'un lac de retenue. Fondée en 1924, sa coopérative est au centre de la vie locale, proposant des journées d'animation au bord du lac. Les vignes en altitude de ses adhérents (280 ha) bénéficient de nuits fraîches et de terroirs de gneiss qui confèrent de la subtilité aux vins.
Une dominante de carignan dans ce vin rubis soutenu, ouvert sur les épices douces comme la cannelle et sur des nuances de pâtisserie. La bouche se montre ample, suave et grasse, centrée sur des arômes de fruits noirs très mûrs qui accompagnent longuement la finale. ⧗ 2018-2021

⊶ LES VIGNERONS DE CARAMANY, 70, Grand-Rue, 66720 Caramany, tél. 04 68 84 51 80, y.clavier@vigneronsdecaramany.com

JEFF CARREL Vieille mûle 2017 ★

■	19700		5 à 8 €

Conseiller en communication viticole «tout-terrain» (Languedoc-Roussillon, Bordelais, Beaujolais, Bourgogne, Priorat) et négociant, l'œnologue Jeff Carrel a vinifié dans la Loire, en Alsace et enfin dans le Languedoc, où il s'installe en 1996. Il fait preuve d'audace et d'originalité dans le graphisme de ses étiquettes, sans pour autant manquer de rigueur dans la sélection des cuvées, principalement originaires du Languedoc et du Roussillon.
Ce pur grenache provenant de la cave de Cases de Pène a séduit le jury avec sa robe rouge intense aux reflets rubis, comme avec son bouquet profond de fruits mûrs (cassis, cerise burlat). Une attaque «très grenache du Roussillon», comprenez avec du gras et une certaine sucrosité, ouvre sur une bouche très fruitée, aux tanins fondus. ⧗ 2018-2021 ■ **Saveur verte 2016 ★ (8 à 11 €; 4680 b.)** : ce muscat, dominé tout au long de la dégustation par des notes d'agrumes (pamplemousse et orange sanguine), se montre ample, gras et d'une bonne persistance. ⧗ 2018-2021

⊶ THE WAY OF WINE, 12, quai de Lorraine, 11100 Narbonne, tél. 07 84 19 30 00, info@jeffcarrel.com

Ⓑ DOM. CAZES Canon du Maréchal 2017 ★★

■	100000		5 à 8 €

Fondation en 1895, premières mises en bouteilles en 1955 et une croissance continue. Aujourd'hui, un

ROUSSILLON

domaine de 220 ha entièrement conduit en biodynamie depuis 2005. À sa carte, toutes les AOC du Roussillon, des IGP, tous les styles de vin. Dans le giron du groupe Advini depuis 2004.

Les années passent et le Canon du Maréchal, cuvée emblématique, ne vieillit pas. Cette association des deux muscats avec du viognier donne ici un vin doré aux beaux reflets verts, au bouquet intense de fruits exotiques (ananas, litchi) et de fruits secs (noisette, amande). La bouche apparaît ample et vive, les fruits exotiques accompagnant une finale longue et saline. ⧗ 2018-2021

SCEA CAZES, 4, rue Francisco-Ferrer, 66600 Rivesaltes, tél. 04 68 64 08 26, info@cazes.com V r.-v. ⑤

DOM. DES CHÊNES Les Olivettes 2015 ★

	8000		8 à 11 €

Fondé au XVIIIe s., ce vieux mas catalan a vu plusieurs générations de Razungles se succéder et livrait à l'origine ses raisins à un célèbre fabricant d'apéritifs. Couvrant aujourd'hui 36 ha sur les terroirs du cirque de Vingrau, il est conduit par Alain Razungles, qui prouve que l'on peut être à la fois professeur en œnologie (à Sup Agro Montpellier) et grand vigneron. Sa fille Marion est désormais à ses côtés.

Issu d'un assemblage de muscat et de macabeu, ce vin se présente dans une belle robe or pâle. Le nez est d'une agréable fraîcheur autour de notes d'agrumes (citron, pamplemousse) et de fleurs blanches, agrémentées d'une touche beurrée. On retrouve la fraîcheur en bouche, combinée avec du gras, des notes persistantes de fruits à chair blanche et une belle note saline. ⧗ 2018-2021

RAZUNGLES, 7, rue Mal-Joffre, 66600 Vingrau, tél. 04 68 29 40 21, domainedeschenes@wanadoo.fr V *t.l.j. 10h-12h 14h-18h; sam. dim. sur r.-v.*

CLOS DES VINS D'AMOUR Grenache en famille 2016 ★

	8000		8 à 11 €

Christine et Nicolas Dornier, tous deux œnologues, se sont associés à Christophe et Laurence Dornier pour reprendre en 2002 les vignes cultivées par la famille depuis 1860. Les deux couples ont quitté la coopérative en 2004 pour créer le Clos des Vins d'amour. Leur domaine (25 ha en conversion bio) s'étend sur les terroirs schisteux de Tautavel, de Maury et de Saint-Paul-de-Fenouillet.

Le grenache est le cépage emblématique de la vallée de l'Agly. Il donne ici un vin peu intense en couleur, mais brillant. Le premier nez évoque le raisin fermenté, puis apparaissent les fruits rouges frais, les épices et une note de caramel. Portée par des tanins fondus, la bouche est gourmande et flatteuse, persistante sur les fruits frais, agrémentée d'une touche acidulée. Un bel équilibre pour un vin mettant la pureté et la simplicité en valeur. ⧗ 2018-2021 ■ **Carignan en famille 2016 ★ (8 à 11 €; 13000 b.)** : souple et gourmand, ce carignan exhale des notes de cerise bigarreau et d'orange sanguine, avec une fine acidité en finale. ⧗ 2018-2021

DORNIER, 3, rte de Lesquerde, 66460 Maury, tél. 04 68 34 97 06, maury@closdesvinsdamour.fr V r.-v.

DOM. DES DEMOISELLES Cairo 2016 ★

■	6000		8 à 11 €

Sept générations de vignerons et de marchands de chevaux se sont succédé à la tête de ce domaine au cœur des Aspres. C'est en hommage aux trois dernières, représentées par des femmes, que la propriété porte son nom. Isabelle Raoux a abandonné l'équitation en 1998 pour perpétuer l'exploitation. Elle officie à la cave et son mari Didier à la vigne (30 ha en bio).

Cette cuvée composée de carignan et de grenache a été proposée pour le coup de cœur. La robe est rubis et d'une belle brillance, le nez centré sur les fruits confiturés (la mûre notamment), avec une pointe épicée et sucrée. Une attaque vive sur les fruits frais ouvre sur une bouche ample, alerte et souple, portée par des tanins soyeux et fondus. ⧗ 2019-2022

ISABELLE RAOUX, Mas Mulés, 66300 Tresserre, tél. 06 83 04 34 62, domaine.des.demoiselles@gmail.com V r.-v.

DOM BRIAL Les Camines 2017 ★★

■	18000		5 à 8 €

Suivi à la parcelle, maîtrise de la totalité de la chaîne d'élaboration, du raisin à la bouteille, démarche de développement durable... La cave de Baixas, fondée en 1923, compte aujourd'hui 350 coopérateurs qui exploitent 2 100 ha répartis sur une trentaine de communes. Elle est aussi la première productrice de muscat-de-rivesaltes. Une valeur sûre.

Les camines sont les petits chemins étroits et escarpés qui mènent les vignerons à leur parcelle. Ici, ils mènent aux étoiles avec ce rosé de grenache et de syrah à la robe claire et au nez élégant de groseille et de fraise sur fond de minéralité. La bouche se révèle croquante, persistante, tout en fruits rouges et soulignée par une fine acidité qui apporte du peps. ⧗ 2018-2020 ■ **Le Pot 2017 ★ (5 à 8 €; 55000 b.)** : un rosé aux notes violines, floral et fruité, frais et dense. ⧗ 2018-2020

VIGNOBLES DOM BRIAL, 14, av. Mal-Joffre, 66390 Baixas, tél. 04 68 64 22 37, contact@dom-brial.com V *t.l.j. sf dim. 9h-12h 14h-18h30*

DOM. DE L'ÉVÊCHÉ 2017 ★

■	10000		- de 5 €

Situé sur les hauteurs d'Espira-de-l'Agly, ce domaine est une ancienne propriété de l'Église, d'où son nom. Alain Sabineu y exploite 70 ha de vignes sur les différents terroirs du Roussillon.

Cette cuvée née de grenache et de cabernet-sauvignon présente une robe saumonée et un nez fin et élégant, sur les petits fruits rouges qui donnent envie de poursuivre. On découvre alors une bouche offrant le même fruité, de la fraîcheur et beaucoup de délicatesse. ⧗ 2018-2019

DOM. DE L' ÉVÊCHÉ, rte de Baixas, 66600 Espira-de-l'Agly, tél. 06 07 78 27 86, alain.sabineu@orange.fr V r.-v.

FACE B Peaux rouges 2016

■	3500		11 à 15 €

Après dix ans passés en Bourgogne, Géraldine et Séverin Barioz ont décidé de créer le Dom. Face B

en 2016. Situé à Calce, ce vignoble couvre 3,5 ha de vignes exploités en bio sur le territoire de Calce, complété par une activité de négoce.

Syrah et grenache pour ce vin pourpre et brillant, issu du négoce. Le nez, d'une bonne complexité, offre un florilège de senteurs: réglisse, fruits noirs, tabac, cuir, sous-bois. Des arômes prolongés par une bouche fraîche et bien équilibrée, mais encore assez sévère en finale. ⧗ 2019-2023

FACE B, 17, rte d'Estagel, 66600 Calcé, tél. 06 60 69 50 16, contact@vins-face-b.fr V r.-v.
Barioz

DOM. FERRER-RIBIÈRE
Carignan Empreinte du temps 2017 ★★

■ | 6200 | | 11 à 15 €

Denis Ferrer et Bruno Ribière ont créé ce domaine en 1993 avec des vignes situées sur différents terroirs des Aspres. Convaincus par l'agriculture biologique, ils convertissent leurs 30 ha en 2007, s'essaient même à la biodynamie et signent des vins sincères qui reflètent la complexité du terroir.

De très vénérables carignans de... cent-quarante ans sont à l'origine de cette cuvée pourpre aux reflets violines, qui développe des arômes intenses de fruits rouges et noirs (cerise, myrtille, cassis). Une attaque vive, avec un beau retour du cassis, introduit une bouche ample et fraîche, aux tanins fermes et élégants. ⧗ 2020-2024 ■ **Grenache noir Empreinte du temps 2017 (8 à 11 €; 3600 b.)** : vin cité.

DOM. FERRER-RIBIÈRE, SCEA des Flo, 20 rue du Colombier, 66300 Terrats, tél. 04 68 53 24 45, domferrerribiere@orange.fr V r.-v.

DOM. GRIER 2017

■ | 15000 | | 5 à 8 €

La famille Grier, propriétaire d'un vignoble en Afrique du Sud réputé pour ses effervescents, a constitué en 2006 ce domaine de 25 ha d'un seul tenant dans les Fenouillèdes. Elle en a confié les rênes à Raphaël Graugnard, qui apporte toute son expérience dans l'élaboration de vins symbolisant l'union réussie de l'Ancien et du Nouveau Mondes.

Grenache et carignan sont associés dans ce rosé aux reflets dorés, au nez élégant de petits fruits rouges frais et de pivoine. La bouche plaît par sa fraîcheur et son dynamisme. ⧗ 2018-2019

DOM. GRIER, 18 av. Jean-Moulin, 66220 Saint-Paul-de-Fenouillet, tél. 04 68 73 34 39, contact@domainegrier.com V r.-v.

♥ DOM. DES HOSPICES DE CANET EN ROUSSILLON Nova Ona 2017 ★★

□ | 10000 | | 5 à 8 €

Depuis cinq générations, la famille Benassis est installée au cœur de Canet-en-Roussillon. La cave est abritée dans une bâtisse traditionnelle catalane datant de 1836. Le vignoble (50 ha) est implanté sur les terrasses de galets roulés entre le littoral et la ville de Perpignan. Aujourd'hui, trois générations officient sur le domaine: Louis, le grand-père, Michel, le père et Marc, le petit-fils, ingénieur agronome.

Un pur bijou que ce vin blanc né de viognier, de roussanne et de muscat à petits grains. La robe est très claire et brillante comme l'eau de mer. Le nez, des plus élégants, convoque des notes minérales et les fruits exotiques (ananas, mangue, fruit de la Passion). On retrouve les arômes de mangue dans une bouche parfaitement équilibrée entre le gras et une belle et fine acidité qui pousse très loin la finale. ⧗ 2018-2021

BENASSIS, 13, av. Joseph-Sauvy, 66140 Canet-en-Roussillon, tél. 04 68 80 34 14, contact@chateau-des-hospices.fr V r.-v.

DOM. LAFAGE
Nicolas Vieilles vignes de grenache noir 2017

■ | 50000 | | 11 à 15 €

Éliane et Jean-Marc Lafage ont vinifié pendant dix ans dans l'hémisphère Sud, puis ont repris l'exploitation familiale en 1995, établie sur trois terroirs bien distincts du Roussillon: les terrasses de galets roulés proches de la mer; les Aspres et ses terres d'altitude; la vallée de l'Agly, vers Maury (depuis l'acquisition en 2006 du Ch. Saint-Roch). Aujourd'hui, quelque 180 ha cultivés à petits rendements. Un domaine très régulier en qualité, souvent en vue pour ses côtes-du-roussillon et ses muscats.

Ces vieilles vignes de grenache noir ont soixante-cinq ans. Elles ont donné un vin d'un rouge profond et intense, au nez onctueux de fruits noirs légèrement confiturés. La bouche est généreuse, ample, épicée en finale, soutenue par des tanins jeunes qui demandent à être domptés. ⧗ 2020-2023

DOM. LAFAGE, Mas Miraflors, rte de Canet, 66000 Perpignan, tél. 04 68 80 35 82, contact@domaine-lafage.com V *t.l.j. sf dim. 10h-12h15 14h45-18h30; ouvert le dim. en été*

DOM. LAURIGA Racines 2016 ★

■ | 10000 | | 8 à 11 €

Vigneron-négociant, Jean-Claude Mas dispose d'un vaste vignoble de plus de 600 ha en propre constitué par quatre générations, auxquels s'ajoutent les apports des vignerons partenaires (1 300 ha). Le Ch. Lauriga s'étend sur 60 ha dans les Aspres.

Cette cuvée noire, très soutenue, s'ouvre, après une légère aération, sur des senteurs de fruits noirs, d'épices et de thym. La bouche offre beaucoup de gras autour de saveurs de fruits noirs et de tanins puissants mais enrobés. Toute la personnalité du carignan. ⧗ 2019-2023

SARL DOM. LAURIGA, traverse de Ponteilla, RD 37, 66300 Thuir, tél. 04 68 53 26 73, info@paulmas.com V *t.l.j. 9h-12h 14h-17h*

MAS BAUX Mataro boy 2017 ★★★

■ | 6950 | | 11 à 15 €

Serge Baux a changé de vie en 1998 pour devenir vigneron et reprendre ce domaine situé à quelques pas de la mer, entre Perpignan et Canet-en-Roussillon. La propriété couvre 20 ha, dont 12,5 ha de vignes sur

un terroir de galets roulés, travaillés en bio (certification en 2013). La production est variée et valorise toutes les richesses des terroirs du Roussillon.

Une cuvée emblématique qui célèbre Serge Baux, rugbyman surnommé «Mataro boy» par un journaliste en raison de sa passion pour le mourvèdre (80 % de l'assemblage ici, avec le grenache et la syrah en complément). La robe est profonde, presque noire, ornée de reflets violines. Au nez, dominent des notes d'olive noire, de mûre et de thym. On retrouve les fruits noirs, omniprésents, dans une bouche longue, riche, ronde à souhait et d'un volume imposant, dotée de tanins puissants mais très maîtrisés. ⧗ 2019-2023 ■ **Rouge à lèvres 2017 ★★ (11 à 15 €; 11690 b.)** Ⓑ : cette cuvée issue de galets roulés, coup de cœur il y a deux ans, se distingue cette année encore: une robe pâle et limpide; un nez complexe où domine le citron confit, agrémenté d'une note florale légèrement anisée et d'une pointe amylique; une bouche très vive, minérale, persistante, avec des effluves de zest d'agrumes et du gingembre en appoint. ⧗ 2018-2020 ■ **Le Baux blond 2017 ★ (11 à 15 €; 6260 b.)** Ⓑ : un joli muscat sec, ample et expressif, centré sur des notes de litchi et de verveine. ⧗ 2018-2021

⊶ MAS BAUX, voie des Coteaux, 66140 Canet-en-Roussillon, tél. 04 68 80 25 04, contact@mas-baux.com V 🚶 🍷 *t.l.j. sf dim. 9h-12h 14h-18h30 ⊶ Serge Baux*

DOM. MAS CRÉMAT
Les Tamarius 2017 ★★

■	30000	🍾	5 à 8 €

Les terres de schistes noirs ont donné son nom au Mas Crémat («brûlé» en catalan), repris en 2006 par une famille de vignerons bourguignons: Christine et Julien Jeannin, secondés par leur mère Catherine. Un superbe mas du XIXe s. et un vignoble de 30 ha labouré et conduit en fonction du cycle de la lune, en conversion bio.

Cette cuvée née de grenache, de syrah et de marselan séduit d'emblée avec sa robe rubis aux reflets pourpres. Le nez, très intense, associe les fruits rouges (framboise) et noirs (cassis) à une touche poivrée. D'une belle persistance sur le fruit, la bouche est fondue, riche et suave, étayée par des tanins très fins. ⧗ 2019-2023 ■ **Les Petites Demoiselles 2017 ★★ (5 à 8 €; 10000 b.)** : ce rosé clair et brillant dévoile un nez fin, floral (rose fanée) et fruité (groseille et fraise des bois). En bouche, il offre du fruit, du gras et une touche de suavité, le tout souligné par une belle fraîcheur. Un rosé d'une belle harmonie. ⧗ 2018-2020 ■ **Les Sales gosses 2017 (15 à 20 €; 1300 b.)** : vin cité. ■ **Les Balmettes 2017 (5 à 8 €; 8000 b.)** : vin cité.

⊶ DOM. MAS CRÉMAT, Mas Crémat, 66600 Espira-de-l'Agly, tél. 04 68 38 92 06, mascremat@mascremat.com V 🚶 🍷 *t.l.j. sf dim. 10h-12h 14h-18h*

MAS LAVAIL
Carignan vieilles vignes Ballade rouge 2017 ★★

■	60000	🍾	5 à 8 €

Jean et Nicolas Batlle, père et fils, ont acquis ce joli mas du XIXe s. en 1999, à l'installation du second. À la tête de ce domaine de 80 ha de vieilles vignes, Nicolas poursuit le travail de quatre générations de vignerons sur les terres noires de Maury.

«Ballade est un poème fredonné», explique Nicolas Batlle à propos de ce 100 % carignan. Le nez évoque les fruits noirs frais (cassis et mûre). La bouche se montre ample, suave, ronde et chaleureuse, sur les épices douces, étayée par des tanins fins et délicats. Un vin harmonieux et fort généreux. ⧗ 2019-2023

⊶ NICOLAS BATLLE, Mas de Lavail, RD 117, 66460 Maury, tél. 04 68 59 15 22, masdelavail@wanadoo.fr V 🚶 🍷 *t.l.j. sf dim. 10h-12h 14h-18h*

♥ MAS KAROLINA L'Enverre 2016 ★★

■	3000	🛢	20 à 30 €

Elle est allée vinifier aux États-Unis et en Afrique du Sud; elle connaît le Bordelais où elle a longtemps vécu et où elle a obtenu son diplôme d'œnologue; pourtant, c'est dans la vallée de l'Agly au charme sauvage que Caroline Bonville a posé ses valises en 2003. Elle conduit aujourd'hui un domaine de 16,5 ha.

Quatrième coup de cœur en cinq éditions pour Caroline Bonville avec des vins à chaque fois différents: IGP blanc et rouge, muscat-de-rivesaltes, côtes-du-roussillon-villages! Ici, une cuvée haut de gamme née de carignan (70 %) et de grenache, après une longue macération et un élevage en fûts de chêne. La robe est très profonde. Le bouquet, fin et bien ouvert, convoque les épices orientales, les notes grillées de la barrique et les fruits noirs. On retrouve une palette fruitée et épicée (fruits noirs, noyaux de cerise, cannelle, clou de girofle) dans une bouche très équilibrée, diablement charnue, soutenue par des tanins fins et fondus et par une fine acidité qui apporte beaucoup de longueur. Un vin déjà savoureux, et pour longtemps. ⧗ 2019-2028 ■ **2017 ★ (11 à 15 €; 16000 b.)** : un vin charnu, souple et rond, aux notes de fruits rouges, doté de tanins enrobés et d'un bel équilibre. ⧗ 2018-2021

⊶ CAROLINE BONVILLE, 29, bd de l'Agly, 66220 Saint-Paul-de-Fenouillet, tél. 06 20 78 05 77, mas.karolina@wanadoo.fr V 🚶 🍷 *t.l.j. 10h-13h 14h30-18h; sam. dim. sur r.-v.; f. janv.-fév.*

Ⓑ MAS PEYRE
1ères soifs Cabernet 2017

■	3500	🍾	8 à 11 €

La famille Bourrel a constitué son domaine en 1988. Elle a quitté la coopérative en 2003 pour créer sa cave. À l'arrivée de Baptiste, le fils aîné, en 2009, elle a engagé progressivement la conversion bio du vignoble, 35 ha plantés sur les terroirs de schistes de la vallée des Fenouillèdes. Le jeune frère, César, gère la commercialisation.

Ce rosé pâle dévoile une nez fin et agréable, qui associe notes florales (acacia) et senteurs fruitées (groseille). La bouche est légèrement perlante, centrée sur la fraîcheur. ⧗ 2018-2019

⊶ BAPTISTE BOURREL, 39, av. du Gal-de-Gaulle, 66220 Saint-Paul-de-Fenouillet, tél. 06 18 70 62 24, maspeyre@orange.fr V 🚶 🍷 *t.l.j. 9h30-19h f. janv.* 🏠 ❷

♥ LES VIGNERONS DE MAURY
Grenache noir Les Maurynates Vieilles vignes 2017 ★★

■ | 42000 | 🍾 | 5 à 8 €

Fondée en 1910, la cave coopérative de Maury est aujourd'hui la plus ancienne du département encore en activité. Après les révoltes viticoles de 1907, elle regroupa plus de 130 propriétaires. Aujourd'hui, la cave dispose des 870 ha de ses adhérents; elle vit du grenache qui donne les traditionnels vins doux naturels et, depuis 2011, les maury secs.

Le grenache est le cépage roi de la vallée et des vignerons de Maury; c'est tout leur savoir-faire qui est concentré dans cette cuvée épatante, d'un beau rouge soutenu, au nez profond et élégant de fruits noirs, de cacao et de réglisse. Une attaque sur la fraîcheur ouvre sur une bouche ample, alerte, très élégante et expressive (notes de Zan, fruits noirs confiturés), dotée de tanins soyeux et d'une longue finale saline. Une vraie gourmandise. ⧗ 2018-2023 ■ **Carignan Les Maurynates 2017 ★ (5 à 8 €; 27000 b.)** : du gras et de la longueur pour ce pur carignan aux notes de fruits noirs et à la finale chaleureuse. ⧗ 2018-2022

⊶ SCV LES VIGNERONS DE MAURY, 128, av. Jean-Jaurès, 66460 Maury, tél. 04 68 59 00 95, contact@vigneronsdemaury.com V 🍷 *t.l.j. 9h-12h30 14h-18h*

DOM. MOLIN'AGLY
La Belle de Cougoumeille 2015 ★

■ | 3000 | 🛢 | 15 à 20 €

Le nom de ce domaine est la contraction de moulin (*molin* en Occitan) et d'Agly, la rivière qui s'écoule dans cette vallée au nord de Perpignan. En 2014, Éric Pimpurniaux a pris la tête de ce vignoble de 7,5 ha situé à environ 400 m d'altitude et en conversion bio.

Cette cuvée mi-cabernet franc mi-grenache rend hommage aux femmes qui travaillent sur le domaine. Drapée dans une belle robe rubis clair, elle dévoile un nez à la fois intense et délicat de fraise des bois. Dominée par les fruits mûrs, la bouche se montre ample, fraîche et tannique, bien domptée par un élevage soigné. De bonne garde assurément. ⧗ 2020-2025

⊶ ÉRIC PIMPURNIAUX, Le Pla, 43, rue du Roussillon, 66220 Cuadies-de-Fenouillèdes, tél. 07 86 66 81 54, ericpimpu@hotmail.com V 🚶 🍷 *r.-v.*

Ⓑ INFINIMENT DE L'OU 2016 ★★

■ | 10000 | 🛢 | 15 à 20 €

Philippe Bourrier, agronome, et son épouse Séverine, œnologue, ont acheté en 1999 ce domaine dont le nom vient d'une résurgence dans un bassin en forme d'œuf (*ou* en catalan). Ils ont refait le chai et travaillé d'emblée en agriculture biologique leur vignoble qui couvre 47 ha entre plaine du Roussillon et Fenouillèdes.

Le travail sur cette cuvée de syrah est exigeant, avec une fermentation en barriques ouvertes et un élevage dans ces mêmes barriques refermées. La robe est pourpre intense. Le nez, enveloppé par une douce note boisée, se révèle complexe: on y décèle la cerise et le cassis agrémentés d'une touche de cannelle et de réglisse. On retrouve cette dernière en compagnie des fruits rouges compotés dans une bouche ample, dotée de tanins tout en finesse et d'une longue finale torréfiée et mentholée. ⧗ 2021-2025 ■ **2016 ★ (15 à 20 €; 5000 b.)** Ⓑ : fermenté et élevé en barriques, ce chardonnay présente des notes florales et boisées au nez, et développe un palais gras et chaleureux. ⧗ 2018-2022

⊶ SÉVERINE ET PHILIPPE BOURRIER, rte de Villeneuve, 66200 Montescot, tél. 04 68 54 68 67, contact@chateau-de-lou.fr V 🚶 🍷 *t.l.j. sf lun. dim. 10h-12h 15h-18h*

Ⓑ DOM. PAETZOLD Nagello 2015 ★

■ | 5500 | 🍾 | 20 à 30 €

Situé sur les communes de Belesta et de Caramany, ce vignoble, conduit depuis 2015 par Michael Paetzold, s'étend sur 16 ha (en bio), répartis entre les IGP Côtes catalanes et les côtes-du-roussillon-villages Caramany.

La syrah plantée sur schistes et sur grès a donné ce vin rubis aux reflets grenat, profondément fruité au nez (cassis), agrémenté d'une touche de sous-bois et d'épices. Passé une attaque très tonique et fraîche, la bouche s'articule harmonieusement entre rondeur, suavité et tanins, avant le retour d'une intense vivacité en finale. ⧗ 2020-2024

⊶ MICHAEL PAETZOLD, Louis-Sarradets, rte de Caladroy, 66720 Belesta, tél. 06 16 44 64 86, contact@domainepaetzold.com V 🍷 *r.-v.*

DOM. PELISSIER 2017 ★★

■ | 969 | 5 à 8 €

Issue de cinq générations de viticulteurs établis dans les Aspres et sur les contreforts de Força-Réal, la fratrie Pelissier s'est lancée dans la mise en bouteilles au domaine en 2015 à partir de 70 ha de vignes et d'une cave installée à Millas.

Ce domaine fait une belle entrée dans le Guide avec ce 100 % mourvèdre à la robe rose pâle. Le nez est intense, ouvert sur les fruits rouges, les agrumes et le bonbon anglais. En bouche, le vin affiche beaucoup de personnalité avec des tanins fondus qui lui donnent un coté corpulent, équilibré par une légère et très agréable amertume. ⧗ 2018-2020 ■ **2017 ★ (5 à 8 €; 978 b.)** : un pur viognier aux beaux reflets verts, ouvert sur un bouquet élégant et subtil d'agrumes et de jasmin, ample et gras en bouche, sur le coing et les épices douces. ⧗ 2018-2021

⊶ PELISSIER, chem. Ralet, 66170 Millas, tél. 06 33 00 22 78, domaine.pelissier@outlook.fr V 🚶 🍷 *r.-v.*

CH. DE PENA Ninet de Pena 2017 ★

■ | 15000 | 🍾 | 5 à 8 €

Le village de Cases-de-Pène tient son nom d'un ermitage du Xᵉs. établi sur un roc (*pena* en catalan) calcaire qui ferme la vallée de l'Agly. Les terres noires schisteuses y alternent avec l'ocre des argilo-calcaires, formant deux superbes terroirs de 480 ha

sur lesquels travaillent les 60 vignerons de la coopérative locale.

Ce muscat à petits grains qui se présente dans une seyante robe aux reflets argent. Le nez, intense, convoque les fruits exotiques, la pêche, l'abricot et les fleurs blanches. On retrouve la pêche en compagnie de l'orange confite dans une bouche ample et fraîche, dynamisée par une jolie note saline en finale. ⧗ 2018-2021

SCV L' AGLY, 2, bd Mal-Joffre, 66600 Cases-de-Pène, tél. 04 68 38 93 30, chateau-de-pena@orange.fr V ✝ ■ *t.l.j. 9h-12h 14h-18h*

DOM. DE PEZILLA Gris de Grenache 2017 ★

■	18000	5 à 8 €

Résultant de la fusion de trois caves, cette coopérative porte le nom de l'inventeur des vins doux naturels, Arnaud de Villeneuve. Elle rassemble 320 viticulteurs de Salses, de Rivesaltes et de Pézilla-la-Rivière, qui cultivent quelque 2 000 ha de vignes (dont 125 ha en bio) répartis sur 26 communes et des terroirs variés.

Le grenache gris est à l'honneur dans cette cuvée logiquement saumonée aux reflets gris. Le nez, intense, s'exprime avec une touche d'agrumes (pomelo) et de petits fruits rouges frais. Ces notes d'agrumes s'intensifient, portée par une franche acidité, dans une bouche longue et énergique. ⧗ 2018-2019

ARNAUD DE VILLENEUVE, 153, RD 900, 66600 Rivesaltes, tél. 04 68 64 06 63, contact@caveadv.com V ✝ ■ *t.l.j. sf dim. 9h30-12h30 14h30-18h30*

DOM. PIQUEMAL Clarisse 2017 ★

■	6000	⫾	5 à 8 €

Sous l'impulsion d'Annie et de Pierre Piquemal, ce domaine familial (57 ha) est devenu une référence du Roussillon. Tout en maintenant les pratiques traditionnelles, il dispose d'un chai très moderne, à l'extérieur du village. Un outil adapté pour exalter l'expression de chaque terroir (schistes feuilletés, argilo-calcaires, galets roulés). Les vinifications sont assurées par Marie-Pierre Piquemal.

Une dominante de viognier dans ce vin couleur jaune d'or, au nez complexe d'ananas, d'agrumes et de genêt. La bouche est onctueuse, riche et expressive, imprégnée d'arômes d'abricot confit, d'agrumes et de miel. Un ensemble harmonieux. ⧗ 2018-2021 ■ **Pierre 2016 (5 à 8 €; 8000 b.)** : vin cité.

MARIE-PIERRE PIQUEMAL, RD 117, km 7, lieu-dit Della-Lo-Rec, 66600 Espira-de-l'Agly, tél. 04 68 64 09 14, contact@domaine-piquemal.com V ✝ ■ *t.l.j. sf dim. 9h-12h 14h-18h; f. sam. de janv. à avril*

DOM. POUDEROUX Roc de plane 2016 ★

■	3000	⫼	11 à 15 €

Une remarquable régularité pour ce domaine de 20 ha niché au cœur du village de Maury. Une petite cave bien agencée et un joli jardin-terrasse où Robert et Cathy Pouderoux accueillent leurs visiteurs. À leur carte, le rouge est en vedette: du maury, bien sûr (doux ou sec), et aussi des côtes-du-roussillon-villages. Certifié bio sur une partie du vignoble, en conversion sur d'autres parcelles.

Cette cuvée née de grenaches blanc et gris a fait parler ses particularités. Le nez fait ressortir un côté fumé ainsi que des notes de poire, de pêche et de melon. En bouche, les notes empyreumatiques dominent avec un côté oxydatif très maîtrisé qui donne beaucoup de complexité. Ce vin puissant et gras est à réserver pour la table. ⧗ 2018-2022

ROBERT POUDEROUX, 2, rue Émile-Zola, 66460 Maury, tél. 04 68 57 22 02, domainepouderoux@sfr.fr V ✝ ■ *r.-v.*

OH DE REY 2017 ★

■	10000	⫾	5 à 8 €

Dominant la Grande Bleue et les étangs, le Ch. de Rey, fondé en 1875, déroule ses 35 ha sur les galets et les sables de la «haute» terrasse de l'Agly culminant à 15 m. Un château très «fin XIXe s.» à la tour élancée, des gîtes à 5 mn des plages. Aux commandes depuis 1996, Cathy et Philippe Sisqueille, héritiers de quatre générations de vignerons.

Cette syrah propose un nez bien typé de violette et de cassis. La bouche, fruitée, ronde et fondue, s'appuie sur des tanins maîtrisés et déploie une longue finale chaleureuse. ⧗ 2018-2021

CATHY ET PHILIPPE SISQUEILLE, rte de Saint-Nazaire, 66140 Canet-en-Roussillon, tél. 04 68 73 86 27, contact@chateauderey.com V ✝ ■ *t.l.j. sf dim. 10h-12h 15h-18h*

DOM. DE ROMBEAU Le Blanc 2017 ★

■	6900	⫾	8 à 11 €

Le Dom. de Rombeau est dans la famille depuis 1810. Vigneron médiatique, restaurateur et hôtelier, Pierre-Henri de La Fabrègue, arrivé à sa tête en 1993, lui a donné un bel éclat. Des 90 ha de l'exploitation, dont 27 ha en bio, naissent des muscat-de-rivesaltes, des rivesaltes et des vins secs, en AOC et en IGP. Une production large et bien connue des lecteurs du Guide.

Ce blanc issu de petit manseng et de muscat à petits grains revêt une belle robe jaune vif et dévoile un bouquet frais et subtil, floral et citronné. On retrouve les fleurs blanches et les agrumes dans une bouche bien équilibrée entre le gras et l'acidité, étirée dans une jolie finale mentholée. ⧗ 2018-2021

PIERRE-HENRI DE LA FABRÈGUE, 2, av. de la Salanque, 66600 Rivesaltes, tél. 04 68 64 35 35, vin@rombeau.com V ✝ ■ *t.l.j. 9h-18h*

ROUSDELLARO Autour d'un verre 2017 ★

■	584	8 à 11 €

Située à Perpignan même, entre la ville et la mer, une propriété familiale créée au siècle dernier et reprise il y a un peu moins de dix ans par Anne-Marie Castagné et cultivée par son père jusqu'en 2009. Le vignoble qui s'étend sur près de 8 ha est conduit en culture raisonnée.

Les cépages locaux sont à l'honneur dans cette cuvée: grenache blanc et macabeu. La robe est très pâle avec des reflets verts. Le nez exhale de délicates senteurs d'agrumes (pamplemousse), de fruits à chair blanche (poire) et de fruits exotiques (litchi). La bouche est fraîche et légère en attaque, puis elle s'arrondit autour de notes de fleurs blanches, avant une belle finale saline et minérale. ⧗ 2018-2021

ANNE-MARIE CASTAGNE, 7, pl. du Mas-Llard, 66000 Perpignan, tél. 06 14 69 36 72, rousam48@gmail.com r.-v.

LE SECRET DES MARCHANDS
Grande Réserve 2016 ★★

■ | 4200 | | 20 à 30 €

Bruno Sanchez se définit comme un «aventurier viticulteur». Issu d'une famille d'agriculteurs du Lot qui produisait du raisin livré à la coopérative, il s'est consacré lui aussi à l'agriculture et à l'œnologie mais il a décidé de faire son vin. Il a quitté le vignoble de Cahors pour fonder en 2013 dans les Fenouillèdes un domaine de 4 ha après avoir racheté des parcelles issues de plusieurs propriétés d'anciens coopérateurs.

La robe est très intense et le nez complexe, sur des notes de griottes, de romarin et de cacao. La bouche se révèle ronde, riche, veloutée et intensément fruitée (mûre, cassis, cerise noire), agrémentée d'une belle évocation de chocolat amer. Un beau grenache de la vallée de l'Agly. ⧗ 2018-2023

SAS LE MANOIR DES SCHISTES, 39, rue de la fou, 66220 Saint-Paul-de-Fenouillet, wine@manoir-des-schistes.com

DOM. DES SOULANES Cuvée Kaya 2017 ★

■ | 4600 | | 11 à 15 €

Avant de se mettre à son compte en 2002, Daniel Laffite a travaillé quinze ans pour une importante propriété, exploitée en agriculture biologique depuis 1972. Il en a racheté une partie et a aménagé sa cave. Il conduit aujourd'hui 17 ha avec sa femme Cathy.

Le carignan est le cépage qui reflète le plus le caractère des Catalans avec ses tanins rudes dans sa jeunesse et une grande profondeur en vieillissant. Ici, des ceps de cinquante ans à l'origine d'un vin aux beaux reflets violets et au nez élégant et délicat de fruits rouges et noirs. La bouche s'exprime tout d'abord sur la fraîcheur, puis on retrouve la profondeur et la solidité du cépage, ainsi que des arômes de cerise et de cassis qui nous accompagnent jusqu'en finale. ⧗ 2020-2024

DANIEL LAFFITE, Mas de Las Fredas, 66720 Tautavel, tél. 06 12 33 63 14, daniel.laffite@nordnet.fr r.-v.

VIGNERONS EN TERRES ROMANES
Terroirs d'altitude 2017 ★

■ | 5000 | - de 5 €

Établie à Vinça, localité bordant un lac de retenue, la coopérative des Vignerons en terres romanes est née de la fusion en 2012 de la cave de cette commune avec de celle de Tarerach. Deux villages d'altitude de la haute vallée de la Têt, avec le Canigou en toile de fond, où les cépages bénéficient de conditions climatiques fraîches.

Ce rosé séduit par sa robe pâle très tendance comme par son nez fin, floral et légèrement fruité. En bouche, on apprécie le florilège aromatique autour de notes amyliques se joignant aux arômes perçus à l'olfaction, ainsi que la fraîcheur acidulée de la finale. Un vin net, expressif, bien équilibré. ⧗ 2018-2019

SCV LES VIGNERONS EN TERRES ROMANES, 6, av. de la Gare, 66320 Vinça, tél. 04 68 05 85 86, vignerons.terres.romanes@orange.fr *t.l.j. sf dim. 9h-12h 14h-19h*

DOM. LA TOUPIE
Grenache - Syrah Petit frisson 2017 ★

■ | 2800 | | 8 à 11 €

Après vingt ans passés dans l'administration viticole, puis à parcourir le vignoble pour la coopérative du Mont Tauch, dans l'Aude, Jérôme Collas a franchi le pas et la «frontière» entre Languedoc et Roussillon, pour s'installer en 2012 sur 10 ha dans la vallée de l'Agly.

Ce Petit frisson s'affiche dans une robe très pâle, offrant un nez très intense de fruits rouges, d'acacia et de bonbon anglais. En bouche, dominent d'élégants et persistants arômes floraux, soulignés par une belle fraîcheur qui prend des accents acidulés en finale. ⧗ 2018-2019

JÉRÔME COLLAS, 19, rte de Perpignan, 66380 Pia, tél. 07 86 28 99 52, contact@domainelatoupie.fr r.-v.

DOM. TRILLES Incantation 2016 ★

■ | 2000 | | 11 à 15 €

BTS en poche, Jean-Baptiste Trilles rejoint en 2000 le domaine familial (40 ha) dans les Aspres. Apporteur de raisins à la coopérative à ses débuts, il devient vinificateur en 2007, avant de construire une nouvelle cave à sa mesure en 2010, à Tresserre, au pays des «bruixes» (fées ou sorcières). Des sorcières qui ont inspiré le nom de ses cuvées.

Ce blanc marie le grenache, le vermentino et la roussanne. Le nez offre une palette aromatique riche où des notes fumées côtoient le miel et la vanille. L'élevage sous bois marque aussi la bouche en attaque, avant que n'apparaissent plus de fraîcheur et des arômes persistants de poire, de pêche et de fleurs blanches. ⧗ 2018-2021 ■ **Tio Tio 2017 (5 à 8 €; 4000 b.)** : vin cité.

JEAN-BAPTISTE TRILLES, chem. des Coulouminettes, 66300 Tresserre, tél. 06 15 46 64 71, contact@domainetrilles.fr r.-v. *Jean-Baptiste Trilles*

LE SECRET DE VALMY 2015 ★

■ | 3000 | | 30 à 50 €

Au pied des Albères, le Ch. Valmy, construit en 1888 par l'architecte danois Viggo Dorph Petersen, est entouré de 26 ha de vignes. En 1998, Bernard Carbonnell et son épouse Martine ont fait renaître non seulement le vignoble et ses vins (réguliers en qualité), mais aussi le château en créant des chambres d'hôtes de luxe, complétées en 2014 par le restaurant *La Table de Valmy*, un projet conduit par les filles des propriétaires, Anaïs et Clara. Sous le nom de Terra Nobilis, le domaine a créé en 2015 une structure de négoce-éleveur.

Issue de terres schisteuses, cette cuvée originale par son assemblage aquitain (cabernet-sauvignon, tannat et de petit verdot) bénéficie d'une vinification intégrale

ROUSSILLON

(fermentée et élevée dans la même barrique). La robe a la profondeur de l'encre de Chine. Le nez est empreint de fraîcheur et mêle des notes d'agrumes et d'épices (clou de girofle, poivre à baies roses). La bouche, sur la cerise noire, se montre ample et riche, étayée par des tanins puissants mais enrobés. ⧗ 2020-2024 ■ **Terra Nobilis Vieilles vignes 2016 ★ (8 à 11 €; 10 000 b.)** : ce blanc présente au nez des notes de vanille, d'agrumes frais et d'ananas, et dévoile une belle harmonie en bouche entre gras et acidité. ⧗ 2018-2021

SARL LES VINS DE VALMY, chem. de Valmy, 66700 Argelès-sur-Mer, tél. 04 68 81 25 70, contact@chateau-valmy.com V r.-v.

DOM. VAQUER L'Expression 2016

■ | 2500 | | 11 à 15 €

Domaine acheté en 1912 par la famille Vaquer dans les Aspres. Dans la lignée, le «maréchal», Fernand Vaquer, figure historique du rugby catalan, deux fois champion de France avant-guerre puis entraîneur dans les années 1950 de l'USAP. Premières mises en bouteilles en 1968. Aujourd'hui, le domaine couvre 17 ha, conduits depuis 2001 par Frédérique.

Un carignan d'école que cette cuvée d'une couleur profonde, au nez complexe de fruits rouges et noirs, de café, d'épices, d'olive noire et d'herbes sauvages. Centrée sur la confiture de fruits rouges, la bouche présente un beau volume, de la rondeur et des tanins enrobés. ⧗ 2019-2023

INDIVISION VAQUER, 1, rue des Écoles, 66300 Tresserre, tél. 04 68 38 89 53, domainevaquer@gmail.com V r.-v.

LES VIGNERONS CATALANS Pink Maestro 2017 ★

■ | 80000 | | - de 5 €

En 1964, une poignée de vignerons s'unissent parce qu'ils sont convaincus que «le groupe est meilleur que le meilleur du groupe». Aujourd'hui, les Vignerons Catalans rassemblent sept caves coopératives, 1 500 adhérents et une quarantaine de caves privées, soit plus de 10 000 ha.

Ce rosé de syrah et de grenache est agrémenté d'un zest de muscats à petits grains pour booster son univers aromatique : fraise, framboise, pomelo. La bouche est franche et persistante, avec un côté citron agréable et frais qui côtoie des notes de mandarine. ⧗ 2018-2019

LES VIGNERONS CATALANS, 1870, av. Julien-Panchot, BP 29000, 66962 Perpignan Cedex 9, tél. 04 68 85 04 51, regincos@vigneronscatalans.com

IGP RANCIO SEC

Le Roussillon est une province française de culture catalane correspondant à la plus grande partie du département des Pyrénées-Orientales. Bien avant la naissance des vins doux naturels, fierté des Catalans, on y produisait des vins secs à fort degré, élevés sans ouillage dans de vieux fûts de bois (élevage oxydatif). Au bout de longues années, ce vin prenait ce que l'on appelle des notes de rancio, arômes très complexes évoquant notamment la noix fraîche et les fruits secs, tandis que des reflets verts apparaissaient dans leur robe. Ces vins faillirent tomber dans l'oubli. Cependant, de nombreux vignerons en conservaient un tonneau au fond de leur cave, car ces rancios étanchaient la soif des anciens, coupés d'eau et, surtout, servaient à élaborer une cuisine typique. Aujourd'hui, cette saveur authentiquement catalane redevient à la mode et séduit un public de plus en plus nombreux.

Après les vignerons de l'IGP Côte Vermeille, qui ont été les premiers à disposer d'un cahier des charges, ceux de l'autre indication géographique protégée départementale, l'IGP Côtes catalanes, en ont défini en 2011, avec l'aide de l'INAO, le mode d'élaboration : ce cahier des charges impose cinq ans d'élevage minimum, liste les cépages autorisés, qui sont ceux de la région (grenaches, carignan, tourbat, macabeu...), et prévoit quelques variantes dans l'élaboration, ouvrant la possibilité d'un élevage sous voile ou en solera, système où les vins vieux reçoivent régulièrement un apport de vins plus jeunes. Les rancios secs accompagnent jambons bellota, anchois salés de Collioure, fromages très affinés ou simplement, pour les amateurs, un bon cigare.

DOM. BERTA-MAILLOL
Ranfio seco ★

■ | n.c. | 11 à 15 €

Ce domaine de Banyuls remonte à 1611! Jean-Louis Berta-Maillol en 1996, puis ses frères Michel et Georges, respectivement en 2003 et 2009, ont pris la suite de leur père. Leurs 15 ha de vignes s'accrochent aux pentes schisteuses de la vallée de la Baillauri, aménagées en terrasses.

Ce rancio sec d'une belle couleur tuilée claire aux tendres reflets acajou séduit par ses discrètes mais élégantes notes de rancio combinées à des nuances iodées, et par son équilibre entre fraîcheur, douceur et puissance. ⧗ 2018-2050

DOM. BERTA-MAILLOL, Mas Paroutet, rte des Mas, 66650 Banyuls-sur-Mer, tél. 04 68 88 00 54, domaine@bertamaillol.com V *t.l.j. 9h30-12h30 14h30-19h30; f. du 1er-15 jan.*

DOM. DES DEMOISELLES Evoe ★

■ | 200 | | 30 à 50 €

Sept générations de vignerons et de marchands de chevaux se sont succédé à la tête de ce domaine au cœur des Aspres. C'est en hommage aux trois dernières, représentées par des femmes, que la propriété porte son nom. Isabelle Raoux a abandonné l'équitation en 1998 pour perpétuer l'exploitation. Elle officie à la cave et son mari Didier à la vigne (30 ha en bio).

Un véritable bijou que cette solera, un «tonneau perpétuel» débuté en... 1965. Sa séduisante robe ambrée donne envie d'aller plus loin. On découvre alors un nez intense et complexe de noisette, d'amande, d'orange amère et d'épices douces. La bouche, centrée sur des arômes de tabac blond et de noix, déploie une belle acidité qui accompagne le gras et pousse loin la finale, très élégante avec ses saveurs de moka. ⧗ 2018-2050

ISABELLE RAOUX, Mas Mulés, 66300 Tresserre, tél. 06 83 04 34 62, domaine.des.demoiselles@gmail.com V *r.-v.*

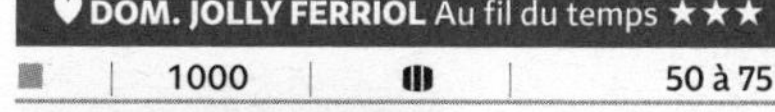

♥ DOM. JOLLY FERRIOL Au fil du temps ★★★

■ | 1000 | 🛢 | 50 à 75 €

Anciennement Mas Ferriol, un très ancien domaine. Des terres et des vignes (25 ha, dont 8,3 ha de vignoble) entourent un corps de ferme de quatre cents ans, l'un des plus vieux de la région. Plus tard, la propriété fournissait, nous dit-on, des vins à Napoléon III. Restée à l'abandon après la dernière guerre, elle a été reprise en 2005 par Isabelle Jolly et Jean-Luc Chossart, qui exploitent leurs vignes en bio.

Ce rancio sec est une pépite dont les secrets de la lente alchimie sont connus des seuls Isabelle Jolly et Jean-Luc Chossart. On sait seulement qu'il est né d'une solera de cinq niveaux. La robe ocre est teintée de beaux reflets mordorés. Le nez est une invitation au voyage: épices, notes empyreumatiques, noix, fruits secs, café, truffe blanche, tabac... La bouche, tout aussi complexe et envoûtante, d'un volume incroyable, combine la douceur et une intense fraîcheur; cette dernière soutenant une interminable finale en compagnie d'une belle note d'amande amère. Intemporel. ⧗ 2018-2050

⊶ JEAN-LUC CHOSSART, Mas Ferriol, RD 117, 66600 Espira-de-l'Agly, tél. 06 13 22 96 73, jollyferriol@gmail.com V 🚶 ▮ *r.-v.*

DOM. DES SCHISTES ★

■ | 1000 | 🛢 | 15 à 20 €

La cinquième génération officie dans cette exploitation de la vallée de l'Agly qui vinifie en cave particulière depuis 1989. Comme son nom l'indique, les marnes schisteuses dominent. À la vigne, Jacques et Mickaël Sire sont pointilleux sur le travail du sol et leur domaine de 55 ha est conduit en bio (certification en 2015). Une valeur sûre du Guide.

La robe est jaune pâle aux reflets dorés. Le nez, très puissant, est dominé par la noix fraîche, agrémentée de notes de tabac blond, d'amande et d'abricot sec. Un rancio discret anime la bouche, qui séduit par sa grande élégance, son côté aérien et son équilibre. À mi-chemin entre un rancio et un fino, ce vin ravira les amateurs et reste une belle porte d'entrée sur le monde atypique et unique des rancios secs. ⧗ 2018-2050

⊶ DOM. DES SCHISTES, 1, av. Jean-Lurçat, 66310 Estagel, tél. 04 68 29 11 25, sire-schistes@wanadoo.fr V 🚶 ▮ *t.l.j. 9h-12h 14h-18h* 🏠 G

DOM. VIAL MAGNÈRES ★★

■ | 600 | 🛢 ▮ | 15 à 20 €

Bernard Sapéras, œnologue et chimiste de formation, arrivé en 1985 sur le domaine de son beau-père, avait donné un bel élan à la propriété et à l'appellation: c'est à lui que l'on doit le banyuls blanc, l'engouement pour le rancio, la réussite du collioure blanc et le chemin d'Anicet pour découvrir le cru. Après sa disparition en 2013, Olivier et Chrystel Sapéras sont les garants de l'avenir. En 2016, ils se sont associés à Laurent Dal Zovo pour gérer les 10 ha de vignes et les nouvelles chambres d'hôtes.

Cette cuvée est une véritable institution qui honore la mémoire de Bernard Sapéras. Composée de 70 % de grenache noir et de 30 % de grenache gris, elle se présente dans une seyante robe acajou. Le nez, très élégant, associe les notes torréfiées, la noix, le tabac et une touche iodée. L'attaque met en valeur le goût de rancio, puis la bouche évolue vers les épices douces, le curry notamment; d'une harmonie remarquable, elle marie finesse et puissance. Il se dégage une formidable sérénité qui fait honneur à la Côte Vermeille dans ce rancio sec. ⧗ 2018-2050

⊶ DOM. VIAL-MAGNÈRES, 14, rue Édouard-Herriot, Clos Saint-André, 66650 Banyuls-sur-Mer, tél. 04 68 88 31 04, info@vialmagneres.com V 🚶 ▮ *t.l.j. 9h-12h 14h-18h* 🏠 5

Le Poitou et les Charentes

SUPERFICIE : Haut-Poitou : 99 ha ; **Cognac :** 685 400 ha (80 035 plantés, essentiellement destinés à la production de l'eau-de-vie ; pineau-des-charentes : 1 132 ha).

PRODUCTION : Haut-Poitou : 3431 hl ; **Cognac :** 895 000 hl (cognac) ; 105 400 hl (pineau-des-charentes).

TYPES DE VINS

Vin de liqueur (le pineau-des-charentes, assemblage de moût et de cognac, eau-de-vie élaborée dans la même aire d'appellation) ; vins tranquilles rouges, rosés et blancs (haut-poitou).

SOUS-RÉGIONS

Haut-Poitou au nord (rattaché viticolement au Val de Loire).

Vignobles du cognac et ses six terroirs (voir carte).

CÉPAGES PRINCIPAUX

Rouges : cabernet franc, cabernet-sauvignon, merlot, gamay (ce dernier uniquement pour le haut-poitou).

Blancs : ugni blanc (surtout), colombard, folle blanche (pour le cognac) ; sémillon, montils, sauvignon.

LE POITOU ET LES CHARENTES

Les vignobles des anciennes provinces de l'Aunis, de la Saintonge et du Poitou ont prospéré avant celui du Bordelais, grâce au port de La Rochelle. Si le Poitou n'a gardé que quelques ceps, les Charentes ont, depuis le XVIes., fondé leur essor sur la distillation des vins blancs. Le cognac a fait leur réputation – une eau-de-vie qui contribue à un élégant vin de liqueur, le pineau-des-charentes.

Du Bassin parisien au Bassin aquitain. Au nord-ouest, la Vendée; au nord, l'Anjou; au nord-est, la Touraine; à l'est, les plateaux du Limousin; au sud, le Bassin aquitain. Géologiquement, le Poitou, enserré entre les terrains primaires du Massif armoricain et du Massif central, fait communiquer les deux grands bassins sédimentaires du territoire français, le Bassin parisien et le Bassin aquitain: d'où le nom de Seuil du Poitou. Ses terrains sont de nature sédimentaire, tout comme ceux, au sud, des pays charentais, auréoles du Bassin aquitain. Les reliefs plats du Poitou font place à des terrains plus ondulés en Charente, où les sols prennent çà et là la couleur blanchâtre du calcaire. Son climat océanique très doux rapproche la région Poitou-Charentes de l'Aquitaine : il est souvent ensoleillé en été ou à l'arrière-saison, avec de faibles variations de températures, ce qui permet une lente maturation des raisins.

La fortune médiévale. Dès l'époque gallo-romaine, les pays des Pictaves et des Santones ont été rattachés à la même province que Bordeaux et, à partir du X^es., Aquitaine et Poitou ont été réunis sous un même duché, avant de devenir partie intégrante, au milieu du XIIes., du grand royaume Plantagenêt comprenant Aquitaine, Poitou, Anjou et Angleterre. Leur histoire viticole présente ainsi des traits communs, quoique les époques de prospérité n'aient pas toujours coïncidé.

Aux temps gallo-romains, malgré l'éclat de Saintes et de Poitiers, nul indice d'une viticulture prospère dans la région, alors que Bordeaux possède déjà des vignobles réputés. C'est au Moyen Âge que le vignoble poitevin s'épanouit. Sa viticulture a un caractère hautement spéculatif: elle est suscitée par le renouveau de la navigation maritime et par l'essor des villes de l'Europe du Nord. Le nouveau patriciat urbain veut consommer du vin. Des navires, plus gros et plus perfectionnés qu'auparavant, partent en quête de la boisson aristocratique. Les Poitevins répondent à cette demande. On plante en quantité dans les diocèses de Poitiers et de Saintes: vins de La Rochelle, de Ré et d'Oléron, de Niort, de Saint-Jean d'Angély, d'Angoulême... Fondée par Guillaume X et protégée par les ducs d'Aquitaine, La Rochelle est l'un des principaux ports d'expédition. On appelle aussi vins du Poitou les produits nés dans les régions voisines de l'Aunis, de la Saintonge et de l'Angoumois – les provinces historiques situées sur le territoire actuel des deux Charentes.

Des alambics pour les Hollandais. La prise de La Rochelle par le roi de France, en 1224, ferme aux vins du Poitou le marché anglais désormais approvisionné par des clarets bordelais. Les autres régions de l'Europe du Nord deviennent alors leur principal débouché – en particulier la Hollande, surtout après 1579, quand les Provinces-Unies prennent leur indépendance et s'affirment comme une puissance maritime et commerciale. Les Hollandais apprécient les vins blancs doux. Néanmoins, les vins de la région voyagent mal. Les négociants hollandais trouvent la solution : le *brandwijn* («vin brûlé»), ou eau-de-vie. Grâce à la distillation, ils parviennent à valoriser des vins faibles, à diminuer les volumes transportés et à remédier à une surproduction récurrente. Une opération tellement intéressante que l'alambic se répand dans les campagnes de l'Aunis et de la Saintonge.

Cette eau-de-vie est devenue le cognac, dont la notoriété s'est affirmée aux XVIIIe et XIXes. La crise phylloxérique, si elle a suscité l'essor des alcools de grains, n'a pas ruiné durablement le vignoble charentais, qui bénéficiait d'un grand prestige, consacré par une AOC dès 1909. En revanche, le vignoble poitevin a failli disparaître complètement du paysage viticole.

LE COGNAC, PRINCIPALE PRODUCTION RÉGIONALE

La région administrative comprend quatre départements: la Vienne, les Deux-Sèvres, la Charente et la Charente-Maritime. Son vignoble principal est celui du cognac, le quatrième de l'Hexagone en superficie: il s'étend sur les deux Charentes, avec une incursion en Dordogne. Le vignoble poitevin, dont les vins, au XIIes., dépassaient en notoriété ceux du Bordelais, se réduit à des îlots au nord-est de Poitiers, vers Neuville. Mentionnons enfin des vignobles au nord des Deux-Sèvres, dans la plaine de Thouars, rattachés au vignoble du Saumurois (vallée de la Loire).

HAUT-POITOU

Superficie : 186 ha
Production : 11 000 hl (55 % blanc)

Le docteur Guyot rapporte en 1865 que le vignoble de la Vienne représente 33 560 ha. De nos jours, outre le vignoble du nord du département, rattaché au Saumurois, et une enclave dans les Deux-Sèvres, seuls subsistent deux îlots viticoles autour des cantons de Neuville et de Mirebeau. Marigny-Brizay est la commune la plus riche en viticulteurs indépendants. Les autres se sont regroupés pour former la cave de Neuville-de-Poitou. En 2011, le Haut-Poitou a accédé à l'appellation d'origine contrôlée. Les sols du plateau du Neuvillois, évolués sur calcaires durs et craie de Marigny ainsi que sur marnes, sont propices aux différents cépages de l'appellation ; le plus connu d'entre eux est le sauvignon (blanc ou gris). En rouge, le cépage principal est le cabernet franc, complété par le merlot, le pinot noir et le gamay.

LACHETEAU Les Cimes 2017

■ | 25000 | 🍾 | - de 5 €

Créée en 1990, la société de négoce Lacheteau s'est spécialisée dans la production de rosés et de vins effervescents. Elle est entrée dans le giron des Grands Chais de France en 2005.

Ce 100 % cabernet franc offre un nez intense et frais de groseille et de fraise. Cette fraîcheur se retrouve dans un palais souple, à la structure légère. Un vin gouleyant et bien sur le fruit. ⧗ 2018-2020

⊶ LACHETEAU, 282, rue Lavoisier, 49700 Doué-la-Fontaine, tél. 02 41 59 26 26, mbrieau@lacheteau.fr ⊶ Grands Chais de France

DOM. DES RENARDIÈRES
Cabernet franc 2017 ★

■ | 969 | 🍾 | 5 à 8 €

Créé en 2015, le domaine est situé sur la commune de Beaumont et compte 4 ha de vignes. Il est piloté par Isabelle Bureau qui fut durant quinze ans l'œnologue de la cave coopérative du Haut-Poitou.

Ce domaine présente un 100 % cabernet franc à la robe limpide et brillante et aux senteurs complexes d'épices, de griotte et autres fruits rouges confiturés. La bouche exprime elle aussi cette maturité et s'adosse à des tanins charnus et denses qui lui confèrent un contour opulent. ⧗ 2019-2023

⊶ ISABELLE BUREAU, 13, les Vallées, 86380 Ouzilly, tél. 06 47 04 71 38, isabelle.bureau86@gmail.com
V r.-v.

Le Poitou-Charentes

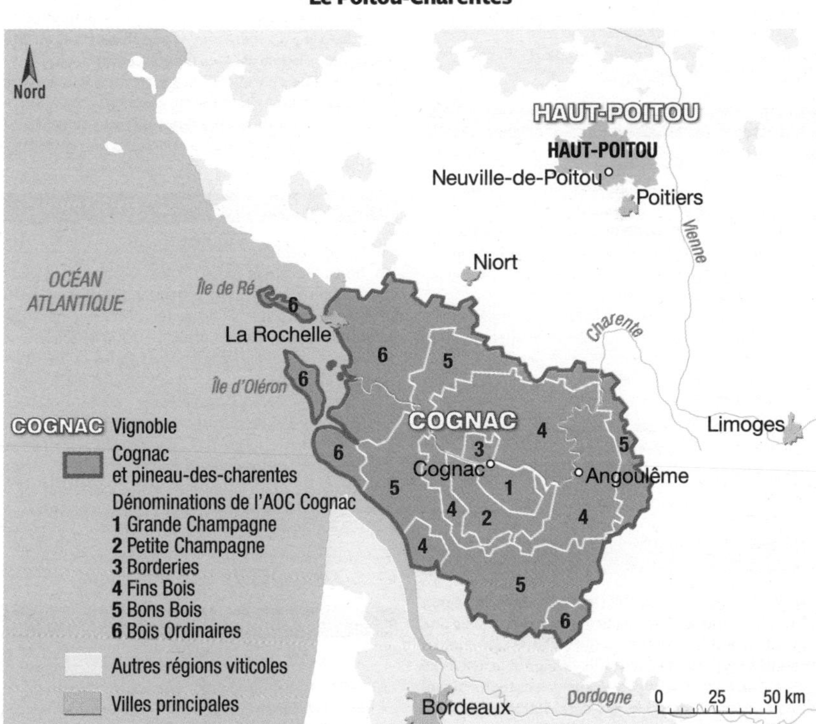

♥ DOM. LA TOUR BEAUMONT
Sauvignon blanc 2017 ★★

30000 | 8 à 11 €

Le donjon d'un ancien château du XIIe s. a donné son nom au domaine, dont les 26 ha se répartissent sur deux coteaux séparés par la rivière Clain. Une valeur sûre du Haut-Poitou. Après cinq années passées en Bourgogne, Pierre Morgeau a rejoint en 2011 son père, Gilles, sur cette exploitation familiale créée en 1860, qu'il dirige seul depuis 2015.

Explosive et fraîche, cette cuvée de sauvignon se distingue au nez par ses notes élégantes et intenses d'agrumes, de mangue et de tilleul. Tout en équilibre, la bouche se révèle ronde et onctueuse en attaque et se vivifie ensuite grâce à de fines notes citronnées qui apportent de l'équilibre, du tonus et une superbe longueur. ⧗ 2018-2021 **Le Fié gris 2017 ★★ (11 à 15 €; 8000 b.)** : proposée au coup de cœur, cette cuvée dévoile un nez intense où le buis domine, vite rattrapé par des notes de bourgeon de cassis et de fleur d'acacia. On retrouve ce spectre aromatique dans un palais gras, rond, bien enrobé. ⧗ 2018-2021 **■ Cabernet franc 2017 ★ (8 à 11 €; 11200 b.)** : passé une pointe animale, le nez s'ouvre sur le poivre et les fruits rouges. Dotée de tanins jeunes et réactifs, la bouche va s'arrondir avec un peu de cave. ⧗ 2019-2023

PIERRE MORGEAU, Dom. la Tour Beaumont, 2, av. de Bordeaux, 86490 Beaumont-Saint-Cyr, tél. 05 49 85 50 37, secretariat@domainelatourbeaumont.fr V t.l.j. sf dim. 9h30-12h 14h30-19h (18h sam. et hiver)

DOM. DE VILLEMONT Cuvée Prestige 2017 ★

■ | 5000 | 8 à 11 €

Créé en 1995, ce domaine très régulier en qualité surplombe la vallée de l'Envigne, au nord de l'AOC haut-poitou. Il étend son vignoble sur 33 ha, exploités en famille par les Bourdier: Alain, le père, et Rodolphe, le fils, à la vigne et au chai, Annie, la mère, et Virginie, la fille, à la commercialisation.

Après neuf mois d'élevage en barrique, cette cuvée présente un nez intense, vanillé et compoté. Cette gamme aromatique se retrouve avec persistance dans une bouche riche et charnue, renforcée par des tanins denses. ⧗ 2020-2024

EARL ALAIN BOURDIER, 6, rue de l'Ancienne-Commune, 86110 Mirebeau, tél. 05 49 50 51 31, contact@domainedevillemont.com V t.l.j. sf dim. 9h30-12h 14h-18h

PINEAU-DES-CHARENTES

Le pineau-des-charentes est produit dans la région de Cognac – vaste plan incliné d'est en ouest avec une altitude maximale de 180 m, qui s'abaisse progressivement vers l'océan Atlantique. Le vignoble, traversé par la Charente, est implanté sur des coteaux au sol essentiellement calcaire. Sa destination principale est la production du cognac. Cette eau-de-vie est «l'esprit» du pineau-des-charentes, vin de liqueur résultant du mélange des moûts des raisins charentais frais ou partiellement fermentés avec du cognac. Selon la légende, c'est par hasard qu'au XVIe s. un vigneron un peu distrait commit l'erreur de remplir de moût de raisin une barrique qui contenait encore du cognac. Constatant que ce fût ne fermentait pas, il l'abandonna au fond du chai. Quelques années plus tard, alors qu'il s'apprêtait à vider la barrique, il découvrit un liquide limpide, doux et fruité: ainsi serait né le pineau-des-charentes. Le recours à cet assemblage se poursuit aujourd'hui encore de la même façon artisanale et à chaque vendange, car le pineau-des-charentes ne peut être élaboré que par les viticulteurs. Les moûts de raisin proviennent essentiellement, pour les blancs, des cépages ugni blanc, colombard, montils, sauvignon et sémillon, auxquels peuvent être adjoints le merlot et les deux cabernets, et, pour les rouges et rosés, des cabernets, du merlot et du malbec. Le moût doit dépasser les 170 g de sucre par litre en puissance. Le pineau-des-charentes vieillit en fût de chêne pendant au moins un an, le plus souvent pendant plusieurs années. Il ne peut sortir de la région que mis en bouteilles.

Comme en matière de cognac, il n'est pas d'usage d'indiquer le millésime. En revanche, un qualificatif d'âge est souvent spécifié. Le terme «vieux pineau» est réservé au pineau de plus de cinq ans, et celui de «très vieux pineau» à celui de plus de dix ans. Dans ces deux cas, le vieillissement s'accomplit exclusivement en barrique. La qualité de ce vieillissement doit être reconnue par une commission de dégustation. Le degré alcoolique est généralement compris entre 17 % vol. et 18 % vol., et la teneur en sucre non fermenté entre 125 et 150 g; le rosé est généralement plus doux et plus fruité que le blanc, lequel est plus nerveux et plus sec.

Le pineau-des-charentes peut être consommé jeune (à partir de deux ans); il donne alors tous ses arômes de fruits, encore plus présents dans le rouge et le rosé. Avec l'âge, il prend des parfums de rancio très caractéristiques.

BERTRAND Tradition ★★★

■ | 60000 | 8 à 11 €

Un domaine fondé en 1731 au cœur de la Fine Champagne par la famille Bertrand. Un long héritage vigneron transmis de génération en génération jusqu'à Samuel Bertrand, établi en 2006 avec sa sœur Thérèse et son beau-frère Thomas Hall à la tête d'un vignoble de 82 ha.

Beaucoup de concentration dans cet assemblage rouge profond composé de merlot à majorité (80 %) et complété de cabernet. Très expressif, le nez libère d'intenses notes de fruits rouges à l'eau-de-vie (griotte et fraise). En bouche, ce fruité intense est soutenu par une belle fraîcheur. Un pineau harmonieux à l'extraction très bien maîtrisée. ⧗ 2018-2025

SARL BERTRAND ET FILS, Le Feynard, 17210 Réaux, tél. 05 46 04 61 08 V r.-v.

GUY BONNAUD Vieux ★★★

n.c. | 15 à 20 €

En 1958, André Bonnaud prend la direction de ce domaine familial créé en 1900 aux Cailletières à Gourville, à l'époque une petite ferme en

polyculture-élevage, dont quelques parcelles en vigne. André Bonnaud développe le vignoble, qui passe de 2 ha à 50 ha aujourd'hui, avec son fils, sa belle-fille et ses deux petits-fils qui assurent déjà la relève.

La robe dorée de ce vieux pineau annonce un bouquet complexe et évolué à dominante de fruits séchés (noix, figue, banane) et de fruits exotiques. Onctueux, le palais déploie une palette aromatique dans les mêmes tons que ceux de l'olfaction. Une vraie bouteille plaisir. ⧗ 2018-2025 ■ **Vieux ★★★ (15 à 20 €; n.c.)** : rouge tuilé, ce vin livre des notes fruitées (groseille, cassis) relayées à l'aération par des accents de rancio finement boisés. Doux et ample, le palais offre de subtiles saveurs de fruits secs. ⧗ 2018-2025

SCEA GUY BONNAUD, Les Cailletières, rte de Gourville, 16170 Gourville, tél. 06 28 29 29 28, contact@cognac-bonnaud.com V r.-v.

RAYMOND BOSSIS Extra-vieux ★

■	2500		20 à 30 €

D'origine vendéenne, la famille Bossis s'est installée en Charente en 1924. Raymond Bossis a développé le domaine et, en 1970, la vente directe. C'est aujourd'hui son fils Jean-Luc qui conduit les 35 ha de vignes plantées sur les coteaux argilo-calcaires de l'estuaire de la Gironde, face au Médoc.

Ce vin affiche d'élégants reflets ambrés. Il exhale de fines notes de rancio que l'on retrouve dans un palais onctueux, ample et long. ⧗ 2018-2023

SCEA LES GROIES, 4, Les Groies, 17150 Saint-Bonnet-sur-Gironde, tél. 05 46 86 02 19, pineau.bossis@neuf.fr V *t.l.j. 9h-12h 14h-19h*

BOULE ET FILS ★★★

■	19000		5 à 8 €

Cette exploitation, située à la limite de la Charente-Maritime et de la Gironde, a été créée par la famille Boule en 1975. Vincent a repris le flambeau transmis en 2003 par son père Philippe. Le vignoble de 47 ha est réparti entre appellations du Cognaçais et du Blayais.

Ce pineau s'est particulièrement distingué puisqu'il échoue de peu en finale du grand jury. Il faut reconnaître qu'il ne manque pas d'attraits. Il arbore une jolie robe dorée limpide et brillante. Son nez puissant de fruits jaunes et de miel précède une bouche ample, ronde et fraîche où se mêlent épices, miel et fruits. En finale, il offre une belle longueur sur des accents de rancio. Un ensemble équilibré et harmonieux. ⧗ 2018-2025

VIGNOBLES BOULE ET FILS, 3, La Verrerie, 17150 Boisredon, tél. 05 46 49 64 64, vincent@vignobles-boule.com V *t.l.j. sf sam. dim. 8h-12h 14h-20h*

CHAINIER ★

■	n.c.		8 à 11 €

Cette propriété familiale située au cœur de la région de Cognac étend son vignoble de 39 ha dans les crus de la Petite et de la Grande Champagne. Dominique Chainier y produit des cognacs et des pineaux.

D'une teinte dorée, ce pineau livre un nez de fruits confits à l'eau-de-vie relayés en bouche par de fins arômes boisés hérités de son vieillissement de huit ans en fût. La finale est acidulée avec une légère amertume qui contribue à la persistance aromatique. ⧗ 2018-2020

DOMINIQUE CHAINIER, 15, La Barde-Fagnouse, 17520 Arthénac, tél. 05 46 49 12 85, info@cognacchainier.com V r.-v.

DOM. DU CHÊNE La Vigne de mon grand-père ★★

■	5000		20 à 30 €

Si ce domaine situé au cœur de la Saintonge romane a été créé en 1865, la production de pineau-de-charentes ne s'est réellement développée qu'à partir de 1947. Jean Doussoux et Jean-Marie Baillif y conduisent 51 ha de vignes implantées sur sol argilo-calcaire, près de la cité de Pons.

Jaune doré brillant, ce pineau livre un nez floral délicat et offre à l'aération des accents de noyau. En bouche, il se montre fruité (abricot, coing) et délicatement miellé pour finir sur des touches finement grillées. «D'une justesse aromatique et d'une précision rare», selon un dégustateur. ⧗ 2018-2023

SCEA DOUSSOUX-BAILLIF, 20, rue des Chênes, 17800 Saint-Palais-de-Phiolin, tél. 06 14 90 47 21, contact@ledomaineduchene.fr V r.-v.

♥ PASCAL CLAIR Vieux ★★

■	n.c.		15 à 20 €

Dans la même famille depuis 1850, ce domaine étend son vignoble de 25 ha sur les coteaux argilo-calcaires de Grande et Petite Champagne. Pascal Clair est aux commandes depuis 1981 et signe des pineaux d'une belle régularité.

Imposant dans sa tunique vieil or, ce vieux pineau libère d'élégantes senteurs: noix, figue et miel, enrichies de notes de pain grillé héritées de son vieillissement de quatorze ans en fût. Ample en attaque, il se révèle gourmand dans son développement par ses puissantes notes de fruits secs qui s'étirent longuement en finale. ⧗ 2018-2025 ■ **★★ (8 à 11 €; n.c.)** : un pineau onctueux et élégant bien équilibré entre douceur (notes de poires) et fraîcheur. ⧗ 2018-2023

PASCAL CLAIR, 6, La Genebrière, 17520 Neuillac, tél. 05 46 70 22 01, pascal.clair@free.fr V r.-v.

DOM. DES CLAIRES Galion d'or 2012 ★

■	2095		11 à 15 €

Domaine viticole depuis six générations, d'abord orienté vers la production de cognac (le seul bouilleur de cru de la presqu'île d'Arvert). Toutefois, l'activité ostréicole et l'affinage des huîtres en claire prédominaient jusque dans les années 1970. Jonathan Guillon, son diplôme d'œnologue en poche, s'est installé en 2010 et a diversifié l'encépagement. Les mises en bouteilles à la propriété de vins de pays, de cognac et de pineau ont alors débuté. Le vignoble compte environ 18 ha.

Cette cuvée s'annonce par une robe vieil or limpide. Elle s'ouvre d'emblée sur des notes de fruits confits relayées

POITOU-CHARENTES

à l'aération par des notes miellées finement boisées. On retrouve ces nuances dans une bouche généreuse qui reste fraîche. À garder en cave pour gagner encore en complexité. ⧗ 2020-2023

⊶ THIERRY ET JONATHAN GUILLON, 2, rue des Tonnelles, 17530 Arvert, tél. 05 46 47 31 87, contact@domainedesclaires.fr V ♿ ■ *t.l.j. sf dim. 10h-12h30 14h30-19h; hors saison 16h-19h sf mar. dim.*

DROUET Vintage ★★★

■	5000	🛢	11 à 15 €

Les arrière-grands-parents étaient domestiques sur ce domaine fondé en 1848; les grands-parents achetèrent l'exploitation, et le père installa l'alambic. Les Drouet, livreurs de vins, devinrent ainsi bouilleurs de cru en Grande Champagne. Patrick s'est établi en 1993 et a développé la vente en direct. Il conduit aujourd'hui, avec son épouse Corinne, un vignoble de 40 ha.

Ce pineau exhale les fruits compotés et les fruits secs agrémentés de zeste d'orange. Tout aussi fruitée, la bouche offre de la rondeur, un subtil rancio et se trouve rehaussée par une délicate touche épicée qui allonge la finale. ⧗ 2018-2025

⊶ PATRICK DROUET, 1, rte du Maine-Neuf, 16130 Salles-d'Angles, tél. 05 45 83 63 13, contact@cognac-drouet.fr V ♿ ■ *t.l.j. 9h-13h 14h-17h30; sam. dim. sur r.-v.*

DOM. DU FEYNARD

■	60000	8 à 11 €

François Bertrand donne naissance en 1848 au Dom. du Feynard, constitué alors de 2 ha de vignes. Depuis, sept générations se sont succédé et le vignoble s'étend aujourd'hui sur 110 ha.

Rouge grenat, ce pineau exprime dès l'approche des senteurs intenses de cerise noire, de framboise et de cassis. En bouche, le fruit s'affirme avec puissance et richesse. ⧗ 2018-2020

⊶ EARL VIGNOBLES BERTRAND, Le Feynard, 17210 Chevanceaux, tél. 05 46 04 61 08, contact@vignobles-bertrand.fr V ■ *r.-v.*

JÉRÔME FLEURET ★★

■	2000	8 à 11 €

Ce jeune viticulteur, installé en 1997, produit des pineaux depuis 2003, élevés dans de petits chais qui assurent une bonne qualité de vieillissement.

À l'œil, son rouge bordeaux profond laisse présager de sa richesse. Ce que confirme le nez par ses arômes puissants de fruits noirs macérés et d'épices. Tout aussi intense, la bouche se montre fruitée (cerise noire, mûre, cassis), ample et onctueuse. ⧗ 2018-2025

⊶ JÉRÔME FLEURET, 12 bis, rue du Seudre, Le Seudre, 17240 Champagnolles, tél. 06 11 23 93 16, maisonfleuret@wanadoo.fr V ■ *r.-v.*

DOM. FRADON Vieux ★

■	n.c.	🛢	20 à 30 €

Ici, on commercialise le pineau en bouteilles depuis 1933. Damien Fradon a pris la suite de son père Michel en 2008 à la tête de ce domaine de 37 ha situé en Petite Champagne, près de Jonzac. La tradition est ici de ne proposer à la vente que de vieux pineaux (cinq ans minimum d'élevage sous bois) et de très vieilles qualités de cognac.

La dégustation de ce pineau nous transporte tout droit dans un chai de vieillissement. L'atmosphère feutrée y est recréée: les reflets aux nuances brun-ambré, les senteurs boisées, le rancio très prononcé, la noix, tout rappelle les fûts dans lesquels il a été élevé pendant quinze ans. Le palais est sur la même tonalité avec un boisé très présent contrebalancé par une touche d'acidité rendant l'ensemble équilibré et plaisant. ⧗ 2018-2023

⊶ EARL FRADON, Le Château, 17500 Réaux-sur-Trèfle, tél. 05 46 48 46 02, contact@domaine-fradon.com V ♿ ■ *t.l.j. 8h-20h*

DOM. GARDRAT Réserve

■	4000	🛢	11 à 15 €

Dans la famille Gardrat depuis cinq générations, ce domaine s'est tourné vers les vins de pays charentais à partir de 1986. Lionel Gardrat, qui en a pris les commandes en 2007, exploite un vignoble de 40 ha en conversion bio.

En robe vieil or aux reflets orangés, cet élégant pineau libère des arômes intenses de coing et de poire légèrement vanillés. Ample dès l'attaque, le palais se montre gourmand par ses notes de fruits à noyau confits, de pêche de vigne et de prune. ⧗ 2018-2020

⊶ SARL VIGNOBLE GARDRAT, 13, rue La Touche, 17120 Cozes, tél. 05 46 90 86 94, lionelgardrat@hotmail.com V ■ *t.l.j. sf dim. 9h-12h 14h-19h; sept.-juin, f. le matin et le mer.*

GUÉRINAUD ★★

■	8000	🛢	8 à 11 €

L'histoire vigneronne de la famille débute en 1914 avec l'arrière-grand-père. Emmanuel Guérinaud s'installe en 1998 sur le domaine, situé près de Pons, et se lance aussitôt dans la mise en bouteilles et la vente en direct. Ses vignes couvrent 41 ha.

Paré d'un jaune pâle brillant, ce pineau invite à la gourmandise tant son expression aromatique de fruits frais (pêche, raisin, poire, abricot) est intense. Le palais, tout aussi généreux, oscille entre le fruit confituré, l'acidulé, le gras et la longueur. Un jeune pineau qui représente parfaitement l'appellation. ⧗ 2018-2025 ■ **★ (8 à 11 €; 8000 b.)** : gouleyant, souple mais surtout flatteur car ce sont les fruits noirs surmûris qui l'emportent sur les notes d'évolution. ⧗ 2018-2023

⊶ GUÉRINAUD, 3, L'Opitage, 17800 Mazerolles, tél. 05 46 94 01 56, emmanuel.guerinaud@terre-net.fr V ♿ ■ *r.-v.*

GUÉRIN FRÈRES ★★

■	40000	8 à 11 €

Au sortir de la Seconde Guerre mondiale, Robert Guérin, viticulteur à Chenac-sur-Gironde, s'oriente vers la production de pineau-des-charentes. Ses enfants développent l'activité familiale pour fonder en 1967 la société Puy-Gaudin en partenariat avec un de leur oncle et trois viticulteurs. À partir des années 1980, les produits de Puy-Gaudin sont commercialisés en grande distribution sous la marque «Guérin Frères».

Rouge intense et sombre, ce pineau décline une palette aromatique de fruits rouges qui ravira tous les gourmands. Au palais, il se révèle charnu, riche et puissant, animé en finale par des notes acidulées. ⧗ 2018-2025

PUY GAUDIN, rte de Pons, 17260 Gémozac, tél. 05 46 90 79 81, boutique@puygaudin.com V t.l.j. sf sam. dim. 9h-12h 14h-18h

♥ JOBET Très vieux ★★

■ | 1000 | | 20 à 30 €

Un domaine familial de 30 ha situé dans l'aire des Fins Bois, conduit depuis 2010 par la dernière génération de Belin: Delphine et sa sœur Séverine, ingénieurs agronomes et œnologues.

Le jury a été séduit d'emblée par la robe orangée tuilée de ce très vieux rosé, preuve de son long séjour de vingt-cinq ans en barrique. Le nez n'est pas en reste, avec son fruité aux accents de cerise à l'eau-de-vie et de cassis, agrémenté de senteurs de pâtisserie et de rancio. On retrouve les fruits confits dans une bouche élégante, non dénuée de fraîcheur, qui s'étire longuement. ⧗ 2018-2028

SCEA F. JOBET, 17, rue du Château, Bouchereau, 17490 Macqueville, tél. 05 46 26 64 11, scea-f.jobet@orange.fr V t.l.j. 8h30-12h30 14h-20h

LEONARD 2016

■ | 1800 | | 11 à 15 €

C'est en 1954 que Marcel Léonard acquiert l'exploitation sur laquelle il travaille. En 1977, son fils Jean-Pierre prend la suite, puis son petit-fils Jacky en 1993. Une histoire familiale qui continue, la nouvelle génération s'étant installée sur le domaine en 2015.

Ce pur merlot a de l'allure avec sa robe d'un rubis léger. Le nez agréablement fruité, sans excès, dévoile cerise et framboise. Tout aussi fruitée, la bouche est plaisante, dans la finesse et la légèreté. Un pineau de bonne facture et élégant. ⧗ 2018-2020

LÉONARD, 4, rte de Saint-Même, 16200 Gondeville, tél. 06 71 88 10 78, a2cj@sfr.fr V r.-v.

♥ MÉNARD Très vieux ★★

■ | 5000 | | 20 à 30 €

La société Ménard exploite plusieurs propriétés (64 ha), toutes établies en Grande Champagne, terroir très réputé du cognac, et vend pineaux et cognacs en bouteilles depuis 1946, à Saint-Même-les-Carrières. Une valeur sûre.

Né en Grande Champagne, sur des sols calcaires, élaboré à partir de 90 % d'ugni-blanc complété de sémillon, ce très vieux pineau a été élevé treize ans dans des petits fûts qui lui ont permis de vieillir divinement entre oxydation et tanins de chêne. Il a fait l'unanimité du grand jury tant par sa couleur qui rappelle le grand frère cognac, que par son bouquet qui marie avec élégance fruits confits et fruits exotiques. Son palais bien fondu et onctueux joue sur l'abricot sec, la figue, les fruits à coques et le miel pour s'achever sur de fines notes de rancio. ⧗ 2018-2028

MÉNARD, 2, rue de la Cure, 16720 Saint-Même-les-Carrières, tél. 05 45 81 90 26, menard@cognac-menard.com V t.l.j. sf sam. dim. 9h-12h 14h-17h

J. PAINTURAUD Vieux ★★

■ | 2500 | | 15 à 20 €

Une propriété située à Segonzac, au cœur de la Grande Champagne, exploitée par les Painturaud depuis la fin du XIXes. L'une des premières familles à avoir lancé la commercialisation de ses propres cognacs et pineaux: c'était en 1934, sous l'impulsion de Jacques-Guy Painturaud. En 2011, son fils Jacques a pris sa retraite et laissé sa place à deux de ses quatre fils, Jean-Philippe et Emmanuel, à la tête aujourd'hui de 38 ha de vignes.

Sa couleur d'un bel or, son nez alliant fruits secs, miel, fleurs blanches et notes évoluées du bois de chêne en font un pineau d'une belle complexité. Riche sans être lourd, le palais est très gourmand (figue, pruneau, noix fraîche) et s'achève sur une sensation chaleureuse et délicate. ⧗ 2018-2023

EMMANUEL PAINTURAUD, 3, rue Pierre-Gourry, 16130 Segonzac, tél. 05 45 53 40 24, contact@cognac-painturaud.com V r.-v.

ANDRÉ PETIT 2014 ★

■ | 12000 | | 8 à 11 €

Un domaine de 18 ha établi sur un coteau calcaire, à Berneuil, dans la «petite Toscane charentaise», repris en 1986 par l'œnologue Jacques Petit, qui l'a ouvert à la vente directe.

Drapé d'or profond à reflets cuivrés, ce pineau se compose de colombard et d'ugni-blanc à parité. Du verre s'échappent des notes élégantes de fruits confits, d'abricot sec, de coing et de noix alliées à des touches de rancio. Un fruité et une complexité que l'on retrouve dans une bouche ample et onctueuse très persistante. ⧗ 2018-2024

ANDRÉ PETIT ET FILS, Au Bourg, 16480 Berneuil, tél. 05 45 78 55 44, andrepetit3@wanadoo.fr V t.l.j. sf dim. 8h-12h30 13h30-18h; f. 15 août

ROUSSILLE Pineau 2015 ★

■ | 5000 | | 8 à 11 €

Gaston Roussille fonde ce domaine en 1928 puis se lance dans la vente en bouteilles dans les années 1950. Son petit-fils Pascal a pris les rênes en 1976 des 30,7 ha de vignes. Les bâtiments d'exploitation sont disposés en enfilade, ce qui permet de suivre les étapes de l'élaboration du cognac (pressoir, distillerie et vieillissement).

Les discrètes nuances tuilées de la robe sont les premiers prémices d'une évolution. Au côté des notes de fruits noirs surmûris (cassis, mûre), pointent des senteurs de réglisse et un fin boisé. En bouche, l'attaque est franche et nette pour renouer avec les arômes ressentis à l'olfaction. Un pineau de belle facture. ⧗ 2018-2020

⊶ PASCAL ROUSSILLE, 21, rue de Libourdeau, 16730 Linars, tél. 05 45 91 05 18, contact@pineau-roussille.com V t.l.j. 8h-12h 14h-19h; dim. sur r.-v.

IGP CHARENTAIS

COULON ET FILS Île d'Oléron Colombard 2017 ★

	20000		- de 5 €

Didier Coulon dirige depuis 1995 cette exploitation de 34 ha dédiée au cognac, au pineau-des-charentes et aux vins de pays (50 % de sa production).

À l'olfaction, d'intenses notes florales et exotiques se mêlent à des senteurs de pain de mie. La bouche est ample, fraîche et plutôt énergique en finale, sur des tonalités acidulées. Du peps. ⧗ 2018-2021 **Île d'Oléron Sauvignon 2017 (- de 5 €; 37000 b.)** : vin cité.

⊶ EARL COULON ET FILS, Saint-Gilles, 17310 Saint-Pierre-d'Oléron, tél. 05 46 47 02 71, coulonetfilsoleron@free.fr V t.l.j. 9h-12h30 15h-19h

GRAINS D'ESTUAIRE Chardonnay P'tite Folie 2017 ★

	9000		8 à 11 €

Julien Bonneau, fils de Joël Bonneau (Ch. Haut Grelot dans le Blayais), et son ami Alexandre Lavigne, restaurateur à Saint-Palais-sur-Mer, ont créé en 2014 une gamme de vins, Grains d'Estuaire, à partir d'un vignoble de 10 ha situé à Saint-Bonnet-sur-Gironde, au sud de la Charente-Maritime.

Un vin élevé 50 % en barriques neuves, 50 % en barriques d'un vin, et cela se sent: au nez dominent des notes de vanille fraîche et de toast. Sensations boisées que l'on retrouve dans une bouche ample et longue. Pour amateurs de blancs boisés. ⧗ 2018-2022 ■ **Cuvée Emma 2017 (11 à 15 €; 10000 b.)** : vin cité.

⊶ JULIEN BONNEAU, Ch. Haut-Grelot, 28, Les Grelauds, 33820 Saint-Ciers-sur-Gironde, tél. 05 57 32 65 98, jbonneau@wanadoo.fr V r.-v.

LE PETIT COUSINAUD Chardonnay 2017 ★★

	5500		- de 5 €

Un domaine de 25 ha repris en 2012 par Geoffrey Valentin, étranger au milieu viticole mais formé pendant un an par le futur retraité. Le jeune vigneron propose du cognac, du pineau-des-charentes et des vins de pays charentais.

D'harmonieux parfums de fruits à chair blanche, d'agrumes et de fruits exotiques composent un bouquet engageant. Un fruité auquel fait écho une bouche aussi large que longue, à la fois ronde et fraîche, rehaussée par une jolie finale épicée. ⧗ 2018-2021

⊶ GEOFFREY VALENTIN, Le Petit-Cousinaud, 16480 Guizengeard, tél. 06 72 64 65 96, geoffrey.valentin@orange.fr V r.-v.

DOM. LA PRENELLERIE Merlot Élevé en fût de chêne 2017 ★

■	5000		5 à 8 €

Conduit par la même famille depuis cinq générations, ce domaine est situé sur les coteaux argilo-calcaires de l'estuaire de la Gironde, à 5 km de Talmont, site touristique emblématique de la Charente-Maritime. Frédéric Billonneau est à sa tête depuis 2004.

Au nez, des fruits rouges mûrs et du cassis, le boisé restant fort discret. En bouche, une agréable souplesse, des tanins ronds, du fruit toujours mais avec un boisé plus présent, sans exubérance toutefois. Harmonieux. ⧗ 2018-2021

⊶ FRÉDÉRIC BILLONNEAU, 1, La Prenellerie, 17120 Épargnes, tél. 06 08 33 00 80, fbillonneau@yahoo.com V r.-v.

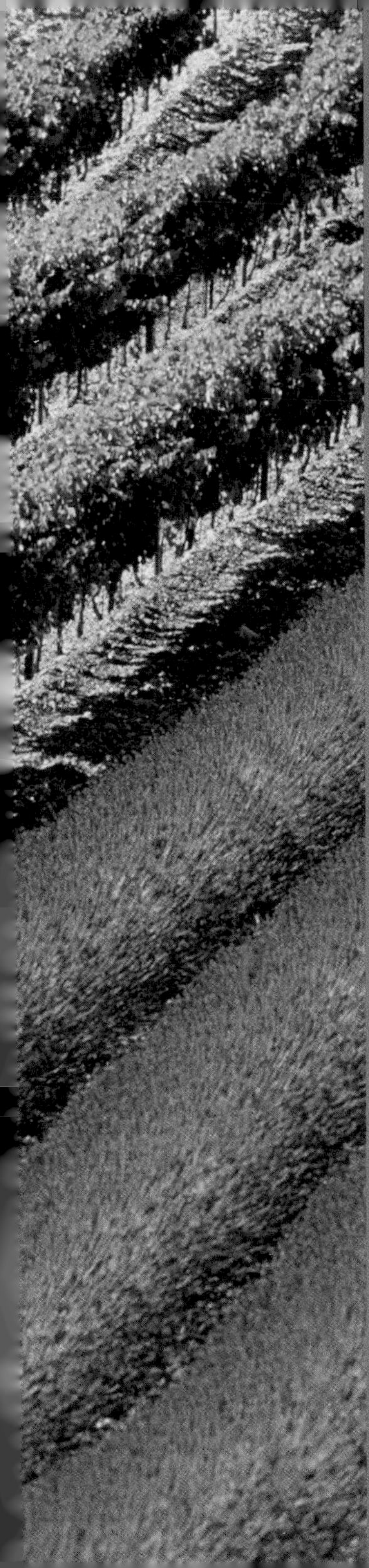

La Provence et la Corse

• LA PROVENCE

SUPERFICIE : 29 000 ha

PRODUCTION : 1 300 000 hl

TYPES DE VINS : Rosés majoritaires, rouges de garde et blancs.

CÉPAGES PRINCIPAUX

Rouges : grenache, cinsault, syrah, carignan, tibouren, mourvèdre, cabernet-sauvignon.
Blancs : ugni blanc, vermentino (rolle), bourboulenc, clairette, sémillon, sauvignon.

• LA CORSE

SUPERFICIE : 7 000 ha

PRODUCTION : 350 000 hl dont 35,5 % en AOC, 59,2 % en IGP et 5,3 % en VSIG.

TYPES DE VINS : En AOC, rosés majoritaires (55 %), rouges (33 %), blancs (10,5 %), vins doux naturels muscat-du-cap-corse (1,5 %).

En IGP, rosés majoritaires (48 %), rouges (35 %) et blancs (17 %).

CÉPAGES PRINCIPAUX :

Rouges : niellucciu, sciaccarellu, grenache, cinsault, syrah, carignan, aleatico.
Blancs : vermentinu (rolle), bourboulenc, clairette, muscat à petits grains.

LA PROVENCE

La Provence, pour tout un chacun, c'est un pays de vacances, où « il fait toujours soleil » et où les gens, à l'accent chantant, prennent le temps de vivre... Pour les vignerons aussi, c'est un pays de soleil, qui brille trois mille heures par an. Les pluies y sont rares mais violentes, les vents fougueux et le relief tourmenté. Les Phocéens, débarqués à Marseille vers 600 av. J.-C., ne se sont pas étonnés d'y voir de la vigne, comme chez eux, et ont participé à sa diffusion. Grâce au tourisme, la viticulture a retrouvé des couleurs, et sa couleur préférée est le rosé. La région fournit aussi des rouges concentrés ou fruités, et de rares blancs.

Des voies romaines aux routes des vacances. Après les Phocéens, les Romains puis les moines et les nobles, jusqu'au roi-vigneron René d'Anjou, comte de Provence au XVᵉs., se sont fait les propagateurs de la vigne. Éléonore de Provence, épouse d'Henri III, roi d'Angleterre, sut donner aux vins de Provence un grand renom, tout comme Aliénor d'Aquitaine l'avait fait pour les vins d'Aquitaine. Ils furent par la suite un peu oubliés du commerce international, faute de se trouver sur les grands axes de circulation. Ces dernières décennies, le développement du tourisme les a remis à l'honneur, et spécialement les vins rosés, vins joyeux s'il en est, symboles de vacances estivales et dignes accompagnements des plats provençaux.

Un vignoble morcelé et des cépages variés. La structure du vignoble est souvent morcelée, la géopédologie étant très diversifiée par le relief offrant des zones contrastées tant en matière des sols que des microclimats. Comme dans les autres vignobles méridionaux, les cépages sont très variés: l'appellation côtes-de-provence en admet treize. Encore que les muscats, qui firent la gloire de bien des terroirs provençaux avant la crise phylloxérique, aient pratiquement disparu.

Le rosé en tête. Depuis plusieurs années, le rosé s'est imposé auprès des consommateurs. La Provence possède ainsi le premier vignoble au monde de vins rosés et s'impose comme la première région en France des vins de cette couleur avec environ 40 % de la production nationale.

« AVÉ L'ASSENT »

Et puisqu'on parle encore provençal dans quelques domaines, sachez qu'un « avis » est un sarment, qu'une « tine » est une cuve et qu'une « crotte » est une cave! Peut-être vous dira-t-on aussi qu'un des cépages porte le nom de « pecoui-touar » (queue tordue) ou encore « ginou d'agasso » (genou de pie), à cause de la forme particulière du pédoncule de sa grappe...

Ces vins, de même que les vins blancs (ceux-ci plus rares mais souvent surprenants), sont généralement bus jeunes. Il en est de même pour beaucoup de vins rouges, lorsqu'ils sont légers. Mais les plus corsés, dans toutes les appellations, vieillissent fort bien.

BANDOL

Superficie : 1 690 ha
Production : 56 466 hl (95 % rouge et rosé)

Noble vin produit sur les terrasses brûlées de soleil des villages de Bandol, Le Beausset, La Cadière-d'Azur, Le Castellet, Évenos, Ollioules, Saint-Cyr-sur-Mer et Sanary, à l'ouest de Toulon, le bandol est blanc, rosé ou rouge. Ce dernier est corsé et tannique grâce au mourvèdre, cépage qui le compose pour plus de la moitié. Généreux, il s'accorde avec les venaisons et les viandes rouges. Sa palette aromatique et subtile est faite de poivre, de cannelle, de vanille et de cerise noire. Le bandol rouge supporte fort bien une longue garde.

CH. D'AZUR Jardin du soleil 2017 ★

■ | 6000 | 🍾 | 15 à 20 €

Dans les années 1990, après une expérience en Bordelais, Hélène et Paul Charavel ont créé un petit domaine de 3 ha. Gaël Cluchier, leur petit-neveu, leur a succédé en 2010, diplôme d'œnologue en poche. Par de nouvelles plantations, le vignoble s'est agrandi, passant à 8,5 ha.

Une légère aération permet de libérer des notes de fruits exotiques et de pamplemousse, agrémentées de nuances végétales. Acidulée en attaque, la bouche se montre élégante, ample, expressive et persistante, dans le même registre aromatique que l'olfaction. ⧗ 2018-2020

■ Tradition 2017 ★ (11 à 15 €; 20000 b.) : une belle intensité dans ce vin aux senteurs d'aubépine et de fruits (fraise, framboise) à la bouche franche, saline et fraîche. ⧗ 2018-2020

CH. D' AZUR, 1010, chem. de la Peguière, 83270 Saint-Cyr-sur-Mer, tél. 04 94 26 31 42, contact@chateaudazur.fr V ⚑ ▮ *t.l.j. 9h-12h 15h-18h*
Paul Charavel

♥ CH. BARTHÈS B d'or 2017 ★★

■ | 3000 | 🍾 | 20 à 30 €

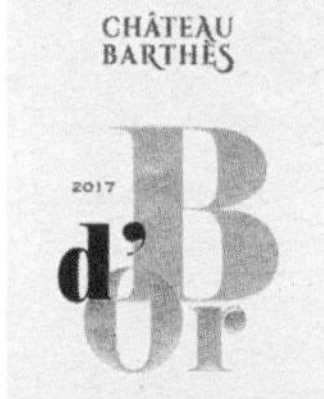

La famille Barthès est à la tête de deux domaines: le Dom. de Font-Vive et le Ch. Barthès, implantés dans les restanques du Val d'Arenc. Elle signe des vins régulièrement en vue dans le Guide, des rosés notamment.

La robe, d'une jolie teinte saumonée, est bien dans le ton des rosés provençaux. Le nez débute sur des notes végétales d'asperge, puis gagne en complexité et en intensité à l'aération: agrumes, fruits rouges, note poivrée. La bouche est imparable: de la rondeur, de la densité et à la fois une grande finesse. Un ensemble très équilibré du début à la fin, ponctué de jolis amers en finale et d'une saveur épicée. Un bandol déjà envoûtant mais qui pourra vieillir. ⧗ 2018-2020 ■ **2014 (15 à 20 €; n.c.)** : vin cité. ■ **Ch. de Font Vive 2017 (15 à 20 €; 2000 b.)** : vin cité.

o– *MONIQUE BARTHÈS, chem. Val-d'Arenc, 83330 Le Beausset, tél. 04 94 98 60 06, barthesph2@wanadoo.fr* V r.-v.

(B) LA BASTIDE BLANCHE Cuvée Estagnol 2017 ★★

■ | 3400 | | 20 à 30 €

Un domaine de référence, créé en 1972 par Baptistin Bronzo et son fils Michel à partir de 10 ha de vignes. Agrandi et entièrement restructuré, le vignoble couvre aujourd'hui 48 ha, aménagés en terrasses au pied du Castellet et cultivés en biodynamie. La famille Bronzo a également pris en fermage les châteaux des Baumelles (10 ha à Saint-Cyr) et du Castillon (8 ha au Castellet).

Un assemblage équilibré de clairette et d'ugni blanc qui s'exprime avec élégance sur le zeste de citron et les fleurs blanches. Le palais, ample et rond sans manquer de fraîcheur, reste sur le fruit (rhubarbe, agrumes) et les nuances florales, et se voit dynamisé par de beaux amers en finale. ⧗ 2018-2021 ■ **2017 ★★ (15 à 20 €; 20000 b.)** (B) : un rosé lumineux dans sa robe aux reflets corail et très attirant avec son nez complexe de fruits exotiques, d'agrumes et de rose printanière. Une attaque ample ouvre sur un palais certes structuré mais qui reste velouté et frais (notes d'agrumes mûrs, touche amylique). Beaucoup d'équilibre entre gras, tonicité et fruité. ⧗ 2018-2020 ■ **Cuvée Estagnol 2017 ★ (15 à 20 €; 10000 b.)** (B) : un rosé complexe, fruité et salin, au toucher soyeux malgré une légère tannicité. ⧗ 2018-2020

o– *SCEA BRONZO, 367, rte des Oratoires, 83330 Sainte-Anne-du-Castellet, tél. 04 94 32 63 20, contact@bastide-blanche.fr* V r.-v.

BASTIDE DE LA CISELETTE 2017 ★★

■ | 1233 | | 11 à 15 €

Jusqu'alors coopérateur, Robert De Salvo s'est lancé dans l'élaboration de son propre vin en 2010. Installé sur les terres de ses ancêtres, au Brûlat-du-Castellet, il exploite un vignoble de 15 ha sur des terroirs variés, au parcellaire découpé.

Ce vin présente une olfaction complexe et délicate: fruits exotiques (litchi), citron et thé vert. En bouche, il offre un très bel équilibre entre une matière ronde et suave et une fine acidité qui pousse loin la finale, goûteuse et fruitée. ⧗ 2018-2021 ■ **Lou Pigna 2017 ★ (8 à 11 €; 30000 b.)** : une petite aération permet de libérer une expression aromatique complexe: pomme d'amour, bonbon anglais, orange confite. La bouche donne une impression de douceur et de soyeux, renforcée par des saveurs de friandises. ⧗ 2018-2019

o– *ROBERT DE SALVO, 1205, chem. de l'Enfant-Jésus, 83330 Le Castellet, tél. 04 94 07 98 84, rds.bastideciselette@orange.fr* V *t.l.j. sf dim. 9h30-12h30 14h30-19h*

(B) DOM. DE LA BÉGUDE 2015

■ | 15000 | | 20 à 30 €

Depuis 1996, Guillaume Tari est à la tête d'un domaine devenu viticole au XIVe s. Situé à l'emplacement d'un ancien village mérovingien construit stratégiquement au point culminant de l'appellation bandol, à plus de 400 m d'altitude, le vignoble (17 ha) est conduit en bio.

D'une belle complexité, avec des notes de fruits cuits et d'épices douces (badiane, cannelle), ce bandol propose un palais souple et de bonne longueur, aux tanins fins et fondus. Un vin d'ores et déjà très aimable, mais qui vieillira bien. ⧗ 2018-2024 ■ **L'Irréductible 2017 (20 à 30 €; 7000 b.)** (B) : vin cité.

o– *GUILLAUME TARI, rte des Garrigues, RD 2, 83330 Le Camp-du-Castellet, tél. 04 42 08 92 34, contact@domainedelabegude.fr* V r.-v. 5

(B) DOMAINES BUNAN Moulin des Costes 2015 ★★

■ | n.c. | | 15 à 20 €

La troisième génération est aujourd'hui aux commandes des Domaines Bunan, créés par Paul et Pierre Bunan en 1961. Un ensemble de plusieurs exploitations réputées en côtes-de-provence et en bandol: le Moulin des Costes, le Ch. et le Mas de la Rouvière, Bélouvé, tous ces vignobles étant conduits en agriculture biologique depuis 2008. Aux commandes des vinifications, Philippe Bunan, ingénieur agronome.

Au nez, ce 2015 dévoile des arômes de cassis et de cuir. En bouche, il se montre onctueux et suave, étayé par des tanins fins et bien intégrés, et déploie une longue finale sur la réglisse et le moka du meilleur effet. ⧗ 2022-2028 ■ **Ch. la Rouvière 2015 ★ (20 à 30 €; n.c.)** (B) : une jolie palette aromatique de fruits rouges, de cannelle et d'amer chocolaté et une bouche ample, ferme et dense composent un bandol prometteur. ⧗ 2022-2028 ■ **Moulin des Costes 2017 ★ (15 à 20 €; 40000 b.)** (B) : ce joli rosé propose une olfaction fraîche et intense autour du fruit de la Passion, des agrumes et des feuilles froissées. Une sensation de fraîcheur confirmée par une bouche ample, fruitée, équilibrée, bien rythmée. ⧗ 2018-2020

o– *DOMAINES BUNAN, 338 bis, chem. de Fontanieu, 83740 La Cadière-d'Azur, tél. 04 94 98 58 98, bunan@bunan.com* V *t.l.j. 9h-12h30 14h-19h*

LA CADIÉRENNE Grande Tradition 2015 ★

■ | 30000 | | 8 à 11 €

Quelque 300 coopérateurs et 635 ha de vignes, des vins en AOC bandol et côtes-de-provence, en IGP Var, Méditerranée et Mont-Caume: la Cadiérenne, créée en 1929, est un acteur qui compte dans le paysage provençal.

Ce bandol affiche un bel élan aromatique autour des fruits compotés conjugués à une fraîcheur mentholée et réglissée. Ample, suave et bien structuré par des tanins fins, le palais a du répondant. ⧗ 2021-2025

o– *SCV LA CADIÉRENNE, quartier Le Vallon, 83740 La Cadière-d'Azur, tél. 04 94 90 11 06, cadierenne@wanadoo.fr* V r.-v.

DOM. DU CAGUELOUP 2017 ★★

■ | 7000 | | 15 à 20 €

Héritier d'une longue lignée de vignerons (vingt et une générations), Richard Prébost conduit depuis les années 1980 ce domaine (40 ha) bien connu pour ses bandol, qui propose aussi de beaux

PROVENCE

côtes-de-provence. Cagueloup? C'est l'histoire d'un petit Prébost qui un jour avala un louis d'or. Son père, pris de panique, lui lança: « Cague l'ou »...

Un bel éclat lumineux invite à découvrir ce blanc à l'expression intense, sur les fruits mûrs (mangue, ananas) et les fleurs blanches. Le palais, à l'unisson du bouquet, dévoile une matière enveloppante et riche, avec ce qu'il faut de fraîcheur pour apporter de l'équilibre et de la longueur. Indéniablement un beau vin de repas. ⧗ 2018-2022 ■ **Les Restanques d'Élise Cuvée spéciale 2016 ★ (15 à 20 €; 6660 b.)** : au nez, des arômes fruités et empyreumatiques; en bouche, de la densité et une belle présence tannique qui font de ce bandol un joli vin de garde. ⧗ 2021-2028

RICHARD PRÉBOST, 267, chem. de la Verdelaise, 83270 Saint-Cyr-sur-Mer, tél. 04 94 26 15 70, domainedecagueloup@gmail.com V t.l.j. 9h-19h

CH. CANADEL 2017 ★

■	23000		15 à 20 €

Lors de la construction de la cave en 2013, des fouilles archéologiques ont mis au jour des traces d'activité agricole (moulin à huile, cuves à vin) datant de l'époque romaine qui témoignent de l'antériorité du domaine. Un domaine qui n'a retrouvé son identité qu'en 2007 avec son rachat par Jacques et Caroline de Chateauvieux. Deux ans plus tard, ces derniers ont

La Provence

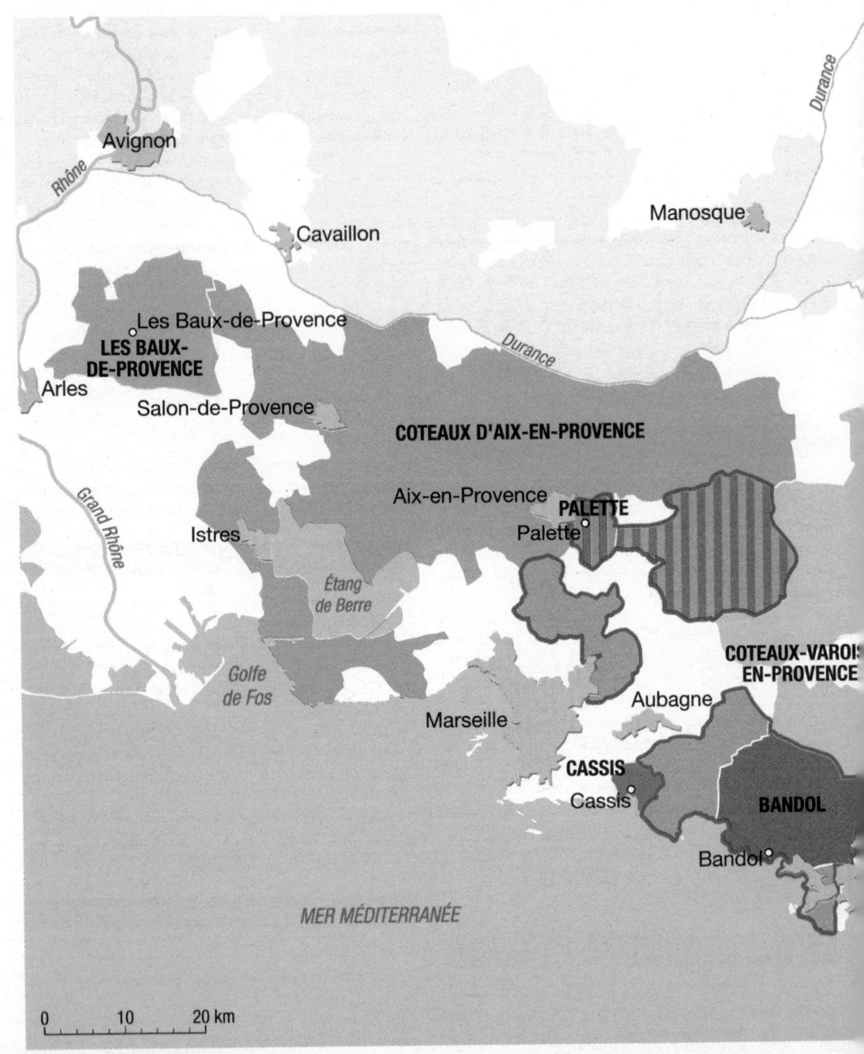

confié la direction du vignoble (15 ha en restanques) à leur fille Laure Benoist et son mari Vianney, tous deux ingénieurs agronomes. En 2014, la première bouteille du Ch. Canadel voit le jour. La conversion bio est en cours.

Ce rosé propose une belle puissance olfactive, dans l'élégance et la variété: agrumes, pêche, fraise, bonbon anglais. La bouche offre de la densité, de la longueur et de gourmandes saveurs de pâtisserie. Un vin racé et complexe. ⧗ 2018-2020

VIANNEY ET LAURE BENOIST, 994, chem. du Canadeau, 83330 Le Castellet, tél. 04 94 98 40 10, contact@ chateau-canadel.fr V t.l.j. 10h-12h30 15h-19h
de Chateauvieux

B DOM. DUPUY DE LÔME 2017

22500		11 à 15 €

Ancienne propriété de Stanislas Dupuy de Lôme, l'inventeur du cuirassé à vapeur, ce domaine (80 ha, dont 15 ha de vignes) conduit en bio certifié (2013) est situé au cœur du site naturel des grès de Sainte-Anne-d'Évenos. Il a été restructuré en 1998 par deux descendants, Benoît Cossé et Geoffroy Perouse, et le chai est sorti de terre en 2006. En 2015, Laurence Minard a succédé à Gérald Damidot à la tête de l'exploitation.

Le nez, bien ouvert, laisse s'échapper des notes de fruits frais (poire, pêche, grenade) et s'enrichit à l'aération de senteurs florales. La bouche apparaît croquante et

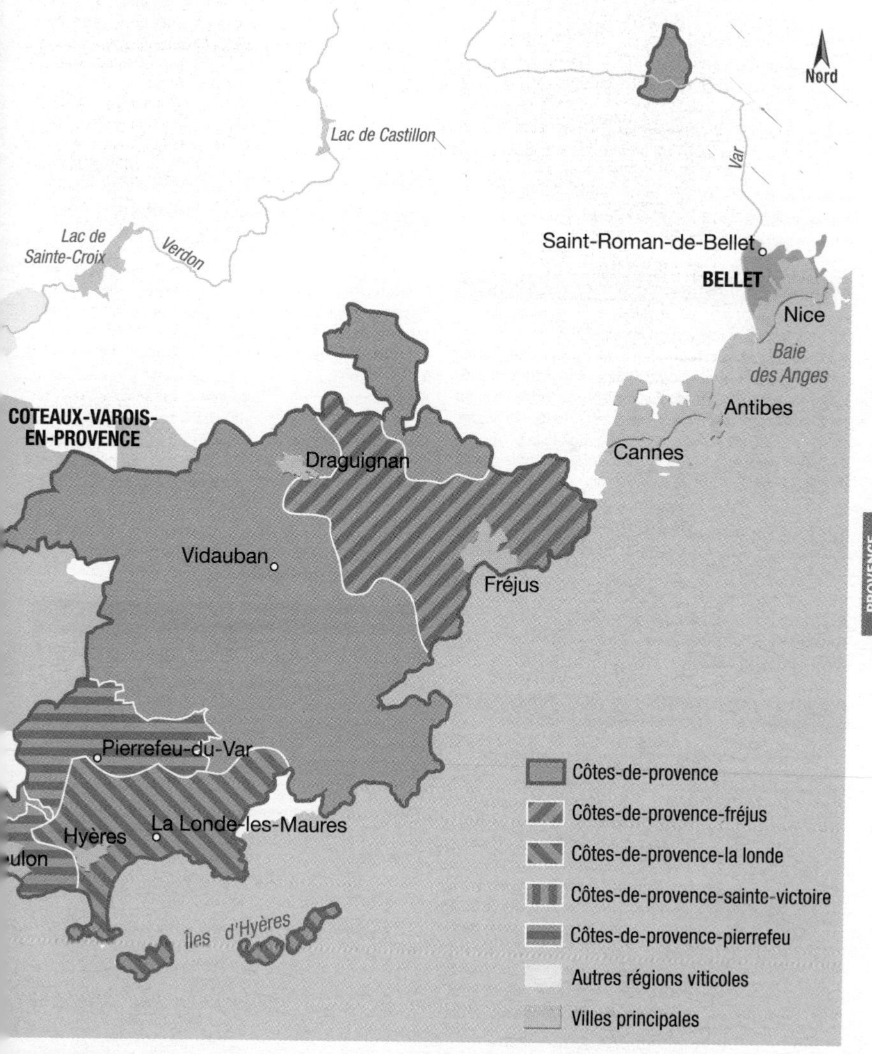

PROVENCE

fruitée elle aussi, dynamisée par une légère amertume en finale. ⧗ 2018-2019

⊶ DOM. DUPUY DE LÔME, 624, rte de Toulon, 83330 Sainte-Anne-d'Évenos, tél. 04 94 05 22 99, domainedupuydelome@orange.fr V 🚶 ▮ *t.l.j. sf dim. 9h-12h 14h-18h ⊶ Familles Cossé et Perouse*

DOM. DE LA FONT DES PÈRES 2017 ★

■ | 2444 | ⦀ 🍾 | 15 à 20 €

Caroline et Philippe Chauvin ont racheté en 2010 une propriété de 8 ha à Bandol, près du Beausset. Ils ont restructuré le vignoble, aménagé en restanques (terrasses) à flanc de coteau, et le travaillent selon une démarche très raisonnée. Premier millésime en 2014. Après agrandissement, ils exploitent 15 ha en AOC bandol, côtes-de-provence et en IGP.

À un nez expressif et délicat d'agrumes, de citronnelle et de fleurs blanches répond une bouche ronde, dense et suave mais sans lourdeur aucune, soulignée par une fine ligne de fraîcheur qui renforce son élégance et sa persistance aromatique. ⧗ 2018-2022 ■ **2017 ★ (15 à 20 €; 5600 b.)** : un rosé élégant et expressif, marqué par d'agréables senteurs florales (iris, fleurs blanches), entremêlées d'agrumes et de buis. La bouche, harmonieuse et gourmande, est centrée sur un fruité frais. ⧗ 2018-2019

⊶ DOM. DE LA FONT DES PÈRES, chem. de la Font-des-Pères, 83330 Le Beausset, tél. 04 94 15 21 21, contact@lafontdesperes.com V 🚶 ▮ *t.l.j. 8h-19h ⊶ Chauvin*

DOM. DE FRÉGATE 2017 ★

■ | 40000 | 🍾 | 11 à 15 €

«Entre mer et pierres»; ainsi s'affiche le domaine, dans la même famille depuis 1882. Son nom vient du vieux provençal *fragato* («cassé»), en référence au travail d'épierrage nécessaire pour planter la vigne. La Grande Bleue, ici omniprésente, borde la propriété dont le vignoble couvre 30 ha, à cheval entre Saint-Cyr et Bandol.

Derrière les premiers parfums floraux, apparaissent des nuances fruitées de grenade, de fraise et de fruits blancs. La bouche est gouleyante, légère, ciselée par la fraîcheur. ⧗ 2018-2020

⊶ DOM. DE FRÉGATE, rte de Bandol, 83270 Saint-Cyr-sur-Mer, tél. 04 94 32 57 57, commercial@domainedefregate.com V 🚶 ▮ *t.l.j. 8h30-12h30 14h-18h30*

♥ DOM. LE GALANTIN 2017 ★★

■ | 7333 | 🍾 | 11 à 15 €

Céline Devictor et son frère Jérôme Pascal ont pris en 2000 la suite de leurs parents Liliane et Achille, qui avaient créé le domaine en 1965 au Plan-du-Castellet face à la montagne du Gros-Cerveau, à quelques encablures de la mer. Le vignoble s'est étendu sur plusieurs parcelles de l'AOC bandol et couvre aujourd'hui 30 ha. L'une des belles références de l'appellation.

Le jury a été conquis par l'harmonie entre le nez et la bouche de ce blanc soyeux et élégant, issu de clairette (60 %) et d'ugni blanc. Le bouquet ouvert sur les fruits exotiques et les fleurs (freesia, fleurs jaunes) trouve ainsi un long écho dans une bouche à la fois généreuse et fraîche, gourmande et aérienne. Une personnalité affirmée et racée. ⧗ 2018-2021 ■ **2017 ★★ (11 à 15 €; 23400 b.) ♥** : sous une robe rose pâle tendance chair, ce bandol dévoile une bonne complexité à travers des arômes délicats et frais de buis, d'agrumes, de pêche et de fruits rouges. Cette palette trouve un bel et long écho dans une bouche bien campée, ronde, tendre, harmonieuse, d'une réelle élégance. ⧗ 2018-2020 ■ **2015 ★ (11 à 15 €; 25000 b.)** : après vingt-deux mois de foudres, l'empreinte boisée est bien marquée dans ce bandol frais et soutenu, qui offre une belle mâche autour d'un fruité naissant et de tanins fermes. ⧗ 2021-2028

⊶ JÉRÔME PASCAL ET CÉLINE DEVICTOR, 690, chem. du Galantin, 83330 Le Plan-du-Castellet, tél. 04 94 98 75 94, domaine-le-galantin@wanadoo.fr V 🚶 ▮ *t.l.j. sf sam. dim. lun. 9h-12h 14h-17h (18h30 en été)*

CH. JEAN-PIERRE GAUSSEN 2015 ★★

■ | n.c. | ⦀ | 20 à 30 €

Fondateurs du domaine dans les années 1960, Jean-Pierre et Julia Gaussen conduisent toujours l'exploitation, 12 ha de vignes sur sols argilo-calcaires en appellation bandol, avec désormais leur fille Mireille à leurs côtés.

Élégant dans sa robe rubis intense aux franges violines, ce bandol exhale un bouquet chaleureux de fruits confiturés, de réglisse et de poivre. Une attaque fraîche ouvre sur une bouche sculptée avec finesse, à la fois dense et soyeuse, longue et riche en fruits. Une valeur sûre pour les prochaines années. ⧗ 2022-2028

⊶ CH. JEAN-PIERRE GAUSSEN, 1585, chem. de l'Argile, BP 23, 83740 La Cadière-d'Azur, tél. 04 94 98 75 54, jp.gaussen@free.fr V 🚶 ▮ *r.-v.*

LES VIGNOBLES GUEISSARD Cros du Loup 2015

■ | 1500 | ⦀ | 20 à 30 €

Pauline Giraud et Clément Minne, diplôme de «viti-œno» en poche, après des expériences en Provence et aux antipodes, décident de faire leur propre vin. Vignerons sans terres, ils prennent des parcelles en fermage en 2010 et constituent ainsi une mosaïque de 17 ha répartis sur plusieurs terroirs, en AOC bandol et côtes-de-provence.

Une cuvée au boisé maîtrisé qui allie tanins fins et mûrs à une matière souple, imprégnée d'agréables notes de viennoiserie, d'amande et de cerise. Un bandol ouvert à la dégustation mais pouvant attendre. ⧗ 2019-2025

⊶ LES VIGNOBLES GUEISSARD, 405, traverse des Grenadières, Les Escadenières, RN 8, 83330 Le Beausset, tél. 09 81 49 76 00, pauline@lesvignoblesgueissard.com V 🚶 ▮ *t.l.j. sf dim. 10h-12h30 15h-18h (19h de mai à sept.) ⊶ Clément Minne et Pauline Giraud*

B DOM. LAFRAN-VEYROLLES
Tradition 2016 ★

■ | 15000 | | 20 à 30 €

Valeur sûre de l'appellation, ce domaine de 12 ha (en bio) – propriété d'un certain Melchion Lafran au XVII[e]s. – est entré dans la famille Férec-Jouve au XIX[e]s. Il est dirigé depuis 1975 par Claude Férec-Jouve, qui a délaissé une carrière dans les ressources humaines pour reprendre le flambeau au décès de son père Louis, l'un des pionniers de l'appellation.

Ce bandol dévoile un joli nez ouvert sur des notes de fruits noirs et rouges et d'épices agrémentées de nuances boisées bien fondues. En bouche, il propose un équilibre fruité pour le côté aromatique et une empreinte tannique dans la finesse pour la structure. Un vin encore sur la fraîcheur de sa jeunesse, à patiner en cave. ⧗ 2021-2024

SAS FEREC-JOUVE, 2115, chem. de l'Argile, 83740 La Cadière-d'Azur, tél. 04 94 98 72 59, contact@lafran-veyrolles.fr V r.-v.

DOM. LOU CAPELAN L'Originel 2017

■ | 8000 | | 11 à 15 €

Créé par Séraphin Silvestri, un petit domaine de 4 ha au lieu-dit Les Capelaniers, repris en 1992 par son fils Maurice. La production est alors en vin de table, mais les terrains sont classés en AOC bandol. Arrachage, replantation et premier bandol élaboré en 1996. Aujourd'hui, le vignoble couvre 55 ha, dont 14 en production, sur La Cadière et Le Castellet.

Un rosé de belle expression, aux arômes exotiques (ananas), complétés d'une touche amylique et de nuances de pâtisserie. Le palais se montre équilibré, persistant et se voit dynamisé par une finale saline. ⧗ 2018-2019 ■ **L'Originel 2016 (15 à 20 €; 5000 b.)** : vin cité.

MAURICE SILVESTRI, 1480, chem. de Cuges, 83740 La Cadière-d'Azur, tél. 09 50 05 11 00, loucapelan@hotmail.fr V *t.l.j. sf dim. lun. 10h-12h 14h-18h*

DOM. LES LUQUETTES 2017

■ | 15000 | | 11 à 15 €

L'exploitation de ce domaine de 12 ha était une histoire d'hommes depuis quatre générations, jusqu'à l'arrivée d'Élisabeth Lafourcade en 1996. Celle-ci passe alors de l'élevage d'ovins en Gironde à la culture de la vigne en Provence, suivant une démarche bio sans certification. La pérennité du domaine «au féminin» est assurée avec l'arrivée de sa fille Sophie Cachard.

Le premier nez libère des notes d'agrumes confits et de pâte de fruits, avant une ouverture sur des arômes de mandarine et d'épices. La bouche est dominée par la fraîcheur, encore renforcée par des nuances zestées en finale. ⧗ 2018-2019

SOPHIE CACHARD, 20, chem. des Luquettes, 83740 La Cadière-d'Azur, tél. 04 94 90 02 59, info@les-luquettes.com V *t.l.j. 9h-19h, dim. sur r.-v.* *Élisabeth Lafourcade*

B DOM. MARIE BÉRÉNICE 2016

■ | 3000 | | 20 à 30 €

Ce domaine créé en 2012 par Damien Roux entre les villages de La Cadière d'Azur et du Castellet dispose de 12 ha de vignes en restanques, conduites en agriculture biologique. Il produit aussi de l'huile d'olive, bio également.

Ce 2016 mêle d'agréables arômes d'épices (de cannelle notamment), de fruits noirs et de toasté agrémentés d'une note animale. La bouche apparaît encore fougueuse, étayée par des tannins plus virils qu'élégants à l'heure actuelle. Laissons-lui du temps pour confirmer son potentiel. ⧗ 2022-2025

DAMIEN ROUX, 1826, rte du Grand-Vallat, 83330 Le Castellet, tél. 06 86 25 09 82, contact@domainemarieberenice.com V r.-v.

DOM. MAUBERNARD 2017 ★

■ | 18000 | | 11 à 15 €

Installé en 1994 sur la propriété familiale après avoir dirigé les domaines viticoles de Paul Ricard, Michel Vidal conduit ce petit domaine créé vers 1830 par son arrière-grand-père Julien Fabre, qui fut capitaine au long cours. En conversion bio, le vignoble s'étend sur 8 ha aux portes de Saint-Cyr.

Au nez, ce rosé dévoile une dominante florale intense (tilleul) qui s'agrémente de notes de pomelo et de miel. Arômes prolongés par un palais suave et plein, stimulé par une finale plus fraîche. ⧗ 2018-2019

VIDAL, Dom. Maubernard, 4949, chem. de Saint-Antoine, 83270 Saint-Cyr-sur-Mer, tél. 04 91 37 03 44, domaine.maubernard@wanadoo.fr V *t.l.j. 9h-12h 14h-18h*

♥ CH. DE LA NOBLESSE Pignatel 2015 ★★

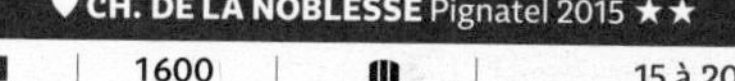

■ | 1600 | | 15 à 20 €

Ce domaine, fondé dans les années 1930 et resté familial depuis lors, étend ses vignes sur 10 ha d'un seul tenant. Aux commandes, Henri Gaussen, épaulé depuis 1990 par sa fille Agnès Gaussen-Cade, œnologue.

De belles nuances pourpres animent la robe de ce vin aux parfums variés de fruits des bois, de fleurs et de cuir sur un beau fond boisé. Une aromatique complexe et fine que prolonge une bouche ample, ronde et longue, tapissée par des tanins soyeux et réglissés qui laissent deviner un solide potentiel. À revoir à son apogée. ⧗ 2022-2028 ■ **2017 ★★ (11 à 15 €; 2700 b.)** : un vin blanc aux parfums de fruits exotiques et de fleurs blanches, à la bouche équilibrée, à la fois large et longue, élégante et fraîche. ⧗ 2018-2021

GAUSSEN-CADE, 1685, chem. de l'Argile, 83740 La Cadière-d'Azur, tél. 04 94 98 72 07, chateau.noblesse@gmail.com V *t.l.j. 10h-12h 14h-18h*

DOM. DE L'OLIVETTE 2015 ★

■ | 40000 | | 15 à 20 €

Depuis deux siècles, la famille Dumoutier, très impliquée dans la création de l'AOC bandol, anime l'un des plus vastes domaines de l'appellation avec ses 55 ha de vignoble implantés entre les villages médiévaux du Castellet et de La Cadière-d'Azur; il est aussi l'un des plus constants.

De beaux reflets violines viennent éclairer la robe grenat de ce 2015 encore dominé par l'élevage. Le bouquet se livre peu à peu, avec une élégante timidité, autour des fruits rouges, de la violette et des épices douces. En bouche, on découvre un vin généreux et gras, aux tanins soyeux qui renforcent son caractère tendre et rond, tout en assurant une bonne structure pour la garde. ⧗ 2022-2028 ■ **2017 (11 à 15 €; 150000 b.)** : vin cité.

JEAN-LUC DUMOUTIER, 519, chem. de l'Olivette, Le Brûlat, 83330 Le Castellet, tél. 04 94 98 58 85, contact@domaine-olivette.com V t.l.j. 8h30-12h 14h-18h

CH. PEY-NEUF 2017 ★

■ | 20000 | | 8 à 11 €

Héritier de trois générations de vignerons sur les terres familiales de La Cadière-d'Azur, non loin du port de Bandol, Guy Arnaud a pris en 1982 les rênes du domaine, dont il a porté la superficie à 80 ha (plus de la moitié en AOC bandol), travaillant son vignoble en s'inspirant de la biodynamie, sans certification. Son fils Anthony conduit aujourd'hui la propriété.

Une nuance pétale de rose pour la robe de ce vin au nez tourné vers le pamplemousse, la mandarine et des nuances anisées. Cette expression, intense, se retrouve dans un palais ample et dense, stimulé par une pointe saline en finale. Un rosé de caractère. ⧗ 2018-2020

ARNAUD PÈRE ET FILS, 1947, rte de la Cadière, 83270 Saint-Cyr-sur-Mer, tél. 06 03 53 35 33, domaine.peyneuf@wanadoo.fr V *t.l.j. 9h-12h 15h-18h; dim. 9h-12h*

CH. DE PIBARNON
Les Restanques de Pibarnon 2015 ★★

■ | 25000 | | 20 à 30 €

La famille de Saint-Victor (aujourd'hui Éric) prend pied en 1978 sur ces terres bandolaises qu'elle exploite en bio non certifié. Après de nombreux travaux d'agrandissement, la propriété compte aujourd'hui 52 ha de vignes s'étageant en restanques, à 300 m d'altitude, et formant un cirque exposé au sud-est. Une référence incontournable de l'appellation bandol.

Après un 2014 de haute volée (coup de cœur), Pibarnon propose avec cette cuvée Restanques un 2015 remarquable, d'un rouge rubis encore juvénile. Le bouquet à la complexité naissante est déjà riche d'arômes: fruits noirs, épices, réglisse, cuir et délicates notes florales. La bouche montre dès l'attaque une belle souplesse, une texture soyeuse et de la générosité, soutenue par des tanins élégants et fins, puis elle déploie une longue finale fruitée, sur la légèreté. Un beau mariage entre la puissance, la fraîcheur et la concentration. ⧗ 2022-2028

ÉRIC DE SAINT-VICTOR, 410, chem. de la Croix-des-Signaux, 83740 La Cadière-d'Azur, tél. 04 94 90 12 73, contact@pibarnon.fr V *t.l.j. sf dim. 9h-12h 14h-18h*

DOM. PIERACCI 2017 ★

■ | 10000 | | 11 à 15 €

Fils et petit-fils de vignerons, Jean-Pierre Pieracci a construit un nouveau chai à Saint-Cyr-sur-Mer. Il exploite 15 ha en bandol, à La Cadière-d'Azur, en côtes-de-provence, à Saint-Cyr-sur-Mer, en IGP, et produit aussi de l'huile d'olive. Son vignoble est en conversion bio.

D'un rose nuance topaze impériale, ce vin révèle un nez gourmand de pêche et de brugnon à pleine maturité, avec un soupçon zesté pour dynamiser l'ensemble. La bouche est ample, suave, bien construite autour du mourvèdre. Un vin de belle typicité. ⧗ 2018-2020

JEAN-PIERRE PIERACCI, 975, chem. du Sauvet, 83270 Saint-Cyr-sur-Mer, tél. 06 15 44 49 52, jp83@hotmail.fr V *r.-v.*

DOM. LA RAGLE 2015 ★

■ | 12000 | | 11 à 15 €

En 1950, les caves de Saint-Cyr, Sanary-sur-Mer et La Cadière-d'Azur (bandol), aménagent un espace commun dans un moulin du XVIe s. situé dans cette dernière commune. Une cave semi-enterrée aux normes éco-environnementales et un lieu d'accueil construits au Castellet se sont ajoutés en 2012. La coopérative s'est agrandie et compte environ 200 adhérents; le site de la Cadière-d'Azur abrite désormais les vinifications.

Une palette aromatique élégante autour des fruits confiturés mâtinés de nuances fumées et une bouche ample, riche et tendre, aux tanins présents mais fins composent un bandol de bonne garde. ⧗ 2021-2028 ■ **Dom. des Capélaniers 2017 ★ (8 à 11 €; 25000 b.)** : une robe très flatteuse, franche et sans nuance orangée, habille ce rosé tout en fruit: abricot, groseille, fraise, agrumes. Bien équilibré, le palais allie souplesse, fraîcheur et matière. ⧗ 2018-2020 ■ **Moulin de la Roque Les Adrets 2017 (8 à 11 €; 250000 b.)** : vin cité.

MOULIN DE LA ROQUE, 1, rte des Sources, 83330 Le Castellet, tél. 04 94 90 10 39, contact@laroque-bandol.fr V *r.-v.*

B DOM. RAY-JANE 2017 ★

■ | 16000 | | 11 à 15 €

Perpétuant une tradition vigneronne qui remonte au XIIIe s., Alain Constant compte parmi les 30 ha de son domaine un tiers de vignes centenaires; un vignoble cultivé en bio (certifié depuis 2009) dans la plus pure tradition, avec labour à la charrue et piochage à la main.

Ce rosé pâle aux reflets jaune-orangé laisse une sensation harmonieuse et séductrice autour d'une bouche douce et suave et d'arômes élégants de fruits rouges et de pamplemousse rose. ⧗ 2018-2020

ALAIN CONSTANT, 353, av. du Bosquet, 83330 Le Castellet, tél. 04 94 98 64 08, domainerayjane@gmail.com V *t.l.j. sf dim. 8h30-12h 14h-19h*

B DOM. ROCHE REDONNE Cuvée de la Lyre 2017

■ | 14000 | 11 à 15 €

Geneviève et Henri Tournier sont à la tête de ce domaine depuis 1982. Élaboré à partir des vignes familiales, il est constitué d'une mosaïque de parcelles de 6 ha (en bio certifié) située au pied de La Cadière-d'Azur, sur des coteaux exposés au nord.

Le nez demande une petite aération pour exprimer pleinement ses notes minérales, iodées et un brin végétales. L'attaque en bouche est croquante, la finale plus suave. Le lien entre les deux se fait harmonieusement dans la finesse. ⧗ 2018-2019

⊶ GENEVIÈVE ET HENRI TOURNIER, chem. des Paluns, 83740 La Cadière-d'Azur, tél. 06 61 19 84 52, roche.redonne@free.fr V r.-v.

CH. ROMASSAN 2015

■ | 10000 | 🛢 | 20 à 30 €

Alsacienne d'origine, la famille Ott, installée en Provence en 1896, a acquis Romassan en 1956 (85 ha au pied du Castellet en appellation bandol) et possède aussi le château de Selle et le Clos Mireille en côtes-de-provence. Deux AOC et un flacon singulier, inspiré de l'amphore romaine. L'ensemble (dans le giron du champenois Roederer depuis 2004) est dirigé par les cousins Christian et Jean-François Ott.

Ouvert sur des parfums de griotte et de fruits à l'eau-de-vie, avec une pointe d'écorce d'orange, ce bandol présente en bouche un profil solaire, généreux, vineux, soutenu par des tanins encore assez acérés. Un bon représentant de son millésime. ⧗ 2021-2028

⊶ SAS DOMAINES OTT, 601, rte des Mourvèdres, 83330 Le Castellet, tél. 04 94 98 71 91, chateauromassan@domaines-ott.com V t.l.j. sf sam. dim. 9h-12h 14h-18h; sam. été 10h-13h 15h-19h ⊶ Roederer

CH. SALETTES 2017 ★

■ | 13000 | 🍾 | 15 à 20 €

Depuis 1604, dix-huit générations de vignerons se sont succédé sur ce terroir mêlé d'argile, de calcaire et de roc concassé sur lequel est implanté le vignoble: 34 ha d'un seul tenant au pied de La Cadière-d'Azur. Un domaine entièrement restructuré, à la vigne et au chai, par Jean-Pierre Boyer, puis par son fils Nicolas, décédé prématurément en 2011. Jean-Pierre a donc repris les rênes, secondé par l'œnologue Alexandre Le Corguillé. Une valeur sûre, d'une grande constance dans la qualité et ce dans les trois couleurs de l'appellation.

Paré d'une robe lumineuse, ce vin à large dominante de clairette (94 %, avec le rolle en complément) montre de la générosité tout au long de la dégustation. Au nez, se dévoilent des arômes fruités et floraux intenses, que l'on retrouve dans une bouche ample et équilibrée, offrant du gras et de la fraîcheur. Un blanc à la forte personnalité, à réserver pour la table. ⧗ 2018-2022

⊶ CH. SALETTES, 913, chem. des Salettes, 83740 La Cadière-d'Azur, tél. 04 94 90 06 06, salettes@salettes.com V t.l.j. sf dim. 8h-12h 14h-17h (18h en été)

DOM. LA SUFFRÈNE Les Lauves 2015 ★

■ | 6000 | 🛢 | 20 à 30 €

C'est au lieu-dit La Suffrène – qui aurait été autrefois la résidence d'une compagne du Bailli de Suffren – que s'étend une partie des vignes de ce domaine incontournable de l'AOC bandol. Un vignoble familial de 60 ha, morcelé en une centaine de parcelles, dont les raisins étaient portés à la coopérative jusqu'à l'arrivée de Cédric Gravier, qui a pris en 1996 la suite de ses grands-parents.

Au premier nez, les notes boisées, fumées et épicées dominent, puis apparaissent les fruits rouges mûrs. En bouche, l'attaque est franche, la trame tannique fine et ferme à la fois, en soutien d'une matière ample et concentrée. Un vin généreux, au beau potentiel de garde. ⧗ 2022-2028 ■ **2015 ★ (15 à 20 €; 45000 b.)** : la cuvée principale du domaine est un vin aux accents méditerranéens de garrigue et d'olive noire, à la bouche puissante et suave, dotée de solides tanins. Du potentiel sans en douter. ⧗ 2022-2028 ■ **2017 ★ (11 à 15 €; 8000 b.)** : un blanc élégant, frais et équilibré, ouvert sur des parfums de zeste de citron et d'anis. ⧗ 2018-2021 ■ **Cuvée Léa 2017 ★ (8 à 11 €; 55000 b.)** : la robe est plutôt classique, à peine orangée, et le bouquet harmonieux, autour de senteurs florales, d'agrumes et d'épices. La bouche apparaît souple en attaque, puis évolue vers plus de tension, avant une finale suave et épicée. Un ensemble équilibré et bien dans le ton du millésime et de l'appellation. ⧗ 2018-2019 ■ **2017 ★ (11 à 15 €; 140000 b.)** : un bandol bien en chair, plus rond qu'aérien, gourmand par ses notes de cerise fraîche. ⧗ 2018-2019

⊶ GAEC GRAVIER PICHE, 1066, chem. de Cuges, 83740 La Cadière-d'Azur, tél. 04 94 90 09 23, commercial@suffrene.fr V t.l.j. sf dim. 9h-12h 14h-18h ⊶ Cédric Gravier

B DOM. DE TERREBRUNE 2015 ★

■ | 50000 | 🛢 | 20 à 30 €

Dans les années 1960, Georges Delille entreprend d'énormes travaux pour mettre en état la propriété qu'il vient d'acquérir. Les argiles très brunes dans lesquelles s'enracinent les 30 ha de vignes (cultivées en bio depuis les origines) inspirèrent alors le nom du domaine, dirigé aujourd'hui par Reynald, le fils du fondateur arrivé en 1980, date des premières mises en bouteilles.

Ce vin présente des arômes gourmands de fruits noirs confits. En bouche, il marie fine sucrosité et bonne présence tannique, sur fond de petits fruits rouges et de myrtille. Un ensemble harmonieux et généreux, qui évoluera bien. ⧗ 2021-2028 ■ **2017 (15 à 20 €; 62000 b.)** B : vin cité.

⊶ DOM. DE TERREBRUNE, 724, chem. de la Tourelle, 83190 Ollioules, tél. 04 94 74 01 30, domaine@terrebrune.fr V t.l.j. sf dim. 9h30-12h30 14h30-18h ⊶ Delille

B CH. GUILHEM TOURNIER 2015 ★

■ | 7000 | 🛢 | 15 à 20 €

Fils des propriétaires du Dom. Roche Redonne, Guilhem Tournier exploite depuis 2004 son propre

PROVENCE

vignoble conduit en bio: 6,5 ha établis au pied du village médiéval de La Cadière-d'Azur.

Ce 2015 présente un joli nez de fruits noirs (mûre) agrémentés de cuir et de sous-bois. Le palais se montre tendre et suave, fruité, épicé et réglissé, étayé par des tanins serrés. ⧗ 2020-2023 ■ **Cuvée La Malissonne 2017 (15 à 20 €; 20000 b.)** Ⓑ : vin cité.

⊶ TOURNIER, chem. des Paluns, 83740 La Cadière-d'Azur, tél. 06 61 14 11 83, guilhem.tournier@sfr.fr V r.-v.
⊶ Tournier

DOM. DES TROIS FILLES 2016 ★★

■	9400		15 à 20 €

Une nouvelle vie pour ce tout jeune domaine sorti en 2013 de la coopérative par les trois filles de la famille Arlon – Audrey, Léonie et Justine. Le vignoble, dont la surface a été portée à 9 ha, s'accroche à une colline surplombant la mer, à La Cadière-d'Azur.

Diablement gourmand à l'olfaction, ce bandol évoque un panier mêlant fruits rouges croquants et fruits plus mûrs. Un fruité que l'on retrouve en compagnie de nuances épicées dans une bouche aussi large que longue, étayée par de magnifiques tanins soyeux qui font envisager un très bel avenir à ce vin. ⧗ 2022-2028 ■ **2017 ★ (11 à 15 €; 17000 b.)** : ce rosé en robe légère développe à l'olfaction des notes de sureau, de fleurs blanches, de mandarine et de pamplemousse. Fraîche en attaque, la bouche montre plus de maturité dans son développement, avant une touche saline en finale. ⧗ 2018-2019

⊶ FAMILLE ARLON, 1616, chem. de la Bégude, 83740 La Cadière-d'Azur, tél. 06 62 89 79 90, contact@domainesdestroisfilles.com V *t.l.j. 10h-12h30 16h-19h; dim. 10h-13h*

♥ VIGNERET 2015 ★★

■	6880		15 à 20 €

Héritier de plusieurs générations au service du vin, Olivier Pascal a pris en 2006 les rênes de cette propriété qui compte 16 ha en bandol et 4 en côtes-de-provence. La majeure partie de son vignoble couvre les coteaux de La Cadière-d'Azur, à l'emplacement d'une ancienne carrière d'argile bleue exploitée par des ancêtres pour fabriquer des tuiles.

Une robe sombre et dense habille ce superbe 2015 aux multiples attraits parfumés: cerise noire, confiserie, sous-bois, légère note animale. La bouche apparaît ample, suave et ronde, portée par une puissante ossature de tanins veloutés et fins. La longueur est impressionnante, renforcée par de beaux amers et une fraîcheur aérienne en finale. Un vin abouti et plein de promesses. ⧗ 2022-2028

⊶ SCEA OLIVIER PASCAL, 25, allée de Dublin, 83870 Signes, tél. 04 94 90 57 63, contact@vigneret.com V *r.-v.*

LES BAUX-DE-PROVENCE

Superficie : 300 ha / Production : 9 212 hl

Perchée sur un éperon rocheux, la citadelle des Baux garde le souvenir des seigneurs orgueilleux qui l'édifièrent à partir du XIes. La blancheur de ses murailles est celle du calcaire des Alpilles, dont elle constitue un avant-poste. Ce massif au relief pittoresque taillé en biseau par l'érosion est le paradis de l'olivier, dont les fruits bénéficient de deux AOC. Le vignoble trouve également dans ce secteur un milieu favorable, sur les dépôts caillouteux caractéristiques de cette région, comme les grèzes litées, éboulis d'origine glaciaire. Elles sont ici peu épaisses et la fraction fine, dont dépend la réserve hydrique du sol, est importante. Ce secteur se distingue par une nuance climatique qui en fait une zone précoce, peu gélive, chaude et plus arrosée (650 mm).
Reconnue en 1995 au sein de la zone des coteaux-d'aix-en-provence, cette AOC est réservée aux vins rouges (80 %) et rosés. Les règles de production y sont plus strictes (rendement plus bas, densité plus élevée, taille plus restrictive, élevage d'au moins douze mois pour les vins rouges, minimum de 50 % de saignée pour les vins rosés); l'encépagement, mieux défini, repose sur le couple grenache-syrah, accompagné quelquefois du mourvèdre.

Ⓑ MAS DE GOURGONNIER
Cuvée sans souffre ajouté 2016

■	9000		8 à 11 €

Commandé par un mas construit en 1720, ce vignoble de 45 ha, propriété familiale depuis cinq générations, est conduit en agriculture bio depuis le début, certifié depuis 1975. Le compost est fait sur le domaine, les traitements à la vigne et les intrants au chai sont réduits au strict minimum.

Encore fermée pour l'instant, cette cuvée s'ouvre discrètement à l'aération sur les fruits rouges, le thym et le sureau. La bouche apparaît ferme et tendue jusqu'en finale, charpentée par des tanins anguleux mais pas asséchants. À attendre donc. ⧗ 2020-2024

⊶ LUC ET FRÉDÉRI CARTIER, Le Destet D 78, 13890 Mouriès, tél. 04 90 47 50 45, contact@gourgonnier.com V *r.-v.*

Ⓑ MAS DE LA DAME Coin caché 2016 ★

■	10000		20 à 30 €

Hélène Hugolène, la Dame de Fos qui possédait le domaine au XVes., inspira le nom du mas à Robert Faye, fils d'Auguste, négociant bourguignon qui acquit la propriété en 1903. Depuis 1994, Anne Poniatowski et Caroline Missoffe, petites-filles de Robert, perpétuent la tradition sur ce vaste domaine (300 ha, dont 51 ha de vignes conduites en bio et 28 ha d'oliviers) bien connu pour ses baux-de-provence.

Le grenache (51 %), la syrah (38 %) et un peu de cabernet-sauvignon, vinifiés et élevés sous bois séparément, sont à l'origine de cette cuvée expressive, ouverte sur la confiture de cassis et les épices, le gingembre notamment. La bouche se révèle ample, dense, étayée par des tanins élégants et bien patinés par l'élevage. Voilà qui permet d'envisager un vieillissement serein. ⧗ 2020-2024 ■ **Le Vallon des amants 2016 ★ (20 à 30 €; 8200 b.)** Ⓑ : dominé par la syrah (57 %), ce vin livre un joli bouquet de vanille, de cannelle et de fruits rouges sur fond de garrigue. Arômes prolongés par une bouche large et longue, aux tanins soyeux. ⧗ 2019-2024

MAS DE LA DAME, RD 5, 13520 Les Baux-de-Provence, tél. 04 90 54 32 24, masdeladame@masdeladame.com V t.l.j. 8h30-18h ⊶ Anne Poniatowski et Caroline Missoffe

MAS SAINTE-BERTHE
Louis David 2016 ★

■ | 12000 | | 11 à 15 €

Ce domaine de 40 ha (dont 4 ha d'oliviers), situé au pied du village des Baux-de-Provence, est une valeur sûre qui produit sous cette AOC du vin et de l'huile d'olive. Il tire son nom d'une chapelle érigée en 1538 sur ses terres. Les David l'ont acquis en 1950 et c'est depuis 2000 leur fille Geneviève Rolland qui est aux commandes, épaulée par Christian Nief à la vigne et au chai.

La vinification des cépages (cabernet-sauvignon, syrah, grenache) se fait séparément pour cette cuvée qui porte le nom du fondateur du domaine. Au nez, les fruits rouges voisinent avec les épices et quelques notes minérales. En bouche, le vin est bien structuré par des tanins fermes, tandis que des notes de vanille apportent un côté velouté en finale. ⧗ 2020-2024 ■ **Passe-rose 2017 ★ (5 à 8 €; 60000 b.)** : pas moins de cinq cépages pour élaborer ce rosé de gastronomie au nez floral, à la bouche fruitée et épicée, de beau volume, avec du gras et un joli support acide. Un sans-faute. ⧗ 2018-2020

GENEVIÈVE ROLLAND, chem. de Sainte-Berthe, 13520 Les Baux-de-Provence, tél. 04 90 54 39 01, massteberthe@orange.fr V t.l.j. 9h-12h 14h-18h

Ⓑ CH. ROMANIN La Chapelle 2016

■ | 26000 | | 15 à 20 €

Anciens propriétaires du Ch. Montrose, cru classé de Saint-Estèphe, Anne-Marie et Jean-Louis Charmolüe ont acquis en 2006 ce vaste domaine (250 ha) au passé ancien, situé au cœur de l'AOC baux-de-provence, sur les ruines d'un château de l'ordre des Templiers datant du XIIIes. Le vignoble couvre 58 ha, conduits en biodynamie depuis 1988, et les vins sont élevés dans une cave monumentale, creusée dans la roche et conçue comme une cathédrale gothique.

Dix-huit mois de cuve pour cette cuvée qui fleure bon les fruits rouges et le cassis. En bouche, la souplesse et la fraîcheur sont de mise, autour de tanins fondus. Une bouteille déjà accessible. ⧗ 2018-2023

SC CH. ROMANIN, rte de Cavaillon, CS 7000, 13210 Saint-Rémy-de-Provence, tél. 04 90 92 45 87, contact@chateauromanin.fr V t.l.j. 10h-13h 15h-18h ⊶ Charmolüe

♥ Ⓑ DOM. DES TERRES BLANCHES 2017 ★★

■ | 11000 | | 11 à 15 €

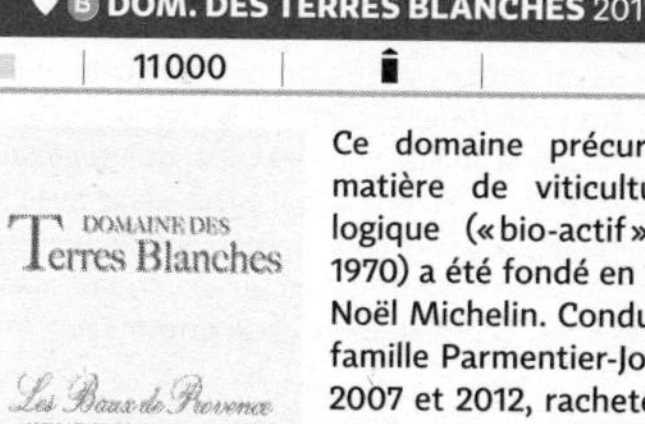

Ce domaine précurseur en matière de viticulture biologique («bio-actif» depuis 1970) a été fondé en 1968 par Noël Michelin. Conduit par la famille Parmentier-Jolly entre 2007 et 2012, racheté à cette date par Laurent Hild, industriel alsacien, il vient encore de changer de mains, acquis en 2015 par l'homme d'affaires Christian Latouche. Une constante: la conduite en bio de ce vignoble couvrant aujourd'hui 30 ha, régulièrement en vue pour ses baux-de-provence, dans les trois couleurs.

D'une belle couleur jaune clair, ce vin à dominante de rolle dévoile un nez aussi puissant que distingué d'abricot, de pêche, de rose et de buis en fleur. Le palais apparaît ample et généreux, long et harmonieux, souligné par une fine acidité. Une belle cuvée qui conjugue gourmandise et élégance. ⧗ 2018-2022 ■ **2017 ★ (11 à 15 €; 27000 b.)** Ⓑ : la robe de cette cuvée, typique des rosés des Baux, est rose pâle, limpide et brillante. Si le nez est encore très discret à ce stade, la bouche s'avère équilibrée, complexe, longue, ouverte sur des arômes de pêche, d'abricot, de grenade et sur une subtile pointe florale. ⧗ 2018-2020

SCEA NSE DU DOM. DES TERRES BLANCHES, RD 99, rte de Cavaillon, 13210 Saint-Rémy-de-Provence, tél. 04 90 95 91 66, isabelletbl@hotmail.fr V t.l.j. 10h-18h; f. dim. oct.-mars ⊶ Latouche

Ⓑ DOM. DE LA VALLONGUE
Garrigues 2017 ★

■ | 5633 | 11 à 15 €

Niché au cœur des Alpilles, sur l'ancienne voie romaine qui reliait l'Espagne à l'Italie, ce domaine de 30 ha, en bio depuis 1985, est la propriété de M. Latouche depuis 2009.

Le jury note une bonne intensité aromatique autour de la pêche et des fruits exotiques, puis de la fleur de cassis et du buis. Une attaque franche ouvre sur une bouche ronde, florale et fruitée, à l'unisson du nez, avec une finale fraîche qui amène un surcroît de tonus. Un vin bien typé. ⧗ 2018-2021

DOM. DE LA VALLONGUE, rte de Mouriès, BP 4, 13810 Eygalières, tél. 04 90 95 91 70, contact@lavallongue.com V t.l.j. 10h-13h 14h-18h30; f. dim. oct.-mars

PROVENCE

BELLET

Superficie : 48 ha
Production : 1 150 hl (65 % rouge et rosé)

De rares privilégiés connaissent ce minuscule vignoble situé sur les hauteurs de Nice, dont la production est presque introuvable ailleurs que localement. Elle est faite de blancs originaux et

aromatiques, grâce au rolle, cépage de grande classe, et au chardonnay (qui se plaît à cette latitude quand il est exposé au nord et suffisamment haut); de rosés soyeux et frais; de rouges somptueux, auxquels deux cépages locaux, la fuella et le braquet, donnent une typicité certaine. Ils seront à leur juste place avec la riche cuisine niçoise si originale, la tourte de blettes, le tian de légumes, l'estocaficada, les tripes, sans oublier la socca, la pissaladière ou la poutine.

B CH. DE BELLET Baron G. 2016

■ | 7000 | ◍ | 30 à 50 €

Ce domaine est né en 2012 de la fusion de deux propriétés, le Ch. de Bellet et les Coteaux de Bellet, rachetées par la Française REM. Le vignoble couvre 10 ha.

D'une jolie teinte dorée, cette cuvée dévoile un nez puissant de pâtisserie, de caramel au beurre salé, de pain toasté et de fruits blancs mûrs qui s'entremêlent agréablement à l'aération. La bouche est ronde, soutenue par une bonne vivacité, des notes vanillées encadrant un agréable fruité confit. ⧗ 2019-2022

CH. DE BELLET, 482, chem. de Saquier, 06200 Nice, tél. 04 93 37 81 57, contact@chateaudebellet.com V ⚲ ▪ *r.-v.* *La Française*

B COLLET DE BOVIS 2016 ★

■ | 1500 | ◍ | 15 à 20 €

Jean Spizzo, enseignant universitaire, s'est passionné pour la culture de la vigne et la vinification dès 1974. Son vignoble de 4,5 ha, converti à l'agriculture biologique, est situé sur les collines de Bellet qui dominent la ville de Nice. Un domaine très régulier en qualité.

Le blanc 2015 fut coup de cœur. La version 2016 est très agréable: belle robe dorée; nez gourmand de fruits mûrs (abricot, mangue, melon), de fleurs jaunes et de miel; bouche dense, suave et ronde, aux tonalités de beurre, de tabac blond et d'épices. Une jolie bouteille pour la table. ⧗ 2019-2023 ■ **2017 ★ (11 à 15 €; 1250 b.)** B : tourné vers des notes de zeste d'orange confite, de noix fraîche, de pâte de fruits et de... Grand Marnier, voici un rosé surprenant, qui offre une dégustation à la fois équilibrée et voluptueuse sur un caractère d'antan. ⧗ 2018-2019

JEAN SPIZZO, Le Fogolar, 370, chem. de Crémat, 06200 Nice, tél. 06 14 76 09 71, jeanetmichele.spizzo@sfr.fr V ⚲ ▪ *r.-v.* ⌂ E

B CH. DE CRÉMAT 2014 ★

■ | n.c. | ◍ | 20 à 30 €

Propriété de Cornelis Kamerbeek, amateur éclairé et passionné de vin depuis 2001, ce domaine de 10 ha (converti au bio) s'étend sur un terroir de galets roulés caractéristiques de l'appellation bellet. Une valeur sûre.

Une couleur franche aux reflets violines pour ce vin ouvert sur des parfums de grillé, de tabac blond, d'épices et de cerise noire. Le palais est rond, généreux et bien structuré par des tanins enrobés et un bon boisé, avec en filigrane une fine acidité. ⧗ 2019-2023

CH. DE CRÉMAT, 442, chem. de Crémat, 06200 Nice, tél. 04 92 15 12 15, cremat.vins@orange.fr V ⚲ ▪ *t.l.j. 9h-12h 13h-17h*

♥ B DOM. DE LA SOURCE 2017 ★★

■ | 6500 | ◍ ▮ | 20 à 30 €

Une source qui alimentait autrefois des cultures florales et maraîchères donne son nom à ce domaine de 5 ha conduit en agriculture biologique par Jacques Dalmasso, épaulé de ses enfants Carine et Éric depuis 2003.

Une robe franche aux nuances vert d'eau habille ce vin à l'olfaction intense et complexe de fruits jaunes, de fleurs blanches, de girofle et d'anis. Une richesse aromatique confirmée par une bouche ample et longue, friande et très fraîche, soutenue par un boisé fondu. Un bellet élégant et dynamique en diable. ⧗ 2018-2022 ■ **2017 ★ (15 à 20 €; 5000 b.)** B : le braquet trouve toute son expression dans ce rosé couleur melon, à la palette aromatique riche et expressive: baie de sureau, orange confite, amande amère, fruits noirs, sous-bois... La bouche offre elle aussi une belle expression autour de notes anisées et fumées. ⧗ 2018-2019

FAMILLE DALMASSO, 303, chem. de Saquier, 06200 Nice, tél. 04 93 29 81 60, contact@domainedelasource.fr V ⚲ ▪ *t.l.j. 10h-18h*

B DOM. DE TOASC 2017 ★

■ | 6500 | ▮ | 20 à 30 €

En 1995, Bernard Nicoletti achète 12 ha de terrains laissés à l'abandon au lieu-dit Toasc, sur les collines de Nice. Il conserve les oliviers et replante les cépages typiques du bellet: 8 ha de vignes (convertis au bio) plantés en restanques et dominant la vallée du Var.

À l'aération, ce vin dévoile des parfums frais et élégants de menthol, de thé vert, de tilleul et d'agrumes. Un joli assemblage de senteurs que l'on retrouve dans un palais ample, frais, bien équilibré, dynamisé par une finale minérale. ⧗ 2018-2022 ■ **2017 (15 à 20 €; 7000 b.)** B : vin cité.

DOM. DE TOASC, 213, chem. de Crémat, 06200 Nice, tél. 04 92 15 14 14, contact@domainedetoasc.com V ⚲ ▪ *t.l.j. sf dim. lun. 14h30-17h30* *Bernard Nicoletti*

CASSIS

Superficie : 200 ha / Production : 7 687 hl

Un creux de rochers, auquel on n'accède que par des cols relativement hauts de Marseille ou de Toulon, abrite, au pied des plus hautes falaises de France, des calanques et une certaine fontaine qui, selon les

Cassidens, rendrait leur ville plus remarquable que Paris... Mais aussi un vignoble que se disputaient déjà au XI^e^s. les puissantes abbayes, en demandant l'arbitrage du pape, et qui produit aujourd'hui des vins rouges, rosés et surtout blancs. Mistral disait de ces derniers qu'ils sentaient le romarin, la bruyère et le myrte. Capiteux et parfumés, les cassis blancs sont des vins de classe qui s'apprécient particulièrement avec les bouillabaisses, les poissons grillés, les coquillages et les viandes blanches.

Ⓑ DOM. DU BAGNOL 2017 ★

■ | 30000 | 🍾 | 15 à 20 €

Les archives mentionnent la présence de vignes dès 1430 en ce lieu appelé «Lobanhou», au pied du cap Canaille, la plus haute falaise maritime de France. Depuis 1997, Sébastien Genovesi dirige ce domaine de 17 ha en bio certifié, implanté en plein cœur de Cassis, qui fut créé en 1884 par le marquis de Fesques.

Des parfums de pêche de vigne, de grenade et de fraise composent l'expression de ce vin plein de fraîcheur. Une fraîcheur que prolonge un palais à la fois ample, aérien et délicat, persistant autour des fruits exotiques. ⌛ 2018-2019

⊶ SÉBASTIEN GENOVESI, 12, av. de Provence, 13260 Cassis, tél. 04 42 01 78 05, lebagnol@orange.fr V 🚶 ! *r.-v.*

Ⓑ CH. BARBANAU Cuvée Kalahari 2015 ★

■ | 5000 | 🛢🍾 | 20 à 30 €

La famille Cerciello exploite la vigne en Provence depuis le début du XX^e^s. et la création par Émile Bodin du Clos Val Bruyère (7,5 ha en AOC cassis). En 1989, elle fait l'acquisition du Ch. Barbanau, 30 ha à l'extrémité ouest des côtes-de-provence, non loin de Cassis. Sophie Cerciello, arrière-petite-fille du fondateur, et Didier Simonini s'attachent à y élaborer des vins proches de la nature, issus de l'agriculture biologique depuis 2008.

Des éclats dorés animent la robe de ce vin ouvert sur des parfums de vanille et de pain grillé traduisant un élevage boisé bien fondu. Une attaque puissante introduit une bouche dense, à la fraîcheur ajustée et au boisé savamment dosé, avec de beaux amers qui dynamisent la finale. Du potentiel. ⌛ 2019-2023 ■ **Clos Val Bruyère 2016 (11 à 15 €; 25000 b.)** Ⓑ : vin cité.

⊶ CERCIELLO-SIMONINI, hameau de Roquefort, 13830 Roquefort-la-Bédoule, tél. 04 42 73 14 60, contact@chateau-barbanau.com V ! *t.l.j. sf dim. 10h-12h 15h-18h*

ÉMILE BODIN 2017 ★★

■ | 32000 | 🍾 | 11 à 15 €

Émile Bodin, l'un des précurseurs des vins de Cassis, a créé son vignoble au château de Fontblanche en 1890, après la crise phylloxérique. Aujourd'hui, ses héritiers, Nicolas Bontoux et son fils Émile, conduisent les 35 ha de ce domaine commandé par une demeure édifiée au XVII^e^s. par le marquis de Villepay.

Une robe aux éclats émeraude et une expression aromatique riche de notes florales et de fruités mûrs composent une approche engageante. En bouche, le vin s'impose par crescendo, offrant du volume et de délicates saveurs florales et minérales. Un cassis bien typé et très équilibré. ⌛ 2018-2021 ■ **Notre Dame des Lumières 2017 ★ (15 à 20 €; 3300 b.)** : à un bouquet intense de mangue mûre et d'abricot rôti agrémenté d'une touche miellée répond une bouche chaleureuse et charnue. Un profil gourmand. ⌛ 2018-2021 ■ **Bodin 2017 ★ (15 à 20 €; 42000 b.)** : un nez encore jeune mais complexe, qui laisse deviner des notes de fraise, d'épices et de garrigue. Douceur et volume accompagnent cette gamme aromatique dans une bouche bien structurée. ⌛ 2018-2020

⊶ NICOLAS BONTOUX, Ch. de Fontblanche, rte de Carnoux, 13260 Cassis, tél. 04 42 01 00 11, contact@cassis-bodin.fr V ! *t.l.j. 10h-12h 15h-19h*

♥ Ⓑ CLOS SAINTE-MAGDELEINE 2017 ★★

■ | 30000 | 🍾 | 15 à 20 €

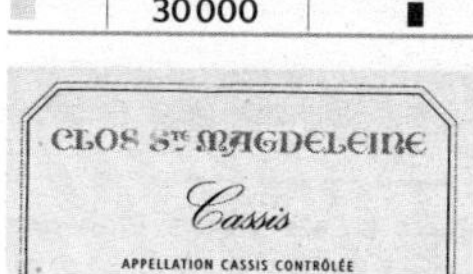

Bientôt un siècle (1921) que la famille Sack exploite ce domaine aujourd'hui conduit en bio. La propriété, située dans le parc national des Calanques, dispose d'un vignoble de 13 ha étagé en restanques, face à la mer sur les flancs du cap Canaille, et commandé par une demeure au style Art déco.

Coup de cœur l'an dernier, ce domaine fait aussi bien cette année avec ce cassis de haute expression. Une belle robe claire aux reflets verts et un bouquet très expressif d'agrumes, de fruits exotiques, de fleurs blanches et de buis composent une entrée en matière des plus charmeuses. La bouche, à l'unisson de l'olfaction, est à la fois ample, ronde, caressante, dynamisée par une fine fraîcheur qui pousse loin la finale. Un 2017 élégant et voluptueux. ⌛ 2018-2023 ■ **Bel-Arme 2016 ★ (20 à 30 €; 6000 b.)** Ⓑ : issue de vieilles vignes de soixante ans, cette cuvée offre du volume, du gras et une tonicité appréciée, sur fond de fruits jaunes exotiques. ⌛ 2018-2022

⊶ JONATHAN SACK, Clos Sainte-Magdeleine, av. du Revestel, 13260 Cassis, tél. 04 42 01 70 28, clos.sainte.magdeleine@gmail.com V 🚶 ! *t.l.j. sf dim. 10h-12h30 14h30-19h*

Ⓑ DOM. DE LA FERME BLANCHE 2017 ★

■ | 30000 | 🍾 | 11 à 15 €

En 1714, le vignoble s'étendait jusqu'aux portes de la cité phocéenne. Démembré à la Révolution, il n'en reste aujourd'hui que 30 ha menés par Jéromine Paret et Philippe Garnier, qui l'ont converti au bio.

D'un beau rose lumineux, ce cassis dévoile des arômes de griotte, d'agrumes et de litchi agrémentés de quelques nuances florales. La bouche, ample, s'appuie sur des senteurs fruitées et déploie une élégante finale aux nuances épicées. Un vin bien rythmé et complexe. ⌛ 2018-2019

⊶ DOM. DE LA FERME BLANCHE, RD 559, 13260 Cassis, tél. 04 42 01 00 74, fermeblanche@wanadoo.fr V ! *t.l.j. 9h-12h 14h-18h; dim. 9h-12h en hiver ⊶ F. Paret*

PROVENCE

Ⓑ CH. DE FONTCREUSE Cuvée F 2017

■	30 000	🍾	15 à 20 €

Une fontaine creusée en 1687 pour alimenter en eau courante le château en cours de construction est à l'origine du nom du domaine, que le vigneron Jean-François Brando a acquis trois siècles plus tard très exactement, en 1987. Ce lieu fut aussi, après la Révolution, la demeure des commissaires de la République. Le vignoble couvre aujourd'hui 25 ha, à l'origine de vins de Cassis très réguliers en qualité. Une valeur sûre.

L'olfaction s'anime autour des fleurs blanches et des épices douces, agrémentées de notes d'écorce verte. Des nuances anisées s'ajoutent dans une bouche légère et douce, stimulée par une touche poivrée. ⧗ 2018-2019

⊶ JEAN-FRANÇOIS BRANDO, 13, rte Pierre-Imbert, 13260 Cassis, tél. 04 42 01 71 09, fontcreuse@wanadoo.fr **V** **I** *t.l.j. sf sam. dim. 8h30-12h 14h-18h*

Ⓑ DOM. DU PATERNEL 2017 ★★

■	80 000	🍾	11 à 15 €

En 1943, Antoine Santini et ses sœurs Catherine et Jeanne deviennent propriétaires de la ferme du Paternel, alors exploitée en polyculture. La première mise en bouteilles date de 1951. Un domaine conduit aujourd'hui par Jean-Pierre Santini, son épouse Chantal et leurs trois enfants, l'un des plus grands (65 ha) de l'appellation cassis, en bio certifié. L'autre domaine des Santini, Couronne de Charlemagne (7 ha), situé au pied de la colline éponyme, est également en bio. La famille Santini élabore aussi des bandol et des côtes-de-provence sur un vignoble de Saint-Cyr-sur-Mer.

Des senteurs élégantes pour ce vin qui évoque les fleurs blanches, le fruit de la Passion et le litchi avec une belle intensité. Et que dire de la bouche: charnue, friande, gourmande, elle offre une savoureuse montée en puissance autour des agrumes en rétro-olfaction. Du début à la fin de la dégustation, ce vin bien construit progresse en force. ⧗ 2018-2019 ■ **Blanc de blancs 2017 ★ (15 à 20 €; 180 000 b.)** Ⓑ : un blanc bien représentatif de son appellation par son expression aromatique de fleurs jaunes, de poire croquante et de citron. De la tension, du gras, de la générosité et de la persistance, le palais est équilibré. ⧗ 2018-2021

⊶ DOM. DU PATERNEL, 11, rte Pierre-Imbert, 13260 Cassis, tél. 04 42 01 77 03, olivier.santini@domainedupaternel.com **V** **K** **I** *t.l.j. sf dim. 9h30-12h30 14h-18h ⊶ Famille Santini*

COTEAUX-D'AIX-EN-PROVENCE

Superficie : 4 720 ha
Production : 211 012 hl (95 % rouge ou rosé)

Sise entre la Durance au nord et la Méditerranée au sud, entre les plaines rhodaniennes à l'ouest et la Provence triasique et cristalline à l'est, l'AOC coteaux-d'aix-en-provence appartient à la partie occidentale de la Provence calcaire. Le relief est façonné par une succession de chaînons, parallèles au rivage marin et couverts de taillis, de garrigue ou de résineux: chaînon de la Nerthe près de l'étang de Berre, chaînon des Costes prolongé par les Alpilles, au nord. Entre ces reliefs s'étendent des bassins sédimentaires d'importance inégale (bassin de l'Arc, de la Touloubre, de la basse Durance) où se localise l'activité viticole. Grenache et cinsault forment encore la base de l'encépagement, avec une prédominance du premier; syrah et cabernet-sauvignon sont en progression et remplacent peu à peu le carignan. Les vins rosés sont légers, fruités et agréables. Les vins rouges bénéficient d'un contexte pédologique et climatique favorable. Ils atteignent leur plénitude après deux ou trois ans de garde. La production de vins blancs est limitée. La partie nord de l'aire de production est plus favorable à l'élaboration de ces cuvées qui mêlent la rondeur du grenache blanc à la finesse de la clairette, du rolle et du bourboulenc.

CH. BARBEBELLE Cuvée Madeleine 2017

■	100 000	🍾	5 à 8 €

Plus de trois siècles d'existence pour ce domaine de 300 ha où Brice Herbeau œuvre depuis les années 1970, dans des caves voûtées du XVI^e^s. Le vignoble de 45 ha est implanté sur les coteaux argilo-calcaires des parties hautes de la Trévaresse.

Madeleine est la fille des propriétaires. Dans le verre, un rosé très pâle, aux arômes de lilas, qui offre une bouche délicate, fraîche, sans lourdeur aucune. ⧗ 2018-2019

⊶ HERBEAU, Ch. Barbebelle, D543, 13840 Rognes, tél. 04 42 50 22 12, madeleine.herbeau@barbebelle.com **V** **I** *t.l.j. 9h-12h 14h-18h*

Ⓑ BARGEMONE Cuvée Marina 2017 ★

■	6 600	🍾	8 à 11 €

Créée au XIII^e^s. par les Templiers, propriété du comte des Baux, puis de la famille Bargemon, cette exploitation a été reprise en 2006 par Marina et Christian Garin qui ont rénové, arraché et replanté le vignoble (65 ha aujourd'hui), en conversion bio.

Un assemblage de sauvignon et de vermentino pour ce vin ouvert sur des notes soutenues de fruits exotiques, de citron et de pamplemousse agrémentées d'une touche végétale. La bouche présente une belle tension qui allonge bien la finale. En deux mots: intensité et fraîcheur. ⧗ 2018-2020

⊶ MARINA ET CHRISTIAN GARIN, Commanderie de la Bargemone, RN 7, 13760 Saint-Cannat, tél. 04 42 57 22 44, contact@bargemone.com **V** **K** **I** *t.l.j. sf dim. 8h-18h*

Ⓑ LES BÉATES Les Béatines 2017 ★

■	11 000	🍾	8 à 11 €

Acquis en 1996 par les familles Terrat et Chapoutier, ce domaine de 40 ha est conduit «en solo» et en biodynamie par les Terrat depuis 2002. Les Béates étaient des religieuses envoyées ici au XVII^e^s. pour instruire et catéchiser les enfants.

Ce vin «blond comme les blés», à dominante d'ugni blanc, dispense des arômes intenses d'amande sèche, de citron, de tilleul et de verveine. En bouche, il se montre rond et gras sans manquer de la tension nécessaire à l'équilibre. ⧗ 2018-2021

⊶ LES BÉATES, rte de Caireval, 13410 Lambesc, tél. 04 42 57 07 58, contact@lesbeates.com **V** **K** **I** *t.l.j. sf dim. 10h-18h ⊶ PF Terrat*

Ⓑ CH. DE BEAUPRÉ 2017 ★

■ | 46000 | 🍾 | | 8 à 11 €

Construite en 1739, cette bastide servait au XIXᵉs. de relais de chevaux à la famille Double, des armateurs marseillais, avant d'être convertie en domaine viticole en 1890 par le baron Émile Double. Sa descendante, Phanette, œnologue et ingénieur en agriculture, conduit aujourd'hui un vignoble de 43 ha, en bio certifié depuis 2013.

Un rosé diaphane, au nez typé par les agrumes (citron, cédrat). La bouche révèle un caractère acidulé et offre une jolie finale citronnée. Un ensemble pimpant. ⏳ 2018-2019

⊶ EARL CH. DE BEAUPRÉ, 3525, RD 7N, 13760 Saint-Cannat, tél. 04 42 57 33 59, contact@beaupre.fr V t.l.j. 9h-12h 14h-18h30 ⊶ Double

Ⓑ DOM. LA CADENIÈRE Vallon d'escale 2017 ★

■ | 6666 | | 11 à 15 €

À la tête de ce domaine depuis trois générations, la famille Tobias a agrandi petit à petit le vignoble, qui s'étend aujourd'hui sur 53 ha, en bio certifié depuis le millésime 2012. Gérard et Pierrette Tobias ont confié en 1985 les commandes à leurs enfants, Vincent, Pierre et Gabriel.

Cette cuvée provient de vignes situées dans un vallon au microclimat particulièrement propice à la vigne. Grenache (70 %) et syrah y produisent ce vin élégant, aromatique, évoquant les fruits rouges, d'un beau volume et à la sucrosité juste suggérée. Un rosé séducteur. ⏳ 2018-2019 ■ **Léonie 2017 (8 à 11 €; 33333 b.)** Ⓑ : vin cité.

⊶ TOBIAS FRÈRES, Dom. de la Cadenière, rte de Coudoux, D19, 13680 Lançon-de-Provence, tél. 04 90 42 82 56, la-cadeniere@wanadoo.fr V t.l.j. sf dim. 8h30-12h 14h-18h

Ⓑ CH. DE CALAVON 2017 ★

■ | 6000 | 🍾 | | 11 à 15 €

Propriété des Audibert depuis cinq générations, ce domaine produit du vin depuis l'époque des princes d'Orange. Son vignoble, certifié bio avec le millésime 2013, s'étend sur 60 ha.

D'un bel or blanc, ce vin dominé par le rolle respire la surmaturité. Au nez, des arômes d'alcool de poire prennent le dessus sur de plus fines notes de jonquille et de fruits exotiques. Une sensation que l'on retrouve dans un palais gras et onctueux. «Bien sa peau», conclut un dégustateur. ⏳ 2018-2021 ■ **2016 ★ (11 à 15 €; 12000 b.)** Ⓑ : un vin un peu fermé au nez, qui laisse poindre à l'aération des arômes de cerise et de myrtille. La bouche est souple, soutenue par des tanins fondus et élégants et prolongée par une jolie finale épicée. ⏳ 2018-2021

⊶ MICHEL AUDIBERT, Ch. de Calavon, 12, av. Badonviller, 13410 Lambesc, tél. 04 42 57 15 37, contact@chateaudecalavon.com V t.l.j. sf dim. 9h-13h 14h-18h

CALISSON DE CALISSANNE 2017 ★★

■ | 8000 | 🍾 | | 11 à 15 €

Ancienne place forte celto-ligure, La Calissanne fut propriété de l'ordre de Saint-Jean-de-Jérusalem au Moyen Âge, d'un parlementaire aixois au XVIIᵉs., d'un industriel du savon au XIXᵉs., et enfin, en 2001, de l'homme d'affaires Philippe Kessler, disparu en 2008. C'est aujourd'hui Sophie Kessler-Matière, l'épouse de ce dernier, qui dirige cette vaste propriété de 1 200 ha, dont 60 ha d'oliviers et une centaine de vignes, répartis sur 25 parcelles de coteaux pierreux en pente légère. Ce pilier de l'AOC coteaux-d'aix, conduit pendant vingt-cinq ans par Jean Bonnet – qui a mené une réflexion poussée sur la politique de plantation et l'entretien du vignoble – est désormais dirigé par Christophe Barraud.

Le Calisson de Calissanne, dominé par la syrah (80 %), offre un nez intense de citron, d'aubépine et de fruit de la Passion. La bouche, à l'unisson du bouquet, apparaît ronde et gourmande. Un rosé de gastronomie. ⏳ 2018-2020 ■ **Ch. Calissanne 2017 ★ (8 à 11 €; 20000 b.)** : une vinification courte a été pratiquée pour obtenir de la rondeur et du fruité. Et c'est réussi: les fruits rouges sont présents du début à la fin et le palais se montre rond, souple et charnu. À boire sur le fruit de sa jeunesse. ⏳ 2018-2021

⊶ SCA LA DURANCOLE, Ch. Calissanne, RD 10, 13680 Lançon-de-Provence, tél. 04 90 42 63 03, commercial@chateau-calissanne.fr V t.l.j. 9h30-19h ⊶ Kessler

Ⓑ DOM. CAMAÏSSETTE 2017

■ | 20000 | 🍾 | | 5 à 8 €

En 1974, Michelle Nasles quitte son métier de comptable pour reprendre le domaine familial fondé en 1901: 4 ha d'oliviers et 23 ha de vignes. Aidée de son mari Jacques et de son fils Olivier, œnologue, elle s'implique dans la défense des coteaux-d'aix, comme son père, l'un des artisans de leur accession en AOC.

Un nez délicat de pêche, de rose et de buis précède un palais rond et gourmand, à la sucrosité perceptible. ⏳ 2018-2019

⊶ MICHELLE NASLES, Dom. Camaïssette, 1270, RD 17, 13510 Éguilles, tél. 04 42 92 57 55, contact@camaissette.fr V r.-v.

♥ CELLIER SAINT-AUGUSTIN
Les Caillas Élevé en fût de chêne 2016 ★★

■ | 15000 | 🛢 | | 5 à 8 €

Située dans la partie la plus septentrionale de l'appellation coteaux-d'aix, aux portes des Alpilles, cette petite cave coopérative a été fondée en 1925.

Ce vin marqué par un élevage sous bois bien maîtrisé, aux tonalités grillées et vanillées, délivre aussi des notes fruitées et épicées très élégantes. Une palette aromatique à laquelle fait écho une bouche puissante, ample et ronde, aux tanins soyeux. Un ensemble harmonieux, bâti pour durer. ⏳ 2021-2028 ■ **Les Lavandes 2017 ★★ (5 à 8 €; 22000 b.)** : la cave coopérative de Sénas se distingue une nouvelle fois avec ce rosé intense et expressif, mêlant au nez notes florales et fruitées (pêche, abricot). L'attaque

PROVENCE

est ronde et fraîche, puis se développe un palais savoureux, ample, à la finale persistante. Beaucoup d'harmonie ici. ⧗ 2018-2020 ■ **Les Lavandes 2017 ★ (5 à 8 €; 10 000 b.)** : un vin apprécié pour ses arômes complexes de citron, de pamplemousse, de fleur d'oranger et d'abricot frais, et pour sa bouche suave et riche. ⧗ 2018-2021

CELLIER SAINT-AUGUSTIN, quartier de la Gare, 13560 Sénas, tél. 04 90 57 20 25, staugustin@wanadoo.fr r.-v.

DOM. DALMA 2017 ★

■	100 000	🍾	- de 5 €

Une petite structure de négoce créée en 2004, spécialisée dans les vins de la vallée du Rhône, du Languedoc et de la Provence.

Dans une robe saumon pâle, ce rosé séduit par sa bouche puissante, ronde et longue, et par ses arômes intenses et élégants de cédrat et d'aubépine. ⧗ 2018-2020

LES VIGNERONS DU GRAND SUD, 32, chem. de Roquebrune, 30130 Saint-Alexandre, tél. 04 66 30 02 00, b.gros@vigneronsdugrandsud.fr

B DOM. D'ÉOLE 2016 ★

■	20 000	🍾	11 à 15 €

Implanté au nord des Alpilles, non loin des Baux et de Saint-Rémy-de-Provence, le domaine, un habitué du Guide, est placé sous le signe du mistral, ce vent propice au bon état sanitaire des raisins. Acquis en 1996 par un financier, Christian Raimont, il s'étend sur 30 ha en coteaux-d'aix et produit aussi de l'huile d'olive. Le vignoble est conduit en agriculture biologique.

Un vin qui assemble trois cépages, où chacun imprime sa présence: le soyeux du grenache bien mûr, le fruit caractéristique de la syrah et une pointe finale fraîche apportée par le carignan. Une belle partition. ⧗ 2019-2022

DOM. D' ÉOLE, chem. des Pilons, 13810 Eygalières, tél. 04 90 95 93 70, domaine@domainedeole.com t.l.j. sf sam. dim. 10h-12h30 14h30-18h

HOSTELLERIE DES VIGNERONS DU PAYS D'AIX 1924 L'Initiale 2016 ★

■	3066	🛢	11 à 15 €

La cave coopérative de Rognes, fondée en 1924, est devenue l'Hostellerie des Vins de Rognes en 2012. Elle regroupe 65 producteurs pour une surface en vignes de plus de 550 ha en coteaux-d'aix-en-provence.

Une cuvée très confidentielle pour laquelle le maître de chai a souhaité vinifier intégralement en barrique ce haut de gamme de la cave. Au nez, la vanille domine aux côtés des fruits rouges. La bouche se montre dense et ample, étayée par des tanins élégants. Des notes de réglisse et de chocolat lui donnent du relief en finale. ⧗ 2019-2023

HOSTELLERIE DES VINS DE ROGNES, 1, chem. de Brès, RD 15, 13840 Rognes, tél. 04 42 50 26 79, contact@hvrognes.com t.l.j. sf dim. 9h30-12h30 14h30-19h30

B DOM. DE LA MONGESTINE Les Monges 2017 ★

■	25 000	🍾	8 à 11 €

Situé dans la partie orientale de l'appellation coteaux-d'aix, à la limite du pays du Verdon, ce domaine a été repris en 2017 par Céline et Harry Gozlan. Implanté sur un terroir frais, exposé au nord-ouest, entre 250 et 400 m d'altitude, c'est le vignoble le plus élevé de l'appellation. Il est conduit en bio, avec une conversion en cours vers la biodynamie.

Dans une année chaude et sèche comme 2017, ce vignoble d'altitude a grandement bénéficié de son microclimat frais et tardif. Marqué par la syrah et le grenache, ce rosé développe des arômes de fruits frais (groseille, fraise) et propose un palais harmonieux et tonique. ⧗ 2018-2019

HGOZ WINE DOMAINS, RD 561, 83560 Artigues, tél. 06 15 08 26 89, harry@lamongestine.com r.-v. Harry Gozlan

CRÉATION DE NAÏS 2017 ★★

■	6500	8 à 11 €

Laurent Bastard et Éric Davin, deux amis d'enfance attachés à leur terre natale, ont créé ce domaine en 2001 avec l'aide de leurs épouses Christiane et Évelyne. Ils conduisent un vignoble de 47 ha morcelé sur la commune de Rognes.

Présentée dans une superbe bouteille sérigraphiée, cette cuvée a été créée en 2016 à l'occasion des quinze ans du domaine. D'un rose pâle aux reflets violines éclatants, elle offre à l'olfaction une jolie expression de fleurs blanches, de framboise et de mangue. La bouche, d'un équilibre remarquable, se montre à la fois fraîche, ronde, parfumée et de belle intensité. Une des grandes réussites de l'appellation. ⧗ 2018-2020

ÉRIC DAVIN ET LAURENT BASTARD, 161, rte du Puy-Sainte-Réparade, 13840 Rognes, tél. 04 42 50 16 73, domainenais@gmail.com t.l.j. sf dim. 9h-12h 15h-18h30

DOM. DES OULLIÈRES Harmonie de Provence 2016

■	10 000	🛢🍾	5 à 8 €

Les Ambrosio-Collomb sont vignerons depuis six générations, mais la cave a été construite en 1990. Trois générations y travaillent de concert, avec un vignoble de 40 ha à leur disposition.

Une cuvée qui plaira aux amateurs de boisé mais pas seulement. Avec ses intenses arômes torréfiés, elle ne cache par ses dix mois de fût (pour une partie du vin seulement), mais elle propose aussi des notes soutenues de fruits noirs. En bouche, elle se monte riche et ample, épaulée par des tanins solides qui appellent la garde. ⧗ 2020-2024

FAMILLE AMBROSIO-COLLOMB, Les Treilles de Cézanne, RD7N, 13410 Lambesc, tél. 04 42 92 83 39, contact@oullieres.com t.l.j. sf dim. 9h-12h 14h-18h

CH. PETIT SONNAILLER Cuvée Prestige 2017 ★

■	20 000	🍾	8 à 11 €

Ancienne commanderie des Templiers située sur la route du sel, ce château et sa tour du XIIe s. sont campés sur un plateau calcaire à 300 m d'altitude. Converti à la viticulture en 1930 et conduit par Dominique Brulat depuis 1991, le domaine couvre aujourd'hui 48 ha.

Ce rosé dominé par la syrah séduit par sa bouche équilibrée, nette, aux saveurs intenses de groseille et de cédrat. Un vin taillé pour les beaux jours. ⧗ 2018-2019

CH. PETIT SONNAILLER, 1, rte du Sonnailler, 13121 Aurons, tél. 04 90 59 34 47, jc.brulat@club-internet.fr t.l.j. 8h-19h ⑤ Brulat

CH. PIGOUDET L'Oratoire Cuvée divine 2017 ★★

20000		11 à 15 €

Propriété depuis 1992 de la famille Schmidt-Rabe, ce château, situé à l'extrême nord-est de l'appellation, à l'emplacement d'une ancienne villa romaine, fut la résidence d'été de l'archevêque d'Aix au XVIe s. Le domaine couvre 110 ha, dont 40 ha plantés en vignes, à 400 m d'altitude.

Cette cuvée se révèle très expressive, offrant de subtils arômes d'amande fraîche, de citron et de lilas. La bouche ne manque ni de gras ni de volume et fait montre d'une longueur fruitée tout à fait remarquable. Un rosé qui brillera à table. ⧗ 2018-2020 **La Chapelle 2017 (8 à 11 €; 150000 b.)** : vin cité.

SARL PIGOUDET, rte de Jouques, 83560 Rians, tél. 04 94 80 31 78, pigoudet@pigoudet.com r.-v. Rabe

Ⓑ DOM. LA RIGOULINE 2017 ★

6000		5 à 8 €

Fondée en 1923 au pied de la montagne Sainte-Victoire, la coopérative de Venelles réunit des vignerons du pourtour nord d'Aix-en-Provence. Elle vinifie les vendanges de 280 ha, répartis de part et d'autre de la chaîne de la Trévaresse, entre 200 et 350 m d'altitude.

Cette production assez confidentielle a tapé dans l'œil de notre jury avec son nez intense de fleurs, de petits fruits rouges et de bonbon anglais. La bouche est à la fois ronde, fraîche, subtile et délicate, allongée en finale par une fine saveur citronnée. ⧗ 2018-2019

LES QUATRE TOURS, 56, av. de la Grande-Bégude, 13770 Venelles, tél. 04 42 54 71 11, contact@quatretours.fr t.l.j. sf dim. a.-m. 9h-12h 14h30-19h

DOM. SAINTE-PHILOMÈNE Cuvée Capucine 2017

40000		5 à 8 €

La famille de la Perrière a racheté ce domaine en 2005, passant ainsi de l'élevage du charolais (trente ans d'expérience) à celui du vin. Le père travaille à la vigne, le fils à la cave, la mère au commerce.

La robe est pâle, brillante et délicate. On est séduit par l'olfaction aux notes d'agrumes, de fleurs blanches et de buis. La bouche fraîche et iodée finit sur un bouquet intensément floral, accompagné de beaux amers. ⧗ 2018-2019

EARL DE LA PERRIÈRE, rte de Cazan, 13330 Pélissanne, tél. 04 90 53 28 61 t.l.j. 9h-19h ②

CH. SAINT-HILAIRE Cuvée One 2017 ★

13000		11 à 15 €

La famille Lapierre cultive la vigne depuis le XVIIIe s. à Coudoux. Elle vinifie au domaine depuis 1973. La propriété, en conversion bio, compte aujourd'hui 55 ha de vignes et 15 ha environ d'oliviers. En 2016, elle a inauguré une cave flambant neuve.

Cette cuvée possède une belle robe, très pâle et brillante. Le nez est fin, expressif, sur la groseille et le zeste d'agrumes. La bouche se révèle ample et gourmande, avec une petite pointe amère en finale: un vrai vin de plaisir. ⧗ 2018-2019 **Cuvée Collection 2017 ★ (8 à 11 €; 22000 b.)** : rolle (50 %), sauvignon et sémillon pour ce vin ouvert sur des notes de buis et très frais en bouche. ⧗ 2018-2020 ■ **Cuvée Collection 2016 ★ (8 à 11 €; 20000 b.)** : mi-syrah mi-cabernet, ce vin se révèle ample, dense, bien structuré et d'une étonnante fraîcheur. ⧗ 2020-2024 **Prestige 2017 (8 à 11 €; 10000 b.)** : vin cité.

CH. SAINT-HILAIRE, La Plantade, RD 19, 13111 Coudoux, tél. 04 42 52 10 68, contact@chateau-saint-hilaire.fr t.l.j. sf dim. 9h-12h30 14h30-19h Lapierre

♥ DOM. LES TOULONS 2017 ★★

20000		5 à 8 €

Avec son corps de ferme construit en 1767 sur le site d'une ancienne villa romaine très importante, cette propriété plonge ses racines loin dans l'histoire. Le vignoble couvre 26 ha et est conduit depuis 1984 par Denis Alibert.

Ce magnifique rosé mi-grenache mi-syrah revêt une robe rose pâle lumineuse. Il dévoile un nez intense de fruits exotiques, de fleurs blanches et d'agrumes. Après une attaque vive, la bouche se révèle à la fois ronde et fraîche, conjuguant harmonieusement expressivité et grande finesse. Un modèle d'équilibre. ⧗ 2018-2020

EARL DENIS ALIBERT ET FILS, rte de Jouques, 83560 Rians, tél. 04 94 80 37 88, lestoulons@wanadoo.fr t.l.j. sf dim. 9h-12h 14h-18h

Ⓑ DOM. VAL DE CAIRE 2017

24000		5 à 8 €

Après avoir travaillé comme salarié dans plusieurs domaines, Guillaume Reynier a pris en fermage ce vignoble implanté dans son village natal à la suite du départ à la retraite du propriétaire, qui était coopérateur. Il a créé la cave en 2003 et converti au bio ses 17 ha de vignes.

Un rosé de grenache (75 %) et de syrah un brin discret au nez, mais à la bouche gouleyante et non sans longueur. Un vin simple mais bien fait. ⧗ 2018-2019

GUILLAUME REYNIER, rte de Caire-Val, 13840 Rognes, tél. 06 79 71 28 93, valdecaire@gmail.com t.l.j. sf mer. dim. 15h-19h

LA VENISE PROVENÇALE Miss 2017 ★

30000		8 à 11 €

La Venise provençale est le nom que l'on donne à Martigues – tout comme Bruges est la Venise du Nord. Un nom adopté par la coopérative de Saint-Julien-des-Martigues, créée en 1959. La cave regroupe aujourd'hui 110 viticulteurs qui cultivent quelque 200 ha.

PROVENCE

Cette Miss dévoile un nez charmeur aux arômes floraux (jacinthe et lilas) mêlés de petits fruits rouges. Puis elle déploie un palais ample, très équilibré, dynamisé par une finale évoquant la mandarine. Un rosé délicat et complet. ⧗ 2018-2020

LA VENISE PROVENÇALE, 233, rte de Sausset, Saint-Julien-les-Martigues, 13500 Martigues, tél. 06 08 46 99 34, direction@laveniseprovencale.fr V *t.l.j. sf dim. 9h-12h 14h-18h*

CH. VIGNELAURE 2017 ★

	60000		11 à 15 €

Ce château de belle notoriété fut constitué à partir de la fin des années 1960 par Georges Brunet, ancien propriétaire du Ch. la Lagune, cru classé du Médoc. Les vignes, qui s'étendent sur 55 ha au pied de la montagne Sainte-Victoire, font la part belle au cabernet-sauvignon et à la syrah. Propriétaire depuis 2007, Bengt Sundström est aussi amateur et marchand d'art.

Assemblage par tiers de grenache, de syrah et de cabernet-sauvignon, élevé sur lies fines pendant quatre mois, ce rosé pâle et très brillant se montre discret au premier nez, puis révèle à l'aération des notes de cerise et de framboise. La bouche est ample, de belle vivacité, aux saveurs de fruits rouges et à la finale enrobée. ⧗ 2018-2020

CH. VIGNELAURE, rte de Jouques, 83560 Rians, tél. 04 94 37 21 10, info@vignelaure.com V *r.-v.*
Bengt Sundström

CH. VIRANT Traditions 2016

	60000		5 à 8 €

Établie non loin de l'étang de Berre, sur un éperon rocheux, cette vaste propriété de 180 ha de vignes (comprenant aussi 35 ha d'oliviers) a été acquise par Robert Cheylan en 1975. Elle possède une cave souterraine de 1631, une cave de vinification de 1897, un bâtiment récent pour l'embouteillage et le stockage et un moulin à huile. Elle fait travailler 45 personnes.

Un assemblage cabernet-syrah des plus classiques, et sans volonté de surextraire. Grâce à quoi, ce vin se montre bien fruité (cassis, framboise), souple et rond en bouche. Déjà très ouvert, il privilégie le plaisir immédiat à une attente en cave. ⧗ 2018-2021

CHEYLAN PÈRE ET FILS, Ch. Virant, 13680 Lançon-de-Provence, tél. 04 90 42 44 47, contact@chateauvirant.com V *t.l.j. 8h-12h 14h-18h30*

COTEAUX-VAROIS-EN-PROVENCE

Superficie : 2 285 ha
Production : 123 900 hl (97 % rouge et rosé)

Reconnue en 1993, l'AOC est produite dans le département du Var sur 28 communes. Ceinturé à l'est et à l'ouest par les côtes-de-provence, le vignoble, discontinu, se niche entre les massifs calcaires boisés, au nord de la Sainte-Baume et autour de Brignoles qui fut la résidence d'été des comtes de Provence. Signalons que le syndicat a son siège dans l'ancienne abbaye de La Celle reconvertie en hôtel-restaurant sous la houlette d'Alain Ducasse.

CH. DES ANNIBALS La Jouvencelle 2017

	7400		8 à 11 €

Après une première vie dans la finance, Nathalie Coquelle a pris en 2001 la tête de ce vignoble créé en 1792, qui comprend aujourd'hui 28 ha conduits en bio et un caveau voûté du XIIᵉs. L'éléphant figurant sur les étiquettes rappelle la légende selon laquelle le Carthaginois Hannibal marchant sur Rome avec ses pachydermes serait passé à l'emplacement du domaine. En 2016, après avoir géré pendant vingt ans une entreprise de recyclage de déchets industriels, Henri De Wulf s'est associé à Nathalie Coquelle pour conduire le domaine.

Cette Jouvencelle séduit par sa robe aux éclats d'or et son profil tout en fraîcheur autour des zestes d'agrumes. En bouche, elle dévoile des arômes de brioche, d'iris et de narcisse et une matière empreinte de douceur, mais sans lourdeur, grâce à l'apport d'une fine acidité. ⧗ 2018-2020

SCEA DOM. DES ANNIBALS, rte de Bras, 83170 Brignoles, tél. 04 94 69 30 36, dom.annibals@orange.fr V *t.l.j. sf dim. 9h-12h 15h-19h; f. dim. lun en hiver* *Coquelle et De Wulf*

BASTIDE DE BLACAILLOUX Éclosion 2017 ★

	4000		8 à 11 €

Héritier d'une tradition vigneronne depuis quatre générations, Bruno Chamoin a repris en 1995 la destinée de ce domaine, ancienne terre noble acquise par des ancêtres après la Révolution, dont le nom rappelle que le vignoble (plus de 30 ha) s'étend sur des sols caillouteux argilo-calcaires. Si la cave, construite en 2014, respecte son environnement, elle associe les techniques les plus modernes de vinification.

Une Éclosion parfaitement réussie. Au nez, le pamplemousse et le fruit de la Passion se mêlent au buis et à la fleur de sureau. La bouche, ronde et gourmande, a la saveur de la pêche et de l'ananas, puis déploie une finale plus fraîche sur le kumquat et le citron lime. ⧗ 2018-2021 **Quintessence d'éclosion 2017 ★ (11 à 15 €; 2400 b.)** : au nez, un joli mariage entre l'expression exotique et le vanillé toasté; en bouche, sucrosité et fraîcheur font bon ménage. Un ensemble harmonieux, mais encore un brin boisé. ⧗ 2019-2022 **Quintessence d'éclosion 2017 (11 à 15 €; 5800 b.)** : vin cité.

BRUNO CHAMOIN, Dom. de Blacailloux, 83170 Tourves, tél. 04 94 86 83 83, contact@bastide-de-blacailloux.com V *t.l.j. 10h-12h30 14h30-19h; dim. 10h-12h30 mai-sept.*

BASTIDE DE FAVE Héritage de Saint-Victor 2017

	14000		8 à 11 €

Ancien maître de chai chez Martell, Benoît Fil, ingénieur agronome et œnologue, a débuté sa carrière en 2000 en Georgie – berceau probable du vin –, avant de devenir maître de chai chez Martell. En 2017, il a quitté la Charente et le cognac pour renouer avec ses racines provençales, s'installant avec sa famille au Dom. de Fave, ancien prieuré de l'abbaye Saint-Victor:

près de 8 ha de vignes en deux îlots, 1 ha d'oliviers, et des chambres d'hôtes.

Un premier millésime encourageant, avec ce rosé issu de quatre cépages, syrah en tête. Un nez vif, alliant le citron vert à une note végétale, une bouche ronde en attaque, dont la fraîcheur est mise en valeur par des touches de zeste d'agrumes: un vin bien construit, qui ne manque pas de caractère. ⧗ 2018-2019

BENOÎT FIL, Bastide de Fave, rte de Bras, 83119 Brue-Auriac, tél. 06 73 40 58 41, benoit.fil@bastidedefave.com V r.-v. 3

CH. BELLINI Cuvée Bellini 2017

	3200		15 à 20 €

Un domaine établi le long de la Via Aurelia dès le Xᵉs., qui fut fréquenté par les Comtes de Provence. Un vignoble ancien donc, étendu sur 35 ha en terrasses et repris en 2016 par Tom Bove.

Un blanc ample, suave et expressif, ouvert sur des notes fruitées (ananas, litchi, agrumes) et florales, avec une pointe de chaleur en finale. ⧗ 2018-2020

DOM. BELLINI, 1484, RD 79, 83170 Brignoles, tél. 04 94 39 45 40, info@mascaronne.com Tom Bove

BERGERIE D'AQUINO 2010 ★

	3600		20 à 30 €

Créé en 2002, autour des ruines d'une bergerie du XVIᵉs, ce domaine avait été acquis en 2008 par Jean-Pierre Beert, industriel belge, qui avait aménagé une cave performante. En 2014, Éric Bompard, à la tête d'une maison de prêt-à-porter spécialiste du cachemire, a repris la propriété et ses 10 ha de vignes dans les coteaux-varois. Aquino? Le village de naissance de saint Thomas d'Aquin, qui selon la légende aurait séjourné là.

Une robe profonde et un bouquet étoffé et puissant de fruits noirs finement vanillés et d'olive noire composent une approche engageante. En bouche, ce 2010 apparaît dense, riche et structuré par un bon boisé torréfié et par des tanins soyeux. Un vin pour se faire plaisir dès aujourd'hui, qu'on pourra aussi garder. ⧗ 2018-2025

ÉRIC BOMPARD, rte de Mazaugues, 83170 Tourves, tél. 06 29 21 09 52, varaquino@gmail.com V *t.l.j. sf sam. dim. 14h30-18h*

CH. LA CALISSE Patricia Ortelli 2017

	6000		20 à 30 €

Une ancienne magnanerie, exploitée en polyculture au XIXᵉs. On y cultivait notamment des amandiers dont les fruits servaient aux confiseurs d'Aix-en-Provence pour la fabrication des calissons. Désormais dédié à la vigne (12 ha), le domaine est dirigé par Patricia Ortelli depuis 1991, et conduit en bio depuis 1996. Une valeur (très) sûre des coteaux-varois.

Une robe très pâle, couleur melon, pour ce vin mariant grenache (70 %) et syrah. Bien typé, le nez mêle les agrumes (pomelo), le fruit de la Passion et l'abricot. Ces arômes fruités se prolongent dans une bouche ronde, mise en valeur par une finale croquante et acidulée. ⧗ 2018-2019

PATRICIA ORTELLI, RD 560, 83670 Pontevès, tél. 04 94 77 24 71, contact@chateau-la-calisse.fr V *t.l.j. sf dim. 9h-12h 14h-17h*

DOM. DE CAMBARET Cuvée des Gravètes 2017 ★

	14000		5 à 8 €

Sébastien Truc, après des études de viticulture et d'œnologie en Bourgogne, rejoint son père Francis en 2003 au sein du domaine familial (29 ha d'un seul tenant). Respectueux de la tradition en vigne comme en cave, il assure toutes les étapes de la production et privilégie la vente directe au domaine.

Cette cuvée dévoile d'agréables senteurs d'acacia et de verveine, prolongées par une bouche équilibrée, jouant à la fois sur le croquant et la rondeur, rehaussée d'une pointe saline en finale. Un vin élégant et harmonieux. ⧗ 2018-2021

SÉBASTIEN TRUC, 4, rue Louis-Chauvin, 83136 Garéoult, tél. 06 11 11 94 58, domainedecambaret@gmail.com V *r.-v.*

CH. DES CHABERTS Cuvée Prestige 2015 ★★

	7000	8 à 11 €

Au pied du massif forestier qu'est la montagne de La Loube, ce vignoble de 30 ha (en conversion bio), perché à 350 m d'altitude entre Garéoult et La Roquebrussanne, couvre des coteaux arides et caillouteux abrités des vents dominants. Une valeur sûre des coteaux-varois, dans les trois couleurs.

Une robe profonde habille cette cuvée au bouquet étoffé et très expressif: fruits mûrs, note résinée, nuance fumée, pointe iodée, moka. Après une attaque franche et aérienne, se dévoile une trame tannique fine et fondue qui soutient longuement une finale aux tonalités de pivoine et de café torréfié. Un vin complet, harmonieux et déjà plaisant, qui évoluera bien. ⧗ 2018-2023

CUNDALL, Ch. des Chaberts, 83136 Garéoult, tél. 04 94 04 92 05, chaberts@wanadoo.fr V *r.-v.*

DOM. LA CHAUTARDE 2017

	2000	8 à 11 €

En 2003, Vincent Garnier a repris, en association avec son frère Christophe, les rênes du domaine appartenant à sa famille depuis le XVIIIᵉs. Implanté près de la commune de La Celle, en AOC coteaux-varois, le vignoble s'étend sur près de 33 ha.

Une robe claire pour ce vin aux arômes fins de fleurs blanches, de poire et d'agrumes. Passé une attaque plutôt suave, on découvre une bouche fraîche et légère, sur le fruit et la confiserie. ⧗ 2018-2020

SCEA GARNIER, 2927, rte de Bras, 83143 Le Val, tél. 06 74 67 57 96, la-chautarde@orange.fr V *r.-v.*

CH. LA CURNIÈRE 2017 ★

	20000	8 à 11 €

Situé sur la route des gorges du Verdon, à une altitude de 500 m, le Ch. la Curnière (11 ha) est déjà mentionné sur les cartes de Cassini (XVIIIᵉs.). C'est le domaine le plus septentrional de l'appellation coteaux-varois. Il produit du vin et de l'huile d'olive.

Ce rosé aux reflets corail offre un premier nez floral, printanier et frais, avec ses senteurs de lilas, relayées par des notes de zeste de citron, de pomelo, puis de groseille. Assez nerveux, il séduit par sa franchise aromatique. ⧗ 2018-2019

PROVENCE

DOM. DE LA CURNIÈRE, rte de Montmeyan, lieu-dit La Curnière, 83670 Tavernes, tél. 04 94 69 23 94, contact@chateaulacurniere.com V r.-v.

DOM. DU DEFFENDS Rosé d'une nuit 2017

	25000		8 à 11 €

Jacques de Lanversin acquiert en 1963 ce domaine situé sur les contreforts des monts Auréliens et restructure le vignoble. Sa famille exploite aujourd'hui 15 ha de vignes, converties au bio, sur des coteaux argilo-calcaires bien ensoleillés, à 420 m d'altitude. Une valeur sûre de l'appellation coteaux-varois-en-provence, reconnue notamment pour ses rouges.

Issu d'une courte macération pelliculaire de grenache (60 %) et de cinsault, ce vin revêt une robe tendre et délivre un bouquet d'agrumes frais et acidulé, qui se nuance à l'aération et au palais de notes de sucre cuit, de pêche et de fruits rouges. Un rosé équilibré et gourmand. ⧗ 2018-2019

FAMILLE DE LANVERSIN, 2020, chem. du Deffends, 83470 Saint-Maximin-la-Sainte-Baume, tél. 04 94 78 03 91, domaine@deffends.com V *t.l.j. 10h-12h 15h-18h; f. sam. janv.-mars* *Famille de Lanversin*

CH. DE L'ESCARELLE Croix d'Engardin 2015 ★★

	1000		30 à 50 €

En 1920, François-Joseph Fournier (déjà propriétaire de l'île de Porquerolles) fit cadeau à son épouse de cette propriété adossée aux contreforts de la montagne de La Loube. Dans les années 1960, la famille Gassier a transformé le domaine qui, avec 110 ha de vignes, représente sans doute la plus grande cave particulière de l'AOC coteaux-varois. Acquis en 2014 par l'homme d'affaires Yann Pineau, il est en conversion bio.

Un très beau blanc de garde qui dévoile d'emblée une superbe complexité aromatique: mimosa, acacia, miel, noisette grillée, calisson, vanille douce, caramel… La bouche s'épanouit pleinement autour d'une texture ronde, tendre et veloutée, soutenue par un boisé fondu qui s'enrobe de miel et de pain d'épice, tandis que la finale amène beaucoup de fraîcheur. ⧗ 2019-2023 ■ **1718 2015 ★ (15 à 20 €; 3000 b.)** : le bouquet nécessite un peu d'aération pour dévoiler des notes de mûre, de cassis, de figue sèche et de tabac. Le palais, cacaoté et épicé, apparaît chaleureux, sans toutefois manquer de fraîcheur, porté par une trame tannique fondue. ⧗ 2018-2022 ■ **Croix d'Engardin 2017 ★ (30 à 50 €; 2000 b.)** : abricot clair, cette cuvée libère de plaisants parfums d'agrumes (pamplemousse), puis s'enrichit de notes de pêche et de mangue, laissant percer en bouche un fruité croquant évoquant la groseille. Un rosé aromatique et frais. ⧗ 2018-2019 ■ **Les Deux Anges 2017 (11 à 15 €; 30000 b.)** : vin cité.

PATRICK LOBIER, rte de la Roquebrussanne, 83170 La Celle, tél. 04 94 69 09 98, contact@escarelle.fr V *t.l.j. 9h-12h 14h-18h* *Yann Pineau*

ESTANDON Terres de Saint-Louis 2017

	100000	8 à 11 €

En 2005, les Celliers de Saint-Louis, union de coopératives basée à Brignoles, accueillent les Vignerons des caves de Provence, propriétaires de la marque Estandon (lancée en 1947). L'union prend le nom de Cercle des Vignerons de Provence avant d'adopter en 2012 celui de sa marque emblématique, Estandon Vignerons.

Un rosé pâle au nez flatteur, alliant les fruits frais (fraise, poire) à des touches mentholées et à un soupçon de garrigue. Le palais structuré est bien construit, à la fois ample et tendu. ⧗ 2018-2019 ■ **Lumière 2017 (5 à 8 €; 100000 b.)** : vin cité.

ESTANDON VIGNERONS, 727, bd Bernard-Long, 83170 Brignoles, tél. 04 94 37 21 00, lfourastie@estandon-vignerons.fr V *t.l.j. sf sam. dim. 8h30-12h 13h30-17h30*

LES BARRIQUES DE GARBELLE Vieilles Vignes 2015 ★

	1300		15 à 20 €

En 2006, Jean-Charles Gambini a pris les rênes de l'exploitation familiale, qui couvre aujourd'hui 12 ha, exploités en bio. Il développe également une production de miel et d'huile d'olive.

Une couleur profonde pour ce vin riche en expression aromatique, qui conjugue notes empyreumatiques, fruits rouges mûrs et violette. La bouche se révèle fraîche, fruitée et poivrée, charpentée par des tanins fermes mais sans dureté. Du potentiel pour les années à venir. ⧗ 2020-2024

JEAN-CHARLES GAMBINI, Dom. de Garbelle, 83136 Garéoult, tél. 06 08 63 91 00, contact@domaine-de-garbelle.com V *t.l.j. sf dim. 9h-12h 14h-18h*

DOM. LA GAYOLLE Syagria 2017

	10600	8 à 11 €

Au cœur de la Provence verte, entre chênes et pins maritimes, ce domaine, ancienne dépendance de l'abbaye Saint-Victor, est dans la famille de Nicolas Paul depuis 1855. Ce dernier, après avoir pris la tête de l'exploitation en 2008, a achevé en 2014 la construction d'un nouveau chai. Son vignoble s'étend aujourd'hui sur 54 ha au pied du massif de La Loube.

De couleur pêche, cette cuvée assemble quatre cépages, grenache en tête, avec un peu de rolle en appoint. Bien équilibrée, elle séduit par son nez d'une belle complexité, entre melon, mangue et mandarine. Un fruité qui se prolonge jusque dans la longue finale fraîche. ⧗ 2018-2019

LA GAYOLLE, Dom. la Gayolle, 83170 La Celle, tél. 07 77 72 64 06, la-gayolle@orange.fr V *t.l.j. sf dim. 9h30-12h30 14h30-18h30* *Paul*

LA GRAND'VIGNE Cuvée Les Fournerys 2017 ★

	4000	8 à 11 €

Roland Mistre, œnologue, a repris en 1998 l'exploitation familiale créée à la fin du XIXᵉ s., qui livrait ses raisins à la coopérative. Il a relancé en 2002 la vinification à la propriété et exploite 14 ha de vignes.

Quatre cépages (dont le mourvèdre – 10 % – qui vient appuyer le grenache, la syrah et le cinsault) composent cette cuvée de couleur marbre rose, qui s'ouvre avec subtilité sur des notes d'amande fraîche, d'épices, de menthol et d'agrumes mûrs. Ronde en attaque, la bouche offre une finale plus fraîche aux accents de pamplemousse rose. Du répondant. ⧗ 2018-2019 ■ **Cuvée Les Fournerys 2017 ★ (8 à 11 €; 670 b.)** : rolle et grenache blanc composent à parts égales cette cuvée vinifiée et élevée en fûts d'acacia, qui ne manque pas d'expression (notes torréfiées, tabac blond, fleurs blanches) ni d'équilibre en bouche, entre la fraîcheur et le support boisé. ⧗ 2018-2021 ■ **2017 (5 à 8 €; 23000 b.)** : vin cité. ■ **Cuvée Les Fournerys 2015 (8 à 11 €; 2300 b.)** : vin cité.

ROLAND MISTRE, rte de Cabasse, 83170 Brignoles, tél. 04 94 69 37 16, contact@lagrandvigne.com V ♿ ■ *t.l.j. 9h-12h 14h-18h*

HARMONIE DES ARPENTS 2017

■	3500	5 à 8 €

Installé en 1990, Gilles Gaimard quitte la cave coopérative en 2006 et choisit d'élaborer son propre vin, mais ce n'est qu'en 2009 qu'il construit sa cave de vinification. Il a engagé la conversion bio du domaine après avoir expérimenté la viticulture sans désherbants ni produits de synthèse.

Un rosé saumoné plaisant par son nez à la fois gourmand et frais, alliant les fruits jaunes tels que la mirabelle à des notes plus vives de zeste d'agrumes. On retrouve le fruit mûr dans un palais puissant, chaleureux et gras, équilibré par une touche saline. Un rosé de table. ⧗ 2018-2019

GILLES GAIMARD, RD 14, Coudoulier, 83136 Gareoult, tél. 06 88 88 83 90, ggaimard@wanadoo.fr V ♿ ■ *r.-v.*

Ⓑ CH. LAFOUX Auguste 2017 ★★

■	3638	11 à 15 €

Rachetée en 1999 par Claudine et Yvon Boisdron, la propriété doit son nom à la source voisine, La Foux. Elle est commandée par une bastide du XVIIIes. bâtie sur un ancien fortin romain situé le long de la voie aurélienne. Le domaine s'étend sur 174 ha: du blé dur, des oliviers et 24 ha de vignes plantées sur un sol argilo-calcaire et entourées de chênes.

Ce blanc s'ouvre sur un beau fruité de poire et d'agrumes qui s'enrichit de fleurs blanches et d'une pointe mentholée. Le palais se montre ample, croquant et harmonieux, empreint d'une fine amertume qui amène du nerf et de la longueur. ⧗ 2018-2021 ■ **Auguste 2017 ★ (11 à 15 €; 12600 b.)** Ⓑ : une robe pastel aux reflets orangés; un nez frais, centré sur les agrumes et le fruit de la Passion, avec une touche de feuille de tomate. Une attaque ronde, relayée par des sensations vives, soulignées par des notes de zeste de pamplemousse: un rosé aromatique, harmonieux et tonique. ⧗ 2018-2019

CH. LAFOUX, RN 7, 83170 Tourves, tél. 04 94 78 77 86, contactlafoux@gmail.com V ♿ ■ *t.l.j. sf dim. 9h-12h 14h-18h* *Boisdron*

Ⓑ CH. LA LIEUE 2017

■	88000	🍾	5 à 8 €

Fondé en 1876 par Batilde Philomène, veuve d'un soyeux lyonnais, ce domaine (77 ha aujourd'hui) se transmet depuis cinq générations au sein de la famille Vial. Converti à l'agriculture biologique dès 1997, le vignoble est conduit par Jean-Louis Vial et son fils Julien. Créée en 1906, la cave a été réaménagée pour permettre des vinifications sur de petits volumes.

Reflétant son assemblage de cinsault et de grenache, ce rosé saumoné aux reflets dorés libère des senteurs délicates et épanouies d'abricot, de fruits secs et des notes suaves de pâtisserie, prélude à un palais souple et tendre, plus frais en finale. Il est fait pour la table. ⧗ 2018-2019

JULIEN VIAL, rte de Cabasse, 83170 Brignoles, tél. 04 94 69 00 12, chateau.la.lieue@orange.fr V ♿ ■ *t.l.j. 9h-12h30 14h-19h; dim. 10h-12h 15h-18h* *Julien Vial*

Ⓑ TERRES DU LOOU 2017 ★

■	35000	🍾	8 à 11 €

Longtemps propriété de l'abbaye Saint-Victor à Marseille, le Dom. du Loou, dont la tradition viticole remonte à l'Antiquité, appartient depuis 1954 à la famille Di Placido. Couvrant 25 ha à l'origine, il compte aujourd'hui 60 ha de vignes d'un seul tenant, conduites en bio.

La robe montre des reflets framboise, fruit qui pointe dans un nez intense et complexe, aux côtés du brugnon, de la compotée d'abricots, de la banane séchée et de la groseille. L'ampleur suave de l'attaque est relayée par des impressions de fraîcheur qui mettent en valeur un fruit gourmand jusqu'à la finale tendue, un rien amère. ⧗ 2018-2019 ■ **Dom. du Loou Rosée de printemps 2017 ★ (8 à 11 €; 7000 b.)** Ⓑ : une belle expression aromatique (fleurs, puis pêche, fruits rouges) au nez comme en bouche, un palais persistant à la finale croquante, un brin citronnée. ⧗ 2018-2019 ■ **Dom. du Loou Cuvée Clémence 2015 ★ (11 à 15 €; 6000 b.)** Ⓑ : d'une belle finesse aromatique, ce 2015 évoque le cassis frais et les épices douces. La bouche est équilibrée, fraîche et fruitée (framboise et groseille), soutenue par des tanins soyeux et policés. Un vin tout en légèreté. ⧗ 2018-2021 ■ **Dom. du Loou Esprit de blancs 2017 ★ (8 à 11 €; 15000 b.)** Ⓑ : il fleure bon la pivoine et la fleur d'oranger, ce vin ample et frais en bouche, d'une belle densité. ⧗ 2018-2021

SCEA DI PLACIDO, Dom. du Loou, 83136 La Roquebrussanne, tél. 04 94 86 94 97, contact@domaineduloou.fr V ♿ ■ *r.-v.*

♥ Ⓑ CH. MARGILLIÈRE Bastide 2015 ★★

■	n.c.	8 à 11 €

Domaine implanté à quelques kilomètres de Brignoles, comprenant vignes (22 ha aujourd'hui), oliviers et un caveau de dégustation aménagé dans une ancienne magnanerie du XVIIes. Patrick Caternet, à partir de 1996, lui a redonné son lustre et l'a converti à l'agriculture biologique avant de le transmettre en 2002 à sa fille Pauline. En 2016, la gestion de la propriété a été confiée à la famille Bunan.

Cette cuvée riche de sensations se présente dans une robe profonde aux notes carminées, le nez emprunt d'arômes intenses et complexes de fruits noirs, de chocolat, d'épices, de réglisse et de violette. La bouche, ample et généreuse, allie maturité des fruits, douceur vanillée et amertume cacaotée, le tout soutenu par des tanins ronds et élégants qui offrent un réel potentiel de garde. ⧗ 2019-2025 ■ **Bastide 2017 ★ (8 à 11 €; n.c.)** Ⓑ : florale et fruitée (mangue, abricot), souple, ronde et d'un beau volume, cette cuvée a beaucoup de charme. Déjà savoureuse, elle mérite toutefois une petite attente pour s'ouvrir pleinement. ⧗ 2019-2022

FAMILLE BUNAN, 2125, RD 79, 83170 Brignoles, tél. 04 94 69 05 34, contact@chateau-margilliere.com t.l.j. sf dim. 9h30-12h 14h30-18h

Ⓑ CH. MARGÜI Les Pierres sauvages 2017 ★

■	4000	▮	15 à 20 €

Marie-Christine et Philippe Guillanton - ce dernier ancien directeur de Yahoo France - se sont attachés depuis 2000 à faire renaître cette propriété viticole et oléicole implantée au sud-ouest du massif du Bessillon et commandée par une bastide d'architecture classique. En sommeil depuis les années 1970, l'oliveraie et le vignoble (15 ha aujourd'hui) ont été replantés et sont cultivés en bio et en biodynamie. En 2017, la propriété a été acquise par la société Skywalker Vineyards.

Cette cuvée issue de rolle (90 %) et d'ugni blanc séduit par sa typicité provençale avec ses fins arômes de chèvrefeuille, de fleur d'oranger et de citron, sa bouche gourmande et charnue, sur les fruits jaunes et le romarin. Un beau partenaire de gastronomie du soleil. ⧗ 2018-2021 ■ **L'Or des pierres 2017 ★ (15 à 20 €; 4100 b.)** Ⓑ : un joli fruité complété par une pointe d'épices, de menthol et de noisette grillée précède une bouche suave et ronde, épaulée par un boisé élégant. ⧗ 2018-2022

SKYWALKER VINEYARDS, 83670 Châteauvert, tél. 09 77 90 23 18, elodie.m.margui@gmail.com t.l.j. sf dim. lun. 10h-18h

DOM. MASSON 2017 ★★

■	7000	8 à 11 €

Gilles Masson a acquis en 2002 un vignoble de 24 ha environné de bois, niché au pied du massif du Bessillon. Après avoir apporté pendant près de quinze ans sa vendange à la coopérative locale, cet œnologue n'a pas résisté à la tentation de faire son vin: il a construit sa cave en 2016, vinifié le produit de 8,5 ha, le solde de la récolte restant confié à la coopérative.

Il a séduit le jury par son intensité aromatique, ce vin qui fleure bon le jasmin, les fruits exotiques et le pomelo. La bouche affiche beaucoup de longueur et de fraîcheur; une fraîcheur aux tonalités citronnées, renforcée par de beaux amers. Un blanc hautement dynamique et harmonieux. ⧗ 2018-2022 ■ **2017 (8 à 11 €; 15000 b.)** : vin cité.

GILLES MASSON, 1014, chem. du Gavelier, 83119 Brue-Auriac, tél. 06 15 50 29 21, info@domainemasson.fr r.-v.

CH. MERLANÇON 2017

■	4000	5 à 8 €

Dans la même famille depuis 1499, ce domaine, morcelé pendant la Révolution, a été reconstitué par un héritier. Dominique Noël, qui en a pris la tête en 1992, a renouvelé l'encépagement et modernisé la cave. Le vignoble, entouré de 65 ha de bois, s'étend aujourd'hui sur 14 ha.

Le nez franc associe les agrumes, la framboise et le bonbon anglais. Ces arômes se prolongent dans un palais ample et gras en attaque, vite tendu par un trait d'acidité souligné par des notes de pamplemousse. ⧗ 2018-2019

DOM. DE MERLANÇON, rte de Cabasse, 83170 Brignoles, tél. 06 28 06 63 31, contact@domaine-de-merlancon.com t.l.j. 10h-12h 14h-18h; f. 15 déc. au 15 mars Madame Noël

CH. D'OLLIÈRES Prestige 2017 ★

■	26660	▮	11 à 15 €

Sous la direction de Charles Rouy, qui a fait ses armes dans la célèbre maison beaunoise Bouchard Père et Fils, cette ancienne seigneurie a su retrouver sa tradition viticole à partir de 2003 grâce à une restructuration du vignoble (16 ha replantés sur les 35 ha que compte aujourd'hui le domaine) et à un investissement dans des équipements modernes.

Cette cuvée rose pâle séduit par l'élégance et la complexité de son bouquet, où se mêlent des fragrances de rose et de fines notes d'agrumes et de fraise écrasée. En bouche, elle dévoile un réel équilibre, associant ampleur, suavité et une belle fraîcheur qui souligne ses arômes persistants de fruits rouges. ⧗ 2018-2019

CH. D' OLLIÈRES, Le Château, 83470 Ollières, tél. 04 94 59 85 57, info@chateau-ollieres.com t.l.j. 9h-12h30 14h-17h30

CH. LA PRÉGENTIÈRE Cuvée Prestige 2017 ★

■	30000	▮	11 à 15 €

Au sein de ce vaste vignoble de 57 ha exposé plein sud, au pied des Petit et Gros Bessillon, au cœur de la Provence verte, on distingue encore les traces de la ligne de chemin de fer qui reliait Nice à Meyrargues au XIXe s. Reprise en 2001 par l'entrepreneur Jean-Claude Caillou, cette propriété a connu une profonde restructuration.

Une robe diaphane, pétale de rose, un nez réservé, entre fleurs, agrumes et fruits rouges: l'approche est discrète. Pourtant, ce rosé ne manque pas de tenue. Frais en attaque, rond dans son développement, il déploie une belle palette fruitée (fruits jaunes, fruit de la Passion, groseille) qui persiste en finale, soulignée par une fine acidité. ⧗ 2018-2019

SARL DOM. LA PRÉGENTIÈRE, Dom. la Prégentière, RD 560, 83670 Pontevès, tél. 04 94 77 10 64, etien.monge@orange.fr t.l.j. sf dim. 10h-12h 14h-17h Ⓖ Caillou

LES VIGNERONS DE LA PROVENCE VERTE Cuvée Amandine 2017

■	6000	▮	- de 5 €

Cette cave résulte de la fusion en 2007 des coopératives de Brignoles, Garéoult, Bras et Tavernes. Disposant de 400 ha de vignes, La Provence verte reflète l'expression de ces différents terroirs.

Le classique trio grenache (50 %)-cinsault-syrah est à l'œuvre dans cette cuvée très pâle. Un rosé simple sans doute, mais élégant et gourmand: nez suave de pêche, de prune et de bonbon, palais ample, tendre et gras, tonifié par une finale incisive. Du fruit, de la douceur et de la fraîcheur dans un bel équilibre. ⏳ 2018-2019

⊶ *LES VIGNERONS DE LA PROVENCE VERTE, 294, av. Saint-Jean, 83170 Brignoles, tél. 06 80 59 61 27, vignerons-provenceverte@orange.fr* V ♿ ■ *t.l.j. 9h-12h30 14h30-19h*

DOM. DE RAMATUELLE Bienfait de Dieu 2017 ★

■ | 17000 | 🍾 | 8 à 11 €

Fanny, sa fille, et Hugues Chaboud, son gendre, sont venus seconder Bruno Latil sur ce domaine familial fondé en 1936 par un tanneur toulonnais au cœur de la Provence verte. Niché au pied du massif de la Sainte-Baume, sur des coteaux et semi-coteaux argilo-calcaires, le vignoble de 60 ha est enherbé et pâturé de l'hiver au printemps par un troupeau de brebis. En conversion bio.

Une expression complexe pour ce rosé né de quatre cépages, syrah en tête, avec une goutte de rolle. Le bouquet intense traduit la maturité du fruit avec ses notes de miel et de garrigue. L'aération libère des senteurs de fleurs jaunes, de genêt et de pêche. Moelleux, onctueux et tendre au palais, ce vin charme par sa suavité, tonifié par une finale fraîche et fruitée rehaussée de touches de poivre gris. Du caractère et du potentiel. ⏳ 2018-2020

⊶ *EARL BRUNO LATIL, hameau des Gaetans, 83170 Brignoles, tél. 04 94 69 10 61, ramatuelle2@wanadoo.fr* V ■ *t.l.j. sf dim. 9h-12h 14h-18h*

♥ Ⓑ LES RESTANQUES VERTES Rougiers 2017 ★★

■ | 20666 | 🍾 | 5 à 8 €

Fondée en 1913 dans l'ouest varois sous le nom de la Fraternelle, la coopérative de Rougiers, rebaptisée Vignerons de la Sainte-Baume, est l'une des plus anciennes de la région. Ses bâtiments sont classés à l'Inventaire général du patrimoine culturel de Rougiers. C'est aujourd'hui une petite structure qui regroupe une quarantaine d'adhérents pour un vignoble de 185 ha.

De lumineux reflets pêche animent la robe pâle de cette cuvée issue d'une trilogie provençale qui a fait ses preuves: grenache (60 %) cinsault et syrah. Le nez est aussi typé qu'élégant, avec ses notes de mangue, de pêche, de litchi et de fruit de la Passion. Ce même fruité se déploie dans une bouche délicate et fraîche, servie en finale par une heureuse pointe d'amertume. Un rosé aromatique, puissant et gourmand. l'harmonie même. ⏳ 2018-2019 ■ **Les Restanques bleues Rougiers 2017 ★★** (5 à 8 €; 34000 b.) : frôlant le coup de cœur, cette cuvée concilie avec bonheur la rondeur du grenache (70 %) et la fraîcheur de la syrah. Intense et subtil, le nez associe la vivacité des agrumes, des fruits exotiques à la suavité de l'abricot sec et de la confiserie. Le palais, à l'unisson, se déploie avec rondeur, élégance et persistance, tonifié par une pointe acidulée. ⏳ 2018-2019 ■ **Dom. des Monticoles Le Vallon 2017 (8 à 11 €; 8400 b.)** Ⓑ : vin cité.

⊶ *LES VIGNERONS DE LA SAINTE-BAUME, rte de Brignoles, 83170 Rougiers, tél. 04 94 80 42 47, cave.saintebaume@orange.fr* V ♿ ■ *t.l.j. sf dim. 9h-12h 15h-18h*

CH. LA RIPERTE 2017

■ | 24000 | 8 à 11 €

La coopérative de la Sainte-Baume est le fruit de la fusion de trois caves en 1973, suivie d'une autre fusion plus récente avec la cave de Tourves, en 1998. En 2012, elle a fêté son centenaire et abandonné le vieux bâtiment ocre au vaste fronton pour s'installer dans des locaux modernes à la sortie de Saint-Maximin.

Un assemblage des plus classiques: grenache-cinsault-syrah, avec un soupçon de cabernet (1 %) pour ce rosé qui joue tout aussi classiquement sur le bonbon anglais. À l'arrière-plan, une pointe mentholée et citronnée renforce la fraîcheur de ce vin équilibré et gourmand, à la fois ample et tonique. ⏳ 2018-2019

⊶ *CELLIER DE LA SAINTE-BAUME, rte de Barjols, 83470 Saint-Maximin-la-Sainte-Baume, tél. 04 94 78 03 97, cellier.ste-baume@orange.fr* V ■ *t.l.j. 8h30-12h 14h30-18h; dim. 8h30-12h*

DOM. LA ROSE DES VENTS 2017 ★★

■ | 20000 | 5 à 8 €

Fondée au début du XXᵉs., l'exploitation s'est transmise au fil des générations. Depuis 1994, Gilles Baude, œnologue talentueux, conduit le domaine et ses 52 ha de vignes avec son beau-frère Thierry Josselin, chargé de la commercialisation. Une valeur sûre en coteaux-varois.

La robe d'un rubis étincelant et les arômes diablement gourmands de fruits confiturés (mûre, cassis) perçus au nez ont d'emblée séduit le jury. Ample, charnue, caressante, d'une belle concentration fruitée et bien structurée par des tanins soyeux et fondus, la bouche ne déçoit aucunement. Une bouteille qui s'appréciera aussi bien jeune que patinée par le temps. ⏳ 2019-2024 ■ **Seigneur de Broussan 2017 ★ (8 à 11 €; 2700 b.)** : au nez, les arômes de fleurs blanches (seringat) et de fruits jaunes et blancs sont soutenus par un boisé frais. En bouche, du gras, de la rondeur, de la suavité. Un blanc des plus aimables. ⏳ 2019-2022 ■ **Seigneur de Broussan 2017 ★ (8 à 11 €; 13500 b.)** : le rolle joue sa partition dans l'assemblage aux côtés du grenache (dominant) et de la syrah. Intense et frais au premier nez, sur des notes de pomelo, de cédrat et de fruit de la Passion, le vin libère à l'aération des fragrances suaves de jasmin. En bouche, bien dans l'air du temps, il associe vivacité tonique et volume. Un rosé beau et bon. ⏳ 2018-2019 ■ **2017 (5 à 8 €; 150000 b.)** : vin cité.

⊶ *DOM. LA ROSE DES VENTS, rte de Toulon, 83136 La Roquebrussanne, tél. 04 94 86 99 28, larosedesvents073@orange.fr* V ♿ ■ *t.l.j. sf dim. 9h-12h 14h-18h (15h-19h en juil.-août)* ⊶ *Baude et Josselin*

PROVENCE

CAVE SAINT-ANDRÉ Passion 2017 ★

■ | 3200 | 8 à 11 €

Seillons-Source-d'Argens est un village perché plein de charme d'où la vue embrasse la Sainte-Baume, la Sainte-Victoire et Saint-Maximin. Fondée en 1909, sa cave coopérative, après diverses fusions à partir de 1995, dispose de quelque 380 ha. Elle propose des coteaux-varois et des IGP du Var.

Le rolle, cépage blanc, compose 30 % de cette cuvée aux côtés des trois cépages rouges classiques de l'appellation, grenache en tête. Intense et fin, le nez s'ouvre sur la framboise et la fraise mûres, nuancées de touches suaves d'abricot et d'acacia. La bouche ronde est vivifiée par une belle acidité qui étire la finale marquée par un retour de la fleur blanche. Un rosé complexe. ⧗ 2018-2019

CAVE SAINT-ANDRÉ, Les Plaines-de-l'Aire, 83470 Seillons-Source-d'Argens, tél. 04 94 72 14 10, cave.st.andre@gmail.com V t.l.j. sf dim. lun. 9h-12h15 14h-17h45

SAINT-ANDRIEU L'Oratoire 2017 ★★

■ | 52000 | 11 à 15 €

Acquis en 2003 et restructuré par Jean-Paul et Nancy Bignon, par ailleurs propriétaires du Ch. Talbot, cru classé de saint-julien dans le Médoc, ce vignoble de 30 ha jouit d'un terroir argilo-calcaire privilégié à 380 m d'altitude, au pied du Bessillon. Deux étiquettes ici: le Dom. Saint-Andrieu en côtes-de-provence et l'Oratoire Saint-Andrieu en coteaux-varois, sans oublier la production d'huile d'olive.

Quatre cépages contribuent à cette cuvée qui s'est placée sur les rangs pour un coup de cœur: le grenache, le cinsault, la syrah et le rolle (17 %). Le jury salue sa palette aromatique, qui s'élargit à l'aération: abricot, framboise, mandarine, et aussi figuier, poivre blanc. Il est enchanté par son palais ample et généreux dont la finale s'étire, soulignée de notes fraîches de zeste d'agrumes. Un rosé structuré qui pourra affronter des plats épicés. ⧗ 2018-2019

DOM. SAINT-ANDRIEU, chem. Saint-Andrieu, 83570 Correns, tél. 04 94 59 52 42, contact@domaine-saint-andrieu.com V r.-v. Bignon

SAINT-JEAN DE VILLECROZE Cuvée spéciale 2017 ★

■ | 10000 | 5 à 8 €

À l'origine, une propriété des Templiers. Saint-Jean de Villecroze a (re)trouvé sa vocation viticole à partir de 1973 après avoir été acheté par un couple franco-américain qui a replanté le vignoble. Le domaine a été repris en 1993 par un vigneron italien, Francesco Caruso, aujourd'hui à la tête de 30 ha, en côtes-de-provence, coteaux-varois et IGP.

Ce rosé affiche d'emblée son côté gourmand, offrant au nez une corbeille de fruits débordante, où se mêlent des notes suaves (fruits jaunes, melon) et fraîches (pomelo, framboise acidulée). Ample, servie par un bel équilibre entre rondeur et fraîcheur, la bouche finit sur une note de pamplemousse. ⧗ 2018-2019

DOM. SAINT-JEAN DE VILLECROZE, quartier Saint-Jean, 83690 Villecroze, tél. 04 94 70 63 07, contact@domaine-saint-jean.com V t.l.j. sf dim. 10h-12h30 14h-18h30; f. janv. Caruso

♥ DOM. SAINT-JEAN-LE-VIEUX Cuvée La Grand'Bastide 2017 ★★

□ | 7000 | 🍾 | 5 à 8 €

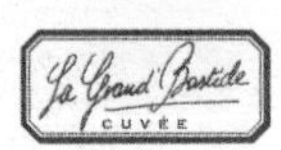

Pierre et Claude Boyer conduisent depuis 1990 ce domaine familial de 63 ha fondé par leur grand-père et sur lequel ils s'emploient à moderniser les techniques culturales et le travail au chai dans le respect de l'environnement (toiture photovoltaïque, phytobac pour la récupération des eaux de lavage...)

Drapé dans une robe pâle aux reflets verts, ce superbe vin issu de rolle (75 %) et de sémillon dévoile un nez délicat et complexe d'amande fraîche, de noisette, de tilleul, de genêt, d'agrumes et d'épices. La bouche se révèle ample, dense et tonique, étirée dans une longue finale saline et épicée. De l'originalité et une extrême élégance. ⧗ 2018-2021

DOM. SAINT-JEAN-LE-VIEUX, 317, av. du 8-Mai-1945, rte de Bras, 83470 Saint-Maximin, tél. 04 94 59 77 59, domaine@saintjeanlevieux.com V t.l.j. sf dim. 8h-12h30 14h-19h Boyer

CH. SAINT-JULIEN 2017 ★

□ | 12260 | 🍾 | 8 à 11 €

Depuis 1989, la famille Garrassin redynamise ce vaste domaine (plus de 400 ha) dont l'origine remonterait à l'époque gallo-romaine. La cave a été aménagée sur les vestiges d'une ancienne bergerie du XVIIᵉs., et le vignoble replanté pour dépasser 30 ha. Claire et Lucas, petits-enfants de Maurice Garrassin, acquéreur du domaine, apportent leur énergie à la propriété.

Une robe paille aux reflets argentés habille ce vin qui développe un bouquet agréablement floral (fleur d'acacia), agrémenté d'une note minérale et d'une pointe végétale de feuille de tomate. La bouche est ronde, suave, miellée, puis gagne en tension jusqu'à la finale. Un blanc équilibré. ⧗ 2018-2020 □ **Exception de Saint-Julien 2016 ★ (11 à 15 €; 4000 b.)** : un agréable condensé de senteurs de la Provence: fleur d'acacia, miel, noisette grillée, figue sèche, garrigue. L'harmonie est respectée en bouche entre vivacité et fond boisé. ⧗ 2018-2021 ■ **Exception de Saint-Julien 2017 (11 à 15 €; 5300 b.)** : vin cité.

FAMILLE GARRASSIN, 600, rte de Tourves, RD 205, 83170 La Celle, tél. 04 94 59 26 10, info@domaine-st-julien.com V t.l.j. sf dim. 10h-12h 14h-19h ⑤

DOM. SAINT-MITRE M 2017

■ | 70000 | 8 à 11 €

Un domaine de 35 ha repris en 2004 par Nelly et Daniel Martin, vignerons champenois, qui ont procédé à une importante restructuration du vignoble et du chai.

Un rosé vif et gourmand de bout en bout, à la palette fruitée alliant le citron vert, la mandarine, le brugnon et le bonbon. Ces arômes se prolongent dans un palais rond, charnu, bien structuré. ⧗ 2018-2019

⊶ DOM. SAINT-MITRE, 1782, chem. de Saint-Mitre, 83470 Saint-Maximin-la-Sainte-Baume, tél. 04 94 78 07 54, saint.mitre@wanadoo.fr V r.-v.

♥ LES TERRES DE SAINT-HILAIRE
Oppidum 2017 ★★

■ | 13300 | | 5 à 8 €

Entre la montagne Sainte-Victoire et le mont Aurélien, un immense domaine de 1 500 ha de forêts et de vignes (167 ha), commandé par des bâtiments abbatiaux du XVIIᵉs. Acquis par la famille Burel en 2002, il comprend aussi un centre équestre et des structures d'hébergement. Des centaines de moutons pâturent l'hiver dans les vignes.

Le survol du domaine permet de découvrir les traces d'un oppidum qui a donné son nom à cette cuvée dominée par le cinsault (60 %). Si la robe aux reflets litchi est très pâle, le nez se distingue par son intensité, alliée à une rare finesse. La pêche, l'abricot, les fruits exotiques, la fraise des bois montent du verre et se prolongent dans une bouche ample et charnue, vivifiée en finale par une fine acidité qui donne à ce rosé relief et tenue. De l'élégance, de la présence et du caractère. ⧗ 2018-2019

⊶ PIERRE BUREL, abbaye de Saint-Hilaire, RD 3, 83470 Ollières, tél. 04 98 05 40 10, jpmanzoni@tdsh.fr V r.-v.

THUERRY Les Abeillons 2017 ★

■ | 10 800 | | 11 à 15 €

Au sein du parc régional du Haut-Var Verdon, une bâtisse templière du XIIᵉs., soulignée par un chai longiligne ultramoderne et semi-enterré (2 200 m²), commande une propriété de 340 ha, dont environ 40 ha de vignes. Une valeur sûre de la Provence viticole, dans les trois couleurs.

Des fruits mûrs (abricot, pêche, agrumes) et une note mentholée composent une olfaction élégante. En bouche, le vin se montre ample, rond, gras, généreux, avec en finale une jolie touche épicée (piment d'Espelette). Pour la table assurément. ⧗ 2018-2021 ■ **Les Abeillons 2017 (11 à 15 €; 40 000 b.)** : vin cité.

⊶ JEAN-LOUIS CROQUET, Ch. Thuerry, 83690 Villecroze, tél. 04 94 70 63 02, thuerry@chateauthuerry.com V t.l.j. 9h-17h30 (été 19h); f. dim. en hiver

Ⓑ CH. TRIANS 2015 ★

■ | 10 000 | | 11 à 15 €

Cette ancienne magnanerie, qui a toujours eu une activité viticole, tire son nom d'une villa romaine, la villa Triana. Le domaine a été repris et restauré en 1990 par Jean-Louis Masurel, ancien directeur du groupe LVMH, puis revendu en 2017 à Emmanuel et Bertrand Delhom, entrepreneurs champenois. Implantés en coteau, à 350 m d'altitude, exposés au nord-ouest, les 20 ha de vignes sont certifiés en culture biologique depuis 2012.

Ce 2015 s'ouvre progressivement au nez sur les fruits (cerise, cassis), les épices et la garrigue. Ample et riche, la bouche met en valeur des tanins encore serrés et une matière solide stimulée par une finale poivrée. À attendre un peu pour plus de fondu. ⧗ 2020-2025 ■ **2017 ★ (8 à 11 €; 8 000 b.)** Ⓑ : né du trio grenache (60 %), cinsault et syrah, un vin gourmand et puissant, mêlant au nez notes florales, pêche, abricot et bonbon anglais, avec une touche d'agrumes. Frais en attaque, ample, rond et soyeux dans son développement, alerte en finale, il offre une belle harmonie. ⧗ 2018-2019

⊶ CH. TRIANS, rte de Rocbaron, 83136 Néoules, tél. 04 94 04 08 22, trians@wanadoo.fr V t.l.j. sf dim. 9h-12h 14h-18h ⊶ Delhom

Ⓑ DOM. LES VALLONS DE FONTFRESQUE
Cuvée des Tamaris 2017 ★

■ | 5300 | | 8 à 11 €

Depuis 2006, Claire et Denis Sicamois, épaulés par leur fils Yann, n'ont pas ménagé leurs efforts pour ranimer ce domaine en sommeil, converti à l'agriculture biologique. Établi à l'emplacement d'un ancien camp romain, celui-ci tire son nom («fontaine froide») de la présence de nombreuses sources sur ses terres. Le vignoble couvre aujourd'hui 12 ha au pied des contreforts de la Sainte-Baume.

Une première approche des plus timides: pâleur extrême du teint, discrétion du nez sur le buis et les agrumes. Au palais, les agrumes s'affirment, associés à un beau volume, et donnent leur tonalité fraîche à la longue finale aux accents de zeste de pomelo. ⧗ 2018-2019

⊶ LES VALLONS DE FONTFRESQUE, Camp-Redon, RD 64, 83170 Tourves, tél. 04 94 69 01 22, domaine@lvdf.fr V t.l.j. sf dim. 10h-18h ⊶ Claire Sicamois

DOM. DU VIGNARET 2017

■ | 10 000 | | 8 à 11 €

Après avoir vinifié au sein de prestigieux domaines de la région provençale, comme le Ch. de Galoupet, puis travaillé dans la distribution des produits phytosanitaires, Roger Tourrel reprend à quarante-huit ans les vignes familiales et décide d'élaborer ses propres vins. Il exploite aujourd'hui 28 ha en culture raisonnée.

Saumon pâle, ce rosé s'ouvre sur un fruité mûr et gourmand – fraise écrasée, pêche – qui s'épanouit dans une bouche charnue, souple et ronde. ⧗ 2018-2019

⊶ ROGER TOURREL, chem. du Pres-de-Castre, 83136 Forcalqueiret, tél. 04 94 80 53 95, domaine.du.vignaret@orange.fr V t.l.j. sf dim. 9h30-12h30 15h-19h

CÔTES-DE-PROVENCE

Superficie : 23 280 ha
Production : 975 977 hl (96 % rouge et rosé)

Née en 1977, cette vaste appellation occupe un bon tiers du département du Var, avec des prolongements dans les Bouches-du-Rhône, jusqu'aux abords de Marseille, et une enclave dans les Alpes-Maritimes. Trois terroirs la caractérisent: le massif siliceux des Maures, au sud-est, bordé au nord par une bande de grès rouge allant de Toulon à Saint-Raphaël, et, au-delà, l'importante masse de collines

et de plateaux calcaires qui annonce les Alpes. Issus de nombreux cépages en proportions variables, sur des sols et des expositions tout aussi divers, les côtes-de-provence présentent, à côté d'une parenté due au soleil, des variantes qui font précisément leur charme... Un charme que le Phocéen Protis goûtait sans doute déjà, six cents ans avant notre ère, lorsque Gyptis, fille du roi, lui offrait une coupe en aveu de son amour... La diversité des côtes-de-provence a conduit à individualiser certains terroirs, comme ceux de Sainte-Victoire et de Fréjus, reconnus en 2005, ou La Londe en 2008.

Sur les blancs tendres mais sans mollesse du littoral, les nourritures maritimes et très fraîches seront tout à fait à leur place, tandis que ceux qui sont un peu plus «pointus», nés un peu plus au nord, appelleront des écrevisses à l'américaine et des fromages piquants. Les rosés, plus ou moins tendres ou nerveux, s'accorderont aux fragrances puissantes de la soupe au pistou, de l'anchoïade, de l'aïoli, de la bouillabaisse, et aussi aux poissons et fruits de mer aux arômes iodés: rougets, oursins, violets. Parmi les rouges, ceux qui sont tendres, à servir frais, conviennent aussi bien aux gigots et aux rôtis qu'au pot-au-feu, surtout si l'on sert ce dernier en salade; les rouges puissants, généreux, qui peuvent parfois vieillir une dizaine d'années, conviendront aux civets, aux daubes, aux bécasses. Et pour les amateurs d'harmonies insolites, rosés frais et champignons, rouges et crustacés en civet, blancs avec daube d'agneau (au vin blanc) procurent de bonnes surprises.

CH. L'AFRIQUE César à Sumeire 2017 ★

■	1500	15 à 20 €

La famille Sumeire, établie à Trets depuis au moins le XIII^e^s. et longtemps négociante en vins, est propriétaire de trois châteaux en Provence: L'Afrique, Coussin et Maupague.

Issue d'une sélection rigoureuse de syrah et de grenache récoltés sur la propriété de Pierrefeu, cette cuvée rend hommage à César qui, en 1987, dédicaça à la famille une compression. Un rosé franc au nez expressif, sur le fruit rouge, et au palais tout aussi avenant, qui allie le croquant du fruit et une jolie rondeur. ⧗ 2018-2019 ■ **Ch. Maupague Sainte-Victoire 2017 ★ (11 à 15 €; 150000 b.)** : un rosé à dominante de grenache aux arômes gourmands de pêche mûre rafraîchis par une touche de sureau. Du caractère. ⧗ 2018-2019 ■ **Elie Sumeire Sainte-Victoire 2017 (8 à 11 €; 190000 b.)** : vin cité.

FAMILLE SUMEIRE, 1048, chem. de Coussin, 13530 Trets, tél. 04 42 61 20 00, sumeire@sumeire.com V r.-v.

DOM. DE L'ALLAMANDE Triangle d'or 2017

■	2000		8 à 11 €

Vincent Quiroga, dont les aïeules étaient vigneronnes en Champagne, s'est installé en 2013 comme jeune agriculteur sur le domaine acquis par sa famille. Les 30 ha de vignes sont répartis sur des terroirs variés, permiens et calcaires. Cultivée depuis l'Antiquité, la parcelle de l'Allamande, perchée à 400 m d'altitude au pied de la barre calcaire de Cuers, face aux îles d'Hyères, a donné son nom à la propriété.

Grenache, cinsault et rolle collaborent à ce rosé dans l'air du temps, avec sa robe pêche et ses senteurs intenses et fraîches de buis, d'agrumes et de fruits jaunes que l'on retrouve dans une bouche fraîche, voire nerveuse. ⧗ 2018-2019

VINCENT QUIROGA, Dom. de l'Allamande, 710, chem. des Mourvèdres, 1, plan de Loube, 83390 Cuers, tél. 04 94 75 71 98, contact@allamande.net V r.-v.

LES CAVES DE L'AMIRAL Cuvée de l'Amiral 2017 ★★

■	3200		5 à 8 €

Au cœur de la Provence verte, le vignoble de la cave de l'Amiral domine le Ch. d'Entrecasteaux (XI^e^s.) et ses jardins dessinés par Lenôtre. Fondée en 1925, la coopérative regroupe 220 ha de vignes implantées sur des restanques, des coteaux et de petits plateaux.

Orné de reflets verts et dorés, ce vin dévoile un nez puissant dominé par les fruits exotiques, agrémentés d'un soupçon floral et d'une pointe de minéralité. Une complexité qui se prolonge dans une bouche ample, riche et ronde. ⧗ 2018-2021 ■ **Cuvée de l'Amiral 2017 (5 à 8 €; 6600 b.)** : vin cité.

SCA LES CAVES DE L'AMIRAL, rte de Saint-Antonin, quartier Les Prés, 83570 Entrecasteaux, tél. 04 94 04 42 68, administratif@cave-amiral.fr V *t.l.j. sf dim. 9h-12h 14h-18h*

CH. DES ANGLADES L'Empreinte La Londe 2015 ★

■	2600		11 à 15 €

À la sortie de la ville d'Hyères, une allée de palmiers conduit à la bâtisse du XVII^e^s., cœur de ce domaine racheté en 2000 par un Varois, M. Gautier, qui a engagé une remise à niveau de la cave et des vignes (25 ha sur un terroir de colluvions de schistes issus du massif des Maures).

Une teinte profonde pour ce vin qui dévoile à l'olfaction un boisé dominateur, associé à d'agréables notes fruitées et épicées. Boisé qui imprime aussi sa marque à une bouche bien structurée par des tanins serrés. ⧗ 2020-2024 ■ **L'Empreinte 2017 (11 à 15 €; 22000 b.)** : vin cité.

CHRISTOPHE GAUTIER, 1845, rte de Nice, quartier couture, 83400 Hyères les Palmiers, tél. 04 94 65 22 21, anglades-direction@gmail.com V *r.-v.* 4

DOM. DE L'ANTICAILLE Cuvée Mazurka 2017 ★

■	6400		11 à 15 €

En 2012, Frédéric Féraud a laissé de côté sa carrière d'avocat pour s'investir sur le domaine familial. Le vignoble de 35 ha est situé à la limite du Var et des Bouches-du-Rhône, entre la montagne Sainte-Victoire et le mont Olympe. Un lieu où les habitants du canton de Trets se retrouvaient autrefois pour célébrer la fin des moissons et danser la farandole locale, l'Anticaille.

Des parfums de pêche et des nuances florales composent une palette aromatique élégante et fine. Suivant la même ligne, la bouche se montre soyeuse et délicate, légèrement suave, avec une belle fraîcheur en soutien. ⧗ 2018-2021 ■ **Calypso 2017 (8 à 11 €; 32000 b.)** : vin cité. ■ **Cuvée Mazurka Sainte-Victoire 2017 (11 à 15 €; 12500 b.)** : vin cité.

FRÉDÉRIC FÉRAUD, Dom. de l'Anticaille, 192, RD 57, 13530 Trets, tél. 04 42 29 22 64, frederic@anticaille.com V t.l.j. sf sam. dim. 9h-12h30 14h-17h30

DOM. DES ASPRAS Les Trois Frères 2017 ★

■	40000		11 à 15 €

Avec Michaël Latz à sa tête, ce domaine fut l'un des pionniers de la conversion intégrale à l'agriculture biologique du village de Correns, dès 1996. Aujourd'hui, le vigneron est épaulé par ses trois fils Sébastien, Alexandre et Raphaël, sur un vignoble d'une vingtaine d'hectares entourant une bâtisse de style piémontais.

Un rosé pastel, aux reflets saumonés, un peu discret dans son expression aromatique, servi par un palais bien construit, ample, dense et gras, finement fruité. 2018-2019 ■ **Les Trois Frères 2016 ★ (15 à 20 €; 12000 b.)** : issue de syrah et de cabernet-sauvignon, une cuvée ample, généreuse et soyeuse, qui s'épanouit sur les petits fruits noirs et les épices agrémentés d'une pointe d'amertume en finale. 2018-2022

FAMILLE LATZ, chem. des Aspras, 83570 Correns, tél. 04 94 59 59 70, domaine@aspras.com V t.l.j. sf dim. 9h-12h30 14h30-19h *Michaël Latz*

CH. D'ASTROS Cuvée spéciale 2017 ★★

■	19000	11 à 15 €

Sur cette propriété se sont succédé une commanderie templière, une bastide de la Renaissance complétée par l'actuel château de style italien (1862) où Yves Robert tourna le film *Le Château de ma mère*. Les bâtiments et le vignoble de 80 ha, implanté sur des contreforts argilo-calcaires dominant la plaine des Maures, sont depuis 1802 aux mains des Martin-Maurel, qui se transmettent le bien depuis sept générations. En conversion bio depuis 2017.

Quatre cépages composent cette cuvée couleur saumon très pâle: le grenache (53 %), le cabernet, le cinsault et le rolle. Élégant et franc, le nez joue sur la fleur blanche et sur le fruit (agrumes, fruits rouges), avec une touche grillée. Cette palette s'enrichit de notes de garrigue, de sauge et d'épices douces dans une bouche à la fois ronde, structurée et très longue. De la finesse et de l'originalité. «Un vin de randonnée qui se mérite», selon un dégustateur. 2018-2019

B. MAUREL, rte de Lorgues, 83550 Vidauban, tél. 04 94 99 73 00, contact@astros.fr V t.l.j. sf dim. 10h-12h30 14h-18h

CH. DE L'AUMÉRADE
Cuvée Marie-Christine 2017 ★

■ Cru clas.	420000		11 à 15 €

Remarqué par le roi Henri IV et par son ministre le duc de Sully, qui y fait planter le premier mûrier de France en 1594 et les platanes ornant toujours les jardins du château, ce domaine est acquis en 1932 par Henri Fabre, qui le restructure et lui donne sa notoriété. Les 550 ha de ce cru classé de Provence sont conduits aujourd'hui par Marie-Christine Fabre-Grimaldi et son époux Vincent Grimaldi.

Tout aussi apprécié que le millésime précédent, il a un air de ressemblance avec son bouquet alliant des nuances fraîches à un fruité gourmand évoquant la pêche jaune et l'abricot suivi d'un palais structuré, dense et long, aux arômes de fruits jaunes. Une belle continuité entre le nez et la bouche. 2018-2019

FAMILLE FABRE-GRIMALDI, Ch. de l'Aumérade, rte de Puget-Ville, 83390 Pierrefeu-du-Var, tél. 04 94 28 20 31, boutique@aumerade.com V t.l.j. sf dim. 8h30-12h30 14h-18h

CH. BARBANAU L'Instant 2017

■	35000	8 à 11 €

La famille Cerciello exploite la vigne en Provence depuis le début du XXᵉs. et la création par Émile Bodin du Clos Val Bruyère (7,5 ha en AOC cassis). En 1989, elle fait l'acquisition du Ch. Barbanau, 30 ha à l'extrémité ouest des côtes-de-provence, non loin de Cassis. Sophie Cerciello, arrière-petite-fille du fondateur, et Didier Simonini s'attachent à y élaborer des vins proches de la nature, issus de l'agriculture biologique depuis 2008.

Une robe très pâle aux reflets jaunes, un nez léger et frais, alliant le buis aux fruits jaunes, une bouche vive en attaque, équilibrée, de bonne longueur. De belles proportions. 2018-2019

CERCIELLO-SIMONINI, hameau de Roquefort, 13830 Roquefort-la-Bédoule, tél. 04 42 73 14 60, contact@chateau-barbanau.com V t.l.j. sf dim. 10h-12h 15h-18h

CH. BARBEIRANNE Cuvée Vallat Sablou 2017 ★

□	6000		11 à 15 €

Au cœur de la Provence verte, ce vignoble de 34 ha, propriété depuis 2006 de Marie-Noëlle Febvre, est établi sur le terroir argilo-calcaire des coteaux du massif des Maures. Les oliviers côtoient les parcelles de vignes en restanques autrefois plantées de lavande, encadrant une bastide du XVIIIᵉs.

Un joli mariage du bois et du vin dans ce vin ouvert sur des notes de vanille, d'ananas et de poire. Arômes que l'on retrouve dans une bouche ronde et longue, bien proportionnée, avec le côté toasté qui remonte en finale. Un beau potentiel. 2018-2022 ■ **Marie 2017 (8 à 11 €; 5000 b.)** : vin cité.

CH. BARBEIRANNE, La Pellegrine, 83790 Pignans, tél. 04 94 48 84 46, barbeiranne@wanadoo.fr V t.l.j. sf dim. 9h (sam. 10h)-12h 14h-18h

DOM. DE LA BASTIDE BLANCHE
Two B in Provence 2016 ★

■	6000		20 à 30 €

Le groupe Bolloré a acquis en 2001 deux domaines viticoles des côtes-de-provence: La Bastide Blanche, dont les 15 ha de vignes s'étendent entre le cap Taillat et le cap Lardier, sur la partie sauvage de la presqu'île de Saint-Tropez, et le Dom. de la Croix (180 ha dont 100 ha de vignes), cru fondé en 1882 et classé en 1955, situé au pied du village de La Croix-Valmer, face à la mer.

Un assemblage syrah-grenache pour ce vin à la robe violine profonde. L'olfaction, intense, mêle les fruits noirs très mûrs à des notes sucrées de coco, de moka et de caramel. La bouche est riche, suave, dotée de tanins

PROVENCE

solides mais soyeux et déploie une gamme aromatique gourmande autour du toffee, du moka et du caramel au beurre salé. Un rouge au style moderne et ouvertement boisé. ⧗ 2020-2025

DOM. DE LA BASTIDE BLANCHE, 816, bd Tabarin, 83420 La Croix-Valmer, tél. 04 94 95 01 75, contact@domainedelacroix.com V *t.l.j. 10h-13h 15h-19h; f. janv.*

BASTIDE DES DEUX LUNES
Tout près des étoiles 2017 ★★

■	45000		8 à 11 €

Au pied du massif des Maures, cette propriété familiale créée en 1850 produisait à l'origine du vin et de l'huile. À partir de 1940, les raisins furent livrés à la coopérative. Bertrand Dubois, œnologue, a repris en 2000 le vignoble (22 ha aujourd'hui) et relancé les vinifications au domaine. Le chai a vu le jour pour les vendanges 2012.

Composé de grenache majoritaire, complété par du cinsault, du vermentino et un soupçon de mourvèdre, ce rosé à la robe pêche présente un nez intense, mêlant la douceur des fruits blancs à la fraîcheur des agrumes, pamplemousse en tête. C'est surtout en bouche qu'il convainc, grâce à sa matière ronde, suave, soyeuse et persistante et à une touche saline qui lui donne relief et finesse. ⧗ 2018-2019 ■ **Lune Rouge 2016 ★★ (11 à 15 €; 4200 b.)** : une cuvée qui met la syrah à l'honneur, aux côtés du grenache (15 %). Accompagné par un élevage subtil, aux tonalités vanillées, le cépage s'exprime avec toute sa complexité autour de la réglisse, de la violette et des fruits noirs mûrs. La bouche apparaît ample, dense, veloutée, à la structure tannique affirmée mais sans dureté. ⧗ 2019-2025 ■ **Tout près des étoiles 2017 ★ (8 à 11 €; 5700 b.)** : un 100 % rolle au nez délicat, entre touches florales et nuances exotiques, à la bouche ronde et équilibrée, stimulée par une fraîcheur citronnée en finale. ⧗ 2018-2021

BERTRAND DUBOIS, Bastide des Deux Lunes, 467, chem. des Deux-Lunes, 83390 Puget-Ville, tél. 06 16 31 13 71, bastidedes2lunes@gmail.com V *r.-v.*

LA BASTIDE DES VENTS D'ANGES Lily 2017

■	40000		5 à 8 €

Sandrine Nougaillac exploite 6 ha de vignes au Thoronet, village varois de la Provence intérieure, célèbre pour son abbaye cistercienne.

Le grenache majoritaire s'allie au rolle, au cinsault et à la syrah pour composer un rosé à la robe pêche, aux parfums de fruits blancs nuancés d'une touche mentholée. La mandarine et le bonbon anglais entrent en scène dans un palais équilibré, vif en attaque, chaleureux en finale. ⧗ 2018-2019

SANDRINE NOUGAILLAC, Hameau les Vidals, 83340 Le Thoronet, tél. 04 94 50 11 70, commercial@cv-vigneron.com

DOM. DE LA BASTIDE NEUVE
Perle des Anges 2017

■	35000		8 à 11 €

Situé au pied du massif des Maures, ce domaine de 25 ha a été acquis en 2013 par Philippe Brulière qui a quitté la grande distribution pour s'établir en Provence. Il a engagé une démarche de conversion vers l'agriculture biologique.

Déjà retenue l'an dernier, cette cuvée accorde encore une place au tibouren (30 %). Assez peu répandu, ce cépage se marie au grenache (50 %) et à un appoint de cinsault et de mourvèdre pour donner un rosé aux arômes de fruits jaunes bien mûrs et d'épices douces, et au palais structuré, dont la suavité est équilibrée par une pointe amère en finale. ⧗ 2018-2019

PHILIPPE BRULIÈRE, chem. de Bagary, 83340 Le Cannet-des-Maures, tél. 04 94 50 09 80, domaine@bastideneuve.fr V *t.l.j. 8h30-12h 14h-17h30*

CH. BASTIDIÈRE Tradition 2017

■	7500		8 à 11 €

À l'intersection des communes de Cuers, Pierrefeu et Puget-Ville, ce domaine de 12,5 ha avait été restauré par la famille Flensberg qui l'a revendu en 1995 à l'entrepreneur Géo Velez et son épouse Annie.

L'alliance du grenache, majoritaire, du cinsault et du rolle donne un rosé aromatique, tonique et léger: nez élégant, entre touches florales et notes exotiques (litchi, fruit de la Passion), bouche alerte, à l'unisson de l'olfaction. Parfait pour l'apéritif. ⧗ 2018-2019 ■ **2016 (11 à 15 €; 3000 b.)** : vin cité.

CH. BASTIDIÈRE, 1343, av. H.-et-E.-Majastre, 83390 Cuers, tél. 04 94 13 51 28, infobastidiere@aol.com V *t.l.j. sf dim. lun. 10h00-12h00 14h-18h*
Géo Velez

CH. LE BASTIDON Séduction 2016 ★★

■	11066	5 à 8 €

Sous le regard des îles de Port-Cros et de Porquerolles, une imposante bastide provençale, ancienne propriété des chartreuses de la Verne au XVIIIe s., commande un vignoble de 79 ha et quelque 3 000 oliviers. C'est sur ce terroir de schistes réputé de La Londe-les-Maures que la famille Rose, normande d'origine, est venue trouver la chaleur en 1995 et troquer la pomme et le cidre contre le raisin et le vin.

Une belle présentation pour ce vin rouge aux reflets cerise et un nez intensément fruité (fruits noirs) et finement floral. Le palais se révèle tout aussi fruité, rond et soyeux, soutenu par des tanins veloutés et fondus. Un ensemble des plus harmonieux. ⧗ 2019-2023

SASU LE BASTIDON, 853, chem. du Pansard, 83250 La Londe-les-Maures, tél. 06 47 79 56 09, chateau.bastidon@gmail.com V *t.l.j. sf dim. 9h-12h30 14h30-18h30*

CH. DE BEAUMEL Grande Réserve 2016

■	9400		8 à 11 €

Situé au pied du massif des Maures, le Ch. de Beaumel a été repris et rebaptisé en 2015 par Daniel Caille et son épouse Brigitte. À leur disposition, une bastide du XVIIe s. et un vignoble de 23 ha que les nouveaux propriétaires ont entrepris de restructurer.

Ce vin élevé douze mois en fût dévoile un joli bouquet de fruits noirs et de réglisse. On retrouve le fruité, le cassis notamment, dans un palais équilibré, soutenu par un boisé bien présent et par des tanins qui se resserrent en finale. À attendre. ⧗ 2020-2024

⊶ *CH. DE BEAUMEL, quartier Beaumet, 83590 Gonfaron, tél. 04 98 05 21 00, info@chateaudebeaumel.fr* V ♿ ▮ *t.l.j. 9h-17h30; sam. 9h-12h*

Ⓑ DOM. LE BERCAIL Fréjus 2017 ★

■ | 8000 | 🍾 | 8 à 11 €

Créé en 1888, le Bercail est depuis 1984 un Établissement et service d'aide par le travail accueillant des adultes en situation de handicap. Proche de Fréjus, le domaine viticole s'étend sur 14 ha et fournit des vins bio depuis 2013.

Tibouren, syrah et cinsault épaulent le grenache (55 %) dans ce rosé séduisant par la richesse de sa palette aromatique: fruits exotiques, agrumes, sureau, pêche et melon se bousculent au nez comme en bouche. Ces arômes exubérants sont mis en valeur par une acidité qui donne allonge et élégance à la finale. Un vin harmonieux et typique de sa dénomination Fréjus. ⧗ 2018-2019 □ **Amandiers 2017 ★ (8 à 11 €; 4300 b.)** Ⓑ : des parfums subtils s'exhalent de ce blanc composé de rolle et de sémillon: fruits blancs, notes iodées et douces notes vanillées témoignant du passage en fût. Une finesse et une complexité prolongées par une bouche fraîche et aérienne, épaulée par un boisé délicat. ⧗ 2018-2021

⊶ *DOM. LE BERCAIL, 864, chem. de la Plaine, 83480 Puget-sur-Argens, tél. 04 94 19 54 09, domaine.le.bercail@adapei83.fr* V ♿ ▮ *t.l.j. sf sam. dim. 8h-17h*

BLANC DE ROSÉ 2017 ★

■ | 30000 | - de 5 €

Une jeune maison de négoce biterroise créée en 2017 par Charles Faisant qui propose des cuvées dans diverses appellations du Sud-Ouest, ainsi que dans la Vallée du Rhône, à travers des vins de marques et des vins de domaines.

Grenache (75 %), syrah et cinsault ont donné un vin tendance: robe légère, senteurs de bonbon anglais et de cerise nuancées de notes d'agrumes, palais dans le même registre, d'une belle fraîcheur. «Technologique», mais bien fait. ⧗ 2018-2019

⊶ *GRAND TERROIR, 12, rue des Écluses, 34500 Béziers, tél. 04 67 26 79 11, contact@grandterroir-vins.fr*

DOM. DU BLAVET 2017 ★★

■ | 6500 | 8 à 11 €

Fondée en 1900, cette exploitation familiale se transmet depuis six générations. Frédéric Michel, qui la conduit depuis 2009, cultive 10 ha dont il tire des côtes-de-provence et des vins en IGP Var. Il propose aussi un camping à la ferme.

Cinsault et grenache composent ce rosé harmonieux à la robe franche, saumon aux reflets framboise. Le nez est complexe, bien ouvert sur le fruit de la Passion et le pamplemousse rehaussés d'épices. Ronde en attaque, fraîche, fruitée et persistante, la bouche prolonge bien l'olfaction. Un vin élégant et raffiné, de belle tenue. ⧗ 2018-2019 ■ **2016 ★ (8 à 11 €; 2400 b.)** : un assemblage de syrah et de grenache qui, après un passage de douze mois en fût, s'annonce puissant, ouvert sur des arômes complexes de garrigue, de myrte et de bois frais, à la bouche ample, longue, de belle tenue, adossée à un boisé précis. ⧗ 2020-2025

⊶ *MICHEL, 507 chem. du Blavet, 83520 Roquebrune-sur-Argens, tél. 06 73 03 38 32, info@domainedublavet.com* V ♿ ▮ *r.-v.*

CH. DES BORMETTES
La Londe L'Argentière 2017 ★

■ | 46000 | 🍾 | 8 à 11 €

Ce domaine viticole, dont l'existence est avérée depuis le X^e^s., devient la propriété des Chartreux de la Verne en 1588. En 1855, Horace Vernet, peintre officiel de Napoléon III, l'acquiert et le dote d'un château. En 1920, il est acheté par la famille Faré, toujours propriétaire des lieux, qui a confié en 2013 la direction de ses 65 ha de vignes à Yannick Burles.

Un nez intense et frais, entre agrumes et fruits rouges, pour ce rosé issu de grenache majoritaire; une bouche ample, structurée, harmonieuse et longue, où le fruit est souligné de touches d'épices douces. ⧗ 2018-2019 ■ **La Londe Pater 2015 ★ (20 à 30 €; 6000 b.)** : ce vin nécessite une légère aération pour révéler des notes de cassis et d'épices sur un fond boisé discret. La bouche est ample, franche et persistante sur le fruit, soutenue par une trame tannique fondue. Gourmand. ⧗ 2019-2023 □ **La Londe Instinct parcellaire 2016 ★ (15 à 20 €; 2700 b.)** : des fruits à noyau et des fleurs blanches apparaissent à l'aération de ce vin gras, rond et onctueux, épaulé par un boisé bien maîtrisé. ⧗ 2018-2022

⊶ *DOM. DES BORMETTES, 903, rte du Pellegrin, 83250 La Londe-les-Maures, tél. 06 02 51 03 58, bormettes@gmail.com* V ♿ ▮ *r.-v.* ⊶ *Fabrice Faré*

DOM. BORRELY-MARTIN Carré de Laure 2017 ★

■ | 4000 | 🍾 | 8 à 11 €

Au pied du massif des Maures, ce vignoble familial de 8 ha conduit par les frères Martin s'étend sur des sols de schistes et de grès permiens dans l'aire d'AOC côtes-de-provence.

Un assemblage original, qui fait la part belle au mourvèdre (60 %). De fait, ce rosé pâle aux reflets mordorés présente une personnalité singulière, avec ses arômes de fruits secs, de grillé et de fruits mûrs et son palais à l'unisson, rond et gras, équilibré par une belle acidité. ⧗ 2018-2020

⊶ *MARTIN FRÈRES, Grande-Rue, 83340 Les Mayons, tél. 06 80 13 03 80, jacques.martin132@wanadoo.fr* V ▮ *r.-v.*

DOM. DE LA BOUVERIE 2016 ★

■ | 20000 | 🛢 | 8 à 11 €

C'est en 1991 que Jean Laponche acquiert ce domaine, ancienne ferme autrefois consacrée à l'élevage de bovins. Il exploite aujourd'hui un vignoble de 30 ha face aux crêtes dentelées du rocher de Roquebrune-sur-Argens. Une valeur sûre des côtes-de-provence.

L'olfaction marie agréablement des notes toastées et vanillées à des arômes de fruits rouges et noirs et de Zan. La bouche se montre à la fois suave, fraîche et épicée, épaulée par des tanins fins et par un boisé bien ajusté. ⧗ 2019-2023

PROVENCE

JEAN LAPONCHE, Dom. viticole de la Bouverie, 83520 Roquebrune-sur-Argens, tél. 04 94 44 00 81, domainedelabouverie@wanadoo.fr V *t.l.j. sf dim. 9h30-12h30 14h30-18h30*

CH. DE BRÉGANÇON Hermann Sabran 2016 ★★

Cru clas.	n.c.	30 à 50 €

Situé en bordure maritime des côtes-de-provence, ce cru classé d'une cinquantaine d'hectares est commandé par une demeure du XVII[e]s. (résidence présidentielle d'été), propriété de la famille Tézenas depuis 1816. Si l'on y élevait jadis les vers à soie, seuls les vignes et les oliviers y sont désormais exploités, sous la direction d'Olivier Tézenas depuis 2008.

Vinifiée et élevée en barriques, cette cuvée issue de syrah (80 %) et de mourvèdre révèle à l'olfaction un bel équilibre entre boisé et expression du fruit. Aussi large que longue, la bouche s'exprime pleinement autour de tanins de qualité et d'un boisé parfaitement maîtrisé, aux savoureuses tonalités grillées. 2019-2023 **Cru clas. La Londe Isaure 2017 ★ (15 à 20 €; n.c.)** : à l'origine de cette cuvée aux reflets saumonés, du grenache majoritaire avec, en appoint, de la syrah et du rolle, plantés sur le terroir délimité de La Londe. Au nez, une dominante de fruits rouges (groseille, fraise), avec de la pêche à l'arrière-plan. Les agrumes s'ajoutent à cette palette acidulée dans une bouche chaleureuse, équilibrée par une franche vivacité et, en finale, par de nobles amers qui donnent du relief à l'ensemble. 2018-2019

OLIVIER TÉZENAS, 639, rte de Léoube, 83230 Bormes-les-Mimosas, tél. 04 94 64 80 73, contact@chateaudebregancon.fr V *t.l.j. 9h30-19h*

DOMAINES BUNAN Bélouvé 2017 ★★

	25000	8 à 11 €

La troisième génération est aujourd'hui aux commandes des Domaines Bunan, créés par Paul et Pierre Bunan en 1961. Un ensemble de plusieurs exploitations réputées en côtes-de-provence et en bandol: le Moulin des Costes, le Ch. et le Mas de la Rouvière, Bélouvé, tous ces vignobles étant conduits en agriculture biologique depuis 2008. Aux commandes des vinifications, Philippe Bunan, ingénieur agronome.

Bélouvé? «Beaux raisins», en provençal. On ne nous dit pas lesquels, mais le résultat est convaincant. Le nez, intense et précis, se révèle à l'aération, centré sur les agrumes (zeste d'orange et pamplemousse), nuancés de notes de bonbon acidulé. Cette complexité aromatique flatteuse se prolonge dans une bouche fraîche et longue. Un vin harmonieux, fruité et tonique. 2018-2019

DOMAINES BUNAN, 338 bis, chem. de Fontanieu, 83740 La Cadière-d'Azur, tél. 04 94 98 58 98, bunan@bunan.com V *t.l.j. 9h-12h30 14h-19h*

DOM. DE CABAUDRAN 2017

	2500		8 à 11 €

Un domaine familial de 30 ha conduit par Denis Amic et son fils Alex, qui apportait toute sa récolte en coopérative jusqu'en 2017 et la création d'une cave de vinification lui permettant de produire aussi ses propres cuvées.

Une jolie robe grenat intense aux reflets bleutés habille ce rouge à l'olfaction séduisante de petits fruits rouges et de réglisse. Arômes que l'on retrouve dans une bouche fraîche, épaulée par des tanins bien présents. 2019-2023

EARL CABAUDRAN, 215, chem. de Cabaudran, 83330 Le Beausset, tél. 06 15 75 11 20, domaine.cabaudran@gmail.com V *t.l.j. sf dim. 10h-12h 15h-18h*

CH. DE CABRAN Cuvée des Restanques 2017 ★

	3600	8 à 11 €

Un domaine établi sur le site d'une villa gallo-romaine, en bordure de la voie Domitienne. Ses terres vouées autrefois aux troupeaux de chèvres (cabroen provençal) sont plantées de vignes depuis 1820 et l'installation des Monzat de Saint-Julien, toujours aux commandes. Le vignoble couvre 18 ha sur un terroir de roches volcaniques de l'Esterel.

Ce vin issu de rolle (60 %) et de sémillon présente un nez discret et frais, minéral et iodé. Une sensation de fraîcheur prolongée par une bouche ample, fine, très équilibrée. Un blanc délicat et alerte. 2018-2021

DE SAINT-SEINE, chem. de Cabran, 83480 Le Puget-sur-Argens, tél. 04 94 40 80 32, cabran@wanadoo.fr V *t.l.j. sf dim. 9h-12h 14h-17h*

LA CADIÉRENNE 2017

	50000		- de 5 €

Quelque 300 coopérateurs et 635 ha de vignes, des vins en AOC bandol et côtes-de-provence, en IGP Var, Méditerranée et Mont-Caume: la Cadiérenne, créée en 1929, est un acteur qui compte dans le paysage provençal.

De beaux reflets violets animent la robe de ce vin au nez discret mais fin de fruits rouges et noirs. À l'unisson du bouquet, centrée sur un fruité croquant, la bouche se révèle souple, fraîche et légère. Un rouge gouleyant, agréable dès maintenant. 2018-2021

SCV LA CADIÉRENNE, quartier Le Vallon, 83740 La Cadière-d'Azur, tél. 04 94 90 11 06, cadierenne@wanadoo.fr V *r.-v.*

DOM. DU CAGUELOUP Cuvée Minette 2016 ★

	n.c.		8 à 11 €

Héritier d'une longue lignée de vignerons (vingt et une générations), Richard Prébost conduit depuis les années 1980 ce domaine (40 ha) bien connu pour ses bandol, qui propose aussi de beaux côtes-de-provence. Cagueloup? C'est l'histoire d'un petit Prébost qui un jour avala un louis d'or. Son père, pris de panique, lui lança: «Cague l'ou»...

Aux côtés du grenache et du mourvèdre, de vieux carignans (40 %) consolident cette cuvée au nez expressif de groseille et de grenade, agrémenté de notes minérales, fumées et florales. La bouche est ronde, soyeuse, soutenue par une fraîcheur aux tonalités d'eucalyptus, par un bon boisé toasté et par des tanins fermes mais sans dureté. 2020-2024

RICHARD PRÉBOST, 267, chem. de la Verdelaise, 83270 Saint-Cyr-sur-Mer, tél. 04 94 26 15 70, domainedecagueloup@gmail.com V *t.l.j. 9h-19h*

DOM. CAP SAINT-PIERRE Star 2017

■ | 5300 | | 8 à 11 €

Fondé en 1880, ce domaine appartient depuis 1934 à la famille des propriétaires actuels, Alain et Michel Donadio. Ces viticulteurs reçoivent la clientèle à Gassin et exploitent leurs vignes à Saint-Tropez.

Un assemblage original pour ce vin: outre le grenache et la syrah, du tibouren, du rolle et du sémillon. Le nez subtil s'ouvre sur les fruits frais, la pêche et la poire, nuancés d'arômes de fruits rouges. Quant à la bouche, elle séduit par son attaque ample, souple et ronde et par sa finale acidulée. Une expression intéressante ⧗ 2018-2019 ■ **Cuvée Légende 2017 (11 à 15 €; 5300 b.)** : vin cité.

SARL CLOS SAINT-PIERRE, 263 RD98 La Bouillabaisse, 83580 Gassin, tél. 04 94 96 69 21, alaindo2905@gmail.com V *t.l.j. sf dim. 9h-12h 14h30-19h*

B CH. CARPE DIEM Artus 2016 ★

| 2900 | | 15 à 20 €

Albéric Philipon a repris début 2013 ce domaine – projet de vie pour sa famille. Le vignoble est conduit en bio et s'est étendu en 2017 aux coteaux-varois. Ses vins sont régulièrement au rendez-vous du Guide.

Ugni blanc (85 %) et clairette composent ce vin ouvert sur d'intenses notes boisées et citronnées. Arômes qui se prolongent, agrémentés de notes de tilleul, dans une bouche ample, fraîche et persistante. ⧗ 2018-2022

CH. CARPE DIEM, 4436, rte de Carcès, 83570 Cotignac, tél. 04 94 04 72 88, contact@chateaucarpediem.com V *t.l.j. 10h-13h 15h-19h; f. janv.* *Philipon*

CH. DU CARRUBIER Cuvée de Clara 2017 ★

■ | 21800 | | 11 à 15 €

Située sur la route du fort de Brégançon, cette propriété, dans la famille des actuels propriétaires depuis 1974, est nichée à La Londe, en contrebas du massif des Maures, dans le secteur maritime des côtes-de-provence. Les vignes, implantées sur un sol siliceux d'origine schisteuse, occupent 25 des 88 ha que compte l'exploitation.

Le grenache est au cœur de cette cuvée d'un rose pastel avenant, au nez expansif, entre fruits rouges et violette. Conciliant volume et finesse, gras et vivacité, la bouche aux arômes persistants de pêche se teinte en finale d'une légère amertume. ⧗ 2018-2019

SC DU DOM. DU CARRUBIER, 1590, rte du Carrubier, 83250 La Londe-les-Maures, tél. 04 94 66 82 82, contact@carrubier.fr V *r.-v.*

CH. LA CASTILLE Cuvée Aubert 2016 ★

■ | 5000 | | 11 à 15 €

Ancienne propriété des Comtes de Provence au XVe s., le domaine de la Castille possède un château et des caves construites au XVIIIe s. par les bagnards de Marseille. Il appartient depuis 1922 au diocèse de Fréjus-Toulon. Aujourd'hui, le vignoble compte 160 ha.

D'une belle complexité, ce vin dévoile des parfums intenses de fruits rouges (griotte, fraise), de caramel et de réglisse. En bouche, il se révèle frais et structuré en finesse par des tanins souples et par un boisé élégant, aux accents d'amande grillée et de moka. ⧗ 2018-2022 ■ **Cuvée Vitrail 2017 (5 à 8 €; 21300 b.)** : vin cité.

CH. LA CASTILLE, RD 554, de la Farlède à la Crau, 83210 Solliès-Ville, tél. 06 30 42 78 06, contact@chateau-castille.fr V *t.l.j. sf dim. 8h-18h*

CH. CAVALIER Marafiance 2017 ★

■ | 260000 | | 11 à 15 €

Acquis par Pierre Castel en 2000, ce vaste domaine ne produit que du rosé en AOC côtes-de-provence. D'un seul tenant, le vignoble s'étend sur 132 ha, au pied du massif des Maures.

Pas moins de six cépages entrent dans la composition de ce rosé harmonieux, à la palette bien fruitée, nuancée de touches végétales (buis, feuille de tomate). Dans le même registre, la bouche gourmande allie puissance et finesse. ⧗ 2018-2019

CH. CAVALIER, 1265, chem. de Marafiance, 83550 Vidauban, tél. 04 94 73 03 49, contact@chateau-castel.com *Castel*

CELLIER DE LA CRAU Cuvée l'Intemporelle 2017

■ | 15000 | | 5 à 8 €

Fondée en 1912, la cave coopérative de La Crau, située dans la plaine viticole du même nom, à une dizaine de kilomètres de Hyères, a fusionné en 1998 avec celle de Solliès. Elle dispose des quelque 300 ha cultivés par ses adhérents et d'un caveau rénové en 2007.

Issue de grenache majoritaire, une cuvée au nez discret, tout en finesse, alliant notes florales et agrumes. En bouche, le petit fruit rouge rejoint les agrumes au sein d'une matière souple et ample, tendue par une finale vive. ⧗ 2018-2019 ■ **Cuvée Bon Pin 2017 (5 à 8 €; 15000 b.)** : vin cité. ■ **Ch. Jaune 2016 (5 à 8 €; 10000 b.)** : vin cité.

CELLIER DE LA CRAU, 85, av. de Toulon, 83260 La Crau, tél. 04 94 66 73 03, cellier-lacrau@wanadoo.fr V *t.l.j. sf dim. 9h-12h 14h-18h*

CELLIER DE MARIUS CAÏUS 2017 ★★

| 7000 | | 5 à 8 €

Le Cellier de Marius Caïus est la coopérative de Pourrières, au sud-est de la montagne Sainte-Victoire. Son nom rappelle que c'est sur le site de ce village varois que le général romain Marius Caïus vainquit les Cimbres et les Teutons en 102 av. J.-C, comme le rappelle aussi un trophée pyramidal reproduit sur l'étiquette. Fondée en 1912, la cave regroupe 130 viticulteurs qui cultivent 850 ha de vignes.

Ce blanc très expressif développe de puissants arômes d'agrumes, de pêche et de bonbon anglais, d'amande grillée et de fleurs blanches. Le palais se révèle ample, profonde et suave, tendue par une fine vivacité aux tonalités d'agrumes qui allonge la finale. Un vin des plus harmonieux. ⧗ 2018-2021 ■ **Sainte-Victoire 2017 ★ (5 à 8 €; 10000 b.)** : une teinte légère, rose orangé, pour cet assemblage dominé par le grenache, un joli nez, entre zeste d'agrumes et pêche de vigne, et une bouche à l'unisson, alerte et vive, à la finale citronnée. ⧗ 2018-2019

PROVENCE

LE CELLIER DE MARIUS CAÏUS, 47, Grand-Rue, 83910 Pourrières, tél. 04 98 05 12 05, celliermariuscaius@orange.fr t.l.j. sf dim. lun. 9h-12h 15h30-19h

MATHILDE CHAPOUTIER
Grand ferrage Sainte-Victoire 2017 ★

	20000		11 à 15 €

Directrice commerciale du groupe Chapoutier, la fille de Michel Chapoutier a créé en 2018 sa propre maison de négoce, qui sélectionne des vins du Sud, de Bordeaux et d'Espagne. Ancienne championne de tir, spécialiste de management international, la jeune femme, qui maîtrise entre autres langues le mandarin, a certainement l'ambition de porter loin la renommée des vins de Provence.

Né de six cépages (dont deux variétés blanches en appoint), ce rosé charme par son nez subtilement floral, suivi d'un palais tout en finesse, de l'attaque ample et suave à la belle finale évoquant la rose ancienne. Une réelle délicatesse. ⧗ 2018-2019

MATHILDE CHAPOUTIER SÉLECTION, 18 av. du Dr Paul-Durand, 26600 Tain-l'Hermitage, tél. 04 75 08 28 65, chapoutier@chapoutier.com t.l.j. 9h-13h 14h-19h; dim. 10h-13h 14h-18h

CHATELLENIE DE MISTRAL 2017 ★

	45000	8 à 11 €

Fondée en 1906 et reprise en 1979 par la famille Mauro, la société de négoce Gilardi commercialise la production de plusieurs domaines provençaux (Ch. Mistral, Dom. de la Vieille Tour, Dom. de Grand Route...).

Il joue les intrus: peu soucieux de la mode des rosés à peine teintés, il arbore une robe aux reflets framboise, en harmonie avec un nez tout en fruits rouges (fraise, framboise, grenadine). Frais et fringant en attaque, tendu par une fraîcheur acidulée, il montre aussi une étoffe puissante qui met en valeur ses arômes persistants de fruits mûrs. De la présence. ⧗ 2018-2019 ■ **2017 ★ (8 à 11 €; 25000 b.)** : une olfaction tournée vers le fruit frais et une bouche légère, souple, elle aussi bien fruitée, réglissée en finale, aux tanins fondus, composent un vin gouleyant à boire dans sa jeunesse. ⧗ 2018-2020

SA GILARDI, ZAC du Pont-Rout, 83460 Les Arcs-sur-Argens, tél. 04 98 10 45 45, gilardi@gilardi.fr t.l.j. sf sam. dim. 8h-12h 13h-17h; f. mi-août *Mauro*

CH. DE LA CLAPIÈRE Cuvée La Violette 2017

Cru clas.	50000	11 à 15 €

Construit au XVIIIes. à l'emplacement d'une villa romaine, puis d'une propriété templière, le château est une bastide d'inspiration florentine. Fief de la famille de Clapier, il devint à la fin du XIXes. celui de la baronne écossaise Elizabeth Isabella Johnstone-Gordon, puis fut acquis en 1928 par le négociant Henri Fabre. Son petit-fils, Henri Fabre-Bartalli, lui a redonné sa vocation viticole. Le vignoble couvre 53 ha. Un cru classé en 1955.

Le nom de cette cuvée évoque le bouquet offert à la reine Victoria qui fit halte au château. Peu de violette au nez de ce 2017, mais des senteurs de fruits rouges bien mûrs que l'on retrouve dans une bouche suave en attaque, charnue, ample et élégante. Un vin bien construit. ⧗ 2018-2019 ■ **Cru clas. Cuvée Château 2017 (8 à 11 €; 122000 b.)** : vin cité.

FABRE-BARTALLI, Ch. de la Clapière, 2042, rte de Pierrefeu, 83400 Hyères, tél. 04 94 31 26 58, fabre.bartalli@chateau-la-clapiere.com t.l.j. sf dim. lun. 9h-12h 14h-19h

CLOS GAUTIER Clos du Château 2017 ★★

	1300		15 à 20 €

Gilles Pedini a repris les rênes de ce domaine en 2011: 33 ha situés à Carces, au cœur de la Provence verte. Il est épaulé par Ariel Médigue, maître de chai.

Une robe jeune aux reflets verdoyants habille ce vin d'une belle complexité, qui convoque les fruits jaunes et les fruits exotiques agrémentés de nuances de rose. Des parfums variétaux qui accompagnent, sur un fond vanillé, une bouche ample, séveuse et riche, contrebalancée par une fine acidité. ⧗ 2018-2021 ■ **Clos du Château 2016 ★ (15 à 20 €; 3000 b.)** : au nez, des arômes de fruits rouges acidulés, de réglisse et de vanille; en bouche, de la densité, de la fraîcheur, des tanins serrés et un boisé intense mais de qualité. Du potentiel. ⧗ 2021-2026

GILLES PEDINI, EARL Pedini, 800, chem. des Bastides, 83570 Carcès, tél. 04 94 80 05 05, contact@closgautier.com t.l.j. sf dim. 9h-12h 13h30-18h

CLOS LA NEUVE Sainte-Victoire 1482 2017

	12000		11 à 15 €

Située aux confins du Var et des Bouches-du-Rhône, au pied du mont Aurélien et face à la montagne Sainte-Victoire, une propriété acquise en 1936 par la famille de Fabienne Joly, qui l'exploite avec son mari Richard Caire. Le domaine compte 260 ha de forêts et 40 ha de vignes.

Ce duo grenache-syrah revêt une robe brillante, rose pâle. Tout au long de la dégustation, elle trace son chemin d'un pas vif et alerte, sur des notes de petits fruits rouges acidulés. Un rosé franc et tonique. ⧗ 2018-2019 ■ **1936 2017 (5 à 8 €; 12000 b.)** : vin cité.

RICHARD CAIRE, Dom. de la Neuve, 83910 Pourrières, tél. 04 94 37 33 90, closlaneuvecontact@orange.fr t.l.j. 9h-12h30 14h-19h

LES CLOS SERVIEN Les Clos 2016 ★★

	4000		11 à 15 €

Un domaine familial dont la production était jusqu'en 2010 portée à la coopérative. Charles Servien exploite avec son père Pierre-Gilles un vignoble de 11 ha planté sur une terre schisteuse, à quelques kilomètres du golfe de Saint-Tropez.

Une robe profonde habille ce vin qui développe des arômes intenses et généreux de fruits noirs, de vanille douce et de liqueur de whisky sur un fond toasté et poivré. Une belle complexité aromatique que prolonge une bouche concentrée, soyeuse et dense, aux tanins affirmés, étirée dans une longue finale sur l'amande grillée. ⧗ 2019-2024 ■ **Les Clos 2017 ★★ (11 à 15 €; 2800 b.)** : une cuvée fraîche, ample et fine, centrée sur des arômes intenses d'épices douces et de fleurs blanches. Un vin d'une grande harmonie. ⧗ 2018-2021 ■ **Les Clos 2017 ★ (8 à 11 €; 24000 b.)** : grenache (70 %), cinsault et tibouren collaborent à cette cuvée diaphane, au nez élégant et frais mariant fruits exotiques, pamplemousse et pêche, montrant au palais un bel équilibre entre rondeur et vivacité. Une certaine discrétion, mais de la finesse. ⧗ 2018-2019

CHARLES SERVIEN, 310, chem. de la Tour, 83310 Grimaud, tél. 06 09 96 12 67, lesclosservien@orange.fr V ⚑ *t.l.j. sf dim. 15h30-19h; f. oct.-avr.*

CH. COLBERT CANNET Diamant 2017

■	200000	🍾	8 à 11 €

Savoyards d'origine, les Chevron Villette sont arrivés dans le Var en 1919 grâce à l'union de Pierre-Joseph de Chevron Villette et Marie de Colbert-Cannet, héritière de l'ancestrale seigneurie du Cannet. Une aventure viticole qui s'est considérablement développée avec aujourd'hui un ensemble de 550 ha, de nombreuses propriétés et une affaire de négoce, le tout sous la conduite de Guillaume de Chevron Villette, petit-fils de Pierre-Joseph.

Grenache, cinsault et rolle composent cette cuvée au nez gourmand et intense, sur la pêche jaune, l'abricot et les fruits rouges. Ce fruité suave, fraise en tête, s'épanouit en bouche, en harmonie avec une matière ronde et ample. ⧗ 2018-2019 ■ **Ch. Reillanne In arduis stat 2017 (8 à 11 €; 100000 b.)** : vin cité.

SCEA CH. REILLANNE, rte de St-Tropez, 83340 Le Cannet-des-Maures, tél. 04 94 50 11 70, commercial@cv-vigneron.com V ⚑ ⚑ *t.l.j. sf sam. dim. 9h-11h 14h-16h* *de Chevron Villette*

Ⓑ LES VIGNERONS DE CORRENS Croix de Basson 2017 ★

■	30000	🍾	5 à 8 €

Née en 1935 de la fusion de deux coopératives rivales (L'Amicale et La Fraternelle), la cave de Correns, petit village pittoresque niché au cœur du Var, regroupe aujourd'hui 150 ha de vignes et 30 adhérents (dont 10 seulement vivent de la viticulture), qui ont tous fait le choix de l'agriculture biologique dès 1998.

Une agréable minéralité s'exprime à l'olfaction dans ce 100 % rolle. On aime aussi son palais ample, gras, long et délicatement floral et fruité. ⧗ 2018-2021 ■ **Vallon Sourn 2016 (11 à 15 €; 9000 b.)** Ⓑ : vin cité.

LES VIGNERONS DE CORRENS, rue de l'Église, 83570 Correns, tél. 04 94 59 59 46, lesvignerons-correns@wanadoo.fr V ⚑ ⚑ *r.-v.*

CRISTIA COLLECTION 2017 ★

■	24000	🍾	8 à 11 €

La troisième génération à la tête du Dom. de Cristia, propriété bien connue de Châteauneuf-du-Pape, fondée en 1942 par Étienne Grangeon, a créé en 2014 Cristia Collection, une structure de négoce spécialisée dans les vins de la vallée du Rhône et de Provence.

Une belle complexité pour ce rosé mariant 60 % de grenache à un appoint de syrah et à une goutte de cinsault. Le nez exprime un fruité mûr évocateur de fruits jaunes, rehaussé d'épices douces. Ce fruité flatteur persiste dans une bouche ronde en attaque, d'un beau volume, servie par une finale fraîche. ⧗ 2018-2019

SARL GRANGEON ET FILS, 48, fg Saint-Georges, 84350 Courthézon, tél. 04 90 70 24 09, contact@cristia.com V ⚑ ⚑ *r.-v.*

DOM. DE LA CROIX Organdi 2017 ★★

■ Cru clas.	9000	🍾	15 à 20 €

Le groupe Bolloré a acquis en 2001 deux domaines viticoles des côtes-de-provence: La Bastide Blanche, dont les 15 ha de vignes s'étendent entre le cap Taillat et le cap Lardier, sur la partie sauvage de la presqu'île de Saint-Tropez, et le Dom. de la Croix (180 ha dont 100 ha de vignes), cru fondé en 1882 et classé en 1955, situé au pied du village de La Croix-Valmer, face à la mer.

Grenache (50 %), cinsault et mourvèdre composent cette cuvée diaphane, à peine rosée, au nez complexe et délicat d'agrumes, de fruits exotiques et de fruits rouges. Quant à la bouche, elle apparaît remarquablement équilibrée, avec du gras, du volume et une grande fraîcheur qui lui donne un charme aérien et étire sa finale. Un nom bien trouvé. ⧗ 2018-2019

DOM. DE LA CROIX, 816, bd de Tabarin, 83420 La Croix-Valmer, tél. 04 94 95 01 75, contact@domainedelacroix.com V ⚑ ⚑ *t.l.j. 10h-13h 15h-19h; f. janv.*

CH. LES CROSTES Cuvée Prestige 2017 ★★

■	20000	🍾	11 à 15 €

Un domaine de plus de 200 ha, fondé au XVIIᵉs. par le comte de Ramatuelle. Ses oliveraies furent ravagées par le grand gel de 1956 et, trente ans plus tard, l'exploitation se tourna vers la vigne. La propriété a été acquise en 1998 par un entrepreneur allemand, Harmut Lademacher, dont la fille Claire a épousé en 2013 le prince Felix du Luxembourg. La même année, le couple a pris les commandes de son fief provençal.

Une cuvée Prestige dans la lignée du millésime précédent. Typée et gourmande, elle tire son caractère du grenache (95 %). Une robe cristalline, melon très clair, un nez tout en finesse, sur la pêche, avec des nuances fraîches et florales. Pêche et méli-mélo de fruits jaunes s'entremêlent dans une bouche ample et suave, à la finale tonique. ⧗ 2018-2019 ■ **Cuvée Prestige 2016 ★ (15 à 20 €; 20000 b.)** : un assemblage syrah-cabernet-sauvignon qui laisse s'échapper de fraîches fragrances mentholées et un fruité naissant à l'olfaction. Le palais affiche une belle maturité, de la concentration et s'appuie sur des tanins fermes. À carafer pour en profiter pleinement. ⧗ 2020-2025

H. L. CH. LES CROSTES, 2086, chem. de Saint-Louis, 83510 Lorgues, tél. 04 94 73 98 40, linda.schaller@chateau-les-crostes.eu V ⚑ ⚑ *t.l.j. sf dim. 9h-12h30 13h30-18h* ⌂ ⑤

CH. DES DEMOISELLES 2017 ★

■	33400	11 à 15 €

Située sur le plateau de La Motte près des gorges de Pennafort, cette ancienne propriété de la famille Grimaldi (principauté de Monaco) est conduite par Aurélie Bertin depuis 2005. D'importants travaux de

PROVENCE

rénovation ont redonné sa splendeur à la bastide de 1830 qui commande un vignoble de 75 ha.

Cette cuvée aux reflets saumon lumineux met en œuvre six cépages: le mourvèdre, le grenache et le tibouren, avec un soupçon de cinsault, de syrah et de carignan. Le nez délicat se partage entre fleurs et fruits blancs. Ces arômes s'affirment et prennent des tons de rose dans un palais élégant et frais. ⌛ 2018-2019 ■ **2016 (11 à 15 €; 22000 b.)** : vin cité.

⊶ BERTIN, 2040, rte de Callas, 83920 La Motte, tél. 04 94 70 28 78, contact@chateaudesdemoiselles.com V r.-v.

CH. DEMONPÈRE Cuvée Prestige 2017 ★

■ | 2900 | | 11 à 15 €

Yves Journel a repris en 2011 ce domaine situé dans la plaine des Maures et perpétue l'agriculture biologique adoptée par son prédécesseur. Les 144 ha de sa propriété se répartissent entre forêt (95 ha), vignes (32 ha) et oliveraies (17 ha).

Le nez de ce 100 % rolle est tourné vers les fruits exotiques très mûrs et la verveine, agrémenté d'une pointe minérale. Une aromatique expressive que prolonge une bouche fraîche et fine, longue et bien tendue en finale. ⌛ 2018-2021 ■ **Cuvée Prestige 2016 ★ (11 à 15 €; 6300 b.)** : au nez, des épices, des fruits noirs et de la minéralité; en bouche, de la fraîcheur, du soyeux, de la souplesse et un boisé bien fondu. ⌛ 2018-2022 ■ **Cuvée Prestige 2017 (11 à 15 €; 24000 b.)** : vin cité.

⊶ SAS CH. DEMONPÈRE, rte des Mayons, La Pardiguière, 83340 Le Luc-en-Provence, tél. 04 94 60 07 78, chateau@demonpere.fr V r.-v. *⊶ Yves Journel*

DOM. DES DIABLES Sainte-Victoire Rose Bonbon 2017

■ | 43786 | | 11 à 15 €

Virginie Fabre et Guillaume Philip, les enfants du Dom. Sainte-Lucie, valeur sûre de la Provence viticole, dirigent depuis 2007 le Dom. des Diables, une propriété de 15 ha auparavant laissée à l'abandon. Une création récente, mais déjà une référence, souvent en vue dans le Guide pour ses côtes-de-provence rosés. Ils y ont adjoint en 2016 une structure de négoce et de commercialisation sous le nom de MIP Diffusion.

Un rosé bien connu des amateurs du Guide. Le cinsault (50 %) s'allie à la syrah et au grenache dans cette cuvée d'un rose lumineux, au nez expressif et flatteur, fait de fruits exotiques et de pamplemousse, rehaussés d'une touche poivrée. En bouche, l'ampleur se conjugue avec une vivacité primesautière. Un rosé friand. ⌛ 2018-2019

⊶ MIP, chem. de la Colle, 13114 Puyloubier, tél. 06 68 65 33 22, guillaume@mip-provence.com V *t.l.j. sf sam. dim. 9h-12h 14h-17h ⊶ Philip-Fabre*

DOM. DU DRAGON Castrum 2016 ★★

■ | 1500 | | 11 à 15 €

À la sortie de Draguignan, en direction des gorges du Verdon, ce domaine de 68 ha couvre des coteaux argilo-calcaires. La propriété recèle des vestiges d'époques gallo-romaine et médiévale, notamment la chapelle Saint-Michel (XIIe s.) et les ruines d'un château fort surplombant le vignoble.

Une belle puissance aromatique se dégage de ce 100 % rolle ouvert des arômes de mangue et de fruit de la Passion. Une palette qui se prolonge, agrémentée de notes de poivre de Sichuan, dans une bouche parfaitement équilibrée entre une attaque tendue et un développement sur la rondeur, le tout soutenu par un boisé bien fondu. ⌛ 2018-2022

⊶ NEZAM, 990, av. Frédéric-Henri-Manhes, 83300 Draguignan, tél. 04 98 10 23 00, contact@domainedudragon.com V *t.l.j. sf dim. 9h30-12h30 15h-19h*

DOM. DES ESCARAVATIERS 2017

■ | 20000 | | 8 à 11 €

Jules César donna ces terres à l'un des vétérans de la neuvième légion, Caïus Novellïus, qui y implanta les premières vignes. Un héritage que cultive depuis 1928 la famille Costamagna, à la tête d'un vignoble d'une trentaine d'hectares planté sur argilo-calcaires. À noter, le domaine invite tous les étés des artistes à se produire en concert.

À la différence du «Château» Escaravatiers, élevé en barrique, le «Domaine» est classiquement vinifié en cuve. Grenache, cinsault, syrah et tibouren composent ce rosé à la robe très pâle et au nez discrètement mentholé, prélude à une bouche fraîche aux arômes persistants d'agrumes. ⌛ 2018-2019

⊶ SNC BM COSTAMAGNA, 514, chem. de Saint-Tropez, 83480 Puget-sur-Argens, tél. 04 94 55 51 80, escaravatiers@wanadoo.fr V *t.l.j. sf dim. lun. 10h-12h 14h-18h*

CH. L'ESPARRON 2017

■ | 53300 | | 5 à 8 €

Laurent Migliore et sa sœur Virginie représentent la quatrième génération à la tête de ce domaine fondé en 1937. Non loin du Village des tortues de Gonfaron, cette propriété s'étend sur 47 ha au pied du massif des Maures, sur des terres argilo-calcaires.

Une bonne demi-douzaine de cépages (y compris le cabernet et le vermentino) contribuent à ce rosé très agréable par ses arômes discrets mais élégants de petits fruits rouges, que l'on retrouve dans une bouche équilibrée et fraîche, de belle longueur. ⌛ 2018-2019

⊶ CH. L' ESPARRON, EARL Migliore, 83590 Gonfaron, tél. 04 94 78 34 41, domaineesparron@orange.fr V *t.l.j. sf dim. 8h-12h 13h30-19h ⊶ Migliore*

DOM. DE L'ESTAN Grain d'Opale 2017 ★

■ | 2666 | 5 à 8 €

Exploitation familiale transmise depuis trois générations chez les Bataille, le Dom. de l'Estan (40 ha) s'étend sur des restanques de cailloutis calcaires à quelques pas du joli village de Carcès.

Quatre cépages, grenache en tête – avec un appoint de vermentino – sont à l'œuvre dans ce rosé qui ne manque pas d'attraits: une robe très pâle, aux reflets argent, un nez élégant, fruité et anisé, une bouche expressive, à la fois ronde et fraîche. ⧗ 2018-2019 ■ **Diamantine 2017 (5 à 8 €; 9333 b.)** : vin cité.

EARL BATAILLE, 174, chem. des Clos-de-Gérin, 83570 Carcès, tél. 04 94 04 31 73, earlbataille@orange.fr V r.-v.

ESTANDON Le Temps des Vignes 2017 ★

■	100000	8 à 11 €

En 2005, les Celliers de Saint-Louis, union de coopératives basée à Brignoles, accueillent les Vignerons des caves de Provence, propriétaires de la marque Estandon (lancée en 1947). L'union prend le nom de Cercle des Vignerons de Provence avant d'adopter en 2012 celui de sa marque emblématique, Estandon Vignerons.

Une robe saumon aux reflets orangés pour ce rosé issu du trio classique grenache-cinsault-syrah; un nez discret, tout en finesse, et un palais structuré, ample et gras, marqué en finale par une touche d'amertume. Parfait pour la table. ⧗ 2018-2019 ■ **2017 (5 à 8 €; 500000 b.)** : vin cité.

ESTANDON VIGNERONS, 727 bd Bernard Long, 83175 Brignoles, tél. 04 94 37 21 00, lfourastie@estandon-vignerons.fr V *t.l.j. sf sam. dim. 8h30-12h 13h30-17h30*

DOM. DES FÉRAUD Blanc de Rolle 2017 ★★

■	4650		11 à 15 €

En 2011, à cinquante ans, Markus Conrad, entrepreneur allemand œnophile, a réalisé son rêve en rachetant avec les siens ce domaine ancien, jusqu'alors propriété de la famille Fournier. Établi dans le sanctuaire écologique de la plaine des Maures, le vignoble couvre aujourd'hui 25 ha, plantés sur un terroir sablo-limoneux très qualitatif. La conversion bio de tout le vignoble a été achevée en 2017.

Une expression aromatique intense se dégage de ce 100 % vermentino: pêche, abricot, jasmin. Une olfaction très plaisante qui trouve un long écho dans une bouche à la fois puissante, soyeuse et fine. ⧗ 2018-2021

SARL CERF, 2956, chem. de Marafiance, 83550 Vidauban, tél. 04 94 73 03 12, domainedesferaud@orange.fr V *t.l.j. 10h-18h* *Conrad*

CH. DES FERRAGES Esquirol Sainte-Victoire 2016

■	1500		20 à 30 €

Bordé au sud par le mont Aurélien et au nord par la montagne Sainte-Victoire, le vignoble s'étend sur plus de 30 ha le long de la Nationale 7. Conduit par José Garcia depuis 1980, le domaine, qui vinifie une partie de ses côtes-de-provence sous la dénomination Sainte-Victoire, est entré en 2016 dans le giron de Michel Chapoutier.

D'une teinte soutenue aux nuances pourpres, ce vin dévoile une olfaction faite de cerise noire relevée de poivre. La bouche, de bonne densité, s'appuie sur des tanins fermes qui doivent encore se fondre. ⧗ 2019-2023

CH. DES FERRAGES, RN 7, 83470 Pourcieux, tél. 04 94 59 45 53, standard@chateaudesferrages.com V *r.-v.* *Michel Chapoutier*

CH. FERRY LACOMBE Naos 2017 ★

■	26500		8 à 11 €

L'histoire de ce domaine, situé dans le paysage de la montagne Sainte-Victoire, remonte avec l'installation des Ferry au temps du roi René (XVes.). Au XVIIes., Daniel de Ferry, maître-verrier, s'établit à La Combe, dont la forêt fournissait le bois nécessaire à son activité. La famille Pinot préside depuis 2000 aux destinées du vignoble qui couvre 55 ha, donnant naissance à des vins très réguliers en qualité.

Aussi élégant à l'œil qu'au nez, ce rosé églantine libère des parfums complexes et toniques de fruits exotiques citronnés, nuancés d'une note douce de guimauve. Ample, de belle tenue, la bouche conjugue elle aussi ce côté suave et acidulé, avec un plaisant retour du citron dans sa finale longue et tonique. ⧗ 2018-2019 ■ **Naos 2017 ★ (8 à 11 €; n.c.)** : un profil fruité (cédrat, fruits exotiques), complété par des herbes fraîches, de fleurs d'amandier et de lilas pour ce vin au palais délicat et frais, à la texture très fine et légère. De la dentelle. ⧗ 2018-2021

FAMILLE PINOT, Ch. Ferry Lacombe, 2068, rte de Saint-Maximin, 13530 Trets, tél. 04 42 29 40 04, info@ferrylacombe.com V *r.-v.*

FIGUIÈRE Première 2017 ★

■	34000	15 à 20 €

Après vingt ans passés à Chablis au Dom. Laroche, Alain Combard revient en 1992 dans sa Provence natale pour reprendre le Dom. Saint-André de Figuière (85 ha aujourd'hui, en bio depuis 1979). Disparu en 2015, cet ardent défenseur de la dénomination La Londe a transmis le relais à trois de ses enfants et à son gendre, qui poursuivent aujourd'hui son œuvre, souvent en vue dans ces pages.

Ce blanc lumineux offre un nez délicat de fruits frais (melon jaune) agrémentés de fines notes florales. En bouche, il conjugue fruité, rondeur, fraîcheur et longueur, stimulé en finale par de beaux amers. ⧗ 2018-2021 ■ **Première 2017 ★ (15 à 20 €; 185000 b.)** : née du grenache, du cinsault et du mourvèdre, une cuvée élégante, tant par sa robe rose aux nuances pêche que par son bouquet mêlant la fraîcheur des agrumes au bonbon anglais. Tonique en attaque, structuré et soyeux, le palais offre un bel équilibre. ⧗ 2018-2019 ■ **La Londe Confidentielle 2017 (20 à 30 €; 30500 b.)** : vin cité.

FAMILLE COMBARD, 605, rte de Saint-Honoré, 83250 La Londe-les-Maures, tél. 04 94 00 44 70, karine@figuiere-provence.com V *t.l.j. sf dim. 9h-12h 14h-18h*

DOM. DE FILHEA Cuvée Marine 2017 ★★

■	2700		8 à 11 €

Après de longues années passées dans le domaine de l'horticulture, la famille Fille décide de se consacrer à la vigne. André, son épouse Rachel et sa fille Vanessa acquièrent 6 ha en 2013, au pied du mont Fenouillet, surface qu'ils doublent rapidement par des fermages. Premier millésime en 2015.

Pas moins de quatre cépages (grenache, cinsault, syrah et cabernet) se marient dans cette cuvée à la robe lumineuse et au bouquet franc et fruité, mariant agrumes,

PROVENCE

fruits exotiques et une touche de fleurs blanches. Portée par la fraîcheur des agrumes, d'une agréable persistance, la bouche bénéficie d'une pointe saline qui lui donne du relief. Un rosé structuré et harmonieux. ⧗ 2018-2019 ■ **Un Autre Monde 2017 ★ (11 à 15 €; 2700 b.)** : finesse du nez, entre fruits exotiques et fleurs blanches, présence et élégance de la bouche à la fois suave, fraîche et croquante. Cinq cépages au service d'un rosé très flatteur. ⧗ 2018-2019

⊶ ANDRÉ FILLE, 488, rte de la Crau, 83400 Hyères, tél. 04 94 35 20 65, contact@domainefilhea.fr V ⚐ ▪ *r.-v.*

FLEURS DE PRAIRIE 2017 ★

■	420000	5 à 8 €

Cette étiquette est dans le giron des Grands Chais de France, géant français du négoce de vins créé à la fin des années 1980 par Joseph Helfrich, aujourd'hui présent dans l'ensemble des régions viticoles françaises et dans le monde entier.

Le haut de gamme de la maison. Un côtes-de-provence bien typé: robe pastel, nez intense et élégant sur les petits fruits rouges et les fruits blancs, palais persistant et bien équilibré entre rondeur et fraîcheur, tonifié en finale par une agréable pointe d'amertume. ⧗ 2018-2019

⊶ LES GRANDS CHAIS DE FRANCE, 1, rue de la Division-Leclerc, 67290 Petersbach, fdelabre@lgcf.fr

Ⓑ CH. FONTAINEBLEAU 2017

■	28000	▮	11 à 15 €

L'eau est omniprésente au Ch. Fontainebleau: fontaines moussues et canaux de pierre de l'époque romaine forment un véritable réseau d'irrigation. Racheté en 2009 par Jean-Louis Bouchard, président d'une société de services numériques, ce domaine d'une trentaine d'hectares, enclavé dans la forêt, a retrouvé tout son dynamisme après avoir bénéficié d'importants travaux de rénovation. Sous l'impulsion de l'œnologue Valérie Courrèges, il a engagé sa conversion bio (biodynamie) en 2013.

Un côtes-de-provence typé et bien fait, avec sa robe pastel, son nez bien fruité, centré sur les fruits rouges, arômes que l'on retrouve dans une bouche ample et onctueuse. Pas très complexe, mais flatteur. ⧗ 2018-2019 ■ **Louis Baptiste 2016 (20 à 30 €; 30000 b.)** Ⓑ : vin cité.

⊶ SNC FONTAINEBLEAU INTERNATIONAL, rte de Montfort-sur-Argens, 83143 Le Val, tél. 04 94 59 59 09, info@chateaufontainebleau.fr V ⚐ ▪ *t.l.j. 10h-18h; f. sam dim. de sept. à mai* ⌂ ⑤

Ⓑ CH. FONT DU BROC 2017 ★

■	21130	15 à 20 €

Implanté sur un terroir argilo-calcaire dominant la cité médiévale des Arcs-sur-Argens, ce domaine couvre plus de 120 ha, partagés entre la vigne (25 ha en bio certifié depuis 2013), les oliviers et l'élevage de chevaux de compétition.

Ce vin très pâle libère à l'olfaction des notes délicates de fleurs blanches agrémentées de nuances végétales plus fraîches. Cette impression de fraîcheur caractérise aussi la bouche, ample, fine et longue. ⧗ 2018-2021 ■ **2017 (11 à 15 €; 47800 b.)** Ⓑ : vin cité.

⊶ SYLVAIN MASSA, chem. de la Font-du-Broc, 83460 Les Arcs-sur-Argens, tél. 04 94 47 48 20, vlapierre@chateau-fontdubroc.com V ⚐ ▪ *t.l.j. 10h-18h*

FORTANT N°7 2017 ★

■	24000	▮	5 à 8 €

La famille Skalli s'initia à la vigne et aux cépages méridionaux en Algérie, dans les années 1920. Francis et surtout son fils Robert ont œuvré pour implanter dans tout le sud de la France cette maison de négoce, lançant des marques comme Fortant de France (1987). Dans le giron du groupe bourguignon Boisset depuis 2011.

Un vin aux arômes discrets et fins de petits fruits rouges, que l'on retrouve dans un palais structuré, ample et rond, de belle longueur. ⧗ 2018-2019 ■ **Dom. Martina 2017 ★ (8 à 11 €; 12000 b.)** : un rosé plaisant, tant par ses arômes de pêche et de bonbon anglais que par sa bouche à la fois dense et fraîche. ⧗ 2018-2019

⊶ FORTANT, 9, quai Paul-Riquet, 34200 Sète, tél. 04 67 80 90 90, contact@fortant.com

DOM. FOUSSENQ
Cuvée du Maître Vigneron 2017 ★★

■	3000	5 à 8 €

Cave et caveau sont situés en plein cœur du village de Carcès, le caveau de vente est installé dans un ancien relais de diligences et le chai dans une ancienne gendarmerie. Depuis l'année 2000, Manuel Foussenq est à la tête de ce domaine de 25 ha où les vignerons se succèdent de père en fils depuis... 1566.

D'un rose pastel étincelant, cette cuvée, largement tributaire de la syrah, enchante par sa délicatesse et sa complexité: la pêche de vigne est titillée par des notes fraîches d'agrumes, citron en tête, et rehaussée de touches d'épices douces. On retrouve ce fond citronné dans une bouche puissante et harmonieuse, épicée et minérale. L'élégance même. ⧗ 2018-2019

⊶ MANUEL FOUSSENQ, Dom. Foussenq, 9, pl. Gabriel-Péri, 83570 Carcès, tél. 04 94 04 54 18, cave@domaine-foussenq.fr V ▪ *t.l.j. sf dim. 8h-12h 13h30-17h30*

CH. DU GALOUPET 2017

■ Cru clas.	250000	▮	15 à 20 €

Classé en 1955, ce cru très ancien, qui apparaît sur une carte établie sous Louis XIV, est situé face aux îles d'Or. Le domaine compte 160 ha, dont 72 ha de vignes en bord de mer, implantées sur des terrains métamorphiques. Il possède une cave voûtée enterrée, et une autre, ultramoderne, dédiée à l'élaboration des vins.

Une approche réservée pour ce millésime né de six cépages: robe saumon pastel, nez discrètement minéral, bouche charnue et ronde, aux arômes de fruits secs, équilibrée par une belle acidité donnant de l'allonge à la finale. ⧗ 2018-2019

⊶ CH. DU GALOUPET - GWC, Saint-Nicolas, 83250 La Londe-les-Maures, tél. 04 94 66 40 07, wines@galoupet.com V ▪ *t.l.j. sf dim. 10h-12h30 14h30-18h*

B CH. GASSIER
Sainte-Victoire Le Pas du Moine 2017

■	180 000	11 à 15 €

Créé en 1982 dans la commune de Puyloubier, sur les coteaux calcaires issus de colluvions arrachées à la montagne Sainte-Victoire, le vignoble conduit par la famille Gassier - Anthony et son fils Georges (maître de culture) - couvre 40 ha et a amorcé sa conversion bio en 2010. Un important producteur de vins rosés de l'AOC côtes-de-provence, dans le giron du groupe Advini.

Cinq cépages composent cette cuvée plaisante par ses reflets rose pâle, par son nez intense, centré sur le pamplemousse rose, suivi d'un palais à la fois dense, gras et frais. Un rosé puissant et harmonieux, adapté au repas. ⌛ 2018-2019

GASSIER, chem. de la Colle, 13114 Puyloubier, tél. 04 42 66 38 74, paul.alary@chateau-gassier.fr V *t.l.j. sf sam. dim. 10h-18h*

DOM. GAVOTY Cuvée Clarendon 2017 ★

■	25 000	⫿	15 à 20 €

Ce vaste vignoble de 50 ha d'un seul tenant est la propriété des Gavoty depuis 1806. Il a bâti sa renommée sur l'élaboration de blancs et de rouges de garde. Un domaine précurseur aussi: c'est Pierre Gavoty qui a introduit le rolle dans le côtes-de-provence blanc. Sa fille Roselyne, chargée des vinifications depuis 1985, a pris la direction de l'exploitation en 2001.

Cette cuvée bien connue du domaine assemble cette année grenache (70 %) et cinsault. Issue d'une saignée, elle affiche une robe franche aux reflets violines. Son bouquet naissant évoque avec élégance le bonbon acidulé et la fraise. De délicates notes florales (rose, violette) viennent compléter cette palette dans un palais généreux et long, à la fois ample et tendu. Un rosé prometteur, fidèle à son terroir. ⌛ 2018-2019 □ **Cuvée Clarendon 2017 (15 à 20 €; 6 000 b.)** : vin cité.

ROSELYNE GAVOTY, Le Grand-Campdumy, 83340 Cabasse, tél. 04 94 69 72 39, domaine@gavoty.com V *r.-v.* E

CH. GIROUD 2017 ★

■	3 500	⫿	8 à 11 €

Installés en 2003 en tant que jeunes agriculteurs, Thierry Giroud, œnologue de formation, et son épouse Caroline ont créé de toutes pièces cette propriété - de 15 ha aujourd'hui - où ils assument à deux tous les travaux de la vigne et du chai, avec «une vision ultra-raisonnée».

Ce 2017 se pare d'une robe profonde et sombre. Les arômes sont intenses: cassis, framboise, poivre. La bouche est dense, puissante, portée par des tanins jeunes et vigoureux. À garder quelques années pour plus de fondu. ⌛ 2021-2026

GIROUD, rte du Luc, 83340 Cabasse, tél. 06 82 86 52 29, chateaugiroud@yahoo.fr V *t.l.j. 9h-20h*

EXCEPTION DE LA GISCLE 2017 ★

■	13 000	⫿	8 à 11 €

Ce domaine de 35 ha s'est développé dès le XVIe s. autour d'un moulin à farine devenu magnanerie, puis symbole de ce vignoble planté sur un terroir schisteux. Pierre Audemard et son épouse ont rejoint les parents au début des années 1990 pour développer l'activité et la vente au caveau.

Composée de cinq cépages dont nul ne domine (syrah, grenache, cabernet-sauvignon, tibouren et cinsault), cette cuvée s'ouvre sur des parfums de fleurs blanches, de litchi et d'ananas que l'on retrouve en bouche, alliés aux agrumes. Un rosé expressif, fruité et bien construit, à la finale croquante. ⌛ 2018-2019 □ **Dom. de la Giscle Moulin de l'Isle 2017 ★ (8 à 11 €; 22 500 b.)** : un assemblage de rolle et d'ugni blanc vinifié en barriques qui offre une olfaction puissante autour de notes d'amande grillée et de pêche, prolongée par une bouche tendre et ronde. Un joli travail d'élevage sous bois. ⌛ 2019-2022

PIERRE AUDEMARD, 1122, rte de Collobrières, 83310 Cogolin, tél. 04 94 43 21 26, dom.giscle@wanadoo.fr V *t.l.j. sf mer. dim. 9h-12h30 14h-18h30*

VIGNERONS DE GONFARON
Cuvée Féerique 2017 ★

■	4 233	⫿	5 à 8 €

Créée en 1921, la coopérative de Gonfaron réunit aujourd'hui quelque 120 adhérents pour un vignoble de 550 ha implanté sur des terroirs d'une grande diversité - schistes, grès rouge, argilo-calcaires - entre le massif des Maures et l'Aille, qui prend sa source au village.

Rolle et syrah font l'appoint du grenache (80 %) dans cette cuvée pastel au nez délicat et tonique de fruits exotiques, de mandarine et de fleurs, prolongé par une bouche harmonieuse, fine et fraîche. ⌛ 2018-2019

MAÎTRES VIGNERONS DE GONFARON, rte Nationale, 83590 Gonfaron, tél. 04 94 78 30 02, info@vignerons-gonfaron.com V *t.l.j. 9h-12h 14h-18h*

CH. LA GORDONNE
Vérité du Terroir Tête de cuvée 2017 ★

■	880 000	⫿	5 à 8 €

Situé sur les coteaux de Pierrefeu au cœur du massif des Maures, ce vaste vignoble, dans le giron du groupe Vranken-Pommery, s'étend sur 280 ha. Le nom du domaine rappelle un certain conseiller de Gourdon, qui acquit la propriété au XVIIe s.

Composée de six cépages, une cuvée au nez discret, s'ouvrant à l'aération sur la pêche et le bonbon anglais, servie par une bouche ample et ronde, à la finale harmonieuse. ⌛ 2018-2019

GRANDS DOMAINES DU LITTORAL (CH. LA GORDONNE), Ch. la Gordonne, rte de Cuers, 83390 Pierrefeu-du-Var, tél. 04 94 33 48 52, bmailliard@gdl.fr V *t.l.j. sf dim. 8h30-12h30 14h-18h30; f. sam. oct-avr*

LE GRAND CROS Esprit de Provence 2017 ★★

■	42 000	11 à 15 €

Au-dessus du massif des Maures, le vignoble du Grand Cros (24 ha), en appellation côtes-de-provence, côtoie les pins ainsi qu'une oliveraie. Il a séduit en 1989 un couple de Canadiens, Hugh et Jane Faulkner - le premier fut ministre de Pierre Trudeau avant de travailler pour un grand groupe industriel de son pays -, qui l'ont entièrement réhabilité. Depuis 2000, c'est Julian,

PROVENCE

le fils, qui dirige le domaine et les vinifications. Il complète sa production par une activité de négoce.
Un esprit de Provence qui se traduit par une robe rose tendre et un nez élégant et franc, entre pêche et agrumes. Le prélude à une bouche flatteuse, tout en rondeur, au fruité persistant. ⧗ 2018-2019 ■ **2017 ★ (8 à 11 €; 28000 b.)** : des arômes frais d'agrumes pour ce rosé structuré, rond, tonifié par une finale aux nuances d'écorce d'orange. ⧗ 2018-2019

⊸ EARL GRAND CROS, Le Grand Cros, RD 13, 83660 Carnoules, tél. 04 98 01 80 08, info@grandcros.fr V ✝ ■ t.l.j. sf dim. 9h-12h 14h-18h

DOM. DE LA GRANDE BAUQUIÈRE Moment inattendu 2017

■	15000	▮	15 à 20 €

Ce domaine de 80 ha d'un seul tenant, niché au pied de la montagne Sainte-Victoire et protégé du mistral par un écrin végétal, est en pleine restructuration depuis son acquisition en 2012 par Alain et Dorothée Salat.
À la robe diaphane aux reflets gris répond un nez à la fois délicat et tonique, s'ouvrant sur la fleur blanche, la poire, la mandarine, avec une touche de bonbon anglais. Le pamplemousse s'ajoute à cette palette dans une bouche ronde et vineuse, tonifiée par une finale fraîche. Le côté fringant d'un vin d'apéritif, et la structure d'un rosé de table. ⧗ 2018-2019

⊸ ALAIN SALAT, RD 12, chem. des Plaines, 13114 Puyloubier, tél. 04 42 29 05 37, contact@domainelagrandebauquiere.com V ■ t.l.j. 9h-12h 14h-17h

Ⓑ DOM. DE LA GRANDE PALLIÈRE 2017 ★

■	10000	▮	8 à 11 €

Ce domaine familial de 36 ha, fondé en 1951 et situé à près de 250 m d'altitude, est entièrement tourné vers l'agriculture biologique depuis 1998, comme tous les vignobles de Correns, village «bio» depuis les années 1990.
Une robe grenat foncé aux reflets violines habille ce vin ouvert sur les fruits noirs, les épices et la réglisse. La bouche est chaleureuse, ronde, bien structurée par des tanins doux et soulignée par une agréable fraîcheur en finale. ⧗ 2018-2023

⊸ GUIBERGIA, la Grande Pallière, 83570 Correns, tél. 04 94 59 57 55, contact@lagrandepalliere.com V ✝ ■ r.-v. ⌂ Ⓓ

DOM. LA GRAND'PIÈCE 2017 ★

■	n.c.	5 à 8 €

Sur cette exploitation familiale d'une vingtaine d'hectares d'un seul tenant (d'où son nom), située en bordure de la voie Aurélienne, des fouilles archéologiques ont permis de mettre au jour un village gallo-romain dont certains vestiges sont exposés au caveau. Les 25 ha de vignes sont conduits par Bruno de Chauvelin depuis 1984.
Si la robe est à peine teintée, le nez se montre très expressif, entre abricot et bonbon. On retrouve ce côté amylique dans une bouche bien construite, acidulée, marquée en finale par une légère amertume. ⧗ 2018-2019

⊸ SCEA DE CHAUVELIN, La Grand' Pièce, 83340 Cabasse, tél. 06 10 78 49 58, lagrandpiece@live.fr V ✝ ■ r.-v.

DOM. DE GRANDPRÉ Cuvée Favorite 2017 ★

■	53000	▮	5 à 8 €

Valérie Vidal-Revel conduit depuis 2006 ce domaine de 25 ha, niché dans la vallée de Puget-Ville, au pied du massif des Maures. Elle le travaille d'une manière de plus en plus raisonnée, utilisant en cave des produits œnologiques agréés en bio et recourant aux sulfites à des doses réduites.
Issu d'une belle gamme de cinq cépages (grenache, cinsault, mourvèdre, carignan et syrah, dans cet ordre), un rosé de couleur pêche, au nez avenant, sur les agrumes rehaussés de touches minérales et épicées. Le fruit rouge croquant s'ajoute à cette palette dans un palais structuré et gras, à la fois rond, tendu et salin, marqué en finale par de légers tanins. ⧗ 2018-2019

⊸ DOM. DE GRANDPRÉ, chem. des Grands-Prés, 83390 Puget-Ville, tél. 04 94 23 42 86, domaine-grandpre@orange.fr V ✝ ■ t.l.j. sf dim. 9h-12h 14h-18h
⊸ Valérie Vidal-Revel

DOM. LE GRAND ROUVIÈRE Cuvée Vieilles Vignes 2017 ★

■	20000	5 à 8 €

La coopérative de Roquefort-la-Bédoule, petit village provençal proche de la Méditerranée, a été créée en 1963. Elle regroupe 100 ha de vignes implantées sur les coteaux argilo-calcaires de la commune.
Le Grand Rouvière de la famille Leydier (40 ha) figure au nombre de ceux qui confient leur vendange à la coopérative. On retrouve leur cuvée Vieilles Vignes, issue cette année de grenache majoritaire, complété par le cinsault et le rolle. Son nez intense de framboise et d'agrumes (pamplemousse en tête) prélude à un palais fruité, gourmand et frais de bout en bout. ⧗ 2018-2019 ■ **Cuvée Vieilles Vignes 2017 ★ (5 à 8 €; 10000 b.)** : une belle intensité aromatique dans ce vin, autour de la poire, de la pêche et du bonbon anglais. La bouche est gourmande et fraîche, avec un bon retour fruité et une jolie tension en finale. ⧗ 2018-2021

⊸ LES VIGNERONS DE ROQUEFORT, 1, bd Frédéric-Mistral, 13830 Roquefort-la-Bédoule, tél. 04 42 73 22 80, lesvigneronsderoquefort@orange.fr V ■ t.l.j. sf dim. 8h30-12h 14h-19h

DOM. DES GRANDS ESCLANS Cuvée Prestige 2016 ★★

■	18200	◍▮	8 à 11 €

Les vignes de cet ancien domaine sont orientées sud-est, face au rocher rouge de Roquebrune-sur-Argens, en contrebas d'une bâtisse datant des XVIIIe et XIX[e]s. et des ruines d'une tour sarrazine. En 1998, Justo Benito, ancien tailleur de cristal, a remis en état les bâtiments et le vignoble de près de 200 ha, avant d'aménager son caveau de vente dans une ancienne chapelle.
Ce vin séduit tant par sa couleur carmin profond que par son bouquet intense et varié mêlant fruits rouges, vanille, notes de garrigue, de genièvre et d'épices. La bouche se révèle ample, opulente, suave, concentrée, étayée par des tanins solides mais au grain fin. Un beau vin provençal,

riche et intense. ⌛ 2021-2026 ■ **Cuvée Prestige 2017 ★ (8 à 11 €; 15000 b.)** : mourvèdre, cinsault et syrah viennent compléter le grenache dans cette cuvée rose pâle au net délicat de fleurs blanches et de camomille, ample et harmonieuse en bouche. ⌛ 2018-2019

SCEA DOM. DES GRANDS ESCLANS, D 25, rte de Callas, 83920 La Motte, tél. 04 94 70 26 08, domaine.grands.esclans@orange.fr V t.l.j. sf dim. 9h-12h30 13h30-18h; sam. 10h-13h 14h-18h
Justo Benito

LES VIGNOBLES GUEISSARD G 2016 ★

■ | 3500 | | 11 à 15 €

Pauline Giraud et Clément Minne, diplôme de «viti-œno» en poche, après des expériences en Provence et aux antipodes, décident de faire leur propre vin. Vignerons sans terres, ils prennent des parcelles en fermage en 2010 et constituent ainsi une mosaïque de 17 ha répartis sur plusieurs terroirs, en AOC bandol et côtes-de-provence.

Une majorité de syrah et un élevage en demi-muids de dix mois pour cette cuvée à la robe intense, ouverte sur des arômes généreux de fruits rouges compotés et de boisé doux. En bouche, la souplesse des tanins alliée à des notes de cerise composent un vin de belle tenue. ⌛ 2018-2022

LES VIGNOBLES GUEISSARD, 405, traverse des Grenadières, Les Escadenières, RN 8, 83330 Le Beausset, tél. 09 81 49 76 00, pauline@lesvignoblesgueissard.com V t.l.j. sf dim. 10h-12h30 15h-18h (19h de mai à sept.) Clément Minne et Pauline Giraud

LA GUILDE DES VIGNERONS Cuvée des Abbés 2016 ★

■ | 6500 | | 8 à 11 €

Fondée peu après la Première Guerre mondiale, la Guilde des Vignerons est une coopérative implantée dans le Var, près de la célèbre abbaye cistercienne du Thoronet. Elle dispose des 250 ha de vignes de ses 56 adhérents et fournit surtout des côtes-de-provence et des IGP Var.

D'un rouge profond aux nuances violines, ce vin dévoile un nez gourmand de fruits mûrs confiturés et d'épices. Au palais, il conjugue fruité, rondeur et fraîcheur autour de tanins jeunes et fermes, mais sans aucune astringence. Prometteur. ⌛ 2019-2024 ■ **Cuvée Prestige 2016 (8 à 11 €; 1000 b.)** : vin cité.

LA GUILDE DES VIGNERONS, 20, bd du 17-août-1944, 83340 Le Thoronet, tél. 04 94 50 05 94, guilde.romain@hotmail.fr V t.l.j. sf dim. 9h30-12h30 14h30-18h30

HECHT & BANNIER 2017 ★

■ | 100000 | | 11 à 15 €

Grégory Hecht et François Bannier sont négociants-éleveurs à Aix-en-Provence. Ayant créé leur maison en 2002, ils se consacrent aux vins du sud de la France. Ils visitent chaque année plusieurs centaines de domaines pour sélectionner les vins correspondant à leur approche.

Un appoint de rolle et de syrah complète le grenache et le cinsault dans ce vin rose franc, au nez subtilement floral, teinté d'une touche fruitée. Les fruits rouges mûrs, fraise en tête, s'affirment dans une bouche à la fois généreuse, consistante et élégante. ⌛ 2018-2019

HECHT & BANNIER, 45, rue Roux-Alpheran, 13100 Aix-en-Provence, tél. 04 42 69 19 71, contact@hbselection.com V r.-v.

DOM. L'HEURE BLEUE L'Aube Azur 2017

■ | 8400 | | 8 à 11 €

À la tête d'un groupe familial spécialisé dans les transports et les voyages, Alain Place, venu du nord de la France et tombé sous le charme de la Provence, a repris avec son épouse ce domaine situé sur le flanc du massif des Maures, non loin de Saint-Tropez. Il a restructuré le vignoble (11 ha aujourd'hui, en conversion bio) et signé son premier millésime en 2012.

Grenache et cinsault à parité, complétés par un appoint de syrah et du rare calitor composent cette cuvée rose pâle aux reflets bleutés. Engageant et frais, le nez mêle les fleurs blanches, les agrumes, la pêche et une touche mentholée. La bouche, à l'unisson, montre une belle vivacité soulignée par des arômes de mandarine et de pamplemousse, qui cède la place en finale à une certaine suavité. ⌛ 2018-2019

DOM. L' HEURE BLEUE, rte Notre-Dame-des-Anges, Les Houertz-des-Maures, 83590 Gonfaron, tél. 07 87 02 77 80, info@domaineheurebleue.com V r.-v.

DOM. HOUCHART Sainte-Victoire 2017 ★

■ | 80000 | 11 à 15 €

Antoine Quiot acquiert la première vigne à Châteauneuf-du-Pape en 1748. Ses descendants, Geneviève, Jérôme et leurs enfants Florence et Jean-Baptiste exploitent trois domaines dans la vallée du Rhône (Dom. du Vieux Lazaret, Ch. du Trignon) et deux propriétés en côtes-de-provence (Dom. Houchart, Les Combes d'Arnevel). Les Quiot sont aussi négociants.

Une expression aromatique subtile et légère pour ce vin pétale de rose, à la bouche bien construite, à la fois gourmande, ample et fraîche, qui laisse une impression de délicatesse. ⌛ 2018-2019 ■ **2017 (8 à 11 €; 6800 b.)** : vin cité.

VIGNOBLES FAMILLE QUIOT, 5, av. Baron-Leroy, 84230 Châteauneuf-du-Pape, tél. 04 90 83 73 55, vignoblesfamillequiot@gmail.com V r.-v.

DOM. JACOURETTE Sainte-Victoire 2017 ★

■ | 10000 | 8 à 11 €

Hélène Dragon, quatrième du nom à diriger l'exploitation familiale, œuvre au chai et à la vente, tandis que son mari Frédéric Arnaud s'occupe de la vigne. Installé depuis 1997 à la tête de la propriété, le couple conduit un vignoble qui compte aujourd'hui 20 ha, situé à 5 km de la montagne Sainte-Victoire. Un domaine très régulier en qualité.

Mi syrah mi-grenache, un rosé lumineux, à l'expression fruitée (agrumes, fruits mûrs) et épicée. Si la bouche montre une certaine discrétion aromatique, elle convainc par sa franchise, sa densité et sa générosité, équilibrée par une belle vivacité. ⌛ 2018-2019 ■ **L'Ange et Luce 2017 (5 à 8 €; 45000 b.)** : vin cité.

PROVENCE

HÉLÈNE DRAGON, rte de Trets, RD 23, 83910 Pourrières, helene.dragon@jacourette.com r.-v.

DOM. JAS D'ESCLANS 2017 ★★

Cru clas.	120 000		8 à 11 €

Pastoralisme, agriculture, magnanerie et viticulture sont autant d'activités qui se sont succédé au fil des siècles sur cette propriété dont les raisins étaient déjà prisés à l'époque romaine. Depuis 2002, la famille de Wulf s'attache à cultiver en bio ce cru classé de Provence (50 ha). La cave de vinification, moderne, répond aux critères de l'éco-construction.

L'assemblage inclut le tibouren aux côtés des grenache (50 %), syrah et cinsault. Le vin séduit par son nez à la fois puissant et élégant, alliant les fruits rouges, la pêche jaune à des touches minérales, prolongé par un palais structuré, ample, gras et persistant, où s'épanouit le fruit jaune. Un 2017 de grande classe, qui a frôlé le coup de cœur. 2018-2019

EARL DU DOM. DU JAS D'ESCLANS, 3094, rte de Callas, 83920 La Motte, tél. 04 98 10 29 29, contact@jasdesclans.fr r.-v.

JAS DES OLIVIERS Cuvée Auguste 2017

	2660		5 à 8 €

Le Jas des Oliviers est une ancienne bergerie convertie à la vigne et exploitée par la famille Ollivier depuis 1824; ses 23 ha se dispersent sur le territoire de Fréjus, à 1 km à peine de la mer, dans les terres rouges volcaniques du massif de l'Esterel. Le chai et le caveau sont établis dans la ville même.

Grenache et tibouren s'expriment dans cette cuvée pastel aux reflets orangés. Un vin au nez discrètement floral, agrémenté d'une touche de melon frais, et à la bouche équilibrée, franche et soyeuse. 2018-2019

OLLIVIER, Jas des Oliviers, 1380, av. André-Léotard, 83600 Fréjus, tél. 04 94 51 15 19, jasdesoliviers@gmail.com t.l.j. sf dim. lun. 9h-12h 15h-19h

CH. DE JASSON Cuvée Victoria 2016 ★

	10 500		15 à 20 €

Anciens restaurateurs parisiens, Benjamin Defresne et son épouse Marie-Andrée ont repris cette exploitation en 1990: 16 ha de vignes sur sols de schistes et d'argile, à quelques encablures de la Méditerranée, au sud, et du massif des Maures, au nord.

Cette cuvée s'ouvre sur des arômes intenses de fruits rouges agrémentés de notes grillées et réglissées. La bouche est bien fondue, chaleureuse et riche, et conserve le fruité perçu à l'olfaction. 2018-2023 **Cuvée Jeanne 2017 (11 à 15 €; 11 500 b.)** : vin cité.

CH. DE JASSON, 813, rte de Collobrières, 83250 La Londe-les-Maures, tél. 04 94 66 81 52, chateau.de.jasson@orange.fr t.l.j. 9h30-12h30 14h30-18h30 Defresne

VIGNOBLE KENNEL L'instant K 2016 ★

	4000		8 à 11 €

Julien Kennel, représentant la quatrième génération, a repris en 2005 le domaine familial. Une ancienne dépendance des moines de Saint-Victor au Moyen Âge et jusqu'à la Révolution achetée en 1932 à la marquise de Pierrefeu par son arrière-grand-père tonnelier et développée par son grand-père dans les années 1950, qui élabora les premiers vins à la propriété. Le vignoble couvre aujourd'hui 35 ha.

Des parfums délicats de petits fruits rouges, de poivre et de menthol se dégagent du verre. En bouche, cette cuvée propose une belle fraîcheur et des tanins fins et soyeux qui renforcent son caractère souple et élégant. 2018-2022

JULIEN KENNEL, 116, chem. des Moulières, Mas les Baux, 83390 Pierrefeu-du-Var, tél. 04 94 28 20 39, vignoble.kennel@wanadoo.fr t.l.j. sf dim. 8h-12h 14h-18h

CH. LAUZADE Château 2017 ★

	90 000		8 à 11 €

Propriétaire du Ch. Marquis de Terme (margaux) et du Val d'Arenc (bandol), la famille Sénéclauze a repris le Ch. Lauzade en 2007. Les origines de ce domaine remontent à 46 av. J.-C., date de construction d'une villa romaine sur ce terroir argilo-calcaire et gréseux. Le vignoble de 50 ha est commandé par une bastide du XIX^e^s. à la cour carrée, plantée de platanes tricentenaires.

Faisant la part belle au grenache, cette cuvée délivre des senteurs gourmandes de pêche et d'abricot. Les fruits jaunes, nuancés de notes d'agrumes et de touches florales, s'épanouissent dans une bouche ample et longue. Un rosé de repas. 2018-2019

SÉNÉCLAUZE, 3423, rte de Toulon, 83340 Le Luc en Provence, tél. 04 94 60 72 51, chateaulauzade@orange.fr t.l.j. sf sam. dim. 9h-12h 13h30-17h30

CH. LÉOUBE Rosé de Léoube 2017 ★

	163 000	15 à 20 €

S'étendant sur 4 km le long du littoral du cap Bénat, cet imposant domaine de 560 ha est la propriété de Lord Bamford, un industriel anglais. Totalement réhabilité, il comprend 68 ha de vignes (en bio certifié depuis 2012) et 20 ha d'oliviers plantés autour d'un chai à l'architecture moderne. La direction a été confiée à Romain Ott.

Mariant quatre cépages (grenache et cinsault à parité, avec un appoint de mourvèdre et de syrah), un rosé au nez élégamment fruité, sur le fruit jaune. On retrouve le fruit jaune à la mise en bouche, au sein d'une matière ample, ronde et fraîche. Un vin bien équilibré. 2018-2019

CH. LÉOUBE, 2387, rte de Léoube, 83230 Bormes-les-Mimosas, tél. 04 94 64 80 03, info@chateauleoube.com t.l.j. 9h-19h30

DOM. LOLICÉ Pierrefeu Évasion 2017 ★

	10 000	8 à 11 €

Tourné vers la plaine de Cuers-Pierrefeu, ce domaine appartient aux Monet depuis 1998: Patrick s'occupe des vignes (17 ha en bio), tandis que son épouse Barbara œuvre au chai. Son nom est une contraction des prénoms des enfants, Lola, Lissy et Célia. D'abord destinés à la coopérative, les raisins sont

vinifiés au domaine depuis 2002. Une valeur sûre des côtes-de-provence.

Bien connue des lecteurs, cette cuvée à dominante de grenache se pare d'une robe pastel aux reflets gris. Elle séduit par son nez expressif, mariant les fleurs, les fruits exotiques et les petits fruits rouges. La violette complète cette palette dans une bouche puissante et harmonieuse, de bonne longueur. Un rosé de table. ⧗ 2018-2019

LOLICÉ, 1122, chem. de la Ruol, 83390 Puget-Ville, tél. 04 94 33 53 61, lolicedomaine@orange.fr V r.-v.

DOM. LONGUE TUBI 2017 ★

■	14 000		11 à 15 €

Le nom de Longue Tubi évoque une conduite en terre cuite d'époque gallo-romaine qui captait ici l'eau d'une source, trace d'une activité humaine très ancienne sur ces terres calcaires. François et Catarina Buisine, ingénieurs agronomes, y conduisent en bio un vignoble de 21 ha.

Un assemblage de grenache (60 %), cinsault, cabernet-sauvignon et syrah pour cette cuvée saluée pour l'élégance de son nez mariant les petits fruits rouges à une touche de zeste de citron. Le fruit reste bien présent dans une bouche ronde et onctueuse, ravivée par une touche d'agrumes en finale. ⧗ 2018-2019

DOM. LONGUE TUBI, rte de Gonfaron, 83340 Flassans-sur-Issole, tél. 06 15 01 43 41, longuetubi@gmail.com V *r.-v.* *Buisine*

LOU BASSAQUET Trets LB 2017 ★

■	11 000		5 à 8 €

Créée en 1914 dans la vallée de l'Arc, la cave coopérative de Trets tire son nom Lou Bassaquet du surnom donné aux Tretsois par les villages voisins en mémoire du saccage infligé au village par les armées de François Ier en 1537. Implanté face au massif de la Sainte-Victoire, le vignoble couvre près de 550 ha.

Un assemblage de grenache et de syrah, expressif au nez comme en bouche, avec ses arômes de pêche blanche, de fraise et de bonbon. Vif en attaque, le palais se montre ample, gras et structuré, de bonne longueur. ⧗ 2018-2019

CELLIER LOU BASSAQUET, chem. du Loup, BP 22, 13590 Trets, tél. 04 42 29 20 20, contact@loubassaquet.com V *t.l.j. sf dim. lun. 9h-12h 14h-18h*

DOM. LE LOUP BLEU Vol de Nuit 2017 ★★

■	29 600		8 à 11 €

Ce vignoble de 9 ha situé au pied de la Sainte-Victoire, qui produit exclusivement en AOP côtes-de-provence, a été acquis en 2012 et restructuré par Sylvie et Marc Dubois. Le domaine, certifié bio depuis 2015, doit son nom à la montagne Podium Luperium, la « colline des Loups » et ceux des cuvées reflètent la passion des vignerons pour l'aviation.

Des cépages blancs (17 % de rolle, un soupçon de clairette) et une goutte de syrah assistent le grenache pour composer un vin élégant, tout en finesse: robe claire, aux nuances pêche, bouquet complexe, entre fleurs et agrumes (citron), bouche bien construite, vive en attaque, suave et persistante en finale. ⧗ 2018-2019 ■ **Sainte-Victoire Croix du Sud 2016 ★ (11 à 15 €; 5300 b.)** : ce vin présente à l'olfaction des parfums flatteurs d'épices (poivre) et de fruits compotés (cerise, coing). En bouche, il montre une jolie souplesse, avec des tanins certes encore un peu juvéniles mais de qualité, qui composent une belle trame et laissant envisager un beau potentiel. ⧗ 2020-2024 ■ **Vol de Nuit 2017 ★ (11 à 15 €; 5700 b.)** : une belle complexité dans ce vin mêlant des notes minérales au melon jaune et aux agrumes, long et bien équilibré en bouche entre rondeur et fine acidité. ⧗ 2018-2021

DOM. LE LOUP BLEU, Piconin, 13114 Puyloubier, tél. 06 24 05 64 75, c.dubois@le-loup-bleu.com V *t.l.j. 9h-18h; sam. dim. sur r.-v.* *Marc Dubois*

♥ MADE IN PROVENCE Classic 2017 ★★

■	267 333		8 à 11 €

Virginie Fabre et Guillaume Philip, les enfants du Dom. Sainte-Lucie, valeur sûre de la Provence viticole, dirigent depuis 2007 le Dom. des Diables, une propriété de 15 ha auparavant laissée à l'abandon. Une création récente, mais déjà une référence, souvent en vue dans le Guide pour ses côtes-de-provence rosés. Ils y ont adjoint en 2016 une structure de négoce et de commercialisation sous le nom de MIP Diffusion.

On ne compte plus les coups de cœur pour cette cuvée MIP. Un trio cinsault-syrah-grenache qui fait à nouveau des étincelles. La robe est très pâle, cristalline. Au nez, d'intenses notes de fruits exotiques, de fruits blancs et de fleurs se mêlent à des touches amyliques. Une complexité aromatique que prolonge une bouche ample, longue et d'une grande fraîcheur, avec en finale une agréable note réglissée. ⧗ 2018-2020 ■ **Collection 2017 ★ (11 à 15 €; 50 060 b.)** : un joli rosé couleur cuisse de nymphe, rose très pâle tirant légèrement sur le mauve, au nez délicat de pêche blanche et de fruits exotiques agrémenté de notes fumées. En bouche, un équilibre très assuré et un écho à l'olfaction. ⧗ 2018-2020 ■ **Collection 2017 ★ (11 à 15 €; 4 400 b.)** : un bouquet très expressif de pêche et de citron confit et une bouche bien équilibrée, ample, fraîche, iodée et fruitée compose un blanc de très belle facture. ⧗ 2018-2021

MIP, chem. de la Colle, 13114 Puyloubier, tél. 06 68 65 33 22, guillaume@mip-provence.com V *t.l.j. sf sam. dim. 9h-12h 14h-17h*

DOM. DE LA MADRAGUE Cuvée Charlotte 2017

■	40 000		11 à 15 €

Implanté sur la presqu'île de Saint-Tropez, ce domaine (17 ha) a été entièrement restructuré depuis son acquisition en 2007 par l'entrepreneur Jean-Marie Zodo: modernisation du caveau et de la cave, conduite en bio à la vigne et au chai.

Un assemblage peu courant: le cabernet-sauvignon et le rolle (20 % chacun) secondent le grenache. Le nez discret s'ouvre à l'aération sur l'ananas, le miel et l'amandon.

PROVENCE

On retrouve ces arômes doux dans un palais dense et frais, qui finit sur une note végétale. ⧗ 2018-2019

⊶ DOM. DE LA MADRAGUE, bd Gigaro, 83420 La Croix-Valmer, tél. 04 94 49 04 54, info.lamadrague@orange.fr V t.l.j. sf dim. 9h-12h30 14h30-18h30 *⊶ Jean-Marie Zodo*

CH. MARAVENNE La Londe Donum Dei 2017

■	4000	⫿	15 à 20 €

Ce vignoble de 30 ha implanté sur des sols schisteux au pied du massif des Maures est conduit en agriculture biologique depuis 2001. En 2012, Jean-Louis Gourjon a cédé son domaine à Karine et Alexandre Audinet, un couple de néo-vignerons, et à Raphaël Venturini.

Les meilleures parcelles du domaine ont été récoltées très tôt, dès le 15 août, pour cette cuvée à dominante de grenache. Un vin généreux, au nez épicé. Au palais, le fruit rouge s'affirme, et un élevage sur lies apporte gras et rondeur. ⧗ 2018-2019 ■ **Donum Dei 2015 (15 à 20 €; 3300 b.)** Ⓑ : vin cité.

⊶ CH. MARAVENNE, rte de Valcros, 83250 La Londe-les-Maures, tél. 04 94 66 80 20, contact@maravenne.com V t.l.j. sf dim. 9h-12h 14h-18h

MARRENON Sainte-Victoire Triniti 2017

■	30000	8 à 11 €

Le Cellier Marrenon a été fondé en 1966 par Amédée Giniès, l'un des principaux artisans de la reconnaissance en AOC des vins du Luberon. Il regroupe neuf coopératives dans les AOC luberon et ventoux: pas moins de 1 200 adhérents et de 7 200 ha. Deux étiquettes: Marrenon et Amédée.

D'un rose orangé, une cuvée flatteuse, tant par ses senteurs intenses de pêche et d'abricot que par sa bouche tout aussi fruitée et gourmande, à la fois ronde et fraîche, de belle longueur. ⧗ 2018-2019

⊶ MARRENON, rue Amédée-Giniès, 84240 La Tour-d'Aigues, tél. 04 90 07 40 65, sabrina.fillod@marrenon.com V r.-v. *⊶ Piton*

♥ **CH. LA MARTINETTE** 2016 ★★

■	6500	⦀	15 à 20 €

Trois investisseurs d'origine russe ont acquis en 2011 les 300 ha du Ch. la Martinette, l'une des plus vieilles exploitations agricoles de Lorgues (1620), ainsi que les 100 ha du prieuré Sainte-Marie-Vieille, ancienne villa romaine puis dépendance de l'abbaye de Lérins établie sur la commune du Thoronet. Alexei Dmitriev, le gérant des deux domaines, et son directeur technique Guillaume Harant, se sont attelés à un vaste programme de restructuration des vignobles.

Un assemblage à parts quasi égales de syrah et de cabernet-sauvignon pour ce vin superbe dans sa robe sombre et intense. Au nez, un boisé très bien dosé accompagne les fruits rouges et noirs. Une association aromatique que l'on retrouve dans une bouche ample, riche et longue, étayée par des tanins à la fois fermes et fins. Du caractère et du potentiel. ⧗ 2020-2026

⊶ SCEA LA MARTINETTE, 4005, chem. de la Martinette, 83510 Lorgues, tél. 04 94 73 84 93, contact@chateaulamartinette.com V t.l.j. sf dim. 10h-18h

Ⓑ **CH. LA MASCARONNE** Fazioli 2016 ★★

■	40000	⫿	15 à 20 €

Un domaine de 45 ha en restanques, établi sur plusieurs collines autour du Luc-en-Provence, repris en 1999 par l'homme d'affaires américain Thomas Bove. Rénové, le domaine est conduit aujourd'hui en bio certifié.

Un assemblage de syrah et de mourvèdre pour ce vin à la robe profonde laissant présager une grande concentration. Le nez dévoile des arômes intenses de fruits noirs très mûrs et de cerise à l'alcool. Le palais se révèle tout aussi généreux en fruit, suave et solaire, articulé autour de tanins puissants. ⧗ 2019-2024 ■ **Quat'saisons 2017 (11 à 15 €; 88000 b.)** Ⓑ : vin cité.

⊶ CH. LA MASCARONNE, RN 7, 83340 Le Luc-en-Provence, tél. 04 94 39 45 40, info@mascaronne.com V r.-v.

Ⓑ **MAS DE CADENET** Sainte-Victoire 2017 ★

■	85000	⫿	11 à 15 €

Accompagné de ses enfants Maud et Matthieu, Guy Négrel perpétue une tradition familiale débutée en 1813 sur ces terres des contreforts de la montagne Sainte-Victoire. Le vignoble de 45 ha (certifié bio) est implanté sur un terroir de gravoches.

Une robe lumineuse pour cette cuvée bien équilibrée entre ampleur et vivacité, de belle longueur, aux notes gourmandes de fruits rouges tonifiées par une agréable minéralité. Un rosé de repas. ⧗ 2018-2019 ■ **Sainte-Victoire 2015 ★ (11 à 15 €; 10500 b.)** Ⓑ : un vin très équilibré, souple et rond, aux tanins bien fondus et soyeux, d'une jolie finesse aromatique autour des nuances de poivre et de cuir. ⧗ 2018-2022 ■ **2017 ★ (11 à 15 €; 12000 b.)** Ⓑ : à un agréable bouquet de fleurs blanches et d'agrumes qui s'intensifie à l'aération répond une bouche d'une réelle harmonie entre fraîcheur, volume et finesse. ⧗ 2018-2019

⊶ GUY NÉGREL, Mas de Cadenet, RD 57, 13530 Trets, tél. 04 42 29 21 59, famillenegrel@masdecadenet.fr V t.l.j. sf dim. 9h-12h 14h-18h30

DOM. DE MAUVAN 2017

■	6000	8 à 11 €

Une bastide provençale du XVIIIᵉs. commande ce vaste domaine d'environ 150 ha. Le vignoble de 26 ha plonge ses racines dans des cailloutis calcaires, sur les contreforts de la montagne Sainte-Victoire, le long de la N7. Quatre générations se sont succédé sur la propriété, conduite depuis 1994 par Gaëlle Maclou.

Le cinsault (70 %) domine l'assemblage de cette cuvée au bouquet floral (jasmin) et fruité (abricot, pêche), avec un peu de bonbon. Pas trop de volume, mais une belle fraîcheur. ⧗ 2018-2019

⊶ GAËLLE MACLOU, Dom. de Mauvan, RN 7, 13114 Puyloubier, tél. 04 42 29 38 33, mauvan@wanadoo.fr V r.-v.

CH. DE MAUVANNE 2017

Cru clas. | 80000 | | 8 à 11 €

Ce domaine, qui remonte au XVIIe s, est établi à l'entrée de la ville de Hyères-les-Palmiers, face à la mer et aux îles d'Or. L'artiste Simone Berriau, qui l'acheta en 1934, lui a donné une grande notoriété. Classé en 1955, le château a été acquis en 1999 par Bassim Rahal, propriétaire de vignes dans la vallée de la Bekaa au Liban.

Pas moins de six cépages (avec du carignan, de mourvèdre et de clairette, en appoint du trio classique cinsault-grenache-syrah) entrent dans la composition de ce rosé qui a la couleur et les arômes de la pêche et qui se déploie avec générosité, ampleur et rondeur en bouche. 2018-2019

CH. DE MAUVANNE, 2805, rte de Nice, 83400 Hyères, tél. 04 94 66 40 25, bureau@mauvanne.com t.l.j. 9h-12h30 13h30-18h

DOM. DE LA MAYONNETTE 2015 ★

| 2600 | | 15 à 20 €

Propriété viticole depuis 1913, ce domaine de quelque 20 ha situé au pied du massif des Maures a été entièrement restructuré à partir de 1989 et repris par Henri Julian. Curiosité: un pont du XIIe s. construit par les Templiers permet d'y accéder.

Une robe profonde habille ce vin ouvert sur des arômes de fruits secs (noix, amande) sur un fond finement boisé. La bouche est charnue, centrée sur des saveurs de réglisse et de vanille et soutenue par des tanins puissants mais fondus. 2019-2024

JULIAN, 280, chem. de Sigaloux, 83260 La Crau, tél. 04 94 48 28 38, domaine-de-la-mayonnette@orange.fr r.-v.

CH. MENTONE 2017 ★★

| 10000 | | 11 à 15 €

Un domaine historique où la marquise de Sévigné aimait séjourner: 170 ha, dont une forêt aux arbres centenaires, une oliveraie, des vergers, un potager, un parc avec bassins d'agrément et un vignoble de 25 ha sur argilo-calcaires, conduit en bio certifié depuis 2012 (biodynamie). La cave voûtée date du milieu du XIXe s. La propriété a été achetée en 2003 par la famille Caille, qui l'a ouverte à l'œnotourisme, aménageant notamment une ferme-auberge.

Né de grenache (70 %) et de cinsault, un rosé remarquable par l'intensité et la suavité de sa palette aromatique entre miel et pêche blanche. Dans une belle continuité, la bouche se déploie avec persistance et une ampleur élégante, donnant l'impression de croquer dans le fruit mûr. 2018-2019 **2016 ★ (11 à 15 €; 3000 b.)** : au nez, des fleurs blanches et des notes anisées; des arômes prolongés par un palais où rondeur et fraîcheur s'équilibrent tout au long de la dégustation. 2018-2021

CAILLE, 401, chem. de Mentone, 83510 Saint-Antonin-du-Var, tél. 04 94 04 42 00, info@chateaumentone.com t.l.j. sf dim. lun. 10h-19h

CH. LES MESCLANCES Saint-Honorat 2016 ★

| 2300 | | 11 à 15 €

En 2009, Arnaud et Élisabeth de Villeneuve ont repris la gestion du domaine familial né du partage, en 1802, d'une propriété qui appartenait au XVIe s. à l'un de leurs ancêtres. Ils ont fait construire chai, cuverie et salle de dégustation, ouvrant un nouveau chapitre d'une longue histoire. Le vignoble compte aujourd'hui 35 ha.

Sous une robe aux éclats citron se dévoile un vin très expressif, d'une belle complexité, qui associe la fraîcheur des agrumes, la douceur du melon confit et du calisson et le fenouil sauvage. La bouche apparaît ample et fraîche, avant de présenter un côté plus vineux et chaleureux en finale. 2018-2021 **La Londe Faustine 2017 (11 à 15 €; 2800 b.)** : vin cité. **Cuvée Saint-Honorat 2017 (8 à 11 €; 13000 b.)** : vin cité.

CH. LES MESCLANCES, 3583, chem. du Moulin-Premier, 83260 La Crau, tél. 04 94 12 10 95, chateaulesmesclances@mesclances.com t.l.j. sf dim. 8h-12h 14h-18h

MIMI EN PROVENCE Grande Réserve 2017 ★

| 500000 | 5 à 8 €

Créée en 1952 et conduite par Jean-Jacques Bréban, cette maison de négoce familiale se dédie à l'élaboration et à la commercialisation des vins de Provence et de Corse. Les restaurateurs et distributeurs sont sa clientèle privilégiée.

Une belle proportion de cinsault (60 %) pour cette cuvée au nez aussi intense qu'élégant, sur les fleurs blanches et les fruits rouges, et à la bouche suave et gourmande, vivifiée par une pointe acidulée en finale. 2018-2019

VINS BREBAN, av. de la Burlière, 83170 Brignoles, tél. 04 94 69 25 46, export@vinsbreban.com

MINUTY Prestige 2017 ★

Cru clas. | 900000 | | 15 à 20 €

Les vignes du Ch. Minuty, construit à l'époque de Napoléon III, surplombent la presqu'île de Saint-Tropez, en contrebas du village de Gassin. Incarnant la troisième génération à la tête de ce cru fort réputé, classé depuis 1955, Jean-Étienne et François Matton conduisent aujourd'hui un vaste domaine de 115 ha. Le vignoble occupe des terroirs variés: 45 ha d'un seul tenant sur des sols de calcaire schisteux, 20 ha sur un sol calcaire et 15 ha sur les coteaux du Val de Rians à Ramatuelle.

Une cuvée qui collectionne les coups de cœur. Né de nombreux cépages (grenache en tête, avec 10 % de rolle), le 2017 affiche toujours une tendre couleur et séduit d'emblée par son fruité intense et élégant, où perce le pamplemousse. La bouche déploie une matière ronde, subtilement acidulée, aux nuances de pêche blanche et d'agrumes (pomelo et clémentine), tonifiée par une finale fraîche. Un rosé raffiné. 2018-2019 **M 2017 ★ (11 à 15 €; 3000000 b.)** : une cuvée pléthorique et de très belle tenue, droite, vive et dynamique, de belle longueur, aux arômes de pêche, de fruits rouges et de bonbon teintés de minéralité. 2018-2019 **Prestige 2017 ★ (15 à 20 €; 80000 b.)** : à une olfaction toute en finesse, dominée par les agrumes et les épices douces

PROVENCE

répond une bouche complexe et intense, dans la même trame aromatique, bien équilibrée entre rondeur et fraîcheur. ⧗ 2018-2021

⊶ SA MATTON, Ch. Minuty, 2491, rte de la Berle, 83580 Gassin, tél. 04 94 56 12 09 V t.l.j. *sf sam. dim. 9h-12h 14h-18h*

DOM. DU MIRAGE La Londe 2017 ★★

■ | 3000 | 8 à 11 €

Cette cave dynamique, créée en 1921 au lendemain de la Grande Guerre, n'a cessé d'évoluer. Un nouveau caveau a ainsi été construit en 2011. Forte d'une soixantaine d'adhérents, la coopérative est aujourd'hui sous la direction d'Éric Dusfourd.

Un des domaines familiaux particuliers vinifié par la coopérative: 14 ha de vignes implantées à Bormes-les-Mimosas, conduites depuis 2001 par Richard Salice, par ailleurs admistrateur de la coopérative. Issu d'une sélection de grenache, de cinsault et de rolle plantés sur schiste, ce vin libère d'intenses notes de fraise et de fruits jaunes vivifiées par une touche de citron confit. Agrumes et fruits rouges se retrouvent au palais, apprécié pour la belle tension qui lui donne de la tenue et étire la finale. Un rosé typé et croquant. ⧗ 2018-2019 ■ **Dom. du Simonnot Les Fils du Vent 2017 (8 à 11 €; 3000 b.)** : vin cité.

⊶ CAVE DES VIGNERONS LONDAIS, 363, av. Albert-Roux, 83250 La Londe-les-Maures, tél. 04 94 66 80 23, boutique@vignerons-londais.com V *t.l.j. sf. dim. lun. 8h45-12h15 15h-18h*

MONCIGALE 2017 ★

■ | 266 666 | - de 5 €

Moncigale est une marque ombrelle du groupe alcoolier Marie Brizard, destinée à la grande distribution.

Grenache (50 %), rolle, cinsault et syrah composent ce rosé très flatteur, tant par son nez intense, frais et citronné que par sa bouche ample et fruitée, à la finale suave et élégante. ⧗ 2014-2018 ■ **Bio 2017 (- de 5 €; 40 000 b.)** Ⓑ : vin cité.

⊶ MONCIGALE, 6, quai de la Paix, 30300 Beaucaire, tél. 04 66 59 74 39, pierre.martin@mbws.com

CH. MONTAUD 2017 ★

■ | 11 000 | 5 à 8 €

La famille Ravel est à la tête d'un vaste vignoble de 320 ha et de plusieurs propriétés: Guiranne, Garamache, L'Oasis et Montaud; un vignoble implanté sur des sols de schistes et de grès au pied du massif des Maures, qui leur appartient depuis 1952 et trois générations. Après des expériences en Bourgogne et en Espagne, Frédéric Ravel, l'actuel propriétaire, insuffle une nouvelle dynamique tournée vers la distribution des vins en bouteilles.

Ce vin dévoile une palette aromatique d'une belle complexité tournée vers les parfums floraux (acacia) et fruités (abricot, coing, fruits exotiques), que confirme une bouche fraîche et longue. ⧗ 2018-2021

⊶ VIGNOBLES RAVEL, Ch. Montaud, 348, rte des Maures, 83390 Pierrefeu-du-Var, tél. 04 94 28 20 30, contact@chateau-montaud.eu V *t.l.j. sf sam. dim. 9h-12h 13h-18h*

♥ DOM. DES MYRTES
La Londe Cuvée Prestige 2017 ★★

■ | 14 000 | ▮ | 8 à 11 €

Situé sur les contreforts sud du massif des Maures, le vignoble du domaine, implanté sur un sol de cailloutis de schistes caractéristique de la dénomination La Londe, s'étend sur 43 ha. L'exploitation, dans la famille Barbaroux depuis 1835, pratique une polyculture horticole, arboricole, viticole et maraîchère. Les Barbaroux, longtemps coopérateurs, ont construit leur cave en 1981.

Mi-grenache mi-cinsault, cette cuvée affiche une robe saumon franc aux reflets fuschia. Elle charme par la complexité de sa palette mêlant la groseille et la fraise à des nuances de fleurs blanches. Le fruit rouge s'épanouit avec persistance dans un palais ample et gras, allégé par une belle tension. Devenu moins courant, un style de côtes-de-provence tout en fruits rouges, dont voilà une version accomplie. ⧗ 2018-2019 ■ **Cuvée Prestige 2017 ★ (8 à 11 €; 6400 b.)** : le bouquet est tourné vers des parfums de fleurs, avec un soupçon plus frais de bonbon anglais. Une vivacité confirmée en attaque à travers des notes d'eucalyptus, avant un développement sur la rondeur. Un vin élégant, dans la délicatesse. ⧗ 2018-2021

⊶ EARL BARBAROUX, Dom. des Myrtes, 1167, rte de la Jouasse, 83250 La Londe-les-Maures, tél. 04 94 66 83 00, domainedesmyrtes@free.fr V *t.l.j. sf sam. dim. 9h-12h 14h30-18h*

DOM. DE LA NAVARRE Amorevolezza 2017

■ | 6000 | ▮ | 8 à 11 €

S'il doit son nom à la famille Navarre, propriétaire avant la Révolution, le domaine s'est développé au milieu du XIXes. lorsqu'il devint un orphelinat – placé en 1878 sous la direction de Jean Bosco, fondateur de la congrégation des Salésiens. Aujourd'hui, un collège privé catholique et une propriété de 220 ha, dont environ 80 ha de vignoble au pied du massif des Maures.

Dans l'air du temps, un rosé saumoné, simple mais plaisant par son équilibre en bouche et par sa palette aromatique: agrumes, pêche blanche, délicates notes florales et minérales. ⧗ 2018-2019

⊶ FONDATION LA NAVARRE, 3451, chem. de La Navarre, 83260 La Crau, tél. 04 94 66 04 08, domaine@lanavarre.com V *t.l.j. sf dim. 10h-19h*

CH. DE PALAYSON Grande Cuvée 2015

■ | 4500 | ⏀ | 20 à 30 €

Christine et Alan von Eggers Rudd ont été séduits par ce domaine établi au pied du rocher de Roquebrune, riche d'une longue histoire: de villa romaine, au IIes. av. J.-C., il devint la propriété des moines de Sainte-Victoire au Moyen Âge. Les nouveaux propriétaires n'ont pas ménagé leurs efforts pour le remettre en état et conduisent aujourd'hui un vignoble de 10,5 ha.

Ce vin dévoile des arômes puissants de réglisse et de fruits à l'alcool. La bouche, ample dès l'attaque, se montre tout aussi généreuse, dans le même registre aromatique, et s'adosse à des tanins encore très vigoureux, le gage d'une longue garde. 2021-2028

CH. DE PALAYSON, chem. de Palayson, 83520 Roquebrune-sur-Argens, tél. 06 63 79 63 64, info@palayson.com V t.l.j. sf dim. 7h-19h

CH. PAQUETTE Fréjus Angélico 2017

	30000		8 à 11 €

Jérôme Paquette, œnologue, conduit un domaine de 25 ha (déjà présent sur les cartes du XVIIe s.) implanté sur un sol de roches volcaniques. Son grand-père avait acquis en 1952 cette exploitation alors appelée Curebéasse.

Une cuvée assemble le grenache (50 %) au mourvèdre (10 %) et au tibouren (40 %). Ce dernier laisse son empreinte sur ce rosé au nez discret, entre melon et amande. Des arômes qui s'affirment et persistent dans un palais équilibré et soyeux. Un vin qui ne manque pas de personnalité. 2018-2019

SCEA PAQUETTE, Dom. de Curebéasse, 83600 Fréjus, tél. 04 94 40 87 90, contact@chateaupaquette.fr V t.l.j. sf dim. 10h-12h30 14h30-19h

DOM. DU PATERNEL 2017

	8000	11 à 15 €

En 1943, Antoine Santini et ses sœurs Catherine et Jeanne deviennent propriétaires de la ferme du Paternel, alors exploitée en polyculture. La première mise en bouteilles date de 1951. Un domaine conduit aujourd'hui par Jean-Pierre Santini, son épouse Chantal et leurs trois enfants, l'un des plus grands (65 ha) de l'appellation cassis, en bio certifié. L'autre domaine des Santini, Couronne de Charlemagne (7 ha), situé au pied de la colline éponyme, est également en bio. La famille Santini élabore aussi des bandol et des côtes-de-provence sur un vignoble de Saint-Cyr-sur-Mer.

Orné de reflets verts et argentés, ce vin dévoile à l'aération d'intenses notes iodées sur un fond fruité de mandarine et de fruits exotiques. La bouche conjugue fraîcheur en attaque et développement sur la rondeur dans un bon équilibre. 2018-2021

DOM. DU PATERNEL, 11, rte Pierre-Imbert, 13260 Cassis, tél. 04 42 01 77 03, olivier.santini@domainedupaternel.com V t.l.j. sf dim. 9h30-12h30 14h-18h

CH. PEIGROS Pierrefeu Cuvée Croix haute des schistes 2017 ★

	5000		15 à 20 €

Robert Ghigo est propriétaire depuis 2010 du Ch. Vert (30 ha), l'un des plus vieux domaines de La Londe-les-Maures, et du Ch. Peigros. Exploité en bio certifié, ce dernier compte 30 ha – une partie sur le plateau argilo-calcaire de Pierrefeu et l'autre cultivée en restanques, sur les pentes schisteuses de la Règue des Botes.

Assemblés par tiers, cinsault, grenache et syrah ont engendré un rosé au nez flatteur, tutti frutti, panier de pêches et d'abricots, de mangues et d'ananas. Ce fruité gourmand se prolonge dans une bouche fraîche en attaque, souple dans son développement, à la finale persistante et acidulée. Un vin expressif et délié. 2018-2019 **Cuvée Camille 2017 (8 à 11 €; 30000 b.)** : vin cité. **Cuvée Nadine 2017 (11 à 15 €; 3000 b.)** : vin cité.

ROBERT GHIGO, Ch. Peigros, rte de Puget-Ville, 83390 Pierrefeu-du-Var, tél. 04 94 93 60 02, contact@chateau-peigros.com r.-v.

DOM. DES PEIRECÈDES Le Fil d'Ariane 2017 ★★

	50000	8 à 11 €

Entre Pierrefeu et Cuers, Alain Baccino et sa fille Audrey, œnologue, conduisent en bio un domaine de 50 ha fondé en 1920 et réparti entre trois îlots, transmis de père en fils pour les quatre premières générations, et de père en fille pour la cinquième. Véronique, l'épouse d'Alain, exerce quant à elle ses talents artistiques (peinture sur soie, calligraphie) sur les étiquettes.

L'assemblage (grenache, syrah, cinsault) à l'origine de ce rosé est classique, tout comme, aujourd'hui, la robe pastel aux reflets orangés. C'est par son bouquet complexe et gourmand que ce vin se démarque: litchi, rose, pêche, abricot se bousculent dans le verre et persistent dans une bouche ample et longue. Le reflet d'une vendange bien mûre. 2018-2019

SCEA ALAIN BACCINO, Dom. des Peirecèdes, 1201, chem. de la Mue, 83390 Cuers, tél. 04 94 48 67 15, compta@peirecedes.com V t.l.j. sf dim. 9h-12h 14h-18h

LA PERTUADE 2017

	5300	11 à 15 €

Situé entre mer et collines, non loin du golfe de Saint-Tropez, ce domaine (15 ha) créé en 2012 par la famille Beuque a signé son premier millésime en 2014. Il élabore des vins en AOC côtes-de-provence et en IGP Var.

Une dominante de grenache pour ce rosé au nez de fruits jaunes, rehaussé de nuances épicées et florales. En bouche, les épices se lient aux fruits rouges dans une matière riche et généreuse, tonifiée par une finale vive. 2018-2019

CANDICE BEUQUE, 1150, chem. de Saint-Julien, 83310 La Môle, tél. 06 66 67 49 94, contact@domainedelapertuade.com V t.l.j. 10h-13h 15h-19h

PROVENCE

CH. DE PEYRASSOL 2016 ★★

	15000		20 à 30 €

La cave moderne et le parc de sculptures s'intègrent aujourd'hui parfaitement à cette ancienne commanderie templière créée en 1204. Ici, face au massif des Maures, on exploite 95 ha de vignes, cent cinquante chênes truffiers et des milliers d'oliviers sur une vaste propriété acquise en 2001 par Philippe Austruy.

Ce vin élégant dans sa robe intense aux reflets rubis s'ouvre sur des parfums concentrés de cerise bien mûre, soulignés par un fin boisé aux accents grillés et épicés. Convoquant le même fruité généreux, la bouche se révèle ample, charnue, bâtie sur des tanins soyeux, et déploie une longue finale aussi puissante qu'élégante. 2021-2028 **Le Clos de Peyrassol 2015 ★ (50 à**

75 €; 1500 b.) : élaboré seulement les grandes années à partir d'une sélection de vieille syrah, ce vin est riche en expression (fruits noirs, noix de coco, touche mentholée) et bien construit autour de tanins veloutés. ⧗ 2020-2026

CH. DE PEYRASSOL, RN 7, 83340 Flassans-sur-Issole, tél. 04 94 69 71 02, contact@peyrassol.com V t.l.j. sf dim. 9h-18h (été 19h)

LES VIGNERONS DE PIERREFEU Prestige 2017 ★★

	200000		8 à 11 €

Créée en 1922, la cave de Pierrefeu est l'une des plus anciennes coopératives de la région. Regroupant 180 adhérents, elle vinifie aujourd'hui la vendange de 700 ha, et propose plusieurs gammes de côtes-de-provence.

D'un rose tendre et brillant, un assemblage heureux de syrah (60 %) et de grenache issus d'un terroir de schistes. Le nez charmeur mêle les fruits exotiques (ananas, papaye), la pêche et la rose fraîche. Une touche gourmande de bonbon s'ajoute à cette palette dans une bouche soyeuse, fraîche, saline, élégante et persistante. Des arômes, de la finesse: un remarquable reflet du terroir de Pierrefeu. ⧗ 2018-2019 **Les Coteaux 2017 (5 à 8 €; 42666 b.)** : vin cité.

LES VIGNERONS DE PIERREFEU, av. Léon Blum, RD 12, 83390 Pierrefeu-du-Var, tél. 04 94 28 20 09, frousseau.vigneronspierrefeu@orange.fr V t.l.j. sf. dim. 8h30-12h30 13h30-18h

DOM. PINCHINAT Villa Victorine 2017 ★

	20000		5 à 8 €

Situé dans la plaine de Trets au pied de la montagne Sainte-Victoire, ce domaine est dirigé par Alain de Welle, qui applique depuis son installation en 1990 les règles de l'agriculture biologique sur ses 30 ha de vignes.

Une couleur tendre pour ce rosé intense, très agréable par son équilibre entre rondeur et vivacité, comme par ses arômes gourmands de bonbon, de fruits blancs et de pomelo. ⧗ 2018-2019 **Sainte-Victoire 2017 (11 à 15 €; 6900 b.)** : vin cité.

ALAIN DE WELLE, D 6, 83910 Pourrières, tél. 04 42 29 29 92, domainepinchinat@wanadoo.fr V r.-v.

DOM. DES PLANES Cuvée Tiboulen 2017 ★

	40000	11 à 15 €

Fondé en 1902 sur les premiers contreforts des Maures, ce vaste domaine de 96 ha a été racheté en 1980 par des Allemands, Ilse et Christophe Rieder, diplômés de l'école supérieure de viticulture de Geisenheim (Rheingau). Rejoints par leurs trois fils Stéphane, Oliver et David, le couple exploite aujourd'hui 28 ha de vignes, conduites de longue date en bio (certification en 2009).

Une robe très pâle pour cette cuvée qui tire son nom du tibouren, cépage attaché à la Provence mais assez rare. Discret, tout en finesse, le nez mêle la pêche et les agrumes. Le palais est ciselé, tendu et persistant. Un vin équilibré et précis. ⧗ 2018-2019 **Cuvée réservée 2016 ★ (11 à 15 €; 40000 b.)** : un vin épanoui et gourmand, d'ores et déjà séduisant, qui propose une agréable fraîcheur fruitée tant au nez qu'en bouche. ⧗ 2018-2021 **Blanc de blancs 2017 (11 à 15 €; 26000 b.)** : vin cité.

SCEA LES PLANES, Dom. des Planes RD 7, 83520 Roquebrune-sur-Argens, tél. 04 98 11 49 00, vin@dom-planes.com V r.-v.
Ilse et Christophe Rieder

CH. POMPILIA Via Aurea 2017

	46700		5 à 8 €

La famille de Matthieu Lafont est établie au hameau des Pomples depuis 1877. Après des études en électronique puis en «viti-œno», Matthieu a pris en 2009 la suite de son grand-père Jean Brissy, médecin et vigneron indépendant, qui avait porté la superficie du vignoble à 27 ha. Il insuffle au domaine une nouvelle dynamique (conversion bio, création d'un caveau de vente, expositions «art et vin», pique-nique vigneron...).

De couleur pétale de rose, un vin au nez léger, subtilement floral, et à la bouche fraîche et dynamique, aux arômes de fruits blancs, pêche en tête. ⧗ 2018-2019

SCEA BRISSY, Ch. Pompilia, hameau des Pomples, 83340 Cabasse, tél. 04 94 80 24 66, contact@chateau-pompilia.wine V r.-v.

LE PONT DES FÉES 2017 ★★

	5000		8 à 11 €

La cave de Grimaud, fondée en 1932, est l'une des plus anciennes de la région. Elle regroupe quelque 270 coopérateurs pour 950 ha de vignes, dont la majorité s'accroche aux coteaux sablo-argileux dominant le golfe de Saint-Tropez.

Assemblant grenache (70 %), syrah et rolle, ce vin rose pâle a tiré d'un séjour de trois mois sous bois des notes beurrées, vanillées et grillées qui s'allient à des arômes de zeste d'agrumes. En bouche, il allie volume, gras et fraîcheur. Le boisé est bien fondu. Un élevage maîtrisé. ⧗ 2018-2019 **Les Aumarets 2017 (11 à 15 €; 6300 b.)** : vin cité.

SCV LES VIGNERONS DE GRIMAUD, 36, av. des Oliviers, 83310 Grimaud, tél. 04 94 43 20 14, vignerons.grimaud@wanadoo.fr V t.l.j. sf dim. 8h30-12h30 14h-18h

DOM. DE LA PORTANIÈRE DGC Pierrefeu 2017

	8000	8 à 11 €

Fondé en 1858 et aujourd'hui exploité par Philippe et Pascale Blancard, ce domaine familial élabore ses vins depuis 2008. S'inscrivant dans une végétation de chênes-lièges, de pins parasols et d'arbousiers, il est implanté entre Collobrières et Pierrefeu, sur les contreforts des Maures. Au vignoble de 15 ha s'ajoute un verger de pommiers.

Quatre cépages, grenache en tête, composent ce rosé pastel au nez partagé entre fruits jaunes et nuances florales. En bouche, ce vin a pour atouts sa finesse, un beau volume et une certaine persistance. Un ensemble aérien. ⧗ 2018-2019

⊶ PHILIPPE BLANCARD, Dom. de la Portanière, 790, rte des Maures, 83610 Collobrières, tél. 06 99 44 05 24, portaniere@nordnet.fr V 🚶 🍷 *t.l.j. sf lun. 11h-19h*

♥ CH. DE POURCIEUX 2017 ★★

■	140 000	🍾	8 à 11 €

CHATEAU DE POURCIEUX
COTES DE PROVENCE
2017
MIS EN BOUTEILLE AU CHATEAU

Entre monts Aurélien et Sainte-Victoire, le château de Pourcieux, ensemble architectural du XVIIIᵉs., appartient depuis son origine à la famille du marquis d'Espagnet, dont plusieurs membres furent conseillers du Parlement de Provence. Sa vocation viticole est maintenue depuis 1986 par Michel d'Espagnet, rejoint à la vinification par son fils Rémi. Disposant d'environ 30 ha, le domaine s'est équipé en 2017 d'une cuverie neuve.

Suivant deux millésimes remarquables, le 2017 rosé obtient un coup de cœur. Il met en œuvre cinq cépages: syrah et grenache à parité (40 %), vermentino, cinsault et cabernet. Ce vin saumon pâle offre un nez charmeur où s'entremêlent délicatement des senteurs douces de pêche presque confite, de fruits mûrs et des notes fraîches d'agrumes. Le palais, à l'unisson, se montre suave en attaque, puis fringant dans son développement. Un rosé gourmand, tout en fruit, qui pourra affronter un repas. ⧗ 2018-2019 ■ **2017 ★★ (11 à 15 €; 4200 b.) ♥** : une magnifique cuvée née du seul rolle, cueilli à parfaite maturité et élaboré avec minutie. Le nez apparaît riche et très fin, évoquant la violette, l'aubépine, les fruits exotiques, la poire, la pêche blanche. La bouche, d'une longueur remarquable, se révèle avec gourmandise autour d'un équilibre sucrosité-acidité parfaitement maîtrisé. Un grand vin blanc, harmonieux et savoureux. ⧗ 2018-2022 ■ **Sainte-Victoire 2017 ★★ (11 à 15 €; n.c.)** : né de grenache et de la syrah à parts presque égales, un rosé tout en fraîcheur, au nez évoquant le zeste d'agrumes et à la bouche puissante et persistante, marquée en finale d'une pointe d'orange amère. ⧗ 2018-2019

⊶ D' ESPAGNET, Ch. de Pourcieux, 1, rue de la Croix, 83470 Pourcieux, tél. 04 94 59 78 90, chateau@pourcieux.com V 🚶 🍷 *r.-v.*

CH. RASQUE Cuvée Alexandra 2017

■	74 000	🍾	15 à 20 €

Gérard Biancone s'est installé en 1983 dans le village provençal de Taradeau, où il a créé le Ch. de Rasque, établi sur un beau terroir argilo-calcaire. Sa fille, Sophie Courtois-Biancone, a pris en 2007 la conduite du domaine, fort de 100 ha, dont 30 plantés de vignes.

Mi-cinsault mi-grenache, ce rosé libère des senteurs de fruits jaunes subtilement épicés. Des fruits jaunes que l'on retrouve dans une bouche souple et équilibrée, à la finale anisée. ⧗ 2018-2019

⊶ SOPHIE COURTOIS BIANCONE, Ch. Rasque, 2897, rte de Flayosc, 83460 Taradeau, tél. 04 94 99 52 20, accueil@chateaurasque.com V 🚶 🍷 *r.-v.* 🏠 ⑤

CH. RÉAL MARTIN Grande Cuvée 2017 ★

■	23 500	11 à 15 €

Jean-Marie Paul, pionnier de la restauration moderne et fondateur du groupe Score, a été séduit par cet ancien domaine des comtes de Provence (320 ha, dont 35 ha de vignes en conversion bio) situé à 350 m d'altitude. Il s'y est installé en 2001 et a entrepris une rénovation complète de la bastide du XVIᵉs. et de la cave. L'exploitation propose aussi de l'huile d'olive.

Né de grenache (50 %), de mourvèdre, de cinsault et d'un appoint de syrah, ce rosé couleur pêche séduit par sa présence et par la finesse de sa palette aromatique, mêlant le citron aux fruits exotiques et à la pêche. Les agrumes s'épanouissent dans un palais structuré, franc et soyeux. Un ensemble harmonieux. ⧗ 2018-2019 ■ **Perle de Rosé 2017 (8 à 11 €; 50 000 b.)** : vin cité.

⊶ SCEA CH. RÉAL MARTIN, rte de Barjols, 83143 Le Val, tél. 04 94 86 40 90, crm@chateau-real-martin.com V 🚶 🍷 *t.l.j. 9h-18h ⊶ Jean-Marie Paul*

DOM. DU REVAOU 2017 ★

■	7000	🍾	8 à 11 €

Dans un décor encore un peu sauvage au cœur de la vallée des Borrels, Bernard Scarone s'attache à préserver un terroir de schistes entièrement exploité en bio depuis 2003. C'est en 1988 qu'il a pris la tête de ce domaine familial de 30 ha, qui porte le nom du ruisseau Lou Revaou.

Une majorité de syrah complétée de grenache et de mourvèdre pour ce vin au nez plaisant de framboise et d'épices. Le palais se montre souple et frais autour de tanins fins et d'un fruité omniprésent. ⧗ 2018-2021

⊶ SCARONE, Les 3ᵉ Borrels, 83250 La Londe-les-Maures, tél. 04 94 65 68 44, bernard.scarone@wanadoo.fr V 🍷 *r.-v.*

CH. DES RIAUX 2017

■	2000	🍾	5 à 8 €

Nommée la Carçoise avant 2007, cette coopérative fondée en 1910 s'est orientée au milieu des années 1980 vers la production de rosés et a renouvelé en grande partie son encépagement, adoptant des cépages aromatiques et à faibles rendements. Elle vinifie aujourd'hui quelque 530 ha.

Un pur rolle aux accents floraux agrémentés d'agrumes. La bouche est équilibrée entre persistance aromatique, fraîcheur minérale et rondeur. Simple et efficace. ⧗ 2018-2020

⊶ HAMEAU DES VIGNERONS DE CARCÈS, 66, av. Ferrandin, 83570 Carcès, tél. 04 94 04 50 04, oenologue@hameaudecarces.com V 🍷 *t.l.j. sf dim. 9h-12h 14h-18h*

RIMAURESQ R 2017

■ Cru clas.	26 000	🍾	11 à 15 €

Fondé en 1864, ce cru classé de Provence a été acquis en 1988 par une famille de distillateurs écossais, qui l'a complété en 2004 d'un vignoble de 18 ha à Cuers. Aujourd'hui forte de plus de 65 ha, la propriété, d'exposition nord-ouest, s'étend au

PROVENCE

pied de Notre-Dame-des-Anges, point culminant des Maures, sur un sol schisteux pauvre. En conversion bio.

Pas moins de cinq cépages composent ce rosé: grenache, cinsault, mourvèdre, rolle et même deux larmes d'ugni blanc, cépage autrefois répandu dans la région. À la robe très pâle font écho une olfaction florale retenue et délicate, puis un palais aérien, aux arômes d'agrumes, qui finit sur une pointe de vivacité. Une discrète élégance. ⧗ 2018-2019

DOM. DE RIMAURESQ, rte Notre-Dame-des-Anges, 83790 Pignans, tél. 04 94 48 80 45, rimauresq@wanadoo.fr V r.-v.

CH. RIOTOR 2017 ★

	3000		8 à 11 €

Au pied du massif des Maures, un domaine de 85 ha, dont 48 plantés de vignes sur grès et schistes rouges. La propriété est exploitée par la famille Abeille depuis quatre générations.

Ce vin dévoile un bouquet tout en finesse autour de notes de bonbon, d'abricot et d'agrumes. Le prélude à une bouche aussi intense qu'élégante, bien équilibrée entre rondeur, fruité et fraîcheur. ⧗ 2018-2021 ■ **2017 (8 à 11 €; 80000 b.)** : vin cité.

CH. RIOTOR, chem. de la Galante, 83340 Le Cannet-des-Maures, tél. 04 90 83 72 75, chateauriotor@orange.fr *Abeille Frères*

CH. ROQUEFEUILLE Sainte-Victoire La Combe 2017 ★

■	n.c.	11 à 15 €

Situé sur les contreforts du mont Aurélien, le Ch. Roquefeuille s'étend sur 202 ha d'un seul tenant. La famille Bérenger l'acquiert en 1976 et porte la surface de son vignoble de 25 à 100 ha. Les ceps y prospèrent sous le regard bienveillant de la montagne Sainte-Victoire, bénéficiant d'un sol argilo-calcaire et d'une exposition plein sud. Le domaine a été repris en 2016 par Gassier en Provence, filiale d'Advini.

Un rosé aux reflets orangés, partagé entre le grenache et le cinsault, avec un soupçon de cabernet-sauvignon. Discrètement épicé au nez, il s'ouvre au palais sur le fruit exotique, ananas en tête, tout en dévoilant une matière généreuse à souhait. Un vin sur sa réserve mais plutôt gourmand. ⧗ 2018-2019 ■ **Cuvée R 2017 (11 à 15 €; n.c.)** : vin cité.

CH. ROQUEFEUILLE, D 6, 83910 Pourrières, tél. 04 42 66 38 92, bruno.descamps@chateauroquefeuille.fr V *t.l.j. sf sam. dim. 9h-17h*

CH. ROSAN Élégance 2017 ★

	2630		8 à 11 €

Acquis en 2012 par Gérard Chauvet, ce domaine de 25 ha, construit autour d'une ancienne plâtrière et cultivé sur des restanques (terrasses), offre une superbe vue sur le massif des Maures et la chapelle de Notre-Dame-des-Anges.

Ce 100 % rolle dévoile une olfaction délicate autour des fruits à noyau, relevés d'une pointe d'épices douces. Au palais, il se montre long et bien proportionné, alliant souplesse, rondeur et fraîcheur dans un bel équilibre. ⧗ 2018-2021

SCEA SAINT-MICHEL, quartier la Fondaille, RD 97, 83790 Pignans, tél. 06 70 08 13 79, scea.saint.michel@gmail.com V *r.-v.*
Gérard Chauvet

CH. ROUBINE Lion et Dragon 2016 ★★

Cru clas.	8800		15 à 20 €

Connu depuis le XIVe s., ce cru classé aux origines templières (ordre de Saint-Jean-de-Jérusalem) dispose d'un vignoble de quelque 90 ha implanté dans un amphithéâtre bordé de pins et de chênes. Valérie Rousselle, à la tête du domaine depuis 1994, y cultive une belle palette de treize cépages méditerranéens. En bio certifié depuis 2017.

Sémillon (56 %) et rolle composent un vin au nez intense de fruits macérés dans l'alcool et de toasté. La bouche se révèle ample, riche et longue, étayée par un beau boisé grillé. Un blanc de caractère, à réserver pour la table. ⧗ 2018-2023 ■ **Cru clas. Inspire 2015 ★ (20 à 30 €; 16000 b.)** : une robe profonde et brillante pour ce vin au nez complexe alliant fruits rouges, notes douces de vanille et fraîcheur de l'eucalyptus. Une attaque franche ouvre sur un palais ample et frais, au fruité persistant, adossé à un boisé subtil et fondu et à des tanins fins. ⧗ 2021-2026 ■ **Cru clas. Premium 2017 (15 à 20 €; 169000 b.)** : vin cité.

CH. ROUBINE SAS, 4216, rte de Draguignan, 83510 Lorgues, tél. 04 94 85 94 94, contact@chateauroubine.com V *r.-v.*
Valérie Rousselle

DOM. DE ROUCAS 2017 ★

■	2000		8 à 11 €

À quelques kilomètres du village d'Entrecasteaux, en Provence verte, le domaine, converti à l'agriculture biologique, dispose de 5 ha de vignes implantées sur un terroir argilo-calcaire.

Au nez comme au palais, une généreuse corbeille de fruits: pêche, nectarine, mandarine, melon. En bouche, un bel équilibre, avec du volume et, de bout en bout, une vivacité tonique qui étire la finale. ⧗ 2018-2019

PAULIN, rte de Carcès, 83570 Entrecasteaux, tél. 06 78 67 44 17, tartechoc@hotmail.fr V *r.-v.*

CH. DU ROUËT Cuvée Belle Poule 2017 ★

■	56000	8 à 11 €

Au pied des roches rouges des premiers contreforts de l'Esterel, la propriété conduite par la famille Savatier depuis la fin du XIXe s. et six générations se tourne résolument vers la vigne dès 1927. Son vignoble s'étend aujourd'hui sur 85 ha.

De couleur melon aux reflets argent, ce duo grenache-syrah séduit par son fruité complexe et varié, d'une belle fraîcheur: zeste d'agrumes, pêche, notes amyliques, épices s'entremêlent avec bonheur au nez comme en bouche. Un rosé bien construit, tendu et long, tout en finesse. ⧗ 2018-2019 ■ **Au cœur 2017 (5 à 8 €; 50000 b.)** : vin cité.

FAMILLE SAVATIER, rte de Bagnols, 83490 Le Muy, tél. 04 94 99 21 10, contact@chateau-du-rouet.com t.l.j. 8h30-12h 14h-18h; f. dim. oct-mars Matthieu Savatier

SAINTE-ANNE 2017 ★

	4000		11 à 15 €

Ce petit domaine tropézien de 6 ha a été créé en 2010 par Jean-Michel Augier et son fils Christophe.

Un nez à la fois intense et délicat, d'une belle complexité, alliant fleurs blanches, agrumes, pêche, fraise et bonbon anglais. Quant à la bouche, elle se déploie avec ampleur sur des notes de pêche blanche, avant de finir sur la fraîcheur tonique des agrumes: un réel équilibre. ⧗ 2018-2019

JEAN-MICHEL AUGIER, 40, Vieux-Chemin-de-Sainte-Anne, 83990 Saint-Tropez, tél. 04 94 97 04 35, clos.sainte.anne@orange.fr t.l.j. 9h-12h 14h-19h

CH. SAINTE-CROIX Charmeur 2017 ★

	40000		5 à 8 €

L'ancienne ferme fortifiée du XIIe s. était habitée par les moines lors de la construction de l'abbaye du Thoronet. Fondé en 1927 par Fernand Pélépol, le domaine actuel est conduit depuis 2007 par Stéphane, qui a pris la relève de son père Jacques. Le vignoble compte 50 ha.

Elle charme encore cette année, cette cuvée d'un rose franc, au nez centré sur les fruits rouges acidulés (fraise, framboise), avec une nuance de rose. On retrouve le fruit rouge, plus timide, dans une bouche ample, de belle longueur, qui finit sur la fraîcheur du pomelo. ⧗ 2018-2019

CH. SAINTE-CROIX, rte du Thoronet, 83570 Carcès, tél. 04 94 80 79 13, chateausaintecroix83@yahoo.fr r.-v.

DOM. SAINTE-LUCIE
Sainte-Victoire Le Secret de Lucie 2017 ★★

	12000	11 à 15 €

Créée en 1979 par Michel Fabre à partir de 8 ha sur le piémont de la montagne Sainte-Victoire, cette propriété s'est considérablement agrandie pour atteindre aujourd'hui 45 ha. L'arrivée de son fils Aurélien en 200 et l'appui d'associés (Michel Cornand et José Ros) pour la commercialisation ont insufflé un souffle nouveau au domaine (importants investissements à la vigne et au chai, au marketing et au commercial), dont le Guide s'est fait le témoin. Une référence incontournable.

De nouveaux noms de cuvées avec ce millésime et une pluie d'étoiles. Le Secret renferme de la syrah (40 %), complétée par les grenache et cabernet à parts égales. Il dévoile des arômes exubérants et flatteurs de fruits exotiques (papaye), d'abricot et de coing. Sa plaisante vivacité en attaque est équilibrée par un beau volume. ⧗ 2018-2019 **Promesse 2017 ★★ (11 à 15 €; 8000 b.)** : à un nez très intense, dominé par des notes de fruits exotiques et de bonbon anglais, répond une bouche opulente, longue et tout aussi expressive. Un profil assez exubérant et gourmand. ⧗ 2018-2021 **Promesse 2017 ★ (8 à 11 €; 20000 b.)** : du vermentino complète le trio syrah-grenache-cinsault. Un rosé gourmand et frais aux arômes d'agrumes et de bonbon anglais. ⧗ 2018-2019 **Ad Libitum 2017 ★ (8 à 11 €; 80000 b.)** : de la syrah et du grenache à parité, avec un appoint de cinsault. Nez aérien et floral; bouche ronde, sur les fruits rouges, tonifiée en finale par une pointe vive et saline. ⧗ 2018-2019

SAS SAINTE-LUCIE, CD 17, av. Paul-Cézanne, 13114 Puyloubier, tél. 06 11 20 04 74, michel@domainesaintelucie.fr t.l.j. sf dim. lun. 10h-12h 14h-19h Michel Fabre

CH. SAINTE-MARGUERITE 2017 ★★★

Cru clas.	269000		11 à 15 €

Depuis sa création en 1929, ce vignoble est passé de 11 à 110 ha. Entouré de palmiers, il est implanté sur les premiers contreforts du massif des Maures et domine la Méditerranée, non loin des îles d'Or. Ce cru classé des côtes-de-provence a été repris en 1977 par Brigitte et Jean-Pierre Fayard, qui l'ont orienté en 2003 vers l'agriculture biologique. En 2017, la deuxième génération – Olivier et Christine, Guillaume et Véronique, Arnaud et Sigolène – a pris les rênes du domaine.

Né du trio grenache-syrah-cinsault à parts égales, un rosé à la robe lumineuse, couleur pêche, et au nez à la fois intense, frais et délicat, sur les agrumes et les fruits rouges, relevés d'épices. La bouche s'impose par sa puissance, sa générosité et sa longueur, stimulée par une touche saline. Un superbe représentant de son terroir, qui s'est placé sur les rangs pour un coup de cœur. ⧗ 2018-2019 **Cru clas. La Londe Symphonie 2017 ★ (15 à 20 €; 143000 b.)** : né de cinsault (60 %) et de grenache, un rosé équilibré, à la fois onctueux, suave et croquant, aux arômes de fruits rouges et d'agrumes. ⧗ 2018-2019 **Cru clas. La Londe Symphonie 2016 (15 à 20 €; 27000 b.)** : vin cité.

CH. SAINTE-MARGUERITE, 303, chem. du Haut-Pansard, 83250 La Londe-les-Maures, tél. 04 94 00 44 44, contact@vinsfayard.com r.-v. Jean-Pierre Fayard

CH. SAINTE-ROSELINE 2017

Cru clas.	12460	15 à 20 €

Autour de l'abbaye Sainte-Roseline (XIe s.) et de sa chapelle où reposent les reliques de la sainte, cet ancien vignoble des évêques de Fréjus (où séjourna le pape Jean II) côtoie les oliviers et les forêts sur une superficie de 100 ha. En 1994, Bernard Teillaud entreprend de rénover la propriété, qu'il transmet en 2007 à sa fille, Aurélie Bertin-Teillaud. Sainte-Roseline est l'un des dix-huit crus classés de Provence et l'un des piliers de l'appellation, souvent en vue pour ses rouges.

D'un abord fermé, ce vin libère après aération d'agréables parfums de fleurs blanches, de pêche et d'agrumes. En bouche, il se montre d'un bon volume et très frais, porté jusqu'en finale par une tension saline. ⧗ 2018-2021

BERTIN, Ch. Sainte-Roseline, 83460 Les Arcs-sur-Argens, tél. 04 94 99 50 30, contact@sainte-roseline.com r.-v.

PROVENCE

CH. SAINT-ESPRIT Signature 2016 ★

■	4500		11 à 15 €

Sur cette ancienne propriété de la confrérie du Saint-Esprit (XIIes.), lieu de pèlerinage à la croisée des chemins entre Draguignan et Lorgues, s'étendent les 15 ha du vignoble acquis en 1955 par le père de Richard Crocé-Spinelli. Ce dernier, œnologue, lui a succédé en 1985 et travaille avec ses enfants Mathilde et Florent. Domaine en conversion bio.

Cette cuvée à la robe profonde offre un nez intense d'épices et de réglisse. En bouche, elle se montre corpulente et puissante, adossée à des tanins encore jeunes et vigoureux et à un bon boisé grillé. Prometteur. ⧗ 2021-2028

RICHARD CROCÉ-SPINELLI, 449, rte des Nouradons, 83300 Draguignan, tél. 04 94 68 10 91, info@saintesprit-provence.com V t.l.j. sf dim. 10h-12h30 14h30-19h

DOM. SAINT-JEAN DE VILLECROZE Exceptionnel 2015 ★★

■	4000		15 à 20 €

À l'origine, une propriété des Templiers. Saint-Jean de Villecroze a (re)trouvé sa vocation viticole à partir de 1973 après avoir été acheté par un couple franco-américain qui a replanté le vignoble. Le domaine a été repris en 1993 par un vigneron italien, Francesco Caruso, aujourd'hui à la tête de 30 ha, en côtes-de-provence, coteaux-varois et IGP.

Le bouquet de ce très beau 2015 associe la vanille, la noix de coco, la violette et le cassis. La bouche, homogène et ample, s'appuie sur des tanins fins, et une fine acidité soutient longuement le fruit. ⧗ 2021-2028

DOM. SAINT-JEAN DE VILLECROZE, quartier Saint-Jean, 83690 Villecroze, tél. 04 94 70 63 07, contact@domaine-saint-jean.com V t.l.j. sf dim. 10h-12h30 14h-18h30; f. janv. Francesco Caruso

CH. SAINT-MARC Grande Réserve Domini 2017 ★

■	4000	8 à 11 €

Emmanuel Nugues, Bourguignon tombé sous le charme de l'arrière-pays du golfe de Saint-Tropez, a racheté en 2000, à Masayoshi Miyamoto, ce domaine de près de 8 ha implanté sur les premiers contreforts du massif des Maures, sur des sols sableux et rocailleux.

Un rosé gourmand issu de grenache majoritaire: robe d'un rose lumineux aux reflets dorés, palette aromatique sur le fruit rouge (grenadine), vivifiée en bouche par des notes d'agrumes, palais ample et gras, à la finale nerveuse. ⧗ 2018-2019

DOM. CH. SAINT-MARC, 588, chem. des Crottes-et-de-Saint-Marc, 83310 Cogolin, tél. 04 94 54 69 92, chateau.saint.marc@wanadoo.fr V t.l.j. sf dim. 10h-12h30 14h30-18h; 16h30-19h30 (été) Audibert

CH. DE SAINT-MARTIN Grande Réserve 2017 ★

■ Cru clas.	60000		15 à 20 €

Les Romains au IIes. av. J.-C., puis les moines de Lérins du Xe au XVIIIes. ont cultivé la vigne sur ces terres. Depuis 1740, le château se transmet généralement de mère en fille. Adeline de Barry est depuis 1993 aux commandes de ce cru classé de Provence, dont le vignoble couvre 50 ha.

Cinq cépages à parts égales (le tibouren et le carignan s'ajoutant au trio syrah-grenache-cinsault) composent ce rosé saumon pâle aux multiples facettes, qui a pour atouts une olfaction complexe (fleurs blanches, pêche, violette, litchi, fruits rouges) et une bouche délicate, expressive et fruitée, à la finale fraîche. ⧗ 2018-2019 ■ **Cru clas. Grande Réserve 2017 ★ (15 à 20 €; 15000 b.)** : un trio rolle, ugni blanc et clairette pour ce vin fin et élégant, ouvert sur les agrumes, le fruit de la Passion et le chèvrefeuille, ample, frais et persistant en bouche. ⧗ 2018-2021

SCEA CH. DE SAINT-MARTIN, rte des Arcs, 83460 Taradeau, tél. 04 94 99 76 76, contact@chateaudesaintmartin.com V t.l.j. sf dim. 9h-12h 13h-19h de Barry

CH. SAINT-MAUR L'Excellence 2017 ★★

■ Cru clas.	98000		15 à 20 €

Déjà propriétaire de la Quinta do PesseguEiro (Douro), l'entrepreneur Roger Zannier a acquis en 1955 cette propriété située à Cogolin, au pied du massif des Maures et à 10 km de Saint-Tropez. C'est aujourd'hui son gendre, Marc Monrose, qui conduit ce cru classé de 100 ha, dont 60 sont plantés. Il a doté le domaine d'un nouveau chai de haute technologie.

Une goutte de rolle complète grenache, syrah et cinsault dans cette cuvée élégante, au nez intense d'agrumes et de fruits exotiques. La bouche, servie par un remarquable équilibre entre gras, rondeur et vivacité, finit sur une note d'écorce de pamplemousse. ⧗ 2018-2019 ■ **Cru clas. L'Excellence 2017 ★ (15 à 20 €; 5450 b.)** : une expression intense de fruits blancs (pêche et poire), de fleurs d'acacia et de miel se dégage du verre. La bouche offre un équilibre impeccable entre une acidité bien proportionnée, une aimable rondeur et de douces notes fruitées. ⧗ 2018-2021

CH. SAINT-MAUR, 535, rte de Collobrières, 83310 Cogolin, tél. 04 94 95 48 48, oenotourisme@zannier.com V r.-v. Roger Zannier

SAINT-ROCH-LES-VIGNES Pierrefeu Quintessence 2017

■	11300		8 à 11 €

Une coopérative fondée en 1911 sur la commune de Cuers, partenaire de la cave des Maîtres Vignerons de la presqu'île de Saint-Tropez. Elle regroupe plus de 200 vignerons et 600 ha de vignes dans le «triangle d'or» des côtes-de-provence, entre Cuers, Pierrefeu et Puget-Ville.

Mi-grenache mi-cinsault, cette cuvée rose tendre s'inscrit dans le registre de la légèreté: nez discrètement floral, avec des touches de zeste d'agrumes et de fruits rouges, bouche fluide et franche. ⧗ 2018-2019 ■ **Pierrefeu Quintessence 2016 (11 à 15 €; 6978 b.)** : vin cité.

CAVE SAINT-ROCH-LES-VIGNES, bd Gambetta, 83390 Cuers, tél. 04 94 28 60 60, contact@cuers-saintroch.com V r.-v.

DOM. SAINT-ROMAN D'ESCLANS
Air de Famille 2017 ★

■	4900		8 à 11 €

Cette propriété viticole de 14 ha située à La Motte, sur un coteau dominant la vallée des Esclans, a été acquise en 1973 par Philippe Miguet, passée en bio par sa fille Clarisse et conduite depuis 2011 par ses petits-enfants Fabrice et Stéphanie.

Grenache, syrah et rolle composent cette cuvée pastel. Ses atouts: un nez intense et élégant, sur les agrumes, et une bouche puissante, ample et suave, avec ce qu'il faut de vivacité. Du répondant pour le repas. ⧗ 2018-2019

DOM. SAINT-ROMAN D'ESCLANS, 2176, rte de Callas, 83920 La Motte, tél. 06 80 77 09 09, saintromandesclan@gmail.com V r.-v. Godefroy

DOM. DE SAINT-SER
Sainte-Victoire Cuvée Prestige 2017

■	100000		11 à 15 €

Le domaine tient son nom de la chapelle de Saint-Ser dédiée à un ermite du Vᵉs. qui, ignorant les menaces du souverain wisigoth Enric, fut décapité. Conduit en biodynamie, son vignoble (46 ha) s'étend sur un terroir privilégié de cailloutis calcaires adossé au versant sud de la montagne Sainte-Victoire, où les raisins bénéficient d'un ensoleillement maximal.

Née du trio grenache-syrah-cinsault complété par le rolle, une cuvée retenue pour son fruité frais et pour son palais énergique. Parfait pour le début du repas. ⧗ 2018-2019 ■ **Sainte-Victoire Cuvée de l'Ermite 2017 (11 à 15 €; 4000 b.)** : vin cité.

DOM. DE SAINT-SER, RD 17, av. Cézanne, 13114 Puyloubier, tél. 04 42 66 30 81, domaine@saint-ser.com V t.l.j. 10h-13h 14h-19h J. Guichot

SAINT-SIDOINE Sélection Pierrefeu 2017 ★

■	1333	8 à 11 €

Rebaptisée Cellier Saint-Sidoine en 1987, la coopérative La Pugétoise, fondée en 1923 à Puget-Ville, regroupe quelque 180 adhérents et exploite, avec quelque 530 ha de vignes, l'un des plus grands ensembles de l'aire des côtes-de-provence.

Une robe pâle aux reflets roses pour cet assemblage à parts égales de grenache et de cinsault, au nez gourmand de fruits rouges. Frais en attaque, puissant et chaleureux, le palais est marqué par un plaisant retour des fruits rouges en finale. Un rosé de repas. ⧗ 2018-2019

CELLIER SAINT-SIDOINE, 12, rue de la Libération, 83390 Puget-Ville, tél. 04 98 01 80 50, cellier@saintsidoine.com V r.-v.

DOM. DE LA SANGLIÈRE La Londe Apogée 2017 ★

■	4000		15 à 20 €

Situé au cap Bénat, site protégé à quelques kilomètres des îles d'Hyères, ce vignoble d'une quarantaine d'hectares a été acquis en 1980 par François Devictor, ingénieur agricole, qui y a installé une cave. Ses fils Rémy et Olivier exploitent le domaine dans un esprit bio, mais sans certification.

Un assemblage dominé par le grenache et le cinsault. Robe pâle, nez flatteur, intense et fin, sur les fruits blancs et les agrumes, légèrement miellé et épicé, palais équilibré et persistant, à la fois gras, vif et croquant. ⧗ 2018-2019

OLIVIER ET RÉMY DEVICTOR, 3886, rte de Léoube, 83230 Bormes-les-Mimosas, tél. 04 94 00 48 58, sangliere@domaine-sangliere.com V t.l.j. sf dim. 9h-12h 14h-18h

CH. DES SARRINS Rosé Secret 2017 ★

■	2000		20 à 30 €

Le Champenois Bruno Paillard, plus connu pour ses bulles haut de gamme, a acquis ce domaine en 1995. Aujourd'hui, 27 ha conduits en bio et des oliviers, autour d'une vénérable bastide provençale du XVIIIᵉs. Selon la légende, un chef sarrasin, tué au VIIIᵉs. à l'époque des invasions arabes, serait enterré ici avec son armure d'or...

Mourvèdre, syrah et grenache s'équilibrent dans ce rosé couleur pêche, resté dix mois en barrique. Ce séjour lui a apporté de la complexité, des notes vanillées complétant sa palette de fruits jaunes et d'agrumes, ainsi qu'une bouche ample, dense et généreuse, dont le boisé marqué laisse percer le fruit. Un vin de repas au potentiel de garde notable. ⧗ 2018-2021

DOM. DES SARRINS, 897, chem. des Sarrins, 83510 Saint-Antonin-du-Var, tél. 04 94 72 90 23, info@chateaudessarrins.com V r.-v. Paillard

CH. DE SELLE 2017 ★★

■ Cru clas.	304000		20 à 30 €

Alsacienne d'origine, la famille Ott, installée en Provence en 1896, a acquis Romassan en 1956 (70 ha au pied du Castellet en appellation bandol) et possède aussi le Ch. de Selle et le Clos Mireille en côtes-de-provence. Deux AOC et un flacon singulier, inspiré de l'amphore romaine. L'ensemble (dans le giron du champenois Roederer depuis 2004) est dirigé par les cousins Christian et Jean-François Ott.

Un petit appoint de mourvèdre vient compléter les grenache, cinsault et syrah dans ce rosé à la robe élégante, couleur melon. Intense et frais, le nez met en avant les agrumes, agrémentés de touches florales et anisées. La bouche ample et structurée, d'une rare finesse, est servie par une longue finale saline. D'une remarquable harmonie, ce vin s'est placé sur les rangs pour un coup de cœur. ⧗ 2018-2019 □ **Cru clas. Clos Mireille Blanc de blancs 2016 ★★ (20 à 30 €; 87300 b.)** : sur une base classique de sémillon (70 %) et de rolle, ce blanc ample, frais, long et savoureux fait la part belle aux arômes fruités (pêche, poire, kumquat), agrémentés d'une touche épicée. ⧗ 2018-2021

SAS DOM. OTT, 5093, rte de Flayosc, 83460 Taradeau, tél. 04 94 47 57 57, chateaudeselle@domaines-ott.com V t.l.j. sf sam. dim. 9h-12h 14h-18h Roederer

DOM. SIOUVIETTE Marcel Galfard 2017 ★★

□	9400		11 à 15 €

Ancienne ferme des pères chartreux de la Verne, cette propriété, dans la famille Sauron depuis 1836, produisait autrefois du bois d'œuvre. Elle se convertit à la viticulture au début du XXᵉs.: en cave particulière jusqu'en 1956, puis passage en coopérative jusqu'en 1985 avant un retour à la vinification au domaine.

PROVENCE

Les 23 ha de vignes, plantés en coteaux sur les sols argilo-schisteux du massif des Maures, surplombent la vallée de la Môle. La conversion bio est l'objectif à moyen terme.

Cet assemblage de rolle et de sémillon sublimé par un élevage de huit mois en barriques dévoile une olfaction puissante sur les fruits jaunes, la mangue et la vanille Bourbon. En bouche se dessine un vin ample, riche et long, imprégné de fruits exotiques et porté par un boisé fin. Du potentiel. ⧗ 2019-2023 ■ **Cuvée Marcel Galfard 2017 ★ (11 à 15 €; 35000 b.)** : une robe engageante, rose bonbon; une palette aromatique expressive, sur les agrumes, complétée en bouche par les fruits exotiques, ananas en tête. Équilibré et vif, le palais bénéficie d'une longue finale marquée par la note un rien amère du pamplemousse. ⧗ 2018-2019 ■ **Le Clos 2017 ★ (15 à 20 €; 4000 b.)** : du grenache dominant et du cinsault pour cette cuvée d'une belle finesse, aux arômes de fleurs et d'agrumes. ⧗ 2018-2019

EARL DOM. SIOUVETTE, 990, RD 98, 83310 La Môle, tél. 04 94 49 57 13, contact@siouvette.com V t.l.j. *8h-12h 14h-19h; f. dim. nov.-fév.* *Sauron*

LES VIGNERONS DE TARADEAU L'Oppidum 2017 ★

■	80000		5 à 8 €

Taradeau, dans la vallée de l'Argens, s'étend au pied d'un oppidum construit il y a plus de deux mille ans par des tribus celto-ligures. Sa coopérative a vu le jour en 1924 et a impulsé dans les années 1970 la replantation du vignoble de ses adhérents en cépages nobles. Elle dispose aujourd'hui de 210 ha.

Largement tributaire du grenache, une cuvée couleur chair, au nez intense et suave sur les fleurs, la pêche jaune et le bonbon. Dans le même registre fruité, la bouche gourmande se déploie avec douceur et générosité. ⧗ 2018-2019 ■ **Le Prestige 2017 ★ (5 à 8 €; 4000 b.)** : cet assemblage de rolle (70 %) et d'ugni blanc a beaucoup d'allure avec son olfaction florale et épicée et sa bouche à la fois opulente, fraîche et dynamique. Du caractère. ⧗ 2018-2021

SCA LES VIGNERONS DE TARADEAU, 204, av. des Arcs, 83460 Taradeau, tél. 04 94 73 02 03, cavetaradeau@orange.fr V *t.l.j. sf dim. 9h-12h30 14h30-18h30*

♥ TERRE DE MISTRAL
Sainte-Victoire Rosalie Collection 2017 ★★

■	6667		11 à 15 €

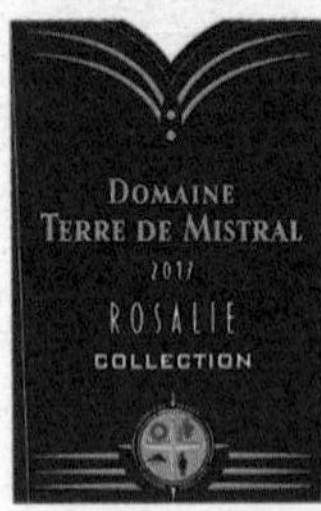

Denis Gueury et Serge Davico ont uni en 2008 leurs compétences et leurs terres pour fonder un domaine viticole et oléicole au pied de la montagne Sainte-Victoire. Tandis que le premier s'occupe de l'oliveraie et du moulin à huile, le second s'affaire au chai et à la vigne – 57 ha répartis en plusieurs îlots à Rousset, Puyloubier et Saint-Antonin.

Syrah et grenache à parité (40 %), complétés par 20 % de rolle, ont engendré cette cuvée d'un rose pastel lumineux. Un sainte-victoire qui a enchanté les dégustateurs. Ses atouts? La fraîcheur de son fruité centré sur les agrumes, et rehaussé d'épices douces; son attaque dynamique ouvrant sur un palais d'un beau volume, à la finale vive et longue, laissant un sillage de fruits exotiques. Ce que l'on attend d'un rosé de Provence. ⧗ 2018-2019

DAVICO, rte de Peynier, chem. du Pavillon, 13790 Rousset, tél. 04 42 29 14 84, commerce@terre-de-mistral.com V *r.-v.*

LES TERRES ROUGES 2017 ★★

■	12000	5 à 8 €

Établie dans le site classé de la montagne Sainte-Victoire, cette coopérative fondée en 1924 exploite le fruit de 730 ha de vignes implantés sur la face sud de ce mont si cher à Cézanne.

Proche du coup de cœur, une cuvée typée, d'une grande présence, issue de grenache majoritaire (70 %). La séduction commence avec la robe pétale de rose, se poursuit avec le nez frais et délicat sur la pêche blanche et les agrumes. Souple et soyeux en attaque, structuré, chaleureux et long, le palais achève de convaincre. ⧗ 2018-2019 ■ **2017 ★ (5 à 8 €; 6000 b.)** : une belle complexité aromatique pour ce vin blanc aux notes florales de fougère et de genêt et aux arômes fruités de goyave et d'agrumes, à la bouche délicate, fraîche et minérale, qui ne manque pas non plus de rondeur. Un ensemble très équilibré. ⧗ 2018-2021 ■ **Les Vignerons du Mont Sainte-Victoire Sainte-Victoire 2017 (5 à 8 €; 10000 b.)** : vin cité.

LES VIGNERONS DU MONT SAINTE-VICTOIRE, 63, av. d'Aix, 13114 Puyloubier, vignerons-msv@wanadoo.fr V *t.l.j. sf dim. 9h-12h 14h-18h*

DOM. DES THERMES Ursae 2017 ★

■	4000		8 à 11 €

La famille Robert, qui exploite ses vignes depuis six générations (1792), est sortie de la coopérative en 1998. Le vignoble de 40 ha d'un seul tenant entoure une bâtisse du XVIII[e]s. et des pins parasols centenaires situés sur le site d'une villa gallo-romaine, dont on peut découvrir les vestiges dans un musée créé en 2012.

Une cuvée flatteuse: robe charmante, rose pâle; nez complexe mêlant petits fruits rouges, agrumes, notes florales et touche gourmande de bonbon; palais fruité, soutenu par une agréable fraîcheur, à la finale réglissée. ⧗ 2018-2019

EARL ROBERT, Dom. des Thermes, RDN 7, 83340 Le Cannet-des-Maures, tél. 04 94 60 73 15, domaine.des.thermes@orange.fr V *t.l.j. sf dim. 8h-19h*

THUERRY le Château 2017

■	20000		11 à 15 €

Au sein du parc régional du Haut-Var Verdon, une bâtisse templière du XII[e]s., soulignée par un chai longiligne ultramoderne et semi-enterré (2 200 m²), commande une propriété de 340 ha, dont environ 40 ha de vignes. Une valeur sûre de la Provence viticole, dans les trois couleurs.

Rose églantine, cette cuvée s'ouvre à l'aération sur le citron et le pamplemousse. Vive et acidulée, la bouche suit la même ligne, dévoilant une note amère de pomelo qui donne du caractère à l'ensemble. ⧗ 2018-2019

JEAN-LOUIS CROQUET, Ch. Thuerry, 83690 Villecroze, tél. 04 94 70 63 02, thuerry@chateauthuerry.com V t.l.j. 9h-17h30 (été 19h); f. dim. en hiver

DOM. LA TOURRAQUE Classic 2017 ★

	6660		11 à 15 €

Sur le site classé des Trois Caps (Lardier, Camarat et Taillat) de la presqu'île de Saint-Tropez, les 35 ha de vignes du domaine (en bio certifié) s'étendent jusqu'à la mer aux côtés de quatre cents oliviers, conduits par les frères Sébastien et Guillaume Craveris.

Une robe d'une grande brillance habille ce vin ouvert sans réserve sur les fruits: fruits exotiques, pêche blanche, agrumes. Un même fruité fin anime la bouche, fraîche, franche et longue. Un blanc bien typé. ⧗ 2018-2021

CRAVERIS, 2444, chem. de la Bastide-Blanche, 83350 Ramatuelle, tél. 04 94 79 25 95, latourraque@wanadoo.fr V *t.l.j. sf sam. dim. 10h-12h 14h-17h*

CH. TOUR SAINT-HONORÉ La Londe Sixtine 2017

	5600		11 à 15 €

L'ancien domaine du marquis de Lordas. Serge Portal, de souche londaise, y cultive près de 30 ha de vignes en bio certifié sur les restanques arrachées aux contreforts du massif des Maures, en face des îles d'Or. Nouveau tournant en 2016 avec un passage aux vins «vegan».

Typé du terroir délimité de La Londe, ce rosé associe mourvèdre et cinsault (35 % chacun) au grenache et à une goutte de rolle. Le nez complexe et acidulé évoque la framboise, nuancée de notes d'agrumes et de buis. Dans le même registre, le palais gras et onctueux est rehaussé d'une touche minérale et iodée. ⧗ 2018-2019

SERGE PORTAL, 1255, rte de Saint-Honoré, 83250 La Londe-les-Maures, tél. 04 94 66 98 22, chateau-tsh@wanadoo.fr V *t.l.j. sf sam. dim. 10h-12h 14h-18h*

DOM. DES TROIS CHÊNES Cuvée Passion 2017

	n.c.	5 à 8 €

Situé dans la vallée des Borrels, au nord-est de Hyères, ce domaine familial est exploité depuis quatre générations. Jules Scarone, grand-père de l'actuel propriétaire, a aménagé la cave de vinification en 1930. Installé en 2004, Régis Scarone met en valeur 8 ha de vignes sur les sols schisteux du massif des Maures.

Le dessin sur l'étiquette évoque la passion du propriétaire pour la plongée en apnée. Un exercice évité par les dégustateurs qui ont respiré à fond cette cuvée née de grenache, complété de rolle et de syrah, y découvrant des fruits blancs et des agrumes. Des fruits blancs qu'ils ont retrouvés dans une bouche fraîche et saline. ⧗ 2018-2019 ■ **Cuvée Jules Scarone 2017 (5 à 8 €; 1300 b.)** : vin cité.

RÉGIS SCARONE, 4519, 3ᵉ Borrels, 83400 Hyères, tél. 06 86 86 60 42, famillescarone@gmail.com V *lun. mer. sam. 10h-13h 14h30-18h30*

DOM. LES TROIS TERRES Cuvée Famille 2017 ★★

	6000	8 à 11 €

Luc Nivière, ancien pompier professionnel reconverti dans la viticulture pour succéder à son père, est depuis 2002 à la tête de ce domaine de 25 ha. Les vignes sont implantées au point de jonction de trois terroirs argilo-calcaires, de couleurs différentes.

Le rolle s'ajoute au trio grenache-cinsault-syrah dans cette cuvée pastel au bouquet particulièrement expressif, mêlant fleurs blanches, fruits rouges et bonbon anglais, suivi d'une bouche harmonieuse, ronde et gourmande. ⧗ 2018-2019 ■ **Cuvée Famille 2017 ★ (8 à 11 €; 4000 b.)** : ce vin blanc harmonieux déploie des notes élégantes de fruits exotiques et de pêche blanche. Sur la même ligne fruitée, la bouche se montre suave et ronde. ⧗ 2018-2021 ■ **Cuvée Famille 2015 ★ (8 à 11 €; 3000 b.)** : un vin très expressif dans un registre de fruits noirs, de violette et de notes balsamiques, à la bouche ample et onctueuse, soutenue par une structure soyeuse et fondue. Un beau vin méditerranéen. ⧗ 2019-2023

LUC NIVIÈRE, D 79, rte de Brignoles, 83340 Cabasse, tél. 04 94 80 38 46, domainetroisterres@orange.fr V *t.l.j. sf dim. 10h-12h 14h30-18h*

DOM. TROPEZ Cuvée sublime 2017

	11000	15 à 20 €

Grégoire Chaix a hérité en 1996 de son grand-père d'un vignoble d'une quarantaine d'hectares au pied du village de Gassin, sur la presqu'île de Saint-Tropez. Il l'a restructuré, tout en construisant une cave. Il a misé d'emblée sur les rosés et donné une touche de modernité à l'habillage de ses bouteilles et au nom de ses cuvées.

Issu de grenache majoritaire (80 %), complété par les cinsault et rolle, ce rosé demande un peu d'aération pour livrer ses parfums d'agrumes (citron vert) et de nectarine. Une attaque ronde, suave et ample ouvre sur un palais gourmand et aromatique, réveillé par une finale fraîche. Un vin élégant. ⧗ 2018-2019

CHAIX, 3538 RD 559, 83580 Gassin, tél. 04 94 56 27 27, production@domainetropez.com V *t.l.j. sf sam. dim. 9h-12h30 14h-19h*

PROVENCE

CH. LA TULIPE NOIRE 2017

	20000	11 à 15 €

Créé en 2009 par la jeune œnologue Audrey Baccino qui y a aménagé un chai, ce domaine réunit des parcelles situées entre Carqueiranne et la Crau (10 ha), exploitées en bio. En étroite collaboration avec son père Alain, Audrey Baccino suit aussi le domaine familial de Peirecèdes, situé sur le terroir de Pierrefeu-Cuers.

Le tibouren s'allie au grenache dans ce rosé églantine, aux parfums délicats de fleurs, de fruits exotiques et de pamplemousse qui se prolongent dans une bouche d'une belle fraîcheur. ⧗ 2018-2019

EURL ALAIN BACCINO, 1819, av. Jean-Monnet, La Moutonne, 83260 La Crau, tél. 06 77 00 27 76, contact@chateaulatulipenoire.com V *t.l.j. sf dim. 9h30-12h30 15h-19h*

DOM. VAL D'ASTIER 2017 ★

■ | 40000 | | 11 à 15 €

C'est dans le lieu-dit Val-d'Astier, sur les hauteurs de Cogolin, au pied des Maures et à quelques kilomètres du golfe de Saint-Tropez, que Bruno Seignez a créé son domaine en 2003, après avoir fait ses armes dans des caves provençales. Le vignoble s'étend sur 23 ha.

Du cinsault et du grenache, associés à un appoint de tibouren et de carignan, composent ce rosé aux arômes subtils de fruits blancs et de fleurs. Une expression florale que l'on retrouve dans une bouche équilibrée, à la fois ronde et acidulée. ⧗ 2018-2019 ■ **Cuvée Val 2017 (8 à 11 €; 10000 b.)** : vin cité.

BRUNO SEIGNEZ, 330, chem. du Val d'Astier, 83310 Cogolin, tél. 06 09 13 27 64, accueil@domainevaldastier.com V t.l.j. 9h-13h 16h-20h; dim. sur r.-v.

B CH. LA VALETANNE
La Londe Vieilles Vignes 2016 ★

■ | 60000 | | 15 à 20 €

L'œnologue suisse Jérôme Constantin dirige ce jeune domaine (2007) constitué d'un vignoble de 14 ha entre mer et collines, dont une partie est revendiquée en côtes-de-provence La Londe.

Après un séjour de douze mois en barriques, cet assemblage syrah-mourvèdre s'ouvre sur les fruits rouges subtilement épicés. En bouche, il se montre souple et frais, adossé à des tanins légers et soyeux. ⧗ 2018-2022 ■ **Larmes de Valetanne La Londe 2017 (15 à 20 €; 7500 b.)** B : vin cité.

CH. LA VALETANNE, rte de Valcros, 83250 La Londe, tél. 04 94 28 91 78, jc@chateaulavaletanne.com V r.-v.
Lotte Damkjaer

B CH. DE VAUCOULEURS 2017 ★

■ | 25000 | | 8 à 11 €

Un sieur de Vaucouleurs, originaire non de Lorraine mais de Bourgogne, intendant de l'évêque de Fréjus sous Louis XIV, est à l'origine du domaine et de son château, qui veille sur la vallée de l'Argens. La famille de Wulf, également propriétaire du Jas d'Esclans, a acquis la propriété en 2010, prenant la suite de la famille Le Bigot qui la détenait depuis 1943. Le vignoble de 20 ha est conduit en bio certifié depuis 2013.

Issu de cinsault et de grenache à parité, complétés par 20 % de carignan, un rosé de caractère au nez complexe (fleurs blanches, fruits exotiques et abricot) et au palais dans le même registre, intensément fruité, à la fois gras et frais. ⧗ 2018-2019 ■ **2017 ★ (8 à 11 €; 6500 b.)** B : ce vin dévoile un nez floral et fruité élégant et délicat. En bouche, il se montre léger, aérien, équilibré, offrant la même gamme aromatique que celle perçue à l'olfaction. ⧗ 2018-2021 ■ **2016 (8 à 11 €; 10000 b.)** B : vin cité.

SARL DU JAS D'ESCLANS, DN 7, 83480 Puget-sur-Argens, tél. 04 94 45 20 27, contact@chateaudevaucouleurs.fr V r.-v.
Matthieu de Wulf

VIGNERET 2016 ★

■ | 4800 | | 8 à 11 €

Héritier de plusieurs générations au service du vin, Olivier Pascal a pris en 2006 les rênes de cette propriété qui compte 16 ha en bandol et 4 en côtes-de-provence. La majeure partie de son vignoble couvre les coteaux de La Cadière-d'Azur, à l'emplacement d'une ancienne carrière d'argile bleue exploitée par des ancêtres pour fabriquer des tuiles.

Une belle robe intense et soutenue aux reflets violines habille ce vin ouvert sur les fruits noirs agrémenté d'une pointe de minéralité. La bouche se montre ample, suave et épicée, étayée par des tanins encore jeunes et fermes. ⧗ 2020-2023

SCEA OLIVIER PASCAL, 25, allée de Dublin, 83870 Signes, tél. 04 94 90 57 63, contact@vigneret.com V r.-v.

DOM. VITALIS Sainte-Victoire 2017

■ | 65000 | 8 à 11 €

Les Vignerons du Baou est le nom que s'est donné la coopérative viticole de Pourcieux, créée en 1912 dans la commune du même nom, face au massif de la Sainte-Victoire. Elle vinifie la production de 380 ha de vignes.

Une cuvée élaborée par la coopérative pour une structure de négoce. Issue de syrah majoritaire, avec un appoint de grenache, elle séduit par ses arômes exubérants et frais de pomelo, de citron vert et de bonbon, que l'on retrouve dans un palais fondu, à la fois ample et tonique. ⧗ 2018-2019

VICTOIRE, 45, rue Raoul-Blanc, 83470 Pourcieux, tél. 04 94 78 03 06, vignerons-du-baou@wanadoo.fr

PALETTE

Superficie : 48 ha
Production : 1 843 hl (70 % rouge et rosé)

Tout petit vignoble, aux portes d'Aix, qui englobe l'ancien clos du bon roi René. Rosés, rouges et blancs font appel à de nombreux cépages locaux. Les rouges, de garde, expriment la violette et le bois de pin.

B CH. HENRI BONNAUD
Quintessence 2017 ★ ★

■ | 2300 | | 20 à 30 €

En 1996, Henri Bonnaud a transmis à son petit-fils Stéphane Spitzglous un beau vignoble de 28 ha (converti au bio), implanté sur les calcaires de Langesse, face à la montagne Sainte-Victoire, sur lesquels sont produits des vins de palette depuis 2004.

Né d'une sélection parcellaire et d'une belle maîtrise de l'élevage en barriques, ce rosé précis et complet déploie une palette aromatique riche et complexe: touche minérale, croquant de la pêche de vigne, charnu de la mirabelle compotée, élégance du boisé, frais et épicé. La bouche est parfaitement équilibrée: à une attaque énergique succède un développement tout en rondeur et en fruit, avant une finale plus chaleureuse. Beaucoup de personnalité dans ce vin. ⧗ 2018-2020 ■ **2017 ★ (15 à 20 €; 15000 b.)** Ⓑ : la cuvée principale du domaine est un vin de belle harmonie, charnu, friand, relevé par une tension finale, saline et épicée. ⧗ 2018-2019 ■ **Quintessence 2017 ★ (20 à 30 €; 8000 b.)** Ⓑ : le nez associe des notes fumées et des arômes frais de citron vert et de bergamote, de fleurs d'acacia et de poire, le tout sur un fond minéral. La bouche se montre puissante et ronde, tout en restant fluide et alerte, avec en soutien un bon boisé aux tonalités de coco. ⧗ 2019-2023 ■ **Quintessence 2015 (20 à 30 €; 6000 b.)** : vin cité.

CH. HENRI BONNAUD, 585, chem. de la Poudrière, 13100 Le Tholonet, tél. 04 42 66 86 28, contact@chateau-henri-bonnaud.fr V t.l.j. sf dim. 10h-12h 14h-18h; sam. 10h-13h 14h-19h Ⓑ Stéphane Spitzglous

♥ CH. CRÉMADE 2017 ★★

■	8000		15 à 20 €

Un domaine incontournable de l'appellation palette, commandé par une bastide typiquement aixoise du XVIIIᵉs. qui accueillit en son temps Paul Cézanne et Émile Zola. Au pied de la montagne Sainte-Victoire, le vignoble de 9 ha riche de vingt-cinq cépages s'étend sur le terroir très particulier de cailloutis calcaires de Langesse.

Ce 2017 à la robe rayonnante, d'une teinte marbre rose, s'appuie sur une trame aromatique éclatante de finesse et d'intensité: pêche blanche, melon d'eau, délicates notes florales, amande amère, douceur meringuée. Concentré sur des saveurs épicées, le palais conjugue fraîcheur cristalline, densité et fondu remarquables, volume et longueur. Un rosé épanoui, à la fois élégant et puissant. Savoureux. ⧗ 2018-2020

CH. CRÉMADE, 649, rte de Langesse, 13100 Le Tholonet, tél. 06 62 07 00 70, chateaucremade@yahoo.fr V r.-v.

IGP ALPES-MARITIMES

Ⓑ DOM. DE TOASC
Lou Vin d'Aqui Cuvée Saint-Blaise 2017 ★

■	6000		11 à 15 €

En 1995, Bernard Nicoletti achète 12 ha de terrains laissés à l'abandon au lieu-dit Toasc, sur les collines de Nice. Il conserve les oliviers et replante les cépages typiques du bellet: 8 ha de vignes (convertis au bio) plantés en restanques et dominant la vallée du Var.

Syrah (60 %), grenache et pinot noir composent un vin au nez puissant de fruits secs et de figue. Une intensité que l'on retrouve dans une bouche solaire, ample et généreuse. ⧗ 2019-2022

DOM. DE TOASC, 213, chem. de Crémat, 06200 Nice, tél. 04 92 15 14 14, contact@domainedetoasc.com V t.l.j. sf dim. lun. 14h30-17h30 Bernard Nicoletti

IGP ALPILLES

CELLIER SAINT-AUGUSTIN 2017 ★

■	30000		- de 5 €

Située dans la partie la plus septentrionale de l'appellation coteaux-d'aix, aux portes des Alpilles, cette petite cave coopérative a été fondée en 1925.

La couleur est vive, aux reflets saumonés. Le nez, discret mais flatteur, convoque les fleurs blanches et les petits fruits rouges; le prélude à une bouche ronde, souple et tendre, aux arômes de cerise. ⧗ 2018-2019

CELLIER SAINT-AUGUSTIN, quartier de la Gare, 13560 Sénas, tél. 04 90 57 20 25, staugustin@wanadoo.fr V r.-v.

♥ Ⓑ DOM. DE LAGOY
Cuvée de la Chapelle 2017 ★★

■	4000		8 à 11 €

Situé au nord de Saint-Rémy de Provence, dans le Parc naturel régional des Alpilles, ce domaine est entré dans la famille des propriétaires en 1677. Commandé par un élégant château du XVIIIᵉs., il inclut une chapelle du XIIᵉs. et un pigeonnier. Planté à partir de 1976, le vignoble (18 ha) est conduit en bio depuis 2001. Une nouvelle équipe a sorti l'exploitation de la coopérative en 2013.

Cette cuvée a d'emblée fortement impressionné les dégustateurs par son bouquet floral et fruité (pêche), et surtout par son caractère aérien en bouche, qui conjugue fraîcheur, ampleur et très grande élégance. ⧗ 2018-2020 ■ **2017 ★ (5 à 8 €; 18000 b.)** Ⓑ : pas moins de cinq cépages pour ce rosé centré sur les fruits rouges et le pamplemousse, intense, frais et harmonieux en bouche. ⧗ 2018-2019

SCEA MEYRAN-LAGOY, rte d'Avignon, 13210 Saint-Rémy-de-Provence, tél. 06 18 08 32 96, contact@domaine-lagoy.com V r.-v. Senard

Ⓑ DOM. DE LANSAC Franc de pied 2017

■	3000		15 à 20 €

À l'entrée de ce domaine commandé par un mas provençal du XIXᵉs., une tour construite par les Templiers au XIIIᵉs. sur des fondations romaines: une propriété qui a «vécu» en somme, entrée dans la famille d'Éléonore de Sabran en 1817. Cette dernière y conduit depuis 1996 un vignoble de 36 ha, dont certains ceps ont été plantés en 1901.

Le nez, discret, s'ouvre doucement à l'aération sur les fruits rouges agrémentés d'une touche végétale. En bouche, le vin se montre plus expressif, sur les fruits toujours, mâtinés d'un brin d'épices, et s'adosse à des tanins encore vifs. À attendre. ⧗ 2020-2023

ÉLÉONORE DE SABRAN, Dom. de Lansac, 13150 Tarascon, tél. 04 90 91 38 38, contact@domaine-lansac.com V r.-v.

DOM. DE VALDITION 2017 ★

■	40000	8 à 11 €

Cet important domaine de 250 ha (dont 90 de vignes et 30 d'oliveraies) est une ancienne propriété de François Ier, qui l'offrit en dot à sa fille naturelle Caroline du Prévôt. Commandé par une bastide, le vignoble est en bio certifié depuis 2012.

Pas moins de six cépages dans ce vin pâle aux reflets verts, ouvert sur des notes de pêche. La bouche se montre fraîche, pleine d'allant et de fruit, sans manquer pour autant de rondeur. Un blanc équilibré en somme. ⧗ 2018-2021

DOM. DE VALDITION, rte d'Eygalières, 13660 Orgon, tél. 04 90 73 08 12, valdition@valdition.com V t.l.j. 9h30-12h30 14h-18h; f. dim. en hiver

IGP BOUCHES-DU-RHÔNE

LES VIGNERONS DU GARLABAN
Rosé fruité 2017 ★

■	7000	- de 5 €

Regroupement des caves du pays d'Aubagne jusqu'aux portes de Marseille, cette coopérative créée en 1924 dispose d'un vignoble de 165 ha entre les collines du Garlaban et de la Sainte-Baume, dans le secteur le plus occidental des côtes-de-provence.

Ce rosé clair aux reflets dorés délivre au nez des notes muscatées mâtinées d'épices douces. En bouche, il jouit d'une jolie rondeur et séduit par sa finale dynamisée par de légers amers. ⧗ 2018-2019

LES VIGNERONS DU GARLABAN, 8, chem. Saint-Pierre, 13390 Auriol, tél. 04 42 04 70 70, vignerons.garlaban@orange.fr V t.l.j. 9h-12h 15h-19h

DOM. LA MICHELLE
Histoires de famille... 2017

■	12000		5 à 8 €

Jean-François et Nelly Margier ont repris le domaine familial fondé en 1870 entre la Sainte-Baume et la Sainte-Victoire. Ils ont remis en culture des terrasses ancestrales, cultivent 20 ha de vignes, des oliviers et des câpriers; ils sont passés de l'agriculture raisonnée à la bio.

Ce rosé s'ouvre sur des notes de poire et de pomme qui laissent place après aération à la pêche blanche. Ce côté fruit blanc se renforce dans une bouche ample et ronde, sans lourdeur aucune. ⧗ 2018-2019 ■ **Gris 2017 (5 à 8 €; 18000 b.)** : vin cité.

JEAN-FRANÇOIS MARGIER, chem. la Michelle, 13390 Auriol, tél. 04 42 04 74 09, margier@domainelamichelle.com V t.l.j. 9h-12h 14h-19h

IGP HAUTES-ALPES

DOM. ALLEMAND
Le Théüsien rouge Vieilles Vignes Cépage Mollard 2016 ★

■	6000		5 à 8 €

Un domaine familial de 12 ha créé en 1954; le premier à avoir commercialisé des vins en bouteilles dans les Hautes-Alpes. Marc Allemand, installé en 1984, est un ardent défenseur d'un cépage local oublié, le mollard.

Fidèle au rendez-vous, Marc Allemand signe un 100 % mollard ouvert sur les fruits rouges légèrement épicés. On retrouve cette sensation fruitée dans une bouche aimable, tout en souplesse et en fraîcheur, épaulée par des tanins fins et fondus. Un joli vin d'altitude, gouleyant et élégant. ⧗ 2018-2022

EARL ALLEMAND ET FILS, La Plaine de Théüs, 05190 Théüs, tél. 04 92 54 40 20, domaineallemand@orange.fr V t.l.j. sf dim. 9h-12h 14h-18h

DOM. DE TRESBAUDON 2017

■	14000		5 à 8 €

Un domaine de 23 ha conduit par Caroline et Olivier Ricard, qui ont repris la propriété familiale en 1999, passant d'une exploitation fruitière à un domaine viticole.

Un rosé au nez très aromatique mêlant groseille, fraise et citron, qui offre un palais bien équilibré, gourmand, à la finale subtilement tannique. ⧗ 2018-2020

OLIVIER RICARD, rte de Tresbaudon, 05130 Tallard, tél. 04 92 54 19 28, domaine-de-tresbaudon@orange.fr V t.l.j. sf dim. 9h-12h 14h-18h

IGP MAURES

♥ DOM. DE L'ANGLADE Le Blanc 2017 ★★

■	7600		11 à 15 €

L'unique domaine de la commune du Lavandou, acquis par la famille Van Doren en 1925. Les vignes (40 ha) côtoient ici pinèdes et roselières, ces dernières étant utilisées pour la fabrication des anches de clarinettes et de saxophones.

Le Blanc avec des majuscules, est-on tenté d'écrire. Car ce vin né du rolle, du sémillon et du viognier a tout bon: une belle robe limpide, un nez très fin de pamplemousse et de citron, une bouche à l'unisson du bouquet, parfaitement équilibrée entre fine tension et aimable rondeur. ⧗ 2018-2021 ■ **Le Rosé tradition 2017 ★ (8 à 11 €; 13200 b.)** : un vin à la robe brillante, pastel, au nez intense mêlant agrumes et fruits exotiques, et à la bouche ample et fruitée, équilibrée par une longue finale acidulée. Un rosé plein de charme. ⧗ 2018-2019

BERNARD VAN DOREN, av. Vincent-Auriol, 83980 Le Lavandou, tél. 04 94 71 10 89, info@domainedelanglade.fr V t.l.j. sf dim. 9h30-12h30 16h-19h

DOM. D'ASTROS 2017

■	156000	5 à 8 €

Sur cette propriété se sont succédé une commanderie templière, une bastide de la Renaissance complétée par l'actuel château de style italien (1862) où Yves Robert tourna le film *Le Château de ma mère*. Les bâtiments et le vignoble de 80 ha, implanté sur

des contreforts argilo-calcaires dominant la plaine des Maures, sont depuis 1802 aux mains des Martin-Maurel, qui se transmettent le bien depuis sept générations. En conversion bio depuis 2017.

Une charmante cuvée avec son nez de fruits exotiques (fruit de la Passion, mangue), suivi d'une bouche tout en légèreté, souple et friande, qui fera mouche autour du barbecue. ⧗ 2018-2019

⊶ B. MAUREL, rte de Lorgues, 83550 Vidauban, tél. 04 94 99 73 00, contact@astros.fr **V** **!** *t.l.j. sf dim. 10h-12h30 14h-18h*

DOM. LE BASTIDON Mourvèdre 2017 ★

■ | 6666 | | - de 5 €

Sous le regard des îles de Port-Cros et de Porquerolles, une imposante bastide provençale, ancienne propriété des chartreuses de la Verne au XVIIIe s., commande un vignoble de 79 ha et quelque 3 000 oliviers. C'est sur ce terroir de schistes réputé de La Londe-les-Maures que la famille Rose, normande d'origine, est venue trouver la chaleur en 1995 et troquer la pomme et le cidre contre le raisin et le vin.

D'un joli rouge profond, ce vin livre un bouquet soutenu de mûre et de cassis. De bonne longueur, ample, dotée de tanins fermes mais sans dureté, la bouche propose un bel écho à l'olfaction. ⧗ 2019-2023

⊶ SASU LE BASTIDON, 853, chem. du Pansard, 83250 La Londe-les-Maures, tél. 06 47 79 56 09, chateau.bastidon@gmail.com **V** **!** *t.l.j. sf dim. 9h-12h30 14h30-18h30 ⊶ Alain Rose*

IGP MONT-CAUME

LA CADIÉRENNE Cuvée spéciale 2017

■ | 30000 | 🍾 | | - de 5 €

Quelque 300 coopérateurs et 635 ha de vignes, des vins en AOC bandol et côtes-de-provence, en IGP Var, Méditerranée et Mont-Caume: la Cadiérenne, créée en 1929, est un acteur qui compte dans le paysage provençal.

Ugni blanc (60 %), clairette et rolle pour ce vin aromatique, ouvert sur les fruits blancs, le buis et des notes de confiserie, frais et persistant en bouche. ⧗ 2018-2020

⊶ SCV LA CADIÉRENNE, quartier Le Vallon, 83740 La Cadière-d'Azur, tél. 04 94 90 11 06, cadierenne@wanadoo.fr **V** **🚶** **!** *r.-v.*

DOM. DE LA FONT DES PÈRES La Reppe 2017 ★

■ | 4000 | 🛢 | | 15 à 20 €

Caroline et Philippe Chauvin ont racheté en 2010 une propriété de 8 ha à Bandol, près du Beausset. Ils ont restructuré le vignoble, aménagé en restanques (terrasses) à flanc de coteau, et le travaillent selon une démarche très raisonnée. Premier millésime en 2014. Après agrandissement, ils exploitent 15 ha en AOC bandol, côtes-de-provence et en IGP.

Née du carignan (70 %), du mourvèdre et du cinsault, cette cuvée vinifiée et élevée sous bois livre un bouquet intense et harmonieux de fruits rouges et de poivre. En bouche, elle apparaît riche, ronde et longue, étayée par des tanins fins. ⧗ 2019-2023

⊶ DOM. DE LA FONT DES PÈRES, chem. de la Font-des-Pères, 83330 Le Beausset, tél. 04 94 15 21 21, contact@lafontdesperes.com **V** **🚶** **!** *t.l.j. 8h-19h ⊶ Chauvin*

DOM. LOU CAPELLAN Rubis 2017 ★

■ | 1500 | 🍾 | | 8 à 11 €

Créé par Séraphin Silvestri, un petit domaine de 4 ha au lieu-dit Les Capelaniers, repris en 1992 par son fils Maurice. La production est alors en vin de table, mais les terrains sont classés en AOC bandol. Arrachage, replantation et premier bandol élaboré en 1996. Aujourd'hui, le vignoble couvre 55 ha, dont 14 en production, sur La Cadière et Le Castellet.

Mourvèdre et carignan à parts quasi égales composent un vin bien fruité au nez comme en bouche, très équilibré, à la fois ample, rond et frais, soutenu par des tanins fins et soyeux. Une cuvée élégante, à boire sur le fruit. ⧗ 2018-2021

⊶ MAURICE SILVESTRI, 1480, chem. de Cuges, 83740 La Cadière-d'Azur, tél. 09 50 05 11 00, loucapelan@hotmail.fr **V** **🚶** **!** *t.l.j. sf dim. lun. 10h-12h 14h-18h*

DOM. PEY-NEUF 2017 ★

■ | 110000 | 🍾 | | 5 à 8 €

Héritier de trois générations de vignerons sur les terres familiales de La Cadière-d'Azur, non loin du port de Bandol, Guy Arnaud a pris en 1982 les rênes du domaine, dont il a porté la superficie à 80 ha (plus de la moitié en AOC bandol), travaillant son vignoble en s'inspirant de la biodynamie, sans certification. Son fils Anthony conduit aujourd'hui la propriété.

Ce rosé associant mourvèdre, grenache, carignan et rolle offre un nez expressif évoquant les agrumes (cédrat, citron vert) et les fruits exotiques. La bouche, fraîche dès l'attaque, ne manque ni d'équilibre ni de gourmandise. ⧗ 2018-2020

⊶ ARNAUD PÈRE ET FILS, 1947, rte de la Cadière, 83270 Saint-Cyr-sur-Mer, tél. 06 03 53 35 33, domaine.peyneuf@wanadoo.fr **V** **🚶** **!** *t.l.j. 9h-12h 15h-18h; dim. 9h-12h*

IGP VAR

Ⓑ DOM. DE LA BARATONNE 2017 ★

■ | 15000 | 🍾 | | 8 à 11 €

Ce domaine, commandé par une bastide construite en 1735, fut cédé en 1790 à Jean-Baptiste Coulome, contrôleur de la Marine à Toulon, qui partagera quelques années plus tard la propriété entre les trois frères Baraton, d'où le nom de Dom. de la Baratonne. Longtemps en sommeil, l'exploitation et son vignoble de 18 ha (en bio certifié depuis 2017) revivent depuis 2011 et sa reprise par la famille Bessudo.

Cet assemblage grenache-cinsault déploie un nez intense de petits fruits rouges (groseille, framboise) et de mangue. La bouche, fraîche et gouleyante, s'achève sur une belle finale fruitée. ⧗ 2018-2019

⊶ DOM. DE LA BARATONNE, 1640, RN 98, quartier la Marone, 83130 La Garde, domaine@labaratonne.com **V** **🚶** **!** *r.-v.* 🏠 ⑤ *⊶ G. Bessudo*

PROVENCE

BASTIDE DE SEGUIRANE 2017 ★

	2000	5 à 8 €

Hériter de quatre générations de vignerons, Georges Gassier a repris en 2005 une partie du domaine familial (4,9 ha) situé aux portes de Saint-Maximin-la-Sainte-Beaume.

Ce 100 % sauvignon blanc en robe pâle délivre un joli bouquet de fruits exotiques et de buis. Un profil bien typé auquel fait écho une bouche équilibrée, qui conjugue fraîcheur, rondeur et suavité. ⧗ 2018-2020

GEORGES GASSIER, Ch. Baron Georges, 13114 Puyloubier, tél. 06 09 96 08 75, baron-georges@wanadoo.fr V r.-v.

DOM. DE LA CÔMBE 2016 ★

	20000		20 à 30 €

La famille Landsberg a repris ce domaine « endormi » en 2009 et l'a entièrement réhabilité en plantant de nouvelles vignes, en rénovant la cave et le chai à barriques (tout en gravité). De nombreux oliviers ont également été plantés pour diversifier la production. Toutes les cultures sont menées en agriculture biologique.

Syrah et cabernet sont à l'origine d'un vin expressif, fruité, épicé et finement boisé. La bouche se révèle ample, chaleureuse et riche, soutenue par des tanins soyeux et fins. Un profil solaire. ⧗ 2018-2023

CH. DE LA CÔMBE, rte de Fréjus, 83490 Le Muy, tél. 04 94 59 12 40, lacombe@chateaulacombe.fr
Famille Landsberg

ESCARAVATIERS 2017 ★

	11000		5 à 8 €

Jules César donna ces terres à l'un des vétérans de la neuvième légion, Caïus Novellïus, qui y implanta les premières vignes. Un héritage que cultive depuis 1928 la famille Costamagna, à la tête d'un vignoble d'une trentaine d'hectares planté sur argilo-calcaires. À noter, le domaine invite tous les étés des artistes à se produire en concert.

Muscat à petits grains (50 %), clairette et rolle ont donné naissance à ce vin pâle, ouvert sur des notes bien typées de rose et de fruits exotiques. En bouche, l'équilibre est de mise, la longueur aussi. Un ensemble cohérent. ⧗ 2018-2021

SNC BM COSTAMAGNA, 514, chem. de Saint-Tropez, 83480 Puget-sur-Argens, tél. 04 94 55 51 80, escaravatiers@wanadoo.fr V t.l.j. sf dim. lun. 10h-12h 14h-18h

DOM. LA LIEUE Carignan 2016 ★

	2250		8 à 11 €

Fondé en 1876 par Batilde Philomène, veuve d'un soyeux lyonnais, ce domaine (77 ha aujourd'hui) se transmet depuis cinq générations au sein de la famille Vial. Converti à l'agriculture biologique dès 1997, le vignoble est conduit par Jean-Louis Vial et son fils Julien. Créée en 1906, la cave a été réaménagée pour permettre des vinifications sur de petits volumes.

Après dix mois de cuve, ce carignan livre un bouquet intense de fruits rouges et d'épices. La bouche suit la même ligne aromatique, soutenue par une bonne structure tannique, encore jeune et ferme. À attendre un peu. ⧗ 2019-2022

JULIEN VIAL, rte de Cabasse, 83170 Brignoles, tél. 04 94 69 00 12, chateau.la.lieue@orange.fr V t.l.j. 9h-12h30 14h-19h; dim. 10h-12h 15h-18h

CAVE SAINT-ANDRÉ 2017

	100000	- de 5 €

Seillons-Source-d'Argens est un village perché plein de charme d'où la vue embrasse la Sainte-Baume, la Sainte-Victoire et Saint-Maximin. Fondée en 1909, sa cave coopérative, après diverses fusions à partir de 1995, dispose de quelque 380 ha. Elle propose des coteaux-varois et des IGP du Var.

De couleur très pâle, cette cuvée dispense au nez des arômes de fruits exotiques et déploie une bouche ample et chaleureuse. ⧗ 2018-2019

CAVE SAINT-ANDRÉ, Les Plaines-de-l'Aire, 83470 Seillons-Source-d'Argens, tél. 04 94 72 14 10, cave.st.andre@gmail.com V t.l.j. sf dim. lun. 9h-12h15 14h-17h45

SAINTE-CROIX 2017 ★

	100000	- de 5 €

L'ancienne ferme fortifiée du XII[e]s. était habitée par les moines lors de la construction de l'abbaye du Thoronet. Fondé en 1927 par Fernand Pélépol, le domaine actuel est conduit depuis 2007 par Stéphane, qui a pris la relève de son père Jacques. Le vignoble compte 50 ha.

Très bien fait, ce rosé saura vous séduire par sa robe limpide et brillante. Le nez, tout en nuances, évoque les petits fruits rouges, tandis que la bouche, équilibrée, se révèle élégante et souple. ⧗ 2018-2019

CH. SAINTE-CROIX, rte du Thoronet, 83570 Carcès, tél. 04 94 80 79 13, chateausaintecroix83@yahoo.fr V r.-v. 4 Pélépol

VAL D'IRIS Cabernet-sauvignon 2016 ★

	10400		11 à 15 €

Un parfumeur grassois planta ici les premières vignes. Il y planta aussi des iris, toujours utilisés pour la fabrication de produits cosmétiques et entretenus par Anne Dor, vétérinaire de premier métier, et son mari Jean-Daniel, à la tête du domaine depuis 1999. Le vignoble compte aujourd'hui un peu plus de 8 ha.

Une belle robe soutenue habille ce vin intense, qui fleure bon les fruits rouges et le poivre. La bouche apparaît riche, ample, soyeuse, dotée de tanins veloutés, au grain fin. ⧗ 2019-2023

DOR, 341, chem. de la Combe, 83440 Seillans, tél. 04 94 76 97 66, info@valdiris.com V t.l.j. sf dim. 11h-18h (sam. 17h)

LA CORSE

La production viticole corse est avant tout orientée vers l'élaboration de vins identitaires portés par des cépages historiquement installés et adaptés aux sols et climats locaux. Les efforts qualitatifs tant au vignoble (gestion des arrachages et des restructurations) qu'en unités de vinification (efforts sur les cuveries, maîtrise des températures) se ressentent bien évidemment dans les vins. Cette évolution qui apporte une vision d'avenir est aujourd'hui associée à un fort développement de la production en agriculture biologique et à un développement de l'œnotourisme.

Une montagne dans la mer. La définition traditionnelle de la Corse est aussi pertinente en matière de vins que pour mettre en évidence ses attraits touristiques. La topographie est en effet très tourmentée dans toute l'île, et même l'étendue que l'on appelle la côte orientale – et qui, sur le continent, prendrait sans doute le nom de costière – est loin d'être dénuée de relief. Cette multiplication des pentes et des coteaux, inondés le plus souvent de soleil mais maintenus dans une relative humidité par l'influence maritime, les précipitations et le couvert végétal, explique que la vigne soit présente à peu près partout. Seule l'altitude en limite l'implantation.

Le relief et les modulations climatiques qu'il entraîne s'associent à trois grands types de sols pour caractériser la production vinicole, dont la majorité est constituée de vins de pays (surtout) et de vins sans indication géographique. Le plus répandu des sols est d'origine granitique; c'est celui de la quasi-totalité du sud et de l'ouest de l'île. Au nord-est se rencontrent des sols de schistes et, entre ces deux zones, existe un petit secteur de sols calcaires.

Des cépages originaux. Associés à des cépages importés, on trouve en Corse des cépages spécifiques d'une originalité certaine, en particulier le nielluciu, donnant des vins au caractère tannique dominant et qui excelle sur le calcaire. Le sciaccarellu, lui, présente plus de fruité et donne des vins que l'on apprécie davantage dans leur jeunesse. Quant au blanc, vermentinu (ou malvasia), il est, semble-t-il, apte à produire les meilleurs vins des rivages méditerranéens.

En règle générale, on consommera plutôt jeunes les blancs et surtout les rosés; ils iront très bien sur tous les produits de la mer et avec les excellents fromages de chèvre du pays, ainsi qu'avec le brocciu. Les vins rouges, eux, conviendront, selon leur âge et la vigueur de leurs tanins, aux différentes préparations de viande et, bien sûr, à tous les fromages de brebis. À noter que certains grands vins blancs, passés ou non en bois, ont une belle aptitude au vieillissement.

AJACCIO

Superficie : 243 ha
Production : 8 800 hl (90 % rouge et rosé)

L'appellation ajaccio borde sur quelques dizaines de kilomètres la célèbre cité impériale et son golfe. Ce terroir d'exception, généralement granitique, permet au sciaccarellu, cépage phare pour les rouges et rosés, et au vermentinu, en blanc, d'exprimer tout leur potentiel.

L'ALZETO Prestige 2017 ★★

■ | 30000 | 11 à 15 €

Ce domaine de 55 ha proche du golfe de Sagone possède la parcelle de vignes la plus élevée de Corse: elle culmine à 500 m d'altitude. La famille Albertini est aux commandes depuis 1800, et c'est aujourd'hui Alexis qui est responsable de l'élaboration des vins.

Ce blanc à reflets paille offre un joli bouquet de fleurs et de clémentine. L'agrume est toujours présente dans une bouche d'une remarquable rondeur, encore flattée par une légère sucrosité. ⧗ 2018-2021

PASCAL ALBERTINI, Clos d'Alzeto, 20151 Sari-d'Orcino, tél. 04 95 52 24 67, contact@closdalzeto.com V *t.l.j. sf dim. 8h-12h 14h-18h*

CLOS CAPITORO 2015 ★

■ | 80000 | ▮ | 11 à 15 €

Fondé dans la seconde moitié du XIXᵉ s., le Clos Capitoro (30 ha aujourd'hui) fut l'un des premiers domaines corses à mettre son vin en bouteilles (1856). Situé sur des coteaux aux sols argilo-siliceux non loin des plages de Porticcio, il est aujourd'hui conduit par Jacques Bianchetti, œnologue, secondé par sa fille Éloïse.

Un vin rouge à pleine maturité, en habit carmin. Les arômes évoquent les fruits noirs, l'orange sanguine et la pâte de fruits rouges. On découvre ensuite une bouche ample, harmonieuse et intense, dotée de tanins fins. ⧗ 2018-2024 ■ **2017 (11 à 15 €; 18000 b.)** : vin cité.

JACQUES BIANCHETTI, Pisciatella, 20117 Cauro, tél. 04 95 25 19 61, info@clos-capitoro.com V *r.-v.*

♥ CLOS ORNASCA 2017 ★★

■ | 16600 | ▮ | 8 à 11 €

Un petit domaine adossé à la montagne, à quelques kilomètres de la mer – 13 ha d'un seul tenant, sur un sol granitique. Il est conduit depuis 2002 par Jean-Antoine Manenti et Laetitia Tola, fille du fondateur Vincent Tola. Après des années d'agriculture très raisonnée, les vignerons ont engagé la conversion bio. Un domaine qui s'affirme d'année en année.

Troisième coup de cœur consécutif pour ce rosé, le palmarès mérite d'être souligné. Au cœur de cette cuvée,

CORSE

le sciaccarellu, cépage roi de l'ajaccio. Élégance, le mot revient sur toutes les fiches, à toutes les étapes de la dégustation. On lit aussi : intensité du nez, complexité de la palette aromatique, entre fleurs, fruits rouges, agrumes et bonbon, avec une touche iodée en bouche; puissance, ampleur soyeuse, vivacité alerte, persistance... Il fait l'unanimité, ce vin structuré et gourmand, qui laisse une impression de légèreté grâce à sa fraîcheur. ⧗ 2018-2019 ■ **Stella 2016 (11 à 15 €; 3200 b.)** : vin cité.

TOLA-MANENTI, 20117 Eccica-Suarella, tél. 04 95 25 09 07, closornasca@orange.fr V *t.l.j. sf dim. 8h-12h 15h-19h (14h-18h en hiver) Tola-Manenti*

♥ DOM. COMTE PERALDI 2016 ★★

■ | 101200 | 8 à 11 €

Établi à la lisière d'Ajaccio, ce domaine constitué avant la Révolution par de lointains ancêtres des propriétaires actuels a été acquis en 1965 et restauré par Louis de Poix, promoteur de l'appellation. Après la disparition prématurée de Guy de Poix en 2011, c'est son fils qui entretient la grande notoriété de ce vignoble, l'un des plus vastes de l'appellation avec 55 ha.

D'une belle couleur rubis clair, ce 2016 offre un nez complexe et généreux qui mêle la groseille, la framboise, la mûre, la girofle, la cannelle et des nuances balsamiques. On retrouve ces arômes, agrémentés de saveurs de cerise burlat, dans un palais velouté, à l'acidité parfaitement dosée et muni de tanins fins et fondus. ⧗ 2018-2024 ■ **2017 ★★ (8 à 11 €; 40000 b.)** : plus d'un dégustateur aurait donné un coup de cœur à ce rosé né d'une macération de sciaccarellu (60 %) et d'un pressurage de cinsault (30 %) et de nielluccìu. Robe saumon vif, nez expressif et gourmand, tout en fruits rouges, palais ample et opulent, tonifié par une plaisante fraîcheur acidulée, longue finale: un vin aussi consistant qu'harmonieux. ⧗ 2018-2019 ■ **2017 ★ (8 à 11 €; 7900 b.)** : drapé de jaune soleil, ce blanc fin, encore discret dans son expression, évoque la rose et la mandarine. ⧗ 2018-2021

EARL DOM. PERALDI, chem. du Stiletto, 20167 Mezzavia, tél. 04 95 22 37 30, info@domaineperaldi.com V *t.l.j. sf dim. 8h30-12h 14h-17h30; sam. 8h30-12h Tyrel de Poix*

DOM. DE PIETRELLA 2017 ★

■ | 30000 | 5 à 8 €

Ce beau domaine de 38 ha situé dans la commune de Cauro a été créé par les frères Lucien et Jean-Martin Tirroloni en 1989. Toussaint, fils de ce dernier, a poursuivi son œuvre, en plantant des cépages autochtones. Il s'emploie à élaborer ses vins dans la grande tradition des ajaccio.

Les dégustateurs ont particulièrement apprécié les arômes floraux de ce blanc très printanier. Ils ont aussi aimé son palais de belle longueur, frais et friand. ⧗ 2018-2021 ■ **2016 ★ (5 à 8 €; 50000 b.)** : bien typé, ce vin navigue entre poivre blanc et écorce d'orange à l'olfaction. Bâti sur des tanins soyeux, le palais apparaît rond, gourmand et harmonieux. ⧗ 2018-2022

TOUSSAINT TIRROLONI, Dom. de Pietrella, 20117 Cauro, tél. 06 11 36 41 20, info@domainedepietrella.com V *t.l.j. sf dim. 9h-12h 14h30-18h30*

DOM. DE PRATAVONE Cuvée Tradition 2016 ★

■ | 50000 | 8 à 11 €

Cette propriété d'environ 50 ha située non loin du site préhistorique de Filitosa est dirigée par Isabelle Courrèges. Elle en a modernisé le chai en 2012, le dotant d'un équipement à la pointe de la technologie, et a engagé en 2015 la rénovation des bâtiments.

Ce beau vin rouge sombre aux reflets violines surprend dès l'olfaction par son côté intensément fruité (framboise et mûre) et épicé. Ample en bouche, sans agressivité, il allie longueur et complexité. ⧗ 2018-2023 ■ **Cuvée Tradition 2017 (8 à 11 €; 29000 b.)** : vin cité.

SCEA DOM. DE PRATAVONE, D757, 20123 Cognocoli-Monticchi, tél. 04 95 24 34 11, domainepratavone@wanadoo.fr V *t.l.j. sf dim. 8h-12h 14h-18h; ouv. dim. en juil.-août Courrèges*

La Corse

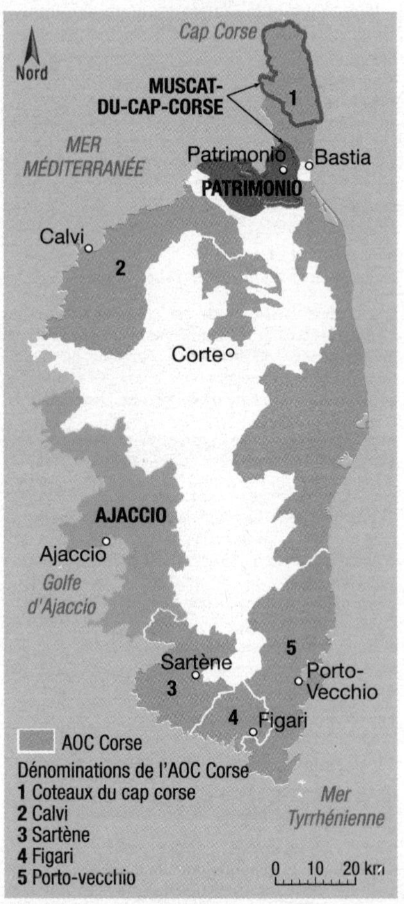

DOM. DE LA SORBA 2017 ★★

■	16000	8 à 11 €

Louis Musso a pris les rênes en 2000 du domaine fondé par son père, qui était coopérateur. À la tête d'un vignoble de 20 ha, il a doté l'exploitation d'un outil moderne de vinification.

Un 2017 très prometteur. D'un seyant rouge pourpre, centré au nez sur les fruits à noyau, et le poivre, il se montre frais et séveux en bouche. Mais, si près de sa vendange, cet assemblage de sciaccarellu, de grenache et de niellucciu présente des tanins encore assez marqués. Du caractère et du potentiel. ⧗ 2019-2026

LOUIS MUSSO, EARL Dom. San Biaggio, rte du Finosello, 20090 Ajaccio, tél. 06 10 85 10 98, domainedelasorba@wanadoo.fr V *r.-v.*

CORSE OU VIN-DE-CORSE

Superficie : 2 150 ha
Production : 90 360 hl (90 % rouge et rosé)

L'AOC corse ou vin-de-corse peut être produite dans les trois couleurs sur l'ensemble des terroirs classés de l'île, à l'exception de l'aire d'appellation patrimonio, au nord. Selon les régions et les domaines, les proportions respectives des différents cépages ainsi que les variétés des sols apportent aux vins des tonalités diverses. Les nuances régionales justifient une dénomination spécifique de microrégions, dont le nom peut être associé à l'appellation (Coteaux-du-Cap-Corse, Calvi, Figari, Porto-Vecchio, Sartène). La majeure partie de la production est issue de la côte orientale.

♥ **DOM. D'ALZIPRATU** Calvi Pumonte 2017 ★★

■	20000	20 à 30 €

Créé en 1968 au nord-ouest de l'Île de Beauté par le baron Henry-Louis de La Grange, le domaine aujourd'hui conduit par Pierre Acquaviva et Cécilia, son épouse, couvre 43 ha répartis sur trois terroirs autour du couvent d'Alzipratu. Il bénéficie de la double influence climatique de la mer et de la montagne. Une référence (très) sûre pour ses Calvi, dans les trois couleurs.

Amener le cépage vermentinu à son paroxysme aromatique: une fois encore, Pierre Acquaviva et Vincent Crépin, respectivement propriétaire et maître de chai du domaine, y réussissent magnifiquement. Ce Pumonte se révèle ouvert sur la mangue, le pamplemousse et le kumkwat, et déploie un palais parfaitement équilibré, à la fois frais et rond, ample et long. ⧗ 2018-2022 ■ **Calvi Pumonte 2017 ★★ (15 à 20 €; 15000 b.)** : issus de sols granitiques, sciaccarellu et grenache, épaulés par le niellucciu, composent ce rosé pastel, proche du coup de cœur. Intense et délicat, très floral, légèrement fruité, le nez enchante. On retrouve cette finesse dans une bouche à la fois soyeuse et croquante, teintée d'une touche réglissée. La longue finale laisse le souvenir d'une rare élégance. ⧗ 2018-2019 ■ **Calvi Pumonte 2016 ★ (20 à 30 €; 24000 b.)** : un vin aux notes épicées et fumées, bâti sur des tanins soyeux et doux, qui pourra attendre en cave. ⧗ 2019-2022

PIERRE ACQUAVIVA, rte de Zilia, 20214 Zilia, tél. 04 95 62 75 47, bureau@alzipratu.com V *t.l.j. sf dim. 9h-12h 14h-17h; sam. ouvert en saison*

Ⓑ **CASTELLU DI BARICCI** Sartène 2017 ★

■	7000		20 à 30 €

Établie dans la vallée de l'Ortolo au sud de l'Île de Beauté, la famille Quilichini cultive la vigne depuis le début du XIXᵉs. Elle a redonné vie à partir de 2000 à ce domaine, plantant vignes (14,5 ha aujourd'hui) et oliviers (12 ha) pour produire vins et huiles d'appellation. En 2010, Élisabeth Quilichini a pris les rênes de la propriété dont elle a engagé la conversion bio (certification en 2013).

Jaune brillant et cristallin, ce vermentinu bien ciselé jouit d'une belle harmonie générale. Au nez, il dévoile des arômes floraux et vanillés (huit mois de fût), prolongés par une bouche raffinée, d'une fraîcheur délicate et de belle longueur. ⧗ 2018-2021

ÉLISABETH QUILICHINI, vallée de l'Ortolo, 20100 Sartène, tél. 09 88 99 30 62, info@castelludibaricci.com V *r.-v.*

♥ Ⓑ **CLOS CULOMBU** Calvi 2017 ★★

■	60000		8 à 11 €

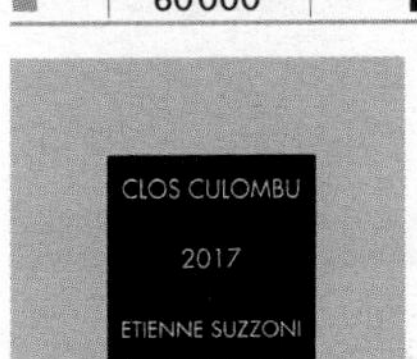

Situé au nord-ouest de l'Île de Beauté près de Calvi, sur un terroir d'arènes granitiques, ce domaine couvrant aujourd'hui 59 ha a été planté à partir de 1973 par Paul Suzzoni. Son frère cadet Étienne a pris le relais en 1986, construisant une nouvelle cave et plantant des cépages autochtones (18 variétés). Exploitée selon une démarche bio dès l'origine, la propriété a obtenu la certification en 2013.

Le sciaccarellu (60 %), le niellucciu et un appoint de cinsault sont à l'origine de ce rosé à la robe brillante, saumon pâle, qui a enchanté nos dégustateurs. Intense, le nez allie des fragrances délicates de fleurs blanches – de cerisier, de clémentinier – à des notes fraîches d'agrumes et à des arômes gourmands de fruits rouges. Cette intensité se prolonge en bouche, où une belle vivacité aux accents de pamplemousse vient étirer une matière ample à souhait. De la présence, de la fraîcheur et de la persistance. ⧗ 2018-2019 ■ **Calvi 2017 ★★ (8 à 11 €; 60000 b.)** Ⓑ : ce vermentinu diaphane propose un nez très aromatique et complexe, à la fois exotique, minéral et miellé. Une minéralité que l'on retrouve dans une bouche d'une grande fraîcheur. ⧗ 2018-2021

ÉTIENNE SUZZONI, chem. San-Petru, 20260 Lumio, tél. 04 95 60 70 68, contact.culombu@gmail.com V *t.l.j. sf dim. 9h-12h 13h30-18h*
Suzzoni

CORSE

CLOS LANDRY Calvi Rouge Traditionnel 2015

■ | 17000 | | 11 à 15 €

Créé en 1900 par Timothée Landry, ce domaine se situe à proximité de l'aéroport de Calvi, au nord-ouest de la Corse. Dans la famille de Cathy Paolini depuis quatre générations, il occupe 25 ha complantés des cépages traditionnels: sciaccarellu, grenache, nielluciu, vermentinu.

Tout en rondeur, souple et de bonne longueur, bâti sur des tanins ronds et policés, ce 2015 se veut convivial et gourmand. À déguster sur le fruit. ⧗ 2018-2020 ■ **Calvi Blanc des copines 2017 (11 à 15 €; 5000 b.)** : vin cité.

PAOLINI, rte de l'Aéroport, 20260 Calvi, tél. 06 85 84 45 09, vinsclosl andry@gmail.fr t.l.j. sf dim. 9h-12h30 14h-19h

CLOS LUCCIARDI Cuvée Signora Catalina 2016 ★★

■ | 6000 | | 11 à 15 €

Josette et Joseph Lucciardi ont repris en 2004 l'exploitation familiale, après une période de fermage. Situé dans la partie orientale de l'Île de Beauté, entre mer et montagne, le vignoble est enraciné dans le sol argilo-caillouteux des coteaux d'Antisanti, sur les anciennes terrasses alluviales du Tavignano. Il couvre environ 14 ha.

Drapé d'un rouge violine profond, ce 2016 dévoile un nez tout en fruit, avec une dominante de mûre sauvage relevée de poivre blanc. La bouche, longue, ample et fruitée, est d'une rondeur gourmande. Une harmonie remarquable. ⧗ 2018-2024 ■ **Signora Catalina 2017 (8 à 11 €; 9700 b.)** : vin cité.

LUCCIARDI, Dom. de Pianiccione, 20270 Antisanti, tél. 06 77 07 27 34, contact@closlucciardi.com r.-v.

CLOS NICROSI Coteaux du Cap corse Blanc 2017

■ | 11000 | | 11 à 15 €

Fondée en 1850 par Dominique Nicrosi, restaurée un siècle plus tard par ses arrière-petits-enfants, la propriété, dont certaines limites sont la Méditerranée, a presque les pieds dans la mer. Jean-Noël Luigi et ses enfants, Marine et Sébastien, sont d'ardents défenseurs des muscats de tradition. À Rogliano, ils conduisent 10 ha de vignes plantées sur un terroir riche en minéraux et constitué de schistes dégradés et d'alluvions.

Le nez de ce blanc rappelle l'immortelle et le thym chauffé au soleil du Cap corse. Ce caractère chaleureux est toujours présent dans une bouche d'une belle amplitude, soulignée par une pointe discrète de vivacité en finale. ⧗ 2018-2021

LUIGI, 20247 Rogliano, tél. 04 95 35 41 17, clos.nicrosi@orange.fr t.l.j. sf dim. 10h-12h 16h-19h; 30 sept.-1er juin sur r.-v.

ENCLOS DES ANGES Calvi Semper Fidelis 2017

■ | n.c. | 5 à 8 €

Le *winemaker* anglo-irlandais Richard Spurr s'est formé au vin en Languedoc, suivant des cours universitaires à Montpellier où il a rencontré Marjorie, professeur d'œnologie. Il a abordé la Corse comme consultant, avant de s'installer en Balagne en 2007 sur un vignoble de 15 ha à l'abandon. Les Spurr conduisent aujourd'hui 20 ha.

Toujours fidèles aux cépages insulaires, les Spurr ont marié dans cette cuvée le niellucciu (60 %) et le sciaccarellu. Il en résulte un rosé plaisant, malgré une approche discrète: robe saumon pâle, nez s'ouvrant à l'aération sur les fleurs et un fruité varié, avec une touche végétale, bouche bien équilibrée, à la fois ronde, suave et vive, réglissée en finale. ⧗ 2018-2019

RICHARD ET MARJORIE SPURR, rte de la Forêt-de-Bonifatu, 20260 Calvi, tél. 06 19 85 16 39, richard@enclosdesanges.fr r.-v. Richard et Marjorie Spurr

DOM. DE LA FIGARELLA Calvi 2017

■ | 11400 | 8 à 11 €

Implanté à Calenzana, près de Calvi, dans la partie nord-ouest de l'île, ce domaine de 34,5 ha en conversion bio a été créé par François Acquaviva en 1966. Le fils de ce dernier, Achille, a repris le vignoble dans les années 1980. C'est aujourd'hui Marina, petite-fille du fondateur, qui assure le suivi des vignes et des vinifications.

Le nez dévoile des notes douces de caramel. La bouche, centrée quant à elle sur les fruits rouges, se montre encore assez fougueuse. À attendre un peu pour plus de maturité. ⧗ 2019-2021

ACHILLE ACQUAVIVA, rte de l'Aéroport, Dom. de la Figarella, 20214 Calenzana, tél. 06 60 29 00 04, domainefigarella@wanadoo.fr t.l.j. sf dim. 11h-12h30 16h-19h

Ⓑ **DOM. FIUMICICOLI** Sartène 2017 ★

■ | 40000 | | 11 à 15 €

Ce vignoble situé à l'extrême sud de la Corse fait partie des incontournables du Sartenois. Une très belle propriété de 75 ha conduite en bio par Félix et Simon Andréani, vignerons rigoureux et vinificateurs de talent.

Ce vermentinu s'habille de jaune clair aux reflets verts brillants. Tout en agrumes à l'olfaction, on devine immédiatement qu'il sera frais et tonique en bouche: c'est bien le cas. Un vin énergique, tout indiqué pour les produits de la mer. ⧗ 2018-2021

DOM. FIUMICICOLI, rte de Levie, 20100 Sartène, tél. 04 95 77 10 20, domainefiumi-contact@orange.fr r.-v.

Ⓑ **DOM. DE GRANAJOLO**
Porto Vecchio Cuvée Monika 2015 ★★

■ | 20000 | | 8 à 11 €

Ce domaine, fondé par André et Monika Boucher en 1974, se flatte d'avoir été le premier, en Corse, à avoir obtenu une certification bio, en 1982. À la disparition de son père, Gwenaële, œnologue, forte d'une première expérience en France et en Australie, a repris la gestion de la propriété (20 ha) avec sa mère en 2002.

Ce très beau rouge, brillant comme un rubis, séduit d'emblée par la finesse de son bouquet évoquant les fruits rouges et le poivre noir. En bouche, on retient sa remarquable onctuosité et son intense fruité, sur une dominante de cassis. Le niellucciu à son meilleur. ⧗ 2019-2024 ■ **Porto Vecchio Cuvée Monika 2017** ★

(8 à 11 €; 6596 b.) Ⓑ : un blanc bien épicé, à dominante poivrée, frais et long en bouche. ⧗ 2018-2021

⊶ *GWENAËLE BOUCHER, La Testa, 20144 Sainte-Lucie-de-Porto-Vecchio, tél. 06 07 63 86 59, info@granajolo.fr* V ▪ *r.-v.*

DOM. MAESTRACCI Calvi E Prove 2015

■	n.c.	🛢🍾	15 à 20 €

Domaine de 30 ha implanté en Balagne, au nord-ouest de l'île, dans une vallée dominée par le Monte Grossu. À l'origine, un vignoble et une oliveraie achetés en 1893 par l'arrière-grand-père de l'actuelle vigneronne. Après 1945, Roger Maestracci agrandit et restructure l'exploitation, qu'il transmet à sa fille et à son gendre, Dominique et Michel Raoust. En 2012, leur fille Camille-Anaïs a pris leur suite. Elle a initié la conversion à la biodynamie du domaine.

Ce rouge encore nerveux présente au nez des arômes boisés très marqués. En bouche, le bois est également très présent, chocolaté et vanillé. Avis aux amateurs. ⧗ 2019-2023

⊶ *CAMILLE-ANAÏS CHOIX-RAOUST, E Prove, 20225 Feliceto, tél. 04 95 61 72 11, contact@domaine-maestracci.com* V ▪ ▪ *r.-v.*

DOM. DU MONT SAINT-JEAN
Cuvée Castellu Vecchiu 2017 ★★

■	20000	🍾	5 à 8 €

Cette belle propriété est gérée par la famille Pouyau depuis plus de deux siècles. Sur les coteaux d'Antisanti, à l'ouest de la commune d'Aléria, Roger et sa fille Julia conduisent un vaste vignoble de 95 ha qui s'étend tout autour de la cave.

La grande maturité de ce 2017 en dit long sur le beau travail réalisé dans la vigne. Le nez présente une palette aromatique évoquant les fruits rouges légèrement confits, ainsi que le pain grillé. En bouche, la première sensation est l'équilibre tannique, puis apparaissent de délicats arômes épicés accompagnés de belles notes florales de rose, avant une longue finale finement mentholée. ⧗ 2018-2023

⊶ *ROGER POUYAU, Campo Quercio, 20270 Antisanti, tél. 04 95 57 13 21, montstjean@wanadoo.fr* V ▪ ▪ *r.-v.*

DOM. ORSINI Calvi 2017 ★★

■	12400	🍾	5 à 8 €

Tony Orsini conduit un domaine familial créé en 1962, situé sur les coteaux de Calenzana, dominant la baie de Calvi. Son vignoble de 21 ha est surtout planté de cépages insulaires: outre les cépages de l'appellation comme le niellucciu, le sciaccarellu et le vermentinu, ou encore le muscat, des cépages moins connus comme le bianco gentile. La propriété propose aussi apéritifs, liqueurs et confiseries.

À dominante de sciaccarellu (80 %, avec le niellucciu en complément), cette cuvée d'un rose tendre charme par son élégance florale. Chèvrefeuille et lilas composent un nez à la fois intense et délicat. La bouche raffinée suit la même ligne aromatique, avec fraîcheur et longueur. Une finesse aérienne. ⧗ 2018-2019 ■ **Calvi Vermentinu 2017 ★ (8 à 11 €; 14000 b.)** : d'un jaune clair et lumineux, ce vermentinu très pur présente de belles notes minérales rehaussées de nuances fumées. La bouche, bien équilibrée, conjugue une belle droiture et un côté mûr. Un joli blanc de terroir. ⧗ 2018-2021

⊶ *SAS DOM. ORSINI, 20214 Calenzana, tél. 06 80 41 50 83, domaine.orsini@orange.fr* V ▪ *t.l.j. 9h30-12h30 14h-19h*

Ⓑ **DOM. DE PETRA BIANCA**
Figari Vinti Legna 2015 ★★

■	9500	🛢	11 à 15 €

Joël Rossi et Jean Curallucci ont repris en 1990 cette propriété de 60 ha, implantée sur un terroir granitique. Situé dans la commune de Figari, à l'extrémité sud de l'Île de Beauté, le domaine est conduit en bio.

L'élevage sous bois de douze mois aura permis à cette cuvée d'acquérir une belle maturité aromatique et tannique. Le fruit est bien présent au nez, relevé d'une pointe boisée aux tonalités de noisette. Le palais apparaît long, à la fois puissant et velouté, doté de tanins enrobés. ⧗ 2018-2023 ■ **Figari Vinti Legna 2017 (15 à 20 €; 3200 b.)** Ⓑ : vin cité.

⊶ *DOM. PETRA BIANCA, lieu-dit Petra-Grossa, 20114 Figari, petra.bianca@sfr.fr* V ▪ ▪ *r.-v.*
⊶ *Rossi*

DOM. PETRA FESSA Cuvée Laudria 2017 ★

■	2900	🛢🍾	11 à 15 €

Propriété familiale depuis 1989, ce domaine situé en Haute-Corse est conduit par Laura et Andria Mondange.

Une belle entrée dans le Guide avec cette cuvée qui enchante par sa palette aromatique alliant les agrumes et le thé vert. En bouche, la fraîcheur est nette; on y perçoit quelques notes boisées (une partie de l'assemblage a été élevée sous bois durant neuf mois), avant une belle finale poivrée. Un vin charmeur et abouti. ⧗ 2018-2023

⊶ *EARL SPARGOLATO MONDANGE, Saint-Antoine, 20240 Ghisonaccia, tél. 06 17 05 34 79, contact@petrafessa.coml* V ▪ ▪ *r.-v.*

DOM. PIERETTI Cap corse Marine 2017 ★★

■	5500	🍾	20 à 30 €

Lina Pieretti a pris en 1989 la relève de son père Jean qui vinifiait à l'ancienne le produit de ses 3 ha, foulant aux pieds ses raisins. Elle a équipé le domaine d'une cave au bord de la mer et bichonne ses vignes balayées par les vents parfois violents du Cap corse – 11 ha répartis dans plusieurs communes du Cap, sur des sols rocailleux, argilo-schisteux.

D'un blanc cristallin, cette cuvée qui porte bien son nom s'ouvre sur de magnifiques notes minérales et salines, agrémentées de parfums de jasmin et de fleur de poirier. En bouche, la rondeur l'emporte sur la vivacité. ⧗ 2018-2022 ■ **Cap corse A Murteta 2016 ★ (15 à 20 €; 3800 b.)** : issu en majorité de grenache, cette cuvée présente de belles notes de cuir, d'épices douces et de fruits mûrs et se montre équilibrée en bouche, dotée de tanins enrobés. ⧗ 2018-2023

⊶ *LINA VENTURI-PIERETTI, Santa-Severa, 20228 Luri, tél. 06 17 93 92 17, domainepieretti@orange.fr* V ▪ ▪ *r.-v.*

DOM. POLI 2017 ★

■	15000	🍾	5 à 8 €

Éric Poli, fils d'Ange Poli (Dom. de Piana), a d'abord travaillé à Paris en salle des marchés avant de revenir à ses racines corses et vigneronnes. Également responsable de domaines en patrimonio, il a créé cette exploitation en 2007 non loin de la côte orientale. Il est aujourd'hui à la tête de 43 ha de vignes.

Une élégance discrète pour ce rosé issu de pur niellucciu. Robe rose tendre à reflets violines, nez réservé, subtilement floral et fruité, bouche équilibrée et expressive, plaisante par sa finale suave, de bonne longueur. ⧗ 2018-2019 ■ **2017 (5 à 8 €; 7000 b.)** : vin cité.

ÉRIC POLI, lieu-dit Punticchiu, 20230 San-Nicolao, tél. 06 19 42 54 91, clos.alivu@orange.fr t.l.j. 9h-12h30 16h-20h; f. de nov. à avr.

PRESTIGE DU PRÉSIDENT 2015 ★★

■	25000	🛢	8 à 11 €

Fondée en 1958, la SCA UVIB est la plus grande coopérative vinicole de Corse. Établie à Aléria, non loin de l'étang de Diana, elle vinifie quelque 1 700 ha de vignes appartenant à une centaine d'adhérents.

La puissance est de mise pour ce rouge né du solaire millésime 2015. Rouge grenat, sans nuances d'évolution, il propose à l'olfaction un festival aromatique des plus originaux: poivre, cannelle, note fumée, tourbe, fruits mûrs. En bouche, le velouté des tanins et les fruits rouges viennent parfaire ce tableau généreux et complexe. ⧗ 2018-2024 ■ **2017 ★★ (8 à 11 €; 40000 b.)** : «joli vin moderne et stylé», écrit un juré après avoir reposé son verre. Comprenez: une robe pastel, rose tendre; un nez expressif, élégant et tonique, entre fleurs blanches et agrumes, pamplemousse en tête; une bouche à l'unisson, qui ajoute à cette palette un fruit rouge gourmand tout en maintenant jusqu'en finale cette ligne fraîche. Les cépages? Du sciaccarellu surtout, avec un appoint de niellucciu. ⧗ 2018-2019 ■ **2017 ★ (8 à 11 €; 8000 b.)** : ce joli blanc très expressif au nez (agrumes, fleurs blanches) séduit par son équilibre entre rondeur et fraîcheur citronnée en bouche. ⧗ 2018-2021

SCA UVIB, Padulone, 20270 Aléria, tél. 04 95 57 02 48, aleymarie@uvib.fr r.-v.

DOM. RENUCCI Calvi Vignola 2017

■	26000	🍾	11 à 15 €

Domaine familial établi en Balagne, au nord-ouest de l'île, dans la vallée du Reginu. Les Renucci ont commencé à travailler la vigne en 1850. Parmi leurs clients, ils comptaient alors des églises et des couvents. En 1960, Joseph Renucci hérite du domaine, qu'il transmet en 1991 à son fils Bernard et son épouse. Complanté essentiellement en cépages locaux, le vignoble s'étend aujourd'hui sur 20 ha.

Ce blanc dévoile à l'olfaction de jolis arômes de mirabelle et de poire. En bouche, il se montre souple, frais et léger. Parfait pour l'apéritif. ⧗ 2018-2020

BERNARD RENUCCI, Dom. Renucci, 20225 Feliceto, tél. 06 13 61 84 61, domaine.renucci@wanadoo.fr t.l.j. sf dim. 10h-12h 15h-18h30; f. oct.-mars

Ⓑ **A. RONCA** Calvi 2017 ★★

■	8600	8 à 11 €

En 2006, Marina Acquaviva a repris une partie du domaine familial Figarella pour créer sa propre marque. Son exploitation, convertie à l'agriculture biologique, compte 19,5 ha.

Un blanc très pâle qui pourrait laisser imaginer un caractère timide. Le nez démontre l'inverse avec une expression intense: fleurs blanches, agrumes, infusion de tilleul, touche mentholée, nuances minérales. Le charme continue d'opérer dans une bouche aussi large que longue, d'une belle fraîcheur. ⧗ 2018-2021

MARINA ACQUAVIVA, Dom. A Ronca, rte de l'Aéroport, 20214 Calenzana, tél. 06 87 55 55 45, aronca@orange.fr t.l.j. sf dim. 11h-12h30 16h-19h

SAMPIERE CORSO 2017 ★

■	13300	🍾	5 à 8 €

Créée en 1975, la cave d'Aghione, la troisième structure coopérative de l'île, vinifie la production de quelque 800 ha de vignes et regroupe une trentaine d'exploitations en bordure de la plaine orientale. 2017 voit l'arrivée d'une chaîne d'embouteillage aussi bien pour les vins tranquilles que pour les effervescents. Le président actuel, André Casanova, a donné son nom à la marque principale commercialisée par la cave.

Limpide et brillant, ce blanc présente de jolies notes fruitées et de surprenantes notes muscatées à l'olfaction. En bouche, il se révèle ample, frais, très aromatique, à l'unisson du bouquet, et de bonne longueur. ⧗ 2018-2021 ■ **2017 (8 à 11 €; 26650 b.)** : vin cité.

CAVE COOPÉRATIVE D' AGHIONE, lieu-dit Aristone, 20240 Ghisonaccia, tél. 04 95 56 60 20, coop.aghione.samuletto@yahoo.fr t.l.j. sf sam. dim. 9h-16h

SAN MICHELI Sartène 2017 ★

■	6000	11 à 15 €

Le domaine San Micheli, l'un des plus anciens de l'appellation corse Sartène, est dans la famille des vignerons depuis le XVIIIes. Jean-Paul et Bénédicte en ont pris les commandes en 1970. Exposé au sud-ouest, leur vignoble couvre 22 ha.

Un blanc d'une belle harmonie, souple et frais, mais encore un peu timide dans son expression aromatique, plutôt florale, agrémentée en finale d'une agréable petite note grillée. ⧗ 2019-2021 ■ **Sartène Alfieri Polidori 2016 (20 à 30 €; 30000 b.)** : vin cité.

JEAN-PAUL PHELIP, 24, rue Jean-Jaurès, 20100 Sartène, tél. 04 95 73 15 75, contact@domainesanmicheli.com t.l.j. 9h-12h 15h-19h

SANT ANTONE 2016

■	20000	🍾	- de 5 €

Née en 1975 de la volonté des vignerons des coteaux de Saint-Antoine, cette cave coopérative couvre 350 ha en plaine orientale, près de Ghisonaccia. Les trois quarts du vignoble sont implantés sur l'AOC corse.

La dominante de niellucciu dans cet ensemble de trois cépages confère à ce 2016 une belle puissance. Les fruits rouges sont bien présents, rehaussés d'une note légèrement végétale. Quelques mois à l'ombre de la cave lui suffiront pour se révéler. ⧗ 2019-2022

⊶ CAVE COOPÉRATIVE DE SAINT-ANTOINE, Saint-Antoine, 20240 Ghisonaccia, tél. 04 95 56 61 00, info@cavesaintantoine.com V *r.-v.*

DOM. SAPARALE Sartène Casteddu 2015 ★

■	40000		15 à 20 €

Nichée dans la vallée de l'Ortolo, entre Sartène et Bonifacio, au sud de l'île, cette propriété a été fondée au XIXᵉs. par Philippe de Rocca Serra. Elle a repris vie en 1998 avec l'arrivée à sa tête de Philippe Farinelli, œnologue de talent et vinificateur averti, descendant du fondateur. Le domaine couvre 50 ha.

Cet assemblage à majorité de niellucciu, d'un beau rouge grenat, est un peu fermé au premier nez. Après une courte aération, il révèle de fines notes réglissées et torréfiées. Son élevage en foudres durant une année aura permis d'adoucir les tanins. À servir en carafe si vous comptez le déguster dès la sortie du Guide. ⧗ 2018-2024 ■ **Sartène 2017 ★ (8 à 11 €; 40000 b.)** : un blanc tout en fraîcheur et en tonicité, ouvert sur des fragrances d'herbe fraîche et de fruits blancs, doté d'une bouche fraîche et énergique. ⧗ 2018-2021

⊶ EARL DOM. SAPARALE, vallée de l'Ortolo, 20100 Sartène, tél. 04 95 77 15 52, contact@saparale.com V *t.l.j. sf dim. 10h-18h*

DOM. DE TANELLA Figari Cuvée Alexandra 2016 ★★★

■	80000	11 à 15 €

Fondé par la famille de Peretti Della Rocca en 1870, ce domaine de 60 ha d'un seul tenant, établi sur des arènes granitiques et transmis de père en fils depuis sa création, est conduit par Jean-Baptiste depuis 1975. Un des fleurons du terroir de Figari, au sud de l'Île de Beauté.

D'un très beau rouge rubis, ce vin de haute expression présente un nez subtil et complexe de fruits rouges, de menthol, de réglisse et de café. Des arômes prolongés tout aussi harmonieusement par une bouche d'une rondeur diablement séductrice, qui ne manque ni de fraîcheur ni de structure, et qui s'étire dans une très longue finale évoquant la garrigue. ⧗ 2019-2025 ■ **Figari Cuvée Alexandra Cuvée Prestige 2017 ★ (11 à 15 €; 40000 b.)** : née de pur sciaccarellu, une cuvée rose orangé pâle, d'une belle tenue: nez expressif, partagé entre fleurs blanches et notes fruitées, bouche florale et épicée, de bonne longueur, bien équilibrée entre rondeur et vivacité. ⧗ 2018-2019

⊶ SAS DE PERETTI DELLA ROCCA, rte de Bonifacio, 20137 Porto-Vecchio, tél. 04 95 70 46 23, tanella@wanadoo.fr V *t.l.j. 9h-20h*

DOM. TERRA VECCHIA 2016 ★

■	20000	5 à 8 €

En Corse orientale, vers la Costa Serena, entre maquis, mer et étang de Diana, Terra Vecchia et Clos Poggiale constituent un vignoble de 200 ha. Il était déjà cultivé par les Romains – ce que rappelle le nom de Terra Vecchia (« Terres anciennes »). Jean-François Renucci l'a acheté en 2011 à la famille Skalli.

Cet assemblage de niellucciu et de syrah s'ouvre sur une palette de fruits rouges très mûrs que vient titiller une pointe de menthol très agréable. Le subtil équilibre entre tanins fondus et fruité soutenu donne un vin généreux qui pourra être servi dès aujourd'hui ou conservé en cave. ⧗ 2018-2023 ■ **Clos Poggiale 2017 ★ (8 à 11 €; 22500 b.)** : bien connu de nos lecteurs, un rosé de pur niellucciu. Robe claire et limpide; nez d'une discrète élégance, livrant à l'aération des parfums de fruits rouges qui s'affirment au palais; bouche plus expressive, vive en attaque, souple dans son développement, à la longue finale réglissée. Fraîcheur et finesse. ⧗ 2018-2019 ■ **2017 (- de 5 €; 20000 b.)** : vin cité.

⊶ RENUCCI, lieu-dit Terra Vecchia, 20270 Aléria, tél. 04 95 32 33 01, jf.renucci@orange.fr V *t.l.j. sf dim. 10h-18h (16h en hiver)*

DOM. DE TORRACCIA Porto Vecchio Oriu 2017 ★

■	4000	15 à 20 €

Créé en 1964 par Christian Imbert, ce domaine de 42 ha est dirigé par son fils Marc depuis 2008. Le vignoble, conduit en bio, est situé dans la région du Freto, à l'extrémité méridionale de l'île. La famille cultive aussi des oliviers.

Ce vermentinu cristallin dévoile au nez des arômes de pomelos et de citron. Les papilles sont alors en éveil pour accueillir ce vin nerveux et frais, tout indiqué pour les produits de la mer. ⧗ 2018-2021

⊶ MARC IMBERT, Dom. de Torraccia, 20137 Lecci, tél. 04 95 71 43 50, torracciaoriu@wanadoo.fr V *t.l.j. sf dim. 9h-12h 14h-18h*

DOM. VICO 2016 ★★

■	50000		5 à 8 €

Ce domaine de 80 ha est le seul de Corse à ne pas être près de la mer. C'est au cœur de l'île, à Ponte-Leccia, que les vignes s'épanouissent sous le regard bienveillant du Monte Cinto, point culminant de l'île.

Assemblage de niellucciu et de sciaccarellu, ce vin est une belle représentation de l'ensemble des qualités de ces deux cépages. Le nez, intense, convoque les fruits rouges, agrémentés de quelques notes minérales. La bouche est pulpeuse, d'une étonnante longueur, centrée sur la cerise et le café fraîchement torréfié. ⧗ 2018-2024 ■ **2017 ★ (5 à 8 €; 50000 b.)** : ce blanc de vermentinu propose de belles notes d'agrumes à l'olfaction, de pamplemousse notamment, et une fine vivacité en bouche. Un 2017 bien ciselé. ⧗ 2018-2021

⊶ VENTURI-AQUAVIVA, Dom. Vico, rte de Calvi, 20218 Ponte-Leccia, tél. 04 95 47 32 04, domaine.vico@orange.fr V *t.l.j. sf dim. 9h-18h*

DOM. LA VILLA ANGELI Cuvée Don Pasquale 2015

■	10000	15 à 20 €

Ce domaine de 30 ha, installé sur les terres d'Antisanti, a été créé par Albert Mizael dans les années 1960. Il est depuis 2000 conduit par ses enfants, dont Guy Mizael, par ailleurs président de

CORSE

la Cave coopérative de la Marana. Ensemble, ils ont entièrement restructuré le vignoble.

Ce 2015 rubis clair et franc dévoile des notes réglissées et fruitées à l'olfaction. En bouche, la rondeur est de mise autour d'arômes kirshés. Un rouge généreux et bien typé. ⧗ 2018-2022

SCEA BOC'ANGELI, Campo Quercio, 20270 Antisanti, tél. 06 15 08 54 19, guymizael@yahoo.fr V *t.l.j. sf dim. 14h-18h*

PATRIMONIO

Superficie : 418 ha
Production : 16 140 hl (85 % rouge et rosé)

Au pied du cap Corse, la petite enclave de terrains calcaires qui, du golfe de Saint-Florent, se développe vers l'est et surtout vers le sud, présente les caractères d'un cru bien homogène. Le niellucciu, en rouge et en rosé, et le vermentinu en blanc laissent leur empreinte dans des vins typés et d'excellente qualité: des rouges fruités et épicés, qui peuvent être somptueux et de longue garde, des rosés colorés, puissants et fruités, des blancs gras et aromatiques.

DOM. NAPOLÉON BRIZI Cuvée Iniziale 2017 ★

3000		20 à 30 €

Le domaine a été créé en 1920 par le grand-père de Napoléon Brizi. Fort de 12 ha situés non loin des portes nord de Saint-Florent, il fait partie des propriétés historiques de l'appellation patrimonio. Depuis 2011, il détient aussi 3 ha de muscat à petits grains au pied de falaises calcaires. Après la disparition de Napoléon Brizi en 2014, la gestion de l'exploitation a été confiée à Alain Mazoyer, œnologue.

Ce blanc cristallin se distingue par une olfaction très marquée par les arômes citronnés. Cette impression de fraîcheur se confirme dans une bouche d'une belle persistance. ⧗ 2018-2021

EARL NAPOLÉON BRIZI, Patrimonio, 20253 Patrimonio, tél. 04 95 58 44 01, a.mazoyer@corsicanwines.com V *r.-v.*

DOM. DE CATARELLI Blanc de blancs 2017

2000		8 à 11 €

Ce domaine est situé sur la commune de Farinole, au départ de la sinueuse route du Cap-Corse. Les premières vignes furent plantées en 1880 par l'arrière-grand-père Xavier Massini. Le phylloxéra n'ayant pas épargné l'île, le vignoble fut restructuré en 1920 et reçut son nom actuel. Un vignoble de 9 ha aujourd'hui, conduit par Laurent Le Stunff, régulièrement en vue, pour ses blancs notamment.

Une belle expression pour ce vermentinu typique, offrant au nez une alliance d'arômes de fleurs, d'agrumes et de fruits blancs, que l'on retrouve dans une bouche fraîche et légère. ⧗ 2018-2020

EARL DOM. DE CATARELLI, Marine de Farinole, rte de Nonza, 20253 Patrimonio, tél. 04 95 37 02 84, domainedecatarelli@gmail.com V *r.-v.*

CLOS ALIVU 2017 ★

n.c.		8 à 11 €

Alivu? «Olivier», en corse. Trois hectares de vieux ceps de niellucciu et de vermentinu à Oletta. Ce petit domaine en patrimonio a été acquis en 2005 par Éric Poli, qui a réalisé de nouvelles plantations. Fils d'Ange Poli (Dom. de Piana), le vigneron est également à la tête des domaines familiaux de la région de Bravone, sur la Côte orientale; il exploite 43 ha au total.

Ce patrimonio jeune et élégant séduit par son caractère fringant et son fruité intense à l'olfaction, ainsi que par sa surprenante onctuosité en bouche. Une bombe de fruits que l'on pourra déguster dans sa jeunesse. ⧗ 2018-2022 ■ **2017 ★ (8 à 11 €; 20000 b.)** : une robe diaphane, à peine teintée, et des arômes de fruits rouges tout en finesse pour ce pur niellucciu au palais gras, équilibré par une ligne de vivacité soulignant sa longue finale. ⧗ 2018-2019 ■ **2017 ★ (8 à 11 €; n.c.)** : ce blanc déjà à maturité offre un joli nez de pêche de vigne et d'agrumes, accompagnés de notes exotiques (litchi) et se montre long et légèrement citronné en bouche. ⧗ 2018-2020

ÉRIC POLI, Casta, 20217 Saint-Florent, clos.alivu@orange.fr t.l.j. 9h-12h30 16h-20h; f. nov.-avr.

CLOS DE BERNARDI Blanc de blancs 2017

1500		11 à 15 €

Jean-Laurent de Bernardi, dont le père fut à l'origine de l'appellation patrimonio, conduit depuis 1981 ce domaine créé à la fin du XIXes. Ceinte de murs, cette exploitation de 10 ha conduite en agriculture biologique est située à la limite de la commune de Saint-Florent.

Ce vin or pâle à reflets d'argent est encore un peu timide. À de fins arômes de fleurs blanches perçus à l'olfaction succède une bouche très tendue, toute en fraîcheur juvénile. Encore un peu de patience. ⧗ 2019-2021

JEAN-LAURENT DE BERNARDI, 20253 Patrimonio, tél. 06 18 49 60 16, jeanlaurent@closdebernardi.fr V *t.l.j. 8h-19h*

CLOS SAN QUILICO 2017 ★

24000		8 à 11 €

Seconde propriété de la famille Orenga de Gaffory, le Clos San Quilico, que dirige Henri Orenga est commandé par un corps de ferme du XVIIIes. Il compte 33 ha de vignes implantées au bord de la petite route qui rejoint Poggio-d'Oletta depuis Saint-Florent. En conversion bio.

D'un beau jaune doré, ce vin dévoile au nez des arômes de fruits exotiques, mangue et litchi en tête. On retrouve ces arômes dans une bouche harmonieuse et fraîche, munie d'une longue finale citronnée. Un blanc tonique. ⧗ 2018-2020 ■ **2017 ★ (8 à 11 €; 26000 b.)** : le grenache (20 %) complète le niellucciu dans ce rosé au teint pâle, au nez subtilement fruité et floral et à la bouche intense, toujours fruitée, très bien équilibrée entre gras et fraîcheur. ⧗ 2018-2019

EARL DOM. SAN QUILICO, 20253 Patrimonio, tél. 04 95 37 45 00, contact@sanquilico.com V *t.l.j. 8h-18h (20h en été)*

CLOS TEDDI Grande Cuvée 2017 ★

■ | n.c. | 🍾 | 11 à 15 €

Marie-Brigitte Poli a rejoint en 1997 la propriété constituée en 1970 par son père Joseph avant d'en prendre les rênes en 2002. Implanté sur un site archéologique, dans le désert des Agriates, son vignoble n'est accessible que par une piste difficile. Il couvre près de 37 ha sur un terroir d'arènes granitiques. Régulièrement en vue pour ses sélections parcellaires travaillées avec soin.

Un pressurage direct pour le niellucciu (75 %), une macération pelliculaire pour le sciaccarellu. Dans le verre, la couleur pastel d'un vin gris. Frais au nez, subtilement fruité, ce rosé se révèle opulent en bouche, avec une pointe de vivacité aux accents de groseille qui étire et allège sa finale. ⌛ 2018-2019 ■ **2017 (8 à 11 €; n.c.)** : vin cité.

MARIE-BRIGITTE POLI, Casta, 20217 Saint-Florent, tél. 06 10 84 11 73, clos.teddi@orange.fr t.l.j. 9h-12h30 16h-20h
Marie-Brigitte Poli

MARIE-FRANÇOISE DEVICHI Mademoiselle D. 2016

■ | 40 000 | 🍾 | 8 à 11 €

Un domaine familial créé à la fin du XIXᵉs., dans la famille Devichi depuis six générations. Situé à Barbaggio en Haute-Corse, il étend ses 27 ha de vignes sur un sol argilo-calcaire. Arrivée sur l'exploitation en 2002, Marie-Françoise a succédé à son père en 2012.

Ce vin dévoile des arômes croquants de fruits rouges à l'olfaction. Un fruité que l'on retrouve dans une bouche marquée par des tanins encore un peu sévères en finale. ⌛ 2019-2022

MARIE-FRANÇOISE DEVICHI, lieu-dit Fontana, 20253 Barbaggio, tél. 06 03 83 57 03, m.f@wanadoo.fr V r.-v.

DOM. GIACOMETTI Cru des Agriates 2016

■ | 20 000 | 🍾 | 8 à 11 €

Sur la route qui joint Saint-Florent à la Balagne en traversant le désert des Agriates, on trouve ce domaine (30 ha) créé en 1966. Laurent Giacometti, père de l'actuel propriétaire, le rachète en 1987. Sarah et Simon, représentant la troisième génération, sont en passe de prendre la relève, et ont d'ores et déjà engagé la conversion bio de la propriété.

Le nez présente de belles notes fruitées parsemées de fragrances fumées. En bouche, la rondeur l'emporte sur la fraîcheur dans un ensemble ample et gras. Un blanc généreux. ⌛ 2018-2022

CHRISTIAN GIACOMETTI, lieu-dit Casta, 20217 Saint-Florent, tél. 04 95 37 00 72, domainegiacometti@orange.fr V r.-v.

DOM. LAZZARINI 2017

■ | 16 000 | 🍾 | 8 à 11 €

Gino Lazzarini, l'un des premiers spécialistes de la greffe de vigne à Patrimonio, fonda le domaine dans les années 1930 et le transmit à ses fils Maxime et Maurice. Aujourd'hui, c'est Christophe, fils de Maxime, qui conduit l'exploitation, forte de 35 ha de vignes.

Un joli blanc de caractère, puissant, riche, d'une acidité basse, à réserver pour la table. ⌛ 2018-2021 ■ **Cuvée Sulu Monte 2015 (15 à 20 €; 5300 b.)** : vin cité.

LAZZARINI, hameau Fraciasca, 20253 Patrimonio, tél. 04 95 37 10 01, cave.lazzarini@orange.fr V t.l.j. 8h-19h

DOM. YVES LECCIA E. Croce 2017 ★★

■ | 10 000 | 🍾 | 20 à 30 €

Œnologue, Yves Leccia a créé son propre domaine en 2005, après avoir dirigé avec sa sœur l'exploitation familiale pendant une quinzaine d'années. Il conduit aujourd'hui avec son épouse Sandrine un vignoble de 15 ha sur sols argilo-calcaires et schisteux à Poggio-d'Oletta. L'un des piliers de l'appellation patrimonio, souvent en vue aussi pour ses muscats. En conversion bio.

Au premier coup d'œil, on devine la maturité des raisins à l'aspect jaune paille doré de la robe, signe de vendange bien mûre. Le nez, d'une belle intensité, évoque les fleurs blanches et les fruits exotiques. La bouche affiche une grande vivacité qui permettra à ce vin d'être bu dans sa jeunesse, tout en lui offrant une bonne capacité de garde. ⌛ 2018-2023

YVES LECCIA, lieu-dit Morta-Piana, 20232 Poggio-d'Oletta, tél. 04 95 30 72 33, info@yves-leccia.com V t.l.j. sf sam. dim. 9h-12h 15h-19h

DOM. MONTEMAGNI 2017 ★★

■ | 50 000 | 🍾 | 8 à 11 €

Le domaine le plus important de l'appellation patrimonio en surface: 15 ha en 1850, date de sa création par l'arrière-grand-père, 92 ha aujourd'hui. Aux commandes, le patriarche respecté Louis Montemagni, qui a confié les vinifications à une jeune œnologue de talent, Aurélie Melleray. Un pilier de la Corse viticole.

Niellucciu (77 %) et sciaccarellu composent un rosé saumon pâle qui a enchanté les dégustateurs, tant par la complexité de sa palette florale et fruitée que par son équilibre en bouche: à la fois gras et frais, de belle longueur, ce vin pourra donner la réplique à des viandes blanches et à du poisson grillé. ⌛ 2018-2019 ■ **Louis 2015 ★ (15 à 20 €; 500 b.)** : étonnant blanc que ce 2015 élevé en barriques de chêne et d'acacia. Outre le côté boisé, sans excès, il offre des saveurs intenses de poire et de menthol, relayées par une bouche puissante et longue. ⌛ 2018-2021 ■ **Louis 2014 (15 à 20 €; 2000 b.)** : vin cité.

MONTEMAGNI, Puccinasca, 20253 Patrimonio, tél. 04 95 35 90 40, domainemontemagni@orange.fr V r.-v.

DOM. NOVELLA 2016

■ | 12 000 | 🍾 | 11 à 15 €

Fondé en 1950, un vignoble familial en patrimonio et en muscat-du-cap-corse, situé dans la commune d'Oletta, au cœur de la Conca d'Oro. Pierre-Marie Novella prend le relais en 1976, plante les cépages traditionnels et engage en 2014 la conversion bio du domaine (20 ha aujourd'hui).

Ce patrimonio sombre, bien dans la tradition de l'appellation, offre un bouquet fruité et épicé évoquant la

CORSE

girofle. En bouche, il se montre assez puissant, mais ses tanins commencent à s'assouplir et autorisent une dégustation dès à présent, tout en permettant la garde. ⌛ 2018-2023

PIERRE-MARIE NOVELLA, 20232 Oletta, tél. 04 95 39 07 41, domainenovella@gmail.com V *t.l.j. sf dim. 10h-12h 15h-19h; f. nov.-fév.*

♥ ORENGA DE GAFFORY Cuvée Felice 2017 ★★

| 4000 | 11 à 15 €

C'est en 1966, alors que l'AOC patrimonio n'est pas encore reconnue, que Pierre Orenga de Gaffory crée son domaine. Aujourd'hui, un vaste ensemble de 55 ha, répartis dans différents terroirs et sur cinq des sept communes de l'appellation, dont il est l'une des valeurs sûres. Aux commandes depuis 1974, Henri, fils de Pierre, dirige aussi un second domaine, le Clos San Quilico, dans la commune de Poggio-d'Oletta.

Issue d'une sélection parcellaire rigoureuse, cette cuvée est une véritable symphonie aromatique. Le cépage paraît transcendé et les raisins semblent avoir donné le meilleur d'eux mêmes. Les arômes de clémentine et de citron sont présents aussi bien au nez qu'en bouche. Cette dernière, magistrale, déploie une structure enrobée, idéalement fraîche et remarquablement longue. ⌛ 2018-2023 ■ **Cuvée des Gouverneurs 2015 (15 à 20 €; 20000 b.)** : vin cité.

GFA ORENGA DE GAFFORY, Morta-Majo, 20253 Patrimonio, tél. 04 95 37 45 00, contact@orengadegaffory.com V *r.-v.* *Henri Orenga*

MUSCAT-DU-CAP-CORSE

Superficie : 89 ha / Production : 1 977 hl

Délimitée dans les territoires de 17 communes de l'extrême nord de l'île, l'appellation a été reconnue en 1993 – aboutissement des longs efforts d'une poignée de vignerons regroupés sur les terroirs calcaires de Patrimonio et sur ceux, schisteux, de l'AOC vin-de-corse Coteaux-du-cap-corse.

Le seul muscat blanc à petits grains entre dans ce vin, élaboré par mutage à l'eau-de-vie de vin comme tout vin doux naturel. L'eau-de-vie arrête la fermentation et préserve ainsi au moins 95 g/l de sucres résiduels. Les muscats n'en gardent pas moins une belle fraîcheur.

CASA ANGELI 2017 ★★★

| 3180 | 15 à 20 €

Casa Angeli est un minuscule vignoble de 1,2 ha situé au nord du cap Corse, sur la commune de Rogliano. Il s'étend d'un seul tenant sur des sols argilo-schisteux. Ce domaine familial est exploité depuis 2004 par Daniel Angeli.

La note maximale est obtenue pour ce fabuleux muscat, issu d'une micro-parcelle de moins d'un hectare. Le nez, magistral, déploie des notes de miel, de fleurs blanches et de pain d'épices qui se mêlent aux puissants arômes muscatés. Quant à la bouche, elle offre un équilibre parfait entre sucres et alcool. Il ne faudra pas hésiter à déguster ce vin très frais, pour lui-même, en apéritif. Un grand de Corse. ⌛ 2018-2023

ANGELI, lieu-dit Poggiale, 20247 Rogliano, tél. 04 95 34 18 62, angeli.daniel@wanadoo.fr V *t.l.j. sf dim. 8h30-12h 13h3-18h30*

DOM. DE CATARELLI 2017 ★

| 4000 | 11 à 15 €

Ce domaine est situé sur la commune de Farinole, au départ de la sinueuse route du Cap-Corse. Les premières vignes furent plantées en 1880 par l'arrière-grand-père Xavier Massini. Le phylloxéra n'ayant pas épargné l'île, le vignoble fut restructuré en 1920 et reçut son nom actuel. Un vignoble de 9 ha aujourd'hui, conduit par Laurent Le Stunff, régulièrement en vue, pour ses blancs notamment.

D'un bel or pâle et cristallin, ce muscat convoque les fleurs blanches et les fruits exotiques à l'olfaction. En bouche, il se montre fluide et aérien, sur un bel équilibre. ⌛ 2018-2022

EARL DOM. DE CATARELLI, Marine de Farinole, rte de Nonza, 20253 Patrimonio, tél. 04 95 37 02 84, domainedecatarelli@gmail.com V *r.-v.* E

CLOS SAN QUILICO 2017

| 8000 | 11 à 15 €

Seconde propriété de la famille Orenga de Gaffory, le Clos San Quilico, que dirige Henri Orenga est commandé par un corps de ferme du XVIII[e]s. Il compte 33 ha de vignes implantées au bord de la petite route qui rejoint Poggio-d'Oletta depuis Saint-Florent. En conversion bio.

Ce muscat à la robe claire, jaune brillante, offre de belles fragrances de fleurs blanches et de bonbon anglais, relevées par une pointe de menthol. Arômes prolongées par une bouche bien équilibrée, ni trop riche ni trop vive. ⌛ 2018-2021

EARL DOM. SAN QUILICO, 20253 Patrimonio, tél. 04 95 37 45 00, contact@sanquilico.com V *t.l.j. 8h-18h (20h en été)*

DOM. LAZZARINI 2017

| 16000 | 11 à 15 €

Gino Lazzarini, l'un des premiers spécialistes de la greffe de vigne à Patrimonio, fonda le domaine dans les années 1930 et le transmit à ses fils Maxime et Maurice. Aujourd'hui, c'est Christophe, fils de Maxime, qui conduit l'exploitation, forte de 35 ha de vignes.

Au nez, ce muscat présente de belles notes d'agrumes et de verveine. Plus tournée vers la pêche, la bouche se révèle très ronde et opulente. ⌛ 2018-2022

LAZZARINI, hameau Fraciasca, 20253 Patrimonio, tél. 04 95 37 10 01, cave.lazzarini@orange.fr V *t.l.j. 8h-19h*

DOM. YVES LECCIA 2016

| 3500 | 20 à 30 €

Œnologue, Yves Leccia a créé son propre domaine en 2005, après avoir dirigé avec sa sœur l'exploitation

familiale pendant une quinzaine d'années. Il conduit aujourd'hui avec son épouse Sandrine un vignoble de 15 ha sur sols argilo-calcaires et schisteux à Poggio-d'Oletta. L'un des piliers de l'appellation patrimonio, souvent en vue aussi pour ses muscats. En conversion bio.

D'un seyant jaune pâle et brillant, ce muscat dévoile un joli nez de fruits blancs rehaussés de notes safranées. Assez riche, le palais est encore un peu dominé par l'alcool. Une petite garde permettra d'atteindre un meilleur équilibre. ⧗ 2019-2026

⊶ YVES LECCIA, lieu-dit Morta-Piana, 20232 Poggio-d'Oletta, tél. 04 95 30 72 33, info@yves-leccia.com V *t.l.j. sf sam. dim. 9h-12h 15h-19h*

ORENGA DE GAFFORY 2016

■	15000	▮	11 à 15 €

C'est en 1966, alors que l'AOC patrimonio n'est pas encore reconnue, que Pierre Orenga de Gaffory crée son domaine. Aujourd'hui, un vaste ensemble de 55 ha, répartis dans différents terroirs et sur cinq des sept communes de l'appellation, dont il est l'une des valeurs sûres. Aux commandes depuis 1974, Henri, fils de Pierre, dirige aussi un second domaine, le Clos San Quilico, dans la commune de Poggio-d'Oletta.

Un muscat moderne, d'une belle couleur jaune doré, au nez encore un peu timide, sur la mangue, agrémenté d'une pointe de minéralité. La bouche est assez fraîche, d'une belle longueur. Un muscat d'apéritif. ⧗ 2018-2021

⊶ GFA ORENGA DE GAFFORY, Morta-Majo, 20253 Patrimonio, tél. 04 95 37 45 00, contact@orengadegaffory.com V *r.-v.*

DOM. PIERETTI 2017

■	5600	20 à 30 €

Lina Pieretti a pris en 1989 la relève de son père Jean qui vinifiait à l'ancienne le produit de ses 3 ha, foulant aux pieds ses raisins. Elle a équipé le domaine d'une cave au bord de la mer et bichonne ses vignes balayées par les vents parfois violents du cap Corse – 11 ha répartis dans plusieurs communes du cap, sur des sols rocailleux, argilo-schisteux.

Le nez, complexe, navigue entre mangue et rose. Généreux en bouche, riche en sucres mais tenu par une belle acidité, le palais affiche un bon équilibre qui lui permettra de bien évoluer. ⧗ 2018-2025

⊶ LINA VENTURI-PIERETTI, Santa-Severa, 20228 Luri, tél. 06 17 93 92 17, domainepieretti@orange.fr V *r.-v.*

IGP ÎLE DE BEAUTÉ

CAVE COOPÉRATIVE D'AGHIONE U Pagliaghju 2017 ★

■	20000	▮	- de 5 €

Créée en 1975, la cave d'Aghione, la troisième structure coopérative de l'île, vinifie la production de quelque 800 ha de vignes et regroupe une trentaine d'exploitations en bordure de la plaine orientale. 2017 voit l'arrivée d'une chaîne d'embouteillage aussi bien pour les vins tranquilles que pour les effervescents. Le président actuel, André Casanova, a donné son nom à la marque principale commercialisée par la cave.

Assemblage de vermentinu et de chardonnay, cette cuvée se distingue par sa belle robe jaune pâle à reflets argentés. Après une olfaction élégante centrée sur les fleurs blanches, une attaque légère ouvre sur un palais très équilibré, étiré dans une belle finale fraîche. ⧗ 2018-2021 ■ **U Pagliaghju 2017 (- de 5 €; 20000 b.)** : vin cité.

⊶ CAVE COOPÉRATIVE D' AGHIONE, lieu-dit Aristone, 20240 Ghisonaccia, tél. 04 95 56 60 20, coop.aghione.samuletto@yahoo.fr V *t.l.j. sf sam. dim. 9h-16h*

YVES LECCIA O' Ba 2016 ★★

■	4000	▮	30 à 50 €

Œnologue, Yves Leccia a créé son propre domaine en 2005, après avoir dirigé avec sa sœur l'exploitation familiale pendant une quinzaine d'années. Il conduit aujourd'hui avec son épouse Sandrine un vignoble de 15 ha sur sols argilo-calcaires et schisteux à Poggio-d'Oletta. L'un des piliers de l'appellation patrimonio, souvent en vue aussi pour ses muscats. En conversion bio.

Subtil assemblage de nielluccìu, de grenache et de minustellu, ce vin rouge carmin et brillant se démarque d'emblée par ses fins arômes de baies noires surmûries agrémentés de tabac blond. Très bien structurée sans être envahissante, la bouche déploie de belles saveurs de poivre noir en finale. ⧗ 2018-2023

⊶ YVES LECCIA, lieu-dit Morta-Piana, 20232 Poggio-d'Oletta, tél. 04 95 30 72 33, info@yves-leccia.com V *t.l.j. sf sam. dim. 9h-12h 15h-19h*

♥ DOM. DE LISCHETTO Pinot noir 2015 ★★

■	8000	◍▮	5 à 8 €

L'Union des vignerons associés du Levant (UVAL) est la structure commercialisant les vins de la Cave coopérative de la Marana, groupement de producteurs établi à Borgo, commune au sud de Bastia. La cave regroupe environ 1 300 ha de vignes et une soixantaine de vignerons répartis sur la côte orientale de la Corse. Elle propose des vins de marque et vinifie également pour quelques domaines particuliers.

Ce superbe rouge dévoile un nez singulier de myrte et de framboise, d'une remarquable jeunesse. Mais c'est avant tout la bouche qui a profondément impressionné le jury: fruitée, épicée, ample et fraîche, aux tanins de velours, elle affiche une harmonie rare. Somptueux. ⧗ 2019-2025 ■ **Maestro 2017 ★★ (15 à 20 €; 15000 b.)** : ce muscat déploie un véritable bouquet de rose, d'abricot et de coing. Des notes d'abricot sec viennent compléter l'ensemble dans un palais bien équilibré entre les sucres et la fraîcheur. ⧗ 2018-2025 ■ **Mulinu di Rasignani 2017 ★★ (5 à 8 €; 200000 b.)** : totalement atypique, et néanmoins hautement séduisant, ce vin a mis en discrétion les arômes primaires de son cépage pour nous épater avec ses notes de pomme

Granny Smith. Cette sensation demeure en bouche, agrémentée en finale d'une pointe anisée qui apporte de la fraîcheur. Un superbe muscat, parfait pour créer la surprise. ⧗ 2018-2025 ■ **Chardonnay 2017 ★ (5 à 8 €; 150000 b.)** : ce chardonnay, pourtant bien loin de ses terres d'origine, est une belle réussite. Sur des notes de mangue, de fleurs blanches et de poivre, il déroule un palais ample et très équilibré entre rondeur et acidité. ⧗ 2018-2021 ■ **Terrazza d'Isula Vermentinu-chardonnay 2017 ★ (- de 5 €; 80000 b.)** : une cuvée d'une belle intensité florale, qui offre une bouche souple, harmonieuse et persistante. ⧗ 2018-2020

CORSICAN - GROUPE UVAL, Rasignani, 20290 Borgo, tél. 04 95 58 44 00, f.malassigne@corsicanwines.com V *r.-v.*

LOUIS MONTEMAGNI Campo altoso 2017 ★

■ | 40000 | | 5 à 8 €

Le domaine le plus important de l'appellation patrimonio en surface: 15 ha en 1850, date de sa création par l'arrière-grand-père, 92 ha aujourd'hui. Aux commandes, le patriarche respecté Louis Montemagni, qui a confié les vinifications à une jeune œnologue de talent, Aurélie Melleray. Un pilier de la Corse viticole.

Le nez est un subtil mélange d'arômes de fruits rouges et d'épices, avec une pointe de réglisse pour compléter la palette. Puissant en bouche, encore un peu sévère, il ne faudra pas hésiter à laisser ce vin à l'ombre de la cave. ⧗ 2019-2024 ■ **Campo altoso 2017 ★ (5 à 8 €; 15000 b.)** : un blanc ample, tendu et frais, aux arômes intenses de citron et de pamplemousse. ⧗ 2018-2021

MONTEMAGNI, Puccinasca, 20253 Patrimonio, tél. 04 95 35 90 40, domainemontemagni@orange.fr V *r.-v.*

DOM. DU MONT SAINT-JEAN Aleatico 2017 ★★

■ | 30000 | | 5 à 8 €

Cette belle propriété est gérée par la famille Pouyau depuis plus de deux siècles. Sur les coteaux d'Antisanti, à l'ouest de la commune d'Aléria, Roger et sa fille Julia conduisent un vaste vignoble de 95 ha qui s'étend tout autour de la cave.

Cépage d'une grande originalité, l'aleatico se révèle ici au meilleur de lui-même. C'est sur le cuir, la rose et les épices que l'on découvre ce vin déjà surprenant par sa couleur sombre et profonde. En bouche, les épices dominent sans envahir, les tanins soutiennent sans agresser et la finale nous emporte loin. ⧗ 2018-2023

ROGER POUYAU, Campo Quercio, 20270 Antisanti, tél. 04 95 57 13 21, montstjean@wanadoo.fr V *r.-v.*

DOM. E. PETRE 2017 ★★

■ | 3000 | | 11 à 15 €

Installée en 2009, Marie-Françoise Garcia a repris le vignoble familial implanté dans la vallée du Tavignanu (axe Aléria/Corte) depuis les années 1970. Peu d'hectares (moins de deux) mais beaucoup de passion dans la culture de ses vignes: pratique de l'enherbement, vendanges manuelles... En conversion bio.

Issu de vermentinu et de chardonnay, ce blanc de haute qualité dévoile au nez des arômes de pêche juteuse, que l'on retrouve dans une bouche fraîche et longue. Un vin printanier et aérien. ⧗ 2018-2021 ■ **2016 ★ (11 à 15 €; 7900 b.)** : «Gourmandise» est le premier mot qui vient à l'esprit du jury en dégustant ce vin très élégant, souple et séveux, muni de tanins enrobés. ⧗ 2018-2022

MARIE-FRANÇOISE GARCIA, hameau de Rotani, 20270 Aléria, tél. 06 17 79 41 18, domaineepetre@live.fr V *t.l.j. sf dim. 9h-12h 14h-18h*

DOM. POLI 2017 ★

■ | n.c. | | - de 5 €

Éric Poli, fils d'Ange Poli (Dom. de Piana), a d'abord travaillé à Paris en salle des marchés avant de revenir à ses racines corses et vigneronnes. Également responsable de domaines en patrimonio, il a créé cette exploitation en 2007 non loin de la côte orientale. Il est aujourd'hui à la tête de 43 ha de vignes.

Un vin d'une belle intensité, sur les fruits rouges, complétés d'une touche d'anis étoilé. En bouche, il se montre ample, rond et long, bâti sur des tanins encore vifs mais prometteurs. ⧗ 2019-2024 ■ **Niellucciu 2017 ★ (- de 5 €; 100000 b.)** : une robe rose pâle tirant sur l'orange pour ce rosé au nez intense, partagé entre fleurs blanches et agrumes, avec une touche végétale. On retrouve cette puissance aromatique en bouche, mise en valeur par une belle acidité léguée par le cépage niellucciu. De la présence. ⧗ 2018-2019 ■ **2017 (- de 5 €; n.c.)** : vin cité.

ÉRIC POLI, lieu-dit Punticchiu, 20230 San-Nicolao, tél. 06 19 42 54 91, clos.alivu@orange.fr *t.l.j. 9h-12h30 16h-20h; f. de nov. à avr.*

♥ RÉSERVE DU PRÉSIDENT Niellucciu 2017 ★★

■ | 100000 | | - de 5 €

Fondée en 1958, la SCA UVIB est la plus grande coopérative vinicole de Corse. Établie à Aléria, non loin de l'étang de Diana, elle vinifie quelque 1 700 ha de vignes appartenant à une centaine d'adhérents.

Le cépage roi de Patrimonio a engendré dans un autre secteur un vin remarquable, d'un rose orangé. Intensité et finesse des arômes de petits fruits rouges, équilibre d'une bouche à la fois ronde et fraîche, de belle longueur: le jury est conquis. ⧗ 2018-2019 ■ **Vermentinu 2017 ★★ (- de 5 €; 50000 b.)** : un vin d'une intensité remarquable, qui rappelle au nez les fleurs de vigne et le jasmin. D'une grande droiture, la bouche se révèle longue et fraîche, d'un équilibre impeccable. Un superbe blanc de gastronomie. ⧗ 2018-2021 ■ **Niellucciu 2017 ★★ (- de 5 €; 100000 b.)** : superbe dans sa robe cerise burlat, ce vin dévoile au nez des arômes de fruits rouges et noirs (mûre, cassis). La bouche séduit par sa générosité, par son caractère à la fois onctueux et croquant, et par la finesse de ses tanins veloutés. ⧗ 2019-2025

SCA UVIB, Padulone, 20270 Aléria, tél. 04 95 57 02 48, aleymarie@uvib.fr V r.-v.

CAVE DE SAINT-ANTOINE Divinu 2017 ★

80000 | - de 5 €

Née en 1975 de la volonté des vignerons des coteaux de Saint-Antoine, cette cave coopérative couvre 350 ha en plaine orientale, près de Ghisonaccia. Les trois quarts du vignoble sont implantés sur l'AOC corse.

Jaune pâle aux reflets argentés, ce pur vermentinu s'ouvre sur de belles fragrances florales d'immortelle. Frais et tonique en bouche, il déploie une belle finale acidulée. ⧗ 2018-2021

CAVE COOPÉRATIVE DE SAINT-ANTOINE, Saint-Antoine, 20240 Ghisonaccia, tél. 04 95 56 61 00, info@cavesaintantoine.com V r.-v.

DOM. TERRA VECCHIA 2017 ★

300000 | - de 5 €

En Corse orientale, vers la Costa Serena, entre maquis, mer et étang de Diana, Terra Vecchia et Clos Poggiale constituent un vignoble de 200 ha. Il était déjà cultivé par les Romains – ce que rappelle le nom de Terra Vecchia (« Terres anciennes »). Jean-François Renucci l'a acheté en 2011 à la famille Skalli.

Né d'un assemblage de niellucciu (60 %) et de syrah, un rosé à la robe pastel, apprécié pour l'intensité de ses arômes floraux et fruités, un rien amyliques, comme pour son bel équilibre entre sucrosité et fraîcheur. ⧗ 2018-2019

RENUCCI, lieu-dit Terra Vecchia, 20270 Aléria, tél. 04 95 32 33 01, jf.renucci@orange.fr V *t.l.j. sf dim. 10h-18h (16h en hiver)*

Jean-François Renucci

TERRAZZA D'ISULA Sciaccarellu Cinsault 2017 ★★

300000 | - de 5 €

L'Union des vignerons associés du Levant (UVAL) est la structure commercialisant les vins de la Cave coopérative de la Marana, groupement de producteurs établi à Borgo, commune au sud de Bastia. La cave regroupe environ 1 300 ha de vignes et une soixantaine de vignerons répartis sur la côte orientale de la Corse. Elle propose des vins de marque et vinifie également pour quelques domaines particuliers.

L'assemblage du sciaccarellu (60 %) et du cinsault confère à cette cuvée la fraîcheur élégante du premier et la délicatesse du second. Enchantés une fois de plus par ce rosé, les dégustateurs saluent son expression aromatique (une heureuse alliance d'agrumes et de fruits rouges) et l'harmonie de sa bouche, dont la rondeur suave est équilibrée par un trait de fraîcheur et par une petite pointe d'amertume. ⧗ 2018-2019

CORSICAN - GROUPE UVAL, Rasignani, 20290 Borgo, tél. 04 95 58 44 00, f.malassigne@corsicanwines.com V *r.-v.*

Le Sud-Ouest

SUPERFICIE : 51 500 ha (environ)

PRODUCTION : 1 600 000 hl (environ)

TYPES DE VINS : rouges; rosés; blancs secs et moelleux; vins effervescents (gaillac); vins de liqueur (floc-de-gascogne).

CÉPAGES PRINCIPAUX

Rouges : malbec (cot ou auxerrois), tannat, négrette, fer-servadou (braucol ou mansois), duras, merlot, cabernet franc, cabernet-sauvignon, syrah, gamay.

Blancs : sauvignon, sémillon, muscadelle, mauzac, l'en de l'el (loin de l'œil), gros manseng, petit manseng, courbu, baroque, ugni blanc (ce dernier pour l'armagnac).

LE SUD-OUEST

Groupant sous la même bannière des appellations aussi éloignées qu'irouléguy, bergerac ou gaillac, la région viticole du Sud-Ouest rassemble ce que les Bordelais appelaient le « Haut-Pays » et le vignoble de l'Adour, proche des Pyrénées. Elle comprend des microvignobles très anciens, jusqu'au pied du Massif central. À la diversité des cépages cultivés dans ces régions dispersées répond celle de la production: le Sud-Ouest fournit pratiquement tous les styles de vins. Des vins originaux, longtemps restés dans l'ombre, et qui bénéficient souvent de ce fait d'un bon rapport qualité-prix.

Dans l'ombre de Bordeaux. Jusqu'à l'apparition du rail, les vins du Haut-Pays, en provenance des vignobles de la Garonne et de la Dordogne, sont restés dans l'ombre du grand voisin bordelais. Fort de sa position géographique et de privilèges royaux, Bordeaux dictait sa loi aux producteurs de Duras, Buzet, Fronton, Cahors, Gaillac et Bergerac. Jusqu'à la fin du XVIIIe s., tous leurs vins devaient attendre que la récolte bordelaise soit entièrement vendue aux amateurs outre-Manche et aux négociants hollandais avant d'être embarqués, quand ils n'étaient pas utilisés comme vins « médecins » pour remonter certains clarets. De leur côté, les vins du piémont pyrénéen ne dépendaient pas de Bordeaux mais étaient soumis à une navigation hasardeuse sur l'Adour avant d'atteindre Bayonne. On peut comprendre que, dans ces conditions, leur renommée ait rarement dépassé le voisinage immédiat.

Un conservatoire des cépages. Si les vignobles les plus proches du Bordelais, dans le Bergeracois ou le Lot-et-Garonne, accueillent les mêmes variétés que leur voisin girondin, les autres constituent un véritable musée des cépages d'autrefois. On trouve rarement ailleurs une telle diversité de variétés. Le particularisme et l'enclavement de nombreuses régions du Sud-Ouest expliquent la survivance de cépages locaux. Les Gascons ont ainsi le petit et le gros mansengs, le tannat, le baroque, sans parler de l'arrufiac, du raffiat de Moncade ou du camaralet de Lasseube. Le cahors tire son originalité du malbec (ou auxerrois), le fronton de la négrette, le gaillac des duras, len de l'el (loin de l'œil), mauzac, braucol... Loin de le renier, toutes ces appellations revendiquent avec fierté le qualificatif de vin « paysan » en donnant à ce terme toute sa noblesse. La vigne n'a pas exclu l'élevage et les autres cultures, et les vins côtoient sur le marché les produits fermiers avec lesquels ils se marient tout naturellement, ce qui fait du Sud-Ouest l'une des régions privilégiées de la gastronomie de tradition.

➡ LE PIÉMONT DU MASSIF CENTRAL

CAHORS

Superficie : 4 050 ha / Production : 155 370 hl

D'origine gallo-romaine, le vignoble de Cahors est l'un des plus anciens de France. Jean XXII, pape d'Avignon, fit venir des vignerons quercynois pour produire le châteauneuf-du-pape, et François Ier planta à Fontainebleau un cépage cadurcien; l'Église orthodoxe adopta le cahors comme vin de messe, et la cour des tsars comme vin d'apparat... Pourtant, ce vignoble revient de loin! Totalement anéanti par les gelées de 1956, il était retombé à 1 % de sa superficie antérieure. Reconstitué dans les méandres de la vallée du Lot avec des cépages nobles traditionnels – le principal étant l'auxerrois, également appelé côt ou malbec (70 % de l'encépagement), complété par le merlot (environ 20 %) et le tannat –, le terroir de Cahors a retrouvé la place qu'il mérite, gagnant même les causses comme dans les temps anciens.
Appelé jadis *black wine* par les Anglais, le cahors est puissant, robuste, haut en couleur; il s'agit incontestablement d'un vin de garde, même si cette aptitude au vieillissement varie en fonction du terroir, de l'encépagement et de la vinification. Il peut toutefois être servi jeune: il est alors charnu, agréablement

fruité, et doit être consommé légèrement rafraîchi, sur des grillades, par exemple.

CH. D'ARQUIÈS 2016 ★

■ | 40000 | 🍾 | 5 à 8 €

Dans la famille Montagne depuis les années 1960, ce vignoble établi non loin du village médiéval de Puy-l'Évêque s'est étoffé au fil des ans en agrégeant de petites propriétés alentour. Il couvre aujourd'hui 22 ha à Vire-sur-Lot.

Malbec (80 %) et merlot pour cette cuvée tout en rondeur et en suavité. Le nez, expressif, évoque la cerise et le cassis. La bouche apparaît séveuse, gourmande, harmonieuse. Un vrai «vin plaisir». ⌛ 2019-2023

⊶ ÉRIC MONTAGNE, Ch. Arquiès, 46700 Vire-sur-Lot, montagneeric@free.fr V r.-v.

CH. BEAUVILLAIN MONPEZAT 2016 ★

■ | n.c. | 🍾 | 5 à 8 €

Le domaine dispose d'un vignoble de vieilles vignes plantées sur un terroir argilo-calcaire. Il est conduit depuis 2010 par le petit-fils du comte André de Monpezat, fondateur du domaine et figure emblématique de l'appellation: Benoît Beauvillain de Monpezat, qui a lancé la mise en bouteilles au château.

Pas de fût ici et c'est le fruit qui s'exprime pleinement, autour de notes de mûre et de cassis. La bouche se révèle ronde, riche et longue, étayée par de fins tanins. ⌛ 2019-2024

⊶ BENOÎT BEAUVILLAIN DE MONPEZAT, Le Cayrou, 46140 Albas, tél. 05 65 21 97 88 V r.-v.

B DOM. LA BÉRANGERAIE Cuvée Maurin 2016 ★★

■ | 20000 | 🍾 | 8 à 11 €

Née officiellement en 1971, la propriété des Bérenger a le même âge que l'AOC cahors. Le fils (Maurin) et la fille (Julie) de Sylvie et d'André Bérenger, aidés de leurs conjoints, ont repris le vignoble familial (35 ha) en 1997.

Une cuvée souvent en vue dans ces pages, au service du malbec, et seulement du malbec. Tout est en place: une robe soutenue, un nez intense et plein de fruit, une bouche riche, dense, élégante, aux tanins ronds et veloutés. ⌛ 2019-2024

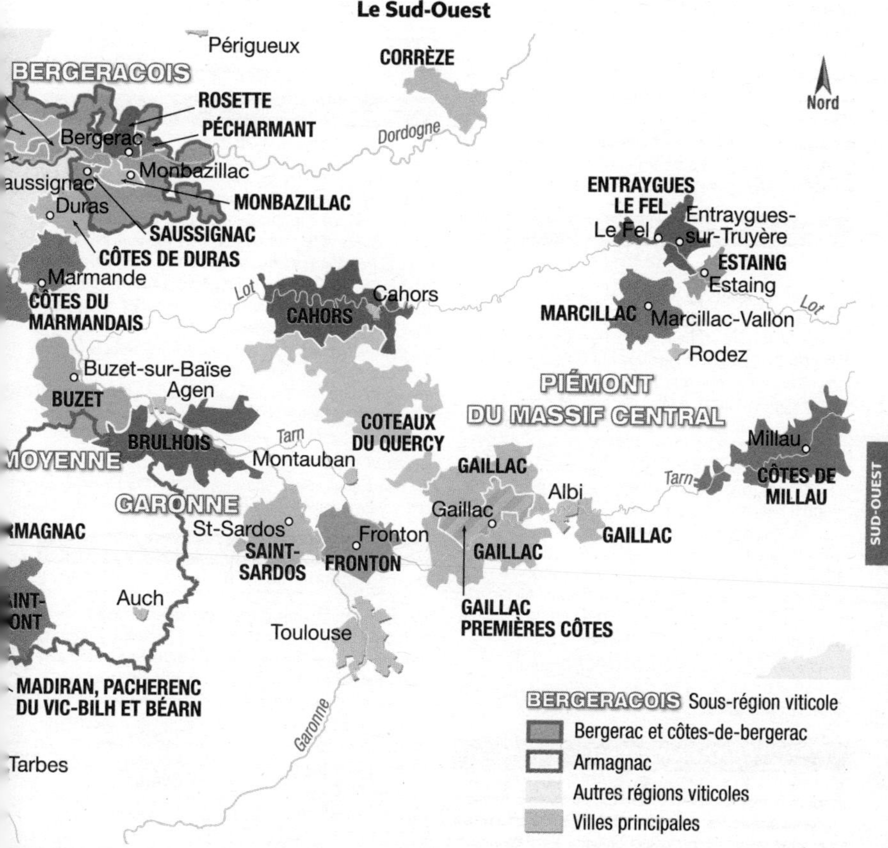

⊶ FAMILLE BÉRENGER, Coteaux de Cournou, 46700 Grézels, tél. 06 33 83 07 20, berangeraie@wanadoo.fr V ♿ ▪ *t.l.j. 10h-12h 14h-18h*

DOM. LA BORIE 2015 ★

■ | 13000 | 🍾 | 5 à 8 €

Logée entre deux méandres du Lot, la petite ville de Prayssac accueille de nombreux vignerons, tel Jacques Froment, représentant la cinquième génération sur ce domaine couvrant aujourd'hui 23 ha.

Deux ans de cuve pour ce cahors ouvert sur les épices, la réglisse et les fruits noirs. En bouche, l'équilibre est de mise: du gras, de la rondeur, mais aussi de la fraîcheur et de jolis tanins fins. ⧗ 2019-2023

⊶ JACQUES FROMENT, Dom. la Borie, 46220 Prayssac, tél. 05 65 22 42 90, domaine.la.borie@wanadoo.fr V ♿ ▪ *t.l.j. sf dim. 9h-12h 14h-18h* 🏠 Ⓖ

DOM. DES BOULBÈNES Rubis de roche 2015 ★

■ | 5100 | 🍾 | 8 à 11 €

Quatre générations se sont succédé sur cette propriété familiale située au sud-ouest de l'appellation cahors, aux confins de l'Agenais. À sa tête depuis 1992, Francis Alleman conduit aujourd'hui 70 ha de vignes, d'où il tire des cahors et des vins en IGP. Le domaine propose aussi en saison de la truffe noire.

Le seul malbec est à l'œuvre dans ce vin au fruité croquant au nez comme en bouche. Passé une attaque souple et fraîche, le palais se raffermit autour de tanins encore jeunes. À attendre un peu. ⧗ 2019-2023

⊶ EARL DE SANAYRE, Les Boulbènes, 46800 Saux, tél. 05 65 31 95 29, domaine-des-boulbenes@wanadoo.fr V ♿ ▪ *t.l.j. sf dim. 8h-12h 14h-19h ⊶ Francis Alleman*

CH. LES BOUYSSES 2016 ★★

■ | 140000 | 🛢 | 8 à 11 €

Les caves de Técou, de Rabastens, de Fronton et des Côtes d'Olt ont uni leurs forces en 2006 en créant le groupe Vinovalie, dont le nom renvoie aux valeurs collectives du rugby. Un groupe qui fédère 470 vignerons et regroupe quelque 3 800 ha de vignes répartis sur trois appellations: gaillac, fronton et cahors.

Après douze mois de fût, ce cahors livre des arômes complexes de vanille, de réglisse et de fruits bien mûrs. En bouche, il se révèle ample, charnu et puissant. Un vin bâti pour durer. ⧗ 2020-2028 ■ **Astrolabe 2016 ★★ (8 à 11 €; 36000 b.)** : un boisé fin, des fruits noirs, de la violette pour le nez; du volume, de la fraîcheur et une bonne charpente pour le palais. Du caractère et du potentiel. ⧗ 2021-2026 ■ **Dom. des Châtaignals 2016 ★ (5 à 8 €; 45000 b.)** : pas de fût mais des staves pour aromatiser le vin. Au nez, des notes d'épices douces dominent. On les retrouve dans une bouche riche et puissante. ⧗ 2021-2026

⊶ VINOVALIE - SITE DE CÔTES D'OLT, Caunezil, 46140 Parnac, tél. 05 65 30 71 86, herve.froment@vinovalie.com V ♿ ▪ *r.-v.*

CH. LA CAMINADE 2016 ★

■ | n.c. | 🍾 | 8 à 11 €

Ce domaine familial, dont le nom signifie «presbytère» en occitan, a appartenu au clergé jusqu'à la Révolution. Représentant la quatrième génération, Dominique et Richard Ressès sont aujourd'hui à la tête d'un vignoble de 35 ha. Un pilier de l'appellation cahors.

Malbec, merlot et tannat composent ce cahors expressif qui, au nez, évoque la crème de cassis. Un fruité soutenu que l'on retrouve dans une bouche fraîche, souple, aux tanins fins. ⧗ 2018-2022

⊶ SCEA CH. LA CAMINADE, 314, rue de la Forge, 46140 Parnac, tél. 05 65 30 73 05, resses@wanadoo.fr V ♿ ▪ *t.l.j. sf sam. dim. 9h-12h 14h-18h ⊶ Ressès*

Ⓑ CH. DU CÈDRE GC 2015 ★

■ | 8500 | 🛢 | 50 à 75 €

Pascal et Jean-Marc Verhaeghe ont obtenu la certification bio au terme d'une longue pratique commencée au début des années 1990. Dédié autrefois à la culture de la lavande, le domaine compte aujourd'hui 27 ha de vignes. Un pilier de l'appellation cahors.

Comme à son habitude, la GC du Cèdre a bénéficié d'un élevage luxueux en fût, trente mois pour le 2015. Au nez, des notes de toasté, de crème de cassis, de violette et de menthol. En bouche, du volume, de la suavité, de la rondeur et une bonne structure mais rien de massif. ⧗ 2019-2025 ■ **Le Cèdre 2015 (30 à 50 €; 42000 b.)** Ⓑ : vin cité. ■ **Cèdre Héritage 2016 (5 à 8 €; 250000 b.)** : vin cité.

⊶ CH. DU CÈDRE, Bru, 46700 Vire-sur-Lot, tél. 05 65 36 53 87, chateauducedre@wanadoo.fr V ♿ ▪ *t.l.j. sf dim. 9h-12h 14h-18h ⊶ Pascal et Jean-Marc Verhaeghe*

CH. DE CÉNAC Grande Réserve 2014 ★★

■ | 6200 | 🛢🍾 | 15 à 20 €

Une famille au service du vin depuis le XIXᵉ s. La génération précédente, à partir de 1968, développe le vignoble, avec le Ch. de Cénac et celui du Port, à Albas. Après 1993, les trois frères Arnaud, Didier et Francis Pelvillain prennent le relais; ils acquièrent en 2013 le Ch. du Théron, ce qui porte la totalité de leurs vignobles à une cinquantaine d'hectares. Ils gèrent aussi une maison de négoce.

Un pur malbec des plus aboutis. Au nez, le bois (notes toastées) et le fruit (cerise, cassis, myrtille) font très bon ménage. La bouche propose beaucoup de volume et un équilibre impeccable entre fine tension, sucrosité sans lourdeur et tanins élégants. ⧗ 2020-2028

⊶ VIGNOBLES PELVILLAIN, RD 9, Circofoul, 46140 Albas, tél. 05 65 20 13 13, contact@vignoblespelvillain.fr V ♿ ▪ *r.-v.*

CLOS D'AUDHUY Les Polissons 2016

■ | 15000 | 🍾 | 8 à 11 €

Son grand-père avait planté les vignes en 1988, sur la troisième terrasse du Lot. Benoît Aymard, vigneron et œnologue, s'y est installé en 2014 alors que le domaine était menacé de disparition. Il a arraché, replanté et préside aujourd'hui aux destinées de ce vignoble de 7 ha.

Né du seul malbec, un cahors sur le fruit de bout en bout. En bouche, les tanins sont encore dans la vigueur de leur jeunesse: une petite garde est de mise. ⧗ 2019-2022

⊶ BENOÎT AYMARD, Clos d'Audhuy, 46700 Lacapelle-Cabanac, tél. 06 84 62 05 27, benoit.aymard@wanadoo.fr

CLOS DU CHÊNE Le Péché 2015 ★

■ | 2600 | ◖◗ | 15 à 20 €

Après le classement en AOC du vignoble de Cahors en 1971, la famille Roussille a abandonné la polyculture pour miser sur le malbec, qu'elle a planté sur la deuxième terrasse de la vallée du Lot, complété de merlot. Le domaine, situé à Duravel, sur le site d'une villa gallo-romaine nommée Diolindum, dispose d'un vignoble de 18 ha, conduit par Marie-Françoise et Jean-Paul Roussille et leurs filles Valérie et Ingrid.

Ce 100 % malbec dévoile un nez intense et généreux de fruits compotés, de pruneau, de violette et de menthol sur fond de boisé fondu (vingt-quatre mois d'élevage). En bouche, il se montre bien concentré et solidement charpenté. ⧗ 2020-2028

⊶ EARL ROUSSILLE, Clos du Chêne, 46700 Duravel, tél. 05 65 36 50 09, closduchene@wanadoo.fr V *t.l.j. sf dim. 9h-12h30 15-18h30*

Ⓑ **CLOS D'UN JOUR** Un Jour 2015 ★

■ | 3000 | ◖◗ | 15 à 20 €

Un jour... Stéphane Azémar, architecte de formation, et Véronique, archéologue, ont quitté la région parisienne pour s'installer sur une petite propriété à Duravel, un village abrité du vent du nord par un arc de collines, et faire de la vigne leur métier. Ils conduisent leur vignoble (7 ha) en bio certifié.

Un vin de malbec passé vingt-quatre mois en fût. Au nez, des arômes toastés, épicés, fruités et une touche de poivron. En bouche, du gras, de la concentration et une bonne trame de tanins fermes. ⧗ 2020-2026

⊶ VÉRONIQUE ET STÉPHANE AZÉMAR, Le Clos d'un Jour, Le Port, 46700 Duravel, tél. 06 70 74 18 33, s.azemar@wanadoo.fr V *r.-v.*

CLOS TRIGUEDINA Élégant Malbec 2016 ★

■ | n.c. | ▮ | 5 à 8 €

En 1830, Étienne Baldès plante ses premières vignes au Clos Triguedina. Après des expériences en Bourgogne et dans le Bordelais, Jean-Luc Baldès (septième génération) prend la suite en 1990. Il agrandit le vignoble – 60 ha aujourd'hui dont 40 ha de malbec, plantés essentiellement sur les trois plus belles terrasses de l'appellation cahors (à Vire-sur-Lot, Puy-l'Évêque et Floressas), fait du domaine l'une des grandes références cadurciennes et s'impose comme un ambassadeur incontournable du malbec. Clos Triguedina? Les pèlerins de Saint-Jacques de Compostelle avaient l'habitude de s'y restaurer: «me trigo de dina» signifie «il me tarde de dîner» en occitan.

Une belle fraîcheur se dégage de ce vin à l'olfaction, autour de notes de cassis et de fruits rouges relevées d'épices. Elle apparaît aussi dans une bouche souple et croquante, dotée de tanins fins et ronds. Une jolie gourmandise. ⧗ 2018-2022 ■ **Malbec du clos 2016** ★ **(8 à 11 €; n.c.)** : au nez, des fruits mûrs; en bouche, du fruit toujours, du volume et des tanins souples et enrobés. ⧗ 2018-2022

⊶ JEAN-LUC BALDÈS, Clos Triguedina, 46700 Puy-l'Évêque, tél. 05 65 21 30 81, contact@jlbaldes.com V *t.l.j. sf dim. 9h-12h 14h-18h*

CH. LA COUSTARELLE Grand Prestige 2016 ★

■ | 100000 | ◖◗ | 11 à 15 €

Depuis 1870, la famille Cassot conduit ce domaine de 53 ha situé sur la troisième terrasse du Lot, rive droite, exposée plein sud. En 2009, Caroline (septième génération) en a pris les commandes.

Une pointe de tannat accompagne le malbec dans ce vin associant notes boisées et fruits rouges mûrs à l'olfaction. La bouche se montre riche et solide, bâtie sur des tanins encore jeunes et vigoureux. ⧗ 2021-2028

⊶ SCEA CASSOT ET FILLE, Ch. la Coustarelle, Les Caris, 46220 Prayssac, tél. 05 65 22 40 10, chateaulacoustarelle@wanadoo.fr V *t.l.j. sf dim. 9h-12h30 14h-18h*

CROCUS La Roche Mère 2015 ★★

■ | 3000 | ◖◗ ▮ | 75 à 100 €

Pont entre le Nouveau et l'Ancien mondes, entre deux approches du malbec, ce négoce est né en 2014 de l'association du *winemaker* international Paul Hobbs, spécialiste du cépage dans sa version argentine, et de Bertrand-Gabriel Vigouroux, dont la famille s'investit dans le vignoble cadurcien depuis les années 1960.

Un pur malbec plutôt réservé au premier nez, qui s'ouvre à l'aération sur les épices douces et les fruits noirs. En bouche, il se révèle aussi large que long, concentré et puissant, étiré dans une belle finale pleine de fraîcheur. Pour la cave. ⧗ 2022-2030 ■ **L'Atelier 2016** ★ **(15 à 20 €; n.c.)** : Un cahors fruité et bien boisé, ample et flatteur, porté par de bons tanins affinés. ⧗ 2019-2024

⊶ SAS PAUL BERTRAND, rte de Toulouse, 46000 Cahors, tél. 05 65 20 80 80, vigouroux@g-vigouroux.fr

Ⓑ **CH. LES CROISILLE** Calcaire 2015 ★

■ | 20000 | ◖◗ | 11 à 15 €

Cécile et Bernard Croisille se sont installés en 1979 au hameau de Fages, perdu sur le causse au-dessus de Luzech. Ils ont agencé une cave moderne et commencé à élaborer leur vin en 2000, à partir de 25 ha de vignes (30 ha aujourd'hui, en bio certifié). Depuis 2007, ce sont leurs fils Germain et Simon, accompagnés de leur ami d'enfance Nicolas, qui élaborent, avec talent, les cuvées du domaine, sous le regard attentif des parents, en visant la finesse et la fraîcheur (pas de bois neuf mais des foudres et des fûts de 500 l).

Après dix-huit mois de barrique, ce pur malbec livre un bouquet élégant aux tonalités fumées, épicées et fruitées. En bouche, il se révèle ample, frais et long, épaulé par des tanins délicats et soyeux, avec en finale une jolie touche réglissée. ⧗ 2020-2026

⊶ CROISILLE, Fages, 46140 Luzech, tél. 05 65 30 53 88, chateaulescroisille@wanadoo.fr V *t.l.j. sf dim. 9h-12h 14h-19h*

CH. CROZE DE PYS Prestige 2016 ★

■ | 40000 | ◖◗ | 8 à 11 €

D'une famille enracinée dans la région, René Roche avait repris en 1966 un vignoble abandonné à Vire-sur-Lot sur des terres de graviers et de sables, cinq ans

SUD-OUEST

avant l'accession du cahors en AOC. Œnologue à Bordeaux, son fils Jean lui avait succédé en 1987. Il a cédé en 2015 le domaine (100 ha) à Fabien Coirault et François Drougard, entrepreneurs spécialistes du vin aromatisé – mais c'est du cahors qu'ils continuent à produire à Croze de Pys.

Le malbec et douze mois de fût sont à l'origine d'un cahors d'abord discret, qui s'ouvre à l'aération sur la réglisse, le bois et les fruits noirs. La bouche apparaît puissante, riche, dense, bâtie pour la garde. Un bon classique. ⧗ 2021-2028

SCEA DES DOMAINES ROCHE, Ch. Croze de Pys, 46700 Vire-sur-Lot, tél. 05 65 21 30 13, chateau-croze-de-pys@wanadoo.fr V *t.l.j. sf sam. dim. 9h-17h*

CH. EUGÉNIE Cuvée réservée de l'aïeul 2016 ★

■	71300		11 à 15 €

C'est en 1470 que remontent les archives de ce domaine qui connut de prestigieux clients au XVIIIe s., notamment les tsars de Russie. Dans la famille Couture depuis cinq générations, la propriété s'appuie sur un vignoble de 50 ha. Souvent en vue pour ses cahors de caractère, notamment sa Cuvée réservée de l'aïeul.

Malbec (90 %) et tannat sont associés dans ce vin passé dix-huit mois dans le bois, au nez fruité et réglissé. La bouche suit la même ligne aromatique, soutenue par un boisé encore dominateur et par des tanins bien en place. ⧗ 2020-2026

CH. EUGÉNIE, Rivière-Haute, 46140 Albas, tél. 05 65 30 73 51, couture@chateaueugenie.com V *t.l.j. sf dim. 9h30-12h30 14h-19h* *Couture*

CH. FAMAEY 2016

■	50000		5 à 8 €

Un domaine de 35 ha, acquis en 2000 par deux Flamands, Luc Luyckx et Marc Van Antwerpen. Famaey? Le nom de jeune fille de l'épouse de Luc. Aux vinifications, Marteen, fils de ce dernier.

Au nez, ce malbec évoque avant tout les fruits noirs. On reste sur le fruit dans une bouche souple et fraîche, aux tanins discrets mais fins. ⧗ 2018-2022

LUYCKX, Les Inganels, 46700 Puy-l'Évêque, tél. 05 65 30 59 42, famaey@orange.fr V *t.l.j. sf dim. 9h-12h 14h-17h30*

DOM. DE LA GARDE Réserve Edward 2015

■	13300		11 à 15 €

Installé dans le sud du Lot, dans la région du Quercy blanc, Jean-Jacques Bousquet conduit un vignoble de 17 ha. Présent dans le Guide dès les premières éditions en coteaux-du-quercy (alors vins de pays), ce domaine très régulier en qualité s'est agrandi et propose aussi du cahors.

Fin et séduisant, le bouquet de cette cuvée dévoile des parfums délicats de fruits rouges. Fruité auquel fait écho une bouche riche, ample, élégante, aux tanins soyeux et bien affinés. ⧗ 2020-2028

JEAN-JACQUES BOUSQUET, Le Mazut, 46090 Labastide-Marnhac, tél. 06 03 89 72 45, contact@domainedelagarde.com V *t.l.j. sf dim. 9h-12h 14h-18h30*

CH. GAUTOUL 2016 ★★

■	42500		8 à 11 €

L'industriel belge Éric Swenden a acheté en 1992 au chef étoilé Alain Senderens ce domaine de 19 ha commandé par une chartreuse du XVIIIe s., en parfaite harmonie avec le joli village médiéval de Puy-l'Évêque.

Intense à l'œil, ce cahors l'est aussi à l'olfaction autour d'un bon boisé grillé et des fruits rouges. Une attaque souple ouvre sur un palais très suave, très rond, ample et long, aux tanins veloutés. ⧗ 2020-2024

CH. LE GAUTOUL, Lieu-dit Meaux, 46700 Puy-l'Évêque, tél. 05 65 30 84 17, chateau.gautoul@wanadoo.fr V *r.-v.* *Swenden*

CH. LA GINESTE Grand Secret 2015 ★★

■	6000	15 à 20 €

Ghislaine et Gérard Dega ont acquis en 2002 ce domaine d'une superficie aujourd'hui de 9 ha. Les vignes s'étendent sur les deuxièmes terrasses du Lot, autour du petit manoir flanqué de son pigeonnier. La conversion bio est achevée depuis 2013.

Né du seul malbec et passé vingt-trois mois en fût, ce cahors bien né livre un bouquet intense et généreux de fruits noirs (cassis, mûre), d'épices et de réglisse. Du palais se dégage une impression de grand volume et de douceur caressante renforcée par le soyeux des tanins. ⧗ 2021-2026

SCEA DES VIGNOBLES DEGA, Ch. la Gineste, 46700 Duravel, tél. 05 65 30 37 00, chateau-la-gineste@orange.fr V *r.-v.*

CH. GRAND CHÊNE Fer-Hic 2015 ★★

■	1000		8 à 11 €

À l'origine producteurs de rhum en Guadeloupe, Delphine et Jean Longueteau ont repris en 1999 le petit domaine du Ch. Le Brézéguet (5 ha à Saux), complété en 2015 par le Ch. Grand Chêne à Belaye.

Premier millésime dans leur nouveau domaine pour les Longueteau et une très belle réussite. Cette cuvée s'ouvre sans réserve sur un fruité intense de cassis et de cerise. En bouche, elle apparaît très volumineuse, dense, riche et longue, bien soutenue par des tanins fermes et de garde. ⧗ 2022-2028 ■ **Malbec X4 2015 ★★ (15 à 20 €; 1086 b.)** : cacao, épices, notes fumées, fruits noirs, le nez de ce cahors élevé vingt mois en fût est intense et complexe. En bouche, le vin se révèle puissant, gras et tannique. ⧗ 2022-2028

JEAN LONGUETEAU, Ch. Grand Chêne, Les Ons, 46140 Belaye, tél. 06 82 84 56 30, chateaulebrezeguet@orange.fr V *r.-v.*

GRAND COUTALE 2015 ★

■	4000		15 à 20 €

Les méandres du Lot s'élargissent, le paysage s'ouvre. Au Clos la Coutale, la vigne occupe 88,5 ha sur les terrasses alluviales du fleuve, un terroir de graves et de silices argilo-calcaires. Philippe Bernède, aux commandes du domaine depuis 1980, représente la sixième génération.

Une goutte (5 %) de merlot accompagne le malbec dans ce cahors à la complexité naissante, encore dominé par les notes toastées et épicées de l'élevage, les fruits noirs pointant à l'arrière-plan. La bouche est volumineuse, solide, concentrée, elle aussi sous l'emprise du merrain, mais avec suffisamment de matière pour le digérer sereinement. Patience… ⧗ 2021-2028

PHILIPPE BERNÈDE, Clos la Coutale, La Chambre, 46700 Vire-sur-Lot, tél. 05 65 21 08 17, info@coutale.com V *t.l.j. sf sam. dim. 9h-12h 14h-18h*

CH. LES GRAUZILS L'Essentiel 2015 ★

■ | 10000 | | 11 à 15 €

Le nom de Grauzils provient de «grès» ou de «graves»; il désigne des sols maigres et caillouteux. Une référence au terroir où sont plantés les 22 ha de vignes du domaine occupant les deuxième et troisième terrasses qui s'étagent de la rivière jusqu'au village de Prayssac. Dans la famille Pontié depuis quatre générations, le vignoble est conduit par Philippe Pontié depuis 1982.

Intense, le nez ce 100 % malbec convoque les fruits rouges et les épices douces. En bouche, c'est une sensation de rondeur et de velouté qui domine, autour de tanins soyeux et d'un boisé assez fondu. ⧗ 2020-2024

PHILIPPE PONTIÉ, Gamot, 46220 Prayssac, tél. 05 65 30 62 44, pontie.philippe@wanadoo.fr V *t.l.j. sf dim. 9h-12h 14h-19h* E

DOM. DES GRAVALOUS Tradition 2017

■ | 8000 | | 5 à 8 €

Une propriété familiale de 26 ha, transmise de père en fils depuis cinq générations, en polyculture jusque dans les années 1970 avant de se tourner vers la vigne. Hervé Fabbro s'y est installé en 2006 après ses études de «viti-œno».

Des ceps de malbec de quarante ans ont donné ce cahors amylique au premier nez, puis bien fruité (groseille, myrtille) à l'aération. Un fruité que l'on retrouve dans une bouche souple, équilibrée, aux tanins policés. ⧗ 2018-2022

FABBRO, Vidal, 46220 Pescadoires, tél. 05 65 22 40 46, gravalous@wanadoo.fr V *t.l.j. sf dim. 9h-12h 14h-18h*

CH. HAUTE-BORIE Tradition 2016 ★

■ | 36000 | | 5 à 8 €

Établi aux confins ouest de l'aire d'appellation cahors, à la limite de l'Agenais, Jean-Marie Sigaud, installé en 1970, a fait une longue carrière au service du vin de Cahors. Son vignoble de 17 ha, implanté sur les troisièmes terrasses du Lot, plonge ses racines dans des graves siliceuses.

Ce cahors issu de malbec et de merlot (10 %) présente un nez bien fruité qui donne envie de poursuivre. On découvre alors une bouche élégante, concentrée mais point trop, structurée sans excès par des tanins fins et ronds. ⧗ 2019-2023

JEAN-MARIE SIGAUD, Haute-Borie, 46700 Soturac, tél. 05 65 22 41 80, barat.sigaud@wanadoo.fr

CH. DE HAUTERIVE 2016 ★★

■ | 30000 | | 5 à 8 €

Les frères Gilles et Dominique Filhol ont rejoint leur père sur le domaine familial implanté au cœur de Vire-sur-Lot. Le vignoble couvre 21 ha sur la deuxième terrasse de la vallée du Lot et bénéficie d'une exposition plein sud.

Malbec (80 %) et merlot composent un cahors au nez fin de fruits rouges et de violette. La bouche se révèle très riche, très concentrée, très ronde, étayée par des tanins serrés et encore dans la fougue de leur jeunesse. À attendre donc. ⧗ 2021-2028

GILLES ET DOMINIQUE FILHOL, Le Bourg, 46700 Vire-sur-Lot, tél. 05 65 36 52 84, chateaudehauterive@wanadoo.fr V *t.l.j. sf dim. 9h-12h30 14h-19h*

♥ DOM. D'HOMS Les Chevaliers 2016 ★★

■ | 6500 | | 11 à 15 €

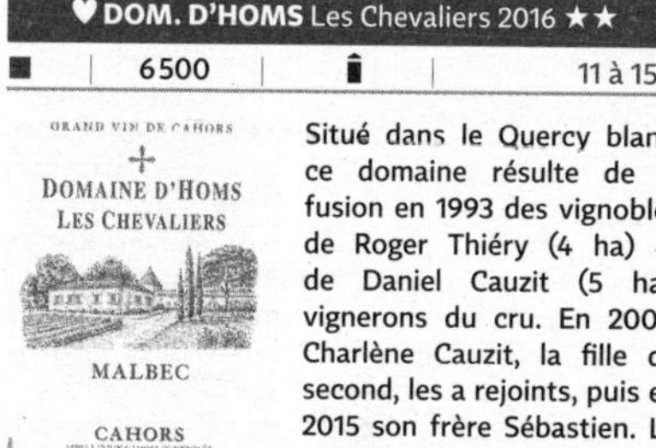

Situé dans le Quercy blanc, ce domaine résulte de la fusion en 1993 des vignobles de Roger Thiéry (4 ha) et de Daniel Cauzit (5 ha), vignerons du cru. En 2003, Charlène Cauzit, la fille du second, les a rejoints, puis en 2015 son frère Sébastien. Le vignoble couvre aujourd'hui 11 ha avec la conversion bio dans le viseur.

Régulier en qualité, ce domaine n'en est pas à son premier coup de cœur. Son malbec 2016 fait forte impression. Son beau rubis foncé attire l'œil. Au nez, des notes épicées côtoient harmonieusement les fruits rouges et noirs (cerise, cassis). Passé une attaque souple, la bouche se fait ample, dense, soyeuse, soulignée par une fine fraîcheur et des tanins fermes mais sans dureté. ⧗ 2021-2028

DOM. D' HOMS, lieu-dit Maux, 46800 Saux, tél. 05 65 24 93 12, contact@domainedhoms-cahors.fr V *t.l.j. sf sam. dim. 10h-18h; été 10h-19h*

FAMILLE JOUFFREAU M 2016 ★

■ | 20000 | | 8 à 11 €

Les Jouffreau sont enracinés dans la région de Cahors depuis le Moyen Âge et au Clos de Gamot depuis 1610. Leur vignoble dédié au malbec couvre aujourd'hui 20 ha sur des terroirs argilo-calcaires et siliceux des deuxième et troisième terrasses du Lot, dans un méandre de la rivière.

Au nez, passé une petite note animale, apparaissent de jolis parfums de fruits noirs. En bouche, on trouve un bel équilibre entre rondeur, fraîcheur et tanins policés. ⧗ 2019-2023 ■ **Clos de Gamot La Gariotte 2016 (8 à 11 €; 30000 b.)** : vin cité.

HERMANN JOUFFREAU, Clos de Gamot, 46220 Prayssac, tél. 05 65 22 40 26, closdegamot@orange.fr V *r.-v.*

B CH. LACAPELLE CABANAC Prestige 2015 ★

■ | 7200 | | 8 à 11 €

Néovignerons venus du monde de l'informatique et du marketing, Thierry Simon et Philippe Vérax se sont installés en 2001 sur ce vignoble de 25 ha au cœur du causse, à quelque distance du Lot. Ils l'ont conduit d'emblée en biodynamie et l'exploitent en bio certifié.

SUD-OUEST

Malbec et merlot pour cette cuvée aux arômes complexes de cassis, de cerise, de violette, de cuir et d'épices. La bouche, portée par des tanins fondus, offre beaucoup de douceur et de souplesse. ⧗ 2019-2024

SIMON & VÉRAX, Le Château, 46700 Lacapelle-Cabanac, tél. 05 65 36 51 92, contact@lacapelle-cabanac.com V r.-v.

♥ CH. LAGRÉZETTE Malbec 2015 ★★

■ | 88000 | | 30 à 50 €

Un domaine vedette du vignoble cadurcien, acquis en 1985 par l'homme d'affaires Alain-Dominique Perrin. Il est renommé pour l'architecture caractéristique de son manoir du XVIe s., avec ses tours en poivrière, ses toits pentus et son pigeonnier; pour son patrimoine viticole aussi (82 ha), exploité depuis le XVIe s.; pour ses vins ambitieux, surtout, régulièrement en vue dans ces pages.

«500 ans de tradition malbec», indique l'étiquette; et le cépage se sent bien sur les terres argilo-graveleuses de Lagrézette. Témoin, une fois de plus, cette cuvée passée dix-huit mois en fût, qui revêt une élégante robe cerise noire. Au nez, d'intenses notes de cerise et de cassis se mêlent à un boisé racé, épicé et toasté. Une attaque ample ouvre sur une bouche suave, concentrée, séveuse, soutenue par des tanins doux et par un boisé frais. Beaucoup de caractère dans ce cahors de garde. ⧗ 2022-2030

SCEV LAGRÉZETTE, Ch. Lagrézette, 46140 Caillac, tél. 05 65 20 07 42, cblanc@lagrezette.fr V t.l.j. *10h-12h 14h-18h* *Alain-Dominique Perrin*

CH. LAMARTINE Cuvée Particulière 2016 ★★

■ | 100000 | | 11 à 15 €

Selon la légende, la ramure d'un chêne centenaire abritait ici les rendez-vous galants d'une belle Martine. Depuis 2017, Alain Gayraud a laissé la place à son fils Benjamin, fort de solides expériences à l'étranger, pour conduire ce domaine aux origines anciennes (1883), situé aux confins du Lot-et-Garonne. Le vignoble couvre 35 ha, exposés plein sud. Un pilier de l'appellation cahors.

Un peu de tannat (10 %) accompagne le malbec dans cette cuvée intense en couleur et en arômes: fruits rouges et noirs, réglisse, boisé frais. En bouche, le vin se révèle ample, riche, dense, solidement charpenté. Un cahors armé pour la garde. ⧗ 2021-2028 ■ **Expression 2016 ★ (20 à 30 €; 25000 b.)** : un pur malbec bien né, élevé vingt-quatre mois en barrique. Néanmoins, au nez, ce sont les fruits qui ressortent, le boisé restant mesuré. En bouche, beaucoup de richesse et de volume. Pour la cave. ⧗ 2021-2028

BENJAMIN GAYRAUD, Lamartine, 46700 Soturac, tél. 05 65 36 54 14, cahorslamartine@orange.fr V r.-v.

VIGNOBLES LAUR Écusson des roches 2016 ★★

■ | 45000 | | 5 à 8 €

Fort de son diplôme de viti-œno, Patrick Laur a repris le vignoble familial en 1979. En 2009, il a été rejoint par son fils Ludovic. Ensemble, ils ont agrandi l'exploitation, qui compte aujourd'hui 46 ha de vignes conduites dans un esprit bio mais sans certification. Une activité de négoce a été développée en 2006 (Les Vignobles Laur) sous la houlette de Ludovic et de son frère Cédric.

Issue de la partie négoce, cette cuvée 100 % malbec propose un bouquet intense de fruits rouges et noirs. Un fruité que prolonge généreusement une bouche ronde, suave, séveuse et longue, aux tanins bien enrobés. Un cahors qui vieillira bien, mais déjà tellement savoureux… ⧗ 2019-2024 ■ **Baron du Tertre Cuvée Terroir 2016 ★ (5 à 8 €; 60000 b.)** : une belle intensité pour ce pur malbec issu du négoce. Au nez, un fruité soutenu mâtiné de nuances florales et épicées. En bouche, de la densité autour d'une matière ronde et charnue et de tanins bien maîtrisés. ⧗ 2019-2025 ■ **Ch. Laur Cuvée Prestige 2016 ★ (5 à 8 €; 108000 b.)** : la cuvée du domaine. Un cahors un brin animal à l'olfaction, agrémenté d'un bon fruité. En bouche, de la finesse, beaucoup de fraîcheur et des tanins élégants. On peut déjà en profiter. ⧗ 2018-2024

PATRICK ET LUDOVIC LAUR, Le Bourg, 46700 Floressas, tél. 05 65 31 95 61, vignobleslaur@orange.fr V r.-v.

CH. LERET MONPEZAT 2016 ★★

■ | 26000 | | 11 à 15 €

Fondée en 1887 dans le Lot par Germain Vigouroux, la maison Georges Vigouroux œuvre depuis quatre générations à la renommée des vins du Sud-Ouest. Ce négoce, pionnier de l'appellation cahors, distribue les vins de ses marques et possède plusieurs domaines (Leret-Monpezat, Mercuès, Tournelle ou encore Haute-Serre). C'est désormais Bertrand-Gabriel Vigouroux, fils de Georges, qui est à la tête de l'ensemble.

Le comte Jean-Baptiste de Monpezat a reconstitué et remembré les vignes ancestrales dans les années 1960 et 1970, de retour d'un séjour dans la Nappa Valley californienne, avant de s'affilier au début des années 1990 au Groupe cadurcien Georges Vigouroux. Dans le verre, un 2016 très intense, sombre, ouvert sur un boisé soutenu, épicé, réglissé et mentholé. En bouche, le vin est concentré, dense, étayé par des tanins fermes, mais fins, et souligné en finale par une belle fraîcheur. Un cahors puissant, pour la cave. ⧗ 2021-2028 ■ **Ch. de Haute-Serre Géron Dadine de Haute-Serre 2016 ★ (30 à 50 €; 6500 b.)** : un cahors intense et complexe (cacao, épices, mûre, myrtille), gras, suave et chaleureux en bouche, bien charpenté par des tanins serrés. ⧗ 2021-2028 ■ **Ch. de Haute-Serre 2016 ★ (15 à 20 €; 120000 b.)** : la cuvée principale du domaine. Un vin bien fruité, d'un bon volume, suave et concentré sans excès. ⧗ 2019-2024 ■ **Ch. de Mercuès 2015 ★ (30 à 50 €; 7000 b.)** : un cahors ouvert sur les fruits noirs et les épices douces, opulent et velouté en bouche, étayé par des tanins soyeux. ⧗ 2019-2024

MAISON GEORGES VIGOUROUX, Rte de Toulouse, BP 159, 46003 Cahors, tél. 05 65 20 80 80, vigouroux@g-vigouroux.fr

DOM. DE MAISON NEUVE 2016 ★

■ | 13000 | | 5 à 8 €

Michelle Delmouly et son fils Cyrille sont installés dans la commune du Boulvé, du canton de Montcuq,

là où le chanteur Nino Ferrer avait élu domicile. L'exploitation s'est transmise de père en fils depuis 1900 et compte aujourd'hui 16 ha.

Un fruité soutenu de cerise à l'eau-de-vie, de cassis et de mûre se dégage du verre. On le retrouve dans une bouche souple, fondue, équilibrée, plus fraîche en finale. ⧗ 2019-2023

⊶ DELMOULY, Dom. de Maison Neuve, 46800 Le Boulvé, tél. 05 65 31 95 76, domainemaisonneuve@wanadoo.fr r.-v.

MAS DES ÉTOILES 2015 ★

■	12000		11 à 15 €

Un domaine né en 2007 grâce à l'association de deux amis vignerons: Arnaud Bladinières, qui exerce également ses talents au château Bladinières au côté de son père, et David Liorit. Situé en plein cœur de l'appellation cahors, le vignoble s'étend sur 10 ha (dont 9 ha de malbec).

Un pur malbec au nez complexe: cassis, fruits rouges, tabac brun, chocolat au lait. En bouche, il offre un bel équilibre entre fraîcheur et rondeur, entre boisé et fruité. ⧗ 2019-2023 ■ **Petite Étoile 2015 (5 à 8 €; 24000 b.)** : vin cité.

⊶ ARNAUD BLADINIÈRES, Le Bourg, 46220 Pescadoires, tél. 06 73 34 37 40, contact@mas-des-etoiles.com

MÉTAIRIE GRANDE DU THÉRON Cuvée Prestige 2016 ★

■	30000		11 à 15 €

Ce domaine aux bâtiments en pierre jaune du Quercynois ordonnés autour d'une grande cour carrée dispose de 38 ha de vignes plantés sur les coteaux pentus de la troisième terrasse dominant la vallée du Lot. Régulier en qualité, il est conduit depuis 1973 par Liliane Barat-Sigaud.

Ce 100 % malbec s'ouvre d'abord sur un boisé épicé, puis l'aération libère le fruit. En bouche, il se montre net et franc, toujours bien fruité, avec en soutien un boisé dosé et des tanins souples et ronds. ⧗ 2020-2024

⊶ LILIANE BARAT-SIGAUD, Métairie Grande du Théron, 46220 Prayssac, tél. 05 65 22 41 80, barat.sigaud@wanadoo.fr r.-v.

CH. NOZIÈRES L'Élégance 2015 ★★

■	10000		15 à 20 €

Pierre et Paulette Maradenne ont acheté en 1956 cette propriété où se côtoyaient la vigne, la lavande, les céréales et les vaches laitières. Les premières bouteilles ont été commercialisées en 1975. Aujourd'hui conduit par Olivier, petit-fils des fondateurs, le domaine compte 52 ha, répartis en une mosaïque d'une quarantaine de parcelles.

Le seul malbec est à l'œuvre dans ce cahors sombre, au nez intense de fruits rouges et noirs mûrs sur fond de boisé épicé et grillé. Le palais se révèle ample, suave et rond, avant de montrer plus de tannicité en finale. ⧗ 2020-2025

⊶ EARL DE NOZIÈRES-MARADENNE-GUITARD, Bru, 46700 Vire-sur-Lot, tél. 05 65 36 52 73, chateaunozieres@orange.fr t.l.j. sf dim. 9h-12h 14h-19h ⊶ Claude Guitard

CH. PAILLAS Tradition 2015

■	35000		5 à 8 €

Germain Lescombes a créé de toutes pièces ce domaine en 1978 à Floressas et planté ses vignes à 240 m d'altitude, sur le plateau dominant la vallée du Lot. Dirigé aujourd'hui par la troisième génération (Nathalie Lescombes et son frère Robert), le vignoble s'étend sur 27 ha d'un seul tenant, en demi-cercle autour du chai et des bâtiments, dont certains datent du XIII[e]s.

Malbec et merlot (10 %) pour ce cahors élevé trois ans en cuve. Au nez, un panier de fruits rouges mûrs et quelques notes amyliques et épicées. En bouche, du fruit toujours, de la souplesse, de la douceur et de la fraîcheur. ⧗ 2019-2023

⊶ SCEA DE SAINT-ROBERT, Paillas, 46700 Floressas, tél. 05 65 36 58 28, info@paillas.com t.l.j. sf sam. dim. 9h-12h 14h-17h

DOM. PÉJUSCLAT Carpe Diem 2014 ★★

■	600		20 à 30 €

Dans le sud de l'appellation cahors, un petit domaine de 9,5 ha tenu par Guillaume Bessières, installé en 2002 sur ces terres familiales déjà cultivées par son arrière-grand-père Henri. Avec son père Dominique, ils ont entamé la conversion bio du vignoble.

Un pur malbec très confidentiel, et c'est dommage car il est très bon. Au nez, des senteurs originales d'ananas côtoient de plus classiques notes de fruits noirs frais et de boisé toasté. La bouche est marquée dès l'attaque par une intense fraîcheur qui soutient le vin, ample et structuré par des tanins fermes, jusqu'à la finale, longue et épicée. Du caractère et de l'énergie dans ce cahors armé pour bien vieillir. ⧗ 2021-2028

⊶ GUILLAUME BESSIÈRES, Péjusclat, 46090 Villesèque, tél. 06 83 80 01 46, pejusclat.guillaume@live.fr t.l.j. 9h-12h30 13h30-19h; dim. sur r.-v.

PETIT JAMMES 2016 ★★

■	14000		8 à 11 €

Ce petit domaine de 5 ha a appartenu au ministre Bernard Pons avant d'être vendu à des familles américaines et laissé à l'abandon. Grâce à l'aide de Bertrand-Gabriel Vigouroux, Thomas Chardard, propriétaire depuis 2009, a redonné ses lettres de noblesse à cette exploitation.

Après douze mois de cuve, ce pur malbec livre un bouquet soutenu de fruits rouges. En bouche, il se montre ample et fin, et s'étire dans une longue finale pleine de fraîcheur, sur des notes d'eucalyptus. ⧗ 2019-2023 ■ **Pure malbec by Pech de Jammes 2015 ★ (30 à 50 €; 3000 b.)** : une bonne complexité (boisé chocolaté, fruits noirs), qui offre un beau volume en bouche et un équilibre bien maîtrisé entre rondeur, fraîcheur et tanins. ⧗ 2019-2024

⊶ SCEA T. CHARDARD, 740, rte de Vayrols, 46090 Flaujac-Poujols, tél. 06 80 98 55 10, thomas@pechdejammes.fr

DOM. DU PEYRIÉ Cuvée Ma Passion 2016 ★★

■	6500		8 à 11 €

Dans la famille depuis 1920, le domaine est aujourd'hui exploité par Christian Gilis, incarnant la quatrième

SUD-OUEST

génération de vignerons. Il compte quelque 16 ha de vignes sur la commune de Soturac.

Le malbec à son meilleur dans ce cahors couleur tulipe noire. Le nez convoque les fruits rouges et noirs bien mûrs mâtinés d'épices. La bouche, ample et élégante, suit la même ligne aromatique, portée par des tanins fins et soyeux. À boire sur le fruit de sa jeunesse, mais un passage en cave sera sans risque. ⧗ 2018-2023

⊶ CHRISTIAN GILIS, Le Peyrié, 46700 Soturac, tél. 05 65 21 18 86, domaine.peyrie@wanadoo.fr V *t.l.j. sf dim. 9h-12h 14h-19h*

♥ CH. PINERAIE L'Authentique 2016 ★★

■	15000		15 à 20 €

Un domaine de 50 ha fondé en 1862 sur les deuxième et troisième terrasses du Lot. Aujourd'hui, les cinquième et sixième générations travaillent ensemble, Anne et Emmanuelle Burc ayant rejoint leur père Jean-Luc, et signent des cahors très réguliers en qualité. La conversion bio est engagée.

Une cuvée souvent en vue dans ces pages, avec plusieurs coups de cœur à la clé. La version 2016 fait sensation. La robe est noire, intense, comme le nez, ouvert sur un boisé racé et fondu et sur des arômes élégants de violette et de fruits noirs. L'intensité ne baisse pas en bouche, où l'on découvre un vin puissant et soyeux à la fois, très suave et charnu, adossé à des tanins de velours. Un cahors d'une grande finesse auquel il est difficile de résister aujourd'hui, mais le temps ne l'endommagera pas. ⧗ 2019-2028 ■ **Élevé en fût de chêne 2016 ★ (8 à 11 €; 150000 b.)** : un vin ouvert, fruité et finement boisé, long, charnu, ample et bien structuré en bouche. ⧗ 2020-2026

⊶ FAMILLE BURC, Leygues, 46700 Puy-l'Évêque, tél. 05 65 30 82 07, chateaupineraie@wanadoo.fr V *t.l.j. sf sam. dim. 9h-12h 14h-18h*

CH. PLAT FAISANT L'Intouchable 2015 ★

■	3000		30 à 50 €

Le domaine se situe au cœur du lieu-dit Les Roques, sur les hauteurs de Saint-Vincent-Rive-d'Olt. Serge Bessières et Caroline Dumond conduisent un vignoble de 20 ha. Une valeur sûre de l'AOC cahors, souvent en vue pour ses cuvées de l'Ancêtre et des Générations, qui honorent les aïeux vignerons.

Un pur malbec élevé quatorze mois en fût, ouvert sur des notes de pruneau, de réglisse, de pain grillé et de menthol. La bouche est suave, fondue, étayée par des tanins policés et par un boisé bien ajusté. ⧗ 2019-2023

⊶ BESSIÈRES, Les Roques, 46140 Saint-Vincent-Rive-d'Olt, tél. 06 49 51 96 12, chateauplatfaisan@wanadoo.fr V *r.-v.*

CH. PONZAC Maintenant 2016 ★★

■	20000		5 à 8 €

Enracinés à Carnac depuis le XIVᵉs., les Molinié sont très liés à l'histoire du village. Au château, Matthieu et son épouse Virginie élaborent la trilogie de Ponzac: les cuvées Maintenant, Patiemment et Éternellement. Ils conduisent 33 ha de vignes.

«Maintenant», indique l'étiquette. En effet, ce cahors qui n'a connu que la cuve, pendant un an, est prêt à être bu, même s'il n'est aucunement interdit de lui faire passer quelques années en cave. Au nez, du fruit, du fruit, encore du fruit. En bouche? Eh bien du fruit aussi, de la densité, de la fraîcheur et des tanins fins et soyeux. ⧗ 2018-2024 ■ **Patiemment 2016 ★ (8 à 11 €; 10000 b.)** : une robe sombre, un joli nez de pivoine, de réglisse et de fruits noirs, une bouche riche et bien charpentée composent un bon cahors pour la cave. ⧗ 2020-2025

⊶ VIRGINIE ET MATTHIEU MOLINIÉ, Lieu-dit Le Causse, 46140 Carnac-Rouffiac, tél. 05 65 31 99 48, chateau.ponzac@wanadoo.fr V *t.l.j. 10h-19h*

PRIEURÉ DE CÉNAC 2016 ★

■	68000		11 à 15 €

Le Ch. Saint-Didier, jadis propriété des évêques de Cahors, est le berceau de la famille Rigal, présente dans la région depuis le milieu du XVIIIᵉs. Développé par Jean-Marie Rigal à partir des années 1950, cet ensemble, qui ne comptait à l'origine qu'une dizaine d'hectares, s'est agrandi (Ch. Grézels et Prieuré de Cénac) et couvre aujourd'hui 75 ha. En 2017, les Rigal ont cédé leurs vignobles à Hervé et Diane Joyaux.

D'un noir intense, ce pur malbec livre un bouquet boisé, réglissé et fruité du meilleur effet. En bouche, il se révèle riche, puissant, volumineux, porté par des tanins bien fermes. Pour la cave et pour longtemps. ⧗ 2022-2028

⊶ SAS LES VIGNOBLES SAINT-DIDIER, 26, allée Porte Vitré, 46140 Parnac, tél. 05 65 30 78 13, secretariat@vignobles-saintdidier-parnac.com V *t.l.j. sf sam. dim. 9h-12h 14h-17h ⊶ Hervé Joyaux*

DOM. DU PRINCE Le Chêne du prince 2015 ★★

■	10000		8 à 11 €

Selon la tradition villageoise, un Jouves ayant vu le roi de France pour lui livrer du vin aurait été surnommé «Lou Prince» à son retour. Ce surnom reste utilisé par les vieux villageois de Cournou. Didier (à la vigne) et Bruno Jouves (au chai) conduisent aujourd'hui un domaine de 27 ha.

Vingt-quatre mois dans le chêne pour ce pur malbec ouvert sur les fruits noirs, les épices et le grillé. En bouche, on découvre un vin concentré, large et long, adossé à de solides tanins qui lui garantissent une heureuse évolution. ⧗ 2020-2025 ■ **Tour de terre 2015 ★ (20 à 30 €; 2500 b.)** : un cahors élevé quinze mois dans des jarres de terre cuite. Au nez, des notes de cuir et de cerise. En bouche, du fruit, des épices, une touche animale aussi, de la souplesse et de la fraîcheur. ⧗ 2018-2022

⊶ JOUVES, GAEC de Pauliac, Cournou, 46140 Saint-Vincent-Rive-d'Olt, tél. 05 65 20 14 09, contact@domaineduprince.fr V *t.l.j. sf dim. 8h-19h*

LES CARRALS DU CH. QUATTRE 2016 ★★

■	13000		20 à 30 €

Établi en Quercy blanc, ce vignoble de 65 ha créé de toutes pièces dans les années 1960 est planté

en forme de fer à cheval autour du chai, sur les plus hautes terrasses du sud de l'appellation. Il est la propriété de la société bordelaise Vignobles de Terroirs (groupe Taillan de la famille Merlaut).

Ce pur malbec sombre et intense offre un nez élégant et complexe de fruits noirs, de réglisse, de menthol et de boisé grillé. En bouche, il se révèle puissant, concentré, charnu, très suave, doté de tanins soyeux. ⧗ 2021-2026

⊶ SCEA SAINT-SEURIN, Ch. Quattre, 46800 Bagat-en-Quercy, tél. 05 65 36 91 04, chateauquattre@orange.fr V ♿ ▮ t.l.j. sf sam. dim. 8h-19h

CH. LA REYNE Le Prestige 2015 ★

■	70000	▮	11 à 15 €

Commandée par une grande bâtisse flanquée de deux pigeonniers, cette propriété familiale de Puy-l'Évêque, dans la vallée du Lot, est aux mains de Johan Vidal (cinquième génération), arrivé en 1997. Le vignoble s'étend sur 35 ha.

Après vingt-quatre mois de fût, ce cahors délivre des arômes de boisé toasté et de cassis frais. Arômes prolongés par un palais bien structuré, de bon volume, avec une touche d'amertume en finale. ⧗ 2021-2028

⊶ CH. LA REYNE, Leygues, 46700 Puy-l'Évêque, tél. 05 65 30 82 53, chateaulareyne@orange.fr V ♿ ▮ r.-v. ⊶ Johan Vidal

SERRE DE BOVILA Serre 2016 ★

■	n.c.	▮	11 à 15 €

Thierry et Philippe Romain sont propriétaires de trois domaines: Ch. Montels à Albias, fleuron de l'IGP Coteaux et terrasses de Montauban, le Mas des Anges dans la même IGP et Serre de Bovila, à Fargues, acquis en 2010 sur l'un des sites les mieux exposés de l'appellation cahors. L'ensemble fait 70 ha.

Cette cuvée 100 % malbec s'ouvre sur des notes boisées, avant de laisser s'exprimer les fruits noirs et la réglisse. À une attaque souple succède un milieu de bouche très suave, le tout soutenu par des tanins ronds et affinés. ⧗ 2019-2024 ■ **La Conquista 2016 ★ (8 à 11 €; n.c.)** : que de la cuve pour ce pur malbec joliment fruité (cassis, le fruit et la crème), réglissé, épicé et un brin animal, ample et frais en bouche. ⧗ 2019-2023

⊶ PHILIPPE ET THIERRY ROMAIN, chem. de la Tauge, 82350 Albias, tél. 05 63 31 02 82, philippe@vignoblesromain.com V ♿ ▮ t.l.j. sf dim. 9h-12h 14h-19h 🏠 ©

VARUA MAOHI Mana 2016 ★

■	26000	▮	8 à 11 €

La famille exploite la vigne à Parnac depuis le début du XVII^e^s. Marie et Dominique Cavalié développent le Dom. Saint-Sernin et le transmettent en 2005 à leur fille Anne, qui quitte l'enseignement. Avec son mari Heifara Swartvagher, elle exploite 48 ha. Leur marque, Varua Maohi, rappelle les origines tahitiennes de son conjoint.

D'un noir intense, ce cahors déploie à l'olfaction des arômes généreux de fruits noirs confits. On retrouve ce fruité mûr dans une bouche ample, riche et longue, soutenue par une belle trame tannique et une fraîcheur bien sentie. ⧗ 2020-2025

⊶ SCEA CAVALIÉ, Les Landes, 46140 Parnac, tél. 05 65 20 13 26, saint.sernin@sfr.fr V ♿ ▮ t.l.j. 9h-12h30 13h30-17h30; sam; dim. sur r.-v.

CH. VINCENS Origine 2016

■	60000	▮	8 à 11 €

Prosper Vincens acheta sa première parcelle à son retour de la Grande Guerre. En 1982, Michel Vincens quitta la coopérative pour élever ses propres vins. La famille - aujourd'hui Isabelle Vincens et son frère Philippe - est toujours aux commandes et conduit un vignoble de 40 ha.

Quinze mois de fût pour cet assemblage malbec-merlot. Un bon classique qui propose au nez un boisé fondu et discret, des épices et des fruits noirs. La bouche est charnue, assez souple, sans manquer de structure, avec en finale un brin de sévérité. ⧗ 2019-2023

⊶ PHILIPPE ET ISABELLE VINCENS, Foussal, 46140 Luzech, tél. 05 65 30 51 55, philippe@chateauvincens.fr V ♿ ▮ t.l.j. sf dim. 10h-13h 14h-19h 🏠 Ⓔ

COTEAUX-DU-QUERCY

Superficie : 300 ha / Production : 13 290 hl

Située entre Cahors et Gaillac, la région viticole du Quercy s'est reconstituée assez récemment. Mais, comme dans toute l'Occitanie, la vigne y était cultivée dès l'Antiquité. La viticulture connut cependant plusieurs périodes de reflux. Elle pâtit notamment, au Moyen Âge, de la prépondérance de Bordeaux, puis, au début du XX^e^s., du poids du Languedoc-Roussillon. La recherche de la qualité, qui s'est manifestée à partir de 1965 par le remplacement des hybrides, a conduit à la définition d'un vin de pays en 1976. Peu à peu, les producteurs ont isolé les meilleurs cépages et les meilleurs sols. Ces progrès qualitatifs ont débouché sur l'accession à l'AOVDQS en 1999. Le territoire délimité s'étend sur trente-trois communes des départements du Lot et du Tarn-et-Garonne. En 2011, la catégorie des AOVDQS a disparu et les coteaux-du-quercy ont été reconnus en AOC. Rouges et rosés, les coteaux-du-quercy assemblent le cabernet franc, cépage principal pouvant atteindre 60 %, et les tannat, côt, gamay ou merlot (chacune de ces variétés à hauteur de 20 % maximum).

MYSTÈRE D'ELENA Élevé en fût de chêne 2015 ★★

■	1450	▮	20 à 30 €

Domaine familial de 14 ha implanté à l'est de Montauban, non loin du village médiéval de Bruniquel. Avant l'an 2000, il fournissait son vin en vrac aux négociants. Sous l'impulsion de Mickaël Raynal, arrivé sur l'exploitation en 2010, il développe la vente directe.

La cuvée haut de gamme du domaine, issue des meilleures parcelles de l'exploitation (du tannat et du malbec aux côtés du cabernet franc) et vieillie dix-huit mois en fût. La robe profonde, presque noire, donne le ton. Intense, complexe et concentré, le nez traduit une vendange très mûre, avec ses nuances de pruneau, de fruits confiturés ou macérés. Le prélude à un palais ample, rond et caressant. Opulence et élégance. ⧗ 2019-2023 ■ **Méloïse 2016 (11 à 15 €; 11465 b.)** : vin cité.

⊶ *EARL PAPYLLON, 45, chem. des Brugues, 82800 Vaïssac, tél. 06 77 11 93 31, domainederevel@yahoo.com* V ⚐ ⚐ *r.-v.*

♥ DOM. DE GUILLAU 2017 ★★

■	5400	⚱	5 à 8 €

Un ancêtre charpentier a construit la grange qui sert aujourd'hui de chai, faisant parfois payer ses services en lopins de terre. Quant à Jean-Claude Lartigue, installé en 1990, il est au nombre des producteurs qui ont « bâti » leur appellation. Le Guide l'a découvert en 1999 alors que les coteaux-du-quercy étaient encore classés en vins de pays. Le domaine couvre aujourd'hui 15 ha, non loin de Montpezat-du-Quercy.

Cabernet franc (60 %), merlot, côt et gamay sont mariés avec bonheur dans ce rosé saumoné aux beaux reflets violines. Le nez convoque des arômes fins de groseille, de fraise, de bonbon anglais et de fleurs blanches. Une attaque souple ouvre sur une bouche très équilibrée, fraîche, dense, charnue et longue. ⧗ 2018-2019 ■ **Plénitude 2015 ★ (8 à 11 €; 3000 b.)** : la cuvée haut de gamme du domaine, née d'un assemblage de cabernet franc (60 %), de tannat et de merlot. Après un séjour de quatorze mois en fûts (neufs à 50 %), elle s'habille d'une robe profonde et libère des notes boisées intenses (torréfaction, épices, touches beurrées), qui laissent percer à l'aération des senteurs de cassis bien mûr. En bouche, elle se déploie avec rondeur et souplesse, étayée par des tanins élégants, et finit sur un plaisant retour du grillé et des épices douces. Un élevage maîtrisé. ⧗ 2019-2024 ■ **Tradition 2016 ★ (5 à 8 €; 16000 b.)** : élevé en cuve, un vin rond et velouté, aux arômes de fruits noirs légèrement épicés. ⧗ 2018-2023

⊶ *JEAN-CLAUDE LARTIGUE, 181, rte de Borredon, 82270 Montalzat, tél. 06 11 86 22 04, jean-claude.lartigue@orange.fr* V ⚐ ⚐ *t.l.j. sf dim. 17h30-19h30*

DOM. DE LACOSTE 2017

■	1400	⚱	5 à 8 €

Annexé au lycée viticole de Cahors-Le Montat, le domaine de Lacoste est un outil pédagogique pour les élèves suivant la formation viticole et œnologique. Complété par une truffière, son vignoble de 18 ha, situé au cœur du Quercy blanc et de l'appellation coteaux-du-quercy, permet aux étudiants de faire des travaux pratiques.

De belle intensité, ce rosé livre des arômes de fraise mûre, de framboise et de groseille. En bouche, le fruit reste présent, bien épaulé par une agréable fraîcheur. ⧗ 2018-2019 ■ **Cuvée des Templiers Élevé en fût de chêne 2015 (5 à 8 €; 3000 b.)** : vin cité.

⊶ *LYCÉE VITICOLE CAHORS-LE MONTAT, 422, Lacoste, 46090 Le Montat, tél. 05 65 21 03 67, aurelien.chassagne@educagri.fr* V ⚐ ⚐ *t.l.j. sf sam. dim. 8h-12h 13h-18h*

Ⓑ DOM. DE MAILLAC 2016 ★

■	4015	⚱	11 à 15 €

Implanté à Monclar, bourgade entourée de petits lacs et campée sur les dernières collines du bas Quercy, à l'est de Montauban, le domaine remonterait au XII[e]s. Situé au sommet d'un coteau, entouré de bois, il a été repris en 1987 par un couple d'Allemands, Roland et Ulrike Hoppenstedt, qui le conduisent en bio. L'autruche sur l'étiquette? Le couple a élevé ces volatiles entre 1992 et 2012, avant de se dédier principalement à la vigne.

Trois cépages assistent le cabernet franc dans ce 2016 à la robe intense, qui n'est resté que six mois en cuve. Un vin souple et gourmand, tout en fruits noirs au nez comme en bouche, avec cette touche de poivron caractéristique du cépage majoritaire. ⧗ 2018-2023

⊶ *ULRIKE HOPPENSTEDT, 6575 rte de Vaissac, 82230 Monclar-de-Quercy, tél. 05 63 64 21 73, domaine@maillac.fr* V ⚐ ⚐ *t.l.j. 15h-19h*

PEYRE-FARINIÈRE Élevé en fût de chêne 2015 ★

■	10842	⚱	8 à 11 €

Créée en 1985, cette coopérative est implantée à Montpezat-de-Quercy, très belle bastide située au nord du Tarn-et-Garonne, au milieu d'un pays vallonné, où la vigne compose avec de multiples cultures. La cave vinifie le produit de 100 ha récoltés par une trentaine d'adhérents et propose depuis 2014 une cuvée certifiée bio.

Mariant trois cépages au cabernet franc, cette cuvée est restée quatorze mois en fût. Intense au nez, elle libère des notes d'élevage vanillées et toastées qui laissent s'exprimer le fruit, sur des nuances de fruits noirs et de pruneau. Dans le même registre, la bouche apparaît ronde en attaque, plus ferme en finale. Un vin bien typé. ⧗ 2019-2023 ■ **Bessey-de-Boissy Collégiale 2016 ★ (5 à 8 €; 40000 b.)** : élevé en cuve, un vin séduisant par ses arômes de cerise noire, par son attaque souple et sa finale fraîche marquée par de petits tanins vifs. ⧗ 2018-2021

⊶ *LES VIGNERONS DU QUERCY, 4555, rte de Paris, 82270 Montpezat-de-Quercy, tél. 05 63 02 03 50, lesvigneronsduquercy@wanadoo.fr* V ⚐ ⚐ *t.l.j. sf dim. 9h-12h 14h-19h*

GAILLAC

Superficie : 3 923 ha
Production : 160 000 hl (65 % rouge et rosé)

Comme l'attestent les vestiges d'amphores fabriquées à Montels, les origines du vignoble gaillacois remontent à l'occupation romaine. Au XIII[e]s., Raymond VII, comte de Toulouse, prit à son endroit un des premiers décrets d'appellation contrôlée, et le poète occitan Auger Gaillard célébrait déjà le vin pétillant de Gaillac bien avant l'invention du champagne. Le vignoble se répartit entre les premières côtes, les hauts coteaux de la rive droite du Tarn, la plaine, la zone de Cunac et le pays cordais. Les coteaux calcaires se prêtent admirablement à la culture des cépages blancs traditionnels comme le mauzac, le len de l'el (loin de l'œil), l'ondenc, le

sauvignon et la muscadelle. Les zones de graves sont réservées aux cépages rouges, duras, braucol ou fer-servadou, syrah, gamay, négrette, cabernet, merlot. La variété des cépages explique la palette des vins gaillacois. Pour les blancs, on trouvera les secs et perlés, frais et aromatiques, et les moelleux des premières côtes, riches et suaves. Ce sont ces vins, très marqués par le mauzac, qui ont fait la renommée de l'appellation. Le gaillac mousseux peut être élaboré soit par une méthode artisanale à partir du sucre naturel du raisin (méthode gaillacoise), soit par la méthode traditionnelle (la première donne des vins plus fruités, avec du caractère). Les rosés de saignée sont légers; quant aux vins rouges, s'ils sont souvent gouleyants, notamment lorsqu'ils sont issus de gamay, ils peuvent aussi se montrer plus charpentés et offrir un certain potentiel de garde.

DOM. AL COUDERC Sec Tradition 2017

■ | 2750 | | 5 à 8 €

Coopérateur à Labastide-de-Léris depuis 1998, Fabien Rouffiac a repris auprès de la famille Bousquet ce petit domaine de 4 ha en 2016; son objectif est d'y intégrer ses propres 7 ha.

Sauvignon et len de l'el à parts égales dans ce blanc au nez discret mais plaisant de fleurs blanches et de fruits jaunes. La bouche se montre assez chaleureuse et charnue, avant une finale plus fraîche. ⧗ 2018-2020 ■ **2017 (5 à 8 €; 1800 b.)** : vin cité.

EARL AL COUDERC, Al Couderc, 81150 Labastide-de-Lévis, tél. 06 87 41 46 08, fabien.rouffiac@neuf.fr V r.-v. *Fabien Rouffiac*

Ⓑ CH. D'ARLUS Fraîcheur 2017

■ | 2500 | | 11 à 15 €

Situé sur les deuxièmes terrasses argilo-calcaires de la rive droite du Tarn, ce domaine a été repris en 2000 par Lucien Schmitt et son épouse Brigitte. Ils ont converti les 25 ha de vignes du domaine à l'agriculture biologique (certification pour l'ensemble en 2014).

De la fraîcheur, ce gaillac mi-sauvignon mi-loin de l'œil en propose dès l'olfaction, avec d'intenses notes de buis. On la retrouve aussi en bouche, sur des tonalités plus fruitées et acidulées. Simple et efficace. ⧗ 2018-2020

LUCIEN SCHMITT, Les Homps, 81140 Montels, tél. 05 63 33 15 06, info@chateau-d-arlus.com V r.-v.

♥ ASTROLABE 2016 ★★

■ | 45000 | | 8 à 11 €

Les caves de Técou, de Rabastens, de Fronton et des Côtes d'Olt ont uni leurs forces en 2006 en créant le groupe Vinovalie, dont le nom renvoie aux valeurs collectives du rugby. Un groupe qui fédère 470 vignerons et regroupe quelque 3 800 ha de vignes répartis sur trois appellations: gaillac, fronton et cahors.

Syrah (94 %) et fer-servadou ont donné naissance à un gaillac profond et intense, ouvert sur les fruits noirs confiturés, la violette et un beau boisé fumé. Ample, charnue, dense, à la fois florale, chocolatée et mentholée, soutenue par des tanins veloutés, la bouche achève de convaincre. ⧗ 2019-2023 ● **Hmmm Brut Blanc de blancs 2017 ★ (8 à 11 €; 40 000 b.)** : des bulles fines et légères, des arômes bien typés de pomme verte et une bouche équilibrée, fraîche avec de la rondeur, composent un effervescent fort plaisant. ⧗ 2018-2020 ■ **Cave de Técou Évocation 2017 (5 à 8 €; 100 000 b.)** : vin cité.

VINOVALIE - SITE DE TÉCOU, 100, rte de Técou, 81600 Técou, tél. 05 63 33 00 80, passion@cavedetecou.fr V r.-v.

♥ DOM. BARREAU Les Braisiers 2016 ★★

■ | 10600 | | 8 à 11 €

Installé sur la rive droite du Tarn, au niveau des premières côtes de Gaillac, ce domaine familial, régulier en qualité, a été fondé en 1865. Il compte 45 ha de vignes conduits aujourd'hui par la sixième génération de Barreau: Sylvain et Romain.

Né de braucol, syrah et prunelart, ce vin propose un nez complexe de fruits à l'alcool, de tapenade, de réglisse et de vanille. Une attaque souple ouvre sur une bouche à la fois fraîche, fine et séveuse, étayée par des tanins fondus et soyeux et par un beau boisé chocolaté. Un gaillac d'ores et déjà délicieux, mais qui vieillira bien. ⧗ 2018-2026 ■ **Augustin 2017 ★★ (5 à 8 €; 20 000 b.)** : un gaillac jaune doré, harmonieux de bout en bout, expressif (fruits secs, fleurs blanches, touche miellée), ample, suave et velouté en bouche. ⧗ 2018-2021

SYLVAIN ET ROMAIN BARREAU, Lieu-dit Boissel, 81600 Gaillac, tél. 05 63 57 57 51, domaine.barreau@wanadoo.fr V *t.l.j. sf dim. 9h-12h 14h-18h*

CH. BOURGUET 2016 ★★

■ | 8000 | | 5 à 8 €

Quatre générations se sont succédé sur ce domaine conduit par Jean et Jérôme Borderies, situé à Vindrac-Alayrac, sur les terres les plus au nord de l'AOC gaillac. Le vignoble d'un seul tenant s'étend sur 21,5 ha, exposé au levant face à la cité médiévale de Cordes-sur-Ciel.

Braucol (50 %), syrah et cabernet-sauvignon sont associés dans ce gaillac intense, fruité (fruits noirs mûrs) et épicé (poivre). Le palais, ample, rond, velouté, fait un long écho à ces arômes bien typés. ⧗ 2018-2022 ■ **2017 ★ (5 à 8 €; 4000 b.)** : un blanc mi-muscadelle mi-sauvignon, au nez de fruits jaunes, de fleurs blanches et de menthol, frais et citronné en bouche, sans manquer de chair ni de rondeur. Équilibré et expressif. ⧗ 2018-2021

JEAN ET JÉRÔME BORDERIES, Les Bourguets, 81170 Vindrac-Alayrac, tél. 05 63 56 15 23, chateaubourguet@orange.fr V *t.l.j. sf dim. 9h-12h 14h30-18h*

SUD-OUEST

B DOM. DE BRIN Braucol 2016 ★★

■ | 2500 | | 15 à 20 €

Autrefois apportés à la coopérative, les raisins de ce domaine de 12 ha sont désormais vinifiés à la propriété par Damien Bonnet. Sur un plateau entouré de bois de chênes, ce dernier applique aux vignes une culture biologique (certification acquise) et vinifie dans le même esprit.

Ce 100 % braucol a été élevé pendant dix-sept mois dans des jarres en grès. Il en résulte un gaillac bien fruité au nez comme en bouche, souple en attaque, riche et rond dans son développement, avec en soutien de beaux tanins affinés. ⧗ 2019-2024

DAMIEN BONNET, lieu-dit Brin, 81150 Castanet, tél. 05 63 56 90 60, domainedebrin@gmail.com V *t.l.j. sf dim. 10h-12h 14h-18h*

DOM. DE CANTO PERLIC Sélection 2016

■ | 7200 | | 5 à 8 €

Süne et Ursula Sloge, deux Suédois séduits par le terroir gaillacois, ont restauré à partir de 2000 le vignoble et les chais de ce domaine de quelque 8 ha, qui s'impose millésime après millésime comme une référence solide. À suivre de près.

La version 2015 de cette cuvée fut coup de cœur. Le millésime 2016 n'atteint pas les mêmes sommets, mais a quelques atouts à faire valoir: un nez discret mais finement épicé et une bouche souple et fruitée sans manquer de structure, avec même un peu de sévérité en finale. ⧗ 2019-2023

SCEA CANTO PERLIC, 2210, rte de la Ramaye, 81600 Gaillac, tél. 05 63 57 25 56 V *r.-v.*
Süne Sloge

DOM. CARCENAC Jadis 2016 ★★

■ | 25000 | | 8 à 11 €

Situé au cœur de Montans, petit village aux vestiges gallo-romains, ce domaine, dans la même famille depuis sept générations, est aujourd'hui conduit par Joseph, Nicole et leur fils Cédric Carcenac. Il compte 70 ha de vignes établis sur les trois types de terroirs gaillacois: graveleux, argilo-graveleux et argilo-calcaire.

Mi-braucol mi-syrah, ce gaillac convoque la réglisse et les fruits rouges à l'olfaction avec une belle intensité. En bouche, il se révèle rond, élégant, nanti de tanins souples et aimables, accompagnés par un boisé des plus discrets. ⧗ 2019-2023 ■ **Frénésie Perle 2017** ★ (5 à 8 €; **15000 b.**) : un blanc dominé par le loin de l'œil, floral (chèvrefeuille, aubépine) et fruité (poire) au nez, souple et frais en bouche, dynamisé par un léger perlant. ⧗ 2018-2020

CÉDRIC CARCENAC, Le Jauret, 81600 Montans, tél. 05 63 57 57 28, domaine.carcenac@orange.fr V *t.l.j. 8h-12h 14h-19h*

DOM. DES CASSAGNOLS
Cuvée des collines 2016 ★★

■ | 20000 | | 5 à 8 €

Installé en 1986, Éric Stilhart a quitté la coopérative en 2005. Il conduit aujourd'hui près de 18 ha de vignes près de la jolie bastide de Lisle-sur-Tarn et s'est équipé en 2015 d'une nouvelle cave.

Né de syrah, braucol et merlot, ce gaillac livre un bouquet généreux de fruits noirs et rouges mûrs, à peine rafraîchis par une touche végétale. En bouche, il offre du volume, du gras, mais aussi de la fraîcheur, le tout adossé à des tanins très fins. ⧗ 2019-2024

SARL DOM. DES CASSAGNOLS, Saint-Salvy, 81310 Lisle-sur-Tarn, tél. 06 12 93 88 74, eric.stilhart@gmail.com V *r.-v.* *Famille Stilhart*

DOM. DUFFAU Les Songes 2016 ★

■ | 4300 | | 8 à 11 €

Ingénieur hydraulicien, Bruno Duffau a sillonné l'Afrique et le Brésil durant vingt ans avec sa famille – Anne, sa femme, et ses trois enfants – avant de se poser à Gaillac. En 2007, il a racheté ce vignoble (15 ha en conversion bio) et a signé ses premières vinifications en 2009.

Syrah et braucol pour cette cuvée expressive, ouverte sur des notes fruitées (myrtille, cerise à l'eau-de-vie), vanillées et balsamiques. En bouche, le vin apparaît rond, tendre, chaleureux, étayé par des tanins fins et fondus. ⧗ 2018-2023

DOM. DUFFAU, 915, rte de Barat, 81600 Gaillac, tél. 06 29 51 19 65, bruno.duffau@wanadoo.fr V *r.-v.*

CH. L'ENCLOS DES ROSES Doux 2017 ★

■ | 8000 | 8 à 11 €

Aurélie Balaran, fille de Roselyne et Jean-Marc Balaran (Dom. d'Escausses), a acquis en 2007 des parcelles du Ch. Larroze, propriété de la famille Cros dans les années 1980, et créé le Ch. l'Enclos des Roses. Elle conduit aujourd'hui un vignoble de 20 ha.

Mi-mauzac mi-sauvignon, ce moelleux livre au nez des parfums intenses de buis, de citron confit, de pêche et d'abricot mûrs. En bouche, l'équilibre est assuré entre douceur et fraîcheur, avec un penchant pour la seconde, notamment en finale où le vin affiche un bel allant. ⧗ 2018-2021 ■ **2017 (5 à 8 €; 10000 b.)** : vin cité.

AURÉLIE BALARAN, La Salamandrie, 81150 Sainte-Croix, tél. 05 63 56 80 52, contact@famillebalaran.com V *t.l.j. 8h-13h 14h-19h; dim. sur r.-v.*

DOM. D'ESCAUSSES La Croix petite 2016 ★★

■ | 16000 | | 11 à 15 €

À mi-chemin entre Albi et le village médiéval de Cordes-sur-Ciel, le vignoble (30 ha) de la famille Balaran s'étend à flanc de coteaux, implanté sur la roche mère de calcaires et de marnes, à 250 m d'altitude, exposé au sud-est et sud-ouest. Constitué en 1979 par Jean-Marc Balaran, rejoint en 2007 par sa fille Aurélie, le domaine est une valeur sûre.

Issu de syrah, de braucol et de cabernet, ce gaillac associe à l'olfaction des notes intenses de cassis frais, de boisé grillé et une touche végétale. En bouche, il offre beaucoup de fraîcheur, de la concentration et des tanins fermes et serrés. Un bon potentiel en perspective. ⧗ 2020-2028 ■ **La Vigne de l'oubli 2016 (8 à 11 €; 10100 b.)** : vin cité.

JEAN-MARC BALARAN, 32, rte de la Salamandrie, 81150 Sainte-Croix, tél. 05 63 56 80 52, jeanmarcbalaran@yahoo.fr V *t.l.j. 9h-13h 14h-19h; dim. sur r.-v.*

GRANDE RÉSERVE DE LABASTIDE 2017 ★★

	300000		- de 5 €

La plus ancienne coopérative du Tarn (fondée en 1947) est aussi le plus gros producteur de vins blancs de la région. Elle s'est illustrée dès 1957 en créant le gaillac perlé.

Duras, syrah et merlot composent un gaillac engageant par sa robe d'un rose franc et par son bouquet intense de fraise, de framboise, de cassis et de bonbon anglais. La bouche ne déçoit pas: une attaque souple, du volume, un fruité frais, un bel équilibre gras-acidité et une finale longue. 2018-2019 **Sec 2017 (5 à 8 €; 200000 b.)** : vin cité.

CAVE DE LABASTIDE, lieu-dit La Barthe, 81150 Labastide-de-Levis, tél. 05 63 53 73 73, commercial@cave-labastide.com V *t.l.j. sf dim. 9h-12h 14h-18h*

CH. DE LACROUX Vigne du Castellan 2016

	45000		5 à 8 €

Sur les coteaux de l'Albigeois, les frères Philippe-Xavier, Jean-Marie et Bruno Derrieux perpétuent un héritage ancien sur leurs 38 ha de vignes: en 1700, Jeanne et Guillaume Derrieux, laboureurs, cultivaient déjà les coteaux de Lincarque.

Né de braucol, duras et syrah, un gaillac sur les fruits frais agrémentés d'une note florale et amylique. En bouche, du fruit toujours et de la souplesse autour de tanins légers. 2018-2021

GAEC PIERRE DERRIEUX ET FILS, Ch. de Lacroux, Lincarque, 81150 Cestayrols, tél. 05 63 56 88 88, lacroux@chateaudelacroux.com V *t.l.j. 9h-12h30 14h-19h* D

B DOM. DE LARROQUE Cuvée Lysa 2016

	2900		8 à 11 €

Commandé par une maison de maître du XVIIIe s. en pierres du pays, le domaine existe depuis 1995, année où Valérie et Patrick Nouvel ont entrepris la restauration des bâtiments et du vignoble de 19 ha, en bio certifié depuis 2015. Une valeur sûre du vignoble gaillacois.

Len de l'el, sauvignon et ondenc à parts quasi égales composent ce gaillac finement épicé et torréfié au nez (huit mois de fût), suave et gras en bouche. Il lui manque juste un peu de fraîcheur et de longueur pour décrocher l'étoile. 2018-2022

EARL VALÉRIE ET PATRICK NOUVEL, Larroque, 81150 Cestayrols, tél. 05 63 56 87 63, domainedelarroque@wanadoo.fr V *t.l.j. sf dim. 9h-12h 14h-19h* E

CH. LASTOURS Cuvée du pigeonnier 2016 ★

	3600		15 à 20 €

Au bout d'une longue allée de platanes, un château construit au XVIIe s. et remanié au siècle suivant, entouré d'un jardin à la française. Son propriétaire, Hubert de Faramond, installé en 1981, est aujourd'hui à la tête d'un vignoble de 50 ha et signe des gaillac de belle facture, notamment en blanc.

Né de braucol, syrah et cabernet-sauvignon, ce gaillac est pour l'heure encore dominé par le boisé de l'élevage (cacao, épices douces). On retrouve ce boisé dans une bouche ferme et corpulente, dotée de bons tanins. Patience, le merrain doit se fondre. 2021-2026

HUBERT DE FARAMOND, Lastours, 81310 Lisle-sur-Tarn, tél. 05 63 57 07 09, chateau-lastours@orange.fr V *t.l.j. 9h-12h 14h-19h*

DOM. LAUBAREL L'Aubarèl Braucol 2016

	3000		8 à 11 €

Ce petit domaine de 6,5 ha fondé en 1904 a été repris en 2008 par Lucas Merlo, vigneron natif d'Albi. Après avoir travaillé dans le Médoc et à Cahors, il s'est installé sur les premières côtes de Gaillac.

Peu intense mais élégante, l'olfaction associe fruits rouges mûrs et réglisse. La bouche est bien en place, avec de la matière, de bons tanins extraits sans excès et un boisé qui reste discret. 2019-2023

LUCAS MERLO, Dom. Laubarel, 3000, rte de Cordes, 81600 Gaillac, tél. 06 61 94 76 91, lucas.merlo545@orange.fr V *t.l.j. 9h-12h 15h-19h; dim. sur r.-v.*

DOM. DE LONG-PECH Vendanges tardives Michaël 2015 ★★

	1200	15 à 20 €

Un domaine familial créé par l'arrière-grand-père dans les années 1930, mais les premières mises en bouteilles datent de 1989. Depuis 2000, Sandra Bastide et sa sœur Karine travaillent ensemble sur ce vignoble de 19 ha perché sur les hauteurs de Lisle-sur-Tarn, sur une «longue colline» calcaire («long pech» en occitan), et proposent tous les types de vin gaillacois.

Michaël est le fils cadet de Sandra Bastide. Son caractère gourmand, explique la vigneronne, inspire cette cuvée. Et de la gourmandise, cet assemblage loin de l'œil-mauzac en a à revendre. Au nez, des arômes concentrés de fruits confits (abricot, coing), de raisins secs et de miel attisent l'envie d'aller plus loin. En bouche, le vin se montre très riche, très gras, très dense, très long, faisant un écho parfait à l'olfaction. Un liquoreux puissant que le temps affinera, le potentiel est là. 2022-2030 **Jean-Gabriel 2015 ★ (11 à 15 €; 2100 b.)** : Jean et Gabriel sont les aïeux de Sandra Bastide, fondateurs du domaine. Dans le verre, un vin né de braucol (80 %) et de cabernet-sauvignon. À un nez boisé (vanille, café) et fruité (cerise, pruneau) succède une bouche ample et ronde, soutenue par une fine fraîcheur et des tanins soyeux. 2021-2026

SANDRA BASTIDE, Lapeyrière Long-Pech, 81310 Lisle-sur-Tarn, tél. 05 63 33 37 22, sandra@domaine-de-long-pech.com V *t.l.j. 9h-12h 14h-18h30; dim. sur r.-v.*

MANOIR DE L'EMMEILLÉ Tradition 2016 ★

	20000		5 à 8 €

En occitan, *emmeillé* signifie «amandier». La propriété de Charles et Jeanine Poussou à Campagnac occupe d'anciens bâtiments religieux datant du Moyen Âge, et la cave a été aménagée dans la chapelle voûtée. Le vignoble couvre 35 ha.

Cassis, mûre, violette, note de fougère et d'anis, c'est par un nez intense et complexe que s'ouvre la dégustation de cet assemblage syrah-braucol-cabernet-merlot. La

SUD-OUEST

bouche propose du volume, du gras et des tanins fins. Encore un peu de patience pour que l'ensemble s'harmonise. ⧗ 2020-2024

⊶ POUSSOU, Manoir de l'Emmeillé, 81140 Campagnac, tél. 05 63 33 12 80, emmeille@wanadoo.fr V *t.l.j. sf dim. 9h-12h 14h-18h*

MAS D'AUREL 2017 ★★

	4000		5 à 8 €

Après avoir cultivé le célèbre vignoble algérien de Mascara, Albert Ribot s'installe en 1963 sur ce domaine, à présent conduit par sa fille Brigitte et son mari Jacques Molinier. Un corps de bâtiment en pierre calcaire blanche, une cour fermée, un pigeonnier: le mas d'Aurel est des plus typiques.

Muscadelle, loin de l'œil et sauvignon sont associés à parts quasi égales dans ce joli blanc au nez d'une élégante discrétion (pomme verte, citron, fleurs blanches). La bouche se montre plus loquace; on y retrouve les arômes de l'olfaction agrémentés de notes d'anis. On apprécie aussi sa rondeur, son volume et les beaux amers qui viennent dynamiser la finale. ⧗ 2018-2021

⊶ MAS D'AUREL, 81170 Donnazac, tél. 05 63 56 06 39, masdaurel@wanadoo.fr V *t.l.j. sf dim. 9h-12h 14h-19h*
⊶ Molinier

MAS DES COMBES Sec 2017 ★

	50000		- de 5 €

Nathalie et Rémi Larroque se sont installés en 1988 sur ce domaine familial (34 ha aujourd'hui), fondé en 1890 dans le hameau d'Oustry, sur une crête dominant le Tarn et Gaillac au sud, le plateau cordais au nord.

Mi-sauvignon mi-muscadelle, ce gaillac présente un joli bouquet de pêche, de poire et de fleurs blanches. En bouche, il affiche un bel équilibre: de la rondeur mais pas trop, une fine acidité en appoint, du fruit et une bonne longueur. ⧗ 2018-2021 ■ **2017 ★ (5 à 8 €; 20000 b.)** : une dominante de braucol (40 %), du merlot, de la syrah et du duras pour ce gaillac d'un beau saumoné, ouvert sur le pamplemousse, la groseille et la framboise. Une attaque franche introduit un palais bien fruité, souple et rond. ⧗ 2018-2019

⊶ RÉMI LARROQUE, 391, chem. du Mas d'Oustry, 81600 Gaillac, tél. 05 63 57 06 13, masdescombes.rl@orange.fr V *r.-v. ⊶ Rémi Larroque*

DOM. MAS PIGNOU Cuvée Mélanie 2016 ★

■	10000		8 à 11 €

Héritiers de quatre générations, Jacques et Bernard Auque conduisent un domaine de 44 ha, établi à plus de 200 m d'altitude au sommet des premières côtes de Gaillac, offrant une vue exceptionnelle à 360 ° sur la route des Bastides.

Pour ce rouge, du braucol (60 %), du merlot, du duras et du cabernet franc. Au nez, d'intenses parfums de fruits mûrs, voire confiturés, de cassis notamment. En bouche, du fruit toujours, bien persistant, un bon volume et une structure souple. ⧗ 2018-2022

⊶ EARL JACQUES ET BERNARD AUQUE, chem. du Mas de Bonnal, 81600 Gaillac, tél. 05 63 33 18 52, maspignou@gmail.com V *t.l.j. 9h-12h 14h-19h*

CH. LES MÉRITZ Prestige 2016 ★★

■	66600		5 à 8 €

Les vignobles Alain Gayrel, établis à Senouillac, cultivent 250 ha de vignes et achètent à des viticulteurs les raisins de plus de 450 ha. Annuellement, la vinification porte sur la récolte de 700 ha de vignes au minimum. Un acteur de poids du vignoble gaillacois, à la tête de quatre domaines: Vigné-Lourac, Les Méritz, Larroze et La Tour Olivier.

Assemblage complexe de braucol, duras, merlot, syrah et cabernet, ce gaillac livre un bouquet intense de fruits rouges et noirs frais, de fruits secs et d'épices. En bouche, il attaque en souplesse avant de monter en puissance et en densité autour de tanins bien fermes qui lui garantissent une très belle tenue au temps. Du caractère et du potentiel. ⧗ 2021-2028 ■ **Prestige Doux 2017 ★ (5 à 8 €; 33800 b.)** : un liquoreux issu de loin de l'œil (85 %) et de mauzac, à la fois concentré et délicat au nez (coing, figue, fruits exotiques, fleurs blanches), ample, riche et velouté en bouche, dynamisé par une jolie finale réglissée. ⧗ 2020-2028

⊶ SCEA DE RAVAILHE, Ravailhe, 81600 Senouillac, tél. 05 63 81 21 05, oenologie@lesvignoblesgayrel.fr
⊶ Philippe-Gayrel

CH. MONTELS Les Pezots 2016 ★★

	1300		11 à 15 €

Propriété créée par Bruno Montels en 1985, ce domaine de 28 ha est situé à Souel, sur le plateau calcaire de Cordes. Il est bien connu des lecteurs du Guide, notamment pour ses gaillac doux.

Issu d'un assemblage équilibré de mauzac, de sauvignon et de muscadelle, ce gaillac présente un bouquet délicat de fleurs séchées sur fond de boisé fondu. En bouche, il se montre ample, riche et rond, bien soutenu par l'élevage, avec une petite sévérité en finale. Un blanc de caractère, pour la table et pour la cave. ⧗ 2019-2023

⊶ BRUNO MONTELS, Burgal, 81170 Souel, tél. 05 63 56 01 28, brmontels@gmail.fr V *r.-v.*

CH. PALVIÉ Les Secrets 2015 ★★

■	6000		11 à 15 €

Montans, près de Gaillac, abritait dans l'Antiquité de multiples ateliers de fabrication d'amphores frappées du sceau du village. C'est là que les Bézios, père et fils, conduisent depuis 1971 le Dom. de la Croix des Marchands et ses 30 ha de vignes. Depuis 1999, ils possèdent aussi le Ch. Palvié, situé à Cahuzac-sur-Vère (20 ha).

Un soupçon (5 %) de braucol accompagne la syrah dans ce gaillac intensément bouqueté: violette, cassis et prune, herbe coupée, boisé grillé et vanillé. Une expressivité que l'on retrouve dans une bouche aussi large que longue, ronde et dense avec une fine acidité et des tanins fermes en soutien. Tout indiqué pour la cave. ⧗ 2021-2028 ● **Dom. la Croix des Marchands Demi-sec Méthode gaillacoise 2017 (8 à 11 €; 12000 b.)** : vin cité.

⊶ JÉRÔME BÉZIOS, Ch. Palvié, 81140 Cahuzac-sur-Vère, tél. 06 80 65 44 69, jeromebezios@orange.fr V *r.-v.*

DOM. DE LA PETITE TUILE Sec Les Jours 2016 ★

	1400		15 à 20 €

Nichées au cœur des coteaux gaillacois, ces terres appartiennent depuis longtemps à la famille Debord, mais ce n'est qu'en 2016 que le domaine viticole est né, avec une conversion bio en cours.

Un 100 % loin de l'œil vinifié et élevé en barrique, né sur la parcelle la plus élevée du domaine, depuis laquelle on aperçoit les premiers rayons du jour. Au nez, des parfums intenses de fruits exotiques sur un discret fond boisé. En bouche, du volume, de la rondeur et de la suavité. Un blanc généreux à réserver pour la table. ⧗ 2019-2022 ■ **2017 (5 à 8 €; 1400 b.)** : vin cité.

CLÉMENCE ET CLÉMENT DEBORD, 1323, chem. de Téoulet, 81600 Gaillac, tél. 06 25 36 73 69, domainedelapetitetuile@gmail.com V t.l.j. 10h-17h

LES PETITS JARDINS Murmures 2016

■	2600		8 à 11 €

Depuis 2012, Alexia Bouyssou, originaire du Lot et œnologue de formation, conduit ce petit domaine de 5,5 ha planté sur des coteaux à dominante argileuse et qui doit son nom au lieu-dit Les Hourtets («petits jardins» en occitan).

Après neuf mois de cuve, ce pur braucol livre des parfums harmonieux de fruits rouges, d'épices et de violette. En bouche, il se montre bien équilibré entre rondeur et fraîcheur, croquant sur le fruit et de bonne longueur. ⧗ 2018-2022

ALEXIA BOUYSSOU, Les Hourtets, 81600 Gaillac, tél. 06 13 62 02 12, domainelespetitsjardins@orange.fr V *r.-v.*

Ⓑ CH. DE RHODES Sec 2017 ★★

	1947	5 à 8 €

Dans un paysage de collines rappelant la Toscane, un château aux tourelles aiguisées, deux caves voûtées en brique, et 26,5 ha de vignes alentour, cultivées en bio. Éric Lepine a quitté le monde de la finance parisienne en 2002 pour acquérir ce domaine qu'il mène en bio depuis 2008 et sur lequel il a réintroduit le prunelart, vieux cépage local.

Ce 100 % loin de l'œil offre un nez intense et complexe où se mêlent le citron, la pomme, l'estragon et l'anis. En bouche, il attaque sur la vivacité et ne la lâche plus jusqu'en finale, faisant un long écho aux arômes perçus à l'olfaction. Un gaillac énergique et bien typé. ⧗ 2018-2021 ■ **Doux Vendanges tardives 2016 ★ (15 à 20 €; 1970 b.)** Ⓑ : loin de l'œil et mauzac pour ce liquoreux ouvert sur les fruits compotés et le sous-bois, frais en attaque avant de développer un milieu de bouche opulent, dense et concentré autour des fruits confits et du miel. ⧗ 2020-2028

ÉRIC LEPINE, Ch. de Rhodes, Boissel, 81600 Gaillac, tél. 05 63 57 06 02, info@chateau-de-rhodes.com V *r.-v.*

Ⓑ DOM. RENÉ RIEUX Harmonie 2016

■	10000		5 à 8 €

Le domaine est un établissement d'aide et de service par le travail pour adultes handicapés. Il a vu le jour en 1988 lorsque René Rieux donna, en fermage à l'association Les Papillons Blancs du Tarn, une dizaine d'hectares de vignes au hameau de Boissel. Il compte aujourd'hui quelque 22 ha certifiés en bio.

À un joli nez de cerise griotte et d'épices répond une bouche elle aussi fruitée et épicée, souple, fraîche et légère, prolongée par une agréable finale réglissée. À boire sur le fruit. ⧗ 2018-2021

AGAPEI TRICAT SERVICE PRODUCTION, Dom. René Rieux, 1495, rte de Cordes, 81600 Gaillac, tél. 05 63 57 29 29, commercial-tricat@agapei.asso.fr V *r.-v.*

Ⓑ DOM. ROTIER
Doux Renaissance Vendanges tardives 2015 ★

■	9396		15 à 20 €

Alain Rotier et Francis Marre, beaux-frères, se partagent le travail: Francis aux cultures et Alain à l'élaboration des vins. La propriété (35 ha), fondée en 1985, est aujourd'hui l'un des piliers du vignoble gaillacois, notamment pour ses vins doux qui collectionnent étoiles et coups de cœur du Guide. Le vignoble, qui met notamment en valeur le duras (en rouge) et le len de l'el (en blanc), est certifié en bio depuis 2012.

Des ceps de len de l'el plantés sur graves ont donné naissance à ce liquoreux fermenté et élevé en barrique, qui s'ouvre sur des arômes puissants de fruits confits (orange, figue, abricot...). La bouche, tout aussi intense, se révèle riche, opulente même, chaleureuse, dynamisée par une finale plus vive. ⧗ 2021-2030

DOM. ROTIER, Petit Nareye, 81600 Cadalen, tél. 05 63 41 75 14, rotier.marre@domaine-rotier.com V *t.l.j. sf dim. 9h-12h 14h-18h* Ⓓ

DOM. SALVY Méthode ancestrale 2017 ★

●	4900		8 à 11 €

Un aïeul prénommé Salvy a fondé en 1881 ce domaine, auquel il a laissé son nom. Sur les coteaux pierreux qui surplombent la Vère, Anne Marc et Patrick Durel cultivent sur 25 ha les cépages à l'accent gaillacois, les rouges duras et braucol, et les blancs mauzac et len de l'el.

Cette Méthode ancestrale dévoile un cordon de bulles abondantes mais fines. Au nez, le mauzac délivre ses arômes classiques de pomme, agrémentés de notes d'ananas et de fleurs blanches. En bouche, l'équilibre est de mise entre douceur et fine acidité. ⧗ 2018-2020

ANNE MARC ET PATRICK DUREL, Dom. Salvy, Arzac, 81140 Cahuzac-sur-Vère, tél. 05 63 33 97 29, salvy@wanadoo.fr V *t.l.j. sf lun. 10h-12h 15h-18h*

Ⓑ CH. DE SAURS Réserve Eliézer 2016 ★

■	30000		11 à 15 €

Établi dans le village de Saurs, près de Gaillac, le château d'inspiration palladienne a été bâti au milieu du XIXe s. par Eliézer Gineste de Saur, l'arrière-grand-père de l'actuel propriétaire, héritier d'une famille implantée sur ces terres depuis le XVIe s. Le vignoble, conduit en bio certifié depuis 2012, couvre 40,5 ha.

Un assemblage complet pour ce gaillac: braucol, duras, merlot, syrah et cabernet-sauvignon. Au nez, une belle

SUD-OUEST

complexité autour des fruits noirs mûrs et du chocolat, agrémentés d'une touche animale et d'une note minérale. On retrouve ces arômes dans une bouche souple en attaque, ample et ronde, étayée par de fins tanins et par une pointe de fraîcheur. ⧗ 2019-2024

⊶ BURRUS, chem. Toulze, Saurs, 81310 Lisle-sur-Tarn, tél. 05 63 57 09 79, info@chateau-de-saurs.com V 🚶 ▪ *t.l.j. sf dim. 10h-12h30 15h-18h*

CH. DE TERRIDE Vieilles Vignes 2016 ★

■ | 13000 | ◖◗ | 8 à 11 €

Un château flanqué de deux tours carrées – un ancien relais de chasse construit en 1650 par un maître-verrier –, devenu viticole dans les années 1960, se dresse devant 35 ha de vignes ceints de bois. Jean-Paul et Solange David ont acquis le domaine en 1996; ils sont aujourd'hui relayés par leur fille Alix, œnologue, et son mari Gérard.

Ces vieilles vignes de syrah (50 %), de braucol et de duras ont trente ans. Elles ont donné ce gaillac ouvert sur les fruits rouges et noirs mûrs agrémentés d'un subtil boisé, rond et gourmand en bouche, avec en appui des tanins fins et bien intégrés. ⧗ 2019-2023

⊶ ALIX ET GÉRARD ROMAIN, Ch. de Terride, 81140 Puycelsi, tél. 05 63 33 26 63, info@chateaudeterride.com V 🚶 ▪ *t.l.j. sf dim. 10h-12h 14h-18h*

DOM. DES TERRISSES 2016

■ | 50000 | ▮ | 8 à 11 €

Les terrisses sont des briques de terre crue et de paille mélangées qui servaient à l'édification des bâtisses traditionnelles du Gaillacois, comme l'imposante ferme à quatre pentes qui commande ce vignoble. Brigitte et Alain Cazottes gèrent depuis 1984 le domaine familial de 40 ha, faisant suite à sept générations sur ce vignoble.

Braucol (60 %), duras et syrah composent ce gaillac plaisant, floral (violette), fruité (fruits rouges) et un brin herbacé au nez, souple et tout expressif en bouche, doté de tanins fondus et légers. À boire sur le fruit. ⧗ 2018-2021

⊶ BRIGITTE ET ALAIN CAZOTTES, Dom. des Terrisses, 249, chem. des Terrisses, 81600 Gaillac, tél. 05 63 57 16 80, gaillacterrisses@orange.fr V 🚶 ▪ *r.-v.*

DOM. DE VAISSIÈRE Doux 2016 ★

■ | 2700 | ▮ | 8 à 11 €

L'histoire vigneronne des Vaissière sur les terres de Busque est ancienne; un lieu-dit porte même le nom de la famille. Au XIXes., mégisseries et vignes parsemaient la campagne. André Vaissière, dernier représentant en date de cette lignée, conduit aujourd'hui un vignoble de 17 ha.

Agrumes confits, abricot, fruits à coques, fleurs blanches : l'olfaction est intense et engageante. La bouche, à l'unisson du bouquet, offre beaucoup de matière et de concentration, mais aussi beaucoup de fraîcheur. Un ensemble des plus équilibrés. ⧗ 2019-2025 ■ **2016 (5 à 8 €; 5000 b.)** : vin cité.

⊶ ANDRÉ VAISSIÈRE, Dom. de Vaissière, 81300 Busque, tél. 05 63 34 59 06, andre.vaissiere@orange.fr V 🚶 ▪ *r.-v.*

DOM. DE LA VALIÈRE Cuvée Confidences 2016 ★

■ | 2400 | ◖◗▮ | 8 à 11 €

Installés en 2004, Georges et Jacques Bennes cultivent en agriculture raisonnée le vignoble familial de 5,3 ha, établi sur un terroir de graves dans le sud-ouest de l'appellation gaillac.

Né de syrah (70 %) et de braucol, ce gaillac délivre des parfums harmonieux de fruits noirs, de violette et de boisé grillé. Une attaque douce ouvre sur un palais complexe (cacao, violette, épices, pierre sèche) et frais, étayé par des tanins fins et fondus. ⧗ 2019-2023

⊶ EARL BENNES, 2530, rte des Rives-de-l'Agout, Lieu-dit Saint-Waast, 81800 Coufouleux, tél. 06 80 43 61 76, domainevaliere@gmail.com V 🚶 ▪ *r.-v.*

♥ **DOM. VAYSSETTE** Doux Cuvée Maxime 2016 ★★

■ | 3970 | ◖◗▮ | 15 à 20 €

DOMAINE
VAYSSETTE

Florentin et Andrée Vayssette, les grands-parents, se sont installés en 1930 sur le chemin des Crêtes de Gaillac. Jacques, leur fils, et Maryse ont pris leur suite. Puis leur petit-fils Patrice et son épouse Nathalie les ont rejoints pour exploiter les 29 ha de vignes du domaine, labellisés Haute valeur environnementale. Une valeur sûre de l'appellation.

Loin de l'œil (70 %) et muscadelle sont associés dans ce gaillac magistral, d'une belle couleur or, ouvert sur des arômes soutenus et complexes de citron confit, d'épices, de miel et de fleurs blanches. La bouche, elle aussi très aromatique, conjugue dans une harmonie parfaite concentration intense, grande richesse, volume imposant et fine fraîcheur. ⧗ 2021-2030 ■ **Sec Cuvée Clémence 2016 ★ (5 à 8 €; 4800 b.)** : un joli blanc de mauzac, floral, fruité et beurré au nez, rond, gras et suave en bouche, soutenu par un bon boisé fondu. ⧗ 2019-2023 ■ **Cuvée Léa 2016 (8 à 11 €; 11500 b.)** : vin cité.

⊶ VAYSSETTE, 2738, chem. des Crêtes, 81600 Gaillac, tél. 05 63 57 31 95, domaine.vayssette81@gmail.com V 🚶 ▪ *t.l.j. sf dim. 9h-12h 14h-19h* 🏠 Ⓐ

Ⓑ **CH. LES VIGNALS** Tradition 2016 ★★

■ | 45000 | ▮ | 5 à 8 €

Un domaine de 76 ha situé à Cestayrols, au nord-ouest de Gaillac, sur le terroir argilo-calcaire de la rive droite du Tarn balayé par le vent d'autan. Racheté en 1996 par les Vanoli, il est régi par Olivier Jean, qui a engagé la conversion bio du domaine (certification en 2013), avec Éric Brun comme maître de chai et Caroline Boisset comme œnologue.

Braucol (50 %), syrah, merlot et cabernet-sauvignon sont associés pour le meilleur dans ce gaillac franc de goût, ouvert sur les petits fruits rouges et noirs mûrs relevés d'épices. Arômes auxquels fait un long écho un palais riche, ample, puissant sans dureté aucune, aux tanins fins et veloutés. ⧗ 2019-2025 ■ **Symphonie 2016 ★ (8 à 11 €; 20000 b.)** Ⓑ : braucol, syrah et merlot, douze mois de barrique et un gaillac expressif (cassis, pruneau, moka, note fumée), volumineux et rond en bouche, avec en soutien des tanins fins et serrés et une belle fraîcheur en finale. ⧗ 2020-2028

OLIVIER JEAN, Les Vignals, 81150 Cestayrols, tél. 05 63 55 41 53, contact@lesvignals.fr V *t.l.j. sf dim. 9h-13h 14h-19h*

VINS-D'ESTAING

Superficie : 18 ha
Production : 656 hl (95 % rouge et rosé)

Entourées par les causses de l'Aubrac, les monts du Cantal et le plateau du Lévezou, les appellations de l'Aveyron seraient plutôt à classer parmi celles du Massif central. Ces petits vignobles sont très anciens puisque leur fondation par les moines de Conques remonte au IXᵉs. Les vins-d'estaing se partagent entre rouges et rosés frais et parfumés (cassis, framboise), à base de fer-servadou et de gamay, et blancs originaux, assemblage de chenin, de mauzac et de rousselou, des vins vifs au parfum de terroir.

LES VIGNERONS D'OLT Cuvée de l'amiral 2016 ★★

5600 | 5 à 8 €

En 1983, une dizaine de vignerons aveyronnais plantèrent en commun 6 ha de vignes sur les anciennes terrasses de «Persillés»: l'ébauche de la Cave des vignerons d'Olt, fondée en 1997. Aujourd'hui, la coopérative conduit 20 ha de vignes. Elle a inauguré en 2006 la Maison de la vigne, du vin et des paysages d'Estaing.

Le mauzac complète le chenin dans ce remarquable estaing blanc. Un vin or très pâle, dont le nez subtil s'affirme et gagne en complexité à l'aération, dévoilant des notes fraîches (poire, agrumes, kiwi, foin coupé) alliées à des touches épicées et légèrement briochées. Vif et citronné en attaque, il reste sur cette ligne tonique jusqu'en finale. Un ensemble typé, alerte, gourmand et persistant. ⧗ 2018-2020 ■ **Cuvée Saint-Jacques 2015 ★ (8 à 11 €; 12000 b.)** : le fer-servadou se marie aux deux cabernets et à une goutte de gamay dans cette cuvée gourmande et typique de l'appellation, avec ses arômes acidulés de petits fruits rouges et noirs et sa bouche souple, aux petits tanins vifs. ⧗ 2018-2021

LES VIGNERONS D' OLT, L'Escaillou, 12190 Coubisou, tél. 05 65 44 04 42, cave.vigneronsdolt@wanadoo.fr V *t.l.j. 10h-12h30 14h-18h*

VINS-D'ENTRAYGUES-LE-FEL

Superficie : 21 ha
Production : 718 hl (80 % rouge et rosé)

Ces vins naissent dans le sud du département du Cantal et dans le nord de celui de l'Aveyron, sur les premiers contreforts des massifs du Cantal et de l'Aubrac. Produits au confluent du Lot et de la Truyère, les blancs d'Entraygues, cultivés sur d'étroites banquettes aux sols schisteux aménagées à flanc de coteaux abrupts, sont issus de chenin et de mauzac. Frais et fruités, ils font merveille sur les truites sauvages et le cantal doux. Les vins rouges du Fel, solides et terriens, seront bus sur de l'agneau des Causses et sur la potée auvergnate. Comme tous les AOVDQS, ces vins ont été reconnus en AOC en 2011.

JEAN-MARC VIGUIER Cuvée spéciale 2017 ★

4000 | 5 à 8 €

Sur les coteaux abrupts qui dominent la vallée du Lot s'étirent les 6,36 ha du vignoble en terrasse de Jean-Marc Viguier, héritier d'une longue lignée de vignerons et bien connu des amateurs d'entraygues-le-fel pour ses blancs issus essentiellement de chenin.

Un très beau représentant des blancs du domaine, avec sa robe nette et brillante, son nez précis et élégant, mariant les fleurs blanches miellées (chèvrefeuille) et les fruits blancs (poire williams) à une note d'ananas. Rehaussés d'une touche minérale, ces arômes se prolongent dans une bouche franche, d'une belle vivacité. Un vin typé et bien travaillé. ⧗ 2018-2020

JEAN-MARC VIGUIER, Le Buis, 12140 Entraygues, tél. 06 87 67 06 46, jeanmarc.viguier@yahoo.fr V *r.-v.*

MARCILLAC

Superficie : 185 ha / Production : 7 904 hl

Reconnu en AOC en 1990, ce vin rouge naît dans l'Aveyron, dans une cuvette naturelle au microclimat favorable: le «vallon». Cultivé sur des argiles riches en oxyde de fer – les rougiers –, le mansois (fer-servadou) lui donne une réelle originalité, faite d'une rusticité tannique et d'arômes de framboise.

♥ Ⓑ DOM. DES COSTES ROUGES Tandem 2017 ★★

■ | 4000 | 8 à 11 €

À l'origine exploité en polyculture, ce domaine conduit en bio (certification en 2012) est aujourd'hui presque exclusivement dédié à la vigne (6 ha en AOC marcillac), une petite production de légumes, de céréales et de volaille complétant l'activité. Éric et Claudine Vinas y sont installés depuis 1993.

Tandem? Non une invitation au cyclotourisme, mais une allusion à l'association du cépage fer servadou et du terroir. Un duo fécond, à en juger par le brillant palmarès de cette cuvée. En 2017, les volumes ont pâti du gel de printemps, mais la qualité est préservée: ce millésime obtient un coup de cœur comme le précédent. Nez intense et typé sur les fruits noirs (mûre, cassis) et les épices, bouche tout aussi fruitée, gourmande, consistante, fraîche et longue: un vin de caractère, modèle de l'appellation. ⧗ 2018-2023

CLAUDINE ET ÉRIC VINAS, Combret, 12330 Nauviale, tél. 05 65 72 83 85, domaine-des-costes-rouges@wanadoo.fr V *t.l.j. 9h-12h 14h-19h; sur r.-v. juil. août* Ⓑ

SUD-OUEST

DOM. DU CROS Cuvée VV 2016 ★

■ | 40000 | (fût) | 8 à 11 €

À sa création en 1984, ce domaine emblématique de l'AOC marcillac ne disposait que d'un hectare de vigne et produisait environ 4 000 bouteilles par an; la superficie atteint à présent 32 ha. La propriété est conduite par Philippe Teulier, secondé depuis 2006 par son fils Julien. Une valeur sûre.

L'élevage en foudre de bois s'est prolongé dix-huit mois pour livrer un vin grenat profond, au nez intense et gourmand, qui s'ouvre sur les fruits noirs (cassis, mûre) rehaussés d'épices. Le cassis s'affirme dans un palais souple en attaque, affable et suffisamment étoffé. Plaisante et typée, une bouteille de belle facture. ⧗ 2018-2023 ■ **Lo Sang del païs 2017 ★ (5 à 8 €; 40000 b.)** : un vin de terroir friand, souple et fondu, aux arômes de mûre, de cassis et de cerise macérée, à apprécier jeune. ⧗ 2018-2021

GAEC DU CROS, Le Cros, 12390 Goutrens, tél. 05 65 72 71 77, pteulier@domaine-du-cros.com V t.l.j. sf dim. 9h-12h 14h-18h *Philippe et Julien Teulier*

♥ **DOM. LAURENS** Cuvée de Flars 2016 ★★

■ | 24000 | (fût) | 8 à 11 €

Quand Michel Laurens revint à Clairvaux en 1983 et qu'il retrouva son frère Gilbert, il décida avec lui d'étendre le domaine familial: rachat de vieilles vignes, de terrasses, de terres en friches, défrichage, plantations. Après des années de travail, la propriété qui couvrait à l'origine 1,5 ha s'étend aujourd'hui sur 20 ha. La nouvelle génération (Vincent, Éric et Pascal) a pris les commandes en 2015.

Bien connue des lecteurs, cette cuvée d'un grenat très profond décroche un troisième coup de cœur. Un élevage de douze mois en fût lui a apporté de la complexité: les senteurs de fruits noirs sont rehaussées de notes de moka, d'épices (poivre) et de touches mentholées. La réglisse, le cèdre et des notes grillées s'ajoutent à cette palette dans une bouche remarquable par ses tanins solides mais déjà arrondis, qui dévoilent un mariage accompli du fruit et du bois. Du potentiel. ⧗ 2019-2025 ■ **Pierres rouges 2017 (5 à 8 €; 33000 b.)** : vin cité.

LAURENS, 7, av. de la Tour, 12330 Clairvaux, tél. 05 65 72 69 37, info@domaine-laurens.com V *t.l.j. sf dim. 10h-12h 14h-19h*

LES VIGNERONS DU VALLON Cuvée réservée 2016

■ | 66667 | (bouteille) | 5 à 8 €

Établie dans le fameux vallon de Marcillac, cette coopérative, créée en 1965, regroupe une quarantaine de vignerons qui cultivent 105 ha. Elle fournit 55 % de la production de l'AOC. Une valeur sûre.

Ce qu'on appelle un «vin plaisir»: au nez comme au palais, un fruité intense, épicé et gourmand, panier de framboises, de fraises, de mûres et de cassis, qui prend des tons de guignolet; une bouche franche et souple, sans rien d'imposant mais suffisamment étoffée. ⧗ 2018-2021 ■ **Les Cayla 2017 (5 à 8 €; 20000 b.)** : vin cité.

LES VIGNERONS DU VALLON, RD 840, 12330 Valady, tél. 05 65 72 70 21, valady@groupe-unicor.com V *t.l.j. sf dim. 9h-12h 14h-18h* *Unicor*

➡ LA MOYENNE GARONNE

FRONTON

Superficie : 2 060 ha / Production : 97 242 hl

Vin des Toulousains, le fronton provient d'un très ancien vignoble, autrefois propriété des chevaliers de l'ordre de Saint-Jean-de-Jérusalem. Lors du siège de Montauban, Louis XIII et Richelieu se livrèrent à force dégustations comparatives... Reconstitué grâce à la création des coopératives de Fronton et de Villaudric, le vignoble a conservé un encépagement original avec la négrette, variété locale que l'on retrouve à Gaillac. Elle est vinifiée seule ou assemblée à la syrah, au côt, au cabernet franc et au cabernet-sauvignon, au fer-servadou et, dans une moindre mesure, au gamay. Le terroir occupe les trois terrasses du Tarn, aux sols de boulbènes, de graves ou de rougets. Les vins rouges comprenant des cabernets, du gamay ou de la syrah, sont fruités et aromatiques. Plus riches en négrette, ils sont alors puissants, assez tanniques, dotés d'un fort parfum de terroir aux accents de violette. Les rosés sont francs, vifs et fruités.

GÉRAUD ARBEAU Arborescence 2016 ★

■ | 130000 | (bouteille) | 5 à 8 €

Créée en 1878, la maison de négoce des Arbeau a pris de l'envergure au XX[e]s. en se spécialisant dans les vins et spiritueux. En 1920, la famille a acquis le Ch. Coutinel (48 ha en conversion bio), et s'est lancée dans la mise en bouteilles en 1982. Depuis les années 2000, Géraud Arbeau et sa sœur Anne dirigent l'affaire.

La robe est intense, rouge sombre. Le nez, puissant et frais, associe nuances florales, fruitées et épicées. La bouche est bien structurée, ample, fraîche, de bonne longueur. Un joli classique, bien typé négrette (60 % de l'assemblage). ⧗ 2020-2025 ■ **Ch. Coutinel Grande Réserve 2016 ★ (8 à 11 €; n.c.)** : un vin floral, vanillé et toasté au nez, onctueux en bouche, doté de tanins lissés (mais plus stricts en finale) et d'un bon boisé. ⧗ 2021-2026

VIGNOBLES ARBEAU, 6, rue Demages, Lieu-dit Coutinel, 82370 Labastide-Saint-Pierre, tél. 05 63 64 01 80, vignobles@arbeau.com V *r.-v.*

CH. BELLEVUE LA FORÊT Optimum 2015

■ | 16000 | (fût, bouteille) | 11 à 15 €

Avec 100 ha d'un seul tenant, Bellevue La Forêt est le plus vaste domaine de l'appellation. Patrick Germain,

issu d'une lignée de viticulteurs d'Afrique du Nord, l'avait acquis en 1974, un an avant la création de l'AOC, puis l'avait mis en valeur et en avait largement diffusé les vins. En 2008, il l'a vendu à Philip Grant. Formé au vin, l'homme d'affaires irlandais ne manque pas d'ambition pour le vignoble.

D'un noir profond, cette cuvée livre des parfums intenses, fortement boisés pour l'heure, avec en fond des notes de fruits noirs et de violette. La bouche est ronde et souple en attaque, puis se fait chaleureuse, corpulente et suave, avant une finale plus tannique et sévère. À attendre. ⧗ 2021-2026

⊶ SCEA CH. BELLEVUE LA FORÊT, 5580, rte de Grisolles, 31620 Fronton, tél. 05 34 27 91 91, cblf@chateaubellevuelaforet.com V ⚑ ⚑ *t.l.j. sf dim. 9h30-12h 14h-18h ⊶ Philip Grant*

CH. BINEST 100 % négrette 2016 ★

■ | 1390 | ▮ | 5 à 8 €

Une propriété appartenant à la famille de Dominique Henry depuis cinq générations. Cette dernière, également professeur de mathématiques au lycée, est aux commandes depuis 2013.

Rubis à reflets violines, cette cuvée de négrette dévoile un nez fruité (cassis, cerise, framboise) nuancé de poivre. Une attaque souple ouvre sur une bouche gouleyante, aux tanins soyeux et bien intégrés. Un fronton équilibré et sans chichi, à boire dans sa jeunesse. ⧗ 2018-2021

⊶ DOMINIQUE HENRY, 368, rte de Binest, 31620 Bouloc, tél. 06 13 84 93 20, domhenry8@gmail.com V ⚑ ⚑ *r.-v.*

Ⓑ CH. BOUJAC Cuvée Alexanne 2015 ★★

■ | 9000 | ▮ | 8 à 11 €

Un domaine familial tourné, à l'origine, vers la polyculture et l'élevage. Arrivés à sa tête en 1989, Philippe et Michelle Selle l'ont spécialisé et se sont orientés vers la vente directe. Le vignoble, qui compte aujourd'hui 30 ha, est exploité en bio certifié depuis 2012.

D'un beau rouge sanguin aux reflets légèrement orangés, cette cuvée offre un nez délicat de fruits noirs mûrs et d'épices sur fond de cuir frais. La bouche est généreuse, ample, aux tanins veloutés, et le profil aromatique tourné vers un fruité intense mâtiné de violette. ⧗ 2019-2022 ■ **Kélina 2016 ★ (11 à 15 €; 6000 b.)** Ⓑ : un 100 % négrette vinifié intégralement en barriques, puis élevé en cuves. Un fronton élégant, fruité et boisé, à la fois frais et suave en bouche, porté par des tanins lisses et soyeux. ⧗ 2020-2023

⊶ MICHELLE ET PHILIPPE SELLE, 499, chem. de Boujac, 82370 Campsas, tél. 05 63 30 17 70, selle.philippe@wanadoo.fr V ⚑ ⚑ *t.l.j. sf dim. 9h-12h 14h-18h30*

DOM. CALLORY Pinot Saint-Georges 2016

■ | 90000 | ▮ | 5 à 8 €

Au temps de Napoléon, Guillaume Vigouroux fut le seul des quatre frères à revenir des champs de bataille. David, son descendant (cinquième génération), installé sur le domaine familial en 1995, s'est marié avec une Anglaise qui contribue à la renommée de la négrette outre-Manche. Le vignoble, créé en 1882, s'étend aujourd'hui sur 80 ha, complété en 2009 par les 20 ha du Dom. Callory. À la carte des Vigouroux, des fronton très réguliers en qualité.

La seule négrette est à l'œuvre dans cette cuvée au nez intense évoquant les fruits rouges bien mûrs et la réglisse. Une attaque franche introduit une bouche plaisante, fraîche et fruitée, mais plus tannique et sévère en finale. Pinot Saint-Georges? L'autre nom donné à la négrette. ⧗ 2019-2021

⊶ DAVID ET CLAUDE VIGOUROUX, 161, rue Basse, 82370 Campsas, tél. 05 63 30 51 33, chateaubaudare@sfr.fr V *sam. 9h-12h 14h30-17h*

CH. CAZE Concerto 2016

■ | 8000 | ▮ | 5 à 8 €

Martine Rougevin-Baville exploite depuis 1991 le domaine créé en 1776 par son ancêtre, un notable toulousain. Elle dispose aujourd'hui de 14 ha, plantés à 50 % de négrette et pour l'autre moitié de cabernets et de syrah. La cave semi-enterrée date de la création du domaine.

Une jolie robe framboise pour ce fronton au nez net, floral et épicé. La bouche se montre souple, fraîche, fruitée, appuyée sur des tanins légers. Simple et sans chichi. ⧗ 2018-2021

⊶ MARTINE ROUGEVIN-BAVILLE, Ch. Caze, 45, rue de la Négrette, 31620 Villaudric, tél. 05 61 82 92 70, chateau.caze@wanadoo.fr V ⚑ ⚑ *r.-v.*

CH. CLOS MIGNON 2016

■ | 66000 | ▮ | 5 à 8 €

Commandé par des bâtiments d'exploitation en brique et galets typiques du Frontonnais, le domaine remonte à 1870. Il est implanté à Villaudric, un terroir historique de l'appellation. Acquis par la famille Muzart en 1952, il est géré depuis 2000 par Olivier, revenu sur l'exploitation familiale après un passage dans le secteur bancaire et aujourd'hui aux commandes de 20 ha de vignes.

D'un rouge framboise limpide, ce fronton fait dans la simplicité et l'efficacité: un nez bien typé négrette avec ses notes de violette et de fruits rouges, une bouche au diapason, florale et fruitée, souple et fraîche. ⧗ 2018-2021

⊶ OLIVIER MUZART, EARL du Ch. Clos Mignon, 109, rte de Clos-Mignon, 31620 Villeneuve-les-Bouloc, tél. 05 61 82 10 89, omuzart@closmignon.com V ⚑ ⚑ *t.l.j. sf dim. lun. 15h-19h; sam. 9h-12h*

CH. CRANSAC Cuvée Exception 2015 ★

■ | 18000 | ⦀ | 8 à 11 €

Un vrai château du XVIIe s., en brique rose, et un domaine de 150 ha, dont 50 ha de vignes implantées sur les anciennes terrasses du Tarn. La propriété, longtemps exploitée en cave coopérative, a été achetée en 1999 par Laurent Philis qui a produit sa première cuvée en 2003 et se distingue depuis régulièrement, aussi bien en rouge qu'en rosé.

De bonne intensité à l'œil, cette cuvée l'est aussi à l'olfaction, autour de la cerise griotte notamment – ce qui lui donne des airs bourguignons – mais aussi de la violette. On retrouve le fruit dans une bouche élancée, fraîche, aux tanins soyeux et sans boisé notable malgré les douze mois de barrique. ⧗ 2018-2023

SCEA DOM. DE CRANSAC, 1020, chem. du Cotité, 31620 Fronton, tél. 05 62 79 34 30, secretariat@chateaucransac.com V r.-v.

CH. FAYET Cuvée Alexandre 2015

■	1450		8 à 11 €

Depuis les années 1990, André Fayet n'a cessé d'agrandir et de moderniser son domaine. Il a revu son encépagement, l'a étendu avec de nouvelles plantations, a construit une cave. Son fils Florian l'a relayé en 2005 sur une exploitation qui compte aujourd'hui 20 ha de vignes.

Ce fronton rouge grenat dévoile au nez des parfums de fruits rouges, de cerise notamment, accompagnés de nuances de violette. La bouche est svelte, tout en fraîcheur, avec en finale des tanins qui se font plus fermes. ⧗ 2019-2022

FLORIAN FAYET, 572, rte de Coulon, 82170 Fabas, tél. 06 48 77 46 35, chateaufayet@hotmail.fr V r.-v.

♥ B CH. FLOTIS Si noire 2015 ★★

■	15000		11 à 15 €

Une propriété de 23 ha reprise en 2004 par Katia Garrouste, Myriam et Cathy Ribes (du Dom. le Roc). Elles ont entrepris une vaste rénovation du vignoble, l'ont converti au bio et ont construit un nouveau chai semi-enterré à flanc de coteaux qui permet de mettre les raisins en cuve par gravité.

D'un rouge très profond aux reflets noirs, ce 100 % négrette séduit d'emblée par son nez intense et complexe de violette, de cerise, de réglisse et d'épices. Une attaque franche et nette ouvre sur une bouche ample, fraîche, charnue et corpulente, bâtie sur des tanins impeccables, d'une grande finesse. Un fronton à la fois gourmand et sérieux, déjà délicieux mais qui vieillira bien. ⧗ 2019-2024

SCEA DOM. DE FLOTIS, 1013, chem. de Flotis, 31620 Castelnau-d'Estrétefonds, tél. 05 61 82 93 90, familleribes@leroc.fr V r.-v.

CH. FONT BLANQUE 2016 ★

■	8000		5 à 8 €

Ce domaine familial créé en 2005 est déjà bien connu des habitués du Guide. Il est implanté sur un sol argilo-limoneux et étend son vignoble sur 20 ha entièrement restructurés et replantés par Jacqueline et Didier Bonhoure.

Négrette (70 %) et syrah sont associées dans ce fronton rubis soutenu, qui évoque au nez les fruits noirs mûrs, la cerise et le sous-bois. La bouche apparaît solide, riche, structurée autour de tanins stricts et serrés qui appellent la garde. Jolie finale chaleureuse et épicée. ⧗ 2020-2023

DIDIER BONHOURE, EARL de Font Blanque, RN 50, 1055, rte de Fabas, 82370 Campsas, tél. 05 63 64 08 91, chateau.font-blanque@orange.fr V r.-v.

♥ CH. JOLIET Négrette 2016 ★★

■	6500	5 à 8 €

Créateurs du domaine en 1984, François et Marie-Claire Daubert, ardents défenseurs de la négrette, ont pris leur retraite en 2010 et ont transmis leur propriété à de jeunes vignerons frontonnais, coopérateurs à la cave locale, Marie-Ange et Jérôme Soriano, qui ont agrandi le vignoble, portant sa surface à 25 ha.

La négrette à son meilleur dans cette cuvée haute en couleur, rubis à nuances violines, au nez puissant et typé de fruits rouges bien mûrs, de réglisse et de violette. Une attaque ample prélude à une bouche suave et riche sans manquer de fraîcheur, étayée par des tanins d'une finesse remarquable et étirée dans une longue finale sur le Zan. ⧗ 2019-2022 ■ **2016 (5 à 8 €; 26000 b.)** : vin cité.

MARIE-ANGE ET JÉRÔME SORIANO, 1070, chem. des Peyrounets, 31620 Fronton, tél. 05 61 82 46 02, dejoliet@orange.fr V *mer. à sam. 9h-12h 15h-18h*

♥ B CH. LAUROU Délit d'initiés 2016 ★★

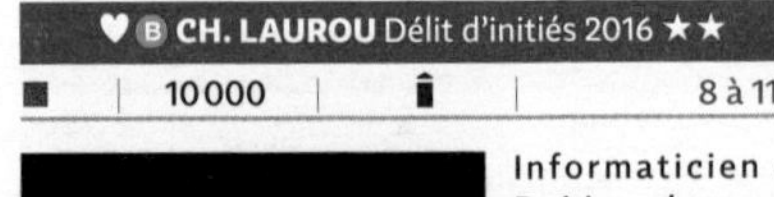

■	10000		8 à 11 €

Informaticien et Parisien dans une vie antérieure, Guy Salmona s'est reconverti dans la viticulture à Fronton en rachetant ce domaine. Il a engagé en 2009 la conversion bio (aujourd'hui achevée) de ses 50 ha de vignes. Une valeur sûre du Frontonnais.

Guy Salmona n'en est pas à son premier coup de cœur, et cette année, ses trois cuvées ont postulé pour cette distinction. L'élu est ce 100 % négrette. Délit d'initiés? Car l'appellation détient un quasi-monopole mondial sur l'utilisation de ce cépage si caractéristique. Et ce fronton n'est pas avare en typicité avec sa couleur intense et ses arômes non moins soutenus de fruits rouges et noirs mûrs, de violette, de réglisse et d'épices. La bouche offre beaucoup de volume autour d'une matière ronde et charnue mais sans mollesse, bien soulignée par une fine trame de fraîcheur et par des tanins d'une réelle finesse. Un vin plein d'élégance et de justesse. ⧗ 2020-2024 ■ **Tradition 2016 ★★ (5 à 8 €; 140000 b.)** B : un vin fortement apprécié pour sa fraîcheur, son expression tout en finesse (violette, fruits rouges, poivre), ses tanins soyeux et sa longueur. Un fronton de classe, que l'on pourra apprécier dans sa jeunesse. ⧗ 2019-2023 ■ **Les Complices 2016 ★★**

(11 à 15 €; 10000 b.) Ⓑ : mi-négrette mi-syrah (les complices en question) pour ce fronton épatant par son intensité aromatique (violette, cassis, épices), par son volume, sa richesse et sa structure bien en place. ⧗ 2020-2024

GUY SALMONA, Ch. de Laurou, 2250, rte de Nohic, 31620 Fronton, tél. 05 61 82 40 88, contact@chateaulaurou.fr V *r.-v.*

DOM. DE LESCURE Sans plus attendre... 2017 ★

	13000		5 à 8 €

Acquise en 1923 par la famille Cardetti, cette exploitation a commencé la viticulture en 1970, avec Jean-Marie. Installé en 2008, Fabien Cardetti a porté la superficie du vignoble à 25 ha; il cultive également 15 ha de céréales et 12,5 ha de noisetiers. Ce jeune vigneron a aussi fait grandir la réputation du domaine avec des fronton bien typés souvent en vue dans ces pages.

Une dominante de négrette (60 %), de la syrah et du cabernet franc composent ce rosé de saignée assez soutenu en couleur, bien ouvert sur les agrumes, les fruits exotiques et le bonbon anglais. Une expression aromatique intense que l'on retrouve dans une bouche fraîche, alerte et persistante. ⧗ 2018-2019

FABIEN CARDETTI, 151, chem. de Lescure, 82370 Labastide-Saint-Pierre, tél. 05 63 30 55 45, domainedelescure@orange.fr V *r.-v.*

GRANDE CUVÉE DU CH. MARGUERITE 2015 ★

	10084		5 à 8 €

Les caves de Técou, de Rabastens, de Fronton et des Côtes d'Olt ont uni leurs forces en 2006 en créant le groupe Vinovalie, dont le nom renvoie aux valeurs collectives du rugby. Un groupe qui fédère 470 vignerons et rassemble quelque 3 800 ha de vignes répartis sur trois appellations: gaillac, fronton et cahors.

Une robe tirant vers le noir habille ce fronton expressif, ouvert sur les fruits noirs bien mûrs, la réglisse et les épices. La bouche se révèle charnue, très suave, presque sucrée, bien structurée aussi, avec une pointe de vivacité qui va bien. ⧗ 2020-2024 ■ **Haut-Capitole 2015 (5 à 8 €; 6177 b.)** : vin cité. ■ **Comte de Négret 2017 (- de 5 €; 216000 b.)** : vin cité.

VINOVALIE - SITE DE FRONTON, 175, av. de la Dourdenne, 31620 Fronton, tél. 05 62 79 97 79, contact@vinovalie.com V *t.l.j. sf dim. 9h-12h30 14h-18h30 (19h l'été)*

CH. MONTAURIOL Mons Aureolus 2015

	25000		11 à 15 €

Dirigeant d'une briqueterie, Nicolas Gélis s'est orienté avec succès vers la viticulture dans le Frontonnais; il a racheté successivement trois châteaux: Ferran (1994), Montauriol (1998) et Cahuzac (2008), et développé une structure de négoce. À la tête de plus de 100 ha de vignes sur des terroirs différents, il est devenu une valeur sûre de l'appellation, avec Laurent Fadat aux commandes des vinifications.

La robe est plutôt claire, ornée de reflets bruns. Au nez, des fruits rouges, de la violette, une touche de caramel et de la réglisse. En bouche, de la rondeur, de la souplesse, un volume appréciable. ⧗ 2018-2021

NICOLAS GÉLIS, 1925, rte des Châteaux, 31340 Villematier, tél. 05 61 35 30 58, n.gelis@vignobles-nicolasgelis.com

Ⓑ **PLAISANCE**
Thibaut La Cuvée du Pitchou 2016 ★

	12000		8 à 11 €

Marc Penavayre, ingénieur agronome et œnologue, a donné un nouvel élan au domaine familial qu'il a repris en 1991, restructuré et agrandi. Le vignoble s'étend aujourd'hui sur 26 ha et a achevé sa conversion bio en 2012.

Thibaut le Pitchou est le fils de Marc Penavayre. Dans le verre, un fronton issu de négrette (70 %) et de syrah, d'une belle profondeur de robe, au nez élégamment boisé, qui laisse peu à peu monter des notes de fruits frais, de réglisse et de violette. Une attaque franche introduit une bouche équilibrée, souple et ronde, aux tanins policés qui se durcissent dans une finale mentholée. ⧗ 2020-2024

PENAVAYRE, 102, pl. de la Mairie, 31340 Vacquiers, tél. 05 61 84 97 41, chateau-plaisance@wanadoo.fr V *r.-v.*

DOM. DES PRADELLES Légende 2016 ★★

	1800		8 à 11 €

Domaine fondé en 1869. Sa vocation viticole s'affirme en 1990 avec François Prat, qui sort de la coopérative. Sa fille Noëlle prend le relais en 2012, mais son père reste actif à la cave, ainsi qu'Alain Escarguel, l'œnologue. Le domaine s'étend sur 15,8 ha d'un seul tenant dans le sud de l'appellation, sur la troisième terrasse du Tarn.

Une belle présentation pour ce fronton couleur cerise burlat, élevé dix-huit mois en cuve. Au nez, les fruits rouges confits se mêlent aux épices sur fond de sous-bois. En bouche, un fruité soutenu, de la souplesse, de la douceur, une structure en place, sans dureté, et de la longueur. ⧗ 2019-2023 ■ **2017 (- de 5 €; 6400 b.)** : vin cité.

NOËLLE PRAT, 44, chem. de la Bourdette, 31340 Vacquiers, tél. 05 61 84 97 36, noelle.prat@hotmail.fr V *t.l.j. sf dim. 14h-19h; sam. 9h-12h* Ⓐ

LE ROC Folle noire d'Ambat 2016

	65000		8 à 11 €

Dans la famille Ribes, chacun trouve sa place. Jean-Luc, qui est bluesman à ses heures, a repris la propriété familiale en 1981, rejoint au fil du temps par Frédéric et Cathy, puis par Pierre. La propriété couvre 23 ha sur boulbènes et sur graves.

D'un rouge limpide, ce fronton dévoile au nez des arômes de fruits rouges et de réglisse mâtinés d'une touche animale. En bouche, il se montre souple, frais, fruité. Un profil léger. ⧗ 2018-2021

FAMILLE RIBES, 1605 C, rte de Toulouse, 31620 Fronton, tél. 05 61 82 93 90, familleribes@leroc.fr V *r.-v.*

DOM. ROUMAGNAC Un petit R de famille 2016 ★

	10600		5 à 8 €

Établi à Raygades, hameau de Villematier en Haute-Garonne, le domaine s'étend sur 20 ha, à la limite des

troisième et deuxième terrasses. Jean-Paul Roumagnac cultive depuis longtemps les vignes familiales. Son fils Nicolas l'a rejoint en 2011 et a lancé la vente directe.

Né de négrette et des deux cabernets, un fronton au teint plutôt clair, animal au premier nez, puis ouvert sur les épices, les fruits rouges frais et une touche de poivron qui signe les cabernets. En bouche, on apprécie son volume, son fruité, sa fraîcheur et ses tanins fermes. ⧗ 2019-2023

NICOLAS ROUMAGNAC, 20, hameau de Raygades, 31340 Villematier, tél. 07 50 14 98 34, vignoble@domaineroumagnac.fr V t.l.j. 9h-12h 14h30-18h

CH. VIGUERIE DE BEULAYGUE
Tradition 2016 ★★

■ | 20000 | | 5 à 8 €

Transmise dans la même famille depuis cinq générations, cette exploitation ne s'est spécialisée dans la vigne qu'à la fin des années 1990 et commercialise sa production depuis 1995. Cédric Faure, qui a pris la relève en 2002, cultive 22 ha et élabore des cuvées qui laissent rarement indifférent, en rouge comme en rosé.

Le coup de cœur fut mis aux voix pour cette cuvée d'un beau grenat limpide, certes encore un peu timide au nez, mais déjà très élégante avec ses discrets arômes de violette et de fruits rouges. Fraîche en attaque, la bouche se fait ensuite plus ronde, plus tendre, soutenue par des tanins bien maîtrisés et dynamisée par une finale pleine de tonus. Un très bon standard de l'appellation. ⧗ 2020-2024 ■ **L'Enchanteur 2016 ★ (11 à 15 €; 6500 b.)** : un fronton de négrette (70 %) et de syrah, bien fruité au nez comme en bouche, ample, chaleureux, agréablement structuré et long. ⧗ 2020-2025

CÉDRIC FAURE, 1650, chem. de Bonneval, 82370 Labastide-Saint-Pierre, tél. 05 63 30 54 72, ce.faure@gmail.com V *t.l.j. sf dim. 9h-19h*

BRULHOIS

Superficie : 194 ha / Production : 8 787 hl

Passés de la catégorie des AOVDQS en 1984 à celle de AOC en 2011, ces vins sont produits de part et d'autre de la Garonne, autour de la petite ville de Layrac, dans les départements du Gers, du Lot-et-Garonne et du Tarn-et-Garonne. Essentiellement rouges, ils sont issus des cépages bordelais et des cépages locaux, tannat et côt.

B DOM. BEL CASSE 2016 ★★

■ | 20000 | | 5 à 8 €

Née de l'association, en 2002, des caves de Goulens et de Donzac, elles-mêmes créées en 1960, la cave du Brulhois vinifie sous des marques diverses la plus grande partie des vins de l'appellation brulhois.

Composé de merlot (55 %), de fer-servadou et de tannat, ce 2016 affiche une robe grenat profond. Après un premier nez discret, sur le cuir, il libère à l'aération des parfums de mûre relevés de touches poivrées. Rond et ample en attaque, il est soutenu par des tanins fermes qui lui donnent une belle tenue. Un vin harmonieux et bien typé. ⧗ 2018-2023 ■ **Terressence 2015 ★★ (15 à 20 €; 5000 b.)** : un élevage de vingt-quatre mois en cuve pour ce vin mariant à parts égales tannat, cabernet franc, merlot et malbec. Des arômes intenses de fruits noirs, de réglisse et d'épices, de la chair, des tanins denses et veloutés. Élégance et profondeur. ⧗ 2019-2023 ■ **Carrelot des amants 2017 ★★ (5 à 8 €; 100000 b.)** : merlot, côt, cabernet franc et abouriou pour ce rosé brillant aux reflets orangés. Au nez, des notes de fraise, de framboise, de bonbon anglais et d'épices. En bouche, de la vivacité, des arômes en accord avec l'olfaction et une petite touche d'amertume en finale. ⧗ 2018-2019 ■ **Le Vin noir 2016 ★ (8 à 11 €; 35000 b.)** : le tannat est très présent (50 %, avec du merlot et du cabernet franc en complément) dans ce vin longuement élevé en cuve. Robe profonde, nez intense, sur les fruits noirs, la fraise confiturée, les épices douces; bouche ample et soyeuse, un peu ferme en finale. ⧗ 2019-2023

LES VIGNERONS DU BRULHOIS, 3458, av. du Brulhois, 82340 Donzac, tél. 05 63 39 91 92, gbenac@vigneronsdubrulhois.com V *r.-v.*

CH. LABASTIDE ORLIAC
Royal Héritage 2015 ★

■ | 7000 | | 50 à 75 €

Deux sœurs, Catherine et Isabelle Orliac, ont su mettre en valeur cette ancienne maison forte du XIIᵉs. qui commande 10 ha de vignes sur la rive droite de la Garonne. Leur aïeul, Jean Orliac, vendait ses vins jusqu'aux Antilles et fournissait la cour du roi Louis XVI.

La cuvée la plus ambitieuse du domaine, composée de cinq cépages. Le merlot (40 %) est cultivé sur des argiles profondes, les cabernets sur des terrains plus calcaires, le tannat et l'abouriou sur les sols les plus pauvres. Après un élevage de huit mois en barrique, le vin offre un nez intense sur le fruit compoté ou macéré et sur les notes toastées du merrain. Rond en attaque, plutôt souple et délicat, il laisse les tanins du bois prendre le dessus en finale. ⧗ 2020-2024

EARL BASTIDE, 47270 Clermont-Soubiran, tél. 05 53 87 41 02, chateau.orliac@wanadoo.fr V *r.-v. C. et I. Orliac*

BUZET

Superficie : 2 091 ha
Production : 115 003 hl (95 % rouge et rosé)

Connu depuis le Moyen Âge et autrefois partie intégrante du haut pays bordelais, le vignoble de Buzet s'étendait entre Agen et Marmande. D'origine monastique, il a été développé par les bourgeois d'Agen puis a failli disparaître après la crise phylloxérique. Il est devenu à partir de 1956 le symbole de la renaissance du vignoble du haut pays. Deux hommes, Jean Mermillod et Jean Combabessouse, ont présidé à ce renouveau, qui doit beaucoup à la cave coopérative de Buzet, laquelle élève une grande partie de sa production en barrique. Ce vignoble s'étend aujourd'hui entre Damazan et Sainte-Colombe, sur les premiers coteaux de la Garonne, près des villes touristiques de Nérac et de Barbaste. L'alternance de boulbènes et de sols graveleux et argilo-calcaires permet d'obtenir des vins à la fois variés et typés. Les

rouges, puissants, profonds, charnus et soyeux, rivalisent avec certains de leurs voisins girondins.

♥ DOM. DE BRAZALEM 2016 ★★

■ | 152000 | | 8 à 11 €

Importante coopérative du Sud-Ouest de la France, la cave de Buzet produit de nombreux vins de l'appellation (en rouge, blanc et rosé). Elle a été créée en 1953 et l'appellation buzet a vu le jour vingt ans plus tard. Elle prône une viticulture durable, conciliant progrès techniques et pratiques naturelles.

Un vin séducteur en diable que ce buzet à la robe grenat fraîche et profonde, au nez à la fois intense et élégant de mûre et de cassis agrémenté de notes épicées. La bouche est ronde, riche et puissante, bâtie sur des tanins fins et racés, étirée dans une longue finale sur le fruit mûr. ⧗ 2021-2026 ■ **Ch. de Mazelières 2016 ★ (8 à 11 €; 23900 b.)** : un vin sombre et intense, ouvert sur les fruits compotés, ample, rond et suave en bouche, fruité et épicé, aux tanins souples et veloutés. ⧗ 2020-2024 ■ **Dom. de la Sébastianne 2016 ★ (8 à 11 €; 30500 b.)** : un buzet aromatique, fruité et épicé, d'un bon volume en bouche, centré sur la réglisse et le pruneau, étayé par des tanins ronds et fins. ⧗ 2019-2023 ■ **Dom. de Lhiot 2016 (8 à 11 €; 75000 b.)** : vin cité. ■ **Dom. du Grand Bourdieu 2016 (8 à 11 €; 42000 b.)** : vin cité.

LES VIGNERONS DE BUZET, 56, av. des Côtes-de-Buzet, BP 17, 47160 Buzet-sur-Baïse, tél. 05 53 84 74 30, buzet@vignerons-buzet.fr V *r.-v.*

♥ L'ÉPHÉMÈRE 2016 ★★

■ | 50000 | | 5 à 8 €

Importante coopérative du Sud-Ouest de la France, la cave de Buzet produit de nombreux vins de l'appellation (en rouge, blanc et rosé). Elle a été créée en 1953 et l'appellation buzet a vu le jour vingt ans plus tard. Elle prône une viticulture durable, conciliant progrès techniques et pratiques naturelles.

De l'élégance et du fruit: cette cuvée déploie des arômes intenses et gourmands de fruits rouges et noirs bien frais agrémentés d'une légère pointe épicée. Une attaque franche introduit une bouche ample, suave, souple et tout en fruit, étayée par des tanins soyeux et fins et par une fraîcheur savamment dosée qui amène du nerf et de la longueur. ⧗ 2019-2024 ■ **Baron d'Albret 2016 ★★ (5 à 8 €; 500000 b.)** : cette cuvée emblématique n'a rien de confidentiel, et c'est tant mieux car le vin est bon, très bon même, avec son nez harmonieux de fruits bien mûrs, de vanille et de brioche, avec sa bouche puissante, riche, suave et longue, aux tanins fins et élégants. Du potentiel. ⧗ 2021-2028 ■ **Baron d'Albret 2017 ★ (5 à 8 €; 53000 b.)** : un assemblage de sémillon et de sauvignon pour ce vin pâle et limpide aux reflets dorés, aux arômes intenses et frais d'agrumes, très tendu en bouche. Un blanc de caractère, un peu gascon par sa nervosité. ⧗ 2019-2022

LES VIGNERONS DE BUZET, 56, av. des Côtes-de-Buzet, BP 17, 47160 Buzet-sur-Baïse, tél. 05 53 84 74 30, buzet@vignerons-buzet.fr V *r.-v.*

HAUTS DU FRANDAT 2016 ★

■ | 32000 | | - de 5 €

Une propriété dont l'histoire viticole remonte à plus de deux siècles, mise en valeur à partir de 1980 par Patrice Sterlin, sorti de la coopérative en 1990. Sa fille Laetitia et son gendre Mickaël Le Biavant président depuis 2008 aux destinées du vignoble, qui compte 28 ha.

Cette cuvée d'une couleur intense, presque noire, demande à être aérée pour dévoiler ses parfums de fruits noirs et d'épices. La bouche, ample et ronde, monte lentement en puissance, portée par une structure vigoureuse de tanins jeunes mais bien enrobés, pour s'achever sur une finale encore un peu sévère. À attendre. ⧗ 2021-2025

LAETITIA ET MICKAËL LE BIAVANT, Le Frandat, 47600 Nérac, tél. 05 53 65 23 83, contact@chateaudufrandat.fr V *t.l.j. sf dim. 9h-12h 13h30-18h*

LIONEL OSMIN & CIE
Carte de Belleyme 2016 ★

■ | 25000 | | 8 à 11 €

Fils d'un bijoutier béarnais, Lionel Osmin est devenu ingénieur agricole et a fondé en 2010 une maison de négoce qui compte, spécialisée dans les vins du grand Sud-Ouest, d'Irouléguy à Bergerac, de Madiran à Marcillac. Aux commandes des vinifications de cette vaste gamme, l'œnologue Damiens Sartori.

Ce vin dévoile un nez de fruits rouges et noirs frais accompagnés de notes de pruneau et d'épices. Une attaque légère ouvre sur un palais suave et bien structuré par des tanins fermes qui appellent la garde. ⧗ 2021-2024

LIONEL OSMIN & CIE, 6, rue de l'Ayguelongue, 64160 Morlaàs, tél. 05 59 05 14 66, sudouest@osmin.fr

CH. PIERRON 2016 ★

■ | 30000 | | 5 à 8 €

Établi sur un plateau dominant Nérac, ce domaine de 26 ha a été replanté en merlot et cabernets dans les années 1970. Il été repris en 2007 par Guy Belooussoff, acheteur national dans la grande distribution, et par Jean-François Fonteneau, chef d'entreprise et œnologue de formation.

Le nez de ce buzet, d'une belle complexité, mêle des arômes de garrigue, de fruits noirs mûrs, de pruneau et de réglisse. Passé une attaque souple, la bouche offre du gras et de la densité autour de tanins vigoureux, encore austères en finale. Patience... ⧗ 2021-2026 ■ **Fleur d'Albret 2017 ★ (5 à 8 €; 15000 b.)** : le merlot et les deux cabernets ont donné ce rosé très pâle, au nez discrètement floral. La bouche apparaît délicate et très fraîche, soulignée par une fine trame minérale. ⧗ 2018-2019

CH. PIERRON, rte de Mézin, 47600 Nérac, tél. 05 53 65 05 52, chateau.pierron@orange.fr V *r.-v.*

SUD-OUEST

DOM. SALISQUET Esbérit 2017

■ | 4000 | | 5 à 8 €

Carine et Audrey, les deux filles de la famille Chassenard, ont repris en 2010 le domaine familial et l'ont sorti de la cave coopérative pour vinifier leurs propres vins. Elles ont aussi converti leurs 9,8 ha de vignes à l'agriculture biologique.

Un rosé saumoné, amylique et fruité à l'olfaction. En bouche, du fruit toujours, une texture assez fine et de la fraîcheur. 2018-2019

DOM. SALISQUET, lieu-dit Calezun, 47230 Vianne, tél. 06 25 51 09 78, salisquet@gmail.com V r.-v.
Chassenard

CÔTES-DU-MARMANDAIS

Superficie : 1 314 ha
Production : 67 387 hl (97 % rouge et rosé)

Les côtes-du-marmandais sont produits sur les deux rives de la Garonne; le vignoble, un peu en aval de Buzet, jouxte à l'ouest l'entre-deux-mers, au nord les côtes-de-duras. Les vins blancs, à base de sémillon, de sauvignon, de muscadelle et d'ugni blanc, sont secs, vifs et fruités. Les vins rouges, issus des cépages bordelais et d'abouriou, de syrah, de côt et de gamay, sont bouquetés et souples. La Cave du Marmandais, qui regroupe les deux sites de Beaupuy et de Cocumont, fournit les volumes les plus importants de l'AOC.

♥ CH. BAZIN 2016 ★★★

■ | 35100 | | 11 à 15 €

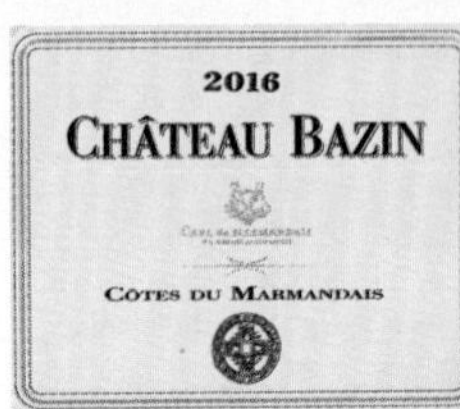

La coopérative de Marmande représente 95 % de la production de l'appellation, soit environ 800 ha pour six millions de bouteilles répartis dans de nombreux domaines. Elle a remis à l'honneur l'abouriou, vieux cépage rouge du Lot-et-Garonne menacé de disparition, en lui aménageant un conservatoire en 2004.

Une belle robe grenat aux reflets violines de jeunesse habille ce vin au nez complexe et généreux de fruits rouges mûrs, de réglisse et de caramel. La bouche attaque en souplesse sur des saveurs de cassis, puis la structure tannique s'impose, soyeuse et fondue, accompagnée par un beau boisé vanillé et grillé. La longue finale achève de convaincre. Un vin très élégant et bien équilibré entre fruité et boisé. 2020-2024 ■ **Excellence de Bazin 2016 ★★ (8 à 11 €; 8100 b.)** : à un nez charmeur et intense de fruits rouges agrémenté de notes discrètes de vanille répond une bouche puissante et chaleureuse, sur le poivre et le café, aux tanins encore fermes et vigoureux. Du potentiel. 2021-2024 ■ **Ch. Monplaisir 2016 (- de 5 €; 66000 b.)** : vin cité.

CAVE DU MARMANDAIS, La Cure, 47250 Cocumont, tél. 05 53 94 50 21, info@cavedumarmandais.fr V r.-v.

♥ DOM. DE BEYSSAC Essentiel 2015 ★★

■ | 7000 | | 11 à 15 €

Une reconversion réussie pour ce «néovigneron» qui a créé ce domaine ex nihilo en 2009. Avec ses 12,5 ha de vignes à Marmande, il affiche un parcours technologique remarquable : écoconstruction du chai, agriculture biologique et biodynamique au vignoble et une vinification la plus naturelle possible.

La profondeur de la robe, son intensité et sa brillance ne laissent aucun doute sur la concentration de ce vin né du merlot et de l'abouriou. Le nez confirme en développant des notes intenses de fruits très mûrs, de poivre, de vanille et de réglisse. Une attaque franche ouvre sur une bouche à l'unisson du bouquet, riche, suave et dense, portée par des tanins solides, étirée dans une belle et longue finale réglissée. Un vin puissant et complexe, au très bon potentiel de garde. 2022-2028

FRÉDÉRIC BROUTET, Bellevue, Beyssac, 47200 Marmande, tél. 06 81 26 46 52, info@domainedebeyssac.fr V r.-v.

DOM. GILBERT BONNET
Les Astéries Élevé en fût de chêne 2016 ★★

■ | 15000 | | 5 à 8 €

Œnologue, Gilbert Bonnet décide en 2004 de sortir de la cave coopérative. Il crée un chai en 2012 et installe un espace d'accueil à Marmande. Il a engagé en 2015 la conversion bio de son vignoble qui compte 20 ha.

Après aération, le nez révèle des notes de mûre et de cassis agrémentées d'un joli boisé grillé. La puissance tannique se ressent dès l'attaque, des tanins encore un peu sévères mais au grain fin, enrobés par une finale chaleureuse aux saveurs fruitées et épicées. Un joli vin de matière, puissant et complexe qui demande à se fondre pour pouvoir être pleinement apprécié. 2021-2026 ■ **Clos de l'Adret Élevé en fût de chêne 2016 ★ (8 à 11 €; 5000 b.)** : si les fruits mûrs, la fraise notamment, sont bien présents, ce sont les arômes boisés (grillé, moka, vanille) qui dominent l'olfaction. On retrouve ces sensations aromatiques dans une bouche puissante, bien charpentée par des tanins soyeux et un boisé fondu. 2021-2026

DOM. GILBERT BONNET, Lachaupe-Bouilhats, 47200 Marmande, tél. 06 14 74 78 90, domainebonnet-gilbert@vinsdemarmande.com V r.-v.

CLOS CAVENAC Seizh Penn 2015 ★

■ | 4000 | | 15 à 20 €

Emmanuelle Piovesan a repris le domaine familial en 2003. Elle a fait le choix de l'agriculture biologique (certifiée depuis le millésime 2012) pour la conduite de ses 11 ha de vignes.

Seizh Penn signifie «sept têtes» en breton, comprenez ici les sept cépages de l'appellation présents dans cette cuvée. La robe est pourpre, concentrée, avec une très légère évolution. Le nez s'ouvre à l'agitation sur les fruits noirs mûrs et la vanille. Une attaque franche ouvre sur une bouche puissante, solide et boisée, aux tanins jeunes et vigoureux. Il ne manque que le temps pour harmoniser l'ensemble. ⧗ 2021-2026

⊶ EMMANUELLE PIOVESAN, Cavenac, 47180 Castelnau-sur-Gupie, tél. 05 53 83 81 20, closcavenac@yahoo.fr V r.-v.

Ⓑ LE GEAI Abouriou 2016 ★★

■ | 7700 | | 5 à 8 €

Un domaine créé en 1839 par Pierre Boissonneau sur le plateau de l'Entre-Deux-Mers, d'abord en polyculture, puis spécialisé dans la vigne dans les années 1960. Aujourd'hui, les cinquième (Philippe) et sixième (Pascal) générations sont aux commandes d'un vignoble de 55 ha conduits en bio depuis 2011.

La teinte est sombre et profonde, avec des reflets violines de jeunesse. Le nez est particulièrement fruité avec des notes puissantes de mûre et de cassis. La bouche se révèle ample, grasse, intense, fruitée et épicée, soutenue par des tanins frais. ⧗ 2019-2024 ■ **Dom. des Geais 2016 ★ (8 à 11 €; 4960 b.)** Ⓑ : les cabernets, le merlot et la syrah pour cette cuvée tirant vers le noir, ouverte sur les fruits cuits, ronde et généreuse en bouche, encore un peu austère en finale. ⧗ 2019-2022

⊶ BOISSONNEAU, lieu-dit Cathélicq, 33190 Saint-Michel-de-Lapujade, tél. 05 56 61 72 14, vignobles@boissonneau.fr V r.-v.

CAVE DU MARMANDAIS Quezaco 2017 ★★

■ | 69000 | | - de 5 €

La coopérative de Marmande représente 95 % de la production de l'appellation, soit environ 800 ha pour six millions de bouteilles répartis dans de nombreux domaines. Elle a remis à l'honneur l'abouriou, vieux cépage rouge du Lot-et-Garonne menacé de disparition, en lui aménageant un conservatoire en 2004.

Un vin de séduction, indique l'étiquette. De fait, ce rosé né du merlot, des deux cabernets, du malbec et du « régional de l'étape », l'abouriou, charme à tous les stades de la dégustation: robe intense et lumineuse, nez puissant de fruits rouges, de fleurs et de bonbon, bouche d'une grande fraîcheur, ample et persistante. ⧗ 2018-2019 ■ **Noblessa 2017 ★ (- de 5 €; 69000 b.)** : un rosé né du merlot et des deux cabernets, pâle et limpide, amylique et fruité, frais et harmonieux. ⧗ 2018-2019 ■ **L'Accent du coin 2017 ★ (- de 5 €; 69000 b.)** : une robe claire, un nez intense et fruité, une bouche équilibrée, relevée par une finale acidulée. ⧗ 2018-2019 ■ **Rendez-vous Abouriou 2016 ★ (5 à 8 €; 13800 b.)** : le nez est un véritable panier de fruits mûrs. La bouche, au diapason, apparaît bien fruitée, souple et suave. Un style léger qui donne le maximum dans son expression aromatique. À consommer jeune. ⧗ 2018-2021 ■ **Secret de vigneron Élevé en fût de chêne 2016 ★ (8 à 11 €; 8100 b.)** : au nez, du cassis mûr, de la cannelle et du cacao; en bouche, de la fraîcheur, du fruit et des épices (muscade), un boisé bien intégré et une structure tannique importante mais qui a gardé une certaine souplesse. ⧗ 2019-2024

⊶ CAVE DU MARMANDAIS, La Cure, 47250 Cocumont, tél. 05 53 94 50 21, info@cavedumarmandais.fr V r.-v.

LIONEL OSMIN & CIE Abouriou 2016

■ | 8000 | | 11 à 15 €

Fils d'un bijoutier béarnais, Lionel Osmin est devenu ingénieur agricole et a fondé en 2010 une maison de négoce qui compte, spécialisée dans les vins du grand Sud-Ouest, d'Irouléguy à Bergerac, de Madiran à Marcillac. Aux commandes des vinifications de cette vaste gamme, l'œnologue Damiens Sartori.

L'abouriou donne ici un vin rubis d'une belle intensité, au nez bien fruité de cerise griotte et de fruits noirs sur fond de boisé fondu. Arômes que l'on retrouve dans une bouche souple et ronde, un brin plus tannique en finale. ⧗ 2018-2022

⊶ LIONEL OSMIN & CIE, 6, rue de l'Ayguelongue, 64160 Morlaàs, tél. 05 59 05 14 66, sudouest@osmin.fr

SAINT-SARDOS

Superficie : 104 ha / Production : 5 492 hl

Ancien vin de pays, le saint-sardos a été reconnu en AOVDQS en 2005 et en AOC en 2011. Ce vignoble fut créé au XII[e]s. lors de la fondation de l'abbaye de Grand Selve à Bouillac. Il s'étend sur la rive gauche de la Garonne, dans le sud-ouest du Tarn-et-Garonne et le nord de la Haute-Garonne. Rouges et rosés, les saint-sardos assemblent au moins trois cépages: la syrah (plus de 40 % de l'encépagement) et le tannat (plus de 20 %), complétés par le cabernet franc et le merlot.

♥ CADIS 2016 ★★

■ | 6000 | | 8 à 11 €

L'appellation saint-sardos est née autour de la coopérative locale, fondée en 1956, qui a fait renaître ce vignoble de la Lomagne, déjà mis en valeur au Moyen Âge par les cisterciens. La cave assure l'essentiel de la production et a créé de multiples marques.

Rebaptisée Cadis, cette cuvée obtient autant d'étoiles que le millésime 2015, avec de surcroît un coup de cœur. Profondeur de la robe, complexité du nez sur les fruits noirs, les épices, le cuir et le tabac, fraîcheur de l'attaque, puissance, volume et longueur du palais aux arômes de cassis confituré et à la finale réglissée, potentiel de garde: le jury est conquis. ⧗ 2019-2023 ■ **Grand S Vieilles Vignes 2016 ★★ (8 à 11 €; 2000 b.)** : encore jeune, sur sa réserve, un vin remarquable par son volume, son gras et par sa solide trame de tanins mûrs qui lui assurera une bonne garde. ⧗ 2019-2023 ■ **Pech de Boisgrand Élevé en fût de chêne 2016 ★ (8 à 11 €; 18000 b.)** : solidement charpenté, aussi rond que long, un vin aux plaisants arômes de cassis, préservés par l'élevage. ⧗ 2019-2023

⊶ VIGNERONS DE SAINT-SARDOS, 2, chem. de Naudin, 82600 Saint-Sardos, tél. 05 63 02 52 44, chai.saintsardos@orange.fr V *t.l.j. sf dim. 8h-12h 14h-18h*

SUD-OUEST

➠ LE BERGERACOIS ET DURAS

BERGERAC

Superficie : 10 002 ha
Production : 500 562 hl (70 % rouge et rosé)

Héros de la célèbre pièce d'Edmond Rostand, Cyrano de Bergerac a certainement accru la notoriété de la cité dordognaise qui a donné son nom à l'AOC en 1936. Sa gastronomie comme son vignoble vallonné, mosaïque de terroirs, confèrent à la région un réel intérêt touristique. Les vins peuvent être produits dans 90 communes de l'arrondissement de Bergerac. Rouges, rosés ou blancs secs, les bergerac naissent principalement du merlot, des cabernets et du malbec en rouge et en rosé, du sémillon, du sauvignon et de la muscadelle en blanc. Les rouges sont aromatiques et souples, les rosés, frais et fruités. La diversité des terroirs (calcaires, graves, argiles, boulbènes) donne aux blancs des expressions aromatiques variées. Jeunes, les vins sont fruités, élégants, un rien nerveux. Vinifiés dans le bois, ils devront attendre un an ou deux avant de révéler l'expression du terroir.

♥ CH. BOUFFEVENT
Cuvée Mathilde 2016 ★★

■ | 18000 | 🛢 | 5 à 8 €

Château Bouffevent 2016 Cuvée Mathilde Vignobles Pauty

Installée en 1992, Françoise Pauty exploite 30 ha de vignes et 20 ha de pommiers dans la vallée de la Dordogne. La propriété appartient à la famille depuis 1906 et le vignoble est conduit en agriculture raisonnée.

Mathilde est la fille de Françoise Pauty. Une belle inspiration pour la vigneronne qui signe un bergerac de haute volée, issu de merlot et de malbec (20 %). Au nez, c'est un cocktail de fruits rouges et noirs, mûrs et frais. Un fruité intense que l'on retrouve en compagnie d'un bon boisé vanillé et épicé dans une bouche ample et soyeuse, aux tanins souples et fondus. Un joli mariage entre le fruit et le bois. ⧗ 2020-2024

⊶ *VIGNOBLES PAUTY, 19, rte de Bouffevent, 24680 Lamonzie-Saint-Martin, tél. 05 53 24 29 05, chateaubouffevent@orange.fr* V ⚲ ▪ *r.-v.*

CH. BRAMEFANT 2017 ★

■ | 48000 | ▮ | 5 à 8 €

Cinq générations au service du vin. Pierre Sadoux quitte les hauts plateaux algériens en 1961 pour s'établir sur cet ancien domaine (XVIIe s.) du Bergeracois implanté sur les coteaux de la rive gauche de la Dordogne. Un domaine dédié depuis longtemps à la vigne: «mûts» signifie «moût» en ancien français. En 2007, son fils du même prénom a pris la relève et conduit l'exploitation qui compte aujourd'hui 53 ha. Une valeur (très) sûre du Bergeracois.

Du verre se dégage un joli fruit mûr agrémenté de notes épicées. La bouche offre une aimable rondeur et un fruité croquant, le tout posé sur une structure légère et souple. À boire sur le fruit. ⧗ 2018-2021

⊶ *PIERRE SADOUX, Ch. Court-les-Mûts, 24240 Razac-de-Saussignac, tél. 05 53 27 92 17, court-les-muts@wanadoo.fr* V ⚲ ▪ *t.l.j. sf dim. 9h-12h 14h-18h; sam. sur r.-v.*

CH. LES BRANDEAUX 2017

■ | 6500 | | - de 5 €

Jean-Marc Piazzetta est œnologue, son frère Thierry est commercial: des compétences complémentaires pour conduire ce vignoble familial, acquis en 1936 par l'arrière-grand-père, qui s'étend aujourd'hui sur 30 ha.

Le nez, élégant et ouvert, dévoile des arômes typés sauvignon (80 % de l'assemblage aux côtés du sémillon) de pêche, de fruits exotiques et de buis. On apprécie le fruité et la vivacité de la bouche, marquée par une petite pointe amère et végétale en finale. Un vin équilibré, de facture très classique. ⧗ 2018-2021

⊶ *EARL PIAZZETTA, Les Brandeaux, 24240 Thénac, tél. 05 53 58 41 50, les.brandeaux@gmail.com* V ⚲ ▪ *t.l.j. sf sam. dim. 9h-12h 14h-19h* 🏠 B

CH. BRIAND 2016 ★

■ | 8000 | 🛢 | 8 à 11 €

Le chai est une ancienne dépendance du château de Bridoire. Quant au vignoble d'environ 25 ha, il a été repris en 2008 par deux jeunes vignerons, Cédric et Amélie Bougues, qui l'ont restructuré et entouré de jachères fleuries pour favoriser la biodiversité.

Mi-merlot mi-cabernet, ce bergerac se montre assez discret au nez autour de notes de fruits noirs et de chocolat. La bouche, plus expressive, sur les fruits mûrs, se révèle suave et ronde, portée par des tanins jeunes mais soyeux, avec en appoint un boisé léger et une fine acidité qui apporte de la longueur. ⧗ 2020-2024 ■ **2017 (5 à 8 €; 6000 b.)** : vin cité.

⊶ *CÉDRIC ET AMÉLIE BOUGUES, Le Nicot, 24240 Ribagnac, tél. 06 83 33 48 83, chtbriand@yahoo.fr* V ⚲ ▪ *t.l.j. sf sam. dim. 9h-12h 14h-18h*

CH. BRUNET-CHARPENTIÈRE
Élevé en fût de chêne 2016 ★

■ | 1300 | 🛢 | 5 à 8 €

En 1986, Robert et Pierrette Descoins replantent des vignes sur un ancien domaine sur la rive droite de la Dordogne. Depuis 2002, les 24 ha, situés sur un coteau en pente douce exposé plein sud, sont conduits par leur fils Franck.

Une cuvée plutôt confidentielle, mais ce qui est rare est généralement bon. C'est bien le cas ici avec un nez délicat de fruits rouges fondus dans un joli boisé réglissé et avec une bouche tout aussi expressive, suave et fine, étayée par des tanins policés. ⧗ 2019-2022

⊶ *EARL BRUNET-CHARPENTIÈRE, Les Charpentières, 24230 Montazeau, tél. 05 53 27 54 71, franck.descoins@free.fr* V ⚲ ▪ *r.-v.* ⊶ *Descoins*

CH. CAILLAVEL 2017 ★★

■ | 1200 | | 5 à 8 €

Jean-Jacques Lacoste exploite un ensemble viticole réparti sur deux domaines. Caillavel, établi sur le plateau de Pomport, dispose d'un vignoble de 17 ha commandé par un château incendié pendant la guerre de Cent Ans et reconstruit au XVIᵉs. Haut-Theulet, d'une superficie de 11 ha, est implanté à Monbazillac. Des vins souvent en vue dans ces pages.

D'une jolie teinte rose framboise, ce 2017 dévoile un nez intense et friand de fruits rouges acidulés, de litchi et de bonbon anglais. En bouche, il se montre rond et suave, toujours très aromatique, en écho à l'olfaction, avec en soutien une fraîcheur qui va bien. ⧗ 2018-2020

GAEC CH. CAILLAVEL, Caillavel, 24240 Pomport, tél. 05 53 58 43 30, chateaucaillavel@orange.fr V t.l.j. sf dim. 9h-12h 14h-18h *Jean-Jacques Lacoste*

DOM. DU CANTONNET 2016 ★★

■ | 3200 | | 5 à 8 €

Situé en Périgord pourpre, entre Bergerac et Sainte-Foy-la-Grande, un domaine acheté en 1975 par Jean-Paul Rigal, qui l'a transmis en 2000 à son fils Thierry. Ce dernier a abandonné la culture des pruneaux d'Agen pour se consacrer à la seule vigne, plantée sur 30 ha.

Un soupçon (5 %) de cabernet franc accompagne le merlot dans ce vin d'un beau grenat profond, ouvert sur des arômes intenses de fruits rouges frais (fraise, framboise). Un fruité que prolonge une bouche ample, tendre et suave, dotée de tanins mûrs et soyeux. Le coup de cœur fut mis aux voix. ⧗ 2019-2024 ■ **2017 (- de 5 €; 3200 b.)** : vin cité.

EARL VIGNOBLES RIGAL, Dom. du Cantonnet, 24240 Razac-de-Saussignac, tél. 05 53 27 88 63, vin@domaine-du-cantonnet.fr V *r.-v.*

DOM. LE CASTELLAT Sélection Vieilles Vignes 2016 ★★

■ | 15000 | | 5 à 8 €

Dominant la vallée de la Dordogne, sur la rive gauche, le «petit castel» est une maison de plaisance qui a pris la place d'une tour de garde. Autrefois exploité en polyculture, le domaine (22 ha) est désormais consacré aux vins. À sa tête depuis 1981, Jean-Luc Lescure est rejoint par son fils Hugo, qui représente la sixième génération.

La puissance de ce vin se devine dès l'examen visuel: la robe est profonde, presque noire. Le nez, exubérant, associe les fruits rouges confits, la réglisse et le menthol. La bouche, elle aussi riche en fruits, se révèle ample et fraîche, soutenue par des tanins veloutés. Un vin d'un grand classicisme, élaboré avec une vendange saine et mûre. Déjà savoureux, il vieillira bien. ⧗ 2019-2024

JEAN-LUC LESCURE, Le Castellat, 24240 Razac-de-Saussignac, tél. 05 53 27 08 83, domaine.castellat@sfr.fr V *t.l.j. sf dim. 9h-20h* B

Ⓑ CH. LE CHABRIER Gros-Caillou 2015 ★★

■ | 8100 | | 15 à 20 €

C'est avec les pierres d'une forteresse démolie en 1345 par le comte anglais de Derby pendant la guerre de Cent Ans que fut bâti en 1640 ce petit château périgourdin, aujourd'hui propriété de Pierre Carle arrivé en 1991 de Paris avec son épouse (Éléna) et leurs enfants. Il conduit aujourd'hui un domaine de 20 ha en bio certifié depuis 1999.

Gros-Caillou? Le quartier parisien d'origine de Pierre Carle. Dans le verre, un vin complexe (cassis, myrtille, mûre, notes poivrées et vanillées, menthol), ample et enveloppant en bouche, aux tanins mûrs et fins qui apportent un caractère caressant et délicat, en dépit d'une petite sévérité de jeunesse en finale. ⧗ 2020-2024

CH. LE CHABRIER, 24240 Razac-de-Saussignac, tél. 05 53 27 92 73, chateau.le.chabrier@free.fr V *r.-v. Pierre Carle*

CLOS LA SELMONIE 2017 ★

■ | 2000 | | 5 à 8 €

Propriété familiale depuis cinq générations, aujourd'hui dirigée par Madeleine Beigner, rejointe en 2014 par son fils Benoît, ingénieur-œnologue. Le vignoble couvre 15 ha.

Ce rosé pâle propose un nez tout en finesse, floral et fruité (framboise). Une finesse que l'on retrouve dans une bouche alerte, citronnée, pleine de fraîcheur. ⧗ 2018-2019

CLOS LA SELMONIE, Ch. le Chrisly, 24240 Pomport, tél. 06 50 57 62 74, lechrislybeigner@orange.fr V *r.-v.* 1 *Madeleine Beigner*

Ⓑ CH. CLUZEAU L'Empyrée 2015 ★

■ | 5700 | | 11 à 15 €

Tonnelier durant quarante ans en Corrèze, Marc Saury avait racheté en 2004 à un viticulteur partant à la retraite cette propriété conduite en bio au cœur du Périgord pourpre et construit un chai moderne. Il l'a cédée en 2015 à Anita et Benoît Gérard. Le vignoble compte aujourd'hui 14 ha.

Mi-merlot mi-cabernet-sauvignon, ce bergerac dévoile un joli bouquet de fruits rouges et de poivron sur fond de vanille et de réglisse. La bouche est riche et charnue, soutenue par des tanins soyeux et un boisé chocolaté. Un vin de matière qui reste élégant et fin. ⧗ 2019-2024

BENOÎT GÉRARD, lieu-dit Le Petit-Cluzeau, 24240 Flaugeac, tél. 05 53 24 33 71, ab.gerard@chateaucluzeau.com V *t.l.j. sf dim. 9h-18h* 3

CH. COMBRILLAC L'Inédit 2016

■ | 12000 | | 11 à 15 €

Ingénieur en agriculture et œnologue, Florent Girou a géré un domaine en Toscane et dirigé l'Église Clinet à Pomerol avant de reprendre en 2008 l'exploitation familiale. Situé aux portes de Bergerac sur une haute terrasse de la Dordogne, le vignoble couvre 15 ha d'un seul tenant, cultivé selon les principes de l'agriculture biologique (non certifiée). Un domaine très

SUD-OUEST

régulier en qualité, qui a aussi développé une activité de négoce.

Une large dominante (90 %) de cabernet-sauvignon aux côtés du merlot pour ce vin sombre, généreux en fruits (mûre, cassis) à l'olfaction, avec une touche de cuir en appoint. La bouche se révèle assez souple et légère, adossée à des tanins discrets qui laissent le fruit se développer. Un vin sur la rondeur, à boire dans sa jeunesse. ⧗ 2018-2022

FLORENT GIROU, imp. Coucombre, 24130 Prigonrieux, tél. 05 53 23 32 49, contact@combrillac.fr V t.l.j. sf dim. 9h-12h 14h-17h

CH. LES DONATS Panache 2016

■	3000		15 à 20 €

Un domaine acheté en 1994 par Patrick Somers, qui l'a restructuré et rénové. Il compte aujourd'hui 14 ha de vignes. En 2011, Olivier Verhelst, ingénieur-œnologue, a rejoint l'équipe et en a pris les commandes en 2013. Il a mis en pratique le savoir-faire des maîtres bordelais, avec lesquels il a travaillé après sa formation initiale en Belgique.

Le nez évoque les fruits noirs compotés accompagnés de nuances fumées. La bouche se montre souple en attaque, ronde et d'un bon volume, avec en fond ce même fruité très mûr, un boisé toasté et des tanins qui se raffermissent en finale. ⧗ 2020-2024

OLIVIER VERHELST, imp. des Donats, 24520 Saint-Nexans, info@chateaulesdonats.com V *r.-v.*

DUC DE CASTELLAC 2016 ★

■	266660		- de 5 €

Producta Vignobles est un négoce à actionnariat coopératif créé en 1949, qui regroupe 2 500 opérateurs et 2 000 ha de vignes dans une cinquantaine d'appellations du Bordelais et du Sud-Ouest. Dans son catalogue, une centaine de marques et cent cinquante châteaux.

Au nez, les fruits rouges s'agrémentent de notes de poivre, de menthol et de poivron. En bouche, le vin apparaît souple, rond, presque crémeux, centré sur la cerise confite et adossé à des tanins soyeux. Une petite gourmandise à boire sur le fruit. ⧗ 2018-2022

PRODUCTA VIGNOBLES, 13, av. de la Résistance, 33310 Lormont, tél. 05 57 81 18 18, producta@producta.com

CH. DE FAYOLLE 2016 ★

■	12800		5 à 8 €

Déjà propriétaire d'une ferme bio en Écosse, Julian Taylor a acheté en 2010 ce domaine commandé par un château du XVe s. à l'architecture typiquement périgourdine. Il a porté sa superficie de 17 à moins de 13 ha, ne gardant que les meilleures parcelles.

Le nez révèle un bon travail de vinification et d'élevage qui a permis de développer avec intensité des arômes d'agrumes et de fruits exotiques. La bouche est ample et charnue, avec une fine fraîcheur en soutien et un joli retour exotique en finale. ⧗ 2018-2021 ■ **Sang du sanglier 2016 ★ (11 à 15 €; 5000 b.)** : un vin sombre et profond qui a besoin d'être aéré pour dévoiler de jolies notes de fruits noirs mêlées à un fin boisé. La bouche propose beaucoup de gras et de matière, avec en soutien des tanins fondus et enrobés et une pointe d'acidité bien dosée en finale. ⧗ 2020-2024

SARL MARCASSIN, Fayolle, 24240 Saussignac, tél. 05 53 74 32 02, admin@chateaufayolle.com V *t.l.j. sf ven. sam. dim. 13h30-17h30*

CH. LA FORÊT Réserve 2017

■	33333		5 à 8 €

Domaine créé vers 1900 par les Borie sur les coteaux sud de l'appellation, près d'Eymet. Installé en 1998, Hervé Borie étend et restructure le vignoble (80 ha aujourd'hui). Depuis l'arrivée en 2011 de sa compagne Laurence Nicolas, œnologue, il développe la vente directe.

Une forte dominante de cabernet-sauvignon (90 %) aux côtés du merlot dans ce rosé clair, aux reflets orangés. Au nez, des fruits exotiques, des fruits rouges acidulés et des épices. En bouche, un profil plutôt gras et rond. ⧗ 2018-2019

VIGNOBLES BORIE, Ch. la Forêt, 24500 Sainte-Innocence, tél. 05 53 58 43 02, vignoble.borie@wanadoo.fr V *r.-v.*

CH. HAUT LAMOUTHE 2017 ★★

■	16000		5 à 8 €

Cette propriété familiale, conduite par Michel Durand et ses neveux Nicolas Pouget et Julien Durand, possède aussi des vergers de pruniers et de pommiers. Côté vigne, le domaine s'est développé à partir des années 1980 pour atteindre aujourd'hui 40 ha, implantés au pied du tertre de Montcuq.

Mi-merlot mi-cabernet-sauvignon, ce rosé soutenu en couleur, aux reflets framboise, séduit par son bouquet fin de fruits rouges, de poivre et de bonbon acidulé. En écho à l'olfaction, la bouche offre une belle expression fruitée, amylique et épicée, ainsi que du gras, de la rondeur et une finale fraîche et tonique qui apporte équilibre et longueur. ⧗ 2018-2020

GAEC DE LAMOUTHE, 56, rte de Lamouthe, 24680 Lamonzie-Saint-Martin, tél. 09 64 45 34 53, chateauhautlamouthe@wanadoo.fr V *t.l.j. sf dim. 8h30-12h 14h-18h30; sam. 8h30-12h* *Durand-Pouget*

CH. DU HAUT PEZAUD Évasion 2017

■	6000		5 à 8 €

Comptable à Bruxelles, éprise des liquoreux du Sud-Ouest, Christine Borgers a quitté en 1999 sa Belgique natale pour devenir vigneronne à Monbazillac. Elle a construit une cave moderne et renouvelé des parcelles sur les quelque 10 ha du domaine. Un domaine régulier en qualité, notamment pour ses monbazillac.

Le merlot et les deux cabernets composent un rosé soutenu en couleur, au nez gourmand de fraise écrasée et de cerise blanche sur fond floral. En bouche, le vin apparaît très rond, très suave, sur les fruits confiturés. À réserver pour la table. ⧗ 2018-2019

CHRISTINE BORGERS, Les Pezauds, 24240 Monbazillac, tél. 06 70 75 56 72, christine.borgers@gmail.com V *r.-v.*

CH. LES HAUTS DE CAILLEVEL Fruissance 2016 ★

■	10700		5 à 8 €

Sylvie Chevallier et Marc Ducrocq organisaient des «événements». En 1999, ils ont changé de vie et

sont devenus «artisans vignerons» en reprenant ce domaine sur la rive gauche de la Dordogne, dont le nom évoque les cailloux: près de 18 ha d'un seul tenant, des blancs sur le plateau, des rouges sur le coteau. En bio certifié depuis 2013.

C'est un vin manifestement élaboré pour être consommé jeune, sur la puissance du fruit, ce que laisse deviner le nez, ouvert avec intensité sur les fruits (fraise, framboise, cassis). On retrouve ces arômes dans une bouche ronde et suave, adossée à des tanins totalement fondus. Un vin gouleyant en diable. ⧗ 2018-2021 ■ **L'Atypique 2016 ★ (8 à 11 €; 2000 b.)** Ⓑ : un assemblage atypique en effet, composé de sauvignon blanc, de sauvignon gris et de chenin par tiers. Au nez, des arômes de pêche, de coing, de pomme, des notes de beurre et de pain d'épice. En bouche, un bel équilibre entre rondeur et fraîcheur et un fruité persistant. Un vin gourmand et harmonieux. ⧗ 2018-2021

SYLVIE CHEVALLIER, Les Hauts de Caillevel, 24240 Pomport, tél. 05 53 73 92 72, caillevel@orange.fr V 🚶 ▮ *t.l.j. sf dim. 9h-12h 14h-18h; sur r.-v. d'oct. à avr.*

Ⓑ CH. DE LA JAUBERTIE Sauvignon blanc 2017 ★★

■ | 55000 | 🛢🍾 | 5 à 8 €

Nick Ryman, homme d'affaires britannique, a acheté la Jaubertie (du nom d'un ruisseau) en 1973. Son fils Hugh a quitté les vignobles d'Australie il y a plus de trente ans pour reprendre ce domaine commandé par un château Directoire bâti sur un bâtiment datant du XIIes. Le vignoble couvre 45 ha cultivés en bio. Une valeur sûre.

Une robe très pâle et d'une belle limpidité habille ce vin qui fleure bon le sauvignon avec ses arômes élégants de citron, de pamplemousse et d'acacia. La bouche apparaît ample et très vive, voire nerveuse, et l'on y retrouve les sensations du nez. Une petite touche minérale vient conclure la dégustation. Un vin plein d'allant. ⧗ 2018-2022 ■ **Mirabelle du Ch. de la Jaubertie 2016 ★ (15 à 20 €; 21000 b.)** Ⓑ : au nez, les fruits exotiques se mêlent à des notes vanillées très présentes. On retrouve l'apport du bois dans un palais gras et riche, équilibré par une bonne acidité qui prévient toute lourdeur. Un vin encore un peu jeune mais d'un bon potentiel. ⧗ 2019-2022

SA RYMAN, Ch. de la Jaubertie, 24560 Colombier, tél. 05 53 58 32 11, jaubertie@wanadoo.fr V 🚶 ▮ *t.l.j. sf sam. dim. 10h-17h*

Ⓑ CH. KALIAN 2017 ★★

■ | 1400 | 🍾 | 8 à 11 €

Anne et Alain Griaud ont acquis en 1992 cette propriété (10,5 ha convertis en bio) qu'ils baptisent alors Ch. Kalian, en référence aux prénoms de leurs enfants: Katell et Kilian. La première est aujourd'hui *winemaker* en Virginie, et le second a pris la suite de ses parents.

La présentation est soignée avec une robe pâle aux reflets verts. Le nez, assez surprenant, associe des notes classiques de fruits exotiques et une pointe plus originale de caramel. La bouche est ample, ronde et suave, avec plus de fraîcheur en finale et d'élégantes notes de fleurs blanches. Du charme à revendre. ⧗ 2018-2022 ■ **2016 ★ (8 à 11 €; 3240 b.)** Ⓑ : une robe fraîche et vive, une belle intensité aromatique autour de puissants arômes de fruits noirs sublimés par des notes boisées, une bouche ample et longue, aux tanins fermes qui encadrent bien le fruit et le bois composent un vin équilibré. ⧗ 2020-2025

EARL KALIAN GRIAUD, lieu-dit Bernasse, 24240 Monbazillac, tél. 05 53 24 98 34, kalian.earl@orange.fr V 🚶 ▮ *t.l.j. 10h-19h*

CH. LAMOTHE BELAIR 2017 ★

■ | 15000 | 🍾 | - de 5 €

Bien connu des lecteurs du Guide, Stéphane Puyol exploite la vigne dans le Libournais (20 ha en saint-émilion et en saint-émilion grand cru) depuis 1987 avec son Ch. Barberousse et son voisin le Ch. Montremblant. Il vinifie également dans le Bergeracois depuis 1991, date de l'acquisition du Ch. Lamothe Belair, situé sur le plateau de Belair, dans le prolongement du coteau de Saint-Émilion.

Merlot et cabernet franc à parts égales dans ce rosé d'une belle limpidité, ouvert à l'olfaction sur les fleurs blanches, le bonbon anglais et les fruits rouges. La bouche apparaît fraîche, bien fruitée et persistante. ⧗ 2018-2019

VIGNOBLES STÉPHANE PUYOL, Ch. Barberousse, 33330 Saint-Émilion, tél. 05 57 24 74 24, chateau-barberousse@wanadoo.fr V 🚶 ▮ *r.-v.*

CH. LAULERIE Juste Ciel 2015 ★

■ | 6666 | 🛢🍾 | 11 à 15 €

Installés dans le Périgord en 1977, les Dubard ont créé un vaste ensemble viticole, conduit depuis 2008 par la deuxième génération, représentée par Marine et Grégory Dubard. Leur fleuron bergeracois est le Ch. Laulerie, 85 ha aujourd'hui. Ils ont étendu leurs propriétés dans le Libournais voisin. Une valeur sûre du Bergeracois.

Juste Ciel? L'idée des Dubard est de créer la surprise avec un blanc issu du seul sémillon, et non du classique sauvignon, élevé en foudre. Dans le verre, un vin jaune clair, ouvert sur des notes boisées d'amande grillée et de vanille qui masquent encore un peu le fruit. On retrouve ce côté boisé (brioche cuite, notes beurrées) dans une bouche souple, riche et ronde, dynamisée par une pointe d'amertume en finale. Un vin original et complexe. ⧗ 2019-2023

VIGNOBLES DUBARD, Le Gouyat, 24610 Saint-Méard-de-Gurçon, tél. 05 53 82 48 31, contact@vignoblesdubard.com V 🚶 ▮ *t.l.j. sf sam. dim. 8h30-12h30 13h30-17h30*

CH. LESTEVÉNIE 2016

■ | 4000 | 🍾 | 5 à 8 €

Ce vignoble est très ancien: il est cité dès 1723. On y trouve beaucoup de fleurs sauvages et de nombreux animaux tel le lièvre qui figure sur l'étiquette. Établie ici en 2000, la famille Temperley, venue de Grande-Bretagne, pratique un mode de culture proche du sol et de la nature sur un vignoble de 31 ha.

Frais et léger, le nez est centré sur le fruit. La bouche propose un fruité plus mûr qui amène de la rondeur, avec une bonne vivacité en soutien. Un ensemble équilibré. ⧗ 2018-2021

VIGNOBLES TEMPERLEY, Le Gadon, 24240 Gageac-et-Rouillac, tél. 05 53 57 46 24, temperley@gmail.com V 🚶 ▮ *r.-v.*

CH. LES MAILLERIES 2017 ★★

| 10 374 | | 5 à 8 € |

Fabien Castaing est à la tête depuis 2008 d'un vignoble constitué par cinq générations à partir de la fin du XIXᵉs. sur la rive gauche de la Dordogne, en particulier le Dom. de Moulin-Pouzy, 60 ha exploités en viticulture raisonnée. En 2016, il a acquis le Ch. les Mailleries, un domaine de 12 ha conduit en bio.

D'une grande harmonie, ce blanc d'un seyant jaune pâle dévoile un nez complexe et délicat, floral, fruité (abricot, poire, pêche de vigne) et mentholé. On retrouve cette complexité aromatique dans une bouche ample, généreuse, fraîche et longue, dynamisée par une finale pierreuse. ⧗ 2018-2022

FABIEN CASTAING, 12, rte des Rivailles, 24240 Cunèges, tél. 05 53 58 41 20, info@fabiencastaing.com V *t.l.j. 8h30-12h 13h-17h30 (ven. 16h30)*

CH. LA MAURIGNE Cuvée La Maurigne Élevé en fût de chêne 2016 ★

| 3000 | | 5 à 8 € |

Implantée sur un site gallo-romain, cette petite propriété de 7 ha a été reprise en 1997 par Chantal et Patrick Gérardin, qui ont converti le vignoble au bio.

D'un beau grenat intense et profond, ce bergerac livre un bouquet généreux de fruits très mûrs agrémentés de notes de sous-bois. En bouche, il se révèle ample, riche et rond, étayé par des tanins enrobés et un bon boisé aux accents torréfiés et chocolatés. Un vin qui allie puissance et rondeur et offre un mariage réussi entre le fruit et le bois. ⧗ 2020-2024

CHANTAL ET PATRICK GÉRARDIN, La Maurigne, 24240 Razac-de-Saussignac, tél. 05 53 27 25 45, contact@chateaulamaurigne.com V *t.l.j. 10h-19h*

CH. MAYNE MARTIN 2016

| 33 000 | | - de 5 € |

Univitis est une coopérative regroupant 230 adhérents et 2 000 ha dans le « grand Sud-Ouest » viticole. Elle propose une large gamme de vins de marque et de propriétés dans une quinzaine d'AOC, à laquelle s'ajoute le Ch. les Vergnes acquis en 1986 (130 ha près de Sainte-Foy).

Au nez, quelques notes végétales accompagnent les fruits rouges. La bouche, plus expressive, se révèle ronde et souple, dotée de tanins soyeux et d'une finale plus vive qui lui donne du nerf. ⧗ 2019-2022 ■ **Brennus Cuvée Prestige 2016 (5 à 8 €; 26 000 b.)** : vin cité.

SCA UNIVITIS, village des Bouhets, 33220 Les Lèves-et-Thoumeyragues, tél. 05 57 56 02 02, univitis@univitis.fr

CH. LES MERLES 2016

| 70 000 | | 5 à 8 € |

Au siècle dernier, trois générations de Lajonie ont constitué dans le Bergeracois un vignoble qui couvre aujourd'hui 74 ha. La famille exploite trois domaines: les châteaux Pintouquet – le berceau –, Bellevue (monbazillac) et les Merles, gérés depuis 1983 par Joel et Alain.

D'une bonne intensité, ce bergerac propose de puissantes senteurs de fruits rouges mûrs à l'olfaction. On retrouve les fruits agrémentés d'un boisé vanillé et grillé dans une bouche ronde et souple, aux tanins fondus. ⧗ 2019-2023

GAEC DES MERLES, Les Merles, 2, chem. des Merles, 24520 Mouleydier, tél. 06 22 13 54 13, alain.lajonie@wanadoo.fr V *r.-v.*

CH. LES MIAUDOUX 2017

| 43 500 | | 5 à 8 € |

Une valeur sûre du Bergeracois, avec plusieurs coups de cœur à la clé. Gérard et Nathalie Cuisset conduisent leur domaine depuis 1986, épaulés par leur fils Samuel: 22 ha convertis à l'agriculture biologique en 2003 et à la biodynamie en 2014.

La robe est très pâle avec des reflets verts. Le nez associe les notes d'agrumes et de buis à des notes plus florales de chèvrefeuille et de fougère. La bouche est bien équilibrée avec une belle fraîcheur et des arômes citronnés qui animent une finale agréable. ⧗ 2018-2021

EARL DES MIAUDOUX, Les Miaudoux, 24240 Saussignac, tél. 05 53 27 92 31, lesmiaudoux@gmail.com V *r.-v.* *Cuisset*

CH. MOULIN CARESSE Magie d'automne 2016

| 44 000 | | 5 à 8 € |

Très ancienne propriété familiale (1749) située sur les hauteurs de Montravel, ce vaste domaine est aujourd'hui l'une des références en Bergeracois, grâce au travail mené depuis 1990 (sortie de la coopérative) par Jean-François Deffarge, « autodidacte en œnologie », qui passe aujourd'hui la main à ses enfants Benjamin et Quentin. Le vignoble (50 ha) s'étend sur deux terroirs bien distincts: des pentes argilo-calcaires et un haut plateau de boulbène.

Le nez, d'une belle finesse, associe les fruits rouges à une note épicée. La bouche est riche, charnue et bien structurée, avec une petite pointe de sévérité et de vivacité en finale. À attendre un peu. ⧗ 2019-2023

EARL DEFFARGE DANGER, 1235, rte de Couin, 24230 Saint-Antoine-de-Breuilh, tél. 05 53 27 55 58, contact@moulincaresse.fr V *t.l.j. 9h-12h 14h-18h; sam. dim. sur r.-v.* *Famille Deffarge*

CH. PIQUE-SÈGUE 2017

| 10 500 | | 5 à 8 € |

Une propriété déjà répertoriée au XIVᵉs. par l'archevêque de Bordeaux pour la qualité de ses vins. Henri IV y fit halte, dit-on, pour abreuver son cheval à l'une de ses fontaines. La vigne demeure sur cette exploitation qui couvre plus de 220 ha sur les plus hauts coteaux de Montravel.

Dominé par le cabernet-sauvignon (80 %), ce rosé en robe pâle et brillante délivre un bouquet floral et un brin végétal. En bouche, il offre un profil fruité, vif et franc. ⧗ 2018-2019

PHILIP MALLARD, SNC Ch. Pique-Sègue, Ponchapt, 33220 Port-Sainte-Foy-et-Ponchapt, tél. 05 53 58 52 52, infos@chateau-pique-segue.fr V *r.-v.*

CH. POULVÈRE La Part des anges 2017 ★

	4000		5 à 8 €

Ancienne dépendance du château de Monbazillac, le Ch. Poulvère date de la même époque. Il est exploité depuis plus de cent ans par les Borderie, qui travaillent toujours en famille: Francis conduit le vignoble (104 ha), épaulé par ses neveux Frédéric (au chai) et Benoît (au commercial).

Difficile de ne pas reconnaître le sauvignon au nez avec ses notes typiques de buis et de pamplemousse. À cette fraîcheur du bouquet succède une bouche plus ronde et chaleureuse, avec une vivacité bienvenue en finale. ⧗ 2018-2021

GFA VIGNOBLES POULVÈRE, lieu-dit Poulvère, 24240 Monbazillac, tél. 05 53 58 30 25, famille.borderie@poulvere.com V t.l.j. sf dim. 9h-12h30 13h30-18h *Borderie*

CH. LE RAULY
Irrésistiblement Élevé en fût de chêne 2016

	5500		5 à 8 €

Dans la famille depuis trois générations, cette propriété est conduite à partir de 2015 par Guillaume Borderie, formé dans le Sauternais, à la Tour Blanche. Son vignoble compte aujourd'hui 39 ha.

Un vin charmeur avec son nez fin de fruits noirs, de mûre notamment. La bouche se révèle elle aussi bien fruitée, ronde et friande, avec des tanins veloutés et fondus en soutien et un boisé qui reste très discret. À boire sur le fruit. ⧗ 2018-2021

BORDERIE, Le Rauly, 24240 Monbazillac, tél. 05 53 24 55 91, contact@vignerons-perigourdins.com V r.-v.

Ⓑ **CH. LA RAYRE** Cuvée Les 3 Filles 2017 ★

	1500		11 à 15 €

Les Vesselle sont bien connus à Bouzy. Vincent a quitté sa Champagne pour pratiquer l'assemblage sous des cieux plus cléments. Il a racheté en 1999 La Rayre, ancienne métairie du château de Fonvieille. Couvrant 25 ha de coteaux au sud de Monbazillac, son vignoble est en bio certifié depuis 2013.

D'un abord fermé, le nez propose une jolie expression de fruits exotiques et de citron à l'aération. Une attaque vive introduit une bouche énergique et très fruitée (pêche, poire, citron à nouveau). Un vin nerveux et plein d'allant. ⧗ 2018-2021 **2017 ★ (5 à 8 €; 1000 b.)** Ⓑ : le merlot et les deux cabernets à parts égales sont à l'origine d'un rosé clair aux reflets orangés. Les agrumes, le litchi et des notes amyliques composent un nez intense et frais. Fraîcheur à laquelle fait écho une bouche fine et énergique. ⧗ 2018-2019

VINCENT VESSELLE, La Rayre, 24560 Colombier, tél. 05 53 58 32 17, vincent.vesselle@orange.fr V r.-v.

CH. LE REYSSAC 2017 ★

	53000		5 à 8 €

Dans la famille Gouy depuis 1920, ce domaine de 53 ha est situé à Pomport, à 10 km au sud de Bergerac, sur le versant gauche de la Dordogne, et s'étend sur des coteaux argilo-calcaires. Cyril Gouy s'apprête à reprendre les commandes du domaine, à la suite de ses parents.

Gourmand à souhait, le nez de ce bergerac se montre très fruité et épicé. Le fruit reste bien présent dans une bouche souple, ronde, charnue, soutenue par des tanins lisses et mûrs. Un vin charmeur et sans aspérités. ⧗ 2018-2022

EARL VIGNOBLES GOUY, La Haute-Brande, 24240 Pomport, tél. 06 81 60 02 34, gouy.m-a@wanadoo.fr V r.-v.

Ⓑ **CH. LA SALAGRE** 2017

	83427		5 à 8 €

D'origine médiévale, le Ch. la Salagre a hérité son nom d'une histoire tumultueuse entre un suzerain et son vassal. Selon la légende, du temps des guerres anglaises, le seigneur de Montcuq fut trahi par un de ses vassaux. En représailles, les terres de ce dernier furent recouvertes de sel et son manoir rasé. Si le nom de la Salagre est resté, la disparition du sel sur ces terres depuis bien longtemps a permis l'implantation d'un vignoble de 27 ha converti au bio.

Le nez, intense, dévoile un joli fruité frais. L'attaque est franche, le développement rond et d'un bon volume autour de tanins fermes, un brin sévères en finale. ⧗ 2019-2023

SCEA LA SALAGRE, Ch. la Salagre, 24240 Pomport, tél. 05 57 40 41 51, jb.soula@bordeaux-vineam.fr *Bordeaux Vineam*

JULIEN DE SAVIGNAC Le Sec 2017 ★

	11000		5 à 8 €

Une maison de négoce familiale du Bergeracois, fondée dans les années 1980 par Patrick Montfort et reprise en 2009 par son fils Julien.

Ce vin se présente dans une robe très pâle, le nez ouvert sur des arômes fins de fleurs blanches et de fruits exotiques. Une finesse aromatique à laquelle fait écho une bouche conjuguant harmonieusement rondeur et fraîcheur, étirée dans une belle finale pleine de vivacité. ⧗ 2018-2021 **Lisa 2016 (8 à 11 €; 8000 b.)** : vin cité. **Les Jardins Larmandie 2017 (- de 5 €; 25000 b.)** : vin cité.

JULIEN DE SAVIGNAC, av. de la Libération, 24260 Le Bugue, tél. 05 53 07 10 31, julien.de.savignac@wanadoo.fr V t.l.j. sf dim. 9h-19h *Julien Montfort*

CH. SEIGNORET LES TOURS Révélation 2016 ★★

	2000		11 à 15 €

Après avoir acheté ses premières parcelles et planté ses propres vignes à partir de 1992 sur le coteau de Saussignac, Serge Gazziola a repris en 1999 l'exploitation familiale du Ch. les Plaguettes. Il s'est constitué ainsi un domaine qui compte aujourd'hui 39 ha.

La vinification en barrique a donné de beaux reflets dorés à la robe de ce vin au nez intense et délicat, à la fois floral (acacia), muscaté, beurré, citronné et mentholé. Une complexité que l'on retrouve dans une bouche riche, soulignée jusqu'en finale par une fine acidité et un boisé bien ajusté aux tonalités briochées et grillées. Un vin de semi-garde, subtil, fondu et très harmonieux. ⧗ 2019-2022 ■ **Tentation 2017 ★ (5 à 8 €; 12000 b.)** : issu de merlot, des deux cabernets et du malbec, un rosé clair aux reflets orangés, au nez plaisant de fruits rouges mâtinés de nuances amyliques. La bouche apparaît vive, dynamique et bien fruitée. ⧗ 2018-2019

VIGNOBLES SERGE GAZZIOLA, Les Plaguettes, 24240 Saussignac, tél. 06 08 61 58 77, contact@vignobles-gazziola.com r.-v.

LES VIGNERONS DE SIGOULÈS Doméa 2017

■	8600		- de 5 €

Fondée en 1939, la coopérative de Sigoulès regroupe aujourd'hui 150 adhérents, qui cultivent 900 ha de vignes au sud de Bergerac.

Que du sauvignon dans cette cuvée très pâle, au nez délicat et bien variétal avec ses arômes d'agrumes, de buis et de pierre à fusil. La bouche signe aussi le cépage à travers une intense vivacité. Un bergerac droit dans ses bottes. ⧗ 2018-2021

CAVE DE SIGOULÈS, Mescoules, 24240 Sigoulès, tél. 05 53 61 55 00, contact@vigneronsdesigoules.fr t.l.j. 9h-12h 14h-17h30

FLEUR DE THÉNAC 2016 ★

■	60000		8 à 11 €

Un château construit sur les ruines d'un prieuré bénédictin et une vaste propriété de 200 ha où la vigne côtoie pruniers, cultures, bois et étangs. Racheté en 2001 par Eugène Shvidler, homme d'affaires américain d'origine russe, le domaine est devenu en quelques années une valeur sûre du Bergeracois.

Des notes intenses de cerise et de fraise des bois surgissent du verre sans réserve. On retrouve cette palette fruitée dans une bouche ronde et tendre, aux tanins soyeux et fins, au boisé parfaitement fondu, plus chaleureuse en finale. ⧗ 2020-2024 ■ **Ch. Thénac 2016 ★ (15 à 20 €; 19000 b.)** : un vin très expressif, fruité, floral et vanillé, à la bouche ample, ronde et suave, soutenue par des tanins bien en place et par un boisé épicé harmonieux. ⧗ 2020-2025

SCEA CH. THÉNAC, Le Bourg, 24240 Thénac, tél. 05 53 61 36 85, wines@chateau-thenac.com t.l.j. sf sam. dim. 9h-12h 14h-17h

CH. THENOUX 2016

■	5300		8 à 11 €

Sur les terres du Ch. Thenoux, tout près de Monbazillac, ont été trouvés de nombreux vestiges attestant la présence d'une villa gallo-romaine. Depuis 2010, Joëlle Carrère y exploite un vignoble de 42 ha dominant la vallée de la Dordogne. Elle élabore également des vins sous l'étiquette du Ch. le Vieux Manoir.

Merlot et malbec (20 %) composent un vin plaisant par son nez bien fruité (cerise, groseille) et épicé. Une palette aromatique prolongée par une bouche ronde, tendre et souple, aux tanins discrets et fondus. Un bon «vin de copains» à boire sur le fruit. ⧗ 2018-2021

JOËLLE CARRÈRE, Thenoux, 24560 Colombier, tél. 05 53 61 26 42, vignoblesjoellecarrere@orange.fr t.l.j. 9h-12h 14h-18h; sam. dim. sur r.-v.

CH. TIRECUL LA GRAVIÈRE Boucicaut 2016

■	6500		8 à 11 €

Il était en piteux état lorsqu'en 1992, Claudie et Bruno Bilancini reprirent tout d'abord en fermage ce domaine de 15 ha autrefois prestigieux, un premier cru de Monbazillac. Les vignes couvrent les versants pentus exposés au nord et à l'est, orientation favorable à la genèse du fameux botrytis.

Des arômes flatteurs de fruits rouges, de fraise notamment, composent un joli nez, frais et gourmand. On retrouve le fruit en compagnie de nuances épicées dans une bouche ronde, souple, légère, malgré une touche un brin plus tannique en finale. ⧗ 2019-2023

CLAUDIE ET BRUNO BILANCINI, Ch. Tirecul la Gravière, 24240 Monbazillac, tél. 05 47 77 07 60, contact@tirecul-la-graviere.fr t.l.j. 9h-12h 14h-18h (13h30-17h30 en hiver); sam. dim. sur r.-v.

CH. TOUR DE GRANGEMONT 2017 ★

■	40000		- de 5 €

Le gros de ce vignoble de 65 ha se trouve au lieu-dit Grangemont; une haute tour se dressait autrefois en haut du coteau, d'où le nom du domaine. Fabien Lavergne, œnologue, a pris en 2012 la direction de la propriété familiale, où il secondait depuis des années son père Christian.

Du fruit, du fruit, encore du fruit. Cette cuvée fait dans la cohérence de bout en bout. Au nez, les petits fruits rouges mûrs, en bouche, les petits fruits rouges mûrs également, la cerise à l'eau-de-vie notamment. On aime aussi sa douceur, son volume, ses tanins présents sans excès, soyeux et enrobés. Un bergerac harmonieux et fort gourmand. ⧗ 2018-2022

EARL LAVERGNE, Portugal, 24560 Saint-Aubin-de-Lanquais, tél. 05 53 24 32 89, tour-de-grangemont@sfr.fr t.l.j. sf dim. 10h-12h 15h-19h

(B) CH. TOUR DES GENDRES Moulin des dames 2017 ★

■	10000		15 à 20 €

***Una storia italiana.* En 1986, les frères de Conti joignent leurs terres, associent leurs familles et fondent l'entreprise de Conti. Jean, Luc, leurs épouses et un cousin suivent ainsi les pas de Vincenzo, arrivé là en 1925. Aujourd'hui, ils exploitent 57 ha de vignes, en bio depuis 2005, complétés par une structure de négoce.**

De vénérables ceps de sauvignon (soixante-dix ans) plantés sur un sol calcaire et récoltés à maturité poussée sont à l'origine de ce vin élevé en foudres et en amphores. Un bergerac intense, ouvert sur l'acacia et les agrumes. On retrouve cette palette aromatique dans un palais gras, ample et rond, souligné par la vivacité attendue du cépage et par une pointe de minéralité. Un beau sauvignon de terroir. ⧗ 2018-2022 ■ **Tour des Gendres Primo de Conti 2016 ★ (5 à 8 €; 30000 b.)** (B) : un vin issu de la partie négoce; un mi-sauvignon mi-sémillon expressif (fruits exotiques, fruits blancs mûrs), gras et long en bouche, avec une fine vivacité en finale. ⧗ 2018-2021

SCEA DE CONTI, Les Gendres, 24240 Ribagnac, tél. 05 53 57 12 43, familledeconti@wanadoo.fr t.l.j. sf sam. dim. 9h-12h30 14h-17h30

Ⓑ CH. TOURMENTINE 2016 ★

■ | 10000 | | 5 à 8 €

Jean-Marie Huré est passé par le ministère de l'Agriculture de Côte d'Ivoire avant de s'établir vigneron dans le Bergeracois en 1986. Le domaine compte 33 ha, et 2009 constitue le premier millésime certifié en agriculture biologique. Depuis 2018, la conversion à la biodynamie est engagée.

Le nez, très plaisant, évoque les fruits rouges bien mûrs. La bouche séduit d'emblée par sa souplesse, sa rondeur, son fruité centré sur la cerise confite et ses tanins doux. La finale chaleureuse confirme la belle maturité du raisin. ⧗ 2019-2022 ■ **2017 (5 à 8 €; 10000 b.)** Ⓑ : vin cité.

VIGNOBLES JEAN-MARIE HURÉ, Ch. Tourmentine, 24240 Monestier, tél. 05 53 58 41 41, chateau-tourmentine@orange.fr V *t.l.j. 9h-12h 14h-18h* Ⓔ

Ⓑ CH. TOUR MONTBRUN 2016 ★

■ | 2700 | | - de 5 €

Un petit domaine de 6 ha établi à l'emplacement de l'ancienne citadelle de Montravel, cultivé en agriculture biologique par Mylène et Philippe Poivey.

Le sauvignon, qui domine largement l'assemblage (90 %), s'exprime ici à travers des arômes de fruits blancs. La bouche apparaît charnue et fraîche à la fois, elle aussi centrée sur les fruits blancs mûrs, et déploie une belle finale acidulée qui lui donne un côté croquant. ⧗ 2018-2021 ■ **2017 ★ (- de 5 €; 3000 b.)** Ⓑ : merlot et cabernet-sauvignon à parts quasi égales pour ce vin d'un rose soutenu, amylique et fruité (fraise) au nez. La bouche offre du volume, du gras, de la rondeur, avec en soutien une fraîcheur bienvenue. ⧗ 2018-2019

MYLÈNE POIVEY, 9, chem. de Montravel, 24230 Montcaret, tél. 05 53 58 66 93, philippe.poivey@wanadoo.fr V *r.-v.*

♥ L'EXCELLENCE DU CH. LES TOURS DES VERDOTS SELON DAVID FOURTOUT 2016 ★★★

■ | 8500 | | 20 à 30 €

Conduite depuis 1992 par le talentueux David Fourtout, issu d'une famille originaire de Saint-Émilion, cette exploitation de 45 ha est une valeur sûre du Bergeracois, avec plusieurs coups de cœur à son actif. Un succès lié à un beau terroir de calcaires veinés de silex, à des installations modernes et à des sélections exigeantes.

La chose est rare mais David Fourtout l'a déjà fait: obtenir deux coups de cœur dans une même appellation avec deux millésimes différents; c'était dans l'édition 2016 et déjà en AOC bergerac, mais avec un rouge et un blanc. Cette année, il brille avec deux vins blancs, dont cette cuvée issue des deux sauvignons à parts quasi égales. La robe est d'une grande limpidité et d'un beau jaune pâle. Le nez, d'un abord un peu fermé, s'ouvre à l'aération sur des arômes complexes, fruités, floraux, beurrés et poivrés. La bouche est dense, puissante, riche, soutenue par un boisé fondu qui lui donne du corps et par une fine fraîcheur qui lui confère de l'allonge. Un superbe vin de garde.

⧗ 2021-2028 ■ **Ch. les Tours des Verdots 2017 ★★ (8 à 11 €; 15000 b.) ♥** : le sémillon se mêle aux deux sauvignons dans ce vin épatant, qui propose au nez un savant mélange de fruits exotiques, de miel et de boisé vanillé. La bouche offre beaucoup de rondeur et de volume, portée elle aussi par un élevage parfaitement maîtrisé et, en finale, par de beaux amers et une fraîcheur aux tonalités mentholées. ⧗ 2019-2023

DAVID FOURTOUT, lieu-dit Les Verdots, 24560 Conne-de-Labarde, tél. 05 53 58 34 31, verdots@wanadoo.fr V *t.l.j. sf dim. 9h-12h 14h-18h* ③

CÔTES-DE-BERGERAC

Cette appellation ne définit pas un terroir mais des conditions de récolte plus restrictives qui doivent permettre d'obtenir des vins riches, concentrés, charpentés, au potentiel de garde plus important que les bergerac.

♥ Ⓑ DOM. L'ANCIENNE CURE L'Extase 2015 ★★★

■ | 15000 | | 20 à 30 €

Cinquième génération à cultiver la vigne, Christian Roche hérite d'une partie de la propriété familiale en 1984. Cinq ans plus tard, il aménage son chai de vinification. Établi dans l'ancien presbytère de Colombier, il conduit aujourd'hui un vaste vignoble de près de 50 ha (avec une dominante de vignes blanches) aux sols variés, ce qui lui permet de proposer une large gamme de vins du Bergeracois, complétée par une activité de négociant-éleveur. Incontournable.

Double coup de cœur en monbazillac, Christian Roche ajoute le rouge à son palmarès avec cette cuvée qui porte bien son nom. Le grenat de la robe est particulièrement intense et soutenu. Le nez se révèle fort généreux avec ses arômes de fruits rouges cuits et de pruneau. La bouche allie grande puissance, forte densité, concentration, boisé fondu et tanins délicats et veloutés, avec juste ce qu'il faut d'acidité pour affiner le tout. ⧗ 2022-2028

CHRISTIAN ROCHE, Dom. l'Ancienne Cure, 24560 Colombier, tél. 05 53 58 27 90, ancienne-cure@orange.fr V *r.-v.*

CH. BÉLINGARD Réserve 2015 ★

■ | 29733 | | 8 à 11 €

Ce vignoble familial (80 ha) fondé en 1820 domine la vallée de la Dordogne, sur un promontoire célèbre pour son ancien culte druidique – « Belen-gaard » ou « jardin

SUD-OUEST

du soleil» –, où se déroulèrent aussi les premiers combats de la guerre de Cent Ans. Laurent de Bosredon et son épouse Sylvie sont aux commandes depuis 1986.

Un vin mi-merlot mi-cabernet-sauvignon. Le nez associe le pruneau, les fruits rouges cuits et un léger vanillé. La bouche se révèle ample, riche et charnue, épaulée par une structure tannique vigoureuse, enrobée d'arômes de fruits noirs et de vanille. Un vin de maturité et de concentration. ⧗ 2020-2026

LAURENT DE BOSREDON, Bélingard, 24240 Pomport, tél. 05 53 58 28 03, contact@belingard.com V r.-v.

CH. LA BESAGE Prestige 2016 ★★

■ | 15000 | | 8 à 11 €

Union de coopératives, Couleurs d'Aquitaine est née en 2008 à l'initiative des quatre caves de la Dordogne: Cave de Port-Sainte-Foy, Les Vignerons de Sigoulès, Cave de Monbazillac et Alliance Aquitaine. Prolongée par une structure de négoce, elle sélectionne, élève et distribue aussi et surtout des vins de propriétés du Bergeracois et du Bordelais. Un acteur de poids du grand Sud-Ouest viticole.

La robe est d'une belle intensité, rubis aux reflets violines. Le nez, ouvert, complexe et chaleureux, évoque les fruits rouges bien mûrs sur fond de boisé fondu. Dès l'attaque, on sent que ce vin bénéficie d'un réel potentiel de garde. Aux notes puissantes du chêne succèdent les fruits mûrs et la réglisse, le volume tannique est important et la finale apporte un surcroît de finesse et de fraîcheur. ⧗ 2021-2026

SAS COULEURS D'AQUITAINE, Les Seguinots, bât. Unidor, rte de Marmande, 24100 Saint-Laurent-des-Vignes, tél. 05 53 57 63 61, contact@couleursdaquitaine.fr

B CH. DU BLOY Sirius 2015 ★

■ | 2000 | | 11 à 15 €

Olivier Lambert, informaticien, et Bertrand Lepoittevin-Dubost, ancien avocat en droit des sociétés, se sont associés en 2001 pour relancer ce domaine de 16,4 ha, conduit en bio certifié.

La couleur est agréable, de teinte cerise. Le nez, d'une bonne complexité, marie les notes de poivron, de cassis et de fruits à l'eau-de-vie à un charmant boisé (vingt-quatre mois de barrique). En bouche, l'équilibre est assuré entre une matière dense, la fraîcheur du fruit, des tanins soyeux et un boisé présent mais bien fondu. ⧗ 2021-2026

SCEA LAMBERT LEPOITTEVIN-DUBOST, Le Blois, 24230 Bonneville, tél. 05 53 22 47 87, chateau.du.bloy@wanadoo.fr V *t.l.j. 9h-12h 14h-18h; sam. dim. sur r.-v.*

LE CLOS DU BREIL Lei Peires 2015 ★★

■ | 1300 | | 20 à 30 €

Aux marges orientales de l'appellation, cette petite propriété familiale de 15 ha est conduite depuis 2009 par Yann Vergniaud, qui a pris la suite de ses parents, Nadine et Jean. Le vignoble bénéficie du terroir des calcaires d'Issigeac, riche en silex.

Lei Peires? «Les pierres» en occitan, ici des pierres calcaires et des silex sur lesquels sont enracinés les ceps de cabernet-sauvignon (95 %) et de cabernet franc à l'origine de cette cuvée au nez intense et boisé, sur le pain d'épice, le toasté et le vanillé. Un apport boisé que l'on retrouve dans une bouche qui affiche beaucoup de rondeur et de suavité, une belle concentration et des tanins fins. ⧗ 2020-2028 ■ **Expression 2015 ★ (11 à 15 €; 4800 b.)** : au nez, une expression puissante de fruits rouges mûrs, de pruneau et de boisé grillé et vanillé. En bouche, de la rondeur et de la souplesse autour de tanins charnus et soyeux. ⧗ 2019-2024

FAMILLE VERGNIAUD, Le Clos du Breil, Le Breil, 24560 Saint-Léon-d'Issigeac, tél. 05 53 58 75 55, leclosdubreil@free.fr V *t.l.j. sf sam. dim. 9h30-12h30 14h30-17h*

CH. COURT-LES-MÛTS 2016 ★★

■ | 28000 | | 8 à 11 €

Cinq générations au service du vin. Pierre Sadoux quitte les hauts plateaux algériens en 1961 pour s'établir sur cet ancien domaine (XVII[e]s.) du Bergeracois implanté sur les coteaux de la rive gauche de la Dordogne. Un domaine dédié depuis longtemps à la vigne: «mûts» signifie «moût» en ancien français. En 2007, son fils du même prénom a pris la relève et conduit l'exploitation qui compte aujourd'hui 53 ha. Une valeur (très) sûre du Bergeracois.

Ce vin séduit d'emblée par sa remarquable expression aromatique sur les fruits rouges et noirs bien mûrs. Un fruité que l'on retrouve avec la même intensité et en compagnie de nuances épicées dans une bouche ample et riche, structurée par des tanins tendres et un beau boisé fondu. ⧗ 2021-2028 ■ **L'Oracle 2016 ★★ (15 à 20 €; 1600 b.)** : d'un rouge sombre et intense, ce vin présente un nez complexe de cassis fondu dans de puissantes notes boisées et épicées. La bouche reste souple en attaque, sur la fraîcheur et le fruit, puis dévoile des tanins fins et délicats. ⧗ 2021-2026

PIERRE SADOUX, Ch. Court-les-Mûts, 24240 Razac-de-Saussignac, tél. 05 53 27 92 17, court-les-muts@wanadoo.fr V *t.l.j. sf dim. 9h-12h 14h-18h; sam. sur r.-v.*

♥ CH. LES FONTENELLES 2017 ★★

■ | 46800 | | - de 5 €

Son père et son grand-père avant lui officiaient sur ce domaine implanté sur les coteaux sud du Bergeracois et livraient leurs raisins à la coopérative. En 1999, à vingt ans, Nicolas Bourdil a repris le vignoble (28,5 ha aujourd'hui); il a créé un chai, sorti son premier millésime et entrepris d'importants travaux de rénovation des bâtiments.

Une robe jaune pâle aux reflets verts habille ce moelleux d'une grande intensité aromatique, florale et fruitée (fruits blancs, zeste de citron). À une attaque vive succède un palais plus suave et rond, mais qui reste frais jusqu'en finale, ouvert sur des notes de pêche et d'abricot. Un vin tout en nuances et en légèreté, qui marie avec élégance le fruit, les sucres et l'acidité. ⧗ 2019-2024

SCEA LES FONTENELLES, Les Fontenelles, 24500 Saint-Julien-d'Eymet, tél. 06 83 89 05 09, chateau.fontenelles@orange.fr r.-v.

Bourdil

DOM. DE GRANGE NEUVE 2017 ★★

■	40000		5 à 8 €

Anthony Castaing préside depuis 1997 aux destinées de ce domaine fondé en 1896 par son aïeul Pierre Pichon. Le vignoble couvre près de 100 ha à Pomport, à 12 km au sud de Bergerac. Côté vins, on recherche ici le fruit et l'expression du terroir, en évitant souvent l'élevage sous bois.

Une seyante robe jaune pâle et un bouquet intense et élégant de rose, de fruits blancs confits et de fruits exotiques bien typé du sauvignon gris (80 % de l'assemblage) composent une approche très engageante. La bouche présente un beau volume, un touché soyeux, un fruité explosif et laisse une sensation de fraîcheur vivifiante en finale. ⧗ 2019-2024

SCEA DE GRANGE NEUVE, Grange Neuve, 24240 Pomport, tél. 05 53 58 42 23, castaing@grangeneuve.fr r.-v.

Castaing et Fils

DOM. HAUT MONTLONG Les Vents d'anges 2015 ★★

■	6000		11 à 15 €

En 1925, un métayage de 6 ha. La deuxième génération achète les vignes en 1950 et le domaine s'agrandit peu à peu. Aujourd'hui, 70 ha sur les hauteurs de Pomport, dans la vallée de la Dordogne. Alain Sergenton, installé en 1983, a passé le relais à ses filles Laurence et Audrey ainsi qu'à ses gendres Olivier Garcia et Philippe Métifet.

Les fruits cuits sont bien présents au nez, accompagnés par des notes épicées agréablement fondues. Centrée sur les fruits à l'eau-de-vie, la bouche se révèle ample et ronde dès l'attaque, avec une belle fraîcheur et des tanins bien présents mais soyeux et souples en soutien. Un vin bien structuré, de belle concentration qui commence à s'ouvrir et à se révéler. ⧗ 2020-2024

MÉTIFET ET GARCIA, Le Malveyrein, 24240 Pomport, tél. 05 53 58 81 60, sergenton-haut-montlong@wanadoo.fr t.l.j. 9h-12h 14h-18h

CH. LES HAUTS DE CAILLEVEL Les Terres chaudes 2015 ★

■	7000		8 à 11 €

Sylvie Chevallier et Marc Ducrocq organisaient des «événements». En 1999, ils ont changé de vie et sont devenus «artisans vignerons» en reprenant ce domaine sur la rive gauche de la Dordogne, dont le nom évoque les cailloux: près de 18 ha d'un seul tenant, des blancs sur le plateau, des rouges sur le coteau. En bio certifié depuis 2013.

La couleur est très soutenue, tirant vers le noir. Le nez témoigne d'une belle maturité des raisins et d'un élevage sous bois bien conduit: les senteurs grillées et vanillées s'effacent devant la puissance des fruits rouges très mûrs et du pruneau. En bouche aussi, le boisé apparaît bien fondu pour permettre l'expression du fruit, avec en soutien des tanins denses et serrés qui offrent une bonne mâche. Un vin de matière, très complet et équilibré, qui pourra vieillir mais qui se montre plaisant par son côté gourmand. ⧗ 2020-2025

SYLVIE CHEVALLIER, Les Hauts de Caillevel, 24240 Pomport, tél. 05 53 73 92 72, caillevel@orange.fr t.l.j. sf dim. 9h-12h 14h-18h; sur r.-v. d'oct. à avr.

CH. DU LAC Élevé en fût de chêne 2016

■	6300		5 à 8 €

À Ginestet, terroir situé au nord de Bergerac et plutôt dédié à la production de blancs moelleux, Sébastien Dantin conduit un domaine de 35 ha.

D'un rouge sombre, ce 2016 d'un abord un peu fermé s'ouvre à l'aération sur les fruits rouges frais agrémentés d'un boisé fondu. La bouche se révèle souple et assez légère, étayée par des tanins soyeux et un bon boisé épicé. Pas un monstre de puissance, mais un vin d'une agréable finesse. ⧗ 2019-2023

SÉBASTIEN DANTIN, Le Lac, 24130 Ginestet, tél. 05 53 57 45 27, domainedulac@orange.fr t.l.j. 8h-12h 14h-19h

LE MOULIN DE PANISSEAU 2015 ★★

■	6500		11 à 15 €

Témoignage de l'architecture périgourdine féodale, construit par les Anglais au XII[e]s., puis remanié à la Renaissance, ce château commande aujourd'hui un vignoble de plus de 50 ha à Thénac. Propriété d'un fonds d'investissement européen depuis 2013, le domaine a entrepris d'importants travaux pour moderniser sa chaîne de production, a baissé ses rendements pour privilégier la qualité et a engagé la conversion bio.

Le second vin du château est un joli vin d'un grenat profond et intense, ouvert sur des arômes de fruits confits, de pruneau et de réglisse qui témoignent d'une excellente maturité du raisin, le tout agrémenté par une petite note de boisé grillé. La bouche en impose par son volume, sa douceur et sa densité, par ses tanins soyeux et bien fondus dans le bois et par sa longue finale. ⧗ 2021-2028

CH. DE PANISSEAU, lieu-dit Panisseau, 24240 Thénac, tél. 05 53 58 40 03, contact@panisseau.com r.-v.

CH. LE PAYRAL Cuvée Héritage 2015

■	4000		15 à 20 €

Isabelle et Thierry Daulhiac conduisent un domaine d'une quinzaine d'hectares implantés sur un terroir à silex. La démarche bio est poussée ici jusqu'au chai: élevage en fût sans sulfites et emploi de levures exclusivement indigènes.

Au nez, des notes de vanille, de poivron et une pointe animale côtoient les fruits rouges. En bouche, on découvre un vin boisé, tannique et austère qu'il faut attendre pour plus de fondu. ⧗ 2021-2026

SUD-OUEST

THIERRY DAULHIAC, Le Bourg, 24240 Razac-de-Saussignac, tél. 05 53 22 38 07, contact@le-payral.com V r.-v.

LE PÉTROCORE 2015 ★

■	5000		11 à 15 €

Véronique et Michel Monbouché ne cessent d'améliorer et d'étendre leur domaine (60 ha aujourd'hui, en conversion bio), qui bénéficie d'un panorama imprenable sur Bergerac et la vallée de la Dordogne. Un domaine régulier en qualité, en rouge comme en blanc.

D'un beau rouge grenat profond, ce vin libère à l'olfaction d'agréables notes de fruits rouges, de menthol, d'épices, de café et de chocolat. En bouche, il se montre riche et corsé, adossé à une structure tannique puissante et encore un peu sévère. Pour la cave. ⧗ 2021-2025

MICHEL MONBOUCHÉ, Ladesvignes, 24240 Pomport, tél. 05 53 58 30 67, contact@ladesvignes.com V *t.l.j. 9h-12h 14h-18h*

LES RAISINS OUBLIÉS 2017 ★

■	40000		- de 5 €

Union de coopératives, Couleurs d'Aquitaine est née en 2008 à l'initiative des quatre caves de la Dordogne : Cave de Port-Sainte-Foy, Les Vignerons de Sigoulès, Cave de Monbazillac et Alliance Aquitaine. Prolongée par une structure de négoce, elle sélectionne, élève et distribue aussi et surtout des vins de propriétés du Bergeracois et du Bordelais. Un acteur de poids du grand Sud-Ouest viticole.

La robe est dorée, couleur paille, avec des reflets jaune vif. Le nez séduit par ses parfums puissants d'abricot confit et de fleurs blanches. On retrouve cette palette aromatique dans une bouche ronde, suave et dense, avec une belle vivacité pour équilibrer le tout. ⧗ 2019-2024

SAS COULEURS D'AQUITAINE, Les Seguinots, bât. Unidor, rte de Marmande, 24100 Saint-Laurent-des-Vignes, tél. 05 53 57 63 61, contact@couleursdaquitaine.fr

Ⓑ E. DE LA ROBERTIE 2015 ★

■	3400		20 à 30 €

« Vigneron artisan », c'est ainsi que se définit Brigitte Soulier, depuis 1999 à la tête de ce domaine bien connu des lecteurs du Guide. Privilégiant la qualité à la quantité, elle a recentré son vignoble autour de ses meilleures parcelles et de ses jeunes vignes (12,5 ha aujourd'hui contre 14 auparavant). Des vignes – deux ensembles, les sémillons à Rouffignac et les cépages rouges sur le plateau de Flaugeac – conduites en bio certifié depuis 2011.

D'un beau rouge profond, la robe présente de légers signes d'évolution. Le nez se montre riche et suave autour d'un joli fruité et d'un boisé bien fondu. Une attaque souple ouvre sur une bouche chaleureuse et vineuse, étayée par des tanins de qualité. ⧗ 2020-2024

BRIGITTE SOULIER, La Robertie, 24240 Rouffignac-de-Sigoulès, tél. 06 88 49 00 48, chateau.larobertie@wanadoo.fr V *t.l.j. 10h-19h, sam. dim. sur r.-v.*

♥ CH. THÉNAC 2017 ★★

■	3400		15 à 20 €

Un château construit sur les ruines d'un prieuré bénédictin et une vaste propriété de 200 ha où la vigne côtoie pruniers, cultures, bois et étangs. Racheté en 2001 par Eugène Shvidler, homme d'affaires américain d'origine russe, le domaine est devenu en quelques années une valeur sûre du Bergeracois.

Ce pur sémillon de haute volée revêt une magnifique robe jaune vif aux reflets verts. Fruits mûrs et fruits confits, fleur d'acacia et vanille : le nez est expressif et délicat. La bouche se montre dense et riche, mêlant les saveurs de fruits blancs et de pêche jaune, avec une fraîcheur présente de bout en bout qui lui donne beaucoup de nerf, une belle allonge et du potentiel de garde. ⧗ 2021-2028

SCEA CH. THÉNAC, Le Bourg, 24240 Thénac, tél. 05 53 61 36 85, wines@chateau-thenac.com V *t.l.j. sf sam. dim. 9h-12h 14h-17h*

Ⓑ CH. TOUR DES GENDRES Les Anciens Francs 2015 ★★

■	8000		20 à 30 €

***Una storia italiana.* En 1986, les frères de Conti joignent leurs terres, associent leurs familles et fondent l'entreprise de Conti. Jean, Luc, leurs épouses et un cousin suivent ainsi les pas de Vincenzo, arrivé là en 1925. Aujourd'hui, ils exploitent 57 ha de vignes, en bio depuis 2005, complétés par une structure de négoce.**

Le rouge de la robe est intense et profond. Le nez, d'une grande complexité, signe le mariage réussi du raisin et du bois à travers des notes de fruits rouges bien mûrs mâtinées de senteurs truffées et grillées. La bouche se révèle très suave et fondue, avec des tanins si bien intégrés que l'on oublierait presque la structure et la densité de ce vin. ⧗ 2022-2028

SCEA DE CONTI, Les Gendres, 24240 Ribagnac, tél. 05 53 57 12 43, familledeconti@wanadoo.fr V *t.l.j. sf sam. dim. 9h-12h30 14h-17h30*

CH. LES TOURS DES VERDOTS 2016 ★★

■	32000		8 à 11 €

Conduite depuis 1992 par le talentueux David Fourtout, issu d'une famille originaire de Saint-Émilion, cette exploitation de 45 ha est une valeur sûre du Bergeracois, avec plusieurs coups de cœur à son actif. Un succès lié à un beau terroir de calcaires veinés de silex, à des installations modernes et à des sélections exigeantes.

Une belle robe intense et profonde aux reflets bleutés habille ce vin au nez très boisé (notes grillées et épicées) mais sans que les fruits, bien mûrs, soient masqués. La bouche impressionne par sa richesse, sa densité, sa puissance et la finesse de ses tanins soyeux. Une grande bouteille de garde, qui marie l'élégance et la force. ⧗ 2022-2028

DAVID FOURTOUT, lieu-dit Les Verdots, 24560 Conne-de-Labarde, tél. 05 53 58 34 31, verdots@wanadoo.fr V *t.l.j. sf dim. 9h-12h 14h-18h* ③

B CH. VARI Réserve 2016 ★

■ | 6000 | 🍾 | 11 à 15 €

Yann Jestin, installé depuis 1994 sur ce domaine de 22 ha, est œnologue et courtier en grands crus classés du Bordelais. Il a engagé en 2009 la conversion de son vignoble à l'agriculture biologique, aujourd'hui certifié. Avec son épouse Sylvie, il a également créé un bar à vins et une épicerie fine pour mieux valoriser sa production.

La profondeur et l'intensité de la robe laissent deviner un vin de concentration. Le nez est soutenu et expressif, centré sur des notes de truffe et de sous-bois mêlées aux fruits noirs, aux épices et à la réglisse. Une ligne aromatique que l'on retrouve en compagnie de tanins denses dans une bouche riche et longue. Bâti pour durer. ⧗ 2021-2028

⊶ VIGNOBLES JESTIN, Pataud, 24240 Monbazillac, tél. 05 53 61 84 98, contact@chateau-vari.com V 🍷 *r.-v.*

MONBAZILLAC

Superficie : 1 949 ha / Production : 44 152 hl

Ce vignoble est implanté au cœur du Bergeracois, sur des coteaux pentus de la rive gauche de la Dordogne, exposés au nord. Les grappes y reçoivent en automne la fraîcheur et les brumes qui favorisent le développement du botrytis, la pourriture noble. Le sol argilo-calcaire apporte des arômes intenses ainsi qu'une structure puissante à ces vins moelleux et liquoreux.

♥ B DOM. L'ANCIENNE CURE L'Abbaye 2015 ★★★

■ | 10000 | 🛢 | 20 à 30 €

Cinquième génération à cultiver la vigne, Christian Roche hérite d'une partie de la propriété familiale en 1984. Cinq ans plus tard, il aménage son chai de vinification. Établi dans l'ancien presbytère de Colombier, il conduit aujourd'hui un vaste vignoble de près de 50 ha (avec une dominante de vignes blanches) aux sols variés, ce qui lui permet de proposer une large gamme de vins du Bergeracois, complétée par une activité de négociant-éleveur. Incontournable.

Avec deux coups de cœur, Christian Roche plane au-dessus d'une appellation qui a particulièrement épaté les dégustateurs cette année, avec un niveau de qualité réellement remarquable. Et cette cuvée, qui a déjà plusieurs fois atteint la plus haute marche, est tout simplement exceptionnelle. La robe est d'une magnifique couleur vieil or, avec des nuances ambrées. Le nez, d'une complexité hors du commun, évoque le citron confit, les fruits secs, le pain d'épice, le poivre et l'amande sur fond de senteurs iodées. La bouche est très riche et d'un volume étonnant, mais c'est son équilibre subtil entre sucres, acidité et alcool qui impressionne. Un grand liquoreux qui semble suspendre le temps et dont le potentiel de garde paraît infini. ⧗ 2022-2040 ■ **L'Ancienne Cure L'Extase 2015 ★★ (30 à 50 € ; 2500 b.) ♥ B** : un monbazillac issu de la partie négoce. La robe est parfaite, brillante et jaune doré. Le nez, d'un grand classicisme et hautement complexe, convoque entre autres les agrumes confits, la confiture de coings, l'abricot sec ou encore l'écorce d'orange. Les fruits confits dominent une bouche intense, qui présente un gros volume et beaucoup de sucrosité, mais avec une fine fraîcheur en filigrane pour équilibrer le tout et apporter de l'allonge et du nerf. ⧗ 2021-2030

⊶ CHRISTIAN ROCHE, Dom. l'Ancienne Cure, 24560 Colombier, tél. 05 53 58 27 90, ancienne-cure@orange.fr V 🚶 🍷 *r.-v.*

CH. BEAUTRAND 2016 ★

■ | 100000 | 🍾 | 8 à 11 €

Gaston Géraud a acheté en 1962 à une famille belge le domaine Haute Fonrousse, implanté à Monbazillac. Son petit-fils Stéphane conduit aujourd'hui l'exploitation, dont le vignoble couvre 34 ha. Autre étiquette : Ch. Beautrand.

À l'élégance de la robe, jaune doré aux reflets verts, répond celle d'un nez charmeur, dominé par des touches de fruits exotiques et de fruits jaunes confits. La bouche, centrée sur des notes de pêche blanche et de miel, apparaît bien concentrée, dynamisée et allongée par une fine vivacité. ⧗ 2020-2028

⊶ EARL CH. HAUTE FONROUSSE, Haute-Fonrousse, 24240 Monbazillac, tél. 06 14 22 15 04, geraud.vins@wanadoo.fr V 🚶 🍷 *t.l.j. sf sam. dim. 9h-12h 14h-18h ⊶ Géraud et Fils*

ORTUS DE CH. BÉLINGARD 2015 ★

■ | 4400 | 🛢 | 15 à 20 €

Ce vignoble familial (80 ha) fondé en 1820 domine la vallée de la Dordogne, sur un promontoire célèbre pour son ancien culte druidique – « Belen-gaard » ou « jardin du soleil » –, où se déroulèrent aussi les premiers combats de la guerre de Cent Ans. Laurent de Bosredon et son épouse Sylvie sont aux commandes depuis 1986.

Une belle robe dorée et brillante habille ce monbazillac ouvert sur l'écorce d'orange confite et les agrumes frais sur fond de boisé fondu. Si l'attaque est un peu sur la réserve, le milieu de bouche offre du volume et une belle sucrosité. Les saveurs d'agrumes et de fruits confits sont présentes jusqu'à la finale avec persistance, et la fraîcheur ne manque pas. Un vin bien équilibré et fondu. ⧗ 2020-2028

⊶ LAURENT DE BOSREDON, Bélingard, 24240 Pomport, tél. 05 53 58 28 03, contact@belingard.com V 🚶 🍷 *r.-v.*

CH. BELLEVUE Réserve Lajonie Élevé en fût de chêne 2015 ★★

■ | 6000 | 🛢 | 11 à 15 €

Au siècle dernier, trois générations de Lajonie ont constitué dans le Bergeracois un vaste vignoble qui couvre aujourd'hui 180 ha. La famille exploite trois

SUD-OUEST

domaines: les châteaux Pintouquet (le berceau, 30 ha au sud de Bergerac), Bellevue (31 ha à Monbazillac) et les Merles (70 ha sur la commune de Mouleydier).

La robe est joliment ambrée avec des reflets dorés. Le nez, puissant, développe des arômes de fruits confits, de menthol et de boisé grillé. Une puissance que l'on retrouve dès l'attaque dans une bouche riche, dense, corpulente, mais avec ce qu'il faut de fraîcheur pour apporter de l'équilibre et du nerf. Un beau classique, de grande concentration. ⧗ 2022-2030

VIGNOBLES LAJONIE, Bellevue, 24240 Monbazillac, tél. 05 53 57 17 96, vignobles-lajonie@wanadoo.fr V *t.l.j. sf sam. dim. 9h-12h30 14h-18h*

Ⓑ CH. CLUZEAU Le Bois blanc 2016 ★★

■ | 1200 | | 15 à 20 €

Tonnelier durant quarante ans en Corrèze, Marc Saury avait racheté en 2004 à un viticulteur partant à la retraite cette propriété conduite en bio au cœur du Périgord pourpre et construit un chai moderne. Il l'a cédée en 2015 à Anita et Benoît Gérard. Le vignoble compte aujourd'hui 14 ha.

La robe est cristalline et ambrée. Le nez, fin et complexe, associe le coing et l'abricot confits à la cire d'abeille et à un bon boisé grillé. La bouche, à l'unisson du bouquet, apparaît volumineuse, dense, riche et longue. Le fruit d'une vendange bien concentrée et d'un élevage parfaitement conduit. ⧗ 2022-2030

BENOÎT GÉRARD, lieu-dit Le Petit-Cluzeau, 24240 Flaugeac, tél. 05 53 24 33 71, ab.gerard@chateaucluzeau.com V *t.l.j. sf dim. 9h-18h* ③

DOM. HAUT MONTLONG Font Romaine 2015 ★★

■ | 8000 | | 15 à 20 €

En 1925, un métayage de 6 ha. La deuxième génération achète les vignes en 1950 et le domaine s'agrandit peu à peu. Aujourd'hui, 70 ha sur les hauteurs de Pomport, dans la vallée de la Dordogne. Alain Sergenton, installé en 1983, a passé le relais à ses filles Laurence et Audrey ainsi qu'à ses gendres Olivier Garcia et Philippe Métifet.

La robe est jaune doré, soutenue et brillante. Le nez, particulièrement complexe, développe des parfums de fruits exotiques confiturés, d'orange et de citron. En bouche, une forte vivacité vient atténuer la sucrosité importante de ce vin. Le bois se manifeste en apportant des arômes de vanille et de moka, tandis que la finale apporte de persistantes senteurs d'agrumes. Un monbazillac très équilibré et bien typé. ⧗ 2021-2028

MÉTIFET ET GARCIA, Le Malveyrein, 24240 Pomport, tél. 05 53 58 81 60, sergenton-haut-montlong@wanadoo.fr V *t.l.j. 9h-12h 14h-18h* ② Ⓑ

CH. LADESVIGNES Automne 2015 ★

■ | 4000 | | 15 à 20 €

Véronique et Michel Monbouché ne cessent d'améliorer et d'étendre leur domaine (60 ha aujourd'hui, en conversion bio), qui bénéficie d'un panorama imprenable sur Bergerac et la vallée de la Dordogne. Un domaine régulier en qualité, en rouge comme en blanc.

Les ors de l'automne sont venus orner la robe de ce vin. Le nez convoque le citron et des notes légèrement muscatées sur fond de boisé vanillé. On apprécie aussi le bel équilibre de la bouche, intense, riche et fraîche à la fois, combinant les arômes de vanille, de chocolat, de pain grillé et d'agrumes, avant une finale plus chaleureuse. Un liquoreux de belle expression et harmonieux. ⧗ 2020-2028

MICHEL MONBOUCHÉ, Ladesvignes, 24240 Pomport, tél. 05 53 58 30 67, contact@ladesvignes.com V *t.l.j. 9h-12h 14h-18h*

♥ CH. LES MARNIÈRES Les Nobles Fruits 2015 ★★

■ | 1200 | | 15 à 20 €

château les marnières

les nobles fruits

Famille Geneste Vignerons

MONBAZILLAC

La propriété de Reine et Christophe Geneste est dans la famille depuis six générations. En 2015, le vignoble a été restructuré, couvrant aujourd'hui une surface de 14 ha. Une ancienne marnière exploitée au XIXe s. sur le site donne son nom au domaine.

S'il fallait décrire ce vin en trois mots, ce serait: complexité, puissance et harmonie. La robe est d'un seyant jaune paille aux reflets verts. Le nez, très expressif, évoque un panier de fruits confits (agrumes, pêche, abricot, fruits exotiques) et de fruits secs. Une attaque sur la fraîcheur des agrumes et sur le boisé vanillé ouvre sur une bouche au volume remarquable et très riche, mais parfaitement équilibrée par la vivacité en finale, avec en prime un beau retour des fruits confits. Un monbazillac d'une grande harmonie. ⧗ 2022-2030

VIGNOBLES GENESTE, imp. des Marnières, 24520 Saint-Nexans, tél. 05 53 58 57 04, chateaulesmarnieres@orange.fr V *r.-v.* Ⓔ

DOM. DE MOULIN-POUZY La Cuvée 2015 ★★

■ | 3439 | | 11 à 15 €

Fabien Castaing est à la tête depuis 2008 d'un vignoble constitué par cinq générations à partir de la fin du XIXe s. sur la rive gauche de la Dordogne, en particulier le Dom. de Moulin-Pouzy, 60 ha exploités en viticulture raisonnée. En 2016, il a acquis le Ch. les Mailleries, un domaine de 12 ha conduit en bio.

La robe est d'un seyant jaune d'or brillant. Le nez, puissant, allie les fruits exotiques confiturés, le citron, le coing et quelques notes boisées et mentholées. La bouche se révèle savoureuse avec ses saveurs d'abricot compoté, de miel et de boisé bien fondu, aux tonalités vanillées, toastées et chocolatées. La finale revient sur les fruits exotiques (mangue et papaye) et apporte une vivacité agréable. Un vin remarquable par son équilibre et la fraîcheur de son fruit. ⧗ 2021-2028

FABIEN CASTAING, 12, rte des Rivailles, 24240 Cunèges, tél. 05 53 58 41 20, info@fabiencastaing.com V *t.l.j. 8h30-12h 13h-17h30 (ven. 16h30)*

Ⓑ CH. LA ROBERTIE Vendanges de brumaire 2015 ★

■ | 2600 | | 20 à 30 €

«Vigneron artisan», c'est ainsi que se définit Brigitte Soulier, depuis 1999 à la tête de ce domaine bien

connu des lecteurs du Guide. Privilégiant la qualité à la quantité, elle a recentré son vignoble autour de ses meilleures parcelles et de ses jeunes vignes (12,5 ha aujourd'hui contre 14 auparavant). Des vignes - deux ensembles, les sémillons à Rouffignac et les cépages rouges sur le plateau de Flaugeac - conduites en bio certifié depuis 2011.

Le jaune d'or de la robe est intense et limpide. Le nez met en évidence des arômes de fleurs blanches, de miel, de fruits confits et de vanille. On retrouve les fruits, très compotés et en compagnie de notes vanillées et toastées, dans une bouche suave et riche. ⧗ 2021-2028

⊶ BRIGITTE SOULIER, La Robertie, 24240 Rouffignac-de-Sigoulès, tél. 06 88 49 00 48, chateau.larobertie@wanadoo.fr V 🚶 ▮ *t.l.j. 10h-19h, sam. dim. sur r.-v.*

CH. SEPTY 2016 ★

■	n.c.	▮	11 à 15 €

Le château de Monbazillac, propriété de la cave de Monbazillac depuis 1960, est d'une architecture originale, mélange de systèmes défensifs médiévaux et d'élégances de la Renaissance. Le monument datant du XVIes. est emblématique du Bergeracois. La cave vinifie près d'un tiers de l'appellation monbazillac.

«Ancienne marque hollandaise», peut-on lire sur l'étiquette: Septy faisait en effet partie, au XVIIes., des prestigieux crus du Bergeracois exportés en Hollande. Dans le verre, un monbazillac finement doré aux reflets verts. Le nez, bien ouvert, évoque l'abricot confit, l'ananas et la pêche blanche. On retrouve les fruits exotiques, agrémentés de notes de miel, dans une bouche ample, concentrée et pleine de fraîcheur. Un vin élégant, au fruité agréable. ⧗ 2020-2028

⊶ CAVE DE MONBAZILLAC, rte de Mont-de-Marsan, 24240 Monbazillac, tél. 05 53 63 65 00, cave@chateau-monbazillac.com V 🚶 ▮ *t.l.j. sf dim. 10h-12h30 13h30-19h*

MONTRAVEL

Cette région garde le souvenir de Montaigne: c'est dans la maison forte familiale que l'écrivain rédigea ses *Essais* et l'on peut encore visiter sa «librairie» à Saint-Michel-de-Montaigne. La production se divise en montravel blanc sec, typé par le sauvignon, en côtes-de-montravel et haut-montravel, deux appellations de vins moelleux, et depuis 2001 en montravel rouge. En rouge comme en blanc, les cépages sont ceux du Bordelais voisin.

CH. BRUNET-CHARPENTIÈRE 2017 ★★

■	1330		5 à 8 €

En 1986, Robert et Pierrette Descoins replantent des vignes sur un ancien domaine sur la rive droite de la Dordogne. Depuis 2002, les 24 ha, situés sur un coteau en pente douce exposé plein sud, sont conduits par leur fils Franck.

Associant 10 % de sémillon au sauvignon, ce montravel fait belle impression dans sa robe jaune très pâle. Le nez, particulièrement ouvert, convoque la mandarine et les fleurs blanches. Une expression fruitée à laquelle une bouche ample et délicate fait un long écho, dynamisée par une finale pleine de fraîcheur. Un vin épatant de simplicité, savoureux et harmonieux. ⧗ 2018-2021

⊶ EARL BRUNET-CHARPENTIÈRE, Les Charpentières, 24230 Montazeau, tél. 05 53 27 54 71, franck.descoins@free.fr V 🚶 ▮ *r.-v.*

CH. DU FAUGA 2017 ★

■	10000	▮	5 à 8 €

Représentant la troisième génération de viticulteurs, Francis Lagarde s'installe en 1979 et crée son chai dix ans plus tard. Son vignoble (42 ha) est implanté sur la rive droite de la Dordogne, près de Sainte-Foy-la-Grande, à cheval sur le Bordelais et le Bergeracois. Il produit sous plusieurs étiquettes du bordeaux et des vins d'appellation du Sud-Ouest.

Le nez révèle une belle intensité autour des fleurs blanches et des agrumes. Une attaque souple ouvre sur un palais rond et gras, où l'on retrouve les saveurs d'agrumes qui apportent de la vivacité renforcée par une pointe minérale en finale. Un blanc bien équilibré, flatteur et bien typé de ce terroir particulier de l'ouest du Bergeracois. ⧗ 2018-2022

⊶ FRANCIS LAGARDE, Dom. de Mayat, 33220 Fougueyrolles, tél. 05 53 24 84 42, florencelagarde2@wanadoo.fr V 🚶 ▮ *r.-v.*

CH. MOULIN CARESSE Cœur de roche 2015 ★

■	3000	⏸	30 à 50 €

Très ancienne propriété familiale (1749) située sur les hauteurs de Montravel, ce vaste domaine est aujourd'hui l'une des références en Bergeracois, grâce au travail mené depuis 1990 (sortie de la coopérative) par Jean-François Deffarge, «autodidacte en œnologie», qui passe aujourd'hui la main à ses enfants Benjamin et Quentin. Le vignoble (50 ha) s'étend sur deux terroirs bien distincts: des pentes argilo-calcaires et un haut plateau de boulbène.

Cette cuvée présente un bouquet soutenu et engageant de fruits rouges et d'épices. La bouche est dense, le fruité bien présent, le bois aussi, et les tanins se montrent très serrés. L'ensemble reste élégant, et quelques années de garde lui permettront de s'affiner encore. ⧗ 2021-2025

⊶ EARL DEFFARGE DANGER, 1235, rte de Couin, 24230 Saint-Antoine-de-Breuilh, tél. 05 53 27 55 58, contact@moulincaresse.fr V 🚶 ▮ *t.l.j. 9h-12h 14h-18h; sam. dim. sur r.-v.* 🏠 Ⓔ

DOM. DE PERREAU Désir carmin 2015

■	5000	⏸	11 à 15 €

Le domaine de la famille Reynou se situe à Perreau, hameau du XVIes. proche du village de Saint-Michel-de-Montaigne. Succédant à quatre générations de viticulteurs, Gaëlle, diplôme d'ingénieur en poche, a pratiqué en France et à l'étranger avant de prendre en 2013 les commandes de ce vignoble de 20 ha.

Au nez, les fruits rouges mûrs se mêlent à des nuances florales. La bouche, un peu plus expressive, toujours sur les fruits rouges, apparaît fluide en attaque, puis plus dense et suave, portée par des tanins bien intégrés malgré une petite dureté en finale. Un vin équilibré, au potentiel de garde intéressant. ⧗ 2021-2026

GAËLLE REYNOU-GRAVIER, Perreau, 24230 Saint-Michel-de-Montaigne, tél. 06 81 08 98 36, gaelle@vignobles-reynou.fr r.-v.

TERRE DE PIQUE-SÈGUE
Élevé en fût de chêne 2015 ★

■	7000		11 à 15 €

Une propriété déjà répertoriée au XIVes. par l'archevêque de Bordeaux pour la qualité de ses vins. Henri IV y fit halte, dit-on, pour abreuver son cheval à l'une de ses fontaines. La vigne demeure sur cette exploitation qui couvre plus de 220 ha sur les plus hauts coteaux de Montravel.

La robe est profonde et le nez d'une grande intensité, centré sur les fruits mûrs et l'amande grillée. La bouche se montre souple et très douce, imprégnée d'arômes gourmands de pruneau et de fruits rouges à l'alcool, étayés par des tanins soyeux, avant de montrer plus de sévérité en finale. ⧗ 2020-2025

PHILIP MALLARD, SNC Ch. Pique-Sègue, Ponchapt, 33220 Port-Sainte-Foy-et-Ponchapt, tél. 05 53 58 52 52, infos@chateau-pique-segue.fr r.-v.

♥ CH. PUY-SERVAIN Terrement 2015 ★★

■	15000		8 à 11 €

Puy-Servain est le nom du lieu-dit et signifie «sommet» (*puy*), «venteux ou servi par le vent» (*servain*). Daniel Hecquet fut œnologue au célèbre Ch. d'Yquem avant de regagner la propriété familiale à Ponchapt, qui compte aujourd'hui 47 ha de vignes. Un pilier du Bergeracois pour ses montravel et haut-montravel.

Une valeur sûre que cette cuvée qui n'en est pas à son premier coup de cœur. La robe est rubis avec de beaux reflets orangés. Le nez conjugue la finesse et l'élégance autour des fruits mûrs agrémentés des notes épicées, torréfiées et grillées apportées par l'élevage. La bouche est particulièrement aromatique et gourmande. Elle s'appuie sur des tanins soyeux et fins et sur une fraîcheur contenue qui confère une belle persistance et du dynamisme à ce vin très équilibré. ⧗ 2021-2028 ■ **Marjolaine Élevé en fût de chêne 2016 (8 à 11 €; 5000 b.)** : vin cité.

DANIEL HECQUET, SCEA Puy-Servain, Calabre, 33220 Port-Sainte-Foy, tél. 05 53 24 77 27, oenovit.puyservain@wanadoo.fr t.l.j. 8h-12h 14h-17h30; sam. dim. sur r.-v.

CH. LE RAZ
Cuvée Grand Chêne Élevé en fût de chêne 2016

■	6422		5 à 8 €

Le domaine, régulièrement en vue pour ses montravel, est entré dans la famille Barde en 1958. Au fil des ans, des achats et des fermages, il s'est agrandi de vignes, de bois et de cultures, et embelli après la restauration de sa gentilhommière du XVIIes. Les vignes occupent aujourd'hui 58,8 ha sur les hauts plateaux.

Le nez, d'une belle richesse, conjugue les fruits exotiques bien mûrs et un boisé vanillé. On retrouve ces arômes dans une bouche suave et veloutée, encore sous l'emprise du merrain toutefois. À attendre un peu. ⧗ 2019-2022

GAEC DU MAINE, Ch. le Raz, 24610 Saint-Méard-de-Gurçon, tél. 05 53 82 48 41, vignobles-barde@le-raz.com t.l.j. sf dim. 9h-12h30 14h-18h30; sam. sur r.-v. Barde

HAUT-MONTRAVEL

♥ CH. MOULIN CARESSE
Grande Cuvée Cent pour 100 2016 ★★

■	3000		11 à 15 €

Très ancienne propriété familiale (1749) située sur les hauteurs de Montravel, ce vaste domaine est aujourd'hui l'une des références en Bergeracois, grâce au travail mené depuis 1990 (sortie de la coopérative) par Jean-François Deffarge, «autodidacte en œnologie», qui passe aujourd'hui la main à ses enfants Benjamin et Quentin. Le vignoble (50 ha) s'étend sur deux terroirs bien distincts: des pentes argilo-calcaires et un haut plateau de boulbène.

Si le domaine affiche un palmarès bien garni en coups de cœur, c'est à ses montravel rouges qu'il le doit. Jean-François Deffarge prouve ici qu'il maîtrise aussi les blancs liquoreux. Un 2016 épatant de bout en bout: une seyante robe jaune doré; un nez intense et complexe de fruits confits, de fruits secs, de noisette et de vanille; une bouche riche et suave mais jamais lourde, une fine fraîcheur venant en soutien et apportant longueur et dynamisme. Un vin savoureux et pour longtemps. ⧗ 2019-2030

EARL DEFFARGE DANGER, 1235, rte de Couin, 24230 Saint-Antoine-de-Breuilh, tél. 05 53 27 55 58, contact@moulincaresse.fr t.l.j. 9h-12h 14h-18h; sam. dim. sur r.-v.

CH. LE RAZ Cuvée Pierres blanches 2016

■	7800		8 à 11 €

Le domaine, régulièrement en vue pour ses montravel, est entré dans la famille Barde en 1958. Au fil des ans, des achats et des fermages, il s'est agrandi de vignes, de bois et de cultures, et embelli après la restauration de sa gentilhommière du XVIIes. Les vignes occupent aujourd'hui 58,8 ha sur les hauts plateaux.

Le nez est élégant et subtil, ouvert sur des notes de zeste d'agrumes et sur une pointe minérale. La bouche est en revanche très riche, très suave, puissante. Il manque juste un soupçon de fraîcheur à cette cuvée pour décrocher l'étoile. ⧗ 2018-2024

GAEC DU MAINE, Ch. le Raz, 24610 Saint-Méard-de-Gurçon, tél. 05 53 82 48 41, vignobles-barde@le-raz.com t.l.j. sf dim. 9h-12h30 14h-18h30; sam. sur r.-v. Barde

PÉCHARMANT

Superficie : 418 ha / Production : 14 864 hl

Au nord-est de Bergerac, ce «Pech», colline couverte de vignes, donne un vin rouge aux tanins fins et élégants, apte à la garde.

♥ CH. CORBIAC Cuvée Cyrano 2015 ★★

■ | 16 000 | | 8 à 11 €

Issu d'une famille apparentée à Cyrano de Bergerac, Antoine de Corbiac, qui a rejoint sa mère Thérèse sur l'exploitation, représente la dix-septième génération sur le domaine. Très ancien, ce vignoble de 16,5 ha aujourd'hui, idéalement perché sur la crête du coteau de Pécharmant, est une valeur sûre du Bergeracois. Une structure de négoce a été également créée: elle commercialise les vins de la propriété et ceux de la gamme Cyrano de Bergerac.

Issue de la partie négoce, cette cuvée se présente dans une robe grenat intense et brillante. Le nez, généreux et complexe, associe les fruits rouges bien mûrs à des notes animales et torréfiées. La bouche est somptueuse, offrant beaucoup de gras et de matière, avec en soutien des tanins doux d'une grande finesse et une trame boisée bien intégrée. La longue finale laisse une sensation d'harmonie parfaite. Un vin de caractère, à la fois sur la puissance et la suavité. ⧗ 2022-2028 ■ **2015 ★ (8 à 11 €; 32 000 b.)** : au nez, des arômes de fruits secs et de noix associés à des notes grillées. La bouche est très souple et laisse la part belle au fruit en attaque, puis la puissance tannique s'impose très vite et avec fermeté. À encaver pour plus de fondu. ⧗ 2022-2026

⊶ DURAND DE CORBIAC, rte de Corbiac, 24100 Bergerac, tél. 05 53 57 20 75, corbiac@corbiac.com V *t.l.j. 10h-19h*

CH. LES FARCIES DU PECH' Élixir 2015 ★★

■ | 6 000 | | 15 à 20 €

Installés dans le Périgord en 1977, la famille Dubard a acquis en 1999 le vignoble des Farcies du Pech', conduit par Serge et son épouse Betty: 15 ha d'un seul tenant dans l'aire du pécharmant, commandés par une chartreuse du XVIIᵉs. s'ouvrant sur un parc de 8 ha planté d'arbres centenaires aux portes de Bergerac.

D'un beau rouge profond, ce pécharmant s'ouvre sans réserve sur les fruits noirs accompagnés d'un boisé vanillé bien intégré. À la fraîcheur fruitée de l'attaque succède une bouche ample, ronde et épicée, aux tanins délicats et soyeux. Un vin savoureux et harmonieux, que l'on peut oublier quelques années dans sa cave. ⧗ 2022-2028 ■ **2016 ★ (8 à 11 €; 80 000 b.)** : au nez, des arômes de fruits rouges frais et un boisé qui reste très discret. Une attaque ronde et charnue ouvre sur un palais solide, puissant et concentré dont la vivacité augure un bon vieillissement. ⧗ 2022-2026

⊶ SERGE ET BETTY DUBARD, Ch. les Farcies du Pech', 24100 Bergerac, tél. 06 75 28 01 90, sbdubard@gmail.com V *t.l.j. sf dim. 9h-13h 14h-19h* 4

CH. HUGON 2015 ★

■ | 6 500 | | 8 à 11 €

Sébastien Cousy bichonne son petit domaine de 4,1 ha en haut de la butte du hameau de Pécharmant. Ayant repris le vignoble en 2007, il le cultive en lutte raisonnée et proscrit l'utilisation de désherbants.

Le nez, intense et expressif, associe le cassis mûr aux arômes torréfiés de la barrique. La bouche est ample, ronde, fruitée et épicée, adossée à des tanins si soyeux et enrobés qu'on les remarque à peine. Un vin généreux et gourmand, qui affiche un bel équilibre entre le fruit et le bois. ⧗ 2020-2026

⊶ SÉBASTIEN COUSY, chem. du Hameau-de-Pécharmant, 24100 Bergerac, tél. 05 53 73 23 80, chateau.hugon@neuf.fr V *t.l.j. sf dim. 9h-12h 14h-18h*

CH. LES MARNIÈRES Les Pierres levées 2015 ★

■ | 8 000 | | 8 à 11 €

La propriété de Reine et Christophe Geneste est dans la famille depuis six générations. En 2015, le vignoble a été restructuré, couvrant aujourd'hui une surface de 14 ha. Une ancienne marnière exploitée au XIXᵉs. sur le site donne son nom au domaine.

Une part importante (40 %) de malbec dans ce vin, aux côtés du merlot (40 % également) et du cabernet franc. Le premier nez apporte de discrètes notes fumées. À l'agitation se développent des arômes de fruits noirs. La bouche se révèle dense et veloutée, épaulée par des tanins bien fondus et étirée dans une longue finale suave et sans aspérité. ⧗ 2021-2028

⊶ VIGNOBLES GENESTE, imp. des Marnières, 24520 Saint-Nexans, tél. 05 53 58 57 04, chateaulesmarnieres@orange.fr V *r.-v.* E

DOM. LE MARTINAT Cuvée Marguerite 2016

■ | 1 556 | | 11 à 15 €

Une exploitation de 8 ha dans la même famille depuis quatre générations. Katia Ollivier Coutelier y vinifie seulement depuis 2016 à partir de 1,4 ha et signe trois cuvées: L'Inattendue, élevée en jarre, Désiré, élevée en barrique, et Marguerite, passée en cuve.

Premier millésime et première sélection dans le Guide avec une cuvée ornée d'une étiquette originale créée par un artiste. Dans le verre, un vin ouvert sur les fruits rouges frais, le poivron et les épices, souple, rond et alerte en bouche, un brin végétal et soutenu par des tanins bien fondus. Un pécharmant qui vise la gourmandise et le fruit, et c'est réussi. ⧗ 2019-2022

⊶ KATIA OLLIVIER COUTELIER, Le Martinat, 24100 Lembras, tél. 06 69 15 42 19, katiacoutelierollivier@yahoo.fr V *r.-v.*

CH. LES MERLES L'Envol 2015

■ | 20 000 | | 8 à 11 €

Au siècle dernier, trois générations de Lajonie ont constitué dans le Bergeracois un vaste vignoble qui couvre aujourd'hui 180 ha. La famille exploite trois domaines: les châteaux Pintouquet (le berceau, 30 ha au sud de Bergerac), Bellevue (31 ha à Monbazillac) et les Merles (70 ha sur la commune de Mouleydier).

Le nez, encore un peu timide, développe des notes de cuir, de menthol et de fruits rouges à l'alcool. À une attaque fraîche succède une bouche qui évolue rapidement sur des tanins vigoureux et sévères et sur un boisé dominant. Le potentiel ne fait aucun doute, mais il faut attendre quelques années pour que l'ensemble se fonde. ⧗ 2022-2026

⊶ VIGNOBLES LAJONIE, Bellevue, 24240 Monbazillac, tél. 05 53 57 17 96, vignobles-lajonie@wanadoo.fr V 🚶 ! *t.l.j. sf sam. dim. 9h-12h30 14h-18h*

CH. MÉTAIRIE-HAUTE
Élevé en fût de chêne 2016 ★★

■ | 6660 | ⏀ | 5 à 8 €

Cette coopérative est née en 2009 de la fusion de plusieurs caves coopératives. Elle regroupe 140 adhérents pour une surface totale de 1 500 ha de vignes dans le Bergeracois (80 %) et en AOC bordeaux.

Quelques notes de fruits rouges arrivent à s'exprimer au nez aux côtés d'un boisé dominant et au demeurant très plaisant. La bouche révèle un joli fruit mûr, des notes florales et un bois tout aussi présent, grillé et vanillé, le tout soutenu par de bons tanins fermes et de garde. ⧗ 2022-2028 ■ **Dom. du Vieux Sapin Élevé en fût de chêne 2016 (8 à 11 €; 46000 b.)** : vin cité.

⊶ SCA ALLIANCE AQUITAINE, Le Vignoble, 24130 Le Fleix, tél. 05 53 24 64 32, contact@allianceaquitaine.com V 🚶 ! *r.-v.*

CH. LA RENAUDIE 2016 ★★

■ | 35000 | ⏀ | 8 à 11 €

Ce château du XVII[e]s. se dresse à Lembras, sur une colline dominant Bergerac. Le vignoble s'étend sur 110 ha d'un seul tenant, une superficie imposante représentant environ 10 % de la surface de l'AOC pécharmant.

Une robe d'un rouge intense et profond habille ce vin au nez particulièrement plaisant de cerise et de cassis mûrs, agrémenté d'un boisé bien fondu qui vient ajouter de la complexité. Après une attaque ample et ronde, les tanins se développent sur un beau volume, tout en restant soyeux et veloutés. La finale est encore un peu serrée, dominée par le bois. Un vin solide et sérieux, sur la puissance et l'équilibre. ⧗ 2022-2028

⊶ CH. LA RENAUDIE, RN 21, 24100 Lembras, tél. 05 53 27 05 75, contact@chateaurenaudie.com V 🚶 ! *t.l.j. sf dim. 10h-18h (été); sf sam. dim. 10h-17h (hiver)*

♥ CH. DU ROOY 2015 ★★

■ | 33000 | ⏀ | 8 à 11 €

Partis de rien, avec un vignoble en mauvais état, Gilles et Laëtitia Gérault améliorent chaque année les vignes, le chai, les équipements de vinification et de stockage, et la qualité des vins, nés d'un vignoble de 20 ha. Souvent en vue pour leurs pécharmant.

Les Gérault maîtrisent leur pécharmant sur le bout des doigts: troisième coup de cœur en trois éditions dans l'appellation. Ce 2015 d'un seyant pourpre intense et profond séduit d'emblée par son bouquet soutenu de mûre et de cassis, agrémentés de subtiles notes de moka et d'épices apportées par l'élevage sous bois. Une attaque avantageuse sur les fruits des bois et sur une belle fraîcheur vivifiante ouvre sur une bouche puissante, suave et dense, aux tanins fins et veloutés, sans aucune agressivité. Et quelle longueur! ⧗ 2022-2028

⊶ GILLES ET LAËTITIA GÉRAULT, 982, chem. de la Cote-de-Rosette, 24100 Bergerac, tél. 05 53 24 13 68, contact@chateau-du-rooy.com V 🚶 ! *r.-v.*

CH. TERRE VIEILLE
L'Ambroisie Vieilli en fût de chêne 2015 ★

■ | 5500 | ⏀ | 30 à 50 €

Sur ce domaine sis à Grateloup naquit le philosophe Maine de Biran, député de la Dordogne et conseiller d'État sous l'Empire et la Restauration. Le coteau d'argiles rouges ferrugineuses regorge de silex taillés venus de la préhistoire. Gérôme et Dolores Morand-Monteil y cultivent 13 ha de vignes, privilégiant les récoltes manuelles et l'élevage en barrique.

Cette Ambroisie, qui évoque la nourriture des dieux de l'Olympe, est cueillie à la main sur les meilleures parcelles du domaine et seulement dans les millésimes jugés exceptionnels. La concentration est au rendez-vous avec ce 2015 grenat profond. Au nez, des arômes de fruits rouges mûrs se fondent dans des notes épicées. Une attaque puissante introduit un palais bien équilibré, doté de tanins fins et veloutés, qui montrent toutefois un peu les muscles dans une finale chaleureuse. À attendre. ⧗ 2021-2026

⊶ GÉRÔME ET DOLORES MORAND-MONTEIL, Grateloup, 24520 Saint-Sauveur-de-Bergerac, tél. 05 53 57 35 07, gerome-morand-monteil@wanadoo.fr V 🚶 ! *t.l.j. 9h-12h 14h-18h* 🏠 Ⓔ

ROSETTE

Superficie : 10,6 ha / Production : 402 hl

Dans un amphithéâtre de collines dominant au nord la ville de Bergerac, sur un terroir argilo-graveleux, est installée l'appellation la plus confidentielle de la région, qui produit un vin moelleux.

CH. COMBRILLAC 2016 ★

■ | 16000 | 8 à 11 €

Ingénieur en agriculture et œnologue, Florent Girou a géré un domaine en Toscane et dirigé l'Église Clinet à Pomerol avant de reprendre en 2008 l'exploitation familiale. Situé aux portes de Bergerac sur une haute terrasse de la Dordogne, le vignoble couvre 15 ha d'un seul tenant, cultivé selon les principes de l'agriculture biologique (non certifiée). Un domaine très régulier en qualité, qui a aussi développé une activité de négoce.

Une jolie robe pâle habille ce vin au nez discret mais élégant de buis, d'amande et de fleurs blanches. La bouche apparaît fruitée et offre un bon équilibre sur la fraîcheur, renforcée par de beaux amers en finale. ⧗ 2018-2022

FLORENT GIROU, imp. Coucombre, 24130 Prigonrieux, tél. 05 53 23 32 49, contact@combrillac.fr V t.l.j. sf dim. 9h-12h 14h-17h

JULIEN DE SAVIGNAC 2017

7800	5 à 8 €

Une maison de négoce familiale du Bergeracois, fondée dans les années 1980 par Patrick Montfort et reprise en 2009 par son fils Julien.

La robe est très pâle, claire et limpide, et le nez discrètement ouvert sur des notes d'agrumes. La bouche est alerte et légère, pas très concentrée en sucres, on y retrouve les agrumes. Un vin qui privilégie la fraîcheur au moelleux. 2018-2022

JULIEN DE SAVIGNAC, av. de la Libération, 24260 Le Bugue, tél. 05 53 07 10 31, julien.de.savignac@wanadoo.fr V t.l.j. sf dim. 9h-19h *Julien Montfort*

SAUSSIGNAC

Superficie : 49 ha / Production : 771 hl

Un vignoble situé sur la rive gauche de la Dordogne, entre celui du pays foyen (Gironde), à l'ouest, et l'aire du monbazillac, à l'est. Loué au XVIes. par le Pantagruel de François Rabelais, inscrit au cœur d'un superbe paysage de plateaux et de coteaux, ce terroir engendre de grands vins liquoreux.

♥ **DOM. DU CANTONNET** Cuvée Cécile 2015 ★★

5000	8 à 11 €

Situé en Périgord pourpre, entre Bergerac et Sainte-Foy-la-Grande, un domaine acheté en 1975 par Jean-Paul Rigal, qui l'a transmis en 2000 à son fils Thierry. Ce dernier a abandonné la culture des pruneaux d'Agen pour se consacrer à la seule vigne, plantée sur 30 ha.

Une cuvée réalisée uniquement les années jugées idoines. Dans le verre, un beau vin jaune doré, intense et brillant, ouvert sur le fruit, mais un fruit frais, et très peu de botrytis et de confit. La bouche est ample, onctueuse, délicate, le fruité y devient plus complexe et subtil autour de notes d'abricot et de coing; les sucres sont bien tempérés par une fine acidité qui donne beaucoup d'allant et de longueur à la finale. «La saveur d'un moelleux dans un liquoreux», annonce Thierry Rigal: c'est bien le cas. 2018-2026

EARL VIGNOBLES RIGAL, Dom. du Cantonnet, 24240 Razac-de-Saussignac, tél. 05 53 27 88 63, vin@domaine-du-cantonnet.fr V r.-v.

DOM. DE LA COMBE
Élevé en fût de chêne 2015 ★

1800	15 à 20 €

Sylvie et Claude Sergenton ont créé ce domaine en 1980 à partir de 8 ha de vignes, surface qu'ils ont portée à 26 ha, conduite depuis 2005 par leur fils Thierry.

Après vingt-quatre mois de barrique, c'est logiquement le bois qui domine à l'olfaction et qui a pour l'heure tendance à masquer d'agréables notes de fruits confits. En bouche, le fruité apparaît plus intense, même si le bois reste présent avec des notes de café et de cacao. Un bon équilibre est atteint grâce à une fraîcheur persistante en finale. Un liquoreux prometteur, qui doit encore se fondre. 2019-2025

THIERRY SERGENTON, La Combe, 24240 Razac-de-Saussignac, tél. 05 53 27 86 51, thierrysergenton@gmail.com V t.l.j. sf sam. dim. 8h-12h 14h-18h

COULEURS D'AQUITAINE
Vendanges d'autrefois 2017

34000	5 à 8 €

Union de coopératives, Couleurs d'Aquitaine est née en 2008 à l'initiative des quatre caves de la Dordogne: Cave de Port-Sainte-Foy, Les Vignerons de Sigoulès, Cave de Monbazillac et Alliance Aquitaine. Prolongée par une structure de négoce, elle sélectionne, élève et distribue aussi et surtout des vins de propriétés du Bergeracois et du Bordelais. Un acteur de poids du grand Sud-Ouest viticole.

Au nez, les fruits confits, l'abricot notamment, sont un peu masqués par un boisé puissant. En bouche, le vin se révèle onctueux, riche et rond, avec un côté frais qui apaise les sucres et toujours ce boisé dominateur. À encaver pour plus de fondu. 2020-2025

SAS COULEURS D'AQUITAINE, Les Seguinots, bât. Unidor, rte de Marmande, 24100 Saint-Laurent-des-Vignes, tél. 05 53 57 63 61, contact@couleursdaquitaine.fr

Ⓑ **CH. LA MAURIGNE** Florilège 2015 ★

800	20 à 30 €

Implantée sur un site gallo-romain, cette petite propriété de 7 ha a été reprise en 1997 par Chantal et Patrick Gérardin, qui ont converti le vignoble au bio.

La couleur est superbe, «de l'or en fusion», précise un juré. Le nez propose des notes de fleurs séchées et de miel. La bouche, très riche, est d'une étonnante concentration en sucres (240 g/l!); s'y développent des arômes d'abricot confit, d'aubépine et de bonbon au caramel, mais il manque un peu d'acidité pour les mettre en relief. Un vin au style particulier, à réserver aux amateurs de vins très sucrés. 2020-2028

CHANTAL ET PATRICK GÉRARDIN, La Maurigne, 24240 Razac-de-Saussignac, tél. 05 53 27 25 45, contact@chateaulamaurigne.com V t.l.j. 10h-19h

CAVE DE SIGOULÈS Cantera 2016 ★

9000	5 à 8 €

Fondée en 1939, la coopérative de Sigoulès regroupe aujourd'hui 150 adhérents, qui cultivent 900 ha de vignes au sud de Bergerac.

La robe est dorée comme la lumière du soleil au matin. Les fruits confits sont bien présents à l'olfaction, avec un boisé grillé pour les accompagner: un nez simple mais d'une belle netteté. La bouche, ample et riche, révèle des raisins de sémillon bien mûrs, soutenus par une belle fraîcheur jusqu'en finale. Un liquoreux d'un calibre plutôt léger, avec une sucrosité qui reste très raisonnable. ⧗ 2018-2022

⊶ *CAVE DE SIGOULÈS, Mescoules, 24240 Sigoulès, tél. 05 53 61 55 00, contact@vigneronsdesigoules.fr* V *t.l.j. 9h-12h 14h-17h30*

CÔTES-DE-DURAS

Superficie : 1 943 ha
Production : 111 660 hl (65 % rouge et rosé)

Entre côtes-du-marmandais au sud et vignes du Bergeracois au nord, ce vignoble fait la jonction entre ceux de la Garonne et ceux de la Dordogne. Il est implanté sur des coteaux découpés par la Dourdèze et ses affluents, aux sols d'argilo-calcaires et de boulbènes. Prolongement du plateau de l'Entre-deux-Mers, il a accueilli tout naturellement les cépages bordelais: en blanc, sémillon, sauvignon et muscadelle; en rouge, cabernet franc, cabernet-sauvignon, merlot et malbec. Historiquement, il a été marqué par l'influence des huguenots, très présents dans la région. Après la révocation de l'édit de Nantes, les exilés protestants faisaient venir, dit-on, le vin de Duras jusqu'à leur retraite hollandaise et marquer d'une tulipe les rangs de vigne qu'ils se réservaient. Le vignoble se partage entre les vins blancs, secs ou moelleux, et les vins rouges, souvent vinifiés en cépages séparés. Il produit aussi des rosés. La Maison des Vins de Duras permet de découvrir tous ces vins ainsi que les cépages, dans un Jardin des vignes où l'on peut pique-niquer.

♥ DOM. DES ALLÉGRETS Cuvée Champ du bourg 2017 ★★

■ | 6000 | | 8 à 11 €

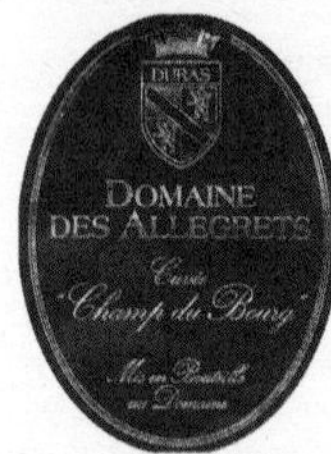

Quatre générations de Blanchard contemplent ce domaine familial de 19 ha conduit en bio non certifié depuis 2007. Une valeur sûre des côtes-de-duras, dirigée depuis 2001 par Julien.

De très vénérables vignes de... cent quinze ans, objet de toutes les attentions, ont donné cette cuvée épatante dont la couleur jaune paille, limpide et brillante, annonce un vin de concentration. Le nez s'exprime dans une superbe maturité avec des notes d'agrumes et de fruits secs. La bouche, centrée sur des arômes persistants de fruits confits, propose un équilibre impeccable entre richesse, rondeur et fraîcheur. ⧗ 2019-2024 ■ **Cuvée Voyage d'Œnos 2016 ★★ (8 à 11 €; 40000 b.)** : un vin d'un beau rouge profond, ouvert sur des notes intenses de fruits rouges et noirs agrémentés d'un léger boisé. La bouche se révèle ample et riche, étayée par des tanins soyeux et par un boisé bien intégré. Un vin puissant et harmonieux, mais encore un peu sévère en finale. ⧗ 2021-2025

⊶ *FAMILLE BLANCHARD, Dom. des Allégrets, 47120 Villeneuve-de-Duras, tél. 06 87 11 50 20, contact@allegrets.com* V *r.-v.*

DOM. AMBLARD Sauvignon 2017

■ | 17000 | | - de 5 €

Ce vaste domaine de 100 ha appartient à la famille Pauvert depuis 1938. Ses vins sont régulièrement en vue dans ces pages, notamment ses côtes-de-duras blancs.

Au nez, des notes d'acacia et de buis bien typées sauvignon. En bouche, le vin se montre gras, souple et rond, dynamisé par une finale plus vive. ⧗ 2018-2021

⊶ *GUY PAUVERT, Dom. Amblard, 47120 Saint-Sernin-de-Duras, tél. 05 53 94 77 92, domaine.amblard@wanadoo.fr* V *t.l.j. sf sam. dim. 8h-12h 14h-18h*

Ⓑ DOM. DE LA BELLE Effrontée 2017 ★

■ | 200000 | | 5 à 8 €

Chercheur et docteur en biochimie, Gilles Vazeux a opté pour le métier de vigneron en 2002. Épaulé par son épouse Delphine, il conduit en bio un vignoble de 10 ha.

Cette Effrontée revêt une robe soutenue, couleur jaune paille. Le nez est élégant et fin, sur les agrumes et les fruits exotiques. La bouche affiche un bel équilibre entre une matière ronde et dense, un fruité intense de mandarine, un fin boisé aux accents de caramel et de chocolat et une pointe nerveuse qui dynamise le tout. ⧗ 2018-2022

⊶ *VAZEUX, Dom. de la Belle, 47120 Loubès-Bernac, tél. 06 09 15 54 99, domainedelabelle@gmail.com* V *r.-v.*

BERTICOT Cuvée première 2017

■ | 20000 | | - de 5 €

Fondée en 1965, au lieu-dit Berticot, par une poignée de vignerons, la cave coopérative de Duras rassemble 120 viticulteurs et 1 000 ha de vignes. Un acteur incontournable des côtes-de-duras qui fournit 55 % de la production de l'appellation, dans les trois couleurs: des vins de propriétés et des vins de la cave, sous la marque Berticot.

D'un jaune très pâle et brillant, ce sauvignon dévoile un nez bien typé d'agrumes et de buis agrémentés d'une pointe minérale. La bouche est plaisante, vive comme attendu du cépage, sans pour autant manquer de gras. Simple et harmonieux. ⧗ 2018-2021

⊶ *BERTICOT, rte de Sainte-Foy-la-Grande, 47120 Duras, tél. 05 53 83 75 47, contact@berticot.com* V *t.l.j. sf dim. 8h30-12h30 14h-18h*

DOM. LES BERTINS Cuvée Dominique Élevé en fût de chêne 2015 ★

■ | 4000 | | 8 à 11 €

Ce domaine de 14,7 ha, régulier en qualité, a été acquis en 1968 par Pierrette et Dominique Manfé qui l'ont transmis en 2001 à Jacqueline, leur fille. Il produit des côtes-de-duras ainsi que des vins en IGP.

Les arômes de fruits rouges sont très présents au nez. La bouche se montre riche et dense, structurée par des tanins encore un peu anguleux mais de qualité et par un boisé torréfié soutenu. Un joli travail d'élevage pour un vin au bon potentiel. ⧗ 2021-2024 ■ **2017 ★ (5 à 8 €; 14000 b.)** : au nez, des parfums de fruits exotiques, d'agrumes et d'amande. En bouche, un profil souple, suave et gras qui tranche avec le classique sauvignon tout en vivacité. ⧗ 2018-2022

⊶ DOM. LES BERTINS, lieu-dit Les Bertins, 47120 Saint-Astier, tél. 05 53 94 76 26, contact@lesbertins.fr V t.l.j. sf dim. 9h-12h 14h-19h

LES COURS 2016

■	3000	- de 5 €

Fabrice Pauvert a plusieurs cordes à son arc: vigneron avec la reprise en 2007 du petit vignoble de sa belle-famille (10 ha), négociant avec la création de marques (Les Cours et Petit Sauvageon) et coopérateur (il dédie 5 ha de vignes à la cave). Il est aussi fondateur de la Caisse de solidarité des vignerons de Duras.

Cette cuvée joue la carte du fruit dès l'olfaction, ouverte sur les fruits rouges et le cassis. Un fruité prolongé par une bouche fraîche et légère, aux tanins souples. Une bouteille à boire dans sa jeunesse. ⧗ 2018-2022

⊶ SARL FASY, Le Grand Coup, 47120 Saint-Sernin, tél. 05 53 83 62 42, fabrice-pauvert@orange.fr V r.-v.

CH. DUCLOS Élevé en fût de chêne 2015

■	40000		- de 5 €

La cave de Landerrouat appartient au groupe Terre de Vignerons, union de production et de commercialisation d'une quinzaine de coopératives de l'Entre-deux-Mers et du Pays duraquois, qui représente 15 000 ha de vignes et 1 500 coopérateurs, dont les raisins sont accueillis sur dix-neuf sites de production. Un acteur de poids de la coopération girondine.

Le nez associe les fruits noirs à une pointe animale et un bon boisé grillé. La bouche présente du gras, du volume, des tanins doux et une agréable finale sur des saveurs chocolatées. Un vin harmonieux et bien élevé. ⧗ 2019-2022

⊶ LES VIGNERONS DE LANDERROUAT-DURAS-CAZAUGITAT-LANGOIRAN, rte des Vignerons, 33790 Landerrouat, tél. 05 56 61 31 21, sclement47@orange.fr V r.-v.

L'ÉTOILE DE COMPOSTELLE 2017 ★

■	50000		- de 5 €

Établie de longue date à Saint-Laurent-du-Bois, la famille Raymond voit apparaître la première génération de vignerons au Ch. de Lagarde en 1850 avec 15 ha. Sept générations plus tard, Lionel Raymond, installé en 2000 à la suite de son père Jean-Pierre, conduit un vaste ensemble de 200 ha, entièrement convertis à l'agriculture biologique, soit la plus grande exploitation du genre en Bordelais, complété par une activité de négoce en 2010.

La robe est d'une couleur jaune plutôt marquée et d'une belle brillance. Le nez, à la fois puissant et fin, est dominé par les agrumes. La bouche s'avère ample, riche et ronde, dynamisée par une fraîcheur acidulée en finale. ⧗ 2018-2021 ■ **2017 ★ (- de 5 €; 50000 b.)** : d'une belle limpidité, ce rosé dévoile des arômes intenses et harmonieux de fruits rouges, de bonbon et de fleurs blanches. Une expression aromatique prolongée par une bouche ample, tendre et longue, sous-tendue par une bonne fraîcheur. ⧗ 2018-2019

⊶ SCEA RAYMOND VFI, lieu-dit Lagarde, 33540 Saint-Laurent-du-Bois, tél. 05 56 76 43 63, contact@vignobles-raymond.fr V t.l.j. sf sam. dim. 8h-12h 13h30-17h30

♥ DOM. DE FERRANT 2017 ★★

■	2100		5 à 8 €

Denis Vuillien, ex-ingénieur de travaux publics, et son épouse Marie-Thérèse ont opté pour une retraite active en reprenant ce domaine situé dans la vallée du Dropt: 13 ha de vignes (en conversion bio) et 9 ha de pruniers d'Ente qui donnent des pruneaux d'Agen.

Deuxième coup de cœur en deux éditions pour ce rosé mi-malbec mi-cabernet-sauvignon. Dans le verre, un vin pâle et brillant, ouvert sans réserve sur le bonbon anglais, les fruits rouges, les fleurs blanches, agrémentés d'une agréable touche végétale. Du volume, du gras, de la douceur, une fraîcheur parfaitement dosée : le palais affiche un équilibre impeccable. ⧗ 2018-2019 ■ **C de Ferrant 2015 ★ (11 à 15 €; 2460 b.)** : une robe foncée, un nez discret mais élégant de fruits noirs, une bouche à la fois ample, tendre et fraîche, mêlant intimement arômes fruités et boisés, composent un vin harmonieux que l'on pourra apprécier dans sa jeunesse. ⧗ 2019-2023 ■ **Montjay 2016 ★ (5 à 8 €; 4000 b.)** : un assemblage des deux cabernets et un élevage court pour cette cuvée couleur cerise noire, ouverte sur un intense fruité, privilégiant le côté friand, souple et frais en bouche. ⧗ 2018-2021 ■ **Ferrant 2015 ★ (8 à 11 €; 20000 b.)** : un vin agréablement boisé et fruité au nez comme en bouche, concentré, gras, bien structuré et persistant, qu'il faut encore attendre pour une harmonie parfaite. ⧗ 2020-2024 ■ **Tradition 2016 ★ (5 à 8 €; 5000 b.)** : à l'aération, des notes d'agrumes et de fruits mûrs. En bouche, du gras, du volume, un bon boisé grillé et une agréable fraîcheur citronnée qui accompagne la finale. Un ensemble équilibré. ⧗ 2018-2022

⊶ DENIS VUILLIEN, Dom. de Ferrant, 47120 Esclottes, tél. 05 53 84 45 02, contact@domaineferrant.com V t.l.j. 9h-12h 14h-18h; sam. dim. sur r.-v.

SUD-OUEST

DOM. DU GRAND MAYNE Merlot Cabernet 2016 ★★

■	70000		5 à 8 €

Référence de l'appellation, le domaine a été acheté en 1986 et restauré par l'importateur britannique Andrew Gordon qui a entièrement replanté le vignoble (34 ha aujourd'hui) et confié la direction à l'œnologue Mathieu Crosnier.

D'une grande profondeur et d'une belle intensité à l'œil, cette cuvée présente après aération des arômes généreux et gourmands de fruits rouges bien mûrs. Après une attaque franche et souple, la bouche dévoile un beau volume, portée par des tanins fins et soyeux, un rien plus anguleux en finale. ⧗ 2019-2024 ■ **Réserve 2016 ★ (8 à 11 €; 6000 b.)** : un nez expressif, floral et boisé, et une bouche ample, ronde et suave, équilibrée par une fraîcheur citronnée composent un vin blanc très agréable. ⧗ 2018-2021

⊶ SARL GRAND MAYNE, Le Grand-Mayne, 47120 Villeneuve-de-Duras, tél. 05 53 94 74 17, domaine@grandmayne.net V t.l.j. sf dim. 9h-18h

DOM. DE LAPLACE 2017

■	4150		- de 5 €

Jean-Luc Carmelli conduit depuis 1984 ce domaine de 34 ha régulier en qualité, créé en 1924 par son grand-père à Saint-Jean-de-Duras, sur les coteaux surplombant la vallée du Dropt. Outre la culture de la vigne, il élève des Blondes d'Aquitaine.

Un rosé soutenu en couleur mais au nez assez réservé, sur la fraise mûre et les fleurs. La bouche se révèle fraîche et franche en attaque, puis apparaissent de petits tanins qui font penser à un clairet. Pour la table. ⧗ 2018-2020

⊶ EARL DE LAPLACE, Laplace, 47120 Saint-Jean-de-Duras, tél. 05 53 83 00 77, laplace.carmelli@wanadoo.fr V *t.l.j. sf dim. 9h-12h 14h-18h* ⊶ *Carmelli*

DOM. DE LAULAN 2016 ★

■	1800		8 à 11 €

Des habitués du Guide. Depuis leur arrivée en 1974, Gilbert et Claudie Geoffroy ont entièrement rénové leur vignoble tout en l'agrandissant: 35 ha aujourd'hui. En 2000, ils ont passé le relais à leurs enfants, Régis et Angélique.

D'un élégant jaune paille légèrement doré, ce moelleux séduit d'emblée avec ses parfums intenses et complexes de fruits confits et de fruits exotiques séchés. On retrouve cette complexité dans une bouche ample et très riche. Un profil généreux. ⧗ 2019-2024 ■ **2017 ★ (5 à 8 €; 70000 b.)** : un sauvignon très pâle, au nez amylique, végétal (buis) et fruité, franc et vif en attaque, plus rond et gras dans son développement. ⧗ 2018-2021

⊶ EARL GEOFFROY, Petit Sainte-Foy, 47120 Duras, tél. 05 53 83 73 69, contact@domainelaulan.com V *t.l.j. 8h-12h 13h30-18h30*

CH. MOLHIÈRE Les Maréchaux 2016 ★

■	8500		8 à 11 €

Au XVI[e]s., un nommé Lamolhière, venu au pays de Duras dévasté par la guerre de Cent Ans, obtint une tenure du baron de Duras et se convertit au protestantisme. Après la révocation de l'édit de Nantes, son domaine fut confisqué. Un domaine acquis dans les années 1950 par le Bordelais Claude Blancheton, transmis à partir de 1993 à ses fils Patrick et Francis (ce dernier à la retraite depuis 2014), à la tête aujourd'hui de 30 ha de vignes.

D'un abord un peu fermé, ce 2016 s'ouvre à l'agitation sur les fruits noirs fondus dans un boisé léger. La bouche, plus expressive, ample et puissante, déploie une solide structure renforcée par un boisé intense mais de qualité. ⧗ 2021-2025 ■ **Terroir des ducs 2017 (5 à 8 €; 15000 b.)** : vin cité.

⊶ PATRICK BLANCHETON, Le Boucaud, 47120 Duras, tél. 05 53 83 70 19, molhiere@gmail.com V *r.-v.*

CH. LES ROQUES 2016

■	27000		- de 5 €

Cette petite propriété est exploitée depuis 1956 par la famille Guiraud. Le vignoble de 10 ha d'un seul tenant s'étend sur l'un des points hauts des Côtes-de-Duras, un plateau calcaire rocailleux qui domine tout le secteur et permet d'apercevoir les coteaux du Bergeracois à l'est et ceux de Sainte-Foy au nord.

Le nez s'ouvre à l'aération sur des arômes de fruits rouges frais. La bouche propose un bel équilibre entre une structure tannique enrobée et souple et un fruité croquant. Un vin simple et sans complexe, à consommer sur le fruit. ⧗ 2018-2021

⊶ SCEA CH. GUILLAUME, 47120 Loubès-Bernac, mlargeard@grm-vins.fr ⊶ *Guiraud*

♥ DOM. DE LA TUILERIE LA BREILLE 2017 ★★

■	9000		- de 5 €

Jean-Marie Ossard a repris en 1993 le domaine de son beau-père, avec qui il a appris le métier. L'esprit de famille est toujours présent dans la conduite de cette exploitation de 35 ha: le vigneron travaille avec son épouse Dominique Patriarca, sa belle-sœur et son beau-frère.

Le sauvignon à son meilleur dans cette cuvée d'un jaune étincelant. Le nez, d'une réelle élégance, conjugue arômes d'acacia, de litchi et de buis. La bouche se montre souple, ample et ronde, imprégnée de belles saveurs épicées et exotiques et soulignée jusqu'en finale par une fraîcheur parfaitement dosée. Un vin délicat et harmonieux. ⧗ 2018-2022

⊶ EARL DES MONTS-D'OR, La Tuilerie, 47120 Loubès-Bernac, tél. 05 53 94 78 32, latuilerie47@lgtel.fr V *r.-v.* ⊶ *Ossard-Patriarca*

DOM. DU VIEUX BOURG 2017 ★★

■	23600	- de 5 €

En 1952, Georges Bireaud achète le Dom. du Vieux Bourg en côtes-de-duras. Depuis lors, ses descendants – Bernard, puis aujourd'hui son fils Vincent – se sont attachés avec constance à mettre en valeur son vignoble, dont la surface a été portée à 30 ha.

La robe est d'un jaune vif particulièrement brillant. Le nez se révèle explosif et frais autour des agrumes et de subtils arômes de verveine et d'amande douce. La bouche surprend agréablement par sa puissance, son gras et son volume, une fine acidité renforcée par de beaux amers venant dynamiser l'ensemble. ⧗ 2018-2022

⊶ VINCENT BIREAUD, Vieux-Bourg, 47120 Pardaillan, tél. 05 53 83 02 18, vieux-bourg@lgtel.fr V *t.l.j. sf dim. 9h-13h 14h-18h; sam. sur r.-v.*

➧ LE PIÉMONT PYRÉNÉEN

MADIRAN

Superficie : 1 273 ha / Production : 61 738 hl

D'origine gallo-romaine, le madiran fut pendant longtemps le vin des pèlerins de Saint-Jacques-de-Compostelle, avant de retrouver la notoriété grâce à la gastronomie du Gers. Son aire de production, à quelque 40 km au nord-est de Pau, est à cheval sur trois départements: le Gers, les Hautes-Pyrénées et les Pyrénées-Atlantiques. Le cépage roi à l'origine de ce vin rouge est le tannat, complété par les cabernet franc (ou bouchy), cabernet-sauvignon et fer-servadou (ou pinenc). Les vignes, cultivées en demi-hautain, partagent les coteaux avec cultures et bosquets.
Les madiran traditionnels, à forte proportion de tannat, sont colorés et virils. Fort tanniques, ils supportent très bien le passage sous bois et doivent attendre quelques années. Avec l'âge, ils se montrent à la fois sensuels, charnus et charpentés. Lorsqu'ils sont moins riches en tannat et issus de cuvaisons plus courtes, les madiran sont plus souples et fruités. Ils peuvent alors être servis jeunes.

ALTÉUS 2015 ★

■ | 13100 | | 15 à 20 €

Le groupe Plaimont Producteurs est le fruit d'une association de trois caves qui, en 1979, unirent leurs initiales (PL pour Plaisance, AI pour Aignan et MONT pour Saint-Mont) pour créer ce leader des vins du Sud-Ouest produisant 40 millions de bouteilles par an. Rejoint en 1999 par les caves de Condom et de Crouseilles, Plaimont représente 98 % de l'appellation saint-mont, environ la moitié des AOC madiran et pacherenc-du-vic-bilh ainsi que des IGP côtes-de-gascogne. Un acteur de poids.
Ce madiran sombre et profond livre un bouquet intense de fruits à l'alcool et de cacao. En bouche, il apparaît ample, dense, élégant, épaulé par des tanins au grain fin. ⧗ 2020-2024

o¬ PLAIMONT PRODUCTEURS, rte d'Orthez, 32400 Saint-Mont, tél. 05 62 69 62 87, c.mur@plaimont.fr V r.-v.

ODÉ D'AYDIE 2016 ★★

■ | 65000 | | 11 à 15 €

Le château d'Aydie est une affaire de famille (et une valeur sûre): quatre enfants Laplace suivent aujourd'hui les traces de leur grand-père Frédéric, qui fut l'un des premiers à vendre du madiran en bouteilles, avec l'aide d'André Daguin, le célèbre cuisinier gascon. À l'exploitation, qui couvre 62 ha, s'est ajoutée une structure de négoce.
Une jolie robe grenat intense habille ce vin au nez intense de cassis mûr et de menthe poivrée. Une attaque tout en rondeur ouvre sur un palais ample, riche et dense, aux tanins mûrs, qui reste élégant et affiche beaucoup d'allonge. ⧗ 2020-2026

o¬ FAMILLE LAPLACE, 64330 Aydie, tél. 05 59 04 08 00, contact@famillelaplace.com V *t.l.j. 9h-12h30 14h-19h*

DOM. BASSAIL Cuvée Saint-Vincent 2016 ★

■ | 26666 | | 8 à 11 €

Patrick Berdoulet (troisième génération) conduit depuis 1988 l'exploitation familiale située dans la commune de Viella, dans le Gers. D'une superficie totale de 14 ha, le domaine est dédié au madiran et au pacherenc-du-vic-bilh.
La robe est sombre, le nez chaleureux, évoquant la cerise à l'eau-de-vie et les épices. Sensation que l'on retrouve dans une bouche corsée, solide, puissante, dotée de tanins encore bien serrés. ⧗ 2021-2028

o¬ PATRICK BERDOULET, EARL Domaine Bassail, 32400 Viella, tél. 05 62 69 76 62, domaine.bassail@wanadoo.fr V *t.l.j. 9h-12h 14h-19h*

DOM. DOU BERNÈS Élevé en fût de chêne 2015 ★★

■ | 6000 | | 8 à 11 €

Dans le paysage des petites collines dodues d'Aydie, Jean-Paul Cazenave, à la suite de trois générations, cultive un vignoble qui compte aujourd'hui 14 ha – les trois-quarts en madiran, le reste en pacherenc-du-vic-bilh et en béarn rosé.
La robe est sombre, presque noire, et le nez puissant, centré sur les fruits confiturés (pruneau, cerise) et le cacao. La bouche apparaît juteuse, ample, charnue et bien charpentée par des tanins serrés mais sans dureté aucune. Un madiran savoureux et racé, qui vieillira harmonieusement. ⧗ 2021-2028

o¬ EARL DOU BERNÈS, Curon, 64330 Aydie, tél. 05 59 04 06 78, domaine.doubernes@orange.fr V *r.-v. o¬ Cazenave*

DOM. BERNET Vieilles Vignes 2015 ★★

■ | 15000 | | 8 à 11 €

Au milieu du XVIII[e]s., des ancêtres cultivaient quelques rangs de vignes, des céréales et élevaient du bétail. Le vignoble se développe à partir de 1935 et surtout après 1980, quand le père d'Yves Doussau décide de vendre le vin en bouteilles. Ce dernier prend sa suite en 1984 et plante des vignes blanches. Ses 11 ha sont répartis entre madiran et pacherenc-du-vic-bilh.
Une pointe de cabernet-sauvignon accompagne le tannat dans ce madiran intense, rubis foncé, au nez bien balancé entre fruité et boisé. La bouche est à la fois ronde et ferme, bâtie sur des tanins bien en place mais sans dureté. Un ensemble agréablement équilibré. ⧗ 2020-2024

o¬ YVES DOUSSAU, Dom. Bernet, Bernet, 32400 Viella, tél. 05 62 69 71 99, earl.bernet@wanadoo.fr V *t.l.j. 9h-12h30 14h-19h*

DOM. BERTHOUMIEU Vitis MCM 2014 ★

■ | 3500 | | 20 à 30 €

Fondée vers 1850, cette propriété familiale a vu se succéder six générations. À la suite de son père Louis, Didier Barré, installé en 1983, a contribué au renouveau du madiran, dont il fut l'un des porte-étendards. En 2017, les sœurs Claire et Marion Bortolussi (filles d'Alain Bortolussi du Ch. Viella) ont pris en main les destinées de ce domaine phare de 25 ha.

SUD-OUEST

Une cuvée élaborée sous la conduite de Didier Barré, les sœurs Bortolussi n'étant arrivées qu'en 2017. Un madiran bien typé, noir profond, intensément bouqueté autour des fruits noirs confiturés et des épices, ample, dense, chaleureux en bouche, étayé par des tanins fermes. ⧗ 2020-2025

CLAIRE ET MARION BORTOLUSSI, Dutour, 32400 Viella, tél. 05 62 69 74 05, contact@domaine-berthoumieu.com V r.-v.

DOM. CAPMARTIN Vieilles Vignes 2015 ★

■ | 20000 | | 8 à 11 €

L'histoire de la propriété débute en 1987 lorsque Guy Capmartin quitte l'exploitation familiale pour fonder son domaine avec 1,5 ha de vignes en location. La première récolte donnera 60 hl l'année suivante. Depuis lors, le vignoble a grandi et le vigneron, qui s'est installé dans l'ancien couvent de Maumusson, conduit son exploitation en bio (20 ha). Une valeur sûre, tant en madiran qu'en pacherenc-du-vic-bilh.

Une robe profonde comme il se doit habille ce vin né de vignes de tannat et de cabernet-sauvignon âgées de soixante ans. Sur la retenue, le nez évoque peu à peu les fruits mûrs, les épices douces et la réglisse. Une attaque ample ouvre sur une bouche solidement charpentée par des tanins serrés. Un madiran puissant, corpulent, en devenir. ⧗ 2021-2026

FAMILLE CAPMARTIN, Le Couvent, 32400 Maumusson-Laguian, tél. 05 62 69 87 88, capmartinguy@yahoo.fr V *t.l.j. 9h-12h 14h-18h30; dim. sur r.-v.*

CLOS BASTÉ 2015 ★

■ | 15000 | | 15 à 20 €

En 1998, Philippe Mur, œnologue et maître de chai, achète avec son épouse Chantal une bâtisse en ruine, la maison Basté, puis quelques parcelles alentour. Le domaine, qui compte aujourd'hui 11 ha, est conduit en agriculture biologique. Très régulier en qualité.

Né du seul tannat, un madiran couleur cerise burlat, ouvert sur d'intenses parfums de fruits rouges et noirs à maturité, sur fond de boisé vanillé. On retrouve ces sensations dans une bouche souple, ample et suave, structurée en douceur. ⧗ 2019-2023

PHILIPPE ET CHANTAL MUR, Clos Basté, 64350 Moncaup, tél. 05 59 68 27 37, closbaste@wanadoo.fr V *t.l.j. sf dim. 10h30-18h*

CLOS DE L'ÉGLISE 2016 ★

■ | 90000 | | 5 à 8 €

Un vignoble fondé avant la Première Guerre mondiale, conduit depuis 1997 par Arnaud Vigneau, qui exploite environ 20 ha de vignes en madiran, pacherenc-du-vic-bilh et béarn.

Le tannat (60 %) et les deux cabernets ont donné ce vin profond et brillant, ouvert sur les fruits rouges et noirs bien mûrs. S'ajoutent à ces arômes une touche réglissée dans une bouche savoureuse, structurée sans excès, ronde et intense. ⧗ 2019-2023 ■ **Pur Sang 2015 (15 à 20 €; 3000 b.)** : vin cité.

ARNAUD VIGNEAU, 7, rte de l'Église, 64350 Crouseilles, tél. 05 59 68 13 46, closdeleglise@orange.fr V *r.-v.*

CH. COULANÉ Élevé en fût de chêne 2016 ★

■ | 40000 | | 5 à 8 €

Créé au lendemain de la Grande Guerre, ce domaine est conduit depuis 1979 par Jacques Maumus, représentant la troisième génération. Ce dernier a remodelé le vignoble et porté sa superficie de 7 à 27 ha. Les parcelles sont réparties sur les communes de Saint-Lanne et de Madiran, dans les Hautes-Pyrénées. Plusieurs étiquettes: Cru du Paradis, Ch. Coulané.

Issu du tannat et des deux cabernets, ce madiran de forte intensité colorante dévoile un nez expressif de fruits noirs sur fond de boisé vanillé. Une attaque souple ouvre sur une bouche ample, suave et fruitée, aux tanins fondus. ⧗ 2019-2023

JACQUES MAUMUS, Le Paradis, 65700 Saint-Lanne, tél. 05 62 31 98 23, cru.du.paradis@wanadoo.fr V *t.l.j. sf dim. 9h-13h 14h-19h*

SEIGNEURIE DE CROUSEILLES 2016 ★

■ | 20000 | | 5 à 8 €

La coopérative de Crouseilles a été créée en 1950, deux ans après la reconnaissance en AOC du madiran et du pacherenc-du-vic-bilh. Elle a largement contribué au renouveau du grand vin rouge pyrénéen, dont elle fournit plus du tiers des volumes. Regroupant cent trente vignerons, elle propose, outre le madiran, du pacherenc et du béarn.

Parée d'une robe très sombre, cette cuvée de tannat et de cabernet-sauvignon présente un nez intense et généreux de fruits noirs confiturés agrémenté de nuances de graphite et de boisé. Une attaque franche introduit un palais ample et fruité, d'une grande fraîcheur, aux tanins bien présents mais qui commencent à se fondre. ⧗ 2020-2026 ■ **Vignobles Marie Maria Novel 2016 ★ (8 à 11 €; 40000 b.)** : un vin sombre, intense, sur les fruits noirs, le pruneau et la vanille, ample, frais et bien structuré. ⧗ 2019-2023 ■ **Crouseilles Crouzeilles-Côte Abeilles 2016 (20 à 30 €; 8000 b.)** : vin cité.

CAVE DE CROUSEILLES, rte du Château, 64350 Crouseilles, tél. 05 62 69 67 48, m.darricau@crouseilles.fr V *r.-v.*

DOM. DAMIENS Tradition 2016 ★★

■ | 40000 | | 5 à 8 €

En 1970, André Beheïty, jeune agriculteur, achète un coteau en friche de 10 ha proche de son petit vignoble de 6 ha. Première vinification en 1971, aménagement du chai à barriques en 1987. Installé en 1999, son fils Pierre-Michel dispose de 17 ha de vignes, exploitées en bio.

À la robe intense de ce madiran bien né, qui vise le fruit, répond un bouquet soutenu et frais de cassis, de mûre, de framboise, rehaussé d'une touche de poivre. Un fruité que l'on retrouve avec la même intensité dans une bouche remarquable d'expressivité, de douceur, de rondeur et d'équilibre. ⧗ 2019-2023 ■ **Saint-Jean 2016 ★ (11 à 15 €; 11000 b.)** : un vin généreux, chaleureux même, sur les fruits à l'eau-de-vie, renforcé par un boisé torréfié et vanillé et par des tanins fermes. ⧗ 2021-2026

⊶ *PIERRE-MICHEL BEHEÏTY, Dom. Damiens, Chem. départemental 317, 64330 Aydie, tél. 05 59 04 03 13, domainedamiens64@gmail.com* V ✓ ■ *t.l.j. 9h-12h30 14h-18h30; dim. sur r.-v.*

Ⓑ DOM. LABRANCHE LAFFONT 2016

■ | 50000 | ▮ | 8 à 11 €

Le domaine familial remonte à la Révolution. Jeune œnologue, Christine Dupuy s'installe en 1992 sur l'exploitation. Elle porte sa superficie de 6 à 21 ha et, surtout, s'impose comme l'une des valeurs sûres des appellations madiran et pacherenc. Son trésor: 50 ares de vignes préphylloxériques. Vignoble en bio certifié depuis 2014.

Une seyante robe grenat intense habille ce madiran au nez intensément fruité au nez comme en bouche, plutôt suave et rond, mais encore un peu mal dégrossi en finale, avec des tanins plus fougueux. Prometteur, il doit se mettre en place. ⧗ 2021-2025

⊶ *DUPUY, Dom. Labranche Laffont, 32400 Maumusson-Laguian, tél. 05 62 69 74 90, christine.dupuy@labranchelaffont.fr* V ✓ ■ *t.l.j. 9h-12h30 14h-19h; dim. sur r.-v.*

DOM. LAOUGUÉ Marty 2015

■ | 60000 | ◍ | 11 à 15 €

Pierre Dabadie s'est installé en 1980 sur l'exploitation familiale, dont il a fait passer la superficie de 7 à 23 ha, 16 étant dédiés au madiran. Ses vins, rouges comme blancs, secs comme doux, sont régulièrement en vue. En 2014, son fils Sylvain a pris le relais.

Une robe de bonne densité habille ce vin au nez bien ouvert sur les fruits rouges et noirs confiturés et sur le boisé torréfié. Une attaque souple et ronde introduit un palais chaleureux et gras, aux tanins fondus mais qui se durcissent quelque peu en finale. À attendre pour plus d'harmonie. ⧗ 2021-2025

⊶ *PIERRE DABADIE, Dom. Laougué, rte de Madiran, 32400 Viella, tél. 05 62 69 90 05, contact@domaine-laougue.fr* V ✓ ■ *t.l.j. 8h-12h 14h-18h*

DOM. DE MAOURIES Cailloux de Pyren 2016

■ | 6000 | ◍ | 8 à 11 €

Fondé en 1907, le domaine de Maouries compte aujourd'hui 28 ha de vignes, répartis sur trois communes et vingt-cinq parcelles. Si Jacqueline et André Dufau s'activent toujours sur l'exploitation, ce sont leurs trois enfants, Philippe, Pascal et Isabelle qui en assurent la gestion, avec la nouvelle génération (Claire, ingénieur agronome) qui arrive. La carte des vins propose trois AOC (pacherenc, madiran et saint-mont) et des IGP Côtes de Gascogne.

Paré d'une robe sombre aux reflets violets, ce vin d'intensité modérée évoque les fruits noirs et les épices sur fond boisé. L'attaque est franche, le développement assez ample, frais et fruité. ⧗ 2019-2023

⊶ *DUFAU, Maouries, 32400 Labarthète, tél. 05 62 69 63 84, domainemaouries@gmail.com* V ✓ ■ *t.l.j. sf dim. 9h-12h 14h-18h* ⌂ Ⓒ

Ⓑ DOM. DU MOULIÉ 2016 ★★

■ | 20000 | ▮ | 5 à 8 €

En gascon, *moulié* signifie «moulin» et «meunier». Le domaine remonte au XVIIIe s. Dans la famille depuis 1920, il borde l'ancien chemin menant au moulin du village situé sur le Bergons, petit affluent de l'Adour. Les deux sœurs Charrier, Lucie (à la cave) et Michèle (à la vigne), y conduisent un vignoble de 16 ha selon des pratiques respectueuses de l'environnement.

Une belle robe cerise noire aux nuances violines, un nez intense de cassis et d'épices: l'approche est fort engageante. La bouche ne déçoit pas: ample, dense et suave, pleine de fruit, portée par des tanins fins et très bien enrobés, elle signe un madiran moderne et charmeur en diable. ⧗ 2019-2025 ■ **Cuvée Chiffre 2015 (11 à 15 €; 10 000 b.)** Ⓑ : vin cité.

⊶ *LUCIE ET MICHÈLE CHARRIER, Dom. du Moulié, 32400 Cannet, tél. 05 62 69 77 73, domainedumoulie@orange.fr* V ✓ ■ *t.l.j. 9h-12h 14h-18h30; dim. sur r.-v.*

CH. PEYROS Vieilles Vignes 2015 ★★

■ | 25000 | ◍ ▮ | 11 à 15 €

Acquise en 1999, la propriété madiranaise de la famille Lesgourgues, dont le berceau est situé dans le Bas-Armagnac, s'étend jusqu'en Uruguay. Son nom signifie «terrain pierreux» en gascon. Les 20 ha de vignes sont cultivés en lutte raisonnée.

Doté d'une robe profonde, couleur cerise burlat, ce madiran au nez puissant évoque les fruits confiturés agrémentés de subtiles notes boisées. La bouche se montre riche, grasse, suave, ample, dotée d'une grosse matière et de tanins fermes. L'alliance de la puissance et de l'élégance. ⧗ 2018-2021

⊶ *LESGOURGUES, SA Ch. Peyros, 9, chem. du Château, 64350 Corbère-Abères, tél. 06 77 79 76 35, chateau.peyros@maisonleda.fr*
⊶ *Lesgourgues*

♥ DOM. SERGENT Élevé en fût de chêne 2015 ★★

■ | 16900 | ◍ | 8 à 11 €

En 1902, Hubert Dousseau acquiert le domaine. Depuis 1995, Brigitte et Corinne, ses arrière-petites-filles, y conduisent un vignoble de 22 ha. Une petite maison gasconne au cœur des vignes a été convertie en gîte. Elles proposent aussi foie gras, confits et autres magrets de canard.

Coup de cœur l'an dernier sur le même millésime mais avec une cuvée élevée en cuve, le domaine fait aussi bien avec la version boisée. Un madiran rubis intense, au nez puissant et bien ouvert sur les fruits noirs confiturés, les fruits à l'eau-de-vie, la vanille et le chocolat. Passé une attaque souple, tout en douceur, on découvre une bouche ronde et généreuse, dotée de tanins mûrs et caressants, plus fermes en finale. Du caractère et du potentiel. ⧗ 2022-2028

SUD-OUEST

EARL DOUSSEAU, Dom. Sergent, 32400 Maumusson-Laguian, tél. 05 62 69 74 93, contact@domaine-sergent.com t.l.j. sf sam. dim. 8h30-12h30 14h-18h30; sam. sur r.-v.

♥ CH. VIELLA Prestige 2015 ★★

■ | 7000 | | 11 à 15 €

Propriété de la famille depuis 1952, conduite par Alain Bortolussi depuis 1982, épaulé par ses filles Claire et Marion (qui ont repris le Dom. Berthoumieu), l'exploitation tire son nom de la commune gersoise où elle est implantée. Bien restauré, un vrai château du XVIIIes., dominant un coteau viticole, des caves voûtées abritant le chai à barriques; 25 ha de vignes et des vins (madiran et pacherenc) souvent en vue.

Très sombre, très intense, très dense, la robe de ce madiran laisse deviner un solide caractère. Le nez confirme: intense, généreux, superbe, il marie les fruits à l'eau-de-vie à un boisé tout en nuances, vanillé, cacaoté, torréfié. On retrouve la maturité du fruit et ce même boisé racé dans une bouche aussi large que longue, riche, suave, charnue, charpentée. Un madiran pour la cave. ⧗ 2019-2023

ALAIN BORTOLUSSI, Ch. de Viella, Rte de Maumusson, 32400 Viella, tél. 05 62 69 75 81, contact@chateauviella.fr t.l.j. f sam. 8h30-12h30 14h-18h30; dim. sur r.-v.

PACHERENC-DU-VIC-BILH

Superficie : 260 ha / Production : 10 510 hl

Né sur la même aire que le madiran, ce vin blanc est issu de cépages locaux (courbu, gros et petit mansengs, arrufiac) et bordelais (sauvignon); cet ensemble apporte une palette aromatique d'une extrême richesse. Tous les pacherenc sont gras et vifs. Suivant les conditions climatiques du millésime, ils sont secs ou moelleux. Les premiers, à boire jeunes, expriment les agrumes, les fruits exotiques et le miel. L'amande et la noisette s'ajoutent à cette gamme dans les moelleux, de moyenne garde.

♥ CH. D'AYDIE 2017 ★★

■ | 20000 | | 8 à 11 €

Le château d'Aydie est une affaire de famille (et une valeur sûre): quatre enfants Laplace suivent aujourd'hui les traces de leur grand-père Frédéric, qui fut l'un des premiers à vendre du madiran en bouteilles, avec l'aide d'André Daguin, le célèbre cuisinier gascon. À l'exploitation, qui couvre 62 ha, s'est ajoutée une structure de négoce.

Une superbe robe d'un jaune doré soutenu habille ce moelleux au nez tout en subtilité: élégantes notes torréfiées pour débuter, puis des fruits confits, des fleurs blanches et du miel. La bouche est bien concentrée, mais surtout elle propose un équilibre admirable entre les sucres et l'acidité, entre le fruit et le bois. Tout ce que l'on attend d'un pacherenc. ⧗ 2019-2023 ■ **Odé d'Aydie 2016 ★★ (11 à 15 €; 35000 b.)** : un pacherenc sec très expressif (fleurs blanches, fruits à coque, agrumes, boisé grillé), ample, dense, frais et long en bouche. Un vin très complet. ⧗ 2018-2022

FAMILLE LAPLACE, 64330 Aydie, tél. 05 59 04 08 00, contact@famillelaplace.com t.l.j. 9h-12h30 14h-19h

CH. BARRÉJAT Cuvée de la passion 2016 ★

■ | 2700 | | 5 à 8 €

Quatre générations se sont succédé sur ce domaine qui commercialise sa production en bouteilles depuis 1967. Installé en 1992, Denis Capmartin exploite aujourd'hui 40 ha avec une belle régularité. Il a équipé son exploitation d'un chai à barriques en 1997, avant de moderniser sa cuverie en 2008.

Paré d'une très jolie robe d'or pâle, ce pacherenc propose un nez élégant et complexe mêlant délicatement les fruits bien mûrs (abricot, coing, fruits exotiques), le miel et les épices douces. Une attaque tout en douceur ouvre sur un palais riche, rond, très suave et long. Plus un profil de liquoreux que de moelleux. ⧗ 2019-2023

DENIS CAPMARTIN, Ch. Barréjat, 32400 Maumusson-Laguian, tél. 05 62 69 74 92, deniscapmartin@laposte.net t.l.j. sf dim. 8h30-12h30 14h-19h

DOM. BERNET Cuvée des demoiselles 2016

■ | 4000 | | 5 à 8 €

Au milieu du XVIIIes., des ancêtres cultivaient quelques rangs de vignes, des céréales et élevaient du bétail. Le vignoble se développe à partir de 1935 et surtout après 1980, quand le père d'Yves Doussau décide de vendre le vin en bouteilles. Ce dernier prend sa suite en 1984 et plante des vignes blanches. Ses 11 ha sont répartis entre madiran et pacherenc-du-vic-bilh.

D'un seyant jaune d'or, ce pacherenc sec dévoile des parfums plaisants d'agrumes, de pêche, de vanille et de fleurs blanches. En bouche, il se révèle très vif, très tendu, impression renforcée par une touche d'amertume finale. ⧗ 2018-2021

YVES DOUSSAU, Dom. Bernet, Bernet, 32400 Viella, tél. 05 62 69 71 99, earl.bernet@wanadoo.fr t.l.j. 9h-12h30 14h-19h

DOM. BERTHOUMIEU
Les Pierres de grès 2017 ★★

■ | 6500 | | 11 à 15 €

Fondée vers 1850, cette propriété familiale a vu se succéder six générations. À la suite de son père Louis, Didier Barré, installé en 1983, a contribué au renouveau du madiran, dont il fut l'un des porte-étendards. En 2017, les sœurs Claire et Marion Bortolussi (filles d'Alain Bortolussi du Ch. Viella) ont pris en main les destinées de ce domaine phare de 25 ha.

Premier millésime sur leur nouveau domaine pour les sœurs Bortolussi et une très belle réussite avec ce pacherenc sec limpide et doré, au nez intense de pomme, d'ananas et de fruits secs. Des arômes que l'on retrouve dans un palais ample, gras, rond, un brin miellé et long. ⧗ 2018-2022 ■ **Constance 2017 (15 à 20 €; 6500 b.)** : vin cité.

CLAIRE ET MARION BORTOLUSSI, Dutour, 32400 Viella, tél. 05 62 69 74 05, contact@domaine-berthoumieu.com V r.-v.

CLOS BASTÉ 2016 ★★

■	2500		11 à 15 €

En 1998, Philippe Mur, œnologue et maître de chai, achète avec son épouse Chantal une bâtisse en ruine, la maison Basté, puis quelques parcelles alentour. Le domaine, qui compte aujourd'hui 11 ha, est conduit en agriculture biologique. Très régulier en qualité.

Une goutte (1 %) de petit courbu aux côtés du petit manseng dans ce moelleux haut en couleur, jaune doré aux reflets orangés, et en senteurs (fruits exotiques et agrumes confits, fruits secs, vanille). La bouche est bien balancée entre une fine acidité, un gras caressant, un fruité riche et un boisé fondu. ⧗ 2019-2023

PHILIPPE ET CHANTAL MUR, Clos Basté, 64350 Moncaup, tél. 05 59 68 27 37, closbaste@wanadoo.fr V *t.l.j. sf dim. 10h30-18h*

DOM. DU CRAMPILH 2017 ★

■	4000		5 à 8 €

Une maison béarnaise isolée, dominant un vallon agreste. L'exploitation se transmet depuis quatre générations et Bruno Oulié, ancien rugbyman et animateur sportif, a pris la relève en 1995. Le domaine compte 20 ha, dédiés au madiran, au pacherenc-du-vic-bilh et aux IGP du Comté tolosan.

Une robe jaune claire et limpide, un nez de bonne intensité, plutôt chaleureux, sur la cire d'abeille et les fruits blancs et exotiques bien mûrs, une bouche fruitée qui se partage harmonieusement entre gras et acidité, une jolie finale saline: rien à redire, tout est en place. ⧗ 2018-2021

DOM. DU CRAMPILH, 14, chem. Lafitau, 64350 Aurions-Idernes, tél. 05 59 04 00 63, madirancrampilh@orange.fr V *t.l.j. sf sam. dim. 9h-12h 14h-18h* *Bruno Oulié*

CROUSEILLES Perle de givre 2017 ★★

■	30000		11 à 15 €

La coopérative de Crouseilles a été créée en 1950, deux ans après la reconnaissance en AOC du madiran et du pacherenc-du-vic-bilh. Elle a largement contribué au renouveau du grand vin rouge pyrénéen, dont elle fournit plus du tiers des volumes. Regroupant cent trente vignerons, elle propose, outre le madiran, du pacherenc et du béarn.

Cette Perle de givre revêt une seyante robe couleur paille fraîche. Au nez, elle distille des parfums d'ananas, d'abricot, de coing, mais aussi de fruits secs et de fleurs blanches. Une attaque franche introduit une bouche élégante, ample, fraîche, fruitée et boisée avec discrétion. Un modèle d'équilibre. ⧗ 2018-2025 ■ **Vignobles Marie Maria Bonificat l'hivernal 2017 ★★ (20 à 30 €; 1300 b.)** : un moelleux bien doré, qui s'ouvre à l'aération sur une palette florale et fruitée d'une grande fraîcheur. En bouche, c'est concentré, ample, assez structuré, mais avec de la finesse et de la fraîcheur. ⧗ 2019-2028 ■ **Vignobles Marie Maria Lutz 2017 ★ (11 à 15 €; 40000 b.)** : un moelleux équilibré et fruité (mangue notamment), qui n'a pas connu le bois, à la fois riche et frais, dynamisé par une belle finale acidulée. ⧗ 2019-2022 ■ **Cave de Crouseilles Grains de roy 2017 ★ (8 à 11 €; 46000 b.)** : un sec bien vif, bien tendu, presque nerveux, agréablement fruité (pêche, ananas, mangue), salin en finale. Du caractère. ⧗ 2018-2022

CAVE DE CROUSEILLES, rte du Château, 64350 Crouseilles, tél. 05 62 69 67 48, m.darricau@crouseilles.fr V *r.-v.*

CH. DE FITÈRE Cuvée Karine 2016 ★

■	16000		8 à 11 €

Conduit par René Castets depuis 1978, épaulé par sa fille Karine depuis 2016, un domaine de 56 ha implanté sur les sols argilo-calcaires de Cannet, tout petit village du Gers. Si la propriété a changé de nom, on y cultive la vigne depuis le XVIIᵉs.; la première production fut commercialisée en 1872 en barrique, pour des clients anglais.

Une robe aux reflets d'or et d'argent pour ce pacherenc moelleux de belle facture. Au nez, des notes d'abord florales, puis apparaissent des nuances exotiques (ananas) et du citron confit. À une attaque souple, légèrement perlante, succède une bouche fruitée, gourmande et ronde. ⧗ 2018-2022

RENÉ CASTETS, Ch. de Fitère, 32400 Cannet, tél. 05 62 69 82 36, rene.castets@gmail.com V *t.l.j. 8h30-12h 14h-19h; sam. dim. sur r.-v.*

DOM. LABRANCHE LAFFONT 2016 ★

■	12000		11 à 15 €

Le domaine familial remonte à la Révolution. Jeune œnologue, Christine Dupuy s'installe en 1992 sur l'exploitation. Elle porte sa superficie de 6 à 21 ha et, surtout, s'impose comme l'une des valeurs sûres des appellations madiran et pacherenc. Son trésor: 50 ares de vignes préphylloxériques. Vignoble en bio certifié depuis 2014.

Intense et brillante, la robe est engageante. Le nez, gourmand, dévoile des parfums de miel de tilleul et d'acacia, de fruits secs, d'abricot et de brioche vanillée. Une attaque vive prélude à un palais rond, presque moelleux, où l'on retrouve le miel et les fruits à coque, avec en soutien un trait d'acidité citronnée. ⧗ 2018-2023

DUPUY, Dom. Labranche Laffont, 32400 Maumusson-Laguian, tél. 05 62 69 74 90, christine.dupuy@labranchelaffont.fr V *t.l.j. 9h-12h30 14h-19h; dim. sur r.-v.*

CH. LAFFITTE-TESTON Ericka 2016 ★

■	40000		11 à 15 €

Jean-Marc Laffitte a acquis en 1983 ce domaine qui compte aujourd'hui 50 ha. Il possède un chai souterrain de 600 barriques et expérimente le vieillissement de ses madiran en fût, à 800 m de profondeur au fond

SUD-OUEST

des grottes de Bétharram. Ses enfants Ericka et Joris l'épaulent désormais.

Une robe jaune à reflets dorés, un nez expressif et intense sur l'acacia, le miel, les agrumes et un boisé bien intégré: l'approche séduit. En bouche, se dévoile une bonne vivacité et des notes d'amande et de grillé qui évoque l'élevage. ⌛ 2018-2022

FAMILLE LAFFITTE, Ch. Laffitte-Teston, A Teston, 32400 Maumusson-Laguian, tél. 05 62 69 74 58, info@laffitte-teston.com V ⚲ ⚲ *t.l.j. sf dim. 9h-12h30 14h-18h30*

DOM. LAOUGUÉ
Passion de Charles Clément 2017 ★

| 13000 | 🍾 | 8 à 11 € |

Pierre Dabadie s'est installé en 1980 sur l'exploitation familiale, dont il a fait passer la superficie de 7 à 23 ha, 16 étant dédiés au madiran. Ses vins, rouges comme blancs, secs comme doux, sont régulièrement en vue. En 2014, son fils Sylvain a pris le relais.

De jolis reflets argent illuminent ce pacherenc sec, ouvert sur les fruits blancs, les fleurs et le miel. La bouche évolue dans un registre gras et plutôt structuré, mais avec une bonne acidité en soutien. Son expression aromatique tend vers les fruits compotés et la cire d'abeille, tandis que la finale prend des accents plus acidulés. ⌛ 2018-2021

PIERRE DABADIE, Dom. Laougué, rte de Madiran, 32400 Viella, tél. 05 62 69 90 05, contact@domaine-laougue.fr V ⚲ ⚲ *t.l.j. 8h-12h 14h-18h*

DOM. MONBLANC 2016 ★

| 1500 | 🍾 | 5 à 8 € |

Daniel Saint-Orens, installé en 1980, exploite en agriculture raisonnée 9 ha de vignes sur la commune de Maumusson-Laguian.

Un pacherenc sec jaune doré aux reflets verts, au nez d'intensité moyenne, sur le miel et les fruits secs, agrémenté d'une touche végétale plus fraîche. Une attaque souple ouvre sur un palais équilibré, d'un bon volume et d'une plaisante vivacité citronnée, avec une petite note amère en finale. ⌛ 2018-2020

DANIEL SAINT-ORENS, Dom. Monblanc, 32400 Maumusson-Laguian, tél. 06 83 63 42 42, domainemonblanc@hotmail.fr V ⚲ ⚲ *t.l.j. sf dim. 9h-12h 14h-18h30*

PLAIMONT Adventus 2017 ★

| 20000 | 🍾 | 8 à 11 € |

Le groupe Plaimont Producteurs est le fruit d'une association de trois caves qui, en 1979, unirent leurs initiales (PL pour Plaisance, AI pour Aignan et MONT pour Saint-Mont) pour créer ce leader des vins du Sud-Ouest produisant 40 millions de bouteilles par an. Rejoint en 1999 par les caves de Condom et de Crouseilles, Plaimont représente 98 % de l'appellation saint-mont, environ la moitié des AOC madiran et pacherenc-du-vic-bilh ainsi que des IGP côtes-de-gascogne. Un acteur de poids.

Une belle couleur jaune d'or aux reflets verts pour ce moelleux au nez frais et floral, qui s'oriente ensuite vers plus d'exotisme. En bouche, de la fraîcheur toujours, un bel équilibre avec les sucres, des arômes de pêche et d'ananas, et une jolie finale acidulée. ⌛ 2018-2023

■ **Saint-Martin 2017 ★ (11 à 15 €; 20000 b.)** : un moelleux élevé sous bois, mais l'élevage reste discret et laisse la place à un fruité intense (ananas, mangue, pêche). L'équilibre sucres-acidité est assuré. ⌛ 2018-2023

PLAIMONT PRODUCTEURS, rte d'Orthez, 32400 Saint-Mont, tél. 05 62 69 62 87, c.mur@plaimont.fr V ⚲ ⚲ *r.-v.*

CH. DU POUEY L'Aydasse 2017 ★

| 2500 | 🍾 | 8 à 11 € |

Exploité en famille depuis quatre générations, ce domaine de 24 ha, conduit par Bastien Lannusse depuis 2012, est situé sur les hauteurs de Viella, face à la chaîne des Pyrénées. Le jeune vigneron, qui propose madiran, pacherenc et IGP côtes-de-gascogne, développe l'œnotourisme.

D'un bel or pâle, ce moelleux présente un premier nez léger, floral, puis s'ouvre à l'aération sur la pêche et l'abricot mûrs. Une attaque tout en sucrosité, sur les fruits confits, introduit une bouche assez concentrée, dynamisée par une finale plus vive, aux tonalités citronnées. ⌛ 2018-2022

BASTIEN LANNUSSE, Ch. du Pouey, 32400 Viella, tél. 05 62 69 78 25, ch.pouey@orange.fr V ⚲ ⚲ *r.-v.*

DOM. SERGENT 2017

| 4000 | 🛢 | 5 à 8 € |

En 1902, Hubert Dousseau acquiert le domaine. Depuis 1995, Brigitte et Corinne, ses arrière-petites-filles, y conduisent un vignoble de 22 ha. Une petite maison gasconne au cœur des vignes a été convertie en gîte. Elles proposent aussi foie gras, confits et autres magrets de canard.

Un pacherenc sec couleur jaune clair, dominé par le bois à l'olfaction, quelques notes de fruits secs, de miel et de fruits mûrs pointant à l'arrière-plan. En bouche, le vin se montre chaleureux, rond, d'un bon volume, avec toujours le bois en soutien. ⌛ 2019-2023

EARL DOUSSEAU, Dom. Sergent, 32400 Maumusson-Laguian, tél. 05 62 69 74 93, contact@domaine-sergent.com V ⚲ ⚲ *t.l.j. sf sam. dim. 8h30-12h30 14h-18h30; sam. sur r.-v.* 🏠 Ⓑ

CH. VIELLA 2017 ★★

| 10000 | 🛢🍾 | 5 à 8 € |

Propriété de la famille depuis 1952, conduite par Alain Bortolussi depuis 1982, épaulé par ses filles Claire et Marion (qui ont repris le Dom. Berthoumieu), l'exploitation tire son nom de la commune gersoise où elle est implantée. Bien restauré, un vrai château du XVIIIe s., dominant un coteau viticole, des caves voûtées abritant le chai à barriques; 25 ha de vignes et des vins (madiran et pacherenc) souvent en vue.

Gros manseng, petit manseng et arrufiac composent un pacherenc sec d'une belle teinte dorée, au nez à la fois subtil et généreux qui évoque un moelleux: fruits exotiques et abricots confits, note miellée. Sensations prolongées par une bouche ample, riche et longue, étayée par un bon boisé fondu. Le coup de cœur fut mis aux voix. ⌛ 2019-2023

ALAIN BORTOLUSSI, Ch. de Viella, Rte de Maumusson, 32400 Viella, tél. 05 62 69 75 81, contact@chateauviella.fr V t.l.j. *f sam. 8h30-12h30 14h-18h30; dim. sur r.-v.* 3 E

SAINT-MONT

Superficie : 1 149 ha
Production : 76 724 hl (80 % rouge et rosé)

Consacré AOVDQS en 1981 sous le nom de côtes-de-saint-mont, le saint-mont a accédé trente ans plus tard à l'AOC. Prolongement vers l'est du vignoble de Madiran, il tire son nom et son origine d'une abbaye fondée au XIe s. et a connu une renaissance à partir de 1970. Le cépage rouge principal est encore ici le tannat, les cépages blancs, vinifiés en secs, se partageant entre la clairette, l'arrufiac, le courbu et les mansengs. L'essentiel de la production est assuré par l'union dynamique des caves coopératives Plaimont. Les rouges sont colorés et corsés, rapidement ronds et plaisants, les rosés, fins et fruités, les blancs secs et nerveux.

VIGNOBLE DE GASCOGNE
Les Vieilles Vignes 2015 ★

■ | 25529 | | 8 à 11 €

La coopérative des Vignerons de Gascogne appartient au groupe Plaimont Producteurs, acteur de poids des vins du Piémont pyrénéen produisant 40 millions de bouteilles par an.

Tannat, cabernet-sauvignon et pinenc composent un vin à la robe profonde, flatteur de bout en bout, avec son nez intense sur la réglisse, les fruits noirs, les épices et sa bouche ronde, suave et savoureuse. Une bouteille riche et consistante, qui laisse pourtant une impression de légèreté. ⧗ 2018-2023

VIGNOBLE DE GASCOGNE, 32400 Saint-Mont, tél. 05 62 69 62 87, c.mur@plaimont.fr V *r.-v.*

♥ PLAIMONT
L'Empreinte de Saint-Mont 2016 ★★★

■ | 20000 | | 11 à 15 €

GRAND VIN
2016
L'EMPREINTE de SAINT MONT
PLAIMONT

Le groupe Plaimont Producteurs est le fruit d'une association de trois caves qui, en 1979, unirent leurs initiales (PL pour Plaisance, AI pour Aignan et MONT pour Saint-Mont) pour créer ce leader des vins du Sud-Ouest produisant 40 millions de bouteilles par an. Rejoint en 1999 par les caves de Condom et de Crouseilles, Plaimont représente 98 % de l'appellation saint-mont, environ la moitié des AOC madiran et pacherenc-du-vic-bilh ainsi que des IGP côtes-de-gascogne. Un acteur de poids.

Le 2015 avait eu trois étoiles, manquant de peu un coup de cœur. Son successeur le décroche. Après quatre mois de cuve et un an de fût, ce 2016 revêt une robe intense et profonde, couleur cerise noire. Au nez, il offre un riche boisé réglissé avant de libérer de généreux arômes de fruits rouges et de baies noires confiturées. La bouche, à l'unisson, se montre à la fois consistante et ronde, étayée par des tanins veloutés. Un vin précis, bien construit, reflet d'un élevage parfaitement maîtrisé. ⧗ 2019-2025 ■ **L'Absolu des trois terroirs 2016 ★★ (11 à 15 €; 12541 b.)** : un blanc mariant les deux mansengs et le petit courbu. Une fois de plus, il obtient deux étoiles pour son harmonie, en particulier pour son équilibre entre gras et acidité. ⧗ 2018-2023 ■ **L'Absolu des trois terroirs 2015 ★★ (11 à 15 €; 12050 b.)** : élevé en cuve et en fût, un vin au nez complexe (fruits noirs, réglisse, épices) puissant, élégant et long. Flatteur, mais consistant. ⧗ 2019-2024

PLAIMONT PRODUCTEURS, rte d'Orthez, 32400 Saint-Mont, tél. 05 62 69 62 87, c.mur@plaimont.fr V *r.-v.*

PLAIMONT PRODUCTEURS
Rosé d'enfer 2017 ★★

■ | 106700 | | 5 à 8 €

Le groupe Plaimont Producteurs est le fruit d'une association de trois caves qui, en 1979, unirent leurs initiales (PL pour Plaisance, AI pour Aignan et MONT pour Saint-Mont) pour créer ce leader des vins du Sud-Ouest produisant 40 millions de bouteilles par an. Rejoint en 1999 par les caves de Condom et de Crouseilles, Plaimont représente 98 % de l'appellation saint-mont, environ la moitié des AOC madiran et pacherenc-du-vic-bilh ainsi que des IGP côtes-de-gascogne. Un acteur de poids.

Ce Rosé d'enfer n'était pas loin du paradis : il frôle le coup de cœur. Ses atouts : une belle brillance aux reflets saumonés, des arômes intenses et complexes de fraise, de framboise, d'épices, de pamplemousse, une bouche pleine de peps, vive et longue. ⧗ 2018-2019 ■ **Océanide 2017 ★ (5 à 8 €; 150000 b.)** : un rosé pâle, sur les petits fruits rouges et les épices, bien équilibré en bouche. ⧗ 2018-2019

PLAIMONT PRODUCTEURS, rte d'Orthez, 32400 Saint-Mont, tél. 05 62 69 62 87, c.mur@plaimont.fr V *r.-v.*

CH. SAINT-GO Élevé en fût de chêne 2016 ★★

■ | 93000 | | 8 à 11 €

Le groupe Plaimont Producteurs est le fruit d'une association de trois caves qui, en 1979, unirent leurs initiales (PL pour Plaisance, AI pour Aignan et MONT pour Saint-Mont) pour créer ce leader des vins du Sud-Ouest produisant 40 millions de bouteilles par an. Rejoint en 1999 par les caves de Condom et de Crouseilles, Plaimont représente 98 % de l'appellation saint-mont, environ la moitié des AOC madiran et pacherenc-du-vic-bilh ainsi que des IGP côtes-de-gascogne. Un acteur de poids.

Ce domaine situé à Bouzon-Gellenave, dont l'histoire remonte à 1421, a été repris en 1996 par six jeunes vignerons. Ils ont replanté leur vignoble (aujourd'hui 40 ha) attenant au château et sont entrés dans le groupement de la coopérative Plaimont. Le 2015 avait obtenu un coup de cœur; le millésime suivant ne démérite pas, avec sa robe profonde aux reflets violines, son nez sur les fruits rouges et noirs soulignés d'un noble boisé et sa bouche tout en rondeur, déployant une large palette aromatique. Un remarquable mariage du raisin et du bois.

⧗ 2019-2024 ■ **Le Passé authentique 2016 ★ (5 à 8 €; 40000 b.)** : gros manseng, petit courbu et arrufiac, trois cépages au service d'un vin blanc sec intéressant par son équilibre et par sa palette aromatique (fleurs blanches, pêche, fruits exotiques, fruits jaunes). ⧗ 2018-2021 ■ **Les Hauts de Bergelle 2017 ★ (5 à 8 €; 80000 b.)** : un court passage sous bois peu sensible dans ce vin blanc sec à la fois vif et rond, de belle longueur, aux arômes de fleurs blanches et de fruits exotiques. ⧗ 2018-2020

SARL CH. SAINT-GO, 32400 Saint-Mont, tél. 05 62 69 62 87, c.mur@plaimont.fr r.-v.

TURSAN

Superficie : 300 ha
Production : 16 532 hl (82 % rouge et rosé)

Autrefois vignoble d'Aliénor d'Aquitaine, le terroir de Tursan s'étend essentiellement dans les Landes, sur les coteaux de l'est de la Chalosse, autour d'Aire-sur-Adour et de Geaune. Il produit des vins dans les trois couleurs. Les plus intéressants sont les blancs, issus principalement d'un cépage original, le baroque. Des vins secs et nerveux, au parfum inimitable. Longtemps classé en AOVDQS (appellation d'origine vin délimité de qualité supérieure), il a accédé à l'AOC à la disparition des AOVDQS en 2011.

♥ CH. DE BACHEN 2016 ★★

■	25350		8 à 11 €

Le chef étoilé Michel Guérard (Les Prés d'Eugénie) cultive en tursan son jardin de vignes (20,5 ha) à Duhort-Bachen et aussi les étoiles et les coups de cœur dans le Guide. Maison noble dominant l'Adour, le Ch. de Bachen a été acquis en 1983 et, sous la conduite de l'œnologue Olivier Dupont, fait partie des incontournables du vignoble landais, en rouge comme en blanc.

Le Ch. de Bachen assemble des vins élevés en cuve avec d'autres élevés sous bois. Le sauvignon et les deux mansengs assistent le baroque (35 %) pour composer une superbe cuvée paille clair, qui enchante d'emblée par son nez aussi intense que complexe, mêlant agrumes, fruits jaunes et exotiques à de multiples nuances boisées aux accents pâtissiers: notes beurrées, briochées, noisette... Cette palette se prolonge et s'enrichit encore dans un palais persistant, à la fois gras et frais, au boisé présent mais bien fondu. Un remarquable équilibre. ⧗ 2018-2021 ■ **Baron de Bachen 2016 ★ (11 à 15 €; 26250 b.)** : un élevage de huit mois sous bois pour cette cuvée mariant baroque, sauvignon et mansengs (petit et gros). Un peu moins long que le 2015, coup de cœur l'an dernier, il n'en est pas moins élégant et expressif (agrumes, fruits exotiques). ⧗ 2018-2021

CIE HÔTELIÈRE ET FERMIÈRE D' EUGÉNIE-LES-BAINS, pl. de l'Impératrice, 40320 Eugénie-les-Bains, tél. 05 58 71 76 76, direction@michelguerard.com V r.-v.

DOM. CAZALET Vent frais 2017 ★

■	7000		8 à 11 €

Domaine familial adhérent à la coopérative jusqu'en 2007. Pour produire ses propres vins, Fabien Desserez s'est associé en 2010 avec Cyril Laudet, du Dom. de Laballe, qui suit notamment la commercialisation. L'exploitation (7,5 ha) est l'une des rares propriétés indépendantes de l'appellation tursan.

Né du cabernet franc (60 %), du tannat et du fer-servadou, ce rosé pâle et brillant déploie des arômes de fruits rouges, de pêche, d'abricot et des nuances florales. En bouche, il apparaît droit, dynamique, long et fruité. ⧗ 2018-2019 ■ **Carpe Diem 2017 (8 à 11 €; 18000 b.)** : vin cité.

DOM. CAZALET, 40320 Puyol-Cazalet, tél. 05 58 73 81 57, contact@laballe.fr
Cyril Laudet et Fabien Desserez

DOM. DES PENTES DE BARÈNES 2016

■	6000		5 à 8 €

Avec 1,3 ha, cette exploitation est la plus petite de l'appellation tursan. C'est aussi la plus récente: Daniel Vergnes l'a fondée en 2004, après avoir passé un an à aménager des terrasses sur l'escarpement calcaire exposé plein sud qui borde son village de Pimbo. Le vignoble est dédié aux cépages blancs.

Complété par les deux mansengs et par une goutte de sauvignon, le cépage baroque a engendré un blanc à la robe paille striée de reflets verts, au nez discret mais délicat, fait d'acacia, de miel, de fruits jaunes, de fruits exotiques et de fruits secs. On retrouve le miel dans une bouche à l'attaque souple et suave, qui se déploie avec générosité avant de finir sur une pointe d'amertume. ⧗ 2018-2019

DANIEL VERGNES, 410, rue de la Bastide, 40320 Pimbo, tél. 05 58 44 46 56, daniel.vergnes0494@orange.fr V r.-v.

LES VIGNERONS LANDAIS
Oh cœur des vignes 2016 ★

■	20000		5 à 8 €

Cette coopérative fondée en 1958 regroupe aujourd'hui quelque 150 vignerons sur les terroirs de Tursan et de Chalosse, dans le sud des Landes. Elle dispose de 500 ha et vinifie 95 % de l'AOC tursan.

Mi-tannat, mi-cabernets, cette cuvée assemble des vins élevés en cuve avec d'autres qui ont connu le bois. La robe soutenue montre des reflets violines. Intense et franc, le nez s'ouvre sur les petits fruits des bois bien mûrs et sur la réglisse. La bouche est de belle tenue, ronde sans mollesse, étayée par des tanins enrobés, et teintée d'un boisé suave et bien intégré. ⧗ 2018-2022 ■ **Impératrice Eugénie 2017 (- de 5 €; 40000 b.)** : vin cité.

SCA LES VIGNERONS LANDAIS, 30, rue Saint-Jean, 40320 Geaune, tél. 05 58 44 51 25, technique@tursan.fr V t.l.j. sf dim. 9h-12h 14h-17h30

BÉARN

Les vins du Béarn peuvent être produits sur trois aires séparées. Les deux premières coïncident avec celles du jurançon et du madiran. La troisième

comprend les communes qui entourent Orthez, Salies-de-Béarn et Bellocq. Reconstitué après la crise phylloxérique, le vignoble occupe les collines prépyrénéennes et les graves de la vallée du Gave. Les cépages rouges sont constitués par le tannat, les cabernet-sauvignon et cabernet franc (bouchy), les anciens manseng noir, courbu rouge et fer-servadou. Les vins sont corsés et généreux, les rosés vifs et délicats, avec des arômes fins de cabernet et une bonne structure en bouche.

DOM. DE LA CAILLABÈRE Confidence 2016 ★

■ | 2000 | | 15 à 20 €

Créée en 1992 par Jean-Marc Larroudé à partir de vignes familiales, cette propriété étend ses 4 ha sur des coteaux exposés à l'est-sud-est. Les sols argilo-limoneux sont très caillouteux, comme le suggère le nom béarnais du domaine.

Souvent en très bonne place dans le Guide, une cuvée de tannat élevée douze mois en barrique. Le 2016 arbore une robe très soutenue, presque noire, à reflets violets. Il demande de l'aération pour libérer ses arômes de fruits rouges frais, de menthol et d'épices. Souple en attaque, le palais se montre frais, assez étoffé, soutenu par une trame de tanins soyeux. Une confidence encore chuchotée: ce vin demande un peu de temps pour gagner en expression. ⧗ 2020-2024

SCEA DE LA CAILLABÈRE, 479, rte de Madiran, 64330 Taron, tél. 05 59 04 78 80, caillabere@gmail.com V r.-v.

DOM. DU CHÂTEAU 2016 ★

■ | 38600 | | 5 à 8 €

Fondée en 1949, la cave de Gan réunit 750 ha de vignes, soit plus de 250 viticulteurs. Elle fournit plus de la moitié des volumes de l'appellation jurançon et joue aussi un rôle majeur dans l'AOC béarn. Elle propose ses vins de marque et des vins de propriétés élaborés par ses soins. Un acteur incontournable du vignoble du piémont pyrénéen.

Un nez très engageant, qui reflète le long élevage, en fût pour 20 % de l'assemblage. La barrique s'exprime par des touches suaves de cannelle et de caramel, qui viennent rehausser un fruit très présent, aux nuances de cerise, de mûre et de petits fruits rouges. Des notes chocolatées et mentholées apparaissent en bouche, en harmonie avec une matière équilibrée, à la fois souple et fraîche, qui montre cependant une certaine austérité tannique en finale. ⧗ 2019-2023 ■ **Dom. Larribère 2016 (- de 5 €; 38600 b.)** : vin cité. ■ **Dom. Lamazou 2016 (- de 5 €; 38600 b.)** : vin cité.

CAVE DE GAN JURANÇON, 53, av. Henri-IV, 64290 Gan, tél. 05 59 21 57 03, cave@cavedejurancon.com V r.-v.

CAVE DE CROUSEILLES Carte d'or 2017 ★★

■ | 46700 | | - de 5 €

La coopérative de Crouseilles a été créée en 1950, deux ans après la reconnaissance en AOC du madiran et du pacherenc-du-vic-bilh. Elle a largement contribué au renouveau du grand vin rouge pyrénéen, dont elle fournit plus du tiers des volumes. Regroupant cent trente vignerons, elle propose, outre le madiran, du pacherenc et du béarn.

Cette Carte d'or associant les deux cabernets au tannat a fait forte impression. D'emblée séductrice dans sa robe brillante et limpide, elle s'ouvre sur les fleurs blanches, la rose et les fruits à chair blanche. Souple, fraîche, fine, très fruitée, longue, la bouche ne manque de rien. Le coup de cœur fut mis aux voix. ⧗ 2018-2019

CAVE DE CROUSEILLES, rte du Château, 64350 Crouseilles, tél. 05 62 69 67 48, m.darricau@crouseilles.fr V r.-v.

DOM. GUILHEMAS 2016 ★★

■ | 16000 | | 5 à 8 €

Installé à Salies-de-Béarn, une des nombreuses petites villes thermales du piémont pyrénéen, Pascal Lapeyre a repris en 1987 le domaine fondé en 1909 par son arrière-grand-père et aménagé la cuverie et le chai. Exposés plein sud, ses 13 ha de vignes couvrent les coteaux du Guilhemas, face aux Pyrénées. Ses vins, valeurs sûres de l'AOC béarn, sont vendus sous l'étiquette Dom. Lapeyre ou Dom. Guilhemas.

Il n'est pas passé loin du coup de cœur, ce vin rouge mi-cuve mi-fût, déjà salué dans le millésime précédent. Les dégustateurs louent sa robe profonde aux reflets violines et, plus encore, son nez précis et complexe, sur les fruits rouges au sirop, la réglisse et le poivre. Ronde en attaque, fraîche dans son développement, la bouche montre un remarquable équilibre et est soutenue par des tanins épicés et bien fondus. Un vin expressif. ⧗ 2019-2023 ■ **Dom. Lapeyre 2016 ★ (8 à 11 €; 13000 b.)** : le tannat est au cœur de ce vin de garde ambitieux, élevé quinze mois dans le bois. Un nez entre fruits noirs mûrs, chocolat et fumée, une bouche dans le même registre, structurée et riche, à la finale encore sous l'emprise de tanins jeunes et vifs. ⧗ 2020-2026

PASCAL LAPEYRE, 52, av. des Pyrénées, 64270 Salies-de-Béarn, tél. 05 59 38 10 02, contact@domaine-lapeyre-guilhemas.com V *t.l.j. 8h30-12h30 14h30-19h30; dim. sur r.-v.*

JURANÇON

«Je fis, adolescente, la rencontre d'un prince enflammé, impérieux, traître comme tous les grands séducteurs: le jurançon», écrit Colette. Célèbre depuis qu'il servit à Pau au baptême d'Henri IV, le jurançon est devenu le vin des cérémonies de la maison de France. On trouve ici les premières notions d'appellation protégée – car il était interdit d'importer des vins étrangers – et même une hiérarchie des crus, puisque toutes les parcelles étaient répertoriées suivant leur valeur par le parlement de Navarre. Comme les autres vins de Béarn, le jurançon, alors rouge ou blanc, était expédié jusqu'à Bayonne, au prix de navigations parfois hasardeuses sur les eaux du Gave. Très prisé des Hollandais et des Américains, le jurançon connut une éclipse avec la crise phylloxérique. La reconstitution du vignoble fut effectuée avec les méthodes et les cépages anciens, sous l'impulsion de la Cave de Gan et de quelques propriétaires.
Ici plus qu'ailleurs, le millésime revêt une importance primordiale, surtout pour les jurançon moelleux qui demandent une surmaturation tardive par passerillage sur pied. Les cépages traditionnels, uniquement blancs, sont le gros et le petit mansengs, et le courbu.

Les vignes sont cultivées en hautains pour échapper aux gelées. Il n'est pas rare que les vendanges se prolongent jusqu'aux premières neiges.
Le jurançon sec est un blanc de couleur claire à reflets verts, très aromatique, avec des nuances miellées. Les jurançon moelleux ont une couleur dorée, des arômes complexes de fruits exotiques (ananas et goyave) et d'épices (muscade et cannelle), et offrent un bel équilibre acidité-liqueur. Ils peuvent vieillir très longtemps et donner de grandes bouteilles qui accompagneront un repas.

CH. D'ABOS Cuvée Soleil d'automne 2015 ★★

■ | 4000 | 🛢 | 11 à 15 €

Dominant à 260 m d'altitude le gave de Pau, sur le plateau sommital d'une hauteur occupée dans l'Antiquité par un oppidum romain, le château d'Abos est une grande demeure du XVII[e]s. aux allures rustiques. Il possède un petit vignoble de 1,72 ha conduit depuis 1996 par Régis Lafon.

Vinifié avec des levures indigènes et élevé onze mois en fût, ce moelleux or brillant est aussi intense à l'œil qu'au nez. Engageante et complexe, sa palette décline le miel d'acacia, le coing, les fruits cuits et l'ananas; on lui trouve même des arômes de miel d'eucalyptus. Les fruits exotiques et les fruits jaunes s'épanouissent dans une bouche souple en attaque, ronde et riche. Une fraîcheur bienvenue donne du tonus à l'ensemble et soutient la superbe finale. ⌛ 2018-2028

⊶ RÉGIS LAFON, 2, rue du Château-d'Abos, 64230 Arbus, tél. 06 79 27 99 23, lafonregis@neuf.fr V 🚶 🍷 *r.-v.*

DOM. BELLEGARDE Sec La Pierre blanche 2016 ★★

□ | 6300 | 🛢 | 11 à 15 €

Pascal Labasse s'est formé au Ch. la Tour Blanche à Sauternes. Il exploite près de 15 ha autour de Monein, important bourg viticole dédié au jurançon.

Outre les petit et gros mansengs, cette cuvée comprend 15 % de camaralet, cépage local qui connaît un regain d'intérêt. Ce qui transparaît dans ce 2016 or pâle, cependant, c'est le fût de chêne où il a séjourné huit mois. Au nez comme en bouche, ce vin est sous l'emprise d'un boisé charmeur, aux nuances d'épices – vanille, cannelle et clou de girofle – avec une touche beurrée. Le fruit mûr perce tout de même sous l'élevage. Tous ces arômes montent en puissance dans un palais tout en rondeur. ⌛ 2019-2022 ■ **Cuvée Thibault 2016 ★ (15 à 20 €; 14500 b.)** : né de pur petit manseng vendangé le 17 novembre, un liquoreux vinifié et élevé douze mois en barrique. Sa douceur généreuse traduit la surmaturité de la vendange et l'élevage sous bois est bien maîtrisé. ⌛ 2018-2025

⊶ PASCAL LABASSE, Dom. Bellegarde, quartier Coos, 64360 Monein, tél. 05 59 21 33 17, contact@domaine-bellegarde.fr V 🚶 🍷 *t.l.j. 8h-12h 13h30-18h*

DOM. BORDENAVE Cuvée des dames 2016 ★★

■ | 8000 | 🍾 | 15 à 20 €

Implantée à Monein, au cœur de l'appellation jurançon, cette propriété familiale se transmet depuis 1676. Elle élabore ses propres vins depuis que Gisèle Bordenave, œnologue, l'a reprise en 1993.

Jaune paille, cette cuvée issue de petit manseng, à la fois moelleuse et croquante, dévoile un parfait équilibre entre sucres et acidité. Un élevage en cuve Inox favorise l'expression du fruit – du fruit exotique bien mûr, rehaussé en finale de touches citronnées et poivrées qui donnent à ce vin beaucoup de relief. ⌛ 2018-2023 ■ **Terres de mémoire 2016 ★★ (15 à 20 €; 18500 b.)** Ⓑ : issu de petit manseng élevé en cuve, un moelleux à la fois gras, volumineux et frais, aux arômes intenses (fruits exotiques, fruits confits, coing). ⌛ 2018-2023 ■ **Le Plaisir partagé 2016 ★ (11 à 15 €; 31000 b.)** : élevé en cuve, un moelleux né de petit et gros mansengs. Ses atouts : un nez intense, entre fleurs blanches, miel, pêche, abricot et fruits exotiques, une bouche puissante et ronde vivifiée par une finale fraîche. ⌛ 2018-2023 ■ **Cuvée Savin 2016 ★ (15 à 20 €; 5200 b.)** : issu de petit manseng récolté le 3 novembre, élevé en fût, un moelleux riche et chaleureux, à la palette aromatique intense et complexe (fruits exotiques, fruits confits, amande, vanille). ⌛ 2019-2028 ■ **Encore et encore 2016 ★ (15 à 20 €; 14500 b.)** Ⓑ : né des deux mansengs et élevé en cuve, un moelleux très équilibré, ample et frais, aux arômes de fruits exotiques et d'abricot. ⌛ 2017-2022

⊶ GISÈLE BORDENAVE, 245, rte d'Ucha, 64360 Monein, tél. 06 80 72 91 78, contact@domaine-bordenave.com V 🚶 🍷 *t.l.j. 9h-19h; dim. sur r.-v.*

DOM. DE BURGUÉ-SÉRÉ ET FILS Sec La Palombière 2016 ★★

□ | 2000 | 🛢 | 11 à 15 €

Fondé en 1807 et conduit depuis 2010 par Benoît et Sébastien Séré, ce domaine familial de 7,5 ha est implanté sur les coteaux environnant le petit village de Saint-Faust. Il propose non seulement des jurançon, mais aussi des vins rouges nés de tannat et de cabernets.

Issu de petit manseng âgé de soixante ans, fermenté et élevé douze mois en foudre, ce jurançon sec vieil or dévoile un mariage très équilibré entre le bois et le raisin. Il a tiré de son séjour dans le chêne ampleur, gras, rondeur et longueur ainsi qu'une palette complexe et gourmande mêlant les épices douces, la vanille, l'amande et la noisette à la mangue et à d'autres fruits jaunes bien mûrs. Parfait pour les cuisines à la crème. ⌛ 2018-2021 ■ **Soleil d'automne 2016 ★ (8 à 11 €; 12000 b.)** : gras et structuré, un moelleux issu des deux mansengs à parts égales. Mieux vaut l'attendre pour que le boisé vanillé de l'élevage laisse parler le fruit. ⌛ 2021-2028

⊶ BENOÎT ET SÉBASTIEN SÉRÉ, 157, Maison-Burgué, chem. Lasbiste-et-Bassot, 64110 Saint-Faust, tél. 05 59 83 06 40, jeannot.sere@orange.fr V 🚶 🍷 *t.l.j. 8h-19h*

DOM. DE CABARROUY Ambre de samonios 2015 ★★

■ | 6000 | 🛢🍾 | 11 à 15 €

Dans les années 1980, Patrice Limousin, alors jeune vigneron dans la région nantaise, rencontre Freya Skoda, une étudiante berlinoise venue faire les vendanges. Le couple achète en 1988 ce domaine à l'abandon, replante les vignes, restaure la demeure du XVIII[e]s. et aménage un chai. Le vignoble compte aujourd'hui environ 5 ha.

Samonios? Le mois de novembre dans le calendrier gaulois. Le petit manseng à l'origine de ce jurançon doux a été récolté le 12 novembre. Cet «ambre» est d'un jaune intense et profond. L'élevage partiel sous bois n'est guère perceptible dans sa palette aromatique qui déploie un fruité éclatant et complexe: ananas, fruits jaunes et agrumes confits, coing, alliés à des touches miellées, montent du verre et se prolongent dans un palais d'une belle ampleur. La finale persistante brille par sa fraîcheur. ⧗ 2018-2024 ■ **Classique 2016 (8 à 11 €; 10500 b.)** : vin cité.

DOM. DE CABARROUY,
448, chem. Cabarrouy, 64290 Lasseube,
tél. 05 59 04 23 08, domaine.cabarrouy@orange.fr
V t.l.j. 10h-12h 14h-19h; dim. 10h-12h
Patrice Limousin et Freya Skoda

CAMIN-LARREDYA Au Capcéu 2016 ★★

■	8000		20 à 30 €

Ce domaine acquis en 1900 par la famille Grussaute s'est tourné vers la vigne à partir de 1970. Après ses études de viticulture-œnologie, Jean-Marc Grussaute, arrivé sur le domaine en 1988, a quitté la coopérative avant de s'orienter vers le bio (certification en 2010). Le vignoble couvre aujourd'hui 11 ha.

De la même veine que les deux millésimes précédents, ce petit manseng vinifié et élevé en barrique reste «au zénith». Le 2016 semble plus opulent, avec sa robe soutenue aux reflets ambrés, ses arômes de fruits confits, de miel et d'épices, et son palais gras, riche et puissant aux accents de pomme au four caramélisée. Une friandise. ⧗ 2018-2028

JEAN-MARC GRUSSAUTE,
2051, chem. Larredya, Chapelle-de-Rousse,
64110 Jurançon, tél. 05 59 21 74 42, contact@caminlarredya.fr V r.-v.

CANCAILLAÜ Crème de tête 2016 ★★

■	18000		8 à 11 €

La maison est sise sur la place de l'église à Lahourcade. Anne-Marie Barrère, épaulée par sa sœur et sa mère, gère un vignoble de 16 ha répartis sur deux terroirs: le Clos Cancaillaü et le Clos de la Vierge. Très régulier en qualité.

Aussi remarquable que le millésime précédent, avec les mêmes qualités de fraîcheur, ce moelleux comprend 25 % de gros manseng aux côtés du petit manseng. La robe est légère, jaune paille; le nez joue sur la pêche et l'abricot bien mûrs, sur la mangue, vivifié par une touche mentholée. Tout aussi fruitée, la bouche est bien construite, avec son attaque alerte, son développement ample et sa finale tonique. ⧗ 2018-2023

ANNE-MARIE BARRÈRE,
4, rte de Monein, 64150 Lahourcade,
tél. 05 59 60 08 15, earl.barrere@orange.fr V t.l.j. sf dim. 8h-19h; f. 1er oct.-15 nov.

DOM. CAPDEVIELLE
Sec Brise océane 2017 ★

■	5300		5 à 8 €

Fondée en 1847, cette propriété familiale est installée à Monein, en AOC jurançon, dans une ferme béarnaise avec vue sur les Pyrénées. Le grand-père commence à faire du vin (rouge), son fils commence les mises en bouteilles. Didier Capdevielle (troisième génération) prend le relais en 1995 et aménage un chai; il conduit 12 ha de vignes.

Né d'un assemblage des deux mansengs (avec 70 % de gros manseng), ce jurançon sec offre un côté rond et suave comme l'annonce sa robe soutenue aux reflets dorés. Le nez associe la prune jaune, la pêche, l'abricot sec, la noisette à une touche de cire d'abeille. La fleur blanche s'ajoute à cette palette dans une bouche complexe, d'une agréable souplesse. ⧗ 2018-2021 ■ **Noblesse d'automne 2016 (11 à 15 €; 30000 b.)** : vin cité.

DIDIER CAPDEVIELLE, quartier Coos,
7, chem. Lamarche, 64360 Monein, tél. 05 59 21 30 25, contact@domaine-capdevielle.com V t.l.j. sf dim. 8h30-12h 13h30-18h

DOM. CASTÉRA 2015 ★

■	15000		11 à 15 €

Achetée en 1895 par un trisaïeul de l'actuel propriétaire, cette ferme béarnaise fondée au XVIIIes. a longtemps accueilli veaux, vaches, cochons, couvées. Les blondes d'Aquitaine paissent tout à côté; les champs de maïs ont disparu, et le vignoble a gagné du terrain (11,5 ha) avec l'arrivée de Christian Lihour. Son fils Franck, qui l'a rejoint en 2014, est aujourd'hui aux commandes.

Partagé entre petit et gros mansengs, ce moelleux fait preuve d'un bel équilibre. Au nez, il mêle la fleur d'oranger, les fruits jaunes et les agrumes. En bouche, il allie la richesse des fruits confits et une belle ampleur à une légère nervosité. La finale sur l'orange confite est teintée d'une agréable amertume. ⧗ 2018-2023

FRANCK LIHOUR, quartier Uchaa,
64360 Monein, tél. 05 59 21 34 98, contact@domainecastera.fr V r.-v.

QUATUOR DE CAUHAPÉ 2015 ★★

■	2700		30 à 50 €

Dans la première édition du Guide, un coup de cœur avait couronné un jurançon moelleux 1982 élaboré par Henri Ramonteu, installé en 1980. Onze autres ont suivi. Le domaine s'étend sur 43 ha de vignes escarpées, plantées à flanc de colline.

Né d'un assemblage de quatre cuvées de jurançon moelleux, ce 2015 a été élevé huit mois dans le bois. Sa robe paille montre des reflets d'or. Aussi intense qu'élégant, son nez mêle les fruits exotiques, le miel et un boisé toasté. Aromatique, bien construit, ample et onctueux, son palais est tonifié par une pointe de fraîcheur en finale. ⧗ 2018-2026 ■ **C de Cauhapé Sec 2016 ★ (30 à 50 €; 2700 b.)** : un des six jurançon secs du domaine. Pas moins de cinq cépages (petit manseng 50 %), une vinification en cuve et en barrique. Des arômes précis de mangue, d'abricot, de pêche jaune et de vanille, une bouche ample et ronde, une agréable finale safranée. ⧗ 2018-2022

HENRI RAMONTEU, Dom. Cauhapé,
quartier Castet, 64360 Monein, tél. 05 59 21 33 02, contact@cauhape.com V t.l.j. sf sam. dim. 8h-12h30 13h30-18h

SUD-OUEST

DOM. DU CINQUAU L'Esprit 2015 ★★

4000		15 à 20 €

Germain Laborde est le directeur et le maître de chai de cette très ancienne maison (on en trouve trace peu après la mort d'Henri IV), propriété de la famille Saubot. En 1985, Pierre Saubot y a fait renaître la viticulture, tournée vers la vente directe. Couvrant 11 ha, l'exploitation a bénéficié à partir de 2008 d'importants travaux de rénovation orientés vers l'œnotourisme.

Récolté à la mi-novembre et élevé en fût de chêne, le petit manseng a engendré ce superbe liquoreux, d'un jaune d'or intense, au nez complexe et tonique: la fleur blanche, le miel d'acacia, l'ananas et les agrumes se nuancent d'une touche d'eucalyptus et de fumée. Rehaussés d'un léger vanillé, ces arômes s'épanouissent dans un palais ample et harmonieux, marqué en finale par une touche mentholée et de nobles amers. ⧗ 2018-2023

FAMILLE SAUBOT, chem. du Cinquau, 64230 Artiguelouve, tél. 05 59 83 10 41, info@cinquau.fr t.l.j. sf dim. 9h-12h30 13h30-18h

CLOS BENGUÈRES Le Chêne couché 2016 ★★

4000		15 à 20 €

Thierry Bousquet s'est installé en 2000 dans les bâtiments quatre fois centenaires de la propriété située à Cuqueron, village proche de Monein. Il a converti à l'agriculture biologique le vignoble familial de 4,5 ha d'un seul tenant, planté à mi-coteau.

Né de petit manseng, ce jurançon a été «couché» pendant douze mois dans le chêne. Il en est ressorti paré d'une robe jaune doré intense, mais encore discret au nez. Il demande un peu d'aération pour libérer des senteurs toniques de fruits (blancs et exotiques). D'une belle présence en bouche, il est porté en finale par une pointe de fraîcheur et par un boisé subtil. De l'élégance. ⧗ 2018-2026

THIERRY BOUSQUET, Clos Benguères, 23, chem. de l'École, 64360 Cuqueron, tél. 06 21 18 57 12, bengueres@free.fr r.-v.

CLOS CASTET Cuvée spéciale 2016 ★★

5000		5 à 8 €

Installé dans une ancienne ferme béarnaise à galets apparents, Alain Labourdette conduit depuis 1992 le domaine familial, qui compte plus de 3 ha de vignes en jurançon. Il produit aussi des vins rouges du Béarn.

Issu de petit manseng récolté le 10 novembre, ce jurançon doux a tiré de son élevage (pour moitié) en barrique un boisé complexe, fait de vanille, de réglisse, de cèdre et de fumée. Un peu en retrait, le fruit s'exprime aussi, sur des notes de fleurs blanches et de pêche. En bouche, le gras et la vivacité s'affirment et s'équilibrent jusqu'à la finale éclatante, marquée par les notes confites du cépage. Original. ⧗ 2018-2023

ALAIN LABOURDETTE, Clos Castet, 64360 Cardesse, tél. 05 59 21 33 09, a-labourdette@hotmail.fr t.l.j. 8h-12h 14h-19h

♥ **CLOS THOU** Sec Cuvée Guilhouret 2016 ★★

7500		11 à 15 €

Métayers puis fermiers, les arrière-grands-parents d'Henri Lapouble-Laplace ont acheté en 1920 le domaine que ce vigneron, installé en 1993, met aujourd'hui en valeur avec une belle constance dans la qualité. Les 9 ha de vignes sont conduits en bio depuis 2007.

Ce domaine confirme avec cette édition tout le bien que l'on pense de lui. Le sec, outre les deux mansengs, comprend 30 % de courbu et de camaralet; il a été vinifié pour un tiers en fût. Il en tire un nez complexe, gorgé de fruit (pêche et fruits exotiques), nuancé de fleurs blanches et de vanille, et une bouche superbe d'intensité, vive en attaque, ample et ronde, montrant en finale un plaisant retour vanillé. ⧗ 2018-2023 **Vendanges tardives Terroir de la cerisaie 2015 ★★ (20 à 30 €; 1200 b.)** : à l'opposé du sec, un liquoreux (110 g/l de sucres) issu de petit manseng vendangé le 25 novembre, vinifié et élevé dix-huit mois en fût. D'un or profond, il déploie des notes d'ananas confit, de figue, de miel, de cire et de vanille. Le coing s'ajoute à cette palette complexe dans une bouche concentrée et ronde, tonifiée en finale par de nobles amers et par des touches d'agrumes et de menthol. ⧗ 2018-2028 **Sec Délice de Thou 2016 ★★ (8 à 11 €; 3600 b.)** : né des deux mansengs à parité, élevé en cuve, un sec très séduisant par sa vivacité et ses arômes intenses de fruits exotiques (ananas et litchi). ⧗ 2018-2028 **Suprême de Thou 2016 ★★ (15 à 20 €; 6000 b.)** : du petit manseng récolté le 6 novembre, vinifié et élevé douze mois en fût. Une fois de plus à un haut niveau, un liquoreux gras, vif, énergique et long, aux arômes exubérants et complexes (agrumes, ananas, mangue, abricot sec, miel, noisette, toast...). ⧗ 2018-2021

HENRI LAPOUBLE-LAPLACE, 245, chem. Larredya, Clos Thou, 64110 Jurançon, tél. 05 59 06 08 60, clos.thou@wanadoo.fr t.l.j. sf dim. 9h-12h 14h-18h

DOM. COUSTARRET Anie d'Ange 2016 ★

12500		11 à 15 €

Sur les coteaux de Lasseube, au sud de Pau, ce petit domaine de 5 ha est installé en altitude, à 380 m, face aux Pyrénées. Fondé en 1842, il est conduit depuis 1995 par Sébastien Bordenave-Coustarret. Après avoir suivi pendant cinq ans la démarche de l'agriculture biologique, il a engagé en 2017 la conversion de son exploitation.

Fermentés avec des levures indigènes, gros manseng (60 %) et petit manseng ont donné naissance à ce jurançon doux au nez expressif et frais, mêlant les fruits exotiques bien mûrs et des touches grillées. La bouche est légère, portée par une vivacité citronnée. Un moelleux qui a du peps. ⧗ 2018-2023

BORDENAVE-COUSTARRET, 411, chem. Ranque, 64290 Lasseube, tél. 05 59 21 72 66, domainecoustarret@wanadoo.fr t.l.j. 9h-12h30 13h30-18h; dim. sur r.-v.

CRU LAROSE Régal des grives 2016 ★

■	2500		11 à 15 €

Dans la famille depuis trois générations, ce domaine d'à peine 3 ha est conduit depuis 2005 par Chantal Peyroutet-Davancens. Situé sur la crête de Saint-Faust, face aux Pyrénées, le vignoble bénéficie d'un ensoleillement maximal.

Du petit manseng, raisin préféré des grives dans le Jurançonnais. Vendangé le 19 novembre, il a fermenté avec des levures indigènes avant un élevage de six mois en cuve et de dix mois en fût. Il en résulte un vin d'un jaune d'or éclatant, encore discret mais convaincant: nez délicat, sur les fruits exotiques, les fruits blancs et la vanille, bouche ample, tendue par une agréable vivacité, retour en finale des fruits exotiques nuancés d'amande fraîche. ⧗ 2018-2028 ■ **Vendanges tardives Nectar d'automne 2015 ★ (20 à 30 €; 840 b.)** : du petit manseng récolté le 5 décembre, vinifié sans levurage, élevé six mois en cuve et neuf mois en fût. Un liquoreux ample et onctueux, imposant par sa richesse en sucre. ⧗ 2018-2028

CHANTAL PEYROUTET-DAVANCENS, 251, chem. des Crêtes, 64110 Saint-Faust, tél. 05 59 83 12 06, contact@crularose.com V t.l.j. 10h-12h 14h-18h30

SIMON FORGUE Sec Cairn 2016 ★

■	3800		11 à 15 €

«Vigneron sans terre», Simon Forgue, ancien œnologue du château Montus, a créé en 2012 avec une poignée de proches une petite structure de négoce et de vinification: Vignoble de Pyrenaïa. Il a installé son chai dans une ancienne carrosserie avant d'en construire un nouveau en 2018. Il élabore des vins du piémont pyrénéen.

Issu des deux mansengs à parité, un jurançon sec vinifié en foudre et en jarre de grès. Jaune vif, encore réservé, il s'ouvre sur l'orange et le citron confits, rehaussés de nuances minérales et de notes de fruits secs grillés. Rond et gras en attaque, sur des notes de pêche blanche et de miel, il est équilibré par une fraîcheur minérale aux accents de pierre à fusil et, en finale, par une petite pointe d'amertume. ⧗ 2018-2021

SIMON FORGUE, 1, rue des Artisans, 64110 Mazères-Lezons, tél. 06 86 16 82 63, simon.forgue@pyrenaia.com V r.-v.

♥ CAVE DE GAN JURANÇON
Prestige d'automne Passerillé en automne 2016 ★★

■	100000		8 à 11 €

Fondée en 1949, la cave de Gan réunit 750 ha de vignes, soit plus de 250 viticulteurs. Elle fournit plus de la moitié des volumes de l'appellation jurançon et joue aussi un rôle majeur dans l'AOC béarn. Elle propose ses vins de marque et des vins de propriétés élaborés par ses soins. Un acteur incontournable du vignoble du piémont pyrénéen.

Comme tous les ans, la cave de Gan a soumis aux jurés des cuvées remarquables. Celle-ci, paille dorée, naît de petit manseng, dont les grains, en 2016, étaient déjà desséchés dans les derniers jours de septembre. Au nez, elle reflète cette vendange passerillée avec ses arômes de fruits très mûrs et de grillé. C'est surtout en bouche qu'elle s'impose par son remarquable équilibre entre ampleur et fraîcheur, par sa présence aromatique et par sa belle finale poivrée et citronnée. Le rapport qualité-prix, lui aussi, est remarquable. ⧗ 2018-2026 ■ **Grain d'automne 2016 ★★ (8 à 11 €; 100000 b.)** : le successeur d'un coup de cœur. Un petit manseng élevé en cuve, riche, ample et puissant, frais et persistant, aux arômes d'agrumes, de mangue, d'abricot sec, de miel d'acacia. Il a atteint sa plénitude mais garde des réserves. ⧗ 2018-2028 ■ **Ch. Roquehort 2016 ★★ (8 à 11 €; 80000 b.)** : un très bel équilibre pour ce jurançon doux aux arômes gourmands de fruits exotiques, né de petit manseng et élevé en cuve. De l'ampleur, de la rondeur, équilibrées par une fraîcheur citronnée. ⧗ 2018-2025 ■ **Prestige 2016 ★★ (8 à 11 €; 150000 b.)** : une belle expression du petit manseng, avec des arômes de mangue, d'ananas, de miel et d'agrumes au nez comme en bouche, et un palais ample, consistant et frais, de bonne longueur. ⧗ 2018-2025

CAVE DE GAN JURANÇON, 53, av. Henri-IV, 64290 Gan, tél. 05 59 21 57 03, cave@cavedejurancon.com V r.-v.

DOM. HAUGAROT
Cuvée André-Jean Élevé en fût de chêne 2016 ★

■	4300		11 à 15 €

En 2001, à dix-neuf ans, Jean-Pierre Proharam reprend les vignes familiales (6 ha en jurançon) jusqu'alors vinifiées à la coopérative. En 2004, il réalise sa première vinification et inaugure son chai en 2008.

Du petit manseng vendangé le 4 novembre, puis vinifié et élevé douze mois en barrique. Il en résulte un vin jaune paille, au nez délicat et suave, partagé entre fleurs blanches et fruits exotiques, et à la bouche souple et généreuse, soutenue par une belle arête acide. Bien maîtrisé, l'élevage lui a apporté de la structure et une finale vanillée. ⧗ 2018-2026 ■ **Sec Camahor 2017 ★ (5 à 8 €; 6600 b.)** : issu de gros manseng (70 %), de petit manseng et de petit courbu, élevé en cuve, un jurançon sec dynamique et minéral, aux arômes de fleurs et de pêche blanche. ⧗ 2018-2021

JEAN-PIERRE PROHARAM, 672, chem. des Crêtes, 64110 Saint-Faust, tél. 06 80 40 87 00, domainehaugarot@yahoo.fr V t.l.j. 8h30-12h30 13h30-19h

CH. DE JURQUE Tendresse 2016 ★

■	22000		11 à 15 €

Les domaines Latrille se composent de deux propriétés en jurançon. Le berceau est le château Jolys (32 ha), créé en 1962 par Pierre-Yves Latrille, ingénieur agronome; le château de Jurque (10 ha) a été planté entre 2003 et 2011. Petites-filles du fondateur, Claire Bessou-Latrille, ingénieur agronome et œnologue, et sa sœur Camille, commerciale, sont aux commandes depuis 2012.

Partagé entre gros et petit (60 %) mansengs, ce jurançon offre un nez très épanoui, où s'entremêlent la fleur d'oranger, le citron, l'ananas, la mangue et le miel. Plus discrète, la bouche n'en montre pas moins un bel équilibre, avec son attaque ample et sa finale fraîche. ⧗ 2018-2023 ■ **Sec Fantaisie 2017 (8 à 11 €; 12000 b.)** : vin cité.

*⊶ FAMILLE LATRILLE,
330, rte de la Chapelle-de-Rousse, 64290 Gan,
tél. 05 59 21 72 79, contact@domaineslatrille.fr* V
t.l.j. sf sam. dim. 9h-12h30 13h30-16h30

LAPEYRE La Magendia 2016 ★

■ | 10000 | | 15 à 20 €

Vouée à l'origine à la polyculture, cette exploitation familiale acquise par Jean Larrieu en 1920 s'est progressivement spécialisée dans la viticulture sous l'impulsion de Jean-Bernard Larrieu, installé en 1985. De 4 ha, le vignoble est passé à une dizaine, complété en 2004 par les 7 ha du domaine de Nays-Labassère: en tout 18 ha aujourd'hui, conduits en bio certifié depuis 2005.

Le petit manseng à l'origine de ce moelleux jaune doré a été vinifié et élevé douze mois en fût. Il a tiré de ce séjour dans le chêne une palette complexe, mêlant l'ananas et autres fruits exotiques au miel et à l'amande grillée. Ronde en attaque, la bouche suit la même ligne aromatique, portée par une vivacité tonique qui souligne la finale toastée. ⧗ 2018-2027

*⊶ JEAN-BERNARD LARRIEU, 257, chem. du Couday,
La Chapelle-de-Rousse, 64110 Jurançon,
tél. 05 59 21 50 80, contact@jurancon-lapeyre.fr*
V *t.l.j. sf dim. 9h-12h 14h-18h*

CH. LAPUYADE
Cuvée Marie-Louise Vinifié en fût de chêne 2015 ★

■ | 1200 | | 20 à 30 €

Installée sur des coteaux pentus du Jurançonnais, entre gave de Pau et gave d'Oloron, la famille Aurisset conduit son domaine de 8 ha en bio certifié depuis 1999 et, en biodynamie depuis 2007. L'hiver, le vignoble enherbé offre un pâturage aux moutons.

Que faisaient ces vignerons à la veille de Noël 2015 (un Noël au balcon, historiquement clément)? Ils vendangeaient les dernières grappes de petit manseng, à l'origine de cette cuvée restée dix-sept mois en fût. Un vin or intense, mêlant au nez fruité suave (ananas au sirop, coing, fruits jaunes), orange amère, touche mentholée et boisé torréfié teinté de chocolat. La mise en bouche révèle une matière particulièrement concentrée et puissante, marquée par l'élevage et, en finale, par un retour de l'orange amère. ⧗ 2019-2028 ■ **Sec Cuvée Dentelle 2016 ★ (11 à 15 €; 1800 b.)** : né de petit manseng, un jurançon sec généreux, onctueux et long, dont les arômes (fruits exotiques confits et vanille) traduisent une vendange très mûre et un élevage de dix-sept mois dans le bois. Un style particulier, proche d'un moelleux. ⧗ 2019-2023

*⊶ AURISSET, 761 chem. Lapuyade, 64360 Cardesse,
tél. 05 59 21 32 01, clos.marie-louise@wanadoo.fr*
V *r.-v.*

DOM. LARROUDÉ Un Jour d'automne 2016 ★★

■ | 1200 | | 20 à 30 €

Christiane et Julien Estoueigt ont commencé en 1986 la vente en bouteilles sur leur exploitation, située entre gave de Pau et gave d'Oloron. Après l'arrivée du fils, Jérémy en 2012, la famille a engagé la conversion bio de la propriété. Son vignoble (8 ha) couvre des coteaux exposés plein sud, face aux Pyrénées.

La récolte du petit manseng à l'origine de cette cuvée s'est déroulée le 18 novembre. Après un séjour de dix-huit mois en barrique neuve de 400 l, le vin affiche une robe or intense et se partage au nez entre la poire williams et la vanille bourbon. Les fruits exotiques confits, voire caramélisés, et la torréfaction viennent compléter cette palette dans un palais ample, rond et gras, de bonne longueur. Du potentiel. ⧗ 2019-2028

*⊶ JÉRÉMY ESTOUEIGT,
Dom. Larroudé, chem. du Then, 64360 Lucq-de-Béarn,
tél. 05 59 34 35 40, domaine.larroude@wanadoo.fr*
V *t.l.j. sf dim. 9h-19h*

DOM. MONTAUT L'Instinct 2015 ★

■ | 2700 | | 11 à 15 €

Située au cœur de l'appellation jurançon, cette propriété familiale très ancienne a été reprise par Fernand Montaut en 1988. Son fils Nicolas lui a succédé en 2010. Il exploite 6,5 ha de vignes.

Vinifié et élevé douze mois en fût de 300 ou 400 l, le petit manseng a engendré un jurançon doux de couleur paille, mêlant au nez l'amande et les fruits frais à un doux boisé. Ample, très moelleuse, la bouche est tendue par un trait citronné. On apprécie cette fraîcheur et la discrétion du bois. ⧗ 2018-2023

*⊶ NICOLAS MONTAUT,
quartier Haut-Ucha, 64360 Monein,
tél. 05 59 21 38 17, domaine.montaut@gmail.com*
V *r.-v.*

DOM. MONTESQUIOU
Vendanges tardives 2015 ★★

■ | 900 | | 20 à 30 €

Les racines des vignes plongent dans les galets dont on a fait les bâtiments du domaine. Les frères Fabrice et Sébastien Bordenave-Montesquiou mènent la propriété familiale (12 ha aujourd'hui) depuis 2002, après avoir exercé dans divers vignobles de France (Alsace, Jura et Provence).

Le millésime précédent fut un des coups de cœur de la dernière édition. Si cette distinction lui échappe, le 2015 se maintient à un haut niveau. Vendanges un peu plus précoces (le 20 novembre, tout de même), vinification et élevage de vingt-quatre mois. Il en résulte un vin or intense, complexe (fruits jaunes ou exotiques confiturés, pomme et coing compotés), puissant, riche et long, marqué en finale par une agréable touche d'amertume. Un liquoreux riche et harmonieux. (Bouteilles de 50 cl.) ⧗ 2019-2028 ■ **Sec Cuvade Préciouse 2016 ★ (8 à 11 €; 8000 b.)** : né de quatre cépages (les mansengs, avec le camaralet et le petit courbu en appoint), vinifié et élevé douze mois dans le bois, un jurançon sec plein d'allant, minéral, floral et fruité. ⧗ 2018-2021

*⊶ MONTESQUIOU FRÈRES,
quartier Haut-Ucha, 64360 Monein, tél. 05 59 21 43 49,
domainemontesquiou@orange.fr* V *t.l.j. sf dim.
9h-12h 14h-18h*

DOM. NABA Milord 2016 ★★

	3000		11 à 15 €

Un tout jeune domaine créé en 2014 par Mathieu Lacanette-Naba entre gave d'Oloron et gave de Pau, face à la chaîne des Pyrénées. Formé au Ch. la Tour blanche (sauternes), le vigneron a travaillé dans une bodega au Chili puis pour des producteurs de jurançon, tout en créant patiemment son petit vignoble (premières plantations en 2008, 5 ha aujourd'hui).

Milord? Rien à voir avec la noblesse anglaise, il s'agit du nom d'une parcelle du haut Estialescq, à l'origine de ce liquoreux au nez expressif, fait de fleurs blanches, d'agrumes, de fruits exotiques et de miel. La mangue, l'ananas, la pêche et l'abricot se déploient dans une bouche puissante, ample et suave, équilibrée par une finale fraîche. Un ensemble flatteur. ⧗ 2018-2023 **Sec Estia 2016 ★ (8 à 11 €; 2200 b.)** : assemblant gros manseng (50 %), petit manseng, courbu et lauzet, élevé en cuve, un jurançon sec subtil et frais au nez, plutôt souple au palais, aux arômes de fruits exotiques. ⧗ 2018-2021

MATHIEU LACANETTE-NABA, 17, chem. Carrère, 64290 Estialescq, tél. 06 30 69 69 78, mathieunaba@gmail.com t.l.j. 9h-12h 14h-19h

NIGRI Le Plein de sens 2016 ★

	6000		11 à 15 €

Créé en 1685 et commandé par une bâtisse du XVIIIᵉs., le Dom. Nigri (14 ha en jurançon) est depuis quatre générations dans la famille de Jean-Louis Lacoste, œnologue, arrivé à sa tête en 1993. Ce dernier l'a complété d'une structure de négoce, Vignobles et Domaines Lacoste.

Issu de petit manseng vinifié et élevé dans des fûts de 400 l, ce jurançon doux revêt une robe paille aux reflets verts. Au nez, il associe la pêche, l'abricot, un boisé grillé et légèrement fumé vivifiés par une touche mentholée. En bouche, il se déploie avec rondeur, ampleur et onctuosité. ⧗ 2018-2023 **Sec Confluence 2017 (8 à 11 €; 25000 b.)** : vin cité.

JEAN-LOUIS LACOSTE, Chem. Lacoste, quartier Candeloup, 64360 Monein, tél. 05 59 21 42 01, lacoste.jeanlouis11@orange.fr t.l.j. 9h-12h 13h30-18h; dim. sur r.-v.

LIONEL OSMIN ET CIE Sec Cami Salié 2016 ★

	10000		11 à 15 €

Fils d'un bijoutier béarnais, Lionel Osmin est devenu ingénieur agricole et a fondé en 2010 une maison de négoce qui compte, spécialisée dans les vins du grand Sud-Ouest, d'Irouléguy à Bergerac, de Madiran à Marcillac. Aux commandes des vinifications de cette vaste gamme, l'œnologue Damiens Sartori.

Composée des deux mansengs (avec 80 % de gros manseng), cette cuvée de jurançon sec prend ses marques dans le Guide. Si un élevage partiel en fût apporte un soupçon de boisé vanillé, c'est bien le fruit mûr qui domine la palette aromatique – ananas, mangue, pêche et abricot. La bouche suit la même ligne, ample, ronde et miellée, équilibrée par une fraîcheur citronnée. Un vin charmeur et flatteur. ⧗ 2018-2021

LIONEL OSMIN & CIE, 6, rue de l'Ayguelongue, 64160 Morlaàs, tél. 05 59 05 14 66, sudouest@osmin.fr

♥ CH. DE ROUSSE Séduction 2016 ★★★

	6000		15 à 20 €

Domaine de 10,5 ha conduit depuis 2000 par les frères Marc et Olivier Labat. Cultivées en étroites terrasses, les vignes exposées au sud-sud-est sont disposées en amphithéâtre, avec à l'arrière-plan la chaîne des Pyrénées. Henri IV y venait chasser.

De millésime en millésime, la séduction opère. Les étoiles, cette cuvée les obtient souvent par paire, et ce 2016 reçoit un nouveau coup de cœur. Sa «recette» s'adapte à l'année: du petit manseng, toujours, vendangé cette année à une date très tardive, le 6 décembre, puis vinifié et élevé douze mois en fût de chêne avec bâtonnage. La robe est d'un doré intense; les parfums montent en puissance à l'aération, passant des fleurs aux fruits exotiques, au coing et aux nuances beurrées et subtilement toastées de l'élevage. En bouche, ce vin s'impose par la maturité de son fruit, la richesse de sa liqueur, sa finesse et sa fraîcheur, ainsi que par la délicatesse de l'élevage. Déjà excellent, il vieillira avec grâce. ⧗ 2018-2030 **Sec 2017 ★★ (8 à 11 €; 7000 b.)** : né de gros manseng élevé en cuve, un jurançon sec élégant, aux arômes subtils d'agrumes et de fruits blancs. ⧗ 2018-2021 **Réserve 2016 ★ (8 à 11 €; 20000 b.)** : composé des deux mansengs et d'un appoint de courbu, un moelleux complexe (fruit de la Passion, litchi, ananas, agrumes confits, boisé torréfié), ample et gras, équilibré par une finale vive. ⧗ 2018-2026

MARC ET OLIVIER LABAT, Ch. de Rousse, La Chapelle-de-Rousse, 64110 Jurançon, tél. 05 59 21 75 08, chateauderousse@wanadoo.fr t.l.j. 9h-12h30 14h-19h

DOM. DE SARROS Sec 2016 ★

	900		8 à 11 €

Situé à Gelos, village voisin de Pau et de Jurançon, ce petit domaine (environ 2 ha) a été restauré en 2004, replanté l'année suivante et converti à l'agriculture biologique. Le chai de vieillissement est aménagé sous la maison d'habitation datant du XIXᵉs. L'exploitation est conduite depuis 2017 par Hugues Chadal et Jean-Luc Ducasse.

Pas moins de 25 % de lauzet, un de ces cépages locaux qui connaît un regain de faveur. Il s'allie au petit manseng pour composer un vin au nez frais, partagé entre fleurs et fruits blancs – l'élevage de quatorze mois en fût n'était guère perceptible. En bouche, ce vin se montre vif, voire nerveux, bien typé jurançon sec. ⧗ 2018-2021 **Saunéy 2016 (15 à 20 €; 1850 b.)** : vin cité.

CHAPAL ET DUCASSE, 390, vallée Heureuse, 64110 Gelos, tél. 05 59 71 18 35, domainedesarros@gmail.com r.-v.

SÉDUCTION D'AUTOMNE 2016 ★

	6500		5 à 8 €

Un vin proposé par une maison de négoce créée en 2001 au cœur du vignoble. Elle s'approvisionne en raisin auprès d'une cinquantaine de viticulteurs

SUD-OUEST

cultivant plus de 100 ha. Dans le giron du groupe Castel Frères.

Du petit manseng élevé dix mois en cuve. Pas très complexe mais agréable et bien fait, ce jurançon doux est un bon représentant de l'appellation, avec son nez précis et frais sur les fleurs blanches, les agrumes et le miel, suivi d'une bouche franche et fine, aux arômes d'abricot, agréablement équilibrée entre douceur et vivacité. ⧗ 2018-2023

⊶ CONFRÉRIE DU JURANÇON, quartier Loupien, chem. Campsou, 64360 Monein, tél. 05 59 21 34 58, contact@confrerie-du-jurancon.fr V ⚑ ▮ *r.-v.*
⊶ Castel Frères

Ⓑ DOM. VIGNAU LA JUSCLE
Vendanges tardives 2016 ★★

■ | n.c. | | 20 à 30 €

Acheté en 1983 et replanté par Michel Valton, chirurgien devenu vigneron, ce domaine de 5 ha cultivé en bio est installé à l'emplacement d'une ferme du XVIIIᵉs. Il est traversé par un sentier de randonnée, une occasion pour les promeneurs de faire halte pour découvrir une vue imprenable sur les Pyrénées et les vins de ce domaine, valeurs sûres du Guide. Le fils Antonin a pris le relais en 2014.

Vendanges tardives? La spécialité de ces vignerons – on ne compte plus les coups de cœur qu'ils ont obtenus avec ce style de vins. Parmi les nombreuses conditions requises pour revendiquer cette mention officielle, les vins doivent avoir été récoltés après le 1er novembre. Une condition largement remplie cette année, puisque le petit manseng à l'origine de cette cuvée a été cueilli en janvier 2017! Le vin affiche des reflets ambrés et déploie une gamme complexe d'arômes de liquoreux (ananas, agrumes et mangue confits, notes rôties, miel), alliés aux nuances torréfiées d'un élevage de dix-huit mois en fût, pour la moitié de la cuvée. Dans le même registre, le palais apparaît puissant et opulent, équilibré par une arête acide qui porte loin les arômes. ⧗ 2018-2030

⊶ ANTONIN VALTON, Dom. Vignau la Juscle, chem. de Pau, 64290 Aubertin, tél. 06 58 99 64 88, antonin.valton@gmail.com V ⚑ ▮ *r.-v.*

IROULÉGUY

Superficie : 214 ha
Production : 6 380 hl (88 % rouge et rosé)

Dernier vestige d'un grand vignoble basque dont on trouve la trace dès le XIᵉs., l'irouléguy témoigne de la volonté des vignerons de perpétuer l'antique tradition des moines de Roncevaux. Le vignoble s'étage sur le piémont pyrénéen, dans les communes de Saint-Étienne-de-Baïgorry, d'Irouléguy et d'Anhaux. Les cépages d'autrefois ont à peu près disparu pour laisser place au cabernet-sauvignon, au cabernet franc et au tannat pour les vins rouges et rosés, au courbu et aux gros et petit mansengs pour les blancs. De couleur cerise, le rosé est vif et léger, le blanc, fruité et frais, le rouge, charnu, volontiers tannique et de bonne garde.

CAVE D'IROULÉGUY Omenaldi 2016 ★★

■ | 30000 | | 11 à 15 €

Non loin de Saint-Étienne-de-Baïgorry et de son château, la coopérative a été créée en 1952, une année avant la promotion des irouléguy en «vins délimités de qualité supérieure». Elle a participé à l'ascension de l'appellation et amorcé un virage qualitatif au cours des années 1990. Aujourd'hui, elle regroupe quarante viticulteurs qui apportent le fruit de 140 ha. Les chais ont été rénovés à plusieurs reprises après 2000. Une valeur sûre.

Aussi remarquable que le millésime précédent, ce vin réunit les qualités de structure des trois cépages qui le composent (tannat majoritaire et les deux cabernets) et le caractère boisé légué par un séjour de douze mois en barrique. La robe est profonde; le nez déploie d'intenses arômes de café, de réglisse et de menthe, avant de laisser percer des notes de fruit mûr. Le fruit noir s'épanouit dans une attaque ronde et suave, puis le palais montre une certaine fermeté tannique, qui ne va pas jusqu'à l'austérité. De la présence, du corps, de la mâche, de la longueur. ⧗ 2019-2024 ■ **Mignaberry 2016 ★ (8 à 11 €; 170 000 b.)** : issu de tannat pour les deux tiers, complété par les deux cabernets, élevé un an sous bois, un vin puissant aux tanins arrondis, au nez intense sur les fruits rouges et sur la réglisse. ⧗ 2019-2024 ■ **Kattalingorri 2017 ★ (8 à 11 €; 9700 b.)** Ⓑ : Kattalingorri? «Coccinelle» en basque. Tannat (50 %), cabernet-sauvignon (41 %) et cabernet franc sont mariés dans ce rosé très coloré, tirant vers le rouge. Le nez comme la bouche offrent la même intensité autour de la fraise et de la groseille à maquereau; on aime aussi la vivacité et la persistance de ce vin. ⧗ 2018-2019 ■ **Mignaberry 2017 (8 à 11 €; 28 000 b.)** : vin cité.

⊶ CAVE D' IROULÉGUY, rte de Saint-Jean-Pied-de-Port, 64430 Saint-Étienne-de-Baïgorry, tél. 05 59 37 41 33, contact@cave-irouleguy.com V ⚑ ▮ *t.l.j. sf dim. 9h-12h 14h-18h*

LIONEL OSMIN Euskal Egun 2016

■ | 700 | | 20 à 30 €

Fils d'un bijoutier béarnais, Lionel Osmin est devenu ingénieur agricole et a fondé en 2010 une maison de négoce qui compte, spécialisée dans les vins du grand Sud-Ouest, d'Irouléguy à Bergerac, de Madiran à Marcillac. Aux commandes des vinifications de cette vaste gamme, l'œnologue Damiens Sartori.

Le gros manseng (60 %) est assemblé au petit manseng et au petit courbu pour composer ce vin blanc sec. Un séjour de huit mois dans le bois lui a légué des notes de fruits secs grillés qui s'allient à un discret fruité, entre fruits jaunes et agrumes. La vivacité de l'attaque est relayée par des impressions de rondeur, puis les agrumes reviennent donner leur fraîcheur à la finale acidulée. ⧗ 2018-2021

⊶ LIONEL OSMIN & CIE, 6, rue de l'Ayguelongue, 64160 Morlaàs, tél. 05 59 05 14 66, sudouest@osmin.fr

FLOC-DE-GASCOGNE

Le floc-de-gascogne est produit dans l'aire géographique de l'appellation armagnac. Il s'agit d'un vin de liqueur muté à l'aide de la célèbre eau-de-vie. La région viticole fait partie du piémont pyrénéen et se répartit sur trois départements: le Gers, les Landes et le Lot-et-Garonne. Afin de donner une force supplémentaire à l'antériorité de leur production, les vignerons du floc-de-gascogne ont mis en place un principe nouveau qui n'est ni une délimitation

parcellaire telle qu'on la rencontre pour les vins, ni une simple aire géographique comme pour les eaux-de-vie. C'est le principe des listes parcellaires approuvées annuellement par l'INAO.
Les blancs sont issus des cépages colombard, gros manseng et ugni blanc, qui doivent ensemble représenter au moins 70 % de l'encépagement et ne peuvent dépasser seuls 50 % depuis 1996, avec pour cépages complémentaires le baroque, la folle blanche, le petit manseng, le mauzac, le sauvignon, le sémillon; pour les rosés, les cépages sont le cabernet franc et le cabernet-sauvignon, le côt, le fer-servadou, le merlot et le tannat, ce dernier ne pouvant dépasser 50 % de l'encépagement. Les règles de production mises en place par les producteurs sont contraignantes: 3 300 pieds/ha taillés en guyot ou en cordon, nombre d'yeux à l'hectare toujours inférieur à 60 000, rendement de base des parcelles inférieur ou égal à 60 hl/ha...
Les moûts récoltés ne peuvent avoir moins de 170 g/l de sucres. La vendange, une fois égrappée et débourbée, est mise dans un récipient où le moût peut subir un début de fermentation. Aucune adjonction de produits extérieurs n'est autorisée. Le mutage se fait avec une eau-de-vie d'armagnac d'un compte d'âge minimum 0 et d'un degré minimum de 52 % vol. Tous les lots de vins sont dégustés et analysés. En raison de l'hétérogénéité toujours à craindre de ce type de produit, l'agrément se fait en bouteilles et ces dernières ne peuvent sortir des chais des récoltants avant le 15 mars de l'année qui suit celle de la récolte.

DOM. DU CAPITAINE

■ | 1300 | 8 à 11 €

Christophe Mendousse conduit depuis 1988 la propriété familiale située en Ténarèze. Le domaine compte 71 ha, dont 55 ha de céréales et 16 ha de vignes. Les parents de l'exploitant ont commencé la distillation en 1973.

Ce floc blanc revêtu de jaune pâle est issu de vignes complantées sur 30 centiares. Olfaction florale intense encore marquée par l'armagnac, bouche très équilibrée où se mêlent de tendres saveurs d'amande et de noix fraîche. ⧗ 2018-2019

⊶ CHRISTOPHE MENDOUSSE, Capitaine, 32410 Beaucaire, tél. 06 08 85 05 65, earlducapitaine@32.sideral.fr V 🚶 🍷 *t.l.j. 9h-19h*

DOM. DES CASSAGNOLES ★★

■ | 5000 | 🛢 | 8 à 11 €

Autrefois consacré à la seule production d'armagnac, le domaine de 75 ha campe à Grondin, au cœur de la Ténarèze. Janine et Gilles Baumann s'attachent aujourd'hui à élaborer des «flocs de terroir» et des vins de pays.

Ce floc rosé qui a connu le bois pendant près de dix-huit mois a enchanté le jury. Richesse aromatique, fruité élégant et complexité sont les atouts maîtres de ce liquoreux frais et équilibré que l'armagnac n'a pas perturbé. Une jolie cuvée des plus généreuses. ⧗ 2018-2022

⊶ FAMILLE BAUMANN, BP 13, 32330 Gondrin, tél. 05 62 28 40 57, j.baumann@domainedescassagnoles.com V 🍷 *t.l.j. sf dim. 9h-12h30 14h-18h; sam. 9h30-12h30 14h-17h30*

DOM. CHIROULET Sensation fruit 2016 ★

■ | 12000 | 🍾 | 8 à 11 €

Héritier de quatre générations de vignerons établies ici depuis 1873, Philippe Fezas contemple de son domaine de 50 ha la petite église du XIIIe s. érigée au hameau d'Heux, tout proche. Dans les rangs de vignes souffle le *chiroula*, un vent bienfaisant qui sèche les grappes, lesquelles donneront des flocs, des armagnacs et des Côtes de Gascogne de haute expression. Une valeur sûre.

Mariés à l'eau de vie du domaine, le merlot (60 %), le cabernet franc (25 %) et le généreux tannat ont donné naissance à ce floc rosé dont la robe brillante flirte avec les nuances du vermillon. Ample en bouche, ce 2016 gourmand délivre d'opulentes saveurs de cassis. ⧗ 2018-2021

⊶ FAMILLE FEZAS, Dom. Chiroulet, 32100 Larroque-sur-l'Osse, tél. 05 62 28 02 21, chiroulet@wanadoo.fr V 🚶 🍷 *t.l.j. 9h-12h 14h-18h30*

CAVE DE CONDOM 2016 ★★

■ | 10000 | 5 à 8 €

Le groupe Plaimont Producteurs est le fruit d'une association de trois caves qui, en 1979, unirent leurs initiales (PL pour Plaisance, AI pour Aignan et MONT pour Saint-Mont) pour créer ce leader des vins du Sud-Ouest produisant 40 millions de bouteilles par an. Rejoint en 1999 par les caves de Condom et de Crouseilles, Plaimont représente 98 % de l'appellation saint-mont, environ la moitié des AOC madiran et pacherenc-du-vic-bilh ainsi que des IGP côtes-de-gascogne. Un acteur de poids.

Ce pimpant floc, né du seul merlot, plaira aux amateurs de saveurs centrées sur les fruits rouges (cassis, fraise, framboise). Une liqueur aimable que l'on appréciera à l'apéritif. ⧗ 2018-2020 ■ **2016 ★ (5 à 8 €; 10 000 b.)** : pourvu d'une olfaction qui balance entre les notes de chèvrefeuille, de violette, d'agrumes et de fruits blancs, ce floc offre une bouche friande. ⧗ 2018-2020

⊶ PLAIMONT PRODUCTEURS, rte d'Orthez, 32400 Saint-Mont, tél. 05 62 69 62 87, c.mur@plaimont.fr V 🚶 🍷 *r.-v.*

DOM. D'EMBIDOURE 2017 ★★

■ | 7700 | 🍾 | 8 à 11 €

Établies en Haut-Armagnac, à Réjaumont, les deux sœurs Menegazzo, Nathalie et Sandrine, ont ajouté les flocs et les vins de pays à la tradition bachique inaugurée par leur père avec l'armagnac. Elles ont abandonné leurs vergers de pommiers pour se consacrer à leurs 35 ha de vignes. Une valeur sûre de la Gascogne viticole.

Né de merlot (60 %) et de cabernet franc judicieusement assemblés à l'armagnac, ce floc drapé de rubis offre de belles envolées fruitées au nez comme en bouche. ⧗ 2018-2022 ■ **2017 ★★ (8 à 11 €; 7700 b.)** : gros manseng et colombard se sont associés à parité pour faire éclore ce floc aux expressives saveurs d'agrumes (mandarine en tête) discrètement miellées. ⧗ 2018-2022

⊶ EARL MENEGAZZO FILLES, Dom. d'Embidoure, 32390 Réjaumont, tél. 05 62 65 28 92, menegazzo.embidoure@wanadoo.fr V 🚶 🍷 *t.l.j. sf sam. dim. 9h-12h 14h-18h30*

ENTRAS 2015 ★

| 3460 | | 8 à 11 € |

Tout a commencé après-guerre dans la Ténarèze: Zoé et Miguel Maestrojuan sont ouvriers agricoles à la ferme de Bordeneuve, qu'ils finissent par acheter. Aujourd'hui, leurs héritiers, qui ont abandonné la production laitière, cultivent 29 ha de coteaux entre l'Auloue et la Baïse.

Ce floc élevé un an en fût est issu de colombard et d'ugni blanc assemblés à parité (45 %), complétés par du gros manseng. Il en résulte un 2015 onctueux aux arômes suaves de fruits exotiques rehaussés par une fine touche d'agrumes. ⧗ 2018-2021 ■ **2015 ★ (8 à 11 €; 5500 b.)** : cabernet franc et merlot à parts égales contribuent à ce floc aux saveurs de cassis encore un peu marqué par le bois de la barrique. ⧗ 2018-2021

EARL BORDENEUVE-ENTRAS, Entras, 32410 Ayguetinte, tél. 05 62 68 11 41, mbrmaestrojuan@wanadoo.fr V t.l.j. 9h-12h30 14h-18h (20h en été); dim. sur r.-v.
Maestrojuan

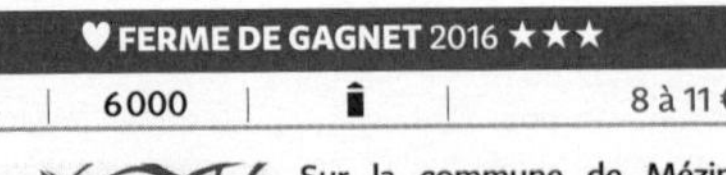

♥ FERME DE GAGNET 2016 ★★★

| 6000 | | 8 à 11 € |

Sur la commune de Mézin, Marielle Tadieu conduit 10 ha de vignes et un élevage de canards, dont les foies gras accompagnent fort bien le floc.

Le jury n'a pas tari d'éloges à l'égard de ce floc puissant, complexe et chaleureux. L'assemblage à parité (merlot et cabernet franc) et l'élevage en cuve dans la plus traditionnelle des méthodes signent un superbe travail au chai. Le coup de cœur allait de soi pour ce savoureux 2016 que l'on pourra déguster dès la sortie du Guide. ⧗ 2018-2023 ■ **2016 (8 à 11 €; 6000 b.)** : vin cité.

MARIELLE TADIEU, Gagnet, 47170 Mézin, tél. 06 82 36 19 82, fermedegagnet@gmail.com V t.l.j. sf dim. 9h-12h30 15h-19h

CH. GARREAU L'Originel 74 2017 ★

| 14500 | | 8 à 11 € |

Une vaste propriété (plus de 82 ha) du Bas-Armagnac où les 29 ha de vignes côtoient bois, landes et étangs. Propriété d'un prince russe au XIXᵉs., dans la famille Garreau depuis 1919, elle a été développée par Charles Garreau, ingénieur agricole, qui a mis à profit une recette du XVIᵉs. pour élaborer du floc aux côtés de l'armagnac. Aujourd'hui, Pierre Garreau et sa fille Carole perpétuent son œuvre.

Sur des terres sablo-limoneuses, trois cépages typiquement gascons (colombard, ugni blanc, gros manseng) ont donné naissance à un floc aromatique, très fruité (agrumes) et frais par ses notes de menthol qui s'étirent jusque dans sa longue finale. ⧗ 2018-2021

GARREAU, Dom. de Gayrosse, 3800, rte d'Estang, 40240 Labastide-d'Armagnac, tél. 05 58 44 84 35, chateau.garreau@wanadoo.fr V t.l.j. 9h-12h 14h-18h

DOM. DE GUILHON D'AZE 2016 ★★

| 8000 | 8 à 11 € |

Propriété de la famille Tastet depuis plus d'un siècle, le domaine couvre 62 ha dans le Bas-Armagnac, à Larée dans le Gers. Denis Tastet est l'actuel maître des lieux, à la suite de son père André.

Les reflets roses de ce floc chatoyant annoncent un nez de fruits rouges et de bonbon anglais. On retrouve les fruits dans une bouche souple et fraîche où l'armagnac se fond à merveille. ⧗ 2018-2019 ■ **2016 ★ (8 à 11 €; 16000 b.)** : ce 2016 est un assemblage typiquement gascon du colombard, de l'ugni blanc et du gros manseng, qui offre un palais fin aux notes de poire et à la sucrosité bien dosée. ⧗ 2018-2021

DENIS TASTET, Dom. de Guilhon d'Aze, 32150 Larée, tél. 05 62 09 53 88, contact@denis-tastet.fr V t.l.j. sf dim. 8h-12h 14h-18h

DOM. DE LARTIGUE ★

| 3000 | | 8 à 11 € |

Proche d'Eauze, au cœur du Bas-Armagnac, ce domaine de 50 ha a été fondé en 1952 par le grand-père de Sonia et Jérôme Lacave, horticulteur et pépiniériste. Il a ajouté à sa production de plants de vignes, des armagnacs, des flocs et des côtes-de-gascogne. Le magasin se trouve face à la place du village de Bretagne-d'Armagnac.

Jus de merlot et de cabernet-sauvignon muté avec un armagnac de l'année ont abouti à ce floc vêtu de rouge profond qui séduit d'emblée par ses arômes de fruits rouges dispensés en harmonie tout au long de la dégustation. ⧗ 2018-2021 ■ **(8 à 11 €; 3000 b.)** : vin cité.

EARL FRANCIS LACAVE, Au Village, 32800 Bretagne-d'Armagnac, tél. 05 62 09 90 09, francis.lacave@wanadoo.fr V r.-v.

DOM. DE MAGNAUT ★★

| n.c. | | 8 à 11 € |

Ce domaine de 44 ha situé en Ténarèze, dans le nord du Gers, s'est fait connaître grâce aux armagnacs de Pierre Terraube. C'est son fils Jean-Marie, arrivé en 2000, qui entretient à présent sa réputation. À sa carte, des armagnacs, des flocs et des côtes-de-gascogne.

Né d'un assemblage à parts égales de colombard et de gros manseng, ce liquoreux a frôlé le coup de cœur. «Un vrai floc», note le jury sensible à sa robe limpide aux reflets dorés ainsi qu'à la franchise engageante de ses arômes de fruits blancs. La bouche, elle, se révèle droite et équilibrée. ⧗ 2018-2021 ■ **★ (8 à 11 €; n.c.)** : issu du seul merlot, ce floc a séduit par son intensité fruitée (cassis) et sa longueur en bouche. ⧗ 2018-2021

JEAN-MARIE TERRAUBE, Magnaut, 32250 Fourcès, tél. 05 62 29 45 40, domainedemagnaut@wanadoo.fr V t.l.j. sf dim. 9h-12h 14h-18h; sam. sur r.-v.

CH. DE MILLET

| 6900 | 8 à 11 € |

Au Ch. de Millet, les touristes œnophiles séjournent dans l'ancien pigeonnier restauré du XVᵉs. Fondé en 1890 à Eauze, l'une des plus anciennes cités de Gascogne, au cœur du Bas-Armagnac, le domaine (86 ha aujourd'hui) est passé de la polyculture à la viticulture et propose des côtes-de-gascogne, des flocs et quelques armagnacs. Francis et Lydie Dèche ont passé le relais à leur fille Laurence en 2002.

Voilà un bel assemblage de colombard et de gros manseng à parts égales dont les jus de goutte ont été mutés à un armagnac distillé l'hiver précédant la récolte. Il s'affiche dans une brillante robe dorée et libère d'emblée des notes citronnées. En bouche, gourmandise et fraîcheur sont au rendez-vous. ⧗ 2018-2020 ■ **(8 à 11 €; 6900 b.)** : vin cité.

LAURENCE DÈCHE, 3356, rte de Parlebosq, 32800 Eauze, tél. 05 62 09 87 91, info@chateaudemillet.com V t.l.j. sf dim. 9h-12h 14h-18h

MONLUC 2016 ★

| 40000 | 11 à 15 € |

Le château féodal vit naître Blaise de Monluc, homme de lettres et, plus encore, homme de guerre et maréchal de France, qui s'illustra pendant les guerres d'Italie avant d'être envoyé par la Couronne pacifier l'Aquitaine durant les guerres de Religion. Le domaine de Noël Lassus couvre 70 ha et il est conduit depuis 2010 en agriculture biologique. Depuis 2018, il est distribué par le Club des Marques, le pôle armagnac de la coopérative Les Vignerons du Gerland, qui intervient également dans le développement de l'outil de production.

S'il est discret de prime abord, ce floc se révèle en bouche. Des saveurs puissantes de fruits blancs et des notes gourmandes de pâtisserie soutenues par une fine acidité s'étirent jusqu'en finale. Un subtil alliage de rondeur et de fraîcheur. ⧗ 2018-2021

SAS LE CLUB DES MARQUES, 1334, av. d'Aquitaine, 40190 Villeneuve-de-Marsan, tél. 05 58 45 21 76, accueil-cdm@armagnac-cdm.fr V r.-v.

CH. DE MONS ★

| 4500 | 11 à 15 € |

À la sortie de Caussens, au sommet d'un coteau, s'élève le château de Mons, construit en 1285 pour le roi Édouard Iᵉʳ d'Angleterre sur un des chemins de Saint-Jacques-de-Compostelle. Les bâtiments et le domaine de 35 ha appartiennent depuis 1963 à la chambre d'Agriculture du Gers.

Une parure brillante légèrement tuilée précède des senteurs de noyau de cerise. Franche dès l'attaque, la bouche confirme cette tendance fruitée par des saveurs gourmandes de fruits rouges. ⧗ 2018-2019

CHAMBRE D'AGRICULTURE DU GERS, 32100 Caussens, tél. 05 62 68 30 30, chateaudemons@gers.chambagri.fr V t.l.j. sf sam. dim. 9h-12h 14h-18h

DOM. POLIGNAC 2017 ★★

| 5000 | 8 à 11 € |

Village gascon posé au milieu du vignoble de l'Armagnac, Gondrin est situé sur l'une des routes empruntées jadis par les pèlerins de Saint-Jacques-de-Compostelle. Jacques Gratian, à la tête de l'exploitation familiale depuis 1981, est passé maître dans l'art du floc. Il propose aussi armagnacs et côtes-de-gascogne.

Merlot et cabernet franc ont donné naissance à ce floc très séduisant. D'abord par l'impact visuel de sa vive teinte rubis, ensuite par son olfaction associant fleurs et fruits, enfin par sa bouche ronde et onctueuse non dénuée de fraîcheur, qui a le bon goût de s'attarder longuement au palais. ⧗ 2018-2021 ■ **2016 ★ (8 à 11 €; 5500 b.)** : encore marqué par sa rencontre avec l'armagnac, ce 2016 se distingue par des notes miellées qui enrobent un joli fruité. Du caractère ! ⧗ 2018-2021

JACQUES GRATIAN, Polignac, 32330 Gondrin, tél. 05 62 28 54 74, j.gratian@cerfrance.fr V t.l.j. 10h-13h 15h-20h

DOM. SAINT-LANNES 2017 ★★

| 4000 | 8 à 11 € |

Au hameau de Saint-Lannes, dans les années 1950, les gens vivaient l'autarcie à la gersoise entre céréales, vaches, basse-cour et vignes. Michel Duffour, arrivé en 1973 sur l'exploitation familiale, a élaboré sa première bouteille de vin en 1982. Aujourd'hui son fils Nicolas, qui a pris le relais en 2004, exporte 80 % de sa production.

Bien connu pour ses côtes-de-gascogne, le Dom. Saint-Lannes excelle aussi dans l'élaboration des flocs. Son rosé s'affiche dans un drapé profond, très foncé, qui a hérité des vertus colorantes du merlot et du cabernet-sauvignon. Intense, confiturée, porteuse des fraîcheurs de vendanges bien mûres, l'olfaction précède une bouche séduisante qui conjugue rondeur, souplesse et sucrosité maîtrisée. ⧗ 2018-2019 ■ **2017 (8 à 11 €; 4000 b.)** : vin cité.

NICOLAS DUFFOUR, hameau Saint-Lannes, 32330 Lagraulet-du-Gers, tél. 05 62 29 11 93, nicolas.duffour@saint-lannes.fr V r.-v.

DOM. DU TARIQUET ★

| 15000 | 15 à 20 € |

À l'origine de ce domaine, un montreur d'ours ariégeois émigré aux États-Unis qui achète à son retour en France, en 1912, cette propriété gersoise ruinée par le phylloxéra. Sa petite-fille épouse Pierre Grassa; le couple et ses enfants développent la production d'armagnac, puis misent, dans les années 1980, sur les vins de pays, essentiellement blancs, qui connaissent un immense succès. L'exploitation couvre 1 100 ha.

C'est sur des boulbènes légères complantées d'ugni blanc, de gros manseng et de colombard, que ce floc a pris naissance. Ce liquoreux fringant, paré de jaune doré, est équilibré au mieux, déployant au nez des arômes de fleurs blanches avant de se développer dans une bouche intense de bonne longueur. ⧗ 2018-2021

SUD-OUEST

⊶ SCV CH. DU TARIQUET, Saint-Amand, 32800 Eauze, tél. 05 62 09 87 82, contact@tariquet.com V *t.l.j. sf dim. 9h30-12h 14h30-18h ⊶ Grassa*

LES TROIS DOMAINES 2017 ★

■	n.c.	8 à 11 €

À Réjaumont («mont Royal»), ancienne bastide ceinte de murailles de la Lomagne gersoise, la propriété (34 ha) résulte du regroupement de trois anciens domaines. L'équipe des Trois Domaines rassemble Éliane et Francis Baurens, Didier Cartié et Stéphane Lartigue.

Drapé de rouge scintillant, ce floc évolue sur les fruits rouges avec une nette prédominance de cassis. Souple et délicat jusqu'en milieu de bouche, il s'achève sur une sensation chaleureuse en finale. ⌛ 2018-2021

⊶ FAMILLE BAURENS, Lassalle, 32390 Réjaumont, tél. 05 62 65 28 83, 3domaines@3domaines.com V *t.l.j. sf dim. 9h-12h 14h-18h; sam. 9h-12h; f. a.-m. de janv.-mars*

IGP AGENAIS

B DOM. LOU GAILLOT
Excellence Élevé en fût de chêne 2016 ★

■	5000	(fût)	8 à 11 €

Sur ce domaine situé aux confins du Lot et du Périgord, l'œnologue Gilles Pons (sixième génération) conduit un vignoble de 12 ha, en agriculture biologique depuis 2010.

Dix-huit mois de barrique pour ce 100 % merlot très toasté et épicé au nez. On retrouve les notes de merrain (vanille, coco) dans une bouche ronde et suave, aux tanins mûrs. ⌛ 2019-2023

⊶ GILLES PONS, Les Gaillots, 47440 Casseneuil, tél. 05 53 41 04 66, lougaillot@wanadoo.fr V *t.l.j. sf lun. mer. dim. 9h30-12h30 14h-18h30*

IGP ARIÈGE

B DOMINIK BENZ Fait du bruit 2016 ★★

■	3000	(fût)	11 à 15 €

Une formation dans l'artisanat, puis une conversion dans l'informatique. En 2008, Dominik Benz, natif de Zurich, entreprend un mois de trekking autour de l'Everest qui va changer sa vie: fini l'informatique bancaire, à lui les vignes et le vin. Après s'être formé en «viti-œno» dans son pays natal, il rejoint l'Ariège en 2013, avec sa compagne Martina Fretz, pour reprendre un vignoble de 12 ha certifié bio depuis 2009.

Née de cabernet-sauvignon (80 %) et de merlot, cette cuvée en impose d'emblée avec sa robe sombre et son nez intense de cacao, d'épices, de fruits mûrs et de réglisse, avec une petite touche animale en appoint. En bouche, elle se montre puissante, riche, ample, dense, solidement bâtie. ⌛ 2020-2024

⊶ DOMINIK BENZ, moulin de Beauregard, 09130 Le Fossat, tél. 06 75 59 36 01, info@dominikbenz.fr V *r.-v.*

♥ **B DOM. DES COTEAUX D'ENGRAVIÈS**
Orchidée 2015 ★★

■	7200	(fût)	8 à 11 €

Philippe Babin cultive en bio, face aux Pyrénées, un petit vignoble de 8 ha qu'il a planté en 1998 sur des terres en friches. Il signera en 2014 ses dernières cuvées, avant de prendre sa retraite: Thomas Piquemal, déjà en place sur le domaine depuis 2011, prend la relève.

Syrah (75 %) et merlot composent une cuvée admirable en tous points. La robe est d'un beau rouge soutenu. Le nez, intense, convoque les fruits rouges mûrs, le poivre et le cuir. La bouche est ample, fraîche et douce à la fois, étayée par des tanins veloutés et par un boisé bien fondu aux accents chocolatés. Une bouteille déjà savoureuse et qui évoluera favorablement. ⌛ 2019-2024

⊶ THOMAS PIQUEMAL, Le Coumel, 09120 Vira, tél. 05 61 68 68 68, contact@coteauxdengraviès.com V *r.-v.*

IGP AVEYRON

B DOM. BERTAU 2017

■	1000	5 à 8 €

Un petit domaine de 6 ha cultivé en bio depuis 2002 (certifié en 2006), situé à 15 km en aval du viaduc de Millau.

Mi-cabernet mi-syrah, ce vin dévoile des arômes de pruneau et de gelée de cassis agrémentés de nuances végétales. En bouche, il se montre souple et frais. Un profil gouleyant à découvrir dans sa prime jeunesse. ⌛ 2018-2020

⊶ BERTAU, chem. de Montjinou, Candas, 12490 Montjaux, tél. 05 65 58 18 56, bertaueddi@orange.fr V *r.-v.*

DOM. LAURENS Cuvée de Flars 2016 ★

□	1600	(fût)	11 à 15 €

Quand Michel Laurens revint à Clairvaux en 1983 et qu'il retrouva son frère Gilbert, il décida avec lui d'étendre le domaine familial: rachat de vieilles vignes, de terrasses, de terres en friches, défrichage, plantations. Après des années de travail, la propriété qui couvrait à l'origine 1,5 ha s'étend aujourd'hui sur 20 ha. La nouvelle génération (Vincent, Éric et Pascal) a pris les commandes en 2015.

Assemblage original de sauvignon, de chenin, de muscadelle et de saint-côme, cette cuvée vinifiée en barrique et élevée sur lies livre un bouquet délicat de fleurs blanches, de miel d'acacia et de vanille. En bouche, elle se révèle tendre et souple, dynamisée par une belle finale fraîche, saline et citronnée. ⧗ 2018-2022

⊶ LAURENS, 7, av. de la Tour, 12330 Clairvaux, tél. 05 65 72 69 37, info@domaine-laurens.com V ⚑ ■ *t.l.j. sf dim. 10h-12h 14h-19h*

IGP COMTÉ TOLOSAN

♥ CABIDOS
Petit manseng doux Gaston Phœbus 2014 ★★

■	4000	▮	15 à 20 €

Agriculteur originaire de l'Aisne, Vivien de Nazelle possédait une gentilhommière dans le nord du Béarn. Découvrant son passé viticole, il entreprit à partir de 1995 de redonner vie à ce vignoble oublié et replanta la vigne: 9 ha aujourd'hui, et des installations dernier cri qui lui permettent d'élaborer d'excellents vins, blancs secs et doux notamment, très souvent en vue dans ces pages. En 2015, le domaine a été repris par la famille Alday.

Une nouvelle réussite pour ce domaine de référence en termes de «douceurs» du Sud-Ouest. Un vin d'une complexité rare à l'olfaction: prune, miel, pain d'épice, brioche et même... whisky. Souple en attaque, la bouche affiche beaucoup de volume et d'intensité, avec en filigrane une fine acidité qui lui donne une grande allonge. ⧗ 2018-2028 ■ **Petit manseng sec Gaston Phœbus 2014 ★ (11 à 15 €; 5000 b.)** : un «sec tendre» dirait-on dans la Loire pour ce vin suave, presque moelleux, délicat et expressif (fleurs blanches, fruits confits, viennoiserie). ⧗ 2018-2022

⊶ ROBERT ALDAY, Ch. de Cabidos, 64410 Cabidos, tél. 05 59 04 43 41, contact@chateau-de-cabidos.com V ⚑ ■ *t.l.j. sf sam. dim. 8h-17h*

DÉMON NOIR Malbec Gamay 2017 ★

■	70000	▮	- de 5 €

Les caves de Técou, de Rabastens, de Fronton et des Côtes d'Olt ont uni leurs forces en 2006 en créant le groupe Vinovalie, dont le nom renvoie aux valeurs collectives du rugby. Un groupe qui fédère 470 vignerons et regroupe quelque 3 800 ha de vignes répartis sur trois appellations: gaillac, fronton et cahors.

Malbec (65 %) et gamay sont à l'origine de ce rosé limpide et brillant, qui s'ouvre peu à peu sur les fruits rouges, le bonbon anglais et le pamplemousse. La bouche se montre souple et ronde, avant une finale plus tonique. ⧗ 2018-2019

⊶ VINOVALIE – SITE DE FRONTON, 175, av. de la Dourdenne, 31620 Fronton, tél. 05 62 79 97 79, contact@vinovalie.com V ■ *t.l.j. sf dim. 9h-12h30 14h-18h30 (19h l'été)*

♥ OSEZ L'ESCUDÉ 2017 ★★

■	9000	▮	5 à 8 €

En 2004, Laurent et Murielle Caubet décident d'apporter un nouveau souffle à cette ancienne ferme béarnaise. Ils louent alors des parcelles de vieilles vignes et transforment le poulailler en chai. Depuis, ils produisent avec brio, et sur 8 ha, dans toutes les couleurs et sous deux étiquettes: L'Escudé et le Dom. de Moncade.

Nouvelle réussite pour L'Escudé des Caubet avec ce rosé admirable, d'un élégant saumoné, au nez intensément floral et fruité (fraise, pamplemousse, citron). La bouche séduit d'emblée par son attaque vive et tonique, puis par son développement souple et toujours frais. Un vin alerte et expressif. ⧗ 2018-2019 ■ **Petit manseng 2016 ★★ (8 à 11 €; 4000 b.)** : un moelleux au nez discret mais très élégant d'ananas, de fleur d'acacia et de miel, souple, frais et friand en bouche, souligné par un boisé parfaitement fondu. ⧗ 2018-2022 ■ **2016 ★ (5 à 8 €; 13000 b.)** : un vin bien fruité (cerise, groseille, framboise) et épicé au nez, souple et frais en bouche, étayé par des tanins fins et fondus. À boire sur le fruit. ⧗ 2018-2021 ■ **Dom. de Moncade Tannat 2015 ★ (8 à 11 €; 4000 b.)** : un vin ouvert sur les fruits mûrs et le boisé épicé, structuré sans excès par des tanins fermes et souligné par une agréable fraîcheur. ⧗ 2019-2023

⊶ LAURENT CAUBET, 220, chem. de l'Escudé, 64410 Cabidos, tél. 06 07 47 10 27, vin.lescude@orange.fr V ⚑ ■ *r.-v.* ⌂ Ⓑ

CADET DE LABASTIDE 2017

■	100000	▮	- de 5 €

La plus ancienne coopérative du Tarn (fondée en 1947) est aussi le plus gros producteur de vins blancs de la région. Elle s'est illustrée dès 1957 en créant le gaillac perlé.

Duras, syrah et cabernet pour ce rosé pâle, qui s'ouvre doucement sur le fruité et le floral. La bouche apparaît souple et fraîche. ⧗ 2018-2019

⊶ CAVE DE LABASTIDE, lieu-dit La Barthe, 81150 Labastide-de-Levis, tél. 05 63 53 73 73, commercial@cave-labastide.com V ⚑ ■ *t.l.j. sf dim. 9h-12h 14h-18h*

DOM. DE MONTELS Louise 2016

■	10000	▮	5 à 8 €

Thierry et Philippe Romain sont propriétaires de trois domaines: Ch. Montels à Albias, fleuron de l'IGP Coteaux et terrasses de Montauban, le Mas des Anges dans la même IGP et Serre de Bovila, à Fargues, acquis en 2010 sur l'un des sites les mieux exposés de l'appellation cahors. L'ensemble fait 70 ha.

Cabernet franc et tannat composent un vin ouvert sur les fruits noirs à l'olfaction, rond et gras en bouche, épaulé par de bons tanins qui se resserrent un brin en finale. ⧗ 2019-2022

PHILIPPE ET THIERRY ROMAIN, chem. de la Tauge, 82350 Albias, tél. 05 63 31 02 82, philippe@vignoblesromain.com t.l.j. sf dim. 9h-12h 14h-19h

DOM. DU POUNTET Éclats de fruits 2015 ★★

	16000		5 à 8 €

Viticulteurs dans le Brulhois, sur la rive gauche de la Garonne, Guillaume Combes, œnologue, et sa femme Amanda se sont installés à Eauze, dans le Gers, où ils cultivent un vignoble dans l'esprit bio, mais sans certification.

Issu de merlot et de tannat, ce vin livre un bouquet intense de fruits rouges mûrs, de réglisse et de boisé grillé. En bouche, il se révèle ample, suave et gras, porté par des tanins fermes et fins et par un boisé soutenu mais racé. Un peu de garde semble nécessaire. ⧗ 2019-2023

COMBES, lieu-dit Saint-Amand, 32800 Eauze, tél. 06 23 84 82 45, contact@pountet.com r.-v.

DOM. DE RIBONNET Pinot/Syrah 2016

	13000		8 à 11 €

Cette propriété, avec son château du XVᵉs., a appartenu à Clément Ader, pionnier de l'aviation au début du XXᵉs. Son vignoble, 20 ha conduits depuis 1975 par l'œnologue suisse Christian Gerber, est en bio certifié depuis le millésime 2005.

D'une belle intensité aromatique, ce vin dévoile des arômes de fruits rouges mûrs, de violette, d'épices et de vanille. En bouche, il s'ouvre sur la fraîcheur et la conserve jusqu'en finale, adossé à des tanins au grain fin. ⧗ 2018-2022

CHRISTIAN ET SIMON GERBER, 716, chem. du Ch. de Ribonnet, 31870 Beaumont-sur-Lèze, tél. 05 61 08 71 02, vinribonnet31@aol.com t.l.j. sf dim. 8h-12h 14h-18h

RIGAL L'Instant négrette 2017

	10000		- de 5 €

Cette maison cadurcienne, dont les origines remontent à 1755, rayonne aujourd'hui dans tout le Sud-Ouest, affiliée désormais au vaste groupe Advini.

Une robe rose vif, un nez de fruits rouges et d'agrumes, une bouche fraîche et régulière: voici un rosé de bon aloi, sans fausse note. ⧗ 2018-2019

SAS RIGAL, Les Hauts Coteaux, 46700 Floressas, tél. 05 65 30 70 10, marketing@rigal.fr

NICOLAS TORTIGUE
Petit manseng 3298 Prestige de Bigorre 2017 ★

	3300	8 à 11 €

Issu d'une lignée de vignerons, Nicolas Tortigue s'installe en 2013 sur le Dom. de Larroque, rebaptisé Pyrénéales, clin d'œil au massif pyrénéen et à ses enfants Pierre et Alan. Il conduit près de 8 ha de vignes.

Ce moelleux aux jolis reflets cuivrés livre un bouquet complexe et montant d'abricot, de miel et de pain d'épice. Une attaque souple ouvre sur un palais ample et bien équilibré, soutenu par une belle acidité aux tonalités citronnées. ⧗ 2018-2023 **2877 Esprit de Bigorre 2017 ★ (5 à 8 €; 12500 b.)** : un moelleux bien friand, ouvert sur les fruits blancs, l'aubépine et l'ananas. En bouche, du fruit, de la souplesse, de la fraîcheur. ⧗ 2018-2022

NICOLAS TORTIGUE, chem. de las Techeneres, 65700 Madiran, tél. 06 88 39 59 00, lespyreneales@orange.fr r.-v.

IGP CÔTES DE GASCOGNE

DOM. DES CASSAGNOLES
Colombard-Sauvignon 2017 ★★

	14000		- de 5 €

Autrefois consacré à la seule production d'armagnac, le domaine de 75 ha campe à Grondin, au cœur de la Ténarèze. Janine et Gilles Baumann s'attachent aujourd'hui à élaborer des «flocs de terroir» et des vins de pays.

À un souffle du coup de cœur, ce vin présente un nez impérial, à la fois puissant et élégant: fruits à chair blanche, agrumes et chèvrefeuille entament une valse endiablée en compagnie de notes exotiques. L'annonce d'une aguichante bouche profonde et fraîche, parfaitement équilibrée, avec une finale très en verve, minérale à souhait. ⧗ 2018-2021 **Gros manseng Sélection 2017 (- de 5 €; 66000 b.)** : vin cité.

FAMILLE BAUMANN, BP 13, 32330 Gondrin, tél. 05 62 28 40 57, j.baumann@domainedescassagnoles.com t.l.j. sf dim. 9h-12h30 14h-18h; sam. 9h30-12h30 14h-17h30

DOM. CHIROULET Terres blanches 2017 ★

	70000		5 à 8 €

Héritier de quatre générations de vignerons établies ici depuis 1873, Philippe Fezas contemple de son domaine de 50 ha la petite église du XIIIᵉs. érigée au hameau d'Heux, tout proche. Dans les rangs de vignes souffle le *chiroula*, un vent bienfaisant qui sèche les grappes, lesquelles donneront des flocs, des armagnacs et des Côtes de Gascogne de haute expression. Une valeur sûre.

Gros manseng (55 %), sauvignon (35 %) et ugni blanc, bâtonnés et élevés sur lies durant cinq mois, ont donné naissance à un élégant blanc sec, ouvert sur les fleurs blanches et les fruits frais à chair blanche. Légèrement perlante en attaque, la bouche se montre fraîche et tonique, encore dynamisée par une finale un brin saline. ⧗ 2018-2021 **Terroir gascon 2016 ★ (5 à 8 €; 65000 b.)** : un vin rouge opulent et gorgé d'arômes de fruits noirs, boisé avec mesure, rond en bouche et doté de jolis tanins fondus. ⧗ 2019-2023

FAMILLE FEZAS, Dom. Chiroulet, 32100 Larroque-sur-l'Osse, tél. 05 62 28 02 21, chiroulet@wanadoo.fr t.l.j. 9h-12h 14h-18h30

♥ **COLOMBELLE** Caprice 2017 ★★

	80000		5 à 8 €

Le groupe Plaimont Producteurs est le fruit d'une association de trois caves qui, en 1979, unirent leurs initiales (PL pour Plaisance, AI pour Aignan et MONT

pour Saint-Mont) pour créer ce leader des vins du Sud-Ouest produisant 40 millions de bouteilles par an. Rejoint en 1999 par les caves de Condom et de Crouseilles, Plaimont représente 98 % de l'appellation saint-mont, environ la moitié des AOC madiran et pacherenc-du-vic-bilh ainsi que des IGP côtes-de-gascogne. Un acteur de poids.

Les caprices, qui n'obéissent pas à la raison, vous entraînent souvent sur les chemins d'incontrôlables coups de cœur... Élaboré à partir du sémillant cépage colombelle et du gros manseng, séducteur aux mille facettes, ce 2017 à la robe d'or ornée de reflets émeraude dévoile un nez bien ouvert sur la pêche, le fruit de la Passion, la mangue et les agrumes. Autant de richesses olfactives que l'on retrouve dans une bouche ample et longue, conjuguant à merveille une aimable rondeur et une fine fraîcheur. ⧗ 2018-2021 ■ **Dom. de Cassaigne 2017 ★ (5 à 8 €; 12000 b.)** : issu de gros manseng et de colombard enracinés sur les hauteurs calcaires du village de Cassaigne, ce blanc sec présente des arômes d'agrumes et de fruits exotiques soutenus par une bonne acidité. ⧗ 2018-2022 ■ **Plaimont Producteurs Fleur de givre 2017 ★ (5 à 8 €; 80000 b.)** : un moelleux équilibré et fondu, ouvert sur les agrumes, les épices et les fleurs blanches, dynamisé par une finale tout en fraîcheur. ⧗ 2018-2022 ■ **L'Originale 2017 ★ (- de 5 €; 150000 b.)** : née de cabernet-sauvignon et de merlot, une cuvée rose clair mêlant au nez fruits blancs, touches florales, végétales et minérales, séduisante par sa bouche fraîche, vive et citronnée en finale. ⧗ 2018-2019 ■ **Dom. Bergeyre Labadie 2017 ★ (- de 5 €; 75600 b.)** : un joli blanc sec à base de sauvignon et de colombard, qui distille des notes délicates de fruits blancs (pêche) et d'agrumes, prolongées par une bouche d'une agréable vivacité. ⧗ 2018-2020

PLAIMONT PRODUCTEURS, rte d'Orthez, 32400 Saint-Mont, tél. 05 62 69 62 87, c.mur@plaimont.fr V ⚲ ■ *r.-v.*

DOM. D'EMBIDOURE
Cuvée des filles d'Embidoure 2017 ★★

■	10000	■	8 à 11 €

Établies en Haut-Armagnac, à Réjaumont, les deux sœurs Menegazzo, Nathalie et Sandrine, ont ajouté les flocs et les vins de pays à la tradition bachique inaugurée par leur père avec l'armagnac. Elles ont abandonné leurs vergers de pommiers pour se consacrer à leurs 35 ha de vignes. Une valeur sûre de la Gascogne viticole.

Cette Cuvée des filles d'Embidoure a de quoi faire « tourner la tête ». Quel manège ! Drapée de jaune paille, elle multiplie les séductions olfactives: abricot, pêche blanche, mandarine, fleurs blanches. Le prélude à une bouche riche, ample, un brin suave, qui dévoile en finale de tendres saveurs exotiques. ⧗ 2018-2021 ■ **Moelleux 2017 ★★ (8 à 11 €; 10000 b.)** : issu des deux mansengs, un moelleux suave, généreux et goûteux, très miellé et de belle longueur. ⧗ 2018-2024 ■ **Tradition 2017 ★★ (5 à 8 €; 10000 b.)** : mi-syrah mi-cabernet franc, ce rosé grenadine ne cède pas à la mode du pastel et ce parti pris lui réussit, car il adopte les canons du bon rosé: franchise d'un nez tout en fruits rouges, fraise en tête, fraîcheur d'une bouche qui ajoute en finale à ces arômes gourmands la touche un rien amère du pamplemousse: l'harmonie même. ⧗ 2018-2019

EARL MENEGAZZO FILLES, Dom. d'Embidoure, 32390 Réjaumont, tél. 05 62 65 28 92, menegazzo.embidoure@wanadoo.fr V ⚲ ■ *t.l.j. sf sam. dim. 9h-12h 14h-18h30*

VIGNOBLES FONTAN
Sauvignon Gros-Manseng 2017 ★★

■	60000	■	5 à 8 €

Le Dom. de Maubet était autrefois une ferme en polyculture, donnée en cadeau de mariage à Ésilda et Maximen Fontan, ancêtres des fondateurs de l'exploitation. En 1975, Aline et Jean-Claude Fontan décident d'en faire une propriété exclusivement viticole. Ils la transmettent en 2006 à leurs enfants Nadège (relations clients) et Sylvain (vinification), qui sont à la tête de 80 ha. À leur carte, des armagnacs, des flocs et des IGP côtes-de-gascogne.

Ce blanc sec limpide et brillant dévoile un nez intense et typé sauvignon d'agrumes et de buis. La bouche apparaît franche, fraîche, équilibrée, centrée sur des saveurs de fruits blancs qui persistent longuement en finale. ⧗ 2018-2021 ■ **Dom. de Maubet 2017 (- de 5 €; 160000 b.)** : vin cité.

VIGNOBLES FONTAN, Dom. de Maubet, Maubet, 32800 Noulens, tél. 05 62 08 55 28, contact@vignoblesfontan.com V ⚲ ■ *r.-v.*

DOM. GUILLAMAN Frisson d'automne 2016 ★★

■	30000	5 à 8 €

En 1985, Dominique Ferret n'avait pas seize ans quand il commença à travailler sur le domaine de ses grands-parents, ancienne métairie du couvent des ursulines de Gondrin. Une propriété dédiée à l'armagnac qu'il prit en charge en 1990 et restructura pendant vingt ans, afin de l'orienter vers la production de vins de pays. Ces dix dernières années, il a plus que doublé la surface de son vignoble (102 ha aujourd'hui) tout en aménageant un chai moderne.

« *Automne d'or, tu sais toujours me plaire/Tes belles teintes ont encore le don d'orner la terre* », rappelle une vieille rengaine enfantine. A-t-elle inspiré les concepteurs de ce Frisson d'automne issu à 80 % de gros manseng associé à son compère le petit manseng ? Toujours est-il que ce moelleux d'un lumineux jaune paille s'est invité à la finale des coups de cœur. On aimera son nez intense et gourmand de fleur d'acacia et de cire d'abeille autant que sa bouche souple, fondue et soyeuse. ⧗ 2018-2023

DOMINIQUE FERRET, Lieu-dit Guillaman, 32330 Gondrin, tél. 05 62 29 13 82, contact@domaine-guillaman.fr V ⚲ ■ *r.-v.*

DOM. HAUT MARIN
Fossiles Colombard, Sauvignon et Gros Manseng 2017 ★★

■	600000	5 à 8 €

Les premières vendanges sur ce vaste domaine de 150 ha remontent à l'année 1920. Depuis, les générations se sont succédé (la troisième est aux commandes avec Élisabeth Prataviera), et la production, vouée à l'origine exclusivement à l'armagnac, s'est diversifiée.

Cette belle cuvée, dont le nom renvoie aux fossiles d'huîtres présents dans les sols, s'affiche dans une tenue jaune pâle nuancée de reflets gris-vert. Fugace au premier abord, le nez s'épanouit après une courte aération autour des agrumes et des fruits à chair blanche. La bouche se révèle volumineuse et ronde, tout en restant nette et vive. ⧗ 2018-2021

ÉLISABETH PRATAVIERA, Les Charpenties, 32330 Gondrin, tél. 05 62 29 13 33, contact@domainedemenard.com t.l.j. sf sam. dim. 8h30-12h 14h-17h

RÉSERVE DE L'HERRÉ 2017 ★

| 180 000 | | 5 à 8 €

Créé en 1974 dans la zone du Bas-Armagnac, près d'Eauze, ce domaine compte environ 100 ha de vignes qui couvrent le versant sud d'une ligne de crête offrant un panorama exceptionnel sur les Pyrénées. Il dispose depuis 2010 d'une structure de négoce qui vinifie sur le même site. La maison est dédiée aux vins de cépage en IGP côtes-de-gascogne.

Une robe très pâle, un nez d'une belle finesse (notes florales, exotiques, fraise, touche fumée), une bouche tout en fraîcheur à la finale d'une plaisante nervosité: un rosé net et droit. ⧗ 2018-2019

LES VINS DE L' HERRÉ, lieu-dit Herré, 32370 Manciet, tél. 05 62 69 03 26, cfaure@lherre.fr t.l.j. sf sam. dim. 9h-12h30 14h-17h30 Cap Wine Int.

♥ **HORGELUS** La Valse des mansengs 2017 ★★

| 18 000 | | 5 à 8 €

Œnologue diplômé, Yoan Le Menn a repris en 2007, à l'âge de vingt et un ans, le domaine fondé par son grand-père entre Ténarèze et Bas-Armagnac, qui couvre aujourd'hui 90 ha. Il propose de l'armagnac, à côté d'une production tournée vers les IGP côtes-de-gascogne. Pour préserver la fraîcheur aromatique des baies, il privilégie les vendanges nocturnes.

Décrocher le coup de cœur deux années consécutives n'est pas un mince exploit. Horgelus l'a fait avec cette Valse des mansengs qui s'accompagne d'une touche de sauvignon, histoire d'apporter à ses vignes gasconnes le zeste d'autorité qui structure les grands blancs. Une lumineuse parure blonde et un nez intense d'agrumes (pamplemousse rose) et de fruits mûrs (abricot, ananas, mangue), subtilement titillés de senteurs de buis, composent une approche des plus engageantes. La bouche affiche un équilibre impeccable, offrant à la fois de la vigueur et de l'élégance, de la suavité et de la fraîcheur. ⧗ 2018-2021

YOAN LE MENN, lieu-dit Cassou, 32250 Montréal-du-Gers, tél. 05 62 09 95 94, contact@horgelus.com r.-v.

DOM. DE JOŸ Éros 2017

| 80 000 | | 5 à 8 €

Originaire de Suisse, Paul Gessler s'installe en Bas-Armagnac en 1927. Roland et Olivier, ses petits-fils, aux commandes depuis 1988 de ce vaste domaine de 160 ha implanté sur des sols argilo-siliceux et limono-siliceux, sont rejoints par la quatrième génération. S'ils cultivent surtout des cépages blancs, ils proposent une large gamme d'armagnacs, de flocs et de côtes-de-gascogne dans les trois couleurs.

Éros? L'anagramme de rosé. Pour celui-ci, mariant à parts égales cabernet franc, tannat, merlot et syrah, une robe cristalline, un nez discret – notes florales, fruits blancs, cassis – une bouche légère et délicate, à la finale vive. ⧗ 2018-2019

SARL JOŸ SÉLECTION, A Joÿ, 32110 Panjas, tél. 05 62 09 03 20, joy-selection@domaine-joy.com t.l.j. 9h-12h 14h-18h; sam. dim. sur r.-v. Gessler

MONSIEUR DE LABALLE 2017 ★★

| 15 000 | | 5 à 8 €

Fondé en 1820 par Jean-Noël Laudet, de retour des Antilles où il a passé plus de vingt ans dans le commerce des épices, ce domaine du Bas-Armagnac (40 ha de sables fauves sur un terroir riche en oxyde de fer) a été repris en 2007 par Cyril Laudet, huitième génération, et son épouse Julie.

Il a du répondant, le gros manseng, et ce Monsieur de Laballe se présente avec franchise, le nez frais, floral et fruité, agrémenté de quelques senteurs d'épices douces. Une attaque vive et expressive débouche sur une bouche ronde et soyeuse, riche et profonde. ⧗ 2018-2021 ■ **Laballe Terres basses 2016 ★ (5 à 8 €; 25 000 b.)** : merlot, cabernet-sauvignon et tannat pour ce rouge gorgé de rondeurs fruitées, velouté et d'un beau volume. Un profil généreux et gourmand. ⧗ 2018-2021

DOM. DE LABALLE, chai de Laballe, 40310 Parleboscq, tél. 05 58 73 81 57, contact@laballe.fr r.-v.

DOM. LAGUILLE Petit Manseng 2016 ★★

| 20 000 | | 8 à 11 €

Un domaine familial de 65 ha fondé en 1922 au cœur de la Gascogne, à Eauze. Aux commandes depuis 1980, Colette et Guy Vignoli ont une démarche très raisonnée, à tendance bio, visant à améliorer la biodiversité; ils investissent dans les énergies renouvelables.

Ce moelleux né sur 3 ha de boulbènes légères a conservé de son court séjour en cuve (six mois) un adorable fruité teinté d'exotisme qui fait sa séduction: ananas, papaye, abricot sec. Ce fruité reste présent dans une bouche ronde et avenante, qui s'épanouit en une jolie finale sur la mangue séchée. ⧗ 2018-2022 **La Rencontre by Laguille 2017 ★ (5 à 8 €; 30 000 b.)** : un blanc sec issu majoritairement de sauvignon (90 %) et épaulé par les deux mansengs; un vin de belle complexité aromatique (agrumes, ananas, fleurs blanches) et très équilibré en bouche entre suavité mesurée et fine fraîcheur. ⧗ 2018-2021

GUY VIGNOLI, Laguille Saint-Amand, 32800 Eauze, tél. 05 62 09 77 05, contact@laguille.com t.l.j. sf sam. dim. 9h-12h 14h-18h

DOM. DE LAXÉ Classic 2017 ★

| 30 000 | | 5 à 8 €

Un domaine gersois créé à partir de 1962 par Désiré Estrade et ses fils. La commercialisation en bouteilles est plus récente: 2003, sous l'impulsion de la

troisième génération (Rémy et Éric), aujourd'hui à la tête de 85 ha de vignes plantées sur des plateaux argilo-calcaires.

Issu de merlot et de tannat à parts égales, un rosé saumon pâle, aux parfums d'agrumes, de fruits blancs et de fruits rouges, aussi frais au nez qu'en bouche. ⌛ 2018-2019

RÉMY ET ÉRIC ESTRADE, Dom. de Laxé, 32250 Fourcès, tél. 05 62 29 42 49, contact@domaine-laxe.com V *t.l.j. sf sam. dim. 9h-12h 14h-18h*

FRANÇOIS LURTON
Sauvignon blanc Les Fumées blanches 2017

	6400000	8 à 11 €

Issu d'une grande famille bordelaise et présent sur plusieurs continents, le propriétaire et négociant François Lurton est aussi implanté dans les Côtes de Gascogne avec ce Dom. des Fumées blanches qui tire son nom des brumes matinales qui s'étendent sur ce vignoble en coteaux.

Ce sauvignon d'un beau jaune nacré évoque classiquement le buis et les fleurs blanches à l'olfaction. Arômes prolongés par une bouche vive et droite, à la finale saline. ⌛ 2018-2020

FRANÇOIS LURTON, Le Puts, 32330 Gondrin, tél. 05 57 55 12 12, francois.lurton@francois.lurton.com

DOM. DE MAGNAUT Tannat Esprit passion 2016 ★

	6000		11 à 15 €

Ce domaine de 44 ha situé en Ténarèze, dans le nord du Gers, s'est fait connaître grâce aux armagnacs de Pierre Terraube. C'est son fils Jean-Marie, arrivé en 2000, qui entretient à présent sa réputation. À sa carte, des armagnacs, des flocs et des côtes-de-gascogne.

Un an d'élevage en barrique contribue à offrir une belle palette d'expressions à ce tannat (boisé délicat, réglisse, épices douces, fruits noirs), que l'aération stimule. La bouche, fraîche et équilibrée, est épaulée par des tanins discrets et déploie de beaux amers en finale. ⌛ 2019-2022

JEAN-MARIE TERRAUBE, Magnaut, 32250 Fourcès, tél. 05 62 29 45 40, domainedemagnaut@wanadoo.fr V *t.l.j. sf dim. 9h-12h 14h-18h; sam. sur r.-v.*

DOM. DE MILLET Cuvée Elusa 2017 ★

	12000	5 à 8 €

Au Ch. de Millet, les touristes œnophiles séjournent dans l'ancien pigeonnier restauré du XVe s. Fondé en 1890 à Eauze, l'une des plus anciennes cités de Gascogne, au cœur du Bas-Armagnac, le domaine (86 ha aujourd'hui) est passé de la polyculture à la viticulture et propose des côtes-de-gascogne, des flocs et quelques armagnacs. Francis et Lydie Dèche ont passé le relais à leur fille Laurence en 2002.

Sur 2 ha de terres sablo-argileuses surplombant les vestiges d'Elusa (le nom d'Eauze à l'époque romaine), Laurence Dèche a complanté petit manseng, chardonnay et sauvignon qui ont généré ce moelleux séduisant. L'olfaction conjugue fraîcheur et intensité autour des fruits à chair blanche. La bouche, nantie d'une juste sucrosité (15 g/l), développe des saveurs fondues de poire, de pêche et d'agrumes. Un fier Gascon que les cadets de Carbon de Casteljaloux, si chers à Rostand, n'eussent point dédaigné. ⌛ 2018-2022 **Cuvée Oppidum Chardonnay Sauvignon 2017 (5 à 8 €; 33000 b.)** : vin cité.

LAURENCE DÈCHE, 3356, rte de Parlebosq, 32800 Eauze, tél. 05 62 09 87 91, info@chateaudemillet.com V *t.l.j. sf dim. 9h-12h 14h-18h*

DOM. DE PELLEHAUT
Harmonie de Gascogne 2017 ★★★

	235000		5 à 8 €

Située aux confins du Bas-Armagnac, dans la Ténarèze, cette exploitation familiale, dont l'origine remonte à 1750, est conduite depuis 1960 par les frères Martin et Mathieu Béraut. Le domaine, en polyculture (céréales, vignes, élevage bovin extensif), s'étend aujourd'hui sur 550 ha, dont 250 dédiés à la viticulture.

Elle mérite bien son nom, cette cuvée pétale de rose, aussi louée que l'an dernier. Cinq cépages (merlot, cabernet-sauvignon, tannat, malbec et syrah) lui font un nez intense, franc et complexe (framboise, cassis au premier nez, puis notes fraîches d'agrumes et touche mentholée), une bouche tout aussi complexe et d'un rare équilibre: attaque gourmande et ample, tout en fruits rouges ou jaunes, ouvrant sur un palais concentré, à la finale vive, sur les agrumes. ⌛ 2017-2018

MARTIN ET MATHIEU BÉRAUT, SCV Béraut, 32250 Montréal-du-Gers, tél. 05 62 29 48 79, contact@pellehaut.com V *t.l.j. sf dim. 9h-12h 14h-18h*

LE PETIT GASCOÛN 2017 ★★

	30000		- de 5 €

Héritiers d'une lignée vigneronne remontant à la nuit des temps, Christophe et Sébastien Laffitte (installés respectivement en 2001 et 2005) ont repris l'exploitation familiale qui couvre 100 ha dans la partie occidentale du Gers, en Bas-Armagnac. Ils ont restructuré le vignoble, aménagé un chai (2013) et lancé à partir de 2015 leurs gammes de vins, qui s'ajoutent à une production traditionnelle d'armagnac.

Il joue de nouveau avec justesse dans sa catégorie, ce Petit Gascoûn. Nez intense sur les fruits exotiques et le pamplemousse; bouche à l'unisson, droite et fraîche, à la finale vive et citronnée, un rien amère: les jurés lui trouvent le peps des côtes-de-gascogne blancs. Évidemment, pas de colombard dans ce rosé composé de cabernet franc (60 %) et de tannat – l'assemblage qui a fait ses preuves l'an dernier. ⌛ 2018-2019 **2017 ★★ (- de 5 €; 80000 b.)** : un blanc sec intense, vif et tendu, centré sur les agrumes et les fruits blancs frais et teinté d'exotisme, harmonieux de bout en bout. De quoi séduire plus d'un gourmet. ⌛ 2018-2021

FAMILLE LAFFITTE, Dom. Laffitte, Guillombeyrie, 32800 Ayzieu, tél. 05 62 08 46 13, lesfrereslaffitte@gmail.com V *r.-v.*

DOM. DE PICARDON Le Rosé 2017 ★★★

	100000		5 à 8 €

Situé à Réans dans le Gers, ce domaine familial de quelque 95 ha aujourd'hui a été redynamisé et restructuré à partir de 1986 par Jean-Pierre Randé, qui y produit une gamme d'IGP, de flocs, d'armagnacs et

SUD-OUEST

de pimençon (un apéritif à base de vins des Côtes de Gascogne et de piment doux).

Si la robe églantine reflète un pressurage direct, la structure de ce rosé traduit peut-être la présence du cabernet-sauvignon (95 %). Intense et franc, le nez est un panier de fruits rouges (groseille, fraise), qui se teinte à l'aération de notes de bonbon acidulé. Le palais est tout aussi flatteur. Vivacité de l'attaque, ampleur du développement, intensité des arômes de fruits des bois, persistance et fraîcheur de la finale marquée par une plaisante amertume: l'harmonie même. ⧗ 2018-2019

JEAN-PIERRE RANDÉ, Picardon, 32800 Réans, tél. 05 62 09 95 52, domainedepicardon@orange.fr V *t.l.j. sf dim. 9h-12h30 14h-18h00*

PYRÈNE Beau Manseng - L'Incomparable 2017 ★

	100000		5 à 8 €

Fils d'un bijoutier béarnais, Lionel Osmin est devenu ingénieur agricole et a fondé en 2010 une maison de négoce qui compte, spécialisée dans les vins du grand Sud-Ouest, d'Irouléguy à Bergerac, de Madiran à Marcillac. Aux commandes des vinifications de cette vaste gamme, l'œnologue Damiens Sartori.

Les Gascons, selon une légende, seraient les descendants des amours de Pyrène et Hercule. La maison Lionel Osmin, qui a l'art de bien choisir ses pourvoyeurs de raisin, a créé, partant de ce récit, la marque Pyrène, à laquelle appartient cette cuvée. Un vin au nez fermé de prime abord, mais qui s'épanouit à l'agitation sur les fruits exotiques, la pomme et les agrumes; arômes relayés par une bouche franche et vive. ⧗ 2018-2021

LIONEL OSMIN & CIE, 6, rue de l'Ayguelongue, 64160 Morlaàs, tél. 05 59 05 14 66, sudouest@osmin.fr

DOM. LES REMPARTS Sauvignon Petit Manseng Gouttes de lune 2017 ★★

	14000		5 à 8 €

Les frères Marcellin conduisent ce domaine familial de 115 ha implanté en Ténarèze sur les coteaux de Gascogne. Ils élaborent des IGP côtes-de-gascogne, des flocs-de-gascogne et des armagnacs et disposent de champs de pruniers pour la commercialisation de pruneaux d'Agen.

Quand les remparts abritent de telles Gouttes de lune, les fans d'identités gasconnes en redemandent. Sur des terres argileuses, si favorables à l'éclosion de vendanges aromatiques, sauvignon (55 %) et gros manseng ont donné naissance à ce blanc sec parfumé, ouvert sur les fruits mûrs finement épicés et vanillés. Le prélude à une bouche ronde, exotique et un brin empyreumatique, stimulée par de beaux amers en finale. Un vin original et racé. ⧗ 2018-2021 **Dom. Les Remparts Sur un R gascon 2017 (5 à 8 €; 50000 b.)** : vin cité.

MARCELLIN, Le Bourdilet de Séailles, 32100 Condom, tél. 05 62 28 39 30, commercial.lesremparts@gmail.com V *r.-v.* 3 E

DOM. DU REY Lola 2017 ★

	9000		- de 5 €

De la biologie à l'œnologie, l'écart n'est pas si grand. Claude Almayrac a franchi le pas en 2008 pour reprendre les vignes exploitées en Ténarèze par la famille Appouy depuis trois générations. Aujourd'hui à la tête de 34 ha, il propose armagnacs et vins en IGP côtes-de-gascogne.

Cabernet franc (50 %), merlot et syrah composent cette cuvée saumon aux reflets orangés, au nez discrètement floral et fruité (fruits rouges, pamplemousse), au palais frais, droit et acidulé. Un rosé réservé mais net. ⧗ 2018-2019

CLAUDE ALMAYRAC, Le Rey, 32330 Gondrin, tél. 05 62 29 11 85, contact@domainedurey.com V *r.-v.*

DOM. DU TARIQUET Dernières Grives 2016 ★★

	20000		15 à 20 €

À l'origine de ce domaine, un montreur d'ours ariégeois émigré aux États-Unis qui achète à son retour en France, en 1912, cette propriété gersoise ruinée par le phylloxéra. Sa petite-fille épouse Pierre Grassa; le couple et ses enfants développent la production d'armagnac, puis misent, dans les années 1980, sur les vins de pays, essentiellement blancs, qui connaissent un immense succès. L'exploitation couvre 1 100 ha.

Annonciatrices des maturités optimales, les dernières grives adorent se gaver des sucrosités du petit manseng. Pas besoin d'analyses scientifiques, il faut vendanger. Le résultat est ce liquoreux expressif, ouvert sur des arômes de miel, de pain grillé, d'abricot sec et de coing, dense, riche et rond en bouche. ⧗ 2018-2024 **Dom. la Hitaire Sauvignon 2017 ★ (5 à 8 €; 100000 b.)** : une robe jaune pâle aux reflets argentés, de jolies notes d'agrumes à l'olfaction, une bouche vive aux fringantes saveurs de nectarine et de citron composent un vin harmonieux et énergique. ⧗ 2018-2021 **Rosé de pressée 2017 ★ (5 à 8 €; 200000 b.)** : un rosé de pressée pâle de teint, intense et très équilibré: nez bien ouvert et frais, entre pamplemousse rose, poire et bonbon, bouche à l'unisson, fraîche en attaque, ronde dans son développement, tonifiée en finale par un plaisant retour du pamplemousse. ⧗ 2018-2019

SCV CH. DU TARIQUET, Saint-Amand, 32800 Eauze, tél. 05 62 09 87 82, contact@tariquet.com V *t.l.j. sf dim. 9h30-12h 14h30-18h* *Famille Grassa*

♥ DOM. DENIS TASTET Cabernet-Sauvignon Tire d'aile 2017 ★★

	15000		- de 5 €

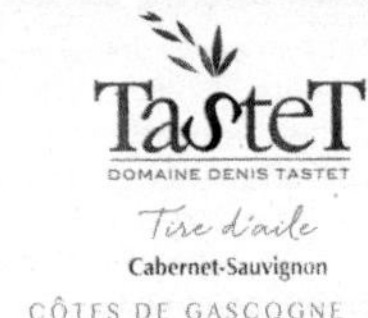

Propriété de la famille Tastet depuis plus d'un siècle, le domaine couvre 62 ha dans le Bas-Armagnac, à Larée dans le Gers. Denis Tastet est l'actuel maître des lieux, à la suite de son père André.

Cette cuvée pastel s'est imposée par son nez expressif, gourmand et frais, déployant une gamme fruitée complexe (pêche, fruits exotiques, bonbon anglais, pamplemousse, complétés en bouche par du fruit rouge), bien prolongé par un palais frais, élégant et persistant. Sensible en finale, une touche de poivron, signature du cabernet, semble ajouter à son charme. ⧗ 2018-2019

■ **Gros Manseng Moelleux Tendresse 2017 ★ (5 à 8 €; 25000 b.)** : une olfaction complexe autour d'arômes anisés, de miel, de noisette fraîche, de fruits exotiques (ananas, litchi) et d'agrumes précède une bouche ronde, fondue, de bonne longueur. ⧗ 2018-2022 ■ **Colombard Sauvignon Ugni blanc Tonnelle 2017 (- de 5 €; 25000 b.)** : vin cité.

⊶ DENIS TASTET, Dom. de Guilhon d'Aze, 32150 Larée, tél. 05 62 09 53 88, contact@denis-tastet.fr V t.l.j. sf dim. 8h-12h 14h-18h

UBY N° 6 2017 ★

■	520000	5 à 8 €

La tortue cistude d'Europe, clin d'œil à ceux qui luttent pour la sauvegarde des espèces menacées, est souvent représentée sur les étiquettes de la maison Uby (domaine et négoce) fondée en 1956. À la tête de ce vaste vignoble (250 ha) depuis 1995, François Morel multiplie les démarches orientées vers le respect de l'environnement et sélectionne pour la partie négoce des partenaires apporteurs de raisins bio.

Un rosé composé majoritairement de cabernets et de merlot, complétés par une goutte de syrah. Au nez, de délicates senteurs florales, des notes fraîches de pamplemousse et la touche de poivron vert du cabernet. Dans le même registre, la bouche séduit par son équilibre entre rondeur et fraîcheur et par sa finale tonique, un rien amère. ⧗ 2018-2019

⊶ DOM. UBY, Uby, 32150 Cazaubon, tél. 05 62 09 51 93, contact@domaine-uby.com V t.l.j. sf dim. 9h-12h 14h-18h; f. sam. en hiver ⊶ François Morel

IGP CÔTES DU LOT

♥ DOM. BELMONT Dolmen 2016 ★★

■	4000	20 à 30 €

Situé sur la route de Lascaux, un domaine de 6 ha fondé en 1993 sur les terres d'un ancien vignoble qui s'étendait sur plus de 150 ha au XIXe s. À sa tête Françoise Belmont qui a engagé la conversion bio de ses vignes.

La présence d'un dolmen non loin du domaine donne son nom à cette cuvée - nous ne sommes pas loin des grottes de Lascaux. Dans le verre, un chardonnay brillant, au sens propre comme au figuré, ouvert sur d'intenses arômes d'agrumes, de fruits blancs mûrs et d'épices douces. En bouche, il affiche un volume certain, du gras, de la rondeur, avec en finale une belle fraîcheur citronnée renforcée par de beaux amers. L'équilibre même. ⧗ 2018-2022 ■ **Belmont 2015 ★★ (20 à 30 €; n.c.)** : un assemblage cabernet franc (90 %) et syrah à l'origine d'un vin intense, sur la cerise mûre et le cassis, généreux et puissant en bouche, porté par des tanins vigoureux et par une fine acidité en finale. Pour la cave. ⧗ 2020-2026

⊶ SCEA DU GAGNOULAT, Le Gagnoulat, 46250 Goujounac, tél. 05 65 36 68 51, contact@domaine-belmont.com V r.-v.

EUGÉNIE La Treille du roy 2017 ★

■	9500		- de 5 €

C'est en 1470 que remontent les archives de ce domaine qui connut de prestigieux clients au XVIIIe s., notamment les tsars de Russie. Dans la famille Couture depuis cinq générations, la propriété s'appuie sur un vignoble de 50 ha. Souvent en vue pour ses cahors de caractère, notamment sa Cuvée réservée de l'aïeul.

Malbec (70 %) et merlot composent un rosé couleur framboise, au nez gourmand de fraise, de framboise et de bonbon Arlequin. Frais et friand en attaque, puis plus structuré jusqu'en finale, le palais renoue avec les fruits rouges. Un rosé de bouche. ⧗ 2018-2019

⊶ CH. EUGÉNIE, Rivière-Haute, 46140 Albas, tél. 05 65 30 73 51, couture@chatcaueugenie.com V t.l.j. sf dim. 9h30-12h30 14h-19h ⊶ Couture

DOM. DU GARINET Chardonnay Le Clos 2016 ★

■	1900		5 à 8 €

L'ancienne ferme quercynoise du XVe s. en pierre blanche, au milieu des vignes, des noyers et des pruniers, a été reprise il y a vingt ans par un couple de Britanniques, Michael et Susan Spring.

Au nez, des agrumes, de la pêche, de l'abricot, des fleurs blanches. Une intensité aromatique à laquelle fait écho une bouche tout en fraîcheur, mais qui ne manque pas d'un peu de gras pour apporter de la rondeur. Un ensemble harmonieux. ⧗ 2018-2021

⊶ MICHAEL ET SUSAN SPRING, Le Garinet, 46800 Le Boulvé, tél. 05 65 31 96 43, spring@domainedugarinet.fr V t.l.j. sf dim. 11h-18h30; hors saison sur r.-v.

GRAVALOUS Malbec 2017 ★

■	6000		- de 5 €

Une propriété familiale de 26 ha, transmise de père en fils depuis cinq générations, en polyculture jusque dans les années 1970 avant de se tourner vers la vigne. Hervé Fabbro s'y est installé en 2006 après ses études de «viti-œno».

D'un seyant rose clair, ce malbec livre au nez des arômes intenses de framboise, de pêche et de grenadine. Un fruité prolongé par une bouche puissante et chaleureuse, vivifiée par une finale plus tonique. ⧗ 2018-2019

⊶ FABBRO, Vidal, 46220 Pescadoires, tél. 05 65 22 40 46, gravalous@wanadoo.fr V t.l.j. sf dim. 9h-12h 14h-18h

NOZIÈRES Malbec Le Gravis 2017 ★★

■	13000		- de 5 €

Pierre et Paulette Maradenne ont acheté en 1956 cette propriété où se côtoyaient la vigne, la lavande, les céréales et les vaches laitières. Les premières bouteilles ont été commercialisées en 1975. Aujourd'hui conduit par Olivier, petit-fils des fondateurs, le domaine compte 52 ha, répartis en une mosaïque d'une quarantaine de parcelles.

Le malbec à son meilleur dans sa version rosée: une belle robe brillante, limpide, saumonée, un nez intense (fraise, bonbon anglais) et une bouche fraîche et franche en attaque, tendre et fruitée dans son développement, long et alerte en finale. Un vin des plus harmonieux, à un souffle du coup de cœur. ⧗ 2018-2019 ■ **Clin d'œil 2017 ★ (5 à 8 €; 13000 b.)** : un vin mi-sauvignon mi-chardonnay, très fruité (mangue, pamplemousse, abricot), souple et frais en bouche, avec une agréable pointe d'amertume en finale. ⧗ 2018-2021

EARL DE NOZIÈRES-MARADENNE-GUITARD, Bru, 46700 Vire-sur-Lot, tél. 05 65 36 52 73, chateaunozieres@orange.fr t.l.j. sf dim. 9h-12h 14h-19h

DOM. SAINT-SERNIN Mirliflore 2017

■	6000		5 à 8 €

La famille exploite la vigne à Parnac depuis le début du XVII[e]s. Marie et Dominique Cavalié développent le Dom. Saint-Sernin et le transmettent en 2005 à leur fille Anne, qui quitte l'enseignement. Avec son mari Heifara Swartvagher, elle exploite 48 ha. Leur marque, Varua Maohi, rappelle les origines tahitiennes de son conjoint.

Ce pur malbec couleur grenadine dévoile des arômes de fruits rouges frais mâtinés d'épices. En bouche, il se montre bien équilibré entre côté moelleux et fine vivacité, avant une finale un brin chaleureuse. ⧗ 2018-2019

SCEA CAVALIÉ, Les Landes, 46140 Parnac, tél. 05 65 20 13 26, saint.sernin@sfr.fr t.l.j. 9h-12h30 13h30-17h30; sam. dim. sur r.-v.

IGP CÔTES DU TARN

DOM. D'EN SÉGUR
Chardonnay Cuvée Madeleine Élevé en fût de chêne 2017 ★★

■	15000		8 à 11 €

Disparu en 2013, Pierre Fabre, pharmacien castrais de renommée mondiale, voulant promouvoir les vins de sa région natale, avait créé en 1989 ce domaine étendu aujourd'hui sur 36 ha et géré depuis 2017 par l'œnologue Lionel Barre Schaller.

Le nez, intense, évoque la pomme cuite, les fruits exotiques, la poire et le beurre. En bouche, le vin se révèle ample, rond et long, souligné par une fine acidité et de beaux amers en finale. Un profil gourmand et équilibré. ⧗ 2018-2021 ■ **Cuvée Germain Élevé en fût de chêne 2016 ★ (8 à 11 €; 49700 b.)** : au nez, des épices douces et des notes de prune; en bouche, un bon boisé épicé, un fruité très mûr et une structure ferme. Un vin solide. ⧗ 2020-2024

DOM. D'EN SÉGUR, rte de Saint-Sulpice, 81500 Lavaur, tél. 05 63 58 09 45, ensegur@wanadoo.fr t.l.j. sf dim. 8h-17h Groupe Pierre Fabre

GAYRARD & CIE Braucol 2016 ★★

■	7200		5 à 8 €

Ce domaine familial ancien, établi depuis cinq siècles à l'orée des causses entre Cordes-sur-Ciel et Albi, a connu quelques années de sommeil viticole avant d'être réveillé en 2013 par Pierre et Laure Fabre, à la tête d'un vignoble de 11 ha.

Au nez, ce braucol libère d'intenses parfums de piment, de groseille et des notes d'humus. Le côté épicé est toujours présent en bouche, où le vin se montre souple et léger, doté de tanins fins et fondus. ⧗ 2018-2021 ■ **Rosé Maurice 2017 ★ (5 à 8 €; 4200 b.)** : Maurice est l'arrière-grand-père de Pierre Fabre, à l'origine de la mise en bouteilles au domaine. Sous son prénom, un rosé composé de cabernet-sauvignon, de syrah et de merlot par tiers. La robe est rose intense, brillante, le nez très ouvert sur l'amylique et la fraise écrasée, la bouche bien fruitée, ample et très équilibrée entre gras et fraîcheur. ⧗ 2018-2019

PIERRE FABRE, Hameau Capendut, 81130 Milhavet, tél. 06 12 09 01 34, contact@maison-gayrard.com t.l.j. sf sam. dim. 10h-18h

LES PETITS CLÉMENT Merlot Duras 2017

■	73000		- de 5 €

Le domaine est né en 1860 sous l'impulsion de Clément Termes qui construisit un chai, puis le château. Olivier et Caroline David, ses descendants (septième génération), sont désormais à la tête de 120 ha de vignes. Ils sont aussi négociants.

Un vin qui respire le fruit tout au long de la dégustation: au nez, des fruits rouges, en bouche… des fruits rouges. Et aussi une agréable souplesse et de la fluidité. À boire dans sa jeunesse. ⧗ 2018-2021

SCEV DAVID, Ch. Clément Termes, Les Fortis, 81310 Lisle-sur-Tarn, tél. 05 63 40 47 80, contact@clement-termes.com t.l.j. sf dim. 9h-12h 14h-18h

VINOVALIE Les Granitiers 2017 ★

■	170000		- de 5 €

Les caves de Técou, de Rabastens, de Fronton et des Côtes d'Olt ont uni leurs forces en 2006 en créant le groupe Vinovalie, dont le nom renvoie aux valeurs collectives du rugby. Un groupe qui fédère 470 vignerons et regroupe quelque 3 800 ha de vignes répartis sur trois appellations: gaillac, fronton et cahors.

Duras (63 %), syrah et braucol pour ce rosé clair, exotique, fruité (fraise) et amylique au nez. En bouche, une attaque soyeuse précède un développement ample et rond, avant une finale plus tonique. ⧗ 2018-2019

VINOVALIE - SITE DE TÉCOU, 100, rte de Técou, 81600 Técou, tél. 05 63 33 00 80, passion@cavedetecou.fr r.-v.

IGP LANDES

Barocco 2016 ★

■	28000		11 à 15 €

Le chef étoilé Michel Guérard (Les Prés d'Eugénie) cultive en tursan son jardin de vignes (20,5 ha) à Duhort-Bachen et aussi les étoiles et les coups de cœur dans le Guide. Maison noble dominant l'Adour, le Ch. de Bachen a été acquis en 1983 et, sous la conduite de l'œnologue Olivier Dupont, fait partie des incontournables du vignoble landais, en rouge comme en blanc.

Élaborée avec les conseils de l'éminent Jean-Claude Berrouet, ancien vinificateur de Petrus, cette cuvée très sombre, à dominante de merlot, livre un bouquet intense de cassis bien mûr, d'épices et de boisé grillé. On retrouve le bois, intense, et le fruit, tout aussi soutenu, dans une bouche riche et solide, bâtie pour la garde. ⧗ 2021-2028 ■ **Rouge de Bachen 2016 ★ (8 à 11 €; 15000 b.)** : un bon mariage du bois et de fruit, des tanins assez fondus, soyeux, du volume et de la longueur pour cette cuvée qui fait la part belle au merlot. ⧗ 2019-2024

CIE HÔTELIÈRE ET FERMIÈRE D'EUGÉNIE-LES-BAINS, pl. de l'Impératrice, 40320 Eugénie-les-Bains, tél. 05 58 71 76 76, direction@michelguerard.com r.-v. Michel Guérard

LABALLE Sables fauves 2017 ★

■ | 20000 | | 5 à 8 €

Fondé en 1820 par Jean-Noël Laudet, de retour des Antilles où il a passé plus de vingt ans dans le commerce des épices, ce domaine du Bas-Armagnac (40 ha de sables fauves sur un terroir riche en oxyde de fer) a été repris en 2007 par Cyril Laudet, huitième génération, et son épouse Julie.

Le merlot et les deux cabernets sont associés dans ce rosé pâle aux reflets orangés, ouvert sur la pêche, le melon et la fraise. Une attaque fraîche introduit une bouche ample, dense, bien équilibrée entre gras et acidité. Une légère amertume vient dynamiser la finale. ⧗ 2018-2019

DOM. DE LABALLE, chai de Laballe, 40310 Parleboscq, tél. 05 58 73 81 57, contact@laballe.fr r.-v. Cyril Laudet

IGP PÉRIGORD

LE HAUT PAÏS Merlot 2017 ★

■ | 30000 | | - de 5 €

Union de coopératives, Couleurs d'Aquitaine est née en 2008 à l'initiative des quatre caves de la Dordogne : Cave de Port-Sainte-Foy, Les Vignerons de Sigoulès, Cave de Monbazillac et Alliance Aquitaine. Prolongée par une structure de négoce, elle sélectionne, élève et distribue aussi et surtout des vins de propriétés du Bergeracois et du Bordelais. Un acteur de poids du grand Sud-Ouest viticole.

D'un rouge profond, ce vin livre un bouquet intense de fruits rouges. Une intensité fruitée à laquelle fait écho une bouche souple en attaque, plus charpentée dans son développement, fraîche et épicée en finale. Un joli caractère. ⧗ 2019-2022 ■ **Merlot Le Cerf noir 2017 ★ (- de 5 €; 18000 b.)** : un vin souple, gras, rond, bien fruité, aux tanins légers. À boire dans sa jeunesse. ⧗ 2018-2021

SAS COULEURS D'AQUITAINE, Les Seguinots, bât. Unidor, rte de Marmande, 24100 Saint-Laurent-des-Vignes, tél. 05 53 57 63 61, contact@couleursdaquitaine.fr

IGP TARN-ET-GARONNE

DOM. DE GUILLAU
Chardonnay Viognier Prélude 2016 ★

■ | 6000 | | 5 à 8 €

Un ancêtre charpentier a construit la grange qui sert aujourd'hui de chai, faisant parfois payer ses services en lopins de terre. Quant à Jean-Claude Lartigue, installé en 1990, il est au nombre des producteurs qui ont « bâti » leur appellation. Le Guide l'a découvert en 1999 alors que les coteaux-du-quercy étaient encore classés en vins de pays. Le domaine couvre aujourd'hui 15 ha, non loin de Montpezat-du-Quercy.

Mi-viognier mi-chardonnay, ce vin dévoile des arômes discrets mais fins de litchi, de poire et d'agrumes. En bouche, il présente un profil suave et rond, avant de s'orienter vers la fraîcheur en finale. L'ensemble est équilibré et la longueur au rendez-vous. ⧗ 2018-2021

JEAN-CLAUDE LARTIGUE, 181, rte de Borredon, 82270 Montalzat, tél. 06 11 86 22 04, jean-claude.lartigue@orange.fr t.l.j. sf dim. 17h30-19h30

La vallée de la Loire et le Centre

SUPERFICIE : 51 900 ha

PRODUCTION : 2 841 395 hl

TYPES DE VINS : Blancs (45 %) secs, demi-secs, moelleux et liquoreux, rosés (22 %), rouges (21 %), effervescents (12 %).

SOUS-RÉGIONS : Région nantaise, Anjou-Saumur, Touraine, Centre.

CÉPAGES :

Rouges : cabernet franc (breton), cot, gamay, pinot noir, grolleau ; accessoirement : pineau d'Aunis, cabernet-sauvignon, pinot meunier.

Blancs : muscadet (ou melon de Bourgogne), chenin (pineau de la Loire), sauvignon ; accessoirement : chardonnay, romorantin, pinot gris (malvoisie), tressallier, menu pineau.

LA VALLÉE DE LA LOIRE ET LE CENTRE

Unis par un fleuve majestueux jalonné de châteaux Renaissance, les divers pays de la vallée de la Loire sont baignés par une lumière unique, qui fait éclore ici le « Jardin de la France ». Dans ce jardin, bien sûr, la vigne est présente; des confins du Massif central jusqu'à l'estuaire, elle ponctue le paysage au long du fleuve et d'une dizaine de ses affluents. Les ceps donnent naissance à une des productions les plus variées du pays, qui a pour traits communs des prix doux et une vivacité qui anime jusqu'à ses grands vins liquoreux.

Quatre sous-régions. Les vignobles de la région nantaise, de l'Anjou et de la Touraine forment de véritables entités. On a également inclus dans les vignobles de la Loire ceux, plus dispersés, du Berry, des côtes d'Auvergne et roannaises; ils appartiennent au bassin hydrographique de la Loire et se rapprochent des vignobles ligériens par les types de vins produits, friands et fruités.

De l'océan à la montagne. De l'embouchure à la source du plus long fleuve de France, les différences climatiques ne sont pas minces: bien qu'identifiés comme septentrionaux, certains vignobles sont situés à une latitude qui, dans la vallée du Rhône, subit l'influence climatique méditerranéenne... Mâcon est à la même latitude que Saint-Pourçain, et Roanne, que Villefranche-sur-Saône. Le relief influe ici sur le climat, ainsi que l'éloignement de l'océan; le courant d'air atlantique qui s'engouffre d'ouest en est dans le couloir tracé par la Loire s'estompe peu à peu au fur et à mesure qu'il rencontre les collines du Saumurois et de la Touraine. Alors que le climat de la région nantaise est océanique, avec des hivers peu rigoureux, des étés chauds et souvent humides, le climat du Centre et des vignobles du Massif central est semi-continental, avec des hivers froids et des étés chauds.

Massif armoricain et Bassin parisien. Dans la basse vallée de la Loire, l'aire du muscadet et une partie de l'Anjou (dit « Anjou noir ») reposent sur le Massif armoricain, constitué de schistes, de gneiss et d'autres roches de l'ère primaire, sédimentaires ou éruptives. La région nantaise présente un relief peu accentué, les roches dures du Massif armoricain étant entaillées à l'abrupt par de petites rivières. Les vallées escarpées ne permettent pas la formation de coteaux cultivables, et la vigne occupe les mamelons de plateau.

L'Anjou est un pays de transition entre la région nantaise et la Touraine. Il se divise en plusieurs sous-régions: les coteaux de la Loire (prolongement de la région nantaise), en pente douce d'exposition nord, où la vigne occupe la bordure du plateau; les coteaux du Layon, schisteux et pentus, et ceux de l'Aubance; la zone proche de la Touraine, dans laquelle s'est développé le vignoble des rosés.

L'Anjou englobe historiquement le Saumurois; géographiquement ce dernier devrait plutôt être rattaché à la Touraine occidentale avec laquelle il présente des similitudes, tant au point de vue des sols (sédimentaires) que du climat. Les formations sédimentaires du Bassin parisien viennent ici recouvrir des formations primaires du Massif armoricain, de Brissac-Quincé à Doué-la-Fontaine.

Le Saumurois se caractérise essentiellement par la craie tuffeau sur laquelle poussent les vignes; dans le sous-sol, les bouteilles rivalisent avec les champignons de Paris pour occuper galeries et caves facilement creusées. En face du Saumurois, on trouve sur la rive droite de la Loire les vignobles de Saint-Nicolas-de-Bourgueil, sur le coteau turonien. Plus à l'est, après Tours, et sur le même coteau, débute le vignoble de Vouvray; Chinon, sur l'autre rive, est le prolongement du Saumurois sur les coteaux de la Vienne. Azay-le-Rideau, Montlouis, Amboise, Mesland et les coteaux du Cher complètent la Touraine. Les petits vignobles des coteaux du Loir, de l'Orléanais, de Cheverny, de Valençay et des coteaux du Giennois peuvent être rattachés à la Touraine.

Les vignobles du Berry (ou du Centre) se distinguent des trois autres tant par les sols, essentiellement jurassiques – voisins de ceux du Chablisien, pour Sancerre et Pouilly-sur-Loire – que par le climat. Nous rattachons Saint-Pourçain, les côtes roannaises et le Forez à cette quatrième unité, bien que sols (Massif central primaire) et climats (semi-continental à continental) soient différents.

Les cépages blancs. Dans la région nantaise, un cépage domine: le melon, à l'origine d'un vin blanc sec et vif. Le cépage folle blanche engendre un autre vin blanc sec, plus léger, le gros-plant. En Anjou, en Saumurois et en Touraine, le cépage-roi en blanc est le chenin ou pineau de la Loire, à l'origine des grands vins liquoreux ou moelleux, ainsi que d'excellents vins secs, demi-secs et mousseux; on le trouve jusqu'à l'est de Tours, à Vouvray, Montlouis, Amboise et Mesland, ainsi que dans les vignobles sarthois de Jasnières et des coteaux du Loir. Le chardonnay et le sauvignon y ont été plus tardivement associés.

En Touraine orientale, le sauvignon supplante le chenin, donnant des vins blancs très aromatiques. C'est le cépage vedette des vins blancs du Centre, des sancerre, pouilly-fumé, reuilly, quincy, menetou-salon... Citons aussi des cépages beaucoup plus rares, comme le romorantin en cour-cheverny, le chasselas, qui subsiste à Pouilly-sur-Loire, le tressallier en saint-pourçain, ou encore le pinot gris.

Les cépages rouges. On trouve le gamay à l'ouest, en Vendée et sur les coteaux d'Ancenis, en Anjou et surtout en Touraine orientale où il tend cependant à régresser. Il est en revanche majoritaire, voire exclusif, dans les vignobles du Massif central (côtes-d'auvergne, côte-roannaise, côtes-du-forez...). Autrefois très répandu, le grolleau noir produit traditionnellement des rosés demi-secs. Le cabernet franc, anciennement appelé « breton », l'a supplanté, complété par le cabernet-sauvignon. Les cabernets engendrent des vins rouges fins et corsés ayant une bonne aptitude à la garde, et conservant un caractère vif dans la vallée de la Loire. Le cabernet franc est à la base de trois appellations réputées de la Touraine occidentale: chinon, bourgueil et saint-nicolas-de-bourgueil. En amont du fleuve, on se rapproche de la Bourgogne, et le cabernet s'efface derrière le pinot noir. C'est la variété des rouges du Berry, comme le sancerre. Parmi les cépages rouges, on citera aussi le côt (malbec), cultivé en Touraine orientale, qui donne des vins structurés, le pineau d'Aunis des coteaux du Loir à la nuance poivrée, le meunier, cultivé notamment dans l'Orléanais, ou encore la négrette, dans les fiefs-vendéens.

➡ LES APPELLATIONS RÉGIONALES DU VAL DE LOIRE

ROSÉ-DE-LOIRE

Superficie : 1 100 ha / Production : 61 672 hl

Vin d'appellation régionale, AOC depuis 1974, le rosé-de-loire peut être produit dans les limites des AOC anjou, saumur et touraine. Ce rosé sec naît des cépages cabernet franc, cabernet-sauvignon, gamay noir à jus blanc, pineau d'Aunis et grolleau.

DOM. DE LA CLARTIÈRE 2017 ★★

■ | 3000 | 🍾 | - de 5 €

Depuis 1930, quatre générations de « Pierre » se sont succédé à la tête de ce vignoble (33 ha) situé dans le haut Layon. Après Pierre-Marie, Pierre-Antoine Pinet a pris les rênes du vignoble en 2007, rejoint en 2017 par son frère cadet Édouard, de retour de l'étranger. Ce dernier œuvre à la cave.

Grolleau gris, grolleau noir et cabernet-sauvignon sont associés dans ce rosé pastel, ouvert sur des arômes élégants de rose, d'agrumes et de bonbon anglais. Sensations prolongées par une bouche ample, dense et fraîche, parfaitement équilibrée. ⧗ 2018-2019

⊶ PINET, lieu-dit La Clartière, 49560 Nueil-sur-Layon, tél. 02 41 59 53 05, earlpinet@orange.fr V 🚶 ▮ *r.-v.*

DOM. DES DEUX ARCS 2017 ★

■ | 10000 | 🍾 | - de 5 €

Jean-Marie Gazeau, après une expérience en Afrique du Sud, a rejoint son père Michel en 2005 sur le domaine familial (53 ha). Leurs vins sont régulièrement sélectionnés dans le Guide, dans diverses appellations de l'Anjou et dans les trois couleurs. Une valeur sûre.

Une dominante de cabernet franc (50 %) et les deux grolleau (gris et noir) pour ce rosé aux reflets groseille. Au nez, des notes d'agrumes et de fruits rouges. En bouche, de l'ampleur, beaucoup de fraîcheur et une belle longueur. ⧗ 2018-2019

⊶ VIGNOBLE MICHEL ET JEAN-MARIE GAZEAU, 11, rue du 8-Mai-1945, 49540 Martigné-Briand, tél. 02 41 59 47 37, do2arc@wanadoo.fr V 🚶 ▮ *t.l.j. sf dim. 9h-12h30 14h-19h*

DOM. DITTIÈRE 2017 ★

■ | 2500 | 🍾 | - de 5 €

Fondée vers 1900 par le grand-père des frères Dittière (Bruno et Joël, installés en 1983), cette exploitation de 39 ha est établie près de Brissac sur des terroirs sablo-graveleux. Souvent en vue pour ses rouges.

Mi-grolleau mi-gamay, ce rosé saumoné évoque au nez la fraise des bois et le melon. En bouche, il apparaît ample, rond, généreux, avant une finale saline qui apporte de la fraîcheur et de la longueur. ⧗ 2018-2019

⊶ DOM. DITTIÈRE, 1, chem. de la Grouas, Vauchrétien, 49320 Brissac-Loire-Aubance, tél. 02 41 91 23 78, domaine.dittiere@sfr.fr V 🚶 ▮ *r.-v.*

DOM. DE FLINES 2017

■ | 20000 | 🍾 | - de 5 €

Originaires du Loir-et-Cher, où leurs ancêtres étaient vignerons, Chantal et Jean Motheron s'installent comme négociants en 1955, en Anjou, à Martigné-Briand. En 1968, ils constituent ce domaine (52 ha aujourd'hui) que leur fille Catherine reprend en 2006 et modernise.

Grolleau noir (70 %) et cabernet franc pour ce vin d'un rose intense, au nez suave de fruits rouges mûrs. Un fruité qui se prolonge dans une bouche équilibrée, offrant de la rondeur et de la fraîcheur. ⧗ 2018-2019

⊶ DOM. DE FLINES, 102, rue d'Anjou, 49540 Martigné-Briand, tél. 02 41 59 42 78, domaine.de.flines@wanadoo.fr V 🚶 ▮ *r.-v.*
⊶ Catherine Motheron

DOM. DES FONTAINES Les Perruches 2017

■ | 9500 | 🍾 | - de 5 €

Situé au cœur de l'AOP bonnezeaux, ce domaine familial de 35 ha est dirigé par Alain Rousseau et son fils Vincent, qui représente la quatrième génération.

Un rosé aux reflets saumonés, au nez discret mais plaisant de fruits rouges et d'agrumes, souple et alerte en bouche. Un ensemble harmonieux. ⧗ 2018-2019

⊶ ALAIN ET VINCENT ROUSSEAU, 301, les Noues, Thouarcé, 49380 Bellevigne-en-Layon, tél. 02 41 54 32 30, domaine.des.fontaines@wanadoo.fr V 🚶 ▮ *r.-v.*

DOM. DES GIRAUDIÈRES 2017

■ | 4500 | 🍾 | - de 5 €

Ce domaine familial créé en 1927 étend son vignoble sur 45 ha. Conduit depuis 1983 par Dominique et Françoise Roullet, il propose toute la gamme des vins de la région de Brissac.

Un rosé pâle et limpide, au nez discret d'agrumes et de fruits rouges. Dominée par la vivacité, la bouche se montre plus expressive, autour de la cerise kirschée, de la fraise et d'une touche épicée. ⧗ 2018-2019

⊶ ROULLET, Les Giraudières, Vauchrétien, 49320 Brissac-Loire-Aubance, tél. 02 41 91 24 00, roulletdo@orange.fr V 🚶 ▮ *t.l.j. sf dim. 9h-12h 14h-19h* 🏠 2

CH. DE PASSAVANT 2017

13000		5 à 8 €

Ce domaine est commandé par un château du XI[e]s. construit par le troisième comte d'Anjou, Foulque Nerra. À sa tête depuis 1993, Claire, Olivier Lecomte et François David ont opté pour le bio en 2001 et l'agriculture biodynamique en 2011.

Une grosse dominante (85 %) de grolleau noir dans ce rosé clair et brillant, franc et fruité au nez (fruits rouges), très vif et dynamique en bouche. Un 2017 nerveux. ⧗ 2018-2019

OLIVIER ET CLAIRE LECOMTE, 31, rue du Prieuré, 49560 Passavant-sur-Layon, tél. 02 41 59 53 96, passavant@wanadoo.fr V t.l.j. sf dim. 8h-12h30 14h-18h; sam. sur r.-v.

DOM. DE LA PETITE ROCHE Origine 2017

2000		5 à 8 €

Ce vénérable domaine du haut Layon fondé en 1791 compte aujourd'hui 82 ha de vignes plantées sur des sols argilo-schisteux, graveleux et limono-sableux; 70 % de sa superficie sont destinés à l'élaboration des rosés (cabernet-d'anjou et rosé-d'anjou). Deux étiquettes ici: Dom. de la Petite Roche et Ch. de la Roche Bousseau.

Le seul cabernet franc est à l'œuvre dans ce rosé aux reflets saumonés, plutôt timide au nez (nuances d'agrumes et de fruits blancs), plus ouvert en bouche, autour de la pêche notamment, rond et riche. Un profil généreux. ⧗ 2018-2019

SCEV REGNARD, La Petite Roche, Trémont, 49310 Lys-Haut-Layon, tél. 02 41 59 43 03, contact@domainepetiteroche.com t.l.j. sf sam. dim. 8h30-12h30 13h30-17h30

DOM. DES RICHÈRES 2017 ★★

10000		- de 5 €

Anciennement rattaché à la seigneurie de Millé, ce domaine est exploité par la famille Guibert depuis 1775. En 2006, Fabrice Guibert a pris les rênes de la propriété et de ses 64 ha situés au cœur des coteaux-du-layon.

Ce pur grolleau noir a fait belle impression avec sa couleur saumon clair, son nez intense et gourmand de fraise, de framboise et de pamplemousse, et avec sa bouche ample, suave, ronde, fruitée, sans jamais tomber dans la lourdeur. ⧗ 2018-2019

FABRICE GUIBERT, 7, rte d'Angers, Millé, Chavagnes, 49380 Terranjou, tél. 02 41 54 10 47, faguibert@yahoo.com V r.-v.

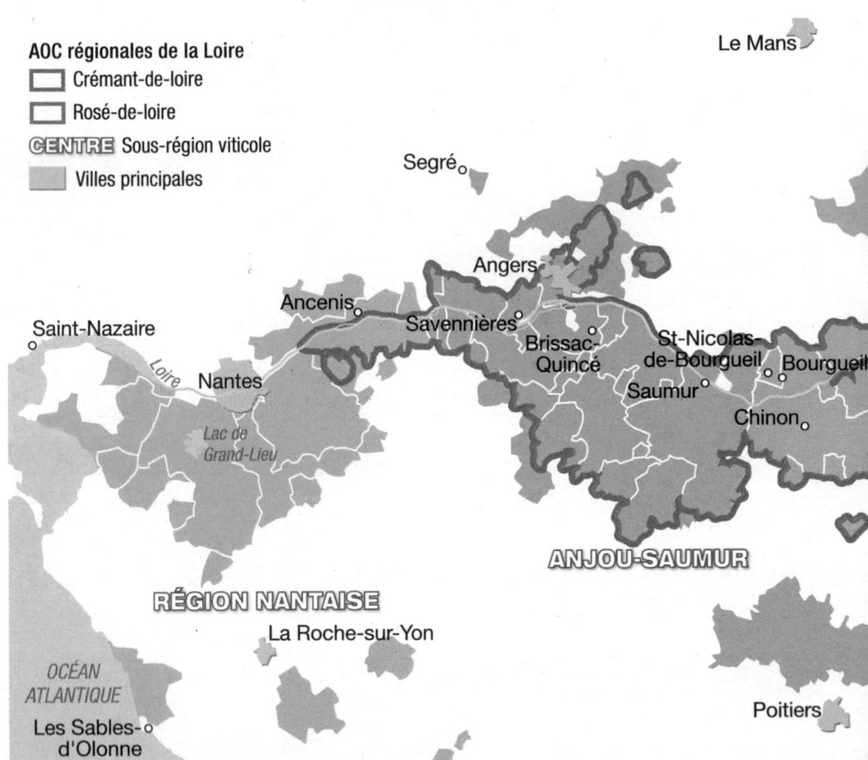

DOM. DE TERREBRUNE 2017

■ | 25 000 | | - de 5 €

Situé non loin du château de Brissac, ce domaine de 55 ha (pour onze appellations) est géré depuis 1986 par Alain Bouleau et Patrice Laurendeau, rejoints en 2013 par Nicolas, fils d'Alain. Les rosés représentent aujourd'hui la moitié des vins produits par la propriété.

Grolleau noir (60 %) et gamay sont unis dans ce rosé aux reflets orangés, au nez expressif d'agrumes, de mangue et de pêche de vigne, suave et gras en bouche. Un tout petit manque de vivacité, mais l'ensemble est très plaisant et aromatique. ⧗ 2018-2019

BOULEAU, La Motte, 49380 Notre-Dame-d'Allençon, tél. 02 41 54 01 99, domaine-de-terrebrune@wanadoo.fr V *t.l.j. sf dim. 8h-12h 14h-19h*

CRÉMANT-DE-LOIRE

Superficie : 1 512 ha / Production : 100 963 hl

Il s'agit d'une appellation régionale qui peut s'appliquer à des vins effervescents surtout blancs, parfois rosés, produits selon la méthode traditionnelle dans les limites des appellations anjou, saumur, touraine et cheverny. Les cépages, nombreux, sont les variétés plantées dans les différents secteurs du Val de Loire: chenin ou pineau de Loire, cabernet-sauvignon et cabernet franc, pinot noir, chardonnay... Reconnue en 1975, l'AOC a trouvé son public.

ACKERMAN Cuvée Ambrosa ★

● | 43 550 | 8 à 11 €

Négoce fondé en 1811 par Jean-Baptiste Ackerman, qui fut l'un des premiers à utiliser les anciennes carrières de tuffeau pour élaborer des vins selon la méthode traditionnelle. Régulièrement au rendez-vous du Guide, la maison Ackerman, dirigée par Bernard Jacob, est aujourd'hui le plus important producteur de vins effervescents du Saumurois.

Le chenin (60 %) et le chardonnay sont à l'origine de ce crémant finement brioché et floral, parcouru de fines bulles. La bouche, souple et ronde, dévoile des notes de fruits blancs et d'agrumes et une belle finale acidulée qui apporte de la longueur et du dynamisme. ⧗ 2018-2021

ACKERMAN ORCHIDÉES, 19, rue Léopold-Palustre, 49400 Saumur, tél. 02 41 53 03 10, contact2@orchidees-ackerman.fr V *t.l.j. 9h30-12h30 14h-18h30* *Bernard Jacob*

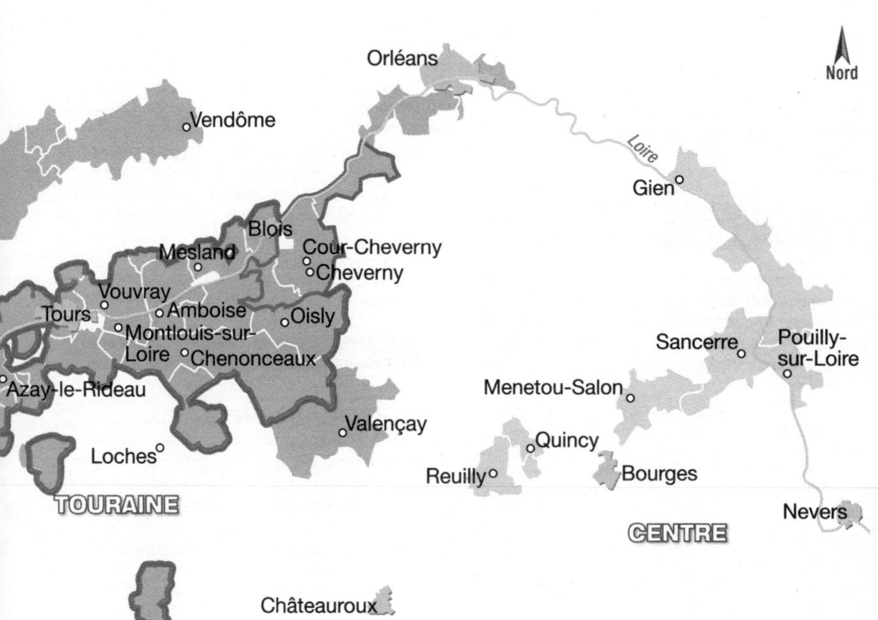

ALMA 2016

● | 3000 | 5 à 8 €

Saint-Florent-le-Vieil, village charnière entre l'Anjou et le pays nantais. Romain Chevalier y conduit (seul depuis 2017, son père Roland étant parti à la retraite) un clos de 11 ha, commandé par un bâtiment datant de 1856 baptisé par le propriétaire d'alors - un général des Armées - en souvenir de la bataille de l'Alma. Ses vins rosés et rouges se rattachent à l'Anjou, ses blancs à l'AOC muscadet-coteaux-de-la-loire. Une valeur sûre.

Ce brut issu du seul grolleau se présente dans une élégante robe rose pâle et affiche un nez de fruits blancs et rouges, et d'agrumes. Tout aussi fraîche et fruitée, la bouche est animée de bulles soyeuses et denses. Simple et efficace. ⧗ 2018-2021

⊶ ROMAIN CHEVALIER, L'Alma, Saint-Florent-le-Vieil, 49410 Mauges-sur-Loire, tél. 02 41 72 71 09, lesvignesdelalma@orange.fr V 🚶 ▮ *t.l.j. 9h-12h 14h-19h (sam. f. à 18h)*

CH. D'AVRILLÉ 2016 ★

● | 20000 | 5 à 8 €

Ne pouvant plus respirer le cuir, Eusèbe Biotteau abandonna en 1938 son métier de cordonnier pour créer à partir de 40 ha ce domaine, situé sur l'ancienne voie romaine conduisant d'Angers à Poitiers. Aujourd'hui, l'exploitation, gérée par l'un de ses petits-fils, Pascal, compte 200 ha. Elle domine la vallée de l'Aubance.

Une belle effervescence et une robe jaune légèrement doré aux reflets verts pour cette cuvée expressive, florale et fruitée (fraise, fruits blancs). La bouche, à l'unisson du bouquet, se révèle équilibrée entre un côté tendre et doux et une fine acidité. ⧗ 2018-2021

⊶ SCEA BIOTTEAU, Saint-Jean-des-Mauvrets, 49320 Les Garennes-sur-Loire, tél. 02 41 91 22 46, chateau.avrille@wanadoo.fr V ▮ *t.l.j. sf dim. 9h30-12h 14h30-18h30*

VIGNERONS BONNIGAL-BODET
Extra-brut Brut d'Enfer 2015 ★

● | n.c. | ⏸ ▮ | 11 à 15 €

Un domaine créé en 2015 par Jean-Baptiste Bonnigal et Stéphane Bodet, héritiers de trois générations de vignerons. À leur disposition, un vignoble de 62 ha sur lequel ils produisent du touraine, du touraine-amboise et du crémant.

Le petit diable coquin de l'étiquette fait plutôt penser au paradis et aux joies des rencontres que ce crémant (chenin et chardonnay) ne manquera pas de susciter. Ses atouts: des bulles fines, un bouquet intensément fruité (abricot et pêche), une bouche fraîche et persistante. ⧗ 2018-2021

⊶ JEAN-BAPTISTE BONNIGAL ET STÉPHANE BODET, 17, rue d'Enfer, 37530 Limeray, tél. 02 47 30 11 02, bonnigalprevote@wanadoo.fr V 🚶 ▮ *t.l.j. sf dim. 9h-12h30 14h-18h30*

DOM. DES CHAILLOUX ★

● | 19333 | 8 à 11 €

Créé en 1983, ce domaine a été racheté en 2014 par Philippe Turc, horticulteur reconverti dans le vin. Son vignoble couvre 15 ha.

Cette cuvée issue de chenin (60 %) et de chardonnay s'inscrit dans la singularité. Le nez s'ouvre sur des arômes de fruits blancs surmûris et de miel agrémentés de nuances minérales. Quant à la bouche, elle apparaît vive, tonique, faiblement dosée. ⧗ 2018-2021

⊶ PHILIPPE TURC, Les Chailloux, 49380 Champ-sur-Layon, tél. 02 41 74 98 38 V 🚶 ▮ *r.-v.*

LE CLOS DES MAILLES 2016 ★

● | 20000 | ▮ | 5 à 8 €

François Rullier dirige depuis 2005 ce domaine (32 ha) situé à quelques kilomètres des bords de Loire à proximité du château de Brissac.

Chenin (50 %), cabernet franc et grolleau pour ce crémant d'une belle couleur or aux reflets verts, qui distille des notes subtiles de fruits blancs et de miel. Des arômes que l'on retrouve accompagnés d'agrumes dans une bouche franche et fraîche, stimulée par une belle effervescence. ⧗ 2018-2021

⊶ FRANÇOIS RULLIER, Les Jauraux, 49320 Brissac-Quincé, tél. 02 41 47 28 54, francois@leclosdesmailles.com V 🚶 ▮ *t.l.j. sf dim. 9h-12h 14h-19h*

COTEAU SAINT-VINCENT
Demi-sec Sélection des Perles 2016

● | 4000 | ▮ | 5 à 8 €

Cette exploitation est établie à Chalonnes-sur-Loire, commune située au bord de l'eau, au confluent du Layon et de la Loire. Œnologue, Olivier Voisine y conduit depuis 1999 un vignoble de 23 ha sur des sols schisteux caractéristiques de l'Anjou noir. Une bonne référence de l'Anjou viticole, pour ses liquoreux notamment.

Ce demi-sec distille avec parcimonie des arômes de fruits blancs accompagnés de notes florales. Une attaque franche ouvre sur une bouche suave, vineuse et fruitée, soulignée par une pointe de fraîcheur bienvenue. ⧗ 2018-2021

⊶ OLIVIER VOISINE, Coteau Saint-Vincent, 49290 Chalonnes-sur-Loire, tél. 02 41 78 59 00, coteau-saint-vincent@wanadoo.fr V 🚶 ▮ *r.-v.*

DOM. DELAUNAY 2016 ★★

● | 4500 | ▮ | 5 à 8 €

Cette exploitation est établie dans l'ouest du Maine-et-Loire, à Montjean. Son vaste domaine géré par les trois enfants de la famille Delaunay comprend 16 ha de vergers et 72 ha de vignes implantées sur les coteaux de la Loire et dans la vallée du Layon.

Séducteur et élégant, ce rosé pâle mi-cabernet franc mi-grolleau n'a de brut que son nom. Complexe et frais, le nez développe d'intenses arômes d'agrumes, de framboise et de fleur d'acacia. Dynamique et vivante, la bouche est tout aussi expressive et la finesse de l'effervescence ajoute à son harmonie et contrebalance la sucrosité du dosage. ⧗ 2018-2021

⊶ DOM. DELAUNAY, Daudet, 49570 Montjean-sur-Loire, tél. 02 41 39 08 39, delaunay.anjou@wanadoo.fr V 🚶 ▮ *t.l.j. 8h-12h30 14h-18h30; sam. 9h-12h*

DOM. DE LA DUCQUERIE Extra-brut 2015

| 8000 | | 5 à 8 € |

Installés non loin du musée de la Vigne et du Vin à Saint-Lambert-du-Lattay, dans la vallée du Layon, les Cailleau sont à la tête de 50 ha de vignes. Leur fils Cyril a rejoint l'exploitation en 2003 et s'occupe des vinifications, épaulé depuis 2016 par sa sœur Céline.

D'un jaune prononcé, cette cuvée composée majoritairement de chardonnay se démarque par son nez original, à la fois iodé et brioché. Des arômes que l'on perçoit également dans une bouche fraîche et souple. 2018-2021

DOM. DE LA DUCQUERIE, 2, chem. du Grand-Clos, 49750 Saint-Lambert-du-Lattay, tél. 02 41 78 42 00, domaine.ducquerie@wanadoo.fr r.-v.
Cailleau

DOM. DE LA GABILLIÈRE 2016

| 12230 | | 5 à 8 € |

Ce domaine d'application pédagogique du lycée viticole d'Amboise (20 ha) est également une structure de recherche à l'échelle de la région Centre, en lien avec les différents organismes viticoles.

Beaucoup de générosité dans ce crémant blanc issu d'un assemblage de chenin, de chardonnay et de cabernet franc. Générosité des bulles, intenses, générosité du nez avec ses arômes de fruits mûrs, générosité du palais, tendre et vineux, beurré et brioché. 2018-2021

LYCÉE VITICOLE D' AMBOISE, 46, av. Émile-Gounin, BP 239, 37402 Amboise cedex, tél. 02 47 23 35 51, expl.lpa.amboise@educagri.fr r.-v.

DOM. DE LA GACHÈRE 2016 ★

| 3800 | 5 à 8 € |

Ce domaine familial de 30 ha est situé dans les Deux-Sèvres, aux confins méridionaux du vignoble angevin. Les frères jumeaux Alain et Gilles Lemoine ont pris la succession de leur père Claude en 1998.

Issue du seul cabernet franc, cette cuvée oscille au nez entre la fraise des bois, le litchi et des notes briochées. En bouche, elle affiche un bel équilibre entre onctuosité, fraîcheur et fruit (pamplemousse, fruits rouges). 2018-2021

LEMOINE, Saint-Pierre-à-Champ, 79290 Val-en-Vignes, tél. 05 49 96 81 03, gachere@orange.fr r.-v.

♥ DOM. GAUDARD 2015 ★★

| 8000 | 5 à 8 € |

Valeur sûre de l'Anjou, ce domaine familial a été créé en 1969 par Pierre Aguilas et son épouse Janes. Couvrant 45 ha, l'exploitation est conduite par leur fils Antoine depuis 2012.

Composé à 60 % de chardonnay, avec le chenin et le grolleau en appoint, ce crémant séduit d'emblée par sa robe jaune aux reflets dorés, synonyme d'une belle maturité de vendange. Le nez est éclatant: fleurs blanches, fruits jaunes, notes beurrées et briochées apportées par l'élevage sur latte. Une attaque souple introduit une bouche ample, ronde, généreuse et longue, équilibrée par une acidité savamment dosée. 2018-2021

ANTOINE AGUILAS, Les Saules, 49290 Chaudefonds-sur-Layon, tél. 06 23 22 24 48, antoine.aguilas@orange.fr r.-v.

DOM. DE LA GERFAUDRIE 2016 ★★

| 9500 | | 5 à 8 € |

Situé sur la corniche angevine, ce domaine de 20 ha domine la vallée du Layon, à quelques kilomètres de sa confluence. Il tire son nom du gerfaut, rapace utilisé jadis en fauconnerie.

Ce joli crémant de chenin (80 %) et de chardonnay ravit par sa complexité aromatique autour du buis, des agrumes, des fruits blancs et de notes beurrées. Dès qu'on le met en bouche, on est séduit par sa fine effervescence, sa fraîcheur, sa délicatesse et sa longueur. 2018-2021

SCEV DOM. DE LA GERFAUDRIE, 25, rue de l'Onglée, 49290 Chalonnes-sur-Loire, tél. 02 41 78 02 28, domaine-gerfaudrie@wanadoo.fr r.-v. Bourreau

DOM. DES GIRAUDIÈRES 2015 ★

| 8133 | | 5 à 8 € |

Ce domaine familial créé en 1927 étend son vignoble sur 45 ha. Conduit depuis 1983 par Dominique et Françoise Roullet, il propose toute la gamme des vins de la région de Brissac.

Élaborée à partir du seul chardonnay, cette cuvée affiche une belle robe argentée pâle. Le nez, complexe, évoque les pâtisseries aux fruits (abricot, pêche) délicatement caramélisées. La bouche, à l'unisson du bouquet, se montre à la fois fraîche et crémeuse. Un crémant friand et gourmand. 2018-2021

ROULLET, Les Giraudières, Vauchrétien, 49320 Brissac-Loire-Aubance, tél. 02 41 91 24 00, roulletdo@orange.fr t.l.j. sf dim. 9h-12h 14h-19h 2

DOM. DU GRAND MOULIN Extra-dry 2015

| 7000 | 5 à 8 € |

Les Seneau sont vignerons de père en fils depuis cinq générations. Vincent a repris en 2005 l'exploitation familiale et ses 26 ha établis sur les coteaux d'argiles à silex de la rive gauche du Cher.

Un extra-dry 100 % cabernet franc à la mousse généreuse, au nez expressif de citron et de bonbon arlequin. Des arômes qui ressortent également dans une bouche dotée d'une belle fraîcheur. 2018-2020

SENEAU, 41, les Caves Madelon, 41110 Châteauvieux, tél. 06 11 97 09 96, contact.jessica.seneau@laposte.net r.-v.

LOUIS DE GRENELLE Cuvée Platine

| 62456 | 8 à 11 € |

Dotée de caves situées à 12 m sous terre en plein cœur de Saumur, cette vénérable maison de négoce fondée en 1859 est aujourd'hui la dernière affaire

familiale du Saumurois. Quatre millions de bouteilles reposent dans une ancienne carrière de tuffeau creusée au XVᵉs.

Ce crémant animé de bulles fines dévoile un nez ouvert sur les fruits blancs, sur la pêche notamment. La bouche reste bien fruitée, elle aussi, fraîche et souple, avec une finale beurrée qui apporte de la rondeur. ⧗ 2018-2021

LOUIS DE GRENELLE, 839, rue Marceau, BP 206, 49415 Saumur cedex, tél. 02 41 50 17 63, grenelle@louisdegrenelle.fr V t.l.j. sf dim. 9h30-12h30 13h30-18h30 Flao

LANGLOIS ★

● | 80000 | | 11 à 15 €

Spécialisée dans l'élaboration des vins effervescents, cette maison de négoce également propriétaire de vignes (90 ha dominant la Loire et la ville de Saumur) fait partie depuis 1973 du groupe Bollinger. Ses caves sont aménagées dans d'anciennes carrières creusées dans le tuffeau.

D'un beau rose pâle, la robe joue la carte de l'élégance; une élégance qui apparaît aussi au nez à travers de délicates notes de rose, de poire et de pêche de vigne. La finesse de la bulle confère de la légèreté au palais, frais, persistant et fruité. ⧗ 2018-2021

LANGLOIS-CHATEAU, 3, rue Léopold-Palustre, 49400 Saint-Hilaire-Saint-Florent, tél. 02 41 40 21 40, contact@langlois-chateau.fr V t.l.j. 10h-12h30 14h-18h Bollinger

RAPHAËL MIDOIR Extra-brut ★

○ | 8400 | 🍾 | | 5 à 8 €

Représentant la cinquième génération, Raphaël Midoir a succédé à son père en 1997 sur la propriété familiale située au cœur de la Sologne viticole. Réputé pour ses crémants, ce domaine de 27 ha se distingue également par ses touraine blancs et rosés.

Ce 100 % chenin élégant présente une mousse fine et aérienne dans une robe paillée claire. La fraîcheur apparaît dès l'olfaction à travers un beau fruité d'abricot et de pêche jaune. On la retrouve en contrepoint d'une aimable rondeur dans une bouche ample et généreuse en fruits mûrs. ⧗ 2018-2021

SARL RAPHAËL MIDOIR, 380, rue de la Grande-Brosse, 41700 Chémery, tél. 02 54 71 83 58, contact@raphaelmidoir.com V t.l.j. 9h-12h30 14h-19h

DOM. DE LA PETITE ROCHE 2015 ★★

○ | 6000 | | 5 à 8 €

Ce vénérable domaine du haut Layon fondé en 1791 compte aujourd'hui 82 ha de vignes plantées sur des sols argilo-schisteux, graveleux et limono-sableux; 70 % de sa superficie sont destinés à l'élaboration des rosés (cabernet-d'anjou et rosé-d'anjou). Deux étiquettes ici: Dom. de la Petite Roche et Ch. de la Roche Bousseau.

Une petite pépite que ce crémant issu à parts égales de chardonnay et de pinot noir. La robe est jaune clair, le nez intense et complexe, sur les agrumes, les fleurs blanches et la brioche beurrée. Arômes que prolonge une bouche souple, légère, pleine de fraîcheur, dynamisée par des bulles très fines. À un souffle du coup de cœur. ⧗ 2018-2021

SCEV REGNARD, La Petite Roche, Trémont, 49310 Lys-Haut-Layon, tél. 02 41 59 43 03, contact@domainepetiteroche.com t.l.j. sf sam. dim. 8h30-12h30 13h30-17h30

♥ B DOM. DES SABLONNIÈRES ★★★

○ | 2000 | 🍾 | | 8 à 11 €

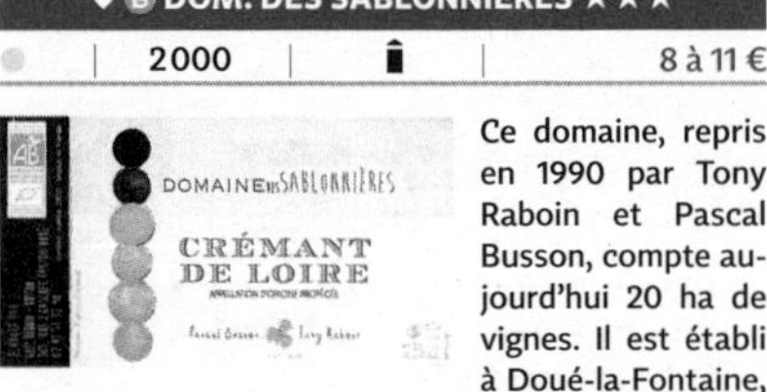

Ce domaine, repris en 1990 par Tony Raboin et Pascal Busson, compte aujourd'hui 20 ha de vignes. Il est établi à Doué-la-Fontaine, ville riche en sites troglodytiques creusés dans le falun. Depuis 2010, le vignoble est conduit en bio.

Ce superbe crémant issu du seul chardonnay a connu un rapide passage en barrique avant un long élevage sur latte de vingt-quatre mois. Paré d'une seyante robe jaune d'or aux reflets verts, il déploie au nez un fruité intense d'agrumes et de fruits jaunes sur fond brioché. On retrouve ce côté tendrement brioché dans une bouche ample, souple et délicate, dynamisée par une longue finale sur la vivacité. ⧗ 2018-2021

TONY RABOIN ET PASCAL BUSSON, 365, rue Jean-Gaschet, Doué-la-Fontaine, 49700 Doué-en-Anjou, tél. 02 41 51 32 98, lessablonnieres@wanadoo.fr V r.-v.

DOM. DE TERREBRUNE ★

○ | 20000 | 🍾 | | 5 à 8 €

Situé non loin du château de Brissac, ce domaine de 55 ha (pour onze appellations) est géré depuis 1986 par Alain Bouleau et Patrice Laurendeau, rejoints en 2013 par Nicolas, fils d'Alain. Les rosés représentent aujourd'hui la moitié des vins produits par la propriété.

Le chenin majoritaire, le chardonnay et le grolleau gris composent une cuvée complexe, ouverte sur les fleurs blanches, les agrumes, les fruits exotiques et le miel. Une attaque franche précède un milieu de bouche ample, rond et charnu, avant une finale plus vive. ⧗ 2018-2021

BOULEAU, La Motte, 49380 Notre-Dame-d'Allençon, tél. 02 41 54 01 99, domaine-de-terrebrune@wanadoo.fr V t.l.j. sf dim. 8h-12h 14h-19h

➡ LA RÉGION NANTAISE

Ce sont des légions romaines qui apportèrent la vigne il y a deux mille ans en pays nantais, carrefour de la Bretagne, de la Vendée, de la Loire et de l'océan. Après un hiver terrible en 1709, où la mer gela le long des côtes, le vignoble fut complètement détruit, puis reconstitué principalement par des plants du cépage melon venu de Bourgogne.

L'aire de production des vins de la région nantaise occupe aujourd'hui 16 000 ha et s'étend

géographiquement au sud et à l'est de Nantes, débordant légèrement des limites de la Loire-Atlantique vers la Vendée et le Maine-et-Loire. Les vignes sont plantées sur des coteaux ensoleillés exposés aux influences océaniques. Les sols plutôt légers et caillouteux se composent de terrains anciens entremêlés de roches éruptives. Le vignoble produit bon an, mal an, 960 000 hl dans les quatre appellations d'origine contrôlée: muscadet, muscadet-coteaux-de-la-loire, muscadet-sèvre-et-maine et muscadet-côtes-de-grand-lieu, ainsi que les AOVDQS gros-plant du pays nantais, coteaux-d'ancenis et fiefs-vendéens.

▶ LES AOC DU MUSCADET ET LE GROS-PLANT DU PAYS NANTAIS

Le muscadet est un vin blanc sec reconnu en appellation d'origine contrôlée dès 1936. Il est issu d'un cépage unique: le melon. Principalement situé dans la partie sud du département de Loire-Atlantique, avec quelques incursions dans le Maine-et-Loire et en Vendée, le vaste vignoble comprend quatre appellations d'origine contrôlée: l'AOC régionale muscadet ; le muscadet-sèvre-et-maine, qui regroupe 23 communes des vallées de la Sèvre et de la Maine, et qui fournit les plus importants volumes; le muscadet-coteaux-de-la-loire, qui s'étend plus en amont sur 24 communes des deux rives du fleuve, en particulier dans la région d'Ancenis sur la rive droite; le muscadet-côtes-de-grand-lieu, AOC plus récente, qui correspond à 19 communes au sud-ouest de Nantes.

À ces appellations se sont ajoutés en 2011 trois crus communaux délimités dans l'AOC sèvre-et-maine en fonction des critères pédologiques (granites, gneiss, gabbro...): Gorges, Clisson et Le Pallet. Ces crus constituent le sommet de la hiérarchie des muscadets. Leur cahier des charges prévoit un temps d'élevage sur lie très long, entre dix-huit et vingt-quatre mois. Si leur profil varie selon les terroirs (minéraux à Gorges, plus fruités et mûrs à Clisson, floraux et fruités au Pallet), tous se distinguent par leur puissance et leur potentiel. D'autres crus devraient voir le jour (Château-Thébaud, Goulaine, Monnières-Saint-Fiacre...).

La mise en bouteilles sur lie est une technique traditionnelle de la région nantaise, qui fait l'objet d'une réglementation précise, renforcée en 1994. Pour bénéficier de cette mention, les vins doivent n'avoir passé qu'un hiver en cuve ou en fût, et se trouver encore sur leur lie et dans leur chai de vinification au moment de la mise en bouteilles; celle-ci ne peut intervenir qu'à des périodes définies et en aucun cas avant le 1er mars, la commercialisation étant autorisée seulement à partir du premier jeudi de mars. Ce procédé permet d'accentuer la fraîcheur, la finesse et le bouquet des vins. Vif mais sans verdeur, aromatique, le muscadet accompagne parfaitement les

La région nantaise

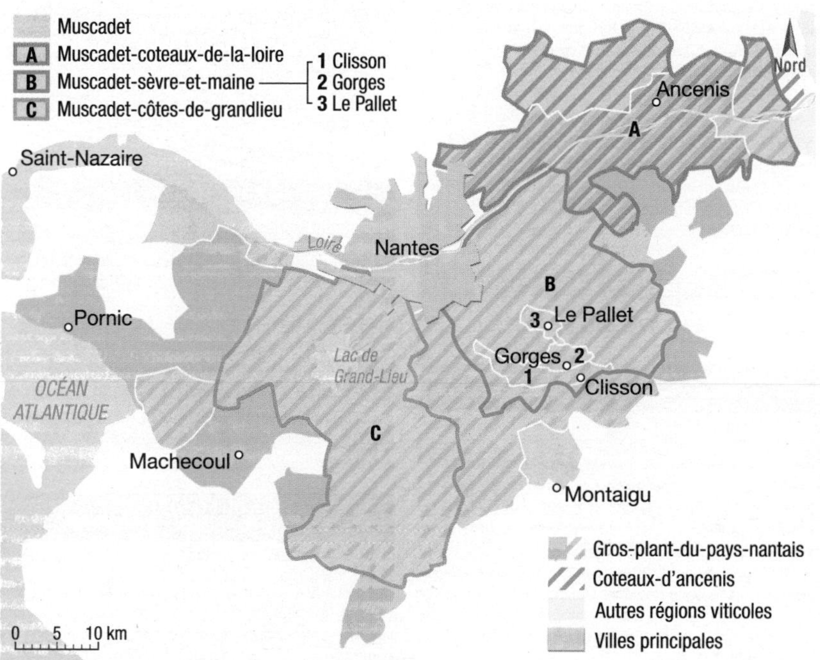

poissons et les fruits de mer; il constitue également un excellent apéritif et doit être servi frais mais non glacé (8-9 °C).

MUSCADET

Superficie : 2 977 ha / Production : 185 011 hl

GADAIS PÈRE ET FILS Perrières Monopole 2016 ★

| | 8000 | | 11 à 15 € |

Un domaine familial de 62 ha implanté à Saint-Fiacre, commune réputée de l'AOC muscadet sèvre-et-maine, au confluent des deux rivières qui ont donné leur nom à l'appellation. Pionnier de la vente directe, il vend sa première bouteille aux États-Unis en 1959 et exporte 70 % de sa production. Installé en 1994, Christophe Gadais a été rejoint en 2015 par son fils Pierre-Henri, qui a fait ses classes dans de nombreux vignobles du monde.

Après dix-huit mois de fût, ce 2016 présente logiquement un nez à dominante boisée, toastée et vanillée. En bouche, l'élevage reste très présent, en soutien d'une matière riche et ronde. Un profil atypique mais bien construit. ⧗ 2020-2025

GADAIS PÈRE ET FILS, Les Perrières, 44690 Saint-Fiacre, tél. 02 40 54 81 23, musgadais@wanadoo.fr V r.-v.

DOM. DE LA NOË 2017 ★

| | 80000 | | - de 5 € |

Sur les granites de Château-Thébaud, les vignes sont généralement précoces car les sols sont bien drainants. Ce domaine transmis de père en fils depuis 1878 est aujourd'hui conduit par les quatre frères Drouard, Pascal, Laurent, Denis et Jean-Paul, qui disposent de 78 ha.

Ce vin de bonne intensité aromatique évoque les agrumes et les fleurs. En bouche, il se montre frais et tonique, avec de beaux amers en finale. ⧗ 2018-2021

DROUARD, Dom. de la Noë, 4, La Noë, 44690 Château-Thébaud, tél. 02 40 06 50 57, contact@vignobledrouard.com V *t.l.j. sf dim. 8h-12h30 14h-19h*

MUSCADET-SÈVRE-ET-MAINE

Superficie : 7 822 ha / Production : 421 272 hl

DOM. DE L'AULNAYE Sur lie Vieilles Vignes 2017 ★★

| | 30000 | | - de 5 € |

Aux portes de Nantes, il reste dans la commune de Vertou quelques exploitations qui ont su résister à l'urbanisation, à l'image du Dom. de l'Aulnaye, conduit depuis 1986 par Pierre-Yves Perthuy. Son vignoble couvre aujourd'hui 15 ha.

Né sur un terroir de schistes et de granite, ce vin dévoile un nez intense et fin de fleurs blanches et de pêche sur fond de minéralité. La bouche apparaît riche, dense, puissante, tout en conservant beaucoup d'élégance et de fraîcheur. ⧗ 2018-2022

PERTHUY, L'Aulnaye, 44120 Vertou, tél. 06 12 31 36 63, domaineaulnaye@orange.fr V *r.-v.*

♥ DOM. BASSE-VILLE Sur lie Les Barboires 2014 ★★★

| | 5000 | | 8 à 11 € |

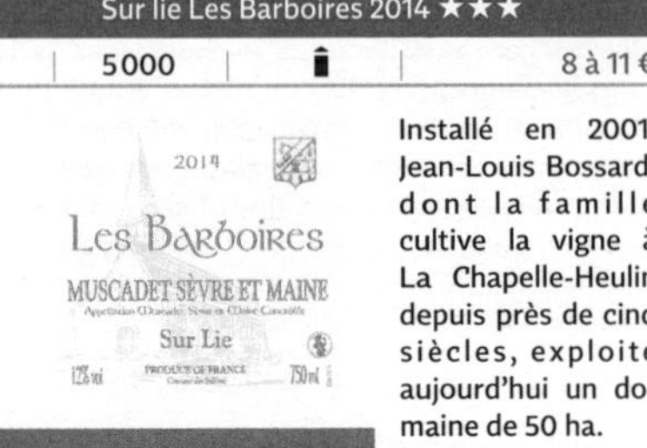

Installé en 2001, Jean-Louis Bossard, dont la famille cultive la vigne à La Chapelle-Heulin depuis près de cinq siècles, exploite aujourd'hui un domaine de 50 ha.

Cette magnifique cuvée née sur un terroir de schistes bleus s'ouvre sur des arômes complexes et intenses de pierre à fusil, de noisette et d'agrumes. Franche en attaque, la bouche réunit fraîcheur, souplesse, élégance et longueur, et propose un long écho à la minéralité perçue à l'olfaction. Une bouteille bâtie pour durer. ⧗ 2020-2028

JEAN-LOUIS BOSSARD, La Basse-Ville, 44330 La Chapelle-Heulin, tél. 02 40 06 74 33, gilbert.bossard@wanadoo.fr V *t.l.j. sf dim. 8h-12h30 14h-19h; sam. 8h-12h30*

BATARD-LANGELIER Sur lie Didascalie 2016

| | 7000 | | 5 à 8 € |

Une exploitation familiale conduite depuis 2017 par Jérémie Batard (troisième génération), qui a engagé la conversion bio du vignoble.

Au nez, dominent de plaisantes notes d'agrumes. En bouche, même tonalité fraîche et fruitée, renforcée par une pointe d'amertume en finale. Du plaisir dans la simplicité. ⧗ 2018-2021

JÉRÉMIE BATARD, 26, La Bigotière, 44690 Maisdon-sur-Sèvre, tél. 06 63 79 41 43, domaine.batard.langelier@gmail.com V *r.-v.*

DOM. DU BOIS CHAUVET Sur lie 2017

| | 1200 | | - de 5 € |

Dominique Birot est installé depuis 1996 à la tête de cette exploitation familiale, dont le vignoble couvre 19 ha.

Né sur les coteaux de la Sanguèze, ce vin conjugue les agrumes et la pêche à l'olfaction. En bouche, il se montre souple et plutôt gras, avec un bon retour des agrumes qui dynamise la finale. ⧗ 2018-2021

DOMINIQUE BIROT, Le Bois-Chauvet, 49230 Tillières, tél. 06 14 17 82 42, birot.dominique0261@orange.fr V *r.-v.*

CH. DU BOIS HUAUT Sur lie Cuvée Vieilles Vignes 1996 ★

| | 8000 | | 5 à 8 € |

Créé en 1897, ce domaine est situé à Gorges, un des villages les plus réputés de l'appellation muscadet-sèvre-et-maine, promu en cru communal. Au fil des générations, il s'est agrandi, restant cependant à

taille humaine: 24 ha aujourd'hui. Prenant la suite de Fernanda et Stéphane Duret, Luis Duret s'est installé en 2016 sur le vignoble. La famille reste fidèle aux vendanges manuelles.

Les vins issus d'un terroir de gabbro sont souvent longs à trouver leur épanouissement. Ce 1996 né de vieux ceps âgés entre soixante et quatre-vingt-dix ans en est la preuve. La robe, très brillante, est encore jeune. Le nez, timide, dévoile de douces senteurs de cire d'abeille et de noisette grillée. En bouche, c'est une étonnante vivacité qui domine, sans pour autant que le gras soit absent. Pour amateurs de vieux muscadets. ⧗ 2018-2020

DURET, Le Bois-Huaut, 44190 Gorges, tél. 02 40 36 10 79, duret.famille@wanadoo.fr V ⚲ ⚲ *t.l.j. sf dim. 9h-13h 14h-19h*

DOM. DU BOIS-JOLY Sur lie Harmonie 2017 ★

	30000		- de 5 €

Un arrière-grand-père tonnelier, des parents vignerons, Laurent Bouchaud a la vigne dans le sang. Depuis 1993, il conduit ce domaine familial de 30 ha.

Née sur un terroir de gabbro et de gneiss, cette cuvée présente un nez intense et fin de mandarine et de citron. En bouche, elle affiche un bon équilibre entre gras et fine acidité, avec les agrumes toujours bien présents. ⧗ 2018-2021

LAURENT BOUCHAUD, 54, Le Bois-Joly, 44330 Le Pallet, tél. 06 08 28 46 75, l.bouchaud@domaineduboisjoly.com V ⚲ ⚲ *r.-v.*

BONNET-HUTEAU
Sur lie Les Gautronnières 2016

	10000		8 à 11 €

Le siège de l'exploitation est à l'emplacement d'une ancienne demeure médiévale qui fut à l'origine de la commune de la Chapelle-Heulin. Rémi et Jean-Jacques Bonnet exploitent en bio depuis 2005 ce domaine de 40 ha et l'orientent vers la biodynamie.

Si le nez de ce 2016 reste pour l'heure fermé, la bouche offre une aimable rondeur, de la souplesse et un volume intéressant. Une bouteille que l'on pourra encaver quelques années. ⧗ 2019-2023

BONNET-HUTEAU, La Levraudière, 44330 La Chapelle-Heulin, tél. 02 40 06 73 87, bonnet.huteau@gmail.com V ⚲ ⚲ *t.l.j. sf dim. 9h-12h30 14h-18h (sam. 9h30-12h30)*

CH. DE LA BOTINIÈRE Sur lie 2017 ★

	3000000		5 à 8 €

Fondé à Bordeaux en 1949 par neuf frères et sœurs, le groupe Castel a connu une croissance considérable, devenant le premier producteur de vin en France, le troisième dans le monde, avec un empire qui s'étend de Bordeaux au continent africain. Outre ses nombreuses marques, il possède une vingtaine de propriétés sur l'ensemble du vignoble français.

Un ancien rendez-vous de chasse pour les notables du pays nantais, aujourd'hui un domaine viticole d'une centaine d'hectares, propriété du groupe Castel depuis 2007. Dans le verre, un joli vin au nez subtil de citron, d'écorce d'orange et de pêche, ample, frais, minéral, avec de la rondeur pour enrober le tout. ⧗ 2018-2021 **Clos des Orfeuilles Sur lie 2017 ★ (8 à 11 €; 50000 b.)** : un domaine de 16 ha conduit en bio. Au nez, des notes mentholées et des agrumes. En bouche, de la souplesse et une fine minéralité qui signe le terroir. ⧗ 2018-2021

CASTEL FRÈRES, 21, rue Georges-Guynemer, 33290 Blanquefort, tél. 05 56 95 54 00, contact@chateaux-castel.com

ÉLÉGANCE DES CANTREAUX Sur lie 2017 ★

	2300		- de 5 €

Issu d'une famille de vignerons, Patrice Marchais a pris la succession de son père en 1975 sur ce domaine implanté au Loroux-Bottereau sur un coteau dominant la Loire. Il exploite 43 ha.

Né sur un terroir précoce de micaschistes, ce 2017 livre un bouquet original à dominante d'épices, de cardamome notamment. En bouche, il se révèle rond et tendre, avant de prendre des accents plus frais et minéraux en finale. ⧗ 2018-2021

PATRICE MARCHAIS, Les Cantreaux, 44430 Le Loroux-Bottereau, tél. 02 40 33 84 20, marchaispatrice@wanadoo.fr V ⚲ ⚲ *r.-v.*

DOM. DES CHABOISSIÈRES 2017 ★

	13000		- de 5 €

Philippe Bodineau a repris en 2002 l'exploitation familiale après avoir été responsable du vignoble pour la maison Barré Frères à Gorges. Il conduit un domaine de quelque 20 ha.

Au nez, des parfums de fruits blancs, de fruits exotiques et des nuances végétales. En bouche, de la souplesse, de la rondeur, du soyeux et une légère acidité en soutien. Simple et équilibré. ⧗ 2018-2021

PHILIPPE BODINEAU, 18, Les Chaboissières, 44330 Vallet, tél. 02 40 36 34 40, philippebodineau@orange.fr V ⚲ ⚲ *r.-v.*

COMTE LELOUP DU CH. DE CHASSELOIR
Sur lie Cuvée des ceps centenaires 2014 ★★

	35000		8 à 11 €

La famille Chéreau Carré est établie dans la région depuis 1412. En 1953, Bernard Chéreau acquiert le Ch. de Chasseloir. Son mariage avec Edmonde Carré, qui possède le Ch. de l'Oiselinière de la Ramée, permet d'agrandir le vignoble. La famille a acquis ensuite le Dom. de la Chesnaie et le Dom. du Bois Bruley et enfin, en 2015, le Ch. de la Turmelière et le Ch. de la Cantrie. Rejoint par sa fille Louise, Bernard Chéreau fils, médecin de formation, soigne ces vignobles depuis 2003.

Le comte Leloup était propriétaire du Ch. de Chasseloir pendant la Révolution française. La famille Chéreau y est établie depuis 1960. Des ceps centenaires plantés sur les coteaux les mieux exposés du domaine ont donné ce vin au nez fin d'agrumes et de fleurs blanches. La bouche est très équilibrée: une attaque vive et tonique, un développement rond et gras, une finale longue et fruitée. Une bouteille qui vieillira bien. ⧗ 2019-2023 **Ch. de la Chesnaie Sur lie 2017 ★ (5 à 8 €; 21000 b.)** : un vin floral (acacia) et fruité (agrumes) au nez, ample, riche et long en bouche. Du caractère. ⧗ 2019-2022

BERNARD CHÉREAU, Chasseloir, 44690 Saint-Fiacre-sur-Maine, tél. 02 40 54 81 15, contact@chereau-carre.fr V ⚲ ⚲ *t.l.j. 9h-13h 14h-17h; sam. dim. sur r.-v.*

LOIRE

DOM. DE LA COGNARDIÈRE
Sur lie Excellence 2017 ★

| 13000 | | 5 à 8 € |

La famille Nouet est établie dans le village de la Cognardière depuis 1720. Jean-Claude Nouet s'est installé en 1984 sur le vignoble familial (23,5 ha), rejoint peu après par son frère Pierre-Yves.

Issue d'un terroir de schistes, cette cuvée présente un bouquet soutenu de miel, de pomme verte et d'épices. En bouche, elle apparaît souple, riche et ronde, équilibrée par une acidité bien dosée. ⧗ 2018-2021

NOUET FRÈRES, 1, imp. des Pressoirs, La Cognardière, 44330 Le Pallet, tél. 02 40 80 41 72, nouet.vigneron@orange.fr t.l.j. sf dim. 10h-12h 14h-18h30; sam. 10h-13h

CH. DE LA CORMERAIS
Monnières-Saint-Fiacre 2014 ★★

| 3500 | | 8 à 11 € |

Une ancienne seigneurie du Moyen Âge autrefois protégée par des douves et un pont-levis. Aujourd'hui, une exploitation viticole de 40 ha acquise par les aïeux de Thierry Besnard en 1856.

Fruits secs, fruits jaunes, fleurs blanches, cédrat, le bouquet de ce cru 2014 est des plus élégants et engageants. Le charme opère aussi en bouche: du gras, de la générosité, de la douceur autour d'un fruité mûr, mais aussi une belle fraîcheur minérale pour équilibrer l'ensemble. ⧗ 2019-2023

THIERRY BESNARD, La Cormerais, 44690 Monnières, tél. 06 11 04 45 69, chateau.cormerais@wanadoo.fr r.-v.

DOM. BRUNO CORMERAIS 2010 ★★

| 15000 | | 11 à 15 € |

Établi non loin de la Maine, sur les coteaux granitiques de Saint-Lumine-de-Clisson, ce domaine familial de 30 ha a été longtemps conduit par Bruno Cormerais qui a transmis en 2009 le flambeau à son fils Maxime. Pour imprimer à leurs vins leur «marque de fabrique», ces vignerons vendangent souvent plus tardivement que leurs collègues.

Après un élevage sur lie en cuve souterraine pendant six ans, ce 2010 est aujourd'hui à son apogée. On aime sa robe jaune doré, son nez fin et complexe évoquant les sous-bois, la noisette et la pierre à fusil, ainsi que sa bouche d'une belle vivacité à l'attaque, puis plus riche et ronde, étirée dans une longue finale minérale. ⧗ 2018-2021 **Clisson 2013 ★ (11 à 15 €; 6000 b.)** : un vin expressif (fleurs blanches, poire, amande grillée), vif, minéral et salin en bouche, de belle longueur. ⧗ 2018-2023

EARL BRUNO, MARIE-FRANÇOISE ET MAXIME CORMERAIS, 41, la Chambaudière, 44190 Saint-Lumine-de-Clisson, tél. 02 40 03 85 84, b.mf.cormerais@wanadoo.fr r.-v.

DOM. DES CORMIERS
Haye-Fouassière Clos des Ramées 2014

| n.c. | | 8 à 11 € |

Vertou, première commune viticole aux portes de Nantes, connaît une forte urbanisation. Quelques producteurs résistent et maintiennent à flot le vignoble local, tels Michel et Brigitte Loiret, dont la famille cultive la vigne depuis 1890. Installés depuis 1977 et associés à leur fils Guillaume, ces derniers conduisent un domaine de 25 ha.

Après un élevage sur lies de vingt-trois mois, ce vin déploie un bouquet frais d'agrumes teinté de notes végétales et minérales. En bouche, la fraîcheur du terroir reste de mise, avec un peu de gras pour enrober le tout. Équilibré. ⧗ 2018-2021

GUILLAUME LOIRET, 47, rte de la Haye-Fouassière, 44120 Vertou, tél. 02 40 34 28 13, loiret.earl@wanadoo.fr r.-v.

DOM. DE LA CORNULIÈRE
Sur lie Cuvée Excellence 2017

| 4300 | | 5 à 8 € |

Cinq générations se sont succédé depuis 1850 sur ce domaine implanté à Gorges, haut lieu du pays nantais, et conduit depuis 1984 par Jean-Michel Barreau. Le vignoble couvre 27 ha sur les coteaux de la Sèvre-Nantaise, implanté sur des sols argilo-siliceux reposant sur une roche mère de gabbro.

Fruits frais et fleurs blanches composent un joli bouquet olfactif. La bouche prolonge le fruité (coing, pomme) et affiche un bon équilibre entre rondeur, douceur et vivacité minérale et acidulée. ⧗ 2018-2021

EARL JEAN-MICHEL ET JEAN-PHILIPPE BARREAU, La Cornulière, 44190 Gorges, tél. 02 40 03 95 06, jm.barreau@terre-net.fr t.l.j. sf dim. 8h30-12h30 14h-18h30; sam. après-midi sur r.-v.

GEORGES ET GUY DESFOSSÉS
Sur lie Roche blanche 2017 ★

| 35000 | | 5 à 8 € |

Cette propriété familiale, qui se transmet de père en fils depuis 1885, est située aux confins nord-est de Vallet, sur un terroir de granite, en appellation muscadet-sèvre-et-maine. Le vignoble s'étend sur une quinzaine d'hectares.

À un nez fin et élégant de fleurs blanches sur fond de minéralité répond une bouche tout aussi délicate, fraîche, persistante, bien équilibrée. ⧗ 2018-2021

GEORGES ET GUY DESFOSSÉS, Landes-des-Chaboissières, 44330 Vallet, tél. 02 40 33 99 54, vignoble.desfosses@sfr.fr r.-v.

DOM. DE L'ÉPINAY Esprit 2016 ★

| 3000 | | 5 à 8 € |

Ce domaine, propriété d'un riche négociant nantais au XVII[e]s., est dans la famille Paquereau depuis quatre générations. À sa tête aujourd'hui, les frères Sylvain et Cyrille, installés en 2000 et 2006, conduisent un vignoble de 43 ha sur lequel ils cultivent pas moins de quatorze cépages.

Élégant, le nez mêle harmonieusement fine minéralité, fleurs blanches et fruits blancs. Ample et délicate, la bouche lui fait un écho persistant et affiche un équilibre impeccable entre fraîcheur et gras. ⧗ 2018-2022 **Clisson 2015 ★ (8 à 11 €; 7000 b.)** : un vin d'une belle intensité, sur les fruits mûrs et les fruits secs, riche et gras en bouche, avec une belle minéralité en soutien. De la présence et du potentiel. ⧗ 2018-2024 **Sur lie Sélection 2017 ★ (5 à 8 €; 9000 b.)** : un vin bien fruité de bout en bout (agrumes mûrs, pêche), bien équilibré, rond avec de la vivacité. ⧗ 2018-2021

⊶ EARL CYRILLE ET SYLVAIN PAQUEREAU, 20, rte de la Sablette, 44190 Clisson, tél. 02 40 36 13 57, domaine-epinay@orange.fr t.l.j. sf dim. 8h30-12h30 14h-18h45; f. sept.

♥ PRESTIGE DE L'ESPÉRANCE Sur lie 2017 ★★

| 12800 | | - de 5 € |

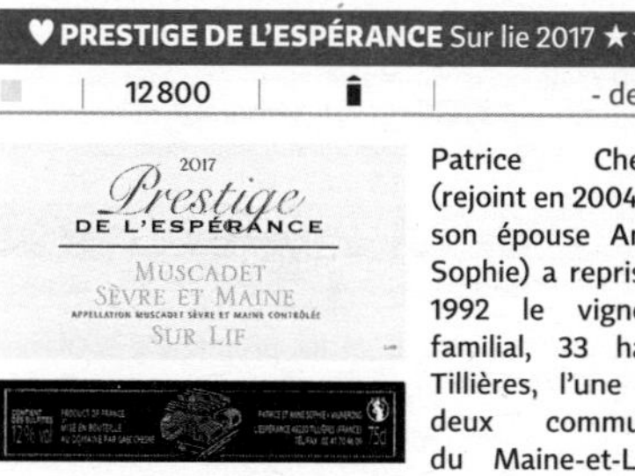

Patrice Chesné (rejoint en 2004 par son épouse Anne-Sophie) a repris en 1992 le vignoble familial, 33 ha à Tillières, l'une des deux communes du Maine-et-Loire en AOC muscadet-sèvre-et-maine, aux portes de l'Anjou.

Après sept mois passés en cuve, sur lie, ce 2017 charmeur en diable présente un premier nez discret. L'aération libère le fruit (agrumes, fruits à chair blanche). Un fruité que reprend avec plus d'intensité une bouche aussi large que longue, élégante, fine et soyeuse, soulignée de bout en bout par la fraîcheur minérale du terroir. ⧗ 2018-2022

⊶ PATRICE ET ANNE-SOPHIE CHESNÉ, 4, L'Espérance, Tillières, 49230 Sèvremoine, tél. 02 41 70 46 09, gaecchesne@orange.fr t.l.j. sf mer. dim. 9h-12h30 15h-18h30

CH. DE LA FERTÉ Sur lie 2017 ★★

| 16000 | | - de 5 € |

Créée en 1947 par le grand-père de Jérôme Sécher, cette exploitation de 28 ha couvre les coteaux de la Sanguèze. Jérôme Sécher a rejoint le domaine en 1997 et s'est associé en 2006 avec Hervé Denis.

Intense et gourmand, le nez évoque les fruits exotiques et les épices. En bouche, le vin se montre rond, gras, charnu, volumineux et long, porté jusqu'en finale par une acidité parfaitement dosée. ⧗ 2018-2022

⊶ JÉRÔME SÉCHER ET HERVÉ DENIS, 77, La Ferté, 44330 Vallet, tél. 02 40 86 37 48, gaecdelaferte@orange.fr r.-v.

DOM. DU FIEF-SEIGNEUR Sur lie 2017 ★

| 17000 | | 5 à 8 € |

Thierry et Jean-Hervé Caillé dirigent depuis 2002 cette exploitation familiale, dont le vignoble couvre 18 ha autour de Monnières. Un village situé au cœur de l'appellation muscadet-sèvre-et-maine, qui pourrait devenir un des prochains crus communaux, comme son voisin le Pallet.

Une belle présence olfactive pour cette cuvée avec des arômes soutenus de fleurs blanches, de fruits blancs et d'agrumes sur fond de minéralité. La bouche, elle aussi bien fruitée et « terroitée », offre un équilibre impeccable entre rondeur et fraîcheur. ⧗ 2018-2021

⊶ EARL THIERRY ET JEAN-HERVÉ CAILLÉ, 12 bis, rue des Moulins, 44690 Monnières, tél. 02 40 54 65 03, thierry.caille343@orange.fr r.-v.

FLEURON DES POUINIÈRES Sur lie 2017 ★

| 5000 | | - de 5 € |

Jean-Paul Busson et son fils Martial exploitent un vignoble de 7,5 ha sur la commune de Vallet.

Quelques notes poivrées viennent relever l'olfaction de cette cuvée ouverte sur les fruits exotiques et les fleurs blanches. On retrouve les tonalités florales et fruitées dans une bouche ample, ronde et tendre, bien épaulée par une fine acidité. ⧗ 2018-2021

⊶ JEAN-PAUL BUSSON ET FILS, La Pouinière, 44330 Vallet, mc.busson@orange.fr r.-v.

DOM. DE LA FOLIETTE Goulaine 2014 ★

| 3000 | | 8 à 11 € |

Ce domaine tire son nom des petites folies, demeures bourgeoises que faisaient construire au XVIIIe s. les armateurs nantais à leur retour des « Indes ». Il est dirigé depuis 1996 par deux fils de vignerons de la Haye-Fouassière: Denis Brosseau (installé en 1988) et Éric Vincent, à la tête de 40 ha. L'intégralité des plants a été greffée par leurs soins et élevée dans la pépinière de l'exploitation.

Ce Goulaine livre des parfums harmonieux de fleurs blanches et de fruits exotiques agrémentés de nuances de pierre à fusil. En bouche, il se révèle frais, mentholé, finement épicé, de bonne longueur. ⧗ 2018-2021

⊶ DENIS BROSSEAU ET ÉRIC VINCENT, 35, rue de la Fontaine, 44690 La Haye-Fouassière, tél. 02 40 36 92 28, foliette@orange.fr r.-v.

JOËL ET FLORENCE FORGEAU Sur lie Le Coin des évêques 2015 ★

| 15000 | | 5 à 8 € |

Le domaine de Florence et Joël Forgeau réunit deux vignobles hérités des générations précédentes: celui des Rouaudières, sur un sol de gabbro, et celui de la Morandière, adossé au château éponyme. En tout, 23 ha de vignes sur les communes de Mouzillon, Gorges et Le Pallet.

Ce 2015 né de la partie « gabbro » du domaine dévoile un nez original dominé par les épices, avec les fleurs blanches et la poire à l'arrière-plan. En bouche, il combine volume, rondeur, fraîcheur et fruité croquant. Un ensemble des plus harmonieux, qui évoluera bien en cave. ⧗ 2018-2023

⊶ JOËL ET FLORENCE FORGEAU, 17, La Rouaudière, 44330 Mouzillon, tél. 02 40 33 95 37, muscadet.forgeau@wanadoo.fr t.l.j. sf sam. dim. 8h30-12h30 14h30-19h

DOM. DE LA GANOLIÈRE Gorges 2014 ★

| 6300 | | 8 à 11 € |

Installés depuis 1985, Christophe et Brigitte Boucher conduisent le domaine familial (15 ha) implanté dans la vallée de la Sèvre, à Gorges, là où a été délimité un cru communal.

Trente-six mois de cuve pour ce vin né sur gabbro. Le nez offre beaucoup d'intensité autour des fruits blancs, des fleurs et de la réglisse, avec une belle minéralité en complément. La bouche apparaît vive, tonique, minérale et mentholée. Un vin plein d'énergie, qui évoluera bien. ⧗ 2019-2023

CHRISTOPHE ET BRIGITTE BOUCHER, 2, La Ganolière, 44190 Gorges, tél. 02 40 06 98 87, earl.boucher@wanadoo.fr V r.-v.

CHRISTIAN GAUTHIER
Sur lie Cuvée des granits 2017

| 10000 | | 5 à 8 € |

Christian Gauthier est installé depuis 1986 à 3 km de Clisson, cité bien connue grâce à son architecture de style italien, à son festival et à son terroir granitique qui a valu à son vignoble d'être promu en cru communal. Son domaine de 27 ha se partage entre vins en AOC et vins en IGP.

Des fleurs blanches, des agrumes, une touche poivrée, l'olfaction est intense et engageante. En bouche, le vin suit la ligne aromatique du nez et séduit par sa fraîcheur de bon aloi. Simple et efficace. ⧗ 2018-2021

EARL DOM. CHRISTIAN GAUTHIER, 19, La Mainguionière, 44190 Saint-Hilaire-de-Clisson, tél. 02 40 54 42 91, vins-gauthier@orange.fr V r.-v.

DOM. DU GRAND CHÂTELIER
Sur lie Haut-Fief 2017 ★

| 18000 | | - de 5 € |

En 1994, Patrick Lebas a pris les rênes de cette exploitation familiale de 17 ha créée par son bisaïeul en 1870.

Net et droit, le nez de ce vin évoque les agrumes, les fleurs blanches et la minéralité du terroir (gabbro ici). En bouche, on retrouve ce profil franc, frais et «terroité» qui confère une belle énergie et de la longueur à ce 2017 plein de finesse. ⧗ 2018-2022

PATRICK LEBAS, Le Châtelier, 44330 Vallet, tél. 02 40 36 40 01, patrick.lebas4@wanadoo.fr V r.-v.

GRAND MORTIER GOBIN Sur lie 2014 ★★

| 20000 | | 5 à 8 € |

Installé en 1984, Daniel Bideau exploite un vignoble de 25 ha établi sur le terroir renommé du Grand Mortier Gobin, composé d'orthogneiss métamorphique datant de l'ère primaire.

Un melon de trente ans est à l'origine de cette cuvée d'une belle finesse olfactive: fleurs blanches, agrumes, fruits blancs, touche beurrée. Des arômes que l'on retrouve dans une bouche ample, intense et longue, parfaitement équilibrée entre gras et vivacité minérale. ⧗ 2019-2023

SCEA BIDEAU GIRAUD, 11, rue du Calvaire, 44690 La Haye-Fouassière, tél. 02 40 54 83 24, contact@bidgi.fr V r.-v. *Daniel Bideau*

CH. DE LA GRAVELLE Gorges 2013 ★

| 4804 | | 11 à 15 € |

Issue d'une lignée au service du vin remontant au XVᵉs., Véronique Günther-Chéreau, docteur en pharmacie, a quitté l'officine en 1989 pour se consacrer exclusivement aux trois vignobles familiaux (70 ha en tout), implantés dans trois terroirs distincts: le Ch. du Coing de Saint-Fiacre, acquis par son père Bernard Chéreau en 1973, le Grand Fief de la Cormeraie et le Ch. de la Gravelle (ces deux derniers en conversion bio). Elle est épaulée depuis 2010 par sa fille Aurélie.

Après trente-neuf mois de cuve, ce 2013 livre un bouquet intense et complexe de miel, de brioche, d'agrumes et de fruits exotiques. Une intensité à laquelle fait écho une bouche ample, énergique, minérale, étirée dans une longue finale réglissée. Un vin complexe. ⧗ 2019-2023

VÉRONIQUE GÜNTHER-CHÉREAU, Le Coing, 44690 Saint-Fiacre-sur-Maine, tél. 02 40 54 85 24, contact@vgc.fr V *t.l.j. sf dim. 10h-12h30 14h-18h; sur r.-v. de nov. à mai*

DOM. DE LA GRENAUDIÈRE Sur lie 2017

| 51000 | | 5 à 8 € |

Un domaine familial de 27 ha, propriété des Ollivier depuis le XIXᵉs. et des frères Guy et Jean-Luc depuis 1980.

D'un abord discret, ce 2017 s'ouvre à l'aération sur le citron et la pierre à fusil. Il prolonge ces sensations dans une bouche vive et alerte. ⧗ 2018-2021

GAEC OLLIVIER PÈRE ET FILS, 25, La Grenaudière, 44690 Maisdon-sur-Sèvre, tél. 02 28 01 07 07, muscadet@vignobleollivier.eu V r.-v.

DOM. DE GUÉRANDE Goulaine 2015

| 3200 | | 8 à 11 € |

Ce domaine est conduit par la famille Jussiaume depuis trois générations (Pierrick depuis 1998). Planté au sommet de la Butte de la Roche, le vignoble de 20 ha domine les marais de Goulaine et offre une vue panoramique sur Nantes.

Deux ans d'élevage pour ce cru né sur un terroir sablo-limoneux. Une petite aération est nécessaire pour libérer les arômes de fruits jaunes mûrs et de menthol. En bouche, le vin se montre vif, minéral, un peu fugace certes, mais énergique. ⧗ 2018-2022

JUSSIAUME, Guérande Marguais, 44430 Le Loroux-Bottereau, tél. 06 22 16 74 62, domainedeguerande@wanadoo.fr V r.-v.

GUILBAUD FRÈRES Sur lie Grand Or 2017 ★

| 40000 | | - de 5 € |

Cette maison de négoce a été créée en 1927 par l'arrière-grand-père et le grand-oncle des actuels propriétaires, aux commandes depuis 1983.

Une belle minéralité accompagne les fruits blancs et les agrumes à l'olfaction. Le prélude à une bouche énergique, fraîche, légère et de bonne longueur. ⧗ 2018-2021

GUILBAUD FRÈRES, BP 49601, 44196 Clisson Cedex, tél. 02 40 06 90 69, oenologue@gmvl.fr V *t.l.j. sf sam. dim. 9h-12h30 14h-17h*

DOM. HAUTE-FÉVRIE
Sur lie Clos de la Févrie 2016

| 25000 | | 5 à 8 € |

Fondé en 1915, ce domaine de 26,5 ha se transmet depuis quatre générations. Sébastien Branger, installé en 2008, maîtrise les rendements, pratique les vendanges manuelles et s'est orienté vers des pratiques de plus en plus respectueuses de l'environnement, obtenant à la fin 2015 la certification bio.

De vénérables ceps de soixante ans sont à l'origine de cette cuvée tout en vivacité. Vivacité du nez, centré sur les agrumes, sur le citron notamment. Vivacité du palais, lui aussi citronné, mais également minéral. Un ensemble cohérent, tout indiqué pour les produits de la mer. ⧗ 2018-2021

BRANGER, 109, La Févrie, 44690 Maisdon-sur-Sèvre, tél. 02 40 36 94 08, haute-fevrie@orange.fr V r.-v.

DOM. DU LANDREAU VILLAGE
Sur lie Grande Réserve 2017 ★

| 60000 | 5 à 8 €

Datant de 1885, Drouet Frères, représentée aujourd'hui par la quatrième génération de la famille Drouet, est l'une des plus anciennes maisons de négoce-éleveur du pays nantais. Elle exporte dans cinquante-six pays à travers le monde. Elle possède aussi le Dom. du Landreau Village, 30 ha au pied du clos Ferré, célèbre terroir de Vallet aux sols de micaschistes, en appellation sèvre-et-maine.

Issu d'un terroir de micaschistes, ce 2017 dévoile progressivement son bouquet de fleurs blanches et d'agrumes. Suivant la même ligne aromatique, la bouche affiche un bon volume, de la fraîcheur et de la persistance. ⧗ 2018-2021

DROUET FRÈRES, 4, rue de la Loge, 44330 La Chapelle-Heulin, xloubet@loirewines.fr V *t.l.j. sf dim. 9h30-12h30 15h30-19h*

FAMILLE LIEUBEAU Château-Thébaud 2015

| 10000 | 11 à 15 €

Pierre et Chantal Lieubeau dirigent depuis 1980 cette exploitation familiale créée en 1816 et implantée sur les granites de Château-Thébaud. Leur premier fils François les rejoint en 2011. En 2014, c'est au tour de Vincent, aujourd'hui responsable technique. Le vignoble couvre 70 ha et la conversion bio est engagée.

Au nez, des notes de noisette grillée et de brioche. En bouche, du gras, de la souplesse et une vivacité minérale en soutien qui apporte de l'équilibre et un surcroît de nerf. ⧗ 2019-2023

FAMILLE LIEUBEAU, La Croix de la Bourdinière, 44690 Château-Thébaud, tél. 02 40 06 54 81, contact@lieubeau.com V *t.l.j. sf dim. 10h-12h 14h-19h*

VIGNOBLE MADELEINEAU
Sur lie Cuvée Prestige 2017 ★

| 6000 | - de 5 €

Ce domaine familial de 30 ha créé en 1982 est bien connu des lecteurs du Guide à travers plusieurs étiquettes: le Dom. Madeleineau en IGP Val de Loire, le Dom. de l'Errière et le Dom. de la Taraudière en muscadet-sèvre-et-maine et gros-plant-du-pays-nantais.

Ce 2017 dévoile un nez élégant et fin de fruits blancs. Des arômes prolongés par une bouche minérale et alerte, mais sans excès d'acidité. Harmonieux. ⧗ 2018-2022

GAEC MADELEINEAU, 12, Errière, 44430 Le Landreau, tél. 02 40 06 43 94, domainemadeleineau@orange.fr V r.-v.

BERNARD MAILLARD Clisson 2014 ★★

| 3700 | 8 à 11 €

Les Maillard sont vignerons depuis 1890. Héritier de cette longue lignée, Bernard s'est installé en 1989 à la tête du domaine familial et de ses 20 ha de vignes. Les vins sont vinifiés et conservés en cuves de verre souterraines ou en cuves Inox.

Après trente-sept mois de cuve, ce Clisson fait belle figure dans sa robe limpide. Il séduit aussi par son bouquet discret mais élégant de pêche, de fleurs blanches et de brioche. Quant à la bouche, elle plaît par son volume, son fruité généreux, son gras bien dosé, sa minéralité ciselée et sa finale iodée. De la personnalité et du potentiel. ⧗ 2019-2024 **Sur lie La Cuvée Lucien 2017 (- de 5 €; 53000 b.)** : vin cité.

BERNARD MAILLARD, 32, Les Défois, 44190 Saint-Lumine-de-Clisson, tél. 06 15 35 64 78, bernard.maillard5@wanadoo.fr V r.-v.

DOM. MARTIN-LUNEAU
Sur lie Cuvée Tradition 2017 ★★

| 10000 | - de 5 €

Christophe Martin a repris en 1991 le domaine familial fondé en 1944. Ses 30 ha se répartissent sur les communes de Gorges, de Clisson et de Mouzillon. Le vigneron s'attache à mettre en valeur la diversité de ses terroirs – de grande qualité puisque Gorges et Clisson sont devenus des crus du muscadet-sèvre-et-maine.

C'est par un joli nez plein de fraîcheur que débute la dégustation, avec des arômes intenses de menthol et d'agrumes. La bouche prolonge cette sensation de fraîcheur, tout en affichant aussi du gras et de la richesse. Un vin ample, intense, très équilibré et long. Et tout cela pour un prix très doux. ⧗ 2018-2023

MARTIN-LUNEAU, 16, Le Magasin, 44190 Gorges, tél. 02 40 54 38 44, martinluneau@wanadoo.fr V r.-v.

VIGNERONS DU PALLET L'Hermine 2015 ★

| 93000 | 5 à 8 €

Les Vignerons du Pallet: une cave coopérative créée en 2007. Elle regroupe dix domaines du Pallet qui œuvrent pour la reconnaissance des appellations communales en muscadet.

Au nez, de gourmandes notes beurrées accompagnent un fruité léger et des nuances florales. En bouche, le vin se montre rond et gras, sans toutefois manquer ni de finesse ni de fraîcheur. Un bel ensemble équilibré, qui évoluera bien en cave. ⧗ 2019-2023

VIGNERONS DU PALLET, 56, Bretigne, 44330 Le Pallet, tél. 02 28 00 10 20, contact@vigneronsdupallet.com

LOIRE

VIGNOBLE POIRON-DABIN
Haute Résolution 2013 ★

| 30600 | 8 à 11 €

En 1962, Jean Poiron épouse Thérèse Dabin. Déjà propriétaire du Ch. de l'Enclos, le couple agrandit son vignoble (acquisition du Clos du Château de la Verrie en 1970, puis du Dom. de Chantegrolle en 1990). Leurs

fils Laurent et Jean-Michel achètent encore le Clos des Tabardières, ce qui porte la superficie de leur exploitation à 72 ha.

Un long élevage sur lie de quarante-quatre mois a accouché de ce 2013 au nez finement fruité et un brin lacté. La bouche apparaît plutôt riche et ronde, avec une légère acidité qui va bien en soutien. ⧗ 2019-2023 ■ **Château-Thébaud Clos des Tabardières 2013 (11 à 15 €; 10260 b.)** : vin cité.

⊶ JEAN-MICHEL ET LAURENT POIRON, Chantegrolle, 44690 Château-Thébaud, tél. 02 40 06 56 42, contact@poiron-dabin.com V 🚶 ▮ *t.l.j. sf dim. 9h-12h 14h-18h*

FLEURON DES ROCHETTES Sur lie 2017

■ | 26000 | ▮ | | - de 5 €

Ce domaine est situé à Landreau, village typiquement vigneron de Bas-Briacé, dont les terroirs se distinguent par leur précocité. À sa disposition, un vignoble de 39 ha.

Le nez de ce 2017 évoque les fleurs et fruits blancs avec une bonne intensité. La bouche se révèle plus citronnée, fraîche, alerte. Simple et de bon aloi. ⧗ 2018-2021

⊶ EARL JEAN-PIERRE ET ÉRIC FLORANCE, 3, rue du Calvaire, Bas-Briacé, 44430 Le Landreau, tél. 02 40 06 43 84, domaine-des-rochettes@wanadoo.fr V ▮ *r.-v.*

DOM. SAILLANT Sur lie Cuvée Clément 2017 ★

■ | 2000 | ▮ | | - de 5 €

Patrick Saillant a repris l'exploitation de ses ancêtres en 1993. Il a agrandi le vignoble (9 ha aujourd'hui) et modernisé le chai. Ses vignes, âgées de trente-cinq ans, sont plantées sur un sol de granite et bien exposées sur les coteaux de la Maine.

De belle intensité, le bouquet de ce vin convoque la pêche et le pamplemousse. La bouche y ajoute des notes d'agrumes et de pierre à fusil qui renforcent la fraîcheur de cette cuvée ne manquant pas non plus de gras, avec un côté beurré bien gourmand. En somme, un vin des plus équilibrés, qui vieillira bien. ⧗ 2019-2023

⊶ EARL SAILLANT-ESNEU, 8, La Grenaudière, 44690 Maisdon-sur-Sèvre, tél. 02 40 03 80 10, saillant-esneu@hotmail.fr V 🚶 ▮ *r.-v.*

♥ DOM. SALMON Sur lie Grande Réserve 2017 ★★

■ | 26000 | ▮ | | 5 à 8 €

Dominique Salmon est installé à Château-Thébaud, village perché sur un coteau rocheux dominant la Maine. Il conduit le domaine fondé par son grand-père depuis 1984.

Très belle série de vins cette année pour Dominique Salmon, avec en point d'orgue cette cuvée au nez à la fois intense, frais et fin d'agrumes, de fruits blancs et de pierre à fusil. La bouche affiche un volume et un équilibre épatants: du gras, de la richesse et beaucoup de fraîcheur, avec une longue finale minérale. ⧗ 2019-2023 ■ **Sur lie 2017 ★★ (- de 5 €; 70000 b.)** : un vin net, frais, bien droit, centré sur les agrumes au nez comme en bouche, de belle longueur. Cohérent et rectiligne. ⧗ 2018-2022 ■ **Sur lie Vieilles Vignes 2017 ★ (5 à 8 €; 45000 b.)** : au nez, des notes de coing, de pomme verte, de menthol et une touche minérale; en bouche, de la fraîcheur, du fruit, de la finesse et du volume. ⧗ 2018-2023 ■ **Château-Thébaud 2014 ★ (8 à 11 €; 6600 b.)** : à un nez complexe de noisette grillée, de cédrat et de fleurs blanches succède une bouche onctueuse et riche, un brin épicée, agréablement minérale et fraîche en finale. ⧗ 2019-2025

⊶ DOM. SALMON, Les Landes-Devin, 44690 Château-Thébaud, tél. 02 40 06 53 66, contact@domaine-salmon-muscadet.com V 🚶 ▮ *t.l.j. 9h-12h30 14h-18h*

DOM. DES TILLEULS Sur lie Essentielle 2017

■ | 40000 | ▮ | | 5 à 8 €

Créée en 1905, cette propriété familiale proche de Vallet comptait 5 ha à l'origine. Elle a été agrandie en 1989 par Daniel Houssin et par son épouse Évelyne, rejoints par leurs enfants Jérôme et Noémie. Le vignoble couvre aujourd'hui 27 ha.

Épices, agrumes, fleurs blanches, l'olfaction donne envie d'aller plus loin. On découvre alors une bouche à l'unisson du bouquet, fraîche et légère. ⧗ 2018-2021

⊶ DANIEL HOUSSIN, Les Tilleuls, 18, rue du Vignoble, 44330 La Regrippière, tél. 02 40 33 60 04, contact@domainedestilleuls.fr V 🚶 ▮ *r.-v.*

DOM. DE LA VRILLONNIÈRE Sur lie 2017 ★★

■ | 10000 | ▮ | | - de 5 €

À mi-chemin entre les villages viticoles réputés du Landreau et de La Chapelle-Heulin, ce domaine de 44 ha est transmis de père en fils depuis quatre générations. Installé en 1999, Stéphane Fleurance y est seul aux commandes depuis 2008.

Le nez de ce 2017 évoque avec finesse et élégance les agrumes sur fond de minéralité. Bien fruitée, la bouche se montre ronde, tendre et soyeuse, avant de déployer une longue finale «terroitée» qui lui donne beaucoup d'allonge et d'allant. ⧗ 2018-2023

⊶ STÉPHANE FLEURANCE, 10, La Vrillonnière, 44430 Le Landreau, tél. 02 40 06 42 00, lavrillonniere44@gmail.com V 🚶 ▮ *t.l.j. sf sam. dim. 9h-12h 15h-18h30*

MUSCADET-CÔTES-DE-GRAND-LIEU

Superficie : 277 ha / Production : 14 447 hl

CLOS DE LA CLÉMENCIÈRE Sur lie 2017 ★★

■ | 26000 | ▮ | | - de 5 €

Marcel Malidain crée l'exploitation en 1954: 5 ha de vignes, de la polyculture et un élevage bovin. Son fils Michel prend le parti de la seule vigne en 1974. Depuis 2006, Romain, le petit-fils, a pris la main et conduit un vignoble de 45 ha.

Au nez, des arômes d'agrumes, de poire et de coing annoncent un fort joli vin. La bouche confirme: de la souplesse, de la finesse, une grande fraîcheur et beaucoup de longueur. Un modèle d'élégance et d'équilibre. ⧗ 2018-2021

⊶ *ROMAIN MALIDAIN, 6, Le Demi-Bœuf, 44310 La Limouzinière, tél. 02 40 05 82 29, contact@vignoblemalidain.com* V r.-v.

LA GARNAUDIÈRE Sur lie 2017

| 8000 | | - de 5 € |

Au sud du lac de Grandlieu, la commune de La Limouzinière a conservé quelques exploitations viticoles. Celle-ci, constituée en 1981, est conduite depuis 2003 par François Denis, à la tête d'un vignoble de 45 ha qu'il envisage de convertir à la bio.

Le nez conjugue notes florales et nuances exotiques. La bouche se révèle souple et légère, un brin perlante et iodée en finale. ⧗ 2018-2020

⊶ *GAEC DE LA GARNAUDIÈRE, 15, La Garnaudière, 44310 La Limouzinière, tél. 02 40 05 82 28, lagarno@orange.fr* V r.-v. ⊶ *Denis*

DOM. DU HAUT BOURG Sur lie 2017 ★

| 60000 | | 5 à 8 € |

Situé sur la commune de Bouaye, à la sortie de Nantes, ce domaine créé en 1945 est une valeur sûre de la région. Hervé et Nicolas Choblet, le père et le fils, y cultivent 40 ha sur un terroir de micaschistes et de granite.

Net et élégant, le bouquet de ce 2017 évoque les fleurs blanches et les agrumes. Arômes auxquels s'ajoute une note minérale bien sentie dans une bouche fraîche, alerte et fine, prolongée par de beaux amers en finale. ⧗ 2018-2021

⊶ *HERVÉ ET NICOLAS CHOBLET, 11, rue de Nantes, 44830 Bouaye, tél. 02 40 65 47 69, contact@hautbourg.fr* V *t.l.j. sf dim. 9h-12h 14h-18h*

CH. DE LORIÈRE Sur lie 2017 ★

| 10000 | | - de 5 € |

Construit en 1640, pillé et incendié en 1793 puis confisqué par l'État, ce manoir établi sur les coteaux dominant l'Acheneau a été acquis par la famille Hervé en 1886. Depuis 1998, c'est Vincent Hervé, cinquième du nom, qui en conduit les 27 ha de vignes.

Bien ouvert et délicat, le nez évoque les fleurs blanches et les fruits blancs sur fond de minéralité. Ces arômes sont prolongés avec persistance par une bouche ronde, tendre et fine à la fois. ⧗ 2018-2021

⊶ *VINCENT HERVÉ, Lorière, 44830 Brains, tél. 02 40 65 68 47, chateauloriere@sfr.fr* V *r.-v.*

MUSCADET-COTEAUX-DE-LA-LOIRE

Superficie : 244 ha / Production : 12 064 hl

DOM. DU CHAMP CHAPRON Sur lie 2017 ★

| 40000 | | - de 5 € |

Ce vaste domaine de 70 ha, dont les origines remontent au XVIIᵉs., est situé à la limite de l'Anjou et du pays nantais, sur la rive sud de la Loire. Carmen Suteau, qui en a pris la direction en 1999, a été rejointe par son fils en 2007.

De belle intensité, cette cuvée dévoile des parfums de citron, de pamplemousse et de fleurs blanches. En bouche, elle se montre souple et vive, sans manquer de structure ni de gras. Un ensemble équilibré. ⧗ 2018-2021

⊶ *SUTEAU-OLLIVIER, Champ-Chapron, Barbechat, 44450 Divatte-sur-Loire, tél. 02 40 03 65 27, suteau.ollivier@wanadoo.fr* V *r.-v.*

DOM. DES GALLOIRES Les Chailloux 2017

| 18000 | | - de 5 € |

Située à l'emplacement d'un ancien manoir, cette propriété familiale créée en 1967 est régulièrement en vue pour l'une ou l'autre de ses dix-huit cuvées. L'exploitation, conduite par la famille Toublanc depuis sept générations, couvre aujourd'hui 53 ha surplombant la Loire, côté sud.

Un vin aromatique (fleurs jaunes, notes végétales, fruits exotiques), rond et gras en bouche, dynamisé par une pointe d'amertume en finale. ⧗ 2018-2021

⊶ *TOUBLANC, 1, La Galloire, 49530 Drain, tél. 02 40 98 20 10, contact@galloires.com* V *t.l.j. sf dim. 9h-12h 14h-19h (sam. 17h)* 1 A

DOM. DU HAUT FRESNE Sur lie 2017 ★

| 22000 | | - de 5 € |

Fondé en 1959, ce domaine de 75 ha se transmet de père en fils depuis trois générations. Situé sur des coteaux faisant face à la Loire, près de Liré, il est souvent remarqué pour la qualité de ses vins, de ses coteaux-d'ancenis notamment.

Un vin expressif et intense au nez (fleur d'oranger, agrumes), à la fois rond et bien structuré en bouche, avec en finale une belle vivacité qui apporte du peps. ⧗ 2018-2021

⊶ *RENOU FRÈRES ET FILS, Le Haut-Fresne, 49530 Drain, tél. 02 40 98 26 79, contact@renou-freres.com* V *r.-v.*

DOM. DU MOULIN GIRON Sur lie 2017 ★

| 33300 | | - de 5 € |

Construit dans les années 1450, cet ancien moulin est situé à 500 m des ruines du château où naquit le poète Joachim Du Bellay. Conduit par Nadine Allard, son fils Quentin et son père Jean-Pierre, le vignoble couvre 66 ha sur un beau terroir de schistes.

Citron, mirabelle mûre, pêche, tilleul, le bouquet de ce 2017 est fort séducteur. La bouche ne déçoit pas: de la rondeur, du gras, du fruit et une bonne fraîcheur pour équilibrer le tout. ⧗ 2018-2021

⊶ *ALLARD PÈRE ET FILLE, Le Moulin Giron, Liré, 49530 Orée-d'Anjou, tél. 02 40 09 03 15, domainemoulingiron@orange.fr* V *t.l.j. sf mer. dim. 9h30-12h 14h30-18h30; sur r.-v. du 28 juil. au 20 août* B

CH. DU ROTY Sur lie 2017 ★

| 1600 | | - de 5 € |

Joseph Bodineau s'est installé en 1955 à Saint-Herblon, commune peu viticole située au nord du vignoble nantais. Ses petits-fils (Vincent et Mathieu)

ont pris la suite de leur père Michel, respectivement en 2004 et 2013, et cultivent un vignoble de 20 ha.

Des parfums d'agrumes, de mirabelle et de fleurs blanches s'échappent du verre avec élégance. En bouche, le vin est ample, souple, rond et de bonne longueur. ⧗ 2018-2021

BODINEAU, Le Roty, Saint-Herblon, 44150 Vair-sur-Loire, tél. 02 40 98 00 88, domaineduroty@orange.fr V t.l.j. sf dim. 8h30-12h30 14h-19h30

VIGNES DE L'ALMA Sur lie 2017

	4500	- de 5 €

Saint-Florent-le-Vieil, village charnière entre l'Anjou et le pays nantais. Romain Chevalier y conduit (seul depuis 2017, son père Roland étant parti à la retraite) un clos de 11 ha, commandé par un bâtiment datant de 1856 baptisé par le propriétaire d'alors - un général des Armées - en souvenir de la bataille de l'Alma. Ses vins rosés et rouges se rattachent à l'Anjou, ses blancs à l'AOC muscadet-coteaux-de-la-loire. Une valeur sûre.

Au nez, ce 2017 dévoile des parfums de poire confite, de citron et de tilleul. En bouche, il apparaît riche et rond, plutôt concentré, avec en finale une fraîcheur bienvenue qui apporte du tonus. ⧗ 2018-2021

ROMAIN CHEVALIER, L'Alma, Saint-Florent-le-Vieil, 49410 Mauges-sur-Loire, tél. 02 41 72 71 09, lesvignesdelalma@orange.fr V t.l.j. 9h-12h 14h-19h (sam. f. à 18h)

GROS-PLANT-DU-PAYS-NANTAIS

Superficie : 1 212 ha / Production : 90 255 hl

Le gros-plant-du-pays-nantais est un vin blanc sec, AOVDQS depuis 1954 et AOC depuis 2011, produit dans trois départements: Loire-Atlantique, Maine-et-Loire et Vendée. Il est issu d'un cépage unique d'origine charentaise, la folle blanche, appelée ici gros-plant. Comme le muscadet, le gros-plant peut être mis en bouteilles sur lie.

DOM. MICHEL BERTIN 2017 ★

	1200		- de 5 €

Situé dans le hameau La Tour-Gasselin, qui domine le vignoble et le marais de Goulaine, ce domaine familial qui se transmet depuis quatre générations est conduit depuis 1990 par Michel Bertin. À sa carte, du sèvre-et-maine, du gros-plant et des vins de cépage en IGP…

Le Landreau est réputé pour ses gros-plant; ce 2017 fait honneur à l'appellation. Un vin qui allie finesse des senteurs (fleurs blanches, notes mentholées, agrumes) et fraîcheur alerte du palais. Un bon classique. ⧗ 2018-2020

MICHEL BERTIN, 12, La Tour-Gasselin, 44430 Le Landreau, tél. 02 40 06 41 38, earlbertin.michel@wanadoo.fr V r.-v.

DOM. DE L'ERRIÈRE Sur lie 2017 ★★

	3500		- de 5 €

Ce domaine familial de 30 ha créé en 1982 est bien connu des lecteurs du Guide à travers plusieurs étiquettes: le Dom. Madeleineau en IGP Val de Loire, le Dom. de l'Errière et le Dom. de la Taraudière en muscadet-sèvre-et-maine et gros-plant-du-pays-nantais.

D'un bel or blanc lumineux, ce gros-plant livre un bouquet intense et fin de fleurs blanches et de citron. Arômes agrémentés de nuances salines et minérales dans une bouche ample, ronde, à la texture délicate et soulignée par une acidité parfaitement maîtrisée. ⧗ 2018-2021

GAEC MADELEINEAU, 12, Errière, 44430 Le Landreau, tél. 02 40 06 43 94, domainemadeleineau@orange.fr V r.-v.

HAUTE-COUR DE LA DÉBAUDIÈRE Sur lie 2017 ★

	14000		- de 5 €

Chantal et Yves Goislot sont installés depuis 1984 au sud de Vallet, au-dessus des boucles de la Sanguèze, petite rivière qui se jette dans la Sèvre. Leur domaine de 35 ha, établi sur des coteaux escarpés, bénéficie de sols de gabbro. En 2003, ils se sont associés avec Jeannick Papin, donnant naissance à l'étiquette Goislot-Papin.

Une folle blanche de quarante ans est à l'origine de ce gros-plant bien en place: robe claire, nez intense de citron, de pêche blanche et d'abricot, bouche vive et droite, iodée et saline en finale. ⧗ 2018-2021

GAEC GOISLOT-PAPIN, 220, La Débaudière, 44330 Vallet, tél. 06 13 24 48 91 V r.-v.

♥ DOM. DE LA NOË 2017 ★★

	9000		- de 5 €

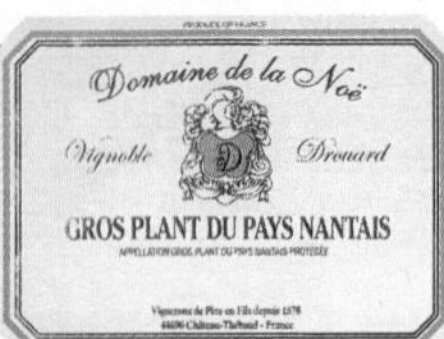

Sur les granites de Château-Thébaud, les vignes sont généralement précoces car les sols sont bien drainants. Ce domaine transmis de père en fils depuis 1878 est aujourd'hui conduit par les quatre frères Drouard, Pascal, Laurent, Denis et Jean-Paul, qui disposent de 78 ha.

Le granite n'est pas toujours favorable à la culture du gros-plant, cela rend ce coup de cœur d'autant plus épatant. Une robe lumineuse habille ce 2017 ouvert sur des arômes intenses et suaves de fleurs blanches. Un agréable perlant nous accueille en bouche, puis le vin se fait tendre, rond, délicat, soyeux, avec une acidité parfaitement fondue en soutien. ⧗ 2018-2021

DROUARD, Dom. de la Noë, 4, La Noë, 44690 Château-Thébaud, tél. 02 40 06 50 57, contact@vignobledrouard.com V t.l.j. sf dim. 8h-12h30 14h-19h

HENRI POIRON ET FILS Sur lie 2017 ★

	3000		- de 5 €

Représentant la huitième génération, Éric Poiron est aux commandes du domaine familial (35 ha aujourd'hui) depuis 1990. Les Poiron sont également pépiniéristes et producteurs de pommes.

Pomme verte, pêche blanche et citron composent un bouquet attirant. En bouche, le vin se révèle vif et salin, de bonne longueur, avant d'afficher plus de rondeur en finale. Un ensemble équilibré. ⧗ 2018-2021

⊶ ÉRIC POIRON, Les Quatre-Routes, 44690 Maisdon-sur-Sèvre, tél. 02 40 54 60 58, contact@poironhenri.com V t.l.j. 9h-12h 14h-18h

DOM. JEAN-LUC VIAUD 2017 ★★

	900		- de 5 €

Une grande partie de ce domaine dépendait autrefois du Ch. de Beauchêne. Installé en 1995, Jean-Luc Viaud, représentant la quatrième génération, exploite 16 ha de vignes.

Jaune pâle aux reflets dorés, ce gros-plant dévoile à l'olfaction des parfums élégants et subtils de fleurs blanches, de citron et de pamplemousse. Arômes agrémentés de nuances salines et mentholées dans une bouche fine, souple, délicate, d'une grande fraîcheur. ⧗ 2018-2021

⊶ JEAN-LUC VIAUD, 2, La Renouère, 44430 Le Landreau, tél. 02 53 78 13 25, contact@domainejeanlucviaud.fr V r.-v.

FIEFS-VENDÉENS

Superficie : 469 ha
Production : 27 613 hl (85 % rouge et rosé)

Anciens fiefs du Cardinal: cette dénomination évoque le passé de ces vins appréciés par Richelieu après avoir connu un renouveau au Moyen Âge, à l'instigation des moines comme bien souvent. L'AOVDQS fut accordée en 1984, puis l'AOC, en 2011. À partir de gamay, de cabernet et de pinot noir, la région de Mareuil produit des rosés et des rouges fins et fruités; les blancs sont encore confidentiels. Non loin de la mer, le vignoble de Brem, lui, donne des blancs secs à base de chenin et de grolleau gris, ainsi que des rosés et des rouges. Aux environs de Fontenay-le-Comte, blancs secs (chenin, colombard, melon, sauvignon), rosés et rouges (gamay et cabernets) proviennent des régions de Pissotte et de Vix. Plus récemment promu, le terroir de Chantonnay produit dans les trois couleurs.

DOM. DE LA CAMBAUDIÈRE 2017

	8000		5 à 8 €

Dominant la vallée de l'Yon, qui a donné son nom à la préfecture de la Vendée (La Roche-sur-Yon), ce domaine familial est conduit depuis 1986 par Michel Arnaud. À sa disposition, un vignoble de 16,4 ha qui possède encore une vigne de négrette âgée de cent quarante ans, ayant pu résister au phylloxéra.

Ce rosé pâle aux reflets framboise évoque les petits fruits rouges et le pamplemousse. Certes un peu fugace, la bouche plaît par sa fraîcheur et son équilibre. ⧗ 2018-2019

⊶ MICHEL ARNAUD, La Cambaudière, 85320 Rosnay, tél. 06 22 69 59 02, cavearnaud@orange.fr V r.-v.

DOM. COIRIER Pissotte Origine 2017 ★

	10000		5 à 8 €

Seule famille de vignerons à produire des fiefs-vendéens sur le terroir de Pissotte, les Coirier portent fièrement ce blason viticole depuis 1895. Le domaine (22 ha) se trouve à la sortie de Fontenay-le-Comte, sur la route de la forêt de Mervent, berceau de la fée Mélusine.

Intense, le nez de ce Pissotte évoque l'iris, la rose, la pêche et les agrumes. La bouche affiche un bel équilibre entre un côté rond et soyeux et une fine acidité aux tonalités minérales et citronnées. ⧗ 2018-2021

⊶ MATHIEU COIRIER, La Petite-Groie, 15, rue des Gélinières, 85200 Pissotte, tél. 02 51 69 40 98, coirier@pissotte.com V r.-v.

VIGNOBLE MERCIER Vix Racine 2017 ★★

	15000		5 à 8 €

Dans l'extrême sud de la Vendée, le vignoble de Vix est situé sur une terrasse argilo-calcaire dominant le Marais poitevin. Pépinière viticole depuis 1890, cette exploitation conduite depuis quatre générations par les Mercier s'étend aujourd'hui sur 60 ha.

Né de cabernet franc (45 %), de pinot noir, de gamay et de négrette et passé cinq mois en cuve, ce Vix – terroir le plus méridional de l'appellation – dévoile des parfums intenses et fins de fruits rouges (cerise griotte notamment) et de pivoine. En bouche, il apparaît très équilibré, offrant de la rondeur, de la fraîcheur, du volume, avec de beaux tanins fins en soutien. ⧗ 2018-2023

⊶ MERCIER, 16, rue de la Chaignée, 85770 Vix, tél. 02 51 00 60 87, vignobles.mercier@mercier-groupe.com V t.l.j. sf dim. 9h-12h 14h-18h

DOM. DES PIERRES FOLLES Mareuil 2017 ★

	25000		- de 5 €

Cette propriété fondée en 1937 doit son nom à deux menhirs dressés à l'entrée du domaine. La troisième génération, aux commandes depuis 1994, conduit aujourd'hui un vignoble de 37 ha.

Ce vin à la robe soutenue développe des arômes de fruits rouges mûrs et de bonbon acidulé. En bouche, il se révèle souple et frais, de bonne longueur. ⧗ 2018-2019

⊶ TESSIER-BRUNIER, Pierre-Folle, 85320 Rosnay, tél. 02 51 28 21 00, domaine-de-pierre-folle@orange.fr V r.-v.

COTEAUX-D'ANCENIS

Superficie : 170 ha
Production : 10 131 hl (85 % rouge et rosé)

Produits sur les deux rives de la Loire, à l'est de Nantes, les coteaux-d'ancenis, classés AOVDQS en 1954, ont accédé à l'AOC en 2011. On en produit quatre types, à partir de cépages purs: gamay (80 % de la production), cabernet, chenin et malvoisie (pinot gris).

CH. DE L'AUJARDIÈRE Moelleux Malvoisie 2017 ★

	5800		5 à 8 €

La famille Lebrin exploite depuis cinq générations cette propriété fondée en 1850, située aux confins de l'Anjou et du pays nantais, qui a pris la suite d'un domaine seigneurial de l'Ancien Régime. Olivier

Lebrin s'est installé en 1999 sur 26 ha. Aujourd'hui, le vignoble couvre 45 ha plantés de quatorze cépages différents.

De légers reflets rosés animent la robe de ce moelleux aux arômes discrets mais élégants de rose et de fruits mûrs. La bouche est équilibrée: du fruit, de la douceur et de l'onctuosité mais sans excès, une fine acidité en soutien. ⧗ 2018-2022

EARL OLIVIER LEBRIN, L'Aujardière, 44430 La Remaudière, tél. 02 40 33 72 72, contact@vinsfinslebrin.com V ⚲ ▪ *t.l.j. sf sam. dim. 9h-12h30 14h-19h*

DOM. DES CLÉRAMBAULTS
Cuvée Vieilles Vignes 2016 ★

■ | 2500 | - de 5 €

En 2005, Sébastien Terrien, diplômé d'œnologie, a rejoint son père Pierre sur ce domaine de 20 ha qu'il conduit seul aujourd'hui. Les vignes sont situées à l'ouest de l'appellation anjou, sur les sols schisteux de la commune de Bouzillé.

Un gamay planté sur schistes à l'origine d'un joli vin élégamment bouqueté autour des fruits rouges agrémentés de nuances florales et d'une petite touche animale. La bouche est fraîche, légère et souple, soulignée par des tanins fins et par une jolie finale mentholée. ⧗ 2018-2021

EARL TERRIEN, 2, rue des Mutreaux, 49530 Bouzillé, tél. 06 63 06 07 79, sebastien.terrien701@orange.fr V ⚲ ▪ *r.-v.*

DOM. DES GALLOIRES Le Vieux Planty 2017 ★

■ | 14000 | ▮ | 5 à 8 €

Située à l'emplacement d'un ancien manoir, cette propriété familiale créée en 1967 est régulièrement en vue pour l'une ou l'autre de ses dix-huit cuvées. L'exploitation, conduite par la famille Toublanc depuis sept générations, couvre aujourd'hui 53 ha surplombant la Loire, côté sud.

Cette cuvée dévoile au nez des parfums délicats de pivoine, de fraise et de framboise. En bouche, elle se révèle fraîche et fine, adossée à des tanins bien maîtrisés. ⧗ 2018-2022

TOUBLANC, 1, La Galloire, 49530 Drain, tél. 02 40 98 20 10, contact@galloires.com V ⚲ ▪ *t.l.j. sf dim. 9h-12h 14h-19h (sam. 17h)*

DOM. DU HAUT FRESNE
Moelleux Malvoisie 2017 ★

■ | 64000 | ▮ | 5 à 8 €

Fondé en 1959, ce domaine de 75 ha se transmet de père en fils depuis trois générations. Situé sur des coteaux faisant face à la Loire, près de Liré, il est souvent remarqué pour la qualité de ses vins, de ses coteaux-d'ancenis notamment.

C'est par un nez franc et fin de fruits mûrs et de fleurs blanches que débute la dégustation. La suite est fort plaisante, avec un palais tendre, sans lourdeur, sur la finesse plutôt que la puissance, stimulé par de beaux amers en finale. ⧗ 2018-2022

RENOU FRÈRES ET FILS, Le Haut Fresne, 49530 Drain, tél. 02 40 98 26 79, contact@renou-freres.com V ⚲ ▪ *r.-v.*

MERCERON-MARTIN Moelleux Malvoisie 2017 ★

■ | 17500 | ▮ | 5 à 8 €

Cette propriété de 30 ha est née en 2011 de l'association entre Emmanuel Merceron et Olivier Martin. De la fusion des deux exploitations est né le Dom. Merceron-Martin, implanté sur les coteaux de la Loire.

Une robe claire habille ce moelleux au nez fin de fleurs blanches et de fruits jaunes. Une finesse aromatique à laquelle fait écho une bouche délicate, tendre et légère, soulignée par une agréable fraîcheur. ⧗ 2018-2021 ■ **Les Quarts 2016 (5 à 8 €; 6000 b.)** : vin cité.

DOM. MERCERON-MARTIN, 41, La Coindassière, La Varenne, 49270 Orée-d'Anjou, tél. 02 40 83 53 32, contact@domainemerceronmartin.fr V ⚲ ▪ *ven. sam. 9h30-12h30 14h30-18h30*

DOM. DES PIERRES MESLIÈRES
Moelleux Malvoisie 2017 ★

■ | 9300 | ▮ | 5 à 8 €

Conduit par Jean-Claude Toublanc depuis 1988 (troisième génération), ce domaine de la rive droite de la Loire est installé sur un site préhistorique où s'élève, en son centre, un mégalithe de 12 m de hauteur. Ses 19 ha de vignes, exposés au midi, reposent sur des sols de micaschistes.

Un moelleux bien construit, au nez discret mais fin de fleurs blanches et de fruits jaunes. La bouche apparaît suave et ronde, de bonne longueur, soulignée jusqu'en finale par une fine acidité. ⧗ 2018-2022

JEAN-CLAUDE TOUBLANC, Les Pierres-Meslières, 44150 Saint-Géréon, tél. 02 40 83 23 95, toublanc.jc@bbox.fr V ▪ *ven. sam. 8h30-13h 15h-19h; f. 15-30 août*

ANJOU-SAUMUR

À la limite septentrionale des zones de culture de la vigne, sous un climat atlantique, avec un relief peu accentué et de nombreux cours d'eau, les vignobles d'Anjou et de Saumur s'étendent dans le département du Maine-et-Loire, débordant un peu sur le nord de la Vienne et des Deux-Sèvres.

Les vignes ont depuis fort longtemps été cultivées sur les coteaux de la Loire, du Layon, de l'Aubance, du Loir, du Thouet... C'est à la fin du XIXe s. que les surfaces plantées sont les plus vastes. Le Dr Guyot, dans un rapport au ministre de l'Agriculture, cite alors 31 000 ha en Maine-et-Loire. Le phylloxéra anéantira le vignoble, comme partout. Les replantations s'effectueront au début du XXe s. et se développeront un peu dans les années 1950-1960, pour régresser ensuite. Aujourd'hui, ce vignoble couvre environ 17 380 ha, qui produisent un million d'hectolitres.

Les sols, bien sûr, complètent très largement le climat pour façonner la typicité des vins de la région. C'est ainsi qu'il faut faire une nette différence entre ceux qui sont produits en «Anjou noir», constitué de schistes et autres roches primaires du Massif armoricain, et ceux qui sont produits en «Anjou blanc» ou Saumurois, nés sur les terrains sédimentaires du Bassin parisien dans lesquels domine la craie tuffeau. Les cours d'eau ont égale-

ment joué un rôle important pour le commerce: ne trouve-t-on pas encore trace aujourd'hui de petits ports d'embarquement sur le Layon? Les plantations sont de 4 500-5 000 pieds par hectare; la taille, qui était plus particulièrement en gobelet et en éventail, est aujourd'hui en guyot.
La réputation de l'Anjou est due aux vins blancs moelleux, dont les coteaux-du-layon sont les plus connus. Cependant, l'évolution conduit désormais aux types demi-sec et sec, à la production de vins rouges et, plus récemment encore, de rosés, qui ont le vent en poupe. Dans le Saumurois, ces derniers sont les plus estimés, avec les vins mousseux qui ont connu une forte croissance, notamment les AOC saumur et crémant-de-loire.

ANJOU

Superficie : 1 890 ha
Production : 98 794 hl (61 % rouge)

Constituée d'un ensemble de près de 200 communes, l'aire géographique de cette appellation régionale englobe toutes les autres. Traditionnellement, le vin d'Anjou était un vin blanc doux ou moelleux, issu de chenin, ou pineau de la Loire. L'évolution de la consommation vers des secs a conduit les producteurs à associer à ce cépage chardonnay ou sauvignon, dans la limite maximale de 20 %. La production de vins rouges s'est accrue depuis les années 1970 (et surtout des rosés, qui disposent d'appellations spécifiques). Ce sont les cépages cabernet franc et cabernet-sauvignon qui sont alors mis en œuvre.

VIGNOBLE DE L'ARCISON 2017 ★★

■ | 5000 | 🍾 | - de 5 €

Une exploitation de 27 ha située sur le territoire de la commune de Thouarcé, célèbre pour son cru bonnezeaux. Romain Reulier a pris en 2008 la succession de ses parents sur ce domaine souvent en vue pour ses rosés.

Une jolie bouteille qui transmet d'emblée un caractère agréable au travers d'arômes de fruits rouges et de pivoine. La bouche est riche, ronde, généreuse et suave, dotée de tanins soyeux et harmonieux. Un vin gourmand en diable, long et d'un beau volume. ⧗ 2018-2022
■ **Cuvée Vieilles Vignes 2017** ★ **(- de 5 €; 3000 b.)** : un vin expressif et complexe, mêlant au nez les fruits rouges compotés à des nuances mentholées, rond, charnu et suave en bouche. ⧗ 2018-2022

⊶ *ROMAIN REULIER, 333, Le Mesnil, Thouarcé, 49380 Bellevigne-en-Layon, tél. 02 41 54 16 81, vignoble-arcison@orange.fr* V 🚶 ■ *t.l.j. 9h-12h 14h-18h; dim. sur r.-v.; f. oct.*

DOM. DE BISE Les Mesureaux 2017 ★

■ | 1800 | 🛢 | 5 à 8 €

Ce domaine familial – créé en 1920 – est situé dans un ancien corps de ferme réhabilité qui abrite le chai et le caveau de dégustation. Après ses études de viti-œno, David Lafuie, représentant la quatrième génération, est parti se former en Californie et au Chili, avant de revenir en 2005 pour conduire un vignoble de 22 ha aujourd'hui.

Ce domaine propose une cuvée au nez charmeur, floral et aux nuances d'agrumes. Le jury a aussi apprécié sa bouche tendre, ronde et longue, aux saveurs de fruits exotiques, rehaussée par un élevage assez marqué mais bien équilibré, qui apporte de la structure. Une cuvée qui aura besoin de temps pour s'affirmer pleinement. ⧗ 2019-2024

⊶ *EARL DAVID LAFUIE, 15, rue des Perrières, 49540 Martigné-Briand, tél. 02 41 59 43 39, earl.lafuie@orange.fr* V 🚶 ■ *r.-v.*

DOM. BODINEAU 2017

■ | 4000 | 🍾 | 5 à 8 €

Établis dans le petit hameau de Savonnières, Frédéric Bodineau et sa sœur Anne-Sophie officient ensemble sur ce domaine familial (40 ha) dont l'origine remonte à 1850. Lui est à la vigne et au chai, elle à l'accueil et au service clientèle.

Un vin attrayant par sa jolie robe noire et intense, par son nez précis de cassis et par sa bouche souple et veloutée. La finale, plus sévère et tannique, appelle une petite garde. ⧗ 2019-2022

⊶ *FRÉDÉRIC BODINEAU, 5, chem. du Château-d'Eau, Les Verchers-sur-Layon, 49700 Doué-en-Anjou, tél. 02 41 59 22 86, domainebodineau@yahoo.fr* V 🚶 ■ *t.l.j. sf dim. 9h-12h30 14h-17h30*

SOPHIE ET JEAN-CHRISTIAN BONNIN 2017 ★

■ | 7000 | 5 à 8 €

Régulièrement mentionné dans le Guide, ce domaine créé en 1921 couvre aujourd'hui 43 ha autour de Martigné-Briand. En 1998, son diplôme d'œnologue en poche, Jean-Christian Bonnin a repris le vignoble familial en compagnie de sa femme Sophie.

Cet anjou se distingue d'emblée par la finesse de son nez évoquant les fruits rouges frais juste cueillis. Une attaque soyeuse précède un palais ample, rond et généreux, au fruité expressif. Un ensemble tout en gourmandise. ⧗ 2018-2023

⊶ *EARL S. ET J.-C. BONNIN, 4, chem. du Vignoble, Martigné-Briand, 49540 Terranjou, tél. 02 41 59 43 58, bonninlesloges@orange.fr* V 🚶 ■ *r.-v.*

DOM. DES CHAPELLES Saint-Martin 2017 ★

■ | 1500 | 🛢 | 8 à 11 €

Un domaine familial créé en 1962 par Louis Brault, dont le fils Yves a pris la suite en 1984. Ce dernier est à la tête aujourd'hui de 40 ha de vignes.

Cet anjou exhale d'intenses arômes floraux évoquant l'aubépine et l'acacia, auxquels s'ajoutent des notes d'agrumes. La bouche présente une attaque fraîche, avant que l'élevage n'apporte de la rondeur et un bon volume, emmenant le vin vers une belle finale aux saveurs citronnées. ⧗ 2019-2022

⊶ *YVES BRAULT, 329, Chasles-Thouarcé, 49380 Bellevigne-en-Layon, tél. 02 41 80 27 58, domaine.des.chapelles@orange.fr* V 🚶 ■ *r.-v.*

DOM. DE LA CLARTIÈRE Cuvée Terres de Paillé 2016 ★★

■ | 6500 | 🛢 | 5 à 8 €

Depuis 1930, quatre générations de « Pierre » se sont succédé à la tête de ce vignoble (33 ha) situé dans le

LOIRE

haut Layon. Après Pierre-Marie, Pierre-Antoine Pinet a pris les rênes du vignoble en 2007, rejoint en 2017 par son frère cadet Édouard, de retour de l'étranger. Ce dernier œuvre à la cave.

Beaucoup de finesse et d'homogénéité dans cette cuvée au nez intense marqué par les agrumes, agrémenté d'un discret boisé. Le charme agit aussi dans une bouche expressive, ample et vive, aux saveurs de fruit de la Passion et d'épices, étirée dans une longue finale. ⧗ 2019-2022

⊶ PINET, lieu-dit La Clartière, 49560 Nueil-sur-Layon, tél. 02 41 59 53 05, earlpinet@orange.fr V 🚶 🍷 *r.-v.*

DOM. DE CLAYOU 2017

■ | 6900 | 🍾 | 5 à 8 €

Installé au cœur des coteaux du Layon, à Saint-Lambert-du-Lattay, ce domaine de 33 ha produit une vaste gamme de rosés, de rouges et de blancs sur la rive gauche du Layon. Incarnant la troisième génération, Jean-Bernard Chauvin est aux commandes depuis 1984, épaulé par son épouse Catherine et son fils Denis.

Un 2017 friand, bien centré sur le fruit, qui saura séduire les amateurs d'anjou gouleyants, souples et légers. ⧗ 2018-2020

⊶ CHAUVIN, 18 bis, rue du Pont-Barré, Saint-Lambert-du-Lattay, 49750 Val-du-Layon, tél. 02 41 78 44 44, contact@domainedeclayou.fr V 🚶 🍷 *t.l.j. sf dim. 9h-12h 14h-19h*

LE CLOS DES MOTÈLES 2017 ★★

■ | 6000 | - de 5 €

Établis dans le sud de l'appellation anjou dans le département des Deux-Sèvres, Bruno Basset et Vincent Baron exploitent 28,5 ha de vignes plantées sur des sols graveleux.

Cet anjou présente un nez intense et gourmand de fruits noirs et de groseille. Une attaque ample et racée ouvre sur un palais riche, onctueux, évoquant avec force et

Anjou et Saumur

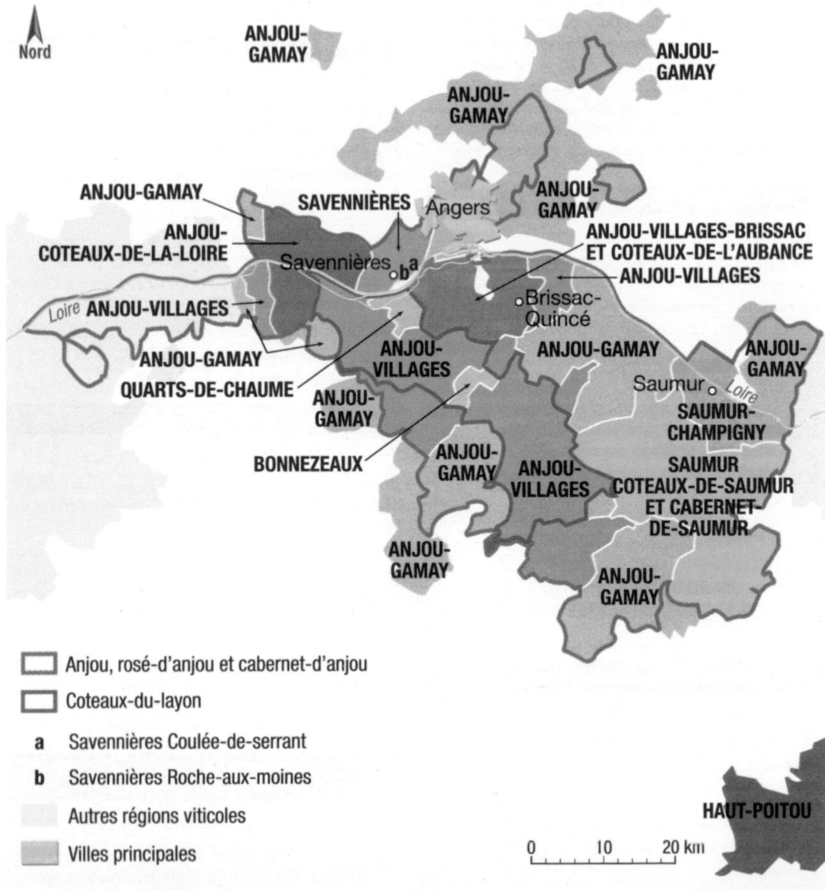

persistance le cassis, la mûre et la cerise. Cette superbe cuvée a frôlé le coup de cœur. ⧗ 2019-2022 ■ **2017** ★ (- de 5 €; **4000 b.**) : un chenin au bouquet expressif d'agrumes et de fleurs blanches, rond, ample et onctueux en bouche, équilibré par une fraîcheur délicate qui allonge la finale. ⧗ 2018-2021

BASSET-BARON, 42, rue de la Garde, 79100 Sainte-Verge, tél. 05 49 66 05 37, leclosdesmoteles@orange.fr t.l.j. sf dim. 9h-12h 14h-18h30

DOM. DU COLOMBIER 2017

■ | 10000 | | - de 5 €

Ce domaine familial créé en 1974 comprend un vignoble de 44 ha situé non loin de Doué-la-Fontaine, la «cité des roses». À sa tête depuis 2003, Sylvain Bazantay et sa sœur Florence, à l'aise dans les trois couleurs, proposent une vaste gamme de vins d'Anjou.

Un vin rubis intense qui s'ouvre au nez sur des arômes de fruits rouges et de cassis. La bouche apparaît souple, fraîche et tonique. Un anjou accessible et gouleyant, séduisant dès aujourd'hui. ⧗ 2018-2021

SYLVAIN ET FLORENCE BAZANTAY, 10, rue du Colombier, Linières, 49700 Brigné-sur-Layon, tél. 02 41 59 31 82, earlbazantay@orange.fr t.l.j. sf dim. 9h30-12h30 14h-18h30

DOM. DES DEUX VALLÉES
Clos de la Casse 2016 ★

■ | 10000 | | 5 à 8 €

René Socheleau et son fils Philippe ont repris et restructuré ce domaine de 44 ha en 2001, et construit un nouveau chai situé sur la corniche angevine, surplombant les vallées de la Loire et du Layon. Leurs vins sont régulièrement retenus dans le Guide.

Cette cuvée, dotée d'une robe jaune or soutenu, se révèle très aromatique au nez: miel, pomme cuite et nuances toastées. Des arômes relayés par une bouche fraîche, épicée, qui ne manque ni de gras ni de longueur. ⧗ 2019-2023

SOCHELEAU, lieu-dit Bellevue, 49190 Saint-Aubin-de-Luigné, tél. 02 41 78 33 24, contact@domaine2vallees.com t.l.j. sf dim. 9h30-12h 14h-18h

VIGNOBLE DE L'ÉCASSERIE 2017 ★

■ | 3000 | | 5 à 8 €

Trois générations de Reulier (Landry et son frère Jérémy aujourd'hui) se sont succédé sur cette exploitation de 42 ha. Depuis la construction d'un nouveau chai en 2007, les vins du domaine sont régulièrement en vue dans le Guide.

Le nez fin et élégant de cet anjou évoque les fruits rouges après aération. Bâtie sur des tanins soyeux et enrobés, la bouche se montre souple, longue et elle aussi bien fruitée, sur des saveurs de fruits rouges et de cassis. ⧗ 2019-2023

SCEA REULIER, L'Écasserie, Champ-sur-Layon, 49380 Bellevigne-en-Layon, tél. 02 41 78 03 75, vignoble.ecasserie@orange.fr t.l.j. sf dim. 8h-12h 14h-18h

CH. DE FESLES
La Chapelle Vieilles Vignes 2017 ★

■ | 33000 | | 5 à 8 €

En juillet 2008, le groupe Grands Chais de France a acheté à Bernard Germain le Ch. de Fesles, situé dans l'aire du bonnezeaux. Le domaine a engagé au printemps 2010 la conversion bio de son vignoble de 54 ha.

Le nez, d'un abord un peu fermé, s'ouvre à l'agitation sur les fruits noirs, cassis en tête. Dès l'attaque, la bouche fait preuve de rondeur et d'intensité aromatique, évoquant un panier de fruits rouges mêlé de notes de pivoine. Un vin profond, équilibré et savoureux, qui présente en outre une longue finale friande. ⧗ 2018-2022

CH. DE FESLES, Fesles, 49380 Thouarcé, tél. 02 41 68 94 08, gbigot@sauvion.fr t.l.j. sf dim. 8h30-12h30 14h-17h30
Grands Chais de France

LE FIEF NOIR L'Âme de fond 2017

■ | 5000 | | 15 à 20 €

Dominique Sirot et Alexis Soulas, œnologues, ont visité ce domaine de la vallée du Layon en 2012, pour déguster les vins de Catherine et Olivier de Cenival (Dom. des Chesnaies). Séduits, ils ont quitté la Corse (les deux associés œuvraient alors au Dom. Terra Vecchia) et repris en 2014 l'exploitation (20 ha conduits en bio) qu'ils ont rebaptisée en 2017, choisissant le nom de Fief noir en hommage au terroir de l'Anjou noir.

Le nez dévoile des parfums agréables de fruits blancs et de fruits exotiques. Quant à la bouche, elle se révèle généreuse, ronde, puissante et chaleureuse, charriant des notes de fruits exotiques et d'épices. Un anjou qui gagnera son étoile en cave. ⧗ 2019-2024

LE FIEF NOIR, 6 bis, rue du Bon-Repos, 49750 Saint-Lambert-du-Lattay, tél. 02 41 44 40 36, contact@fiefnoir.com r.-v. Sirot-Soulas

DOM. DES FORGES Poil de lièvre 2017 ★

■ | 10000 | | 5 à 8 €

La première parcelle a été acquise en 1890. Réputée pour ses vins liquoreux, la propriété, qui compte aujourd'hui 48 ha, a vu en 1996 l'installation de Stéphane et Séverine Branchereau, incarnant la cinquième génération aux commandes du domaine.

Ce vin présente un nez charmeur et gourmand de fruits rouges. La bouche, ample et généreuse, centrée sur les épices et les fruits noirs, est soutenue par des tanins suaves et soyeux et par une fine fraîcheur acidulée. ⧗ 2018-2022

DOM. DES FORGES, 6, lieu-dit Les Barres, 49190 Saint-Aubin-de-Luigné, tél. 02 41 78 33 56, cb@domainedesforges.net r.-v.
Branchereau

DOM. DES GALLOIRES Les Rougeries 2017 ★

■ | 10000 | | 5 à 8 €

Située à l'emplacement d'un ancien manoir, cette propriété familiale créée en 1967 est régulièrement en vue pour l'une ou l'autre de ses dix-huit cuvées.

LOIRE

L'exploitation, conduite par la famille Toublanc depuis sept générations, couvre aujourd'hui 53 ha surplombant la Loire, côté sud.

Cette cuvée, issue de sols de micaschistes, dévoile un nez de fruits noirs rôtis. En bouche, on découvre un vin ample, aux tanins présents mais mûrs, doté d'une longue finale. Un 2017 suave et complet. ⧗ 2019-2023

TOUBLANC, 1, La Galloire, 49530 Drain, tél. 02 40 98 20 10, contact@galloires.com V t.l.j. sf dim. 9h-12h 14h-19h (sam. 17h)

GAUBRETIÈRE 2016 ★

■	4150		5 à 8 €

Un domaine de 28 ha dans la famille Séchet depuis 1905 et trois générations, conduit depuis 1991 par Philippe.

De belle intensité, cette cuvée 100 % cabernet franc propose une robe sombre et un nez ouvert sur les fruits rouges, le cassis et la cerise noire. Une palette aromatique prolongée par une bouche généreuse, ample, suave et longue, aux tanins bien en place. Du potentiel. ⧗ 2019-2022

EARL DE LA GAUBRETIÈRE, 8, rue de la Gaubretière, 49540 Martigné-Briand, tél. 02 41 59 68 80, earl.sechet-rochais@orange.fr V r.-v. *Séchet*

DOM. GAUDARD Cuvée Romane 2016 ★

■	4350		5 à 8 €

Valeur sûre de l'Anjou, ce domaine familial a été créé en 1969 par Pierre Aguilas et son épouse Janes. Couvrant 45 ha, l'exploitation est conduite par leur fils Antoine depuis 2012.

Une cuvée élaborée à partir de 70 % de cabernet-sauvignon, dont l'élevage de douze mois en fût apporte de belles notes vanillées. Puis c'est le fruit qui s'exprime dans une bouche chaleureuse, concentrée, riche, aux tanins encore un peu imposants. Une cuvée à oublier quelque temps en cave. ⧗ 2019-2024

ANTOINE AGUILAS, Les Saules, 49290 Chaudefonds-sur-Layon, tél. 06 23 22 24 48, antoine.aguilas@orange.fr V r.-v.

DOM. LA GUILLAUMERIE 2017 ★★

■	5066		5 à 8 €

Après vingt ans passés dans le monde du vin, Frédéric Hanse et son épouse réalisent leur rêve en rachetant le Dom. la Guillaumerie, situé dans l'aire des coteaux-du-layon. Ils exploitent près de 20 ha de vignes, dont la moitié en chenin.

Le nez de ce 2017 exhale des parfums de petits fruits rouges bien mûrs (fraise, framboise, cerise). La bouche, ample, bien structurée, harmonieuse, dévoile des tanins soyeux, ainsi qu'une très belle persistance aromatique axée sur le cassis. ⧗ 2019-2023 **2017 (5 à 8 €; 4000 b.)** : vin cité.

DOM. LA GUILLAUMERIE, La Liaumerie, 49190 Rochefort-sur-Loire, tél. 06 51 03 10 54, domainelaguillaumerie@gmail.com V r.-v. *Hanse*

DOM. DE HAUTE PERCHE 2017 ★

■	9000		5 à 8 €

Créé en 1966, ce domaine (30 ha) situé aux portes d'Angers était à l'origine dédié aux vins de table. Restructuré, replanté de cépages nobles, il est devenu une valeur sûre des appellations anjou-villages-brissac et coteaux-de-l'aubance. Véronique, la fille d'Agnès et Christian Papin, est à la tête du domaine depuis 2012.

Le nez est ouvert sur les fruits rouges bien mûrs et le coulis de fraises. La bouche, dense, fraîche, fruitée et longue, aux tanins encore fermes, laisse deviner un beau potentiel. À encaver. ⧗ 2019-2023

EARL VÉRONIQUE PAPIN, 7, chem. de la Godelière, 49610 Saint-Melaine-sur-Aubance, tél. 02 41 57 75 65, contact@domainehauteperche.com V t.l.j. sf dim. 9h-12h 14h30-18h

♥ DOM. DU HAUT FRESNE La Pigeonnelle 2016 ★★

■	10000		5 à 8 €

Fondé en 1959, ce domaine de 75 ha se transmet de père en fils depuis trois générations. Situé sur des coteaux faisant face à la Loire, près de Liré, il est souvent remarqué pour la qualité de ses vins, de ses coteaux-d'ancenis notamment.

Cette cuvée issue à 80 % de cabernet franc présente un nez intense de fraise, de cassis et de réglisse, relevé de notes épicées et grillées. Dotée de tanins fondus et soyeux, la bouche, ample, ronde et riche, dévoile des saveurs de cerise, de cassis et de vanille soulignées par une fine fraîcheur qui pousse loin la finale. Un anjou déjà délicieux, et pour longtemps. ⧗ 2019-2025

RENOU FRÈRES ET FILS, Le Haut Fresne, 49530 Drain, tél. 02 40 98 26 79, contact@renou-freres.com V r.-v.

DOM. DE HAUT-MONT Clos de la Roche 2017 ★

■	1800		5 à 8 €

Chez les Robin, on cultive la vigne depuis sept générations. C'est Alfred qui a fondé ce domaine en 1955. Son petit-fils Nicolas est aux commandes depuis 2013, avec à sa disposition un vignoble de 28 ha.

Un vin à la robe cristalline, au nez précis et élégant sur la pêche et la poire. Une attaque fraîche et tendue précède un milieu de bouche onctueux, d'une belle longueur, centré sur les agrumes et les fruits blancs. Un anjou distingué. ⧗ 2018-2021

NICOLAS ROBIN, 31, rue des Monts-Faye-d'Anjou, 49380 Bellevigne-en-Layon, tél. 02 41 54 02 55, robin.pichery@wanadoo.fr V t.l.j. sf dim. 9h-12h 14h-19h

DOM. JOLIVET 2017 ★

■	2000		- de 5 €

Ce domaine familial de 15 ha est implanté sur les terroirs argilo-siliceux de la commune de Saint-Lambert-

du-Lattay, gros bourg viticole de la vallée du Layon. Les vinifications sont supervisées par Émilien, le fils de la famille.

Ce vin fin et flatteur s'ouvre sur des senteurs d'ananas, de poire et sur des notes florales. Ces arômes se retrouvent dans une bouche d'un équilibre impeccable, fraîche et tonique sans manquer de rondeur. Un vin complexe et agréable à prix très doux. ⧗ 2018-2022

BRUNO JOLIVET, 38 bis, rue Rabelais, 49750 Saint-Lambert-du-Lattay, tél. 02 41 78 30 35, domaine.jolivet@orange.fr V r.-v.

LEDUC-FROUIN Cuvée Alexine 2017

| 4000 | 5 à 8 € |

Installés dans le village troglodytique de Martigné-Briand, Antoine Leduc, œnologue, et sa sœur Nathalie conduisent depuis 1990 le domaine familial (30 ha en agriculture raisonnée). Leurs vins séjournent comme il se doit dans la fraîcheur de caves souterraines creusées dans le falun. Une valeur sûre de l'Anjou viticole.

Le nez, flatteur, de cet anjou associe la mangue, les agrumes et les fleurs blanches. On retrouve cette palette aromatique dans une bouche à la sucrosité affirmée et à la finale évoquant la citronnelle. Alexine? Une ancêtre des Leduc ayant vécu sur le domaine au début du XXᵉs. ⧗ 2018-2020

ANTOINE ET NATHALIE LEDUC, 20, rue Saint-Arnoul, Sousigné, 49540 Martigné-Briand, tél. 02 41 59 42 83, info@leduc-frouin.com V r.-v.

JEAN-LOUIS LHUMEAU 2016 ★

| 10000 | 5 à 8 € |

Ce domaine créé en 1963 par Joël Lhumeau, repris par son fils Jean-Louis en 1991, a vu sa surface passer de 3 ha de vignes à l'origine à 60 ha aujourd'hui. Cette expansion n'a pas été menée au détriment de la qualité, comme en témoignent de nombreuses sélections, aussi bien en AOC qu'en IGP, et plusieurs coups de cœur.

Cet anjou à la robe sombre propose un nez agréable de fruits noirs agrémentés de nuances grillées apportées par le fût. En bouche, on découvre un vin tendre et rond, aux tanins souples, dominé par la fraise et rehaussé d'une touche vanillée en finale. ⧗ 2018-2021

JEAN-LOUIS LHUMEAU, 7, rue Saint-Vincent, Linières, 49700 Brigné, tél. 02 41 59 30 51, domainedeshautesouches@orange.fr V *t.l.j. 9h-12h30 14h-18h; sam. dim. sur r.-v.*

LE LOGIS DU PRIEURÉ Le Gâte-Acier 2017

| 4500 | 5 à 8 € |

Implanté à Concourson-sur-Layon, ce domaine de 34 ha produit une large gamme de vins d'Anjou (liquoreux, rouges et rosés). Vincent Jousset est à sa tête depuis 1982.

Le nez s'ouvre sur des arômes de fruits blancs frais (pomme, poire). Le palais se montre rond, onctueux et fruité, aux saveurs acidulées et légèrement minérales en finale. ⧗ 2018-2021

VINCENT JOUSSET, 8, rte des Verchers, 49700 Concourson-sur-Layon, tél. 02 41 59 11 22, logis.prieure@wanadoo.fr V *t.l.j. sf dim. 9h-12h 14h-18h*

DOM. DE MIHOUDY 2017 ★

| 19000 | - de 5 € |

Bruno et Jean-Charles Cochard sont associés avec leur père Jean-Paul sur ce vignoble de 75 ha situé dans la vallée du Layon, au sein de la famille depuis six générations. Un domaine de référence qui s'illustre souvent en anjou, blanc ou rouge, ainsi qu'en liquoreux, en bonnezeaux notamment. Incontournable.

Ce 2017 présente un nez charmeur et friand de fruits rouges. Des tanins soyeux viennent en soutien d'une bouche riche, généreuse, aux arômes de fruits rouges et d'épices douces. Une cuvée élégante et équilibrée. ⧗ 2019-2023

COCHARD ET FILS, Mihoudy, 49540 Aubigné-sur-Layon, tél. 02 41 59 46 52, domainedemihoudy@orange.fr V *t.l.j. sf dim. 8h30-12h 14h-18h30*

DOM. LE MONT Les Bionnes 2016

| 1700 | 8 à 11 € |

Depuis 1995, c'est Claude Robin, fils de Louis, qui conduit l'exploitation fondée par son grand-père en 1930 et implantée au sommet d'un coteau dominant la vallée du Layon. Il y pratique sur ses 25 ha une culture raisonnée avec enherbement et travail du sol. Une bonne référence de l'Anjou, notamment pour ses liquoreux, bonnezeaux en tête.

Cette cuvée déploie au nez des arômes de fruits secs et de toasté. Elle dévoile un palais franc et une belle acidité en attaque, puis une douceur assez soutenue ainsi qu'un boisé vanillé et torréfié prennent le dessus. À attendre. ⧗ 2019-2022 ■ **2017 (- de 5 €; 11000 b.)** : vin cité.

EARL LOUIS ET CLAUDE ROBIN, 64, rue des Monts, Faye-d'Anjou, 49380 Bellevigne-en-Layon, tél. 02 41 54 31 41, robinclaudemont@orange.fr V r.-v.

DOM. DE LA MOTTE 2017 ★★

| 6500 | 5 à 8 € |

Ce domaine de 18 ha est implanté à l'entrée du village de Rochefort-sur-Loire, petit bourg situé juste avant la confluence du Layon et de la Loire. Fondé en 1935, il a été repris en 1995 par Gilles Sorin.

D'un rouge grenat intense, cette cuvée s'annonce par un nez flamboyant alliant le cassis, les fruits rouges et quelques touches épicées. Onctueuse, riche, soyeuse, la bouche repose sur une trame tannique dense et enrobée et s'achève sur une finale ronde et longue à souhait. Un vin de caractère. ⧗ 2019-2024

SORIN, 35, av. d'Angers, 49190 Rochefort-sur-Loire, tél. 02 41 78 72 96, sorin.dommotte@wanadoo.fr V *t.l.j. sf dim. 9h-12h 13h30-18h30*

DOM. OGEREAU L'Anjouée 2017 ★★

| 11000 | 8 à 11 € |

Implantée dans la vallée du Layon, cette exploitation créée à la fin du XIXᵉs. collectionne étoiles et coups de cœur dans toutes les couleurs de l'Anjou. Le vignoble de 25 ha est conduit par Vincent Ogereau, l'un des vinificateurs ligériens les plus talentueux, épaulé par son fils Emmanuel depuis 2014. Incontournable.

Ces vignerons musiciens proposent une cuvée d'artiste qui a frôlé le coup de cœur. La robe est intense et le nez révèle des parfums pénétrants de fruits noirs et d'épices. Cette palette aromatique se prolonge dans une bouche complexe, riche et veloutée, aux tanins soyeux et aux saveurs gourmandes de mûre et de cassis. Un 2017 de grande harmonie et déjà savoureux en diable. ⧗ 2018-2022

VINCENT ET EMMANUEL OGEREAU, 44, rue de la Belle-Angevine, 49750 Saint-Lambert-du-Lattay, tél. 02 41 78 30 53, contact@domaineogereau.com V r.-v.

♥ DOM. DU PETIT CLOCHER 2017 ★★

| 70000 | 5 à 8 € |

Conduite par la jeune génération, Stéphane, Julien et Vincent Denis, arrivés respectivement en 2003, 2006 et 2009, une affaire de famille depuis 1920; 5 ha aux origines, 86 ha aujourd'hui. Un domaine phare du haut Layon, réputé notamment pour ses vins rouges, mais aussi très à l'aise en blanc et en rosé. Une valeur (très) sûre.

Les années se suivent et se ressemblent pour ce domaine au palmarès déjà bien fourni en coups de cœur. Après leur vin de pays blanc l'an dernier, place à un superbe anjou rouge. Un 100 % cabernet franc à la robe profonde, très soutenue, qui libère à l'olfaction d'intenses notes de fruits rouges, de cassis et de mûre. Tout aussi expressif, sur des saveurs croquantes de fruits frais, épaulé par des tanins soyeux, le palais se montre charnu, très long et harmonieux. Du grand art. ⧗ 2019-2024 **2017 ★★ (5 à 8 €; 36000 b.)** : un vin issu de grains de chenin triés jaune doré, puis vinifiés sous bois en levure indigène, avant un élevage en barrique de huit mois. Le nez, complexe, évoque les agrumes, les fleurs blanches et les épices. En bouche, le vin se révèle vineux, rond, gourmand, épaulé par la belle vivacité du cépage. Un blanc de gastronomie, au potentiel certain. ⧗ 2019-2025

EARL DU PETIT CLOCHER, La Laiterie, 49560 Cléré-sur-Layon, tél. 02 41 59 54 51, petit.clocher@wanadoo.fr V t.l.j. sf dim. 8h30-12h30 14h-18h Famille Denis

DOM. DE LA PETITE CROIX Quart des Noëls 2016 ★

| 2500 | 5 à 8 € |

Régulièrement mentionné dans le Guide, ce domaine est situé à Thouarcé, au cœur des vignes du Layon. François Geffard, à la tête de l'exploitation familiale (55 ha), propose une belle gamme ligérienne: bonnezeaux, coteaux-du-layon et anjou dans les trois couleurs.

Fine et complexe, cette cuvée élevée partiellement en fût séduit par ses parfums d'agrumes et de vanille, sa bouche ample, fraîche et droite évoquant la pomme confite, et sa finale délicatement épicée. Un vin de gastronomie. ⧗ 2019-2024

FRANÇOIS GEFFARD, La Petite Croix, 49380 Thouarcé, tél. 02 41 54 06 99, lapetitecroix@yahoo.fr V r.-v.

DOM. PIED-FLOND 2017

| 7000 | 5 à 8 € |

Commandé par un petit manoir construit en pierre de falun (pierre coquillière), cette ancienne seigneurie du XVᵉs. est entrée dans la famille Gourdon en 1864 et a vu se succéder sept générations. En 2000, Franck Gourdon a pris les commandes du domaine, qui compte 25 ha.

Le nez de cette cuvée, bien qu'encore un peu fermé, délivre des notes discrètes de cassis et de griotte. La bouche est souple, ronde et légère, avec une jolie finale aux saveurs d'épices douces. ⧗ 2018-2021

FRANCK GOURDON, Dom. de Pied-Flond, 49540 Martigné-Briand, tél. 02 41 59 92 36, pied-flond@9business.fr V r.-v.

♥ CH. PIERRE-BISE Le Haut de la Garde 2016 ★★

| 10700 | 11 à 15 € |

Ce domaine de 50 ha, né de la fusion de deux exploitations familiales, est conduit depuis 1974 par Claude Papin, l'un des plus fins connaisseurs des terroirs angevins et des plus talentueux élaborateurs de vins blancs de la région, en sec comme en liquoreux. Incontournable.

Vinifiée par l'un des maîtres du chenin dans la Loire, vendangée par tris successifs sur des sols de schiste, de grès et de rhyolite, cette belle cuvée dévoile un nez très charmeur de poire et pomme compotées, accompagné de nuances minérales et racinaires. On découvre ensuite une bouche explosive, riche, suave, très persistante, aux arômes de fruits blancs très mûrs et d'épices. La longue finale solaire achève de convaincre. Un grand blanc de terroir. ⧗ 2019-2026

PAPIN, 1, imp. Chanoine-de-Douvres, 49750 Beaulieu-sur-Layon, tél. 02 41 78 31 44 V r.-v.

VIGNOBLE PIN 2017

| 20000 | - de 5 € |

Situé sur les hauteurs de Rochefort-sur-Loire, ce domaine s'inscrit dans le paysage remarquable de la corniche angevine. Exploitée par son fondateur et ses deux fils, la propriété est passée de 2 ha en 1976 à 58 ha aujourd'hui.

Du verre jaillissent des arômes de fraise des bois, de groseille et de confiture de mûres. En bouche, on découvre un vin friand, souple et rond, sur les fruits rouges et le cassis. ⧗ 2018-2021

EARL PIN, Les Hautes-Brosses, 49190 Rochefort-sur-Loire, tél. 02 41 78 35 26, pin@webmails.com V r.-v.

DOM. DU PORTAILLE Moulin de Millé 2017

| 8000 | 5 à 8 € |

Cette exploitation familiale s'est développée avec Marcel Tisserond puis avec ses deux fils Philippe et

François, qui se sont installés respectivement en 1998 et 2003. Aujourd'hui, 40 ha au-dessus des coteaux du bonnezeaux.

Ce chenin blanc à la robe pâle et limpide déploie des parfums délicats et frais de fruits blancs. La bouche, suave et ronde, se tourne vers des notes de pomme et de miel. Un ensemble plaisant. ⧗ 2018-2021

FRANÇOIS ET PHILIPPE TISSEROND, Millé, 49380 Chavagnes-les-Eaux, tél. 02 41 54 07 85, earl.tisserond@wanadoo.fr V t.l.j. sf dim. 9h-12h 14h-19h

DOM. DE LA ROCHE LAMBERT
Élevé en fût 2016 ★

■	1200	◍	5 à 8 €

Le grand-père de Sébastien Prudhomme, actuel gérant de la propriété, était tonnelier et distillateur ambulant. Il a légué 1 ha de vignes à son petit-fils, qui en exploite aujourd'hui 26.

Une cuvée confidentielle provenant des plus belles vignes du domaine. Dotée d'une robe profonde, elle présente un nez fermé au premier abord, qui s'ouvre à l'aération sur des parfums de framboise et de sous-bois. La bouche, intensément fruitée, se montre d'une grande amplitude et déploie une longue finale aux tanins encore serrés. Un anjou profond, structuré, qu'il faudra attendre. ⧗ 2020-2024 ■ **Chenin du Plaisir 2016 ★ (5 à 8 €; 1500 b.)** : au nez très expressif, mêlant abricot, mirabelle et vanille, succède une bouche ronde et suave, aux saveurs de fruits confits et épicés, équilibrée par une pointe de vivacité. ⧗ 2019-2022

SÉBASTIEN PRUDHOMME, 16, rue du Calvaire, 79100 Mauzé-Thouarsais, tél. 05 49 96 64 18, domainedelarochelambert@orange.fr V r.-v.

Ⓑ CH. DE LA ROULERIE Magnolia 2017

■	7000	◍	15 à 20 €

Dirigé par Philippe et Marie Germain depuis 2004, le Ch. de la Roulerie tire son prestige de ses vins liquoreux produits dans la commune de Saint-Aubin-de-Luigné. La même rigueur est appliquée à la vinification des vins rouges. Le vignoble, conduit en bio, couvre 40 ha.

Ce 2017, d'une bonne complexité, associe les agrumes, les fruits blancs et les épices. La bouche se montre fraîche et souple, centrée sur des notes d'orange sanguine agrémentées des parfums vanillés apportés par l'élevage. ⧗ 2019-2024

SCEA CH. DE LA ROULERIE, La Roulerie, Saint-Aubin-de-Luigné, 49190 Val-du-Layon, tél. 02 41 68 22 05, chateaudelaroulerie@gmail.com r.-v.

ROUSSEAU Fines Bulles ★

●	10000	▮	5 à 8 €

Implanté à Saint-Lambert-du-Lattay, ce domaine familial s'est spécialisé dans la viticulture en 1984. Son vignoble de 28 ha planté essentiellement sur schistes est conduit par Tony Rousseau, qui a succédé en 2002 à ses parents Gérard et Jacqueline après un parcours en Bourgogne et en Alsace.

À l'olfaction, ce vin aux bulles fines en effet, ayant connu dix-huit mois d'élevage sur lie, délivre des arômes gourmands de beurre, de caramel, de brioche et de pain frais. Les fruits arrivent dans une bouche ample, suave et ronde, d'une belle longueur. ⧗ 2018-2022

TONY ROUSSEAU, 8 bis, rue de la Chauvière, Saint-Lambert-du-Lattay, 49750 Val-du-Layon, tél. 02 41 78 34 76, rousseau@vignoblerousseau.com V r.-v.

Ⓑ DOM. DES SABLONNIÈRES
Cuvée des Amandiers 2017

■	1500	▮	5 à 8 €

Ce domaine, repris en 1990 par Tony Raboin et Pascal Busson, compte aujourd'hui 20 ha de vignes. Il est établi à Doué-la-Fontaine, ville riche en sites troglodytiques creusés dans le falun. Depuis 2010, le vignoble est conduit en bio.

Au nez, ce vin libère des senteurs de fleurs blanches et de pêche. Une attaque fine et précise prélude à un palais croquant et frais, aux notes citronnées et à la finale saline et minérale. ⧗ 2018-2021

TONY RABOIN ET PASCAL BUSSON, 365, rue Jean-Gaschet, Doué-la-Fontaine, 49700 Doué-en-Anjou, tél. 02 41 51 32 98, lessablonnieres@wanadoo.fr V r.-v.

DOM. SAINT-PIERRE
Emprynte Vieilles Vignes 2017 ★

■	12000	▮	5 à 8 €

Un domaine familial de 42 ha conduit depuis 1998 par Pierre Renouard, qui joue aussi la carte de l'œnotourisme (chambres d'hôtes et gite dans les vignes, restaurant).

Le nez, très typique de son appellation, mêle fines notes de fruits rouges et senteurs épicées. La bouche se révèle riche et ronde, aux tanins souples et charnus, et propose une longue finale. Un 2017 éclatant. ⧗ 2018-2022

PIERRE RENOUARD, Dom. Saint-Pierre, 49290 Chaudefonds-sur-Layon, tél. 02 41 78 04 21, domaine.st.pierre@wanadoo.fr V t.l.j. sf dim. 9h-18h

DOM. SAUVEROY Cuvée Ose Iris 2017 ★

■	19500	▮	5 à 8 €

Un domaine fondé en 1866, dans la famille de Pascal et Véronique Cailleau depuis 1947. Ces derniers, aux commandes depuis 1985 et désormais épaulés par leur fils Quentin, conduisent avec talent un vignoble de 30 ha (1 ha aux origines). Une valeur sûre de l'Anjou viticole, à l'aise dans les trois couleurs, en secs comme en doux.

Le nez, très expressif, délivre des arômes de cassis et de mûre confiturés. Elle aussi d'une grande expression aromatique, centrée sur les fruits rôtis, la bouche se révèle ample, dense, structurée et déploie une finale longue et fraîche. ⧗ 2019-2022 ■ **Clos des Sables 2016 ★ (8 à 11 €; 7500 b.)** : le nez séduit par ses senteurs fraîches et fruitées d'agrumes et de pêche, complétées par une touche de camomille. La bouche, ronde et tendre, est traversée par une tension vivifiante qui apporte équilibre et longueur. Un beau vin de gastronomie. ⧗ 2019-2022

LOIRE

EARL PASCAL CAILLEAU,
Saint-Lambert-du-Lattay, 49750 Val-du-Layon,
tél. 02 41 78 30 59, domainesauveroy@sauveroy.com
r.-v.

DOM. DU TERTRE Vieilles Vignes 2017 ★★

■	4500	🍷	- de 5 €

Situé dans l'ouest de l'appellation anjou, ce domaine conduit par Patrick et Sylvie Onillon depuis 2001 s'est progressivement spécialisé en viticulture et dispose aujourd'hui de 27 ha de vignes dédiés essentiellement à la production de crémant et de rosé.

Une cuvée qui a frôlé le coup de cœur. La robe intense offre des reflets violines de jeunesse. Le nez, d'une grande finesse, dévoile de superbes notes de mûre sauvage. Une attaque fraîche aux arômes de cassis, de cerise et de poivre ouvre sur un palais riche et soyeux, structuré par des tanins bien présents et racés. Un 2017 solide et prometteur. ⌛ 2019-2025

PATRICK ET SYLVIE ONILLON,
Le Tertre, 49570 Mauges-sur-Loire, tél. 02 41 39 02 72,
onillon-patrick@orange.fr r.-v.

VIGNOBLE DE LA TOUR 2017 ★

■	n.c.	- de 5 €

Situé à une dizaine de kilomètres au sud de Saumur, le Vignoble de la Tour, exploité par Jean-Yves Pillier et son fils Florian, œnologue, étend ses vignes sur 14 ha.

Cette cuvée dévoile un nez complexe et généreux de fruits compotés, de miel et de pomme cuite. La bouche est ronde et gourmande, à la sucrosité finement ajustée. Un moelleux tendre, sans lourdeur, qui saura trouver sa place à table. ⌛ 2018-2021

PILLIER, 6, rue de la Tour,
49700 Les Ulmes, tél. 06 99 50 48 56,
vignobledelatour@orange.fr r.-v.

DOM. DES TRAHAN Éclosion 2017 ★

■	10000	🍷	5 à 8 €

Ce domaine est situé au sud de l'appellation anjou, dans le département des Deux-Sèvres. Jean-Marc Trahan cultive 60 ha de vignes sur des sols de schistes plus ou moins altérés et propose toutes les appellations d'Anjou.

Le nez, expressif, évoque le cassis et la groseille. On retrouve cette trame aromatique dans une bouche souple et ronde, bien équilibrée et gouleyante, étayée par des tanins légers et fondus. ⌛ 2018-2021

TRAHAN, 2, rue des Genêts,
Cersay, 79290 Val-en-Vignes, tél. 06 12 32 44 91,
domainedestrahan@wanadoo.fr r.-v.

ANJOU-GAMAY

Superficie : 125 ha / Production : 6 630 hl

Vin rouge produit à partir du cépage gamay. Né sur les terrains les plus schisteux de la zone, bien vinifié, il peut donner un excellent vin de carafe. Quelques exploitations se sont spécialisées dans ce type, qui n'a d'autre ambition que de plaire au cours de l'année suivant sa récolte.

♥ CH. DE BELLEVUE 2017 ★★

■	2000	🍷	5 à 8 €

Le château, construit au XIXᵉ s., est situé sur un point culminant de Saint-Aubin-de-Luigné. Il est entouré d'un parc de plus de 4 ha et d'un vignoble de 35 ha dont Hervé Tijou a pris les commandes en 1995.

Issu d'une vendange bien mûre et d'une vinification maîtrisée, ce gamay des bords de Loire offre toutes les garanties d'un vrai moment de plaisir. Le nez, intense et expressif, passe de la fraise au bonbon anglais, puis va vers le cassis ou encore l'iris et la violette. La bouche est ronde, ample, charnue, tout en offrant une belle fraîcheur. Une vraie gourmandise. ⌛ 2018-2021

HERVÉ TIJOU, Ch. de Bellevue,
49190 Saint-Aubin-de-Luigné, tél. 02 41 78 33 11,
chateaubellevuetijou@orange.fr t.l.j. sf dim.
9h-12h30 14h-18h

DOM. DE MONTGILET 2017 ★

■	n.c.	🍷	5 à 8 €

Ce domaine situé aux portes d'Angers est une référence de la région, notamment en matière de « douceurs angevines » avec de superbes coteaux-de-l'aubance à la carte. À la tête de l'exploitation créée par son grand-père, Victor, développée par son père, Victor également, Vincent Lebreton, aux commandes depuis 1995, conduit 69 ha sur un terroir de schistes ardoisiers.

La macération en grain entier (dite macération carbonique) impacte franchement l'aromatique de cette cuvée ouverte sur la framboise, la fraise et le bonbon anglais. La bouche est souple, fluide, légère, mais d'un raffinement certain. ⌛ 2018-2020

VICTOR ET VINCENT LEBRETON,
10, chem. de Montgilet, Juigné-sur-Loire,
49610 Les-Garennes-sur-Loire, tél. 02 41 91 90 48,
montgilet@wanadoo.fr r.-v.

VIGNOBLE MUSSET-ROULLIER LÉJOURIE 2017 ★

■	6000	🍷	- de 5 €

Les domaines Roullier et Musset se sont associés en 1994 ; leur exploitation couvre aujourd'hui 36 ha sur les coteaux de la Loire. Une valeur sûre du vignoble angevin, aussi bien en blanc qu'en rouge.

Des notes intenses de réglisse, d'épices et de fruits rouges font ressortir spontanément le charme de cette cuvée. Des tanins fondus et une aimable sucrosité donnent à la bouche un volume agréable. Un vin gourmand et bien typé. ⌛ 2018-2020

VIGNOBLE MUSSET-ROULLIER,
36, le Bas-Chaumier, 49620 La Pommeraye,
tél. 02 41 39 05 71, musset.roullier@orange.fr
t.l.j. sf mar. dim. 9h-12h 14h-19h ; sam. 9h-12h 14h-17h

B DOM. RICHOU Les Chateliers 2016 ★

■ | 12900 | | 5 à 8 €

Ce domaine de 32 ha converti à l'agriculture biologique est une valeur sûre du vignoble angevin. Aux commandes depuis 1978, Damien et Didier Richou ont obtenu plusieurs coups de cœur tant pour leurs blancs que pour leurs rouges et leurs fines bulles.

La robe est claire aux reflets mauves et le nez distille de jolies notes de cerise et de groseille légèrement poivrées. Une attaque ronde ouvre sur un palais très fruité, aux tanins fondus. Un vin gouleyant et facile à boire: un anjou-gamay bien dans le ton en somme. ⧗ 2018-2021

DIDIER ET DAMIEN RICHOU, Chauvigné, 49610 Mozé-sur-Louet, tél. 02 41 78 72 13, domaine.richou@wanadoo.fr V *t.l.j. sf dim. 9h-12h 14h30-18h30*

ANJOU-VILLAGES

Superficie : 190 ha / Production : 8 510 hl

Le terroir de l'AOC anjou-villages correspond à une sélection de terrains dans l'AOC anjou: seuls les sols se ressuyant facilement, précoces et bénéficiant d'une bonne exposition ont été retenus. Ce sont essentiellement des sols développés sur schistes, altérés ou non.

Issus du cabernet franc parfois complété par du cabernet-sauvignon, les anjou-villages sont colorés, fruités, charnus et assez charpentés. Vite prêts, ils se gardent en moyenne deux à trois ans.

SOPHIE ET JEAN-CHRISTIAN BONNIN Les Grenuces 2016

■ | 5900 | | 8 à 11 €

Régulièrement mentionné dans le Guide, ce domaine créé en 1921 couvre aujourd'hui 43 ha autour de Martigné-Briand. En 1998, son diplôme d'œnologue en poche, Jean-Christian Bonnin a repris le vignoble familial en compagnie de sa femme Sophie.

Une robe très foncée, presque noire, habille ce vin. Le nez est intense, très ouvert sur les fruits rouges et noirs compotés. La bouche confirme le caractère mûr de cette cuvée avec une belle matière, des arômes de cerise et de fruits noirs. À boire dans sa jeunesse. ⧗ 2018-2021

EARL S. ET J.-C. BONNIN, 4, chem. du Vignoble, Martigné-Briand, 49540 Terranjou, tél. 02 41 59 43 58, bonninlesloges@orange.fr V *r.-v.*

CH. DE BROSSAY La Croix blanche 2015 ★

■ | 3600 | | 5 à 8 €

Régulier en qualité, et ce dans tous les styles de vins d'Anjou, ce domaine créé en 1919 par Alexis Deffois se situe dans le haut Layon, dans le sud de l'Anjou et à l'ouest du Saumurois. Les petits-fils du fondateur, Hubert et Raymond Deffois – rejoints en 2010 par les gendres de ce dernier, Nicolas Tamboise et Benjamin Grandsart – conduisent un vignoble de 48 ha.

Ce 2015 dévoile des arômes complexes de framboise et de cassis, auxquels s'ajoutent des notes épicées issues de l'élevage en barrique. Les tanins soyeux donnent de la souplesse à une bouche franche et équilibrée, déjà délicieuse aujourd'hui mais qui profitera d'un séjour en cave afin que le bois se fonde. ⧗ 2019-2023

GRANDSART, Brossay, 49560 Cléré-sur-Layon, tél. 02 41 59 59 95, contact@chateaudebrossay.fr V *t.l.j. sf dim. 8h-12h 14h-19h*

DOM. DU CLOS DES GOHARDS 2016 ★

■ | 8000 | | 5 à 8 €

Mickaël et Fabienne Joselon, frère et sœur, ont repris l'exploitation familiale en 2009 lors du départ de leur père en retraite. Régulièrement distingué dans le Guide, le domaine compte 48 ha et propose diverses appellations ligériennes.

Intense dans sa robe rouge sombre, cette cuvée présente un joli bouquet de cassis et de fruits rouges bien mûrs. Le palais se révèle élégant avec ses tanins agréablement enrobés, son boisé savamment dosé et sa finale gourmande, tout en rondeur. À boire ou à garder. ⧗ 2018-2023

EARL JOSELON, Les Oisonnières, Chavagnes, 49380 Terranjou, tél. 02 41 54 13 98, earljoselon@orange.fr V *r.-v.*

COTEAU SAINT-VINCENT Réserve sous bois 2016 ★

■ | 2000 | | 5 à 8 €

Cette exploitation est établie à Chalonnes-sur-Loire, commune située au bord de l'eau, au confluent du Layon et de la Loire. Œnologue, Olivier Voisine y conduit depuis 1999 un vignoble de 23 ha sur des sols schisteux caractéristiques de l'Anjou noir. Une bonne référence de l'Anjou viticole, pour ses liquoreux notamment.

Ce 2016 d'un rouge profond dévoile un nez puissant de cassis typique de l'appellation, rehaussé de notes de cacao torréfié soulignant l'élevage en barrique. En bouche, il apparaît ample, équilibré, doté de tanins fondus et d'un boisé délicat. ⧗ 2019-2023

OLIVIER VOISINE, Coteau Saint-Vincent, 49290 Chalonnes-sur-Loire, tél. 02 41 78 59 00, coteau-saint-vincent@wanadoo.fr V *r.-v.*

DOM. LA CROIX DE GALERNE 2016 ★

■ | 3000 | | 5 à 8 €

Après une expérience dans le Bordelais, André Roger et son épouse Yvette, œnologue, s'installent en 1988 à Martigné-Briand, village dominant le Layon. Leur domaine est passé de 12 à 30 ha. Depuis 2009, leur fils Frédéric se charge des vinifications.

Les reflets violines de la robe trahissent la jeunesse de ce 2016 qui, au nez, évoque les fruits rouges agrémentés de notes de vanille et de torréfaction. Souple et rond en attaque, le palais affiche un bel équilibre grâce à sa finale légèrement acidulée et ses tanins de soie, même si la finale montre plus de fermeté. ⧗ 2019-2023

YVETTE ET FRÉDÉRIC ROGER, 20, rue du Pressoir, 49540 Martigné-Briand, tél. 02 41 59 65 73, earl.roger@orange.fr V *t.l.j. sf dim. 9h-12h 14h-18h30*

DOM. DES DEUX ARCS Génération V 2015 ★★

■ | 6500 | | 8 à 11 €

Jean-Marie Gazeau, après une expérience en Afrique du Sud, a rejoint son père Michel en 2005 sur le domaine familial (53 ha). Leurs vins sont régulièrement sélectionnés dans le Guide, dans diverses appellations de l'Anjou et dans les trois couleurs. Une valeur sûre.

Le nom de cette cuvée est un clin d'œil à l'expérience acquise sur le domaine, génération après génération. Déjà bien ouvert, le nez est finement fruité (framboise, fraise des bois) et laisse poindre des notes épicées dues à un élevage en barrique de dix-huit mois. Même si le bois est encore un peu présent, c'est un vin fin et harmonieux en bouche, de grande gourmandise, soutenue par une trame tannique discrète et délicate. ⌛ 2019-2023 ■ **2016 ★ (5 à 8 €; 10000 b.)** : une longue macération a conféré à cette cuvée une robe soutenue. À l'olfaction, des arômes intenses de cassis. En bouche, une fine fraîcheur compense la sensation de chaleur et accompagne des tanins présents mais fondus. De l'équilibre et du potentiel. ⌛ 2020-2025

VIGNOBLE MICHEL ET JEAN-MARIE GAZEAU, 11, rue du 8-Mai-1945, 49540 Martigné-Briand, tél. 02 41 59 47 37, do2arc@wanadoo.fr V t.l.j. sf dim. 9h-12h30 14h-19h

DOM. DES DEUX VALLÉES 2016 ★

■ | 4000 | | 5 à 8 €

René Socheleau et son fils Philippe ont repris et restructuré ce domaine de 44 ha en 2001, et construit un nouveau chai situé sur la corniche angevine, surplombant les vallées de la Loire et du Layon. Leurs vins sont régulièrement retenus dans le Guide.

Un long élevage en barrique a conféré distinction et charme à ce vin. Les arômes qui se dégagent au nez – fruits noirs, réglisse et pruneau – sont agréables et contribuent à la forte personnalité de cette cuvée puissante, suave et très charnue en bouche, aux tanins élégants et au boisé qui ne demande qu'à se fondre. Un beau vin de garde. ⌛ 2020-2026

SOCHELEAU, lieu-dit Bellevue, 49190 Saint-Aubin-de-Luigné, tél. 02 41 78 33 24, contact@domaine2vallees.com V *t.l.j. sf dim. 9h30-12h 14h-18h*

LA GAUBRETIÈRE 2016 ★

■ | 2000 | | 5 à 8 €

Un domaine de 28 ha dans la famille Séchet depuis 1905 et trois générations, conduit depuis 1991 par Philippe.

Un pur cabernet franc qui fait honneur à son terroir. La robe soutenue témoigne de la maturité de la vendange. À l'olfaction se dévoile un joli fruit accompagné des notes vanillées issues de la barrique. C'est surtout la bouche qui a convaincu le jury par son naturel, sa structure ferme et sa fraîcheur renforcée par une belle finale légèrement acidulée. ⌛ 2019-2024

EARL DE LA GAUBRETIÈRE, 8, rue de la Gaubretière, 49540 Martigné-Briand, tél. 02 41 59 68 80, earl.sechet-rochais@orange.fr V *r.-v.* *Séchet*

♥ DOM. DE LA MOTTE 2016 ★★

■ | 2500 | | 5 à 8 €

Ce domaine de 18 ha est implanté à l'entrée du village de Rochefort-sur-Loire, petit bourg situé juste avant la confluence du Layon et de la Loire. Fondé en 1935, il a été repris en 1995 par Gilles Sorin.

Le vin de garde par excellence: une robe soutenue, un nez puissant et intense de petits fruits noirs surmûris, cassis en tête. Une attaque ample et riche ouvre sur une bouche magistrale, où des arômes caressants de cerise noire et de cassis se mêlent à des tanins soyeux. Complexe, suave et long en bouche, un 2016 au sommet. ⌛ 2019-2024

SORIN, 35, av. d'Angers, 49190 Rochefort-sur-Loire, tél. 02 41 78 72 96, sorin.dommotte@wanadoo.fr V *t.l.j. sf dim. 9h-12h 13h30-18h30*

VIGNOBLE MUSSET-ROULLIER Le Petit Cé 2016 ★

■ | 10000 | | 5 à 8 €

Les domaines Roullier et Musset se sont associés en 1994; leur exploitation couvre aujourd'hui 36 ha sur les coteaux de la Loire. Une valeur sûre du vignoble angevin, aussi bien en blanc qu'en rouge.

Ce pur cabernet franc a bénéficié d'une macération douce, ce qui a conféré au vin une belle intensité fruitée. Flatteuse et gourmande, la bouche fait preuve de beaucoup de souplesse, de fraîcheur et d'un équilibre impeccable. Profitez-en dès maintenant. ⌛ 2018-2021

VIGNOBLE MUSSET-ROULLIER, 36, le Bas-Chaumier, 49620 La Pommeraye, tél. 02 41 39 05 71, musset.roullier@orange.fr V *t.l.j. sf mar. dim. 9h-12h 14h-19h; sam. 9h-12h 14h-17h*

DOM. DU PETIT CLOCHER N° 26 2016 ★★

■ | 2600 | | 15 à 20 €

Conduite par la jeune génération, Stéphane, Julien et Vincent Denis, arrivés respectivement en 2003, 2006 et 2009, une affaire de famille depuis 1920; 5 ha aux origines, 86 ha aujourd'hui. Un domaine phare du haut Layon, réputé notamment pour ses vins rouges, mais aussi très à l'aise en blanc et en rosé. Une valeur (très) sûre.

Premier millésime pour cette toute nouvelle cuvée du domaine, issue du nouveau chai des Denis, bâti en 2016. Un 100 % cabernet-sauvignon qui rend hommage au grand-père Maurice, né en 1926 et décédé en 2017. Et c'est une très belle réussite. La robe est d'un grenat intense. L'élevage en barrique et ses notes vanillées dominent encore une olfaction évoquant aussi la réglisse et des nuances mentholées. On retrouve la même aromatique dans une bouche mûre, riche, tout en rondeur, au boisé certes encore présent mais à l'équilibre prometteur. Un superbe 2016 à attendre patiemment. ⌛ 2020-2028

⊶ EARL DU PETIT CLOCHER, La Laiterie, 49560 Cléré-sur-Layon, tél. 02 41 59 54 51, petit.clocher@wanadoo.fr V ⚐ ▪ *t.l.j. sf dim. 8h30-12h30 14h-18h ⊶ Famille Denis*

DOM. DU PORTAILLE Le Vau 2016 ★★

■	7000		5 à 8 €

Cette exploitation familiale s'est développée avec Marcel Tisserond, puis avec ses deux fils Philippe et François, qui se sont installés respectivement en 1998 et 2003. Aujourd'hui, 40 ha au-dessus des coteaux du bonnezeaux.

Le rouge intense aux beaux reflets violets de la robe invite à la dégustation. Intense et délicatement vanillé, le nez évoque les fruits rouges et noirs. Le palais est harmonieux, élégant et complet, structuré en finesse par des tanins délicats et un boisé parfaitement dosé. Un vin abouti et de bonne garde, qu'il faudra carafer si l'on veut en profiter dès aujourd'hui. ⧗ 2019-2026

⊶ FRANÇOIS ET PHILIPPE TISSEROND, Millé, 49380 Chavagnes-les-Eaux, tél. 02 41 54 07 85, earl.tisserond@wanadoo.fr V ⚐ ▪ *t.l.j. sf dim. 9h-12h 14h-19h*

DOM. ROBINEAU CHRISLOU 2015

■	6730		5 à 8 €

Après avoir repris l'exploitation familiale en septembre 1991, Louis Robineau s'est associé avec son épouse Christine en janvier 1992 pour créer ce domaine qui couvre aujourd'hui 22 ha sur la commune de Saint-Lambert-du-Lattay.

À un nez éclatant et printanier de fruits à noyau fait écho une bouche souple et ronde, aux tanins légers et fondus. Un vin accessible et agréable, à apprécier sur son fruit. ⧗ 2018-2021

⊶ LOUIS ROBINEAU, 24, rue du Bon-Repos, Saint-Lambert-du-Lattay, 49750 Val-du-Layon, tél. 02 41 78 36 04, robineauchrislou@gmail.com V ⚐ ▪ *r.-v.*

DOM. DE SAINT-MAUR 2016

■	6000		5 à 8 €

Implanté sur la rive gauche de la Loire, à proximité de l'abbaye de Saint-Maur, le vignoble aurait été créé par les moines bénédictins. Il est conduit depuis l'année 2000 par Xavier Chouteau et s'étend aujourd'hui sur près de 40 ha.

Le nez est pur et charmeur, évoquant la framboise. La bouche se révèle souple et fraîche, dotée de tanins mûrs et fondus. ⧗ 2019-2023

⊶ XAVIER CHOUTEAU, 15, cale de Saint-Maur, 49350 Le Thoureil, tél. 02 41 57 30 24, info@domaine-de-saint-maur.fr V ▪ *t.l.j. sf dim. 17h-19h*

DOM. SAUVEROY Ultima Terra 2015

■	7300		20 à 30 €

Un domaine fondé en 1866, dans la famille de Pascal et Véronique Cailleau depuis 1947. Ces derniers, aux commandes depuis 1985 et désormais épaulés par leur fils Quentin, conduisent avec talent un vignoble de 30 ha (1 ha aux origines). Une valeur sûre de l'Anjou viticole, à l'aise dans les trois couleurs, en secs comme en doux.

La robe est intense, presque opaque. L'élevage en barrique de dix-huit mois marque fortement l'aromatique, mais on peut déceler des notes de fruits noirs à l'aération. En bouche, on découvre un 2015 riche et ample, aux tanins encore assez sévères. Un beau potentiel de garde. ⧗ 2020-2025

⊶ EARL PASCAL CAILLEAU, Saint-Lambert-du-Lattay, 49750 Val-du-Layon, tél. 02 41 78 30 59, domainesauveroy@sauveroy.com V ▪ *r.-v.*

CH. SOUCHERIE Champ aux Loups 2015 ★

■	5200		15 à 20 €

Cette propriété historique ayant appartenu aux Ducs de Brissac offre un magnifique point de vue sur la vallée du Layon. Conduite par la famille Tijou depuis 1952, elle a été rachetée en 2007 par M. Béguinot. Les 28 ha du domaine sont exploités en agriculture raisonnée avec en vue le passage à l'agriculture biologique.

Élevage en fût pendant douze mois pour ce 100 % cabernet franc à la robe intense, et pourtant ce sont les fruits rouges qui explosent au nez. On les retrouve dans une bouche friande, suave, tout en équilibre. Un vin plaisant que l'on peut apprécier dès maintenant. ⧗ 2018-2021

⊶ CH. SOUCHERIE, La Soucherie, 49750 Beaulieu-sur-Layon, tél. 02 41 78 31 18, contact@domaine-de-la-soucherie.fr V ⚐ ▪ *r.-v.* 5 *⊶ Béguinot*

DOM. DES TROTTIÈRES 2016 ★

■	15000		5 à 8 €

Le domaine, créé en 1906 par M. Brochard, pionnier dans le vignoble angevin de l'introduction des porte-greffes américains résistant au phylloxéra, couvre aujourd'hui 108 ha et propose une large gamme d'appellations de l'Anjou et du Saumurois.

Issu de graves limono-sableuses, ce 2016 reste discret à l'olfaction mais se dévoile petit à petit. De la rondeur, du fruit, de la volupté: c'est un digne représentant de l'appellation, encore un peu sur la réserve, mais au potentiel certain. ⧗ 2019-2023

⊶ DOM. DES TROTTIÈRES, lieu-dit Les Trottières, Thouarcé, 49380 Bellevigne-en-Layon, tél. 02 41 54 14 10, contact@domainedestrottieres.com V ⚐ ▪ *t.l.j. sf dim. 9h-12h30 14h-17h30; sam. sur r.-v. ⊶ Lamotte*

ANJOU-VILLAGES-BRISSAC

Superficie : 105 ha / Production : 4 517 hl

Au sein de l'AOC anjou-villages, les dix communes situées autour du château de Brissac constituent l'aire géographique de cette AOC reconnue en 1998. Les vignes sont implantées sur un plateau en pente douce vers la Loire, limité au nord par ce fleuve et au sud par les coteaux abrupts du Layon. Les sols sont profonds. La proximité de la Loire, qui limite les températures extrêmes, explique également la particularité du terroir. Complexes, charnus et denses, les anjou-villages-brissac sont aptes à une moyenne

garde (deux à cinq ans) et peuvent vivre dix ans les meilleures années.

CH. D'AVRILLÉ 2016 ★

26600 | 5 à 8 €

Ne pouvant plus respirer le cuir, Eusèbe Biotteau abandonna en 1938 son métier de cordonnier pour créer à partir de 40 ha ce domaine, situé sur l'ancienne voie romaine conduisant Angers à Poitiers. Aujourd'hui, l'exploitation, gérée par l'un de ses petits-fils, Pascal, compte 200 ha. Elle domine la vallée de l'Aubance.

Issue de cabernet franc (70 %) et de cabernet-sauvignon, cette cuvée se présente sous une robe intense et profonde. Le nez est séduisant, offrant des notes de cassis, de framboise, de cerise et de violette. Cette gamme aromatique résonne dans une bouche ample et souple, bâtie sur des tanins encore serrés qui demanderont un peu de temps pour s'arrondir. 2020-2024

SCEA BIOTTEAU, Saint-Jean-des-Mauvrets, 49320 Les Garennes-sur-Loire, tél. 02 41 91 22 46, chateau.avrille@wanadoo.fr t.l.j. sf dim. 9h30-12h 14h30-18h30

DOM. DES DEUX-MOULINS Le Clos au chat 2015

13000 | 5 à 8 €

Ce domaine proche des vallées de l'Aubance et de la Loire tient son nom de deux moulins caviers typiques de l'Anjou viticole. Créé à partir de 12 ha de vignes par Daniel Macault en 1989, il compte 35 ha aujourd'hui.

La robe est intense, avec des reflets tuilés qui marquent une pointe d'évolution. Le nez, bien ouvert, allie des notes de torréfaction aux fruits bien mûrs. La bouche est ronde, boisée et encore assez austère en finale. 2020-2024

MACAULT, 20, rte de Martigneau, 49610 Juigné-sur-Loire, tél. 02 41 54 65 14, les.deux.moulins@wanadoo.fr t.l.j. sf dim. 9h-12h 14h-18h

DOM. DITTIÈRE Premium 2015 ★★

2500 | 8 à 11 €

Fondée vers 1900 par le grand-père des frères Dittière (Bruno et Joël, installés en 1983), cette exploitation de 39 ha est établie près de Brissac sur des terroirs sablo-graveleux. Souvent en vue pour ses rouges.

Ce 100 % cabernet-sauvignon s'ouvre sans réserve sur des arômes boisés (vanille et fumée) et sur la confiture de framboises. Tout aussi gourmande et fruitée, la bouche se voit soutenue par des tanins mûrs mais encore serrés et par une fine acidité qui étire bien la finale. Du potentiel. 2019-2025 **Clos de la Grouas 2016 (5 à 8 €; 6000 b.)** : vin cité.

DOM. DITTIÈRE, 1, chem. de la Grouas, Vauchrétien, 49320 Brissac-Loire-Aubance, tél. 02 41 91 23 78, domaine.dittiere@sfr.fr r.-v.

DOM. RICHOU 2015 ★★

13000 | 8 à 11 €

Ce domaine de 32 ha converti à l'agriculture biologique est une valeur sûre du vignoble angevin. Aux commandes depuis 1978, Damien et Didier Richou ont obtenu plusieurs coups de cœur tant pour leurs blancs que pour leurs rouges et leurs fines bulles.

La teinte rubis profond annonce d'emblée la richesse de ce 2015. Au nez, les petits fruits rouges bien mûrs, la réglisse et la menthe donnent le ton. Fraîche en attaque, la bouche se révèle ensuite dense et riche, portée par des tanins mûrs et soyeux. Aussi agréable que persistante, la dégustation s'achève sur de jolies notes de mûre. Une cuvée intense et profonde. 2019-2024

DIDIER ET DAMIEN RICHOU, Chauvigné, 49610 Mozé-sur-Louet, tél. 02 41 78 72 13, domaine.richou@wanadoo.fr t.l.j. sf dim. 9h-12h 14h30-18h30

DOM. DES ROCHELLES La Croix de Mission 2016 ★

40000 | 8 à 11 €

Conduit depuis les années 1970 par Jean-Yves Lebreton, rejoint entre-temps par son fils Jean-Hubert, à la tête de l'exploitation depuis 2004, ce domaine de 53 ha s'était spécialisé en viticulture dès 1920. Avec plusieurs coups de cœur à son actif, il fait partie des références de l'Anjou pour sa production de vins rouges.

L'une des cuvées phares du domaine, cette Croix de Mission devra patienter en cave avant d'offrir tout son potentiel. Les petits fruits noirs et la cerise s'expriment bien au nez, tandis que la bouche joue la carte de la concentration et de la richesse tannique. Un gros caractère. 2021-2028

EARL LEBRETON, Dom. des Rochelles, chem. des Rochelles, 49320 Saint-Jean-des-Mauvrets, tél. 02 41 91 92 07, jy.a.lebreton@wanadoo.fr t.l.j. sf dim. 9h-12h 14h-18h30

♥ DOM. DE SAINTE-ANNE Les Pains bénis 2016 ★★

10000 | 8 à 11 €

Domaine familial situé à proximité du château de Brissac, dont le vignoble de 56 ha est implanté sur une croupe argilo-calcaire. Marc Brault y est installé depuis 1983, épaulé par ses fils Florian (vinification) et Boris (commercialisation).

Cette cuvée 100 % cabernet-sauvignon se présente dans une robe sombre aux reflets violines témoignant de sa jeunesse et annonçant son fort caractère. Le nez, très expressif, semble déborder du cadre et offre un impressionnant bouquet de cerise, de groseille, de cassis, d'épices et de violette. Une complexité à laquelle fait en long écho une bouche dense, ronde, riche tout en restant très élégante, avec une solide charge tannique en soutien. 2021-2028

FAMILLE BRAULT, Sainte-Anne, 49320 Brissac-Quincé, tél. 02 41 91 24 58, marc-brault@wanadoo.fr t.l.j. sf dim. 9h-12h 14h-18h

CH. LA VARIÈRE Vieilles Vignes 2016 ★

40000 | 8 à 11 €

Issu d'une grande famille vigneronne installée depuis 1850 sur les coteaux de l'Aubance, Jacques

Beaujeau est à la tête de la Varière, vaste domaine angevin (115 ha) qu'il a complété d'une propriété en saumur-champigny, le Dom. de la Perruche (40 ha). L'ensemble des propriétés est passé en 2015 sous le contrôle de la maison Ackerman, Jacques Beaujeau restant à la vinification.

Rouge intense, presque noire, la robe augure une forte concentration. Encore timide, le nez exhale de subtiles notes fumées et toastées. Plus expressive, la bouche se révèle charnue et opulente grâce à une extraction tannique bien maîtrisée. Un 2016 qui devrait encore s'affirmer avec un peu de temps en cave. ⧗ 2021-2025

CH. LA VARIÈRE, rte de Mozé, Les Martignolles, 49320 Brissac, tél. 02 41 91 22 64, contact@orchidees-chateaulavariere.fr V r.-v.
Terrena

CABERNET-D'ANJOU

Superficie : 5 341 ha / Production : 331 114 hl

On trouve dans cette appellation d'excellents vins rosés demi-secs issus des cépages cabernet franc et cabernet-sauvignon. À table, on les associe assez facilement, servis frais, au melon en hors-d'œuvre ou à certains desserts pas trop sucrés. En vieillissant, ces vins prennent une nuance tuilée et peuvent être bus à l'apéritif. Ceux qui naissent sur les faluns de la région de Tigné et dans le Layon sont les plus réputés.

SOPHIE ET JEAN-CHRISTIAN BONNIN 2017 ★

| 20000 | 5 à 8 € |

Régulièrement mentionné dans le Guide, ce domaine créé en 1921 couvre aujourd'hui 43 ha autour de Martigné-Briand. En 1998, son diplôme d'œnologue en poche, Jean-Christian Bonnin a repris le vignoble familial en compagnie de sa femme Sophie.

Ce pur cabernet-sauvignon d'un rose pâle et limpide associe au nez la framboise et la groseille. Un fruité que prolonge un palais bien équilibré entre les sucres et l'acidité. ⧗ 2018-2020

EARL S. ET J.-C. BONNIN, 4, chem. du Vignoble, Martigné-Briand, 49540 Terranjou, tél. 02 41 59 43 58, bonninlesloges@orange.fr V r.-v. *Bonnin*

CH. DE BROSSAY 2017

| 11000 | - de 5 € |

Régulier en qualité, et ce dans tous les styles de vins d'Anjou, ce domaine créé en 1919 par Alexis Deffois se situe dans le haut Layon, dans le sud de l'Anjou et à l'ouest du Saumurois. Les petits-fils du fondateur, Hubert et Raymond Deffois – rejoints en 2010 par les gendres de ce dernier, Nicolas Tamboise et Benjamin Grandsart – conduisent un vignoble de 48 ha.

Ce rosé pâle et saumoné livre de discrets arômes de fruits rouges. Même discrétion dans une bouche ronde et tendre sans excès de suavité, étayée par une pointe de fraîcheur bienvenue. ⧗ 2018-2020

GRANDSART, Brossay, 49560 Cléré-sur-Layon, tél. 02 41 59 59 95, contact@chateaudebrossay.fr V *t.l.j. sf dim. 8h-12h 14h-19h*

DOM. DE LA CHOUANIÈRE 2017 ★

| 16000 | - de 5 € |

Une propriété familiale de 19 ha, majoritairement plantée en cabernet franc, fondée en 1983 par Patrice Brault.

Ce rosé pâle livre un bouquet plaisant de fruits blancs et de fleurs. La bouche affiche un bel équilibre : du sucre mais pas trop, de la fraîcheur mais sans excès, de la matière et du fruit. ⧗ 2018-2020

SCEA PATRICE BRAULT, La Chouanière, Les Alleuds, 49320 Brissac-Loire-Aubance, tél. 06 83 21 96 82, pb@domainedelachouaniere.com V *t.l.j. sf dim. 9h-12h30 14h-18h30; f. 15-31 août*

DOM. DE LA CLARTIÈRE Cuvée Gourmandise 2017 ★

| 3000 | - de 5 € |

Depuis 1930, quatre générations de « Pierre » se sont succédé à la tête de ce vignoble (33 ha) situé dans le haut Layon. Après Pierre-Marie, Pierre-Antoine Pinet a pris les rênes du vignoble en 2007, rejoint en 2017 par son frère cadet Édouard, de retour de l'étranger. Ce dernier œuvre à la cave.

Associant les deux cabernets à parts égales, ce rosé pâle et limpide dévoile un joli bouquet de fruits frais (framboise, cerise), prolongé avec persistance par une bouche tendre, ronde et bien équilibrée par une pointe de vivacité. ⧗ 2018-2020 **Cuvée Élégance 2017 (- de 5 €; 3000 b.)** : vin cité.

PINET, lieu-dit La Clartière, 49560 Nueil-sur-Layon, tél. 02 41 59 53 05, earlpinet@orange.fr V *r.-v.*

DOM. DES CLÉRAMBAULTS 2017

| 4000 | - de 5 € |

En 2005, Sébastien Terrien, diplômé d'œnologie, a rejoint son père Pierre sur ce domaine de 20 ha qu'il conduit seul aujourd'hui. Les vignes sont situées dans l'ouest de l'appellation anjou, sur les sols schisteux de la commune de Bouzillé.

Quelques reflets violines ornent la robe de ce vin discrètement bouqueté sur les fruits rouges et le bonbon acidulé, bien équilibré en bouche, avec une finale plus vive. ⧗ 2018-2019

EARL TERRIEN, 2, rue des Mutreaux, 49530 Bouzillé, tél. 06 63 06 07 79, sebastien.terrien701@orange.fr V *r.-v.*

DOM. DU COLOMBIER 2017 ★

| 5000 | - de 5 € |

Ce domaine familial créé en 1974 comprend un vignoble de 44 ha situé non loin de Doué-la-Fontaine, la « cité des roses ». À sa tête depuis 2003, Sylvain Bazantay et sa sœur Florence, à l'aise dans les trois couleurs, proposent une vaste gamme de vins d'Anjou.

Paré d'une belle robe pâle aux reflets rouges, ce cabernet présente un nez tout en fruits (pamplemousse, framboise, fraise), que relaie longuement un palais rond et tendre, souligné par une juste fraîcheur. ⧗ 2018-2020

⊶ SYLVAIN ET FLORENCE BAZANTAY, 10, rue du Colombier, Linières, 49700 Brigné-sur-Layon, tél. 02 41 59 31 82, earlbazantay@orange.fr V *t.l.j. sf dim. 9h30-12h30 14h-18h30*

DOM. DES DEUX ARCS 2017 ★

■ | 25000 | | - de 5 €

Jean-Marie Gazeau, après une expérience en Afrique du Sud, a rejoint son père Michel en 2005 sur le domaine familial (53 ha). Leurs vins sont régulièrement sélectionnés dans le Guide, dans diverses appellations de l'Anjou et dans les trois couleurs. Une valeur sûre.

Cabernet-sauvignon (70 %) et cabernet franc composent un rosé couleur grenadine, ouvert sur des notes intenses de fruits rouges et d'ananas. La bouche est tout aussi expressive, harmonieuse et de bonne longueur. ⧗ 2018-2020

⊶ VIGNOBLE MICHEL ET JEAN-MARIE GAZEAU, 11, rue du 8-Mai-1945, 49540 Martigné-Briand, tél. 02 41 59 47 37, do2arc@wanadoo.fr V *t.l.j. sf dim. 9h-12h30 14h-19h*

CH. DE FESLES 2017 ★★

■ | 60000 | | 5 à 8 €

En juillet 2008, le groupe Grands Chais de France a acheté à Bernard Germain le Ch. de Fesles, situé dans l'aire du bonnezeaux. Le domaine a engagé au printemps 2010 la conversion bio de son vignoble de 54 ha.

D'un seyant rose clair, ce 2017 livre des arômes soutenus de pamplemousse et de fraise. Une belle tension soutient un palais très équilibré et fruité, étiré dans une longue finale pleine de tonus. ⧗ 2018-2020

⊶ CH. DE FESLES, Fesles, 49380 Thouarcé, tél. 02 41 68 94 08, gbigot@sauvion.fr V *t.l.j. sf dim. 8h30-12h30 14h-17h30 ⊶ Grands Chais de France*

DOM. DE FLINES Mon petit secret 2017 ★★

■ | 30000 | | 5 à 8 €

Originaires du Loir-et-Cher, où leurs ancêtres étaient vignerons, Chantal et Jean Motheron s'installent comme négociants en 1955, en Anjou, à Martigné-Briand. En 1968, ils constituent ce domaine (52 ha aujourd'hui) que leur fille Catherine reprend en 2006 et modernise.

Mon petit secret? La réponse de Catherine Motheron à un client qui lui demandait pourquoi cette cuvée était si bonne… Nous n'avons pas plus la réponse, mais en effet le vin est bon, très bon même: robe élégante, intense et limpide; nez gourmand, fruité, amylique et floral; bouche au diapason, très expressive, ronde et suave sans lourdeur, soulignée par une belle fraîcheur. ⧗ 2018-2020

⊶ DOM. DE FLINES, 102, rue d'Anjou, 49540 Martigné-Briand, tél. 02 41 59 42 78, domaine.de.flines@wanadoo.fr V *r.-v. ⊶ Catherine Motheron*

DOM. DES FONTAINES La Vignerie 2017

■ | 33000 | | - de 5 €

Situé au cœur de l'AOP bonnezeaux, ce domaine familial de 35 ha est dirigé par Alain Rousseau et son fils Vincent, qui représente la quatrième génération.

Un peu de cabernet-sauvignon (20 %) accompagne le cabernet franc dans ce vin très pâle, au nez discret de framboise et de fraise, à la bouche fruitée, équilibrée et de bonne longueur. ⧗ 2018-2019

⊶ ALAIN ET VINCENT ROUSSEAU, 301, les Noues, Thouarcé, 49380 Bellevigne-en-Layon, tél. 02 41 54 32 30, domaine.des.fontaines@wanadoo.fr V *r.-v.*

DOM. DE GATINES 2017

■ | 4000 | | - de 5 €

Établi entre les terres caillouteuses du Massif armoricain et les terrasses sablo-calcaires du Bassin parisien, le village de Tigné bénéficie d'un terroir de falun propice aux rosés. Les Dessèvre exploitent 48 ha aux environs, dont près de la moitié dédiée au cabernet-d'anjou. Un domaine régulier en qualité.

D'un joli rose pâle, ce vin évoque les fleurs blanches et les fruits rouges au nez. Une attaque franche ouvre sur une bouche suave qui confirme les sensations fruitées. ⧗ 2018-2019

⊶ VIGNOBLE DESSÈVRE, 12, rue de la Boulaie, Tigné, 49540 Lys-Haut-Layon, tél. 02 41 59 41 48, dessevre@orange.fr V *t.l.j. sf dim. 8h-12h 14h-18h*

LA GAUBRETIÈRE 2017

■ | 3000 | | - de 5 €

Un domaine de 28 ha dans la famille Séchet depuis 1905 et trois générations, conduit depuis 1991 par Philippe.

Cabernet franc (70 %) et cabernet-sauvignon composent un rosé aux nuances orangées, au nez discrètement fruité et au palais souple et frais. Simple et de bon aloi. ⧗ 2018-2019

⊶ EARL DE LA GAUBRETIÈRE, 8, rue de la Gaubretière, 49540 Martigné-Briand, tél. 02 41 59 68 80, earl.sechet-rochais@orange.fr V *r.-v. ⊶ Séchet*

JEAN-LOUIS LHUMEAU 2017

■ | 6000 | | 5 à 8 €

Ce domaine créé en 1963 par Joël Lhumeau, repris par son fils Jean-Louis en 1991, a vu sa surface passer de 3 ha de vignes à l'origine à 60 ha aujourd'hui. Cette expansion n'a pas été menée au détriment de la qualité, comme en témoignent de nombreuses sélections, aussi bien en AOC qu'en IGP, et plusieurs coups de cœur.

Un 100 % cabernet-sauvignon de couleur soutenue, ouvert sur des notes surprenantes de cuir, de pruneau et de fruits très mûrs. En bouche, de la structure, de la puissance et toujours ces notes de maturité. Atypique. ⧗ 2018-2019

⊶ JEAN-LOUIS LHUMEAU, 7, rue Saint-Vincent, Linières, 49700 Brigné, tél. 02 41 59 30 51, domainedeshautesouches@orange.fr V *t.l.j. 9h-12h30 14h-18h; sam. dim. sur r.-v.*

DOM. MONCOURT 2017

■ | 118000 | | 5 à 8 €

Cette entreprise familiale a été créée en 1994. Le vignoble (50 ha) est situé sur la commune de Chavagne, dans le prolongement des coteaux de Bonnezeaux.

Ce rosé de bonne intensité colorante se montre plutôt réservé à l'olfaction, autour de nuances florales. Le fruit, le pamplemousse notamment, apparaît dans une bouche équilibrée, suave mais avec ce qu'il faut de nervosité. ⧗ 2018-2019

⊶ *DOM. MONCOURT, rue Antoine-Lavoisier, 49250 Beaufort-en-Anjou, tél. 02 41 79 76 20, samoncourt@wanadoo.fr* V 🚶 ! *r.-v.*

DOM. DE MONTGILET 2017 ★

■ | 36000 | 🍾 | | 5 à 8 €

Ce domaine situé aux portes d'Angers est une référence de la région, notamment en matière de «douceurs angevines» avec de superbes coteaux-de-l'aubance à la carte. À la tête de l'exploitation créée par son grand-père, Victor, développée par son père, Victor également, Vincent Lebreton, aux commandes depuis 1995, conduit 69 ha sur un terroir de schistes ardoisiers.

Cabernet franc (70 %) et cabernet-sauvignon pour ce rosé couleur grenadine, au nez gourmand de fruits mûrs. La bouche est riche, structurée, en cohérence avec l'olfaction. ⧗ 2018-2019

⊶ *VICTOR ET VINCENT LEBRETON, 10, chem. de Montgilet, Juigné-sur-Loire, 49610 Les-Garennes-sur-Loire, tél. 02 41 91 90 48, montgilet@wanadoo.fr* V 🚶 ! *r.-v.*

CH. DE MONTGUÉRET 2017

■ | 190000 | 🍾 | | - de 5 €

Les Grands Chais de France ont acquis en 2005, auprès de la société Lacheteau, le Ch. de Montguéret et le Ch. de Champteloup, qui représentent un vaste ensemble de 100 ha souvent en vue pour ses rosés et ses effervescents.

De couleur pâle, ce rosé reste discret au nez, autour de notes florales et fruitées. La bouche est légère en arômes, mais on aime sa fraîcheur et sa finesse. ⧗ 2018-2019

⊶ *SCEA CHAMPTELOUP, 49560 Nueil-sur-Layon, tél. 02 40 36 66 00*
⊶ *Grands Chais de France*

DOM. DE LA PETITE ROCHE 2017 ★

■ | 100000 | 🍾 | | - de 5 €

Ce vénérable domaine du haut Layon fondé en 1791 compte aujourd'hui 82 ha de vignes plantées sur des sols argilo-schisteux, graveleux et limono-sableux; 70 % de sa superficie sont destinés à l'élaboration des rosés (cabernet-d'anjou et rosé-d'anjou). Deux étiquettes ici: Dom. de la Petite Roche et Ch. de la Roche Bousseau.

Né de cabernet franc (60 %) et de cabernet-sauvignon, ce rosé pâle déploie des arômes bien mariés de fruits rouges, de pamplemousse et de bonbon acidulé. Des sensations confirmées par une bouche fraîche, alerte et persistante. ⧗ 2018-2019

⊶ *SCEV REGNARD, La Petite Roche, Trémont, 49310 Lys-Haut-Layon, tél. 02 41 59 43 03, contact@domainepetiteroche.com* ! *t.l.j. sf sam. dim. 8h30-12h30 13h30-17h30*

PLESSIS-DUVAL 2017

■ | 2700000 | 🍾 | | - de 5 €

Une maison de négoce fondée en 2007 par le groupe Castel Frères et dédiée aux vins de Loire «alliant fraîcheur et plaisir du fruit».

Comme l'indique la «base line» de cette maison, le fruit (les fruits rouges notamment) est en effet bien présent dans ce rosé pâle aux reflets cuivrés et à la bouche fraîche et d'un bon volume. ⧗ 2018-2019

⊶ *CASTEL FRÈRES, L'Hyvernière, 44330 La Chapelle-Heulin* ⊶ *Alain Castel*

DOM. DE LA RAIMBAUDIÈRE 2017

■ | 4000 | 🍾 | | - de 5 €

Ce domaine familial a été créé à la fin des années 1930, à la suite du morcellement d'une exploitation viticole et agricole. Le vignoble, implanté sur de légères buttes schisteuses, s'étend sur 22 ha. Il est exploité depuis 2004 par Florian Cesbron, représentant la quatrième génération.

D'un rose soutenu, ce 2017 dévoile un nez bien fruité de groseille, de fraise et de framboise. La bouche est suave et de bonne longueur, sans manquer de fraîcheur. ⧗ 2018-2019

⊶ *FLORIAN CESBRON, La Frappillonnière, Champ-sur-Layon, 49380 Bellevigne-en-Layon, tél. 02 41 78 86 76, contact@la-raimbaudiere.fr* V 🚶 ! *r.-v.* ⊶ *Florian Cesbron*

DOM. SAINT-ARNOUL
Harmonie en L. 2017

■ | 20000 | 🍾 | | - de 5 €

Valeur sûre de l'Anjou, ce domaine est implanté sur un très beau site troglodytique, où des caves ont été aménagées dans le falun pour l'élevage des vins de garde. Le vignoble de 32 ha est dirigé par Alain Poupard depuis 1986.

Des reflets orangés ornent la robe de ce rosé associant les deux cabernets à parité qui dévoile un nez discret de fruits rouges (fraise, framboise). Rond en attaque et plus expressif sur le fruit, le palais évolue ensuite vers davantage de vivacité. Un vin équilibré. ⧗ 2018-2019

⊶ *POUPARD, 5, rue des Caves-Sousigné, Martigné-Briand, 49540 Terranjou, tél. 02 41 59 43 62, domaine@saint-arnoul.com* V 🚶 ! *t.l.j. 9h-12h30 14h-18h30*

DOM. DE TROMPE TONNEAU 2017

■ | 10000 | 🍾 | | - de 5 €

D'abord conduit en polyculture, ce domaine s'est spécialisé dans la viticulture en 1977. Il s'est agrandi au fil des années et s'étend aujourd'hui sur 37 ha à proximité de Faveraye-Machelles.

De couleur rose orangé, ce 2017 propose un nez fruité, relayé par une bouche équilibrée, douce sans manquer de fraîcheur, et de bonne persistance. ⧗ 2018-2019

⊶ *LILIAN ET YANN GUILLET, 12, rue du Layon, 49380 Faveraye-Machelles, tél. 02 41 54 14 95, guillet@trompetonneau.com* V 🚶 ! *r.-v.*

ROSÉ-D'ANJOU

Superficie : 2 267 ha / Production : 149 536 hl

Après un fort succès à l'exportation au début du XXᵉs., ce vin demi-sec connaît à nouveau une embellie. Le grolleau, principal cépage, autrefois conduit en gobelet, produit des vins rosés légers, jadis appelés « rougets ».

CH. DE CHAMPTELOUP 2017 ★

■ | 120000 | 🍾 | | - de 5 €

Les Grands Chais de France ont acquis en 2005, auprès de la société Lacheteau, le Ch. de Champteloup et le Ch. de Montguéret, qui représentent un vaste ensemble de 100 ha souvent en vue pour ses rosés et ses effervescents.

Grolleau (88 %) et gamay composent ce rosé très pâle, au nez intense de fruits jaunes, de fraise et de bonbon acidulé. La bouche est tendre, souple, bien fruitée, équilibrée. ⧗ 2018-2019

⊶ SCEA CHAMPTELOUP, 49700 Brigné, tél. 02 40 36 66 00 ⊶ Grands Chais de France

DOM. DES CLÉRAMBAULTS 2017 ★★

■ | 2000 | 🍾 | | - de 5 €

En 2005, Sébastien Terrien, diplômé d'œnologie, a rejoint son père Pierre sur ce domaine de 20 ha qu'il conduit seul aujourd'hui. Les vignes sont situées dans l'ouest de l'appellation anjou, sur les sols schisteux de la commune de Bouzillé.

Ce pur gamay d'une belle couleur rose pâle aux reflets rouges dévoile un bouquet intense de fraise et de bonbon anglais. Une attaque vive et tonique ouvre sur une bouche tout en fruits et très équilibrée, à la fois douce et fraîche. ⧗ 2018-2020

⊶ EARL TERRIEN, 2, rue des Mutreaux, 49530 Bouzillé, tél. 06 63 06 07 79, sebastien.terrien701@orange.fr V r.-v.

CH. DE FESLES 2017 ★

■ | 39000 | 🍾 | | 5 à 8 €

En juillet 2008, le groupe Grands Chais de France a acheté à Bernard Germain le Ch. de Fesles, situé dans l'aire du bonnezeaux. Le domaine a engagé au printemps 2010 la conversion bio de son vignoble de 54 ha.

Mi-cabernet franc mi-grolleau, ce rosé de belle intensité, rose fluo aux reflets cuivrés, s'ouvre sur des notes classiques de bonbon anglais et de fruits rouges. Des arômes prolongés par une bouche suave sans excès. ⧗ 2018-2019

⊶ CH. DE FESLES, Fesles, 49380 Thouarcé, tél. 02 41 68 94 08, gbigot@sauvion.fr V t.l.j. sf dim. 8h30-12h30 14h-17h30 ⊶ Grands Chais de France

LEDUC-FROUIN La Seigneurie 2017 ★

■ | 10000 | 🍾 | | - de 5 €

Installés dans le village troglodytique de Martigné-Briand, Antoine Leduc, œnologue, et sa sœur Nathalie conduisent depuis 1990 le domaine familial (30 ha en agriculture raisonnée). Leurs vins séjournent comme il se doit dans la fraîcheur de caves souterraines creusées dans le falun. Une valeur sûre de l'Anjou viticole.

Un 100 % grolleau d'une seyante couleur rose clair. Au nez, des fruits rouges frais et des nuances amyliques. En bouche, une attaque nerveuse, du fruit et une agréable fraîcheur jusqu'en finale. Croquant. ⧗ 2018-2019

⊶ ANTOINE ET NATHALIE LEDUC, 20, rue Saint-Arnoul, Sousigné, 49540 Martigné-Briand, tél. 02 41 59 42 83, info@leduc-frouin.com V r.-v.

DOM. DES RICHÈRES 2017

■ | 10000 | 🍾 | | - de 5 €

Anciennement rattaché à la seigneurie de Millé, ce domaine est exploité par la famille Guibert depuis 1775. En 2006, Fabrice Guibert a pris les rênes de la propriété et de ses 64 ha situés au cœur des coteaux-du-layon.

Le seul grolleau est à l'œuvre dans ce rosé pâle et limpide, très floral et fruité au nez, bien équilibré entre les sucres et l'acidité en bouche. ⧗ 2018-2019

⊶ FABRICE GUIBERT, 7, rte d'Angers, Millé, Chavagnes, 49380 Terranjou, tél. 02 41 54 10 47, faguibert@yahoo.com V r.-v.

COTEAUX-DE-L'AUBANCE

Superficie : 216 ha / Production : 6 722 hl

Petit affluent de la rive gauche de la Loire, comme le Layon qui coule plus à l'ouest, l'Aubance est bordée de coteaux de schistes portant de vieilles vignes de chenin, dont on tire un vin blanc moelleux qui s'améliore en vieillissant. Cette appellation a choisi de limiter strictement ses rendements. Depuis 2002, la mention « Sélection de grains nobles » est autorisée pour les vins de vendanges présentant une richesse naturelle minimale de 234 g/l, soit 17,5% vol. sans aucun enrichissement. Ceux-ci ne pourront être commercialisés que dix-huit mois après la récolte.

Ⓑ DOM. DE BOIS MOZÉ Élégance 2016

■ | 12880 | 🍾 | | 8 à 11 €

Commandé par un ancien manoir du XVIᵉs., le domaine est devenu au XVIIᵉs. une métairie du château de Montsabert. Il s'est développé dans les années 1950-1970 avant de changer de mains en 1996 (famille Lancien). Il couvre aujourd'hui 35 ha labellisés bio depuis 2017.

Mélange de surmaturation (compote de pommes, abricot sec) et de notes fruitées (ananas et pamplemousse), le nez est complexe et séduisant. Tout aussi riche en arômes, le palais est rond, soyeux, sans aspérité. Le plaisir dans la simplicité. ⧗ 2018-2023

⊶ MATHILDE GIRAUDET, Le Bois-Mozé, Coutures, 49320 Brissac-Loire-Aubance, tél. 02 41 57 91 28, contact@bois-moze.fr V r.-v. ⊶ René Lancien

DOM. DITTIÈRE Les Boujets 2016

■ | 2400 | 🍾 | | 11 à 15 €

Fondée vers 1900 par le grand-père des frères Dittière (Bruno et Joël, installés en 1983), cette exploitation

de 39 ha est établie près de Brissac sur des terroirs sablo-graveleux. Souvent en vue pour ses rouges.

Frais et léger, ce 2016 dévoile un nez discret mais plaisant de miel et de fleurs blanches. Droit en bouche, associant une fine trame acidulée aux fruits confits, il affiche un bon équilibre. ⧗ 2018-2023

⊶ DOM. DITTIÈRE, 1, chem. de la Grouas, Vauchrétien, 49320 Brissac-Loire-Aubance, tél. 02 41 91 23 78, domaine.dittiere@sfr.fr V 🚶 ! *r.-v.*

DOM. DE HAUTE PERCHE Les Fontenelles 2016 ★

■ | 6000 | ▮ | 15 à 20 €

Créé en 1966, ce domaine (30 ha) situé aux portes d'Angers était à l'origine dédié aux vins de table. Restructuré, replanté de cépages nobles, il est devenu une valeur sûre des appellations anjou-villages-brissac et coteaux-de-l'aubance. Véronique, la fille d'Agnès et Christian Papin, est à la tête du domaine depuis 2012.

Cette cuvée 2016 joue la carte de l'élégance et de la finesse avec son nez encore timide mais fin de fleur de sureau et de gingembre. Plus imposante, la bouche offre du volume et de la sucrosité et retrouve les arômes de fruits confits dans une finale tout en longueur. Une cuvée harmonieuse au joli potentiel. ⧗ 2019-2026

⊶ EARL VÉRONIQUE PAPIN, 7, chem. de la Godelière, 49610 Saint-Melaine-sur-Aubance, tél. 02 41 57 75 65, contact@domainehauteperche.com V 🚶 ! *t.l.j. sf dim. 9h-12h 14h30-18h*

DOM. DE MONTGILET Les Trois Schistes 2016 ★★

■ | 6810 | ◍ | 20 à 30 €

Ce domaine situé aux portes d'Angers est une référence de la région, notamment en matière de «douceurs angevines» avec de superbes coteaux-de-l'aubance à la carte. À la tête de l'exploitation créée par son grand-père, Victor, développée par son père, Victor également, Vincent Lebreton, aux commandes depuis 1995, conduit 69 ha sur un terroir de schistes ardoisiers.

Comme souvent, cette cuvée fait une belle impression. Ce 2016 n'a rien à envier à son cousin le 2015 qui fut coup de cœur. Le nez plaisant de pain d'épice, de pêche au sirop, d'agrumes confits et de poire précède une bouche riche, très liquoreuse mais parfaitement équilibrée par une acidité qui finit par s'imposer et donner à l'ensemble fraîcheur et persistance. Une valeur «très sûre» de l'appellation. ⧗ 2018-2028

⊶ VICTOR ET VINCENT LEBRETON, 10, chem. de Montgilet, Juigné-sur-Loire, 49610 Les-Garennes-sur-Loire, tél. 02 41 91 90 48, montgilet@wanadoo.fr V 🚶 ! *r.-v.*

Ⓑ CH. PRINCÉ 2016 ★

■ | 10800 | ◍ | 11 à 15 €

La propriété située aux portes d'Angers est constituée de 15 ha d'un seul tenant. Arrivé en 2002 sur l'exploitation, Mathias Levron a très vite impressionné par son professionnalisme et sa rigueur. Il a acquis la certification bio du domaine en 2015.

Cette cuvée, élevée douze mois en barrique, dévoile au nez des arômes de vanille, de pain grillé, de noix de coco et de gelée de coings. Le boisé se fond dans un palais gourmand qui impose sa sucrosité et une belle longueur. ⧗ 2020-2028

⊶ CH. PRINCÉ, Le Petit-Princé, 49610 Saint-Melaine-sur-Aubance, tél. 02 41 38 10 85, bureau@chateaudeparnay.fr V 🚶 ! *r.-v.*
⊶ Levron et Vincenot

CH. LA VARIÈRE 2017 ★

■ | 18000 | 11 à 15 €

Issu d'une grande famille vigneronne installée depuis 1850 sur les coteaux de l'Aubance, Jacques Beaujeau est à la tête de la Varière, vaste domaine angevin (115 ha) qu'il a complété d'une propriété en saumur-champigny, le Dom. de la Perruche (40 ha). L'ensemble des propriétés est passé en 2015 sous le contrôle de la maison Ackerman, Jacques Beaujeau restant à la vinification.

Bien en phase avec son appellation, ce 2017 s'annonce sous une robe jaune paille et brillante, et délivre un nez riche et expressif de fleurs blanches, d'abricot sec et de miel. Finement ciselé, le palais se révèle rond et soutenu par une acidité bien présente qui offre longueur et persistance aromatique à l'ensemble. ⧗ 2018-2024

⊶ CH. LA VARIÈRE, rte de Mozé, Les Martignolles, 49320 Brissac, tél. 02 41 91 22 64, contact@orchidees-chateaulavariere.fr V 🚶 ! *r.-v. ⊶ Terrena*

ANJOU-COTEAUX-DE-LA-LOIRE

Superficie : 30 ha / Production : 980 hl

Située en aval d'Angers, l'appellation est réservée aux vins blancs issus du pineau de la Loire. Elle constitue un vestige du vignoble médiéval d'Anjou, qui était planté sur les bords de la Loire, principale voie de transport à cette époque. Cette proximité du fleuve conditionne le climat des coteaux qui se caractérise par des températures douces, avec des écarts atténués. Les vins paraissent presque légers, délicats, ce qui traduit bien les conditions de maturation équilibrées. L'aire de production est située uniquement sur les schistes et les calcaires de Montjean.

DOM. DU COTEAU SAINT-VINCENT Cuvée Thibault 2016 ★★

■ | 4200 | ▮ | 5 à 8 €

Cette exploitation est établie à Chalonnes-sur-Loire, commune située au bord de l'eau, au confluent du Layon et de la Loire. Œnologue, Olivier Voisine y conduit depuis 1999 un vignoble de 23 ha sur des sols schisteux caractéristiques de l'Anjou noir. Une bonne référence de l'Anjou viticole, pour ses liquoreux notamment.

Parée d'une seyante robe jaune ambré, ce 2016 s'ouvre sur un nez expressif où s'allient miel, abricot sec et zeste d'orange. Cette gamme aromatique illustre parfaitement ce que l'association du chenin et du botrytis offre de meilleur. Il en va de même avec le palais à la fois frais et suave, l'acidité répondant avec harmonie à la douceur des sucres résiduels. La dégustation s'achève, longuement, sur une note confite. ⧗ 2018-2024

⊶ OLIVIER VOISINE, Coteau Saint-Vincent, 49290 Chalonnes-sur-Loire, tél. 02 41 78 59 00, coteau-saint-vincent@wanadoo.fr V 🚶 ! *r.-v.*

SAVENNIÈRES

Superficie : 147 ha
Production : 5 068 hl (crus inclus)

Implanté sur la rive droite de la Loire, à une quinzaine de kilomètres en aval d'Angers, ce vignoble se singularise par sa production: des vins blancs secs, issus du chenin, essentiellement sur la commune de Savennières. Les schistes et grès pourpres leur confèrent un caractère particulier, ce qui les a fait définir longtemps comme crus des coteaux de la Loire; mais ils méritent une appellation à part entière. Ce sont des vins pleins de sève, un peu nerveux.

DOM. DE LA BERGERIE
Clos le Grand Beaupréau 2016 ★

	8000		15 à 20 €

Dans la famille Guégniard, le métier de vigneron se transmet de mère en fils ou de père en fille depuis huit générations. Installée en 2010 et accompagnée depuis 2017 par sa sœur Marie, Anne gère l'exploitation de 36 ha (en bio certifié), tandis que David Guitton, son compagnon, est aux fourneaux dans le restaurant du même nom. Une valeur sûre de l'Anjou viticole, à l'aise dans tous les styles.

Les notes vanillées de l'élevage dominent encore le premier nez de cette cuvée aux côtés des fruits secs. Les fruits blancs s'invitent après agitation et se retrouvent dans une bouche franche et fraîche en attaque, à l'évolution plus ronde et opulente, tout en restant gracieuse, avec une touche d'amertume bienvenue en finale. Du potentiel. ⧗ 2019-2026

GUÉGNIARD, La Bergerie, Champ-sur-Layon, 49380 Bellevigne-en-Layon, tél. 02 41 78 85 43, domainede.la.bergerie@wanadoo.fr V *t.l.j. sf dim. 9h-12h30 14h-18h30*

CH. DE CHAMBOUREAU 2016 ★★

	40400		8 à 11 €

Créé en 2006, le vignoble du Dom. FL (Fournier-Longchamps) s'étend sur près de 31 ha, de part et d'autre de la Loire, principalement répartis sur les communes de Savennières (rive droite) et de Rochefort-sur-Loire (rive gauche). Conduit en bio, il est aujourd'hui piloté par Julien Fournier.

Ce 2016 offre un nez de grande intensité centré sur la poire, le citron et l'amande grillée. Acidulée, franche et intense, la bouche dévoile quelques saveurs végétales des plus agréables. L'équilibre sonne juste, et la finale est très allongée. Un superbe vin de terroir. ⧗ 2019-2028

SCEA CH. DE CHAMBOUREAU, Midion, rte de Beaulieu, 49190 Rochefort-sur-Loire, tél. 02 72 73 59 85, boutique@domainefl.com V *t.l.j. sf dim. lun. 10h-18h*

DOM. DU CLOSEL Les Caillardières 2016

	5600		30 à 50 €

Un vignoble d'origine monastique, devenu Seigneurie de Vaults dans le comté de Serrant au XIIIe s. Quatre générations de femmes se sont succédé à sa tête. Aux commandes depuis 2001, Évelyne de Pontbriand y produit des vins de caractère et conduit en bio et en biodynamie un vignoble de 15 ha.

Paré d'une robe jaune pâle et brillante, ce 2016 offre une olfaction sur les fruits frais et les fleurs blanches. Suave et opulente, la bouche chemine autour de la poire et de la pêche blanche sur un fond boisé, avant de déployer une jolie finale acidulée. ⧗ 2019-2023

EARL LES VINS DOM. DU CLOSEL, Ch. des Vaults, 1, pl. du Mail, 49170 Savennières, tél. 02 41 72 81 00, chateaudesvaultsclosel@gmail.com V *t.l.j. 9h30-18h30; f. dim. en hiver*

DOM. DES DEUX ARCS 2016 ★

	5000		11 à 15 €

Jean-Marie Gazeau, après une expérience en Afrique du Sud, a rejoint son père Michel en 2005 sur le domaine familial (53 ha). Leurs vins sont régulièrement sélectionnés dans le Guide, dans diverses appellations de l'Anjou et dans les trois couleurs. Une valeur sûre.

La famille Gazeau signe un savennières droit dans ses bottes et bien construit, avec une vinification et un élevage de douze mois en barrique. Le nez mêle notes de vanille, fruits exotiques et miel. La bouche, ronde et charnue, s'étire en longueur dans une finale mentholée qui apporte une belle fraîcheur. ⧗ 2019-2026

VIGNOBLE MICHEL ET JEAN-MARIE GAZEAU, 11, rue du 8-Mai-1945, 49540 Martigné-Briand, tél. 02 41 59 47 37, do2arc@wanadoo.fr V *t.l.j. sf dim. 9h-12h30 14h-19h*

DOM. DES DEUX VALLÉES
Clos du Petit Beaupréau 2016 ★

	6000		11 à 15 €

René Socheleau et son fils Philippe ont repris et restructuré ce domaine de 44 ha en 2001, et construit un nouveau chai situé sur la corniche angevine, surplombant les vallées de la Loire et du Layon. Leurs vins sont régulièrement retenus dans le Guide.

À l'olfaction, la fermentation malolactique partielle de cette cuvée apporte quelques notes de caramel, joliment agrémentées d'arômes de poire et de pêche blanche. À la fois riche et fraîche, la bouche séduit par son équilibre et sa longueur, avec une pointe d'amertume qui contribue à sa complexité. ⧗ 2019-2026

SOCHELEAU, lieu-dit Bellevue, 49190 Saint-Aubin-de-Luigné, tél. 02 41 78 33 24, contact@domaine2vallees.com V *t.l.j. sf dim. 9h30-12h 14h-18h*

LUC ET FABRICE MARTIN L'Aiglerie 2016 ★★

	4500		8 à 11 €

Les frères Luc et Fabrice Martin, qui incarnent la quatrième génération sur la propriété, se sont associés en GAEC en 1997. Régulièrement en vue, leur domaine de 27 ha est situé à Chaudefonds-sur-Layon, à quelques kilomètres de la confluence du Layon avec la Loire.

Régulièrement bâtonné durant ses douze mois d'élevage en barrique, ce 2016 a su tirer le meilleur de ses lies pour offrir un nez intense et complexe de fleur d'oranger, de brioche, de mangue et de noix de coco. Ces arômes se retrouvent dans une bouche où l'opulence et la richesse assurent un superbe moment de dégustation.

La fraîcheur s'invite en finale pour parfaire l'harmonie de ce grand chenin, délicieux dès aujourd'hui, et pour longtemps. ⏳ 2018-2028

LUC ET FABRICE MARTIN, 2 bis, rue du Stade, 49290 Chaudefonds-sur-Layon, tél. 02 41 78 19 91, luc.martin3@wanadoo.fr V r.-v.

MOULIN DE CHAUVIGNÉ Clos Brochard 2016 ★

	3000		11 à 15 €

Offrant un plaisant panorama sur la vallée de la Loire, Chauvigné est un moulin cavier construit en 1750 au cœur des vignes. Implanté à Rochefort-sur-Loire, le domaine est constitué de 13 ha cultivés par Christian Plessis de 1992 jusqu'à son décès en 2017. Son épouse Sylvie, qui officiait aux vinifications, assure désormais la continuité.

Le chenin exprime fièrement ses qualités dans ce 2016 au nez fin et élégant de fleur d'acacia, de citron et de pêche. L'attaque est souple, ronde, puis apparaît rapidement une franche acidité qui se prolonge jusqu'à la longue finale aux accents d'agrumes. Un ensemble très équilibré. ⏳ 2019-2024 **2017 ★ (8 à 11 €; 20 000 b.)** : un savennières bien dans son appellation, au nez complexe de confiture de coings et de fruit de la Passion. Parfaitement équilibrée, la bouche se montre franche et se prolonge en finale sur d'intenses notes de poire. ⏳ 2018-2023

SYLVIE PLESSIS, Moulin de Chauvigné, 49190 Rochefort-sur-Loire, tél. 02 41 78 86 56, info@moulindechauvigne.com V r.-v.

CH. DE VARENNES 2016

	29 500		11 à 15 €

L'industriel Alain Château est propriétaire depuis 2004 d'un ensemble viticole de 38 ha répartis entre le Ch. de la Guimonière (coteaux-du-layon, anjou rouge et cabernet-d'anjou), le Ch. de Varennes (savennières) et le Ch. Bellerive (quarts-de-chaume).

Même si la robe est éclatante, le nez est encore sur la réserve et distille de fines notes de pomme verte. De l'attaque à la finale, la trame en bouche est vive et tonique. Un chenin nerveux. ⏳ 2019-2023

SARL CH. BELLERIVE, Chaume, 49190 Rochefort-sur-Loire, tél. 02 41 78 33 66, info@vignobles-alainchateau.com V r.-v.
Alain Château

B LES VIEUX CLOS 2016 ★★

	n.c.		20 à 30 €

L'un des trois terroirs de Nicolas Joly avec la célèbre Coulée de Serrant et le Clos de la Bergerie: Les Vieux Clos est un savennières né de 5,5 ha de vignes, cultivés bien entendu en biodynamie comme l'ensemble de la propriété.

Une robe soutenue habille ce savennières d'un abord assez fermé au nez, qui laisse poindre à l'aération des notes de miel, de vanille, d'orange amère, de fruits blancs et de menthol. En bouche, il se montre riche et dense en attaque, puis rapidement apparaît une fine vivacité aux tonalités caillouteuses et racinaires qui porte loin la finale et affine l'ensemble. Un vin plus minéral que fruité, d'une belle intensité. ⏳ 2019-2025

CH. DE LA ROCHE AUX MOINES, 7, chem. de la Roche-aux-Moines, 49170 Savennières, tél. 02 41 72 22 32 *Nicolas Joly*

SAVENNIÈRES-ROCHE-AUX-MOINES

Superficie : 19 ha / Production : 336 hl

Il est difficile de séparer les deux crus savennières-roche-aux-moines et savennières-coulée-de-serrant, qui ont pourtant reçu une appellation particulière, tant ils sont proches en caractère et en qualité. La coulée-de-serrant, plus restreinte en surface, est située de part et d'autre de la vallée du Petit Serrant. Elle est propriété en monopole de la famille Joly. La roche-aux-moines appartient à plusieurs propriétaires. Si elle est moins homogène que son homologue, on y trouve cependant des cuvées qui n'ont rien à lui envier.

CLOS DE LA BERGERIE 2016 ★★

	n.c.		30 à 50 €

Dans les 3,2 ha du savennières-roche-aux-moines exploités par Nicolas Joly, le terroir est schisteux, mais moins pentu que celui de la célèbre coulée-de-serrant du même propriétaire. La démarche biodynamique est identique, et les rendements sont presque aussi faibles, de 25 à 30 hl/ha.

D'un or soutenu, le Clos de la Bergerie 2016 présente un nez complexe d'orange amère, de chèvrefeuille et de menthol. En bouche, il se montre rond, mûr, gras, suave, avec en soutien un côté racinaire et végétal, la minéralité caractéristique du cru (pierre fraîche) et une amertume soutenue qui lui donnent un beau relief et de la fluidité. ⏳ 2021-2028

NICOLAS JOLY, Ch. de la Roche aux Moines, 7, chem. de la Roche-aux-Moines, 49170 Savennières, tél. 02 41 72 22 32, info@coulee-de-serrant.com V *t.l.j. sf dim. 9h-12h 14h-17h30*

SAVENNIÈRES-COULÉE-DE-SERRANT

♥ CLOS DE LA COULÉE DE SERRANT 2016 ★★

	n.c.		50 à 75 €

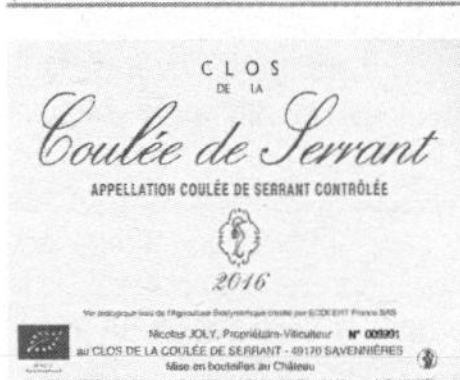

Ce vénérable clos de 7 ha planté de vieux ceps de chenin accrochés à des coteaux schisteux, création des cisterciens en 1130, est l'une des rares appellations en monopole du vignoble français. Confortée au fil des siècles par des amateurs illustres et couronnés, son aura a pris une dimension internationale depuis que Nicolas Joly, « pape » français de la biodynamie, préside à sa destinée, accompagné aujourd'hui de sa fille Virginie. Le vin tire son caractère original et unique de raisins récoltés en surmaturité – voire botrytisés – en quatre ou cinq passages. À la cave, surtout pas de bois neuf qui masquerait le terroir, mais des barriques de 500 l. Et aussi peu d'interventions que possible.

LOIRE

Limpide et brillante aux jolis reflets dorés, la coulée-de-serrant 2016 se présente avec élégance. Souvent réservée au premier nez, elle apparaît ici très ouverte, très complexe, offrant des arômes de fruits blancs mûrs, d'orange confite, de poire à l'alcool, de fleurs blanches, de chlorophylle, d'herbes aromatiques et de plantes séchées qui lui confèrent un air de... chartreuse. Arômes que l'on retrouve dans une bouche d'une grande douceur en attaque, ample, riche et dense dans son développement, avec une fine acidité traçante en filigrane, aux tonalités minérales. La finale s'étire longuement sur de magnifiques amers. Un vin d'une profondeur inimitable. ⧗ 2021-2030

⊶ *NICOLAS JOLY, Ch. de la Roche aux Moines, 7, chem. de la Roche-aux-Moines, 49170 Savennières, tél. 02 41 72 22 32, info@coulee-de-serrant.com* **V** **i** *t.l.j. sf dim. 9h-12h 14h-17h30; f. janv.-fév.*

COTEAUX-DU-LAYON

Superficie : 1 486 ha / Production : 46 625 hl

Demi-secs, moelleux ou liquoreux, les coteaux-du-layon naissent du seul chenin, cultivé le long de la rive gauche de la Loire sur les coteaux des communes qui bordent le Layon, de Nueil à Chalonnes. Plusieurs villages sont réputés: le plus connu, devenu une appellation à part entière, est celui de Chaume. Six noms peuvent être ajoutés à l'appellation: Rochefort-sur-Loire, Saint-Aubin-de-Luigné, Saint-Lambert-du-Lattay, Beaulieu-sur-Layon, Rablay-sur-Layon, Faye-d'Anjou. Depuis 2002, les vins ont droit à la mention «Sélection de grains nobles» lorsque la richesse naturelle minimale de la vendange est de 234 g/l, soit 17,5 % vol. sans aucun enrichissement. Ils ne peuvent être commercialisés avant les dix-huit mois suivant la récolte. Vins subtils, or vert à Concourson, plus jaunes et plus puissants en aval, les coteaux-du-layon présentent des arômes de miel et d'acacia, acquis lors de la surmaturation. Leur capacité de vieillissement est étonnante.

DOM. DES ACACIAS Cuvée Prestige 2016

■ | 2545 | 5 à 8 €

Fils et petit-fils de vignerons, Anthony Percher a repris en 2006, après des expériences variées dans différents vignobles français, ce vignoble familial angevin qui s'étend sur 13 ha.

Une belle intensité se dégage de la robe jaune aux reflets dorés de ce vin complexe: aux notes d'abricot viennent s'ajouter celles de champignon frais qui apportent de la subtilité. L'attaque est souple, le développement généreux et la finale douce et persistante. ⧗ 2018-2025

⊶ *ANTHONY PERCHER, EARL Dom. des Acacias, 8, rue du Moulin, 49540 Tigne, tél. 02 41 59 41 66, domainedesacacias@orange.fr* **V** **i** *t.l.j. 9h-19h*

AGUILAS Les Demoiselles de Rochefort 2016 ★★★

■ | 2870 | (I) | 11 à 15 €

Valeur sûre de l'Anjou, ce domaine familial a été créé en 1969 par Pierre Aguilas et son épouse Janes. Couvrant 45 ha, l'exploitation est conduite par leur fils Antoine depuis 2012.

Ce vin arbore une belle robe dorée et soutenue, aux reflets blancs. Au nez, c'est une explosion d'arômes intenses de coing, d'abricot et de fruits blancs. Une intensité que l'on retrouve dans une bouche souple et fraîche en attaque, ample et profonde dans son développement, étayée par un boisé parfaitement maîtrisé et d'une longueur exceptionnelle. Un excellent représentant de son appellation qui se bonifiera avec le temps. ⧗ 2019-2028

⊶ *ANTOINE AGUILAS, Les Saules, 49290 Chaudefonds-sur-Layon, tél. 06 23 22 24 48, antoine.aguilas@orange.fr* **V** **i** *r.-v.*

DOM. DE L'ANGELIÈRE Caprice d'Automne 2016 ★

■ | 3000 | (I) | 8 à 11 €

Depuis six générations, la famille Boret s'attache à cultiver son vignoble situé sur la rive gauche du Layon: 55 ha conduits aujourd'hui par Armand Boret. Souvent en vue pour ses fines bulles.

Au nez, des notes subtiles d'acacia et de chèvrefeuille se mêlent à l'intensité du coing et de l'ananas. Une attaque souple ouvre sur un palais d'un beau volume, étiré dans une jolie finale acidulée qui renforce son équilibre et sa persistance. ⧗ 2018-2024

⊶ *SCEA BORET, L'Angelière, Champ-sur-Layon, 49380 Bellevigne-en-Layon, tél. 02 41 78 85 09, boret@orange.fr* **V** **i** *r.-v.* Ⓒ

DOM. DES BARRES Les Simonelles 2016 ★★

■ | 3000 | ▮ | 15 à 20 €

La commune de Saint-Aubin-de-Luigné, surnommée la «Perle du Layon», se situe dans le bas Layon, tout près de la jonction entre la Loire et le Layon. La famille Achard y conduit ce domaine de 32 ha depuis trois générations.

Issus d'une parcelle de vieilles vignes exposées au sud-ouest, les raisins patiemment surmûris et botrytisés offrent à l'olfaction une jolie concentration de fruits exotiques et de figue sèche. Le prélude intense et élégant à un palais généreux, opulent et persistant, où le nuancier aromatique s'enrichit d'arômes de fruits secs et grillés. ⧗ 2019-2028 ■ **Saint-Aubin 2017 (5 à 8 €; 8 500 b.)** : vin cité.

⊶ *PATRICE ACHARD, Saint-Aubin de Luigné, 49190 Val-du-Layon, tél. 02 41 78 98 24, achardpatrice@wanadoo.fr* **V** **i** *t.l.j. sf dim. 9h-12h 14h-18h30* Ⓑ

♥ DOM. BODINEAU Vieilles Vignes 2017 ★★

■ | 10000 | ▮ | 5 à 8 €

Établis dans le petit hameau de Savonnières, Frédéric Bodineau et sa sœur Anne-Sophie officient ensemble sur ce domaine familial (40 ha) dont l'origine remonte à 1850. Lui est à la vigne et au chai, elle à l'accueil et au service clientèle.

Malgré sa grande jeunesse, ce 2017 n'a pas manqué d'étonner le jury par sa maturité. La palette aromatique intense et complexe évoque les fruits confits, les fruits secs et les épices. En bouche, c'est une explosion de saveurs: coing, prune, pêche, fruits exotiques. Un ensemble riche et doux, mais souligné de bout en bout par une fine acidité. Un grand classique du genre. ⧗ 2018-2023 ■ **Pépite 2017 ★ (8 à 11 €; 5000 b.)** : une cuvée réalisée uniquement dans les beaux millésimes. Le nez est très expressif: pruneau, fruits confits, cannelle, notes grillées et toastées. Une belle vivacité en bouche, renforcée par une longue finale citronnée, complète un tableau très harmonieux. ⧗ 2019-2028

FRÉDÉRIC BODINEAU, 5, chem. du Château-d'Eau, Les Verchers-sur-Layon, 49700 Doué-en-Anjou, tél. 02 41 59 22 86, domainebodineau@yahoo.fr V t.l.j. sf dim. 9h-12h30 14h-17h30

CH. DE BROSSAY Les Plantes 2016

■ | 2800 | | 8 à 11 €

Régulier en qualité, et ce dans tous les styles de vins d'Anjou, ce domaine créé en 1919 par Alexis Deffois se situe dans le haut Layon, dans le sud de l'Anjou et à l'ouest du Saumurois. Les petits-fils du fondateur, Hubert et Raymond Deffois – rejoints en 2010 par les gendres de ce dernier, Nicolas Tamboise et Benjamin Grandsart – conduisent un vignoble de 48 ha.

Si le nez est encore discret, la bouche se montre plus loquace à travers des arômes de miel, d'agrumes et de vanille. L'équilibre sucre-acide et fruit-boisé est assuré. ⧗ 2018-2023

GRANDSART, Brossay, 49560 Cléré-sur-Layon, tél. 02 41 59 59 95, contact@chateaudebrossay.fr V *t.l.j. sf dim. 8h-12h 14h-19h*

♥ B DOM. CADY Sélection de grains nobles Cuvée Volupté 2015 ★★

■ | 2900 | | 30 à 50 €

Appartenant à la famille Cady depuis 1927, ce domaine (28 ha conduits en bio) est une référence en matière de vins liquoreux. Il est implanté sur les coteaux surplombant le Layon à Saint-Aubin-de-Luigné, village surnommé la «Perle du Layon».

Séducteur dans sa robe dorée soutenue, ce vin présente à l'olfaction toute la complexité que peuvent apporter des raisins cueillis en surmaturité: s'y mêlent des notes d'agrumes, de fruits confits et de miel. Après une attaque ronde et riche se développe une bouche veloutée et fraîche, aux saveurs de coing et de fruits exotiques, étirée dans une magnifique finale acidulée. Un 2015 déjà délicieux, mais qui pourra se garder encore de nombreuses années. ⧗ 2018-2030 ■ **1er cru Chaume 2016 ★★ (15 à 20 €; 2850 b.)** B : ce 1er cru n'a pas usurpé son rang. En témoignent sa richesse et son élégance qui s'expriment par sa robe dorée et son nez généreux de fruits confits, de fleurs blanches, de miel et de confiture de coings. Complexe et puissante dès l'attaque, la bouche s'articule autour d'une sucrosité sans aucun excès, épaulée par une fine acidité. ⧗ 2018-2030

DOM. CADY, 20, lieu-dit Valette, 49190 Saint-Aubin-de-Luigné, tél. 02 41 78 33 69, domainecady@yahoo.fr V *r.-v.*

DOM. CHUPIN 2017

■ | 52000 | 5 à 8 €

Ce vaste domaine de 94 ha est établi dans l'aire des coteaux-du-layon. Il a été racheté en 1988 aux héritiers d'Émile Chupin par Guy Saget, bien connu pour ses vignobles de la région de Pouilly-sur-Loire.

Il se dégage au nez de ce 2017 des notes prononcées de chèvrefeuille. Une attaque franche et droite précède une bouche souple et équilibrée. Un vin idéal pour l'apéritif. ⧗ 2018-2022

SCEA DOM. ÉMILE CHUPIN, 8, rue de l'Église, Champs-sur-Layon, 49380 Bellevigne-en-Layon, tél. 02 41 78 86 54, domaine.chupin@wanadoo.fr
Saget La Perrière

DOM. DU CLOS DES GOHARDS Cuvée Emma 2016

■ | 5000 | | 8 à 11 €

Mickaël et Fabienne Joselon, frère et sœur, ont repris l'exploitation familiale en 2009 lors du départ de leur père en retraite. Régulièrement distingué dans le Guide, le domaine compte 48 ha et propose diverses appellations ligériennes.

Après une légère agitation, les arômes d'agrumes se dévoilent. On les retrouve au palais, accompagnés de saveurs de raisin sec et de fruits exotiques. Rond et frais à la fois, équilibré, un layon classique et bien agréable. ⧗ 2018-2023

EARL JOSELON, Les Oisonnières, Chavagnes, 49380 Terranjou, tél. 02 41 54 13 98, earljoselon@orange.fr V *r.-v.*

DOM. DES CLOSSERONS L'Excellence 2016 ★★

■ | n.c. | | 15 à 20 €

Les Leblanc sont viticulteurs de père en fils depuis le XVIIe s. Jean-Claude a repris l'exploitation familiale en 1956. Ses fils Yannick et Dominique lui ont succédé en 1984, rejoints en 2008 par Fabien, fils du premier, et en 2014 par Pierre, fils du second. Un domaine de 45 ha conduit de manière très raisonnée, régulièrement en vue pour ses liquoreux, ses coteaux-du-layon notamment.

Cette cuvée porte bien son nom puisqu'elle a frôlé le coup de cœur et séduit le jury par la complexité de son nez qui navigue entre miel, confiture de coings et compote de pêches à la vanille. L'élevage en fût est parfaitement maîtrisé et apporte caractère et structure à un palais suave, onctueux et dense, aux saveurs de pêche rôtie d'une grande persistance. ⧗ 2019-2030 ■ **Vieilles Vignes 2017 ★ (8 à 11 €; 7000 b.)** : d'une belle couleur doré soutenu, presque ambré, ce 2017 est marqué au nez par le miel, les fleurs blanches et des notes toastées. La bouche est ample et riche, équilibrée et allongée par une jolie finale plus vive. ⧗ 2019-2028 ■ **La Placette Faye 2016 ★ (11 à 15 €; 2400 b.)** : cette cuvée oscille au nez entre l'abricot et la brioche. Une palette aromatique que l'on retrouve en milieu de bouche après une attaque plus franche et saline. La finale est quant à elle d'une grande douceur. ⧗ 2019-2028

EARL JEAN-CLAUDE LEBLANC ET FILS, 2, rue des Monts, Les Closserons, 49380 Faye-d'Anjou, tél. 02 41 54 30 78, contact@domaine-leblanc.fr V t.l.j. sf dim. 8h30-12h30 14h-18h*

DOM. DU COLOMBIER Symphonie d'Automne 2017

	1000		5 à 8 €

Ce domaine familial créé en 1974 comprend un vignoble de 44 ha situé non loin de Doué-la-Fontaine, la «cité des roses». À sa tête depuis 2003, Sylvain Bazantay et sa sœur Florence, à l'aise dans les trois couleurs, proposent une vaste gamme de vins d'Anjou.

Des arômes floraux et de fruits blancs se dégagent à l'olfaction. Au palais, la fraîcheur domine et équilibre joliment la douceur. Profitez-en dès maintenant. 2018-2023

SYLVAIN ET FLORENCE BAZANTAY, 10, rue du Colombier, Linières, 49700 Brigné-sur-Layon, tél. 02 41 59 31 82, earlbazantay@orange.fr V t.l.j. sf dim. 9h30-12h30 14h-18h30

DOM. LA CROIX DE GALERNE Les Pinçonnes 2016

	630		8 à 11 €

Après une expérience dans le Bordelais, André Roger et son épouse Yvette, œnologue, s'installent en 1988 à Martigné-Briand, village dominant le Layon. Leur domaine est passé de 12 à 30 ha. Depuis 2009, leur fils Frédéric se charge des vinifications.

Le nez est expressif et dévoile des arômes de coing et de miel, tandis que la sensation de gras domine encore le palais. Un ensemble très riche et généreux qui mérite encore de la patience. 2020-2026

YVETTE ET FRÉDÉRIC ROGER, 20, rue du Pressoir, 49540 Martigné-Briand, tél. 02 41 59 65 73, earl.roger@orange.fr V t.l.j. sf dim. 9h-12h 14h-18h30

DOM. DES DEUX VALLÉES Clos de la Motte 2017 ★

	20000		8 à 11 €

René Socheleau et son fils Philippe ont repris et restructuré ce domaine de 44 ha en 2001, et construit un nouveau chai situé sur la corniche angevine, surplombant les vallées de la Loire et du Layon. Leurs vins sont régulièrement retenus dans le Guide.

Le vin détonne par son doré prononcé. D'une belle concentration, le nez se montre complexe et puissant: fruits secs, notes grillées, épices. En bouche, on découvre un coteaux-du-layon classique et bien fait, à la teneur en sucre et à la concentration étonnantes pour un 2017. Du potentiel. 2019-2030

SOCHELEAU, lieu-dit Bellevue, 49190 Saint-Aubin-de-Luigné, tél. 02 41 78 33 24, contact@domaine2vallees.com V t.l.j. sf dim. 9h30-12h 14h-18h

B DOM. DHOMMÉ Les Beauvais 2017

	7500		11 à 15 €

Réputé pour ses coteaux-du-layon, ce vignoble conduit en bio s'est bien étoffé depuis sa création en 1960 et s'étend aujourd'hui sur 25 ha. Avec Xavier Dhommé et sa sœur Clarisse, c'est la quatrième génération qui est aux commandes.

D'un beau jaune doré, ce vin offre un nez concentré de fruits surmûris. La fermentation lente en barrique structure une bouche tendre et suave, à l'attaque fraîche. Une bouteille qui devrait se bonifier en cave. 2019-2025

XAVIER DHOMMÉ, 46, Les Petits-Fresnaies, 49290 Chalonnes-sur-Loire, tél. 02 41 45 06 53, info@domainedhomme.com V t.l.j. sf dim. 9h-12h30 14h-18h; sam. sur r.-v.

DOM. DE LA DUCQUERIE Chaume 2016 ★

1er cru	3500	8 à 11 €

Installés non loin du musée de la Vigne et du Vin à Saint-Lambert-du-Lattay, dans la vallée du Layon, les Cailleau sont à la tête de 50 ha de vignes. Leur fils Cyril a rejoint l'exploitation en 2003 et s'occupe des vinifications, épaulé depuis 2016 par sa sœur Céline.

Le bouquet de ce Chaume est un agréable mélange de fruits frais et de fruits confits où la pourriture noble s'exprime pleinement. Tout aussi complexe et fruité (abricot, ananas, agrumes), la bouche se révèle à la fois fraîche et suave. Ce 2016 réussit la gageure de rester vif et digeste malgré les 130 g/l de sucres résiduels… Bravo pour l'équilibre ! 2018-2026

DOM. DE LA DUCQUERIE, 2, chem. du Grand-Clos, 49750 Saint-Lambert-du-Lattay, tél. 02 41 78 42 00, domaine.ducquerie@wanadoo.fr V r.-v.

Cailleau

DOM. DES ÉPINAUDIÈRES Saint-Lambert 2016 ★

	1300		8 à 11 €

Ce domaine de 26 ha, créé par Roger Fardeau en 1966, a été repris en 1991 par son fils Paul et sa belle-fille Nathalie. Producteurs de beaux cabernet-d'anjou et coteaux-du-layon, ils s'illustrent aussi régulièrement en AOC anjou.

La pourriture noble marque de son empreinte cette cuvée élégante et racée par ses notes d'abricot sec, de miel et de fruits jaunes bien mûrs. La bouche, à l'unisson du bouquet, apparaît souple et onctueuse, bien équilibrée par une fine trame acidulée. 2018-2025

SCEA FARDEAU, 14, Sainte-Foy, Saint-Lambert-du-Lattay, 49750 Val-du-Layon, tél. 02 41 78 35 68, fardeau.paul@club-internet.fr V r.-v.

DOM. DES FONTAINES Les Coqueries 2017 ★★

	5300		5 à 8 €

Situé au cœur de l'AOP bonnezeaux, ce domaine familial de 35 ha est dirigé par Alain Rousseau et son fils Vincent, qui représente la quatrième génération.

Limpide et brillante, la robe est d'un jaune doré pâle, synonyme de jeunesse. On découvre des notes intenses de coing et de fruits exotiques à l'olfaction, agrémentées d'arômes de fruits blancs. Une attaque fraîche et souple précède un palais suave, fruité, idéalement équilibré. La finale tout en longueur achève de convaincre. Un vin au potentiel certain. 2019-2028

ALAIN ET VINCENT ROUSSEAU, 301, les Noues, Thouarcé, 49380 Bellevigne-en-Layon, tél. 02 41 54 32 30, domaine.des.fontaines@wanadoo.fr V r.-v.

DOM. ÉRIC FREULON 2017 ★★

5000 | 5 à 8 €

Éric Freulon a repris en 2001 ce domaine familial situé au cœur de l'aire des coteaux-du-layon, étendu sur une surface 25 ha.

L'olfaction de ce 2017, très expressive et d'une grande finesse, dévoile des notes intenses d'agrumes, de fruits blancs, de coing et de fleurs blanches. Le jury a également salué un bel équilibre en bouche où le vin développe toute son aromatique et sa fraîcheur. Une belle réussite à boire dès à présent pour le fruit, mais qui saura gagner encore en complexité avec quelques années de garde. ⧗ 2018-2026

ÉRIC ET CLARISSE FREULON, lieu-dit Le Bœuf-Hairé, Champ-sur-Layon, 49380 Bellevigne-en-Layon, tél. 02 41 54 00 66, e.freulon@orange.fr V t.l.j. sf dim. 8h30-12h30 14h-18h30

DOM. DE LA GERFAUDRIE
Les Hauts de la Gerfaudrie 2017

14 000 | 8 à 11 €

Situé sur la corniche angevine, ce domaine de 20 ha domine la vallée du Layon, à quelques kilomètres de sa confluence. Il tire son nom du gerfaut, rapace utilisé jadis en fauconnerie.

Cette cuvée exhale à l'olfaction des arômes de petits fruits blancs et de miel. Une fine acidité apporte de l'équilibre à une bouche onctueuse et de bonne longueur. ⧗ 2018-2024

SCEV DOM. DE LA GERFAUDRIE, 25, rue de l'Onglée, 49290 Chalonnes-sur-Loire, tél. 02 41 78 02 28, domaine-gerfaudrie@wanadoo.fr V r.-v.
Bourreau

LEDUC-FROUIN Grand Clos 2016 ★

3000 | 8 à 11 €

Installés dans le village troglodytique de Martigné-Briand, Antoine Leduc, œnologue, et sa sœur Nathalie conduisent depuis 1990 le domaine familial (30 ha en agriculture raisonnée). Leurs vins séjournent comme il se doit dans la fraîcheur de caves souterraines creusées dans le falun. Une valeur sûre de l'Anjou viticole.

Le nez, délicat et fin, s'ouvre sur des notes d'abricot et de coing. Arômes que l'on retrouve dans une bouche très bien équilibrée entre richesse et fraîcheur, à la finale longue, sirupeuse, mais sans aucune lourdeur. ⧗ 2018-2028

ANTOINE ET NATHALIE LEDUC, 20, rue Saint-Arnoul, Sousigné, 49540 Martigné-Briand, tél. 02 41 59 42 83, info@leduc-frouin.com V r.-v.

LE LOGIS DU PRIEURÉ Clos des Aunis 2015

6000 | 11 à 15 €

Implanté à Concourson-sur-Layon, ce domaine de 34 ha produit une large gamme de vins d'Anjou (liquoreux, rouges et rosés). Vincent Jousset est à sa tête depuis 1982.

Cette cuvée offre une belle complexité aromatique: agrumes, fruits secs et compotés se dévoilent aussi bien au nez qu'en bouche. Cette dernière se montre harmonieuse et particulièrement friande. Un vin à boire dans sa jeunesse. ⧗ 2018-2023

VINCENT JOUSSET, 8, rte des Verchers, 49700 Concourson-sur-Layon, tél. 02 41 59 11 22, logis.prieure@wanadoo.fr V t.l.j. sf dim. 9h-12h 14h-18h

LUC ET FABRICE MARTIN Cuvée Prestige 2016 ★

4000 | 11 à 15 €

Les frères Luc et Fabrice Martin, qui incarnent la quatrième génération sur la propriété, se sont associés en GAEC en 1997. Régulièrement en vue, leur domaine de 27 ha est situé à Chaudefonds-sur-Layon, à quelques kilomètres de la confluence du Layon avec la Loire.

Paré d'une robe dorée et profonde, ce 2016 offre un charmant bouquet de fruits secs et d'épices. La bouche, ample et riche, est dominée par le miel, les notes de prune et de pâte de coings, mais distille dans sa finale de rafraîchissantes saveurs citronnées. Un vin bien équilibré. ⧗ 2018-2026

LUC ET FABRICE MARTIN, 2 bis, rue du Stade, 49290 Chaudefonds-sur-Layon, tél. 02 41 78 19 91, luc.martin3@wanadoo.fr V r.-v.

DOM. LE MONT Faye 2017

4000 | 8 à 11 €

Depuis 1995, c'est Claude Robin, fils de Louis, qui conduit l'exploitation fondée par son grand-père en 1930 et implantée au sommet d'un coteau dominant la vallée du Layon. Il y pratique sur ses 25 ha une culture raisonnée avec enherbement et travail du sol. Une bonne référence de l'Anjou, notamment pour ses liquoreux, bonnezeaux en tête.

L'olfaction est dominée par le coing et la poire, tandis que la bouche se montre à la fois minérale et douce, à la vivacité bien ajustée. Un ensemble équilibré. ⧗ 2018-2023

EARL LOUIS ET CLAUDE ROBIN, 64, rue des Monts, Faye-d'Anjou, 49380 Bellevigne-en-Layon, tél. 02 41 54 31 41, robinclaudemont@orange.fr V r.-v.

CH. DE MONTGUÉRET 2017 ★

20 000 | 5 à 8 €

Les Grands Chais de France ont acquis en 2005, auprès de la société Lacheteau, le Ch. de Montguéret et le Ch. de Champteloup, qui représentent un vaste ensemble de 100 ha souvent en vue pour ses rosés et ses effervescents.

Peu commune dans l'appellation, la minéralité qui s'échappe du verre est expressive et intense. Sur la fraîcheur également, l'aromatique en bouche s'oriente vers les agrumes et le litchi. Un bel équilibre pour un vin jeune mais déjà délicieux. ⧗ 2018-2025

SCEA CHAMPTELOUP, 49560 Nueil-sur-Layon, tél. 02 40 36 66 00 Grands Chais de France

DOM. DE LA MOTTE Rochefort 2017

6800 | 8 à 11 €

Ce domaine de 18 ha est implanté à l'entrée du village de Rochefort-sur-Loire, petit bourg situé juste avant

LOIRE

la confluence du Layon et de la Loire. Fondé en 1935, il a été repris en 1995 par Gilles Sorin.

Un bel exemple de vin gourmand qui donne la sensation de croquer dans le fruit. Les fruits exotiques agrémentent ainsi l'olfaction, alors que les agrumes se dévoilent dans une bouche alliant harmonieusement vivacité et sucrosité. ⧗ 2018-2023

⊶ SORIN, 35, av. d'Angers, 49190 Rochefort-sur-Loire, tél. 02 41 78 72 96, sorin.dommotte@wanadoo.fr V ⚑ ▪ *t.l.j. sf dim. 9h-12h 13h30-18h30*

DOM. DU PETIT CLOCHER
Cuvée Prestige 2016 ★★

■	1600	◍	15 à 20 €

Conduite par la jeune génération, Stéphane, Julien et Vincent Denis, arrivés respectivement en 2003, 2006 et 2009, une affaire de famille depuis 1920; 5 ha aux origines, 86 ha aujourd'hui. Un domaine phare du haut Layon, réputé notamment pour ses vins rouges, mais aussi très à l'aise en blanc et en rosé. Une valeur (très) sûre.

L'intensité de la robe dorée témoigne d'une vendange où la pourriture noble a bien concentré les raisins et les arômes. La palette qui se dégage du verre est complexe: coing, miel, abricot et cire d'abeille. Des arômes que l'on retrouve dans une bouche longue, riche, de grande ampleur, mais sans lourdeur aucune. ⧗ 2018-2028

⊶ EARL DU PETIT CLOCHER, La Laiterie, 49560 Cléré-sur-Layon, tél. 02 41 59 54 51, petit.clocher@wanadoo.fr V ⚑ ▪ *t.l.j. sf dim. 8h30-12h30 14h-18h ⊶ Famille Denis*

DOM. DU PETIT MÉTRIS Chaume 2016

■ 1er cru	3500	◍	11 à 15 €

Régulièrement mentionné dans le Guide, ce domaine s'affirme comme une valeur sûre du vignoble angevin, tant pour ses blancs secs que pour ses liquoreux. Créée en 1742, la propriété domine du haut de son coteau le village de Saint-Aubin-de-Luigné traversé par le Layon.

Séduisant par l'expression florale de son nez (acacia, miel de fleurs), ce 2016 est équilibré et offre une belle acidité qui procure fraîcheur et tension au palais. Un profil dynamique et plutôt léger. ⧗ 2018-2023

⊶ JOSEPH RENOU ET FILS, 13, chem. de Treize-Vents, Le Grand-Beauvais, 49190 Saint-Aubin-de-Luigné, tél. 02 41 78 33 33, domaine.petit.metris@wanadoo.fr V ⚑ ▪ *r.-v.*

DOM. DU PETIT VAL 2016 ★★

■	6000	▮	5 à 8 €

Rouges comme liquoreux, les vins de ce domaine fréquentent régulièrement les pages du Guide. Installés depuis 1988 avec sa femme Janine, Denis Goizil a bien agrandi l'exploitation créée en 1951 par son père Vincent, la faisant passer de 18 à 47 ha aujourd'hui. Simon a rejoint ses parents en 2014.

La très belle robe limpide et couleur or invite à la dégustation. Le nez distille des arômes intenses de fruits secs et fruits confits (coing, poire) qui témoignent d'une belle vendange. La bouche se révèle ample, riche et tout en rondeur. L'acidité en finale participe au grand équilibre de ce superbe 2016 qui pourra patienter sereinement en cave. ⧗ 2019-2028

⊶ EARL GOIZIL, Dom. du Petit Val, 49380 Chavagnes, tél. 02 41 54 31 14, denisgoizil@sfr.fr V ⚑ ▪ *r.-v.*

DOM. DE PIED-FLOND Tradition 2016

■	6000	▮	5 à 8 €

Commandé par un petit manoir construit en pierre de falun (pierre coquillière), cette ancienne seigneurie du XVes. est entrée dans la famille Gourdon en 1864 et a vu se succéder sept générations. Franck Gourdon a pris les commandes en 2000 du domaine, qui compte 25 ha.

Le nez, encore discret, dévoile des arômes de coing et de fruits blancs. Bien bâtie, la bouche affiche un joli grain velouté et de la rondeur, et des saveurs acidulées ferment joliment la dégustation. ⧗ 2019-2023

⊶ FRANCK GOURDON, Dom. de Pied-Flond, 49540 Martigné-Briand, tél. 02 41 59 92 36, pied-flond@9business.fr V ⚑ ▪ *r.-v.*

CH. PIERRE-BISE Rochefort 2017

■	n.c.	◍	11 à 15 €

Ce domaine de 50 ha, né de la fusion de deux exploitations familiales, est conduit depuis 1974 par Claude Papin, l'un des plus fins connaisseurs des terroirs angevins et des plus talentueux élaborateurs de vins blancs de la région, en sec comme en liquoreux. Incontournable.

Joliment doré, ce 2017 arbore un nez expressif de poire et d'abricot. Dès l'attaque, le gras emplit la bouche, bien équilibrée par l'acidité de la vendange, pour permettre à l'ensemble de demeurer souple et frais. ⧗ 2018-2023

⊶ PAPIN, 1, imp. Chanoine-de-Douvres, 49750 Beaulieu-sur-Layon, tél. 02 41 78 31 44 V ▪ *r.-v.*

B CH. DE PLAISANCE Chaume 2016 ★

■ 1er cru	20000	◍ ▮	15 à 20 €

Installé depuis 1980, Guy Rochais – héritier d'une longue lignée vigneronne remontant au XVIIes. – exploite en bio et biodynamie 25 ha de vignes situées principalement sur la rive gauche de la Loire, avec plusieurs parcelles dans des appellations aussi prestigieuses que coteaux-du-layon, chaume ou quarts-de-chaume. Une valeur sûre.

Toujours très précis dans l'élaboration de ses vins liquoreux, Guy Rochais a soigné ce 2016 aux notes déjà intenses de miel, d'abricot confit, de zeste d'orange et de noix. Une vraie complexité qui se retrouve dans un palais ample et très liquoreux, presque sirupeux, où l'acidité apporte son équilibre et ses impressions minérales. ⧗ 2021-2028

⊶ GUY ROCHAIS, Chaume, 49190 Rochefort-sur-Loire, tél. 02 41 78 33 01, rochais.guy@orange.fr V ▪ *r.-v.*

DOM. DES RICHÈRES 2017 ★★

■	10000	◍	5 à 8 €

Anciennement rattaché à la seigneurie de Millé, ce domaine est exploité par la famille Guibert depuis

1775. En 2006, Fabrice Guibert a pris les rênes de la propriété et de ses 64 ha situés au cœur des coteaux-du-layon.

La robe attire le regard par sa couleur jaune paille. L'intensité aromatique qui émane du verre impressionne: abricot, pêche et ananas confits, nuances vanillées et toastées dues à l'élevage sous bois. Ce boisé fondu s'avère être une vraie valeur ajoutée, apportant de la structure à une bouche à la fois riche et nerveuse, ample et harmonieuse. Une franche réussite, à encaver quelques années. ⧗ 2020-2028

⊶ FABRICE GUIBERT, 7, rte d'Angers, Millé, Chavagnes, 49380 Terranjou, tél. 02 41 54 10 47, faguibert@yahoo.com V ▪ *r.-v.*

VIGNOBLE MICHEL ROBINEAU
Saint-Lambert du Lattay Sélection de grains nobles 2015 ★★

■	1060	◍	15 à 20 €

À la tête de 11 ha de vignes, Michel Robineau a créé son exploitation en 1990 dans l'aire des coteaux-du-layon. Son domaine jouit d'une très bonne réputation, confortée par nombre d'étoiles et de coups de cœur dans le Guide.

Cette sélection de grains nobles, avec ses 190,8 g/l de sucres résiduels, est un excellent exemple de ce que peut être un vin blanc liquoreux abouti. Le nez, subtil mélange de poire compotée, de coing, de notes de raisin confit, de vanille et de noix de coco, est à la fois complexe et raffiné. La bouche, sirupeuse et riche, semble arrêter le temps et s'éternise dans une finale savoureuse où dominent les notes boisées, accompagnées par ce zeste de fraîcheur qui fait l'équilibre. Un très beau vin de contemplation. ⧗ 2020-2030

⊶ MICHEL ROBINEAU, 3, chem. du Moulin, Les Grandes-Tailles, Saint-Lambert-du-Lattay, 49750 Val-du-Layon, tél. 02 41 78 34 67, vignoblemichelrobineau@orange.fr

DOM. DE LA ROCHE MOREAU Saint-Aubin 2016

■	6000	▮	8 à 11 €

Ce domaine de 27 ha est situé sur la corniche angevine entre les vallées de la Loire et du Layon. Le chai ancien est classé (XVIIes.) et la cave est installée dans une mine à charbon désaffectée, dans laquelle mûrissent les vins de garde. Une valeur sûre de l'Anjou viticole, souvent en vue pour ses liquoreux, ses coteaux-du-layon et quarts-de-chaume notamment.

Parsemé de touches de raisin sec et d'abricot confit, le nez est encore discret et en retrait d'une bouche plus attrayante, onctueuse, chaleureuse et riche, équilibrée par une fraîcheur bienvenue en finale. ⧗ 2019-2025

⊶ ANDRÉ DAVY, 5, rte de la Corniche, La Haie-Longue, 49190 Saint-Aubin-de-Luigné, tél. 02 41 78 34 55, davy.larochemoreau@wanadoo.fr V ▪ ▪ *r.-v.*

LA ROCHE SAINT-AENS 2017 ★

■	25000	5 à 8 €

Situé sur les hauteurs de Rochefort-sur-Loire, ce domaine s'inscrit dans le paysage remarquable de la corniche angevine. Exploitée par son fondateur et ses deux fils, la propriété est passée de 2 ha en 1976 à 58 ha aujourd'hui.

Les fruits mûrs (pêche, coing) se dégagent du verre. La bouche est ample, le grain fin, la liqueur bien domptée par la vivacité de la finale. Un joli travail d'équilibriste. ⧗ 2018-2025

⊶ EARL PIN, Les Hautes-Brosses, 49190 Rochefort-sur-Loire, tél. 02 41 78 35 26, pin@webmails.com V ▪ ▪ *r.-v.*

CH. DES ROCHETTES Vieilles Vignes 2016

■	6500	▮	8 à 11 €

Catherine Nolot a repris en 2006 deux propriétés situées à Concourson-sur-Layon: le Ch. des Rochettes, qui appartenait à la famille Douet depuis de nombreuses générations, et le Dom. de l'Été, géré pendant vingt ans par Yannick Babin.

Au nez, cette cuvée dévoile des arômes discrets d'agrumes et de fruits exotiques. L'attaque est franche, et la légère vivacité présente en milieu de bouche rend l'ensemble harmonieux. ⧗ 2018-2023

⊶ SCEA CATHERINE NOLOT, L'Été, 49700 Concourson-sur-Layon, tél. 02 41 59 11 63, domainedelete@wanadoo.fr V ▪ ▪ *t.l.j. sf dim. 9h-12h30 13h30-18h*

VIGNOBLE ROUSSEAU
Saint-Lambert-du-Lattay 2016

■	2100	▮	8 à 11 €

Implanté à Saint-Lambert-du-Lattay, ce domaine familial s'est spécialisé dans la viticulture en 1984. Son vignoble de 28 ha planté essentiellement sur schistes est conduit par Tony Rousseau, qui a succédé en 2002 à ses parents Gérard et Jacqueline après un parcours en Bourgogne et en Alsace.

Bien en phase avec son appellation, cette cuvée arbore un nez de coing et de fruits exotiques. L'attaque est souple, douce, et le milieu de bouche se révèle plus acidulé, conférant à l'ensemble un bel équilibre. ⧗ 2018-2023

⊶ TONY ROUSSEAU, 8 bis, rue de la Chauvière, Saint-Lambert-du-Lattay, 49750 Val-du-Layon, tél. 02 41 78 34 76, rousseau@vignoblerousseau.com V ▪ ▪ *r.-v.*

Ⓑ DOM. DES SABLONNIÈRES 2017 ★★

■	6500	▮	8 à 11 €

Ce domaine, repris en 1990 par Tony Raboin et Pascal Busson, compte aujourd'hui 20 ha de vignes. Il est établi à Doué-la-Fontaine, ville riche en sites troglodytiques creusés dans le falun. Depuis 2010, le vignoble est conduit en bio.

La robe, brillante et limpide, s'égaye de beaux reflets dorés. Mais c'est surtout l'intensité aromatique se dégageant du verre qui a conquis le jury: les arômes floraux se mêlent aux notes de fruits confits et de litchi. La bouche, elle, se parfait d'une harmonie peu commune. Tout y est: volume, richesse, intensité aromatique, vivacité. On se délectera longtemps de ce 2017, digne représentant de l'appellation. ⧗ 2020-2030

⊶ TONY RABOIN ET PASCAL BUSSON, 365, rue Jean-Gaschet, Doué-la-Fontaine, 49700 Doué-en-Anjou, tél. 02 41 51 32 98, lessablonnieres@wanadoo.fr V ▪ ▪ *r.-v.*

DOM. DES SAULAIES
Faye d'Anjou Cuvée Quarts des Noëls 2017

■ | 2600 | 🍾 | 8 à 11 €

La famille Leblanc est installée depuis 1662 sur les terres escarpées de Faye-d'Anjou. Initialement tournée vers les vins blancs, puis vers les vins rosés au début du XXe s., l'exploitation a ajouté les rouges à sa gamme au cours des années 1960-1970. Le vignoble couvre 18 ha.

Le nez, encore sur la réserve, laisse transparaître des notes de fruits frais et de litchi à l'aération. La bouche, plus gourmande et expressive, présente un bel équilibre sucre/acide. Une cuvée harmonieuse. ⧗ 2018-2024

⊶ PHILIPPE ET PASCAL LEBLANC, 1, rue des Monts, 49380 Faye-d'Anjou, tél. 02 41 54 30 66, contact@domainedessaulaies.fr V K ▮ *t.l.j. sf dim. 8h-13h 14h-19h*

QUARTS-DE-CHAUME

Superficie : 28 ha / Production : 579 hl

Le nom de l'appellation dit l'ancienneté de ce vignoble réputé de la vallée du Layon: le seigneur se réservait le quart de la production et gardait le vin né sur le meilleur terroir. Les quarts-de-chaume proviennent d'une colline exposée plein sud autour de Chaume, à Rochefort-sur-Loire. Les vignes souvent vieilles, l'exposition et les aptitudes du chenin conduisent à des productions, généralement faibles, de grande qualité. Récoltés par tries, les vins sont moelleux ou liquoreux. Séveux et nerveux, ils sont de garde (de cinq ans à plusieurs décennies, selon le millésime).

DOM. DES FORGES 2016 ★

■ Gd cru | 1680 | 🛢 | 30 à 50 €

La première parcelle a été acquise en 1890. Réputée pour ses vins liquoreux, la propriété, qui compte aujourd'hui 48 ha, a vu en 1996 l'installation de Stéphane et de Séverine Branchereau, incarnant la cinquième génération aux commandes du domaine.

La robe est dorée et intense, à l'unisson avec le nez, qui dévoile des notes généreuses et soutenues de figue et d'abricot confit. Des arômes auxquels viennent s'ajouter les fruits exotiques dans un palais suave et riche, équilibré par une finale fraîche et acidulée. ⧗ 2020-2030

⊶ DOM. DES FORGES, 6, lieu-dit Les Barres, 49190 Saint-Aubin-de-Luigné, tél. 02 41 78 33 56, cb@domainedesforges.net V K ▮ *r.-v.* 🏠 Ⓔ *⊶ Branchereau*

DOM. GAUDARD 2015

■ Gd cru | 3800 | 🍾 | 30 à 50 €

Valeur sûre de l'Anjou, ce domaine familial a été créé en 1969 par Pierre Aguilas et son épouse Janes. Couvrant 45 ha, l'exploitation est conduite par leur fils Antoine depuis 2012.

Au nez, de subtils arômes de coing et de fruits confits portés par un alcool assez présent. Très riche et très chaleureuse en attaque, la bouche se tend au fur et à mesure de la dégustation jusqu'à la finale plus vive et acidulée. ⧗ 2019-2028

⊶ ANTOINE AGUILAS, Les Saules, 49290 Chaudefonds-sur-Layon, tél. 06 23 22 24 48, antoine.aguilas@orange.fr V K ▮ *r.-v.*

DOM. DU PETIT MÉTRIS 2016

■ Gd cru | 1000 | 🛢 | 30 à 50 €

Régulièrement mentionné dans le Guide, ce domaine s'affirme comme une valeur sûre du vignoble angevin, tant pour ses blancs secs que pour ses liquoreux. Créée en 1742, la propriété domine du haut de son coteau le village de Saint-Aubin-de-Luigné traversé par le Layon.

Encore sur la réserve de sa jeunesse, le nez laisse néanmoins poindre des notes de fruits exotiques. Plus riche et expressive, la bouche offre un bon volume et du gras sans jamais dominer pour autant la trame acide qui garantit son équilibre. Une bouteille qui gagnera son étoile en cave. ⧗ 2020-2028

⊶ JOSEPH RENOU ET FILS, 13, chem. de Treize-Vents, Le Grand-Beauvais, 49190 Saint-Aubin-de-Luigné, tél. 02 41 78 33 33, domaine.petit.metris@wanadoo.fr V K ▮ *r.-v. ⊶ Famille Renou*

Ⓑ CH. DE PLAISANCE 2016

■ Gd cru | 2000 | 🛢🍾 | 30 à 50 €

Installé depuis 1980, Guy Rochais – héritier d'une longue lignée vigneronne remontant au XVIIe s. – exploite en bio et biodynamie 25 ha de vignes situées principalement sur la rive gauche de la Loire, avec plusieurs parcelles dans des appellations aussi prestigieuses que coteaux-du-layon, chaume ou quarts-de-chaume. Une valeur sûre.

Fidèle au rendez-vous, comme toujours, Guy Rochais signe ici un quarts-de-chaume qui a connu un court élevage de six mois en barrique. Au nez, des notes de coing et d'amande s'associent au merrain grillé et vanillé. Arômes qui s'imposent aussi dans un palais riche, dynamisé par une agréable amertume en finale. ⧗ 2019-2026

⊶ GUY ROCHAIS, Chaume, 49190 Rochefort-sur-Loire, tél. 02 41 78 33 01, rochais.guy@orange.fr V ▮ *r.-v.*

♥ DOM. DE LA ROCHE MOREAU 2016 ★★

■ Gd cru | n.c. | 🍾 | 30 à 50 €

Ce domaine de 27 ha est situé sur la corniche angevine entre les vallées de la Loire et du Layon. Le chai ancien est classé (XVIIe s.) et la cave est installée dans une mine à charbon désaffectée, dans laquelle mûrissent les vins de garde. Une valeur sûre de l'Anjou viticole, souvent en vue pour ses liquoreux, ses coteaux-du-layon et quarts-de-chaume notamment.

Déjà coup de cœur l'an dernier avec son millésime 2015, André Davy récidive et s'impose comme l'un des maîtres de l'appellation tant ses vins sont fins et précis. Cette cuvée en est une nouvelle illustration. Elle s'impose d'emblée par sa complexité aromatique: cannelle, clou de girofle, vanille, fruits secs, mangue. Tout aussi riche en expression, le palais se montre onctueux, fondant, très liquoreux mais avec en soutien une fine trame minérale qui apporte de la légèreté, du nerf et une longueur admirable. Déjà délicieux, ce quarts-de-chaume pourra vieillir de nombreuses années. ⧗ 2022-2035

⊶ ANDRÉ DAVY, 5, rte de la Corniche, La Haie-Longue, 49190 Saint-Aubin-de-Luigné, tél. 02 41 78 34 55, davy.larochemoreau@wanadoo.fr V 🚶 ▮ *r.-v.*

BONNEZEAUX

Superficie : 67 ha / Production : 1 830 hl

« L'inimitable vin de dessert », disait le Dr Maisonneuve en 1925. À cette époque, les grands liquoreux étaient surtout consommés à ce moment du repas ou dans l'après-midi, entre amis. De nos jours, on apprécie plutôt ce grand cru à l'apéritif. Très parfumé, plein de sève, de grande garde, le bonnezeaux doit toutes ses qualités au terroir exceptionnel qu'il occupe: surplombant le village de Thouarcé, trois petits coteaux de schiste abrupts exposés plein sud: La Montagne, Beauregard et Fesles.

DOM. DU CLOS DES GOHARDS 2016 ★

■	2000	🛢🍾	11 à 15 €

Mickaël et Fabienne Joselon, frère et sœur, ont repris l'exploitation familiale en 2009 lors du départ de leur père en retraite. Régulièrement distingué dans le Guide, le domaine compte 48 ha et propose diverses appellations ligériennes.

Ce 2016 est une cuvée équilibrée et complexe qui délivre à l'olfaction des notes puissantes de pain d'épice, de coing, de pêche au sirop et de fruits confits. Onctueux, chaleureux et densifié par ses six mois d'élevage en barrique, le palais est harmonieux, élégant et de belle longueur. ⧗ 2020-2030

⊶ EARL JOSELON, Les Oisonnières, Chavagnes, 49380 Terranjou, tél. 02 41 54 13 98, earljoselon@orange.fr V 🚶 ▮ *r.-v.*

DOM. DES GIRAUDIÈRES 2016 ★★

■	3066	🍾	15 à 20 €

Ce domaine familial créé en 1927 étend son vignoble sur 45 ha. Conduit depuis 1983 par Dominique et Françoise Roullet, il propose toute la gamme des vins de la région de Brissac.

La pourriture noble a fait son œuvre et offre à ce vin une belle robe jaune intense aux reflets dorés et un nez expressif de confiture de coings, d'abricot sec et de vanille. Tout aussi riche, le palais se montre onctueux et gourmand, dynamisé par une finale acidulée. ⧗ 2020-2030

⊶ ROULLET, Les Giraudières, Vauchrétien, 49320 Brissac-Loire-Aubance, tél. 02 41 91 24 00, roulletdo@orange.fr V 🚶 ▮ *t.l.j. sf dim. 9h-12h 14h-19h* 🏠 ❷

DOM. DE HAUT MONT 2016 ★

■	1500	🍾	11 à 15 €

Chez les Robin, on cultive la vigne depuis sept générations. C'est Alfred qui a fondé ce domaine en 1955. Son petit-fils Nicolas est aux commandes depuis 2013, avec à sa disposition un vignoble de 28 ha.

D'un beau jaune intense aux reflets dorés, cette cuvée attaque franchement en bouche et évolue sur une belle matière dense et charnue. Comme au nez, la gamme aromatique convoque le citron, le miel et la fleur d'acacia. Une grande harmonie se dégage de ce vin. ⧗ 2020-2030

⊶ NICOLAS ROBIN, 31, rue des Monts-Faye-d'Anjou, 49380 Bellevigne-en-Layon, tél. 02 41 54 02 55, robin.pichery@wanadoo.fr V 🚶 ▮ *t.l.j. sf dim. 9h-12h 14h-19h*

DOM. DE MIHOUDY 2017 ★

■	16000	11 à 15 €

Bruno et Jean-Charles Cochard sont associés avec leur père Jean-Paul sur ce vignoble de 75 ha situé dans la vallée du Layon, dans leur famille depuis six générations. Un domaine de référence qui s'illustre souvent en anjou, blanc ou rouge, ainsi qu'en liquoreux, en bonnezeaux notamment. Incontournable.

Discret mais plaisant, le nez de ce bonnezeaux évoque le pruneau, la confiture de coings et les fruits secs. En bouche, une fine acidité équilibre avec justesse et précision l'opulence des sucres résiduels (150 g/l). Un bon classique, harmonieux et complet. ⧗ 2020-2030

⊶ COCHARD ET FILS, Mihoudy, 49540 Aubigné-sur-Layon, tél. 02 41 59 46 52, domainedemihoudy@orange.fr V 🚶 ▮ *t.l.j. sf dim. 8h30-12h 14h-18h30*

DOM. DE LA PETITE CROIX Cuvée Prestige 2017

■	4500	🛢🍾	15 à 20 €

Régulièrement mentionné dans le Guide, ce domaine est situé à Thouarcé, au cœur des vignes du Layon. François Geffard, à la tête de l'exploitation familiale (55 ha), propose une belle gamme ligérienne: bonnezeaux, coteaux-du-layon et anjou dans les trois couleurs.

Encore timide, le bouquet s'ouvre à l'aération sur des notes de confiture de prunes, rehaussées par des touches toastées apportées par l'élevage partiel en fût. Friande et souple, la bouche s'achève sur une discrète et élégante pointe d'amertume. ⧗ 2018-2026

⊶ FRANÇOIS GEFFARD, La Petite Croix, 49380 Thouarcé, tél. 02 41 54 06 99, lapetitecroix@yahoo.fr V 🚶 ▮ *r.-v.* 🏠 ❸

♥ DOM. DES PETITS QUARTS Élevé en fût de chêne 2016 ★★★

■	4000	🛢	11 à 15 €

Ce vignoble (44 ha aujourd'hui) constitué à la fin du XIXe s. est implanté à Faye-d'Anjou, au cœur des coteaux-du-layon. Installé en 1987, Jean-Pascal Godineau a assis la réputation du domaine sur les moelleux et les liquoreux, qui constituent l'essentiel de sa production. Une valeur (très) sûre.

Cette cuvée est une nouvelle démonstration du savoir-faire de Jean-Pascal Godineau en matière d'élaboration de grands vins liquoreux. Après vingt-quatre mois de fût, elle présente un nez intense et exubérant où s'entremêlent les fruits à chair blanche (poire et pêche), la confiture de coings, la vanille et la noix de coco. Le palais, magistral, conjugue générosité, finesse et fraîcheur, opérant un équilibre parfait entre l'acidité et les sucres résiduels (156 g/l). Et quelle longueur! Un bonnezeaux de grande distinction, qui met magnifiquement en exergue ce formidable cépage qu'est le chenin pour les douceurs ligériennes. ⧗ 2020-2035 ■ **2017 ★★ (11 à 15 €; 4000 b.)** ♥ : rares sont les domaines à réussir cette prouesse de décrocher deux coups de cœur dans une même appellation. Scintillante, d'une belle teinte vieil or, cette cuvée dévoile un nez ouvert et puissant de figue sèche, de raisin confit et de poire séchée. Une attaque gourmande et ronde ouvre sur un palais opulent, riche, plein, mais sans excès de liqueur, d'une grande persistance aromatique. ⧗ 2020-2030 ■ **1er tri 2017 (11 à 15 €; 3300 b.)** : vin cité.

JEAN-PASCAL GODINEAU,
Faye-d'Anjou, 49380 Bellevigne-en-Layon,
tél. 02 41 54 03 00 V ♿ ■ *t.l.j. sf dim. 8h-12h 14h-18h*

DOM. DU PETIT VAL
La Montagne 2016 ★★★

■	2500	⏸ ▮	15 à 20 €

Rouges comme liquoreux, les vins de ce domaine fréquentent régulièrement les pages du Guide. Installés depuis 1988 avec sa femme Janine, Denis Goizil a bien agrandi l'exploitation créée en 1951 par son père Vincent, la faisant passer de 18 à 47 ha aujourd'hui. Simon a rejoint ses parents en 2014.

Que la Montagne est belle, est-on tenté de dire devant cette magnifique cuvée née de la parcelle éponyme située sur la commune de Thouarcé et célèbre pour sa pente abrupte. Elle séduit d'emblée avec sa robe intense et son nez charmeur et complexe, où se mêlent les notes compotées du fruit et celles de l'élevage partiel en barrique. Longue, dense, puissante, la bouche ajoute en finale une élégante touche épicée. Un vin homogène, à l'harmonie sans faille. ⧗ 2020-2035

EARL GOIZIL, Dom. du Petit Val,
49380 Chavagnes, tél. 02 41 54 31 14, denisgoizil@sfr.fr
V ♿ ■ *r.-v.*

DOM. DU PORTAILLE Coteaux de Fèles 2016 ★

■	4000	⏸	11 à 15 €

Cette exploitation familiale s'est développée avec Marcel Tisserond puis avec ses deux fils Philippe et François, qui se sont installés respectivement en 1998 et 2003. Aujourd'hui, 40 ha au-dessus des coteaux du bonnezeaux.

Habituée du Guide dans cette appellation, la famille Tisserond propose cette année un 2016 élégant et subtil, où le sucre en bouche est tempéré par une acidité perceptible. Le spectre aromatique est frais, évoquant la papaye, la banane et les agrumes. Un liquoreux souple et aérien. ⧗ 2018-2022

FRANÇOIS ET PHILIPPE TISSEROND,
Millé, 49380 Chavagnes-les-Eaux, tél. 02 41 54 07 85, earl.tisserond@wanadoo.fr V ♿ ■ *t.l.j. sf dim. 9h-12h 14h-19h*

BENOÎT ROCHER La Montagne 2016

■	4000	▮	15 à 20 €

Cette ancienne exploitation agricole, située dans la région de Brissac, au-dessus du célèbre coteau de Bonnezeaux, s'est spécialisée dans la viticulture. Installé en 2001, Benoît Rocher exploite 20 ha de vignes en conversion à l'agriculture biologique.

Simple mais bien faite, cette cuvée légère et souple dévoile des notes de coing et de litchi au nez, et offre une bouche généreuse et équilibrée, à la finale citronnée. ⧗ 2018-2024

BENOÎT ROCHER,
Closerie de la Picardie, 49380 Notre-Dame-d'Allençon, tél. 02 41 54 30 32, contact@benoitrocher.fr
V ♿ ■ *t.l.j. sf dim. 9h-19h*

SAUMUR

Superficie : 2 613 ha
Production : 161 278 hl (61 % mousseux, 24 % rouge)

Le vignoble s'étend sur 36 communes. Il couvre les coteaux de la Loire et du Thouet, implanté sur le blanc tuffeau qui marque aussi l'habitat local. Les vins blancs de Turquant et de Brézé étaient autrefois les plus réputés; depuis le milieu des années 1970, les vins rouges se développent. Ils dominent en volume les blancs secs tranquilles. Ceux du Puy-Notre-Dame, de Montreuil-Bellay et de Tourtenay ont acquis une bonne notoriété. Les premiers bénéficient d'ailleurs d'une dénomination officielle figurant sur l'étiquette. L'appellation est beaucoup plus connue pour les vins effervescents, qui ont progressé en qualité. Les élaborateurs, tous installés à Saumur, possèdent des caves creusées dans le tuffeau, que l'on peut visiter.

ACKERMAN 1811 ★

○	n.c.	5 à 8 €

Négoce fondé en 1811 par Jean-Baptiste Ackerman, qui fut l'un des premiers à utiliser les anciennes carrières de tuffeau pour élaborer des vins selon la méthode traditionnelle. Régulièrement au rendez-vous du Guide, la maison Ackerman, dirigée par Bernard Jacob, est aujourd'hui le plus important producteur de vins effervescents du Saumurois.

Issue du chenin, du chardonnay et du cabernet franc, cette cuvée vieillie dix-huit mois sur lattes distille de jolies notes d'agrumes et de brioche, tandis que la bouche évoque davantage les fruits exotiques. La bulle, dense et onctueuse, l'attaque sur la sucrosité et la longue finale achèvent de convaincre: un joli mousseux de dessert. ⧗ 2018-2019

ACKERMAN ORCHIDÉES,
19, rue Léopold-Palustre, 49400 Saumur, tél. 02 41 53 03 10, contact2@orchidees-ackerman.fr
V ♿ ■ *t.l.j. 9h30-12h30 14h-18h30* *Bernard Jacob*

♥ DOM. ANNIVY Cuvée Petit Clos 2017 ★★

| 1700 | | 8 à 11 € |

Réalisant son rêve d'enfance, Bruno Bersan se lance en 2000 dans l'aventure viticole en partant de zéro. Il exploite aujourd'hui 10,5 ha de vignes, dont une partie est enserrée dans un petit clos au milieu des habitations (à l'origine de la cuvée Petit Clos), qui surplombe en un site unique la vallée de la Loire. Annivy? La contraction des prénoms des deux femmes de sa vie: Anne et Sylvie.

La cuvée emblématique du domaine, née de raisins qui ont patiemment mûri, puis passé six mois en fût, avec remise des lies en suspension régulière. Grâce à quoi, ce saumur fait sensation, offrant un nez subtil et élégant où s'entremêlent la poire, le citron, la vanille et des notes fumées. La bouche, tout aussi aboutie, ample et longue, présente une grande vivacité que quelques grammes de sucres résiduels viennent tempérer. Une harmonie rare. ⧗ 2018-2024

⊶ SARL L' ATERROIRE, 66, rue des Ducs-d'Anjou, 49400 Souzay-Champigny, tél. 02 41 50 73 49, domaineannivy@orange.fr V r.-v. *⊶ Bruno Bersan*

DOM. DU BOIS MIGNON La Belle Cave 2016 ★

| 4000 | | 5 à 8 € |

Le département de la Vienne, inclus dans la Région Nouvelle-Aquitaine, pousse une pointe vers le Maine-et-Loire juste au sud de Fontevraud, dans l'appellation saumur. C'est dans ce secteur que Pascal Barillot conduit depuis 1997 ses 24 ha de vignes.

Ce 2016 a su tirer parti de son terroir argilo-calcaire qui lui confère de la fraîcheur, tandis que le cabernet franc apporte d'agréables notes de groseille rehaussées d'une touche de poivre. Bien construite, à la fois généreuse et alerte, la bouche affiche un bel équilibre. ⧗ 2018-2022

⊶ SCEA CHARIER-BARILLOT, 6, rue du Bois-Mignon, 86120 Saix, tél. 06 79 29 25 81, barillot.pascal@gmail.com V *r.-v.*

DOM. LA BONNELIÈRE La Gourmandine 2017

| 10000 | | 5 à 8 € |

Après un parcours diversifié dans des vignobles en France et à l'étranger, Anthony et Cédric Bonneau ont repris les rênes de la propriété familiale en 2000. Implanté sur les terres argilo-calcaires de la butte des Poyeux dominant la jolie vallée du Thouet, affluent de la Loire, le domaine couvre 38 ha.

Cette cuvée gourmande et gouleyante s'ouvre sur d'intenses notes de fraise Tagada et de cassis. Le palais se montre souple, frais et acidulé, amylique et fruité. Une cuvée sans chichi, qui porte bien son nom. ⧗ 2018-2020

⊶ ANTHONY ET CÉDRIC BONNEAU, 45, rue du Bourg-Neuf, 49400 Varrains, tél. 02 41 52 92 38, bonneau@labonneliere.com V *r.-v.*

DOM. CLOS Rouge de Saumur 2017

| 4000 | | 8 à 11 € |

Représentant la troisième génération, Cyril Leau a repris en 2015 les rênes de cette propriété familiale de 20 ha située au nord-est du Puy-Notre-Dame.

Si la framboise donne la teinte, c'est le cassis qui s'impose au nez, assez vite rejoint par d'élégantes notes de violette. Tout aussi délicate, la bouche affiche un bon équilibre autour de fins tanins et d'un fruité soutenu. ⧗ 2018-2022

⊶ CYRIL LEAU, 479, rue des Ardillais, 49260 Vaudelnay, tél. 06 28 62 57 91, leau.cyril@sfr.fr V *r.-v.*

DOM. DE LA CUNE La Favorite 2016 ★★

| 1975 | | 8 à 11 € |

Fondé en 1928, ce domaine familial est établi au cœur de l'appellation saumur-champigny. L'exploitation qui s'étend sur 16 ha est conduite par Jean-Luc et Jean-Albert Mary.

Issue d'une micro-parcelle de 0,3 hectare, cette cuvée dévoile un nez profond de pêche et de rhubarbe accompagné de subtiles notes boisées. La bouche, magistrale, séduit par sa puissance, son volume et sa complexité. L'acidité, d'abord discrète, se révèle progressivement pour culminer dans une finale éclatante. Un beau vin de gastronomie. ⧗ 2018-2023 **Tradition 2016 ★ (5 à 8 €; 2205 b.)** : cette cuvée affiche d'emblée de jolies senteurs de fleurs blanches et de poire. Plus fraîche, minérale, la bouche s'enorgueillit en outre d'arômes de fruits jaunes compotés. Un vin de contrastes, flatteur et singulier. ⧗ 2018-2022

⊶ JEAN-LUC ET JEAN-ALBERT MARY, rue de la Cuve, Chaintres - Dampierre-sur-Loire, 49400 Saumur, tél. 02 41 52 91 37, jlmcune@wanadoo.fr V *t.l.j. sf dim. 9h-12h 14h-19h*

DOM. DE L'ÉPINAY Cuvée du Haut Clos 2017 ★

| 5000 | | 5 à 8 € |

Ce domaine de 30 ha conduit par la famille Menestreau est situé dans le sud de l'appellation, aux environs de Loudun. Si ce secteur de la Vienne fait partie administrativement de la région Nouvelle-Aquitaine, en matière de géologie et de viticulture, il se rattache bien au vignoble angevin.

Sur la réserve au premier nez, ce vin livre à l'aération un beau bouquet de fruits rouges bien mûrs, presque compotés. Un fruité (cerise bigarreau et cassis) qui apparaît aussi dans une bouche ronde et persistante, structurée en douceur par des tanins présents mais souples. ⧗ 2018-2022

⊶ MENESTREAU, 2, rue du Haut-Clos, 86120 Pouançay, tél. 05 49 22 92 07, menestreau-epinay@wanadoo.fr V *r.-v.*

CH. D'ÉTERNES Puy-Notre-Dame Podiensi 2016 ★

| 38000 | | 8 à 11 € |

La SCEA Beaulieu, née en 2013 de la rencontre de trois passionnés de vin, dispose de deux domaines distincts: le Ch. d'Éternes, à Saix, dans le secteur nord-ouest de la Vienne inclus dans le vignoble saumurois, une très ancienne propriété mentionnée en

889 dans un diplôme du roi Eudes; le Ch. de Varrains, datant du XVIIIe s. et situé à 4 km de Saumur.

Expressif et déjà très ouvert, le nez de ce 2016 distille des notes de fruits frais et de fruits rouges bien mûrs. La bouche est dense, intensément fruitée, ronde et souple. Une cuvée de haute gourmandise. ⧗ 2018-2022

⊶ SCEA BEAULIEU, 15, Grand-Rue, 49400 Varrains, tél. 09 67 51 77 20, domaine.viticole@lvdomaine.com r.-v.

CH. DE LA FESSARDIÈRE L'Amélie 2016 ★

■	1000	⦀	8 à 11 €

Les caves cathédrales de ce domaine, qui vit naître en 1793 le navigateur et explorateur Abel Aubert du Petit Thouars, renferment quelques vestiges vinicoles du XVIIe s.: pressoirs à vis en bois et imposantes cuves à vin creusées dans le tuffeau.

Le chenin s'exprime fièrement à travers des notes de pomme verte et de fleurs blanches. La bouche est assez vive tout en affichant une aimable rondeur, et ajoute la mirabelle à la gamme aromatique perçue à l'olfaction. Un ensemble élégant, harmonieux, au boisé parfaitement fondu. ⧗ 2018-2021

⊶ POITEVIN, 5, rue des Martyrs, 49730 Turquant, tél. 02 41 51 48 89, la-fessardiere@wanadoo.fr V t.l.j. sf dim. 9h30-12h 14h-18h

B DOM. FILLIATREAU CHÂTEAU FOUQUET 2017 ★

■	6000	🍾	5 à 8 €

En 1967, Paul Filliatreau s'installe sur la propriété familiale, à la suite de son père Maurice. Il l'agrandit et l'oriente vers la production de vins rouges. Aujourd'hui rejoint par son fils Frederik, il conduit un vignoble de 45 ha devenu une référence en saumur-champigny.

D'un rose intense et limpide, ce 2017 livre des parfums tout aussi intenses de fruits rouges. Fruité auquel fait écho une bouche ronde et généreuse, soutenue et allongée par une bonne acidité. ⧗ 2018-2019

⊶ PAUL ET FREDERIK FILLIATREAU, Chaintres, 49400 Dampierre-sur-Loire, tél. 02 41 52 90 84, domaine@filliatreau.fr V t.l.j. 10h-18h C

DOM. DES FRÉMONCLAIRS Coup d'éclat 2017 ★

■	500	⦀	8 à 11 €

Christophe Hallouin a pris en 1997 la tête de ce domaine de 22 ha qui se transmet de père en fils depuis cinq générations. Le vigneron conduit, selon les principes de l'agriculture raisonnée, un vignoble adossé à la falaise de Turquant.

Cette cuvée très confidentielle dévoile un nez déjà bien ouvert alliant la vanille, la pêche, l'abricot et l'amande grillée. Ce spectre aromatique se décline dans une bouche à l'attaque vive et franche, où une légère sucrosité est domptée par une tension vivifiante. La longue finale, finement fumée, achève de convaincre. Un saumur complexe et ambitieux, parfaitement équilibrée entre le fruit et le bois. ⧗ 2019-2023

⊶ CHRISTOPHE HALLOUIN, Dom. des Frémonclairs, 45, rue des Martyrs, 49730 Turquant, tél. 02 41 38 14 81, dom.fremonclairs@wanadoo.fr V r.-v.

DOM. DES GARENNES 2017 ★

■	4600	🍾	5 à 8 €

Une exploitation familiale implantée depuis quatre générations à Montreuil-Bellay, petit village célèbre pour son château et pour les vestiges de ses remparts. Deux cousins, Stéphane Mainguin et Fabrice Baron, sont aujourd'hui à la tête du vignoble, qui couvre 41 ha.

Opulence et fraîcheur caractérisent cette cuvée marquée au nez par les accents toniques du citron et par la délicatesse des fleurs blanches. Après une attaque ronde et plaisante, le développement en bouche joue sur une vivacité croissante, jusqu'à la très belle finale minérale aux nuances salines. Un vin au caractère bien trempé. ⧗ 2018-2021 ■ **Empreinte 2016 ★ (11 à 15 €; 3500 b.)** : douze mois en barriques pour ce vin qui offre un subtil mariage des fruits noirs et de la vanille. Cet élevage a arrondi les tanins, qui assurent encore quelques années de garde à ce vin ample et concentré. ⧗ 2020-2024

⊶ DOM. DES GARENNES, 156, av. Paul-Painlevé, 49260 Montreuil-Bellay, tél. 02 41 52 34 94, contact@domainedesgarennes.fr V t.l.j. sf dim. 9h-12h 14h-18h

⊶ GAEC Mainguin Baron

DOM. DE LA GIRARDRIE 2016 ★

●	9000	5 à 8 €

Au Puy-Notre-Dame, on cultive la vigne depuis le XIIe s. et c'est aujourd'hui la plus grande commune viticole du Saumurois. Gilles et Dominique Falloux sont à la tête d'un vaste domaine (45 ha) dont la cave a été aménagée dans un ancien site troglodytique.

Expressive et florale, cette cuvée offre aussi des notes beurrées et de fruits jaunes bien mûrs. La bulle, bien présente et vive, structure une bouche élégante qui s'étire dans une belle finale sur le citron confit. ⧗ 2018-2020 ■ **2016 ★ (5 à 8 €; 6000 b.)** : ce 100 % cabernet franc s'ouvre sur d'intenses notes de petits fruits rouges bien mûrs. Soyeux et généreux, structuré par des tanins de belle facture, le palais se révèle aussi harmonieux que gourmand. ⧗ 2019-2022

⊶ FALLOUX, Cix, 49260 Le Puy-Notre-Dame, tél. 02 41 52 25 10, domaine@girardrie.com V r.-v. D

DOM. DE LA GUILLOTERIE 2017

■	20000	🍾	5 à 8 €

Voisin de la confluence de la Loire avec le Thouet, le domaine de la Guilloterie bénéficie de conditions climatiques très favorables. Régulièrement sélectionné en saumur-champigny ou en saumur, il est conduit depuis 1987 par la troisième génération avec les frères Patrice et Philippe Duveau.

Une couleur soutenue pour cette cuvée de pur cabernet franc, où les notes lactées, épicées et fruitées s'affichent dès le premier nez. L'attaque est franche, le palais harmonieux et la structure tannique sans fausse note. Un vin bien équilibré. ⧗ 2018-2022

⊶ SCEA DUVEAU FRÈRES, 63, rue Foucault, 49260 Saint-Cyr-en-Bourg, tél. 02 41 51 62 78, contact@domainedelaguilloterie.com V r.-v.

DOM. DES HAUTS DE SANZIERS 2017

| 37000 | 5 à 8 € |

C'est dans une région riche en attraits touristiques (collégiale du Puy-Notre-Dame, musée vivant du champignon, circuit initiatique dans les vignes) qu'est établie cette exploitation familiale, née en 1824 et forte de 77 ha de vignes. À sa tête depuis 1991, Annie Tessier et son frère Dominique ont cédé en 2016 les rênes du domaine à la nouvelle génération, représentée par Jean-Charles et Jean-François Houet.

Les fruits secs et les fruits blancs se partagent le nez, puis se retrouvent dans une bouche ample et puissante, qui réserve une finale acidulée. Un ensemble homogène et bien équilibré. ⌛ 2018-2021

JEAN-CHARLES ET JEAN-FRANÇOIS HOUET, 14, rue Saint-Vincent, Sanziers, 49260 Le Puy-Notre-Dame, tél. 02 41 52 26 75, tessieretfils@wanadoo.fr V *r.-v.*

LACHETEAU Cuvée Éphémère ★★

| 97000 | 5 à 8 € |

Créée en 1990, la société de négoce Lacheteau s'est spécialisée dans la production de rosés et de vins effervescents. Elle est entrée dans le giron des Grands Chais de France en 2005.

L'élégance de cette cuvée s'affiche dès l'olfaction, autour de jolies notes de fleur d'oranger, de citron et d'une touche de cassis. L'effervescence est agréable, soyeuse et structure une bouche ample et souple, qui dévoile en finale de ravissantes notes de mangue. Une bulle crémeuse et fine. ⌛ 2018-2020

LACHETEAU, 282, rue Lavoisier, 49700 Doué-la-Fontaine, tél. 02 41 59 26 26, mbrieau@lacheteau.fr — Grands Chais de France

DOM. MATIGNON 2016

| 15000 | 5 à 8 € |

Ce domaine est situé à 500 m du château de Martigné-Briand, au cœur de l'aire des coteaux-du-layon, mais la commune est aussi la petite capitale des vins rosés de l'Anjou. Depuis 1988, Yves Matignon et sa soeur Hélène y cultivent 38 ha de vignes.

Le nez, discret, nécessite une courte aération pour libérer des notes de fleurs blanches et de pomme. L'attaque est puissante, la bulle généreuse, puis le palais s'achève sur de jolis amers. ⌛ 2018-2019

SCEA MATIGNON, 21, av. du Château, 49540 Martigné-Briand, tél. 02 41 59 43 71, info@domaine-matignon.fr V *r.-v.*

♥ DOM. DES MATINES Vieilles Vignes 2016 ★★

| 9000 | 8 à 11 € |

Domaine des Matines
Saumur
Puy Notre-Dame
2016
Cuvée vieilles vignes

Michèle Mallard-Etchegaray, fille du fondateur, a transmis en 2010 les rênes du domaine (52 ha et quatorze appellations) à ses fils, Vincent et Hervé. La cave creusée dans le calcaire dur abrite tous les anciens millésimes de l'exploitation produits depuis 1950. Une valeur sûre.

La robe, intense, presque noire, laisse présager une belle maturité des raisins. Le nez confirme et offre de jolies notes de bigarreau, de cassis et de mûre. La bouche, aux rondeurs presque sucrées, aux tanins généreux et serrés et à l'équilibre ajusté, étoffe la gamme aromatique de subtiles fragrances épicées. La densité du fruit et l'exceptionnelle longueur de cette cuvée emportent l'adhésion. ⌛ 2019-2024

ETCHEGARAY-MALLARD, 31, rue de la Mairie, 49700 Brossay, tél. 02 41 52 25 36, contact@domainedesmatines.fr V *r.-v.*

DOM. LES MÉRIBELLES 2017 ★

| 2500 | 5 à 8 € |

Jean-Yves Dézé, installé depuis 1984 sur le domaine familial, élève ses vins dans d'anciennes champignonnières. Il conduit aujourd'hui un vignoble de 20 ha. À sa carte, des saumur, saumur-champigny, saumur bruts et coteaux-de-saumur.

Clinquant et gourmand, le nez affiche des parfums d'agrumes, de fruit de la Passion et de fleur d'acacia. Franc et vif en attaque, le palais prend ensuite une tonalité plus grasse et la matière s'exprime pleinement jusqu'à la finale, relevée par de jolis amers. ⌛ 2018-2020

JEAN-YVES DÉZÉ, 14, rue de la Bienboire, 49400 Souzay-Champigny, tél. 02 41 67 46 64, jean-yves.deze@wanadoo.fr V *r.-v.*

CH. DE MONTGUÉRET 2017 ★

| 26000 | 5 à 8 € |

Les Grands Chais de France ont acquis en 2005, auprès de la société Lacheteau, le Ch. de Montguéret et le Ch. de Champteloup, qui représentent un vaste ensemble de 100 ha souvent en vue pour ses rosés et ses effervescents.

Complexe, le nez de ce 2017 est un subtil mélange de notes d'épices douces, de sous-bois, de fraise et de bonbon acidulé. La bouche est à l'unisson, ouvertement fruitée, portée par une attaque franche et des tanins serrés. Les épices se prolongent jusqu'à l'élégante finale. Un anjou complet. ⌛ 2018-2021

SCEA CHAMPTELOUP, 49560 Nueil-sur-Layon, tél. 02 40 36 66 00 — Grands Chais de France

DOM. DU MOULIN DE L'HORIZON Cuvée Harmonie 2017 ★

| 3000 | 5 à 8 € |

Du moulin de l'Horizon, qui donne son nom au domaine, il ne reste plus rien sur la butte témoin du Puy-Notre-Dame, la plus haute du Val de Loire (120 m). Hervé et Christine Desgrousilliers-Lefort, originaires du Pas-de-Calais, y conduisent depuis 2002 un vignoble de 35 ha et font vieillir leurs vins dans des caves creusées dans le tuffeau.

Ce rosé saumon pâle dévoile des arômes légers de fruits rouges mâtinés de nuances florales. Un fruité que l'on découvre plus soutenu dans une bouche alerte et longue. Du nerf et de l'harmonie dans ce vin. ⌛ 2018-2019

DOM. DU MOULIN DE L'HORIZON, 11 bis, rue Saint-Vincent, 49260 Le Puy-Notre-Dame, tél. 02 41 52 25 52, domaine@moulindelhorizon.com V *t.l.j. 9h-12h 14h30-18h — Hervé Desgrousilliers*

DOM. DE NERLEUX 2017 ★

	11500	🍾	5 à 8 €

Valeur sûre du Saumurois, le Dom. de Nerleux («loups noirs» en ancien français) est ancré dans les terres de Saint-Cyr-en-Bourg depuis neuf générations. Couvrant aujourd'hui 50 ha, son vignoble est conduit par Amélie Neau, qui a rejoint le domaine en 2011.

Ce blanc, bien en phase avec son appellation, offre d'emblée de l'élégance et de la finesse avec son nez floral et minéral. L'harmonie se poursuit en bouche, où une attaque franche et vive laisse place à un beau volume et à une matière souple et ronde. ⧗ 2018-2021

⊶ AMÉLIE NEAU, 4, rue de la Paleine, 49260 Saint-Cyr-en-Bourg, tél. 02 41 51 61 04, contact@nerleux.fr V ✱ ▪ t.l.j. sf dim. 10h-12h30 14h-18h

DOM. DE LA NEURAYE 2017

	2000	- de 5 €

Depuis cinq générations, la famille Gauthier cultive la terre et la vigne sur le site de Vaon. En 2009, Benoît rejoint son père pour développer la vinification et la commercialisation. Sébastien les rejoint en 2013. Leur domaine couvre 17 ha.

Un profil rectiligne et bien tendu, pour ce vin évoquant les agrumes et les fruits à chair blanche à l'olfaction, à la bouche fraîche, minérale, d'une bonne persistance aromatique. ⧗ 2018-2021

⊶ BENOÎT ET SÉBASTIEN GAUTHIER, 6, rue de la Neuraye, Vaon, 86120 Les Trois-Moutiers, tél. 06 83 46 86 70, laneuraye@orange.fr V ✱ ▪ r.-v.

Ⓑ CH. DE PARNAY Chemin des Murs 2016 ★

	8000		11 à 15 €

Mathias Levron, vigneron, et son associé Régis Vincenot, investisseur, ont racheté en 2006 le Ch. de Parnay, un domaine historique (la première forteresse remonte au Xes.) célèbre pour son Clos d'Entre les Murs créé par Antoine Cristal; un clos constitué de onze murs parallèles troués à la hauteur des drageons pour permettre à ceux-ci de passer au travers et de se trouver face au midi. Le vignoble couvre 30 ha constitués de quatre îlots de parcelles, tous situés sur un sol argilo-calcaire. Les deux associés ont aussi créé en 2007 le Ch. la Serpe et ses 20 ha de vignes.

Douze mois d'élevage en barrique ont permis de parfaire la complexité aromatique de cette cuvée (abricot, poire, vanille, pain toasté). Élégante et fraîche, la bouche s'articule autour d'une fine trame acide qui allonge la finale et d'un bon boisé. ⧗ 2019-2022

⊶ CH. DE PARNAY, 1, rue Antoine-Cristal, 49730 Parnay, tél. 02 41 38 10 85, bureau@chateaudeparnay.fr V ✱ ▪ t.l.j. 10h-19h

CAVE DE ROBERT & MARCEL Puy-Notre-Dame Ecclesia 2016

	54666		8 à 11 €

Créée en 1957 par quinze viticulteurs, la coopérative de Saint-Cyr-en-Bourg compte aujourd'hui 180 adhérents, vinifie la récolte de 2 000 ha et stocke ses vins dans une immense galerie longue de quelque 10 km.

La robe est profonde et le nez, complexe, mêle fruits rouges, poivre et épices douces. Des tanins souples soutiennent un palais ample et de bonne longueur avant de se durcir quelque peu en finale. ⧗ 2019-2022

⊶ CAVE ROBERT & MARCEL, La Perrière, 49260 Saint-Cyr-en-Bourg, tél. 02 41 53 06 06, cellier@robertetmarcel.com V ✱ ▪ t.l.j. 10h-12h30 14h-19h

DOM. SAINT-VINCENT Coccinelle 2016 ★★

	2000		11 à 15 €

Le domaine Saint-Vincent fait partie du vignoble de la côte de Saumur qui borde la Loire. Patrick Vadé s'est installé sur l'exploitation familiale (30 ha) en 1984. Très régulier en qualité.

Exemple parfait d'un mariage heureux entre fruit et bois, ce 2016 enchanteur offre un nez aux notes de rhubarbe, d'ananas, de mangue, de vanille et de coco. La bouche, aussi large que longue, n'est pas en reste et présente de la rondeur et de la sucrosité équilibrées par un soupçon d'acidité qui allonge la finale. ⧗ 2018-2022

⊶ PATRICK VADÉ, Chem. du Tyreau, 49400 Saumur, tél. 02 41 67 43 19, pvade@st-vincent.com V ✱ ▪ r.-v.

DOM. DE LA SEIGNEURIE DES TOURELLES 2017 ★

	21300		5 à 8 €

Sébastien Verdier représente la quatrième génération à la tête de ce domaine créé en 1910 sur les coteaux bordant le Layon. Il a largement contribué à son développement: l'exploitation est passée de 18 ha à son arrivée en 1997 à 50 ha aujourd'hui.

De bonne intensité, l'olfaction oscille entre fruits exotiques et fruits blancs (poire et pomme). Elle affiche ensuite un palais riche, imposant, dont la belle sucrosité aurait supporté une pointe d'acidité pour parfaire l'équilibre. L'ensemble est onctueux et finit sur l'ananas. Un 2017 démonstratif, au potentiel certain. ⧗ 2019-2022

⊶ SA JOSEPH VERDIER, ZI Champagne-Europe, 49260 Montreuil-Bellay, tél. 02 41 40 22 50, n.rubin@joseph-verdier.fr

ISABELLE SUIRE 2017 ★★

	9300		5 à 8 €

Installée dans le sud du vignoble saumurois, dans la Vienne, Isabelle Suire conduit depuis 2006 l'exploitation (16 ha) créée par son grand-père quatre-vingts ans plus tôt. Ses vins sont élevés dans la fraîcheur de la cave troglodytique d'un ancien prieuré du XVes.

Il s'en est fallu de peu que cette cuvée décroche un coup de cœur. Remarquable d'élégance et d'intensité, le nez mêle des notes de fruits bien mûrs, tels la cerise et la mûre, agrémentés d'épices douces. Quant à la bouche, elle séduit par son attaque franche, sa longueur, sa fraîcheur aux tonalités crayeuses et ses tanins ronds et satinés. ⧗ 2019-2022

⊶ ISABELLE SUIRE, 12, rue des Perrières, Pouant, 86120 Berrie, tél. 05 49 22 92 61, isabelle-suire@orange.fr V ✱ ▪ r.-v.

CH. DE TARGÉ Les Fresnettes 2016 ★

	5172		15 à 20 €

Une ancienne résidence de chasse des secrétaires personnels des rois Louis XIV et Louis XV. Certains de leurs descendants, dont Edgard Pisani, furent au service de la République. Depuis 1978, Édouard Pisani-Ferry, ingénieur agronome, et son fils Paul exploitent aujourd'hui un vignoble de 24 ha en conversion bio.

C'est en barrique de 400 litres qu'a fermenté cette cuvée à la robe or intense, au nez frais et net où s'expriment les agrumes, les fruits blancs et la vanille. La bouche se révèle intense, portée par un boisé qui ajoute du volume, du gras et de la complexité à l'ensemble. ⧗ 2018-2022

SCEA PISANI-FERRY, Ch. de Targé, chem. de Targé, 49730 Parnay, tél. 02 41 38 11 50, edouard@chateaudetarge.fr V *t.l.j. 10h-12h30 14h-18h du 1/04 au 1/11*

COTEAUX-DE-SAUMUR

Superficie : 25 ha / Production : 736 ha

Ils ont acquis autrefois leurs lettres de noblesse. Les coteaux-de-saumur, équivalents en Saumurois des coteaux-du-layon en Anjou, sont élaborés à partir du chenin pur, planté sur la craie tuffeau.

DOM. DE NERLEUX Les Loups dorés 2016 ★

	4430		15 à 20 €

Valeur sûre du Saumurois, le Dom. de Nerleux (« loups noirs » en ancien français) est ancré dans les terres de Saint-Cyr-en-Bourg depuis neuf générations. Couvrant aujourd'hui 50 ha, son vignoble est conduit par Amélie Neau, qui a rejoint le domaine en 2011.

Cette cuvée joue la carte de l'équilibre et de l'élégance. Le nez, sans exubérance, affiche de jolis fruits frais (pêche, poire) et de subtiles notes de fleur d'acacia, alors que la bouche, aux saveurs miellées, est rafraîchie et allongée par une pointe d'acidité. Du bon et beau travail. ⧗ 2018-2025

AMÉLIE NEAU, 4, rue de la Paleine, 49260 Saint-Cyr-en-Bourg, tél. 02 41 51 61 04, contact@nerleux.fr V *t.l.j. sf dim. 10h-12h30 14h-18h*

ISABELLE SUIRE
Cuvée de la Saint-Martin 2016 ★★

	2500		11 à 15 €

Installée au sud du vignoble saumurois, dans la Vienne, Isabelle Suire conduit depuis 2006 l'exploitation (16 ha) créée par son grand-père quatre-vingts ans plus tôt. Ses vins sont élevés dans la fraîcheur de la cave troglodytique d'un ancien prieuré du XVᵉs.

Vendangée traditionnellement autour du 11 novembre, date de la Saint-Martin, cette cuvée se présente sous une teinte dorée aux reflets verts. Des arômes de pêche blanche et de fleur d'acacia apparaissent à l'olfaction, élégante et subtile. Plus généreuse, la bouche est néanmoins finement ciselée autour d'une trame acide qui vient contrebalancer la présence de sucres résiduels (150 g/l). L'équilibre est ajusté, et la finale sur la fraîcheur amère du pamplemousse achève de convaincre. ⧗ 2018-2026

ISABELLE SUIRE, 12, rue des Perrières, Pouant, 86120 Berrie, tél. 05 49 22 92 61, isabelle-suire@orange.fr V *r.-v.*

CH. DE TARGÉ 2016

	650		20 à 30 €

Une ancienne résidence de chasse des secrétaires personnels des rois Louis XIV et Louis XV. Certains de leurs descendants, dont Edgard Pisani, furent au service de la République. Depuis 1978, Édouard Pisani-Ferry, ingénieur agronome, et son fils Paul exploitent aujourd'hui un vignoble de 24 ha en conversion bio.

Discrète au premier nez, cette cuvée propose à l'aération d'agréables senteurs de fruits à chair blanche. Droite et fraîche, au caractère minéral, la bouche est densifiée par un joli moelleux. ⧗ 2018-2025

SCEA PISANI-FERRY, Ch. de Targé, chem. de Targé, 49730 Parnay, tél. 02 41 38 11 50, edouard@chateaudetarge.fr V *t.l.j. 10h-12h30 14h-18h du 1/04 au 1/11*

SAUMUR-CHAMPIGNY

Superficie : 1 376 ha / Production : 74 442 hl

Entre Saumur et Montsoreau, ce vignoble s'insère dans l'aire du saumur, près de la Loire. Si son expansion est récente, les vins rouges de Champigny sont connus depuis plusieurs siècles. Produits dans neuf communes à partir du cabernet franc (ou breton) parfois complété de cabernet-sauvignon, ils sont fruités, charnus et souples. Ils sont à découvrir dans des villages typiques aux rues étroites et aux caves de tuffeau.

DOM. ANNIVY Noir absolu 2017

	2500		8 à 11 €

Réalisant son rêve d'enfance, Bruno Bersan se lance en 2000 dans l'aventure viticole en partant de zéro. Il exploite aujourd'hui 10,5 ha de vignes, dont une partie est enserrée dans un petit clos au milieu des habitations (à l'origine de la cuvée Petit Clos), qui surplombe en un site unique la vallée de la Loire. Annivy? La contraction des prénoms des deux femmes de sa vie: Anne et Sylvie.

Le nom de cette cuvée annonce la couleur et le nez évoque la même teinte avec ses subtils arômes de petits fruits noirs (cassis et myrtille). Rehaussé par une touche d'acidité en finale, le palais est équilibré, rond et se prolonge sur des notes épicées. ⧗ 2018-2023

SARL L' ATERROIRE, 66, rue des Ducs-d'Anjou, 49400 Souzay-Champigny, tél. 02 41 50 73 49, domaineannivy@orange.fr V *r.-v.* *Bruno Bersan*

DOM. DU BOIS MOZÉ PASQUIER
Vieilles Vignes 2017 ★

	6500		5 à 8 €

Installé depuis 1991 sur le domaine créé par ses parents à Chacé, village voisin de Champigny, Patrick Pasquier produit sur ses 7 ha des saumur-champigny régulièrement sélectionnés dans le Guide, ainsi que du rosé et du crémant.

Est-ce la méthode de bio contrôle mise en place pour limiter l'utilisation du soufre qui contribue à l'exubérance du nez, ouvert sans réserve sur des notes de fraise, de framboise et de fleurs ? Toujours est-il que le palais, charnu et éclatant, se montre tout aussi fruité. Un vin aux vrais accents de jus de raisin. ⧗ 2018-2022

PATRICK PASQUIER, 7, rue du Bois-Mozé, 49400 Chacé, tél. 02 41 52 59 73, pasquierpatrick@orange.fr V r.-v.

♥ DOM. DES BONNEVEAUX
Vieilles Vignes 2017 ★★

■ | 104 000 | | 11 à 15 €

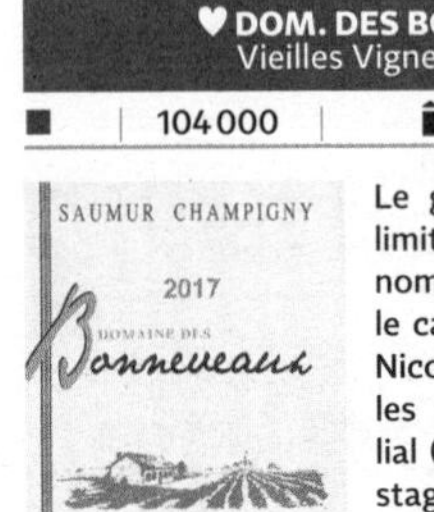

Le gros village de Varrains, limitrophe de Saumur, abrite nombre de vignerons choyant le cabernet franc. Parmi eux, Nicolas Bourdoux, qui a repris les rênes du domaine familial (17 ha) en 2002, après un stage de quelques mois au Québec.

Au nez, cette cuvée libère des notes intenses et profondes de cassis et de mûre assorties de senteurs réglissées. Une attaque charnue et fraîche introduit une bouche ample, dense, longue et très élégante, bâtie sur des tanins d'une grande finesse. ⧗ 2019-2025

NICOLAS BOURDOUX, 79, Grande-Rue, 49400 Varrains, tél. 02 41 52 94 91, bourdoux@domainedesbonneveaux.com V *t.l.j. 8h-12h 14h-19h*

DOM. DES CHAMPS FLEURIS
Vieilles Vignes 2017 ★★

■ | 42 666 | | 8 à 11 €

Denis Rétiveau préside aux destinées de ce domaine composé de 20,5 ha. Les vignes sont situées sur les coteaux qui dominent la Loire, sur les communes de Turquant et de Montsoreau.

Cette cuvée, qui a frôlé le coup de cœur, a été élaborée à partir d'une vénérable vigne de quarante-cinq ans. Les arômes de confiture de fraises et de compote de mûres témoignent d'une belle maturité du raisin. Riche en tanins et intensément fruitée, la bouche est parfaitement équilibrée et la persistance aromatique prolonge le plaisir en ajoutant une élégante touche de violette. Un vin déjà savoureux, mais qui pourra aussi patienter quelques années. ⧗ 2018-2024

RÉTIVEAU, 54, rue des Martyrs, 49730 Turquant, tél. 02 41 38 10 92, retiveau.denis@orange.fr V *t.l.j. sf dim. 10h-12h30 13h30-18h*

DOM. DUBOIS Cuvée d'Automne 2017 ★

■ | 10 000 | | 5 à 8 €

Ce domaine remonte à 1880, époque à laquelle le vignoble produisait presque exclusivement des vins blancs. Depuis 2008, c'est Christelle Dubois, représentant la cinquième génération, qui exploite quelque 20 ha essentiellement plantés en cabernet franc.

Une robe soutenue aux reflets violets habille cette cuvée aux senteurs intenses de fruits rouges mûrs. La framboise persiste longuement dans une bouche charnue, suave et veloutée. Un ensemble harmonieux et très gourmand. ⧗ 2018-2022 ■ **Cuvée Boutifolle 2017 (8 à 11 € ; 10 000 b.)** : vin cité.

CHRISTELLE DUBOIS, 8, rte de Chacé, 49260 Saint-Cyr-en-Bourg, tél. 02 41 51 61 32, ch-dubois@hotmail.com V *r.-v.*

♥ DOM. FILLIATREAU 2017 ★★

■ | 100 000 | | 8 à 11 €

En 1967, Paul Filliatreau s'installe sur la propriété familiale, à la suite de son père Maurice. Il l'agrandit et l'oriente vers la production de vins rouges. Aujourd'hui rejoint par son fils Frederik, il conduit un vignoble de 45 ha devenu une référence en saumur-champigny.

Le domaine Filliatreau sort incontestablement son épingle du jeu avec ses saumur-champigny du millésime 2017, à commencer par cette cuvée encore sur la réserve au nez, mais qui offre une bouche ample et charnue dès l'attaque, à la fois croquante et veloutée, aux tanins soyeux et aux saveurs de fruits des bois. Un 2017 superbement équilibré, avec du coffre et du potentiel. ⧗ 2019-2025 ■ **Les Bouts de Vincent 2017 ★★ (5 à 8 € ; 30 000 b.)** : des raisins bien mûrs ont servi à élaborer cette cuvée. Les fruits rouges qui s'expriment au nez semblent compotés, presque confiturés, et la bouche se révèle onctueuse, généreuse, suave, soutenue par des tanins denses, serrés et charnus et ouverte sur de jolis arômes de kirsh et de cassis. La garde est conseillée même si le plaisir est déjà là. ⧗ 2019-2024 ■ **La Combe aux Fées 2017 ★ (5 à 8 € ; 30 000 b.)** : une belle expression du cabernet ligérien qui évoque le cassis, la myrtille et la violette. Consistant et opulent, le palais est porté par des tanins soyeux qui apportent beaucoup de gourmandise. ⧗ 2018-2023

PAUL ET FREDERIK FILLIATREAU, Chaintres, 49400 Dampierre-sur-Loire, tél. 02 41 52 90 84, domaine@filliatreau.fr V *t.l.j. 10h-18h* G

DOM. FOUET La Rouge et Noire 2017 ★

■ | 10 000 | | 11 à 15 €

Julien Fouet s'est installé dans les années 1990 sur l'exploitation familiale, représentant la sixième génération. Il conduit ses 15 ha en bio (conversion en cours) et fait la part belle à l'œnotourisme (gîtes, caveau de dégustation ouvert 6j/7...).

Le nez, frais et déjà ouvert, déploie un beau fruité mâtiné de notes florales. En bouche, on découvre un vin à l'unisson du bouquet, floral et fruité, souple, gourmand et rond. Une bouteille prête à boire. ⧗ 2018-2021

EARL FOUET, 11, rue de la Judée, 49260 Saint-Cyr-en-Bourg, tél. 02 41 51 60 52, j.fouet@domaine-fouet.com V *t.l.j. sf dim. 10h-12h 14h-18h* A

DOM. DES FRÉMONCLAIRS Vieilles Vignes 2017

■ | 7000 | 🍾 | | 5 à 8 €

Christophe Hallouin a pris en 1997 la tête de ce domaine de 22 ha qui se transmet de père en fils depuis cinq générations. Le vigneron conduit, selon les principes de l'agriculture raisonnée, un vignoble adossé à la falaise de Turquant.

Un champigny bien typique avec son nez de petits fruits frais agrémenté, en bouche, d'une belle acidité qui lui apporte fraîcheur et légèreté. Un «vin plaisir» à boire sur le fruit. ⧗ 2018-2020

CHRISTOPHE HALLOUIN, Dom. des Frémonclairs, 45, rue des Martyrs, 49730 Turquant, tél. 02 41 38 14 81, dom.fremonclairs@wanadoo.fr V r.-v.

DOM. DES GALMOISES Secret du Caveau 2017 ★

■ | 13500 | 🍾 | | 5 à 8 €

Didier Pasquier a constitué son domaine à partir de 1984 en regroupant diverses parcelles familiales pour arriver à 16 ha. Depuis 2014, il conduit l'exploitation avec son fils Julien.

Très marquée par le cabernet franc, qui apporte au nez des notes d'épices et de petits fruits rouges, cette cuvée se révèle fraîche, souple et légère en bouche, épaulée par des tanins sans excès, bien ciselés. ⧗ 2018-2021

PASQUIER, 37, rue Émile-Landais, 49400 Chacé, tél. 06 73 58 82 44, dom.galmoises@gmail.com V r.-v.

DOM. DE LA GUILLOTERIE 2017 ★

■ | 40000 | 🍾 | | 5 à 8 €

Voisin de la confluence de la Loire avec le Thouet, le domaine de la Guilloterie bénéficie de conditions climatiques très favorables. Régulièrement sélectionné en saumur-champigny ou en saumur, il est conduit depuis 1987 par la troisième génération avec les frères Patrice et Philippe Duveau.

Ce 2017 déploie un savoureux bouquet de fruits rouges. Introduit par une attaque franche, le palais, ample et structuré par des tanins veloutés, convoque des arômes persistants de mûre et de cassis. ⧗ 2018-2024

SCEA DUVEAU FRÈRES, 63, rue Foucault, 49260 Saint-Cyr-en-Bourg, tél. 02 41 51 62 78, contact@domainedelaguilloterie.com V r.-v.

DOM. DES HAUTES TROGLODYTES 2017 ★

■ | 10000 | 🍾 | | 5 à 8 €

Ce domaine de 15 ha a été repris en 2003 par Laurent et Clarisse Machet. Les vins de la propriété sont élevés dans la fraîcheur des caves creusées dans le calcaire de la côte saumuroise, en bordure de la Loire.

Typique de son terroir, ce 2017 intense affiche au nez d'agréables notes de petits fruits, groseille et mûre en tête. Rond, souple et friand, doté d'une longue finale, le palais s'appuie sur des tanins espiègles et frais. ⧗ 2018-2023

SAS MACHET-QUESSON, 3, ch des Bournayes, 49400 Souzay-Champigny, tél. 02 41 59 87 32 V *t.l.j. 8h-12h 14h-19h*

DOM. DES HAUTS DE SANZIERS 2017 ★

■ | 56000 | 🍾 | | 5 à 8 €

C'est dans une région riche en attraits touristiques (collégiale du Puy-Notre-Dame, musée vivant du champignon, circuit initiatique dans les vignes) qu'est établie cette exploitation familiale, née en 1824 et forte de 77 ha de vignes. À sa tête depuis 1991, Annie Tessier et son frère Dominique ont cédé en 2016 les rênes du domaine à la nouvelle génération, représentée par Jean-Charles et Jean-François Houet.

Encore sur la réserve, le nez de cette cuvée s'affirme avec élégance lors de l'aération et laisse poindre des touches de fruits noirs parsemées de jolies notes florales. Bien présents en bouche, les tanins demanderont quelques mois de vieillissement pour s'assagir. Un potentiel certain. ⧗ 2019-2024

JEAN-CHARLES ET JEAN-FRANÇOIS HOUET, 14, rue Saint-Vincent, Sanziers, 49260 Le Puy-Notre-Dame, tél. 02 41 52 26 75, tessieretfils@wanadoo.fr V r.-v.

DOM. JOULIN Jeunes Vignes 2017

■ | 10000 | 🍾 | | 5 à 8 €

Le domaine de Philippe Joulin est installé au cœur de l'appellation saumur-champigny, à Chacé, tout près de Champigny. Il est passé de 4 ha à sa création en 1990 à 21 ha aujourd'hui.

Le nez, franc et flatteur, évoque la framboise et la fraise. Des arômes que l'on retrouve dans une bouche légère et fraîche, aux tanins enrobés. Un saumur-champigny gouleyant. ⧗ 2018-2021

PHILIPPE JOULIN, 58, rue Émile-Landais, 49400 Chacé, tél. 02 41 52 41 84, domaine.joulin@orange.fr V r.-v.

DOM. LAVIGNE 2017 ★

■ | 66000 | 🍾 | | 5 à 8 €

Pascale et Antoine Véron, fille et gendre de Gilbert Lavigne, sont aujourd'hui aux commandes de l'exploitation familiale qui s'étend sur 40 ha. Située au cœur de l'appellation saumur-champigny, elle est plantée majoritairement de cabernet franc.

Le grenat léger de la robe attise la convoitise et le nez, encore un peu réservé, oscille entre myrtille et fraise. Dotée de tanins présents mais délicats et d'une longue finale, la bouche est un modèle d'équilibre. ⧗ 2018-2022

■ Les Aïeules 2017 ★ (5 à 8 €; 40000 b.) : un saumur-champigny consensuel, gourmand et bien fait dont on apprécie la bouche fruitée, à la fois ronde et acidulée, aux tanins fondus, d'un bel équilibre. Un 2017 mûr et harmonieux. ⧗ 2018-2022

SCEA LAVIGNE-VÉRON, 15, rue des Rogelins, 49400 Varrains, tél. 02 41 52 92 57, scea.lavigne-veron@orange.fr V r.-v.

CLOTILDE ET RENÉ-NOËL LEGRAND
Les Terrages 2017 ★★

■ | 20000 | 🍾 | | 5 à 8 €

Les Legrand sont vignerons depuis cinq générations à Varrains, commune considérée par certains comme la capitale du saumur-champigny. Depuis 2013, ce

domaine de 17 ha est conduit par Clotilde Legrand, qui a pris la suite de son père René-Noël.

Ce 2017 présente malgré sa jeunesse une aromatique déjà intense autour de la cerise bigarreau, du cassis et de la violette. Souple et sans aucune contrariété, le palais se montre ample, rond et suave, adossé à des tanins bien mûrs. Un vin déjà prêt qui saura résister à quelques années de garde. ⧗ 2018-2022

⊶ RENÉ-NOËL ET CLOTILDE LEGRAND, 13, rue des Rogelins, 49400 Varrains, tél. 02 41 52 94 11, domaine.legrand@orange.fr V r.-v.

Ⓑ DOM. DE LA PALEINE 2017 ★

■	5500	🍾	8 à 11 €

Établis depuis 2003 au Puy-Notre-Dame, le deuxième point le plus haut du Maine-et-Loire, Laurence et Marc Vincent conduisent un vignoble de 37 ha conduit en bio, situé au pied d'une butte calcaire.

Ce 2017 sombre à la vue se fait plus lumineux au nez et évoque les fruits rouges bien mûrs (framboise et fraise). La bouche se montre ronde, ample, profonde, harmonieuse, bâtie sur des tanins denses mais mûrs. ⧗ 2019-2024

⊶ MARC VINCENT, 9, rue de la Paleine, 49260 Le Puy-Notre-Dame, tél. 02 41 52 21 24, contact@domaine-paleine.com V r.-v.

DOM. DE LA PERRUCHE 2017

■	100000	8 à 11 €

Jacques Beaujeau, figure du vignoble de l'Anjou, également propriétaire du vaste domaine du Ch. la Varière à Brissac, a acquis en 2000 cette propriété en saumur-champigny. À la tête de 45 ha de vignes, il s'illustre avec régularité dans ces pages.

Ce 2017, au nez très typique de fruits rouges et d'épices, présente une bouche ronde, gourmande et charpentée avec élégance. Un joli vin de gastronomie, bien dans son appellation. ⧗ 2019-2022

⊶ DOM. DE LA PERRUCHE, 29, rue de la Maumenière, 49730 Montsoreau, tél. 02 41 91 22 64, contact@orchidees-domainedelaperruche.fr V r.-v.

LE PRIEURÉ D'AUNIS 2017 ★

■	80000	🍾	5 à 8 €

Remontant au XVIe s., le prieuré d'Aunis était une dépendance de l'abbaye de Fontevraud. Nicolas Pasquier, représentant la troisième génération, s'est installé en 2006 sur le domaine familial et ses 25 ha de vignes.

Une volée d'arômes de fruits rouges bien mûrs s'échappent du verre et annoncent un vin de plaisir et d'harmonie. La bouche est ronde et persistante sur le fruit, et les tanins lui confèrent une étoffe soyeuse. ⧗ 2018-2023

⊶ PASQUIER, Le Prieuré-d'Aunis, 49400 Dampierre-sur-Loire, tél. 02 41 50 33 61, leprieuredaunis@orange.com V r.-v. Ⓔ

DOM. SAINT-VINCENT Clos des Varennes 2017 ★

■	15000	🍾	8 à 11 €

Le domaine Saint-Vincent fait partie du vignoble de la côte de Saumur qui borde la Loire. Patrick Vadé s'est installé sur l'exploitation familiale (30 ha) en 1984. Très régulier en qualité.

La robe est intense et sombre. Sur le plan olfactif, on note une belle complexité aromatique: fruits rouges, cassis, épices. En bouche, on découvre un vin de caractère, aux saveurs gourmandes de fraise, qui bénéficiera d'un séjour en cave afin d'assouplir ses tanins encore un peu saillants. ⧗ 2019-2024 ■ **2017 (5 à 8 €; 50000 b.)** : vin cité. ■ **Les Trézellières 2017 (8 à 11 €; 30000 b.)** : vin cité.

⊶ PATRICK VADÉ, Chem. du Tyreau, 49400 Saumur, tél. 02 41 67 43 19, pvade@st-vincent.com V r.-v.

CH. LA SERPE 2017

■	20000	🍾	8 à 11 €

Mathias Levron, vigneron, et son associé Régis Vincenot, investisseur, ont racheté en 2006 le Ch. de Parnay, un domaine historique (la première forteresse remonte au Xe s.) célèbre pour son Clos d'Entre les Murs créé par Antoine Cristal; un clos constitué de onze murs parallèles troués à la hauteur des drageons pour permettre à ceux-ci de passer au travers et de se trouver face au midi. Le vignoble couvre 30 ha constitués de quatre îlots de parcelles, tous situés sur un sol argilo-calcaire. Les deux associés ont aussi créé en 2007 le Ch. la Serpe et ses 20 ha de vignes.

Drapée d'une robe sombre presque noire, ce 2017 libère des notes de cassis et de violette après aération. Les tanins, encore fougueux, témoignent de leur jeunesse et apportent une structure prometteuse. Un peu de garde permettra de révéler tout le potentiel de cette cuvée. ⧗ 2019-2024

⊶ CH. DE PARNAY, 1, rue Antoine-Cristal, 49730 Parnay, tél. 02 41 38 10 85, bureau@chateaudeparnay.fr V r.-v. *⊶ Levron et Vincenot*

DOM. DES VERNES Cuvée Tradition 2017 ★★

■	2000	🍾	5 à 8 €

Installé sur le domaine familial en 2002, Sébastien Sanzay représente la sixième génération à la tête de cette exploitation qui s'étend sur 26 ha répartis autour de Chacé. La propriété en pierre de tuffeau, typique du Saumurois, date de 1776.

Des raisins idéalement mûrs ont donné le jour à ce 2017 remarquable. L'olfaction est aussi complexe qu'avenante avec ses notes de cassis, de myrtille, de réglisse et d'anis. En bouche, toujours du fruit, de la complexité, une matière veloutée et une longue finale tenue par des tanins de soie. Une cuvée très expressive et harmonieuse. ⧗ 2019-2025

⊶ SÉBASTIEN SANZAY, 7, bd de Caulx, 49400 Chacé, tél. 06 18 09 53 11, domainedesvernes@free.fr V r.-v.

➔ LA TOURAINE

Les intéressantes collections du musée des Vins de Touraine à Tours témoignent du passé de la civilisation de la vigne et du vin dans la région, et

il n'est pas indifférent que les récits légendaires de la vie de saint Martin, évêque de Tours vers 380, émaillent la *Légende dorée* d'allusions viticoles ou vineuses... À Bourgueil, l'abbaye et son célèbre clos abritaient le «breton» ou cabernet franc, dès les environs de l'an mil, et, si l'on voulait poursuivre, la figure de Rabelais arriverait bientôt pour marquer de faconde et de bien-vivre une histoire prestigieuse. Celle-ci revit au long des itinéraires touristiques, de Mesland à Bourgueil sur la rive droite (par Vouvray, Tours, Luynes, Langeais), de Chaumont à Chinon sur la rive gauche (par Amboise et Chenonceaux, la vallée du Cher, Saché, Azay-le-Rideau, la forêt de Chinon).

Célèbre il y a donc fort longtemps, le vignoble tourangeau atteignit sa plus grande extension à la fin du XIXᵉs. Il se répartit essentiellement sur les départements de l'Indre-et-Loire et du Loir-et-Cher, empiétant au nord sur la Sarthe. Des dégustations de vins anciens, des années 1921, 1893, 1874 ou même 1858, par exemple, à Vouvray, Bourgueil ou Chinon, font apparaître des caractères assez proches de ceux des vins actuels. Cela montre que, malgré l'évolution des pratiques culturales et œnologiques, le «style» des vins de la Touraine reste le même; sans doute parce que chacune des appellations n'est élaborée qu'à partir d'un seul cépage. Le climat joue aussi son rôle: les influences atlantique et continentale ressortent dans l'expression des vins, les coteaux formant un écran aux vents du nord. En outre, la succession de vallées orientées est-ouest, vallées du Loir, de la Loire, du Cher, de l'Indre, de la Vienne, multiplie les coteaux de tuffeau favorables à la vigne, sous un climat tout en nuances, en entretenant une saine humidité. Ce tuffeau, pierre tendre, est creusé d'innombrables caves. Dans les sols des vallées, l'argile se mêle au calcaire et au sable, avec parfois des silex; au bord de la Loire et de la Vienne, des graviers s'y ajoutent.

Ces différents caractères se retrouvent donc dans les vins. À chaque vallée correspond une appellation, dont les vins s'individualisent chaque année grâce aux variations climatiques; et l'association du millésime aux données du cru est indispensable. Le classement des millésimes est à moduler, bien sûr, entre les rouges tanniques de Chinon ou de Bourgueil (plus souples quand ils proviennent des graviers, plus charpentés quand ils sont issus des coteaux) et ceux plus légers, et parfois diffusés en primeur, de l'appellation touraine; entre les rosés plus ou moins secs selon l'ensoleillement, tout comme les blancs d'Azay-le-Rideau ou d'Amboise, et ceux de Vouvray et de Montlouis dont la production va des secs aux moelleux en passant par les vins effervescents. Les techniques d'élaboration des vins ont leur importance. Si les caves de tuffeau permettent un excellent vieillissement à une température constante d'environ 12 °C, les vinifications en blanc se font à température contrôlée; les fermentations durent quelquefois plusieurs semaines, voire plusieurs mois pour les vins moelleux. Les rouges légers, de type touraine, sont issus de cuvaisons au contraire assez courtes; en revanche, à Bourgueil et à Chinon, les cuvaisons sont longues: deux à quatre semaines. Si les rouges font leur fermentation malolactique, les blancs et les rosés, eux, doivent leur fraîcheur à la présence de l'acide malique.

TOURAINE

Superficie: 4 470 ha
Production: 254 353 hl (30 % rouge, 14 % mousseux)

S'étendant des portes de Montsoreau à l'ouest jusqu'à Blois et Selles-sur-Cher à l'est, l'aire d'appellation régionale touraine est principalement localisée de part et d'autre des vallées de la Loire, de l'Indre et du Cher. Le tuffeau affleure rarement; les sols surmontent le plus souvent l'argile à silex. Les vins rouges proviennent de gamay (cépage exclusif des touraines primeurs), ou d'assemblage de cépages plus tanniques, comme le cabernet franc et le côt. À base de deux ou trois cépages, ils ont une bonne tenue en bouteille. Nés du cépage sauvignon qui, depuis quarante ans, a détrôné les autres, les blancs sont secs. Une partie de la production des blancs et des rosés est élaborée en mousseux selon la méthode traditionnelle. Toujours secs, friands et fruités, les rosés sont élaborés à partir des cépages rouges.

BADILLER Brut Méthode traditionnelle ★

● | 6000 | 5 à 8 €

Héritier d'une lignée de vignerons remontant à 1789, Marc Badiller s'est installé en 1984 sur le domaine familial, établi entre la Loire et la forêt de Chinon: 11 ha sur les coteaux de Cheillé à l'origine d'une large gamme de vins de Touraine. En 2015, la dernière génération (Pierre et Vincent) a pris les commandes.

Un très bel effervescent issu des coteaux d'Azay-le-Rideau, très aromatique, ouvert sur des notes d'abricot et d'acacia. Bien servi par des bulles fines, la bouche, suave et longue, s'arrondit autour d'une délicate note miellée et d'un beau retour fruité. ⧗ 2018-2020

PIERRE ET VINCENT BADILLER, 26, Le Bourg, 37190 Cheillé, tél. 02 47 45 24 37, contact@badiller.fr V t.l.j. sf dim. 9h30-12h30 14h-18h

DOM. BEAUSÉJOUR Cuvée Vincent 2017

■ | 20000 | | 5 à 8 €

Philippe Trotignon a pris en 2002 la suite de trois générations sur le domaine familial. Il exploite 20 ha sur des terrains siliceux (sables, argiles à silex) de la rive droite du Cher. Rouges ou blancs, ses touraine sont souvent mentionnés dans le Guide.

Une belle couleur soutenue pour cette cuvée mêlant gamay noir et côt dans un bel environnement fruité de fraise et de framboise. La bouche se montre souple et fraîche, elle aussi centré sur les fruits rouges. Un touraine gouleyant de type primeur. ⧗ 2018-2021

PHILIPPE TROTIGNON, 14, rue des Bruyères, 41140 Noyers-sur-Cher, tél. 02 54 71 34 17, philippe.trotignon@free.fr V r.-v.

LOIRE

DOM. BELLEVUE Sauvignon 2017 ★

| 150 000 | | - de 5 €

Patrick Vauvy a pris en 1985 la suite des trois générations précédentes sur le domaine familial qui s'étend sur 40 ha à Noyers-sur-Cher. Une commune où l'on trouve une pépinière d'excellents vignerons et des terroirs siliceux au sous-sol argilo-calcaire donnant beaucoup de légèreté aux vins.

Ce vin à la robe brillante et dorée dévoile un fruité chaleureux associant agrumes, mangue et fruits blancs bien mûrs. Une trame aromatique que l'on retrouve dans une bouche intense, généreuse et longue. ⧗ 2018-2021

PATRICK VAUVY, 6, rue du Coteau, 41140 Noyers-sur-Cher, tél. 02 54 71 42 73, domainebellevue@orange.fr V r.-v.

DOM. THIERRY BESARD Le Petit Lay 2017 ★

| 3000 | | - de 5 €

Installé dans des bâtiments en tuffeau datant du milieu du XIXe s., Thierry Besard représente la troisième génération à la tête de ce domaine de 7,5 ha situé au confluent de l'Indre et de la Loire et à mi-chemin entre Azay-le-Rideau et Villandry.

Gorgé de fruits rouges et d'épices à l'olfaction, ce beau gamay donne envie d'aller plus loin. Et l'on n'est pas déçu: il se montre tout aussi fruité (groseille, fraise), souple, juteux et frais. Un touraine friand à souhait. ⧗ 2018-2021

THIERRY BESARD, 10, Les Priviers, 37130 Lignières-de-Touraine, tél. 02 47 96 85 37, thierry.besard@orange.fr V r.-v.

DOM. DES BESSONS Arroma 2017 ★

| 6900 | | 5 à 8 €

Établi sur la rive droite de la Loire tout près d'Amboise, François Péquin s'est lancé dans la vinification et la vente directe après son installation en 1987. Il exploite 10 ha de vignes en touraine et en touraine-amboise.

Très bien réalisé, ce sauvignon se distingue d'emblée par sa complexité aromatique (pamplemousse, citron, fruits

La Touraine

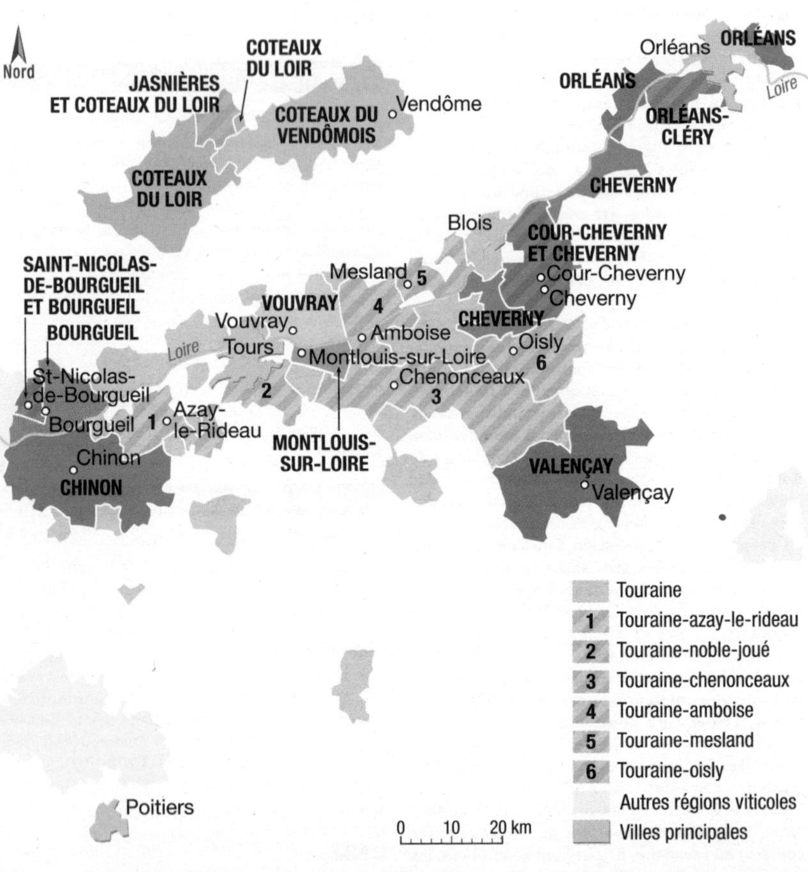

exotiques, notes beurrées). En bouche, il se montre rond, gras, suave et long, dynamisé par une fine fraîcheur acidulée. ⌛ 2018-2021

FRANÇOIS PÉQUIN, 113, rue de Blois, 37530 Limeray, tél. 02 47 30 09 10, francois.pequin@wanadoo.fr V t.l.j. sf dim. 9h-12h 14h-19h; nov.-mars sur r.-v.

DOM. DE LA BLINIÈRE Cuvée Jules 2016

■ | 3000 | 5 à 8 €

Situé sur la rive droite du Cher, en lisière de la forêt de Gros Bois, ce domaine remonte aux années 1870. Gaëlle Charbonnier (cinquième génération) a pris en 2005 la succession de son père à la tête d'un vignoble de 19 ha.

Cette cuvée fait dans la simplicité et c'est réussi: robe légère, nez gourmand de fruits rouges (cerise burlat et fraise), bouche tout aussi fruitée, souple et gouleyante. À boire dans sa jeunesse. ⌛ 2018-2021

GAËLLE CHARBONNIER, 3, chem. de la Blinière, 41140 Saint-Romain-sur-Cher, tél. 02 54 71 48 60, gaellecharbonnier@wanadoo.fr V r.-v.

DOM. FRANÇOIS CARTIER Sauvignon blanc 2017

■ | 30000 | | 5 à 8 €

François Cartier, qui gérait le domaine familial depuis 1977, a été relayé par son fils Vincent (cinquième génération vigneronne) en 2011. Ce dernier a complété sa formation en Australie avant de revenir travailler ce vignoble de 25 ha implanté sur les coteaux du Cher et travaillé de façon très raisonnée.

Soigné et élégant dans sa présentation, ce vin dévoile un bouquet expressif de fleurs blanches et de fruits exotiques. Arômes relayés par une bouche tendre et ronde, équilibrée par une pointe de vivacité bienvenue. ⌛ 2018-2021

VINCENT CARTIER, 13, rue de la Bergerie, 41110 Pouillé, tél. 02 54 71 51 54, domainefrancoiscartier@gmail.com V t.l.j. sf dim. 9h-12h 15h-18h

DOM. DE LA CHAISE 2017 ★

■ | 20000 | | 5 à 8 €

Héritier d'une tradition qui remonte à 1850, Christophe Davault s'est installé en 2004 sur ce domaine qui couvre aujourd'hui 57 ha. L'exploitation est située sur les anciennes terres du prieuré de La Chaise, déjà plantées en vignes par les moines au X^es.

Ce joli rosé très pâle attire l'œil. Au nez, il dévoile un caractère floral des plus délicats. Quant à la bouche, elle présente une belle fraîcheur et des notes élégantes de petits fruits rouges. ⌛ 2018-2020

CHRISTOPHE DAVAULT, 37, rue de la Liberté, 41400 Saint-Georges-sur-Cher, tél. 02 54 71 53 08, domainedelachaise@orange.fr V t.l.j. sf dim. 8h-12h 14h-18h

DOM. DU CHAPITRE Côt Brin d'épice 2016 ★

■ | 10000 | | 5 à 8 €

Installé à Saint-Romain-sur-Cher, aux portes de la Sologne viticole, sur les terroirs de la vallée du Cher, François Desloges perpétue une tradition vigneronne qui remonte à deux siècles. Il cultive le gamay, le cabernet, le côt et le sauvignon.

Une couleur intense aux éclats améthyste pour ce touraine ouvert sur les fruits noirs, la réglisse et les épices agrémentés d'une pointe minérale. La bouche se révèle ample et fraîche, épaulée par des tanins fins qui s'ajoutent au caractère friand et très ligérien de ce vin. ⌛ 2018-2021

MARYLINE ET FRANÇOIS DESLOGES, 82, rue Principale, 41140 Saint-Romain-sur-Cher, tél. 02 54 71 71 22, ledomaineduchapitre@wanadoo.fr V t.l.j. 9h-18h30

♥ **DOM. CHARBONNIER** Cuvée Prestige 2016 ★★

■ | 5800 | | 5 à 8 €

Daniel Charbonnier a pris sa retraite en 2009, mais son frère Michel et son fils Stéphane, installés en 2001, sont toujours là pour conduire le domaine familial et ses 22 ha de vignes. Leurs vins sont régulièrement mentionnés dans le Guide.

Cette cuvée pourpre aux reflets bleutés dévoile des notes intenses de fruits rouges et de myrtille à l'olfaction. On retrouve le fruit avec la même intensité et teinté d'épices dans une bouche ample, souple et tendre, étayée par des tanins soyeux qui s'ajoutent au caractère caressant de ce vin séducteur en diable. ⌛ 2018-2023 ■ **Malbec 2016 (- de 5 €; 8000 b.)** : vin cité.

MICHEL ET STÉPHANE CHARBONNIER, 4, chem. de la Cossaie, 41110 Châteauvieux, tél. 02 54 75 49 29, dms.charbonnier@wanadoo.fr V r.-v.

DOM. DES CORBILLIÈRES Angeline 2016 ★★

■ | 6000 | | 8 à 11 €

Situé à Oisly, en Sologne viticole, ce domaine est une des valeurs sûres de l'appellation touraine. Acquis dans les années 1920 par la famille, le vignoble, qui compte aujourd'hui 28 ha, est conduit par Dominique Barbou.

Une jolie robe brillante aux reflets aubergine habille ce touraine associant les épices, le menthol et les fruits noirs à l'olfaction, sur fond de boisé fondu. La bouche affiche un superbe un équilibre entre une fine fraîcheur, un boisé savamment dosé et des tanins soyeux. ⌛ 2019-2023

DOMINIQUE BARBOU, 1, les Corbillières, 41700 Oisly, tél. 02 54 79 52 75, contact@domainedescorbillieres.com V r.-v.

DOM. JOËL DELAUNAY Les Cabotines 2017 ★

■ | 15000 | | 5 à 8 €

Joël Delaunay s'est lancé dans la vente en bouteilles en 1970. Ce vigneron réputé de l'AOC touraine a cédé en 2003 à son fils Thierry et à son épouse Marie l'exploitation, située sur la première côte de la vallée du Cher, qui couvre 34 ha aujourd'hui. Une valeur sûre.

D'emblée, la brillance de ce vin invite à prendre le verre. Se déploient alors d'intenses senteurs florales. En bouche, le vin apparaît chaleureux et rond, mais la fraîcheur est présente, à travers des notes salines et iodées. ⧗ 2018-2020 ■ **Sauvignon Blanc 2017 (5 à 8 €; 100 000 b.)** : vin cité.

THIERRY DELAUNAY, 48, rue de la Tesnière, 41110 Pouillé, tél. 02 54 71 45 69, contact@joeldelaunay.com t.l.j. sf dim. 9h-12h 14h-17h30; sam. sur r.-v.

DOM. DEROCHES-MANÇOIS Cuvée Tradition 2016

■ | 4000 | | - de 5 €

Saint-Georges-sur-Cher est l'une des plus importantes communes viticoles de Touraine. Installé ici depuis 1980, Jean-Michel Desroches a cédé en 2017 son domaine de 16,5 ha à une jeune vigneronne, Aurélie Mançois.

Cet assemblage de côt et de cabernet franc met en avant un bon fruité à l'olfaction, prolongé par une bouche souple et gouleyante. Un profil léger, à découvrir sur le fruit. ⧗ 2018-2021

AURÉLIE MANÇOIS, 86, les Raimbaudières, 41400 Saint-Georges-sur-Cher, tél. 06 85 02 23 04, mancoisaurelie@yahoo.fr lun. ven. sam. 10h-12h 15h-18h

DIVIN LOIRE N° 1 2017

■ | 7000 | | 5 à 8 €

Un domaine créé en 2015 par Aude Clavier, œnologue, et son mari Emmanuel dans le petit village viticole d'Oisly où vivaient déjà ses aïeux vignerons. Les vignes couvrent 10 ha et sont en cours de conversion bio.

Ce blanc distille des notes de buis et de bourgeon de cassis typique de ce cépage phare de Touraine. La bouche se révèle ronde avec une petite pointe d'amertume et de fraîcheur citronnée bienvenue en finale. ⧗ 2018-2021

AUDE CLAVIER, 60, rte de Contres, 41700 Oisly, tél. 02 54 58 87 03, divinloire@gmail.com t.l.j. 10h-12h 14h-18h; sam. dim. sur r.-v.

VIGNOBLE DUBREUIL Gamay 2017

■ | 3000 | | - de 5 €

En 2010, Stéphane Dubreuil a pris le relais de son père à la tête de l'exploitation (44 ha de vignes et 90 ha de céréales) dans sa famille depuis un siècle et située au cœur de la vallée du Cher, à mi-chemin entre le zoo de Beauval et le château de Cheverny.

D'une belle brillance, ce pur gamay dévoile des senteurs de cassis et de fraise des bois. La bouche est elle aussi bien fruitée, souple, fraîche et juteuse. Un bon classique à déguster sur le fruit. ⧗ 2018-2021

DUBREUIL, 525, rte de Thésée, 41700 Couddes, tél. 02 54 71 32 85, contact@vignobledubreuil.fr r.-v.

DOM. DES ÉCHARDIÈRES Rosé 2017 ★

■ | 15 000 | | 5 à 8 €

Ancien ingénieur agricole et commercial, Luc Poullain a repris en 2000 ce domaine (16 ha) situé à Pouillé, sur la rive gauche du Cher, en amont de Chenonceaux. Il s'est engagé dans la défense de l'appellation touraine-chenonceaux, dont il est le président.

Ce rosé pimpant dans sa robe saumonée associe le cabernet franc, le côt et le gamay. Au nez, il dévoile de belles senteurs florales et anisées. Arômes repris par une bouche fraîche, harmonieuse et persistante. ⧗ 2018-2020

LUC POULLAIN, 9, rue de la Brosse, 41110 Pouillé, tél. 02 54 71 46 66, info@domaine-echardieres.com r.-v.

DOM. DE LA GABILLIÈRE Sauvignon 2017 ★

■ | 3000 | | 5 à 8 €

Ce domaine d'application pédagogique du lycée viticole d'Amboise (20 ha) est également une structure de recherche à l'échelle de la Région Centre-Val de Loire, en lien avec les différents organismes viticoles.

Élégant et intense, le nez de ce sauvignon évoque les agrumes, la poire et les fleurs blanches. La bouche, à l'unisson du bouquet, affiche un très bel équilibre entre une rondeur suave et une fine fraîcheur aux tonalités citronnées. ⧗ 2018-2021

LYCÉE VITICOLE D' AMBOISE, 46, av. Émile-Gounin, BP 239, 37402 Amboise cedex, tél. 02 47 23 35 51, expl.lpa.amboise@educagri.fr r.-v.

DOM. PASCAL GIBAULT Émotion 2016 ★

■ | 7000 | | 5 à 8 €

Établis à Noyers-sur-Cher, Pascal et Danielle Gibault ont repris en 1988 le domaine familial qui s'étend sur 40 ha, perpétuant une tradition vigneronne remontant à trois générations. Un domaine souvent en vue pour ses blancs.

Associant le côt (80 %) et le cabernet franc, ce touraine livre des parfums intenses de petits fruits rouges. Un fruité que l'on retrouve avec la même intensité et avec beaucoup de persistance dans une bouche souple, soyeuse et fraîche. ⧗ 2018-2022

EARL PASCAL ET DANIELLE GIBAULT, Les Martinières, 11, rue des Vignes, 41140 Noyers-sur-Cher, tél. 02 54 75 36 52, danielle-de-lansee@wanadoo.fr r.-v.

VIGNOBLE GIBAULT Sauvignon 2017

■ | 80 000 | | 5 à 8 €

Établi à Meusnes, à l'extrémité orientale de la vallée du Cher, Patrick Gibault exploite depuis 1982 le vignoble constitué par son père: 30 ha sur des sols d'argiles à silex.

Ce sauvignon s'ouvre sur des parfums classiques et bien mariés d'agrumes et de fruits exotiques. Le fruit persiste et signe dans une bouche souple et d'une aimable rondeur. ⧗ 2018-2021

VIGNOBLE GIBAULT, 183, rue Gambetta, 41130 Meusnes, tél. 02 54 71 02 63, vignoblegibault@wanadoo.fr t.l.j. sf dim. 9h-12h 14h-19h

DOM. DES GRANDES ESPÉRANCES 2017 ★

■ | 7000 | | 5 à 8 €

Un domaine de 50 ha sur la commune de Mesland, au cœur de la Touraine, propriété de la maison Saget-La Perrière depuis 2010.

Un 100 % cabernet franc que le jury a apprécié pour son harmonie générale. La robe saumonée brillante est attrayante, ainsi que les notes subtiles de bonbon anglais qui s'échappent du verre. La bouche se révèle souple, élégante et longue, amylique et fruitée. ⧗ 2018-2020

⊶ *SAGET-LA PERRIÈRE, La Morandière, 41150 Mesland, tél. 06 88 58 05 98, domainedesgrandesesperances@gmail.com* V ⚐ ▪ *r.-v.*

JEAN-CHRISTOPHE MANDARD P'tites Notes 2017 ★

■ | 3600 | ▮ | 5 à 8 €

Représentant la quatrième génération de vignerons sur le domaine, Jean-Christophe Mandard, installé en 1993, exploite 27 ha sur les premières côtes de la rive gauche du Cher, un terroir précoce riche en silex.

Ce vin né de gamay (85 %) et de pinot noir délivre de fins arômes de petits fruits rouges à l'olfaction. En bouche, il se montre ample, rond, soyeux, et est souligné par une fraîcheur savamment dosée qui lui confère une bonne allonge. Un ensemble harmonieux et friand. ⧗ 2018-2021

Sauvignon 2017 (- de 5 €; 30 000 b.) : vin cité.

⊶ *JEAN-CHRISTOPHE MANDARD, 14, rue du Bas-Guéret, 41110 Mareuil-sur-Cher, tél. 02 54 75 19 73, mandard.jc@wanadoo.fr* V ▪ *r.-v.*

DOM. MICHAUD Gamay 2017 ★

■ | 15 000 | ▮ | 5 à 8 €

Installé en 1985, Thierry Michaud exploite 25 ha de vignes (dont 80 % en AOC touraine-chenonceaux) dans la vallée du Cher et élabore de jolis vins de terroir nés de sols riches en silex. Une valeur sûre en crémant-de-loire et en touraine.

Il porte beau ce gamay couleur aubergine, ouvert sur de généreuses notes de groseille et de fraise mûres mâtinées de nuances épicées. On retrouve ce côté fruité dans une bouche ample, nette et fraîche. ⧗ 2018-2021

⊶ *DOM. MICHAUD, 20, rue les Martinières, 41140 Noyers-sur-Cher, tél. 02 54 32 47 23, thierry@domainemichaud.com* V ▪ *t.l.j. sf dim. 9h-12h 14h-19h (sam. 18h)*

RAPHAËL MIDOIR Sauvignon 2017

□ | 50 000 | ▮ | 5 à 8 €

Représentant la cinquième génération, Raphaël Midoir a succédé à son père en 1997 sur la propriété familiale située au cœur de la Sologne viticole. Réputé pour ses crémants, ce domaine de 27 ha se distingue également par ses touraine blancs et rosés.

Un agréable vin blanc bien typé sauvignon avec ses arômes d'agrumes et de fruits blancs, et sa bouche fraîche et nette. Simple et de bon goût. ⧗ 2018-2020

⊶ *SARL RAPHAËL MIDOIR, 380, rue de la Grande-Brosse, 41700 Chémery, tél. 02 54 71 83 58, contact@raphaelmidoir.com* V ⚐ ▪ *t.l.j. 9h-12h30 14h-19h*

MIRAULT Méthode traditionnelle

● | 2200 | 5 à 8 €

Cette maison de négoce familiale est installée depuis 1959 à Vouvray. Elle sélectionne des moûts et des vins à la propriété avec rigueur et fidélité. Elle s'est spécialisée dans l'élaboration de vins effervescents et dispose d'imposantes caves creusées dans le roc.

Une belle fraîcheur dans cet effervescent rosé à la bulle fine, qui s'exprime sur les fruits rouges mûrs et le coing au nez comme en bouche. ⧗ 2018-2020

⊶ *MAISON MIRAULT, 15, av. Brûlé, 37210 Vouvray, tél. 02 47 52 71 62, contact-maison-mirault@orange.fr* V ⚐ ▪ *t.l.j. 9h30-12h30 14h30-19h; sam. dim sur r.-v.*

MONCONTOUR Tête de cuvée

○ | 47 890 | 5 à 8 €

Le château bâti au XV^e^s. trône sur la falaise de tuffeau du village. Balzac avait convoité le domaine, propriété de l'évêque de Tours au temps de saint Martin (IV^e^s.). Propriétaire de plusieurs domaines en Touraine, Gilles Feray a acquis Moncontour en 1994 et dispose ici de 120 ha de vignes répartis dans différentes communes de l'AOC vouvray, ce qui permet aux vins de refléter toute la richesse du terroir.

Cet effervescent associant chenin (80 %) et chardonnay présente des bulles fines. Au nez, des notes de miel s'associent aux fruits blancs bien mûrs. En bouche, il se montre rond et souple, souligné par une légère salinité en finale. ⧗ 2018-2020

⊶ *SA VIGNOBLE CH. MONCONTOUR, Les Patis, rue de Moncontour, 37210 Vouvray, tél. 02 47 52 60 77, secretariat@vignobles-feray.com* V ▪ *t.l.j. 9h-12h30 13h30-18h* ⊶ *Feray*

MOULINS DES AIGREMONTS 2017

■ | 12 000 | ▮ | - de 5 €

Cette union de producteurs créée en 1925 vinifie les raisins de nombreuses exploitations situées aux portes des châteaux d'Amboise et de Chenonceau. Elle exploite aussi ses propres vignes, reprenant des vignobles sans succession.

Un rosé né de gamay (70 %) et de côt. La robe est claire et brillante, le nez finement poivré. La bouche est suave, généreuse, centrée sur les fruits bien mûrs. ⧗ 2018-2019

⊶ *SCA CELLIER DU BEAUJARDIN, 32, av. du 11-Novembre-1918, 37150 Bléré, tél. 02 47 57 91 04, accueil@cellier.beaujardin.com* V ⚐ ▪ *t.l.j. 8h-12h 14h-18h30*

Ⓑ NICOLAS PAGET Jajavanaise 2016

■ | 5000 | 5 à 8 €

Le domaine est établi près de la confluence de la Loire et de l'Indre, à la lisière de la forêt de Chinon. James Paget lui a donné une bonne notoriété. Son fils Nicolas, qui lui a succédé en 2007, est à la tête d'un vignoble de 15 ha qu'il conduit désormais en bio (certification en 2014). À sa carte, du touraine, du touraine-azay-le-rideau et du chinon.

Issu d'un assemblage de gamay (50 %), de côt et de cabernet franc, ce rouge sympathique séduit par son fruité frais de cerise burlat, sa légèreté et sa souplesse. Un vin sans chichi à boire sous la tonnelle, sur un air de javanaise… ⧗ 2018-2020

⊶ *NICOLAS PAGET, 7, rte de la Gadouillère, 37190 Rivarennes, tél. 02 47 95 54 02, domaine.paget@wanadoo.fr* V ⚐ ▪ *t.l.j. sf mer. dim. 9h30-12h 14h30-18h*

LES PIERRES D'AURÈLE Nouvelle Lune 2017 ★

■	2500		5 à 8 €

Un jeune domaine fondé en 2010 par Pierre-André Frot, dont les vignes s'étendent sur près de 22 ha en AOC touraine et touraine-chenonceaux.

Un surprenant vin rouge issu de gamay de grande maturité, ouvert sur des arômes généreux de fruits rouges cuits et de gelée de mûres. Suivant la même ligne aromatique, la bouche se montre ample, ronde et riche, étayée par des tanins soyeux. Un vin atypique par son caractère chaleureux, presque méridional, mais fort gourmand. 2018-2021

PIERRE-ANDRÉ FROT, 1, la Chauverie, 41400 Saint-Georges-sur-Cher, tél. 06 99 35 27 79, pierre@lespierresdaurele.com t.l.j. sf dim. 10h-12h 14h-19h

DOM. DES PIERRINES 2017 ★

■	2500	- de 5 €

Ce domaine familial de 18 ha, rebaptisé Dom. des Pierrines en 2014, est situé sur la première côte du val de Cher. Il est conduit depuis 2004 par Fabrice Delaunay, qui succède à ses parents Daniel et Pierrette.

Cet élégant 2017 est issu d'un assemblage complexe de gamay, de grolleau, de pinot noir, de cabernet franc et de pineau d'Aunis. Au nez, il convoque les fruits rouges et les épices. En bouche, il conjugue finesse, rondeur et fraîcheur dans un bel équilibre. 2018-2020

EARL FABRICE DELAUNAY, 2, rue de la Bergerie, 41110 Pouillé, tél. 02 54 71 46 93, fabricedelaunay@hotmail.com t.l.j. sf dim. 9h-12h 14h-18h

CH. DE PONT Sauvignon 2017 ★

■	1333		8 à 11 €

Établie sur la rive droite du Cher, cette coopérative, qui regroupe une vingtaine d'adhérents, a été fondée en 1957. Elle dispose de quelque 200 ha de vignes.

Ce beau sauvignon met en avant les fruits exotiques, les fruits secs et les fleurs blanches à l'olfaction. Dès l'attaque, le palais affiche de la rondeur et du gras autour de notes confites d'abricot et de coing. 2018-2021

LES VIGNERONS DES COTEAUX ROMANAIS, 50, rue Principale, 41140 Saint-Romain-sur-Cher, tél. 02 54 71 70 74, lmdt@cave-vcr.fr t.l.j. sf dim. 9h30-12h30 14h30-18h

DOM. DE LA POUNIÈRE Sauvignon 2017

■	12000	5 à 8 €

Une exploitation fondée en 1900 par l'arrière-grand-père d'Éric Boucher, en polyculture-élevage jusqu'en 1990 et reprise par ce dernier, associé avec son père. Le vignoble couvre aujourd'hui 27 ha.

Discret mais plaisant, le nez de ce vin fleure bon le sauvignon avec ses parfums d'agrumes et de fruits exotiques. La bouche fait écho à l'olfaction et affiche une agréable rondeur qui lui donne un côté tendre. 2018-2020

BOUCHER, 617, imp. de Vitré, La Pounière, 41110 Saint-Aignan-sur-Cher, tél. 06 82 17 03 96, domaine.pouniere@gmail.com r.-v.

DOM. PREYS Sauvignon Les Pillotières 2017

■	30000		5 à 8 €

Ce domaine situé sur les hauts de Meusnes est conduit depuis 1966 par Jacky Preys, aujourd'hui rejoint par son fils Pascal. Le tandem gère la plus grande propriété de l'appellation valençay: 76 ha.

Ce vin pâle aux reflets verts distille des parfums classiques de bourgeon de cassis, d'ananas et de citron vert. Un fruité que prolonge une bouche tendue par une fine acidité et de bons amers. 2018-2020

PREYS, 536, rue Debussy, 41130 Meusnes, tél. 02 54 71 00 34, domainepreys@wanadoo.fr r.-v.

CH. DE QUINÇAY Launay 2016 ★

■	n.c.		5 à 8 €

Conduit par les frères Cadart, Frédéric et Philippe, le Ch. de Quinçay commande un joli parc arboré; ses 28 ha de vignes sont implantés sur un sol riche en silex et apte à la production de vins de qualité, comme en témoignent les sélections régulières du domaine dans le Guide.

Attirant dans sa robe sombre aux reflets orangés et avec son nez flatteur et intense de fruits noirs et d'épices, ce touraine dévoile une bouche ample et longue, aux tanins soyeux et ronds. 2018-2023

CADART, Ch. de Quinçay, 41130 Meusnes, tél. 02 54 71 00 11, cadart@chateaudequincay.com t.l.j. sf dim. 9h-12h 14h-18h

DOM. DE LA RENAUDIE Albert Denis 2016 ★

■	7300		5 à 8 €

Établis à Mareuil-sur-Cher aux confins de la Touraine, du Berry et de la Sologne, Bruno Denis et son épouse Patricia – formée à l'œnologie – ont repris le domaine familial fondé par le grand-père Albert en 1928. Ils exploitent 30 ha de vignes avec l'aide de leur fille Charlotte depuis 2016.

Un beau 100 % côt, cépage préféré d'Albert Denis. Un vin sombre, ouvert sur des notes intenses de fruits noirs et d'épices. Elle aussi fruitée et épicée, la bouche apparaît ample et ronde, soutenue par une trame tannique soyeuse. 2018-2022

DOM. DE LA RENAUDIE, 115, rte de Saint-Aignan, 41110 Mareuil-sur-Cher, tél. 02 54 75 18 72, domaine.renaudie@wanadoo.fr t.l.j. sf dim. 9h-12h 14h-18h30 *Bruno Denis*

ROC DE CHÂTEAUVIEUX Sauvignon blanc 2017

■	164500		5 à 8 €

Négociant apprécié en Touraine et producteur par ailleurs, Pierre Chainier a racheté en 2001 à la famille Paumier ce vaste domaine de 130 ha, situé sur la rive gauche du Cher. Les vignes sont implantées dans des sols argilo-calcaires propices au sauvignon.

Bourgeon de cassis, fleurs blanches, agrumes : pas de doute, nous sommes bien en présence d'un sauvignon. En bouche, pas de surprise: de la fraîcheur, du fruit, une jolie touche fumée et une bonne longueur. Un bon classique. 2018-2021

SCEA ROC DE CHÂTEAUVIEUX, 1 bis, chem. de la Galerne, 41110 Châteauvieux, tél. 02 47 30 73 07, chainier@pierrechainier.com
Chainier

DOM. DES ROY Côt 2016 ★

■ | 3200 | | 5 à 8 €

Anne-Cécile Roy, œnologue, a repris en 2005 les rênes du domaine familial situé sur la rive droite du Cher. Épaulée par son époux Yohann, technicien viticole et fils de vigneron, elle conduit son exploitation en agriculture biologique.

Une robe sombre habille ce vin ouvert sans réserve sur des notes de fruits rouges et de sous-bois. La bouche conjugue douceur et puissance maîtrisée autour de tanins soyeux et fins qui poussent loin la finale. 2018-2022 ■ **Alliance 2016 (8 à 11 €; 5800 b.)** : vin cité.

ANNE-CÉCILE ROY ET YOHANN BOUTIN, 3, rue Franche, 41400 Pontlevoy, tél. 02 54 32 51 07, domaine-des-roy@wanadoo.fr V r.-v.

DOM. SAUVÈTE Gamay Les Gravouilles 2017 ★★

■ | 5280 | | 8 à 11 €

Georges, l'arrière-grand-père, a planté le premier cep en 1905. Aujourd'hui, le vignoble couvre 17 ha conduits en bio par Jérôme Sauvète, sa femme Dominique et leur fille Mathilde.

Issu de parcelles riches en graviers («les gravouilles» disait le grand-père de Jérôme Sauvète), ce pur gamay à la robe sombre dévoile à l'olfaction de très agréables notes de petits fruits rouges frais agrémentées d'élégantes nuances florales. La bouche, d'une grande harmonie, allie une fine fraîcheur à une aimable rondeur autour de tanins fondus. Une vraie gourmandise. 2018-2021

JÉRÔME SAUVÈTE, 15, rte des Vignes, 41400 Monthou-sur-Cher, tél. 02 54 71 48 68, domaine-sauvete@wanadoo.fr V t.l.j. sf dim. 10h-12h 14h-19h

CH. DE SELLES-SUR-CHER Côt Chevalier du Saint-Esprit 2016 ★★

■ | 6436 | | 20 à 30 €

Ce domaine fondé en 1820 s'est agrandi au fil des générations, passant de 6 à 23 ha. Après avoir travaillé dans le secteur médical en Chine, Nicolas Mazzesi s'est reconverti dans le secteur du vin. Il a repris cette exploitation en 2011, après avoir suivi une formation au lycée viticole d'Amboise.

D'un beau grenat profond, ce côt livre un bouquet explosif de petits fruits noirs (cassis, myrtille) agrémenté d'une élégante note florale de lys. Ample dès l'attaque, porté des tanins veloutés, le palais renoue avec le fruit, épaulé par un boisé très fondu et par une fine touche de minéralité. 2018-2023

NICOLAS MAZZESI, 37 bis, rue des Souterrains, 41130 Châtillon-sur-Cher, tél. 02 54 71 02 94, adm@les-souterrains.com V t.l.j. sf dim. 8h30-12h 13h45-17h30

LES CAVES DE LA TOURANGELLE 2017 ★

■ | 168000 | - de 5 €

Établie au cœur de la Touraine, entre Amboise et Montrichard, cette maison créée en 1995 appartient à la famille Bougrier, propriétaire de domaines en Touraine et négociant-éleveur présent dans l'ensemble du Val de Loire (Anjou-Saumur, Muscadet et Touraine).

Au nez, ce sauvignon dévoile des arômes variétaux de buis, de bourgeon de cassis et d'agrumes. On les retrouve dans une bouche longue et équilibrée, fraîche et saline. Un beau classique. 2018-2021

LES CAVES DE LA TOURANGELLE, 26, rue de la Liberté, 41400 Saint-Georges-sur-Cher, tél. 02 54 32 31 36, st.georges@bougrier.fr Bougrier

VALLÉE DES ROIS Gamay 2017 ★

■ | 68000 | | 5 à 8 €

Fondée en 1961, la Confrérie des Vignerons de Oisly et Thésée est une coopérative qui réunit une vingtaine d'adhérents pour 180 ha de vignes en AOC cheverny et touraine. Une «coop» innovante, l'une des premières de Loire à avoir investi dans la thermorégulation, en 1975, et plate-forme d'essais en microbiologie pour l'Institut technique de la vigne et du vin (ITV) de Tours.

D'une belle couleur sombre, cette cuvée présente un nez intense et flatteur de cassis et de fruits rouges. Un fruité auquel fait un long écho une bouche ample et charnue, aux tanins fondus. Une jolie gourmandise. 2018-2021

CONFRÉRIE DES VIGNERONS DE OISLY ET THÉSÉE, 5, rue du Vivier, 41700 Oisly, tél. 02 54 79 75 20, oisly@uapl.fr V t.l.j. sf dim. 9h-12h 14h-18h

TOURAINE-AMBOISE

Superficie : 165 ha
Production : 8 767 hl (83 % rouge et rosé)

De part et d'autre de la Loire, sur laquelle veille le château d'Amboise des XVᵉ et XVIᵉs., non loin du manoir du Clos-Lucé où vécut et mourut Léonard de Vinci, ce vignoble produit des vins rosés et rouges à partir du gamay, du côt et du cabernet franc. Ce sont des vins pleins, aux tanins légers; lorsque côt et cabernet dominent, les rouges ont une certaine aptitude à la garde. Les mêmes cépages donnent des rosés secs et tendres, fruités et bien typés. Secs, demi-secs ou moelleux selon les années, les blancs, issus de chenin, peuvent également être gardés en cave.

DOM. DES BESSONS Prestige 2016 ★

■ | 3000 | | 8 à 11 €

Établi sur la rive droite de la Loire tout près d'Amboise, François Péquin s'est lancé dans la vinification et la vente directe après son installation en 1987. Il exploite 10 ha de vignes en touraine et en touraine-amboise.

Un pur côt puissant, couleur aubergine, ouvert au nez sur un fruité intense de griotte et de cassis agrémenté de nuances de violette et de boisé fondu. En bouche, il offre de la rondeur en attaque, avant de montrer un peu plus les muscles en finale à travers des tanins fermes. ⧗ 2019-2023 ■ **François Ier 2016 (5 à 8 €; 5000 b.)** : vin cité.

⊶ *FRANÇOIS PÉQUIN, 113, rue de Blois, 37530 Limeray, tél. 02 47 30 09 10, francois.pequin@wanadoo.fr* V ⚲ ▪ *t.l.j. sf dim. 9h-12h 14h-19h; nov.-mars sur r.-v.*

VIGNERONS BONNIGAL-BODET
Malbec Les Séminées 2015 ★★

■ | 5500 | ⊕ | 15 à 20 €

Un domaine créé en 2015 par Jean-Baptiste Bonnigal et Stéphane Bodet, héritiers de trois générations de vignerons. À leur disposition, un vignoble de 62 ha sur lequel ils produisent du touraine, du touraine-amboise et du crémant.

Les jolis reflets améthyste sur le disque grenat profond classent d'emblée cette bouteille dans l'élégance. Les fruits noirs dominent l'olfaction, agrémentés d'une fine note de violette. Une attaque ronde et fruitée, teintée d'un boisé fondu, ouvre sur une bouche aussi large que longue, étayée par des tanins veloutés. ⧗ 2018-2022

⊶ *JEAN-BAPTISTE BONNIGAL ET STÉPHANE BODET, 17, rue d'Enfer, 37530 Limeray, tél. 02 47 30 11 02, bonnigalprevote@wanadoo.fr* V ⚲ ▪ *t.l.j. sf dim. 9h-12h30 14h-18h30*

PHILIPPE CATROUX Demi-sec 2016 ★

□ | 3700 | ▮ | 5 à 8 €

Comme dans de nombreuses exploitations de Limeray, l'histoire viticole familiale est ici ancienne (1890). Représentant la cinquième génération, Philippe Catroux, installé depuis 1984, conduit un domaine de 17 ha.

Un «sec tendre» d'un bel or pâle, ouvert sur des parfums de poire et d'épices douces. En bouche, il présente une douceur bien maîtrisée par une fine fraîcheur et déploie une finale chaleureuse qui renforce son côté gourmand. ⧗ 2018-2023

⊶ *PHILIPPE CATROUX, 2 et 4, rue des Caves-de-Moncé, 37530 Limeray, tél. 02 47 30 13 10, philippe.catroux@caves-catroux.com* V ⚲ ▪ *t.l.j. sf dim. 8h30-12h30 14h-19h*

DOM. DE LA GABILLIÈRE Le R 2016

□ | 6000 | ⊕ | 8 à 11 €

Ce domaine d'application pédagogique du lycée viticole d'Amboise (20 ha) est également une structure de recherche à l'échelle de la région Centre-Val de Loire, en lien avec les différents organismes viticoles.

Ce blanc sec élevé dix-huit mois sous bois présente une jolie robe or pâle et une belle intensité aromatique autour du coing. Arômes prolongés par une bouche souple et équilibrée, soulignée par une fine trame acide qui lui confère un côté friand. ⧗ 2018-2021

⊶ *LYCÉE VITICOLE D' AMBOISE, 46, av. Émile-Gounin, BP 239, 37402 Amboise cedex, tél. 02 47 23 35 51, expl.lpa.amboise@educagri.fr* V ⚲ ▪ *r.-v.*

DOM. DE LA GRANDE FOUCAUDIÈRE
Cuvée François Ier 2016

■ | 3000 | ▮ | 5 à 8 €

Après avoir passé quinze ans en région parisienne, Lionel Truet est revenu en 1992 sur les terres familiales situées dans la région d'Amboise. Il conduit aujourd'hui un petit vignoble de 6 ha niché au cœur d'un parc forestier de 40 ha.

Cette cuvée issue d'un assemblage de côt, de cabernet franc et de gamay attire l'œil par sa robe sombre aux scintillements lilas et par son olfaction intense de violette et de cassis. En bouche, elle affiche une agréable souplesse autour de tanins ronds et fondus. ⧗ 2018-2022

⊶ *LIONEL TRUET, La Grande-Foucaudière, 37530 Saint-Ouen-les-Vignes, tél. 02 47 30 04 82, lioneltruet@orange.fr* V ⚲ ▪ *t.l.j. 9h-20h* ⌂ G

Ⓑ SANDRA ET STÉPHANE MESLIAND
Les Culs de Bœufs 2016

□ | 2900 | ⊕ | 8 à 11 €

Domaine créé en 1880 par l'arrière-grand-père, greffeur après la crise du phylloxéra, et agrandi par les deux générations suivantes. Aux commandes depuis 1997, Stéphane Mesliand oriente son vignoble de 11 ha vers l'agriculture biologique.

Cette cuvée au teint pâle livre un bouquet plaisant, minéral et beurré. En bouche, elle plaît par sa souplesse, sa rondeur et sa finale crémeuse. ⧗ 2018-2021

⊶ *STÉPHANE ET SANDRA MESLIAND, 10, rue du Lavoir, 37530 Limeray, tél. 02 47 30 11 15, domaine.mesliand@orange.fr* V ⚲ ▪ *mer. ven. sam. 10h-19h*

CH. DE MONTDOMAINE 2016 ★

■ | 6000 | ⊕ | 8 à 11 €

Un domaine de 16 ha créé en 2016 par Frédéric Plou, héritier de cinq générations de vignerons. Il produit du touraine-amboise et du vouvray. Il participe aussi à la gestion de la Closerie de Chanteloup avec Vincent Guichard et Willy Debenne.

Beaucoup d'élégance dans ce rouge à dominante de malbec (80 % avec le cabernet franc en complément). Une robe aux reflets prune du plus bel effet et un bouquet discret, mais harmonieux, associant le cassis à la violette composent une approche engageante. La bouche apparaît dense et ronde, portée par des tanins enrobés et un boisé fondu. ⧗ 2018-2022

⊶ *FRÉDÉRIC PLOU, 44, rue Louis-Viset, 37530 Nazelles-Negron, tél. 06 20 56 25 51, frederic.plou@orange.fr* V ⚲ ▪ *r.-v.*

DOM. PLOU ET FILS 2017

■ | 16000 | ▮ | 5 à 8 €

Les Plou cultivent la vigne depuis... 1508 sur les terres de Chargé. La propriété s'est agrandie depuis, pour couvrir un coquet vignoble de 103 ha, conduit depuis 2003 par la dernière génération.

Un joli rosé scintillant né de gamay et de malbec. Au nez, le duo fraise-framboise est de mise. La vivacité en bouche associée au friand du fruité en fait un vin frais et alerte. ⧗ 2018-2019 □ **Demi-sec Le Paradis 2016 (5 à 8 €; 12530 b.)** : vin cité.

⊶ *MATHIEU ET GUILLAUME PLOU, 26, rue du Général-de-Gaulle, 37530 Chargé, tél. 02 47 30 55 17, contact@plouetfils.com* V ⚲ ▪ *t.l.j. 9h-19h*

TOURAINE-AZAY-LE-RIDEAU

Superficie : 46 ha
Production : 1 705 hl (44 % blanc)

Nés sur les deux rives de l'Indre, les vins ont ici l'élégance du château qui se reflète dans la rivière et dont ils ont pris le nom. Les blancs, secs à tendres, particulièrement fins et de bonne garde, sont issus du cépage chenin. Les cépages grolleau (60 % minimum de l'assemblage), gamay, côt et cabernets (au maximum 10 %) donnent des rosés secs et très friands. Les vins rouges ont l'appellation touraine.

DOM. BADILLER Rosé de grolleau 2017 ★

	2500		5 à 8 €

Héritier d'une lignée de vignerons remontant à 1789, Marc Badiller s'est installé en 1984 sur le domaine familial, établi entre la Loire et la forêt de Chinon: 11 ha sur les coteaux de Cheillé à l'origine d'une large gamme de vins de Touraine. En 2015, la dernière génération (Pierre et Vincent) a pris les commandes.

Le grolleau noir, aux grains gorgés de jus, fait merveille en rosé sur les terroirs de silex d'Azay-le-Rideau. Témoin, ce 2017 qualifié de «girly» avec sa robe «flashy». Au nez, des senteurs gourmandes de bonbon anglais. En bouche, un équilibre bien assuré entre fraîcheur, rondeur et fruité. ⧗ 2018-2020 **Pain béni 2016 ★ (8 à 11 €; 2500 b.)** : un demi-sec à la robe pâle, ouvert sur les fruits confits et le miel, équilibré en bouche entre une fine sucrosité, une fraîcheur bien dosée et un bon fruité aux accents de prunelle. ⧗ 2018-2023

PIERRE ET VINCENT BADILLER, 26, Le Bourg, 37190 Cheillé, tél. 02 47 45 24 37, contact@badiller.fr V t.l.j. sf dim. 9h30-12h30 14h-18h

DOM. THIERRY BESARD Les Perrières 2016 ★★

	2500		5 à 8 €

Installé dans des bâtiments en tuffeau datant du milieu du XIXes., Thierry Besard représente la troisième génération à la tête de ce domaine de 7,5 ha situé au confluent de l'Indre et de la Loire et à mi-chemin entre Azay-le-Rideau et Villandry.

Les terres sableuses d'Azay-le-Rideau procurent au chenin, souvent cultivé en terres argileuses, cette faculté à fournir des vins moelleux précoces. C'est le cas ici avec ce 2016 à la robe scintillante, qui fleure bon les fruits confits et l'abricot sec, puis déploie en bouche une douceur fondante et caressante aux tonalités de rose. ⧗ 2018-2023

THIERRY BESARD, 10, Les Priviers, 37130 Lignières-de-Touraine, tél. 02 47 96 85 37, thierry.besard@orange.fr V r.-v.

B DOM. DES HAUTS-BAIGNEUX Clos des Brancs 2016

	1000		20 à 30 €

Nicolas Grosbois, vigneron à Chinon, et Philippe Mesnier ont repris ce domaine en 2012: 16 ha conduits en bio sur les villages de Cheillé, Saché et Vallères, sur lesquels ils produisent du touraine-azay-le-rideau, du touraine rouge et des pétillants naturels.

D'un bel or pâle, ce blanc sec vieilli douze mois en fût dispense au nez un fruité légèrement confit, relayé par une bouche fraîche et de bonne longueur. ⧗ 2018-2021

DOM. DES HAUTS-BAIGNEUX, Le Pressoir, 37220 Panzoult, tél. 02 47 58 66 87, hautsbaigneux@gmail.com V r.-v.

TOURAINE-CHENONCEAUX

Production : 1 900 hl

Couvrant les premières «côtes» des deux rives du Cher, sur vingt-sept communes de l'Indre-et-Loire et du Loir-et-Cher, le vignoble touraine-chenonceaux est, avec touraine-oisly, le plus récent des sous-ensembles délimités dans la vaste appellation touraine (2011). Conscients du potentiel de leur terroir, les vignerons ont œuvré, des décennies durant, à donner à leur vin une dimension qui les distingue de ceux de l'AOC régionale. Dans cette quête de qualité et d'authenticité, ils ont réservé l'encépagement au seul cépage sauvignon en blanc et ont privilégié le côt et le cabernet franc en rouge. Des parcelles sélectionnées, riches en silex, des rendements plus faibles, des élevages plus longs en rouge contribuent également au caractère de ces vins, des rouges amples et complexes et des blancs expressifs.

B DOM. BARON 2016 ★

	5000		8 à 11 €

Samuel Baron a rejoint en 2002 l'exploitation familiale (16 ha), dont il a pris la tête en 2011. Il est sorti de la coopérative, aménageant un chai en 2003 puis a engagé la conversion bio du domaine (certification en 2014).

D'un beau jaune pâle, ce vin livre à l'olfaction des parfums intenses et frais d'agrumes et de fruits exotiques agrémentés de discrètes nuances florales. On retrouve les fruits dans une bouche bien tendue et de bonne longueur. Un chenonceaux dynamique. ⧗ 2018-2021

DOM. BARON, 95, rue de Saint-Romain, 41140 Thésée, tél. 06 30 37 14 02, vignoblebaron@aol.com V r.-v.

DOM. BELLEVUE Silex des Martinières 2016

	8000		5 à 8 €

Patrick Vauvy a pris en 1985 la suite des trois générations précédentes sur le domaine familial qui s'étend sur 40 ha à Noyers-sur-Cher. Une commune où l'on trouve une pépinière d'excellents vignerons et des terroirs siliceux au sous-sol argilo-calcaire donnant beaucoup de légèreté aux vins.

Le nez de cette cuvée séduit par ses parfums élégants de fleurs blanches et d'agrumes. La bouche, à l'unisson du bouquet, se montre fraîche et légère, pas très longue mais harmonieuse. ⧗ 2018-2021

PATRICK VAUVY, 6, rue du Coteau, 41140 Noyers-sur-Cher, tél. 02 54 71 42 73, domainebellevue@orange.fr V r.-v.

DOM. DU CHAPITRE 2016 ★

	9000		8 à 11 €

Installé à Saint-Romain-sur-Cher, aux portes de la Sologne viticole, sur les terroirs de la vallée du Cher,

François Desloges perpétue une tradition vigneronne qui remonte à deux siècles. Il cultive le gamay, le cabernet, le côt et le sauvignon.

La finesse caractérise ce blanc or pâle aux éclats verts. Porté par les fleurs blanches, le nez laisse poindre quelques notes d'agrumes que l'on retrouve dans une bouche ample, fraîche et délicate. 2018-2021

MARYLINE ET FRANÇOIS DESLOGES, 82, rue Principale, 41140 Saint-Romain-sur-Cher, tél. 02 54 71 71 22, ledomaineduchapitre@wanadoo.fr t.l.j. 9h-18h30

DOM. DES ÉCHARDIÈRES La Long Bec 2016

13000	8 à 11 €

Ancien ingénieur agricole et commercial, Luc Poullain a repris en 2000 ce domaine (16 ha) situé à Pouillé, sur la rive gauche du Cher, en amont de Chenonceaux. Il s'est engagé dans la défense de l'appellation touraine-chenonceaux, dont il est le président.

Joliment présentée, cette cuvée or pâle et brillante dévoile une palette aromatique associant habilement pêche de vigne et fleurs blanches. La bouche se révèle fruitée, souple et vive, avec une pointe de sucrosité en finale. 2018-2021

LUC POULLAIN, 9, rue de la Brosse, 41110 Pouillé, tél. 02 54 71 46 66, info@domaine-echardieres.com r.-v.

VIGNOBLE GIBAULT 2016

13000	8 à 11 €

Établi à Meusnes, à l'extrémité orientale de la vallée du Cher, Patrick Gibault exploite depuis 1982 le vignoble constitué par son père: 30 ha sur des sols d'argiles à silex.

Une robe or pâle aux reflets verts habille ce vin ouvert sur les agrumes et la pêche de vigne, à la bouche un peu fugace, mais plaisante par sa souplesse et sa fraîcheur. 2018-2021

VIGNOBLE GIBAULT, 183, rue Gambetta, 41130 Meusnes, tél. 02 54 71 02 63, vignoblegibault@wanadoo.fr t.l.j. sf dim. 9h-12h 14h-19h

♥ DOM. GIBAULT Le Graal 2016 ★★

9000	8 à 11 €

Établis à Noyers-sur-Cher, Pascal et Danielle Gibault ont repris en 1988 le domaine familial qui s'étend sur 40 ha, perpétuant une tradition vigneronne remontant à trois générations. Un domaine souvent en vue pour ses blancs.

De seyants reflets dorés et scintillants animent le verre, qui libère sans réserve un florilège de parfums élégants de fleur de tilleul, de fruits exotiques et d'agrumes. Arômes que l'on retrouve avec persistance dans une bouche ronde et riche, dynamisée par une fraîcheur bien sentie qui confère une belle allonge à la finale. 2018-2021

EARL PASCAL ET DANIELLE GIBAULT, Les Martinières, 11, rue des Vignes, 41140 Noyers-sur-Cher, tél. 02 54 75 36 52, danielle-de-lansee@wanadoo.fr r.-v.

♥ DOM. JACKY MARTEAU Tandem 2016 ★★

5000	8 à 11 €

Jacky Marteau a pris sa retraite en 2010 et laissé les clefs du domaine à ses enfants, Ludivine et Rodolphe, qui représentent la quatrième génération à la tête de cette exploitation de 27 ha bien connue des lecteurs du Guide.

Côt (60 %) et cabernet franc sont associés pour le meilleur dans ce vin sombre aux reflets améthyste, gorgé de senteurs de fruits frais comme la myrtille et le cassis. Arômes qui s'épanouissent avec intensité dans une bouche riche, suave, corsée et très longue dotée de tanins bien présents mais soyeux. 2019-2023

LUDIVINE ET RODOLPHE MARTEAU, 36, rue de la Tesnière, 41110 Pouillé, tél. 02 54 71 50 00, contact@domainejackymarteau.fr r.-v.

CAVES DU PÈRE AUGUSTE 2016 ★★

6600	5 à 8 €

Voilà maintenant plus d'un siècle que le père Auguste, trisaïeul d'Alain Godeau, l'actuel vigneron, a creusé les caves dans le tuffeau. Ce dernier, installé en 1982 sur le domaine familial, exploite 46 ha aux portes de Chenonceaux. Ses vins sont régulièrement mentionnés dans le Guide.

Ce 2016 réalisé dans des conditions délicates (gel de printemps) a frôlé le coup de cœur. Ses atouts: de beaux reflets dorés, des arômes intenses d'agrumes et de fruits exotiques, une bouche ample, ronde et tendre, équilibrée par une juste acidité. Un modèle d'équilibre. 2018-2021

GODEAU, Caves du père Auguste, 14, rue des Caves, 37150 Civray-de-Touraine, tél. 02 47 23 93 04, contact@pereauguste.com t.l.j. 8h30-19h30; dim. 10h-12h

SOUTERRAINS 2016 ★★

3540	8 à 11 €

Ce domaine fondé en 1820 s'est agrandi au fil des générations, passant de 6 à 23 ha. Après avoir travaillé dans le secteur médical en Chine, Nicolas Mazzesi s'est reconverti dans le secteur du vin. Il a repris cette exploitation en 2011, après avoir suivi une formation au lycée viticole d'Amboise.

De beaux reflets dorés animent ce vin très apprécié pour son homogénéité. Les agrumes, pamplemousse en tête, jaillissent très élégamment à l'olfaction. On les retrouve en compagnie de la pêche dans une bouche ample et riche, stimulée par de beaux amers en finale qui apportent du nerf et de la longueur. 2018-2021

NICOLAS MAZZESI, 37 bis, rue des Souterrains, 41130 Châtillon-sur-Cher, tél. 02 54 71 02 94, adm@les-souterrains.com t.l.j. sf dim. 8h30-12h 13h45-17h30

JEAN-MARC VILLEMAINE 2016

| 2000 | | 8 à 11 € |

Située sur la rive droite du Cher, cette propriété a été acquise en 1825 par l'arrière-grand-père de Jean-Marc Villemaine. Ce dernier y est installé depuis 1995, à la tête aujourd'hui de 30 ha de vignes, plantés principalement de sauvignon.

Ce vin à la robe or pâle mêle au nez de jolis parfums de fleurs blanches et d'agrumes. En bouche, il séduit par son équilibre bien assuré et sa fraîcheur citronnée. 2018-2021

JEAN-MARC VILLEMAINE, 62 bis, rue des Charmoises, 41140 Thésée, tél. 02 54 71 52 69, jean-marc.villemaine@wanadoo.fr V r.-v.

TOURAINE-MESLAND

Superficie : 100 ha
Production : 5 105 hl (82 % rouge et rosé)

Sur la rive droite de la Loire, au nord de Chaumont et en aval de Blois, le vignoble est implanté sur des sols perrucheux (argile à silex à couverture localement sableuse du miocène, ou limono-sableuse). Les rouges, très majoritaires, sont issus du gamay, assemblé à du cabernet et à du côt: ils sont bien structurés. Les blancs doivent contenir une majorité de chenin, éventuellement complété de chardonnay et de sauvignon.

DOM. DE LA BESNERIE 2017

| 2000 | | 5 à 8 € |

Frédéric Pironneau a repris en 2008 les rênes du domaine (16 ha) acheté et remis en état à partir de 1976 par ses parents.

Chenin et chardonnay à parts quasi égales composent un vin équilibré, à la fois tendre et légèrement acidulé, dominé au nez comme en bouche par des arômes floraux. 2018-2021

EARL PIRONNEAU, 41, rte de Mesland, La Besnerie, 41150 Monteaux, tél. 02 54 70 23 75, pironneau.f@wanadoo.fr V r.-v.

DOM. DE RABELAIS 2017

| 5000 | - de 5 € |

La famille Chollet est installée à Onzain depuis 1720. À la tête d'un vignoble de 20 ha situé face au splendide château de Chaumont-sur-Loire, Cédric Chollet perpétue cette tradition viticole depuis 1999.

Fleurs blanches et agrumes sont associés à l'olfaction. On les retrouve dans une bouche fraîche et légère, de bonne longueur. 2018-2021

CÉDRIC CHOLLET, 60, rte de Meuves, 41150 Onzain, tél. 02 54 20 88 91, contact@domainederabelais.fr V *jeu. ven. sam. dim. 10h-12h 15h-18h*

DOM. DES TERRES NOIRES 2017 ★

| 3000 | | - de 5 € |

Régulièrement mentionné dans le Guide pour ses touraine-mesland (dans les trois couleurs), ce domaine, conduit par les trois frères Rediguère depuis 1993, s'étend sur 15 ha.

Les terroirs de Mesland ont toujours apporté une touche particulière aux rosés de gamay. Ce 2017 à la robe pâle ne déroge pas à la règle: une belle aromatique fruitée autour de la fraise et de la framboise, beaucoup de fraîcheur, de souplesse et de légèreté. Un rosé aérien. 2018-2019 **2017 (- de 5 €; 3000 b.)** : vin cité.

GAEC DES TERRES NOIRES, 81, rue de Meuves, 41150 Onzain, tél. 02 54 20 72 87, gaec.terres.noires@orange.fr V *r.-v.*

TOURAINE-NOBLE-JOUÉ

Superficie : 28 ha / Production : 1 908 hl

Présent à la cour du roi Louis XI, le noble-joué est au sommet de sa renommée au XIXᵉs. Grignoté par l'urbanisation de la ville de Tours, le vignoble, qui faillit disparaître, renaît sous l'impulsion de vignerons qui le reconstituent. Ce vin gris, issu des pinot meunier, pinot gris et pinot noir, a été reconnu en AOC.

DOM. ASTRALY 2017 ★★

| 35000 | | 5 à 8 € |

En 2012, Jean-Jacques Sard, qui a créé cette exploitation en 1978, a passé le flambeau à l'œnologue Jérémie Pierru. Ce dernier, formé en Champagne et en Bourgogne, s'est posé en Touraine à la tête de ce domaine de 11 ha, qu'il renouvelle et replante depuis son arrivée. Un domaine situé près du château de la Dorée, ancienne propriété du comte Odart, grand ampélographe tourangeau du XIXᵉs.

La robe scintillante aux reflets saumonés attire l'œil. Au nez apparaissent des notes intenses de fruits rouges, prolongées avec persistance par une bouche fraîche et parfaitement équilibrée. 2018-2020

EARL JEAN-JACQUES SARD, 3, La Chambrière, 37320 Esvres, tél. 06 81 80 80 65, jpierru-noblejoue@orange.fr V *t.l.j. 8h-30 12h30 14h-19h; dim. sur r.-v.*

ANTOINE ET VINCENT DUPUY 2017 ★

| 35000 | | 5 à 8 € |

Vincent a rejoint son père Antoine Dupuy en 2007 pour exploiter les 12 ha de vignes de ce domaine, dans leur famille depuis cinq générations.

Une robe saumonée et brillante habille ce rosé à dominante florale à l'olfaction. En bouche, la fraîcheur fruitée ressentie dès l'attaque persiste tout au long de la dégustation. 2018-2020

ANTOINE ET VINCENT DUPUY, Le Vau, 37320 Esvres-sur-Indre, tél. 02 47 26 44 46, dupuy.vignerons@orange.fr V *r.-v.*

TOURAINE-OISLY

Production : 1 000 hl

Sur la rive gauche de la Loire, entre ce fleuve et le Cher, le terroir viticole d'Oisly s'étend sur dix communes de la partie orientale de l'aire d'appellation

touraine. Cheverny est à une quinzaine de kilomètres au nord. La Sologne forestière, avec ses étangs et son gibier, est toute proche, à l'est. Le vignoble est implanté sur le plateau de la Sologne viticole. À l'est de Tours, les influences océaniques apparaissent très atténuées, et le climat est semi-continental. L'encépagement change également: en blanc, le chenin fait place au sauvignon. Les sols, graviers et formations dites «de Sologne» (sables, argiles, faluns), sont propices à ce cépage, le seul autorisé dans l'appellation, créée en 2011.

DOM. DES CORBILLIÈRES Fabel Barbou 2016

| 26000 | 8 à 11 € |

Situé à Oisly, en Sologne viticole, ce domaine est une des valeurs sûres de l'appellation touraine. Acquis dans les années 1920 par la famille, le vignoble, qui compte aujourd'hui 28 ha, est conduit par Dominique Barbou.

Une cuvée hommage à la grand-mère de Dominique Barbou, qui acquit le domaine. Dans le verre, un vin jaune pâle aux arômes de silex, de fruits exotiques et de genêt, souple et frais en bouche. ⧗ 2018-2021

DOMINIQUE BARBOU, 1, les Corbillières, 41700 Oisly, tél. 02 54 79 52 75, contact@domainedescorbillieres.com V *r.-v.*

DOM. OCTAVIE 2016

| 13333 | 8 à 11 € |

Cette exploitation familiale créée en 1885 tient son nom de l'arrière-grand-mère à qui ont appartenu les premières parcelles. Un domaine dirigé depuis 1988 par Isabelle Rouballay, revenue sur les terres familiales après plusieurs années dans la banque, et son époux Noë, pépiniériste de formation, qui œuvre au chai: 32 ha de vignes à la lisière de la Sologne.

Robe claire scintillante, notes de genêt et de zeste de citron: ce touraine-oisly se montre tonique dès l'approche. Confirmation en bouche avec une belle vivacité associée à de la rondeur et un retour du fruit qui persiste en finale. ⧗ 2018-2021

DOM. OCTAVIE, SCEA Barbeillon-Rouballay, 7, rte de Marcé, 41700 Oisly, tél. 02 54 79 54 57, domaineoctavie@domaineoctavie.com V *t.l.j. sf dim. 9h-12h30 14h-18h30* *Noë Rouballay*

DOM. DE PIERRE 2016 ★

| 26600 | 8 à 11 € |

Ingénieur agricole, Lionel Gosseaume, après avoir travaillé quinze ans dans des organisations professionnelles, a sauté le pas en 2007 en reprenant en fermage 9 ha à Choussy, au cœur de la Sologne viticole. Son domaine compte aujourd'hui 20 ha.

De beaux reflets verts dansent dans le verre. Au nez, on perçoit d'élégantes notes de fruits exotiques, de fleurs blanches et de menthe fraîche. Une attaque tonique ouvre sur une bouche ronde, florale et fruitée, d'une belle longueur. ⧗ 2018-2021

LIONEL GOSSEAUME, 6, chem. des Étangs, 41700 Choussy, tél. 02 54 71 55 02, info@lionelgosseaume.fr

DOM. PRÉ BARON L'Élégante 2016 ★★

| 20000 | 8 à 11 € |

Jean-Luc Mardon, héritier de quatre générations de vignerons, est un ardent défenseur des vins du secteur de la Touraine qui borde la Sologne. Aux commandes du domaine familial depuis 1995, il poursuit les efforts de son père en agrandissant le vignoble (40 ha aujourd'hui). Ses vins sont souvent en bonne place dans le Guide.

Une seyante robe couleur blé des champs habille cette cuvée au nez complexe et intense de citron, de menthol et de genêt sur fond de minéralité. Rondeur et souplesse caractérisent la bouche, où l'on retrouve les arômes de l'olfaction, avant une finale généreuse et longue qui laisse sur une impression de plénitude. ⧗ 2018-2021

JEAN-LUC MARDON, 9, rue des Ormeaux, 41700 Oisly, tél. 02 54 79 52 87, jean-luc.mardon@wanadoo.fr V *t.l.j. sf dim. 9h-12h15 14h30-18h30 (sam. 17h)*

BOURGUEIL

Superficie : 1 356 ha / Production : 69 234 hl

Rouges et parfois rosés, les bourgueils sont produits à partir du cépage cabernet franc (breton), à l'ouest de la Touraine et aux frontières de l'Anjou, sur la rive droite de la Loire. Racés, dotés de tanins élégants, ils ont une très bonne aptitude au vieillissement, après une cuvaison longue, s'ils proviennent des sols sur tuffeau jaune des coteaux: au moins dix ans pour les meilleurs millésimes. Ils sont plus gouleyants et fruités s'ils proviennent des terrasses aux sols graveleux à sableux.

YANNICK AMIRAULT Le Grand Clos 2016 ★

| 6200 | 15 à 20 € |

Présent en saint-nicolas et en bourgueil, Yannick Amirault, rejoint en 2003 par son fils Benoît, fait partie des valeurs sûres de ces deux appellations. Les 19 ha du domaine sont aujourd'hui conduits en bio.

Le terroir du Grand Clos recèle des vignes quadragénaires de cabernet-franc qui ont dispensé des jus goûteux, lesquels, élevés douze mois en fût, ont donné naissance à ce puissant bourgueil aux tanins soyeux, marqué tout au long de la dégustation par une avenante fraîcheur fruitée. ⧗ 2019-2023

YANNICK ET BENOÎT AMIRAULT, 1, rte du Moulin-Bleu, 37140 Bourgueil, tél. 02 47 97 78 07, info@yannickamirault.fr V *t.l.j. sf dim. 9h-12h 14h-18h30*

DOM. DU BOIS MAYAUD Instant présent 2016

| 3200 | 5 à 8 € |

Issus de familles vigneronnes, Françoise et Jean Boucher ont créé leur exploitation en 1985. Ludovic, leur fils, et son épouse Soraya ont repris la main, suite au départ à la retraite de Françoise Boucher. Leur vignoble couvre 12 ha.

Avec son intense robe rubis, son olfaction de fruits rouges et sa bouche tout en rondeur, cet Instant présent semble se réclamer du célèbre *carpe diem*: un vin vif souple et léger dont on pourra profiter dès à présent. ⌛ 2018-2021

⊶ *LUDOVIC BOUCHER, 9, le Carroi Taveau, 37140 Saint-Nicolas-de-Bourgueil, tél. 02 47 95 17 23, domaineduboismayaud@orange.fr* V r.-v.

HENRI BOURDIN Cuvée du Grand-Père 2016

■	5000		5 à 8 €

Henri Bourdin, installé en 1991 à la suite de son père, fondateur du domaine en 1948, privilégie l'accueil et la vente directe à la propriété. Les 15 ha de vignes sont morcelés, répartis sur les appellations bourgueil et saint-nicolas, ce qui permet au vigneron de vinifier par terroir: argilo-calcaire, graviers, sables.

Passé un brin de réduction perceptible au premier nez, on perçoit des arômes boisés encore bien présents aux côtés des fruits rouges. En bouche, le vin se montre assez concentré, équilibré et de bonne longueur. ⌛ 2019-2023

⊶ *EARL HENRI BOURDIN, 7, le Bourg-de-Paille, 37140 Bourgueil, tél. 02 47 97 96 69, bourdin.henri37@orange.fr* V *t.l.j. sf dim. 8h-13h 14h-19h*

CAVE DES VINS DE BOURGUEIL
Cornélius 1831 2016 ★★

■	4000		11 à 15 €

Fondée en 1931, bien avant la reconnaissance de l'appellation, la cave des Vins de Bourgueil dispose aujourd'hui de 240 ha en AOC bourgueil ainsi que de 20 ha en AOC saint-nicolas. Elle regroupe cinquante-cinq exploitants.

Remarquable travail des vignerons coopérateurs de Restigné qui, sur un hectare de tuffeau, ont extrait la quintessence de vieux ceps de cabernet franc. Un clin d'œil complice au maître Cornélius d'Honoré de Balzac? Sans doute. L'auteur de *La Comédie Humaine* eût apprécié, en expert, l'opulence généreuse de ce vin, aboutissement d'une longue macération et d'un élevage ajusté de dix-huit mois en barrique de chêne français. Quant aux dégustateurs du XXIᵉs., ils pourront priser l'élégance d'une tenue grenat d'une limpidité exemplaire, ainsi que l'ample bouquet évoquant les fruits noirs mûris à point. S'ensuit une bouche riche, adossée à des tanins souples et soyeux et à de fines notes grillées. ⌛ 2021-2028

⊶ *CAVE ROBERT ET MARCEL, 16, rue des Chevaliers, 37140 Restigné, tél. 02 47 97 32 01, cellier@robertetmarcel.com* V *t.l.j. sf dim. lun. 10h-12h30 14h-19*

Ⓑ DOM. DE LA CABERNELLE
Reflets de mémoire 2015 ★

■	10000		8 à 11 €

Les familles Caslot et Pontonnier ont associé leurs vignobles de saint-nicolas et de bourgueil à la suite d'un mariage. Implanté sur les coteaux qui dominent Benais, ce domaine de 37 ha est exploité en agriculture biologique depuis 2012.

Enraciné depuis soixante ans dans le tuf, le cabernet franc a donné naissance à ce vin au premier nez discret, qui s'anime à l'aération autour d'un fruité imprégné de notes empyreumatiques héritées d'un court élevage en fût. La bouche, de bel équilibre, se révèle à la fois fraîche, ronde et gourmande. L'ensemble affirme une élégante courtoisie. ⌛ 2018-2023

⊶ *EARL CASLOT-PONTONNIER, 3, rue du Machet, 37140 Benais, tél. 02 47 97 84 69, contact@cabernelle.com* V *r.-v.*

DOM. DE LA CHOPINIÈRE DU ROY
Cuvée d'Antan 2016 ★

■	5300		5 à 8 €

Héritier d'une famille qui cultivait déjà la vigne à la fin du XIXᵉs, Christophe Ory s'est installé en 1999 à la tête du domaine développé par son père Michel Ory. Rejoint en 2010 par son frère Nicolas, il a repris seul la gestion du domaine en janvier 2018. Son épouse Sophie et lui souhaitent redynamiser l'image du domaine en renouvelant leurs outils de communication. Le vignoble compte aujourd'hui 26 ha.

«*Ce vin me plaît, j'en veux dans ma cave!*», écrit l'un des dégustateurs. Remarque synthétique autant qu'enthousiaste proclamant en peu de mots les plaisirs ressentis à la dégustation de cette Cuvée d'Antan: robe attirante dans sa teinte pourpre, nez dominé par les fruits rouges, bouche souple, ronde et équilibrée, assortie de tanins bien domestiqués. ⌛ 2018-2022

⊶ *CHRISTOPHE ORY, 30, La Rodaie, 37140 Saint-Nicolas-de-Bourgueil, tél. 02 47 97 77 74, chopiduroy@gmail.com* V *t.l.j. 8h-19h; dim. r.-v.*

Ⓑ CLOS DE L'ABBAYE 2016 ★

■	7000		5 à 8 €

Ancien vignoble de l'abbaye bénédictine de Bourgueil, qui aurait acclimaté le cabernet franc en Touraine au XIᵉs., le Clos est la propriété de la congrégation des sœurs de Saint-Martin depuis 1975. Les vignes (quelque 7 ha) louées à Jean-Baptiste Thouet et Michel Lorieux sont cultivées selon les canons de l'agriculture biologique. En novembre 2017, Jérémy Lorieux, le fils de Michel, a repris les rênes de l'exploitation.

Ce bourgueil 2016 d'un rouge intense déploie au nez des arômes de fruits noirs; le prélude à une bouche ample, ronde et affriolante, dotée de tanins souples et soyeux. ⌛ 2018-2023

⊶ *SCEA DE LA DÎME, 6, av. Le Jouteux, 37140 Bourgueil, tél. 02 47 97 76 30, closdelabbaye@wanadoo.fr* V *r.-v.*

Ⓑ DOM. DE LA CLOSERIE Vieilles Vignes 2016

■	5000	8 à 11 €

Ses ancêtres sont passés de la brasserie à la viticulture. Régulièrement distingué dans le Guide, Jean-François Mabileau sait mettre en valeur son domaine de Restigné, à l'est de Bourgueil. L'ensemble de la propriété est désormais certifié en agriculture biologique.

Doté de tanins légèrement agressifs, c'est un bourgueil qu'il conviendra d'attendre un peu avant son ouverture. Ce sera alors le bon moment pour apprécier, outre sa robe écarlate aux reflets violacés, son nez expressif et sa bouche équilibrée qui s'épanouit sur des saveurs de fruits frais. ⌛ 2019-2023

⊶ *JEAN-FRANÇOIS MABILEAU, 28, rte de Bourgueil, 37140 Restigné, tél. 02 47 97 36 29, j-f-mabileau@orange.fr* V *r.-v.*

ESTELLE ET RODOLPHE COGNARD
Les Tuffes 2016

■ | 8000 | | 8 à 11 €

Créée en 1973 à partir de 1 ha par Lydie et Max Cognard, cette exploitation située à Chevrette, un petit hameau de Bourgueil à la limite de Saint-Nicolas, s'étend désormais sur 13 ha. Depuis 2013, les enfants, Estelle et Rodolphe, ont pris le relais. Une valeur sûre en bourgueil et en saint-nicolas.

Estelle et Rodolphe Cognard proposent ici un vin fringant porteur des arômes de fruits rouges du cabernet franc; un vin souple et rond en bouche qui a aussi su capter les élégances pierreuses de terres argilo-calcaires et graveleuses. ⧗ 2018-2021

SCEA ESTELLE ET RODOLPHE COGNARD, 3, lieu-dit de Chevrette, 37140 Saint-Nicolas-de-Bourgueil, tél. 02 47 97 76 88, vins.cognard@orange.fr V *t.l.j. sf dim. 9h-12h 13h30-18h; sam. r.-v.*

JÉRÔME DELANOUE 2016

■ | 2000 | | 5 à 8 €

Jérôme Delanoue s'est lancé dans la viticulture en 1998 et s'est attaché depuis à parfaire l'exploitation de ses vignes sur des sols de graviers très qualitatifs. Il conduit aujourd'hui 12 ha en bourgueil et saint-nicolas, avec des cuvées régulières en qualité.

Jérôme Delanoue signe ici un vin aguichant dans sa brillante tenue cerise. Le nez développe d'agréables arômes de fruits rouges, repris par une bouche ronde et équilibrée. ⧗ 2018-2023

JÉRÔME DELANOUE, 11, rue du Port-Guyet, 37140 Saint-Nicolas-de-Bourgueil, tél. 06 16 95 16 55, vinjdelanoue@wanadoo.fr V *t.l.j. 9h-12h 13h-18h*

DOM. DUBOIS Cuvée Prestige 2016

■ | 2000 | | 8 à 11 €

Depuis son installation en 2002 sur le domaine (13 ha aujourd'hui) créé par son père Serge en 1973, Mickaël Dubois fait preuve d'une remarquable constance dans la qualité avec ses bourgueil denses et racés.

Un vin tendu, franc, élégant et frais que ce bourgueil d'un seyant vermillon. Quant à l'olfaction, elle est marquée par les fruits rouges et de légères touches boisées héritées d'un passage de dix mois en barrique. Un bourgueil de bonne facture, bien dans la tradition. ⧗ 2019-2023

MICKAËL DUBOIS, 62b, rue de Lossay, 37140 Restigné, tél. 02 47 97 31 60, domaine.dubois@orange.fr V *r.-v.*

DOM. DUVAL VOISIN 2016

■ | 9200 | | 5 à 8 €

Installée dans le paysage ligérien depuis 1932, cette exploitation familiale de quelque 13 ha ajoute à ses activités vitivinicoles celle de pépiniériste (500 000 boutures par an!), ce qui facilite le choix des plants et des porte-greffes pour le domaine.

Patiemment élevé en cuve pendant un an, ce vin s'affiche dans une robe grenat parcourue de reflets rubis. La bouche, souple et équilibrée, renouvelle les arômes perçus lors de l'olfaction: fruits noirs et pruneaux. Des tanins mûrs apparaissent en finale donnant un cachet «très bourgueil» à un ensemble agréable. ⧗ 2019-2023

DOM. DUVAL VOISIN, 6, rue de Fontenay, 37140 Ingrandes-de-Touraine, tél. 02 47 96 95 91, duvalvoisin@orange.fr V *r.-v.*

DOM. DES GÉLERIES Vieilles Vignes 2016 ★★

■ | 10000 | | 5 à 8 €

Appartenant aux familles Meslet, Thouet et Rouzier, ce domaine de 32 ha régulier en qualité se répartit sur 45 parcelles et trois AOC: chinon, bourgueil et saint-nicolas. Il est conduit depuis 2012 par Germain Meslet.

Cette cuvée est née de ceps de cinquante ans, bien enracinés sur l'argilo-calcaire, et d'un élevage de quatre mois en cuve et neuf mois en barrique. Elle offre un nez bien ouvert dominé par un fruité mûr de fraise et de griotte. La bouche, active et élancée, dévoile une chair ronde qui a bien apprivoisé le bois. ⧗ 2019-2023 ■ **Le Rosé des Géleries 2017 ★ (5 à 8 €; 15000 b.)** : un rosé tendre, charnu et gourmand, centré sur des arômes de fleurs blanches mâtinés de nuances amyliques. ⧗ 2018-2019

GERMAIN MESLET, 4, rue des Géleries, 37140 Bourgueil, tél. 02 47 97 74 83, domainedesgeleries@orange.fr V *t.l.j. sf dim. 9h-12h30 14h-19h*

ARNAUD HOUX Cuvée Malo 2016 ★

■ | 1500 | | 8 à 11 €

Cette propriété de Restigné régulièrement mentionnée dans le Guide compte 20 ha de vignes implantées sur des sols argilo-calcaires. Arnaud Houx, à la tête du domaine familial depuis 2008, conserve les vins jugés «de garde» dans une cave taillée dans le roc.

Arnaud Houx a fait le choix de la fermentation malolactique en barrique pour ce bourgueil longuement élevé, en cuve puis en fût. Un bourgueil issu de vénérables «bretons» (soixante-dix ans) plantés sur un hectare argilo-calcaire. Dans le verre, un vin qui, en dépit d'une très légère note oxydative, séduit par son nez de fruits mûrs, relayé par une bouche longue et charnue. ⧗ 2018-2022

ARNAUD HOUX, 21, le Clos-Barbin, 37140 Restigné, tél. 06 32 76 60 19, arnaud.houx@yahoo.com V *r.-v.*

LAMÉ DELISLE BOUCARD Prestige 2016 ★★

■ | 40000 | | 8 à 11 €

En 1947, Lucien Lamé se lance dans la vente en direct puis ajoute sur l'étiquette le nom de sa femme Yvonne Delisle. L'aventure prend un nouvel essor en 1968 avec l'arrivée de son gendre René Boucard. En 1989, les enfants de ce dernier, Philippe et Stéphanie (aujourd'hui aidés de leurs conjoints Patricia et Éric), ont pris le relais à la tête d'un vignoble de 45 ha souvent en vue pour ses bourgueil.

Finaliste des coups de cœur, cette cuvée se présente dans une robe brillante et limpide, le nez ouvert sur les fruits rouges et noirs discrètement épicés. Après une attaque large et franche, ce bourgueil vinifié en cuve de chêne puis élevé un an en foudre s'épanouit en une sarabande fruitée bien épaulée par le boisé. La finale, droite et tendue, parachève l'harmonie. ⧗ 2020-2025 ■ **Brunetières 2016 ★ (15 à 20 €; 1066 b.)** : issu d'une micro-parcelle argilo-calcaire (26 centiares!), un vin d'une élégante complexité, au boisé fondu, tout en étant bien structuré. ⌛ 2020-2028

⊶ LAMÉ DELISLE BOUCARD, 21, rue de la Galotière, Ingrandes-de-Touraine, 37140 Coteaux-sur-Loire, tél. 02 47 96 98 54, lame.delisle.boucard@wanadoo.fr V t.l.j. sf dim. 9h-12h 13h30-17h30; sam. 9h-12h
⊶ Boucard Degaugue

Ⓑ DOM. DE LA LANDE 2016 ★

■	13000		8 à 11 €

Dans la famille depuis quatre générations, ce domaine s'étend sur 17 ha en bordure de la route du Vignoble. François Delaunay, qui a pris les rênes de l'exploitation en 1991, l'a depuis converti au bio.

Une production réduite à ce seul vin pour le domaine, consécutive aux calamiteuses gelées de printemps. Il n'empêche! Les cabernets rescapés du gel ont donné un bourgueil limpide, au bouquet agréable et subtil de fruits noirs. Sur le même ton, la bouche, tendue en attaque, se structure autour d'un large fruité et des tanins déjà policés. Charmeur. ⌛ 2018-2023

⊶ FRANÇOIS DELAUNAY, 20, rte du Vignoble, 37140 Bourgueil, tél. 02 47 97 80 73, earl.delaunay.pfils@wanadoo.fr V r.-v.

Ⓑ FRÉDÉRIC MABILEAU Racines 2015 ★

■	9860		11 à 15 €

Frédéric Mabileau est l'une des figures de proue en bourgueil et en saint-nicolas depuis son installation en 1991, en marge de l'exploitation paternelle. En 2003, les deux domaines ont fusionné, si bien que le vignoble couvre 28 ha aujourd'hui. Le producteur a adopté l'agriculture biologique en 2007 et la biodynamie en 2012.

Vendangés à la main en caisses afin d'éviter l'écrasement des baies, les vieux cabernets affirment ici une forte identité. Élevé dix-huit mois en demi-muids, ce bourgueil rubis chatoyant s'adosse à de solides tanins et dévoile des saveurs gourmandes de fruits rouges agrémentées de nuances animales. Un vin étoffé qui ne manque pas d'allure ni de potentiel. ⌛ 2019-2026

⊶ FRÉDÉRIC MABILEAU, 6, rue du Pressoir, 37140 Saint-Nicolas-de-Bourgueil, tél. 02 47 97 79 58, contact@fredericmabileau.com V t.l.j. sf sam. dim. 9h-12h 14h-17h30

DOM. LAURENT MABILEAU 2016

■	24000		8 à 11 €

Depuis 1985, Laurent Mabileau conduit un domaine de 30 ha en bourgueil et en saint-nicolas, abrité des vents du nord par la forêt. Le vigneron signe avec une remarquable régularité des vins droits qui lui valent de fréquentes mentions dans le Guide.

Avec ce bourgueil qui a bénéficié d'une longue macération (quatre semaines) et d'une «gestation» de neuf mois en cuve, Laurent Mabileau signe un vin plaisir qui donne la parole à un terroir sableux et argilo-calcaire planté de vignes de quarante ans. Plaisir de l'œil avec une robe grenat limpide; plaisir olfactif avec des fruits rouges accompagnés de notes de sous-bois; plaisir du palais qui associe souplesse et rondeur. ⌛ 2018-2021

⊶ LAURENT MABILEAU, La Croix-du-Moulin-Neuf, 37140 Saint-Nicolas-de-Bourgueil, tél. 06 62 29 37 86, chateaumoulinneuf@gmail.com V t.l.j. sf sam. dim. 9h-12h 14h-17h30

DOM. DES MAILLOCHES
Vieilles Vignes sur Tuffeau 2016 ★

■	9000	8 à 11 €

Propriété familiale depuis huit générations, dont le vignoble uniquement constitué de cabernet franc est implanté sur trois types de sols: sables, graviers et argilo-calcaires. C'est Samuel Demont qui dirige le domaine (22 ha) depuis 2002.

Ce bourgueil issu de vieilles vignes enracinées sur le tuffeau offre une aguichante robe rubis, des parfums de fruits confits à l'olfaction, une belle amplitude fruitée en bouche et de bons tanins actifs. Seule la finale, un brin asséchante, a entraîné quelques réserves. ⌛ 2019-2022

⊶ SAMUEL DEMONT, 40, rue de Lossay, 37140 Restigné, tél. 06 63 82 51 69, demont-j.f@wanadoo.fr V t.l.j. sf dim. 9h-12h 14h-17h

Ⓑ BERTRAND ET VINCENT MARCHESSEAU
Les Shadoks 2017 ★★

■	8000		5 à 8 €

Les frères Bertrand et Vincent Marchesseau ont repris l'exploitation familiale en 2001. Conduit en bio (certification en 2015), leur vignoble (22 ha) couvre trois appellations: bourgueil, saint-nicolas-de-bourgueil et chinon.

Pressentie pour un coup de cœur, cette cuvée, à l'instar des Shadoks dont elle a pris l'identité, a «*pompé, pompé, pompé*» les saveurs fruitées du breton et la minéralité discrète d'un terroir de graviers. Brillant, teinté de rose pâle très «tendance», ce rosé fait surgir à l'olfaction de sémillants arômes de fraise des bois. Une attaque fraîche à souhait, égayée par un joli perlant, ouvre sur une bouche friande qui ne manque pas de rondeur ni de suavité, dynamisée par de beaux amers en finale. ⌛ 2018-2020 ■ **Roc'Collection 2015 ★ (11 à 15 €; 10000 b.)** Ⓑ : une cuvée qui s'est confrontée dix-huit mois au chêne de la barrique, un vin goûteux (fruits mûrs, épices douces), rond, dense et élégant. ⌛ 2019-2024

⊶ BERTRAND ET VINCENT MARCHESSEAU, 16, rue de l'Humelaye, 37140 Bourgueil, tél. 02 47 97 47 72, contact@vinmarchesseau.fr V t.l.j. sf dim. 9h-12h 14h-19h

Ⓑ DOM. MÉNARD Le Grand Clos 2016

■	3000		11 à 15 €

Patricia et Hervé Ménard conduisent de concert ce domaine de quelque 3 ha aujourd'hui converti au bio. Le couple travaille l'ensemble des sols à l'aide de chevaux de trait.

Ce bourgueil corpulent, s'il a quelque peu divisé le jury sur son côté légèrement animal, a convaincu par la brillance de la robe, par son olfaction, intense et complexe, marquée par les fruits noirs (du cassis notamment), et par sa puissance en bouche. ⌛ 2020-2024

⊶ HERVÉ ET PATRICIA MÉNARD, 6, rue de l'Échelle, 37140 Bourgueil, tél. 02 47 97 72 65, hp.menard@sfr.fr V r.-v.

Ⓑ VIGNES CENTENAIRES DE MINIÈRE 2015 ★

■ | 4000 | | 20 à 30 €

Remontant au XVIᵉs., ce domaine transmis par les femmes est passé sous pavillon belge en 2010 avec son rachat par la famille Van den Berghe. Le vignoble de 29 ha est, lui, passé sous pavillon « bio ».

Née de cabernets francs vieillis sur le tuffeau, cette cuvée parade dans une resplendissante tenue rubis. Elle propose un bouquet éloquent de fruits rouges et noirs chaudement mûris, mêlés à des notes épicées. La bouche, équilibrée, aux tanins fondus, se fait ronde et gourmande. ⧗ 2018-2023 ■ **Ch. de Minière 2015 ★ (15 à 20 €; 6500 b.)** Ⓑ : un vin généreux, élevé pour moitié en barriques, mais encore marqué par son élevage. À l'aération, il se révèle ample et flatteur, doté de tanins de soie. À encaver. ⧗ 2019-2027

CH. DE MINIÈRE,
25, rue de Minière, Ingrandes-de-Touraine,
37140 Coteaux-sur-Loire, tél. 02 47 96 94 30,
contact@chateaudeminiere.com V t.l.j. 11h-17h
Ⓑ *Van den Berghe*

NAU FRÈRES Vieilles Vignes 2016 ★★

■ | 5600 | | 8 à 11 €

Les frères Nau conduisent un domaine familial de 20 ha situé sur les premières terrasses de Bourgueil. Leurs cuvées figurent régulièrement dans le Guide.

Cette cuvée manque d'un souffle le coup de cœur. Vendangés à la main, égrappés puis mis en longue cuvaison à température contrôlée, les cabernets francs ont été travaillés au chai avec une méticulosité exemplaire. Rien que des jus de goutte, fermentation des grains entiers, soutirages fréquents: la méthode a du bon! Au final, un vin conquérant, de l'œil au palais: une robe profonde aux reflets violines, une olfaction gourmande de fruits mûrs, une bouche ample, dense, épaulée par des tanins assagis et gorgée de fruits discrètement épicés. ⧗ 2021-2028 ■ **Les Blottières 2016 (5 à 8 €; 5600 b.)** : vin cité.

PATRICE NAU,
52, rue de Touraine, 37140 Ingrandes-de-Touraine,
tél. 02 47 96 98 57, naufreres@gmail.com V *t.l.j. sf dim. 9h-12h 14h-18h*

DOM. DE LA NOIRAIE Cuvée Prestige 2016

■ | 33000 | | 5 à 8 €

Le premier des Delanoue, vigneron à Benais, était métayer. Son fils acheta les bâtiments à ses propriétaires, ainsi que les premières vignes. Six générations plus tard, la famille – Michel, son frère Jean-Paul, son épouse Pascale et son fils Vincent – exploite 47 ha à Bourgueil et à Saint-Nicolas. Un domaine régulier en qualité.

Un bourgueil « de tufs » d'un rouge léger et limpide, centré au nez sur les fruits rouges. La bouche, tout aussi fruitée, apparaît souple et ronde. Un vin équilibré, sans chichi, qui plaira aux amateurs de franches lippées. ⧗ 2018-2021

EARL DELANOUE FRÈRES,
19, rue du Fort-Hudeau, 37140 Benais, tél. 02 47 97 30 40,
delanoue.freres@orange.fr V *r.-v.*

DOM. OLIVIER Le Clos Faguesche 2015

■ | 4000 | | 8 à 11 €

Créée en 1959, cette exploitation familiale, qui n'a cessé de se diversifier et de s'agrandir, couvre désormais 63 ha. Conduite depuis 1983 par Patrick Olivier, elle est régulièrement distinguée dans le Guide.

Le contact avec le bois a été privilégié lors de l'élaboration de ce Clos Faguesche: fûts neufs pour la fermentation malolactique, comme pour l'élevage d'une année. Drapé dans le grenat d'une robe profonde, ce bourgueil dévoile un nez chaleureux de fruits noirs, d'épices douces et de cuir tanné. Moyennement corsée, la bouche, facile à appréhender, marie harmonieusement notes fruitées et boisé discipliné. ⧗ 2019-2024

DOM. OLIVIER, La Forcine,
37140 Saint-Nicolas-de-Bourgueil, tél. 02 47 97 75 32,
patrick.olivier14@wanadoo.fr V *t.l.j. sf dim. 9h-12h30 14h-18h*

NATHALIE OMASSON Vieilles Vignes 2016 ★★

■ | 6000 | | 5 à 8 €

Plantées sur les coteaux de Saint-Patrice, les vignes du domaine (8 ha) font face au romantique château d'Ussé. Nathalie Omasson s'y est installée en 2003 et, depuis, elle signe de jolies cuvées fréquemment retenues dans le Guide.

De vénérables ceps de cabernet franc (soixante-dix ans) sont à l'origine de ce 2016 couleur cassis aux reflets rubis, ouvert sans réserve à l'olfaction sur un fruité franc. Le prélude à une bouche ample, aussi large que longue, fraîche et fruitée, aux tanins mûrs. ⧗ 2019-2023 ■ **2017 ★★ (5 à 8 €; 600 b.)** : présent en finale des coups de cœur, ce rosé pimpant dans sa robe saumon livre des notes florales et fruitées à l'olfaction, puis se montre gras, suave et charnu en bouche. Une jolie gourmandise. ⧗ 2018-2020

NATHALIE OMASSON, 3, rue de la Cueille-Cadot, Saint-Patrice, 37130 Coteaux-sur-Loire, tél. 02 47 96 90 26, nathalie.omasson@gmail.com V *r.-v.*

♥ DOM. DES OUCHES Igoranda 2016 ★★

■ | 16000 | | 8 à 11 €

Établis à Ingrandes, village qui marque la limite entre les anciens duchés d'Anjou et de Touraine, les Gambier cultivent la vigne depuis huit générations, avec Thomas et Denis aujourd'hui. Leur domaine couvre 16 ha. Une valeur sûre de l'appellation bourgueil.

Espace frontalier entre les anciens duchés d'Anjou et de Touraine, Igoranda – « la porte » dans l'ancienne langue – abrite un magnifique terroir de graviers que semble chérir le cabernet-franc. C'est ici que Thomas et Denis Gambier exercent leur talent vigneron. Tout a été mis en œuvre pour obtenir un vin de haute expression, droit et racé, que les années de garde bonifieront: vendanges manuelles accompagnées de tris sélectifs, fermentations dues au seul pouvoir des levures indigènes, aucune filtration – on tient à préserver l'opulent fruité de la vendange – élevage en foudres... Dans le verre, un bourgueil couleur carmin sombre, au bouquet intense de fruits noirs et rouges (mûres, griottes), avec une touche de café en rétro-olfaction. Centrée sur de délicates saveurs fruitées mâtinées d'épices douces, la bouche, nantie d'une trame tannique à la fois solide et fine, étale un charme irrésistible. ⧗ 2021-2028

THOMAS ET DENIS GAMBIER, 3, rue des Ouches, 37140 Ingrandes-de-Touraine, tél. 02 47 96 98 77, contact@domainedesouches.com V t.l.j. sf dim. 10h-12h 14h-18h

DOM. DE LA PERRÉE Papillon 2016

■	3000		8 à 11 €

«Perrée» est un vieux mot signifiant «pierre». Conduit par Patrice Delarue depuis 1985, ce domaine de 16,5 ha, dans sa famille depuis 1936, est implanté sur un terroir de graviers et de sables, où sont produits des vins réguliers en qualité, tout en fruits et en rondeur.

Née de vignes de quatre-vingt-dix ans complantées sur sables et graviers, cette cuvée a passé un an en fût, ce qui n'a pas entamé son fruité guilleret où les cerises prennent des accents de kirsch. La bouche est souple, longue, soutenue par une discrète présence boisée. ⧗ 2019-2023

DELARUE, La Perrée, 37140 Saint-Nicolas-de-Bourgueil, tél. 06 85 02 60 69, contact@domainedelaperree.fr V r.-v.

Ⓑ DOM. DU PETIT BONDIEU
Cuvée Les Couplets 2016 ★★

■	5300		11 à 15 €

Installée à Restigné, la famille Pichet s'évertue depuis quatre générations à produire des vins au plus près de la nature et des terroirs. Le domaine, qui s'étend sur 22 ha aujourd'hui, est géré par Thomas et son père Jean-Marc, conduit en bio certifié depuis le millésime 2013. Des vins d'une grande régularité dans la qualité.

Les Fichet proposent ici un 2016 épatant, né d'une vendange mûrie à point et qui, après quinze mois de cuve et de fût, délivre un vin de «tuffeau» charpenté et complexe. On aimera sa parure sombre, son nez très expressif ouvert sur les fruits rouges, ainsi que l'harmonie entre bois et fruit de sa bouche, sa richesse et sa structure aussi. ⧗ 2020-2028 ■ **Cuvée Petit Mont 2016 ★ (8 à 11 €; 5300 b.)** Ⓑ : un vin souple et fruité à l'attaque, ample dans son développement, mais encore sous la dépendance de tanins accrocheurs en finale. ⧗ 2019-2022

THOMAS PICHET, 30, rte de Tours, Le Petit Bondieu, 37140 Restigné, tél. 02 47 97 33 18, thomaspichet@orange.fr V t.l.j. sf dim. 9h-12h 14h-18h30 ② Ⓑ

DOM. DE LA PETITE MAIRIE 2016 ★

■	8000		5 à 8 €

Établi à Restigné, James Petit a repris en 1997 le domaine de son oncle Jean Gambier aujourd'hui retiré. Le vignoble couvre 25 ha sur la première terrasse de l'appellation bourgueil.

Ce 2016 né sur un sol de graviers se pare d'un rouge cerise flamboyant et développe au nez d'appétissants arômes de fruits noirs discrètement nuancés de réglisse, résultat d'un court élevage en fût. Une attaque souple aux limites de la sucrosité ouvre sur un palais souple et raffiné, doté de tanins fins. Un bourgueil séduisant. ⧗ 2018-2022 ■ **Cuvée Ronsard 2016 ★ (5 à 8 €; 5000 b.)** : un vin ample, gras, rond, fruité et épicé au nez comme en bouche, rafraîchi par une note mentholée. ⧗ 2019-2024

JAMES PETIT, 9, rue de la Petite-Mairie, 37140 Restigné, tél. 02 47 97 30 13, jacopetit@orange.fr V t.l.j. 8h-12h 14h-20h

DOM. DU PETIT SOUPER
Cuvée Vieilles Vignes 2016

■	11500		5 à 8 €

Situé au cœur de Benais, là où les terres à forte teneur en argile sont disposées à produire des vins de garde, le domaine de Thierry Dupuis (installé en 1992) se distingue régulièrement pour ses bourgueil, en rouge comme en rosé.

Boostée au chai par l'activité du micro-bullage, cette cuvée née de cabernet franc planté sur l'argilo-calcaire se présente dans une intense tenue rubis, le nez ouvert sur les fruits rouges mâtinés de notes épicées, la bouche ronde, épaulée par des tanins qui gagnent en vivacité en finale. ⧗ 2019-2023

EARL DUPUIS, 13, rue de la Barbinière, 37130 Saint-Patrice, tél. 02 47 96 97 46, earl.thierrydupuis@gmail.com V r.-v.

DOM. LES PINS Vieilles Vignes 2016 ★★

■	6000		11 à 15 €

Depuis cinq générations, la famille Pitault-Landry exploite ce domaine créé en 1890. Aujourd'hui, il est conduit par le tandem Philippe Pitault et son frère Christophe. Couvrant 30 ha presque d'un seul tenant, les vignes entourent les bâtiments, dont une bâtisse du XVᵉs. Une valeur sûre en bourgueil comme en saint-nicolas.

Le coup de cœur fut mis aux voix pour cette cuvée Vieilles Vignes élaborée à partir de cabernets francs plantés depuis soixante ans dans l'argilo-calcaire. Ses atouts: une belle robe sombre aux reflets violacés, un nez bien construit, à la maturité fruitée parfaite, une bouche ronde, gourmande, aux tanins fondus. ⧗ 2019-2024 ■ **Le Clos 2016 ★ (8 à 11 €; 5000 b.)** : du fruit au nez comme en bouche, de la souplesse, de la rondeur, de la générosité pour ce bourgueil friand et sans artifice. ⧗ 2018-2023

PITAULT-LANDRY ET FILS, 8, rte du Vignoble, 37140 Bourgueil, tél. 02 47 97 47 91, philippe.pitault@wanadoo.fr V t.l.j. sf dim. 9h-12h 14h30-18h Ⓒ

DOM. DES RAGUENIÈRES
La Perrinelle 2016 ★

■	2016		8 à 11 €

Georges et Perrine Delachaux ont repris le domaine juste avant les vendanges 2012. Leur fille Philippine les seconde et Éric Roi, l'ancien gérant, reste en place comme maître de chai. Une maison de maître datant de la fin du XIXᵉs. trône au milieu du vignoble couvrant 22 ha.

Six mois d'élevage en cuve et une année en fût ont peaufiné arômes et tanins de ce bourgueil à la robe écarlate. Complexe et intense, le nez s'oriente vers des arômes fruités où dominent la mûre et la framboise. La bouche, où tout paraît en place, dégage un équilibre agréable fait de souplesse et de fraîcheur. Un bourgueil très au point, à la fois tonique et élégant. ⌛ 2018-2023

⊶ SARL DOM. DES RAGUENIÈRES, 11, rue du Machet, 37140 Benais, tél. 02 47 97 30 16, domaine@bourgueil-france.com V 🚶 🍷 *r.-v.*

Ⓑ DOM. DU ROCHOUARD 2017

■	1700	5 à 8 €

Guy Duveau a créé le domaine en 1976, en polyculture jusqu'en 1985. Ses fils Dominique et Jean-Luc ont pris la relève, respectivement en 1995 et en 2007. Le vignoble couvre 20 ha, certifiés depuis 2015 en agriculture biologique.

D'un demi-hectare de vigoureux cabernets, Dominique et Jean-Luc Duveau ont extrait un rosé de saignée porteur d'une seyante tenue «pink». Un fruité agréable dominé par la fraise des bois anime l'olfaction. Le prélude à une bouche franche, aromatique, animée en finale par une fine note de pamplemousse. ⌛ 2018-2019

⊶ GAEC DUVEAU-COULON FILS, 1, rue des Géléries, 37140 Bourgueil, tél. 06 68 70 20 75, domainedurochouard@wanadoo.fr V 🍷 *t.l.j. sf dim. 9h-12h 14h-19h*

DOM. DES VIENAIS 2016 ★

■	10000	🍾	5 à 8 €

Depuis 1980, Marie-Christine et Gérard Poupineau se sont attachés au développement d'un vignoble acquis par leurs ascendants à la fin du XIXᵉs., qui couvre aujourd'hui 22 ha. Depuis une quinzaine d'années, ils travaillent suivant les principes de l'agriculture raisonnée.

«*Beau cabernet franc*», note l'un des jurés, faisant ainsi écho à la remarque d'un second dégustateur qui attribue à ce vin une «*belle élégance*». Une cuvée d'un rouge limpide, ouvert sur les petits fruits rouges, à la bouche ample et ronde, étayée par des tanins soyeux et une fraîcheur avenante en finale. ⌛ 2018-2023

⊶ MARIE-CHRISTINE POUPINEAU, 3, rue des Lavandières, 37140 Benais, tél. 02 47 97 35 19, domaine.desvienais@wanadoo.fr V 🚶 🍷 *t.l.j. sf dim. 9h-12h 14h-18h*

SAINT-NICOLAS-DE-BOURGUEIL

Superficie : 1 076 ha / Production : 61 307 hl

Malgré des caractéristiques proches de celles de l'aire contiguë de Bourgueil, la commune de Saint-Nicolas-de-Bourgueil (simple paroisse détachée de Bourgueil au XVIIIᵉs.) possède son appellation particulière. Son vignoble croît, pour les deux tiers, sur les sols sablo-graveleux des terrasses de la Loire. Au-dessus, le coteau est protégé des vents du nord par la forêt; le tuffeau y est surmonté d'une couverture sableuse. Bien que ce ne soit pas le cas des vins provenant exclusivement du coteau, les saint-nicolas-de-bourgueil, souvent issus d'assemblages, ont la réputation d'être plus légers que les bourgueils.

Ⓑ YANNICK AMIRAULT
Les Malgagnes Amphore 2016 ★

■	1000	🍾	20 à 30 €

Présent en saint-nicolas et en bourgueil, Yannick Amirault, rejoint en 2003 par son fils Benoît, fait partie des valeurs sûres de ces deux appellations. Les 19 ha du domaine sont aujourd'hui conduits en bio.

Voilà un excellent représentant de l'appellation qui doit une part de son originalité gustative à un long élevage de dix mois en jarres de terre cuite. Discrète au premier nez, l'olfaction s'anime à l'aération autour des fruits noirs (cassis, myrtille) agrémentés de notes de biscotte et d'épices douces. La bouche, souple dès l'attaque, suave, intense, équilibrée, s'épanouit sur les mêmes saveurs que celles perçues au nez. ⌛ 2020-2025

⊶ YANNICK ET BENOÎT AMIRAULT, 1, rte du Moulin-Bleu, 37140 Bourgueil, tél. 02 47 97 78 07, info@yannickamirault.fr V 🚶 🍷 *t.l.j. sf dim. 9h-12h 14h-18h30*

Ⓑ AGNÈS ET XAVIER AMIRAULT
Le Fondis 2016 ★★

■	12000	🛢	15 à 20 €

Installé en Touraine occidentale sur une terrasse ancienne de la Loire, ce domaine, dans la même famille depuis six générations, est bien connu des lecteurs du Guide pour ses saint-nicolas-de-bourgueil. Agnès et Xavier Amirault – qui a pris la suite de son frère Thierry en 2011 – exploitent aujourd'hui 37 ha de vignes en agriculture biologique et biodynamique.

Lieu-dit compacté de graviers profonds, Le Fondis livre en 2016 une superbe cuvée grenat striée d'éclairs bleutés. Le nez, ouvert sur de persistantes fragrances de fruits rouges, annonce les délices d'une bouche conquérante, à la maturité prononcée, dotée de tanins soyeux encadrant un fruité généreux de cerise confite et un boisé délicat. ⌛ 2020-2026 ■ **Le Clos des Quarterons Vieilles Vignes 2016 ★ (11 à 15 €; 18000 b.)** Ⓑ : assemblage de toutes les parcelles de vieilles vignes du domaine, un vin profond, ample et opulent, encore sous la dépendance des tanins de la barrique. Un fort potentiel en perspective. ⌛ 2021-2028 ■ **Les Gravilices 2016 ★ (11 à 15 €; 20000 b.)** Ⓑ : un vin passé en foudres, élégant et riche, aux tanins mûrs et veloutés. ⌛ 2019-2024

⊶ AGNÈS ET XAVIER AMIRAULT, 46, av. Saint-Vincent, 37140 Saint-Nicolas-de-Bourgueil, tél. 02 47 97 75 25, contact@domaineamirault.com V 🍷 *t.l.j. sf dim. 8h30-12h 14h-17h30*

Ⓑ FAMILLE AMIRAULT-GROSBOIS
Les Graipins 2016 ★★

■	20000	11 à 15 €

Les vignerons Xavier et Thierry Amirault (Clos des Quarterons) associés à Nicolas Grosbois ont créé en 2008 une structure de négoce qui propose des chinon, bourgueil et saint-nicolas issus de l'agriculture biologique.

Cette parcelle de graviers et calcaire sur laquelle prospèrent de vieux ceps de cabernet franc est souvent mise à l'honneur dans ces pages. Vendangés à la main, les raisins ont distillé des jus superbes de densité et de maturité fruitée. À une olfaction centrée sur de sémillants arômes de griotte succède une bouche savoureuse évoquant le cassis, la fraise des bois et la cerise bigarreau, soutenue par de fins tanins. ⌛ 2019-2023 ■ **Le Clos Pichard 2016 ★ (11 à 15 €; 15000 b.)** Ⓑ : ce vin se signale par la puissance d'une bouche reposant sur les fruits noirs encadrés de solides tanins. ⌛ 2020-2024

XAVIER AMIRAULT ET NICOLAS GROSBOIS, allée des Quarterons, 37140 Saint-Nicolas-de-Bourgueil, tél. 02 47 97 75 25, agnes@amirault-grosbois.com

DOM. DU BOIS MAYAUD La Volupté 2016 ★

■ | 21363 | | 8 à 11 €

Issus de familles vigneronnes, Françoise et Jean Boucher ont créé leur exploitation en 1985. Ludovic, leur fils, et son épouse Soraya ont repris la main, suite au départ à la retraite de Françoise Boucher. Leur vignoble couvre 12 ha.

Le nom de ce saint-nicolas né de vignes de soixante ans suscite de langoureuses projections mentales, et l'on n'est pas déçu à la dégustation. Au nez, de délicates senteurs florales accompagnent les fruits et des notes de sous-bois. Un fruité que l'on retrouve dans un palais rond et gourmand, doté de tanins fondus et veloutés. ⌛ 2019-2023

LUDOVIC BOUCHER, 9, le Carroi Taveau, 37140 Saint-Nicolas-de-Bourgueil, tél. 02 47 95 17 23, domaineduboismayaud@orange.fr V r.-v.

HENRI BOURDIN Cuvée Cassandre 2016

■ | 5000 | | 5 à 8 €

Henri Bourdin, installé en 1991 à la suite de son père, fondateur du domaine en 1948, privilégie l'accueil et la vente directe à la propriété. Les 15 ha de vignes sont morcelés, répartis sur les appellations bourgueil et saint-nicolas, ce qui permet au vigneron de vinifier par terroir: argilo-calcaire, graviers, sables.

C'est à Cassandre Salviati, rencontrée dans les jardins du Bourgueillais, que Ronsard réserva de tendres rimes amoureuses. Aurait-elle convenu au Prince des Poètes, cette cuvée 2016? La réponse est dans le verre. Ce vin est né sur une parcelle de graviers avoisinant 2 ha, laquelle, à cause du gel, ne produisit pas les rendements escomptés. Marqué de délicates notes de fruits noirs au nez et en bouche, il évolue en souplesse jusqu'à une finale animée de beaux amers. ⌛ 2018-2021

EARL HENRI BOURDIN, 7, le Bourg-de-Paille, 37140 Bourgueil, tél. 02 47 97 96 69, bourdin.henri37@orange.fr V *t.l.j. sf dim. 8h-13h 14h-19h*

DAMIEN BRUNEAU Fût de chêne 2016 ★

■ | 2500 | | 8 à 11 €

Ghislaine et Yvan Bruneau, tous deux natifs de Saint-Nicolas et descendants de plusieurs générations de vignerons, perpétuent la tradition familiale depuis 1986. Ils sont aujourd'hui aidés par leur fils Damien pour conduire les 20 ha de la propriété.

Une belle tenue pourpre auréolée de parme habille ce saint-nicolas issu de vieux cabernets à qui l'on a fait subir l'épreuve du fût durant une petite année. Des parfums de violette, de cerise burlat et de pruneau agrémentés d'un doux vanillé se bousculent à l'olfaction. Après une attaque franche, la bouche, dotée d'un large fruité adossé à des tanins suaves, se montre harmonieuse et révèle une mâche conquérante. ⌛ 2020-2023 ■ **Les Clos Vieilles Vignes 2016 (8 à 11 €; 26000 b.)** : vin cité.

EARL YG BRUNEAU ET FILS, 50, av. Saint-Vincent, 37140 Saint-Nicolas-de-Bourgueil, tél. 02 47 97 90 67, contact@damienbruneau.fr V *r.-v.*

Ⓑ SYLVAIN BRUNEAU Tradition 2016 ★

■ | 20000 | | 5 à 8 €

Représentant la troisième génération de vignerons sur ce domaine régulier en qualité, Sylvain Bruneau, installé en 1998, a converti au bio son vignoble, étendu sur une vingtaine d'hectares.

Le respect de la tradition n'est pas un vain concept pour Sylvain Bruneau qui a fait le choix de l'agriculture biologique. La cuvée éponyme en apporte la preuve. Intense livrée pourpre, nez émoustillant de fruits rouges, bouche souple et avenante, équipée de fins tanins: tout est en place. ⌛ 2018-2021

SYLVAIN BRUNEAU, 14, la Martellière, 37140 Saint-Nicolas-de-Bourgueil, tél. 02 47 97 75 81, info@cave-bruneau-dupuy.com V *t.l.j. sf dim. 9h-12h30 13h30-18h*

Ⓑ DOM. DE LA CABERNELLE Damoiselle 2016

■ | 10000 | | 8 à 11 €

Les familles Caslot et Pontonnier ont associé leurs vignobles de saint-nicolas et de bourgueil à la suite d'un mariage. Implanté sur les coteaux qui dominent Benais, ce domaine de 37 ha est exploité en agriculture biologique depuis 2012.

Voilà une Damoiselle bien séduisante dans sa brillante robe carmin aux reflets grenat. Expressive, l'olfaction prend ses aises, proposant un beau panel de fruits rouges que l'on retrouve dans une bouche ronde, épaulée par de discrets tanins et un boisé grillé. ⌛ 2018-2022

EARL CASLOT-PONTONNIER, 3, rue du Machet, 37140 Benais, tél. 02 47 97 84 69, contact@cabernelle.com V *r.-v.*

VIGNOBLE DE LA CHEVALLERIE Cuvée Jean-Charles 2016

■ | 20000 | | 5 à 8 €

La Chevallerie fait partie des plus anciens terroirs de Saint-Nicolas. Jean-Charles Bruneau a pris en 2007 les rênes des 25 ha de l'exploitation familiale, dont les premiers pas remontent à 1947. Son grand-père Martial cultivait alors 25 ares de vignes plantées sur sables et graviers.

Six mois d'élevage en fût de chêne ont apporté un supplément d'âme à cette cuvée issue de 3 ha de sables et graviers. Les arômes du bois, encore dominateurs, devraient s'estomper avec le temps pour laisser le champ libre aux jolies notes florales et fruitées qui commencent à poindre dans une bouche équilibrée et d'un bon volume. ⌛ 2020-2023

JEAN-CHARLES BRUNEAU, 5, la Chevallerie, 37140 Saint-Nicolas-de-Bourgueil, tél. 02 47 97 81 19, contact@jeancharlesbruneau.fr V *t.l.j. sf dim. 8h30-12h30 14h-18h30*

LA CHEVALLERIE 75 cl de terroir 2017 ★

■ | 70000 | | 5 à 8 €

Établi à Saint-Nicolas-de-Bourgueil, Gaëtan Bruneau poursuit depuis 2008 l'œuvre de cinq générations vigneronnes. Le domaine familial est implanté en majorité sur un terroir de graviers profonds.

Cette cuvée met en avant les complicités du cabernet franc avec les terroirs de graviers. C'est un vin «rabelaisien», frisquet et hardi, jouant une partition fraîche et fruitée – fraise des bois, mûre, prunelle –, épaulé par des tanins soyeux. ⧗ 2019-2023 ■ **2017 (5 à 8 €; 4600 b.)** : vin cité.

GAËTAN BRUNEAU, 2, La Chevallerie, 37140 Saint-Nicolas-de-Bourgueil, tél. 02 47 97 93 58, vin-chevallerie@gmail.com V r.-v.

DOM. DE LA CHOPINIÈRE DU ROY Ludovic 2016

■ | 30000 | | 5 à 8 €

Héritier d'une famille qui cultivait déjà la vigne à la fin du XIXes, Christophe Ory s'est installé en 1999 à la tête du domaine développé par son père Michel Ory. Rejoint en 2010 par son frère Nicolas, il a repris seul la gestion du domaine en janvier 2018. Son épouse Sophie et lui souhaitent redynamiser l'image du domaine en renouvelant leurs outils de communication. Le vignoble compte aujourd'hui 26 ha.

Passé une touche animale, cette cuvée dévoile un joli fruité à l'olfaction. Fruité repris par une bouche souple, ronde et primesautière. ⧗ 2018-2021

CHRISTOPHE ORY, 30, La Rodaie, 37140 Saint-Nicolas-de-Bourgueil, tél. 02 47 97 77 74, chopiduroy@gmail.com V t.l.j. 8h-19h; dim. r.-v.

LE CLOS DU VIGNEAU 2017 ★

■ | 1500 | | 5 à 8 €

Depuis 1820, six générations de Jamet se sont appliquées à faire prospérer la vigne sur des parcelles de sables et de cailloux, terroirs nommés «graviers». En 2012, la propriété de 25 ha a été cédée aux cousins Antoine et François Jamet du Dom. des Vallettes.

Très confidentiel mais très réussi, un rosé sur les agrumes et les fleurs blanches, souple, suave et gras en bouche. ⧗ 2018-2020 ■ **D'Or Ange 2015 (15 à 20 €; 1600 b.)** : vin cité.

ANTOINE ET FRANÇOIS JAMET, Le Vigneau, 37140 Saint-Nicolas-de-Bourgueil, tél. 02 47 97 44 44, contact@closduvigneau.com V t.l.j. sf dim. 9h-12h 14h-17h30

ESTELLE ET RODOLPHE COGNARD
Cuvée Les Malgagnes 2016

■ | 7500 | | 11 à 15 €

Créée en 1973 à partir de 1 ha par Lydie et Max Cognard, cette exploitation située à Chevrette, un petit hameau de Bourgueil à la limite de Saint-Nicolas, s'étend désormais sur 13 ha. Depuis 2013, les enfants, Estelle et Rodolphe, ont pris le relais. Une valeur sûre en bourgueil et en saint-nicolas.

Harmonieuse dans son olfaction où règnent les fruits rouges confits, cette cuvée séduit en bouche par son fruité, sa fraîcheur et sa souplesse que les trois mois d'élevage en fût n'affectent en rien. ⧗ 2018-2022

SCEA ESTELLE ET RODOLPHE COGNARD, 3, lieu-dit de Chevrette, 37140 Saint-Nicolas-de-Bourgueil, tél. 02 47 97 76 88, vins.cognard@orange.fr V t.l.j. sf dim. 9h-12h 13h30-18h; sam. r.-v.

JOCELYNE DELANOUE Vieilles Vignes 2016 ★

■ | 2000 | | 8 à 11 €

Repris en 1978 par Bernard Delanoue, ce domaine familial de 1,5 ha s'est agrandi régulièrement. Il compte aujourd'hui 7 ha de vignes, conduits par Jocelyne Delanoue depuis le départ à la retraite de son mari en 2012.

Voilà un beau saint-nicolas assez confidentiel dont les six mois au contact du merrain ont anobli les arômes de fruits mûrs, accompagnés de notes de sous-bois et de grillé. En bouche, on découvre une belle matière, souple et équilibrée, épaulée par des tanins discrets. ⧗ 2019-2023

JOCELYNE DELANOUE, 10, rue du Port-Guyet, 37140 Saint-Nicolas-de-Bourgueil, tél. 02 47 97 87 65, bernard.delanoue@orange.fr V r.-v.

NATHALIE ET DAVID DRUSSÉ
Vieilles Vignes 2016 ★★

■ | 20000 | | 5 à 8 €

Issu d'une famille de viticulteurs de Saint-Nicolas, David Drussé a créé son domaine en 1996, rejoint ensuite par son épouse Nathalie. Depuis 2010, le couple a renoncé aux désherbages chimiques, premiers pas avant d'entamer la conversion à l'agriculture biologique en 2015. Leur exploitation compte 21 ha.

Ce 2016 né sur un terroir argilo-calcaire parade dans un brillant drapé carmin. Au nez, les fruits rouges et noirs s'expriment avec délicatesse. Quant à la bouche, bien structurée, ample et fraîche dès l'attaque, son équilibre avenant emporte l'adhésion. ⧗ 2019-2024

NATHALIE ET DAVID DRUSSÉ, 1, imp. de la Villatte sur D 35, 37140 Saint-Nicolas-de-Bourgueil, tél. 02 47 97 98 24, drusse@wanadoo.fr V t.l.j. 9h-19h

DOM. DES GESLETS La Contrie 2016 ★

■ | 16000 | | 8 à 11 €

Valeur sûre du Bourgueillois, ce domaine de 20 ha, dont les origines remontent à 1935, est cultivé en bio certifié. Installé en 1997, Vincent Grégoire perpétue la tradition familiale, tant en saint-nicolas-de-bourgueil qu'en bourgueil.

C'est sur les graviers qu'ont prospéré les ceps de cabernet franc à l'origine de ce 2016 gracieux dans sa robe grenat aux reflets violets, tout aussi attrayant à l'olfaction avec ses parfums de fruits rouges et de sous-bois. La bouche, souple, ronde et légère s'équilibre autour de tanins délicats. ⧗ 2019-2022

EARL VINCENT GRÉGOIRE, 12, Dom. des Geslets, 37140 Bourgueil, tél. 06 82 16 18 11, domainedesgeslets@orange.fr V t.l.j. 10h-12h 13h30-18h30; dim. sur r.-v.

VIGNOBLE DE LA JARNOTERIE Improvisation 2015

■ | 5037 | | 15 à 20 €

Cinq générations de vignerons se sont succédé sur ce vignoble de quelque 25 ha à la limite de l'Anjou et

de la Touraine. Didier et Carine Rezé, installés depuis 2003, figurent régulièrement dans les pages du Guide.

Un séjour de quinze mois en fûts de chêne et de châtaignier, bois reconnu comme porteur de forts tanins, a transmis au vin un boisé vigoureux au nez comme en bouche, ainsi qu'une solide trame tannique. À attendre impérativement, le potentiel est là. ⌛ 2021-2026

DIDIER REZÉ, La Jarnoterie, 37140 Saint-Nicolas-de-Bourgueil, tél. 02 47 97 75 49, contact@jarnoterie.com t.l.j. sf dim. lun. 9h-12h 14h-18h

DOM. DE LA LANDE 2016 ★

■ | 7000 | | 8 à 11 €

Dans la famille depuis quatre générations, ce domaine s'étend sur 17 ha en bordure de la route du Vignoble. François Delaunay, qui a pris les rênes de l'exploitation en 1991, l'a depuis converti au bio.

Les dégustateurs ont loué l'équilibre de ce 2016. Les attributs de sa séduction? Une brillante robe carmin, un nez qui déploie à l'aération de belles senteurs de fruits rouges et une bouche de bonne longueur, fraîche, fruitée et bien structurée. ⌛ 2019-2023

FRANÇOIS DELAUNAY, 20, rte du Vignoble, 37140 Bourgueil, tél. 02 47 97 80 73, earl.delaunay.pfils@wanadoo.fr r.-v.

DAMIEN LORIEUX Graviers 2016 ★

■ | 7000 | | 5 à 8 €

Installé en 2005 à la tête du domaine familial (12 ha), sous l'œil avisé de son père Lucien, toujours actif, Damien Lorieux se nourrit à la fois de la tradition, de ses expériences à l'étranger et des techniques modernes (tris sur vendange, micro-oxygénation).

Vigneron expérimenté, Damien Lorieux connaît les mille et une ressources des terroirs de graviers sur lesquels se complaît le «breton». Il propose ici une cuvée alléchante dès le premier contact visuel avec sa brillante robe rubis. Le nez respire la framboise et la bouche, ronde, fondue, équipée de beaux tanins, plaît par son équilibre. ⌛ 2019-2023

DAMIEN LORIEUX, 2, rue de la Percherie, 37140 Bourgueil, tél. 02 47 97 88 44, contact@vinsdamienlorieux.com r.-v.

♥ FRÉDÉRIC MABILEAU Les Rouillères 2016 ★★

■ | 66000 | | 11 à 15 €

Frédéric Mabileau est l'une des figures de proue en bourgueil et en saint-nicolas depuis son installation en 1991, en marge de l'exploitation paternelle. En 2003, les deux domaines ont fusionné, si bien que le vignoble couvre 28 ha aujourd'hui. Le producteur a adopté l'agriculture biologique en 2007 et la biodynamie en 2012.

Frédéric Mabileau a emmagasiné un immense savoir viticole paraissant venu de la nuit des temps: sa famille, installée en Bourgueillais depuis 1620, fait partie du paysage. Sur les chauds graviers des Rouillères, le cabernet franc a donné naissance à un superbe saint-nicolas grenat profond, au bouquet intense et élégant de pruneau, de fraise et d'épices douces, à la bouche ample, dense et ronde, soulignée par des tanins soyeux et une fine acidité qui apporte du tonus et de la longueur. Délectable en diable. ⌛ 2020-2025

FRÉDÉRIC MABILEAU, 6, rue du Pressoir, 37140 Saint-Nicolas-de-Bourgueil, tél. 02 47 97 79 58, contact@fredericmabileau.com t.l.j. sf sam. dim. 9h-12h 14h-17h30

JACQUES ET VINCENT MABILEAU La Gardière 2016

■ | 70000 | | 5 à 8 €

Jacques Mabileau a créé ce domaine en 1968. Son fils Vincent l'a rejoint en 1998; ensemble, ils ont modernisé et agrandi leur exploitation, qui s'étend sur 19 ha aujourd'hui.

Les dégustateurs ont aimé la robe pourpre brillant parcourue d'éclairs violines de ce saint-nicolas, ainsi que son nez vif et alerte centré sur les fruits rouges et noirs, et sa bouche fraîche et ferme. Un vin de bonne tenue. ⌛ 2019-2023

JACQUES ET VINCENT MABILEAU, La Gardière, 37140 Saint-Nicolas-de-Bourgueil, tél. 02 47 97 75 85, vincent.mabileau@wanadoo.fr t.l.j. sf dim. 9h-12h 14h-17h30

LYSIANE ET GUY MABILEAU La Belle du Domaine 2016 ★

■ | 43000 | 5 à 8 €

Wilfried et Samuel Mabileau, qui incarnent la quatrième génération, ont rejoint en 2013 leur père Guy sur ce vignoble de 20 ha implanté sur les terrasses graveleuses de Saint-Nicolas.

Cette Belle du Domaine se présente dans une jolie robe légère, ouverte sans réserve sur un bouquet gourmand, gorgé de senteurs fruitées. La bouche, à l'unisson du nez, se révèle souple et fraîche. ⌛ 2018-2022

LYSIANE ET GUY MABILEAU, 17, rue du Vieux-Chêne, 37140 Saint-Nicolas-de-Bourgueil, tél. 02 47 97 70 43, lysianeetguymabileau@gmail.com t.l.j. sf dim. 9h-19h

HERVÉ MORIN Coup de foudre 2016 ★★

■ | n.c. | | 11 à 15 €

C'est à la veille de la Seconde Guerre mondiale que le grand-père d'Hervé Morin a créé le Dom. de la Rodaie. Mais ce n'est qu'à partir de 1970 que la propriété, sous l'impulsion du petit-fils, s'est développée, puis ouverte à la clientèle. L'exploitation couvre 20 ha, complétés en 2017 par une… brasserie artisanale sous le nom de marque Farmer.

Si l'on en croit la *Phèdre* du grand Racine, le coup de foudre amoureux générerait un trouble en l'âme, rendue «*éperdue*» au point de ne plus maîtriser les comportements. La cuvée d'Hervé Morin s'est contentée, elle, de frôler… un coup de cœur du Guide. Longuement bichonnée en fût pendant deux ans, elle s'affiche dans une belle robe rubis profond et déploie des parfums intenses de fruits mûrs (fraise, framboise, cassis), accompagnés de notes de musc et de grillé. Dès l'attaque, le palais révèle un gros volume et une chair opulente imprégnée de frais arômes de fruits rouges et d'épices, le tout soutenu par des tanins fins. ⧗ 2021-2026 ■ **Levant 2016 ★ (8 à 11 €; 5 500 b.)** : prélevée sur 75 ares abritant de vieux cabernets, une cuvée équilibrée, bien fruitée (cerise noire, fraise des bois), aux tanins fins et ronds. ⧗ 2020-2024

HERVÉ MORIN, 20, la Rodaie, 37140 Saint-Nicolas-de-Bourgueil, tél. 02 47 97 75 34, contact@hervemorin.com V ⚲ ▮ *t.l.j. sf dim. 9h-18h*

CH. LE MOULIN-NEUF 2016 ★★

■ | 45 000 | ⦶ | 11 à 15 €

Depuis 1985, Laurent Mabileau conduit un domaine de 30 ha en bourgueil et en saint-nicolas, abrité des vents du nord par la forêt. Le vigneron signe avec une remarquable régularité des vins droits qui lui valent de fréquentes mentions dans le Guide.

Encore sous la dépendance du bois, ce saint-nicolas n'en délivre pas moins un beau fruité de cassis aux côtés de notes de sous-bois et de truffe. En bouche, il se montre souple et doux en attaque, avant de monter en puissance autour de tanins fermes et d'un boisé soutenu mais de qualité. Patience... ⧗ 2021-2026

LAURENT MABILEAU, La Croix-du-Moulin-Neuf, 37140 Saint-Nicolas-de-Bourgueil, tél. 06 62 29 37 86, chateaumoulinneuf@gmail.com V ⚲ ▮ *t.l.j. sf sam. dim. 9h-12h 14h-17h30*

DOM. DE LA NOIRAIE Les 7 lieux-dits 2016

■ | 44 000 | ▮ | 5 à 8 €

Le premier des Delanoue, vigneron à Benais, était métayer. Son fils acheta les bâtiments à ses propriétaires, ainsi que les premières vignes. Six générations plus tard, la famille – Michel, son frère Jean-Paul, son épouse Pascale et son fils Vincent – exploite 47 ha à Bourgueil et à Saint-Nicolas. Un domaine régulier en qualité.

Réparti sur sept lieux-dits, le domaine propose un 2016 au bouquet floral et agreste, avec des notes de sureau et de violette, à la bouche fruitée, fraîche, souple, légère, épaulée par des tanins discrets. ⧗ 2018-2021

EARL DELANOUE FRÈRES, 19, rue du Fort-Hudeau, 37140 Benais, tél. 02 47 97 30 40, delanoue.freres@orange.fr V ⚲ ▮ *r.-v.*

THIERRY PANTALÉON Haut de la Gardière 2016 ★

■ | 15 000 | ▮ | 5 à 8 €

Thierry Pantaléon s'est installé en 1983 sur la propriété de son grand-père, lui-même vigneron. Établi aux confins de l'Anjou et de la Touraine, le domaine étend ses 13 ha de vignes sur des sols divers: tufs, sables, graves, argilo-calcaires.

Ce 2016 séduit d'emblée par sa robe fraîche et intense comme par son bouquet soutenu de fruits rouges. Fruité que l'on retrouve dans une bouche ronde et gourmande, aux tanins souples et délicats. ⧗ 2019-2022

THIERRY PANTALÉON, 20, La Gardière, 37140 Saint-Nicolas-de-Bourgueil, tél. 06 30 85 07 55, tpantaleon@gmail.com V ▮ *r.-v.*

DOM. DE LA PERRÉE Vieilles Vignes 2016 ★

■ | 10 000 | ▮ | 5 à 8 €

«Perrée» est un vieux mot signifiant «pierre». Conduit par Patrice Delarue depuis 1985, ce domaine de 16,5 ha, dans sa famille depuis 1936, est implanté sur un terroir de graviers et de sables, où sont produits des vins réguliers en qualité, tout en fruits et en rondeur.

Vendangés à la main, les vieux cabernets du domaine, après neuf mois d'élevage en cuve, ont donné naissance à un 2016 dont le gras et la rondeur, tout comme les larmes qui s'accrochent aux parois du verre, se laissent entrevoir dès le premier regard. Au nez, un fruité franc et frais. En bouche, du gras, de la rondeur, des tanins fondus et un équilibre assuré par une fine acidité. ⧗ 2019-2023

DELARUE, La Perrée, 37140 Saint-Nicolas-de-Bourgueil, tél. 06 85 02 60 69, contact@domainedelaperree.fr V ⚲ ▮ *r.-v.*

DOM. LES PINS 2016 ★★

■ | 15 000 | ▮ | 8 à 11 €

Depuis cinq générations, la famille Pitault-Landry exploite ce domaine créé en 1890. Aujourd'hui, il est conduit par le tandem Philippe Pitault et son frère Christophe. Couvrant 30 ha presque d'un seul tenant, les vignes entourent les bâtiments, dont une bâtisse du XV^e^s. Une valeur sûre en bourgueil comme en saint-nicolas.

Ce 2016 a participé à la finale des coups de cœur. Passé un premier nez un brin végétal et animal, il dévoile des parfums charmeurs de fruits rouges et de cassis. En bouche, il affiche beaucoup de volume autour d'une matière dense et fraîche, étayée par des tanins fermes. ⧗ 2020-2025

PITAULT-LANDRY ET FILS, 8, rte du Vignoble, 37140 Bourgueil, tél. 02 47 97 47 91, philippe.pitault@wanadoo.fr V ▮ *t.l.j. sf dim. 9h-12h 14h30-18h*

♥ LES CAVES DU PLESSIS Éclats de tuf 2015 ★★

■ | 4 000 | ▮ | 11 à 15 €

Valeur sûre en saint-nicolas-de-bourgueil, ce domaine est depuis 2012 géré par Stéphane Renou, héritier de cinq générations de vignerons. Le vignoble est conduit en lutte raisonnée, avec un enherbement de près de 80 % de la superficie globale. La cave creusée dans le tuffeau date du XIII^e^s.

Ce saint-nicolas 2015, qui a véritablement capté tous les ingrédients d'un beau millésime, a longtemps macéré avant d'être élevé dix-huit mois en cuve sur lies fines. Il se drape dans une lumineuse étoffe cerise et dévoile, à l'aération, un bouquet charmeur de griotte, de figue et de prune. De l'attaque, subtile, à une finale tonique, marquée par de beaux amers, la bouche se révèle des plus harmonieuses avec ses saveurs de fruits encadrées de tanins dociles et d'une grande finesse. Une bouteille qui s'appréciera aussi bien jeune que patinée par le temps. ⧗ 2019-2028

STÉPHANE RENOU, 17, la Martellière, 37140 Saint-Nicolas-de-Bourgueil, lescavesduplessis@wanadoo.fr V t.l.j. sf dim. 9h-12h 14h-18h

DOM. PONTONNIER 2016 ★★

■	2500		5 à 8 €

Issu d'une lignée de vignerons, Benoît Pontonnier conduit depuis 1998 ce vignoble de 12 ha, en AOC bourgueil et saint-nicolas-de-bourgueil.

C'est sur une parcelle d'à peine 50 ares de sable et de graviers que le cabernet franc mûri à point s'est fendu d'une vendange très qualitative à l'origine d'un saint-nicolas généreux, qui séduit d'emblée avec sa robe grenat et ses parfums de fruits confiturés et de violette. Mais c'est en bouche qu'il s'affirme: du volume, des saveurs épanouies de fraise et de framboise, des tanins sages et fondus composent un ensemble des plus gourmands et élégants. ⧗ 2019-2023

PONTONNIER, 4, rte de Chevrette, 37140 Bourgueil, tél. 06 88 75 11 82, domainepontonnier@orange.fr V r.-v.

JOËL TALUAU Le Vau Jaumier 2016 ★

■	25000		8 à 11 €

Joël et Clarisse Taluau se sont installés en 1970 sur 2,2 ha; ils ont été rejoints en 1993 par leur fille Véronique et leur gendre Thierry Foltzenlogel, désormais aux commandes. Valeur sûre des AOC bourgueil et saint-nicolas, ce domaine de 30 ha se distingue régulièrement dans le Guide.

Ce vin se présente avec élégance dans une tenue pourpre aux reflets violines et développe à l'aération une olfaction cossue qui combine les senteurs de mûre et de fraise compotée. La bouche, soutenue par de fins tanins, apparaît fraîche et cordiale, étirée dans une finale longue et tonique. ⧗ 2019-2023 ■ **Vieilles Vignes 2016 ★ (11 à 15 €; 9000 b.)** : un vin fruité et épicé au nez comme en bouche, souple, tendre et finement tannique. ⧗ 2019-2023

EARL TALUAU ET FOLTZENLOGEL, 11, Chevrette, 37140 Saint-Nicolas-de-Bourgueil, tél. 02 47 97 78 79, joel.taluau@wanadoo.fr V t.l.j. sf dim. 8h30-12h 13h30-18h; sam. sur r.-v.

♥ DOM. DES VALLETTES 2017 ★★

■	12000		5 à 8 €

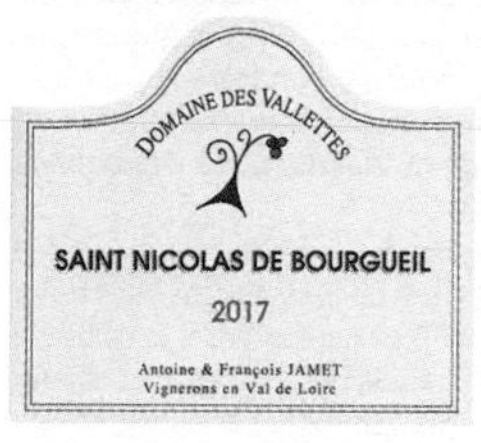

Un domaine créé en 1986 par Annick et Francis Jamet: 10 ha au départ, 26 ha aujourd'hui, sur lesquels sont produits du saint-nicolas-de-bourgueil et du bourgueil, mais aussi de l'anjou blanc. Après une expérience commerciale export pour une maison saumuroise, François, le fils, revient au domaine en 2001. Il est rejoint en 2008 par son frère Antoine qui a fait ses armes en Australie et en Espagne. En 2012, la fratrie reprend le Clos du Vigneau (saint-nicolas), dans la famille de leur cousin Alain Jamet depuis 1820 et maison-mère familiale.

D'emblée, ce rosé affirme sa personnalité au travers d'une lumineuse robe aux reflets cuivrés. Discret au premier nez, il se révèle élégant à l'aération, autour des fruits rouges et des fleurs blanches. De l'attaque à la finale, la bouche se montre ronde, souple et fraîche à la fois. ⧗ 2018-2020

JAMET, Les Vallettes, 37140 Saint-Nicolas-de-Bourgueil, tél. 02 47 97 44 44, contact@vallettes.com V t.l.j. sf dim. 9h-12h 14h-17h30

CHINON

Superficie : 2 337 ha
Production : 119 239 hl (99 % rouge et rosé)

Autour de la vieille cité médiévale qui lui a donné son nom, au pays de Gargantua et de Pantagruel, l'AOC chinon est produite sur les terrasses anciennes et graveleuses du Véron (triangle formé par le confluent de la Vienne et de la Loire), sur les basses terrasses sableuses du val de Vienne (Cravant), sur les coteaux de part et d'autre de ce val (Sazilly) et sur les terrains calcaires, les «aubuis» (Chinon). Le cabernet franc, dit breton, y donne des vins rouges racés aux tanins élégants. De moyenne garde, les chinon peuvent dépasser une, voire plusieurs décennies dans les meilleurs millésimes. L'appellation produit aussi quelques rosés secs et de très rares blancs secs tendres – certaines années – issus de chenin.

ANGELLIAUME Vieilles Vignes 2016 ★★

■	30000		5 à 8 €

Ce domaine familial exploité depuis quatre générations dispose de caves remarquables par leur agencement et leurs dimensions, ainsi que d'un vignoble de 41 ha. Une valeur sûre de l'appellation chinon.

Ce vin attire l'œil par sa couleur rubis sombre, puis séduit par ses notes intenses de cassis légèrement épicées. On retrouve le cassis plus mûr encore dans un palais gras, souple et soyeux offrant ce qu'il faut de fraîcheur. Un bel ensemble cohérent et gouleyant. ⧗ 2018-2023 ■ **La Cuvée du père Léonce 2015 (15 à 20 €; 20000 b.)** : vin cité.

EARL DOM. ANGELLIAUME, La Croix-de-Bois, 37500 Cravant-les-Coteaux, tél. 02 47 93 06 35, caves.angelliaume@wanadoo.fr V t.l.j. sf dim. 8h30-12h 14h-18h Delavault

LES ARES DE LOIRE Clos de la Grille 2015 ★

■	600		15 à 20 €

Créé ex-nihilo en 2015 par Laurent Collevati et Bernard-Jacques Soudan, ce domaine d'un peu plus de 2 ha commercialise son tout premier millésime.

Issu de pentes argilo-calcaires, ce 2015 en robe sombre libère des senteurs intenses de cassis et de myrtille accompagnées d'une touche torréfiée, legs de son séjour de quatorze mois en fût. En bouche, il se révèle souple et tout aussi fruité (cassis et cerise en tête) soutenu par une trame finement boisée. ⧗ 2018-2023

LAURENT COLLEVATI ET BERNARD-JACQUES SOUDAN, 11, rue de la Croix-Marie, 37500 Rivière, tél. 06 66 96 25 25, lesaresdeloire@orange.fr V r.-v.

Ⓑ L'ARPENTY Cuvée Réserve 2015 ★

■ | 2600 | | 11 à 15 €

C'est le grand-père de Francis Desbourdes qui a créé le domaine, dans les années 1960. Ce dernier conduit aujourd'hui une exploitation de 18 ha à flanc de coteaux, qui conserve une cuve directement creusée dans le tuffeau. Son fils Émilien a rejoint la propriété et lancé la conversion bio du vignoble.

Cette cuvée élevée un an en fût séduit d'emblée par sa robe soutenue et ses notes de fruits rouges (fraise en tête) élégamment boisées. On retrouve les fruits dans une bouche gourmande et dense non dénuée de fraîcheur. ⧗ 2018-2023 ■ **La Pointevinière 2015** ★ **(5 à 8 €; 12000 b.)** Ⓑ : ce 2015 aérien et souple livre un joli fruité aux saveurs de cerise. ⧗ 2018-2021

EARL FRANCIS ET FRANÇOISE DESBOURDES, L'Arpenty, 11, rue de la Forêt, 37220 Panzoult, tél. 02 47 95 22 86, f.f.desbourdes37@gmail.com t.l.j. sf dim. 10h-12h 14h-19h Ⓓ

BAUDRY-DUTOUR Amaranthe 2016 ★

■ | 60000 | | 5 à 8 €

Christophe Baudry, représentant la sixième génération de vignerons, et Jean-Martin Dutour, ingénieur agronome et œnologue, gèrent une maison de négoce et quatre domaines à Chinon: le Ch.de Saint-Louans, le Ch. de la Grille, le Dom. du Roncée et le Dom. de la Perrière. Un duo incontournable du Chinonais.

Un très joli chinon plein de gourmandise délivrant des senteurs de fraise, de framboise et de cerise à l'olfaction. Souple en attaque, le palais, à la fois rond et frais, renoue avec les fruits rouges assortis d'une touche mentholée qui perdure jusque dans la longue finale. ⧗ 2018-2021 **Ch. de Saint-Louans 2016 (15 à 20 €; 6000 b.)** : vin cité.

BAUDRY-DUTOUR, Ch. de la Grille, rte de Huismes, 37500 Chinon, tél. 02 47 93 01 95, info@baudry-dutour.fr t.l.j. sf dim. lun. 10h-12h 14h-18h Ⓓ

DOM. DE BEAUSÉJOUR 2016 ★

■ | 45330 | | 8 à 11 €

Épris de nature, Gérard Chauveau crée de toutes pièces ce domaine en 1969. Après un stage dans le Bordelais, son fils David reprend les rênes en 1991. Son vignoble de 27 ha d'un seul tenant est situé sur un coteau exposé plein sud et abrité du vent par les bois de la propriété.

En robe grenat aux reflets rubis, cette cuvée s'ouvre sur des notes de sous-bois et de fruits noirs. La dégustation se poursuit dans un registre fruité mais plus mûr encore (cassis confituré), souple et soyeux. ⧗ 2018-2023

EARL GÉRARD ET DAVID CHAUVEAU, Dom. de Beauséjour, 37220 Panzoult, tél. 02 47 58 64 64, info@domainedebeausejour.com t.l.j. sf dim. 9h-12h 14h-18h ④ Ⓔ

Ⓑ DOM. DES BÉGUINERIES Réserve de Satis 2016 ★

■ | n.c. | | 11 à 15 €

Ayant effectué ses premières armes dans le domaine familial puis en tant que responsable de cave au Ch. de Saint-Louans, Jean-Christophe Pelletier s'est installé en 1995. Il conduit en bio depuis 2009 ses 13 ha de vignes.

Une belle robe profonde aux reflets améthyste et une intensité olfactive gourmande associant le cassis et la mûre animent cette cuvée riche et chaleureuse soutenue par une fine trame tannique jusque dans sa longue finale. ⧗ 2018-2025

JEAN-CHRISTOPHE PELLETIER, 52, rue de l'Ancien-Port, 37500 Chinon, tél. 02 47 93 37 16, domainedesbeguineries@wanadoo.fr t.l.j. 9h30-13h 14h-19h; dim. sur r.-v. Ⓒ

♥ Ⓑ CH. DE LA BONNELIÈRE Chapelle 2016 ★★

■ | 12000 | | 11 à 15 €

Le Ch. de la Bonnelière (XVIe s.) est dans la famille depuis 1846. Le vignoble a été replanté en 1976 par Pierre Plouzeau. Son fils Marc a repris en 2002 les rênes du domaine (34 ha) qu'il conduit en agriculture biologique.

Ce vin issu d'une grande et même parcelle de 3 ha (YB38 comme il est indiqué sur l'étiquette) au terroir combinant sables éoliens, argile et calcaire a conquis le jury par sa robe noir brillant cerclée de parme et par les complexes senteurs de fruits rouges confiturés. En bouche, nous sommes en présence d'un modèle puissant, bien campé sur une trame tannique solide mais sans dureté, offrant une chair fruitée des plus agréables. ⧗ 2018-2028 **Silice 2017** ★ **(11 à 15 €; 3000 b.)** Ⓑ : cette cuvée s'affiche en couleur jaune paille traversée d'éclairs émeraude. À l'aération pointent de fines senteurs de citron vert sur un fond floral (acacia). Belle attaque en bouche sur des notes de poire qui se prolongent jusqu'en finale. ⧗ 2018-2021

MARC PLOUZEAU, 1, rte des Basses-Vignes, 37500 La Roche-Clermault, tél. 02 47 93 16 34, marc@plouzeau.com t.l.j. sf dim. lun. 11h-13h 15h-19h

DOM. DES BOUQUERRIES Plaisir 2017 ★

■ | 5000 | | 5 à 8 €

Le nom du domaine rappelle que l'on abattait jadis les chèvres et les boucs en ces lieux. C'est le grand-père de Guillaume Sourdais, aidé par son frère Jérôme qui, dès 1935, a creusé les caves de cette exploitation de 29 ha située au bord de la Vienne. L'une des bonnes références du Chinonais.

Un rosé très pâle, à l'expression plurielle, qui égrène des notes exotiques, des parfums de fruits rouges et de fruits à noyau. Proposant le même fruité intense, le palais se révèle vif et tonique en attaque, puis plus rond et charnu dans son développement. ⧗ 2018-2020 ■ **Cuvée Royale Vieilles Vignes 2016 (5 à 8 €; 30000 b.)** : vin cité.

GAEC DES BOUQUERRIES, 4, les Bouquerries, 37500 Cravant-les-Coteaux, tél. 02 47 93 10 50, gaecdesbouquerries@wanadoo.fr r.-v. Guillaume et Jérôme Sourdais

PHILIPPE BROCOURT Clos des Gailhards 2016 ★

■ | 3000 | | 11 à 15 €

La famille Brocourt, originaire de Normandie, est arrivée dans les années 1940 en Touraine. Implanté dans le petit village de Rivière, sur les bords de la Vienne, le domaine a été créé en 1968. Philippe Brocourt a pris la suite de sa mère Renée en 1986: 5 ha de vignes à l'époque, 34 ha aujourd'hui, répartis dans cinq communes et une belle palette de terroirs de l'AOC chinon.

Une belle robe sombre aux reflets violets scintillants précède un nez de fruits des bois (mûre en tête). En bouche, cette cuvée se montre fruitée et onctueuse soutenue par une fine trame acide qui allonge la finale. 2018-2025 ■ **Les Coteaux 2016 (5 à 8 €; 30000 b.)** : vin cité.

PHILIPPE BROCOURT, 3, chem. des Caves, 37500 Rivière, tél. 02 47 93 34 49, domainebrocourt@hotmail.fr t.l.j. sf dim. 10h-12h30 14h-18h30

CHRISTIAN CHARBONNIER 2016

■ | 5000 | | 5 à 8 €

Christian Charbonnier représente la deuxième génération de viticulteurs à la tête de ce domaine conduit à l'origine en polyculture. L'exploitation dispose aujourd'hui de 13 ha de vignes implantées sur des sols argilo-siliceux.

Un joli vin fruité, agréable et fluide. *What else?* 2018-2021

CHRISTIAN CHARBONNIER, 2, rue Balzac, 37220 Crouzilles, tél. 02 47 97 02 37, charbonnier.christian0083@orange.fr t.l.j. sf dim. 9h-12h 14h-18h

CLOS DE LA LYSARDIÈRE 2017 ★

■ | 300 | | 15 à 20 €

Constitués à partir de 1989 par l'ESAT Les Chevaux blancs, les Vignobles du Paradis (37 ha aujourd'hui), à but associatif, font participer aux travaux des vignes des personnes handicapées pour les insérer progressivement dans un milieu professionnel.

Or pâle aux reflets verts, cette cuvée livre des notes d'agrumes dans un sillage floral. Marquée par les fruits blancs (poire, pomme), la bouche montre son élevage de dix mois en fût par des nuances de pain grillé et reste fraîche jusqu'en finale. Un 2017 bien travaillé. 2018-2020 ■ **Clos du Paradis 2016 ★ (8 à 11 €; 1200 b.)** : une robe veloutée noire traversée de flashs rubis précède un nez et un palais puissants encore dominés par des notes boisées dues à un élevage de douze mois en fût. On pourra retrouver ce vin après quelques années de cave pour profiter de son indéniable potentiel. 2018-2028

VIGNOBLES DU PARADIS, 2, imp. du Grand-Bréviande, 37500 La-Roche-Clermault, tél. 02 47 95 81 57, caveau@vignoblesduparadis.com t.l.j. sf dim. 10h-12h30 14h-18h30

DOM. DU COLOMBIER
Cuvée de la Roche Bobreau 2016

■ | 4250 | | 5 à 8 €

Yves Loiseau, représentant la quatrième génération de vignerons au Colombier, a laissé en 1999 les rênes à sa fille Christine et à son gendre Olivier Jouvault, qui conduisent un ensemble de 24 ha.

Expressif, le nez est engageant par ses notes de griotte que viennent enrichir une touche animale. Ce 2016 très affirmé en bouche, opulent, encore légèrement austère, retrouve en finale les accents fruités olfactifs dans un registre plutôt fruits rouges (la cerise notamment). 2018-2023

EARL LOISEAU-JOUVAULT, 16, rue du Colombier, 37420 Beaumont-en-Véron, tél. 02 47 58 43 07, contact@chinoncolombier.fr t.l.j. sf dim. 9h-12h 14h-18h30

CH. COUDRAY-MONTPENSIER
Tradition 2016

■ | 65295 | | 5 à 8 €

Situé à Seuilly où naquit Rabelais, le Ch. Coudray-Montpensier, classé Monument historique, dispose d'un vignoble de 30 ha créé en 2001. Aux commandes, Gilles Feray, également à la tête de plusieurs domaines à Vouvray.

Expressif, le nez est engageant par ses parfums de pivoine que vient enrichir une touche de fruits rouges compotés. On retrouve la cerise noire avec plaisir dans un palais ample, rond et persistant. 2018-2023

SARL CH. COUDRAY-MONTPENSIER, 29, rue Pierre-et-Marie-Curie, 37500 Chinon, tél. 02 47 52 60 77 t.l.j. 10h-12h 15h30-18h; f. oct-mars

PIERRE ET BERTRAND COULY 2017 ★

■ | 15000 | | 5 à 8 €

Pierre et Bertrand Couly ont constitué en 2007 un vignoble sur les coteaux et le plateau de Chinon. Ils ont agrandi sa superficie (20 ha aujourd'hui); en 2010, ils ont aménagé, sur la route de Tours, un chai ultramoderne que l'on peut visiter. Domaine certifié Haute valeur environnementale.

La jolie robe saumonée aux reflets gris est du plus bel effet, le nez aussi avec ses notes intenses de citron vert. Frais, salin, bien fruité, le palais ne déçoit pas. Un rosé gourmand et bien équilibré. 2018-2020 ■ **La Haute Olive 2016 ★ (15 à 20 €; 12000 b.)** : la scintillante robe pourpre et les notes de fruits rouges associant mûres et fraises écrasées donnent le ton de cette cuvée fruitée. La cerise prend le relais dans une bouche ronde et soyeuse qui persiste longuement. 2018-2023

PIERRE ET BERTRAND COULY, 1, rond-point des Closeaux, rte de Tours, 37500 Chinon, tél. 02 47 93 64 19, contact@pb-couly.com t.l.j. 10h-12h30 14h-18h30

COULY-DUTHEIL Clos de l'Écho 2016

■ | 23800 | | 15 à 20 €

La maison Couly-Dutheil a été créée en 1921 par Baptiste Dutheil; elle est aujourd'hui dirigée par Jacques Couly-Dutheil et son fils Arnaud. Avec un vignoble de près de 87 ha, dont les prestigieux Clos de l'Écho et Clos de l'Olive, un chai moderne aménagé dans le roc et des caves impressionnantes du X[e]s.

situées sous le château de Chinon, elle fait partie intégrante du paysage viticole chinonais. Une référence incontournable.

Des arômes de fruits noirs compotés exhalent de ce 2016. Ample dès l'attaque, le palais se révèle à la fois rond et frais, étayé d'une fine trame tannique. ⧗ 2018-2025 ■ **Dom. René Couly 2016 (8 à 11 €; 33860 b.)** : vin cité.

⊶ ARNAUD COULY, 12, rue Diderot, 37500 Chinon, tél. 02 47 97 20 20, info@coulydutheil-chinon.com V ⚑ ▮ *t.l.j. sf sam. dim. 9h-12h30 14h-17h30*

Ⓑ DEMOIS Cuvée des Templiers 2015

■ | 3500 | ◍ | 15 à 20 €

Ce vignoble familial exploité depuis plus d'un siècle couvre aujourd'hui 24 ha de sols alluvionnaires. Incarnant la cinquième génération à piloter le vignoble, Fabien Demois s'est installé en 2008.

L'intensité du grenat de la robe éveille la curiosité. Le nez? Une intense compotée de fruits rouges finement boisés. En bouche, la cerise prend le relais. Un vin frais à l'attaque, qui se révèle rond et charnu en finale. ⧗ 2018-2023

⊶ EARL DEMOIS, Chézelet, 37500 Cravant-les-Coteaux, tél. 02 47 98 49 01, fabiendemois@orange.fr V ▮ *r.-v.* ⌂ Ⓖ

DOM. DOZON ÉRIC SANTIER Clos du Saut au Loup 2016 ★

■ | 18000 | ▮ | 8 à 11 €

Propriété de la famille Dozon pendant cinq générations, ce domaine de 14 ha d'un seul tenant a été repris en 2013 par Éric Santier, originaire de Chinon, qui, après avoir eu diverses activités professionnelles, a fait une formation pour devenir vigneron.

Cette cuvée parée d'une jolie couleur sombre aux reflets améthyste s'ouvre sans réserve sur des notes fruitées (framboise, mûre) qui se détachent d'un fond floral. La bouche emprunte cette même voie fruitée et offre à la fois souplesse et vivacité. ⧗ 2018-2023 ■ **Le Grand Saut 2015 (11 à 15 €; 5000 b.)** : vin cité.

⊶ ÉRIC SANTIER, 52, rue du Rouilly, 37500 Ligré, tél. 02 47 93 17 67, domainedozon@gmail.com V ⚑ ▮ *t.l.j. sf dim. lun. 10h-12h30 14h-18h*

DOM. DE LA DOZONNERIE La Coquine 2016

□ | 1200 | ▮ | 8 à 11 €

Son grand-père a créé le domaine en 1936 et son père l'a agrandi. Installé en 1990, Jean-François Delalay exploite aujourd'hui 11 ha de vignes sur les coteaux de Cravant qui dominent la Vienne.

Jaune paille aux reflets or, cette cuvée s'ouvre à l'aération sur des parfums de fleurs d'acacia. À l'attaque, la bouche est marquée par la fraîcheur puis se déploie sur des saveurs exotiques de litchi qui se prolongent en finale. ⧗ 2018-2020

⊶ JEAN-FRANÇOIS DELALAY, 142, rue de la Haute-Olive, 37500 Chinon, tél. 06 08 92 97 15, domainedelalay.vin@orange.fr V ⚑ ▮ *t.l.j. sf dim. 9h-12h 14h-19h*

HÉLÈNE ET ÉRIC DUJARDIN Clos de la Hégronnière 2015

■ | 2900 | ◍ | 8 à 11 €

Hélène et Éric Dujardin, ingénieurs en agriculture de formation, s'installent en 2015 à Ligré dans une propriété qui compte 6,5 ha de vignes.

Ce vin de garde couleur pourpre laisse s'échapper des notes raffinées de fruits rouges dans un sillage épicé. On retrouve les fruits dans une bouche dense étayée de tanins qui demandent à se fondre encore un peu. ⧗ 2019-2023 ■ **Clos de la Hégronnière Sur le fruit 2015 (5 à 8 €; 2100 b.)** : vin cité.

⊶ HÉLÈNE DUJARDIN, La Hégronnière, 37500 Ligré, lahegronniere@orange.fr V ⚑ ▮ *r.-v.* ⌂ Ⓖ

DOM. DES GÉLÉRIES 2017 ★

□ | 1600 | ▮ | 5 à 8 €

Appartenant aux familles Meslet, Thouet et Rouzier, ce domaine de 32 ha régulier en qualité se répartit sur 45 parcelles et trois AOC: chinon, bourgueil et saint-nicolas. Il est conduit depuis 2012 par Germain Meslet.

Les vins blancs de Chinon sont de production récente et restreinte: cette cuvée issue d'un vignoble jeune mérite l'attention. Une belle robe or pâle brillante précède un joli nez qui s'exprime dès l'agitation par des notes de fruits blancs et d'agrumes. Frais dès l'attaque, le palais renoue avec les fruits et se trouve stimulé jusqu'en finale par une fine acidité citronnée. ⧗ 2018-2023 ■ **Le Puy blanc 2016 (5 à 8 €; 8000 b.)** : vin cité.

⊶ GERMAIN MESLET, 4, rue des Géléries, 37140 Bourgueil, tél. 02 47 97 74 83, domainedesgeleries@orange.fr V ⚑ ▮ *t.l.j. sf dim. 9h-12h30 14h-19h*

Ⓑ DOM. GROSBOIS Gabare 2016

■ | 4000 | ▮ | 15 à 20 €

Une ancienne ferme fortifiée du XVe s. située sur les hauteurs du coteau de Chinon. La famille Grosbois y cultive la vigne depuis 1850; une longue tradition perpétuée depuis 2008 par Nicolas, qui a exploré le monde viticole, en France et à l'étranger (Chili, Oregon, Australie...) avant de reprendre ce vignoble de 12 ha.

Cette cuvée tire son nom de la gabare, un bateau à fond plat qui était utilisé pour le transport de marchandises. Vêtue d'une robe sombre aux reflets violines, elle montre d'emblée une belle identité olfactive par ses notes de fruits noirs mûrs et de cacao. Arômes qui parcourent une bouche chaleureuse et suave. Un 2016 de caractère. ⧗ 2018-2023 ■ **Clos du Noyer 2016 (20 à 30 €; 2000 b.)** Ⓑ : vin cité.

⊶ NICOLAS GROSBOIS, Le Pressoir, 37220 Panzoult, tél. 02 47 58 66 87, grosboisnicolas@yahoo.fr V ▮ *t.l.j. sf sam. dim. 9h-12h30 13h30-17h*

DOM. ÉRIC HÉRAULT Vieilles Vignes 2016 ★

■ | 21220 | ▮ | 5 à 8 €

«Jamais homme noble ne hait le bon vin.» C'est par cette devise que les visiteurs sont accueillis dans les caves de dégustation du domaine. En 1964, la famille

Hérault s'installe dans une ancienne ferme du XVIIe s., dépendance du château de Panzoult. De 50 ares de vignes à l'origine, leur vignoble est passé à 25 ha aujourd'hui, conduit depuis 1992 par Éric Hérault, le fils des fondateurs.

Cette cuvée livre un nez élégant de fruits rouges, prolongé par un palais onctueux qui s'étire dans une longue finale. ⧗ 2018-2023 ■ **La Pointevinière 2016 (8 à 11 €; 6332 b.)** : vin cité.

ÉRIC HÉRAULT, Le Château, 37220 Panzoult, tél. 02 47 58 56 11, domaineherault@orange.fr V t.l.j. sf dim. 8h30-12h 14h-18h30

CHARLES JOGUET La Cure 2015 ★

■ | 4500 | | 15 à 20 €

«Artiste vigneron» réputé, Charles Joguet a créé ce vignoble en 1957. À sa retraite en 1997, il a cédé la propriété à Jacques Genet. Le domaine (38 ha de cabernet franc et 3 ha de chenin) a mis en place très tôt la vinification par terroir, façonnant ainsi une gamme variée des vins nés sur la rive gauche de la Vienne. L'exploitation est en cours de certification bio. Incontournable.

Ce vin très gourmand délivre de chaleureuses notes épicées assorties de touches de framboise et de griotte. La bouche est à l'avenant, aromatique et ronde, soutenue par une solide structure tannique. ⧗ 2018-2023 ■ **Clos du Chêne vert 2015 (30 à 50 €; 3800 b.)** : vin cité.

SCEA CHARLES JOGUET, La Dioterie, 37220 Sazilly, tél. 02 47 58 55 53, contact@charlesjoguet.com V t.l.j. sf dim. 9h-13h 14h-18h; sam. sur r.-v.

JOURDAN ET PICHARD Les 3 Quartiers 2016 ★★

■ | 16000 | | 11 à 15 €

Philippe Pichard, qui avait repris en 1983 le vignoble acheté par ses grands-parents, l'a transmis en 2012 à la famille Jourdan. Il se charge toujours de la conduite des vignes (16,5 ha), exploitées en bio et en biodynamie.

Une cuvaison de trente jours et douze mois d'élevage en fût ont profité à cette belle cuvée à la robe très sombre dont les notes vanillées enrobent délicatement le fruité compoté centré sur les fruits rouges. La bouche, gourmande, fraîche et harmonieuse, confirme admirablement l'approche olfactive. ⧗ 2018-2025 ■ **Les Gravinières 2016 (8 à 11 €; 36000 b.)** : vin cité.

JOURDAN, 8, le Puy, 37500 Cravant-les-Coteaux, tél. 02 47 58 66 73, francis@domainejourdan.fr V t.l.j. 10h-12h 14h-18h; sam. sur r.-v.

PATRICK LAMBERT Vieilles Vignes 2016

■ | 4000 | | 8 à 11 €

Patrick Lambert exploite en bio un petit domaine de 6,5 ha adossé à un coteau calcaire dans lequel de très belles caves ont été creusées. Celles-ci accueillent fûts et foudres servant à l'élevage des vins.

Au nez, les senteurs de fruits rouges sont assorties de touches végétales bien typées du cabernet franc. Franche et fraîche dès l'attaque, la bouche se révèle joliment fruitée, soutenue par des tanins qui demandent encore à se fondre. ⧗ 2019-2021

PATRICK LAMBERT, 6, coteau de Sonnay, 37500 Cravant-les-Coteaux, tél. 02 47 93 92 39, vins.lambert.patrick@orange.fr V r.-v.

LE LOGIS DE LA BOUCHARDIÈRE 2017 ★

■ | n.c. | | - de 5 €

Installée depuis 1850 au Logis de la Bouchardière, la famille Sourdais a développé un vaste vignoble qui atteint aujourd'hui 55 ha. Représentant la sixième génération, Bruno a pris les rênes du domaine en 1992. Une valeur sûre de l'appellation chinon, en rouge et aussi en rosé.

Une robe soutenue pour ce rosé très expressif, ouvert sur la framboise et le sucre d'orge. Charnu, souple, doté de tanins délicats, le palais distille de bonnes vibrations tout au long de la dégustation. ⧗ 2018-2020 ■ **Les Cornuelles Vieilles Vignes 2016 (8 à 11 €; 10000 b.)** : vin cité.

SERGE ET BRUNO SOURDAIS, La Bouchardière, 37500 Cravant-les-Coteaux, tél. 02 47 93 04 27, info@sergeetbrunosourdais.com V t.l.j. sf dim. 8h-12h15 13h45-18h

DOM. DE LA MARINIÈRE Vieilles Vignes 2016

■ | 9900 | | 8 à 11 €

En 1965, les parents de Renaud Desbourdes ont eu un coup de cœur pour une ferme à l'écart de Panzoult. Renaud a pris la relève en 1999 à la tête de ce vignoble de 15 ha, qu'il conduit aujourd'hui avec son fils Boris et qu'il convertit depuis 2016 à l'agriculture biologique.

À l'aération pointent d'agréables senteurs de fruits noirs que l'on retrouve dans un palais à la trame tannique très présente. On gardera ce 2016 pour qu'il s'arrondisse un peu. ⧗ 2019-2025 ■ **2017 (8 à 11 €; 4500 b.)** : vin cité.

RENAUD DESBOURDES, Dom. de la Marinière, 37220 Panzoult, tél. 02 47 95 24 75, domaine.la.mariniere@orange.fr V r.-v.

♥ DOM. DES MILLARGES Les Trotte-Loups 2016 ★★

■ | 16000 | | 8 à 11 €

Ce domaine de 25 ha rattaché au lycée agro-viticole de Fondettes près de Tours a la charge d'effectuer, en lien avec les professionnels, des recherches sur la conduite des vignobles. Une connaissance qui semble profiter à ses cuvées, régulièrement sélectionnées dans le Guide.

Issu d'une vendange bien mûre, ce 2016 surprend agréablement par la puissance de ses arômes de mûre et de cassis assortis de notes finement boisées héritées de son élevage d'un an en fût. En bouche, le plaisir ne se fait pas attendre: la maturité des raisins (saveurs confites de cerise burlat), la fraîcheur et une trame tannique bien présente mais sans excès se combinent parfaitement jusque dans la longue finale. ⧗ 2018-2028

LOIRE

LYCÉE AGRICOLE, Les Fontenils, 37500 Chinon, tél. 02 47 93 36 89, contact@domaine-des-millarges.fr V r.-v.

DOM. DE LA NOBLAIE
Les Blancs Manteaux 2016 ★

■	n.c.	8 à 11 €

Un domaine ancien (on y cultivait déjà la vigne au XVIII[e]s.), acquis et remis en état à partir de 1952 par Jacqueline et Pierre Manzagol. Depuis 2003, leur petit-fils Jérôme Billard, œnologue, et sa compagne Élodie Peyrussie, sont aux commandes de ce vignoble de 24 ha d'un seul tenant, conduit en bio sur la rive gauche de la Vienne. Très régulier en qualité.

Le nez livre d'emblée des notes d'épices douces relayées à l'aération par des touches fraîches de fruits rouges. Le palais puissant mais sans excès révèle une belle complexité aromatique. Ce 2016 peut être apprécié dès à présent, mais, plein d'avenir, il pourra être secrètement gardé en cave. ⧗ 2018-2025

EARL MANZAGOL-BILLARD, Le Vau Breton, 21, rue des Hautes-Cours, 37500 Ligré, tél. 02 47 93 10 96, contact@lanoblaie.fr V *t.l.j. sf dim. 10h-12h 14h-18h*
Billard

DOM. DE NOIRÉ Caractère 2016 ★★

■	16000		11 à 15 €

Jean-Max Manceau, fort de vingt-huit ans d'expérience dans l'un des plus beaux châteaux de Chinon, se consacre désormais à la propriété familiale de 16 ha dont il a pris la tête avec son épouse Odile en 2002. Le domaine est conduit en bio.

Élevée douze mois en fût de 400 l, cette cuvée bien née vous permettra d'en profiter pleinement au cours de la prochaine décennie. En robe toute sombre aux reflets améthyste, elle livre un très beau nez mêlant les petits fruits rouges et noirs (griotte, framboise, myrtille) à de fraîches notes mentholées. En bouche, la gourmandise est au rendez-vous. Une chair suave et généreuse enrobe des tanins soyeux avec ce qu'il faut de fraîcheur. Un joli vin de garde. ⧗ 2018-2025 ■ **Cuvée du Partage 2016 (8 à 11 €; 20000 b.)** : vin cité.

JEAN-MAX MANCEAU, 160, rue de l'Olive, 37500 Chinon, tél. 02 47 93 44 89, contact@domainedenoire.fr V *t.l.j. 10h-12h 14h-19h*

NICOLAS PAGET Les 4 Ferrures 2016 ★★

■	8000		8 à 11 €

Le domaine est établi près de la confluence de la Loire et de l'Indre, à la lisière de la forêt de Chinon. James Paget lui a donné une bonne notoriété. Son fils Nicolas, qui lui a succédé en 2007, est à la tête d'un vignoble de 15 ha qu'il conduit désormais en bio (certification en 2014). À sa carte, du touraine, du touraine-azay-le-rideau et du chinon.

La robe grenat, scintillant de reflets améthyste, et l'intensité des nuances de fruits noirs bien mûrs ont aussitôt séduit le jury. Le charme a continué d'opérer en bouche: une chair suave et généreuse en fruits, légèrement chaleureuse en milieu de bouche, se trouvant rehaussée en finale par une fraîcheur bienvenue. On pourra attendre un peu avant de le boire pour en apprécier tout le potentiel. ⧗ 2019-2025

NICOLAS PAGET, 7, rte de la Gadouillère, 37190 Rivarennes, tél. 02 47 95 54 02, domaine.paget@wanadoo.fr V *t.l.j. sf mer. dim. 9h30-12h 14h30-18h*

DOM. CHARLES PAIN Rosé de saignée 2017

■	40000		5 à 8 €

Valeur sûre du Chinonais, ce domaine créé en 1987 par Charles Pain a son siège sur la rive droite de la Vienne; son vignoble, qui s'étend sur 50 ha, est réparti sur cinq communes, des deux côtés de la rivière. L'exposition sud, majoritaire, permet une production de qualité, dont 25 % dédiés aux rosés de saignée.

La robe «clairet» et d'intenses notes de bonbon anglais donnent le ton de ce rosé très expressif. Une attaque douce introduit un palais lui aussi amylique, rond et suave. ⧗ 2018-2019 ■ **Cuvée Prestige 2016 (5 à 8 €; 50000 b.)** : vin cité.

DOM. CHARLES PAIN, Chézelet, 37220 Panzoult, tél. 02 47 93 06 14, charles.pain@wanadoo.fr V *t.l.j. sf dim. 9h-12h 14h-18h*

DOM. DU PUY Cuvée Baptiste Vieilles Vignes 2016

■	15000		5 à 8 €

Établi à Cravant-les-Coteaux, Patrick Delalande est à la tête du domaine fondé par son aïeul Alexis Delalande en 1820. Il a été rejoint par son fils Baptiste en 2010. Le tandem conduit un vignoble de 28 ha sur les bords de la Vienne, face au Midi.

Un joli vin de brasserie très «cabernet» marqué par la feuille de cassis et la framboise qui offre en bouche un joli fruité. Un 2016 plaisant. ⧗ 2018-2021

PATRICK DELALANDE, Le Puy, 37500 Cravant-les-Coteaux, tél. 02 47 98 42 31, domaine.du.puy@wanadoo.fr V *r.-v.*

PHILIPPE RICHARD Vieilles Vignes 2016

■	7000		8 à 11 €

Philippe Richard est installé depuis 1991 à la tête de cette petite propriété viticole de 7,5 ha, adossée à la forêt domaniale de Chinon, avec bâtisses en pierre de tuffeau et cave creusée à la main par son grand-père Marc.

Une tunique sombre aux reflets violines annonce un nez intensément fruité. Frais en attaque, le palais confirme les sensations olfactives par des arômes soutenus de fruits rouges et noirs accompagnés de tanins bien présents mais soyeux. Un vin appétissant, issu de vieilles vignes de 50 à 70 ans d'âge. ⧗ 2018-2021

PHILIPPE RICHARD, 8, imp. du Sanguier, 37420 Huismes, tél. 06 07 80 92 93, philipperichard.vins-chinon@wanadoo.fr V *t.l.j. sf dim. 9h-12h30 14h-19h*

WILFRID ROUSSE Les Bois de Beaumont 2016 ★

■	15000		11 à 15 €

Établi depuis 1987 dans le Véron, entre Loire et Vienne, Wilfrid Rousse conduit avec succès un

domaine de 20 ha. Le vigneron a obtenu la certification agriculture biologique en 2011. Une valeur sûre.
Ce 2016 s'affiche en robe soutenue aux reflets violines et présente un nez riche et gourmand de fruits noirs. Tout aussi croquante, la bouche se montre souple et ronde mais sans lourdeur, épaulée par des tanins soyeux. ⧗ 2018-2023

⊶ *WILFRID ROUSSE, 19-21, rte de Candes, La Halbardière, 37420 Savigny-en-Véron, tél. 02 47 58 84 02, wilfrid.rousse@wanadoo.fr* V *t.l.j. 9h-12h 14h-18h*

DOM. DE LA SEMELLERIE
Cuvée Kévin Vieilles Vignes 2016 ★

■	10000		5 à 8 €

Ce domaine de 45 ha conduit par Fabrice Delalande s'étend sur la meilleure partie de la commune de Cravant, dans le plus haut du coteau, là où les rayons du soleil «tombent droit», comme on dit dans le Midi. Le sol argilo-calcaire, chaud et sain, contribue à la maturation du raisin.
Kévin est le fils du vigneron. Cette cuvée qui porte son nom attire d'emblée par sa couleur grenat sombre et la signature fruitée du nez qui mêle la fraise et la mûre. S'ensuit un palais plein et chaleureux, étayé par une trame tannique présente mais sans excès due à un élevage de sept mois en fût réussi. Un beau vin à partager de suite. ⧗ 2018-2023

⊶ *FABRICE DELALANDE, La Semellerie, 37500 Cravant-les-Coteaux, tél. 02 47 93 18 70, la-semellerie@wanadoo.fr* V *r.-v.*

PIERRE SOURDAIS
Réserve Stanislas 2016 ★★

■	20000		8 à 11 €

Le nom du domaine rappelle que l'on abattait jadis les chèvres et les boucs en ces lieux. C'est le grand-père de Guillaume Sourdais, aidé par son frère Jérôme qui, dès 1935, a creusé les caves de cette exploitation de 29 ha située au bord de la Vienne. L'une des bonnes références du Chinonais.
Dans sa robe sombre traversée de reflets mauves, cette cuvée séduit par son intensité olfactive marquée par les fruits des bois accompagnés de fines notes boisées, legs de son élevage de dix-huit mois en fût. Dès l'attaque, on retrouve le côté gourmand des fruits (cassis, mûre) dans un palais riche et juteux soutenu par des tanins bien fondus. ⧗ 2018-2028

⊶ *PIERRE SOURDAIS, 12, le Moulin-à-Tan, 37500 Cravant-les-Coteaux, tél. 02 47 93 31 13, pierre.sourdais@wanadoo.fr* V *t.l.j. 8h-12h 14h-18h; dim. sur r.-v.*

DOM. DE LA TOUR Tendance 2016

■	3000		5 à 8 €

Un domaine repris en 2014 par Gérald Tapin, ancien technicien viticole, et son épouse Nathalie: 23 ha sur le point culminant de Beaumont-en-Véron.
En robe claire, ce 2016 livre sans réserve des notes de griotte anoblies par la présence de senteurs florales (rose en tête). En bouche, il se montre assez strict à l'attaque pour se détendre en finale sur des saveurs fruitées qui renouent avec le nez. ⧗ 2018-2023

⊶ *TAPIN, 6, rue de la Boulaiserie, 37420 Beaumont-en-Véron, tél. 06 48 26 58 00, domainedelatour.gerald@gmail.com* V *r.-v.*

DOM. DE LA TRANCHÉE 2016

■	5000		5 à 8 €

Ce domaine dirigé par Pascal Gasné étend son vignoble sur trois communes autour de Beaumont-en-Véron, où les terroirs de calcaires et de silex bien exposés au sud permettent une excellente maturation des raisins.
De douces notes de fraise et de framboise s'échappent du verre. On les retrouve dans une bouche aérienne, souple et friande. ⧗ 2018-2021

⊶ *PASCAL GASNÉ, 33, rue de la Tranchée, 37420 Beaumont-en-Véron, tél. 02 47 58 91 78, pascal.gasne@club-internet.fr* V *r.-v.*

COTEAUX-DU-LOIR

Superficie : 79 ha
Production : 3 086 hl (55 % rouge et rosé)

Avec le jasnières, voici le seul vignoble de la Sarthe, sur les coteaux de la vallée du Loir. Il renaît après avoir failli disparaître dans les années 1970. Les vignes sont plantées sur l'argile à silex qui recouvre le tuffeau. Le pineau d'Aunis, assemblé aux cabernets, gamay ou côt, donne des rouges et des rosés légers et fruités tandis que le chenin produit des blancs secs.

DOM. DE CÉZIN 2017 ★★

■	6500		5 à 8 €

Ce domaine créé en 1925 est une valeur sûre de la Sarthe viticole. François Fresneau a fait l'acquisition de sa première parcelle de jasnières en 1975 et, après un parcours sans faute, il vient de passer le flambeau à la quatrième génération: ses enfants Xavier et Amandine, qui exploitent une quinzaine d'hectares en coteaux-du-loir et jasnières.
Avec l'intensité aromatique centrée sur la note poivrée du pineau d'Aunis, la robe claire et scintillante participe activement à l'élégance de ce vin. Quant à la bouche, elle présente un équilibre impeccable entre fruité soutenu, rondeur et fine acidité. ⧗ 2018-2020 ■ **Xavier Fresneau 2017 ★ (5 à 8 €; 4500 b.)** : au nez, un côté minéral et des notes élégantes de fleurs blanches. En bouche, de la souplesse, un bon fruité d'agrumes et de poire. ⧗ 2018-2021

⊶ *EARL FRESNEAU, rue de Cézin, 72340 Marçon, tél. 02 43 44 13 70, earl.francois.fresneau@orange.fr* V *r.-v.*

OLIVIER CHAMPION Pineau d'Aunis 2016

■	2000		5 à 8 €

Olivier Champion, sommelier et maître d'hôtel, a repris en 2014 le vignoble de Philippe Sevault, étendu sur 10 ha en AOC jasnières et coteaux-du-loir.

LOIRE

La couleur légère et brillante est un bon marqueur du pineau d'Aunis rouge, dont les notes épicées (poivre, cumin) et fruitées (fraise, cerise) exhalent du verre. En bouche, le vin est souple, léger, gouleyant. À boire sur le fruit. ⧗ 2018-2021

⊶ *OLIVIER CHAMPION, rue Élie-Savatier, 72340 Poncé-sur-le-Loir, tél. 06 68 60 72 43, vins.champion@orange.fr* V 🚶 ▮ *sam. 10h-12h 14h-18h*

CHRISTOPHE CROISARD 2017

■	7000	🍾	5 à 8 €

Depuis 1996, Christophe Croisard conduit cette exploitation de 23 ha installée depuis quatre générations à flanc de coteaux, dans la commune de Chahaignes, au nord de La Chartre-sur-le-Loir. Le domaine dispose de magnifiques caves creusées dans le tuffeau.

Un rosé clair, ouvert au nez sur les fruits exotiques et les épices. En bouche, une attaque souple, toujours cette petite note poivrée caractéristique du pineau d'Aunis et une finale en douceur. ⧗ 2018-2020

⊶ *CHRISTOPHE CROISARD, 3, La Pommeraie, 72340 Chahaignes, tél. 02 43 79 14 90, christophe.croisard@laraderie.fr* V 🚶 ▮ *r.-v.*

DOM. DE LA GAUDINIÈRE 2017 ★

■	2600	🍾	- de 5 €

Installés en 1980, Danielle et Claude Cartereau ont peu à peu agrandi la propriété familiale, qui reste toutefois un vignoble à taille humaine (7 ha). La majorité des vignes est dédiée au jasnières.

Le scintillant rosé de la robe s'accorde parfaitement aux notes élégantes de fruits rouges remontant du verre. La fraîcheur et la douceur se côtoient sans fausses notes dès l'attaque dans une bouche délicate, fondue et persistante sur le fruit. ⧗ 2018-2020

⊶ *CLAUDE ET DANIELLE CARTEREAU, La Gaudinière, 72340 Lhomme, tél. 02 43 44 55 38, cartereaucetd@orange.fr* V 🚶 ▮ *r.-v.*

JASNIÈRES

Superficie : 65 ha / Production : 2 912 hl

C'est le cru des coteaux du Loir, bien délimité sur un unique versant plein sud de 4 km de long sur environ 65 ha. Seul cépage de l'appellation, le chenin ou pineau de la Loire peut donner des produits sublimes les grandes années. Curnonsky n'a-t-il pas écrit: « Trois fois par siècle, le jasnières est le meilleur vin blanc du monde » ?

DOM. DE CÉZIN Origine 2017

■	10000	🍾	8 à 11 €

Ce domaine créé en 1925 est une valeur sûre de la Sarthe viticole. François Fresneau a fait l'acquisition de sa première parcelle de jasnières en 1975 et, après un parcours sans faute, il vient de passer le flambeau à la quatrième génération: ses enfants Xavier et Amandine, qui exploitent une quinzaine d'hectares en coteaux-du-loir et jasnières.

Les Fresneau visent « l'origine » des jasnières avec cette cuvée, à savoir un vin minéral et frais. Objectif atteint avec un 2017 ouvert sur des notes de bourgeon de cassis, de buis et d'agrumes. En bouche, une pointe minérale vient contrebalancer une matière ronde. Un peu fugace mais équilibré. ⧗ 2018-2021

⊶ *EARL FRESNEAU, rue de Cézin, 72340 Marçon, tél. 02 43 44 13 70, earl.francois.fresneau@orange.fr* V 🚶 ▮ *r.-v.*

CHRISTOPHE CROISARD Clos Molières 2017 ★

■	4500	🍾	8 à 11 €

Depuis 1996, Christophe Croisard conduit cette exploitation de 23 ha installée depuis quatre générations à flanc de coteaux, dans la commune de Chahaignes, au nord de La Chartre-sur-le-Loir. Le domaine dispose de magnifiques caves creusées dans le tuffeau.

Une belle cuvée issue d'un clos renommé de Jasnières. Le nez est élégant, ouvert sur les fleurs blanches et l'amande douce. En bouche, des arômes d'agrumes et d'épices accompagnent une fine minéralité, et le gras est bien compensé par l'acidité. ⧗ 2018-2023

⊶ *CHRISTOPHE CROISARD, 3, La Pommeraie, 72340 Chahaignes, tél. 02 43 79 14 90, christophe.croisard@laraderie.fr* V 🚶 ▮ *r.-v.*

♥ **DOM. DES GAULETTERIES**
Le Tradition 2017 ★★

■	19000	🍾	5 à 8 €

Établis dans le charmant village de Ruillé-sur-Loir, Francine et Raynald Lelais, aidés de leur fille Claire, conduisent depuis 1984 ce domaine de 18 ha consacré aux AOC jasnières et coteaux-du-loir, doté de cinq caves anciennes creusées dans le tuffeau.

Une robe cristalline aux reflets verts habille ce jasnières au nez printanier et très frais, finement minéral, floral (acacia, genet) et végétal. La bouche, centrée sur le fruit (agrumes) enrobé de nuances miellées, offre un équilibre sans faille entre le gras et la vivacité et déploie une longue finale, riche et élégante. ⧗ 2018-2023 ■ **Demi-sec Cuvée Saint-Vincent 2017 ★ (8 à 11 €; 16000 b.)** : un demi-sec d'une belle rondeur, aux notes de miel, d'épices douces et de pêche. ⧗ 2018-2021

⊶ *RAYNALD, FRANCINE ET CLAIRE LELAIS, 41, rte de Poncé, 72340 Ruillé-sur-Loir, tél. 02 43 79 09 59, vins@domainelelais.com* V 🚶 ▮ *r.-v.*

DOM. MARTELLIÈRE
Cuvée des Perrés 2017 ★

■	2800	🛢🍾	5 à 8 €

Jean-Vivien Martellière a repris en 2004 cette exploitation familiale de 12 ha fondée en 1967 par son grand-père Jean. Il vinifie exclusivement les trois AOC de la vallée du Loir: jasnières, coteaux-du-loir et coteaux-du-vendômois, et produit aussi des IGP Val de Loire. Très régulier en qualité.

Les reflets verts sur l'or pâle font leur effet, tandis que des senteurs de minéralité, d'iris, d'agrumes et de fleurs blanches donnent envie d'aller plus loin. On découvre alors un jasnières souple, minéral et frais, avec une petite touche de sucres résiduels qui enrobe le tout. ⧗ 2018-2022

JEAN-VIVIEN MARTELLIÈRE, 46, rue de Fosse, 41800 Montoire-sur-le-Loir, tél. 06 08 99 94 15, contact@domainemartelliere.fr V *r.-v.*

MONTLOUIS-SUR-LOIRE

Superficie : 447 ha / Production : 17 415 hl

La Loire au nord, la forêt d'Amboise à l'est, le Cher au sud sont les limites naturelles de l'aire d'appellation. Les sols « perrucheux » (argiles à silex), localement recouverts de sable, sont plantés de chenin blanc (ou pineau de la Loire) et produisent des vins blancs vifs et pleins de finesse, tranquilles (secs ou doux), ou effervescents. Les premiers gagnent à évoluer longuement en bouteilles (une dizaine d'années).

PATRICE BENOIT Brut ★

| 28 000 | | 5 à 8 € |

Patrice Benoit est issu d'une famille au service du vin depuis quatre générations. Pour s'installer, il a dû acheter des parcelles laissées par des vignerons partant à la retraite. Il est maintenant à la tête d'une propriété de 12 ha.

L'effervescence est soutenue. Le nez, expressif, est à la fois fermentaire et rappelant les raisins mûrs, les fleurs et les fruits jaunes. Une certaine puissance vineuse se dégage de la bouche, centrée sur des arômes de fleurs et de miel. Une belle expression plutôt classique des bulles de Montlouis. ⧗ 2018-2021

PATRICE BENOIT, 3, rue des Jardins, 37270 Saint-Martin-le-Beau, tél. 02 47 50 63 93, patrice.benoit.vins@orange.fr V *r.-v.*

FRANCK BRETON Les Caillasses 2016 ★★

| 2400 | | 11 à 15 € |

Franck Breton s'est installé en 2008 à la tête d'un vignoble de 8,5 ha situé au sud de la Loire à partir duquel il propose des montlouis et des AOC touraine. Il fait partie aujourd'hui des noms qui comptent dans cette appellation.

Pâle et brillante, la robe est plaisante. Agrumes, litchi et fleurs blanches s'épanouissent discrètement au nez. Le palais se révèle riche et tendre, mais sans lourdeur grâce au soutien d'une fine acidité qui apporte équilibre et longueur. ⧗ 2019-2022 **Moelleux Vieilles Vignes 2016 ★ (15 à 20 €; 800 b.)** : aucune fausse note dans la partition que joue ce vin né de raisins cueillis à la main et d'une vinification en fût bien maîtrisée. La robe pâle et brillante, le nez de fleurs blanches, la bouche ronde et longue, emplie de fruits mûrs forment un ensemble fin et harmonieux. ⧗ 2020-2028 **Extra-brut Cuvée Louane 2015 (11 à 15 €; 5000 b.)** : vin cité.

FRANCK BRETON, 1 bis, rue de la Résistance, 37270 Saint-Martin-le-Beau, tél. 02 47 50 23 24, franckbretonvigneron@orange.fr V *r.-v.*

♥ DOM. DE LA CROIX MÉLIER
Moelleux La Pièce qui tourne 2016 ★★

| n.c. | | 11 à 15 € |

Après des études à la « Viti » de Beaune et deux ans passés à la Croix Mélier en intermittence avec son ancien métier de comédien, Philippe Ivancic a pris la suite, en 2017, de Pascal Berthelot et de ses 16 ha de vignes, qu'il cultive avec sa femme Dominique.

Pour sa première année à la tête du domaine, Philippe Ivancic frappe un grand coup avec ce moelleux issu d'une parcelle de vieux ceps plantés en rangs courbes. Le moût a été vinifié en fûts où il est resté onze mois. La robe est pâle avec des reflets dorés. Le nez, encore discret, est centré sur le fruit. La bouche se développe longuement et harmonieusement, sans cacher son caractère moelleux, libérant des arômes de miel, d'ananas et de raisins mûrs, avec en soutien une fraîcheur qui va bien. Déjà excellent, et pour longtemps. ⧗ 2018-2028 **Demi-sec Les Outardes 2016 ★ (8 à 11 €; 3500 b.)** : la parcelle de vigne dont sont issus les raisins de cette cuvée sert de refuge à des outardes qui y font leur nid. Vinifié onze mois en fûts, le vin est brillant, de couleur jaune paille. Le fruité ressort au nez. En bouche, c'est un demi-sec très onctueux qui tend vers le moelleux, ouvert sur les fruits exotiques et la réglisse. ⧗ 2018-2024

PHILIPPE IVANCIC, 2, chem. Sainte-Catherine, 37270 Montlouis-sur-Loire, tél. 02 47 45 12 14, domaine@lacroixmelier.fr V *t.l.j. sf dim. 10h-12h 14h-19h*

GABRIÈLE ET RÉGIS DANSAULT
Brut Nat 2015 ★

| 8000 | | 8 à 11 € |

Gabrièle et Régis Dansault sont installés depuis 1987 sur un domaine qu'ils ont constitué petit à petit, en reprenant des vignes en location à de petits viticulteurs partant à la retraite. Ils conduisent aujourd'hui un vignoble de 15 ha, en bio certifié depuis 2010.

Ce Brut Nat d'un jaune prononcé livre à l'olfaction des parfums de fruits mûrs, de brioche et de grillé. Une approche gourmande que confirme une bouche florale, ronde, riche mais pas trop, bien équilibrée par une fine acidité. ⧗ 2018-2021

GABRIÈLE ET RÉGIS DANSAULT, 1, rue Gaspard-Monge, 37270 Montlouis-sur-Loire, tél. 02 47 44 36 23, regis.dansault@wanadoo.fr V *r.-v.*

ALAIN JOULIN ET FILS Sec Les Liards 2016 ★

| 1100 | | 5 à 8 € |

Saint-Martin-le-Beau est une commune du sud de l'appellation montlouis-sur-loire, tournée vers les rives du Cher. Les coteaux en pente douce sont baignés de soleil. Alain Joulin, ses deux fils et l'une de ses belles-filles y exploitent 13,5 ha de vignes qu'ils travaillent le plus naturellement possible.

Une cuvée parcellaire en robe pâle et brillante, ouverte sur des arômes d'agrumes et de fruits exotiques sur un fond légèrement beurré. La bouche apparaît souple, alerte, équilibrée, minérale et végétale (herbe coupée). ⌛ 2018-2022 **Sec Autour du fruit 2016 (8 à 11 €; 1230 b.)** : vin cité.

ALAIN JOULIN ET FILS, 13, rue de Chenonceaux, 37270 Saint-Martin-le-Beau, tél. 02 47 50 28 49, alain.joulin@wanadoo.fr t.l.j. 9h-12h 14h-19h; dim. 10h-12h

DOM. DES LIARDS
Demi-sec La Montée des Liards 2015 ★

5000 | 11 à 15 €

C'est Laurent Berger qui dirige aujourd'hui cette ancienne et honorable maison, tandis que la génération précédente veille. Le domaine couvre 15 ha convertis au bio (ou en cours de conversion pour une partie).

Ce moelleux est un vin de caractère. La robe est d'un jaune doré prononcé. Très expressif au nez, le vin s'exprime en nuances de miel, de fruits confits, de poire et de tilleul. On y décèle une forme d'oxydation qui n'est pas sans déplaire au jury. En bouche, il se révèle plein, gras et long. ⌛ 2019-2023 **Brut ★ (8 à 11 €; 27300 b.)** : les bulles, abondantes, s'estompent rapidement. Une légère réduction apparaît au premier nez, puis on y décèle des notes de fleurs, de fruits secs, de miel. Le palais montre une belle vivacité. ⌛ 2018-2020

BERGER FRÈRES, 33, rue de Chenonceaux, 37270 Saint-Martin-le-Beau, tél. 06 24 46 23 93, bergerfreres@aol.com r.-v.

CAVE DES PRODUCTEURS DE MONTLOUIS
Extra-brut Jardin des Rois ★

18500 | 5 à 8 €

La coopérative de Montlouis-sur-Loire, créée en 1961, regroupe une quinzaine de viticulteurs adhérents pour une surface cultivée de 170 ha.

Cette cuvée a passé trois ans sur lattes dans les profondeurs calmes et fraîches des caves de tuffeau. Lors du dégorgement, elle a reçu une liqueur de dégorgement vieillie en fût. Le vin paraît évolué avec sa robe paille assez prononcée et ses senteurs de fruits mûrs, d'agrumes, de grillé, de cire et de cuir mouillé. La bouche est franche et harmonieuse, portée par une effervescence abondante. ⌛ 2018-2021 **Brut Origine M ★ (11 à 15 €; 2500 b.)** : le vin est issu du simple pressurage des raisins. Les fermentations se sont faites avec uniquement les sucres contenus dans les grappes. Après dix-huit mois en cave, les bouteilles sont seulement dégorgées et remises à niveau. La robe paille dorée est accompagnée d'une effervescence discrète. Le vin se montre gras et riche, évoquant les fruits mûrs et la brioche. ⌛ 2018-2021

CAVE DES PRODUCTEURS DE MONTLOUIS, 2, rte de Saint-Aignan, 37270 Montlouis-sur-Loire, tél. 02 47 50 80 98, espace@cave-montlouis.com t.l.j. 9h-12h30 14h-18h30

DOM. DE MONTORAY
Demi-sec Vallée Saint-Martin 2016

2000 | 11 à 15 €

Jeune exploitation créée en 2007 par Claude Aupetitgendre et Jacques Gozard, le Dom. de Montoray résulte de l'association de cinquante-huit passionnés de vins de Loire. Le vignoble (4,5 ha) est cultivé en bio depuis 2011.

Comme beaucoup de vins dont la fermentation alcoolique s'est déroulée en fûts, ce demi-sec est expressif: on y découvre des parfums de pomme et de poire agrémentés d'un léger caractère végétal. La bouche est à la fois tendue, minérale et puissante, sans excès de richesse, laissant présager un bon potentiel de vieillissement. ⌛ 2018-2024

AUPETITGENDRE & GOZARD, 11, vallée Saint-Martin, 37400 Lussault-sur-Loire, tél. 06 75 38 79 69, domaine@montoray.fr r.-v.

DOM. MOSNY
Demi-sec Feuilles d'automne 2016 ★★

1100 | 8 à 11 €

Au cœur du vignoble de Saint-Martin-le-Beau, Thierry Mosny, formé au lycée viticole d'Amboise, a repris en 2005 l'exploitation familiale (13,5 ha) fondée par son bisaïeul dans les années 1920.

Fermentation et élevage se sont faits dans la foulée, en barriques de plusieurs saisons, pendant huit mois. Cette vinification simple dans son principe donne un vin doré, ouvert, s'exprimant en notes de fleurs, de fruits d'été et de miel. L'équilibre en bouche est impeccable, les sucres restent discrets et la fraîcheur est là, renforcée par quelques touches amères qui étirent bien la finale. ⌛ 2018-2024 **Brut ★ (5 à 8 €; 16000 b.)** : la robe pâle à reflets dorés prépare joliment un nez délicat de fleurs et de fruits secs. Des notes toastées et briochées sont présentes dans une bouche harmonieuse, ronde et bien dosée, animée par des bulles fines. ⌛ 2018-2021

EARL DANIEL ET THIERRY MOSNY, 8, rue des Vignes, 37270 Saint-Martin-le-Beau, tél. 02 47 50 61 84, thierry.mosny@orange.fr t.l.j. sf dim. 8h-18h

♥ LES PIERRES ÉCRITES Sec 4 Saisons 2016 ★★

1600 | 11 à 15 €

Coralie et Anthony Rassin, après une longue pérégrination dans le Languedoc, la Vallée du Rhône septentrionale et l'Afrique de Sud, ont posé leurs valises sur leurs terres d'origine à Saint-Martin-le-Beau, où ils ont repris en 2016 le Dom. Flamanand-Delétang d'Olivier Flamand, une belle référence en montlouis-sur-loire. Fidèles au lieu, ils ont donné au domaine de 8 ha le nom de la cuvée emblématique de leur prédécesseur, qui lui-même l'avait emprunté à son grand-père archéologue, du nom de ces pierres écrites nord-africaines.

Cette cuvée est issue d'un millésime où chaque saison a apporté son lot de difficultés, à commencer par la terrible gelée d'avril. Il a fallu beaucoup de soins pour élaborer ce vin enthousiasmant. Cueillette à la main, pressurage délicat et levures indigènes ont donné ce nez ouvert de fleurs blanches et d'agrumes accompagnés de noisette grillée. En bouche, règne un parfait équilibre entre les légers restes de sucres et l'acidité naturelle du pineau de la Loire. La maturité parfaite des raisins donne un vin tonique et aromatique, déjà délicieux mais armé pour durer. La succession d'Olivier Flamand est sur de (très) bons rails... ⧗ 2019-2025 ■ **Demi-sec Empreintes 2016 ★ (15 à 20 €; 600 b.)** : ce demi-sec a été vinifié en fût de 400 litres en présence des levures du cru. Expressif, il évoque les fruits exotiques et les épices. Des notes toastées et grillées sont également présentes. Peu sucré pour un demi-sec, il penche vers la fraîcheur et est étayé par un bon boisé qui doit encore se fondre. ⧗ 2020-2026

RASSIN, 19, rte d'Amboise, 37270 Saint-Martin-le-Beau, tél. 06 31 72 22 68, domainelespierresecrites@gmail.com V r.-v.

Ⓑ LE ROCHER DES VIOLETTES
Sec Négrette 2015 ★

■	6500		15 à 20 €

Xavier Weisskopf a créé son exploitation (15 ha en bio) en 2005. Rien ne le destinait à ce métier, mais ses études à Chablis lui ont fait découvrir l'univers du vin, ce qui l'a conduit à la «Viti» de Beaune, puis à Gigondas et enfin sur les rives de la Loire.

Le nom de ce vin sec est celui de la parcelle dont sont issus les raisins. Après une fermentation en fûts qui a duré cinq à six mois, le vin a été élevé dans des tonnes de 500 l, dont 30 % neuves. Cela lui confère des notes boisées non invasives et une évolution marquée des arômes qui rappellent les fruits mûrs, le miel, la cire d'abeille. En bouche, il apparaît riche et généreux. ⧗ 2020-2026 ● **Extra-brut Pétillant Originel 2014 ★ (15 à 20 €; 20000 b.)** Ⓑ : la fermentation en bouteille s'est faite avec les sucres du raisin et les levures d'origine. Après vingt-huit mois de cave sur lattes, le vin présente une robe dorée et un nez de fruits bien mûrs. Une forte impression vineuse se dégage en bouche. ⧗ 2018-2021

XAVIER WEISSKOPF, 34, rue de la Roche, 37150 Dierre, tél. 02 47 23 52 08, xavier.weisskopf@hotmail.com V *t.l.j. sf dim. 9h-12h 14h-17h* Ⓓ

VOUVRAY

Superficie : 2 151 ha
Production : 126 272 hl (70 % mousseux)

Un long vieillissement en cave et en bouteilles révèle toutes les qualités des vouvray, blancs nés au nord de la Loire, presque en face de Tours, sur un vignoble qu'écorne l'autoroute A10 au nord (le TGV passe en tunnel) et que traverse la large vallée de la Brenne. Le cépage blanc de Touraine, le chenin, donne ici des vins tranquilles, colorés et très racés, secs ou moelleux selon les années, et des vins pétillants et effervescents, vineux, élaborés selon la méthode traditionnelle. Si ces derniers sont bus assez jeunes, les vins tranquilles sont aptes à une longue garde qui leur donne de la complexité.

DOM. DE BEAUCLAIR
Demi-sec La Dame des Champs 2016 ★

■	4000		5 à 8 €

Héritier d'une très longue (1724) lignée vigneronne, Christian Blot a succédé à son père en 1983 sur la propriété que celui-ci avait créée en 1955 et qui couvre 25 ha. Après des expériences en Alsace, en Bourgogne et dans le Sauternais, son fils Freddy l'a rejoint en 2006 et s'attache à développer les cuvées parcellaires. Dominant le coteau de Noizay, la cave a été creusée dans le tuffeau.

Ce terroir de la Dame des Champs est riche en silex. Les raisins y mûrissent pleinement et le vin, riche, gras, généreux, dévoile une intensité aromatique autour des fruits bien mûrs, à laquelle l'élevage sur lies fines contribue. L'acidité naturelle du chenin est équilibrée avec justesse par les sucres laissés par les levures. ⧗ 2021-2028 ● **Brut Méthode traditionnelle 2015 ★ (5 à 8 €; 35000 b.)** : un vouvray apprécié pour son effervescence soyeuse, sa finesse aromatique, son velouté et sa fraîcheur minérale en bouche. Un pressurage délicat, une fermentation longue et un repos de vingt-quatre mois dans l'immobilité obscure des caves de Vouvray ont donné ce beau résultat. ⧗ 2018-2021

FREDDY BLOT, 306, coteau de Venise, 37210 Noizay, tél. 02 47 52 11 32, domainedebeauclair@sfr.fr V *t.l.j. 9h-12h 14h-19h*

♥ PASCAL BERTEAU ET VINCENT MABILLE
Moelleux 2016 ★★

■	1200	8 à 11 €

Les beaux-frères Pascal Berteau et Vincent Mabille se sont associés en 1990 à la tête d'un domaine de 25 ha établi dans la vallée de Vaugondy, sous la protection du Ch. de Jallanges.

Le soleil d'arrière-saison et le vent d'est ont permis de récolter des raisins rôtis qui ont donné, après une longue fermentation de trois mois, ce nectar dont la robe d'or s'harmonise à merveille avec les notes aromatiques de fleurs blanches, de prune, de miel et de framboise. La bouche est longue, dense, douce, sans lourdeur, rafraîchie par une note mentholée. ⧗ 2018-2030

GAEC PASCAL BERTEAU ET VINCENT MABILLE, 46, rte de Vaugondy, 37210 Vernou-sur-Brenne, tél. 02 47 52 03 43, vincent.mabille1@libertysurf.fr V r.-v. Ⓐ

DOM. BOUTET SAULNIER Moelleux 2016 ★★

■	2000		8 à 11 €

Blotti au cœur de la vallée Chartier, le domaine couvre 13,5 ha, ce qui est relativement modeste dans le Vouvrillon d'aujourd'hui. À sa tête depuis 1997, Christophe Boutet, épaulé par son épouse Astrid, travaille de manière très raisonnée et n'hésite pas à revenir au travail du sol avec un cheval de trait sur sa parcelle Le Clos Dubois.

Issue de tries et de vendanges tardives, cette cuvée très gourmande enchante par ses arômes d'abricot, de coing, de miel, de raisins secs et de fleurs qui se développent tout au long de la dégustation et par sa légère amertume finale qui équilibre la douceur. ⧗ 2018-2028 ■ **Demi-sec Harmonie 2016 (5 à 8 €; 4000 b.)** : vin cité.

EARL BOUTET SAULNIER, 17, Vallée-Chartier, 37210 Vouvray, tél. 02 47 52 73 61, christophe.boutet@wanadoo.fr V r.-v.

LOIRE

MARC BRÉDIF
Sec Vigne blanche Réserve privée 2015

| 6000 | | 15 à 20 € |

Fondée en 1893, cette maison de négoce est surtout connue pour ses vouvray, tranquilles comme effervescents. Elle est installée dans les caves profondes de Rochecorbon, en bord de Loire, où elle conserve des pressoirs anciens et une impressionnante collection de vieux flacons vénérables. Jean-François Marchalot, œnologue et maître de chai, veille à conforter la réputation de cette ancienne maison, qui dispose aussi de 15 ha de vignes en propre.

Pâle et brillante, la robe chatoie dans le verre. Des senteurs légères de tilleul et de pêche blanche accompagnent la dégustation. La bouche est vive, avec une pointe d'amertume qui s'accorde agréablement à l'arôme de pêche de vigne. ⧗ 2018-2022

MARC BRÉDIF, 87, quai de la Loire, 37210 Rochecorbon, tél. 02 47 52 50 07, bredif.loire@domaine-bredif.fr V t.l.j. 10h-12h30 14h-18h De Ladoucette

PHILIPPE BRISEBARRE Sec Cuvée Amédée 2015

| 2500 | | 8 à 11 € |

Philippe Brisebarre, ancien président du Syndicat des vins de Vouvray, conduit depuis 1983 le domaine familial (25 ha) d'une belle régularité dans la qualité, installé sur les pentes de la vallée Chartier.

Le moût a été entonné dans des fûts de chêne de 500 l où il s'est lentement transformé en vin avant d'y poursuivre son élevage. Le nez dévoile de discrètes nuances florales accompagnées d'un fin boisé. La bouche, équilibrée, est à la fois ronde et fraîche, avec des évocations d'agrumes et de sous-bois. ⧗ 2020-2024

PHILIPPE BRISEBARRE, 34, rue de la Vallée-Chartier, 37210 Vouvray, tél. 02 47 52 63 07, brisebarre.ph@wanadoo.fr V t.l.j. sf dim. 10h-17h30; mer. sur r.-v.

DOM. VINCENT CARÊME
Sec Le Peu Morier 2016 ★

| 5000 | | 20 à 30 € |

Vincent Carême a créé son exploitation en 1999 avec quelques hectares repris de-ci, de-là. Le domaine, régulier en qualité, couvre aujourd'hui 17 ha cultivés en agriculture biologique.

Le moût de cette vendange bien mûre a fermenté lentement dans des fûts de 400 l dont 10 % de barriques neuves. La robe est dorée, le nez centré sur les fruits mûrs. La bouche, à l'unisson du bouquet (pêche mûre), se révèle à la fois puissante, ronde, riche et vive, avec une légère astringence boisée en finale. ⧗ 2020-2028

VINCENT CARÊME, 1, rue du Haut-Clos, 37210 Vernou-sur-Brenne, tél. 02 47 52 71 28, vin@vincentcareme.fr V t.l.j. sf dim. 10h-12h30 14h30-17h30

CAVES CATHELINEAU
Demi-sec Cuvée Le Grand Marchais 2015 ★

| 4500 | | 5 à 8 € |

Les Cathelineau sont issus d'une longue lignée de vignerons qui remonte à 1690. Au cours des siècles, ils ont patiemment creusé les caves de la propriété. Après six ans d'études et d'expériences dans différents vignobles, Frédéric Cathelineau a rejoint son père Jean-Charles sur ce domaine d'une dizaine d'hectares situé dans la vallée de Vau.

Voici une cuvée issue de la grande tradition vouvrillonne. Les raisins vendangés à la main ont été entonnés après pressurage dans des fûts de 600 l où ils ont fait leurs pâques. D'une couleur jaune paille, le vin est très ouvert sur les fleurs et les fruits frais (agrumes). Une attaque fraîche ouvre sur une bouche dense, alerte, gourmande, équilibrée, dynamisée par une pointe d'amertume en finale. Un bon classique. ⧗ 2020-2028

JEAN-CHARLES ET FRÉDÉRIC CATHELINEAU, 24, rue des Violettes, 37210 Chançay, tél. 02 47 52 20 61, cathelineau@orange.fr V r.-v.

CHAMPALOU Brut Méthode traditionnelle ★★

| 30000 | | 11 à 15 € |

Tous deux issus de familles vigneronnes, Catherine et Didier Champalou ont créé leur domaine en 1984 avec seulement à peine 2 ha de chenin. Leur vignoble, conduit depuis l'origine en culture très raisonnée et dans le respect des cycles lunaires, couvre aujourd'hui 25 ha. Leur fille Céline les a rejoints en 2006 à l'issue de ses études en viticulture et œnologie.

L'harmonie est parfaite tout au long de la dégustation. Les bulles sont extra-fines. Le nez se montre expressif, évoquant les fleurs blanches et les fruits; arômes que prolonge une bouche très tendue, minérale, légèrement amère en finale. ⧗ 2019-2022 **Sec Classic 2016 ★ (11 à 15 €; 76000 b.)** : d'un vert-jaune brillant, le vin est plein d'une jeunesse débordante, très ouvert sur la fleur d'acacia et les fruits mûrs, plein et rond en bouche. ⧗ 2019-2023

CHAMPALOU, 7, rue du Grand-Ormeau, 37210 Vouvray, tél. 02 47 52 64 49, champalou@orange.fr V r.-v.

DOM. PIERRE CHAMPION Sec Terroir 2015 ★

| 2400 | | 5 à 8 € |

La Vallée de Cousse est un vallon du vignoble vouvrillon où prospère la vigne depuis fort longtemps grâce à son microclimat très favorable. Pierre Champion (quatrième génération), assisté de son épouse Béatrice, y cultive depuis 1992 un vignoble de 14,5 ha.

Vinifié en fût, ce vin pâle et brillant se montre ouvert à l'olfaction, autour de parfums de fleurs d'acacia et de foin séché. Vif et rond à la fois, bien fruité (pêche mûre), le palais présente un équilibre impeccable. ⧗ 2019-2022 **Brut Fines bulles (5 à 8 €; 8000 b.)** : vin cité.

PIERRE CHAMPION, 57, rue Jean-Jaurès, La Vallée-de-Cousse, 37210 Vernou-sur-Brenne, tél. 02 47 52 02 38, pierrechampion37@gmail.com V r.-v.

DOM. DE LA CHÂTAIGNERAIE
Sec Argilex de Gautier 2016 ★

| 9000 | | 8 à 11 € |

On trouve des Gautier sur le domaine depuis sept générations. Les caves datent du XIVes. et le chai est du XIXes. Installé en 1981, Benoît Gautier travaille

16 ha, dont le fameux Clos La Lanterne dominant la Loire.

Un sol d'argile mêlé de silex blanc a produit un vin élégant, aux arômes de fleurs blanches et d'agrumes (citron et pomelo). Souple et légère, la bouche ne manque pas de fraîcheur. Le coing, caractéristique du chenin à Vouvray, surgit à propos. ⧗ 2019-2022 ■ **Demi-sec Saint-Georges 2015 ★ (8 à 11 €; 3000 b.)** : fermenté puis élevé en fût de chêne pendant dix mois, le vin revêt un belle robe couleur paille. Ce passage en fût a laissé de profondes traces avec des arômes de grillé, de radis noir, de vanille laissant un peu de place au fruit mûr et au miel. Équilibre, ampleur et harmonie caractérisent la bouche. ⧗ 2020-2028

BENOÎT GAUTIER, La Châtaigneraie, 37210 Rochecorbon, tél. 02 47 52 84 63, info@vouvraygautier.com V r.-v.

DOM. DU CLOS DE L'ÉPINAY
Brut Tête de cuvée 2014 ★

●	8000		8 à 11 €

Le Clos de l'Épinay, conduit par Luc Dumange depuis 1985 et dans sa famille depuis 1966, jouit d'une situation privilégiée, dominant le plateau de Vouvray. Outre la maison bâtie en 1702 et les arbres centenaires qui l'entourent, le clos renferme une vigne également centenaire. Le domaine couvre 20 ha.

Le vin est marqué par une certaine patine que lui a conférée un vieillissement en cave de vingt-quatre mois. Issu des premiers jus écoulés lors du pressurage, il se montre très fin, rond et possède une bonne longueur. Les arômes de fruits bien mûrs sont là. ⧗ 2018-2021

DOM. DU CLOS DE L'ÉPINAY, L'Épinay, 37210 Vouvray, tél. 02 47 52 61 90, domaine.clos.epinay@cegetel.net V *t.l.j. 10h30-12h 14h-18h30; dim. sur r.-v.* 3 *Luc Dumange*

CLOS DE NOUYS Sec 2016

■	60000		8 à 11 €

Fondé en 1900, ce vignoble de 17 ha conduit par François et Myrella Chainier depuis 1997 figure parmi les domaines les plus anciens de l'appellation vouvray. Ce clos est constitué de sols argilo-calcaires de faible profondeur reposant directement sur le tuffeau.

Vinifié de façon traditionnelle, le vin présente une couleur pâle de jeunesse, ornée de reflets verts, et un nez un peu timide évoquant la poire, la pêche et le chèvrefeuille. L'acidité domine et se prolonge dans une bouche tournée vers les fruits (coing et groseille). ⧗ 2019-2023

FRANÇOIS CHAINIER, Clos de Nouys, 46, vallée de Nouys, 37210 Vouvray

DOM. DU CLOS DES AUMÔNES Brut ★

●	67500		5 à 8 €

Philippe Gaultier est le quatrième du nom à conduire ce domaine familial couvrant 18 ha sur les premières côtes de la commune de Rochecorbon qui dominent la Loire, réputées pour donner des vins de caractère. Son chai se situe au cœur d'une petite zone artisanale.

Bulle fine et robe d'or pâle à reflets gris constituent la parure de ce vin. Si votre ramage se rapporte à votre plumage... eh bien oui! Le nez s'exprime librement en notes de fruits à noyau et d'agrumes avec une touche «miel». La bouche, ronde et équilibrée, suit la même ligne. ⧗ 2018-2021

PHILIPPE GAULTIER, 18, rue Vaufoynard, 37210 Rochecorbon, tél. 02 47 54 69 82, dcagaultier37@orange.fr V *r.-v.*

DOM. DES CORMIERS ROUX
Moelleux Soleil d'automne 2016 ★★

■	1333		11 à 15 €

Éric Gaucher et sa sœur Patricia conduisent ce vignoble familial (cinq générations de vignerons) de 20 ha planté sur des terres argilo-calcaires.

Ce vin possède tout ce qu'on attend d'un vouvray moelleux encore jeune: une robe jaune d'or clair; un nez ouvert dont se dégage une admirable collection de fruits (abricot, coing, litchi, agrumes), enrichie de fruits secs et de fruits confits; une bouche elle aussi bien fruitée (ananas et mangue), parfaitement équilibrée entre sucres et acidité. ⧗ 2018-2030

ÉRIC GAUCHER, La Baderie, 37210 Chançay, jeanpierre.gaucher@orange.fr V *t.l.j. sf dim. 8h30-12h30 14h-19h* B

JEAN-PAUL COUAMAIS Brut Cuvée noire 2015

●	455281		5 à 8 €

En 1969, Jean-Paul Couamais reprend les vignes de ses parents, et en quarante ans, il multiplie par six l'étendue du domaine: 70 ha aujourd'hui. Fin connaisseur de sa terre natale, il privilégie les meilleurs terroirs. La société Ackerman a repris la propriété en 2014.

L'effervescence est fine et assez persistante, la robe jaune pâle et le nez ouvert sur les fleurs blanches agrémentées d'une note de sous-bois. L'attaque est dynamique mais cette vivacité s'estompe rapidement, laissant place à une rondeur vineuse. ⧗ 2018-2020

SAS JEAN-PAUL COUAMAIS, 36, rte de l'Écomard, 37210 Vernou-sur-Brenne, tél. 02 47 52 18 93, domaine-couamais-vins@orange.fr V *t.l.j. 8h-12h 13h30-17h30; mer. 8h-12h* *Ackerman*

DOM. DES COUDRIÈRES Brut

●	10000		5 à 8 €

Depuis 1888, quatre générations de viticulteurs se sont succédé sur ce domaine de 18 ha. Conduit par Alain Delaleu depuis 1995, le vignoble s'étend dans plusieurs communes de l'appellation vouvray, ce qui permet de jouer sur une belle palette de terroirs.

Parée d'une robe or pâle à reflets verts, cette fine bulle s'exprime avec originalité. Les fruits jaunes dominent; s'y ajoutent le noyau de cerise, la noisette et une touche de torréfaction. Le palais se montre suave et rond, avec de la tenue. ⧗ 2018-2020

ALAIN DELALEU, 44, rte de Château-Renault, 37210 Vernou-sur-Brenne, tél. 02 47 52 13 70, alain.delaleu@wanadoo.fr V *r.-v.*

MAISON DARRAGON Sec 2016 ★★

■	17000		5 à 8 €

Christelle Darragon et son époux David Charbonnier (neuvième génération vigneronne) ont repris le

domaine familial en 2004. Ils exploitent en viticulture raisonnée leurs 40 ha et ont construit un chai moderne pour la vinification. L'élevage se fait traditionnellement dans les caves troglodytiques.

Une vinification soigneuse à basse température a magnifié ce vin. La robe d'or vert pâle et brillante se lie naturellement aux senteurs de fruits jaunes (coing, pêche) et de fruits secs. Rond, souple et long, le palais présente un parfait équilibre entre acidité et sucres. ⧗ 2019-2024 ● **Brut (5 à 8 €; 70000 b.)** : vin cité.

MAISON DARRAGON, 34, rue de Sanzelle, 37210 Vouvray, tél. 02 47 52 74 49, scea.darragon@orange.fr t.l.j. sf dim. 9h15-12h 14h-18h30
Charbonnier

ESCHER ET THOMAS Brut 2015

●	8000		11 à 15 €

Basée dans le Loir-et-Cher, cette petite maison de négoce fondée en 2014 s'est spécialisée dans l'élaboration de vins effervescents sous le vocable «Cultivateurs de fines bulles».

Vinifié en foudres de chêne, le vin de base a été tiré en février 2016 et a séjourné trente mois sur lattes. Dans le verre, de fines bulles passent rapidement à travers une robe claire à nuances dorées. Le nez est floral et fruité, agrémenté de réglisse. En bouche, l'effervescence est aussi discrète qu'à l'œil; y apparaissent des notes boisées et fruitées et l'équilibre tend vers la fraîcheur, renforcée par une légère amertume en finale. ⧗ 2018-2021

ESCHER ET THOMAS, 18, rue Paul-Boncour, 41400 Chissay-en-Touraine, tél. 06 52 68 30 09, info@escher-thomas.com t.l.j. 10h-13h 14h-18h30

DOM. DE LA FONTAINERIE Brut 2014 ★

●	5000		8 à 11 €

Catherine Dhoye-Déruet, ingénieur dans l'agroalimentaire, a pris la suite de ses parents en 1990. Ici, on travaille en symbiose avec la nature: ni levurage ni chaptalisation durant la fermentation. Le domaine de 6 ha est installé dans une ancienne propriété viticole du XVes. située dans la vallée Coquette, et les caves sont creusées dans le tuffeau sous les vignes du domaine.

Des bulles fines et élégantes animent une robe d'or à reflets verts. Le nez, puissant et expressif, présente des notes de fumé et un caractère minéral. Tout aussi loquace, centrée sur des notes de brioche et de fruits mûrs, la bouche est bien équilibrée entre rondeur et fine acidité. ⧗ 2018-2021

CATHERINE DHOYE-DÉRUET, 64, rue de la Vallée-Coquette, 37210 Vouvray, tél. 02 47 52 67 92, lafontainerie@orange.fr r.-v.

CH. GAUDRELLE Brut millésimé 2014 ★

●	30000		8 à 11 €

Ce domaine de 22 ha, régulier en qualité, a été fondé au XVIIes. par un riche soyeux de Tours, ville réputée alors pour ses soieries. Depuis 1931, la famille Monmousseau (Alexandre depuis 1993) est propriétaire de ses vignes, exclusivement du chenin blanc.

Un long vieillissement donne cette fine effervescence et cette couleur jaune d'or. Le nez suit avec un caractère brioché et des parfums de poire et de coing. Gourmande, vineuse et fraîche à la fois, la bouche livre elle aussi des notes de brioche. En finale, elle révèle une pointe d'amertume associée à des évocations de sève et de pin. ⧗ 2018-2021 ■ **Sec Les Gués d'Amand 2016 ★ (8 à 11 €; 7000 b.)** : à un nez capiteux de jacinthe, de groseille et de pâte de coings répond une bouche équilibrée, ronde, généreuse en fruité mûr, tout en conservant de la fraîcheur. ⧗ 2020-2026

ALEXANDRE MONMOUSSEAU, 12, quai de la Loire, 37210 Rochecorbon, tél. 02 47 25 93 50, contact@chateaugaudrelle.com r.-v.

DOM. SYLVAIN GAUDRON Sec 2016 ★

■	32000		5 à 8 €

Sylvain Gaudron a débuté en 1958 sur 7 ha. Il a agrandi sensiblement son vignoble en acquérant le domaine actuel, avec maison bourgeoise et caves creusées dans le roc. Depuis 1993, son fils Gilles gère cet ensemble de 28 ha, complété en 2013 par le Dom. du Petit Trésor, une petite vigne de 1,2 ha.

La robe chatoie d'un jaune pâle à reflets verts. Le nez, expressif, convoque la groseille blanche, les agrumes et le coing. En bouche, les quelques traces de sucres résiduels se ressentent à peine car l'acidité marquée et une certaine amertume apportent une belle tension. Un vin harmonieux. ⧗ 2019-2023 ● **Gilles Gaudron Brut Blanc de chenin ★ (5 à 8 €; 100000 b.)** : quand on recherche la finesse, il faut en prendre les moyens. Pressurage lent, sélection des jus, fermentations contrôlées et long séjour sur lattes y contribuent. Le résultat est là: fines bulles, nez délicat de fleurs blanches et d'agrumes, bouche élégante et linéaire, arrondie par un brin de suavité. ⧗ 2018-2021

GILLES GAUDRON, 59, rue Neuve, 37210 Vernou-sur-Brenne, tél. 02 47 52 12 27, sylvain.gaudron@wanadoo.fr r.-v.

DOM. GENDRON Sec Cuvée Clos Cartaud 2016

■	2126		8 à 11 €

Philippe Gendron s'est installé en 1982 et entretient une tradition familiale remontant à 1792, perpétuée par cinq générations. Les vignes sont souvent anciennes; l'une d'elles, plantée par l'arrière-grand-père, date de 1912. Toute la propriété (23 ha) est en enherbement naturel, ce qui est propice à la biodiversité.

Fermenté et élevé en fûts pendant sept mois, ce sec en a gardé quelques traces, comme ces arômes toastés et vanillés. Le fruit demeure présent cependant, avec des notes de coing et de fruits confits sur fond miellé. Pour un sec, il se montre plutôt souple et chaleureux en bouche. ⧗ 2019-2023

PHILIPPE GENDRON, 10, rue de la Fuye, 37210 Vouvray, tél. 02 47 52 63 98, gendronvinsvouvray@orange.fr t.l.j. sf dim. 9h-12h 14h-19h30

LA GRAND TAILLE Demi-sec 2016 ★

■	4000		5 à 8 €

Deux ouvriers viticoles, Jean-François Boitelle et Sébastien Bonzon, se sont associés en 2001 pour reprendre le domaine de leur ancien patron. Ils sont aujourd'hui à la tête de 40 ha au cœur de la vallée de la Brenne; ils vinifient et accueillent leurs clients dans une ancienne ferme du manoir de Pouvray.

La pâleur de ce demi-sec est caractéristique des chenins jeunes. Beaucoup plus démonstratif, le nez propose un intense déploiement de fruits mûrs (pêche, mandarine), accompagné de notes beurrées. Fraîcheur, rondeur et légère amertume composent une bouche vivante où l'on découvre des arômes de coing. ⧗ 2021-2028

GAEC DE LA GRAND TAILLE, 6, rue de Pouvray, 37210 Vernou-sur-Brenne, tél. 02 47 52 06 98, lagrandtaille@orange.fr V r.-v.

HALLAY ET FILS Brut 2016

	25000		5 à 8 €

Chez les Hallay, la culture de la vigne est une affaire de famille. Arrivé en 1987 sur l'exploitation, Éric est rejoint par Christophe en 1992. Les deux frères ont pris les rênes du domaine (40 ha) en 1998 lors du départ à la retraite de leurs parents. En 2015, c'est Yannick, fils d'Éric, qui arrive sur l'exploitation.

Jaune pâle avec des reflets d'argent, la robe est traversée de bulles fines et nombreuses. Au nez, les fleurs blanches et les agrumes s'accompagnent d'épices et de bonbon anglais. La rondeur aimable du palais, tourné vers les agrumes et la banane, n'empêche pas une certaine fraîcheur. ⧗ 2018-2021

HALLAY, 58, rte de Château-Renault, 37210 Vernou-sur-Brenne, tél. 02 47 52 03 75, gaec.hallay@orange.fr V r.-v.

LAURENT KRAFT Demi-sec 2016 ★★

	5000		5 à 8 €

Laurent Kraft a repris les vignes de son grand-père en 1992 à l'issue de ses études à Bordeaux, perpétuant ainsi le travail de sept générations de vignerons. La conduite du domaine de 24 ha se fait en lutte raisonnée «et raisonnable», dixit le vigneron. Une valeur sûre de Vouvray.

La couleur est celle d'un vin jeune, pâle à reflets verts. Le nez est expressif avec des nuances d'agrumes et de fleurs blanches. On retrouve le côté fruité avec la même intensité dans une bouche fraîche, élégante, plus suave en finale. Gourmand et harmonieux. ⧗ 2020-2028

LAURENT KRAFT, 29, rue du Petit-Coteau, 37210 Vouvray, tél. 02 47 52 61 82, lkraft@wanadoo.fr V r.-v.

DOM. LE CAPITAINE Sec Les Perrières 2016 ★

	13000		5 à 8 €

Alain et Christophe Le Capitaine ont beaucoup progressé depuis leurs débuts en 1989 sur leur parcelle de 0,25 ha. Ils cultivent aujourd'hui 28 ha de terroirs différents vinifiés séparément et leurs vins bénéficient d'un élevage sur lies. Les assemblages se font peu de temps avant la mise en bouteilles.

Comme le nom de cette cuvée l'indique, la vigne prospère sur un sol pierreux. Le vin en est le reflet. La robe est jaune-vert pâle et le nez plutôt discret rappelle les fleurs et les fruits, le coing notamment. L'équilibre est bon en bouche, avec quelques notes de sucres résiduels qui donnent du gras, compensé par une fine fraîcheur minérale. ⧗ 2019-2022 **Le Capitaine Brut 2014 (8 à 11 €; 7000 b.)** : vin cité.

DOM. LE CAPITAINE, 11, rue Saint-Georges, 37210 Rochecorbon, tél. 02 47 52 51 84, contact@domainelecapitaine.com V t.l.j. sf dim. 8h-12h 14h-18h30

MAILLET Brut Cuvée Prestige ★

	8500			5 à 8 €

Les frères Laurent et Fabrice Maillet ont succédé à leur père, respectivement en 1991 et 2002, sur un vignoble de 35 ha situé sur les hauts de la vallée Coquette. Leurs cuvées, notamment leurs vouvray de méthode traditionnelle, contribuent à la réputation du domaine, souvent en vue dans ces pages.

La robe dorée à reflets argentés chapeautée par une mousse fine donne envie d'aller plus loin. On découvre alors un nez classique qui rappelle les fleurs blanches et le coing. La bouche apparaît bien fraîche, avec des notes salines et citronnées. ⧗ 2018-2021 **Brut (5 à 8 €; 50000 b.)** : vin cité.

EARL LAURENT ET FABRICE MAILLET, 101, rue de la Vallée-Coquette, 37210 Vouvray, tél. 02 47 52 76 46, vouvray.maillet@orange.fr V t.l.j. 10h-12h 14h-18h; dim. 10h-12h

DOM. DU MARGALLEAU Brut Cuvée Privilège 2010 ★

	8000		8 à 11 €

Chançay possède des coteaux bien exposés dans la vallée de la Brenne, un peu à l'écart du lit de la Loire. Les frères Pieaux (Bruno et Jean-Michel) y ont établi leur outil de travail à la suite de leurs parents et conduisent aujourd'hui un vignoble de 30 ha.

La robe est intensément colorée et le nez généreux et évolué, rappelant la brioche. La bouche se révèle longue et ronde, imprégnée de notes de fruits compotés et stimulée en finale par une légère amertume. ⧗ 2018-2021

EARL BRUNO ET JEAN-MICHEL PIEAUX, 10 bis, rue du Clos-Baglin, 37210 Chançay, tél. 02 47 52 25 51, earl.pieaux@orange.fr V r.-v.

MAISON MIRAULT Demi-sec

	44000	5 à 8 €

Cette maison de négoce familiale est installée depuis 1959 à Vouvray. Elle sélectionne des moûts et des vins à la propriété avec rigueur et fidélité. Elle s'est spécialisée dans l'élaboration de vins effervescents et dispose d'imposantes caves creusées dans le roc.

Le vin arbore une robe paille à reflets verts. Expressif, le nez évoque les fleurs et les agrumes. Après la vague de bulles qui envahit l'attaque, la bouche, sur l'abricot et l'amande, se révèle souple et équilibrée, avec une certaine vivacité que renforce une pointe d'amertume en finale. ⧗ 2018-2021

MAISON MIRAULT, 15, av. Brûlé, 37210 Vouvray, tél. 02 47 52 71 62, maisonmirault@wanadoo.fr V t.l.j. 9h30-12h30 14h30-19h; sam. dim sur r.-v.

CH. MONCONTOUR Brut ★

	250000	5 à 8 €

Le château bâti au XVes. trône sur la falaise de tuffeau du village. Balzac avait convoité le domaine, propriété de l'évêque de Tours au temps de saint Martin (IVes.). Propriétaire de plusieurs domaines en Touraine, Gilles Feray a acquis Moncontour en 1994 et dispose ici de 120 ha de vignes répartis dans différentes communes

de l'AOC vouvray, ce qui permet aux vins de refléter toute la richesse du terroir.

Une effervescence généreuse anime une robe jaune clair et brillante. Fin et engageant, le nez se fait floral, fruité (agrumes) et miellé. La bouche est policée, tout en finesse, élégance et persistance. Certains l'aimeraient avec un peu plus de peps, mais elle demeure fraîche et alerte. ⧗ 2018-2021

⊶ SA VIGNOBLE CH. MONCONTOUR, Les Patis, rue de Moncontour, 37210 Vouvray, tél. 02 47 52 60 77, secretariat@vignobles-feray.com V t.l.j. 9h-12h30 13h30-18h ⊶ Gilles Feray

MONTFORT Brut

●	58998	5 à 8 €

La famille Feray collectionne les châteaux et les vignobles en Touraine. Montfort, commandé par un joli manoir fortifié du XVIᵉs., est conduit par Gilles Feray depuis 2011. Le domaine couvre 30 ha à Chançay. Chaque rang de vigne est orné d'un rosier qui, en plus d'être décoratif, permet de déceler l'arrivée de maladies cryptogamiques.

Une effervescence fine et persistante parcourt la robe jaune pâle et brillante de ce vouvray. Le nez, printanier et frais, est à dominante florale, avec une nuance végétale. Une fraîcheur citronnée anime une bouche qui ne manque pas pour autant de gras et affiche une bonne longueur. ⧗ 2018-2021

⊶ SC DOM. DU CH. DE MONTFORT, rue du Petit-Coteau, 37210 Vouvray, tél. 02 47 52 60 77, secretariat@vignobles-feray.com V t.l.j. 9h-12h30 13h30-18h

Ⓑ DOM. D'ORFEUILLES Demi-sec Les Coudraies 2016

■	7000		8 à 11 €

Un domaine fondé en 1947 sur les dépendances du château médiéval d'Orfeuilles par Paul Hérivault. Son fils Bernard et depuis 2000 son petit-fils Arnaud ont pris la suite, à la tête d'un vignoble de 21 ha certifié bio (en conversion vers la biodynamie) et planté sur un terroir riche en silex. Du château d'origine, il ne reste que les douves et un puits.

La robe de ce demi-sec est celle d'un vin jeune, jaune pâle à reflets verts. L'ensemble est cohérent, avec un nez net et floral et une bouche ronde et riche. Une légère astringence en finale lui donne un certain relief. ⧗ 2019-2022

⊶ EARL BERNARD HÉRIVAULT, La Croix-Blanche, 37380 Reugny, tél. 02 47 52 91 85, earl.herivault@france-vin.com V r.-v.

DOM. PARIS PÈRE ET FILS Brut 2012 ★

●	13500		5 à 8 €

Au cœur de la Vallée de Vau, à Chançay, ce domaine familial prospère depuis 1902. Il se compose de 12 ha de vignes cultivées par Claude Paris et son fils Guillaume, en privilégiant la lutte biologique et s'aidant de la lutte raisonnée.

Élaboré avec les sucres du raisin, sans liqueur de tirage, et passé cinquante-huit mois en cave, ce vin affiche une belle personnalité. La robe est brillante et dorée, et le nez riche de senteurs de fleurs blanches, de coing et de caramel au lait. La mousse se montre crémeuse en bouche et les notes d'acacia enrichissent la palette aromatique. ⧗ 2018-2022 ● **Brut ★ (5 à 8 €; 35400 b.)** : une robe jaune pâle, un nez délicat et floral, une bouche tout en finesse, tendre et fraîche à la fois, composent un joli brut. ⧗ 2018-2021

⊶ EARL PARIS PÈRE ET FILS, 21, rue des Violettes, 37210 Chançay, tél. 02 47 52 21 07, contact@domaineparis-pereetfils.com V r.-v.

Ⓑ DOM. DU PETIT COTEAU Brut Les Tuffières ★

●	63108	5 à 8 €

Ce domaine de 16 ha appartenant à Gilles Feray, propriétaire de plusieurs domaines en vouvray et en chinon, a été créé en 2005 et il est conduit en agriculture biologique certifiée. Les vignes sont implantées sur les sols argilo-siliceux des premières côtes de Vernou-sur-Brenne.

La robe, pâle et brillante, est traversée de reflets verts. Une effervescence fine contribue à l'élégance de ce vin expressif, ouvert au nez sur des notes de pomme verte. Frais et équilibré, le palais est de bonne tenue et se prolonge en une délicate amertume. ⧗ 2018-2021 ■ **Sec 2016 ★ (5 à 8 €; 2900 b.)** Ⓑ : un sec bien classique de Vouvray, sec mais pas tout à fait. Ce subtil équilibre le rend apte à bien des accords de table. La palette aromatique est complète, alliant des notes florales et fruitées (coing et pomme) aux notes briochées, toastées et minérales. ⧗ 2019-2023

⊶ SARL DOM. DU PETIT COTEAU, 71, rue du Petit-Coteau, 37210 Vouvray, tél. 02 47 52 60 77, secretariat@vignobles-feray.com V t.l.j. 9h-12h30 13h30-18h ⊶ Gilles Feray

DOM. DU PETIT NOYER Demi-sec 2016 ★

■	600		5 à 8 €

Michel Grenier, ancien éleveur de vaches laitières, cultive depuis 1983 une petite exploitation de 4 ha répartie sur dix-huit parcelles. La vinification est traditionnelle, en fût et en cuve, au creux des caves de tuffeau.

On note une belle constance dans la production de ce domaine. Encore jeune, ce vin confidentiel s'exprime avec timidité. Sa robe est pâle et le nez, printanier, rappelle la rose agrémentée de notes végétales. Puissante et douce, la bouche prend des tonalités exotiques à travers des arômes d'ananas. ⧗ 2020-2028

⊶ GRENIER, 37, rue des Violettes, 37210 Chançay, tél. 02 47 52 20 52, michgren@hotmail.fr V r.-v.

DAMIEN PINON Sec Tuffo 2016

■	25000		5 à 8 €

Domaine familial créé en 1972 à Vernou-sur-Brenne. Installé en 2006, Damien Pinon représente la troisième génération et exploite 25 ha de vignes. La protection du vignoble est des plus raisonnées et le vigneron intervient le moins possible au chai. Une valeur (très) sûre.

Chez Damien Pinon, ce sont toujours les levures indigènes qui sont à l'œuvre, tant pour la fermentation que pour l'élevage lors du bâtonnage hebdomadaire. La couleur de son Tuffo 2016 est évoluée, tirant sur le doré, tout comme le nez, où notes beurrées, briochées, fruits secs et fruits confits ont la part belle. La bouche, ronde et mûre, sur le caramel et le fumé, complète le tableau. Proche du demi-sec. ⧗ 2019-2023

⊶ DAMIEN PINON, 29, rte de Château-Renault, 37210 Vernou-sur-Brenne, tél. 02 47 52 15 16, gaec.pinon@wanadoo.fr V r.-v.

Ⓑ FRANÇOIS PINON Demi-sec 2016 ★★

| 19000 | | 11 à 15 € |

Le domaine remonte à 1786. Huit générations l'ont cultivé et c'est aujourd'hui François Pinon, installé en 1987 à la suite de son père, qui veille sur les 15 ha de vignes. Cet ancien psychologue pour enfants a converti le vignoble au bio en 2003 et vinifie de façon parcellaire depuis 2006.

2016, terrible année pour les vignerons du Val de Loire où la gelée d'avril a brûlé les bourgeons. À la récolte, il est resté si peu de raisins que François Pinon, au lieu de vinifier en parcellaire comme à son habitude, n'a élaboré qu'une seule cuvée, celle-ci. Vinifié avec les levures présentes sur le raisin, ce vouvray est fait de la façon la plus simple du monde et c'est une belle réussite. Les fruits mûrs dominent le nez, et la bouche est parfaitement équilibrée malgré une teneur en sucres résiduels notable. ⧗ 2019-2023

⊶ FRANÇOIS PINON, 55, rue Jean-Jaurès, Vallée-de-Cousse, 37210 Vernou-sur-Brenne, tél. 02 47 52 16 59, francois.pinon@wanadoo.fr V r.-v.

DOM. DE LA PINSONNIÈRE Brut ★

| 25000 | | 5 à 8 € |

Héritiers du domaine familial créé en 1850, Philippe et Vincent Gasnier cultivent 20 ha de vignes implantées dans les communes de Parçay-Meslay et de Rochecorbon sur un sol argilo-calcaire et argilo-siliceux.

De couleur pâle et brillante, nuancée de reflets verts, ce vouvray dévoile des parfums de mirabelle, d'agrumes et de pomme verte. Une bulle fine et vive anime sans agressivité et avec élégance une bouche fraîche et pleine d'allant. ⧗ 2018-2021 **Demi-sec ★ (5 à 8 €; 25000 b.)** : une robe paille dorée, un nez de fruits mûrs (prune, abricot), d'amande et d'agrumes; en bouche, une attaque vive, vite tempérée par la saveur sucrée de la liqueur, et un fruit qui revient en force et confère un caractère gourmand à ce vin. ⧗ 2018-2022

⊶ GAEC DE LA PINSONNIÈRE, 13, rue de la Pinsonnière, 37210 Parçay-Meslay, tél. 02 47 29 14 43, lapinsonniere@aliceadsl.fr V r.-v. *⊶ Philippe et Vincent Gasnier*

DOM. DES RAISINS DORÉS Brut 2015 ★

| 30000 | | 5 à 8 € |

Si le nom du domaine date de 1974, la tradition viticole familiale remonte à 1675. Nathalie Berton a repris la propriété en 2005 et cultive dans un esprit de viticulture durable 13 ha de vignes sur les premières côtes de Vernou-sur-Brenne qui regardent la Loire.

Des bulles fines ornent une robe jaune pâle. Des arômes de fleurs blanches et de pomme se révèlent à l'olfaction. L'effervescence bien présente en bouche rend ce vin dynamique et frais. ⧗ 2018-2021

⊶ NATHALIE BERTON, 40, rue du Professeur-Debré, 37210 Vernou-sur-Brenne, tél. 06 30 56 02 90, nathalie_berton@orange.fr V r.-v.

VIGNOBLE ALAIN ROBERT Brut 2015 ★★

| 62200 | | 5 à 8 € |

Christiane et Alain Robert cultivent leurs vignes depuis 1973. Leur fils Cyril, installé en 2000 à leurs côtés après des expériences en Champagne et en Anjou, et leur fille Catherine, revenue en 2013 après dix ans chez Jacky Blot (Taille aux Loups) ont pris la relève pour exploiter les 37 ha de la propriété.

Un pressurage à basse pression et un séjour de dix-huit mois sur lattes à l'ombre des caves fraîches ont donné toute sa finesse à ce vin. La robe or pâle montre des reflets gris et verts. Fruits jaunes et noisettes fraîches apparaissent au nez. Fraîcheur et équilibre résument la bouche. Des notes de poires et d'agrumes complètent la palette aromatique. ⧗ 2018-2021

⊶ CYRIL ROBERT, Charmigny, 37210 Chançay, tél. 02 47 52 97 95, vignoblerobert@orange.fr V r.-v.

DOM. DE ROCHE BLONDE Demi-sec 2016

| 3000 | | 5 à 8 € |

L'exploitation a été créée en 1963 par les parents de Christophe Gaudron qui exploitaient alors 10,5 ha. En 1996, après sa formation au lycée viticole d'Amboise, Christophe a repris et agrandi le vignoble qui compte 12 ha aujourd'hui. La salle de dégustation et la cave ont été creusées dans le tuffeau.

De facture classique, ce vouvray 2016 arbore une robe dorée. Le nez, bien ouvert, joue dans le registre floral, complété par des notes de rhubarbe et de pêche de vigne. Le palais se montre plus réservé, dominé par une douceur de bon aloi. ⧗ 2018-2021

⊶ EARL CHRISTOPHE GAUDRON, 90, rue Neuve, 37210 Vernou-sur-Brenne, tél. 02 47 52 12 17, contact@christophegaudron.fr V *t.l.j. sf dim. 9h-12h15 14h-19h; f. 11 août-2 sept.*

CHRISTOPHE THORIGNY Sec 2016 ★

| 4000 | | 5 à 8 € |

Christophe Thorigny s'est installé en 1989 sur le domaine familial de 10,6 ha, qu'il a repris en 1997 à la retraite de ses parents. Il vinifie parcelle par parcelle en laissant le plus souvent faire les levures du cru. Il procède ensuite à ses assemblages en vins finis. Les sols sont constitués d'argilo-calcaires ou de perruches riches en silex.

La couleur est très pâle et brillante. Les levures du terroir ont apporté la complexité aromatique. Le nez laisse apparaître des notes de fruits jaunes mûrs (pêche, coing), de miel et de cire d'abeille. En bouche, des reliquats de sucres tempèrent l'acidité naturelle du cépage et équilibrent le vin. La poire y apparaît, accompagnée de notes minérales. ⧗ 2019-2022 **Brut ★ (5 à 8 €; 20000 b.)** : ce brut a du caractère. La robe or pâle se pare de reflets verts. Le nez révèle de nombreuses nuances de fruits (mirabelle, coing, pomme, citron) et des notes de pain grillé. Vineux et dense, le palais est savoureux, onctueux, sans manquer de fraîcheur. ⧗ 2018-2021

CHRISTOPHE THORIGNY, 30, rue des Auvannes, 37210 Parçay-Meslay, tél. 06 12 27 95 60, cthorigny@sfr.fr V r.-v.

CAVES DU VAL DE FRANCE
Brut Cuvée Pauline ★★

| | 452592 | 5 à 8 € |

Cette maison de négoce créée en l'an 2000 appartient à Gilles Feray, par ailleurs propriétaire de plusieurs châteaux en Touraine. Jérôme Noisy est l'œnologue.
En hommage à sa fille, Gilles Feray propose un brut très bien noté d'année en année. L'or pâle de la robe s'accompagne de reflets gris. Le nez est expressif, fin et complexe (fruits frais, notes toastées). Des bulles soyeuses caressent le palais, long, fin, bien fruité (mangue) et minéral. ⧗ 2018-2021

CAVES DU VAL DE FRANCE, rue du Petit-Coteau, 37210 Vouvray, tél. 02 47 52 60 77, secretariat@vignobles-feray.com V *t.l.j. 9h-12h30 13h30-18h*
Gilles Feray

DOM. DU VIKING Tendre 2016 ★★★

| | 7200 | | 11 à 15 € |

Lionel Gauthier, avec sa carrure de Viking, a accosté en 1989 sur les rives de la Loire, remontant la Brenne jusqu'à Reugny. Il y exploite aujourd'hui 17,5 ha de vignes qui croissent sur les molles ondulations du relief.
Que d'éloges pour ce vin de la part du jury et le coup de cœur fut mis aux voix. Paré d'une robe dorée, il dévoile un nez qui conjugue vivacité et richesse autour de l'abricot, de l'ananas, du toasté et de la vanille – fermentation et élevage ont été conduits en demi-muids anciens de 600 l pendant près d'un an; c'est la pratique traditionnelle de Vouvray. La bouche offre du volume, de la rondeur sans lourdeur grâce au soutien d'une fine acidité. Parfait. ⧗ 2020-2030

LIONEL GAUTHIER, 1300, rte de Monnaie, 37380 Reugny, tél. 02 47 52 96 41, contact@domaineduviking.fr V *r.-v.* E

DOM. DE VODANIS
Extra-brut Pagus Vaudanum ★

| | 2000 | | 15 à 20 € |

Régulièrement présent dans le Guide, François Gilet est propriétaire depuis 2003 de ce domaine de 15 ha, dont le nom provient d'une parcelle autrefois nommée Pagus Vaudanum: la vallée des Roches.
Des bulles fines s'associent à une couleur dorée intense pour flatter l'œil. Le nez, vineux, complexe, présente des notes de cuir, de grillé et de fleurs blanches: un élevage long et des petits rendements ont donné cette intensité. Intensité que l'on retrouve dans une bouche ronde, à l'effervescence crémeuse et aux arômes de pêche et d'amande. ⧗ 2018-2021 **Brut (5 à 8 €; 15000 b.)** : vin cité.

FRANÇOIS GILET, 19, rue de la Mairie, 37210 Parçay-Meslay, tél. 02 47 29 10 74, vodanis@hotmail.fr V *t.l.j. 9h-12h 14h-19h; dim. sur r.-v.*

CHEVERNY

Superficie : 579 ha
Production : 26 961 hl (49 % rouge et rosé)

VDQS en 1973, Cheverny a bénéficié d'une AOC vingt ans plus tard. À dominante sableuse (des sables sur argile de la Sologne aux terrasses de la Loire), le terroir s'étend le long de la rive gauche du fleuve, de la Sologne blésoise jusqu'aux portes de l'Orléanais. Les cépages, nombreux, sont assemblés dans des proportions variant légèrement selon les terroirs. Les vins rouges, à base de gamay et de pinot noir, avec parfois un appoint de cabernet franc et de côt, sont fruités dans leur jeunesse et acquièrent, en évoluant, des arômes animaux… en harmonie avec l'image cynégétique de cette région. Les rosés, dominés par le gamay, sont secs et parfumés. Les blancs, où le sauvignon est associé à un ou plusieurs autres cépages, le chardonnay en général, sont floraux et fins.

CHRISTELLE ET CHRISTOPHE BADIN 2017 ★

| | 10400 | | - de 5 € |

En 1955, année de l'achat par le grand-père, l'exploitation comptait 4,5 ha; elle s'étend aujourd'hui sur 17 ha. Représentant la troisième génération, Christophe Badin, épaulé par son épouse, maintient la tradition familiale.
Le premier nez est marqué par la fleur de sureau, puis l'aération libère des senteurs plus exotiques d'ananas. La bouche, dans la continuité, se montre grasse, ronde, légèrement suave, équilibrée par une finale fraîche et acidulée. ⧗ 2018-2021

CHRISTELLE ET CHRISTOPHE BADIN, L'Aubras, 41120 Cormeray, tél. 02 54 44 23 43, cavebadin@gmail.com V *t.l.j. sf dim. 8h-12h 14h-19h*

DOM. CHESNEAU 2017

| | 10500 | | 5 à 8 € |

Établi à Sambin, à une quinzaine de kilomètres au sud-ouest de Cheverny, ce domaine familial, spécialisé dans la viticulture depuis deux générations, s'étend sur près de 15 ha sur des sols argilo-siliceux.
Le nez dévoile des senteurs élégantes de fruits frais, de bourgeon de cassis et une pointe florale. Cette palette aromatique se retrouve dans un palais souple et frais, souligné par une touche minérale en finale. ⧗ 2018-2021

EARL CHESNEAU ET FILS, 26, rue Sainte-Néomoise, 41120 Sambin, tél. 02 54 20 20 15, contact@chesneauetfils.fr V *r.-v.*

BENOÎT DARIDAN 2017 ★

| | 20000 | | 8 à 11 € |

Situé aux portes de la Sologne, entre les châteaux de Cheverny et de Chambord, ce domaine familial de 21 ha est conduit depuis 2001 par Benoît Daridan, qui s'est imposé comme une valeur sûre de l'appellation.
Ce cheverny séduit par la complexité et l'intensité de son nez, ouvert sur les fruits exotiques, les fruits jaunes confiturés et les agrumes. En bouche, il allie rondeur et fraîcheur, sans fausse note, et s'étire dans une agréable finale sur le litchi. ⧗ 2018-2021

BENOÎT DARIDAN, 16, voie de la Marigonnerie, 41700 Cour-Cheverny, tél. 02 54 79 94 53, benoit.daridan@gmail.com V t.l.j. sf dim. 9h30-12h30 14h-18h

DOM. DES HUARDS Envol 2016

■	33780		11 à 15 €

Très souvent distingué dans le Guide, ce domaine de 36 ha s'est transmis de père en fils depuis 1846. Il est conduit en bio et en biodynamie depuis 1990 par Jocelyne et Michel Gendrier.

Une cuvée mi-gamay mi-pinot noir d'une bonne intensité aromatique autour de notes poivrées et fruitées, souple et fraîche en bouche, un peu plus acidulée et tannique en finale. 2018-2021 **Pure 2017 (11 à 15 €; 28000 b.)** : vin cité.

JOCELYNE ET MICHEL GENDRIER, Les Huards, 41700 Cour-Cheverny, tél. 02 54 79 97 90, infos@domainedeshuards.com V t.l.j. sf dim. 9h-12h 14h-18h30

DOM. HUGUET 2017

	6700		5 à 8 €

Situé dans le joli village de Saint-Claude-de-Diray, entre Blois et Chambord, ce domaine de 10 ha conduit par Patrick Huguet est implanté sur des terrasses de sables et de graviers sur la rive gauche de la Loire. Il est transmis de père en fils depuis quatre générations.

Le nez, plaisant, évoque les fleurs blanches agrémentées d'une pointe de bonbon anglais. La bouche est fraîche et souple. Un peu fugace mais harmonieux. 2018-2021

PATRICK HUGUET, 12, rue de la Franchetière, 41350 Saint-Claude-de-Diray, tél. 02 54 20 57 36, vin.p.huguet@orange.fr V r.-v.

DOM. DE LÉRY Sélection 2017 ★

	40000		5 à 8 €

Établis à Vineuil, Pascal et Véronique Bellier ont repris en 1995 l'exploitation familiale (45 ha) dont le chai entouré de hauts murs domine la Loire. Un domaine d'une régularité remarquable pour ses cheverny et cour-cheverny.

Au nez, des fruits exotiques, des fleurs blanches et une touche crayeuse. En bouche, une belle fraîcheur sauvignonnée compose sans fausse note avec la rondeur du chardonnay. Un ensemble équilibré. 2018-2021 **Cour-cheverny Le Clos 2016 (15 à 20 €; 3000 b.)** : vin cité.

PASCAL BELLIER, 3, rue Reculée, 41350 Vineuil, tél. 02 54 20 64 31, vinsbellier@wanadoo.fr V r.-v.

DOM. MAISON PÈRE ET FILS 2017 ★★

	83000		5 à 8 €

Les premières vignes ont été plantées en 1906 par Alphonse Pinon sur des sols argilo-siliceux, mais le développement du domaine se fit dans les années 1950 sous la conduite de Guy Maison puis de son fils Jean-François. Appartenant aujourd'hui aux Vignobles Feray, la propriété s'étend sur 72 ha, soit le plus grand vignoble indépendant de l'appellation cheverny.

Paré d'une robe claire et brillante, ce cheverny séduit d'emblée par son intensité sauvignonnée, florale (acacia), fruitée (agrumes, fruits exotiques) et végétale (buis). Cette richesse aromatique se prolonge dans une bouche fraîche, souple, ample et longue, avec du gras pour arrondir le tout. 2018-2021 ■ **2017 ★ (5 à 8 €; 16000 b.)** : produit sur un sol argilo-siliceux, ce rosé se présente dans une jolie robe rose légèrement violine. Le nez, tout en nuances, évoque la gourmandise de la pêche de vigne associée à des senteurs de bonbon anglais. On retrouve cette élégance aromatique en bouche, autour de notes persistantes de litchi et d'épices, mais aussi de la souplesse et de la rondeur. 2018-2020

DOM. MAISON PÈRE ET FILS, 22, rue de la Roche, 41120 Sambin, tél. 02 54 20 22 87, contact@domainemaison.com V t.l.j. sf sam. dim. 9h-12h 14h-17h *Vignobles Feray*

LES VIGNERONS DE MONT-PRÈS-CHAMBORD Le Japier de Nozieux 2016 ★

	24000		5 à 8 €

Fondée en 1931, cette coopérative rassemble une vingtaine d'apporteurs de raisins pour un vignoble de 150 ha. La cave est située sur la rive sud de la Loire, aux portes de la Sologne, des étangs et de la forêt, en plein cœur du pays des châteaux.

Cette jolie cuvée est née d'un terroir d'argiles calcaires à silex sur le lieu-dit Nozieux, commune de Saint-Claude-de-Diray, où se sont épanouis les raisins de sauvignon et chardonnay jusqu'au 15 septembre. Dans le verre, un vin limpide, jaune clair, au nez complexe de genêt, d'agrumes et de litchi, à la bouche ample et ronde. 2018-2021 **2017 ★ (5 à 8 €; 90000 b.)** : un vin expressif (fleurs blanches, fruits exotiques, bonbon anglais) au nez comme en bouche, souple et fin. 2018-2021

LES VIGNERONS DE MONT-PRÈS-CHAMBORD, 816, la Petite-Rue, 41250 Mont-près-Chambord, tél. 02 54 70 71 15, cavemont@orange.fr V r.-v.

♥ CONFRÉRIE VIGNERONS OISLY ET THÉSÉE Vallée des Rois 2017 ★★

■	3700		5 à 8 €

Fondée en 1961, la Confrérie des Vignerons de Oisly et Thésée est une coopérative qui réunit une vingtaine d'adhérents pour 180 ha de vignes en AOC cheverny et touraine. Une «coop» innovante, l'une des premières de Loire à avoir investi dans la thermorégulation, en 1975, et plate-forme d'essais en microbiologie pour l'Institut technique de la vigne et du vin (ITV) de Tours.

Un superbe cheverny composé à parts égales de gamay et de pinot noir vinifiés tous les deux en thermovinification, par chauffage des jus, puis par fermentation à froid. Au nez, c'est une explosion de fruits rouges. Une intensité à laquelle fait un long écho une bouche ample et ronde, épaulée par des tanins fermes et fins qui lui confèrent beaucoup de relief. Du caractère. 2018-2023

CONFRÉRIE DES VIGNERONS DE OISLY ET THÉSÉE, 5, rue du Vivier, 41700 Oisly, tél. 02 54 79 75 20, oisly@uapl.fr V t.l.j. sf dim. 9h-12h 14h-18h

LE PETIT CHAMBORD 2016

	7790		5 à 8 €

François Cazin exploite (en culture «très raisonnée») une propriété familiale de 23 ha située à la lisière de la forêt de Cheverny, aux portes de la Sologne. Transmise de père en fils depuis quatre générations, elle est régulièrement sélectionnée dans ces pages.

Un assemblage de pinot noir, de gamay et de côt pour ce vin aux arômes de fruits rouges agrémentés d'une touche de cuir. La bouche, à l'unisson du bouquet, est équilibrée, suave, ronde et de bonne longueur, avec une petite sévérité en finale. 2018-2022

FRANÇOIS CAZIN, Le Petit Chambord, 41700 Cheverny, tél. 02 54 79 93 75, f.cazin@lepetitchambord.com V r.-v.

DOM. LE PORTAIL 2017 ★

	30000		8 à 11 €

Ce domaine régulier en qualité, bâti à l'emplacement d'un ancien monastère et situé à 600 m du château de Cheverny, a été acquis en 1979 par Nicole et Michel Cadoux. En 2009, leur fils Damien a rejoint l'exploitation et ses 30 ha de vignes.

Ce cheverny séduit par sa robe jaune doré et son nez intense et élégant de fleurs blanches et de fruits mûrs. Une élégance à laquelle fait écho un palais rond, ample et riche. 2018-2021 **2017 ★ (5 à 8 €; 8000 b.)** : ce rosé très élégant dans sa robe claire dévoile un nez de bonne intensité, qui s'ouvre sur des arômes complexes de fruits exotiques et de pivoine. Une attaque souple, sur le fruit, introduit une bouche fraîche, tonique, joliment acidulée en finale. 2018-2020

DAMIEN, MICHEL ET NICOLE CADOUX, Le Portail, 41700 Cheverny, tél. 02 54 79 91 25, leportailcadoux@wanadoo.fr V r.-v.

DOM. DU SALVARD Vignes des Marnières Vieilles Vignes 2017 ★★

	30000		5 à 8 €

Le domaine du Salvard est une propriété de 45 ha construite sur les ruines d'un ancien château de la seigneurie de Fougères qui remonterait à l'an 1000. Acheté en 1910 par Maurice Delaille, il est aujourd'hui conduit par ses petits-fils, les frères Thierry et Emmanuel Delaille, ce dernier signant aussi une cuvée de cheverny à son nom.

Une robe brillante, jaune paille à reflets verts, et un nez qui se décline en de multiples nuances (fruits jaunes, bourgeon de cassis, notes minérales) : l'approche est engageante. Puis des notes de fruits exotiques apparaissent dans une bouche ample, tendre et ronde, qui reste fraîche grâce au soutien d'une fine acidité. 2018-2021 **2017 ★ (5 à 8 €; 10000 b.)** : un vin floral et citronné à l'olfaction, vif et tonique en bouche, avec une touche de gras qui enrobe le tout. 2018-2021

EMMANUEL DELAILLE, Le Salvard, 41120 Fougères-sur-Bièvre, tél. 02 54 20 28 21, delaille@orange.fr V t.l.j. sf sam. dim. 8h-12h 13h30-17h30

VIGNOBLE TÉVENOT Les Perrières 2017 ★

	8000		5 à 8 €

Acquis par la famille Tévenot en 1909, ce domaine régulier en qualité - 22 ha implantés sur le premier coteau de la Loire, à Candé-sur-Beuvron, à l'emplacement d'un ancien moulin à vent - est aujourd'hui conduit par Daniel Tévenot et son fils Vincent.

Ce vin dévoile des senteurs gourmandes de framboise et de cerise bien mûres. En bouche, il conjugue intensité fruitée, souplesse et fraîcheur. Un ensemble harmonieux et gouleyant. 2018-2021 **Les Sables 2017 (5 à 8 €; 5000 b.)** : vin cité.

DANIEL ET VINCENT TÉVENOT, 4, rue du Moulin-à-Vent, Madon, 41120 Candé-sur-Beuvron, tél. 02 54 79 44 24, daniel.tevenot@wanadoo.fr V r.-v.

COUR-CHEVERNY

Superficie : 55 ha / Production : 2 433 hl

Reconnue en 1993, l'appellation est réservée aux vins blancs issus du seul cépage romorantin, produits dans quelques communes situées au sud-est de Blois. Le terroir est typique de la Sologne (sable sur argile). Élégants, les cour-cheverny méritent souvent de vieillir quelques années.

LA CHARMOISE 2017 ★

	6000		8 à 11 €

Établis à Cour-Cheverny, aux portes de la Sologne, Jacky et Laurent Pasquier, père et fils, travaillent en duo sur leurs 24 ha de vignes. Un domaine régulier en qualité, en rouge comme en blanc.

Ce 2017 élevé en fût de chêne pendant an présente une belle couleur dorée et des senteurs puissantes de citron confit mêlées à des nuances de bois bien fondues. Le fruit apparaît plus nettement dans une bouche souple et d'un bon volume, sur le pamplemousse et la réglisse. Atypique avec du caractère. 2018-2023

LAURENT PASQUIER, La Charmoise, 41700 Cour-Cheverny, tél. 06 87 11 15 19, gaec.pasquier@terre-net.fr V r.-v.

♥ DOM. DE LA DÉSOUCHERIE Soléa 2016 ★★

	6500		8 à 11 €

Transmise de père en fils depuis le XVIII[e]s., cette propriété est gérée depuis 2009 par Fabien Tessier. Situé sur le plus haut plateau de Cour-Cheverny, le vignoble de 31 ha bénéficie d'un beau terroir silico-argileux et d'une exposition ensoleillée.

Une vraie gourmandise que cette cuvée demi-sec. Elle se présente dans une robe dorée à souhait et livre un magnifique bouquet d'acacia et de fruits exotiques. Elle se distingue aussi par une bouche élégante, souple, tendre et soyeuse, soulignée par une fine acidité en finale.

2018-2026 **Cheverny Prélude 2016 ★ (8 à 11 €; 35 000 b.)** : sauvignon (80 %) et chardonnay composent un cheverny expressif, aux arômes intenses et élégants de fleurs blanches et d'agrumes agrémentés d'une pointe de bonbon anglais. Souplesse et ampleur caractérisent la bouche, dynamisée par une finale fraîche et acidulée. 2018-2021 ■ **Cheverny 2016 (8 à 11 €; 14 500 b.)** : vin cité.

DOM. DE LA DÉSOUCHERIE, Christian et Fabien Tessier, 47, voie de la Charmoise, 41700 Cour-Cheverny, tél. 02 54 79 90 08, infos@christiantessier.fr V *t.l.j. 8h-12h 14h-18h*

ORLÉANS

Superficie : 80 ha
Production : 2 986 hl (69 % rouge et rosé)

Autrefois AOVDQS, ce vignoble a été reconnu en AOC en 2006. Parmi les « vins françois », ceux d'Orléans eurent leur heure de gloire à l'époque médiévale. À côté des jardins, des pépinières et des vergers, la vigne a encore sa place aujourd'hui. Les vignerons tirent parti des cépages mentionnés depuis le Xe s. – des plants que l'on disait venir d'Auvergne mais qui sont identiques à ceux de Bourgogne: auvernat rouge (pinot noir), auvernat blanc (chardonnay) et gris meunier. L'appellation s'étend des deux côtés de la Loire et s'applique aux trois couleurs: les rouges et rosés assemblent une majorité de pinot meunier au pinot noir et les blancs sont dominés par le chardonnay.

VIGNOBLE DU CHANT D'OISEAUX 2016 ★

8000 | 5 à 8 €

Édouard Montigny, qui a pris la succession de Jacky Legroux, est à la tête de cette exploitation familiale depuis 2006. Valeur sûre de l'Orléanais, ce domaine de 13 ha est souvent en vue dans ces pages.

Cette cuvée associant 10 % de pinot gris au chardonnay se montre discrète de prime abord, puis s'ouvre rapidement sur la prune jaune et l'abricot sec. La bouche, franche en attaque, offre un beau volume et des arômes suaves de brioche et de miel. Un vin de belle maturité. 2018-2021

ÉDOUARD MONTIGNY, 321, rue des Muids, 45370 Mareau-aux-Prés, tél. 02 38 45 60 31, montignye@yahoo.fr V *r.-v.*

♥ VALÉRIE DENEUFBOURG Rencontres 2016 ★★

■ 10 800 | 5 à 8 €

Installée en 2005, Valérie Deneufbourg exploite un domaine de 13 ha à Cléry-Saint-André, près de la basilique qui renferme le tombeau de Louis XI. Depuis 2015, elle a remplacé les herbicides par le travail du sol. Avec ses « Rencontres » (nom de ses cuvées), elle est rapidement devenue l'une des valeurs sûres des appellations orléans et orléans-cléry.

Cet assemblage de pinots (meunier et noir) représente parfaitement cette petite appellation. La robe enchante l'œil par sa couleur rubis soutenu aux reflets pourpres. Les fruits rouges apparaissent au nez avec intensité et se retrouvent dans une bouche élégante, portée par une charpente à la fois fine et généreuse. La dégustation s'achève en beauté sur une longue finale épicée. 2018-2023

VALÉRIE DENEUFBOURG, 28, rue du Village, 45370 Cléry-Saint-André, tél. 02 38 45 97 53, valerie@deneufbourg.fr V *r.-v.*

JAVOY ET FILS 2017 ★

3000 | 5 à 8 €

Héritier d'une longue histoire vigneronne (le domaine a été fondé en 1820), Pascal Javoy a repris les vignes familiales en 1987: 17 ha en orléans et orléans-cléry.

Issu de pinot noir et pinot meunier, ce rosé se présente en robe rose clair aux reflets orangés. Le nez, puissant, évoque les petits fruits rouges (groseille, framboise), puis le bonbon anglais à l'aération. Une attaque franche ouvre sur une bouche ample, fraîche et longue, aux saveurs de fraise acidulée. 2018-2020 **Dom. Saint-Avit 2017 (5 à 8 €; 3000 b.)** : vin cité.

PASCAL JAVOY, 450, rue du Buisson, 45370 Mézières-lez-Cléry, tél. 02 38 45 66 95, javoy-et-fils@orange.fr V *t.l.j. sf dim. 9h-12h 14h-19h; f. 15-30 août*

ORLÉANS-CLÉRY

Superficie : 34 ha / Production : 1 223 hl

Reconnue en 2006, l'appellation porte le nom de la commune de Cléry dont la basilique renferme le tombeau de Louis XI. Elle s'étend sur les terrasses sablo-graveleuses de la rive sud de la Loire et produit exclusivement des vins rouges issus de cabernet franc.

CLOS SAINT-FIACRE 2016 ★

■ 4800 | 8 à 11 €

Créée en 1635, cette propriété familiale apparaît régulièrement dans le Guide, souvent aux meilleures places. Clos de murs, le vignoble couvre 20 ha conduit depuis 2001 par Hubert et Bénédicte Montigny-Piel.

Ce cabernet franc dévoile un nez puissant de framboise et d'épices, signe de raisins récoltés à pleine maturité. La bouche séduit par son équilibre, servi par des tanins de velours. Un vin harmonieux et bien structuré. 2018-2023

HUBERT ET BÉNÉDICTE MONTIGNY-PIEL, 560, rue de Saint-Fiacre, 45370 Mareau-aux-Prés, tél. 02 38 45 61 55, contact@clossaintfiacre.fr V *r.-v.*

LOIRE

♥ DOM. SAINT-AVIT 2016 ★★

■ | 7000 | 🍷 | 5 à 8 €

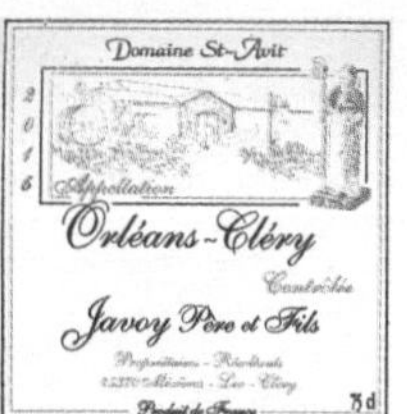

Héritier d'une longue histoire vigneronne (le domaine a été fondé en 1820), Pascal Javoy a repris les vignes familiales en 1987: 17 ha en orléans et orléans-cléry.

Cet orléans-cléry s'affiche avec élégance dans une robe grenat intense. Il offre au nez une explosion d'arômes variés, mêlant nuances florales, cassis, ainsi qu'une note typique du cabernet, le poivron. En bouche, il se montre ample et rond, étayé par une belle trame tannique soyeuse qui pousse loin la finale, intensément marquée par les fruits rouges. ⧗ 2018-2023

⊶ PASCAL JAVOY,
450, rue du Buisson, 45370 Mézières-lez-Cléry,
tél. 02 38 45 66 95, javoy-et-fils@orange.fr
V t.l.j. sf dim. 9h-12h 14h-19h;
f. 15-30 août

COTEAUX-DU-VENDÔMOIS

Superficie : 125 ha
Production : 6 417 hl (82 % rouge et rosé)

Sur le cours du Loir, les coteaux sont truffés d'habitations troglodytiques et de caves taillées dans le tuffeau. Reconnue en 2001, l'AOC jouxte en amont de la vallée les aires des jasnières et coteaux-du-loir, sur un terroir similaire, entre Vendôme et Montoire. Elle produit des vins gris originaux aux arômes poivrés, issus de pineau d'Aunis, des blancs nés de chenin, et des rouges, devenus majoritaires. Vins d'assemblage, ces derniers allient la nervosité légèrement épicée du pineau d'Aunis, la finesse du pinot noir, les tanins du cabernet franc et le fruité du gamay.

DOM. BRAZILIER
Gris Tradition 2017 ★

■ | 10000 | 🍷 | 5 à 8 €

Thoré-la-Rochette mérite une visite pour sa chapelle troglodytique et ses maisons des XVe et XVIes. C'est dans ce village que Benoît Brazilier élabore ses vins depuis 1996. Le domaine familial, qui se transmet depuis sept générations, compte 25 ha.

Ce vin pâle et lumineux dévoile au nez des notes épicées et fruitées. La bouche est tendre à l'attaque et offre une belle longueur. Un vin harmonieux et gourmand. ⧗ 2018-2019 ■ **Rochambeau 2016 (5 à 8 €; 8000 b.)** : vin cité.

⊶ BRAZILIER,
5, rue de l'Orangerie, 41100 Thoré-la-Rochette,
tél. 06 07 59 35 46, vinbrazilier@wanadoo.fr
V r.-v.

♥ DOM. DU FOUR À CHAUX
Gris Pineau d'Aunis 2017 ★★

■ | 20000 | 🍷 | - de 5 €

Ce domaine de 30 ha, géré par la même famille depuis six générations, est conduit depuis l'année 2000 par Dominique Norguet. Il tire son nom d'un four à chaux du XVIIIes. situé sur la propriété.

Le local pineau d'Aunis compose ici un rosé très clair, qui offre un nez puissant et typé de poivre rose et autres épices. On retrouve ces notes complétées de fruits rouges en attaque dans une bouche ample et fraîche. ⧗ 2018-2020 ■ **2017 ★ (- de 5 €; 5000 b.)** : à un nez puissant, exotique et floral, répond une bouche ample, souple, fraîche, équilibrée, d'une belle persistance. ⧗ 2018-2021

⊶ EARL DOMINIQUE NORGUET,
lieu-dit Berger, 41100 Thoré-la-Rochette,
tél. 02 54 77 12 52, dominique.norguet@orange.fr
V t.l.j. sf dim. 9h-12h 14h-19h

DOM. MARTELLIÈRE 2017 ★

■ | 3000 | 🛢🍷 | - de 5 €

Jean-Vivien Martellière a repris en 2004 cette exploitation familiale de 12 ha fondée en 1967 par son grand-père Jean. Il vinifie exclusivement les trois AOC de la vallée du Loir: jasnières, coteaux-du-loir et coteaux-du-vendômois, et produit aussi des IGP Val de Loire. Très régulier en qualité.

Cet assemblage de pineau d'Aunis, de cabernet franc et de pinot noir a passé les six derniers mois de son élevage en barriques. Il se présente dans une jolie robe rubis soutenu. Le nez s'ouvre après une légère aération sur la framboise et quelques nuances de poivron. La bouche se montre ample, ronde et bien charpentée par des tanins fermes mais sans dureté. Un beau potentiel. ⧗ 2019-2023 ■ **Dom. J. Martellière Gris Cuvée Jasmine 2017 ★ (- de 5 €; 3500 b.)** : Jasmine est la sœur de Jean-Vivien Martellière. Dans le verre, un rosé pâle et brillant, dont le nez associe notes florales et nuances plus épicées, à la bouche légère et fruitée. ⧗ 2018-2019

⊶ JEAN-VIVIEN MARTELLIÈRE,
46, rue de Fosse, 41800 Montoire-sur-le-Loir,
tél. 06 08 99 94 15, contact@domainemartelliere.fr
V r.-v.

COTEAUX DU VENDÔMOIS
Montagne blanche 2017

■ | 20000 | 🍷 | 5 à 8 €

Créée en 1929, cette cave coopérative vinifie les 160 ha de vignes de ses adhérents. Elle propose une gamme intéressante de cuvées mettant en valeur des «cépages rares et oubliés». Ses vins sont souvent distingués dans le Guide.

Ce chenin présente un nez frais et franc, ouvert sur les agrumes. Arômes que l'on retrouve dans une bouche qui associe harmonieusement souplesse et fraîcheur. ⧗ 2018-2021

CAVE COOPÉRATIVE DU VENDÔMOIS, 60, av. du Petit-Thouars, 41100 Villiers-sur-Loir, tél. 02 54 72 90 69, caveduvendomois@wanadoo.fr t.l.j. sf dim. lun. 9h-12h 14h-19h

VALENÇAY

Superficie: 190 ha
Production: 8000 hl (50 % blanc, 50 % rouge et rosé)

Dans cette région marquée par le souvenir de Talleyrand et de la fameuse «Pierre à Fusil» à la croisée du Berry, de la Sologne et de la Touraine, la vigne alterne avec les forêts, la grande culture et l'élevage de chèvres. La majorité des terroirs sont des sols d'argiles à silex à dominante argilo-siliceuse ou argilo-limoneuse. Certaines parcelles sont toutefois situées sur des sous-sols de tuffeau et ainsi plus riches en calcaire.
Passée dans le giron des appellations d'origine en 2004, l'appellation valençay laisse à chaque vigneron le soin d'exprimer tout son savoir-faire d'assemblage. Les vins proposés sont plutôt variés et à découvrir jeunes.
Les blancs, mariage de sauvignon blanc et de chardonnay, parfois associé au sauvignon gris (ou à l'orbois) proposent un bel équilibre de souplesse et d'acidité avec des nuances printanières (genêt, fleurs blanches...).
Les vins rouges basés sur une trilogie gamay, côt et pinot noir (accessoirement le cabernet franc) expriment une présence tannique soyeuse avec une robe plutôt soutenue.
Les vins rosés quant à eux allient fraîcheur et vivacité avec des nuances de fruits rouges.
Cas unique en France, Valençay est la seule région qui offre deux appellations d'origine sous le même nom: le valençay, fromage de chèvre avec sa forme originale de pyramide tronquée; et valençay, vins d'assemblage. Avec le valençay blanc, le fromage de valençay nous propose un parfait exemple d'accord de terroir.

DOM. AUGIS 2017

■ | 5000 | | 5 à 8 €

Propriété familiale créée en 1900 à Meusnes, la commune la plus orientale de l'AOC touraine, réputée pour ses sols riches en silex. Depuis 1988, Philippe Augis, cinquième du nom à la tête de ce domaine régulier en qualité, exploite 17 ha en appellations touraine et valençay.

Cette cuvée dévoile au nez des arômes de fraise, de groseille et de griotte. Ces nuances gourmandes se retrouvent plus confites dans une bouche souple, ronde et suave, un brin plus tannique en finale. 2019-2023

DOM. AUGIS, 1465, rue des Vignes, 41130 Meusnes, tél. 02 54 71 01 89, philippe.augis@wanadoo.fr t.l.j. sf dim. 8h-12h 14h-18h30

DOM. BARDON Paradis 2017 ★★

■ | 20000 | | 8 à 11 €

Valeur sûre de l'appellation valençay, ce domaine (50 ha) conduit par Denis Bardon depuis 1991 est situé à Meusnes, commune où l'on extrayait autrefois la pierre à fusil; son petit musée permet de découvrir cette activité importante du XVIIIe s. jusqu'au début du XIXe s.

Cette cuvée livre un nez intense et gourmand de fruits noirs et rouges et de chocolat. La bouche est bien enveloppée, ronde, soutenue par des tanins souples et fondus. Un vin riche et long qui s'appréciera dès aujourd'hui mais aussi avec quelques années de garde. 2018-2023 ■ **2017 (5 à 8 €; 50000 b.)** : vin cité.

DENIS BARDON, 243, rue Jean-Jaurès, 41130 Meusnes, tél. 02 54 71 01 10, denisbardon@vinsbardon.com r.-v.

DOM. DU BOIS GAULTIER 2016

■ | 10000 | 5 à 8 €

Tout près du magnifique château de Valençay, sur un terroir dit «de pierre à fusil», Marylène et Serge Leclair ont créé de toutes pièces en 1985 leur vignoble qui compte aujourd'hui 20 ha. Ils vendent la majorité de leur production à la propriété ou sur les foires et marchés.

Ce vin associant les quatre cépages du terroir développe des senteurs de cerise et d'épices. Cette bonne impression se confirme dans une bouche tendre et soyeuse, aux tanins souples. 2018-2021 ■ **2017 (5 à 8 €; 10000 b.)** : vin cité.

MARYLÈNE ET SERGE LECLAIR, Le Bois-Gaultier, 36600 Fontguenand, tél. 02 54 00 18 46, serge.leclair@orange.fr t.l.j. 8h-19h; dim. sur r.-v.

LE CLAUX DELORME 2016 ★★

■ | 17000 | | 8 à 11 €

Valeur sûre de l'appellation menetou-salon avec son Dom. La Tour Saint-Martin, Bertrand Minchin, aussi à l'aise en rouge qu'en blanc, est établi depuis 1987 à la tête de 17 ha de vignes sur les hauteurs de Morogues. En 2004, il s'est étendu sur l'appellation valençay avec les 15 ha du Claux Delorme, à Selles-sur-Cher, et s'y est rapidement imposé comme une belle référence.

Ce valençay dévoile un nez flatteur de fruits noirs et cerise à l'eau-de-vie. Rond, charnu, soutenu par des tanins fondus et veloutés, le palais allie puissance et fraîcheur et déploie une longue finale. Un beau caractère et un bon potentiel. 2018-2023

LA TOUR SAINT-MARTIN, Saint-Martin-des-Lacs, 18340 Crosses, tél. 02 48 25 02 95, cave@domaines-minchin.vin r.-v.

DOM. GARNIER 2017 ★

■ | 7500 | 5 à 8 €

La famille Garnier cultive la vigne depuis 1822. Ce sont aujourd'hui les deux frères Éric et Olivier qui gèrent ce domaine de 26 ha, le premier à la vigne et le second à la cave. À leur carte, du touraine et du valençay.

Une belle robe rose soutenu habille ce valençay au nez délicat de fraise et de bonbon anglais. Des arômes repris par une bouche souple, légère et fine. 2018-2019

DOM. GARNIER, 81, rue Delacroix, 41130 Meusnes, olivier@oliviergarnier.com r.-v.

LOIRE

VIGNOBLE GIBAULT 2016 ★

■ | 13000 | 🍾 | 5 à 8 €

Établi à Meusnes, à l'extrémité orientale de la vallée du Cher, Patrick Gibault exploite depuis 1982 le vignoble constitué par son père: 30 ha sur des sols d'argiles à silex.

Issu de pinot noir, de gamay et de côt, ce vin séduit par ses arômes de cerise, de cassis et de pruneau. La bouche, centrée sur les mêmes nuances, se montre charnue, soyeuse, de belle longueur, avec une finale épicée. ⧗ 2018-2021 ■ **2017 (5 à 8 €; 25000 b.)** : vin cité.

VIGNOBLE GIBAULT, 183, rue Gambetta, 41130 Meusnes, tél. 02 54 71 02 63, vignoblegibault@wanadoo.fr V t.l.j. sf dim. 9h-12h 14h-19h

FRANCIS JOURDAIN Rosée 2017

■ | 15000 | 🍾 | 5 à 8 €

Fondé en 1960, ce domaine familial (30 ha) a été repris en 1990 par Francis Jourdain qui avait auparavant exercé durant une dizaine d'années une activité de conseil en arboriculture secondé par Sophie depuis 2008. Son chai est situé près d'une très belle « loge » de vignes, dans la commune de Lye.

Né sur un sol argileux à silex, ce rosé rassemble les cinq cépages locaux: gamay, côt, pinot noir, cabernet franc et pineau d'Aunis. La robe est pâle, le nez gourmand, sur la fraise, et la bouche s'exprime sur la fraîcheur acidulée. ⧗ 2018-2019

JOURDAIN, Les Moreaux, 36600 Lye, tél. 02 54 41 01 45, contact@domainejourdain.com V t.l.j. sf dim. 9h30-12h30 15h-19h

♥ DOM. DE PATAGON 2017 ★★

■ | 26000 | 🍾 | 5 à 8 €

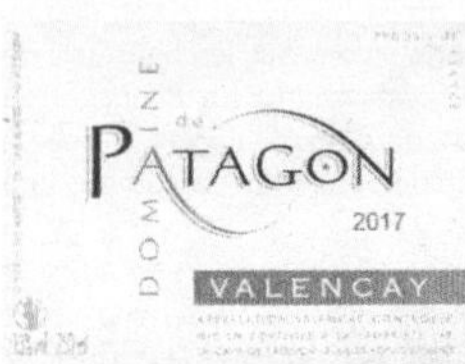

La petite coopérative de Valençay créée en 1964 regroupe trois adhérents et représente un vignoble de 42 ha. La production de chacun est récoltée et vinifiée séparément pour mettre en valeur l'expression des différents terroirs.

La famille Boissier, coopérateurs dans la commune de Faverolles, signe ici une magnifique cuvée née de 80 % de sauvignon et 20 % de chardonnay et d'un terroir d'argiles à cosses (forte charge caillouteuse). La robe est cristalline, le nez puissant, sur les fleurs blanches et les agrumes. La bouche se distingue par son onctuosité et sa richesse, parfaitement équilibrée par une finale plus fraîche et tendue. ⧗ 2018-2022 ■ **Sébastien Vaillant Le Poirentin-Les Cosses 2017 ★ (5 à 8 €; 23000 b.)** : un vin au nez intense de fleur d'acacia et d'herbe fraîche, à la bouche légère et minérale. ⧗ 2018-2021 ■ **Sébastien Vaillant Les Chailloux 2016 ★ (5 à 8 €; 24000 b.)** : une cuvée ouverte sur les fruits rouges et noirs, le cassis notamment, ample et ronde en bouche, aux tanins fondus. ⧗ 2018-2022

SCA LA CAVE DE VALENÇAY, La Lie, 36600 Fontguenand, tél. 02 54 00 16 11, lacavedevalencay@orange.fr V t.l.j. sf dim. 9h-12h 14h-18h

PASCAL ET JACKY PREYS Cuvée Prestige 2016

■ | 25000 | 🍾 | 5 à 8 €

Ce domaine situé sur les hauts de Meusnes est conduit depuis 1966 par Jacky Preys, aujourd'hui rejoint par son fils Pascal. Le tandem gère la plus grande propriété de l'appellation valençay: 76 ha.

Cette cuvée plaît d'emblée par ses arômes de cerise, de fraise et de cassis. Arômes prolongés par une bouche friande et souple, plus suave en finale. Un vin gouleyant, mûr et gourmand. ⧗ 2018-2021

PREYS, 536, rue Debussy, 41130 Meusnes, tél. 02 54 71 00 34, domainepreys@wanadoo.fr V r.-v.

JEAN-FRANÇOIS ROY 2017 ★★

■ | 20000 | 🍾 | 5 à 8 €

Établi dans la commune de Lye, dans l'Indre, Jean-François Roy gère depuis 1989 un domaine dont il a porté la superficie à 30 ha, régulièrement sélectionné dans le Guide pour ses valençay, dans les trois couleurs.

Le pinot noir est associé au gamay et à une pointe de malbec dans ce rosé de belle intensité aromatique, autour de nuances florales et de fruits rouges. Cette expression est confirmée par un palais ample, long et frais. ⧗ 2018-2020 ■ **Symphonie 2017 ★ (5 à 8 €; 50000 b.)** : un nez intense, élégant et très floral (seringat, acacia, chèvrefeuille) et une bouche fraîche et épicée composent un blanc gourmand et typé qui ne manque pas de rondeur. ⧗ 2018-2021 ■ **Signature 2016 (5 à 8 €; 25000 b.)** : vin cité.

JEAN-FRANÇOIS ROY, 3, rue des Acacias, 36600 Lye, tél. 02 54 41 00 39, jeanfrancois.roy@wanadoo.fr V t.l.j. sf dim. 9h-12h 15h-16h30

HUBERT ET OLIVIER SINSON 2017

■ | 10000 | 🍾 | 5 à 8 €

Située dans la commune de Meusnes, aux confins de la Touraine et du Berry, cette exploitation de 22 ha, productrice dans les AOC touraine et valençay, se transmet de père en fils depuis quatre générations et est conduite par Olivier Sinson depuis 1999.

Cette cuvée offre une expression aromatique florale agrémentée de nuances beurrées. En bouche, elle affiche un bon équilibre, associant un côté rond et tendre à une fraîcheur bien dosée. ⧗ 2018-2021

EARL HUBERT ET OLIVIER SINSON, 1397, rue des Vignes, 41130 Meusnes, tél. 02 54 71 00 26, o.sinson@wanadoo.fr V t.l.j. sf dim. 8h-12h 14h-18h

➔ LES VIGNOBLES DU CENTRE

Les secteurs viticoles du Centre occupent les endroits les mieux exposés des coteaux ou plateaux modelés au cours des âges géologiques par la Loire et ses affluents, l'Allier et le Cher. Ceux qui, sur les côtes d'Auvergne, à Saint-Pourçain (en partie) ou à Châteaumeillant, sont implantés sur les flancs est et nord du Massif central, restent cependant ouverts

sur le bassin de la Loire. Siliceux ou calcaires, les sols viticoles de ces régions portent un nombre restreint de cépages, parmi lesquels ressortent surtout le gamay pour les vins rouges et rosés, et le sauvignon pour les vins blancs. Quelques spécialités: tressallier à Saint-Pourçain et chasselas à Pouilly-sur-Loire pour les blancs; pinot noir à Sancerre, Menetou-Salon et Reuilly pour les rouges et rosés, avec encore le délicat pinot gris dans ce dernier vignoble. Tous les vins du Centre ont en commun légèreté, fraîcheur et fruité, ce qui les rend particulièrement agréables et en harmonie avec la cuisine régionale.

CHÂTEAUMEILLANT

Superficie : 82 ha / Production : 4 000 hl

Le gamay retrouve ici les terroirs qu'il affectionne, dans un site très anciennement viticole. La réputation de Châteaumeillant s'est établie grâce à son «gris», un rosé issu du pressurage immédiat des raisins de gamay présentant un grain, une fraîcheur et un fruité remarquables. L'appellation produit aussi des rouges, nés de sols d'origine éruptive, des vins gouleyants à boire jeunes et frais.

DOM. DU CHAILLOT 2017 ★

■ | 1800 | 🍾 | 8 à 11 €

Vigneron depuis 1993, Pierre Picot dirige une exploitation de 6 ha. Les vignes se répartissent sur trois sites: deux reposent sur des micaschistes à 320 m d'altitude et un sur des terrasses sédimentaires à 280 m d'altitude. Une valeur sûre de l'appellation châteaumeillant.

Le rose saumoné intense de la robe traduit bien le gamay qui l'a engendré. Composé d'arômes de fraise écrasée et de bonbon anglais, le nez présente une touche vineuse. La bouche confirme ces sensations par son gras, sa richesse, sa générosité et sa finale sur la mûre et la fraise confiturée. ⧗ 2018-2019 ■ **Rêvésens 2017 ★ (11 à 15 €; 700 b.)** : cette cuvée très confidentielle exhale des senteurs florales (violette), fruitées (cerise, myrtille) et épicées. Souple en attaque, la bouche offre un bel équilibre, de la rondeur, de l'onctuosité et distille d'élégants amers dans sa longue finale. ⧗ 2019-2022 ■ **2017 (11 à 15 €; 2600 b.)** : vin cité.

⊶ PIERRE PICOT, 1, pl. de la Tournoise, 18130 Dun-sur-Auron, tél. 02 48 59 57 69, pierre.picot@wanadoo.fr V ⚑ ■ *r.-v.*

DOM. DES CHAVOCHES 2017 ★

■ | 1000 | 🍾 | 8 à 11 €

Les Chavoches ? C'est le nom berrichon des chouettes chevêches, qui hantent le vignoble. Pascal Leclaire s'est installé en 2015 sur un petit domaine planté de gamay, à 320 m d'altitude. Avec l'ambition de contribuer à l'essor de son appellation, châteaumeillant.

Ce gamay se présente dans une robe très foncée. Des arômes de marmelade (fraise et framboise) mêlés à des notes poivrées composent un nez bien typé. Les tanins, soyeux, confèrent volume et ampleur au palais, tandis que la rétro-olfaction, fruitée et épicée, procure une belle longueur. Élégant. ⧗ 2019-2022

⊶ PASCAL LECLAIRE, 9, pl. du Champ-de-Foire, 18130 Dun-sur-Auron, tél. 06 51 76 68 05, contact@domainedeschavoches.com V ⚑ ■ *r.-v.*

DOM. DUTHEIL Coccinelle 2016 ★

■ | 2200 | 🍾 | 11 à 15 €

Fils d'agriculteurs, Benoît Dutheil a accompli son rêve de toujours en créant son exploitation viticole en 2012, avec une parcelle de 50 ares de micaschistes et de sédiments plantée en gamay. Un domaine à suivre.

Une aération est nécessaire pour libérer des arômes de griotte et de violette. En bouche, on découvre une douceur fruitée, des tanins assez serrés, de la fraîcheur et une bonne longueur. ⧗ 2019-2023

⊶ EARL DU PAS, Le Pas, 36370 Bélabre, tél. 06 80 65 16 66, benoit.dutheilportable@orange.fr V ■ *r.-v.* ⊶ *Benoît Dutheil*

Le Centre

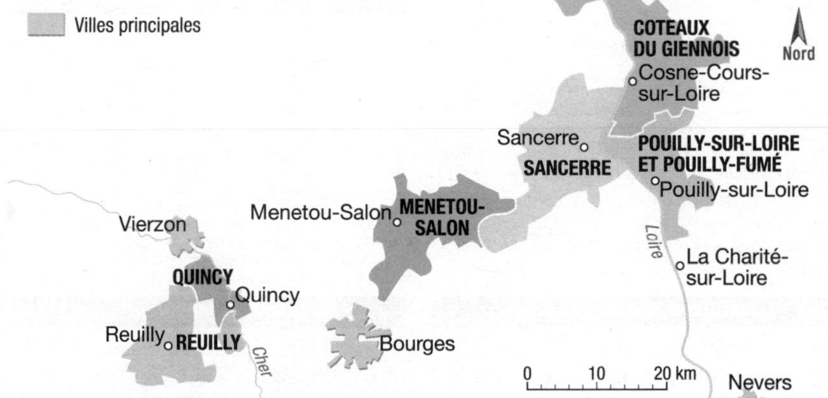

LOIRE

DOM. JOFFRE Nuance de gris 2017 ★

■ | 400 | | 5 à 8 €

Agriculteur, Jean-Luc Joffre s'est lancé en 2013 dans la viticulture, à cinquante-six ans, et conduit un vignoble de poche de 1,2 ha. Une aventure à laquelle participe toute sa famille, qui s'implique à la vigne comme au chai et à la commercialisation.

Une cuvée très confidentielle: la surface cultivée est minuscule et 2017 a vu s'abattre la grêle sur l'appellation, entraînant une très faible récolte. Peu de vin donc, mais du bon. De couleur framboise à reflets gris, il offre une apparence de légèreté perceptible à l'œil. Le nez s'ouvre sur des nuances délicates de fraise fraîche et de poire. En bouche, l'équilibre est sur la rondeur et l'onctuosité, avec une finale plus ciselée aux évocations de groseille. ⧗ 2018-2019

JEAN-LUC JOFFRE, Montvril, 36130 Diors, tél. 06 21 57 26 60, contact@domaine-joffre.com V r.-v.

DOM. LECOMTE Folie douce 2016

■ | 1500 | | 8 à 11 €

Bruno Lecomte s'est lancé dans la viticulture en 1995, en achetant 1,5 ha de vignes en AOC quincy. Entre-temps, son fils Nicolas l'a rejoint en 2006 sur un vignoble couvrant désormais 13 ha, dont 3 ha en châteaumeillant. Depuis janvier 2018, ce dernier est désormais seul aux commandes.

Des nuances fumées et épicées dominent le premier nez, avant que l'aération ne révèle une touche de cassis confituré. De bonne ampleur et chaleureuse, la bouche est encore marquée par les notes boisées de l'élevage en fûts. À attendre un peu. ⧗ 2020-2023

DOM. LECOMTE, 105, rue Saint-Exupéry, 18520 Avord, tél. 02 48 69 27 14, info@domaine-lecomte.com V r.-v.

NAIRAUD-SUBERVILLE Reflet des sept fonts 2017 ★

■ | 5000 | | 8 à 11 €

Après plusieurs années passées à l'INAO, Daniel Nairaud jette son dévolu sur les terres argilo-sableuses de Châteaumeillant et acquiert en 2011 un vignoble de près de 8 ha. Il s'est très rapidement imposé comme une valeur sûre de l'appellation et exploite aujourd'hui un domaine de 27 ha, le plus vaste de l'appellation. Il dirige aussi la maison de négoce Bituriges Vins créée en 2013.

La robe est d'un rose saumoné clair. Au nez, une belle complexité: petits fruits rouges (fraise) et noirs (mûre, myrtille, cassis). La bouche, bâtie sur la tension, est marquée d'une pointe tannique revigorante. Un châteaumeillant d'une agréable fraîcheur. ⧗ 2018-2019 ■ **Le Beau Merle Élevé en fût de chêne 2016 (20 à 30 €; 4000 b.)** : vin cité.

DOM. NAIRAUD-SUBERVILLE, Le Tivoli, rte de Culan, 18370 Châteaumeillant, tél. 06 26 46 23 50, sceanairaudsuberville@gmail.com V *t.l.j. sf dim. 9h-18h*

JACQUES ROUZÉ Grappes 2016 ★

■ | 10000 | | 5 à 8 €

Figurant parmi les plus anciens vignerons de l'appellation quincy, et aussi parmi les plus réguliers, Jacques Rouzé a étendu son exploitation (19 ha) sur Reuilly et Châteaumeillant. Depuis 2009, il est épaulé par son fils Côme.

La robe, rubis aux reflets violets, est particulièrement profonde. Au nez, se dévoile une belle expression fruitée (cassis, griotte), mais aussi épicée (poivre) et florale (lilas). On retrouve ces arômes dans une bouche gourmande où l'extraction mesurée des tanins, au grain fin, structure finement l'ensemble. Équilibré et élégant. ⧗ 2018-2022

CÔME ROUZÉ, 2 ter, chem. des Vignes, 18120 Quincy, tél. 02 48 51 35 61, rouze@terre-net.fr V *t.l.j. sf dim. 9h-12h 14h-18h; sam sur r.-v.*

DOM. DE VIGNÉRIAS 2016

■ | 775 | 8 à 11 €

Éleveur de bovins et céréaliculteur en Berry pendant trente-trois ans, Robert Chaze de Vignérias a réalisé son rêve à cinquante-huit ans: créer en châteaumeillant un petit vignoble (67 ares) qu'il bichonne en famille.

Cette cuvée très confidentielle est dominée par des parfums fumés et quelques touches de cassis. De bonne concentration, généreuse et bien structurée, la bouche confirme ces arômes. ⧗ 2019-2022

SCEV CHAZE DE VIGNÉRIAS - MANGIN D'OUINCE, Rouilly, 36300 Le Blanc, tél. 06 76 44 45 66, domaine.de.vignerias@gmail.com V *r.-v.*

COTEAUX-DU-GIENNOIS

Superficie : 194 ha
Production : 5 928 hl (48 % rouge et rosé)

Sur les coteaux de Loire réputés depuis longtemps, la viticulture a progressé, tant dans la Nièvre que dans le Loiret, attestant la bonne santé du vignoble. Les coteaux-du-giennois ont accédé à l'AOC en 1998. Plantés sur des sols siliceux ou calcaires, les cépages traditionnels, gamay, pinot noir et sauvignon, donnent des vins dans les trois couleurs. Les blancs, issus de sauvignon, sont légers et fruités. Tout aussi fruités, les rouges et les rosés assemblent le gamay et le pinot noir. Souples et peu tanniques, les premiers peuvent être servis jusqu'à cinq ans d'âge.

COMTE HENRY D'ASSAY Silex 2017

■ | 3000 | | 11 à 15 €

Le Comte Henri d'Assay, propriétaire du Ch. de Tracy, a créé cette entreprise de négoce en 2016 pour sélectionner et commercialiser des sauvignons de toutes les régions de France, en privilégiant La Loire.

Ce 2017, au nez amylique (bonbon anglais) et fruité (pêche, poire), offre une bouche vive et croquante. Un vin énergique. ⧗ 2018-2020

HENRY D' ASSAY, Tour de l'Est, Ch. de Tracy, 58150 Tracy-sur-Loire, tél. 03 86 26 16 21, contact@henrydassay.com

CÉDRICK BARDIN 2017

■ | 3500 | | 5 à 8 €

Fils et petit-fils de vignerons, Cédrick Bardin a acheté ses premières vignes (15 ares) en 1989 à l'âge de

dix-huit ans. L'exploitation, qui s'étend aujourd'hui sur 14 ha répartis sur les deux rives de la Loire, apparaît régulièrement dans le Guide.

Le nez est un classique du sauvignon avec ses notes de buis, de genêt et de fleur de sureau. Très souple, avivée par des nuances de fruits exotiques et de bonbon anglais, la bouche finit sur une belle nuance acidulée. ⧗ 2018-2020

CÉDRICK BARDIN,
12, rue Waldeck-Rousseau, 58150 Pouilly-sur-Loire, tél. 03 86 39 11 24, cedrick.bardin@wanadoo.fr
V r.-v.

DOM. CHAUVEAU Silex 2017 ★

	2500		5 à 8 €

Benoît Chauveau reprend en 1995 une partie du vignoble de ses parents. Deux ans plus tard, il construit sa première cave (une nouvelle est sortie de terre en 2012), complète son exploitation avec des vignes de ses grands-parents pour disposer aujourd'hui d'un domaine de 15 ha en coteaux-du-giennois et en pouilly-fumé, très régulier en qualité.

Intense et complexe, ce blanc s'ouvre sur une sensation de salade de fruits agrémentée de jolies nuances florales (muguet). Très souple et ronde, la bouche est en accord, offrant un beau retour sur des notes de poire dans sa longue finale. ⧗ 2018-2020

BENOÎT CHAUVEAU,
11, rue du Coin-Chardon, Lieu-dit Les Cassiers, 58150 Saint-Andelain, tél. 03 86 39 15 42, domainechauveau@gmail.com V *t.l.j. 9h-12h 14h-18h; sam. dim. sur r.-v.*

DOM. COUET 2017 ★

	7000		5 à 8 €

Issu d'une famille de vignerons, Emmanuel Couet représente la cinquième génération. La partie la plus importante de l'exploitation (étendue sur 9 ha), ainsi que la cave, se situent dans l'aire des coteaux-du-giennois, complétée par des vignes en pouilly-fumé. Claire, l'épouse d'Emmanuel, officie par ailleurs au Dom. de Fontaine (pouilly-fumé).

Issue d'un terroir à silex, cette cuvée affiche un aspect saumoné soutenu. Délicats, les arômes mêlent les fruits acidulés (citron, groseille) à une discrète touche végétale. Souple en attaque, la bouche développe ensuite une franche vivacité jusqu'en finale. ⧗ 2018-2019

EMMANUEL COUET,
25, Croquant, 58200 Saint-Père, tél. 03 86 28 14 80, domainecouet@gmail.com V *r.-v.* B

DOM. DE FONTAINE 2017

	2000		5 à 8 €

Un plan datant de 1868 mentionne 4 ha de vignes sur le domaine; vignes quasiment disparues avec l'épidémie du phylloxéra et replantées à partir de 1989 par Michel et Daniel Nérot. Ce dernier s'est associé en 2015 avec Claire Couet (qui a fait ses armes avec son mari Emmanuel sur le Dom. Couet). Ensemble, ils conduisent un vignoble de 9 ha en coteaux-du-giennois et pouilly-fumé.

Les notes confiturées du premier nez prennent, après aération, de la vivacité. La bouche suit le même mouvement, passant de la souplesse à la fraîcheur. Avec des tanins fins et une finale fruitée, c'est un coteaux-du-giennois gouleyant. ⧗ 2018-2020

CLAIRE COUET,
Fontaine, 58200 Saint-Père, tél. 06 82 43 59 60, domainedefontaine@gmail.com
V *r.-v.*

♥ CATHERINE ET MICHEL LANGLOIS
Ma vie en rose 2017 ★★

	11500		5 à 8 €

Installé en 1996 sur le domaine familial, Michel Langlois figure parmi les fervents promoteurs de l'AOC coteaux-du-giennois, reconnue en 1998, tout en proposant des produits d'une grande diversité. Sur près de 17 ha, il élabore aussi bien du pouilly-fumé et du coteaux-du-giennois que des vins de pays, des effervescents et des crèmes de fruit.

Pinot noir (70 %) et gamay composent ce rosé à la teinte corail franche et soutenue. Les arômes de fruits rouges (fraise, framboise) sont puissants et agrémentés de touches de pamplemousse et de bonbon anglais. Harmonieuse, nantie d'une belle fraîcheur, la bouche séduit par sa gourmandise et sa grande persistance fruitée. ⧗ 2018-2020 **Les Charmes 2017 ★ (5 à 8 €; 18000 b.)** : au nez, de fraîches notes variétales (buis, genêt) et fruitées (pêche blanche, orange, pamplemousse). En bouche, une bonne densité, de la souplesse et de la fraîcheur aux nuances mentholées et une finale sur l'ananas et l'abricot. Stimulant. ⧗ 2018-2020 ■ **Origine 2017 (5 à 8 €; n.c.)** : vin cité.

CATHERINE ET MICHEL LANGLOIS,
17, rue de Cosne, 58200 Pougny, tél. 03 86 28 06 52, catmi-langlois@orange.fr V *t.l.j. sf dim. 9h-12h30 14h30-19h*

DOM. DE MONTBENOIT 2017

	55000		11 à 15 €

Jean-Marie Berthier a créé en 1983 le Dom. de Clairneaux à Sancerre, qu'il a étendu en 1998 en acquérant le Dom. Montbenoit en coteaux-du-giennois. L'ensemble couvre aujourd'hui 24 ha conduits par ses fils Clément, l'aîné, qui s'occupe de la vinification et de la commercialisation, et Florian, le cadet, qui officie à la vigne.

Assemblage de trois terroirs (calcaires, silex et marnes), ce vin dévoile une expression florale (rose, pivoine) et fruitée (mandarine) à l'olfaction. Souple en attaque, la bouche apparaît ronde, tendre, d'une sobre simplicité. ⧗ 2018-2020

CLÉMENT ET FLORIAN BERTHIER,
Les Clairneaux, 18240 Sainte-Gemme-en-Sancerrois, tél. 02 48 79 40 97, contact@vignoblesberthier.fr
V *r.-v.* C

LOIRE

♥ DOM. POUPAT ET FILS Le Trocadéro 2016 ★★

■ | 7000 | 🍾 | | 5 à 8 €

Établi à Briare, commune connue pour son canal et ses émaux, Philippe Poupat, épaulé par son fils Xavier, s'affirme comme l'une des valeurs sûres de l'appellation coteaux-du-giennois. Implanté sur une terrasse argilo-siliceuse dominant la Loire à Gien, le vignoble couvre environ 11 ha et la cave voûtée s'étire sur 40 m.

Grâce au travail minutieux de Philippe et Xavier Poupat, gamay (80 %) et pinot expriment le meilleur dans cette cuvée issue d'un terroir argilo-siliceux. Violine à reflets grenat, la teinte est profonde. Sur un fond de petits fruits rouges et noirs, des senteurs poivrées et réglissées donnent un éclat remarquable à l'olfaction. Des tanins bien en place mais fondus et une très légère sucrosité en harmonie avec une subtile fraîcheur constituent une structure élégante autant que puissante. La longue finale sur le fruit (cassis, framboise) emporte définitivement l'adhésion. ⧗ 2019-2022 ■ **Rivotte 2017 (5 à 8 €; 34000 b.)** : vin cité.

DOM. POUPAT ET FILS, Rivotte, 45250 Briare-le-Canal, tél. 02 38 31 39 76, domainepoupat@hotmail.fr V 🚶 🍷 *t.l.j. sf dim. 14h-18h; sam. 9h-12h 14h-18h30*

DOM. QUINTIN FRÈRES Terre des violettes 2016

■ | 3500 | 🍾 | | 5 à 8 €

Le domaine Quintin Frères a été créé en 1991 par François et Michel Quintin, sur d'anciennes terres à vignes abandonnées après le phylloxéra. Aujourd'hui, les deux frères exploitent près de 10 ha et accueillent leurs clients dans une cave voûtée du XIXᵉs. Une valeur sûre du Guide en coteaux-du-giennois.

D'une agréable finesse, l'olfaction n'est que fruit (griotte, fraise). Légère et souple, aux tanins discrets, la bouche est fort agréable. Un coteaux-du-giennois facile et gourmand. ⧗ 2018-2020 ■ **Rive droite 2017 (5 à 8 €; 20000 b.)** : vin cité.

SCEA QUINTIN FRÈRES, Villegeai, 58200 Cosne-Cours-sur-Loire, tél. 03 86 28 31 77, quintin.francois@wanadoo.fr V 🚶 🍷 *t.l.j. 8h30-12h 13h30-16h30; sam. dim. sur r.-v.*

FLORIAN ROBLIN Champ Gibault 2016

■ | 5000 | 🛢 | | 8 à 11 €

L'une des étoiles montantes de l'appellation coteaux-du-giennois. Florian Roblin, fils d'éleveur de Beaulieu-sur-Loire, s'est lancé dans la vigne en 2008 à partir d'une petite parcelle d'un seul tenant, les Champ Gibault, cultivée autrefois par son grand-père. Quelques plantations plus tard, il exploite aujourd'hui une petite surface de 3 ha, qu'il conduit en culture raisonnée proche du bio.

Champ Gibault est le nom d'une parcelle d'argiles à silex. Au nez, des arômes confiturés se marient à des notes fumées et boisées. En bouche, on découvre une structure légère autour de tanins souples (un brin plus austères en finale) et de charmantes saveurs de fruits rouges. ⧗ 2018-2021

FLORIAN ROBLIN, 11, rue des Saints-Martin, Maimbray, 45630 Beaulieu-sur-Loire, tél. 06 61 35 96 69, domaine.roblin.florian@orange.fr V 🚶 🍷 *r.-v.*

DOM. DE VILLARGEAU 2017

■ | 112000 | 🍾 | | 8 à 11 €

Depuis qu'ils ont commencé à défricher un plateau aux sols d'argiles à silex en 1991 pour y planter de la vigne, les frères Jean-Fernand et François Thibault – auxquels sont venus se joindre les fils Marc et Yves – ont fait la renommée du Dom. de Villargeau (22 ha), valeur sûre de l'appellation coteaux-du-giennois.

Une plaisante association d'arômes se dégage du bouquet: agrumes d'abord (mandarine, zeste d'orange), puis pêche et fleurs blanches (sureau). Légère et fruitée (groseille, ananas), la bouche trouve son équilibre entre souplesse et fraîcheur. ⧗ 2018-2020

GAEC THIBAULT, 1, allée des Noyers, Domaine de Villargeau, 58200 Pougny, tél. 06 62 29 69 30, marc@domaine-villargeau.fr V 🚶 🍷 *r.-v.*

CÔTES-D'AUVERGNE

Superficie : 258 ha
Production : 10 549 hl (90 % rouge et rosé)

Très vaste jusqu'à la crise phylloxérique, le vignoble des côtes-d'auvergne a accédé à l'AOVDQS en 1977, puis à l'AOC en 2011. Qu'ils soient issus de vignobles des puys, en Limagne, ou de vignobles des monts (dômes), en bordure orientale du Massif central, les vins d'Auvergne rouges et rosés proviennent du gamay, cultivé ici de longue date, ainsi que du pinot noir. Le chardonnay produit quelques blancs. Dans les crus Boudes, Chanturgue, Châteaugay, Corent et Madargues, les vins peuvent prendre une ampleur et un caractère surprenants.

JACQUES ET XAVIER ABONNAT Boudes La Gardonne 2017 ★

■ | 8000 | 🍾 | | 5 à 8 €

Jacques Abonnat s'est installé en 1992 à Chalus, village pittoresque veillé par un château fort dominant la vallée de l'Allier. Couvrant 6 ha, le vignoble est conduit depuis 2007 par Xavier, fils de Jacques, qui souhaite l'orienter vers un mode de culture plus écologique.

Au nez, des notes fumées et poivrées accompagnent un fruité soutenu (cassis, groseille). Un fruité que l'on retrouve dans une bouche ample et bien structurée, avec en soutien une fine acidité. ⧗ 2019-2023

CAVE ABONNAT, pl. de la Fontaine, 63340 Chalus, tél. 06 60 21 57 72, cave.abonnat@orange.fr V 🍷 *r.-v.*

Ⓑ YVAN BERNARD Arkose 2016

■ | 6000 | 🛢 | | 11 à 15 €

Montpeyroux, commune classée parmi les «plus beaux villages de France», a été bâtie sur une butte d'arkose qui surplombe la vallée de l'Allier. C'est ici

qu'Yvan Bernard, installé en 2002, conduit en bio son domaine de 10 ha.

Fermé de prime abord, ce vin s'ouvre après aération sur les fruits rouges (cerise, framboise) et les épices agrémentés de notes fumées et animales. En bouche, il se montre frais, fruité et de bonne corpulence. ⧗ 2019-2022

YVAN BERNARD, montée de la Quye, 63114 Montpeyroux, tél. 04 73 55 31 97, bernard_corent@hotmail.com V r.-v.

STÉPHANE BONJEAN
Châteaugay Les Copains d'abord 2016

■	1960		11 à 15 €

Perpétuant une tradition remontant à sept générations, Stéphane Bonjean s'est installé en 2003 avec ses parents sur l'exploitation familiale sise à Blanzat, près de Châteaugay, puis a pris la tête du domaine en 2014. Ses ceps sont centenaires, si bien qu'il est contraint d'en renouveler et de replanter. Il s'appuie sur les conseils de vulcanologues et sur la tradition familiale pour choisir les meilleurs terroirs.

Après douze mois de fût, ce Châteaugay présente un nez soutenu de fruits rouges et de sous-bois sur fond de boisé léger. En bouche, il apparaît équilibré, rond, aux tanins souples. ⧗ 2019-2022

STÉPHANE BONJEAN, 88, rue du Clos, 63112 Blanzat, tél. 06 83 12 88 90, stephanebonjean@yahoo.fr V r.-v.

A. CHARMENSAT Initiales BB 2017 ★

■	450		8 à 11 €

Installée dans la vallée des Saints, appelée aussi le «Colorado auvergnat», cette exploitation a vu se succéder cinq générations depuis sa création en 1850. Les vignes couvrent 9 ha et sont exposées plein sud; certaines, centenaires, sont cultivées en terrasses. Un domaine très régulier en qualité, dans les trois couleurs des côtes-d'auvergne.

Un chardonnay très confidentiel, et c'est dommage car le vin est bon. Au nez, une dominante florale, mais aussi des notes de pêche et de fruits secs. En bouche, un joli retour des fleurs blanches et beaucoup de fraîcheur. Un côtes-d'auvergne élégant et alerte. ⧗ 2018-2021 ■ **Bout de rose 2017 (5 à 8 €; 2000 b.)** : vin cité.

EARL CHARMENSAT, rue du Coufin, 63340 Boudes, tél. 04 73 96 44 75, cavecharmensat@orange.fr V *t.l.j. sf dim. 9h-12h 14h-18h*

♥ DOM. DE LA CROIX ARPIN
Châteaugay Les Amandiers 2017 ★★

■	8000		8 à 11 €

Domaine situé à quelque 500 m du château de Châteaugay construit au XIVᵉ s. et coiffé d'une tour crénelée. L'exploitation créée en 1989 par Pierre Goigoux, sur 2,9 ha, compte aujourd'hui 20 ha de vignes.

Très riche en fruits, relevé de fines nuances épicées, ce Châteaugay né de vénérables vignes de cinquante ans propose une olfaction très engageante. En bouche, il se révèle volumineux, gras, corsé et long, en parfaite adéquation avec le nez et soutenu par une structure tannique ferme et élégante qui lui garantit une saine évolution en cave. ⧗ 2020-2024 ■ **Les Amandiers 2017 ★ (8 à 11 €; 3000 b.)** : à un nez élégant et complexe, floral, minéral et fruité (agrumes), répond une bouche équilibrée, fraîche, aux tonalités salines en finale. ⧗ 2018-2021 ■ **2017 ★ (5 à 8 €; 8500 b.)** : d'un joli rose pâle, ce gamay livre des arômes de fruits rouges frais. Les agrumes s'ajoutent à ces notes dans une bouche fraîche qui ne manque pas non plus de rondeur ni de longueur. ⧗ 2018-2019

SCEA PIERRE GOIGOUX, 63119 Châteaugay, tél. 04 73 25 00 08, gaec.pierre.goigoux@63.sideral.fr V r.-v.

DESPRAT SAINT-VERNY
809 The Lost Vineyard 2017

■	8100	8 à 11 €

Pierre Desprat représente la quatrième génération de négociants à la tête de cette maison auvergnate fondée en 1885. Jean, son grand-père, découvrit qu'enfouir le vin dans les hêtraies d'altitude contribuait à sa bonification. Le domaine couvre 180 ha.

De très jeunes vignes de chardonnay (huit ans) ont donné ce vin au nez plaisant de pêche, d'agrumes et de fleurs blanches, porté en bouche par une franche vivacité aux tonalités salines. Énergique, pour ne pas dire nerveux. ⧗ 2018-2021

DESPRAT SAINT-VERNY, 2, rte d'Issoire, 63960 Veyre-Monton, tél. 04 73 69 60 11, etienne@despratsaintverny.vin V r.-v.

LES DEUX PIERRE
Châteaugay L'Auvergnologue 2017 ★

■	6000		5 à 8 €

La société Les Deux Pierre, fondée en 2014 par Pierre Desprat et Pierre Goigoux, est une maison de négoce qui exploite le vignoble de Jean-Pierre Prugnard, créé en 1923.

À un nez floral et légèrement biscuité succède une bouche vive en attaque, puis plus riche et chaleureuse, avant une finale qui apporte de la fraîcheur à travers de beaux amers. ⧗ 2019-2022

SAS LES DEUX PIERRE, chem. des Cleaux, 63119 Châteaugay, tél. 04 73 25 00 08, gaec.pierre.goigoux@63.sideral.fr V r.-v.

DOM. DE LACHAUX Les Rouges Gorges 2016

■	8500		5 à 8 €

Installé en 1998, Thierry Sciortino a été rejoint par son épouse Yolande en 2013. Le couple conduit un domaine de 6 ha. C'est dans une belle bâtisse en pierre d'arkose avec une jolie vue sur le massif du Sancy que ces vignerons ont installé leur chai. L'une des bonnes références de l'Auvergne viticole.

À l'olfaction, des fruits rouges (cerise, framboise), une touche minérale et une note de cuir. En bouche, un bon fruité relevé de poivre et beaucoup de vivacité, renforcée par une pointe végétale. ⧗ 2019-2022

THIERRY ET YOLANDE SCIORTINO, 1, chem. du Domaine-Lachaux, 63270 Vic-le-Comte, tél. 06 64 18 48 84, domainedelachaux63@gmail.com V r.-v.

BENOÎT MONTEL Châteaugay Vieilles Vignes 2016 ★

■ | 4000 | | 11 à 15 €

Après des études au lycée viticole de Beaune suivies de quatre ans de vinification à Puligny-Montrachet, Benoît Montel a créé son propre domaine en 1999. Un vignoble de 10 ha dispersés sur quatre crus, de Riom à Clermont-Ferrand, qu'il cultive dans un «esprit de plus en plus bio et naturel», à l'origine de côtes-d'auvergne qui laissent rarement indifférent. Une valeur sûre.

Ces vieilles vignes ont cent ans. Elles ont donné naissance à un fort joli vin, intensément fruité au nez, avec en arrière-fond un boisé fumé élégant. Le boisé se fait plus sensible en bouche, et renforce la structure de ce vin dense et charnu. ⧗ 2019-2023 ■ **Bourrassol 2017 (8 à 11 €; 2500 b.)** : vin cité.

EARL BENOÎT MONTEL, 6, rue Henri-et-Gilberte-Goudier, 63200 Riom, tél. 06 32 00 81 05, benoit-montel@orange.fr V r.-v.

DAVID PÉLISSIER Boudes Les Fesses 2017 ★

■ | 1500 | | 5 à 8 €

Établi dans le village vigneron de Boudes, à proximité de l'église romane, David Pélissier est à la tête d'une propriété fondée par son grand-père en 1919, qui lui a été transmise par son père Michel en 1999 et qu'il a agrandie par de nouvelles plantations (5 ha aujourd'hui).

C'est un lieu-dit qui donne son nom à cette cuvée qui associe à parts quasi égales le gamay et le pinot noir. Au nez, les fruits rouges et noirs se mêlent à des notes fumées et épicées. Sensations que l'on retrouve dans une bouche ample, fraîche et bien structurée par de fins tanins. ⧗ 2019-2023 ■ **Les Fesses roses 2017 (5 à 8 €; 1500 b.)** : vin cité.

DAVID PÉLISSIER, rte de Dauzat, 63340 Boudes, tél. 04 73 96 43 45, dfpelissier@gmail.com V r.-v.

GILLES PERSILIER Celtil Vieilles Vignes 2016

■ | 2000 | | 8 à 11 €

Depuis 1995, Gilles Persilier, ancien technicien agricole, est installé à Gergovie, haut lieu de l'histoire de la Gaule. Il exploite en bio (certifié en 2009) un vignoble de 10 ha et s'est imposé comme une valeur sûre avec ses cuvées de côtes-d'auvergne dont les noms (Vercingétorix, Gergovia, Celtil) renvoient au passé lointain de la région.

Dix-huit mois de fût pour ce vin, mais c'est un boisé très discret qui accompagne les fruits, au nez comme en bouche. Le vin présente aussi une franche vivacité et une structure tannique encore assez ferme. À attendre un peu. ⧗ 2019-2023

GILLES PERSILIER, 3 bis, rue du Centurion, 63670 La Roche-Blanche, tél. 06 77 74 43 53, gilles-persilier@wanadoo.fr V r.-v.

MARC PRADIER Corent 2017 ★

■ | 3000 | | 5 à 8 €

Après avoir travaillé quinze ans avec son frère, Marc Pradier a repris en 2005 l'exploitation créée en 1945 par son père Jean. Aujourd'hui, il conduit seul ce domaine de 5 ha. En conversion bio depuis 2016.

Ce Corent d'un joli rose franc associe au nez les fruits blancs, la pêche et quelques notes florales. En bouche, il se montre gras et fruité, équilibré par ce qu'il faut d'acidité. ⧗ 2018-2019 ■ **Patience 2016 (5 à 8 €; 1700 b.)** : vin cité.

MARC PRADIER, 9, rue Saint-Jean-Baptiste, 63730 Les Martres-de-Veyre, tél. 04 73 39 86 41, pradiermarc@orange.fr V *sam. 8h30-12h*

DOM. ROUGEYRON
Châteaugay Vieilles Vignes 2017

■ | 13800 | | 5 à 8 €

Propriété installée sur le site de la Crouzette, nom donné à une petite croix en pierre de Volvic érigée au début du XVIII[e]s. par les ancêtres, sur laquelle est gravée: «Rougeyron 1723». En 2012, David Rougeyron s'est associé à son père Roland pour poursuivre la tradition viticole sur ces terres de cendres volcaniques. Le domaine, régulier en qualité, couvre 14 ha.

Le seul gamay entre dans la composition de ce vin intensément fruité au nez. Accompagné de notes poivrées, le fruit reste très présent dans une bouche ronde et persistante, plus tannique en finale. Une petite attente s'impose. ⧗ 2019-2023

DAVID ROUGEYRON, 27, rue de la Crouzette, 63119 Châteaugay, tél. 04 73 87 24 45, domaine.rougeyron@terre-net.fr V r.-v.

DOM. SAUVAT Boudes Demoiselles 2017

■ | 12000 | | 5 à 8 €

Claude Sauvat a créé ce domaine petit à petit, à partir de 1977, dans la vallée des Saints. Sa fille Annie a repris le flambeau en 1987, accompagnée à la vinification de Michel Blot, son mari. Le couple est aujourd'hui à la tête d'un vignoble de 10 ha et signe des côtes-d'auvergne souvent en vue dans ces pages.

Un 100 % gamay fumé et fruité au nez. En bouche, le vin, souple, épaulé par des petits tanins croquants, déploie une belle fraîcheur en soutien du fruit. ⧗ 2019-2022

ANNIE SAUVAT, rte de Dauzat, 63340 Boudes, tél. 04 73 96 41 42, sauvat@terre-net.fr V r.-v.

LA TOUR DE PIERRE Corent 2017

■ | 2000 | | 5 à 8 €

Après dix ans d'expérience dans le Languedoc et en Provence, Pierre Deshors, ingénieur agronome et œnologue, revient en 2007 dans sa région d'origine pour reprendre cette exploitation de 7,5 ha, dont l'emblème est l'ancien château surmonté d'un campanile du village vigneron du Crest.

Un rosé pâle, au nez amylique, floral et fruité (fruits rouges, pêche), bien équilibré en bouche, à la fois gras et acidulé. ⧗ 2018-2019

PIERRE DESHORS, 10, rue Neraud, 63450 Le Crest, tél. 06 32 86 23 67, pdeshors@yahoo.fr V r.-v.

ISABELLE ET MICHEL TOURLONIAS
Châteaugay 2016 ★★

■ | 1100 | 8 à 11 €

Isabelle Tourlonias a repris l'exploitation de son beau-père en 2003. Aidée de son mari Michel et de

son fils Thibault, elle exploite 3,7 ha sur les coteaux de Châteaugay, dominés par la forteresse au donjon crénelé, emblème de ce village, un des crus auvergnats.

Né du seul gamay, ce vin livre un bouquet intense et fin de fruits rouges et de cassis. Un fruité auquel fait un long écho une bouche riche et ronde, bien épaulée par des tanins soyeux, avant de déployer une longue finale épicée. ⧗ 2019-2023

ISABELLE TOURLONIAS, 27, rue Antoine-Lannes, 63119 Châteaugay, tél. 06 83 16 25 28, cave.tourlonias@wanadoo.fr V r.-v.

CÔTE-ROANNAISE

Superficie : 220 ha / Production : 10 000 hl

Des sols d'origine éruptive; des vignes faisant face à l'est, au sud et au sud-ouest, sur les pentes d'une vallée creusée par une Loire encore adolescente: voilà un milieu naturel qui appelle le gamay. Quatorze communes situées sur la rive gauche du fleuve produisent d'excellents rouges et de frais rosés, plus rares. Des vins originaux et de caractère qui intéressent les chefs les plus prestigieux de la région.

ALAIN BAILLON Montplaisir 2017 ★★

■ | 4000 | | 5 à 8 €

Autodidacte et ouvrier agricole pendant dix ans dans le Beaujolais, Alain Baillon a loué ses premières vignes en 1989, sur le coteau de Montplaisir, à Ambierle, cité historique dont l'abbaye bénédictine fut dédiée à saint Martin. Aujourd'hui, il exploite 7 ha de vignes et s'est affirmé comme l'une des valeurs sûres des côtes-roannaises.

Après huit mois de cuve, ce 2017 présente un nez puissant de fruits rouges mûrs rehaussés d'épices. Une intensité fruitée que l'on retrouve dans une bouche riche, solaire, concentrée, étayée par des tanins fermes. Un profil sudiste et chaleureux. ⧗ 2019-2023 ■ **Forty Two 2017 ★ (8 à 11 €; 1600 b.)** : fruits cuits, vanille et caramel composent un bouquet intense, relayé par un palais gras et bien charpenté. À attendre. ⧗ 2020-2024

ALAIN BAILLON, 669, rte de Montplaisir, 42820 Ambierle, tél. 04 77 65 65 51, alain.baillon.42@free.fr V r.-v.

LES BLONDINS 2017 ★★

■ | 8000 | | 11 à 15 €

Ce vignoble, d'un peu moins de 2 ha, a été créé en 1992 par le chef cuisinier Pierre Troisgros et son ami viticulteur Robert Sérol. Implantées sur un coteau exposé au sud, les vignes sont cultivées en bio depuis 2008 et en cours de conversion à la biodynamie.

Un bon gamay bien typé et croquant. Au nez, des fruits rouges, des épices et une touche fumée. En bouche, un bel équilibre rondeur-fraîcheur, des tanins élégants et fins, de la longueur. ⧗ 2019-2022

VIGNOBLE DES BLONDINS, Les Estinaudes, 42370 Renaison, tél. 04 77 64 44 04, contact@domaine-serol.com V r.-v.

DOM. DÉSORMIÈRE Tradition 2017

■ | 15000 | 5 à 8 €

Ce domaine familial a été créé en 1974 par Michel Désormière, qui a commercialisé les premières bouteilles. Ses fils Éric et Thierry, aux commandes respectivement depuis 1996 et 2004, ont développé la production et disposent aujourd'hui de 16,1 ha de vignes, qu'ils exploitent de façon très raisonnée.

Le bon «vin de copains». Au nez, du fruit rouge (groseille, fraise). En bouche? Du fruit rouge... et aussi une aimable rondeur, de la souplesse et de la fraîcheur. Un caractère gouleyant à découvrir sans trop attendre. ⧗ 2018-2021

DOM. DÉSORMIÈRE, Le Perron, 42370 Renaison, tél. 04 77 64 48 55, domaine.desormiere@orange.fr V *t.l.j. sf dim. 9h-12h 14h-19h*

VINCENT GIRAUDON Éponyme 2016

■ | 3500 | | 5 à 8 €

Après des études de viticulture, d'œnologie et de commerce du vin, Vincent Giraudon s'installe en 2004 sur 0,5 ha de vignes en location. Aujourd'hui, son vignoble, dont une partie est plantée en aligoté depuis 2009, couvre 4 ha.

D'un abord fermé et un brin animal, le nez s'ouvre doucement à l'aération sur les fruits rouges et quelques notes végétales. La bouche est ronde, souple, légère, fruitée. ⧗ 2018-2021

VINCENT GIRAUDON, 15, rue Robert-Barathon, 42370 Renaison, tél. 06 84 38 40 02, vincentgiraudon@free.fr V r.-v.

♥ MAURICE PIAT & FILS Vieilles Vignes de La Chapelle 2017 ★★

■ | 5000 | | 5 à 8 €

Domaine de la Côte roannaise fondé avant la Première Guerre mondiale et exploité par Gérard Piat depuis 1989. Côtoyant bois et prairies, le vignoble, constitué de parcelles délimitées par des murs de pierres sèches, est implanté au lieu-dit de La Chapelle, sur des coteaux exposés au levant.

De vénérables vignes de soixante-quinze ans vendangées à la main ont donné naissance à ce vin irréprochable de bout en bout. Au nez, une belle intensité fruitée s'accompagne de notes épicées. La bouche, au diapason du bouquet, conjugue rondeur, volume, fraîcheur et fine trame tannique. Un côte-roannaise des plus élégants et typés. ⧗ 2019-2023 ■ **Gourmandises de la Chapelle 2017 ★ (5 à 8 €; 4000 b.)** : un nom de cuvée prometteur. Et l'on n'est pas déçu: joli nez tout en fruits rouges, bouche ample, ronde, soyeuse, elle aussi très fruitée. Une gourmandise en effet. ⧗ 2018-2021

MAURICE PIAT ET FILS, La Chapelle, 42155 Saint-Jean-Saint-Maurice, tél. 04 77 63 12 85, gerardpiat-lachapelle@orange.fr V *t.l.j. sf dim. 9h-12h 14h-19h*

LOIRE

JACQUES PLASSE Bouthéran 2016 ★★

■ | 7000 | 🍾 | 5 à 8 €

Jacques Plasse a pris en 1990 la suite de deux générations sur le domaine familial dont il a porté la superficie à 6 ha. Le vignoble en Côte roannaise est établi principalement dans le village de Saint-André-d'Apchon et sur le coteau de Bouthéran; l'exploitant a en outre planté du viognier et de la roussanne pour produire des blancs en IGP pays d'Urfé.

À l'olfaction, de fines notes fumées, épicées et minérales accompagnent les fruits rouges mûrs. En bouche, le vin se révèle ample et long, bâti sur des tanins fermes mais sans dureté. De la personnalité. ⧗ 2019-2022

JACQUES PLASSE, 788, rte de Saint-Alban, 42370 Saint-André-d'Apchon, tél. 06 45 14 44 80, jacques.plasse@yahoo.fr V ⚑ ⚑ *r.-v.*

Ⓑ DOM. DES POTHIERS La Chapelle 2017 ★★

■ | 9000 | 🍾 | 11 à 15 €

Romain Paire a pris en 2017 la tête du domaine familial qu'il exploitait depuis 2005 avec ses parents Georges et Denise. Exploitée en polyculture-élevage, la propriété, qui compte 18 ha de vignes, est conduite en bio et en biodynamie depuis 2010.

Au nez, les fruits rouges bien mûrs s'associent aux épices. En bouche, du volume, de la suavité, une bonne structure, et aussi une agréable fraîcheur qui vient dynamiser et allonger l'ensemble. ⧗ 2019-2022 ■ **N° 6 2017 ★★ (11 à 15 €; 10 000 b.)** Ⓑ : au nez, des fruits noirs mûrs, des notes fumées et épicées; en bouche, un beau retour fruité, de la densité, de la fraîcheur et une charpente ferme qui appelle un peu de garde. ⧗ 2020-2024 ■ **2017 ★ (8 à 11 €; 25 000 b.)** Ⓑ : la cuvée principale du domaine. Un vin fruité et poivré au nez comme en bouche, rond avec de la fraîcheur, étayé par des tanins fondus. ⧗ 2018-2021

ROMAIN PAIRE, Les Pothiers, 42155 Villemontais, tél. 04 77 63 15 84, contact@domainedespothiers.com V ⚑ ⚑ *r.-v.* ⌂ Ⓑ

LE RETOUR AUX SOURCES Louis Robin 2016

■ | 8000 | 🍾 | 5 à 8 €

Edgar Pluchot travaille avec son frère Marc sur le domaine hérité de leurs grands-parents, Louis et Suzanne Robin, d'où le nom donné à leur exploitation: Le Retour aux sources. Un retour mais aussi un nouveau virage puisque les aïeux n'étaient pas vignerons et que les deux frères ont tout créé pour vinifier le fruit de leurs 7,6 ha, cultivés en bio mais sans certification.

Louis Robin est le grand-père des frères Pluchot. Dans le verre, un rosé d'une belle brillance, ouvert sur le bonbon anglais et les fruits rouges, rond et suave en bouche, épaulé par une touche d'acidité bienvenue. ⧗ 2018-2019

EDGAR ET MARC-ANTOINE PLUCHOT, 640, rte de Roanne, 42370 Saint-Alban-les-Eaux, tél. 06 82 42 61 53, leretouraux sources.pluchot@orange.fr V ⚑ ⚑ *t.l.j. sf dim. 9h-19h; sam. 9h30-17h30*

Ⓑ DOM. DE LA ROCHETTE Bératard 2017 ★★

■ | 6000 | 🍾 | 5 à 8 €

Dans cette famille, on est viticulteur de père en fils depuis 1630. Acquis en 1939, le domaine s'étend aujourd'hui sur 15 ha – du gamay pour le côte-roannaise et une parcelle de chardonnay qui produit de l'IGP pays d'Urfé. Il est conduit depuis 1979 par Pascal Néron, rejoint en 1991 par son frère Olivier et en 2013 par son neveu Antoine. Les vins sont en bio certifié depuis le millésime 2016.

Au nez, les fruits rouges et noirs confiturés donnent le ton. En bouche, le vin offre beaucoup de volume, du gras, de la densité, avec une belle fraîcheur en soutien et des tanins bien en place mais soyeux. ⧗ 2019-2023

NÉRON, La Rochette, 42155 Villemontais, tél. 04 77 63 10 62, antoine.neron@orange.fr V ⚑ ⚑ *t.l.j. sf dim. 9h-18h* ⌂ Ⓑ

Ⓑ DOM. SÉROL Perdrizière 2017 ★★

■ | 8000 | 🛢 | 15 à 20 €

Incarnant avec talent la renaissance du vignoble local, Stéphane Sérol a pris en 1998 la tête de ce domaine de 30 ha (en bio certifié et en cours de conversion à la biodynamie), dont les origines remontent à 1700 et que son père Robert a fait connaître dès 1971 en pratiquant la vente directe en bouteilles. Une valeur sûre de la Côte roannaise.

Clou de girofle, thym, fruits rouges, le nez de cette cuvée apparaît complexe et fort engageant. La bouche, séveuse et croquante, prolonge ces arômes avec une belle intensité, soulignée par une fraîcheur bien dosée et par des tanins fins. ⧗ 2019-2023 ■ **Les Millerands 2017 ★ (11 à 15 €; 8000 b.)** Ⓑ : un vin un peu animal au premier nez, fruité et épicé à l'aération. En bouche, des fruits mûrs, de la rondeur, des tanins fondus et une fine acidité en appoint. ⧗ 2019-2022 ■ **Éclat de granite 2017 (8 à 11 €; 65 000 b.)** : vin cité.

STÉPHANE SÉROL, Les Estinaudes, 42370 Renaison, tél. 04 77 64 44 04, contact@domaine-serol.com V ⚑ ⚑ *r.-v.*

PHILIPPE ET JEAN-MARIE VIAL Boutheran Les Grumes 2016

■ | 2800 | 🛢 | 8 à 11 €

Issus de familles de viticulteurs, les frères Philippe et Jean-Marie Vial président aux destinées du domaine depuis 1993. Le vignoble couvre aujourd'hui 10 ha en côte-roannaise, sur le coteau de Bouthéran. Des ceps de viognier et de chardonnay produisent aussi des blancs en IGP.

D'un abord fermé et un peu animal, ce vin livre à l'aération des notes de fruits rouges et d'épices sur fond boisé. En bouche, il se révèle gras et rond, plus chaleureux en finale. ⧗ 2019-2022

VIAL, 300, rte de Bel-Air, 42370 Saint-André-d'Apchon, tél. 06 88 67 21 71, contact@domaine-vial.fr V ⚑ ⚑ *t.l.j. sf dim. 9h-12h 14h-18h*

CÔTES-DU-FOREZ

Superficie : 168 ha / Production : 7 433 hl

C'est à une somme d'efforts intelligents et tenaces que l'on doit le maintien de ce vignoble abrité par les monts du Forez, qui s'étend sur dix-sept communes autour de Boën-sur-Lignon (Loire). Le climat y est semi-continental, les terrains sont tertiaires au nord

et primaires au sud. Rosés et rouges, secs et vifs, les vins proviennent exclusivement du gamay et sont à consommer jeunes. Ils ont été reconnus en AOC en 2000.

STÉPHANIE GUILLOT Sainte-Anne 2016 ★

■ | 6100 | 🍾 | 5 à 8 €

Un domaine créé en 1985 par Stéphanie Guillot, à la tête aujourd'hui d'un vignoble de près de 8 ha.

D'une belle complexité, ce vin mêle à l'olfaction des notes minérales, fruitées, florales et épicées. En bouche, il se montre très frais, très souple, très friand. Une gourmandise à boire sur le fruit. ⧗ 2018-2021

⊶ STÉPHANIE GUILLOT, 785 RD 1089, 42130 Sainte-Agathe-la-Bouteresse, tél. 06 82 49 26 44, cave.stephanieguillot@orange.fr V 🚶 ▪ *lun. ven. sam. 15h-18h*

♥ Ⓑ **LES VINS DE LA MADONE**
Migmatite Gamay sur granit 2017 ★★★

■ | 3000 | 🍾 | 11 à 15 €

Gilles Bonnefoy a créé son domaine ex nihilo à partir de 1997: plantations de vignes de 2001 à 2016, création de la cave en 2004. Aujourd'hui, un domaine de 10,3 ha conduit en biodynamie, établi en périphérie de deux volcans: La Madone et Le Pigeonnier.

D'une belle couleur sombre aux reflets violines, ce gamay déploie à l'olfaction d'intenses et élégantes notes fruitées (cerise écrasée, framboise) mâtinées de nuances épicées et fumées. La bouche, dans la continuité du nez, se révèle ample, concentrée et fraîche à la fois, bâtie sur des tanins soyeux d'une grande finesse. ⧗ 2019-2023

⊶ GILLES BONNEFOY, 1581, chem. de Jobert, 42600 Champdieu, tél. 04 77 97 07 33, gilles.bonnefoy8@wanadoo.fr V 🚶 ▪ *r.-v.*

FRANÇOIS REUMONT Climat Goutelas 2017 ★

■ | 1570 | 🍾 | 8 à 11 €

D'origine belge, François Reumont s'est formé à la «Viti» de Beaune, puis chez des vignerons bourguignons avant de fonder son domaine en 2013, étendu sur 3,2 ha.

Discret mais fort plaisant, le nez de ce 2017 évoque le cassis et la mûre. Un fruité que prolonge une bouche franche et fraîche, soutenue par des tanins fins, un brin plus fermes en finale. Un joli vin croquant. ⧗ 2018-2022

⊶ FRANÇOIS REUMONT, 23, bd Honoré-d'Urfé, 42130 Boen-sur-Lignon, tél. 06 66 15 03 15, francois_reumont@yahoo.fr V 🚶 ▪ *r.-v.*

CAVE DE TRÉLINS Richesse du Forez 2017 ★★

■ | 12000 | 🍾 | 5 à 8 €

Deux des plus grandes coopératives de la région, l'une dans l'extrême sud du Beaujolais (Bully) et l'autre plus au nord (Quincié), dans la zone des beaujolais-villages et des crus, se sont unies en 2010, constituant Signé Vignerons: une entité forte de quelque 1 700 ha de vignes, qui vinifie plus de 10 % de la production de la région. Chaque cave continue néanmoins de vinifier séparément ses vins. Le négociant Louis Tête a rejoint le groupement en 2012. La structure de commercialisation, Agamy (anagramme de gamay) inclut même depuis 2015 les caves des Coteaux du Lyonnais et des Vignerons foréziens.

Du fruit, du fruit, du fruit, encore du fruit, toujours du fruit... Cette cuvée joue pleinement la carte fruitée au nez comme en bouche: cassis, cerise, framboise... On aime aussi sa fraîcheur, sa souplesse, son charnu soyeux, ses tanins fins et délicats, sa longueur. Le gamay à son meilleur. ⧗ 2018-2021 ■ **Louis Tête Les Loges 2017 (5 à 8 €; 70000 b.)** : vin cité. ■ **Signé Vignerons Tradition 2017 (5 à 8 €; 22000 b.)** : vin cité.

⊶ CAVE DES VIGNERONS FORÉZIENS, La Martinière, 69210 Bully, tél. 04 37 55 50 10, contact@agamy.fr V 🚶 ▪ *t.l.j. 9h-12h 15h-18h30 ⊶ Agamy*

Ⓑ **VERDIER-LOGEL** Poycelan 2017

■ | 4000 | 🍾 | 8 à 11 €

Ancien menuisier, Jacky Logel, alsacien de naissance, s'est converti à la viticulture par amour du Forez, découvert en vacances dans la famille de son épouse Odile Verdier, diététicienne de métier. En 1992, le couple reprend le vignoble familial, situé au pied de l'ancienne forteresse Sainte-Anne, le convertit d'emblée au bio et introduit de nouveaux cépages (pinot gris, viognier, puis riesling, gewurztraminer et côt!). Il exploite aujourd'hui 18 ha, conduits depuis 2015 avec Maxime, un neveu.

Quelques notes fumées accompagnent les fruits rouges à l'olfaction. En bouche, le vin affiche une agréable fraîcheur et s'appuie sur des tanins encore assez fermes. ⧗ 2019-2023

⊶ CAVE VERDIER-LOGEL, 434, rue de la Côte, 42130 Marcilly-le-Châtel, tél. 04 77 97 41 95, contact@verdierlogel.com V 🚶 ▪ *r.-v.*

MENETOU-SALON

Superficie : 473 ha
Production : 10 761 hl (60 % blanc)

Menetou-Salon doit son caractère viticole à la proximité de la métropole médiévale qu'était Bourges; Jacques Cœur y eut des vignes. À la différence de nombreuses régions jadis célèbres pour leurs crus, aujourd'hui disparus, ce secteur du Berry a gardé son vignoble, planté en coteaux. Menetou-Salon partage avec son prestigieux voisin Sancerre sols favorables et cépages nobles: sauvignon blanc et pinot noir sur kimméridgien. D'où ces blancs frais et épicés, ces rosés délicats et fruités, ces rouges harmonieux et bouquetés, à boire jeunes.

DOM. DE BEAUREPAIRE 2016 ★

■ | 18000 | 🍾 | 5 à 8 €

Créée en 1989 par le père de Jean-François Gilbon, cette exploitation s'étend aujourd'hui sur 13 ha de

vignes. Les clients sont accueillis dans une salle aménagée dans un ancien bâtiment de ferme, joliment restauré. Une bonne référence en menetou-salon.

Un nez intense évoquant la violette, la pivoine et les épices douces prélude à une bouche ample et chaleureuse, mais qui ne manque pas de fraîcheur, aux saveurs de cerise noire et à la longue finale aux subtiles notes d'eucalyptus. ⧗ 2019-2023

GILBON, Dom. de Beaurepaire, 18220 Soulangis, tél. 02 48 64 41 09, cave-gilbon@wanadoo.fr t.l.j. sf sam. dim. 9h-12h 14h-18h; f. 10-20 août

DOM. BELLEVILLE 2017 ★

	41733	5 à 8 €

Alexandre et Fanny Belleville se sont installés en 2010, à la suite d'Alain Belleville, sur cette propriété de 6 ha.

L'olfaction, de belle complexité, met en avant des notes acidulées de fruits exotiques, ainsi que des nuances florales. La bouche répond sur le même ton par son caractère pulpeux, sa fraîcheur mesurée et son agréable finale marquée par la pêche. ⧗ 2018-2020

BELLEVILLE, 2, rue de la Vieille-Grange, 18220 Aubinges, tél. 06 66 91 50 76, fanny.domainebelleville@gmail.com r.-v.

♥ DOM. DE CHAMPARLAN 2017 ★★

	30000		8 à 11 €

Établis à Humbligny, les jeunes vignerons David Girard (installé en 2003) et son frère Luc (2011) conduisent un vignoble de 7 ha en phase de développement: nouvelles plantations, nouveau chai de vinification et d'élevage, création d'un caveau de réception.

Très expressive, l'olfaction séduit par son exubérance fruitée (mangue, citron, pamplemousse), égayée par une délicate fraîcheur anisée. La bouche, en parfaite harmonie, se montre concentrée, complexe et fraîche, étirée dans une longue finale saline. ⧗ 2019-2022

DAVID ET LUC GIRARD, Champarlan, 18250 Humbligny, tél. 02 46 59 00 56, david.girard.champarlan@orange.fr r.-v.

CHAVET 2017 ★

	9500		8 à 11 €

La famille Chavet est une lignée de vignerons de renom, dont l'histoire remonte au XVIIIᵉs. Trois générations travaillent aujourd'hui de concert sur un vignoble de 27 ha.

De teinte or rose, la robe est pâle et brillante. On respire la fraîcheur des notes de menthol, de melon, de grenade et d'amande. Franche dès l'attaque, la bouche montre une bonne vivacité et des sensations croissantes jusqu'en finale. Un rosé de belle finesse. ⧗ 2018-2019 **2017 ★ (8 à 11 €; 140000 b.)** : L'olfaction s'ouvre franchement sur les fleurs blanches et les fruits exotiques. Souple en attaque, tonique par sa tension, imprégnée de beaux arômes fruités, la bouche est très équilibrée. ⧗ 2018-2020

CHAVET, 50, rte de Bourges, 18510 Menetou-Salon, tél. 02 48 64 80 87, contact@chavet-vins.com t.l.j. sf dim. 9h-12h 14h-17h30

ISABELLE ET PIERRE CLÉMENT
Classique 2017 ★★

	250000		11 à 15 €

Depuis plus de quatre siècles, les Clément cultivent la vigne à Menetou-Salon. Sébastien fut le premier vigneron de la lignée. En digne successeur, Pierre travaille ses cuvées sur un domaine de 60 ha. Il est aidé de son épouse Isabelle, et sa fille Anne a rejoint l'aventure familiale en 2014. Une valeur sûre de Menetou-Salon.

Si de fugaces et juvéniles notes variétales (pamplemousse, buis) sont perceptibles, elles se dissipent rapidement pour laisser place à de superbes nuances de fruits exotiques et de fleurs blanches. Intense et longue, la bouche associe dans une belle harmonie vivacité et rondeur. De l'expression, du relief, du caractère. ⧗ 2018-2021 ■ **Classique 2017 ★★ (11 à 15 €; 25000 b.)** : la robe offre une jolie teinte œil-de-perdrix à reflets argentés. L'olfaction a d'emblée séduit le jury: les notes de fleurs printanières (églantine, pivoine) et de fruits rouges acidulés (groseille, fraise des bois) confèrent beaucoup de vie et de gaieté à ce rosé. La bouche, dans la continuité, déploie de jolis arômes de fruits rouges dont la fraîcheur étire longuement la finale. Une grande harmonie. ⧗ 2018-2020

ISABELLE ET PIERRE CLÉMENT, Dom. de Châtenoy, 18510 Menetou-Salon, tél. 02 48 66 68 70, info@clement-chatenoy.com t.l.j. sf dim. 8h30-12h 13h30-17h30; sam. sur r.-v.

DOM. DE COQUIN 2016 ★★

■	5000		5 à 8 €

Jean-Baptiste Audiot, l'aïeul de Francis, a fondé au début des années 1920 ce domaine rattaché au Moyen Âge au château éponyme, aujourd'hui disparu. Les visiteurs sont accueillis dans un ancien chai datant du XVIIIᵉs. Le vignoble couvre 14,5 ha et donne naissance à des menetou-salon très souvent en vue dans ces pages.

Le nez de ce 2016 dégage une impression de richesse et de sucrosité (confiseries à la fraise, fruits compotés et confits), nuancée d'une touche cendrée. Ample, grasse et chaleureuse, étayée par des tanins fondus, la bouche est enveloppée d'une sensation intense de confiture de mûres. ⧗ 2019-2022

FRANCIS AUDIOT, Dom. de Coquin, 18510 Menetou-Salon, tél. 02 48 64 80 46, domainedecoquin@orange.fr t.l.j. sf dim. 9h-12h 14h-18h; f. 5-25 août

DOM. DE L'ERMITAGE Cuvée Rosé 2017 ★

■	3900		11 à 15 €

Fille de Bernard Clément, vigneron qui participa à la création de l'AOC menetou-salon, Laurence de la Farge a décidé en 2003 de laisser la propriété

familiale aux mains de son frère pour créer de toutes pièces ce domaine de 10 ha qu'elle dirige aujourd'hui avec son fils Antoine.

Le pressurage direct a permis d'obtenir de beaux reflets roses. Les notes fermentaires (bonbon anglais) dominent nettement le premier nez. À l'aération, percent des nuances fraîches d'orange sanguine, de menthe, d'épices et de fruits rouges. Bien fondue, la bouche se montre fruitée, gourmande, et dévoile en finale une délicate touche saline. ⧗ 2018-2019

⊶ LAURENCE ET GÉRAUD DE LA FARGE, L'Ermitage, 18500 Berry-Bouy, tél. 02 48 26 87 46, info@domaine-ermitage.com V ⚲ ▮ *r.-v.* ⌂ 4

DOM. OLIVIER FOUCHER 2017 ★★

■	50000	▮	5 à 8 €

Olivier Foucher crée son domaine en 1992 avec 50 ares de vignes. Il dispose aujourd'hui d'une exploitation de 10 ha implantée principalement sur les coteaux de la commune de Morogues.

L'olfaction, intense et élégante, s'ouvre sur des notes de fruits blancs et de fleurs, accompagnées de nuances minérales. La bouche exprime d'emblée une franche vivacité, rapidement compensée par un caractère gras. On aime aussi son fruité délicat qui s'épanouit dans une longue finale sur la pêche de vigne. Déjà délicieux, ce 2017 devrait encore se bonifier dans les prochaines années. ⧗ 2018-2021

⊶ OLIVIER FOUCHER, Les Gaultiers, 18220 Aubinges, tél. 02 48 64 26 23, domaine.olivierfoucher@orange.fr V ⚲ ▮ *t.l.j. sf dim. 8h-12h 13h30-18h30*

FOURNIER PÈRE ET FILS
Côtes de Morogues 2017 ★

■	40000	▮	8 à 11 €

Exploitation familiale créée au XIXᵉs. sur 2 ha de vignes. Claude Fournier, à la fois viticulteur et négociant, conduit aujourd'hui un vaste domaine de quelque 100 ha répartis sur trois appellations: pouilly-fumé, menetou-salon et sancerre.

Le nez apparaît net et délicat, centré sur des notes de rose et d'agrumes. Bien équilibrée, variétale (buis) et fruitée (pêche), la bouche est tenue par la fraîcheur, avant de développer une finale plus tendue encore. Un bon classique de l'appellation. ⧗ 2018-2020

⊶ FOURNIER PÈRE ET FILS, rte de la Garenne, Chaudoux, 18300 Verdigny, tél. 02 48 79 35 24, claude@fournier-pere-fils.fr V ⚲ ▮ *t.l.j. sf sam. dim. 8h-12h 13h30-18h ⊶ Villebois-Fournier*

CAVE FRAISEAU-LECLERC 2017 ★★

■	32000	▮	5 à 8 €

Installée à 500 m du Ch. de Menetou-Salon, Viviane Fraiseau sait ce qu'est l'œnotourisme. Sa propriété abrite des chambres d'hôtes et un gîte installé dans une ancienne maison du XIXᵉs. Elle conduit un vignoble de 8 ha, un tiers en pinot noir, deux tiers en sauvignon.

Dès la première approche, ce blanc impressionne par la beauté et la délicatesse de ses arômes (fleurs blanches, orange, pamplemousse). La bouche séduit tout autant en conjuguant souplesse, plénitude, mâche et très longue finale: un menetou-salon de grande classe. ⧗ 2018-2021

⊶ VIVIANE FRAISEAU, Caves Fraiseau-Leclerc, 3, rue du Chat, 18510 Menetou-Salon, tél. 02 48 64 88 27, cave.fraiseau.leclerc@orange.fr V ⚲ ▮ *sam. dim. 9h-12h 13h30-19h; lun.-ven. sur r.-v.* ⌂ 2 ⌂ B

NICOLAS GIRARD 2017

■	15000	▮	8 à 11 €

Nicolas Girard a repris en 2006 cette petite exploitation de 4 ha sur laquelle il produit du menetou-salon et du sancerre.

Des nuances variétales (buis, pamplemousse) dominent l'olfaction, accompagnées de subtiles notes florales. Fluide, légère, la bouche est soutenue par une belle vivacité et offre une jolie finale sur les zestes d'agrumes. ⧗ 2018-2020

⊶ NICOLAS GIRARD, Les Brosses, 18300 Veaugues, tél. 02 48 79 24 88, nicolasgirard7@yahoo.fr V ⚲ ▮ *t.l.j. sf dim. 9h-12h 14h-17h30*

KARINE LAUVERJAT 2017

■	5300	▮	8 à 11 €

Les Lauverjat cultivent la vigne depuis plusieurs générations à Sury-en-Vaux. Installé dans un ancien moulin à grains (le Moulin des Vrillères), Kevin, fils de Christian, est depuis 2017 à la tête du vignoble familial (13 ha). Karine Lauverjat, épouse de Christian, a par ailleurs créé en 2005 une structure de négoce à son nom qui permet d'étendre la carte du domaine et d'exporter à l'étranger.

Le nez est élégant et distille des arômes d'agrumes et d'épices. La bouche se révèle ronde et bien équilibrée, dynamisée par une finale acidulée qui évoque l'orange sanguine. Un joli blanc pour les beaux jours. ⧗ 2018-2020

⊶ LAUVERJAT, Moulin des Vrillères, 18300 Sury-en-Vaux, tél. 02 48 79 38 28, lauverjat.christian@wanadoo.fr V ⚲ ▮ *r.-v.* ⌂ 2

DOM. DU LORIOT 2017 ★★

■	32000	▮	8 à 11 €

Le nom de la famille Cherrier est attaché au vignoble de Sancerre depuis 1848. Le domaine actuel a été créé en 1927 par le grand-père Maurice, développé par son fils Pierre et depuis 1984 par la troisième génération, François et Jean-Marie, à la tête aujourd'hui de 15 ha de vignes. Ces derniers se sont implantés en 2010 dans l'appellation menetou-salon en reprenant les 10 ha du domaine du Loriot.

Or blanc à reflets verts, la couleur attire l'œil. Ouvert, bien ciselé, le bouquet dévoile des senteurs d'agrumes (bergamote, yuzu), de fleurs blanches et de pierre à fusil. Gorgée de fruit, couronnée d'une magnifique finale crayeuse et saline, la bouche est d'une persistance remarquable. ⧗ 2018-2021 ■ **Dom. les Chezeaux Cuvée Bonne Aventure 2017 ★★ (8 à 11 €; 32000 b.)** : à un nez très fin, entre fleurs blanches et agrumes, fait écho une bouche très florale, persistante, ample et tendue. Un menetou-salon complexe et harmonieux. ⧗ 2018-2021

SCEV LES CHEZEAUX, 26, rue de la Croix-Michaud, Chaudoux, 18300 Verdigny, tél. 02 48 79 34 93, cherrierfreres@orange.fr V r.-v.

DOM. JEAN-PAUL PICARD 2017 ★

| 14500 | | 8 à 11 € |

Domaine transmis de père en fils depuis 1750. Jean-Paul Picard a pris la tête de l'exploitation en 1976. Désormais épaulé par son fils Mickaël, il conduit plus de 14 ha de vignes essentiellement plantées sur les coteaux de la commune de Bué (Sancerrois), ainsi qu'en appellation menetou-salon.

Bien ouvert, franc, le nez respire les fruits blancs (pêche de vigne en tête) et de jolies nuances exotiques. Souple et douce, la bouche affirme sa présence et son équilibre par une belle fraîcheur à l'arrière-plan. Les arômes de fruits mûrs reviennent en force et persistent longuement. ⧗ 2018-2021

JEAN-PAUL PICARD ET FILS, 11, chem. de Marloup, 18300 Bué, tél. 02 48 54 16 13, jean-paul.picard18@wanadoo.fr V *t.l.j. sf dim. 8h-12h 13h30-18h30*

CAVE PRÉVOST 2017

| 55000 | | 5 à 8 € |

Le domaine (13 ha aujourd'hui) a été constitué dans l'entre-deux-guerres par l'arrière-grand-père. Quelques années avant la reconnaissance de l'AOC menetou-salon en 1959, il s'est lancé dans la vente directe. Gérard Prévost a quitté complètement la coopérative, aménagé le caveau, doublé la cuverie. Sa fille Maude et son neveu Nicolas Jabaudon ont pris sa suite en 2009.

D'expression discrète, le nez associe fruits jaunes (abricot) et notes lactées. Souple en attaque, plus riche en son milieu, la bouche est tenue par une pointe d'amertume qui souligne et prolonge le fruité. ⧗ 2018-2020 ■ **2017 (5 à 8 €; 20000 b.)** : vin cité.

CAVE PRÉVOST, 3, rte de Quantilly, 18110 Vignoux-sous-les-Aix, tél. 02 48 64 68 36, contact@cave-prevost.com V *t.l.j. sf dim. 8h-12h 14h-18h* ⊶ *Nicolas Jabaudon et Maude Prévost*

LE PRIEURÉ DE SAINT-CÉOLS 2017 ★

| | 63000 | 8 à 11 € |

Pierre Jacolin a créé ce vignoble de toutes pièces en 1986. Il l'a développé depuis, tant en surface qu'en notoriété (12 ha aujourd'hui). Le chai est installé dans les bâtiments d'un ancien prieuré bénédictin dépendant de l'abbaye de La Charité-sur-Loire.

Le nez dégage une agréable douceur fruitée autour de notes exotiques (ananas) et d'agrumes (citron vert), avec une touche minérale en appoint. Par sa vivacité et sa légèreté, la bouche développe un caractère primesautier et déploie une belle finale pleine de vitalité. ⧗ 2018-2021

PIERRE JACOLIN, Le Prieuré de Saint-Céols, 18220 Saint-Céols, tél. 02 48 64 40 75, domaine.jacolin@gmail.com V *t.l.j. 8h-19h; dim. sur r.-v.*

♥ B DOM. JEAN TEILLER 2017 ★★

| ■ | 27000 | | 8 à 11 € |

Deux générations contribuent au succès de ce domaine familial de 18 ha, chaque année en bonne place dans le Guide: Jean-Jacques et Monique Teiller, les parents, Patricia et Olivier Luneau, la fille et le gendre. Une valeur sûre.

Ce 2017 à la robe profonde distille un joli nez épicé et fruité. Mais c'est surtout la bouche qui fait mouche: elle allie un toucher onctueux à des tanins de soie, un grand volume sans aucune lourdeur, une superbe finale marquée par la cerise et la violette. Un vin superbe d'harmonie. ⧗ 2019-2023 **2017 ★ (8 à 11 €; 60000 b.)** B : au nez, des notes de pêche blanche et de fleurs ajoutent de l'élégance aux arômes variétaux. La bouche, aux évocations d'agrumes, apparaît fraîche et enlevée. ⧗ 2018-2021

DOM. JEAN TEILLER, 13, rue de la Gare, 18510 Menetou-Salon, tél. 02 48 64 80 71, domaine-teiller@wanadoo.fr V *r.-v.*

♥ LA TOUR SAINT-MARTIN Pommerais 2016 ★★

| ■ | 24000 | | 11 à 15 € |

Valeur sûre de l'appellation menetou-salon avec son Dom. La Tour Saint-Martin, Bertrand Minchin, aussi à l'aise en rouge qu'en blanc, est établi depuis 1987 à la tête de 17 ha de vignes sur les hauteurs de Morogues. En 2004, il s'est étendu sur l'appellation valençay avec les 15 ha du Claux Delorme, à Selles-sur-Cher, et s'y est rapidement imposé comme une belle référence.

D'un pourpre intense et profond, ce 2016 fait son entrée avec éclat, offrant un nez puissant et généreux dominé par les fruits confiturés (cerise noire, pruneau), nuancé de touches plus fraîches de cumin et de subtiles notes de caramel. Très riche, corsée, dense, charnue, la bouche se montre aussi complexe et persistante (garrigue, pointe chocolatée)... Un menetou-salon de grande classe. ⧗ 2019-2025

LA TOUR SAINT-MARTIN, Saint-Martin-des-Lacs, 18340 Crosses, tél. 02 48 25 02 95, cave@domaines-minchin.vin V *r.-v.*

CHRISTOPHE ET GUY TURPIN Acacia 2016 ★★

| | 1600 | | 8 à 11 € |

Christophe Turpin s'est installé en 1991 sur le domaine familial, 15 ha à Morogues, vieux village resserré autour de son église, aux constructions typiques de grès noir. Sa cave jouxte sa belle demeure du XVᵉs.

Comme son nom l'indique, cette cuvée a été élaborée en fût d'acacia. Les arômes beurrés et boisés se mêlent aux nuances de fruits confits et d'agrumes. Si l'élevage domine aujourd'hui, il respecte néanmoins parfaitement le raisin: ample, très équilibrée, à la fois grasse et fraîche, la bouche offre des saveurs d'ananas, d'agrumes et de vanille. Une sacrée personnalité, et du potentiel. ⧗ 2019-2022

CHRISTOPHE TURPIN, 11, pl. de l'Église, 18220 Morogues, tél. 02 48 64 32 24, christopheturpin@wanadoo.fr V *t.l.j. 8h-12h 14h-19h*

▶ POUILLY-FUMÉ ET POUILLY-SUR-LOIRE

Œuvre de moines bénédictins, voilà l'heureux vignoble des vins blancs secs de Pouilly-sur-Loire. La Loire s'y heurte à un promontoire calcaire qui la rejette vers le nord-ouest et qui porte le vignoble exposé sud-sud-est, planté sur des sols moins calcaires qu'à Sancerre. Le sauvignon, ou «blanc fumé», y a presque entièrement supplanté le chasselas, pourtant historiquement lié à Pouilly. Ce dernier cépage produit, sous l'appellation pouilly-sur-loire, un vin léger non dénué de charme lorsqu'il est cultivé sur sols siliceux. Le sauvignon, à l'origine de l'AOC pouilly-fumé, traduit bien les qualités enfouies en terre calcaire: une fraîcheur parfois assortie d'une certaine fermeté, une gamme d'arômes spécifiques du cépage, affinés par le terroir et les conditions de fermentation du moût. Ici, la vigne s'intègre harmonieusement aux paysages de Loire. Aux charmes des lieux-dits (les Cornets, les Loges, le calvaire de Saint-Andelain...) répond la qualité des vins.

POUILLY-FUMÉ

Superficie : 1 237 ha / Production : 60 263 hl

JEAN-PIERRE BAILLY
Rabatelleries Vieilles Vignes 2016 ★

2500		11 à 15 €

Installé en plein cœur du vignoble de Pouilly-sur-Loire, Jean-Pierre Bailly exploite cette propriété située en bordure de Loire depuis 1963 et dans sa famille depuis six générations. Il conduit ses 17 ha avec son fils Patrice, œnologue.

Née d'un sol argilo-calcaire, cette cuvée a séjourné sur ses lies durant douze mois. La puissance et la richesse de ses arômes magnifient sa vivacité et sa finesse. Même si elle est pour l'heure en retrait, la bouche, souple et grasse, est de très bonne tenue. ⧗ 2019-2022
Les Blanches 2017 ★ **(15 à 20 €; 4000 b.)** : au nez, une belle fraîcheur fruitée (melon, agrumes); en bouche, une matière enrobée, ample et onctueuse. ⧗ 2018-2021

PATRICE BAILLY, Les Girarmes, 58150 Tracy-sur-Loire, tél. 03 86 26 14 32, domaine.jean-pierre.bailly@wanadoo.fr V *r.-v.*

CÉDRICK BARDIN 2017

60000		8 à 11 €

Fils et petit-fils de vignerons, Cédrick Bardin a acheté ses premières vignes (15 ares) en 1989 à l'âge de dix-huit ans. L'exploitation, qui s'étend aujourd'hui sur 14 ha répartis sur les deux rives de la Loire, apparaît régulièrement dans le Guide.

Le nez diffuse des notes variétales (buis, pamplemousse) agrémentées de nuances florales (tilleul) et d'une touche épicée. Centrée sur la fraîcheur, la bouche finit sur une intense vivacité. ⧗ 2018-2020

CÉDRICK BARDIN, 12, rue Waldeck-Rousseau, 58150 Pouilly-sur-Loire, tél. 03 86 39 11 24, cedrick.bardin@wanadoo.fr V *r.-v.*

DOM. DES BERTHIERS Cuvée d'Ève 2016

9000		15 à 20 €

Située au cœur du vignoble de Saint-Andelain, à 5 km du Ch. de Tracy, cette propriété ancienne a été reprise en 1996 par la maison Fournier Père et Fils. Le domaine s'appuie sur 15 ha de vignes répartis sur les coteaux de la Loire.

Au nez, les notes grillées laissent place après aération à des nuances d'agrumes et de fleurs blanches. La bouche est ample, concentrée, anisée, mais encore fortement boisée: elle devra attendre afin de trouver son équilibre. ⧗ 2019-2022

JEAN-CLAUDE DAGUENEAU, Dom. des Berthiers, 58150 Saint-Andelain, tél. 03 86 39 12 85, claude@fournier-pere-fils.fr

GILLES BLANCHET 2017 ★

28000		5 à 8 €

Ce domaine régulier en qualité est implanté à l'entrée des Berthiers, village vigneron de la commune de Saint-Andelain. Gilles Blanchet, installé en 1991, y cultive un vignoble de 12 ha.

Au nez, les notes de buis s'effacent à l'agitation au bénéfice de délicates notes florales (aubépine, verveine) et fruitées (pêche, abricot). Subtile et fine en attaque, la bouche gagne ensuite en amplitude et offre une finale assez chaleureuse. Un bon représentant de l'appellation dans le millésime. ⧗ 2018-2021

BLANCHET, 16, rue Saint-Edmond, 58150 Saint-Andelain, tél. 03 86 39 14 03, gilles.blanchet@wanadoo.fr V *r.-v.*

♥ FRANCIS BLANCHET Kriotine 2017 ★★

7000		8 à 11 €

Installé au cœur du village du Bouchot, Francis Blanchet perpétue l'ancienne (XVIII[e]s.) tradition viticole familiale depuis 1984. Son domaine couvre 13,5 ha, qu'il conduit avec son fils Mathieu.

Kriotine vient de «criots», terme qui désigne les petites pierres blanches présentes dans les sols calcaires d'où provient cette cuvée. Dialogue savoureux entre le terroir et le cépage, l'olfaction offre une magnifique palette d'arômes délicats et précis: biscuit, fleurs blanches, bergamote, orange... Le palais, des plus harmonieux, est un beau mariage de gras et de nerf, de fruits mûrs (pêche, abricot) et d'acidité finement ciselée. ⧗ 2018-2022 **Silice**

2017 ★ (8 à 11 €; 20000 b.) : un nez discret et frais (agrumes, touche végétale) précède une bouche tendue, droite, persistante. Laissez encore un peu de temps à ce vin pour qu'il s'épanouisse. ⧗ 2019-2021

EARL FRANCIS BLANCHET, 33, rue Louis-Joseph-Gousse, Le Bouchot, 58150 Pouilly-sur-Loire, tél. 03 86 39 05 90, contact@vins-francis-blanchet.fr V r.-v.

HENRI BOURGEOIS
La Demoiselle de Bourgeois 2016

25000		20 à 30 €

À sa création par Henri Bourgeois en 1950, la propriété comptait 1,5 ha de vignes à Chavignol. Aujourd'hui, la dernière génération (Arnaud, Jean-Christophe et Lionel) est à la tête de 72 ha répartis sur 120 parcelles, sans compter les 30 ha du Clos Henri Vineyard acquis en Nouvelle-Zélande. Une valeur sûre du Sancerrois.

Marnes kimméridgiennes et élevage partiel sous bois structurent cette cuvée. Le nez est variétal et puissant (fruit de la Passion, bourgeon de cassis). Suivant la même ligne aromatique, la bouche affiche une bonne mesure entre rondeur et vivacité. Équilibré. ⧗ 2019-2022

SARL DOM. HENRI BOURGEOIS, Chavignol, 18300 Sancerre, tél. 02 48 78 53 20, domaine@henribourgeois.com V *t.l.j. 9h30-18h30*

JÉRÔME BRUNEAU 2017

13333		5 à 8 €

Caviste dans un domaine de Sancerre pendant huit ans, Jérôme Bruneau s'est installé en 2008 sur l'exploitation viticole d'un voisin dans le village de Saint-Andelain. Il conduit aujourd'hui un vignoble de 8,5 ha.

Un nez égayé par des touches de mandarine, de buis et de bonbon anglais précède une bouche équilibrée, à la fois ronde et soulignée par une fraîcheur citronnée. Simple et efficace. ⧗ 2018-2021 **Le Mam'... 2017 (8 à 11 €; 6666 b.)** : vin cité.

JÉRÔME BRUNEAU, 7, rue des Ouches, Soumard, 58150 Saint-Andelain, tél. 06 15 11 93 85, j-bruneau@orange.fr V *r.-v.*

DOM. A. CAÏLBOURDIN Boisfleury 2017 ★

37000		11 à 15 €

À la tête de ce vignoble créé en 1980, Alain Caïlbourdin exploite 20,5 ha de vignes répartis sur plusieurs terroirs. Son fils Loïc l'a rejoint en 2010, après des études de viticulture et d'œnologie. Un domaine régulier en qualité.

Des raisins de bonne maturité sont à l'origine de ce 2017 à l'olfaction puissante, centrée sur des notes d'abricot, de pêche et de fleurs blanches. Précise en attaque, équilibrée, la bouche joue dans le même registre, s'achevant sur des notes de marmelade de nectarines et d'épices. Un pouilly très expressif. ⧗ 2018-2021 **Triptyque 2016 (20 à 30 €; 1500 b.)** : vin cité.

DOM. A. CAÏLBOURDIN, rte Nationale, Maltaverne, 58150 Tracy-sur-Loire, tél. 03 86 26 17 73, domaine-cailbourdin@wanadoo.fr V *r.-v.*

JACQUES CARROY ET FILS 2017 ★

40000		8 à 11 €

Christophe et Sébastien Carroy ont pris en 2006 la suite de leur père Jacques sur ce domaine de 8 ha répartis sur différents terroirs du pouilly-fumé, dans la famille depuis six générations. Un duo complémentaire, l'un œuvrant à la vigne, l'autre au chai.

Constituée de notes florales et fruitées (goyave, orange), l'olfaction est dynamisée par une touche de minéralité et d'eucalyptus. Vif en attaque, le palais déroule une jolie fraîcheur jusqu'à la finale, séduisante par son beau fruité (pêche, citron). Du potentiel pour bien vieillir. ⧗ 2018-2022

DOM. CARROY, 9, rue Joseph-Renaud, 58150 Pouilly-sur-Loire, tél. 03 86 39 17 01, carroy-jacquesetfils@sfr.fr V *t.l.j. 9h-12h 14h-18h*

DOM. LES CHANTALOUETTES 2017 ★

52000		11 à 15 €

Établie à Pouilly-sur-Loire, cette exploitation a été reprise en 2001. Le domaine couvre 6,2 ha. Les vins sont commercialisés par la maison Saget-La Perrière.

Un bouquet de fleurs blanches, de fruits blancs et d'écorce d'orange agrémenté d'une touche crayeuse composent une olfaction particulièrement intense. Souple en attaque, tout en rondeur, la bouche est de bonne densité. La finale fruitée (pêche, mirabelle) laisse une agréable sensation de fraîcheur. ⧗ 2018-2021

SCEA LES CHANTALOUETTES, 7, rue Louis-Chollet, 58150 Pouilly-sur-Loire, tél. 03 86 39 57 75, l.saget@sagetlaperriere.com *L. Saget*

DOM. CHATELAIN Les Charmes 2016 ★

23000		8 à 11 €

Régulièrement sélectionné dans le Guide, ce domaine de 30 ha, établi à Saint-Andelain, est conduit par les Chatelain depuis douze générations. Jean-Claude Chatelain qui continue de prodiguer ses conseils a confié les rênes de la cave à Vincent son fils et la responsabilité du vignoble à Vincent Vatan son gendre.

Au nez, ce 2016 distille des notes élégantes d'agrumes confits, ainsi qu'un subtil trait fumé. L'équilibre en bouche est impeccable: fraîcheur et amplitude s'harmonisent pour composer une très belle cuvée, complexe et prometteuse. ⧗ 2019-2022

VINCENT CHATELAIN, 24, rue du Mont-Beauvois, Les Berthiers, 58150 Saint-Andelain, tél. 03 86 39 17 46, contact@domaine-chatelain.com V *t.l.j. 8h-12h 13h30-17h; sam. dim. sur r.-v.*

BENOÎT CHAUVEAU La Charmette 2017

60000		8 à 11 €

Benoît Chauveau reprend en 1995 une partie du vignoble de ses parents. Deux ans plus tard, il construit sa première cave (une nouvelle est sortie de terre en 2012), complète son exploitation avec des vignes de ses grands-parents pour disposer aujourd'hui d'un domaine de 15 ha en coteaux-du-giennois et en pouilly-fumé, très régulier en qualité.

Cuvée principale du domaine, La Charmette impose ses arômes exotiques et fruités (mangue, fruit de la Passion, agrumes), relevés d'un trait de minéralité. La bouche, au diapason, imprime quant à elle une fraîcheur plaisante. ⧗ 2018-2022 **Dom. Chauveau Les Croqloups 2017 (8 à 11 €; 3000 b.)** : vin cité.

⊶ BENOÎT CHAUVEAU, 11, rue du Coin-Chardon, Lieu-dit Les Cassiers, 58150 Saint-Andelain, tél. 03 86 39 15 42, domainechauveau@gmail.com V t.l.j. 9h-12h 14h-18h; sam. dim. sur r.-v.

DOM. DE CONGY Vieilles Vignes 2016 ★★

| 6500 | | 8 à 11 € |

Le Dom. de Congy est situé à proximité de Saint-Andelain, célèbre village vigneron. Christophe Bonnard a pris en 2002 la tête d'un vignoble de 10 ha acquis en 1951 par le grand-père maternel et développé dans les années 1990 par son père Jack.

Les parcelles d'argiles à silex qui ont engendré ce vin ont été plantées à la fin des années 1960. Encore réservé à ce stade, le nez traduit la qualité du raisin sur ce terroir: des notes de fruits mûrs (abricot) et d'agrumes lui communiquent une grande finesse. Franche et souple en attaque, la bouche apparaît ample, riche, dense, avant de déployer une magnifique finale, friande, vive et longue. ⧗ 2018-2021 **Cuvée Les Galfins 2017 ★ (8 à 11 €; 14000 b.)** : né sur un sol de marnes kimméridgiennes, un vin au nez d'agrumes et d'épices, à la bouche minérale, vive et de belle ampleur. ⧗ 2018-2021

⊶ SCEA BONNARD, 1, rue du Domaine, Congy, 58150 Saint-Andelain, tél. 03 86 39 14 20, c.bonnard@cerb.cernet.fr V r.-v.

DOM. COUET 2017

| 4000 | | 8 à 11 € |

Issu d'une famille de vignerons, Emmanuel Couet représente la cinquième génération. La partie la plus importante de l'exploitation (étendue sur 9 ha), ainsi que la cave, se situent dans l'aire des coteaux-du-giennois, complétée par des vignes en pouilly-fumé. Claire, l'épouse d'Emmanuel, officie par ailleurs au Dom. de Fontaine (pouilly-fumé).

Discret au premier nez, ce vin nécessite une bonne aération pour libérer ses senteurs fruitées (poire, nectarine) et épicées (vanille). De la franchise en attaque, un caractère acidulé et une étonnante vivacité en finale lui donnent un côté strict et droit en bouche. ⧗ 2018-2021

⊶ EMMANUEL COUET, 25, Croquant, 58200 Saint-Père, tél. 03 86 28 14 80, domainecouet@gmail.com V r.-v.

DOM. SERGE DAGUENEAU ET FILLES La Léontine 2016 ★

| 2000 | | 20 à 30 € |

Ce domaine régulier en qualité, créé par l'arrière-grand-mère Léontine au début du XXe s., a été repris en 2006 par Florence et Valérie Dagueneau, les filles de Serge. Florence étant disparue prématurément, Valérie conduit seule aujourd'hui les 21 ha de vignes familiales.

Cette cuvée, que Valérie Dagueneau dédie à son arrière-grand-mère, n'en est pas à sa première apparition dans le Guide. Elle trouve son essence dans de beaux raisins et dans un élevage bien dompté d'un an en fûts. Le fruité mûr et confit (abricot) de l'olfaction est intense. Ronde et grasse, la bouche manifeste aussi de la fraîcheur et un soupçon d'amertume revigorante en finale. Un ensemble bien construit qui va encore s'épanouir. ⧗ 2019-2023

⊶ SERGE DAGUENEAU ET FILLES, Les Berthiers, 22, rue du Mont-Beauvois, 58150 Saint-Andelain, tél. 03 86 39 11 18, sergedagueneaufilles@wanadoo.fr V r.-v.

ANDRÉ ET EDMOND FIGEAT Les Chaumiennes 2017

| 30000 | | 11 à 15 € |

À l'entrée de Pouilly-sur-Loire, au milieu de la côte du Nozet, se trouve la cave d'Edmond Figeat et de son fils André. Représentant la neuvième génération sur le domaine, ce dernier propose des pouilly-fumé et des pouilly-sur-loire nés de 16 ha de vignes.

Cette cuvée née sur un terroir d'argiles à silex s'ouvre au nez sur un agréable fruité nuancé de notes épicées. La bouche, dans la continuité, se montre ronde, d'une vivacité mesurée, et offre une discrète finale iodée. ⧗ 2018-2022

⊶ ANDRÉ FIGEAT, Côte du Nozet, 58150 Pouilly-sur-Loire, tél. 03 86 39 19 39, domaine.andre.figeat@wanadoo.fr V r.-v.

DOM. DES FINES CAILLOTTES 2017 ★

| 127000 | | 11 à 15 € |

Installés dans une belle demeure au pied du village des Loges, à quelques pas de la Loire, Alain Pabiot et son fils Jérôme conduisent un domaine constitué de plus de vingt parcelles, qui tire son nom des pierres blanches calcaires appelées localement «caillottes». Leurs pouilly-fumé, réguliers en qualité, mûrissent dans des caves souterraines plusieurs fois centenaires.

Sobre et sans artifices, le nez est un hymne à son terroir: fruits frais (poire, agrumes), mêlés à une touche anisée et épicée. Ronde, d'une fine vivacité, la bouche finit sur une tension bien répartie et montre une grande finesse en rétro-olfaction. Un pouilly harmonieux qui saura encore affirmer son caractère avec le temps. ⧗ 2018-2022

⊶ JEAN PABIOT ET FILS, 9, rue de la Treille, Les Loges, 58150 Pouilly-sur-Loire, tél. 03 86 39 10 25, info@jean-pabiot.com V t.l.j. 8h-12h 14h-18h; sam. dim. sur r.-v.

DOM. DE FONTAINE 2017 ★

| 20000 | | 5 à 8 € |

Un plan datant de 1868 mentionne 4 ha de vignes sur le domaine; vignes quasiment disparues avec l'épidémie du phylloxéra et replantées à partir de 1989 par Michel et Daniel Nérot. Ce dernier s'est associé en 2015 avec Claire Couet (qui a fait ses armes avec son mari Emmanuel sur le Dom. Couet). Ensemble, ils conduisent un vignoble de 9 ha en coteaux-du-giennois et pouilly-fumé.

Un nez plein de finesse (rose, fruits exotiques, touche végétale) précède une bouche souple et coulante, qui donne l'agréable sensation de croquer dans des fruits

LOIRE

frais (abricot, agrumes) et qui déploie une jolie finale plus chaleureuse. Flatteur au nez, franc et net au palais, un pouilly que l'on appréciera aussi bien dans sa jeunesse qu'un peu vieilli. ⧗ 2018-2022

CLAIRE COUET, Fontaine, 58200 Saint-Père, tél. 06 82 43 59 60, domainedefontaine@gmail.com r.-v.

NICOLAS GAUDRY 2017 ★

	100000		8 à 11 €

Fils de vigneron à Tracy-sur-Loire (quatrième génération), Nicolas Gaudry, installé en 2003 après une formation à Beaune et une expérience en Afrique du Sud, exploite avec son épouse Sandy un vignoble très morcelé entre les villages du Boisgibault et des Loges. Suite au décès de son père en 2017, il a fusionné le domaine paternel avec le sien: en tout 23 ha.

Si le premier nez est peu disert, l'aération révèle de jolis arômes de fleur d'acacia puis de fruits à point sur un fond pâtissier de tarte à la poire. La bouche se révèle structurée, de grande ampleur, et démontre une fermeté rare dans le millésime. Un vin à la fois élégant, droit et de belle maturité. ⧗ 2019-2022

GAUDRY, 21, rue des Gominets, Boisgibault, 58150 Tracy-sur-Loire, tél. 03 86 26 17 92, domainenicolasgaudry@orange.fr *t.l.j. 8h-12h 14h-17h; sam. dim. sur r.-v.*

♥ GILLES LANGLOIS L'Inédit 2016 ★★

	1666		11 à 15 €

Ce domaine situé à Boisfleury, une commune de Tracy-sur-Loire, a été créé en 1908 par Charles Michot. Depuis, les générations se suivent à la tête du vignoble familial (11 ha) réparti sur les appellations pouilly-fumé et pouilly-sur-loire et conduit depuis 1988 par Gilles Langlois, l'arrière-petit-fils du fondateur.

Élevée pendant sept mois en fûts de 350 l, cette cuvée née sur des marnes affiche d'emblée une riche complexité aromatique: senteurs de miel, de bourgeon de cassis et de fleurs blanches. Appuyée sur une fine fraîcheur, la bouche, ample et présentant une légère sucrosité, impressionne par son harmonie et son boisé parfaitement dosé. Un superbe vin de gastronomie. ⧗ 2019-2023 **Les Champs Billards 2017 ★ (8 à 11 €; 17000 b.)** : au nez, des arômes amyliques et citronnés; en bouche, à la fois de la richesse et de la droiture, puis une belle finale fruitée (pêche acidulée): un pouilly complet et fort plaisant. ⧗ 2018-2021

GILLES LANGLOIS, 6, rue de Breugnon, Boisfleury, 58150 Tracy-sur-Loire, tél. 03 86 26 17 18, langlois.pouilly@orange.fr *t.l.j. 10h-12h 15h-18h; sam. dim. sur r.-v.*

DOM. MARCHAND ET FILS Kalcaire 2017 ★

	900		20 à 30 €

Clément Marchand a appris le métier dans différents vignobles français et étrangers. Il est revenu en 2004 sur l'exploitation située dans le secteur viticole des Loges afin de perpétuer une tradition familiale qui remonte à 1650.

Les dix mois d'élevage en fûts de 350 l sur lies sont parfaitement intégrés. Au nez, les notes vanillées s'effacent derrière les arômes d'abricot, de citron et de pivoine. Même s'il est encore nettement perceptible, le boisé souligne à merveille un toucher de bouche soyeux et frais. Rectitude et élégance. ⧗ 2019-2022

CLÉMENT MARCHAND, 47, rue Saint-Vincent, Les Loges, 58150 Pouilly-sur-Loire, tél. 03 86 24 93 55, sarlmarchandetfils@gmail.com *r.-v.; f. sept.*

DOM. MASSON-BLONDELET Villa Paulus 2016 ★

	13000		15 à 20 €

En 1972, Michelle Blondelet reprend les vignes de ses parents, bientôt rejointe par son mari Jean-Michel Masson. Depuis 2000, ils ont laissé la place à leurs enfants Pierre (à la vinification) et Mélanie (à la commercialisation), qui cultivent leurs 21 ha de vignes «comme leur potager», sans désherbant, insecticide ou engrais chimique. Pierre bénéficie en outre de l'appui de «bénévoles» : des abeilles qu'il a réintroduites sur le vignoble.

Nom romain de Pouilly-sur-Loire, Villa Paulus rend aussi hommage à Paul, arrière-grand-père de Mélanie et Pierre Masson. D'une belle intensité à la fois florale et fruitée, le nez séduit par sa finesse et sa fraîcheur. Souple et finement tendue, dotée d'une pointe de minéralité, la bouche offre de la mâche et de la délicatesse. ⧗ 2018-2022 **Clos du Château Paladi 2016 (20 à 30 €; 2400 b.)** : vin cité.

DOM. MASSON-BLONDELET, 1, rue de Paris, 58150 Pouilly-sur-Loire, tél. 03 86 30 00 34, info@masson-blondelet.com *t.l.j. 9h-12h30 14h-18h*

MARIELLE MICHOT M 2017

	9000		8 à 11 €

Marielle Michot, issue d'une lignée vigneronne, s'est installée en 2014 sur son propre domaine: 3 ha aujourd'hui et deux cuvées en pouilly-fumé.

Marielle Michot fait son entrée dans le Guide avec ce 2017 né de marnes kimméridgiennes. Au nez, les arômes sont dominés par les notes amyliques (bonbon anglais) et variétales (melon, litchi, orange, pêche). Très ronde, la bouche présente un joli gras et finit sur des notes chaleureuses. ⧗ 2018-2021

MARIELLE MICHOT, 4, rue du Mont-Beauvois, Les Berthiers, 58150 Saint-Andelain, tél. 06 65 13 36 29, marielle.michot@gmail.com r.-v.

PATRICK NOËL 2017 ★

	10700		11 à 15 €

Patrick Noël, originaire de Chavignol, a créé ce domaine en 1988 en reprenant les vignes familiales. Ses caves, enterrées à flanc de coteaux, sont situées à Saint-Satur, là même où les moines de l'abbaye éponyme exploitaient la vigne dès le XIVᵉs. Depuis 2009, sa fille Julie est à ses côtés pour exploiter une

quinzaine d'hectares répartis entre les appellations sancerre, pouilly-fumé et menetou-salon.

Des arômes de buis et de genêt agrémentés de pomelo composent l'olfaction de ce 2017 à la bouche équilibrée, à la fois onctueuse et tendue, croquante, dynamisée par une légère amertume évoquant le zeste de pamplemousse en finale. Mariage réussi du fruité et de l'acidité, une cuvée au potentiel certain. ⧗ 2019-2023

⊶ PATRICK NOËL, av. de Verdun, rte de Bannay, 18300 Saint-Satur, tél. 02 48 78 03 25, patricknoel-vigneron@orange.fr V 🚶 ▮ *t.l.j. sf dim. 9h-12h 13h30-18h30*

DOM. DOMINIQUE PABIOT
Les Champs aux Moines 2017

■	7500	▮	11 à 15 €

Le village des Loges, avec la Loire à proximité et ses caves anciennes, est au cœur de la tradition vigneronne ligérienne. C'est ici que s'est installé Dominique Pabiot en 1997, à la suite de son père Jean, à la tête de 11 ha de vignes.

Arômes de fleurs blanches pour la délicatesse, de pamplemousse et de cœur d'artichaut pour la fraîcheur, le nez annonce une jolie gourmandise. Un peu dissociée à ce stade, la bouche passe du gras en attaque à une forte vivacité en finale. À attendre pour plus d'harmonie, le potentiel est là. ⧗ 2019-2021 ■ **Cuvée Plaisir 2017 (11 à 15 €; 3800 b.)** : vin cité.

⊶ DOMINIQUE PABIOT, pl. des Mariniers, Les Loges, 58150 Pouilly-sur-Loire, tél. 03 86 39 19 09, dominique-pabiot@orange.fr V ▮ *t.l.j. 8h-12h 14h-18h*

DOM. PHILIPPE RAIMBAULT Mosaïque 2017

■	6000	▮	8 à 11 €

Héritier d'une longue lignée de vignerons, Philippe Raimbault cultive la vigne sur les deux rives de la Loire: sancerre rive gauche, coteaux-du-giennois et pouilly-fumé rive droite. Le domaine couvre 16 ha.

Les arômes mêlent diversité et élégance: notes de mangue, de pamplemousse et nuances florales. Très souple et grasse, sans aspérité, la bouche imprime une acidité tout juste perceptible. ⧗ 2018-2020

⊶ PHILIPPE RAIMBAULT, rte de Maimbray, 18300 Sury-en-Vaux, tél. 02 48 79 29 54, philipperaimbault@terre-net.fr V 🚶 ▮ *r.-v.*

DOM. RAIMBAULT-PINEAU 2017 ★★

■	23000	▮	8 à 11 €

Jean-Marie Raimbault représente la dixième génération à la tête de cette exploitation de 18 ha qui, du Sancerrois, s'est étendue aux AOC coteaux-du-giennois et pouilly-fumé.

L'olfaction, généreuse, associe finesse et complexité: le fruité d'un raisin très mûr est omniprésent (cassis, orange, abricot), auquel de fines senteurs de groseille, de fleurs blanches et de cannelle ajoutent de l'éclat. Un gras puissant tapisse une bouche ample et structurée, avant une longue finale fraîche et fruitée en point d'orgue. Délicieux dès aujourd'hui, et pour longtemps. ⧗ 2018-2024 ■ **Les Lumeaux 2017 ★ (11 à 15 €; 4000 b.)** : à un premier nez fermé, succèdent à l'aération des arômes fruités (pêche, ananas), relayés par une bouche tonique, franche et fraîche, d'une belle persistance. Un pouilly-fumé très attachant. ⧗ 2018-2020

⊶ JEAN-MARIE RAIMBAULT, 7, rte de Sancerre, 18300 Sury-en-Vaux, tél. 02 48 79 33 04, scev.raimbaultpineau@terre-net.fr V 🚶 ▮ *t.l.j. sf dim. 8h30-12h 14h-18h; sam. sur r.-v* 🏠 Ⓓ

DOM. DE RIAUX 2017 ★★

■	90000	▮	8 à 11 €

Les Jeannot, vignerons à Saint-Andelain depuis plus de deux cents ans, se sont établis sur le Dom. de Riaux en 1923. Alexis et son père Bertrand incarnent les huitième et septième générations à la tête d'un vignoble de 15,5 ha: les générations passent, mais les silex restent et le talent aussi à en juger par l'impressionnante régularité du domaine et ses nombreux coups de cœur en pouilly-fumé et pouilly-sur-loire. Incontournable.

Assemblage de terroirs de silex (75 %) et de marnes (25 %), c'est la cuvée principale du domaine. Par ses senteurs fruitées de grande maturité (pêche, fraise), ses nuances florales et minérales, l'olfaction allie magnifiquement richesse et subtilité. La bouche impressionne par sa vivacité remarquable pour le millésime, par son gros volume et par sa grande longueur conférant plénitude et harmonie à l'ensemble. Un pouilly-fumé complexe, de haute expression, qui affinera encore son expression avec le temps. ⧗ 2019-2023

⊶ SCEA JEANNOT PÈRE ET FILS, Dom. de Riaux, 58150 Saint-Andelain, tél. 03 86 39 11 37, alexis.jeannot@wanadoo.fr V 🚶 ▮ *t.l.j. 8h-13h 14h-19h; dim. sur r.-v.*

LES ROCHETTES 2017 ★

■	n.c.	▮	11 à 15 €

La Cave coopérative des Moulins à Vent est une institution à Pouilly-sur-Loire, où elle participe au développement du vignoble depuis 1948. Ses bâtiments qui figurent dans le Guide du Patrimoine de la Nièvre accueillent chaque année des milliers de visiteurs.

Cette cuvée née sur marnes kimméridgiennes offre une olfaction ouverte et de belle complexité: notes d'agrumes, de litchi, d'aubépine, sans oublier une subtile touche minérale. Rondeur, fine acidité, tension discrète distillée en finale: la bouche est goûteuse, très équilibrée et de bonne longueur. Un joli vin de terroir. ⧗ 2018-2021

⊶ CAVES DE POUILLY-SUR-LOIRE, 39, av. de la Tuilerie, 58150 Pouilly-sur-Loire, tél. 03 86 39 10 99, caves.pouilly.loire@wanadoo.fr V 🚶 ▮ *r.-v.*

GUY SAGET 2017 ★

■	48000	▮	11 à 15 €

Établie à Pouilly-sur-Loire, la maison de négoce Saget-La Perrière, fondée en 1976, possède en propre 250 ha de vignes et rayonne sur toute la vallée de la Loire, notamment dans son fief du Centre-Loire.

Des notes de litchi et de pamplemousse composent le premier nez, avant que ne perce le terroir à travers des nuances de fleurs blanches, de tubéreuse et de miel. Rond, très gras, évoquant la mandarine en finale, ce 2017 déjà très réussi va encore s'affiner avec le temps. ⧗ 2018-2022

SA SAGET-LA PERRIÈRE,
La Castille, rte de Charenton, 58150 Pouilly-sur-Loire,
tél. 03 86 39 57 75, accueil@sagetlaperriere.com
t.l.j. sf sam. dim. 8h-12h 13h45-17h30

DOM. OLIVIER SCHLATTER 2017

7000 | 8 à 11 €

L'autodidacte Olivier Schlatter est passé d'un cabinet d'expertise comptable à la viticulture (en tant que chef de culture dans une propriété pouillysoise, où il exerce toujours), avant de créer son propre vignoble en 1994 (2 ha aujourd'hui).

Ce pouilly-fumé dévoile au nez un fruité exotique (goyave, fruit de la Passion, orange) aussi discret que gourmand. La bouche, dans la continuité, est ronde et chaleureuse, soutenue par une légère tension minérale, gage de bonne tenue dans le temps. ⧗ 2018-2021

OLIVIER SCHLATTER,
41, rue des Mardrelles, Boisgibault, 58150 Tracy-sur-Loire,
tél. 03 86 26 19 31, olivier.schlatter@orange.fr
r.-v.

DOM. SEGUIN Cuvée 3 2017 ★

4000 | 15 à 20 €

Ce vignoble étend ses 19,5 ha sur les principaux terroirs de l'appellation pouilly-fumé: calcaires, marnes kimméridgiennes et silex. Créé en 1860 et transmis de père en fils depuis six générations, il est conduit depuis 2000 par Philippe Seguin, œnologue.

Vinifiée et élevée en demi-muids, cette cuvée a été dégustée en cours d'élevage. Le fond est bien là, mais les arômes (agrumes, fruits blancs, notes lactées) restent encore discrets. L'opulence qui perce en bouche devrait s'imposer, d'autant plus que la longue finale saline est d'excellent augure… Une cuvée ambitieuse, en devenir, à encaver patiemment. ⧗ 2020-2024

DOM. SEGUIN,
Le Bouchot, 58150 Pouilly-sur-Loire, tél. 03 86 39 10 75,
herve.seguin@orange.fr r.-v.

DOM. TABORDET 2017 ★

70000 | 8 à 11 €

Les frères Yvon et Pascal Tabordet ont repris l'exploitation familiale en 1980. La relève est assurée par leurs fils Gaël et Marius, installés à partir de 2008 sur une partie du domaine, puis sur la totalité depuis 2012 et le départ à la retraite d'Yvon. Leur vignoble couvre 19 ha en pouilly-fumé et en sancerre.

Cet assemblage multi-terroirs (calcaires, marnes, silex) est d'une étonnante fraîcheur à l'olfaction: notes de menthe, d'agrumes et de pierre à fusil. Dotée d'une acidité fringante, la bouche est en harmonie et évoque la mandarine et la fleur de cerisier. Beaucoup de présence et un beau potentiel. ⧗ 2019-2023

PASCAL, GAËL ET MARIUS TABORDET,
92, rue du Carroir-Perrin, 18300 Verdigny,
tél. 02 48 79 34 01, contact@domaine-tabordet.fr
t.l.j. 9h-12h 14h-18h

♥ DOM. TINEL-BLONDELET Génetin 2016 ★★

22000 | 11 à 15 €

POUILLY FUMÉ
Génetin
Domaine
TINEL-BLONDELET

À la tête du domaine familial depuis 1985, Annick Tinel-Blondelet, qui apparaît régulièrement dans le Guide pour son pouilly-fumé, a franchi le fleuve pour produire aussi du sancerre. Son domaine couvre 15 ha. Sa fille Marlène, nantie d'un mastère en vin et d'une expérience dans une autre région viticole, a rejoint sa mère fin 2016.

«Génetin» était le nom utilisé par les anciens pour désigner le sauvignon. Un sauvignon qui délivre ici une kyrielle de senteurs à la fois mûres et délicates: le fruité (pêche, coing, agrumes confits) côtoie des touches anisées. Superbement dessinée, la bouche est à l'unisson: ample, riche tout en étant nerveuse, portée par de magnifiques saveurs d'agrumes et par une longue finale saline. Alliance harmonieuse de concentration et de complexité, de puissance et d'élégance, ce pouilly-fumé déjà savoureux vieillira sans crainte. ⧗ 2019-2023

ANNICK ET MARLÈNE TINEL, 58, av. de la Tuilerie, 58150 Pouilly-sur-Loire, tél. 03 86 39 13 83, contact@tinel-blondelet.fr t.l.j. 9h-12h30 14h-18h30

POUILLY-SUR-LOIRE

Superficie : 31 ha / Production : 1 331 hl

♥ GILLES BLANCHET 2017 ★★

5000 | 5 à 8 €

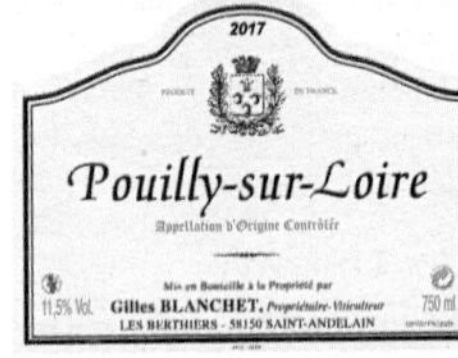

Ce domaine régulier en qualité est implanté à l'entrée des Berthiers, village vigneron de la commune de Saint-Andelain. Gilles Blanchet, installé en 1991, y cultive un vignoble de 12 ha.

Les terroirs argilo-sablonneux de Pouilly-sur-Loire sont parfaitement adaptés au chasselas. La preuve avec ce superbe 2017 au bouquet exubérant convoquant la pêche, l'amande laiteuse, la noisette fraîche, mais également d'envoûtantes notes florales (pivoine, jacinthe). D'une rondeur fruitée, le palais est mis en relief par un grain croquant, aux saveurs de zeste de pamplemousse, et offre une longue finale minérale. Un pouilly à la forte personnalité. ⧗ 2018-2021

BLANCHET, 16, rue Saint-Edmond,
58150 Saint-Andelain, tél. 03 86 39 14 03,
gilles.blanchet@wanadoo.fr r.-v.

DOM. DE RIAUX Vieilles Vignes 2017 ★

3300 | 5 à 8 €

Les Jeannot, vignerons à Saint-Andelain depuis plus de deux cents ans, se sont établis sur le Dom. de

Riaux en 1923. Alexis et son père Bertrand incarnent les huitième et septième générations à la tête d'un vignoble de 15,5 ha: les générations passent, mais les silex restent et le talent aussi à en juger par l'impressionnante régularité du domaine et ses nombreux coups de cœur en pouilly-fumé et pouilly-sur-loire. Incontournable.

Habitué du haut du tableau, le pouilly-sur-loire des Jeannot est encore en bonne place avec cette cuvée née de ceps de soixante-huit ans. Dominé par un profil fruité (pomme, citron), le nez exhale aussi des arômes de feuille de cassis et de fleurs séchées. Souple et légère, la bouche est plaisante par sa fraîcheur et sa légèreté saline. Un vin bien typé. ⧗ 2018-2021

⊶ SCEA JEANNOT PÈRE ET FILS, Dom. de Riaux, 58150 Saint-Andelain, tél. 03 86 39 11 37, alexis.jeannot@wanadoo.fr **V** *t.l.j. 8h-13h 14h-19h; dim. sur r.-v.*

QUINCY

Superficie : 249 ha / Production : 11 542 hl

C'est sur les bords du Cher, non loin de Bourges et près de Mehun-sur-Yèvre, lieux riches en souvenirs historiques du XVᵉs., que s'étendent les vignobles de Quincy et de Brinay, couvrant des plateaux de graves sablo-argileuses sur calcaires lacustres. Le seul cépage sauvignon fournit des vins légers et distingués, parmi les plus élégants de Loire dans le type frais et fruité, qui peuvent toutefois s'exprimer différemment selon la nature des sols.

♥ DOM. DE CHEVILLY
Cuvée Tradition 2017 ★★

90000	8 à 11 €

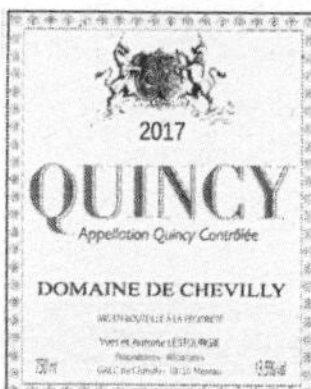

Yves Lestourgie et son frère Antoine ont créé en 1994 ce domaine sur 1,5 ha et planté eux-mêmes l'essentiel du vignoble, qui couvre aujourd'hui 11,3 ha en quincy et 75 ares en reuilly rosé. La cave est aménagée dans des bâtiments agricoles datant du XVIIIᵉs. En 2009, après plusieurs expériences en France et à l'étranger, Géraldine, l'épouse d'Yves, a rejoint la propriété.

Cette dégustation nous conduit dans un magnifique crescendo de sensations. Si, à l'olfaction, les arômes typés du sauvignon s'expriment sans réserve (genêt, buis, citron), on glisse ensuite en douceur vers des notes de nectarine et d'épices douces. Souple et ample en attaque, centrée sur la fleur d'acacia et la pêche blanche, la bouche, superbement dessinée, apparaît solaire, enveloppante, tout en conservant beaucoup de fraîcheur, avant une finale chaleureuse et longue. ⧗ 2018-2022

⊶ LESTOURGIE, 52, rue de Chevilly, 18120 Méreau, tél. 02 48 52 80 45, domaine.de.chevilly@orange.fr **V** *t.l.j. 9h-12h 14h-17h; sam. dim. sur r.-v.*

DOM. DE LA COMMANDERIE
Cuvée Tradition 2017

50000	5 à 8 €

Jean-Charles Borgnat est passé en 1983 des plateformes pétrolières à la viticulture, mettant également à profit dans cette nouvelle activité sa formation de géologue. Il travaille d'abord dans le domaine familial, puis crée ex nihilo cette exploitation en 1993 (près de 9 ha en quincy). En 2008, il acquiert un vignoble de 1,4 ha en reuilly. Son fils Étienne, après une expérience en Nouvelle-Zélande, est revenu sur l'exploitation pour reprendre le flambeau.

Au nez, des notes de mangue et de fruit de la Passion rejoignent de petites touches fraîches, florales et végétales. Quant à la bouche, elle affiche un caractère frais et sémillant. Un vin bien typé. ⧗ 2018-2020

⊶ JEAN-CHARLES BORGNAT, 6, rue des Champs-Moreaux, Boisgisson, 18120 Cerbois, tél. 02 48 51 30 16, jcborgnat@gmail.com **V** *r.-v.*

Ⓑ DOM. DU COUDRAY
Une Pointe d'authenticité 2017

6000	11 à 15 €

Ce domaine spécialisé en culture céréalière se diversifie en viticulture à partir de 1995 et se convertit à l'agriculture biologique en 2006. À sa tête, Vincent Nivet et Julien Jansen.

Côté étiquette, la Pointe est le nom de la parcelle à l'origine de cette cuvée et l'authenticité se veut celle du mode de vinification. Dans le verre, des notes de compote de pêches à la vanille et de pâte de coings dominent le nez, tandis qu'un trait beurré donne du gras à la bouche. Un quincy atypique par son caractère solaire. ⧗ 2018-2020

⊶ DOM. DU COUDRAY, Le Coudray, 18290 Civray, tél. 02 48 55 62 80, info@domaineducoudray.com **V** *r.-v.* Ⓔ *⊶ Vincent Nivet et Julien Jansen*

DOM. LECOMTE 2017

50000	8 à 11 €

Bruno Lecomte s'est lancé dans la viticulture en 1995, en achetant 1,5 ha de vignes en AOC quincy. Entre-temps, son fils Nicolas l'a rejoint en 2006 sur un vignoble couvrant désormais 13 ha, dont 3 ha en châteaumeillant. Depuis janvier 2018, ce dernier est désormais seul aux commandes.

Plutôt discret, le nez associe la gourmandise de la pêche à la vivacité des agrumes (citron vert, mandarine). La bouche, à l'unisson, se révèle souple et acidulée, plus chaleureuse en finale. ⧗ 2018-2020

⊶ DOM. LECOMTE, 105, rue Saint-Exupéry, 18520 Avord, tél. 02 48 69 27 14, info@domaine-lecomte.com **V** *r.-v.*

ANDRÉ PIGEAT 2017 ★

40000	5 à 8 €

Un domaine situé dans une ancienne propriété de Charles VII. En 2001, Philippe Pigeat, après des études en chimie, s'est converti à la vigne et au vin pour reprendre les commandes de l'exploitation (8 ha) créée par son père en 1967.

Le nez, intense et généreux, est dominé par des arômes de pâte de coings, de miel et de marmelade d'oranges, stimulé par un soupçon de yuzu. Ronde, ample et grasse, la bouche montre, elle aussi, une touche acidulée pour finir sur des notes de pamplemousse. Un quincy original et attachant. ⧗ 2018-2021

DOM. ANDRÉ PIGEAT, 18, rte de Cerbois, 18120 Quincy, tél. 02 48 51 31 90, philippe-pigeat@orange.fr r.-v.
Philippe Pigeat

PHILIPPE PORTIER 2017

	140000		8 à 11 €

En 1991, Philippe Portier a relancé la culture de la vigne sur cette exploitation familiale de 22 ha dédiée essentiellement au quincy (1 ha de reuilly) et commandée par une ancienne berrichonne entièrement restaurée.

Le nez s'ouvre sur des notes de mandarine et de fleur de cerisier. Ronde et chaleureuse, offrant une pointe d'amertume en finale, la bouche, aux saveurs de pêche bien mûre, est représentative de ce millésime ensoleillé. ⧗ 2018-2021

PHILIPPE PORTIER, Dom. de la Brosse, 18120 Brinay, tél. 02 48 51 04 47, philippe.portier@wanadoo.fr t.l.j. 8h-12h 14h-18h; sam. dim. sur r.-v.; f. 15-31 août

DOM. VALÉRY RENAUDAT Les Nouzats 2017 ★

	50000		8 à 11 €

Installé en 1999 sur 2,5 ha à cheval sur Reuilly et Quincy, Valéry Renaudat exploite désormais 10 ha de vignes sous deux étiquettes (Valéry Renaudat et Domaine du Chêne vert). Il s'impose comme l'une des valeurs sûres de ces appellations.

Les Nouzats est le nom de la parcelle sablo-gravillonneuse qui a vu naître ce beau 2017. Intense et marqué par le litchi, la rose et les notes mentholées, le nez plaît par sa finesse. Précise, soulignée d'un trait de fraîcheur, la bouche développe un joli volume et offre une belle longueur sur les fruits compotés. De la générosité, de l'élégance et du potentiel. ⧗ 2018-2023

VALÉRY RENAUDAT, 3, pl. des Écoles, 36260 Reuilly, tél. 02 54 49 38 12, domaine@valeryrenaudat.fr t.l.j. sf dim. 8h30-12h30 13h30-18h30

DOM. ROUX 2017

	55000		8 à 11 €

Après sept années passées en Asie dans une activité commerciale, Albin Roux a pris en 2016 les commandes du domaine à la suite de Jean-Claude, son père, producteur à Quincy depuis 1994 et issu d'une famille de céréaliers. Le vignoble couvre aujourd'hui près de 8 ha de quincy et 3 ha de châteaumeillant.

En 2017, le gel a frappé fort et le domaine a quasiment tout perdu dans l'appellation châteaumeillant. Heureusement, en quincy, les protections anti-gel ont permis de sauver la récolte. Dans le verre, un vin au nez intense, qui mêle agrumes et fruits à chair blanche. En bouche, le caractère velouté renforcé par des saveurs de fruits écrasés est équilibré par une fraîcheur bienvenue. ⧗ 2018-2021 **La Quincyte 2017 (8 à 11 €; 4000 b.)** : vin cité.

ALBIN ROUX, 21, chaussée de Chappe, 18000 Bourges, tél. 06 19 94 73 37, albinroux@gmail.com r.-v.

JACQUES ROUZÉ Vignes d'antan 2017 ★

	18000		8 à 11 €

Figurant parmi les plus anciens vignerons de l'appellation quincy, et aussi parmi les plus réguliers, Jacques Rouzé a étendu son exploitation (19 ha) sur Reuilly et Châteaumeillant. Depuis 2009, il est épaulé par son fils Côme.

Sélection des parcelles les plus âgées du domaine, cette cuvée dévoile une belle complexité olfactive. Les fruits exotiques dominent, avec en filigrane des nuances de fleur d'acacia et de mirabelle à l'eau-de-vie. En bouche, la rondeur et le côté chaleureux sont modulés par un caractère salin, frais et par une longue finale centrée sur de beaux amers. ⧗ 2018-2022 **2017 ★ (5 à 8 €; 50000 b.)** : la cuvée principale du domaine. Un vin au nez variétal (litchi, citron vert), floral (églantine) et épicé (poivre blanc), à la bouche souple, ronde, mûre, chaleureuse, très gourmande. ⧗ 2018-2021

CÔME ROUZÉ, 2 ter, chem. des Vignes, 18120 Quincy, tél. 02 48 51 35 61, rouze@terre-net.fr t.l.j. sf dim. 9h-12h 14h-18h; sam sur r.-v.

DOM. ADÈLE ROUZÉ 2017

	30000		8 à 11 €

Fille de Jacques Rouzé, Adèle exploite un domaine de 5 ha, épaulée par son frère Côme, œnologue et exploitant sur le domaine de son père. Les cuvées qu'elle vinifie depuis 2003 s'invitent avec régularité dans ces pages.

Un nez bien ouvert, variétal, aux nuances de buis, d'agrumes et de fleur d'oranger, précède une bouche alerte et fruitée. Simple mais très agréable. ⧗ 2018-2020

POLLET-ROUZÉ, 2 ter, chem. des Vignes, 18120 Quincy, tél. 02 48 58 93 08, rouze@terre-net.fr r.-v.

DOM. SIRET-COURTAUD 2017

	59000		8 à 11 €

Fils de Jacques Siret, producteur de céréales jusqu'en 1995 avant de passer à la vigne, Vincent Siret-Courtaud, ingénieur agronome et œnologue, fait ses classes à Gaillac avant de s'installer en 2006 en appellation quincy, complétés par 3 ha de châteaumeillant en 2010. En 2015, après le départ à la retraite de son père, il reprend avec son frère Clément le Dom. du Grand Rosières (7 ha en quincy).

Réservé mais élégant, le nez déroule de belles fragrances fruitées (pêche, mirabelle), puis florales (buis, oranger) à l'aération. Une attaque souple ouvre sur une bouche chaleureuse et ronde, sur les fruits mûrs, rafraîchie par une touche minérale. ⧗ 2018-2021

VINCENT SIRET-COURTAUD, Le Grand-Rosières, 18400 Lunery, tél. 06 63 51 71 18, contact@domaines-siret.fr r.-v.

DOM. DU TREMBLAY
Cuvée Vin noble 2017 ★

| 15000 | 8 à 11 €

Tous deux ingénieurs agronomes, Jean Tatin et Chantal Wilk ont créé leurs domaines au début des années 1990. La famille exploite quasiment 11 ha, partagés en trois entités: en quincy, les Ballandors et le Tremblay, en reuilly, les Demoiselles Tatin. Maroussia, la plus jeune des trois filles, ingénieur agricole, a pris la direction de cette dernière et des Ballandors en 2013, son père gardant la gestion des vignes du Tremblay.

Le nez allie les notes acidulées de bonbon anglais aux fruits exotiques et à la fleur d'acacia. Soutenue par une acidité de bon aloi, la bouche affiche du volume et un équilibre irréprochable, et déploie une généreuse finale sur les fruits confits et la marmelade d'oranges. Un vin bien dans le ton du millésime. ⌛ 2018-2021 **Dom. des Ballandors 2017 (8 à 11 €; 68000 b.)** : vin cité.

GVF DE QUINCY REUILLY, Le Tremblay, 18120 Brinay, tél. 02 48 75 20 09, contact@domaines-tatin.com t.l.j. 8h-12h30 13h30-18h; sam. dim. sur r.-v.

DOM. DE VILLALIN
Cuvée Tradition 2017 ★

| 32500 | 5 à 8 €

Maryline et Jean-Jacques Smith ont repris en 1998 cette propriété établie sur les graviers de la rive droite du Cher. Installés dans un ancien corps de ferme traditionnel, ils conduisent un vignoble de 10 ha.

L'olfaction est imprégnée d'une fraîcheur rare dans le millésime, apportée par des arômes prononcés de pamplemousse et par des notes végétales plus en retrait (buis, genêt). On découvre ensuite une bouche de grand équilibre, ample et savoureuse, à la belle finale évoquant la mirabelle. ⌛ 2018-2021 **Les Grandes Vignes de Villalin 2017 ★ (8 à 11 €; 16000 b.)** : les notes épicées du premier nez font place à un agréable fruité à l'aération. Dans la continuité, la bouche se révèle ample, fraîche et longue. ⌛ 2018-2021

EARL DOM. DE VILLALIN, 1 hameau du Grand-Villalin, 18120 Quincy, tél. 02 48 51 34 98, v.quincy@wanadoo.fr t.l.j. 9h-12h 14h-18h; dim. sur r.-v.
Smith

REUILLY

Superficie : 202 ha
Production : 10 739 hl (53 % blanc)

Par ses coteaux accentués et bien ensoleillés, par ses sols remarquables, Reuilly semble prédestiné à la viticulture. L'appellation recouvre sept communes situées dans l'Indre et le Cher, dans une région charmante traversée par les vertes vallées du Cher, de l'Arnon et du Théols. Le sauvignon produit des blancs secs et fruités, qui prennent ici une ampleur remarquable. Le pinot gris fournit localement un rosé de pressoir tendre et délicat, qui risque de disparaître, supplanté par le pinot noir dont on tire également d'excellents rosés, plus colorés, mais surtout des rouges pleins, toujours légers, au fruité affirmé.

DOM. AUJARD Tradition 2017 ★

| 23000 | 5 à 8 €

Régulièrement sélectionné dans le Guide, et souvent aux meilleures places, Bernard Aujard installé en 1988 est une valeur sûre du vignoble du Centre. Ses fils Damien (en 2012) et David (en 2017) l'ont rejoint sur un domaine qui couvre aujourd'hui 7 ha.

Très floral, le nez est aussi composé de touches de pêche jaune épicée. La bouche évoque à son tour la douceur: elle apparaît onctueuse, délicate et gourmande, dotée d'une agréable fraîcheur apportée par des évocations exotiques (ananas) en finale. ⌛ 2018-2021 **Les Varennes 2017 (8 à 11 €; 3700 b.)** : vin cité.

SCEV AUJARD, 2, rue du Bas-Bourg, 18120 Lazenay, tél. 02 48 51 73 69, domaineaujard@wanadoo.fr t.l.j. 8h30-12h 13h30-18h30; dim. sur r.-v.

DOM. CHARPENTIER La Rose 2016 ★★

| 4500 | 8 à 11 €

L'un a fait ses études en Bourgogne, l'autre à Bordeaux. Représentant la troisième génération, Géraud et Jean-Baptiste Charpentier ont pris en 2012 la succession de leur père François, qui s'était investi dans le renouveau de l'AOC reuilly. À la tête d'un vignoble de 16 ha, ils ont aménagé en 2014 un nouveau chai.

La robe est limpide, traversée de reflets gris et l'olfaction intense, centrée sur les fruits bien mûrs (pêche, poire et prune). Ample, ronde et à l'acidité contenue, la bouche déploie une longue finale sapide. Un très beau potentiel pour les amateurs de pinot gris. ⌛ 2018-2021 **Saint-Vincent 2017 ★ (8 à 11 €; 40000 b.)** : un nez discret mais gourmand de fruits jaunes bien mûrs, une bouche souple et équilibrée, nantie de saveurs de pêche de vigne et d'agrumes et d'une acidité finement dosée qui donne un beau relief à l'ensemble et allonge la finale. ⌛ 2018-2021 ■ **Carpe Diem 2016 (11 à 15 €; 5000 b.)** : vin cité.

CHARPENTIER, lieu-dit Le Bourdonnat, D28, 36260 Reuilly, tél. 06 71 90 66 43, charpentier.vins@orange.fr t.l.j. sf sam. dim. 8h-12h 13h30-18h

DOM. CORDAILLAT Tradition 2017 ★

■ | 12000 | 8 à 11 €

Créé en 1995 à partir d'à peine plus de 1 ha par Michel Cordaillat et repris en 2017 par Pascal Dethune, le domaine s'est agrandi régulièrement: il compte aujourd'hui 14 ha de vignes bien exposées au sud-est et disséminées sur quatre des sept communes constituant l'appellation reuilly.

Cette cuvée offre un beau nez de fruits rouges, avant que ne percent à l'aération des notes de chocolat ponctuées de touches lactées et anisées. D'une structure rectiligne, portée par des tanins un peu austères, la bouche offre une finale enrobée de coulis de fraises et de framboises. ⌛ 2019-2022 **Tradition 2017 (8 à 11 €; 35000 b.)** : vin cité.

LOIRE

DETHUNE, 5 rte de Massay, Lesentier, 36260 Reuilly, tél. 02 48 53 23 94, domainecordaillat@orange.fr V lun. mar. jeu. ven. 14h-18h

LES DEMOISELLES TATIN La Commanderie 2016

	3700		8 à 11 €

Tous deux ingénieurs agronomes, Jean Tatin et Chantal Wilk ont créé leurs domaines au début des années 1990. La famille exploite quasiment 11 ha, partagés en trois entités: en quincy, les Ballandors et le Tremblay, en reuilly, les Demoiselles Tatin. Maroussia, la plus jeune des trois filles, ingénieur agricole, a pris la direction de cette dernière et des Ballandors en 2013, son père gardant la gestion des vignes du Tremblay.

Jean Tatin tient ce domaine de sa famille maternelle, qui en est propriétaire depuis 1873. Sa fille Maroussia signe un reuilly agréable, qui mêle au nez notes épicées et fruits rouges. En bouche, c'est équilibré, solide, autour de tanins bien présents et encore un peu stricts, que le temps domptera. 2020-2023 **Les Lignis 2017 (8 à 11 €; 670 b.)** : vin cité.

GVF DE QUINCY REUILLY, Le Tremblay, 18120 Brinay, tél. 02 48 75 20 09, contact@domaines-tatin.com V *t.l.j. 8h-12h30 13h30-18h; sam. dim. sur r.-v.* E

PASCAL DESROCHES 2017

	40000		5 à 8 €

Un domaine ancien, fondé en 1794, conduit depuis 1988 par Pascal Desroches (quatrième génération), à la tête aujourd'hui de de 10,5 ha.

À un nez discret de pêche jaune répond une bouche ronde et souple, qui offre en finale des notes fraîches de citron et de bourgeon de cassis. 2018-2020

PASCAL DESROCHES, 13, rue de Charost, 18120 Lazenay, tél. 06 08 04 79 44, desroches18120@orange.fr V *r.-v.*

LA DORETTE Les Belles Terres 2017 ★

	4000		8 à 11 €

Baptiste Pointereau s'est installé en 2014 sur l'exploitation agricole familiale à Giroux, dans l'Indre, avant de reprendre l'année suivante près de 2 ha de vignes en AOC reuilly – des pinots noirs et sauvignons implantés sur argilo-calcaires de Lazenay et des pinots gris installés sur sables et graviers à Reuilly. En 2017, à trente-trois ans, il présente son premier millésime.

Les évocations de cassis (bourgeon et fruit) dominent un nez bien ouvert. Ronde en attaque, grasse, la bouche apparaît généreuse avant qu'une discrète acidité n'apporte de la tension et ne prolonge une finale délicatement saline. Un 2017 complet, au bon potentiel de garde. 2018-2021

BAPTISTE POINTEREAU, lieu-dit La Dorette, 36150 Giroux, tél. 06 45 28 69 76, pointereau.baptiste@laposte.net V *r.-v.*

CH. DE LA FERTÉ 2017 ★

	8500	8 à 11 €

Attribué à l'architecte François Mansart, le château de la Ferté a été construit en 1656. Il est dans la famille Espivent de La Villeboinet depuis sept générations. Le vignoble couvre 5 ha.

Un vin de très jeunes vignes de quatre ans. De jolies senteurs exotiques (fruit de la Passion) parsemées de quelques notes de bourgeon de cassis confèrent de la fraîcheur et de la finesse à l'olfaction. La souplesse de l'attaque fait ensuite place à un palais ample et riche, dynamisé par de beaux amers en finale. 2018-2021

SCEV DU CH DE LA FERTÉ, Ch. de la Ferté, 36260 Reuilly, contact@reuillychateaudelaferte.fr V *r.-v.* A *Espivent de la Villesboisnet*

B DENIS JAMAIN Les Fossiles 2017 ★

	7000		11 à 15 €

Petit-fils de viticulteurs, Denis Jamain a constitué son domaine en 1988. La quasi-totalité de son vignoble est implantée sur des terrains de formation kimméridgienne, adaptés au sauvignon comme au pinot noir. Après plusieurs années en lutte raisonnée, le domaine (21 ha) est aujourd'hui pour l'essentiel en bio certifié.

La belle teinte rubis violine reflète la jeunesse de cette cuvée. D'une grande gourmandise, le nez évoque un coulis de fruits (cerise, fraise, groseille) agrémenté de notes florales et épicées (thym citronné). Souple et équilibrée, dotée de tanins fondus, la bouche confirme ce caractère aimable. 2019-2022 **Les Fossiles 2017 ★ (11 à 15 €; 2500 b.)** B : une pâle robe saumonée habille ce pinot gris aux atouts sérieux: un bouquet fruité de pêche, de poire et d'ananas, une bouche ample, fraîche, à la finale évoquant les zestes d'agrumes. Sobre, élégant et délicat. 2018-2020 **Les Fossiles 2017 (11 à 15 €; 8000 b.)** B : vin cité.

DENIS JAMAIN, 20, rte d'Issoudun, 36260 Reuilly, tél. 06 08 25 11 18, denis-jamain@wanadoo.fr V *t.l.j. 10h-18h; sam. dim. sur r.-v.*

CLAUDE LAFOND La Raie 2017 ★★

	12000		8 à 11 €

Figure de Reuilly, fervent et inlassable défenseur de l'appellation qu'il avait contribué à relancer, Claude Lafond est décédé brutalement le 4 octobre 2015 à soixante-trois ans. Le vigneron, bien épaulé par sa fille Nathalie, avait diversifié sa production dans les vignobles AOC valençay. Son domaine couvre 30 ha.

La Raie est l'une des parcelles emblématiques du domaine. Elle produit en 2017 un vin au nez expressif et élégant dominé par les fleurs blanches et agrémenté de zeste de pamplemousse. En parfaite harmonie, la bouche, légèrement acidulée, aux saveurs de clémentine, attise la gourmandise par sa longue persistance fruitée. Un superbe blanc, à la fois dense et subtil, qui prouve, s'il en était encore besoin, la grande qualité de son terroir argilo-calcaire. 2018-2022 **La Grande Pièce 2016 (8 à 11 €; 13000 b.)** : vin cité.

SARL CLAUDE LAFOND, 8, rte de Saint-Pierre-de-Jards, 36260 Reuilly, tél. 02 54 49 22 17, nathalie.lafond.reuilly@orange.fr V *t.l.j. sf dim. 9h-18h* C

MATTHIEU ET RENAUD MABILLOT 2017 ★

	30000		8 à 11 €

Habitué du Guide, Alain Mabillot, partisan de l'enherbement et de la lutte raisonnée, conduisait ce domaine depuis 1990. En 2012, il vinifie son dernier millésime avec ses deux fils, Matthieu et Renaud,

avant de les laisser officier seuls. Ces derniers ont depuis renforcé leur démarche en lutte raisonnée, en empruntant à la culture bio et biodynamique. Nouveauté au domaine depuis 2018 : la production de whisky à partir de leur propre exploitation céréalière.

De délicats parfums de fleurs blanches et d'orange sanguine procurent complexité et élégance à l'olfaction de ce 2017. Douce en attaque, offrant un joli volume, persistante et charnue, la bouche est stimulée en finale par une pointe d'amertume. Un reuilly gourmand. ⧗ 2018-2021

MATTHIEU ET RENAUD MABILLOT, 3, chem. de l'Orme, Villiers-les-Roses, 36260 Sainte-Lizaigne, tél. 02 54 04 02 09, contact@vins-mabillot.fr V r.-v.

ROMAIN ET JEAN-PIERRE PONROY
Les Beaumonts 2016

■ | 1500 | | 5 à 8 €

L'un des derniers domaines créés à Reuilly. C'est en 2004 que Jean-Pierre Ponroy, céréalier, convaincu par son fils Romain, commence l'aventure en louant des vignes. Depuis, le père et le fils, qui ont étendu leur domaine par leurs propres plantations (4,5 ha sur des coteaux de marne calcaire et des hautes terrasses de sables et de graves), commercialisent eux-mêmes leurs vins.

Le nez évoque la myrtille, les fruits rouges et, plus surprenant, la garrigue. Ronde, légère, dotée de tanins souples et discrets, la bouche présente une jolie finale fruitée. À boire sur le fruit. ⧗ 2018-2021

SCEA DOM. PONROY, 80, rue des Combattants-AFN, 36260 Reuilly, tél. 02 54 49 20 14, ponroy.jean-pierre@orange.fr V *t.l.j. 9h30-12h 14h-18h30 sam. dim. sur r.-v.*

♥ DOM. VALÉRY RENAUDAT Les Lignis 2017 ★★

■ | 15000 | | 8 à 11 €

Installé en 1999 sur 2,5 ha à cheval sur Reuilly et Quincy, Valéry Renaudat exploite désormais 10 ha de vignes sous deux étiquettes (Valéry Renaudat et Domaine du Chêne vert). Il s'impose comme l'une des valeurs sûres de ces appellations.

Exubérant, le nez exprime d'abord la jeunesse de fin de fermentation (mie de pain, légère réduction). Mais la jeunesse n'est pas un défaut ! L'aération révèle ensuite de subtils arômes de fleurs blanches et de fruits exotiques, ainsi qu'une agréable touche végétale. Net et franc en attaque, ce 2017 prend progressivement de l'ampleur en bouche, tout en affirmant une vivacité bien dosée. De très bonne longueur, il revient sur les fruits à chair blanche (poire, pêche). Un reuilly complet, harmonieux, gourmand. ⧗ 2018-2021 ■ **Les Lignis 2017 ★★ (8 à 11 € ; 24000 b.)** ♥ : cette belle cuvée, parfaitement typée reuilly, provient de la partie argilo-calcaire du

lieu-dit Les Lignis. Parée d'une robe pelure d'oignon aussi brillante que pâle, elle se montre résolument intense et complexe à l'olfaction avec ses notes de pêche, d'abricot, de poire, de prune et de mangue. Tout aussi généreuse, la bouche, à la fois ample, fraîche et gourmande, fait preuve d'une élégance et d'une harmonie rares. Un rosé que l'on peut attendre. ⧗ 2018-2021 ■ **Les Lignis 2017 ★★ (8 à 11 € ; 20000 b.)** : ouverte et nette, l'olfaction gagne en complexité à l'aération (cerise noire, canneberge, rhubarbe, gingembre). La bouche, d'une grande suavité et d'une réelle finesse, impressionne et offre des tanins veloutés qui composent une structure ample et charnue. ⧗ 2018-2023 ■ **Le Sentier 2016 (11 à 15 € ; 10000 b.)** : vin cité.

VALÉRY RENAUDAT, 3, pl. des Écoles, 36260 Reuilly, tél. 02 54 49 38 12, domaine@valeryrenaudat.fr V *t.l.j. sf dim. 8h30-12h30 13h30-18h30*

DOM. DE SERESNES Les Saints 2016 ★

■ | 10500 | | 5 à 8 €

Bien connu des fidèles lecteurs du Guide, Jacques Renaudat, qui conduisait le domaine (6,5 ha) de Seresnes depuis 1972, a pris sa retraite en 2015. Son fils Gaylord a pris sa succession. Auparavant, il a travaillé trois ans pour la *winery* Forest Hill, dans l'ouest australien, puis comme caviste en Provence. La chapelle du XIIIes. située à l'entrée de la cave figure toujours sur l'étiquette.

Par ses arômes de fruits rouges frais et confits, mais aussi de pâte d'amandes et de cuir, ce 2016 suscite la curiosité. La bouche se montre volumineuse, très dense, massive, et présente une finale encore assez rugueuse qui demandera à se lisser avec le temps. ⧗ 2019-2021 ■ **Les Saints 2017 (5 à 8 € ; 4600 b.)** : vin cité.

GAYLORD RENAUDAT, Le Grand Seresnes, 36260 Diou, tél. 06 75 50 49 76, gaylordrenaudat@gmail.com V *r.-v.*

JEAN-MICHEL SORBE 2017 ★★

■ | 20000 | | 8 à 11 €

Cette maison regroupe un domaine viticole (14 ha) et une activité de négoce qui connaissent le même succès. Un ensemble repris en 1999 par la famille Joseph Mellot, qui a développé un espace œnotouristique au siège de l'exploitation.

Pâle aux jolis reflets nacrés, ce rosé s'anime au nez sur des notes fruitées (pêche, abricot, fraise et framboise), rehaussées de subtiles touches florales. La bouche prolonge cette sensation fruitée et propose une jolie richesse, du gras, mais aussi de la fraîcheur et une finale très discrètement tannique. Des sensations qui confèrent beaucoup de mâche à ce rosé et de belles perspectives de garde. ⧗ 2018-2021

SARL JEAN-MICHEL SORBE, Le Buisson-Long, rte de Quincy, 18120 Brinay, tél. 02 48 51 30 17, jeanmichelsorbe@jeanmichelsorbe.com V *r.-v.*

VINCENT 2017

■ | 15000 | | 8 à 11 €

Le village de Lazenay se situe à la limite de la Champagne berrichonne. Installé depuis 1976, Jacques Vincent est régulièrement sélectionné dans

le Guide, notamment pour ses rosés, produits sur un terroir sablo-gravillonneux. Pierre, son fils, l'a récemment rejoint.

Un joli blanc de copains, bien fait, ouvert au nez sur les fruits à chair blanche, à la bouche souple et plaisante. Un 2017 qui séduit par sa jeunesse et sa gourmandise. ⧗ 2018-2020

SCEV VINCENT, 11, chem. des Caves, 18120 Lazenay, tél. 02 48 51 73 55, vincent.pierre.18@gmail.com t.l.j. 9h-12h 14h-18h; dim. sur r.-v.

SAINT-POURÇAIN

Superficie : 695 ha
Production : 21 297 hl (71 % rouge et rosé)

Le paisible et plantureux Bourbonnais (département de l'Allier) possède aussi un vignoble, sur dix-neuf communes, au sud-ouest de Moulins. Les vignes croissent sur les coteaux de la vallée de la Sioule ou sur des plateaux calcaires, à proximité. Les blancs ont fait autrefois la réputation de Saint-Pourçain; un cépage local, le tressallier, est assemblé au chardonnay et au sauvignon, donnant une grande originalité aromatique à ces vins. Aujourd'hui, les rouges sont les plus nombreux. Fruités et charmeurs, ils proviennent de l'assemblage de gamay et de pinot noir.

♥ DOM. DES BÉRIOLES Trésaille 2017 ★★

■ | 9000 | | 8 à 11 €

Cette propriété familiale de 15 ha, installée au pied d'une petite chapelle et traversée par le chemin de Saint-Jacques-de-Compostelle, a été créée en 1989 par Odile et Olivier Teissèdre, qui livraient leurs raisins à la cave coopérative. Depuis 2011 et la création du chai, c'est leur fils Jean qui est aux commandes. La conversion bio est en cours, tournée vers la biodynamie.

Ce domaine avait déjà fait belle impression dans l'édition précédente avec son vin rouge Les Grandes Brières 2015. Il fait mieux encore cette année, mais avec un blanc assemblant l'autochtone tressallier (85 %) au chardonnay. Le nez est à la fois délicatement épicé et riche en nuances florales. Des saveurs délicates d'agrumes (citron et pamplemousse) apparaissent dans une bouche longue, légèrement perlante, d'une tension remarquable. ⧗ 2018-2023

TEISSEDRE ET ROUX, pl. de l'Église, 03500 Cesset, tél. 04 70 47 09 15, domainedesberioles@gmail.com t.l.j. 9h-12h 14h-18h; dim. sur r.-v.

CHRISTOPHE COURTINAT Cuvée des Pérelles 2016 ★

■ | 6200 | | 8 à 11 €

Typiquement bourbonnais avec sa petite tour ronde et son pigeonnier, ce domaine créé à l'emplacement d'un ancien couvent du XVIes. a abandonné l'élevage et les céréales. Habitué du Guide, Christophe Courtinat exploite aujourd'hui 13 ha de vignes.

Issue des sols graveleux du Bourbonnais, cette cuvée revêt une seyante robe grenat et dévoile un nez intense et puissant de cassis mêlé à des notes grillées et vanillées. La bouche est chaleureuse, complexe, finement boisée et soulignée par des tanins fins. ⧗ 2018-2025

CHRISTOPHE COURTINAT, 11, rue de Venteuil, 03500 Saulcet, tél. 04 70 45 44 84, cavecourtinat@wanadoo.fr r.-v.

DOM. GARDIEN Cuvée Isabelle 2017 ★

■ | 8000 | | 5 à 8 €

Un domaine dans la même famille depuis 1924. Installés respectivement en 1991 et 1996, les frères Olivier et Christophe Gardien (quatrième génération), formés tous les deux en Bourgogne, ont arrêté la culture des céréales pour se consacrer entièrement à la vigne, qui couvre 21 ha sur un terroir argilo-siliceux.

Une belle robe rose et un nez associant nuances florales et fruitées, comme la cerise, composent une approche engageante. La bouche est fraîche, encore tonifiée par une finale acidulée soulignée par une petite pointe tannique. Du caractère. ⧗ 2018-2020

OLIVIER ET CHRISTOPHE GARDIEN, 7, Chassignolles, 03210 Besson, tél. 04 70 42 80 11, c.gardien@03.sideral.fr t.l.j. 9h-12h 14h-19h

DOM. JALLET 2017 ★

■ | 5300 | | - de 5 €

Ce domaine de 7 ha créé en 1913 par Jean-Marie Jallet est situé à deux pas du pittoresque village de Verneuil-en-Bourbonnais. Il est conduit depuis 1990 par Philippe Jallet, qui incarne la quatrième génération à la tête de la propriété.

Ce rosé cristallin s'ouvre sur un nez intense de pamplemousse rose et de canneberge. La bouche est elle aussi résolument fruitée, stimulée par une agréable vivacité. ⧗ 2018-2020 ■ **Les Pierres brûlées Élevé en fût de chêne 2016 ★ (5 à 8 €; 3500 b.)** : les amateurs de bois (dix mois de fût) apprécieront l'association subtile au nez de petits fruits rouges et de notes vanillées bien fondues. Finesse et élégance caractérisent la bouche, ronde, souple, aux tanins fins. ⧗ 2018-2021

PHILIPPE JALLET, 30, pl. des Cailles, 03500 Saulcet, tél. 06 18 79 55 23, p.jallet@sideral.fr r.-v.

FAMILLE LAURENT Filiation 2016 ★★

■ | 20000 | | 15 à 20 €

La famille Laurent est établie à Saulcet depuis plusieurs siècles. En 2015, Damien – qui représente la... douzième génération de vignerons sur ces terres – a pris la suite de ses parents Jean-Pierre et Corinne à la tête d'un domaine de 35 ha habitué du Guide.

Cet assemblage associe de façon quasi équivalente les deux cépages de l'appellation, le pinot noir et le gamay. Élevé avec patience dix-huit mois en fûts, ce vin grenat foncé présente un nez puissant et complexe de cerise noire et de mûre, agrémenté d'une élégante touche boisée. Un profil que l'on retrouve dans une bouche soyeuse en attaque, ample, suave et corpulente dans son développement. Un beau potentiel. ⧗ 2018-2025

FAMILLE LAURENT, 5, rue de Montifaud, 03500 Saulcet, tél. 04 70 45 90 41, cave.laurent@wanadoo.fr V *t.l.j. sf dim. 9h-12h 14h-18h*

UNION DES VIGNERONS DE SAINT-POURÇAIN
La Réserve spéciale 2017

	40000		- de 5 €

Créée en 1952, cette cave coopérative est la seule de l'appellation saint-pourçain. Rassemblant aujourd'hui soixante vignerons, elle vinifie les deux tiers des volumes sous la baguette de l'œnologue Sylvain Miniot.
Un rosé couleur saumon aux reflets violines, au nez ouvert sur la cerise noire et la grenadine, au palais frais et équilibré. ⧗ 2018-2019

UNION DES VIGNERONS DE SAINT-POURÇAIN, 3, rue de la Ronde, 03500 Saint-Pourçain-sur-Sioule, tél. 04 70 45 42 82, udv@vinsaintpourcain.com V *t.l.j. 8h30-12h30 13h30-18h*

SANCERRE

Superficie : 2 830 ha
Production : 135 393 hl (79 % blanc)

Perché sur un piton rocheux, Sancerre domine la Loire et son vignoble, réputé dès le Moyen Âge. Sur quatorze communes s'étend un magnifique réseau de collines parfaitement adaptées à la viticulture, bien exposées et protégées. Les sols portent des noms locaux: «terres blanches» (marnes argilo-calcaires du kimméridgien); «caillottes» et «griottes» (calcaires); «cailloux» ou «silex» (sols siliceux du Tertiaire). Deux cépages règnent à Sancerre: le sauvignon en blanc et le pinot noir en rouge. Le premier s'épanouit dans des blancs frais, jeunes et fruités, qui prennent des nuances différentes selon les types de sols; le second s'exprime dans des rosés tendres et subtils, et dans des rouges légers, parfumés et amples. Sancerre, c'est aussi un milieu humain particulièrement attachant. Il n'est pas facile, en effet, de produire un grand vin avec le sauvignon, cépage de deuxième époque de maturité, non loin de la limite nord de la culture de la vigne, à des altitudes de 200 à 300 m et sur des sols qui comptent parmi les plus pentus du pays, d'autant que les fermentations se déroulent en fin de saison dans des conditions délicates.

♥ DOM. SYLVAIN BAILLY Prestige 2016 ★★

	4500		11 à 15 €

Chez les Bailly, on est vigneron de père en fils depuis 1700. À la tête du domaine depuis 1991, Jacques Bailly, viticulteur à Sancerre, a réussi à se faire une place dans le vignoble de Quincy. Sonia Bailly-Faure, sa fille, l'a rejoint sur l'exploitation fin 2007.
Issu de terroirs calcaires et marneux, ce sancerre est né sous les meilleurs auspices. Au nez, les arômes d'aubépine, d'essence d'orange, de pêche et de bourgeon de cassis sont magnifiés par de délicates touches vanillées: l'élevage sous bois, par sa parfaite maîtrise, met en exergue la finesse du vin. Un vin qui associe onctuosité, tension et fermeté dans un palais de grande ampleur, à la finale magistrale. La saveur d'un grand terroir. ⧗ 2020-2025 **La Louée 2017 ★ (8 à 11 €; 11 000 b.)** : ses origines géologiques: 30 % de calcaires et 70 % d'argilo-calcaires. Le pressurage direct lui a communiqué une robe très claire. Le nez, de bonne intensité, centré sur la groseille et les agrumes, annonce une bouche nerveuse, énergique et nette. ⧗ 2018-2019

SYLVAIN BAILLY, 71, rue de Venoize, 18300 Bué, tél. 02 48 54 02 75, domaine.sylvain.bailly@orange.fr V *t.l.j. 8h30-12h 14h-18h; sam. dim. sur r.-v.*

DOM. BAILLY-REVERDY
Point d'orgue Chêne marchand 2016

	2800		11 à 15 €

Un domaine réputé créé en 1952 dans le village vigneron de Bué par Bernard Bailly et son épouse Marie-Thérèse Reverdy. Après Jean-François, leur fils, disparu en 2006, c'est leur cadet Franck, installé en 1991, qui conduit les 23 ha de vignes, épaulé depuis 2010 par son neveu Aurélien. Une valeur sûre du Sancerrois, en rouge comme en blanc.
Une cuvée élaborée en 2006, suite à la disparation de Jean-François Bailly. Le boisé, omniprésent, est néanmoins bien supporté par le vin. Associées aux arômes floraux et fruités, les notes de vanille et de moka sont en effet prononcées. La bouche, où l'on retrouve le bois aux côtés des agrumes, est affermie par une astringence nette qui ne nuit pas à longueur. À attendre. ⧗ 2020-2024

DOM. BAILLY-REVERDY, 43, rue de Venoize, 18300 Bué, tél. 02 48 54 18 38, contact@bailly-reverdy.fr V *t.l.j. 9h-12h 14h-18h; sam. dim. sur r.-v.*

PASCAL BALLAND 2016

	8000		8 à 11 €

Pascal Balland est l'un des derniers maillons d'une longue chaîne de vignerons aux nombreuses ramifications, enracinée à Bué depuis le milieu du XVII[e]s. Il exploite ce vignoble de 9,5 ha depuis 1984.
Ce sancerre associe des notes de griotte, de cassis, d'épices et de fumé dans un nez typé. Croquante et légère en attaque, la bouche finit sur des tanins fougueux que le temps domptera. ⧗ 2019-2023

PASCAL BALLAND, rue Saint-Vincent, 18300 Bué, tél. 02 48 54 22 19, pascalballand@wanadoo.fr V *t.l.j. 8h-12h 14h-18h; dim. sur r.-v.*

DOM. JEAN-PAUL BALLAND 2016 ★

	9600		11 à 15 €

Issu d'une lignée de vignerons remontant au XVII[e]s., Jean-Paul Balland, établi à Bué, a passé la main en 2015 à ses filles: Isabelle, œnologue, à la vinification, et Élise, au commercial. Le domaine couvre 22 ha. Un habitué du Guide, souvent aux meilleures places.
De teinte rubis aux reflets violines, ce sancerre exhale au nez des arômes de petits fruits rouges, ainsi que des notes musquées et vanillées. Souple en attaque, la bouche offre de tendres saveurs fruitées (groseille,

fraise des bois) soulignées par des tanins encore un peu fermes, mais prometteurs. ⌛ 2019-2022

⊶ *DOM. JEAN-PAUL BALLAND, 10, chem. de Marloup, 18300 Bué, tél. 02 48 54 07 29, balland@balland.com* V *t.l.j. sf sam. dim. 8h-12h 13h30-18h*

DOM. BIZET Dolium 2017 ★

	4000		8 à 11 €

Célestin Bizet plante les premiers pieds de vigne en 1900. Issu de la quatrième génération, Thibault Bizet s'est installé en 2005. Il gère un domaine de 8,5 ha au côté de sa maman Maryline.

Pour signifier son mode d'élevage, cette cuvée s'appelle Dolium, « tonneau » en latin. Fruité mûr (pêche), notes de confit et de fleur d'acacia composent une olfaction de bonne intensité. Ample, très ronde mais idéalement fraîche, la bouche est d'une onctuosité prononcée. Un ensemble très équilibré et persistant. ⌛ 2018-2022

⊶ *THIBAULT BIZET, Chambre, 18300 Sury-en-Vaux, tél. 02 48 79 34 43, domaine.bizet@orange.fr* V *t.l.j. sf dim. 9h-12h 14h-18h* D

HENRI BOURGEOIS Sancerre d'antan 2016 ★★

	25000		30 à 50 €

À sa création par Henri Bourgeois en 1950, la propriété comptait 1,5 ha de vignes à Chavignol. Aujourd'hui, la dernière génération (Arnaud, Jean-Christophe et Lionel) est à la tête de 72 ha répartis sur 120 parcelles, sans compter les 30 ha du Clos Henri Vineyard acquis en Nouvelle-Zélande. Une valeur sûre du Sancerrois.

Cette cuvée ambitieuse, passée par un élevage sous bois exigeant, tient parfaitement ses promesses: du verre jaillissent des notes vanillées qui se fondent dans un fruité intense (pêche, agrumes). En bouche, les sensations de gras et de nervosité s'équilibrent en une harmonie de grande classe. Structure ferme et puissante, arômes complexes et savoureux, longue finale...: un grand sancerre, et pour longtemps. ⌛ 2019-2025 **La Chapelle des Augustins 2016 (20 à 30 €; 13173 b.)** : vin cité.

⊶ *SARL DOM. HENRI BOURGEOIS, Chavignol, 18300 Sancerre, tél. 02 48 78 53 20, domaine@henribourgeois.com* V *t.l.j. 9h30-18h30*

HUBERT BROCHARD Classique 2017 ★

	165000		11 à 15 €

Un domaine qui se transmet de génération en génération depuis le XVIIIe s. Ce sont aujourd'hui cinq membres de la famille Brochard qui œuvrent de concert sur les 60 ha que compte le vignoble, répartis sur plus de deux cents parcelles et sept communes, dans les aires d'appellation sancerre et pouilly-fumé.

Cette cuvée délivre un bouquet pur d'agrumes (orange, pamplemousse) agrémenté d'une pointe minérale (pierre à fusil). Elle se révèle surtout à travers sa bouche ample, à l'attaque tonique, traversée jusqu'en finale par des arômes frais et gourmands. Un sancerre fringant. ⌛ 2018-2021

⊶ *HUBERT BROCHARD, Chavignol, 18300 Sancerre, tél. 02 48 78 20 10, domaine@hubert-brochard.fr* V *t.l.j. sf dim. 9h-12h 14h-17h*

DOM. DES BROSSES 2017 ★

	6000		8 à 11 €

Les deux grandes caves de 22 m de long remontent aux débuts du domaine, créé en 1875, mais l'invasion phylloxérique avait fait disparaître le vignoble. Alain Girard l'a replanté à partir de 1970. Couvrant plus de 10 ha, le domaine est conduit depuis 2007 par son fils Nicolas.

Le nez est plutôt réservé, aux notes fruitées (crème de pêche, framboise) et aux nuances lactées. Ronde, la bouche fait montre d'une belle souplesse et développe une agréable finale compotée (fraise au caramel). ⌛ 2018-2019 **Confidence 2016 ★ (11 à 15 €; 3000 b.)** : le fruité mûr du vin est en retrait par rapport aux notes de vanille, de noix de coco et de noisette apportées par l'élevage en fûts. À la fois équilibrée et puissante, la bouche affiche de la fraîcheur (citron, zeste d'orange) et une bonne longueur. ⌛ 2018-2021

⊶ *SCEV ALAIN GIRARD ET FILS, Dom. des Brosses, 18300 Veaugues, tél. 02 48 79 24 88, domainedesbrosses@yahoo.fr* V *t.l.j. sf dim. 9h-12h 14h-17h30*

♥ DOM. DU CARROIR PERRIN 2017 ★★

	8000		8 à 11 €

Créée en 1990, une propriété de 11 ha située à 4 km de Sancerre. Son fondateur, Pierre Riffault, l'a transmise en 2006 à son fils Bertrand, qui s'attache à mettre en valeur les différents terroirs de l'appellation. La famille a restauré trois maisons anciennes pour y aménager des gîtes.

Bertrand Riffault signe une fois de plus un magnifique rosé avec cette cuvée née sur sol argilo-calcaire. Un vin qui présente un superbe nez évoquant les fruits rouges (fraise, groseille), associés à de subtiles notes de fruits jaunes. La bouche, intense, fraîche et veloutée, apparaît droite, sans emphase, d'une grande élégance. ⌛ 2018-2020 **2017 (8 à 11 €; 65000 b.)** : vin cité. **2016 (8 à 11 €; 3000 b.)** : vin cité.

⊶ *PIERRE RIFFAULT, rue du Carroir-Perrin, Chaudoux, 18300 Verdigny, tél. 02 48 79 31 03, pierre.riffault@aliceadsl.fr* V *t.l.j. sf dim. 8h-12h 13h30-18h* C

DOM. DES CHAINTRES 2017

	12800		15 à 20 €

Ce domaine est principalement situé sur des parcelles autour du piton de Sancerre. Il a été acquis par la maison Joseph Mellot en 2007 et couvre un peu plus de 4,8 ha.

Le nez, quelque peu réservé, dévoile à l'aération un fruité aussi léger qu'agréable. La bouche, de construction classique, est équilibrée, ronde et fraîche à la fois, et distille en finale de charmantes notes citronnées. ⌛ 2018-2021

⊶ *DOM. DES CHAINTRES, 36, rte Nationale, Maltaverne, 58150 Tracy-sur-Loire, tél. 02 48 78 54 54, contact@domainedeschaintres.com* V *r.-v.*
⊶ *Corbeau Mellot*

DOM. ROGER CHAMPAULT Clos du Roy 2017 ★

| 14000 | 11 à 15 € |

Laurent et Claude Champault ont pris en 1997 le relais de leur père Roger, l'une des figures de l'appellation sancerre en rouge. Établi au hameau de Champtin, ancienne seigneuriale implantée sur des lieux-dits réputés de Sancerre, le domaine a aménagé son caveau dans un colombier du XVIes. et dispose de 23 ha de vignes.

Fringant et ouvert, le nez s'habille d'élégance en offrant des nuances de mandarine, de fruits confits et de vanille. Équilibrée, la bouche amplifie les notes fruitées (poire, abricot) pour finir sur une pointe d'amertume évoquant le zeste de pamplemousse. Un sancerre dynamique. ⧗ 2018-2021 ■ **Les Pierris 2016 (8 à 11 €; 18200 b.)** : vin cité.

DOM. ROGER CHAMPAULT, 5, rte de Foulot, Champtin, 18300 Crézancy-en-Sancerre, tél. 02 48 79 00 03, roger.champault@orange.fr V r.-v.

DOM. LES CHAUMES 2017 ★

| 90000 | 8 à 11 € |

Fils de viticulteurs, Jean-Jacques Bardin s'est installé en 1969 à Pouilly-sur-Loire sur 1 ha de vignes achetées à son grand-père. Il conduit aujourd'hui 45 ha avec trois de ses enfants.

Par ses senteurs de fleurs blanches, de fruit de la Passion et sa touche biscuitée, le nez est particulièrement charmeur. En bouche, le fruité (abricot, pêche de vigne) l'emporte, conférant une rondeur suave à cet ensemble harmonieux et de bonne longueur. ⧗ 2018-2021

SCEV JEAN-JACQUES BARDIN, lieu-dit Les Chaumes, 58150 Pouilly-sur-Loire, tél. 03 86 39 15 87, jean-jacquesbardin@wanadoo.fr V *t.l.j. sf dim. 9h-19h*

PIERRE CHERRIER ET FILS L'Essentiel 2016 ★★

| 10000 | 8 à 11 € |

Le nom de la famille Cherrier est attaché au vignoble de Sancerre depuis 1848. Le domaine actuel a été créé en 1927 par le grand-père Maurice, développé par son fils Pierre et depuis 1984 par la troisième génération, François et Jean-Marie, à la tête aujourd'hui de 15 ha de vignes. Ces derniers se sont implantés en 2010 dans l'appellation menetou-salon en reprenant les 10 ha du domaine du Loriot.

Au nez, les arômes de fruits exotiques, de poire, de fleurs blanches et d'épices (vanille, poivre) dialoguent avec élégance. On découvre ensuite une bouche ronde, pleine et charnue, aux arômes de poire et d'orange, qui déploie une longue finale encore quelque peu incisive. En voie d'aboutissement, c'est un sancerre de terroir qui regorge de fraîcheur et de finesse. ⧗ 2019-2024 ■ **Cuvée La Mangellerie 2017 ★ (8 à 11 €; 16000 b.)** : des nuances de pamplemousse et de feuille de tomate dominent le premier nez, suivies à l'aération par des arômes d'orange et de citron confit. Au palais, la rondeur et le gras sont équilibrés par une tension bien répartie qui étire la finale, agréablement fruitée. ⧗ 2018-2021

PIERRE CHERRIER ET FILS, 26, rue de la Croix-Michaud, Chaudoux, 18300 Verdigny, tél. 02 48 79 34 93, cherrierfreres@orange.fr V r.-v.

DOM. DES CLAIRNEAUX 2017 ★★

| 45000 | 15 à 20 € |

Jean-Marie Berthier a créé en 1983 le Dom. de Clairneaux à Sancerre, qu'il a étendu en 1998 en acquérant le Dom. Montbenoit en coteaux-du-giennois. L'ensemble couvre aujourd'hui 24 ha conduits par ses fils Clément, l'aîné, qui s'occupe de la vinification et de la commercialisation, et Florian, le cadet, qui officie à la vigne.

Le nez s'ouvre d'emblée sur de plaisantes senteurs d'abricot confit, puis, à l'aération, s'égrènent de délicates notes de fleurs blanches, de menthe et d'épices. Ample et structurée, bâtie sur le gras et offrant une légère sucrosité, la bouche exprime le côté solaire du millésime, équilibré par une finale à la vivacité citronnée. ⧗ 2018-2021

CLÉMENT ET FLORIAN BERTHIER, Les Clairneaux, 18240 Sainte-Gemme-en-Sancerrois, tél. 02 48 79 40 97, contact@vignoblesberthier.fr V r.-v.

DOM. LA CLEF DU RÉCIT 2017 ★

| 40000 | 11 à 15 € |

Après avoir acquis une solide expérience sur l'exploitation familiale du Sancerrois et dans plusieurs pays viticoles, Anthony Girard, natif de Récy, a repris en 2012 les clés de cette propriété de 9 ha. Un domaine à suivre.

Joli nez intense, fortement aromatique, sur la mandarine et l'ananas. Une attaque souple ouvre sur une bouche ample, fraîche et onctueuse, aux saveurs de citronnelle et de zeste d'orange. ⧗ 2018-2021 ■ **2016 (11 à 15 €; 6000 b.)** : vin cité.

ANTHONY GIRARD, Récy, 18300 Vinon, tél. 06 07 66 93 29, laclefdurecit@gmail.com V r.-v.

DOM. DES COLTABARDS 2017 ★★

| 32600 | 15 à 20 € |

Situé sur les terroirs très argileux du plateau de Ménétréol-sous-Sancerre, ce domaine d'environ 7 ha appartient à la maison Joseph Mellot depuis 2007.

Du verre jaillissent des senteurs fruitées (pêche jaune, abricot, agrumes) très élégantes et intenses, agrémentées de touches florales (jasmin, chèvrefeuille). Succédant à ce nez digne d'un grand parfumeur, la bouche impressionne dès l'attaque, révélant une matière à la fois riche et enlevée, ample et pourtant vive: un sancerre splendide, harmonieux et tout en finesse. ⧗ 2018-2022

DOM. DES COLTABARDS, 26, rte Nationale, Maltaverne, 58150 Tracy-sur-Loire, tél. 02 48 78 54 55, contact@domainedescoltabards.com V r.-v.
Corbeau Mellot

LOIRE

ÉRIC COTTAT La Vallée des vignes 2017

| 9000 | 8 à 11 € |

Éric Cottat conduit depuis 1990 cette exploitation située au hameau de Thou dans la commune de Sury-en-Vaux. Le domaine dispose depuis 2004 d'un nouveau chai climatisé, avec cuverie Inox thermorégulée.

Le nez, vif, est dominé par les arômes classiques du cépage (pamplemousse, feuille de tomate). La bouche apparaît bien équilibrée entre rondeur et fine acidité. Un sancerre primesautier, à boire jeune. ⧗ 2018-2019

⊶ *ÉRIC COTTAT, Le Thou, 18300 Sury-en-Vaux, tél. 02 48 79 02 78, eric.cottat@free.fr* V *t.l.j. 9h-19h*

DOM. DOMINIQUE ET JANINE CROCHET
Le Chêne marchand 2016 ★

	1500		15 à 20 €

En 1982, à sa création, ce domaine couvrait 2 ha; il compte aujourd'hui 11,6 ha. Depuis le décès de son époux, Janine Crochet dirige l'exploitation avec ses fils Teddy et Cyprien, arrivés respectivement en 2009 et 2016, et pratique une viticulture raisonnée à tendance bio.

L'élevage sous bois transparaît tout au long de la dégustation, mais sans jamais masquer le naturel du vin. L'olfaction évoque la douceur: abricot, vanille, moka, menthe et nuances anisées. La bouche, très prometteuse, associe ampleur, fruité, fraîcheur et une pointe de sévérité en finale. Du mordant et du potentiel. ⧗ 2019-2023 ■ **2016 (11 à 15 €; 11000 b.)** : vin cité.

⊶ *EARL DOMINIQUE ET JANINE CROCHET, 64, rue de Venoize, 18300 Bué, tél. 02 48 54 19 56, earlcrochetdominiqueetjanine@wanadoo.fr* V *r.-v.*

JEAN-MARC ET MATHIEU CROCHET
Chêne marchand 2016 ★

	4000		11 à 15 €

La famille Crochet cultive la vigne à Bué depuis cinq générations. Jean-Marc s'est associé à son père Bernard en 1980. Son fils Mathieu l'a rejoint en 2006 à la tête d'un vignoble de 12 ha: 10 ha de sauvignon sur des sols argilo-calcaires et 2 ha de pinot noir sur un terroir argileux, le tout conduit de manière très raisonnée et avec un minimum d'intervention au chai.

Discret, le nez sait toutefois faire preuve d'une jolie finesse: pointe de mangue et de litchi, notes de confit et de coing. L'acidité citronnée et la fraîcheur végétale sont atténuées au palais par une texture ample et soyeuse. Construit sur la vivacité, ce 2016 devrait très bien évoluer dans le temps. ⧗ 2018-2023

⊶ *JEAN-MARC ET MATHIEU CROCHET, 40, rue Saint-Vincent, 18300 Bué, tél. 02 48 54 11 30, jmcrochet@terre-net.fr* V *r.-v.*

DANIEL CROCHET 2016 ★★

■	12000		11 à 15 €

Issu d'une lignée de vignerons dont il représente la quatrième génération, Daniel Crochet est régulièrement cité dans le Guide. À la tête du domaine familial depuis 1996, il conduit aujourd'hui un vignoble de 10 ha répartis entre Sancerre et Bué.

Rubis violine, intense et profonde, la robe suggère une grande concentration. Dès le premier nez, les arômes éclatent de puissance et de complexité: cassis, notes épicées et camphrées. Riche de tanins serrés et onctueuse en attaque, la bouche évolue harmonieusement vers une finale dans laquelle perce discrètement l'astringence. Le retour aromatique est un fondu de fruits mûrs et de notes toastées. Un superbe sancerre pour la cave. ⧗ 2020-2026 ■ **2017 ★ (11 à 15 €; 7200 b.)** : particulièrement pâle et brillant, ce rosé offre une olfaction autant discrète que délicate: cerise, fraise écrasée, notes anisées. Fraîche en attaque, la bouche se montre acidulée en son milieu, avant de s'achever sur de séduisantes notes mentholées et salines. ⧗ 2018-2019 **2017 ★ (11 à 15 €; 42000 b.)** : le nez, marqué par la poire et la pêche, est accompagné de notes minérales. Franche, la bouche repose sur une belle acidité et offre une jolie finale anisée et iodée. Un potentiel certain. ⧗ 2019-2022

⊶ *DANIEL CROCHET, 61, rue de Venoize, 18300 Bué, tél. 02 48 54 07 83, daniel-crochet@wanadoo.fr* V *t.l.j. sf dim. 9h-18h; f. 15-25 août*

Ⓑ FRANÇOIS CROCHET 2017 ★

■	6330		11 à 15 €

Robert Crochet a pris sa retraite en 2006. C'est son fils François qui conduit désormais l'exploitation transmise de père en fils depuis le début du siècle dernier. À la tête de 11 ha, il a inauguré sa nouvelle cave en 2009 et converti le vignoble au bio en 2014.

D'aspect très pâle et saumoné, ce 2017 évoque au nez les fruits rouges, mais aussi l'orange, l'amande, ainsi que des nuances florales. Austère en attaque, le palais s'étoffe ensuite pour offrir un ensemble généreux et équilibré et une finale tout en finesse. ⧗ 2018-2019 **2017 ★ (15 à 20 €; 40000 b.)** Ⓑ : l'olfaction, tout en finesse, évoque une corbeille de fruits mûrs mêlée à des notes minérales de pierre à fusil. Dense et croquante, centrée sur des saveurs de poire, la bouche apparaît particulièrement épanouie. Équilibre et élégance. ⧗ 2018-2021 ■ **2016 (15 à 20 €; 11098 b.)** : vin cité.

⊶ *FRANÇOIS CROCHET, Marcigoue, 18300 Bué, tél. 02 48 54 21 77, francoiscrochet@wanadoo.fr* V *r.-v.*

DOM. LA CROIX SAINT-LAURENT
Le Chêne marchand 2016 ★

	5600		15 à 20 €

La Croix Saint-Laurent est le quartier du village de Bué où vous trouverez la cave de Sylvie et Joël Cirotte, épaulés à la vinification par leur fils Fabien depuis 2012. Leur domaine couvre 10 ha, conduit en culture toujours plus raisonnée.

D'une vivacité stimulante (citron, épices), le nez s'adoucit à l'aération autour des fleurs blanches. La bouche, très ronde, sphérique, s'enhardit d'une belle acidité ainsi que d'une touche minérale révélant fièrement son terroir d'origine. Jeune, fougueux, voilà un sancerre avec du nerf et du caractère. ⧗ 2019-2023 **2017 (11 à 15 €; 52000 b.)** : vin cité.

⊶ *JOËL CIROTTE, 52, rue de Venoize, 18300 Bué, tél. 02 48 54 30 95, scea.cirotte@wanadoo.fr* V *t.l.j. sf sam. dim. 8h-12h 14h-18h*

DOM. DAULNY 2017

	85000		8 à 11 €

Étienne Daulny a pris en 1972 la tête du domaine régulier en qualité qui se transmet de père en fils depuis plusieurs générations et qui exporte aujourd'hui 85 % de sa production.

Le nez respire les fruits jaunes (abricot, pêche) et exotiques (ananas) bien mûrs, égayés d'une fraîcheur citronnée. Rond, gras et chaleureux dès l'attaque, le palais est soutenu par une belle acidité et une finale saline. ⧗ 2018-2022

⊶ ÉTIENNE DAULNY, Chaudenay, 18300 Verdigny, tél. 02 48 79 33 96, domaine-daulny@wanadoo.fr V ✈ ❶ *r.-v.*

DOM. DELAPORTE Chavignol 2017

■	13300	⁞	11 à 15 €

Transmis de génération en génération depuis le XVIIe s., conduit aujourd'hui par Jean-Yves Delaporte et son fils Matthieu, ce domaine familial de 33 ha, régulier en qualité et peu interventionniste à la vigne, est installé à Chavignol, charmant village au cœur du Sancerrois réputé pour son fromage de chèvre.

Le nez déploie des arômes de groseille, de mirabelle, de pomme cuite et de miel. Souple en attaque, la bouche est réveillée par une touche acidulée (bonbon à la framboise) qui prolonge la finale. ⧗ 2018-2019 ■ **Silex 2016 (15 à 20 €; 4180 b.)** : vin cité.

⊶ MATTHIEU DELAPORTE, Chavignol, 18300 Sancerre, tél. 02 48 78 03 32, delaportevincent.sancerre@wanadoo.fr V ✈ ❶ *t.l.j. sf dim. 9h-19h*

AURORE DEZAT 2017 ★

■	33900	⁞	8 à 11 €

Aurore Dezat conduit depuis 2011, en viticulture très raisonnée (aucun herbicide ni insecticide), cette exploitation familiale de 9,5 ha créée par son grand-père et développée par son père Denis et son oncle Claude. En 2016, son conjoint David – qui œuvre en parallèle sur son domaine familial Anthony et David Girard – l'a rejointe.

Des notes florales (pivoine, rose) ouvrent discrètement le nez, suivies de nuances fruitées. Le palais offre de la rondeur, du gras et de gourmandes saveurs de fruits jaunes. La finale, plus vive, laisse sur une sensation émoustillante. ⧗ 2018-2022 ■ **Aurore Dezat 2017 (8 à 11 €; 3400 b.)** : vin cité.

⊶ AURORE DEZAT, Dom. des Chasseignes, Chappe, 18300 Sury-en-Vaux, tél. 02 48 79 36 84, contact@domainedeschasseignes.com V ✈ ❶ *t.l.j. 8h-12h 14h-19h; dim. sur r.-v.*

ANDRÉ DEZAT ET FILS
Cuvée Prestige Élevé en fût de chêne 2016 ★★

■	7500	⦀	15 à 20 €

La famille Dezat est l'une des plus anciennes familles vigneronnes du Sancerrois. Succédant en 1978 à leur père André, les frères Simon et Louis, épaulés par leurs enfants Firmin et Arnaud, ont étendu le vignoble familial sur l'aire du pouilly-fumé et conduisent aujourd'hui 41 ha de vignes.

Sélection des vignes les plus anciennes, objet d'un élevage soigné en fûts, ce rouge se présente dans une robe pourpre violine intense et jeune. Les arômes d'élevage (vanille, cacao), bien qu'encore assez perceptibles, respectent la finesse fruitée du nez, très marqué par la fraise. La trame, solide, est tissée de tanins soyeux et fondus. Un sancerre harmonieux, à la longue finale épicée. ⧗ 2019-2023 ■ **2017 (11 à 15 €; 100000 b.)** : vin cité.

⊶ ANDRÉ DEZAT ET FILS, 8, rue des Tonneliers, Chaudoux, 18300 Verdigny, tél. 02 48 79 38 82, dezat.andre@terre-net.fr V ✈ ❶ *t.l.j. sf dim. 9h-12h 14h-18h*

PAUL DOUCET ET FILS 2017 ★

■	1000	⁞	8 à 11 €

Spécialisé en viticulture à partir de 1978 après avoir longtemps été en polyculture-élevage, ce domaine de 11,5 ha conduit par Patrick Doucet est situé à Sury-en-Vaux, village cerné par de magnifiques coteaux viticoles.

L'expression olfactive apparaît douce et complexe (fraise, framboise, cassis, pêche). Souple et très ronde, la bouche confirme ce caractère fruité pour se terminer sur des saveurs gourmandes d'eau de rose. ⧗ 2018-2019

⊶ PATRICK DOUCET, Les Plessis, 18300 Sury-en-Vaux, tél. 02 48 79 33 40, earl.doucet@wanadoo.fr V ✈ ❶ *r.-v.*

♥ DOM. OLIVIER FOUCHER 2016 ★★★

■	5000	⁞	8 à 11 €

Olivier Foucher a suivi un parcours professionnel classique: études de viticulture et d'œnologie, quelques années de collaboration avec ses parents et reprise en main du domaine familial à la retraite de son père en 2011. Il exploite aujourd'hui avec sa mère 8,4 ha de vignes.

Limpide et chatoyante, la robe affiche un beau rubis aux reflets pourpres. L'olfaction, exceptionnelle, révèle d'intenses notes de griotte et de gelée de coings, nuancées de touches délicates de figue, de mirabelle et d'épices douces. La bouche, soyeuse, longue, d'une harmonie rare, s'adosse à des tanins serrés qui ont l'impétuosité de la jeunesse. Un superbe sancerre des plus prometteurs, mais déjà tout simplement irrésistible. ⧗ 2019-2026 ■ **2017 (8 à 11 €; 25000 b.)** : vin cité.

⊶ DOM. OLIVIER FOUCHER, 6 Les Guenoux, 18240 Sainte-Gemme-en-Sancerrois, tél. 06 76 12 24 35, domainefoucher@orange.fr V ✈ ❶ *t.l.j. 9h-12h30 14h-18h30; sam. dim. sur r.-v.*

FOURNIER PÈRE ET FILS Les Belles Vignes 2017 ★

■	120000	⁞	11 à 15 €

Exploitation familiale créée au XIXe s. sur 2 ha de vignes. Claude Fournier, à la fois viticulteur et négociant, conduit aujourd'hui un vaste domaine de quelque 100 ha répartis sur trois appellations: pouilly-fumé, menetou-salon et sancerre.

Les notes variétales dominent un nez expressif: bourgeon de cassis, genêt, buis. En bouche, de petites touches épicées et minérales traduisent un caractère plus original, assez strict mais volumineux, tonique et bien construit. ⧗ 2018-2021

⊶ FOURNIER PÈRE ET FILS, rte de la Garenne, Chaudoux, 18300 Verdigny, tél. 02 48 79 35 24, claude@fournier-pere-fils.fr V ✈ ❶ *t.l.j. sf sam. dim. 8h-12h 13h30-18h ⊶ Villebois-Fournier*

ANTHONY ET DAVID GIRARD
Les Monts Damnés 2017

	13400		11 à 15 €

Anthony exploitait les vignes de son grand-père depuis 2007 mais commercialisait la production en moût. En 2015, il s'associe avec son frère David, riche d'une expérience de dix ans acquise au domaine Paul Prieur, à Verdigny. Aujourd'hui, ils conduisent les 3 ha du domaine familial.

Timide, le nez exprime de jolies notes fruitées (banane, ananas, mandarine). Souple et ronde, sur des notes d'agrumes et de fleurs blanches, la bouche développe un beau volume, de la fraîcheur et devrait encore s'épanouir en cave. ⧗ 2018-2021

DOM. ANTHONY ET DAVID GIRARD, Les Champions, 18300 Menetou-Râtel, tél. 06 88 71 78 19, david.g.18@hotmail.fr V t.l.j. 8h-12h 13h30-19h; dim. sur r.-v.

MICHEL GIRARD ET FILS 2016 ★★

	2500		15 à 20 €

Ce domaine de 20 ha, propriété familiale depuis sept générations, est conduit par Michel Girard et ses fils, Philippe et Benoît. C'est dans leur nouvelle cave qu'ils ont vinifié leur millésime 2014.

Cette cuvée est issue des trois principaux terroirs du sancerrois. Très présentes, les notes de vanille et de noix de coco se confrontent à des nuances d'agrumes et de pierre à fusil. Le charme opère dans une bouche de grande classe, fraîche et de belle ampleur, étirée dans une longue finale subtilement tannique… ⧗ 2019-2024 **2017 ★ (8 à 11 €; 100000 b.)** : au nez, une belle complexité aromatique faite de fruits exotiques (ananas), de fruits blancs et d'une touche de beurre frais. La bouche, fraîche et florale, propose une jolie finale saline. ⧗ 2018-2021

MICHEL GIRARD ET FILS, rte de Saint-Satur, 18300 Verdigny, tél. 02 48 79 33 36, michelgirard.fils@wanadoo.fr V t.l.j. 9h-12h 15h-18h; sam. dim. sur r.-v.

DOM. MICHEL GIRAULT P'tit Gus 2016 ★

	1000		11 à 15 €

Olivier et Anthony Girault ont repris en 2007 la suite de leur père Michel sur ce domaine de 16 ha producteur de sancerre et de pouilly-fumé.

Au nez, les arômes boisés (café, vanille) dominent encore le fruité du vin, centré sur la cerise. Ronde, précise, d'une richesse certaine, la bouche, marquée par les petits fruits rouges, est bâtie sur des tanins solides et très prometteurs. ⧗ 2020-2024 **Dom. les Beaux Regards 2017 (8 à 11 €; 35000 b.)** : vin cité.

OLIVIER ET ANTHONY GIRAULT, 1, chem. du Moulin, 18300 Bué, tél. 02 48 54 25 73, michel.girault5@wanadoo.fr V r.-v.

JÉRÔME GODON Élégance 2017 ★

	30000		8 à 11 €

Transmise de père en fils depuis dix générations, cette exploitation familiale, conduite depuis 2006 par Jérôme Godon, couvre 14 ha.

Une cuvée qui porte bien son nom avec son expression séveuse de fleurs, d'agrumes, de pomme et de cannelle. Fine et droite, la bouche «décolle» immédiatement sur le fruit et délivre une belle tension en finale. Du caractère. ⧗ 2018-2021 **Dom. des Griffes 2017 ★ (11 à 15 €; 5000 b.)** : le premier nez est épicé, puis, à l'aération, apparaissent des notes de citron mûr et de pêche. En bouche, le rapport s'inverse: les saveurs fruitées (pomelo, pêche) prennent le dessus dans un ensemble ample révélant une belle finale poivrée. ⧗ 2018-2021 **Les Fines Bouches 2017 (8 à 11 €; 12000 b.)** : vin cité.

JÉRÔME GODON, Les Fouchards, 18240 Sainte-Gemme-en-Sancerrois, tél. 02 48 79 33 30, contact@vin-de-sancerre.com V t.l.j. 8h-12h 14h-19h

ALAIN GUENEAU La Guiberte 2017 ★

	60000		11 à 15 €

Alain Gueneau, qui a pris la suite de ses parents en 1970, est aux commandes d'un domaine qui étend ses 16 ha de vignes sur des coteaux pentus autour de Sury-en-Vaux, Sancerre et Chavignol. Sa fille Élisa l'a rejoint depuis quelques années.

Au nez, dominent des senteurs de pêche et d'agrumes, agrémentées d'une charmante note minérale que l'on retrouve encore amplifiée au palais. Une finale saline et acidulée, évoquant les zestes d'agrumes, complète la belle typicité de l'ensemble. ⧗ 2018-2022

ALAIN GUENEAU, Maison-Sallé, 18300 Sury-en-Vaux, tél. 02 48 79 30 51, contact@sancerre-gueneau.com V r.-v.

GUILLERAULT-FARGETTE Chêne marchand 2016 ★

	2160		15 à 20 €

Situé sur la commune de Crézancy-en-Sancerre, ce domaine familial de 21 ha est conduit par le tandem Gilles Guillerault et Sébastien Fargette qui ont introduit de nouvelles méthodes de travail (enherbement, travail des sols, bannissement des produits chimiques…)

Cette cuvée séduit par son nez expressif, minéral et fruité (pêche, cassis, citron). La bouche affiche une grande suavité, un caractère pulpeux équilibré par une trame finement acidulée jusqu'à la finale, longue et saline. Un 2016 complexe et charmeur. ⧗ 2018-2020 **Les Panseillots 2016 (8 à 11 €; 20000 b.)** : vin cité.

DOM. DES CAVES DU PRIEURÉ, 2, rue du Lavoir, Reigny, 18300 Crézancy-en-Sancerre, tél. 02 48 79 02 84, contact@guillerault-fargette.fr V t.l.j. sf dim. 9h-12h 14h-18h Gilles Guillerault

RÉGIS JOUAN 2017 ★★

	4500		11 à 15 €

Après avoir travaillé vingt ans au domaine familial, Régis Jouan a créé en 2010, avec son épouse, sa propre exploitation à Sury-en-Vaux. Leurs vignes couvrent 4,5 ha, repris en 2017 par leur fille Mariannick et leur gendre David Girard, par ailleurs vignerons à Menetou-Salon.

Assemblage de pressurage direct (70 %) et de saignée (30 %), ce rosé provient d'un sol d'argiles à silex. D'un ton pâle, rose à reflets pelure d'oignon, il exhale un fruité de grande finesse (raisin frais, pêche de vigne, mûre). Il s'affirme ensuite par son palais équilibré, frais, aux saveurs de groseille, de pamplemousse, et à la finale persistante. Un superbe rosé de gastronomie, expressif et élégant. ⧗ 2018-2020 ■ **2017 (11 à 15 €; 2000 b.)** : vin cité.

⊶ RÉGIS JOUAN, Maison-Sallé, 18300 Sury-en-Vaux, tél. 02 46 59 00 56 V ⚲ ▮ *r.-v.*

DOM. SERGE LALOUE 2016 ★

■	21000	◍ ▮	11 à 15 €

Christine et Franck, qui ont repris le domaine (20 ha) en 2000, poursuivent l'œuvre de leur père Serge Laloue en travaillant selon le même état d'esprit, à dominante bio (enherbement, confusion sexuelle, traitements raisonnés…), sans pour autant opter pour la certification.

Avec des nuances de cerise, des touches confiturées (figue, fraise) et épicées (poivre, laurier), l'olfaction révèle une belle complexité. Grasse et bien structurée par l'élevage partiel en fûts, la bouche, de bonne longueur, apparaît harmonieuse et très prometteuse. ⧗ 2019-2023 ■ **2017 ★ (11 à 15 €; 70000 b.)** : la robe est brillante, le nez flatteur (pêche, pamplemousse), la bouche ample, équilibrée, persistante sur les notes fruitées. Un 2017 de belle expression. ⧗ 2018-2020

⊶ SAS SERGE LALOUE, 6, rue de la Mairie, 18300 Thauvenay, tél. 02 48 79 94 10, contact@serge-laloue.fr V ⚲ ▮ *t.l.j. 8h30-12h 13h30-17h30; sam. dim. sur r.-v.*

DOM. SERGE LAPORTE 7 Mars 2016 ★

■	800	◍	15 à 20 €

Cette exploitation familiale de 12 ha se situe en plein cœur de Chavignol. Serge Laporte et son fils Guillaume disposent de plus de quarante-cinq parcelles reposant sur presque autant de terroirs et de nuances géologiques.

Une belle harmonie olfactive se dessine au travers de nuances de fruits cuits et kirschés et d'épices (girofle). Portée par une structure tannique assez fondue, la bouche fait ressortir le côté toasté de l'élevage en fûts. De bonne persistance, ample, un 2016 très agréable dès aujourd'hui. ⧗ 2018-2022

⊶ GUILLAUME LAPORTE, Chavignol, 18300 Sancerre, tél. 02 48 54 30 10, domaine.serge.laporte@wanadoo.fr V ⚲ ▮ *t.l.j. sf dim. 9h-12h 14h-18h*

♥ KÉVIN ET CHRISTIAN LAUVERJAT Moulin des Vrillères 2017 ★★

■	12000	▮	8 à 11 €

Les Lauverjat cultivent la vigne depuis plusieurs générations à Sury-en-Vaux. Installé dans un ancien moulin à grains (le Moulin des Vrillères), Kévin, fils de Christian, est depuis 2017 à la tête du vignoble familial (13 ha). Karine Lauverjat, épouse de Christian, a par ailleurs créé en 2005 une structure de négoce à son nom qui permet d'étendre la carte du domaine et d'exporter.

Premier millésime pour Kévin Lauverjat et déjà la plus haute marche du podium. La superbe olfaction de son sancerre séduit par son élégance et sa complexité: belles notes de fleur d'acacia et de clémentine, mêlées à une fugace note pétrolée. Onctueuse et ferme à la fois, la bouche, très persistante, concilie de savoureuses sensations de plénitude et de vivacité. Une valeur sûre, au grand potentiel. ⧗ 2018-2024 ■ **Perle blanche 2017 (11 à 15 €; 10000 b.)** : vin cité.

⊶ LAUVERJAT, Moulin des Vrillères, 18300 Sury-en-Vaux, tél. 02 48 79 38 28, lauverjat.christian@wanadoo.fr V ⚲ ▮ *r.-v.* ⌂ ②

DOM. FRANCINE ET MAXIME LEMAIN-POUILLOT 2016 ★

■	2500	◍ ▮	8 à 11 €

Francine Lemain-Pouillot a repris en 2004 l'exploitation (aujourd'hui 5 ha) créée par son père, Clotaire, en 1960. Son fils Maxime la seconde.

L'olfaction dévoile de jolies notes de cassis frais, de cerise, de kirsch et de raisin sec. Les tanins bien fondus confèrent de l'ampleur et de la délicatesse à un palais élégant, fine expression du pinot noir. Un sancerre gourmand. ⧗ 2018-2021 ■ **2017 (8 à 11 €; 10000 b.)** : vin cité.

⊶ FRANCINE ET MAXIME LEMAIN-POUILLOT, 20, rue des Juifs, 18300 Bué, tél. 06 08 93 18 58, francine-lemain-pouillot@orange.fr V ⚲ ▮ *r.-v.*

ÉRIC LOUIS 2016 ★★

■	19950	◍ ▮	11 à 15 €

C'est l'arrière-grand-mère Pauline qui planta les premières vignes sur les terres de Thauvenay et commença le commerce du vin; c'était autour de 1860. Depuis 1996, Éric Louis suit les pas de son aïeule à la tête d'un vignoble de 19 ha sur les coteaux sud-est de l'aire d'appellation sancerre constitués de silex et d'argilo-calcaires. Les œnophiles sont accueillis dans une belle cave voûtée en pierre du Morvan.

Des reflets violets de jeunesse animent la robe, rubis intense. Un léger boisé, dissous dans des senteurs de framboise et de griotte, enrichit l'olfaction. Des tanins serrés et même vigoureux en finale encadrent bien une bouche veloutée et savoureuse, intensément fruitée. Un sancerre ambitieux, à attendre. ⧗ 2020-2023 ■ **2017 ★ (11 à 15 €; 121466 b.)** : au premier nez apparaissent de surprenantes notes beurrées qui signent une belle maturité, que confirment des arômes de fruits jaunes et un côté gras et chaleureux en bouche. Un vin original et solaire. ⧗ 2018-2021

⊶ ÉRIC LOUIS, Cellier de la Pauline, 26, rue de la Mairie, Le Bourg, 18300 Thauvenay, tél. 02 48 79 91 46, contact@sancerre-ericlouis.com V ⚲ ▮ *t.l.j. 10h-12h 13h30-19h*

DOM. PIERRE MARTIN 2017 ★★

■	50000	▮	8 à 11 €

Après avoir travaillé quinze ans avec son père, Pierre Martin lui a succédé en 2012, appuyé par son épouse Lauriane, œnologue. Il essaie de se rapprocher de la démarche bio (pas de désherbants ni d'insecticides ou d'anti-pourriture, vinifications peu interventionnistes). L'essentiel de son vignoble (18 ha) est situé autour du village de Chavignol.

Ce 2017 déploie de beaux arômes de fruits frais auxquels des notes minérales ajoutent de la complexité. Droite en attaque, ample, fraîche et saline, la bouche offre aussi du gras et de la longueur. La vivacité finale embellit le relief et peaufine le charme. ⧗ 2018-2021 ■ **2016 ★★ (11 à 15 €; 20 000 b.)** : le beau fruité du nez (typé cerise) et les notes boisées (vanille, noisette) jouent un accord parfait. Au palais, là encore, l'harmonie est totale. Pourtant serrés, les tanins semblent se fondre dans la solide structure du vin. Un 2016 remarquable, sur la pente ascendante, qui méritera d'être attendu. ⧗ 2020-2025

⊶ PIERRE MARTIN, Chavignol, 18300 Sancerre, tél. 02 48 54 24 57, chavipierrot@orange.fr V r.-v.

THIERRY MERLIN-CHERRIER
Le Chêne marchand 2016 ★★

■	6400		20 à 30 €

Thierry Merlin réside à l'entrée du village vigneron de Bué. Au début des années 1980, il a créé ce domaine de 14 ha après avoir acquis de l'expérience en Bourgogne, dans des aires aussi prestigieuses que chablis et puligny-montrachet.

Or aux reflets verts, la robe donne un avant-goût de la forte personnalité de cette cuvée. Les arômes de fruits bien mûrs et confits, de coing et de liqueur d'orange traduisent la très haute maturité du raisin. La bouche est en parfaite harmonie: ronde, enveloppée d'un gras prononcé, équilibrée par un soupçon de fraîcheur et soulignée par une légère sensation tannique, elle allie admirablement finesse et puissance. Déjà délicieux, ce 2016 gagnera encore en harmonie après un passage en cave, qui pourra durer longtemps... ⧗ 2018-2028 ■ **2016 ★ (8 à 11 €; 7000 b.)** : des arômes de framboise et de cerise dominent le nez, nuancés de subtiles touches boisées. Vineux, le palais montre des tanins encore impétueux, enrobés de notes fruitées. Du potentiel. ⧗ 2019-2024

⊶ SAS THIERRY MERLIN-CHERRIER, 43, rue Saint-Vincent, 18300 Bué, tél. 02 48 54 06 31 V r.-v.

DOM. GÉRARD MILLET Sur le clou 2016

■	2400		15 à 20 €

Gérard Millet s'est lancé dans la viticulture en 1979, à partir de quelques vignes cédées par ses grands-parents. Aujourd'hui secondé par son fils Steve, il a agrandi le domaine (23 ha en sancerre et menetou-salon) et a construit une cave moderne à quelques centaines de mètres du village de Bué.

Cette cuvée provient d'un sol à argiles ferrugineuses bien adapté au pinot noir. La persistance du fruit (notes de myrtille et de griotte) réussit à percer la forte empreinte boisée (arômes vanillés, fermeté tannique marquée). Pour amateurs de vins boisés. À attendre. ⧗ 2020-2025

⊶ GÉRARD MILLET, rte de Bourges, 18300 Bué, tél. 02 48 54 38 62, gmillet@terre-net.fr V r.-v.

FRANÇOIS MILLET 2017 ★

■	15000		11 à 15 €

Établis dans le village vigneron de Bué, François et Monique Millet sont depuis 1974 à la tête du domaine familial (21 ha). Ils sont désormais épaulés par leur fils Nicolas, formé dans le vignoble bourguignon.

Pressurage et fermentation à basse température, élevage sur lie, mise en bouteilles par gravité... la vinification est soignée. Le nez s'ouvre sur les fruits rouges et la pivoine. La délicatesse fruitée est confirmée dans une bouche ronde, harmonieuse et longue. ⧗ 2018-2019 ■ **Confession 2016 ★ (15 à 20 €; 4000 b.)** : le nez, intense, évoque la marmelade de fruits et le miel agrémentés d'une élégante pointe mentholée. Gras et nervosité s'équilibrent pour conférer de la mâche et de la tension à palais d'une belle persistance aromatique. On gagnera à attendre cette bouteille quelques mois. ⧗ 2019-2021 ■ **2017 (11 à 15 €; 95000 b.)** : vin cité.

⊶ SCEV FRANÇOIS MILLET, 75, rue de Venoize, 18300 Bué, tél. 02 48 54 39 09, nicolas-millet@wanadoo.fr V r.-v.

ROGER ET CHRISTOPHE MOREUX
Cuvée des Lys 2017

■	13600		11 à 15 €

Ce domaine familial – les Moreux sont établis depuis fort longtemps dans le Sancerrois – étend ses vignes sur 11 ha. Fondé en 1971, il est conduit depuis 2012 par Christophe.

La couleur corail, autant que le bouquet, sont intenses. Si le premier nez est encore fermentaire, l'aération révèle des notes de fruits rouges mûrs et de rose. Chaleureuse et ronde, la bouche est soutenue par une agréable amertume en finale. ⧗ 2018-2019

⊶ SARL ROGER ET CHRISTOPHE MOREUX, Chavignol, 18300 Sancerre, tél. 02 48 54 05 79, rcmoreux@wanadoo.fr V r.-v.

PIERRE MORIN 2017 ★

■	4500		8 à 11 €

Pierre Morin a repris l'exploitation familiale en 2013 après le départ à la retraite de son père Gérard, avec qui il œuvrait depuis 2004 sur les 9 ha de vignes du domaine.

Poudrée de rose et de reflets argentés, la robe de cette cuvée est particulièrement pâle. De bonne intensité, le nez marie notes fruitées (grenadine, melon) et florales (chèvrefeuille). Frais en attaque, le palais laisse monter une acidité bien répartie, conférant à l'ensemble une belle persistance aromatique. Un rosé tout en subtilité. ⧗ 2018-2019 ■ **Ovide 2016 ★ (15 à 20 €; 6000 b.)** : des raisins d'une vigne plantée dans les années 1950 et un élevage minutieux ont donné ce joli 2016, dont le nez allie fraîcheur florale et nuances épicées. Riche, ample et de bonne longueur, nettement axée sur la vivacité, la bouche monte en tension jusqu'à la finale. Un joli représentant de son appellation. ⧗ 2018-2021

⊶ PIERRE MORIN, 4, rue de l'Abbaye, 18300 Bué, tél. 02 78 54 36 75, morin.perefils@orange.fr V r.-v.

DOM. ROGER NEVEU Côte des Embouffants 2017

■	110000		11 à 15 €

Ce domaine, dont les origines viticoles remonteraient au XIIe s., est conduit par Éric et Jean-Philippe Neveu, secondés par leurs épouses Marie-Claire et Laurence, et par leurs enfants.

Modeste de prime abord, l'olfaction s'ouvre après aération sur des notes d'agrumes (pomelo, pamplemousse), de groseille et de pierre à fusil. Souple en attaque, ronde, la bouche confirme le classicisme de cette cuvée. ⧗ 2018-2020

⊶ *DOM. ROGER NEVEU, rte des Monts-Damnés, 18300 Verdigny, tél. 02 48 79 40 34, neveu@terre-net.fr* V *t.l.j. 8h-12h 14h-18h; dim. sur r.-v.*

DOM. ANDRÉ NEVEU
Le Grand Fricambault Silex 2017

	25000		8 à 11 €

Valérie, fille d'André Neveu, et son mari Thomas Dezat ont pris la relève en 1998. Établis à Sancerre, ils ont réaménagé leurs cuveries. Leur domaine couvre 13,5 ha.

Une cuvée dominée au nez par les arômes fruités (pêche jaune, ananas). Très ronde en attaque, la bouche sait aussi montrer une belle vivacité, avant de s'apaiser dans une douce finale. ⧗ 2018-2020

⊶ *SCEV DOM. ANDRÉ NEVEU, Chavignol, 18300 Sancerre, tél. 02 48 54 04 48, chavignol@wanadoo.fr* V *r.-v.*

PATRICK NOËL 2016 ★★

	24000		11 à 15 €

Patrick Noël, originaire de Chavignol, a créé ce domaine en 1988 en reprenant les vignes familiales. Ses caves, enterrées à flanc de coteaux, sont situées à Saint-Satur, là même où les moines de l'abbaye éponyme exploitaient la vigne dès le XIVes. Depuis 2009, sa fille Julie est à ses côtés pour exploiter une quinzaine d'hectares répartis entre les appellations sancerre, pouilly-fumé et menetou-salon.

De grande intensité, l'olfaction possède une personnalité marquée: fleurs blanches, pierre à fusil et de subtiles nuances briochées-beurrées. Ronde, ample, stimulée par une vivacité citronnée et par une fine fraîcheur mentholée, la bouche éclate de sensations harmonieuses. Un 2016 irrésistible. ⧗ 2018-2022

⊶ *PATRICK NOËL, av. de Verdun, rte de Bannay, 18300 Saint-Satur, tél. 02 48 78 03 25, patricknoel-vigneron@orange.fr* V *t.l.j. sf dim. 9h-12h 13h30-18h30*

B DOM. DU NOZAY 2017 ★

	80000		11 à 15 €

Ce domaine de 15 ha, créé en 1971 par Philippe de Benoist, entoure un château du XVIIIes. En 1993, le vigneron a été rejoint par son fils aîné Cyril, qui a fait ses armes chez son oncle Aubert de Villaine, co-gérant de la Romanée-Conti. Comme le mythique domaine bourguignon, le château du Nozay est conduit en bio et en biodynamie.

Le nez, intense et élégant, évoque les agrumes et de douces notes pâtissières. Ronde en attaque, très souple en son milieu, la bouche est équilibrée en finale par un retour mentholé et réglissé persistant. ⧗ 2018-2021 **Ch. du Nozay 2017 (15 à 20 €; 4200 b.)** B : vin cité.

⊶ *CYRIL DE BENOIST DE GENTISSART, Ch. du Nozay, 18240 Sainte-Gemme-en-Sancerrois, tél. 02 48 79 30 23, baronsancerrois@orange.fr* V *r.-v.*

LA PERRIÈRE 2016

■	20000	15 à 20 €

Le domaine situé à Verdigny-en-Sancerre s'étend sur 30 ha répartis sur cinq communes différentes et produit exclusivement du sancerre.

Le nez, discret, associe des notes de griotte et autres petits fruits rouges à des touches lactées. Charpentée par des tanins bien présents mais enrobée d'une sensation crémeuse, la bouche reste gourmande. ⧗ 2019-2022

⊶ *DOM. DE LA PERRIÈRE, Caves de la Perrière, 18300 Verdigny, tél. 02 48 54 16 93, domainelaperriere@wanadoo.fr* V *t.l.j. 8h-12h 14h-18h; f. 15 déc.-20 mars*

DOM. JEAN-PAUL PICARD ET FILS
Cuvée Prestige 2016 ★

	4320		11 à 15 €

Domaine transmis de père en fils depuis 1750. Jean-Paul Picard a pris la tête de l'exploitation en 1976. Désormais épaulé par son fils Mickaël, il conduit plus de 14 ha de vignes essentiellement plantées sur les coteaux de la commune de Bué (Sancerrois), ainsi qu'en appellation menetou-salon.

L'élégance de ses notes de fruits mûrs, la fraîcheur de ses touches florales et végétales, ainsi que la subtilité de ses nuances de pierre à fusil et de vanille donnent un grand style à l'olfaction. Souple en son cœur, la bouche finit sur une nervosité appuyée et une nette pointe d'astringence. Il faudra attendre que le temps fasse son œuvre. ⧗ 2019-2023

⊶ *JEAN-PAUL PICARD ET FILS, 11, chem. de Marloup, 18300 Bué, tél. 02 48 54 16 13, jean-paul.picard18@wanadoo.fr* V *t.l.j. sf dim. 8h-12h 13h30-18h30*

PIERRE PRIEUR ET FILS 2017 ★★

	65000		11 à 15 €

Établis en plein cœur de Verdigny, tout près de la petite église, Thierry et Bruno Prieur conduisent un vignoble de 17 ha répartis sur différents terroirs sancerrois, majoritairement plantés en sauvignon. Une valeur sûre.

Il faut une petite aération pour apprécier l'olfaction de ce sancerre: les notes fermentaires se retirent pour laisser place à des arômes de fruits exotiques (mangue, fruit de la Passion), de fleurs blanches et de minéralité. La bouche regorge elle aussi de belles sensations avec un gras équilibré par une fine fraîcheur, une finale chaleureuse qui persiste longuement sur le fruité. Du caractère pour ce vin vibrant. ⧗ 2019-2023 ■ **Cuvée Maréchal Prieur 2016 ★ (20 à 30 €; 2800 b.)** : au nez, les arômes boisés (cannelle, vanille, toasté) l'emportent à ce stade sur le fruité du raisin, qui cependant garde de l'énergie pour s'imposer. Par sa souplesse en attaque, son onctuosité et son agréable grain de tanin, la bouche a du croquant. ⧗ 2019-2023

⊶ *PIERRE PRIEUR ET FILS, 27, rue Saint-Vincent, 18300 Verdigny, tél. 02 48 79 31 70, prieur-pierre@netcourrier.com* V *t.l.j. sf sam. dim. 8h-12h 14h-18h*

PAUL PRIEUR ET FILS Monts Damnés 2016 ★★

■ | 7000 | | 20 à 30 €

Héritier d'une longue lignée de vignerons (onze générations) établie sur les terres de Verdigny, Paul Prieur fut l'un des premiers vignerons de Sancerre à vendre sa production en bouteilles, en France et à l'étranger. Ces héritiers, aujourd'hui Philippe et son neveu Luc, exploitent un domaine d'une grande régularité, de 18,5 ha au pied de la célèbre colline des Monts Damnés. Des vignerons peu interventionnistes à la vigne comme au chai.

Un blanc de la prestigieuse Côte des Monts damnés. L'élevage pour partie sous bois apporte de la complexité, tout en restant à l'arrière-plan. Les arômes fruités se complètent ainsi de touches gourmandes de vanille et de moka. Dans une transition harmonieuse, la douceur de l'attaque précède une vivacité tonique qui allonge la finale. Élégant et enchanteur. ⧗ 2018-2021 ■ **Les Pichons 2016 ★★ (20 à 30 €; 3000 b.)** : noire à reflets violets, l'apparence est sombre. D'une grande complexité, le nez rassemble une multitude de petites touches aussi typées que fines: fruits rouges et noirs (cerise, myrtille, cassis) sur un fond vanillé et réglissé. Tapissée de tanins soyeux, la bouche, ample et riche, est d'une puissance contenue. ⧗ 2021-2024 ■ **2016 ★ (11 à 15 €; 30000 b.)** : à dominante fruitée, l'olfaction montre aussi des nuances lactées et toastées. Au palais, les tanins dominent pour l'heure le gras, mais le temps saura inverser la tendance. ⧗ 2020-2023

PAUL PRIEUR ET FILS, rte des Monts-Damnés, 18300 Verdigny, tél. 02 48 79 35 86, domaine@paulprieur.com V *t.l.j. sf dim. 9h-12h 14h-18h; sam. sur r.-v.*

♥ NOËL ET JEAN-LUC RAIMBAULT 2017 ★★

■ | 48000 | | 8 à 11 €

Chambre est un hameau situé sur la route qui conduit de Sancerre à Sury-en-Vaux. C'est là que sont installés Noël, sa fille Charlotte et Jean-Luc Raimbault. Ils exploitent un domaine de 13 ha.

Ce 2017 tire sa sève des trois grands terroirs du Sancerrois: marnes kimméridgiennes (40 %), silex et calcaires (30 % chacun). Leurs qualités se complètent remarquablement. Au nez, une sensation de maturité se dégage des senteurs de fleurs et de poire, puis une subtile touche de buis et d'agrumes apporte de la fraîcheur. Ronde, ample, très riche, équilibrée par une minéralité tranchante en finale, la bouche est à la fois suave et palpitante. Un parfait modèle de l'appellation. ⧗ 2018-2023 ■ **2017 ★ (8 à 11 €; 6600 b.)** : le nez exprime de belles promesses: biscuit grillé, pêche, fraise, notes mentholées et minérales. Grasse et dense au palais, cette cuvée offre une finale chaleureuse de bonne longueur. ⧗ 2018-2019

DOM. NOËL ET JEAN-LUC RAIMBAULT, lieu-dit Chambre, 18300 Sury-en-Vaux, tél. 02 48 79 36 56, raimbault-sancerre@orange.fr V *r.-v.*

♥ JULIEN ET CLÉMENT RAIMBAULT Camille 2016 ★★

■ | 3000 | | 15 à 20 €

Situé dans la commune de Sury-en-Vaux, le hameau de Maimbray possède le charme des vieux villages vignerons. C'est ici que les frères Julien et Clément Raimbault ont succédé à leur père et à leur oncle à la tête d'un domaine de 21 ha, en apportant de nouvelles méthodes de travail (enherbement, travail des sols, bannissement des insecticides et autres produits chimiques). Ils signent des sancerre, notamment en rouge, régulièrement en vue. Une valeur sûre.

Un coup de cœur de plus pour cette cuvée que Julien et Clément Raimbault dédient à leur grand-oncle Camille. La puissance apportée par la richesse du raisin répond en tous points à la force de l'élevage en fûts: les senteurs d'épices et de torréfaction sont en totale harmonie avec un fruité mûr et confituré (griotte, pruneau). Dense, intense, la bouche est dotée de tanins à la fois serrés et tapissants, parfaitement proportionnés au gras et au charnu de ce grand vin. ⧗ 2020-2026 ■ **2017 (8 à 11 €; 113000 b.)** : vin cité.

JULIEN ET CLÉMENT RAIMBAULT, Dom. du Pré Semelé, Maimbray, 18300 Sury-en-Vaux, tél. 02 48 79 33 50, rjc.raimbault@orange.fr V *t.l.j. sf dim. 9h-12h 14h-18h*

ROGER ET DIDIER RAIMBAULT Vieilles Vignes 2016 ★★★

■ | 15000 | | 11 à 15 €

Un domaine de 18 ha répartis sur une cinquantaine de parcelles, sur les communes de Verdigny et Sury-en-Vaux, transmis de père en fils depuis dix générations et conduit depuis 1996 par Didier Raimbault. La cave, adossée à une colline, est élevée sur trois étages, ce qui permet l'utilisation de la gravité pour un travail en douceur des raisins et des moûts.

Régulièrement sélectionné dans le Guide, Didier Raimbault est passé tout près du coup de cœur avec cette cuvée de marnes kimméridgiennes. Intense, l'olfaction rayonne de sensations exotiques (mangue, agrumes) et d'élégantes touches minérales. La bouche s'ouvre sur les fruits frais, avant que ne s'ébauche une franche vivacité qui progresse jusqu'à la finale, conférant relief, tension et longueur. Un 2016 de grande complexité, au potentiel certain. ⧗ 2019-2023 ■ **Vieilles Vignes 2016 ★ (11 à 15 €; 6000 b.)** : l'élevage en fûts (notes toastées et épicées) domine encore, mais la gourmandise de ce 2016, qui propose aussi d'éclatantes saveurs de fraise, attend son heure pour reprendre le dessus. Les tanins sont fondus et la finale (fruits rouges, vanille) de bonne longueur. ⧗ 2019-2023

ROGER ET DIDIER RAIMBAULT, 25 rue du Graveron, Chaudenay, 18300 Verdigny, tél. 02 48 79 32 87, didier@raimbault-sancerre.com V *t.l.j 9h-12h 13h30-18h30; dim. sur r.-v.*

JEAN-MARIE REVERDY Héritage 2016 ★★

■	3650	🛢	11 à 15 €

Perché au-dessus du village de Verdigny, ce domaine offre une belle vue sur la colline de Sancerre. Couvrant 15 ha, il est conduit depuis 1980 par Jean-Marie Reverdy, son épouse Catherine et ses fils Guillaume et Baptiste.

Animale et boisée au premier nez, cette cuvée s'ouvre après aération sur des arômes délicats de petits fruits rouges (griotte, groseille). Le palais se révèle ferme et dense tout en restant soyeux, enrobé de douceurs aromatiques. Un 2016 puissant et long, qui demandera un peu de patience pour parfaire son harmonie. ⧗ 2020-2025 ■ **Silex 2017 ★ (8 à 11 €; 2500 b.)** : sans ostentation, l'olfaction frappe par son élégance: notes de fruits mûrs (quetsche, poire, pêche), de fleurs blanches, touches épicées. Les sensations gustatives s'installent progressivement, dessinant une impression de puissance maîtrisée. Riche, ferme, plus sévère en finale, un sancerre de caractère. ⧗ 2019-2025

⊶ JEAN-MARIE REVERDY, rte de Chaudenay, 18300 Verdigny, tél. 02 48 79 30 84, domaine@lavillaudiere.com V 🚶 ! *t.l.j. sf dim. 9h-12h 14h-19h*

PASCAL ET NICOLAS REVERDY Les Anges lots 2016 ★★

■	6000	🍾	15 à 20 €

Le village de Maimbray est entouré de coteaux abrupts aux sols de marnes kimméridgiennes. Après le décès, en 2007, de son époux Nicolas, Sophie Reverdy a intégré l'exploitation familiale aux côtés de Pascal, installé sur le domaine familial de 14,6 ha depuis le début des années 1990.

Le nez distille ses senteurs avec parcimonie et tout en subtilité: notes florales d'abord, puis vivifiante fraîcheur citronnée et petite pointe végétale. La bouche prend le relais avec vigueur par sa nervosité en attaque, puis se montre caressante, les sensations montent en puissance, toujours dans une grande finesse et avec persistance. Un beau crescendo. ⧗ 2018-2023 ■ **À Nicolas 2016 ★ (15 à 20 €; 3330 b.)** : les arômes de fraise et les notes confiturées du bouquet sont de bel augure. La bouche, dans la continuité, porte haut les sensations de concentration et de finesse dans un ensemble de beau volume. ⧗ 2019-2024

⊶ PASCAL ET SOPHIE REVERDY, Maimbray, 18300 Sury-en-Vaux, tél. 02 48 79 37 31, reverdypn@wanadoo.fr V 🚶 ! *t.l.j. sf dim. 10h-12h 14h30-18h; mer. sam. sur r.-v.*

DOM. HIPPOLYTE REVERDY 2017 ★★

■	8000	🍾	8 à 11 €

Valeur sûre de l'appellation, ce domaine conduit par Michel Reverdy est un habitué du Guide. L'exploitation couvre aujourd'hui 14 ha: 11 ha plantés en sauvignon blanc, 3 ha en pinot noir.

Rose saumoné, la robe est éclairée de beaux reflets argentés. La fraîcheur olfactive s'exprime ici par des arômes de fruits jaunes (pêche, mirabelle) rehaussés de nuances de pin et d'eucalyptus. Vive en entrée, la bouche réunit harmonieusement rondeur et fraîcheur. La finale mentholée ajoute une touche gourmande à ce rosé complexe et élégant. ⧗ 2018-2020 ■ **2017 (8 à 11 €; 60000 b.)** : vin cité.

⊶ DOM. HIPPOLYTE REVERDY, 43, rue de la Croix-Michaud, Chaudoux, 18300 Verdigny, tél. 02 48 79 36 16, domaine.hreverdy@wanadoo.fr V 🚶 ! *r.-v.*

JEAN REVERDY ET FILS La Reine blanche 2017 ★

■	65000	🍾	8 à 11 €

Les origines de cette propriété remontent à 1650. Christophe Reverdy, fils de Jean, perpétue la tradition familiale et dirige une exploitation de 12 ha. Un domaine régulier en qualité, en témoignent les différents coups de cœur obtenus depuis la création du Guide.

Au nez, des arômes de fruits et de fleurs blanches, ainsi que des touches mentholées et anisées, entretiennent une atmosphère de fraîcheur. La bouche, dans le même registre aromatique, est ample et de belle rondeur, équilibrée par une acidité vigoureuse. Un style croquant. ⧗ 2018-2021

⊶ CHRISTOPHE REVERDY, rue du Carroir-Perrin, Chaudoux, 18300 Verdigny, tél. 02 48 79 31 48, jreverdy@wanadoo.fr V 🚶 ! *r.-v.*

BERNARD REVERDY ET FILS 2016

■	3500	🛢	8 à 11 €

L'arbre généalogique des Reverdy remontant au XVIes. trône dans la cave. Aucun doute: ici, le sancerre est une spécialité familiale. Le domaine couvre 12 ha.

Cette cuvée développe au nez un plaisant fruité à dominante de cerise et de fraise, mêlé de petites touches végétales. Ronde, portée par une structure tannique équilibrée, la bouche se termine sur un retour de fruits rouges. ⧗ 2018-2021

⊶ SCEV BERNARD REVERDY ET FILS, 11, rte des Petites-Perrières, Chaudoux, 18300 Verdigny, tél. 02 48 79 33 08, reverdybernard@orange.fr V 🚶 ! *r.-v.*

DOM. DANIEL REVERDY ET FILS Le Clos de Chaudenay 2017 ★

■	5700	🍾	8 à 11 €

Propriété familiale implantée à Verdigny sur des marnes argilo-calcaires du kimméridgien. Depuis 2001, après s'être formé en Bourgogne, Cyrille Reverdy a rejoint son père Daniel et lancé la vente en bouteilles. Leur vignoble couvre 9,3 ha.

Deuxième millésime seulement pour cette cuvée créée en 2016. Les notes de fleurs blanches et de fruits mûrs (pêche, citron confit) apportent de la fraîcheur et de la finesse à l'olfaction. D'un beau volume, harmonieuse et expressive, la bouche se prolonge en une finale persistante faite de minéralité et de salinité. Un sancerre racé. ⧗ 2018-2021 ■ **2017 ★ (8 à 11 €; 60000 b.)** : avec ses arômes de fruits mûrs et frais, le nez a de l'élégance. La vivacité, et même une certaine fermeté, règnent en bouche. ⧗ 2018-2021 ■ **P'tit Luce 2016 ★ (11 à 15 €; 1500 b.)** : au nez, le boisé vanillé est tempéré par un fruité extraverti (griotte, myrtille). En bouche aussi, l'équilibre est assuré par une très légère sucrosité et des tanins souples. La finesse du pinot noir. ⧗ 2019-2023

⊶ *DANIEL ET CYRILLE REVERDY, Chaudenay, 18300 Verdigny, tél. 02 48 79 33 29, daniel-et-fils.reverdy@wanadoo.fr* V ⚐ ⚐ *t.l.j. 8h-12h 13h30-17h30*

ANDRÉ ROBINEAU Cave du Fort 2017 ★★

■	69 000		8 à 11 €

En 2017 et après plus de quarante ans d'activité, André Robineau a transmis son exploitation (24 ha) à deux frères viticulteurs à Verdigny, Guillaume et Baptiste Reverdy.

Le premier millésime des frères Reverdy est plus qu'encourageant. Au nez, des senteurs de fruits mûrs (abricot, fruit de la Passion, framboise) sont agrémentés de nuances végétales et minérales (pierre à fusil). Ronde, tendre, riche, chaleureuse, la bouche est stimulée par un soupçon de fraîcheur et par une discrète tension en finale. Un sancerre harmonieux et de grande complexité grâce à la maturité du raisin. ⧗ 2018-2023

⊶ *GUILLAUME REVERDY, 513 av. de Verdun, 18300 Sancerre, tél. 02 48 54 00 92, andrerobineau18@sfr.fr* V ⚐ ⚐ *t.l.j. sf dim. 9h-12h 14h-19h*

MATTHIAS ET ÉMILE ROBLIN
Grande Côte de la vallée 2016 ★★

■	1600		20 à 30 €

Matthias Roblin a repris en 2000 ce domaine familial, dont l'origine remonte au XVIIIes. Son frère Émile l'a rejoint six ans plus tard. Le vignoble s'étend sur 19 ha conduits «en culture raisonnée à tendance biologique».

L'aération dissipe les touches animales perçues au premier nez. Se dévoilent alors de beaux arômes de fruits cuits (fraise, figue) et une nuance de caramel. Dès l'attaque, la bouche présente une texture charnue en harmonie avec des tanins fins et bien répartis qui portent loin la finale. ⧗ 2019-2025 ■ **Origine 2017 ★ (11 à 15 €; 11 000 b.)** : le nez de cette cuvée développe des arômes de framboise, de poire et de pêche blanche. Finesse et équilibre caractérisent le palais, embelli par une subtile pointe exotique en finale (ananas). ⧗ 2018-2019 ■ **Origine 2017 ★ (11 à 15 €; 100 000 b.)** : des notes de muguet et de sirop de fruits (pêche, mirabelle) donnent un avant-goût de la maturité de ce 2017. La bouche affiche un beau relief grâce à une minéralité bien amenée et à sa fermeté finale. ⧗ 2018-2021

⊶ *MATTHIAS ET ÉMILE ROBLIN, Maimbray, 18300 Sury-en-Vaux, tél. 02 48 79 48 85, info@sancerre-roblin.com* V ⚐ ⚐ *r.-v.*

DOMINIQUE ROGER Chêne marchand 2017 ★

■	2800		15 à 20 €

Chez les Roger, on est vigneron de père en fils depuis le XVIIes. Installé en 1985, Dominique Roger conduit, en viticulture raisonnée, un vignoble de près de 11 ha. Sa cave est installée au cœur du village de Bué, dans une ancienne «vigneronnerie» du XIXes. Une valeur très sûre du Sancerrois.

À l'olfaction, des arômes de fruits compotés (poire, groseille) ressortent sur un fond de nuances crayeuses typiques du terroir calcaire du Chêne marchand. Cette minéralité se confirme et s'amplifie en bouche, lui conférant du grain et de la longueur. ⧗ 2018-2023

⊶ *DOMINIQUE ROGER, 7, pl. du Carrou, 18300 Bué, tél. 02 48 54 10 65, contact@dominique-roger.fr* V ⚐ ⚐ *t.l.j. 9h-12h 14h-18h30; dim. sur r.-v.*

DOM. CHRISTIAN SALMON 2016 ★

■	18 000		11 à 15 €

Constitué par Irénée Salmon, arrière-grand-père d'Armand, aux commandes depuis 1995, ce vignoble d'une vingtaine d'hectares s'étend sur les meilleurs coteaux de la commune de Bué ainsi que sur l'aire du pouilly-fumé. Un domaine très régulier en qualité.

La profondeur de la robe, comme celle du nez, annonce une forte concentration. Les arômes de fruits cuits (pruneau, griotte) répondent justement aux notes boisées, cacao en tête. La bouche développe de la puissance et du volume autour de tanins denses et fondus, enrobés par des nuances liquoreuses de cassis et de mûre. Un sancerre d'extraction. ⧗ 2020-2028

⊶ *SALMON, rue Saint-Vincent, 18300 Bué, tél. 02 48 54 20 54, domainechristiansalmon@wanadoo.fr* V ⚐ *r.-v.*

DOM. TABORDET 2017

■	20 000		8 à 11 €

Les frères Yvon et Pascal Tabordet ont repris l'exploitation familiale en 1980. La relève est assurée par leurs fils Gaël et Marius, installés à partir de 2008 sur une partie du domaine, puis sur la totalité depuis 2012 et le départ à la retraite d'Yvon. Leur vignoble couvre 19 ha en pouilly-fumé et en sancerre.

Ce sancerre «chuchote» quelques notes florales, puis, sur un ton plus élevé, arrivent des arômes classiques et frais d'agrumes. Légère, la bouche répond en écho par sa vivacité appuyée et sa rétro-olfaction citronnée. ⧗ 2018-2021

⊶ *PASCAL, GAËL ET MARIUS TABORDET, 92, rue du Carroir-Perrin, 18300 Verdigny, tél. 02 48 79 34 01, contact@domaine-tabordet.fr* V ⚐ ⚐ *t.l.j. 9h-12h 14h-18h*

PAUL THOMAS Chavignol 2017 ★

■	7800		8 à 11 €

Ce domaine de 9 ha a vu le jour en 1965 sous l'impulsion de Jean Denizot, alors maître-vigneron à Chavignol, qui fit connaître la propriété dans les restaurants parisiens. Il est conduit depuis 2001 par Raphaël Thomas, fils de Paul et petit-fils du fondateur.

Obtenu pour moitié par pressurage direct et pour moitié par saignée, ce 2017 dévoile au nez des arômes de baies acidulées, de fines notes mentholées ainsi que d'une touche minérale pointue, sources de fraîcheur. À l'unisson, le palais se montre énergique et frais, sans aspérités, jusqu'à la finale marquée par les saveurs de fruits rouges. ⧗ 2018-2019 ■ **Chavignol 2016 (11 à 15 €; 12 000 b.)** : vin cité.

⊶ *DOM. PAUL THOMAS, Chavignol, 18300 Sancerre, tél. 02 48 54 28 13, paulthomas-sancerre@orange.fr* V ⚐ ⚐ *r.-v.*

DOM. THOMAS ET FILS Ultimus 2016 ★

5000		15 à 20 €

Transmis de génération en génération depuis... 1670, ce domaine dirigé par Jean et Julien Thomas compte aujourd'hui 16 ha, conduit en biodynamie depuis longtemps et en cours de conversion bio.

Animé de reflets dorés, ce sancerre déploie une belle série de notes aromatiques: agrumes, poire, nuances végétales et minérales, et même une touche beurrée. La rondeur de l'attaque est aiguisée d'une vivacité friande qui cisèle un beau relief. Visant la maturité ultime du sauvignon, mais sans jamais tomber dans la mollesse, c'est un sancerre élégant. 2018-2024 **Terres blanches 2016 ★ (11 à 15 €; 7800 b.)** : au nez, un agréable fruité (cassis, fraise) est égayé d'une petite touche de fraîcheur végétale et d'une douceur lactée. Souple et croquante, la bouche est relevée d'une légère vivacité tannique. Friand. 2019-2022 **Grand'Chaille 2017 (11 à 15 €; 12500 b.)** : vin cité.

JEAN THOMAS, rue du Pressoir, Chaudoux, 18300 Verdigny, tél. 02 48 79 38 71, contact@domainethomas.fr V r.-v.

DOM. MICHEL THOMAS ET FILS 2017 ★

15000		8 à 11 €

Régulièrement mentionné dans le Guide, Laurent Thomas, qui a pris en 1990 la suite de son père Michel, conduit une exploitation de 17 ha. La cave est implantée à l'entrée des Égrots, petit village vigneron entre Sury-en-Vaux et Verdigny.

Né d'un sol calcaire, ce rosé arbore une lumineuse couleur œil-de-perdrix. Encore fermé, le nez n'en montre pas moins vivacité et finesse (pomme, fleurs blanches). Chatoyante en attaque, la bouche révèle des arômes de fruits blancs frais qui participent à une finale raffinée. 2018-2019

LAURENT THOMAS, lieu-dit Les Égrots, 18300 Sury-en-Vaux, tél. 02 48 79 35 46, thomas.mld@wanadoo.fr V t.l.j. 8h30-18h; sam. et dim. sur r.-v.

DOM. TINEL-BLONDELET Fretoy 2017

23000		11 à 15 €

À la tête du domaine familial depuis 1985, Annick Tinel-Blondelet, qui apparaît régulièrement dans le Guide pour son pouilly-fumé, a franchi le fleuve pour produire aussi du sancerre. Son domaine couvre 15 ha. Sa fille Marlène, nantie d'un mastère en vin et d'une expérience dans une autre région viticole, a rejoint sa mère fin 2016.

Au nez, un fruité intense (pêche, agrumes) se mêle à une minéralité légère. Très ronde, chaleureuse, la bouche est à peine rafraîchie en finale par des notes réglissées. 2018-2021

ANNICK ET MARLÈNE TINEL, 58, av. de la Tuilerie, 58150 Pouilly-sur-Loire, tél. 03 86 39 13 83, contact@tinel-blondelet.fr V t.l.j. 9h-12h30 14h-18h30

ROLAND TISSIER ET FILS Tradition 2017 ★

50000		8 à 11 €

Roland Tissier s'est installé en 1971 en reprenant l'hectare de son père. Ses deux fils, Rodolphe et Florent, exploitent désormais le domaine de 11,3 ha et ont procédé en 2004 à la rénovation du chai situé au pied de la butte de Sancerre.

Peu disert pour l'heure, ce 2017 ne s'exprime pas moins avec élégance à travers des arômes de fruits blancs au sirop qui signent une maturité à point du raisin. Bien structurée, d'un équilibre agréable, la bouche montre une belle persistance. Prometteur et harmonieux. 2018-2022

ROLAND TISSIER ET FILS, Le Petit Morice, 18300 Sancerre, tél. 02 48 54 02 93, sancerretissier@wanadoo.fr V r.-v.

DOM. DE LA TONNELLERIE 2017 ★★

4500		8 à 11 €

Les Thirot sont vignerons à Bué depuis trois siècles. Hubert a pris la suite de son père Gérard à la tête de ce domaine qui couvre aujourd'hui 14 ha et pratique l'enherbement sur la quasi-totalité du vignoble.

Ce rosé séduit d'emblée par sa jolie robe limpide aux reflets coralliens. Sobre et tout en dentelle, l'olfaction exhale d'élégantes senteurs fruitées (fraise des bois, myrtille). Souple en attaque, la bouche monte en intensité et en tension pour révéler une finale magistrale, longue et soyeuse. De grande harmonie, cette cuvée allie délicatesse, gourmandise et potentiel. 2018-2020 **2017 (8 à 11 €; 80000 b.)** : vin cité. **2016 (8 à 11 €; 15000 b.)** : vin cité.

GÉRARD ET HUBERT THIROT, allée du Chatiller, 18300 Bué, tél. 02 48 54 16 14, gerard.thirot@wanadoo.fr V r.-v.

DOM. JEAN-PIERRE VACHER ET FILS 2017 ★

30000		5 à 8 €

Jean-Pierre Vacher s'est installé en 1990 sur ce domaine du Sancerrois. Son fils Jérôme l'a rejoint en 2004 et gère seul, depuis 2015, un vignoble d'une dizaine d'hectares répartis dans les communes de Verdigny et de Menetou-Ratel.

Dès le premier nez, ce 2017 respire la fraîcheur: pêche, prunelle et fleurs blanches. Par son équilibre acidulé, sa rétro-olfaction évoquant la clémentine et sa pointe d'amertume, la bouche, de bonne longueur, confirme l'agrément d'aujourd'hui et les promesses de demain. 2018-2022

DOM. JEAN-PIERRE VACHER ET FILS, 21, rte de Sancerre, 18300 Menetou-Ratel, tél. 06 89 15 31 14, earlvacher@aol.com V r.-v.

B DOM. VACHERON VIGNERONS Les Romains 2016 ★

30000		30 à 50 €

Héritiers d'une lignée d'hommes de la terre implantée depuis toujours sur le piton de Sancerre, les frères Vacheron – Jean-Louis et Denis – et leurs deux enfants respectifs, Jean-Dominique et Jean-Laurent, exploitent aujourd'hui un vignoble de 49 ha créé dans les années 1900. Certifié depuis 2005 en bio et biodynamie, le domaine pratique la sélection parcellaire et possède sa propre pépinière.

Situé en bordure de la faille de Sancerre, le terroir des Romains est composé de silex exposés entre midi et couchant. Dans le verre, un vin ouvert sur des arômes de pâte de fruits et de coing, agrémentés d'une minéralité épicée. L'attaque est suave, la bouche tout en rondeur et la finale fraîche. De la complexité et de la délicatesse. ⧗ 2019-2023 ■ **Les Chambrates 2016 ★ (30 à 50 €; 6000 b.)** Ⓑ : jeune d'expression, cette cuvée a besoin d'air pour dévoiler ses arômes de fruits frais et de fleurs blanches mêlés de touches boisées. Tendre en attaque, une caractéristique des sols calcaires, le palais offre du gras et s'achève sur une vivacité énergique, légèrement tannique. ⧗ 2019-2023 ■ **Le Pavé 2016 (30 à 50 €; 3000 b.)** Ⓑ : vin cité.

VACHERON VIGNERONS, BP49, 1, rue du Puits-Poulton, 18300 Sancerre, tél. 02 48 54 09 93, vacheron.sa@wanadoo.fr V r.-v.

DOM. ANDRÉ VATAN Maulin Bèle 2017 ★

■ | 9000 | | 8 à 11 €

Situé à Verdigny, ce domaine habitué des sélections du Guide étend son vignoble sur les différents terroirs du Sancerrois. André et Arielle Vatan ont été rejoints en 2012 par leur fils Adrien sur l'exploitation. Une valeur sûre.

Saumoné à reflets dorés, ce rosé de pressurage offre au nez de jolis arômes de myrtille, de rose et d'agrumes. Souple en attaque, le palais se révèle rond et charmeur, avec néanmoins une légère amertume en finale qui confère à l'ensemble un caractère affirmé et de la tenue. ⧗ 2018-2020 ■ **DD 2016 (11 à 15 €; 1700 b.)** : vin cité.

ARIELLE VATAN, rte des Petites-Perrières, 18300 Verdigny, tél. 02 48 79 33 07, avatan@terre-net.fr V r.-v.

DOM. DES VIEUX PRUNIERS 2017 ★★

■ | 8000 | | 8 à 11 €

Christian Thirot-Fournier a repris l'exploitation de ses parents en 1984 et exploite avec son épouse 10 ha de vignes. Le domaine, établi au pied du coteau viticole de Bué, offre aux visiteurs une belle vue sur le vignoble de Sancerre.

Discrétion et élégance caractérisent le nez de ce rosé dominé par les petits fruits rouges et les agrumes. Ample, avec de la rondeur et du gras, la bouche est remarquable d'équilibre et de finesse. Un sancerre de grande classe. ⧗ 2018-2020

CHRISTIAN THIROT-FOURNIER, 1, chem. de Marcigoi, 18300 Bué, tél. 02 48 54 02 40, thirot.fournier-christian@wanadoo.fr V *t.l.j. sf dim. 8h-12h 14h-18h30; f. 15-31 août*

LA CAVE DES VINS DE SANCERRE Les Garennes 2016 ★

■ | 2028 | | 11 à 15 €

Créée en 1963, la Cave des Vins de Sancerre, située à l'entrée de la ville, a apporté sa large contribution au développement de l'appellation. Elle regroupe quatre-vingt-douze vignerons répartis dans douze communes différentes. Équipée en matériel performant, elle est menée par une équipe compétente.

Des notes de fleurs et de beurre frais composent un nez original et raffiné. Ample et suave, dotée d'une subtile amertume, la bouche allie volume et longueur. Un blanc équilibré. ⧗ 2018-2021

CAVE DES VINS DE SANCERRE, 682, av. de Verdun, 18300 Sancerre, tél. 02 48 54 19 24, infos@vins-sancerre.com V *t.l.j. 8h-12h 13h30-17h30*

IGP CALVADOS

ARPENTS DU SOLEIL Auxerrois 2017 ★

■ | 9000 | | 11 à 15 €

Gérard Samson est «le» vigneron du Calvados, installé depuis 1995 sur les terres argilo-calcaires de Saint-Pierre-sur-Dives, à la tête d'un petit vignoble de 6,6 ha, héritier d'une histoire viticole qui prospéra de l'époque médiévale jusqu'à la fin du XVIIIe s. Il signe des vins réguliers en qualité, notamment en blanc.

Le nez, délicat et tendre, évoque les fleurs blanches. La bouche apparaît ample, riche et ronde, centrée sur le citron confit et la pêche blanche, et soulignée par une fine fraîcheur minérale. ⧗ 2018-2021 ■ **Connivence 2017 (11 à 15 €; 1900 b.)** : vin cité.

GÉRARD SAMSON, Arpents du Soleil, Grisy, 14170 Saint-Pierre-sur-Dives, tél. 02 31 40 71 82, gerard.samson979@orange.fr V r.-v.

IGP CÔTES DE LA CHARITÉ

DOM. LA PETITE FORGE 2016

■ | 1200 | | 8 à 11 €

C'est à l'emplacement d'une ancienne forge qui dépendait du prieuré clunisien de La Charité-sur-Loire que le vignoble des Côtes de la Charité a connu sa renaissance sous l'impulsion de la famille Pabion. Daniel et Katrin sont aux commandes depuis 1980 d'une petite vigne de 1,3 ha.

Après dix mois de fût, ce pinot noir livre un bouquet assez discret de fruits rouges sur fond de boisé fumé et vanillé. Il suit cette même trame aromatique dans une bouche fraîche et équilibrée, un peu plus sévère en finale. ⧗ 2019-2022

DANIEL ET KATRIN PABION, 136, chem. de la Petite-Forge, 58400 Raveau, tél. 03 86 70 30 80, petiteforge@yahoo.fr V r.-v.

IGP PUY-DE-DÔME

BENOÎT MONTEL Syrah Sang des volcans 2016 ★

■ | 500 | | 15 à 20 €

Après des études au lycée viticole de Beaune suivies de quatre ans de vinification à Puligny-Montrachet, Benoît Montel a créé son propre domaine en 1999. Un vignoble de 10 ha dispersés sur quatre crus, de Riom à Clermont-Ferrand, qu'il cultive dans un «esprit de plus en plus bio et naturel», à l'origine de côtes-d'auvergne qui laissent rarement indifférent. Une valeur sûre.

«Très rouge comme le sang des volcans», explique Benoît Montel à propos de la syrah, à l'origine ici d'un vin sombre et épicé, à la bouche ronde, dense et bien structurée. ⧗ 2019-2023

EARL BENOÎT MONTEL, 6, rue Henri-et-Gilberte-Goudier, 63200 Riom, tél. 06 32 00 81 05, benoit-montel@orange.fr V r.-v.

SAINT-VERNY Les Cerises 2016 ★★

■ | 20000 | | 5 à 8 €

Pierre Desprat représente la quatrième génération de négociants à la tête de cette maison auvergnate fondée en 1885. Jean, son grand-père, découvrit qu'enfouir le vin dans les hêtraies d'altitude contribuait à sa bonification. Le domaine couvre 180 ha.

Le pinot noir est à l'origine d'une belle cuvée au nez intense de fruits rouges mûrs. Un fruité que l'on retrouve avec la même puissance dans une bouche ample et ferme, mais sans dureté aucune. ⧗ 2019-2023 ■ **Syrah 45.3 2016 ★ (8 à 11 €; 20000 b.)** : au nez, quelques notes animales, des fruits noirs et des épices; en bouche, de la rondeur, un bon volume et des tanins soyeux. ⧗ 2019-2022

⊶ DESPRAT SAINT-VERNY, 2, rte d'Issoire, 63960 Veyre-Monton, tél. 04 73 69 60 11, etienne@despratsaintverny.vin V ♿ ▮ *r.-v.*

DOM. SAUVAT Nymphéa 2016 ★

■ | 8000 | ◍ | | 8 à 11 €

Claude Sauvat a créé ce domaine petit à petit, à partir de 1977, dans la vallée des Saints. Sa fille Annie a repris le flambeau en 1987, accompagnée à la vinification de Michel Blot, son mari. Le couple est aujourd'hui à la tête d'un vignoble de 10 ha et signe des côtes-d'auvergne souvent en vue dans ces pages.

Douze mois de fût pour ce pinot noir ouvert sur des arômes typiques de fruits rouges mâtinés d'un bon boisé grillé, à la bouche souple, fraîche et légère. ⧗ 2018-2022

⊶ ANNIE SAUVAT, rte de Dauzat, 63340 Boudes, tél. 04 73 96 41 42, sauvat@terre-net.fr V ♿ ▮ *r.-v.*

LA TOUR DE PIERRE Pinot cchio 2017 ★

■ | 2500 | ▮ | | 5 à 8 €

Après dix ans d'expérience dans le Languedoc et en Provence, Pierre Deshors, ingénieur agronome et œnologue, revient en 2007 dans sa région d'origine pour reprendre cette exploitation de 7,5 ha, dont l'emblème est l'ancien château surmonté d'un campanile du village vigneron du Crest.

À un nez fin de petits fruits rouges sur fond de minéralité répond une bouche fraîche, souple, aérienne, aux tanins discrets. ⧗ 2018-2021

⊶ PIERRE DESHORS, 10, rue Néraud, 63450 Le Crest, tél. 06 32 86 23 67, pdeshors@yahoo.fr V ♿ ▮ *r.-v.*

IGP URFÉ

VINCENT GIRAUDON Quercus 2016 ★

■ | 240 | ◍ | | 11 à 15 €

Après des études de viticulture, d'œnologie et de commerce du vin, Vincent Giraudon s'installe en 2004 sur 0,5 ha de vignes en location. Aujourd'hui, son vignoble, dont une partie est plantée en aligoté depuis 2009, couvre 4 ha.

Pour le moins confidentielle, cette cuvée d'aligoté sera bien difficile à trouver; et c'est fort dommage car le vin est bon: belle robe couleur paille, nez intense, empyreumatique et brioché, bouche riche et ample, boisée et minérale. Le nom sur l'étiquette est bien trouvé... ⧗ 2019-2023

⊶ VINCENT GIRAUDON, 15, rue Robert-Barathon, 42370 Renaison, tél. 06 84 38 40 02, vincentgiraudon@free.fr V ♿ ▮ *r.-v.*

Ⓑ **SAUVIGNONS GRIS ET BLANC DE MADONE**
Vignes sur Volcan 2017 ★

■ | 2500 | ▮ | | 11 à 15 €

Gilles Bonnefoy a créé son domaine ex nihilo à partir de 1997: plantations de vignes de 2001 à 2016, création de la cave en 2004. Aujourd'hui, un domaine de 10,3 ha conduit en biodynamie, établi en périphérie de deux volcans: La Madone et Le Pigeonnier.

Le nez déploie des arômes élégants de fleurs blanches, d'agrumes et de pêche. En bouche, le vin se montre gras et soyeux, de belle longueur, équilibré et dynamisé par une finale acidulée. ⧗ 2018-2021

⊶ GILLES BONNEFOY, 1581, chem. de Jobert, 42600 Champdieu, tél. 04 77 97 07 33, gilles.bonnefoy8@wanadoo.fr V ♿ ▮ *r.-v.*

IGP VAL DE LOIRE

DOM. DU BOIS-PERRON Merlot 2017

■ | 3000 | ▮ | | - de 5 €

Situé sur la route touristique des moulins, dans un territoire vallonné du pays nantais, ce vignoble familial, créé en 1950, a pris de l'ampleur sous l'impulsion de Philippe Brégéon et de son beau-frère Jean-Michel Burot, installés en 1995: couvrant à l'origine 2 ha, il en compte aujourd'hui 35.

De jeunes vignes de quinze ans sont à l'origine de ce vin bien fruité de bout en bout, à dominante de cerise. On apprécie aussi sa bonne tenue et sa rondeur en bouche autour de tanins fondus. ⧗ 2018-2021

⊶ GAEC DU BOIS-PERRON, 71, Le Perron, 44430 Le Loroux-Bottereau, tél. 02 51 71 90 63, du-bois-perron@orange.fr V ▮ *r.-v.*

SOPHIE ET JEAN-CHRISTIAN BONNIN
Grolleau Les Petits Drôles 2017

■ | 1900 | ▮ | | - de 5 €

Régulièrement mentionné dans le Guide, ce domaine créé en 1921 couvre aujourd'hui 43 ha autour de Martigné-Briand. En 1998, son diplôme d'œnologue en poche, Jean-Christian Bonnin a repris le vignoble familial en compagnie de sa femme Sophie.

Ce grolleau est un demi-sec (8 g/l de sucres résiduels) de couleur pâle, au nez typé, fruité (fraise compotée, agrumes) et épicé, bien équilibré en bouche entre rondeur et fraîcheur. ⧗ 2018-2019

⊶ EARL S. ET J.-C. BONNIN, 4, chem. du Vignoble, Martigné-Briand, 49540 Terranjou, tél. 02 41 59 43 58, bonninlesloges@orange.fr V ♿ ▮ *r.-v.*

DOM. DE LA BRETONNIÈRE Sauvignon 2017

■ | 10000 | ▮ | | - de 5 €

La famille Cormerais cultive la vigne depuis 1900 et six générations sur ce domaine de 40 ha situé dans un

joli petit village de vignerons en bordure de la Maine. En 2015, Bertrand Cormerais, installé en 1994, s'est associé avec Anthony Branger, salarié sur l'exploitation depuis ses quinze ans.

Au nez, des fleurs blanches, du citron et de l'herbe fraîche. En bouche, de la fraîcheur, de la souplesse et une touche d'amertume en finale. Un sauvignon bien typé. ⧗ 2018-2020

GAEC CORMERAIS BRANGER,
324 bis, La Bretonnière, 44690 Maisdon-sur-Sèvre,
tél. 02 40 54 83 91, cormerais.bertrand@orange.fr
t.l.j. sf dim. 9h-13h 15h-18h

LE CHAILLOU Cabernet franc 2017

	17 000		- de 5 €

Installée en 2007, la quatrième génération officie aujourd'hui sur ce domaine créé en 1930 sur les terrains vallonnés de Vallet, au cœur de l'aire du muscadet-sèvre-et-maine. La nature rocailleuse de ses sols schisteux explique sans doute le nom de «Chaillou». Sur 30 ha, Raphaël et Bertrand Allard produisent principalement des sèvre-et-maine et des vins de cépage en IGP.

Ce rosé pâle associe classiquement les fruits rouges et l'amylique. En bouche, il conjugue douceur et pointe de vivacité bien sentie. Un peu fugace mais harmonieux. ⧗ 2018-2019

ALLARD-BRANGEON, La Guertinière, 44330 Vallet, tél. 02 40 36 27 43, allard-brangeon@orange.fr t.l.j. sf dim. 9h-19h

DOM. DE CHAINTRE Cabernet franc 2017

	26 900		- de 5 €

Marcel Luneau a repris en 1970 l'exploitation familiale alors en polyculture, qu'il a peu à peu spécialisée. Son fils Sylvain, ingénieur œnologue, a pris la relève en 2013; il est à la tête aujourd'hui de 60 ha de vignes, sur lesquels il produit muscadets et vins en IGP.

D'un joli rose délicat et brillant, ce cabernet franc dévoile des arômes classiques de fruits rouges et de bonbon anglais, agrémentés d'une touche végétale. En bouche, ce sont la rondeur et la suavité qui dominent. ⧗ 2018-2019

EARL MARCEL LUNEAU, Chaintre, 44330 Mouzillon, tél. 02 40 36 31 16, sylvain.luneau@orange.fr r.-v.

LA CHAUME Bel Canto 2017

	20 000		8 à 11 €

Le vignoble le plus «sudiste» du Val de Loire, à équidistance entre la Loire et le Médoc, d'où sans doute le choix du merlot comme cépage principal sur les terres de ce domaine de 14 ha acquis en 1997 par Estelle et Christian Chabirand et entièrement replanté par leurs soins.

Le merlot donne ici naissance à une cuvée (hommage à la cantatrice Geneviève Vix qui excelle dans l'art du bel canto) ouverte sur les fruits rouges, bien charpentée par des tanins encore assez fermes. ⧗ 2019-2022

CHRISTIAN CHABIRAND,
35, chem. de la Chaume, 85770 Vix, tél. 02 51 00 49 38, contact@la-chaume.net t.l.j. sf dim. 10h-12h30 14h30-18h30; sur r.-v. en hiv.

DOM. DE LA CHAUSSÉRIE
Sauvignon 2017 ★

	5000	- de 5 €

Au cœur de l'appellation muscadet-côtes-de-grand-lieu, ce domaine familial de 30 ha, conduit depuis 2000 par Kristel et Patrick Gobin, est situé dans la petite commune de Saint-Léger-les-Vignes, en bordure de l'Acheneau, sur la route de Pornic.

Pâle aux reflets argentés, cette cuvée dévoile un joli nez de fleurs blanches et de rose. Une tonalité florale que l'on retrouve dans une bouche onctueuse, ronde et souple. Un profil généreux. ⧗ 2018-2021

PATRICK GOBIN,
35, rue de la Chaussérie, 44710 Saint-Léger-les-Vignes,
tél. 02 40 32 67 81, earl.gobin@wanadoo.fr
t.l.j. sf dim. 15h-19h; sam. 9h-12h;
f. sem. du 15 août

♥ DOM. DES CLOSSERONS
Sauvignon 2017 ★★

	12 150		5 à 8 €

Les Leblanc sont viticulteurs de père en fils depuis le XVIIe s. Jean-Claude a repris l'exploitation familiale en 1956. Ses fils Yannick et Dominique lui ont succédé en 1984, rejoints en 2008 par Fabien, fils du premier, et en 2014 par Pierre, fils du second. Un domaine de 45 ha conduit de manière très raisonnée, régulièrement en vue pour ses liquoreux, ses coteaux-du-layon notamment.

Pâle et limpide, ce vin déploie des arômes intenses et harmonieux de pamplemousse et de pêche. En bouche, il se révèle ample, rond, charnu, dynamisé et allongé par une belle finale tout en vivacité. Un ensemble cohérent et remarquablement équilibré. ⧗ 2018-2021 ■ **Le Dénigré by Leblanc 2016 ★ (8 à 11 €; 5200 b.)** : ce pur grolleau né de vénérables ceps de soixante-dix ans propose une olfaction intense autour d'un boisé torréfié et de fruits noirs bien mûrs sur fond de garrigue. En bouche, du volume, un boisé soutenu et des tanins réactifs. À attendre. ⧗ 2020-2024

EARL JEAN-CLAUDE LEBLANC ET FILS,
2, rue des Monts, Les Closserons, 49380 Faye-d'Anjou,
tél. 02 41 54 30 78, contact@domaine-leblanc.fr
t.l.j. sf dim. 8h30-12h30 14h-18h

DOM. DE LA COCHE
Pays de Retz Gamay Les Justices 2017 ★

	5000		5 à 8 €

Située dans l'extrême ouest du vignoble nantais, Sainte-Pazanne est une commune principalement tournée vers l'agriculture. Un îlot viticole demeure: celui des cousins Emmanuel et Laurent Guitteny, à la tête depuis 2000 d'un vignoble de 30 ha.

Mûre, framboise, cerise à l'alcool, sureau, le nez est engageant. En bouche, le vin se montre rond et fruité, avec une petite pointe de sévérité non rédhibitoire en finale. ⧗ 2018-2021

DOM. DE LA COCHE, 21, La Coche, 44680 Sainte-Pazanne, tél. 02 40 02 44 43, contact@domainedelacoche.com V t.l.j. sf dim. lun. 10h-12h 14h-19h

VIGNOBLE COGNÉ Gamay 2017 ★

| 10 000 | | - de 5 €

L'une des valeurs sûres de l'IGP Val de Loire, connue aussi sous l'étiquette Dom. de la Couperie, avec laquelle la famille Cogné a déjà décroché plusieurs coups de cœur. Le vignoble s'étend sur 45 ha.

À la couleur soutenue de la robe répond l'intensité du nez, ouvert sur les fruits rouges mûrs, les fruits exotiques, l'amylique et une pointe briochée. La bouche offre la même sensation de maturité, avec de la rondeur, du gras, un bon volume et de la persistance. 2018-2019 **Sauvignon blanc Del Ys 2017 ★ (5 à 8 €; 8000 b.)** : au nez, des notes d'agrumes, de genêt, de fruit de la Passion et de pierre à fusil signent un bon sauvignon typé, ample et vif en bouche sans manquer de rondeur. 2018-2021

EARL VIGNOBLE COGNÉ, La Couperie, Saint-Christophe-la-Couperie, 49270 Orée-d'Anjou, tél. 02 40 83 73 16, cogne.vin@orange.fr V r.-v.

DOM. DU COLOMBIER Sauvignon blanc 2017 ★

| 6 000 | - de 5 €

Domaine situé à la limite est du vignoble nantais, aux portes des Mauges et de l'aire du muscadet. Représentant la quatrième génération, Jean-Yves Brétaudeau conduit depuis 1996 le vignoble de 32 ha.

D'une belle finesse, le nez de ce sauvignon évoque les fleurs blanches et les fruits exotiques. La bouche se montre ample, tendre et souple, soulignée par la vivacité attendue du cépage. Équilibré et bien typé. 2018-2021

JEAN-YVES BRÉTAUDEAU, 3, le Colombier, Tillères, 49230 Sèvremoine, tél. 02 41 70 45 96, contact@lecolombier.com V r.-v.

VIGNOBLE DAHERON Grolleau 2017 ★

| 10 000 | | - de 5 €

Implanté, entre Corcoué-sur-Logne et Rocheservière, sur un terroir de roches vertes, ce domaine est exploité par la même famille depuis la fin du XVIIIes. Il couvre aujourd'hui 65 ha, conduits depuis 2005 par Sylvie Daheron et son frère Gaël. À sa carte, du muscadet-côtes-de-grand-lieu et des vins de cépage.

De couleur pâle, ce grolleau livre des arômes gourmands de bonbon anglais, de pêche, d'agrumes et de litchi. En bouche, il apparaît rond et gras, sans toutefois manquer de fraîcheur. Un rosé équilibré et expressif. 2018-2019

EARL PIERRE DAHERON, 9, Le Parc, 44650 Corcoué-sur-Logne, tél. 02 40 05 86 11, contact@vignoble-daheron.fr V r.-v.

LE D DE DARIDAN Sauvignon blanc 2017

| 4 000 | | 5 à 8 €

Situé aux portes de la Sologne, entre les châteaux de Cheverny et de Chambord, ce domaine familial de 21 ha est conduit depuis 2001 par Benoît Daridan, qui s'est imposé comme une valeur sûre de l'appellation cheverny.

Discret mais plaisant, le nez de ce sauvignon convoque les agrumes enrobés de nuances miellées. La bouche est ronde et riche, centrée sur les fruits très mûrs. Un profil solaire. 2018-2021

BENOÎT DARIDAN, 16, voie de la Marigonnerie, 41700 Cour-Cheverny, tél. 02 54 79 94 53, benoit.daridan@gmail.com V t.l.j. sf dim. 9h30-12h30 14h-18h

THOMAS DORMEGNIES
Le Payré Pinot noir 2016

| 2 000 | | 5 à 8 €

Après avoir parcouru les vignobles de France et du monde, Thomas Dormegnies est revenu en 2016 dans sa région d'enfance pour reprendre ce domaine d'un peu plus de 6 ha situé face à l'océan et planté en chardonnay, pinot noir et gamay.

Un premier millésime réussi pour Thomas Dormegnies avec ce vin un brin animal au premier nez, plus fruité à l'aération, centré sur le cassis (le fruit et le bourgeon). En bouche, de la souplesse, du soyeux, du fruit, un petit retour animal et une finale sur la vivacité. 2018-2021

THOMAS DORMEGNIES, 61, rue de la Malvoie, 85440 Talmont-Saint-Hilaire, tél. 06 70 12 57 71, dormegnies@yahoo.fr V r.-v.

DOM. DE L'ESPÉRANCE
Cabernet franc Cuvée Rubis 2016 ★

| 3 000 | | - de 5 €

Patrice Chesné (rejoint en 2004 par son épouse Anne-Sophie) a repris en 1992 le vignoble familial, 30 ha à Tillières, l'une des deux communes du Maine-et-Loire en AOC muscadet-sèvre-et-maine, aux portes de l'Anjou.

Au nez, des arômes boisés et des notes de cassis et de coing confit. En bouche, de la sucrosité, quelques notes de poivron bien typées cabernet qui apportent de la fraîcheur, un boisé fondu, du volume et une bonne structure. 2019-2023

PATRICE ET ANNE-SOPHIE CHESNÉ, 4, L'Espérance, Tillières, 49230 Sèvremoine, tél. 02 41 70 46 09, gaecchesne@orange.fr V t.l.j. sf mer. dim. 9h-12h30 15h-18h30

♥ LE CHÂTELAIN DU FRESNE
Grolleau 2017 ★★

| 33 000 | | - de 5 €

Ce château du XVes. bâti en pierre de schiste a gardé de son architecture d'origine une tourelle ronde. Constitué en 1927, le vignoble de 90 ha est conduit depuis 2010 par trois associés, Nicolas Richez, David Maugin et Yannis Bretault.

D'un seyant rouge vif, ce vin dévoile un nez intense et très typé de fruits rouges et d'épices agrémenté de senteurs de sous-bois. En bouche, il affiche beaucoup de

LOIRE

souplesse et de fraîcheur, renoue avec les arômes de l'olfaction dans un bel et long écho, le tout adossé à des tanins légers et soyeux. À croquer. ⧗ 2018-2021

⊶ *CH. DU FRESNE, 25 bis, rue des Monts, Faye-d'Anjou, 49380 Bellevigne-en-Layon, tél. 02 41 54 30 88, contact@chateaudufresneanjou.com* V ⚐ ▪ *t.l.j. sf dim. 9h-12h 15h-18h30*

DOM. DE LA GARNIÈRE Cabernet franc 2016 ★

■	2000	▮	- de 5 €

Située aux confins orientaux du vignoble nantais, sur les coteaux de la Moine, cette propriété a vu passer trois générations de Fleurance: le grand-père, en polyculture; les parents, qui ont spécialisé l'exploitation; aujourd'hui, Olivier et Pascal, à la tête de 30 ha de vignes.

Après huit mois de cuve, ce cabernet franc né sur schistes libère un fruité intense à l'olfaction (fruits rouges et cassis). En bouche, il se montre tout aussi fruité, bien structuré et long. ⧗ 2019-2023

⊶ *OLIVIER ET PASCAL FLEURANCE, 202, lieu-dit La Garnière, 49230 Saint-Crespin-sur-Loire, tél. 02 41 70 40 25, fleurance@garniere.com* V ⚐ ▪ *r.-v.* ⌂ ②

DOM. LE GRAND FÉ Grolleau 2017 ★

■	21600	▮	- de 5 €

À la tête de l'exploitation depuis 2003, Jean Boutin dispose de 24 ha. Une partie du vignoble entoure un ancien relais de diligence du XVII[e]s. transformé en chai.

Une seyante robe limpide et franche habille ce rosé au nez charmeur de fruits rouges (groseille notamment) et de pêche. La bouche, à l'unisson, offre un bel équilibre entre corps et fraîcheur. ⧗ 2018-2019

⊶ *EARL JEAN BOUTIN, 8, Le Poirier, 44310 La Limouzinière, tél. 06 80 08 69 40, jean.boutin1@bbox.fr* V ⚐ ▪ *r.-v.*

DOM. DE LA HOUSSAIS Sauvignon blanc 2017 ★★

■	7000	- de 5 €

Le marais de Goulaine couvre près de 2 000 ha et permet de découvrir des oiseaux migrateurs. Conduit par David et Bernard Gratas, ce domaine familial implanté à sa lisière est influencé par un microclimat favorable à la précocité des vignes. La famille y produit du muscadet-sèvre-et-maine, du gros-plant et des vins de cépages en IGP.

Fleurs blanches, bourgeon de cassis, buis, le nez de ce 2017 fleure bon le sauvignon frais. En bouche, de la matière, une fine vivacité citronnée et saline: on reste dans l'esprit du cépage. Un vin harmonieux, plein d'allant et typé. ⧗ 2018-2021

⊶ *GRATAS, 10, La Houssais, 44430 Le Landreau, tél. 02 40 06 46 27, domainedelahoussais@orange.fr* V ⚐ ▪ *t.l.j. sf dim. 9h-18h30*

JEAN-LOUIS LHUMEAU Chardonnay 2016 ★★

■	2000	◍	8 à 11 €

Ce domaine créé en 1963 par Joël Lhumeau, repris par son fils Jean-Louis en 1991, a vu sa surface passer de 3 ha de vignes à l'origine à 60 ha aujourd'hui. Cette expansion n'a pas été menée au détriment de la qualité, comme en témoignent de nombreuses sélections, aussi bien en AOC qu'en IGP, et plusieurs coups de cœur.

Vinifié et élevé en fût de chêne, ce chardonnay fait d'emblée belle impression avec sa robe dorée et son nez intense, sur le pain grillé et les fruits blancs. La bouche, ample et fine, offre un long écho aux arômes perçus à l'olfaction. De l'élégance et du potentiel. ⧗ 2019-2023

⊶ *JEAN-LOUIS LHUMEAU, 7, rue Saint-Vincent, Linières, 49700 Brigné, tél. 02 41 59 30 51, domainedeshautesouches@orange.fr* V ⚐ ▪ *t.l.j. 9h-12h30 14h-18h; sam. dim. sur r.-v.*

DOM. DE LORIÈRE Grolleau gris 2017

■	10000	▮	- de 5 €

Construit en 1640, pillé et incendié en 1793 puis confisqué par l'État, ce manoir établi sur les coteaux dominant l'Acheneau a été acquis par la famille Hervé en 1886. Depuis 1998, c'est Vincent Hervé, cinquième du nom, qui en conduit les 27 ha de vignes.

Ce grolleau gris évoque la pêche et le bourgeon de cassis à l'olfaction. En bouche, il offre un bon équilibre entre gras et fraîcheur citronnée. Simple et efficace. ⧗ 2018-2020

⊶ *VINCENT HERVÉ, Lorière, 44830 Brains, tél. 02 40 65 68 47, chateauloriere@sfr.fr* V ▪ *r.-v.*

DOM. DES LOUÉTTIÈRES Merlot 2017

■	4200	- de 5 €

Un domaine de 28 ha créé en 1986 par Dominique Peigné, installé à la limite de l'AOC sèvre-et-maine et des coteaux de la Loire.

Coup de cœur dans l'édition précédente avec un pur gamay, le domaine signe cette année un merlot de bonne facture. Au nez, des fruits rouges. En bouche, du fruit toujours, mais aussi une solide structure tannique qui se resserre en finale. À attendre un peu pour plus de fondu. ⧗ 2019-2023

⊶ *EARL DOMINIQUE PEIGNÉ, 2, Le Martinet, Barbechat, 44450 Divatte-sur-Loire, tél. 02 40 03 64 49, peigne63@orange.fr* V ⚐ ▪ *r.-v.*

BERNARD MAILLARD Merlot Gamay 2017 ★

■	11700	▮	- de 5 €

Les Maillard sont vignerons depuis 1890. Héritier de cette longue lignée, Bernard s'est installé en 1989 à la tête du domaine familial et de ses 20 ha de vignes. Les vins sont vinifiés et conservés en cuves de verre souterraines ou en cuves Inox.

Merlot (60 %) et gamay composent un joli rosé assez soutenu en couleur avec ses reflets violets. Au nez, des fruits rouges, du citron, du litchi et des fleurs blanches. Des arômes prolongés par une bouche ronde et souple, équilibrée par une fraîcheur bien dosée. ⧗ 2018-2019

⊶ *BERNARD MAILLARD, 32, Les Défois, 44190 Saint-Lumine-de-Clisson, tél. 06 15 35 64 78, bernard.maillard5@wanadoo.fr* V ⚐ ▪ *r.-v.*

VIGNOBLE MALIDAIN
Chardonnay Le Demi-Bœuf 2017

| 39 000 | | - de 5 €

Marcel Malidain crée l'exploitation en 1954: 5 ha de vignes, de la polyculture et un élevage bovin. Son fils Michel prend le parti de la seule vigne en 1974. Depuis 2006, Romain, le petit-fils, a pris la main et conduit un vignoble de 45 ha.

De fines senteurs de fleurs blanches enrobées de nuances miellées composent une olfaction délicate. Quant à la bouche, elle évolue dans le registre de la vivacité. 2018-2021

ROMAIN MALIDAIN,
6, Le Demi-Bœuf, 44310 La Limouzinière,
tél. 02 40 05 82 29, contact@vignoblemalidain.com
r.-v.

DOM. DE LA MARETIÈRE
Cabernet franc Les Lunetteries 2017

| 19 700 | | - de 5 €

La famille Barreau est installée dans le Maine-et-Loire, aux portes des Mauges, et son vignoble est implanté dans la partie orientale de l'aire du sèvre-et-maine. Conduit en polyculture jusqu'en 1983, ce domaine s'est spécialisé dans la viticulture avec le père de Gaëtan et de Romain Barreau, ces derniers ayant pris la main en 2010, à la tête de 32 ha.

Un pur cabernet franc rose pâle, amylique et fruité (fruits rouges) au nez, rond et suave en bouche. Un léger manque de nervosité lui coûte l'étoile. 2018-2019 **Sauvignon Le Châtelet 2017 (- de 5 €; 6000 b.)** : vin cité.

GAËTAN ET ROMAIN BARREAU,
7, La Maretière, Tillières, 49230 Sèvremoine,
tél. 06 12 59 80 35, domainedelamaretiere@orange.fr
r.-v.

MARIGNY-NEUF Pinot noir 2017 ★

| 30 000 | | 8 à 11 €

Frédéric Brochet crée à vingt-trois ans, alors qu'il rédige sa thèse de doctorat en œnologie, son petit domaine à partir des 49 ares de vignes paternelles. C'est l'origine d'Ampelidae, né dans la cave familiale de La Mailleterie. Aujourd'hui, son vignoble couvre 90 ha morcelés sur une trentaine de kilomètres autour de Marigny-Brizay et répartis sur plusieurs propriétés, complétés par une activité de négoce.

Épices, notes fumées, tabac, le nez de ce pinot noir respire avant tout le bois. On retrouve ces notes d'élevage, mais sans excès et en compagnie des fruits rouges, dans une bouche fine et fraîche, étayée par des tanins élégants. 2018-2023 **Sauvignon 2017 (8 à 11 €; 30 000 b.)** : vin cité.

FRÉDÉRIC BROCHET, Manoir de Lavauguyot,
86380 Jaunay-Marigny, tél. 05 49 88 18 18,
ampelidae@ampelidae.com *r.-v.*

DOM. DU PETIT CLOCHER Chardonnay 2017

| 22 000 | | 5 à 8 €

Conduite par la jeune génération, Stéphane, Julien et Vincent Denis, arrivés respectivement en 2003, 2006 et 2009, une affaire de famille depuis 1920; 5 ha aux origines, 86 ha aujourd'hui. Un domaine phare du haut Layon, réputé notamment pour ses vins rouges, mais aussi très à l'aise en blanc et en rosé. Une valeur (très) sûre.

Le nez, discret mais plaisant, évoque les fruits blancs. En bouche, le vin se montre persistant sur le fruit et bien équilibré entre une aimable rondeur et une fraîcheur justement dosée. 2018-2020

EARL DU PETIT CLOCHER,
La Laiterie, 49560 Cléré-sur-Layon, tél. 02 41 59 54 51,
petit.clocher@wanadoo.fr *t.l.j. sf dim.*
8h30-12h30 14h-18h *Famille Denis*

DOM. DE LA POTARDIÈRE Sauvignon 2017 ★

| 6000 | | - de 5 €

Propriétaire de ce domaine depuis 1879, la famille Couillaud conduit un vignoble de 27 ha au flanc d'un coteau appelé La Butte de la Roche, qui domine le marais de Goulaine. Romain a pris les commandes en 2010.

Agrumes, buis, genêt: ce vin respire le sauvignon à plein nez. En bouche, il apparaît bien droit dans ses bottes, vif et tonique, mais ne manque pas de gras non plus. Un beau classique. 2018-2021

EARL COUILLAUD ET FILS,
La Potardière, 44430 Le Loroux-Bottereau,
domainepotardiere@orange.fr *r.-v.*

DOM. DE LA RAGOTIÈRE
Chardonnay Cuvée Prestige 2017 ★

| 128 000 | | 5 à 8 €

Les frères Bernard, Michel et François Couillaud ont acquis en 1979 le Ch. de la Ragotière, ancienne maison noble ayant appartenu à un compagnon d'armes de Du Guesclin. En 2006, Armelle, fille de Bernard, et son mari Vincent ont pris la suite, à la tête d'un vaste vignoble de 80 ha d'un seul tenant, d'où ils tirent des muscadet-sèvre-et-maine et des vins de cépage en IGP Val de Loire vendus sous diverses étiquettes.

De belle intensité, le nez de ce chardonnay allie les fleurs blanches à la poire. En bouche, le vin apparaît à la fois rond, frais et fin, bien équilibré en somme. 2018-2021

SCEA DE LA RAGOTIÈRE,
La Grande Ragotière, 44330 La Regrippière,
tél. 02 40 33 60 56, freres.couillaud@wanadoo.fr
r.-v.

DOM. LA TOUR BEAUMONT
Chardonnay Tradition 2016 ★

| 1800 | | 11 à 15 €

Le donjon d'un ancien château du XIIe s. a donné son nom au domaine, dont les 26 ha se répartissent sur deux coteaux séparés par la rivière Clain. Une valeur sûre du Haut-Poitou. Après cinq années passées en Bourgogne, Pierre Morgeau a rejoint en 2011 son père, Gilles, sur cette exploitation familiale créée en 1860, qu'il dirige seul depuis 2015.

Au nez, un bon boisé frais s'allie à un fruité mûr de poire confiturée. On retrouve les notes d'élevage dans une bouche riche et intense, de belle longueur. 2019-2023

PIERRE MORGEAU, Dom. la Tour Beaumont, 2, av. de Bordeaux, 86490 Beaumont-Saint-Cyr, tél. 05 49 85 50 37, secretariat@domainelatourbeaumont.fr V *t.l.j. sf dim. 9h30-12h 14h30-19h (18h sam. et hiver)*

♥ ARIELLE VATAN Pinot noir La Roncière 2017 ★★

■	9000		5 à 8 €

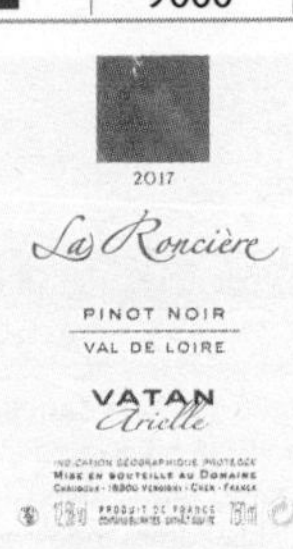

Situé à Verdigny, ce domaine habitué des sélections du Guide étend son vignoble sur les différents terroirs du Sancerrois. André et Arielle Vatan ont été rejoints en 2012 par leur fils Adrien sur l'exploitation. Une valeur sûre.

Le pinot noir à son meilleur dans cette cuvée ouverte sans réserve sur un intense fruité de cerise et de cassis. La bouche se révèle ample, fraîche et ronde à la fois, étayée par des tanins fins et soyeux qui renforcent son élégance. De l'harmonie à tous les stades. ⧗ 2018-2023

ARIELLE VATAN, rte des Petites-Perrières, 18300 Verdigny, tél. 02 48 79 33 07, avatan@terre-net.fr V *r.-v.*

J. DE VILLEBOIS Sauvignon blanc 2017

■	150000		5 à 8 €

En 2004, Joost de Villebois acquiert ce domaine et se spécialise alors dans la production de sauvignon blanc. Il est aujourd'hui aidé de son épouse Miguela et du vigneron Thierry Merlet.

Ce vin pâle et brillant dévoile à l'olfaction des arômes bien typés de buis et d'agrumes. Suivant la même ligne aromatique, la bouche se montre vive et dynamique. ⧗ 2018-2020

VILLEBOIS, 43, rue de la Quézardière, 41110 Seigy, tél. 02 54 32 80 62, vin@villebois.eu

DOM. DE VILLENEUVE Chardonnay 2017 ★

■	1800		- de 5 €

Patrick et Bruno Lefort ont accueilli en 2014 Benjamin, fils de Patrick, pour s'occuper des 42 ha du domaine viticole et de l'élevage de blondes d'Aquitaine. Ensemble, ils proposent une jolie gamme d'appellations de vins d'Anjou.

Au nez, d'intenses parfums de poire, de pêche et de fleurs blanches. En bouche, les mêmes saveurs, de la fraîcheur et de l'énergie. ⧗ 2018-2021

GAEC LEFORT ET FILS, 3, Villeneuve, 49310 Trémont, tél. 02 41 59 40 26, gaeclefortetfils@wanadoo.fr V *r.-v.*

La vallée du Rhône

SUPERFICIE : 73 468 ha

PRODUCTION : 2 830 000 hl

TYPES DE VINS : rouges très majoritairement, rosés et quelques rares blancs ; vins doux naturels ; quelques effervescents (clairette-de-die).

SOUS-RÉGIONS

Vallée du Rhône septentrionale (entre Vienne et la rivière Drôme au sud de Valence) et vallée du Rhône méridionale (du sud de Montélimar à Avignon et à la Durance).

CÉPAGES PRINCIPAUX

Rouges : syrah, grenache, mourvèdre, cinsault, carignan et de nombreux autres cépages devenus très rares (counoise, vaccarèse, muscardin…).

Blancs : viognier, roussanne, marsanne, grenache blanc, clairette blanche, bourboulenc…

LA VALLÉE DU RHÔNE

La vallée du Rhône porte des vignobles parmi les plus anciens de France. En matière de vins d'appellation, c'est la deuxième région viticole après le Bordelais. Les vins rouges, majoritaires, sont souvent chaleureux, souples ou de garde. Avec Tavel, le vignoble possède la plus ancienne appellation de rosés ; il produit aussi des blancs de haute lignée comme les hermitage ou les condrieu. Enfin, les vins doux naturels montrent son appartenance à l'orbite méditerranéenne.

Le legs des Romains et des papes. C'est aux abords de Vienne que se trouve l'un des plus anciens vignobles du pays, développé par les Romains, après avoir été sans doute créé par des Phocéens de Marseille. Vers le IV[e]s. avant notre ère, la viticulture est attestée aux environs des actuels hermitage et côte-rôtie ; dans la région de Die, elle apparaît dès le début de l'ère chrétienne. À la suite des Templiers (au XII[e]s.), le pape Jean XXII et ses successeurs d'Avignon ont développé le vignoble de Châteauneuf-du-Pape. Quant aux vins de la Côte du Rhône gardoise, ils connurent une grande vogue aux XVIIe et XVIII[e]s.; les cités de Tavel et des environs édictèrent des règles de production tout en apposant sur leurs tonneaux les lettres «CdR» (pour «Côtes-du-Rhône») – une anticipation de l'AOC.

XX[e]s.: le renouveau. Produits loin de Paris et des grands axes commerciaux, les vins du Rhône furent longtemps mésestimés, malgré la réputation des hermitage ou des côte-rôtie. La vigne était d'ailleurs concurrencée par les oliveraies et les vergers. Le côtes-du-rhône était souvent un gentil vin de comptoir, en général issu de brèves cuvaisons. Son image s'est redressée tandis que son profil s'est diversifié, du primeur au vin de garde rappelant les crus. Le vignoble, qui s'était rétracté au XIX[e]s., a regagné du terrain. La coopération, très présente dans la région avec 95 caves et cinq groupements de producteurs, participe largement à l'économie viticole de la vallée, produisant presque les deux tiers des volumes, aux côtés de quelque 1 560 caves particulières. Le négoce-éleveur, malgré le prestige de certaines maisons, est moins présent que dans d'autres vignobles (3 % des volumes).

DE L'APPELLATION RÉGIONALE AUX CRUS

Comme dans d'autres régions viticoles, il existe une hiérarchie des vins. Au sommet, les appellations communales. Côte-rôtie, condrieu, hermitage, saint-joseph, cornas... celles-ci constituent la quasi-totalité des vignobles de la partie septentrionale, beaucoup moins étendue. Au sud, le plus illustre de ces crus est châteauneuf-du-pape, mais huit villages occupent le même rang, comme Gigondas ou Tavel. À la base de la pyramide, l'appellation régionale côtes-du-rhône s'étend sur 171 communes, presque toutes situées au sud. Entre appellations communales et régionales, les côtes-du-rhônes-villages, également situés dans la partie méridionale, proviennent de 95 communes plus réputées.

Le nord et le sud. Certains experts différencient les vins de la rive gauche de la vallée, qui seraient plus capiteux, de ceux de la rive droite, plus légers. Mais on distingue surtout la vallée du Rhône septentrionale, au nord de Valence, et la vallée du Rhône méridionale, au sud de Montélimar, séparées l'une de l'autre par une zone d'environ cinquante kilomètres où la vigne est absente. Topographie, paysages, climat, sols, encépagement, culture: le nord et le sud de la vallée diffèrent nettement. Au nord de Valence, la vallée s'encaisse entre Alpes et Massif central; le climat est tempéré, avec une influence continentale; les coteaux sont souvent très pentus et les sols le plus souvent granitiques ou schisteux; les vins sont issus du seul cépage syrah pour les rouges, des cépages marsanne et roussanne pour les blancs, ou encore du viognier (condrieu, château-grillet). Au sud de Montélimar, la vallée s'élargit, on arrive en Provence ; le climat est méditerranéen, les sols sur substrat calcaire sont très variés: terrasses à galets roulés, sols rouges argilo-sableux, molasses et sables; le cépage principal est ici le grenache, mais les excès climatiques obligent les viticulteurs à utiliser plusieurs cépages pour obtenir des vins parfaitement équilibrés: en rouge, la syrah, le mourvèdre, le cinsault, le carignan... en blanc, la clairette, le bourboulenc, la roussanne.

Dans l'orbite de la vallée du Rhône D'autres vignobles sont rattachés à la vallée du Rhône. Ce sont, sur la rive droite, les AOC grignan-les-adhémar, entre Montélimar et Bollène; ventoux, entre Vaison-la-Romaine et Apt ; luberon, plus au sud, sur la rive droite de la Durance; pierrevert, dans le département des Alpes-de-Haute-Provence ; de la rive droite proviennent les côtes-du-vivarais, de part et d'autre des gorges de l'Ardèche ; les costières-de-nîmes, aux confins du Languedoc. Il faut encore citer la région de Die, dans la vallée de la Drôme, en bordure du Vercors. Plus montagneux, plus frais, le Diois, aux sols d'éboulis calcaires, est propice aux cépages blancs, comme la clairette et le muscat.

➡ LES APPELLATIONS RÉGIONALES DE LA VALLÉE DU RHÔNE

CÔTES-DU-RHÔNE

Superficie : 37 465 ha
Production : 1 205 000 hl (97 % rouge et rosé)

Définie dès 1937, l'appellation régionale côtes-du-rhône figure au nombre des plus anciennes. C'est aussi l'une des plus vastes, la seconde en superficie après Bordeaux. Elle s'étend en effet sur six départements: Rhône, Loire, Ardèche, Gard, Drôme et Vaucluse. L'essentiel de la production provient des quatre derniers, situés dans la vallée du Rhône méridionale, au sud de Montélimar, les vignobles de la partie nord fournissant presque exclusivement des vins d'AOC locales. Sur la rive droite du Rhône, les vignes couvrent les pentes de collines; sur la rive gauche, elles affectionnent des bassins à fond plat aux sols de galets mêlés d'argiles sableuses rouges.
Dans cette partie sud du vignoble, l'encépagement est bien méridional, le dernier décret (1996) renforçant l'importance du grenache (40 % minimum), de la syrah et du mourvèdre dans les rouges et rosés. Les cépages secondaires, qui sont ici légion, ne peuvent pas totaliser plus de 30 % de l'encépagement. Ce sont notamment le cinsault, le carignan et encore la counoise, le muscardin, le vaccarèse, le terret. Des cépages blancs peuvent même entrer dans la composition des rosés. Les côtes-du-rhône blancs font intervenir principalement les grenache blanc, clairette, marsanne, roussanne, bourboulenc et viognier.
À la diversité des sols, des microclimats et des cépages répond celle des vins: vins rouges de semi-garde, tanniques et généreux, à servir sur de la viande rouge, produits dans les zones les plus chaudes et sur des sols de diluvium alpin (Domazan, Estézargues, Courthézon, Orange...); vins rouges plus légers, fruités et plus nerveux, nés sur des sols eux-mêmes plus légers (Nyons, Sabran, Bourg-Saint-Andéol...); vins primeurs disponibles à partir du troisième jeudi de novembre. La chaleur estivale contribue à la rondeur des blancs et des rosés. Producteurs et œnologues cherchent aujourd'hui à extraire le maximum d'arômes et à obtenir des vins frais et délicats. On servira les blancs sur des poissons de mer, les rosés sur des salades composées ou de la charcuterie.

DOM. DE L'AMANDINE 2016 ★

■ | 93 000 | 🍾 | 5 à 8 €

Fondé en 1970 par Jean-Pierre Verdeau, ce domaine est conduit depuis 2013 par sa fille Amandine Suter et son gendre Alexander, rejoints par la troisième génération (Mathilde).
La robe claire, la grande finesse et les arômes résolument tournés vers la fraise et la framboise ont évoqué au jury le pinot noir! Pour enfoncer le clou, ce vin rhodanien atypique propose une bouche croquante et gouleyante, aux tanins fins et à la fraîcheur septentrionale... un côtes-du-rhône qui «pinote» en somme. ⧗ 2018-2021

⊶ ALEXANDER SUTER, 480, rte de Roaix, 84110 Séguret, tél. 04 90 46 12 39, info@domaine-amandine.fr V ■ *t.l.j. sf dim. 8h-12h 13h30-17h30*

CH. LES AMOUREUSES La Barbare 2016 ★

■ | 20 500 | 🛢🍾 | 8 à 11 €

Industriel ardéchois spécialiste des matériaux de construction, Jean-Pierre Bedel a racheté en 2011 ce domaine établi à Bourg-Saint-Andéol, sur la rive droite du Rhône. Il a construit une cave et restructuré le vignoble (80 ha), planté d'une large palette de cépages méridionaux.
Affirmant sa personnalité au travers d'arômes intenses de fruits rouges, mais aussi de nuances boisées, ce vin dominé par la syrah (90 %), équilibré et digeste, saura satisfaire l'amateur en quête de plaisir immédiat. ⧗ 2018-2021 ■ **Les Charmes 2016 (8 à 11 €; 25150 b.)** : vin cité.

⊶ JEAN-PIERRE BEDEL, chem. de Vinsas, 07700 Bourg-Saint-Andéol, tél. 04 75 54 51 85, boutique@lesamoureuses.wine V 🚶 ■ *t.l.j. sf dim. 10h30-18h30 (20h en été)*

DOM. ARVIEUX Clémence Exception 2016 ★★

■ | 6 000 | 🍾 | 11 à 15 €

Un vignoble familial de poche (4 ha) transmis depuis cinq générations et conduit depuis 2001 par Nicolas Arvieux, «artisan vigneron», comme il le revendique, ayant pour credo le moins de technologie possible.
Issu d'une macération de seize jours en grappes entières, ce vin à la robe profonde, presque noire, s'exprime à travers un bouquet complexe de fruits confiturés et de sirop de fraise. La bouche est d'une grande richesse, généreuse et élégante, et déploie une longue finale acidulée qui lui donne du nerf. ⧗ 2018-2022

⊶ NICOLAS ARVIEUX, 2, pl. de la Mairie, 30290 Saint-Victor-la-Coste, tél. 06 89 02 89 44, nicolas.arvieux@wanadoo.fr V 🚶 ■ *r.-v.*

DOM. AUTRAND 2017 ★

■ | 12 000 | 🍾 | - de 5 €

Christine Aubert a repris en 2002 le domaine familial couvrant aujourd'hui 80 ha, dont la quasi-totalité est classée en vinsobres. Après l'arrivée de son fils Aurélien (quatrième génération) qui travaille depuis 2008 à ses côtés, l'exploitation s'est dotée d'une nouvelle cave.
Ce vin à la fois souple et généreux développe aussi bien au nez qu'en bouche de charmants arômes de fruits des bois, et s'offre la coquetterie d'une finale très persistante. Et tout cela à prix très doux. ⧗ 2018-2021

⊶ GAEC AUTRAND, quartier Les Ratiers, RD 94, rte de Nyons, 26110 Vinsobres, tél. 04 75 26 57 05, contact@domaineautrand.fr V 🚶 ■ *t.l.j. 10h-19h; f. dim. nov.-mars ⊶ Christine et Aurélien Aubert*

Ⓑ LA BASTIDE SAINT-DOMINIQUE Jules Rochebonne 2016 ★★

■ | 15 000 | 🛢🍾 | 11 à 15 €

Créé en 1979 par Gérard et Marie-Claude Bonnet, ce domaine établi à Courthézon, sur les vestiges d'une

ancienne chapelle du XVIe s., s'étend sur 50 ha. Il est aujourd'hui géré par Éric, qui a converti le vignoble à l'agriculture biologique (certification en 2014) et complété sa propriété par une structure de négoce. Il a été rejoint par sa sœur Véronique en 2016.

Une cuvée dédiée à l'arrière-grand-père d'Éric Bonnet. La syrah (présente à 80 %), après un séjour d'un an en barrique, distille au nez des arômes de fruits noirs chocolatés et vanillés. Au palais, son très beau fondu et sa grande délicatesse créent une belle harmonie. Un style affirmé. ⧗ 2018-2023

ÉRIC BONNET, 1358, chem. Saint-Dominique, 84350 Courthézon, tél. 04 90 70 85 32, contact@bastidesaintdominique.com V t.l.j. 8h30-17h; *sam. dim. sur r.-v.*

LA BASTIDE SAINT-VINCENT 2017 ★

■ | 8500 | | 5 à 8 €

Installé dans une ancienne ferme rénovée aux airs de bastide, dont certains éléments datent du XVIIe s., Laurent Daniel, ancien responsable commercial export dans un négoce de vin, a repris en 2001 ce vignoble familial de 23 ha très morcelé, réparti dans six communes. Un habitué du Guide, d'une régularité sans faille.

Au nez, cette cuvée déploie des arômes intenses de fruits rouges bien mûrs et de sous-bois. En bouche, elle se révèle harmonieuse, bâtie sur des tanins fondus et centrée sur d'originales notes de fruits à chair blanche et de fines nuances florales. Une belle surprise. ⧗ 2018-2021

LAURENT DANIEL, 1047, rte de Vaison, 84150 Violès, tél. 04 90 70 94 13, bastide.vincent@free.fr V *t.l.j. sf dim. 9h-12h 14h-19h*

DOM. BENEDETTI Vieilles Vignes 2016 ★

■ | 40000 | | 8 à 11 €

Conduit par Christian Benedetti, ce domaine sorti de la coopérative en 1997 s'est rapidement tourné vers le bio (en 2001) pour mettre en valeur ses 26 ha de vignes. Depuis 2009, la gestion est assurée par le fils Nicolas.

Cette cuvée Vieilles Vignes, après un élevage de douze mois sous bois, évoque les fruits rouges et les épices douces tout au long de la dégustation. Sa bouche, ample et expressive, méritera cependant quelques mois de garde afin d'assouplir ses tanins encore jeunes et vigoureux. Prometteur. ⧗ 2020-2024

BENEDETTI, chem. Gariguette, 84850 Camaret-sur-Aigues, tél. 06 48 03 57 56, domainebenedetti@yahoo.fr V *r.-v.*

CH. DU BOIS DE LA GARDE 2017 ★★

■ | 33000 | | 8 à 11 €

L'histoire vigneronne des Mousset-Barrot débute dans les années 1930 avec l'achat par Louis Mousset des châteaux des Fines Roches, Jas de Bressy (AOC châteauneuf) et du Bois de la Garde (côtes-du-rhône et côtes-du-rhône-villages). L'ensemble (125 ha) est aujourd'hui conduit par la troisième génération, Gaëlle et Amélie Mousset-Barrot.

Au nez, ce rosé dévoile d'intenses arômes de fruits rouges (framboise, sirop de grenadine). Complet, riche, complexe, le palais évoque les fruits exotiques, la rhubarbe, la vanille et se voit dynamisé par une pointe citronnée en finale. Une harmonie remarquable. ⧗ 2018-2020

VIGNOBLES MOUSSET-BARROT, 1, av. du Baron-Leroy, 84230 Châteauneuf-du-Pape, tél. 04 90 83 51 73, chateaux@vmb.fr V *r.-v.*

DOM. DU BOIS DE SAINT-JEAN Cuvée de Voulongue Réserve 2017 ★★

■ | 6000 | | 8 à 11 €

Établie à Jonquerettes depuis 1620, la famille Anglès se consacre à la viticulture à partir de 1910. Une tradition perpétuée avec grand talent par Vincent et son frère Xavier qui, à la tête de 48 ha de vignes, proposent des vins d'une constance remarquable.

Seule cave particulière dans le petit village de Jonquerettes aux portes d'Avignon, la famille Anglès bichonne chaque année de très belles cuvées. Celle-ci, confidentielle, est une habituée du Guide. Elle est remarquable par son équilibre. À l'olfaction, les notes florales sont bien perceptibles, soutenues par des épices douces. On découvre au palais un vin à la fois souple et structuré, enveloppé de fruits rouges et noirs confiturés. Un vin tout en dentelle et déjà prêt, mais qui vieillira bien. ⧗ 2018-2023

EARL XAVIER ET VINCENT ANGLÈS, 126, av. de la République, 84450 Jonquerettes, tél. 04 90 22 53 22, xavier.angles@wanadoo.fr V *t.l.j. 8h-12h 14h-19h*

CH. LA BORIE 2017 ★

■ | 50000 | | 8 à 11 €

Commandée par un château du XVIIIe s., cette ancienne propriété des princes d'Orange appartient aux familles cousines Bories et Margnat depuis 1963. Dirigé aujourd'hui par Éric et Jérôme Margnat, le vignoble s'étend sur 75 ha. Pas de certification bio ici, mais une conduite qui s'apparente à cette démarche. Pas de fût de chêne non plus, uniquement des cuves béton pour privilégier le fruit.

Élaboré à partir du grenache, de la syrah et d'une touche de cinsault, ce vin rouge présente un nez discret qui s'ouvre à l'agitation sur des notes de fruits rouges épicés. La bouche révèle une expression franche et épanouie. Agréable, digeste et équilibré, c'est un bon côtes-du-rhône traditionnel. ⧗ 2018-2021

MARGNAT, 2888, rte de Saint-Paul, 26790 Suze-la-Rousse, tél. 04 75 04 81 92, jerome.margnat@chateau-la-borie.fr V *t.l.j. sf dim. 9h-12h30 14h-19h*

CH. DE BOUSSARGUES Cuvée de la Chapelle 2017 ★★

■ | n.c. | | 8 à 11 €

Un domaine régulier en qualité, où vignes et oliviers sont cultivés depuis l'Antiquité. Aujourd'hui, un vignoble de 32 ha d'un seul tenant commandé par un château du XIIe s. et sa chapelle romane parfaitement restaurés par la famille Malabre, installée ici en 1964.

Cette cuvée d'une magnifique teinte rubis aux reflets noirs dévoile un nez puissant de petits fruits rouges. En bouche, des arômes de cerise et de cassis enveloppent de très beaux tanins, fins et veloutés, qui assureront un bel avenir à ce vin au charme fou. ⌛ 2018-2024 ■ **2017 ★ (5 à 8 €; n.c.)** : un blanc apprécié pour ses arômes de fleurs blanches et de pêche, sa fraîcheur et sa netteté en bouche. ⌛ 2018-2021

CHANTAL MALABRE, Colombier, 30200 Sabran, tél. 04 66 89 32 20, malabre@wanadoo.fr t.l.j. 9h-19h

♥ DOM. DES BOUZONS La Friandise 2017 ★★★

■ | 20000 | | 5 à 8 €

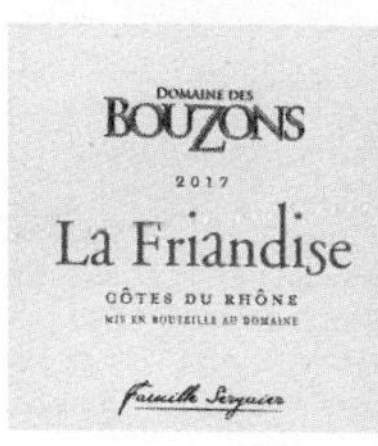

Ce domaine appartient aux Serguier depuis 1632. Les premières vignes ont été plantées en 1956. Installés en 1982, Marc Serguier et son épouse Claudine, rejoints par leur fils Nicolas, conduisent aujourd'hui un vignoble de 35 ha sur les communes de Sauveterre et de Pujaut.

Déjà auréolé d'un coup de cœur pour la version 2015, le domaine fait aussi bien avec cette Friandise 2017 issue de grenache, qui dévoile dès le premier nez sa nature gourmande à travers des arômes de fruits des bois très frais et d'élégantes notes florales. La bouche, ample, fraîche et fruitée en diable, repose sur des tanins soyeux d'une grande finesse, et les épices perçues en finale renforcent le caractère tonique de ce vin. ⌛ 2018-2023 ■ **La Félicité 2017 ★ (8 à 11 €; 12000 b.)** : une cuvée appréciée pour ses notes de pruneau et de fruits cuits, et pour sa matière ronde et douce, finement travaillée par le bois. ⌛ 2019-2024

MARC SERGUIER, 194, chem. des Manjo-Rassado, 30150 Sauveterre, tél. 04 66 90 04 41, domaine.des.bouzons@wanadoo.fr t.l.j. sf lun. dim. 9h30-12h 14h30-18h

BROTTE Esprit Barville 2017 ★

■ | 40000 | | 5 à 8 €

Cette maison réputée, fondée en 1931 par Charles Brotte, pionnier de la mise en bouteilles dans la vallée du Rhône, est aujourd'hui dirigée par Laurent, petit-fils du fondateur. Elle vinifie ses propres vignes et opère des sélections parcellaires pour le compte de son négoce, dont La Fiole du Pape, en châteauneuf, est la marque phare depuis sa création en 1952.

L'olfaction, après une courte aération, s'ouvre sur des notes de poire et d'agrumes; le prélude à une bouche dense et ronde, dynamisée par de fraîches notes citronnées. Un vin harmonieux. ⌛ 2018-2021 ■ **Père Anselme Réserve 2016 ★ (5 à 8 €; 60000 b.)** : un vin élevé en foudres, salué pour son fruité intense, sa générosité et son caractère fringant. ⌛ 2018-2021

BROTTE, Le Clos rte d'Avignon, BP 1, 84230 Châteauneuf-du-Pape, tél. 04 90 83 70 07, brotte@brotte.com t.l.j. 9h-12h 14h-18h (9h-19h en été)

BRUNEL DE LA GARDINE 2017 ★★

■ | 200000 | | 8 à 11 €

Le négociant Gaston Brunel, héritier d'une longue tradition vigneronne (XVIIe s.), acquit La Gardine en 1945. Ses fils, Patrick et Maxime, et ses petits-enfants, Marie-Odile et Philippe, continuent de mettre en valeur ce domaine réputé, fort d'une cinquantaine d'hectares. En 2007, la famille Brunel a créé une maison négoce sous le nom de Brunel de la Gardine.

Encore un peu austère, ce 2017 offre un premier nez discret qui, à l'agitation, laisse poindre d'élégants arômes de fruits noirs, de pruneau et de cuir. La bouche, douce et veloutée, décline une chair ample et s'étire dans une très longue finale réglissée. Un très beau vin de gastronomie. ⌛ 2019-2023

BRUNEL PÈRE ET FILS, rte de Roquemaure, BP 5, 84230 Châteauneuf-du-Pape, tél. 04 90 83 73 20, gardine.export@gardine.com t.l.j. sf dim. 10h-18h

DOM. BRUNELY 2016

■ | 30000 | | 5 à 8 €

Offertes au XVe s. à Pellegrin de Brunelis par le pape Martin V, ces terres ont été acquises en 1976 par Rémi Carichon. Installé en 1986, son fils Charles conduit aujourd'hui 80 ha morcelés en une mosaïque de terroirs. Une valeur sûre de la vallée du Rhône sud.

Un vin bien fait, au caractère boisé au nez comme en bouche, ample et équilibré autour de tanins fins. Simple mais efficace. ⌛ 2018-2021

CHARLES CARICHON, Dom. Brunely, 84260 Sarrians, tél. 04 90 65 41 24, contact@domainebrunely.com t.l.j. sf sam. dim. 8h30-12h 14h-17h30

♥ DOM. BRUSSET Laurent B. 2017 ★★

■ | 50000 | | 5 à 8 €

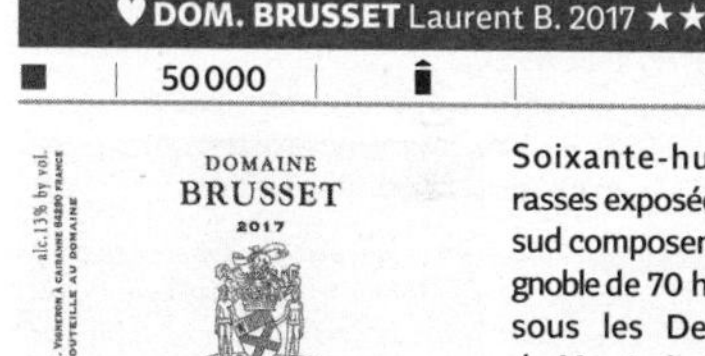

Soixante-huit terrasses exposées plein sud composent ce vignoble de 70 ha situé sous les Dentelles de Montmirail. Créé en 1947 par André Brusset, puis dirigé par son fils Daniel, il est aujourd'hui conduit par son petit-fils Laurent. Une valeur sûre en gigondas et en cairanne.

Un côtes-du-rhône « de copains » diablement séducteur. À un nez charmeur mêlant des arômes de petits fruits rouges et de fleurs fraîches répond une bouche fruitée et épicée, délicate et friande, à l'équilibre souverain et d'une gourmandise rare. Irrésistible. ⌛ 2018-2021

SA DOM. BRUSSET, 70, chem. de la Barque, 84290 Cairanne, tél. 04 90 30 82 16, domaine-brusset@wanadoo.fr t.l.j. sf sam. dim. 9h-12h 14h-18h

DOM. BURLE 2017

■ | 9000 | | 5 à 8 €

Un domaine fondé en 1961, dans la même famille depuis trois générations. Florent et Damien Burle, installés en 1995, conduisent un vignoble de 19 ha.

Un vin gourmand et expressif, aux senteurs de fruits et de réglisse. L'attaque est saline et les tanins soyeux joliment relevés de notes épicées. Le plaisir dans la simplicité. ⧗ 2018-2021

FLORENT ET DAMIEN BURLE, 306, chem. Saint-Damien, 84190 Gigondas, tél. 04 90 70 94 85, contact@domaineburle.com V r.-v.

CAVE DE CAIRANNE Sans soufre ajouté 2017 ★★

■ | 40000 | | 5 à 8 €

Créée en 1929, la coopérative de Cairanne est un acteur de poids dans la région: 60 adhérents pour 330 ha de vignes et deux marques, Camille Cayran pour le réseau traditionnel et Victor Delauze pour la grande distribution.

Un assemblage grenache-carignan peu orthodoxe pour l'appellation, qui réunit tous les ingrédients du vin gourmand et sans prétention: une belle robe aux reflets auburn, un nez franc de violette et de fruits rouges, une bouche enrobée, séveuse et intense. ⧗ 2018-2021

CAVE DE CAIRANNE, 290, av. de la Libération, 84290 Cairanne, tél. 04 90 30 82 05 V r.-v.

LES VIGNERONS DU CASTELAS
L'Amarante 2017 ★

■ | 65000 | | 5 à 8 €

Créée en 1956, cette coopérative, qui tire son nom d'une chapelle romane du XIe s. surplombant Rochefort-du-Gard, réunit aujourd'hui 45 viticulteurs pour 450 ha de vignes, dont 100 ha dédiés au seul côtes-du-rhône-villages Signargues.

Un très bon vin dans la parfaite typicité des côtes-du-rhône: robe claire, nez de fruits noirs aux nuances muscatées, bouche ronde aux saveurs de fraise. Un ensemble charmeur. ⧗ 2018-2019

LES VIGNERONS DU CASTELAS, 674, av. de Signargues, 30650 Rochefort-du-Gard, tél. 04 90 26 62 66, info@vignerons-castelas.fr V *t.l.j. 8h30-12h30 14h30-18h30*

♥ LA CATHERINETTE
1888 Vieilles Vignes 2016 ★★★

■ | 10000 | | 8 à 11 €

Fondé en 1888 et conduit depuis 1981 par Philippe Jouve, ce domaine étend son vignoble sur 25 ha, au milieu de la garrigue, entre les gorges de l'Ardèche et celles de la Cèze.

Né d'un assemblage de grenache, de syrah et de marselan, ce vin d'un beau rouge pourpre et dense dévoile un nez d'une grande intensité autour des fruits noirs confits, de la cannelle, du clou de girofle et du poivre. On retrouve ces arômes dans une bouche ample et profonde, aux tanins soyeux. Un rouge au caractère affirmé. ⧗ 2019-2024

PHILIPPE JOUVE, 7, pl. de la Fontaine, 30760 Laval-Saint-Roman, tél. 04 66 82 17 62, catherinette.vinsjouve@wanadoo.fr V *t.l.j. sf dim. 9h-12h 14h-19h*

♥ CELLIER DES CHARTREUX
Chevalier d'Anthelme 2017 ★★

■ | 25000 | | - de 5 €

Née en 1929, la coopérative de Pujaut, bourgade des environs d'Avignon, vinifie 720 ha de vignes dans les crus lirac et tavel, en AOC régionales et en IGP. Ses cuvées sont régulièrement en vue dans ces pages, notamment ses vins blancs.

Le murmure nocturne des machines à vendanger marque la fin de l'été dans ce petit village gardois très rhodanien. Toujours à la pointe de la technologie, cette cave de vignerons s'impose un cahier des charges rigoureux. Il en résulte des cuvées très appréciées, distribuées sur tout le territoire. Vêtue d'une robe légère et éclatante, cette bouteille offre des senteurs de fleurs blanches tout en finesse, mêlées à des arômes de noyau de cerise. Le palais, frais et acidulé, se tourne vers des notes exotiques de clémentine et de litchi. Un rosé délicat, à la fois complexe et charmeur. ⧗ 2018-2020 ■ **Chevalier d'Anthelme 2017 ★★ (5 à 8 €; 40000 b.)** : une étoile de plus que l'an dernier, mais 20 000 bouteilles de moins, la faute à un millésime délicat où la sélection se devait d'être encore plus rigoureuse que 2016. Le nez, très intense, est dominé par le pamplemousse. La bouche se révèle très équilibrée, parfumée, riche et longue, offrant une rafraîchissante finale citronnée. ⧗ 2018-2021

CELLIER DES CHARTREUX, 1412, D 6580, 30131 Pujaut, tél. 04 90 26 39 40, contact@cellierdeschartreux.fr V r.-v.

CELLIER DES DAUPHINS Prieuré 2017

■ | 9000 | | 5 à 8 €

Énorme structure rhodanienne née en 1965 de l'union de six coopératives de la Drôme, rejointes par sept autres, dotée d'une cuverie de plus de 33 000 m² à Tulette. Elle a lancé en 1967 sa marque phare et populaire, le Cellier des Dauphins, qui revendique le 1er rang pour les volumes de vente en France de vin en AOC.

Sous la teinte délicate de ce 2017 se cache un rosé vif au nez floral et exotique, dont on apprécie aussi la légèreté en bouche, la vivacité et la persistance sur les agrumes. Le compagnon idéal des apéritifs sous la tonnelle. ⧗ 2018-2019

UVCDR, rte de Nyons, 26790 Tulette, tél. 04 75 96 33 48, j.facila@cellier-des-dauphins.com V r.-v.

CELLIER DES GORGES DE L'ARDÈCHE
3 Saints Lou Raïol 2016

■ | 12000 | | - de 5 €

Baptisée d'après un des sites naturels les plus remarquables du département, cette coopérative fondée en 1929 regroupe les producteurs de Saint-Martin-d'Ardèche, de Saint-Marcel-d'Ardèche et de Saint-Just-d'Ardèche pour une surface de 500 ha.

Sur les terrasses caillouteuses des hauteurs de Saint-Marcel, le grenache s'épanouit pour donner naissance à ce 2016 au nez gourmand de confiture de fruits rouges, à la bouche fluide et harmonieuse, plus souple que robuste grâce à des tanins délicats et légers. ⧗ 2018-2021

CELLIER DES GORGES DE L'ARDÈCHE, rte de la Gare, 07700 Saint-Marcel-d'Ardèche, tél. 04 75 04 66 83, caveau@cellier-ardeche.fr t.l.j. sf dim. 9h-12h 14h-18h

CELLIER DES TEMPLIERS Terra Quercus 2017 ★

■	14 000	5 à 8 €

Fondée en 1967, la coopérative de Richerenches, située dans l'Enclave des papes, portion du département du Vaucluse enchâssée dans la Drôme, regroupe aujourd'hui 650 ha en côtes-du-rhône, villages et grignan-les-adhémar.

Né sur le terroir de Richerenches bien connu des amateurs de truffes, ce joli rosé pâle aux reflets violacés dévoile des arômes élégants de fleurs et d'agrumes. La bouche apparaît tranche, bien équilibrée et offre des notes acidulées de fruits exotiques. ⧗ 2018-2019 ■ **Terra Quercus 2017 (5 à 8 €; 12 000 b.)** : vin cité.

CELLIER DES TEMPLIERS, 233, rte de Valréas, 84600 Richerenches, tél. 04 90 28 01 00, caveau.templiers@orange.fr t.l.j. 9h-12h 14h30-18h30

DOM. CHAMP-LONG La Lauzerette 2016 ★

■	5 000		8 à 11 €

Une propriété dans la même famille depuis le début du XIXe s. En 1964, Maurice Gély crée la cave de vinification; en 1994, son fils Christian la rénove; en 2004, son petit-fils Jean-Christophe rejoint le domaine, qui s'étend sur 30 ha au pied du mont Ventoux.

Cette cuvée provient d'une parcelle au sol argilo-sableux dont elle a gardé le nom. Elle séduit d'emblée par ses arômes généreux de fruits cuits. La structure est là, à la fois douce et ferme, bâtie sur des tanins mûrs mais bien présents. À attendre encore un peu. ⧗ 2019-2023

JEAN-CHRISTOPHE GÉLY, 1900, chem. de Champ-Long, 84340 Entrechaux, tél. 04 90 46 01 58, domaine@champlong.fr t.l.j. sf dim. 9h-12h 14h-18h

Ⓑ DOM. DES CHANSSAUD 2016 ★

■	20 000		5 à 8 €

Dans la même famille depuis 1826, ce domaine de 40 ha, commandé par une bâtisse du XIVe s., est dirigé par Patrick Jaume depuis 1981. Il est cultivé en bio dès 2012 (certification en 2015).

Ce 2016 distille au nez des arômes exubérants de fruits rouges mêlés à des senteurs de foin coupé. Très agréable par son fruité intense et ses tanins soyeux, le palais se révèle frais et gracieux. ⧗ 2018-2022

JAUME, chem. Jaumes-de-Cabrières, 84100 Orange, tél. 04 90 34 23 51, chanssaud@wanadoo.fr t.l.j. sf dim. 8h30-12h 13h30-18h

CHARLIE ET FRED Vieilles Vignes 2017 ★★

■	56 000		- de 5 €

Une jeune maison de négoce biterroise créée en 2017 par Charles Faisant qui propose des cuvées dans diverses appellations du Sud-Ouest, ainsi que dans la Vallée du Rhône, à travers des vins de marques et des vins de domaines.

Du verre jaillit un bouquet à l'éclatante puissance aromatique: fruits confiturés, violette, épices douces. La bouche, suave et florale, reste très fraîche malgré une sensation chaleureuse qui envoûte la finale. Une très jolie bouteille, à l'harmonie sans faille, délicieuse dès aujourd'hui, et pour longtemps. ⧗ 2018-2024

GRAND TERROIR, 12, rue des Écluses, 34500 Béziers, tél. 04 67 26 79 11, contact@grandterroir-vins.fr

Ⓑ LA CHÂSSE 2017 ★

■	n.c.	8 à 11 €

Affaire de négoce-éleveur créée en 1936 par Gabriel Meffre, cette maison est devenue un acteur incontournable, propriétaire de 800 ha de vignes dans toute la vallée du Rhône, ainsi qu'en Provence. Reprise en 2009 par Éric Brousse, associé du groupe bourguignon Boisset.

Cette cuvée mêle le cassis, les épices douces et le poivre à l'olfaction. Après une attaque charnue, on découvre un palais harmonieux, souple et gourmand, aux tanins enrobés. Un 2017 abouti. ⧗ 2018-2021 ■ **Ch. de Tresques Hommage à Nicolas de Beauharnais 2017 (5 à 8 €; n.c.)** : vin cité.

MAISON GABRIEL MEFFRE, 2, rte des Princes-d'Orange, Le Village, 84190 Gigondas, tél. 04 90 12 32 43, gabriel-meffre@meffre.com t.l.j. sf lun. dim. 10h30-12h30 14h30-18h Éric Brousse

DOM. LE CLOS DES LUMIÈRES L'Éclat 2017 ★★

■	150 000	- de 5 €

Installé en 1997, Gérald Serrano spécialise le domaine familial, fondé par son grand-père André en 1950 et longtemps exploité en polyculture, et le sort de la coopérative en 2004. La propriété couvre aujourd'hui 90 ha sur la rive droite du Rhône, dans le Gard.

Tout comme l'an dernier, cette cuvée récolte deux étoiles dans un millésime pourtant autrement plus délicat que le 2016. Le jury a apprécié ses arômes de fruits mûrs ainsi que ses notes de cuir; arômes que l'on retrouve dans une bouche franche, idéalement fraîche, aux tanins parfaitement intégrés. La finale est longue, harmonieuse, et signe un vin au caractère bien affirmé. ⧗ 2018-2022 ■ **L'Éclat 2017 ★★ (- de 5 €; 88 000 b.)** : sur l'autoroute A9, tout proche de la sortie Remoulins, un arrêt dégustation au domaine s'impose. On y découvrira ce fringant rosé, au nez exubérant de pamplemousse et de litchi, à la bouche ample, éclatante et fraîche à la fois. Un ensemble très séduisant. ⧗ 2018-2020

GÉRALD SERRANO, 14, rue des Cerisiers, 30210 Fournès, tél. 04 66 01 05 89, closdeslumieres@yahoo.fr t.l.j. sf dim. 9h30-12h 14h30-18h30

Ⓑ CH. DES COCCINELLES 2017 ★★

■	50 000		8 à 11 €

Un domaine situé à l'ouest d'Avignon, conduit par la famille Fabre depuis 1918 et trois générations. Son essor date des années 1970, sous l'impulsion de René Fabre, pionnier de l'agriculture biologique, qui a engagé la conversion dès 1978. C'est son fils Paul

Henri qui est aux commandes depuis 2006, à la tête d'une vaste exploitation de 100 ha.

Remarquable par sa robe aux reflets pourpres, ce 2017 l'est tout autant par son nez complexe où dominent les fruits mûrs, rehaussés par de fines notes épicées. La bouche, de même nature, ample et riche, fait preuve de beaucoup de naturel et d'un caractère gourmand irrésistible. C'est d'ores et déjà une très belle bouteille, mais elle vieillira bien. ⧗ 2018-2023

⊶ MANGIN, 6, rue des Écoles, 30390 Domazan, tél. 04 66 57 03 07, domcoccinelles@aol.com V r.-v. *⊶ Fabre*

CH. LA CÔTE 2017 ★

■ | 18600 | | 5 à 8 €

Déjà propriétaire du Dom. du Père Caboche à Châteauneuf-du-Pape, la famille Boisson a acquis le Ch. la Côte (10 ha) en 1992, dirigé par Émilie Boisson, comme le vignoble castelpapal.

Un vin d'une belle qualité dans un millésime réputé difficile. Très typique de son appellation, au caractère entier, il propose un bouquet flatteur et expressif autour de notes végétales, épicées et légèrement torréfiées. Arômes qui s'associent aux fruits rouges dans une bouche profonde et soutenue, dotée de tanins mûrs. ⧗ 2019-2022

⊶ SCEA CLAIREFONTAINE, 5, imp. Martial-Imbart, 84230 Châteauneuf-du-Pape, tél. 04 90 83 71 44, boisson@jpboisson.com V *t.l.j. sf sam. dim. 8h30-12h30 13h30-17h30 ⊶ Émilie Boisson*

♥ CAVE LES COTEAUX DU RHÔNE
Tradition 2017 ★★

■ | 30000 | 5 à 8 €

Fondée en 1926, la cave Les Coteaux du Rhône, coopérative de Sérignan-du-Comtat, propose une large gamme allant des vins en IGP aux AOC comme vacqueyras, en passant par les côtes-du-rhône et les *villages*.

L'olfaction de ce 2017, ouverte sans réserve sur des arômes de fleurs séchées, de fruits rouges et d'épices subtiles, fait forte impression. En bouche, les inconditionnels des rouges rhodaniens trouveront ici une expression très aboutie d'un vin à la fois généreux, souple et de grande gourmandise. La finale, poivrée et finement acidulée, ne manque ni de fraîcheur ni de persistance. Du très beau travail de précision. ⧗ 2018-2022 ■ **Magie d'une terre 2017 ★ (5 à 8 €; 100000 b.)** : au nez, de jolis arômes de violette, de pivoine et de fruits rouges; en bouche, du fruit toujours et une aimable rondeur. ⧗ 2018-2021 ■ **Cuvée Fabre 2017 ★ (5 à 8 €; 30000 b.)** Ⓑ : un vin très plaisant par son caractère friand autour d'arômes de fruits rouges frais relevés d'épices. ⧗ 2018-2021

⊶ CAVE LES COTEAUX DU RHÔNE, BP 7, 57, chem. Derrière-le-Parc, 84830 Sérignan-du-Comtat, tél. 04 90 70 04 22, coteau.rhone@orange.fr V *t.l.j. sf dim. 9h-12h30 14h-19h*

DOM. COULANGE
Mistral 2017

■ | 94000 | | 5 à 8 €

Situé à la pointe sud de l'Ardèche, sur les coteaux dominant la rive droite du Rhône, ce vignoble de 35 ha est conduit par Christelle Coulange. Celle-ci a rejoint son père en 1996, instaurant alors avec lui les premières vinifications au domaine.

Un vin dominé par le grenache à 80 %. Les dégustateurs ont aimé sa robe grenat sombre, tout autant que son nez typique de fruits rouges et d'épices. La bouche se révèle friande et fraîche, parfaite pour un apéritif sous la tonnelle. Un bon «vin de copains». ⧗ 2018-2021

⊶ CHRISTELLE COULANGE, quartier Saint-Ferréol, 07700 Bourg-Saint-Andéol, tél. 04 75 54 56 26, contact@domaine-coulange.com V *r.-v.*

CH. COURAC 2017 ★★★

■ | 250000 | 5 à 8 €

Ce château perché sur les hauteurs de Tresques, dans le Gard, est un habitué du Guide, le plus souvent aux meilleures places. Conduit par Joséphine et Frédéric Arnaud, il se distingue tant par ses côtes-du-rhône que par ses villages (Laudun). Ces passionnés d'archéologie sont comblés de mettre en valeur un terroir cultivé dès l'Antiquité.

Fidèle au rendez-vous, Courac signe une fois encore une magnifique cuvée avec ce 2017 certes encore un peu fermé, mais d'une grande puissance, ample, dense, dominé par des arômes de fruits compotés et soutenu par des tanins fermes qui laissent imaginer un solide potentiel. ⧗ 2020-2025 ■ **Le Haut Plateau 2017 ★★ (5 à 8 €; 20000 b.)** : un vin qui fleure bon la syrah avec ses parfums intenses et typés de violette et de réglisse. En bouche, il présente une belle structure et beaucoup de fraîcheur. ⧗ 2019-2023 ■ **Dom. le Quart du Roi 2017 ★★ (5 à 8 €; 20000 b.)** : un côtes-du-rhône diablement gourmand, à la fois rond, velouté et frais, étayé par des tanins soyeux et ouvert sans réserve sur des arômes de petits fruits rouges. La finale, souple et longue, achève de convaincre. ⧗ 2019-2023

⊶ SCEA FRÉDÉRIC ARNAUD, 1520, chem. de Courac, 30330 Tresques, tél. 04 66 82 90 51, chateaucourac@orange.fr V *r.-v.*

DOM. DE CRÈVE CŒUR 2016 ★

■ | 3000 | | 8 à 11 €

Un tout jeune et petit domaine créé en 2010 par Pablo Höcht, ingénieur chimiste converti à la vigne: 5 ha de vieux ceps conduits en bio sur Séguret.

Un assemblage de grenache et de cinsault pour ce vin au nez ouvert, fin et riche et à la bouche profonde et très charpentée. De la chair, de la fraîcheur, des tanins encore appuyés: un ensemble à l'avenir très prometteur. ⧗ 2020-2024

⊶ HÖCHT, 150, chem. Derrière-le-Château, 84110 Séguret, tél. 06 88 30 41 81, contact@domainedecrevecoeur.com V *r.-v.*

CH. DAURADILLE
Dame des dieux Élevé en fût de chêne 2016 ★★

■ | 3000 | | 5 à 8 €

Olivier Ugo a acquis ses vignes en 2007, qu'il a converties à l'agriculture biologique deux ans plus tard. Côté cave, le chai date de 2015.

C'est toute la chaleur du soleil du midi que l'on retrouve dans cette bouteille. Le nez est bien ouvert, méridional en diable, à la fois fin et complexe, évoquant la fraise, le cacao et le cuir. La bouche, d'un beau volume, finement boisée, aux arômes gourmands de fruits noirs chocolatés, s'étire dans une longue finale réglissée. ⧗ 2019-2023

OLIVIER UGO, 244, chem. de Saint-Damien, 84190 Gigondas, tél. 06 11 23 75 29, olivier.ugo@orange.fr r.-v.

DAUVERGNE RANVIER
Pierre solaire 2017 ★★

| 10000 | | 8 à 11 €

Créée en 2004 par François Dauvergne et Jean-François Ranvier, professionnels du vin qui ont décidé d'élaborer leurs propres cuvées après avoir œuvré chez les autres, cette maison de négoce s'affirme d'année en année à travers des vins de qualité issus de sélections parcellaires. En 2013, les deux compères ont repris l'exploitation du Dom. des Muretins (tavel et lirac) et ont développé en 2014 une gamme de vins bordelais en collaboration avec Patrice Hateau.

Cette belle maison produit toute une gamme de crus de grande classe. Très clair et brillant, ce blanc se distingue par un nez intense de fleurs blanches aux nuances miellées. Le palais, tout aussi aromatique, est souple et très équilibré, soutenu par une belle vivacité. Un 2017 jeune et flatteur qui trouvera sans peine sa place à table. ⧗ 2018-2021 ■ **Vade retro 2017 ★ (8 à 11 €; 60000 b.)** : une cuvée saluée pour sa belle harmonie, son caractère fondu autour de tanins soyeux et son élégance. ⧗ 2018-2022

DAUVERGNE RANVIER, Ch. Saint-Maurice, RN 580, 30290 Laudun, tél. 04 66 82 96 57, contact@dauvergne-ranvier.com

DEMAZET VIGNOBLES
La Combe Saint-Roch Vieilles Vignes 2016 ★

■ | 40000 | | 5 à 8 €

Une structure née de la fusion des coopératives Canteperdrix et Terres d'Avignon. L'ensemble, d'envergure, regroupe quelque 1 400 ha de vignes entre Avignon et les pieds du mont Ventoux.

Cette cuvée doit son nom à l'une des portes des remparts d'Avignon, dite «porte des vins», par laquelle les papes accédaient aux vignobles alentour. Dans le verre, un vin «explosif» dès le premier nez, ouvert sur des arômes intenses de cassis. Arômes qui se développent de façon très harmonieuse dans une bouche fraîche, étayée par des tanins fermes mais sans dureté. À attendre ou à déguster dès aujourd'hui. ⧗ 2018-2022 ■ **Cardinalices 2017 (- de 5 €; 380000 b.)** : vin cité.

DEMAZET VIGNOBLES, 457, av. Aristide-Briand, 84310 Morières-lès-Avignon, tél. 04 90 22 65 64, vignobles@demazet.com t.l.j. 9h-12h30 14h30-18h30

DOM. DE DIONYSOS Charline 2017 ★

| 3600 | | 8 à 11 €

C'est en 1720 que la famille Farjon s'installe sur les terres d'Uchaux, fuyant alors Marseille et la peste qui y sévit. Depuis, sept générations y ont cultivé la vigne. Benjamin Farjon a pris les rênes du domaine en 2011, associé à son beau-frère Michel Berger. Ensemble, ils exploitent en biodynamie un vignoble de 61 ha.

Cet assemblage de roussanne-marsanne propose une belle fraîcheur tant au nez, qui évoque les fleurs blanches et les fruits exotiques, qu'en bouche, où de jolis amers viennent dynamiser une finale acidulée. Un blanc énergique et fin. ⧗ 2018-2021

FARJON, 55, imp. de la Cave, Les Farjon, 84100 Uchaux, tél. 04 90 40 60 33, contact@domainededionysos.com t.l.j. sf dim. 9h-12h 14h-18h

EKLA 2016 ★

■ | 66667 | | 5 à 8 €

Établie à Castillon, près du pont du Gard, Vignobles & Compagnie (anciennement la Compagnie rhodanienne) est une maison de négoce créée en 1963, dans le giron du groupe Taillan. Elle propose des vins (marques ou cuvées de domaine) dans de nombreuses AOC de la vallée du Rhône, de la Provence et du Languedoc.

Un vin typique de son appellation, au nez de fruits rouges et d'épices, et à la bouche souple et suave, dotée de tanins encore un peu jeunes et prolongée par une belle finale évoquant le poivre et le cacao. ⧗ 2019-2022

VIGNOBLES ET COMPAGNIE, SPECR 19, chem. Neuf, CS 80002, 30210 Castillon-du-Gard, tél. 04 66 37 49 50, nicolas.rager@vignoblescompagnie.com

DOM. DES ESCARAVAILLES
Les Antimagnes 2016 ★

■ | 20000 | | 8 à 11 €

Situé sur les hauteurs de Rasteau, ce domaine de 65 ha est très régulier en qualité. Acquis en 1953 par Jean-Louis Ferran, il a été défriché et planté par ses enfants Jean-Pierre et Daniel. Il est conduit depuis 1999 par Gilles, fils de ce dernier, rejoint aujourd'hui par Madeline, représentant la quatrième génération.

Adepte du pigeage journalier et du délestage, ce domaine produit un vin riche, ample, aux tanins soyeux, qui méritera de s'affiner encore sans risquer de perdre ses intenses notes de cuir et de fruits mûrs chocolatés. Un beau vin de caractère. ⧗ 2019-2024 **La Ponce 2017 ★ (8 à 11 €; 15000 b.)** : un blanc apprécié pour son caractère floral au nez comme en bouche et pour sa fraîcheur. ⧗ 2018-2021

FERRAN, 111, combe de l'Eoune, 84110 Rasteau, tél. 04 90 46 14 20, domaine.escaravailles@wanadoo.fr t.l.j. sf dim. 9h-12h 14h-18h; sam. sur r.-v.

DOM. DE L'ESPIGOUETTE 2017

■ | 3500 | | 5 à 8 €

Le nom de cette vaste exploitation de 50 ha est hérité du terme provençal *spigo* (petit épi de blé). Bernard Latour, aux commandes depuis 1979, privilégie les

petits rendements et les vieilles vignes. À l'arrivée en 2009 de ses fils Émilien et Julien, il a engagé la conversion bio du vignoble et créé une nouvelle cave de stockage.

Ce vin clair, brillant et saumoné charme le nez par ses subtils arômes de mûre. Très gourmand, le palais allie harmonieusement fraîcheur et concentration. ⧗ 2018-2019

⊶ BERNARD, ÉMILIEN ET JULIEN LATOUR, 1008, rte d'Orange, 84150 Violès, tél. 04 90 70 95 48, espigouette@aol.com V t.l.j. sf dim. 9h-12h30 14h30-18h30 ⊶ Bernard, Émilien et Julien Latour

DOM. D'EUJIES Coqueyron 2016

■	2722		5 à 8 €

Une propriété de 16 ha à deux pas du pont du Gard, apporteur en coopérative jusqu'en 2016 et l'arrivée de Jérémy Sablier-Cartailler, vigneron gardois, et de Julie, originaire du Val de Loire.

Un premier millésime prometteur né de grenache (80 %) et de syrah. Un vin floral (violette) et fruité (petits fruits noirs), qui allie la fraîcheur nordiste à la générosité sudiste dans un même flacon. Au final, un ensemble souple et facile d'accès. ⧗ 2018-2021

⊶ JÉRÉMY SABLIER-CARTAILLER, 20, av. Paul-Blisson, 30210 Saint-Hilaire-d'Ozilhan, tél. 06 18 92 05 00, domainedeujies@gmail.com V r.-v.

B DOM. FOND CROZE Cuvée Confidence 2016 ★

■	80000		5 à 8 €

Un domaine fondé après la Seconde Guerre mondiale par Charles Long. Ses petits-fils Bruno et Daniel, qui ont créé la cave en 1997, conduisent aujourd'hui un vignoble de 80 ha certifié bio. Leurs vins sont souvent en bonne place dans le Guide.

Le bouquet, intense, évoque la cerise noire et le poivre. En bouche, l'alcool et les tanins se fondent harmonieusement, avec en prime une très belle longueur en finale. À coup sûr, une vendange de raisins savoureux, à maturité optimale. ⧗ 2019-2023

⊶ FAMILLE LONG, 155, rte de Cairanne, 84290 Saint-Roman-de-Malegarde, tél. 06 31 63 01 75, fondcroze@hotmail.com V t.l.j. sf dim. 9h-17h

DOM. FONTAINE DU CLOS Confidences 2016 ★★

■	48000		5 à 8 €

Les Barnier (aujourd'hui Jean-François) sont enracinés sur leurs terres de Sarrians où ils sont vignerons et pépiniéristes viticoles. Au cœur de l'exploitation, une fontaine donne son nom à leur vaste vignoble (100 ha) planté de quelque quarante cépages.

Ce 2016 représente tout ce que l'on attend d'un excellent côtes-du-rhône: une palette aromatique de fruits rouges confits légèrement épicés, une bouche au diapason, fruitée et poivrée, à la fois fraîche, souple et généreuse. ⧗ 2018-2021 ■ **Confidences 2017 ★★ (8 à 11 €; 7200 b.)** : un blanc au caractère exotique agrémenté de notes de pamplemousse, ample, gras et long en bouche, avec une fine acidité en soutien. ⧗ 2018-2021

⊶ JEAN-FRANÇOIS BARNIER, 735, bd du Comté-d'Orange, 84260 Sarrians, tél. 04 90 65 59 39, cave@fontaineduclos.com V t.l.j. sf dim. 9h30-12h 14h30-19h

LA FONT DE NOTRE-DAME 2016 ★

■	2500		5 à 8 €

Situé aux pieds des Dentelles de Montmirail, ce domaine a été créé en 2016 par les frères Frédéric et Boris Roux. À leur disposition, un vignoble de 30 ha en gigondas, rasteau, lirac, côtes-du-rhône-villages Sablet et côtes-du-rhône.

Un 2016 qui a tout pour séduire. Malgré un premier nez discret, il libère après agitation de beaux arômes de fruits rouges et noirs confits. Ses tanins souples se fondent harmonieusement dans une bouche fraîche, gourmande et fruitée. Un vin bien dans son appellation. ⧗ 2018-2022

⊶ FRÉDÉRIC ROUX, 286, chem. de Lencieu, 84190 Gigondas, tél. 06 45 84 51 16, lafontdenotredame@orange.fr V t.l.j. sf dim. 9h-12h 13h30-18h; sam. 9h-12h

♥ CH. GIGOGNAN Bois des moines 2017 ★★★

■	16000		11 à 15 €

Un ancien temple romain devenu prieuré, actif en termes de production de vins (et de fruits), puis un domaine exclusivement viticole à partir de son acquisition en 1996 par Anne et Jacques Callet. Le vignoble s'étend sur 40 ha en côtes-du-rhône (en conversion bio) et sur 40 ha certifiés bio en châteauneuf-du-pape. Une propriété acquise en 2017 par la famille Hénin.

Le visuel présage dès le départ une dégustation intense par l'épaisseur des larmes et la couleur sombre de ce vin né de mourvèdre, de grenache et de syrah. Le nez, explosif, dominé par les fruits des bois, évoque également le poivre et la brioche. D'un volume imposant, ce vin déroule un palais magistral, marqué par la mûre et les épices douces, soutenu par une fine fraîcheur qui apporte équilibre et longueur et par des tanins soyeux. L'un des vins les plus racés de son appellation. ⧗ 2018-2024

⊶ CH. GIGOGNAN, 1180, chem. du Castillon, 84700 Sorgues, tél. 04 90 39 57 46, info@gigognan.fr V t.l.j. sf sam. dim. 9h-18h ⊶ Hénin

DOM. DE GIVAUDAN Garnet 2017 ★★

■	45330		8 à 11 €

David Givaudan conduit l'unique cave particulière de la commune de Cavillargues, un domaine de 23 ha créé de toutes pièces en 2001.

Au nez, cette cuvée mêle les fruits noirs aux senteurs de la garrigue. Si la structure est puissante et solide, la bouche reste fraîche, tendue, bâtie sur une base charnue de tanins soyeux. Un vin riche qui a su rester friand: une bonne définition de l'harmonie. ⧗ 2019-2024

⊶ DAVID GIVAUDAN, lieu-dit Les Périgouses, 30330 Cavillargues, tél. 04 66 82 44 58, communication@davidgivaudan.com V t.l.j. sf sam. dim. 8h30-12h 14h-18h

GRAND BÉCASSIER 2017 ★★

■ | 200000 | 5 à 8 €

Éric Philip, installé en 1995, et son fils Sylvain exploitent, essentiellement à Sabran, un vaste vignoble de 130 ha répartis entre les domaines de Rochemond et du Grand Bécassier. Ils signent des côtes-du-rhône et des *villages* souvent en vue, et aux meilleures places, dans ces pages. Autre étiquette: le Dom. Pique Bouffigue.

Ce 2017 d'un beau rubis profond dévoile des arômes intenses de cerise noire et d'épices, nuancés par quelques notes de sous-bois. La bouche se révèle puissante, séveuse et chaleureuse, épaulée par des tanins soyeux et prolongée par une finale gourmande. Un vin très sudiste et d'ores et déjà succulent. ⌛ 2018-2024 ■ **2017 ★★ (8 à 11 €; 25000 b.)** : un blanc ouvert sur des notes de fleur d'acacia et d'abricot sec, au palais particulièrement enrobé, onctueux et miellé. ⌛ 2018-2021 ■ **Dom. de Rochemond 2017 (5 à 8 €; 200000 b.)** : vin cité.

⊶ ÉRIC PHILIP, 2, quartier Phililadet, 30200 Sabran, tél. 04 66 79 04 42, domaine-de-rochemond@wanadoo.fr V ⚐ ⚐ t.l.j. sf sam. dim. 8h-12h 13h-17h

DOM. DU GRAND BELLY 2017

■ | 65000 | 🍾 | 5 à 8 €

Créée en 1956, cette coopérative, qui tire son nom d'une chapelle romane du XIᵉs. surplombant Rochefort-du-Gard, réunit aujourd'hui 45 viticulteurs pour 450 ha de vignes, dont 100 ha dédiés au seul côtes-du-rhône-villages Signargues.

Ce rouge très typé syrah (60 % de l'assemblage) a su garder toute sa fraîcheur malgré un millésime chaud et sec. L'olfaction, fine et expressive, évoque la réglisse, le poivre et les nuances florales. La bouche est très souple, portée par des tanins soyeux. Un vin facile d'accès, à déguster sans chichi. ⌛ 2018-2021

⊶ LES VIGNERONS DU CASTELAS, 674, av. de Signargues, 30650 Rochefort-du-Gard, tél. 04 90 26 62 66, info@vignerons-castelas.fr V ⚐ ⚐ t.l.j. 8h30-12h30 14h30-18h30

GRANDES SERRES Les Portes du Castelas 2016

■ | 160000 | 🍾 | 5 à 8 €

Les Grandes Serres? Une maison de négoce castelpapale fondée en 1977 par Camille Serres et reprise en 2001 par Michel Picard, investisseur dans de nombreuses régions viticoles – jusqu'en Ontario. Elle propose une large gamme de vins de la vallée du Rhône méridionale (et aussi de Provence) souvent en vue dans ces pages.

Encore dominé par un côté vineux, ce vin demandera à être attendu pour donner tout son potentiel. Toutefois, certains atouts sont déjà bien perceptibles: une robe sombre de bonne intensité, un joli bouquet de fruits rouges cuits et une bouche généreuse. ⌛ 2020-2024 ■ **Les Portes du Castelas 2017 (5 à 8 €; 20000 b.)** Ⓑ : vin cité.

⊶ SA LES GRANDES SERRES, 430, chem. de l'Islon-Saint-Luc, 84230 Châteauneuf-du-Pape, tél. 04 90 83 72 22, contact@grandesserres.com V ⚐ ⚐ r.-v. ⊶ Picard Vins

DOM. GRAND NICOLET 2016 ★★

■ | 12000 | 5 à 8 €

Créé en 1926, le plus vieux chai rastellain élabore des vins à partir d'un vignoble planté en 1875. Jean-Pierre Bertrand, marié à une Nicolet, est depuis 1999 à la tête de ce vignoble de 30 ha, et signe des vins généreux souvent en vue dans ces pages.

La couleur rouge sombre évoque d'emblée un vin de caractère. De fait, le nez offre tout un panel d'arômes de fruits rouges, de marc, de réglisse et d'épices fines. La bouche se montre ample et chaleureuse, structurée par des tanins solides mais mûrs et prolongée par une belle finale racée. Un 2016 qui saura vieillir harmonieusement. ⌛ 2019-2025

⊶ JEAN-PIERRE BERTRAND, 1174, rte de Violès, 84110 Rasteau, tél. 04 90 28 91 54, domainegrandnicolet@rasteau.fr V ⚐ ⚐ r.-v.

Ⓑ DOM. GRAND RIBE 2017 ★★★

■ | 3000 | 🍾 | 5 à 8 €

Henri Brière a repris le domaine de 40 ha, conduits en biologique, en janvier 2017. Au cours de cette première année, il a développé la marque Grand Ribe et a rénové entièrement le caveau. L'élaboration des vins est restée dans les mains du maître de chai qui préserve depuis de nombreuses années la qualité des vins du domaine.

D'une teinte claire légèrement saumonée, ce rosé offre une olfaction bien typée par ses notes d'agrumes (citron et pamplemousse). En bouche, on découvre un vin ample et persistant. ⌛ 2018-2019

⊶ DOM. GRAND RIBE, 1711, rte de Bollène, 84290 Sainte-Cécile-les-Vignes, tél. 04 90 30 83 75, info@grandribe.com V ⚐ ⚐ t.l.j. sf sam. dim. 9h-12h 14h-18h ⊶ Henri Brière

DOM. DU GRAND TINEL 2016 ★★

■ | 25000 | 🛢 🍾 | 8 à 11 €

À l'origine du domaine, l'union de deux anciennes familles castelpapales, les Establet et les Jeune. On y a construit une vaste «tina» (cave ou tonneau) sur trois niveaux, en rapport avec les 74 ha de vignes de la propriété actuelle, créée en 1972.

Plantés sur un terroir silico-argileux, grenache et syrah s'expriment ici de façon remarquable. Paré d'une jolie robe sombre et vive, ce 2016 s'exprime sur des arômes de fruits noirs et de cacao grillé. Chaleureux, structuré par des tanins réglissés, dominé par les fruits noirs, le palais est stimulé en finale par de très subtiles nuances épicées. Une bouteille de choix pour les prochaines années. ⌛ 2019-2024

⊶ DOM. DU GRAND TINEL, SAS Les Vignobles Élie Jeune, 3, rte de Bédarrides, BP 58, 84232 Châteauneuf-du-Pape Cedex, tél. 04 90 83 70 28, beatrice@domainegrandtinel.com V ⚐ ⚐ t.l.j. 9h-12h 14h-18h; sam. dim. sur r.-v.

Ⓑ DOM. GRAND VENEUR Les Champauvins 2016 ★★

■ | 70000 | 🛢 🍾 | 8 à 11 €

D'origine castelpapale, Alain Jaume et ses fils Sébastien et Christophe perpétuent une tradition viticole qui

RHÔNE

remonte à 1826. Ils conduisent en bio un vignoble de 155 ha réparti sur quatre domaines: Grand Veneur à Châteauneuf-du-Pape, Clos de Sixte à Lirac et Ch. Mazane à Vacqueyras, et le Dom. la Grangette Saint-Joseph en AOC côtes-du-rhône, le tout complété par une activité de négoce. Une valeur sûre.

Les galets roulés font la réputation de jolis crus voisins, mais contribuent ici à l'excellente qualité de ce côtes-du-rhône qui fait montre d'un bel équilibre en bouche, autour de tanins enrobés et d'arômes chaleureux de fruits à l'eau-de-vie, de vanille et d'épices. Un vin déjà fort harmonieux et au potentiel certain. ⧗ 2018-2025

ALAIN JAUME, 1358, rte de Châteauneuf-du-Pape, 84100 Orange, tél. 04 90 34 68 70, contact@alainjaume.com V t.l.j. sf dim. 8h-13h 14h-18h

B DOM. DES GRAVENNES Tradition 2017 ★

■	7000		8 à 11 €

Bernadette et Jean Bayon de Noyer ont repris en 1996 une partie de l'exploitation familiale, créant ainsi le Dom. des Gravennes. En 2014, leurs fils Luc et Rémi ont pris la relève et converti leurs 30 ha à l'agriculture biologique.

Sur son terroir sableux, ce domaine produit un blanc élégant paré de reflets argentés et chatoyants. Les nuances olfactives évoquent la pêche et la pomme, tandis que la bouche se révèle fraîche et florale. Un très joli vin de gastronomie. ⧗ 2018-2021 ■ **Les Frangins 2017 ★ (5 à 8 €; 10000 b.)** B : très pâle avec des reflets tuilés, ce 2017 évoque au nez les fruits rouges ainsi que des nuances lactées. La bouche, ronde, démontre une parfaite maturité du raisin et offre une longue finale discrètement tannique. Un joli vin de repas. ⧗ 2018-2020

BAYON DE NOYER, 2933, rte de Baume, 26790 Suze-la-Rousse, tél. 04 75 04 84 41, contact@domainedesgravennes.com V t.l.j. sf sam. dim. 10h-12h30 14h30-19h 2

B HARMONIE BY HARMAS 2016 ★

■	5600		5 à 8 €

Représentant la quatrième génération de vignerons, Nathalie Fabre s'est installée en 2000 sur 6 ha. Elle a agrandi son vignoble (20 ha aujourd'hui), bâti la cave et le caveau avec son mari Patrick. En 2009, elle a obtenu la certification bio, puis son fils est venu la rejoindre en 2014.

Grenache et syrah pour cette cuvée passée douze mois en cuve. La robe est intense, aux reflets violets. Le nez propose des arômes de fruits confits, que l'on retrouve dans une bouche dotée de tanins bien extraits et d'une fraîcheur qui amène de la longueur. ⧗ 2019-2023

NATHALIE ET PATRICK FABRE, quartier Bois-Lauzon, 84100 Orange, tél. 06 03 34 10 45, nathalie.fabre84@wanadoo.fr V t.l.j. 9h-12h 14h-19h; sam. dim. sur r.-v.; f. début août

B DOM. HAUTIMAGNES 2017 ★★

■	20000	8 à 11 €

Au nord de Vaison-la-Romaine, cette coopérative fondée en 1939 regroupe 720 ha (dont 20 % en bio certifié depuis 1985), cultivés par les vignerons de Villedieu et de Buisson.

Habillée d'une belle étiquette, cette bouteille cache une jolie pépite. D'un rubis profond et brillant, ce vin possède un nez de haute distinction, riche en fruits noirs compotés. La bouche, ample et harmonieuse, se révèle à la fois complexe et gourmande, portée par des tanins veloutés, et jouit d'une finale tendue par une acidité bienvenue. ⧗ 2019-2024

LES VIGNERONS DE VILLEDIEU-BUISSON, 165, rte de Buisson, 84110 Villedieu, tél. 04 90 28 92 37, cavevilledieu@wanadoo.fr V t.l.j. 8h-12h 14h-18h

DOM. OLIVIER HILLAIRE Vieilles Vignes 2016 ★

■	38000		8 à 11 €

Un domaine familial dirigé depuis 2006 par Olivier Hillaire et ses deux fils. À leur disposition, 23 ha de vignes: 7 ha en châteauneuf-du-pape, 10 ha en côtes-du-rhône et 6 ha en IGP.

Ce joli vin rubis laisse poindre après aération des notes discrètes de framboise et de mûre. Un fruité qui s'affirme avec plus d'intensité dans une bouche équilibrée, à la fois riche et tendue par une fine acidité. Une cuvée épanouie. ⧗ 2018-2023

OLIVIER HILLAIRE, 1, rue du Maréchal-Foch, BP 26, 84230 Châteauneuf-du-Pape, tél. 04 90 48 03 87, domaine.olivier.hillaire@orange.fr V 9h-12h 13h-17h (hiver); 9h-18h (été)

DOM. DE LA JANASSE Tradition 2016 ★

■	60000		8 à 11 €

Un habitué du Guide, souvent en bonne place pour ses châteauneuf-du-pape, ses côtes-du-rhône et ses vins de pays. Un vignoble de 90 ha éparpillés en de multiples parcelles, que conduisent Christophe Sabon et sa sœur Isabelle, enfants d'Aimé Sabon, fondateur du domaine en 1973. Un domaine complété en 2015 par l'achat du Clos Saint-Antonin, et ses 15 ha de vignes sur la commune de Jonquière.

Issue des cinq cépages classiques de la vallée du Rhône, cette cuvée parée d'une robe intense présente un nez encore discret, légèrement épicé sur un tapis de fruits rouges. La bouche se montre ample, enrobée et bénéficie d'une belle longueur. ⧗ 2018-2021 ■ **Clos Saint-Antonin 2016 ★ (8 à 11 €; 40000 b.)** : cette cuvée provient à 80 % du grenache et se montre très plaisante tout au long de la dégustation par son fruité soutenu, sa souplesse et sa fraîcheur. ⧗ 2018-2021

SABON, 27, chem. du Moulin, 84350 Courthézon, tél. 04 90 70 86 29, lajanasse@gmail.com V t.l.j. sf sam. dim. 9h-17h30

DOM. DES JONQUIERS 2017 ★★

■	130000		- de 5 €

Fondée en 1898 par des tonneliers, la maison Bouachon est établie à Châteauneuf-du-Pape. Ce négoce spécialiste des vins de la vallée du Rhône a été racheté en 2001 par la société Skalli, elle-même absorbée en 2011 par le groupe bourguignon Boisset.

Le nez de cette cuvée issue de syrah et de carignan s'ouvre à l'aération sur des notes confiturées de cassis et de fraise agrémentées de nuances mentholées. La bouche affiche une texture de soie, d'élégants arômes de fruits rouges et d'épices, ainsi que des tanins bien présents mais parfaitement fondus. ⧗ 2018-2021 ■ **Ch. de Beaulieu La Châtelaine 2017 ★★ (- de 5 €; 130000 b.)** : un vin apprécié pour sa belle amplitude, sa douceur et son côté soyeux, ainsi que pour ses arômes de violette et de fruits rouges et noirs en confiture. ⧗ 2018-2022

BOUACHON, 23, av. Pierre-de-Luxembourg, 84230 Châteauneuf-du-Pape, tél. 04 90 83 58 34, info@bouachon.fr V r.-v. *Boisset*

DOM. JULIEN DE L'EMBISQUE
Délice de viognier 2017 ★

	20000	11 à 15 €

L'histoire vigneronne des Gaïde a débuté en 1838 à Pauillac. Elle s'est poursuivie dans le haut Var et dans la vallée du Rhône où la famille a acheté un vignoble de 4 ha en 1972. La commercialisation en bouteilles, en revanche, n'a débuté qu'en 2011, sous la conduite de Thierry Gaïde et de son fils Fabien.

Le jury ne s'y est pas trompé et a relevé dès le premier nez les parfums typiques du viognier, fruits blancs et pêche en tête. La bouche se révèle élégante, très mûre, riche et fondue. Un style affirmé. ⧗ 2018-2021

THIERRY ET FABIEN GAÏDE, 1791, rte de l'Embisque, 84500 Bollène, tél. 06 77 50 68 56, julien.lembisque@orange.fr V *t.l.j. 10h-12h 14h-19h*

VIGNOBLES LARGUIER 2017 ★

■	3000		5 à 8 €

Fondé en 1968 par Joseph Larguier, ce domaine, aujourd'hui conduit par son fils Francis, s'est peu à peu agrandi pour couvrir désormais une coquette surface de 100 ha. La cave est installée à flanc de coteaux, au pied du camp romain de Laudun.

Ce joli 2017 dévoile un bouquet délicat de fruits rouges et noirs mûrs. En bouche, on découvre un vin charmant, long et net, à la finale très ouvertement fruitée. ⧗ 2018-2021

VIGNOBLES LARGUIER, rue des Esquirades, 30330 Tresques, tél. 04 66 82 40 77, lilicot@hotmail.fr V *r.-v.*

LAUDUN CHUSCLAN VIGNERONS
Enfant terrible 2017 ★

■	137000		- de 5 €

Cette coopérative, créée en 1925, est l'un des acteurs importants de la vallée du Rhône méridionale. Elle regroupe près de 250 vignerons et quelque 3 000 ha. Depuis 2012, elle propose des vins issus du bio.

Dans une belle robe aux reflets violets, ce vin d'un abord discret s'ouvre lentement sur des nuances de fruits frais et de fruits des bois. Une attaque fraîche introduit un palais harmonieux, aux tanins fondus et aux saveurs subtiles de cacao qui viennent enrichir la palette des parfums perçus à l'olfaction. ⧗ 2018-2021 ■ **Quatre cépages 2017 ★ (- de 5 €; 220000 b.)** : une cuvée franche et fraîche, structurée par des tanins fermes, ouverte sur les fruits mûrs et les épices. ⧗ 2019-2023

LAUDUN CHUSCLAN VIGNERONS, rte d'Orsan, 30200 Chusclan, tél. 04 66 90 11 03, contact@lc-v.com V *t.l.j. 9h-12h 14h-18h30*

DOM. DES LAURIBERT Tradition 2017 ★★

■	50000		5 à 8 €

Un domaine régulier en qualité, dont le vignoble de 54 ha est réparti en une trentaine de parcelles sur les terroirs de Valréas et de Visan. Créé en 1973 par Robert et Marie Sourdon, il a été sorti de la coopérative en 1997 par leur fils Laurent, qui raconte avoir pressé ses premiers raisins à cinq ans dans un presse-légumes: une vocation précoce.

Ce vin à la robe soutenue développe des arômes épicés mêlés à de jolies notes fruitées. Fraîche et alerte, la bouche offre beaucoup de volume et s'appuie sur des tanins bien soyeux. Nul besoin d'attendre pour profiter de la belle expression de ce millésime. ⧗ 2018-2022 ■ **Merrandier 2017 ★★ (5 à 8 €; 20000 b.)** : cette cuvée révèle au nez d'intenses notes poivrées. En bouche, elle se montre gourmande, ronde et puissante, étayée par de beaux tanins veloutés. ⧗ 2018-2022

LAURENT SOURDON, 2249, chem. de Roussillac, 84820 Visan, tél. 04 90 35 26 82, lauribert@wanadoo.fr V *t.l.j. 8h30-12h 14h-18h30*

LEPLAN-VERMEERSCH
Récolte sélectionnée 2017 ★★

	27000		5 à 8 €

Dick Vermeersch, ancien pilote automobile flamand, a créé son vignoble en 2000 – aujourd'hui 25 ha en conversion bio. Une bonne référence de la vallée méridionale.

Surprenant par sa très forte personnalité chaleureuse, ce blanc est néanmoins parfaitement équilibré. Issu d'un assemblage de grenache, de marsanne et de viognier, il dévoile au nez des parfums floraux et minéraux francs et charmeurs. La bouche offre de l'ampleur, du fruit et une finale fraîche particulièrement persistante. ⧗ 2018-2021

FAMILLE VERMEERSCH, 100, chem. du Grand-Bois, 26790 Suze-la-Rousse, tél. 04 75 00 00 80, ann@vermeersch.fr V *t.l.j. 14h-18h; sam. dim. sur r.-v.*

DOM. LA LÔYANE Cuvée Bonheur 2017 ★★★

■	35000		8 à 11 €

Établi au pied du sanctuaire Notre-Dame-de-Grâce, à Rochefort-du-Gard, non loin des anciens marais asséchés par les moines au Moyen Âge, ce domaine, né en 1994 de la fusion de trois petites exploitations, fait preuve d'une grande constance dans la qualité. Il est dirigé avec talent par Jean-Pierre Dubois, son épouse Dominique et leur fils Romain.

Le millésime 2016 avait déjà fortement impressionné, le 2017 est du même tonneau. Dans un millésime chaud et sec, il ne fallait pas chercher l'extraction. Romain Dubois, en charge des vinifications, l'a bien compris et signe une cuvée d'exception: au nez, des arômes diablement gourmands de caramel, de mûre, de réglisse et d'épices douces; en bouche, c'est suave, tendre, velouté et frais à la fois, avec en soutien des tanins bien présents mais d'une grande finesse de grain. Irrésistible. ⧗ 2018-2023

DOMINIQUE, JEAN-PIERRE ET ROMAIN DUBOIS, quartier la Lôyane, 369, chem. de la Font-de-Caven, 30650 Rochefort-du-Gard, tél. 06 22 67 29 43, la-loyane-jean-pierre.dubois@orange.fr V *r.-v.*

DOM. DE MAGALANNE 2017 ★

	5000		5 à 8 €

Situé sur la rive droite du Rhône, à l'ouest d'Avignon, ce domaine familial est conduit par deux frères, Jean-Baptiste et Julien Crouzet, établis depuis 2006 à la tête des 30 ha de vignes familiales. À la carte, des côtes-du-rhône, des *villages* Signargues et des IGP.

Roussanne, viognier, marsanne et grenache blanc composent une cuvée brillante et limpide, au nez intense d'agrumes et de fruits exotiques. La bouche se révèle bien équilibrée, une fine fraîcheur rivalisant avec une légère sucrosité. ⧗ 2018-2021

FRÈRES CROUZET, 431, rte de Signargues, 30390 Domazan, tél. 06 67 41 65 21, domainedemagalanne@gmail.com V *r.-v.*

CH. DE MANISSY Oracle 2017 ★★

		10 000	5 à 8 €

À l'aube du XXᵉs., le château du XVIIᵉs. fut légué par la famille Lafarge, qui exploitait la pierre de Tavel, aux pères missionnaires de la Sainte-Famille. Ce sont ces derniers qui débutèrent la culture de la vigne sur ces terres pour approvisionner leur communauté et les paroisses des environs. En 2003, ils ont confié la gestion du domaine au jeune Tavelois Florian André. Conduit en bio, le vignoble couvre aujourd'hui 80 ha dans les AOC châteauneuf-du-pape, tavel, lirac et côtes-du-rhône.

Grenache (70 %) et clairette composent une cuvée au nez élégant et complexe qui révèle de subtils parfums exotiques, kiwi en tête. La bouche, tout en fraîcheur, se drape dans une minéralité qui lui confère relief et distinction. L'harmonie est au rendez-vous. ⧗ 2018-2021

FLORIAN ANDRÉ, rte de Roquemaure, 30126 Tavel, tél. 04 66 82 86 94, info@chateau-de-manissy.com V *t.l.j. sf dim. 10h-12h30 13h30-18h*

CH. DE MARJOLET 2017

	121 200		5 à 8 €

Cette propriété de 75 ha, régulière en qualité, se répartit sur les deux villages gardois de Gaujac et de Laudun. Fondateur du domaine en 1978, Bernard Pontaud a laissé les rênes de l'exploitation à son fils Laurent en 2009.

Leader incontesté des rouges primeurs il y a quelques années, ce domaine propose un 2017 bien en place, suave et généreux, aux saveurs de fruits rouges et d'épices, doté de tanins de bonne facture. Un joli vin de soleil, à déboucher sans chichi. ⧗ 2018-2021

LAURENT PONTAUD, allée des Platanes, 30330 Gaujac, tél. 04 66 82 00 93, chateau-marjolet@gmail.com V *t.l.j. sf sam. dim. 9h-12h 14h-18h*

MAS GRANGE BLANCHE 2016 ★

	15 000		8 à 11 €

Un domaine acquis par la famille Mousset en 1996, également propriétaire depuis 1929 du Ch. des Fines Roches (AOC châteauneuf-du-pape). Le vignoble couvre 10 ha, conduits par Cyril Mousset.

Ce joli vin révèle après agitation des notes d'épices mêlées à de la confiture de cassis et de myrtilles. La structure, franche et solide tout en restant gourmande, est construite sur de belles fondations. Un vin déjà très agréable aujourd'hui, mais au potentiel de garde certain. ⧗ 2018-2025

EARL CYRIL ET JACQUES MOUSSET, 620, rte de Bédarrides, 84230 Châteauneuf-du-Pape, tél. 06 09 87 17 77, cyril.mousset@wanadoo.fr V *t.l.j. 10h-18h*

DOM. DE LA MAVETTE 2017 ★

	25 000		5 à 8 €

Implanté au pied des Dentelles de Montmirail, en gigondas et en appellations régionales, ce domaine est conduit par la même famille depuis trois générations. La dernière en date est représentée par Jean-François Lambert, arrivé en 1988 et gérant depuis 1992, à la tête aujourd'hui d'un vignoble de 30 ha.

Bien vinifiée, cette cuvée exprime le potentiel élevé des vendanges 2017. L'olfaction associe harmonieusement les notes de fruits noirs aux épices. La bouche se montre dense, charnue, aux tanins encore jeunes et à la longue finale épicée. Un vin au caractère affirmé, à oublier quelques mois en cave. ⧗ 2019-2023

JEAN-FRANÇOIS LAMBERT, 677, chem. de Lencieu, 84190 Gigondas, tél. 04 90 65 85 29, lambert.jfs@orange.fr V *t.l.j. sf dim. 9h-12h 14h-18h; f. janv.*

CH. DE MONTFAUCON 2016 ★★

	80 000		8 à 11 €

Valeur sûre des côtes-du-rhône, ce domaine (60 ha) est commandé par une ancienne forteresse du XIᵉs. campée sur un promontoire rocheux, vigie sur le Rhône, fleuve qui marquait la frontière entre le royaume de France et le Saint-Empire romain germanique. Au XVIIIᵉs., les aïeux de Rodolphe de Pins (installé en 1995 après diverses expériences en France et à l'étranger) ont pris possession des lieux. Le vignoble se caractérise par des sols et un encépagement très diversifiés. Une structure de négoce a été créée en 2014.

Ce 2016 dévoile un bouquet intense et complexe de fruits noirs, de cacao et de cuir. On savoure en bouche les mêmes notes, parfaitement soutenues par des tanins très fondus. Un modèle d'équilibre, alliant volume, longueur et gourmandise. ⧗ 2018-2021 **Baron de Montfaucon 2017 ★ (11 à 15 €; 5500 b.)** : un blanc apprécié pour ses arômes intenses d'agrumes, de fruit de la Passion et de fleurs blanches, pour sa fraîcheur et son caractère séveux. ⧗ 2018-2021

CH. DE MONTFAUCON, 22, rue du Château, 30150 Montfaucon, tél. 04 66 50 37 19, contact@chateaumontfaucon.com V *t.l.j. sf sam. dim. 9h-12h 14h-18h* *Rodolphe de Pins*

DOM. DE LA MORDORÉE La Dame rousse 2016 ★

	25 000		8 à 11 €

Un domaine créé en 1986 par Francis Delorme et son fils Christophe (disparu prématurément en 2015), entrepreneurs issus d'une famille vigneronne, rejoints par Fabrice en 1999. Le vignoble couvre 50 ha

(en bio certifié depuis 2013), répartis sur 38 parcelles et huit communes. Partisans des petits rendements, les Delorme déclinent les millésimes avec une aisance déconcertante, aussi bien en tavel, leur fief d'origine, et en lirac, qu'en châteauneuf-du-pape ou en «simple» côtes-du-rhône. Incontournable.

Un vin très agréable, à la bouche tout en fruits rouges confiturés et dotée de tanins puissants. Sa fraîcheur et son élégance lui confèrent un caractère racé qui fera merveille à table. ⧗ 2019-2024

⊶ DELORME, 250, chem. des Oliviers, 30126 Tavel, tél. 04 66 50 00 75, info@domaine-mordoree.com V r.-v.

DOM. GUY MOUSSET 2016

■ | 15000 | | 5 à 8 €

L'histoire vigneronne de la famille Mousset est vieille de cinq siècles; l'installation à Châteauneuf-du-Pape date des années 1930, et sur le Clos Saint-Michel de 1957. Avec l'arrivée en 1996 de Franck et Olivier, le domaine (38 ha aujourd'hui) s'est enrichi de parcelles en côtes-du-rhône et en *villages*, sur la commune de Sérignan-du-Comtat.

Le nez est assez expressif et flatteur, ouvert sur les fruits noirs. Les tanins, présents mais dépourvus d'agressivité, contribuent au charme d'une bouche puissante et chaleureuse. Un vin qui pourra patienter encore quelques années en cave. ⧗ 2019-2024

⊶ MOUSSET, 2505, rte de Châteauneuf-du-Pape, 84700 Sorgues, tél. 04 90 83 56 05, mousset@clos-saint-michel.com V *t.l.j. 9h-19h*

NICOLAS PÈRE ET FILS Réserve 2017 ★★

■ | 100000 | | 8 à 11 €

Une jeune maison de négoce créée en 2011 par «l'artisan-négociant» François-Xavier Nicolas et dédiée aux «vins de terroir» de la vallée du Rhône méridionale.

Une grande intensité d'arômes de fruits noirs, mûre en tête, domine l'olfaction et se retrouve, tout aussi exubérante, dans un palais franc et volumineux, à la trame tannique fine et soyeuse et à la finale enrobée de réglisse. Un 2017 en tout point remarquable. ⧗ 2019-2024 ■ **Vieilles Vignes 2016 ★★ (8 à 11 €; 50000 b.)** : un vin riche en arômes fruités, long, puissant et velouté en bouche, qui nécessitera une petite garde afin de s'ouvrir totalement. ⧗ 2020-2025

⊶ FRANÇOIS-XAVIER NICOLAS, 400, rue du Portugal, Les Crémades, 84100 Orange, tél. 06 47 33 19 21, fxnicolasvins@orange.fr

LA NYONSAISE Fulgurance 2017 ★

■ | 8000 | | 5 à 8 €

Créée en 1923, Vignolis, coopérative oléicole et viticole du Nyonsais, fédère aujourd'hui plus de 1 100 adhérents, à la tête de 1 400 ha de vignes et 600 ha d'oliviers. Les vins sont commercialisés sous l'étiquette La Nyonsaise.

Ce rosé de grenache, à l'olfaction d'abord discrète, révèle après aération des notes de rose, de litchi, ainsi que des nuances de galets chauffés par le soleil. La bouche est harmonieuse, proposant un bel équilibre acidité/alcool. ⧗ 2018-2019

⊶ COOP. DU NYONSAIS, pl. Olivier-de-Serres, 26110 Nyons, tél. 04 75 26 95 00, a.laurent@vignolis.fr V *t.l.j. 9h-12h15 14h-18h30*

OGIER Artesis 2017 ★★

■ | 133000 | 8 à 11 €

Cette vénérable maison castelpapale de négoce-éleveur (1859), dans le giron du groupe Advini, propose une large gamme de vins rhodaniens, du nord et du sud. Elle possède aussi le Clos de l'Oratoire des Papes (châteauneuf) et le Dom. Notre-Dame de Cousignac (vivarais).

Le grenache, dominant, est associé ici à la syrah et à un soupçon de mourvèdre. Cela donne un vin d'un beau rouge profond, ouvert sur des parfums de cerise kirschée et qui atteint la plénitude en bouche; tout en rondeur, il n'en possède pas moins une structure augurant d'un bon potentiel de garde. ⧗ 2019-2023

⊶ MAISON OGIER, 10, av. Louis-Pasteur, 84230 Châteauneuf-du-Pape, tél. 04 90 39 32 41, info@ogier.fr V *t.l.j. 9h30-12h30 14h-18h30* 5

ORTAS Les Rastellains 2017 ★

■ | 90000 | - de 5 €

Fondée en 1925, cette coopérative qui regroupe plus de 650 ha de vignes et 80 adhérents est l'une des plus anciennes caves rhodaniennes et le principal producteur de l'AOC rasteau. Ortas est sa marque ombrelle. Elle a rejoint en 2015 le Cercle des Vignerons du Rhône, regroupant également les coopératives de Sablet (cave le Gravillas) et de Visan (les Coteaux de Visan).

Un vin gourmand, mêlant au nez d'intenses arômes de cassis et de framboise, à la bouche impeccablement travaillée, souple et friande, de belle intensité et à la finale acidulée. ⧗ 2018-2021 ■ **Grande Cuvée 2017 ★ (- de 5 €; 350000 b.)** : un vin très marqué par les saveurs de cassis de bout en bout, rond et souple en bouche. Un joli côtes-du-rhône croquant et fruité. ⧗ 2018-2021 ■ **Les Viguiers 2017 ★ (5 à 8 €; 100000 b.)** : le terroir de Rasteau, tourné vers le sud, est plus connu pour ses vins doux naturels et ses vins rouges de garde. La cave y produit également un très bon rosé à la fois gourmand, franc et vif, habillé d'une parure plutôt pâle pour un rosé de saignée. Belle finale poivrée. ⧗ 2018-2019

⊶ ORTAS - CAVE DE RASTEAU, rte des Princes d'Orange, 84110 Rasteau, tél. 04 90 10 90 10, vignoble@rasteau.com V *r.-v.*

DOM. DU PARC SAINT-CHARLES Les Trois Coups 2017 ★★

■ | 3500 | | 5 à 8 €

Un ancien parc d'artillerie où s'entraînait, sous Louis XV, le régiment du marquis Charles de Monteynard, seigneur de Montfrin; aujourd'hui, canons et mousquets ont fait place à 85 ha de vignes commandés par un beau mas à trois corps d'origine templière et conduits par la famille Combe depuis 1984.

RHÔNE

Une belle cuvée parmi la gamme des vins du domaine dédiés au monde du théâtre. Ce rosé au nez très expressif (mûre, groseille) offre une bouche ronde, complexe et structurée, évoquant un joli tavel au jury de dégustation. Un bon rosé de table. ⧗ 2018-2020 ■ **Jean-Baptiste Poquelin 2016 ★ (5 à 8 €; 23000 b.)** : le nez, très agréable, est fait de petits fruits noirs, de raisin sec et de réglisse. En bouche, des notes intenses de fruits, d'épices et de garrigue, le tout soutenu par des tanins ronds et par une fine acidité. ⧗ 2018-2021 ■ **Madeleine Béjart 2016 ★ (5 à 8 €; 25000 b.)** : une cuvée ouverte sur des arômes de fruits cuits, persistante sur le fruit et bien équilibrée en bouche entre rondeur et fraîcheur. ⧗ 2018-2021

COMBE, 1972, rte de Jonquières, 30490 Montfrin, tél. 04 66 57 22 82, vinstcharles@gmail.com V t.l.j. sf dim. 10h-12h 14h-18h

DOM. PÉLAQUIÉ 2017 ★

■ | 150000 | | 5 à 8 €

Saint-Victor-la-Coste s'étend sous les ruines du Castellas, le château fort médiéval des seigneurs de Sabran. Depuis 1976, Luc Pélaquié y conduit ce domaine familial vaste (98 ha) et ancien (XVII^{e}s.), dont les vins (côtes-du-rhône, *villages*, lirac et tavel) sont régulièrement en vue dans le Guide.

Incontestablement un côtes-du-rhône de grande tenue. La robe se distingue par des liserés orangés et de nombreuses larmes. Le nez, discret, fait néanmoins montre d'élégance en convoquant les fruits rouges et les épices douces. L'assemblage syrah-grenache séduit en bouche par son bel équilibre entre fruité intense, aimable rondeur et fine fraîcheur. ⧗ 2018-2021

LUC PÉLAQUIÉ, 7, rue du Vernet, 30290 Saint-Victor-la-Coste, tél. 04 66 50 06 04, contact@domaine-pelaquie.com V t.l.j. sf dim. 9h-12h 14h-18h

FAMILLE PERRIN Réserve 2017 ★★

■ | n.c. | 5 à 8 €

La maison Perrin, fondée en 1909 par l'aïeul Gabriel Tramier, conjugue depuis cinq générations activité de négoce et exploitation de vignobles, dont le réputé Ch. de Beaucastel (châteauneuf-du-pape) et La Vieille Ferme, vaste domaine du Luberon.

Une perle de plus dans la gamme des vins de la famille Perrin; un vin qui enchante dès le premier regard avec sa jolie robe pâle. On aime aussi sa grande intensité aromatique centrée sur les petits fruits rouges (groseille, fraise des bois), ainsi que sa bouche précise, gourmande et tonique, à l'équilibre magistral. Un rosé de grande classe, friand à souhait. ⧗ 2018-2020

FAMILLE PERRIN, rte de Jonquières, 84100 Orange, tél. 04 90 11 12 00, perrin@familleperrin.com V r.-v.

MAISON PLANTEVIN Les Fraponaises 2017 ★★

■ | 1500 | | 5 à 8 €

BTS de «viti-œno» en poche et fort d'un stage de vinification en Nouvelle-Zélande, Laurent Plantevin a repris en 2009 le domaine familial et ses 17 ha de vignes. Certification bio acquise en 2014.

Cette petite cuvée est issue d'un assemblage à parts égales de grenache et de mourvèdre. Des notes de pamplemousse dominent le nez et restent très présentes dans une bouche fraîche et friande. ⧗ 2018-2019

LAURENT PLANTEVIN, Les Granges-Neuves, 84110 Séguret, tél. 06 30 53 17 30, laurentplantevin@hotmail.fr V t.l.j. 9h-18h

DOM. RABASSE CHARAVIN Cuvée Laure 2016 ★

■ | 29000 | | 8 à 11 €

Vers 1880, Edmond Charavin, vigneron et chapelier, acquiert 3 ha de terres à Cairanne. Quatre générations plus tard, en 1984, Corinne Couturier prend les commandes, relayée depuis 2013 par sa fille Laure, à la tête aujourd'hui d'un vignoble de 40 ha.

Les vins de Laure Couturier proviennent de vendanges manuelles, ne sont pas filtrés et ne voient pas le bois. Force est de constater que ce 2016 est très réussi, agréable à l'œil, puis au nez avec ses arômes nets et charmeurs de fruits rouges. La bouche achève de convaincre: équilibrée, fruitée et avec suffisamment de gras pour développer une sensation suave en finale. ⧗ 2018-2022

LAURE COUTURIER, 1030, chem. des Girard, 84290 Cairanne, tél. 04 90 30 70 05, rabasse-charavin@orange.fr V r.-v.

DOM. LA RÉMÉJEANNE Les Chèvrefeuilles 2016 ★★

■ | 26000 | | 8 à 11 €

Originaire d'Alsace-Lorraine et émigrée au Maghreb, la famille Klein s'est établie en 1960 à Sabran, à la tête de 5 ha de vignes. Aujourd'hui, Rémy Klein, installé en 1988 et rejoint par son fils Olivier en 2009, cultive 35 ha en bio. Une valeur sûre en côtes-du-rhône et en *villages*.

Pas moins de cinq cépages composent cette cuvée au bouquet complexe de baies noires et de cacao. La bouche apparaît puissante, ronde, crémeuse et minérale à la fois, étirée dans une longue finale. Un 2016 des plus harmonieux. ⧗ 2018-2023 ■ **Les Arbousiers 2017 ★ (8 à 11 €; 10000 b.)** : un blanc très élégant et d'un équilibre impeccable, offrant du gras, du volume et beaucoup de fraîcheur. ⧗ 2018-2021

OLIVIER ET RÉMY KLEIN, hameau de Cadignac, 30200 Sabran, tél. 04 66 89 44 51, contact@remejeanne.com V t.l.j. sf sam. dim. 9h-12h 14h-18h

LA RENJARDIÈRE 2016 ★

■ | 48000 | 5 à 8 €

Négociant en Beaujolais à la fin du XIX^{e}s., Joanny Dupond mit le cap au sud et créa cette vaste exploitation de 125 ha d'un seul tenant dans l'aire du massif d'Uchaux. Une vaste propriété que dirigent aujourd'hui ses descendants et que commande une demeure du XIX^{e}s. intéressante par son architecture puisqu'elle présente une galerie et des voûtes à l'image des maisons de l'Italie du Sud.

Ce vin nécessite un peu d'agitation pour s'exprimer pleinement et dévoiler des arômes de fruits noirs. Arômes prolongés par une bouche équilibrée, fraîche et dense, étayée par des tanins soyeux qui autorisent la garde. ⧗ 2019-2023

⊶ *PIERRE DUPOND, La Terrière, 69220 Cercie, tél. 04 74 66 77 80*

FRÉDÉRIC REVERDY 2016 ★★

■ | 100000 | 🍾 | 5 à 8 €

Fondée en 1946 par Jean Orëns Ferraton, cette société de négoce de Tain-l'Hermitage, également propriétaire de vignes, a été reprise en 2004 par le groupe Chapoutier.

Un beau rubis pourpre intense et limpide, un nez puissant et déjà complexe de cerise et d'épices douces devancent une bouche explosive, aux saveurs de fraise et de mûre, à l'harmonie parfaite. Tout en nuances, les tanins soyeux portent loin la finale, ample et réglissée. ⧗ 2018-2022

⊶ *FERRATON PÈRE ET FILS, 13, rue de la Sizeranne, 26600 Tain-l'Hermitage, tél. 04 75 08 59 51, ferraton@ferraton.fr* V ⛹ *t.l.j. sf dim. lun. 10h-12h 14h30-19h*

♥ Ⓑ CH. ROCHECOLOMBE 2016 ★★★

■ | 40000 | 🍾 | 5 à 8 €

Ancienne propriété de l'auteur-compositeur flamand Robert Herberigs, ce domaine ardéchois de 28 ha (en bio certifié) est conduit depuis 1998 par Roland Terrasse. Il doit son nom à la pierre «blanche comme une colombe» qui compose le château, de style Directoire. Souvent en vue pour ses côtes-du-rhône et ses *villages*.

Le nez de ce 2016 a fortement impressionné le jury par sa puissance et son exubérance: fruits noirs à l'alcool, confiture de fraises, cuir et nuances cacaotées. La bouche se révèle exceptionnelle par son équilibre alcool-acidité, son caractère rond, réglissé et gourmand bien mis en valeur par des tanins soyeux et fins. Un côtes-du-rhône irrésistible, déjà délicieux, mais au potentiel de garde certain. ⧗ 2018-2024

⊶ *HERBERIGS-TERRASSE, Ch. Rochecolombe, 07700 Bourg-Saint-Andéol, tél. 04 75 54 50 47, rochecolombe@aol.com* V ⛹ *t.l.j. sf dim. 9h-12h 14h-18h*

LA ROMAINE 2017 ★

■ | 10000 | 🍾 | 5 à 8 €

Fondée en 1924, une des premières coopératives du Vaucluse, qui regroupe aujourd'hui 280 vignerons et plus de 1 400 ha de vignes. Elle propose des côtes-du-rhône, côtes-du-rhône-villages, ventoux, ainsi que des IGP Méditerranée et Coteaux des Baronnies.

Ce rosé né du duo grenache-cinsault séduit par son nez fin d'agrumes, par sa bouche ronde et par sa finale harmonieuse. Simple et de bon aloi. ⧗ 2018-2019

⊶ *CAVE LA ROMAINE, 95, chem. de Saumelongue, 84110 Vaison-la-Romaine, tél. 04 90 36 55 90, adv@cave-la-romaine.com* V ⛹ *t.l.j. 9h-12h30 14h-18h30; dim. 9h-12h; f. dim. nov-mars*

DOM. DES ROMARINS 2017 ★

■ | 25000 | 🍾 | 5 à 8 €

Xavier Fabre, quatrième du nom à la tête de ce domaine familial, conduit 27 ha de vignes, épaulé depuis 2013 par son frère Benoît. À la carte des vins, des côtes-du-rhône et des *villages* Signargues.

Le nez navigue entre les fleurs et les fruits d'été. Grâce à sa structure enrobée, faite de tanins soyeux, le palais fait preuve d'une distinction certaine et déploie en finale une longueur enviable. Un beau représentant des côtes-du-rhône, franc et gourmand. ⧗ 2018-2023

⊶ *FAMILLE FABRE, 113, rte d'Estézargues, 30390 Domazan, tél. 04 66 57 43 80, contact@domainedesromarins.fr* V ⛹ *t.l.j. sf dim. 9h-12h 14h-19h*

DOM. DE LA ROUETTE Tradition 2017 ★

■ | 3500 | 5 à 8 €

Situé sur la rive droite du Rhône, mais aux portes d'Avignon, ce domaine fondé en 1924 se transmet depuis quatre générations. À l'origine, il livrait sa vendange au négoce. Il a débuté la vente en bouteilles en 1974. Aujourd'hui Sébastien Guigue, installé en 1998, et son frère Matthieu, arrivé en 2010, exploitent 20 ha et visent la conversion bio.

Un joli «vin de plaisir» que ce 2017 qui développe au nez de fins arômes d'agrumes et offre une bouche ronde et harmonieuse, aux saveurs de fruits blancs et à la finale délicate et fraîche. ⧗ 2018-2021

⊶ *DOM. DE LA ROUETTE, 2, Sous-le-Barri, 30650 Rochefort-du-Gard, tél. 04 90 31 79 39, infodomainedelarouette@orange.fr* V ⛹ *r.-v.*

⊶ *Sébastien et Matthieu Guigue*

Ⓑ CH. SAINT-ESTÈVE Tradition 2017 ★

■ | 5400 | 8 à 11 €

Propriété de la même famille depuis 1809, ce domaine s'étend sur 230 ha, dont 45 de vignes en bio certifié, le reste étant couvert des bois et de la garrigue du massif d'Uchaux. Marc Français est aux commandes depuis 1993.

Roussanne (60 %) et viognier pour cette cuvée centrée à l'olfaction sur les fruits mûrs, l'amande et les notes florales. La bouche se révèle équilibrée, ample et de belle longueur. ⧗ 2018-2021

⊶ *CH. SAINT-ESTÈVE D'UCHAUX, 1100, rte de Sérignan, 84100 Uchaux, tél. 04 90 40 62 38, chateau.st.esteve@wanadoo.fr* V ⛹ *t.l.j. sf dim. 10h-12h 15h-18h; f. sam. nov. janv. et fév.*

⊶ *Famille Français*

♥ Ⓑ DOM. SAINT-JACQUES 2017 ★★

■ | 60000 | 🍾 | 5 à 8 €

Le Cellier des Princes est l'unique coopérative à produire du châteauneuf-du-pape. Fondée en 1925, la cave regroupe aujourd'hui 190 adhérents et vinifie les vendanges

RHÔNE

de 600 ha, du châteauneuf donc, et aussi une large gamme de côtes-du-rhône, *villages*, ventoux et IGP.

Ce 2017 possède une classe naturelle qui a bluffé le jury. Le bouquet intense de réglisse et de cassis est rehaussé par de subtiles notes épicées. Comme le laissait supposer sa teinte soutenue et profonde, le palais est riche, ample et suave, centré sur la mûre et adossé à des tanins présents et très fondus. Une belle expression de fraîcheur en finale complète le caractère de ce superbe vin plein d'onctuosité. ⌛ 2018-2023 ■ **Cellier des Princes Vieilles Vignes 2017 (- de 5 €; 200000 b.)** : vin cité.

CELLIER DES PRINCES, 758, rte d'Orange, 84350 Courthézon, tél. 04 90 70 21 44, lesvignerons@cellierdesprinces.com V *t.l.j. 8h30-12h30 13h30-18h30*

DOM. SAINT-MICHEL 2017 ★★

■	40000		5 à 8 €

Une ancienne ferme templière, puis un couvent avant la Révolution. Le domaine a été acquis en 1988 par Bernard Boyer, disparu en 2008, qui l'a légué à son fils Vincent et qui travaillait à ses côtés depuis 1998. Le vignoble couvre 75 ha (en bio certifié) à Visan et à Suze-la-Rousse.

D'un rouge soutenu, cette cuvée harmonieuse s'annonce par un nez intense alliant les fruits rouges, de fines notes de garrigue et quelques touches animales. Onctueuse en attaque, la bouche, d'une jolie fraîcheur, repose sur une trame tannique enrobée et se conclut sur des arômes de petits fruits rouges épicés. ⌛ 2018-2022

SCEA LA PETITE VERDIÈRE, 1250, chem. de la Bastide, 84820 Visan, tél. 04 90 41 98 61, vinboyer@wanadoo.fr V *r.-v.* *Boyer*

CH. SAINT-NABOR Tradition 2017 ★

■	7000		- de 5 €

Ce domaine, dans la même famille depuis six générations, s'est développé à partir de 1970, sous l'impulsion de Gérard Castor: 7 ha à son installation, 150 ha en production aujourd'hui, sur des terroirs variés. En 2011, ses deux fils Jérémie et Raphaël ont pris le relais.

Ce château produit aujourd'hui plus de 800 000 bouteilles en alliant tradition et nouvelles technologies. Arômes de fruits rouges, bouche élancée à l'élégante vivacité... un rosé d'école, très réussi, à partager en toute simplicité. ⌛ 2018-2019

JÉRÉMIE ET RAPHAËL CASTOR, rte de Barjac, 30630 Cornillon, tél. 04 66 82 24 26, vignoblesaintnabor@yahoo.fr V *t.l.j. sf dim. 8h-12h 13h-18h*

DOM. SAINT-PIERRE Tradition 2016 ★

■	50000		5 à 8 €

Jean-Claude Fauque a introduit la mise en bouteilles en 1972 sur ce domaine familial remontant à plusieurs générations. Ses fils Jean-François et Philippe ont pris la relève en 1984, et conduisent un vignoble de 55 ha.

Ce 2016 à la robe particulièrement intense évoque au nez les fruits rouges et noirs bien mûrs, ainsi que des notes de poivre et de Zan. La bouche est gouleyante et ronde, dotée de tanins souples et d'une vivacité de bon aloi. Un joli vin de tonnelle qui pourra se tenir droit encore quelques années. ⌛ 2018-2022 ■ **Les Ponchonnières 2017 (5 à 8 €; 60000 b.)** : vin cité.

EARL FAUQUE, 923, rte d'Avignon, 84150 Violès, tél. 04 90 70 92 64, contact@domaine-saintpierre.fr V *t.l.j. sf dim. 8h-12h 13h30-18h30*

DOM. SAINT-ROCH Cuvée Tralala 2016

■	12500		5 à 8 €

Les Meissonnier sont enracinés depuis seize générations à Beaumes-de-Venise, d'abord comme arboriculteurs et maraîchers, puis comme viticulteurs, un parcours suivi par un grand nombre après le grand gel de 1956. La production au domaine est en revanche récente: Stéphane Meissonnier et son épouse Stéphanie ont décidé de créer leur cave en 2012 pour vinifier le fruit de leurs 45 ha de vignes.

Cette cuvée mi-grenache mi-syrah s'ouvre sans réserve sur des notes de fruits très mûrs. On retrouve ce fruité dans une bouche souple et ronde, un peu fugace mais gourmande. À boire sur le fruit. ⌛ 2018-2021

STÉPHANE MEISSONNIER, 167, rte d'Aubignan, 84190 Beaumes-de-Venise, tél. 04 90 65 84 37, domaine.saintroch@orange.fr V *t.l.j. 9h-12h30 14h-19h*

CH. SAINT-ROCH 2017 ★★

■	30000		8 à 11 €

Sur les coteaux silico-calcaires de Roquemaure, le vignoble de Saint-Roch couvre 40 ha. Réputé pour ses lirac, il appartient depuis 1998 aux frères Brunel, également propriétaires du Ch. la Gardine à Châteauneuf-du-Pape, autre valeur sûre de la vallée du Rhône sud.

Sur un terroir de coteaux calcaires, les cépages traditionnels – grenache, syrah et cinsault – s'expriment de façon remarquable et ont donné ce vin grenat aux reflets violets, ouvert sur un nez puissant de cassis et de cuir. Les fruits noirs sont aussi très perceptibles en bouche, d'une harmonie parfaite entre rondeur, fraîcheur et tanins soyeux. ⌛ 2019-2023

CH. SAINT-ROCH BRUNEL FRÈRES, chem. de Lirac, 30150 Roquemaure, tél. 04 66 82 82 59, brunel@chateau-saint-roch.com V *t.l.j. sf sam. dim. 8h-12h 14h-17h; f. 1er-15 août* *Maxime et Patrick Brunel*

TERRE DE GAULHEM La Bédaride 2016 ★

■	3000		11 à 15 €

Un jeune domaine créé en 2006 par Nicolas (œnologue-conseil réputé) et Magali Constantin. Situé au nord de Vaison-la-Romaine, à 280 m d'altitude, aux lieux-dits Bédaride et Crotedollier, ce petit vignoble couvre à peine plus de 2 ha.

Un vin d'abord centré sur le boisé de l'élevage, plus ouvert sur le fruit à l'aération. En bouche, il se montre suave, bien fruité et légèrement vanillé, épaulé par des tanins agréables, fermes sans dureté, qui lui promettent un avenir radieux. ⌛ 2019-2023

MAGALI ET NICOLAS CONSTANTIN, 1088, chem. de Saumelongue, 84110 Vaison-la-Romaine, tél. 04 90 65 94 16, nicolas.constant1@orange.fr V *r.-v.*

DOM. LUCIEN TRAMIER Cuvée Pécoulette 2016

■ | 9000 | 🍾 | 5 à 8 €

Un domaine fondé en 1912 par Lucien Tramier, en cave particulière depuis 1952. Son héritier Max Thomas (quatrième génération), installé en 2007, conduit aujourd'hui un vignoble de 40 ha.

Cet assemblage à dominante de grenache déploie un nez intense de fruits rouges bien mûrs. En bouche, les tanins sont à peine perceptibles et l'ensemble développe de délicates saveurs de fruits. Un vin prêt à la dégustation, léger et agréable. ⧗ 2018-2020

LUCIEN TRAMIER, 335, chem. de Pied-Girod, 84150 Jonquières, tél. 09 66 83 00 89, max.thomas3@wanadoo.fr V r.-v.

CH. DU TRIGNON 2016 ★

■ | 87474 | 8 à 11 €

Antoine Quiot acquiert la première vigne à Châteauneuf-du-Pape en 1748. Ses descendants, Geneviève, Jérôme et leurs enfants Florence et Jean-Baptiste exploitent trois domaines dans la vallée du Rhône (Dom. du Vieux Lazaret, Ch. du Trignon) et deux propriétés en côtes-de-provence (Dom. Houchart, Les Combes d'Arnevel). Les Quiot sont aussi négociants.

Au nez, cette cuvée dévoile des arômes soutenus de fruits rouges relevés d'épices. En bouche, elle propose ce même fruité intense et déploie une matière ronde et dense, étayée par des tanins fermes. ⧗ 2019-2023

VIGNOBLES FAMILLE QUIOT, 5, av. Baron-Leroy, 84230 Châteauneuf-du-Pape, tél. 04 90 83 73 55, vignoblesfamillequiot@gmail.com V r.-v.

MAISON UGHETTO-AUDOIN 2016 ★★

■ | 2700 | 🍾 | 5 à 8 €

Une jeune maison de négoce créée à Gigondas en 2010 par l'association originale de deux amis: Éric Ughetto, vigneron au Dom. de la Roubine, et Lionel Audoin, professeur de philosophie.

Première apparition dans le Guide pour cette maison, avec un assemblage de grenache, de syrah et de carignan provenant d'un plateau argilo-calcaire caillouteux. Tout en finesse, ce 2016 développe un superbe bouquet de fruits noirs cuits. On retrouve ces notes confiturées en compagnie de la réglisse dans un palais harmonieux, aux tanins fondus. ⧗ 2018-2022

ÉRIC UGHETTO ET LIONEL AUDOIN, 1, pl. des Vignerons, 84190 Gigondas, tél. 06 85 74 22 66, m.ughetto-audoin@orange.fr r.-v.

DOM. DE LA VALÉRIANE 2017 ★★★

□ | 4000 | 🍾 | 5 à 8 €

Valérie Collomb a inspiré à ses parents Maryse et Mesmin Castan le nom de ce domaine qu'ils ont créé en 1982 sur la rive droite du Rhône. Œnologue, elle a pris en 2004, avec son mari Michel, la conduite de ce vignoble de 35 ha. Très régulier en qualité avec ses côtes-du-rhône et ses *villages*.

Attention, il n'y en aura pas pour tout le monde, seulement 4 000 bouteilles de ce superbe blanc, à l'équilibre magistral. Élégance et subtilité sont les principaux qualificatifs de cet assemblage de viognier, de roussanne et de grenache blanc. Très aromatique, il se révèle par des notes d'agrumes et de fleurs blanches. En bouche, il est à la fois ample, gras, frais, fruité et floral. Et tout cela à prix très doux. ⧗ 2018-2021

VALÉRIE COLLOMB, 82, rte d'Estézargues, 30390 Domazan, tél. 04 66 57 04 84, contact@domainevaleriane.com V *t.l.j. sf dim. 10h-12h 14h-19h*

DOM. VENTAILLAC Entr'Amis 2016

■ | 3000 | 🍾 | 5 à 8 €

Issu d'une famille de vignerons et de maraîchers, Daniel Blanc a repris en 2005 une petite propriété (3,5 ha) aux terroirs diversifiés, entre Orange et Châteauneuf. La conversion bio est engagée.

Au nez, cette cuvée dévoile des arômes plaisants et originaux de fleurs, de fruits noirs et de liqueur de pêche. La bouche, en accord avec cette aromatique, se montre gourmande et souple. Un vin équilibré et facile d'accès, un bon «vin de copains» en effet. ⧗ 2018-2021

DANIEL BLANC, 1381, rte de Châteauneuf-du-Pape, 84100 Orange, tél. 06 20 75 27 73, domaine.ventaillac@laposte.net V *r.-v.*

DOM. VENTAJOL Tradition 2017 ★

■ | 60000 | 5 à 8 €

Le domaine existe depuis 1868 et a vu cinq générations se succéder à la tête de ce vignoble établi sur la commune de Pont-Saint-Esprit, conduit aujourd'hui par Sébastien Ventajol.

D'un rubis soutenu, ce 2017 propose une expression aromatique flatteuse: les notes de cassis et de poivre cèdent la place à des nuances réglissées puis à des fruits rouges écrasés. En bouche, on note une belle ampleur, de l'onctuosité et de la gourmandise. Un vin fort recommandable. ⧗ 2018-2022 ■ **2017 ★ (5 à 8 €; 60000 b.)** : un nez de fruits rouges et un palais léger, gouleyant et intensément fruité composent une cuvée fort plaisante et «sans prise de tête». ⧗ 2018-2021

VENTAJOL, 936, rte de Saint-Paulet-de-Caisson, quartier Provaison, 30130 Pont-Saint-Esprit, tél. 04 66 39 38 46, sebventajol@gmail.com V *t.l.j. sf dim. 9h-12h 14h-19h*

Ⓑ DOM. DE VERQUIÈRE 2017

■ | 50000 | 🍾 | 5 à 8 €

Un domaine fondé en 1928. En 2009, la quatrième génération – Thibaut Chamfort s'est installée à la tête de la propriété, et l'a convertie à l'agriculture biologique. La bastide, agencée selon la coutume provençale en fer à cheval, commande un vignoble de 45 ha.

Porté sur les fruits noirs et les épices au nez comme en bouche, ce vin, qui ne manque ni de charme ni de persistance, se montre souple et léger. Un joli «vin de copains». ⧗ 2018-2021

THIBAUT CHAMFORT, EARL Bernard Chamfort, 45, rue Georges-Bonnefoy, 84110 Sablet, tél. 04 90 46 90 11, champfort@domaine-de-verquiere.com V *t.l.j. sf sam. dim. 9h-12h30 13h30-17h* Ⓔ

RHÔNE

DOM. LE VIEUX LAVOIR 2017

■ | 9300 | 5 à 8 €

Ce domaine - dont la cave a une architecture proche de celle du lavoir de Tavel - est dans la même famille depuis six générations. Le vignoble a été créé en 1956. Sébastien Jouffret, installé en 1991, vinifie aujourd'hui la récolte de 68 ha.

Un vin blanc aux reflets jaune clair, encore réservé au nez, qui dévoile à l'aération de fins arômes d'agrumes. La bouche, de bonne longueur, se révèle fraîche et gourmande. ⧗ 2018-2020

EARL ROUDIL-JOUFFRET, 775, rte de la Commanderie, Le Palai-Nord, 30126 Tavel, tél. 04 66 82 85 11, roudil-jouffret@wanadoo.fr
V t.l.j. sf sam. dim. 8h-12h 14h-18h

VIGNOBLES ET COMPAGNIE
Club des Sommeliers 2017 ★

■ | 93333 | | - de 5 €

Établie à Castillon, près du pont du Gard, Vignobles & Compagnie (anciennement la Compagnie rhodanienne) est une maison de négoce créée en 1963, dans le giron du groupe Taillan. Elle propose des vins (marques ou cuvées de domaine) dans de nombreuses AOC de la vallée du Rhône, de la Provence et du Languedoc.

Cette maison gardoise s'associe volontiers à ses œnologues clients pour créer chaque année de nouvelles cuvées. Malgré quelques notes oxydatives, le jury est tombé sous le charme du nez floral et citronné de ce joli rosé, ainsi que de son palais acidulé doté d'un bel équilibre et d'une persistance enviable. ⧗ 2018-2019

VIGNOBLES ET COMPAGNIE, SPECR 19, chem. Neuf, CS 80002, 30210 Castillon-du-Gard, tél. 04 66 37 49 50, nicolas.rager@vignoblescompagnie.com

CAVE LA VINSOBRAISE
Cuvée Tradition 2017 ★

■ | 50000 | | - de 5 €

Fondée en 1947, la très qualitative cave de Vinsobres vinifie aujourd'hui plus de 95 000 hl produits sur 1 800 ha de vignes (dont 10 % exploités en bio). Une valeur sûre de la vallée du Rhône méridionale.

Ce 2017, au nez encore discret de cassis et de pierre à fusil, se distingue par une bouche à la fois soyeuse, dense et ferme; de quoi donner une bonne bouteille après quelques mois de cave. ⧗ 2019-2022 ■ **La Vinsobraise 2017 (- de 5 €; 22000 b.)** : vin cité.

CAVE LA VINSOBRAISE, 26110 Vinsobres, tél. 04 75 27 64 22, infos@la-vinsobraise.com
V t.l.j. 8h-12h 14h-18h

CÔTES-DU-RHÔNE-VILLAGES

Superficie : 10 240 ha
Production : 298 000 hl (98 % rouge et rosé)

À l'intérieur de l'aire des côtes-du-rhône, quelques communes ont acquis une notoriété certaine grâce à des terroirs qui produisent des vins de semi-garde dont les qualités sont unanimement reconnues. Les conditions de production de ces vins sont soumises à des critères plus restrictifs en matière notamment de délimitation, de rendement et de degré alcoolique par rapport à ceux des côtes-du-rhône. Au sein de l'aire d'appellation, 13 noms de communes historiquement reconnus peuvent figurer sur l'étiquette: Chusclan, Laudun et Saint-Gervais dans le Gard; Sablet, Séguret, Roaix, Valréas et Visan dans le Vaucluse; Rochegude, Rousset-les-Vignes, Saint-Maurice, Saint-Pantaléon-les-Vignes dans la Drôme. Ont été plus récemment reconnus Signargues, dans le Gard, Massif d'Uchaux, Plan de Dieu et Puyméras dans le Vaucluse. Gadagne (Vaucluse) s'est ajouté à la liste puis, en 2016, Sainte-Cécile, Suze-la-Rousse et Vaison-la-Romaine. Quant à Cairanne elle a été promue en appellation communale (à partir du millésime 2016). Sur le territoire de 70 autres communes du Gard, du Vaucluse et de la Drôme, dans l'aire côtes-du-rhône, une délimitation plus stricte permet de produire des côtes-du-rhône-villages sans nom de commune.

DOM. L'ABBÉ DÎNE 2016 ★

■ | 3300 | | 11 à 15 €

Nathalie Reynaud a repris en 2010 le domaine familial (18 ha), qui portait jusqu'alors ses raisins à la coopérative. En 2012, elle a acquis une petite cave et élaboré ses premiers vins. Le nom de son domaine évoque une histoire locale selon laquelle, à l'époque des papes d'Avignon, un bon abbé aimait faire ripaille dans le quartier des Bédines, lieu-dit historique où la vigneronne a ses vignes de châteauneuf-du-pape.

Cette belle cuvée basée très majoritairement sur le grenache offre un joli nez de poivre et de framboise. En bouche, les tanins sont présents mais bien fondus. Un vin harmonieux et élégant. ⧗ 2019-2024

EARL MIREILLE ET JEAN REYNAUD, 1480, chem. des Mulets, 84350 Courthézon, tél. 04 90 70 20 21, domainelabbedine@wanadoo.fr
V r.-v.

DOM. D'ALOÈS 2016 ★

■ | 17000 | | 5 à 8 €

Situé dans la Drôme provençale, un domaine de 25 ha, conduit en bio certifié, repris en 2013 par Nadia et Pascal Fayolle, déjà propriétaires du Dom. des Martinelles, en vallée du Rhône septentrionale. À sa carte, des vinsobres et des côtes-du-rhône-villages.

Affirmant sa personnalité à travers des arômes intenses de fruits noirs, de garrigue et de vanille, ce vin chaleureux et tendre saura satisfaire l'amateur en quête de plaisir simple. ⧗ 2018-2021

PASCAL ET NADIA FAYOLLE, rte de Saint-Maurice, ZA les Paluds, 26110 Vinsobres, tél. 06 22 94 82 09, contact@martinelles-aloes.fr

DOM. DE L'AMANDINE La Montagne 2015

■ | n.c. | | 15 à 20 €

Fondé en 1970 par Jean-Pierre Verdeau, ce domaine est conduit depuis 2013 par sa fille Amandine Suter et son gendre Alexander, rejoints par la troisième génération (Mathilde).

Une cuvée de grenache et de syrah, fruit d'un élevage de plus de deux ans. La robe est grenat aux reflets orangés. Le nez s'ouvre sur des notes de coing, de réglisse et de vanille. La bouche affiche un volume autour de tanins fondus et délivre une belle finale vanillée. ⧗ 2019-2023

ALEXANDER SUTER, 480, rte de Roaix, 84110 Séguret, tél. 04 90 46 12 39, info@domaine-amandine.fr V t.l.j. sf dim. 8h-12h 13h30-17h30

DOM. DE L'AMAUVE
Séguret Laurances 2016 ★

■	10000	ī	8 à 11 €

Héritier de plusieurs générations de vignerons, Christian Voeux, œnologue expérimenté, a repris en 2006 les 11,5 ha du domaine familial, qui doit son nom à la fleur de mauve, présente en grand nombre dans le vignoble.

Ce Séguret propose un nez intense de pétale de rose et d'épices douces. Il affiche un bel équilibre entre alcool et acidité dans une bouche souple, ronde, aux tanins soyeux. Déjà très accessible, ce 2016 devrait se bonifier encore quelques années. ⧗ 2018-2023 ■ **Séguret La Daurèle 2017 (8 à 11 €; 5500 b.)** : vin cité.

SAS DOM. DE L'AMAUVE, 197, chem. du Jas, 84110 Séguret, tél. 06 10 71 26 72, contact@domainedelamauve.fr V r.-v. *Christian Voeux*

DOM. DES AUZIÈRES 2016 ★★

■	4000	ī	5 à 8 €

Christophe Cuer s'est installé en 2000 sur une petite colline à 300 m d'altitude où il conduit aujourd'hui un vignoble de 7 ha, en Roaix et vinsobres.

Ce 2016 à la robe profonde déploie un nez complexe d'épices douces, de fruits noirs et d'olive noire. Ample et généreuse, la bouche évoque la mûre et la réglisse, et présente des tanins veloutés qui poussent loin la finale. ⧗ 2018-2024 ■ **Roaix Réserve 2015 ★★ (11 à 15 €; 5000 b.)** : une superbe cuvée au nez diablement gourmand de fruits confits et à la bouche ronde, tendre, veloutée et harmonieuse. ⧗ 2018-2024

CHRISTOPHE CUER, 1792, chem. des Ouzières, 84110 Roaix, tél. 06 03 40 55 08, christophe@auzieres.fr V t.l.j. sf dim. 9h-12h 14h-18h

DOM. DE LA BASTIDE
Visan La Gloire de mon père 2016 ★

■	8000	ī	8 à 11 €

Une ancienne ferme templière, puis un couvent avant la Révolution. Le domaine a été acquis en 1988 par Bernard Boyer, disparu en 2008, qui l'a légué à son fils Vincent et qui travaillait à ses côtés depuis 1998. Le vignoble couvre 75 ha (en bio certifié) à Visan et à Suze-la-Rousse.

Ce Visan déploie une olfaction riche d'épices et de fruits mûrs. Bien équilibré, le palais se montre puissant, fruité et gourmand jusqu'à la finale, longue et épicée. ⧗ 2018-2023

SCEA LA PETITE VERDIÈRE, 1250, chem. de la Bastide, 84820 Visan, tél. 04 90 41 98 61, vinboyer@wanadoo.fr V r.-v. *Vincent Boyer*

LA BASTIDE SAINT-VINCENT
Plan de Dieu Florentin 2016

■	8000	ī	8 à 11 €

Installé dans une ancienne ferme rénovée aux airs de bastide, dont certains éléments datent du XVII^e^s., Laurent Daniel, ancien responsable commercial export dans un négoce de vin, a repris en 2001 ce vignoble familial de 23 ha très morcelé, réparti dans six communes. Un habitué du Guide, d'une régularité sans faille.

Au nez, ce Plan de Dieu mêle le cassis et la mûre. La bouche se montre souple, sur le fruit et les épices, dotée de tanins harmonieux. ⧗ 2018-2022

LAURENT DANIEL, 1047, rte de Vaison, 84150 Violès, tél. 04 90 70 94 13, bastide.vincent@free.fr V t.l.j. sf dim. 9h-12h 14h-19h

♥ DOM. DU BOIS DE SAINT-JEAN
Gadagne Comte d'Ust 2016 ★★

■	10000	ī	8 à 11 €

Établie à Jonquerettes depuis 1620, la famille Anglès se consacre à la viticulture à partir de 1910. Une tradition perpétuée avec grand talent par Vincent et son frère Xavier qui, à la tête de 48 ha de vignes, proposent des vins d'une constance remarquable.

Nouvelle grande réussite pour ce domaine d'une régularité métronomique avec cette cuvée d'une belle intensité, rouge sombre aux reflets pourpres. Une intensité que l'on retrouve à l'olfaction à travers des arômes de fruits noirs et des notes balsamiques. La bouche se révèle ample, élégante, riche et fruitée, d'un équilibre rare et soutenue par une structure tannique soyeuse. ⧗ 2018-2024

EARL XAVIER ET VINCENT ANGLÈS, 126, av. de la République, 84450 Jonquerettes, tél. 04 90 22 53 22, xavier.angles@wanadoo.fr V t.l.j. 8h-12h 14h-19h

DOM. DU BOIS DES MÈGES
Plan de Dieu Divins Galets 2016

■	5000	ī	5 à 8 €

Ghislain Guigue a quitté en 1990 son métier de caviste au Ch. Mont-Redon à Châteauneuf pour s'installer avec son épouse Magali sur un plateau de cailloutis et de galets roulés de 5 ha. Il a porté la superficie de son domaine à 12 ha aujourd'hui, répartis sur cinq communes.

Le nez, intense et riche, est centré sur les arômes de fruits rouges et de thym. La bouche se révèle ample, chaleureuse et typique de son appellation. Simple et efficace. ⧗ 2018-2021

GHISLAIN GUIGUE, Les Tappys, 607, rte d'Orange, 84150 Violès, tél. 04 90 70 92 95, gguigue@boisdesmeges.fr V r.-v.

DAMES DE BONPAS Plan de Dieu 2017 ★

■ | 40000 | ▮ | 5 à 8 €

Cette maison de négoce, dans le giron du groupe bourguignon Boisset, doit son nom à un monastère fortifié, donné par le pape Jean XXII aux Chartreux, en 1318. Un lieu stratégique qui veillait autrefois sur la route menant d'Avignon à Rome: un *bonus passus* en latin (« bon passage »).

Ce 2017 prometteur est marqué à l'olfaction par les fruits à l'alcool, le cacao et les épices. La bouche est vineuse et ample, structurée par des tanins serrés qui nécessiteront un peu de garde pour se patiner. ⧗ 2020-2024

⊶ LA FAMILLE DES GRANDS VINS BOISSET, chem. de Réveillac, 84510 Caumont-sur-Durance, tél. 04 90 83 58 35, info@bonpas.fr V 🚶 ▮ *t.l.j. 10h-12h30 14h-17h*

CH. BOUCHE
Plan de Dieu La Truffière 2016 ★

■ | 6000 | ▮ | 30 à 50 €

Une ancêtre de Dominique Bouche figure parmi les membres d'une société de vignerons fondée en 1702. Le domaine a longtemps été en polyculture, et le père de l'actuel vigneron était coopérateur. C'est Dominique Bouche qui l'a équipé d'une cave en 1978. Le vignoble de 30 ha s'étend principalement sur le plateau du Plan de Dieu, aux sols argilo-calcaires riches en galets roulés. Sans héritier, le producteur a revendu son domaine en 2012 à Champ Dong Créations industries, société franco-chinoise pratiquant le négoce des vins. Il suit toujours les vinifications.

Le nez est agréable, net et expressif, sur la fraise et le sous-bois. La bouche, savoureuse, intensément florale (violette et fleurs blanches), évolue sur des tanins fins et très enrobés. ⧗ 2018-2023

⊶ CH. BOUCHE, 148, chem. d'Avignon, 84850 Camaret-sur-Aigues, tél. 09 67 18 94 27, chateau.bouche@gmail.com V 🚶 ▮ *r.-v.*

CALENDAL Plan de Dieu 2016 ★★

■ | 11000 | ◍ | 15 à 20 €

Un petit domaine de 4,5 ha créé en 2006, au Plan-de-Dieu, par deux éminents spécialistes des vins rhodaniens, Philippe Cambie et Gilles Ferran, amis depuis leurs études d'œnologie à Montpellier. Les deux compères signent des vins qui laissent rarement indifférents.

Une cuvée ambitieuse. Finement boisé, le nez révèle des arômes de cerise noire, de mûre et de clou de girofle. Le palais se révèle bien fruité, ample et chaleureux, adossé à des tanins particulièrement enrobés, étiré dans une longue finale vanillée. Un joli potentiel pour ce vin abouti. ⧗ 2019-2026

⊶ DOM. CALENDAL, 111, Combe-de-l'Eoune, 84110 Rasteau, tél. 04 90 46 14 20, domaine.escaravailles@wanadoo.fr V 🚶 ▮ *t.l.j. sf dim. 9h-12h 14h-18h; sam. sur r.-v. ⊶ Ferran*

Ⓑ CASCAVEL Plan de Dieu Terre de vents 2016 ★

■ | 3300 | 11 à 15 €

Cette maison de négoce est née en 2002 au pied du Mont Ventoux pour compléter la production du Dom. Cascavel, avec une approche qui lui est propre.

D'une seyante couleur rubis, ce vin se montre plaisant par son bouquet de fraise et de framboise. Le palais se montre à la fois souple et riche, tapissé d'arômes de fruits rouges et noirs confiturés, étiré dans une belle finale épicée. ⧗ 2018-2023 ■ **Sablet Ruelles & Vallons 2015 ★ (11 à 15 €; 2970 b.)** Ⓑ : au nez, les épices dominent. En bouche, le vin plaît par sa fraîcheur, et ses tanins fondus qui renforcent son caractère friand. ⧗ 2018-2022

⊶ LA MAISON DE CASCAVEL, 2486, rte de Banon, 84300 Les Vignères, tél. 04 90 71 70 17, contact@cascavel.fr

♥ Ⓑ CAMILLE CAYRAN
Plan de Dieu La Bête à Bon Dieu 2017 ★★

■ | 20000 | ▮ | 5 à 8 €

Créée en 1929, la coopérative de Cairanne est un acteur de poids dans la région: 60 adhérents pour 330 ha de vignes et deux marques, Camille Cayran pour le réseau traditionnel et Victor Delauze pour la grande distribution.

Cette Bête à Bon Dieu, à la robe rubis et aux reflets violets, dévoile un beau nez de cassis et de poivre gris. Le prélude à une bouche ample, aux saveurs de cassis et de violette, portée par des tanins souples et soyeux. La finale, particulièrement savoureuse, achève de convaincre. ⧗ 2019-2023 ■ **Plan de Dieu La Réserve 2017 ★ (5 à 8 €; 50000 b.)** : cette cuvée dévoile un nez gourmand de fruits mûrs et d'épices. En bouche, le fruit est toujours présent, accompagné de notes de garrigue jusqu'à la finale chaleureuse. ⧗ 2018-2022

⊶ CAVE DE CAIRANNE, 290, av. de la Libération, 84290 Cairanne, tél. 04 90 30 82 05 V 🚶 ▮ *r.-v.*

CELLIER DES DAUPHINS
Plan de Dieu Signature 2017 ★

■ | 80000 | ▮ | 5 à 8 €

Énorme structure rhodanienne née en 1965 de l'union de six coopératives de la Drôme, rejointes par sept autres, dotée d'une cuverie de plus de 33 000 m² à Tulette. Elle a lancé en 1967 sa marque phare et populaire, le Cellier des Dauphins, qui revendique le 1er rang pour les volumes de vente en France de vin en AOC.

Ce Plan de Dieu est marqué au nez par la violette et les épices douces. La bouche, à l'unisson du bouquet, se révèle ample et riche, dotée de tanins onctueux. ⧗ 2019-2023

⊶ UVCDR, rte de Nyons, 26790 Tulette, tél. 04 75 96 33 48, j.facila@cellier-des-dauphins.com V ▮ *r.-v.*

DOM. CHAMFORT
Séguret C'est beau là-haut 2015 ★★

■ | 5000 | ◍ | 15 à 20 €

Situé au pied des Dentelles de Montmirail, ce domaine de 27 ha créé en 1992 par Denis Chamfort a été repris

en 2010 par Vasco Perdigao, œnologue formé dans la vallée du Rhône septentrionale. L'approche bio est privilégiée mais le pas de la conversion officielle n'a pas encore été franchi.

Le jury a noté une très grande maîtrise de la vinification et de l'élevage pour cette cuvée qui sent bon le midi à travers ses parfums de cerise, de garrigue et de thym. La bouche se révèle ample, puissante, adossée à des tanins fondus et soyeux. La finale fruitée, savoureuse et longue achève de convaincre. ⧗ 2019-2025

VASCO PERDIGAO, 280, rte du Parandou, 84110 Sablet, tél. 04 90 46 94 75, domaine-chamfort@orange.fr V *t.l.j. 9h-12h 13h30-17h30; sam. dim. sur r.-v.*

♥ DOM. DE LA CHAPELLE Gadagne Réserve 2016 ★★

■	3500		8 à 11 €

En 2009, Sylvain Boussier a quitté sa casquette de chercheur en informatique pour reprendre le domaine familial, dont les plus anciennes traces remontent au XVII^e^s. Le vignoble s'étend sur 8 ha en côtes-du-rhône-villages Gadagne.

Cette cuvée se distingue d'emblée par sa magnifique robe rubis aux reflets violines et par son olfaction délicate, centrée sur les fruits rouges, le café et les senteurs de garrigue. La bouche est majestueuse: généreuse, nantie d'un superbe équilibre et caressée par des tanins élégants, elle déploie des arômes de fruits cuits, de moka et de kirsch, et s'étire dans une très longue finale épicée. Un modèle du genre. ⧗ 2019-2026

SYLVAIN ET CÉLINE BOUSSIER, 1478, av. Voltaire-Garcin, 84470 Châteauneuf-de-Gadagne, tél. 04 90 22 46 61, contact@domainedelachapelle.net V *t.l.j. sf dim. 15h-19h; sam. 9h-12h*

DOM. CLAVEL Saint-Gervais Clair de lune 2016 ★

■	40000		11 à 15 €

Les Clavel conduisent depuis plusieurs générations cette exploitation fondée en 1934 sur la rive droite du Rhône, dont la vaste superficie (80 ha) leur permet de proposer une large gamme de vins. Aujourd'hui, c'est Claire, épaulée par son père Denis, qui est aux commandes de ce domaine très régulier en qualité, souvent en vue avec ses côtes-du-rhône et ses *villages* Saint-Gervais.

Après dix-huit mois d'élevage, ce 2016 offre un nez ouvert sur le cassis, la mûre et le thym. Franche en attaque, la bouche dévoile une matière ronde et souple, soulignée par des tanins élégants. Un ensemble harmonieux. ⧗ 2018-2023 □ **Saint-Gervais Clair de lune 2017 ★ (15 à 20 €; 6000 b.)** : une belle intensité florale au nez pour ce blanc long et gras en bouche, centrée sur des saveurs de pêche blanche. ⧗ 2018-2021

CLAIRE CLAVEL, rue du Pigeonnier, 30200 Saint-Gervais, tél. 04 66 82 78 90, clavel@domaineclavel.com V *r.-v.*

DOM. LE CLOS DES LUMIÈRES 2016 ★

■	24000		5 à 8 €

Installé en 1997, Gérald Serrano spécialise le domaine familial, fondé par son grand-père André en 1950 et longtemps exploité en polyculture, et le sort de la coopérative en 2004. La propriété couvre aujourd'hui 90 ha sur la rive droite du Rhône, dans le Gard.

Le nez de ce 2016, bien typé, évoque les petits fruits noirs, le thym et la réglisse. Des arômes que l'on retrouve dans une bouche volumineuse, très équilibrée autour de tanins fins et d'une belle persistance aromatique. Déjà délicieux, ce vin pourra également être oublié en cave. ⧗ 2018-2025

GÉRALD SERRANO, 14, rue des Cerisiers, 30210 Fournès, tél. 04 66 01 05 89, closdeslumieres@yahoo.fr V *t.l.j. sf dim. 9h30-12h 14h30-18h30*

Ⓑ CLOS DES MÛRES Visan Terre de vie 2016 ★

■	3000		11 à 15 €

Un domaine créé en 1922 par la famille de Mireille et Jean-Louis Pouizin. Ces derniers, installés en 1972, ont transmis en 2013 les clés du vignoble et ses 28 ha cultivés en bio à leur fille Noémie.

Cette Terre de vie dévoile un joli nez de garrigue, d'eucalyptus et de fumé. Une attaque ample ouvre sur un palais suave, aux tanins légers et réglissés et d'une longueur appréciable. ⧗ 2018-2022 ■ **Visan Terre de partage 2016 ★ (11 à 15 €; 6000 b.)** Ⓑ : un nez fin et délicat de fruits rouges et d'épices précède une bouche ferme et bien charpentée. ⧗ 2019-2023

MIREILLE POUIZIN, 1180, chem. du Haut-Gibard, 84820 Visan, tél. 04 90 41 90 88, mireillepouizin@orange.fr V *r.-v.*

CLOS SAINT-ANTONIN Plan de Dieu 2016 ★★

■	n.c.	15 à 20 €

Un habitué du Guide, souvent en bonne place pour ses châteauneuf-du-pape, ses côtes-du-rhône et ses vins de pays. Un vignoble de 90 ha éparpillés en de multiples parcelles, que conduisent Christophe Sabon et sa sœur Isabelle, enfants d'Aimé Sabon, fondateur du domaine en 1973. Un domaine complété en 2015 par l'achat du Clos Saint-Antonin, et ses 15 ha de vignes sur la commune de Jonquière.

Le nez mêle fruits rouges, épices et notes de sous-bois. Des tanins, puissants mais mûrs, soutiennent une bouche chaleureuse, ample, riche et corsée. Du caractère et du potentiel. ⧗ 2020-2025

SABON, 27, chem. du Moulin, 84350 Courthézon, tél. 04 90 70 86 29, lajanasse@gmail.com V *t.l.j. sf sam. dim. 9h-17h30*

Ⓑ CH. DES COCCINELLES Signargues 2015 ★★

■	12400		11 à 15 €

Un domaine situé à l'ouest d'Avignon, conduit par la famille Fabre depuis 1918 et trois générations. Son essor date des années 1970, sous l'impulsion de René Fabre, pionnier de l'agriculture biologique, qui a engagé la conversion dès 1978. C'est son fils Paul Henri qui est aux commandes depuis 2006, à la tête d'une vaste exploitation de 100 ha.

Cet assemblage grenache-syrah offre un nez très chaleureux mêlant la framboise, le kirsch et des notes épicées. Une générosité que l'on retrouve dans une bouche très longue et tannique, aux arômes de fruits cuits. Un style sudiste affirmé, et parfaitement abouti. ⧗ 2019-2024

MANGIN, 6, rue des Écoles, 30390 Domazan, tél. 04 66 57 03 07, domcoccinelles@aol.com V r.-v. *Fabre*

DOM. DE COSTE CHAUDE
Visan L'Argentière 2015 ★

■	9400		8 à 11 €

Ce vignoble de 23 ha bénéficie d'un terroir de cailloutis et d'argiles couvert de galets roulés, établi à 360 m d'altitude. Fondé dans les années 1960, il a été repris en 1994 par les propriétaires actuels. À sa tête, Marianne Fues a ajouté les blancs à sa carte et converti le domaine à l'agriculture biologique.

Douze mois d'élevage pour cette cuvée de syrah et de grenache à la robe d'un violet intense et soutenu, aux parfums de fruits rouges et d'épices. En bouche, on découvre un vin structuré, aux notes de poivre et de cuir, et aux tanins puissants et généreux. Un beau 2015 de garde. ⧗ 2020-2025

MARIANNE FUES, 3100, chem. de La Carne, rte de Saint-Maurice par la Montagne, 84820 Visan, tél. 04 90 41 91 04, info@domaine-coste-chaude.com V r.-v.

DOM. DE LA CÔTE Valréas 2017 ★

■	70000		5 à 8 €

Le Cellier des Princes est l'unique coopérative à produire du châteauneuf-du-pape. Fondée en 1925, la cave regroupe aujourd'hui 190 adhérents et vinifie les vendanges de 600 ha, du châteauneuf donc, et aussi une large gamme de côtes-du-rhône, *villages*, ventoux et IGP.

Ce vin jeune, grenat aux reflets violets, s'anime à l'olfaction autour de notes de framboise et de nuances balsamiques. On découvre au palais un Valréas souple et rond, étayé par des tanins bien enrobés. Un vin déjà accessible, mais prometteur. ⧗ 2018-2023

CELLIER DES PRINCES, 758, rte d'Orange, 84350 Courthézon, tél. 04 90 70 21 44, lesvignerons@cellierdesprinces.com V *t.l.j. 8h30-12h30 13h30-18h30*

CAVE LES COTEAUX
Visan Grande Réserve 2017 ★

■	40000	5 à 8 €

Cette ancienne cave particulière a été convertie en 1897 en coopérative par Ferdinand Delaye. Pionnier de la viticulture visanaise, ce dernier fut le premier à commercialiser des vins sous la dénomination « côtes-du-rhône Visan ». La cave a aujourd'hui créé avec la coopérative de Rasteau une union nommée Cercle des vignerons du Rhône, qui conditionne et distribue les vins des deux entités.

Cette cuvée encore jeune doit s'affirmer avec le temps. Sa robe est d'un rouge intense, vif. Son nez, encore fermé, évoque timidement la fraise et le laurier. La bouche est en revanche plus expressive, gourmande, chaleureuse, dotée de tanins veloutés et de saveurs confiturées. ⧗ 2019-2023

CAVE LES COTEAUX DE VISAN, chem. Peine, 84820 Visan, tél. 04 90 28 50 80, cave@coteaux-de-visan.fr V *t.l.j. 10h-12h 14h-18h*

♥ CH. COURAC Laudun 2017 ★★

■	160000	5 à 8 €

Ce château perché sur les hauteurs de Tresques, dans le Gard, est un habitué du Guide, le plus souvent aux meilleures places. Conduit par Joséphine et Frédéric Arnaud, il se distingue tant par ses côtes-du-rhône que par ses villages (Laudun). Ces passionnés d'archéologie sont comblés de mettre en valeur un terroir cultivé dès l'Antiquité.

Paré d'une robe très intense de couleur pourpre soutenu, ce Laudun offre un premier nez d'épices et de poivre, puis s'ouvre à l'aération sur des notes diablement gourmandes de cerise et de mûre. La bouche, harmonieuse et persistante, est bâtie sur des tanins puissants et élégants, déployant des saveurs de myrtille et de mûre confite. Un superbe 2017, au sommet de l'appellation. ⧗ 2019-2025 ■ **Laudun Le Haut Plateau 2017 ★★ (5 à 8 €; 20000 b.)** : une cuvée grandement appréciée pour son nez intense et complexe de cerise et de cuir, et pour sa bouche ample, tout en rondeur, qui demandera un peu de garde pour se révéler pleinement. ⧗ 2020-2024 ■ **Dom. Quart du Roi Laudun 2017 ★★ (5 à 8 €; 50000 b.)** : à un nez riche et intense, animal et fruité, succède une bouche solide, dotée de tanins fermes de grande qualité, qui demanderont de la patience pour s'adoucir. De la structure, de la complexité: une cuvée au caractère bien affirmé. ⧗ 2020-2025 □ **Laudun 2017 ★ (8 à 11 €; 25000 b.)** : un blanc tout en fraîcheur, parfumé de fleurs et de fruits à chair blanche; arômes que l'on retrouve dans une bouche élégante et persistante. ⧗ 2018-2021

SCEA FRÉDÉRIC ARNAUD, 1520, chem. de Courac, 30330 Tresques, tél. 04 66 82 90 51, chateaucourac@orange.fr V *r.-v.*

DOM. DE CRÈVE CŒUR
Séguret 2016 ★★

■	4500		11 à 15 €

Un tout jeune et petit domaine créé en 2010 par Pablo Höcht, ingénieur chimiste converti à la vigne: 5 ha de vieux ceps conduits en bio sur Séguret.

De vieilles vignes de quarante-cinq ans ont donné naissance à ce Séguret qui a frôlé le coup de cœur. Ses arguments: une robe rubis vive et brillante, un nez fruité, réglissé et vanillé, une bouche ample, tout aussi fruitée, parfaitement équilibrée, dotée de tanins soyeux, étirée dans une longue finale boisée. ⧗ 2019-2024

HÖCHT, 150, chem. Derrière-le-Château, 84110 Séguret, tél. 06 88 30 41 81, contact@domainedecrevecoeur.com V *r.-v.*

DOM. DAME GUILHERME Plan de Dieu 2017 ★★

■ | 40000 | | 8 à 11 €

Établie à Castillon, près du pont du Gard, Vignobles & Compagnie (anciennement la Compagnie rhodanienne) est une maison de négoce créée en 1963, dans le giron du groupe Taillan. Elle propose des vins (marques ou cuvées de domaine) dans de nombreuses AOC de la vallée du Rhône, de la Provence et du Languedoc.

La grande maturité du raisin s'affiche dans la superbe robe presque noire de ce vin qui au nez libère d'intenses arômes de fruits rouges. Arômes que l'on retrouve dans une bouche aboutie, au toucher soyeux, étirée dans une longue finale soutenue par des tanins encore jeunes et fermes. Un 2017 à encaver. ⧗ 2019-2024 ■ **Les Combelles 2017 ★ (8 à 11 €; 133333 b.)** : le nez, généreux, évoque les fruits cuits; un fruité agrémenté d'épices dans une bouche soyeuse, aux tanins fondus. ⧗ 2018-2022

⊶ VIGNOBLES ET COMPAGNIE, SPECR 19, chem. Neuf, CS 80002, 30210 Castillon-du-Gard, tél. 04 66 37 49 50, nicolas.rager@vignoblescompagnie.com

DAUVERGNE RANVIER Grand Vin 2017

■ | 100000 | | 5 à 8 €

Créée en 2004 par François Dauvergne et Jean-François Ranvier, professionnels du vin qui ont décidé d'élaborer leurs propres cuvées après avoir œuvré chez les autres, cette maison de négoce s'affirme d'année en année à travers des vins de qualité issus de sélections parcellaires. En 2013, les deux compères ont repris l'exploitation du Dom. des Muretins (tavel et lirac) et ont développé en 2014 une gamme de vins bordelais en collaboration avec Patrice Hateau.

Le nez, très marqué par les fruits rouges confiturés, prélude à un palais charnu, aux tanins encore jeunes et à la finale fumée. Un vin agréable qu'une courte garde bonifiera. ⧗ 2019-2022

⊶ DAUVERGNE RANVIER, Ch. Saint-Maurice, RN 580, 30290 Laudun, tél. 04 66 82 96 57, contact@dauvergne-ranvier.com

DOM. LA DÉCELLE Valréas Réserve 2016 ★

■ | 50000 | | 8 à 11 €

Une maison de négoce fondée en 1964 par Jean-Guy Lavau, d'origine saint-émilionnaise. Ses héritiers Benoît et Frédéric proposent aujourd'hui une large gamme de vins à partir de la production de 350 vignerons de la vallée du Rhône méridionale, complétée par 180 ha de vignes en propriété.

Ce vin dévoile un nez intense et charmeur d'épices douces, de chocolat et de fruits bien mûrs. Il séduit aussi par sa bouche mûre, ronde, élégante, aux tanins fins et à la finale cacaotée. ⧗ 2018-2023

⊶ SAS LAVAU, 585, rte de Cairanne, 84150 Violès, tél. 04 90 70 98 70, info@lavau.fr V *t.l.j. sf sam. dim. 10h-12h 14h-18h*

DOM. DES ESCARAVAILLES
Roaix Les Hautes Granges 2016 ★★

■ | 9000 | | 15 à 20 €

Situé sur les hauteurs de Rasteau, ce domaine de 65 ha est très régulier en qualité. Acquis en 1953 par Jean-Louis Ferran, il a été défriché et planté par ses enfants Jean-Pierre et Daniel. Il est conduit depuis 1999 par Gilles, fils de ce dernier, rejoint aujourd'hui par Madeline, représentant la quatrième génération.

Ce Roaix est remarquable tant par sa robe d'un rouge profond que par son bouquet complexe et expressif de fruits des bois et d'agrumes confits. La bouche ne déçoit pas: ronde, souple, soyeuse, elle laisse une sensation d'harmonie. ⧗ 2018-2022

⊶ FERRAN, 111, combe de l'Eoune, 84110 Rasteau, tél. 04 90 46 14 20, domaine.escaravailles@wanadoo.fr V *t.l.j. sf dim. 9h-12h 14h-18h; sam. sur r.-v.*

DOM. DES FAVARDS Plan de Dieu 2015 ★

■ | 11000 | | 8 à 11 €

Casimir Barbaud plante en 1922 les premières vignes d'un domaine alors encore tourné vers l'élevage des vers à soie. Son petit-fils Jean-Paul, arrivé en 1976, débute la commercialisation en bouteilles et donne au domaine le surnom attribué à son grand-père: «favard», ou chanceux, celui qui a toujours la fève dans la galette des rois... En 2010, sa fille Céline, ingénieur en chimie du végétal, a abandonné son métier pour conduire les 25 ha de vignes familiales. En bio certifié depuis 2015.

Cette cuvée de grenache et de mourvèdre présente un nez épanoui de fruits cuits et de vanille, relayé par une bouche chaleureuse, ample, aux tanins fins et élégants. Un vin bien dans son appellation. ⧗ 2018-2023

⊶ CÉLINE BARBAUD, 1349, rte d'Orange, 84150 Violès, tél. 04 90 70 94 64, domaine.des.favards@orange.fr V *t.l.j. sf dim. lun. 10h-18h*

DOM. LA FLORANE
Visan À Fleur de Pampre 2017 ★

■ | 16000 | | 8 à 11 €

Installés en 2001 sur les terres familiales, Adrien et François Fabre ont sorti le domaine de la cave coopérative pour vinifier leurs propres vins. Ils conduisent un vignoble (en bio certifié, tendance biodynamie) réparti entre les 24 ha du domaine la Florane à Visan et les 14,5 ha du domaine de l'Échevin à Saint-Maurice.

Cette cuvée se présente dans une seyante robe dorée aux reflets verts. Fleurs blanches et pêche au nez, palais rond et séduisant: un beau blanc sudiste, ample et généreux. ⧗ 2018-2021

⊶ ADRIEN FABRE, 199, chem. des Bourdeaux, 84820 Visan, tél. 04 90 41 90 72, contact@domainelaflorane.com V *r.-v.*

DOM. FOND CROZE Vincent de Catari 2015 ★★

■ | 26000 | | 5 à 8 €

Un domaine fondé après la Seconde Guerre mondiale par Charles Long. Ses petits-fils Bruno et Daniel, qui ont créé la cave en 1997, conduisent aujourd'hui un vignoble de 80 ha certifié bio. Leurs vins sont souvent en bonne place dans le Guide.

Ce *villages* remarquable dévoile un splendide bouquet d'épices, de sous-bois et de réglisse. La bouche ample, ronde, équilibrée, aux saveurs intenses de fraise, déploie une finale d'une grande finesse. ⌛ 2018-2024 ■ **Cuvée Shyrus 2016 ★ (8 à 11 €; 14000 b.)** Ⓑ : le nez propose de beaux arômes de violette, prolongés en compagnie d'un boisé flatteur par une bouche harmonieuse, ronde et soyeuse. ⌛ 2019-2023

FAMILLE LONG, 155, rte de Cairanne, 84290 Saint-Roman-de-Malegarde, tél. 06 31 63 01 75, fondcroze@hotmail.com V t.l.j. sf dim. 9h-17h

♥ DOM. DU FOURNIER Signargues 2016 ★★

■ | 32000 | 5 à 8 €

Créée en 1956, cette coopérative, qui tire son nom d'une chapelle romane du XIᵉs. surplombant Rochefort-du-Gard, réunit aujourd'hui 45 viticulteurs pour 450 ha de vignes, dont 100 ha dédiés au seul côtes-du-rhône-villages Signargues.

Après aération, le nez, élégant et subtil, s'ouvre sur la truffe, les fruits noirs et des nuances minérales de pierre à fusil. En bouche, le vin apparaît frais, croquant, parfaitement équilibré, épaulé par des tanins doux et enrobés, étiré dans une longue finale sur le cassis. Tout simplement bon. ⌛ 2018-2024 ■ **Les Vignerons du Castelas Signargues Vieilles Vignes 2015 ★ (5 à 8 €; 65000 b.)** : le nez est puissant, fruité, la bouche agréable, à l'unisson du bouquet, centrée sur les fruits confits et portée par des tanins fins et ronds. ⌛ 2018-2023 ■ **Les Vignerons de la Calade Signargues La Chapelle 2016 ★ (5 à 8 €; 66000 b.)** : cette cuvée dévoile un nez riche et complexe, et une bouche soyeuse et ronde, aux saveurs de réglisse et d'épices douces. ⌛ 2019-2024

LES VIGNERONS DU CASTELAS, 674, av. de Signargues, 30650 Rochefort-du-Gard, tél. 04 90 26 62 66, info@vignerons-castelas.fr V t.l.j. 8h30-12h30 14h30-18h30

Ⓑ DOM. GALÉVAN L'Esprit devin 2015

■ | 50000 | | 11 à 15 €

Coralie Goumarre est la première femme à tenir les rênes de ce domaine, dans sa famille depuis neuf générations. Installée en 1995, elle dispose d'un vaste vignoble de 60 ha entièrement converti au bio.

Une cuvée bien dans son appellation, au nez poivré et légèrement boisé, et à la bouche gourmande, souple et ronde. À boire dans sa jeunesse. ⌛ 2018-2021

CORALIE GOUMARRE, 127, rte de Vaison, 84350 Courthézon, tél. 06 23 80 60 43, contact@domaine-galevan.com V t.l.j. sf dim. 8h30-12h 13h30-18h

Ⓑ DOM. GRAND RIBE Sainte-Cécile Cuvée Centenaire 2016 ★

■ | 6200 | | 20 à 30 €

Henri Brière a repris le domaine de 40 ha, conduits en biologique, en janvier 2017. Au cours de cette première année, il a développé la marque Grand Ribe et a rénové entièrement le caveau. L'élaboration des vins est restée dans les mains du maître de chai qui préserve depuis de nombreuses années la qualité des vins du domaine.

Cette cuvée séduit tout d'abord par son olfaction, alliant harmonieusement fruité flatteur et boisé discret. En bouche, le jury a été sensible à sa structure équilibrée, à son fruité chaleureux et à sa finale poivrée. Un beau vin de caractère. ⌛ 2018-2024

DOM. GRAND RIBE, 1711, rte de Bollène, 84290 Sainte-Cécile-les-Vignes, tél. 04 90 30 83 75, info@grandribe.com V t.l.j. sf sam. dim. 9h-12h 14h-18h Henri Brière

Ⓑ DOM. DES GRAVENNES Suze-la-Rousse Terre d'histoire 2017

■ | 20000 | | 8 à 11 €

Bernadette et Jean Bayon de Noyer ont repris en 1996 une partie de l'exploitation familiale, créant ainsi le Dom. des Gravennes. En 2014, leurs fils Luc et Rémi ont pris la relève et converti leurs 30 ha à l'agriculture biologique.

Les arômes subtils de fruits rouges mûrs et d'épices mettent le nez en éveil. En bouche, cette cuvée se montre puissante, expressive et équilibrée, étirée dans une jolie finale réglissée. Elle gagnera son étoile en cave. ⌛ 2019-2023

BAYON DE NOYER, 2933, rte de Baume, 26790 Suze-la-Rousse, tél. 04 75 04 84 41, contact@domainedesgravennes.com V t.l.j. sf sam. dim. 10h-12h30 14h30-19h ❷

♥ LES VIGNERONS DU GRAVILLAS Sablet Le Gravillas 2017 ★★

■ | 8000 | | 5 à 8 €

Créée en 1935, à Sablet, magnifique village provençal aux rues concentriques, la coopérative de Gravillas est l'une des plus anciennes caves du département. En 2017, elle a intégré le Cercle des Vignerons du Rhône, regroupant également les coopératives Ortas (Rasteau) et les Coteaux de Visan.

Ce Sablet rosé présente une magnifique robe rose pâle aux reflets bleutés. Le nez, très ouvert, intense, est centré sur les petits fruits rouges. La bouche apparaît gourmande, fraîche, élégante, particulièrement expressive, avant une finale plus douce et généreuse. De la personnalité. ⌛ 2018-2020 ■ **Le Gravillas Sablet 2017 (5 à 8 €; 150000 b.)** : vin cité.

SCA LES VIGNERONS DU GRAVILLAS, 76, chem. de la Diffre, 84110 Sablet, tél. 04 90 46 90 20, direction.gravillas@orange.fr V t.l.j. sf dim. 8h-12h 14h-18h

JASOUN Sainte-Cécile 2017

■ | 30000 | 5 à 8 €

Fondée en 1926, la cave Les Coteaux du Rhône, coopérative de Sérignan-du-Comtat, propose une large

gamme allant des vins en IGP aux AOC comme vacqueyras, en passant par les côtes-du-rhône et les *villages*.

Intense et complexe, cette cuvée est dominée au nez par les fruits rouges cuits. On note en bouche une attaque franche, suivie d'un palais harmonieux et gouleyant. 2018-2022 ■ **Dom. des Tavans 2017 (5 à 8 €; 30000 b.)** : vin cité.

CAVE LES COTEAUX DU RHÔNE, BP 7, 57, chem. Derrière-le-Parc, 84830 Sérignan-du-Comtat, tél. 04 90 70 04 22, coteau.rhone@orange.fr t.l.j. sf dim. 9h-12h30 14h-19h

LAUDUN CHUSCLAN VIGNERONS
Laudun Les Petites Parcelles de Dolia 2016 ★

■ | 40000 | | 8 à 11 €

Cette coopérative, créée en 1925, est l'un des acteurs importants de la vallée du Rhône méridionale. Elle regroupe près de 250 vignerons et quelque 3 000 ha. Depuis 2012, elle propose des vins issus du bio.

Cette cuvée intense dévoile une olfaction centrée sur les fruits rouges (fraise, framboise) et le cuir, et une bouche généreuse et charpentée, aux tanins enrobés et à la finale épicée. Un beau potentiel. 2019-2024

LAUDUN CHUSCLAN VIGNERONS, rte d'Orsan, 30200 Chusclan, tél. 04 66 90 11 03, contact@lc-v.com t.l.j. 9h-12h 14h-18h30

LAURENS VIGNOBLE DES TEMPLIERS
Roaix 1138 2016 ★

■ | 7000 | | 11 à 15 €

Un domaine créé en 2015 par le jeune vigneron Bastien Laurens, sur le site de la commanderie de Templiers de Roaix, fondée en 1138 et plantée en vignes dès cette époque. À sa disposition, un vignoble de 20 ha.

Ouvert sur les fruits rouges et noirs et les épices, ce 2016 se montre rond et très généreux en bouche, étayé par des tanins fins et élégants et prolongé par une finale tendre et délicate. 2018-2023

BASTIEN LAURENS, 424, chem. de la Commanderie, 84110 Roaix, tél. 07 85 52 03 63, contact@vignobledestempliers.fr r.-v.

DOM. DES LAURIBERT
Visan Truffières 2017 ★

■ | 30000 | | 5 à 8 €

Un domaine régulier en qualité, dont le vignoble de 54 ha est réparti en une trentaine de parcelles sur les terroirs de Valréas et de Visan. Créé en 1973 par Robert et Marie Sourdon, il a été sorti de la coopérative en 1997 par leur fils Laurent, qui raconte avoir pressé ses premiers raisins à cinq ans dans un presse-légumes: une vocation précoce.

Ce Visan est un vin sudiste en diable, qui évoque les fruits rouges, la garrigue et le cuir à l'olfaction, tandis que la bouche, fraîche et dotée de tanins fins, mêle saveurs de fruits cuits, de thym et d'épices. 2018-2022

LAURENT SOURDON, 2249, chem. de Roussillac, 84820 Visan, tél. 04 90 35 26 82, lauribert@wanadoo.fr t.l.j. 8h30-12h 14h-18h30

CH. DE LIGNANE Rochegude Cuvée Jean 2015 ★

■ | 10000 | | 11 à 15 €

Situé à Suze-la-Rousse, à la limite du Vaucluse et de la Drôme, ce domaine, dans la famille Gautier depuis 1853, couvre 60 ha. Siffrein Gautier l'a repris en 2008. Son épouse Gaëlle, venue de la gestion et de la finance, s'est passionnée pour la vinification. Le vignoble est conduit en bio depuis 2009.

Une macération longue et dix-huit mois d'élevage pour cette cuvée ouverte sur les baies sauvages et les épices, au palais long et bien structuré, centré sur des arômes de cassis et de poivre. 2018-2023

SIFFREIN GAUTIER, 2837, rte de Sainte-Cécile, 26790 Suze-la-Rousse, tél. 06 51 92 01 62, mylene@lignane.com r.-v.

DOM. LA LÔYANE 2016 ★

■ | 2000 | | 8 à 11 €

Établi au pied du sanctuaire Notre-Dame-de-Grâce, à Rochefort-du-Gard, non loin des anciens marais asséchés par les moines au Moyen Âge, ce domaine, né en 1994 de la fusion de trois petites exploitations, fait preuve d'une grande constance dans la qualité. Il est dirigé avec talent par Jean-Pierre Dubois, son épouse Dominique et leur fils Romain.

À un nez marqué par les fruits noirs, les épices et les notes boisées répond une bouche fraîche, élégante, aux tanins enrobés, qui déploie de très agréables saveurs de fruits confits et d'épices. 2018-2023

DOMINIQUE, JEAN-PIERRE ET ROMAIN DUBOIS, quartier la Lôyane, 369, chem. de la Font-de-Caven, 30650 Rochefort-du-Gard, tél. 06 22 67 29 43, la-loyane-jean-pierre.dubois@orange.fr r.-v.

DOM. LA MANARINE
Plan de Dieu Les Terres saintes 2015 ★

■ | 16000 | | 8 à 11 €

Chef de culture et maître de chai sur plusieurs domaines des AOC ventoux et châteauneuf-du-pape jusqu'en 2012, Gilles Gasq a créé son propre domaine en 2001 en parallèle de son activité. Il dispose aujourd'hui d'un vignoble de 35 ha en conversion bio.

Ce Plan de Dieu composé à 80 % de grenache, déploie un nez de grande intensité mêlant fruits noirs, poivre, cuir et sous-bois. En bouche? De la sucrosité, de la rondeur, un beau volume et une finale persistante. Un 2015 des plus généreux. 2019-2025

GILLES GASQ, 305, rte de Serignan, 84850 Travaillan, tél. 04 90 46 51 19, la.manarine@orange.fr r.-v.

DOM. MARIE BLANCHE Signargues 2015

■ | 10000 | | 8 à 11 €

Un domaine de 38 ha commandé par un château du XII^e^s., classé monument historique et dirigé depuis 1977 par Jean-Jacques Delorme et son épouse Marie-Blanche.

La robe est dense, soutenue, et le nez évoque les fruits rouges confits. La bouche affiche une bonne structure autour de tanins enrobés et déploie une jolie finale fruitée. 2018-2022 ■ **Cuvée du Solitaire 2015 (8 à 11 €; 10000 b.)** : vin cité.

⊶ JEAN-JACQUES DELORME, 19, allée des Platanes, 30650 Saze, tél. 04 90 31 78 40, domainemarieblanche@wanadoo.fr V *t.l.j. 10h-12h 16h-19h30*

CH. DE MARJOLET
Laudun Cuvée Tradition 2017 ★

■ | 29600 | | 8 à 11 €

Cette propriété de 75 ha, régulière en qualité, se répartit sur les deux villages gardois de Gaujac et de Laudun. Fondateur du domaine en 1978, Bernard Pontaud a laissé les rênes de l'exploitation à son fils Laurent en 2009.

Issue de grenache (70 %) et de syrah, cette cuvée présente un nez aguicheur de fruits mûrs assortis de belles épices poivrées. Mêlant le cassis et la framboise, la bouche se révèle puissante, chaleureuse, très mûre, étayée par des tanins denses. Un vin de caractère. ⧗ 2019-2024

⊶ LAURENT PONTAUD, allée des Platanes, 30330 Gaujac, tél. 04 66 82 00 93, chateau-marjolet@gmail.com V *t.l.j. sf sam. dim. 9h-12h 14h-18h*

DOM. MARTIN Plan de Dieu 2016 ★★

■ | 50000 | | 8 à 11 €

Les frères David et Éric Martin sont installés depuis 2005 sur le domaine familial, créé en 1905 à partir de 5 ha sur le Plan de Dieu. Ils exploitent aujourd'hui 70 ha de vignes, essentiellement en gigondas et en châteauneuf-du-pape.

Grenache, syrah et mourvèdre, un magnifique terroir, des raisins vendangés à belle maturité, douze mois d'élevage en foudres: tout participe à la très haute qualité de cette cuvée. Le nez, particulièrement intense, mêle les fruits noirs, la réglisse et le chocolat. En bouche, on découvre un vin puissant et élégant à la fois, riche et complexe, aux tanins enrobés et à la longue finale confiturée. ⧗ 2018-2024

⊶ DOM. MARTIN, 439, rte de Vaison, 84850 Travaillan, tél. 04 90 37 23 20, martin@domaine-martin.com V *t.l.j. sf dim. 9h-12h 14h-18h*

B MAS DE BOISLAUZON 2016 ★

■ | 45000 | | 11 à 15 €

Enclavé dans l'AOC châteauneuf, ce domaine familial est conduit depuis 1990 par Christine et Daniel Chaussy, à la tête de 24 ha en bio certifié depuis 2012.

Une belle cuvée à dominante de grenache, à déguster jeune. Suave et riche, la bouche présente de beaux tanins enrobés et une finale élégante et typée, évoquant la garrigue. ⧗ 2018-2022

⊶ EARL CHRISTINE ET DANIEL CHAUSSY, rte de Châteauneuf-du-Pape, 84100 Orange, tél. 04 90 34 46 49, masdeboislauzon@wanadoo.fr V *t.l.j. sf dim. 10h-12h 14h-18h*

B CH. MAUCOIL 2015 ★

■ | 47000 | | 8 à 11 €

Un domaine aux origines anciennes - les Romains y installèrent une légion, les princes d'Orange leur archiviste -, acquis par Guy Arnaud en 1995. Sa fille Bénédicte et son mari Charles Bonnet, installés en 2009, ont engagé la conversion bio des 45 ha de vignes.

Dotée d'une robe grenat, cette cuvée se caractérise par un nez d'olive et de fruits rouges de belle intensité. On apprécie aussi le joli volume en bouche, les tanins fondus et les arômes d'épices et de réglisse. ⧗ 2018-2022

⊶ CH. MAUCOIL, chem. de Maucoil, 84100 Orange, tél. 04 90 70 98 70, bbonnet@maucoil.com V *t.l.j. sf dim. 9h-12h30 14h-16h30* *⊶ Bénédicte Bonnet*

DOM. LA MEREUILLE
Les Perrières blanches 2017

■ | 9000 | | 8 à 11 €

C'est avec Michel Bouyer que ce domaine familial se lance dans la vente en bouteilles, en 1955. Installé à ses côtés en 1995, son gendre Philippe Granger est aux commandes depuis 2005; il est à la tête aujourd'hui de 18 ha de vignes en châteauneuf-du-pape et en côtes-du-rhône.

Cette cuvée présente un nez encore fermé qui laisse néanmoins transparaître des accents d'épices et de cerise à l'aération. Elle offre une belle structure en bouche, avec de la rondeur et un fruit prêt à s'épanouir. ⧗ 2019-2023

⊶ PHILIPPE GRANGER, quartier du Grès, impasse 2580, 84100 Orange, tél. 04 90 34 10 68, micbouyer@wanadoo.fr V *t.l.j. 8h-12h 14h-18h30; dim. sur r.-v.*

DOM. DE LA MEYNARDE Plan de Dieu 2017 ★

■ | n.c. | 8 à 11 €

Affaire de négoce-éleveur créée en 1936 par Gabriel Meffre, cette maison est devenue un acteur incontournable, propriétaire de 800 ha de vignes dans toute la vallée du Rhône, ainsi qu'en Provence. Reprise en 2009 par Éric Brousse, associé du groupe bourguignon Boisset.

Une belle maturité pour cette cuvée ouverte sur des notes mentholées, épicées et sur des arômes généreux de fruits confits. La bouche se montre souple, ronde, centrée sur des saveurs de fraise. Un ensemble harmonieux. ⧗ 2018-2021

⊶ MAISON GABRIEL MEFFRE, 2, rte des Princes-d'Orange, Le Village, 84190 Gigondas, tél. 04 90 12 32 43, gabriel-meffre@meffre.com V *t.l.j. sf lun. dim. 10h30-12h30 14h30-18h* *⊶ Éric Brousse*

DOM. DU MOULIN Spécialité du domaine 2017 ★

□ | n.c. | | 8 à 11 €

Rejoint en 2010 par son fils Charles, Denis Vinson conduit depuis 1984 un vignoble de 20 ha. Habitué du Guide (plusieurs coups de cœur à son actif), le domaine présente régulièrement de belles cuvées, en appellations régionales comme en vinsobres.

Cette belle cuvée de viognier et de clairette se présente dans une robe d'or intense, le nez ouvert sur les agrumes et la fleur de genêt. En bouche, on découvre un vin séveux et harmonieux, rond et frais à la fois, aux arômes intenses de poire. ⧗ 2018-2021

⊶ DENIS ET CHARLES VINSON, La Maria, 26110 Vinsobres, tél. 04 75 27 65 59, denis.vinson@wanadoo.fr V *t.l.j. 8h-12h 13h30-19h; dim. 8h-12h*

DOM. GUY MOUSSET Les Garrigues 2016 ★★

■ | 18000 | 🍾 | 11 à 15 €

L'histoire vigneronne de la famille Mousset est vieille de cinq siècles; l'installation à Châteauneuf-du-Pape date des années 1930, et sur le Clos Saint-Michel de 1957. Avec l'arrivée en 1996 de Franck et Olivier, le domaine (38 ha aujourd'hui) s'est enrichi de parcelles en côtes-du-rhône et en *villages*, sur la commune de Sérignan-du-Comtat.

Cette cuvée dévoile un nez typique de fruits rouges (fraise, groseille) et de réglisse. La bouche se montre élégante, puissante et complexe, parfaitement équilibrée entre fruité intense, fine fraîcheur et tanins de velours. Une remarquable cuvée, déjà accessible, mais qui gagnera à être encavée. ⧗ 2018-2025

⊶ MOUSSET , 2505, rte de Châteauneuf-du-Pape, 84700 Sorgues, tél. 04 90 83 56 05, mousset@clos-saint-michel.com V 🚶 ▮ *t.l.j. 9h-19h*

DOM. DE L'OBRIEU Visan Les Antonins 2016 ★

■ | 12000 | 🍾 | 8 à 11 €

Jean-Yves Perez a signé en 2005 le premier millésime en propre sur ce domaine créé par ses grands-parents et développé par son père. À sa disposition, 28 ha de vignes et une nouvelle cave depuis 2010.

Ce vin à la robe framboise déploie un bouquet puissant d'épices et de fruits rouges. La bouche est d'une belle fraîcheur, mêlant tanins enrobés et notes poivrées. Une cuvée d'un bel équilibre, à la fois complexe et distinguée. ⧗ 2018-2022

⊶ JEAN-YVES PEREZ, 850, chem. des Gleyze, 84820 Visan, tél. 04 90 41 92 82, domaine@lobrieu.fr V 🚶 ▮ *r.-v.*

ORTAS Vaison la Romaine Les Audacieux 2017 ★

■ | 30000 | 5 à 8 €

Fondée en 1925, cette coopérative qui regroupe plus de 650 ha de vignes et 80 adhérents est l'une des plus anciennes caves rhodaniennes et le principal producteur de l'AOC rasteau. Ortas est sa marque ombrelle. Elle a rejoint en 2015 le Cercle des Vignerons du Rhône, regroupant également les coopératives de Sablet (cave le Gravillas) et de Visan (les Coteaux de Visan).

À l'olfaction, s'expriment des arômes de fruits noirs (cerise noire, cassis). La bouche développe un caractère friand, souple et fruité. Un joli «vin de copains». ⧗ 2018-2021 ■ **Roaix Village des Templiers Vignerons 2016** ★ **(- de 5 €; 30000 b.)** : cette cuvée propose un joli nez d'épices douces et de fruits noirs (mûre, cassis). Autour de tanins soyeux, se déploie un palais expressif et persistant, aux saveurs d'épices, de cassis et d'olive. ⧗ 2018-2022

⊶ ORTAS - CAVE DE RASTEAU , rte des Princes d'Orange, 84110 Rasteau, tél. 04 90 10 90 10, vignoble@rasteau.com V ▮ *r.-v.*

DOM. PÉLAQUIÉ Laudun 2017 ★★

□ | 65000 | 🍾 | 8 à 11 €

Saint-Victor-la-Coste s'étend sous les ruines du Castellas, le château fort médiéval des seigneurs de Sabran. Depuis 1976, Luc Pélaquié y conduit ce domaine familial vaste (98 ha) et ancien (XVII^e^s.), dont les vins (côtes-du-rhône, *villages*, lirac et tavel) sont régulièrement en vue dans le Guide.

Pas moins de six cépages composent cette magnifique cuvée. Le jury a d'abord été bluffé par une olfaction exprimant avec éclat les agrumes, les fruits exotiques et la violette. Il est aussi tombé sous le charme d'une bouche ample, gourmande, chaleureuse et longue. Un blanc de caractère, à réserver pour la table. ⧗ 2018-2021

⊶ LUC PÉLAQUIÉ, 7, rue du Vernet, 30290 Saint-Victor-la-Coste, tél. 04 66 50 06 04, contact@domaine-pelaquie.com V 🚶 ▮ *t.l.j. sf dim. 9h-12h 14h-18h*

PÈRE ANSELME Laudun 2017 ★

□ | 15000 | 🍾 | 5 à 8 €

Cette maison réputée, fondée en 1931 par Charles Brotte, pionnier de la mise en bouteilles dans la vallée du Rhône, est aujourd'hui dirigée par Laurent, petit-fils du fondateur. Elle vinifie ses propres vignes et opère des sélections parcellaires pour le compte de son négoce, dont La Fiole du Pape, en châteauneuf, est la marque phare depuis sa création en 1952.

Après huit mois d'élevage, ce *villages* or pâle dévoile de beaux arômes de raisins frais et de pêche. Ample, ronde, riche mais bien équilibrée, le palais est des plus gourmands. Un blanc techniquement irréprochable. ⧗ 2018-2021

⊶ BROTTE, Le Clos rte d'Avignon, BP 1, 84230 Châteauneuf-du-Pape, tél. 04 90 83 70 07, brotte@brotte.com V 🚶 ▮ *t.l.j. 9h-12h 14h-18h (9h-19h en été)*

Ⓑ **MAISON PLANTEVIN** Séguret 2017

■ | 6500 | 🍾 | 8 à 11 €

BTS de «viti-œno» en poche et fort d'un stage de vinification en Nouvelle-Zélande, Laurent Plantevin a repris en 2009 le domaine familial et ses 17 ha de vignes. Certification bio acquise en 2014.

Cette cuvée mi-grenache mi-syrah séduit par son joli nez de cassis et de poivre, et par sa bouche expressive et fruitée, aux tanins ronds. ⧗ 2018-2022

⊶ LAURENT PLANTEVIN, Les Granges-Neuves, 84110 Séguret, tél. 06 30 53 17 30, laurentplantevin@hotmail.fr V 🚶 ▮ *t.l.j. 9h-18h* 2 Ⓑ

Ⓑ **DOM. DE LA PRÉVOSSE** Valréas 2016 ★

■ | 10000 | 🍾 | 5 à 8 €

Abritée du mistral par une colline couverte de pins à laquelle est adossée la ferme provençale, cette propriété d'un âge vénérable (1584) est conduite depuis cinq générations par la famille Davin (par Henry depuis 1983, qui a converti le vignoble à l'agriculture biologique).

Cette cuvée de grenache et de syrah présente un nez complexe de framboise, de confiture de mûres et d'épices douces. La bouche, très chaleureuse, kirschée, montre une belle structure et une persistance aromatique appréciable. Du potentiel. ⧗ 2019-2025

⊶ HENRY DAVIN, 109, chem. de la Prévosse, 84600 Valréas, tél. 06 85 84 85 37, laprevosse@sfr.fr V 🚶 ▮ *r.-v.*

CH. QUILEX Gadagne 2017 ★

■ | 39000 | 🍾 | 8 à 11 €

Une structure née de la fusion des coopératives Canteperdrix et Terres d'Avignon. L'ensemble, d'envergure, regroupe quelque 1 400 ha de vignes entre Avignon et les pieds du mont Ventoux.

Ce *villages* présente un nez encore fermé mais prometteur évoquant la garrigue et la cerise burlat. Le palais, charpenté et très expressif, aux tanins encore juvéniles et fermes, mêle la framboise, la cerise et les épices, et déploie une belle et longue finale. Un potentiel certain. ⧗ 2019-2025 ■ **Dom. du Camp Revès Gadagne 2017 ★ (8 à 11 €; 31000 b.)** : le nez associe les fruits rouges frais et les épices. La bouche se révèle intense et généreuse, sur les fruits compotés, soutenue par des tanins soyeux. ⧗ 2018-2024

DEMAZET VIGNOBLES, 457, av. Aristide-Briand, 84310 Morières-lès-Avignon, tél. 04 90 22 65 64, vignobles@demazet.com V 🚶 🍷 *t.l.j. 9h-12h30 14h30-18h30*

DOM. DE RABUSAS Laudun 2017 ★★

■ | 229300 | 🍾 | 5 à 8 €

À la tête d'un vaste vignoble de 100 ha (Dom. de Rabusas et Dom. Antonins), Bernard Perret s'est lancé en 2011 dans la mise en bouteilles.

Ce Laudun d'un seyant pourpre, dévoile un nez généreux de fruits rouges macérés et de réglisse. Le jury a aussi été conquis par sa bouche ample, soyeuse et robuste à la fois, où les fruits noirs et le Zan font très bon ménage. Un 2017 complet, qui devrait encore mieux s'exprimer dans les années à venir. ⧗ 2019-2023

EARL BERNARD PERRET, 432, av. de Fontresquières, 30200 Bagnols-sur-Cèze, tél. 04 66 82 44 58, communication@davidgivaudan.com V 🚶 🍷 *t.l.j. sf sam. dim. 8h30-12h 14h-18h*

Ⓑ DOM. LA RÉMÉJEANNE
Les Genévriers 2016

■ | 4500 | 🛢 | 15 à 20 €

Originaire d'Alsace-Lorraine et émigrée au Maghreb, la famille Klein s'est établie en 1960 à Sabran, à la tête de 5 ha de vignes. Aujourd'hui, Rémy Klein, installé en 1988 et rejoint par son fils Olivier en 2009, cultive 35 ha en bio. Une valeur sûre en côtes-du-rhône et en *villages*.

Le nez de ce vin conjugue les fruits rouges mûrs et les senteurs des sous-bois. En bouche, les tanins sont ronds et soulignent une jolie finale marquée par la mûre. ⧗ 2019-2023

OLIVIER ET RÉMY KLEIN, hameau de Cadignac, 30200 Sabran, tél. 04 66 89 44 51, contact@remejeanne.com V 🚶 🍷 *t.l.j. sf sam. dim. 9h-12h 14h-18h* 🏠 Ⓔ

RIVIER
Chusclan Cuvée Joseph 2016 ★

■ | 10000 | 11 à 15 €

Les Rivier sont vignerons à Chusclan depuis six générations. Claude, ancien président de la coopérative locale, conduit le domaine familial (80 ha) depuis plus de trois décennies, qu'il a complété par une structure de négoce en 2015.

Une cuvée de belle allure, au nez très agréable de cassis et de myrtille, qui déploie en bouche des tanins doux et fins et une longue finale. ⧗ 2018-2023

MAISON RIVIER, 896, chem. de Force-Male, Le Sablas, 30200 Chusclan, tél. 06 62 78 86 15, contact@maisonrivier.com V 🚶 🍷 *r.-v.*

LES VIGNERONS DE ROAIX-SÉGURET
Séguret 2017 ★

■ | 54690 | 🍾 | 5 à 8 €

Cette cave coopérative, née en 1960 de l'union entre les vignerons de Séguret et ceux de Roaix, fédère 130 adhérents.

Robe rose limpide aux jolis reflets cerise, nez de vanille et de fruits rouges, palais friand aux notes de fraise fraîche et finale chaleureuse: un joli rosé sudiste. ⧗ 2018-2019

LES VIGNERONS DE ROAIX-SÉGURET, 1865, rte de Vaison, 84110 Séguret, tél. 04 90 46 91 13, vignerons.roaix-seguret@wanadoo.fr V 🍷 *t.l.j. 8h-12h 14h-18h*

DOM. ROC FOLASSIÈRE
L'Agasse 2017 ★

■ | 28000 | 8 à 11 €

Cette vénérable (XIX[e]s.) et incontournable maison, mise sur orbite internationale par Michel Chapoutier à partir des années 1990, propose une large gamme issue de ses propres vignes (350 ha, en biodynamie) ou d'achats de raisin dans la plupart des appellations phares de la vallée du Rhône, et aussi en Roussillon et en Alsace.

D'un beau rubis intense, cette cuvée dévoile un joli nez de fruits rouges et d'épices. La bouche, ample et longue, mêle les fruits noirs et rouges à l'eau-de-vie, les épices et le thym, et offre une belle structure autour de tanins jeunes et serrés. Pour la cave. ⧗ 2020-2025

MICHEL CHAPOUTIER, 18, av. du Dr-Paul-Durand, 26600 Tain-l'Hermitage, tél. 04 75 08 28 65, chapoutier@chapoutier.com V 🚶 🍷 *r.-v.* 🏠 Ⓓ

Ⓑ DOM. ROCHE-AUDRAN
Vaison-la-Romaine César 2016 ★

■ | 13000 | 🛢 | 11 à 15 €

Dirigé par Vincent Rochette depuis 1998, ce domaine familial (cinq générations) étend ses vignes, conduites en biodynamie, sur 35 ha à flanc de collines, sur trois terroirs (Visan, Buisson et Châteauneuf).

Cette belle cuvée présente un nez très agréable qui mêle fruits rouges et noirs et notes boisées. Après une attaque ronde, la bouche se montre riche et expressive, fruitée (fraise et cassis), grillée et épicée, étayée par des tanins bien présents mais soyeux. ⧗ 2018-2023

VINCENT ROCHETTE, 1549, rte de Saint-Roman de Malegarde, 84110 Buisson, tél. 04 90 28 96 49, contact@roche-audran.com V 🚶 🍷 *t.l.j. sf dim. 9h-17h (10h-18h en été)*

CH. ROCHECOLOMBE
Vieilli en fût de chêne 2016 ★★

n.c.		8 à 11 €

Ancienne propriété de l'auteur-compositeur flamand Robert Herberigs, ce domaine ardéchois de 28 ha (en bio certifié) est conduit depuis 1998 par Roland Terrasse. Il doit son nom à la pierre « blanche comme une colombe » qui compose le château, de style Directoire. Souvent en vue pour ses côtes-du-rhône et ses *villages*.

Après douze mois d'élevage en barrique, cette cuvée mi-grenache mi-syrah charme d'emblée avec son nez envoûtant, mêlant fruits confiturés, cassis frais, épices et nuances de cuir. La bouche, explosive et gourmande, aux saveurs complexes de fruits noirs, d'épices orientales et de garrigue, à la trame tannique soyeuse et légèrement boisée, est irrésistible. ⧗ 2018-2025

HERBERIGS-TERRASSE, Ch. Rochecolombe, 07700 Bourg-Saint-Andéol, tél. 04 75 54 50 47, rochecolombe@aol.com t.l.j. sf dim. 9h-12h 14h-18h

DOM. DE ROCHEMOND 2017 ★

25000	8 à 11 €

Éric Philip, installé en 1995, et son fils Sylvain exploitent, essentiellement à Sabran, un vaste vignoble de 130 ha répartis entre les domaines de Rochemond et du Grand Bécassier. Ils signent des côtes-du-rhône et des *villages* souvent en vue, et aux meilleures places, dans ces pages. Autre étiquette: le Dom. Pique Bouffigue.

Une cuvée mi-grenache mi-syrah à la robe profonde aux reflets noirs. Le nez, élégant, convoque le cassis, la réglisse et le poivre. Bâtie sur des tanins fins, la bouche est souple, soyeuse et se termine sur d'élégantes saveurs fruitées. ⧗ 2019-2022

ÉRIC PHILIP, 2, quartier Phililadet, 30200 Sabran, tél. 04 66 79 04 42, domaine-de-rochemond@wanadoo.fr t.l.j. sf sam. dim. 8h-12h 13h-17h

DOM. LA ROMANCE Chusclan 2016

5300		8 à 11 €

Après des expériences dans les vignobles de France et d'Afrique du Sud, Gilles Chinieu et son épouse Claire ont repris ce domaine familial de 7 ha, sur lequel sont élaborées de petites cuvées parcellaires.

Un vin jeune mais prometteur qui présente un nez de fruits noirs, de vanille et de cannelle. La bouche, fruitée, déploie une jolie longueur et des tanins encore assez fermes. À attendre un peu. ⧗ 2020-2023

DOM. LA ROMANCE, 30200 Bagnols-sur-Cèze, tél. 06 82 22 45 44, contact@domainelaromance.com t.l.j. sf sam. dim. 17h-19h; hiver sur r.-v.

DOM. DES ROMARINS Signargues 2016 ★

6000		8 à 11 €

Xavier Fabre, quatrième du nom à la tête de ce domaine familial, conduit 27 ha de vignes, épaulé depuis 2013 par son frère Benoît. À la carte des vins, des côtes-du-rhône et des *villages* Signargues.

Une cuvée charmante, au nez intense et gourmand de fruits rouges compotés, à la bouche expressive et généreuse, nantie de tanins bien présents mais élégants. ⧗ 2019-2024

FAMILLE FABRE, 113, rte d'Estézargues, 30390 Domazan, tél. 04 66 57 43 80, contact@domainedesromarins.fr t.l.j. sf dim. 9h-12h 14h-19h

DOM. SAINTE-ANNE
Saint-Gervais Les Mourillons 2016 ★

5000		15 à 20 €

Un ancien prieuré de la chartreuse de Valbonne acquis en 1965 et entièrement restructuré par Guy et Anne Steinmaier. Ces Bourguignons d'origine ont fait de ce domaine de 33 ha, désormais conduit par leur fils Jean, une référence incontournable, avec des vins d'une constance admirable.

Un vin puissant, intense, ouvertement fruité (cassis, myrtille confite), qui conjugue en bouche ampleur et équilibre autour de tanins veloutés et de saveurs réglissées. Une cuvée au fort potentiel. ⧗ 2019-2025

EARL DOM. SAINTE-ANNE, Les Cellettes, 30200 Saint-Gervais, tél. 04 66 82 77 41, domaine.ste.anne@orange.fr t.l.j. sf sam. dim. 9h-11h 14h-18h Steinmaier

CH. SAINT-ESTÈVE
Massif d'Uchaux Nature 2016 ★★

5800		8 à 11 €

Propriété de la même famille depuis 1809, ce domaine s'étend sur 230 ha, dont 45 de vignes en bio certifié, le reste étant couvert des bois et de la garrigue du massif d'Uchaux. Marc Français est aux commandes depuis 1993.

Cette cuvée égrène avec naturel de nombreuses qualités: un nez mêlant fruité intense, garrigue et notes d'eucalyptus, une bouche expressive aux tanins onctueux et aux saveurs de fraise confiturée, une longue finale finement grillée... Le coup de cœur fut mis aux voix. ⧗ 2019-2024 ■ **Ch. Saint-Estève d'Uchaux Massif d'Uchaux Grande Réserve 2015 ★★ (8 à 11 €; 24000 b.)** : une cuvée fortement appréciée pour ses arômes de framboise et de groseille rehaussés d'épices, et pour sa puissance et son élégance en bouche. Un vin racé et intense. ⧗ 2019-2024

CH. SAINT-ESTÈVE D'UCHAUX, 1100, rte de Sérignan, 84100 Uchaux, tél. 04 90 40 62 38, chateau.st.esteve@wanadoo.fr t.l.j. sf dim. 10h-12h 15h-18h; f. sam. nov. janv. et fév. Famille Français

CH. SIGNAC
Chusclan Cuvée Or 2017 ★

6000		5 à 8 €

Établi sur la rive droite du Rhône, à quelques kilomètres de Bagnols-sur-Cèze, sous la Dent de Signac et au pied du camp de César, le château de Signac est une ancienne ferme fortifiée du XVIII[e]s. Un domaine gardois de 33 ha régulièrement mentionné dans ces pages, souvent en bonne place, pour ses

RHÔNE

côtes-du-rhône-villages Chusclan. En 2015, il a été racheté par le Dom. Chanzy, implanté à Bouzeron en Bourgogne et dirigé par Jean-Baptiste Jessiaume.

Issue de pressée directe de grenache et syrah, habillée d'une robe rose pâle aux reflets bleutés, cette cuvée s'ouvre au nez sur des arômes fruités et floraux. De bonne longueur, frais, harmonieux, le palais ne déçoit pas. ⧗ 2018-2019

CH. SIGNAC, av. de la Roquette, D121, 30200 Bagnols-sur-Cèze, tél. 04 66 89 58 47, info@chateau-signac.com V *t.l.j. sf sam. dim. 9h-12h 13h30-18h*

DOM. DU TERME Sablet 2016 ★

■	8000		8 à 11 €

Situé à la frontière entre l'ancienne principauté d'Orange et le comtat Venaissin, d'où son nom, le domaine est entré dans la famille Gaudin il y a quatre générations. Depuis 1987, c'est Anne-Marie Gaudin-Riché qui est aux commandes de ce vignoble de 25 ha.

Grenache à 80 % et syrah pour ce Sablet grenat foncé, qui mêle au nez la framboise et la fraise. Le prélude à un palais friand, souple et rond, aux tanins fins et persistants. ⧗ 2018-2022

FAMILLE GAUDIN, 192, chem. du Terme, 84190 Gigondas, tél. 04 90 65 86 75, gaudin@domaineduterme.fr V *t.l.j. 10h-12h 14h-18h30*

TERRANEA 2017 ★

■	200000	5 à 8 €

Un négoce créé en 2003 par Frédéric Chaulan – rejoint en 2009 par Serge Cosialls –, qui propose une gamme complète de vins de la vallée du Rhône, du nord au sud.

Cette maison de négoce présente une cuvée ronde et souple, qui, si elle ne révolutionne pas le genre, se révèlera très à l'aise à table, où elle plaira au plus grand nombre grâce à son caractère fruité et festif. Une valeur sûre. ⧗ 2018-2023

TERRANEA, ZAC du Crépon-Sud, 84420 Piolenc, tél. 04 90 51 46 03, patrice.roland@vins-terranea.fr

TERRE DE GEMMES
Suze-la-Rousse Cuvée Rubis 2016 ★★

■	4000	11 à 15 €

L'histoire vigneronne des Gaïde a débuté en 1838 à Pauillac. Elle s'est poursuivie dans le haut Var et dans la vallée du Rhône où la famille a acheté un vignoble de 4 ha en 1972. La commercialisation en bouteilles, en revanche, n'a débuté qu'en 2011, sous la conduite de Thierry Gaïde et de son fils Fabien.

Tous les ingrédients du beau vin sudiste sont présents dans cette cuvée: un nez franc de fruits rouges et noirs mâtinés de nuances poivrées, une bouche ronde, séveuse, chaleureuse et complexe, aux saveurs de fruits confiturés, et une finale interminable. Un 2016 irrésistible. ⧗ 2019-2025

THIERRY ET FABIEN GAÏDE, 1791, rte de l'Embisque, 84500 Bollène, tél. 06 77 50 68 56, julien.lembisque@orange.fr V *t.l.j. 10h-12h 14h-19h*

TOQUE ROUGE 2015 ★

■	8933		11 à 15 €

Après trente ans passés au Ch. de Pic, en côtes-de-bordeaux, François Masson Regnault est revenu sur les terres familiales du Vaucluse pour s'installer sur ce petit vignoble d'à peine 2 ha.

Première cuvée de la famille Masson Regnault en *villages* et c'est une belle réussite. Avec sa robe d'un rouge profond, son bouquet complexe de réglisse et d'épices, sa bouche aussi volumineuse qu'empreinte de finesse et de rondeur, ce vin a de beaux atouts à faire valoir. ⧗ 2019-2024

FRANÇOIS MASSON REGNAULT, 16, Grande-Rue, 84110 Sablet, tél. 04 90 41 95 28, toquerouge84@gmail.com V *r.-v.*

CH. DU TRIGNON Sablet 2015 ★

■	16000	11 à 15 €

Antoine Quiot acquiert la première vigne à Châteauneuf-du-Pape en 1748. Ses descendants, Geneviève, Jérôme et leurs enfants Florence et Jean-Baptiste exploitent trois domaines dans la vallée du Rhône (Dom. du Vieux Lazaret, Ch. du Trignon) et deux propriétés en côtes-de-provence (Dom. Houchart, Les Combes d'Arnevel). Les Quiot sont aussi négociants.

Du grenache, du mourvèdre et de la syrah pour cette cuvée qui fleure bon les fruits rouges et noirs. Rond, fondu, soyeux, d'une longueur appréciable, ce vin déjà accessible possède suffisamment de structure pour bien évoluer. ⧗ 2018-2024

VIGNOBLES FAMILLE QUIOT, 5, av. Baron-Leroy, 84230 Châteauneuf-du-Pape, tél. 04 90 83 73 55, vignoblesfamillequiot@gmail.com V *r.-v.*

DOM. DE LA VALÉRIANE
Signargues Les Archanges 2016 ★

■	10000		11 à 15 €

Valérie Collomb a inspiré à ses parents Maryse et Mesmin Castan le nom de ce domaine qu'ils ont créé en 1982 sur la rive droite du Rhône. Œnologue, elle a pris en 2004, avec son mari Michel, la conduite de ce vignoble de 35 ha. Très régulier en qualité avec ses côtes-du-rhône et ses *villages*.

Ce Signargues dévoile un nez puissant de cassis agrémenté d'un boisé de qualité. Ample et structurée, la bouche révèle un équilibre parfait entre tanins, fraîcheur et alcool. La finale, boisée et fruitée, laisse présager un bel avenir à ce vin. ⧗ 2019-2024 ■ **Signargues Les Cailloux 2016 (8 à 11 €; 5000 b.)** : vin cité.

VALÉRIE COLLOMB, 82, rte d'Estézargues, 30390 Domazan, tél. 04 66 57 04 84, contact@domainevaleriane.com V *t.l.j. sf dim. 10h-12h 14h-19h*

VAL RHODANIA
Plan de Dieu Le Roure Saint-Jean 2017 ★

■	30000	5 à 8 €

Après dix ans dans la grande distribution et presque autant dans le négoce de vins (partie technique), Philippe Vigne, petit-fils de coopérateur, a décidé

en 2011 de fonder sa propre structure, spécialisée comme son nom l'indique dans les vins de la vallée du Rhône.

Ce Plan de Dieu paré d'une robe sombre se montre résolument fruité: prune, cassis et fraise. Charpentée en douceur par des tanins fondus et veloutés, centrée sur des arômes de fruits rouges en confiture, la bouche déploie en finale des saveurs de réglisse et de violette. Une cuvée bien typée. ⧗ 2018-2022

VAL RHODANIA, Mas de Lachaux, 44, rte d'Uchaux, 84500 Bollène, tél. 09 81 86 30 20, vigne@valrhodania.fr V *t.l.j. sf dim. 10h-12h30 14h30-19h* *Vigne*

PIERRE VIDAL
Suze-la-Rousse Grande Réserve 2017 ★★

■	50000		5 à 8 €

Pierre Vidal, installé à Châteauneuf du-Pape avec son épouse vigneronne, a créé son négoce en 2010. Une maison déjà bien implantée grâce aux sélections parcellaires vinifiées par ce jeune œnologue formé en Bourgogne, qui s'est développée depuis 2015 vers les vins bio et les vins «vegan».

Cette Grande Réserve à la robe rubis foncé présente un nez flatteur, évoquant pêle-mêle la griotte, le cassis et l'olive noire. La bouche se révèle ample, voluptueuse, aux tanins veloutés, et s'achève sur une finale marquée par le fruit confit. Harmonieux, élégant et prometteur. ⧗ 2019-2024 ■ **Réserve 2017 ★★ (5 à 8 €; 100000 b.)** Ⓑ : un vin au nez délicat de cassis, de mûre et de violette, au palais frais et tout en fruit, étayé par des tanins fermes. ⧗ 2019-2023 ■ **Sainte-Cécile Grande Réserve 2017 ★★ (5 à 8 €; 50000 b.)** Ⓑ : une cuvée bien fruitée au nez comme en bouche, avec en soutien un boisé parfaitement fondu et des tanins ronds et soyeux. ⧗ 2019-2023 ■ **Valréas 2017 ★★ (5 à 8 €; 80000 b.)** : un vin ouvert sur les fruits et les épices, aussi large que long en bouche, épaulé par des tanins veloutés. ⧗ 2018-2023

EURL PIERRE VIDAL, 631, rte de Sorgues, 84230 Châteauneuf-du-Pape, tél. 06 88 88 07 58, contact@pierrevidal.com

♥ Ⓑ VIEUX MANOIR DU FRIGOULAS
Cuvée Dionysos 2015 ★★

■	8000	5 à 8 €

L'histoire viticole de ce domaine débute en... 1256, avec Guillaume Robert. Son très lointain héritier, Benjamin Roca, ingénieur agricole, a pris les commandes de ce vignoble de 40 ha en 2009 et engagé la conversion bio, aujourd'hui certifiée, en 2014.

Ce *villages* dévoile un bouquet intense de fruits rouges, de thym et de notes épicées. Le prélude gourmand à une bouche ample et longue, superbe de finesse et de fondu, d'une harmonie remarquable. Un vin racé et déjà prêt, mais qui vieillira sans crainte. ⧗ 2018-2025 ■ **Cuvée Saint-Vincent 2015 ★ (5 à 8 €; 12000 b.)** Ⓑ : un vin apprécié pour son nez élégant d'épices et de griotte et pour sa bouche ronde et équilibrée. ⧗ 2018-2023

BENJAMIN ROCA, 51, rue des Oliviers, 30130 Saint-Alexandre, tél. 04 66 39 18 71, contact@frigoulas.com V *t.l.j. sf dim. 10h-12h 16h-19h*

DOM. VALÉRIE VIGNAL
Chusclan Le Champ des cigales 2017 ★★

■	20000		8 à 11 €

Valérie Vignal a créé son domaine en 1995, sur les terrasses argilo-calcaires de Bagnols-sur-Cèze. A sa disposition aujourd'hui, un vignoble de 20 ha d'un seul tenant.

Cette cuvée a frôlé le coup de cœur. La robe est pourpre aux reflets mauves. Le nez, intense, déploie des notes de mûre, de cassis et de réglisse. Le palais déroule la même aromatique fruitée, agrémentée de nuances épicées, et s'adosse à des tanins encore un peu accrocheurs. Un vin qui ne demande qu'à vieillir pour gagner en patine. ⧗ 2019-2024 ■ **Chusclan Marie Sang pour 100 2017 ★ (11 à 15 €; 10000 b.)** : une cuvée appréciée pour son fruité intense et relevé d'épices et pour ses tanins élégants et fins. ⧗ 2018-2024

VALÉRIE VIGNAL, 2254 RD 980, Le Haut-Castel, 30200 Bagnols-sur-Cèze, tél. 04 66 82 34 05, valerie.vignal@icloud.com V *r.-v.*

➡ LA VALLÉE DU RHÔNE SEPTENTRIONALE

CÔTE-RÔTIE

Superficie : 255 ha / Production : 10 603 hl

Situé à Vienne, sur la rive droite du fleuve, c'est le plus ancien vignoble de la vallée du Rhône. Il est réparti entre les communes d'Ampuis, de Saint-Cyr-sur-Rhône et de Tupin-et-Semons. La vigne y est cultivée sur des coteaux très abrupts, presque vertigineux. On distingue la Côte blonde et la Côte brune en souvenir d'un certain seigneur de Maugiron qui aurait, par testament, partagé ses terres entre ses deux filles, l'une blonde, l'autre brune. Les vins de la Côte brune sont les plus corsés, ceux de la Côte blonde les plus fins.

Le sol est le plus schisteux de la région. Les vins sont uniquement des rouges, obtenus à partir du cépage syrah, mais aussi du viognier, dans une proportion maximale de 20 %. La côte-rôtie est d'un rouge profond, et offre un bouquet délicat à dominante de framboise et d'épices, avec une touche de violette. Vin de garde d'une bonne structure tannique et très long en bouche, il a indéniablement sa place au sommet de la gamme des vins du Rhône et s'allie parfaitement aux mets convenant aux grands vins rouges.

DOM. GUY BERNARD
Coteaux de Bassenon 2015

■	4000		30 à 50 €

Un petit domaine dans la famille Bernard depuis plusieurs générations, qui propose des vins dans les appellations côte-rôtie et condrieu.

Vallée du Rhône (partie septentrionale)

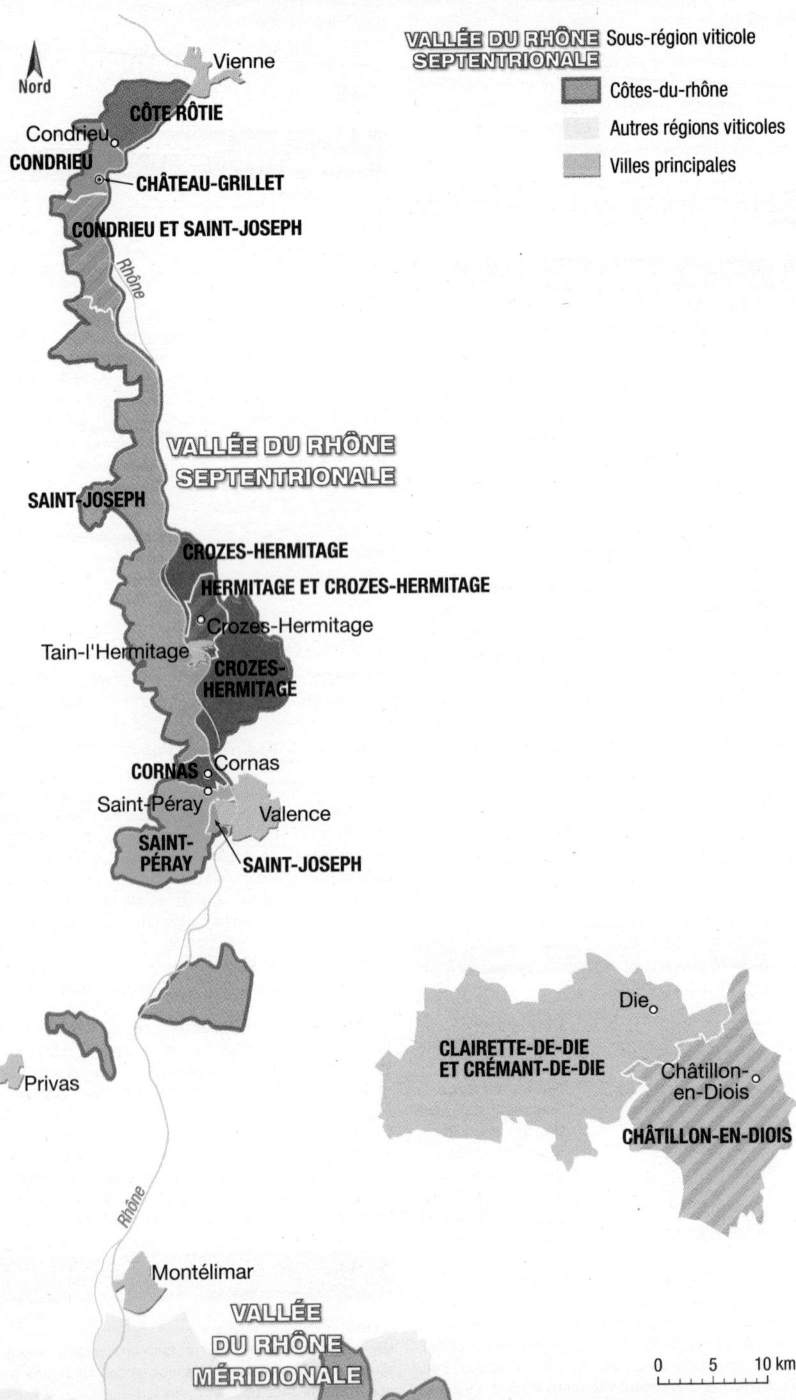

Le boisé, issu des vingt-cinq mois en barrique, est encore très présent au nez de ce 2015. Centrée sur des saveurs de cacao et de tabac, la bouche apparaît elle aussi très jeune, tannique et puissante, et gagnera en expressivité et en plénitude après un long séjour en cave. ⧗ 2022-2028

DOM. GUY BERNARD, 9, rte de Lyon, 69420 Tupin-et-Semons, tél. 04 74 59 54 04, domaineguybernard@orange.fr V r.-v.

DOM. DE BONSERINE La Garde 2015 ★★

■	4000		75 à 100 €

En acquérant en 2006 ce domaine fondé en 1961, agrandi et modernisé dans les années 1990, Marcel Guigal a ajouté un joyau à sa couronne déjà richement décorée: un vignoble de 12 ha plantés majoritairement de «serine», variété ancienne de la syrah, qui produit du côte-rôtie et du condrieu.

Élevé trente-six mois en fût, ce 2015 dévoile un nez puissant de mûre, de cassis, de cuir, de violette et d'épices, associés à de subtiles notes résineuses. La bouche a fortement charmé notre jury: d'un volume impressionnant, à la fois dense et vive, elle s'appuie sur des tanins très mûrs et déploie une longue finale vanillée. Une côte-rôtie de grande garde. ⧗ 2022-2030 ■ **Les Sans Marche 2016 ★★ (20 à 30 €; 12000 b.)** : issu de la partie négoce, un vin riche et dense, très charnu, qui ne se livre pas encore mais dont le potentiel est évident. ⧗ 2022-2028 ■ **La Sarrasine 2016 ★ (30 à 50 €; 40000 b.)** : un vin expressif et typé (fruits noirs, épices, violette), ample, frais et fruité en bouche, épaulé par des tanins assez souples. ⧗ 2020-2024

DOM. DE BONSERINE, 2, chem. de la Viallière, Verenay, 69420 Ampuis, tél. 04 74 56 14 27, bonserine@wanadoo.fr V *r.-v.* *Guigal*

VIGNOBLES CHIRAT La Rose brune 2016 ★

■	1500		30 à 50 €

Les origines de ce vignoble datent de 1925, alors que l'exploitation était en polyculture. C'est en 1984 que Gilbert Chirat décide de se consacrer à la seule viticulture. Rejoint par son fils Aurélien en 2012, il gère un ensemble de 9 ha.

Vingt mois d'élevage sous bois, dont 40 % en fûts neufs, ont apporté un boisé discret mais ont surtout permis de parfaire l'expressivité de ce vin complexe aux notes de mûre, d'épices douces et de cuir. La bouche se révèle puissante, structurée par des tanins enrobés et idéalement tendue par une acidité bien dosée. Une belle cuvée de gastronomie. ⧗ 2021-2026

GILBERT ET AURÉLIEN CHIRAT, 125, rue du Piaton, 42410 Saint-Michel-sur-Rhône, tél. 04 74 56 68 92, chirat.g@free.fr V *r.-v.*

DAUVERGNE RANVIER Grand Vin 2016 ★★

■	10000		30 à 50 €

Créée en 2004 par François Dauvergne et Jean-François Ranvier, professionnels du vin qui ont décidé d'élaborer leurs propres cuvées après avoir œuvré chez les autres, cette maison de négoce s'affirme d'année en année à travers des vins de qualité issus de sélections parcellaires. En 2013, les deux compères ont repris l'exploitation du Dom. des Muretins (tavel et lirac) et ont développé en 2014 une gamme de vins bordelais en collaboration avec Patrice Hateau.

Une côte-rôtie de tradition, qui apparaît discrète de prime abord, puis qui livre à l'aération de charmantes notes de fruits noirs et de vanille. La bouche, alliant idéalement force et élégance, est harmonieuse, prolongée par une belle finale aux tanins encore serrés. Un solide potentiel. ⧗ 2022-2030

DAUVERGNE RANVIER, Ch. Saint-Maurice, RN 580, 30290 Laudun, tél. 04 66 82 96 57, contact@dauvergne-ranvier.com

DOM. DEGACHE FRÈRES Maison blanche 2016 ★

■	2700		30 à 50 €

Un domaine familial créé dans les années 1940 au sud de l'appellation côte-rôtie, qui vendait ses raisins jusqu'à l'arrivée, en 2009, de Mickaël et Nicolas Degache (troisième génération), à la tête aujourd'hui d'un petit vignoble de 4 ha.

Un 2016 bien construit où l'élevage en fût (vingt-quatre mois) accompagne le vin. Ouvert sur des notes florales (iris en tête), chocolatées et épicées (muscade, clou de girofle), il possède une bouche riche et concentrée, aux tanins racés. Un très beau vin de terroir. ⧗ 2022-2028

NICOLAS ET MICKAËL DEGACHE, 300, chem. des Maisons-Blanches, 69420 Tupin-et-Semons, tél. 06 19 50 63 42, domainedegachefreres@gmail.com V *t.l.j. sf dim. 8h-12h 13h30-19h*

PIERRE GAILLARD Rose pourpre 2016 ★★

■	4500		75 à 100 €

Pierre Gaillard acquiert ses premiers ceps en 1981 et constitue petit à petit son vignoble, défrichant et plantant de nouvelles parcelles. Établi aux portes du parc régional du Pilat, ce vigneron et négociant réputé de la vallée du Rhône nord, présent aussi en Languedoc-Roussillon (Madeloc à Banyuls-sur-Mer, Cottebrune à Faugères), est à la tête de 77 ha, tous domaines confondus.

Le nez de cette cuvée offre d'intenses notes fruitées (fraise, cerise burlat), grillées et mentholées. En bouche, l'ensemble est harmonieux, riche mais sans aucune rusticité, d'une très belle longueur, et offre des saveurs de cassis et de réglisse accompagnées par un boisé encore perceptible, mais racé. ⧗ 2021-2028 ■ **Esprit de blonde 2016 (50 à 75 €; 2000 b.)** : vin cité.

PIERRE GAILLARD, lieu-dit Chez-Favier, 42520 Malleval, tél. 04 74 87 13 10, famille@gaillard.vin V *r.-v.*

DOM. PAUL JABOULET AÎNÉ Les Pierelles 2015 ★

■	7000		50 à 75 €

Fondée en 1834, la vénérable maison Paul Jaboulet Aîné propose une large gamme issue de son négoce et de sa centaine d'hectares (en conversion bio) répartis dans plusieurs domaines septentrionaux, dont le mythique La Chapelle en hermitage. Rachetée en 2006 par la famille Frey, propriétaire en Champagne et dans le Bordelais (La Lagune), elle est dirigée par Caroline Frey.

Un vin charmeur, qui joue sur la fraîcheur dans une bouche gourmande, onctueuse, finement poivrée et au fruité intense. Une côte-rôtie élégante et fondue, qui pourra s'apprécier relativement jeune mais qui vieillira bien également. ⧗ 2020-2025

DOM. PAUL JABOULET AÎNÉ, RN 7, Les Jalets, BP 46, 26600 Tain-l'Hermitage, tél. 04 75 84 68 93, info@jaboulet.com V t.l.j. sf lun. 10h-19h

♥ LA LANDONNE 2014 ★★

■	n.c.		+ de 100 €

Parmi les crus d'exception de la maison Guigal, La Landonne se distingue à double titre: c'est un vrai lieu-dit cadastré, planté uniquement de syrah sur les pentes vertigineuses de la Côte blonde aux sols argilo-calcaires riches en oxyde de fer. Comme pour La Turque et La Mouline, l'élevage se prolonge quarante mois.

Dans une robe élégante, noire et profonde, le 2014 de la Landonne libère dans une enveloppe fumée des senteurs épicées, avec notamment du poivre noir de Madagascar. En bouche, il affiche beaucoup de densité, de concentration et de volume autour d'une structure serrée qui laisse imaginer un grand potentiel de garde, mais il ne manque jamais de finesse, ni même de souplesse. Au final, une côte-rôtie magnifiquement équilibrée. ⧗ 2022-2035

É. GUIGAL (LA LANDONNE), Ch. d'Ampuis, 69420 Ampuis, tél. 04 74 56 10 22, contact@guigal.com V r.-v.

LA MOULINE 2014 ★

■	n.c.		+ de 100 €

S'accrochant aux pentes escarpées de la Côte blonde, qui rappellent les gradins d'un amphithéâtre, La Mouline naît d'un terroir de gneiss. Parmi les «trésors» de la famille Guigal, cette côte-rôtie est celle qui possède la part la plus importante de viognier dans l'assemblage: 11 %. L'élevage y est aussi luxueux (quarante mois) que pour les autres fleurons de la maison.

Dans une robe légère, reflet du millésime, ce vin est plein de fraîcheur, avec des notes mentholées et des senteurs de garrigue à l'aube d'un jour d'été. Minéral à l'attaque, ample, puissant, aux tanins fins, le palais est bien typé côte-rôtie. ⧗ 2022-2035

É. GUIGAL (LA MOULINE), Ch. d'Ampuis, 69420 Ampuis, tél. 04 74 56 10 22, contact@guigal.com V r.-v.

DOM. MOUTON 2016

■	8000		30 à 50 €

Issu d'une ancienne famille de vignerons, Jean-Claude Mouton a rejoint son père André en 1989 sur l'exploitation familiale. Aujourd'hui, c'est lui qui dirige ce petit domaine de 8 ha, dont les terrasses exposées plein sud sont au cœur du village de Condrieu.

Cette cuvée offre une jolie souplesse dans une bouche franche et fraîche, aux arômes de cassis et de bonne longueur, étayée par des tanins bien intégrés. Un 2016 charmeur. ⧗ 2020-2024

JEAN-CLAUDE MOUTON, 23, montée du Rozay, 69420 Condrieu, tél. 04 74 87 82 36, contact@domaine-mouton.com V r.-v.

♥ DOM. PICHAT
Les Grandes Places 2015 ★★

■	2000		50 à 75 €

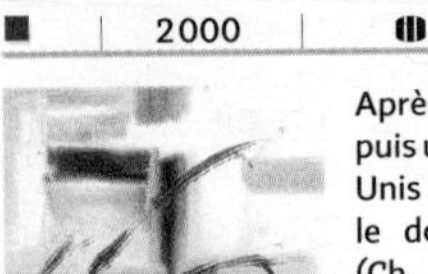

Après des études à Beaune, puis une expérience aux États-Unis et dans le Bordelais, sur le domaine de son épouse (Ch. Filliol), Stéphane Pichat est revenu sur ses terres donner du souffle à cette propriété ancienne, fondée par ses arrière-grands-parents. Installé en 2000, il lance la mise en bouteilles (1 000 au commencement, 15 à 20 000 aujourd'hui) et signe à partir de 5 ha en côte-rôtie et en condrieu des vins d'une qualité toujours irréprochable.

2015 fut une superbe année pour ce domaine. Coup de cœur l'année précédente avec la cuvée Champon's du même millésime, il récidive avec Les Grandes Places, un vin de haute tenue qu'il faudra savoir attendre. Puissante, aux tanins massifs mais d'une réelle finesse de grain, cette cuvée impressionne par ses saveurs exubérantes de myrtille, de fraise, de violette et de cuir, et plus encore par sa longue finale élancée et très fraîche, qui augure d'un avenir radieux. ⧗ 2023-2035

STÉPHANE PICHAT, 6, chem. de la Viallière, 69420 Ampuis, tél. 04 74 48 37 23, info@domainepichat.com V r.-v.

♥ MAISON CHRISTOPHE PICHON
Promesse 2016 ★★★

■	15000		30 à 50 €

Christophe Pichon a travaillé aux côtés de son père avant de reprendre seul, en 1991, l'exploitation établie dans le parc du Pilat: 21 ha aujourd'hui, répartis dans les appellations condrieu – dont il est l'actuel président –, côte-rôtie, saint-joseph et cornas. Corentin, son fils, revenu sur l'exploitation après un séjour en Australie, est désormais en charge de la vinification et de l'élevage des vins.

La robe est très profonde, noire et soutenue, ornée de beaux reflets violines de jeunesse. L'olfaction s'ouvre sur de puissantes notes de cassis et de confiture de myrtilles, accompagnées par de subtiles nuances grillées. Ces arômes se retrouvent dans un palais intense, onctueux, aux tanins massifs et pulpeux, avec une acidité sous-jacente finement dosée. Un vin majuscule, envoûtant, qui allie avec naturel puissance, fraîcheur et élégance. ⧗ 2023-2035

⊶ CHRISTOPHE PICHON, 36, le Grand-Val, Verlieu, 42410 Chavanay, tél. 04 74 87 06 78, chrpichon@wanadoo.fr V r.-v.

DOM. DE ROSIERS Cuvée Drevon 2015 ★★

■ | 15000 | | 30 à 50 €

Maxime Gourdain a pris en 2013 la suite de son oncle Louis Drevon sur ce domaine de 8 ha dédié aux AOC côte-rôtie et condrieu, créé en 1976 par son grand-père André Drevon (avant cette date la récolte était vendue au négoce).

Les trois cuvées du millésime 2015 présentées par ce vigneron ont été jugées remarquables, et se trouvaient même dans le carré final du coup de cœur. Avec cette cuvée Devron, qui contient 2 % de viognier aux côtés de la syrah, on découvre un vin solaire, bien dans son millésime, à la fois enrobé et énergique, sans aucune lourdeur, doté de tanins fondus et soyeux, et mêlant au nez comme en bouche les fruits noirs, la réglisse et le cacao. Déjà délicieux et diablement gourmand, et pour longtemps. ⧗ 2019-2028 ■ **Cuvée Besset 2015 ★★ (50 à 75 €; 1800 b.)** : une sélection parcellaire très complexe (fruits noirs, réglisse, cuir, violette), puissante et raffinée à la fois, à l'équilibre souverain et taillée pour une (très) longue garde. ⧗ 2024-2030 ■ **Cuvée Cœur de rose 2015 ★★ (30 à 50 €; 1800 b.)** : un vin intensément bouqueté (fruits noirs, réglisse, vanille, toasté), ample, riche, charnu, tout en rondeur, avec en soutien des tanins veloutés à souhait. ⧗ 2022-2028

⊶ MAXIME GOURDAIN, 3, rue des Moutonnes, 69420 Ampuis, tél. 04 74 56 11 38, domainederosiers@gmail.com V r.-v.

LA TURQUE 2014 ★★

■ | n.c. | | + de 100 €

Le fleuron des vignobles Guigal. Une parcelle impressionnante implantée dans la Côte brune, sur des sols de schistes riches en oxyde de fer. Négligée pendant des décennies, puis replantée en 1985 par Étienne Guigal, fondateur du domaine en 1946, suppléé par son fils Marcel en 1961. Des ceps de syrah associés à 7 % de viognier et un élevage luxueux de quarante mois donnent naissance à l'un des plus grands vins de la vallée du Rhône nord.

Un vin d'une grande profondeur. L'élevage est parfaitement maîtrisé et imprime un tempo vanillé et cacaoté tout au long de la dégustation, aux côtés des petits fruits rouges, le tout dans une atmosphère douce et veloutée – comme la musique d'Henri Betti dans la chanson « C'est si bon », propose un dégustateur inspiré par ce 2014 très long en bouche, étayé par des tanins d'un délicat soyeux. ⧗ 2022-2035

⊶ É. GUIGAL (LA TURQUE), Ch. d'Ampuis, 69420 Ampuis, tél. 04 74 56 10 22, contact@guigal.com V r.-v.

♥ PIERRE VIDAL Cuvée spéciale 2016 ★★

■ | 25000 | | 20 à 30 €

Pierre Vidal, installé à Châteauneuf-du-Pape avec son épouse vigneronne, a créé son négoce en 2010. Une maison déjà bien implantée grâce aux sélections parcellaires vinifiées par ce jeune œnologue formé en Bourgogne, qui s'est développée depuis 2015 vers les vins bio et les vins « vegan ».

Cette Cuvée spéciale affiche un profil animal, épicé et minéral à l'olfaction. En bouche, c'est une côte-rôtie ample, concentrée, dense et mûre, à la structure tannique ferme. Un vin bâti pour une longue garde. ⧗ 2022-2030 ■ **2016 ★ (20 à 30 €; 25000 b.)** : une côte-rôtie agrémentée d'une touche de viognier aux côtés de la syrah, très expressive, dominée par les fruits rouges et le poivre, à la fois ample et gourmande en bouche. Une belle réussite pour le millésime. ⧗ 2020-2024

⊶ EURL PIERRE VIDAL, 631, rte de Sorgues, 84230 Châteauneuf-du-Pape, tél. 06 88 88 07 58, contact@pierrevidal.com

LES VINS DE VIENNE Les Essartailles 2016 ★

■ | 13000 | | 30 à 50 €

Pour faire renaître le vignoble de Seyssuel situé en amont de Vienne, trois vignerons de renom, Yves Cuilleron, Pierre Gaillard et François Villard, ont créé cette affaire en 1996, à l'origine de beaux vins de propriété – IGP à Seyssuel, sélections parcellaires en AOC septentrionales – et de vins de négoce de toute la vallée.

Le vin se présente dans une seyante robe pourpre et brillante. Très ouvert sur des fragrances de fruits rouges et noirs, il déploie également des arômes finement épicés. On ressent en bouche une belle matière, à la fois mûre et fraîche, rehaussée par seize mois de fût qui ne marquent pas le vin mais le révèlent. Un beau travail de précision. ⧗ 2021-2028

⊶ CUILLERON-GAILLARD-VILLARD, 1, ZA de Jassoux, 42410 Chavanay, tél. 04 74 85 04 52, contact@lesvinsdevienne.fr V r.-v.

FRANÇOIS VILLARD Le Gallet blanc 2015 ★

■ | 29000 | | 30 à 50 €

Vigneron réputé de la vallée du Rhône nord, François Villard, ancien cuisinier, s'est installé en 1989 à Saint-Michel-sur-Rhône pour créer son vignoble: 36 ha aujourd'hui dans cinq crus, complétés par une petite activité d'achat de raisin. Dans son chai cathédrale naissent de beaux vins dans les deux couleurs.

Un élevage maîtrisé a permis d'obtenir des tanins fondus qui participent à la belle rondeur de ce 2015 ouvert sur des arômes intenses de mûre, de violette et de réglisse, souligné de bout en bout par une fine tension et prolongé par une finale éclatante de fraîcheur. ⧗ 2021-2028

FRANÇOIS VILLARD, 330, rte du Réseau-Ange, 42410 Saint-Michel-sur-Rhône, tél. 04 74 56 83 60, vinsvillard@wanadoo.fr V r.-v.

CONDRIEU

Superficie : 145 ha / Production : 5 265 hl

Le vignoble est situé à 11 km au sud de Vienne. Bien que l'aire d'appellation soit répartie sur sept communes et trois départements, sa superficie est restreinte, ce qui fait du condrieu un vin rare. D'autant plus qu'il naît exclusivement d'un cépage assez peu répandu, le viognier, qui s'exprime parfaitement sur les sols granitiques de son terroir. Le condrieu est un vin blanc riche en alcool, gras, souple, mais avec de la fraîcheur. Très parfumé, il exhale des arômes floraux – où domine la violette – et des notes d'abricot. On le servira jeune, sur toutes les préparations à base de poisson, même s'il peut vieillir cinq ans. Il existe aussi une production de vendanges tardives obtenues par tries successives (jusqu'à huit passages par récolte).

DOM. DE BONSERINE 2016 ★

| 5000 | 30 à 50 € |

En acquérant en 2006 ce domaine fondé en 1961, agrandi et modernisé dans les années 1990, Marcel Guigal a ajouté un joyau à sa couronne déjà richement décorée: un vignoble de 12 ha plantés majoritairement de «serine», variété ancienne de la syrah, qui produit du côte-rôtie et du condrieu.

La vinification et l'élevage en demi-muids de chêne neuf ont bien sûr contribué aux notes toastées et briochées qui se mêlent aux arômes délicats de miel et de compote d'abricots. La bouche, elle, est typique d'un très bon condrieu: ronde mais vive, longue et raffinée. 2019-2024

DOM. DE BONSERINE, 2, chem. de la Viallière, Verenay, 69420 Ampuis, tél. 04 74 56 14 27, bonserine@wanadoo.fr V r.-v. *Guigal*

YVES CUILLERON Les Chaillets 2016 ★

| 18000 | 30 à 50 € |

Une référence de la vallée nord, notamment pour ses condrieu. Établi à Chavanay, Yves Cuilleron a repris en 1987 la propriété créée en 1920 par son grand-père paternel, puis gérée par son oncle Antoine. Il a progressivement agrandi le domaine (60 ha aujourd'hui), planté à haute densité et conduit de manière très raisonnée sur la rive droite du Rhône (condrieu, côte-rôtie, saint-joseph, saint-peray et cornas) et, depuis 2012, sur la rive gauche (crozes-hermitage).

Vinifié et élevé en barrique, ce vin apparaît dans une robe doré profond et offre un nez intense mêlant notes florales, fruitées et miellées. En bouche, on découvre un ensemble solide et complexe, d'une grande richesse, qui devra patienter pour donner le meilleur de lui-même. Un beau blanc de garde. 2020-2025

YVES CUILLERON, 58, RD 1086, Verlieu, 42410 Chavanay, tél. 04 74 87 02 37, cave@cuilleron.com V r.-v.

BENJAMIN ET DAVID DUCLAUX Les Caillets 2016 ★

| 4000 | 30 à 50 € |

Sur leur domaine de 6 ha, fondé par leur arrière-grand-père en 1928, les frères Duclaux ne se consacrent qu'à l'appellation côte-rôtie (deux cuvées, La Germine et Maison rouge). Depuis 2014, ils proposent aussi du condrieu. Leur vignoble est implanté au sud de l'appellation, sur un sol de gneiss, sur les coteaux pentus de Tupin et Semons.

L'olfaction, nette et intense, évoque la pêche blanche, la brioche et l'aubépine. La bouche, ample et tonique, aux saveurs de pêche et d'abricot, révèle une grande persistance aromatique et une jolie fraîcheur. Un condrieu complet et harmonieux. 2019-2024

DUCLAUX, 34, rte de Lyon, 69420 Tupin-et-Semons, tél. 04 74 59 56 30, contact@coterotie-duclaux.com V r.-v.

GILLES FLACHER Les Rouelles 2016 ★

| 4000 | 30 à 50 € |

Un domaine fondé en 1806, repris en 1991 par Gilles Flacher qui a depuis porté sa superficie de 1,5 ha à 8 ha de vignes plantées en coteau, en saint-joseph et en condrieu.

Dix mois de fût ont conféré des notes briochées à l'olfaction, mais aussi de la complexité à une bouche ronde et mûre, mêlant le miel, l'abricot et les fruits exotiques. Un vin «ensoleillé». 2018-2022

GILLES FLACHER, 971, rue Principale, 07340 Charnas, tél. 06 07 64 06 00, secretariat-flacher@orange.fr V r.-v.

PIERRE GAILLARD 2017 ★

| 15000 | 30 à 50 € |

Pierre Gaillard acquiert ses premiers ceps en 1981 et constitue petit à petit son vignoble, défrichant et plantant de nouvelles parcelles. Établi aux portes du parc régional du Pilat, ce vigneron et négociant réputé de la vallée du Rhône nord, présent aussi en Languedoc-Roussillon (Madeloc à Banyuls-sur-Mer, Cottebrune à Faugères), est à la tête de 77 ha, tous domaines confondus.

Loin de livrer tout son potentiel, car encore très jeune, ce vin offre néanmoins déjà de superbes notes d'ananas, de pêche et d'aubépine. La bouche se montre charnue, ample, d'un bel équilibre. Un condrieu qu'il faudra attendre patiemment. 2020-2025 **L'Octroi 2017 ★ (30 à 50 €; 4000 b.)** : un condrieu expressif au nez (pêche, abricot, agrumes), mais encore un peu fermé en bouche, chaleureux et rond. 2020-2025

PIERRE GAILLARD, lieu-dit Chez-Favier, 42520 Malleval, tél. 04 74 87 13 10, famille@gaillard.vin V r.-v.

ROLAND GRANGIER Les Terrasses 2017 ★

| 7000 | 20 à 30 € |

Issu d'une famille d'agriculteurs, Roland Grangier a fondé ce domaine en 2002. Il exploite aujourd'hui, avec son épouse Céline, un vignoble de 10 ha sur deux appellations, saint-joseph et condrieu.

La robe est particulièrement brillante, couleur or pâle. Le nez s'anime autour de notes d'agrumes accompagnées de nuances briochées. On note beaucoup de vivacité en bouche, avant une longue finale tout en rondeur évoquant les fruits blancs à noyau. Un ensemble harmonieux, tonique et distingué. ⧗ 2019-2023

ROLAND GRANGIER, 13, Chantelouve, 42410 Chavanay, tél. 04 74 56 20 14, rolandgrangier@orange.fr V r.-v.

DIDIER MORION Vent d'anges 2016

4 000		20 à 30 €

En 1993, lorsque Didier Morion s'installa sur l'exploitation familiale, alors en polyculture, la vigne ne représentait que 2 ha. Aujourd'hui, ce sont 10 ha dédiés à la seule vigne qu'il conduit au cœur du Parc naturel régional du Pilat.

Ce Vent d'anges se sent pousser des ailes. Très frais, aérien, il laisse s'envoler des notes de fleurs blanches. Un joli vin à déguster sur le fruit de sa jeunesse. ⧗ 2018-2021

DIDIER MORION, 2, Épitaillon, 42410 Chavanay, tél. 04 74 87 26 33, contact@domainemorion.com V r.-v.

DOM. MOUTON
Côte-Châtillon 2016 ★★

3 500		30 à 50 €

Issu d'une ancienne famille de vignerons, Jean-Claude Mouton a rejoint son père André en 1989 sur l'exploitation familiale. Aujourd'hui, c'est lui qui dirige ce petit domaine de 8 ha, dont les terrasses exposées plein sud sont au cœur du village de Condrieu.

Un élevage de neuf mois en fût de 300 l a donné un boisé délicat à ce vin. L'olfaction, à la fois riche et délicate, mêle fruits confits, miel et cire d'abeille. Le boisé se fait davantage remarquer en bouche, accompagné d'une légère sucrosité. On apprécie la finale fraîche qui rend ce condrieu très raffiné. Une cuvée qui devra nécessairement vieillir pour libérer son superbe potentiel. ⧗ 2020-2024 **Côte-Bonnette 2016 ★ (20 à 30 €; 7000 b.)** : un condrieu ouvert sur l'orange confite et le pamplemousse, ample et rond en bouche, au toucher soyeux. ⧗ 2018-2022

JEAN-CLAUDE MOUTON, 23, montée du Rozay, 69420 Condrieu, tél. 04 74 87 82 36, contact@domaine-mouton.com V r.-v.

♥ ANTHONY PARET
Lys de Volan 2016 ★★

6 000		30 à 50 €

Une exploitation fondée au début des années 1970 par Alain Paret, qui l'a étendue jusqu'au Languedoc (en Pays d'Oc). Depuis 1999, c'est son fils Anthony qui est aux commandes.

Anthony Paret a très bien réussi ses cuvées 2016, et plus particulièrement ce Lys de Volan né de vignes plantées à l'aplomb du château, face au midi et à l'abri du mistral. Fruit d'un travail minutieux (récolte en caissettes, tris, puis élevage quatorze mois en fût neuf), ce condrieu a fortement impressionné le jury: des arômes intenses et complexes de violette, de confiture d'abricots et d'abricots secs, une chair de velours, avec juste ce qu'il faut de fraîcheur pour ne pas tomber dans la lourdeur et apporter une belle longueur. ⧗ 2020-2026 **Les Ceps du Nebadon 2016 ★★ (20 à 30 €; 6000 b.)** : cette cuvée affiche un boisé respectueux de la vendange. En bouche, elle propose de la rondeur, du gras, du volume, avec en soutien une fine tension qui souligne des saveurs de pêche jaune et d'amande grillée. ⧗ 2019-2025

ANTHONY PARET, pl. de l'Église, 42520 Saint-Pierre-de-Bœuf, tél. 04 74 87 12 09, contact@anthonyparet.com V r.-v.

♥ ANDRÉ PERRET Chery 2016 ★★

10 000		30 à 50 €

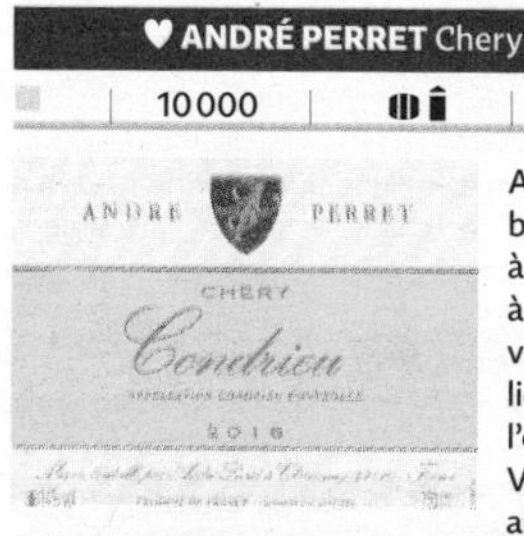

André Perret, alors biologiste, succède à son père en 1985 à la tête d'une petite vigne de 1,5 ha au lieu-dit Verlieu, à l'époque où Georges Vernay et quelques autres font renaître le condrieu. Il l'agrandit au fil des ans par achats, locations et plantations – 13 ha de coteaux abrupts en terrasses aujourd'hui – et s'impose comme l'un des grands élaborateurs de vins blancs rhodaniens.

Si le coteau de Chery est reconnu pour sa typicité dans l'AOC condrieu, l'interprétation de ce terroir par André Perret ne peut que nous passionner. Et ce n'est pas la première fois que cette cuvée fait sensation. Le 2016 est d'une grande netteté, hautement expressif et gourmand, empli de fraîcheur, d'une pureté aromatique remarquable (pêche, agrumes et acacia) et long, très long. Imparable. ⧗ 2020-2027 **Clos Chanson 2016 ★ (30 à 50 €; 2500 b.)** : ce condrieu flatte le nez comme les papilles avec sa fine minéralité et ses arômes frais d'agrumes qui renforcent son côté alerte. ⧗ 2018-2024

ANDRÉ PERRET, 17 RD, 1086, Verlieu, 42410 Chavanay, tél. 04 74 87 24 74, andre.perret@terre-net.fr V r.-v.

DOM. PICHAT La Caille 2017 ★★

1 000		30 à 50 €

Après des études à Beaune, puis une expérience aux États-Unis et dans le Bordelais, sur le domaine de son épouse (Ch. Filliol), Stéphane Pichat est revenu sur ses terres donner du souffle à cette propriété ancienne, fondée par ses arrière-grands-parents. Installé en 2000, il lance la mise en bouteilles (1 000 au commencement, 15 à 20 000 aujourd'hui) et signe à partir de 5 ha en côte-rôtie et en condrieu des vins d'une qualité toujours irréprochable.

Cette cuvée confidentielle offre un nez toasté et brioché et développe un palais intense évoquant l'abricot, la pêche et la poire. Rond et très long en bouche, ce vin possède une finale très vive que quelques mois de

RHÔNE

cave viendront arrondir. Un ensemble fort prometteur. ⧗ 2020-2025

⊶ *STÉPHANE PICHAT, 6, chem. de la Viallière, 69420 Ampuis, tél. 04 74 48 37 23, info@domainepichat.com* V r.-v.

MAISON CHRISTOPHE PICHON
Caresse 2016 ★★

	2500		50 à 75 €

Christophe Pichon a travaillé aux côtés de son père avant de reprendre seul, en 1991, l'exploitation établie dans le parc du Pilat: 21 ha aujourd'hui, répartis dans les appellations condrieu – dont il est l'actuel président –, côte-rôtie, saint-joseph et cornas. Corentin, son fils, revenu sur l'exploitation après un séjour en Australie, est désormais en charge de la vinification et de l'élevage des vins.

Le président de l'appellation montre l'exemple avec cette cuvée nette et expressive, mêlant au nez l'acacia, la pêche, l'abricot et la brioche. Le palais, de grande classe, est à la fois bien enrobé et d'une fraîcheur intense, étiré dans une longue finale rehaussée par de jolis amers. ⧗ 2019-2025

⊶ *CHRISTOPHE PICHON, 36, le Grand-Val, Verlieu, 42410 Chavanay, tél. 04 74 87 06 78, chrpichon@wanadoo.fr* V r.-v.

PIERRE VIDAL 2017 ★

	25000		20 à 30 €

Pierre Vidal, installé à Châteauneuf-du-Pape avec son épouse vigneronne, a créé son négoce en 2010. Une maison déjà bien implantée grâce aux sélections parcellaires vinifiées par ce jeune œnologue formé en Bourgogne, qui s'est développée depuis 2015 vers les vins bio et les vins « vegan ».

Ce condrieu se distingue par son caractère frais et tonique, son volume, sa persistance sur des saveurs d'acacia, d'agrumes, de pêche et d'abricot. Très prometteur et déjà très équilibré. ⧗ 2019-2024

⊶ *EURL PIERRE VIDAL, 631, rte de Sorgues, 84230 Châteauneuf-du-Pape, tél. 06 88 88 07 58, contact@pierrevidal.com*

FRANÇOIS VILLARD
Les Terrasses du Palat 2016 ★

	14000		30 à 50 €

Vigneron réputé de la vallée du Rhône nord, François Villard, ancien cuisinier, s'est installé en 1989 à Saint-Michel-sur-Rhône pour créer son vignoble: 36 ha aujourd'hui dans cinq crus, complétés par une petite activité d'achat de raisin. Dans son chai cathédrale naissent de beaux vins dans les deux couleurs.

Cette cuvée affiche l'approche moderne du condrieu, qui privilégie la minéralité et l'élégance à l'exubérance fruitée: un vin très pierre à fusil, agrémenté d'une jolie note de violette. On note aussi beaucoup d'ampleur en bouche avec une belle finale réglissée. ⧗ 2019-2024 **Le Grand Vallon 2016 (30 à 50 €; 10000 b.)** : vin cité.

⊶ *FRANÇOIS VILLARD, 330, rte du Réseau-Ange, 42410 Saint-Michel-sur-Rhône, tél. 04 74 56 83 60, vinsvillard@wanadoo.fr* V r.-v.

LES VINS DE VIENNE Lieu-dit Jeanraude 2016 ★★

	1500		30 à 50 €

Pour faire renaître le vignoble de Seyssuel situé en amont de Vienne, trois vignerons de renom, Yves Cuilleron, Pierre Gaillard et François Villard, ont créé cette affaire en 1996, à l'origine de beaux vins de propriété – IGP à Seyssuel, sélections parcellaires en AOC septentrionales – et de vins de négoce de toute la vallée.

Très confidentielle, cette cuvée séduit par son boisé délicat qui donne de la complexité à une bouche ample, ronde et longue, aux notes d'écorce d'orange et de miel bien fondu, souligné par une fine acidité. Un condrieu complet et déjà savoureux. ⧗ 2018-2024

⊶ *CUILLERON-GAILLARD-VILLARD, 1, ZA de Jassoux, 42410 Chavanay, tél. 04 74 85 04 52, contact@lesvinsdevienne.fr* V r.-v.

SAINT-JOSEPH

Superficie : 1 160 ha
Production : 42 110 hl (92 % rouge)

Sur la rive droite du Rhône, l'appellation saint-joseph s'étend sur 26 communes de l'Ardèche et de la Loire. Ses coteaux en pente escarpée offrent de belles vues sur les Alpes, le mont Pilat et les gorges du Doux. Les vignes croissent sur des sols granitiques. La syrah engendre des vins rouges élégants, relativement légers et tendres, aux arômes subtils de framboise, de poivre et de cassis, qui se révéleront sur les volailles grillées ou sur certains fromages. Les cépages roussanne et marsanne donnent des vins blancs gras, aux parfums délicats de fleurs, de fruits et de miel. Ils rappellent les hermitage mais sont à servir assez jeunes.

B ALÉOFANE 2016 ★

	5500		15 à 20 €

Depuis son installation en 2004 sur les terres de Mercurol, Natacha Chave s'affirme comme une valeur sûre dans les appellations crozes-hermitage et saint-joseph. Elle dispose aujourd'hui d'un vignoble de 12 ha, conduit en bio certifié.

Les dix mois de fût ont un peu fermé ce vin au niveau olfactif. Quant à la bouche, elle affiche un bel équilibre, de la structure et une finale fraîche et tannique, aux accents mentholés. Du potentiel. ⧗ 2020-2025

⊶ *NATACHA CHAVE, 745, av. du Vercors, 26600 Mercurol, tél. 04 75 07 00 82, chavenatacha@yahoo.fr* V r.-v.

M. CHAPOUTIER 2016

	40000		20 à 30 €

Cette vénérable (XIXe s.) et incontournable maison, mise sur orbite internationale par Michel Chapoutier à partir des années 1990, propose une large gamme issue de ses propres vignes (350 ha, en biodynamie) ou d'achats de raisin dans la plupart des appellations phares de la vallée du Rhône, et aussi en Roussillon et en Alsace.

Un vin encore fermé et austère pour l'heure, mais qui révèle un potentiel certain à travers des tanins fermes et une matière riche. L'ensemble devrait s'arrondir au fil du temps. ⧗ 2020-2024

⊶ MICHEL CHAPOUTIER, 18, av. du Dr-Paul-Durand, 26600 Tain-l'Hermitage, tél. 04 75 08 28 65, chapoutier@chapoutier.com V r.-v.

DOM. DU CHÊNE 2015

■ | 30000 | | 15 à 20 €

En 1985, Marc et Dominique Rouvière ont acquis cette propriété située dans le parc régional du Pilat. Partis avec 5,5 ha en saint-joseph et en condrieu, ils exploitent aujourd'hui 26 ha, avec leurs enfants Anaïs et Julien.

Cette cuvée évoque le velours avec son palais onctueux imprégné de saveurs de mûre et déploie une jolie finale tout en fraîcheur. Un 2015 au top de sa forme, à boire sur le fruit. ⧗ 2018-2021

⊶ FAMILLE ROUVIÈRE, 8, Le Pêcher, 42410 Chavanay, tél. 04 74 87 27 34, rouviere.marc@wanadoo.fr V *r.-v.*

VINCENT ET ALEXANDRE CLUZEL
Cuvée du Vignon 2016

■ | 2500 | | 15 à 20 €

Vincent Cluzel a créé son domaine en louant et en plantant des vignes (10 ha aujourd'hui en condrieu, saint-joseph et crozes-hermitage). Après la construction de la cave, il a vinifié son premier millésime en 2013 et son frère Alexandre l'a rejoint en 2017.

Ce 2016 à la touche boisée se révèle tout en rondeur. Pas de recherche de puissance ici, mais un beau travail sur le fruité et la souplesse. Un vin à boire dans sa jeunesse. ⧗ 2018-2021

⊶ VINCENT ET ALEXANDRE CLUZEL, 16 bis, chem. Neuf, Verlieu, 42410 Chavanay, tél. 04 74 15 09 94, domainecluzel@hotmail.fr V *r.-v.*

DOM. COURBIS Les Royes 2016 ★

■ | 10000 | | 30 à 50 €

Une valeur sûre de la vallée du Rhône septentrionale, notamment dans les AOC cornas et saint-joseph. Dominique et Laurent Courbis conduisent depuis la fin des années 1980, à la suite de leur père, un domaine de 35 ha dont les origines remontent au XVIIes. L'essentiel des vignes est perché sur des coteaux très abrupts à plus de 250 m d'altitude.

Encore un peu fermé pour l'heure, ce 2016 concentré dévoile à l'aération des arômes de fruits rouges surmûris. En bouche, il se montre riche, puissant, ample et généreux, bien dans le style maison. ⧗ 2021-2026 ■ **La Cotte Sud 2016 ★ (30 à 50 €; 1500 b.)** : un vin intense, vineux, riche et gras, promis à un bel avenir. ⧗ 2021-2026

⊶ LAURENT ET DOMINIQUE COURBIS, rte de Saint-Romain, 07130 Châteaubourg, tél. 04 75 81 81 60, contact@domaine-courbis.fr V *t.l.j. sf dim. 9h-12h 14h-17h30; sam. sur r.-v.*

♥ PIERRE ET JÉRÔME COURSODON
Le Paradis Saint-Pierre 2016 ★★★

■ | 2000 | | 30 à 50 €

Établis depuis quatre générations à Mauves, berceau de l'appellation saint-joseph, Pierre Coursodon, le père, et Jérôme, le fils, installé en 1999, sont à la tête de 16 ha de vignes dédiés au seul saint-joseph, essentiellement dans sa version rouge. Depuis longtemps, les vins de ce domaine entrent dans les sélections du Guide: d'une constance rare, ils sont abonnés aux étoiles et aux coups de cœur.

Une pluie d'étoiles pour le domaine et un coup de cœur, comme d'habitude est-on tenté d'écrire... À tout seigneur tout honneur, place au Paradis Saint-Pierre rouge à la stature de cathédrale gothique. Expression aboutie de la syrah, le nez libère d'intenses notes de fruits noirs, de violette et de d'épices sur fond de cacao. En bouche, le vin, d'une expressivité et d'une harmonie rares, apparaît ample et très riche sans être ostentatoire ni lourd, porté par des tanins délicats et soyeux. Un très grand vin à mettre en cave. ⧗ 2022-2028 ■ **La Sensonne 2016 ★★ (30 à 50 €; 3000 b.)** : délicate et suave, dotée de tanins doux et veloutés, cette cuvée mêle des arômes gourmands de vanille et de cerise confite. ⧗ 2020-2025 ■ **L'Olivaie 2016 ★★ (30 à 50 €; 7500 b.)** : au nez très intense de sous-bois et de fruits rouges répond une bouche qui joue la carte de la souplesse et de la finesse. « Un air de danseuse en ballerine », conclut une dégustatrice inspirée. ⧗ 2019-2023 ■ **Silice 2016 ★ (20 à 30 €; 40000 b.)** : une cuvée appréciée pour ses tanins fondus et sa matière souple et ronde, imprégnée de fruits rouges à l'eau-de-vie. ⧗ 2019-2023 □ **Le Paradis Saint-Pierre 2016 ★ (30 à 50 €; 4000 b.)** : un joli blanc aux notes d'ananas grillé, de foin et de pierre à fusil, qui allie en bouche longueur, douceur, gras, générosité et boisé fondu. ⧗ 2018-2022

⊶ COURSODON, 3, pl. du Marché, 07300 Mauves, tél. 04 75 08 18 29, pierre.coursodon@wanadoo.fr V *r.-v.*

♥ YVES CUILLERON Les Serines 2015 ★★★

■ | 16000 | | 30 à 50 €

Une référence de la vallée nord, notamment pour ses condrieu. Établi à Chavanay, Yves Cuilleron a repris en 1987 la propriété créée en 1920 par son grand-père paternel, puis gérée par son oncle Antoine. Il a progressivement agrandi le domaine (60 ha aujourd'hui), planté à haute densité et conduit de manière très raisonnée sur la rive droite du Rhône (condrieu, côte-rôtie, saint-joseph, saint-peray et cornas) et, depuis 2012, sur la rive gauche (crozes-hermitage).

RHÔNE

Cuvée phare du domaine, ces Serines brillent au firmament avec le millésime 2015. René Char écrivait: «L'impossible, nous ne l'atteignons pas, mais il nous sert de lanterne», c'est peut-être ce qui a éclairé Yves Cuilleron tant les commentaires du jury sont dithyrambiques: un vin rien moins que parfait, mémorable, mêlant au nez les fruits rouges à l'eau-de-vie, les épices, la réglisse et la violette, et alliant en bouche l'élégance, la profondeur et la longueur autour de tanins d'une grande finesse. ⧗ 2021-2028

YVES CUILLERON, 58, RD 1086, Verlieu, 42410 Chavanay, tél. 04 74 87 02 37, cave@cuilleron.com V r.-v.

EMMANUEL DARNAUD Lieu-dit La Dardouille 2016 ★★

■ | 6000 | | 30 à 50 €

L'histoire vigneronne d'Emmanuel Darnaud débute en 2001 avec 1,5 ha de vignes en fermage sur l'appellation crozes-hermitage. Agrandi progressivement, le domaine couvre aujourd'hui 15 ha, avec des parcelles en saint-joseph, et fait preuve d'une belle constance dans la qualité avec ses sélections parcellaires.

Emmanuel Darnaud obtient la même note que le millésime précédent avec cette même cuvée. On retrouve l'effet millésime par la présence de tanins soyeux qui donnent beaucoup de rondeur à une bouche portée sur des notes truffées, tandis que le nez évoque plutôt les fruits rouges et les épices. Un vin long, gracieux mais avec du caractère. ⧗ 2020-2024

EARL EMMANUEL DARNAUD, 21, rue du Stade, 26600 La Roche-de-Glun, tél. 04 75 84 81 64, emmanuel.darnaud26@orange.fr V r.-v.

ÉRIC ET JOËL DURAND Les Coteaux 2016 ★

■ | 25000 | | 15 à 20 €

Un domaine familial de 20 ha constant en qualité, établi au sud de l'appellation saint-joseph et aux portes de celle de cornas, conduit par les frères Éric et Joël Durand.

Un vin qui a de la personnalité. L'élevage en demi-muids et en barriques (dont 20 % de fût neuf) donne une légère touche vanillée à un bouquet puissant de fruits noirs et de violette. La bouche apparaît riche et concentrée, dotée de tanins jeunes. L'élégance viendra avec le temps. Du potentiel. ⧗ 2021-2025 **2016 ★ (15 à 20 €; 6000 b.)** : au nez, un élevage parfaitement dosé accompagne des notes d'acacia, de menthol et de citron; arômes prolongés par une bouche fraîche, dynamisée par une jolie finale saline. ⧗ 2018-2022

ÉRIC ET JOËL DURAND, 2, imp. de la Fontaine, 07130 Châteaubourg, tél. 04 75 40 46 78, ej.durand@wanadoo.fr V r.-v.

FERRATON PÈRE ET FILS Frédéric Reverdy 2015 ★

■ | 30000 | | 15 à 20 €

Fondée en 1946 par Jean Orëns Ferraton, cette société de négoce de Tain-l'Hermitage, également propriétaire de vignes, a été reprise en 2004 par le groupe Chapoutier.

Charmé par le joli nez de cerise, de violette et de torréfaction de ce 2015, le jury a aussi apprécié sa bouche très persistante, harmonieuse et complexe. Un beau vin en devenir. ⧗ 2020-2024

FERRATON PÈRE ET FILS, 13, rue de la Sizeranne, 26600 Tain-l'Hermitage, tél. 04 75 08 59 51, ferraton@ferraton.fr V *t.l.j. sf dim. lun. 10h-12h 14h30-19h*
M. Chapoutier

♥ GILLES FLACHER Terra Louis 2016 ★★

■ | 6000 | | 20 à 30 €

Un domaine fondé en 1806, repris en 1991 par Gilles Flacher qui a depuis porté sa superficie de 1,5 ha à 8 ha de vignes plantées en coteau, en saint-joseph et en condrieu.

Fruité (cerise kirschée), épicé et truffé, séveux, ample et très puissant en bouche, porté par des tanins veloutés et par un boisé parfaitement fondu, ce magnifique saint-joseph offre une longueur sans égal. Un modèle d'équilibre et de force maîtrisée. ⧗ 2021-2026

GILLES FLACHER, 971, rue Principale, 07340 Charnas, tél. 06 07 64 06 00, secretariat-flacher@orange.fr V r.-v.

PIERRE GAILLARD Clos de Cuminaille 2016 ★

■ | 15000 | | 20 à 30 €

Pierre Gaillard acquiert ses premiers ceps en 1981 et constitue petit à petit son vignoble, défrichant et plantant de nouvelles parcelles. Établi aux portes du parc régional du Pilat, ce vigneron et négociant réputé de la vallée du Rhône nord, présent aussi en Languedoc-Roussillon (Madeloc à Banyuls-sur-Mer, Cottebrune à Faugères), est à la tête de 77 ha, tous domaines confondus.

À la dégustation, les dix-huit mois de bois n'étaient pas encore totalement intégrés. Si le jury a loué unanimement la qualité olfactive tout en fraîcheur de ce vin, sur le fruit et le poivre, rehaussés d'une pointe de vanille bourbon, la bouche de ce vin de garde, complexe, ample et corsée, apparaît pour l'heure fermée à double tour. Un très joli saint-joseph qui saura récompenser votre patience. ⧗ 2021-2028

PIERRE GAILLARD, lieu-dit Chez-Favier, 42520 Malleval, tél. 04 74 87 13 10, famille@gaillard.vin V r.-v.

ROLAND GRANGIER Côte granits 2016 ★

■ | 8500 | | 11 à 15 €

Issu d'une famille d'agriculteurs, Roland Grangier a fondé ce domaine en 2002. Il exploite aujourd'hui, avec son épouse Céline, un vignoble de 10 ha sur deux appellations, saint-joseph et condrieu.

Au nez, ce vin dévoile des senteurs de poivre et de fruits rouges confiturés bien typées. En bouche, il se révèle équilibré, ample et intense, offrant dans sa longue finale une très belle qualité de tanins. Du potentiel. ⧗ 2021-2025

ROLAND GRANGIER, 13, Chantelouve, 42410 Chavanay, tél. 04 74 56 20 14, rolandgrangier@orange.fr V r.-v.

DOM. BERNARD GRIPA 2016 ★★

■ | 35000 | ⦀ | 15 à 20 €

La famille Gripa arrive à Saint-Péray au XVIIᵉs., puis s'établit à Mauves vers 1850. Valeur sûre de la vallée du Rhône septentrionale, tant pour ses saint-péray que pour ses saint-joseph (témoin les nombreux coups de cœur obtenus dans les deux appellations), le domaine est conduit depuis 2001 par Fabrice Gripa, fils de Bernard, aujourd'hui à la tête de 17 ha de vignes.

Au nez, ce saint-joseph livre des arômes de fruits rouges et d'épices. Souple et énergique, il joue la carte de la délicatesse en attaque, avant de dévoiler une bouche de velours à la superbe définition tannique. Un très beau vin, déjà délicieux, mais qui ne craindra pas une garde de quelques années. ⧗ 2019-2024 ■ **2016 ★★ (15 à 20 €; 12000 b.)** : un vin complexe, évoquant le tilleul et le seringa, à la bouche idéalement fraîche, centrée sur d'élégantes saveurs d'agrumes et d'épices douces. Une franche réussite. ⧗ 2018-2022 ■ **Le Berceau 2016 ★★ (30 à 50 €; 7000 b.)** : un 2016 puissant, d'une amplitude et d'un équilibre rares, qui impressionne par sa profondeur. Un grand potentiel. ⧗ 2022-2028

FABRICE GRIPA, 5, av. Ozier, 07300 Mauves, tél. 04 75 08 14 96, gripa@wanadoo.fr V *t.l.j. sf sam. dim. 8h30-12h 14h-17h30*

DOM. PAUL JABOULET AÎNÉ
La Croix des vignes 2015 ★

■ | 7000 | ⦀ | 30 à 50 €

Fondée en 1834, la vénérable maison Paul Jaboulet Aîné propose une large gamme issue de son négoce et de sa centaine d'hectares (en conversion bio) répartis dans plusieurs domaines septentrionaux, dont le mythique La Chapelle en hermitage. Rachetée en 2006 par la famille Frey, propriétaire en Champagne et dans le Bordelais (La Lagune), elle est dirigée par Caroline Frey.

Le jury reconnaît unanimement que ce 2015 au nez encore timide est un beau vin en devenir. Possédant une solide structure autour de tanins mûrs et fins, du volume et de la complexité, il s'affinera avec le temps. ⧗ 2020-2025

DOM. PAUL JABOULET AÎNÉ, RN 7, Les Jalets, BP 46, 26600 Tain-l'Hermitage, tél. 04 75 84 68 93, info@jaboulet.com V *t.l.j. sf lun. 10h-19h*
Caroline Frey

STÉPHANE MONTEZ DU MONTEILLET
Cuvée du Papy 2016 ★★

■ | 29000 | ⦀ | 20 à 30 €

Les origines du domaine remontent au XVIᵉs.; les Montez y cultivent la vigne depuis 1741. Installé en 1999 à la suite de son père Antoine, Stéphane Montez représente la neuvième génération vigneronne. Il conduit aujourd'hui un vignoble de 30 ha (cornas, côte-rôtie, condrieu, saint-joseph et IGP), établi sur les hauteurs de Chavanay à 320 m d'altitude. Une valeur sûre de la vallée septentrionale.

2016 est un millésime tardif, avec une lente maturation des grappes. On retrouve cet effet millésime dans un palais ouvertement fruité (fruits rouges et noirs), avec une belle fraîcheur sous-jacente. Un vin ample, complet, à la classe naturelle et à l'harmonie sans faille. Il s'affinera encore et s'affirmera pleinement dans quelques années. ⧗ 2020-2024 ■ **Fortior 2016 ★ (20 à 30 €; 5000 b.)** : un vin puissant, aux arômes intenses de mûre, de cassis et de violette. Un beau vin de garde, identitaire et au caractère bien trempé. ⧗ 2021-2028

STÉPHANE MONTEZ, Dom. du Monteillet 7, 42410 Chavanay, tél. 04 74 87 24 57, stephanemontez@aol.com V *r.-v.*

DIDIER MORION Les Échets 2015 ★

■ | 4000 | ⦀ | 15 à 20 €

En 1993, lorsque Didier Morion s'installa sur l'exploitation familiale, alors en polyculture, la vigne ne représentait que 2 ha. Aujourd'hui, ce sont 10 ha dédiés à la seule vigne qu'il conduit au cœur du Parc naturel régional du Pilat.

Le nez, marqué par les dix-huit mois d'élevage, mêle des notes de torréfaction, de moka et de vanille. En bouche, c'est un vin puissant, épicé et solaire, fidèle au millésime et, grâce à des tanins enrobés, déjà prêt à boire. ⧗ 2018-2022

DIDIER MORION, 2, Épitaillon, 42410 Chavanay, tél. 04 74 87 26 33, contact@domainemorion.com V *r.-v.*

XAVIER MOURIER Les 85 Rangs 2016

■ | 4500 | ⦀ | 20 à 30 €

Ce domaine a été créé de toutes pièces en 1989 par Michel et Xavier Mourier, qui ont défriché les terres et aménagé des terrasses avant de planter. De 1,5 ha à l'origine, le vignoble est passé à plus de 17 ha aujourd'hui, sur des coteaux exposés sud-sud-est, avec des pentes de 40 à 60 %. En complément, les Mourier pratiquent aussi une activité de négoce-éleveur.

L'olfaction de ce 2016 est dominée par les notes boisées, prélude à une bouche à la fois riche et fraîche, avec de beaux amers et des nuances mentholées et d'acacia qui viennent rompre la prééminence du bois. ⧗ 2018-2022

XAVIER MOURIER, 53, RD 1086, 42410 Chavanay, tél. 04 74 87 04 07, contact@domainemourier.fr V *t.l.j. sf dim. lun. 9h-12h 15h-19h*

DOM. MUCYN Les Carats 2017 ★

■ | 4500 | ⦀ | 11 à 15 €

Après deux ans de formation en «viti-œno» à Beaune, les Champenois Hélène et Jean-Pierre Mucyn ont créé ce domaine en 2001, dans un ancien relais batelier du Rhône fondé au XVIIIᵉs., établi au pied de l'Hermitage. Leur vignoble couvre aujourd'hui 14 ha en saint-joseph, crozes-hermitage, cornas et IGP Collines rhodaniennes.

Cette cuvée 100 % roussanne, au nez élégant d'aubépine, de tilleul et de citron, offre une bouche ample, harmonieuse et éclatante. Un très beau blanc de gastronomie. ⧗ 2018-2022

MUCYN, 27, quartier des Îles, 26600 Gervans, tél. 04 75 03 34 52, contact@mucyn.com V *r.-v.*

MAISON CHRISTOPHE PICHON 2016 ★★

	7500		20 à 30 €

Christophe Pichon a travaillé aux côtés de son père avant de reprendre seul, en 1991, l'exploitation établie dans le parc du Pilat: 21 ha aujourd'hui, répartis dans les appellations condrieu – dont il est l'actuel président –, côte-rôtie, saint-joseph et cornas. Corentin, son fils, revenu sur l'exploitation après un séjour en Australie, est désormais en charge de la vinification et de l'élevage des vins.

Cette cuvée, issue presque exclusivement (à 90 %) de marsanne, offre une robe cristalline et un nez intense mêlant senteurs florales, notes beurrées et nuances minérales. La bouche est d'une grande élégance, à la fois énergique et parfaitement mûre, aux saveurs d'amande fraîche et à la longue finale s'achevant sur de jolis amers salivants. Un modèle du genre. ⧗ 2018-2023

CHRISTOPHE PICHON, 36, le Grand-Val, Verlieu, 42410 Chavanay, tél. 04 74 87 06 78, chrpichon@wanadoo.fr **V** *r.-v.*

DOM. DES REMIZIÈRES 2016 ★

■	20000		11 à 15 €

Jusqu'en 1973, Alphonse Desmeure apportait sa vendange à la coopérative. Son fils Philippe développe la propriété à partir de 1977, généralise la production en bouteilles et accroît le vignoble: 36 ha aujourd'hui, disséminés sur plusieurs communes et conduits en bio non certifié avec ses enfants, Émilie et Christophe. Une référence incontournable, avec des vins d'une rare constance. Une activité de négoce a été créée en 2010 afin de diversifier la production dans d'autres appellations.

Un 2016 intense et profond, mêlant tant au nez qu'en bouche des arômes de mûre, de lard fumé, d'iris et d'épices douces. Un ensemble complexe et élégant. ⧗ 2018-2023

CAVE DESMEURE, 1459, av. du Vercors, 26600 Mercurol, tél. 04 75 07 44 28, contact@domaineremizieres.com **V** *t.l.j. sf dim. 9h-12h 14h-18h30*

CAVE SAINT-DÉSIRAT
Cœur de Rochevine 2015 ★★

■	7200		30 à 50 €

Coopérative fondée en 1960, la cave Saint-Désirat représente à elle seule environ 40 % de la production en saint-joseph. Un acteur important de l'appellation donc, qui fait rimer quantité avec qualité.

Dix-huit mois en barriques neuves et pourtant le boisé est à peine perceptible, voilà la preuve d'une belle maîtrise de l'élevage. Après une olfaction marquée par le cassis et les épices, le palais se révèle à la fois riche et complet, frais et harmonieux, bâti sur une trame tannique puissante et fondue, déployant une finale remarquable. Un très beau vin de terroir. ⧗ 2019-2024 ■ **Septentrio 2016 ★ (15 à 20 €; 70000 b.)** : élevé dix mois en fût, dont 50 % en chêne neuf, ce vin affiche un nez ouvert, évoquant la griotte, le cassis et la vanille, puis un palais équilibré, de belle ampleur malgré un boisé légèrement trop présent. ⧗ 2019-2024

CAVE SAINT-DÉSIRAT, 07340 Saint-Désirat, tél. 04 75 34 22 05, maisondesvins@cave-saint-desirat.fr **V** *t.l.j. 9h-12h 14h-18h30*

♥ CAVE DE TAIN
Terroirs d'exception TM 2016 ★★

■	12200		20 à 30 €

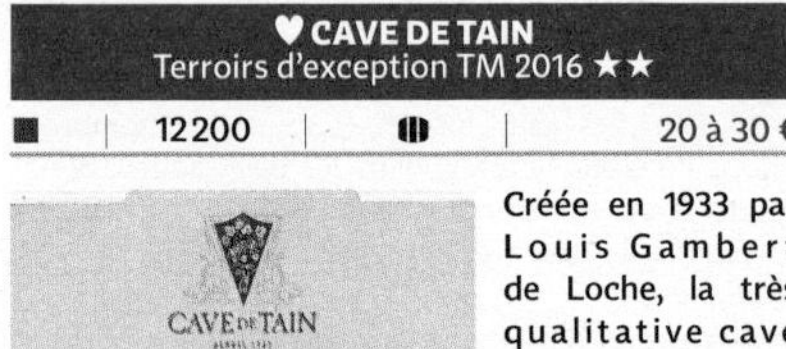

Créée en 1933 par Louis Gambert de Loche, la très qualitative cave coopérative de Tain-l'Hermitage rassemble 310 adhérents et vinifie à elle seule, avec plus de 1 000 ha de vignes, environ 50 % des appellations de la vallée du Rhône septentrionale. Elle possède aussi 26 ha en propre, dont 21 ha en AOC hermitage. Une valeur sûre de la région, qui s'est dotée en 2014 de structures de production flambant neuves permettant de multiplier les sélections parcellaires.

Il n'est plus besoin de louer la qualité des vins que cette cave produit, à l'image de ce Terroirs d'exception, un vin à la fois croquant, complexe et typé. Très expressif, le nez développe des notes intenses de mûre, de cerise et d'épices mâtinées d'arômes toastés. On découvre ensuite une bouche fondue, élégante, d'une grande persistance aromatique. Un vin délicieux dès aujourd'hui, mais qui saura évoluer avec grâce. ⧗ 2018-2023 ■ **Les Vignes de CA 2016 ★★ (15 à 20 €; 13000 b.)** : un excellent saint-joseph, au nez délicat et fin d'épices, de violette et de fruits rouges, au palais intense et droit, étayé par de beaux tanins serrés. ⧗ 2019-2024 **Grand Classique 2017 ★ (11 à 15 €; 22000 b.)** : un vin dominé à l'olfaction par les notes d'acacia, de poire et de zeste d'agrumes, dense, frais et gourmand en bouche. ⧗ 2018-2022 **Terre d'ivoire 2017 ★ (20 à 30 €; 12000 b.)** : un vin gras et rond, aux notes toastées et briochées, qui plaira aux amateurs de blancs riches et ambitieux. ⧗ 2018-2023

CAVE DE TAIN, 22, rte de Larnage, CS 89721, 26602 Tain-l'Hermitage, tél. 04 75 08 20 87, contact@cavedetain.com **V** *r.-v.*

DOM. VALLET
Secret d'Antoine 2015 ★★

■	2000		20 à 30 €

Ce domaine familial établi dans le village médiéval de Serrières a quitté la cave coopérative en 1990 pour vendre son vin en bouteille. Installé en 1998, Anthony Vallet a fait passer sa superficie de 2,9 ha à 13 ha aujourd'hui, en AOC saint-joseph et en condrieu.

Très ouvert sur la violette, l'iris, l'anis et les épices, le nez de ce 2015 allie à la fois puissance et élégance. Deux qualités que l'on retrouve dans une bouche à l'harmonie remarquable, aux tanins enrobés et à la finale de grande intensité. Une franche réussite. ⧗ 2018-2023

ANTHONY VALLET, 694, La Croisette, RD 86, 07340 Serrières, tél. 04 75 34 04 64, domaine.vallet@orange.fr **V** *t.l.j. sf sam. dim. 8h30-12h30 13h30-17h*

PIERRE VIDAL 2016

■ | 15000 | ◍ | 15 à 20 €

Pierre Vidal, installé à Châteauneuf-du-Pape avec son épouse vigneronne, a créé son négoce en 2010. Une maison déjà bien implantée grâce aux sélections parcellaires vinifiées par ce jeune œnologue formé en Bourgogne, qui s'est développée depuis 2015 vers les vins bio et les vins «vegan».

Un 2016 délicat, équilibré, encore discret aromatiquement, mais qui devrait s'étoffer en cave et briller à table grâce à son joli toucher de bouche. ⧗ 2019-2022

⊶ EURL PIERRE VIDAL, 631, rte de Sorgues, 84230 Châteauneuf-du-Pape, tél. 06 88 88 07 58, contact@pierrevidal.com

FRANÇOIS VILLARD Mairlant 2015 ★

■ | 16000 | ◍ | 20 à 30 €

Vigneron réputé de la vallée du Rhône nord, François Villard, ancien cuisinier, s'est installé en 1989 à Saint-Michel-sur-Rhône pour créer son vignoble: 36 ha aujourd'hui dans cinq crus, complétés par une petite activité d'achat de raisin. Dans son chai cathédrale naissent de beaux vins dans les deux couleurs.

Très structurée et puissante, cette cuvée à la robe noir intense offre un boisé délicat et surtout une bouche ample, dense et fraîche à la fois, épaulée par des tanins onctueux. Un potentiel certain. ⧗ 2019-2025 ■ **Reflet 2015 ★ (30 à 50 €; 17000 b.)** : pour l'heure encore assez marqué par l'élevage (intenses notes vanillées), ce vin présente un profil vigoureux et corsé. ⧗ 2019-2025 □ **Mairlant 2016 (20 à 30 €; 10000 b.)** : vin cité.

⊶ FRANÇOIS VILLARD, 330, rte du Réseau-Ange, 42410 Saint-Michel-sur-Rhône, tél. 04 74 56 83 60, vinsvillard@wanadoo.fr V r.-v.

LES VINS DE VIENNE L'Arzelle 2016

■ | 8000 | ◍ | 20 à 30 €

Pour faire renaître le vignoble de Seyssuel situé en amont de Vienne, trois vignerons de renom, Yves Cuilleron, Pierre Gaillard et François Villard, ont créé cette affaire en 1996, à l'origine de beaux vins de propriété – IGP à Seyssuel, sélections parcellaires en AOC septentrionales – et de vins de négoce de toute la vallée.

Ce 2016 très marqué tant au nez qu'au palais par le cassis offre une bouche gouleyante, fraîche et souple, qui permettra de l'apprécier dans sa jeunesse. ⧗ 2018-2021

⊶ CUILLERON-GAILLARD-VILLARD, 1, ZA de Jassoux, 42410 Chavanay, tél. 04 74 85 04 52, contact@lesvinsdevienne.fr V r.-v.

CROZES-HERMITAGE

Superficie : 1 495 ha
Production : 67 000 hl (92 % rouge)

Cette appellation, couvrant des terrains moins difficiles à cultiver que ceux de l'hermitage, s'étend sur 11 communes environnant Tain-l'Hermitage. C'est le plus vaste vignoble des appellations septentrionales. Les sols, plus riches que ceux de l'hermitage, donnent à partir des mêmes cépages (syrah en rouge, marsanne et roussanne en blanc) des vins moins puissants, fruités et à servir jeunes. Rouges, ils sont assez souples et aromatiques; blancs, ils sont secs, frais et floraux, légers en couleur et, comme les hermitage blancs, ils iront parfaitement sur les poissons d'eau douce.

DOM. BELLE Cuvée Louis Belle 2015 ★

■ | 30000 | ◍ | 20 à 30 €

Un domaine familial établi sur les anciennes terres seigneuriales de Larnage, sorti du système coopératif en 1990 et dirigé depuis 2003 par Philippe Belle, à la tête de 25 ha de vignes répartis dans six communes et trois appellations (hermitage, crozes et saint-joseph). La conversion bio est engagée depuis 2014.

Au nez, des arômes de myrtille et de cassis se mêlent à des notes prononcées de menthe et de poivre noir. En bouche, on découvre un vin gourmand et plaisant, à l'élevage maîtrisé et aux tanins souples. ⧗ 2019-2023

⊶ PHILIPPE BELLE, 510, rue de la Croix, 26600 Larnage, tél. 04 75 08 24 58, contact@domainebelle.com V r.-v.

BRUNEL DE LA GARDINE 2016

■ | 15000 | ▮ | 15 à 20 €

Le négociant Gaston Brunel, héritier d'une longue tradition vigneronne (XVII[e]s.), acquit La Gardine en 1945. Ses fils, Patrick et Maxime, et ses petits-enfants, Marie-Odile et Philippe, continuent de mettre en valeur ce domaine réputé, fort d'une cinquantaine d'hectares. En 2007, la famille Brunel a créé une maison négoce sous le nom de Brunel de la Gardine.

Si le côté austère de ce 2016 le rend difficile d'accès pour l'heure, cela indique aussi un bon potentiel de garde grâce à sa structure solide. On apprécie également ses arômes intenses de fruits au nez. À attendre donc. ⧗ 2021-2024

⊶ BRUNEL PÈRE ET FILS, rte de Roquemaure, BP 5, 84230 Châteauneuf-du-Pape, tél. 04 90 83 73 20, gardine.export@gardine.com V *t.l.j. sf dim. 10h-18h*

Ⓑ **YANN CHAVE** 2016 ★★

■ | 70000 | ▮ | 15 à 20 €

Un domaine créé en 1969 par Bernard et Nicole Chave, repris en 1996, restructuré et agrandi (19,5 ha aujourd'hui, conduits en bio) par leur fils Yann. Ce dernier en a fait l'une des belles références des appellations hermitage et crozes-hermitage.

C'est un vin de grande classe qui nous est proposé ici. Au nez, intense, évoquant le cassis, le raisin frais et le sous-bois, répond une bouche finement structurée, fraîche et d'une élégance rare. ⧗ 2019-2022 ■ **Le Rouvre 2016 ★ (20 à 30 €; 18000 b.)** Ⓑ : un nez profond, minéral et épicé et une bouche ample, mûre et charpentée, d'une légère douceur en finale, composent un bon vin de garde. ⧗ 2021-2024

⊶ YANN CHAVE, 1170, chem. de la Burge, 26600 Mercurol, tél. 04 75 07 42 11, chaveyann@yahoo.fr

MARLÈNE ET NICOLAS CHEVALIER
Les Pends 2016 ★★

6600		11 à 15 €

Marlène Chevalier et son frère Nicolas ont repris en 2009 le domaine familial, qu'ils ont sorti progressivement de la coopérative locale pour créer leurs propres vins. Dans leur nouveau chai, aménagé en 2014, ils élaborent des crozes-hermitage très intéressants, à partir de sélections parcellaires opérées sur un vignoble de 10 ha.

2016 est une excellente année pour les blancs de ce domaine. La cuvée Les Pends, aux notes boisées, affiche en bouche à la fois de la souplesse et de l'ampleur. C'est très bien travaillé, avec un équilibre rare et une superbe persistance florale en finale. ⧗ 2018-2021 **La Motte 2016 ★ (11 à 15 €; 2400 b.)** : minérale avec ses notes de pierre à fusil, florale et briochée, cette cuvée balance entre fermeté et gras en bouche. ⧗ 2018-2022

⊶ MARLÈNE ET NICOLAS CHEVALIER, 840, chem. de l'Allée, 26600 Chanos-Curson, tél. 06 87 10 16 15, contact@cave-chevalier.com V r.-v.

♥ CLAIRMONT Classique 2016 ★★

15000		8 à 11 €

Cette petite structure coopérative née en 1972 de l'union de trois familles rassemble aujourd'hui onze associés représentant sept familles, dont elle vinifie les 117 ha de vignes – exclusivement en crozes-hermitage.

Quand on maîtrise ses classiques, il n'y a rien à craindre, que ce soit en blanc ou en rouge. En blanc, la marsanne (unique cépage à l'œuvre ici) confère à ce vin un bouquet intense et frais de fleurs blanches et de poire. La bouche offre un superbe équilibre fruit-acide-alcool, digne des plus grands de l'appellation, et quelle persistance! ⧗ 2018-2021 ■ **Classique 2016 ★★ (8 à 11 €; 10000 b.)** : diablement gourmand, tout en fraîcheur, évoquant le cassis à l'aération, puis la purée de fraises en bouche, ce 2016 est irrésistible. Du fruit, du fruit, encore du fruit... ⧗ 2018-2023

⊶ CAVE DE CLAIRMONT, 755, rte des Vignes, 26600 Beaumont-Monteux, tél. 04 75 84 61 91, contact@cavedeclairmont.com V t.l.j. sf dim. 9h-12h 14h-18h

DOM. DU COLOMBIER 2016 ★

7000		15 à 20 €

Fort de 17 ha de vignes, Florent Viale élabore son propre vin depuis 1991, alors que son père vendait ses vendanges à la maison Guigal. Partisan d'une viticulture naturelle, il adopte une démarche proche du bio, mais sans certification. Il signe des hermitage et des crozes très réguliers en qualité.

Une marsanne pure, dont 40 % ont été élevés en demi-muids neufs. On retrouve des arômes briochés aussi bien au nez qu'en bouche, enrobant des notes friandes d'agrumes. Tout cela est renforcé par une palette aromatique dans une bouche souple et fraîche, bien épaulée par le bois. Un beau blanc de gastronomie. ⧗ 2018-2022 **Cuvée Gaby 2016 ★ (20 à 30 €; 1600 b.)** : élevée 100 % en demi-muids neufs, cette cuvée propose des arômes de grillé, d'amande et de poire. Il faudra attendre pour profiter pleinement de sa bouche, boisée, ample et longue. ⧗ 2020-2023

⊶ DAVID ET FLORENT VIALE, 175, rte des Alpes, 26600 Mercurol, tél. 04 75 07 44 07, dom.ducolombier@gmail.com V r.-v.

YVES CUILLERON Les Rousses 2016 ★

7000		15 à 20 €

Une référence de la vallée nord, notamment pour ses condrieu. Établi à Chavanay, Yves Cuilleron a repris en 1987 la propriété créée en 1920 par son grand-père paternel, puis gérée par son oncle Antoine. Il a progressivement agrandi le domaine (60 ha aujourd'hui), planté à haute densité et conduit de manière très raisonnée sur la rive droite du Rhône (condrieu, côte-rôtie, saint-joseph, saint-peray et cornas) et, depuis 2012, sur la rive gauche (crozes-hermitage).

La seule marsanne, vinifiée et élevée en barrique, est à l'œuvre dans ce vin d'un seyant jaune pâle et limpide. Au nez, les notes fruitées sont dominées par le litchi, et la bouche se révèle délicate, souple et parfaitement équilibrée. ⧗ 2018-2021 ■ **Lieu-dit Les Châssis 2015 ★ (20 à 30 €; 3380 b.)** : d'une grande intensité aromatique, mélange de caramel, de cassis écrasé et d'épices douces, cette cuvée dévoile une bouche riche, dense et équilibrée, aux tanins mûrs, mais au boisé encore exubérant. À attendre. ⧗ 2020-2024

⊶ YVES CUILLERON, 58, RD 1086, Verlieu, 42410 Chavanay, tél. 04 74 87 02 37, cave@cuilleron.com V r.-v.

EMMANUEL DARNAUD
Les Trois Chênes 2016 ★★

■	30000		20 à 30 €

L'histoire vigneronne d'Emmanuel Darnaud débute en 2001 avec 1,5 ha de vignes en fermage sur l'appellation crozes-hermitage. Agrandi progressivement, le domaine couvre aujourd'hui 15 ha, avec des parcelles en saint-joseph, et fait preuve d'une belle constance dans la qualité avec ses sélections parcellaires.

Cette cuvée a passé quatorze mois en fût, et pourtant le boisé n'est pas la première impression ressentie. Très marqué par le cassis, la cerise confiturée et la violette, aussi bien au nez qu'en bouche, ce vin, d'une grande complexité et d'une structure tannique fine, séduit par sa richesse et sa rondeur. ⧗ 2018-2022 ■ **Mise en bouche 2016 ★ (15 à 20 €; 42000 b.)** : au nez, des notes de sous-bois et des senteurs intenses de fruits rouges; en bouche, des tanins fins et élégants et une pointe de Zan en finale qui apporte de la fraîcheur. Un ensemble harmonieux. ⧗ 2018-2022

⊶ EARL EMMANUEL DARNAUD, 21, rue du Stade, 26600 La Roche-de-Glun, tél. 04 75 84 81 64, emmanuel.darnaud26@orange.fr V r.-v.

FERRATON PÈRE ET FILS La Matinière 2016 ★

■	80000		11 à 15 €

Fondée en 1946 par Jean Orëns Ferraton, cette société de négoce de Tain-l'Hermitage, également

propriétaire de vignes, a été reprise en 2004 par le groupe Chapoutier.

L'archétype du crozes de caractère et de garde: très structuré, serré et frais, mais à l'équilibre irréprochable, il faudra attendre quelques années ce vin volontaire et vigoureux pour en profiter pleinement. ⧗ 2021-2024

⊶ *FERRATON PÈRE ET FILS, 13, rue de la Sizeranne, 26600 Tain-l'Hermitage, tél. 04 75 08 59 51, ferraton@ferraton.fr* V *t.l.j. sf dim. lun. 10h-12h 14h30-19h*
⊶ *M. Chapoutier*

DOM. DES GRANDS CHEMINS 2015 ★

■ | 46000 | | 20 à 30 €

Maison fondée en 1835, propriété depuis 1977 du Champagne Deutz (groupe Roederer). Sous la direction de Fabrice Rosset et de son directeur technique Jacques Grange, elle dispose de 30 ha en propre dans les AOC septentrionales, complétés par des achats de raisin, la gamme méridionale provenant de la partie négociant-éleveur.

Le nez ne renie pas ses seize mois de fût et propose des parfums soutenus de vanille, d'amande et de massepain. Très structurée, encore un peu fermée, la bouche dégage des notes intenses de fruits rouges écrasés. Un vin prometteur, encore en devenir. ⧗ 2021-2024

⊶ *DELAS FRÈRES, ZA de l'Olivet, 07300 Saint-Jean-de-Muzols, tél. 04 75 08 60 30, contact@delas.com* V *t.l.j. sf dim. 9h30-12h 14h30-18h30*

DOM. DES MARTINELLES 2017 ★★

□ | 8000 | | 8 à 11 €

Les Fayolle sont établis depuis le XVᵉs. à Gervans. Une longue histoire vigneronne poursuivie depuis 1998 par Pascal Fayolle, rejoint par son épouse Nadia en 2002, aujourd'hui à la tête d'un vignoble de 22 ha en AOC hermitage, crozes et saint-joseph.

Un blanc diablement élégant, bâti sur une remarquable harmonie entre le fruit, la fraîcheur et la finesse. L'expression aromatique est dominée par le citron, l'ananas et la pêche, avec quelques notes beurrées en appoint. Une pointe d'amertume en finale renforce l'impression de dynamisme de ce vin au charme fou. ⧗ 2018-2021

⊶ *PASCAL ET NADIA FAYOLLE, 2, rte des Vignes, 26600 Gervans, tél. 06 22 94 82 09, contact@martinelles-aloes.fr* V *r.-v.*

DOM. MELODY Premier Regard 2016 ★

■ | 20000 | | 15 à 20 €

Ce jeune domaine de 18 ha (avec le bio dans le viseur), implanté sur trois terroirs plantés de vignes âgées de cinq à soixante ans, est né en 2010 de la rencontre entre trois vignerons, Marlène Durand, Marc Romak et Denis Larivière, qui maîtrisent parfaitement leur sujet au vu de leurs cuvées très convaincantes.

Un 2016 au nez puissant de mûre et à la bouche ample et fraîche, dotée de tanins fins et soyeux: ce Premier Regard a tapé dans l'œil de notre jury... ⧗ 2018-2022 □ **Chaos blanc 2016 ★ (20 à 30 €; 2300 b.)** : une cuvée très expressive, fruitée et vanillée, ample et longue en bouche. Le boisé est bien fondu et augure un beau potentiel de garde. Un blanc ambitieux. ⧗ 2018-2025 ■ **Étoile noire 2016 (20 à 30 €; 7000 b.)** : vin cité.

⊶ *MARLÈNE ET MARC ROMAK, 570, chem. des Limites, 26600 Mercurol, tél. 04 75 08 16 51, contact@domainemelody.fr* V *t.l.j. sf sam. dim. 8h-12h 14h-17h*

♥ DOM. MICHELAS-SAINT-JEMMS Terres d'Arce 2016 ★★

■ | 4200 | | 20 à 30 €

Fondée en 1972 par Robert et Yvette Michelas, cette exploitation ne compte pas moins de 53 ha répartis dans quatre appellations. Les enfants – Sylvie, Corine, Florence et Sébastien – sont désormais aux commandes. Régulièrement en vue pour ses crozes et ses cornas.

Le domaine a parfaitement exécuté ses 2016, avec trois vins retenus, tous de haute tenue, mais dans des styles différents. La palme revient à ce Terres d'Arce, certes encore marqué par son long séjour en barrique de dix-huit mois, mais épatant par sa bouche à la fois très structurée et soyeuse, dotée de tanins fins et élégants, très «haute couture». ⧗ 2020-2025 ■ **La Chasselière 2016 ★★ (15 à 20 €; 36900 b.)** : cette cuvée met l'accent sur les fruits rouges frais avec juste ce qu'il faut de support tannique pour apporter de la structure et de fraîcheur pour donner de la longueur et du dynamisme. ⧗ 2019-2023 □ **Signature 2016 ★★ (15 à 20 €; 7000 b.)** : un blanc fin et délicat, qui joue sur un côté floral associé à des saveurs de pêche et à des notes toastées. Une cuvée élégante qui sera très à l'aise à table. ⧗ 2018-2021

⊶ *FAMILLE MICHELAS, 557, rte de Bellevue, 26600 Mercurol, tél. 04 75 07 86 71, michelas.st.jemms@orange.fr* V *t.l.j. sf dim. 9h-12h 14h-17h*

DOM. MUCYN Les Charmeuses 2017 ★★

□ | 7000 | | 11 à 15 €

Après deux ans de formation en «viti-œno» à Beaune, les Champenois Hélène et Jean-Pierre Mucyn ont créé ce domaine en 2001, dans un ancien relais batelier du Rhône fondé au XVIIIᵉs., établi au pied de l'Hermitage. Leur vignoble couvre aujourd'hui 14 ha en saint-joseph, crozes-hermitage, cornas et IGP Collines rhodaniennes.

Très expressive, cette cuvée mêle au nez pêche, fleurs blanches et nuances grillées. En bouche, on note une grande délicatesse dès l'attaque, puis le vin se montre frais, harmonieux, d'une grande persistance aromatique. ⧗ 2018-2021

⊶ *MUCYN, 27, quartier des Îles, 26600 Gervans, tél. 04 75 03 34 52, contact@mucyn.com* V *r.-v.*

BENOÎT MÜLLER 2016

■ | 2000 | | 11 à 15 €

Après une expérience de plus de dix ans comme responsable commercial à la cave de Tain- l'Hermitage,

Benoît Müller a créé ce domaine en 2007, étendu aujourd'hui sur 5 ha.

Vendangé mi-octobre, à haute maturité, ce 2016 présente un caractère quelque peu chaleureux et met en valeur des notes de vanille, de café et de noix de coco. Un vin exubérant et singulier, doté de tanins fondus, à boire dans sa jeunesse. ⧗ 2018-2021

MÜLLER, 105, rue du Clos-du-Château, 26750 Génissieux, tél. 06 82 45 18 66, ben.muller@sfr.fr V r.-v.

DOM. MICHEL POINARD
Les Saviaux 2016 ★

■	20 000		11 à 15 €

Bourguignon d'origine et producteur dans la Côte de Nuits, Yves Cheron s'est installé en 2004 dans la vallée du Rhône. Propriétaire du Grand Montmirail à Gigondas, il possède deux domaines en crozes-hermitage: Les Hauts de Mercurol et le Dom. Michel Poinard, dans la commune de La Roche-de-Glun.

Une syrah ramassée fin septembre pour obtenir plus de maturité. À l'olfaction, on est sur du fruit à l'alcool, tandis qu'en bouche, le vin se montre vif et alerte, doté de tanins soyeux et d'un fruité croquant. Un crozes friand. ⧗ 2018-2021

CAVE PASCAL, 2459, rte de Vaison, 84190 Vacqueyras, tél. 04 90 65 85 91, contact@vignoblescheron.fr V r.-v. *Famille Cheron*

DOM. PRADELLE 2017 ★

■	10 000		8 à 11 €

Les Pradelle cultivent la vigne à Chanos depuis le milieu du XIXᵉs. et sept générations. Ce sont aujourd'hui Jean-Louis et son neveu Antoine qui sont aux commandes du domaine, dont le vignoble couvre 38 ha en appellations crozes-hermitage et saint-joseph.

2017 est l'année du blanc pour ce domaine. Deux cuvées ont été retenues, notamment ce vin séveux, aux arômes de poire et de pêche, frais en attaque, plus rond dans son développement, avec une pointe d'amertume qui le sert bien en finale. ⧗ 2018-2021 ■ **Courbis 2017 (11 à 15 €; 1600 b.)** : vin cité.

ANTOINE PRADELLE, 5, rue du Riou, 26600 Chanos-Curson, tél. 04 75 07 31 00, domainepradelle@yahoo.fr V *t.l.j. sf dim. 9h30-18h*

DOM. DES REMIZIÈRES
Cuvée Christophe 2016 ★★

■	23 000		15 à 20 €

Jusqu'en 1973, Alphonse Desmeure apportait sa vendange à la coopérative. Son fils Philippe développe la propriété à partir de 1977, généralise la production en bouteilles et accroît le vignoble: 36 ha aujourd'hui, disséminés sur plusieurs communes et conduits en bio non certifié avec ses enfants, Émilie et Christophe. Une référence incontournable, avec des vins d'une rare constance. Une activité de négoce a été créée en 2010 afin de diversifier la production dans d'autres appellations.

Fleuron du domaine dans cette appellation, cette cuvée surprend agréablement quand on sait que l'élevage se fait majoritairement en barriques neuves, alors que les arômes dominants sont la fraise, la mûre, la cerise et le poivre. Point de bois à l'olfaction. Expressive et complexe, la bouche est ample, épicée et réglissée, portée longuement par des tanins soyeux. À attendre patiemment. ⧗ 2020-2026

CAVE DESMEURE, 1459, av. du Vercors, 26600 Mercurol, tél. 04 75 07 44 28, contact@domaineremizieres.com V *t.l.j. sf dim. 9h-12h 14h-18h30*

DOM. SAINT-CLAIR
La Fleur enchantée 2016 ★

■	8 500		15 à 20 €

Un domaine récent, créé en 2007 par Denis Basset: 15 ha répartis entre des terroirs de galets roulés pour les crozes-hermitage et des terrasses granitiques pour les saint-joseph.

Le nez évoque les petits fruits rouges (framboise, fraise), les épices, le cuir et le grillé. En bouche, le boisé domine, mais ne permet pas pour l'instant à la superbe matière première de s'exprimer totalement. L'harmonie viendra avec le temps. Un crozes très prometteur. ⧗ 2021-2025

DENIS BASSET, 265, chem. de la Grange, 26600 Beaumont-Monteux, tél. 06 86 81 83 58, domainesaintclair@orange.fr V *r.-v.*

CAVE DE TAIN
Grand Classique 2017 ★

■	145 000		8 à 11 €

Créée en 1933 par Louis Gambert de Loche, la très qualitative cave coopérative de Tain-l'Hermitage rassemble 310 adhérents et vinifie à elle seule, avec plus de 1 000 ha de vignes, environ 50 % des appellations de la vallée du Rhône septentrionale. Elle possède aussi 26 ha en propre, dont 21 ha en AOC hermitage. Une valeur sûre de la région, qui s'est dotée en 2014 de structures de production flambant neuves permettant de multiplier les sélections parcellaires.

Une belle pluie d'étoiles pour cette cave modèle avec cinq cuvées sélectionnées. L'honneur à ce Grand Classique, très expressif sur des notes florales et fruitées (citron, ananas et poire), et à la bouche fraîche et élégante. ⧗ 2018-2021 ■ **Les Hauts d'Éole 2017 ★ (11 à 15 €; 15 000 b.)** : évoquant la pêche blanche, le boisé toasté et vanillé, cette cuvée affiche un bel équilibre gras-acidité. ⧗ 2018-2021 ■ **Les Hauts de Pavières 2016 ★ (5 à 8 €; 200 000 b.)** : ce crozes, ample et long, allie trame tannique soyeuse et grande définition du fruit. ⧗ 2019-2023 ■ **Les Vignes du sud 2016 ★ (8 à 11 €; 42 000 b.)** : cette cuvée joue elle sur les épices et les fruits rouges, avec en bouche des tanins fins et une pointe réglissée qui allonge la finale. ⧗ 2018-2022 ■ **Terroirs d'exception Nord 2016 ★ (15 à 20 €; 6400 b.)** : un vin ambitieux, centré sur des saveurs de cassis bien mûr, à la bouche ample, généreuse et bien structurée. ⧗ 2019-2023

CAVE DE TAIN, 22, rte de Larnage, CS 89721, 26602 Tain-l'Hermitage, tél. 04 75 08 20 87, contact@cavedetain.com V *r.-v.*

♥ PIERRE VIDAL 2016 ★★

■ | 15000 | ◧ | 11 à 15 €

PIERRE VIDAL
2016 2016
CROZES-HERMITAGE
GRAND VIN DE LA VALLÉE DU RHÔNE

Pierre Vidal, installé à Châteauneuf-du-Pape avec son épouse vigneronne, a créé son négoce en 2010. Une maison déjà bien implantée grâce aux sélections parcellaires vinifiées par ce jeune œnologue formé en Bourgogne, qui s'est développée depuis 2015 vers les vins bio et les vins «vegan».

Ce négoce a le goût de l'excellence et le prouve avec ce vin intense sur toute la ligne. Passé dix-huit mois en fût, ce 2016 à la robe grenat foncé offre un bouquet généreux de fruits rouges très mûrs, de notes grillées et de poivre fraîchement moulu. Mais c'est plus encore la bouche qui a achevé de convaincre les dégustateurs: puissante, réglissée, intensément fruitée et portée par des tanins fins et délicats, elle ne manque de rien. ⧗ 2019-2023

⊶ EURL PIERRE VIDAL, 631, rte de Sorgues, 84230 Châteauneuf-du-Pape, tél. 06 88 88 07 58, contact@pierrevidal.com

VIDAL-FLEURY 2016 ★★

□ | 6500 | ◧ | 15 à 20 €

Le plus ancien négoce rhodanien en activité, fondé en 1781 à partir de son vignoble en côte-rôtie et très tôt réputé – Thomas Jefferson y fit un banquet mémorable en 1787. Propriété des Guigal depuis 1986, il dispose d'une cave monumentale, dont l'architecture est inspirée du site égyptien de Saqqarah.

2016 est-il un grand millésime pour les blancs de Crozes-Hermitage? Cette cuvée pourrait nous faire répondre par l'affirmative, à en juger par son nez d'une grande finesse mêlant nuances florales, épices et notes minérales, et par sa bouche exquise, idéalement fruitée, fraîche et tendue. Superbe. ⧗ 2018-2021

⊶ VIDAL-FLEURY, 48, rte de Lyon, 69420 Tupin-et-Semons, tél. 04 74 56 10 18, contact@vidal-fleury.com V 🚶 ▮ *r.-v. ⊶ Famille Guigal*

LES VINS DE VIENNE
Lieu-dit Les Grappiats 2016 ★★

■ | 2000 | ◧ | 20 à 30 €

Pour faire renaître le vignoble de Seyssuel situé en amont de Vienne, trois vignerons de renom, Yves Cuilleron, Pierre Gaillard et François Villard, ont créé cette affaire en 1996, à l'origine de beaux vins de propriété – IGP à Seyssuel, sélections parcellaires en AOC septentrionales – et de vins de négoce de toute la vallée.

Ce vin très aromatique allie des senteurs de confiture de mûres et de cassis. Il propose une bouche puissante, de grande ampleur, sans que jamais l'alcool ne ressorte ni que les tanins pourtant bien présents ne viennent assécher cet ensemble des plus harmonieux, à la longue finale épicée. ⧗ 2020-2024 ■ **Les Palignons 2016 (20 à 30 €; 5000 b.)** : vin cité.

⊶ CUILLERON-GAILLARD-VILLARD, 1, ZA de Jassoux, 42410 Chavanay, tél. 04 74 85 04 52, contact@lesvinsdevienne.fr V 🚶 ▮ *r.-v.*

FRANÇOIS VILLARD
Certitude 2016 ★★

■ | 22000 | ◧ | 15 à 20 €

Vigneron réputé de la vallée du Rhône nord, François Villard, ancien cuisinier, s'est installé en 1989 à Saint-Michel-sur-Rhône pour créer son vignoble: 36 ha aujourd'hui dans cinq crus, complétés par une petite activité d'achat de raisin. Dans son chai cathédrale naissent de beaux vins dans les deux couleurs.

Vinifié en grappes entières, élevé longuement en fûts de cinq à six ans d'âge pour obtenir une oxydation ménagée: tel est le savoir-faire mis en œuvre pour obtenir ce vin gourmand et harmonieux, au nez puissant de crème de cassis et à la bouche dense et voluptueuse, aux saveurs de mûre. Ce superbe crozes méritera cependant une courte garde afin de dérider quelque peu ses tanins de jeunesse. ⧗ 2020-2024

⊶ FRANÇOIS VILLARD, 330, rte du Réseau-Ange, 42410 Saint-Michel-sur-Rhône, tél. 04 74 56 83 60, vinsvillard@wanadoo.fr V 🚶 ▮ *r.-v.*

Ⓑ DOM. DE LA VILLE ROUGE
Cuvée Nathan 2016

□ | 3800 | ◧ ▮ | 15 à 20 €

Un domaine familial de 20 ha en crozes-hermitage et en saint-joseph, qui vinifie ses propres vins depuis 2006, sous l'impulsion de Sébastien Girard, fils des fondateurs, installé trois ans plus tôt. En bio depuis 2012 et en biodynamie depuis 2015.

Un blanc à l'olfaction très expressive: pêche blanche, figue, citron et nuances florales. Puis les notes grillées du boisé prennent le dessus dans une bouche ronde et riche. ⧗ 2018-2021

⊶ SÉBASTIEN GIRARD, 355, rte de la Ville-Rouge, 26600 Mercurol, tél. 04 75 07 33 35, la-ville-rouge@wanadoo.fr V 🚶 ▮ *r.-v.*

HERMITAGE

Superficie : 135 ha
Production : 4 365 hl (75 % rouge)

Le coteau de l'Hermitage, très bien exposé au sud, est situé au nord-est de Tain-l'Hermitage. La culture de la vigne y remonte au IVe s. av. J.-C., mais on attribue l'origine du nom de l'appellation au chevalier Gaspard de Sterimberg qui, revenant de la croisade contre les Albigeois en 1224, décida de se retirer du monde. Il édifia un ermitage, défricha et planta de la vigne.

Le massif de Tain est constitué à l'ouest d'arènes granitiques, terrain propice à la syrah (les Bessards). Plantées de roussanne et surtout de marsanne, les parties est et sud-est de l'appellation, formées de cailloutis et de lœss, ont vocation à produire des vins blancs (les Rocoules, les Murets).

L'hermitage rouge est un très grand vin de garde, tannique, extrêmement aromatique, qui demande un vieillissement de cinq à dix ans, voire de vingt

ans, avant de développer un bouquet d'une richesse et d'une qualité rares. On le servira entre 16 °C et 18 °C, sur du gibier ou des viandes rouges. L'hermitage blanc est un vin très fin, peu acide, souple, gras et parfumé. Il peut être apprécié dès la première année mais atteindra son plein épanouissement après un vieillissement de cinq à dix ans. Cependant, les grandes années, en blanc comme en rouge, peuvent supporter une garde de trente ou quarante ans.

DOM. BELLE 2015 ★★

■ | 4500 | | 50 à 75 €

Un domaine familial établi sur les anciennes terres seigneuriales de Larnage, sorti du système coopératif en 1990 et dirigé depuis 2003 par Philippe Belle, à la tête de 25 ha de vignes répartis dans six communes et trois appellations (hermitage, crozes et saint-joseph). La conversion bio est engagée depuis 2014.

Un élevage long de vingt-six mois en fût a apporté une très grande complexité à ce 2015 qui offre un nez ouvert de fruits très mûrs (myrtille, mûre, cerise noire), accompagnés de nuances lardées et fumées. La bouche se montre soyeuse, d'une grande richesse, et offre en finale une pointe d'amertume qui procure une fraîcheur bienvenue. Un grand vin de garde. ⧗ 2022-2028

PHILIPPE BELLE, 510, rue de la Croix, 26600 Larnage, tél. 04 75 08 24 58, contact@domainebelle.com V *r.-v.*

YANN CHAVE 2016

■ | 3500 | | 50 à 75 €

Un domaine créé en 1969 par Bernard et Nicole Chave, repris en 1996, restructuré et agrandi (19,5 ha aujourd'hui, conduits en bio) par leur fils Yann. Ce dernier en a fait l'une des belles références des appellations hermitage et crozes-hermitage.

La robe grenat est d'une profondeur très intense pour un 2016, tandis que le nez évoque la cerise griotte à l'alcool, ainsi qu'une note iodée donnant de la fraîcheur. Un vin encore en devenir en bouche car très marqué par son élevage: il est urgent d'attendre. ⧗ 2022-2026

YANN CHAVE, 1170, chem. de la Burge, 26600 Mercurol, tél. 04 75 07 42 11, chaveyann@yahoo.fr

♥ JEAN-LOUIS CHAVE 2015 ★★★

■ | n.c. | | + de 100 €

L'Hermitage
Nº 0001
DOMAINE JEAN-LOUIS CHAVE

Au XVe s. déjà, les Chave cultivaient la vigne à Mauves. Aujourd'hui, Jean-Louis, fils de Gérard Chave, dirige un domaine de 12 ha dédié à l'hermitage. La réputation de ses vins dépasse depuis longtemps les frontières de l'Europe grâce à son travail méticuleux à la vigne comme au chai. Les vendanges sont toujours tardives pour récolter le raisin à parfaite maturité, et le travail à la cave privilégie une vinification et un élevage séparés pour chaque terroir.

Il y a beaucoup de profondeur dans ce vin de grande classe, d'un magnifique rouge profond tirant vers le noir. Au nez, se dévoilent des senteurs douces de cannelle et de muscade accompagnées par de la fraise des bois et de la mangue mûre. Le palais, tout en délicatesse et d'un équilibre parfait, affiche une solide présence tannique qui autorise un long vieillissement. ⧗ 2023-2035 ■ **2015 ★★ (+ de 100 €; n.c.)** : ce vin se présente dans une élégante robe or pâle scintillante. Le nez, à la fois fin et généreux, déploie des arômes suaves de jasmin. Le boisé, encore bien présent mais très racé, apporte des notes gourmandes de brioche, d'amande caramélisée et un côté résineux dans une bouche ample et riche, d'une longueur infinie. À attendre bien sûr. ⧗ 2021-2030

JEAN-LOUIS CHAVE, 37, av. du Saint-Joseph, 07300 Mauves, tél. 04 75 08 24 63

DOM. PHILIPPE ET VINCENT JABOULET 2016 ★

■ | 1900 | | 30 à 50 €

Philippe Jaboulet et son fils Vincent ont décidé de poursuivre l'aventure viticole après la vente de la maison familiale Paul Jaboulet Aîné à la famille Frey. Ainsi se sont-ils installés en 2005 sur une partie du Dom. de Collonge, à la tête de 31 ha en crozes-hermitage, hermitage et cornas.

La seule pure roussanne de la sélection. Un hermitage qui séduit par son nez flatteur et puissant de fruits exotiques, d'agrumes et d'acacia. Le charme continue d'agir en bouche: ample et élégante, elle allie parfaitement minéralité et complexité. Un vin racé et long. ⧗ 2020-2025 ■ **2015 (50 à 75 €; 2600 b.)** : vin cité.

PHILIPPE ET VINCENT JABOULET, 920, rte de la Négociale, 26600 Mercurol, tél. 04 75 07 44 32, jabouletphilippeetvincent@wanadoo.fr V *r.-v.*

DOM. MICHELAS-SAINT-JEMMS
Terres d'Arce 2016

■ | 1200 | | 50 à 75 €

Fondée en 1972 par Robert et Yvette Michelas, cette exploitation ne compte pas moins de 53 ha répartis dans quatre appellations. Les enfants – Sylvie, Corine, Florence et Sébastien – sont désormais aux commandes. Régulièrement en vue pour ses crozes et ses cornas.

La vendange, éraflée puis vinifiée en barriques, a subi un élevage de dix-huit mois sous bois. On retrouve sans surprise à l'olfaction des arômes boisés, torréfiés, mais également une élégante note minérale. En bouche, on découvre un hermitage riche, aux tanins imposants, non sans complexité, à la finale vanillée. ⧗ 2022-2028

FAMILLE MICHELAS, 557, rte de Bellevue, 26600 Mercurol, tél. 04 75 07 86 71, michelas.st.jemms@orange.fr V *t.l.j. sf dim. 9h-12h 14h-17h*

♥ DOM. DES REMIZIÈRES
Cuvée Émilie 2016 ★★

■ | 5500 | 🍷 | 30 à 50 €

Jusqu'en 1973, Alphonse Desmeure apportait sa vendange à la coopérative. Son fils Philippe développe la propriété à partir de 1977, généralise la production en bouteilles et accroît le vignoble: 36 ha aujourd'hui, disséminés sur plusieurs communes et conduits en bio non certifié avec ses enfants, Émilie et Christophe. Une référence incontournable, avec des vins d'une rare constance. Une activité de négoce a été créée en 2010 afin de diversifier la production dans d'autres appellations.

Bien ouvert sur les fruits noirs, la pivoine et les notes toastées, cet hermitage se montre complexe, plein et débordant de personnalité. Évoquant le graphite et la myrtille, la bouche, aux tanins fins et veloutés, se révèle ample et d'une persistance rare. Le dix-huitième coup de cœur du domaine depuis l'édition 2001. CQFD. ⧗ 2022-2030

⊶ CAVE DESMEURE, 1459, av. du Vercors, 26600 Mercurol, tél. 04 75 07 44 28, contact@domaineremizieres.com V 🚶 🍷 *t.l.j. sf dim. 9h-12h 14h-18h30*

♥ CAVE DE TAIN
Grand Classique 2016 ★★

■ | 7500 | 🍷 | 30 à 50 €

Créée en 1933 par Louis Gambert de Loche, la très qualitative cave coopérative de Tain-l'Hermitage rassemble 310 adhérents et vinifie à elle seule, avec plus de 1 000 ha de vignes, environ 50 % des appellations de la vallée du Rhône septentrionale. Elle possède aussi 26 ha en propre, dont 21 ha en AOC hermitage. Une valeur sûre de la région, qui s'est dotée en 2014 de structures de production flambant neuves permettant de multiplier les sélections parcellaires.

Deuxième coup de cœur en deux éditions après celui obtenu l'an dernier pour le Gambert de Loche 2015. Encore marqué par l'élevage, le premier nez de ce Grand Classique est dominé par la vanille, puis à l'aération se révèlent d'intenses notes minérales et fruitées. La bouche affiche une amplitude exceptionnelle, une grande harmonie avec un caractère à la fois tonique et suave autour de tanins de velours. La longue finale évoquant les fruits secs et les épices est éclatante. ⧗ 2023-2030

⊶ CAVE DE TAIN, 22, rte de Larnage, CS 89721, 26602 Tain-l'Hermitage, tél. 04 75 08 20 87, contact@cavedetain.com V 🚶 🍷 *r.-v.*

DOM. DES TOURETTES 2016

□ | 5000 | 🍷 | 50 à 75 €

Maison fondée en 1835, propriété depuis 1977 du Champagne Deutz (groupe Roederer). Sous la direction de Fabrice Rosset et de son directeur technique Jacques Grange, elle dispose de 30 ha en propre dans les AOC septentrionales, complétés par des achats de raisin, la gamme méridionale provenant de la partie négociant-éleveur.

Une marsanne pure, vinifiée et élevée dix mois en fût. On ressent en bouche un côté vanillé prononcé, avec un gras délicat qui enrobe le tout. Un blanc de gastronomie pour amateurs de vins boisés. ⧗ 2020-2025

⊶ DELAS FRÈRES, ZA de l'Olivet, 07300 Saint-Jean-de-Muzols, tél. 04 75 08 60 30, contact@delas.com V 🚶 🍷 *t.l.j. sf dim. 9h30-12h 14h30-18h30 ⊶ Champagne Deutz*

CORNAS

Superficie : 115 ha / Production : 4 210 hl

En face de Valence, l'appellation s'étend sur la seule commune de Cornas. Les sols, en pente assez forte, sont composés d'arènes granitiques, maintenues en place par des murets. Issu de syrah récoltée à faibles rendements (30 hl/ha), le cornas est un vin rouge viril, charpenté, qu'il faut faire vieillir au moins trois années – mais il peut attendre parfois beaucoup plus – afin qu'il puisse exprimer ses arômes fruités et épicés sur des viandes rouges et du gibier.

DOM. DU BIGUET 2015 ★★

■ | 1200 | 🍷 | 20 à 30 €

Jean-Louis et Françoise Thiers ont repris en 1981 les quelques arpents plantés et loués par les parents dans les années 1970 sur les arènes granitiques de Toulaud. Ils exploitent aujourd'hui 7 ha en saint-péray, cornas et côtes-du-rhône, tout en maintenant vivace la tradition du saint-péray effervescent.

Cette cuvée confidentielle, qui n'a subi aucune filtration, se pare d'une robe sombre, annonciatrice d'une olfaction où les fruits noirs (myrtille, mûre) reçoivent l'appoint de notes de violette. La bouche est riche, harmonieuse et longue, sertie de tanins onctueux. Un cornas promis à un bel avenir. ⧗ 2021-2028

⊶ JEAN-LOUIS THIERS, 725, rte de Biguet, 07130 Toulaud, tél. 04 75 40 49 44, domainedubiguet.thiers@orange.fr V 🚶 🍷 *r.-v.*

AURÉLIEN CHATAGNIER 2016 ★

■ | 1600 | 🍷 | 30 à 50 €

Aurélien Chatagnier s'installe en 2002 avec 1,2 ha en location. Il conserve une activité complémentaire jusqu'en 2005, ce qui lui permet de se développer progressivement, avec l'aide d'amis vignerons. Aujourd'hui, l'exploitation s'étend sur 8 ha, en côte-rôtie, condrieu, cornas, saint-joseph et en IGP.

Ce cornas, au nez très généreux de fruits noirs, de cuir, de kirch, de thym et de violette, offre une bouche fruitée aux saveurs de cerise et de violette, des tanins déjà patinés et une belle finale distinguée. Un très beau vin de gastronomie. ⧗ 2021-2026

AURÉLIEN CHATAGNIER, rte de Limony, 42520 Saint-Pierre-de-Bœuf, tél. 04 74 31 75 53, aurelien.chatagnier@free.fr r.-v.

DOM. A. CLAPE 2016 ★★

■	n.c.		50 à 75 €

Sous des noms divers, ce domaine phare de l'appellation cornas a plus de deux cent cinquante ans d'existence. La commercialisation en bouteilles date elle de 1955. Pierre Clape, installé en 1997 à la suite de son père Auguste, perpétue avec talent la tradition familiale, accompagné par son fils Olivier. Vigneron discret et peu interventionniste, il pratique l'élevage long en foudre ancien pour une expression aboutie de la syrah. Sur un vignoble de 9 ha, il en consacre 3,5 à son «grand vin».

Il ne faut pas hésiter à aérer ce vin quelques heures avant la dégustation et même un carafage lui permettra de s'ouvrir plus facilement. Un cornas couleur encre noire, dense et profond. Pas de compromission avec les tendances du moment, Pierre Clappe garde les fondamentaux de l'appellation: complexité (sous-bois, fruits noirs, épices), minéralité, fraîcheur, structure imposante, densité, intensité, longueur. ⧗ 2022-2030

SCEA CLAPE, 146, av. Colonel-Rousset, 07130 Cornas, tél. 04 75 40 33 64 r.-v.

♥ **DOM. COURBIS** La Sabarotte 2016 ★★

■	5000		50 à 75 €

Une valeur sûre de la vallée du Rhône septentrionale, notamment dans les AOC cornas et saint-joseph. Dominique et Laurent Courbis conduisent depuis la fin des années 1980, à la suite de leur père, un domaine de 35 ha dont les origines remontent au XVIIe s. L'essentiel des vignes est perché sur des coteaux très abrupts à plus de 250 m d'altitude.

Une cuvée à l'immense potentiel. Le jury a été impressionné par son nez mêlant fruits noirs, iris et vanille, et surtout par sa bouche de grande classe, puissante et sans aucune rusticité, à l'énergie remarquable et aux tanins enrobés. Incontestablement un des très grands vins du Rhône. ⧗ 2022-2030

LAURENT ET DOMINIQUE COURBIS, rte de Saint-Romain, 07130 Châteaubourg, tél. 04 75 81 81 60, contact@domaine-courbis.fr *t.l.j. sf dim. 9h-12h 14h-17h30; sam. sur r.-v.*

CUILLERON Lieu-dit Les Côtes 2015 ★

■	3400		30 à 50 €

Une référence de la vallée nord, notamment pour ses condrieu. Établi à Chavanay, Yves Cuilleron a repris en 1987 la propriété créée en 1920 par son grand-père paternel, puis gérée par son oncle Antoine. Il a progressivement agrandi le domaine (60 ha aujourd'hui), planté à haute densité et conduit de manière très raisonnée sur la rive droite du Rhône (condrieu, côte-rôtie, saint-joseph, saint-peray et cornas) et, depuis 2012, sur la rive gauche (crozes-hermitage).

Un vin très intense, très puissant et long, ouvert sur des arômes de fruits noirs, de réglisse et de violette. La fraîcheur du palais et les tanins serrés permettent d'envisager un vieillissement serein en cave. ⧗ 2021-2026

YVES CUILLERON, 58, RD 1086, Verlieu, 42410 Chavanay, tél. 04 74 87 02 37, cave@cuilleron.com r.-v.

DUMIEN SERRETTE Patou 2016 ★

■	n.c.		20 à 30 €

Implanté à Cornas, ce domaine de poche s'étend sur 1,3 ha de vignes, avec le cornas comme unique production. Aux commandes aujourd'hui, Nicolas Serrette, représentant la troisième génération.

Le jury a tout d'abord salué le nez complexe de ce vin: graphite, griotte et tabac blond. La bouche, riche et onctueuse, évoque elle le cassis et la réglisse, tandis que les tanins manquent encore de souplesse. Une cuvée aromatique et solide, à oublier en cave. ⧗ 2021-2026

NICOLAS SERRETTE, 21, chem. de Clarenson, 07130 Cornas, tél. 06 70 37 70 90, contact@serrette.com r.-v.

ÉRIC ET JOËL DURAND Prémices 2016 ★

■	13000		20 à 30 €

Un domaine familial de 20 ha constant en qualité, établi au sud de l'appellation saint-joseph et aux portes de celle de cornas, conduit par les frères Éric et Joël Durand.

Le nez, intense, évoque une vendange très mûre: fruits noirs, épices, iris et notes beurrées. On découvre ensuite en bouche une belle matière, bien enveloppée, aux saveurs d'olive noire et aux tanins charnus. ⧗ 2020-2024 ■ **Empreintes 2016 (30 à 50 €; 15000 b.)**: vin cité.

ÉRIC ET JOËL DURAND, 2, imp. de la Fontaine, 07130 Châteaubourg, tél. 04 75 40 46 78, ej.durand@wanadoo.fr r.-v.

DOM. PHILIPPE ET VINCENT JABOULET 2015 ★★

■	3200		20 à 30 €

Philippe Jaboulet et son fils Vincent ont décidé de poursuivre l'aventure viticole après la vente de la maison familiale Paul Jaboulet Aîné à la famille Frey. Ainsi se sont-ils installés en 2005 sur une partie du Dom. de Collonge, à la tête de 31 ha en crozes-hermitage, hermitage et cornas.

Pas moins de deux ans d'élevage en barriques, dont 50 % neuves, montre qu'il faut parfois se montrer patient pour obtenir un cornas abouti. Le nez, riche et élégant, est marqué par le cassis, le poivre, les épices et la réglisse. En bouche, le vin se montre dense et complet, puissant et encore légèrement marqué par son élevage. Il devra rester à l'abri de la cave afin de gagner en plénitude. ⧗ 2021-2026

PHILIPPE ET VINCENT JABOULET, 920, rte de la Négociale, 26600 Mercurol, tél. 04 75 07 44 32, jabouletphilippeetvincent@wanadoo.fr r.-v.

MICHELAS SAINT-JEMMS
Les Murettes 2016 ★

■ | 5700 | | 30 à 50 €

Fondée en 1972 par Robert et Yvette Michelas, cette exploitation ne compte pas moins de 53 ha répartis dans quatre appellations. Les enfants - Sylvie, Corine, Florence et Sébastien - sont désormais aux commandes. Régulièrement en vue pour ses crozes et ses cornas.

D'une couleur pourpre aux reflets violines, ce vin présente à l'olfaction des arômes soutenus et bien typés de poivre noir et de violette. Le palais se révèle aérien et frais, doté de tanins soyeux et prolongé par une belle finale mentholée. ⧗ 2020-2024 ■ **Dom. Michelas Saint-Jemms Terres d'Arce 2016 (30 à 50 €; 1400 b.)** : vin cité.

FAMILLE MICHELAS, 557, rte de Bellevue, 26600 Mercurol, tél. 04 75 07 86 71, michelas.st.jemms@orange.fr t.l.j. sf dim. 9h-12h 14h-17h

LES REMIZIÈRES 2016

■ | 1000 | | 20 à 30 €

Jusqu'en 1973, Alphonse Desmeure apportait sa vendange à la coopérative. Son fils Philippe développe la propriété à partir de 1977, généralise la production en bouteilles et accroît le vignoble: 36 ha aujourd'hui, disséminés sur plusieurs communes et conduits en bio non certifié avec ses enfants, Émilie et Christophe. Une référence incontournable, avec des vins d'une rare constance. Une activité de négoce a été créée en 2010 afin de diversifier la production dans d'autres appellations.

Ce vin issu de la partie négoce est encore très marqué par les arômes boisés tout au long de la dégustation, avec des notes de graphite et de griotte qui pointent doucement. Votre patience sera récompensée tant le palais, bâti sur des tanins soyeux et charnus, paraît prometteur... ⧗ 2021-2026

CAVE DESMEURE, 1459, av. du Vercors, 26600 Mercurol, tél. 04 75 07 44 28, contact@domaineremizieres.com t.l.j. sf dim. 9h-12h 14h-18h30

♥ DOM. DE SAINT-PIERRE 2015 ★★★

■ | 5200 | | 50 à 75 €

Fondée en 1834, la vénérable maison Paul Jaboulet Aîné propose une large gamme issue de son négoce et de sa centaine d'hectares (en conversion bio) répartis dans plusieurs domaines septentrionaux, dont le mythique La Chapelle en hermitage. Rachetée en 2006 par la famille Frey, propriétaire en Champagne et dans le Bordelais (La Lagune), elle est dirigée par Caroline Frey.

Caroline Frey signe un vin magistral, archétype de son appellation et plus largement encore des grands vins de syrah: un nez envoûtant mêlant l'olive noire, la réglisse et le sous-bois, une bouche charnue, sphérique, à la fois riche et tendue, soulignée par une ligne de fraîcheur qui lui confère une harmonie rare et par des tanins veloutés qui poussent loin la finale, interminable. Un cornas qui vieillira avec grâce. ⧗ 2022-2030

DOM. PAUL JABOULET AÎNÉ, RN 7, Les Jalets, BP 46, 26600 Tain-l'Hermitage, tél. 04 75 84 68 93, info@jaboulet.com t.l.j. sf lun. 10h-19h
Caroline Frey

♥ CAVE DE TAIN
Grand Classique 2016 ★★

■ | 40000 | | 20 à 30 €

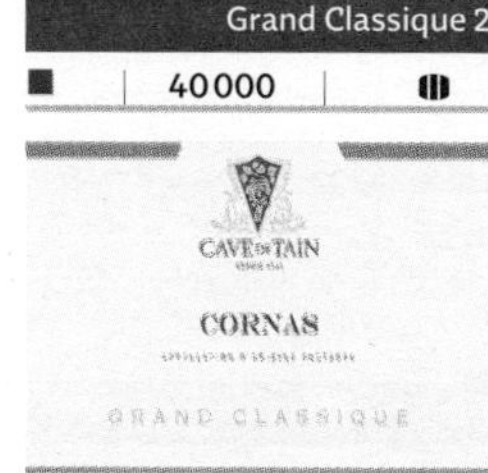

Créée en 1933 par Louis Gambert de Loche, la très qualitative cave coopérative de Tain-l'Hermitage rassemble 310 adhérents et vinifie à elle seule, avec plus de 1 000 ha de vignes, environ 50 % des appellations de la vallée du Rhône septentrionale. Elle possède aussi 26 ha en propre, dont 21 ha en AOC hermitage. Une valeur sûre de la région, qui s'est dotée en 2014 de structures de production flambant neuves permettant de multiplier les sélections parcellaires.

Ce Grand Classique, ouvert sur une palette aromatique tout en douceur (chocolat, cassis très mûr, cerise, grenade), présente une bouche ample et puissante, qui sait rester fraîche et pleine de finesse. Un coup de cœur dans cette appellation où le niveau général est très élevé. ⧗ 2019-2025 ■ **Vin biologique 2016 ★ (20 à 30 €; 5050 b.)** Ⓑ : un cornas issu de vignes cultivées en bio. Un vin structuré, puissant, aux tanins solides, à réserver aux amateurs patients. ⧗ 2022-2028

CAVE DE TAIN, 22, rte de Larnage, CS 89721, 26602 Tain-l'Hermitage, tél. 04 75 08 20 87, contact@cavedetain.com r.-v.

DOM. DU TUNNEL
Vin noir 2016 ★

■ | 4000 | | 30 à 50 €

Depuis son installation en 1994, Stéphane Robert, qui n'est pas issu du monde viticole, s'est imposé comme une référence dans le paysage des crus septentrionaux. Il a créé son vignoble de toutes pièces, aujourd'hui 12 ha très morcelés, avec des vignes en cornas, saint-joseph, saint-péray et condrieu. Des vignes qui longent une ancienne voie ferrée et un tunnel de 160 m, toujours visible, qui donne son nom au domaine et dans lequel ont été aménagés en 2013 une nouvelle cuverie et le chai d'élevage.

Noir c'est noir, mais il y a de l'espoir... L'espoir d'être suffisamment patient pour un jour ouvrir au summum de sa maturité ce 2016 impressionnant et de profiter alors d'une bouche racée, puissante et onctueuse, aux saveurs d'olive noire et de burlat juteuse, de sous-bois et de cuir. ⧗ 2022-2030

STÉPHANE ROBERT, 20, rue de la République, 07130 Saint-Péray, tél. 04 75 80 04 66, domaine-du-tunnel@wanadoo.fr r.-v.

VIDAL-FLEURY 2016 ★★

■	2000		30 à 50 €

Le plus ancien négoce rhodanien en activité, fondé en 1781 à partir de son vignoble en côte-rôtie et très tôt réputé – Thomas Jefferson y fit un banquet mémorable en 1787. Propriété des Guigal depuis 1986, il dispose d'une cave monumentale, dont l'architecture est inspirée du site égyptien de Saqqarah.

Le nez de ce 2016 mêle la violette, la cerise et le moka. On retrouve ces arômes dans une bouche qui séduit par sa générosité, ses tanins soyeux et sa belle finale évoquant la réglisse et le menthol. Un très beau cornas, complet et harmonieux. ⧗ 2021-2026

VIDAL-FLEURY, 48, rte de Lyon, 69420 Tupin-et-Semons, tél. 04 74 56 10 18, contact@vidal-fleury.com V r.-v. *Famille Guigal*

LES VINS DE VIENNE Lieu-dit Saint-Pierre 2016 ★

■	2000		30 à 50 €

Pour faire renaître le vignoble de Seyssuel situé en amont de Vienne, trois vignerons de renom, Yves Cuilleron, Pierre Gaillard et François Villard, ont créé cette affaire en 1996, à l'origine de beaux vins de propriété – IGP à Seyssuel, sélections parcellaires en AOC septentrionales – et de vins de négoce de toute la vallée.

D'une belle intensité, le nez évoque une boîte à cigares. La bouche, aérienne et fraîche, déploie de succulents arômes de marmelade de cassis, de thym et de violette. Un cornas déjà délicieux, mais qui saura se bonifier en cave. ⧗ 2019-2024

CUILLERON-GAILLARD-VILLARD, 1, ZA de Jassoux, 42410 Chavanay, tél. 04 74 85 04 52, contact@lesvinsdevienne.fr V r.-v.

FRANÇOIS VILLARD Jouvet 2015

■	4600		30 à 50 €

Vigneron réputé de la vallée du Rhône nord, François Villard, ancien cuisinier, s'est installé en 1989 à Saint-Michel-sur-Rhône pour créer son vignoble: 36 ha aujourd'hui dans cinq crus, complétés par une petite activité d'achat de raisin. Dans son chai cathédrale naissent de beaux vins dans les deux couleurs.

Cette cuvée joue dans un registre de finesse et de souplesse qui peut surprendre dans l'appellation. Elle questionne et divise les dégustateurs, certains louant son caractère fondu et élégant, les autres regrettant un léger manque de structure pour un millésime aussi solaire. Votre vérité sera au fond du verre... ⧗ 2020-2025

FRANÇOIS VILLARD, 330, rte du Réseau-Ange, 42410 Saint-Michel-sur-Rhône, tél. 04 74 56 83 60, vinsvillard@wanadoo.fr V r.-v.

ALAIN VOGE Les Vieilles Vignes 2015 ★

■	17000		30 à 50 €

Alain Voge a rejoint son père sur le domaine familial en 1958. Abandon de la polyculture, replantation de coteaux abandonnés, vente directe en bouteilles, il met le vignoble sur les rails, 12 ha aujourd'hui cultivés en bio et biodynamie. Régulièrement en vue pour ses cornas et ses saint-péray.

Pas moins de vingt mois de fût ont donné ce vin charnu, élégant et fin, aux arômes précis de mûre, d'épices douces et de sous-bois. Le palais se révèle franc et harmonieux, étayé par des tanins parfaitement intégrés. ⧗ 2020-2025

DOM. ALAIN VOGE, 4, imp. de l'Équerre, 07130 Cornas, tél. 04 75 40 32 04, contact@alain-voge.com V *t.l.j. sf dim. 9h-18h; sam. sur r.-v.*

SAINT-PÉRAY

Superficie : 75 ha
Production : 2 170 hl (10 % effervescents)

Situé face à Valence, le vignoble de Saint-Péray est dominé par les ruines du château de Crussol. Un microclimat un peu plus froid et des sols plus riches que dans le reste de la région sont favorables à la production de vins plus acides et moins riches en alcool, issus de marsanne et de roussanne, cépages bien adaptés à l'élaboration de blanc de blancs par la méthode traditionnelle.

♥ **DOM. DU BIGUET** 2016 ★★

■	3500		11 à 15 €

Jean-Louis et Françoise Thiers ont repris en 1981 les quelques arpents plantés et loués par les parents dans les années 1970 sur les arènes granitiques de Toulaud. Ils exploitent aujourd'hui 7 ha en saint-péray, cornas et côtes-du-rhône, tout en maintenant vivace la tradition du saint-péray effervescent.

Ce domaine a parfaitement réussi le millésime 2016, témoin ce superbe saint-péray 100 % marsanne. Le nez, intense et fin, fait preuve d'une belle complexité en évoquant la verveine, le tilleul, la poire et les agrumes. La bouche offre de la puissance certes, mais surtout de l'harmonie: tout est à sa place, le gras et le caractère onctueux parfaitement compensé par la fraîcheur. ⧗ 2018-2022 ■ **Terres Rouilles 2016 ★★ (15 à 20 €; 1600 b.)** : à dominante de roussanne (75 %), une cuvée expressive et complexe (fruits exotiques, camomille, épices, laurier...), intense et équilibrée en bouche, à la fois suave et vive. ⧗ 2018-2021

JEAN-LOUIS THIERS, 725, rte de Biguet, 07130 Toulaud, tél. 04 75 40 49 44, domainedubiguet.thiers@orange.fr V *r.-v.*

YVES CUILLERON Lieu-dit Biousse 2016

■	5600		15 à 20 €

Une référence de la vallée nord, notamment pour ses condrieu. Établi à Chavanay, Yves Cuilleron a repris en 1987 la propriété créée en 1920 par son grand-père paternel, puis gérée par son oncle Antoine. Il a progressivement agrandi le domaine (60 ha aujourd'hui), planté à haute densité et conduit de manière très raisonnée sur la rive droite du Rhône (condrieu, côte-rôtie, saint-joseph, saint-peray et cornas) et, depuis 2012, sur la rive gauche (crozes-hermitage).

Un 100 % marsanne exotique et floral au nez, puissant, boisé et chaleureux en bouche, de garde, mais encore fermé. Il faudra du temps pour que l'élevage trouve sa place. À revoir dans le temps. ⧗ 2020-2023

YVES CUILLERON, 58, RD 1086, Verlieu, 42410 Chavanay, tél. 04 74 87 02 37, cave@cuilleron.com V *r.-v.*

ÉRIC ET JOËL DURAND 2016 ★

7500		15 à 20 €

Un domaine familial de 20 ha constant en qualité, établi au sud de l'appellation saint-joseph et aux portes de celle de cornas, conduit par les frères Éric et Joël Durand.

Cette cuvée mi-marsanne mi-roussanne offre au nez des notes beurrées et épicées (cumin). En bouche, elle se révèle ronde, généreuse, à l'acidité basse et de belle longueur, centrée sur des arômes gourmands de fruits blancs confits. ⧗ 2018-2021

ÉRIC ET JOËL DURAND, 2, imp. de la Fontaine, 07130 Châteaubourg, tél. 04 75 40 46 78, ej.durand@wanadoo.fr V *r.-v.*

DOM. BERNARD GRIPA Les Figuiers 2016

10000		20 à 30 €

La famille Gripa arrive à Saint-Péray au XVIIe s., puis s'établit à Mauves vers 1850. Valeur sûre de la vallée du Rhône septentrionale, tant pour ses saint-péray que pour ses saint-joseph (témoin les nombreux coups de cœur obtenus dans les deux appellations), le domaine est conduit depuis 2001 par Fabrice Gripa, fils de Bernard, aujourd'hui à la tête de 17 ha de vignes.

Le nez printanier de ce saint-péray évoque le citron et le chèvrefeuille. En bouche, on découvre un vin plutôt aérien et souple, qui joue sur la minéralité et la fraîcheur aromatique. ⧗ 2018-2021

FABRICE GRIPA, 5, av. Ozier, 07300 Mauves, tél. 04 75 08 14 96, gripa@wanadoo.fr V *t.l.j. sf sam. dim. 8h30-12h 14h-17h30*

CAVE DE TAIN Grand Classique 2017 ★

20000		11 à 15 €

Créée en 1933 par Louis Gambert de Loche, la très qualitative cave coopérative de Tain-l'Hermitage rassemble 310 adhérents et vinifie à elle seule, avec plus de 1 000 ha de vignes, environ 50 % des appellations de la vallée du Rhône septentrionale. Elle possède aussi 26 ha en propre, dont 21 ha en AOC hermitage. Une valeur sûre de la région, qui s'est dotée en 2014 de structures de production flambant neuves permettant de multiplier les sélections parcellaires.

Une marsanne pure élevée sous bois, toutefois dominée aussi bien au nez qu'en bouche par des notes d'acacia et de citron, le boisé restant imperceptible. Le palais apparaît fin, frais, élégant et long. ⧗ 2018-2021 **Fleur de Roc 2017 ★ (15 à 20 €; 16000 b.)** : marquée par le bois avec des notes de beurre et de cire d'abeille, un saint-péray bien dessiné en bouche, à la fois dense et frais, étiré dans une jolie finale saline. ⧗ 2018-2021

CAVE DE TAIN, 22, rte de Larnage, CS 89721, 26602 Tain-l'Hermitage, tél. 04 75 08 20 87, contact@cavedetain.com V *r.-v.*

DOM. DU TUNNEL Cuvée Prestige 2016 ★

4000		20 à 30 €

Depuis son installation en 1994, Stéphane Robert, qui n'est pas issu du monde viticole, s'est imposé comme une référence dans le paysage des crus septentrionaux. Il a créé son vignoble de toutes pièces, aujourd'hui 12 ha très morcelés, avec des vignes en cornas, saint-joseph, saint-péray et condrieu. Des vignes qui longent une ancienne voie ferrée et un tunnel de 160 m, toujours visible, qui donne son nom au domaine et dans lequel ont été aménagés en 2013 une nouvelle cuverie et le chai d'élevage.

Avec 80 % de marsanne et huit mois passés en fût, cette cuvée mise sur la puissance. De fait, elle présente une bouche ample, riche, dense, aux saveurs d'abricot sec et de fruits blancs compotés, à la finale plus alerte, accompagnée par de jolis amers qui apportent de la fraîcheur. Un très beau vin, au caractère sudiste assumé. ⧗ 2018-2022 **Roussanne 2016 ★ (15 à 20 €; 12000 b.)** : une cuvée généreuse, sur la vanille, les fleurs blanches et la sève de pin, appréciée pour son caractère gourmand. ⧗ 2018-2021 **Marsanne 2016 ★ (15 à 20 €; 4500 b.)** : des saveurs intenses de truffe blanche et une belle finale saline sont les atouts principaux de cette cuvée originale et de grand caractère. ⧗ 2018-2021

STÉPHANE ROBERT, 20, rue de la République, 07130 Saint-Péray, tél. 04 75 80 04 66, domaine-du-tunnel@wanadoo.fr V *r.-v.*

LES VINS DE VIENNE Lieu-dit Les Faures 2016 ★

4000		20 à 30 €

Pour faire renaître le vignoble de Seyssuel situé en amont de Vienne, trois vignerons de renom, Yves Cuilleron, Pierre Gaillard et François Villard, ont créé cette affaire en 1996, à l'origine de beaux vins de propriété – IGP à Seyssuel, sélections parcellaires en AOC septentrionales – et de vins de négoce de toute la vallée.

Un saint-péray séduisant d'emblée par son nez certes encore discret mais à la complexité naissante: camphre, épices, fruits jaunes. Le prélude à une bouche à la fois fraîche, onctueuse et ample, dont la puissance appelle la garde. Prometteur. ⧗ 2019-2024

CUILLERON-GAILLARD-VILLARD, 1, ZA de Jassoux, 42410 Chavanay, tél. 04 74 85 04 52, contact@lesvinsdevienne.fr V *r.-v.*

ALAIN VOGE Ongrie 2016 ★

6000		20 à 30 €

Alain Voge a rejoint son père sur le domaine familial en 1958. Abandon de la polyculture, replantation de coteaux abandonnés, vente directe en bouteilles, il met le vignoble sur les rails, 12 ha aujourd'hui cultivés en bio et biodynamie. Régulièrement en vue pour ses cornas et ses saint-péray.

Cette marsanne pure manifeste au nez des senteurs vanillées et citronnées. En bouche, elle se montre fraîche et minérale, ample et puissante, d'un équilibre

RHÔNE

remarquable, prolongée par une belle finale saline. Une réussite indiscutable. ⧗ 2019-2023

DOM. ALAIN VOGE, 4, imp. de l'Équerre, 07130 Cornas, tél. 04 75 40 32 04, contact@alain-voge.com V t.l.j. sf dim. 9h-18h; sam. sur r.-v.

CLAIRETTE-DE-DIE

Superficie : 1 401 ha / Production : 84 272 hl

Le vignoble du Diois occupe les versants de la moyenne vallée de la Drôme, entre Luc-en-Diois et Aouste-sur-Sye. Sans doute héritière du vin doux pétillant des Voconces mentionné par Pline l'Ancien, la clairette-de-die méthode dioise ou ancestrale est un vin mousseux doux et à faible teneur en alcool, dominé par le cépage muscat (75 % minimum) et qui termine naturellement sa fermentation en bouteille, sans adjonction de liqueur de tirage. L'appellation autorise aussi l'élaboration d'effervescents à base de clairette selon la méthode traditionnelle, avec seconde fermentation en bouteille.

B ACHARD-VINCENT Bio-sûre ★

	30000		11 à 15 €

Ce domaine, producteur de clairette-de-die depuis six générations, est une valeur sûre de l'appellation et un précurseur en termes d'agriculture bio, qu'il pratique depuis 1968. Installé en 2005 à la tête du vignoble (11 ha), Thomas Achard a développé la biodynamie.

La bulle apparaît particulièrement fine et persistante. Le nez, frais et élégant, évoque la poire juteuse et l'ananas. En bouche, on découvre une clairette ronde et fraîche à la fois, bien équilibrée en somme. ⧗ 2018-2019

THOMAS ACHARD, Le Village, 26150 Sainte-Croix, tél. 04 75 21 20 73, contact@domaine-achard-vincent.com V t.l.j. 9h-12h 14h-18h; dim. sur r.-v.

♥ CAROD Méthode ancestrale Tradition 7 % ★★

	200000	5 à 8 €

À la fois propriété familiale et société de négoce, l'entreprise Carod s'est fortement développée depuis sa création en 1965, jusqu'à produire aujourd'hui 2 millions de cols par an. Un acteur de poids dans le Diois, acquis en 2008 par les Grands Chais de France, avec pour fleuron le Dom. Guigouret (40 ha).

Avec des bulles fines, cette cuvée s'habille dans une robe jaune pâle aux reflets dorés. Elle déploie beaucoup de fraîcheur tout au long de la dégustation, avec de légères notes muscatées et des arômes d'agrumes qui tiennent la finale, longue et alerte. Une clairette emballante et pleine d'allant. ⧗ 2018-2019 ● **Carod Frères Brut Réserve particulière ★ (5 à 8 €; 60000 b.)** : au nez, des notes de fleurs blanches et d'amande; en bouche, un caractère ouvertement fruité. ⧗ 2018-2019 ● **Dom. Guigouret Tradition Méthode dioise ancestrale ★ (8 à 11 €; 131333 b.)** : une clairette qui séduit par son train de bulles fines et par son élégance florale et ses nuances minérales. ⧗ 2018-2019

SAS CAVES CAROD, quartier du Gap, RD 93, 26340 Vercheny, tél. 04 75 21 73 77, contact@caves-carod.com V t.l.j. 9h-12h 14h-18h (dim. d'été 10h-12h 14h-18h) J. Helfrich

DOM. GRANON-PONTAIX
Tradition Fruitée Méthode ancestrale 2016 ★

	80000	5 à 8 €

Un domaine familial depuis quatre générations, 20 ha au cœur du Diois conduits par les frères Patrice, Éric et Laurent Granon.

Cette cuvée apparaît très mûre, le muscat s'imposant dès l'ouverture sur des notes de miel et d'ananas rôti. En bouche, elle se révèle ample et ronde, mais non sans nervosité. ⧗ 2018-2019

GAEC GRANON-PONTAIX, 225, chem. des Jardins, 26150 Pontaix, tél. 04 75 21 21 21, clairettededie.granonpontaix@orange.fr V r.-v.

JAILLANCE Tradition Doux Fruité ★★

	150000	5 à 8 €

Cette coopérative fondée en 1950 est l'acteur principal du Diois viticole: 224 adhérents pour quelque 1 100 ha de vignes (dont 14 % cultivés en bio), soit plus de 70 % de la production locale. La cave s'est aussi développée dans le Bordelais, où elle produit du crémant-de-bordeaux.

Une cuvée ouvertement fruitée, marquée par la pêche à l'attaque. La bouche développe ensuite des senteurs de mangue et laisse une impression gourmande de sucrosité, contrebalancée par une fraîcheur bienvenue qui lui donne du peps. ⧗ 2018-2019 ● **Tradition Sec Subtile ★ (5 à 8 €; 200000 b.)** : cette cuvée joue la carte de la fraîcheur, sur des notes de pomme granny et de pamplemousse. ⧗ 2018-2019 ● **Tradition Cuvée Impériale (8 à 11 €; 120000 b.)** : vin cité.

LA CAVE DE DIE JAILLANCE, 355, av. de la Clairette, 26150 Die, tél. 04 75 22 30 00, info@jaillance.com V t.l.j. 9h-12h30 14h-19h

UNION DES JEUNES VITICULTEURS RÉCOLTANTS
Prestige Tradition Méthode ancestrale ★★

	225000	5 à 8 €

Fondée en 1961, l'Union des Jeunes Viticulteurs récoltants est une société coopérative (SCAEC) originale, regroupant huit vignerons du Diois qui ont mis en commun leurs vignes et leur matériel pour constituer un coquet vignoble de 63 ha aujourd'hui.

Cette cuvée très élégante offre une olfaction centrée sur la mangue et le litchi et une bouche fruitée, tendre mais qui sait rester fraîche. ⧗ 2018-2019 ● **Cuvée Chamberan Tradition méthode dioise ancestrale ★ (5 à 8 €; 105000 b.)** : une clairette très florale (pivoine, rose) au nez, tandis que la bouche, à la sucrosité assumée, évoque davantage la pêche. ⧗ 2018-2019

UNION DES JEUNES VITICULTEURS RÉCOLTANTS, rte de Die, 26340 Vercheny, tél. 04 75 21 70 88, contact@ujvr.fr V t.l.j. 9h30-12h 14h-18h30

CRÉMANT-DE-DIE

Production : 1 993 hl

L'AOC a été reconnue en 1993. Le crémant-de-die est produit à partir du cépage clairette, selon la méthode traditionnelle qui consiste en une seconde fermentation en bouteille.

Ⓑ ACHARD-VINCENT Brut ★

	7000		8 à 11 €

Ce domaine, producteur de clairette-de-die depuis six générations, est une valeur sûre de l'appellation et un précurseur en termes d'agriculture bio, qu'il pratique depuis 1968. Installé en 2005 à la tête du vignoble (11 ha), Thomas Achard a développé la biodynamie.

La mousse est fine et se développe pleinement sur le verre. Le nez, très frais, déploie des arômes de menthe et de zeste d'orange et de mandarine. Cette fraîcheur est également bien présente dans une bouche alerte, agrémentée d'une touche finale florale de rose. ⧗ 2018-2020

THOMAS ACHARD, Le Village, 26150 Sainte-Croix, tél. 04 75 21 20 73, contact@domaine-achard-vincent.com V t.l.j. 9h-12h 14h-18h; dim. sur r.-v. Ⓔ

JAILLANCE Brut ★

	77000	5 à 8 €

Cette coopérative fondée en 1950 est l'acteur principal du Diois viticole: 224 adhérents pour quelque 1 100 ha de vignes (dont 14 % cultivés en bio), soit plus de 70 % de la production locale. La cave s'est aussi développée dans le Bordelais, où elle produit du crémant-de-bordeaux.

La robe est d'un seyant jaune citron. Pas d'agrumes toutefois au nez, mais de l'acacia et du chevrefeuille mêlés à de la menthe poivrée. En bouche, de la fraîcheur, une bonne longueur et de l'équilibre. ⧗ 2018-2020

LA CAVE DE DIE JAILLANCE, 355, av. de la Clairette, 26150 Die, tél. 04 75 22 30 00, info@jaillance.com V t.l.j. 9h-12h30 14h-19h

LA VALLÉE DU RHÔNE MÉRIDIONALE

GRIGNAN-LES-ADHÉMAR

Superficie : 1 900 ha
Production : 36 500 hl (93 % rouge et rosé)

Longtemps appelée coteaux-du-tricastin, cette appellation est située au sud de Montélimar, dans la partie nord de la vallée du Rhône méridionale, à la limite du climat méditerranéen. Les vignes sont implantées sur des terrains caillouteux d'alluvions anciennes et sur des coteaux sableux, dans 22 communes de la rive gauche du fleuve, de La Baume-de-Transit au sud, en passant par Saint-Paul-Trois-Châteaux, jusqu'aux Granges-Gontardes, au nord. Assemblant les cépages grenache et syrah, complétés par le cinsault, le mourvèdre et le carignan, les vins rouges, largement majoritaires, sont pour la plupart à consommer jeunes.

DOMAINES ANDRÉ AUBERT
Le Devoy 2017 ★

	n.c.		- de 5 €

Les fils d'André Aubert - Claude, Yves et Alain - sont installés depuis 1981 à la tête de l'un des plus vastes ensembles viticoles rhodaniens (490 ha répartis sur plusieurs domaines), grâce auquel ils proposent une large gamme de vins de la vallée du Rhône méridionale.

Cet assemblage de grenache blanc, de clairette, de bourboulenc et de viognier revêt une robe jaune aux reflets dorés. Le nez, expressif, distille des notes de fleurs blanches et de pamplemousse. La bouche se montre fraîche et gourmande, dotée d'une belle finale évoquant les fruits secs. ⧗ 2018-2021 ■ **Le Devoy 2016 (- de 5 €; 24 000 b.)** : vin cité.

GAEC AUBERT FRÈRES, 75, rte des Chênes-Verts, RN 7 Les Gresses, 26290 Donzère, tél. 04 75 51 78 53, aubertfreres@wanadoo.fr V t.l.j. 10h-19h

DOM. DE BÉDARÈS
Vieilles Vignes 2017

■	53000		- de 5 €

Pierre Vidal, installé à Châteauneuf-du-Pape avec son épouse vigneronne, a créé son négoce en 2010. Une maison déjà bien implantée grâce aux sélections parcellaires vinifiées par ce jeune œnologue formé en Bourgogne, qui s'est développée depuis 2015 vers les vins bio et les vins « vegan ».

Ces Vieilles Vignes exhalent avec finesse des notes de fruits rouges et noirs. Après une attaque plaisante, ce fruité se prolonge dans un palais ample et équilibré. ⧗ 2018-2022

EURL PIERRE VIDAL, 631, rte de Sorgues, 84230 Châteauneuf-du-Pape, tél. 06 88 88 07 58, contact@pierrevidal.com

CH. BIZARD
Blanc de charme 2017 ★★

	5000		15 à 20 €

Une propriété viticole née en 1862 sur les coteaux élevés du village d'Allan, conduite depuis 1980 par Marc et Marie Lépine, descendants directs des fondateurs. Bizard? Le domaine porte le nom des tout premiers propriétaires des lieux, au XVI[e]s.

De beaux reflets dorés attirent l'œil. Un fruité flamboyant (pamplemousse, litchi) participe à la complexité du bouquet, fait de miel, de notes florales, de beurre et d'une pointe boisée. La bouche, à la fois riche et fraîche, intensément fruitée, déploie une longue finale aux nuances vanillées. Un beau blanc de gastronomie. ⧗ 2018-2021 ■ **Serre de courrent 2016 ★ (15 à 20 €; 16 000 b.)** : au nez, des senteurs de sous-bois et de cuir se mêlent à de subtiles nuances épicées et chocolatées. Le prélude riche et complexe à une bouche puissante et équilibrée, dotée de tanins mûrs et fondus et d'une belle finale tout en rondeur. ⧗ 2019-2023

MARC LÉPINE, 460, chem. de Bizard, 26780 Allan, tél. 04 75 46 64 69, contact@chateaubizard.fr V t.l.j. 10h-13h 15h-19h; f. dim. nov.-mars

B PHILIPPE BONETTO-FABROL
Sélection Vieilles Vignes 2016 ★

■	7000		8 à 11 €

Implanté au pied du pittoresque village perché de La Garde-Adhémar, ce domaine de 12 ha, régulier en qualité, est né de la réunion de deux vignobles familiaux – Bonetto (en AOC grignan) et Fabrol (en côtes-du-rhône). Philippe Fabrol le conduit en bio avec une inspiration biodyamique.

Cette Sélection Vieilles Vignes fait la part belle à la syrah. Évoquant au nez la cerise, le cuir et le sous-bois, elle offre une bouche riche, mûre, charnue, finement fumée, équilibrée par une fine vivacité. ⧗ 2018-2023 ■ **Dom. Bonetto-Fabrol Héritage 2017 ★ (8 à 11 €; n.c.)** : le viognier règne en maître dans cette cuvée au nez très agréable de fleurs blanches et de pêche. Finesse et élégance se dégagent de la bouche, fruitée, tendre et longue, épaulée par un boisé très discret. ⧗ 2018-2021

DOM. BONETTO-FABROL, Les Jaffagnards, 26700 La Garde-Adhémar, tél. 04 75 52 14 38, domainebonettofabrol@orange.fr V *ven. sam. 10h-19h* E

CELLIER DES TEMPLIERS Grignandises 2017 ★

■	12000	5 à 8 €

Fondée en 1967, la coopérative de Richerenches, située dans l'Enclave des papes, portion du département du Vaucluse enchâssée dans la Drôme, regroupe aujourd'hui 650 ha en côtes-du-rhône, villages et grignan-les-adhémar.

Cette cuvée mêle au nez les fleurs blanches, la pêche et la poire. La bouche apparaît vive, ample, longue et fruitée. Un blanc très harmonieux et dynamique. ⧗ 2018-2021 ■ **Diamant noir 2016 ★ (5 à 8 €; 24000 b.)** : à l'olfaction, des arômes de fruits rouges confiturés, de réglisse et d'épices. En bouche, de la fermeté, de la profondeur et de la longueur. Une cuvée qui gagnera en harmonie après un séjour en cave. ⧗ 2019-2025 ■ **Grignandises 2017 ★ (5 à 8 €; 12000 b.)** : cet assemblage classique syrah-grenache, vinifié en pressurage direct, dévoile un nez précis de fleurs blanches, d'agrumes et d'épices douces. La bouche se révèle minérale et acidulée, aux saveurs de groseille. Un rosé élégant et tonique. ⧗ 2018-2019

CELLIER DES TEMPLIERS, 233, rte de Valréas, 84600 Richerenches, tél. 04 90 28 01 00, caveau.templiers@orange.fr V *t.l.j. 9h-12h 14h30-18h30*

CH. DE LA CROIX CHABRIÈRES
Terre Tricastine 2016 ★★

■	10000		5 à 8 €

Cette propriété est née à la Révolution de la réunion des domaines de la Croix et de Chabrières. Passée dans les mains de plusieurs familles, elle a été acquise (et rénovée) en 1988 par Patrick Daniel, à la tête d'un vaste ensemble de 48 ha commandé par une demeure bourgeoise du XIXᵉs.

D'un beau rouge vif, cette cuvée livre un nez épicé et fruité (fraise et framboise), mêlé de notes d'aromates et de réglisse. En bouche, elle présente des arômes originaux de fleurs d'acacia et affiche un équilibre impeccable entre fraîcheur, texture veloutée et tanins fondus et délicats. ⧗ 2018-2023

PATRICK DANIEL, rte de Saint-Restitut, 84500 Bollène, tél. 04 90 40 00 89, contact@chateau-croix-chabrieres.com V *t.l.j. 9h-12h 14h-18h30; dim. 9h-12h* D

♥ DOM. DE GRANGENEUVE Cuvée V 2017 ★★★

■	12000		15 à 20 €

Un vaste domaine de 80 ha, souvent en vue dans ces pages, créé de toutes pièces à partir de 1964 par les Alsaciens Odette et Henri Bour sur les vestiges d'une villa romaine. Depuis 1998,

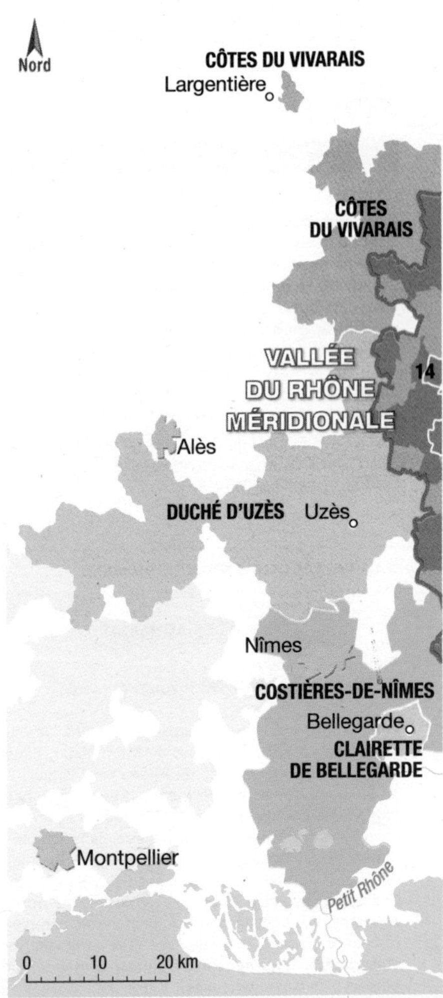

leur fils Henri et leur petite-fille Nathalie sont aux commandes.

Des reflets dorés agrémentent la belle robe jaune clair de ce vin au nez magnifique de pêche, d'abricot, de fleurs blanches et de poire compotée. S'y ajoutent à l'aération des nuances de miel, de beurre, de caramel… Quelle richesse ! En bouche, ce blanc se révèle plein et harmonieux, gras et chaleureux mais sans lourdeur aucune. Long, équilibré et complexe, ce très beau blanc sudiste promet de formidables accords culinaires. ⧗ 2018-2022 ■ **La Truffière 2016 ★★ (11 à 15 €; 35000 b.)** : marquée par la syrah, cette cuvée dévoile un nez profond de fruits noirs et de fraise des bois, nuancé de senteurs fumées et boisées. La bouche est à la fois riche, soyeuse et charpentée, aux tanins enrobés et aux saveurs de violette et de vanille. Un ensemble long et suave, d'une harmonie remarquable. ⧗ 2019-2024 ■ **Les Dames blanches du Sud 2017 ★ (8 à 11 €; 37000 b.)** : grenache, viognier, marsanne et roussanne pour cette cuvée d'une grande intensité olfactive (pêche, abricot, poire, notes florales), franche et nette en attaque, délicate et fraîche dans son développement. ⧗ 2018-2021 ■ **Le Rosé de Grangeneuve 2017 ★ (5 à 8 €; 30000 b.)** : un rosé pâle, saumoné et brillant, à l'olfaction florale (fleurs blanches) et amylique. La bouche est homogène, ronde et friande, avec une légère pointe amère en finale qui rehausse le côté fruité. ⧗ 2018-2019

⊶ DOMAINES BOUR,
1200, rte des Esplanes, 26230 Roussas,
tél. 04 75 98 50 22, domaines.bour@wanadoo.fr
V t.l.j. 9h-12h30 14h30-19h ⊶ Famille Bour

Vallée du Rhône (partie méridionale)

RHÔNE

♥ DOM. DE MONTINE Viognier 2017 ★★★

	40000		8 à 11 €

Installés dans une ancienne ferme du château de Grignan, les frères Jean-Luc et Claude Monteillet, également trufficulteurs, exploitent depuis 1987 ce domaine familial de 70 ha, très en vue pour ses grignan-les-adhémar, qui produit aussi du vinsobres et des IGP.

Ce Viognier propose un bouquet intense et élégant de fleurs blanches et fraîches, de cire d'abeille et de vanille. Centrée sur d'intenses arômes de poire et d'épices, la bouche se montre à la fois volumineuse, riche, ample et très énergique, d'une harmonie remarquable et d'une grande longueur. ⧗ 2018-2021 ■ **Émotion 2016 ★★ (8 à 11 €; 40000 b.)** : cette cuvée dévoile un nez intense, épicé et fruité (cassis, mûre), agrémenté de nuances de cuir. En bouche, on découvre un vin complexe, généreux, aux tanins très élégants et fins. Un vin déjà accessible mais aussi très prometteur. ⧗ 2019-2025 ■ **Séduction 2016 ★ (11 à 15 €; 20000 b.)** : un penchant pour la syrah dans ce vin qui libère quelques notes animales, relayées à l'aération par un bon fruité (myrtille et cassis), et qui se montre intense et fin en bouche. Un 2016 très recommandable. ⧗ 2018-2023 ■ **Gourmandises 2017 (5 à 8 €; 20000 b.)** : vin cité.

MONTEILLET, hameau de la Grande-Tuilière, BP 5, 26230 Grignan, tél. 04 75 46 54 21, domainedemontine@wanadoo.fr V t.l.j. 9h-12h 14h-19h

DOM. DES ROSIER Blanc Plaisir 2017 ★

	12000		5 à 8 €

Rosier sans «s», car il s'agit de la famille Rosier. Paul Rosier était fermier ici dans les années 1950. Son fils Jean-Claude acquit la maison et les 10 ha qu'il cultivait. En 1991, Bruno Rosier, troisième génération, fonda le domaine en sortant de la coopérative. Le mas familial, en pierres blanches, est entouré de 30 ha de vignes, de lavandin et de chênes truffiers, au pied du petit village perché de Chantemerle-lès-Grignan.

Cette cuvée bien nommée offre un nez intense de poire, de pêche et de fleurs blanches. Le prélude à une bouche ronde, tendre et suave, aux arômes de poire caramélisée et d'amande grillée. Un blanc friand et expressif. ⧗ 2018-2021 ■ **Rouge Plaisir 2016 (5 à 8 €; 10000 b.)** : vin cité.

BRUNO ROSIER, 335, rte des Vignes, 26230 Chantemerle-lès-Grignan, tél. 04 75 98 53 84, contact.domaine.rosier@gmail.com V *t.l.j. sf dim. 9h-12h 14h-18h30*

DOM. DES SABLONS 2017 ★

■	53000		5 à 8 €

Située tout près du château de Suze-la-Rousse qui abrite l'université du Vin, cette cave coopérative, créée en 1926, s'est lancée dans une démarche bio sur ses trois AOC: côtes-du-rhône, villages et grignan-lès-adhémar.

Grenache et syrah sont unis dans ce vin au nez expressif et élégant de fruits rouges surmûris et de prune, à la bouche ample et savoureuse, dotée d'une belle mâche charnue. ⧗ 2018-2023 ■ **Cave la Suzienne Le Lutin 2017 ★ (- de 5 €; 30000 b.)** : un nez puissant de pêche et de fleurs blanches s'échappe de cet assemblage viognier-grenache intense et équilibré en bouche. ⧗ 2018-2021

CAVE LA SUZIENNE, av. des Côtes-du-Rhône, 26790 Suze-la-Rousse, tél. 04 75 04 48 38, contactcaveau@lasuzienne.com V *t.l.j. 9h-12h 14h-18h*

DOM. DU SERRE DES VIGNES Secret de syrah 2016 ★★

■	12000		8 à 11 €

Un domaine dans la même famille depuis cinq générations, patiemment planté de vignes à partir des années 1970 par les frères Jean-Louis et Daniel Roux, rejoints en 1994 par Jérôme et Vincent, les fils respectifs. Ces derniers sortent de la coopérative en 2003 et engagent la conversion bio (certification en 2008).

Cette cuvée à la robe profonde et soutenue offre un nez puissant et complexe de cassis, de mûre, de sous-bois et de torréfaction. La bouche impressionne par sa grande richesse et sa concentration, sa matière charnue et généreuse aux saveurs de fruits noirs confiturés, de chocolat et de vanille, et par sa finale explosive, étoffée de tanins soyeux, qui augure d'un beau potentiel de garde. ⧗ 2020-2028

ROUX, 505, traverse du Serre-des-Vignes, 26770 La Roche-Saint-Secret, tél. 09 65 27 30 87, info@serredesvignes.com V *t.l.j. 10h-18h30*

DOM. TERRES D'ÉMOTIONS Les Guarrigues 2016 ★

■	2580		8 à 11 €

Un petit vignoble de 5 ha en AOC grignan-les-adhémar, créé de toutes pièces en 2009 par la famille Escoffier: aux côtés du père, Dominique, en charge de l'exploitation agricole (57 ha en polyculture et élevage), et de Franck, le fils cuisinier (aux commandes du restaurant), c'est la fille Sylvia qui s'occupe des vignes. Un leitmotiv ici: «du champ à l'assiette».

La richesse de ce vin s'annonce dès l'olfaction, autour d'arômes de fruits rouges et noirs, de pruneau et de thym. Quant à la bouche, elle séduit par sa rondeur et sa souplesse. Un très beau vin sudiste, long et fruité, qui ne sort pas les muscles. ⧗ 2018-2021 ■ **Lola 2017 ★ (11 à 15 €; 1460 b.)** : une cuvée née de grenache blanc et de roussanne, au nez frais de pêche, de poire, de chèvrefeuille et de verveine, à la bouche tout aussi alerte, évoquant elle les zestes d'agrumes. ⧗ 2018-2021

DOM. TERRES D'ÉMOTIONS, 100, chem. de la Grangeonne, 26790 La Baume-de-Transit, tél. 06 76 70 82 87, terresdemotions26@orange.fr V *r.-v.*

VINSOBRES

Superficie : 450 ha / Production : 15 625 hl

Appartenant autrefois à l'appellation côtes-du-rhône-villages, Vinsobres a été promu en appellation

locale en 2006. Celle-ci concerne uniquement les vins rouges nés sur la commune de Vinsobres, dans la Drôme.

Les vins doivent provenir d'un assemblage d'au moins deux cépages principaux, dont le grenache, qui doit représenter 50 % minimum, la syrah et/ou le mourvèdre devant atteindre 25 % minimum.

DOM. AUTRAND Cuvée VS 2016 ★★

■ | 6000 | | 8 à 11 €

Christine Aubert a repris en 2002 le domaine familial couvrant aujourd'hui 80 ha, dont la quasi-totalité est classée en vinsobres. Après l'arrivée de son fils Aurélien (quatrième génération) qui travaille depuis 2008 à ses côtés, l'exploitation s'est dotée d'une nouvelle cave.

La robe profonde révèle la présence marquée de la syrah, tout autant que le nez avec ses notes de fruits rouges bien mûrs et de cassis agrémentées de nuances torréfiées. L'élevage se confirme dans une bouche ample et suave, ouvertement fruitée, fraîche et particulièrement longue. Une superbe cuvée d'avenir. ⧗ 2020-2025 ■ **Mosaïque 2016 ★ (5 à 8 €; 9000 b.)** : grenache, syrah, mourvèdre et un peu de carignan pour cette cuvée ouverte sur les fruits mûrs, les épices et les senteurs de garrigue, ronde et harmonieuse en bouche. ⧗ 2019-2023

GAEC AUTRAND, quartier Les Ratiers, RD 94, rte de Nyons, 26110 Vinsobres, tél. 04 75 26 57 05, contact@domaineautrand.fr t.l.j. 10h-19h; f. dim. nov.-mars Christine et Aurélien Aubert

DOM. CONSTANT-DUQUESNOY 2016 ★

■ | 10000 | | 11 à 15 €

Un vignoble de 20 ha (ancien Dom. des Aussellons) acquis en 2004 par Gérard Constant, converti à la vigne après une carrière dans la finance internationale. Et désormais converti à la démarche bio (propriété en conversion).

Ce vin à la robe rubis profond séduit par son nez intense de fruits rouges compotés, de pruneau et de nuances épicées. Une attaque franche laisse place à une bouche dense et harmonieuse, dotée de tanins encore un peu sévères en finale toutefois. ⧗ 2019-2024

GÉRARD CONSTANT, rte de Nyons, 26110 Mirabel-aux-Baronnies, tél. 06 77 38 23 34, carmen@constant-duquesnoy.com t.l.j. sf sam. dim. 8h30-12h 14h-17h

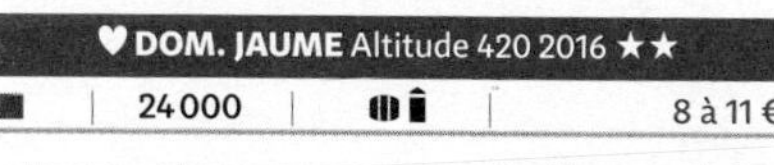

♥ DOM. JAUME Altitude 420 2016 ★★

■ | 24000 | | 8 à 11 €

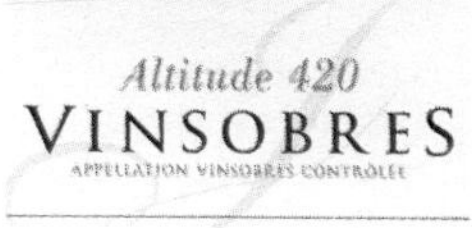

L'arrière-grand-père fut l'un des pionniers de l'appellation côtes-du-rhône, créée en 1937. Depuis, les générations se succèdent sur ce vaste domaine de 95 ha, les sélections dans le Guide aussi, en AOC régionale ou en vinsobres.

L'olfaction de cette cuvée évoque la groseille et le cassis. Une belle tension, entretenue par un fruité frais et certainement dû aux 420 m d'altitude, équilibre parfaitement une bouche dense et riche, aux tanins de soie. Un vinsobres irrésistible. ⧗ 2018-2023 ■ **Clos des Échalas 2016 ★ (20 à 30 €; 6600 b.)** : de vieilles vignes de grenache et de mourvèdre ont offert cette cuvée au nez fin de confiture de myrtilles, de vanille et de poivre. Le palais se révèle rond, très riche. Du potentiel. ⧗ 2020-2026

JAUME, 24, rue Reynarde, 26110 Vinsobres, tél. 04 75 27 61 01, vignoble@domainejaume.com t.l.j. sf dim. 9h-12h 13h30-18h

DOM. LE PUY DU MAUPAS 2016 ★★

■ | 4000 | | 11 à 15 €

Agriculteur jusqu'en 1987, Christian Sauvayre s'installe en cave particulière et débute avec 20 ha de vignes à Puyméras; il conduit aujourd'hui un vaste ensemble de 46 ha en bio certifié.

Un vin magistral tout autant qu'harmonieux, au nez expressif de confiture de cerises, à la bouche dense, riche, intensément fruitée jusqu'à la superbe finale tout en rondeur. ⧗ 2019-2025

CHRISTIAN SAUVAYRE, 1678, rte de Nyons, 84110 Puyméras, tél. 04 90 46 47 43, domaine@puy-du-maupas.com t.l.j. 8h-12h 14h-18h; f. dim. oct.-mai

DOM. SAINT-VINCENT Cuvée Saint-Pierre 2015

■ | 5000 | | 11 à 15 €

Un domaine de 60 ha (dont 10 de vinsobres), ancienne possession du couvent de Saint-Césaire de Nyons, repris en 2012 par la famille Lescoche.

Le nez a de solides arguments avec son fruité mûr, ses notes épicées, chocolatées et boisées. En bouche, les tanins demandent à s'affiner. Une cuvée à attendre encore une paire d'années. ⧗ 2020-2023

SCEA DOM. SAINT-VINCENT, RD 94, rte de Nyons, 26110 Vinsobres, tél. 04 75 27 61 10, info@dsv-vinsobres.com t.l.j. 9h-18h30

PIERRE VIDAL 2016 ★

■ | 60000 | | 8 à 11 €

Pierre Vidal, installé à Châteauneuf-du-Pape avec son épouse vigneronne, a créé son négoce en 2010. Une maison déjà bien implantée grâce aux sélections parcellaires vinifiées par ce jeune œnologue formé en Bourgogne, qui s'est développée depuis 2015 vers les vins bio et les vins « vegan ».

Fruits confiturés, épices, la complexité s'exprime dès le premier nez. Elle se renforce dans une bouche ronde, chaleureuse, où finesse et densité s'unissent pour créer un ensemble gourmand et harmonieux. ⧗ 2018-2023

EURL PIERRE VIDAL, 631, rte de Sorgues, 84230 Châteauneuf-du-Pape, tél. 06 88 88 07 58, contact@pierrevidal.com

CAVE LA VINSOBRAISE Cuvée Therapius 2016 ★★

■ | 6000 | | 11 à 15 €

Fondée en 1947, la très qualitative cave de Vinsobres vinifie aujourd'hui plus de 95 000 hl produits sur 1 800 ha de vignes (dont 10 % exploités en bio). Une valeur sûre de la vallée du Rhône méridionale.

RHÔNE

Acteur principal du cru vinsobres, la Vinsobraise s'illustre à nouveau avec ses cuvées phares. Cette Cuvée Thérapius, à très forte proportion de syrah, affiche une robe intense et un bouquet riche de cassis et de framboise sur fond de boisé vanillé et torréfié. La bouche, puissante et concentrée, s'appuie sur une structure solide de tanins mûrs. Un vin complexe, qui profitera d'une longue halte en cave. ⧗ 2019-2027 ■ **Sélection Vieilles Vignes 2016 ★ (5 à 8 €; 80000 b.)** : cette cuvée s'exprime avec intensité sur des nuances fruitées et réglissées. La bouche est droite et élégante, portée par une juste acidité. Un vinsobres très recommandable. ⧗ 2018-2023 ■ **Cuvée Excellius 2016 ★ (15 à 20 €; 5000 b.)** : loin d'avoir atteint son apogée, cette cuvée délivre une olfaction centrée sur les fruits noirs et les notes toastées. La bouche suave, ample et puissante signe un vin bâti pour une longue garde. ⧗ 2022-2027

CAVE LA VINSOBRAISE, 26110 Vinsobres, tél. 04 75 27 64 22, infos@la-vinsobraise.com V *t.l.j. 8h-12h 14h-18h*

DENIS VINSON ET FILS
Cuvée Charles Joseph 2015 ★

■	3370		15 à 20 €

Rejoint en 2010 par son fils Charles, Denis Vinson conduit depuis 1984 un vignoble de 20 ha. Habitué du Guide (plusieurs coups de cœur à son actif), le domaine présente régulièrement de belles cuvées, en appellations régionales comme en vinsobres.

Cette cuvée mi-grenache mi-syrah est un bel exemple d'élevage minutieux. Les fruits mûrs, légèrement vanillés, composent un nez complexe et flatteur. Les épices dominent dans une bouche à la fois concentrée, ronde et fraîche. Un équilibre de haute voltige. ⧗ 2018-2023

DENIS ET CHARLES VINSON, La Maria, 26110 Vinsobres, tél. 04 75 27 65 59, denis.vinson@wanadoo.fr V *t.l.j. 8h-12h 13h30-19h; dim. 8h-12h*

RASTEAU SEC

Superficie : 1 300 ha / Production : 29 000 ha

L'appellation d'origine contrôlée rasteau se décline désormais en VDN (*voir section Les vins doux naturels du Rhône*) et en vin rouge sec grâce à l'accession en 2009 des côtes-du-rhône-villages Rasteau (village reconnu depuis 1966) en cru des Côtes du Rhône, le seizième du secteur, qui s'étend sur la seule commune de Rasteau.

Les conditions bioclimatiques de cette zone géographique sont particulièrement favorables au cépage grenache, qui atteint ici naturellement la complète maturité nécessaire à l'élaboration de grands vins, plus particulièrement dans les situations où prédominent les sols sableux et caillouteux. Ces mêmes conditions sont également favorables à la syrah et au mourvèdre (cépage à maturité tardive), notamment lorsqu'ils sont plantés sur des marnes sableuses ou sablo-argileuses.

Les vins, exclusivement rouges, sont riches en alcool, gras, puissants et très aromatiques. Leur structure tannique est le gage d'un excellent potentiel de garde.

DOM. BEAU MISTRAL Florianaëlle 2016 ★

■	5000		20 à 30 €

Côtes-du-rhône, *villages*, rasteau ou IGP de la principauté d'Orange, ce domaine familial très régulier en qualité étend son vignoble sur 28 ha plantés de vieux ceps, dont certains centenaires. Jean-Marc Brun est aux commandes depuis 1988.

Parée d'une robe rubis sombre, cette cuvée déploie un nez fin, centré sur la griotte, accompagnée d'épices et d'une pointe florale. La bouche fait rimer volume et rondeur avec une fraîcheur bien sentie. Un très bon représentant de son millésime. ⧗ 2019-2025 ■ **Sélection Vieilles Vignes 2016 (11 à 15 €; 45000 b.)** : vin cité.

JEAN-MARC BRUN, 91, rte d'Orange, 84110 Rasteau, tél. 04 90 46 16 90, contact@domainebeaumistral.com V *t.l.j. 9h-12h 14h-18h; sam. dim. sur r.-v.*

DOM. DE BEAURENARD
Les Argiles bleues 2016 ★★

■	4000		20 à 30 €

Depuis 1929, sept générations se sont succédé jusqu'à Daniel et Frédéric Coulon, à la tête d'un vignoble de 63 ha conduit en bio et biodynamie certifiés. Une valeur sûre de la vallée méridionale, en châteauneuf comme en rasteau (sec et doux) et en côtes-du-rhône.

Un travail méticuleux à la vigne et un élevage en petits foudres ont donné ce 2016 de garde. Marqué par un puissant vanillé, agrémenté de nuances fruitées et animales, le bouquet est complexe et prometteur. Au palais, la douceur de l'attaque, le soyeux des tanins et l'équilibre souverain de l'ensemble ont été loués par le jury. Un rasteau rond, long et sacrément bon. ⧗ 2020-2026 ■ **2016 ★ (15 à 20 €; 40000 b.)** : les fruits confiturés, les fruits séchés et de charmantes notes d'épices douces animent le nez de cette cuvée. Une attaque douce ouvre sur une bouche équilibrée entre alcool et tanins bien enrobés. La finale, mêlant fruits noirs et réglisse, fait montre d'une grande harmonie. ⧗ 2019-2024

SCEA PAUL COULON ET FILS, 10, av. Pierre-de-Luxembourg, 84230 Châteauneuf-du-Pape, tél. 04 90 83 71 79, contact@beaurenard.fr V *t.l.j. 9h-12h 13h30-17h30; f. sam. dim. nov.-avr.*

DOM. DIDIER CHARAVIN Les Parpaïouns 2016

■	7000		11 à 15 €

Un domaine créé en 1985 par Didier Charavin, habitué du Guide pour ses côtes-du-rhône, ses *villages* et ses rasteau.

La couleur foncée est en accord avec les fruits noirs dominant l'olfaction. L'attaque est puissante, les tanins s'affirment rapidement, composant une structure solide et encore assez sévère. Patience... ⧗ 2021-2025

DIDIER CHARAVIN, 267, rte de Vaison, 84110 Rasteau, tél. 04 90 46 15 63, didier.charavin@orange.fr V *t.l.j. sf dim. 9h-12h 14h-18h*

DOM. COMBE JULIÈRE 2016 ★

■	45000		8 à 11 €

Installé en 1994 sur le vignoble familial, Laurent Robert a apporté ses raisins à la coopérative de

Rasteau jusqu'en 1999, date à laquelle il a loué une cave pour ses vinifications, pour acquérir finalement son propre chai en 2003.

Au nez, la fraîcheur de la cerise s'associe à la douceur des fruits noirs compotés. On retrouve cet heureux contraste agrémenté de notes de confiserie dans une bouche homogène, au doux relief, épaulée par des tanins ronds et prolongée par une finale à la fois fraîche et charnue. ⧗ 2018-2024

LAURENT ROBERT, 202, rte de Cairanne, 84110 Rasteau, tél. 06 83 22 66 15, laurent.robert0226@orange.fr V r.-v.

CH. LA DIFFRE 2015 ★

■ | 2002 | | 11 à 15 €

Ancienne propriété de l'évêché d'Orange, cette imposante bastide des XVIIe et XVIII[e]s. vendue comme bien national en 1791 commande le vaste vignoble (100 ha) de la famille Meffre (René, Gérard et Patrick), dirigé par Julien Dugas.

Le fruité, balançant entre cassis et mûre, est rehaussé de notes empyreumatiques issues de l'élevage. Fraîche à l'attaque, la bouche évolue ensuite vers la rondeur autour de saveurs de cannelle et de poivre, le tout étayé par des tanins fins. Un rasteau équilibré. ⧗ 2019-2025

MICHEL BRÈS, La Diffre, 84110 Séguret, tél. 04 88 84 43 43, contact@chateauladiffre.com V r.-v. René Meffre

♥ ROMAIN DUVERNAY 2016 ★★★

■ | 40000 | | 8 à 11 €

Issu d'une lignée de négociants en vins – son arrière-grand-père Louis fonda en 1904 un commerce de vin en Haute-Savoie –, l'œnologue de renom Romain Duvernay a créé en 1998, avec son père Roland, une maison de négoce basée à Châteauneuf-du-Pape qui propose des vins de toute la Vallée et qui, depuis 2016, appartient à Newrhône Millésimes, propriété de Jean-Marc Pottiez. Romain Duvernay continue d'élaborer les vins.

La robe, aux reflets violines de jeunesse, est profonde et sombre. L'intensité du bouquet est immédiate, centrée sur la mûre et la myrtille compotée, rehaussées de notes originales de rhubarbe et de sureau. Cette grande maturité est confirmée par une bouche ample, ronde, aux tanins soyeux, alliant parfaitement puissance, élégance et harmonie. Un rasteau d'exception. ⧗ 2021-2028

NEWRHÔNE MILLÉSIMES, Z.A. La Grange-Blanche, 225, rue Marcel-Valérian, 84350 Courthézon, tél. 04 90 60 20 00, jmpottiez@newrhone.eu Jean-Marc Pottiez

DOM. DES ESCARAVAILLES
La Ponce 2016 ★★

■ | 20000 | 11 à 15 €

Situé sur les hauteurs de Rasteau, ce domaine de 65 ha est très régulier en qualité. Acquis en 1953 par Jean-Louis Ferran, il a été défriché et planté par ses enfants Jean-Pierre et Daniel. Il est conduit depuis 1999 par Gilles, fils de ce dernier, rejoint aujourd'hui par Madeline, représentant la quatrième génération.

Au nez, les fruits rouges, la griotte notamment, se mêlent au chocolat. Une union irrésistible que l'on retrouve en compagnie de très élégants arômes réglissés, truffés et safranés, dans une bouche suave et charnue, dotée de tanins moelleux. ⧗ 2019-2025 ■ **Les Coteaux 2015 ★ (8 à 11 €; 16000 b.)** : à une olfaction de petits fruits rouges, de cuir, de tabac et de nuances fumées répond une bouche ample et ronde, puissante et généreuse, étayée par des tanins fins et veloutés. L'harmonie est déjà là, mais cette cuvée pourra encore se bonifier en cave. ⧗ 2019-2024 ■ **Héritage 1924 2016 ★ (15 à 20 €; 10000 b.)** : née de grenaches quasi centenaires, cette cuvée livre une palette aromatique faite de senteurs de garrigue, de fumé, de cacao, de cuir et de myrtille. Ces variations se retrouvent avec des notes de confiserie dans une bouche riche et charpentée, à la finale charnue et réglissée. Un 2016 sensuel et chaleureux. ⧗ 2021-2026

FERRAN, 111, combe de l'Eoune, 84110 Rasteau, tél. 04 90 46 14 20, domaine.escaravailles@wanadoo.fr V t.l.j. sf dim. 9h-12h 14h-18h; sam. sur r.-v.

DOM. DE L'ESPIGOUETTE
Pas du meunier 2015

■ | 25000 | | 8 à 11 €

Le nom de cette vaste exploitation de 50 ha est hérité du terme provençal *spigo* (petit épi de blé). Bernard Latour, aux commandes depuis 1979, privilégie les petits rendements et les vieilles vignes. À l'arrivée en 2009 de ses fils Émilien et Julien, il a engagé la conversion bio du vignoble et créé une nouvelle cave de stockage.

De très provençales notes de pâte d'olives perçues à l'olfaction sont suivies en bouche par des arômes de garrigue et de laurier. La réglisse prolonge le tout en finale. Un vin de caractère. ⧗ 2019-2025

BERNARD, ÉMILIEN ET JULIEN LATOUR, 1008, rte d'Orange, 84150 Violès, tél. 04 90 70 95 48, espigouette@aol.com V t.l.j. sf dim. 9h-12h30 14h30-18h30

DOM. LES ÉVIGNEAUX 2016 ★★

■ | n.c. | | 11 à 15 €

Une maison de négoce fondée en 1964 par Jean-Guy Lavau, d'origine saint-émilionnaise. Ses héritiers Benoît et Frédéric proposent aujourd'hui une large gamme de vins à partir de la production de 350 vignerons de la vallée du Rhône méridionale, complétée par 180 ha de vignes en propriété.

La robe est d'un pourpre très foncé. Au nez, l'expression aromatique est riche: cuir, notes vanillées, humus, épices douces et cannelle. Bien charpenté en bouche, ce 2016 n'en oublie pas la sensualité et le charme à travers une matière ronde et généreuse, agrémentée de persistantes saveurs de réglisse et de vanille. Une garde de quelques années est fortement recommandée pour apprécier ce superbe rasteau. ⧗ 2021-2026

SAS LAVAU, 585, rte de Cairanne, 84150 Violès, tél. 04 90 70 98 70, info@lavau.fr V t.l.j. sf sam. dim. 10h-12h 14h-18h

DOM. FOND CROZE 2015 ★★

■ | 15 000 | | 11 à 15 €

Un domaine fondé après la Seconde Guerre mondiale par Charles Long. Ses petits-fils Bruno et Daniel, qui ont créé la cave en 1997, conduisent aujourd'hui un vignoble de 80 ha certifié bio. Leurs vins sont souvent en bonne place dans le Guide.

L'olfaction riche et complexe de ce 2015 conjugue les fruits rouges macérés, les notes grillées et briochées, les fruits secs et de discrètes nuances animales. Des arômes que l'on retrouve dans une bouche ronde, riche et fraîche à la fois, étayée par des tanins enrobés, aux saveurs réglissées et à la longue finale suave. Une harmonie remarquable. ⧗ 2020-2025 ■ **Le Ratanaud 2016 ★ (30 à 50 €; 1700 b.)** : une cuvée confidentielle issue des hauteurs de Rasteau. Le grenache évoque ici les fruits à l'eau-de-vie et le pruneau, auxquels s'ajoutent des notes empyreumatiques, mais aussi de coing et de baies sauvages. Le palais affiche une sucrosité et un fruité intenses, avant une belle finale réglissée et cacaotée. ⧗ 2019-2025

FAMILLE LONG, 155, rte de Cairanne, 84290 Saint-Roman-de-Malegarde, tél. 06 31 63 01 75, fondcroze@hotmail.com *t.l.j. sf dim. 9h-17h*

DOM. DE GALUVAL Inspiration 2015 ★★

■ | 1300 | | 15 à 20 €

Après de nombreuses années passées à l'étranger, Nicole et Jean-François Trontin ont pris la tête de ce domaine en 2015. Situé entre Cairanne et Rasteau, le vignoble s'étend aujourd'hui sur 50 ha.

Les fruits confits s'échappent du verre, framboise et mûre en tête. Des notes douces d'épices et de brioche complètent ce bouquet complexe. L'amplitude se manifeste dès l'attaque dans une bouche riche et bien charpentée, déployant une trame tannique de grande classe et une finale à la rondeur irrésistible. Un grand de l'appellation. ⧗ 2020-2026

TRONTIN, 1720, rte de Vaison, 84290 Cairanne, tél. 09 72 48 40 53, domaine@galuval.com *t.l.j. 9h-12h30 14h-17h30; sam. dim. sur r.-v.*

DOM. DE LA GIRARDIÈRE Cuvée Prestige 2015

■ | 6300 | | 11 à 15 €

Un domaine fondé en 1979 par Louis Girard, aujourd'hui à la retraite, relayé par ses enfants Bernard et Édith. Le vignoble couvre 20 ha sur les collines de Rasteau et sur la commune de Séguret.

Au nez, les fruits macérés côtoient le cuir, les aromates et de discrètes épices. On découvre en bouche un 2015 épanoui, rond et généreux mais sans lourdeur. Un rasteau d'ores et déjà accessible. ⧗ 2018-2022

BERNARD GIRARD, 593, chem. du Plan, 84110 Rasteau, tél. 09 64 09 16 75, lagirardiere@rasteau.fr *r.-v.*

DOM. GRAND NICOLET Les Esqueyrons 2015 ★

■ | 9600 | | 15 à 20 €

Créé en 1926, le plus vieux chai rastellain élabore des vins à partir d'un vignoble planté en 1875. Jean-Pierre Bertrand, marié à une Nicolet, est depuis 1999 à la tête de ce vignoble de 30 ha, et signe des vins généreux souvent en vue dans ces pages.

Toute la générosité des vieux ceps de grenache et la droiture de la syrah sont concentrées dans cette cuvée, qui dévoile une palette aromatique «très rasteau»: garrigue et aromates, olive noire, cerise et mûre. S'ajoutent à cette gamme de douces nuances cacaotées dans un palais riche et rond, aux tanins enrobés. ⧗ 2019-2025

JEAN-PIERRE BERTRAND, 1174, rte de Violès, 84110 Rasteau, tél. 04 90 28 91 54, domainegrandnicolet@rasteau.fr *r.-v.*

♥ DOM. LES GRANDS BOIS Marc 2016 ★★

■ | 8000 | | 11 à 15 €

Fondé en 1929 par Albert Farjon, ce domaine de 47 ha est aujourd'hui conduit par sa petite-fille Mireille et son mari Marc Besnardeau. Leur vignoble est certifié bio depuis le millésime 2011. Côtes-du-rhône, villages, cairanne, rasteau, leurs vins sont régulièrement en vue dans ces pages.

Grenache, syrah et mourvèdre composent une cuvée à la robe aussi sombre que la réglisse et les fruits noirs qui composent son nez distingué. Le jury est aussi tombé sous le charme de son palais à la fois élégant et puissant, d'une harmonie rare, qui doit beaucoup à la qualité de ses tanins. La longue finale mêlant la mûre, la myrtille et une très légère sucrosité achève de convaincre. ⧗ 2021-2028

SCEA DOM. LES GRANDS BOIS, 55, av. Jean-Jaurès, 84290 Sainte-Cécile-les-Vignes, tél. 04 90 30 81 86, mbesnardeau@grands-bois.com *t.l.j. sf dim. 9h30-12h 13h30-18h30* *Besnardeau*

ALAIN JAUME Les Valats 2016 ★★

■ | 8000 | | 11 à 15 €

D'origine castelpapale, Alain Jaume et ses fils Sébastien et Christophe perpétuent une tradition viticole qui remonte à 1826. Ils conduisent en bio un vignoble de 155 ha réparti sur quatre domaines: Grand Veneur à Châteauneuf-du-Pape, Clos de Sixte à Lirac et Ch. Mazane à Vacqueyras, et le Dom. la Grangette Saint-Joseph en AOC côtes-du-rhône, le tout complété par une activité de négoce. Une valeur sûre.

Les «vallats» (ravins) sont très présents sur le territoire de Rasteau. Les vignes qui les bordent ont donné ici un vin noir, sombre et dense. La cerise bigarreau côtoie le cacao dans une bouche impressionnante, riche et puissante, dotée de tanins serrés et d'une finale ample et fraîche. La patience est de mise. ⧗ 2021-2028

ALAIN JAUME, 1358, rte de Châteauneuf-du-Pape, 84100 Orange, tél. 04 90 34 68 70, contact@alainjaume.com *t.l.j. sf dim. 8h-13h 14h-18h*

DOM. LA LUMINAILLE 1er Né(z) 2016 ★★

■ | 2500 | | 15 à 20 €

Après avoir été sommelière à Paris, Julie Paolucci reprend la direction de ce domaine familial en 2014. Le vignoble, qui tire son nom de la brillance des feuilles d'olivier les nuits de pleine lune (quartier de la « lumière »), s'étend sur 17 ha.

Cette cuvée à la robe profonde, entre rubis foncé et burlat, développe une olfaction intense et complexe: cassis, épices douces, amande amère, notes briochées, cuir... Puis elle s'épanouit harmonieusement dans une bouche ample et dense, dotée d'une fraîcheur bienvenue qui étire longuement la finale, large et veloutée. Un superbe rasteau, à la fois mûr et prometteur. ⧗ 2020-2026 ■ **2e Né(z) 2016 ★ (11 à 15 €; 3700 b.)** : à un premier nez encore marqué par l'élevage (arômes briochés, grillés et vanillés), succèdent à l'aération des notes de fleurs, d'herbe sèche et de cerise noire. Une attaque légère ouvre sur un milieu de bouche plus tannique, avant une finale sur la rondeur. ⧗ 2019-2022

JULIE PAOLUCCI, 696, chem. de la Luminaille, 84110 Rasteau, tél. 06 98 95 23 88, contact@domainelaluminaille.com V r.-v.

DOM. NOTRE-DAME-DES-PALLIÈRES
Les Ribes 2016 ★

■ | 11000 | 8 à 11 €

Au Moyen Âge, la source de Notre-Dame-des-Pallières, réputée prévenir la peste, attirait les pèlerins du Midi. Depuis 1991, Julien et Claude Roux y cultivent un vignoble de 60 ha en lutte « ultraraisonnée ».

La couleur sombre semble annoncer les fruits noirs qui s'échappent d'un nez puissant. Le marc, le cacao et les notes suaves du grenache complètent cet ensemble aromatique. Ample et riche, la bouche, de haute maturité, presque chocolatée, déploie des tanins encore serrés et une très longue finale. Un vin racé pour des mets de caractère. ⧗ 2020-2026

JULIEN ET CLAUDE ROUX, 311, chem. de Lencieu, 84190 Gigondas, tél. 04 90 65 83 03, contact@pallieres.com V *t.l.j. 9h-12h 14h-18h; sam. dim. sur r.-v.*

♥ ORTAS Les Hauts du village 2015 ★★★

■ | 15000 | | 11 à 15 €

Fondée en 1925, cette coopérative qui regroupe plus de 650 ha de vignes et 80 adhérents est l'une des plus anciennes caves rhodaniennes et le principal producteur de l'AOC rasteau. Ortas est sa marque ombrelle. Elle a rejoint en 2015 le Cercle des Vignerons du Rhône, regroupant également les coopératives de Sablet (cave le Gravillas) et de Visan (les Coteaux de Visan).

La superbe robe couleur carmin de cette cuvée donne d'emblée le « la »: ce sera puissant. De fait, le nez dévoile des arômes intenses et complexes de girofle, d'aromates de la garrigue, de violette et de fruits rouges (framboise et cerise). On retrouve ces arômes dans un palais charpenté, d'une harmonie rare, aux tanins de velours et à la longue finale cacaotée. ⧗ 2021-2028 ■ **Les Héritiers 2015 ★★ (5 à 8 €; 85000 b.)** : grenache, syrah et mourvèdre composent un vin sombre et dense. L'aération encourage le fruité, les épices douces ainsi que quelques notes animales. Après une attaque douce, la bouche expose une matière à la fois dense et ciselée, aux notes animales et épicées, et déploie une interminable finale fruitée rehaussée par de beaux amers. Un superbe vin d'avenir. ⧗ 2021-2028 ■ **Le R de Rasteau 2016 ★ (8 à 11 €; 65000 b.)** : d'une bonne intensité aromatique, dans un registre de fruits frais et compotés (cerise, fraise et mûre) ce vin dévoile une bouche ample et ronde, bien soutenue par des tanins serrés. ⧗ 2020-2026

ORTAS - CAVE DE RASTEAU, rte des Princes d'Orange, 84110 Rasteau, tél. 04 90 10 90 10, vignoble@rasteau.com V *r.-v.*

DOM. RABASSE CHARAVIN
Cuvée Abel Charavin 2016

■ | 8500 | | 20 à 30 €

Vers 1880, Edmond Charavin, vigneron et chapelier, acquiert 3 ha de terres à Cairanne. Quatre générations plus tard, en 1984, Corinne Couturier prend les commandes, relayée depuis 2013 par sa fille Laure, à la tête aujourd'hui d'un vignoble de 40 ha.

Ce vin de grenache et de mourvèdre se livre petit à petit à l'olfaction, tout d'abord par des notes de fruits (pruneau, cerise noire), puis par des nuances évocatrices de garrigue (thym, menthol). En bouche, il associe les fruits noirs à des tanins fermes, et déploie une jolie finale fraîche et réglissée. ⧗ 2020-2025

LAURE COUTURIER, 1030, chem. des Girard, 84290 Cairanne, tél. 04 90 30 70 05, rabasse-charavin@orange.fr V *r.-v.*

TOQUE ROUGE 2016 ★★

■ | 7040 | | 15 à 20 €

Après trente ans passés au Ch. de Pic, en côtes-de-bordeaux, François Masson Regnault est revenu sur les terres familiales du Vaucluse pour s'installer sur ce petit vignoble d'à peine 2 ha.

La robe est aussi sombre que la couleur des fruits mûrs et compotés qui se dégagent du verre. Ample, riche et ronde, la bouche s'adosse à des tanins soyeux et à un discret élevage rajoutant de la complexité à l'ensemble. Un rasteau racé, puissant et long, au potentiel certain. ⧗ 2021-2028

FRANÇOIS MASSON REGNAULT, 16, Grande-Rue, 84110 Sablet, tél. 04 90 41 95 28, toquerouge84@gmail.com V *r.-v.*

Ⓑ TRAPADIS Les Adrès 2016 ★★

■ | 6000 | | 15 à 20 €

Né en 1950 de l'union des familles Brun et Charavin et de leurs vignes respectives, ce vignoble en bio certifié s'étend aujourd'hui sur 35 ha, en bio certifié. Il est conduit par Helen Durand depuis 1996.

Les fruits noirs et rouges s'égrènent doucement au nez, accompagnés d'un léger toasté qui, allié au tabac, laisse planer une sensation d'élevage discret. La bouche se révèle longue et harmonieuse, à la fois ronde et fraîche, au fruité intense (framboise, fraise). Un rasteau aristocratique. ⧗ 2019-2025 ■ **Helen Durand 2016** ★ **(8 à 11 €; 15000 b.)** Ⓑ : une robe sombre, un nez floral et fruité, une bouche charnue, suave et ronde, centrée sur les fruits compotés et déployant une belle finale fumée, composent un rasteau harmonieux et gourmand. ⧗ 2018-2024

HELEN DURAND, 2302, rte d'Orange, 84110 Rasteau, tél. 04 90 46 11 20, hd@domainedutrapadis.com V *r.-v.*

CH. DU TRIGNON 2015 ★

■	4667	11 à 15 €

Antoine Quiot acquiert la première vigne à Châteauneuf-du-Pape en 1748. Ses descendants, Geneviève, Jérôme et leurs enfants Florence et Jean-Baptiste exploitent trois domaines dans la vallée du Rhône (Dom. du Vieux Lazaret, Ch. du Trignon) et deux propriétés en côtes-de-provence (Dom. Houchart, Les Combes d'Arnevel). Les Quiot sont aussi négociants.

L'aération libère des arômes chaleureux de fruits rouges macérés, d'épices et de cuir. En bouche, ce sont les aromates qui s'expriment avec un côté sauvage. Suave et savoureuse, cette cuvée déploie des tanins encore serrés qui laissent confiant sur son avenir. ⧗ 2020-2025

VIGNOBLES FAMILLE QUIOT, 5, av. Baron-Leroy, 84230 Châteauneuf-du-Pape, tél. 04 90 83 73 55, vignoblesfamillequiot@gmail.com V *r.-v.*

Ⓑ PIERRE VIDAL Réserve 2016 ★

■	60000		8 à 11 €

Pierre Vidal, installé à Châteauneuf-du-Pape avec son épouse vigneronne, a créé son négoce en 2010. Une maison déjà bien implantée grâce aux sélections parcellaires vinifiées par ce jeune œnologue formé en Bourgogne, qui s'est développée depuis 2015 vers les vins bio et les vins « vegan ».

Cette Réserve, au premier nez discret, n'en est pas moins complexe à l'aération, révélant des notes d'épices, de garrigue, de fruits noirs confiturés et de cuir. On retrouve ces arômes dans une bouche corsée, riche et suave, à la finale réglissée. Un très beau vin pour un mets de caractère. ⧗ 2019-2025

EURL PIERRE VIDAL, 631, rte de Sorgues, 84230 Châteauneuf-du-Pape, tél. 06 88 88 07 58, contact@pierrevidal.com

XAVIER VIGNON 2016 ★

■	40000	11 à 15 €

Afrique du Sud, Australie, Nouvelle-Zélande, Bordelais, Champagne, Xavier Vignon a exploré les vignobles du vaste monde avant de poser ses valises à Châteauneuf-du-Pape pour créer une maison de négoce en 1998.

Le nez, méridional en diable, évoque les fruits rouges, la garrigue, les aromates, le pâte d'olives et l'herbe séchée. Après une attaque douce, le palais se développe autour de tanins au grain fin et déploie une finale réglissée, longue et gourmande. ⧗ 2019-2024

XAVIER VIGNON, 1901, rte de Sorgues, 84230 Châteauneuf-du-Pape, tél. 09 54 02 05 67, office@xaviervignon.com V *r.-v.*

CAIRANNE

Ⓑ L'ADRET DU PONT-ROUGE 2016 ★

■	20000	5 à 8 €

Après dix ans dans la grande distribution et presque autant dans le négoce de vins (partie technique), Philippe Vigne, petit-fils de coopérateur, a décidé en 2011 de fonder sa propre structure, spécialisée comme son nom l'indique dans les vins de la vallée du Rhône.

Ce cairanne dévoile un nez friand et intense, où prune, violette et poivre forment un trio harmonieux. En bouche, les fruits noirs et les épices sont délicatement assortis aux tanins mûrs. Un ensemble riche et gourmand, doté d'une longue finale torréfiée. ⧗ 2018-2023

VAL RHODANIA, Mas de Lachaux, 44, rte d'Uchaux, 84500 Bollène, tél. 09 81 86 30 20, vigne@valrhodania.fr V *t.l.j. sf dim. 10h-12h30 14h30-19h Vigne*

DOM. ALARY La Jean de Verde 2015 ★★

■	6000		11 à 15 €

La famille Alary cultive la vigne à Cairanne depuis 1692 et dix générations ! Installé en 1981, Denis Alary conduit aujourd'hui 30 ha en bio certifié depuis 2012 et signe des vins constants en qualité.

La finesse et la complexité apparaissent dès l'olfaction, qui égrène des notes de fraise, de framboise, de kirsch et d'épices. On retrouve ces arômes dans une bouche ample, riche, aux tanins soyeux et à la longue finale chaleureuse. Un cairanne expressif, superbe d'harmonie. ⧗ 2019-2025

DOM. ALARY, 1345, rte de Vaison, 84290 Cairanne, tél. 04 90 30 82 32, alary.denis@wanadoo.fr V *t.l.j. sf dim. 9h-12h 14h-18h; hiver sur r.-v.*

PIERRE AMADIEU Les Hautes Rives 2017

□	4000		8 à 11 €

La maison Amadieu a été fondée en 1929 et est restée familiale: Pierre Amadieu, installé en 1989, son oncle et ses cousins. Elle opère des sélections parcellaires pour son négoce et conduit deux propriétés: Grand Romane et La Machotte en AOC gigondas, dont elle est le plus grand producteur avec 137 ha de vignes.

Clairette, grenache blanc et roussanne pour ce vin dominé par le boisé de l'élevage à l'olfaction. En bouche aussi, la vanille l'emporte, mais pointent aussi de jolies notes de tilleul et d'amande. Il faudra patienter pour que l'élevage se fonde. ⧗ 2019-2022

PIERRE AMADIEU, 201, rte des Princes-d'Orange, 84190 Gigondas, tél. 04 90 65 84 08, pierre.amadieu@pierre-amadieu.com V *t.l.j. 10h-12h 14h-17h30; f. sam. dim. janv.-fév.*

DOM. BEAU MISTRAL Les Garrigues 2016 ★

■	4500		11 à 15 €

Côtes-du-rhône, *villages*, rasteau ou IGP de la principauté d'Orange, ce domaine familial très régulier en qualité étend son vignoble sur 28 ha plantés de vieux ceps, dont certains centenaires. Jean-Marc Brun est aux commandes depuis 1988.

Le nez, intense, mêle la framboise et le chocolat au lait. Le prélude gourmand à une bouche tout en rondeur, aux tanins soyeux et doux, qui déploie une finale friande et charnue. Un rouge qualifié de «sensuel». ⧗ 2018-2021

JEAN-MARC BRUN, 91, rte d'Orange, 84110 Rasteau, tél. 04 90 46 16 90, contact@domainebeaumistral.com V *t.l.j. 9h-12h 14h-18h; sam. dim. sur r.-v.*

BROTTE Création Grosset 2016

■	25000		8 à 11 €

Cette maison réputée, fondée en 1931 par Charles Brotte, pionnier de la mise en bouteilles dans la vallée du Rhône, est aujourd'hui dirigée par Laurent, petit-fils du fondateur. Elle vinifie ses propres vignes et opère des sélections parcellaires pour le compte de son négoce, dont La Fiole du Pape, en châteauneuf, est la marque phare depuis sa création en 1952.

Le nez de cette cuvée déploie des arômes de fraise, de vanille et de sirop de grenadine. En bouche, la matière apparaît fluide et souple, sans aspérité. Un rouge au fruité consensuel. ⧗ 2018-2021

BROTTE, Le Clos rte d'Avignon, BP 1, 84230 Châteauneuf-du-Pape, tél. 04 90 83 70 07, brotte@brotte.com V *t.l.j. 9h-12h 14h-18h (9h-19h en été)*

DOM. BRUSSET Les Travers 2017 ★★

■	12000		8 à 11 €

Soixante-huit terrasses exposées plein sud composent ce vignoble de 70 ha situé sous les Dentelles de Montmirail. Créé en 1947 par André Brusset, puis dirigé par son fils Daniel, il est aujourd'hui conduit par son petit-fils Laurent. Une valeur sûre en gigondas et en cairanne.

Ce vin aux reflets or pâle développe avec intensité une riche corbeille de fruits mêlant la pêche blanche, la banane, le litchi et l'abricot. La bouche débute sur la fraîcheur, puis le fruité et la rondeur prennent le dessus dans un équilibre délicat. La conclusion revient sur le fruité intense qui dure, qui dure... ⧗ 2018-2022 ■ **Vieilles Vignes 2016** ★ **(11 à 15 €; 10000 b.)** : un nez intense de fruits noirs (cassis, mûre), d'épices et de nuances fumées, associé à une bouche ronde et puissante, aux tanins de qualité et à la longue finale poivrée, composent une cuvée de caractère, appelée à une belle évolution. ⧗ 2019-2025 ■ **Les Travers 2016 (8 à 11 €; 50000 b.)** : vin cité.

SA DOM. BRUSSET, 70, chem. de la Barque, 84290 Cairanne, tél. 04 90 30 82 16, domaine-brusset@wanadoo.fr V *t.l.j. sf sam. dim. 9h-12h 14h-18h*

CAMILLE CAYRAN Antique 2015 ★★

■	25000		11 à 15 €

Créée en 1929, la coopérative de Cairanne est un acteur de poids dans la région: 60 adhérents pour 330 ha de vignes et deux marques, Camille Cayran pour le réseau traditionnel et Victor Delauze pour la grande distribution.

Cette cuvée développe un nez de fruits très mûrs (cerise, pruneau), auxquels s'ajoutent des nuances compotées et épicées. Ronde et généreuse, dotée de tanins bien extraits, la bouche se révèle puissante et complexe. Un cairanne épanoui et paré pour la garde. ⧗ 2018-2026 ■ **La Réserve 2017** ★ **(5 à 8 €; 38000 b.)** : grenache, roussanne, clairette et bourboulenc pour ce vin gourmand, au nez de pêche et de fleurs blanches, harmonieux, rond et fruité en bouche. ⧗ 2018-2021 ■ **Sans soufre ajouté 2016** ★ **(8 à 11 €; 20000 b.)** : un joli cairanne prêt à boire, aux saveurs de fruits mûrs confits et d'épices, frais et savoureux en bouche. ⧗ 2018-2021

CAVE DE CAIRANNE, 290, av. de la Libération, 84290 Cairanne, tél. 04 90 30 82 05 V *r.-v.*

DOM. DES ESCARAVAILLES
Le Ventabren 2015 ★

■	24000		8 à 11 €

Situé sur les hauteurs de Rasteau, ce domaine de 65 ha est très régulier en qualité. Acquis en 1953 par Jean-Louis Ferran, il a été défriché et planté par ses enfants Jean-Pierre et Daniel. Il est conduit depuis 1999 par Gilles, fils de ce dernier, rejoint aujourd'hui par Madeline, représentant la quatrième génération.

Ce vin issu des hauteurs de Cairanne dévoile un nez de fruits noirs compotés, prolongé par une bouche ample et chaleureuse, dotée de tanins fins et d'une finale particulièrement persistante. Un beau vin de gastronomie. ⧗ 2019-2024

FERRAN, 111, combe de l'Eoune, 84110 Rasteau, tél. 04 90 46 14 20, domaine.escaravailles@wanadoo.fr V *t.l.j. sf dim. 9h-12h 14h-18h; sam. sur r.-v.*

♥ B **DOM. LES GRANDS BOIS** Mireille 2016 ★★

■	2600		11 à 15 €

Fondé en 1929 par Albert Farjon, ce domaine de 47 ha est aujourd'hui conduit par sa petite-fille Mireille et son mari Marc Besnardeau. Leur vignoble est certifié bio depuis le millésime 2011. Côtes-du-rhône, villages, cairanne, rasteau, leurs vins sont régulièrement en vue dans ces pages.

La robe sombre et profonde lui va à merveille et annonce un volume certain. Après agitation, s'échappent du verre des arômes de fraise des bois, de mûre, d'iris, ainsi que de subtiles notes d'élevage. En bouche, ce cairanne se révèle ample et fruité, à la fois mûr et frais, aux tanins bien présents mais soyeux. Une cuvée d'une intensité rare. ⧗ 2019-2025 ■ **Éloïse 2016 (11 à 15 €; 7000 b.)** B : vin cité.

SCEA DOM. LES GRANDS BOIS, 55, av. Jean-Jaurès, 84290 Sainte-Cécile-les-Vignes, tél. 04 90 30 81 86, mbesnardeau@grands-bois.com V *t.l.j. sf dim. 9h30-12h 13h30-18h30 Besnardeau*

DOM. LES HAUTES CANCES
Cuvée Col du Débat 2016 ★

■	7500		15 à 20 €

En 1981, Anne-Marie Achiary-Astart a repris, avec son époux Jean-Marie, le domaine créé en 1902 par son

RHÔNE

arrière-grand-père à Cairanne. Ce couple de médecins à la retraite conduit, dans un esprit bio mais sans certification, un vignoble de 17 ha régulièrement en vue et en bonne place pour ses côtes-du-rhône et ses villages.

Balayés par le vent du Col du Débat, les ceps de grenache, syrah, carignan et counoise basculent ici vers le nord. Après un premier nez discret, les épices, la figue et le pruneau s'imposent à l'olfaction. La bouche, dans la même veine aromatique, se révèle riche et ample, campée sur des tanins solides et dotée d'une superbe finale, longue et très marquée par les épices. Un potentiel certain. ⧗ 2020-2026 ■ **Cuvée Vieilles Vignes 2016 (15 à 20 €; 5300 b.)** : vin cité.

SCEA ACHIARY-ASTART, 85, allée des Travers, 84290 Cairanne, tél. 04 90 30 76 14, contact@hautescances.com V r.-v.

DOM. MARTIN 2016

■	12000		8 à 11 €

Les frères David et Éric Martin sont installés depuis 2005 sur le domaine familial, créé en 1905 à partir de 5 ha sur le Plan de Dieu. Ils exploitent aujourd'hui 70 ha de vignes, essentiellement en gigondas et en châteauneuf-du-pape.

Une robe noire habille ce vin ouvert sur des arômes de cassis et de réglisse. La bouche se montre ronde et gourmande, dotée d'une jolie finale légèrement vanillée. ⧗ 2018-2022

DOM. MARTIN, 439, rte de Vaison, 84850 Travaillan, tél. 04 90 37 23 20, martin@domaine-martin.com V *t.l.j. sf dim. 9h-12h 14h-18h*

DOM. ORATOIRE SAINT-MARTIN
Haut-Coustias 2016 ★

□	6000		15 à 20 €

Dix générations se sont succédé sur ce domaine créé en 1692. Une tradition perpétuée de mains de maître depuis 1984 par les frères Frédéric et François Alary, à la tête de 25 ha de vignes, en bio depuis 2009.

Encore sur la réserve, cette cuvée propose au nez un subtil duo fruité-vanillé. En bouche, elle se révèle ronde, savoureuse, généreuse et épicée. Un beau blanc méridional. ⧗ 2019-2022

FRÉDÉRIC ET FRANÇOIS ALARY, 570, rte de Saint-Roman-de-Malegarde, 84290 Cairanne, tél. 04 90 30 82 07, falary@wanadoo.fr V *t.l.j. sf dim. 9h-12h 14h-18h30*

DOM. RABASSE CHARAVIN
Cuvée d'Estevenas 2015 ★

■	6500		20 à 30 €

Vers 1880, Edmond Charavin, vigneron et chapelier, acquiert 3 ha de terres à Cairanne. Quatre générations plus tard, en 1984, Corinne Couturier prend les commandes, relayée depuis 2013 par sa fille Laure, à la tête aujourd'hui d'un vignoble de 40 ha.

Cette cuvée d'un beau grenat, à dominante grenache, évoque le cassis et la cerise à l'alcool à l'olfaction. La bouche, ample et racée, s'équilibre autour de tanins ronds qui poussent loin la finale. ⧗ 2019-2023 □ **2017 (15 à 20 €; 1600 b.)** : vin cité.

LAURE COUTURIER, 1030, chem. des Girard, 84290 Cairanne, tél. 04 90 30 70 05, rabasse-charavin@orange.fr V *r.-v.*

DOM. SAINT-ANDÉOL
Excellence 2016

■	18000		11 à 15 €

Les lointaines origines du domaine, situé à l'emplacement d'un prieuré, remontent au XIIe s. La propriété se transmet dans la même famille depuis quatre générations. Jean-Jacques Beaumet est à sa tête depuis 1988. Il exploite 37 ha sur les hauteurs de Cairanne.

Cette cuvée très marquée par le cassis à l'olfaction offre une bouche concentrée, épicée, où volume et sucrosité, alliés à des tanins fins, forment un ensemble cohérent et gourmand. ⧗ 2018-2022

BEAUMET, 800, chem. des Hautes-Rives, 84290 Cairanne, tél. 04 90 30 81 53, cave.beaumet@orange.fr V *r.-v.*

DOM. DU TRAPADIS
Les Garrigues 2016 ★

■	12000		8 à 11 €

Né en 1950 de l'union des familles Brun et Charavin et de leurs vignes respectives, ce vignoble en bio certifié s'étend aujourd'hui sur 35 ha, en bio certifié. Il est conduit par Helen Durand depuis 1996.

Cette cuvée exprime au nez d'intenses notes de fruits rouges mêlées de caramel, de cassis et de rose. Cette complexité se retrouve dans une bouche concentrée, ample, aux tanins taillés dans le velours. La finale revient sur le fruit, laissant une impression générale de grande élégance. ⧗ 2019-2024

HELEN DURAND, 2302, rte d'Orange, 84110 Rasteau, tél. 04 90 46 11 20, hd@domainedutrapadis.com V *r.-v.*

PIERRE VIDAL
Grande Réserve 2016 ★★

■	60000		8 à 11 €

Pierre Vidal, installé à Châteauneuf-du-Pape avec son épouse vigneronne, a créé son négoce en 2010. Une maison déjà bien implantée grâce aux sélections parcellaires vinifiées par ce jeune œnologue formé en Bourgogne, qui s'est développée depuis 2015 vers les vins bio et les vins « vegan ».

Au nez, des arômes de mûre, de myrtille, de poivre et de garrigue, agrémentés d'une élégante pointe grillée. Une complexité et un fruité flamboyant que l'on retrouve dans une bouche solide, aux tanins encore un peu serrés. Un cairanne structuré et harmonieux, et bâti pour la garde. ⧗ 2020-2025 □ **2017 ★ (5 à 8 €; 20000 b.)** : d'une belle finesse, le nez développe d'élégantes notes d'abricot et de pêche jaune. La bouche se révèle à la fois généreuse, gourmande et acidulée. ⧗ 2018-2021

EURL PIERRE VIDAL, 631, rte de Sorgues, 84230 Châteauneuf-du-Pape, tél. 06 88 88 07 58, contact@pierrevidal.com

GIGONDAS

Superficie : 1 225 ha / Production : 32 180 hl

Au pied des étonnantes Dentelles de Montmirail, le vignoble de Gigondas ne couvre que la commune du même nom. Il est constitué d'une série de coteaux et de vallonnements. La vocation viticole de l'endroit est très ancienne, mais son réel développement ne date que du XIXᵉs., sous l'impulsion d'Eugène Raspail. D'abord côtes-du-rhône, puis, en 1966, côtes-du-rhône-villages, Gigondas obtient ses lettres de noblesse en tant qu'appellation spécifique en 1971.
Les caractéristiques du sol et le climat donnent leur caractère aux vins, le plus souvent rouges à forte teneur en alcool, puissants et charpentés, tout en présentant une palette aromatique d'une grande finesse où se mêlent épices et fruits à noyau. Bien adaptés au gibier, les gigondas mûrissent lentement et peuvent garder leurs qualités pendant de nombreuses années. Il existe également quelques vins rosés, eux aussi chaleureux.

DOM. DU BOIS DES MÈGES Pierre Céleste 2015 ★

■ | 2000 | | 11 à 15 €

Ghislain Guigue a quitté en 1990 son métier de caviste au Ch. Mont-Redon à Châteauneuf pour s'installer avec son épouse Magali sur un plateau de cailloutis et de galets roulés de 5 ha. Il a porté la superficie de son domaine à 12 ha aujourd'hui, répartis sur cinq communes.
Cette cuvée dévoile un bouquet classique, fruité et épicé. Le palais se montre d'une très grande persistance aromatique, étayé par des tanins fondus et élégants qui ajoutent à son charme. Un très beau vin de terroir qui se révèlera à table. ⧗ 2019-2023

GHISLAIN GUIGUE, Les Tappys, 607, rte d'Orange, 84150 Violès, tél. 04 90 70 92 95, gguigue@boisdesmeges.fr V *r.-v.*

BRUNEL DE LA GARDINE 2016

■ | 13 000 | | 20 à 30 €

Le négociant Gaston Brunel, héritier d'une longue tradition vigneronne (XVIIᵉs.), acquit La Gardine en 1945. Ses fils, Patrick et Maxime, et ses petits-enfants, Marie-Odile et Philippe, continuent de mettre en valeur ce domaine réputé, fort d'une cinquantaine d'hectares. En 2007, la famille Brunel a créé une maison négoce sous le nom de Brunel de la Gardine.
Le nez a du caractère, évoquant les fruits rouges et noirs confiturés, le kirsch et la réglisse. Après une attaque plutôt souple, la structure s'exprime avec plus de fermeté, comme il sied à un bon gigondas. Un vin chaleureux et de bonne intensité. ⧗ 2018-2023

BRUNEL PÈRE ET FILS, rte de Roquemaure, BP 5, 84230 Châteauneuf-du-Pape, tél. 04 90 83 73 20, gardine.export@gardine.com V *t.l.j. sf dim. 10h-18h*

DOM. BRUSSET
Tradition Le Grand Montmirail 2016 ★

■ | 50 000 | | 15 à 20 €

Soixante-huit terrasses exposées plein sud composent ce vignoble de 70 ha situé sous les Dentelles de Montmirail. Créé en 1947 par André Brusset, puis dirigé par son fils Daniel, il est aujourd'hui conduit par son petit-fils Laurent. Une valeur sûre en gigondas et en cairanne.
Encore sur la réserve, ce vin nécessite un peu d'aération pour libérer ses notes de fruits rouges et de sous-bois. Une aromatique qui trace le même sillon dans un palais ample et complet, étoffé par des tanins riches. La finale, très longue et expressive, signe un vin déjà très abouti mais qui vieillira bien. ⧗ 2020-2025

SA DOM. BRUSSET, 70, chem. de la Barque, 84290 Cairanne, tél. 04 90 30 82 16, domaine-brusset@wanadoo.fr V *t.l.j. sf sam. dim. 9h-12h 14h-18h*

LES CABASSIÈRES 2016 ★★

■ | n.c. | 15 à 20 €

L'œnologue Sylvain Jean élabore les cuvées de la maison de négoce Louis Bernard créée en 1976 à Gigondas, qui accompagne à la vigne et au chai une vingtaine de vignerons partenaires. Dans le giron du groupe Gabriel Meffre.
Grenache, syrah et mourvèdre ont joué de leur complémentarité naturelle pour donner naissance à ce vin remarquable, à l'olfaction puissante de fraise, de cerise et de réglisse, au palais épicé, complexe et gras, à la fois charnu et d'une grande élégance. Un gigondas expressif et flamboyant. ⧗ 2019-2025

LOUIS BERNARD, 2, rte des Princes-d'Orange, Le Village, 84190 Gigondas, tél. 04 90 12 32 42, louis-bernard@gmdf.com Éric Brousse

♥ B ROMAIN DUVERNAY 2016 ★★

■ | 15 000 | | 11 à 15 €

Issu d'une lignée de négociants en vins – son arrière-grand-père Louis fonda en 1904 un commerce de vin en Haute-Savoie –, l'œnologue de renom Romain Duvernay a créé en 1998, avec son père Roland, une maison de négoce basée à Châteauneuf-du-Pape qui propose des vins de toute la Vallée et qui, depuis 2016, appartient à Newrhône Millésimes, propriété de Jean-Marc Pottiez. Romain Duvernay continue d'élaborer les vins.
Le nez, subtil et complexe, joue sur le registre des épices et du sous-bois, agrémenté d'une délicate pointe florale (iris, violette). Après une attaque vive, voire incisive, la plénitude et la rondeur ne tardent pas à prendre rapidement le dessus et à former une bouche soyeuse et ample, d'une harmonie rare, déployant une finale solaire et chaleureuse. Un gigondas suave et irrésistible. ⧗ 2019-2025

NEWRHÔNE MILLÉSIMES, Z.A. La Grange-Blanche, 225, rue Marcel-Valérian, 84350 Courthézon, tél. 04 90 60 20 00, jmpottiez@newrhone.eu Jean-Marc Pottiez

DOM. DES FLORETS Suprême 2015 ★★

■ | n.c. | 20 à 30 €

Un domaine acquis en 2007 par Jérôme et Myriam Boudier, à la tête de 8,3 ha de vignes implantés sur

les contreforts des Dentelles de Montmirail, avec une partie du vignoble établi à quelque 500 m d'altitude.

Le nez de ce 2015, très expressif, associe les notes de garrigue, les petits fruits rouges et les épices douces. La bouche, en parfaite harmonie, se montre corsée, complexe et fraîche, dotée de tanins de soie, et déploie une interminable finale évoquant la fraise. ⧗ 2021-2026

⊶ JÉRÔME ET MYRIAM BOUDIER, 1467, rte des Florets, 84190 Gigondas, tél. 04 90 40 47 51, scea-domainedesflorets@orange.fr V 🚶 🍷 *t.l.j. 9h-12h 14h-18h*

DOM. DE FONT-SANE
Terrasses des Dentelles 2016 ★★

■ | 5000 | 🛢 | 20 à 30 €

Véronique Cunty s'est installé en 1986 à la tête de ce domaine de 16 ha. Elle œuvre à la vinification, tandis que son mari Bernard s'occupe des vignes et son fils Romain de la partie commerciale.

Cette cuvée de très belle facture dévoile un nez de fruits noirs et d'épices qui laisse encore paraître le passage sous bois par de subtiles fragrances vanillées. L'harmonie se poursuit dans une bouche ample, ronde et charnue, d'une élégance rare, étirée dans une superbe finale fumée et élancée, sertie de tanins fins. ⧗ 2020-2026

⊶ VÉRONIQUE CUNTY, 446, chem. du Grame, 84190 Gigondas, tél. 04 90 65 86 36, domaine@font-sane.com V 🚶 🍷 *t.l.j. 9h-12h 14h-18h; dim. sur r.-v.*

DOM. LA GARRIGUE 2016 ★

■ | 14000 | 🍾 | 15 à 20 €

La famille Bernard est installée à Vacqueyras depuis 1850 et six générations, sur un domaine de 80 ha plantés de vieilles vignes, souvent en vue dans ces pages pour ses gigondas et ses vacqueyras. Sa devise: «Le vin de la Garrigue, jamais ne fatigue»...

À un nez fin de fruits rouges aux nuances florales répond une bouche ample, aux saveurs de fruits cuits et aux tanins mûrs: un gigondas classique, fidèle à son terroir. ⧗ 2018-2024

⊶ SCEA A. BERNARD ET FILS, 325, chem. Nouveau-de-la-Garrigue, 84190 Vacqueyras, tél. 04 90 65 84 60, info@domaine-la-garrigue.fr V 🚶 🍷 *t.l.j. sf dim. 8h-12h 14h-18h*

GIGONDAS LA CAVE
Signature 2017 ★

■ | n.c. | 8 à 11 €

Créée en 1956 au pied des Dentelles de Montmirail, la coopérative de Gigondas vinifie aujourd'hui la production de quelque 247 ha de vignes, dont une partie en agriculture biologique.

Assemblage de grenache et de cinsault, ce gigondas rosé développe un bouquet élégant de pêche, d'abricot et de fleur d'acacia. La bouche, gourmande et ronde, est équilibrée par une longue finale tonique. Un vin harmonieux. ⧗ 2018-2019 ■ **Le Brut du foudre 2015 (15 à 20 €; 24000 b.)** : vin cité.

⊶ GIGONDAS LA CAVE, 589, rte de Vaison, 84190 Gigondas, tél. 04 90 65 86 27, infos@cave-gigondas.fr V 🚶 🍷 *r.-v.*

DOM. DE GRAND BOURJASSOT
Cuvée Cécile 2015 ★★

■ | 4000 | 🛢 | 15 à 20 €

Sorti de la «coop» de Gigondas en 1992, Pierre Varenne crée son propre domaine en mettant en commun ses vignes et celles de son épouse Marie-Claude. En 2005, leur fille Cécile a pris la relève et conduit un vignoble de 8 ha.

Cette cuvée est dotée d'une robe profonde. La complexité est son trait dominant: au nez, la fraise côtoie le cassis, la mûre, la violette et les épices douces. Après une attaque ronde, la bouche, ample, d'une grande finesse et soutenue par des tanins de grande classe, déploie des saveurs de cacao, de torréfaction et de fruits à l'alcool. ⧗ 2019-2025

⊶ DOM. DU GRAND BOURJASSOT, 537, chem. des Bosquets, 84190 Gigondas, tél. 04 90 65 88 80, grandbourjassot@free.fr V 🍷 *r.-v. ⊶ Cécile Perez*

GRANDES SERRES
La Combe des marchands 2016

■ | 20000 | 🛢🍾 | 15 à 20 €

Les Grandes Serres? Une maison de négoce castelpapale fondée en 1977 par Camille Serres et reprise en 2001 par Michel Picard, investisseur dans de nombreuses régions viticoles – jusqu'en Ontario. Elle propose une large gamme de vins de la vallée du Rhône méridionale (et aussi de Provence) souvent en vue dans ces pages.

Les fruits mûrs et même confits sont à l'honneur dans cette cuvée. Ils sont accompagnés par une touche d'élevage encore assez présente. En bouche, de nobles tanins participent au côté charnu et fondu de ce vin élégant. ⧗ 2018-2023

⊶ SA LES GRANDES SERRES, 430, chem. de l'Islon-Saint-Luc, 84230 Châteauneuf-du-Pape, tél. 04 90 83 72 22, contact@grandesserres.com V 🚶 🍷 *r.-v. ⊶ Picard Vins*

DOM. DU GRAND MONTMIRAIL
Le Coteau de mon rêve 2016 ★★

■ | 76000 | 🍾 | 15 à 20 €

Productrice dans la vallée du Rhône (Roucas de Saint-Pierre, Hauts de Mercurol, Michel Poinard) et en Côte de Nuits, la famille Chéron, originaire de Bourgogne, conduit depuis 1981 cette vaste propriété de 72 ha (dont 48 de vignes) en forme d'amphithéâtre, établie au pied des Dentelles de Montmirail, sur son versant sud. Un domaine très régulier en qualité, que ce soit pour ses gigondas, ses vacqueyras ou ses beaume-de-venise.

Le nez développe des arômes intenses de fruits frais, que l'on retrouve aux côtés de notes épicées et cacaotées dans une bouche ample et ronde, étirée dans une très longue finale minérale qui augure d'un beau potentiel de garde. ⧗ 2020-2025

⊶ CAVE PASCAL, 2459, rte de Vaison, 84190 Vacqueyras, tél. 04 90 65 85 91, contact@vignoblescheron.fr V 🚶 🍷 *r.-v. ⊶ Famille Chéron*

DOM. GRAND ROMANE
Cuvée Prestige Vieilles Vignes Élevé en fût de chêne 2016 ★★

■ | 80000 | | 11 à 15 €

La maison Amadieu a été fondée en 1929 et est restée familiale: Pierre Amadieu, installé en 1989, son oncle et ses cousins. Elle opère des sélections parcellaires pour son négoce et conduit deux propriétés: Grand Romane et La Machotte en AOC gigondas, dont elle est le plus grand producteur avec 137 ha de vignes.

Ce 2016 aux jeunes reflets violines développe au nez des arômes élégants et puissants de fruits noirs mûrs et de cannelle. Une puissance qui s'épanouit dans un palais à la fois bien charpenté, généreux et onctueux, aux saveurs de mûre, de poivre et de vanille. La finale, aux arômes grillés, affiche des tanins de grande qualité qui laissent serein sur le futur radieux de ce gigondas. ⧗ 2020-2026

PIERRE AMADIEU, 201, rte des Princes-d'Orange, 84190 Gigondas, tél. 04 90 65 84 08, pierre.amadieu@pierre-amadieu.com V *t.l.j. 10h-12h 14h-17h30; f. sam. dim. janv.-fév.*

LE GRAVILLAS 2015

■ | 40000 | 11 à 15 €

Créée en 1935, à Sablet, magnifique village provençal aux rues concentriques, la coopérative de Gravillas est l'une des plus anciennes caves du département. En 2017, elle a intégré le Cercle des Vignerons du Rhône, regroupant également les coopératives Ortas (Rasteau) et les Coteaux de Visan.

Le nez de fruits rouges et d'épices est agréable. Lui fait écho une bouche ronde, aux tanins enrobés, qui ajoute des notes de fruits noirs et de réglisse. Un gigondas harmonieux. ⧗ 2019-2023

SCA LES VIGNERONS DU GRAVILLAS, 76, chem. de la Diffre, 84110 Sablet, tél. 04 90 46 90 20, direction.gravillas@orange.fr V *t.l.j. sf dim. 8h-12h 14h-18h*

LAVAU 2015

■ | 40000 | | 15 à 20 €

Une maison de négoce fondée en 1964 par Jean-Guy Lavau, d'origine saint-émilionnaise. Ses héritiers Benoît et Frédéric proposent aujourd'hui une large gamme de vins à partir de la production de 350 vignerons de la vallée du Rhône méridionale, complétée par 180 ha de vignes en propriété.

L'olfaction mêle les fruits rouges et noirs à des notes poivrées. Après une attaque puissante, on découvre un palais rond, épanoui et réglissé. Un vin bien typé. ⧗ 2018-2023

SAS LAVAU, 585, rte de Cairanne, 84150 Violès, tél. 04 90 70 98 70, info@lavau.fr V *t.l.j. sf sam. dim. 10h-12h 14h-18h*

MARRENON Les Belles Échappées 2016 ★

■ | 20000 | 15 à 20 €

Le Cellier Marrenon a été fondé en 1966 par Amédée Giniès, l'un des principaux artisans de la reconnaissance en AOC des vins du Luberon. Il regroupe neuf coopératives dans les AOC luberon et ventoux: pas moins de 1 200 adhérents et de 7 200 ha. Deux étiquettes: Marrenon et Amédée.

Le nez de ce gigondas évoque un coulis de fruits rouges et noirs (fraise et cassis en tête), relevé par une touche d'épices. Le jury a aussi loué le bel équilibre en bouche, autour des tanins fins associés à une agréable vivacité. Un ensemble déjà savoureux. ⧗ 2018-2023

MARRENON, rue Amédée-Giniès, 84240 La Tour-d'Aigues, tél. 04 90 07 40 65, sabrina.fillod@marrenon.com V *r.-v.*

DOM. DE LA MAVETTE Cuvée boisée 2015 ★

■ | 4000 | | 15 à 20 €

Implanté au pied des Dentelles de Montmirail, en gigondas et en appellations régionales, ce domaine est conduit par la même famille depuis trois générations. La dernière en date est représentée par Jean-François Lambert, arrivé en 1988 et gérant depuis 1992, à la tête aujourd'hui d'un vignoble de 30 ha.

Encore marquée par les notes boisées de l'élevage, l'olfaction de cette cuvée distille de jolis arômes de mûre et de cassis confiturés, agrémentés d'une touche de violette. La bouche, concentrée et dotée de tanins enrobés, déploie une magnifique finale à la saveur de framboise. Un gigondas flatteur et gourmand. ⧗ 2019-2024

JEAN-FRANÇOIS LAMBERT, 677, chem. de Lencieu, 84190 Gigondas, tél. 04 90 65 85 29, lambert.jfs@orange.fr V *t.l.j. sf dim. 9h-12h 14h-18h; f. janv.*

LE DOM. MONTIRIUS Confidentiel 2016 ★

■ | 6000 | | 30 à 50 €

Dans la même famille depuis six générations, ce domaine de 63 ha conduit par Christine et Éric Saurel, aidés par leurs filles Justine et Manon, est en biodynamie depuis 1996. Des vacqueyras et des gigondas vinifiés et élevés sans bois, régulièrement en vue.

De très vieux grenaches et mourvèdres sont à l'origine de cette cuvée au nez intense et complexe: cassis, prune, fraise, figue, violette, cuir. Cette grande richesse aromatique se retrouve dans une bouche ronde et expressive, aux tanins enrobés et à la finale éclatante. Un gigondas flamboyant. ⧗ 2019-2024

CHRISTINE ET ÉRIC SAUREL, 1536, rte de Sainte-Edwige, 84260 Sarrians, tél. 04 90 65 38 28, eric@montirius.com V *r.-v.*

CH. DE MONTMIRAIL
Cuvée de Beauchamp 2016 ★★

■ | 40000 | | 11 à 15 €

Situé à l'emplacement d'une ancienne station thermale connue pour ses eaux sulfureuses et magnésiennes, ce domaine de 45 ha est conduit par la famille Archimbaud depuis quatre générations. Une valeur sûre en vacqueyras et en gigondas.

Cette cuvée se livre à l'olfaction par petites touches, en passant des fruits rouges épicés aux notes de cuir, puis de truffe. La bouche, soyeuse et sphérique, impressionne par son élégance et l'harmonie de ses saveurs fruitées et épicées. Un vin de grande gourmandise, auquel la longue finale ajoute encore au charme. ⧗ 2019-2024

PHILIPPE BOUTEILLER, 204, cours Stassart, 84190 Vacqueyras, tél. 04 90 65 86 72, archimbaud@chateau-de-montmirail.com t.l.j. sf dim. 9h-12h 14h-18h

♥ DOM. NOTRE-DAME-DES-PALLIÈRES
Les Mourres 2016 ★★★

■ | 21000 | | 11 à 15 €

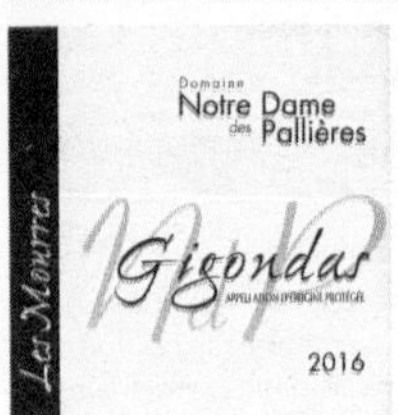

Au Moyen Âge, la source de Notre-Dame-des-Pallières, réputée prévenir la peste, attirait les pèlerins du Midi. Depuis 1991, Julien et Claude Roux y cultivent un vignoble de 60 ha en lutte «ultraraisonnée».

L'olfaction de cette cuvée magistrale est centrée sur des notes de fruits rouges et noirs, d'épices, de réglisse et de vanille. La bouche se révèle puissante, poivrée et torréfiée, dotée d'une charpente massive mais soyeuse. Le grenache, ici dans l'un de ses terroirs de prédilection, assure suavité et rondeur à l'ensemble. Une cuvée particulièrement persistante et aboutie. ⧗ 2021-2028

JULIEN ET CLAUDE ROUX, 311, chem. de Lencieu, 84190 Gigondas, tél. 04 90 65 83 03, contact@pallieres.com t.l.j. 9h-12h 14h-18h; sam. dim. sur r.-v.

OGIER Héritages 2016 ★

■ | 30000 | | 11 à 15 €

Cette vénérable maison castelpapale de négoce-éleveur (1859), dans le giron du groupe Advini, propose une large gamme de vins rhodaniens, du nord et du sud. Elle possède aussi le Clos de l'Oratoire des Papes (châteauneuf) et le Dom. Notre-Dame de Cousignac (vivarais).

Des notes de fruits très mûrs, des nuances florales, boisées, épicées et camphrées: le nez de cette cuvée se révèle engageant. La bouche, enrobée, fondue, affirme une grande richesse et une harmonie remarquable. ⧗ 2019-2024

MAISON OGIER, 10, av. Louis-Pasteur, 84230 Châteauneuf-du-Pape, tél. 04 90 39 32 41, info@ogier.fr t.l.j. 9h30-12h30 14h-18h30

DOM. PALON Tradition 2016 ★★

■ | 17000 | | 11 à 15 €

Issu d'une famille vigneronne depuis un siècle et fils de l'ancien président de la «coop» de Gigondas, Sébastien Palon a décidé en 2003 de créer sa propre cave. Il conduit aujourd'hui un vignoble de 15 ha.

Une robe très dense, presque noire, habille ce vin ouvert sur d'intenses notes de cerise burlat et de sous-bois. La bouche en impose par sa structure massive, portée par des tanins mûrs et soulignée par une fine acidité. Un ensemble puissant et prometteur. ⧗ 2021-2026

SÉBASTIEN PALON, 373, rte de Carpentras, 84190 Gigondas, tél. 04 90 62 24 84, contact@domainepalon.com r.-v.

FAMILLE PERRIN
Le Grand Prébois 2016 ★★

■ | n.c. | | 15 à 20 €

La maison Perrin, fondée en 1909 par l'aïeul Gabriel Tramier, conjugue depuis cinq générations activité de négoce et exploitation de vignobles, dont le réputé Ch. de Beaucastel (châteauneuf-du-pape) et La Vieille Ferme, vaste domaine du Luberon.

La fraîcheur du nez a marqué les dégustateurs, qui évoquent des arômes de petits fruits rouges et d'agrumes (orange sanguine, mandarine), agrémentés de nuances florales et empyreumatiques. La bouche s'exprime avec chaleur et complexité. Un gigondas généreux en diable. ⧗ 2018-2024

FAMILLE PERRIN, rte de Jonquières, 84100 Orange, tél. 04 90 11 12 00, perrin@familleperrin.com r.-v.

♥ DOM. DU ROUCAS DE SAINT-PIERRE 2016 ★★

■ | 16000 | | 15 à 20 €

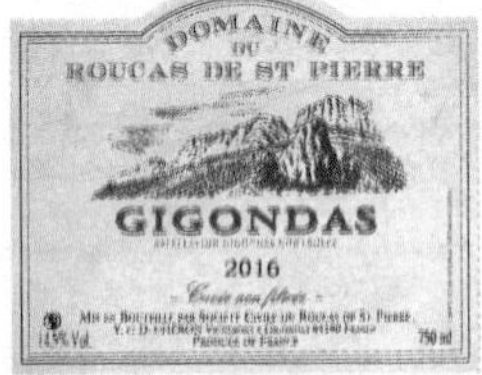

Productrice dans la vallée du Rhône (Roucas de Saint-Pierre, Hauts de Mercurol, Michel Poinard) et en Côte de Nuits, la famille Chéron, originaire de Bourgogne, conduit depuis 1981 cette vaste propriété de 72 ha (dont 48 de vignes) en forme d'amphithéâtre, établie au pied des Dentelles de Montmirail, sur son versant sud. Un domaine très régulier en qualité, que ce soit pour ses gigondas, ses vacqueyras ou ses beaume-de-venise.

L'union de la force, représentée par la maturité des fruits, et de la délicatesse, à travers de subtiles notes mentholées, compose un bouquet remarquable. La bouche, d'une élégance rare, se révèle ample, profonde et très fraîche. Un gigondas racé, parfaite illustration de son millésime. ⧗ 2019-2025

CAVE PASCAL, 2459, rte de Vaison, 84190 Vacqueyras, tél. 04 90 65 85 91, contact@vignoblescheron.fr r.-v. Famille Chéron

Ⓑ DOM. SAINT-DAMIEN La Louisiane 2016 ★

■ | 10000 | | 15 à 20 €

Quatre générations ont œuvré depuis 1821 sur ce domaine familial, dont le nom évoque une ancienne chapelle aujourd'hui disparue. Joël Saurel, rejoint en 2013 par son fils Romain, conduit 40 ha de vignes, en bio certifié depuis 2012.

La Louisiane, du nom de la parcelle qui l'a vu naître, fait la part belle au grenache. Le nez, expressif et puissant, mêle les fruits rouges, la mûre, des notes mentholées et du cuir. En bouche, rondeur et tanins fondus composent un ensemble harmonieux, prolongé par une belle finale marquée par le cassis et la réglisse. Une cuvée élégante et profonde. ⧗ 2019-2024

SAUREL, 50, chem. de Saint-Damien, La Beaumette, 84190 Gigondas, tél. 04 90 70 96 42, contact@domainesaintdamien.com t.l.j. sf dim. 10h-12h30 14h30-19h

PIERRE VIDAL 2016 ★

■ | 15000 | | 11 à 15 €

Pierre Vidal, installé à Châteauneuf-du-Pape avec son épouse vigneronne, a créé son négoce en 2010. Une maison déjà bien implantée grâce aux sélections parcellaires vinifiées par ce jeune œnologue formé en Bourgogne, qui s'est développée depuis 2015 vers les vins bio et les vins «vegan».

La profondeur de la robe laisse augurer d'un vin issu de raisins très mûrs, ce que tend à confirmer le nez et ses arômes de fruits noirs et de pruneau. En bouche, plus de doute: les dégustateurs ont loué la grande amplitude du palais, son caractère charnu et plein, et sa puissance sans lourdeur. Un très beau vin de gastronomie. ⧗ 2019-2024

EURL PIERRE VIDAL, 631, rte de Sorgues, 84230 Châteauneuf-du-Pape, tél. 06 88 88 07 58, contact@pierrevidal.com

VIDAL-FLEURY 2016 ★

■ | 6500 | | 20 à 30 €

Le plus ancien négoce rhodanien en activité, fondé en 1781 à partir de son vignoble en côte-rôtie et très tôt réputé – Thomas Jefferson y fit un banquet mémorable en 1787. Propriété des Guigal depuis 1986, il dispose d'une cave monumentale, dont l'architecture est inspirée du site égyptien de Saqqarah.

Fruits des bois, fruits mûrs et confits, épices douces…, la richesse du nez s'accorde au rouge profond de la robe. Puissant, tannique, chaleureux et charnu, ce gigondas ne demande qu'un peu de temps pour gagner encore en complexité et en harmonie. ⧗ 2020-2025

VIDAL-FLEURY, 48, rte de Lyon, 69420 Tupin-et-Semons, tél. 04 74 56 10 18, contact@vidal-fleury.com V *r.-v.*

VACQUEYRAS

Superficie : 1 455 ha
Production : 42 325 hl (97 % rouge et rosé)

Consacré en AOC communale en 1990, le vignoble de Vacqueyras est situé dans le Vaucluse, entre Gigondas au nord et Beaumes-de-Venise au sud-est. Son territoire s'étend sur les deux communes de Vacqueyras et de Sarrians. Les vins rouges, largement majoritaires, sont élaborés à base de grenache, de syrah, de mourvèdre et de cinsault; ils sont aptes à la garde (trois à dix ans). Les quelques rosés sont issus d'un encépagement similaire. Les blancs, confidentiels, naissent des cépages clairette, grenache blanc, bourboulenc et roussanne.

DOM. DU BOIS DE SAINT-JEAN
La Ballade des Anglès Brut de cuve 2016 ★

■ | 14000 | | 11 à 15 €

Établie à Jonquerettes depuis 1620, la famille Anglès se consacre à la viticulture à partir de 1910. Une tradition perpétuée avec grand talent par Vincent et son frère Xavier qui, à la tête de 48 ha de vignes, proposent des vins d'une constance remarquable.

Le jury a été séduit par l'olfaction de ce 2016, mêlant fruits rouges, notes florales et nuances de pierre à fusil. On retrouve cette minéralité dans une bouche puissante, ronde et complexe, dotée de tanins soyeux et d'une sucrosité bien perceptible. Un ensemble généreux. ⧗ 2019-2023

EARL XAVIER ET VINCENT ANGLÈS, 126, av. de la République, 84450 Jonquerettes, tél. 04 90 22 53 22, xavier.angles@wanadoo.fr V *t.l.j. 8h-12h 14h-19h*

DOM. LA BOUSCATIÈRE 2015 ★

■ | 1400 | | 11 à 15 €

Ce vignoble familial de 38 ha s'étend sur deux domaines: Le Péage, l'un des premiers à mettre en bouteilles à Gigondas (1945), et la Bouscatière. Aux commandes depuis 1978, Christian Saurel, rejoint par son fils Laurent et sa fille Pauline.

Cette cuvée s'ouvre sur un bouquet puissant de fruits noirs confiturés. La bouche, aux saveurs intenses de cassis, s'avère longue, pulpeuse et équilibrée. ⧗ 2018-2024

PAULINE SAUREL, 9, chem. Saint-Damien, 84190 Gigondas, tél. 04 90 70 96 80, contact@bouscatiere.com V *t.l.j. sf dim. 10h-12h 15h-18h*

BRUNEL DE LA GARDINE 2016 ★

■ | 10000 | | 15 à 20 €

Le négociant Gaston Brunel, héritier d'une longue tradition vigneronne (XVII[e]s.), acquit La Gardine en 1945. Ses fils, Patrick et Maxime, et ses petits-enfants, Marie-Odile et Philippe, continuent de mettre en valeur ce domaine réputé, fort d'une cinquantaine d'hectares. En 2007, la famille Brunel a créé une maison négoce sous le nom de Brunel de la Gardine.

Au nez, les senteurs de garrigue se fraient un chemin entre les notes de fruits rouges et les nuances florales. Une attaque ample introduit un palais équilibré, épicé et fruité, doté de tanins de très belle facture. Un vacqueyras bien typé. ⧗ 2018-2023

BRUNEL PÈRE ET FILS, rte de Roquemaure, BP 5, 84230 Châteauneuf-du-Pape, tél. 04 90 83 73 20, gardine.export@gardine.com V *t.l.j. sf dim. 10h-18h*

DOM. BRUNELY Tradition 2016

■ | 40000 | | 11 à 15 €

Offertes au XV[e]s. à Pellegrin de Brunelis par le pape Martin V, ces terres ont été acquises en 1976 par Rémi Carichon. Installé en 1986, son fils Charles conduit aujourd'hui 80 ha morcelés en une mosaïque de terroirs. Une valeur sûre de la vallée du Rhône sud.

Le joli nez de cette cuvée déploie des notes minérales, puis revient à son tropisme régional avec des notes de garrigue. En bouche, on découvre un vin rond et fruité (fruits rouges confiturés), aux tanins encore un peu serrés qu'une courte garde saura détendre. ⧗ 2019-2023

CHARLES CARICHON, Dom. Brunely, 84260 Sarrians, tél. 04 90 65 41 24, contact@domainebrunely.com V *t.l.j. sf sam. dim. 8h30-12h 14h-17h30*

DOM. CHAMFORT 2016 ★★

■ | 30 000 | ◧ 🍾 | 11 à 15 €

Situé au pied des Dentelles de Montmirail, ce domaine de 27 ha créé en 1992 par Denis Chamfort a été repris en 2010 par Vasco Perdigao, œnologue formé dans la vallée du Rhône septentrionale. L'approche bio est privilégiée mais le pas de la conversion officielle n'a pas encore été franchi.

Le nez évoque la cerise burlat bien mûre et la fraise confiturée, agrémentées de notes vanillées et empyreumatiques. Une attaque ample et suave ouvre sur une bouche dense, très étoffée, aussi large que longue, aux tanins riches. Un vin au style généreux bien affirmé. ⧗ 2019-2024

⊶ VASCO PERDIGAO, 280, rte du Parandou, 84110 Sablet, tél. 04 90 46 94 75, domaine-chamfort@orange.fr V 🚶 ▪ t.l.j. 9h-12h 13h30-17h30; sam. dim. sur r.-v.

Ⓑ CLOS DE CAVEAU Carmin brillant 2015 ★★

■ | 10 000 | ◧ 🍾 | 15 à 20 €

Pionniers en matière de viticulture biologique (certification en 1989), les Bungener conduisent un domaine de 16 ha d'un seul tenant au pied des Dentelles de Montmirail.

Grenache et syrah dispensent une olfaction mêlant fruits confits, senteurs de sous-bois et notes vanillées issues de l'élevage. On découvre ensuite un palais rond, équilibré, doté de tanins enrobés et d'une belle persistance aromatique. ⧗ 2018-2023 ▪ **Le Louis d'Or 2017 ★★ (11 à 15 €; 1800 b.)** Ⓑ : un assemblage traditionnel de grenache blanc et de clairette, issu des si particuliers coteaux des Dentelles de Montmirail. Les fleurs blanches et les notes vanillées et grillées se mêlent à des nuances de fruits confits. Beaucoup de gras et de volume sont ressentis en bouche, ainsi qu'une longueur remarquable. Un blanc ambitieux et riche. ⧗ 2018-2022

⊶ HENRI BUNGENER, 1560, chem. de Caveau, 84190 Vacqueyras, tél. 04 90 65 85 33, domaine@closdecaveau.com V 🚶 ▪ t.l.j. sf dim. 8h-12h 14h-16h 🏠 Ⓔ

DOM. LE CLOS DES CAZAUX
Cuvée Saint-Roch 2015 ★★

■ | 20 000 | 🍾 | 8 à 11 €

Des origines templières pour ce domaine dans la famille Archimbaud-Vache depuis cinq générations. Aux commandes aujourd'hui, deux frères, Frédéric à la cave et Jean-Michel à la vigne, à la tête de 20 ha en gigondas et de 25 ha en vacqueyras. Une valeur sûre.

Cette cuvée développe un nez de sous-bois et de fraise écrasée. En bouche, elle se montre franche, généreuse et charnue, étirée dans une superbe finale réglissée. Un vacqueyras volontaire et typique qui gagnera à être encavé quelques mois. ⧗ 2019-2024 ▪ **Vieilles Vignes 2016 ★ (15 à 20 €; 4000 b.)** : ce blanc issu de vieilles vignes délivre de belles notes de pamplemousse. Cette sensation fraîche vient équilibrer une bouche ronde, encore stimulée par de jolis amers en finale. ⧗ 2018-2021

⊶ EARL ARCHIMBAUD-VACHE, 317, chem. du Moulin, 84190 Vacqueyras, tél. 04 90 65 85 83, closdescazaux@wanadoo.fr V ▪ t.l.j. sf sam. dim. 9h-12h 14h-18h ⊶ Jean-Michel et Frédéric Vache

Ⓑ CLOS DU JONCUAS
La Font de Papier 2016

■ | n.c. | 🍾 | 15 à 20 €

Dany et Fernand Chastan conduisent leur domaine en bio et en biodynamie depuis ses origines, en 1980. Leurs vins se déclinent en gigondas (Clos du Joncuas), côtes-du-rhône Séguret (Garancière) et vacqueyras (Font de Papier).

Un vin de caractère, évoquant la garrigue et le poivre, à la bouche d'une belle typicité, puissante mais équilibrée. Un vacqueyras classique et bien fait. ⧗ 2019-2023

⊶ DANY CHASTAN, Clos du Joncuas, 700, rte de Carpentras, 84190 Gigondas, tél. 04 90 65 86 86, contact@closdujoncuas.fr V ▪ r.-v.

♥ ROMAIN DUVERNAY 2016 ★★

■ | 30 000 | 🍾 | 11 à 15 €

Issu d'une lignée de négociants en vins – son arrière-grand-père Louis fonda en 1904 un commerce de vin en Haute-Savoie –, l'œnologue de renom Romain Duvernay a créé en 1998, avec son père Roland, une maison de négoce basée à Châteauneuf-du-Pape qui propose des vins de toute la Vallée et qui, depuis 2016, appartient à Newrhône Millésimes, propriété de Jean-Marc Pottiez. Romain Duvernay continue d'élaborer les vins.

Une sélection rigoureuse a donné vie à cette cuvée riche et intense, au nez évoquant la garrigue, les épices douces et la confiture de cerises. Le jury a aussi été impressionné par la grande tenue de la bouche, à la fois ample et élégante, riche et structurée par des tanins veloutés, mariant habilement puissance et finesse. Enthousiasmant. ⧗ 2020-2026

⊶ NEWRHÔNE MILLÉSIMES, Z.A. La Grange-Blanche, 225, rue Marcel-Valérian, 84350 Courthézon, tél. 04 90 60 20 00, jmpottiez@newrhone.eu ⊶ Jean-Marc Pottiez

DOM. DE L'ESPIGOUETTE 2016

■ | 15 000 | ◧ 🍾 | 11 à 15 €

Le nom de cette vaste exploitation de 50 ha est hérité du terme provençal *spigo* (petit épi de blé). Bernard Latour, aux commandes depuis 1979, privilégie les petits rendements et les vieilles vignes. À l'arrivée en 2009 de ses fils Émilien et Julien, il a engagé la conversion bio du vignoble et créé une nouvelle cave de stockage.

L'olfaction déploie des notes intenses de fruits noirs, de garrigue et de sous-bois. Les petits fruits rouges confiturés se manifestent ensuite dans une bouche ronde et tendre, aux tanins fins. ⧗ 2018-2023

⊶ BERNARD, ÉMILIEN ET JULIEN LATOUR, 1008, rte d'Orange, 84150 Violès, tél. 04 90 70 95 48, espigouette@aol.com V 🚶 ▪ t.l.j. sf dim. 9h-12h30 14h30-18h30

DOM. FONT SARADE
Les Hauts de la Ponche 2016 ★

■ | 25 000 | | 11 à 15 €

Un domaine souvent en vue, né en 1936 au nord de Vacqueyras de l'association de deux familles vigneronnes, les Devine et les Burle. Le vignoble, conduit depuis 2002 par Bernard Burle, associé à sa fille Claire en 2014, couvre aujourd'hui 35 ha.

Un vin robuste, au nez de cuir et d'épices, et à la bouche puissante, épicée et longue. Un vacqueyras traditionnel, à oublier en cave au moins une paire d'années. ⧗ 2020-2025

BERNARD BURLE, 801, rte de Violes, 84190 Vacqueyras, tél. 04 90 65 82 97, infos@fontsarade.fr t.l.j. sf sam. dim. 8h-12h 14h-18h

DOM. LA FOURMONE
Le Fleurantine 2017 ★★

| 8 000 | | 15 à 20 €

Un domaine fondé en 1885, valeur sûre en gigondas et vacqueyras (avec plusieurs coups de cœur à son actif), dans la famille Combe depuis cinq générations. Aux commandes des 40 ha de vignes, Marie-Thérèse Combe et ses enfants Albin et Florentine.

Intense, l'olfaction de cette cuvée évoque les fleurs blanches, l'abricot et la pêche. La bouche s'avère originale, riche, beurrée, au toucher très murisaltien et à la longue finale fraîche et vanillée. Un blanc très ambitieux. ⧗ 2018-2022

FAMILLE COMBE, 526, rte de Violès, 84190 Vacqueyras, tél. 04 90 65 86 05, contact@fourmone.com t.l.j. sf dim. 9h30-18h

DOM. LA GARRIGUE 2017

■ | 3 900 | | 8 à 11 €

La famille Bernard est installée à Vacqueyras depuis 1850 et six générations, sur un domaine de 80 ha plantés de vieilles vignes, souvent en vue dans ces pages pour ses gigondas et ses vacqueyras. Sa devise: «Le vin de la Garrigue, jamais ne fatigue»...

De teinte rose orangé, ce rosé dévoile au nez des senteurs florales de pivoine et de glaïeul. La bouche, à la fois gourmande et acidulée, est quant à elle marquée par de subtiles saveurs d'abricot. Un rosé croquant qui plaira au plus grand nombre. ⧗ 2018-2019

SCEA A. BERNARD ET FILS, 325, chem. Nouveau-de-la-Garrigue, 84190 Vacqueyras, tél. 04 90 65 84 60, info@domaine-la-garrigue.fr t.l.j. sf dim. 8h-12h 14h-18h

DOM. DU GRAND MONTMIRAIL 2016 ★

■ | 25 000 | | 15 à 20 €

Productrice dans la vallée du Rhône (Roucas de Saint-Pierre, Hauts de Mercurol, Michel Poinard) et en Côte de Nuits, la famille Chéron, originaire de Bourgogne, conduit depuis 1981 cette vaste propriété de 72 ha (dont 48 de vignes) en forme d'amphithéâtre, établie au pied des Dentelles de Montmirail, sur son versant sud. Un domaine très régulier en qualité, que ce soit pour ses gigondas, ses vacqueyras ou ses beaume-de-venise.

Cette cuvée déploie un bouquet de cerise burlat bien mûre, assortie de notes grillées. Après une attaque souple, la bouche se montre ample, dense, persistante, soutenue par des tanins enrobés. Un vacqueyras de caractère. ⧗ 2018-2024

CAVE PASCAL, 2459, rte de Vaison, 84190 Vacqueyras, tél. 04 90 65 85 91, contact@vignoblescheron.fr r.-v. Famille Chéron

B DOM. LA LIGIÈRE G 2016 ★

■ | 6 000 | | 15 à 20 €

Le domaine, fondé au XIXᵉs., est dans la famille Bernard depuis cinq générations. Philippe Bernard et son épouse Élizabeth sont sortis de la coopérative en 2008 et ont créé leur propre cave. Ils exploitent 60 ha de vignes, conduites en bio certifié depuis 2013.

Cette cuvée G, comme grenache, offre un bouquet intense de fruits rouges mûrs à point et de poivre. Des arômes que l'on retrouve dans une bouche ronde, suave, harmonieuse, aux tanins fondus. Un vacqueyras des plus recommandables. ⧗ 2018-2024 ■ **Fumitarde 2016 ★ (11 à 15 €; 5000 b.)** B : au nez, de charmantes notes de cerise et de mûre, accompagnées d'un léger toasté. Le palais, d'une jolie finesse, séduit par sa souplesse et sa finale poivrée. ⧗ 2018-2022

ÉLIZABETH ET PHILIPPE BERNARD, 1385, chem. des Seyrels, 84190 Beaumes-de-Venise, tél. 04 90 62 98 00, laligiere@orange.fr t.l.j. sf dim. 9h-12h 14h-18h

B CH. MAZANE 2016

■ | 30 000 | | 11 à 15 €

D'origine castelpapale, Alain Jaume et ses fils Sébastien et Christophe perpétuent une tradition viticole qui remonte à 1826. Ils conduisent en bio un vignoble de 155 ha réparti sur quatre domaines: Grand Veneur à Châteauneuf-du-Pape, Clos de Sixte à Lirac et Ch. Mazane à Vacqueyras, et le Dom. la Grangette Saint-Joseph en AOC côtes-du-rhône, le tout complété par une activité de négoce. Une valeur sûre.

Un vin généreux et ample, aux saveurs de coing et d'épices, déployant des tanins encore assez fermes. À attendre. ⧗ 2020-2023

ALAIN JAUME, 1358, rte de Châteauneuf-du-Pape, 84100 Orange, tél. 04 90 34 68 70, contact@alainjaume.com t.l.j. sf dim. 8h-13h 14h-18h

CH. DE MONTMIRAIL
Cuvée des Deux Frères 2016 ★★

■ | 15 000 | | 8 à 11 €

Situé à l'emplacement d'une ancienne station thermale connue pour ses eaux sulfureuses et magnésiennes, ce domaine de 45 ha est conduit par la famille Archimbaud depuis quatre générations. Une valeur sûre en vacqueyras et en gigondas.

Le nez de cette cuvée a fortement séduit le jury par ses délicates notes de cerise, ses nuances florales et son caractère fumé. La séduction continue d'opérer dans une bouche ample et ronde, où l'on retrouve l'aromatique déployée à l'olfaction, agrémentée de notes de sous-bois et d'épices douces. Les tanins enrobés et la belle persistance aromatique achèvent de convaincre. ⧗ 2019-2025

PHILIPPE BOUTEILLER, 204, cours Stassart, 84190 Vacqueyras, tél. 04 90 65 86 72, archimbaud@chateau-de-montmirail.com t.l.j. sf dim. 9h-12h 14h-18h

DOM. LES ONDINES Passion 2016 ★

	5400		15 à 20 €

Scientifique de formation, Jérémy Onde a repris les vignes paternelles, créé sa cave et produit son propre vin à partir de 2002. Il a converti son vignoble de 57 ha à l'agriculture biologique en 2012, à partir duquel il élabore notamment des côtes-du-rhône, des *villages* et des vacqueyras.

De belles fragrances s'échappent de cette cuvée aux reflets dorés. Les notes de fleurs blanches, de poire et de vanille partent en tête, et se retrouvent dans une bouche ronde et ample, dotée d'une belle longueur. Un vin à la fois généreux et fin. ⧗ 2018-2021

JÉRÉMY ONDE, 413, rte de la Garrigue-Sud, 84260 Sarrians, tél. 04 90 65 86 45, jeremy.ondines@wanadoo.fr t.l.j. sf dim. 9h-12h 14h-17h

DOM. PALON 2016 ★

■	15000		11 à 15 €

Issu d'une famille vigneronne depuis un siècle et fils de l'ancien président de la «coop» de Gigondas, Sébastien Palon a décidé en 2003 de créer sa propre cave. Il conduit aujourd'hui un vignoble de 15 ha.

Le nez offre des arômes de fruits rouges (fraise et framboise), de cuir et de garrigue. Une longue macération a conféré à ce 2016 une bouche ample et structurée, dotée de tanins fins et intégrés, où des arômes de cerise et de girofle signent élégamment la longue finale. ⧗ 2019-2024

SÉBASTIEN PALON, 373, rte de Carpentras, 84190 Gigondas, tél. 04 90 62 24 84, contact@domainepalon.com r.-v.

RHONÉA Fontimple 2016

■	300000	11 à 15 €

Ce collectif regroupe plus de 200 vignerons autour d'un modèle coopératif et réunit 236 domaines sur une superficie de 2 000 ha de vignes réparties autour des Dentelles de Montmirail, dont 1 200 ha en crus gigondas, vacqueyras et beaumes-de-venise.

Cette cuvée évoquant le cassis, le cuir et la fourrure au nez offre une bouche ferme, poivrée et réglissée, encore en devenir. ⧗ 2020-2023

RHONÉA DISTRIBUTION, 258, rte de Vaison, 84190 Vacqueyras, tél. 04 90 12 41 00, c.didier@rhonea.fr r.-v.

DOM. SAINT-PIERRE 2016 ★★

■	21000		11 à 15 €

Jean-Claude Fauque a introduit la mise en bouteilles en 1972 sur ce domaine familial remontant à plusieurs générations. Ses fils Jean-François et Philippe ont pris la relève en 1984, et conduisent un vignoble de 55 ha.

Les petits fruits rouges confiturés dominent un bouquet qui se partage entre épices et notes florales. Ample et structuré, ce vacqueyras corsé, aux tanins riches mais fondus, offre un palais à la sucrosité perceptible et à la longue finale réglissée révélant son origine. ⧗ 2019-2025

EARL FAUQUE, 923, rte d'Avignon, 84150 Violès, tél. 04 90 70 92 64, contact@domaine-saintpierre.fr t.l.j. sf dim. 8h-12h 13h30-18h30

DOM. SAINT-ROCH Cuvée Quentho 2016 ★★

■	60000		11 à 15 €

Les Meissonnier sont enracinés depuis seize générations à Beaumes-de-Venise, d'abord comme arboriculteurs et maraîchers, puis comme viticulteurs, un parcours suivi par un grand nombre après le grand gel de 1956. La production au domaine est en revanche récente: Stéphane Meissonnier et son épouse Stéphanie ont décidé de créer leur cave en 2012 pour vinifier le fruit de leurs 45 ha de vignes.

Quelle intensité pour ce nez qui mêle des notes de cerise, de fleurs, d'épices et de vanille! Le palais a aussi conquis le jury, par son toucher soyeux, sa grande amplitude, sa dimension épicée et ses beaux tanins enrobés. Un vacqueyras sensuel. ⧗ 2019-2025

STÉPHANE MEISSONNIER, 167, rte d'Aubignan, 84190 Beaumes-de-Venise, tél. 04 90 65 84 37, domaine.saintroch@orange.fr t.l.j. 9h-12h30 14h-19h

DOM. LES SEMELLES DE VENT Vieilles Vignes 2015 ★

■	2000		15 à 20 €

En 1991, Christophe Galon reprend la propriété familiale et donne ce nom au domaine en hommage à Arthur Rimbaud. Il conçoit lui-même ses étiquettes et réalise une nouvelle illustration chaque année. Le vignoble, conduit en agriculture raisonnée, s'étend sur 14 ha répartis en vacqueyras, gigondas, châteauneuf-du-pape et vaucluse.

Ces Vieilles Vignes développent à l'olfaction des arômes de mûre et de fumée, ainsi que de surprenantes notes de goyave. Cette aromatique originale se retrouve dans une bouche équilibrée et d'une belle finesse. Un 2015 atypique mais très réussi. ⧗ 2018-2024 ■ **Séduction 2015 ★ (11 à 15 €; 2500 b.)** : à un nez complexe de fruits noirs (myrtille, mûre) et de fruits à noyau dont d'originales notes d'abricot succède une bouche très suave et gourmande, aux saveurs de fruits noirs confiturés. ⧗ 2018-2023

EARL SERIVINIVIA, 6, chem. des Oliviers, 84190 Vacqueyras, tél. 06 75 74 62 34, galon.christophe@wanadoo.fr r.-v. Christophe Galon

DOM. DE LA TOURADE 2015 ★

■	5600		11 à 15 €

Un domaine fondé en 1876, dans la famille Richard depuis plusieurs générations – Virginie et son époux Frédéric Haut depuis 2016. Le vignoble couvre 16 ha, et les élevages en fût ou en foudre sont ici privilégiés.

Issu d'un tri sévère, d'une longue macération et d'un élevage patient, ce vacqueyras livre un mélange de fragrances boisées, musquées et de notes plus légères de fruits rouges. On retrouve le même profil aromatique dans une bouche ample et savoureuse, dont la constitution demandera quelques années de vieillissement pour être appréciée au mieux. ⧗ 2020-2024

FRÉDÉRIC ET VIRGINIE HAUT, 1215, rte de Violès, 84190 Gigondas, tél. 04 90 70 91 09, latourade@hotmail.fr V t.l.j. 9h30-18h30

CH. DU TRIGNON 2015 ★

■	8000	15 à 20 €

Antoine Quiot acquiert la première vigne à Châteauneuf-du-Pape en 1748. Ses descendants, Geneviève, Jérôme et leurs enfants Florence et Jean-Baptiste exploitent trois domaines dans la vallée du Rhône (Dom. du Vieux Lazaret, Ch. du Trignon) et deux propriétés en côtes-de-provence (Dom. Houchart, Les Combes d'Arnevel). Les Quiot sont aussi négociants.

Le nez, bien typé, évoque les fruits rouges confiturés, les épices et la réglisse. La bouche séduit par son équilibre entre tanins et rondeur du fruit, tout autant que par sa grande persistance aromatique. ⧗ 2018-2024

VIGNOBLES FAMILLE QUIOT, 5, av. Baron-Leroy, 84230 Châteauneuf-du-Pape, tél. 04 90 83 73 55, vignoblesfamillequiot@gmail.com V *r.-v.*

BEAUMES-DE-VENISE

Superficie : 580 ha / Production : 19 880 hl

Reconnue en 2005, cette appellation concerne uniquement les vins rouges issus de quatre communes du Vaucluse limitrophes des AOC gigondas et vacqueyras: Beaumes-de-Venise, Lafare, La Roque-Alric, Suzette, sur une surface délimitée de 1 456 ha. Les vins doivent provenir d'un assemblage de cépages principaux (au moins 50 % de grenache noir et 25 % de syrah en 2015).

DOM. LA BOUÏSSIÈRE 2016 ★

■	3000		11 à 15 €

Établis au pied des Dentelles de Montmirail depuis 1990, les frères Gilles et Thierry Faravel conduisent à la suite de leur père un domaine de 18 ha en terrasses, à 300 m d'altitude, fort régulier en qualité en gigondas comme en vacqueyras.

Cette cuvée intensément fruitée évoque la mûre et la myrtille. Arômes prolongés par une bouche étayée par des tanins encore jeunes et fermes. Patience. ⧗ 2020-2023

GILLES ET THIERRY FARAVEL, 15, rue du Portail, 84190 Gigondas, tél. 04 90 65 87 91, domaine@labouissiere.com V *t.l.j. sf dim. 9h-12h 14h-18h*

DOM. DE CASSAN 2016

■	24000		8 à 11 €

Logé au cœur des Dentelles de Montmirail, ce domaine créé en 1929 par un industriel lyonnais a été acquis en 1974 par Paul Croset, ancien imprimeur, qui a aménagé une cave. À la tête de l'exploitation depuis 2010, ses deux fils Jean-Charles et Vincent, conduisent 17,5 ha de vignes, principalement en AOC gigondas et beaumes-de-venise.

La légèreté de la robe est en harmonie avec les notes olfactives de fruits rouges frais. Le palais est agréable, soyeux, gouleyant: pourquoi attendre? ⧗ 2018-2020

SCEA SAINT-CHRISTOPHE, Dom. de Cassan, 84190 Lafare, tél. 04 90 62 96 12, domainedecassan@wanadoo.fr V *t.l.j. sf dim. 10h-12h 14h-18h*

Croset

DOM. DE COYEUX Praestans 2015 ★★

■	12000		11 à 15 €

Un vaste domaine de 112 ha (dont 65 de vignes) créé dans les années 1970 au pied des Dentelles de Montmirail et repris en 2013 par Hugues de Feraudy.

Le jury a été fortement séduit par l'aromatique pleine de fraîcheur de ce 2015: menthol, eucalyptus et fruits noirs. Puis ce sont les épices qui apparaissent dans une bouche ronde comme la montagne de Coyeux, harmonieuse, bien bâtie et longue, étirée sur des notes de mûre sauvage. ⧗ 2018-2022

HUGUES DE FERAUDY, 167, chem. du Rocher, 84190 Beaumes-de-Venise, tél. 04 90 12 42 42, lbigazzi@domainedecoyeux.com V *t.l.j. 9h-12h 14h-17h30*

CH. LA CROIX DES PINS
Les Contreforts de Montmirail 2016 ★

■	13000		11 à 15 €

La chapelle intérieure et la pergola de cette bastide de style toscan rappellent qu'au XVI^e^s. le domaine appartenait à un prélat italien. En 2009, Jean-Pierre Valade, consultant international en œnologie, et Éric Petitjean ont repris l'exploitation et ses 33 ha de vignes conduits en bio (beaumes-de-venise, ventoux et gigondas).

Le nom de cette cuvée évoque la situation de sa parcelle d'origine nichée au cœur d'un paysage grandiose. Le nez est intense et très expressif autour d'arômes de pruneau et de cerise à l'eau-de-vie. La bouche se révèle épicée, ronde et gourmande. ⧗ 2018-2021

JEAN-PIERRE VALADE, 902, chem. de la Combe, 84380 Mazan, tél. 04 90 66 37 48, chateaulacroixdespins@orange.fr V *t.l.j. 9h-12h 14h-18h*

ROMAIN DUVERNAY 2016 ★

■	50000		8 à 11 €

Issu d'une lignée de négociants en vins – son arrière-grand-père Louis fonda en 1904 un commerce de vin en Haute-Savoie –, l'œnologue de renom Romain Duvernay a créé en 1998, avec son père Roland, une maison de négoce basée à Châteauneuf-du-Pape qui propose des vins de toute la Vallée et qui, depuis 2016, appartient à Newrhône Millésimes, propriété de Jean-Marc Pottiez. Romain Duvernay continue d'élaborer les vins.

Une sélection de parcelles de grenache, de syrah et de mourvèdre est à l'origine de ce vin aux fortes notes de fruits rouges, cerise en tête. Cette intensité fruitée accompagne une bouche régulière et ronde, évoluant vers la sucrosité en finale. Un vin sensuel et long. ⧗ 2018-2022

⊶ *NEWRHÔNE MILLÉSIMES, Z.A. La Grange-Blanche, 225, rue Marcel-Valérian, 84350 Courthézon, tél. 04 90 60 20 00, jmpottiez@newrhone.eu* ⊶ *Jean-Marc Pottiez*

DOM. DES GARANCES
Les Faysses 2015

■	3500	(barrique)	15 à 20 €

Si le domaine se transmet depuis plusieurs générations dans la famille Brès, il ne possède sa cave de vinification que depuis 2002. Il étend son vignoble morcelé sur 16 ha, conduit en agriculture biologique certifiée.

Une cuvée expressive, très marquée par les fruits noirs et les senteurs de garrigue, à la bouche aimable et épicée. ⧗ 2018-2021

⊶ *LOGVINENKO, La Treille, 84190 Suzette, tél. 04 90 65 07 97, domaine-des-garances@wanadoo.fr* V *t.l.j. sf dim. 9h-12h 14h-18h* ⊶ *Famille Brès*

DOM. MARQUIS RAVARDELLE 2016 ★

■	20000	8 à 11 €

Les Grandes Serres? Une maison de négoce castelpapale fondée en 1977 par Camille Serres et reprise en 2001 par Michel Picard, investisseur dans de nombreuses régions viticoles – jusqu'en Ontario. Elle propose une large gamme de vins de la vallée du Rhône méridionale (et aussi de Provence) souvent en vue dans ces pages.

Cet assemblage de grenache, syrah et mourvèdre développe un nez de fruits rouges légèrement confits et de pruneau. La bouche, tout en rondeur et en sucrosité, déploie une belle finale fruitée. ⧗ 2018-2022

⊶ *SA LES GRANDES SERRES, 430, chem. de l'Islon-Saint-Luc, 84230 Châteauneuf-du-Pape, tél. 04 90 83 72 22, contact@grandesserres.com* V *r.-v.* ⊶ *Picard Vins*

DOM. DE PIÉBLANC Les Hauts 2016

■	5000	(cuve)	15 à 20 €

Situé sur les hauteurs de Caromb à 300 m d'altitude, ce domaine a été créé en 2014 par Matthieu Ponson. Le vignoble compte aujourd'hui 22 ha de vignes dont 7 ha au pied du mont Ventoux et 15 ha en beaumes-de-venise.

Grenache et syrah sont à l'origine de cette cuvée ouverte sur des parfums de mûre, de fruits rouges compotés et de réglisse. On découvre ensuite une bouche bien dans son appellation, à la fois ronde et structurée. ⧗ 2018-2022

⊶ *MATTHIEU PONSON, 401, chem. de la Tuilière, 84330 Caromb, tél. 06 82 89 37 33, info@domainedepieblanc.fr* V *r.-v.*

CH. REDORTIER 2015 ★

■	35000	(cuve)	8 à 11 €

Ancien fief de la principauté d'Orange, ce domaine a été créé en 1956 par Étienne et Chantal de Menthon: 35 ha de vignes sur les terrasses de Suzette, face aux Dentelles de Montmirail. Un vignoble d'un seul tenant, mais composé de deux entités distinctes: les marnes calcaires, sur un terroir perché à 500 m d'altitude, et les terres jaunes du Trias, arides et envahies par la garrigue. Depuis 2007, c'est la deuxième génération, représentée par Isabelle et Sabine, qui vinifie.

Cette cuvée offre de beaux arômes de mûre sauvage. Équilibrée et bien structurée, la bouche est rehaussée en finale par des notes de fruits rouges acidulés. ⧗ 2018-2022

⊶ *SABINE ET ISABELLE DE MENTHON, hameau de Châteauneuf-Redortier, 84190 Suzette, tél. 04 90 62 96 43, chateau-redortier@wanadoo.fr* V *t.l.j. 9h-12h 14h-18h*

DOM. SAINT-ROCH
Mes Sens 2015 ★

■	4000	(barrique, cuve)	15 à 20 €

Les Meissonnier sont enracinés depuis seize générations à Beaumes-de-Venise, d'abord comme arboriculteurs et maraîchers, puis comme viticulteurs, un parcours suivi par un grand nombre après le grand gel de 1956. La production au domaine est en revanche récente: Stéphane Meissonnier et son épouse Stéphanie ont décidé de créer leur cave en 2012 pour vinifier le fruit de leurs 45 ha de vignes.

Une belle robe profonde habille ce vin au nez complexe de fruits noirs mâtinés de nuances toastées bien fondues. Les épices douces et les notes vanillées agrémentent une bouche aux saveurs de fruits noirs. Un ensemble harmonieux. ⧗ 2018-2023

⊶ *STÉPHANE MEISSONNIER, 167, rte d'Aubignan, 84190 Beaumes-de-Venise, tél. 04 90 65 84 37, domaine.saintroch@orange.fr* V *t.l.j. 9h-12h30 14h-19h*

CHÂTEAUNEUF-DU-PAPE

Superficie : 3 155 ha
Production : 83 865 hl (95 % rouge)

Le vignoble, qui garde le souvenir des papes d'Avignon, est situé sur la rive gauche du Rhône, à une quinzaine de kilomètres au nord de l'ancienne cité pontificale. L'appellation fut la première à avoir défini légalement ses conditions de production, dès 1931. Son territoire s'étend sur la quasi-totalité de la commune qui lui a donné son nom et sur certains terrains de même nature des communes limitrophes d'Orange, de Courthézon, de Bédarrides et de Sorgues. Son originalité provient de son sol, formé notamment de vastes terrasses de hauteurs différentes, recouvertes d'argile rouge mêlée à de nombreux cailloux roulés. Parmi les cépages autorisés, très divers, prédominent grenache, syrah, mourvèdre et cinsault.

Les châteauneuf-du-pape s'apprécient mieux après une garde qui varie en fonction des millésimes. Amples, corsés et charpentés, ce sont des vins au bouquet puissant et complexe, qui accompagnent avec succès les viandes rouges, le gibier et les fromages. Les rares blancs savent cacher leur puissance par la finesse de leurs arômes.

VIGNOBLE ABEILLE 2017

| 21300 | | 20 à 30 € |

On cultivait déjà la vigne à l'époque romaine sur le *muntem retundum* (montagne ronde). La famille Abeille-Fabre est installée au Ch. Mont-Redon depuis 1923. Elle conduit aujourd'hui un vaste vignoble de 100 ha, réputé tant pour ses châteauneuf que pour ses lirac et ses côtes-du-rhône, complété par une activité de négoce.

La robe est jaune pâle. Le nez frais et discret évoque l'amande et la poire. La bouche est ample, agréable et bien équilibrée entre rondeur et acidité. Un châteauneuf blanc typique. ⧗ 2019-2023

LES VIGNERONS DE RASTEAU ET DE TAIN L'HERMITAGE, rte des Princes d'Orange, 84110 Rasteau, tél. 04 90 10 90 10

MANON DE L'ARNESQUE 2016

| 8000 | | 15 à 20 € |

Cette ancienne bergerie du XVIIIe s. est aujourd'hui devenue une exploitation familiale dirigée par Jérôme Gallier depuis 15 ans.

La robe est sombre, d'un rouge intense. Le nez, expressif, associe des notes de cassis et de brioche grillée. La bouche, puissante et chaleureuse, déploie des tanins encore un peu austères mais de qualité et une finale généreuse évoquant le pruneau. À attendre. ⧗ 2020-2024

CUBELLS, BP 53, quartier de l'Arnesque, 84230 Châteauneuf-du-Pape, tél. 06 43 51 97 34, fcv.vins@wanadoo.fr V r.-v.

DOM. PAUL AUTARD Cuvée La Côte ronde 2015

| 9000 | | 30 à 50 € |

Une statue de la Vierge à l'entrée du domaine rappelle qu'il fut une résidence du diocèse d'Avignon. Sous la colline de pins, la cave en safre abrite les barriques de vin pendant de longs mois. Paul est le prénom du fondateur, Jean-Paul celui de l'actuel propriétaire, à la tête de l'exploitation depuis ses dix-sept ans. Le vignoble couvre 25 ha, morcelés au nord de Châteauneuf, du côté de Courthézon.

La robe rouge vif présente quelques reflets tuilés d'évolution. Le nez se révèle complexe avec ses notes de boisé grillé, de fruits noirs et d'épices. Une attaque souple introduit un palais d'un beau volume, équilibré et charpenté par des tanins ronds. ⧗ 2019-2024

JEAN-PAUL AUTARD, rte de Châteauneuf-du-Pape, 84350 Courthézon, tél. 04 90 70 73 15, jean-paul.autard@wanadoo.fr V t.l.j. sf dim. 10h-12h30 15h-18h30

DOM. JULIETTE AVRIL 2017 ★★★

| 2400 | | 20 à 30 € |

Une famille implantée de longue date à Châteauneuf-du-Pape: un ancêtre fut premier consul de Châteauneuf-du-Pape au temps de la papauté d'Avignon; plus tard, Jean Avril participera à la création de l'appellation. L'histoire actuelle s'écrit avec Marie-Lucile Brun, qui a succédé à sa mère Juliette Avril en 1988, épaulée par son fils Stephan depuis 2000 à la tête d'un vignoble de 21 ha, avec la biodynamie en ligne de mire.

La robe d'or pâle de ce superbe châteauneuf est particulièrement brillante. Le nez a impressionné le jury de dégustateurs par son élégance et sa complexité: on y perçoit des notes de pêche de vigne, de poire, de chèvrefeuille et d'agrumes. La bouche se montre tout aussi magistrale: elle se révèle fraîche, harmonieuse et expressive, centrée sur des saveurs de poire et de pêche, et dotée d'une superbe longueur minérale. Un grand blanc de gastronomie. ⧗ 2019-2025

MARIE-LUCILE ET STEPHAN BRUN-AVRIL, 8, av. Pasteur, 84230 Châteauneuf-du-Pape, tél. 04 90 83 72 69, info@julietteavril.com V t.l.j. sf sam. dim. 9h-12h 14h-17h

DOM. LA BARROCHE Signature 2015 ★

| 30000 | | 30 à 50 € |

Un domaine transmis de génération en génération depuis le XIVe s. Christian Barrot et son fils Julien conduisent aujourd'hui ces vignes couvrant 15 ha, essentiellement au nord et au nord-est de l'appellation châteauneuf-du-pape.

Le nez de ce 2015 mêle harmonieusement les épices et la réglisse. En bouche, on découvre un vin souple, expressif et équilibré, doté de tanins fins. Une cuvée bien dans son appellation. ⧗ 2019-2024

LAETITIA ET JULIEN BARROT, 16, chem. du Clos, 84230 Châteauneuf-du-Pape, tél. 06 62 84 95 79, contact@domainelabarroche.com V r.-v.

DOM. DE BEAURENARD
Boisrenard 2016 ★★

| 10000 | | 50 à 75 € |

Depuis 1929, sept générations se sont succédé jusqu'à Daniel et Frédéric Coulon, à la tête d'un vignoble de 63 ha conduit en bio et biodynamie certifiés. Une valeur sûre de la vallée méridionale, en châteauneuf comme en rasteau (sec et doux) et en côtes-du-rhône.

Cette cuvée s'affiche avec élégance dans une robe rouge foncé aux reflets violets. Le nez, bien frais, mêle la cerise, le cacao et la violette. La bouche se révèle ample, profonde, harmonieuse, aux arômes de framboise et de cacao, et pourvue d'une structure tannique remarquable qui lui permettra d'envisager sereinement une très longue garde. ⧗ 2021-2030

SCEA PAUL COULON ET FILS, 10, av. Pierre-de-Luxembourg, 84230 Châteauneuf-du-Pape, tél. 04 90 83 71 79, contact@beaurenard.fr V t.l.j. 9h-12h 13h30-17h30; f. sam. dim. nov.-avr.

DOM. BENEDETTI Tradition 2016 ★

| 14000 | | 20 à 30 € |

Conduit par Christian Benedetti, ce domaine sorti de la coopérative en 1997 s'est rapidement tourné vers le bio (en 2001) pour mettre en valeur ses 26 ha de vignes. Depuis 2009, la gestion est assurée par le fils Nicolas.

Le nez de fruits mûrs et de griotte à l'alcool est aussi intense que généreux. La bouche, aux saveurs de pruneau et d'épices, se montre ronde, suave et gourmande, sans lourdeur aucune malgré sa forte générosité. ⧗ 2020-2025

⊶ BENEDETTI, chem. Gariguette, 84850 Camaret-sur-Aigues, tél. 06 48 03 57 56, domainebenedetti@yahoo.fr V ⚲ ⚲ *r.-v.*

BONPAS Bonus Passus 2016 ★

■	15000		20 à 30 €

Cette maison de négoce, dans le giron du groupe bourguignon Boisset, doit son nom à un monastère fortifié, donné par le pape Jean XXII aux Chartreux, en 1318. Un lieu stratégique qui veillait autrefois sur la route menant d'Avignon à Rome: un *bonus passus* en latin (« bon passage »).

La robe grenat foncé présente de beaux reflets violines de jeunesse. Le nez, discret mais fin, évoque le café, les fruits rouges et le camphre. En bouche, on découvre un châteauneuf ample et équilibré, sans rusticité, muni de tanins soyeux laissant augurer d'un bon potentiel de vieillissement. ⧗ 2021-2026

⊶ LA FAMILLE DES GRANDS VINS BOISSET, chem. de Réveillac, 84510 Caumont-sur-Durance, tél. 04 90 83 58 35, info@bonpas.fr V ⚲ ⚲ *t.l.j. 10h-12h30 14h-17h*

DOM. BOSQUET DES PAPES La Folie 2016 ★

■	3000		50 à 75 €

Le nom de ce domaine familial fondé en 1860 provient des Bosquets, un quartier de Châteauneuf-du-Pape où sont établis les chais. Aujourd'hui, Maurice et Nicolas Boiron exploitent 32 ha, essentiellement dans la prestigieuse appellation.

Le nez, très expressif et distingué, mêle les épices, la pierre à fusil et les fruits cuits. Une attaque souple et ronde ouvre sur une bouche harmonieuse et franche, dotée d'une jolie charpente et d'une très belle longueur. Un 2016 pur, intense et complet. ⧗ 2021-2026

⊶ EARL MAURICE ET NICOLAS BOIRON, 18, rte d'Orange, BP 50, 84232 Châteauneuf-du-Pape Cedex, tél. 04 90 83 72 33, bosquet.des.papes@orange.fr V ⚲ *t.l.j. sf sam. dim. 9h-12h 14h-18h*

MAISON BOUACHON La Tiare du Pape 2016

■	14000		20 à 30 €

Fondée en 1898 par des tonneliers, la maison Bouachon est établie à Châteauneuf-du-Pape. Ce négoce spécialiste des vins de la vallée du Rhône a été racheté en 2001 par la société Skalli, elle-même absorbée en 2011 par le groupe bourguignon Boisset.

Une robe sombre et intense habille ce vin au nez fin, vanillé et fruité (fruits rouges). La bouche se montre généreuse et ferme à la fois, bâtie sur des tanins encore jeunes qui ont besoin de s'assouplir. ⧗ 2021-2024

⊶ BOUACHON, 23, av. Pierre-de-Luxembourg, 84230 Châteauneuf-du-Pape, tél. 04 90 83 58 34, info@bouachon.fr V ⚲ ⚲ *r.-v. ⊶ Boisset*

DOM. LA BOUTINIÈRE 2017 ★

□	2200		20 à 30 €

Créée en 1920, cette propriété familiale de 18 ha est conduite par Frédéric Boutin, qui représente la quatrième génération. Si, comme de nombreux domaines de la vallée du Rhône méridionale, son vignoble se hiérarchise en vins de pays, appellations régionales et communales, il a la chance de mettre en valeur 11,5 ha en châteauneuf-du-pape (pour 4,5 ha en côtes-du-rhône et 2 ha en IGP).

La robe est brillante, d'un seyant jaune très pâle. Le nez, discret mais élégant, convoque les fleurs blanches. La bouche, d'une agréable finesse, présente un beau volume ainsi qu'une franche minéralité qui lui confère longueur et dynamisme. Un très beau blanc de terroir qui se révèlera complètement à table. ⧗ 2019-2023

⊶ FRÉDÉRIC BOUTIN, 17, rte de Bédarrides, 84230 Châteauneuf-du-Pape, tél. 06 15 45 09 68, info@domainelaboutiniere.fr V ⚲ ⚲ *r.-v.*

BROTTE Les Hauts de Barville 2016 ★

■	90000		20 à 30 €

Cette maison réputée, fondée en 1931 par Charles Brotte, pionnier de la mise en bouteilles dans la vallée du Rhône, est aujourd'hui dirigée par Laurent, petit-fils du fondateur. Elle vinifie ses propres vignes et opère des sélections parcellaires pour le compte de son négoce, dont La Fiole du Pape, en châteauneuf, est la marque phare depuis sa création en 1952.

La robe est assez claire, rubis aux reflets violets. Le nez, très expressif, offre des notes gourmandes de mûre et de myrtille. La bouche, racée, ample et harmonieuse, est dotée d'une belle persistance aromatique qui fait écho à l'olfaction. ⧗ 2020-2026

⊶ BROTTE, Le Clos rte d'Avignon, BP 1, 84230 Châteauneuf-du-Pape, tél. 04 90 83 70 07, brotte@brotte.com V ⚲ ⚲ *t.l.j. 9h-12h 14h-18h (9h-19h en été)*

DOM. DU CALCERNIER 2015 ★★

■	3495		15 à 20 €

Issu d'une famille de vignerons depuis plusieurs générations, William de Courten a pris en 2015 la tête de ce domaine qui s'étend sur 4,5 ha.

Le jury a fortement apprécié ce 2015 sincère et harmonieux, qui développe aussi bien au nez qu'en bouche de magnifiques arômes de pruneau, de sauge et d'épices, et qui s'offre le luxe d'une finale extrêmement longue. Superbe. ⧗ 2021-2026

⊶ WILLIAM DE COURTEN, 2, rue Porte-Rouge, 84230 Châteauneuf-du-Pape, tél. 06 67 68 28 92, dewilcour@hotmail.fr V ⚲ *t.l.j. 11h-18h*

Ⓑ DOM. DES CHANSSAUD
Chanssaud d'antan 2015 ★

■	7000	30 à 50 €

Dans la même famille depuis 1826, ce domaine de 40 ha, commandé par une bâtisse du XIVᵉs., est dirigé par Patrick Jaume depuis 1981. Il est cultivé en bio dès 2012 (certification en 2015).

Pas de fausses notes pour cette cuvée au nez de fruits noirs et de vanille, à la bouche ample et équilibrée, qui méritera cependant quelques mois de garde afin d'assouplir ses tanins de jeunesse. ⧗ 2019-2025

⊶ JAUME, chem. Jaumes-de-Cabrières, 84100 Orange, tél. 04 90 34 23 51, chanssaud@wanadoo.fr V ⚲ ⚲ *t.l.j. sf dim. 8h30-12h 13h30-18h*

DOM. DE LA CHARBONNIÈRE
Cuvée Vieilles Vignes 2015

■ | 7200 | | 30 à 50 €

En 1912, Eugène Maret achète ce domaine pour l'offrir à sa femme, châteauneuvoise et fille de vigneron. En 2013, son petit-fils Michel, aux commandes à partir de 1973, a transmis la gestion de ses 28 ha de vignes à ses filles Caroline et Véronique, qui poursuivent avec le même talent le travail de sélections parcellaires pratiqué par leur père. Une valeur sûre en vacqueyras et en châteauneuf.

Un châteauneuf agréable, au nez fruité et épicé. En bouche, il se montre assez souple et rond, doté de tanins fondus. ⧗ 2018-2023

EARL MICHEL MARET ET FILLES, 26, rte de Courthézon, BP 83, 84232 Châteauneuf-du-Pape, tél. 04 90 83 74 59, contact@domainedelacharbonniere.com t.l.j. sf dim. 8h30-12h 14h-18h; sam. sur r.-v.

CLOS DES BRUSQUIÈRES 2015 ★

■ | 40000 | | 15 à 20 €

Claude Courtil a adjoint le prénom de son grand-père au nom de sa société, comme un hommage à celui qui créa cette propriété. Repris par ses fils David et Jérôme en 2015, le vignoble est conduit en agriculture raisonnée et s'étend aujourd'hui sur près de 10 ha.

Le nez est riche de notes de sous-bois, de cuir et d'épices. La bouche apparaît longue, franche et épanouie, dotée de tanins soyeux. Un châteauneuf traditionnel et d'excellente facture. ⧗ 2020-2026

COURTIL, 23, rte d'Orange, 84230 Châteauneuf-du-Pape, tél. 04 90 83 74 47, earl.courtil-thibaut@orange.fr r.-v.

♥ CLOS DU CALVAIRE 2016 ★★

■ | 75000 | | 20 à 30 €

Aux origines du vignoble familial, Alphonse Mayard, dit «Père Pape», l'arrière-grand-père des actuels propriétaires, fut précurseur de la vente en bouteille. Aujourd'hui Françoise Roumieux, Didier et Béatrice Mayard sont à la tête de 43 ha en châteauneuf-du-pape, répartis sur une quarantaine de parcelles. Le domaine est en conversion bio.

L'olfaction de ce 2016 distille des notes diablement généreuses d'épices et de fruits à l'alcool. Sa belle présence en bouche, la grande finesse de ses tanins et son caractère sapide et soyeux ont également enthousiasmé le jury. Un châteauneuf éclatant. ⧗ 2019-2026

VIGNOBLES MAYARD, 24, av. Baron-Le-Roy, 84230 Châteauneuf-du-Pape, tél. 04 90 83 70 16, contact@vignobles-mayard.fr t.l.j. 10h-12h30 14h-18h

CLOS SAINT-MICHEL Cuvée réservée 2016 ★

■ | 10000 | 20 à 30 €

L'histoire vigneronne de la famille Mousset est vieille de cinq siècles; l'installation à Châteauneuf-du-Pape date des années 1930, et sur le Clos Saint-Michel de 1957. Avec l'arrivée en 1996 de Franck et Olivier, le domaine (38 ha aujourd'hui) s'est enrichi de parcelles en côtes-du-rhône et en *villages*, sur la commune de Sérignan-du-Comtat.

Le nez évoque le tabac et les fruits rouges, auxquels s'ajoutent des nuances poivrées. En bouche, on découvre un vin mûr, riche et puissant, qui demandera quelques années de garde pour polir ses tanins encore vigoureux. Un châteauneuf de grand caractère. ⧗ 2020-2026

MOUSSET, 2505, rte de Châteauneuf-du-Pape, 84700 Sorgues, tél. 04 90 83 56 05, mousset@clos-saint-michel.com t.l.j. 9h-19h

COMTE DE LAUZE 2016 ★

■ | 20000 | | 20 à 30 €

Ce domaine acquis en 1976 par les actuels propriétaires a son siège au centre du village de Châteauneuf-du-Pape. Il a récemment modernisé sa cave de vinification, restructuré son vignoble (22 ha) et planté des cépages blancs.

La robe grenat de ce vin présente de jolis reflets carmin qui invitent à aller plus loin. Le nez déploie de charmantes notes de fruits noirs et de réglisse. La bouche est élégante, dotée d'une belle fraîcheur et d'une grande persistance aromatique. Un très bon classique. ⧗ 2019-2025

DOM. COMTE DE LAUZE, 8, av. des Bosquets, 84232 Châteauneuf-du-Pape, tél. 04 90 83 72 87, comtelauze@wanadoo.fr t.l.j. sf sam. dim. 8h30-17h30 Dayre-Foucher

DOM. LA CONSONNIÈRE 2015 ★

■ | 9500 | | 20 à 30 €

L'histoire vigneronne de cette famille débute en 1890 avec l'arrière-grand-père Ferulla, qui acquiert les premières vignes. Elle se poursuit avec les générations suivantes, mais sans que le vin soit commercialisé (réservé au négoce et à quelques amis). Les premières mises en bouteilles à la propriété débutent en 2009 avec l'installation de Sébastien Cuscusa, à la tête aujourd'hui de 7 ha en châteauneuf et 5 ha en lirac.

La robe est rubis limpide. Le nez mêle les petits fruits noirs, le cuir, la réglisse et la cannelle. On retrouve ces arômes dans une bouche ample, dotée d'une belle sucrosité et de tanins soyeux. Un 2015 hédoniste. ⧗ 2019-2025

CUSCUSA, 25, rue Joseph-Ducos, 84230 Châteauneuf-du-Pape, tél. 06 03 49 48 81, contact@domainelaconsonniere.fr r.-v.

DOM. DE LA CÔTE DE L'ANGE
Secret de l'Ange 2015 ★★

■ | 2600 | | 50 à 75 €

Lieu-dit de Châteauneuf-du-Pape, la Côte de l'Ange a donné son nom à ce domaine très régulier en qualité,

fondé en 1920 par Célestine Mestre, arrière-grand-mère de Corinne, l'épouse de Yannick Gasparri. Ce dernier a appris le métier avec son beau-père et repris en 2000 les 17 ha de vignes familiales.

Le nez, d'une grande finesse, conjugue les notes de garrigue, de fruits à l'alcool et de cuir. La bouche, généreuse et tannique, nécessitera une bonne garde pour s'assouplir et révéler sa vraie nature: celle d'un châteauneuf remarquable, alliant puissance et élégance avec une rare harmonie. Un grand vin en devenir. ⧗ 2021-2028

⊶ CORINNE ET YANNICK GASPARRI, 9, chem. La-Font-du-Pape, 84230 Châteauneuf-du-Pape, tél. 04 90 83 72 24, contact@cotedelange.fr V t.l.j. sf dim. 9h-12h 14h-18h

DOM. DE CRISTIA Vieilles Vignes 2016 ★

■	6000	◍	50 à 75 €

Un domaine fondé en 1942 par le grand-père, agrandi et amélioré par le père, Alain Grangeon. Nouveau saut qualitatif à partir de 1999 avec la troisième génération (Baptiste, Dominique et Florent): vente en bouteilles, abaissement des rendements, sélections parcellaires, conversion progressive au bio des 58 ha. Une référence en châteauneuf, également présent en côtes-de-provence.

Cette cuvée, archétype du vin de garde, a fait forte impression sur le jury de par sa robe profonde, son nez intense de petits fruits rouges et sa bouche concentrée et puissante aux notes de cerise et de vanille. Les tanins, mûrs mais encore bien présents, auront besoin de temps pour s'arrondir. ⧗ 2022-2028

⊶ DOM. DE CRISTIA, 48, fg Saint-Georges, 84350 Courthézon, tél. 04 90 70 24 09, contact@cristia.com V *r.-v. ⊶ Baptiste et Dominique Grangeon*

DOM. LES ESCONDUDES 2016 ★★

■	60000	▮	15 à 20 €

Le Cellier des Princes est l'unique coopérative à produire du châteauneuf-du-pape. Fondée en 1925, la cave regroupe aujourd'hui 190 adhérents et vinifie les vendanges de 600 ha, du châteauneuf donc, et aussi une large gamme de côtes-du-rhône, *villages*, ventoux et IGP.

Le jury s'est enthousiasmé pour le nez complexe et fin de ce 2016, qui mêle fruits noirs, poivre et garrigue. La bouche est élégante, épicée et fruitée, munie de tanins souples et présentant en finale une longueur tout à fait remarquable. ⧗ 2021-2026

⊶ CELLIER DES PRINCES, 758, rte d'Orange, 84350 Courthézon, tél. 04 90 70 21 44, lesvignerons@cellierdesprinces.com V *t.l.j. 8h30-12h30 13h30-18h30*

CH. DES FINES ROCHES 2015

■	110000	◍ ▮	20 à 30 €

L'histoire vigneronne des Mousset-Barrot débute dans les années 1930 avec l'achat par Louis Mousset des châteaux des Fines Roches, Jas de Bressy (AOC châteauneuf) et du Bois de la Garde (côtes-du-rhône et côtes-du-rhône-villages). L'ensemble (125 ha) est aujourd'hui conduit par la troisième génération, Gaëlle et Amélie Mousset-Barrot.

Un châteauneuf flatteur, aux arômes de fruits noirs et de vanille, doté d'une bouche ronde et gourmande, aux tanins fondus. Une bouteille que l'on pourra apprécier dans sa jeunesse. ⧗ 2018-2022

⊶ VIGNOBLES MOUSSET-BARROT, 1, av. du Baron-Leroy, 84230 Châteauneuf-du-Pape, tél. 04 90 83 51 73, chateaux@vmb.fr V *t.l.j. 13h30-19h30; f. nov. janv. fév.*

CH. FORTIA Tradition 2016 ★

■	26500	◍	20 à 30 €

Remontant au XVIIIe s., cette propriété de Châteauneuf-du-Pape a été rachetée en 1890 par la famille des actuels propriétaires. Elle tire sa notoriété historique du baron Pierre Le Roy de Boiseaumarié (1890-1967), qui fut l'un des artisans des appellations d'origine contrôlée dans les années 1930. Pierre Pastre, à sa tête depuis 2004, est l'époux d'une de ses descendantes, Chantal Le Roy. Le vignoble compte 32 ha.

Un 2016 plein de charme, au nez intense de cassis et à la bouche équilibrée, à la fois gourmande, séveuse, soyeuse et aérienne. Un châteauneuf en finesse. ⧗ 2019-2025

⊶ PIERRE PASTRE, 10, rte de Bédarrides, 84230 Châteauneuf-du-Pape, tél. 04 90 83 72 25, chateaufortia@gmail.com V *t.l.j. sf dim. 9h-12h 13h-18h*

CH. DE LA GARDINE 2016 ★

□	17000	◍ ▮	30 à 50 €

Le négociant Gaston Brunel, héritier d'une longue tradition vigneronne (XVIIe s.), acquit La Gardine en 1945. Ses fils, Patrick et Maxime, et ses petits-enfants, Marie-Odile et Philippe, continuent de mettre en valeur ce domaine réputé, fort d'une cinquantaine d'hectares. En 2007, la famille Brunel a créé une maison négoce sous le nom de Brunel de la Gardine.

Une robe brillante, or aux reflets verts, habille ce vin. Le nez, élégant et original, mêle le marron grillé, le fenouil et l'anis. La bouche se révèle ample et ronde, et offre une belle minéralité apportant fraîcheur et distinction à l'ensemble. ⧗ 2018-2024

⊶ BRUNEL PÈRE ET FILS, rte de Roquemaure, BP 5, 84230 Châteauneuf-du-Pape, tél. 04 90 83 73 20, gardine.export@gardine.com V *t.l.j. sf dim. 10h-18h*

CH. DE LA GRANDE GARDIOLE Les Vieilles Vignes 2016

■	120000	▮	15 à 20 €

Établie à Castillon, près du pont du Gard, Vignobles & Compagnie (anciennement la Compagnie rhodanienne) est une maison de négoce créée en 1963, dans le giron du groupe Taillan. Elle propose des vins (marques ou cuvées de domaine) dans de nombreuses AOC de la vallée du Rhône, de la Provence et du Languedoc.

La couleur est d'un beau grenat franc et limpide. Le nez se montre élégant et flatteur autour de notes de cerise et de café. La bouche, à la fois fraîche et onctueuse, est toutefois encore marquée par des tanins stricts. Patience. ⧗ 2020-2025

VIGNOBLES ET COMPAGNIE, SPECR 19, chem. Neuf, CS 80002, 30210 Castillon-du-Gard, tél. 04 66 37 49 50, nicolas.rager@vignoblescompagnie.com

DOM. GRAND VENEUR Vieilles Vignes 2016 ★

■ | n.c. | | 50 à 75 €

D'origine castelpapale, Alain Jaume et ses fils Sébastien et Christophe perpétuent une tradition viticole qui remonte à 1826. Ils conduisent en bio un vignoble de 155 ha réparti sur quatre domaines: Grand Veneur à Châteauneuf-du-Pape, Clos de Sixte à Lirac et Ch. Mazane à Vacqueyras, et le Dom. la Grangette Saint-Joseph en AOC côtes-du-rhône, le tout complété par une activité de négoce. Une valeur sûre.

Offrant des notes de fruits noirs et de vanille, le nez séduit par son intensité. La bouche se montre généreuse, solide, charpenté, épicée, étirée dans une longue finale réglissée. Un 2016 à mettre en cave pour laisser les tanins s'assagir. ⌛ 2021-2026

ALAIN JAUME, 1358, rte de Châteauneuf-du-Pape, 84100 Orange, tél. 04 90 34 68 70, contact@alainjaume.com V t.l.j. sf dim. 8h-13h 14h-18h

♥ DOM. DE LA JANASSE Chaupin 2016 ★★★

■ | 12000 | | 50 à 75 €

Un habitué du Guide, souvent en bonne place pour ses châteauneuf-du-pape, ses côtes-du-rhône et ses vins de pays. Un vignoble de 90 ha éparpillés en de multiples parcelles, que conduisent Christophe Sabon et sa sœur Isabelle, enfants d'Aimé Sabon, fondateur du domaine en 1973. Un domaine complété en 2015 par l'achat du Clos Saint-Antonin, et ses 15 ha de vignes sur la commune de Jonquière.

Élevé quatorze mois en fût, ce vin se présente dans une profonde robe grenat. Le nez, intense et racé, évoque la garrigue et la violette. La bouche est tout en harmonie et en fraîcheur, dotée de tanins croquants qui laissent le jury sous le charme de ce vin énergique, enlevé et vivant, au potentiel de garde hors du commun. Un vin d'exception. ⌛ 2020-2030

SABON, 27, chem. du Moulin, 84350 Courthézon, tél. 04 90 70 86 29, lajanasse@gmail.com V t.l.j. sf sam. dim. 9h-17h30

DOM. PATRICE MAGNI Sensation 2017

■ | 3500 | | 15 à 20 €

Un domaine familial de 12 ha créé dans les années 1940 par Henri Pichot qui livrait ses raisins au négoce. Son arrière-petit-fils Patrice Magni a lancé en 1993 la mise en bouteilles à la propriété.

Le nez, fruité, devance une bouche ample et généreuse, à la finale chaleureuse qui manque un peu de longueur. Une bouteille qui pourra s'apprécier jeune. ⌛ 2018-2021

PATRICE MAGNI, 13, rte de Bédarrides, 84230 Châteauneuf-du-Pape, tél. 06 83 46 45 89, domainepatrice.magni@wanadoo.fr V r.-v.

MAS DE BOISLAUZON 2016 ★

■ | 17000 | | 20 à 30 €

Enclavé dans l'AOC châteauneuf, ce domaine familial est conduit depuis 1990 par Christine et Daniel Chaussy, à la tête de 24 ha en bio certifié depuis 2012.

On se trouve ici devant un vin gourmand et chaleureux, aux arômes de fruits confits, de pruneau et de cerise à l'eau-de-vie. Une attaque franche introduit un palais large et long, aux tanins soyeux joliment relevés de notes de cannelle. Un très beau vin de gastronomie. ⌛ 2019-2025

EARL CHRISTINE ET DANIEL CHAUSSY, rte de Châteauneuf-du-Pape, 84100 Orange, tél. 04 90 34 46 49, masdeboislauzon@wanadoo.fr V t.l.j. sf dim. 10h-12h 14h-18h

DOM. JULIEN MASQUIN Montplaisir 2015 ★

■ | 3000 | | 20 à 30 €

Paul Masquin acquiert des vignes à Courthézon en 1936, qu'il met en métayage. En 1998, son petit-fils Julien reprend l'exploitation, porte les raisins à la coopérative locale, qu'il quitte en 2009 pour signer ses propres vins. Le vignoble couvre aujourd'hui 22 ha.

Un 2015 qui coche toutes les cases de la cuvée réussie: une superbe robe d'un pourpre profond, un nez très expressif évoquant les fruits noirs, une bouche harmonieuse et gourmande, dotée de tanins soyeux et d'une longue finale. ⌛ 2019-2025

MASQUIN, 582, chem. des Sourcières, 84350 Courthézon, tél. 06 22 92 01 07, julien@domainemasquin.com V r.-v.

DOM. ANDRÉ MATHIEU 2016

■ | 30000 | | 20 à 30 €

Cette famille est enracinée depuis quatre siècles à Châteauneuf où elle conduit 26 ha de vignes. À la fin du XIXe s., Anselme Mathieu, félibre et ami de Mistral, fut l'un des premiers de la ville à vendre son vin en bouteille.

Encore dominé par l'alcool, ce 2016 demandera à être attendu pour donner tout son potentiel. Le nez, discret mais fin de fruits confits et de griotte à l'alcool, ainsi que la bouche tannique, aux arômes de réglisse, laissent confiants sur l'avenir de ce vin. ⌛ 2020-2025

ANDRÉ MATHIEU, 3 bis, rte de Courthézon, 84230 Châteauneuf-du-Pape, tél. 04 90 83 72 09, contact@domaine-andre-mathieu.com V r.-v.

♥ CH. MAUCOIL 2015 ★★

■ | 40000 | | 20 à 30 €

Un domaine aux origines anciennes – les Romains y installèrent une légion, les princes d'Orange leur archiviste –, acquis par Guy Arnaud en 1995. Sa fille Bénédicte et son mari Charles Bonnet, installés en 2009, ont engagé la conversion bio des 45 ha de vignes.

Élevée en partie en fût, cette cuvée offre une robe très sombre, presque noire. Le nez évoque le romarin, la cerise mûre et le pruneau. La bouche, ronde, suave, puissante, sans lourdeur aucune, offre des tanins fondus et veloutés et une longue finale épicée. Un châteauneuf harmonieux et soyeux en diable, mais encore dans sa prime jeunesse. Laissez-lui encore du temps… ⧗ 2021-2030

CH. MAUCOIL, chem. de Maucoil, 84100 Orange, tél. 04 90 70 98 70, bbonnet@maucoil.com V *t.l.j. sf dim. 9h-12h30 14h-16h30* E *Bénédicte Bonnet*

MOURIESSE VINUM Pierre d'ambre 2015 ★

■ | 2000 | | 20 à 30 €

Complété par une structure de négoce, un domaine de poche créé en 2008 à partir de 2,5 ha de vignes sur Châteauneuf et Saint-Geniès-de-Comolas par l'œnologue-conseil Serge Mouriesse et son épouse Brigitte. La conversion bio est engagée.

Inutile de dire que ce vin est élaboré à partir de grenache tant sa dégustation semble être une ode à ce cépage: la bouche est ronde, chaleureuse, juteuse, chocolatée, et offre une belle longueur. À attendre quelques années. ⧗ 2020-2025

MOURIESSE VINUM, 18 bis, chem. du Clos, 84230 Châteauneuf-du-Pape, tél. 06 14 94 69 15, contact@mouriesse-vinum.com V *r.-v.*

♥ DOM. DE NALYS 2016 ★★

■ | 9390 | | 20 à 30 €

L'un des plus anciens domaines de Châteauneuf-du-Pape, répertorié dès le XVIIes., alors propriété de la famille Nalys. Son vénérable vignoble (52 ha) a connu une renaissance à partir des années 1950. Une valeur sûre de l'appellation, acquise en 2017 par la Maison Guigal.

Quel beau coup de cœur que ce 2016: à un nez d'une grande finesse, mêlant notes d'acacia, de pamplemousse et de pêche, répond une bouche minérale et racée, à l'équilibre souverain et à la persistance aromatique rare. Un grand blanc méridional. ⧗ 2019-2025

DOM. DE NALYS, rte de Courthézon, 84230 Châteauneuf-du-Pape, tél. 04 90 83 72 52, contact@domainedenalys.com V *t.l.j. sf dim. 9h-12h30 13h30-18h* *Maison Guigal*

MAISON OGIER Héritages 2016 ★★

■ | 50000 | | 20 à 30 €

Cette vénérable maison castelpapale de négoce-éleveur (1859), dans le giron du groupe Advini, propose une large gamme de vins rhodaniens, du nord et du sud. Elle possède aussi le Clos de l'Oratoire des Papes (châteauneuf) et le Dom. Notre-Dame de Cousignac (vivarais).

Le nez de tabac blond, de petits fruits rouges et de notes animales est intense. Bien structurée, puissante, la bouche se révèle ample et équilibrée. Un châteauneuf traditionnel des plus réussis. ⧗ 2020-2025

MAISON OGIER, 10, av. Louis-Pasteur, 84230 Châteauneuf-du-Pape, tél. 04 90 39 32 41, info@ogier.fr V *t.l.j. 9h30-12h30 14h-18h30* 5

B DOM. L'OR DE LINE 2015 ★

■ | 4000 | | 20 à 30 €

Un petit domaine de 9 ha créé en 2007 et conduit en bio certifié. Gérard Jacumin l'a baptisé L'Or de Line en l'honneur de sa fille Laureline.

Un 2015 au nez discret de fruits à l'alcool et de cuir, à la bouche harmonieuse, ample, étayée par des tanins fondus et fins. Typique et élégant. ⧗ 2018-2024

GÉRARD JACUMIN, 28, rue Porte-Rouge, 84230 Châteauneuf-du-Pape, tél. 04 90 83 74 03, lordeline@free.fr V *r.-v.*

DOM. DU PÈRE CABOCHE 2016 ★★

■ | 66000 | | 15 à 20 €

Autrefois, on était maréchal-ferrant et vigneron de père en fils dans la famille Boisson, surnommée «caboche», terme qui désigne les clous servant à fixer les fers des chevaux et qui a donné son nom au domaine (76 ha), aujourd'hui dirigé par Émilie Boisson. Autre étiquette: Élisabeth Chambellan.

Ce 2016 d'un grenat foncé propose au nez une intensité aromatique hors du commun autour de la framboise, du menthol et du poivre. On retrouve ces arômes dans une bouche longue, dense et profonde, aux tanins encore jeunes et fermes. Un châteauneuf au caractère bien trempé et au fort potentiel. ⧗ 2020-2028

ÉMILIE BOISSON, 5, imp. Martial-Imbart, 84230 Châteauneuf-du-Pape, tél. 04 90 83 71 44, boisson@jpboisson.com V *t.l.j. sf sam. dim. 8h30-12h30 13h30-17h30*

DOM. DES PÈRES DE L'ÉGLISE Héritage 2015 ★

■ | 3000 | | 30 à 50 €

Serge Gradassi est à la tête de ce domaine familial depuis 2002, avec sa nièce Laetitia qui l'a rejoint en 2015. Le vignoble, situé aux quatre points cardinaux de l'appellation, s'étend sur un peu plus de 19 ha.

Au nez, les notes boisées dominent les fruits noirs. On découvre ensuite une belle sucrosité dans un palais souple et rond, marqué par les arômes de torréfaction et doté de tanins enrobés. Un style moderne affirmé. ⧗ 2019-2024

SCEA PAULETTE GRADASSI ET FILS, 2, av. Impériale, 84230 Châteauneuf-du-Pape, tél. 04 90 83 71 37, peres.de.leglise@wanadoo.fr V *r.-v.*

B DOM. DE SAINT-PAUL L'Insolite 2016 ★

■ | 4000 | | 30 à 50 €

Établie de longue date à Châteauneuf-du-Pape, la famille Jeune – Dom. du Grand Tinel – exploite depuis 1998 ce domaine de 18,5 ha en bio certifié.

La robe de ce 2016 est très sombre, presque noire. Le nez, intense, évoque les fruits rouges confiturés, les épices douces et le poivre. Le prélude à une bouche puissante, ample et riche, aux tanins encore vifs. Un 2016 volontaire, à attendre patiemment. ⧗ 2021-2026

SCEA ÉLIE JEUNE, rte de Sorgues, BP 58, 84232 Châteauneuf-du-Pape Cedex, tél. 04 90 83 70 28, beatrice@domainegrandtinel.com r.-v.

DOM. SAINT-PRÉFERT 2017

	8000		30 à 50 €

Issue du milieu bancaire, Isabel Ferrando a racheté en 2002 un vignoble en châteauneuf-du-pape planté au début du XXᵉs. par un pharmacien d'Avignon. Elle exploite aujourd'hui 24 ha en bio certifié.

De sa belle robe dorée s'échappent des arômes de bon merrain, de fleurs blanches et d'anis. La bouche se révèle très volumineuse, soyeuse, longue et marquée par la vanille de l'élevage. À attendre pour que le bois se fonde. ⧗ 2020-2023

ISABEL FERRANDO, 425, chem. Saint-Préfert, 84230 Châteauneuf-du-Pape, tél. 04 90 83 75 03, contact@st-prefert.com r.-v.

CH. SIXTINE 2016 ★★

	2940		30 à 50 €

La famille Diffonty est présente depuis le XVIIᵉs. sur les terres de Châteauneuf-du-Pape et très impliquée dans la vie locale. Elle y pratique la viticulture depuis 1800 et exploite un domaine de 22 ha, conduit aujourd'hui par Jean-Marc Diffonty.

Si le nez de cette cuvée est discret et évoque timidement les épices, les agrumes et la vanille, la bouche, magistrale, a emporté l'adhésion d'un jury très enthousiaste. Elle se révèle à la fois ronde et fraîche, fruitée et minérale, d'une harmonie remarquable, et déploie une finale de haut vol, longue et sapide. ⧗ 2019-2024

CH. SIXTINE, 10, rte de Courthézon, 84230 Châteauneuf-du-Pape, tél. 04 90 83 70 51, contact@chateau-sixtine.com t.l.j. sf sam. dim. 9h-12h 13h30-16h

DOM. DE LA SOLITUDE
Cuvée Barberini 2016 ★

	1600		30 à 50 €

Ce domaine appartient à l'une des plus anciennes familles de Châteauneuf-du-Pape, dont l'un des membres, le toscan Maffeo Barberini, fut élu pape sous le nom d'Urbain VIII au XVIIᵉs. Après s'être formé à la vinification en Nouvelle-Zélande et en Australie, son lointain héritier, Florent Lançon, a rejoint son père et son oncle à la tête d'un vignoble de 40 ha, planté essentiellement sur les lieux-dits La Solitude et La Crau.

Un blanc moderne, au nez miellé et boisé, à la bouche ample et équilibrée, rehaussée en finale par une acidité finement dosée qui étire les saveurs. Un très beau châteauneuf de gastronomie. ⧗ 2018-2022

EARL DOMAINES PIERRE LANÇON, Dom. de la Solitude, BP 21, 84230 Châteauneuf-du-Pape, tél. 04 90 83 71 45, domaine.solitude@orange.fr t.l.j. sf sam. dim. 9h-12h 13h30-18h

LA SOUSTO 2015

	13000		30 à 50 €

À la fin du XIXᵉs., un ancêtre, Théodoric Barrot, ruiné par le phylloxéra, dut laisser son vignoble de Châteauneuf-du-pape et devint boulanger à Marseille. Son fils recréa le domaine en 1930, en remettant en valeur des parcelles familiales. La propriété (10 ha en châteauneuf) est aujourd'hui exploitée par Pierre Barrot et ses nièces, qui représentent les deuxième et troisième générations.

Un vin riche, à l'image de son millésime solaire: mûr, puissant, chaleureux, il s'appréciera sur des mets de caractère, après un séjour en cave. ⧗ 2021-2026

PIERRE BARROT, 21, av. Saint-Joseph, 84230 Châteauneuf-du-Pape, tél. 04 90 83 73 81, contact@lasousto.fr r.-v.

DOM. TOUR SAINT-MICHEL
Cuvée des Deux Sœurs 2016

	35000		20 à 30 €

Michel Fabre, en 1930, achète les premières vignes; Henri lui succède. En 2007, Mireille Porte hérite de ses parents un coquet domaine de 40 ha, essentiellement implanté en châteauneuf-du-pape (34 ha).

Un 2016 expressif, qui évoque les fruits à l'alcool et les épices douces. Arômes prolongés par une bouche souple et équilibrée, aux tanins fondus. ⧗ 2019-2024

EARL VIGNOBLES FABRE, 1700, chem. rural de Sorgues, 84230 Châteauneuf-du-Pape, tél. 04 90 83 73 24, domaine.tour.stmichel@orange.fr r.-v.
Mireille Porte

DOM. DES TROIS CELLIER
Alchimie 2016

	13150		20 à 30 €

Héritier d'une longue lignée de vignerons, Ludovic Cellier, accompagné de ses frères Julien et Benoît et de son épouse Nathalie, a créé ce domaine en 2007 à partir des 14 ha de vignes familiales, dont l'essentiel (13,5 ha) en AOC châteauneuf-du-pape.

Le nez, intense, mêle des notes de framboise et de poivre. La bouche offre un bon volume et s'appuie sur des tanins de qualité mais encore un peu accrocheurs. À attendre. ⧗ 2020-2024

FAMILLE CELLIER, 5 bis, chem. rural de Sorgues, 84230 Châteauneuf-du-Pape, tél. 04 90 02 04 62, domainedes3cellier@3cellier.fr r.-v.

DOM. PIERRE USSEGLIO ET FILS 2017 ★

	5500	20 à 30 €

Dans les années 1930, Francis Usseglio, salarié viticole d'origine italienne, devient métayer et vinifie sa première récolte en 1949. Son fils Pierre agrandit le domaine et le transmet en 1990 à ses fils Jean-Pierre et Thierry, aujourd'hui à la tête de 38 ha de vignes.

Une robe jaune clair aux reflets verts habille ce vin au nez discret mais élégant, joliment minéral (pierre à fusil) et floral. En bouche, on découvre une cuvée ample et complexe, aux saveurs de fruits exotiques et dotée d'une belle fraîcheur citronnée. Un vin complet et énergique. ⧗ 2018-2023

⊶ JEAN-PIERRE ET THIERRY USSEGLIO, 10, rte d'Orange, 84230 Châteauneuf-du-Pape, tél. 04 90 83 72 98, info@domainepierreusseglio.fr V 🚶 🍷 *r.-v.*

♥ Ⓑ DOM. RAYMOND USSEGLIO ET FILS
Cuvée Impériale 2016 ★★

■ | 6000 | 🍾 | 30 à 50 €

Des achats successifs ont permis à Raymond Usseglio de porter à 35 ha la surface de ce domaine castelpapal constitué par son père Francis, venu d'Italie en 1931 pour travailler la terre. La relève est assurée depuis 1999 par son fils unique, Stéphane. Propriété en biodynamie depuis 2010.

Cette cuvée est issue des plus vieilles vignes du domaine. En résulte un vin dense et profond, au nez encore timide de fruits rouges et d'épices douces. La bouche se révèle d'une harmonie sans faille, longue, à la fois souple et puissante, digeste et riche. Un châteauneuf admirable alliant la générosité sudiste à la fraîcheur septentrionale. ⧗ 2021-2028

⊶ STÉPHANE USSEGLIO, 84, chem. Mgr-Jules-Avril, 84230 Châteauneuf-du-Pape, tél. 04 90 83 71 85, info@domaine-usseglio.fr V 🚶 🍷 *r.-v.*

♥ PIERRE VIDAL 2016 ★★★

■ | 30000 | 🛢 | 15 à 20 €

Pierre Vidal, installé à Châteauneuf-du-Pape avec son épouse vigneronne, a créé son négoce en 2010. Une maison déjà bien implantée grâce aux sélections parcellaires vinifiées par ce jeune œnologue formé en Bourgogne, qui s'est développée depuis 2015 vers les vins bio et les vins « vegan ».

Cette cuvée à l'élégante robe grenat déploie à l'olfaction des arômes intenses de mûre et de myrtille. Dominée par des saveurs grillées et épicées, la bouche se révèle ample, dense, généreuse, adossée à une trame tannique de grande classe et dotée d'une longue finale gourmande. Un châteauneuf raffiné et racé. ⧗ 2021-2028

⊶ EURL PIERRE VIDAL, 631, rte de Sorgues, 84230 Châteauneuf-du-Pape, tél. 06 88 88 07 58, contact@pierrevidal.com

LIRAC

Superficie : 745 ha
Production : 19 440 hl (91 % rouge et rosé)

Située en face de Châteauneuf-du-Pape, sur la rive droite du Rhône, l'appellation regroupe les vignobles de Lirac, de Saint-Laurent-des-Arbres, de Saint-Geniès-de-Comolas et de Roquemaure, au nord de Tavel. Les vignerons de ces côtes du Rhône gardoises ont été pionniers, se regroupant dès le XVIIIᵉs. pour défendre et valoriser leur production, déjà réputée au XVIᵉs. Les magistrats locaux l'authentifiaient en apposant sur les fûts, au fer rouge, les lettres « C d R ». Terrasses de cailloux roulés et terrains calcaires produisent des vins dans les trois couleurs : les rosés et les blancs, tout de grâce et de parfums, se boivent jeunes avec des fruits de mer ; les rouges puissants et généreux accompagnent les viandes rouges.

CH. D'AQUERIA 2017 ★★

□ | 10000 | 🍾 | 11 à 15 €

Jean Olivier acquiert en 1919 l'ancien domaine des comtes d'Aqueria, commandé par un château du XVIIIᵉs. et orné d'un parc à la française. Son gendre Paul de Bez restructure entièrement le vignoble : aujourd'hui, 61 ha d'un seul tenant, conduits depuis 1984 par ses petits-fils Vincent et Bruno. Une valeur sûre en lirac et en tavel.

Un blanc comme on les aime, né de grenache blanc à 40 %, de clairette, de bourboulenc, de roussanne et de viognier. Beaucoup de fraîcheur se dégage du bouquet, élégant et fin, mêlant la pêche, l'abricot et une pointe de minéralité. Cette impression minérale et fruitée persiste dans un palais superbement dessiné, à la fois rond et élancé. Un blanc de gastronomie. ⧗ 2018-2022 ■ **2016 (11 à 15 € ; 35800 b.)** : vin cité.

⊶ FAMILLE JEAN OLIVIER, rte de Pujaut, 30126 Tavel, tél. 04 66 50 04 56, contact@aqueria.com V 🚶 🍷 *t.l.j. sf sam. dim. 8h-12h 13h30-17h30*

DOM. BRICE BEAUMONT
La Cuvée de David 2015 ★

■ | 3000 | 🛢 | 15 à 20 €

Brice Beaumont a pris la suite de son père en 2001 sur ce domaine fondé en 1909 par son arrière-grand-père. À sa disposition, un vignoble de 26 ha dans les appellations tavel, lirac et côtes-du-rhône.

À un nez chocolaté, truffé et vanillé répond une bouche bâtie sur des tanins mûrs qui poussent loin la finale, imprégnée de saveurs généreuses de fruits confiturés et d'un joli boisé. Un vin chaleureux. ⧗ 2019-2024 ■ **Cuvée Saint-Pierre aux Liens 2015 ★ (11 à 15 € ; 6000 b.)** : le nez, élégant, évoque le cassis, et la bouche se révèle ample et charnue, charpentée par de bons tanins vanillés. ⧗ 2019-2023

⊶ BRICE BEAUMONT, 110, chem. de la Filature, 30126 Lirac, tél. 04 66 50 02 37, domainebeaumont@orange.fr V 🍷 *r.-v.*

CH. DE BOUCHASSY Quator 2016 ★

■ | 13000 | 🛢🍾 | 8 à 11 €

Propriété en 1626 de M. Bouchassy, premier consul de Roquemaure, les vignes ont été acquises par la famille Degoul dans les années 1970. Après le décès en 2010 de Gérard Degoul, son épouse Michèle et son fils Nicolas ont pris les rênes du domaine (26 ha).

Cette cuvée issue de grenache, de syrah, de mourvèdre et de cinsault nous est présentée après dix-huit mois d'élevage en fût. Le bouquet mêle les fruits mûrs à des notes empyreumatiques. Le prélude à une bouche ample et ronde, appuyée sur des tanins enrobés.

Un 2016 harmonieux et déjà délicieux, mais pouvant attendre sereinement. ⧗ 2018-2023

MICHÈLE DEGOUL, 3757, chem. de la Vallu, 30150 Roquemaure, tél. 04 66 82 82 49, contact@chateaubouchassy.com V t.l.j. sf dim. 9h-12h 14h-17h

DOM. DU CLOS DE SIXTE 2016 ★★

■ | 60000 | | 11 à 15 €

D'origine castelpapale, Alain Jaume et ses fils Sébastien et Christophe perpétuent une tradition viticole qui remonte à 1826. Ils conduisent en bio un vignoble de 155 ha réparti sur quatre domaines: Grand Veneur à Châteauneuf-du-Pape, Clos de Sixte à Lirac et Ch. Mazane à Vacqueyras, et le Dom. la Grangette Saint-Joseph en AOC côtes-du-rhône, le tout complété par une activité de négoce. Une valeur sûre.

Ce lirac déploie un nez fin et intense de réglisse et de fruits rouges (fraise et framboise). Tout aussi intense, la bouche se révèle gourmande, ample et fruitée, aux saveurs de kirsch et de mûre sauvage, et offre une superbe finale poivrée qui signe les plus beaux terroirs de l'appellation. ⧗ 2018-2025 ■ **Alain Jaume et Fils Roquedon 2015 ★ (11 à 15 €; n.c.)** : son élégance, ses saveurs de fruits confits et sa bouche ronde, gourmande et longue font de ce lirac un vin d'ores et déjà savoureux. ⧗ 2018-2023

ALAIN JAUME, 1358, rte de Châteauneuf-du-Pape, 84100 Orange, tél. 04 90 34 68 70, contact@alainjaume.com V t.l.j. sf dim. 8h-13h 14h-18h

DOM. CORNE-LOUP 2015 ★

■ | 30000 | | 11 à 15 €

Ce domaine fondé en 1966 tire son nom d'un ancien quartier de Tavel où, autrefois, un villageois était chargé d'alerter les habitants de l'arrivée imminente des loups. Son vignoble s'étend aujourd'hui sur 40 ha, en lirac, tavel et côtes-du-rhône, conduit depuis 2010 par Géraldine Saunier-Lafond.

Après un long élevage en fût, ce 2015 épanoui dévoile un nez franc et gourmand de fruits rouges confits. La bouche se révèle chaleureuse, poivrée et vanillée, adossée à une trame tannique dense et riche. Un lirac puissant et volontaire, à réserver pour un mets généreux. ⧗ 2019-2024 ■ **2017 ★ (11 à 15 €; 2500 b.)** : une cuvée appréciée pour son superbe équilibre, ses notes de fleurs et sa fraîcheur. ⧗ 2018-2021

DOM. CORNE-LOUP, 237, rue Mireille, 30126 Tavel, tél. 04 66 50 34 37, corne-loup@wanadoo.fr V r.-v.

CH. CORRENSON Vinolentia 2016 ★★

■ | 30000 | | 5 à 8 €

Le blason du château représente un casque et une épée étrusques trouvés dans les vignes par le grand-père de Vincent Peyre. Installé depuis 2000 sur un vignoble de 70 ha, ce dernier représente la troisième génération à la tête du domaine familial, souvent en vue pour ses lirac.

Cette cuvée est une sélection des plus belles parcelles du domaine. Le nez, dominé par les fruits noirs confiturés, est expressif et distille en outre des nuances d'épices et de plantes aromatiques. La bouche, superbe d'équilibre, se révèle fraîche, séveuse, corsée, et déploie en finale des tanins de velours. Un lirac irrésistible. ⧗ 2019-2023

VINCENT PEYRE, rte de Roquemaure, 30150 Saint-Geniès-de-Comolas, tél. 04 66 50 05 28, contact@chateau-correnson.fr V t.l.j. sf dim. 10h-12h 15h30-18h30

DOM. LA COSTE DU PUY 2016 ★★

■ | 6666 | | 11 à 15 €

La famille Prunet a créé sa cave particulière en 2001. Elle exploite un vignoble de 30 ha conduit en agriculture biologique depuis 2002.

Remarquable par sa robe grenat intense, ce 2016 l'est tout autant par son nez exubérant de cerise et de violette, ou encore par sa bouche ample et ronde, charpentée mais gourmande, aux tanins fins et réglissés. Un superbe vin de garde. ⧗ 2020-2025

PRUNET, Tras-le-Puy, 30150 Roquemaure, tél. 04 66 82 56 29, la.coste.du.puy@orange.fr V r.-v.

DOM. COUDOULIS Hommage 2016 ★★

■ | 20000 | | 15 à 20 €

Établi sur une terrasse alluvionnaire dominant le village de Saint-Laurent-des-Arbres, ce domaine créé en 1960 – 28 ha d'un seul tenant implantés sur un sol de galets roulés – a été racheté en 1996 par Bernard Callet, issu du monde du BTP. L'une des bonnes références liracoises.

Cette cuvée s'ouvre sur les fruits très mûrs, rehaussés de notes mentholées et épicées. La bouche, suave et profonde, encore marquée par les notes vanillées de son élevage, allie parfaitement belle maturité, structure ferme et équilibre. ⧗ 2019-2025

BERNARD CALLET, 314, rue Nostradamus, 30126 Saint-Laurent-des-Arbres, tél. 04 66 03 29 13, contact.coudoulis@gmail.com V r.-v.

ROMAIN DUVERNAY 2016 ★★

■ | 20000 | | 5 à 8 €

Issu d'une lignée de négociants en vins – son arrière-grand-père Louis fonda en 1904 un commerce de vin en Haute-Savoie –, l'œnologue de renom Romain Duvernay a créé en 1998, avec son père Roland, une maison de négoce basée à Châteauneuf-du-Pape qui propose des vins de toute la Vallée et qui, depuis 2016, appartient à Newrhône Millésimes, propriété de Jean-Marc Pottiez. Romain Duvernay continue d'élaborer les vins.

Sélection de parcelles récoltées manuellement, cette cuvée se présente dans une robe très foncée aux reflets rubis et offre un nez de petits fruits rouges relevés d'épices douces. Équilibre, élégance et rondeur sur une belle assise boisée: la bouche achève de convaincre. ⧗ 2018-2022

NEWRHÔNE MILLÉSIMES, Z.A. La Grange-Blanche, 225, rue Marcel-Valérian, 84350 Courthézon, tél. 04 90 60 20 00, jmpottiez@newrhone.eu

Jean-Marc Pottiez

B DOM. LAFOND ROC-ÉPINE 2016 ★

■ | 70 000 | | 8 à 11 €

Porte-drapeau des appellations tavel et lirac, aussi très en vue pour ses châteauneuf et ses côtes-du-rhône, ce domaine, dont les lointaines origines remontent à la fin du XVIIIe s., est conduit par Pascal Lafond depuis 1990. Son vaste vignoble en bio, certifié à partir de 2012, couvre aujourd'hui 83 ha répartis dans quatre AOC.

Dix-huit mois d'élevage en cuve ont façonné cette cuvée au nez à la fois fruité (mûre et pruneau), floral (violette) et épicé. On retrouve ces arômes dans une bouche ample et suave, dotée d'une belle structure tannique. Un lirac expressif et complet. ⌛ 2019-2023

PASCAL LAFOND, 336, rte des Vignobles, 30126 Tavel, tél. 04 66 50 24 59, lafond@roc-epine.com
V t.l.j. sf sam. dim. 8h-12h 13h30-17h30

♥ DOM. LA LÔYANE
Cuvée Marie 2015 ★★

■ | 2 000 | | 20 à 30 €

Établi au pied du sanctuaire Notre-Dame-de-Grâce, à Rochefort-du-Gard, non loin des anciens marais asséchés par les moines au Moyen Âge, ce domaine, né en 1994 de la fusion de trois petites exploitations, fait preuve d'une grande constance dans la qualité. Il est dirigé avec talent par Jean-Pierre Dubois, son épouse Dominique et leur fils Romain.

La famille Dubois récolte cette année encore une belle pluie d'étoiles et pas moins de deux coups de cœur. Le premier va à ce pur grenache issu de vignes centenaires vendangées à la main, qui déploie un nez intense de fruits rouges, de sous-bois et de vanille. Mais c'est surtout la bouche qui a fortement impressionné le jury: une bouche à la fois complexe, veloutée, puissante et gourmande, déployant des saveurs intenses de fruits rouges épicés, étirée dans une longue finale chocolatée et soutenue par des tanins veloutés d'une harmonie remarquable. Un lirac majuscule. ⌛ 2021-2028 ■ **Cuvée Élie 2016 ★★ (11 à 15 €; 5000 b.) ♥** : cette cuvée admirable en tout point dévoile un nez intense de fruits noirs et de vanille. La bouche affiche une matière soyeuse et fondue, une persistance aromatique hors normes autour des épices et de la mûre, et des tanins très «haute couture». Déjà délicieux, et pour longtemps. ⌛ 2021-2028

DOMINIQUE, JEAN-PIERRE ET ROMAIN DUBOIS, quartier la Lôyane, 369, chem. de la Font-de-Caven, 30650 Rochefort-du-Gard, tél. 06 22 67 29 43, la-loyane-jean-pierre.dubois@orange.fr
V r.-v.

DOM. MABY Nessun Dorma 2016 ★

■ | 7 000 | | 15 à 20 €

Ce domaine très régulier en qualité, notamment pour ses lirac, dans les trois couleurs, et ses tavel, a été créé en 1950 par Armand Maby. En 2005, son petit-fils Richard a pris les rênes du vignoble, 64 ha situés pour l'essentiel sur les galets roulés du plateau de Vallongue; des vignes cultivées «au naturel», mais sans certification bio. Depuis 2011, l'éminent œnologue rhodanien Philippe Cambie conseille le domaine.

Cette belle cuvée de grenache et de syrah dévoile une robe rubis aux reflets noirs et un nez puissant de cassis et de sous-bois. Le prélude charmeur à une bouche équilibrée, aux tanins fins, aussi intense que longue. ⌛ 2018-2023 ■ **Casta Diva 2017 ★ (15 à 20 €; 4200 b.)** : une cuvée saluée pour ses fines notes florales et boisées et pour son palais très équilibré, alliant volume et finesse. ⌛ 2018-2021

DOM. MABY, 249, rue Saint-Vincent, 30126 Tavel, tél. 04 66 50 03 40, domaine-maby@wanadoo.fr V t.l.j. 8h-12h 13h30-17h30; ouv. sam. dim. du 1er mai au 30 sept.

B CH. DE MANISSY Trinité 2016 ★

■ | 15 000 | | 11 à 15 €

À l'aube du XXe s., le château du XVIIe s. fut légué par la famille Lafarge, qui exploitait la pierre de Tavel, aux pères missionnaires de la Sainte-Famille. Ce sont ces derniers qui débutèrent la culture de la vigne sur ces terres pour approvisionner leur communauté et les paroisses des environs. En 2003, ils ont confié la gestion du domaine au jeune Tavelois Florian André. Conduit en bio, le vignoble couvre aujourd'hui 80 ha dans les AOC châteauneuf-du-pape, tavel, lirac et côtes-du-rhône.

Paré d'une robe sombre, ce lirac dévoile une olfaction complexe de fruits noirs enrobés d'épices. Le jury a également apprécié sa bouche à la fois longue, fraîche et bien charpentée par des tanins soyeux. Un 2016 au bon potentiel. ⌛ 2019-2023 ■ **Trinité 2017 (11 à 15 €; 8000 b.)** : vin cité.

FLORIAN ANDRÉ, rte de Roquemaure, 30126 Tavel, tél. 04 66 82 86 94, info@chateau-de-manissy.com
V t.l.j. sf dim. 10h-12h30 13h30-18h

♥ B DOM. DE LA MORDORÉE
La Reine des bois 2017 ★★

■ | 10 000 | | 15 à 20 €

Un domaine créé en 1986 par Francis Delorme et son fils Christophe (disparu prématurément en 2015), entrepreneurs issus d'une famille vigneronne, rejoints par Fabrice en 1999. Le vignoble couvre 50 ha (en bio certifié depuis 2013), répartis sur 38 parcelles et huit communes. Partisans des petits rendements, les Delorme déclinent les millésimes avec une aisance déconcertante, aussi bien en tavel, leur fief

d'origine, et en lirac, qu'en châteauneuf-du-pape ou en «simple» côtes-du-rhône. Incontournable.

Ce magnifique lirac blanc dévoile un nez intense de pêche et d'épices douces. La bouche se révèle ample, d'une grande élégance et à l'équilibre très assuré, alliant rondeur, fraîcheur et longueur. Une cuvée expressive et ambitieuse, au sommet de son appellation. ⧗ 2018-2021 ■ **La Reine des bois 2016 ★ (15 à 20 €; 26000 b.)** Ⓑ : à un nez intense et riche en fruits noirs succède une bouche harmonieuse, ample et longue. ⧗ 2019-2023

⊶ *DELORME, 250, chem. des Oliviers, 30126 Tavel, tél. 04 66 50 00 75, info@domaine-mordoree.com* V r.-v. Ⓔ

LUC PÉLAQUIÉ 2017 ★

■	16000		11 à 15 €

Saint-Victor-la-Coste s'étend sous les ruines du Castellas, le château fort médiéval des seigneurs de Sabran. Depuis 1976, Luc Pélaquié y conduit ce domaine familial vaste (98 ha) et ancien (XVII[e]s.), dont les vins (côtes-du-rhône, *villages*, lirac et tavel) sont régulièrement en vue dans le Guide.

Cette cuvée issue à parts égales de grenache blanc, de viognier et de marsanne offre une olfaction fraîche et complexe de zeste d'agrumes, de fleurs blanches et de vanille. La bouche se révèle idéalement fraîche et tonique, et distille en finale de fines notes citronnées. ⧗ 2018-2021

⊶ *LUC PÉLAQUIÉ, 7, rue du Vernet, 30290 Saint-Victor-la-Coste, tél. 04 66 50 06 04, contact@domaine-pelaquie.com* V *t.l.j. sf dim. 9h-12h 14h-18h*

DOM. JOCELYN RAOUX Aimé 2016 ★

■	1400		15 à 20 €

Les origines de cette exploitation familiale remontent au XIX[e]s. lorsqu'Aimé Raoux s'établit à Lirac, vivant de polyculture (céréales, oliviers, vignes, maraîchage, culture du ver à soie). Son fils adhère à la coopérative dès sa création. Cinq générations plus tard, Jocelyn, qui a tenté sa première vinification à l'âge de sept ans, reprend la propriété en 2015. Il vinifie 6 ha de son domaine de 24 ha en cave particulière.

Cette cuvée confidentielle, élevée en fût, livre à l'olfaction de jolis arômes de cassis et de myrtille. Les tanins soyeux apportent leur soutien à une bouche ample, structurée, de belle intensité. ⧗ 2019-2024 ■ **2016 (5 à 8 €; 2000 b.)** : vin cité.

⊶ *RAOUX, entrée de la Plane, 30126 Lirac, tél. 06 19 15 42 72, contact@domainejocelynraoux.com* V r.-v.

CH. SAINT-ROCH Palmes 2016 ★★

■	3000		15 à 20 €

Sur les coteaux silico-calcaires de Roquemaure, le vignoble de Saint-Roch couvre 40 ha. Réputé pour ses lirac, il appartient depuis 1998 aux frères Brunel, également propriétaires du Ch. la Gardine à Châteauneuf-du-Pape, autre valeur sûre de la vallée du Rhône sud.

Cette belle cuvée à base de grenache présente une robe rubis profond et un nez intense et généreux évoquant les fruits macérés. En bouche, elle se révèle ample et fruitée, ronde et fraîche à la fois. Un lirac particulièrement harmonieux et savoureux. ⧗ 2018-2022 ■ **2017 ★ (11 à 15 €; 20000 b.)** : une cuvée saluée pour son expression aromatique intense (fruits blancs et notes florales), pour son joli volume en bouche et pour sa finale fraîche et vanillée. ⧗ 2018-2021

⊶ *CH. SAINT-ROCH BRUNEL FRÈRES, chem. de Lirac, 30150 Roquemaure, tél. 04 66 82 82 59, brunel@chateau-saint-roch.com* V *t.l.j. sf sam. dim. 8h-12h 14h-17h; f. 1er-15 août*

LES VIGNERONS DE TAVEL
Les Hauts d'Acantalys 2017 ★

■	9300	8 à 11 €

Créée en 1937, cette cave historique fut la première coopérative agricole à être inaugurée par un président de la République (Albert Lebrun). Actrice importante de la production taveloise (environ la moitié), elle regroupe 85 adhérents et plus de 600 ha de vignes. Le bâtiment, construit dans la lauze locale, est classé Monument historique.

Pas moins de cinq cépages pour élaborer cette belle cuvée d'un beau jaune clair, au nez floral et miellé, et à la bouche expressive et tendue, aux saveurs de fruit de la Passion et de zeste d'agrumes. Un blanc particulièrement gourmand. ⧗ 2018-2021

⊶ *LES VIGNERONS DE TAVEL, rte de la Commanderie, 30126 Tavel, tél. 04 66 50 03 57, contact@cavedetavel.com* V r.-v.

DOM. PIERRE USSEGLIO ET FILS 2016 ★

■	6000	11 à 15 €

Dans les années 1930, Francis Usseglio, salarié viticole d'origine italienne, devient métayer et vinifie sa première récolte en 1949. Son fils Pierre agrandit le domaine et le transmet en 1990 à ses fils Jean-Pierre et Thierry, aujourd'hui à la tête de 38 ha de vignes.

Une élégante cuvée à la robe sombre, au nez ouvert sur les fruits très mûrs et les nuances grillées, à la bouche harmonieuse, structurée, qui mêle saveurs épicées et arômes de garrigue dans un palais aux tanins bien intégrés. Un très joli vin qui saura récompenser votre patience. ⧗ 2019-2024

⊶ *JEAN-PIERRE ET THIERRY USSEGLIO, 10, rte d'Orange, 84230 Châteauneuf-du-Pape, tél. 04 90 83 72 98, info@domainepierreusseglio.fr* V r.-v.

PIERRE VIDAL Réserve 2016 ★

■	20000		8 à 11 €

Pierre Vidal, installé à Châteauneuf-du-Pape avec son épouse vigneronne, a créé son négoce en 2010. Une maison déjà bien implantée grâce aux sélections parcellaires vinifiées par ce jeune œnologue formé en Bourgogne, qui s'est développée depuis 2015 vers les vins bio et les vins «vegan».

Cette cuvée, d'un rouge assez soutenu, dévoile un nez boisé et fruité (fruits rouges). La bouche se révèle ample, épicée, structurée par de jolis tanins et se termine par un boisé flatteur. Un style affirmé. ⧗ 2019-2023

⊶ *EURL PIERRE VIDAL, 631, rte de Sorgues, 84230 Châteauneuf-du-Pape, tél. 06 88 88 07 58, contact@pierrevidal.com*

TAVEL

Superficie : 945 ha / Production : 35 790 hl

Considéré par beaucoup comme le meilleur rosé de France, ce grand vin de la vallée du Rhône provient d'un vignoble situé dans le département du Gard, sur la rive droite du fleuve, à Tavel et sur quelques parcelles de la commune de Roquemaure. C'est la seule appellation rhodanienne à ne produire que du rosé. Sur des sols de sable, d'alluvions argileuses ou de cailloux roulés, grenache, cinsault, mourvèdre, syrah, accompagnés de carignan et aussi de cépages blancs donnent un vin généreux, au bouquet floral et fruité, qui accompagnera poissons en sauce, charcuterie et viandes blanches.

DOM. AMIDO
Les Amandines 2017 ★★

■ | 5000 | 🍾 | 8 à 11 €

À partir de vignes familiales, Christian Amido crée son domaine en 1987 sur la rive droite du Rhône, vinifie ses premières cuvées en 2000. À son décès en 2003, l'exploitation est reprise par ses filles Nathalie Patinet et Dominique Le Dantec, cette dernière assurant depuis 2012 la gérance du vignoble de 27 ha. Avec Amandine Patinet, la troisième génération arrive sur la propriété.

Le nez complexe de cette cuvée s'ouvre élégamment sur la cerise et la fraise écrasée. En bouche, on découvre un vin puissant, de caractère, gras et long, équilibré par une fraîcheur tonique. À déguster sur une cuisine provençale. ⧗ 2018-2021

⊶ DOM. AMIDO, Le Palai-Nord, 30126 Tavel, tél. 04 66 50 04 41, domaineamido@cegetel.net V 🚶 🍷 *r.-v.*

♥ CH. D'AQUERIA 2017 ★★

■ | 174 000 | 🍾 | 11 à 15 €

Jean Olivier acquiert en 1919 l'ancien domaine des comtes d'Aqueria, commandé par un château du XVIIIᵉ s. et orné d'un parc à la française. Son gendre Paul de Bez restructure entièrement le vignoble : aujourd'hui, 61 ha d'un seul tenant, conduits depuis 1984 par ses petits-fils Vincent et Bruno. Une valeur sûre en lirac et en tavel.

Un grand tavel signé Aqueria : une robe de gala étincelante avec ses reflets framboise, un nez d'une très belle finesse où se mêlent la rose et le muguet, une bouche ronde, ample, tendre et longue, aux saveurs de fraise. Ce vin généreux et bien typé, pourra accompagner tout un repas. ⧗ 2018-2021

⊶ FAMILLE JEAN OLIVIER, rte de Pujaut, 30126 Tavel, tél. 04 66 50 04 56, contact@aqueria.com V 🚶 🍷 *t.l.j. sf sam. dim. 8h-12h 13h30-17h30*

CH. CORRENSON 2017 ★

■ | 15 000 | 🍾 | 5 à 8 €

Le blason du château représente un casque et une épée étrusques trouvés dans les vignes par le grand-père de Vincent Peyre. Installé depuis 2000 sur un vignoble de 70 ha, ce dernier représente la troisième génération à la tête du domaine familial, souvent en vue pour ses lirac.

Pas moins de cinq cépages pour élaborer cette cuvée de saignée à la robe brillante et aux reflets violets, ouverte à l'olfaction sur les petits fruits rouges. Ces fruits, framboise en tête, s'épanouissent dans un palais équilibré, de belle longueur. ⧗ 2018-2020

⊶ VINCENT PEYRE, rte de Roquemaure, 30150 Saint-Geniès-de-Comolas, tél. 04 66 50 05 28, contact@chateau-correnson.fr V 🚶 🍷 *t.l.j. sf dim. 10h-12h 15h30-18h30*

DOM. LES HAUTES ROCHES 2017 ★

■ | 12 000 | 🍾 | 8 à 11 €

Née en 1929, la coopérative de Pujaut, bourgade des environs d'Avignon, vinifie 720 ha de vignes dans les crus lirac et tavel, en AOC régionales et en IGP. Ses cuvées sont régulièrement en vue dans ces pages, notamment ses vins blancs.

Une vendange nocturne, suivie d'une belle macération de 24 heures, ont donné ce tavel aux reflets framboise, au nez gourmand de fruits rouges mûrs. La bouche se révèle croquante, ample, au fruité généreux et déploie une longue finale aux saveurs de cerise burlat. ⧗ 2018-2021

⊶ CELLIER DES CHARTREUX, 1412, D 6580, 30131 Pujaut, tél. 04 90 26 39 40, contact@cellierdeschartreux.fr V 🚶 🍷 *r.-v.*

♥ DOM. MABY La Forcadière 2017 ★★★

■ | 64 000 | 🍾 | 8 à 11 €

Ce domaine très régulier en qualité, notamment pour ses lirac, dans les trois couleurs, et ses tavel, a été créé en 1950 par Armand Maby. En 2005, son petit-fils Richard a pris les rênes du vignoble, 64 ha situés pour l'essentiel sur les galets roulés du plateau de Vallongue ; des vignes cultivées « au naturel », mais sans certification bio. Depuis 2011, l'éminent œnologue rhodanien Philippe Cambie conseille le domaine.

Toujours sur les conseils de Philippe Cambie, Richard Maby signe avec sa cuvée La Forcadière un tavel de haute expression. Pas moins de cinq cépages entrent dans l'assemblage de ce rosé à la robe rose éclatante. Le nez, complexe, évoque la framboise, la fraise et la myrtille, ainsi que des nuances minérales et fumées. La bouche est à la fois charnue, fraîche et puissante, déployant de riches saveurs de fruits rouges. Un ensemble à l'équilibre souverain. ⧗ 2018-2022 ■ **Prima Donna 2017 ★ (8 à 11 € ; 20 000 b.)** : un classique du domaine, salué ici pour sa fraîcheur, sa légèreté et ses arômes de fruits des bois et d'agrumes. ⧗ 2018-2021

DOM. MABY, 249, rue Saint-Vincent, 30126 Tavel, tél. 04 66 50 03 40, domaine-maby@wanadoo.fr t.l.j. 8h-12h 13h30-17h30; ouv. sam. dim. du 1er mai au 30 sept.

CH. DE MANISSY Trinité 2017 ★

40 000 | 11 à 15 €

À l'aube du XXe s., le château du XVIIe s. fut légué par la famille Lafarge, qui exploitait la pierre de Tavel, aux pères missionnaires de la Sainte-Famille. Ce sont ces derniers qui débutèrent la culture de la vigne sur ces terres pour approvisionner leur communauté et les paroisses des environs. En 2003, ils ont confié la gestion du domaine au jeune Tavelois Florian André. Conduit en bio, le vignoble couvre aujourd'hui 80 ha dans les AOC châteauneuf-du-pape, tavel, lirac et côtes-du-rhône.

Issue des quatre principaux cépages de l'appellation, cette cuvée s'ouvre au nez sur un mélange de fruits de printemps (fraise, cerise) et d'arômes de résine. En bouche, la cerise domine dans un ensemble rond mais idéalement frais, à la longue finale. 2018-2021

100 % 2017 ★ (15 à 20 €; 2500 b.) : un vin puissant, intense, généreux, de couleur soutenue, qui représente bien le tavel traditionnel. 2019-2022

CH. DE MANISSY, rte de Roquemaure, 30126 Tavel, tél. 04 66 82 86 94, info@chateau-de-manissy.com t.l.j. sf dim. 10h-12h30 13h30-18h Florian André

DOM. DES MURETINS 2017 ★★

9 600 | 8 à 11 €

Les négociants François Dauvergne et Jean-François Ranvier ont coiffé la casquette de producteur en reprenant en 2013 cette propriété familiale de 10 ha morcelés sur onze parcelles en tavel et trois en lirac. Depuis cette date, le domaine a été entièrement restructuré.

Cette cuvée à la teinte rose intense mêle au nez des notes de cerise et des nuances mentholées. La bouche, généreuse et puissante, revient avec intensité sur les saveurs fraîches de cerise. Un étonnant vin de gastronomie, harmonieux et complet. 2018-2021

DOM. DES MURETINS, chem. de Vacquières, RN 580, 30126 Tavel, tél. 06 03 24 74 19, contact@dauvergne-ranvier.com

DOM. LA ROCALIÈRE Le Classique 2017 ★

31 000 | 8 à 11 €

Très régulier en qualité dans les appellations lirac et tavel, ce domaine familial a été fondé par Armand et Bernard Maby et par Jacques Borrelly. À la retraite de ce dernier, il a été repris par ses filles Séverine Lemoine (vigne et cave) et Mélanie Borrelly (administratif et commercial). Les deux sœurs conduisent aujourd'hui, en bio certifié, un vignoble de 38 ha.

Cette cuvée est composée d'une belle base de grenache (60 %), complétée de cinsault et de syrah. La robe est d'un rose légèrement tuilé, ornée de reflets brillants, et le nez se révèle très expressif, centré sur le pamplemousse. La bouche, gourmande, acidulée, offre un joli retour sur les agrumes en finale. 2018-2020

DOM. LA ROCALIÈRE, Le Palai-Nord, 30126 Tavel, tél. 04 66 50 12 60, rocaliere@wanadoo.fr t.l.j. 9h-12h 14h-18h; sam. dim. sur r.-v. Borrelly et Lemoine

CH. DE SÉGRIÈS 2017 ★★

35 000 | 11 à 15 €

Henri de Lanzac conduit un domaine de près de 60 ha, dont 30 ha de vignes d'un seul tenant commandées par le château de Ségriès (XVIIe s.), acquis en 1994. Il assure aussi la gestion du Clos de l'Hermitage (3,5 ha), propriété depuis 1995 de l'ancien coureur automobile Jean Alesi. Deux étiquettes souvent en bonne place dans le Guide.

Une nuit de macération a permis d'obtenir ce beau rosé de saignée dont le nez et la bouche convoquent les fruits rouges: fraise, cerise, framboise. Élégant, friand, frais et généreux à la fois: un très joli tavel à servir tout au long d'un repas. 2018-2021

SCEA HENRI DE LANZAC, chem. de la Grange, 30126 Lirac, tél. 04 66 39 11 98, chateaudesegries@wanadoo.fr t.l.j. 8h-12h 13h30-17h30; sam. dim. sur r.-v.

LES VIGNERONS DE TAVEL Cuvée royale 2017 ★

70 000 | 8 à 11 €

Créée en 1937, cette cave historique fut la première coopérative agricole à être inaugurée par un président de la République (Albert Lebrun). Actrice importante de la production taveloise (environ la moitié), elle regroupe 85 adhérents et plus de 600 ha de vignes. Le bâtiment, construit dans la lauze locale, est classé Monument historique.

La Cuvée royale se présente dans une robe soutenue aux reflets grenat et offre un joli nez de fruits noirs mûrs (cassis, mûre) que l'on retrouve dans une bouche puissante et fraîche. Un rosé de caractère. 2018-2021

Les Lauzeraies 2017 (5 à 8 €; 110 000 b.) : vin cité.

LES VIGNERONS DE TAVEL, rte de la Commanderie, 30126 Tavel, tél. 04 66 50 03 57, contact@cavedetavel.com r.-v.

CH. DE TRINQUEVEDEL 2017

98 000 | 11 à 15 €

Les Demoulin se succèdent depuis 1936 sur ce domaine de 30 ha commandé par une élégante bastide du XVIIIe s. Représentant la quatrième génération, Guillaume, ingénieur agronome, est aux commandes depuis 2006.

Guillaume Demoulin présente ici une cuvée née de six cépages dont près de 60 % de grenache. La robe est légèrement tuilée, aux reflets brillants, et le nez dévoile des notes de bonbon anglais et de pomelo. Le palais est souple, croquant, de bonne longueur. 2018-2020

CH. DE TRINQUEVEDEL, Trinquevedel, chem. des Prés, 30126 Tavel, tél. 04 66 50 04 04, demoulin@chateau-trinquevedel.fr t.l.j. 9h-12h 14h-19h; sam. dim. sur r.-v. GFA Demoulin

COSTIÈRES-DE-NÎMES

Superficie : 3 950 ha
Production : 207 365 hl (92 % rouge et rosé)

Rouges, rosés ou blancs, les costières-de-nîmes naissent dans un vignoble établi sur les pentes ensoleillées de coteaux constitués de cailloux roulés – les cailloutis du Villafranchien –, dans un quadrilatère délimité par Meynes, Vauvert, Saint-Gilles et Beaucaire, au sud-est de Nîmes, et au nord de la Camargue. L'appellation s'étend sur le territoire de vingt-quatre communes. Les cépages autorisés en rouge sont le carignan, le cinsault, le grenache noir, le mourvèdre et la syrah ; en blanc, ce sont la clairette, le grenache blanc, la marsanne, la roussanne et le rolle. Les rosés s'associent aux charcuteries de l'Ardèche, les blancs se marient fort bien aux coquillages et aux poissons de la Méditerranée, et les rouges, chaleureux et corsés, préfèrent les viandes grillées. Une route des vins parcourt cette région au départ de Nîmes.

Ⓑ CH. BEAUBOIS Harmonie 2016 ★

■	8000	◖◗	15 à 20 €

Un domaine fondé au XIIIe s. par les moines cisterciens de l'abbaye de Franquevaux, sur le versant sud des Costières, et propriété des Boyer depuis quatre générations. Installés en 2000, Fanny et son frère François conduisent avec talent, et en bio, un vignoble de 55 ha.

Cette cuvée bien nommée se présente dans une seyante robe rubis intense, le nez ouvert sur les fruits noirs et rouges agrémentés d'épices. Les fruits restent bien présents dans une bouche gourmande à souhait, qui s'appuie sur des tanins soyeux. ⧗ 2018-2022 ■ **Confidence 2016 ★ (11 à 15 € ; 25 000 b.)** Ⓑ : un vin salué pour sa souplesse et son caractère très aromatique, autour des épices, des fruits rouges et des senteurs de la garrigue. ⧗ 2018-2021 ■ **Élégance 2016 ★ (8 à 11 € ; 40 000 b.)** Ⓑ : cette cuvée, harmonieuse et expressive, séduit par sa rondeur et par ses notes intenses d'épices et de fruits noirs. ⧗ 2018-2022 ■ **Cuvée Expression 2017 ★ (5 à 8 € ; 50 000 b.)** Ⓑ : cette cuvée dévoile un nez frais, typé par les agrumes. En bouche, elle se révèle élégante, équilibrée, de belle longueur, distillant de subtiles notes zestées en finale. ⧗ 2018-2019

⊶ FANNY ET FRANÇOIS BOYER, RD 6572, 30640 Franquevaux, tél. 04 66 73 30 59, chateau-beaubois@wanadoo.fr V ♿ ■ *t.l.j. 9h-12h 14h-18h* 🏠 Ⓔ

♥ CH. BELLEFONTAINE Prestige 2017 ★★

■	15 000	▮	8 à 11 €

Propriété des familles Soulairac et Bosse-Platière depuis 1999, l'ensemble des Vignobles Saint-Bénezet compte plus de 200 ha intégralement cultivés en agriculture raisonnée.

Une magnifique cuvée de syrah et de grenache à la robe rose clair, au nez intense de pamplemousse, à la bouche agréable, fraîche et souple, déployant une finale citronnée des plus élégantes. ⧗ 2018-2020 ■ **Ch. Saint-Bénézet Les Caprices de Lola 2017 ★★** (5 à 8 € ; 50 000 b.) : un rosé apprécié pour ses arômes gourmands de framboise, de fraise des bois et pour sa vivacité. ⧗ 2018-2020 ■ **Ch. Saint-Bénézet Moulin Baguet 2016 (5 à 8 € ; 30 000 b.)** : vin cité.

⊶ SAINT-BÉNÉZET, Dom. Saint-Bénézet, 30800 Saint-Gilles, tél. 04 66 70 17 45, elise.bp@saint-benezet.com V ■ *r.-v.* 🏠 Ⓔ

CH. PAUL BLANC 2016 ★

■	12 600	◖◗	8 à 11 €

Ancienne propriété de l'amiral de Grasset, qui fut au service de Ferdinand II de Bourbon, roi de Naples, ce domaine de 70 ha, commandé par un vieux mas du XVIIIe s., a été acquis et rénové par Paul Blanc en 1986. Sa fille, Nathalie Blanc-Marès, œnologue, en a pris la direction en 1998. Une valeur sûre des costières-de-nîmes.

Ce vin se présente, après une année d'élevage sous bois, dans une robe pourpre sombre aux reflets noirs et offre à l'olfaction un beau bouquet de mûre, de myrtille et d'épices. En bouche, la syrah s'exprime très distinctement autour d'une belle structure tannique et d'une longue finale poivrée. ⧗ 2018-2023

⊶ NATHALIE BLANC-MARÈS, Mas Carlot, rte de Redessan, 30127 Bellegarde, tél. 04 66 01 11 83, mascarlot@aol.com V ♿ ■ *r.-v.* 🏠 Ⓔ

DOM. BOLCHET 2017 ★★

■	26 600	▮	5 à 8 €

Établi aux portes du Luberon, ce négoce familial créé en 1987 par Roger Ravoire, fils de vigneron, propose une gamme de vins (marque et domaine) provençaux et rhodaniens.

Syrah (55 %), grenache (40 %) et une pincée de cinsault pour ce vin rouge sombre aux reflets violets. Au nez, apparaissent des arômes généreux de fruits très mûrs (cassis et pruneau), que l'on retrouve dans une bouche gourmande et ronde, soutenue par de beaux tanins veloutés. Une très belle bouteille à déguster dans sa jeunesse, mais qui ne craindra pas la garde. ⧗ 2018-2024

⊶ RAVOIRE ET FILS, 340, rue du Rémoulaire, 13300 Salon de Provence, tél. 04 90 73 01 10, gabrielle.theotine@ravoire-fils.com V *r.-v.*

Ⓑ DOM. DE LA CADENETTE Siracanta 2016 ★

■	8000	▮	8 à 11 €

Installé depuis 1990 sur la propriété familiale, Pierre Dideron dispose d'un vignoble de 60 ha (53 ha en production) qui, tournant le dos au mistral, fait face aux plaines de la Petite Camargue. Il a entrepris en 2009 la conversion bio de son domaine, par étapes. Depuis 2015, l'ensemble de la propriété est certifié.

Cette cuvée offre un nez de bonne intensité, minéral et fruité. La bouche se révèle croquante, gouleyante et souple, aux tanins soyeux et fondus. Un beau rouge de tonnelle, à boire dans sa jeunesse. ⧗ 2018-2021 ■ **Ch. Cadenette 2017 (5 à 8 € ; 14 000 b.)** Ⓑ : vin cité.

PIERRE DIDERON, Dom. de la Cadenette, 30600 Vestric-et-Candiac, tél. 04 66 88 21 76, lacadenette@orange.fr t.l.j. sf sam. dim. 8h-12h 14h-18h

CAMPUGET Invitation 2017 ★★

	40000		5 à 8 €

La famille Dalle a fui son Nord natal en 1942 pour s'installer dans Les Costières, sur ce vaste et vénérable domaine fondé au XVII[e]s., ancienne propriété du marquis de Nogaret. Elle propose des costières-de-nîmes réguliers en qualité, dans les trois couleurs. Autre étiquette: le Ch. de l'Amarine, ancienne propriété du Cardinal de Bernis.

Cette cuvée, qui porte bien son nom, se présente dans une robe attrayante, rose tendre aux reflets brillants. Le nez s'ouvre sur des senteurs de fraise et d'agrumes (zeste d'orange et de pamplemousse). On retrouve les agrumes dans une bouche très équilibrée, longue et douce. Un excellent rosé qui s'appréciera de l'apéritif au dessert. 2018-2020

FAMILLE DALLE, 1800, chem. de Campuget, 30129 Manduel, tél. 04 66 20 20 15, campuget@campuget.com t.l.j. sf dim. 9h-12h 14h-18h

M. CHAPOUTIER 2017 ★

	8000	5 à 8 €

Cette vénérable (XIX[e]s.) et incontournable maison, mise sur orbite internationale par Michel Chapoutier à partir des années 1990, propose une large gamme issue de ses propres vignes (350 ha, en biodynamie) ou d'achats de raisin dans la plupart des appellations phares de la vallée du Rhône, et aussi en Roussillon et en Alsace.

Cette cuvée se révèle bien fruitée au nez comme en bouche, chaleureuse, ample, ronde et équilibrée. Un ensemble souple et ensoleillé, à boire sur le fruit. 2018-2021

MICHEL CHAPOUTIER, 18, av. du Dr-Paul-Durand, 26600 Tain-l'Hermitage, tél. 04 75 08 28 65, chapoutier@chapoutier.com r.-v.

CH. L'ERMITAGE Edonist 2016 ★

	3200		20 à 30 €

Située sur les hauteurs du versant sud des Costières, cette propriété a été créée par des moines ermites au XII[e]s. Devenue domaine viticole sous l'action d'un notable nîmois après la Révolution, elle est conduite depuis trois générations par la famille Castillon (aujourd'hui Jérôme), à la tête d'un vaste vignoble de 80 ha.

Cette cuvée offre un nez complexe de fruits compotés accompagnés de notes boisées, épicées et vanillées. Elle déploie en bouche une belle structure autour de tanins fermes mais sans dureté et déroule une jolie finale épicée. Un beau vin de gastronomie. 2019-2024 ■ **Ch. Roustan 2017 ★ (5 à 8 €; 54500 b.)** : le jury recommande de patienter pour déguster ce 2017 au potentiel certain. Son nez, complexe, évoque les fleurs blanches et la quetsche. Équilibre, longueur et densité caractérisent la bouche, poivrée et à l'assise acide impeccablement ajustée. 2019-2023 **Sainte-Cécile 2017 ★ (11 à 15 €; 12800 b.)** : une cuvée appréciée pour sa robe jaune doré aux reflets verts, son nez de pêche, sa fraîcheur en bouche et sa finale persistante. 2018-2021

JÉRÔME CASTILLON, 1301, chem. dit de La Saou, 30800 Saint-Gilles, tél. 04 66 87 04 49, contact@chateau-ermitage.com t.l.j. sf dim. 9h-12h 13h30-17h30

♥ CH. FORNIER DE CLAUSONNE 2016 ★★★

	6000		11 à 15 €

CHÂTEAU Fornier de CLAUSONNE Mis en Bouteille à la Propriété COSTIÈRES DE NÎMES APPELLATION COSTIÈRES DE NÎMES CONTRÔLÉE

Située aux confins orientaux de l'AOC costières-de-nîmes, la petite coopérative de Meynes, créée en 1968 ne compte pas plus de sept adhérents (pour 250 ha de vignes). Elle occupe un ancien relais de diligences, puis de chasse, transformé en ferme dédiée à la polyculture et à l'élevage ovin, avant de devenir le siège de cette cave qui a replanté la vigne sur le plateau de Pazac.

Cette cuvée se présente dans une magnifique robe aux reflets brillants et intenses, le nez ouvert sur de puissants arômes de fruits noirs très mûrs et de griotte, accompagnés de notes de tapenade. Bâtie sur des tanins veloutés et soyeux, la bouche est splendide, à la fois vanillée et marquée par la garrigue, étirée dans une longue finale chocolatée. 2019-2024 ■ **Cave de Pazac La Fontaine miraculeuse 2016 ★★ (5 à 8 €; 6000 b.)** : une belle cuvée saluée pour son expressivité intense autour des fruits rouges et noirs, de la réglisse et des épices, et pour ses tanins soyeux. 2018-2023 ■ **Mas d'Andrum 2016 ★★ (8 à 11 €; 9000 b.)** : un vin au nez intense et complexe de café, d'épices et de fruits rouges et noirs, au palais rond et frais à la fois, structuré par des tanins soyeux et un bon boisé chocolaté. 2021-2026 **Cave de Pazac Le Pigeonnier 2017 ★★ (5 à 8 €; 21500 b.)** : une robe jaune doré aux reflets verts, un nez de fleurs blanches et de fruits blancs frais, un beau volume en bouche et une grande persistance. 2018-2021

SCA DES GRANDS VINS DE PAZAC, rte de Redessan, 30840 Meynes, tél. 04 66 57 59 95, cavedepazac30@gmail.com t.l.j. sf dim. 8h-12h15 14h-18h

GALLICIAN Magnus 2016 ★

	6650		11 à 15 €

Cette cave «pilote» – l'une des premières à avoir promu l'embouteillage à la propriété avec le statut de coopérative et la première à mettre en avant la syrah dans les années 1960-70 – a été fondée en 1951. Elle regroupe aujourd'hui 60 adhérents pour quelque 1 000 ha de vignes à l'extrême sud des Costières, à la limite de la Petite Camargue.

Après un très bel élevage de douze mois en fût, cette cuvée s'enorgueillit d'un nez complexe de vanille, de fruits noirs et de poivre. La bouche, bien charpentée, s'ouvre quant à elle sur des notes torréfiées et des saveurs de fruits noirs bien mûrs. Un bon potentiel en perspective. 2019-2023 **Prestige 2017 ★ (- de 5 €;**

RHÔNE

43000 b.) : une cuvée élégante et expressive, ouverte au nez sur des notes florales et sur les fruits à chair blanche en bouche. ⧗ 2018-2021 ■ **Prestige 2017 (- de 5 €; 42000 b.)** : vin cité.

⊶ SCA CAVE DE GALLICIAN, av. des Costières, 30600 Gallician, tél. 04 66 73 31 65, info@gallician.com V *t.l.j. sf dim. 8h-12h 14h-18h*

CH. GRANDE CASSAGNE Hippolyte 2016 ★

■	15000		11 à 15 €

Un domaine ancien situé non loin de l'abbatiale de Saint-Gilles et acquis en 1887 par Hippolyte Dardé, négociant en vins à Paris. Ses lointains héritiers Benoît, installé en 1991, et son fils Paul, arrivé en 2013, sont désormais aux commandes et signent des costières-de-nîmes de qualité, en vue dans les trois couleurs. Le vignoble compte 85 ha.

Cette cuvée, en mémoire du fondateur de l'exploitation, mêle au nez notes de garrigue, épices et fruits noirs. Appuyée sur des tanins fondus, la bouche se révèle ronde, souple et chaleureuse. Un joli vin sudiste. ⧗ 2018-2022 ■ **La Civette 2017 ★ (5 à 8 €; 70000 b.)** : des fruits frais, de la rondeur et des tanins souples et agréables pour ce joli «vin de plaisir» à déguster dans sa jeunesse. ⧗ 2018-2021

⊶ DARDÉ, Ch. Grande Cassagne, 30800 Saint-Gilles, tél. 06 70 33 54 74, chateaugrandecassagne@wanadoo.fr V *t.l.j. sf dim. 9h-12h 14h-18h*

CH. GRAND ESCALION Haut Turcas 2017 ★

■	n.c.	5 à 8 €

Propriété de la maison de négoce Gabriel Meffre, ce domaine bâti en 1884 étend son vignoble d'un seul tenant sur 44 ha en pente douce («escalion» signifiant «montée» en provençal), sur des croupes argilo-calcaires riches en galets roulés.

Le nez mêle harmonieusement la violette, les fruits noirs et les épices. Une entrée en matière engageante à laquelle fait écho une bouche conjuguant belle structure, équilibre et longueur. ⧗ 2018-2022 ■ **Dom. de Montroche Réserve spéciale 2017 ★ (5 à 8 €; n.c.)** : cette cuvée déploie au nez de fines notes florales agrémentées d'épices et de fruits noirs mûrs. Le palais est équilibré, d'une belle persistance aromatique, à l'unisson du bouquet, et s'appuie sur des tanins bien fondus qui renforcent son caractère aimable. ⧗ 2018-2022

⊶ GABRIEL MEFFRE (CH. GRAND ESCALION), Le Village, 2, rte des Princes-d'Orange, 84190 Gigondas, tél. 04 90 12 32 47, gabriel-meffre@meffre.com V *t.l.j. sf lun. dim. 10h30-12h30 14h30-18h*
⊶ Éric Brousse

MAS DES BRESSADES Cuvée Excellence 2016 ★★

■	n.c.		11 à 15 €

Du Languedoc à l'Afrique du Nord, de l'Afrique du Nord au Médoc et à la vallée du Rhône, la famille Marès cultive la vigne sans frontières depuis six générations. Cyril s'est installé en 1996 à la tête du vignoble qui compte aujourd'hui 42 ha. Ses costières-de-nîmes sont régulièrement en bonne place dans le Guide.

Cette cuvée se présente, après douze mois d'élevage en fût, dans une robe rubis particulièrement intense. Le nez dévoile de puissantes notes d'épices et de fruits noirs (cassis, myrtille). Soutenu par un boisé bien intégré, centré sur le cassis et le poivre vert, le palais révèle un solide potentiel avec ses tanins fermes invitant à la garde. ⧗ 2020-2024 ■ **Cuvée Excellence 2017 ★★ (11 à 15 €; n.c.)** : le jury a beaucoup aimé le très beau boisé de ce vin, son caractère épicé et vanillé, ainsi que son volume et sa longueur. Un blanc ambitieux. ⧗ 2018-2022

⊶ CYRIL MARÈS, Le Grand-Plagnol, RD 3 de Bellegarde, 30129 Manduel, masdesbressades@aol.com V *t.l.j. sf sam. dim. 8h-12h 13h-17h*

MAS DU NOTAIRE 2017 ★

■	25000		8 à 11 €

Construit au milieu du XIXᵉs. et acquis par la famille Rambier en 2004, le Mas du Notaire étend ses vignes sur 30 ha. Il tient son nom de l'un de ses anciens propriétaires, notaire honoraire au début du XXᵉs.

Ce très beau vin se présente dans une robe sombre, dense, ouverte sur des notes animales et fruitées (cerise) puissantes. En bouche, il offre de la fraîcheur, de la longueur et un bel équilibre, avec des fruits toujours bien présents. ⧗ 2018-2022

⊶ SARL RAMBIER VIGNERON, Mas du Notaire, 30600 Gallician, tél. 04 66 35 03 00, info@masdunotaire.com V *t.l.j. sf dim. 9h-12h 14h-18h; f. déc.-mars*

CH. MOURGUES DU GRÈS Galets dorés 2017 ★

■	60000		5 à 8 €

François Collard est un habitué du Guide, avec des vins souvent en très bonne place. Installé en 1994, il réalise les premières mises en bouteilles à partir des vignes familiales (65 ha en bio certifié depuis 2014) à travers deux étiquettes: Mourgues du Grès, propriété du couvent des Ursulines de Beaucaire jusqu'à la Révolution, et La Tour de Béraud, qui tire son nom d'une tour à feu du XIVᵉs. dominant la vaste plaine de Beaucaire.

Pas moins de six cépages sont assemblés dans ce vin à la robe jaune paille ornée de reflets verts, au nez exubérant d'agrumes et de fleurs blanches, et à la bouche fraîche et expressive. La finale, évoquant à la fois le citron vert et la vanille, a donné des envies de terrasse ombragée et de poisson grillé à un dégustateur... ⧗ 2018-2021

⊶ FRANÇOIS COLLARD, 1055, chem. des Mourgues-du-Grès, 30300 Beaucaire, tél. 04 66 59 46 10, chateau@mourguesdugres.com V *t.l.j. sf dim. 9h-12h 14h-18h; sam. 10h-12h30 13h30-17h30*

B CH. D'OR ET DE GUEULES Les Cimels 2017 ★★

■	30000		5 à 8 €

Le nom de ce domaine créé en 1998 par Diane de Puymorin évoque les couleurs du blason familial rayé d'or et de rouge (gueules). Le vignoble couvre 50 ha conduits en bio. L'une des bonnes références en costières-de-nîmes.

Ce rosé issu de cinsault, de mourvèdre et de grenache revêt une superbe robe rose églantine. Le nez, flatteur, évoque les petits fruits rouges ainsi que des notes de fruits exotiques; arômes qui s'expriment avec élégance, fraîcheur et persistance au palais. ⧗ 2018-2020 ■ **La Bolida 2016 ★ (20 à 30 €; 4000 b.)** Ⓑ : d'un seyant rouge profond, cette cuvée déploie de beaux arômes de fruits noirs et d'épices au nez et offre en bouche un bel équilibre et une longueur enviable. ⧗ 2018-2022 ■ **Qu'es aQuo 2016 ★ (15 à 20 €; 5000 b.)** : une cuvée expressive, sur le fruit et les épices, harmonieuse, ronde et souple en bouche. ⧗ 2018-2022

⊶ DIANE DE PUYMORIN, chem. de Cassagnes, rte de Generac, 30800 Saint-Gilles, tél. 04 66 87 32 86, chateaudoretdegueules@wanadoo.fr V t.l.j. sf dim. 10h-18h (19h l'été) Ⓑ

♥ Ⓑ DOM. PASTOURET
Cuvée Mathieu 2017 ★★

■	32000	🍾	8 à 11 €

La famille Pastouret a créé son domaine au début du XXᵉs. Jeanne et Michel Pastouret s'y sont établis en 1981 et ont engagé en 1993 la conversion bio de leur vignoble (30 ha aujourd'hui). Leur fille Virginie a élaboré son premier millésime en 2015.

Cette magnifique cuvée se pare d'une seyante robe rubis brillante. Elle offre un nez intense, fruité et épicé. En bouche, elle se révèle ample, dense et charnue, centrée sur des saveurs grillées et fumées, et déploie une longue finale gourmande évoquant le caramel. Pour amateurs de vins généreux. ⧗ 2018-2025 ■ **Cuvée Michel 2017 ★ (5 à 8 €; 60000 b.)** Ⓑ : à un nez subtilement floral répond une bouche équilibrée, souple et élégante. ⧗ 2018-2022 ■ **Cuvée Jeanne 2017 ★ (5 à 8 €; 10000 b.)** Ⓑ : une cuvée appréciée pour sa vivacité et son fruité gourmand qui ne la quitte pas de bout en bout. ⧗ 2018-2021 ■ **Cuvée Virginie 2017 ★ (5 à 8 €; 20000 b.)** Ⓑ : composée par moitié de syrah et de grenache, cette cuvée est présentée par la fille de la famille. Des arômes de fraise et de framboise flattent le nez, tandis que la bouche dévoile un fruit net souligné par une fraîcheur acidulée. ⧗ 2018-2019

⊶ PASTOURET, EARL Dom. Pastouret, rte de Jonquières, 30127 Bellegarde, tél. 04 66 01 62 29, contact@domaine-pastouret.com V t.l.j. sf mar. jeu. dim. 9h30-12h 14h-18h30

Ⓑ DOM. DE LA PATIENCE
Nemausa 2017 ★

■	15000	🍾	5 à 8 €

Christophe Aguilar a repris le domaine familial en 1999, alors 12 ha en vins de pays apportés à la coopérative. Après des travaux de réencépagement et l'achat d'un domaine voisin, il conduit aujourd'hui 82 ha en conversion bio, dont une vingtaine en costières-de-nîmes.

Cette cuvée possède maints atouts: campée sur des saveurs complexes de prune confiturée, de baies rouges et de poivre, elle dévoile une bouche ronde, soyeuse, gourmande et d'une belle ampleur. ⧗ 2018-2022 ■ **Nemausa 2017 ★ (5 à 8 €; 40000 b.)** : ce 2017 de syrah et de grenache se pare d'une robe rose pâle, brillante. Au nez, il libère de belles notes citronnées. En bouche, une longueur et une finale expressive convoquant la fraise des bois et les agrumes. ⧗ 2018-2019

⊶ SCEA DOM. DE LA PATIENCE, 61, RD 6086, 30320 Bezouce, tél. 04 66 75 95 94, domainedelapatience@orange.fr V t.l.j. sf dim. 9h-12h 14h-18h30 ⊶ Christophe Aguilar

DOM. DE POULVAREL 2016 ★

■	16000	🍾	5 à 8 €

Pascal Glas et son épouse Élisabeth ont repris le domaine familial en 2004 après la fermeture de la coopérative de Sernhac. Ils exploitent aujourd'hui un vignoble de 40 ha et signent des costières-de-nîmes de belle facture, régulièrement en vue dans ces pages.

Cette cuvée séduit d'emblée par son fruité intense relevé d'épices. Le charme continue d'agir dans une bouche «espiègle», souple et suave, aux saveurs épicées. Un joli vin sudiste. ⧗ 2018-2022 ■ **Les Perrottes 2016 ★ (11 à 15 €; 14000 b.)** : un vin de partage, gourmand, souple, rond et bien fruité. ⧗ 2018-2021 ■ **2017 ★ (5 à 8 €; 8000 b.)** : à un bouquet complexe de fruits exotiques succède une bouche fraîche et équilibrée, aux saveurs exotiques. Un vin bien typé. ⧗ 2018-2021 ■ **2017 ★ (5 à 8 €; 4000 b.)** : composée d'une majorité de grenache et d'une pincée de syrah, cette cuvée couleur églantine dévoile un nez exotique mêlant ananas et mangue. La bouche est fraîche, fruitée, de bonne longueur. ⧗ 2018-2019

⊶ PASCAL ET ÉLISABETH GLAS, 110, chem. de la Soubeyranne, 30210 Sernhac, tél. 04 66 01 67 46, domaine.poulvarel@wanadoo.fr V t.l.j. 10h-12h 17h-19h; dim. sur r.-v.

CH. DE VALCOMBE Prestige 2016 ★

■	20000	🛢🍾	11 à 15 €

Un domaine de 65 ha (dont une partie en conversion bio), l'un des plus importants de l'appellation costières-de-nîmes, propriété de la même famille depuis 1740. Basile et Nicolas Ricome, fils de Dominique, sont arrivés en 2009 à la tête de ce cru régulier en qualité.

Cette cuvée issue de syrah et de 20 % de grenache offre un nez pimpant de fruits rouges et de poivre. La bouche, longue et équilibrée, dotée de tanins souples et enrobés, dévoile quant à elle des saveurs de garrigue et de réglisse. À déguster dans sa jeunesse. ⧗ 2018-2022

⊶ EARL LES VIGNOBLES DOMINIQUE RICOME, 48000, rte de Saint-Gilles, 30510 Générac, tél. 04 66 01 32 20, info@chateaudevalcombe.com V t.l.j. 9h-12h 13h30-18h

Ⓑ PHILIPPE DE VESSIÈRE 2016 ★★

■	25000	🛢🍾	8 à 11 €

Situé au cœur des Costières, ce domaine de 65 ha est dans la famille Teulon depuis sept générations.

Vincent Teulon, installé en 2007, a engagé la conversion bio du vignoble, certifié depuis 2013.

Ce vin offre un bouquet complexe évoquant les fruits des bois légèrement épicés. Le prélude charmeur à une bouche souple et friande, à la structure tannique enrobée, qui déroule une très jolie finale mêlant les fruits noirs à la vanille. Un costières particulièrement gourmand et attachant. ⧗ 2018-2022

VINCENT TEULON, Ch. Vessière, D 197, 30800 Saint-Gilles, tél. 04 66 73 30 66, contact@chateau-vessiere.com V t.l.j. sf dim. 9h-18h

PIERRE VIDAL
La Font des Garrigues 2017 ★

■	200000		- de 5 €

Pierre Vidal, installé à Châteauneuf-du-Pape avec son épouse vigneronne, a créé son négoce en 2010. Une maison déjà bien implantée grâce aux sélections parcellaires vinifiées par ce jeune œnologue formé en Bourgogne, qui s'est développée depuis 2015 vers les vins bio et les vins «vegan».

Cette cuvée déploie un nez plaisant de myrtille et de poivre. Les tanins, fins et concentrés, témoignent d'un élevage raisonné et renforcent l'élégance du palais. ⧗ 2018-2022 ■ **Grande Réserve 2017 (- de 5 €; 200000 b.)** : vin cité.

EURL PIERRE VIDAL, 631, rte de Sorgues, 84230 Châteauneuf-du-Pape, tél. 06 88 88 07 58, contact@pierrevidal.com

VIGNOBLES ET COMPAGNIE
Colnem 2017 ★★

■	100000		5 à 8 €

Établie à Castillon, près du pont du Gard, Vignobles & Compagnie (anciennement la Compagnie rhodanienne) est une maison de négoce créée en 1963, dans le giron du groupe Taillan. Elle propose des vins (marques ou cuvées de domaine) dans de nombreuses AOC de la vallée du Rhône, de la Provence et du Languedoc.

D'un rouge profond aux reflets violets, ce vin développe un nez très puissant de fruits rouges et de thym. La bouche est à la fois fraîche et idéalement mûre, soulignée par des tanins fondus. ⧗ 2018-2023 ■ **Château des Sources 2017 ★★ (5 à 8 €; 173333 b.)** : une cuvée appréciée pour son fruité intense, au nez comme en bouche, son élégance, sa finesse et son équilibre. ⧗ 2018-2023

VIGNOBLES ET COMPAGNIE, SPECR 19, chem. Neuf, CS 80002, 30210 Castillon-du-Gard, tél. 04 66 37 49 50, nicolas.rager@vignoblescompagnie.com

DOM. DU VISTRE Passions 2016 ★

■	5500		11 à 15 €

La famille Dupret, vigneronne depuis six générations, exploite le Dom. du Vistre depuis 1994. Le vignoble couvre aujourd'hui 60 ha et trois zones distinctes permettant d'élaborer une large variété de vins.

Cette cuvée élevée en fût de chêne est promise à un bel avenir tant sa bouche boisée, longue et charpentée, marquée par la myrtille et dotée de tanins de velours, semble taillée pour la garde. Un costières ambitieux, qui sera très à l'aise à table. ⧗ 2020-2024 ■ **Cuvée Gladiateur 2017 ★ (5 à 8 €; 8000 b.)** : une robe jaune pâle, un bouquet floral et une bouche fraîche et persistante évoquant le pamplemousse et le citron composent un blanc des plus harmonieux. ⧗ 2018-2021

FAMILLE DUPRET, Dom. du Vistre, Mas du Vistre, 30600 Vauvert, tél. 04 66 88 80 58, domaineduvistre@orange.fr V r.-v.

DUCHÉ D'UZÈS

Située au nord de Nîmes, la dernière-née des AOC (2013) a fourni d'abord des vins de pays. Depuis 1989, les viticulteurs de l'Uzège œuvraient pour obtenir l'accession de leurs vins à l'appellation d'origine. Ils se sont fixé de nombreuses contraintes et n'ont pas ménagé les investissements sur leurs exploitations. L'appellation, fondée sur un cahier des charges strict, ne vise pas les volumes, mais un vin haut de gamme. La région viticole est située au carrefour des Cévennes, du Languedoc et de la Provence, sur la rive droite du Rhône, et elle livre des vins rouges généreux, épicés et réglissés, surtout marqués par la syrah et le grenache, des rosés puissants et aromatiques, marqués par le grenache, ainsi que des blancs intenses, aux arômes de pêche et d'abricot, issus de grenache blanc et de viognier.

DOM. DE L'AQUEDUC
La Garrigue de Bornègre 2016 ★

■	20000		8 à 11 €

Ce domaine gardois a porté pendant dix ans sa vendange à la coopérative voisine avant d'aménager, en 2004, un chai de vinification. Son vignoble de 33 ha lui permet de proposer une large gamme de vins en AOC (duché-d'uzès) et en IGP, dans les trois couleurs.

Ce 2016 se distingue d'emblée par sa couleur claire et son bouquet intense de fruits rouges, de réglisse et d'épices. En bouche, il se montre vineux et généreux mais sans lourdeur aucune. ⧗ 2018-2023

JACQUES VIDAL, chem. du Mas-de-France, 30700 Saint-Maximin, tél. 04 66 37 41 84, domaineaqueduc@orange.fr V t.l.j. 9h-12h 14h30-19h

DOM. CLOS GALANT 2016 ★

■	2000		5 à 8 €

On retrouve la trace des Galants vignerons dès le XVIIe s. sur la commune d'Aubussargues. Olivier Galant y conduit depuis 1998 les 40 ha de vignes familiales et a entrepris ses premières vinifications au domaine en 2014 après être sorti de la cave coopérative.

Une cuvée simple mais diablement efficace, au nez de fruits rouges confiturés et de chocolat. Arômes que l'on retrouve dans une bouche ample, fraîche et harmonieuse. ⧗ 2018-2022

OLIVIER GALANT, Les Boudouses, 30190 Aubussargues, tél. 06 81 12 16 50, clos-galant@sfr.fr V t.l.j. sf dim. 15h-19h

LES COLLINES DU BOURDIC La Rabassière 2017 ★★

■ | 45000 | | 5 à 8 €

Créée en 1928 grâce à la volonté d'une poignée de viticulteurs, la cave coopérative Les Collines de Bourdic, dans le Gard, compte aujourd'hui une centaine d'adhérents qui cultivent 1 700 ha. À sa carte, du duché-d'uzès (AOC) et des vins en IGP.

Magnifique de densité, cette cuvée joue dans la cour des grands tant par son équilibre que par sa grande finesse. Tout est là: chaleur, concentration, souplesse et fruit renforcé par des notes de garrigue et de réglisse. Un petit bijou. ⧗ 2019-2023 ■ **La Rabassière 2017 ★ (5 à 8 €; 6000 b.)** : cette année encore, cette cuvée retient l'attention du jury. Atypique dans le monde des rosés, elle a été vinifiée en partie en barrique avec bâtonnage sur lies. Elle offre un nez minéral, épicé et fumé. Très homogène, la bouche se révèle ronde et friande, aux notes fruitées et briochées, prolongée par une finale subtilement miellée. ⧗ 2018-2020

SCA LES COLLINES DU BOURDIC, chem. de Saint-Chaptes, 30190 Bourdic, tél. 04 66 81 20 82, contact@bourdic.fr t.l.j. sf dim. 9h-12h30 14h-18h

DOM. LES LYS Duché 2016 ★

■ | 18000 | | 8 à 11 €

Ce vignoble s'étend sur 25 ha de vignes à la frontière des Côtes-du-Rhône et des Cévennes. Marie-Hélène Veyrunes et Thomas Faure sont à la tête de cette exploitation en conversion bio.

Cet assemblage grenache-syrah à l'allure sombre dévoile des parfums de cerise, de framboise et de réglisse. En bouche, on découvre un vin chaleureux, profond et bien fait, où l'harmonie opère entre les notes de fruits confiturés et les tanins fondus. ⧗ 2019-2024

MARIE-HÉLÈNE VEYRUNES ET THOMAS FAURE, rte d'Uzes, 30700 Blauzac, tél. 04 66 59 33 08, contact@les-lys.fr t.l.j. sf sam. dim. 9h30-12h30 14h-17h30

DOM. REBOUL DES SAINT-PIERRE Lou Pastre 2017 ★★

■ | 15000 | | - de 5 €

Si les Reboul possèdent cette propriété depuis 1988, le domaine viticole a été officiellement créé en 2006, sur 40 ha de vignes, dont une partie en AOP et le reste en IGP. Le logo du domaine représente deux moutons se nourrissant d'une souche en clin d'œil à l'histoire de la propriété qui possédait initialement un troupeau de moutons.

Produit sur un terroir argilo-calcaire, ce rosé à la robe rose pure dévoile un nez délicat de fruits rouges. Très équilibré, le palais se révèle ample, souple, fruité et persistant. Un excellent rapport qualité/prix. ⧗ 2018-2020

EARL DU BOUDRE, hameau de Vic, CD 18, 30190 Sainte-Anastasie, tél. 04 66 81 02 65, reboul.jeanmarie@sfr.fr t.l.j. sf dim. lun. 15h-19h
Reboul

DOM. REYNAUD Cuvée Rubis 2016 ★★

■ | 5000 | | 5 à 8 €

Entre les Reynaud et la vigne, c'est une histoire qui s'écrit depuis trois générations. Luc Reynaud a forgé sa vocation auprès de son grand-père et cultive un vignoble de 50 ha.

Vice-président et ardent défenseur de la qualité du terroir exceptionnel du Duché, Luc Reynaud montre le chemin accompli depuis la reconnaissance de l'AOC. Il présente un vin qui d'emblée charme par sa puissance olfactive aux accents de fruits rouges, rappelant les confitures de grands-mères. Très ample et chaleureuse en bouche, cette cuvée réalise cependant l'exploit de rester vive et croquante malgré un millésime très chaud. Sa belle matière, son harmonie et sa gourmandise lui permettent à juste titre d'être jugée remarquable par notre jury de dégustateurs. ⧗ 2018-2022 ■ **2017 ★ (5 à 8 €; 5400 b.)** : au nez, ce 2017 s'ouvre sans réserve sur des notes de pomelo, d'épices et de garrigue. En bouche, les petits fruits rouges acidulés prennent le dessus dans un palais gourmand, équilibré, à la finale suave. ⧗ 2018-2019

EARL REYNAUD, Les Carrelets, 30700 Saint-Siffret, tél. 04 66 03 18 20, luc.reynaud@wanadoo.fr r.-v.

CH. DE ROUX Seigneur de Malletot 2016 ★★

■ | 3300 | | 8 à 11 €

Construit au XVIIes. par un lointain ancêtre de l'actuel propriétaire, le château de Roux est une demeure typique du piémont cévenol, entourée d'un vignoble de 15 ha d'un seul tenant. L'exploitation familiale a été reprise en 2013 par Hubert de Morogues, qui s'est formé en école de commerce, puis a fait ses classes chez Advini et à Châteauneuf-du-Pape.

Après un élevage de douze mois en fût, c'est un vin très complet que nous propose Hubert de Morogues. Le nez, puissant, mêle les arômes de fruits rouges compotés, les épices douces, la réglisse et la mûre. Le jury a été fortement impressionné par la bouche riche et chaleureuse, aux saveurs de cassis et de réglisse, dotée de tanins ronds et d'une longue finale fraîche et racée. Une cuvée à fort potentiel. ⧗ 2019-2025

HUBERT DE MOROGUES, Ch. de Roux, 30260 Bragassargues, tél. 06 73 70 55 74, hdemorogues@domainederoux.fr mer. sam.10h-12h

DOM. SAINT-FIRMIN Absolu 2016 ★★

■ | 2200 | | 20 à 30 €

Un domaine familial de 45 ha situé au cœur de la cité ducale d'Uzès, créé en 1925 et conduit depuis 1990 par les frères Robert et Didier Blanc.

Vingt-quatre mois de barrique pour cette cuvée résolument boisée. Logiquement dominé par les épices douces, le toasté et la vanille, le nez évoque aussi les fruits des bois bien mûrs. En bouche, l'équilibre est assuré et les tanins bien en place. Un vin promis à un très bel avenir. ⧗ 2021-2025 ■ **Révélation 2016 (11 à 15 €; 2500 b.)** : vin cité.

DIDIER BLANC, rue Saint-Firmin, 30700 Uzès, tél. 06 09 72 37 57, domstfirmin@gmail.com t.l.j. sf dim. 9h-19h

RHÔNE

♥ LA TOUR DE GÂTIGNE 2016 ★★★

■ | 8500 | 🍾 | | 5 à 8 €

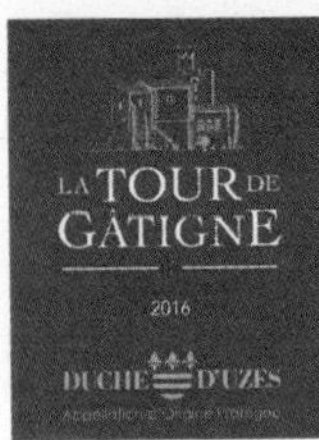

En 1212, les Templiers élèvent une commanderie à Saint-Chaptes, sur les terres alluviales de la rive nord du Gardon. Huit cents ans après, le donjon des Templiers domine toujours les bâtiments du domaine. L'exploitation, dans la famille des actuels propriétaires depuis 1835, compte aujourd'hui 85 ha de vignes, en AOC duché-d'uzès et en IGP. Jean-Michel Guibal en a pris les rênes en 1980.

La syrah a résolument marqué cette cuvée sombre et profonde. Le terroir frais de l'appellation permet en effet à ce cépage de s'exprimer somptueusement, rappelant les crus mythiques du Rhône septentrional. La preuve avec ce 2016 au nez intense de violette et de cassis, à la bouche séveuse, riche sans lourdeur, aux saveurs de fruits rouges confiturés et de garrigue, et dotée de tanins enrobés. Et tout cela à prix très doux. ⧗ 2018-2023

⊶ DOM. LA TOUR DE GÂTIGNE, rte de la Tour, D 18, 30190 Saint-Chaptes, tél. 04 66 81 26 80, domainedelatour@sfr.fr
V t.l.j. sf dim. 9h-12h 14h-18h; sam. 9h-12h
⊶ Guibal

DOM. VILLESSÈCHE 2017 ★

■ | 46 667 | 🍾 | | - de 5 €

Établie à Castillon, près du pont du Gard, Vignobles & Compagnie (anciennement la Compagnie rhodanienne) est une maison de négoce créée en 1963, dans le giron du groupe Taillan. Elle propose des vins (marques ou cuvées de domaine) dans de nombreuses AOC de la vallée du Rhône, de la Provence et du Languedoc.

Au nez, les parfums de réglisse et de fruits rouges font très bon ménage. La bouche, gouleyante et fraîche, n'a d'autre prétention que d'apporter un plaisir immédiat: mission accomplie haut la main. ⧗ 2018-2021

⊶ VIGNOBLES ET COMPAGNIE, SPECR 19, chem. Neuf, CS 80002, 30210 Castillon-du-Gard, tél. 04 66 37 49 50, nicolas.rager@vignoblescompagnie.com

VENTOUX

Superficie : 6 235 ha
Production : 226 300 hl (96 % rouge et rosé)

À la base du massif calcaire du Ventoux – le Géant du Vaucluse (1 912 m) –, des sédiments tertiaires portent ce vignoble qui s'étend sur 51 communes entre Vaison-la-Romaine au nord et Apt au sud. Le climat, plus froid que celui des côtes-du-rhône, entraîne une maturité plus tardive. Les vins rouges sont frais et élégants dans leur jeunesse; ils sont davantage charpentés dans les communes situées le plus à l'ouest (Caromb, Bédoin, Mormoiron). L'AOC produit de plus en plus des rosés à boire jeunes ainsi que des blancs.

DOM. DES ANGES Archange 2016 ★

■ | 4 500 | 🛢🍾 | | 11 à 15 €

Gabriel McGuinness, Irlandais de Kilkenny, a acquis en 1986 ce vignoble aux sols variés, situé en haut d'une colline sous la protection d'une chapelle qui donne son nom au domaine. Le domaine compte 16 ha aujourd'hui.

Le nez offre un voyage agréable et complexe: fruits rouges, épices, chocolat, cassis, sous-bois... La bouche, ronde et veloutée, décline une chair mûre et des tanins élégants. Un beau vin de gastronomie. ⧗ 2018-2023

⊶ SCA DOM. DES ANGES, 2342, chem. Notre-Dame-des-Anges, 84570 Mormoiron, tél. 04 90 61 88 78, contact@domainedesanges.com
V t.l.j. 9h-12h 13h-17h; sam. dim. sur r.-v.
Ⓔ ⊶ Gabriel McGuinness

AURETO Autan 2016 ★★

■ | 17 540 | 🍾 | | 11 à 15 €

Ce domaine de 36 ha créé en 2007 est rattaché au complexe hôtelier de luxe *La Coquillade*, établi au cœur du parc du Luberon, propriété des Wunderli. La vinification est confiée à l'œnologue Aurélie Julien.

Mi-grenache mi-syrah, cette cuvée dévoile au nez des arômes de cerise. La bouche a fortement séduit le jury par son caractère gourmand et croquant, ses saveurs de fruits rouges et sa finale généreuse: une bombe de fruits. ⧗ 2018-2022 ■ **Autan 2017 ★ (8 à 11 €; 6 556 b.)** : roussanne et clairette pour ce vin au bouquet complexe et intense de buis, de pamplemousse, d'abricot et de fleurs blanches, à la bouche tendue et citronnée. Un très beau blanc de tonnelle. ⧗ 2018-2021

⊶ WERNER WUNDERLI, chem. de la Coquillade, 84400 Gargas, tél. 04 90 74 54 67, info@aureto.fr
V t.l.j. 10h-19h ⊶ Andy Rihs

DOM. DE LA BASTIDONNE 2017 ★

■ | 8 500 | 🛢 | | 5 à 8 €

Installé en 1990, Gérard Marreau, œnologue, représente la quatrième génération à conduire ce domaine familial de 30 ha fondé en 1903, souvent en vue pour ses ventoux et ses IGP.

Ce rosé se distingue par sa complexité: l'olfaction joue sur la finesse et l'élégance en évoquant des arômes de cerise blanche et de jasmin. La bouche fait montre d'un bel équilibre et séduit par ses saveurs de petits fruits frais acidulés. Un ventoux croquant. ⧗ 2018-2019

⊶ SCEA DOM. DE LA BASTIDONNE, 206, chem. de la Bastidonne, 84220 Cabrières-d'Avignon, tél. 04 90 76 70 00, domaine.bastidonne@orange.fr
V t.l.j. sf dim. 9h-12h 14h-18h Ⓓ
⊶ Gérard Marreau

BONPAS Grande Réserve des Challières 2017 ★

■ | 200 000 | 🍾 | | - de 5 €

Cette maison de négoce, dans le giron du groupe bourguignon Boisset, doit son nom à un monastère fortifié, donné par le pape Jean XXII aux Chartreux, en 1318. Un lieu stratégique qui veillait autrefois sur la route menant d'Avignon à Rome: un *bonus passus* en latin (« bon passage »).

L'olfaction dévoile de subtiles notes de fruits rouges et des nuances fumées. En bouche, on découvre un vin friand et frais, aussi flatteur que gourmand, qui se révèlera facile à marier à table. ⌛ 2018-2023

LA FAMILLE DES GRANDS VINS BOISSET, chem. de Réveillac, 84510 Caumont-sur-Durance, tél. 04 90 83 58 35, info@bonpas.fr V ♿ ■ *t.l.j. 10h-12h30 14h-17h*

DOM. DU BON REMÈDE
Pensée sauvage 2017 ★

■ | 20000 | 5 à 8 €

Situé à 25 km d'Avignon, ce domaine, propriété familiale depuis trois générations, ménage une vue exceptionnelle sur le mont Ventoux. Créé en 1991, il a commencé à vinifier en 1997 et a largement étendu sa superficie (30 ha aujourd'hui).

Ce rosé séduit par l'élégance de ses parfums de fruits confits, et, surtout, par sa bouche franche, énergique, à la finale longuement étirée par de jolis amers. ⌛ 2018-2019

EARL FRÉDÉRIC ET LUCILE DELAY, 1248, rte de Malemort, 84380 Mazan, tél. 04 90 69 69 76, domainedubonremede @orange.fr V ■ *t.l.j. 9h30-12h30 14h-18h*

Ⓑ DOM. DE LA CAMARETTE
Armonia 2017

■ | 20000 | 🍾 | 5 à 8 €

La troisième génération des Gontier est désormais aux commandes de cette exploitation familiale née en 1960 à partir d'une pépinière viticole: Nancy depuis 2004 et sa sœur Alexandra depuis 2011. Après l'œnotourisme (gîte, chambres d'hôtes, restaurant), elles se sont attelées à la conversion bio de leurs 45 ha de vignes (certification avec le millésime 2014).

Assemblage de grenache, de cinsault et de syrah, ce rosé brillant présente un nez discret aux subtils arômes de fruits confiturés. C'est véritablement en bouche qu'il s'anime, en offrant un palais net, gourmand, vif, à l'élégante finale mentholée. ⌛ 2018-2019

NANCY ET ALEXANDRA GONTIER, 439, chem. des Brunettes, 84210 Pernes-les-Fontaines, tél. 04 90 61 60 78, contact@domaine-camarette.com V ♿ ■ *t.l.j. sf dim. 9h-12h 14h-18h* ④ Ⓔ

CHAIS DU GRILLON 2016

■ | 100000 | 🍾 | 5 à 8 €

Les Vignerons du Mont Ventoux est une coopérative fondée en 1924. Elle regroupe une centaine de vignerons, pour plus de 1 000 ha en AOC ventoux, IGP et vins de France. Le vignoble est essentiellement planté sur le versant sud-ouest du mont Ventoux, entre 200 et 500 m d'altitude, bien à l'abri du mistral.

L'olfaction de cette cuvée distille des arômes de fruits noirs (cassis, mûre). On retrouve ces arômes, agrémentés de notes «explosives» de violette, dans un palais souple, frais et persistant. Un ensemble avenant et prometteur. ⌛ 2018-2024

VIGNERONS DU MONT VENTOUX, 620, rte de Carpentras, 84410 Bédoin, tél. 04 90 12 88 00, sdamian@bedoin.com V ■ *t.l.j. 9h-12h 14h-18h*

DOM. CHAMP-LONG Autrefois 2016 ★

■ | 3000 | 🛢 | 15 à 20 €

Une propriété dans la même famille depuis le début du XIXes. En 1964, Maurice Gély crée la cave de vinification; en 1994, son fils Christian la rénove; en 2004, son petit-fils Jean-Christophe rejoint le domaine, qui s'étend sur 30 ha au pied du mont Ventoux.

Épices, chocolat, liqueur, pruneau... que d'évocations chaleureuses dans le bouquet de cette cuvée! Sans surprise, la bouche se montre également riche, tendre, onctueuse, et bénéficiera d'un séjour en cave afin de fondre quelque peu son caractère boisé. ⌛ 2020-2025 ■ **Cuvée spéciale 2016 (8 à 11 €; 10000 b.)** : vin cité.

JEAN-CHRISTOPHE GÉLY, 1900, chem. de Champ-Long, 84340 Entrechaux, tél. 04 90 46 01 58, domaine@ champlong.fr V ♿ ■ *t.l.j. sf dim. 9h-12h 14h-18h*

CLAUVALLIS Terres cachées 2017

■ | 30000 | - de 5 €

La Cave La Courtoise a été fondée le 7 décembre 1924, à l'initiative de sept viticulteurs dont les adhérents actuels rappellent le nom: l'esprit de la coopération, aventure humaine. La cave regroupe les vignerons de Saint-Didier, Malemort, Venasque et Pernes-les-Fontaines, au sud du mont Ventoux.

Une cuvée florale au nez, gourmande, fraîche et souple en bouche: un rosé charmeur qui trouvera parfaitement sa place lors de vos apéritifs estivaux. ⌛ 2018-2019

SCA LA COURTOISE, 976, rte de la Courtoise, 84210 Saint-Didier, tél. 04 90 66 01 15, cave.la.courtoise@wanadoo.fr V ♿ ■ *r.-v.*

CLOS DE GARAUD
1560 Au temps des Valois 2016 ★

■ | 6650 | 🛢🍾 | 15 à 20 €

Niché à Caromb, entre le Mont Ventoux et les Dentelles de Montmirail, le Clos de Garaud a été créé en 2014 par Jérémy Sagnier, issu d'une lignée enracinée dans cette région depuis 1560. Le domaine produit à la fois des ventoux et des vins en IGP sur une superficie de 20 ha.

Du verre se dégagent des senteurs de framboise et de cassis, ainsi qu'une pointe vanillée. La bouche se montre soyeuse, harmonieuse, dotée d'une belle finesse dans sa finale fruitée. Un ventoux élégant. ⌛ 2018-2023

MORARD-SAGNIER, 974, chem. de Serres, 84330 Caromb, tél. 06 14 63 25 76, closdegaraud@ gmail.com V ♿ ■ *t.l.j. sf dim. 9h-12h 15h-19h; f. janv.*

DOM. DU COLIBRI Le Petit Tour 2016

■ | 7000 | 🍾 | 5 à 8 €

Créé en 2016 par Olivier Legranger, le domaine compte 10 ha qui s'étendent autour de la commune de Caromb. Bénéficiant d'un microclimat favorable et de sols en majorité calcaires avec une bonne part d'argile, quatre cépages de rouges et trois de blancs s'y épanouissent avec différentes expositions.

Un nez ouvert et intense, sur le cassis et l'olive noire, une bouche fraîche et gouleyante: un joli ventoux «de copains». ⌛ 2018-2021 ■ **Le Petit Tour 2017 (5 à 8 €; 17000 b.)** : vin cité.

⊶ OLIVIER LEGRANGER, 70, chem. des Venasques, 84190 Beaumes-de-Venise, tél. 06 19 75 31 95, olivier@domaineducolibri.com V r.-v.

DOM. LA COLINIÈRE 2017 ★

■	n.c.	8 à 11 €

L'œnologue Sylvain Jean élabore les cuvées de la maison de négoce Louis Bernard créée en 1976 à Gigondas, qui accompagne à la vigne et au chai une vingtaine de vignerons partenaires. Dans le giron du groupe Gabriel Meffre.

Cette cuvée offre une olfaction élégante, faite de griotte, de poivre et de réglisse. En bouche, on découvre un vin généreux, aux tanins soyeux et aux délicates notes florales et fruitées (framboise). Une jolie gourmandise. ⧗ 2018-2022

⊶ LOUIS BERNARD, 2, rte des Princes-d'Orange, Le Village, 84190 Gigondas, tél. 04 90 12 32 42, louis-bernard@gmdf.com ⊶ Éric Brousse

CAVE LA COMTADINE Les Trois Rivières 2017

■	10000	▮	- de 5 €

Cette coopérative fondée en 1930 à Puyméras, village situé à quelques kilomètres de Vaison-la-Romaine, regroupe près de 280 vignerons pour un vignoble de plus de 1 200 ha répartis sur vingt communes du haut Vaucluse et de la Drôme provençale.

Ce rosé, élaboré quasi exclusivement avec du grenache (95 %), présente une robe très pâle et s'ouvre au nez sur des arômes de poire. La bouche est juteuse, franche, d'une persistance intéressante. ⧗ 2018-2019

⊶ CAVE LA COMTADINE, 1, rte de Nyons, 84110 Puyméras, tél. 04 90 46 40 78, j.fain@cavelacomtadine.com V r.-v.

Ⓑ CH. LA CROIX DES PINS Les Trois Villages 2017 ★★

■	11200	▮	5 à 8 €

La chapelle intérieure et la pergola de cette bastide de style toscan rappellent qu'au XVI[e]s. le domaine appartenait à un prélat italien. En 2009, Jean-Pierre Valade, consultant international en œnologie, et Éric Petitjean ont repris l'exploitation et ses 33 ha de vignes conduits en bio (beaumes-de-venise, ventoux et gigondas).

De couleur rose pêche, ce rosé très aromatique décline au nez des arômes de fruits rouges (fraise, groseille). Ce fruité exubérant se déploie dans un palais frais et harmonieux, à l'élégante finale mentholée. ⧗ 2018-2020

⊶ JEAN-PIERRE VALADE, 902, chem. de la Combe, 84380 Mazan, tél. 04 90 66 37 48, chateaulacroixdespins@orange.fr V *t.l.j. 9h-12h 14h-18h*

Ⓑ DAUVERGNE RANVIER De Natura Rerum 2017 ★

■	75000	▮	- de 5 €

Créée en 2004 par François Dauvergne et Jean-François Ranvier, professionnels du vin qui ont décidé d'élaborer leurs propres cuvées après avoir œuvré chez les autres, cette maison de négoce s'affirme d'année en année à travers des vins de qualité issus de sélections parcellaires. En 2013, les deux compères ont repris l'exploitation du Dom. des Muretins (tavel et lirac) et ont développé en 2014 une gamme de vins bordelais en collaboration avec Patrice Hateau.

La robe est profonde, aux reflets pourpres, presque noirs. L'olfaction égrène des notes de cerise noire, de griotte et de fraise des bois. La rondeur et le fruité intense de la bouche ont été salués par le jury, qui a également noté une élégante finale épicée. ⧗ 2018-2023

⊶ DAUVERGNE RANVIER, Ch. Saint-Maurice, RN 580, 30290 Laudun, tél. 04 66 82 96 57, contact@dauvergne-ranvier.com

DEMAZET Canteperdrix 2017 ★

■	200000	▮	- de 5 €

Une structure née de la fusion des coopératives Canteperdrix et Terres d'Avignon. L'ensemble, d'envergure, regroupe quelque 1 400 ha de vignes entre Avignon et les pieds du mont Ventoux.

Le nez, marqué par la framboise et la fraise, est fin et franc. Souple, constant dans sa ligne aromatique, ce vin laisse une belle impression fruitée qui persiste longuement. Un ventoux flamboyant qui donne envie d'y revenir. ⧗ 2018-2023 ■ **Canteperdrix 2017 ★ (- de 5 €; 30000 b.)** : issue de grenache blanc et de clairette, cette cuvée s'exprime avec intensité sur les fleurs blanches et l'abricot. La bouche se montre fraîche, équilibrée et fine, et distille en finale une subtile note de noisette. ⧗ 2018-2021

⊶ DEMAZET VIGNOBLES, 457, av. Aristide-Briand, 84310 Morières-lès-Avignon, tél. 04 90 22 65 64, vignobles@demazet.com V *t.l.j. 9h-12h30 14h30-18h30*

Ⓑ DOM. LA FERME SAINT-MARTIN Les Estaillades 2016 ★★

■	6000	▮	8 à 11 €

Un domaine familial et régulier en qualité fondé en 1964 sur les ruines d'un ancien prieuré du XII[e]s. Installés en 1980, Guy Jullien et son fils Thomas exploitent 23 ha de vignes conduits en bio depuis 1998.

Le nez, puissant, de cette cuvée évoque les fruits rouges, le kirsch, la réglisse et l'anis. La bouche est onctueuse, centrée sur des arômes réglissés et mentholés et soutenue par des tanins parfaitement intégrés. La finale, particulièrement persistante, achève de convaincre. ⧗ 2019-2025 ■ **La Gérine 2016 ★ (5 à 8 €; 10000 b.)** Ⓑ : un ventoux généreux, ouvert sur le cassis et des notes florales intenses, aussi bien au nez qu'en bouche. Le palais se montre élégant, souple et charnu. ⧗ 2018-2022

⊶ THOMAS ET GUY JULLIEN, quartier Saint-Martin, 84190 Suzette, tél. 04 90 62 96 40, contact@fermesaintmartin.com V *t.l.j. sf dim. 10h-12h 14h-18h; f. janv. à mi-fév.*

DOM. DE FONDRÈCHE Il était une fois 2016 ★

■	4000	30 à 50 €

Nanou Barthélemy et son fils Sébastien Vincenti ont acquis cette propriété en 1995, ont construit puis

régulièrement perfectionné la cave, et recomposé le vignoble - 40 ha conduits en bio et biodynamie (sans certification) - faisant ainsi de Fondrèche l'une des références de l'AOC ventoux.

Cette cuvée décline au nez des arômes de mûre, de fleurs et d'épices, que l'on retrouve dans une bouche ample, soyeuse, aux tanins presque fondus. Un ventoux intense. ⧗ 2019-2025 ■ **2016 (8 à 11 €; 50000 b.)** : vin cité.

⊶ EARL BARTHÉLEMY-VINCENTI, 2589, La Venue de Saint-Pierre-de-Vassols, 84380 Mazan, tél. 04 90 69 61 42, contact@fondreche.com V t.l.j. sf sam. dim. 8h-12h 14h-18h

B DOM. DES GARANCES 2016

■	3500	🍾	8 à 11 €

Si le domaine se transmet depuis plusieurs générations dans la famille Brès, il ne possède sa cave de vinification que depuis 2002. Il étend son vignoble morcelé sur 16 ha, conduit en agriculture biologique certifiée.

Une cuvée agréable, évoquant la fraise et la garrigue à l'olfaction, souple et fruitée en bouche. Un ventoux gouleyant. ⧗ 2018-2021

⊶ LOGVINENKO, La Treille, 84190 Suzette, tél. 04 90 65 07 97, domaine-des-garances@wanadoo.fr V t.l.j. sf dim. 9h-12h 14h-18h
⊶ Famille Brès

B DOM. LE GRAND VALLAT
Le Domaine 2016 ★

■	4000	🍾	8 à 11 €

Le Grand Vallat étend ses 9 ha de vignes sur des coteaux en altitude (autour de 380 m) aux orientations diverses. La propriété a été acquise en 2001 par Marc Valentini, qui a opté pour l'agriculture biologique.

Grenache et syrah développent au nez de belles notes de fruits rouges et noirs confiturés. Des arômes que l'on retrouve dans une bouche ample et ronde, aux tanins arrondis. Un joli vin de partage, au caractère attachant. ⧗ 2018-2022

⊶ MARC VALENTINI, 60, chem. de Saint-Estève, 84570 Blauvac, tél. 06 87 60 33 05, valentini@infonie.fr V r.-v.

DOM. LES HAUTES BRIGUIÈRES Prestige 2016 ★

■	8500	🛢	5 à 8 €

Sa famille cultive la vigne depuis 160 ans; François-Xavier Rimbert s'est installé en 1998 sur le domaine familial, 22 ha de vignes en terrasses et en conversion bio, au pied du Ventoux.

Des notes gourmandes de cassis et d'épices apparaissent au nez, auxquelles fait écho un palais rond, généreux, aux tanins délicats et à la finale finement fumée. Un ensemble harmonieux et cohérent. ⧗ 2019-2024

⊶ LES HAUTES BRIGUIÈRES, 89, chem. de Canebier, 84570 Mormoiron, tél. 06 13 24 27 18, fxrimbert@orange.fr V t.l.j. 9h-19h; hiver 9h-17h30
⊶ François-Xavier Rimbert

B DOM. DES HAUTS TRAVERSIERS
Les Traversiers 2017

□	2000	🍾	5 à 8 €

Créé en 1994 par Didier Morel, ce domaine familial est géré par son fils Florian depuis 2013. Soucieux de l'environnement et par respect du terroir, le vignoble de 15 ha est aujourd'hui conduit en agriculture biologique.

Le nez, expressif, évoque la pêche et l'amande grillée. Des arômes que l'on retrouve dans une bouche fraîche et tendue. Une cuvée facile d'accès et agréable. ⧗ 2018-2020 ■ **La Foudonne 2016 (11 à 15 €; 1500 b.)** B : vin cité.

⊶ DIDIER ET FLORIAN MOREL, 2335, chem. des Traversiers, 84210 Pernes-les-Fontaines, tél. 04 90 66 46 73, contact@hauts-traversiers.com V r.-v.

DOM. J & D Opus n°9 2016 ★★

■	5000	🛢	11 à 15 €

Une exploitation en polyculture qui a donné naissance au domaine lors de l'installation de Julien Arocas sur les terres de ses parents. Le vignoble compte 33 ha.

La robe de cet Opus n°9 évoque le jus de cerise. Le nez, complexe et fin, laisse surgir des notes de griotte, de miel, d'épices douces, de tabac et de vanille. La bouche, enrobée, séveuse et intense, évoque le cassis et déploie une longue finale. Un grand ventoux. ⧗ 2019-2025 ■ **Julien et Didier Arocas Pré Fantasti 2017 ★ (5 à 8 €; 6000 b.)** : ce rosé saumoné s'appuie sur l'assemblage classique mi-grenache mi-cinsault. Son nez intense d'agrumes (orange, mandarine) et sa bouche harmonieuse et fraîche, à la finale évoquant le zeste de citron, contribuent à faire de cette cuvée un ensemble cohérent des plus plaisants. ⧗ 2018-2019 ■ **Julien et Didier Arocas Pré Fantasti 2017 (5 à 8 €; 9000 b.)** : vin cité. □ **Julien et Didier Arocas Pré Fantasti 2017 (5 à 8 €; 2000 b.)** : vin cité.

⊶ JULIEN AROCAS, 31, rte de Mazan, 84330 Caromb, tél. 06 64 91 42 34, domaine.jd@gmail.com V t.l.j. sf dim. 9h-12h 15h-19h; f. janv. 3

B CH. JUVENAL La Terre du petit homme 2016 ★

■	25000	🛢🍾	11 à 15 €

Établi sur le piémont sud du Graveyron, ce domaine est depuis 2001 propriété de la famille Forestier, qui s'est associée en 2011 avec Sébastien Alban dont les terres jouxtent celles du château.

Une cuvée riche, marquée par les fruits noirs confiturés, le pruneau et la réglisse, qui offre une bouche soyeuse, harmonieuse, d'une belle persistance aromatique. Déjà accessible par sa gourmandise et son fruité, ce vin saura également attendre. ⧗ 2018-2024

⊶ SÉBASTIEN ALBAN, 1080, rte de Caromb, 84330 Saint-Hippolyte-le-Graveyron, tél. 04 90 28 12 57, graveyron@gmail.com V t.l.j. 10h-12h 14h-18h 5 ⊶ Alban et Forestier

CAVE DU LUBERON Les Bories 2017 ★

■	15000	🍾	- de 5 €

Fondée en 1923, lorsque les paysans locaux commençaient à sortir de l'autosubsistance, la cave

du Luberon dispose de plus de 500 ha grâce à ses adhérents, répartis sur le versant sud des monts de Vaucluse sud et le versant nord du Luberon, à cheval sur les deux appellations ventoux et luberon.

L'attaque en bouche de ce rosé a évoqué aux dégustateurs ce que l'on nomme le « fruité vert » dans les dégustations d'huiles d'olive, caractérisé par un côté finement végétal et mentholé. Cette fraîcheur persiste dans une bouche alliant volume et vivacité. Un rosé atypique, et néanmoins très réussi. ⧗ 2018-2019

⊶ SCA CAVE DU LUBERON, hameau de Coustellet, 229, rte de Cavaillon, 84660 Maubec, tél. 04 90 76 90 01, contact@caveduluberon.com V t.l.j. 8h30-12h 14h-18h; dim. matin mai-août; 8h30-13h 14h-19h juil. août

CAVE DE LUMIÈRES Aubépine 2017 ★

	30000		5 à 8 €

Connu pour ses verreries au XIVᵉs. et pour ses faïenceries au XVIIIᵉs., le village de Goult abrite la Cave de Lumières, fondée en 1925. Étant située à la limite du Luberon et du Ventoux, la coopérative produit des vins dans les deux appellations, sur une surface totale de 511 ha.

Au nez, la fraîcheur des arômes fruités (pamplemousse, poire) s'allie à la légèreté des notes florales. La bouche se montre à la fois riche, bien tendue et savoureuse. Un ventoux très équilibré. ⧗ 2018-2021 ■ **Luminis 2016 (8 à 11 €; 3500 b.)** : vin cité.

⊶ CAVE DE LUMIÈRES, 19, rte de Joucas, 84220 Goult, tél. 04 90 72 20 04, info@cavedelumieres.com V t.l.j. sf dim. 8h-12h 14h-18h

DOM. DE MAS CARON Pilavoine 2017

	4000		5 à 8 €

Après 56 ans de vie parisienne, Marc Boulon, ancien dirigeant commercial dans les logiciels informatiques, saute le pas et achète en 2015, avec sa femme Cerise, 12 ha de vignes en appellation ventoux et en IGP.

Ce joli rosé aux reflets orangés délivre des notes de rose et de mimosa, accompagnées de nuances poivrées. En bouche, ce grenache presque pur (95 %) se montre opulent et long. ⧗ 2018-2020

⊶ MARC BOULON, 1187, rte de Carpentras, 84330 Caromb, tél. 06 72 84 33 01, domainemascaron@gmail.com V t.l.j. sf dim. 10h-13h 16h-19h

DOM. DE LA MASSANE L'Insolent 2016 ★

■	3000		15 à 20 €

Ce domaine familial de 12 ha situé sur le versant sud du mont Ventoux est conduit depuis 2002 par Laurent Trazic, représentant la troisième génération de vignerons sur l'exploitation. Les vignes sont cultivées en bio et les vendanges sont manuelles.

Cette cuvée à la robe sombre déploie au nez d'intenses et élégantes notes florales (violette, iris) accompagnées de senteurs de pruneau et de réglisse, et propose une bouche mûre, puissante et chaleureuse. ⧗ 2020-2025

⊶ LAURENT TRAZIC, 880, rte de Carpentras, 84410 Bédoin, tél. 04 90 65 60 81, domainedelamassane@hotmail.fr V t.l.j. sf mer. dim. 10h-19h

ORPHÉA 2017

	5000		5 à 8 €

Créée en 1920, la cave de Bonnieux est la doyenne des coopératives du Vaucluse. Aujourd'hui, elle exploite quelque 550 ha de vignes au cœur du parc du Luberon, dont 70 % dans les appellations ventoux et luberon.

Le bouquet floral et fruité (abricot et pêche blanche) de cette cuvée a fait l'unanimité. En bouche, on découvre un vin rond et aromatique, qui trouvera sans peine sa place à l'apéritif. ⧗ 2018-2021 ■ **Terres rouges 2016 (5 à 8 €; 6000 b.)** : vin cité.

⊶ SCA VINICOLE DE BONNIEUX, quartier de la Gare, 84480 Bonnieux, tél. 04 90 75 80 03, caveau@cavedebonnieux.com V t.l.j. sf dim. 9h-12h 14h-18h30

DOM. DU PASTRE L'instantNat 2016 ★

■	1800		8 à 11 €

Situé sur la commune de Caromb, entre les Dentelles de Montmirail et le mont Ventoux, ce domaine familial s'étend sur 9 ha de vignes cultivées en bio.

La robe est soutenue et profonde. La syrah, très présente, imprime au nez ses arômes de cassis et de burlat bien mûre. Le palais séduit par le velouté de ses tanins et sa belle densité. Un vin harmonieux. ⧗ 2018-2024

⊶ LAURENT ROGIER, 958, chem. de la Combe, 84330 Caromb, tél. 06 10 92 31 18, domainedupastre@gmail.com V r.-v.

CH. PESQUIÉ Quintessence 2016 ★

■	106660	15 à 20 €

Acquis en 1970 par Odette et René Bastide, ce vaste domaine de 100 ha, régulier en qualité, est conduit depuis 2003 par la troisième génération (Frédéric et Alexandre Chaudière). Une moitié du vignoble est certifiée bio, l'autre en conversion.

L'olfaction de ce 2016, centrée sur des notes florales (violette, pivoine) mêlées à de la feuille de tabac et des épices, est d'une grande subtilité. On découvre en bouche une cuvée charnue, ample et élégante, complexifiée en finale par des saveurs de cacao. Un beau vin de caractère. ⧗ 2018-2023

⊶ CH. PESQUIÉ, 1365 bis, rte de Flassan, 84570 Mormoiron, tél. 04 90 61 94 08, contact@chateaupesquie.com V t.l.j. sf dim. 10h-12h 14h-18h
⊶ Chaudière

PEYRE La Gazette 2016

■	11000		11 à 15 €

Patricia Alexandre, ancienne directrice du Gault et Millau, a repris deux domaines du Luberon en 2013: le Dom. Faverot, un mas provençal, dont une partie date du XVIᵉs., transformé en magnanerie au XVIIIᵉs., puis en domaine viticole dans les années 1920; le Dom. des Peyre, une ancienne ferme fortifiée du XVIIᵉs. commandant 25 ha de vignes. Elle a restructuré le vignoble, construit un chai et développe l'œnotourisme.

Le nez, généreux, évoque les sous-bois, les fruits mûrs et les épices. Une bonne impression qui se confirme dans une bouche fruitée, souple, aux tanins fondus. ⧗ 2018-2022 ■ **Paparazzi 2017 (8 à 11 €; 16200 b.)** : vin cité.

PATRICIA ALEXANDRE, 1620, rte d'Avignon, 84440 Robion, tél. 06 08 92 87 71, palexandre@domainedespeyre.com V t.l.j. 10h-19h

DOM. PIERRE DU COQ Les Galines 2017 ★

■ | 6000 | | 5 à 8 €

Sur le lieu-dit de la Pierre du Coq, ce domaine de 20 ha s'étend sur des coteaux argilo-calcaires au pied du Ventoux. À sa tête depuis 2009, Olivier Bessac, représentant la quatrième génération.

Au nez, les notes de cuir, d'aromates et de fruits noirs forment un cocktail sympathique. Mais c'est plus encore la bouche qui a attiré l'attention du jury, avec sa matière généreuse et soyeuse, sa fraîcheur et sa longue finale réglissée. Un 2017 déjà savoureux, mais qui gagnera encore à attendre. ⧗ 2019-2023 ■ **Cuvée Beaumajour Élevé en fût de chêne 2016 (8 à 11 €; 6900 b.)** : vin cité.

SCEA BESSAC-BORDUNE, 93, av. Jean-Henri-Fabre, 84810 Aubignan, tél. 04 90 62 61 30, bessac.gaec@orange.fr V t.l.j. 9h-12h30 14h-19h

♥ B DOM. DU PUY MARQUIS Tradition 2017 ★★

■ | 10000 | | 5 à 8 €

Ancien cycliste professionnel, coéquipier de Jacques Anquetil, Claude Leclercq a posé son vélo en 1980 pour créer ce domaine planté à 450 m d'altitude, face au Luberon. Le domaine couvre 25 ha, dont 11 ha de vignes, en bio depuis 2017.

Si la complexité de cette cuvée se manifeste dès l'olfaction, évoquant les fruits confiturés, le poivre et les épices douces, l'intensité est encore plus sensible et harmonieuse en bouche: idéalement construit, savoureux, au grain fin et à la finale élancée et fraîche, ce vin est un régal. ⧗ 2019-2025 ■ **Vieilli en fût de chêne 2016 ★ (8 à 11 €; 13000 b.)** : marquée par la syrah et élevée en fût de chêne, cette cuvée dévoile une olfaction élégante de petits fruits rouges et noirs, d'épices et de réglisse. On retrouve ces arômes dans une bouche franche et profonde, aux tanins fondus et à la légère sucrosité kirschée en finale. Un ventoux généreux et abouti. ⧗ 2019-2023

CLAUDE LECLERCQ, Dom. du Puy Marquis, 84400 Apt, tél. 04 90 74 51 87, domainedupuymarquis@yahoo.fr V t.l.j. sf dim. 9h-12h30 14h-18h30

LA ROMAINE 2017

■ | 13300 | | - de 5 €

Fondée en 1924, une des premières coopératives du Vaucluse, qui regroupe aujourd'hui 280 vignerons et plus de 1 400 ha de vignes. Elle propose des côtes-du-rhône, côtes-du-rhône-villages, ventoux, ainsi que des IGP Méditerranée et Coteaux des Baronnies.

Ce vin frais, souple et léger, aux saveurs de fraise des bois, contribuera à vous faire passer un moment sympathique en toute simplicité. ⧗ 2018-2021

CAVE LA ROMAINE, 95, chem. de Saumelongue, 84110 Vaison-la-Romaine, tél. 04 90 36 55 90, adv@cave-la-romaine.com V t.l.j. 9h-12h30 14h-18h30; dim. 9h-12h; f. dim. nov.-mars

SAINT-MARC Les Dictons 2017

■ | 20000 | | - de 5 €

Cette cave coopérative doit son nom à la proximité d'un oratoire dédié à saint Marc, patron des vignerons de Provence. Fondée en 1928, elle vinifie 1 200 ha de vignes et fédère aujourd'hui quelque trois cents familles de vignerons.

Une olfaction marquée par la pêche, l'abricot, les fleurs blanches et le miel devance une bouche équilibrée, fraîche, d'une belle persistance aromatique. ⧗ 2018-2020

CAVE SAINT-MARC, 667, av. de l'Europe, BP 16, 84330 Caromb, tél. 04 90 62 40 24, ma.gl@cave-saint-marc.fr

B DOM. SOLENCE Les Trois Pères 2017 ★

■ | 15000 | | 8 à 11 €

Un petit domaine de 13,5 ha créé en 1992 au pied du Ventoux par Jean-Luc Isnard, œnologue, et par son épouse Anne-Marie, qui ont opté pour l'agriculture biologique dès le départ, en s'impliquant dans la défense de cette démarche.

Une aération bénéfique laisse s'épanouir des notes de cerise, de cuir, de sous-bois et de poivre à l'olfaction. Ces notes relevées se retrouvent au cœur d'une bouche équilibrée, aux tanins racés et à l'harmonie sans faille. ⧗ 2018-2023

JEAN-LUC ISNARD, 172, chem. de la Lègue, 84380 Mazan, tél. 06 65 05 24 03, domaine@solence.fr V t.l.j. 10h-18h; f. déc.-fév.

SYLLA Obage 2016 ★

■ | 7900 | | 8 à 11 €

Apt est considérée comme la capitale du fruit confit et la production des maîtres confiseurs des lieux était déjà très appréciée au XIVes. par les papes d'Avignon. La vigne y a aussi ses droits, mise en valeur notamment par la cave Sylla (Vignobles en pays d'Apt). Fondée en 1925, cette coopérative vinifie la production de 110 vignerons cultivant 1 000 ha répartis sur quatorze communes des environs, en AOC ventoux et luberon principalement.

Framboise et groseille se partagent l'olfaction avec intensité. La bouche, très agréable, offre beaucoup de rondeur ainsi qu'une longue finale réglissée. Un ventoux gourmand. ⧗ 2018-2024 ■ **Caprice d'Allys 2017 ★ (8 à 11 €; 7500 b.)** : dominé par le grenache (75 %), ce rosé brillant aux reflets orangés s'ouvre au nez sur des notes minérales et fruitées (groseille, fraise). La bouche offre de l'ampleur et du gras, parfaitement contrebalancés par un fin support acide. Un rosé harmonieux. ⧗ 2018-2019 ■ **Saint-Auspice 2016 (5 à 8 €; 20000 b.)** : vin cité.

SCA SYLLA VIGNOBLES EN PAYS D'APT, BP 141, 135, av. du Viaduc, 84405 Apt Cedex, tél. 04 90 74 05 39, sylla@sylla.fr V t.l.j. 9h-19h

RHÔNE

TERRANEA Terrabio 2017 ★

■ | 60000 | | - de 5 €

Un négoce créé en 2003 par Frédéric Chaulan – rejoint en 2009 par Serge Cosialls –, qui propose une gamme complète de vins de la vallée du Rhône, du nord au sud.

Des arômes de fruits rouges s'échappent du verre, joliment complétés par des nuances florales et épicées. Structuré et équilibré, rond et doté de tanins soyeux, le palais est bien construit. ⧗ 2018-2024

TERRANEA, ZAC du Crépon-Sud, 84420 Piolenc, tél. 04 90 51 46 03, patrice.roland@vins-terranea.fr

♥ CAVE TERRAVENTOUX Secret de truffes 2017 ★★

■ | 50000 | | 5 à 8 €

Née en 2003 de la fusion des caves Les Roches Blanches, à Mormoiron, et La Montagne Rouge, à Villes-sur-Auzon, toutes deux fondées en 1929, cette coopérative regroupe plus d'une centaine d'adhérents et propose une jolie gamme de ventoux. Elle organise des circuits touristiques pour partir à la découverte de la région et de ses vins.

Très floral (acacia, freesia), le nez de cette cuvée enivre les sens. À cela s'ajoutent des notes d'agrumes (pamplemousse, citron) que l'on retrouve dans une bouche harmonieuse, franche et vive. Un vin intense, d'un équilibre parfait. ⧗ 2018-2020 ■ **Château Mignon 2016 ★ (5 à 8 €; 15000 b.)** : l'intensité de la robe grenat est à l'image du nez puissant évoquant la myrtille. Ample et soyeux, le palais se révèle à la fois gourmand et élégant, et déploie en finale de superbes tanins fins. Une franche réussite. ⧗ 2018-2024

CAVE TERRAVENTOUX, 253, rte de Carpentras, 84570 Villes-sur-Auzon, tél. 04 90 61 80 07, sommelier@terraventoux.com V t.l.j. 9h-12h 14h-18h

♥ DOM. DE LA VERRIÈRE Le Haut de la Jacotte 2016 ★★

■ | 12474 | | 8 à 11 €

Le roi René de Provence, alors propriétaire des lieux, fit venir ici des verriers italiens en 1470. Le domaine appartient aux Maubert depuis 1969 (avec Jacques aux commandes depuis 1985) et étend ses 26 ha de vignes en coteaux sur les contreforts du Ventoux.

Un ventoux qui semble né sous le signe de la maturité à en juger par son bouquet puissant mêlant fruits confiturés et notes épicées. La bouche se révèle à la fois riche, soyeuse et poivrée, et déploie une superbe finale évoquant la confiture de mûres. Un sérieux potentiel. ⧗ 2019-2026

JACQUES MAUBERT, 2673, chem. de la Verrière, 84220 Goult, tél. 04 90 72 20 88, laverriere2@wanadoo.fr V t.l.j. sf dim. 9h-12h 14h-18h

LUBERON

Superficie : 3 200 ha
Production : 140 000 hl (80 % rouge et rosé)

Le vignoble, AOC depuis 1988, est implanté sur 36 communes des versants nord et sud du massif calcaire du Luberon, entre les vallées de la Durance au sud et du Calavon au nord. Les vins rouges et rosés portent l'empreinte du grenache et de la syrah, cépages obligatoires, éventuellement complétés par des variétés secondaires comme le cinsault et le carignan. Le climat plus frais qu'en vallée du Rhône et les vendanges plus tardives expliquent la part relativement importante des vins blancs, qui naissent principalement des cépages grenache blanc, clairette, vermentino et roussanne.

♥ BASTIDE DE RHODARÈS 2016 ★★

■ | 6000 | | 15 à 20 €

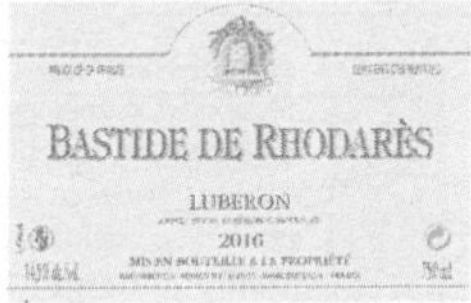

Fondée en 1925, la coopérative de Cucuron a fusionné en 2009 avec les caves de Lourmarin, Cadenet et Lauris pour former Louérion Terres d'Alliance, qui regroupe la production de 150 vignerons.

Cette cuvée composée de deux tiers de syrah complétés de grenache est une sélection de terroirs issue du lieu-dit Rhodarès. Élevée quinze mois en fût, elle offre une palette aromatique intense de fruits rouges et de vanille. Très structuré, le palais fait aussi preuve d'une grande gourmandise pour son côté rond et suave. Un vin irrésistible, au sommet de son appellation. ⧗ 2018-2024 ■ **Terrasses Sarrazines Élevé en fût de chêne 2016 ★★ (11 à 15 €; 5700 b.)** : une sélection parcellaire de vieilles vignes qui offre tant au nez qu'en bouche des arômes puissants de cassis et de mûre et qui séduit aussi par sa souplesse et ses tanins fondus. Un vin déjà prêt à boire. ⧗ 2018-2021 ■ **Cœur de Baies 2016 ★★ (5 à 8 €; 8600 b.)** : à un nez de bourgeon de cassis et de cuir répond une bouche chaleureuse, puissante, au beau potentiel de garde. ⧗ 2019-2025

LOUÉRION TERRES D'ALLIANCE, 15, cours Saint-Victor, 84160 Cucuron, tél. 04 90 77 21 02, contact@louerion.com V t.l.j. 9h (dim. 10h)-12h30 14h30-19h

CAVE DE BONNIEUX Les Safres 2017 ★★

■ | 28000 | | 5 à 8 €

Créée en 1920, la cave de Bonnieux est la doyenne des coopératives du Vaucluse. Aujourd'hui, elle exploite quelque 550 ha de vignes au cœur du parc du Luberon, dont 70 % dans les appellations ventoux et luberon.

Laurent Bouet a élaboré un beau rosé pâle aux reflets bleutés. Le nez est très intense: poire, agrumes, fruits exotiques. La bouche apparaît riche, généreuse, idéalement équilibrée par un joli support acide. Une très belle cuvée qui a frôlé le coup de cœur. ⌛ 2018-2020 **Les Safres 2017 ★ (5 à 8 €; 10000 b.)** : un assemblage de clairette (80 %) et de grenache blanc, au nez très agréable de pamplemousse et de genêt en fleur. On retrouve ces arômes dans une bouche tout en finesse, rondeur et longueur. Un blanc très équilibré. ⌛ 2018-2021 **Révélation Élevé en fût de chêne 2016 ★ (8 à 11 €; 11891 b.)** : un assemblage à parts égales de syrah et de grenache, qui mêle à l'olfaction la mûre et les notes grillées, et offre une bouche ample, séveuse et ouvertement fruitée. ⌛ 2018-2024

SCA VINICOLE DE BONNIEUX, quartier de la Gare, 84480 Bonnieux, tél. 04 90 75 80 03, caveau@cavedebonnieux.com V t.l.j. sf dim. 9h-12h 14h-18h30

CH. LA CANORGUE 2016 ★

80000	8 à 11 €

Ce domaine familial depuis cinq générations, l'une des références de l'appellation luberon, est d'une régularité sans faille. Jean-Pierre Margan, pionnier de l'agriculture biologique dans la région, a converti dès 1978 son vignoble, étendu aujourd'hui sur 40 ha. Sa fille Nathalie, installée depuis une quinzaine d'années, prend la suite désormais. Incontournable.

Drapé dans une belle robe rubis foncé, ce 2016 délivre des senteurs généreuses de cerise noire et de kirsch. La bouche apparaît ronde et suave, avec en soutien des tanins aimables. Très abordable actuellement, ce vin saura aussi évoluer gracieusement en cave. ⌛ 2018-2023 **Coin perdu CP 2016 ★ (15 à 20 €; 5000 b.)** : une cuvée bien connue des lecteurs, clin d'œil au film *Une grande année* de Ridley Scott, tourné sur le domaine. Toujours une dominante de syrah et toujours un beau caractère. Au nez, des notes de fruits rouges et noirs mûrs et de girofle. En bouche, du volume, de la densité autour de tanins soyeux et de la longueur. ⌛ 2019-2023 **Vendanges de Nathalie 2017 (8 à 11 €; 13000 b.)** Ⓑ : vin cité

EARL JEAN-PIERRE ET NATHALIE MARGAN, Ch. la Canorgue, 84480 Bonnieux, tél. 04 90 75 81 01, chateaucanorgue.margan@wanadoo.fr V t.l.j. sf dim. 9h-12h 14h-18h

DOM. CHASSON 2017

6000	5 à 8 €

Créé en 1990 par Jean-Claude Chasson et racheté en 2002 par M. Lelièvre, ce vignoble couvre 70 ha répartis entre le Ch. Blanc, face aux Ocres de Roussillon (AOC ventoux), et le Dom. Chasson (luberon), que complète une petite production en IGP.

Vermentino (80 %) et viognier composent un vin très expressif, au nez de pêche, d'abricot, de citron et de mangue. On découvre ensuite une bouche simple mais agréable, à la vivacité marquée. ⌛ 2018-2020 **Guillaume de Cabestan 2016 (11 à 15 €; 12000 b.)** : vin cité.

FRÉDÉRIC LELIÈVRE, Ch. Blanc Vignobles Chasson, quartier Grimaud, 84220 Roussillon, tél. 04 90 05 64 56, chateaublanc-chasson@wanadoo.fr V t.l.j. 8h-12h 13h30-18h30; f. dim. en hiver

DOM. DE LA CITADELLE
Les Artèmes 2016

24000	11 à 15 €

Yves Rousset-Rouard était producteur de cinéma dans une ancienne vie. C'était avant d'acquérir en 1990 un vieux mas entouré de 8 ha de vignes au pied de Ménerbes. Rejoint en 1995 par son fils Alexis, il exploite aujourd'hui près de 48 ha, répartis en 70 parcelles, et cultive quinze cépages différents. Domaine en conversion bio.

L'élevage de ce 2016 s'est fait pour moitié en barriques et pour moitié en foudres. Le bois n'est pas encore totalement fondu, mais le vin est très ouvert, sur la cerise burlat notamment. Le palais se révèle vif et chaleureux à la fois, équilibré en somme. ⌛ 2019-2023

YVES ET ALEXIS ROUSSET-ROUARD, 601, rte de Cavaillon, 84560 Ménerbes, tél. 04 90 72 41 58, contact@domaine-citadelle.com V t.l.j. 9h-12h30 14h-19h

CLOS LA TUILIÈRE 2017

26500	5 à 8 €

Établis au cœur du massif de la Trévaresse, à Rognes, et producteurs en coteaux-d'aix-en-provence (dont ils sont l'une des valeurs sûres), Rémy et Dominique Ravaute exploitent aussi le Clos de la Tuilière, un vignoble de 10 ha en Luberon, sur l'autre rive de la Durance. Leur domaine provençal doit son nom à une ancienne place forte néo-romaine.

Un rosé technique, expressif, au nez très marqué par le pomelo et le citron. Ces saveurs d'agrumes dominent l'ensemble de la dégustation: un rosé typique d'apéritif. ⌛ 2018-2019

DOM. L'OPPIDUM DES CAUVINS, RD 543, Les Cauvins, 13840 Rognes, tél. 04 42 50 29 40, oppidumdescauvins@wanadoo.fr V t.l.j. sf dim. lun. 9h-12h 14h-19h

Rémy Ravaute

DAUVERGNE RANVIER
Vin gourmand 2017 ★

80000	- de 5 €

Créée en 2004 par François Dauvergne et Jean-François Ranvier, professionnels du vin qui ont décidé d'élaborer leurs propres cuvées après avoir œuvré chez les autres, cette maison de négoce s'affirme d'année en année à travers des vins de qualité issus de sélections parcellaires. En 2013, les deux compères ont repris l'exploitation du Dom. des Muretins (tavel et lirac) et ont développé en 2014 une gamme de vins bordelais en collaboration avec Patrice Hateau.

On apprécie la légèreté et l'énorme fruité de ce vin: fraise des bois, cassis, groseille. Une corbeille de fruits qui trouve un bel écho dans une bouche souple et d'une grande fraîcheur. Et cela à prix doux. ⌛ 2018-2022

DAUVERGNE RANVIER, Ch. Saint-Maurice, RN 580, 30290 Laudun, tél. 04 66 82 96 57, contact@dauvergne-ranvier.com

FONTENILLE 2017 ★

60000	8 à 11 €

Un domaine situé sur le versant sud du Luberon, dont les origines remontent au XVes. Propriété pendant

trois générations de la famille Lévêque, il a été acquis en 2013 par messieurs Biousse et Foucher, qui ont engagé la conversion bio du vignoble, étendu sur 22 ha.

Un rosé pâle, dans le style provençal. Après un premier nez quelque peu amylique, le potentiel aromatique se révèle à l'aération autour de subtiles notes de pêche et de pamplemousse. Le palais est vif, frais, salivant: un rosé à servir à l'apéritif pour aiguiser les papilles. ⧗ 2018-2019

DOM. DE FONTENILLE, rte de Roquefraiche, 84360 Lauris, tél. 04 13 98 00 70, joan.poillet@domainedefontenille.com r.-v.

F. Biousse et G. Foucher

CH. FONTVERT
Les Restanques 2017 ★

■	12000		5 à 8 €

Propriété de la famille Monod depuis les années 1940, ce domaine est sorti de la cave coopérative en 2001. Il s'est alors doté d'une nouvelle cave et a entièrement restructuré le vignoble qui a été converti en biologique et biodynamique. Une activité de négoce a été en outre développée en 2016 sous la marque «Pierrouret».

Ce rosé développe un nez assez discret de cassis et de bonbon anglais, et dévoile en bouche un bel équilibre allié à une longue finale. ⧗ 2018-2019 ■ **Le Roucas 2017 ★ (5 à 8 €; 26600 b.)** : une cuvée issue de la partie négoce, qui dégage à l'olfaction des arômes de pêche et de cassis, et présente un palais harmonieux, gras et très fruité. ⧗ 2018-2019

CH. FONTVERT, 15, chem. de Pierrouret, 84160 Lourmarin, tél. 04 90 68 35 83, info@fontvert.com t.l.j. sf dim. 9h-12h30 14h-18h30; sur r.-v. d'oct. à avr. Famille Monod

DOM. LA GARELLE
La Cuvée du solstice 2017

■	6000		8 à 11 €

Un domaine créé en 1995 par le Néerlandais Robert Vlasman, repris et rénové (nouvelles plantations, climatisation des chais, création d'un sentier œnologique) à partir de 2008 par l'ingénieur agronome Alain Audet, à la tête aujourd'hui de 30 ha de vignes.

Un luberon aux arômes vanillés très marqués dus à un passage en barrique de 300 l. En bouche, outre la vanille, on note des arômes de pêche et d'acacia, ainsi qu'une agréable rondeur. Avis aux amateurs de blancs boisés. ⧗ 2018-2020

AUDET, 4803, rte de Ménerbes, 84580 Oppède, tél. 04 90 72 31 20, info@lagarelle.fr r.-v.

CAVE DU LUBERON Alidon 2017 ★

■	16000		- de 5 €

Fondée en 1923, lorsque les paysans locaux commençaient à sortir de l'autosubsistance, la cave du Luberon dispose de plus de 500 ha grâce à ses adhérents, répartis sur le versant sud des monts de Vaucluse sud et le versant nord du Luberon, à cheval sur les deux appellations ventoux et luberon.

Cette cave domine son sujet en rosé, aussi bien en luberon qu'en ventoux, avec des cuvées très qualitatives, proposées à des prix très doux. Celle-ci, d'un beau rose clair et limpide, offre un nez amylique (bonbon anglais) et fruité (groseille et zeste d'agrumes). Le palais, à la fois rond et acidulé, se distingue par un fruité intense. ⧗ 2018-2019

SCA CAVE DU LUBERON, hameau de Coustellet, 229, rte de Cavaillon, 84660 Maubec, tél. 04 90 76 90 01, contact@caveduluberon.com t.l.j. 8h30-12h 14h-18h; dim. matin mai-août; 8h30-13h 14h-19h juil. août

DOM. DES MARCHANDS
Les Castes 2017 ★

■	8000		5 à 8 €

Elle est parisienne, lui auvergnat; les Pichot ont quitté la capitale pour créer ce domaine en 2003, étendu aujourd'hui sur 20 ha. Leur ambition: élaborer des «vins plaisir, des vins amicaux, souples et fruités».

La cuvée Les Castes ne fait pas référence à l'Inde, mais au nom du lieu-dit où sont cultivées les vignes de syrah (60 %), mourvèdre (30 %) et vermentino. De robe très pâle, ce 2017 délivre au nez des notes d'agrumes et de fruit de la Passion; le prélude à une bouche à la fois fraîche, ronde et persistante. ⧗ 2018-2019

STÉPHANE PICHOT, Les Castes, 84240 Ansouis, tél. 04 90 07 57 03, pichotst@wanadoo.fr t.l.j. sf dim. 9h30-12h 14h30-19h

MARRENON
Versant nord 2016 ★

■	26000	8 à 11 €

Le Cellier Marrenon a été fondé en 1966 par Amédée Giniès, l'un des principaux artisans de la reconnaissance en AOC des vins du Luberon. Il regroupe neuf coopératives dans les AOC luberon et ventoux: pas moins de 1 200 adhérents et de 7 200 ha. Deux étiquettes: Marrenon et Amédée.

«La syrah semble bien présente», remarque un dégustateur. Il ne croit pas si bien dire: elle représente 80 % de l'assemblage... Les fruits rouges et la réglisse sont très présents tout au long de la dégustation, accompagnés d'une belle structure et d'une certaine complexité. Un luberon pour la table. ⧗ 2018-2024 ■ **Pétula 2017 ★ (5 à 8 €; 200000 b.)** : un joli rosé saumoné, issu presque exclusivement de syrah (95 %) et d'une touche de grenache. Le nez mêle groseille, poivre et agrumes. Les petits fruits rouges s'affirment dans une bouche nerveuse, à la finale fraîche et citronnée. Un compagnon idéal autour du barbecue. ⧗ 2018-2019 ■ **Grand Marrenon 2016 (8 à 11 €; 190000 b.)** : vin cité.

MARRENON, rue Amédée-Giniès, 84240 La Tour-d'Aigues, tél. 04 90 07 40 65, sabrina.fillod@marrenon.com r.-v.

MASLAURIS
L'Inopiné 2017

■	4000		11 à 15 €

Acquis en 2015 par Didier Théophile, le domaine a bénéficié d'une rénovation complète avec la construction d'un chai gravitaire flambant neuf,

précédée, après arrachage et un repos des terres, de la replantation de près de 10 ha de jeunes vignes conduites en agriculture biologique. Il produit vins rouges, rosés et blancs vinifiés au domaine sous les conseils de Michel Tardieu.

Pour sa première apparition dans le Guide, ce rosé très technique, thiolé, aux arômes pénétrants de citron vert, offre une bouche vive qui fera mouche à l'apéritif. ⌛ 2018-2019

DIDIER THÉOPHILE, quartier Les Grès, 84360 Lauris, tél. 06 79 80 03 35, aurelien.le.tellier@maslauris.fr V t.l.j. sf sam. dim. 8h-12h 14h-18h

♥ B DOM. DE MAYOL Oplézir 2017 ★★

■	13800		8 à 11 €

Une propriété très ancienne (Xᵉs.), sur laquelle Bernard Viguier, installé en 1976, poursuit une longue tradition vigneronne née dans sa famille il y a quatorze générations. Le vignoble s'étend aujourd'hui sur 36 ha cultivés dans un esprit bio.

Drapée dans une seyante robe pétale de rose, cette cuvée révèle à l'olfaction des senteurs intenses de bourgeon de cassis et d'agrumes. Franche, longue, idéalement fraîche et gourmande à la fois, la bouche impressionne et laisse une sensation de grande harmonie. ⌛ 2018-2019

BERNARD VIGUIER, rte de Bonnieux, D 3, 84400 Apt, tél. 04 90 74 12 80, domaine.mayol@free.fr V t.l.j. sf dim. 8h-12h 14h-18h E

DOM. DES PEYRE Le Méridional 2016 ★

■	8400		11 à 15 €

Patricia Alexandre, ancienne directrice du Gault et Millau, a repris deux domaines du Luberon en 2013: le Dom. Faverot, un mas provençal, dont une partie date du XVIᵉs., transformé en magnanerie au XVIIIᵉs., puis en domaine viticole dans les années 1920; le Dom. des Peyre, une ancienne ferme fortifiée du XVIIIᵉs. commandant 25 ha de vignes. Elle a restructuré le vignoble, construit un chai et développe l'œnotourisme.

Un vin chaleureux et volubile qui porte bien son nom, très ouvert sur la mûre et la réglisse, velouté et rond en bouche, doté de tanins soyeux, affinés par douze mois d'élevage en fût. ⌛ 2018-2022

PATRICIA ALEXANDRE, 1620, rte d'Avignon, 84440 Robion, tél. 06 08 92 87 71, palexandre@domainedespeyre.com V t.l.j. 10h-19h 5 E

DOM. SAINT-MÉDIÉ 2017

■	94600		5 à 8 €

Établi aux portes du Luberon, ce négoce familial créé en 1987 par Roger Ravoire, fils de vigneron, propose une gamme de vins (marque et domaine) provençaux et rhodaniens.

Ce vin marie les contrastes: légèreté et caractère chaleureux, aromatique évoquant les fruits (cerise en tête) et les notes animales (cuir). On l'aborde facilement, surtout si on le sert un peu frais. ⌛ 2018-2021

RAVOIRE ET FILS, 340, rue du Rémoulaire, 13300 Salon de Provence, tél. 04 90 73 01 10, gabrielle.theotine@ravoire-fils.com V r.-v.

SYLLA Mourre Nègre 2017 ★

■	14700		5 à 8 €

Apt est considérée comme la capitale du fruit confit et la production des maîtres confiseurs des lieux était déjà très appréciée au XIVᵉs. par les papes d'Avignon. La vigne y a aussi ses droits, mise en valeur notamment par la cave Sylla (Vignobles en pays d'Apt). Fondée en 1925, cette coopérative vinifie la production de 110 vignerons cultivant 1 000 ha répartis sur quatorze communes des environs, en AOC ventoux et luberon principalement.

Une robe particulièrement pâle habille ce rosé au nez exubérant de pêche. La bouche s'enorgueillit d'un fruité généreux, souligné par une belle fraîcheur, et affiche une longueur honorable. ⌛ 2018-2019

SCA SYLLA VIGNOBLES EN PAYS D'APT, BP 141, 135, av. du Viaduc, 84405 Apt Cedex, tél. 04 90 74 05 39, sylla@sylla.fr V t.l.j. 9h-19h

LE TEMPS DES VALEURS 2017 ★

□	7000	5 à 8 €

Le Temps des Sages est le nom pris par une petite coopérative née en 1929 sous l'impulsion des vignerons de Cabrières-d'Aigues, un terroir situé sur le versant sud du Luberon à une soixantaine de kilomètres de Marseille. Elle produit en AOC luberon et en IGP Méditerranée.

Très largement dominé par le vermentino, ce blanc technique livre un premier nez amylique, puis développe des arômes de poire et de litchi à l'aération. En bouche, il mêle harmonieusement acidité marquée et sucrosité très prononcée pour créer un équilibre tout à fait original. ⌛ 2018-2021 ■ **2017 ★ (5 à 8 €; 20000 b.)**: l'olfaction de cette cuvée très aromatique est centrée autour du bonbon anglais et des agrumes. Ce sont pourtant des notes intenses de framboise qui animent la bouche, nette, précise et fraîche. ⌛ 2018-2019

LE TEMPS DES SAGES, 4, rue du Bout-de-Viere, 84240 Cabrières-d'Aigues, tél. 04 90 77 76 29, contact@letempsdessages.com V t.l.j. sf dim. 9h-12h 14h-18h

CH. VAL JOANIS Tradition 2016 ★

■	50000		8 à 11 €

Cet ancien et vaste domaine (350 ha, dont 110 de vignes) a longtemps porté les armoiries de Jean de Joanis, secrétaire du roi Louis III de Naples. Entièrement restructuré en 1976 après son acquisition par la famille Chancel, il est une référence de l'AOC luberon. Acquis en 2001 par Léonard Roozen.

Une cuvée de syrah superbement travaillée, au fruité intense mâtiné de nuances animales. En bouche, elle

RHÔNE

se montre équilibrée, ronde et charnue. Un vrai «vin de plaisir». ⧗ 2018-2023

CH. VAL JOANIS, 2404, rte de Villelaure, 84120 Pertuis, tél. 04 90 79 20 77, info@val-joanis.com V ▮ *t.l.j. 10h-12h 14h-17h (10h-19h l'été) Léonard Roozen*

Ⓑ CH. LA VERRERIE 2017

■ | 78300 | ▮ | 11 à 15 €

Établi dans une ancienne verrerie acquise en 1981, l'entrepreneur Jean-Louis Descours a étendu son vignoble de 30 ha vinifiés par la coopérative de Lauris à l'origine à 54 ha aujourd'hui (en bio certifié), et s'est doté d'une cave construite à flanc de colline.

Un rosé en finesse, marqué tant au nez qu'en bouche par la framboise et le pomelo, qui offre un palais acidulé simple mais plaisant. ⧗ 2018-2019

SC LA VERRERIE, 1810, rte du Luberon, 84360 Puget, tél. 04 90 08 32 98, contact@chateau-la-verrerie.fr V ▮ ▮ *t.l.j. 9h30-18h; sam. 10h-13h 15h-18h Descours*

PIERREVERT

Superficie : 360 ha
Production : 15 541 hl (90 % rouge et rosé)

Dans le département des Alpes-de-Haute-Provence, la majeure partie des vignes se trouve sur les versants de la rive droite de la Durance (Corbières, Sainte-Tulle, Pierrevert, Manosque...). Les conditions climatiques, déjà rigoureuses, cantonnent la culture de la vigne dans une dizaine de communes sur les quarante-deux que compte légalement l'aire d'appellation. Les vins rouges, rosés et blancs, d'un assez faible degré alcoolique et d'une bonne nervosité, sont appréciés par ceux qui traversent cette région touristique. Les coteaux-de-pierrevert ont été reconnus en appellation d'origine contrôlée en 1998.

Ⓑ DOM. LA BLAQUE 2017 ★★

■ | 14000 | ▮ | 5 à 8 €

Valeur sûre de l'AOC pierrevert, ce domaine a été créé en 1987 par Gilles et Laurence Delsuc, œnologues formés à Dijon. Ces derniers conduisent aujourd'hui en bio certifié un vignoble de 55 ha implanté jusqu'à 600 m d'altitude sur les contreforts du Luberon.

Cet assemblage de grenache blanc, de vermentino et de roussanne déploie un nez délicat de notes florales (aubépine, rose) et d'abricot. La bouche, pure et précise, se révèle harmonieuse, à la fois fraîche, ronde et particulièrement longue. ⧗ 2018-2021 ■ **2017 ★ (5 à 8 €; 55000 b.)** Ⓑ : ce domaine incontournable de l'appellation présente un rosé clair, limpide et brillant. Un nez discret, s'ouvrant à l'aération sur des notes de grenadine, une bouche bien construite, fraîche et finement épicée, composent un pierrevert flatteur. ⧗ 2018-2020

GILLES DELSUC, rte de la Bastide-des-Jourdans, 04860 Pierrevert, tél. 04 92 72 39 71, domaine.lablaque@wanadoo.fr V ▮ ▮ *t.l.j. sf dim. 9h-12h 14h-18h*

Ⓑ CH. SAINT-JEAN LEZ DURANCE
Les Vannades 2016

■ | 6000 | 8 à 11 €

Henri d'Herbès a créé en 1754 ce domaine implanté sur des terrasses caillouteuses entre Luberon et Durance, le vignoble remontant à 1880. Son descendant Jean-Guillaume et son épouse Constance ont quitté leurs emplois respectifs (dans un groupe industriel pour lui et dans la haute couture pour elle) pour s'installer en 2013 sur la propriété familiale. Les propriétaires ont engagé d'emblée la conversion bio du domaine (38 ha aujourd'hui), adoptant en 2016 la démarche biodynamique.

Cette cuvée s'exprime avec intensité dès le nez, offrant des arômes puissants de réglisse et de petits fruits rouges. La bouche, épicée, sans fard ni polissage, accompagnera volontiers la cuisine provençale. ⧗ 2018-2021

D' HERBÈS, chem. Saint-Jean, 04100 Manosque, tél. 04 92 72 50 20, contact@chateau-saint-jean.fr V ▮ ▮ *t.l.j. sf dim. 9h-12h30 14h-18h30* 5 E

CÔTES-DU-VIVARAIS

Superficie : 439 ha
Production : 12 000 hl (95 % rouge et rosé)

À la limite nord-ouest des côtes-du-rhône méridionales, les côtes-du-vivarais chevauchent les départements de l'Ardèche et du Gard. Les vins, produits sur des terrains calcaires, sont essentiellement des rouges à base de grenache (30 % minimum), de syrah (30 % minimum), et des rosés, caractérisés par leur fraîcheur et à boire jeunes. Ce VDQS a été reconnu en AOC en 1999.

VIGNERONS ARDÉCHOIS
Réserve Grande Cuvée 2017 ★

■ | 17000 | 5 à 8 €

Cette structure coopérative résulte du regroupement successif de caves ardéchoises et notamment de la fusion, en 1994, de l'Union des caves de la Cévenne ardéchoise et de l'Union des caves coopératives de l'Ardèche. Elle dispose de 6 500 ha de vignes et de douze caves de vinification, ce qui en fait le plus important producteur de vins d'Ardèche.

Bien qu'il porte ce nom, c'est un vin qui n'est pas sur la réserve. Dans une atmosphère solaire, il montre à l'olfaction la présence de la syrah. Du fruit et de la fraîcheur ! ⧗ 2018-2021

VIGNERONS ARDÉCHOIS, 107, av. de Vallon, 07120 Ruoms, tél. 04 75 39 98 00, uvica@uvica.fr V ▮ ▮ *r.-v.*

CLOS DE L'ABBÉ DUBOIS 2016

■ | 10000 | ▮ | 5 à 8 €

L'abbé Dubois fut missionnaire en Inde au XVIII[e]s. avant de revenir dans son village natal de Saint-Remèze. Il y fit construire une maison provençale qui commande aujourd'hui un domaine de 27 ha, propriété de Claude Dumarcher depuis 1986.

Grenache et syrah pour ce vin ouvert sur les fruits rouges, la datte, la figue et la mûre. Fraîche, tendue, finement poivrée, la bouche est agréable et alerte, quoiqu'un peu stricte. ⧗ 2018-2022

⊶ CLAUDE DUMARCHER, 7, rue Jean-Antoine-Dubois, 07700 Saint-Remèze, tél. 04 75 98 98 44, claudedumarcher@orange.fr t.l.j. sf dim. 10h-12h 14h30-18h30

LES VIGNERONS DES COTEAUX D'AUBENAS Cuvée des Seigneurs 2017 ★

■ | 49 866 | - de 5 €

Aux portes du parc régional des monts d'Ardèche, cinq caves coopératives qui représentent quelque 260 ha se sont unies sous la même bannière des Vignerons des Coteaux d'Aubenas.

L'intensité du nez, entre fruits rouges et subtiles notes de violette, donne envie de poursuivre. En bouche, les épices s'invitent aux côtés des fruits et les tanins se révèlent souples et fondus. Un vin des plus aimables. ⧗ 2018-2023 ■ **Cuvée des Seigneurs 2017 ★ (- de 5 €; 29 866 b.)** : à dominante de syrah, complétée par le grenache, ce rosé de saignée séduit par sa robe pâle brillante et limpide, par son nez charmeur de fraise des bois et de framboise, et surtout par sa bouche équilibrée, à la fois ronde, fraîche et d'une étonnante longueur. ⧗ 2018-2020

⊶ LES VIGNERONS DES COTEAUX D'AUBENAS, 240, rte de la Cave-Coopérative, 07200 Saint-Étienne-de-Fontbellon, tél. 04 75 35 17 58, caves.vivaraises@wanadoo.fr t.l.j. sf dim. 8h30-12h 14h-18h30

DOM. GALLETY Haute Vigne 2016 ★★

■ | 20 000 | | 11 à 15 €

Alain Gallety et son fils David-Alexandre conduisent à quatre mains un domaine de 15 ha dédié aux côtes-du-vivarais.

Cette cuvée se révèle harmonieuse, gourmande et plaisante du début à la fin. Le fruité épicé mêlant fraise et myrtille perçu à l'olfaction s'impose également dans une bouche dense et riche, soutenue par des tanins soyeux. ⧗ 2019-2024 ■ **Cuvée Spéciale 2016 ★ (15 à 20 €; 40 000 b.)** : passée en fût, cette cuvée offre une bouche épicée, dense et ample, aux tanins encore serrés. Un beau vin en devenir. ⧗ 2019-2023

⊶ GALLETY, La Montagne, 07220 Saint-Montan, tél. 04 75 52 63 18, contact@gallety.fr r.-v.

DOM. NOTRE-DAME DE COUSIGNAC 2017 ★

■ | 13 000 | 11 à 15 €

Ce domaine, qui doit son nom à la présence de la chapelle éponyme sur ses terres, est dans la famille Pommier depuis 1780 et sept générations. La culture de la vigne y est ancienne et le vignoble (60 ha répartis sur plus de 80 parcelles) est conduit en bio. Raphaël et Rachel Pommier se sont associés en 2004 avec la maison de négoce Ogier pour la diffusion de leurs vins.

Une belle maturité s'exprime au nez, à travers des notes de fruits rouges et des nuances épicées. Confirmant cette impression chaleureuse, la bouche s'adosse à des tanins souples et enrobés et déploie une belle finale expressive évoquant le poivre et le thym. ⧗ 2018-2023

⊶ DOM. NOTRE-DAME DE COUSIGNAC, lieu-dit Cousignac, 07700 Bourg-Saint-Andéol, tél. 06 27 30 69 92, contact@@ndcousignacvillegiature.fr t.l.j. 10h-19h ⊶ SAS Ogier

LES TERRIERS Le Clos De grès et de force 2017 ★

■ | 10 000 | | 11 à 15 €

Créé en 1987 par la famille Roume, le domaine des Terriers – du nom du lieu-dit où se situe l'essentiel du vignoble (16 ha) – a été vendu en 2017 à deux amis, Benjamin Levère et Cyril Chamontin, qui ont aussi développé une activité de négoce en complément.

Ce 2017 à la robe intense développe un nez généreux de fruits rouges et de poivre. La bouche offre beaucoup de présence, un bel équilibre et une longue finale légèrement grillée. ⧗ 2019-2023

⊶ LEVÈRE ET CHAMONTIN, Chamont, 07120 Ruoms, tél. 06 70 32 04 99, lesterriersardeche@gmail.com r.-v.

LES HAUTS DE VIGIER Cuvée Romain 2016 ★

■ | 16 000 | | 5 à 8 €

L'un des plus anciens domaines (1789) du sud de l'Ardèche, établi dans la vallée de l'Ibie, acquis par les Dupré en 1975. Les enfants, trois fils et une fille, sont désormais aux commandes d'un vaste ensemble de 100 ha.

De la finesse ressort du nez encore un peu discret de ce vin: fruits rouges, cannelle et girofle. En bouche, la fraîcheur participe à un équilibre très agréable et assure à cette belle cuvée un avenir des plus radieux. ⧗ 2019-2024

⊶ SAS DUPRÉ ET FILS, vallée de l'Ibie, 07150 Lagorce, tél. 04 75 88 01 18, info@domaine-de-vigier.com t.l.j. sf dim. 9h-12h 14h-18h

➔ LES VINS DOUX NATURELS DE LA VALLÉE DU RHÔNE

RASTEAU

Superficie : 38 ha / Production : 1 045 hl

Tout au nord du département du Vaucluse, ce vignoble s'étale sur deux formations distinctes: des sables, marnes et galets au nord; des terrasses d'alluvions anciennes du Rhône (quaternaire), avec des galets roulés, au sud. Le grenache (90 % minimum) y fournit un vin doux naturel rouge ou doré.

DOM. CHAMFORT Taïs 2015

■ | 1000 | | 11 à 15 €

Situé au pied des Dentelles de Montmirail, ce domaine de 27 ha créé en 1992 par Denis Chamfort a été repris en 2010 par Vasco Perdigao, œnologue formé dans la vallée du Rhône septentrionale. L'approche bio est privilégiée mais le pas de la conversion officielle n'a pas encore été franchi.

Nommé en hommage à la fille des propriétaires, ce vin s'affiche dans une robe brillante. Les arômes de kirsch et de cacao ont gardé leur caractère de jeunesse et imprègnent une bouche suave, ample et veloutée. À déguster sur un dessert au chocolat ou un fromage à pâte persillée. ⧗ 2018-2030

VASCO PERDIGAO, 280, rte du Parandou, 84110 Sablet, tél. 04 90 46 94 75, domaine-champfort@orange.fr V t.l.j. *9h-12h 13h30-17h30; sam. dim. sur r.-v.*

CAVE DE RASTEAU Vintage 2012 ★

■	20000		11 à 15 €

Fondée en 1925, cette coopérative qui regroupe plus de 650 ha de vignes et 80 adhérents est l'une des plus anciennes caves rhodaniennes et le principal producteur de l'AOC rasteau. Ortas est sa marque ombrelle. Elle a rejoint en 2015 le Cercle des Vignerons du Rhône, regroupant également les coopératives de Sablet (cave le Gravillas) et de Visan (les Coteaux de Visan).

Élevée deux ans en fût, cette cuvée a pris une jolie couleur mordorée. Les arômes évoquent la noix de cajou et le pruneau à l'eau-de-vie, et le palais se montre harmonieux, riche mais toujours frais. À découvrir dès aujourd'hui sur un foie gras aux figues par exemple, ou à oublier pour des décennies... ⧗ 2018-2038

ORTAS - CAVE DE RASTEAU, rte des Princes d'Orange, 84110 Rasteau, tél. 04 90 10 90 10, vignoble@rasteau.com V *r.-v.*

MUSCAT-DE-BEAUMES-DE-VENISE

Superficie : 490 ha / Production : 9 265 hl

Au nord de Carpentras se découpent les impressionnantes Dentelles de Montmirail. Le vignoble est implanté sur leur versant sud, dans un paysage qui doit ses couleurs à des calcaires grisâtres et à des marnes rouges. Une partie des sols est formée de sables, de marnes et de grès, une autre de terrains tourmentés datant du trias et du jurassique. Le seul cépage est le muscat à petits grains; mais dans certaines parcelles, une mutation donne des raisins roses. Mutés à l'eau-de-vie comme les autres vins doux naturels, ces vins doivent avoir au moins 110 g/l de sucre. Aromatiques, fruités et fins, ils trouvent toute leur place à l'apéritif et sur certains fromages ou desserts.

DOM. DES ENCHANTEURS Ambre Céleste 2016

■	1700		15 à 20 €

Un domaine de poche de 3 ha, en bio certifié depuis 2014 (AOC ventoux, muscat-de-beaumes-de-venise et IGP), établi entre les Dentelles de Montmirail et le mont Ventoux. Il a été créé en 2009 par deux passionnés, Catherine Desbois-Mouchel et Bertrand Seube, œnologue.

Frais et léger, ce muscat dévoile un nez intense de fleur de sureau et de citron. La bouche est élégante et fraîche. ⧗ 2018-2025

DOM. DES ENCHANTEURS, 52, chem. d'Aubignan, 84330 Saint-Hippolyte-le-Graveyron, tél. 04 90 12 69 82, bertrand@domainedesenchanteurs.fr V *r.-v.*

DOM. DU GRAND MONTMIRAIL 2016

■	5500		15 à 20 €

Productrice dans la vallée du Rhône (Roucas de Saint-Pierre, Hauts de Mercurol, Michel Poinard) et en Côte de Nuits, la famille Chéron, originaire de Bourgogne, conduit depuis 1981 cette vaste propriété de 72 ha (dont 48 de vignes) en forme d'amphithéâtre, établie au pied des Dentelles de Montmirail, sur son versant sud. Un domaine très régulier en qualité, que ce soit pour ses gigondas, ses vacqueyras ou ses beaume-de-venise.

Ce muscat offre des arômes frais de citron et de mandarine à l'olfaction. En bouche, il se montre rond et suave sans lourdeur, et d'une belle persistance aromatique. ⧗ 2018-2028

CAVE PASCAL, 2459, rte de Vaison, 84190 Vacqueyras, tél. 04 90 65 85 91, contact@vignoblescheron.fr V *r.-v. Famille Chéron*

DOM. DE LA PIGEADE 2017 ★

■	40000		11 à 15 €

En 1996, après leurs études de viticulture et des stages en France et aux États-Unis, Thierry et Marina Vaute ont sorti le domaine familial de la coopérative et l'ont entièrement rénové (35 ha aujourd'hui).

Ce muscat se distingue par ses arômes de menthol, de pétale de rose et de raisin de Corinthe. Sa bouche apparaît ample et tendre, étayée par une bonne fraîcheur. ⧗ 2018-2028

THIERRY ET MARINA VAUTE, 2439, rte de Caromb, 84190 Beaumes-de-Venise, tél. 04 90 62 90 00, contact@lapigeade.fr V *t.l.j. sf dim. 9h-12h 14h-18h*

IGP ARDÈCHE

TERRES DES AMOUREUSES Black Sublim 2016 ★★

■	8186		20 à 30 €

Industriel ardéchois spécialiste des matériaux de construction, Jean-Pierre Bedel a racheté en 2011 ce domaine établi à Bourg-Saint-Andéol, sur la rive droite du Rhône. Il a construit une cave et restructuré le vignoble (80 ha), planté d'une large palette de cépages méridionaux.

Cabernet-sauvignon (60 %), merlot et carignan composent un vin intense, aux arômes de cassis, de kirsch, de vanille, de cacao et de cuir. La bouche apparaît puissante et nerveuse, étayée par des tanins vigoureux qui poussent loin la finale. Un vin sérieux, bâti pour la garde. ⧗ 2021-2026

JEAN-PIERRE BEDEL, chem. de Vinsas, 07700 Bourg-Saint-Andéol, tél. 04 75 54 51 85, boutique@lesamoureuses.wine V *t.l.j. sf dim. 10h30-18h30 (20h en été)*

CELLIER DES GORGES DE L'ARDÈCHE Syrah 2017

■	4100		- de 5 €

Baptisée d'après un des sites naturels les plus remarquables du département, cette coopérative fondée

en 1929 regroupe les producteurs de Saint-Martin-d'Ardèche, de Saint-Marcel-d'Ardèche et de Saint-Just-d'Ardèche pour une surface de 500 ha.

Cette syrah passée six mois en cuve convoque les fruits rouges mûrs et le pruneau à l'olfaction. On retrouve le fruit agrémenté de notes épicées dans une bouche assez puissante et fraîche. ⧗ 2018-2022

CELLIER DES GORGES DE L'ARDÈCHE, rte de la Gare, 07700 Saint-Marcel-d'Ardèche, tél. 04 75 04 66 83, caveau@cellier-ardeche.fr V *t.l.j. sf dim. 9h-12h 14h-18h*

LES CHAIS DU PONT D'ARC Nuances de rosé 2017

■	8000		5 à 8 €

Fondée en 1928, cette coopérative regroupe les viticulteurs d'une douzaine de communes autour de Ruoms et Vallon-Pont-d'Arc, sur un vignoble de 500 ha. Elle fait partie des quinze caves de vinification qui composent l'Union des vignerons des coteaux de l'Ardèche.

Une robe soutenue, un nez discret s'ouvrant à l'aération sur les fruits rouges, et une bouche ronde d'une bonne persistance composent un rosé ardéchois gouleyant et flatteur. ⧗ 2018-2019

VIGNERONS SUD ARDÈCHE, rte de Pradons, 07120 Ruoms, tél. 04 75 88 02 16, vignerons.sudardeche@gmail.com V *r.-v.*

LES VIGNERONS DES COTEAUX D'AUBENAS
Saveurs d'Ardèche épicées 2017 ★

■	11733		5 à 8 €

Aux portes du parc régional des monts d'Ardèche, cinq caves coopératives qui représentent quelque 260 ha se sont unies sous la même bannière des Vignerons des Coteaux d'Aubenas.

Grenache, syrah et merlot font bon ménage dans cette cuvée épicée en effet, mais aussi bien fruitée (cerise, framboise). En bouche, la souplesse et le fruit sont de mise. Un joli vin gouleyant. ⧗ 2018-2021 ■ **Gris 2017 (- de 5 €; 152266 b.)** : vin cité.

LES VIGNERONS DES COTEAUX D'AUBENAS, 240, rte de la Cave-Coopérative, 07200 Saint-Étienne-de-Fontbellon, tél. 04 75 35 17 58, caves.vivaraises@wanadoo.fr V *t.l.j. sf dim. 8h30-12h 14h-18h30*

CAVE DE LABLACHÈRE
Éclat rosé 2017 ★

■	35000	- de 5 €

Fondée en 1928, cette coopérative compte aujourd'hui une quarantaine de vignerons à temps complet. Établie pour l'essentiel sur les terroirs du Trias cévenol, elle dispose de 420 ha de vignes réparties en parcelles très morcelées qui s'étagent entre 200 et 500 m d'altitude.

La Cave confirme son savoir-faire avec ce gamay vinifié en rosé. Un nez discret marqué par la framboise précède une bouche ronde et expressive, plaisante par sa finale très tendre. Un rosé de dessert abouti. ⧗ 2018-2019 □ **Viognier Trias Cévenol Ardèche 2017 ★ (5 à 8 €; 45000 b.)** : un joli blanc au nez complexe et intense de fruit de la Passion, de mangue et de fleurs blanches, ample et rond en bouche, avec une pointe de fraîcheur qui va bien en finale. ⧗ 2018-2020

CAVE DE LABLACHÈRE, La Vignolle, 07230 Lablachère, tél. 04 75 36 65 37, cave.lablachere@wanadoo.fr V *t.l.j. sf dim. 8h30-12h 14h-18h15*

DOM. JÉRÔME MAZEL
Corps et âme 2016 ★★

■	4600		8 à 11 €

Formé dans la vallée du Rhône septentrionale, Jérôme Mazel a repris en 2007 le petit domaine familial, 5,5 ha de parcelles établis sur des coteaux arides et caillouteux dominant l'entrée des gorges de l'Ardèche.

Le corps, c'est le merlot (85 % de l'assemblage), et l'âme, la syrah. Au nez, des arômes complexes de cassis, de mûre, de poivre et de torréfaction. En bouche, de l'intensité, de la densité et de la rondeur autour de tanins soyeux, et une belle finale sur la fraîcheur. ⧗ 2020-2025

MAZEL, 70, chem. de la Coustace, 07120 Pradons, tél. 06 73 78 70 66, jerome.mazel20@live.fr V *r.-v.*

LES TERRIERS 100 % Merlot 2017

■	14000		8 à 11 €

Créé en 1987 par la famille Roume, le domaine des Terriers - du nom du lieu-dit où se situe l'essentiel du vignoble (16 ha) - a été vendu en 2017 à deux amis, Benjamin Levère et Cyril Chamontin, qui ont aussi développé une activité de négoce en complément.

Une robe sombre habille ce vin ouvert sur des notes de fruits rouges confits et d'épices. En bouche, c'est la fraîcheur qui domine et souligne une solide structure tannique, encore assez stricte. À attendre. ⧗ 2020-2024

LEVÈRE ET CHAMONTIN, Chamont, 07120 Ruoms, tél. 06 70 32 04 99, lesterriersardeche@gmail.com V *r.-v.*

DOM. DE VIGIER
Syrah Cuvée des Patriarches 2016 ★

■	24000		5 à 8 €

L'un des plus anciens domaines (1789) du sud de l'Ardèche, établi dans la vallée de l'Ibie, acquis par les Dupré en 1975. Les enfants, trois fils et une fille, sont désormais aux commandes d'un vaste ensemble de 100 ha.

Au nez, les fruits frais (framboise, cerise) se mêlent à des nuances de violette bien typées syrah. En bouche, le vin se révèle équilibré, rond et gourmand, aux tanins soyeux. ⧗ 2019-2023

SAS DUPRÉ ET FILS, vallée de l'Ibie, 07150 Lagorce, tél. 04 75 88 01 18, info@domaine-de-vigier.com V *t.l.j. sf dim. 9h-12h 14h-18h*

VIGNERONS ARDÉCHOIS
Orélie 2017 ★

□	150000	5 à 8 €

Cette structure coopérative résulte du regroupement successif de caves ardéchoises et notamment de la

fusion, en 1994, de l'Union des caves de la Cévenne ardéchoise et de l'Union des caves coopératives de l'Ardèche. Elle dispose de 6 500 ha de vignes et de douze caves de vinification, ce qui en fait le plus important producteur de vins d'Ardèche.

Récolte aux heures les plus fraîches de la journée, fermentation courte pour le sauvignon blanc et malolactique pour le chardonnay. Le résultat est un vin très équilibré, qui conjugue longueur, fraîcheur et rondeur, fruité et nuances florales. ⧗ 2018-2021 ■ **Cuvée d'une nuit 2017 ★ (- de 5 €; 260 000 b.)** : un beau rosé couleur melon, né d'un assemblage de grenache et de cabernet-sauvignon. Le nez mêle des notes de cassis et de citron vert. Les petits fruits rouges s'affirment dans une bouche ample, très ronde, équilibrée par une finale acidulée. ⧗ 2018-2019

⊶ VIGNERONS ARDÉCHOIS, 107, av. de Vallon, 07120 Ruoms, tél. 04 75 39 98 00, uvica@uvica.fr V r.-v.

IGP COLLINES RHODANIENNES

PIERRE GAILLARD Asiaticus 2016 ★★

■ | 2500 | | 30 à 50 €

Pierre Gaillard acquiert ses premiers ceps en 1981 et constitue petit à petit son vignoble, défrichant et plantant de nouvelles parcelles. Établi aux portes du parc régional du Pilat, ce vigneron et négociant réputé de la vallée du Rhône nord, présent aussi en Languedoc-Roussillon (Madeloc à Banyuls-sur-Mer, Cottebrune à Faugères), est à la tête de 77 ha, tous domaines confondus.

La seule syrah est à l'œuvre dans cette cuvée ouverte sur des arômes harmonieux de pain grillé et de fruits noirs confiturés. En bouche, le vin se montre charnu, suave et élégant, étayé par des tanins fondus et un boisé bien intégré. ⧗ 2019-2023

⊶ PIERRE GAILLARD, lieu-dit Chez-Favier, 42520 Malleval, tél. 04 74 87 13 10, famille@gaillard.vin V r.-v.

MAISON CHRISTOPHE PICHON Mosaïque 2016

■ | 2500 | | 20 à 30 €

Christophe Pichon a travaillé aux côtés de son père avant de reprendre seul, en 1991, l'exploitation établie dans le parc du Pilat: 21 ha aujourd'hui, répartis dans les appellations condrieu - dont il est l'actuel président -, côte-rôtie, saint-joseph et cornas. Corentin, son fils, revenu sur l'exploitation après un séjour en Australie, est désormais en charge de la vinification et de l'élevage des vins.

Ouvert et harmonieux, le nez de cette syrah évoque les épices et les fruits noirs, agrémentés d'une petite note végétale. En bouche, la souplesse est de mise et le boisé fondu. ⧗ 2018-2021

⊶ CHRISTOPHE PICHON, 36, le Grand-Val, Verlieu, 42410 Chavanay, tél. 04 74 87 06 78, chrpichon@wanadoo.fr V r.-v.

CAVE SAINT-DÉSIRAT Syrah 2017 ★

■ | 90 000 | | - de 5 €

Coopérative fondée en 1960, la cave Saint-Désirat représente à elle seule environ 40 % de la production en saint-joseph. Un acteur important de l'appellation donc, qui fait rimer quantité avec qualité.

Au nez, des arômes bien typés syrah d'épices et de fruits rouges. En bouche, du volume, de la rondeur, des tanins souples et une longue finale sur la réglisse. ⧗ 2018-2021

⊶ CAVE SAINT-DÉSIRAT, 07340 Saint-Désirat, tél. 04 75 34 22 05, maisondesvins@cave-saint-desirat.fr V t.l.j. 9h-12h 14h-18h30

CAVE DE TAIN Première note 2017 ★

■ | 78 000 | | - de 5 €

Créée en 1933 par Louis Gambert de Loche, la très qualitative cave coopérative de Tain-l'Hermitage rassemble 310 adhérents et vinifie à elle seule, avec plus de 1 000 ha de vignes, environ 50 % des appellations de la vallée du Rhône septentrionale. Elle possède aussi 26 ha en propre, dont 21 ha en AOC hermitage. Une valeur sûre de la région, qui s'est dotée en 2014 de structures de production flambant neuves permettant de multiplier les sélections parcellaires.

Plus connue pour les appellations septentrionales de la vallée du Rhône, l'excellente cave de Tain propose ici une syrah pure; un rosé très clair, à l'olfaction dominée par la framboise et à la bouche légèrement amylique, associant fraîcheur et longueur. Un joli vin d'apéritif. ⧗ 2018-2020 ■ **Dom. des Gardes 2017 ★ (5 à 8 €; 52 000 b.)** : la syrah donne ici un vin animal, épicé et fruité au nez, charnu et souple en bouche, étiré dans une jolie finale réglissée. ⧗ 2018-2021

⊶ CAVE DE TAIN, 22, rte de Larnage, CS 89721, 26602 Tain-l'Hermitage, tél. 04 75 08 20 87, contact@cavedetain.com V r.-v.

IGP COTEAUX DES BARONNIES

LE MAS SYLVIA Cuvée Égéria 2017

■ | 11 000 | | 5 à 8 €

Après s'être formée à l'œnologie et quelques voyages en terres australes, Sylvia Teste s'est installée en 2010 sur des terres familiales, en Drôme provençale: 11 ha de vignes et des abricotiers.

Ce joli rosé pâle et brillant délivre au nez des notes d'agrumes et de petits fruits rouges. En bouche, il se montre franc et frais, idéal pour un apéritif estival. ⧗ 2018-2019

⊶ SYLVIA TESTE, 640A, chem. Le Beau, 26110 Curnier, tél. 04 75 26 66 87, contact@le-mas-sylvia.fr V t.l.j. sf dim. 10h-12h 15h-19h

IGP MÉDITERRANÉE

ABBAYE DE LÉRINS Saint-Sauveur 2016

■ | 6000 | | 30 à 50 €

Située dans la partie centrale de l'île Saint-Honorat depuis 1250, au large de la baie de Cannes, cette abbaye est conduite par vingt moines qui vivent sur place selon la règle de saint Benoît et vivent du fruit de leur travail: la production de liqueur et de vin. En conversion bio, le vignoble s'étend aujourd'hui sur 8 ha, dont 5 ha dédiés au vin rouge.

Après vingt-quatre mois de fût, cette cuvée ne cache pas son boisé et déploie d'intenses notes de vanille et de grillé. En bouche, le merrain continue d'imprimer sa marque, mais on sent poindre les fruits et la matière d'une syrah bien mûre. Il est urgent d'attendre… ⧗ 2021-2026

CONGRÉGATION DES CISTERCIENS, Île Saint-Honorat, CS 10040, 06414 Cannes, tél. 04 92 99 54 00, commercial@abbayedelerins.com V r.-v. CCIC

ARNOUX ET FILS P'tit Voilier 2017 ★

| 13300 | | 5 à 8 € |

La famille Arnoux reçut en 1717 du seigneur de Lauris une parcelle de vignes. Aujourd'hui, elle exploite 40 ha en vacqueyras, sous la conduite de Jean-François et Marc, tout en menant une activité de négociant dans plusieurs autres AOC rhodaniennes.

Ce P'tit Voilier nous embarque vers les terres d'un chardonnay bien né. La robe est jolie, jaune clair et brillante. Les arômes évoquent les fruits blancs un peu confits et la fleur de sureau. En bouche, le vin se montre bien fruité, long et équilibré, porté de bout en bout par une agréable fraîcheur. ⧗ 2018-2020

ARNOUX ET FILS, Cave du Vieux Clocher, 84190 Vacqueyras, tél. 04 90 65 84 18, info@arnoux-vins.com V *t.l.j. 9h30-12h30 14h-19h*

B DOM. ATTILON Marselan 2017

| n.c. | | 5 à 8 € |

Renaud et Odile de Roux, à la tête depuis 1968 de ce vignoble très ancien de 95 ha – on en trouve trace dès le XVIIe s. –, conduisent leurs vignes en agriculture biologique depuis 1983. Ils ont été des précurseurs de ce mode de culture dans la région.

Le marselan donne ici un vin encore assez fermé à l'olfaction, quelques notes de cassis et de sous-bois pointant à l'agitation. La bouche offre un bon volume autour de tanins souples. Un peu d'attente semble nécessaire pour plus d'expression. ⧗ 2019-2022

BRICE DE ROUX, rte de Port-Saint-Louis, 13104 Mas-Thibert, tél. 04 90 98 70 04, info@attilon.fr V *r.-v.*

DOMAINES ANDRÉ AUBERT Viognier 2017 ★

| 9000 | | - de 5 € |

Les fils d'André Aubert – Claude, Yves et Alain – sont installés depuis 1981 à la tête de l'un des plus vastes ensembles viticoles rhodaniens (490 ha répartis sur plusieurs domaines), grâce auquel ils proposent une large gamme de vins de la vallée du Rhône méridionale.

Une belle présence aromatique se dégage du verre, autour de notes intenses de fruits confits. La bouche se révèle ample, riche et ronde, et s'étire dans une longue finale tout en souplesse. Pour la table. ⧗ 2018-2021

GAEC AUBERT FRÈRES, 75, rte des Chênes-Verts, RN 7 Les Gresses, 26290 Donzère, tél. 04 75 51 78 53, aubertfreres@wanadoo.fr V *t.l.j. 10h-19h*

LA BELLE PIERRE 2017

| 15000 | - de 5 € |

Cette cave coopérative gardoise, fondée en 1914, regroupe 70 vignerons et 525 ha de vignes sur les communes de Beaucaire et Tarascon, dans le triangle Avignon, Nîmes et Arles.

Un rosé expressif, élégant et frais, à sortir par un chaud après-midi d'été. ⧗ 2018-2019

CAVE COOPÉRATIVE DE BEAUCAIRE, 615, rte de Fourques, 30300 Beaucaire, tél. 04 66 59 82 75, contact@la-belle-pierre.com V *t.l.j. sf dim. 9h-12h 14h-18h; sam. 9h-12h*

DOM. LA BLAQUE Pinot noir 2016

| 1900 | | 8 à 11 € |

Valeur sûre de l'AOC pierrevert, ce domaine a été créé en 1987 par Gilles et Laurence Delsuc, œnologues formés à Dijon. Ces derniers conduisent aujourd'hui en bio certifié un vignoble de 55 ha implanté jusqu'à 600 m d'altitude sur les contreforts du Luberon.

Une robe profonde habille ce vin ouvert sur des arômes de réglisse, de cerise noire confite et de boisé grillé. On retrouve les notes d'élevage avec intensité dans une bouche charnue et d'un bon volume. Encore un peu de patience pour que tout se fonde. ⧗ 2019-2023

GILLES DELSUC, rte de la Bastide-des-Jourdans, 04860 Pierrevert, tél. 04 92 72 39 71, domaine.lablaque@wanadoo.fr V *t.l.j. sf dim. 9h-12h 14h-18h*

LA BORIE Cuvée Alix 2017 ★

| 10000 | | 8 à 11 € |

Commandée par un château du XVIIIe s., cette ancienne propriété des princes d'Orange appartient aux familles cousines Bories et Margnat depuis 1963. Dirigé aujourd'hui par Éric et Jérôme Margnat, le vignoble s'étend sur 75 ha. Pas de certification bio ici, mais une conduite qui s'apparente à cette démarche. Pas de fût de chêne non plus, uniquement des cuves béton pour privilégier le fruit.

Sa robe pétale de rose et son nez intense et flatteur d'orange et de framboise composent une entrée en matière attirante. Après une attaque vive, on découvre un palais souple, équilibré, au fruité croquant. ⧗ 2018-2019

MARGNAT, 2888, rte de Saint-Paul, 26790 Suze-la-Rousse, tél. 04 75 04 81 92, jerome.margnat@chateau-la-borie.fr V *t.l.j. sf dim. 9h-12h30 14h-19h*

B LES VIGNERONS DE CORRENS Cuvée Pesque Lune 2017 ★

| 40000 | | 5 à 8 € |

Née en 1935 de la fusion de deux coopératives rivales (L'Amicale et La Fraternelle), la cave de Correns, petit village pittoresque niché au cœur du Var, regroupe aujourd'hui 150 ha de vignes et 30 adhérents (dont 10 seulement vivent de la viticulture), qui ont tous fait le choix de l'agriculture biologique dès 1998.

Ce rosé offre une belle robe framboise. Agréable au nez, mêlant notes de fleurs blanches et de fruits rouges, il dévoile une bouche fraîche et très persistante. Un vin harmonieux. ⧗ 2018-2019

RHÔNE

LES VIGNERONS DE CORRENS,
rue de l'Église, 83570 Correns, tél. 04 94 59 59 46, lesvignerons-correns@wanadoo.fr r.-v.

LES COTEAUX DU RHÔNE 2017 ★★

	100 000	- de 5 €

Fondée en 1926, la cave Les Coteaux du Rhône, coopérative de Sérignan-du-Comtat, propose une large gamme allant des vins en IGP aux AOC comme vacqueyras, en passant par les côtes-du-rhône et les villages.

La robe est d'un beau rose franc. L'olfaction, évoquant les petits fruits rouges (fraise en tête), la guimauve ainsi que des notes florales, charme par son élégance et sa netteté. Longue, savoureuse, de grand équilibre, la bouche enchante et fait de cette «petite» cuvée (entendre: très abordable) un rosé tout à fait remarquable. ⧗ 2018-2020

CAVE LES COTEAUX DU RHÔNE,
BP 7, 57, chem. Derrière-le-Parc, 84830 Sérignan-du-Comtat, tél. 04 90 70 04 22, coteau.rhone@orange.fr t.l.j. sf dim. 9h-12h30 14h-19h

♥ DEMAZET Esprit de rosé 2017 ★★

	20 000		5 à 8 €

Une structure née de la fusion des coopératives Canteperdrix et Terres d'Avignon. L'ensemble, d'envergure, regroupe quelque 1 400 ha de vignes entre Avignon et les pieds du mont Ventoux.

Issu exclusivement de muscat de Hambourg, ce rosé atypique séduit par sa robe pâle, lumineuse, et par son nez très expressif de fruits exotiques et de violette. Puis une farandole de litchi, de citronnelle et d'agrumes se déploie dans un palais gourmand, persistant et frais, égayé par une finale suave et longue. Un rosé de grande classe. ⧗ 2018-2020

DEMAZET VIGNOBLES,
457, av. Aristide-Briand, 84310 Morières-lès-Avignon, tél. 04 90 22 65 64, vignobles@demazet.com t.l.j. 9h-12h30 14h30-18h30

DOM. FOND CROZE Chardonnay 2017 ★

	2 000		5 à 8 €

Un domaine fondé après la Seconde Guerre mondiale par Charles Long. Ses petits-fils Bruno et Daniel, qui ont créé la cave en 1997, conduisent aujourd'hui un vignoble de 80 ha certifié bio. Leurs vins sont souvent en bonne place dans le Guide.

Une seyante robe dorée habille ce vin ouvert sur des arômes d'amande et de fruits blancs légèrement confits. Une aromatique que l'on retrouve dans une bouche souple et ronde, dynamisée par une finale plus vive et tonique. ⧗ 2018-2021

FAMILLE LONG, 155, rte de Cairanne, 84290 Saint-Roman-de-Malegarde, tél. 06 31 63 01 75, fondcroze@hotmail.com t.l.j. sf dim. 9h-17h

MARRENON Roséfine 2017

	120 000	- de 5 €

Le Cellier Marrenon a été fondé en 1966 par Amédée Giniès, l'un des principaux artisans de la reconnaissance en AOC des vins du Luberon. Il regroupe neuf coopératives dans les AOC luberon et ventoux: pas moins de 1 200 adhérents et de 7 200 ha. Deux étiquettes: Marrenon et Amédée.

De robe très pâle, au nez d'agrumes et de fleurs blanches, ce jeune rosé affiche en bouche un joli volume allié à une vivacité de bon aloi. Souple et agréable. ⧗ 2018-2019

MARRENON,
rue Amédée-Giniès, 84240 La Tour-d'Aigues, tél. 04 90 07 40 65, sabrina.fillod@marrenon.com r.-v.

DOM. DU MAS BLEU Blue Touch 2017 ★

	10 000	5 à 8 €

Eau-de-vie de marc de Provence, liqueur de thym, vin cuit provençal, huile d'olive, la production du Mas Bleu ne se limite pas aux coteaux-d'aix-en-provence. Situé entre étang de Berre et Méditerranée, ce domaine familial s'est agrandi en 1996 avec l'acquisition du Val des vignes à Velaux. Il dispose de 35 ha de vignes et de 4 ha d'oliviers.

D'un rose soutenu, cette cuvée offre une olfaction intense et flatteuse: framboise et pêche blanche. C'est surtout en bouche qu'elle a conquis les dégustateurs, en conjuguant remarquablement ampleur, fraîcheur et fruit. Un joli rosé de gastronomie. ⧗ 2018-2020

FAMILLE ROUGON,
6, av. de la Côte-Bleue, 13180 Gignac-la-Nerthe, tél. 04 42 30 41 40, contact@mas-bleu.com r.-v. 5

DOM. L'OPPIDUM DES CAUVINS Atrium 2017

	280 000	- de 5 €

Établis au cœur du massif de la Trévaresse, à Rognes, et producteurs en coteaux-d'aix-en-provence (dont ils sont l'une des valeurs sûres), Rémy et Dominique Ravaute exploitent aussi le Clos de la Tuilière, un vignoble de 10 ha en Luberon, sur l'autre rive de la Durance. Leur domaine provençal doit son nom à une ancienne place forte néo-romaine.

Ce rosé couleur framboise offre une bouche équilibrée de belle finesse. Simple, mais très agréable: un rosé de copains. ⧗ 2018-2019

DOM. L' OPPIDUM DES CAUVINS, RD 543, Les Cauvins, 13840 Rognes, tél. 04 42 50 29 40, oppidumdescauvins@wanadoo.fr V t.l.j. sf dim. lun. 9h-12h 14h-19h *Rémy Ravaute*

LA ROMAINE 2017 ★

	10 000		- de 5 €

Fondée en 1924, une des premières coopératives du Vaucluse, qui regroupe aujourd'hui 280 vignerons et plus de 1 400 ha de vignes. Elle propose des côtes-du-rhône, côtes-du-rhône-villages, ventoux, ainsi que des IGP Méditerranée et Coteaux des Baronnies.

Issu d'un assemblage de grenache et de cinsault, ce rosé offre un nez très aromatique évoquant la rose et la fraise écrasée. La bouche, ensoleillée, généreuse, est tendue par une belle vivacité qui confère à l'ensemble équilibre et longueur. ⧗ 2018-2019

CAVE LA ROMAINE, 95, chem. de Saumelongue, 84110 Vaison-la-Romaine, tél. 04 90 36 55 90, adv@cave-la-romaine.com V t.l.j. 9h-12h30 14h-18h30; dim. 9h-12h; f. dim. nov-mars

LE TEMPS DES PLAISIRS 2017 ★

	15 000	5 à 8 €

Le Temps des Sages est le nom pris par une petite coopérative née en 1929 sous l'impulsion des vignerons de Cabrières-d'Aigues, un terroir situé sur le versant sud du Luberon à une soixantaine de kilomètres de Marseille. Elle produit en AOC luberon et en IGP Méditerranée.

Encore discret, le nez de cette cuvée de pur grenache s'ouvre à l'aération sur d'élégantes nuances de fruits rouges. Des fruits que l'on retrouve dans une bouche souple, précise et très élégante. Un rosé expressif et flatteur. ⧗ 2018-2019 **Chardonnay 2017 ★ (5 à 8 €; n.c.)** : un joli vin aux tonalités exotiques (fruit de la Passion) au nez comme en bouche, tendre et rond en bouche, sans toutefois manquer de fraîcheur. Un ensemble harmonieux. ⧗ 2018-2021 **Merlot 2016 (5 à 8 €; 10 000 b.)** : vin cité.

LE TEMPS DES SAGES, 4, rue du Bout-de-Viere, 84240 Cabrières-d'Aigues, tél. 04 90 77 76 29, contact@letempsdessages.com V t.l.j. sf dim. 9h-12h 14h-18h

VIGNELAURE Le Page 2017

	10 000		8 à 11 €

Ce château de belle notoriété fut constitué à partir de la fin des années 1960 par Georges Brunet, ancien propriétaire du Ch. la Lagune, cru classé du Médoc. Les vignes, qui s'étendent sur 55 ha au pied de la montagne Sainte-Victoire, font la part belle au cabernet-sauvignon et à la syrah. Propriétaire depuis 2007, Bengt Sundström est aussi amateur et marchand d'art.

Ce rosé issu de cabernet-sauvignon et de merlot se révèle très pâle et offre une olfaction centrée sur des notes exotiques (mangue, fruit de la Passion) et florales. Ces sensations persistent dans un palais ample et harmonieux, à la finale acidulée. ⧗ 2018-2020

CH. VIGNELAURE, rte de Jouques, 83560 Rians, tél. 04 94 37 21 10, info@vignelaure.com V r.-v.

IGP PRINCIPAUTÉ D'ORANGE

LA CAVE LES COTEAUX DU RHÔNE
La Balade de Coline 2017

	100 000	- de 5 €

Fondée en 1926, la cave Les Coteaux du Rhône, coopérative de Sérignan-du-Comtat, propose une large gamme allant des vins en IGP aux AOC comme vacqueyras, en passant par les côtes-du-rhône et les *villages*.

Un rosé croquant, délicat, aux saveurs de fruits rouges et d'agrumes, et à la bouche associant rondeur et longueur. Simple mais efficace. ⧗ 2018-2019

CAVE LES COTEAUX DU RHÔNE, BP 7, 57, chem. Derrière-le-Parc, 84830 Sérignan-du-Comtat, tél. 04 90 70 04 22, coteau.rhone@orange.fr V t.l.j. sf dim. 9h-12h30 14h-19h

IGP VAUCLUSE

DOM. ALLOÏS L'Éveil 2017

	1300		11 à 15 €

Après plusieurs expériences dans diverses régions viticoles de France et plus particulièrement en Bourgogne, François Busi a repris en 2008 le domaine familial: 6 ha à son arrivée, 25 ha aujourd'hui, conduits en agriculture biologique.

Mi-ugni blanc mi-viognier, ce vin dévoile des parfums d'aubépine et de bourgeon de cassis. Une palette aromatique reprise par une bouche équilibrée, ronde et fraîche à la fois, et de bonne longueur. ⧗ 2018-2020

FRANÇOIS BUSI, Le Boisset, 84750 Caseneuve, tél. 04 90 74 41 16, contact@domaine-allois.com V t.l.j. sf dim. 14h-19h

DOM. DES ASSEYRAS
Reflets Marselan 2017

	3000		8 à 11 €

Un vignoble de 35 ha établi sur les hauteurs de Tulette, déjà planté de vignes au Moyen Âge et dans la famille Blanc depuis 1937. Depuis 1998, c'est Daniel qui est aux commandes.

Le marselan donne ici un vin un peu fermé à l'olfaction, avec des notes animales et de sous-bois. La bouche se montre concentrée et ferme, le gage d'une bonne évolution. ⧗ 2019-2023

DANIEL BLANC, 425, rte de Valréas, 26790 Tulette, tél. 04 75 98 30 81, asseyras@gmail.com V t.l.j. 9h-12h 14h-19h; dim. sur r.-v.

♥ **AURETO** Tramontane 2016 ★★

	17 000		15 à 20 €

Ce domaine de 36 ha créé en 2007 est rattaché au complexe hôtelier de luxe *La Coquillade*, établi au cœur du parc du Luberon, propriété des Wunderli. La vinification est confiée à l'œnologue Aurélie Julien.

Assemblage original de caladoc, de syrah et de marselan, ce vin d'un beau rouge foncé convoque les senteurs de sous-bois, les épices, la réglisse et les fruits rouges à l'olfaction. En bouche, il apparaît ample, rond et bien structuré par des tanins fermes et fins. Du caractère et du potentiel. ⧗ 2019-2023 ■ **Alouette 2017 ★ (8 à 11 €; 6621 b.)** : cet assemblage mi-cinsault mi-grenache s'ouvre sur un joli nez à la fois floral (acacia) et fruité (pêche blanche, fruits exotiques). À l'unisson, le palais se montre friand et charmeur. ⧗ 2018-2019

WERNER WUNDERLI, chem. de la Coquillade, 84400 Gargas, tél. 04 90 74 54 67, info@aureto.fr V t.l.j. 10h-19h Andy Rihs

LA BASTIDE SAINT-VINCENT
Mademoiselle Garance 2016

■ | 14000 | | - de 5 €

Installé dans une ancienne ferme rénovée aux airs de bastide, dont certains éléments datent du XVIIᵉs., Laurent Daniel, ancien responsable commercial export dans un négoce de vin, a repris en 2001 ce vignoble familial de 23 ha très morcelé, réparti dans six communes. Un habitué du Guide, d'une régularité sans faille.

Garance est la fille de Laurent Daniel. Dans le verre, un vin au nez de fruits rouges frais et d'épices, au palais bien structuré mais encore assez sévère en finale. À attendre un peu. ⧗ 2019-2023

LAURENT DANIEL, 1047, rte de Vaison, 84150 Violès, tél. 04 90 70 94 13, bastide.vincent@free.fr V t.l.j. sf dim. 9h-12h 14h-19h

DOM. BENEDETTI 2017

■ | 8000 | | - de 5 €

Conduit par Christian Benedetti, ce domaine sorti de la coopérative en 1997 s'est rapidement tourné vers le bio (en 2001) pour mettre en valeur ses 26 ha de vignes. Depuis 2009, la gestion est assurée par le fils Nicolas.

De douces senteurs fruitées s'échappent de ce pur cinsault à la bouche harmonieuse et gourmande. Simple mais efficace. ⧗ 2018-2019

BENEDETTI, chem. Gariguette, 84850 Camaret-sur-Aigues, tél. 06 48 03 57 56, domainebenedetti@yahoo.fr V r.-v.

PIERRE CHAVIN Vallis Terra 2017

■ | 200000 | | 5 à 8 €

Une jeune maison de négoce créée en 2010 par Fabien Gross, présente sur différents vignobles français, qui vise des «créations haute couture» et du «prêt-à-consommer».

Grenache (70 %) et syrah pour ce vin au nez intense de fruits rouges agrémenté de nuances florales. La bouche reste sur le fruit et séduit par sa souplesse. ⧗ 2018-2021

PIERRE CHAVIN, 2, bd Jean-Bouin, 34500 Béziers, tél. 04 67 90 12 60, info@pierre-chavin.com V r.-v.

DOM. DE LA CITADELLE
Court Métrage 2017 ★

■ | 8000 | | 5 à 8 €

Yves Rousset-Rouard était producteur de cinéma dans une ancienne vie. C'était avant d'acquérir en 1990 un vieux mas entouré de 8 ha de vignes au pied de Ménerbes. Rejoint en 1995 par son fils Alexis, il exploite aujourd'hui près de 48 ha, répartis en 70 parcelles, et cultive quinze cépages différents. Domaine en conversion bio.

Le chardonnay et la clairette comme acteurs principaux dans ce Court Métrage, à parts égales. Pour le décor aromatique, des fruits blancs mûrs, des nuances florales et miellées et un bon boisé vanillé. En bouche, du volume et de la douceur, et plutôt un format long métrage. ⧗ 2018-2021

YVES ET ALEXIS ROUSSET-ROUARD, 601, rte de Cavaillon, 84560 Ménerbes, tél. 04 90 72 41 58, contact@domaine-citadelle.com V t.l.j. 9h-12h30 14h-19h

CLOS DE GARAUD
Léluza 2017 ★★

■ | 4900 | | 8 à 11 €

Niché à Caromb, entre le Mont Ventoux et les Dentelles de Montmirail, le Clos de Garaud a été créé en 2014 par Jérémy Sagnier, issu d'une lignée enracinée dans cette région depuis 1560. Le domaine produit à la fois des ventoux et des vins en IGP sur une superficie de 20 ha.

Les fidèles lecteurs du Guide ont déjà vu cette étiquette dans ces pages: c'était l'an dernier et le vin était coup de cœur. La version 2016 – toujours un pur cabernet franc – n'a pas à rougir. Au nez, les fruits rouges se mêlent harmonieusement aux épices, à la cannelle notamment. En bouche, la même ligne aromatique, du volume, de la longueur et une texture soyeuse. Déjà délicieux, ce vin vieillira bien. ⧗ 2018-2023

MORARD-SAGNIER, 974, chem. de Serres, 84330 Caromb, tél. 06 14 63 25 76, closdegaraud@gmail.com V t.l.j. sf dim. 9h-12h 15h-19h; f. janv.

DOM. DE DIONYSOS
Toute nue... Pour votre plaisir! 2017 ★

■ | 7038 | | 8 à 11 €

C'est en 1720 que la famille Farjon s'installe sur les terres d'Uchaux, fuyant alors Marseille et la peste qui y sévit. Depuis, sept générations y ont cultivé la vigne. Benjamin Farjon a pris les rênes du domaine en 2011, associé à son beau-frère Michel Berger. Ensemble, ils exploitent en biodynamie un vignoble de 61 ha.

La seule syrah est à l'œuvre dans ce vin d'un rouge soutenu, ouvert sur d'intenses notes de fruits rouges. La bouche est équilibrée, à la fois ronde et fraîche, étayée par des tanins fondus. ⧗ 2018-2021

FARJON, 55, imp. de la Cave, Les Farjon, 84100 Uchaux, tél. 04 90 40 60 33, contact@domainededionysos.com V t.l.j. sf dim. 9h-12h 14h-18h

DOM. FONTAINE DU CLOS Liberté 2017

■ | 60000 | | 5 à 8 €

Les Barnier (aujourd'hui Jean-François) sont enracinés sur leurs terres de Sarrians où ils sont vignerons et pépiniéristes viticoles. Au cœur de l'exploitation, une fontaine donne son nom à leur vaste vignoble (100 ha) planté de quelque quarante cépages.

Syrah (65 %), petit verdot et cabernet franc, un assemblage atypique pour ce vin un peu animal à l'olfaction, qui s'ouvre sur le fruit à l'aération. En bouche, un côté réglissé, un bon volume et une structure en place, un brin sévère en finale. ⧗ 2019-2023

JEAN-FRANÇOIS BARNIER, 735, bd du Comté-d'Orange, 84260 Sarrians, tél. 04 90 65 59 39, cave@fontaineduclos.com V t.l.j. sf dim. 9h30-12h 14h30-19h

DOM. LA GARELLE
Merlot et syrah 2017

■	10000	🍾	5 à 8 €

Un domaine créé en 1995 par le Néerlandais Robert Vlasman, repris et rénové (nouvelles plantations, climatisation des chais, création d'un sentier œnologique) à partir de 2008 par l'ingénieur agronome Alain Audet, à la tête aujourd'hui de 30 ha de vignes.

Ce rosé pâle aux reflets saumonés dévoile au nez des arômes de fruits confits et de fleurs blanches. En bouche, il se montre soyeux, harmonieux et séduit par sa finale finement réglissée. ⧗ 2018-2019

AUDET, 4803, rte de Ménerbes, 84580 Oppède, tél. 04 90 72 31 20, info@lagarelle.fr V r.-v.

DOM. DU PUY MARQUIS
La Petite Reine 2016 ★

■	2800	⬤	8 à 11 €

Ancien cycliste professionnel, coéquipier de Jacques Anquetil, Claude Leclercq a posé son vélo en 1980 pour créer ce domaine planté à 450 m d'altitude, face au Luberon. Le domaine couvre 25 ha, dont 11 ha de vignes, en bio depuis 2017.

Un nom de cuvée qui renvoie bien entendu au passé sportif de Claude Leclercq. Dans le verre, un 100 % merlot ouvert sur la griotte cuite, les fruits noirs, le tabac et le fumé. Arômes prolongés par une bouche ample, ronde et puissante. Un vin qui tiendra bien la distance, plutôt maillot à pois que maillot vert du meilleur sprinteur… ⧗ 2020-2025

CLAUDE LECLERCQ, Dom. du Puy Marquis, 84400 Apt, tél. 04 90 74 51 87, domainedupuymarquis@yahoo.fr V t.l.j. sf dim. 9h-12h30 14h-18h30

CAVE SAINT-MARC Collection 2017

■	69000	- de 5 €

Cette cave coopérative doit son nom à la proximité d'un oratoire dédié à saint Marc, patron des vignerons de Provence. Fondée en 1928, elle vinifie 1 200 ha de vignes et fédère aujourd'hui quelque trois cents familles de vignerons.

Un rosé moderne, très pâle, au bouquet de pamplemousse et de fleurs blanches. En bouche, il apparaît tonique et vif, marqué par le bonbon anglais en finale. ⧗ 2018-2019

CAVE SAINT-MARC, 667, av. de l'Europe, BP 16, 84330 Caromb, tél. 04 90 62 40 24, ma.gl@cave-saint-marc.fr

TERRES VALDÈZE Chardonnay 2017

■	6000	🍾	5 à 8 €

Premier producteur de l'AOP luberon, cette cave coopérative fondée en 1924 vinifie la production de 300 vignerons et 2 700 ha de vignes répartis sur dix-huit communes du parc naturel régional du Luberon.

De jeunes ceps de chardonnay (quinze ans) ont donné naissance à un vin expressif, ouvert sur les fruits blancs. Un fruité auquel fait écho une bouche vive et de bonne longueur. ⧗ 2018-2020

SCA TERRES VALDÈZE, 288, bd de la Libération, 84240 La Tour-d'Aigues, tél. 04 90 07 42 12, valdeze@terres-valdeze.fr V t.l.j. sf dim. lun. 9h-12h30 15h-19h

TENDRE ROSÉ DE LA VERRIÈRE 2017

■	8000	🍾	5 à 8 €

Le roi René de Provence, alors propriétaire des lieux, fit venir ici des verriers italiens en 1470. Le domaine appartient aux Maubert depuis 1969 (avec Jacques aux commandes depuis 1985) et étend ses 26 ha de vignes en coteaux sur les contreforts du Ventoux.

Pâle et limpide, ce rosé dévoile un nez mêlant la pêche et l'acacia. La bouche prolonge cette palette aromatique en la ponctuant d'une pointe de vivacité en finale. Équilibré et alerte. ⧗ 2018-2019

JACQUES MAUBERT, 2673, chem. de la Verrière, 84220 Goult, tél. 04 90 72 20 88, laverriere2@wanadoo.fr V t.l.j. sf dim. 9h-12h 14h-18h

Le Luxembourg

SUPERFICIE : 1 258 ha

PRODUCTION : 81 249 hl

TYPES DE VINS : Blancs secs et moelleux ultramajoritaires (vendanges tardives, vins de glace, vins de paille); vins effervescents (crémant-de-Luxembourg); rouges et rosés.

CÉPAGES PRINCIPAUX

Rouges : pinot noir (parfois vinifié en blanc), saint-laurent.

Blancs : auxerrois, riesling, pinot blanc, rivaner, elbling, pinot gris, gewurztraminer, chardonnay.

LES VINS DU LUXEMBOURG

Petit État prospère au cœur de l'Union européenne, situé à la charnière des mondes germanique et latin, le Grand-Duché de Luxembourg est un pays viticole à part entière. La consommation de vin par habitant y est proche de celle que l'on observe en France et en Italie. Le vignoble s'inscrit le long du cours sinueux de la Moselle, dont les coteaux portent des ceps depuis l'Antiquité. Longtemps pourvoyeur de vins ordinaires, le Grand-Duché s'est orienté depuis les années 1930 vers une politique de qualité. La production vinicole du Grand-Duché est confidentielle, à la mesure de sa modeste superficie. Essentiellement des vins blancs, vifs et aromatiques.

Dès l'Antiquité. On sait l'importance que prit le vignoble mosellan au IVe s., lorsque Trèves – très proche de la frontière actuelle du Grand-Duché de Luxembourg – devint résidence impériale et l'une des quatre capitales de l'Empire romain. Aujourd'hui, sur 42 km, de Schengen à Wasserbillig, les coteaux de la rive gauche de la Moselle forment un cordon continu de vignobles, autour des cantons de Remich et de Grevenmacher. Orientés au sud et au sud-est, ceux-ci bénéficient de l'effet bienfaisant des eaux du fleuve, qui estompent les courants d'air froid venant du nord et de l'est, et modèrent l'ardeur du soleil de l'été. En raison de leur latitude septentrionale (49 degrés de latitude N), ils produisent presque exclusivement des vins blancs. Près de 24 % d'entre eux proviennent du cépage rivaner (ou müller-thurgau). L'elbling, cépage typique du Luxembourg (7 % de la surface viticole), donne un vin léger et rafraîchissant. Les vins les plus recherchés proviennent des cépages auxerrois, riesling, pinot blanc, chardonnay, pinot gris, pinot noir et gewurztraminer.

Une stricte politique de qualité. Avec le millésime 2014, un nouveau système de qualité pour les vins de l'Appellation d'origine protégée-Moselle luxembourgeoise a été introduit. Seuls des vins qui respectent le rendement maximal de 100 hl/ha ont le droit d'utiliser l'indication «Appellation d'origine protégée-Moselle luxembourgeoise». Jusqu'à présent, la qualité des vins était jugée dans le verre, par une dégustation donnant des points aux vins indépendamment de leur rendement. La notion de «qualité dans le verre» est désormais remplacée par le principe d'origine. Un principe qui s'énonce ainsi: «Plus l'unité géographique est petite, plus elle fait ressortir la notion de terroir.» Et plus l'aire géographique est restreinte, plus les critères de qualité à remplir – en particulier le rendement – sont stricts.

Les vins sont produits par des viticulteurs coopérateurs (54,4 % de la production), par des vignerons indépendants (30 %) et par des négociants (15,6 %). L'Institut Viti-Vinicole à Remich est le siège d'un centre de recherches et de l'organisation officielle de la viticulture.

MOSELLE LUXEMBOURGEOISE

DOM. BECK-FRANK
Pinot Noir Greiveldange Herrenberg 2017 ★

■ | 3000 | 🍾 | 5 à 8 €

Un domaine familial de 7,5 ha implanté à Greiveldange, village de la commune de Stadtbredimus situé dans une vallée perpendiculaire à la Moselle. Il est conduit par Tom Beck qui a pris la suite de son père en 1999, après ses études de viticulture-œnologie.

Rose saumoné, ce rosé offre un nez frais et fruité, sur la groseille et les petits fruits des bois. Ces arômes se prolongent dans un palais très équilibré, gourmand et tonique, bien équilibré. Parfait pour des grillades. ⧗ 2018-2020

TOM BECK, 10, Bréil, Greiveldange, 5426 Stadtbredimus, tél. 69 82 92, vins.beck@pt.lu V r.-v.

♥ BERNA Riesling Palmberg 2017 ★★

■ | 2800 | 11 à 15 €

Les caves Berna sont établies au cœur du village d'Ahn, sous la maison des vignerons. Aujourd'hui épaulé par son fils Marc, Raymond Berna exploite un vignoble d'environ 8 ha.

Au nez, un enchantement: les fruits mûrs, l'ananas, l'abricot, la pêche, la mirabelle se bousculent au-dessus du verre, teintés de minéralité. Les qualités de ce vin ne s'arrêtent pas à cette palette flatteuse. Ces arômes sont mis en valeur par un palais dense, gras, charpenté et persistant, tendu par une acidité cristalline qui lui donne une dimension supérieure, celle des grands rieslings de gastronomie. Un dégustateur suggère pour l'accompagner des ravioles aux langoustines. ⧗ 2018-2023 ■ **Gd 1er cru Pinot gris Vogelsang Vieilles Vignes 2017 ★★★ (15 à 20 €; 1400 b.)** : à la robe jaune doré répond un nez à la très belle expression fruitée, à la fois mûre et fraîche, entre poire, abricot et agrumes. En bouche, ce pinot gris s'impose par sa puissante structure, par sa rondeur et par sa finale intense, fraîche et explosive. ⧗ 2018-2022 ■ **Gd 1er cru Pinot gris Vogelsang 2017 ★ (11 à 15 €; 4300 b.)** : si la robe est pâle, jaune clair aux reflets verts, le nez est expressif, concentré et complexe, bien typé du cépage avec ses arômes de pêche et d'abricot nuancés de touches florales. Dans le même registre, la bouche très équilibrée, délicate et complexe offre elle aussi une belle gamme de fruits blancs. ⧗ 2018-2021

CAVES BERNA, 7, rue de la Résistance, 5401 Wormeldange, tél. 76 02 08, berna@pt.lu V *r.-v.*

BERNARD-MASSARD
Gewürztraminer Grevenmacher 2017 ★★★

■ Gd 1er cru | 4400 | 🍾 | 8 à 11 €

Créée en 1921 par Jean Bernard-Massard, œnologue luxembourgeois formé en Champagne, cette maison de négoce appartient aujourd'hui à la famille Clasen. Elle possède notamment le domaine de Grevenmacher,

le domaine Thill - Château de Schengen (12,5 ha) et le Clos des Rochers (près de 20 ha).

Avec son nez explosif, sur la rose et les fruits exotiques, ce gewürztraminer présente à un haut degré les qualités aromatiques du cépage. On retrouve ces nuances exubérantes de litchi, enrichies de poire mûre, dans une bouche structurée et longue. Avec sa douceur exempte de toute lourdeur, ce vin pourra accompagner des desserts... et aussi nombre de mets sucrés-salés. ⌛ 2017-2021

SA CAVES BERNARD-MASSARD, 8, rue du Pont, 6773 Grevenmacher, tél. 75 05 451, info@bernard-massard.lu V ✝ *t.l.j. 9h-18h; f. nov.-mars*

CEP D'OR Riesling Stadtbredimus Fels 2017 ★

	2500	11 à 15 €

Les origines de ce domaine remontent au XVIIIes.: en 1762, les Vesque, originaires de Lorraine, s'installent à Stadtbredimus comme métayers du château. La famille gère toujours un vignoble de 15 ha, avec depuis 2002 à sa tête Jean-Marie Vesque, rejoint en 2010 par Lisa. Le chai a été construit en 1995.

Un riesling plaisant par l'intensité et la complexité de son nez, mêlant les fruits et les fleurs jaunes. Ces parfums traduisent une belle maturité qui se confirme dans une bouche expressive et tout aussi complexe, à la fois riche, volumineuse et fraîche. De la présence et de la finesse. ⌛ 2018-2023 **Auxerrois Stadtbredimus Coteaux 2017 (8 à 11 €; 1300 b.)** : vin cité.

DOM. CEP D'OR, 15, rte du Vin, 5429 Hettermillen, tél. 76 83 83, info@cepdor.lu V ✝ *t.l.j. 8h-12h 14h-19h*
Famille Vesque

♥ **DOM. CLOS DES ROCHERS**
Riesling Ahn Palmberg 2016 ★★

Gd 1er cru	1500		20 à 30 €

Dans la famille Clasen (par ailleurs à la tête de Bernard-Massard) depuis le XIXes., ce domaine a été progressivement étendu pour couvrir aujourd'hui 16 ha de vignes réparties en quelque 35 parcelles sur les communes de Grevenmacher, Ahn et Wormeldange.

Après un pinot gris 2016 superbe dans la dernière édition, voici un riesling qui a fait l'unanimité par son élégance. Sa robe jaune doré est de bon augure. Bien ouvert et d'une grande finesse, son nez marie harmonieusement des notes mûres de fruits jaunes et des senteurs toniques d'agrumes. Une attaque franche ouvre sur un palais remarquable par sa tenue et sa fraîcheur. Un riesling de fête pour une dégustation mémorable. ⌛ 2018-2023

SARL DOM. CLOS DES ROCHERS, 8, rue du Pont, 6773 Grevenmacher, tél. 75 05 45 1, info@clos-des-rochers.lu V ✝ *t.l.j. 9h-18h; f. nov.-mars*

DOM. DESOM
Riesling Wormeldange Wousselt 2017 ★★

Gd 1er cru	n.c.	11 à 15 €

En 1925, les Desom fondent une maison de négoce, les Caves Saint-Remy. La société est installée à Remich, face à la Moselle, dans une ancienne filature ayant appartenu au poète luxembourgeois Edmond de la Fontaine. La famille possède aussi un vignoble en propre de 13 ha. L'ensemble est aujourd'hui dirigé par Albert, Georges et Marc Desom.

Un riesling remarquable par le raffinement de son bouquet, bien ouvert sur les fleurs blanches, avec une touche de fruits exotiques. Tout aussi aromatique en bouche, d'une belle présence, il conjugue ampleur et élégance et offre une grande persistance. On le verrait bien avec des saint-jacques, des crustacés et des poissons cuisinés. ⌛ 2018-2023 **Gd 1er cru Riesling Wormeldange Köppchen 2017 (11 à 15 €; n.c.)** : vin cité. **Gd 1er cru Caves Saint-Rémy Desom Riesling Remich Primerberg 2017 (8 à 11 €; n.c.)** : vin cité. **Gd 1er cru Caves Saint-Rémy Desom Gewürztraminer Schwebsange Kolteschberg 2017 (8 à 11 €; n.c.)** : vin cité. **Gd 1er cru Pinot gris Stadtbredimus Dieffert 2016 (11 à 15 €; n.c.)** : vin cité.

⊶ CAVES SAINT-REMY-DESOM, 9, rue Dicks, 5521 Remich, tél. 23 60 40, desom@pt.lu V t.l.j. sf sam. dim. 8h-12h 13h30-17h30

MME ALY DUHR ET FILS
Pinot gris Wintrange Hommelsberg 2017 ★★★

800		15 à 20 €

En 2011, les frères Ben et Max Duhr, petits-fils d'Aly Duhr, ont repris les rênes de ce domaine familial de 11 ha créé en 1872. Constitué au fil des générations, leur vignoble est disséminé sur les coteaux d'Ahn, Wormeldange, Machtum, Grevenmacher, Metert et Remich, si bien que ces vignerons disposent d'une grande variété de terroirs.

Issu d'un coteau argilo-calcaire, ce pinot gris à la robe jaune doré a fait grande impression. Le nez très expressif libère des parfums de fruits exotiques d'une rare finesse. On retrouve ces fruits dans une belle attaque, qui ouvre sur un palais gras à souhait, d'une puissance imposante, tonifié par une fraîcheur minérale qui souligne sa longue finale. Un vin fait pour la table. ⧗ 2018-2023 **Riesling Wormeldange Nussbaum 2016 ★ (11 à 15 €; 4 000 b.)** : si la robe est pâle, le nez apparaît très expressif. Les arômes de fruits jaunes teintés d'épices douces traduisent une vendange très mûre, voire surmûrie (on y décèle un côté botrytisé). Des notes de fruits exotiques se déploient dans une bouche assez ronde mais équilibrée et longue, marquée par la présence de sucres résiduels. ⧗ 2018-2022 **Pinot noir Rosé 2017 ★ (8 à 11 €; 7 000 b.)** : d'un rose franc, la robe est avenante. La suite de la dégustation ne déçoit pas; ce rosé offre de plaisants arômes de fruits rouges acidulés et surtout la fraîcheur appréciée dans ces vins. Il a assez de tenue pour accompagner tout un repas, qu'il s'agisse de grillades ou de cuisine asiatique. ⧗ 2018-2020

⊶ DOM. MME ALY DUHR, 9, rue Aly-Duhr, 5401 Ahn, tél. 76 00 43, info@alyduhr.lu V r.-v.

♥ CAVES GALES
Pinot gris Remich Hopertsbour 2017 ★★★

Gd 1er cru	3500		8 à 11 €

Fondée en 1916, cette maison familiale a plus de cent ans d'existence. Marc Gales, qui représente la troisième génération, est à sa tête, rejoint par sa fille Isabelle. La structure dispose d'un vignoble de 13 ha, d'un centre de vinification récent à Ellange-Gare et a racheté le Dom. Saint-Martin à Remich en 1984.

Du coteau du Hopertsbour, cette maison a tiré un pinot gris à la robe discrète, qui surprend très agréablement par ses arômes toastés, légèrement fumés, et par sa belle attaque en bouche. Sa puissance imposante est équilibrée par une fraîcheur qui lui donne relief, finesse et potentiel. Cette bouteille se bonifiera en cave et accompagnera viandes blanches, poissons cuisinés et fromages. ⧗ 2018-2023 **Gd 1er cru Caves Saint-Martin Riesling Charta Schengen Prestige 2017 (11 à 15 €; 700 b.)** : vin cité.

⊶ SA CAVES GALES, 6, rue de la Gare, 5690 Ellange-Gare, tél. 23 69 90 93, info@gales.lu V t.l.j. sf lun. 10h-12h 13h-18h; f. nov.-mars

DOM. KEYSER-KOHLL
Riesling Ehnen Kelterberg Muschelkalk 2017

3000		8 à 11 €

Depuis le XVIIe s., la famille Kohll cultive la vigne à Ehnen. Le vignoble couvre à présent quelque 7 ha plantés notamment d'auxerrois, de pinots blanc, gris et noir, de chardonnay et de riesling. Il est conduit depuis 2002 par Esther Kohll-Reuland et par son gendre Frank Keyser qui officie au chai.

Un riesling bien typé et plaisant: le nez, tonique, se partage entre les agrumes et l'abricot, avec une touche florale. La bouche dévoile une bonne structure, avec cette fraîcheur propre au cépage et tout à fait adaptée aux produits de la mer. ⧗ 2018-2021

⊶ DOM. KEYSER-KOHLL BY KOHLL-REULAND, 12, Hohlgaass, 5418 Ehnen, tél. 26 74 77 72, mkohll@pt.lu V r.-v. *⊶ Frank Keyser*

DOM. VITICOLE KOHLL-LEUCK
Pinot gris Ehnen Rousemen 2017 ★★

12400		8 à 11 €

Un domaine familial fondé en 1900. Marie-Cécile et Raymond Kohll-Leuck ont transmis en 2011 leur vignoble de 12 ha à leur fils Luc et à son beau-frère Claude Scheuren.

Ce coteau d'Ehnen aux sols calcaires a valu au domaine un brillant palmarès: blancs ou gris, les pinots y prospèrent. Cette année, un pinot gris mêlant au nez la pêche, la poire, des épices douces et des notes fumées. La bouche, à l'unisson, montre la puissance et la belle carrure des vins issus de ce cépage, avec un remarquable équilibre et de la persistance. ⧗ 2018-2022

⊶ DOM. VITICOLE KOHLL-LEUCK, 4, An der Borreg, 5419 Ehnen, tél. 76 02 42, domaine@kohll.lu V r.-v.

L. ET R. KOX
Riesling Schwebsange Kolteschberg 2016

4000		8 à 11 €

La famille avait vignes et cave à Remich. François Kox s'est fait vigneron, fondant le domaine et le transmettant en 1977, avec la passion du métier, à son fils Laurent Kox, marié à Rita. Le viticulteur a porté la surface du vignoble à 12 ha. Pionnier du crémant, expérimentateur (cépages oubliés ou résistants, élevages en jarres de Georgie – ce que le vigneron appelle la «rétro-innovation»), il choie le riesling et propose une gamme diversifiée (vins de glace, vins de paille, vins orange).

Un riesling à la robe jeune, or clair aux reflets dorés, et au nez frais, ajoutant une pointe minérale de silex à ses légers parfums de citron et de fruits blancs. En bouche, il dévoile une rondeur avenante et des arômes de fruits mûrs, équilibrés par une acidité bien fondue qui étire la finale. Une bouteille harmonieuse. ⧗ 2018-2021

⊶ LAURENT KOX, 6A, rue des Prés, 5561 Remich, tél. 23 69 84 94, kox@pt.lu V r.-v.

DOM. HENRI RUPPERT
Pinot gris Coteaux de Schengen Sélection 12 2016 ★

	10 000		8 à 11 €

En 1680, la famille Ruppert cultivait déjà la vigne du côté de Schengen. En 1990, Henri Ruppert, après avoir étudié à Trèves, reprend la propriété. Il porte sa superficie de 3 à 20 ha, plante notamment des pinots gris et noirs, cépages qu'il affectionne, construit un nouveau site en 2006.

Ce pinot gris à la robe jaune pâle offre un nez très ouvert, aux parfums bien typés de fruits jaunes, accompagnés d'une légère touche miellée. Ce fruité mûr et concentré s'épanouit en bouche et opère un beau retour en finale. L'attaque ronde est relayée par une acidité croquante qui confère à cette cuvée un équilibre très plaisant. ⌛ 2018-2021 **Pinot blanc Coteaux de Schengen Barrique 2016 (20 à 30 €; 8000 b.)** : vin cité.

DOM. HENRI RUPPERT, 1, Um-Markusberg, 5445 Schengen, tél. 26 66 55 66, hruppert@pt.lu

CH. DE SCHENGEN Auxerrois 2017

	6900		8 à 11 €

Situé au sud du Luxembourg, le Ch. de Schengen a eu en 1871 un hôte illustre, Victor Hugo, qui a réalisé une aquarelle représentant la tour, reproduite sur nombre d'étiquettes. Ses 14 ha de vignes en font l'un des domaines qui comptent au Grand Duché. En 1986, la propriété a été rachetée par le groupe Bernard-Massard.

Dans le vignoble du Grand-Duché, l'auxerrois est considéré comme un cépage noble. Celui-ci séduit par ses arômes d'une bonne complexité, aux nuances de fleurs, d'agrumes et de fruits exotiques. Équilibré et frais en bouche, il montre l'acidité mesurée du cépage. Il conviendra aussi bien à l'apéritif qu'au repas. ⌛ 2018-2021

DOM. THILL, 8, rue du Pont, 6773 Grevenmacher, tél. 75 05 451, info@chateau-de-schengen.com t.l.j. 9h-18h; f. nov.-mars

DOM. SCHUMACHER-KNEPPER
Pinot gris Wintrange Felsberg 2017

Gd 1er cru	4200		11 à 15 €

Ce domaine se transmet de père en fils depuis 1714. En 1965, il s'agrandit grâce au rachat du vignoble du notaire Constant Knepper. En 2003, Frank et Martine Schumacher, représentant la huitième génération, prennent la direction de cette exploitation, qui compte aujourd'hui 9,5 ha. La propriété a considérablement investi dans les énergies renouvelables (solaire, géothermie…).

Ce vignoble qui s'accroche aux pentes escarpées du Felsberg, colline dominant le village de Wintrange, a valu plus d'un coup de cœur aux Schumacher, notamment pour ce pinot gris, dans le millésime 2016. Son successeur est plus discret, en particulier au nez. Il faut l'aérer pour qu'il libère des parfums fruités nuancés de sous-bois. Ce fruité s'affirme dans un palais qui monte en puissance, ample et rond, généreux et suave, reflet d'un raisin bien mûr. ⌛ 2018-2022

DOM. VITICOLE SCHUMACHER-KNEPPER, 28, rte du Vin, 5495 Wintrange, tél. 23 60 45, contact@schumacher-knepper.lu t.l.j. sf dim. 9h-12h 14h-17h30

DOM. SCHUMACHER-LETHAL
Pinot gris Wormeldange Eltenberg 2017 ★

Gd 1er cru	11000	8 à 11 €

Une cave établie sous la protection de la chapelle du Koeppchen. À sa tête, Erny et Monika Schumacher, rejoints par leur fils Tom. Le vignoble, qui s'est beaucoup développé à partir de la fin des années 1960 compte aujourd'hui 14 ha. Il couvre des coteaux très pentus à Wormeldange.

Discret au premier nez, ce pinot gris s'ouvre sur des notes fumées typiques du cépage, rejointes en bouche par des nuances de fleurs et de fruits jaunes. Sa rondeur est équilibrée par une belle acidité qui lui donne du relief, étire sa finale et souligne son expression aromatique. ⌛ 2018-2021 **Gd 1er cru Riesling Wormeldange Wousselt 2017 (8 à 11 €; n.c.)** : vin cité.

SCHUMACHER-LETHAL, 117, rte du Vin, 5481 Wormeldange, tél. 26 74 76 90, contact@schumacher-lethal.lu t.l.j. sf lun. mar. 14h-20h

DOM. SUNNEN-HOFFMANN
Auxerrois Wintrange Hommelsbierg 2017 ★

	1330		11 à 15 €

Fondé en 1872 par Anton Sunnen, ce domaine compte environ 9 ha de vignes conduites en bio (depuis 2001) et en biodynamie. Cinq générations se sont succédé à la tête du vignoble: aujourd'hui Corinne Kox-Sunnen, son frère Yves Sunnen et leurs conjoints Henri Kox et Chantal Sunnen.

Un auxerrois à l'expression aromatique très agréable, entre pêche mûre, fruits exotiques et fleurs blanches. Ce blanc offre en outre une belle présence en bouche, avec son attaque puissante, son développement équilibré et sa finale fraîche. Une bouteille polyvalente qui conviendra aussi bien pour l'apéritif que pour les salades ou les viandes blanches. ⌛ 2018-2021

DOM. SUNNEN-HOFFMAN, 6, rue des Prés, 5441 Remerschen, tél. 23 66 40 07, info@caves-sunnen.lu t.l.j. sf sam. dim. 8h-12h 14h-17h

DOMAINES VINSMOSELLE
Riesling Grevenmacher Paradäis 2017

Gd 1er cru	4300		8 à 11 €

Fondée en 1921, cette cave est la plus ancienne de la Moselle luxembourgeoise. Elle fait partie des Domaines Vinsmoselle qui rassemblent six caves coopératives, 130 collaborateurs et 300 familles de vignerons cultivant plus de 680 ha de vignes.

La robe jaune aux reflets verts est classique. Le nez associe le citron et des notes plus mûres d'abricot. La bouche offre une belle structure et l'agréable fraîcheur typée du cépage. Complexité, finesse, concentration des arômes dessinent le portrait d'un riesling équilibré et plaisant. ⌛ 2018-2021

DOMAINES VINSMOSELLE, Caves de Grevenmacher, 12, rue des Caves, 6718 Grevenmacher, tél. 75 01 75, info@vinsmoselle.lu t.l.j. sf dim. 9h-12h 13h-18h

DOMAINES VINSMOSELLE
Pinot blanc Greiveldange Herrenberg 2017 ★★

Gd 1er cru | 10000 | 5 à 8 €

Cette cave fait partie du Centre d'élaboration des crémants Poll-Fabaire. Elle compte parmi les six caves des Domaines Vinsmoselle qui rassemblent 130 collaborateurs et 300 familles de vignerons cultivant plus de 680 ha de vignes au total.

Une palette aromatique engageante pour ce pinot blanc au nez floral (acacia) et fumé, avec des nuances de sous-bois. La pêche, l'abricot et le miel entrent en scène dans une bouche d'une ampleur remarquée: autant de traits qui confirment une belle maturité. Gourmand, de très belle tenue, ce vin blanc sera parfait à l'apéritif. ⧗ 2018-2021

DOMAINES VINSMOSELLE, Cave de Greiveldange, Hamesgaass, 5427 Greiveldange, tél. 23 69 66, info@vinsmoselle.lu

DOMAINES VINSMOSELLE
Pinot blanc Jongwënzer 2017 ★

Gd 1er cru | n.c. | | 8 à 11 €

Créée en 1948, la cave de Remerschen est la plus méridionale de la Moselle luxembourgeoise. Sur son territoire se trouve la localité de Schengen, devenue célèbre par les Accords de Schengen signés en 1985-1990. Elle fait partie des Domaines Vinsmoselle qui rassemblent six caves coopératives, 130 collaborateurs et 300 familles de vignerons qui travaillent sur plus de 680 ha de vignes. La cave apporte aussi son concours au Centre d'élaboration des crémants Poll-Fabaire.

Élevé en fût de chêne, ce pinot blanc ne porte guère l'empreinte aromatique de son séjour dans le bois. Il libère des senteurs intenses de fleurs blanches et développe en bouche des arômes persistants de pêche, de mirabelle et d'ananas. Reflétant une belle maturité, cette bouteille très équilibrée s'accordera parfaitement avec les quiches. ⧗ 2018-2020

DOMAINES VINSMOSELLE, Caves du Sud Remerschen, 32, rte du Vin, 5440 Remerschen, tél. 23 66 41 65, info@vinsmoselle.lu V r.-v.

DOMAINES VINSMOSELLE
Auxerrois Vin de paille 2016 ★★

Gd 1er cru | n.c. | 30 à 50 €

Fondée en 1930, cette coopérative représente aujourd'hui le plus grand site des Domaines Vinsmoselle, un groupement de six caves qui rassemblent 130 collaborateurs et 300 familles de vignerons cultivant plus de 680 ha de vignes. C'est dans cette cave de Wellenstein qu'a lieu le pressurage des vins de paille.

Dans le vignoble du Grand Duché, l'auxerrois peut fournir des vins de paille, comme celui-ci, d'une remarquable tenue. Ce liquoreux aux reflets dorés brille par l'intensité de son bouquet aux nuances d'abricot et de miel qui se prolongent au palais. En bouche, il s'impose par sa fraîcheur qui contrebalance à merveille sa douceur (plus de 171 g/l. de sucres résiduels). Cet équilibre lui confère un excellent potentiel de garde. ⧗ 2018-2028

DOMAINES VINSMOSELLE, Cave Wellenstein, 37, rue des Caves, 5471 Wellenstein, tél. 26 66 141, info@vinsmoselle.lu V r.-v.

CRÉMANT-DE-LUXEMBOURG

BERNARD-MASSARD 2015

| 70000 | 11 à 15 €

Créée en 1921 par Jean Bernard-Massard, œnologue luxembourgeois formé en Champagne, cette maison de négoce appartient aujourd'hui à la famille Clasen. Elle possède notamment le domaine de Grevenmacher, le domaine Thill – Château de Schengen (12,5 ha) et le Clos des Rochers (près de 20 ha).

Élégante à l'œil par sa robe dorée parcourue d'une bulle légère, cette cuvée millésimée l'est tout autant au nez, intensément minéral et végétal, avec des nuances fruitées. Bien présente en bouche, elle séduit par sa fraîcheur et par son équilibre. ⧗ 2018-2021

SA CAVES BERNARD-MASSARD, 8, rue du Pont, 6773 Grevenmacher, tél. 75 05 451, info@bernard-massard.lu V *t.l.j. 9h-18h; f. nov.-mars*

KRIER-WELBES Le Castel ★

| 21600 | 8 à 11 €

Un domaine familial fondé en 1957 par Fernande et François Krier-Welbes, qui l'ont transmis en 1993 à leur fils Guy. Ce dernier a porté la surface du vignoble à plus de 11 ha répartis sur de nombreux terroirs de Schengen et de Stadtbredimus. Il a engagé la conversion bio de l'exploitation à partir de 2009.

Une robe aux reflets or pâle, animée d'une bulle fine et persistante; un nez complexe et frais, mêlant citron, ananas et pomme verte, avec une touche d'herbe aromatique; une bouche très équilibrée, à la fois ample et fraîche: cette agréable cuvée présente toutes les qualités attendues d'un crémant brut. ⧗ 2018-2022

GUY KRIER, 3, rue de la Gare, 5690 Ellange-Gare, tél. 23 67 71 84, guykrier@pt.lu V *r.-v.*

POLL-FABAIRE ★

| n.c. | 8 à 11 €

Cette cave fait partie du Centre d'élaboration des crémants Poll-Fabaire. Elle compte parmi les six caves des Domaines Vinsmoselle qui rassemblent 130 collaborateurs et 300 familles de vignerons cultivant plus de 680 ha de vignes au total.

De très bonne tenue, ce crémant affiche une robe jaune pâle aux reflets verts parcourue d'une bulle fine. Subtil au nez, il marie les fruits exotiques aux agrumes. En bouche, ce fruité est mis en valeur par une belle vivacité. ⧗ 2018-2021

DOMAINES VINSMOSELLE, Cave de Greiveldange, Hamesgaass, 5427 Greiveldange, tél. 23 69 66, info@vinsmoselle.lu

POLL-FABAIRE ★★

| n.c. | 8 à 11 €

Cette cave fait partie du Centre d'élaboration des crémants Poll-Fabaire. Elle compte parmi les six caves des Domaines Vinsmoselle qui rassemblent 130 collaborateurs et 300 familles de vignerons cultivant plus de 680 ha de vignes au total.

Très fines et persistantes, les bulles animent une robe jaune pâle aux reflets cristallins. Là ne s'arrêtent pas les attraits de ce crémant: on loue surtout l'intensité et la complexité de son bouquet où ressortent les fruits blancs bien mûrs, puis l'harmonie de sa bouche qui conjugue ampleur, fraîcheur et longueur. ⧗ 2018-2021

⊶ DOMAINES VINSMOSELLE, Caves de Stadtbredimus, Kellereiswee, 5450 Stadtbredimus, tél. 23 69 66, info@pollfabaire.lu

POLL-FABAIRE Blanc de noirs Cult ★★

	n.c.	11 à 15 €

Créée en 1930, la cave de Wormeldange est devenue en 1991 le «Centre d'élaboration des crémants Poll-Fabaire». Elle fait partie des Domaines Vinsmoselle qui rassemblent six caves coopératives, 130 collaborateurs et 300 familles de vignerons cultivant plus de 680 ha de vignes.

Ce blanc de noirs prend ses habitudes dans le Guide, et cette version est d'un très haut niveau. Animée de fines bulles, sa robe dorée montre de légers reflets rosés signalant que ce crémant est issu exclusivement de raisins noirs. Le nez mûr, aux nuances de brioche et de noix, révèle une heureuse évolution. Le palais, élégant, allie l'onctuosité à la finesse et se distingue par sa longueur. ⧗ 2018-2023

⊶ DOMAINES VINSMOSELLE, Caves de Wormeldange, 115, rte du Vin, 5481 Wormeldange, tél. 76 82 11, info@pollfabaire.lu V 🚶 🍷 *t.l.j. 8h-19h*

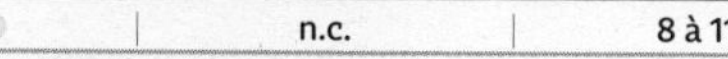

♥ **CAVES SAINT-REMY-DESOM** Élégance ★★

	n.c.	8 à 11 €

En 1925, les Desom fondent une maison de négoce, les Caves Saint-Remy. La société est installée à Remich, face à la Moselle, dans une ancienne filature ayant appartenu au poète luxembourgeois Edmond de la Fontaine. La famille possède aussi un vignoble en propre de 13 ha. L'ensemble est aujourd'hui dirigé par Albert, Georges et Marc Desom.

Offrant une belle mousse crémeuse, un crémant haut de gamme qui a sans doute reposé longtemps sur lies, à en juger par ses qualités de structure – de la densité, du gras, de la longueur – et par sa palette aromatique faite de pomme mûre, de cannelle et de noix grillée. Un crémant de fête que l'on pourra déboucher à l'apéritif et finir au repas. ⧗ 2018-2022

⊶ CAVES SAINT-REMY-DESOM, 9, rue Dicks, 5521 Remich, tél. 23 60 40, desom@pt.lu V 🚶 🍷 *t.l.j. sf sam. dim. 8h-12h 13h30-17h30*

SCHUMACHER-LETHAL Cuvée Pierre ★

	50 000	11 à 15 €

Une cave établie sous la protection de la chapelle du Koeppchen. À sa tête, Erny et Monika Schumacher, rejoints par leur fils Tom. Le vignoble, qui s'est beaucoup développé à partir de la fin des années 1960 compte aujourd'hui 14 ha. Il couvre des coteaux très pentus à Wormeldange.

Une cuvée d'emblée appréciée pour l'intensité de son nez aux nuances d'ananas et de citron. Tout aussi expressive, la bouche associe les fruits mûrs et les fruits exotiques à une belle minéralité. Harmonieux, ample et frais, ce crémant pourra accompagner un repas. ⧗ 2018-2021

⊶ SCHUMACHER-LETHAL, 117, rte du Vin, 5481 Wormeldange, tél. 26 74 76 90, contact@schumacher-lethal.lu V 🚶 🍷 *t.l.j. sf lun. mar. 14h-20h*

Ⓑ **SUNNEN-HOFFMANN** Cuvée L et F

	9 200	11 à 15 €

Fondé en 1872 par Anton Sunnen, ce domaine compte environ 9 ha de vignes conduites en bio (depuis 2001) et en biodynamie. Cinq générations se sont succédé à la tête du vignoble: aujourd'hui Corinne Kox-Sunnen, son frère Yves Sunnen et leurs conjoints Henri Kox et Chantal Sunnen.

Pas moins de six cépages (riesling, pinot blanc, chardonnay, pinot gris, auxerrois et pinot noir) composent ce crémant à la bulle très fine et aux parfums de fruits blancs d'une belle élégance. En bouche, on apprécie son équilibre, sa fraîcheur et sa longueur. ⧗ 2018-2021

⊶ DOM. SUNNEN-HOFFMANN, 6, rue des Prés, 5441 Remerschen, tél. 23 66 40 07, info@caves-sunnen.lu V 🚶 🍷 *t.l.j. sf sam. dim. 8h-12h 14h-17h*

DOM. THILL
Riesling Cuvée Victor Hugo 2015

	4 600	11 à 15 €

Situé au sud du Luxembourg, le Ch. de Schengen a eu en 1871 un hôte illustre, Victor Hugo, qui a réalisé une aquarelle représentant la tour, reproduite sur nombre d'étiquettes. Ses 14 ha de vignes en font l'un des domaines qui comptent au Grand Duché. En 1986, la propriété a été rachetée par le groupe Bernard-Massard.

Bien connue des lecteurs du Guide, cette cuvée à la robe jaune-vert parcourue d'un fin cordon de bulles tire du riesling un fruité intense aux nuances de pomelo et d'abricot. Franche en attaque, elle se montre plutôt ronde tout en offrant une bonne longueur. ⧗ 2018-2021

⊶ DOM. THILL (CH. DE SCHENGEN), 8, rue du Pont, 6773 Grevenmacher, tél. 75 05 451, info@chateau-de-schengen.com V 🚶 🍷 *t.l.j. 9h-18h; f. nov-mars*

Les mots du vin

A

Acescence
Maladie provoquée par des micro-organismes et donnant un vin piqué.

Acidité
1) Ensemble des acides présents dans le vin. 2) Saveur acide, l'une des quatre saveurs élémentaires, avec l'amer, le sucré et le salé. Présente sans excès, l'acidité est nécessaire à l'équilibre du vin, en lui apportant fraîcheur et nervosité. Mais lorsqu'elle est très forte, elle devient un défaut, en lui donnant un caractère mordant et vert. En revanche, si elle est insuffisante, le vin est mou.

Aérer
Exposer à l'air le vin avant le service, pour lui permettre de s'ouvrir davantage, d'épanouir ses arômes et d'arrondir ses tanins.

Agressif
Se dit d'un vin montrant trop de force et attaquant désagréablement les muqueuses.

Aigre
Se dit d'un vin présentant un caractère acide trop marqué, assorti d'une odeur particulière rappelant celle du vinaigre.

Aimable
Se dit d'un vin dont tous les aspects sont agréables et pas trop marqués.

Alcool
Composant le plus important du vin après l'eau, l'alcool éthylique apporte au vin son caractère chaleureux. Mais s'il domine trop, le vin devient brûlant.

Alcooleux
Se dit d'un vin déséquilibré où la sensation chaleureuse, voire brûlante, de l'alcool apparaît trop marquée.

Ambré
1) D'une couleur proche de l'ambre prise parfois par les vins blancs vieillissant longuement, ou s'oxydant prématurément. 2) Mention désignant sur l'étiquette les rivesaltes ou rasteau blancs élevés longuement en milieu oxydatif.

Amertume
Sensation gustative, l'une des quatre saveurs élémentaires, elle est aussi nécessaire à l'équilibre des vins et participe de leur longueur. Normale pour certains vins rouges jeunes et riches en tanins, l'amertume est dans les autres cas un défaut dû à une maladie bactérienne.

Ampélographie
Science étudiant les cépages.

Ample
Se dit d'un vin harmonieux donnant l'impression d'occuper pleinement et longuement la bouche.

Amylique
Désigne un arôme évoquant la banane, les bonbons acidulés (« bonbons anglais ») ou le vernis à ongles (dans ce cas, c'est un défaut), présent dans certains vins primeurs ou jeunes.

Analyse sensorielle
Nom technique de la dégustation.

Animal
Qualifie l'ensemble des odeurs du règne animal : musc, venaison, cuir..., surtout fréquentes dans les vins rouges vieux.

Anthocyanes
Pigments bleus contenus dans la pellicule des raisins noirs et qui, solubles dans l'alcool, donnent leur couleur aux vins rouges au cours de la fermentation. Avec le temps, le bleu s'estompe et la couleur du vin passe du violacé au tuilé.

AOC
Appellation d'origine contrôlée. Système réglementaire français garantissant l'authenticité de certains produits – en particulier le vin – issus d'un terroir donné et dont les caractères tiennent également à des « usages loyaux et constants ». Les grands vins proviennent de régions d'AOC. Voir AOP.

AOP
Appellation d'origine protégée. Terme équivalent de l'AOC à l'échelle européenne, et qui souligne la protection juridique (contre les fraudes et contrefaçons) dont jouissent les produits d'appellation. Voir AOC.

Apogée
Période très variable selon les types de vin et les millésimes, et qui correspond à l'optimum qualitatif d'un vin. Après l'apogée vient le déclin.

Âpre
Se dit d'un vin procurant une sensation rude, un peu râpeuse, provoquée par un fort excès de tanins.

Aromatique
Se dit d'un cépage (muscat, gewurztraminer...) ou d'un vin caractérisé par des arômes intenses.

Arôme
Dans le langage technique de la dégustation, ce terme devrait être réservé aux sensations olfactives perçues en bouche. Mais le mot désigne aussi fréquemment les odeurs en général.

Assemblage
Mélange de plusieurs vins pour obtenir un lot unique. Faisant appel à des vins de même origine, l'assemblage est très différent du coupage – mélange de vins de provenances diverses –, qui a une connotation péjorative.

Astringent
Se dit d'un vin présentant un caractère un peu âpre et rude en bouche. L'astringence apparaît souvent dans de jeunes vins rouges riches en tanins, ayant besoin de s'arrondir.

Attaque
Premières impressions perçues après la mise du vin en bouche.

Austère
Se dit d'un vin rouge généralement jeune, encore fermé aromatiquement, très marqué par les tanins et astringent. Cette sévérité s'estompe en principe avec le temps.

B

Balsamique
Qualificatif d'odeurs venues de la parfumerie et comprenant, entre autres, l'encens, la résine et le benjoin.

Ban des vendanges
Fixation par une autorité (autrefois le seigneur) de la date du début des vendanges. Il est aujourd'hui fixé par arrêté préfectoral sur proposition de l'INAO, à maturité des raisins.

Barrique
Fût bordelais de 225 litres, ayant servi à déterminer le tonneau (unité de mesure correspondant à quatre barriques, soit 900 litres).

Beurré
Se dit d'un arôme rappelant le beurre frais, présent dans certains vins blancs, notamment ceux élevés sous bois.

Biodynamique (agriculture)
Agriculture biologique s'inscrivant dans une vision du monde liant la plante et tous les êtres vivants au cosmos et fondant les travaux à la vigne et au chai sur les cycles de la lune.

Biologique (agriculture)
Agriculture n'utilisant aucun fertilisant ou pesticide de synthèse.

Biologique (vin)
Vin issu de raisins biologiques et élaboré en respectant les règles de vinification adoptées par l'UE en 2012. Ce règlement européen prohibe certaines pratiques, limite les intrants et additifs, notamment le soufre.

Boisé
Se dit d'un vin élevé en barrique et présentant les arômes résultant d'un séjour dans le bois : vanille et notes empyreumatiques telles que bois brûlé, café torréfié, cacao.

Botrytis cinerea
Nom d'un champignon entraînant la pourriture des raisins. Apparaissant par temps strictement pluvieux, la pourriture est dite grise ; elle est néfaste pour le raisin. Due à l'alternance de brouillard (ou de petites précipitations) suivi de soleil, la pourriture, qualifiée de noble, produit une concentration des raisins qui est à la base de l'élaboration des vins blancs liquoreux.

Bouche
Terme désignant l'ensemble des caractères du vin perçus dans la bouche.

Bouchon (goût de)
Défaut irrémédiable du vin se traduisant par un goût de moisi, de vieux papier, de liège, résultant d'une contamination du bouchon de liège par un composé chimique appelé trichloroanisole (TCA). Des produits de traitement du bois (palettes, charpentes utilisées dans les installations de vinification) peuvent produire des effets analogues.

Bouquet
Caractères odorants se percevant au nez lorsque l'on flaire le vin dans le verre, puis dans la bouche sous le nom d'arôme. À l'origine réservé aux vins vieux, ce terme s'applique aujourd'hui à tous types de vins.

Bourbe
Éléments solides en suspension dans le moût. Voir débourbage.

Brillant
Se dit d'une robe très limpide dont les reflets brillent fortement à la lumière.

Brûlé
Qualificatif, parfois équivoque, d'odeurs diverses, allant du caramel au bois brûlé.

Brut
Se dit d'un vin effervescent comportant très peu de sucre (juste assez pour tempérer l'acidité du vin, soit entre 6 et 12 g/l) ; brut zéro (brut nature) désigne un champagne non dosé. Voir dosage.

C

Capiteux
Caractère d'un vin très riche en alcool, jusqu'à en être fatigant.

Carafe
1) Récipient de verre de forme ventrue et à col étroit utilisé pour aérer ou décanter le vin. 2) Vins de carafe : vins qui se boivent jeunes et qu'autrefois on tirait directement au tonneau. Par exemple, certains muscadets ou beaujolais.

Casse
Accident (oxydation ou réduction) provoquant une perte de limpidité du vin.

Caudalie
Unité de mesure de la durée de persistance en bouche des arômes après la dégustation (1 caudalie = 1 seconde).

Cépage
Nom de la variété, en matière de vignes.

Chai
Bâtiment dédié à l'élaboration et à l'élevage des vins.

Chair
Caractéristique d'un vin donnant dans la bouche une impression de plénitude et de densité, sans aspérité.

Chaleureux
Se dit d'un vin procurant, notamment par sa richesse alcoolique, une impression de chaleur.

Chapeau
Dans la vinification des vins rouges, désigne les pellicules et autres parties solides du raisin qui remontent et s'amassent à la surface de la cuve après quelques jours de fermentation.

Chaptalisation
Addition de sucre dans la vendange, contrôlée par la loi, afin d'obtenir un bon équilibre du vin par augmentation de la richesse en alcool lorsque celle-ci est trop faible.

Charnu
Se dit d'un vin ayant de la chair.

Charpente
Bonne constitution d'un vin avec une prédominance tannique ouvrant de bonnes possibilités de vieillissement.

Chartreuse
Dans le Bordelais, petit château du XVIIIe siècle ou du début du XIXe.

Château
Terme souvent utilisé pour désigner des exploitations vinicoles, même si parfois elles ne comportent pas de véritable château.

Clairet
Vin rouge léger et fruité, ou vin rosé produit en Bordelais et en Bourgogne.

Claret
Nom donné par les Anglais au vin rouge de Bordeaux.

Clavelin
Bouteille de forme particulière et d'une contenance de 62 cl, réservée aux vins jaunes du Jura.

Climat
Nom de lieu-dit cadastral dans le vignoble bourguignon.

Clone
Ensemble des pieds de vigne issus d'un pied unique par multiplication (bouturage ou greffage).

Clos
Très usité dans certaines régions pour désigner les vignes entourées de murs (Clos de Vougeot), ce terme a pris souvent un usage beaucoup plus large, désignant parfois les exploitations elles-mêmes.

Collage
Opération de clarification réalisée avec un produit (blanc d'œuf, colle de poisson) se coagulant dans le vin en entraînant dans sa chute les particules restées en suspension.

Complexe
Se dit d'un vin déployant tout au long de la dégustation (du premier nez à la finale) une succession d'arômes variés tout en étant fondus, en harmonie les uns avec les autres et avec la texture. Un vin complexe laisse une impression durable de charme et de profondeur.

Concentré
Se dit d'un vin riche dans tous ses composants (sucres dans les vins liquoreux, tanins dans les vins rouges, composés aromatiques) et qui laisse une impression de densité, d'intensité et de profondeur.

Cordon
Mode de conduite des vignes palissées.

Corps
Caractère d'un vin alliant une bonne constitution (charpente et chair) à de la chaleur.

Corsé
Se dit d'un vin ayant du corps.

Coulant
Voir gouleyant.

Coulure
Non-transformation de la fleur en fruit due à une mauvaise fécondation, pouvant s'expliquer par des raisons diverses (climatiques, physiologiques, etc.).

Coupage
Mélange de vins de provenances diverses (à ne pas confondre avec l'assemblage).

Courgée
Nom de la branche à fruits laissée à la taille et qui est ensuite arquée le long du palissage dans le Jura (en Mâconnais, elle porte le nom de queue).

Court
Se dit d'un vin laissant peu de traces en bouche après la dégustation (on dit aussi « court en bouche »).

Crémant
Vin effervescent d'AOC élaboré par méthode traditionnelle, avec des contraintes spécifiques, dans les régions d'Alsace, du Bordelais, de Bourgogne, de Die, du Jura, de Limoux et dans le Val de Loire, ainsi qu'au Luxembourg.

Cru
Terme dont le sens varie selon les régions (terroir ou domaine), mais contenant partout l'idée d'identification d'un vin à un lieu défini de production.

Cuvaison
Période pendant laquelle, après la vendange en rouge, les matières solides restent en contact avec le jus en fermentation dans la cuve. Sa longueur détermine la coloration et la force tannique du vin.

D

Débourbage
Clarification du jus de raisin non fermenté, séparé de la bourbe.

Débourrement
Ouverture des bourgeons et apparition des premières feuilles de la vigne.

Décanter
Transvaser un vin de sa bouteille dans une carafe pour lui permettre d'abandonner son dépôt.

Déclassement
Suppression du droit à l'appellation d'origine d'un vin ; celui-ci est alors commercialisé comme Vin de France.

Décuvage
Séparation du vin de goutte et du marc après fermentation (on dit aussi écoulage).

Dégorgement
Dans la méthode traditionnelle, élimination du dépôt de levures formé lors de la seconde fermentation en bouteille.

Degré alcoolique
Richesse du vin en alcool exprimée en pourcentage de volume d'alcool contenu dans le vin.

Demi-sec
Vin comprenant une certaine proportion de sucres résiduels sans être pour autant moelleux. Les champagnes et mousseux demi-secs, dont le dosage est compris entre 32 et 50 g/l, sont des vins conseillés pour le dessert.

Dépôt
Particules solides contenues dans le vin, notamment dans les vins vieux (où il est enlevé avant dégustation par la décantation).

Dosage
Apport de sucre (exprimé en g/l) sous forme de liqueur d'expédition à un vin effervescent, après le dégorgement. Il varie selon le degré de vivacité souhaité (voir extra-brut, brut, extra-dry, sec, demi-sec).

Doux
Terme s'appliquant à des vins sucrés.

Dur
Un vin dur est caractérisé par un excès d'astringence et d'acidité, pouvant parfois s'atténuer avec le temps.

E

Échelle des crus
Système complexe de classement des communes de Champagne en fonction de la valeur des raisins qui y sont produits.

Écoulage
Voir décuvage.

Effervescent
Synonyme de mousseux.

Égrappage
Séparation des grains de raisin de la rafle.

Élégant
Se dit d'un vin qui, au-delà de l'équilibre, présente des qualités de charme et d'harmonie, sans la moindre lourdeur.

Élevage
Clarification, stabilisation et affinage du vin (en cuve, en fût ou dans d'autres récipients) effectués après la fermentation.

Empyreumatique
Famille d'arômes évoquant le brûlé ou le fumé : bois brûlé, fumée, cendre, goudron, et aussi les denrées qui résultent de la torréfaction, comme le café, le thé ou le cacao, ou encore le pain grillé et le tabac.

Encépagement
Ensemble des cépages cultivés dans un vignoble ; proportion relative des différents cépages dans un domaine ou un vignoble donné.

Enveloppé
Se dit d'un vin riche en alcool, mais dans lequel le moelleux domine.

Épais
Se dit d'un vin donnant en bouche une impression de lourdeur et d'épaisseur.

Épanoui
Qualificatif d'un vin équilibré qui a acquis toutes ses qualités de bouquet.

Épicé
Se dit d'un arôme évoquant les épices : poivre, cannelle, noix muscade, clou de girofle...

Équilibré
Se dit d'un vin présentant un bon équilibre entre tous ses constituants et saveurs, en particulier : alcool et acidité dans les vins blancs secs, alcool, acidité et sucres dans les vins blancs moelleux, alcool, acidité et force tannique dans les vins rouges.

Éraflage
Séparation des baies de raisin de la rafle (la partie ligneuse de la grappe) avant fermentation pour éviter la présence de tanins rustiques dans le vin. Synonyme : égrappage.

Étampage
Marquage des bouchons, des barriques ou des caisses à l'aide d'un fer.

Évent (goût d')
Défaut caractérisant un vin exposé à l'air, et qui a perdu ses qualités aromatiques.

Éventé
Se dit d'un vin ayant perdu tout ou partie de ses arômes à la suite d'une oxydation.

Évolué
Se dit d'un vin montrant par sa couleur (tuilée chez les rouges, ambrée chez les blancs), par ses arômes ou sa structure qu'il amorce la fin de son apogée et demande à être consommé rapidement.

Expressif
Se dit d'un vin épanoui et offrant des arômes bien marqués.

Extra-brut
Se dit d'un champagne très vif, dont la teneur en sucres est inférieure à 6 g/l. (Voir dosage.)

Extraction
Au cours de la fermentation des vins rouges, absorption par le moût des composés contenus dans les pellicules des baies, comme les tanins et les pigments colorés. Cette absorption peut être favorisée par diverses opérations, comme les pigeages et remontages (voir ces mots). Lorsqu'elle est excessive, on parle de surextraction.

Extra-dry
Se dit d'un champagne très légèrement moelleux dont le dosage est compris entre 12 et 17 g/l. (Voir dosage.)

F

Fatigué
Terme s'appliquant à un vin ayant perdu provisoirement ses qualités (par exemple après un transport) et nécessitant un repos pour les recouvrer.

Féminin
Caractérise les vins dont l'agrément résulte de l'élégance et de la finesse plus que de la puissance.

Fermé
S'applique à un vin de qualité encore jeune, n'ayant pas acquis un bouquet très prononcé et qui nécessite donc d'être attendu pour être dégusté.

Fermentation
Processus permettant au jus de raisin de devenir du vin, grâce à l'action de levures transformant le sucre en alcool.

Fermentation malolactique
Transformation, sous l'effet de bactéries lactiques, de l'acide malique du vin en acide lactique et en gaz carbonique ; elle a pour effet de rendre le vin moins acide.

Fillette
Nom donné dans le Val de Loire à la demi-bouteille (37,5 cl).

Filtration
Clarification du vin à l'aide de filtres.

Finale
Impressions plus ou moins durables que l'on ressent en bouche une fois le vin avalé (ou recraché dans le cas d'une dégustation professionnelle). La finale peut être courte ou persistante.

Finesse
Qualité d'un vin délicat et élégant.

Fleur
Maladie du vin se traduisant par un voile blanchâtre et un goût d'évent.

Floral
Se dit d'un vin dominé par des arômes évoquant les fleurs ; suivant les cas, fleurs blanches (aubépine, acacia, jasmin, chèvrefeuille...), rose, pivoine, violette...

Fondu
Désigne un vin, notamment un vin vieux, dans lequel les différents caractères se mêlent harmonieusement entre eux pour former un ensemble bien homogène.

Foudre
Tonneau de grande capacité.

Foulage
Opération consistant à faire éclater la peau des grains de raisin.

Foxé
Désigne l'odeur, entre celle du renard et celle de la punaise, que dégage le vin produit à partir de certains cépages hybrides.

Frais
Se dit d'un vin légèrement acide, mais sans excès, qui procure une sensation de fraîcheur.

Franc
Désigne l'ensemble d'un vin, ou l'un de ses aspects (couleur, bouquet, goût...) sans défaut ni ambiguïté.

Friand
Qualificatif d'un vin à la fois frais et fruité.

Fruité
Se dit d'un vin, en général jeune, dont la palette aromatique est dominée par des arômes de fruits frais. Selon la couleur et le style des vins : arômes de fruits rouges (cerise, griotte, framboise, groseille, fraise...), noirs (cassis, myrtille, mûre), jaunes (abricot, pêche jaune, mirabelle), exotiques (mangue, litchi, ananas), blancs (pomme, poire, pêche blanche), agrumes (citron, pamplemousse, mandarine...).

Fumé
Qualificatif d'odeurs proches de celle des aliments fumés, caractéristiques, entre autres, du cépage sauvignon ; d'où le nom de blanc fumé parfois donné à cette variété.

Fumet
Synonyme ancien de bouquet.

G

Garde (vin de)
Désigne un vin montrant une bonne aptitude au vieillissement.

Garrigue
Notes évoquant les herbes aromatiques méditerranéennes telles que le thym ou le romarin, décelées dans de nombreux vins méridionaux.

Généreux
Se dit d'un vin riche en alcool, mais sans être fatigant, à la différence d'un vin capiteux.

Générique
Terme pouvant avoir plusieurs acceptions, mais désignant souvent un vin de marque par opposition à un vin de cru ou de château, employé parfois abusivement pour désigner les appellations régionales (par exemple bordeaux, bourgogne...).

Gibier
Famille d'arômes animaux évoquant la venaison, et présents dans certains vins rouges vieux. Voir venaison.

Glace (vin de)
Vin liquoreux obtenu par pressurage de baies gelées récoltées au cœur de l'hiver.

Glycérol
Tri-alcool légèrement sucré, issu de la fermentation du jus de raisin, qui donne au vin son onctuosité.

Gouleyant
Se dit d'un vin souple et agréable, glissant bien dans la bouche.

Gourmand
Se dit d'un vin flatteur et aromatique, qui invite à la dégustation immédiate.

Goutte (vin de)
Dans la vinification en rouge, vin issu directement de la cuve au décuvage (voir presse).

Gras
Synonyme d'onctueux.

Gravelle
Terme désignant le dépôt de cristaux de tartre dans les vins blancs en bouteille.

Graves
Sol composé de cailloux roulés et de graviers, très favorable à la production de vins de qualité, que l'on trouve notamment en Médoc et dans les Graves.

Greffage
Méthode employée depuis la crise phylloxérique, consistant à fixer sur un porte-greffe résistant au phylloxéra un greffon d'origine locale.

Gris (vin)
Vin obtenu en vinifiant en blanc des raisins à la pellicule colorée (noire ou grise), par pressurage direct, sans macération. Il s'agit d'un rosé très peu coloré.

H

Harmonieux
Se dit d'un vin équilibré laissant une impression flatteuse d'élégance.

Hautain (en)
Taille de la vigne en hauteur.

Herbacé
Se dit d'un arôme végétal peu flatteur évoquant l'herbe ou les feuilles fraîches. Voir végétal.

Hybride
Terme désignant les cépages obtenus à partir de deux espèces de vignes différentes.

I

IGP
Indication géographique protégée, catégorie définie en 2009 et correspondant aux vins de pays. Elle désigne des vins issus d'une zone géographique délimitée, mais dont le lien au terroir est moins fort que pour les vins AOC. L'IGP s'applique à d'autres denrées dont la notoriété et le caractère sont liés à un territoire donné mais dont certaines phases d'élaboration peuvent se dérouler en dehors de cet espace géographique.

Impériale
Voir Mathusalem.

INAO
Institut national de l'origine et de la qualité (autrefois Institut national des appellations d'origine). Organisme français dépendant du ministère de l'Agriculture et ayant en charge les signes de

qualité : AOC, IGP, STG (spécialités traditionnelles garanties), labels rouges et agriculture biologique.

J

Jambes
Synonyme de larmes.

Jéroboam
Grande bouteille contenant l'équivalent de quatre bouteilles.

Jeune
Qualificatif très relatif pouvant désigner un vin de l'année déjà à son optimum, aussi bien qu'un vin ayant passé sa première année mais n'ayant pas encore développé toutes ses qualités.

L

Lactique (acide)
Acide obtenu par la fermentation malolactique.

Larmes
Traces laissées par le vin sur les parois du verre lorsqu'on l'agite ou l'incline.

Léger
Se dit d'un vin peu coloré et peu corsé, mais équilibré et agréable. En général, à boire assez rapidement.

Levures
Champignons microscopiques unicellulaires provoquant la fermentation alcoolique.

Lies
Dépôt constitué par les levures mortes après la fermentation. Certains vins blancs sont élevés sur leurs lies, ce qui rend leurs arômes et leur structure plus complexes et plus riches.

Limpide
Se dit d'un vin de couleur claire et brillante ne contenant pas de matières en suspension.

Liqueur d'expédition
Dans le champagne et les vins élaborés selon la méthode traditionnelle, ajout précédant le bouchage de vin destiné à combler le vide dans la bouteille créé par le dégorgement. Ce vin ajouté est souvent édulcoré par du sucre, incorporé en proportion variable selon le style de vin recherché, brut, demi-sec, etc. (voir dosage). Synonyme : liqueur de dosage.

Liqueur de tirage
Dans le champagne et les mousseux de méthode traditionnelle, liqueur ajoutée au vin au moment de la mise en bouteille (tirage) ; elle est composée de sucres et de levures dissous dans du vin. Ces composants provoqueront la seconde fermentation en bouteille aboutissant à la formation de bulles de gaz carbonique.

Liquoreux
Vins blancs riches en sucre, souvent obtenus à partir de raisins sur lesquels s'est développée la pourriture noble, et se distinguant entre autres par un bouquet spécifique (notes confites ou rôties). Les vins liquoreux peuvent aussi provenir d'un passerillage des baies sur souche ou sur claies (vins de paille).

Long
Se dit d'un vin dont les arômes laissent en bouche une impression plaisante et persistante après la dégustation. On dit aussi : d'une bonne longueur.

Lourd
Se dit d'un vin excessivement épais, trop chargé en tanins ou en sucres, manquant selon les cas de souplesse ou de fraîcheur.

M

Macération
Contact du moût avec les parties solides du raisin pendant la cuvaison.

Macération carbonique
Mode de vinification en rouge par macération de grains entiers dans des cuves saturées de gaz carbonique ; il est utilisé notamment pour la production de certains vins primeurs.

Macération pelliculaire
Technique consistant à laisser macérer les baies de raisin à l'abri de l'air et à basse température avant la fermentation, ce qui a pour résultat de favoriser l'expression aromatique du vin.

Mâche
Terme s'appliquant à un vin possédant à la fois épaisseur et volume et qui donne l'impression qu'il pourrait être mâché.

Madérisé
Se dit d'un vin blanc qui, en vieillissant, s'oxyde et prend une couleur ambrée et un goût rappelant celui du madère.

Magnum
Bouteille contenant l'équivalent de deux bouteilles ordinaires.

Malique (acide)
Acide présent à l'état naturel dans beaucoup de vins et qui se transforme en acide lactique par la fermentation malolactique.

Marc
Matières solides restant après le pressurage.

Mathusalem
Autre nom pour la bouteille impériale, équivalant à huit bouteilles ordinaires.

Maturation
Transformation subie par le raisin quand il s'enrichit en sucre et perd une partie de son acidité pour arriver à maturité.

Merrain
Bois de chêne fendu utilisé dans la fabrication des barriques.

Méthode traditionnelle
Technique d'élaboration des vins effervescents comprenant une prise de mousse en bouteille, conforme à la méthode d'élaboration du champagne. Autrefois abusivement appelée « méthode champenoise ».

Mildiou
Maladie provoquée par un champignon parasite qui attaque les organes verts de la vigne.

Millerandage
Anomalie dans la maturation du raisin, conduisant à la présence, dans une même grappe, de baies de taille inégale et souvent réduite. Ce phénomène, dû à de mauvaises conditions climatiques au moment de la floraison, a pour conséquence de diminuer les rendements et parfois d'améliorer la qualité du vin, grâce à l'importance relative des pellicules qui contiennent les composés les plus intéressants du vin.

Millésime
Année de récolte d'un vin.

Minéral
Se dit d'un vin présentant une note aromatique évoquant les roches (dans les blancs : silex, craie, note saline, voire pétrole dans certains rieslings évolués ; dans les rouges : graphite, schiste chauffé au soleil...). Cette série aromatique est souvent associée à des sensations de vivacité. La minéralité pourrait être un effet du terroir (exemple : touches de pierre à fusil des vins de Loire issus de sauvignon planté sur argiles à silex).

Mistelle
Moût de raisin frais, riche en sucre, dont la fermentation a été arrêtée par l'adjonction d'alcool. Synonyme : vin de liqueur.

Moelleux
Qualificatif s'appliquant généralement à des vins blancs doux se situant entre les secs et les liquoreux proprement dits. Se dit aussi, à la dégustation, d'un vin à la fois gras et peu acide.

Mordant
Caractère d'un vin très vif et/ou astringent, légèrement agressif.

Mou
Se dit d'un vin déséquilibré par son manque d'acidité.

Moût
Désigne le liquide sucré extrait du raisin.

Musquée
Se dit d'une odeur rappelant celle du musc.

Mutage
Opération consistant à arrêter la fermentation alcoolique du moût en y ajoutant de l'alcool vinique, pratiquée notamment pour obtenir vins doux naturels et vins de liqueur.

N

Nabuchodonosor
Bouteille géante équivalant à vingt bouteilles ordinaires.

Négoce
Terme employé pour désigner le commerce des vins et les professions s'y rapportant. Est employé parfois par opposition à viticulture.

Négociant-éleveur
Dans les grandes régions d'appellations, négociant ne se contentant pas d'acheter et de revendre les vins mais, à partir de vins très jeunes, réalisant toutes les opérations d'élevage jusqu'à la mise en bouteilles.

Négociant-manipulant
Terme champenois désignant le négociant qui achète des vendanges pour élaborer lui-même un vin de Champagne.

Nerveux
Se dit d'un vin marquant le palais par des caractères bien accusés et une pointe d'acidité, mais sans excès.

Net
Se dit d'un vin franc, aux caractères bien définis.

Nez
Terme regroupant l'ensemble des odeurs perçues en respirant le vin. Le « premier nez » désigne les premières senteurs humées, avant l'agitation du verre.

Nouveau
Se dit d'un vin des dernières vendanges, et plus particulièrement d'un vin primeur.

O

Odeur
Perçues directement par le nez, à la différence des arômes de bouche, les odeurs du vin peuvent être d'une grande variété, rappelant aussi bien les fruits ou les fleurs que la venaison.

Œil
1) Synonyme de bourgeon. 2) Terme désignant l'aspect visuel du vin. Synonyme : robe.

Œnologie
Sciences (chimie, biologie, microbiologie) appliquées à l'élaboration et à la conservation du vin.

Œnologue
Titulaire du diplôme national d'œnologie, chargé d'élaborer le vin, parfois conseil des propriétés ou des maisons de négoce.

Œnophile
Amateur de vin.

Oïdium
Maladie de la vigne provoquée par un petit champignon et qui se traduit par une teinte grise et un dessèchement des raisins ; se traite par le soufre.

OIV
Organisation internationale de la vigne et du vin. Organisme intergouvernemental étudiant les questions techniques, scientifiques ou économiques soulevées par la culture de la vigne et la production du vin.

Onctueux
Qualificatif d'un vin se montrant en bouche agréablement moelleux, gras.

Organoleptique
Désigne les qualités ou propriétés perçues par les sens lors de la dégustation, comme la couleur, l'odeur ou le goût.

Ouillage
Opération consistant à rajouter régulièrement du vin dans chaque barrique pour la maintenir pleine et éviter l'oxydation du vin au contact de l'air.

Ouvert
Se dit d'un vin au nez épanoui et expressif, en général à son apogée.

Oxydatif (élevage)
Méthode d'élevage visant à faire acquérir au vin certains arômes d'évolution (fruits secs, orange amère, café, rancio...) en l'exposant à l'air ; on l'élève alors soit dans des barriques, demi-muids ou foudres non ouillés, parfois entreposés en plein air, soit dans des bonbonnes exposées au soleil et aux variations de températures. Ce type d'élevage caractérise certains vins doux naturels, portos et autres vins de liqueur.

Oxydation
Résultat de l'action de l'oxygène de l'air sur le vin. Excessive, elle se traduit par une modification de la couleur (tuilée pour les rouges, ambrée pour les blancs) et du bouquet.

P

Paille (vin de)
Vin liquoreux obtenu grâce à un passerillage après récolte de grappes de raisins déposées sur des claies ou suspendues dans des locaux bien aérés.

Parfum
Synonyme d'odeur avec, en plus, une connotation laudative.

Passerillage
Dessèchement du raisin à l'air s'accompagnant d'un enrichissement en sucre. Les baies passerillées (ou flétries) donnent des vins liquoreux.

Perlant
Se dit d'un vin dégageant de petites bulles de gaz carbonique.

Persistance
Phénomène se traduisant par la perception de certains caractères du vin (saveur, arômes) après que celui-ci a été avalé. Une bonne persistance est un signe positif.

Pétillant
Désigne un vin légèrement effervescent dont la pression du gaz carbonique est moins forte que dans les autres vins mousseux.

Phylloxéra
Puceron qui, entre 1860 et 1880, ravagea le vignoble français en provoquant la mort des racines par sa piqûre.

Pièce
Nom du fût utilisé en Bourgogne (capacité de 228 litres).

Pierre à fusil
Se dit d'un arôme qui évoque l'odeur du silex venant de produire des étincelles.

Pigeage
Au cours de la vinification des vins rouges, opération consistant à enfoncer dans le moût du raisin le chapeau (voir ce mot) constitué par les parties solides du raisin, ce qui favorise une extraction des composants du raisin. Voir aussi : extraction, remontage.

Piqué
Qualificatif d'un vin atteint d'acescence, maladie se traduisant par une odeur aigre prononcée.

Piqûre (acétique)
Synonyme d'acescence.

Plat
Se dit d'un vin déséquilibré, trop faible en alcool.

Plein
Se dit d'un vin ayant des qualités d'ampleur, qui donne en bouche une sensation de plénitude.

Pommadé
Se dit d'un vin déséquilibré, pâteux, sirupeux, dont la trop grande richesse en sucres donne une impression de lourdeur.

Pourriture noble
Nom donné à l'action du Botrytis cinerea sous certaines conditions atmosphériques (matinées brumeuses et journées ensoleillées) grâce à laquelle les baies de raisin se concentrent en sucres, permettant d'élaborer des vins blancs liquoreux.

Presse (vin de)
Dans la vinification en rouge, vin tiré des marcs par pressurage après le décuvage. Voir goutte (vin de).

Pressurage
En blanc ou en rosé de pressurage, action de presser le raisin pour en tirer du jus. En rouge, opération consistant à presser le marc de raisin pour en extraire le vin.

Primeur (achat en)
Achat fait peu après la récolte et avant que le vin soit consommable.

Primeur (vin)
Vin élaboré pour être bu très jeune, mis en bouteille et commercialisé très peu de temps après la fermentation (environ deux mois). Synonyme : nouveau.

Prise de mousse
Nom donné à la deuxième fermentation alcoolique que subissent les vins mousseux. Elle donne lieu à un dégagement de gaz carbonique dans la bouteille.

Puissance
Caractère d'un vin qui est à la fois plein, corsé, généreux et d'un riche bouquet.

R

Racé
Caractère d'un grand vin remarquable par son élégance et sa finesse.

Rafle
Terme désignant dans la grappe le petit branchage supportant les grains de raisin qui, lors d'une vendange non éraflée, apporte des tanins et une certaine acidité au vin.

Raisonnée (agriculture)
Agriculture conventionnelle mais soucieuse de limiter au maximum les traitements de synthèse.

Rancio
Caractère particulier pris par certains vins doux naturels (arômes de noix) au cours de leur vieillissement.

Râpeux
Se dit d'un vin très astringent, donnant l'impression de racler le palais.

Récoltant-manipulant
En Champagne, vigneron élaborant lui-même ses cuvées à partir des raisins de sa propriété exclusivement.

Réduction
Évolution d'un vin en bouteille, à l'abri de l'air. Elle permet l'apparition d'arômes plus éloignés du fruité originel, dits arômes tertiaires (venaison, truffe, sous-bois...).

Réduit
Se dit d'un vin présentant des arômes rappelant le renfermé, qui peuvent se dégager à l'ouverture d'une bouteille longtemps fermée. Ils s'estompent généralement à l'aération.

Remontage
Opération consistant, en début de fermentation, à soutirer le moût hors de la cuve par le bas, puis à l'y réincorporer par le haut. Elle a pour but d'apporter de l'oxygène au moût pour favoriser la multiplication des levures responsables de la fermentation, tout en humidifiant le chapeau (voir ce mot) qui pourrait s'oxyder ou s'altérer. Enfin elle met en contact les jus avec les pellicules des baies, riches en pigments colorés, en composés aromatiques et en tanins.

Remuage
Dans la méthode traditionnelle, opération visant à amener les dépôts contre le bouchon par le mouvement imprimé aux bouteilles placées sur des pupitres. Le remuage peut être manuel ou mécanique (à l'aide de gyropalettes).

Riche
Qualificatif d'un vin coloré, généreux, puissant et en même temps équilibré.

Rimage
Désigne un vin doux naturel mis en bouteille précocement pour lui conserver son fruité, à la différence de ceux élevés en milieu oxydatif (voir ce mot).

Robe
Terme employé souvent pour désigner la couleur d'un vin et son aspect extérieur.

Rognage
Action de couper le bout des rameaux de vigne en fin de végétation.

Rond
Se dit d'un vin dont la souplesse, le moelleux et la chair donnent en bouche une agréable impression de rondeur.

Rôti
Caractère spécifique donné par la pourriture noble aux vins liquoreux, qui se traduit par un goût et des arômes de confit.

S

Saignée (rosé de)
Vin rosé tiré d'une cuve de raisin noir au bout d'un court temps de macération.

Salmanazar
Bouteille géante contenant l'équivalent de douze bouteilles ordinaires.

Sarment
Rameau de vigne de l'année.

Saveur
Sensation (sucrée, salée, acide ou amère) produite sur la langue par un aliment.

Sec
Pour les vins tranquilles, caractère dépourvu de saveur sucrée (moins de 4 g/l). Dans l'échelle de

douceur des vins effervescents, il s'agit d'un caractère très légèrement sucré (dosage entre 17 et 35 g/l).

Sévère
Se dit d'un vin rouge généralement jeune, très marqué par les tanins et astringent. Voir austère.

Solera
Méthode d'élevage pratiquée en Andalousie pour certains xérès, et qui vise à assembler en continu vins anciens et vins plus jeunes. Elle consiste à empiler plusieurs étages de barriques ; celles situées au niveau du sol (solera) contiennent les vins les plus âgés, les plus jeunes étant entreposés dans les barriques de l'étage supérieur. On prélève dans les tonneaux du niveau inférieur le vin à mettre en bouteille, qui est remplacé par du vin plus jeune de l'étage supérieur, et ainsi de suite.

Solide
Se dit d'un vin bien constitué, possédant notamment une bonne charpente.

Souple
Se dit d'un vin dans lequel le moelleux l'emporte sur l'astringence.

Soutirage
Opération consistant à transvaser un vin d'un contenant (cuve ou fût) dans un autre pour en séparer la lie.

Soyeux
Qualificatif d'un vin souple, moelleux et velouté, avec une nuance d'harmonie et d'élégance.

Stabilisation
Ensemble des traitements destinés à la bonne conservation des vins.

Structure
Désigne à la fois la charpente et la constitution d'ensemble d'un vin.

Sulfatage
Traitement, jadis pratiqué à l'aide de sulfate de cuivre, appliqué à la vigne pour prévenir les maladies cryptogamiques.

Sulfitage
Introduction de solution sulfureuse (SO2) dans un moût ou dans un vin pour le protéger d'accidents ou maladies, ou pour sélectionner les ferments.

Surmaturité
Caractère de raisins récoltés tardivement, riches en sucres, qui donnent des vins souvent moelleux et marqués par des arômes confits.

T

Taille
Coupe des sarments pour régulariser et équilibrer la croissance de la vigne afin de contrôler la productivité.

Tanin
Substance se trouvant dans le raisin, et qui apporte au vin sa capacité de longue conservation et certaines de ses propriétés gustatives.

Tannique
Caractère d'un vin laissant apparaître une note d'astringence due à sa richesse en tanins.

Tendu
Se dit d'un vin vif et nerveux.

Terroir
Territoire s'individualisant par certaines caractéristiques physiques (sol, sous-sol, exposition...) déterminantes pour son vin.

Thermorégulation
Technique permettant de contrôler et de maîtriser la température des cuves pendant la fermentation.

Tirage
1) Synonyme de soutirage. 2) Mise en bouteille du champagne avant la prise de mousse.

Tonneau
Unité de mesure pour le transport et la commercialisation des vins en vrac et correspondant à 4 barriques de 225 litres, soit 900 litres.

Tranquille (vin)
Désigne un vin non effervescent.

Tries (vendanges par)
Vendanges effectuées en plusieurs passages successifs pour récolter à leur concentration optimale les raisins touchés par la pourriture noble. Elles permettent l'élaboration de grands vins liquoreux.

Tuilé
1) Caractère des vins rouges évolués qui, en vieillissant, prennent une teinte rouge jaune. 2) Plus spécialement, mention sur l'étiquette désignant un rivesaltes rouge élevé au moins trente mois en milieu oxydatif.

V

VDQS
Devenu AOVDQS. Appellation d'origine vin délimité de qualité supérieure, produit dans une région délimitée selon une réglementation précise. Antichambre des AOC, cette catégorie a disparu en 2011.

Végétal
Se dit du bouquet ou des arômes d'un vin (principalement jeune) rappelant l'herbe ou la végétation. Les arômes végétaux peuvent traduire un manque de maturité de la récolte ou une extraction trop forte.

Venaison
S'applique au bouquet d'un vin rappelant l'odeur de grand gibier.

Vert
Se dit d'un vin trop acide.

Vieux
Terme pouvant avoir plusieurs acceptions, mais désignant en général un vin ayant plusieurs années d'âge et ayant vieilli en bouteille après avoir séjourné en tonneau.

Vif
Se dit d'un vin frais et léger, avec une petite dominante acide mais sans excès, et agréable.

Village
1) Terme employé dans certaines régions pour individualiser un secteur particulier au sein d'une appellation plus large (côtes-du-rhône, côtes-du-roussillon, beaujolais). 2) En Bourgogne, vin d'appellation communale non classé en premier cru.

Vin de liqueur
Vin doux ne répondant pas aux normes réglementaires des vins doux naturels, ou vin obtenu par mélange de moût et d'eau-de-vie (pineau des charentes, floc-de-gascogne, macvin-du-jura).

Vin de pays
À l'origine, vin appartenant au groupe des vins de table, mais dont on mentionnait sur l'étiquette la région géographique d'origine. Devenus IGP (indication géographique protégée) en 2009, les vins de pays sont désormais classés dans la catégorie des vins avec indication géographique, comme les AOC. La mention « vin de pays » peut subsister sur l'étiquette. Voir IGP.

Vin de table
Catégorie de vin n'affichant aucune indication géographique sur l'étiquette et provenant souvent de coupages entre des vins de différents vignobles de France ou de l'UE. Ces vins sont désormais appelés « vins sans indication géographique » (et « vins de France » s'ils proviennent du territoire national).

Vin doux naturel
Vin obtenu par mutage à l'alcool vinique du moût en cours de fermentation, souvent issu des cépages muscat et/ou grenache et correspondant à des conditions strictes de production, de richesse et d'élaboration.

Vineux
Se dit d'un vin possédant une certaine richesse alcoolique et présentant de façon nette les caractéristiques distinguant le vin des autres boissons alcoolisées.

Vinification
Méthode et ensemble des techniques d'élaboration du vin.

Viril
Se dit d'un vin à la fois charpenté, corsé et puissant.

Volume
Caractéristique d'un vin donnant l'impression de bien remplir la bouche.

VQPRD
Vin de qualité produit dans une région déterminée. Correspondait au vin AOC dans le langage réglementaire de l'Union européenne. Aujourd'hui, l'UE distingue les vins avec indication géographique (IG), qui incluent les anciens vins de pays, des vins sans indication géographique (VSIG).

VSIG
Vin sans indication géographique. Dans le langage réglementaire de l'UE, désigne aujourd'hui les anciens vins de table, qui peuvent être issus de coupages de différents vignobles. Cette catégorie exclut désormais les vins de pays (IGP) qui proviennent obligatoirement d'une zone géographique.

Les cépages

A

Aligoté
Cépage blanc principalement planté en Bourgogne où il constitue le cépage unique de deux appellations : bourgogne-aligoté et bouzeron. On le trouve également en assemblage dans certains crémants. Il donne un vin léger et vif, à boire jeune, qui est aussi traditionnellement associé à la crème de cassis pour composer le kir.

Altesse
Cépage blanc cultivé en Savoie et dans le Bugey, donnant des vins secs, corsés, élégants et aromatiques. Il est vinifié seul dans les AOC roussette-de-savoie et roussette-du-bugey et peut être associé à d'autres variétés de ces régions pour produire des vins tranquilles ou mousseux. Synonyme : roussette.

Aragnan
Cépage blanc très rare, que l'on peut trouver dans les assemblages de l'appellation palette (Provence).

Aramon
Cépage noir extrêmement productif, surtout en plaine, donnant des vins peu colorés et légers. Il s'est répandu en Languedoc à partir de la seconde moitié du XIXe siècle pour produire des vins ordinaires : il occupait une superficie de 150 000 ha en 1958. Exclu de l'encépagement des vins d'appellation, il a été massivement arraché.

Arbane
Cépage blanc de l'Aube donnant des vins nerveux et bouquetés. Il peut entrer dans l'encépagement du champagne, mais a presque disparu en raison de faibles rendements et d'une maturité tardive.

Arrufiac
Cépage blanc local des vignobles de la région du Béarn, à l'origine d'un vin riche en alcool et bouqueté. Il s'accorde bien avec les autres cépages blancs de la région (petit et gros mansengs, courbu). C'est un cépage secondaire du pacherenc-du-vic-bilh et du saint-mont blanc.

Auxerrois
Cépage blanc d'origine lorraine donnant un vin plutôt souple, aux arômes de fleurs et de fruits blancs. Il est souvent vinifié seul dans les appellations de Lorraine (côtes-de-toul, moselle) et les vins de la Moselle luxembourgeoise, et parfois assemblé au pinot blanc en Alsace.
Cépage noir : voir malbec.

B

Baco 22A
Cépage blanc issu de l'hybridation de la folle blanche et du noah. C'est le seul hybride à rester autorisé dans un vignoble français d'appellation, celui de l'armagnac, où il prospère notamment sur les sables fauves du Bas-Armagnac. Distillé, son vin donne des eaux-de-vie rondes, suaves et aromatiques, aux nuances de fruits mûrs.

Barbarossa
Cépage noir de cuve et de table cultivé en Corse, qui entre notamment dans l'appellation ajaccio.

Barbaroux
Cépage noir cultivé en Provence, dont les raisins étaient autrefois utilisés pour la table. On peut le trouver dans l'appellation côtes-de-provence, mais il est devenu très rare.

Baroque
Cépage blanc du Sud-Ouest, cultivé dans les Landes, à la base des blancs de l'appellation tursan. Il donne un vin sec et nerveux au bouquet agréable rappelant celui du sauvignon.

Bergeron
Voir roussanne.

Bouchy
Voir cabernet franc.

Bourboulenc
Cépage blanc produisant un vin de qualité aux légers parfums floraux. Ses raisins étaient autrefois utilisés à table en Provence, car ils se conservaient bien durant l'hiver. Il joue un rôle en assemblage dans de nombreuses AOC du sud de la France : en Provence, dans la vallée du Rhône, et particulièrement en Languedoc. Synonyme : doucillon.

Brachet
Voir braquet.

Braquet
Cépage noir de Provence qui contribue à la personnalité des vins rouges de l'AOC bellet, près de Nice. Il donne un vin peu coloré mais corsé, gagnant à vieillir. Synonyme : brachet.

Braucol
Voir fer-servadou.

Breton
Voir cabernet franc.

C

Cabernet franc

Cépage noir originaire du Bordelais et répandu dans le monde entier. Dans le Bordelais, il est surtout cultivé sur la rive droite de la Dordogne, en Libournais (appellations pomerol, saint-émilion, castillon-côtes-de-bordeaux...) ; généralement minoritaire, il est assemblé au merlot et parfois au cabernet-sauvignon. Dans le Sud-Ouest, il occupe une place non négligeable dans les appellations voisines du Bordelais et en coteaux-du-quercy. Dans le Val de Loire, il est appelé breton. Souvent vinifié seul, il donne leur caractère à de nombreux vins de Touraine (chinon, bourgueil, saint-nicolas-de-bourgueil). Il est très présent aussi dans les rouges d'Anjou-Saumur, seul ou en assemblage. Ce cépage est à l'origine de vins rouges et rosés moyennement tanniques et très parfumés, rappelant la framboise et la violette, parfois teintés de notes de poivron lorsqu'ils naissent de terres plus froides. Synonymes : breton, bouchy.

Cabernet-sauvignon

Cépage noir le plus diffusé dans le monde après le merlot. Il tient ses lettres de noblesse du Bordelais, notamment du Médoc et des Graves, où il trouve son terroir de prédilection : de belles croupes de graves, terres chaudes et bien drainées particulièrement propices à cette variété tardive. En Bordelais, le cabernet-sauvignon n'est jamais vinifié seul, mais il peut représenter jusqu'à 75 % du total, le solde étant généralement fourni par le merlot, le cabernet franc ou le petit verdot. Il donne des vins très colorés, denses et tanniques, aux arômes de cassis et de cèdre, qui doivent attendre quelques années pour donner leur pleine mesure. L'élevage en barrique renforce leur complexité. Le cabernet-sauvignon participe aussi aux assemblages de nombreux vins du Sud-Ouest et à quelques appellations provençales (côtes-de-provence et coteaux-d'aix-en-provence par exemple). Il est également admis dans de nombreuses appellations d'Anjou, du Saumurois et de Touraine.

Camaralet

Cépage blanc originaire du Béarn, variété accessoire et rare de l'appellation jurançon. Il donne un vin fin aux arômes épicés (poivre ou cannelle).

Carignan

Cépage noir originaire d'Aragon en Espagne. Le carignan s'est répandu depuis des siècles dans les régions méditerranéennes de France. Pouvant donner des rendements astronomiques, il s'est diffusé dans les plaines languedociennes jusque dans les années 1970. On en tirait des vins de table alcooliques, acides et neutres, qui ont nuit à sa réputation alors qu'il donne de bons résultats lorsqu'il naît de petits rendements et de vieilles vignes plantées sur ses terroirs de prédilection (schistes, argilo-calcaires). Il a été massivement arraché mais garde droit de cité dans les appellations méditerranéennes, de la Provence au Roussillon en passant par la vallée du Rhône méridionale, où il entre dans des assemblages avec d'autres variétés comme le grenache noir, la syrah, le mourvèdre. Il confère aux vins de la couleur, de la chaleur, une belle charpente et des arômes de fruits rouges, d'épices et de garrigue. Il est très présent dans les assemblages des appellations fitou, corbières, corbières-boutenac, côtes-du-roussillon, côtes-du-roussillon-villages.

Carmenère

Cépage noir d'origine bordelaise donnant des vins de belle qualité, à la robe profonde et à la bouche ronde et ample. Jadis très cultivée en Médoc, la carmenère a fortement régressé à cause de rendements faibles. On n'en trouve plus que quelques hectares en Gironde alors qu'elle est devenue une des variétés vedettes du Chili.

César

Cépage noir de l'Yonne introduit, selon la tradition, par les légions romaines. Il entre à hauteur de 10 % maximum dans l'AOC irancy (Bourgogne), assemblé au pinot noir. Il donne un vin très coloré, aux arômes de fruits rouges et à la structure tannique particulièrement solide.

Chardonnay

Le chardonnay est un des premiers cépages blancs de qualité au monde. C'est la variété presque exclusive des vins blancs de Bourgogne dont les plus illustres (chablis, corton-charlemagne, meursault, montrachet, pouilly-fuissé) l'ont rendu mondialement célèbre. Il donne des vins élégants, souvent arrondis par une fermentation malolactique, aux arômes complexes de fleurs, de fruits blancs, d'agrumes, de fruits secs et de pain grillé, qui prennent mille nuances selon les terroirs et l'élevage (souvent boisé). Vifs et minéraux dans les régions septentrionales, ils se font beurrés et miellés dans les secteurs plus chauds. Le chardonnay compose aussi près de 30 % de l'encépagement de la Champagne où il est assemblé au pinot noir ou vinifié seul (blanc de blancs). Il peut aussi entrer dans la composition d'autres vins effervescents (certains crémants notamment). Dans le Jura, le chardonnay est vinifié seul ou assemblé au savagnin ; dans le Sud, il se plaît sur les terres fraîches de Limoux. On le trouve encore dans le Bugey, en Centre-Loire (orléans, cheverny, saint-pourçain, côtes-d'auvergne). On en tire plus rarement des vins liquoreux à partir de raisins surmûris, dont les plus connus sont produits en Autriche.

Chasselas

Raisin de table blanc très apprécié en Europe (l'un des rares à bénéficier d'une appellation d'origine contrôlée, à Moissac). C'est aussi un raisin de cuve, cultivé principalement en Suisse (sous le nom de fendant dans le Valais) et en Savoie dans les secteurs proches du lac Léman (Crépy). En Alsace, il est devenu rare et entre souvent dans des assemblages. On le trouve aussi dans le Centre-Loire (Pouilly-sur-Loire), où il a cependant décliné au profit du sauvignon. Son vin frais et floral se termine souvent par une agréable amertume. Synonyme : fendant, gutedel.

Chenin blanc

Cépage blanc vigoureux et précoce du Val de Loire, cultivé en Touraine occidentale (appellations vouvray, montlouis-sur-loire, touraine-azay-le-rideau...), dans le Saumurois (saumur blanc et mousseux, coteaux-de-saumur) et en aval du fleuve, en Anjou (anjou blanc, bonnezeaux, quarts-de-chaume, coteaux-du-layon, coteaux-de-l'aubance, anjou-coteaux-de-la-loire, savennières) ; on le trouve aussi dans la vallée du Loir, son affluent de rive droite (jasnières, coteaux-du-loir). Le chenin donne des vins fruités, dont la vivacité contribue au potentiel de garde. Il peut être vinifié en effervescent ou en vin tranquille sec, demi-sec ou moelleux. La pourriture noble se développe aisément sur ses baies et permet d'obtenir de grands vins liquoreux (bonnezeaux, quarts-de-chaume...) caractérisés par une fine acidité qui leur donne de la fraîcheur. À Savennières et à Jasnières, il donne des vins secs réputés. En vin tranquille, il est le plus souvent vinifié seul, parfois assemblé avec un peu de chardonnay ou de sauvignon (anjou blanc). Le chenin se rencontre aussi en Languedoc-Roussillon (à Limoux) et dans de petits vignobles aveyronnais (vins-d'entraygues-et-du-fel). Il a fait souche dans plusieurs pays du monde, notamment en Afrique du Sud. Synonyme : pineau de la Loire.

Cinsault

Cépage noir méridional, le cinsault peut participer aux assemblages de la plupart des appellations méditerranéennes, mais le plus souvent comme cépage accessoire. C'est dans certaines cuvées de rosé (en corbières, côtes-de-provence...) qu'il est sans doute le plus présent : il donne à ces vins des arômes fort appréciés de fraise, de pêche et de framboise. En vin de pays (IGP), il est souvent vinifié seul, en général en rosé.

Clairette

Cépage blanc méridional donnant un vin floral, souple et rond, à la finale amère et fraîche. Il est vinifié seul dans les appellations clairette-de-bellegarde (Gard), clairette-du-languedoc (Hérault) et clairette-de-die méthode traditionnelle (Drôme), et constitue le cépage principal du crémant-de-die. Il n'intervient qu'à titre accessoire dans la clairette-de-die méthode ancestrale, dominée par le muscat à petits grains. Il se mêle à d'autres cépages dans de nombreux vins blancs d'appellation (châteauneuf-du-pape, côtes-du-provence, côtes-du-rhône, bandol, cassis, palette...).

Colombard

Cépage blanc d'origine charentaise, le colombard a perdu du terrain au profit de l'ugni blanc mais reste encore utilisé pour l'élaboration des vins destinés au cognac et à l'armagnac, eaux-de-vie auxquelles il apporte un caractère fruité. Il entre dans la composition du pineau-des-charentes et du floc-de-gascogne, et sert aussi d'appoint dans certaines AOC bordelaises de blancs secs (côtes-de-blaye, bordeaux, entre-deux-mers...). Il est vinifié seul ou en assemblage pour produire certains vins de pays aromatiques (côtes-de-gascogne notamment).

Côt

Voir malbec.

Counoise

Cépage noir figurant parmi les nombreux cépages autorisés pour l'appellation châteauneuf-du-pape, mais devenu très rare. Il n'intervient que dans des proportions minimes dans certains assemblages de cette appellation et dans quelques vignobles proches (côtes-du-rhône, gigondas, coteaux-d'aix-en-provence). Il donne des vins à la robe foncée, aux arômes de fruits noirs et d'épices.

Courbu

Cépage blanc cultivé essentiellement dans les Pyrénées-Atlantiques, le plus souvent associé au petit manseng et à quelques autres cépages de la même région dans les appellations locales comme le jurançon. Il donne un vin élégant, corsé, vieillissant bien.

D

Doucillon

Voir bourboulenc.

Duras

Cépage noir du Tarn généralement vinifié en assemblage avec les autres cépages locaux. C'est une des variétés de l'appellation gaillac. Il donne un vin coloré, riche en alcool, nerveux, à saveur poivrée.

F

Fer-servadou
Cépage noir du Sud-Ouest donnant un vin aux tanins épicés et aux arômes de cassis et de framboise. Sous le nom de mansois, c'est le cépage principal du marcillac ; c'est aussi une des variétés importantes du Gaillacois, où il est appelé braucol. Il intervient également dans les assemblages d'autres appellations du Sud-Ouest (fronton, estaing, madiran, saint-mont...). Synonymes : braucol, pinenc, mansois.

Folle blanche
Cépage blanc à la base d'eaux-de-vie de grande qualité (cognac, armagnac), mais qui a largement régressé pour céder la place à l'ugni blanc après la crise phylloxérique. Il donne des vins légers en alcool et d'une bonne vivacité dans l'appellation gros-plant-du-pays-nantais. Synonyme : gros plant.

Fuella nera
Vieux cépage noir de Provence donnant un vin très coloré, bouqueté et rond, généralement assemblé avec d'autres cépages méridionaux. C'est une des deux variétés principales de l'appellation bellet, au-dessus de Nice.

G-J

Gamay
Cépage noir à l'origine d'un vin fruité, gouleyant et d'une agréable vivacité, le plus souvent de courte ou moyenne garde. C'est le cépage unique des rouges du Beaujolais. On le trouve encore dans la vallée de la Loire (Anjou et Touraine notamment) dans le Centre et le Massif central. Il est associé avec le pinot noir dans le bourgogne-passetout-grain et la dôle du Valais. Il entre également dans les assemblages de plusieurs vins du Sud-Ouest.

Gewurztraminer
Cépage blanc caractéristique de l'Alsace. Il donne des vins à la robe dorée, à la bouche puissante et ample et aux arômes aussi exubérants que caractéristiques (nuances de rose, de litchi et d'épices). On le vinifie en vin sec ou en vin doux (vendanges tardives et sélection de grains nobles notamment).

Grenache blanc
Cépage blanc cultivé principalement en Espagne et un peu dans le sud de la France (vallée du Rhône méridionale, Languedoc-Roussillon). C'est la variété blanche du grenache noir. Il entre dans l'assemblage de plusieurs vins blancs (vins secs ou vins doux naturels) auxquels il confère richesse, gras et notes florales.

Grenache gris
Variété grise du grenache cultivée dans les Pyrénées-Orientales, l'Aude et le sud de la vallée du Rhône. Ses vins puissants et ronds entrent dans l'assemblage de blancs ou rosés secs et de vins doux naturels.

Grenache noir
Cépage noir originaire d'Espagne, l'une des grandes variétés de qualité du sud de la France. Parfois vinifié seul, il est le plus souvent assemblé à un ou plusieurs autres cépages rhodaniens ou méridionaux aux qualités complémentaires comme la syrah, le mourvèdre, le carignan ou le cinsault. Ses vins sont chaleureux, empreints d'arômes de fruits rouges (cerise) et d'épices ; ils s'oxydent avec le temps. Vinifié seul ou en très grande proportion, le grenache noir donne aussi de grands vins doux naturels en Roussillon (rivesaltes, banyuls, maury) et dans la vallée du Rhône (rasteau).

Grenache poilu
Voir lledoner pelut.

Gringet
Cépage blanc de la vallée de l'Arve en Haute-Savoie. Confidentiel, c'est le cépage principal du vin-de-savoie Ayze (tranquille ou effervescent).

Grolleau
Cépage noir de la vallée de la Loire à l'origine de vins légers. Il entre surtout dans l'assemblage de rosés mais peut aussi être associé à d'autres variétés dans des vins effervescents de la région (crémant-de-loire, saumur). Synonyme : groslot.

Gros manseng
Cépage blanc du Sud-Ouest surtout cultivé dans les Pyrénées-Atlantiques où il entre principalement dans l'assemblage des jurançon et pacherenc-du-vic-bilh secs. Voisin du petit manseng, il donne un vin jugé moins fin tout en étant bien équilibré, charpenté, vif et fruité.

Gros plant
Voir folle blanche.

Groslot
Voir grolleau.

Gutedel
Voir chasselas.

Jacquère
Cépage blanc de Savoie qui donne des vins légers et frais, aux arômes de fleurs blanches et d'agrumes nuancés de touches de pierre à fusil. Variété principale de l'appellation vin-de-savoie, il

est vinifié seul ou en assemblage. On le rencontre également, à titre accessoire, dans le Bugey.

L

Len de l'el

Cépage blanc du Sud-Ouest ayant contribué à la renommée des gaillac. Son nom occitan (« loin de l'œil ») s'explique par un pédoncule très long qui place la grappe loin du bourgeon (œil) qui lui a donné naissance. S'il peut produire des vins secs, les vignerons laissent volontiers surmûrir ses grosses grappes pour en tirer des vins moelleux ou liquoreux. Il peut être vinifié seul ou assemblé à un ou plusieurs cépages de l'appellation : mauzac, muscadelle, ondenc ou sauvignon. Synonyme : loin de l'œil.

Lledoner pelut

Cépage noir originaire d'Espagne, qui tire son nom de l'aspect de ses feuilles. Il peut figurer dans l'encépagement de plusieurs appellations du Languedoc-Roussillon. Il donne un vin peu coloré, assez proche du grenache, légèrement moins riche en alcool. Synonyme : grenache poilu.

Loin de l'œil

Voir len de l'el.

M

Macabeu

Cépage blanc d'Espagne (Catalogne) introduit en Roussillon il y a fort longtemps. Il participe à l'assemblage de plusieurs vins blancs AOC du Languedoc-Roussillon. Vendangé tôt et associé à d'autres cépages comme le grenache blanc, il fournit des vins blancs secs, floraux et fruités, d'une bonne fraîcheur. Vendangé plus tard, il entre dans la production de certains vins doux naturels comme le rivesaltes blanc. Synonyme : maccabéo.

Malbec

Cépage noir du Sud-Ouest de la France devenu le principal cépage rouge de l'Argentine. Majoritaire dans le cahors (au moins 70 % de l'encépagement), il est associé notamment aux cabernets et au merlot dans de nombreuses AOC du Sud-Ouest (bergerac, pécharmant...) et du Bordelais (médoc, graves, côtes-de-bourg...). Dans la vallée de la Loire (Touraine), le malbec est appelé côt. Il est vinifié seul ou assemblé avec le cabernet franc et le gamay. Il fournit des vins colorés, aromatiques, charpentés. Synonymes : côt, auxerrois.

Malvoisie

Nom donné localement à différents cépages, notamment le pinot gris (Pays nantais) et le vermentino (Provence et Corse).

Mansois

Voir fer-servadou.

Marsanne

Cépage blanc de la vallée du Rhône septentrionale donnant des vins amples et assez chaleureux. La marsanne est assemblée à la roussanne dans les appellations crozes-hermitage, hermitage ou saint-péray (tranquilles et effervescents). Elle entre également dans l'assemblage de nombreux vins blancs de la vallée du Rhône méridionale (mais pas dans le châteauneuf-du-pape blanc) et du Languedoc-Roussillon.

Mauzac

Cépage blanc du Sud-Ouest, à l'origine de vins aux nuances de pomme. Intimement liée à l'appellation gaillac, c'est la variété exclusive du gaillac mousseux méthode ancestrale ; le mauzac est également très présent dans les vins blancs de l'appellation, où il est associé notamment au len de l'el et à la muscadelle. Il s'est diffusé en Languedoc (blanquette-de-limoux).

Melon de Bourgogne

Cépage blanc bourguignon, peu utilisé dans sa région d'origine mais ayant gagné la région nantaise. C'est le cépage exclusif du Muscadet. Il donne un vin sec jaune pâle, souple et vif, au bouquet intense, auquel un élevage sur lie confère gras et complexité aromatique.

Merlot

Cépage noir le plus cultivé en France, principalement en Gironde, où il est assemblé au cabernet-sauvignon et parfois à d'autres variétés comme le cabernet franc et le malbec. Dans le Bordelais, il est étroitement associé aux appellations de la rive droite de la Dordogne telles que pomerol et saint-émilion, où il est majoritaire, mais il a progressé partout, jusqu'en Médoc. Il domine les assemblages en AOC régionales (bordeaux, bordeaux supérieur). Ses vins sont ronds ; leurs arômes de fruits rouges plus ou moins confiturés évoquent le pruneau lorsque le raisin est très mûr et prennent des nuances de sous-bois, de cuir et d'épices avec le temps. Assemblé au cabernet-sauvignon, le merlot confère de la souplesse au vin qui peut ainsi être bu plus rapidement. Le merlot a connu une explosion de ses plantations en Languedoc-Roussillon, où il fournit surtout des vins de pays (IGP).

Il est très présent en Europe de l'Est, en Italie et en Amérique.

Meunier
Voir pinot meunier.

Molette
Cépage blanc cultivé en Haute-Savoie et dans l'Ain, qui produit quelques vins tranquilles (AOC seyssel molette) et qui entre dans la composition du seyssel mousseux et du bugey blanc mousseux.

Mondeuse
Cépage noir cultivé depuis longtemps en Savoie, d'où il s'est propagé dans l'Isère et dans l'Ain. Avec le gamay et le pinot noir, il entre dans l'encépagement des appellations vin-de-savoie et bugey où il fournit des cuvées monocépages (notamment en Savoie à Arbin et à Saint-Jean-de-la-Porte). Il donne un vin coloré, solide, chaleureux et de garde, aux arômes de fraise, de framboise et de cassis agrémentés de notes florales et épicées.

Montils
Cépage blanc charentais qui, distillé, donne une eau-de-vie appréciée pour la finesse et l'intensité de ses arômes. Il est devenu cependant très minoritaire pour l'élaboration du cognac.

Mourvèdre
Cépage noir méridional très cultivé en Espagne (où il est appelé morastell ou monastrell). Il entre dans la composition de plusieurs vins de Provence, en particulier le bandol rouge (au moins 50 % de l'assemblage), aux côtés notamment du grenache et du cinsault. On le trouve aussi dans la vallée du Rhône, où il fait partie des cépages autorisés du châteauneuf-du-pape. Il a été implanté plus récemment en Languedoc-Roussillon. Il est à l'origine de vins colorés, tanniques, chaleureux, complexes (cerise noire, fruits mûrs, poivre, cuir...) et de longue garde.

Muscadelle
Cépage blanc cultivé en Gironde et en Dordogne, donnant des vins fruités discrètement muscatés. Très rarement vinifié seul, il peut être assemblé au sauvignon et au sémillon dans toutes les appellations de vins blancs secs ou doux du Bordelais (bordeaux sec, entre-deux-mers, sauternes...), du Bergeracois (bergerac, monbazilllac...) et d'autres AOC de ce secteur (côtes-de-duras, buzet blanc...).

Muscardin
Cépage noir de la vallée du Rhône méridionale, donnant des vins d'une belle fraîcheur, au bouquet floral. Rare, il fait partie des cépages du châteauneuf-du-pape et peut entrer dans l'encépagement des appellations voisines (gigondas, vacqueyras...) et des côtes-du-rhône.

Muscat blanc à petits grains
Cépage blanc cultivé depuis l'Antiquité sur les bords de la Méditerranée, considéré comme le plus noble des muscats. On en tire surtout des vins doux, souvent issus de mutage. En France, c'est le cépage unique de nombreux vins doux naturels : muscat-de-frontignan, muscat-de-mireval, muscat-de-lunel, muscat-de-saint-jean-de-minervois, muscat-de-beaumes-de-venise, muscat-du-cap-corse. Associé au muscat d'Alexandrie, il donne le muscat-de-rivesaltes. Il entre aussi dans la composition de blancs effervescents (clairette-de-die ; moscato d'asti et asti spumante en Italie) et secs (alsace-muscat). Puissamment aromatiques et complexes, ses vins évoquent le raisin frais, la rose, les fruits exotiques, les agrumes, les épices.

Muscat d'Alexandrie
Cépage blanc qui serait originaire d'Égypte. Il est consommé en raisin de table, en jus et en vins doux. Cultivé principalement dans les Pyrénées-Orientales, il participe à la production de vins doux naturels et notamment au muscat-de-rivesaltes (associé au muscat à petits grains). Il entre aussi à titre accessoire dans d'autres vins doux naturels blancs comme le rivesaltes. Ses vins onctueux présentent un bouquet évoluant vers le raisin passerillé et la figue sèche.

Muscat ottonel
Cépage blanc cultivé en Alsace où il entre dans l'encépagement de l'alsace muscat (avec le muscat à petits grains, qui a régressé car un peu trop tardif pour la région). Il donne un vin aromatique finement muscaté, souvent vinifié en vin sec. On peut aussi récolter les grappes surmûries et/ou botrytisées pour obtenir des vendanges tardives et des sélections de grains nobles.

N-O

Naturé
Voir savagnin.

Négrette
Cépage noir du Sud-Ouest cultivé au nord de Toulouse, donnant des vins colorés et aromatiques, dont le fruité s'accompagne de notes caractéristiques de violette et de réglisse. C'est le cépage principal de l'AOC fronton. Il y est vinifié seul ou assemblé à une ou plusieurs des variétés suivantes : syrah, côt, cabernets, fer-servadou (et

accessoirement gamay). Il entre aussi dans l'encépagement des fiefs vendéens.

Nielluccio
Cépage noir très planté en Italie où, sous le nom de sangiovese, il participe à la notoriété du chianti, du brunello di Montalcino et du vino nobile di Montepulciano. Il est également cultivé en Corse pour la production de rouges et de rosés. C'est le cépage principal (90 % au moins en vin rouge) de l'AOC patrimonio. Dans les AOC vins-de-corse et ajaccio, il est assemblé à d'autres cépages insulaires comme le sciaccarello ou méridionaux comme le grenache. Colorés, chaleureux et tanniques, ses vins rouges supportent bien la garde. Synonyme : sangiovese.

Noah
Hybride blanc américain qui produit un vin désagréable aux arômes foxés. Sa culture est aujourd'hui interdite en France.

Ondenc
Cépage blanc du Sud-Ouest devenu assez rare. Rarement vinifié seul, il fait partie de l'encépagement du gaillac (notamment du doux) et d'autres appellations du Sud-Ouest (bergerac, côtes-de-duras, montravel, monbazillac).

P

Petit manseng
Cépage blanc cultivé dans les Pyrénées-Atlantiques, où il fait notamment la renommée des jurançon moelleux, assemblé ou non avec d'autres cépages locaux comme le gros manseng et le courbu. Les vins, même moelleux, présentent une pointe d'acidité agréable et le cépage apporte de belles notes de fruits mûrs (pêche, agrumes), de fruits exotiques et d'épices. Le petit manseng entre aussi dans l'encépagement d'autres AOC du piémont pyrénéen (béarn, irouléguy, pacherenc-du-vic-bilh, saint-mont).

Petit meslier
Cépage blanc de Champagne dont les vins, nerveux et fruités, prennent facilement la mousse. Il est devenu confidentiel.

Petit verdot
Cépage noir du Bordelais pouvant entrer en petite quantité dans l'assemblage des AOC girondines, notamment en Médoc, en complément des cabernets et du merlot. Il fournit un vin de qualité, coloré, tannique et élégant tout à la fois.

Picardan
Cépage blanc très rare qui fait partie de l'encépagement du châteauneuf-du-pape.

Picpoul
Voir piquepoul.

Pineau d'Aunis
Cépage noir de la vallée de la Loire, produisant des vins peu colorés, jadis appréciés des rois de France et d'Angleterre. Il a régressé au profit du cabernet franc, mais entre encore dans l'assemblage de certains rouges et rosés de la Touraine et de l'Anjou. C'est le cépage principal des vins rouges et rosés en AOC coteaux-du-loir et coteaux-du-vendômois (et même le cépage exclusif du gris du Vendômois, typique par son fruité vif et poivré).

Pineau de la Loire
Voir chenin blanc.

Pinenc
Voir fer-servadou.

Pinot blanc
Variation blanche du pinot noir, ce cépage donne des vins secs caractérisés par une acidité modérée, des arômes de fleurs et de fruits blancs. En France, il est essentiellement cultivé en Alsace où il est vinifié seul ou en assemblage avec l'auxerrois. Il fournit également des vins de base pour l'élaboration des crémants-d'alsace.

Pinot gris
Cépage aux baies gris-rose qui est une variation grise du pinot noir. Il est cultivé en Alsace, en Allemagne, en Suisse, en Italie du nord et en Europe orientale. D'une belle couleur jaune doré, ses vins possèdent beaucoup de corps, une certaine rondeur et des arômes caractéristiques de fruits jaunes, de fruits secs, de miel, de fumé, de sous-bois. On en tire aussi bien des vins secs que des vins moelleux (alsace vendanges tardives) et liquoreux (alsace sélection de grains nobles). On le trouve également dans la région nantaise (coteaux-d'ancenis) sous le nom de malvoisie. en AOC orléans, châteaumeillant (gris)...

Pinot meunier
Cultivé au XIXe siècle dans tous les vignobles septentrionaux, ce cépage noir a largement régressé depuis. Très présent dans la vallée de la Marne, il constitue un tiers de l'encépagement en Champagne, aux côtés du pinot noir et du chardonnay avec lesquels il est souvent assemblé. Il apporte aux champagnes de la rondeur et des arômes de fruits rouges ou jaunes. Le pinot meunier est aussi le cépage dominant des vins rouges et rosés en

AOC orléans et du rare touraine-noble-joué, un vin gris. Synonyme : meunier.

Pinot noir
Cépage noir à l'origine des grands vins rouges de Bourgogne (chambertin, romanée-conti, clos-de-vougeot, corton, pommard...). Peu productif mais hautement qualitatif, il fournit des vins d'une belle couleur quoique peu intense. Leur bouquet de griotte et de petits fruits rouges et noirs évolue avec le temps vers la cerise à l'eau-de-vie, le gibier et le cuir. Sa maturation précoce permet au pinot noir de produire des vins d'une grande finesse dans les régions septentrionales alors qu'il réussit moins dans les secteurs chauds. Il s'est répandu en Alsace, en Champagne et dans la vallée de la Loire (surtout en amont de Blois), en Allemagne, en Suisse et dans d'autres pays voisins. Plus récemment, il a été acclimaté avec succès dans des régions fraîches du Nouveau Monde (Oregon, Nouvelle-Zélande...). En Bourgogne, le pinot noir est le cépage presque exclusif des vins rouges ; il ne concède une petite place à d'autres variétés que dans certaines AOC régionales et en mâcon. Il exprime une multitude de nuances selon le terroir où il est planté. En Champagne, il constitue près de 40 % de l'encépagement et entre dans de nombreux assemblages, aux côtés du chardonnay et parfois du pinot meunier.

Piquepoul
Cépage languedocien existant en noir, en blanc et en gris. Il fait aussi partie de l'encépagement des châteauneuf-du-pape, côtes-du-rhône et autres AOC voisines, ainsi que des palette (Provence). Le vin de piquepoul noir, chaleureux, assez vif, floral, utilisé en assemblage à titre accessoire, est en régression. Le piquepoul blanc, qui entre dans l'encépagement d'appellations languedociennes, est surtout connu en AOC languedoc Picpoul-de-Pinet, car il y est vinifié seul. C'est un vin nerveux aux arômes floraux. Synonyme : picpoul.

Ploussard
Voir poulsard.

Poulsard
Cépage noir cultivé dans le Jura et le Bugey. Même vinifié en rouge, il fournit un vin clairet presque rosé, peu tannique, frais et fruité. Seul ou associé au trousseau et au pinot noir, il constitue les vins arbois et les côtes-du-jura rouges. Vinifié en blanc dans l'appellation l'étoile (avec le chardonnay et le savagnin), il apporte de la rondeur en bouche et de la finesse aromatique. Il peut aussi entrer dans la composition des vins de paille et du macvin de la même région. Synonyme : ploussard.

R

Riesling
Cépage blanc qui a fait la réputation des vins du Rhin, de la Moselle et de l'Alsace. Il est devenu le premier cépage blanc cultivé en Allemagne et représente aujourd'hui plus de 20 % du vignoble alsacien. Il produit des vins vifs, racés, élégants et de garde aux fines notes de citron, de fleurs, de pêche et de tilleul, agrémentées de nuances minérales. On en tire également des vins moelleux (alsace vendanges tardives) et liquoreux (alsace sélection de grains nobles issus de baies botrytisées et vins de glace issus de raisins gelés).

Rolle
Voir vermentino.

Romorantin
Cépage blanc qui n'est pratiquement cultivé que dans le Loir-et-Cher pour la production de l'appellation cour-cheverny, dont il est le cépage exclusif. Il fournit un vin vif, dont les arômes évoquent le raisin bien mûr, le miel et l'acacia.

Roussanne
Cépage blanc de la vallée du Rhône et de la Savoie où il est appelé bergeron. La roussanne produit des vins élégants aux arômes de miel, d'abricot et d'aubépine, dont l'acidité permet une bonne aptitude à la garde. Elle est généralement assemblée à la marsanne dans les appellations rhodaniennes hermitage, crozes-hermitage, saint-joseph et saint-péray, mais elle peut aussi être vinifiée seule. Elle s'est répandue dans la vallée du Rhône méridionale (châteauneuf-du-pape par exemple) et en Languedoc-Roussillon où on l'assemble à diverses variétés comme le grenache blanc et la clairette. En Savoie, elle est le cépage unique du vin-de-savoie Chignin-Bergeron. Synonyme : bergeron.

Roussette
Voir altesse.

S

Sacy
Voir tressallier.

Sangiovese
Voir nielluccio.

Sauvignon
Cépage blanc à l'origine de vins secs très aromatiques, aux nuances de buis, de bourgeon de cassis et, selon les terroirs, de fleurs blanches, d'agrumes et de pierre à fusil. Dans la vallée de la Loire et le Centre-Loire, il est vinifié seul dans la plupart des appellations (sancerre, pouilly-fumé, quincy, reuilly et menetou-salon blancs, touraine-sauvignon...). Dans le Bordelais et le Bergeracois,

il est soit vinifié seul soit, le plus souvent, associé au sémillon et parfois à la muscadelle. Cet assemblage est habituel lorsqu'il s'agit de vins moelleux et liquoreux (dominés par le sémillon) comme le sauternes en Bordelais ou le monbazillac dans la région de Bergerac ; le sauvignon apporte alors sa fraîcheur et ses arômes à l'assemblage. Le sauvignon fournit des vins de pays monocépages dans d'autres régions de France et s'est répandu dans les nouveaux pays viticoles jusqu'en Nouvelle-Zélande. Synonyme : blanc fumé.

Savagnin

Cépage blanc du Jura, originaire du Tyrol et cultivé aussi en Allemagne et en Suisse. Il donne des vins de bonne conservation dont le célèbre vin jaune du Jura (AOC arbois, côtes-du-jura, l'étoile et château-chalon, la plus réputée). Ce vin de très longue garde au bouquet caractéristique de noix et d'épices résulte d'un élevage sous voile et vieillit plus de six ans avant sa commercialisation. Le savagnin peut aussi être assemblé à tous les autres cépages jurassiens, notamment au chardonnay, pour donner des vins blancs secs, des vins de paille, du macvin-du-jura, voire du crémant-du-jura. Synonyme : naturé.

Sciaccarello

Cépage noir cultivé en Corse donnant des vins peu colorés mais bien charpentés et fruités (groseille, cassis, mûre, framboise) qui s'apprécient plutôt jeunes. C'est l'une des variétés de l'AOC vin-de-corse et le principal cépage de l'AOC ajaccio.

Sémillon

Cépage blanc du Bordelais qui a fait la réputation des vins de ce vignoble et du Bergeracois voisin (monbazillac), notamment en matière de liquoreux (sauternes, barsac...). Dans ces régions, il est assemblé au sauvignon et à la muscadelle pour donner des vins de qualité, secs ou doux (il est majoritaire dans ces derniers). Moins aromatique que le sauvignon, il délivre des notes de miel, de cire d'abeille, de fruits secs, et apporte beaucoup de rondeur et de gras en bouche. Le sémillon s'est répandu dans les vignobles du Nouveau Monde, où il est parfois vinifié seul (Australie).

Shiraz

Voir syrah.

Sylvaner

Cépage blanc répandu en Allemagne et en Alsace, principalement dans le Bas-Rhin. Il donne des vins frais et légers aux arômes d'agrumes et de fleurs blanches, parfois accompagnés de notes minérales. Cultivé en coteau, il engendre des vins plus consistants, notamment sur le Zotzenberg, seul grand cru alsacien où le sylvaner est autorisé.

Syrah

Cépage noir de la vallée du Rhône septentrionale, donnant un vin charpenté et de garde, à la robe sombre, aux arômes puissants et complexes de fruits rouges et noirs, de violette, de réglisse et d'épices (poivre). C'est la variété des côte-rôtie, des cornas, des hermitage et des crozes-hermitage et des saint-joseph rouges. Sa culture a littéralement explosé en France depuis 1960 : la syrah s'est propagée dans le sud de la vallée du Rhône, en Provence et en Languedoc-Roussillon où elle entre dans l'encépagement de toutes les AOC de vins rouges, le plus souvent assemblée aux cépages de ces régions comme le grenache ou le mourvèdre. Elle s'est même diffusée dans les secteurs orientaux du Sud-Ouest (AOC gaillac et fronton). Elle est également très cultivée dans tous les vignobles du Nouveau Monde où elle fournit nombre de cuvées monocépages. Synonyme : shiraz.

T

Tannat

Cépage noir du Sud-Ouest donnant des vins de garde charpentés, riches en tanins, qui demandent plusieurs années de vieillissement pour s'arrondir et développer un parfum de framboise et de mûre. Originaire du Béarn, il est surtout cultivé dans les Pyrénées-Atlantiques et les départements limitrophes : il constitue le cépage principal des AOC madiran et saint-mont, et il participe à l'encépagement des irouléguy et tursan. C'est une variété accessoire du cahors. Le tannat est également très cultivé en Uruguay.

Terret

Cépage noir, gris ou blanc du Languedoc. Le terret figure dans la liste des variétés autorisées des AOC châteauneuf-du-pape, côtes-du-rhône et corbières, mais il n'est pratiquement plus cultivé.

Tibouren

Cépage noir cultivé en Provence, donnant des vins peu colorés, délicats et frais. Associé au cinsault, au grenache, au mourvèdre ou à la syrah, il est surtout utilisé pour élaborer des rosés (AOC côtes-de-provence et palette).

Tourbat

Cépage blanc catalan devenu rare, donnant des vins vifs et fruités. Il peut entrer dans l'assemblages de plusieurs AOC (collioure, côtes-du-roussillon blanc rivesaltes ambré, rosé, tuilé). Synonyme : malvoisie du Roussillon.

Tressallier

Cépage blanc de l'Allier identique au sacy cultivé en Bourgogne. Rarement vinifié seul, il entre dans l'assemblage des vins blancs de Saint-Pourçain, associé au chardonnay, cépage principal de l'appellation. Synonyme : sacy.

Trousseau

Cépage noir du Jura donnant des vins pourpre intense, corsés et de bonne garde. Il est vinifié seul ou en assemblage avec le poulsard et le pinot noir dans les AOC arbois et côtes-du-jura ; il peut aussi contribuer aux vins de paille et au macvin de ce vignoble.

U-V

Ugni blanc

Cépage blanc d'origine italienne, et principale variété blanche cultivée en France. Ses grandes grappes donnent des vins fins, légers et vifs, adaptés à la distillation : c'est aujourd'hui le cépage principal pour l'élaboration des cognac et armagnac. L'ugni blanc, un peu plus riche en alcool lorsqu'il est cultivé dans les régions méditerranéennes, peut entrer dans l'assemblage des appellations de Provence et de l'AOC vin-de-corse, souvent associé à d'autres cépages qui apportent des arômes et de la structure, comme la clairette ou le vermentino. L'ugni blanc entre aussi, à titre accessoire, dans la production de certains vins blancs en Gironde (AOC bordeaux entre-deux-mers...).

Vaccarèse

Cépage noir, l'une des nombreuses variétés de Châteauneuf-du-Pape, pouvant être utilisé en assemblage dans cette appellation et d'autres AOC voisines (côtes-du-rhône, gigondas...). Il produit un vin floral, élégant et frais, qui équilibre la chaleur du grenache. Il est rare.

Vermentino

Cépage blanc de qualité donnant des vins aromatiques. Très cultivée en Corse, c'est la variété exclusive du patrimonio blanc ; elle domine dans les AOC ajaccio, vin-de-corse, dans plusieurs appellations de Provence (bellet, coteaux-d'aix-en-provence...) et s'est répandue en Languedoc-Roussillon. En Italie, le vermentino est cultivé en Ligurie et en Sardaigne. Synonymes : rolle, malvoisie.

Viognier

Cépage blanc de la partie septentrionale de la vallée du Rhône, cultivé depuis fort longtemps en terrasses, sur la rive droite du fleuve. Il est à l'origine du condrieu et du château-grillet, des vins le plus souvent secs aux arômes de pêche, d'abricot, de miel et d'épices, d'une belle rondeur en bouche. Cépage en vogue, il est aujourd'hui également vinifié seul en côtes-du-rhône blanc et en vin de pays. Il s'est étendu dans le sud de la vallée du Rhône et au delà, jusqu'aux États-Unis. Le viognier peut être assemblé à d'autres cépages blancs, et même à la syrah en AOC côte-rôtie (à hauteur de 20 %).

INDEX

Index des appellations

INDEX DES APPELLATIONS

L'indexation ne tient pas compte de l'article défini

A

Ajaccio 889
Aloxe-corton 439
Alsace edelzwicker 32
Alsace gewurztraminer 33
Alsace grand cru 66
Alsace klevener-de-heiligenstein 38
Alsace muscat 39
Alsace pinot blanc ou klevner 41
Alsace pinot gris 42
Alsace pinot noir 51
Alsace riesling 57
Alsace sylvaner 66
Anjou 1001
Anjou-coteaux-de-la-loire 1017
Anjou-gamay 1008
Anjou-villages 1009
Anjou-villages-brissac 1011
Arbois 633
Auxey-duresses 466

B

Bandol 832
Banyuls 794
Banyuls grand cru 798
Barsac 347
Bâtard-montrachet 478
Baux-de-provence (Les) 840
Béarn 958
Beaujolais 96
Beaujolais-villages 101
Beaumes-de-venise 1205
Beaune 453
Bellet 841
Bergerac 930
Blanquette méthode ancestrale 715
Blanquette-de-limoux 716
Blaye 177
Blaye-côtes-de-bordeaux 179
Bonnes-mares 420
Bonnezeaux 1027
Bordeaux 138
Bordeaux blanc 154
Bordeaux clairet 149
Bordeaux rosé 150
Bordeaux supérieur 162
Bourgogne 360
Bourgogne-aligoté 369
Bourgogne-côte-chalonnaise 494
Bourgogne-hautes-côtes-de-beaune 433
Bourgogne-hautes-côtes-de-nuits 399
Bourgogne-passetoutgrain 369
Bourgueil 1048
Bouzeron 496
Brouilly 106
Brulhois 926
Bugey 655
Buzet 926

C

Cabardès 661
Cabernet-d'anjou 1013
Cadillac 343
Cadillac-côtes-de-bordeaux 279
Cahors 904
Cairanne 1194
Canon-fronsac 196
Cassis 842
Castillon-côtes-de-bordeaux 265
Cérons 347
Chablis 378
Chablis grand cru 392
Chablis premier cru 384
Chambertin-clos-de-bèze 412
Chambolle-musigny 418
Champagne 542
Chapelle-chambertin 412
Charmes-chambertin 413
Chassagne-montrachet 479
Château-chalon 636
Châteaumeillant 1083
Châteauneuf-du-pape 1206
Chénas 112
Chevalier-montrachet 478
Cheverny 1076
Chinon 1059
Chiroubles 114
Chorey-lès-beaune 451
Clairette-de-die 1184
Clairette-du-languedoc 664
Clape (La) 711
Clos-de-la-roche 416
Clos-de-vougeot 421
Clos-saint-denis 417
Collioure 788
Condrieu 1166
Corbières 665
Corbières-boutenac 674
Cornas 1179
Corse ou vin-de-corse 891
Corton 444
Corton-charlemagne 446
Costières-de-nîmes 1220
Coteaux bourguignons 358
Coteaux-champenois 625
Coteaux-d'aix-en-provence 844
Coteaux-d'ancenis 999
Coteaux-de-l'aubance 1016
Coteaux-de-saumur 1033
Coteaux-du-giennois 1084
Coteaux-du-layon 1020
Coteaux-du-loir 1065
Coteaux-du-Lyonnais 132
Coteaux-du-quercy 913
Coteaux-du-vendômois 1080
Coteaux-varois-en-provence 848
Côte-de-beaune 456
Côte-de-beaune-villages 494
Côte-de-brouilly 109
Côte-de-nuits-villages 431
Côte-roannaise 1089
Côte-rôtie 1161
Côtes-d'auvergne 1086
Côtes-de-bergerac 937
Côtes-de-Bordeaux 281
Côtes-de-bordeaux-saint-macaire 281
Côtes-de-bourg 187
Côtes-de-duras 948
Côtes-de-provence 855
Côtes-de-toul 88
Côtes-du-forez 1090
Côtes-du-jura 638
Côtes-du-marmandais 928
Côtes-du-rhône 1131
Côtes-du-rhône-villages 1148
Côtes-du-roussillon 767
Côtes-du-roussillon-villages 779
Côtes-du-vivarais 1236
Cour-cheverny 1078
Crémant-d'alsace 83
Crémant-de-bordeaux 176
Crémant-de-bourgogne 371
Crémant-de-die 1185
Crémant-de-limoux 717
Crémant-de-loire 985
Crémant-de-luxembourg 1252
Crémant-de-savoie 655
Crémant-du-jura 641
Criots-bâtard-montrachet 479
Crozes-hermitage 1173

D

Duché d'Uzès 1224

E

Échézeaux 422
Entre-deux-mers 272
Étoile (L') 643

F

Faugères 676
Fiefs-vendéens 999
Fitou 680
Fixin 404
Fleurie 115
Floc-de-gascogne 966
Francs-côtes-de-bordeaux 270
Fronsac 199
Fronton 922

G

Gaillac 914
Gevrey-chambertin 406
Gigondas 1197
Givry 506
Grands-échézeaux 423
Graves 284
Graves-de-vayres 276
Grignan-les-adhémar 1185
Gros-plant-du-pays-nantais 998

H

Haut-médoc 310
Haut-montravel 944

Haut-poitou 823
Hermitage 1177

I

IGP Agenais 970
IGP des Allobroges 657
IGP Alpes-Maritimes 885
IGP Alpilles 885
IGP Ardèche 1238
IGP Ariège 970
IGP Aude 742
IGP Aveyron 970
IGP Bouches-du-Rhône 886
IGP Calvados 1120
IGP Cévennes 742
IGP Charentais 828
IGP Cité de Carcassonne 745
IGP Collines de la Moure 765
IGP Collines rhodaniennes 1240
IGP Comté tolosan 971
IGP Coteaux d'Ensérune 746
IGP Coteaux de Béziers 746
IGP Coteaux de Coiffy 626
IGP Coteaux de l'Auxois 534
IGP Coteaux de Narbonne 746
IGP Coteaux de Peyriac 766
IGP Coteaux des Baronnies 1240
IGP Coteaux du Pont du Gard 747
IGP Coteaux du Salagou 747
IGP Côtes catalanes 810
IGP Côtes de Gascogne 972
IGP Côtes de la Charité 1120
IGP Côtes de Meuse 90
IGP Côtes de Thau 747
IGP Côtes de Thongue 748
IGP Côtes du Brian 765
IGP Côtes du Lot 977
IGP Côtes du Tarn 978
IGP Franche-Comté 645
IGP Gard 750
IGP Haute-Marne 627
IGP Hautes-Alpes 886
IGP Haute-Vallée de l'Aude 751
IGP Haute-Vallée de l'Orb 751
IGP Île de Beauté 899
IGP Isère 657
IGP Landes 978
IGP Maures 886
IGP Méditerranée 1240
IGP Mont Baudile 752
IGP Mont-Caume 887
IGP Pays d'Hérault 752
IGP Pays d'Oc 754
IGP Périgord 979
IGP Principauté d'Orange 1243
IGP Puy-de-Dôme 1120
IGP Rancio sec 818
IGP Sable de Camargue 764
IGP Saint-Guilhem-le-Désert 764
IGP Tarn-et-Garonne 979
IGP Urfé 1121
IGP Val de Loire 1121
IGP Vallée du Paradis 765
IGP Var 887
IGP Vaucluse 1243
IGP Vicomté d'Aumélas 766
Irancy 395
Irouléguy 966

J

Jasnières 1066
Juliénas 117
Jurançon 959

L

Ladoix 438
Lalande-de-pomerol 213
Languedoc 684
Latricières-chambertin 412
Limoux 718
Lirac 1214
Listrac-médoc 319
Loupiac 344
Luberon 1232
Lussac-saint-émilion 254

M

Mâcon et mâcon-villages 511
Macvin-du-jura 644
Madiran 951
Malepère 720
Maranges 490
Marcillac 921
Margaux 321
Marsannay 402
Maury 807
Maury sec 791
Mazis-chambertin 414
Mazoyères-chambertin 414
Médoc 302
Menetou-salon 1091
Mercurey 501
Meursault 471
Minervois 722
Minervois-la-livinière 731
Monbazillac 941
Montagne-saint-émilion 257
Montagny 509
Monthélie 465
Montlouis-sur-loire 1067
Montravel 943
Morey-saint-denis 414
Morgon 119
Moselle 89
Moselle luxembourgeoise 1248
Moulin-à-vent 123
Moulis-en-médoc 327
Muscadet 990
Muscadet-coteaux-de-la-loire 997
Muscadet-côtes-de-grand-lieu 996
Muscadet-sèvre-et-maine 990
Muscat-de-beaumes-de-venise 1238
Muscat-de-frontignan 739
Muscat-de-lunel 739
Muscat-de-mireval 740
Muscat-de-rivesaltes 803
Muscat-de-saint-jean-de-minervois 741
Muscat-du-cap-corse 898

N

Nuits-saint-georges 427

O

Orléans 1079
Orléans-cléry 1079

P

Pacherenc-du-vic-bilh 954
Palette 884
Patrimonio 896
Pauillac 329
Pécharmant 945
Pernand-vergelesses 442
Pessac-léognan 294
Petit-chablis 375
Picpoul-de-pinet 713
Pic-saint-loup 707
Pierrevert 1236
Pineau-des-charentes 824
Pomerol 203
Pommard 457
Pouilly-fuissé 523
Pouilly-fumé 1095
Pouilly-loché 529
Pouilly-sur-loire 1100
Pouilly-vinzelles 529
Premières-côtes-de-bordeaux 345
Puisseguin-saint-émilion 262
Puligny-montrachet 475

Q

Quarts-de-chaume 1026
Quincy 1101

R

Rasteau 1237
Rasteau sec 1190
Ratafia champenois 627
Régnié 127
Reuilly 1103
Richebourg 426
Rivesaltes 799
Romanée-conti 426
Romanée-saint-vivant 427
Rosé-d'anjou 1016
Rosé-de-loire 983
Rosé-des-riceys 626
Rosette 946
Roussette-de-savoie 652
Roussette-du-bugey 657
Rully 497

S

Saint-amour 129
Saint-aubin 484
Saint-bris 397
Saint-chinian 733
Sainte-croix-du-mont 346
Sainte-foy-bordeaux 277
Saint-émilion 221
Saint-émilion grand cru 224
Saint-estèphe 335
Saint-georges-saint-émilion 264
Saint-joseph 1168
Saint-julien 339
Saint-mont 957
Saint-nicolas-de-bourgueil 1054
Saint-péray 1182
Saint-pourçain 1106
Saint-romain 469
Saint-sardos 929
Saint-véran 530

Sancerre 1107
Santenay 486
Saumur 1028
Saumur-champigny 1033
Saussignac 947
Sauternes 347
Savennières 1018
Savennières-coulée-de-serrant 1019
Savennières-roche-aux-moines 1019
Savigny-lès-beaune 448
Seyssel 655

T

Tâche (La) 427
Tavel 1218
Terrasses-du-larzac 703
Touraine 1037
Touraine-amboise 1043
Touraine-azay-le-rideau 1045
Touraine-chenonceaux 1045
Touraine-mesland 1047
Touraine-noble-joué 1047
Touraine-oisly 1047
Tursan 958

V

Vacqueyras 1201
Valençay 1081
Ventoux 1226
Vin-de-savoie 646
Vins-d'entraygues-le-Fel 921
Vins-d'estaing 921
Vinsobres 1188
Viré-clessé 520
Volnay 462
Vosne-romanée 423
Vougeot 421
Vouvray 1069

Index des communes

INDEX DES COMMUNES

L'indexation ne tient pas compte de l'article défini

A

Abeilhan 749
Abzac 211, 218
Agel 765
Ahn 1250
Aigues-Mortes 764
Aigues-Vives 723, 730, 755, 757, 765
Aix-en-Provence 869
Aix-les-Bains 648
Ajaccio 891
Alaigne 721
Albas 905-906, 908, 977
Albias 913, 972
Aléria 894-895, 900-901
Allan 1185
Allemant 563, 611
Aloxe-Corton 427, 445-448
Ambarès-et-Lagrave 172
Ambès 147, 174
Ambierle 1089
Amboise cedex 987, 1040, 1044
Ambonnay 564-565, 607, 616-617
Ammerchwihr
Ammerschwihr 42-44, 47, 54, 56, 60, 67, 72, 75, 79-81, 83
Ampuis 1163-1166, 1168
Ancy-Dornot 89
Ancy-sur-Moselle 90
Andlau 82, 87
Anduze 744
Anglade 186
Aniane 696, 704, 706, 752-753
Anse 98
Ansouis 1234
Antisanti 892-893, 896, 900
Antugnac 716-717, 719
Apremont 646, 651-654, 657
Apt 1231, 1235, 1245
Aragon 661
Arbanats 290, 294
Arbin 650, 652, 654
Arbois 633, 635-637, 640-643
Arboras 706
Arbus 960
Arcins 310
Arconville 586
Argelès-sur-Mer 773, 778, 793, 805, 810, 818
Argeliers 727, 730
Argens-Minervois 727
Arlay 638, 642, 644
Armissan 713
Arnas 104
Arrentières 545-546, 550, 554
Arsac 312, 325-326, 328
Arsonval 604
Arthénac 825
Artiguelouve 962
Artigues 846
Arvert 826
Arveyres 171, 210, 276
Arzens 668, 720, 745-746
Aspères 696-697, 744
Aspiran 692, 753
Assas 688-689, 710
Assignan 738
Aubertin 966
Aubignan 1231
Aubigné-sur-Layon 1005, 1027
Aubinges 1092-1093
Aubussargues 743, 1224
Aumelas 686, 689
Auriol 886
Auriolles 149, 175
Aurions-Idernes 955
Aurons 847
Autignac 677
Auxerre 368
Auxey-Duresses 435-437, 442, 453, 456, 461, 464, 466-471, 475, 493
Avenay-Val-d'Or 560, 590
Avensan 313, 319, 327
Avirey-Lingey 555, 579, 583
Avize 544, 548-549, 553, 569, 592, 600, 614-615, 621, 625
Avord 1084, 1101
Aÿ 545, 546, 552, 561, 565, 579-580, 583, 588, 608
Aydie 951, 953-954
Ayguetinte 968
Ayzieu 975
Azé 511
Azille 726, 759, 763
Azy-sur-Marne 599

B

Babeau-Bouldoux 738
Badens 725-726, 728
Bagat-en-Quercy 913
Bages 670, 775
Bagnoles 725
Bagnols 96
Bagnols-sur-Cèze 1158-1161
Baixas 782, 800, 812
Balnot-sur-Laignes 613
Banyuls-dels-Aspres 774
Banyuls-sur-Mer 788-791, 795-798, 810, 818-819
Barbaggio 897
Barbonne-Fayel 590
Baron 745, 763
Baroville 572, 574
Barr 75, 87
Barsac 289, 347-348, 350-351
Bar-sur-Aube 552, 586
Bar-sur-Seine 566
Baslieux-sous-Châtillon 595
Bassuet 584, 596
Baubigny 438
Baurech 142, 155, 283
Baye 558, 585
Beaucaire 751, 874, 967, 1222, 1241
Beaufort 722
Beaufort-en-Anjou 1015
Beaujeu 104, 112
Beaulieu-sur-Layon 1006, 1011, 1024
Beaulieu-sur-Loire 1086
Beaumes-de-Venise 1146, 1203-1206, 1228, 1238
Beaumont-en-Véron 1061, 1065
Beaumont-Monteux 1174, 1176
Beaumont-Saint-Cyr 824, 1126
Beaumont-sur-Lèze 972
Beaumont-sur-Vesle 605
Beaune 360-361, 368, 407-408, 422-423, 429, 442-443, 447-448, 454-458, 460, 463, 466, 468-470, 475, 479, 488, 490, 500, 504, 509, 511, 515, 517-518, 521-522, 526, 530
Beblenheim 36, 43, 45, 50, 61-62, 65, 81, 83, 87
Bédoin 1227, 1230
Bégadan 304-307, 309-310, 315
Béguey 154, 160, 283, 285, 288
Beine 375-377, 379-380, 382-383, 385-386, 388, 394
Bélabre 1083
Belarga 700
Belaye 908
Belesta 815
Bélesta 769, 780, 799, 803, 811
Bellegarde 1220, 1223
Bellevigne-en-Layon 983, 1001, 1003-1005, 1011, 1014-1015, 1018, 1020-1023, 1027-1028, 1124
Belleville Cedex 121, 360, 532
Belval-sous-Châtillon 573
Belvès-de-Castillon 263, 268-269
Benais 1049, 1052, 1054-1055, 1058
Bennwihr 70, 72
Béon 656-657
Bergerac 945-946
Bergères 610, 612
Bergheim 75
Berlou 733
Berneuil 827
Berrie 1032-1033
Berru 547
Berry-Bouy 1093
Berson 179-181, 184, 186-187, 190
Béru 389
Bessan 757
Bessenay 107
Besson 1106
Bethon 592
Béthon 581
Beychac-et-Caillau 166, 169, 172, 277, 297
Béziers 697, 752, 756, 859, 1135, 1244
Bezouce 747, 1223
Billy-sous-les-Côtes 91
Binson-et-Orquigny 566
Binson-Orquigny 603
Bisseuil 601

Bissey-sous-Cruchaud 366, 371, 497, 510
Bize-Minervois 723, 725
Blacé 104
Blaignan 306-307, 310
Blanquefort 139, 151, 155, 164, 169, 280, 289, 314, 316, 991
Blanzat 1087
Blasimon 144
Blauvac 1229
Blauzac 743, 1225
Bléré 1041
Blienschwiller 40, 50-51, 55-57, 76, 87
Bligny 564
Bligny-lès-Beaune 366, 440, 449-450, 459-460, 481
Boen-sur-Lignon 1091
Bohas-Meyriat-Rignat 655
Boisredon 825
Bollène 1141, 1160-1161, 1186, 1194
Bommes 349, 351-352
Bonneil 549
Bonnencontre 491
Bonneville 938
Bonnières-sur-Seine 755
Bonnieux 1230, 1233
Bordeaux 148, 161, 223, 307, 344
Borgo 900-901
Bormes-les-Mimosas 860, 870, 881
Bossugan 168
Bouaye 997
Boucoiran 743
Boudes 1087-1088, 1121
Bouloc 923
Bourdic 743, 747, 756, 1225
Bourges 1102
Bourg-Saint-Andéol 1131, 1136, 1145, 1159, 1237-1238
Bourg-sur-Gironde 189-190, 194
Bourgueil 1048-1051, 1053-1059, 1062
Boursault 551, 561, 593, 624
Boutenac 674-675
Bouze-lès-Beaune 435, 452
Bouzeron 424, 476, 494, 496-498, 502
Bouzillé 1000, 1013, 1016
Bouzy 544-546, 552, 557-558, 561, 575, 615, 619-620, 623, 626
Boyeux-Saint-Jérôme 656-657
Bragassargues 1225
Bragelogne 598, 613
Brains 997, 1124
Bretagne-d'Armagnac 968
Briare-le-Canal 1086
Brigné 1005, 1014, 1016, 1124
Brigné-sur-Layon 1003, 1014, 1022
Brignoles 848-853, 865, 873, 888
Brinay 1102-1105
Brissac 1013, 1017
Brissac-Loire-Aubance 983, 987, 1012-1013, 1016-1017, 1027
Brissac-Quincé 986, 1012
Brossay 1031
Brouillet 543
Brouzet-lès-Quissac 698
Brue-Auriac 849, 852
Brugairolles 758
Brugny 550
Bruley 88-89
Budos 287
Bué 1094, 1107-1108, 1110, 1112-1115, 1118-1120
Buisson 1158
Bully 100-101, 106, 109-110, 133, 1091
Busque 920
Bussières 512, 523
Buxerulles 91
Buxeuil 566, 581, 591, 603
Buxières-sur-Arce 612
Buxy 499, 501, 506-507, 509
Buzet-sur-Baïse 927

C

Cabasse 867-868, 876, 883
Cabidos 971
Cabrerolles 677-679
Cabrières 665, 692
Cabrières-d'Aigues 1235, 1243
Cabrières-d'Avignon 1226
Cadalen 919
Cadaujac 294-295
Cadillac 345
Cahors 907, 910
Cahuzac-sur-Vère 918-919
Caillac 910
Cairanne 1133-1134, 1144, 1150, 1192-1197
Calce 770, 804
Calcé 813
Calenzana 892-894
Calvi 892
Calvisson 692, 750
Camaret-sur-Aigues 1132, 1150, 1208, 1244
Camarsac 163
Camblanes-et-Meynac 283
Camélas 769, 811
Campagnac 918
Camplong-d'Aude 667-668
Camprond 220
Campsas 923-924
Campugnan 170, 185
Candé-sur-Beuvron 1078
Canéjan 301
Canet-d'Aude 668
Canet-en-Roussillon 771-773, 776, 801, 813-814, 816
Cannes 1241
Cannes-et-Clairan 690, 694
Cannet 953, 955
Cantenac 308, 321, 323, 326
Capendu 756
Capestang 674, 755, 761
Capian 148, 280-283
Caramany 780, 811
Carbon-Blanc 142, 143, 149, 151, 155, 187, 220, 273, 336
Carcassonne 721, 746
Carcès 862, 865-866, 877, 879, 888
Cardan 345
Cardesse 962, 964
Carnac-Rouffiac 912
Carnoules 868
Caromb 1206, 1227, 1229-1231, 1244-1245
Cars 152, 178-187, 192
Carusas 691
Cascastel 669, 681, 765
Caseneuve 1243
Cases-de-Pène 775, 782, 784, 806, 816
Cassagnes 774
Casseneuil 970
Cassis 843-844, 875
Castanet 916
Castelnau-d'Aude 730
Castelnau-d'Estrétefonds 924
Castelnau-de-Guers 694, 714-715, 748
Castelnau-le-Lez 695
Castelnau-sur-Gupie 929
Castelvieil 147
Castillon-du-Gard 1137, 1148, 1153, 1211, 1224, 1226
Castillon-la-Bataille 270
Castres-Gironde 289
Castres-sur-Gironde 286, 299
Castries 701
Caudrot 149, 166, 281
Caumont-sur-Durance 1150, 1208, 1227
Cauro 889-890
Causse-de-la-Selle 705
Caussens 969
Causses-et-Veyran 687, 690, 734-735, 737
Caussiniojouls 677-678
Caux 685, 692, 697-698, 754
Caux et Sauzens 720
Cavillargues 1138
Cazaubon 977
Cazaugitat 163, 165
Cazevieille 708
Cazouls-lès-Béziers 687
Celles-sur-Ource 553, 556, 561-562, 575, 585, 593, 597, 616, 618, 623-624
Cénac 282
Cépie 719
Cerbois 1101
Cercie 1145
Cercié 105, 108, 110, 112, 123
Cercié-en-Beaujolais 109
Cernay-les-Reims 586
Cérons 285-287
Cessenon-sur-Orb 733, 737, 739, 754, 761
Cesseras 726, 732
Cesset 1106
Cestayrols 917, 921
Chablis 365, 370, 376-396
Chacé 1034-1036
Chagny 490, 493, 499-500, 513
Chahaignes 1066
Chaintré 517, 523, 526, 530, 533
Chalonnes-sur-Loire 986-987, 1009, 1017, 1022-1023
Châlons-en-Champagne 606
Chalus 1086
Chambolle-Musigny 416, 420
Chamery 549, 572, 585, 597
Chamilly 494, 502, 510
Champagnolles 826
Champdieu 1091, 1121

Champignol-lez-Mondeville 569
Champillon 566
Champlat 580
Champ-sur-Layon 986
Chançay 1070-1071, 1073-1075
Chânes 518, 527, 530-531, 533
Change 435-437, 488, 490, 492-493
Channes 552
Chanos-Curson 1174, 1176
Chantemerle-lès-Grignan 1188
Chapareillan 647, 650-651
Charcenne 645
Charentay 99, 103, 108, 121, 132
Chargé 1044
Charly-sur-Marne 544-545, 555, 580, 595, 603, 617
Charnas 1166, 1170
Charnay-lès-Mâcon 368, 511, 516, 520, 523, 525
Chassagne-Montrachet 369, 479-483, 486, 488, 490, 492
Chasselay 132
Châteaubourg 1169-1170, 1180, 1183
Château-Chalon 636, 639, 643
Châteaugay 1087-1089
Châteaumeillant 1084
Châteauneuf-de-Gadagne 1151
Châteauneuf-du-Pape 869, 1132-1133, 1136, 1139-1143, 1147, 1157, 1160-1161, 1165, 1168, 1173, 1177, 1185, 1189-1190, 1194-1198, 1200-1201, 1205-1214, 1217, 1224
Château-Thébaud 990, 995-996, 998
Château-Thierry 605
Châteauvert 852
Châteauvieux 987, 1039, 1043
Châtenois 34
Châtillon-sur-Cher 1043, 1046
Chaudefonds-sur-Layon 987, 1004, 1007, 1019-1020, 1023, 1026
Chaumont-le-Bois 372
Chaumuzy 614
Chaux 401, 497
Chavagnes 1024, 1028
Chavagnes-les-Eaux 1007, 1011, 1028
Chavanay 1165-1174, 1177, 1180, 1182-1183, 1240
Chavot-Courcourt 591, 619
Cheillé 1037, 1045
Cheilly-lès-Maranges 435-436, 487, 491, 500
Chemery 988, 1041
Chénas 113-115, 118, 124-126
Chervey 588
Chevanceaux 826
Cheverny 1078
Chézy-sur-Marne 611
Chichée 386, 389-390
Chignin 648-649, 651, 653
Chigny-les-Roses 553, 576, 607, 611, 619, 627
Chinon 1060-1062, 1064
Chiroubles 105, 115, 122, 129, 364
Chissay-en-Touraine 1072
Chissey-lès-Mâcon 518
Chitry 361, 368, 370, 384, 391, 397
Chorey-lès-Beaune 365, 440-442, 444-445, 449, 451-455, 457
Chouilly 561, 573, 576, 593, 621, 625
Choussy 1048
Chusclan 1141, 1155, 1158
Cissac 315, 321
Cissac-Médoc 313, 316, 318
Civrac-en-Médoc 304-305, 308
Civray 1101
Civray-de-Touraine 1046
Clairvaux 922, 971
Claret 711
Cléebourg 41
Cléré-sur-Layon 1006, 1009, 1011, 1013, 1021, 1024, 1125
Clermont-Soubiran 926
Cléry-Saint-André 1079
Clessé 518, 521-522
Clisson 993, 994
Cocumont 928-929
Cognocoli-Monticchi 890
Cogolin 867, 880, 884
Coiffy-le-Haut 627
Collan 362, 375, 380, 385, 392
Collioure 789-791, 796-797, 802
Collobrières 877
Colmar 32, 59, 71, 80
Colombé-la-Fosse 559, 591, 617, 624
Colombé-le-Sec 557
Colombey-les-Deux-Églises 606
Colombier 933, 935-937, 941
Combertault 435, 454, 485
Comblanchien 419, 428, 432-433, 439, 461
Combres-sous-les-Côtes 91
Comps 189
Concourson-sur-Layon 1005, 1023, 1025
Condom 976
Condrieu 1164, 1167
Congy 552, 603
Conne-de-Labarde 937, 940
Conques-sur-Orbiel 662, 761, 763
Contz-les-Bains 90
Corbère-Abères 953
Corbonod 648, 655, 657
Corcelles-en-Beaujolais 99, 119
Corcelles-les-Arts 473, 477
Corconne 708, 758
Corcoué-sur-Logne 1123
Corgoloin 363, 370, 425, 431-432, 441, 444, 448, 451
Cormeray 1076
Cormicy 550
Cormoyeux 545, 548, 572, 602, 612, 621
Cornas 1180, 1182, 1184
Corneilla-del-Vercol 770, 781
Corneilla-la-Rivière 811
Cornillon 1146
Corpeau 499
Correns 854, 857, 863, 868, 1242
Cosne-Cours-sur-Loire 1086
Coteaux-sur-Loire 1051-1052
Cotignac 861
Coubisou 921
Couchey 404, 406
Couddes 1040
Coudoux 847
Couffoulens 751
Coufouleux 920
Coulanges-la-Vineuse 361, 398
Coulommes-la-Montagne 609
Cour-Cheverny 1077-1079, 1123
Courjeonnet 556
Courmas 542, 601, 612
Courtagnon 597
Courthézon 863, 1132, 1140, 1146, 1148, 1151-1152, 1154, 1191, 1197, 1202, 1206-1207, 1210-1211, 1215
Cozes 826
Cramant 549, 589, 592, 598, 607-608, 625
Craon-de-Ludes 574
Cravant-les-Coteaux 1059-1060, 1062-1065
Crêches-sur-Saône 130, 513
Creissan 735
Creuë 91
Crézancy-en-Sancerre 1109, 1112
Crosses 1081, 1094
Crouseilles 952, 955, 959
Crouttes-sur-Marne 564, 595
Crouzilles 1061
Cruet 649
Cruzy 737
Cuadies-de-Fenouillèdes 815
Cubnezais 180
Cuchery 556
Cucugnan 669, 674
Cucuron 1232
Cuers 856, 858, 875, 880
Cuis 577, 620
Cuisles 604
Cumières 547, 571, 609, 623
Cunèges 934, 942
Cuqueron 962
Curnier 1240
Cussac-Fort-Médoc 312, 314-316, 318-319, 340

D

Dambach-la-Ville 34, 47, 54, 60, 64, 67
Damery 562, 572-573, 582, 618, 628
Dampierre-sur-Loire 1030, 1034, 1036
Darbonnay 640
Davayé 370, 514-515, 524-525, 528, 531-534
Demigny 358, 492, 506, 509
Denicé 97, 101
Dezize-lès-Maranges 487, 490-491, 493
Die 1184-1185
Dierre 1069
Diors 1084
Diou 1105
Divatte-sur-Loire 997, 1124
Dizy 550, 557, 559, 581
Domazan 1136, 1142, 1145, 1147, 1152, 1159-1160
Donazac 722
Donnazac 918
Donzac 146, 153, 160, 284, 345, 926
Donzère 1185, 1241
Dorlisheim 52, 83-84

Doué-en-Anjou 988, 1001, 1007, 1021, 1025
Doué-la-Fontaine 823, 1031
Doulezon 152, 173
Douzens 668, 672-673
Draguignan 864, 880
Drain 997, 1000, 1004
Dun-sur-Auron 1083
Duras 948, 950
Duravel 907-908
Durban-Corbières 672

E

Eauze 969-970, 972, 974-976
Eccica-Suarella 890
Échevronne 443, 449, 473, 477, 482
Écueil 543, 552, 588, 592, 609, 621-622, 627
Éguilles 845
Eguisheim 33, 36, 38, 41-42, 45, 47, 49, 51-52, 56, 58-59, 61, 65, 73, 82, 84-85, 87
Ehnen 1250
Eichhoffen 55
Ellange-Gare 1250, 1252
Elne 778, 807
Embres-et-Castelmaure 667
Émeringes 105, 117, 130, 132
Entraygues 921
Entrecasteaux 856, 878
Entrechaux 1135, 1227
Épargnes 828
Épernay 547-548, 553, 562-563, 567, 570-571, 578, 580, 586, 590, 593, 596, 601, 609-611, 618, 622
Epfig 33, 58, 83
Épineuil 366
Esclottes 949
Escoussans 143, 348
Espira-de-l'Agly 774, 776, 784-785, 801, 805, 812, 814, 816, 819
Essômes-sur-Marne 546, 605
Estagel 777, 782, 786, 800, 802, 806-808, 819
Estialescq 965
Esvres 1047
Esvres-sur-Indre 1047
Étoges 551, 622
Étrigny 516
Eugénie-les-Bains 958, 979
Eygalières 841, 846
Eynesse 278-279

F

Fabas 924
Fabrègues 689, 765
Fabrezan 666, 668, 675
Faleyras 273
Fargues 352
Fargues-de-Langon 349
Faugères 676, 679-680
Faveraye-Machelles 1015
Faverolles-et-Coëmy 569
Faye-d'Anjou 1022, 1026, 1122
Feliceto 893-894
Félines-Minervois 731
Ferrals-les-Corbières 671, 673
Festigny 547, 576, 596-597, 620
Figari 893
Fitou 681-684, 806
Fixin 404-405, 408, 415
Flassans-sur-Issole 871, 876
Flaugeac 931, 942
Flaujac-Poujols 911
Flavigny-sur-Ozerain 534
Fleurie 115-117, 126-127, 373
Fleurieux-sur-l'Arbresle 133
Fleury-d'Aude 687, 690, 698, 712
Fleury-la-Rivière 564, 584, 598, 605, 609
Fleys 378, 380, 383, 386-388
Florensac 758
Floressas 910-911, 972
Fontaine-Denis 557
Fontaine-Denis-Nuisy 581
Fontaines 363, 497, 499, 503, 510
Fontanès 709
Fontenay-près-Chablis 378, 384, 386, 388, 390, 392-395
Fontès 699
Fontette 558
Fontguenand 1081-1082
Forcalqueiret 855
Fos 677, 679
Fossès-et-Baleyssac 145
Fossoy 562
Fougères-sur-Bièvre 1078
Fougueyrolles 943
Fourcès 968, 975
Fournès 1135, 1151
Fours 179, 181, 183
Fouzilhon 703
Francs 271
Frangy 653-654
Franquevaux 1220
Fréjus 870, 875
Fréterive 649, 652, 655
Fronsac 196-202
Frontenas 97
Frontignan 740
Fronton 923-925, 971
Fuissé 514-516, 520, 524-527, 529, 532-533

G

Gabarnac 344
Gabian 693, 758
Gageac-et-Rouillac 933
Gaillac 915-920
Gaillan-en-Médoc 308
Galgon 160, 164, 167, 173, 200-201
Gallician 1222
Gan 959, 963-964
Gardie 720, 751
Gareoult 851
Garéoult 849-850
Gargas 1226, 1244
Garrigues 700
Gassin 861, 874, 883
Gaujac 1142, 1156
Gauriac 188, 191, 194
Geaune 958
Gelos 965
Gémozac 827
Générac 1223
Génissac 139, 149-151, 159, 168, 172, 276
Génissieux 1176
Gensac 279
Gertwiller 41, 57
Gervans 1171, 1175
Gevrey-Chambertin 362-363, 403, 405-415, 417, 419, 421-422, 424
Ghisonaccia 893-895, 899, 901
Gignac 704-705, 707
Gignac-la-Nerthe 1242
Gigondas 1134-1135, 1137-1138, 1142, 1147, 1156, 1160, 1193-1194, 1197-1202, 1204-1205, 1222, 1228
Gilly-lès-Cîteaux 455
Ginestet 939
Gironde-sur-Dropt 281, 308
Giroux 1104
Givry 476, 481, 506-509
Gland 600
Gleizé 106
Gondeville 827
Gondrin 967, 969, 972-976
Gonfaron 859, 864, 867, 869
Gorges 991-992, 994-995
Gornac 167
Goujounac 977
Goult 1230, 1232, 1245
Gourville 825
Goutrens 922
Grauves 567-568, 600
Greiveldange 1252
Grevenmacher 1249, 1251-1253
Grézels 906
Grézillac 145, 152-153, 157, 165, 275
Grignan 1188
Grimaud 863, 876
Gruissan 666
Gueberschwihr 46, 48, 72, 75, 79-80, 85
Guebwiller Cedex 37, 64
Guizengeard 828
Guzargues 702
Gyé-sur-Seine 573, 587

H

Hauteroche 637-639, 643
Hautvillers 577, 620
Haux 161, 176, 280-281
Heiligenstein 38-39, 43, 48, 66, 74
Hérépian 752
Herrlisheim-près-Colmar 46, 61
Hettermillen 1249
Huismes 1064
Humbligny 1092
Hunawihr 65, 71, 76
Hurigny 513
Husseren-les-Châteaux 50, 57
Hyères 862, 866, 873, 883
Hyères les Palmiers 856

I

Igé 373, 515
Illats 284, 290
Ingersheim 48
Ingrandes-de-Touraine 1050, 1052-1053
Irancy 396-397
Itterswiller 39, 42, 76
Izon 162

J

Jambles 506-508
Janvry 589
Jau-Dignac-et-Loirac 307-308

Jau-Dignac-Loirac 308
Jaunay-Marigny 1125
Jongieux 647-649, 651, 653-654, 656
Jonquerettes 1132, 1149, 1201
Jonquery 543
Jonquières 689, 696, 706, 1147
Jugazan 144, 147
Jugy 366
Juigné-sur-Loire 1012
Juillac 175
Juliénas 105, 113, 117-118, 122, 131
Jullié 118
Jully-sur-Sarce 599
Jurançon 961-962, 964-965

K

Katzenthal 32, 36, 42, 47, 54, 70-71, 75-77, 86
Kaysersberg 51, 82
Kaysersberg-Vignoble 43
Kientzheim 44, 72

L

L'Étoile 643-644
La Baume-de-Transit 1188
La Brède 290
La Cadière-d'Azur 833, 836-840, 860, 887
La Caunette 723-724, 727
La Celle 850, 854
La Chapelle-de-Guinchay 96, 98, 113-114, 120, 124, 126, 130-131, 517, 521
La Chapelle-Heulin 990-991, 995, 1015
La Chapelle-Vaupelteigne 375, 396
La Crau 861, 873-874, 883
La Croix-Valmer 858, 863, 872
La Digne-d'Aval 717
La Garde 887
La Garde-Adhémar 1186
La Haye-Fouassière 993-994
La Limouzinière 997, 1124-1125
La Livinière 725-726, 732
La Londe 884
La Londe-les-Maures 858-859, 861, 865-866, 870, 872, 874, 877, 879, 883, 887
La Môle 875, 882
La Motte 864, 869-870, 881
La Motte-Servolex 648
La Neuville-aux-Larris 566
La Palme 682-683
La Pommeraye 1008, 1010
La Regrippière 996, 1125
La Remaudière 1000
La Réole 139, 145, 169, 174
La Rivière 202
La Roche-Blanche 1088
La Roche-Clermault 1060-1061
La Roche-de-Glun 1170, 1174
La Rochepot 433, 492
La Roche-Saint-Secret 1188
La Roche-Vineuse 367, 371, 513, 519, 527, 531, 533
La Roquebrussanne 851, 853
La Roquille 148
La Sauve 148, 150, 153, 155, 161, 175, 275
La Tour-d'Aigues 872, 1199, 1234, 1242, 1245
Labarde 174, 314-316, 322-323, 326
Labarthète 953
Labastide-d'Armagnac 968
Labastide-de-Levis 917, 971
Labastide-de-Lévis 915
Labastide-Marnhac 908
Labastide-Saint-Pierre 922, 925-926
Lablachère 1239
Lacapelle-Cabanac 906, 910
Lacenas 111
La-Chapelle-Vaupelteigne 387
Lachassagne 100, 365
Ladaux 147, 152, 156, 222, 272
Ladoix-Serrigny 432, 438-441, 445-447, 450-451, 464, 475, 478
Lafare 1205
Lagamas 688, 765
Lagorce 1237, 1239
Lagrasse 672, 685
Lagraulet-du-Gers 969
Lahourcade 961
Laizé 522
Lalande-de-Pomerol 214-216, 219-220, 258
Lamarque 139, 152, 157, 193, 227, 313, 316-317, 319, 322, 327-328, 344
Lambesc 844-846
Lamonzie-Saint-Martin 930, 932
Lancié 97, 116
Lançon-de-Provence 845, 848
Landerrouat 143, 160, 164, 175, 949
Landiras 284, 291, 293
Landreville 586, 613
Langoiran 284
Langon 287, 290, 292
Lansac 181, 191-192, 194
Lantignié 101, 120, 128-129
Larée 968, 977
Larnage 1173, 1178
Laroque 349
Larroque-sur-l'Osse 967, 972
Laruscade 182
Lasseube 961-962
Latour-de-France 777, 785, 801
Latresne 280
Laudun 1137, 1153, 1163, 1228, 1233
Laure-Minervois 729-730, 756, 766
Laurens 676, 679-680, 753
Lauret 707
Lauris 1234-1235
Laval-Saint-Roman 1134
Lavaur 978
Lavérune 691, 693
Lavigny 637, 639
Lazenay 1103-1104, 1106
Le Beausset 833, 836, 860, 869, 887
Le Blanc 1084
Le Bois-d'Oingt 101
Le Bosc 694, 705
Le Boulvé 911, 977
Le Breuil 601, 603
Le Bugue 935, 947
Le Camp-du-Castellet 833
Le Cannet-des-Maures 858, 863, 878, 882
Le Castellet 833, 835, 837-839
Le Chateley 640, 644
Le Crest 1088, 1121
Le Fleix 946
Le Fossat 970
Le Landreau 995-996, 998-999, 1124
Le Lavandou 886
Le Loroux-Bottereau 991, 994, 1121, 1125
Le Luc-en-Provence 864, 870, 872
Le Mesnil-sur-Oger 548, 554-555, 563, 578, 602, 606, 612, 615, 622
Le Montat 914
Le Muy 879, 888
Le Pallet 991-992, 995
Le Pecq 234
Le Pérreon 104, 107
Le Perréon 102, 104
Le Pian-Médoc 317
Le Pian-sur-Garonne 344
Le Plan-du-Castellet 836
Le Puget-sur-Argens 860
Le Puy 146, 275
Le Puy-Notre-Dame 1030-1031, 1035-1036
Le Taillan-Médoc 319
Le Tholonet 885
Le Thoronet 858, 869
Le Thoureil 1011
Le Val 849, 866, 877
Le Vernois 637-638, 641-643
Lecci 895
Légny 98
Lembras 945-946
Léognan 295-301
Les Arcs-sur-Argens 862, 866, 879
Les Arsures 634
Les Artigues-de-Lussac 205, 214, 237, 255
Les Baux-de-Provence 841
Les Églisottes 163
Les Garennes-sur-Loire 986, 1012
Les Lèves-et-Thoumeyragues 146, 152, 934
Les Marches 646, 648-654
Les Martres-de-Veyre 1088
Les Mayons 859
Les Peintures 162
Les Riceys 546, 576, 579, 602, 626
Les Salles-de-Castillon 266
Les Trois-Moutiers 1032
Les Ulmes 1008
Les Vignères 1150
Les-Garennes-sur-Loire 1008, 1015, 1017
Lesparre-Médoc 305, 310
Lestiac-sur-Garonne 150, 166, 279, 344
Létra 97
Leuc 746
Leucate 683, 804
Leuvrigny 551, 604
Leynes 358, 362, 366, 517, 524, 530, 533
Lézignan-Corbières 669-671, 673, 675, 713, 738, 761

Lhéry 570
Lhomme 1066
Lhuis 657
Libourne 204-213, 217-218, 226, 229, 232, 234, 242, 245, 248, 255
Lignan-de-Bordeaux 174
Lignières-de-Touraine 1038, 1045
Lignorelles 375, 377, 381
Ligny-le-Châtel 363
Ligré 1062, 1064
Ligueux 171, 278
Limeray 986, 1039, 1044
Limoux 716-718
Limoux Cedex 717-719, 755
Linars 828
Lirac 1214, 1217, 1219
Lisle-sur-Tarn 916-917, 920, 978
Listrac-Médoc 320, 328-329
Loché 514
Loisy-en-Brie 553
Longvic 362, 514
Lorgues 863, 872, 878
Lormont 932
Loubès-Bernac 948, 950
Loupes 244
Loupiac 281, 291, 345
Lourmarin 1234
Louvois 555, 608
Lucey 89
Lucq-de-Béarn 964
Luc-sur-Orbieu 668, 672, 758
Ludes 553, 574, 577, 587, 602, 610-611
Ludon-Médoc 310, 316-317
Lugaignac 159, 167
Lugasson 153, 160, 274
Lugny 365, 519
Lumio 891
Lunel 739
Lunery 1102
Luri 893, 899
Lussac 211, 218, 254-257
Lussault-sur-Loire 1068
Luzech 907, 913
Lye 1082
Lys-Haut-Layon 984, 988, 1014-1015

M

Macau 145, 162, 171, 256, 260, 294, 312-313, 317-318, 321
Macqueville 827
Madiran 972
Magalas 680, 748
Magenta 559
Mailhac 726
Mailly-Champagne 575, 597
Maisdon-sur-Sèvre 990, 994-996, 999, 1122
Maligny 368, 376-377, 379, 381, 383, 386-387, 390-391, 394
Malleval 1163, 1166, 1170, 1240
Malras 716
Malviès 721, 760
Manciet 974
Mancy 577
Manduel 750, 1221-1222
Manosque 1236
Mantry 637, 640, 645
Maransin 158, 169
Marcillac 149, 154, 161, 186, 195
Marcilly-le-Châtel 1091
Marçon 1065-1066
Mardeuil 558, 571
Mareau-aux-Prés 1079
Mareuil-le-Port 582, 600, 621
Mareuil-sur-Aÿ 555, 569, 610
Mareuil-sur-Cher 1041-1042
Marey-lès-Fussey 402, 425
Margaux 158, 320-327
Margueron 172
Marignieu 655
Marlenheim 49, 55
Marmande 928
Marsannay-la-Côte 402-406, 408-410, 415
Marseillan 748, 760
Marseillette 685, 722, 729, 754, 768
Martigné-Briand 983, 1001, 1004-1006, 1009-1010, 1014, 1016, 1018, 1022-1024, 1031
Martigues 848
Martillac 290, 295-297, 299, 301-302
Massillargues Attuech 744
Mas-Thibert 1241
Maubec 1230, 1234
Mauges-sur-Loire 986, 998, 1008
Maugio 696
Maumusson-Laguian 952-956
Mauressargues 742
Maury 770, 773, 781, 783-784, 786-787, 792-793, 805, 808-810, 812, 814-816
Mauves 1169, 1171, 1178, 1183
Mauzé-Thouarsais 1007
Mazan 1205, 1227-1229, 1231
Mazères 286-287
Mazères-Lezons 963
Mazerolles 826
Mazion 182, 194
Mellecey 504
Meloisey 410, 433, 435-438, 456, 458, 461, 470
Ménerbes 1233, 1244
Menetou-Râtel 1112, 1119
Menetou-Salon 1092-1094
Menétru-le-Vignoble 642
Mercurey 360, 369, 411, 496, 498-499, 501-507, 519
Mercurol 1168, 1172-1181
Méreau 1101
Mérignac 299, 301
Mérignat 656
Merrey-sur-Arce 551
Méry-Prémecy 582
Mesland 1041
Mesterrieux 142
Meuilley 401, 410, 424, 429-430, 441
Meursanges 364, 409
Meursault 128, 364-365, 367, 410-411, 436, 438, 446, 450, 454, 456-457, 459-460, 462-463, 467, 469, 472-477, 480, 482, 484-485
Meurville 571
Meusnes 1040, 1042, 1046, 1081-1082
Meynes 1221
Mèze 698, 714, 764
Mézières-lez-Cléry 1079-1080
Mézin 968
Mezzavia 890
Miéry 642
Migé 364, 370
Milhavet 978
Millas 770, 784, 804, 815
Millery 133
Milly 385
Minerve 724
Mirabel-aux-Baronnies 1189
Mirebeau 824
Mirepeisset 727, 759
Mireval 741
Mittelbergheim 40, 58, 60, 73, 80
Mittelwihr 34, 45-46, 49, 59, 64, 74, 86
Molamboz 634, 639
Molosmes 373
Molsheim 52, 61, 74
Mombrier 189, 191, 193-195
Monbazillac 932-933, 935-936, 941-943, 946
Moncaup 952, 955
Monclar-de-Quercy 914
Monein 960-961, 964-966
Monestier 937
Monnières 992-993
Monprimblanc 139, 282-283, 291, 344, 346
Montagnac 665, 695-696, 701, 705, 714, 756, 760-762, 764
Montagne 213, 218-219, 223, 257-262, 265, 268
Montagne-Saint-Émilion 177, 260
Montagnieu 656
Montagny-lès-Beaune 374
Montagny-lès-Buxy 509-510
Montagoudin 171
Montalzat 914, 979
Montans 916
Montaren-et-Saint-Médiers 743
Montazeau 930, 943
Montblanc 749, 761
Montbrun-des-Corbières 674
Montcaret 937
Monteaux 1047
Montels 915
Montescot 775, 815
Montesquieu-des-Albères 774, 806
Montfaucon 1142
Montfrin 747, 1144
Montgenost 557-558
Montgueux 546, 568, 621
Monthelie 458, 460, 463, 465-466, 470, 472-473, 476, 487
Monthelon 556, 565, 598, 628
Monthou-sur-Cher 1043
Montignac 145, 157, 168
Montigny-la-Resle 382, 389
Montigny-lès-Arsures 634-636
Montirat 717, 756, 780
Montjaux 970
Montjean-sur-Loire 986
Mont-le-Vignoble 89
Montlouis-sur-Loire 1067-1068
Montner 774

Montoire-sur-le-Loir 1067, 1080
Montoulieu 691
Montpellier 670, 753
Montpeyroux 686-687, 699, 703, 706, 1087
Montpezat-de-Quercy 914
Mont-près-Chambord 1077
Montréal-du-Gers 974-975
Montreuil-Bellay 1030, 1032
Montséret 675
Montsoreau 1036
Montussan 157
Morancé 100
Morey-Saint-Denis 364, 407-408, 413-422, 430, 432
Morières-lès-Avignon 1137, 1158, 1228, 1242
Morizès 144, 274
Morlaàs 927, 929, 965-966, 976
Mormoiron 1226, 1229-1230
Moroges 371, 500, 504, 508, 510
Morogues 1095
Mosson 373
Moulès-et-Baucels 691, 705
Mouleydier 934
Moulis-en-Médoc 327-329
Moulon 138, 170, 274
Mouriès 840
Moussy 560, 608
Moux 672
Mouzillon 993, 1122
Mozé-sur-Louet 1009, 1012
Murviel-lès-Béziers 734-735, 752
Murviel-lès-Montpellier 686, 701
Mutigny 595
Myans 651

N

Nantoux 455
Narbonne 665, 676, 680-681, 691, 699, 707, 712-713, 732, 746, 755, 757, 779, 792, 811
Narbonne-Plage 713
Naujan-et-Postiac 139, 156, 158, 273, 275
Nauviale 921
Nazelles-Negron 1044
Néac 150, 209-210, 213-215, 217-218, 220-221, 249, 257, 260-261
Nébian 693
Neffiès 699
Néoules 855
Nérac 927
Nesle-le-Repons 550, 585
Neuillac 825
Neuville-sur-Seine 545
Nice 842, 885
Nissan-lez-Ensérune 678, 759
Noé-les-Mallets 559, 573, 623
Nogent-l'Abbesse 559
Noizay 1069
Nolay 436, 456, 471, 480, 484, 486, 489
Nothalten 47, 54, 64, 75
Notre-Dame-d'Allençon 985, 988, 1028
Noulens 973
Noyers-sur-Cher 1037-1038, 1040-1041, 1045-1046
Noyers-sur-Serein 378, 395
Nueil-sur-Layon 983, 1002, 1013, 1015, 1023, 1031
Nuits-Saint-Georges 362, 372, 401-402, 412-413, 416, 418-419, 423-424, 428-431, 437, 445, 447, 451, 454-455, 458, 466, 472, 487, 491, 500, 503-504, 510, 521
Nyls-Ponteilla 773, 783
Nyons 1143

O

Obermorschwihr 40, 46, 74
Obernai 37
Octon 706, 747, 760
Odenas 107, 109-110, 112, 127
Œuilly 560, 596, 618
Oger 549, 584, 601
Oisly 1039-1040, 1043, 1048, 1078
Oletta 898
Olizy 571
Ollières 852, 855
Ollioules 839
Onzain 1047
Oppède 1234, 1245
Orange 1135, 1140, 1143-1144, 1147, 1156, 1192, 1200, 1203, 1208, 1211-1212, 1215
Ordonnac 306, 308-309
Orée-d'Anjou 997, 1000, 1123
Orgon 886
Ornaisons 666-667, 669
Orschwihr 34, 37-38, 49, 53, 56, 62, 79, 83, 87
Orschwiller 39, 44, 47, 53, 67
Ostheim 45
Ottrott 41, 57
Ouveillan 747, 759
Ouzilly 823
Ozenay 515, 517

P

Paillet 153, 161
Palau-del-Vidre 779
Panjas 974
Panzoult 1045, 1060, 1062-1064
Paraza 728
Parçay-Meslay 1075-1076
Pardaillan 950
Parempuyre 144, 314
Parleboscq 974, 979
Parnac 906, 912-913, 978
Parnay 1032-1033, 1036
Passa 785, 802
Passavant-sur-Layon 984
Passenans 637, 640
Passy-Grigny 567, 595, 606, 613, 619
Passy-sur-Marne 595, 616, 625
Patrimonio 896-900
Pauillac 305, 330-335, 338
Paziols 681-682
Pélissanne 847
Pellegrue 173
Pennautier 661, 663-664, 731, 734, 745
Péret 686
Pernand-Vergelesses 442-444, 447-448, 451-452
Pernes-les-Fontaines 1227, 1229
Péronne 372, 520, 522
Perpignan 772, 777-778, 785, 787, 789, 799, 803, 805, 813, 817-818
Pertuis 1236
Pescadoires 909, 911, 977
Pessac 298, 301, 678, 709, 736, 790
Pessac-sur-Dordogne 278
Petersbach 866
Petite-Hettange 90
Petit-Palais 151, 164, 256
Peujard 177
Peyriac-de-Mer 671, 795
Pézenas 698, 700, 749, 754
Pfaffenheim 35, 37, 40, 49, 51, 55-56, 63, 66-77, 86
Pia 778, 787, 794, 817
Pierreclos 514, 516, 531, 534
Pierrefeu-du-Var 857, 867, 870, 874-876
Pierrerue 733, 735, 738
Pierrevert 1236, 1241
Pierry 549, 564, 594, 598, 600, 616
Pieusse 715, 718
Pignans 857, 878
Pimbo 958
Pinet 698, 714-715, 754
Pineuilh 165, 278-279
Piolenc 1160, 1232
Pissotte 999
Plassac 179, 185, 189, 191
Pleine-Selve 179
Podensac 287, 293, 347
Poggio-d'Oletta 897, 899
Poligny 638-639, 641, 643, 645
Polisot 592
Polisy 575, 603
Pomerol 199, 203-212, 214
Pomérols 686, 713
Pommard 365, 369, 411, 424, 426, 432, 435, 453, 458-462, 464, 468, 471, 478, 487, 494
Pommiers 97
Pomport 931, 933, 935, 938-942
Poncé-sur-le-Loir 1066
Pontaix 1184
Ponte-Leccia 895
Pontevès 849, 852
Pontlevoy 1043
Pont-Saint-Esprit 1147
Porte-des-Pierres-Dorées 127
Portel-des-Corbières 670-671
Portets 165, 167, 286, 288-289, 291-292, 294
Portiragnes 755
Porto-Vecchio 895
Port-Sainte-Foy 944
Port-Sainte-Foy-et-Ponchapt 934, 944
Port-Vendres 788
Pouançay 1029
Pougny 1085-1086
Pouillé 1039-1040, 1042, 1046
Pouilly-sur-Loire 1085, 1095-1100, 1109, 1119
Pourcieux 865, 877, 884
Pourrières 862, 870, 876, 878
Pouzolles 748, 758
Pouzols-Minervois 728
Prades-sur-Vernazobre 736

COMMUNES

Pradons 1239
Prayssac 906-907, 909, 911
Préhy 366, 377, 379, 382-383, 387, 390, 396-398
Preignac 290, 293, 348, 350-352
Premeaux-Prissey 401, 422, 427, 429-433
Prignac-et-Marcamps 166, 190
Prigonrieux 932, 947
Prissé 367, 518, 531-532, 534
Prouilly 560, 579
Prunay 560
Puget 1236
Puget-sur-Argens 859, 864, 884, 888
Puget-Ville 858, 868, 871, 881
Pugnac 182, 193
Puilacher 766
Puimisson 762
Puissalicon 748
Puisseguin 255, 257, 261, 263-264, 266-268, 329
Puisserguier 734
Pujaut 750, 1134, 1218
Pujols 165
Puligny-Montrachet 368, 387, 393, 459, 470, 474, 476-478, 482
Pupillin 634-635, 638, 642, 645
Puycelsi 920
Puy-l'Évêque 907-908, 912-913
Puyloubier 864, 867-868, 871-872, 879, 881-882, 888
Puyméras 1189, 1228
Puyol-Cazalet 958

Q

Quarante 735, 737
Queyrac 305, 309
Quincié-en-Beaujolais 99, 102, 105, 110-112, 119-120, 122-123, 128, 132
Quincy 1084, 1102-1103
Quinsac 150
Quissac 687

R

Ramatuelle 883
Rasiguères 779, 785, 802, 807
Rasteau 1137, 1139, 1143, 1150, 1153, 1157, 1190-1196, 1207, 1238
Raveau 1120
Razac-de-Saussignac 930-931, 934, 938, 940, 947
Réans 976
Réaux 824
Réaux-sur-Trèfle 826
Régnié-Durette 107, 116, 122, 125, 127-129
Reichsfeld 52
Reignac 180, 183
Reims 554, 570, 583, 587, 590, 604-605, 608, 614, 617, 620, 625
Réjaumont 967, 970, 973
Remerschen 1251-1253
Remich 1250, 1253
Renaison 1089-1090, 1121
Restigné 1049-1051, 1053
Reugny 1074, 1076
Reuil 557, 567-568, 607
Reuilly 1102-1105
Rians 847-848, 1243
Ribagnac 930, 936, 940
Ribaute 673
Ribeauvillé 41, 70-71, 81, 86
Richerenches 1135, 1186
Rieux-Minervois 727
Rilly-la-Montagne 556, 560, 563, 569, 584, 624, 628
Rimons 138, 162
Riom 1088, 1120
Rions 154, 157, 280
Riquewihr 36, 52, 57, 63, 71
Rivarennes 1041, 1064
Rivesaltes 681, 769-770, 777, 779-781, 785, 788, 802-804, 806, 811-812, 816
Rivière 1059, 1061
Roaix 1149, 1155
Robion 1231, 1235
Rochecorbon 1070-1073
Rochefort-du-Gard 1134, 1139, 1141, 1145, 1154-1155, 1216
Rochefort-sur-Loire 1004-1006, 1010, 1018-1019, 1024-1026
Rodern 32, 62
Rogliano 892, 898
Rognes 844, 846-847, 1233, 1243
Romanèche-Thorins 103, 125-127, 528
Romery 588
Roquebrun 737-738, 762
Roquebrune-sur-Argens 859-860, 875-876
Roquefort-la-Bédoule 843, 857, 868
Roquemaure 750, 1146, 1215, 1217
Roquessels 679
Rorschwihr 35, 44, 60, 63, 66
Rosheim 33
Rosnay 999
Rotalier 640
Roubia 725, 729, 731
Rouffignac-de-Sigoulès 940, 943
Rouffach 35, 77
Rougiers 853
Roujan 699, 701, 762
Roullens 720
Roussas 1187
Rousset 882
Roussillon 1233
Ruffieux 650, 652
Ruillé-sur-Loir 1066
Rully 373-374, 494, 496-502, 505, 509
Ruoms 1236-1237, 1239-1240
Rustiques 724

S

Sablet 1147, 1151, 1154, 1160, 1193, 1199, 1202, 1238
Sabran 1133, 1139, 1144, 1158-1159
Sacy 579, 620
Sadirac 166, 168, 273
Saillans 163, 173, 199-201, 203
Saint-Aignan 200, 202, 219
Saint-Aignan-sur-Cher 1042
Saint-Alban-les-Eaux 1090
Saint-Alexandre 750, 846, 1161
Saint-Ambroix 742
Saint-Amour-Bellevue 117, 130-132
Saint-Andelain 1085, 1095-1101
Saint-André-d'Apchon 1090
Saint-André-de-Cubzac 173-174, 182
Saint-André-de-Roquelongue 666, 671, 673
Saint-André-de-Sangonis 664, 704
Saint-André-du-Bois 148, 158, 169
Saint-André-et-Appelles 277-278
Saint-Antoine-de-Breuilh 934, 943-944
Saint-Antoine-du-Queyret 142-143, 146, 155, 175, 273
Saint-Antonin-du-Var 873, 881
Saint-Astier 949
Saint-Aubin 420-421, 474-475, 477, 480, 482-486, 488
Saint-Aubin-de-Blaye 167, 182, 187, 193
Saint-Aubin-de-Lanquais 936
Saint-Aubin-de-Luigné 1003, 1008, 1010, 1018, 1021-1022, 1024-1027
Saint-Avit-de-Soulège 176
Saint-Baldoph 655
Saint-Bauzille-de-la-Sylve 753
Saint-Bauzille-de-Montmel 696
Saint-Bonnet-sur-Gironde 825
Saint-Bris-le-Vineux 360-361, 363, 367-368, 370-372, 377, 381, 383, 391, 395, 397-399
Saint-Cannat 844-845
Saint-Caprais-de-Blaye 180, 187
Saint-Caprais-de-Bordeaux 282
Saint-Céols 1094
Saint-Chaptes 745, 1226
Saint-Chinian 733-737, 741-742
Saint-Christol 687, 693, 759
Saint-Christoly-de-Blaye 159, 185, 194
Saint-Christoly-de-Médoc 305, 306
Saint-Christophe-des-Bardes 206, 224, 229, 231-232, 237, 240, 244-245, 250, 252
Saint-Cibard 265, 270-271
Saint-Ciers-de-Canesse 189, 195
Saint-Ciers-sur-Gironde 184, 828
Saint-Claude-de-Diray 1077
Saint-Clément 702
Saint-Crespin-sur-Loire 1124
Saint-Cyr-en-Bourg 1030, 1032-1035
Saint-Cyr-les-Colons 381, 397
Saint-Cyr-sur-Mer 832, 834, 836-838, 860, 887
Saint-Denis-de-Pile 165, 217, 258-259
Saint-Denis-de-Vaux 496, 503
Saint-Désert 495, 507
Saint-Désirat 1172, 1240
Saint-Dézéry 762
Saint-Didier 1227
Saint-Drézéry 695
Saint-Hippolyte 32, 38, 40, 43, 50, 54, 61, 64, 70, 85
Sainte-Agathe-la-Bouteresse 1091
Sainte-Anastasie 1225
Sainte-Anne-d'Évenos 836
Sainte-Anne-du-Castellet 833

Sainte-Cécile-les-Vignes 1139, 1154, 1192, 1195
Sainte-Colombe 265-266, 269
Sainte-Croix 916, 1184-1185
Sainte-Croix-du-Mont 153, 159-160, 175, 291, 345-347, 350
Sainte-Eulalie 164
Sainte-Gemme-en-Sancerrois 1085, 1109, 1111-1112, 1115
Sainte-Innocence 932
Sainte-Lizaigne 1105
Sainte-Lucie-de-Porto-Vecchio 893
Sainte-Marie-la-Blanche 441, 453
Saint-Émilion 151, 159, 176-177, 199, 205, 208, 213, 216-217, 220-224, 226-231, 233, 235-244, 246-254, 259-262, 264, 270, 933
Sainte-Pazanne 1123
Sainte-Radegonde 143, 147, 155-156, 163, 165, 167, 275
Saint-Estèphe 314, 332, 335-339
Saint-Estève 799, 803
Sainte-Terre 208
Saint-Étienne-de-Baïgorry 966
Saint-Étienne-de-Fontbellon 1237, 1239
Saint-Étienne-de-Lisse 224, 227, 234, 236, 242, 244, 248, 252, 266
Saint-Étienne-des-Oullières 98, 103, 105, 119
Saint-Étienne-la-Varenne 109, 114
Sainte-Verge 1003
Saint-Faust 960, 963
Saint-Félix-de-Foncaude 171, 274
Saint-Félix-de-Lodez 678, 688, 691, 704, 736, 752, 757, 764
Saint-Fiacre 990
Saint-Fiacre-sur-Maine 991, 994
Saint-Florent 896-897
Saint-Frichoux 729
Saint-Gély-du-Fesc 708
Saint-Gènes-de-Blaye 186
Saint-Genès-de-Castillon 266-268
Saint-Genès-de-Lombaud 144
Saint-Geniès-de-Comolas 1215, 1218
Saint-Génis-des-Fontaines 768
Saint-Georges-d'Orques 688
Saint-Georges-sur-Cher 1039-1040, 1042-1043
Saint-Géréon 1000
Saint-Germain 200
Saint-Germain-d'Esteuil 304
Saint-Germain-du-Puch 152, 169, 273, 277
Saint-Germain-Nuelles 99, 360, 367
Saint-Gervais 176, 1151, 1159
Saint-Gilles 757, 1220-1224
Saint-Girons-d'Aiguevives 187
Saint-Guilhem-le-Désert 703
Saint-Guiraud 706
Saint-Hilaire 760
Saint-Hilaire-d'Ozilhan 1138
Saint-Hilaire-de-Clisson 994
Saint-Hilaire-du-Bois 172
Saint-Hilaire-Saint-Florent 988
Saint-Hippolyte 215, 221, 224, 238, 243, 245-246, 263, 270
Saint-Hippolyte-le-Graveyron 1229, 1238
Saint-Jean de Serre 745
Saint-Jean-d'Ardières 116, 123, 129
Saint-Jean-de-Blaignac 154, 163
Saint-Jean-de-Buèges 690, 704
Saint-Jean-de-Chevelu 650
Saint-Jean-de-Cuculles 709-710
Saint-Jean-de-Duras 950
Saint-Jean-de-Fos 693, 764
Saint-Jean-de-la-Blaquière 705
Saint-Jean-de-Minervois 722, 729, 741-742
Saint-Jean-de-Muzols 1175, 1179
Saint-Jean-de-Serres 744
Saint-Jean-des-Mauvrets 1012
Saint-Jean-Lasseille 776
Saint-Jean-Pla-de-Corts 769, 810
Saint-Jean-Saint-Maurice 1089
Saint-Julien 99, 101, 104-105, 108, 342
Saint-Julien-Beychevelle 312, 339-343
Saint-Julien-d'Eymet 939
Saint-Just et Vacquières 743
Saint-Lager 99, 100, 103, 106, 108, 110-112, 114
Saint-Lambert-du-Lattay 987, 1003, 1005-1006, 1022
Saint-Lanne 952
Saint-Laurent-d'Oingt 97
Saint-Laurent-de-la-Cabrerisse 667
Saint-Laurent-de-la-Salanque 786
Saint-Laurent-des-Arbres 1215
Saint-Laurent-des-Combes 201, 218, 226, 232-233, 238, 241, 248, 254, 265
Saint-Laurent-des-Vignes 938, 940, 947, 979
Saint-Laurent-du-Bois 168, 949
Saint-Laurent-Médoc 311-313, 318, 335, 340
Saint-Léger-les-Vignes 1122
Saint-Léon-d'Issigeac 938
Saint-Loubès 154
Saint-Loup-Géanges 440
Saint-Lumine-de-Clisson 992, 995, 1124
Saint-Magne-de-Castillon 150, 221, 266-269
Saint-Maixant 149, 159
Saint-Mamert-du-Gard 685
Saint-Marcel-d'Ardèche 1135, 1239
Saint-Mariens 143, 156, 166, 183-184
Saint-Martin-d'Ablois 585-586
Saint-Martin-de-Sescas 138, 146, 159
Saint-Martin-de-Villeréglan 721
Saint-Martin-du-Bois 157-158
Saint-Martin-Lacaussade 182, 184
Saint-Martin-le-Beau 1067-1069
Saint-Mathieu-de-Tréviers 708, 710-711
Saint-Maurice-de-Satonnay 361, 369, 514
Saint-Maurice-sous-les-Côtes 91
Saint-Maximin 854, 1224
Saint-Maximin-la-Sainte-Baume 850, 853, 855
Saint-Méard-de-Gurçon 933, 944
Saint-Médard-d'Eyrans 138, 295-296
Saint-Médard-de-Guizières 167
Saint-Médard-en-Jalles 305
Saint-Melaine-sur-Aubance 1004, 1017
Saint-Même-les-Carrières 827
Saint-Michel-de-Fronsac 197-198
Saint-Michel-de-Lapujade 161, 929
Saint-Michel-de-Montaigne 944
Saint-Michel-de-Rieufret 292
Saint-Michel-sur-Rhône 1163, 1166, 1168, 1173, 1177, 1182
Saint-Mont 951, 956-958, 967, 973
Saint-Montan 1237
Saint-Nazaire-de-Ladarez 736
Saint-Nexans 932, 942, 945
Saint-Nicolas-de-Bourgueil 1049-1059
Saint-Ouen-les-Vignes 1044
Saint-Palais 186
Saint-Palais-de-Phiolin 825
Saint-Pargoire 766
Saint-Patrice 1053
Saint-Paul 180
Saint-Paul-de-Fenouillet 772, 776, 779, 783, 801, 805, 809, 813-814, 817
Saint-Péray 1181, 1183
Saint-Père 363, 1085, 1097-1098
Saint-Pey-d'Armens 228, 231, 236, 241
Saint-Pey-de-Castets 162, 170
Saint-Philippe-d'Aiguille 268, 270
Saint-Pierre-d'Albigny 648, 652-653
Saint-Pierre-d'Aurillac 146, 171
Saint-Pierre-d'Oléron 828
Saint-Pierre-de-Bœuf 1167, 1180
Saint-Pierre-de-Mons 288, 292
Saint-Pierre-la-Mer 711
Saint-Pierre-sur-Dives 1120
Saint-Polycarpe 719
Saint-Pons-de-Thomières 751
Saint-Pourçain-sur-Sioule 1107
Saint-Privat-des-Vieux 744
Saint-Quentin-de-Baron 273, 293
Saint-Remèze 1237
Saint-Rémy-de-Provence 841, 885
Saint-Romain 467, 469-471, 483
Saint-Romain-sur-Cher 1039, 1042, 1046
Saint-Roman-de-Malegarde 1138, 1154, 1192, 1242
Saint-Sardos 929
Saint-Satur 1099, 1115
Saint-Saturnin-de-Lucian 692, 694, 701
Saint-Sauveur 312, 657
Saint-Sauveur-de-Bergerac 946
Saint-Sauveur-de-Puynormand 173
Saint-Selve 284
Saint-Sernin 949

COMMUNES

Saint-Sernin-de-Duras 948
Saint-Sernin-du-Plain 366, 492, 510
Saint-Seurin-de-Bourg 194
Saint-Seurin-de-Cadourne 314, 318-319
Saint-Siffret 1225
Saint-Sulpice-de-Faleyrens 164, 222, 224, 232, 236, 238, 240-241, 243-246, 262
Saint-Sulpice-et-Cameyrac 157, 168
Saint-Thibéry 749
Saint-Thierry 594, 604
Saint-Trojan 179, 192
Saint-Tropez 879
Saint-Vérand 98, 100, 124, 534
Saint-Victor-la-Coste 1131, 1144, 1157, 1217
Saint-Vincent-de-Barbeyrargues 701
Saint-Vincent-Rive-d'Olt 912
Saint-Vivien-de-Blaye 183
Saint-Yzans-de-Médoc 158, 304, 306-307, 309, 317
Saix 1029
Saleilles 777
Salelles-du-Bosc 707
Salies-de-Béarn 959
Sallebœuf 172, 177
Sallèles-Cabardès 742
Salles-Arbuissonnas 102, 106
Salles-d'Angles 826
Salles-d'Aude 712
Salon de Provence 1220, 1235
Salses-le-Château 780
Sambin 1076-1077
Samonac 190, 192
Sampigny-lès-Maranges 437-438, 483
Sancerre 1096, 1108, 1111, 1113-1115, 1118-1120
San-Nicolao 894, 900
Santenay 437, 440, 454, 458, 467, 477, 479-484, 486-489, 493, 505
Sardan 744
Sari-d'Orcino 889
Sarrians 1133, 1138, 1199, 1201, 1204, 1245
Sartène 891-892, 894-895
Sassangy 374
Saturargues 739
Saulcet 1106-1107
Saumur 985, 1028-1029, 1032, 1036
Saumur cedex 988
Saussignac 932, 934, 936
Sauternes 155, 162, 288, 349-350, 352
Sauveterre 1133
Sauveterre-de-Guyenne 144, 156, 274
Sauvian 702
Saux 906, 909
Savennières 1018-1020
Savignac-de-l'Isle 170, 219
Savignargues 758
Savigny-en-Véron 1065
Savigny-lès-Beaune 373, 401, 409, 419-420, 429, 443, 447-451, 463, 474, 492, 497-498
Saze 1156
Sazilly 1063
Schengen 1251
Scherwiller 60, 85-86
Segonzac 827
Séguret 1131, 1136, 1144, 1149, 1152, 1157-1158, 1191
Seigy 1126
Seillans 888
Seillons-Source-d'Argens 854, 888
Sélestat 36, 45, 54
Sénas 846, 885
Senouillac 918
Sérignan 703, 763
Sérignan-du-Comtat 1136, 1155, 1242-1243
Sermiers 575
Sernhac 1223
Serres 716
Serrières 1172
Servian 700
Serzy-et-Prin 544, 564
Sète 866
Sèvremoine 993, 1123, 1125
Signes 840, 884
Sigolsheim 44, 72, 81
Sigoulès 936, 948
Sillery 615
Siran 722, 728, 731, 733
Solliès-Ville 861
Solutré 520, 529
Solutré-Pouilly 513, 519, 523-525, 527-528, 530, 532
Sommières 690, 702
Sorgues 1138, 1143, 1157, 1209
Soturac 909-910, 912
Souel 918
Soulangis 1092
Soulignac 163, 166, 176, 242
Soultz-Haut-Rhin 48, 63
Soultzmatt 35, 38-39, 48, 73, 77, 85
Soultz-Wuenheim 51, 65
Soussac 147
Soussans 146, 322-323, 325
Souzay-Champigny 1029, 1031, 1033, 1035
Stadtbredimus 1248, 1253
Sury-en-Vaux 1093, 1099, 1108, 1110-1113, 1116-1119
Sussargues 688
Suze-la-Rousse 1132, 1140-1141, 1154-1155, 1188, 1241
Suzette 1206, 1228-1229

T

Tabanac 142, 280, 282, 343
Tailly 467, 473, 477
Tain-l'Hermitage 781, 862, 1145, 1158, 1164, 1169-1172, 1175-1176, 1179, 1181, 1183, 1221, 1240
Taissy 578, 619
Talairan 671, 674
Talence 300
Tallard 886
Talmont-Saint-Hilaire 1123
Talus-Saint-Prix 593
Taradeau 877, 880-882
Tarascon 885
Targon 142, 154, 274, 276, 284
Taron 959
Tauriac 188, 191-193
Tautavel 771, 774, 781-784, 786-787, 792-793, 800-801, 806, 808, 817
Tauxières 597
Tauxières-Mutry 544
Tavel 751, 1142-1143, 1148, 1214-1219
Tavernes 850
Técou 915, 978
Terranjou 984, 1001, 1009, 1013, 1015-1016, 1021, 1025, 1027, 1121
Terrats 771, 775, 782, 784, 807, 813
Teuillac 195, 309
Thauvenay 1113
Theizé 96, 99, 101-102, 373
Thénac 930, 936, 939-940
Thésée 1045, 1047
Théüs 886
Thézan-des-Corbières 666, 673, 675
Thoré-la-Rochette 1080
Thouarcé 1003, 1006, 1014, 1016, 1027
Thuir 759, 773, 801, 805, 813
Tigne 1020
Tillières 990
Tornac 745
Toulaud 1179, 1182
Toulenne 292
Tourbes 749
Tournus 366, 520
Tourouzelle 724, 730
Tours-sur-Marne 589, 591
Tourves 848-849, 851, 855
Tracy-sur-Loire 1084, 1095-1096, 1098, 1100, 1108-1109
Traenheim 78
Travaillan 1155-1156, 1196
Trèbes 728
Trélou-sur-Marne 560, 592, 600, 624
Trémont 1126
Treslon 588, 599
Tresques 1136, 1141, 1152
Tresserre 771, 779, 787, 804, 812, 817-818
Tresses 145, 149, 168
Trets 856-857, 865, 871-872
Trigny 548, 574, 579
Troissy 585, 593
Trouillas 776
Tuchan 682-684, 806
Tulette 1134, 1150, 1243
Tupin-et-Semons 1163, 1166, 1177, 1182, 1201
Turckheim 61, 81
Turquant 1030, 1034-1035

U

Uchaux 1137, 1145, 1159, 1244
Uchizy 516, 519-520, 522
Urville 568, 607
Uzès 1225

V

Vacqueyras 1176, 1198, 1200, 1202-1204, 1238, 1241
Vacquières 690, 694-695, 697, 707-710
Vacquiers 925
Vailhan 702
Vair-sur-Loire 998
Vaison-la-Romaine 1145-1146, 1231, 1243
Vaïssac 914
Valady 922
Val-d'Oingt 98, 100, 125
Val-de-Livre 591
Val-du-Layon 1002, 1007-1008, 1011, 1020, 1022, 1025
Val-en-Vignes 987, 1008
Valeyrac 307, 310
Valflaunès 694-695, 703, 709-711
Vallet 991-994, 998, 1122
Valréas 1157
Valros 749
Vandières 558, 562-563, 595, 602, 605, 614
Varrains 1029-1030, 1034-1036
Vaudelnay 1029
Vaudemange 574
Vauvert 1224
Vaux 90
Vaux-en-Beaujolais 103, 106, 113, 125
Vaux-en-Bugey 657
Vauxrenard 103, 114, 118, 122
Vaux-sous-Aubigny 627
Vayres 143, 276-277
Veaugues 1093, 1108
Vendres-Plage 698, 762
Venelles 847
Ventenac-Cabardès 664, 763
Venteuil 543, 562, 580-581, 589, 611
Vérac 170
Vérargues 739
Vercheny 1184
Verdelais 177, 280
Verdigny 1093-1094, 1100, 1108-1109, 1111-1112, 1115-1120, 1126
Vergisson 516, 519, 523, 526, 528, 533-534
Verneuil 583
Vernou-sur-Brenne 1069-1073, 1075
Vertheuil 315, 318
Vertou 990, 992
Vert-Toulon 554
Vertus 550, 557, 568, 570, 572, 582, 590, 597, 614, 623-624, 627
Verzé 517
Verzenay 543, 552, 556, 565, 578, 582-583, 588, 610, 613
Verzy 594, 606
Vestric-et-Candiac 1221
Veyre-Monton 1087, 1121
Vézénobres 719
Vianne 928
Vias 746, 761-762
Vic-la-Gardiole 740-741, 754
Vic-le-Comte 1087
Vidauban 857, 861, 865, 887
Viella 951-957
Vignonet 216, 223, 231, 237
Vignoux-sous-les-Aix 1094
Villars-Fontaine 399
Villaudric 923
Villecroze 854-855, 880, 883
Villedieu 1140
Villedommange 547, 554, 566, 575, 627
Villelongue-d'Aude 715
Villematier 925-926
Villemontais 1090
Villemoustaussou 664
Villenave-d'Ornon 156, 295-296
Villenave-de-Rions 288
Villeneuve 181, 188-189, 191
Villeneuve-de-Duras 948, 950
Villeneuve-de-la Raho 770, 799, 804
Villeneuve-de-Marsan 969
Villeneuve-les-Bouloc 923
Villeneuve-les-Corbières 682-683
Villeneuve-lès-Maguelone 752
Villeneuve-Minervois 723
Villers-Franqueux 584
Villers-Marmery 551
Villers-sous-Châtillon 594, 612
Villesèque 911
Villesèque-des-Corbières 670, 759, 766
Villes-sur-Auzon 1232
Ville-sur-Arce 573, 599, 628
Villevenard 604
Villeveyrac 685, 700
Villié-Morgon 96, 103, 108, 114, 117, 119-122, 124-125, 127-128
Villiers-sur-Loir 1081
Vinassan 712
Vinça 817
Vincelles 548, 570, 608
Vindrac-Alayrac 915
Vineuil 1077
Vingrau 769, 771, 781-782, 800, 804, 812
Vinon 1109
Vinsobres 1131, 1148, 1156, 1189-1190
Vinzelles 526, 529
Violès 1132, 1138, 1146, 1149, 1153, 1191, 1197, 1199, 1202, 1204, 1244
Vira 970
Viré 361, 374, 513, 521-523
Vire-sur-Lot 905-906, 908-909, 911, 978
Visan 1141, 1146, 1149, 1151-1153, 1155, 1157
Vix 999, 1122
Voiteur 641
Voegtlinshoffen 36, 39, 43, 45-46, 53, 59, 65, 84
Volnay 369, 419, 436, 457, 461-464, 466, 473, 475
Vongnes 656
Vosne-Romanée 363, 410, 412, 415, 418, 420, 422-427, 430-431, 446, 450, 452
Vougeot 423, 445
Vouvray 1041, 1069-1074, 1076

W

Wellenstein 1252
Westhalten 33, 55, 59, 62, 70, 78-79
Westhoffen 58
Wettolsheim 40, 50, 53, 56, 62, 65, 76-78, 81, 83, 84, 86
Wintrange 1251
Wolxheim 64, 66, 78, 82, 84-85
Wormeldange 1248, 1251, 1253

Y

Yvrac 170, 174

Z

Zellenberg 37, 43, 52, 60, 63, 67, 71, 84
Zilia 891

Index des producteurs

INDEX DES PRODUCTEURS

L'indexation ne tient pas compte de l'article défini

3 Châteaux GFA les 152, 173

A

Abadie-Malet SCEA 719
Abba Wine EURL Laurent 139
Abbé Rous Cave de l' 788, 798
Abbotts et Delaunay 685, 722, 754, 768
Abonnat Cave 1086
Aboville Ghislain et Delphine d' 685
Achard Patrice 1020
Achard Thomas 1184-1185
Achiary-Astart SCEA 1196
Ackerman Orchidées 985, 1028
Acquaviva Achille 892
Acquaviva Marina 894
Acquaviva Pierre 891
Adam Jean-Baptiste 42, 67, 83
Adam Rémy 43, 67
Adams Denise et Stephen 207, 236
Aegerter Jean-Luc et Paul 472, 521
Agamy 101, 106, 109-110, 133
Agapei Tricat Service Production 919
Agassac SCA du Ch. d' 310
Aghione Cave coopérative d' 894, 899
Agly SCV L' 775, 784, 806, 816
Aguilas Antoine 987, 1004, 1020, 1026
Ajorque Éric et Nathalie 764
Al Couderc EARL 915
Alary Dom. 1194
Alary Frédéric et François 1196
Alban Sébastien 1229
Albenas Jean-Philippe d' 686
Albères SCV les Vignerons des 768
Albert 687
Albert et Vergnaud SARL 257
Albertini Pascal 889
Albucher GAEC des Vignobles 283
Alday Robert 971
Alexandre Olivier 375
Alexandre Patricia 1231, 1235
Alexandre Xavier 542
Alias Christelle 673
Alibert et Fils EARL Denis 847
Allaines d' 685
Allaines François d' 358, 506, 509
Allard Père et Fille 997
Allard Famille P. et J. 670
Allard Laurent et Isabelle 267
Allard-Brangeon 1122
Allemand et fils EARL 886
Alliance Aquitaine SCA 946
Alliance Bourg SCV 193
Alliès EARL 715
Allimant-Laugner 67
Allouchery Émilien 543
Alma Cersius 755
Almayrac Claude 976
Alquier 769, 810
Alquier Desplats Degros Domaine 676
Althoff Béatrice 690
Amadieu Pierre 1194, 1199
Amauve SAS Dom. de l' 1149
Amberg Yves 33, 83
Amboise Lycée viticole d' 987, 1040, 1044
Ambrosio-Collomb Famille 846
Amido Dom. 1218
Amiot et Fils Dom. Pierre 415
Amiral SCA Les Caves de l' 856
Amirault et Nicolas Grosbois Xavier 1055
Amirault Agnès et Xavier 1054
Amirault Yannick et Benoît 1048, 1054
Ancely 722, 731
Anciens de la Viticulture Coopérative les 615
André Dom. Françoise 442, 447-448
André Florian 1142, 1216
Angeli 898
Angelliaume EARL Dom. 1059
Angelot Maison 655
Anges SCA Dom. des 1226
Anglès EARL Xavier et Vincent 1132, 1149, 1201
Anne de Joyeuse 718, 755
Anney Vignobles Jean 314
Annibals SCEA Dom. des 848
Ansen Daniel 58
Antech Maison 716-717
Antoine Philippe et Evelyne 91
Antoine Véronique 655
Arbeau Vignobles 922
Arbo Astrid et Dorian 257
Arbo EARL 271
Arbogast Dom. Frédéric 58
Arbois Fruitière vinicole d' 633
Archimbaud-Vache EARL 1202
Arcins Ch. d' 310
Ardéchois Vignerons 1236, 1240
Ardhuy Dom. d' 444, 448
Ardurats Jean-Louis et Bruno 290
Aresquiers SCEA les 740-741
Arfeuille d' 227
Arguti Ugo 779
Ariston Bruno 543
Ariston Paul-Vincent 543
Arlay Ch. d' 638
Arlon Famille 840
Armand Famille 153, 160, 347
Armand Guillaume 685
Arnaud 195
Arnaud Père et Fils 838, 887
Arnaud Cédric 764
Arnaud Jean-Michel 726
Arnaud Michel 999
Arnaud SCEA Frédéric 1136, 1152
Arnould et Fils Michel 543
Arnould et Gibelin 543
Arnoux et Fils 1241
Arnoux Pascal 440, 444, 451, 454
Arocas Julien 1229
Aroldi-Gassiot Patricia et Lilian 269
Arpin SCEA Vignobles G. 208, 220, 259
Artigue 244
Arvieux Nicolas 1131
Assay Henry d' 1084
Astruc SARL Pierjacq 716
Aterroire SARL l' 1029, 1033
Attard Véronique 695
Aubert Frères GAEC 1185, 1241
Aubert Johan 228
Aubert Vignobles 231, 260
Aucœur Dom. 117, 119, 124
Audemard Pierre 867
Audet 1234, 1245
Audibert Michel 845
Audiot Francis 1092
Audoin Dom. Charles 402, 404, 406
Audoy SCE Domaines 336
Auffret Jean-Charles 704
Aufranc Pascal 113
Augier Jean-Michel 879
Augis Dom. 1081
Auguste SCEA Christophe 398
Augustin Paul 543
Aujard SCEV 1103
Aujoux Les Vins 96
Aupetitgendre & Gozard 1068
Auque EARL Jacques et Bernard 918
Auriol Les Domaines 673, 713, 738, 761
Aurisset 964
Austruy Philippe 317
Autard Jean-Paul 1207
Autrand GAEC 1131, 1189
Autréau 543
Auvigue Vins 511, 523
Auzias Dominique 661, 745
Aviet Vincent 634
Avize Ch. d' 544

Aymard Benoît 906
Azan Olivier 754
Azé Cave coopérative d' 511
Azema Fabien 737
Azémar Véronique et Stéphane 907
Azur Ch. d' 832

B

Baccino EURL Alain 883
Baccino SCEA Alain 875
Bachelet Vincent 479, 486, 490
Bachey-Legros Dom. 479, 486
Bader Dom. 33, 58
Bader-Mimeur 369, 480
Badette SCEA du Ch. 226
Badiller Pierre et Vincent 1037, 1045
Badin Christelle et Christophe 1076
Badoz Benoît 638
Bagatelle EARL 734
Baillon Alain 1089
Bailly Patrice 1095
Bailly SCEV Alain 544
Bailly Sylvain 1107
Bailly-Lapierre Caves 360, 372, 395
Bailly-Reverdy Dom. 1107
Bakx-SCEA Monicord Josephus 170
Balaguer 805
Balaran Aurélie 916
Balaran Jean-Marc 916
Baldassarre Sybil 678
Baldès Jean-Luc 907
Balland Dom. Jean-Paul 1108
Balland Pascal 1107
Ballet GFA Vignoble 143, 276
Balliccioni Véronique et André 677
Balotte Fabienne 236
Baniol Aurore 742
Bantegnies et Fils SCEA 180
Baptista Jean-Philippe 512
Bara Paul 544
Barat Dom. 384
Baratonne Dom. de la 887
Barat-Sigaud Liliane 911
Barbaroux EARL 874
Barbaud Céline 1153
Barbeiranne Ch. 857
Barbet SCEA 124
Barbier-Louvet 544
Barbou Dominique 1039, 1048
Bardet Olivier 656
Bardet SCEA des Vignobles 237
Bardin Cédrick 1085, 1095
Bardin SCEV Jean-Jacques 1109
Bardins EARL du Ch. 294
Bardon Denis 1081
Baret Ch. 295
Barfontarc De 572
Barlet et Fils Raymond 651, 654
Barnier Jean-François 1138, 1245
Barnouin Maurice 743
Barolet Arthur 498
Barolet-Pernot Dom. 469
Baron Albert 544
Baron Dom. 1045
Baronarques Dom. de 719
Baron-Fuenté 545
Baronnat Jean 106
Baronnies SCEV Les 597
Barraud Richard 305
Barraud SCEA des Vignobles Denis 164, 241
Barreau et Fils EARL Vignobles 152, 157
Barreau EARL Jean-Michel et Jean-Philippe 992
Barreau Gaëtan et Romain 1125
Barreau Sylvain et Romain 915
Barrère Anne-Marie 961
Barreyre SC Ch. 162
Barrières GFA des 182
Barrot Laetitia et Julien 1207
Barrot Pierre 1213
Barthe SCA Vignobles Claude 273
Barthélemy-Vincenti EARL 1229
Barthès Michaël 723
Barthès Monique 833
Barthet Chloé 680
Barton & Guestier 316
Barton (Ch. Langoa Barton) Famille 341
Barton (Ch. Léoville Barton) Famille 342
Bassac SARL 748
Bassereau SC Philippe 190
Basset Denis 1176
Basset-Baron 1003
Bastide blanche Dom. de la 858
Bastide et Fils SCEA 139, 283
Bastide EARL 926
Bastide Sandra 917
Bastide SCEA Ch. la 661
Bastidière Ch. 858
Bastidon SASU Le 858, 887
Bastidonne SCEA Dom. de la 1226
Bastor et Saint-Robert SCEA de 293, 348
Bataillard Père et Fils 124, 130
Bataille EARL 865
Batard Jérémie 990
Batlle Nicolas 783, 793, 805, 809, 814
Battiston Armand 162
Bauchet SAS 545
Baud Clémentine et Bastien 638
Baudet Bruno 276
Baudet Jean-Michel 179, 185
Baudin Famille 184
Baudin Patrice 545
Baudoin 545
Baudry 545
Baudry-Dutour 1060
Baumann Famille 967, 972
Baume Dom. de la 700
Baur A. L. 39, 43
Baur EARL Jean-Louis 33, 58
Baurens Famille 970
Bauser SCEV 546
Bautou Brice 696
Bayle-Carreau Vignobles 181
Baylet Vignobles 168, 273
Bayon de Noyer 1140, 1154
Bayon Chloé 526
Bazantay Sylvain et Florence 1003, 1014, 1022
Bazin Marie 276
Bazin Yves 399
Béates Les 844
Beaucaire Cave coopérative de 1241
Beaufort Herbert 546
Beaufort SCEA Ch. de 722
Beaugrand 546
Beaulieu SCEA 1030
Beaumel Ch. de 859
Beaumet 1196
Beaumont Brice 1214
Beaumont SCE Ch. 312
Beaumont Thierry 407, 418
Beaupré EARL Ch. de 845
Beauregard SCEA Ch. 203
Beauregard SCEV 578
Beauvillain de Monpezat Benoît 905
Beblenheim Cave de 43, 83
Becht Frédéric 52, 84
Becht SCEA Bernard 83
Beck – Dom. du Rempart 67
Beck et Fils Francis 58
Beck Tom 1248
Becker GAEC Jean-Philippe et Jean-François 43, 52
Becker SAS Jean 67, 84
Bécot Famille 226
Bécot Juliette 268
Bedel Jean-Pierre 1131, 1238
Bédicheau SCEA 295
Bedrenne Monique 258
Beerens Anne-Laure 546
Beheïty Pierre-Michel 953
Bel-Air EARL Ch. 254
Belcier SCA Ch. de 266
Belin Olivier 546
Belland Dom. Roger 479-480
Bellanger Frédéric 153, 160, 274
Bellavista Dom. 769, 811
Belle Philippe 1173, 1178
Bellefont-Belcier Ch. 226
Bellegrave Ch. 330
Bellerive SARL Ch. 1019
Bellet Ch. de 842
Bellet Olivier 705
Belleville 1092
Belleville Dom. 498, 501
Bellevue la Forêt SCEA Ch. 923
Bellier Pascal 1077
Bellini Dom. 849

Belloc Jean-Noël 287
Bellot Frédéric 158
Belot Lionel 733
Benassis 772, 801, 813
Bénazeth Frank 723
Benedetti 1132, 1208, 1244
Bennes EARL 920
Benoist de Gentissart Cyril de 1115
Benoist Vianney et Laure 835
Benoit et Fils Paul 634
Benoit Denis 634
Benoit Patrice 1067
Benz Dominik 970
Bérard-Meuret Bénédicte 607
Béraut Martin et Mathieu 975
Bercail Dom. le 859
Berdoulet Patrick 951
Bérenger Famille 906
Béréziat Christian 105
Béréziat SCEA Jean-Jacques 100
Bergasse Arnaud et Nicolas 739, 754
Berger Frères 1068
Bergère 547
Bergeret et Fille Christian 480, 484, 486
Bergerie du Capucin SAS 707
Bergeron Cédric 179
Bergeron Jean-François et Pierre 117, 130
Bergeron Jean-Michel 183
Bergeronneau 547
Berger-Rive Dom. 436, 500
Berjal Julien 228
Berlinger Catherine et Thomas 194
Berna Caves 1248
Bernadotte Ch. 312
Bernard et Fils SCEA A. 1198, 1203
Bernard Chantal et Jean-Pierre 648
Bernard Dom. Guy 1163
Bernard Élizabeth et Philippe 1203
Bernard Germain 358, 362
Bernard Louis 1197, 1228
Bernard Magali 361
Bernard Michel 289, 350
Bernard Olivier 155
Bernard René et Béatrice 653, 657
Bernard Vincent 171
Bernard Yvan 1087
Bernardi Jean-Laurent de 896
Bernard-Massard SA Caves 1249, 1252
Bernède Philippe 909
Bernès EARL dou 951
Bernhard et Reibel Dom. 34
Bernhard Dom. Jean-Marc 70
Béroujon David 102, 106
Berrod Dom. 115
Berrouet Jean-François 219
Bersan Jean-François et Pierre-Louis 360, 398
Bersan SCEA Jean-Louis et Jean-Christophe 361, 395, 398
Bertagna Dom. 423, 445
Berta-Maillol Dom. 795, 818
Bertau 970
Berteau et Vincent Mabille GAEC Pascal 1069
Berthaut-Gerbet Dom. 404
Berthelemot Brigitte 454, 457, 472, 476, 480
Berthelot Eddy 547
Berthenet Dom. 509
Berthet-Bondet Jean 636, 639
Berthier Clément et Florian 1085, 1109
Berthier Pascal 130, 513
Berthomieu Joël 738
Berticot 948
Bertin 165, 258, 864, 879
Bertin Michel 998
Bertins Dom. les 949
Berton Nathalie 1075
Bertrand et Fils SARL 824
Bertrand EARL Vignobles 826
Bertrand Gérard 676, 680, 691, 707, 732, 746, 755, 779
Bertrand Jean-Pierre 1139, 1192
Bertrand Jérôme 681
Bertrand Pierre 547
Bertrand Roger 671
Bertrand SAS Paul 907
Bertrand SCEA 214
Besard Thierry 1038, 1045
Besnard Thierry 992
Besombes de 786
Bessac-Bordune SCEA 1231
Besserat de Bellefon 547
Bessette EARL André 175
Bessières 912
Bessières Guillaume 911
Bessineau SAS des Vignobles 263
Besson 378, 384, 392
Besson Dom. Xavier et Guillemette 506
Bessone Jean-Marc 118
Bessou Vignobles Sylvie et Bertrand 257
Bestheim 165
Bestheim-Cave de Bennwihr 70
Betemps Philippe 646
Beuque Candice 875
Beychevelle SC Ch. 312, 339
Beynat SCEA Ch. 150, 221
Beyney SCA 229
Bézios Jérôme 918
Bianchetti Jacques 889
Bich Famille 235
Bichot Grégoire 451, 454
Bidault Anne et Sébastien 418
Bideau Giraud SCEA 994
Bideau Père et Fils EARL des Vignobles 185
Biecher SA Vins 70
Bienfait David 523
Bilancini Claudie et Bruno 936
Bile Brigitte 782
Bilhac 686
Billard Arnaud 567
Billard Jérôme 433
Billaud Samuel 379, 384
Billaud-Simon Dom. 379, 392
Billonneau Frédéric 828
Biotteau SCEA 986, 1012
Birac Christian 279
Bireaud Vincent 950
Birot by New Century 154
Birot Dominique 990
Birot Pierre 184
Biston-Brillette EARL Ch. 327
Bitouzet-Prieur 462
Bizet Thibault 1108
Bladinières Arnaud 911
Blanc Daniel 1147, 1243
Blanc Didier 1225
Blanc SCEA du Ch. Jacques 227
Blanc SCEV Émile 519
Blancard Philippe 877
Blanchard Famille 948
Blanchet 1095, 1100
Blanchet EARL Francis 1096
Blancheton Patrick 950
Blanck et ses Fils André 43
Blanc-Marès Nathalie 1220
Blanco Raphaël 123
Blanquefort Lycée Viticole de 314
Blanville Chais de 766
Blanzac EARL Ch. 266
Blayac Stéphane 723
Bleesz Christophe 52
Bléger François 43
Blés d'Or GAEC des 551
Bliard-Moriset SCEV 548
Blin H. 548
Blin Maxime 548
Blondins Vignoble des 1089
Blot Freddy 1069
Boatas Gentil EARL 548
Boc'Angeli SCEA 896
Boccard Daniel 656
Boch Charles 38
Bochet Jacky 548
Bocquillon Christophe 162
Bodillard Renaud 119
Bodineau 998
Bodineau Frédéric 1001, 1021
Bodineau Philippe 991
Boeckel Dom. 58
Boehler René 52
Boesch Dom. Léon 59
Bohrmann SCEA Dom. 469
Boillot Dom. Albert 457
Boireau-Persan SCEA 287
Boiron EARL Maurice et Nicolas 1208
Bois Sylvain 656-657
Bois-Perron GAEC du 1121

PRODUCTEURS

Boisse Philippe de la 664
Boissenot Éric 327
Boisset Jean-Charles 372
Boisset Jean-Claude 402, 418, 423, 428, 458, 487, 491
Boisset La Famille des Grands Vins 1150, 1208, 1227
Boisson Émilie 1212
Boissonneau 161, 929
Boivert Vincent 306
Boizel 548
Bompard Éric 849
Bon Pasteur SAS le 204, 214
Bon SCEA Vignobles 348
Bonetto-Fabrol Dom. 1186
Bonfils SCEA Olivier 701
Bonfils SCEA Vignobles Jean-Michel 674, 761
Bonhomme Dom. André 521
Bonhomme Muriel 215
Bonhomme Pascal 521
Bonhoure Didier 924
Bonjean Stéphane 1087
Bonnaire Jean-Étienne 549
Bonnaire Marie-Thérèse 557
Bonnard SCEA 1097
Bonnardot Ludovic et Émilien 491
Bonnaud Ch. Henri 885
Bonnaud SCEA Guy 825
Bonneau et Fils SCEA 344
Bonneau Anthony et Cédric 1029
Bonneau Julien 828
Bonnefis 176
Bonnefoy Gilles 1091, 1121
Bonnet and Co SARL 549
Bonnet Adeline et Pascal 598
Bonnet Cyril 549
Bonnet Damien 916
Bonnet Dom. Gilbert 928
Bonnet Éric 1132
Bonnet Guilhem 703
Bonnet-Huteau 991
Bonnie A. A. 297, 300
Bonnieux SCA Vinicole de 1230, 1233
Bonnigal et Stéphane Bodet Jean-Baptiste 986, 1044
Bonnin EARL S. et J.-C. 1001, 1009, 1013, 1121
Bonnin Philippe 254
Bonserine Dom. de 1163, 1166
Bontoux Nicolas 843
Bonville Caroline 783, 809, 814
Bonville SAS Franck 549
Borda SCEA Alain et Philippe 680
Borde SCEA de la 378, 395
Bordeaux Sciences Agro 299
Bordenave et Fils EARL 179, 183
Bordenave Gisèle 960
Bordenave-Coustarret 962
Bordeneuve-Entras EARL 968
Borderie 935
Borderie EARL Vignobles 167
Borderies Jean et Jérôme 915
Bordes Paul 317
Boret SCEA 1020
Borgers Christine 932
Borgnat Jean-Charles 1101
Borie Vignobles 932
Boris Dom. Pierre 666
Bormettes Dom. des 859
Borras-Gauch Famille 698, 762
Bort Dom. 687
Bortoli Patrice de 171, 317
Bortolussi Alain 954, 957
Bortolussi Claire et Marion 952, 955
Bos Thierry 281
Boscary Jacques 713
Boscq - Vignobles Dourthe Ch. le 336
Bosredon Laurent de 938, 941
Bossard Jean-Louis 990
Bosviel Pierre 345
Bott Frères Dom. 70
Bouachon 1141, 1208
Bouard Fabrice et Carine 480
Boucant-Thiéry 549
Bouchard Père et Fils Maison 361, 407, 448, 458
Bouchard EARL Dominique 371
Bouchard SAS Pascal 370, 396
Bouchard-Guy 676
Bouchaud Laurent 991
Bouche Ch. 1150
Bouché Nicolas 549
Boucher 1042
Boucher Christophe et Brigitte 994
Boucher Gwenaële 893
Boucher Ludovic 1049, 1055
Bouchon EARL Vignoble Florian 165
Boudal-Bénézech Marie-Geneviève 679
Boudau Véronique et Pierre 769, 780, 803, 811
Boudeau Nicolas 107
Boudier Jean-Baptiste 442
Boudier Jérôme et Myriam 1198
Boudon Vignoble 163, 176
Boudre EARL du 1225
Bouey Vignobles et Châteaux Famille 317
Bougues Cédric et Amélie 930
Bouhélier Sylvain 372
Bouillac Jean-Pierre 183
Bouillot Maison Louis 372
Boulachin-Chaput 550
Boulard-Bauquaire 550
Bouldy Jean-Marie 204
Boule et Fils Vignobles 825
Bouleau 985, 988
Bouley Pierrick 462
Boulogne-Diouy 550
Boulon EARL 119
Boulon Marc 1230
Bouquerries GAEC des 1060
Bour Domaines 1187
Bourbon Jean-Luc 96
Bourdel 673
Bourdelat EARL Albert 550
Bourdicotte et Grand Ferrand SCEA Ch. 163
Bourdier EARL Alain 824
Bourdin EARL Henri 1049, 1055
Bourdon EARL François et Sylvie 513, 523, 530
Bourdoux Nicolas 1034
Bourgeois Christophe et Virginie 189
Bourgeois SARL Dom. Henri 1096, 1108
Bourgeois-Boulonnais 550
Bourgeon EARL René 506
Bourgogne de Vigne en Verre 520
Bourgogne Luc et Fabrice 433
Bourlon-Destouet SCEA 263
Bourotte SAS Pierre 218, 255
Bourreau Olivier 287
Bourrel 726
Bourrel Baptiste 801, 809, 814
Bourrier Séverine et Philippe 775, 815
Bourrigaud et Fils 227
Boursault Ch. de 551
Bouscaut SAS Ch. 295
Bousquet Christophe 712
Bousquet EARL Frédéric 669, 675
Bousquet Jean-Jacques 908
Bousquet Thierry 962
Boussey Éric 465, 472, 476, 487
Boussier Sylvain et Céline 1151
Bouteiller Philippe 1200, 1204
Boutet Saulnier EARL 1069
Bouthenet Jean-François 435, 491
Bouthenet-Clerc EARL 487, 491
Boutillez-Guer 551
Boutillez-Vignon G. 551
Boutin EARL Jean 1124
Boutin Florent 696, 744
Boutin Frédéric 1208
Boutinon EARL Vignobles 273
Bouton Gilles 480, 484
Bouvet Dom. G. et G. 652
Bouvier Régis 403, 415
Bouvier Richard 243
Bouyer SCEA des Domaines 229
Bouyssou Alexia 919
Bouyx EARL 284
Bouzereau Jean-Marie 463, 472
Bouzereau Marie-Anne et Marie-Laure 473, 480, 484
Bouzereau Vincent 463, 472
Bouzon-Petit Frédérike 146
Boyd-Cantenac SCE Ch. 321, 326
Boyer Catherine 291, 345
Boyer Fanny et François 1220
Boyer SCEA Jacques et Françoise 748
Branaire-Ducru Ch. 340

Brande SCEA de la 163
Brande-Bergère SCEA Ch. 163
Brando Jean-François 844
Branger 995
Braquessac EARL 335
Brassou 684
Brateau Dominique 551
Brault Famille 1012
Brault SCEA Patrice 1013
Brault Yves 1001
Braulterie Morisset SARL La 181
Braun Christophe 34
Braymand Christophe 98
Brazilier 1080
Breban Vins 873
Brechard Étienne de 473
Brédif Marc 1070
Brenot Christophe et Élodie 522
Brès Michel 1191
Bresse Dom. de la 780
Bression Sébastien 551
Brétaudeau Jean-Yves 1123
Breton Franck 1067
Breton Reynald 552
Brice 552
Briday Stéphane et Sandrine 498
Brillette SARL Ch. 328
Brintet Luc 501
Briolais et Fille Dominique 195, 309
Brisebarre Philippe 1070
Brisset Pierre 481
Brisson Jean-Claude 262
Brisson-Jonchère 552
Brissy SCEA 876
Brizi EARL Napoléon 896
Brobecker SCEA Vins 52, 59
Brocard 379
Brocard Maison Stéphane 362, 514
Brochard Hubert 1108
Brochard-Cahier EARL 307
Brochet Frédéric 1125
Brochet Jacques 563
Brochet-Hervieux EARL 627
Brocourt Philippe 1061
Brondel EARL 98
Bronzo SCEA 833
Broquin SCEA Vignoble 244
Brosseau et Éric Vincent Denis 993
Brotte 1133, 1157, 1195, 1208
Brouette-Jaillance 177
Brouillat Marie-Alyette 671
Brousteras SCF Ch. des 304
Broutet Frédéric 928
Brown Ch. 295
Brugnon Alain 552
Bruguière Xavier 695, 709
Brulhois Les Vignerons du 926
Brulière Philippe 858
Brun Christophe 739
Brun EARL Charles 340
Brun Édouard 552
Brun Jean-Marc 1190, 1195
Brun Olivier 315
Brun-Avril Marie-Lucile et Stephan 1207
Bruneau et Fils EARL YG 1055
Bruneau Gaëtan 1056
Bruneau Jean-Charles 1055
Bruneau Jérôme 1096
Bruneau Sylvain 1055
Brunel Père et Fils 1133, 1173, 1197, 1201, 1210
Brunet GAEC du Dom. de 705
Brunet-Charpentière EARL 930, 943
Brunot et Fils SCEA J.-B. 217, 247
Brusset SA Dom. 1133, 1195, 1197
Bryczek Christophe 407, 418
Buecher Paul 53, 84
Buffeteau Jean-Luc 167
Buis Hervé 132
Buisson Christophe 467, 469
Buisson Franck et Frédéric 469
Bulidon Pascal 552
Bulliat Loïc 119
Bunan Domaines 833, 860
Bunan Famille 852
Bungener Henri 1202
Burc Famille 912
Bureau Isabelle 823
Burel Pierre 855
Burghart-Spettel 34
Burgondie La Compagnie de 372
Burle Bernard 1203
Burle Florent et Damien 1134
Burliga 172
Burnichon Marie-Claude et Daniel 102
Burrus 920
Bursin Agathe 59, 70
Busi François 1243
Busin SCEV Jacques 552
Busquet Hubert 684
Busson et Fils Jean-Paul 993
Butin Philippe 637, 639
Butler SARL les Vignobles de 288
Buxy Vignerons de 501, 506, 509
Buzéa Georges-Constantin 90
Buzet Les Vignerons de 927
Byards Caveau des 637, 642

C

Cabane Jean-Pierre 744
Cabaret Luc 738
Cabarrouy Dom. de 961
Cabaudran EARL 860
Cabezac SCEA Ch. 723
Cabrol Marc 694, 714
Cachard Sophie 837
Cacheux et Fils Dom. René 418, 424
Cadart 1042
Cadiérenne SCV la 833, 860, 887
Cadoux Damien, Michel et Nicole 1078
Cady Dom. 1021
Cahors-Le Montat Lycée Viticole 914
Caïlbourdin Dom. A. 1096
Caillabère SCEA de la 959
Caillavel GAEC Ch. 931
Caille 873
Caillé EARL Thierry et Jean-Hervé 993
Cailleau EARL Pascal 1008, 1011
Caillet Benjamin et Armand 646
Cairanne Cave de 1134, 1150, 1195
Caire Richard 862
Caladroy SCEA Ch. de 769, 780, 799, 803, 811
Calce SCV les Vignerons du Ch. de 770, 804
Calendal Dom. 1150
Calix Olivier 713
Callet Bernard 1215
Callot Thierry 553
Calmel et Joseph 717, 756, 780
Calmon Jean-Noël 781
Calon Ségur Ch. 336
Calvel Jacques 717
Camarsac Société fermière Ch. de 163
Cambon la Pelouse Ch. 321
Cambriel 666
Camensac Ch. de 313
Camiat Romuald 553
Caminade Pierre 151
Caminade SCEA Ch. la 906
Camplong Les Vignerons de 667
Camu Christophe 379
Canard-Duchêne 553
Canon Pécresse Ch. 197
Cantaussels GFA dom. de 755
Cantemerle SC Ch. 313
Cantenac Brown Ch. 321
Cantié Vincent 791, 797
Cantin Benoît 396
Canto Perlic SCEA 916
Canuel Gérard et Catherine 224
Cany Bernard 211
Cap de Faugères Ch. 266
Cap de Fouste SCI Ch. 770, 799, 804
Capdemourlin Jacques 227
Capdepon 715
Capdet et Fils EARL 797, 802
Capdevielle Didier 961
Capimont Les Coteaux de 752
Capion Ch. 704
Capitain Pierre-François 438, 440, 445, 447
Capitoul Ch. 712
Capmartin Denis 954
Capmartin Famille 952
Capuano-Ferreri SARL 454, 458, 481, 487
Caramany Les Vignerons de 780, 811
Carayol Claude 661
Carbonne Lise 735
Carcenac Cédric 916

Carcès Hameau des Vignerons de 877
Cardetti Fabien 925
Cardon Chris 337
Carême Vincent 1070
Carichon Charles 1133, 1201
Carle Frédéric 770, 804
Carles SCEV Ch. de 201
Carles Vignobles 206, 231
Carod SAS Caves 1184
Caron M. et Mme Matthieu 714, 748
Carpe Diem Ch. 861
Carré Martial 435, 458, 470
Carreau Lionel 553
Carrel et Fils Dom. Eugène 647, 656
Carrère EARL Vignobles 259
Carrère Joëlle 936
Carrille Paul 197
Carron Denis 97
Carroy Dom. 1096
Carrubier SC du Dom. du 861
Cartaux Sébastien 642, 644
Cartereau Claude et Danielle 1066
Carteyron Patrick 150, 159, 172, 236
Cartier Laurent 647
Cartier Luc et Frédéri 840
Cartier Vincent 1039
Casa Blanca Dom. de la 795
Cascastel SCV Les Maîtres Vignerons de 669, 681, 765
Cascavel La Maison de 1150
Cases Henri 746
Casimir Éric 42, 76
Caslot-Pontonnier EARL 1049, 1055
Cassagnols SARL Dom. des 916
Cassignol Philippe 682
Cassot et Fille SCEA 907
Castagne Anne-Marie 777, 817
Castagnier Dom. 407, 413, 415, 417, 419, 421-422
Castaing Fabien 934, 942
Castan Guilhem 687
Castan Vianney 707
Castany et Pascal Dieunidou Jacques 771
Castany Joël 683, 804
Castéja Héritiers 330-331, 333
Castel Frères 139, 151, 169, 280, 289, 991, 1015
Castel Brigitte 733
Castel Famille Rémy 188
Castelas Les Vignerons du 1134, 1139, 1154
CastelBarry Cave coop. 687
Castellane De 553
Castelmaure SCV 667
Castenet EARL 149, 175
Castets René 955
Castille Ch. la 861
Castillon Jérôme 1221
Castor Jérémie et Raphaël 1146
Catarelli EARL Dom. de 896, 898
Cathala Bruno 733
Cathelineau Jean-Charles et Frédéric 1070
Cathiard AS 295
Cathiard Florence et Daniel 301-302
Catroux Philippe 1044
Cattier 553
Cattin Jacques 59, 84
Caubet Laurent 971
Causse Michel et Marcelle 709
Cauvard Dom. 454
Caux et Sauzens Ch. de 720
Cavaillé Laurent 648
Cavailles Didier 724
Cavalié SCEA 913, 978
Cavalier Ch. 861
Cavalier Jean-Benoît 694, 709
Cazade SCEA René et Philippe 144, 156
Cazaillan Secret Frères et Fils GAEC de 304
Cazalet Dom. 958
Cazalet Thibaut 795
Cazalis de Fondouce Guy 692
Cazals Delphine 554
Cazes (Ch. Villa Bel-Air) Domaines Jean-Michel 294
Cazes et Fils EARL 188
Cazes Famille Jean-Michel 333, 338
Cazes SAS 681
Cazes SCEA 770, 781, 804, 812
Cazes Sylvie 228
Cazin François 1078
Cazottes Brigitte et Alain 920
Cèdre Ch. du 906
Celene Bordeaux 176
Cellier aux Moines Dom. du 476, 481, 506
Cellier de la Sainte-Baume 853
Cellier de Marius Caïus Le 862
Cellier des Chartreux 750, 1134, 1218
Cellier des Demoiselles 667
Cellier des Gorges de l'Ardèche 1135, 1239
Cellier des Princes 1146, 1152, 1210
Cellier des Templiers 1135, 1186
Cellier du Beaujardin SCA 1041
Cellier Lou Bassaquet 871
Cellier Saint-Augustin 846, 885
Cellier Famille 1213
Celliers d'Orfée 667
Centre Vinicole Champagne 573
Cep d'or Dom. 1249
Cerciello-Simonini 843, 857
Cerf SARL 865
Cesbron Florian 1015
CGR (Ch. Grivière) Domaines 306
Chabanon Dom. Alain 688
Chabbert et Fils EARL André 677
Chabbert Gilles 731
Chabirand Christian 1122
Chablisienne La 379
Chabrier Fils SCFA Dom. 743, 747
Chabrier Ch. le 931
Chacun 307
Chadronnier Famille 271
Chainier Dominique 825
Chainier François 1071
Chaintres Dom. des 1108
Chaix 883
Chaize Dom. du Ch. de la 107
Chaland Jean-Marie 361, 513, 521
Chalmeau et Fils Edmond 361, 370
Chalmeau Christine, Élodie et Patrick 361
Chaloupin - Vignoble Belloc Héritiers 290
Chamayrac Philippe et Bernard 698, 712
Chamboureau SCEA Ch. de 1018
Chambret 245
Chamfort Thibaut 1147
Chamirey Ch. de 502
Chamoin Bruno 848
Champ des Murailles Dom. le 668
Champalou 1070
Champault Dom. Roger 1109
Champavigne GAEC 590
Champion Olivier 1066
Champion Pierre 1070
Champs de Thémis Les 496
Champteloup SCEA 1015-1016, 1023, 1031
Champy Maison 443
Changarnier SCEA Dom. 458, 465
Chanoine Frères 554
Chanrion Nicole 110
Chanson Père et Fils Dom. 442, 454, 521
Chantalouettes SCEA les 1096
Chantegrive Ch. 287
Chantovent SA 755
Chanzy Maison 424, 476, 496, 498, 502
Chapal et Ducasse 965
Chapelains SCEA Ch. des 278
Chapelle et Fils SCEA PH 440, 487
Chapelle Christophe de la 513
Chapelle CL de la 554
Chapelle Maison de la 396
Chaperon Jean-Yves 704
Chapoutier Sélection Mathilde 862
Chapoutier Michel 781, 1158, 1169, 1221
Chapuis 432, 435, 487
Chapuis Maurice 445, 447
Chaput Denis 554

Chaput Jacques 554
Charavin Didier 1190
Charbaut Xavier 555
Charbonnaud Benoît 494, 496
Charbonnier Christian 1061
Charbonnier Gaëlle 1039
Charbonnier Michel et Stéphane 1039
Chardard SCEA T. 911
Chardat Jacques et Sabrina 184
Chardigny 530
Chardin Père et Fils SCEA 555
Chardonnay Dom. du 384
Charier-Barillot SCEA 1029
Charlemagne Philippe 555
Charlemagne Robert 555
Charlet Jacques 120, 131
Charleux Vincent 487, 491
Charlopin Dom. Philippe 403, 407, 413, 417, 419, 421-422, 424
Charlopin Hervé 403
Charmensat EARL 1087
Charpentier 555, 1103
Charrier 349
Charrier Lucie et Michèle 953
Charrière Nicolas 739
Charton 502
Chartron SCEA Jean 476, 478
Chassagnoux Xavier 202
Chasse-Spleen SAS Ch. 328
Chasseuil Jérémy 207
Chassey Guy de 555
Chastan Dany 1202
Chatagnier Aurélien 1180
Château Alain 254
Châteaux Solidaires 187
Chatelain Vincent 1096
Chatelard SCEA Ch. du 97
Chatelet Richard 120
Chatelier Jean-Michel 276
Chatenet-Goujon 245
Chatet SARL 623
Chatillon Philippe 639
Chatonnet SCEV Vignobles 218, 221
Chaudron 556
Chauffray Marie et Frédéric 706
Chaumet-Rousseau EARL 180
Chaumont Stéphane 335
Chaumuzart 556
Chaussin Jocelyne 494, 497
Chaussy EARL Christine et Daniel 1156, 1211
Chauveau Benoît 1085, 1097
Chauveau EARL Gérard et David 1060
Chauvelin SCEA de 868
Chauvenet Dom. Jean 428
Chauvenet-Chopin 419, 428
Chauvet Clotilde et Nicolas 556
Chauvet Damien 556
Chauvin 1002
Chave Jean-Louis 1178
Chave Natacha 1168
Chave Yann 1173, 1178
Chavet 1092
Chavin Pierre 752, 756, 1244
Chavy Franck 107
Chavy Jean-Louis 477
Chaze de Vignérias – Mangin d'Ouince SCEV 1084
Chénas Cave du Ch. de 115
Chêne Cédric 513, 531
Chenevières Dom. des 361, 369, 514
Chenevotot Laurence 624
Chéré Étienne 556
Chéreau Bernard 991
Chermette Dominique 97
Cherrier et Fils Pierre 1109
Chesné Patrice et Anne-Sophie 993, 1123
Chesneau et Fils EARL 1076
Chetaille Gilbert 110
Chéty Isabelle et Christophe 179, 192
Cheurlin Alain 623
Cheval Blanc (Ch. Quinault l'Enclos) SC Ch. 248
Cheval Blanc SC du 159, 228
Cheval Quancard 142, 149, 151, 155, 187, 220, 273, 336
Chevalier 514
Chevalier Georges Les Vignerons du 688
Chevalier Père et Fils SCEA 432, 439
Chevalier Marlène et Nicolas 1174
Chevalier Nicolas 202
Chevalier Romain 986, 998
Chevallier Sylvie 933, 939
Chevassu-Fassenet Marie-Pierre 642
Chevauchet Didier 608
Chevillon-Chezeaux Dom. 424
Chevrier-Loriaud Corinne 178
Chevrot et Fils Dom. 491
Cheylan Père et Fils 848
Chezeaux SCEV Les 1094
Chirat Gilbert et Aurélien 1163
Choblet Hervé et Nicolas 997
Choix-Raoust Camille-Anaïs 893
Cholet Christian 473, 477
Chollet Cédric 1047
Chollet François 149, 159
Chollet Jean-Jacques 220
Chopin et Fils A. 419, 428, 432
Chopin Emmanuel 556
Chopin Raphaël 128
Chossart Jean-Luc 801, 819
Chouteau Xavier 1011
Chouvac Hervé et Claire 291, 347, 350
Chupin SCEA Dom. Émile 1021
Cinquin Guy et Chantal 503
Cioci SCEA des Vignobles 168
Cirotte Joël 1110
Ciry David 756
Citran Ch. 313
Clair Jean-Baptiste 484, 488
Clair Pascal 825
Clairefontaine SCEA 1136
Clairmont Cave de 1174
Clape SCEA 1180
Clauzel Laurent 240
Clavel Claire 1151
Clavel Pierre et Estelle 689
Claverie 242
Clavier Aude 1040
Cléebourg Cave vinicole de 41
Clément Fabien 557
Clément Isabelle et Pierre 1092
Clément Julien 115
Clément Pascal 448
Clerget Dom. Y. 463
Clipet Christophe 752
Clochemerle 102
Clos Bagatelle 741
Clos Dalmasso SCEA 230
Clos de l'Épinay Dom. du 1071
Clos de la Vicairie SCEA du 352
Clos de Paulilles SCEA 788
Clos del Rey 781
Clos des Rochers SARL Dom. 1249
Clos du Clocher SC 205
Clos du Moulin aux Moines SCEA 442, 470
Clos du Prieur 704
Clos Fourtet SCEA 229
Clos l'Église 205
Clos la Madeleine SA du 229
Clos La Selmonie 931
Clos Marsalette SCEA 296
Clos Saint-Martin SCEA 230
Clos Saint-Pierre SARL 861
Closel EARL les Vins Dom. du 1018
Club Marques SAS Le 969
Cluzel Vincent et Alexandre 1169
Cochard et Fils 1005, 1027
Coche Dom. de la 1123
Cocteaux Benoît 557
Codomié David 691
Cognard SCEA Estelle et Rodolphe 1050, 1056
Cogné EARL Vignoble 1123
Coirier Mathieu 999
Colbois Benjamin 370, 384
Colin Seguin Maison 362, 437, 510
Colin Dom. Bruno 481, 488
Colin Dom. Marc 477, 482, 484
Colin Richard et Romain 557
Colinot Dom. 396
Collard François 1222
Collard Pascal 591
Collardot Jacqueline 368
Collart-Dutilleul 198
Collas Jérôme 778, 787, 794, 817
Collery 557
Collet 557
Collet Élodie et Matthieu 771, 783, 792, 800, 808

Collet Romain 385, 392
Collevati et Bernard-Jacques Soudan Laurent 1059
Collin Hervé 558
Collin SCA Charles 558
Collin-Bourisset 96, 120
Collines du Bourdic SCA Les 756, 1225
Collioure Cave coop. de 789, 796
Collomb Valérie 1147, 1160
Collonge Thomas 125
Collot 737
Collotte Pascal 155, 165
Collovray et Terrier 515, 525, 532, 717, 719
Colmar Dom. viticole de la ville de 32, 59, 71
Colombé-le-Sec et Environs Sté coopérative vinicole de 557
Colonge et Fils Dom. André 116
Coltabards Dom. des 1109
Combaluzier Christophe 687
Combard Famille 865
Combe 1144
Combe des ducs GAEC 690
Combe Saint-Paul La 712
Côme Ch. de la 888
Combe Famille 1203
Combes 972
Comin 155, 175, 273
Comis Brigitte et Michel 278
Commanderie SAS Ch. la 205
Compagnie des vins d'autrefois La 360, 518
Compagnie médocaine des Grands Crus 164
Compagnie Vinicole de Bourgogne (Maison Chandesais 513
Comtadine Cave la 1228
Comte de Lauze Dom. 1209
Comtesse de Laussac SARL la 268
Condemine Thierry 118
Confrérie du Jurançon 966
Congrégation des Cisterciens 1241
Coninck De 279
Conseillans SCEA les 282
Constance et du Terrassous SCV les Vignobles de 775, 784, 807
Constant Alain 838
Constant Gérard 1189
Constantin Magali et Nicolas 1146
Conti SCEA De 936, 940
Copéret Bruno 116, 126
Copéret Cyril 116
Copéret Gilles 116
Copin-Cautel 558
Coppée 572
Coquard Olivier 97
Corbiac Durand de 945
Corbin SC Ch. 222, 230
Cordeliers Les 176
Cordeuil Erlande 559
Cordier 223
Cordier Dom. 514
Cordonnier SCEA François 328
Core Deborah et Peter 697, 754
Cormerais EARL Bruno, Marie-Françoise et Maxime 992
Cormerais Branger GAEC 1122
Corne-Loup Dom. 1215
Cornu et Fils Edmond 440, 445, 451
Cornut Alexis et Numa 757
Correns Les Vignerons de 863, 1242
Corsican - Groupe UVAL 900-901
Corsin et Sylvain Roussot Jerôme 118
Corsin Gilles et Jean-Jacques 514, 524, 531
Costamagna SNC BM 864, 888
Coste Damien 686
Coste Françoise et Vincent 690
Coste Olivier 749
Coste Patrice 753
Costières de Pomérols Cave les 686, 713
Cot Franck 186
Coteaux d'Aubenas Les Vignerons des 1237, 1239
Coteaux de Coiffy SCEA Les 627
Coteaux de Visan Cave les 1152
Coteaux du Pic Les 708
Coteaux du Rhône Cave les 1136, 1155, 1242-1243
Coteaux romanais Les Vignerons des 1042
Coteaux Valentin EARL les 620
Côtes d'Agly Les Vignerons des 782, 800, 806, 808
Cottat Éric 1110
Couamais SAS Jean-Paul 1071
Couderc et Fils Jacques 703
Coudray Dom. du 1101
Coudray-Montpensier SARL Ch. 1061
Coudroy SCEA Vignobles Michel 260
Couet Claire 1085, 1098
Couet Emmanuel 1085, 1097
Couillaud et Fils EARL 1125
Coulange Christelle 1136
Coulet Benjamin 690
Couleurs d'Aquitaine SAS 938, 940, 947, 979
Coulon et Fils EARL 828
Coulon et Fils SCEA Paul 1190, 1207
Couly Arnaud 1062
Couly Pierre et Bertrand 1061
Coume Del Mas 789, 795
Courbis Laurent et Dominique 1169, 1180
Courdurié Axelle et Pierre 232
Coureau EARL Vignobles 222
Courlet Vincent 653
Cournuaud Patrick de 198
Couronneau Ch. 278
Courrèges Wines 305
Courselle Famille 148, 150, 275
Coursodon 1169
Courtault Stéphanie Michelet et Jean-Claude 375
Courten William de 1208
Courtil 1209
Courtillier Fabrice 559
Courtillier Laurent 559
Courtinat Christophe 1106
Courtois Biancone Sophie 877
Courtoise SCA La 1227
Courty 382, 389
Courty Laurent 215
Coustal Anne-Marie et Roland 730
Coustheur-Bonnard 559
Cousy Sébastien 945
Coutelas Damien 559
Couturier Laure 1144, 1193, 1196
Couturier Marcel 524, 529
Couvreur EARL Alain 560
Couvreur Emmanuel 560
Crachereau SCEA Vignobles 345
Crampes 166
Crampilh Dom. du 955
Cransac SCEA Dom. de 924
Crau Cellier de la 861
Craveia Vincent 351
Craveris 883
Crémade Ch. 885
Crémat Ch. de 842
Crès Ricards SARL Dom. 705, 756
Crété Dominique 560
Crêts Dom. des 515
Cricket SAS 243
Cristia Dom. de 1210
Crocé-Spinelli Richard 880
Crochet Daniel 1110
Crochet EARL Dominique et Janine 1110
Crochet François 1110
Crochet Jean-Marc et Mathieu 1110
Croisard Christophe 1066
Croisille 907
Croix d'Armens EARL Ch. la 231
Croix de Gay SCEV Ch. la 206
Croix de Roche EARL la 164, 200
Croix Mulins EARL la 120
Croix Dom. de la 863
Croquet Jean-Louis 855, 883
Cros GAEC du 922
Cros Michel 749
Cros Pierre 725
Crostes H.-L. Ch. les 863
Crouseilles Cave de 952, 955, 959
Crouzet Frères 1142
Crozals de 727
Crozet EARL Gérard 102
Cruchandeau Julien 401, 497

Crucifix Sébastien 560
Crus Faugères Les 679
Cruse Thibault 245
Cubells 1207
Cuchet François 560
Cuer Christophe 1149
Cuilleron Yves 1166, 1170, 1174, 1180, 1183
Cuilleron-Gaillard-Villard 1165, 1168, 1173, 1177, 1182-1183
Cundall 849
Cunty Véronique 1198
Cuperly 560
Curnière Dom. de la 850
Curveux 515, 524
Cuscusa 1209
Cuvelier Domaines 337
Cuvelier Philippe 329

D

Dabadie Pierre 953, 956
Dagueneau et Filles Serge 1097
Dagueneau Jean-Claude 1095
Daheron EARL Pierre 1123
Dalle Famille 750, 1221
Dalmasso Famille 842
Damais Laurent 691
Damoy Dom. Pierre 362, 403
Dampierre SAS Comtes de 558
Dampt Daniel 385
Dampt Dom. Vincent 380, 385
Dampt EARL Éric 362
Dampt Vignoble 375, 380, 385, 392
Danglas Annick 728
Daniel Laurent 1132, 1149, 1244
Daniel Patrick 1186
Danjean 507
Dansault Gabriède et Régis 1067
Dantin Sébastien 939
Dardé 706, 1222
Daridan Benoît 1077, 1123
Darnaud EARL Emmanuel 1170, 1174
Darragon Maison 1072
Darriet SC J. 291
Dartiguenave SCEA 309
Dassault Sté d'exploitation des vignobles 233, 235
Dauba Sandrine et Xavier 348
Dauby Mère et Fille 561
Daulhiac Thierry 940
Daulny Étienne 1111
Dauphine Ch. de la 200
Daurat-Fort SCEA R. 683
Dauriac SC 233
Dauvergne 561
Dauvergne Vincent 545
Dauvergne Ranvier 1137, 1153, 1163, 1228, 1233
Dauvissat Agnès et Didier 376
Dauvissat Caves Jean et Sébastien 393
Dauvissat Fabien 385
Daux Vincent 497-498
Dauzac Ch. 314, 322
Davanture Dom. 495, 507
Davault Christophe 1039
Davenne Clotilde 396, 398
Daviaux Sébastien 561
Davico 882
David Garbes Vignobles 344
David Alain 561
David Guy 349
David SCEV 978
David Vignobles Hervé 282
Davin et Laurent Bastard Éric 846
Davin Henry 1157
Davy André 1025, 1027
DCOC EARL 143
De Franssu Xavier et Violaine 737
De Salvo Robert 833
Debavelaere 500
Debord Clémence et Clément 919
Decelle Olivier 306
Dèche Laurence 969, 975
Decoster Magali et Thibaut 229
Decrenisse Franck 132
Dedieu-Benoît EARL 314
Defaix Dom. Bernard 385
Deffarge Danger EARL 934, 943-944
Dega SCEA des Vignobles 908
Degache Nicolas et Mickaël 1163
Degoul Michèle 1215
Deheurles 561
Deheurles Benoît 562
Déhu Père et Fils 562
Delabarre Christiane 562
Delabaye et Fils SCE Maurice 562
Delacour Vignobles 216, 231
Delafont Samuel 719
Delagarde Valérie et Vincent 564
Delaille Emmanuel 1078
Delalande Fabrice 1065
Delalande Patrick 1064
Delalay Jean-François 1062
Delaleu Alain 1071
Delamotte 563
Delanoue Jérôme 1050
Delanoue Jocelyne 1056
Delanoue Frères EARL 1052, 1058
Delaporte Matthieu 1111
Delarue 1053, 1058
Delarue Stefan 147
Delas Frères 1175, 1179
Delaude Sophie 722
Delaunay Dom. 986
Delaunay EARL Fabrice 1042
Delaunay François 1051, 1057
Delaunay Thierry 1040
Delaunois Étienne 563
Delay EARL Frédéric et Lucile 1227
Dell'Ova Frères GAEC 682
Delmas 716, 749
Delmouly 911
Delon et Fils SCEA Guy 339
Delong Marlène 563
Delong SCEA Vignobles 149, 281
Delorme 1143, 1217
Delorme André 502
Delorme Jean-Jacques 1156
Delouvin Bertrand 563
Delpech 685
Delsuc Gilles 1236, 1241
Demangeot Maryline et Jean-Luc 435, 488, 492
Demazet Vignobles 1137, 1158, 1228, 1242
Demel Murielle et Johann 194
Demière 564
Demière Serge 564
Demilly de Baere 564
Demilly SAS A. 601
Demois EARL 1062
Demoiselles SCEA les 222
Demonpère SAS Ch. 864
Demont Samuel 1051
Deneufbourg Valérie 1079
Denis Père et Fils Dom. 442, 448, 452
Denise Compagne 751
Denizot Christophe 366, 497, 510
Denuziller Dom. Gilles et Joël 532
Depardon Olivier 127
Depiesse Sylvain 492
Déprés David 369, 506
Deregard-Massing SAS 600
Derenoncourt SCEA Stéphane 265
Derey Pierre 404
Deriaux Famille 644
Dericbourg 564
Dérot François 564
Dérouillat Luc 565
Derrieux et Fils GAEC Pierre 917
Derroja Claude 724
Désautez et Fils EARL 565
Desbourdes EARL Francis et Françoise 1060
Desbourdes Renaud 1063
Deschamps Sébastien 465
Descombe Vins 105, 119
Descotes Régis 133
Désertaux-Ferrand Dom. 363, 370, 432
Desfontaine 494, 502, 510
Desfossés Georges et Guy 992
Deshayes EARL Pierre 104
Deshors Pierre 1088, 1121
Desloges Maryline et François 1039, 1046
Desmeure Cave 1172, 1176, 1179, 1181
Désormière Dom. 1089
Désoucherie Dom. de la 1079
Despagne Franck 258
Despagne François 239
Despagne Nathalie 212

PRODUCTEURS

Despagne Vignobles 139, 156, 275
Desperrier EARL Dom. 125
Desprat Saint-Verny 1087, 1121
Després EARL Georges 98, 103
Desroches et Stéphanie Saumaize Pierre 523
Desroches Pascal 1104
Dessèvre Vignoble 1014
Desvignes 507
Deswarte Aurore et Nicolas 288
Dethune 1104
Déthune EARL Paul 565
Deutz 565
Deux Pierre SAS les 1087
Deux Terres Vignoble des 691, 752, 757
Devaux 566
Devay Florence et Jean-Gabriel 100
Devichi Marie-Françoise 897
Devictor Olivier et Rémy 881
Devictor Jérôme, Pascal et Céline 836
Devillers et Fils Jacques 566
Devilliers Pascal 566
Dezat et Fils André 1111
Dezat Aurore 1111
Dézé Jean-Yves 1031
Dhommé Xavier 1022
Dhoye-Déruet Catherine 1072
Di Placido SCEA 851
Diconne Christophe 467
Dideron Pierre 1221
Die Jaillance La Cave de 1184-1185
Dief Françoise et Stéphane 305
Dietrich Michel 157
Dignac 209
Dillon Dom. Clarence 300
Dîme SCEA de la 1049
Dirrig Rémy 657
Dischler Dom. André 84
Dissaux Jean-Claude 566
Dittière Dom. 983, 1012, 1017
Dock et Fils EARL Paul 39, 43
Doermann Franck et Nicole 280
Dom Brial Vignobles 782, 800, 812
Dom Caudron 567
Dom Perignon 567
Domi Pierre 567
Dominique Ch. la 233
Donze Lucie et Stéphane 181, 192
Donzel Vincent 103
Dop Alain 183
Dopff Famille 71
Dopff et Irion 63
Dor 888
Dormegnies Thomas 1123
Dorneau Vignobles 200
Dornier 770, 792, 808, 812
Doublet Bernard et Dominique 293
Doucet Patrick 1111
Doudet-Naudin 443, 449, 492, 497
Doué Didier 568
Dourdon-Vieillard 568
Dourthe 151, 155, 172
Dourthe (Ch. Belgrave) Vignobles 312
Dourthe (Ch. Rahoul) Vignobles 292
Dourthe (Ch. Reysson) Vignobles 318
Doussau Yves 951, 954
Dousseau EARL 954, 956
Doussoux-Baillif SCEA 825
Dower Famille 189
Doyard-Mahé 568, 627
Doyenné SCEA du 282
Dragon Hélène 870
Drappier 568
Driant Jacques et David 568
Droin Jean-Paul et Benoît 386, 393
Drouard 990, 998
Drouet Frères 995
Drouet Patrick 826
Drouhin Maison Joseph 429, 455, 515, 530
Drouhin-Laroze Dom. 405, 407, 412, 415, 421
Drouin Xavier 525
Drussé Nathalie et David 1056
Dubard Famille 216
Dubard Serge et Betty 945
Dubard Vignobles 933
Dubœuf Les Vins Georges 103, 528
Dubois d'Orgeval Dom. 440, 449, 457
Dubois et Fils Dom. R. 429, 432
Dubois et Fils Vignobles 180
Dubois Bertrand 858
Dubois Christelle 1034
Dubois David 216
Dubois Dominique, Jean-Pierre et Romain 1141, 1155, 1216
Dubois Hervé 569
Dubois Jacques 449
Dubois Michel 208
Dubois Mickaël 1050
Dubois SCEA Jean-Claude et Michelle 210
Duboscq et Fils 337
Duboscq René-Philippe 306
Dubost SARL Laurent 209
Dubourdieu EARL Domaines Denis 160, 288, 347
Dubourg Vincent 293
Dubreuil 1040
Dubreuil Arnaud 449
Dubreuil Vignobles Jean-Pierre 255
Dubreuil-Fontaine Dom. P. 443
Dubrulle Baptiste et Clémence 499
Dubuet-Monthelie Dom. 465
Duc GAEC des 131
Ducau Vignobles 293, 347
Duchemin Éric 438
Duclaux 1166
Ducourt Vignobles 147, 152, 156, 272
Ducquerie Dom. de la 987, 1022
Ducroux Jean-Pierre 121, 128
Ducruix Jean-Luc 112
Ducs d'Aquitaine SCEA les 173
Dudon SARL 142, 155, 283
Dufau 953
Duffau Dom. 916
Duffau Joël 138, 170
Duffau SC Vignobles Éric 139
Duffour Nicolas 969
Dufouleur Dom. Guy et Yvan 401, 458
Dufouleur Laurent 360, 411, 505
Dufour Père et Fils Dom. 107
Dufour EARL 351
Dufour Patrick 102, 120
Dufourg Alain 142
Dugois Philippe 634
Dugoua Vignobles 289
Duhart-Milon Ch. 331
Duhr Dom. Mme Aly 1250
Dujardin Hélène 1062
Dujardin Ulrich 465, 470
Dulon 166, 242
Dumaco SAS 745
Dumangin Fils 627
Dumarcher Claude 1237
Dumont et Fils R. 569
Dumont Benoît 656
Dumont Daniel 569
Dumont Maison Lou 363, 408
Dumont, Dorland et Clauzel 189
Dumontet Guillaume 103, 111
Dumoutier Jean-Luc 838
Dumoux Anny 531
Dunoyer de Segonzac Ph. 569
Duntze G. F. 570
Dupa 306
Duplessy SC Ch. 282
Dupond Philippe 108, 121, 132
Dupond Pierre 1145
Dupont Delphine 363
Dupont-Fahn 467, 473, 477
Dupont-Fahn Michel 473
Dupré et Fils SAS 1237, 1239
Dupret Famille 1224
Dupré-Verger EARL 111
Dupuch Stéphane 274, 284
Dupuis EARL 1053
Dupuy 953, 955
Dupuy de Lôme Dom. 836
Dupuy Antoine et Vincent 1047
Dupuy Famille 191
Dupuy Gérard 263
Durancole SCA La 845
Durand Éric et Joël 1170, 1180, 1183
Durand Helen 1194, 1196

Durand Hélène et Amélie 165, 288
Durand Loïc 435, 452
Durand Sabine et Olivier 702
Durdilly Guillaume 98
Durdilly Pierre 98, 125
Durdon-Bouval 570
Duret 991
Durette SCEA Ch. de 128
Duroussay 514, 531
Durousseau Thierry 316, 323
Durup Père et Fils SA Jean 376, 386
Duthel David 108, 112, 123
Duval Voisin Dom. 1050
Duval-Leroy 570
Duveau Frères SCEA 1030, 1035
Duveau-Coulon Fils GAEC 1054
Duvernay Père et Fils GFA 498
Dyjak 559

E

Eakin Andrew 186
Eblin-Fuchs 60, 71
Ecklé et Fils SCEA Jean-Paul 71
École Dom. de l' 35
Eden Robert 732
Edmundson Remus Wines 234
Edre Dom. de l' 782
Églisette SCEA de l' 691, 705
Ehrhart Henri 44, 60
Ellevin Alexandre 386
Ellner 570, 752
Eloy Jean-Yves 532
Émile Philippe 268
En Ségur Dom. d' 978
Enchanteurs Dom. des 1238
Enclos SCEA Ch. l' 165, 278
Engarran SCEA du Ch. de l' 691
Engel Fernand 44, 63, 66
Éole Dom. d' 846
Épine SCEA Ch. l' 234
Erard-Salmon 571
Érésué Patrick 270
Erésué Stéphane 259
Ermel 71
Escande Michel 731
Eschard Benoît 503
Escher et Thomas 1072
Esclarmonde Gaëtan et Luc 682
Escoffier 440
Escot Ch. 305
Escure SCEA Héritiers 240
Espagnet d' 877
Esparron Ch. l' 864
Esparrou Ch. l' 771
Estabel L' 665, 692
Estager Charles 210, 217, 261
Estager Vignobles J.-P. 204, 217
Estandon Vignerons 850, 865
Esteban 753
Esterlin 571
Esteve Jérôme 671
Estoueigt Jérémy 964
Estrade Rémy et Éric 975
Etchegaray-Mallard 1031
Étienne Christian 571
Étienne Daniel 571
Étienne Pascal 571
Étienne Véronique 735
Étoile SCV L' 789, 796, 798
Étournet SCEA du dom. de l' 131
Eugénie Ch. 908, 977
Eugénie-les-Bains Cie hôtelière et fermière d' 958, 979
Évêché Dom. de l' 805, 812
Evesque Loïc 744
Eymas Rémy et Jacques 190
Eymas et Fils EARL Vignobles 186
Eynard-Sudre EARL 189
Eyran SCEA Ch. d' 138

F

Fabbro 909, 977
Fabre 684, 725, 806
Fabre Adrien 1153
Fabre EARL Vignobles 1213
Fabre Éric 711
Fabre Famille 1145, 1159
Fabre Louis 668, 758
Fabre Michel 732
Fabre Nathalie et Patrick 1140
Fabre Pierre 978
Fabre-Bartalli 862
Fabre - GFV Saint-Vincent Domaines 321
Fabre-Grimaldi Famille 857
Fabre et Rouveyrolles 745, 763
Fabrègue Pierre-Henri de la 777, 785, 802, 806, 816
Face B 813
Fadat Sylvain 686
Fagard Vignobles 151, 164, 256
Fagot Jean-Charles 499
Fahrer Jean-Yves 44, 53
Fahrer Thierry 39, 53
Fahrer-Ackermann Dom. 35
Faisant Charles 782
Faîtières Les 47
Faiveley Famille 412-413, 429, 445, 447, 455, 503
Faller et Fils Robert 71
Faller Luc 39
Falloux 1030
Falxa Vignobles 177
Faniel Mathieu 572
Faniel-Filaine Maison 572
Faramond Hubert de 917
Faravel Gilles et Thierry 1205
Fardeau SCEA 1022
Farge Laurence et Géraud de la 1093
Farjon 1137, 1244
Fasy SARL 949
Faugères SARL Ch. 234
Fauque EARL 1146, 1204
Faure Cédric 926
Faure SCEA Vignobles 148
Faure-Barraud GFA 237
Favier SCEA Anna et Jacques 202
Favre Gérald 524
Fayat Vignobles Clément 207, 314
Fayet Florian 924
Fayolle Pascal et Nadia 1148, 1175
Fazembat Benoît 144
Félix Dom. 363, 398
Félix-Navarro 648
Feneuil-Pointillart 572
Férat Pierre-Yves 572
Féraud Frédéric 857
Feraudy Hugues de 1205
Ferec-Jouve SAS 837
Ferme GFA de la 224
Ferme blanche Dom. de la 843
Ferrages Ch. des 865
Ferran 1137, 1153, 1191, 1195
Ferran SCEA Ch. 297
Ferrand Lartigue Ch. 235
Ferrand Nadine 525
Ferrand Nicolas 648
Ferrandière Vignobles de la 757
Ferrando Isabel 1213
Ferrari James et Nicolas 397
Ferraton Père et Fils 1145, 1170, 1175
Ferraud et Fils P. 121, 360, 532
Ferreira-Campos 499
Ferrer-Ribière Dom. 771, 782, 813
Ferret Dominique 973
Ferté Dom. de la 507
Ferté SCEV du Ch de la 1104
Féry et Fils Dom. Jean 443, 449, 473, 477, 482
Fesles Ch. de 1003, 1014, 1016
Fessy Les Vins Henry 116, 129
Feuillade Samuel et Vincent 698
Feuillat-Juillot Françoise 510
Fèvre Dom. Nathalie et Gilles 386, 393
Fèvre Dom. William 376, 380
Fèvre et Évelyne Penot Stéphane 573
Fezas Famille 967, 972
Fichet Dom. 373, 515
Fief Noir Le 1003
Figeat André 1097
Figuières Ch. de 757
Fil Benoît 849
Fil Pierre et Jérôme 726
Filhol Gilles et Dominique 909
Filhot SCEA du Ch. 349
Filippi-Gillet SCEA 142
Fille André 866
Filliatreau Paul et Frederik 1030, 1034
Filliatreau Robert 179
Fillon 370, 377
Fillon Sébastien 705
Filolie Arnaud de la 243
Fiumicicoli Dom. 892
Flacher Gilles 1166, 1170
Flavigny-Alésia SCEA Vignoble de 534

Flesch Jean-Luc 35
Fleur Cardinale SCEA Ch. 236
Fleurance Olivier et Pascal 1124
Fleurance Stéphane 996
Fleuret Jérôme 826
Fleurie Cave des Producteurs de 116
Fleurot Nicolas 482
Flines Dom. de 983, 1014
Florance EARL Jean-Pierre et Éric 996
Florensac Les Vignerons de 758
Florent Marie-Christine 696
Florisoone Albéric 238
Flotis SCEA Dom. de 924
Floutier 758
Fluteau Thierry 573
Follet-Ramillon SCEV 573
Fompérier Vignobles 222, 241
Foncalieu Les Vignobles 668, 746
Fonné Michel 72
Fonsalade SARL Ch. 735
Font des Pères Dom. de la 836, 887
Fonta Éric 290
Fontainebleau International SNC 866
Fontan Vignobles 973
Fontanche SAS Ch. 735
Fontaneau Sébastien 308
Fontanel-Moyer Marion et Mickaël 682
Fontanille SCEA Thierry 672
Fontarèche Ch. 668
Fontenelles SCEA les 939
Fontenille Dom. de 1234
Fontenille SC Ch. de 155
Fontesole SCA La 699
Fontesteau SARL Ch. 315
Fonteyreaud SCEA Jean 177
Fontfroide Les Vins de 665
Fontvert Ch. 1234
Força Réal La Catalane SCA 784
Forcato et Fils GAEC 145
Forest-Marié SCEV 574
Forey Père et Fils Dom. 363, 415
Forgeau Joël et Florence 993
Forges Dom. des 1003, 1026
Forget Christian 574
Forget-Brimont 574
Forget-Chemin 574
Forgue Simon 963
Fornerot Jérôme 488
Fortant 866
Fortin Denis 655
Foucher Dom. Olivier 1111
Foucher Olivier 1093
Fouet EARL 1034
Fourcas Dupré Ch. 320
Fournel Émilien 688
Fournier EARL des Vignobles 154, 163
Fournier Père et Fils 1093, 1111
Fourrier Philippe 574
Fourtout David 937, 940
Fousseng Manuel 866
Fradon EARL 826
Fraiseau Viviane 1093
Fraisse Anne-Lise 711
Franc Couplet EARL Ch. 143, 164
Franc de Ferrière 278
Français 1145, 1159
Francart Philippe 574
France Ch. de 297
France SCA Ch. la 166
François-Brossolette 575
Frégate Dom. de 836
Frérot et Daniel Dyon Marie-Odile 516
Fresne Ch. du 1124
Fresneau EARL 1065-1066
Fresnet-Baudot 575
Freudenreich et Fils Joseph 36, 84
Freudenreich et Fils Robert 35
Freulon Éric et Clarisse 1023
Freyburger Christophe 72
Frey-Sohler 60, 85
Frézier Sébastien 628
Fritsch Pascal 44, 72
Fritz Dom. 44, 72
Fritz-Schmitt 41
Froehlich Michel 45
Froment Jacques 906
Froment-Griffon 575
Fromentin-Leclapart 575
Frontignan Muscat SCA 740
Frot Pierre-André 1042
Fues Marianne 1152
Fuissé Ch. de 524, 532
Furdyna EARL 575

G

Gabison Pierre 667
Gaboriaud-Bernard Vignobles 216
Gadais Père et Fils 990
Gadras SCEA Vignobles 158
Gaffelière Ch. la 237
Gagnepain GAEC 375
Gagnoulat SCEA du 977
Gaïde Thierry et Fabien 1141, 1160
Gaillard Pierre 677, 789, 796, 1163, 1166, 1170, 1240
Gaillard Romain et Roger 525
Gaimard Gilles 851
Galand SCEA Vignobles Jean 197
Galant Olivier 743, 1224
Gales SA Caves 1250
Galhaud Martine 246
Galineau Vincent 266
Gallety 1237
Gallice 657
Gallician SCA Cave de 1222
Gallimard Père et Fils 576
Galopière Dom. de la 440, 449, 459
Galoupet – GWC Ch. du 866
Gambier Thomas et Denis 1053
Gambini Jean-Charles 850
Gan Jurançon Cave de 959, 963
Gantonnet Ch. 156, 167
Gantzer SCEA Lucien 72
Garaudet Florent 466
Garaudet Paul 465
Garcia Marie-Françoise 900
Garde SCEA Vignobles Jean-Paul 217
Garde - Vignobles Dourthe Ch. la 297
Garde et Fils SCEA 218, 259
Gardet 576
Gardien Olivier et Christophe 1106
Gardrat SARL Vignoble 826
Garennes Dom. des 1030
Garin Marina et Christian 844
Garlaban Les Vignerons du 886
Garnaudière GAEC de la 997
Garnier et Fils 363
Garnier Dom. 1081
Garnier SCEA 849
Garrabou Frédéric 751
Garrassin Famille 854
Garreau 968
Garreau SCEA Ch. 182
Garrigue GAEC Vignobles Jean-Luc 774
Gascogne Vignoble de 957
Gasné Pascal 1065
Gasparri Corinne et Yannick 1210
Gasq Gilles 1155
Gass Fabrice 573
Gassier 867
Gassier Georges 888
Gassmann Rolly 60
Gaubretière EARL de la 1004, 1010, 1014
Gaucher Éric 1071
Gaucher SCEV 586
Gaucher Sébastien 198
Gaudet Jean-Michel 128
Gaudin Famille 1160
Gaudinat-Boivin 576
Gaudron EARL Christophe 1075
Gaudron Gilles 1072
Gaudry 1098
Gaujal Dom. 714
Gaujal Simone et Anne-Virginie 715
Gaultier Philippe 1071
Gaussen Ch. Jean-Pierre 836
Gaussen-Cade 837
Gautheron Dom. Alain et Cyril 380, 386
Gauthier Alain 121
Gauthier Benoît et Sébastien 1032
Gauthier EARL Dom. Christian 994
Gauthier EARL Laurent 121
Gauthier Jacky 120
Gauthier Laurent 576
Gauthier Lionel 1076
Gautier Benoît 1071

Gautier Christophe 856
Gautier Siffrein 1155
Gautoul Ch. le 908
Gautran Nicolas 723
Gautreau SCEA Jean 319
Gavignet Père et Fils Maurice 466
Gavignet Dom. Philippe 429
Gavoty Roselyne 867
Gay et Fils Dom. Michel 441
Gay et Fils EARL François 452, 455
Gayda Dom. 758
Gaye Brice de 147, 174
Gaye-Nony Yseult de 206, 239
Gayolle La 850
Gayraud Benjamin 910
Gazeau Vignoble Michel et Jean-Marie 983, 1010, 1014, 1018
Gazin GFA Ch. 208
Gazziola Vignobles Serge 936
Geffard François 1006, 1027
Gelin Dom. Pierre 405, 408
Gélis Nicolas 925
Gelly Éric 748, 758
Gély Jean-Christophe 1135, 1227
Gendrier Jocelyne et Michel 1077
Gendron Philippe 1072
Geneletti Dom. 643
Geneste Vignobles 942, 945
Genet Michel 576
Genetier Philippe 533
Genoux André 650, 654
Genovesi Sébastien 843
Geoffroy 379, 385
Geoffroy Dom. Alain 377, 380, 386
Geoffroy EARL 950
Georgeon Cédric 634, 639
Georges David 125
Georgeton et Fils EARL 577
Gérard Benoît 931, 942
Gérardin Chantal et Patrick 934, 947
Gérault Gilles et Laëtitia 946
Gerber Christian et Simon 972
Gerber EARL Jean-Paul et Dany 60
Gerfaudrie SCEV Dom. de la 987, 1023
Germain Arnaud 470
Germain Gilbert et Philippe 455
Gers Chambre d'Agriculture du 969
GFR DVA 107
Gheeraert Claude 373
Ghigo Robert 875
Giacometti Christian 897
Gianesini SASU Pascal 662, 761
Gibault EARL Pascal et Danielle 1040, 1046
Gibault Vignoble 1040, 1046, 1082
Gibourg Robert 408
Gigognan Ch. 1138
Gigondas la Cave 1198
Gil 776
Gil Benoit 698, 749
Gil Julien et Julia 751
Gilardi SA 862
Gilbon 1092
Gilet François 1076
Gilg Dom. Armand 40, 73
Gili Jean-Louis 672
Gilis Christian 912
Gillet Cyril 306
Gillet Queyrens Vignobles 345
Gimonnet et Fils Pierre 577
Ginglinger 73
Ginglinger Paul 73
Ginglinger-Fix 36, 45, 53
Girard et Fils Michel 1112
Girard et Fils SCEV Alain 1108
Girard Anthony 1109
Girard Bernard 1192
Girard David et Luc 1092
Girard Dom. Anthony et David 1112
Girard François 531
Girard Nicolas 1093
Girard Paul 103
Girard Philippe 429, 449
Girard Philippe et Jean-François 721
Girard Sébastien 1177
Girardin Dom. Yves 487
Girardin Justin 488
Girardin Sandrine 577
Girardin Vincent 467
Girard-Madoux Samuel 649
Girard-Madoux Yves 649
Giraud Robert 174
Giraud SARL André 204
Giraudet Mathilde 1016
Giraudon Vincent 1089, 1121
Girault Olivier et Anthony 1112
Giresse EARL Vignobles 190
Girin Dom. 98
Gironville SC de la 312
Girou Florent 932, 947
Giroud 867
Giroud Éric et Catherine 516
Giroud Maison Camille 408
Giroux Sébastien 525
Giscours Ch. 315, 322
Givaudan David 1138
Givaudin Franck 397
Glana Ch. du 340
Glantenay Georges et Fils 419, 463, 466, 473
Glas Pascal et Élisabeth 1223
Gleizes Agnès 735
Glémet 185
Glotin Yves 277
Gobé Bénédicte et Rodolphe 755
Gobillard et Fils J.-M. 577
Gobillard Pierre 577
Gobin Patrick 1122
Gocker Philippe 45
Godeau 1046
Godefroid 676
Godineau Jean-Pascal 1028
Godmé Sabine 578
Godon Jérôme 1112
Godot Géraldine 427
Goetz EARL Mathieu et Louis 85
Goffre-Viaud SCEA Vignobles 329
Goguet EARL Marc 103
Goigoux SCEA Pierre 1087
Goislot-Papin GAEC 998
Goisot 381, 398
Goisot Guilhem et Jean-Hugues 363, 398
Goizil EARL 1024, 1028
Gomes Thomas 173
Gondé Florian 578
Gonet et Fils SCEV Michel 169, 277, 297
Gonet Philippe 578
Gonet-Médeville Julie 322
Gonfaron Maîtres Vignerons de 867
Gonfrier Frères SAS 150, 166, 279, 344
Gonnet Dom. Charles 649, 653
Gonon Jean-François 516, 526
Gontier Nancy et Alexandra 1227
Gonzales Frères SCEV 238
Gorostis 720
Gosseaume Lionel 1048
Gosset 578
Goujon Olivier 201
Goulard J.-M. 579
Goulard Pierre 579
Goulin Christophe 579
Goulley et Fils Dom. Jean 387
Goumarre Coralie 1154
Gourdain Maxime 1165
Gourdon Franck 1006, 1024
Gourgourio Christian 189
Goury Matthieu 648, 653
Goussard Didier 579
Goutorbe René 579
Gouy EARL Vignobles 935
Gracia Michel, Marina et Caroline 223, 239
Gradassi et Fils SCEA Paulette 1212
Grand Emmanuel et Nathalie 637, 640
Grand Bourjassot Dom. du 1198
Grand Cros EARL 868
Grand Listrac Cave 320
Grand Mayne SARL 950
Grand Ribe Dom. 1139, 1154
Grand Sud Les Vignerons du 750, 846
Grand Taille GAEC de la 1073
Grand Terroir 859, 1135
Grand Tinel Dom. du 1139
Grandeau Vignobles 145, 149, 168
Grandes Murailles SCEA les 239
Grandes Serres SA Les 1139, 1198, 1206

PRODUCTEURS

Grandin Thierry 580
Grandjean Lucien et Lydie 125
Grand-Pontet Ch. 240
Grandpré Dom. de 868
Grand-Puy Ducasse Ch. 331
Grands Bois SCEA Dom. les 1192, 1195
Grands Chais de France Les 866
Grands Crus Blancs Cave des 526, 529
Grands Crus de France Sté fermière des 139, 152, 157, 193, 227, 313, 344
Grands Domaines du Littoral (Ch. la Gordonne) 867
Grands Domaines du Littoral (Dom. Royal de Jarras) 764
Grands Esclans SCEA Dom. des 869
Grands Vignobles de Bordeaux SAS Les 199
Grands Vins Sélection 123
Grandsart 1009, 1013, 1021
Grange SARL la 693, 758
Grange des copains La 693
Grange Neuve SCEA de 939
Grangeon et Fils SARL 863
Granger Pascal 118, 131
Granger Philippe 1156
Grangier Roland 1167, 1170
Granier Bruno 748
Granon-Pontaix Gaec 1184
Gras Dom. Alain 467
Gratas 1124
Gratian Jacques 969
Gratien Alfred 580
Gratiot-Pillière SCEV 580
Gravegeal Matthieu 700
Gravette Cave coop. la 708, 758
Gravier Piche GAEC 839
Gravillas SCA Les Vignerons du 1154, 1199
Gréa Ch. 640
Greffet Ludovic 370
Grégoire 249
Grégoire EARL Vincent 1056
Grenelle Louis de 988
Grenier 1074
Greuzard Famille 727, 759
Grier Dom. 772, 813
Griffon Dom. du 111
Grilliat 580
Grimaud SCV Les Vignerons de 876
Gripa Fabrice 1171, 1183
Grisard Benoit 649
Grivault Albert 459, 474
Grohe Klaus 721, 760
Groies SCEA Les 825
Gromand d'Evry SC 316
Gros et Fils SCE 262
Gros et Jean-Paul Tollot Anne 765
Gros Dom. A.-F. 424, 426
Gros Michel 401, 424, 429
Grosbois Nicolas 1062
Groupement de viticulteurs 332
Gruaud Larose Ch. 341
Gruet SAS 581
Grumier Fabien 581
Gruss et Fils Joseph 45, 85
Grussaute Jean-Marc 961
Gruy EARL de 91
Gsell Julien 53
Guégniard 1018
Gueguen Dom. Céline et Frédéric 387
Gueissard Les Vignobles 836, 869
Gueneau Alain 1112
Guéret Dom. du 125
Guérin 437, 493
Guérin Guillaume 159
Guérin Valérie 683
Guérinaud 826
Guerrin et Fils Dom. 516, 526
Guéry René-Henry 726, 759
Gueugneau Frédéric 363, 497, 499, 503, 510
Gueusquin Nicolas 581
Guffond Dominique et Catherine 275
Guibergia 868
Guibert Fabrice 984, 1016, 1025
Guibert Nathalie et Thomas 270
Guigal É. 1164, 1165
Guignard Frères GAEC 287
Guignard GAEC Philippe et Jacques 288, 350
Guigue Ghislain 1149, 1197
Guilbaud Frères 994
Guilde des Vignerons La 869
Guilhem Ch. 721
Guillard SCEA 408
Guillaume SCEA Ch. 950
Guillaume Vignoble 645
Guillaumerie Dom. la 1004
Guillemard Éric 437, 469
Guillet Laurent 114
Guillet Lilian et Yann 1015
Guillo Les Domaines Christophe 435, 454, 485
Guillon Jean-Michel 403, 405
Guillon Thierry et Jonathan 826
Guillot Amélie 634
Guillot Christian 329
Guillot Dom. Patrick 503
Guillot Stéphanie 1091
Guinand Dom. 693
Guindeuil Bertrand 288
Guiol Julie 773
Guiraudon et Rabasa Sylvie et Olivier 708
Guiteronde SCEA du Ch. 156
Guiton Guillaume 450, 459
Guizard 693
Günther-Chéreau Véronique 994
Gutrin Fils 477, 481, 488
Guy Florence 734, 752
Guyard Alain 403, 405, 408
Guyenne Union de 170
Guyon Dom. Antonin 409, 419, 447, 463, 474
Guyon Dom. Dominique 401
Guyon Jean-Pierre 425, 450, 452
Guyot Cédric 581
Guyot Dominique 582

H

Haag Jean-Marie 73
Haegi Daniel 60, 73
Hallay 1073
Hallouin Christophe 1030, 1035
Hammel Gilbert 412, 414, 422
Harlin 582
Hartmann André 53
Hartmann Gautier 62
Hartweg Jean-Paul et Frank 36, 45, 61
Haton et Filles 582, 628
Haton Jean-Noël 582
Hatté Ludovic 582
Hauller Famille 36, 45, 54
Haut Coteau SCEA Ch. 337
Haut Courchamp Dom. 759
Haut Gléon Ch. 670, 759, 766
Haut Pougnan SCEA Ch. 144
Haut Rocher SCEA 242, 266
Haut Frédéric et Virginie 1205
Haut-Bergey Ch. 298
Haut-Brion Ch. 298
Haut-Cazevert SA Ch. 144
Haute Fonrousse EARL Ch. 941
Haute-Fontaine SCEA 670
Hautes Briguières Les 1229
Haut-Sarpe SA SE du Ch. 242
Haut-Surget GFA 209
Hauts-Baigneux Dom. des 1045
Haverlan Dominique 286, 294
Haverlan EARL Patrice 167, 286
Hebinger Christian et Véronique 61, 73
Hébrard & de Boüard 271
Hébrard Gilles 142, 282, 343
Hecht & Bannier 869
Hecquet Daniel 944
Hedon Bernard 670
Heidsieck Charles 583
Heimbourger Olivier 381, 397
Heitz Philippe 74
Heitzmann Dom. Léon 54
Hénin Jacky 583
Hénin Pascal 583
Hennequière Marc 583
Henriet Michel 583
Henry Dominique 923
Henry Gérard 583
Hérault Éric 1063
Herbeau 844
Herbelet SCEV 584
Herberigs-Terrasse 1145, 1159
Herbert Didier 584, 628
Herbert Stéphane 628
Herbès d' 1236
Héritiers Saint-Genys Les 492

Hérivault EARL Bernard 1074
Hermouet Philippe 173, 199
Herre Clémentine 790
Herré Les Vins de l' 974
Hertz Béatrice 46, 61
Hertz Bruno 41
Hertzog Sylvain 40, 46
Hervé 201
Hervé Vincent 997, 1124
Heucq et Fils SARL François 584
Heure bleue Dom. l' 869
Heurlier Stéphane 194
Heyberger et Fils Roger 46, 74
Heywang Hubert 74
HGOZ Wine Domains 846
Hibon Luc 508
Hillaire Olivier 1140
Hills Thomas 736
Höcht 1136, 1152
Hoclet Xavier 191
Homs Dom. d' 909
Hoppenstedt Ulrike 914
Horcher Lise 46, 74
Hortus Dom. de l' 709
Hospital Patrick 176
Hospital SCEA Ch. de l' 289
Hoste L' 584
Hostellerie des Vins de Rognes 846
Houblin Jean-Luc 364, 370
Houet Jean-Charles et Jean-François 1031, 1035
Houssart Romain 585
Houssin Daniel 996
Houx Arnaud 1050
Hubau Bénédicte et Grégoire 202
Huber et Bléger Dom. 40
Hueber et Fils Jean-Paul 36
Huet Laurent 521
Hugot EARL Romuald 383
Huguenot Édouard 585
Huguenot Philippe 403, 405, 409
Hugues Nathalie et Simon 774, 783, 792
Huguet Patrick 1077
Humbrecht et Fils EARL Jean-Bernard 75
Humbrecht Claude 46
Huot Louis 585
Huré Vignobles Jean-Marie 937
Hurst Dom. Armand 61

I

Ibanez Valérie et Dominique 700
Icard SCEA Vignobles 171, 274
Iltis et Fils Dom. Jacques 54
Imbert Marc 895
Immélé Marcel 46
Impulsion Vin SCEA 260
INRA 296
Irouléguy Cave d' 966
Isnard Jean-Luc 1231
Issan Ch. d' 323
Ivancic Philippe 1067
Izard Alban 683
Izarn Cathy 687

J

Jaboulet Philippe et Vincent 1178, 1180
Jaboulet Aîné Dom. Paul 1164, 1171, 1181
Jacob Raymond et Damien 439, 450
Jacolin Pierre 1094
Jacques Rémi 585
Jacquesson Jean-Baptiste 585
Jacquesson Loïc 585
Jacquin et Fils EARL Dom. Jean 377
Jacquin et Fils EARL Edmond 653
Jacumin Gérard 1212
Jaeger-Defaix Dom. 499
Jaffelin Maison 470, 488
Jallet Philippe 1106
Jamain Denis 1104
Jambon Pierre-Antoine 516
Jambon Père et Fils EARL 114
Jambon Carine et Laurent 129
Jambon Guénaël 122
Jambon Richard 99
Jamein Hervé 586
Jamet 1059
Jamet Antoine et François 1056
Janin Jean-Claude 520, 522
Janin Madeleine et Jacques 131
Janisson-Baradon 586
JanotsBos Maison 364, 482, 485
Janoueix Jean-Philippe 206, 264
Janoueix Pierre-Emmanuel 258
Janoueix SCEA Ch. Jean-François 206
Jas d'Esclans EARL du Dom. du 870, 884
Jasson Ch.de 870
Jaubert-Noury Famille 776
Jaume 1135, 1189, 1208
Jaume Alain 1140, 1192, 1203, 1211, 1215
Javernand Ch. de 364
Javillier Dom. Patrick 364, 450, 474
Javoy Pascal 1079-1080
Jean Olivier 921
Jeanjean Nadège 710
Jeanjean Vignobles 678, 688, 704, 710, 736, 764
Jeanniard Dom. Alain 364, 432
Jeanniard Rémi 415
Jeannot 492
Jeannot Père et Fils SCEA 1099, 1101
Jeeper Les Domaines 569
Jessiaume Dom. 467
Jestin Vignobles 941
Jeune SCEA Élie 1213
Joannet Dom. Michel 425
Jobet SCEA F. 827
Joffre Jean-Luc 1084
Joguet SCEA Charles 1063
Joillot Dom. Jean-Luc 459
Joinaud-Borde SCEV 231
Jolivet Bruno 1005
Jolly Pierre-Éric 586
Joly EARL Claude et Cédric 640
Joly Frédéric 573
Joly Nicolas 1019-1020
Joly Virgile 694
Jomard Jean-Michel 133
Jonchère-Renaud 586
Jonquères d'Oriola Philippe 770, 781
Jonquères d'Oriola SCEA Yves 779
Jordy 694
Jorez Bertrand 587
Jorez-Le Brun EARL 587
Joselon EARL 1009, 1021, 1027
Josselin Jean-Pierre 587
Josserand Denis 724
Jouan Régis 1113
Jouard EARL Vincent et François 482
Joubert Jean-Pierre 129
Jouffreau Hermann 909
Jougla Alain 736
Joulin et Fils Alain 1068
Joulin Philippe 1035
Jourdain 1082
Jourdan 1063
Jourdan Claude 714
Jourdan Luc 707
Jousset Vincent 1005, 1023
Joussier Vincent et Quentin 496, 503
Jouve Philippe 1134
Jouvente SCEA Ch. 290
Jouves 912
Joÿ Sélection SARL 974
Juillot Laurent 499, 504
Julian 873
Julien Raymond 728
Julien Xavier 368
Juliénas-Chaintré Cave Grands Vins 105, 113
Jullien Thomas et Guy 1228
Jullion EARL 179, 184
Juncarret SCEA du Ch. 277
Junquas Martial 150, 214
Jussiaume 994
Juste Yohan 338
Justin EARL Guy 653
Justo Marine et Florent 163

K

Kalian Griaud EARL 933
Kamm Jean-Louis et Éric 47
Kchouk Frédéric 743
Kennel Julien 870
Kerlann Hervé 364, 409
Khalkhal-Pamiès 727
Kientz Fils René 40
Kinsella Michèle et Gérard 124
Kirmann Philippe 33

Kirschner Laurent 54
Kirwan Ch. 323
Klee Frères SCEA 32
Klée EARL Henri 36
Klée Jean-François 54
Klein et Fils EARL Georges 61, 85
Klein EARL Joseph et Jacky 38
Klein Éric et Laetitia 85
Klein Olivier et Rémy 1144, 1158
Klingenfus Dom. Robert 61
Klur Clément 47
Klur Nicolas et Guillaume 47, 75
Koch EARL René et Michel 54, 75
Kœberlé David 32
Koeberlé-Kreyer 62
Koehler et Fils EARL Jean-Claude 55, 62
Kohll-Leuck Dom. Viticole 1250
Kohll-Reuland Dom. Keyser-Kohll by 1250
Kopp Hélène Soual 318
Kowal Marie-Laure et Alexandre 558
Kox Laurent 1250
Kraft Laurent 1073
Kress-Bleger et Fils EARL 32
Kressmann 144
Kressmann Vignobles Jean 290, 299
Krier Guy 1252
Krug 587
Kuehn SA Vins d'Alsace 75
Kuentz Michel 37
Kuhnel Anita 124

L

L'Amouller Vignobles 182
Laballe Dom. de 974, 979
Labarre Arnaud de 237
Labasse Pascal 960
Labastide Cave de 917, 971
Labat Marc et Olivier 965
Labatut SCEA Vignobles 271
Labatut et Florent Zanetti Kévin 266
Labbé Alexandra et Jérôme 649
Labégorce SC Ch. 323
Labène Richard 729
Lablachère Cave de 1239
Laborbe-Juillot SCEA 499, 507
Labouille Marie-Christine 159, 167
Labourdette Alain 962
Labouré-Roi 430
Labruyère Famille 126
Labruyère J.-M. 588
Labruyère-Prieur Sélection 365
Labry Dom. André et Bernard 435, 467
Labuzan 289
Lacanette-Naba Mathieu 965
Lacauste Jean 695
Lacave EARL Francis 968
Lachassagne SARL Ch. de 365
Lacheteau 823, 1031
Lacombe Georges 588
Lacondemine Dominique 112
Lacondemine Jérôme 104
Lacoste Jean-Louis 965
Lacourte-Godbillon 588
Laculle Vignoble 588
Lafage Dom. 772, 785, 789, 805, 813
Lafage M. 808
Laffite Daniel 786, 817
Laffitte Famille 956, 975
Lafitte Ch. 283
Lafitte SCÉA Ch. 174
Lafon Régis 960
Lafon Sandrine 184
Lafond Pascal 1216
Lafond SARL Claude 1104
Laforest 128
Lafosse EARL Dominique 286
Lafoux Ch. 851
Lafuie EARL David 1001
Lagarde Francis 943
Lagardère SCEV 213, 261
Lagarosse SAS Ch. 280
Lagille et Fils 588
Lagneau Didier 111, 128
Lagneaux-Blaton (Lagneaux à Pauillac) SCEA 332
Lagrange Ch. 341
Lagrange Patrick 415
Lagrave Vincent 217
Lagrézette SCEV 910
Lagune Ch. la 316
Lahiteau Jean-Pierre 350
Lajonie Vignobles 942, 946
Lalande Ch. 341
Lalande Dom. 759
Lalaurie Jean-Charles 747, 759
Laloue SAS Serge 1113
Lamargue Franck 492
Lamarlière SARL Philippe 588
Lamarque Vignobles 261
Lambert Bruno de 212
Lambert Frédéric 640, 644
Lambert Jean-François 1142, 1199
Lambert Patrick 1063
Lambert Lepoittevin-Dubost SCEA 938
Lamblin 377, 381, 387
Lamblot Alexandre 589
Lamé Delisle Boucard 1051
Lamiable 589
Lamiraux Raphaël 580, 589
Lamont Financière SAS 166, 190, 277
Lamothe SC Ch. 316
Lamothe Bergeron SCEA 316
Lamoureux Jean-Jacques 626
Lamouthe GAEC de 932
Lancelot Philippe 589
Lancelot-Royer EARL P. 589
Lançon EARL Domaines Pierre 1213
Landerrouat-Duras-Cazaugitat-Langoiran Les Vignerons de 949
Landes EARL des Vignobles du Ch. des 218, 256
Landmann EARL Armand 47
Landry EARL 293
Landureau SCFED 305
Langlois Catherine et Michel 1085
Langlois Gilles 1098
Langlois-Chateau 988
Langoureau Dom. Sylvain 474, 485
Languedocienne et ses Vignerons La 727, 730
Languedociens Domaines 666
Lannoye SCEV 268
Lannusse Bastien 956
Lanson 590
Lanversin Famille de 850
Lanzac SCEA Henri de 1219
Lapalus Didier 112, 123
Lapeyre Francis 172
Lapeyre Pascal 959
Lapierre Christophe 124
Laplace EARL de 950
Laplace Famille 951, 954
Laplace Jean-Luc 106, 110
Laplace SCEV Vignobles 132
Laponche Jean 860
Laporte 258
Laporte Guillaume 1113
Lapoterie 224
Lapouble-Laplace Henri 962
Lardet Famille 126
Large Franck 102
Large Jean-Pierre 122
Largeot EARL Dom. Daniel 365, 441
Larguier Vignobles 1141
Larmande Ch. 243
Larmandier François 590
Laroche Benjamin 381, 387
Laroche Dom. 365, 381, 393
Laroche Nicolas et Vincent 387
Larochette EARL Jean-Yves 518, 527
Laroppe Marc 89
Laroppe Vincent 88
Larose Trintaudon SA 311
Laroze SCE Ch. 243
Larrère Agathe 811
Larriaut SCEA Joris 146, 171
Larrieu Jean-Bernard 964
Larrieu Laurence 346
Larrivet Haut-Brion SCEA Ch. 299
Larroque Rémi 918
Lartigue Bernard 320, 329
Lartigue EARL 315
Lartigue Jean-Claude 914, 979
Lascaux EARL Vignobles 157
Lascombes Ch. 324

Lasnier SCEA Vignobles Francis 147
Lasnier Vignobles Bernard 147
Lasserre Béatrice 746
Lassus-Le Reysse EARL 309
Lateyron 177
Latil EARL Bruno 853
Latour et Fils Henri 436, 468, 470
Latour Bernard, Émilien et Julien 1138, 1191, 1202
Latour Louis 443, 447, 463, 479
Latour SCV du Ch. 333
Latrille Famille 964
Latrille Thierry 345
Latz Famille 857
Laudun Chusclan Vignerons 1141, 1155
Laulan Ducos SC Ch. 307
Laur Patrick et Ludovic 910
Laurence SCEA Vignobles de la 157
Laurens 922, 971
Laurens Bastien 1155
Laurens Ch. 678
Laurent Famille 1107
Laurent-Gabriel EARL 590
Laurent-Perrier 591
Lauret Audrey et Pierre 248
Lauriga SARL Dom. 759, 773, 801, 805, 813
Lauverjat 1093, 1113
Lavantureux David et Arnaud 381
Lavau et Fils SCEA Régis 252
Lavau Pierre 250
Lavau SAS 1153, 1191, 1199
Lavaure-Huber 591
Lavergne EARL 936
Lavignère SCEA du Ch. 241
Lavigne-Veron SCEA 1035
Laville Ch. 350
Lavoreille Dom. Hervé de 489
Lazzarini 897-898
Le Biavant Laetitia et Mickaël 927
Le Bourlay EARL Patrick et Odile 118
Le Brun de Neuville SCV 592
Le Brun Servenay SCEV 592
Le Calvez-Mathé SC 263
Le Capitaine Dom. 1073
Le Gallais Charlotte 593
Le Grix de La Salle SCEA Ph. et A. 166
Le Marié Sabine 746
Le Menn Yoan 974
Leau Cyril 1029
Lebas Patrick 994
Lebeault Maison 373
Leblanc et Fils EARL Jean-Claude 1022, 1122
Leblanc Philippe et Pascal 1026
Leblond-Lenoir Noël 591
Leblond-Lenoir Pascal 591
Leboeuf SCEV Alain 591
Lebreton EARL 1012
Lebreton Victor et Vincent 1008, 1015, 1017
Lebreuil Pierre et Jean-Baptiste 450
Lebrin EARL Olivier 1000
Lecareux Cédric 127
Leccia Yves 897, 899
Leclair Marylène et Serge 1081
Leclaire Pascal 1083
Leclerc 592
Leclerc Philippe 409
Leclerc-Mondet 592
Leclercq Claude 1231, 1245
Leclère Guillaume 592
Lecomte Dom. 1084, 1101
Lecomte Olivier et Claire 984
Leconte Xavier 593
Lecourt Denis 168
Leduc Antoine et Nathalie 1005, 1016, 1023
Lefévère Marie 250-251
Lefèvre Christophe 621
Lefèvre Didier 593
Leflaive 387, 393, 459, 470, 474, 482
Lefort et Fils GAEC 1126
Legou Guillaume 455
Legrand Éric 593
Legrand René-Noël et Clotilde 1036
Legranger Olivier 1228
Legras et Haas 593
Legret Alain 593
Leipp-Leininger 75
Leisen-Caboz Jean-Marie et Thierry 90
Lejeune Dom. 365, 459
Lejeune Sylvain 777
Lelais Raynald, Francine et Claire 1066
Lelièvre Frédéric 1233
Lelièvre - LVD SARL Maison 89
Lemaire 594
Lemain-Pouillot Francine et Maxime 1113
Lemarié Georges 666
Lemoine 987
Lemstra Floris 724
Lenique Michel 594
Léon Famille Patrick 202
Léonard 827
Léoube Ch. 870
Léoville Las Cases Ch. 340, 342
Léoville Poyferré Société Fermière du Ch. 342
Lepaumier Christophe 683
Lepine Éric 919
Lépine Marc 1185
Lepreux-Barbosa 594
Lequart Laurent 595
Lequeux-Mercier 595
Lequin Dom. Louis 479, 483, 489
Leredde Jean-Yves 595
Leriche-Tournant EARL 595
Leroy-Beauval Ch. 157, 168
Lescoutras Laurent 273
Lescure Fabien de 115
Lescure Jean-Luc 931
Lesgourgues 953
Lestage SC Ch. 320, 328
Lestourgie 1101
Lété-Vautrain 595
Levère et Chamontin 1237, 1239
Leydet Frédéric 213, 234
Leyris Gilles 694
Lézignan Le Chai des Vignerons de 670
Lheureux Plékhoff 595
Lhopital Bertrand 618
Lhumeau Jean-Louis 1005, 1014, 1124
Libourne-Montagne Lycée viticole 219, 259
Licciardi 672
Liébart-Régnier 595
Liénard 91
Lieubeau Famille 995
Ligier Hervé et Stéphane 635, 640, 642
Lignac Guy-Petrus 241
Ligtmans-Steine 496, 504
Lihour Franck 961
Linard François 255
Lissague Jean 182
Littière Geoffray 596
Lobier Patrick 850
Lobre Jean-Christophe 138, 162
Loges Cave du Ch. des 104, 107
Logvinenko 1206, 1229
Loiret Guillaume 992
Loiseau-Jouvault EARL 1061
Lolicé 871
Lombard et Médot 596
Lonclas Bernard 596
Long Famille 1138, 1154, 1192, 1242
Longue Tubi Dom. 871
Longueteau Jean 908
Lorent Jacques 558
Lorentz Gustave 75
Lorgeril Vignobles 664, 731, 734
Lorieux Damien 1057
Loriot Gérard 596
Loriot Michel 596
Loriot-Pagel Joseph 597
Lornet Frédéric 635
Loron Maison Jean 126, 517, 521
Loron et Fils Louis 373
Loubrie 352
Loudenne SAS Ch. 158
Louérion Terres d'Alliance 1232
Louge Sébastien 677
Louis Éric 1113
Loup Bleu Dom. le 871
Louvet Frédéric 597
Loze Catherine de 344
Luberon SCA Cave du 1230, 1234
Lucciardi 892
Lugny Cave de 365

Luigi 892
Lumières Cave de 1230
Luneau EARL Marcel 1122
Lupin Bruno 654
Luquot GFA Vignobles 232
Lur-Saluces Alexandre de 349
Lurton André 153, 254, 275, 296, 299
Lurton François 783, 975
Lurton Marie-Laure 319, 327
Lurton Pierre 145
Lussac SCEA Ch. de 256
Luyckx 908
Luze Famille de 146, 325
Lycée agricole 1064
Lynch-Suquet 703

M

Mabileau Frédéric 1051, 1057
Mabileau Jacques et Vincent 1057
Mabileau Jean-François 1049
Mabileau Laurent 1051, 1058
Mabileau Lysiane et Guy 1057
Mabillot Matthieu et Renaud 1105
Maby Dom. 1216, 1219
Macault 1012
Macay SCEA Ch. 192
Machard de Gramont Bertrand 430
Maclou Gaëlle 872
Macrolink France SCEA 310
Madalle Jean-Philippe 690, 734
Madeleine Saint-Jean Dom. la 760
Madeleineau GAEC 995, 998
Mader Jérôme 76
Mado Jean-Marie 170, 185
Madrague Dom. de la 872
Maes EARL Michel 284
Magdeleine-Cénac 193
Magnaudeix Famille 253
Magni Patrice 1211
Magnien Charles 409
Magnien Dom. Sébastien 436, 456
Magnien Frédéric 413, 416-417, 420, 430
Magrez Bernard 301, 306, 349, 678, 709, 736, 790
Maillard Bernard 995, 1124
Maillard Dom. 441, 445, 452
Maillet EARL Laurent et Fabrice 1073
Maillet Pierre 517
Mailliard Michel 597
Mailly Grand Cru 597
Maine GAEC du 944
Maire SCV Henri 635, 637
Maison Girondine La 186, 192
Maison Noble Ch. 158, 169
Maison Père et Fils Dom. 1077
Maître Éric 597
Malabre Chantal 1133
Malandes Dom. des 381, 394
Maldant Jean-Pierre 446
Malepère Cave la 720, 745
Malescot Saint-Exupéry SCEA Ch. 324
Malet Roquefort A. de 204
Malétrez Frédéric 597
Malidain Romain 997, 1125
Mallard et Fils Dom. Michel 441, 446
Mallard Laurent 348
Mallard Philip 934, 944
Malle SCEA des Vignobles du Ch. de 290, 350
Mallet Anne et Hugues 191
Mallol Grégory 598
Malromé SCEA Vignoles 158, 169
Manceau Jean-Max 1064
Mancey Cave des Vignerons de 366
Manciat Marie-Pierre 517, 530, 533
Mançois Aurélie 1040
Mandard Jean-Christophe 1041
Mandeville Olivier 763
Mandois 598
Mangeart Isabelle 689, 765
Mangin 1136, 1152
Manifacier Mathieu 742
Manissy Ch. de 1219
Mann Dom. Albert 76
Mann EARL Sébastien 47
Manoir Murisaltien 410, 477
Manoir des Schistes SAS Le 809, 817
Manoncourt SCEA Famille 235
Mansard-Baillet 562
Manzagol-Billard EARL 1064
Maqueline Cru de la 145
Maratray-Dubreuil Dom. 439
Maravenne Ch. 872
Marc et Patrick Durel Anne 919
Marc Didier 598
Marc Grégory et Patrice 598
Marcassin SARL 932
Marcellin 976
Marchais Patrice 991
Marchand Clément 1098
Marchand Guillaume 598
Marchesseau Bertrand et Vincent 1051
Marcon Philippe 742
Mardon Jean-Luc 1048
Maréchal Claude 366, 450, 460
Marès Cyril 750, 1222
Maret et Filles EARL Michel 1209
Marey EARL Dom. 410, 430, 441
Margan EARL Jean-Pierre et Nathalie 1233
Margaux SCA du Ch. 158, 324
Margier Jean-François 886
Margnat 1132, 1241
Marié Pascal 766
Marion Loïc 116
Marmandais Cave du 928-929
Marmorières SCEA Ch. de 712
Marquis d'Alesme SC Ch. 325
Marquis de Saint-Estèphe et Châtellenie de Vertheuil réunis 338
Marquis de Terme Ch. 325
Marrenon 872, 1199, 1234, 1242
Marronniers Dom. des 377, 382
Marsannay Ch. de 404, 410
Marsaudon Gilles et Marie-Hélène 193
Marteau Ludivine et Rodolphe 1046
Marteaux Olivier 599
Martellière Jean-Vivien 1067, 1080
Martenot Mallard 471, 483
Martenot François 128
Martin (Ch. Gloria) Dom. 340
Martin (Ch. Saint-Pierre) Domaines 342
Martin frères 859
Martin Damien 525, 532
Martin Dom. 1156, 1196
Martin Dominique et Christine 524, 533
Martin Fabrice 410, 425
Martin Famille 453
Martin Luc et Fabrice 1019, 1023
Martin Pierre 1114
Martin Richard et Stéphane 515, 524, 531
Martin SCEV Cédric et Patrice 530
Martin-Comps SCEA 734
Martinette SCEA la 872
Martin-Luneau 995
Martinolle-Gasparets SCEA Jean-Pierre et Françoise 671
Martinolles SARL Ch. 760
Martinot Albin 599
Martischang et Fils EARL Henri 86
Mary Jean-Luc et Jean-Albert 1029
Mary-Sessile 599
Marzelle SCEA Ch. la 244
Marzolf 48, 85
Mas SARL les domaines Paul 665, 695
Mas SARL Vignobles Paul 760
Mas d'Aurel 918
Mas Baux 773, 814
Mas des Caprices 683
Mas la Chevalière 697
Mas Crémat Dom. 774, 814
Mas Cristine 805
Mas de la Dame 841
Mas d'Estelle 692
Mas Granier 697
Mas Roc de Bô 765
Mas Rous Dom. du 774
Mas Saint-Laurent EARL 698, 714
Mascaronne Ch. la 872

Masquin 1211
Massa Sylvain 866
Massin SAS Champagne D. 599
Massin Thierry 599
Masson Gilles 852
Masson Nathalie et Franck 650
Masson-Blondelet Dom. 1098
Masson Regnault François 1160, 1193
Mathelin SCEV 600
Mathias Bastien 366
Mathias Gilles 526, 530
Mathieu André 1211
Mathieu-Princet SARL 600
Mathon Julien 99, 104
Matignon SCEA 1031
Matray 111
Matton SA 874
Mau SA Yvon 308
Maubert Jacques 1232, 1245
Maucamps SARL Ch. 317
Maucoil Ch. 1156, 1212
Maufoux Prosper 489
Mauler SARL André 62
Maumus Jacques 952
Mauperthuis Dom. de 366, 397
Maurel B. 857, 887
Maurel Frédéric 763
Maurer Albert 55
Maurice Dom. Gonzague 259, 268
Maurice Ève 89
Maurice Stephen 451
Maury SCV Les Vignerons de 784, 793, 810, 815
Mauvanne Ch. de 873
Mauvinon SCEA du Ch. 244
Max Louis 500, 504
Mayard Vignobles 1209
Mayle Vignobles 146, 159
Maymil et Éric Virion Delphine 671
Maynadier Cécile 683
Maynadier Laurent 681
Mayne-Vieil SCEA du 201
Mazard 671
Mazas Jean-Luc 741
Mazel 1239
Mazenay Cave de 366, 510
Mazille Descotes Dom. 133
Mazilly Père et Fils Dom. 410, 436
Mazzesi Nicolas 1043, 1046
Méa Gisèle 566
Médeilhan SCEA de 761
Médio Martine et Jean-Marc 194
Meffre Maison Gabriel 1135, 1156, 1222
Meissonnier Stéphane 1146, 1204, 1206
Méli Pascal 188
Melin SCEA Ch. de 471, 493
Ménard 827
Ménard Hervé et Patricia 1051
Mendousse Christophe 967
Menegazzo Filles EARL 967, 973
Menestreau 1029
Menthon Sabine et Isabelle de 1206
Merceron-Martin Dom. 1000
Mercier 999
Mergey Évelyne et Dominique 366, 517
Merlançon Dom. de 852
Merle Alain 122
Merle Eric 195
Merles GAEC des 934
Merlet-Brunet Annie 274
Merlin-Cherrier SAS Thierry 1114
Merlo Lucas 917
Mesclances Ch. les 873
Meslet Germain 1050, 1062
Mesliand Stéphane et Sandra 1044
Messey GFA Ch. de 517
Mestre Père et Fils 483
Mestreguilhem Brigitte 144
Mestreguilhem EARL 248
Météyer Père et Fils 600
Métifet et Garcia 939, 942
Métivier Vincent 600
Métrat Sylvain 107, 110
Metz SAS Arthur 49
Meuneveaux 446
Meurgey Pierre 460, 517, 522, 526
Meursault Dom. du Ch. de 446, 460, 474
Meyer Daniel 76
Meyer EARL Hubert 76
Meyer Félix 77, 86
Meyer Pierre-Yves 55
Meylan Nicolas 308
Meynard EARL 154
Meynard SCEA Vignobles 234, 269
Meyney Ch. 338
Meyran-Lagoy SCEA 885
Meyre Vignobles Alain 320
Méziat Bernard 114, 126
Miaudoux EARL des 934
Michaud Dom. 1041
Michaut-Audidier Hélène 425
Micheau-Maillou René 215
Michel 859
Michel et Fils Louis 388, 394
Michel Bruno 600
Michel Dom. 518, 522
Michel Jean-Pierre 518
Michelas Famille 1175, 1178, 1181
Michelet Vincent 377
Michot Marielle 1098
Midoir SARL Raphaël 988, 1041
Miéry Ch. de 642
Mignard Christian 728, 733
Mignerey Maurice 624
Mignon Charles 590
Mignon Pierre 601
Migot Camille 89
Milan Jean 601
Milaur SCEV JA 575, 627
Milesi Florence 706
Milhade Brigitte et Gérard 256
Milhade Charlotte et Valentin 220
Millaire Jean-Yves 197
Millegrand SCEA Ch. 728
Millet Gérard 1114
Millet SCEV François 1114
Million-Rousseau Michel et Xavier 650
Mingot Vignoble 170, 219
Minière Ch. de 1052
Mio Franck 240
Miolane Patrick 483, 485
MIP 864, 871
Miquel Laurent 761
Miquel Raymond 722, 741
Mirande Yannick 330
Mirault Maison 1041, 1073
Miravete 198
Mirefleurs SCA Ch. 170
Mistre Roland 851
Modat Famille 774
Moellinger et Fils Joseph 62, 77
Moët et Chandon 601
Moingeon et Fils Dom. André 485
Moissenet Jean-Louis 460, 468, 478
Molin Jean-Michel 405
Molinari Charlotte et Pascal 292
Molinié Virginie et Matthieu 912
Mollex Régis 648, 655
Molozay 90
Moltès Dom. 55, 77
Mommessin 111, 132
Monbazillac Cave de 943
Monbouché Michel 940, 942
Monbousquet Exploitation SAS 245
Monbrison SCEA du Ch. 325
Moncets SAS 215, 257
Moncigale 874
Moncontour SA Vignoble Ch. 1041, 1074
Moncourt Dom. 1015
Moncuit Nicole, Valérie et Yves 602
Mondange EARL Spargolato 893
Mondet SARL Champagne Francis 602
Mondot SAS Ch. 252
Monfray Bruno 101
Mongravey (Ch. de Braude) SARL 312
Mongravey SARL 325, 328
Monlot SAS Ch. 245
Monmarthe Jean-Guy 602
Monmousseau Alexandre 1072
Monnet Jean-Marc 117
Monnin-Couvent SCEV 560
Monnot Xavier 367, 460, 475
Monségur SCA Les Vignerons réunis de 146
Mont Sainte-Victoire Les Vignerons du 882

Mont Tauch SCA 682, 806
Mont Ventoux Vignerons du 1227
Montagnac SCAV Les Vignobles 714, 761
Montagne Éric 905
Montaut Nicolas 964
Montbarbon Jacky 522
Montblanc SCAV Les Vignerons de 761
Monteillet 1188
Montel EARL Benoît 1088, 1120
Montels Bruno 918
Montemagni 897, 900
Monternot GAEC J. et B. 104
Montesquiou Frères 964
Montez Stéphane 1171
Montfaucon Ch. de 1142
Montfort SC Dom. du Ch. de 1074
Monthelie-Douhairet-Porcheret Dom. 460, 463, 466
Montigny Édouard 1079
Montigny-Piel Hubert et Bénédicte 1079
Montlouis Cave des Producteurs de 1068
Montmarin GFA Dom. de 749
Mont-Près-Chambord Les Vignerons de 1077
Montrose SCEA du Ch. 338
Monts-d'Or EARL des 950
Morand-Monteil Gérôme et Dolores 946
Morard-Sagnier 1227, 1244
Morat Gilles 526, 533
Moreau et Fils J. 388
Moreau Bastien 602
Moreau Dom. David 489
Moreau SAS Louis 382, 388, 394
Moreau Virginie 382
Morel Didier et Florian 1229
Morel Pascal 602, 626
Morel SAS Dominique 105, 132
Morel Serge, Quentin et Gaëtan 100
Moret SARL David 468, 475, 500
Moreux SARL Roger et Christophe 1114
Morgeau Pierre 824, 1126
Morin André-Jean 636
Morin Caroline 714
Morin Hervé 1058
Morin Michel 366
Morin Pierre 1114
Morion Didier 1167, 1171
Morion Yvan 105
Morize Père et Fils 602, 626
Morogues Hubert de 1225
Morot Dom. Albert 456
Mortet Dom. Thierry 410
Mosbach 55
Mosnier EARL Sylvain 388
Mosny EARL Daniel et Thierry 1068
Motte Dom. de la 382, 388
Mottet Famille 174
Moueix Éts Jean-Pierre 207, 209, 210, 213, 226
Moueix SAS Antoine 227
Moueix SC Bernard 212
Mouillard Jean-Luc 637, 640, 645
Moulin à Vent SCA 329
Moulin de l'Horizon Dom. du 1031
Moulin de la Roque 838
Moulin de Pomerol SCEA le 210
Moulin du Jura SARL 223
Moulin Noir SC Ch. du 256, 260
Moulin-à-Vent Ch. du 126
Mourier Xavier 1171
Mouriesse Vinum 1212
Moussé-Galoteau et Fils 603
Mousset 1143, 1157, 1209
Mousset EARL Cyril et Jacques 1142
Mousset-Barrot Vignobles 1132, 1210
Moussy Marylène 603
Moustiès 710
Moutard 603
Moutard Corinne 603
Moutard Dom. 373
Moutardier 603
Mouton Jean-Claude 1164, 1167
Mouton SCEA Dom. 507
Mouton-Bertoli SCEA 700, 754
Mouty SCEA Vignobles Daniel 208
Mucyn 1171, 1175
Muid Montsaugeonnais Le 627
Müller 1176
Munch Patrick 257
Munck-Lussac SARL 256
Mur Philippe et Chantal 952, 955
Mure Pascal 436
Muré Véronique et Thomas 77
Muretins Dom. des 1219
Muscat de Lunel SCA du 739
Muscat SCA le 729, 742
Musset EARL des Vignobles J.-F. 223
Musset SCEA Ch. de 261
Musset-Roullier Vignoble 1008, 1010
Musso Jean et Cécile 374
Musso Louis 891
Mutin Pascal 99, 108
Muzard et Fils Lucien 489
Muzart Olivier 923

N

Nadalié Christine 162, 318
Nairaud-Suberville Dom. 1084
Nalys Dom. de 1212
Narboni Pierre 318
Nasles Michelle 845
Nau Patrice 1052
Naulet Vignobles 262
Navarre Fondation La 874
Neau Amélie 1032-1033
Neel-Chombart 161, 281
Négrel Guy 872
Négrier EARL Stéphane 314
Nénin Ch. 211
Néron 1090
Nesme Mickaël 122
Neveu Dom. Roger 1115
Neveu SCEV Dom. André 1115
Newman 456-457, 466
Newrhône Millésimes 1191, 1197, 1202, 1206, 1215
Nezam 864
Nezet 200
Nicolas Père et Fils Dom. 436, 471, 489
Nicolas François-Xavier 1143
Nicolle Charly 378, 388
Nicollet Marc 48, 77
Nicolo David 604
Nivière Luc 883
Nizas Dom. de 698
Noblet Gilles 527
Noël EARL 187
Noël Patrick 1099, 1115
Noël SCEV 196, 199
Noëllat Dom. Michel 420, 422, 425, 430
Noir Frères 641
Noizet Carole 604
Nolot SCEA Catherine 1025
Nominé 604
Nony SCEV Jean-Pierre 240
Nony Vignobles Léon 217
Norguet EARL Dominique 1080
Normand Sylvaine et Alain 527
Notre-Dame de Cousignac Dom. 1237
Nouet Frères 992
Nougaillac Sandrine 858
Nougalliat Gilles 690, 708
Nouveau Dom. Claude 436, 490, 493
Nouvel SCEA Vignobles J.-J. 230, 238, 247
Nouvel EARL Valérie et Patrick 917
Novella Pierre-Marie 898
Nozières-Maradenne-Guitard EARL de 911, 978
Nudant Jean-René 464, 475, 478
Nutter Graham 729
Nyonsais Coop. du 1143

O

Octavie Dom. 1048
Œdoria 99, 373
Œnologues SCEA des 305
Ogereau Vincent et Emmanuel 1006
Ogier Maison 1143, 1200, 1212
Oisly et Thésée Confrérie des Vignerons de 1043, 1078
Oliveira Lecestre Dom. De 388

Olivié Frédérique 666
Olivier Ch. 301
Olivier Dom. 1052
Olivier Famille Jean 1214, 1218
Olivier SARL Manuel 401, 416, 430
Ollier Françoise et Luc 679
Ollières Ch. d' 852
Ollivier 870
Ollivier Coutelier Katia 945
Ollivier Père et Fils GAEC 994
Olry Catherine et Dominique 113, 118
Olt Les Vignerons d' 921
Omasson Nathalie 1052
Onclin Justin 327
Onde Jérémy 1204
Onffroy Baron Roland de 192
Onillon Patrick et Sylvie 1008
Oppidum des Cauvins Dom. l' 1233, 1243
Orban Francis 604
Orban SCEV Hervé 604
Orenga de Gaffory GFA 898-899
Orlandi Frères SCEA 194
Ormarine Cave de l' 698, 715
Orosquette Jean-François 726
Orsini SAS Dom. 893
Ortas - Cave de Rasteau 1143, 1157, 1193, 1238
Ortelli Patricia 849
Ortola Georges 699
Ory Christophe 1049, 1056
Osmin & Cie Lionel 927, 929, 965-966, 976
Osmond-Mischler Amélie et Victor 189
Ott SAS Dom. 881
Ott SAS Domaines 839
Oudart Maxime 586
Ournac Pierre-André et Guillaume 732
Ovide Arnaud 187

P

Pabion Daniel et Katrin 1120
Pabiot Dominique 1099
Pabiot et Fils Jean 1097
Pacaud Charles-Walter 664
Paetzold Michael 815
Pagès Damien 308
Pagès Gilles 695
Pagès SC des Vignobles Marc 309
Pagès et Christophe Molinier Martine 666
Paget Nicolas 1041, 1064
Pagnier Jean-Pierre 389
Pagnotta Dom. 490, 493, 500
Paillard Bruno 604
Paillette 605
Pain Dom. Charles 1064
Painturaud Emmanuel 827
Paire Romain 1090
Palatin SCEA 246
Palayson Ch. de 875
Pallet Vignerons du 995
Palmer 605
Palmer Ch. 325
Palon Sébastien 1200, 1204
Paloumey SA Ch. 317
Panchau Olivier 707
Panis Claude 689
Panis Jean 725
Panisseau Ch. de 939
Pannaud Julien 277
Pannier 605
Pantaléon Thierry 1058
Paolini 892
Paolucci Julie 1193
Papeloux Frédéric 751
Papin 1006, 1024
Papin EARL Véronique 1004, 1017
Papon Catherine 269
Papyllon EARL 914
Paquereau EARL Cyrille et Sylvain 993
Paquet Jean-Paul 516, 533
Paquet Yannick 523
Paquette SCEA 875
Paradis Vignobles du 1061
Parayre 721
Parc SCEV Ch. du 246
Parcé Augustin 788
Parcé Augustin, Martin et Vincent 776
Parcé Thierry et Jean-Emmanuel 790
Parcé Frères Augustin, Vincent et Martin 796, 810
Parenchère Ch. de 171
Parent François 411
Parent SAS Dom. 461
Paret Anthony 1167
Parigot Alexandre 437, 456, 461
Paris Père et Fils EARL 1074
Parize Gérard et Laurent 508
Parnay Ch. de 1032, 1036
Parret Jean-Luc 701
Pas de l'Âne SARL 246
Pas EARL du 1083
Pascal Cave 1176, 1198, 1200, 1203, 1238
Pascal SCEA Olivier 840, 884
Pasquet Marc 185, 191
Pasquier 1035-1036
Pasquier Laurent 1078
Pasquier Patrick 1034
Passot Jean-Guillaume 108
Passot Monique 122
Pastourel et Fils Rémi et Bruno 740
Pastouret 1223
Pastre Pierre 1210
Patache d'Aux SC Ch. 307, 315
Paternel Dom. du 844, 875
Patience SCEA Dom. de la 747, 1223
Patissier Cyril 131
Patissier Jean-François 122
Patoux Denis 605
Patriarche Père et Fils 490, 504
Paulin 878
Pautrizel Jacques 190
Pauty Vignobles 238, 930
Pauvert Guy 948
Pauvif SCEA 183
Paux-Rosset Jean 712
Pavelot EARL Dom. 443, 447
Pavie SCA Ch. 226, 247
Payer Ghislain 605
Pazac SCA des Grands Vins de 1221
Péchard Patrick et Ghislaine 129
Pêcheur SCEA Dom. Christian et Patricia 640
Pech-Latt Ch. 672
Pedini Gilles 862
Pegaz Agnès 99, 108
Pegaz Jean-François 110
Peigné EARL Dominique 1124
Peirigas EARL du 749
Pélaquié Luc 1144, 1157, 1217
Péligri Christian 606
Pélissié 291
Pelissier 815
Pélissier David 1088
Pellé Denis 138
Pellegrini 713
Pellerin Domaines et Châteaux 99, 110
Pelletier Jean-Christophe 1060
Pelletier Jean-Michel 606
Pelou Pierre 784, 801, 806
Pelvillain Vignobles 906
Penaud Patrick 180
Penavayre 925
Penet Alexandre 606
Péquin François 1039, 1044
Peraldi EARL Dom. 890
Perceval SARL Pascal 650
Percher Anthony 1020
Perdigao Vasco 1151, 1202, 1238
Perdrix Dom. des 422, 430
Peretti della Rocca SAS de 895
Péré-Vergé SCEA Vignobles 208
Perez Charles 773, 783
Perez Jean-Yves 1157
Peria 102
Pernet Jean 606
Pernot Thierry 96
Perolari 733
Perrachon Pierre-Yves et Charlotte 113, 130
Perrachon et Fils SARL Vins 122
Perras Vignoble 99
Perraud Jean-Christophe 367, 371, 533
Perraud Jean-Yves 103
Perret André 1167
Perret EARL Bernard 1158
Perrier Joseph 606
Perrier et Fils EARL 115
Perrier Père et Fils 650, 654

Perrière Dom. de la 1115
Perrière EARL de la 847
Perrin Christian 607
Perrin Christophe 518
Perrin Famille 1144, 1200
Perrin SCEA Philibert 299
Perrin Vincent 461, 475
Perrin et Fils SCEA A. 295-296
Perromat EARL Jacques et Guillaume 348
Perromat EARL Vignobles Jacques 286
Perromat Xavier 287
Perroud Gilles et Quentin 101
Perruche Dom. de la 1036
Persenot Gérard 371, 399
Persevero EARL 151, 239
Persilier Gilles 1088
Person 167
Perthuy 990
Pesquié Ch. 1230
Pessenet-Legendre 607
Petit Anne-Laure et Damien 635, 638, 642
Petit Émeric 210, 249
Petit James 1053
Petit Romuald 534
Petit SCEA Jean-Dominique 142
Petit Sébastien 143
Petit Clocher EARL du 1006, 1011, 1024, 1125
Petit Coteau SARL Dom. du 1074
Petit et Fils André 827
Petit Gontey SARL Le 233
Petit Sonnailler Ch. 847
Petite Verdière SCEA la 1146, 1149
Petitjean 607
Petitjean Julien 456
Petitjean Romaric et Mathias 367, 399
Petitot Dom. 431-432, 441, 451
Petit-Village Ch. 211
Petra Bianca Dom. 893
Pétré et Fils Daniel 628
Peuch-Raboutet Aurélie 181, 190
Peyrassol Ch. de 876
Peyre Bruno 747, 760
Peyre Vincent 1215, 1218
Peyrolle Jean-Baptiste 697, 710
Peyronie Domaines 331
Peyronnet Alain 740
Peyroutet-Davancens Chantal 963
Peytavy Philippe et Stéphanie 689
Pézenneau Olivier 111
Phélan Ségur Ch. 339
Phelip Jean-Paul 894
Philip Éric 1139, 1159
Philippart SARL Maurice 607
Philippe 230
Philippe Jean 91
Philippon 380
Philipponnat 608
Piat et Fils Maurice 1089
Piazzetta EARL 930
Pibran Ch. 334
Pic SCA Les Vignerons du 688, 710
Picamelot Maison Louis 374
Picard et Fils Jean-Paul 1094, 1115
Picard Jacques 547
Pichat Stéphane 1164, 1168
Pichet Thomas 1053
Pichon Christophe 1165, 1168, 1172, 1240
Pichon-Baron Ch. 335
Pichon-Longueville Comtesse de Lalande Ch. 335
Pichot Carine 692, 753
Pichot Stéphane 1234
Picoron SAS 269
Picot Pierre 1083
Picq et ses enfants Jacques 389
Picque Caillou GFA Ch. 301
Pieaux EARL Bruno et Jean-Michel 1073
Pieracci Jean-Pierre 838
Pierrail EARL Ch. 172
Pierrard-Frézier EARL 608
Pierre des Dames Dom. de la 367, 518
Pierrefeu Les Vignerons de 876
Pierres dorées Vignerons des 100
Pierreux SCEV Ch. de 109
Pierron Ch. 927
Pierson 91
Pierson-Cuvelier 608
Piétri-Clara Laetitia 790, 797
Pigeat Dom. André 1102
Pignard Évelyne et Guy 104
Pigneret Fils Dom. 371, 500, 504, 508, 510
Pigoudet SARL 847
Piguet Stéphane 471
Piguet-Chouet Max et Anne-Marye 468, 475
Pillier 1008
Pillot Laurent 483, 504
Pillot-Henry EARL 433, 439, 461
Pilotte Audier Vignobles 238
Pimpurniaux Éric 815
Pin EARL 1006, 1025
Pinet 983, 1002, 1013
Pinon Damien 1075
Pinon François 1075
Pinot Famille 865
Pinson Frères Dom. 382, 389
Pinsonnière GAEC de la 1075
Pion Henri 367, 411
Piovesan Emmanuelle 929
Piper-Heidsieck 608
Piquemal Marie-Pierre 776, 784, 816
Piquemal Thomas 970
Piriou et Romuald Peronne Jacques 789, 795, 798
Pironneau EARL 1047
Pisani-Ferry SCEA 1033
Pitault-Landry et Fils 1053, 1058
Piton 214
Piva SCEA 274
Pizay Ch. de 123
Pla Dom. Marion 737
Plaimont Producteurs 951, 956-957, 967, 973
Plaisance SCE Vignobles 189
Planes SCEA Les 876
Plantade Père et Fils SCEA 298
Plantade GAEC 725
Plantevin Laurent 1144, 1157
Plantey SCE Ch. 335
Plantier Rose Ch. 339
Plasse Jacques 1090
Plessis Sylvie 1019
Plou Frédéric 1044
Plou Mathieu et Guillaume 1044
Plouzeau Marc 1060
Pluchot Edgar et Marc-Antoine 1090
Pointe Ch. la 211
Pointereau Baptiste 1104
Pointillart et Fils Anthony 609
Poiron Éric 999
Poiron Jean-Michel et Laurent 996
Poirrotte 369, 464
Poisot Rémi 427, 448
Poitevin 1030
Poitevin EARL 308
Poitevin EARL André 117, 130
Poitou Opérie Vignobles 263
Poitou Lionel 319
Poittevin EARL Gaston 609
Poivey Mylène 937
Pol Roger 609
Poli Éric 894, 896, 900
Poli Marie-Brigitte 897
Pollet-Rouzé 1102
Pollier Alexis 527
Pollier Daniel 527
Pommelet Christophe 609
Pommeraud SCEV Vignobles 186
Pommier Isabelle et Denis 378, 389
Pommiers GFA des 233
Poncetys Dom. des 534
Ponroy SCEA Dom. 1105
Pons Gilles 970
Pons Nathalie et Philippe 663
Ponsard-Chevalier Dom. 493
Ponson Matthieu 1206
Ponson Pascal 609
Pontac Famille de 351
Pontac Jacques de 172
Pontaud Laurent 1142, 1156
Pontié Philippe 909
Pontonnier 1059
Ponty 198
Ponz GFA Henri 180
Porcheron Philippe 320, 327
Portal Serge 883
Portier Jérôme 605

Portier Philippe 1102
Potel Nicolas 422-423, 469
Potensac Ch. 309
Potiron Ch. de 283
Pouderoux Robert 793, 810, 816
Poudou Jean-Louis 730, 766
Pouey International SA 284
Pouget Didier 360, 367
Pouillon 610
Pouilly Ch. 527
Pouilly-sur-Loire Caves de 1099
Pouizin Mireille 1151
Poullain Luc 1040, 1046
Poulleau Michel 457
Poullet Romain 379
Poulvère GFA Vignobles 935
Poupard 1015
Poupat et Fils Dom. 1086
Poupineau Marie-Christine 1054
Pousse-Pessonnier Anne 191
Poussou 918
Poux Marie-Françoise et Élisabeth 737
Pouyau Roger 893, 900
Pouzols Mailhac Les Vignerons de 728
Pradel de Lavaux 212
Pradelle Antoine 1176
Pradier Marc 1088
Prat Noëlle 925
Prat SAS 554
Prataviera Elisabeth 974
Pratavone SCEA Dom. de 890
Prébost Richard 834, 860
Prégentière SARL Dom. la 852
Pressac GFA Ch. de 248
Prévost Cave 1094
Prevôt Benoît 143
Preys 1042, 1082
Prieur Claude 610
Prieur et Fils Paul 1116
Prieur et Fils Pierre 1115
Prieuré Dom. des Caves du 1112
Prieuré-Lichine Ch. 326
Prieuré des Mourgues Ch. du 738
Prin Dom. 439
Princé Ch. 1017
Producta Vignobles 932
Proharam Jean-Pierre 963
Promsy Audrey 601
Protheau 498, 502
Proton de la Chapelle Benoit 101
Provence verte Les Vignerons de la 853
Proy-Goulard Lucile 610
Prud'homme Florence 173
Prudhomme Sébastien 1007
Prudhon 486
Prudhon Bernard 485
Prunet 1215
Prunier Jean-Pierre et Laurent 466, 468
Prunier Vincent 456, 461, 464, 468
Prunier et Fille Dom. Michel 453, 468
Puccini Marc et Régis 753
Puech-Auger Dom. 699, 706
Puimisson Les Vignerons de 762
Puisseguin Curat EARL Ch. de 264
Puisseguin-Lussac-Saint-Émilion Vignerons de 257, 261
Pujol 806
Pujol-Izard Dom. 729
Pupillin Fruitière vinicole de 635
Puy Castéra SCE Ch. 318
Puy Gaudin 827
Puymorin Diane de 1223
Puyol Vignobles Stéphane 221, 933
Py Jean-Pierre 672

Q

Quartironi 737
Quatre Tours Les 847
Quatresols-Gauthier 610
Quénard André et Michel 651
Quénard Les Fils de René 651
Quenardel et Fils 610
Quercy Les Vignerons du 914
Quesne Laura et Bertrand 702
Queyrens et Fils SC Vignobles Jean 146, 153, 160, 284
Quilichini Élisabeth 891
Quincy Reuilly GVF de 1103-1104
Quintin Frères SCEA 1086
Quintus SAS 249
Quiot Vignobles Famille 869, 1147, 1160, 1194, 1205
Quiroga Vincent 856
Quivy Dom. 411

R

Raboin et Pascal Busson Tony 988, 1007, 1025
Race EARL Denis 390
Rafflin EARL Serge 611
Rafflin Perrine 611
Raffy Nicolas 773, 809
Ragaru Didier 756
Ragot Dom. 508
Ragotière SCEA de la 1125
Raguenières SARL Dom. des 1054
Raguenot Lallez Miller EARL 187
Raimbault Dom. Noël et Jean-Luc 1116
Raimbault Jean-Marie 1099
Raimbault Julien et Clément 1116
Raimbault Philippe 1099
Raimbault Roger et Didier 1116
Raimond 611
Rambeaud SCEA F. 259, 265
Rambier Vigneron SARL 1222
Rambier Jean-Pierre 709
Ramonteu Henri 961
Ramos 775
Rampon Lionel 744
Rancy Dom. de 785, 801
Randé Jean-Pierre 976
Raousset Ch. de 105
Raoux 1217
Raoux Isabelle 771, 804, 812, 818
Rapet Vincent 444, 451
Raphaël Dubois Sarl 401
Rassin 1069
Rateau Jérôme 680
Rasteau et de Tain l'Hermitage Les Vignerons de 1207
Rauzan-Ségla Ch. 326
Ravache Maison Bertrand 177, 222, 249
Ravailhe SCEA de 918
Ravat Éric 201
Ravatys Ch. des 112
Ravaut 439
Ravel Vignobles 874
Ravier Philippe 651
Ravoire et Fils 1220, 1235
Raymond VFI SCEA 168, 949
Raymond Lionel 304
Rayne-Vigneau SC du Ch. de 351
Rayre SCEA Vignobles de la 279
Razungles 781, 800, 804, 812
Réal Martin SCEA Ch. 877
Réaut Ch. 280
Reboul EARL Fabien 703, 711
Rebourgeon Dom. Michel 461, 464
Recougne SCEA 160, 173
Rédempteur Dubois P & F EARL du 611
Regaud 275
Réglat EARL Vignobles Laurent 291, 344, 346
Régnard 383, 390
Regnard Florian 437, 483
Regnard SCEV 984, 988, 1015
Regnaudot Bernard et Florian 490
Regnaudot et Fils Jean-Claude 490, 493
Regula SAS 145, 169
Reich Gilles et Philippe 304
Reich-Courrian EARL Cécile 305
Reillanne SCEA Ch. 863
Reinhart Pierre 37, 56, 62
Rekeneire-Petit De 611
Rémond Jean-Christophe 516
Remoriquet Gilles 402, 431
Remparts de Neffiès SCEA 699
Remy Bernard 611
Rémy Chantal 417
Remy Dom. 441, 453
Rémy Gilles 373
Renardière Dom. de la 635, 645
Renaud Pascal 519, 528
Renaudat Gaylord 1105
Renaudat Valéry 1102, 1105
Renaudie Ch. la 946
Renaudie Dom. de la 1042
René EARL Julien 651
Renoir-Bourdelois SCEV 550

Renommée SCEA Ch. la 249
Renou Stéphane 1059
Renou et Fils Joseph 1024, 1026
Renou Frères et Fils 997, 1000, 1004
Renouard Pierre 1007
Renoud-Grappin Pascal 528
Renouil David 304
Rentz et Fils 37
Rentz EARL Edmond 63
Renucci 895, 901
Renucci Bernard 894
Requirand Daniel 706
Rétiveau 1034
Rety Patrick 785
Reulier Romain 1001
Reulier SCEA 1003
Reumont François 1091
Reveillas Bernard 735
Reverchon Xavier 643, 645
Reverdy Christophe 1117
Reverdy Daniel et Cyrille 1118
Reverdy Dom. Hippolyte 1117
Reverdy Guillaume 1118
Reverdy Jean-Marie 1117
Reverdy Pascal et Sophie 1117
Reverdy Patrick et Laurent 674
Reverdy et Fils SCEV Bernard 1117
Rey et Fils EARL Simon 143, 156, 166, 183
Rey-Landriq Axel 769
Reynaud EARL 1225
Reynaud EARL Mireille et Jean 1148
Reynaud EARL Vignobles 290
Reyne Ch. la 913
Reynier Guillaume 847
Reynou-Gravier Gaëlle 944
Rezé Didier 1057
Rhonéa Distribution 1204
Ribes Famille 925
Ricard Olivier 886
Ricard SCEA des Vignobles 159, 175
Ricaud – Vignobles Dourthe Ch. de 281
Richard 250, 271
Richard et Fils EARL Vignobles 262
Richard Jean-Paul 649, 654
Richard Philippe 1064
Richard Vincent 641, 643
Richemer Les Caves 748
Richou Didier et Damien 1009, 1012
Ricome EARL les Vignobles Dominique 1223
Rieflé Christophe 40, 56
Rieflé-Landmann Dom. 63
Rière Jean-François et Laurence 777
Riffaud Jean 315
Riffault Pierre 1108
Rigal EARL Vignobles 931, 947
Rigal SARL FLB 669
Rigal SAS 972
Rigollot Emmanuel 612
Rimauresq Dom. de 878
Rion Bernard 425, 431
Rion Simon 612
Riotor Ch. 878
Rivier Maison 1158
Rivière 162
Rivière Jean-Pierre 100
Rivière Pascale 693
Rivière SCA Ch. de la 202
Roaix-Séguret Les Vignerons de 1158
Robelin M. François 692, 750
Robert et Marcel Cave 1032, 1049
Robert Bertrand 612
Robert Cyril 1075
Robert EARL 882
Robert EARL Vignobles 148, 150, 153, 161, 175, 275
Robert Jean-Claude 612
Robert Laurent 1191
Robert Philippe 404, 406
Robert Régis 612
Robert Sté des Vins 715, 718
Robert Stéphane 1181, 1183
Robin EARL Dom. Guy 390, 394
Robin EARL Louis et Claude 1005, 1023
Robin Nicolas 1004, 1027
Robin SARL Louis 390
Robin SAS 167, 182, 193
Robin SCEA Jacques 612
Robineau Louis 1011
Robineau Michel 1025
Robin-Lafugie SCEA 221, 246, 263, 270
Robion Thierry 570
Roblet-Monnot Dom. 464
Roblin Florian 1086
Roblin Matthias et Émile 1118
Roc de Boissac SAS 264
Roc de Châteauvieux SCEA 1043
Roca Benjamin 1161
Rocailles Les 651
Rocalière Dom. la 1219
Rocca Maura SCA 750
Rochais Guy 1024, 1026
Roche aux Moines Ch. de la 1019
Roche Christian 937, 941
Roche Daniel 97
Roche SCEA des Domaines 908
Rocher Benoît 1028
Rocher Jean-Claude 262
Rochet Daniel 145, 174
Rochet Vignobles 292
Rochette Vincent 1158
Rochet-Vincent 289
Rodet Maison Antonin 501, 519
Rodet-Récapet GFA 188
Rodrigues-Lalande Vignobles 286, 299
Rodriguez Thierry 679, 753
Roger Dominique 1118
Roger Yvette et Frédéric 1009, 1022
Rogge-Cereser 613
Roggy Didier 182
Rogier Laurent 1230
Roi Dagobert Cave du 78
Rol Valentin SAS Vignobles 249
Rolet Père et Fils Dom. 636
Rolland Geneviève 841
Rolland Michel et Dany 200
Rollin EARL Vignoble 613
Rollin Père et Fils 444
Romain Alix et Gérard 920
Romain Philippe et Thierry 913, 972
Romaine Cave la 1145, 1231, 1243
Romak Marlène et Marc 1175
Romance Dom. la 1159
Romanée-Conti SC du Dom. de la 423, 426-427, 446
Romanin SC Ch. 841
Romanis SCEA Vignobles 675
Rominger Claudine 33, 78
Romy Nicolas 100
Rondeau Bernard et Marjorie 657
Rondillon GFA Ch. de 345
Rontein 282
Roquebrun Cave de 738, 762
Roquebrune Ch. de 219
Roquefeuille Ch. 878
Roquefort Les Vignerons de 868
Rosé de Bessan Le 757
Rose des Vents Dom. la 853
Roses Alain 328
Rosier 716, 718
Rosier Bruno 1188
Rospars 260
Rossignol Pascal 785, 802
Rossignol-Boinard SCEA Vignobles 179
Rossignol-Changarnier Dom. Régis 464
Roth Dom. Robert 48, 63
Rothschild Lafite Distribution Domaines Barons de 223, 307
Rothschild Baron Philippe de 330-331, 334
Rothschild Benjamin de 264, 329
Rothschild Dom. Barons de 332
Rotier Dom. 919
Roubine SAS Ch. 878
Roudil-Jouffret EARL 751, 1148
Rouette Dom. de la 1145
Rouget Ch. 212
Rougevin-Baville Martine 923
Rougeyron David 1088
Rougon Famille 1242
Roulerie SCEA Ch. de la 1007
Roullet 983, 987, 1027
Roumage EARL J.-L. 152, 169, 273
Roumagnac Nicolas 926
Rousse Wilfrid 1065

Rousseau Alain et Vincent 983, 1014, 1022
Rousseau Pierre 337
Rousseau Tony 1007, 1025
Rousseau Vignobles 211, 218
Rousseaux Olivier 613
Rousseaux-Batteux EARL 613
Rousselot Rémy 202, 219
Rousset GAEC 372
Rousset-Rouard Yves et Alexis 1233, 1244
Roussille EARL 907
Roussille Pascal 828
Rouvière Famille 1169
Roux 1188
Roux Albin 1102
Roux Brice de 1241
Roux Damien 837
Roux Famille 420-421, 475, 486
Roux Frédéric 1138
Roux Hervé 197
Roux Julien et Claude 1193, 1200
Roux-Oulié Arnaud 199
Rouzé Côme 1084, 1102
Roy Favin 181
Roy Dom. 390, 394
Roy Jean-François 1082
Roy et Fils Dom. Georges 442, 453
Roy et Yohann Boutin Anne-Cécile 1043
Royer et Cie 613
Royer Richard 613
Ruff Daniel 39, 48, 66
Ruhlmann 34
Ruhlmann Fils Gilbert 86
Ruinart 614
Rullier François 986
Rullier-Loussert Brigitte 200
Runner 49, 66
Ruppert Dom. Henri 1251
Rutat Michel 614
Ryman SA 933

S

Sabaté GAEC 267
Sabledoc 764
Sablier-Cartailler Jérémy 1138
Sabon 1140, 1151, 1211
Sabran Éléonore de 885
Saby et Fils Vignobles Jean-Bernard 201, 218, 241, 254, 265
Sack Jonathan 843
Sadoux Pierre 930, 938
Saget-La Perrière 1041, 1100
Saillant-Esneu EARL 996
Saint-André Cave 854, 888
Saint-Andrieu Dom. 854
Saint-Antoine Cave coopérative de 895, 901
Saint-Bénézet 1220
Saint-Christophe SCEA 1205
Saint-Désirat Cave 1172, 1240
Saint-Dézéry SCA les Vignerons de 762
Saint-Didier SAS Les Vignobles 912
Saint-Émilion Union de producteurs de 223-224, 261, 270
Saint-Estève d'Uchaux Ch. 1145, 1159
Saint-Estève Ch. 673, 675
Saint-Go SARL Ch. 958
Saint-Hilaire Ch. 847
Saint-Hilaire SARL 762
Saint-Jean de la Gineste Ch. 673
Saint-Jean de Villecroze Dom. 854, 880
Saint-Jean du Noviciat 696
Saint-Jean-Le-Vieux Dom. 854
Saint-Julien Cave coopérative de 101, 105, 108
Saint-Lager Ch. de 108
Saint-Marc Cave 1231, 1245
Saint-Marc Dom. Ch. 880
Saint-Martin SCEA Ch. de 880
Saint-Martin Serge 319
Saint-Maur Ch. 880
Saint-Michel SCEA 878
Saint-Mitre Dom. 855
Saint-Orens Daniel 956
Saintout (Ch. la Bridane) Bruno 340
Saint-Pey-Génissac SCA Vignerons de 149
Saint-Remy-Desom Caves 1250, 1253
Saint-Robert SCEA de 911
Saint-Roch Brunel Frères Ch. 1146, 1217
Saint-Roch-les-Vignes Cave 880
Saint-Roman d'Esclans Dom. 881
Saint-Sardos Vignerons de 929
Saint-Saturnin Les Vins de 701
Saint-Seine de 860
Saint-Ser Dom. de 881
Saint-Seurin SCEA 913
Saint-Sidoine Cellier 881
Saint-Victor Éric de 838
Saint-Vincent SCEA Cour 701
Saint-Vincent SCEA Dom. 1189
Sainte-Anne EARL Dom. 1159
Sainte-Baume Les Vignerons de la 853
Sainte-Catherine SCEA 153, 161
Sainte-Colombe SCA 267
Sainte-Croix Ch. 879, 888
Sainte-Lucie d'Aussou SCEA Ch. 675
Sainte-Lucie SAS 879
Sainte-Marguerite Ch. 879
Salagre SCEA la 935
Salat Alain 868
Salettes Ch. 839
Salima et Alain EARL 559
Salisquet Dom. 928
Sallet Raphaël 519, 522
Sallette Romain 308
Salmon 614, 1118
Salmon Dom. 996
Salmona Guy 925
Salomon Christelle 614
Salomon Nicolas 614
Salon 615
Salvestre Famille 736
Samson Gérard 1120
San Quilico EARL Dom. 896, 898
Sanayre EARL de 906
Sanctus SCEA Ch. 250
Sandifer John et Mary 175
Sandras Sophie et Arnaud 693
Sanfins José 322
Sangouard Pierre-Emmanuel 519, 528
Sanlaville Jean-Philippe 113, 125
Sans Souci SAS 250
Santé Hervé 519
Santenay SCEA Ch. de 437, 505
Santier Éric 1062
Sanzay Sébastien 1036
Saparale EARL Dom. 895
Sard EARL Jean-Jacques 1047
Sarrazin et Fils Michel 508
Sarrins Dom. des 881
Sarrouy Jean-Claude 269
SAS Machet-Quesson 1035
Saturny Loïc 194
Saubot Famille 962
Saumaize Annie 533
Saunier Vignobles A.M. et P. 232
Saurel 1200
Saurel Christine et Éric 1199
Saurel Patrick 774
Saurel Pauline 1201
Sauvat Annie 1088, 1121
Sauvayre Christian 1189
Sauvegarde SCF La 147
Sauvète Jérôme 1043
Savagny Dom. de 638, 643
Savatier Famille 879
Savès Camille 615
Savignac Julien de 935, 947
Savoye Christophe 115, 129
Savoye Dom. Christian et Michèle 114
Scarone 877
Scarone Régis 883
Schaffhauser SARL Jean-Paul 40, 78
Schaller et Fils EARL Edgard 49, 86
Schaller Camille et Laurent 383, 390
Scharsch Nicolas 64, 78
Scheidecker et Fils 49, 64
Schenck Bruno 669
Schepper Famille de 323
Scher Christine et Vincent 608
Scherb et Fils Louis 79
Scherrer Thierry 56
Schistes Dom. des 777, 786, 802, 807, 819
Schlatter Olivier 1100
Schlegel Jean-Luc 79

Schlumberger Famille 37, 64
Schmid-Haguenin 200
Schmitt Frédéric 49, 79
Schmitt Lucien 915
Schoch Emmanuelle 744
Schoech Dom. Maurice 79
Schoech SARL Albert 79
Schoepfer EARL Jean-Louis 86
Schoepfer Vincent 49, 56
Schoffit Dom. 80
Schueller Damien 50
Schueller EARL Maurice 80
Schumacher-Knepper Dom. viticole 1251
Schumacher-Lethal 1251, 1253
Schuster de Ballwil Armand 170, 274
Schutz Jean-Victor 64
Schwartz Christian 56
Schweitzer Luc 180
Schwertz 727
Sciortino Thierry et Yolande 1087
Sécher et Hervé Denis Jérôme 993
Secondé François 615
Secondé-Simon SCEV J.-L. 616
Segard 382
Segond Bruno 307
Seguala SAS Ch. 786, 792
Seguin Dom. 1100
Seguin Gérard 406, 411
Seguin SC Dom. de 301
Seguin-Manuel 368, 509, 511
Séguinot et Filles Dom. Daniel 383, 390
Séguinot-Bordet Dom. 368, 383, 390, 394
Seignez Bruno 884
Seilly Dom. 37
Seize Robert 255
Sélèque Jean 616
Sélèque SCEV R. et J.-M. 616
Selle Michelle et Philippe 923
Seltz et Fils EARL Fernand 80
Semper Dom. 786, 793
Seneau 987
Sénéclauze 870
Sept Arpents EARL Vignoble des 546
Séré Benoît et Sébastien 960
Sergenton Thierry 947
Serguier Marc 1133
Sérignan SCAV Les Vignerons de 703, 763
Serivinivia EARL 1204
Sérol Stéphane 1090
Serrano Gérald 1135, 1151
Serrette Nicolas 1180
Serris Serge 729
Serveaux 616
Servien Charles 863
Servin Dom. 391
Seuil SCEA Ch. du 285
Sève Jean-Pierre 528
Sève Laurent 101
Seydoux Julien 677
Siaurac and Co Ch. 213
Sicard Dom. 730
Sicard EARL Vignoble 278
Sicaud EARL Vignobles Éric 182
Sichel SA Maison 148, 161
Siegler Jean 34, 59
Sieur d'Arques SAS 717, 719
Sigaud Jean-Marie 909
Sigaut Anne 416, 420
Signac Ch. 1160
Sigoulès Cave de 936, 948
Silvestri Maurice 837, 887
Silvestrini SCEA Vignobles 211
Simon & Vérax 910
Simon Alain 616
Simon Dom. Aline et Rémy 38, 50, 64
Simonin Jacques 528, 534
Simonis Étienne 81
Simonis Jean-Marc 80
Simonnet-Febvre 368, 391, 397
Sinson EARL Hubert et Olivier 1082
Siohan-Cuny France et Michel 700
Siouvette EARL Dom. 882
Sipp Jean 81, 86
Sipp Vincent 52, 57
Siran SC Ch. 174, 326
Sirat Pascal 171
Siret-Courtaud Vincent 1102
Sisqueille Cathy et Philippe 776, 816
Six Coteaux Coopérative Des 584
Sixtine Ch. 1213
Skywalker Vineyards 852
Socheleau 1003, 1010, 1018, 1022
Sohler Dom. Philippe 64
Sohler Jean-Marie et Hervé 87
Solane et Fils GFA Bernard 345-346
Solé Jean 790, 796
Soleil SCV les Vignobles du 777
Solidaires Châteaux 152, 185, 192
Sololine SARL 164
Solorzano Jean-Baptiste 291
Sol-Payré Dom. 778, 807
Sommiérois Les Vignerons du 702
Sonnery Jean-Yves et Annick 96
Sonnette SAS Jacques 617
Sontag 90
Sorbe SARL Jean-Michel 1105
Sordet Benoît 458
Sorge Jean 322
Soriano Marie-Ange et Jérôme 924
Sorin 368, 399, 1005, 1010, 1024
Sou Romain 191
Soucherie Ch. 1011
Soulier Brigitte 940, 943
Sounit Maison Albert 374, 501, 505, 509
Sourdais Pierre 1065
Sourdais Serge et Bruno 1063
Sourdon Laurent 1141, 1155
Sousa Stéphane de 367, 438, 462
Soutard SCEA du Ch. 247, 251
Soutiran 617
Soutiran Patrick 617
Sovex Grands Châteaux 143
Spannagel Dom. Paul 42
Sparr Successeurs Maison Pierre 50, 87
Spencer la Pujade Ch. 673
Spizzo Jean 842
Spring Michael et Susan 977
Spurr Richard et Marjorie 892
Steinmetz Nathalie et Stéphane 35, 39
Stentz André 65, 81
Stentz Marc 50, 56
Stintzi Olivier 50, 57
Stirn Fabien 81
Stoeffler Vincent 87
Stoffel Antoine 42
Straub Jean-François et Jean-Sébastien 50
Straub Jean-Marie 40, 87
Suau SCEA du Ch. 148, 281
Suchot SARL le 556
Sud Ardèche Vignerons 1239
Sudrat-Melet SCEA Vignobles 199, 203
Suduiraut Ch. 351
Suire Isabelle 1032-1033
Sulzer-Féret SCEA 165
Sumeire Famille 856
Sunnen-Hoffmann Dom. 1251, 1253
Suremain de 505
Suteau-Ollivier 997
Suter Alexander 1131, 1149
Suzienne Cave la 1188
Suzzoni Étienne 891
Sylla Vignobles en Pays d'Apt SCA 1231, 1235
Sylvain Jean-Luc 257

T

Tabordet Pascal, Gaël et Marius 1100, 1118
Tach Frédéric 288
Tadieu Marielle 968
Taillan SCEA Ch. du 319
Tain Cave de 1172, 1176, 1179, 1181, 1183, 1240
Taittinger 617
Taïx Pierre 267
Talbot Ch. 343
Talmard Gérald 520
Taluau et Foltzenlogel EARL 1059
Tapin 1065
Tapon-Renaut Nicole et Jean-Christoph 216, 251

Tapray 617
Taradeau SCA Les Vignerons de 882
Tardieu Ferrand Elsa et Nicolas 747
Tardy Patrick 648, 653
Tari Guillaume 833
Tariquet SCV Ch. du 970, 976
Tarlant 618
Tassin Emmanuel 618
Taste et Barrié SCEA Vignobles de 194
Tastet Denis 968, 977
Tastu Thierry 668
Tatraux 509
Taupenot-Merme Dom. 414, 416
Tautavel Vingrau SCV Les Vignerons 787, 793
Tavel Les Vignerons de 1217, 1219
Tavian Agnès et Franck 112
Techer Olivier 208
Teiller Dom. Jean 1094
Teissedre et Roux 1106
Teissèdre Jean-Philippe 710
Temperley Vignobles 933
Temple de Tourteyron EARL le 310
Temps des Sages Le 1235, 1243
Tereygeol 318
Terranea 1160, 1232
Terraube Jean-Marie 968, 975
TerraVentoux Cave 1232
Terre d'Expression SCAV 675
Terre de Vignerons 160
Terre-Blanque SCEA 186
Terrebrune Dom. de 839
Terres Blanches SCEA NSE du Dom. des 841
Terres d'émotions Dom. 1188
Terres des Templiers 791, 797
Terres noires GAEC des 1047
Terres romanes SCV Les Vignerons en 817
Terres secrètes Vignerons des 534
Terres Valdèze SCA 1245
Terrien EARL 1000, 1013, 1016
Terrigeol et Fils 184
Terrimbo 791
Terroirs et Châteaux de Bourgogne SAS 483
Terroirs de Savoie Fruitière des Vignerons des 654
Terroirs du Vertige SCAV Les 674
Tertre SEV Ch. du 326
Tesseron Basile 337
Tessier-Brunier 999
Teste Sylvia 1240
Testulat Vincent 618
Teulon Vincent 1224
Tévenot Daniel et Vincent 1078
Teyssier SD du Ch. 261, 264
Tézenas Olivier 860
Thénac SCEA Ch. 936, 940
Théophile Didier 1235
Therez Nicolas 716
Théron-Portets SCEA 292
Theulot Nathalie et Jean-Claude 505
Thévenet et Fils Vignobles 534
Thévenet Isabelle et Xavier 619
Thévenet Patrick 114
Thévenot-Le Brun et Fils Dom. 402
They et Associés EARL Alexandre 674
Thibault GAEC 1086
Thibaut 641
Thibert Père et Fils Dom. 520, 529
Thiénot 619
Thienpont Nicolas 265, 270-271
Thierry Niziolek 562
Thiers Jean-Louis 1179, 1182
Thill Dom. 1251
Thill (Ch. de Schengen) Dom. 1253
Thiou Thomas 258
Thirot Gérard et Hubert 1119
Thirot-Fournier Christian 1120
Thoilliez 248
Thomann 48
Thomas Dom. Gérard 486
Thomas Dom. Paul 1118
Thomas Jean 1119
Thomas Laurent 1119
Thomas Lucien 532
Thomas Vignobles 320
Thorigny Christophe 1076
Thorin Maison 119, 123
Thunevin SAS 205, 253
Thunevin-Calvet Dom. 787
Tibie 668
Tiercelines Cellier des 633
Tijou Hervé 1008
Tinel Annick et Marlène 1100, 1119
Tinon EARL Vignoble 346
Tiollier Sylvain 649
Tirroloni Toussaint 890
Tisserond François et Philippe 1007, 1011, 1028
Tisseyre Fanny 669
Tissier et Fils Roland 1119
Tissier SAS J.-M. 619
Tissot 696
Tissot Dom. Jacques 636, 641, 643
Tissot Jean-Christophe et Valérie 636
Tissot Thierry 657
Tixier Benoît 619
Tixier Olivier 619
Toasc Dom. de 842, 885
Tobias Frères 845
Todeschini Famille 244
Tola-Manenti 890
Tordeur Sophie et Didier 280
Tornac SCA Cave de 745
Tornay SARL 619
Torquebiau Matthieu 705
Tortigue Nicolas 972
Tortochot Dom. 414
Toublanc 997, 1000, 1004
Toublanc Jean-Claude 1000
Toulois Les Vignerons du 89
Tour Baladoz SCEA Ch. 232
Tour blanche Ch. la 352
Tour du Fayet SCEV Héritiers de La 199, 241
Tour de Gâtigne Dom. la 745, 1226
Tour Figeac Ch. la 251
Tour Napoléon EARL La 603
Tour Saint-Christophe Ch. 252
Tour Saint-Martin La 1081, 1094
Tourangelle Les Caves de la 1043
Tourels Dom. des 730
Tourlonias Isabelle 1089
Tournant Guillaume 594
Tournefeuille SCEA Ch. 220
Tournier 840
Tournier Geneviève et Henri 839
Tourrel Roger 855
Tourril EARL du Ch. 731
Tour-Rouge EARL la 148
Tours Ch. des 109
Tourteau Chollet SC du Ch. 294
Trahan 1008
Tramier Lucien 1147
Trapet-Rochelandet 411
Trazic Laurent 1230
Treille SCEA Dom. de 720
Trémoine Les Vignerons de 779, 785, 802, 807
Trenet Jérémy 438
Trianon Ch. 252
Trians Ch. 855
Trichard Dom. Benoît 109, 127
Trichard GAEC Bernard, Laurent et Didier 129
Trichon EARL Dom. 657
Tricon Olivier 391
Trilles Jean-Baptiste 787, 817
Trillol SCA du 674
Trinquevedel Ch. de 1219
Tripoz Catherine et Didier 368, 520
Tritant Alfred 620
Trocard Benoît 205, 237
Trocard Jean 300
Trocard Vignobles Jean-Louis 255
Trois Collines SCA Les 280, 282
Trontin 1192
Trosset Dom. Fabien 652
Trotignon Philippe 1037
Trottevieille SCEA du Ch. 253
Trottières Dom. des 1011
Trouillard 620
Trouillet William 528
Troussard 452
Trousselle David 438
Truc Sébastien 849

Truchetet Jean-Pierre 431, 433
Trudon Jérôme 620
Truet Lionel 1044
Tsarine 620
Tupinier-Bautista 505
Turc Philippe 986
Turckheim Cave de 81
Turetti Jean-Claude 721
Turpin Christophe 1095
Turtaut EARL 292
Tutiac Les Vignerons de 149, 154, 161, 186, 195

U

Uby Dom. 977
Ughetto et Lionel Audoin Éric 1147
Ugo Olivier 1137
Uijttewaal EARL A. et F. 309
Uni-Médoc Les Vignerons d' 308
Union Champagne 614
Union des Jeunes Viticulteurs récoltants 1184
Univitis SCA 146, 152, 934
Usseglio Jean-Pierre et Thierry 1214, 1217
Usseglio Stéphane 1214
UVCB Coop. 581
UVCDR 1134, 1150
UVIB SCA 894, 901

V

Vacher et Fils Dom. Jean-Pierre 1119
Vacher Maison Adrien 652
Vacheron Vignerons 1120
Vadal-Dumoulin Famille 678
Vadé Patrick 1032, 1036
Vaissière André 920
Val de France Caves du 1076
Val de Mercy Ch. du 453, 462, 471, 494
Val Joanis Ch. 1236
Val Rhodania 1161, 1194
Valade EARL P.-L. 268
Valade Jean-Pierre 1205, 1228
Valambelle EARL du Dom. de 680
Valanges Dom. des 534
Valdenaire 507
Valdition Dom. de 886
Valençay SCA La Cave de 1082
Valentin Geoffrey 828
Valentin Régis 694, 709
Valentini Marc 1229
Valéry Les Vins Famille 702
Valetanne Ch. la 884
Valfaurès SARL 684
Vallet Anthony 1172
Vallette Robert 109
Vallois Jean-Guy 620
Vallon Les Vignerons du 922
Vallongue Dom. de la 841
Vallons de Fontfresque Les 855
Valmy SARL Les Vins de 778, 793, 810, 818
Valpromy-Deffarge EARL 279
Valton Antonin 966
Van Der Kelen 265
Van Doren Bernard 886
Van Gysel-Liébart 621
Vandelle Dom. Philippe 643-644
Vandome Rémi et Laurent 702
Vanlancker Guy 725, 732
Vaquer Indivision 779, 787, 818
Varière Ch. la 1013, 1017
Varin-Bernier Charles 656
Varnier Valérie 621
Vatan Arielle 1120, 1126
Vaudoisey Alexandre 369, 462
Vaudoisey Christophe 462, 464, 475
Vaute Thierry et Marina 1238
Vauthier Vignobles 242
Vautrin Édouard 621
Vauvrecy-Boutet Martine 215, 260
Vauvy Patrick 1038, 1045
Vayssette 920
Vazart Jean-Pierre 621
Vazeux 948
Védélago Jean-Paul 267
Vedelago Thibaut 214
Velut Jean 621
Vély-Prodhomme 622
Vendange Dom. 652
Vendômois Cave coopérative du 1081
Venise provençale La 848
Venoge De 622
Venon Jérémy 383
Ventajol 1147
Ventenac Maison 664, 763
Venture 696, 706
Venturi-Aquaviva 895
Venturi-Pieretti Lina 893, 899
Vénus EARL Ch. 284
Verbeek Pieter 280
Verdier SA Joseph 1032
Verdier-Logel Cave 1091
Vergez Nicolas 181
Vergnes Daniel 958
Vergnes GAEC Marion et Mathieu 748
Vergniaud Famille 938
Vergnon Didier 622
Verhelst Olivier 932
Vermeersch Famille 1141
Vermont SCEA Ch. 154, 276
Vermont Yannick de 106
Vernous SCA Ch. 310
Vernus Armand et Céline 114
Veron Frédéric 195
Verrerie SC la 1236
Verret Bruno 371, 383, 391, 397, 399
Verrier 622
Vertus d'Élise SCEV Les 582, 623
Vesselle Georges 623
Vesselle Guillaume 623, 626
Vesselle Vincent 935
Vessigaud Pierre 520, 529
Veuve Ambal 374
Veuve Maître-Geoffroy SA 623
Veuve Olivier et Fils 624
Veyriers Cave les 147
Veyron Adrien 652, 654
Veyrunes et Faure Marie-Hélène et Thomas 743
Veyrunes et Thomas Faure Marie-Hélène 1225
Veyssière Éric 224
Vezain Éric 181
Vézien et Fils Marcel 624
Vial 1090
Vial Christophe 743
Vial Julien 851, 888
Vialard Marie 313
Viale David et Florent 1174
Vialla-Donnadieu 711
Vial-Magnères Dom. 791, 797-798, 819
Viard Florent 624
Viaud Jean-Luc 999
Viaud SAS du Ch. de 220
Vic SARL les Domaines Robert 762
Victoire 884
Vidal 837
Vidal EURL Pierre 1161, 1165, 1168, 1173, 1177, 1185, 1189, 1194, 1196, 1201, 1214, 1217, 1224
Vidal Jacques 1224
Vidal-Fleury 1177, 1182, 1201
Videau EARL Fabienne et Philippe 304
Videau-Roze des Ordons SCEA 304
Vieil Armand La Cave du 51, 65
Vieille Cure SNC Ch. la 203
Vieille Forge Dom. de la 65, 81
Vieux Bayard SCEA 262
Vieux Robin Ch. 310
Vignal Valérie 1161
Vigne Romaine Dom. de la 127
Vigne Christian 744
Vigneau Arnaud 952
Vignelaure Ch. 848, 1243
Vigneron Maison du 637, 639
Vigneron savoyard Le 650, 652
Vignerons catalans Les 778, 787, 799, 803, 818
Vignerons foréziens Cave des 1091
Vignerons landais SCA les 958
Vignerons londais Cave des 874
Vignerons de Saint-Pourçain Union des 1107
Vignier-Lebrun SA 592
Vignobles et Compagnie 1137, 1148, 1153, 1211, 1224, 1226
Vignobloise GAEC la 566
Vignoli Guy 974
Vignon Xavier 1194
Vigot Dom. Fabrice 412, 423, 426, 431

Vigouroux David et Claude 923
Vigouroux Maison Georges 910
Viguier 701
Viguier Bernard 1235
Viguier Jean-Marc 921
Vila Robert 799, 803
Viland Antoine 97
Villa Ponciago 117, 127
Villaine de 496
Villalin EARL Dom. de 1103
Villamont Henri de 420
Villaneuva Olivier 679
Villard François 1166, 1168, 1173, 1177, 1182
Villars-Lurton Claire 322, 331
Villatade EARL la 742
Villebois 1126
Villedieu-Buisson Les Vignerons de 1140
Villemaine Jean-Marc 1047
Villeneuve Arnaud de 779, 788, 803, 816
Villeneuve SCEA de 292
Villeneuvoise SC 188
Vilmart et Cie 624, 628
Vinas Claudine et Éric 921
Vincens Philippe et Isabelle 913
Vincent Cédric 127
Vincent Marc 1036
Vincent SCEA Vignobles 145, 157, 168
Vincent SCEV 1106
Vinovalie – Site de Côtes d'Olt 906
Vinovalie – Site de Fronton 925, 971
Vinovalie – Site de Técou 915, 978
Vins de Sancerre Cave des 1120
Vinsmoselle Domaines 1251-1253
Vinsobraise Cave la 1148, 1190
Vinson Denis et Charles 1156, 1190
Vioche et Rouille Caroline et Pierre-Yves 699, 762
Viot Benoît 708
Viré Cave de 374, 523
Virou SC Ch. le 187
Visseq Vincent 765
Vitteaut Agnès 374
Viudes Pierre et Julie 754
Viviers SCEA Ch. de 395
Vocoret Dom. Yvon et Laurent 391
Vocoret Patrice et Jérôme 378, 391
Voge Dom. Alain 1182, 1184
Vogt Dom. Laurent 82
Voirin 625
Voirin Patrick 625
Voisin Jean 253
Voisine Olivier 986, 1009, 1017
Voiteur SCA Fruitière vinicole de 641
Volontat-Bachelet Agnès de 808
Vonville Stéphane 57
Vorburger et Fils EARL Jean-Pierre 65
Vranken Pommery Production 625
Vrayet Daniel 625
Vrignaud Guillaume 378, 384, 392, 395
Vrignaud Joël 154
Vuillien Denis 949
Vullien et Fils EARL Dom. Jean 655

W

Wach et Fils EARL Jean 87
Wach Pierre 82
Waris-Hubert 625
Wassler Fils EARL Jean-Paul 51, 57
Way of Wine The 681, 792, 811
Weinbach Dom. 51, 82
Weisskopf Xavier 1069
Welle Alain de 876
Welty Jean-Michel 38
Wilding James et Sarah 121
Williamson Liz et Robin 701
Willm Alsace 82, 87
Winevest Saint-Émilion SCEA 255, 264
Wolfberger 65, 82
Wunderli Werner 1226, 1244
Wunsch et Mann 83
Wymann Xavier 41

X

Xans Vignobles Florence et Alain 222, 236

Y

Ybert SCEA Vignobles Daniel 213
Yeuses GAEC du dom. les 764
Yquem SA du Ch. d' 162, 352
Yung et Fils SCEA Charles 283, 285
Yung et Fils SCEA P. 150

Z

Zeyssolff G. 41, 57
Ziegler EARL Albert 83, 87
Ziegler et Fils EARL Fernand 65
Zinck Philippe 38, 51
Zink 51, 66
Zoeller Maison Mathieu 66

Index des vins

INDEX DES VINS

L'indexation ne tient pas compte de l'article défini

937 Ch. Bordeaux supérieur 162

A

A Dom. de l' Castillon-côtes-de-bordeaux 265
ABBAYE DE FONTFROIDE Corbières 665
ABBAYE DE LÉRINS IGP Méditerranée 1240
ABBAYE DE VALMAGNE Languedoc 685
ABBAYE SYLVA PLANA Faugères 676
ABBAYE Ch. l' Blaye-côtes-de-bordeaux 179 • Puisseguin-saint-émilion 262
ABBÉ DÎNE Dom. l' Côtes-du-rhône-villages 1148
ABBÉ ROUS Banyuls grand cru 798 • Collioure 788
ABBOTTS ET DELAUNAY Côtes-du-roussillon 767 • IGP Pays d'Oc 754 • Languedoc 685 • Minervois 722
ABEILLE Vignoble Châteauneuf-du-pape 1207
ABONNAT Jacques et Xavier Côtes-d'auvergne 1086
ABOS Ch. d' Jurançon 960
ACACIAS Dom. des Coteaux-du-layon 1020
ACHARD-VINCENT Clairette-de-die 1184 • Crémant-de-die 1185
ACKERMAN Crémant-de-loire 985 • Saumur 1028
ADAM Dom. Pierre Alsace grand cru 67 • Alsace pinot gris 42
ADAM Jean-Baptiste Alsace grand cru 67 • Alsace pinot gris 42 • Crémant-d'alsace 83
ADAUGUSTA Ch. Saint-émilion grand cru 224
ADRET DU PONT-ROUGE L' Cairanne 1194
AEGERTER Jean-Luc et Paul Meursault 471 • Viré-clessé 520
AFRIQUE Ch. l' Côtes-de-provence 856
AGAPÉ Dom. Alsace pinot noir 51 • Alsace riesling 57
AGASSAC Ch. d' Haut-médoc 310
AGHIONE Cave coopérative d' IGP Île de Beauté 899
AGNET LA CARRIÈRE Ch. l' Sauternes 348
AGUILA Crémant-de-limoux 717
AGUILAS Coteaux-du-layon 1020
AIGUILLOUX Ch. Corbières 665
AIRES Dom. des Muscat-de-lunel 739
AIRES HAUTES Dom. des Minervois-la-livinière 731
AL COUDERC Dom. Gaillac 915
ALARY Dom. Cairanne 1194
ALBÈRES Les Vignerons des Côtes-du-roussillon 768
ALCÉE Ch. Castillon-côtes-de-bordeaux 265
ALÉOFANE Saint-joseph 1168
ALEXANDRE Dom. Petit-chablis 375
ALEXANDRE Xavier Champagne 542
ALFIERI POLIDORI Corse ou vin-de-corse 894
ALIBERT J.A. by Jean d' IGP Pays d'Oc 754
ALLAINES François d' Coteaux bourguignons 358 • Givry 506 • Montagny 509
ALLAMANDE Dom. de l' Côtes-de-provence 856
ALLÉGRETS Dom. des Côtes-de-duras 948
ALLEGRIA Languedoc 685
ALLEMAND Dom. IGP Hautes-Alpes 886
ALLIMANT-LAUGNER Dom. Alsace grand cru 67
ALLOÏS Dom. IGP Vaucluse 1243
ALLOUCHERY-PERSEVAL Champagne 542
ALMA Crémant-de-loire 986
ALMA CERSIUS IGP Pays d'Oc 755
ALOÈS Dom. d' Côtes-du-rhône-villages 1148
ALQUIER Dom. Côtes-du-roussillon 768 • IGP Côtes catalanes 810
ALQUIER Dom. Florence Faugères 676
ALTÉUS Madiran 951
ALTIMAR Ch. Bordeaux rosé 150 • Lalande-de-pomerol 214
ALZETO L' Ajaccio 889
ALZIPRATU Dom. d' Corse ou vin-de-corse 891
AMADIEU Pierre Cairanne 1194
AMANDINE Dom. de l' Côtes-du-rhône 1131 • Côtes-du-rhône-villages 1148
AMANTS DE LA VIGNERONNE Les Faugères 676
AMAUVE Dom. de l' Côtes-du-rhône-villages 1149
AMBERG Dom. Yves Alsace gewurztraminer 33 • Crémant-d'alsace 83
AMBLARD Dom. Côtes-de-duras 948
ÂME DE PIERRE Banyuls 794
AMIDO Dom. Tavel 1218
AMIOT ET FILS Dom. Pierre Morey-saint-denis 414
AMIRAL Dom. l' IGP Pays d'Oc 755
AMIRAL Les Caves de l' Côtes-de-provence 856
AMIRAULT Agnès et Xavier Saint-nicolas-de-bourgueil 1054
AMIRAULT Yannick Bourgueil 1048 • Saint-nicolas-de-bourgueil 1054
AMIRAULT-GROSBOIS Famille Saint-nicolas-de-bourgueil 1054
AMOUREUSES Ch. les Côtes-du-rhône 1131
AMOUREUSES Terres des IGP Ardèche 1238
ANCELY Dom. Minervois 722 • Minervois-la-livinière 731
ANCIEN RELAIS Dom. de l' Juliénas 117 • Saint-amour 130
ANCIENNE CURE Dom. l' Côtes-de-bergerac 937 • Monbazillac 941
ANCRES Ch. les Bordeaux 138
ANDRÉ Dom. Françoise Corton-charlemagne 446 • Pernand-vergelesses 442 • Savigny-lès-beaune 448
ANDRÉA Ch. Graves 286
ANGELI Casa Muscat-du-cap-corse 898
ANGELIÈRE Dom. de l' Coteaux-du-layon 1020
ANGELLIAUME Chinon 1059
ANGELOT Maison Bugey 655
ANGES Dom. des Ventoux 1226 • Vin-de-savoie 646
ANGLADE Ch. d' Bordeaux supérieur 162
ANGLADE Dom. de l' IGP Maures 886
ANGLADES Ch. des Côtes-de-provence 856
ANGLÈS Ch. d' La Clape 711
ANGUILLEYS Ch. les Médoc 310
ANITA Dom. Moulin-à-vent 124
ANNA Ch. d' Sauternes 348
ANNE DE JOYEUSE IGP Pays d'Oc 755 • Limoux 718

ANNIBALS Ch. des Coteaux-varois-en-provence 848
ANNIVY Dom. Saumur 1029 • Saumur-champigny 1033
ANSEN Dom. Alsace riesling 57
ANTECH Blanquette-de-limoux 716 • Crémant-de-limoux 717
ANTICAILLE Dom. de l' Côtes-de-provence 856
ANTOINE Véronique Bugey 655
ANTUGNAC Ch. d' Limoux 718
ANVICHAR Ch. d' Castillon-côtes-de-bordeaux 266
APOLLON Graves 284
AQUEDUC Dom. de l' Duché d'Uzès 1224
AQUERIA Ch. d' Lirac 1214 • Tavel 1218
ARBEAU Géraud Fronton 922
ARBO Ch. Montagne-saint-émilion 257
ARBOGAST ET FILS Dom. Frédéric Alsace riesling 58
ARBOIS Fruitière vinicole d' Arbois 633
ARBUSSELE Dom. de l' Faugères 676
ARCADES Ch. Languedoc 700
ARCHANGE Dom. l' Beaujolais 96
ARCHANGE L' Saint-émilion 221
ARCINS Ch. d' Haut-médoc 310
ARCISON Vignoble de l' Anjou 1001
ARDÉCHOIS Vignerons Côtes-du-vivarais 1236
ARDHUY Dom. d' Corton 444 • Savigny-lès-beaune 448
ARES DE LOIRE Les Chinon 1059
ARGENTEYRE Ch. l' Médoc 303
ARGENTIÈS Ch. Languedoc 685
ARGILE Dom. de l' Côtes-du-roussillon 769
ARGUIN Ch. d' Graves 284
ARGUTI Dom. Côtes-du-roussillon-villages 779
ARIESTE Ch. l' Sauternes 348
ARISTON Jean-Antoine Champagne 543
ARLAY Ch. d' Côtes-du-jura 638
ARLOT Dom. de l' Romanée-saint-vivant 427
ARLUS Ch. d' Gaillac 915
ARMAILHAC Ch. d' Pauillac 330
ARMAJAN DES ORMES Ch. d' Sauternes 348
ARMAND Dom. Guillaume Languedoc 685
ARNAULD Ch. Haut-médoc 311
ARNESQUE Manon de l' Châteauneuf-du-pape 1207
ARNOULD ET FILS Michel Champagne 543
ARNOULD & GIBELIN Champagne 543
ARNOUX Jérôme Arbois 633
ARNOUX ET FILS IGP Méditerranée 1241
ARNOUX PÈRE ET FILS Dom. Aloxe-corton 439 • Beaune 453 • Chorey-lès-beaune 451 • Corton 444
AROCAS Julien et Didier Ventoux 1229
ARPENTS DU SOLEIL IGP Calvados 1120
ARPENTY L' Chinon 1060
ARQUIÈS Ch. d' Cahors 905
ARRELS Banyuls 794
ARRICAUD Ch. d' Graves 284
ARROMANS Ch. les Bordeaux 138
ARTIGAUX Ch. les Graves-de-vayres 276
ARTIX Ch. Minervois 722
ARVIEUX Dom. Côtes-du-rhône 1131
AS Ch. d' Graves 285
ASCENSION Ch. Saint-émilion grand cru 224
ASPASIE Champagne 543
ASPRAS Dom. des Côtes-de-provence 857
ASSAS Ch. d' Languedoc 688
ASSAY Comte Henry d' Coteaux-du-giennois 1084
ASSEYRAS Dom. des IGP Vaucluse 1243
ASTER Dom. de l' Languedoc 685
ASTRALY Dom. Touraine-noble-joué 1047
ASTROLABE Cahors 906 • Gaillac 915
ASTROS Ch. d' Côtes-de-provence 857
ASTROS Dom. d' IGP Maures 886
ATTILON Dom. IGP Méditerranée 1241
AUBARET Dom. d' IGP Pays d'Oc 755
AUBERT Domaines André Grignan-les-adhémar 1185 • IGP Méditerranée 1241
AUBRADE Ch. de l' Bordeaux 138 • Bordeaux supérieur 162
AUCŒUR Arnaud Juliénas 117 • Moulin-à-vent 124
AUCŒUR Dom. Morgon 119
AUDOIN Dom. Charles Fixin 404 • Gevrey-chambertin 406 • Marsannay 402
AUFRANC Pascal Chénas 113
AUGIS Dom. Valençay 1081
AUGUSTE Christophe Saint-bris 397
AUGUSTIN Dom. Collioure 788
AUGUSTIN Paul Champagne 543
AUJARD Dom. Reuilly 1103
AUJARDIÈRE Ch. de l' Coteaux-d'ancenis 999
AULNAYE Dom. de l' Muscadet-sèvre-et-maine 990
AUMARETS Les Côtes-de-provence 876
AUMÉRADE Ch. de l' Côtes-de-provence 857
AUPILHAC Dom. d' Languedoc 686
AURELIUS Saint-émilion grand cru 224
AURETO IGP Vaucluse 1243 • Ventoux 1226
AURIOL Dom. Picpoul-de-pinet 713
AUTARD Dom. Paul Châteauneuf-du-pape 1207
AUTRAND Dom. Côtes-du-rhône 1131 • Vinsobres 1189
AUTRÉAU-LASNOT Champagne 543
AUVIGUE Héritiers Pouilly-fuissé 523
AUVIGUE Vins Mâcon et mâcon-villages 511 • Pouilly-fuissé 523
AUZIAS Ch. Cabardès 661 • IGP Cité de Carcassonne 745
AUZIÈRES Dom. des Côtes-du-rhône-villages 1149
AVIZE Ch. d' Champagne 544
AVOCAT Ch. l' Graves 285
AVRIL Dom. Juliette Châteauneuf-du-pape 1207
AVRILLÉ Ch. d' Anjou-villages-brissac 1012 • Crémant-de-loire 986
AYDIE Ch. d' Madiran 951 • Pacherenc-du-vic-bilh 954
AZÉ Cave d' Mâcon et mâcon-villages 511
AZUR Ch. d' Bandol 832

B

BABY Ch. Sainte-foy-bordeaux 277
BACCHUS Caveau de Arbois 633
BACHELET Vincent Chassagne-montrachet 479 • Maranges 490 • Santenay 486
BACHEN Ch. de IGP Landes 978 • Tursan 958
BACHEY-LEGROS Dom. Chassagne-montrachet 479 • Santenay 486
BADER Dom. Alsace gewurztraminer 33 • Alsace riesling 58
BADER-MIMEUR Bourgogne-aligoté 369 • Chassagne-montrachet 479
BADETTE Ch. Saint-émilion grand cru 224
BADILLER Touraine 1037

BADILLER Dom. Touraine-azay-le-rideau 1045
BADIN Christelle et Christophe Cheverny 1076
BADOZ Dom. Côtes-du-jura 638
BAGNOL Dom. du Cassis 843
BAILLON Alain Côte-roannaise 1089
BAILLY Alain Champagne 544
BAILLY Dom. Sylvain Sancerre 1107
BAILLY Jean-Pierre Pouilly-fumé 1095
BAILLY-LAPIERRE Bourgogne 360 • Crémant-de-bourgogne 371 • Irancy 395
BAILLY-REVERDY Dom. Sancerre 1107
BALADOZ La Dame de Saint-émilion grand cru 232
BALESTARD LA TONNELLE Ch. Saint-émilion grand cru 227
BALLAND Dom. Jean-Paul Sancerre 1107
BALLAND Pascal Sancerre 1107
BALLANDORS Dom. des Quincy 1103
BALLICCIONI Dom. Faugères 677
BALUCE Dom. de Beaujolais 96
BANÉ Dom. du IGP Isère 657
BAPTISTA Dom. Jean-Philippe Mâcon et mâcon-villages 511
BARA Paul Champagne 544
BARACAN Ch. Cadillac-côtes-de-bordeaux 279
BARAT Dom. Chablis premier cru 384
BARATONNE Dom. de la IGP Var 887
BARBANAU Ch. Cassis 843 • Côtes-de-provence 857
BARBE Ch. de Côtes-de-bourg 188
BARBE Hipster de Côtes-de-bourg 188
BARBE BLANCHE Ch. de Lussac-saint-émilion 254
BARBEBELLE Ch. Coteaux-d'aix-en-provence 844
BARBEIRANNE Ch. Côtes-de-provence 857
BARBEROUSSE Ch. Saint-émilion 221
BARBET Xavier et Nicolas Moulin-à-vent 124
BARBIER-LOUVET Champagne 544
BARDET Dom. Bugey 656
BARDET ET FILS Chablis 378 • Irancy 395
BARDIN Cédrick Coteaux-du-giennois 1084 • Pouilly-fumé 1095
BARDINS Ch. Pessac-léognan 294
BARDON Dom. Valençay 1081
BARET Ch. Pessac-léognan 295
BARFONTARC De Champagne 571
BARGEMONE Coteaux-d'aix-en-provence 844
BAROLET ET FILS Arthur Rully 497
BAROLET-PERNOT Dom. Saint-romain 469
BARON Claude Champagne 544
BARON Dom. Touraine-chenonceaux 1045
BARON D'ALBRET Buzet 927
BARON DAUVERGNE Champagne 544
BARON DE HOEN Alsace pinot gris 43
BARON DE L'ÉCLUSE Dom. Côte-de-brouilly 109
BARON KIRMANN Alsace gewurztraminer 33
BARONARQUES Dom. de Limoux 719
BARON-FUENTÉ Champagne 545
BARONNAT Jean Brouilly 106
BARRABAQUE Ch. Canon-fronsac 196 • Fronsac 199
BARRAIL DE BRISSON Ch. Saint-émilion grand cru 224
BARRAILH Ch. du Graves 289
BARRAL DE TRÉMOINE Le Côtes-du-roussillon-villages 785
BARREAU Dom. Gaillac 915
BARRÉJAT Ch. Pacherenc-du-vic-bilh 954
BARRES Dom. des Coteaux-du-layon 1020
BARREYRE Ch. Bordeaux supérieur 162
BARROCHE Dom. la Châteauneuf-du-pape 1207
BARROUBIO Dom. de Minervois 722 • Muscat-de-saint-jean-de-minervois 741
BARTHÈS Ch. Bandol 832
BARTHEZ Ch. Haut-médoc 317
BAS D'AUMELAS Ch. Languedoc 686
BASSAC Dom. IGP Côtes de Thongue 748
BASSAIL Dom. Madiran 951
BASSE-VILLE Dom. Muscadet-sèvre-et-maine 990
BASTIAN Ch. Bordeaux 138
BASTIDE Dom. de la Côtes-du-rhône-villages 1149
BASTIDE BLANCHE Dom. de la Côtes-de-provence 857
BASTIDE BLANCHE La Bandol 833
BASTIDE DE BLACAILLOUX Coteaux-varois-en-provence 848
BASTIDE DE FAVE Coteaux-varois-en-provence 848
BASTIDE DE LA CISELETTE Bandol 833
BASTIDE DE RHODARÈS Luberon 1232
BASTIDE DE SEGUIRANE IGP Var 888
BASTIDE DES DEUX LUNES Côtes-de-provence 858
BASTIDE DES VENTS D'ANGES La Côtes-de-provence 858
BASTIDE NEUVE Dom. de la Côtes-de-provence 858
BASTIDE ROUGEPEYRE Ch. la Cabardès 661
BASTIDE SAINT-DOMINIQUE La Côtes-du-rhône 1131
BASTIDE SAINT-VINCENT La Côtes-du-rhône 1132 • Côtes-du-rhône-villages 1149 • IGP Vaucluse 1244
BASTIDETTE Ch. la Montagne-saint-émilion 257
BASTIDIÈRE Ch. Côtes-de-provence 858
BASTIDON Ch. le Côtes-de-provence 858
BASTIDON Dom. le IGP Maures 887
BASTIDONNE Dom. de la Ventoux 1226
BASTIENNE Ch. la Montagne-saint-émilion 258
BASTOR-LAMONTAGNE Ch. Sauternes 348
BASTY Ch. du Beaujolais-villages 101
BATAILLEY Ch. Pauillac 330
BATARD-LANGELIER Muscadet-sèvre-et-maine 990
BAUCHET Champagne 545
BAUD GÉNÉRATION 9 Dom. Côtes-du-jura 638
BAUDIN FILS Champagne 545
BAUDOIN J.-P. Champagne 545
BAUDRY Champagne 545
BAUDRY-DUTOUR Chinon 1060
BAUR A. L. Alsace muscat 39
BAUR A.L. Alsace pinot gris 43
BAUR Maison Léon Alsace gewurztraminer 33 • Alsace riesling 58
BAUSER Champagne 545
BAZILLES Ch. les Bordeaux supérieur 162
BAZIN Ch. Côtes-du-marmandais 928

BAZIN Excellence de Côtes-du-marmandais 928
BAZIN Yves Bourgogne-hautes-côtes-de-nuits 399
BÉATES Les Coteaux-d'aix-en-provence 844
BEAU MISTRAL Dom. Cairanne 1194 • Rasteau sec 1190
BEAU RIVAGE Ch. Bordeaux supérieur 162
BEAU SITE DE LA TOUR Ch. Fronsac 199
BEAUBOIS Ch. Costières-de-nîmes 1220
BEAUCLAIR Dom. de Vouvray 1069
BEAUFORT Herbert Champagne 546
BEAUGRAND Champagne 546
BEAULIEU Ch. de Côtes-du-rhône 1141
BEAUMEL Ch. de Côtes-de-provence 858
BEAUMONT Ch. Haut-médoc 312
BEAUMONT Dom. Brice Lirac 1214
BEAUMONT Dom. des Chambolle-musigny 418 • Gevrey-chambertin 406
BEAUMONT DES CRAYÈRES Champagne 558
BEAUMONT LES PIERRIÈRES Ch. Blaye-côtes-de-bordeaux 179
BEAUPRÉ Ch. de Coteaux-d'aix-en-provence 845
BEAUREGARD Ch. Pomerol 203
BEAUREGARD DUCASSE Ch. Graves 286
BEAUREGARD-DUCOURT Ch. de Entre-deux-mers 272
BEAURENARD Dom. de Châteauneuf-du-pape 1207 • Rasteau sec 1190
BEAUREPAIRE Dom. de Menetou-salon 1091
BEAUSÉJOUR Ch. Fronsac 199 • Puisseguin-saint-émilion 263
BEAUSÉJOUR Dom. Touraine 1037
BEAUSÉJOUR Dom. de Chinon 1060
BEAU-SÉJOUR BÉCOT Ch. Saint-émilion grand cru 226
BEAU-SITE Ch. de Graves 286
BEAU-SITE HAUT-VIGNOBLE Ch. Saint-estèphe 335
BEAUTRAND Ch. Monbazillac 941
BEAUVIGNAC Languedoc 686 • Picpoul-de-pinet 713
BEAUVILLAIN MONPEZAT Ch. Cahors 905
BEAUX REGARDS Dom. les Sancerre 1112
BEBLENHEIM Cave de Alsace pinot gris 43 • Crémant-d'alsace 83
BÊCHE Dom. de la Régnié 127
BÉCHEREAU Ch. Lalande-de-pomerol 214
BÉCHEREAU Expression de Lalande-de-pomerol 214
BECHT Dom. Bernard Crémant-d'alsace 83
BECHT Pierre et Frédéric Alsace pinot noir 52 • Crémant-d'alsace 83
BECK Hubert Alsace gewurztraminer 34
BECK - DOM. DU REMPART Alsace grand cru 67
BECK ET FILS Francis Alsace riesling 58
BECKER Alsace grand cru 67 • Alsace pinot gris 43 • Alsace pinot noir 52
BECKER Jean Crémant-d'alsace 84
BECK-FRANK Dom. Moselle luxembourgeoise 1248
BÉDARÈS Dom. de Grignan-les-adhémar 1185
BEERENS Albert Champagne 546
BÉGUDE Dom. de la Bandol 833
BÉGUINERIES Dom. des Chinon 1060
BEILLE Dom. la IGP Côtes catalanes 810
BEL-AIR Ch. Lussac-saint-émilion 254 • Pomerol 203
BEL AIR PERPONCHER Bordeaux 139 • Bordeaux blanc 156 • Entre-deux-mers 275
BEL-AIR LA ROYÈRE Ch. Blaye 178
BEL CASSE Dom. Brulhois 926
BELAIR-MONANGE Ch. Saint-émilion grand cru 226
BELCIER Ch. de Castillon-côtes-de-bordeaux 266
BELGRAVE Ch. Haut-médoc 312
BÉLIERS Dom. les Moselle 89
BELIN Champagne 546
BÉLINGARD Ch. Côtes-de-bergerac 937 • Monbazillac 941
BELLAND Dom. Roger Chassagne-montrachet 480 • Criots-bâtard-montrachet 479
BELLAVISTA Dom. Côtes-du-roussillon 769 • IGP Côtes catalanes 811
BELLE Dom. Crozes-hermitage 1173 • Hermitage 1178
BELLE Dom. de la Côtes-de-duras 948
BELLE CONNIVENCE La Pomerol 204
BELLE DAME Dom. de la Muscat-de-mireval 740
BELLE GRÂCE Beaujolais 96
BELLE PIERRE La IGP Méditerranée 1241
BELLEFONTAINE Ch. Costières-de-nîmes 1220
BELLEFONT-BELCIER Ch. Saint-émilion grand cru 226
BELLE-GARDE Ch. Bordeaux 139
BELLEGARDE Dom. Jurançon 960
BELLEGRAVE Ch. Pauillac 330 • Pomerol 204
BELLENE Dom. de Saint-romain 469 • Vosne-romanée 423
BELLEROCHE Ch. de Arbois 634 • Côtes-du-jura 638
BELLES GRAVES Ch. Lalande-de-pomerol 214
BELLES PIERRES Dom. Languedoc 686
BELLET Ch. de Bellet 842
BELLEVERGNE Ch. de Saint-amour 130
BELLEVERNE Ch. de Moulin-à-vent 124
BELLEVILLE Dom. Menetou-salon 1092 • Mercurey 501 • Rully 498
BELLEVUE Ch. Blaye-côtes-de-bordeaux 179 • Monbazillac 941
BELLE-VUE Ch. Haut-médoc 312
BELLEVUE Ch. de Anjou-gamay 1008
BELLEVUE Dom. Touraine 1038 • Touraine-chenonceaux 1045
BELLEVUE LA FORÊT Ch. Fronton 922
BELLEVUE MONDOTTE Saint-émilion grand cru 226
BELLEVUE DE TAYAC Ch. Margaux 321
BELLIARD Ch. Bourgogne 360
BELLINI Ch. Coteaux-varois-en-provence 849
BELLISLE MONDOTTE Ch. Saint-émilion grand cru 240
BELMONT IGP Côtes du Lot 977
BELMONT Dom. IGP Côtes du Lot 977
BELOT Vignoble Saint-chinian 733
BÉNARD Laurent Champagne 546
BÉNAZETH Dom. Minervois 723
BÉNAZETH Franck Minervois 723
BENEDETTI Dom. Châteauneuf-du-pape 1207 • Côtes-du-rhône 1132 • IGP Vaucluse 1244
BENEYT Ch. Bordeaux blanc 154
BENOIT ET FILS Paul Arbois 634

BENOIT Patrice Montlouis-sur-loire 1067
BENZ Dominik IGP Ariège 970
BÉRANGERAIE Dom. la Cahors 905
BERCAIL Dom. le Côtes-de-provence 859
BERGÈRE A. Champagne 546
BERGERET ET FILLE Christian Chassagne-montrachet 480 • Saint-aubin 484 • Santenay 486
BERGERIE Dom. de la Savennières 1018
BERGERIE D'AQUINO Coteaux-varois-en-provence 849
BERGERIE DU CAPUCIN Pic-saint-loup 707
BERGERON Cédric Blaye-côtes-de-bordeaux 179
BERGERON Dom. Juliénas 117 • Saint-amour 130
BERGERONNEAU-MARION F. Champagne 547
BERGEYRE LABADIE Dom. IGP Côtes de Gascogne 973
BERGIRON Dom. de Brouilly 106 • Côte-de-brouilly 110
BERGUEROLLES Dom. de IGP Cévennes 742
BÉRIOLES Dom. des Saint-pourçain 1106
BERNA Moselle luxembourgeoise 1248
BERNADOTTE Ch. Haut-médoc 312
BERNARD Dom. Guy Côte-rôtie 1161
BERNARD Yvan Côtes-d'auvergne 1086
BERNARD-MASSARD Crémant-de-luxembourg 1252 • Moselle luxembourgeoise 1248
BERNATEAU Ch. Saint-émilion grand cru 251
BERNÈS Dom. dou Madiran 951
BERNET Dom. Madiran 951 • Pacherenc-du-vic-bilh 954
BERNHARD ET REIBEL Dom. Alsace gewurztraminer 34
BERNHARD Dom. Jean-Marc Alsace grand cru 70
BERNOLLIN Dom. Montagny 509
BERNON Ch. de Castillon-côtes-de-bordeaux 266
BÉROUJON Dom. Beaujolais-villages 102 • Brouilly 106
BERR Henri de Champagne 547
BERROD Dom. Fleurie 115
BERSAN Dom. Bourgogne 361
BERSAN Dom. Jean-Louis et Jean-Christ Irancy 395
BERSAN Jean-François et Pierre-Louis Bourgogne 360 • Saint-bris 398
BERSAN Jean-Louis et Jean-Christophe Saint-bris 398
BERTAGNA Dom. Corton 444 • Vosne-romanée 423
BERTA-MAILLOL Dom. Banyuls 795 • IGP Rancio sec 818
BERTAU Dom. IGP Aveyron 970
BERTEAU ET VINCENT MABILLE Pascal Vouvray 1069
BERTHAUT-GERBET Dom. Fixin 404
BERTHELEMOT Dom. Beaune 454 • Chassagne-montrachet 480 • Meursault 472
BERTHELEMOT Dom. Brigitte Pommard 457 • Puligny-montrachet 476
BERTHELOT-PIOT Champagne 547
BERTHENET Dom. Montagny 509
BERTHENON Ch. Blaye-côtes-de-bordeaux 180
BERTHET-BONDET Dom. Château-chalon 636 • Côtes-du-jura 639
BERTHIER Pascal Mâcon et mâcon-villages 512 • Saint-amour 130
BERTHIERS Dom. des Pouilly-fumé 1095
BERTHOUMIEU Dom. Madiran 951 • Pacherenc-du-vic-bilh 954
BERTICOT Côtes-de-duras 948
BERTIN Ch. Lussac-saint-émilion 254
BERTIN Dom. Michel Gros-plant-du-pays-nantais 998
BERTINEAU SAINT-VINCENT Ch. Lalande-de-pomerol 214
BERTINERIE Ch. Blaye-côtes-de-bordeaux 180
BERTINS Dom. les Côtes-de-duras 948
BERTRAND Pineau-des-charentes 824
BERTRAND Gérard Côtes-du-roussillon-villages 779 • Fitou 680 • IGP Pays d'Oc 755
BERTRAND Pierre Champagne 547
BERTRAND-BERGÉ Dom. Fitou 680
BERTRANDS Nectar des Blaye-côtes-de-bordeaux 180
BESAGE Ch. la Côtes-de-bergerac 938
BESARD Dom. Thierry Touraine 1038 • Touraine-azay-le-rideau 1045
BESNERIE Dom. de la Touraine-mesland 1047
BESSERAT DE BELLEFON Champagne 547
BESSEY-DE-BOISSY COLLÉGIALE Coteaux-du-quercy 914
BESSON Chablis 378 • Chablis premier cru 384
BESSON Dom. Chablis grand cru 392 • Givry 506
BESSONS Dom. des Touraine 1038 • Touraine-amboise 1043
BESTHEIM Alsace grand cru 70
BETEMPS Philippe Vin-de-savoie 646
BEYCHEVELLE Ch. Haut-médoc 312 • Saint-julien 339
BEYNAT Ch. Bordeaux rosé 150 • Saint-émilion 221
BEYSSAC Dom. de Côtes-du-marmandais 928
BÉZARD Eugénie Champagne 544
BICHERON Dom. du Crémant-de-bourgogne 372
BIDAULT Anne et Sébastien Chambolle-musigny 418
BIECHER & FILS Jean Alsace grand cru 70
BIENFAIT David Pouilly-fuissé 523
BIENVEILLANCE Ch. la Bordeaux supérieur 163
BIGUET Dom. du Cornas 1179 • Saint-péray 1182
BILLARD PÈRE ET FILS Dom. Bourgogne-hautes-côtes-de-beaune 433
BILLAUD Samuel Chablis 378 • Chablis premier cru 384
BILLAUD-SIMON Dom. Chablis 379 • Chablis grand cru 392
BILLERON BOUQUEY Ch. Saint-émilion 221
BINEST Ch. Fronton 923
BIROT Ch. de Bordeaux blanc 154
BISE Dom. de Anjou 1001
BISTON-BRILLETTE Ch. Moulis-en-médoc 327
BITOUZET-PRIEUR Volnay 462
BIZARD Ch. Grignan-les-adhémar 1185
BIZET Dom. Sancerre 1108
BLAISSAC Bordeaux 139 • Bordeaux rosé 151
BLANC DE ROSÉ Côtes-de-provence 859
BLANC Ch. Jacques Saint-émilion grand cru 226
BLANC Ch. Paul Costières-de-nîmes 1220
BLANCHET Francis Pouilly-fumé 1095
BLANCHET Gilles Pouilly-fumé 1095 • Pouilly-sur-loire 1100

BLANCK ET SES FILS André Alsace pinot gris 43
BLANZAC Ch. Castillon-côtes-de-bordeaux 266
BLAQUE Dom. la IGP Méditerranée 1241 • Pierrevert 1236
BLAVET Dom. du Côtes-de-provence 859
BLAYAC Dom. de Minervois 723
BLEESZ Léon Alsace pinot noir 52
BLÉGER François Alsace pinot gris 43
BLIARD-MORISET Champagne 547
BLIN ET FILS R. Champagne 548
BLIN H. Champagne 548
BLIN Maxime Champagne 548
BLINIÈRE Dom. de la Touraine 1039
BLONDINS Les Côte-roannaise 1089
BLOY Ch. du Côtes-de-bergerac 938
BOATAS ET FILS A. Champagne 548
BOBÉ Dom. Muscat-de-rivesaltes 803 • Rivesaltes 799
BOCCARD Daniel Bugey 656
BOCH Charles Alsace klevener-de-heiligenstein 38
BOCHET-LEMOINE Champagne 548
BODILLARD Renaud Morgon 119
BODIN Cassis 843
BODIN Émile Cassis 843
BODINEAU Dom. Anjou 1001 • Coteaux-du-layon 1020
BOECKEL Alsace riesling 58
BOEHLER René Alsace pinot noir 52
BOESCH Dom. Léon Alsace riesling 58
BOHRMANN Dom. Saint-romain 469
BOILLOT Dom. Albert Pommard 457
BOIS Cave Sylvain Bugey 656 • Roussette-du-bugey 657
BOIS CARRÉ Ch. Médoc 304
BOIS CHAUVET Dom. du Muscadet-sèvre-et-maine 990
BOIS DE LA GARDE Ch. du Côtes-du-rhône 1132
BOIS GAULTIER Dom. du Valençay 1081
BOIS HUAUT Ch. du Muscadet-sèvre-et-maine 990
BOIS-JOLY Dom. du Muscadet-sèvre-et-maine 991
BOIS DE LABORDE Ch. Lalande-de-pomerol 214
BOIS-MALOT Ch. Bordeaux blanc 154
BOIS MAYAUD Dom. du Bourgueil 1048 • Saint-nicolas-de-bourgueil 1055
BOIS DES MÈGES Dom. du Côtes-du-rhône-villages 1149 • Gigondas 1197
BOIS MIGNON Dom. du Saumur 1029
BOIS MOZÉ Dom. de Coteaux-de-l'aubance 1016
BOIS MOZÉ PASQUIER Dom. du Saumur-champigny 1033
BOIS-PERRON Dom. du IGP Val de Loire 1121
BOIS PERTUIS Ch. Bordeaux 139
BOIS DE SAINT-JEAN Dom. du Côtes-du-rhône 1132 • Côtes-du-rhône-villages 1149 • Vacqueyras 1201
BOIS DE LA SALLE Tradition du Chénas 113
BOISSET Jean-Charles Crémant-de-bourgogne 372
BOISSET Jean-Claude Chambolle-musigny 418 • Maranges 491 • Marsannay 402 • Nuits-saint-georges 428 • Pommard 457 • Santenay 486 • Vosne-romanée 423
BOIS-VERT Ch. Blaye-côtes-de-bordeaux 180
BOIZEL Champagne 548
BOLCHET Dom. Costières-de-nîmes 1220
BON PASTEUR Ch. le Pomerol 204
BON REMÈDE Dom. du Ventoux 1227
BONALGUE Ch. Pomerol 205
BONETTO-FABROL Dom. Grignan-les-adhémar 1186
BONHOMME Dom. André Viré-clessé 521
BONHOMME Nathalie et Pascal Viré-clessé 521
BONHOSTE Ch. de Bordeaux blanc 154 • Bordeaux supérieur 163
BONJEAN Stéphane Côtes-d'auvergne 1087
BONNAIRE Champagne 549
BONNARDOT Dom. Maranges 491
BONNAUD Ch. Henri Palette 884
BONNAUD Guy Pineau-des-charentes 824
BONNELIÈRE Ch. de la Chinon 1060
BONNELIÈRE Dom. la Saumur 1029
BONNET Ch. Chénas 113 • Saint-amour 130
BONNET Dom. Gilbert Côtes-du-marmandais 928
BONNET-GILMERT Champagne 549
BONNET-HUTEAU Muscadet-sèvre-et-maine 991
BONNET-PONSON Champagne 549
BONNEVEAUX Dom. des Saumur-champigny 1034
BONNIEUX Cave de Luberon 1232
BONNIGAL-BODET Vignerons Crémant-de-loire 986 • Touraine-amboise 1044
BONNIN Le Prestige du Ch. Lussac-saint-émilion 254
BONNIN Sophie et Jean-Christian Anjou 1001 • Anjou-villages 1009 • Cabernet-d'anjou 1013 • IGP Val de Loire 1121
BONPAS Châteauneuf-du-pape 1208 • Côtes-du-rhône-villages 1150 • Ventoux 1226
BONSERINE Dom. de Condrieu 1166 • Côte-rôtie 1163
BONVILLE Camille Champagne 549
BONVILLE Franck Champagne 549
BORDENAVE Dom. Jurançon 960
BORIE BLANCHE Dom. de la Minervois-la-livinière 731
BORIE Ch. la Côtes-du-rhône 1132
BORIE Dom. la Cahors 906
BORIE La IGP Méditerranée 1241
BORIE DE MAUREL Dom. Minervois-la-livinière 731
BORIE LA VITARÈLE Languedoc 686
BORIES Pierre Corbières 666
BORMETTES Ch. des Côtes-de-provence 859
BORRELY-MARTIN Dom. Côtes-de-provence 859
BORT Maison Languedoc 687
BOS DE CANNA IGP Cévennes 742
BOSC ROCHET Dom. du Minervois 723
BOSCQ Ch. le Saint-estèphe 336
BOSQUET DES FLEURS Les Fiefs du Bordeaux 139
BOSQUET DES PAPES Dom. Châteauneuf-du-pape 1208
BOSSIS Raymond Pineau-des-charentes 825
BOTINIÈRE Ch. de la Muscadet-sèvre-et-maine 991
BOTT FRÈRES Alsace grand cru 70

BOUACHON Maison Châteauneuf-du-pape 1208
BOUARD-BONNEFOY Chassagne-montrachet 480
BOUCANT-THIÉRY Champagne 549
BOUCHARD Pascal Bourgogne-aligoté 370 • Irancy 395
BOUCHARD PÈRE ET FILS Bourgogne 361 • Gevrey-chambertin 407 • Pommard 458 • Savigny-lès-beaune 448
BOUCHASSY Ch. de Lirac 1214
BOUCHÉ PÈRE ET FILS Champagne 549
BOUCHE Ch. Côtes-du-rhône-villages 1150
BOUDAU Dom. Côtes-du-roussillon 769 • Côtes-du-roussillon-villages 780 • IGP Côtes catalanes 811 • Muscat-de-rivesaltes 803
BOUDEAU Dom. Nicolas Brouilly 106
BOUDIER Jean-Baptiste Pernand-vergelesses 442
BOUDON Patrick Bordeaux supérieur 163 • Crémant-de-bordeaux 176
BOUFFEVENT Ch. Bergerac 930
BOUHÉLIER Sylvain Crémant-de-bourgogne 372
BOUHOU Ch. Magdeleine Blaye-côtes-de-bordeaux 180
BOUILLEROT Ch. de Côtes-de-bordeaux-saint-macaire 281
BOUILLOT Louis Crémant-de-bourgogne 372
BOUÏS Ch. le Corbières 666
BOUÏSSIÈRE Dom. la Beaumes-de-venise 1205
BOUJAC Ch. Fronton 923
BOULACHIN-CHAPUT Champagne 550
BOULARD-BAUQUAIRE Champagne 550
BOULBÈNES Dom. des Cahors 906
BOULE ET FILS Pineau-des-charentes 825
BOULEY Dom. Réyane et Pascal Volnay 462
BOULOGNE-DIOUY Champagne 550
BOULON Dom. J. Morgon 119
BOUQUERRIES Dom. des Chinon 1060
BOUQUEYRAN Ch. Moulis-en-médoc 327
BOURBON Dom. Beaujolais 96
BOURDELAT Edmond Champagne 550
BOURDELOIS R. Champagne 550
BOURDICOTTE Ch. Bordeaux supérieur 163
BOURDIEU Ch. Blaye-côtes-de-bordeaux 180
BOURDIEU-LAGRANGE Ch. Bordeaux 139
BOURDILLOT Ch. le Graves 286
BOURDIN Henri Bourgueil 1049 • Saint-nicolas-de-bourgueil 1055
BOURDON Dom. Mâcon et mâcon-villages 513 • Pouilly-fuissé 523 • Saint-véran 530
BOURGELAT Caprice de Graves 286
BOURGEOIS Henri Pouilly-fumé 1096 • Sancerre 1108
BOURGEOIS-BOULONNAIS Champagne 550
BOURGEON René Givry 506
BOURGOGNE-DEVAUX Dom. Bourgogne-hautes-côtes-de-beaune 433
BOURGUEIL Cave des vins de Bourgueil 1049
BOURGUET Ch. Gaillac 915
BOURISSET Louis Beaujolais 96
BOURNAC Ch. Médoc 304
BOURONIÈRE Dom. de la Fleurie 115
BOURRÉE Ch. la Castillon-côtes-de-bordeaux 269
BOURSAULT Ch. de Champagne 550
BOUSCATIÈRE Dom. la Vacqueyras 1201
BOUSCAUT Ch. Pessac-léognan 295
BOUSSARGUES Ch. de Côtes-du-rhône 1132
BOUSSEY Dom. Éric Meursault 472 • Monthélie 465
BOUSSEY Éric Puligny-montrachet 476 • Santenay 487
BOUT DU MONDE Dom. le Beaune 454 • Bourgogne-hautes-côtes-de-beaune 435
BOUTET SAULNIER Dom. Vouvray 1069
BOUTHENET Dom. Jean-François Bourgogne-hautes-côtes-de-beaune 435 • Maranges 491
BOUTHENET-CLERC Dom. Maranges 491 • Santenay 487
BOUTIGNANE Ch. la Corbières 666
BOUTILLEZ-GUER Champagne 551
BOUTILLEZ-VIGNON G. Champagne 551
BOUTILLON Ch. Bordeaux 142
BOUTINIÈRE Dom. la Châteauneuf-du-pape 1208
BOUTON ET FILS Gilles Chassagne-montrachet 480 • Saint-aubin 484
BOUVERIE Dom. de la Côtes-de-provence 859
BOUVET G. et G. Roussette-de-savoie 652
BOUVIER Dom. Régis Marsannay 402
BOUVIER Régis Morey-saint-denis 415
BOUVRET Olivier et Bertrand Champagne 551
BOUYSSE Dom. la Corbières 666
BOUYSSES Ch. les Cahors 906
BOUZEREAU Dom. Jean-Marie Meursault 472
BOUZEREAU Dom. Vincent Meursault 472 • Volnay 463
BOUZEREAU Jean-Marie Volnay 462
BOUZEREAU-GRUÈRE ET FILLES Dom. Hubert Chassagne-montrachet 480 • Meursault 472 • Saint-aubin 484
BOUZONS Dom. des Côtes-du-rhône 1133
BOYD-CANTENAC Ch. Margaux 321
BRAMEFANT Ch. Bergerac 930
BRANAIRE-DUCRU Ch. Saint-julien 339
BRANAIRE-DUCRU Duluc de Saint-julien 340
BRANAS GRAND POUJEAUX Ch. Moulis-en-médoc 327
BRANDE Ch. la Bordeaux supérieur 163
BRANDEAUX Ch. les Bergerac 930
BRANDE-BERGÈRE Ch. Bordeaux supérieur 163
BRANNE Ch. la Médoc 304
BRATEAU-MOREAUX Champagne 551
BRAUDE Ch. de Haut-médoc 312
BRAULTERIE DE PEYRAUD Ch. la Blaye-côtes-de-bordeaux 180
BRAUN Camille Alsace gewurztraminer 34
BRAZALEM Dom. de Buzet 927
BRAZILIER Dom. Coteaux-du-vendômois 1080
BRÈDE Ch. de la Graves 286
BRÉDIF Marc Vouvray 1070
BRÉGANÇON Ch. de Côtes-de-provence 860
BREHAT Ch. Castillon-côtes-de-bordeaux 266
BRENNUS Bergerac 934

BRÈQUE Rémy Crémant-de-bordeaux 176
BRESSANDE Dom. de la Mercurey 501
BRESSE Dom. de la Côtes-du-roussillon-villages 780
BRESSION Sébastien Champagne 551
BRETON Franck Montlouis-sur-loire 1067
BRETON FILS Champagne 551
BRETONNIÈRE Dom. de la IGP Val de Loire 1121
BREUIL Dom. du Beaujolais-villages 102
BRIAND Ch. Bergerac 930
BRICE Champagne 552
BRIDANE Ch. la Saint-julien 340
BRIDAY Dom. Michel Rully 498
BRILLETTE Ch. Moulis-en-médoc 327
BRIN Dom. de Gaillac 916
BRINTET Dom. Mercurey 501
BRISEBARRE Philippe Vouvray 1070
BRISSET Pierre Chassagne-montrachet 481
BRISSON Ch. Castillon-côtes-de-bordeaux 268
BRISSON-JONCHÈRE Champagne 552
BRIZI Dom. Napoléon Patrimonio 896
BROBECKER Dom. Alsace pinot noir 52 • Alsace riesling 59
BROCARD Famille Chablis 379
BROCHARD Hubert Sancerre 1108
BROCHET Louis Ratafia champenois 627
BROCOURT Philippe Chinon 1061
BRONDELLE Ch. Graves 286
BROSSAY Ch. de Anjou-villages 1009 • Cabernet-d'anjou 1013 • Coteaux-du-layon 1021
BROSSES Dom. des Sancerre 1108
BROTTE Cairanne 1195 • Châteauneuf-du-pape 1208 • Côtes-du-rhône 1133
BROUARD Ch. Lalande-de-pomerol 215
BROUSCAILLOU Ch. Graves-de-vayres 276
BROUSTERAS Ch. des Médoc 304
BROWN Ch. Pessac-léognan 295
BRUGNON M. Champagne 552
BRUILLEAU Ch. le Pessac-léognan 295
BRÛLESÉCAILLE Ch. Côtes-de-bourg 188
BRUN & CIE Édouard Champagne 552
BRUNEAU Damien Saint-nicolas-de-bourgueil 1055
BRUNEAU Jérôme Pouilly-fumé 1096
BRUNEAU Sylvain Saint-nicolas-de-bourgueil 1055
BRUNEL DE LA GARDINE Côtes-du-rhône 1133 • Crozes-hermitage 1173 • Gigondas 1197 • Vacqueyras 1201
BRUNELY Dom. Côtes-du-rhône 1133 • Vacqueyras 1201
BRUNET-CHARPENTIÈRE Ch. Bergerac 930 • Montravel 943
BRUSSET Dom. Cairanne 1195 • Côtes-du-rhône 1133 • Gigondas 1197
BRUYÈRES Dom. les Languedoc 687
BRYCZEK Christophe Chambolle-musigny 418 • Gevrey-chambertin 407
BUDOS Ch. de Graves 287
BUECHER Paul Alsace pinot noir 53 • Crémant-d'alsace 84
BUGADELLES Ch. les Languedoc 687
BUISSON Christophe Auxey-duresses 466 • Saint-romain 469
BUISSON Dom. Henri et Gilles Saint-romain 469
BUJAN Ch. Côtes-de-bourg 188
BULIDON Champagne 552
BULLIAT Vignobles Morgon 119
BUNAN Domaines Bandol 833 • Côtes-de-provence 860
BURGHART-SPETTEL Alsace gewurztraminer 34
BURGONDIE La Crémant-de-bourgogne 372
BURGUÉ-SÉRÉ ET FILS Dom. de Jurançon 960
BURLE Dom. Côtes-du-rhône 1133
BURNICHON Dom. Beaujolais-villages 102
BURSIN Agathe Alsace grand cru 70 • Alsace riesling 59
BUSIN Jacques Champagne 552
BUTIN Philippe Château-chalon 637 • Côtes-du-jura 639
BUXY Vignerons de Givry 506 • Mercurey 501 • Montagny 509
BUZÉA Dom. Moselle 89
BYARDS Caveau des Château-chalon 637 • Crémant-du-jura 641

C

CABANNE Ch. la Pomerol 204
CABANS Ch. des Médoc 304
CABARROUY Dom. de Jurançon 960
CABASSIÈRES Les Gigondas 1197
CABAUDRAN Dom. de Côtes-de-provence 860
CABELIER Marcel Château-chalon 637 • Côtes-du-jura 639
CABERNELLE Dom. de la Bourgueil 1049 • Saint-nicolas-de-bourgueil 1055
CABEZAC Ch. Minervois 723
CABIDOS IGP Comté tolosan 971
CABRAN Ch. de Côtes-de-provence 860
CABRIÈRES Ch. de Languedoc 692
CABROL Dom. de Cabardès 661
CACHEUX ET FILS Dom. René Chambolle-musigny 418 • Vosne-romanée 424
CADENETTE Ch. Costières-de-nîmes 1220
CADENETTE Dom. de la Costières-de-nîmes 1220
CADENIÈRE Dom. la Coteaux-d'aix-en-provence 845
CADIÉRENNE La Bandol 833 • Côtes-de-provence 860 • IGP Mont-Caume 887
CADIS Saint-sardos 929
CADY Dom. Coteaux-du-layon 1021
CAGUELOUP Dom. du Bandol 833 • Côtes-de-provence 860
CAÏLBOURDIN Dom. A. Pouilly-fumé 1096
CAILHOL-GAUTRAN Dom. Minervois 723
CAILLABÈRE Dom. de la Béarn 959
CAILLAVEL Ch. Bergerac 931
CAILLIVET Ch. Graves 287
CAILLOU Ch. le Pomerol 204
CAIRANNE Cave de Côtes-du-rhône 1134
CALADE Les Vignerons de la Côtes-du-rhône-villages 1154
CALADROY Ch. de Côtes-du-roussillon 769 • Côtes-du-roussillon-villages 780 • IGP Côtes catalanes 811 • Muscat-de-rivesaltes 803 • Rivesaltes 799
CALAVON Ch. de Coteaux-d'aix-en-provence 845
CALCE Ch. de Côtes-du-roussillon 769 • Muscat-de-rivesaltes 803
CALCERNIER Dom. du Châteauneuf-du-pape 1208
CALENDAL Côtes-du-rhône-villages 1150
CALICEM Saint-émilion grand cru 231
CALISSANNE Ch. Coteaux-d'aix-en-provence 845

CALISSE Ch. la Coteaux-varois-en-provence 849
CALLADES ROUSSES Les IGP Vicomté d'Aumélas 766
CALLORY Dom. Fronton 923
CALLOT Pierre Champagne 553
CALMEL & JOSEPH Côtes-du-roussillon-villages 780 • Crémant-de-limoux 717 • IGP Pays d'Oc 755
CALON SÉGUR Ch. Saint-estèphe 336
CALVIMONT Ch. Graves 287
CAMAÏSSETTE Dom. Coteaux-d'aix-en-provence 845
CAMARETTE Dom. de la Ventoux 1227
CAMARSAC Ch. de Bordeaux supérieur 163
CAMBARET Dom. de Coteaux-varois-en-provence 849
CAMBAUDIÈRE Dom. de la Fiefs-vendéens 999
CAMBIS Dom. de Saint-chinian 733
CAMBON LA PELOUSE L'Aura de Margaux 321
CAMBRIEL Ch. Corbières 666
CAMENSAC Ch. de Haut-médoc 312
CAMIAT ET FILS Champagne 553
CAMIN DE LUMET Lo Limoux 719
CAMINADE Ch. la Cahors 906
CAMINADE HAUT-GUÉRIN Ch. Bordeaux rosé 151
CAMIN-LARREDYA Jurançon 961
CAMMAOUS Dom. Pic-saint-loup 707
CAMP REVÈS Dom. du Côtes-du-rhône-villages 1158
CAMPET Ch. Cadillac-côtes-de-bordeaux 279
CAMPILLOT Ch. Médoc 304
CAMPLONG C de Corbières 666
CAMPUGET Costières-de-nîmes 1221 • IGP Gard 750
CAMU Dom. Christophe Chablis 379
CANADEL Ch. Bandol 834
CANARD-DUCHÊNE Champagne 553
CANCAILLAÜ Jurançon 961
CANDALE Ch. de Saint-émilion grand cru 229
CANDELEY Ch. Bordeaux 143
CANET Ch. Minervois 724
CANIMALS LE HAUT Dom. de Saint-chinian 733
CANON LA VALADE Ch. Canon-fronsac 197
CANON PÉCRESSE Ch. Canon-fronsac 197
CANON SAINT-MICHEL Ch. Canon-fronsac 197
CANON Ch. Canon-fronsac 196
CANORGUE Ch. la Luberon 1233
CANTELAUDETTE Ch. Graves-de-vayres 276
CANTELOUP Ch. Blaye-côtes-de-bordeaux 181
CANTELYS Ch. Pessac-léognan 295
CANTEMERLE Ch. Haut-médoc 313
CANTENAC BROWN Ch. Margaux 321
CANTIN Benoît Irancy 396
CANTIN Ch. Saint-émilion grand cru 227
CANTO PERLIC Dom. de Gaillac 916
CANTONNET Dom. du Bergerac 931 • Saussignac 947
CANTREAUX Élégance des Muscadet-sèvre-et-maine 991
CAP DE FAUGÈRES Ch. Castillon-côtes-de-bordeaux 266
CAP DE FOUSTE Ch. Côtes-du-roussillon 770 • Muscat-de-rivesaltes 804 • Rivesaltes 799
CAP LÉON VEYRIN Ch. Listrac-médoc 319
CAP LEUCATE Vignobles Muscat-de-rivesaltes 804
CAP DE MOURLIN Ch. Saint-émilion grand cru 227
CAP D'OR Ch. Saint-georges-saint-émilion 264
CAP L'OUSTEAU Ch. Haut-médoc 313
CAP ROYAL Bordeaux supérieur 164
CAP SAINT-GEORGE Ch. Saint-georges-saint-émilion 264
CAP SAINT-PIERRE Dom. Côtes-de-provence 861
CAPDEPON Michèle Blanquette méthode ancestrale 715
CAPDEVIELLE Dom. Jurançon 961
CAPÉLANIERS Dom. des Bandol 838
CAPENDU Dom. IGP Pays d'Oc 756
CAPET GUILLIER Ch. Saint-émilion grand cru 227
CAPION Ch. Terrasses-du-larzac 704
CAPITAINE Dom. du Floc-de-gascogne 967
CAPITAIN-GAGNEROT Aloxe-corton 440 • Corton 445 • Corton-charlemagne 447 • Ladoix 438
CAPITOUL Ch. La Clape 711
CAPLANE Ch. Sauternes 349
CAPMARTIN Dom. Madiran 952
CAPRÉOLES Dom. les Régnié 127
CAPRIERS Dom. des IGP Côtes de Thongue 748
CAPUANO-FERRERI Beaune 454 • Chassagne-montrachet 481 • Pommard 458 • Santenay 487
CARAGUILHES Cara de Corbières 667
CARAGUILHES Ch. de Corbières 667
CARAMANIAC By IGP Côtes catalanes 811
CARAMANY Vignerons de Côtes-du-roussillon-villages 780
CARBONNEAU Ch. Sainte-foy-bordeaux 277
CARBONNIEU Dom. de Sauternes 349
CARBONNIEUX Ch. Pessac-léognan 295-296
CARCENAC Dom. Gaillac 916
CARDAILLAN Ch. de Graves 290
CARDINAL Ch. Montagne-saint-émilion 258
CARDONNE Ch. la Médoc 306
CARDUS Ch. Médoc 306
CARELLE Ch. la Blaye-côtes-de-bordeaux 181
CARÊME Dom. Vincent Vouvray 1070
CARLE-COURTY Dom. Côtes-du-roussillon 770 • Muscat-de-rivesaltes 804
CARLES Ch. de Fronsac 201
CARLMAGNUS Ch. Fronsac 199
CARMENÈRE Ch. Médoc 304
CAROD Clairette-de-die 1184
CAROD FRÈRES Clairette-de-die 1184
CAROLINE Ch. Moulis-en-médoc 328
CAROLLE Ch. de Graves 287
CARPE DIEM Ch. Côtes-de-provence 861
CARRÉ Dom. Denis Bourgogne-hautes-côtes-de-beaune 435 • Pommard 458 • Saint-romain 469
CARREAU Lionel Champagne 553
CARREL ET FILS Dom. Eugène Bugey 656 • Vin-de-savoie 646
CARREL Jeff Fitou 681 • IGP Côtes catalanes 811 • Maury sec 792
CARRELET D'ESTUAIRE Bordeaux rosé 154
CARROIR PERRIN Dom. du Sancerre 1108
CARROY ET FILS Jacques Pouilly-fumé 1096
CARRUBIER Ch. du Côtes-de-provence 861

CARTIER Dom. François Touraine 1039
CARTIER Michel et Mireille Vin-de-savoie 647
CARTILLON Ch. du Haut-médoc 313
CASA BLANCA Dom. Banyuls 795
CASCASTEL Les Vignerons de Fitou 681
CASCAVEL Côtes-du-rhône-villages 1150
CASSAGNE-BOUTET Ch. la Blaye-côtes-de-bordeaux 181
CASSAGNOLES Dom. des Floc-de-gascogne 967 • IGP Côtes de Gascogne 972
CASSAGNOLS Dom. des Gaillac 916
CASSAIGNE Dom. de IGP Côtes de Gascogne 973
CASSAN Dom. de Beaumes-de-venise 1205
CASTAGNIER Dom. Bonnes-mares 420 • Chambolle-musigny 418 • Charmes-chambertin 413 • Clos-de-la-roche 416 • Clos-saint-denis 417 • Échézeaux 422 • Gevrey-chambertin 407 • Morey-saint-denis 415
CASTAN Dom. Languedoc 687
CASTEL LA ROSE Ch. Côtes-de-bourg 188
CASTEL VIAUD Ch. Lalande-de-pomerol 215
CASTELAS Les Vignerons du Côtes-du-rhône 1134 • Côtes-du-rhône-villages 1154
CASTELBARRY Languedoc 687
CASTELLANE De Champagne 553
CASTELLAT Dom. le Bergerac 931
CASTELLU DI BARICCI Corse ou vin-de-corse 891
CASTELMAURE Corbières 667
CASTELOT Ch. Saint-émilion grand cru 242
CASTÉRA Dom. Jurançon 961
CASTILLE Ch. La Côtes-de-provence 861
CASTRES Ch. de Graves 286
CATARELLI Dom. de Muscat-du-cap-corse 898 • Patrimonio 896
CATHALA Dom. Saint-chinian 733
CATHELINEAU Caves Vouvray 1070
CATHERINETTE La Côtes-du-rhône 1134
CATROUX Philippe Touraine-amboise 1044
CATTIER Champagne 553
CATTIN Crémant-d'alsace 84
CATTIN Joseph Alsace riesling 59
CAUFFOUR Dom. du Castillon-côtes-de-bordeaux 266
CAUHAPÉ de Jurançon 961
CAUSSADE Ch. la Graves-de-vayres 276 • Sainte-croix-du-mont 346
CAUSSE D'ARBORAS Dom. du Languedoc 688 • Terrasses-du-larzac 704
CAUVARD Dom. Beaune 454
CAUX ET SAUZENS Ch. de Malepère 720
CAVAILLÉ Jean Vin-de-savoie 647
CAVAILLES Dom. Minervois 724
CAVALIER Ch. Côtes-de-provence 861
CAYRAN Camille Cairanne 1195 • Côtes-du-rhône-villages 1150
CAZAL Dom. le Minervois 724
CAZALET Dom. Tursan 958
CAZALS Claude Champagne 553
CAZE Ch. Fronton 923
CAZENAVE Ch. Saint-émilion grand cru 224
CAZES Dom. Côtes-du-roussillon 770 • Côtes-du-roussillon-villages 780 • Fitou 681 • IGP Côtes catalanes 811 • Muscat-de-rivesaltes 804
CAZES-BEYRAN Ch. Côtes-de-bourg 188
CÈDRE Ch. du Cahors 906
CELENE Crémant-de-bordeaux 176
CELLIER AUX MOINES Dom. du Chassagne-montrachet 481 • Givry 506 • Puligny-montrachet 476
CELLIER DE LA CRAU Côtes-de-provence 861
CELLIER DE MARIUS CAÏUS Côtes-de-provence 861
CELLIER DES CHARTREUX Côtes-du-rhône 1134 • IGP Gard 750
CELLIER DES DAUPHINS Côtes-du-rhône 1134 • Côtes-du-rhône-villages 1150
CELLIER DES DEMOISELLES Corbières 667
CELLIER DES GORGES DE L'ARDÈCHE Côtes-du-rhône 1134 • IGP Ardèche 1238
CELLIER DES PRINCES Côtes-du-rhône 1146
CELLIER DES TEMPLIERS Côtes-du-rhône 1135 • Grignan-les-adhémar 1186
CELLIER DU PALAIS Le IGP des Allobroges 657 • Roussette-de-savoie 652
CELLIER DU PIC Le Languedoc 688
CELLIER SAINT-AUGUSTIN Coteaux-d'aix-en-provence 845 • IGP Alpilles 885
CELLIER SAINT-BENOIT Arbois 634
CELLIERS D'ORFÉE Les Corbières 667
CÉNAC Ch. de Cahors 906
CEP D'OR Moselle luxembourgeoise 1249
CERF NOIR Le IGP Périgord 979
CERFS Ch. des Lalande-de-pomerol 215
CÉRONS Ch. de Graves 287
CESSERAS Ch. Minervois-la-livinière 731
CÉZIN Dom. de Coteaux-du-loir 1065 • Jasnières 1066
CHABANON Dom. Alain Languedoc 688
CHABBERT Dom. Minervois-la-livinière 732
CHABERT DE BARBERA Maury 810
CHABERTS Ch. des Coteaux-varois-en-provence 849
CHABLISIENNE La Chablis 379
CHABOISSIÈRES Dom. des Muscadet-sèvre-et-maine 991
CHABRIER Ch. le Bergerac 931
CHABRIER Dom. IGP Cévennes 742
CHABRIER Vignoble IGP Coteaux du Pont du Gard 747
CHAFFANGEONS Dom. des Fleurie 115
CHAI D'ÉMILIEN Le Languedoc 688
CHAI DE BORDES Bordeaux blanc 155 • Bordeaux rosé 151
CHAILLOT Dom. du Châteaumeillant 1083
CHAILLOU Le IGP Val de Loire 1122
CHAILLOUX Dom. des Crémant-de-loire 986
CHAINIER Pineau-des-charentes 825
CHAINTRÉ Ch. de Pouilly-fuissé 523
CHAINTRE Dom. de IGP Val de Loire 1122
CHAINTRES Dom. des Sancerre 1108
CHAIS DU GRILLON Ventoux 1227
CHAIS DU PONT D'ARC Les IGP Ardèche 1239
CHAISE Dom. de la Touraine 1039
CHAIZE Ch. de la Brouilly 107
CHALAND Jean-Marie Bourgogne 361 • Mâcon et mâcon-villages 513 • Viré-clessé 521

CHALMEAU ET FILS Edmond Bourgogne 361 • Bourgogne-aligoté 370
CHALMEAU Christine, Élodie et Patrick Bourgogne 361
CHAMBOUREAU Ch. de Savennières 1018
CHAMBRUN Ch. de Lalande-de-pomerol 215
CHAMFORT Dom. Côtes-du-rhône-villages 1150 • Rasteau 1237 • Vacqueyras 1202
CHAMILLY Ch. de Bourgogne-côte-chalonnaise 494 • Mercurey 501 • Montagny 509
CHAMIREY Ch. de Mercurey 502
CHAMP CHAPRON Dom. du Muscadet-coteaux-de-la-loire 997
CHAMP DE LA CROIX Dom. du Beaujolais 97
CHAMP DE VIOLETTES Dom. du Saint-amour 130
CHAMP DES MURAILLES Le Corbières 667
CHAMP DES SŒURS Ch. Fitou 681
CHAMPALOU Vouvray 1070
CHAMPARLAN Dom. de Menetou-salon 1092
CHAMPAULT Dom. Roger Sancerre 1109
CHAMPION Ch. Saint-émilion grand cru 227
CHAMPION Dom. Pierre Vouvray 1070
CHAMPION Olivier Coteaux-du-loir 1065
CHAMP-LONG Dom. Côtes-du-rhône 1135 • Ventoux 1227
CHAMPS DE THEMIS Les Bouzeron 496
CHAMPS FLEURIS Dom. des Saumur-champigny 1034
CHAMPTELOUP Ch. de Rosé-d'anjou 1016
CHANCELIÈRE Dom. la Vin-de-savoie 648
CHANDELLIÈRE Ch. la Médoc 304
CHANDESAIS Maison Mâcon et mâcon-villages 513
CHANEL Ch. Viré-clessé 521
CHANGARNIER Dom. Monthélie 465 • Pommard 458
CHANOINE FRÈRES Champagne 554
CHANRION Nicole Côte-de-brouilly 110
CHANSON Dom. Beaune 454 • Pernand-vergelesses 442 • Viré-clessé 521
CHANSSAUD Dom. des Châteauneuf-du-pape 1208 • Côtes-du-rhône 1135
CHANT D'OISEAUX Vignoble du Orléans 1079
CHANTALOUETTE Ch. Pomerol 212
CHANTALOUETTES Dom. les Pouilly-fumé 1096
CHANTE ALOUETTE Ch. Saint-émilion grand cru 227
CHANTECLER Ch. Pauillac 330
CHANTEGRIVE Ch. de Graves 287
CHANTELOUVE Ch. Entre-deux-mers 272
CHANTELUNE Ch. Margaux 321
CHANZY Maison Bouzeron 496 • Mercurey 502 • Puligny-montrachet 476 • Rully 498 • Vosne-romanée 424
CHAPELAINS Ch. des Sainte-foy-bordeaux 278
CHAPELLE CANTERANE Ch. la Saint-émilion grand cru 227
CHAPELLE DE BLAGNY Meursault 473
CHAPELLE ET FILS Dom. Aloxe-corton 440 • Santenay 487
CHAPELLE CL de la Champagne 554
CHAPELLE Dom. de la Côtes-du-rhône-villages 1151
CHAPELLE Georges de la Champagne 554
CHAPELLE Maison de la Irancy 396
CHAPELLES Dom. des Anjou 1001
CHAPITRE DE LA CITÉ IGP Cité de Carcassonne 745
CHAPITRE Dom. du IGP Pays d'Hérault 752 • Touraine 1039 • Touraine-chenonceaux 1045
CHAPONNE Dom. de la Chiroubles 114
CHAPOUTIER M. Costières-de-nîmes 1221 • Côtes-du-roussillon-villages 781 • Saint-joseph 1168
CHAPOUTIER Mathilde Côtes-de-provence 862
CHAPUIS Maurice et Anne-Marie Corton 445 • Corton-charlemagne 447
CHAPUIS ET CHAPUIS Bourgogne-hautes-côtes-de-beaune 435 • Côte-de-nuits-villages 431 • Santenay 487
CHAPUT Denis Champagne 554
CHAPUT Jacques Champagne 554
CHARAVIN Dom. Didier Rasteau sec 1190
CHARBAUT Guy Champagne 554
CHARBONNAUD Dom. Bourgogne-côte-chalonnaise 494 • Bouzeron 496
CHARBONNIER Christian Chinon 1061
CHARBONNIER Dom. Touraine 1039
CHARBONNIÈRE Dom. de la Châteauneuf-du-pape 1209
CHARDIGNY Dom. Saint-véran 530
CHARDIN Roland Champagne 555
CHARDONNAY Dom. du Chablis premier cru 384
CHARLEMAGNE Guy Champagne 555
CHARLEMAGNE Robert Champagne 555
CHARLET Jacques Morgon 120 • Saint-amour 131
CHARLEUX ET FILS Dom. Maurice Maranges 491 • Santenay 487
CHARLIE ET FRED Côtes-du-rhône 1135
CHARLOPIN Dom. Philippe Bonnes-mares 421 • Chambolle-musigny 419 • Charmes-chambertin 413 • Clos-de-vougeot 421 • Clos-saint-denis 417 • Échézeaux 422 • Gevrey-chambertin 407 • Marsannay 403 • Vosne-romanée 424
CHARLOPIN Hervé Marsannay 403
CHARMENSAT A. Côtes-d'auvergne 1087
CHARMERAIE Dom. de la Saint-véran 530
CHARMES-GODARD Ch. les Francs-côtes-de-bordeaux 270
CHARMOISE La Cour-cheverny 1078
CHARPENTIER Champagne 555
CHARPENTIER Dom. Reuilly 1103
CHARRIÈRE Ch. de la Santenay 487
CHARTON Dom. Mercurey 502
CHARTRON Jean Bâtard-montrachet 478 • Chevalier-montrachet 478 • Puligny-montrachet 476
CHÂSSE La Côtes-du-rhône 1135
CHASSELOIR Comte Leloup du Ch. de Muscadet-sèvre-et-maine 991
CHASSE-SPLEEN Ch. Moulis-en-médoc 328
CHASSEY Guy de Champagne 555
CHASSON Dom. Luberon 1233

CHATAGNIER Aurélien Cornas 1179
CHÂTAIGNALS Dom. des Cahors 906
CHÂTAIGNERAIE Dom. de la Vouvray 1070
CHÂTAIGNIER DURAND Dom. Juliénas 117
CHATAIN PINEAU Ch. Lalande-de-pomerol 215
CHÂTEAU Dom. du Béarn 959
CHÂTEAU DE VERGISSON Dom. du Pouilly-fuissé 523
CHÂTEAU DES LOGES Cave du Brouilly 107
CHÂTEAU-FUISSÉ Pouilly-fuissé 524
CHATELAIN Dom. Pouilly-fumé 1096
CHATELARD Ch. du Beaujolais 97
CHATELET Morgon 120
CHÂTELET Ch. le Saint-émilion grand cru 227
CHATELLENIE DE MISTRAL Côtes-de-provence 862
CHATILLON Philippe Côtes-du-jura 639
CHAUDRON Champagne 555
CHAUME La IGP Val de Loire 1122
CHAUMES Dom. des Chablis 379
CHAUMES Dom. les Sancerre 1109
CHAUMUZART-GÉ Champagne 556
CHAUSSÉRIE Dom. de la IGP Val de Loire 1122
CHAUSSIN Jocelyne Bourgogne-côte-chalonnaise 494 • Bouzeron 496
CHAUTARDE Dom. la Coteaux-varois-en-provence 849
CHAUVEAU Dom. Coteaux-du-giennois 1085 • Pouilly-fumé 1096 • Pouilly-fumé 1097
CHAUVENET Dom. Jean Nuits-saint-georges 428
CHAUVENET-CHOPIN Dom. Chambolle-musigny 419 • Nuits-saint-georges 428
CHAUVET Henri Champagne 556
CHAUVET Marc Champagne 556
CHAUVIN Ch. Saint-émilion grand cru 228
CHAVANNES Dom. de Côte-de-brouilly 110
CHAVE Jean-Louis Hermitage 1178
CHAVE Yann Crozes-hermitage 1173 • Hermitage 1178
CHAVET Menetou-salon 1092
CHAVIN Pierre IGP Pays d'Hérault 752 • IGP Pays d'Oc 756 • IGP Vaucluse 1244
CHAVOCHES Dom. des Châteaumeillant 1083
CHAVY Dom. F. Brouilly 107
CHAVY Jean-Louis Puligny-montrachet 476
CHAY Ch. le Blaye-côtes-de-bordeaux 181
CHAZOUX Ch. de Mâcon et mâcon-villages 513
CHELIVETTE Ch. de Bordeaux supérieur 164
CHEMIN DES RÊVES Le Pic-saint-loup 708
CHEMIN FAISANT Dom. Côtes-du-roussillon-villages 781
CHEMINS DE CARABOTE Les Terrasses-du-larzac 704
CHÊNAIE Ch. Faugères 677
CHÉNAS Ch. de Fleurie 115
CHÊNE Dom. Mâcon et mâcon-villages 513 • Saint-véran 531
CHÊNE Dom. du Pineau-des-charentes 825 • Saint-joseph 1169
CHÊNEPIERRE Dom. de Moulin-à-vent 124
CHÊNES Dom. des Côtes-du-roussillon-villages 781 • IGP Côtes catalanes 812 • Muscat-de-rivesaltes 804 • Rivesaltes 799
CHENEVIÈRES Dom. des Bourgogne 361 • Bourgogne-passetoutgrain 369 • Mâcon et mâcon-villages 513
CHÉRÉ Étienne Champagne 556
CHERET-PITRES Ch. Graves 287
CHERMETTE Beaujolais 97
CHERRIER ET FILS Pierre Sancerre 1109
CHESNAIE Ch. de la Muscadet-sèvre-et-maine 991
CHESNEAU Dom. Cheverny 1076
CHETAILLE Gilbert Côte-de-brouilly 110
CHEURLIN-DANGIN Champagne 556
CHEVAL BLANC Ch. Saint-émilion grand cru 228
CHEVAL QUANCARD Bordeaux 142 • Entre-deux-mers 273
CHEVALIER GEORGES Les Vignerons du Languedoc 688
CHEVALIER MÉTRAT Dom. Côte-de-brouilly 110
CHEVALIER PÈRE ET FILS Côte-de-nuits-villages 432 • Ladoix 438
CHEVALIER Geoffrey Mâcon et mâcon-villages 514
CHEVALIER Marlène et Nicolas Crozes-hermitage 1174
CHEVALIER-MÉTRAT Dom. Brouilly 107
CHEVALLERIE La Saint-nicolas-de-bourgueil 1056
CHEVALLERIE Vignoble de la Saint-nicolas-de-bourgueil 1055
CHEVALLIER-BERNARD Vin-de-savoie 648
CHEVASSU-FASSENET Marie-Pierre Crémant-du-jura 642
CHEVILLARD Dom. de Roussette-de-savoie 653 • Vin-de-savoie 648
CHEVILLON-CHEZEAUX Dom. Vosne-romanée 424
CHEVILLY Dom. de Quincy 1101
CHÈVRE BLEUE Dom. de la Moulin-à-vent 124
CHEVROT Dom. Maranges 491
CHÈZE Ch. la Côtes-de-Bordeaux 281
CHEZEAUX Dom. les Menetou-salon 1093
CHIRAT Vignobles Côte-rôtie 1163
CHIROULET Dom. Floc-de-gascogne 967 • IGP Côtes de Gascogne 972
CHOFFLET VALDENAIRE Dom. Givry 506
CHOLET-PELLETIER Christian Meursault 473 • Puligny-montrachet 477
CHOLLET Paul Crémant-de-bourgogne 372
CHOPIN ET FILS A. Chambolle-musigny 419 • Côte-de-nuits-villages 432 • Nuits-saint-georges 428
CHOPIN Dom. Raphaël Régnié 128
CHOPIN J. Champagne 556
CHOPINIÈRE DU ROY Dom. de la Bourgueil 1049 • Saint-nicolas-de-bourgueil 1056
CHOUANIÈRE Dom. de la Cabernet-d'anjou 1013
CHOUETTE DU CHAI La Pic-saint-loup 708
CHOUPETTE Dom. de la Chassagne-montrachet 481 • Puligny-montrachet 477 • Santenay 488
CHUPIN Dom. Coteaux-du-layon 1021
CIFFRE Dom. Saint-chinian 733
CINQUAU Dom. du Jurançon 962
CIRY CATTANEO Dom. IGP Pays d'Oc 756

CISSAC Ch. Haut-médoc 313
CITADELLE Dom. de la IGP Vaucluse 1244 • Luberon 1233
CITRAN Ch. Haut-médoc 313
CLAIR Françoise et Denis Saint-aubin 484 • Santenay 488
CLAIR Pascal Pineau-des-charentes 825
CLAIRES Dom. des Pineau-des-charentes 825
CLAIRMONT Crozes-hermitage 1174
CLAIRNEAUX Dom. des Sancerre 1109
CLAPE Dom. A. Cornas 1180
CLAPIÈRE Ch. de la Côtes-de-provence 862
CLARISSE Ch. Puisseguin-saint-émilion 263
CLARMON Dom. de Minervois 724
CLARTIÈRE Dom. de la Anjou 1001 • Cabernet-d'anjou 1013 • Rosé-de-loire 983
CLAUVALLIS Ventoux 1227
CLAUX DELORME Le Valençay 1081
CLAUZOTS Ch. les Graves 288
CLAVEL Dom. Côtes-du-rhône-villages 1151 • Languedoc 688
CLAVELINES Ch. les Saint-émilion grand cru 228
CLAYMORE Ch. la Lussac-saint-émilion 255
CLAYOU Dom. de Anjou 1002
CLÉ D'O FÉE La IGP Haute-Vallée de l'Orb 751
CLÉEBOURG Cave de Alsace pinot blanc ou klevner 41
CLEF DU RÉCIT Dom. la Sancerre 1109
CLÉMENT Charles Champagne 557
CLÉMENT Isabelle et Pierre Menetou-salon 1092
CLÉMENT J. Champagne 556
CLÉMENT Julien et Rémi Fleurie 115
CLÉMENT Pascal Savigny-lès-beaune 448
CLÉMENT-PICHON Ch. Haut-médoc 313
CLÉMENT SAINT-JEAN Médoc 307
CLÉRAMBAULTS Dom. des Cabernet-d'anjou 1013 • Coteaux-d'ancenis 1000 • Rosé-d'anjou 1016
CLERC MILON Ch. Pauillac 330
CLERGET Dom. Y. Volnay 463
CLOCHEMERLE Beaujolais-villages 102
CLOS Dom. Saumur 1029
CLOS Dom. des Beaune 454 • Chorey-lès-beaune 451
CLOS AGUILEM Terrasses-du-larzac 704
CLOS ALBERTUS Saint-georges-saint-émilion 265
CLOS ALIVU Patrimonio 896
CLOS BADON-THUNEVIN Saint-émilion grand cru 253
CLOS BAGATELLE Muscat-de-saint-jean-de-minervois 741 • Saint-chinian 734
CLOS BASTÉ Madiran 952 • Pacherenc-du-vic-bilh 955
CLOS BENGUÈRES Jurançon 962
CLOS CAPITORO Ajaccio 889
CLOS CARMELET Bordeaux 142 • Cadillac 343 • Côtes-de-Bordeaux 282
CLOS CASTELOT Saint-émilion 222
CLOS CASTET Jurançon 962
CLOS CAVENAC Côtes-du-marmandais 928
CLOS CHAUMONT Ch. Cadillac-côtes-de-bordeaux 280
CLOS CULOMBU Corse ou vin-de-corse 891
CLOS D'ARVIÈRES Dom. du Seyssel 655 • Vin-de-savoie 648
CLOS D'AUDHUY Cahors 906
CLOS D'UN JOUR Cahors 907
CLOS DE BERNARDI Patrimonio 896
CLOS DE CASTETS Blaye-côtes-de-bordeaux 181
CLOS DE CAVEAU Vacqueyras 1202
CLOS DE CHÂTEAU SEC Côtes-de-bourg 188
CLOS DE GAMOT Cahors 909
CLOS DE GARAUD IGP Vaucluse 1244 • Ventoux 1227
CLOS DE L'ABBAYE Bourgueil 1049
CLOS DE L'ABBÉ DUBOIS Côtes-du-vivarais 1236
CLOS DE L'AMANDAIE Languedoc 689
CLOS DE L'ÉGLISE Madiran 952
CLOS DE L'ÉPINAY Dom. du Vouvray 1071
CLOS DE LA BERGERIE Savennières-roche-aux-moines 1019
CLOS DE LA CLÉMENCIÈRE Muscadet-côtes-de-grand-lieu 996
CLOS DE LA COULÉE DE SERRANT Savennières-coulée-de-serrant 1019
CLOS DE LA CURE Saint-émilion grand cru 228
CLOS DE LA LYSARDIÈRE Chinon 1061
CLOS DE LA ROUE Coteaux-du-Lyonnais 132
CLOS DE LA VIEILLE ÉGLISE Pomerol 204
CLOS DE NOUYS Vouvray 1071
CLOS DE PAULILLES Les Collioure 788
CLOS DE PEYRASSOL Le Côtes-de-provence 875
CLOS DE PONCHON Brouilly 107
CLOS DE SARPE Ch. Saint-émilion grand cru 229
CLOS DE SIXTE Dom. du Lirac 1215
CLOS DEL REY Côtes-du-roussillon-villages 781
CLOS DES AUMÔNES Dom. du Vouvray 1071
CLOS DES BRUSQUIÈRES Châteauneuf-du-pape 1209
CLOS DES CAZAUX Dom. le Vacqueyras 1202
CLOS DES CLAPISSES IGP Coteaux du Salagou 747
CLOS DES DEMOISELLES Listrac-médoc 320
CLOS DES GOHARDS Dom. du Anjou-villages 1009 • Bonnezeaux 1027 • Coteaux-du-layon 1021
CLOS DES JACOBINS Saint-émilion grand cru 229
CLOS DES LUMIÈRES Dom. le Côtes-du-rhône 1135 • Côtes-du-rhône-villages 1151
CLOS DES LUNES Bordeaux blanc 154
CLOS DES MAILLES Le Crémant-de-loire 986
CLOS DES MOTÈLES Le Anjou 1002
CLOS DES MÛRES Côtes-du-rhône-villages 1151
CLOS DES NINES IGP Collines de la Moure 765 • Languedoc 689
CLOS DES ORFEUILLES Muscadet-sèvre-et-maine 991
CLOS DES ROCHERS Dom. Moselle luxembourgeoise 1249
CLOS DES TEMPLIERS Lalande-de-pomerol 215
CLOS DES TERRES BRUNES Alsace gewurztraminer 34 • Alsace riesling 59
CLOS DES VINS D'AMOUR IGP Côtes catalanes 812 • Côtes-du-roussillon 770 • Maury 807 • Maury sec 792

CLOS DU BEAU-PÈRE Le Pomerol 205
CLOS DU BREIL Le Côtes-de-bergerac 938
CLOS DU CALVAIRE Châteauneuf-du-pape 1209
CLOS DU CHÊNE Cahors 907
CLOS DU CLOCHER Pomerol 205
CLOS DU HEZ Graves 288
CLOS DU JONCUAS Vacqueyras 1202
CLOS DU LUCQUIER Le Languedoc 689
CLOS DU MARQUIS Saint-julien 340
CLOS DU MERLE Ch. le Côtes-de-bourg 189
CLOS DU MOULIN AUX MOINES Pernand-vergelesses 442 • Saint-romain 470
CLOS DU MOUNAT Le Côtes-de-bourg 189
CLOS DU NOTAIRE Ch. le Côtes-de-bourg 189
CLOS DU PARADIS Chinon 1061
CLOS DU PAVILLON Montagne-saint-émilion 259
CLOS DU PRIEUR Terrasses-du-larzac 704
CLOS DU ROI Bourgogne 361
CLOS DU ROY Arabesque de Fronsac 199
CLOS DU SERRES Le Terrasses-du-larzac 704
CLOS DU VIGNEAU Le Saint-nicolas-de-bourgueil 1056
CLOS DUBREUIL Saint-émilion grand cru 237
CLOS FLORIDÈNE Graves 288
CLOS FOURTET Saint-émilion grand cru 229
CLOS GAILLARD Dom. Pouilly-fuissé 524
CLOS GALANT Dom. Duché d'Uzès 1224
CLOS GAUTIER Côtes-de-provence 862
CLOS HAUT-PEYRAGUEY Sauternes 349
CLOS L'ABEILLEY Sauternes 351
CLOS L'ÉGLISE Pomerol 205
CLOS LA BOHÈME Haut-médoc 318
CLOS LA BOISSEROLLE Saint-véran 531
CLOS LA CROIX D'ARRIAILH Montagne-saint-émilion 258
CLOS LA MADELEINE Saint-émilion grand cru 229
CLOS LA NEUVE Côtes-de-provence 862
CLOS LA RIVIÈRE Languedoc 689 • Saint-chinian 734
CLOS LA ROSE Saint-émilion grand cru 231
CLOS LA SELMONIE Bergerac 931
CLOS LA TUILIÈRE Luberon 1233
CLOS LAGÜE Fronsac 199
CLOS LANDRY Corse ou vin-de-corse 892
CLOS LARIVEAU Canon-fronsac 197
CLOS LAVIZON Ch. Bordeaux clairet 149
CLOS LE BRÉGNET Saint-émilion 222
CLOS LUCCIARDI Corse ou vin-de-corse 892
CLOS LUNELLES Castillon-côtes-de-bordeaux 267
CLOS MANOU Médoc 305
CLOS MARSALETTE Pessac-léognan 296
CLOS MIGNON Ch. Fronton 923
CLOS MIREILLE Côtes-de-provence 881
CLOS MOULIN PONTET Ch. Bordeaux supérieur 164
CLOS NICROSI Corse ou vin-de-corse 892
CLOS ORNASCA Ajaccio 889
CLOS POGGIALE Corse ou vin-de-corse 895
CLOS RIVIERAL Dom. le Terrasses-du-larzac 705
CLOS ROMANILE Saint-émilion grand cru 230
CLOS SAINT-ANTONIN Côtes-du-rhône 1140 • Côtes-du-rhône-villages 1151
CLOS SAINTE-MAGDELEINE Cassis 843
CLOS SAINT-ÉMILION-PHILIPPE Saint-émilion grand cru 230
CLOS SAINT-FIACRE Orléans-cléry 1079
CLOS SAINT-JULIEN Saint-émilion grand cru 230
CLOS SAINT-MARTIN Saint-émilion grand cru 230
CLOS SAINT-MICHEL Châteauneuf-du-pape 1209
CLOS SAINT-SÉBASTIEN Banyuls 795 • Banyuls grand cru 798 • Collioure 788
CLOS SAN QUILICO Muscat-du-cap-corse 898 • Patrimonio 896
CLOS SERVIEN Les Côtes-de-provence 862
CLOS TEDDI Patrimonio 897
CLOS THOU Jurançon 962
CLOS TRIGUEDINA Cahors 907
CLOS VÉDÉLAGO Castillon-côtes-de-bordeaux 267
CLOSEL Dom. du Savennières 1018
CLOSERIE Dom. de la Bourgueil 1049
CLOSERIE DES ALISIERS Bourgogne 362 • Mâcon et mâcon-villages 514
CLOSSERONS Dom. des Coteaux-du-layon 1021 • IGP Val de Loire 1122
CLOUET Paul Champagne 557
CLUZEAU Ch. Bergerac 931 • Monbazillac 942
CLUZEL Vincent et Alexandre Saint-joseph 1169
COCCINELLES Ch. des Côtes-du-rhône 1135 • Côtes-du-rhône-villages 1151
COCHE Dom. de la IGP Val de Loire 1122
COCTEAUX Benoît Champagne 557
CŒUR DE BAIES Luberon 1232
COGNARD Estelle et Rodolphe Bourgueil 1050 • Saint-nicolas-de-bourgueil 1056
COGNARDIÈRE Dom. de la Muscadet-sèvre-et-maine 992
COGNÉ Vignoble IGP Val de Loire 1123
COINTES Ch. de Malepère 720
COIRIER Dom. Fiefs-vendéens 999
COLBERT CANNET Ch. Côtes-de-provence 863
COLBERT Ch. Côtes-de-bourg 189
COLBOIS Dom. Bourgogne-aligoté 370 • Chablis premier cru 384
COLETTE Dom. de Morgon 120
COLIBRI Dom. du Ventoux 1227
COLIN Champagne 557
COLIN Bruno Chassagne-montrachet 481 • Santenay 488
COLIN ET FILS Marc Chassagne-montrachet 481 • Puligny-montrachet 477 • Saint-aubin 484
COLIN SEGUIN Maison Bourgogne 362 • Montagny 510
COLINIÈRE Dom. la Ventoux 1228
COLINOT Dom. Irancy 396
COLLERY Champagne 557
COLLET Dom. Champagne 557
COLLET DE BOVIS Bellet 842
COLLET ET FILS Dom. Jean Chablis grand cru 392 • Chablis premier cru 384
COLLIN Charles Champagne 558
COLLIN Daniel Champagne 557

COLLIN-BOURISSET Morgon 120
COLLINES DU BOURDIC Les Duché d'Uzès 1225 • IGP Pays d'Oc 756
COLLOVRAY & TERRIER Crémant-de-limoux 717
COLMAR Dom. de la ville de Alsace riesling 59
COLMAR Hospices de Alsace edelzwicker 32
COLMAR Signature de Alsace grand cru 70
COLOMBE PEYLANDE Ch. Haut-médoc 314
COLOMBELLE IGP Côtes de Gascogne 972
COLOMBIER Dom. du Anjou 1003 • Cabernet-d'anjou 1013 • Chinon 1061 • Coteaux-du-layon 1022 • Crozes-hermitage 1174 • IGP Val de Loire 1123 • Roussette-de-savoie 653 • Vin-de-savoie 648
COLONAT Dom. de Moulin-à-vent 124
COLONGE ET FILS Dom. André Fleurie 115
COLTABARDS Dom. des Sancerre 1109
COMBE Dom. de la Saussignac 947
CÔMBE Dom. de la IGP Var 888
COMBE BLANCHE Dom. Minervois 724
COMBE BLANCHE Dom. Minervois-la-livinière 732
COMBE DES DUCS Ch. Languedoc 690
COMBE GRANDE Dom. la Corbières 668
COMBE JULIÈRE Dom. Rasteau sec 1190
COMBE SAINT-PAUL La La Clape 712
COMBELLES Les Côtes-du-rhône-villages 1153
COMBRILLAC Ch. Bergerac 931 • Rosette 946
COMMANDERIE Ch. la Pomerol 205
COMMANDERIE Dom. de la Beaujolais-villages 102 • Quincy 1101
COMMANDERIE DE QUEYRET Ch. la Entre-deux-mers 273
COMMANDERIE DE QUEYRET La Bordeaux blanc 155
COMMANDERIE DU BARDELET Ch. la Bordeaux 142
COMPS Dom. Saint-chinian 734
COMTADINE Cave la Ventoux 1228
COMTE DE LAUZE Châteauneuf-du-pape 1209
COMTE DE NÉGRET Fronton 925
COMTE PERALDI Dom. Ajaccio 890
COMTE STANISLAS Champagne 558
COMTES DE DAMPIERRE Champagne 558
COMTESSE DU PARC Ch. Haut-médoc 314
CONDOM Cave de Floc-de-gascogne 967
CONGY Dom. de Pouilly-fumé 1097
CONQUÊTES Dom. des IGP Pays d'Hérault 752
CONSEILLANS Ch. les Côtes-de-Bordeaux 282
CONSONNIÈRE Dom. la Châteauneuf-du-pape 1209
CONSTANT-DUQUESNOY Dom. Vinsobres 1189
COPÉRET Cyril Fleurie 116
COPÉRET Dom. Gilles Fleurie 116
COPIN-CAUTEL Champagne 558
COPINET Marie Champagne 558
COQUARD Olivier Beaujolais 97
COQUIN Dom. de Menetou-salon 1092
CORBIAC Ch. Pécharmant 945
CORBILLIÈRES Dom. des Touraine 1039 • Touraine-oisly 1048
CORBIN Ch. Saint-émilion 222 • Saint-émilion grand cru 230
CORCONNE Cave de Pic-saint-loup 708
CORDAILLAT Dom. Reuilly 1103
CORDELIERS Les Crémant-de-bordeaux 176
CORDEUIL Champagne 558
CORDEUIL PÈRE ET FILLE Champagne 559
CORDIER PÈRE ET FILS Dom. Mâcon et mâcon-villages 514
CORINDONS Dom. des Brouilly 107
CORMERAIS Ch. de la Muscadet-sèvre-et-maine 992
CORMERAIS Dom. Bruno Muscadet-sèvre-et-maine 992
CORMIERS Dom. des Muscadet-sèvre-et-maine 992
CORMIERS ROUX Dom. des Vouvray 1071
CORNASSE Dom. de la Chablis 379 • Chablis premier cru 385
CORNEILLA Ch. de Côtes-du-roussillon 770 • Côtes-du-roussillon-villages 781
CORNE-LOUP Dom. Lirac 1215
CORNEMPS Ch. de Bordeaux rosé 151 • Bordeaux supérieur 164
CORNU ET FILS Edmond Aloxe-corton 440 • Chorey-lès-beaune 451 • Corton 445
CORNUELLES Les Chinon 1063
CORNULIÈRE Dom. de la Muscadet-sèvre-et-maine 992
CORON PÈRE ET FILS Mercurey 504
CORREAUX Ch. des Bourgogne 362 • Coteaux bourguignons 358
CORRENS Les Vignerons de Côtes-de-provence 863 • IGP Méditerranée 1241
CORRENSON Ch. Lirac 1215 • Tavel 1218
CORSIN Dom. Mâcon et mâcon-villages 514 • Pouilly-fuissé 524 • Saint-véran 531
CORSIN ET SYLVAIN ROUSSOT Dom. Jérôme Juliénas 118
COS LABORY Ch. Saint-estèphe 336
COSSIEU-COUTELIN Ch. Saint-estèphe 336
COSSU Ch. le Graves 288
COSTE CHAUDE Dom. de Côtes-du-rhône-villages 1152
COSTE DU PUY Dom. la Lirac 1215
COSTE-CAUMARTIN Dom. Pommard 458
COSTEPLANE Dom. Languedoc 690
COSTES ROUGES Dom. des Marcillac 921
COSTES-CIRGUES Ch. Languedoc 690
COSTESSE Dom. la Languedoc 690 • Pic-saint-loup 708
CÔTE Ch. la Côtes-du-rhône 1136
CÔTE Dom. de la Côtes-du-rhône-villages 1152
CÔTE DE FASSE Dom. de la Petit-chablis 375
CÔTE DE L'ANGE Dom. de la Châteauneuf-du-pape 1209
CÔTÉ MAS IGP Pays d'Oc 760
COTEAU DE VALLIÈRES Dom. du Moulin-à-vent 125
COTEAU SAINT-VINCENT Anjou-villages 1009 • Crémant-de-loire 986
COTEAU SAINT-VINCENT Dom. du Anjou-coteaux-de-la-loire 1017
COTEAUX D'AUBENAS Les Vignerons des Côtes-du-vivarais 1237 • IGP Ardèche 1239
COTEAUX D'ENGRAVIÈS Dom. des IGP Ariège 970

COTEAUX DE COIFFY Les IGP Coteaux de Coiffy 626
COTEAUX DE LA ROCHE Beaujolais 97
COTEAUX DE SAINT-ABRAM Vignoble des Beaujolais 97
COTEAUX DES MARGOTS Dom. Mâcon et mâcon-villages 514 • Saint-véran 531
COTEAUX DES OLIVIERS Dom. Beaujolais-villages 102 • Morgon 120
COTEAUX DU PIC Les Pic-saint-loup 708
COTEAUX DU RHÔNE Cave les Côtes-du-rhône 1136 • IGP Méditerranée 1242 • Principauté d'Orange 1243
COTEAUX Cave les Côtes-du-rhône-villages 1152
CÔTES D'AGLY Les Vignerons des Côtes-du-roussillon-villages 781 • Maury 808 • Rivesaltes 800
CÔTES DE NERVERS Brouilly 108
CÔTES RÉMONT Dom. Chénas 113 • Juliénas 118
CÔTES ROUSSES Dom. des Vin-de-savoie 648
COTTAT Éric Sancerre 1109
COTTEBRUNE Dom. Faugères 677
COTTIÈRE Ch. la Côtes-de-bourg 192
COUAMAIS Jean-Paul Vouvray 1071
COUDERT Ch. Saint-émilion grand cru 230
COUDOULIS Dom. Lirac 1215
COUDRAY Dom. du Quincy 1101
COUDRAY-MONTPENSIER Ch. Chinon 1061
COUDRIÈRES Dom. des Vouvray 1071
COUET Dom. Coteaux-du-giennois 1085 • Pouilly-fumé 1097
COUHINS Ch. Pessac-léognan 296
COUHINS-LURTON Ch. Pessac-léognan 296
COUJAN Ch. Saint-chinian 734
COUJAN Dom. de IGP Pays d'Hérault 752
COULANÉ Ch. Madiran 952
COULANGE Dom. Côtes-du-rhône 1136
COULET Dom. Languedoc 690
COULEURS D'AQUITAINE Saussignac 947
COULON ET FILS IGP Charentais 828
COULON Ch. Corbières 668
COULORGUES Dom. de IGP Cévennes 743
COULY Dom. René Chinon 1062
COULY Pierre et Bertrand Chinon 1061
COULY-DUTHEIL Chinon 1061
COUME DEL MAS Banyuls 795 • Collioure 789
COUME DU ROY La Maury 808
COUME-LUMET La Limoux 719
COUR D'ARGENT Ch. de la Bordeaux supérieur 164
COUR Ch. de la Saint-émilion grand cru 231
COURAC Ch. Côtes-du-rhône 1136 • Côtes-du-rhône-villages 1152
COURBIAN Ch. Médoc 308
COURBIS Dom. Cornas 1180 • Saint-joseph 1169
COURLAT Ch. du Lussac-saint-émilion 255
COURLET Vincent Roussette-de-savoie 653
COURNEAU Ch. du Margaux 323
COURONNE Ch. la Montagne-saint-émilion 258
COURONNEAU Ch. Sainte-foy-bordeaux 278
COURRÈGES Corazon by Stéphane Médoc 305
COURS Les Côtes-de-duras 949
COURSAC Dom. de Languedoc 690
COURSODON Pierre et Jérôme Saint-joseph 1169
COURTADE Ch. de Montagne-saint-émilion 261
COURTAL Dom. de Fitou 681
COURTAULT Dom. Jean-Claude Petit-chablis 375
COURTILLIER Fabrice Champagne 559
COURTILLIER Laurent Champagne 559
COURTINAT Christophe Saint-pourçain 1106
COURT-LES-MÛTS Ch. Côtes-de-bergerac 938
COUSPAUDE Ch. la Saint-émilion grand cru 231
COUSTARELLE Ch. la Cahors 907
COUSTARRET Dom. Jurançon 962
COUSTHEUR-BONNARD Champagne 559
COUSTILLE Dom. de IGP Côtes de Meuse 90
COUTELAS A.D. Champagne 559
COUTELET C Champagne 559
COUTELOR LA ROMARINE Ch. Sainte-foy-bordeaux 278
COUTINEL Ch. Fronton 922
COUTURIER Dom. Marcel Pouilly-fuissé 524
COUTURIER Marcel Pouilly-loché 529 • Pouilly-vinzelles 529
COUVENT DES JACOBINS Saint-émilion grand cru 231
COUVENT FILS Champagne 559
COUVREUR Alain Champagne 560
COUVREUR-PHILIPPART Champagne 560
COUZINS Ch. les Lussac-saint-émilion 255
COYEUX Dom. de Beaumes-de-venise 1205
CRABITAN BELLEVUE Ch. Premières-côtes-de-bordeaux 345
CRABITAN-BELLEVUE Ch. Sainte-croix-du-mont 346
CRABITEY Ch. Graves 288
CRAMPILH Dom. du Pacherenc-du-vic-bilh 955
CRANSAC Ch. Fronton 923
CRÉATION Ch. la Pomerol 205
CREISSAN Ch. Saint-chinian 734
CRÉMADE Ch. Palette 885
CRÉMAT Ch. de Bellet 842
CRÈS RICARDS Ch. des Terrasses-du-larzac 705
CRÈS RICARDS Dom. des IGP Pays d'Oc 756
CRÉTÉ Dominique Champagne 560
CRÊTES Dom. des Beaujolais 97
CRÊTS Dom. des Mâcon et mâcon-villages 514
CREUZE NOIRE Dom. de la Pouilly-fuissé 524 • Saint-véran 533
CRÈVE CŒUR Dom. de Côtes-du-rhône 1136 • Côtes-du-rhône-villages 1152
CRISTIA Dom. de Châteauneuf-du-pape 1210 • Côtes-de-provence 863
CROCHET Daniel Sancerre 1110
CROCHET Dom. Dominique et Janine Sancerre 1110
CROCHET François Sancerre 1110
CROCHET Jean-Marc et Mathieu Sancerre 1110
CROCK Ch. le Saint-estèphe 336
CROCUS Cahors 907
CROIFOLIE Dom. de Beaujolais-villages 102
CROISARD Christophe Coteaux-du-loir 1066 • Jasnières 1066
CROISILLE Ch. les Cahors 907
CROIX Ch. la Fronsac 199 • Pomerol 206
CROIX Dom. de la Côtes-de-provence 863

CROIX ARPIN Dom. de la Côtes-d'auvergne 1087
CROIX BEAUSÉJOUR Ch. Montagne-saint-émilion 258
CROIX BELLE Dom. la IGP Côtes de Thongue 748
CROIX CHABRIÈRES Ch. de la Grignan-les-adhémar 1186
CROIX CHAPTAL Dom. la Clairette-du-languedoc 664
CROIX D'ARMENS Ch. la Saint-émilion grand cru 231
CROIX DE BERTINAT Ch. Saint-émilion grand cru 232
CROIX DE BOURSEAU La Lalande-de-pomerol 216
CROIX DE GALERNE Dom. la Anjou-villages 1009 • Coteaux-du-layon 1022
CROIX DE GAY Ch. la Pomerol 206
CROIX DE LABRIE Ch. Saint-émilion grand cru 232
CROIX DE MAI Ch. Médoc 305
CROIX DE NAULT Ch. la Montagne-saint-émilion 258
CROIX DE RAMBEAU Ch. Lussac-saint-émilion 255
CROIX DE ROCHE Ch. la Bordeaux supérieur 164 • Fronsac 200
CROIX DE SAINT-CYPRIEN Dom. de la Côte-de-brouilly 110
CROIX DE SAINT-JEAN Dom. la Minervois 725
CROIX DES MARCHANDS Dom. la Gaillac 918
CROIX DES PINS Ch. la Beaumes-de-venise 1205 • Ventoux 1228
CROIX DES ROUZES Ch. Pomerol 206
CROIX DU RIVAL Ch. Lussac-saint-émilion 255
CROIX DU TRALE Ch. Haut-médoc 314
CROIX MÉLIER Dom. de la Montlouis-sur-loire 1067
CROIX MULINS Dom. de la Morgon 120
CROIX ROMANE Ch. la Lalande-de-pomerol 216
CROIX SAINTE-EULALIE Dom. la Saint-chinian 735
CROIX SAINT-GEORGES Ch. la Pomerol 206
CROIX SAINT-JEAN Ch. la Lalande-de-pomerol 216
CROIX SAINT-LAURENT Dom. la Sancerre 1110
CROIX SENAILLET Dom. de la Mâcon et mâcon-villages 515 • Pouilly-fuissé 524 • Saint-véran 531
CROIX-TOULIFAUT Ch. la Pomerol 206
CROIZILLE Ch. la Saint-émilion grand cru 232
CROS Ch. du Loupiac 344
CROS Dom. du Marcillac 922
CROS Pierre Minervois 725
CROSTES Ch. les Côtes-de-provence 863
CROUSEILLES Cave de Béarn 959 • Madiran 952 • Pacherenc-du-vic-bilh 955
CROZE DE PYS Ch. Cahors 907
CRU DE GRAVÈRE Sainte-croix-du-mont 346
CRU GODARD Ch. Francs-côtes-de-bordeaux 270
CRU LAROSE Jurançon 963
CRUCHANDEAU Dom. Bouzeron 497
CRUCHANDEAU Julien Bourgogne-hautes-côtes-de-nuits 401
CRUCIFIX PÈRE ET FILS Champagne 560
CRUZEAU Ch. Saint-émilion grand cru 232
CRUZEAU Ch. de Pessac-léognan 296
CUCHET-CEZ F. Champagne 560
CUILLERON Yves Condrieu 1166 • Cornas 1180 • Crozes-hermitage 1174 • Saint-joseph 1169 • Saint-péray 1182
CUNE Dom. de la Saumur 1029
CUPERLY Champagne 560
CURNIÈRE Ch. la Coteaux-varois-en-provence 849
CURVEUX ET FILS Dom. Joël Mâcon et mâcon-villages 515 • Pouilly-fuissé 524
CUVÉE LÉGENDE Côtes-de-provence 861

D

DA Blanquette-de-limoux 716
DAGUENEAU ET FILLES Dom. Serge Pouilly-fumé 1097
DAHERON Vignoble IGP Val de Loire 1123
DALEM Ch. Fronsac 200
DALLAU Ch. Bordeaux supérieur 164
DALMA Dom. Coteaux-d'aix-en-provence 846
DAME DE ONZE HEURES La Saint-émilion grand cru 232
DAME GUILHERME Dom. Côtes-du-rhône-villages 1153
DAMIENS Dom. Madiran 952
DAMOY Pierre Bourgogne 362 • Marsannay 403
DAMPT ET FILS Daniel Chablis premier cru 385
DAMPT FRÈRES Bourgogne 362 • Chablis grand cru 392 • Chablis premier cru 385
DAMPT Dom. Vincent Chablis 380 • Chablis premier cru 385
DAMPT Éric et Emmanuel Bourgogne 362 • Chablis 379 • Petit-chablis 375
DANJEAN-BERTHOUX Givry 507
DANSAULT Gabriële et Régis Montlouis-sur-loire 1067
DARIDAN Benoît Cheverny 1076 • IGP Val de Loire 1123
DARIUS Ch. Saint-émilion grand cru 233
DARNAUD Emmanuel Crozes-hermitage 1174 • Saint-joseph 1170
DARRAGON Maison Vouvray 1071
DARRÈZES Dom. des Saint-amour 131
DARZAC Ch. Entre-deux-mers 273
DASSAULT Ch. Saint-émilion grand cru 233
DAUBY MÈRE & FILLE Champagne 561
DAULNY Dom. Sancerre 1110
DAUPHINE Ch. de la Fronsac 200
DAURADILLE Ch. Côtes-du-rhône 1137
DAUVERGNE RANVIER Côte-rôtie 1163 • Côtes-du-rhône 1137 • Côtes-du-rhône-villages 1153 • Luberon 1233 • Ventoux 1228
DAUVERGNE Maxime Champagne 561
DAUVISSAT Agnès et Didier Petit-chablis 375
DAUVISSAT Caves Jean et Sébastien Chablis grand cru 392
DAUVISSAT PÈRE ET FILS Dom. Jean Chablis premier cru 385
DAUZAC Ch. Haut-médoc 314 • Margaux 322
DAVANTURE Dom. Bourgogne-côte-chalonnaise 494 • Givry 507
DAVENNE Clotilde Irancy 396 • Saint-bris 398
DAVIAUX Sébastien Champagne 561
DAVID Alain Champagne 561
DÉCELLE Dom. la Côtes-du-rhône-villages 1153
DEFAIX Dom. Bernard Chablis premier cru 385
DEFFENDS Dom. du Coteaux-varois-en-provence 850
DEGACHE FRÈRES Dom. Côte-rôtie 1163
DEHEURLES ET FILLES Daniel Champagne 561
DEHEURLES ET FILS Marcel Champagne 561

DÉHU PÈRE ET FILS Champagne 562
DÉHU Louis Champagne 562
DELABARRE Champagne 562
DELABAYE ET FILS Maurice Champagne 562
DELAFONT S. Limoux 719
DELAGARDE V. Champagne 564
DELAGNE ET FILS Champagne 562
DELAHAIE Champagne 562
DELAMOTTE Champagne 563
DELANOUE Jérôme Bourgueil 1050
DELANOUE Jocelyne Saint-nicolas-de-bourgueil 1056
DELAPORTE Dom. Sancerre 1111
DELAUNAY Dom. Crémant-de-loire 986
DELAUNAY Dom. Joël Touraine 1039
DELAUNOIS ET FILS D. Champagne 563
DELFOUR Champagne 574
DELMAS Blanquette-de-limoux 716
DELMOND Ch. Sauternes 350
DELONG Marlène Champagne 563
DELORME André Mercurey 502
DELOUVIN-NOWACK Champagne 563
DELOZANNE Yves Champagne 563
DEMANGEOT Dom. Bourgogne-hautes-côtes-de-beaune 435 • Maranges 491 • Santenay 488
DEMAZET VIGNOBLES Côtes-du-rhône 1137 • IGP Méditerranée 1242 • Ventoux 1228
DEMIÈRE Champagne 564
DEMIÈRE A. & J. Champagne 564
DEMIÈRE Serge Champagne 564
DEMILLY DE BAERE Champagne 564
DEMOIS Chinon 1062
DEMOISELLES Ch. des Côtes-de-provence 863
DEMOISELLES Dom. des Côtes-du-roussillon 770 • IGP Côtes catalanes 812 • IGP Rancio sec 818 • Muscat-de-rivesaltes 804
DEMOISELLES Rosé des Corbières 667
DEMOISELLES TATIN Les Reuilly 1104
DÉMON NOIR IGP Comté tolosan 971
DEMONPÈRE Ch. Côtes-de-provence 864
DENANTE Dom. de la Pouilly-fuissé 525 • Saint-véran 532
DENEUFBOURG Valérie Orléans 1079
DENIS PÈRE ET FILS Dom. Chorey-lès-beaune 451 • Pernand-vergelesses 442 • Savigny-lès-beaune 448
DENUZILLER Dom. Saint-véran 532
DEPEYRE Dom. Côtes-du-roussillon-villages 782
DEPIESSE Dom. Sylvain Maranges 492
DEREY Pierre Fixin 404
DERICBOURG Champagne 564
DERICBOURG Gaston Champagne 564
DERNIER BASTION Dom. du Maury 808
DEROCHES-MANÇOIS Dom. Touraine 1040
DÉROT-DELUGNY Champagne 564
DÉROUILLAT Champagne 565
DÉSAUTEZ ET FILS E. Champagne 565
DESCHAMPS Sébastien Monthélie 465
DESCOTES Régis Coteaux-du-Lyonnais 132
DÉSERTAUX-FERRAND Dom. Bourgogne 362 • Bourgogne-aligoté 370 • Côte-de-nuits-villages 432
DESFOSSÉS Georges et Guy Muscadet-sèvre-et-maine 992
DESOM Caves Saint-Rémy Moselle luxembourgeoise 1249
DESOM Dom. Moselle luxembourgeoise 1249
DÉSORMIÈRE Dom. Côte-roannaise 1089
DÉSOUCHERIE Dom. de la Cour-cheverny 1078
DESPERRIER Dom. Moulin-à-vent 125
DESPRAT SAINT-VERNY Côtes-d'auvergne 1087
DESPRÉS Georges et Cyril Beaujolais 98 • Beaujolais-villages 103
DESROCHES Pascal Reuilly 1104
DESTIEUX Ch. Saint-émilion grand cru 233
DESVIGNES Dom. Givry 507
DÉTHUNE Paul Champagne 565
DEUTZ Champagne 565
DEUX ARCS Dom. des Anjou-villages 1010 • Cabernet-d'anjou 1014 • Rosé-de-loire 983 • Savennières 1018
DEUX PIERRE Les Côtes-d'auvergne 1087
DEUX ROCHES Mâcon et mâcon-villages 515 • Pouilly-fuissé 525 • Saint-véran 532
DEUX ROCS Ch. les Languedoc 691
DEUX TERRES Vignoble des IGP Mont Baudile 752 • IGP Pays d'Oc 757 • Languedoc 691
DEUX VALLÉES Dom. des Anjou 1003 • Anjou-villages 1010 • Coteaux-du-layon 1022 • Savennières 1018
DEUX-MOULINS Dom. des Anjou-villages-brissac 1012
DEVAUX Champagne 565
DEVAUX Veuve A. Champagne 565
DEVAVRY Gisèle Champagne 566
DEVÈZE-MONNIER Ch. de la Languedoc 691
DEVICHI Marie-Françoise Patrimonio 897
DEVILLERS ET FILS Jacques Champagne 566
DEVILLIERS Pascal Champagne 566
DEVISE Ch. la Puisseguin-saint-émilion 263
DEYREM VALENTIN Ch. Margaux 322
DÉZAT ET FILS André Sancerre 1111
DEZAT Aurore Sancerre 1111
DHOMMÉ Dom. Coteaux-du-layon 1022
DIABLES Dom. des Côtes-de-provence 864
DICONNE Dom. Auxey-duresses 467
DIFFÉRENCE La Côtes-du-roussillon-villages 782
DIFFRE Ch. la Rasteau sec 1191
DILIGENT André Champagne 566
DILLON Ch. Haut-médoc 314
DIONYSOS Dom. de Côtes-du-rhône 1137 • IGP Vaucluse 1244
DISCHLER Crémant-d'alsace 84
DISSAUX-BROCHOT Champagne 566
DITTIÈRE Dom. Anjou-villages-brissac 1012 • Coteaux-de-l'aubance 1016 • Rosé-de-loire 983
DIVIN LOIRE Touraine 1040
DOCK ET FILS Paul Alsace klevener-de-heiligenstein 38 • Alsace pinot gris 43
DOISY DAËNE Ch. Barsac 347
DOM BACCHUS Champagne 566
DOM BRIAL Côtes-du-roussillon-villages 782 • IGP Côtes catalanes 812 • Rivesaltes 800
DOM CAUDRON Champagne 567

DOM PÉRIGNON Champagne 567
DOMI Pierre Champagne 567
DOMINICAIN Banyuls 795 • Collioure 789
DOMINIQUE Ch. la Saint-émilion grand cru 233
DOMINIQUE Relais de la Saint-émilion grand cru 233
DOMS Ch. Bordeaux supérieur 165 • Graves 288
DONATS Ch. les Bergerac 932 • Blaye-côtes-de-bordeaux 181
DONJON Ch. du Minervois 725
DONZEL Dom. Beaujolais-villages 103
DOPFF AU MOULIN Alsace grand cru 71
DORETTE La Reuilly 1104
DORMEGNIES Thomas IGP Val de Loire 1123
DOUCET ET FILS Paul Sancerre 1111
DOUDET Dom. Pernand-vergelesses 442 • Savigny-lès-beaune 448
DOUDET-NAUDIN Bouzeron 497 • Maranges 492
DOUÉ Didier Champagne 568
DOURDON-VIEILLARD Champagne 568
DOURNIE Ch. la Saint-chinian 735
DOURTHE Bordeaux blanc 155 • Bordeaux rosé 151
DOUSSOT-ROLLET Dom. Chorey-lès-beaune 452
DOYARD-MAHÉ Champagne 568 • Ratafia champenois 627
DOYENNÉ Ch. le Côtes-de-Bordeaux 282
DOZON ÉRIC SANTIER Dom. Chinon 1062
DOZONNERIE Dom. de la Chinon 1062
DRAGON Dom. du Côtes-de-provence 864
DRAPPIER Champagne 568
DRIANT-VALENTIN Champagne 568
DROIN Jean-Paul et Benoît Chablis grand cru 393 • Chablis premier cru 386
DROUET Pineau-des-charentes 826
DROUHIN Joseph Beaune 455 • Mâcon et mâcon-villages 515 • Nuits-saint-georges 428 • Pouilly-vinzelles 529
DROUHIN-LAROZE Dom. Bonnes-mares 421 • Chambertin-clos-de-bèze 412 • Chapelle-chambertin 412 • Gevrey-chambertin 407 • Morey-saint-denis 415
DRUSSÉ Nathalie et David Saint-nicolas-de-bourgueil 1056
DUBŒUF Georges Beaujolais-villages 103
DUBOIS 1764 François Champagne 569
DUBOIS D'ORGEVAL Dom. Aloxe-corton 440 • Côte-de-beaune 457 • Savigny-lès-beaune 449
DUBOIS ET FILS Bernard Savigny-lès-beaune 449
DUBOIS ET FILS Dom. R. Côte-de-nuits-villages 432 • Nuits-saint-georges 429
DUBOIS Dom. Bourgueil 1050 • Mâcon et mâcon-villages 513 • Saumur-champigny 1034
DUBOIS Hervé Champagne 568
DUBOIS Raphaël Bourgogne-hautes-côtes-de-nuits 401
DUBREUIL Philippe et Arnaud Savigny-lès-beaune 449
DUBREUIL Vignoble Touraine 1040
DUBREUIL-FONTAINE Pernand-vergelesses 443
DUBUET-MONTHELIE Dom. Monthélie 465
DUC DE CASTELLAC Bergerac 932
DUC Dom. des Saint-amour 131
DUCLAUX Benjamin et David Condrieu 1166
DUCLOS Ch. Côtes-de-duras 949
DUCQUERIE Dom. de la Coteaux-du-layon 1022 • Crémant-de-loire 987
DUCROUX Jean-Pierre Morgon 120 • Régnié 128
DUDON Ch. Bordeaux 142 • Bordeaux blanc 155
DUFFAU Dom. Gaillac 916
DUFOULEUR Dom. Guy et Yvan Bourgogne-hautes-côtes-de-nuits 401 • Pommard 458
DUFOURG Alain Bordeaux 142
DUGAY Ch. Jean Graves-de-vayres 276
DUGOIS Dom. Daniel Arbois 634
DUHART-MILON Ch. Pauillac 331
DUHR ET FILS Mme Aly Moselle luxembourgeoise 1250
DUJARDIN Dom. Monthélie 465 • Saint-romain 470
DUJARDIN Hélène et Éric Chinon 1062
DUMANGIN FILS J. Ratafia champenois 627
DUMIEN SERRETTE Cornas 1180
DUMONT Daniel Champagne 569
DUMONT Lou Bourgogne 363 • Gevrey-chambertin 407
DUMONT ET FILS R. Champagne 569
DUMONTET Pierre Bordeaux 142 • Bordeaux blanc 155 • Entre-deux-mers 273
DUNE IGP Sable de Camargue 764
DUNOYER DE SEGONZAC Philippe Champagne 569
DUNTZE G. F. Champagne 569
DUPLESSY Ch. Côtes-de-Bordeaux 282
DUPOND Pierre Morgon 121
DUPONT Yves et Delphine Bourgogne 363
DUPONT-FAHN Dom. Meursault 473
DUPONT-FAHN Dom. Raymond Auxey-duresses 467 • Meursault 473 • Puligny-montrachet 477
DUPONT-TISSERANDOT Dom. Charmes-chambertin 413
DUPRÉ Dom. Mâcon et mâcon-villages 520
DUPUY Antoine et Vincent Touraine-noble-joué 1047
DUPUY DE LÔME Dom. Bandol 835
DURAND Éric et Joël Cornas 1180 • Saint-joseph 1170 • Saint-péray 1183
DURAND Helen Rasteau sec 1194
DURAND Loïc Bourgogne-hautes-côtes-de-beaune 435 • Chorey-lès-beaune 452
DURDON-BOUVAL Champagne 570
DURETTE Ch. de Régnié 128
DURUP Chablis premier cru 386 • Petit-chablis 376
DUTHEIL Dom. Châteaumeillant 1083
DUTHIL Ch. Haut-médoc 314
DUTRUCH GRAND POUJEAUX Ch. Moulis-en-médoc 328
DUVAL VOISIN Dom. Bourgueil 1050
DUVAL-LEROY Champagne 570
DUVERNAY PÈRE ET FILS Rully 498
DUVERNAY Romain Beaumes-de-venise 1205 • Gigondas 1197 • Lirac 1215 • Rasteau sec 1191 • Vacqueyras 1202

E

EBLIN-FUCHS Alsace grand cru 71 • Alsace riesling 59
ÉCASSERIE Vignoble de l' Anjou 1003
ÉCETTE Dom. de l' Bouzeron 497 • Rully 498

ÉCHARDIÈRES Dom. des Touraine 1040 • Touraine-chenonceaux 1046
ECK Ch. d' Pessac-léognan 297
ECKLÉ Jean-Paul Alsace grand cru 71
ÉCLAT BLANC Muscat-de-saint-jean-de-minervois 741
ÉCLAT DE VALENTIN L' Saint-émilion grand cru 234
ÉCOLE Dom. de l' Alsace gewurztraminer 35
EDMUS Ch. Saint-émilion grand cru 234
EDRE Dom. de l' Côtes-du-roussillon 771 • Côtes-du-roussillon-villages 782
ÉGLISETTE Dom. de l' Languedoc 691 • Terrasses-du-larzac 705
EHRHART Henri Alsace pinot gris 44 • Alsace riesling 60
EKLA Côtes-du-rhône 1137
ÉLÉMART ROBION Champagne 570
ELENA Mystère d' Coteaux-du-quercy 913
ELLEVIN Dom. Jean-Pierre et Alexandre Chablis premier cru 386
ELLNER Charles Champagne 570
ELOY Dom. Saint-véran 532
EMBIDOURE Dom. d' Floc-de-gascogne 967 • IGP Côtes de Gascogne 973
EN SÉGUR Dom. d' IGP Côtes du Tarn 978
ENCHANTEURS Dom. des Muscat-de-beaumes-de-venise 1238
ENCLOS Ch. l' Bordeaux supérieur 165 • Pomerol 207 • Sainte-foy-bordeaux 278
ENCLOS DE LA CHANCE L' IGP Pays d'Oc 757
ENCLOS DES ANGES Corse ou vin-de-corse 892
ENCLOS DES ROSES Ch. l' Gaillac 916
ENGARRAN Ch. de l' Languedoc 691
ENGEL Dom. Fernand Alsace pinot gris 44 • Alsace sylvaner 66
ENSEDUNE IGP Coteaux d'Ensérune 746
ENTRAS Floc-de-gascogne 968
ENTRETAN Dom. Minervois 725
ENVIE L' Montagne-saint-émilion 258
ÉOLE Dom. d' Coteaux-d'aix-en-provence 846
ÉPHÉMÈRE L' Buzet 927
ÉPINAUDIÈRES Dom. des Coteaux-du-layon 1022
ÉPINAY Dom. de l' Muscadet-sèvre-et-maine 992 • Saumur 1029
ÉPINE Ch. l' Saint-émilion grand cru 234
ERARD-SALMON Champagne 570
ERARD-SALMON ET FILS Champagne 571
ERMEL David Alsace grand cru 71
ERMITAGE Ch. l' Costières-de-nîmes 1221 • Listrac-médoc 320
ERMITAGE Dom. de l' Menetou-salon 1092
ERRIÈRE Dom. de l' Gros-plant-du-pays-nantais 998
ESCARAVAILLES Dom. des Cairanne 1195 • Côtes-du-rhône 1137 • Côtes-du-rhône-villages 1153 • Rasteau sec 1191
ESCARAVATIERS Dom. des Côtes-de-provence 864 • IGP Var 888
ESCARDERIE Passion de Ch. l' Fronsac 200
ESCARELLE Ch. de l' Coteaux-varois-en-provence 850
ESCATTES Dom. de l' IGP Gard 750 • Languedoc 691
ESCAUSSES Dom. d' Gaillac 916
ESCHER ET THOMAS Vouvray 1072
ESCLARMONDE Dom. Fitou 682
ESCOFFIER Dom. Aloxe-corton 440
ESCONDUDES Dom. les Châteauneuf-du-pape 1210
ESCOT Ch. Médoc 305
ESCUDÉ Osez l' IGP Comté tolosan 971
ESCURAC Ch. d' Médoc 305
ESPARRON Ch. l' Côtes-de-provence 864
ESPARROU Ch. l' Côtes-du-roussillon 771
ESPÉRANCE Dom. de l' IGP Val de Loire 1123 • Muscadet-sèvre-et-maine 993
ESPERET Dom. d' Muscat-de-rivesaltes 805
ESPIGNE Ch. l' Fitou 682
ESPIGOUETTE Dom. de l' Côtes-du-rhône 1137 • Rasteau sec 1191 • Vacqueyras 1202
ESPRIT D'ESTUAIRE Médoc 308
ESPRIT DE JEAN VOISIN L' Saint-émilion grand cru 253
ESTAGNÈRE Dom. de l' IGP Cité de Carcassonne 746
ESTAN Dom. de l' Côtes-de-provence 864
ESTANDON Coteaux-varois-en-provence 850 • Côtes-de-provence 865
ESTANILLES Ch. des Faugères 677
ESTELLE La Réserve d' Languedoc 692
ESTERLIN Champagne 571
ÉTERNES Ch. d' Saumur 1029
ÉTIENNE Christian Champagne 571
ÉTIENNE Daniel Champagne 571
ÉTIENNE Pascal Champagne 571
ÉTOILE L' Banyuls 796 • Banyuls grand cru 798 • Collioure 789
ÉTOILE DE CLOTTE Ch. l' Saint-émilion grand cru 234
ÉTOILE DE COMPOSTELLE L' Côtes-de-duras 949
ÉTOILE DE SALLES Ch. l' Lalande-de-pomerol 216
ÉTOURNET Dom. de l' Saint-amour 131
ETROYES Ch. d' Mercurey 502 • Rully 498
EUGÉNIE IGP Côtes du Lot 977
EUGÉNIE Ch. Cahors 908
EUGÈNE III Champagne 571
EUJIES Dom. d' Côtes-du-rhône 1138
EUROPE Dom. de l' Mercurey 503
EUZIÈRE Ch. l' Pic-saint-loup 708
ÉVÊCHÉ Dom. de l' Bourgogne-côte-chalonnaise 495 • IGP Côtes catalanes 812 • Mercurey 503 • Muscat-de-rivesaltes 805
ÉVIGNEAUX Dom. les Rasteau sec 1191
EXUBÉRANT L' IGP Pays d'Oc 757
EYRINS Ch. des Margaux 322

F

FABRÈGUES Dom. de Languedoc 692
FABRÈGUES Dom. des IGP Pays d'Hérault 752
FACE B IGP Côtes catalanes 812
FAGE Ch. Graves-de-vayres 276
FAGOLET Dom. le Beaujolais-villages 103
FAGOT Jean-Charles Rully 498
FAHRER Charles Alsace muscat 39 • Alsace pinot noir 53
FAHRER Paul Alsace pinot gris 44 • Alsace pinot noir 53
FAHRER-ACKERMANN Alsace gewurztraminer 35
FAÎTEAU Ch. Minervois 725
FAIVELEY Dom. Beaune 455 • Corton 445 • Corton-charlemagne 447 • Latricières-chambertin 412 • Mercurey 503 • Nuits-saint-georges 429
FALLER Alsace grand cru 71
FALLER Luc Alsace muscat 39
FAMAEY Ch. Cahors 908

FANIEL ET FILS Champagne 572
FANIEL-FILAINE Champagne 572
FARCIES DU PECH' Ch. les Pécharmant 945
FARDEL-LAURENS Ch. Faugères 677
FARGUES Ch. de Sauternes 349
FAUGA Ch. du Montravel 943
FAUGÈRES Ch. Saint-émilion grand cru 234
FAURIE DE SOUCHARD Ch. Saint-émilion grand cru 234
FAUX Ch. Jean Bordeaux blanc 155 • Bordeaux supérieur 165
FAUZAN Ch. de Minervois 726
FAVARDS Dom. des Côtes-du-rhône-villages 1153
FAYAT Ch. Pomerol 207
FAYET Ch. Fronton 924
FAYOLLE Ch. de Bergerac 932
FÉLINES JOURDAN Dom. Picpoul-de-pinet 713
FÉLIX CULPA Saint-chinian 735
FÉLIX ET FILS Dom. Bourgogne 363 • Saint-bris 398
FENALS Ch. les Fitou 682
FENEUIL-COPPÉE Champagne 572
FENEUIL-POINTILLART Champagne 572
FENOUILLET Dom. de Faugères 678
FÉRAT ET FILS M. Champagne 572
FÉRAUD Dom. des Côtes-de-provence 865
FÉRET-LAMBERT Costes du Ch. Bordeaux supérieur 165
FERME BLANCHE Dom. de la Cassis 843
FERME SAINT-MARTIN Dom. la Ventoux 1228
FERRAGES Ch. des Côtes-de-provence 865
FERRAN Ch. Pessac-léognan 297
FERRAND Ch. de Saint-émilion grand cru 235
FERRAND Nadine Pouilly-fuissé 525
FERRANDE Ch. Graves 289
FERRANDIÈRE IGP Pays d'Oc 757
FERRAND-LARTIGUE Ch. Saint-émilion grand cru 235
FERRANT Dom. de Côtes-de-duras 949
FERRARI Christophe Irancy 396
FERRATON PÈRE ET FILS Crozes-hermitage 1174 • Saint-joseph 1170
FERRAUD ET FILS P. Coteaux bourguignons 358 • Morgon 121 • Saint-véran 532
FERREAU BELAIR Ch. le Côtes-de-bourg 189
FERREIRA-CAMPOS Rully 499
FERRER RIBIÈRE Dom. Côtes-du-roussillon 771 • Côtes-du-roussillon-villages 782 • IGP Côtes catalanes 813
FERREYRES Ch. Bordeaux supérieur 165
FERRIÈRE Ch. Margaux 322
FERRY LACOMBE Ch. Côtes-de-provence 865
FERTÉ Ch. de la Muscadet-sèvre-et-maine 993 • Reuilly 1104
FERTÉ Dom. de la Givry 507
FÉRY ET FILS Jean Chassagne-montrachet 482 • Meursault 473 • Pernand-vergelesses 443 • Puligny-montrachet 477 • Savigny-lès-beaune 449
FESLES Ch. de Anjou 1003 • Cabernet-d'anjou 1014 • Rosé-d'anjou 1016
FESSARDIÈRE Ch. de la Saumur 1030
FEUILLARDE Dom. de la Saint-véran 532
FEUILLAT-JUILLOT Montagny 510
FEUILLATTE Nicolas Champagne 572
FÈVRE Dany Champagne 573
FÈVRE Dom. Nathalie et Gilles Chablis grand cru 393 • Chablis premier cru 386
FÈVRE Dom. William Chablis 380 • Petit-chablis 376
FEYNARD Dom. du Pineau-des-charentes 826
FEYTIT-CLINET Ch. Pomerol 207
FICHET Dom. Crémant-de-bourgogne 373 • Mâcon et mâcon-villages 515
FIEF NOIR Le Anjou 1003
FIEF-SEIGNEUR Dom. du Muscadet-sèvre-et-maine 993
FIGARELLA Dom. de la Corse ou vin-de-corse 892
FIGEAC Ch. Saint-émilion grand cru 235
FIGEAT André et Edmond Pouilly-fumé 1097
FIGUIÈRE Côtes-de-provence 865
FIGUIÈRES Dom. de IGP Pays d'Oc 757
FIL Dom. Pierre Minervois 726
FILAINE Alexandre Champagne 573
FILHEA Dom. de Côtes-de-provence 865
FILHOT Ch. Sauternes 349
FILIA DE GRAND MAYNE Saint-émilion grand cru 240
FILLIATREAU Dom. Saumur-champigny 1034
FILLIATREAU CHÂTEAU FOUQUET Dom. Saumur 1030
FILLON Ch. Bordeaux supérieur 165
FILLON Dom. Bourgogne-aligoté 370 • Petit-chablis 377
FINES CAILLOTTES Dom. des Pouilly-fumé 1097
FINES ROCHES Ch. des Châteauneuf-du-pape 1210
FITÈRE Ch. de Pacherenc-du-vic-bilh 955
FIUMICICOLI Dom. Corse ou vin-de-corse 892
FLACHER Gilles Condrieu 1166 • Saint-joseph 1170
FLAVIGNY-ALÉSIA Dom. de IGP Coteaux de l'Auxois 534
FLECK Dom. Alsace gewurztraminer 35 • Alsace muscat 39
FLESCH Alsace gewurztraminer 35
FLEUR CARDINALE Ch. Saint-émilion grand cru 235
FLEUR D'EYMERITS Ch. Lalande-de-pomerol 216
FLEUR DE JAUGUE Saint-émilion grand cru 232
FLEUR GRANDS LANDES Ch. la Montagne-saint-émilion 258
FLEUR LA MOTHE Ch. Médoc 305
FLEUR LAUGA Ch. la Saint-julien 340
FLEUR PENIN Ch. la Saint-émilion grand cru 236
FLEUR PEREY Ch. la Saint-émilion 222 • Saint-émilion grand cru 236
FLEUR PLAISANCE Ch. la Montagne-saint-émilion 259
FLEURET Jérôme Pineau-des-charentes 826
FLEURIE Cave des Grands Vins Fleurie 116
FLEURON DES POUINIÈRES Muscadet-sèvre-et-maine 993
FLEUROT-LAROSE Dom. Chassagne-montrachet 482
FLEUR-PÉTRUS Ch. la Pomerol 207
FLEURS DE PRAIRIE Côtes-de-provence 866
FLEYS Ch. de Chablis 380
FLINES Dom. de Cabernet-d'anjou 1014 • Rosé-de-loire 983
FLORANE Dom. la Côtes-du-rhône-villages 1153
FLORENSAC Les Vignerons de IGP Pays d'Oc 757
FLORETS Dom. des Gigondas 1197
FLOTIS Ch. Fronton 924
FLUTEAU Champagne 573

FOISSY-JOLY Champagne 573
FOLIE Dom. de la Rully 499
FOLIETTE Dom. de la Muscadet-sèvre-et-maine 993
FOLLET-RAMILLON Champagne 573
FOMBRION Ch. Blaye-côtes-de-bordeaux 181
FONBADET Ch. Pauillac 331
FONBEL Ch. de Saint-émilion grand cru 242
FONCALIEU Les Vignobles Corbières 668
FOND CROZE Dom. Côtes-du-rhône 1138 • Côtes-du-rhône-villages 1153 • IGP Méditerranée 1242 • Rasteau sec 1192
FONDRÈCHE Dom. de Ventoux 1228
FONGABAN Ch. Castillon-côtes-de-bordeaux 267
FONNÉ Michel Alsace grand cru 71
FONPIQUEYRE Ch. Haut-médoc 315
FONPLÉGADE Ch. Saint-émilion grand cru 236
FONRAZADE Ch. Saint-émilion grand cru 236
FONSALADE Ch. Saint-chinian 735
FONT BLANQUE Ch. Fronton 924
FONT DE L'OLIVIER La IGP Côtes de Thongue 748
FONT DE NOTRE-DAME La Côtes-du-rhône 1138
FONT DES ORMES La Languedoc 692
FONT DES PÈRES Dom. de la Bandol 836 • IGP Mont-Caume 887
FONT DU BROC Ch. Côtes-de-provence 866
FONT SARADE Dom. Vacqueyras 1203
FONT VIVE Ch. de Bandol 833
FONTABAN Dom. de Juliénas 118
FONTAINE Dom. de Coteaux-du-giennois 1085 • Pouilly-fumé 1097
FONTAINE DE GENIN Ch. la Bordeaux 142
FONTAINE DU CLOS Dom. Côtes-du-rhône 1138 • IGP Vaucluse 1244
FONTAINEBLEAU Ch. Côtes-de-provence 866
FONTAINERIE Dom. de la Vouvray 1072
FONTAINES Dom. des Cabernet-d'anjou 1014 • Coteaux-du-layon 1022 • Rosé-de-loire 983
FONTAINE-SAINT-CRIC Ch. Fronsac 200
FONTAN Vignobles IGP Côtes de Gascogne 973
FONTANCHE Ch. Saint-chinian 735
FONTANEL Dom. Côtes-du-roussillon 771 • Côtes-du-roussillon-villages 782 • Maury 808 • Maury sec 792 • Rivesaltes 800
FONTARÈCHE Ch. Corbières 668
FONTBAUDE Âme de Castillon-côtes-de-bordeaux 267
FONTBAUDE Ch. Castillon-côtes-de-bordeaux 267
FONTCREUSE Ch. de Cassis 844
FONTENELLES Ch. de Corbières 668
FONTENELLES Ch. les Côtes-de-bergerac 938
FONTENIL Ch. Fronsac 200
FONTENILLE Luberon 1233
FONTENILLE Ch. de Bordeaux blanc 155
FONTESTEAU Variation de Haut-médoc 315
FONTIS Ch. Médoc 305
FONT-SANE Dom. de Gigondas 1198
FONTVERT Ch. Luberon 1234
FOREST-MARIÉ Champagne 573
FORÊT Ch. la Bergerac 932
FORÉTAL Dom. Beaujolais-villages 103
FOREY PÈRE ET FILS Dom. Bourgogne 363 • Morey-saint-denis 415
FORGEAU Joël et Florence Muscadet-sèvre-et-maine 993
FORGES Dom. des Anjou 1003 • Quarts-de-chaume 1026
FORGET Jean Champagne 574
FORGET Michel Champagne 574
FORGET Paul Champagne 574
FORGUE Simon Jurançon 963
FORNEROT Dom. Jérôme Santenay 488
FORNIER DE CLAUSONNE Ch. Costières-de-nîmes 1221
FORTANT Côtes-de-provence 866
FORTIA Ch. Châteauneuf-du-pape 1210
FOUCAULD Le Malepère 720
FOUCHER Dom. Olivier Menetou-salon 1093 • Sancerre 1111
FOUDRES Dom. des Chénas 113 • Moulin-à-vent 125
FOUET Dom. Saumur-champigny 1034
FOUGEAILLES Ch. Lalande-de-pomerol 217
FOUR À CHAUX Dom. du Coteaux-du-vendômois 1080
FOUR À PAIN Dom. Côte-de-brouilly 110
FOURCAS DUPRÉ Ch. Listrac-médoc 320
FOURCAUD-LAUSSAC Saint-émilion grand cru 236
FOURMONE Dom. la Vacqueyras 1203
FOURNELLES Dom. des Beaujolais-villages 103 • Côte-de-brouilly 111
FOURNIER PÈRE ET FILS Menetou-salon 1093 • Sancerre 1111
FOURNIER Dom. du Côtes-du-rhône-villages 1154
FOURRIER Philippe Champagne 574
FOURTET La Closerie de Saint-émilion grand cru 229
FOUSSENQ Dom. Côtes-de-provence 866
FRADON Dom. Pineau-des-charentes 826
FRAISEAU-LECLERC Cave Menetou-salon 1093
FRANC COUPLET Ch. Bordeaux 143
FRANC LA ROSE Ch. Saint-émilion grand cru 237
FRANC LE MAINE Ch. Saint-émilion grand cru 237
FRANC PATARABET Ch. Saint-émilion grand cru 237
FRANCART ET FILS Champagne 574
FRANCE Ch. de Pessac-léognan 297
FRANCE Ch. la Bordeaux supérieur 165
FRANC-MAILLET Ch. Pomerol 207
FRANÇOIS-BROSSOLETTE Champagne 575
FRANCS L'Infini de Ch. de Francs-côtes-de-bordeaux 271
FRANDAT Hauts du Buzet 927
FRÉDIGNAC Ch. Blaye-côtes-de-bordeaux 182
FRÉGATE Dom. de Bandol 836
FRÉMONCLAIRS Dom. des Saumur 1030 • Saumur-champigny 1035
FREMY Georges Champagne 580
FRÊNES Les Corbières 668
FRÉROT ET DANIEL DYON Marie-Odile Mâcon et mâcon-villages 515
FRESNE Le Châtelain du IGP Val de Loire 1123
FRESNEAU Xavier Coteaux-du-loir 1065
FRESNE-DUCRET Champagne 575 • Ratafia champenois 627

FRESNET Laurent Champagne 575
FREUDENREICH Joseph Alsace gewurztraminer 35 • Crémant-d'alsace 84
FREUDENREICH Robert Alsace gewurztraminer 35
FREULON Dom. Éric Coteaux-du-layon 1023
FREYBURGER Dom. Marcel Alsace grand cru 72
FREY-SOHLER Crémant-d'alsace 84
FREY-SOHLER INSTANT DOUCEUR Alsace riesling 60
FRÉZIER Denis Ratafia champenois 627
FRITSCH J. Alsace grand cru 72 • Alsace pinot gris 44
FRITZ Dom. Alsace grand cru 72 • Alsace pinot gris 44
FRITZ-SCHMITT Alsace pinot blanc ou klevner 41
FROEHLICH Alsace pinot gris 44
FROMENT-GRIFFON Champagne 575
FROMENTIN LECLAPART Champagne 575
FRONTIGNAN Cave de Muscat-de-frontignan 740
FUISSÉ Ch. Saint-véran 532
FULCRAND CABANON Clairette-du-languedoc 664 • Languedoc 692
FURDYNA Michel Champagne 575
FUSSIACUS Dom. de Mâcon et mâcon-villages 516 • Saint-véran 532

G

GABILLIÈRE Dom. de la Crémant-de-loire 987 • Touraine 1040 • Touraine-amboise 1044
GACHÈRE Dom. de la Crémant-de-loire 987
GACHET Dom. de Lalande-de-pomerol 217
GACHON Ch. Montagne-saint-émilion 259
GADAIS PÈRE ET FILS Muscadet 990
GAFFELIÈRE Ch. la Saint-émilion grand cru 237
GAFFELIÈRE Saint-émilion 222
GAGNET Ferme de Floc-de-gascogne 968
GAILLARD Ch. Saint-émilion grand cru 237
GAILLARD Dom. Pouilly-fuissé 525
GAILLARD Pierre Condrieu 1166 • Côte-rôtie 1163 • IGP Collines rhodaniennes 1240 • Saint-joseph 1170
GALANT Dom. IGP Cévennes 743
GALANTIN Dom. le Bandol 836
GALES Caves Moselle luxembourgeoise 1250
GALÉVAN Dom. Côtes-du-rhône-villages 1154
GALLAND Ch. Moulis-en-médoc 328
GALLETY Dom. Côtes-du-vivarais 1237
GALLICE Maison IGP des Allobroges 657
GALLICIAN Costières-de-nîmes 1221
GALLIÈRES Dom. IGP Pays d'Hérault 753
GALLIMARD PÈRE ET FILS Champagne 576
GALLOIRES Dom. des Anjou 1003 • Coteaux-d'ancenis 1000 • Muscadet-coteaux-de-la-loire 997
GALMOISES Dom. des Saumur-champigny 1035
GALOPIÈRE Dom. de la Aloxe-corton 440 • Pommard 459 • Savigny-lès-beaune 449
GALOUPET Ch. du Côtes-de-provence 866
GALTIER Ch. Saint-chinian 735
GALUVAL Dom. de Rasteau sec 1192
GAN JURANÇON Cave de Jurançon 963
GANDELINS Dom. des Chénas 113
GANNE Ch. la Pomerol 208
GANOLIÈRE Dom. de la Muscadet-sèvre-et-maine 993
GANTONNET Ch. Bordeaux blanc 155
GANTZER Lucien Alsace grand cru 72
GARANCES Dom. des Beaumes-de-venise 1206 • Ventoux 1229
GARAUDET Florent Monthélie 465
GARAUDET Paul Monthélie 465
GARBELLE Les Barriques de Coteaux-varois-en-provence 850
GARBES Ch. de Cadillac 343
GARBES-CABANIEU Ch. Côtes-de-Bordeaux 282
GARDE Ch. la Pessac-léognan 297
GARDE Dom. de la Cahors 908
GARDEGAN Ch. de Bordeaux rosé 151
GARDES Dom. des IGP Collines rhodaniennes 1240
GARDET Champagne 576
GARDIEN Dom. Saint-pourçain 1106
GARDINE Ch. de la Châteauneuf-du-pape 1210
GARDRAT Dom. Pineau-des-charentes 826
GARELLE Dom. la IGP Vaucluse 1245 • Luberon 1234
GARENNE Dom. de la Beaujolais-villages 103
GARENNES Dom. des Saumur 1030
GARINET Dom. du IGP Côtes du Lot 977
GARLABAN Les Vignerons du IGP Bouches-du-Rhône 886
GARNAUDIÈRE La Muscadet-côtes-de-grand-lieu 997
GARNIER ET FILS Bourgogne 363
GARNIER Dom. Valençay 1081
GARNIÈRE Dom. de la IGP Val de Loire 1124
GARRABOU Dom. IGP Haute-Vallée de l'Aude 751
GARRAUD Ch. Lalande-de-pomerol 217
GARREAU Ch. Blaye-côtes-de-bordeaux 182 • Floc-de-gascogne 968
GARRIGOTTES Dom. des IGP Vallée du Paradis 765
GARRIGUE Dom. la Gigondas 1198 • Vacqueyras 1203
GASCOGNE Vignoble de Saint-mont 957
GASSIER Ch. Côtes-de-provence 867
GASSMANN Rolly Alsace riesling 60
GATINES Dom. de Cabernet-d'anjou 1014
GAUBRETIÈRE La Anjou 1004 • Anjou-villages 1010 • Cabernet-d'anjou 1014
GAUCHER Bernard Champagne 586
GAUCHER Sébastien Canon-fronsac 197
GAUCHERAUD Ch. Camille Blaye-côtes-de-bordeaux 182
GAUDARD Dom. Anjou 1004 • Crémant-de-loire 987 • Quarts-de-chaume 1026
GAUDET Dom. Régnié 128
GAUDINAT-BOIVIN Champagne 576
GAUDINIÈRE Dom. de la Coteaux-du-loir 1066
GAUDRELLE Ch. Vouvray 1072
GAUDRON Dom. Sylvain Vouvray 1072
GAUDRON Gilles Vouvray 1072
GAUDRY Nicolas Pouilly-fumé 1098
GAUJAL Dom. Picpoul-de-pinet 714

GAULETTERIES Dom. des Jasnières 1066
GAUSSEN Ch. Jean-Pierre Bandol 836
GAUTHERON Dom. Chablis 380 • Chablis premier cru 386
GAUTHIER Alain Morgon 121
GAUTHIER Christian Muscadet-sèvre-et-maine 994
GAUTHIER Laurent Morgon 121
GAUTHIER-CHRISTOPHE Champagne 576
GAUTOUL Ch. Cahors 908
GAVIGNET Dom. Philippe Nuits-saint-georges 429
GAVIGNET Maurice Monthélie 466
GAVOTY Dom. Côtes-de-provence 867
GAY Ch. le Pomerol 208
GAY ET FILS François Beaune 455 • Chorey-lès-beaune 452
GAY ET FILS Michel Aloxe-corton 440
GAYDA Dom. IGP Pays d'Oc 758
GAYOLLE Dom. la Coteaux-varois-en-provence 850
GAYON Ch. Bordeaux supérieur 166
GAYRARD & CIE IGP Côtes du Tarn 978
GAZIN Ch. Pomerol 208
GAZIN ROQUENCOURT Ch. Pessac-léognan 297
GEAI Le Côtes-du-marmandais 929
GEAIS Dom. des Côtes-du-marmandais 929
GÉLÉRIES Dom. des Bourgueil 1050 • Chinon 1062
GELIN Dom. Pierre Fixin 404 • Gevrey-chambertin 408
GELLY Dom. Éric IGP Côtes de Thongue 748 • IGP Pays d'Oc 758
GENDRON Dom. Vouvray 1072
GENELETTI Dom. L'Étoile 643
GENET Michel Champagne 576
GENETIER Philippe Saint-véran 533
GENIBON-BLANCHEREAU Ch. Côtes-de-bourg 189
GEOFFROY Dom. Alain Chablis 380 • Chablis premier cru 386 • Petit-chablis 377
GEORGES Dom. David Moulin-à-vent 125
GEORGETON-RAFFLIN Champagne 576
GERBEAUX Dom. des Pouilly-fuissé 525
GERBER Jean-Paul Alsace riesling 60
GERFAUDRIE Dom. de la Coteaux-du-layon 1023 • Crémant-de-loire 987
GERMAIN Gilbert et Philippe Beaune 455
GERMAIN PÈRE ET FILS Dom. Saint-romain 470
GESLETS Dom. des Saint-nicolas-de-bourgueil 1056
GESSAN Ch. Saint-émilion grand cru 238
GHEERAERT Claude Crémant-de-bourgogne 373
GIACOMETTI Dom. Patrimonio 897
GIBAULT Dom. Touraine 1040 • Touraine-chenonceaux 1046
GIBAULT Vignoble Touraine 1040 • Touraine-chenonceaux 1046 • Valençay 1082
GIBOURG Dom. Robert Gevrey-chambertin 408
GIGOGNAN Ch. Côtes-du-rhône 1138
GIGONDAS LA CAVE Gigondas 1198
GILG Dom. Armand Alsace grand cru 72 • Alsace muscat 39
GIMONNET ET FILS Pierre Champagne 577
GINESTE Ch. la Cahors 908
GINGLINGER Paul Alsace grand cru 73
GINGLINGER Pierre-Henri Alsace grand cru 73
GINGLINGER-FIX Alsace gewurztraminer 36 • Alsace pinot gris 45 • Alsace pinot noir 53
GIRARD Anthony et David Sancerre 1112
GIRARD Dom. Malepère 720
GIRARD Dom. Philippe Nuits-saint-georges 429 • Savigny-lès-beaune 449
GIRARD Nicolas Menetou-salon 1093
GIRARD ET FILS Michel Sancerre 1112
GIRARDIÈRE Dom. de la Rasteau sec 1192
GIRARDIN Dom. B. Champagne 577
GIRARDIN Justin Santenay 488
GIRARDIN Vincent Auxey-duresses 467
GIRARD-MADOUX Samuel et Fabien Vin-de-savoie 648
GIRARD-MADOUX Yves Vin-de-savoie 649
GIRARDRIE Dom. de la Saumur 1030
GIRAUDIÈRES Dom. des Bonnezeaux 1027 • Crémant-de-loire 987 • Rosé-de-loire 983
GIRAUDON Vincent Côte-roannaise 1089 • IGP Urfé 1121
GIRAULT Dom. Michel Sancerre 1112
GIRIN Dom. Beaujolais 98
GIROLATE Bordeaux 139 • Bordeaux blanc 156
GIROUD Camille Gevrey-chambertin 408
GIROUD Ch. Côtes-de-provence 867
GIROUD Éric et Catherine Mâcon et mâcon-villages 516
GIROUX Dom. Pouilly-fuissé 525
GISCLE Dom. de la Côtes-de-provence 867
GISCOURS Ch. Haut-médoc 314 • Margaux 322
GIVAUDAN Dom. de Côtes-du-rhône 1138
GIVAUDIN Franck Irancy 397
GLANA Ch. du Saint-julien 340
GLANTENAY Dom. Chambolle-musigny 419 • Meursault 473 • Monthélie 466 • Volnay 463
GLORIA Ch. Bordeaux 143 • Saint-julien 340
GOBILLARD ET FILS J.-M. Champagne 577
GOBILLARD Pierre Champagne 577
GOCKER Alsace pinot gris 45
GODARD-BELLEVUE Ch. Francs-côtes-de-bordeaux 271
GODEAU Ch. Saint-émilion grand cru 238
GODEAU DUCARPE Ch. Saint-émilion grand cru 238
GODMÉ Sabine Champagne 577
GODON Jérôme Sancerre 1112
GOETZ Mathieu et Louis Crémant-d'alsace 85
GOISOT Dom. Anne et Arnaud Chablis 380 • Saint-bris 398
GOISOT Guilhem et Jean-Hugues Bourgogne 363 • Saint-bris 398
GOMBAUDE-GUILLOT Ch. Pomerol 208
GONDÉ-ROUSSEAUX Champagne 578
GONET Philippe Champagne 578
GONET-SULCOVA Champagne 578
GONFARON Vignerons de Côtes-de-provence 867
GONNET Charles Roussette-de-savoie 653 • Vin-de-savoie 649
GONON Dom. Mâcon et mâcon-villages 516 • Pouilly-fuissé 525
GORDONNE Ch. la Côtes-de-provence 867
GOSSET Champagne 578
GOUDICHAUD Ch. Graves-de-vayres 277

GOUFFIER Bourgogne 363 • Bouzeron 497 • Mercurey 503 • Montagny 510 • Rully 499
GOULARD J.-M. Champagne 579
GOULARD Pierre Champagne 578
GOULIN-ROUALET Champagne 579
GOULLEY Dom. Jean Chablis premier cru 386
GOULOTTE Dom. de la IGP Côtes de Meuse 91
GOUSSARD Didier Champagne 579
GOUSSARD Gustave Champagne 579
GOUTORBE Henri Champagne 579
GRÂCE DIEU Ch. la Saint-émilion grand cru 238
GRÂCE DIEU LES MENUTS Ch. la Saint-émilion grand cru 238
GRÂCE FONRAZADE Ch. la Saint-émilion grand cru 238
GRACIA Saint-émilion grand cru 239
GRAIN DE FANNY Le Corbières 669
GRAINE SAUVAGE La Faugères 678
GRAINS D'ESTUAIRE IGP Charentais 828
GRANAJOLO Dom. de Corse ou vin-de-corse 892
GRAND ABORD Ch. Graves 289
GRAND ARC Dom. du Corbières 669
GRAND BARIL Ch. Montagne-saint-émilion 259
GRAND BEAUSÉJOUR Ch. Pomerol 208
GRAND BÉCASSIER Côtes-du-rhône 1139
GRAND BELLY Dom. du Côtes-du-rhône 1139
GRAND BERN Ch. du Bordeaux supérieur 166
GRAND BOS Ch. du Graves 289
GRAND BOURDIEU Dom. du Buzet 927
GRAND BOURJASSOT Dom. de Gigondas 1198
GRAND BRUN Ch. Haut-médoc 315
GRAND CAUMONT Ch. du Corbières 669
GRAND CHÂTELIER Dom. du Muscadet-sèvre-et-maine 994
GRAND CHEMIN Dom. du IGP Pays d'Oc 758
GRAND CHÊNE Ch. Cahors 908
GRAND CORBIN-DESPAGNE Ch. Saint-émilion grand cru 239
GRAND CORBIN MANUEL Ch. Saint-émilion grand cru 239
GRAND COUTALE Cahors 908
GRAND CROS Le Côtes-de-provence 867
GRAND ESCALION Ch. Costières-de-nîmes 1222
GRAND FAURIE LA ROSE Ch. Saint-émilion grand cru 243
GRAND FÉ Dom. le IGP Val de Loire 1124
GRAND JEAN Ch. Bordeaux supérieur 166
GRAND JOUR Ch. Bordeaux supérieur 166 • Côtes-de-bourg 189
GRAND LARTIGUE Ch. Saint-émilion grand cru 235
GRAND LISTRAC Listrac-médoc 320
GRAND MAYNE Ch. Saint-émilion grand cru 239
GRAND MAYNE Dom. du Côtes-de-duras 949
GRAND MÉDOC Ch. Haut-médoc 315
GRAND MONTMIRAIL Dom. du Gigondas 1198 • Muscat-de-beaumes-de-venise 1238 • Vacqueyras 1203
GRAND MORTIER GOBIN Muscadet-sèvre-et-maine 994
GRAND MOUËYS Ch. du Cadillac-côtes-de-bordeaux 280 • Côtes-de-Bordeaux 282
GRAND MOULIN Ch. Corbières 669 • Corbières-boutenac 674
GRAND MOULIN Ch. le Blaye-côtes-de-bordeaux 182
GRAND MOULIN Dom. du Crémant-de-loire 987
GRAND MOULINET Ch. Pomerol 208
GRAND NICOLET Dom. Côtes-du-rhône 1139 • Rasteau sec 1192
GRAND ORMEAU Dom. du Lalande-de-pomerol 217
GRAND PEY LESCOURS Ch. Saint-émilion grand cru 240
GRAND PEYROT Ch. Sainte-croix-du-mont 346
GRAND PLANTIER Ch. du Côtes-de-Bordeaux 282
GRAND RENOUIL Ch. Canon-fronsac 198
GRAND RIBE Dom. Côtes-du-rhône 1139 • Côtes-du-rhône-villages 1154
GRAND ROMANE Dom. Gigondas 1199
GRAND ROUVIÈRE Dom. le Côtes-de-provence 868
GRAND S Saint-sardos 929
GRAND SECRET Ch. Blaye-côtes-de-bordeaux 182
GRAND TAILLE La Vouvray 1072
GRAND THÉÂTRE Bordeaux rosé 151
GRAND TINEL Dom. du Côtes-du-rhône 1139
GRAND VALLAT Dom. le Ventoux 1229
GRAND VENEUR Dom. Châteauneuf-du-pape 1211 • Côtes-du-rhône 1139
GRAND VERDUS Ch. le Bordeaux supérieur 166
GRAND VINCENT Ch. Blaye-côtes-de-bordeaux 182
GRAND Dom. Château-chalon 637 • Côtes-du-jura 639
GRAND'PIÈCE Dom. la Côtes-de-provence 868
GRAND'VIGNE La Coteaux-varois-en-provence 850
GRANDCHAMP Ch. de Montagne-saint-émilion 259
GRANDE BAUQUIÈRE Dom. de la Côtes-de-provence 868
GRANDE CASSAGNE Ch. Costières-de-nîmes 1222
GRANDE COURTADE IGP Pays d'Oc 758
GRANDE FOUCAUDIÈRE Dom. de la Touraine-amboise 1044
GRANDE GARDIOLE Ch. de la Châteauneuf-du-pape 1210
GRANDE PALLIÈRE Dom. de la Côtes-de-provence 868
GRANDES ESPÉRANCES Dom. des Touraine 1040
GRANDES MURAILLES Ch. les Saint-émilion grand cru 239
GRANDES SERRES Côtes-du-rhône 1139 • Gigondas 1198
GRANDIN Thierry Champagne 579
GRAND-PONTET Ch. Saint-émilion grand cru 240
GRAND-PORTAIL Ch. Bordeaux 143
GRANDPRÉ Dom. de Côtes-de-provence 868
GRAND-PUY DUCASSE Ch. Pauillac 331
GRANDS BOIS Dom. les Cairanne 1195 • Rasteau sec 1192
GRANDS CHEMINS Dom. des Crozes-hermitage 1175
GRANDS CHÊNES Ch. les Médoc 306
GRANDS CRUS BLANCS Les Pouilly-fuissé 526 • Pouilly-loché 529
GRANDS ESCLANS Dom. des Côtes-de-provence 868
GRANDS ROUVRES Les Beaujolais 98
GRANDS SILLONS Ch. les Pomerol 209

GRANGE COCHARD Ch. Morgon 121
GRANGE DES COPAINS La Languedoc 693
GRANGE NEUVE Dom. de Côtes-de-bergerac 939
GRANGE Dom. de la Fitou 682
GRANGE La IGP Pays d'Oc 758 • Languedoc 692
GRANGE-MÉNARD Dom. de la Beaujolais-villages 104
GRANGENEUVE Dom. de Grignan-les-adhémar 1186-1187
GRANGER Pascal Juliénas 118
GRANGER Pascal et Jean-Philippe Saint-amour 131
GRANGETTE Dom. la IGP Côtes de Thau 747 • Picpoul-de-pinet 714
GRANGEY Ch. Saint-émilion grand cru 240
GRANGIER Roland Condrieu 1166 • Saint-joseph 1170
GRANON-PONTAIX Dom. Clairette-de-die 1184
GRANZAMY PÈRE ET FILS Champagne 580
GRAS Dom. Alain Auxey-duresses 467
GRATIEN Alfred Champagne 580
GRATIOT-PILLIÈRE Champagne 580
GRAUZILS Ch. les Cahors 909
GRAVA Dom. de Crémant-de-bordeaux 176
GRAVALOUS Dom. des Cahors 909 • IGP Côtes du Lot 977
GRAVAS Graves 289 • Sauternes 349
GRAVE FIGEAC Ch. la Saint-émilion grand cru 240
GRAVE Ch. de la Côtes-de-bourg 190
GRAVE Ch. la Minervois 726
GRAVE Ch. la Pomerol 209
GRAVELLE Ch. de la Muscadet-sèvre-et-maine 994
GRAVENNES Dom. des Côtes-du-rhône 1140 • Côtes-du-rhône-villages 1154
GRAVES D'ARDONNEAU Dom. des Blaye-côtes-de-bordeaux 183 • Bordeaux 143 • Bordeaux blanc 156 • Bordeaux supérieur 166
GRAVES Ch. les Blaye-côtes-de-bordeaux 183
GRAVETTE La IGP Pays d'Oc 758
GRAVETTE DES LUCQUES Ch. la Bordeaux supérieur 166
GRAVETTES-SAMONAC Ch. Côtes-de-bourg 190
GRAVEYRON POUJEAUX Ch. Moulis-en-médoc 329
GRAVIÈRES DE LA BRANDILLE Ch. les Bordeaux supérieur 167
GRAVIÈRES Ch. des Graves 289
GRAVIÈRES Ch. les Saint-émilion grand cru 240
GRAVILLAS Les Vignerons du Côtes-du-rhône-villages 1154 • Gigondas 1199
GRAVILLOT Ch. le Lalande-de-pomerol 217
GRÉA Ch. Côtes-du-jura 640
GRÉCAUX Dom. des Languedoc 693
GREFFET Dom. Ludovic Bourgogne-aligoté 370
GRENAUDIÈRE Dom. de la Muscadet-sèvre-et-maine 994
GRENELLE Louis de Crémant-de-loire 987
GRENIÈRE Ch. de la Lussac-saint-émilion 255
GRIER Dom. Côtes-du-roussillon 771 • IGP Côtes catalanes 813
GRIFFES Dom. des Sancerre 1112
GRIFFON Dom. du Côte-de-brouilly 111
GRILLET BEAUSÉJOUR Ch. Blaye 178
GRILLIAT & FILS A. Champagne 580
GRIPA Dom. Bernard Saint-joseph 1171 • Saint-péray 1183
GRISARD Dom. Vin-de-savoie 649
GRIVAULT Albert Meursault 473 • Pommard 459
GRIVIÈRE Ch. Médoc 306
GROLEAU Ch. Côtes-de-bourg 190
GROS ET JEAN-PAUL TOLLOT Dom. Anne IGP Côtes du Brian 765
GROS MOULIN Ch. Côtes-de-bourg 190
GROS Dom. A.-F. Richebourg 426 • Vosne-romanée 424
GROS Dom. Michel Bourgogne-hautes-côtes-de-nuits 401 • Nuits-saint-georges 429 • Vosne-romanée 424
GROSBOIS Dom. Chinon 1062
GRUAUD LAROSE Ch. Saint-julien 341
GRUET Champagne 580
GRUET ET FILS G. Champagne 581
GRUMIER Maurice Champagne 581
GRUSS Alsace pinot gris 45 • Crémant-d'alsace 85
GRUY Dom. de IGP Côtes de Meuse 91
GRYPHÉES Dom. les Beaujolais 98 • Moulin-à-vent 125
GSELL Alsace pinot noir 53
GUADET Ch. Saint-émilion grand cru 241
GUEGUEN Dom. Céline et Frédéric Chablis premier cru 387
GUEISSARD Les Vignobles Bandol 836 • Côtes-de-provence 869
GUENEAU Alain Sancerre 1112
GUÉRANDE Dom. de Muscadet-sèvre-et-maine 994
GUÉRET Dom. du Moulin-à-vent 125
GUÉRIN FRÈRES Pineau-des-charentes 826
GUÉRINAUD Pineau-des-charentes 826
GUERRIN ET FILS Dom. Mâcon et mâcon-villages 516 • Pouilly-fuissé 526
GUÉRY Ch. Minervois 726
GUÉRY Serre de IGP Pays d'Oc 759
GUEUGNON RÉMOND Dom. Mâcon et mâcon-villages 516
GUEUSQUIN Nicolas Champagne 581
GUEYROT Ch. Saint-émilion grand cru 241
GUIBEAU Ch. Puisseguin-saint-émilion 263
GUICHOT Ch. Bordeaux 143
GUIGOURET Dom. Clairette-de-die 1184
GUILBAUD FRÈRES Muscadet-sèvre-et-maine 994
GUILDE DES VIGNERONS La Côtes-de-provence 869
GUILHEM Ch. Malepère 721
GUILHEMAS Dom. Béarn 959
GUILHON D'AZE Dom. de Floc-de-gascogne 968
GUILLAMAN Dom. IGP Côtes de Gascogne 973
GUILLARD S.C. Gevrey-chambertin 408
GUILLAU Dom. de Coteaux-du-quercy 914 • IGP Tarn-et-Garonne 979
GUILLAUME Vignoble IGP Franche-Comté 645
GUILLAUMERIE Dom. la Anjou 1004
GUILLEMIN LA GAFFELIÈRE Ch. Saint-émilion grand cru 241
GUILLERAULT-FARGETTE Sancerre 1112
GUILLON ET FILS Jean-Michel Fixin 405 • Marsannay 403
GUILLOT Ch. Bordeaux supérieur 167
GUILLOT Dom. Amélie Arbois 634

GUILLOT Dom. Patrick Mercurey 503
GUILLOT Stéphanie Côtes-du-forez 1091
GUILLOTERIE Dom. de la Saumur 1030 • Saumur-champigny 1035
GUINAND Dom. Languedoc 693
GUITERONDE Ch. Bordeaux blanc 156
GUITON Dom. Jean Pommard 459 • Savigny-lès-beaune 450
GUIZARD Dom. Languedoc 693
GUYARD Alain Fixin 405 • Gevrey-chambertin 408 • Marsannay 403
GUYON Dom. Antonin Chambolle-musigny 419 • Corton-charlemagne 447 • Gevrey-chambertin 409 • Meursault 474 • Volnay 463
GUYON Dom. Dominique Bourgogne-hautes-côtes-de-nuits 401
GUYON Jean-Pierre Chorey-lès-beaune 452 • Savigny-lès-beaune 450 • Vosne-romanée 424
GUYONNETS Ch. les Cadillac-côtes-de-bordeaux 280
GUYOT Cédric Champagne 581
GUYOT-GUILLAUME Champagne 581
GUYOT-POUTRIEUX Champagne 582, 622

H

HAAG Dom. Jean-Marie Alsace grand cru 73
HAEGI Dom. Alsace grand cru 73 • Alsace riesling 60
HALLAY ET FILS Vouvray 1073
HARLIN Champagne 582
HARMAS Harmonie by Côtes-du-rhône 1140
HARMONIE DES ARPENTS Coteaux-varois-en-provence 851
HARTMANN André Alsace pinot noir 53
HARTWEG Alsace gewurztraminer 36 • Alsace pinot gris 45 • Alsace riesling 60
HATON Jean-Noël Champagne 582
HATON ET FILLES Champagne 582 • Ratafia champenois 628
HATTÉ Ludovic Champagne 582
HAUCHAT Ch. Fronsac 201
HAUGAROT Dom. Jurançon 963
HAULLER FRÈRES Alsace gewurztraminer 36 • Alsace pinot gris 45 • Alsace pinot noir 53
HAURETS Ch. d' Bordeaux blanc 156 • Bordeaux rosé 152
HAUT BARRAIL Ch. Médoc 306
HAUT BEAUMARD Ch. Graves-de-vayres 277
HAUT BOURG Dom. du Muscadet-côtes-de-grand-lieu 997
HAUT BRENDA Ch. Bordeaux 143
HAUT CABUT Ch. Blaye-côtes-de-bordeaux 183
HAUT CAZEVERT Ch. Bordeaux 143
HAUT COTEAU Ch. Saint-estèphe 337
HAUT COURCHAMP Dom. IGP Pays d'Oc 759
HAUT COUSTET Ch. Sauternes 352
HAUT DAMBERT Ch. Bordeaux supérieur 167
HAUT DE LA BÉCADE Ch. Pauillac 331
HAUT FOURNETON Ch. Blaye-côtes-de-bordeaux 185
HAUT FRESNE Dom. du Anjou 1004 • Coteaux-d'ancenis 1000 • Muscadet-coteaux-de-la-loire 997
HAUT GELINEAU Ch. Côtes-de-bourg 193
HAUT GLÉON Ch. Corbières 670 • IGP Pays d'Oc 759
HAUT GLÉON Dom. IGP Vallée du Paradis 765
HAUT GUILLEBOT Ch. Bordeaux supérieur 167
HAUT LA GRÂCE DIEU Ch. Saint-émilion grand cru 241
HAUT LA POINTE Ch. Côtes-de-bourg 193
HAUT LA VALETTE Ch. Blaye-côtes-de-bordeaux 183
HAUT LALANDE Ch. Blaye-côtes-de-bordeaux 185
HAUT LAMOUTHE Ch. Bergerac 932
HAUT LANGLADE Ch. Montagne-saint-émilion 260
HAUT LIGNIÈRES Ch. Faugères 680
HAUT MARIN Dom. IGP Côtes de Gascogne 973
HAUT MONDÉSIR Côtes-de-bourg 191
HAUT MONT Dom. de Bonnezeaux 1027
HAUT MONTLONG Dom. Côtes-de-bergerac 939 • Monbazillac 942
HAUT MOULEYRE Ch. Bordeaux blanc 157
HAUT MOULEYRES Bordeaux blanc 160
HAUT MOUSSEAU Ch. Côtes-de-bourg 195
HAUT MUSSET Ch. Montagne-saint-émilion 259
HAUT NIVELLE Ch. Bordeaux supérieur 173
HAUT PAÏS Le IGP Périgord 979
HAUT PERDRIAS Ch. Blaye-côtes-de-bordeaux 183
HAUT PEYRAUD Ch. Blaye-côtes-de-bordeaux 183
HAUT PEZAUD Ch. du Bergerac 932
HAUT PICK Ch. du Sauternes 348
HAUT POUGNAN Ch. Bordeaux 144
HAUT PRIEUR Ch. Blaye-côtes-de-bordeaux 184
HAUT RIAN Ch. Bordeaux blanc 157
HAUT ROCHER Ch. Saint-émilion grand cru 242
HAUT TERRIER Ch. Blaye-côtes-de-bordeaux 184
HAUT-BADETTE Ch. Saint-émilion grand cru 242
HAUT-BAGES LIBÉRAL Ch. Pauillac 331
HAUT-BAGES MONPELOU Ch. Pauillac 331
HAUT-BAJAC Ch. Côtes-de-bourg 190
HAUT-BANA Ch. Médoc 304
HAUT-BELLEVUE Ch. Moulis-en-médoc 328
HAUT-BERGEY Ch. Pessac-léognan 297
HAUT-BERNAT Ch. Puisseguin-saint-émilion 263
HAUT-BLANVILLE Dom. IGP Vicomté d'Aumélas 766
HAUT-BRETON LARIGAUDIÈRE Ch. Margaux 322
HAUT-BRION Ch. Pessac-léognan 298, 300
HAUT-BRISSON LA GRAVE Ch. Saint-émilion grand cru 252
HAUT-BRISSON Ch. Saint-émilion grand cru 252
HAUT-CADET Ch. Saint-émilion grand cru 239
HAUT-CANTELOUP Ch. Blaye-côtes-de-bordeaux 183
HAUT-CAPITOLE Fronton 925
HAUT-CARLES Fronsac 201
HAUT-CHAIGNEAU Ch. Lalande-de-pomerol 217
HAUT-FAYAN Ch. Puisseguin-saint-émilion 263
HAUT-GARRIGA Ch. Bordeaux blanc 156 • Bordeaux rosé 152
HAUT-GOUJON Ch. Lalande-de-pomerol 218 • Montagne-saint-émilion 259

HAUTIMAGNES Dom. Côtes-du-rhône 1140
HAUT-LANDON Ch. Bordeaux supérieur 167
HAUT-LAVIGNÈRE Ch. Saint-émilion grand cru 241
HAUT-LIROU Dom. Pic-saint-loup 709
HAUT-MACÔ Ch. Côtes-de-bourg 190
HAUT-MAILLET Ch. Pomerol 204
HAUT-MARBUZET Ch. Saint-estèphe 337
HAUT-MAURAC Ch. Médoc 306
HAUT-MONT Dom. de Anjou 1004
HAUT-MOULEYRE Ch. Bordeaux rosé 152 • Cadillac 344
HAUT-PEYCHEZ La Sélection du Ch. Fronsac 201
HAUT-PEYRAGUEY Symphonie de Sauternes 349
HAUT-PEZAT Ch. Saint-émilion grand cru 241
HAUT-PLANTADE Ch. Pessac-léognan 298
HAUT-POMMARÈDE Ch. Graves 294
HAUT-PRADOT Ch. Bordeaux 144
HAUT-RIEUFLAGET Ch. Bordeaux 142
HAUTE PERCHE Dom. de Anjou 1004 • Coteaux-de-l'aubance 1017
HAUTE-BORIE Ch. Cahors 909
HAUTE-COUR DE LA DÉBAUDIÈRE Gros-plant-du-pays-nantais 998
HAUTE-FÉVRIE Dom. Muscadet-sèvre-et-maine 994
HAUTE-FONTAINE Ch. Corbières 670
HAUTE-MOLIÈRE Dom. de Morgon 121
HAUTERIVE Ch. de Cahors 909
HAUTES BRIGUIÈRES Dom. les Ventoux 1229
HAUTES CANCES Dom. les Cairanne 1195
HAUTES ROCHES Dom. les Tavel 1218
HAUTES TERRES Ch. Bordeaux 144 • Bordeaux blanc 156
HAUTES TROGLODYTES Dom. des Saumur-champigny 1035
HAUTES VERSANNES Ch. Saint-émilion 223
HAUTE-SERRE Ch. de Cahors 910
HAUT-SIMARD Ch. Saint-émilion grand cru 242
HAUT-TROQUART LA GRÂCE DIEU Ch. Saint-émilion grand cru 238
HAUT-VEYRAC Ch. Saint-émilion grand cru 242
HAUTS DE BERGELLE Les Saint-mont 958
HAUTS DE CAILLEVEL Ch. les Bergerac 932 • Côtes-de-bergerac 939
HAUTS DE MARTILLAC Les Pessac-léognan 298
HAUTS DE MASSONNE Les Bordeaux 146
HAUTS DE SANZIERS Dom. des Saumur 1031 • Saumur-champigny 1035
HAUTS TRAVERSIERS Dom. des Ventoux 1229
HAUT-SAINT-GEORGES Ch. Saint-georges-saint-émilion 265
HAUT-SARPE Ch. Saint-émilion grand cru 242
HAUTS-BAIGNEUX Dom. des Touraine-azay-le-rideau 1045
HAUTS-CONSEILLANTS Ch. les Lalande-de-pomerol 218
HAYE Ch. la Saint-estèphe 337
HAYES Dom. des Beaujolais-villages 104
HEBINGER Christian et Véronique Alsace riesling 61
HEBINGER Véronique et Christian Alsace grand cru 73
HECHT & BANNIER Côtes-de-provence 869
HEIDSIECK Charles Champagne 582
HEIMBOURGER Dom. Chablis 381 • Irancy 397
HEITZ Ph. Alsace grand cru 74
HEITZMANN Dom. Léon Alsace pinot noir 54
HÉNIN Pascal Champagne 583
HÉNIN-DELOUVIN Champagne 583
HENNEQUIÈRE Marc Champagne 583
HENRIET Michel Champagne 583
HENRY Gérard Champagne 583
HÉRAULT Dom. Éric Chinon 1062
HERBE SAINTE Ch. de l' Minervois 726
HERBE SAINTE Dom. de l' IGP Pays d'Oc 759
HERBELET Champagne 584
HERBERT Didier Champagne 584 • Ratafia champenois 628
HERBERT Stéphane Ratafia champenois 628
HÉRITIERS SAINT-GENYS Les Maranges 492
HERMAS L' Terrasses-du-larzac 705
HERRÉ Réserve de l' IGP Côtes de Gascogne 974
HERTZ Bruno Alsace pinot blanc ou klevner 41
HERTZ Victor Alsace pinot gris 45 • Alsace riesling 61
HERTZOG Alsace pinot gris 46
HERTZOG Sylvain Alsace muscat 40
HERVÉ-LAROQUE Ch. Fronsac 201
HESTON Charles Champagne 584
HEUCQ François Champagne 584
HEURE BLEUE Dom. l' Côtes-de-provence 869
HEYBERGER Roger Alsace grand cru 74 • Alsace pinot gris 46
HEYWANG Jean et Hubert Alsace grand cru 74
HILLAIRE Dom. Olivier Côtes-du-rhône 1140
HITAIRE Dom. la IGP Côtes de Gascogne 976
HMMM Gaillac 915
HOCLET Ch. Côtes-de-bourg 191
HOMS Dom. d' Cahors 909
HOMS Dom. des Minervois 727
HORCHER Alsace grand cru 74 • Alsace pinot gris 46
HORGELUS IGP Côtes de Gascogne 974
HORTALA Cruscades Corbières 670
HORTUS Bergerie de l' Pic-saint-loup 709
HOSANNA Ch. Pomerol 209
HOSPICES Ch. des Côtes-du-roussillon 772 • Rivesaltes 800
HOSPICES DE BEAUJEU Régnié 128
HOSPICES DE CANET EN ROUSSILLON Dom. des IGP Côtes catalanes 813
HOSPITAL Ch. de l' Graves 289
HOSTE PÈRE ET FILS L' Champagne 584
HOSTELLERIE DES VIGNERONS DU PAYS D'AIX Coteaux-d'aix-en-provence 846
HOSTIN LE ROC Ch. Entre-deux-mers 273
HOUBLIN Dom. Jean-Luc Bourgogne-aligoté 370
HOUBLIN Jean-Luc Bourgogne 364
HOUCHART Dom. Côtes-de-provence 869
HOUSSAIS Dom. de la IGP Val de Loire 1124
HOUSSART Champagne 584
HOUX Arnaud Bourgueil 1050
HUARDS Dom. des Cheverny 1077
HUBER ET BLÉGER Alsace muscat 40

HUEBER Alsace gewurztraminer 36
HUGON Ch. Pécharmant 945
HUGUENOT Fixin 405 • Gevrey-chambertin 409 • Marsannay 403
HUGUENOT-TASSIN Champagne 585
HUGUET Dom. Cheverny 1077
HUIBAN Auguste Champagne 543
HUMBRECHT 1619 Alsace pinot gris 46
HUMBRECHT Bernard Alsace grand cru 74
HUOT Louis Champagne 585
HURST Dom. Armand Alsace riesling 61
HUSTE Ch. de la Fronsac 200

I

IDYLLE Dom. de l' Vin-de-savoie 649
ILTIS Jacques Alsace pinot noir 54
IMMÉLÉ Marcel Alsace pinot gris 46
INSTANT BORDEAUX L' Crémant-de-bordeaux 177
IROULÉGUY Cave d' Irouléguy 966
ISSAN Ch. d' Margaux 323

J

J & D Dom. Ventoux 1229
JABOULET AÎNÉ Dom. Paul Côte-rôtie 1163 • Saint-joseph 1171
JABOULET Dom. Philippe et Vincent Cornas 1180 • Hermitage 1178
JACOB Dom. Ladoix 439 • Savigny-lès-beaune 450
JACOURETTE Dom. Côtes-de-provence 869
JACQUES NOIR Ch. Saint-émilion 222
JACQUES Yves Champagne 585
JACQUESSON Gilbert Champagne 585
JACQUESSON-BERJOT Champagne 585
JACQUIN Roussette-de-savoie 653
JACQUIN ET FILS Dom. Jean Petit-chablis 377
JACQUOT Michel Champagne 585
JAEGER-DEFAIX Dom. Rully 499
JAFFELIN Saint-romain 470 • Santenay 488
JAILLANCE Clairette-de-die 1184 • Crémant-de-bordeaux 177 • Crémant-de-die 1185
JALLET Dom. Saint-pourçain 1106
JALOUSIE BEAULIEU Ch. Bordeaux supérieur 167
JAMAIN Denis Reuilly 1104
JAMART ET CIE E. Champagne 586
JAMBON Guénaël Morgon 122
JAMBON ET FILS Dom. Marc Mâcon et mâcon-villages 516
JAMEIN Hervé Champagne 586
JANASSE Dom. de la Châteauneuf-du-pape 1211 • Côtes-du-rhône 1140
JANINE Côtes-du-roussillon 778
JANISSON Ch. de Premières-côtes-de-bordeaux 345
JANISSON-BARADON ET FILS Champagne 586
JANOTSBOS Bourgogne 364 • Chassagne-montrachet 482 • Saint-aubin 484
JARDINS Les Bergerac 935
JARNOTERIE Vignoble de la Saint-nicolas-de-bourgueil 1056
JAS D'ESCLANS Dom. Côtes-de-provence 870
JAS DES OLIVIERS Côtes-de-provence 870
JASOUN Côtes-du-rhône-villages 1154
JASSE CASTEL la Languedoc 693
JASSON Ch. de Côtes-de-provence 870
JAUBERTIE Ch. de la Bergerac 933
JAUBERTIE Mirabelle du Ch. de la Bergerac 933
JAUME Alain Rasteau sec 1192
JAUME Ch. des Maury sec 792
JAUME Dom. Vinsobres 1189
JAUME ET FILS Alain Lirac 1215
JAUNE Ch. Côtes-de-provence 861
JAVERNAND Ch. de Bourgogne 364
JAVILLIER Patrick Bourgogne 364 • Meursault 474 • Savigny-lès-beaune 450
JAVOY ET FILS Orléans 1079
JEANNIARD Dom. Alain Bourgogne 364 • Côte-de-nuits-villages 432
JEANNIARD Rémi Morey-saint-denis 415
JEANNIN-NALTET Dom. Mercurey 503
JEANNOT Dom. Maranges 492
JEEPER Champagne 569
JESSIAUME Dom. Auxey-duresses 467
JOANIN BÉCOT Ch. Castillon-côtes-de-bordeaux 267
JOANNET Dom. Vosne-romanée 425
JOBELINE Dom. de la Mâcon et mâcon-villages 517
JOBET Pineau-des-charentes 827
JOFFRE Dom. Châteaumeillant 1084
JOGUET Charles Chinon 1063
JOILLOT Jean-Luc Pommard 459
JOININ Ch. Bordeaux 144
JOLIET Ch. Fronton 924
JOLIVET Dom. Anjou 1004
JOLLY René Champagne 586
JOLLY FERRIOL Dom. IGP Rancio sec 819 • Rivesaltes 801
JOLY Dom. Côtes-du-jura 640
JOLY Virgile Languedoc 693
JONCHÈRE-RENAUD Champagne 586
JONCIEUX Ch. le Blaye-côtes-de-bordeaux 184
JONQUIERS Dom. des Côtes-du-rhône 1140
JORDY Dom. Languedoc 694
JOREZ Bertrand Champagne 586
JOREZ-LE BRUN Champagne 587
JORINE Ch. la Lussac-saint-émilion 255
JOSSELIN Jean Champagne 587
JOUAN Ch. Arnaud Côtes-de-Bordeaux 283
JOUAN Régis Sancerre 1112
JOUARD Vincent et François Chassagne-montrachet 482
JOUCLARY Ch. Cabardès 661
JOUFFREAU Famille Cahors 909
JOUGLA Dom. des Saint-chinian 735
JOULIN Dom. Saumur-champigny 1035
JOULIN ET FILS Alain Montlouis-sur-loire 1067
JOURDAIN Francis Valençay 1082
JOURDAN ET PICHARD Chinon 1063
JOUVENTE Ch. Graves 289
JOŸ Dom. de IGP Côtes de Gascogne 974
JUILLOT Dom. Michel Mercurey 504 • Rully 499
JULIEN DE L'EMBISQUE Dom. Côtes-du-rhône 1141
JULIÉNAS Ch. de Juliénas 118
JUNCARRET Ch. Graves-de-vayres 277
JUPILLE CARILLON Ch. Saint-émilion 223
JURQUE Ch. de Jurançon 963
JUSTIN Guy Roussette-de-savoie 653
JUVENAL Ch. Ventoux 1229

K

KALIAN Ch. Bergerac 933
KAMM Alsace pinot gris 46
KENNEL Vignoble Côtes-de-provence 870
KERLANN Hervé Bourgogne 364 • Gevrey-chambertin 409

KEYSER-KOHLL Dom. Moselle luxembourgeoise 1250
KHALKHAL-PAMIÈS Minervois 727
KIENTZ Alsace muscat 40
KINTZHEIM Ch. de Alsace pinot gris 47
KIRSCHNER Alsace pinot noir 54
KIRWAN Ch. Margaux 323
KLÉE Albert Alsace pinot noir 54
KLÉE Dom. Henri Alsace gewurztraminer 36
KLEE FRÈRES Alsace edelzwicker 32
KLEIN Crémant-d'alsace 85
KLEIN Georges Alsace riesling 61
KLEIN-BRAND Crémant-d'alsace 85
KLINGENFUS Dom. Robert Alsace riesling 61
KLUR Albert Alsace grand cru 75 • Alsace pinot gris 47
KLUR Clément Alsace pinot gris 47
KOCH René et Michel Alsace grand cru 75 • Alsace pinot noir 54
KOEBERLÉ-KREYER Alsace riesling 61
KOEHLER ET FILS Jean-Claude Alsace pinot noir 55 • Alsace riesling 62
KOHLL-LEUCK Dom. viticole Moselle luxembourgeoise 1250
KOX L. et R. Moselle luxembourgeoise 1250
KRAFT Laurent Vouvray 1073
KRESS-BLEGER ET FILS Alsace edelzwicker 32
KRESSMANN Bordeaux 144
KRIER-WELBES Crémant-de-luxembourg 1252
KRUG Champagne 587
KUEHN Alsace grand cru 75
KUENTZ Alsace gewurztraminer 36

L

LA FLEUR Ch. Saint-émilion grand cru 233
LABADIE Ch. Côtes-de-bourg 191
LABALLE IGP Côtes de Gascogne 974 • IGP Landes 979
LABASTIDE Cadet de IGP Comté tolosan 971
LABASTIDE Grande Réserve de Gaillac 917
LABASTIDE ORLIAC Ch. Brulhois 926
LABATUT Ch. Bordeaux rosé 152
LABBÉ Dom. Vin-de-savoie 649
LABÉGORCE Ch. Margaux 323
LABLACHÈRE Cave de IGP Ardèche 1239
LABORBE-JUILLOT Dom. Givry 507 • Rully 499
LABORDERIE MONTDÉSIR Ch. Lalande-de-pomerol 218
LABOURÉ-ROI Nuits-saint-georges 429
LABOURONS Ch. des Fleurie 116
LABRANCHE LAFFONT Dom. Madiran 953 • Pacherenc-du-vic-bilh 955
LABRUYÈRE Dom. Moulin-à-vent 125
LABRUYÈRE J.-M. Champagne 587
LABRUYÈRE-PRIEUR SÉLECTION Bourgogne 364
LABRY Dom. Auxey-duresses 467 • Bourgogne-hautes-côtes-de-beaune 435
LAC Ch. du Côtes-de-bergerac 939
LACAPELLE CABANAC Ch. Cahors 909
LACAUSSADE SAINT-MARTIN Ch. Blaye-côtes-de-bordeaux 184
LACHASSAGNE Clos du Ch. de Bourgogne 365
LACHAUX Dom. de Côtes-d'auvergne 1087
LACHETEAU Haut-poitou 823 • Saumur 1031
LACOMBE Georges Champagne 588
LACONDEMINE Jérôme Beaujolais-villages 104
LACOSTE Dom. de Coteaux-du-quercy 914
LACOUR JACQUET Ch. Haut-médoc 315
LACOURTE-GODBILLON Champagne 588
LACOUTURE Ch. Côtes-de-bourg 191
LACROUX Ch. de Gaillac 917
LACULLE Vignoble Champagne 588
LADESVIGNES Ch. Monbazillac 942
LAFAGE Dom. Collioure 789 • Côtes-du-roussillon 772 • Côtes-du-roussillon-villages 785 • IGP Côtes catalanes 813 • Muscat-de-rivesaltes 805
LAFFITTE CARCASSET Ch. Saint-estèphe 337
LAFFITTE LAUJAC Ch. Médoc 306
LAFFITTE-TESTON Ch. Pacherenc-du-vic-bilh 955
LAFITE ROTHSCHILD Ch. Pauillac 332
LAFITE Carruades de Pauillac 332
LAFITTE Ch. Côtes-de-Bordeaux 283
LAFLEUR DU ROY Ch. Pomerol 209
LAFLEUR GAZIN Ch. Pomerol 209
LAFLEUR GRANGENEUVE Ch. Pomerol 209
LAFOND Ch. Canon-fronsac 198
LAFOND Claude Reuilly 1104
LAFOND ROC-ÉPINE Dom. Lirac 1216
LAFON-ROCHET Ch. Saint-estèphe 337
LAFONT MENAUT Ch. Pessac-léognan 299
LAFOREST Dom. Régnié 128
LAFOUX Ch. Coteaux-varois-en-provence 851
LAFRAN-VEYROLLES Dom. Bandol 837
LAGARDE Ch. de Bordeaux supérieur 167
LAGARDE BELLEVUE Ch. Saint-émilion grand cru 242
LAGAROSSE Ch. Cadillac-côtes-de-bordeaux 280
LAGILLE ET FILS Champagne 588
LAGNEAU Dom. Côte-de-brouilly 111 • Régnié 128
LAGNEAUX À PAUILLAC Pauillac 332
LAGOY Dom. de IGP Alpilles 885
LAGRANGE Ch. Côtes-de-Bordeaux 283 • Graves 290
LAGRANGE de Saint-julien 341
LAGRANGE Patrick Morey-saint-denis 415
LAGRÉZETTE Ch. Cahors 910
LAGÜE Ch. Fronsac 199
LAGUILLE Dom. IGP Côtes de Gascogne 974
LAGUILLE La Rencontre by IGP Côtes de Gascogne 974
LAGUNE Ch. la Haut-médoc 315
LALANDE D'AUVION Ch. Médoc 306
LALANDE Ch. Saint-julien 341
LALANDE Dom. IGP Pays d'Oc 759
LALANDE-LABATUT Bulles de Crémant-de-bordeaux 177
LALAURIE Dom. IGP Coteaux de Narbonne 746 • IGP Pays d'Oc 759
LALÈNE Ch. Bordeaux supérieur 168
LALEURE-PIOT Dom. Pernand-vergelesses 443
LALOUE Dom. Serge Sancerre 1113
LAMARGUE Dom. Franck Maranges 492
LAMARLIÈRE Philippe Champagne 588

LAMARQUE Ch. de Haut-médoc 316
LAMARTINE Ch. Cahors 910
LAMAZOU Dom. Béarn 959
LAMBERT Dom. Frédéric Côtes-du-jura 640 • Macvin-du-jura 644
LAMBERT Patrick Chinon 1063
LAMBLIN Chablis 381
LAMBLIN ET FILS Chablis premier cru 387 • Petit-chablis 377
LAMBLOT Champagne 588
LAMÉ DELISLE BOUCARD Bourgueil 1050
LAMIABLE Champagne 589
LAMIRAUX R. Champagne 589
LAMOLIÈRE Ch. Fronsac 202
LAMOTHE BELAIR Ch. Bergerac 933
LAMOTHE BERGERON Ch. Haut-médoc 316
LAMOTHE PONTAC Médoc 308
LAMOTHE Ch. Côtes-de-bourg 191
LAMOTHE-CISSAC Ch. Haut-médoc 316
LAMOTHE-GUIGNARD Ch. Sauternes 350
LAMOTHE-VINCENT Ch. Bordeaux 144 • Bordeaux blanc 157 • Bordeaux supérieur 168
LAMOUR Ch. Castillon-côtes-de-bordeaux 268
LAMOUREUX Jean-Jacques Rosé-des-riceys 626
LANCELOT Philippe Champagne 589
LANCELOT-ROYER P. Champagne 589
LANCELOT-WANNER Y. Champagne 589
LANCYRE Ch. de Languedoc 694 • Pic-saint-loup 709
LANDE Dom. de la Bourgueil 1051 • Saint-nicolas-de-bourgueil 1057
LANDEREAU Ch. Bordeaux supérieur 168 • Entre-deux-mers 273
LANDES Ch. des Lussac-saint-émilion 256
LANDEYRAN Dom. du Saint-chinian 736
LANDMANN Dom. Alsace pinot gris 47
LANDONNE La Côte-rôtie 1164
LANDREAU VILLAGE Dom. du Muscadet-sèvre-et-maine 995
LANGLADE Ch. Médoc 306
LANGLET Ch. Graves 290
LANGLOIS Crémant-de-loire 988
LANGLOIS Catherine et Michel Coteaux-du-giennois 1085
LANGLOIS Gilles Pouilly-fumé 1098
LANGOA BARTON Ch. Saint-julien 341
LANGOUREAU Dom. Sylvain Meursault 474 • Saint-aubin 485
LANGUEDOCIENNE La Minervois 727
LANIOTE Ch. Saint-émilion grand cru 243
LANSAC Dom. de IGP Alpilles 885
LANSON Champagne 589
LAOUGUÉ Dom. Madiran 953 • Pacherenc-du-vic-bilh 956
LAPEYRE Jurançon 964
LAPEYRE Dom. Béarn 959
LAPLACE Dom. de Côtes-de-duras 950
LAPLAGNOTTE-BELLEVUE Ch. Saint-émilion grand cru 237
LAPORTE Dom. Serge Sancerre 1113
LAPUYADE Ch. Jurançon 964
LARGE Jean-Pierre Morgon 122
LARGEOT ET FILS Dom. Daniel Aloxe-corton 441
LARGEOT Daniel Bourgogne 365
LARGUIER Vignobles Côtes-du-rhône 1141
LARIBOTTE Ch. Sauternes 350
LARMANDE Ch. Saint-émilion grand cru 243
LARMANDIER Guy Champagne 590
LAROCHE Ch. Côtes-de-Bordeaux 283 • Côtes-de-bourg 191
LAROCHE Dom. Bourgogne 365 • Chablis 381 • Chablis grand cru 393
LAROCHE JOUBERT Ch. Côtes-de-bourg 191
LAROPPE Vincent Côtes-de-toul 88
LAROSE PERGANSON Ch. Haut-médoc 311
LAROSE TRINTAUDON Ch. Haut-médoc 311
LAROZE Ch. Saint-émilion grand cru 243
LAROZE DE DROUHIN Fixin 405
LARRIBÈRE Dom. Béarn 959
LARRIEU-TERREFORT Ch. Haut-médoc 316 • Margaux 323
LARRIVET HAUT-BRION Ch. Pessac-léognan 299
LARROQUE Dom. de Gaillac 917
LARROUDÉ Dom. Jurançon 964
LARTIGUE Dom. de Floc-de-gascogne 968
LARY Ch. Bordeaux 145
LASCAUX Ch. Bordeaux blanc 157
LASCAUX Ch. de Languedoc 694 • Pic-saint-loup 709
LASCOMBES Ch. Margaux 323
LASSÈGUE Saint-émilion grand cru 243
LASTOURS Ch. Gaillac 917
LASTOURS Ch. de Corbières 670
LATEYRON Crémant-de-bordeaux 177
LATOUR À POMEROL Ch. Pomerol 210
LATOUR ET FILS Henri Auxey-duresses 468 • Bourgogne-hautes-côtes-de-beaune 435 • Saint-romain 470
LATOUR Ch. Pauillac 332-333
LATOUR Louis Corton-charlemagne 447 • Criots-bâtard-montrachet 479 • Pernand-vergelesses 443 • Volnay 463
LATOUR-MARTILLAC Ch. Pessac-léognan 299
LAUBAREL Dom. Gaillac 917
LAUDES Ch. des Saint-émilion grand cru 243
LAUDUC Ch. Bordeaux 145 • Bordeaux clairet 149 • Bordeaux supérieur 168
LAUDUN CHUSCLAN VIGNERONS Côtes-du-rhône 1141 • Côtes-du-rhône-villages 1155
LAULAN DUCOS Ch. Médoc 307
LAULAN Dom. de Côtes-de-duras 950
LAULERIE Ch. Bergerac 933
LAUNAY Laurent Champagne 590
LAUNOIS Léon Champagne 590
LAUR Ch. Cahors 910
LAUR Vignobles Cahors 910
LAURENCE Ch. Bordeaux blanc 157
LAURENS VIGNOBLE DES TEMPLIERS Côtes-du-rhône-villages 1155
LAURENS Dom. IGP Aveyron 970 • Marcillac 922
LAURENS J. Crémant-de-limoux 717
LAURENT Famille Saint-pourçain 1106
LAURENT-GABRIEL Champagne 590
LAURENT-PERRIER Champagne 590
LAURETAN Ch. Bordeaux supérieur 166
LAURETS Ch. des Puisseguin-saint-émilion 263
LAURIBERT Dom. des Côtes-du-rhône 1141 • Côtes-du-rhône-villages 1155

LAURIERS Dom. des Languedoc 694 • Picpoul-de-pinet 714
LAURIGA Ch. Côtes-du-roussillon 772 • IGP Côtes catalanes 813 • IGP Pays d'Oc 759 • Muscat-de-rivesaltes 805 • Rivesaltes 801
LAUROU Ch. Fronton 924
LAUSSAC Ch. de Castillon-côtes-de-bordeaux 268
LAUVERJAT Karine Menetou-salon 1093
LAUVERJAT Kévin et Christian Sancerre 1113
LAUZADE Ch. Côtes-de-provence 870
LAUZAT Gabriel Saint-émilion grand cru 244
LAUZETA Dom. la Saint-chinian 736
LAVANTUREUX Roland Chablis 381
LAVAU Gigondas 1199
LAVAURE-HUBER Champagne 591
LAVIGNE Dom. Saumur-champigny 1035
LAVILLE BERTROU Ch. Minervois-la-livinière 732
LAVILLE Ch. Sauternes 350
LAVOREILLE Hervé de Santenay 489
LAXÉ Dom. de IGP Côtes de Gascogne 974
LAZZARINI Dom. Muscat-du-cap-corse 898 • Patrimonio 897
LE BOURLAY Odile et Patrick Juliénas 118
LE BRETON VIAL IGP Cévennes 743
LE BRUN DE NEUVILLE Champagne 592
LE BRUN SERVENAY Champagne 592
LE CAPITAINE Vouvray 1073
LE CAPITAINE Dom. Vouvray 1073
LE GALLAIS Champagne 593
LEBEAULT Crémant-de-bourgogne 373
LEBEAUPIN Gérard Saint-amour 131
LEBLANC Le Dénigré by IGP Val de Loire 1122
LEBLANC-COLLARD Champagne 591
LEBLOND-LENOIR Noël Champagne 591
LEBLOND-LENOIR Pascal Champagne 591
LEBOEUF Alain Champagne 591
LEBOSCQ Ch. Médoc 307
LEBREUIL Dom. Pierre et Jean-Baptiste Savigny-lès-beaune 450
LEBRUN Paul Champagne 591
LECCIA Dom. Yves IGP Île de Beauté 899 • Muscat-du-cap-corse 898 • Patrimonio 897
LECLERC Philippe Gevrey-chambertin 409
LECLERC ET FILS Daniel Champagne 592
LECLERC-MONDET Champagne 592
LECLÈRE-POINTILLART Champagne 592
LECOMTE Dom. Châteaumeillant 1084 • Quincy 1101
LECONTE Xavier Champagne 592
LECOURT CAILLET Ch. Bordeaux supérieur 168
LÉCUYER Ch. Pomerol 210
LEDUC-FROUIN Anjou 1005 • Coteaux-du-layon 1023 • Rosé-d'anjou 1016
LEFÈVRE Didier Champagne 593
LEFLAIVE Olivier Chablis grand cru 393 • Chablis premier cru 387 • Chassagne-montrachet 482 • Meursault 474 • Pommard 459 • Saint-romain 470
LÉGENDE Médoc 307 • Saint-émilion 223
LEGOU Dom. Guillaume Beaune 455
LEGRAND FRÈRES Champagne 593
LEGRAND Clotilde et René-Noël Saumur-champigny 1035
LEGRAND Éric Champagne 593
LEGRAS ET HAAS Champagne 593
LEGRET ET FILS Champagne 593
LÉHOUL Ch. Graves 290
LEIPP-LEININGER Alsace grand cru 75
LEJEUNE Dom. Bourgogne 365 • Pommard 459
LELIÈVRE Côtes-de-toul 88
LEMAIN-POUILLOT Dom. Francine et Maxime Sancerre 1113
LEMAIRE Roger-Constant Champagne 594
LEMAIRE PÈRE ET FILS Champagne 594
LENIQUE Alexandre Champagne 594
LENIQUE Michel Champagne 594
LÉO DE PRADES Ch. Saint-estèphe 337
LEONARD Pineau-des-charentes 827
LEOPARDUS Côtes-de-bourg 192
LÉOUBE Ch. Côtes-de-provence 870
LÉOVILLE BARTON Ch. Saint-julien 341
LÉOVILLE LAS CASES Ch. Saint-julien 342
LÉOVILLE POYFERRÉ Ch. Saint-julien 342
LEPAUMIER Dom. Fitou 682
LEPLAN-VERMEERSCH Côtes-du-rhône 1141
LEPREUX-PENET Champagne 594
LEQUART Laurent Champagne 594
LEQUEUX-MERCIER Champagne 595
LEQUIN ET FILS Dom. Louis Chassagne-montrachet 482
LEQUIN Dom. Louis Santenay 489
LEQUIN Louis Bâtard-montrachet 478
LEREDDE Paul Champagne 595
LERET MONPEZAT Ch. Cahors 910
LERICHE-TOURNANT Champagne 595
LEROY-BEAUVAL Ch. Bordeaux blanc 157 • Bordeaux supérieur 168
LÉRY Dom. de Cheverny 1077
LERYS Dom. Fitou 683
LESCURE Dom. de Fronton 925
LESPARRE Ch. Bordeaux supérieur 169 • Graves-de-vayres 277
LESTAGE SIMON Ch. Haut-médoc 313
LESTAGE Ch. Listrac-médoc 320
LESTAGE Tage de Montagne-saint-émilion 260
LESTEVÉNIE Ch. Bergerac 933
LESTRILLE CAPMARTIN Ch. Bordeaux rosé 152 • Bordeaux supérieur 169 • Entre-deux-mers 273
LÉTÉ-VAUTRAIN Champagne 595
LEUCATE-CEZELLY Ch. Fitou 683
LEYDET VALENTIN Ch. Saint-émilion grand cru 234
LEYRIS-MAZIERE Dom. Languedoc 694
LÉZIGNAN Chai des Vignerons de Corbières 670
LHEUREUX PLÉKHOFF Champagne 595
LHIOT Dom. de Buzet 927
LHUMEAU Jean-Louis Anjou 1005 • Cabernet-d'anjou 1014 • IGP Val de Loire 1124
LIARDS Dom. des Montlouis-sur-loire 1068

LIÉBART-RÉGNIER Champagne 595
LIEUBEAU Famille Muscadet-sèvre-et-maine 995
LIEUE Ch. la Coteaux-varois-en-provence 851 • IGP Var 888
LIGIER Dom. Arbois 634 • Côtes-du-jura 640 • Crémant-du-jura 642
LIGIÈRE Dom. la Vacqueyras 1203
LIGNANE Ch. de Côtes-du-rhône-villages 1155
LINOT Ch. Saint-estèphe 338
LINOTTE Dom. de la Côtes-de-toul 89
LINQUIÈRE Dom. la Saint-chinian 736
LION PERRUCHON Ch. Lussac-saint-émilion 256
LIQUIÈRE Ch. de la Faugères 678
LISCHETTO Dom. de IGP Île de Beauté 899
LISE DE BORDEAUX Bordeaux clairet 149
LITTIÈRE Gérard Champagne 596
LOCHÉ Ch. de Mâcon et mâcon-villages 517
LOGES Cave du Ch. des Beaujolais-villages 104
LOGIS DE LA BOUCHARDIÈRE Le Chinon 1063
LOGIS DU PRIEURÉ Le Anjou 1005 • Coteaux-du-layon 1023
LOLICÉ Dom. Côtes-de-provence 870
LOMBARD Champagne 596
LONCLAS Bernard Champagne 596
LONG-PECH Dom. de Gaillac 917
LONGUE TUBI Dom. Côtes-de-provence 871
LONGUEROCHE Dom. de Corbières 670
LOOU Dom. du Coteaux-varois-en-provence 851
LORENT Jacques Champagne 558
LORENTZ Gustave Alsace grand cru 75
LORIÈRE Ch. de Muscadet-côtes-de-grand-lieu 997 • IGP Val de Loire 1124
LORIEUX Damien Saint-nicolas-de-bourgueil 1057
LORIOT Dom. du Menetou-salon 1093
LORIOT Gérard Champagne 596
LORIOT Michel Champagne 596
LORIOT-PAGEL Joseph Champagne 596
LORNET Frédéric Arbois 635
LORON Jean Mâcon et mâcon-villages 517 • Moulin-à-vent 126 • Viré-clessé 521
LORON Louis Crémant-de-bourgogne 373
LORT Ch. du Bordeaux supérieur 169
LOU BASSAQUET Côtes-de-provence 871
LOU CAPELAN Dom. Bandol 837
LOU CAPELLAN Dom. IGP Mont-Caume 887
LOU GAILLOT Dom. IGP Agenais 970
LOU PEIRIGAS Dom. IGP Côtes de Thongue 749
LOUDENNE LE CHÂTEAU Bordeaux blanc 157
LOUÉTTIÈRES Dom. des IGP Val de Loire 1124
LOUIS Éric Sancerre 1113
LOUP BLEU Dom. le Côtes-de-provence 871
LOUPIA Dom. Cabardès 662
LOUSTEAUNEUF Ch. Médoc 307
LOUVET Yves Champagne 597
LOUVIÈRE Ch. la Pessac-léognan 299
LOUVIÈRE Dom. la IGP Pays d'Oc 760 • Malepère 721
LÔYANE Dom. la Côtes-du-rhône 1141 • Côtes-du-rhône-villages 1155 • Lirac 1216
LUBERON Cave du Luberon 1234 • Ventoux 1229
LUC DE BEAUMONT Ch. Blaye-côtes-de-bordeaux 180
LUC REGULA Ch. le Bordeaux 145 • Bordeaux supérieur 169
LUC Ch. de Corbières 668
LUCANIACUS Lalande-de-pomerol 218
LUCHEY-HALDE Ch. Pessac-léognan 299
LUDEMAN LA CÔTE Ch. Graves 290
LUGNY Cave de Bourgogne 365
LUMIÈRES Cave de Ventoux 1230
LUMINAILLE Dom. la Rasteau sec 1193
LUPIN Dom. Roussette-de-savoie 653
LUQUETTES Dom. les Bandol 837
LURTON François IGP Côtes de Gascogne 975
LUSSAC Ch. de Lussac-saint-émilion 256
LUTUN Champagne 597
LYNCH-BAGES Ch. Pauillac 333
LYNCH-MOUSSAS Ch. Pauillac 333
LYNSOLENCE Saint-émilion grand cru 240
LYONNAT Ch. Lussac-saint-émilion 256
LYS DE MAISONNEUVE Ch. Montagne-saint-émilion 260
LYS Dom. les Duché d'Uzès 1225 • IGP Cévennes 743

M

MABILEAU Dom. Laurent Bourgueil 1051
MABILEAU Frédéric Bourgueil 1051 • Saint-nicolas-de-bourgueil 1057
MABILEAU Jacques et Vincent Saint-nicolas-de bourgueil 1057
MABILEAU Lysiane et Guy Saint-nicolas-de-bourgueil 1057
MABILLOT Matthieu et Renaud Reuilly 1104
MABY Dom. Lirac 1216 • Tavel 1218
MACAY Ch. Côtes-de-bourg 192
MACHARD DE GRAMONT Bertrand et Axelle Nuits-saint-georges 430
MADE IN PROVENCE Côtes-de-provence 871
MADELEINE SAINT-JEAN Dom. la IGP Pays d'Oc 760
MADELEINEAU Vignoble Muscadet-sèvre-et-maine 995
MADELOC Dom. Banyuls 796 • Collioure 789
MADER Alsace grand cru 75
MADONE Les Vins de la Côtes-du-forez 1091
MADONE Sauvignons gris et blanc de IGP Urfé 1121
MADRAGUE Dom. de la Côtes-de-provence 871
MAELS Dom. des Minervois 727
MAESTRACCI Dom. Corse ou vin-de-corse 893
MAESTRO IGP Île de Beauté 899
MAGALANNE Dom. de Côtes-du-rhône 1142
MAGNAUT Dom. de Floc-de-gascogne 968 • IGP Côtes de Gascogne 975
MAGNEAU Ch. Graves 290
MAGNI Dom. Patrice Châteauneuf-du-pape 1211
MAGNIEN Dom. Michel Chambolle-musigny 419 • Charmes-chambertin 413 • Clos-de-la-roche 417 • Clos-saint-denis 417 • Morey-saint-denis 416
MAGNIEN Dom. Sébastien Beaune 456 • Bourgogne-hautes-côtes-de-beaune 436

MAGNIEN Frédéric Charmes-chambertin 413 • Nuits-saint-georges 430
MAGNIEN Henri Gevrey-chambertin 409
MAGNOL Ch. Haut-médoc 316
MAGONDEAU Ch. Fronsac 201
MAGREZ Bernard Collioure 790 • Faugères 678 • Pic-saint-loup 709 • Saint-chinian 736
MAILLAC Dom. de Coteaux-du-quercy 914
MAILLARD Bernard IGP Val de Loire 1124 • Muscadet-sèvre-et-maine 995
MAILLARD PÈRE ET FILS Dom. Aloxe-corton 441 • Chorey-lès-beaune 452 • Corton 445
MAILLERIES Ch. les Bergerac 934
MAILLES Ch. des Sainte-croix-du-mont 346
MAILLET Vouvray 1073
MAILLETTES Dom. des Saint-véran 533
MAILLIARD Michel Champagne 597
MAILLOCHES Dom. des Bourgueil 1051
MAILLY GRAND CRU Champagne 597
MAIRE Dom. Henri Arbois 635 • Château-chalon 637
MAISON NEUVE Ch. de Montagne-saint-émilion 260
MAISON NEUVE Dom. de Cahors 910
MAISON NOBLE Ch. Bordeaux blanc 158 • Bordeaux supérieur 169
MAISON PÈRE ET FILS Dom. Cheverny 1077
MAISONS NEUVES Dom. des Chiroubles 114
MAÎTRE Éric Champagne 597
MAJOUREAU Ch. Bordeaux clairet 149 • Côtes-de-bordeaux-saint-macaire 281
MALAIRE Ch. Médoc 306
MALANDES Dom. des Chablis 381 • Chablis grand cru 393
MALARTIC-LAGRAVIÈRE Ch. Pessac-léognan 299-300
MALAURANE Ch. Saint-émilion grand cru 244
MALBAT Ch. Bordeaux 145
MALDANT Dom. Jean-Pierre Corton 445
MALESCASSE Ch. Haut-médoc 316
MALESCOT SAINT-EXUPÉRY Margaux 324
MALÉTREZ Frédéric Champagne 597
MALIDAIN Vignoble IGP Val de Loire 1125
MALLARD ET FILS Dom. Michel Aloxe-corton 441 • Corton 446
MALLE Ch. de Sauternes 350
MALLE M. de Graves 290
MALLERET Ch. de Haut-médoc 317
MALLOL-GANTOIS Champagne 597
MALMAISON Ch. Moulis-en-médoc 328
MALROMÉ Ch. Bordeaux supérieur 169
MALTUS Ch. Lalande-de-pomerol 218
MANARINE Dom. la Côtes-du-rhône-villages 1155
MANCÈDRE Ch. Pessac-léognan 300
MANCEY Les Essentielles de Bourgogne 365
MANCEY Les Vignerons de Bourgogne 365
MANCIAT Marie-Pierre Mâcon et mâcon-villages 517
MANCIAT-PONCET Dom. Mâcon et mâcon-villages 517 • Pouilly-vinzelles 530 • Saint-véran 533
MANDARD Jean-Christophe Touraine 1041
MANDOIS Champagne 598
MANGONS Ch. les Sainte-foy-bordeaux 278
MANGOT TODESCHINI Ch. Saint-émilion grand cru 244
MANGOT Ch. Saint-émilion grand cru 244
MANISSY Ch. de Côtes-du-rhône 1142 • Lirac 1216 • Tavel 1219
MANN Albert Alsace grand cru 76
MANN Jean-Louis et Fabienne Alsace pinot gris 47
MANOIR Dom. du Alsace pinot gris 48
MANOIR DE L'EMMEILLÉ Gaillac 917
MANOIR DE MERCEY Bourgogne-hautes-côtes-de-beaune 436 • Rully 499
MANOIR DES SCHISTES Le Maury 808
MANOIR DU CAPUCIN Pouilly-fuissé 526
MANOIR DU GRAVOUX Ch. Castillon-côtes-de-bordeaux 268
MANOIR MURISALTIAN Gevrey-chambertin 410 • Puligny-montrachet 477
MANTELLIÈRE Dom. de la Beaujolais 98
MANUFACTURE La Chablis 381 • Chablis premier cru 387
MAOURIES Dom. de Madiran 953
MAQUELINE Cru la Bordeaux 145
MAR Ch. de la Roussette-de-savoie 654 • Vin-de-savoie 649
MARATRAY-DUBREUIL Dom. Ladoix 439
MARAVENNE Ch. Côtes-de-provence 872
MARC Arthur Champagne 598
MARC D. Champagne 598
MARCEL Côtes-du-roussillon 778
MARCEL Camille Champagne 598
MARCHAND Ch. Montagne-saint-émilion 261
MARCHAND ET FILLE D. G. Champagne 598
MARCHAND ET FILS Dom. Pouilly-fumé 1098
MARCHANDS Dom. des Luberon 1234
MARCHESSEAU Bertrand et Vincent Bourgueil 1051
MARCON Dom. Muscat-de-saint-jean-de-minervois 742
MARÉCHAL Catherine et Claude Bourgogne 366 • Pommard 459 • Savigny-lès-beaune 450
MARÉCHAUX Ch. Bordeaux supérieur 170
MARETIÈRE Dom. de la IGP Val de Loire 1125
MAREY Dom. Aloxe-corton 441 • Gevrey-chambertin 410 • Nuits-saint-georges 430
MARGALLEAU Dom. du Vouvray 1073
MARGAUX Ch. Bordeaux blanc 158 • Margaux 324
MARGILLIÈRE Ch. Coteaux-varois-en-provence 851
MARGUERITE Grande Cuvée du Ch. Fronton 925
MARGÜI Ch. Coteaux-varois-en-provence 852
MARIÉ Dom. IGP Vicomté d'Aumélas 766
MARIE BÉRÉNICE Dom. Bandol 837
MARIE BLANCHE Dom. Côtes-du-rhône-villages 1155
MARIE MARIA Vignobles Madiran 952 • Pacherenc-du-vic-bilh 955
MARIGNY-NEUF IGP Val de Loire 1125
MARINIÈRE Dom. de la Chinon 1063
MARION Dom. Loïc Fleurie 116

MARIQUITAS Dom. las Côtes-du-roussillon 773
MARIS Ch. Minervois-la-livinière 732
MARJOLET Ch. de Côtes-du-rhône 1142 • Côtes-du-rhône-villages 1156
MARJOSSE Ch. Bordeaux 145
MARMANDAIS Cave du Côtes-du-marmandais 929
MARMORIÈRES Ch. de La Clape 712
MARNIÈRES Ch. les Monbazillac 942 • Pécharmant 945
MARQUIS D'ALESME Ch. Margaux 324
MARQUIS DE GÉNISSAC Bordeaux clairet 149 • Bordeaux supérieur 170
MARQUIS DE LAS CASES Le Petit Lion du Saint-julien 342
MARQUIS DE TERME Ch. Margaux 325
MARQUIS RAVARDELLE Dom. Beaumes-de-venise 1206
MARRENON Côtes-de-provence 872 • Gigondas 1199 • IGP Méditerranée 1242 • Luberon 1234
MARRONNIERS Dom. des Chablis 381 • Petit-chablis 377
MARSAN Ch. de Bordeaux clairet 149
MARSANNAY Ch. de Gevrey-chambertin 410 • Marsannay 404
MARSAU Ch. Francs-côtes-de-bordeaux 271
MARTEAU Dom. Jacky Touraine-chenonceaux 1046
MARTEAUX Olivier et Laëtitia Champagne 599
MARTELLIÈRE Dom. Coteaux-du-vendômois 1080 • Jasnières 1066
MARTENOT MALLARD Dom. Chassagne-montrachet 483 • Saint-romain 471
MARTET Ch. Sainte-foy-bordeaux 279
MARTIN Cédric et Patrice Pouilly-vinzelles 530
MARTIN Ch. Graves 291
MARTIN Dom. Cairanne 1196 • Côtes-du-rhône-villages 1156
MARTIN Dom. Fabrice Gevrey-chambertin 410 • Vosne-romanée 425
MARTIN Dom. Pierre Sancerre 1113
MARTIN Loïc Saint-véran 533
MARTIN Luc et Fabrice Coteaux-du-layon 1023 • Savennières 1018
MARTINA Dom. Côtes-de-provence 866
MARTINAT Ch. Côtes-de-bourg 192
MARTINAT Dom. le Pécharmant 945
MARTIN-DUFOUR Chorey-lès-beaune 452
MARTINELLES Dom. des Crozes-hermitage 1175
MARTINETTE Ch. la Côtes-de-provence 872
MARTIN-LUNEAU Dom. Muscadet-sèvre-et-maine 995
MARTINOLLE-GASPARETS Dom. Corbières 671
MARTINOLLES Dom. IGP Pays d'Oc 760
MARTINOT Albin Champagne 599
MARY-SESSILE Champagne 599
MARZELLE Ch. la Saint-émilion grand cru 244
MARZOLF Alsace pinot gris 48 • Crémant-d'alsace 85
MAS Domaines Paul Clairette-du-languedoc 665 • IGP Pays d'Oc 760 • Languedoc 694
MAS Jean-Claude IGP Pays d'Oc 760
MAS AMIEL Côtes-du-roussillon 773 • Maury 809
MAS BAUX Côtes-du-roussillon 773 • IGP Côtes catalanes 813
MAS BÉCHA Côtes-du-roussillon 773 • Côtes-du-roussillon-villages 783
MAS BLEU Dom. du IGP Méditerranée 1242
MAS BRÈS IGP Cévennes 743
MAS BRUGUIÈRE Languedoc 695 • Pic-saint-loup 709
MAS BRUNET Terrasses-du-larzac 705
MAS CARON Dom. de Ventoux 1230
MAS CONSCIENCE IGP Saint-Guilhem-le-Désert 764
MAS CORIS Languedoc 695
MAS CRÉMAT Dom. Côtes-du-roussillon 773 • IGP Côtes catalanes 814
MAS CRISTINE Muscat-de-rivesaltes 805
MAS D'AGAMAS IGP Saint-Guilhem-le-Désert 764
MAS D'ALBO Saint-chinian 736
MAS D'ANDRUM Costières-de-nîmes 1221
MAS D'ARCAŸ Languedoc 695
MAS D'AUREL Gaillac 918
MAS DE BELLEVUE Muscat-de-lunel 739
MAS DE BOISLAUZON Châteauneuf-du-pape 1211 • Côtes-du-rhône-villages 1156
MAS DE CADENET Côtes-de-provence 872
MAS DE CYNANQUE Saint-chinian 737
MAS DE FIGUIER Languedoc 695
MAS DE FOURNEL Pic-saint-loup 709
MAS DE GOURGONNIER Les baux-de-provence 840
MAS DE L'ERME Terrasses-du-larzac 706
MAS DE LA DAME Les baux-de-provence 840
MAS DE LA DEVÈZE Côtes-du-roussillon 774 • Côtes-du-roussillon-villages 783 • Maury sec 792
MAS DE LA SERANNE Languedoc 695 • Terrasses-du-larzac 705
MAS DE LAVAIL IGP Côtes catalanes 814 • Maury sec 792
MAS DE MARTIN Languedoc 696
MAS DES ARMES Dom. du IGP Pays d'Hérault 753
MAS DES BRESSADES Costières-de-nîmes 1222 • IGP Gard 750
MAS DES CABRES IGP Cévennes 743 • Languedoc 696
MAS DES CAPRICES Fitou 683
MAS DES CHIMÈRES Terrasses-du-larzac 706
MAS DES COMBES Gaillac 918
MAS DES ÉTOILES Cahors 911
MAS DES ROMPUDES IGP Pays d'Hérault 753
MAS DU MINISTRE Languedoc 696
MAS DU NOTAIRE Costières-de-nîmes 1222
MAS DU NOVI Languedoc 696
MAS DU POUNTIL Languedoc 696
MAS DU SALAGOU IGP Pays d'Oc 760
MAS GABINÈLE Faugères 678 • IGP Pays d'Hérault 753
MAS GABRIEL IGP Pays d'Hérault 753 • Languedoc 697
MAS GRANGE BLANCHE Côtes-du-rhône 1142
MAS GRANIER Languedoc 697
MAS JANEIL Côtes-du-roussillon-villages 783
MAS KAROLINA Côtes-du-roussillon-villages 783 • IGP Côtes catalanes 814 • Maury 809

MAS LA CHEVALIÈRE Languedoc 697
MAS LAVAIL Côtes-du-roussillon-villages 783 • Maury 809 • Muscat-de-rivesaltes 805
MAS OLIVIER Faugères 679
MAS ONÉSIME Faugères 679
MAS PEYRE IGP Côtes catalanes 814 • Maury 809 • Rivesaltes 801
MAS PEYROLLE Languedoc 697 • Pic-saint-loup 710
MAS PIGNOU Dom. Gaillac 918
MAS ROC DE BÔ IGP Côtes du Brian 765
MAS ROUGE Muscat-de-frontignan 739 • Muscat-de-mireval 741
MAS ROUS Dom. du Côtes-du-roussillon 774 • Muscat-de-rivesaltes 805
MAS SAINTE-BERTHE Les baux-de-provence 841
MAS SAINT-LAURENT Languedoc 697 • Picpoul-de-pinet 714
MAS SEREN IGP Cévennes 744
MAS SYLVIA Le IGP Coteaux des Baronnies 1240
MASCARONNE Ch. la Côtes-de-provence 872
MASLAURIS Luberon 1234
MASQUIN Dom. Julien Châteauneuf-du-pape 1211
MASSANE Dom. de la Ventoux 1230
MASSIN D. Champagne 599
MASSIN Thierry Champagne 599
MASSING Louis Champagne 599
MASSON Dom. Coteaux-varois-en-provence 852
MASSON Nathalie et Franck Vin-de-savoie 649
MASSON-BLONDELET Dom. Pouilly-fumé 1098
MATARDS Ch. des Blaye-côtes-de-bordeaux 184
MATHELIN Champagne 600
MATHIAS Dom. Pouilly-fuissé 526 • Pouilly-vinzelles 530
MATHIAS Dom. Alain Bourgogne 366
MATHIEU Dom. André Châteauneuf-du-pape 1211
MATHIEU-PRINCET Champagne 600
MATHON-GOBIRA Julien et Chloé Beaujolais 98 • Beaujolais-villages 104
MATIBAT Dom. de Malepère 721
MATIGNON Dom. Saumur 1031
MATINES Dom. des Saumur 1031
MATTES-SABRAN Ch. de Corbières 671
MAUBERNARD Dom. Bandol 837
MAUBET Dom. de IGP Côtes de Gascogne 973
MAUCAMPS Ch. Haut-médoc 317
MAUCOIL Ch. Châteauneuf-du-pape 1211 • Côtes-du-rhône-villages 1156
MAUFOUX Prosper Santenay 489
MAULER André Alsace riesling 62
MAUPAGUE Ch. Côtes-de-provence 856
MAUPERTHUIS Dom. de Bourgogne 366 • Irancy 397
MAURER Albert Alsace pinot noir 55
MAURICE Dom. Gonzague Castillon-côtes-de-bordeaux 268
MAURIGNE Ch. la Bergerac 934 • Saussignac 947
MAURINE Dom. la Saint-chinian 737
MAURY Les Vignerons de Côtes-du-roussillon-villages 783 • IGP Côtes catalanes 815 • Maury 809 • Maury sec 793
MAUVAN Dom. de Côtes-de-provence 872
MAUVANNE Ch. de Côtes-de-provence 873
MAUVINON Ch. Saint-émilion grand cru 244
MAVETTE Dom. de la Côtes-du-rhône 1142 • Gigondas 1199
MAX Dom. Louis Mercurey 504 • Rully 500
MAYLANDIE Ch. Corbières 671
MAYNADIER Dom. Fitou 683
MAYNE DU CROS Graves 291
MAYNE DURÈGE Ch. Bordeaux 145
MAYNE FIGEAC Ch. Saint-émilion grand cru 245
MAYNE LALANDE Ch. Listrac-médoc 320
MAYNE MARTIN Ch. Bergerac 934
MAYNE-VIEIL Ch. Fronsac 201
MAYOL Dom. de Luberon 1235
MAYONNETTE Dom. de la Côtes-de-provence 873
MAZAILS Ch. Médoc 307
MAZANE Ch. Vacqueyras 1203
MAZARD Dom. Corbières 671
MAZEL Dom. Jérôme IGP Ardèche 1239
MAZELIÈRES Ch. de Buzet 927
MAZENAY Cave de Bourgogne 366 • Montagny 510
MAZERIS BELLEVUE Ch. Canon-fronsac 198
MAZILLE DESCOTES Dom. Coteaux-du-Lyonnais 133
MAZILLY PÈRE ET FILS Dom. Bourgogne-hautes-côtes-de-beaune 436 • Gevrey-chambertin 410
MÉDEILHAN Dom. de IGP Pays d'Oc 760
MÉGALITHES Minervois 727
MEIX Dom. des Saint-aubin 485
MELIN Ch. de Maranges 492 • Saint-romain 471
MELODY Dom. Crozes-hermitage 1175
MÉLOÏSE Coteaux-du-quercy 914
MÉNARD Pineau-des-charentes 827
MÉNARD Dom. Bourgueil 1051
MENTONE Ch. Côtes-de-provence 873
MENUT DES JACOBINS Le Saint-émilion grand cru 231
MÉRANDE Ch. de Roussette-de-savoie 654 • Vin-de-savoie 650
MERCERON-MARTIN Coteaux-d'ancenis 1000
MERCIER Ch. Côtes-de-bourg 192
MERCIER Vignoble Fiefs-vendéens 999
MERCUÈS Ch. de Cahors 910
MEREUILLE Dom. la Côtes-du-rhône-villages 1156
MERGEY Évelyne et Dominique Bourgogne 366 • Mâcon et mâcon-villages 517
MÉRIBELLES Dom. les Saumur 1031
MERIGOT Ch. Côtes-de-bourg 192
MÉRITZ Ch. les Gaillac 918
MERLANÇON Ch. Coteaux-varois-en-provence 852
MERLE Dom. Alain Morgon 122
MERLE Dom. du Bourgogne 366
MERLES Ch. les Bergerac 934 • Pécharmant 945
MERLIN-CHERRIER Thierry Sancerre 1114
MERRAIN ROUGE Médoc 307
MESCLANCES Ch. les Côtes-de-provence 873
MESLIAND Sandra et Stéphane Touraine-amboise 1044
MESSEY Ch. de Mâcon et mâcon-villages 517
MESSILE-AUBERT Ch. Montagne-saint-émilion 260
MESTRE PÈRE ET FILS Chassagne-montrachet 483
MÉTAIRIE GRANDE DU THÉRON Cahors 911
MÉTAIRIE-HAUTE Ch. Pécharmant 946

MÉTÉYER PÈRE ET FILS Champagne 600
MÉTIVIER Vincent Champagne 600
METZ Dom. Gérard Alsace grand cru 76 • Alsace pinot blanc ou klevner 41
MEULIÈRE La Chablis premier cru 387
MEUNEVEAUX Dom. Corton 446
MEURGEY Pierre Pommard 460
MEURGEY-CROSES Mâcon et mâcon-villages 517 • Pouilly-fuissé 526 • Viré-clessé 522
MEURSAULT Ch. de Corton 446 • Meursault 474 • Pommard 460
MEYER Alfred Alsace grand cru 76
MEYER Hubert Alsace grand cru 76
MEYER Pierre-Yves Alsace pinot noir 55
MEYER-FONNÉ Alsace grand cru 76 • Crémant-d'alsace 85
MEYLAN Ch. Médoc 308
MEYNARDE Dom. de la Côtes-du-rhône-villages 1156
MEYNEY Ch. Saint-estèphe 338
MIAUDOUX Ch. les Bergerac 934
MICHAUD Dom. Touraine 1041
MICHEL Bruno Champagne 600
MICHEL Dom. Mâcon et mâcon-villages 517 • Viré-clessé 522
MICHEL Jean-Pierre Mâcon et mâcon-villages 518
MICHEL ET FILS Louis Chablis grand cru 394 • Chablis premier cru 387
MICHELAS-SAINT-JEMMS Dom. Cornas 1181 • Crozes-hermitage 1175 • Hermitage 1178
MICHELET Stéphanie et Vincent Petit-chablis 377
MICHELLE Dom. la IGP Bouches-du-Rhône 886
MICHOT Marielle Pouilly-fumé 1098
MIDOIR Raphaël Crémant-de-loire 988 • Touraine 1041
MIÉRY Ch. de Crémant-du-jura 642
MIGNABERRY Irouléguy 966
MIGNAN Ch. Minervois 728 • Minervois-la-livinière 733
MIGNON Pierre Champagne 600
MIGOT Dom. Côtes-de-toul 89
MIHOUDY Dom. de Anjou 1005 • Bonnezeaux 1027
MIJANE Ch. la Cabardès 663
MILAN Jean Champagne 601
MILLARGES Dom. des Chinon 1063
MILLAS Ch. Côtes-du-roussillon-villages 784
MILLAUX Ch. les Bordeaux blanc 158
MILLE VIGNES Dom. les Fitou 683
MILLEBUIS Montagny 509
MILLEGRAND Ch. Minervois 728 • IGP Pays d'Oc 761
MILLET Ch. Graves 291
MILLET Ch. de Floc-de-gascogne 969 • IGP Côtes de Gascogne 975
MILLET Dom. Gérard Sancerre 1114
MILLET François Sancerre 1114
MILLION-ROUSSEAU Michel et Xavier Vin-de-savoie 650
MILLY Albert de Champagne 601
MIMI EN PROVENCE Côtes-de-provence 873
MINARD ET FILLES Champagne 601
MINIÈRE Ch. de Bourgueil 1052
MINUTY Côtes-de-provence 873
MINVIELLE Ch. Bordeaux blanc 158
MIOLANE Dom. Patrick Chassagne-montrachet 483 • Saint-aubin 485
MIQUEL Laurent IGP Pays d'Oc 761
MIRABEL Dom. Languedoc 698
MIRAGE Dom. du Côtes-de-provence 874
MIRAULT Touraine 1041
MIRAULT Maison Vouvray 1073
MIRAUSSE Ch. Minervois 728
MIRE L'ÉTANG Ch. La Clape 712 • Languedoc 698
MIREFLEURS Ch. Bordeaux supérieur 170
MISSION HAUT-BRION Ch. la Pessac-léognan 300
MISTRE Dom. de Terrasses-du-larzac 706
MITTELBURG Dom. du Crémant-d'alsace 86
MODAT Dom. Côtes-du-roussillon 774
MOELLINGER ET FILS Dom. Joseph Alsace grand cru 77 • Alsace riesling 62
MOËT ET CHANDON Champagne 601
MOINGEON ET FILS Dom. André Saint-aubin 485
MOIROTS Dom. des Bourgogne 366 • Bouzeron 497 • Montagny 510
MOISSENET-BONNARD Dom. Auxey-duresses 468 • Pommard 460 • Puligny-montrachet 478
MOLÉON M de Graves 291
MOLHIÈRE Ch. Côtes-de-duras 950
MOLIN Armelle et Jean-Michel Fixin 405
MOLIN'AGLY Dom. IGP Côtes catalanes 815
MOLTÈS Alsace grand cru 77 • Alsace pinot noir 55
MOMMESSIN Côte-de-brouilly 111 • Saint-amour 132
MONBLANC Dom. Pacherenc-du-vic-bilh 956
MONBOUSQUET Ch. Saint-émilion grand cru 245
MONBRISON Ch. Margaux 325
MONBRUN Ch. Pomerol 210
MONCADE Dom. de IGP Comté tolosan 971
MONCIGALE Côtes-de-provence 874
MONCONSEIL-GAZIN Ch. Blaye 179 • Blaye-côtes-de-bordeaux 184
MONCONTOUR Touraine 1041
MONCONTOUR Ch. Vouvray 1073
MONCOURT Dom. Cabernet-d'anjou 1014
MONCUIT Pierre Champagne 601
MONDÉSIR-GAZIN Ch. Blaye-côtes-de-bordeaux 185
MONDET Champagne 602
MONDORION Ch. Saint-émilion grand cru 245
MONDOT Saint-émilion grand cru 252
MONETTE Dom. de la Bourgogne-côte-chalonnaise 496 • Mercurey 504
MONGESTINE Dom. de la Coteaux-d'aix-en-provence 846
MONGRAVEY Margaux 325
MONGRAVEY Ch. Margaux 325
MONICORD Bordeaux supérieur 170
MONIN Dom. Bugey 656
MONLOT Ch. Saint-émilion grand cru 245
MONLUC Floc-de-gascogne 969
MONMARTHE Champagne 602
MONNIER Dom. René Bourgogne 367 • Meursault 474 • Pommard 460
MONPLAISIR Ch. Côtes-du-marmandais 928
MONPLÉZY Dom. IGP Côtes de Thongue 749 • Languedoc 698
MONS Ch. de Floc-de-gascogne 969
MONSÉGUR M de Bordeaux 146
MONT SAINTE-VICTOIRE Les Vignerons du Côtes-de-provence 882

MONT Ch. du Graves 291 • Haut-médoc 317 • Sainte-croix-du-mont 347 • Sauternes 350
MONT Dom. le Anjou 1005 • Coteaux-du-layon 1023
MONT SAINT-JEAN Dom. du Corse ou vin-de-corse 893 • IGP Île de Beauté 900
MONT TAUCH Fitou 681 • Muscat-de-rivesaltes 806
MONTAGNAC Vignobles Picpoul-de-pinet 714 • IGP Pays d'Oc 761
MONTANA Ch. Côtes-du-roussillon 774
MONTAUD Ch. Côtes-de-provence 874
MONTAUNOIR Ch. Bordeaux blanc 158
MONTAURIOL Ch. Fronton 925
MONTAURIOL-DELPAS Ch. Côtes-du-roussillon-villages 784
MONTAUT Dom. Jurançon 964
MONTBARBON Dom. Viré-clessé 522
MONTBENOIT Dom. de Coteaux-du-giennois 1085
MONTBLANC Les Fleurs de IGP Pays d'Oc 761
MONTBOURGEAU Dom. de L'Étoile 644
MONTDOMAINE Ch. de Touraine-amboise 1044
MONTEBERIOT Ch. Côtes-de-bourg 193
MONTEL Benoît Côtes-d'auvergne 1088 • IGP Puy-de-Dôme 1120
MONTELS Ch. Gaillac 918
MONTELS Dom. de IGP Comté tolosan 971
MONTEMAGNI Dom. IGP Île de Beauté 900 • Patrimonio 897
MONTERMINOD Ch. de Roussette-de-savoie 654
MONTERNOT Dom. Beaujolais-villages 104
MONTESQUIOU Dom. Jurançon 964
MONTET Ch. Bordeaux blanc 159
MONTEZ DU MONTEILLET Stéphane Saint-joseph 1171
MONTFAUCON Ch. de Côtes-du-rhône 1142
MONTFIN Ch. Corbières 671
MONTFIN Dom. de Corbières 671
MONTFOLLET Ch. Blaye-côtes-de-bordeaux 185 • Bordeaux rosé 152 • Côtes-de-bourg 192
MONTFORT Vouvray 1074
MONTGAILLARD Ch. Bordeaux blanc 159
MONTGILET Dom. de Anjou-gamay 1008 • Cabernet-d'anjou 1015 • Coteaux-de-l'aubance 1017
MONTGRIGNON Dom. de IGP Côtes de Meuse 91
MONTGUÉRET Ch. de Cabernet-d'anjou 1015 • Coteaux-du-layon 1023 • Saumur 1031
MONTHELIE-DOUHAIRET-PORCHERET Volnay 463
MONTHELIE-DOUHAIRET-PORCHERET Dom. Monthélie 466 • Pommard 460
MONTHOUX Roussette-de-savoie 654
MONTHUYS PÈRE ET FILS Champagne 545
MONTICOLES Dom. des Coteaux-varois-en-provence 853
MONTINE Dom. de Grignan-les-adhémar 1188
MONTIRIUS Le Dom. Gigondas 1199
MONTLAU Ch. Bordeaux supérieur 170 • Entre-deux-mers 274
MONTLOUIS Cave des Producteurs de Montlouis-sur-loire 1068
MONTMARIN Dom. de IGP Côtes de Thongue 749
MONTMIJA Dom. IGP Pays d'Oc 761
MONTMIRAIL Ch. de Gigondas 1199 • Vacqueyras 1203
MONTNER Ch. Muscat-de-rivesaltes 806 • Rivesaltes 800
MONT-NOIR Dom. Côtes-du-roussillon 774
MONTORAY Dom. de Montlouis-sur-loire 1068
MONT-PÉRAT Ch. Bordeaux 139
MONT-PRÈS-CHAMBORD Les Vignerons de Cheverny 1077
MONTROCHE Dom. de Costières-de-nîmes 1222
MONTROSE Ch. Saint-estèphe 338
MONTROSE Dom. de IGP Côtes de Thongue 749
MONTROSE La Dame de Saint-estèphe 338
MORAT Gilles Pouilly-fuissé 526 • Saint-véran 533
MORDORÉE Dom. de la Côtes-du-rhône 1142 • Lirac 1216
MOREAU Daniel Champagne 602
MOREAU David Santenay 489
MOREAU Dom. Louis Chablis 382 • Chablis grand cru 394 • Chablis premier cru 388
MOREAU ET FILS J. Chablis premier cru 388
MOREAU-NAUDET Chablis 382
MOREL Champagne 602 • Rosé-des-riceys 626
MOREL Dominique Beaujolais-villages 104 • Saint-amour 132
MORET David Auxey-duresses 468 • Meursault 475 • Rully 500
MOREUX Roger et Christophe Sancerre 1114
MORILLON Ch. Blaye-côtes-de-bordeaux 185 • Bordeaux supérieur 170
MORILLON Dom. du Coteaux-du-Lyonnais 133
MORIN Hervé Saint-nicolas-de-bourgueil 1057
MORIN Pierre Sancerre 1114
MORIN-LANGARAN Dom. Picpoul-de-pinet 714
MORION Alexandra et Yvan Beaujolais-villages 105
MORION Didier Condrieu 1167 • Saint-joseph 1171
MORIZE PÈRE ET FILS Champagne 602 • Coteaux-champenois 626
MOROT Albert Beaune 456
MORTET Dom. Thierry Gevrey-chambertin 410
MORTIÈS Pic-saint-loup 710
MOSBACH Dom. Alsace pinot noir 55
MOSNIER Sylvain Chablis premier cru 388
MOSNY Dom. Montlouis-sur-loire 1068
MOSSÉ Ch. Côtes-du-roussillon 775
MOTHE DU BARRY Ch. la Bordeaux supérieur 170
MOTTE Dom. de la Anjou 1005 • Anjou-villages 1010 • Chablis 382 • Chablis premier cru 388 • Coteaux-du-layon 1023
MOUCHÈRES Ch. des Pic-saint-loup 710
MOUILLARD Jean-Luc Château-chalon 637 • Côtes-du-jura 640 • Macvin-du-jura 645
MOULIÉ Dom. du Madiran 953
MOULIN Ch. Fronsac 201
MOULIN Ch. le Pomerol 210
MOULIN Dom. du Côtes-du-rhône-villages 1156
MOULIN-À-VENT Ch. du Moulin-à-vent 126
MOULIN À VENT Ch. Moulis-en-médoc 329
MOULIN BERGER Dom. du Saint-amour 132
MOULIN BLANC Ch. Montagne-saint-émilion 260
MOULIN CARESSE Ch. Bergerac 934 • Haut-montravel 944 • Montravel 943

MOULIN DE BERNAT Ch. Bordeaux 146
MOULIN DE CABANIEU Ch. Médoc 308
MOULIN DE CHAUVIGNÉ Savennières 1019
MOULIN DE CORNEIL Ch. Cadillac 344
MOULIN DE FONTMURÉE Ch. Lussac-saint-émilion 255
MOULIN DE GUIET Ch. Côtes-de-bourg 193
MOULIN DE L'HORIZON Dom. du Saumur 1031
MOULIN DE LA RIVIÈRE Ch. Médoc 308
MOULIN DE LA ROQUE Bandol 838
MOULIN DE LAGNET Ch. Saint-émilion grand cru 245
MOULIN DE PANISSEAU Le Côtes-de-bergerac 939
MOULIN DE RIOUCREUX Ch. Bordeaux blanc 159
MOULIN DE VALÉRIEN Le Cérons 347
MOULIN DES GRAVES Ch. Saint-émilion 223
MOULIN DES RICHARDS Ch. Côtes-de-bourg 193
MOULIN DU JURA Ch. Saint-émilion 223
MOULIN FAVRE Ch. Chiroubles 114
MOULIN GIRON Dom. du Muscadet-coteaux-de-la-loire 997
MOULIN NEUF Ch. Blaye-côtes-de-bordeaux 185
MOULIN NOIR Ch. du Lussac-saint-émilion 256
MOULIN NOIR Ch. du Montagne-saint-émilion 260
MOULINE La Côte-rôtie 1164
MOULIN-GALHAUD Saint-émilion grand cru 245
MOULIN-NEUF Ch. le Saint-nicolas-de-bourgueil 1058
MOULIN-POUZY Dom. de Monbazillac 942
MOULINS DES AIGREMONTS Touraine 1041
MOULIS Ch. Moulis-en-médoc 329
MOURGUES DU GRÈS Ch. Costières-de-nîmes 1222
MOURIER Xavier Saint-joseph 1171
MOURIESSE VINUM Châteauneuf-du-pape 1212
MOURLEAUX Ch. les Bordeaux 145
MOUSSÉ-GALOTEAU ET FILS Champagne 602
MOUSSET Dom. Guy Côtes-du-rhône 1143 • Côtes-du-rhône-villages 1157
MOUSSEYRON Ch. Bordeaux 146 • Bordeaux supérieur 171
MOUSSY Yvon Champagne 603
MOUTARD PÈRE ET FILS Champagne 603
MOUTARD Corinne Champagne 603
MOUTARD Dom. Crémant-de-bourgogne 373
MOUTARDIER Champagne 603
MOUTIN Ch. Graves 291
MOUTON ROTHSCHILD Ch. Pauillac 334
MOUTON Dom. Condrieu 1167 • Côte-rôtie 1164 • Givry 507
MOUTTE BLANC Ch. Bordeaux supérieur 171 • Haut-médoc 317
MUCYN Dom. Crozes-hermitage 1175 • Saint-joseph 1171
MUID MONTSAUGEONNAIS Le IGP Haute-Marne 627
MULINU DI RASIGNANI IGP Île de Beauté 899
MÜLLER Benoît Crozes-hermitage 1175
MULLER-KŒBERLÉ Dom. Alsace edelzwicker 32
MUNCH Ch. Lussac-saint-émilion 256
MURÉ Alsace grand cru 77
MURE Pascal Bourgogne-hautes-côtes-de-beaune 436
MURETINS Dom. des Tavel 1219
MUSCAT DE LUNEL Muscat-de-lunel 739
MUSSET Ch. de Montagne-saint-émilion 260
MUSSET-ROULLIER LÉJOURIE Vignoble Anjou-gamay 1008
MUSSET-ROULLIER Vignoble Anjou-villages 1010
MUZARD ET FILS Lucien Santenay 489
MUZY Dom. de IGP Côtes de Meuse 91
MYON DE L'ENCLOS Ch. Moulis-en-médoc 329
MYRAT Ch. de Sauternes 350
MYRTES Dom. des Côtes-de-provence 874

N

NABA Dom. Jurançon 965
NABOR Gris de IGP Gard 750
NAIRAUD-SUBERVILLE Châteaumeillant 1084
NAÏS Création de Coteaux-d'aix-en-provence 846
NAISSE Dom. de Viré-clessé 522
NALYS Dom. de Châteauneuf-du-pape 1212
NAU FRÈRES Bourgueil 1052
NAUDÉ Bernard Champagne 603
NAUDY Ch. Bordeaux supérieur 171
NAVARRE Dom. de la Côtes-de-provence 874
NÉGLY Ch. la La Clape 712
NÉNIN Ch. Pomerol 210
NERBESSON Ch. Bordeaux 145
NERLEUX Dom. de Coteaux-de-saumur 1033 • Saumur 1032
NERVILLE De Saint-émilion 223
NESME Dom. Mickaël Morgon 122
NEURAYE Dom. de la Saumur 1032
NEVEU Dom. André Sancerre 1115
NEVEU Dom. Roger Sancerre 1114
NEWMAN Dom. C. Beaune 456 • Côte-de-beaune 457 • Monthélie 466
NICOLAS PÈRE ET FILS Côtes-du-rhône 1143
NICOLAS PÈRE ET FILS Dom. Bourgogne-hautes-côtes-de-beaune 436 • Saint-romain 471 • Santenay 489
NICOLLE Charly Chablis premier cru 388 • Petit-chablis 377
NICOLLET Alsace grand cru 77 • Alsace pinot gris 48
NICOLO ET PARADIS Champagne 603
NID Le Moulin-à-vent 126
NIGRI Jurançon 965
NIZAS Dom. de Languedoc 698
NOAILLAC Ch. Médoc 308
NOBLAIE Dom. de la Chinon 1064
NOBLESSE Ch. de la Bandol 837
NOBLET Dom. Gilles Pouilly-fuissé 527
NODOZ Ch. Côtes-de-bourg 193
NOË Dom. de la Gros-plant-du-pays-nantais 998 • Muscadet 990
NOËL Patrick Pouilly-fumé 1098 • Sancerre 1115
NOËLLAT Dom. Michel Chambolle-musigny 420 • Clos-de-vougeot 421 • Nuits-saint-georges 430 • Vosne-romanée 425
NOËLLE Dom. de Chablis 382
NOIRAIE Dom. de la Bourgueil 1052 • Saint-nicolas-de-bourgueil 1058
NOIRÉ Dom. de Chinon 1064
NOIZET Carole Champagne 604
NOMINÉ-RENARD Champagne 604
NORE IGP Pays d'Oc 761

NORMAND Sylvaine et Alain Pouilly-fuissé 527
NOTRE-DAME DE COUSIGNAC Dom. Côtes-du-vivarais 1237
NOTRE DAME DES LUMIÈRES Cassis 843
NOTRE-DAME-DES-PALLIÈRES Dom. Gigondas 1200 • Rasteau sec 1193
NOUVEAU MONDE Dom. le IGP Pays d'Oc 761 • Languedoc 698
NOUVEAU Dom. Claude Bourgogne-hautes-côtes-de-beaune 436 • Maranges 493 • Santenay 490
NOUVELLES Ch. de Fitou 683
NOVELLA Dom. Patrimonio 897
NOZAY Ch. du Sancerre 1115
NOZAY Dom. du Sancerre 1115
NOZIÈRES IGP Côtes du Lot 977
NOZIÈRES Ch. Cahors 911
NUDANT Jean-René Meursault 475 • Puligny-montrachet 478 • Volnay 463
NYONSAISE La Côtes-du-rhône 1143

O

OBRIEU Dom. de l' Côtes-du-rhône-villages 1157
OCTAVIE Dom. Touraine-oisly 1048
ŒDORIA Beaujolais 99 • Crémant-de-bourgogne 373
OGEREAU Dom. Anjou 1005
OGIER Châteauneuf-du-pape 1212 • Côtes-du-rhône 1143 • Gigondas 1200
OISLY ET THÉSÉE Confrérie Vignerons Cheverny 1077
OLIVEIRA LECESTRE Dom. de Chablis premier cru 388
OLIVET Nicolas d' Champagne 555
OLIVETTE Dom. de l' Bandol 838
OLIVIER Ch. Pessac-léognan 300-301
OLIVIER Dom. Bourgueil 1052
OLIVIER Manuel Bourgogne-hautes-côtes-de-nuits 401 • Morey-saint-denis 416 • Nuits-saint-georges 430
OLLIÈRES Ch. d' Coteaux-varois-en-provence 852
OLLIER-TAILLEFER Dom. Faugères 679
OLLIEUX-ROMANIS Corbières-boutenac 675
OLT Les Vignerons d' Vins-d'estaing 921
OMASSON Nathalie Bourgueil 1052
ONCIN Caveau d' Bugey 656
ONDINES Dom. les Vacqueyras 1204
OPHRYS Dom. des Vin-de-savoie 650
OPPIDUM DES CAUVINS Dom. l' IGP Méditerranée 1242
OR DE LINE Dom. l' Châteauneuf-du-pape 1212
OR DES TERRES Ch. l' Médoc 308
OR ET DE GUEULES Ch. d' Costières-de-nîmes 1222
ORANGERIE Ch. de l' Bordeaux supérieur 171
ORATOIRE SAINT-MARTIN Dom. Cairanne 1196
ORBAN Francis Champagne 604
ORBAN Lucien Champagne 604
ORENGA DE GAFFORY Muscat-du-cap-corse 899 • Patrimonio 898
ORFEUILLES Dom. d' Vouvray 1074
ORMARINE Cave de l' Languedoc 698
ORMARINE L' Picpoul-de-pinet 715
ORMES DE PEZ Ch. Saint-estèphe 338
ORPHÉA Ventoux 1230
ORSCHWIHR Ch. d' Alsace riesling 62
ORSINI Dom. Corse ou vin-de-corse 893
ORTAS Côtes-du-rhône 1143 • Côtes-du-rhône-villages 1157 • Rasteau sec 1193
ORTOLA Dom. Languedoc 699
ORVIEL Dom. de l' IGP Cévennes 744
OSMIN & CIE Lionel Buzet 927 • Côtes-du-marmandais 929 • Jurançon 965
OSMIN Lionel Irouléguy 966
OU Ch. l' IGP Côtes catalanes 815 • Côtes-du-roussillon 775
OUARDE Ch. la Graves 291
OUCHES Dom. des Bourgueil 1052
OULLIÈRES Dom. des Coteaux-d'aix-en-provence 846

P

PABIOT Dom. Dominique Pouilly-fumé 1099
PAETZOLD Dom. IGP Côtes catalanes 815
PAGET Nicolas Chinon 1064 • Touraine 1041
PAGNIER Dom. Chablis premier cru 388
PAGNOTTA Dom. Maranges 493 • Rully 500 • Santenay 490
PAILHAS Ch. Saint-émilion grand cru 246
PAILLARD Bruno Champagne 604
PAILLARDIÈRE Dom. de la Beaujolais 99
PAILLAS Ch. Cahors 911
PAILLETTE Champagne 604
PAIN Dom. Charles Chinon 1064
PAINTURAUD J. Pineau-des-charentes 827
PAIRE Dom. Mâcon et mâcon-villages 518
PALATIN Ch. Saint-émilion grand cru 246
PALAYSON Ch. de Côtes-de-provence 874
PALEINE Dom. de la Saumur-champigny 1036
PALLET Vignerons du Muscadet-sèvre-et-maine 995
PALMER Ch. Margaux 325
PALMER & CO Champagne 605
PALON Dom. Gigondas 1200 • Vacqueyras 1204
PALOUMEY Ch. Haut-médoc 317
PALVIÉ Ch. Gaillac 918
PAMPRES D'OR Dom. des Beaujolais 99
PANCHILLE Ch. Bordeaux supérieur 171
PANET Ch. Saint-émilion grand cru 231
PANNIER Champagne 605
PANTALÉON Thierry Saint-nicolas-de-bourgueil 1058
PAPE CLÉMENT Ch. Pessac-léognan 301
PAPETERIE Ch. la Montagne-saint-émilion 261
PAQUETTE Ch. Côtes-de-provence 875
PARAN JUSTICE Ch. Saint-émilion grand cru 224
PARAZA Ch. de Minervois 728
PARC Ch. du Saint-émilion grand cru 246
PARC SAINT-CHARLES Dom. du Côtes-du-rhône 1143
PARCÉ FRÈRES Banyuls 796 • Maury 810
PARCÉ-RAMOS Dom. Côtes-du-roussillon 775
PARDAILLAN Ch. Blaye-côtes-de-bordeaux 181
PARENCHÈRE Esprit de Bordeaux supérieur 171
PARENT Dom. Pommard 460
PARENT François Gevrey-chambertin 410
PARET Anthony Condrieu 1167
PARFUM DE SCHISTES Faugères 679
PARIGOT Dom. Beaune 456 • Bourgogne-hautes-côtes-de-beaune 436 • Pommard 461

PARIS L'HOSPITALIER Dom. Bourgogne-hautes-côtes-de-beaune 437
PARIS PÈRE ET FILS Dom. Vouvray 1074
PARIZE PÈRE ET FILS Givry 508
PARNAY Ch. de Saumur 1032
PAS DE L'ÂNE Ch. Saint-émilion grand cru 246
PASCOT Ch. Cadillac-côtes-de-bordeaux 280
PASSAVANT Ch. de Rosé-de-loire 984
PASSÉ AUTHENTIQUE Le Saint-mont 958
PASSOT Jean-Guillaume Brouilly 108
PASSOT-COLLONGE Dom. Morgon 122
PASTOURET Dom. Costières-de-nîmes 1223
PASTRE Dom. du Ventoux 1230
PATACHE D'AUX Ch. Médoc 307
PATAGON Dom. de Valençay 1082
PATERNEL Dom. du Cassis 844 • Côtes-de-provence 875
PATIENCE Dom. de la Costières-de-nîmes 1223 • IGP Coteaux du Pont du Gard 747
PATOUX Denis Champagne 605
PATRIARCHE PÈRE ET FILS Mercurey 504 • Santenay 490
PAULIN Ch. Bordeaux supérieur 171
PAUL-SADI Champagne 605
PAVEIL DE LUZE Ch. Margaux 325
PAVELOT Dom. Corton-charlemagne 447 • Pernand-vergelesses 443
PAVIE Ch. Saint-émilion grand cru 246
PAVIE DECESSE Ch. Saint-émilion grand cru 247
PAYER ET FILLE Ghislain Champagne 605
PAYRAL Ch. le Côtes-de-bergerac 939
PAZAC Cave de Costières-de-nîmes 1221
PECH DE BOISGRAND Saint-sardos 929
PECH DE JAMMES Pure Malbec by Cahors 911
PECH REDON Ch. La Clape 712
PECH ROME Dom. Languedoc 699
PÊCHEUR Dom. Côtes-du-jura 640
PECH-LATT Ch. Corbières 671
PECH-MÉNEL Ch. Saint-chinian 737
PECH-TORT Dom. Pic-saint-loup 710
PEGAZ A. Beaujolais 99 • Brouilly 108
PEIGROS Ch. Côtes-de-provence 875
PEIRECÈDES Dom. des Côtes-de-provence 875
PÉJUSCLAT Dom. Cahors 911
PÉLAQUIÉ Luc Côtes-du-rhône 1144 • Côtes-du-rhône-villages 1157 • Lirac 1217
PÉLIGRI Christian Champagne 605
PÉLISSIER David Côtes-d'auvergne 1088
PELISSIER Dom. IGP Côtes catalanes 815
PELLEHAUT Dom. de IGP Côtes de Gascogne 975
PELLETIER Jean-Michel Champagne 606
PELLETIER-HIBON Dom. Givry 508
PELOU Pierre Côtes-du-roussillon-villages 784 • Muscat-de-rivesaltes 806 • Rivesaltes 801
PENA Ch. de Côtes-du-roussillon 775 • Côtes-du-roussillon-villages 784 • IGP Côtes catalanes 815 • Muscat-de-rivesaltes 806
PENET-CHARDONNET Champagne 606
PENIN Ch. Bordeaux blanc 159 • Bordeaux clairet 150 • Bordeaux supérieur 172
PENNAUTIER Ch. de Cabardès 664
PENSÉE Ch. la Lalande-de-pomerol 219
PENTES DE BARÈNES Dom. des Tursan 958
PERACLOS Montagne-saint-émilion 261
PERCEVAL Pascal Vin-de-savoie 650
PERDRIX Dom. de la Côtes-du-roussillon 775
PERDRIX Dom. des Échézeaux 422 • Nuits-saint-georges 430
PERDRYCOURT Dom. de Chablis 382 • Chablis premier cru 389
PÈRE ANSELME Côtes-du-rhône 1133 • Côtes-du-rhône-villages 1157
PÈRE AUGUSTE Caves du Touraine-chenonceaux 1046
PÈRE BENOIT Dom. du Beaujolais 99 • Brouilly 108
PÈRE CABOCHE Dom. du Châteauneuf-du-pape 1212
PÈRE JEAN Dom. du Côte-de-brouilly 111
PÈRE LA GROLLE Le Beaujolais 99
PÉRELLES Dom. des Mâcon et mâcon-villages 518 • Pouilly-fuissé 527
PÈRES DE L'ÉGLISE Dom. des Châteauneuf-du-pape 1212
PERNET Jean Champagne 606
PERRACHON Laurent Morgon 122
PERRAUD L'Œuvre de Bourgogne 367 • Bourgogne-aligoté 371 • Saint-véran 533
PERRE Ch. de Bordeaux 146 • Bordeaux blanc 159
PERREAU Dom. de Montravel 943
PERRÉE Dom. de la Bourgueil 1053 • Saint-nicolas-de-bourgueil 1058
PERRET André Condrieu 1167
PERRIER ET FILS Jean Roussette-de-savoie 654 • Vin-de-savoie 650
PERRIER Joseph Champagne 606
PERRIÈRE La Sancerre 1115
PERRIN Christophe Mâcon et mâcon-villages 518
PERRIN Daniel Champagne 606
PERRIN Dom. Vincent Meursault 475 • Pommard 461
PERRIN Famille Côtes-du-rhône 1144 • Gigondas 1200
PERRUCHE Dom. de la Saumur-champigny 1036
PERSENOT Dom. Gérard Bourgogne-aligoté 371 • Saint-bris 398
PERSILIER Gilles Côtes-d'auvergne 1088
PERTHUS Ch. Côtes-de-bourg 193
PERTUADE La Côtes-de-provence 875
PESQUIÉ Ch. Ventoux 1230
PESSENET-LEGENDRE Champagne 607
PETIT André Pineau-des-charentes 827
PETIT Dom. Désiré Arbois 635 • Château-chalon 637 • Crémant-du-jura 642
PETIT Romuald Saint-véran 533
PETIT Th. Champagne 607
PETIT ÂNE DE LA MOULEYRE Le Fronsac 202
PETIT BONDIEU Dom. du Bourgueil 1053
PETIT BOYER Ch. Blaye-côtes-de-bordeaux 185
PETIT CHAMBORD Le Cheverny 1078
PETIT CHEVAL BLANC Bordeaux blanc 159
PETIT CLOCHER Dom. du Anjou 1006 • Anjou-villages 1010 • Coteaux-du-layon 1024 • IGP Val de Loire 1125

PETIT CLOS TAILLEFER Pomerol 211
PETIT CORBIN-DESPAGNE Saint-émilion grand cru 239
PETIT COTEAU Dom. du Vouvray 1074
PETIT COUSINAUD Le IGP Charentais 828
PETIT FAURIE DE SOUTARD Ch. Saint-émilion grand cru 247
PETIT FOMBRAUGE Ch. Saint-émilion grand cru 250
PETIT GASCOÛN Le IGP Côtes de Gascogne 975
PETIT GRAVET AÎNÉ Ch. Saint-émilion grand cru 247
PETIT JAMMES Cahors 911
PETIT MANOU Médoc 305
PETIT MÉTRIS Dom. du Coteaux-du-layon 1024 • Quarts-de-chaume 1026
PETIT NOYER Dom. du Vouvray 1074
PETIT PAVEIL Bordeaux 146
PETIT ROUBIÉ Dom. IGP Pays d'Hérault 754
PETIT SONNAILLER Ch. Coteaux-d'aix-en-provence 846
PETIT SOUPER Dom. du Bourgueil 1053
PETIT VAL Dom. du Bonnezeaux 1028 • Coteaux-du-layon 1024
PETITE BOHÈME La Haut-médoc 317
PETITE CROIX Dom. de la Anjou 1006 • Bonnezeaux 1027
PETITE FORGE Dom. la IGP Côtes de la Charité 1120
PETITE MAIRIE Dom. de la Bourgueil 1053
PETITE MARNE Dom. de la Côtes-du-jura 641
PETITE ROCHE Dom. de la Cabernet-d'anjou 1015 • Crémant-de-loire 988 • Rosé-de-loire 984
PETITE TUILE Dom. de la Gaillac 919
PETITJEAN Dom. Bourgogne 367 • Saint-bris 399
PETITJEAN-PIENNE Champagne 607
PETITOT Dom. Aloxe-corton 441 • Côte-de-nuits-villages 432 • Nuits-saint-georges 431 • Savigny-lès-beaune 450
PETITS CLÉMENT Les IGP Côtes du Tarn 978
PETITS JARDINS Les Gaillac 919
PETITS QUARTS Dom. des Bonnezeaux 1027
PETIT-VILLAGE Ch. Pomerol 211
PETIT-VILLAGE Le Jardin de Pomerol 211
PETRA BIANCA Dom. de Corse ou vin-de-corse 893
PETRA FESSA Dom. Corse ou vin-de-corse 893
PÉTRÉ ET FILS Daniel Ratafia champenois 628
PETRE Dom. E. IGP Île de Beauté 900
PÉTROCORE Le Côtes-de-bergerac 940
PEY Ch. Jean de Entre-deux-mers 274
PEY LA TOUR Ch. Bordeaux supérieur 172
PEYBRUN Ch. Cadillac 344
PEYCHAUD Ch. Bordeaux supérieur 172
PEY-NEUF Ch. Bandol 838 • IGP Mont-Caume 887
PEYRADE Ch. de la Muscat-de-frontignan 740
PEYRASSOL Ch. de Côtes-de-provence 875
PEYRAT Ch. le Castillon-côtes-de-bordeaux 268
PEYRAT-FOURTHON Ch. Haut-médoc 318
PEYRE Ventoux 1230
PEYRE Ch. la Bordeaux supérieur 172
PEYRE Dom. des Luberon 1235
PEYRE-FARINIÈRE Coteaux-du-quercy 914
PEYREGRANDES Faugères 679
PEYRIÉ Dom. du Cahors 911
PEYRON BOUCHÉ Ch. Graves 291
PEYRONNET Dom. Muscat-de-frontignan 740
PEYROS Ch. Madiran 953
PEYROU Ch. Castillon-côtes-de-bordeaux 268
PEYROUSE Ch. de la Corbières 672
PEYSSONNIE Ch. de Muscat-de-frontignan 740
PÉZENNEAU Olivier Côte-de-brouilly 111
PEZILLA Ch. Côtes-du-roussillon 779
PEZILLA Dom. de IGP Côtes catalanes 816
PHÉLAN SÉGUR Ch. Saint-estèphe 338
PHÉLAN Frank Saint-estèphe 339
PHILIPPART Maurice Champagne 607
PHILIPPONNAT Champagne 607
PIAT Ch. le Côtes-de-bourg 193
PIAT & FILS Maurice Côte-roannaise 1089
PIBARNON Ch. de Bandol 838
PIBRAN Ch. Pauillac 334
PIC JOAN Dom. Banyuls 796 • Collioure 790
PIC Les Vignerons du Pic-saint-loup 710
PICAMELOT Louis Crémant-de-bourgogne 373
PICARD ET FILS Dom. Jean-Paul Sancerre 1115
PICARD Dom. Jean-Paul Menetou-salon 1094
PICARD Jacques Champagne 547
PICARDON Dom. de IGP Côtes de Gascogne 975
PICARO'S Dom. IGP Pays d'Oc 762 • Languedoc 699
PICHAT Dom. Condrieu 1167 • Côte-rôtie 1164
PICHON Maison Christophe Condrieu 1168 • Côte-rôtie 1164 • IGP Collines rhodaniennes 1240 • Saint-joseph 1172
PICHON-LONGUEVILLE BARON Ch. Pauillac 334
PICHON-LONGUEVILLE COMTESSE DE LALANDE Ch. Pauillac 335
PICORON Ch. Castillon-côtes-de-bordeaux 269
PICQ ET SES ENFANTS Jacques Chablis premier cru 389
PICQUE CAILLOU Ch. Pessac-léognan 301
PIÉBLANC Dom. de Beaumes-de-venise 1206
PIED-FLOND Dom. de Anjou 1006 • Coteaux-du-layon 1024
PIERACCI Dom. Bandol 838
PIERETTI Dom. Corse ou vin-de-corse 893 • Muscat-du-cap-corse 899
PIERRAIL Ch. Bordeaux supérieur 172
PIERRARD G. Champagne 608
PIERRE Dom. de Touraine-oisly 1048
PIERRE-BISE Ch. Anjou 1006 • Coteaux-du-layon 1024
PIERRE DE MONTIGNAC Ch. Médoc 308
PIERRE DES DAMES Dom. de la Bourgogne 367 • Mâcon et mâcon-villages 518
PIERRE DU COQ Dom. Ventoux 1231
PIERREFEU Les Vignerons de Côtes-de-provence 876
PIERRÈRES Ch. les Blaye 179
PIERRES D'AURÈLE Les Touraine 1042
PIERRES DORÉES Vignerons des Beaujolais 99
PIERRES ÉCRITES Les Montlouis-sur-loire 1068
PIERRES FOLLES Dom. des Fiefs-vendéens 999

PIERRES MESLIÈRES Dom. des Coteaux-d'ancenis 1000
PIERRINES Dom. des Touraine 1042
PIERRON Ch. Buzet 927
PIERSON-CUVELIER Champagne 608
PIETRELLA Dom. de Ajaccio 890
PIETRI-GÉRAUD Dom. Banyuls 796 • Collioure 790
PIGANEAU Ch. Saint-émilion grand cru 247
PIGEADE Dom. de la Muscat-de-beaumes-de-venise 1238
PIGEAT André Quincy 1101
PIGNERET FILS Bourgogne-aligoté 371 • Givry 508 • Mercurey 504 • Montagny 510 • Rully 500
PIGOUDET Ch. Coteaux-d'aix-en-provence 847
PIGUET Stéphane Saint-romain 471
PIGUET-CHOUET Max et Anne-Marye Auxey-duresses 468 • Meursault 475
PILET Ch. Bordeaux 146 • Bordeaux blanc 160 • Bordeaux rosé 152-153 • Côtes-de-Bordeaux 284
PILLOT Fernand et Laurent Chassagne-montrachet 483
PILLOT Jean-Michel et Laurent Mercurey 504
PILLOT-HENRY Côte-de-nuits-villages 433 • Ladoix 439 • Pommard 461
PIN Vignoble Anjou 1006
PINCHINAT Dom. Côtes-de-provence 876
PINDEFLEURS Ch. Saint-émilion grand cru 247
PINERAIE Ch. Cahors 912
PINET Dom. du Ch. de Picpoul-de-pinet 715
PIN-FRANC Ch. Bordeaux 146
PINON Damien Vouvray 1074
PINON François Vouvray 1075
PINOT-CHEVAUCHET Champagne 608
PINS Ch. les Côtes-du-roussillon-villages 782
PINS Dom. les Bourgueil 1053 • Saint-nicolas-de-bourgueil 1058
PINSON Charlène et Laurent Chablis 382
PINSON FRÈRES Dom. Chablis premier cru 389
PINSONNIÈRE Dom. de la Vouvray 1075
PION Henri Bourgogne 367 • Gevrey-chambertin 411
PIOT-SÉVILLANO Champagne 608
PIPEAU Ch. Saint-émilion grand cru 248
PIPER-HEIDSIECK Champagne 608
PIQUEMAL Dom. Côtes-du-roussillon 776 • Côtes-du-roussillon-villages 784 • IGP Côtes catalanes 816
PIQUE-PERLOU Ch. Minervois 729
PIQUE-SÈGUE Ch. Bergerac 934 • Montravel 944
PISSE-LOUP Dom. de Chablis 382
PIVE Dom. le IGP Sable de Camargue 764
PIZAY Ch. de Morgon 122
PLA Dom. Marion Saint-chinian 737
PLACES Ch. des Graves 290
PLAGNAC Ch. Médoc 307
PLAIMONT IGP Côtes de Gascogne 973 • Pacherenc-du-vic-bilh 956 • Saint-mont 957
PLAISANCE Fronton 925
PLAISANCE Ch. de Coteaux-du-layon 1024 • Quarts-de-chaume 1026
PLANÈRES Ch. Côtes-du-roussillon 776
PLANES Dom. des Côtes-de-provence 876
PLANÈZES Ch. Côtes-du-roussillon-villages 784
PLANTEVIN Maison Côtes-du-rhône 1144 • Côtes-du-rhône-villages 1157
PLANTEY Ch. Pauillac 335
PLANTIER ROSE Ch. Saint-estèphe 339
PLASSE Jacques Côte-roannaise 1090
PLAT FAISANT Ch. Cahors 912
PLESSIS Les Caves du Saint-nicolas-de-bourgueil 1058
PLESSIS-DUVAL Cabernet-d'anjou 1015
PLÔ ROUCARELS IGP Haute-Vallée de l'Aude 751
PLOU ET FILS Dom. Touraine-amboise 1044
POINARD Dom. Michel Crozes-hermitage 1176
POINTE Ch. la Pomerol 211
POINTE Dom. de la Pomerol 211
POINTILLART ET FILS Champagne 608
POIRON ET FILS Henri Gros-plant-du-pays-nantais 998
POIRON-DABIN Vignoble Muscadet-sèvre-et-maine 995
POISOT PÈRE ET FILS Dom. Corton-charlemagne 447 • Romanée-saint-vivant 427
POITEVIN Ch. Médoc 308
POITTEVIN Gaston Champagne 609
POL ROGER Champagne 609
POLI Dom. Corse ou vin-de-corse 894 • IGP Île de Beauté 900
POLIGNAC Dom. Floc-de-gascogne 969
POLL-FABAIRE Crémant-de-luxembourg 1252-1253
POLLIER Dom. Alexis Pouilly-fuissé 527
POLLIER Dom. Daniel Pouilly-fuissé 527
POMMELET Christophe Champagne 609
POMMIER Isabelle et Denis Chablis premier cru 389 • Petit-chablis 378
POMPILIA Ch. Côtes-de-provence 876
PONCETYS Dom. des Saint-véran 534
PONROY Romain et Jean-Pierre Reuilly 1105
PONSARD-CHEVALIER Dom. Maranges 493
PONSON Pascal Champagne 609
PONT DE BRION Ch. Graves 292
PONT DE GUÎTRES Ch. au Lalande-de-pomerol 219
PONT DES FÉES Le Côtes-de-provence 876
PONT Ch. de Touraine 1042
PONTAC GADET Ch. Médoc 308
PONT-CLOQUET Ch. Pomerol 211
PONTET REYNAUD Ch. Graves 290
PONTET-FUMET Ch. Saint-émilion grand cru 237
PONTOISE CABARRUS Ch. Haut-médoc 318
PONTONNIER Dom. Saint-nicolas-de-bourgueil 1059
PONZAC Ch. Cahors 912
POPULUS ALBA Bordeaux supérieur 172
PORTAIL Dom. le Cheverny 1078
PORTAILLE Dom. du Anjou 1006 • Anjou-villages 1011 • Bonnezeaux 1028
PORTAL Ch. Minervois 722
PORTANIÈRE Dom. de la Côtes-de-provence 876
PORTE CADÈNE La Montagne-saint-émilion 261
PORTE DES CÉVENNES Les Vignerons de la IGP Cévennes 744
PORTETS Ch. de Graves 292
PORTIER Philippe Quincy 1102

POTARDIÈRE Dom. de la IGP Val de Loire 1125
POTENSAC Ch. Médoc 309
POTHIERS Dom. des Côte-roannaise 1090
POTIRON Ch. de Côtes-de-Bordeaux 283
POUCHARD-LARQUEY Ch. Entre-deux-mers 274
POUDEROUX Dom. IGP Côtes catalanes 816 • Maury 810 • Maury sec 793
POUEY Ch. du Pacherenc-du-vic-bilh 956
POUGELON Ch. de Beaujolais-villages 105 • Juliénas 118
POUGET Ch. Margaux 325
POUILLON ET FILS R. Champagne 609
POUILLY Ch. Pouilly-fuissé 527
POUJEAUX Ch. Moulis-en-médoc 329
POULETTE Dom. de la Vosne-romanée 425
POULLEAU PÈRE ET FILS Dom. Côte-de-beaune 457
POULVAREL Dom. de Costières-de-nîmes 1223
POULVÈRE Ch. Bergerac 935
POUNIÈRE Dom. de la Touraine 1042
POUNTET Dom. du IGP Comté tolosan 972
POUPAT ET FILS Dom. Coteaux-du-giennois 1086
POURCIEUX Ch. de Côtes-de-provence 877
POUROUTOU Ch. Bordeaux 147
POURPRE Dom. du Chénas 114 • Moulin-à-vent 126
PRADE Ch. la Francs-côtes-de-bordeaux 271
PRADELLE Dom. Crozes-hermitage 1176
PRADELLES Dom. des Fronton 925
PRADELS-QUARTIRONI Dom. des Saint-chinian 737
PRADIER Marc Côtes-d'auvergne 1088
PRATAVONE Dom. de Ajaccio 890
PRÉ BARON Dom. Touraine-oisly 1048
PRÉ LA LANDE Ch. Sainte-foy-bordeaux 279
PRÉAUDS Dom. des Pouilly-fuissé 527
PRÉAUX Dom. des Saint-amour 132
PRÉCEPTORIE Dom. de la Côtes-du-roussillon 776
PRÉGENTIÈRE Ch. la Coteaux-varois-en-provence 852
PREIGNES LE NEUF Dom. IGP Coteaux de Béziers 746
PREIGNES Dom. IGP Pays d'Oc 762
PRÉMYA Lussac-saint-émilion 257
PRENELLERIE Dom. la IGP Charentais 828
PRESSAC Ch. de Saint-émilion grand cru 248
PRESTIGE DU PRÉSIDENT Corse ou vin-de-corse 894
PRÉVELIÈRES Dom. des Beaujolais 100
PRÉVOSSE Dom. de la Côtes-du-rhône-villages 1157
PRÉVOST Cave Menetou-salon 1094
PREYS Dom. Touraine 1042
PREYS Pascal et Jacky Valençay 1082
PRIEUR ET FILS Paul Sancerre 1116
PRIEUR ET FILS Pierre Sancerre 1115
PRIEUR Claude Champagne 610
PRIEURÉ D'AUNIS Le Saumur-champigny 1036
PRIEURÉ DE CÉNAC Cahors 912
PRIEURÉ DE SAINT-CÉOLS Le Menetou-salon 1094
PRIEURÉ DES MOURGUES Ch. du Saint-chinian 737
PRIEURÉ LA MARZELLE Ch. Saint-émilion grand cru 244
PRIEURÉ SAINTE-MARIE D'ALBAS Corbières 672
PRIEURÉ SAINT-HIPPOLYTE Languedoc 699
PRIEURÉ Dom. du Savigny-lès-beaune 451
PRIEURÉ La Cave du Roussette-de-savoie 654 • Vin-de-savoie 650
PRIEURÉ Les Vignerons du Beaujolais-villages 105
PRIEURÉ-LICHINE Ch. Margaux 326
PRIN Dom. Ladoix 439
PRINCÉ Ch. Coteaux-de-l'aubance 1017
PRINCE Dom. du Cahors 912
PROVENCE VERTE Les Vignerons de la Coteaux-varois-en-provence 852
PROY-GOULARD Champagne 610
PRUDHON ET FILS Henri Saint-aubin 485
PRUDHON Dom. Bernard Saint-aubin 485
PRUNIER Dom. Jean-Pierre et Laurent Auxey-duresses 468 • Monthélie 466
PRUNIER Vincent Auxey-duresses 468 • Beaune 456 • Pommard 461 • Volnay 464
PRUNIER ET FILLE Dom. Michel Auxey-duresses 468 • Chorey-lès-beaune 453
PUECH-AUGER Dom. Languedoc 699 • Terrasses-du-larzac 706
PUIMISSON Les Vignerons de IGP Pays d'Oc 762
PUISSEGUIN CURAT Ch. de Puisseguin-saint-émilion 264
PUJOL-IZARD Dom. Minervois 729
PUPILLIN Fruitière vinicole de Arbois 635
PUY D'AMOUR Ch. Côtes-de-bourg 194
PUY CASTÉRA Ch. Haut-médoc 318
PUY DESCAZEAU Ch. Côtes-de-bourg 194
PUY DU MAUPAS Dom. le Vinsobres 1189
PUY FAVEREAU Ch. Bordeaux supérieur 173
PUY MARQUIS Dom. du IGP Vaucluse 1245 • Ventoux 1231
PUY Dom. du Chinon 1064
PUYBARBE Ch. Côtes-de-bourg 193
PUY-GALLAND Ch. Francs-côtes-de-bordeaux 271
PUYNARD Ch. Blaye-côtes-de-bordeaux 185
PUYNORMOND Ch. Montagne-saint-émilion 261
PUY-RAZAC Saint-émilion grand cru 248
PUY-SERVAIN Ch. Montravel 944
PY Dom. Corbières 672
PYRÈNE IGP Côtes de Gascogne 976

Q

QUART DU ROI Dom. Côtes-du-rhône 1136 • Côtes-du-rhône-villages 1152
QUATRE AMOURS Dom. les Languedoc 699
QUATRESOLS-GAUTHIER Champagne 610
QUATTRE Les Carrals du Ch. Cahors 912
QUÉNARD André et Michel Vin-de-savoie 651
QUÉNARD Les Fils de René Vin-de-savoie 651
QUENARDEL ET FILS Champagne 610
QUEYRENS ET FILS Jean Côtes-de-Bordeaux 283

QUILEX Ch. Côtes-du-rhône-villages 1158
QUINAULT L'ENCLOS Ch. Saint-émilion grand cru 248
QUINÇAY Ch. de Touraine 1042
QUINTEFEUILLE Dom. de Mâcon et mâcon-villages 518
QUINTIGNY Ch. de Crémant-du-jura 642 • L'Étoile 644
QUINTIN FRÈRES Dom. Coteaux-du-giennois 1086
QUINTUS Ch. Saint-émilion grand cru 248
QUIVY Dom. Gevrey-chambertin 411

R

RABASSE CHARAVIN Dom. Cairanne 1196 • Côtes-du-rhône 1144 • Rasteau sec 1193
RABELAIS Dom. de Touraine-mesland 1047
RABUSAS Dom. de Côtes-du-rhône-villages 1158
RACE Denis Chablis premier cru 389
RAFFLIN Serge Champagne 610
RAFFLIN-LEPITRE Champagne 611
RAGLE Dom. la Bandol 838
RAGOT Dom. Givry 508
RAGOTIÈRE Dom. de la IGP Val de Loire 1125
RAGUENIÈRES Dom. des Bourgueil 1053
RAHOUL Ch. Graves 292
RAIMBAUDIÈRE Dom. de la Cabernet-d'anjou 1015
RAIMBAULT Dom. Philippe Pouilly-fumé 1099
RAIMBAULT Julien et Clément Sancerre 1116
RAIMBAULT Noël et Jean-Luc Sancerre 1116
RAIMBAULT Roger et Didier Sancerre 1116
RAIMBAULT-PINEAU Dom. Pouilly-fumé 1099
RAIMOND Didier Champagne 611
RAISINS DORÉS Dom. des Vouvray 1075
RAISINS OUBLIÉS Les Côtes-de-bergerac 940
RAMATUELLE Dom. de Coteaux-varois-en-provence 853
RAME Ch. la Bordeaux blanc 160 • Bordeaux rosé 153 • Sainte-croix-du-mont 346
RANCY Dom. de Côtes-du-roussillon-villages 785 • Rivesaltes 801
RAOUSSET Ch. de Beaujolais-villages 105
RAOUX Dom. Jocelyn Lirac 1217
RAPET PÈRE ET FILS Dom. Pernand-vergelesses 443 • Savigny-lès-beaune 451
RASQUE Ch. Côtes-de-provence 877
RASTEAU Cave de Rasteau 1238 • Rasteau sec 1193
RASTOUILLET LESCURE Ch. Saint-émilion 223
RATEAU Jérôme Faugères 679
RAULY Ch. le Bergerac 935
RAUZAN DESPAGNE Bordeaux 139 • Entre-deux-mers 275
RAUZAN-SÉGLA Ch. Margaux 326
RAVACHE Audace par Bertrand Saint-émilion grand cru 249
RAVATYS Ch. des Côte-de-brouilly 111
RAVAUT Gaston et Pierre Ladoix 439
RAVIER Philippe et Sylvain Vin-de-savoie 651
RAY-JANE Dom. Bandol 838
RAYNE-VIGNEAU Ch. de Sauternes 351
RAYRE Ch. la Bergerac 935
RAZ Ch. le Haut-montravel 944 • Montravel 944
RAZ CAMAN Ch. la Blaye-côtes-de-bordeaux 186
RÉAL-CAILLOU Ch. Lalande-de-pomerol 219
RÉAL MARTIN Ch. Côtes-de-provence 877
RÉAUT Ch. Cadillac-côtes-de-bordeaux 280
REBOUL DES SAINT-PIERRE Dom. Duché d'Uzès 1225
REBOURGEON Michel Pommard 461 • Volnay 464
RECOUGNE Ch. Bordeaux blanc 160 • Bordeaux supérieur 173
RECTORIE Dom. de la Collioure 790
RÉDEMPTEUR Champagne du Champagne 611
REDON Ch. de Bordeaux 147
REDORTIER Ch. Beaumes-de-venise 1206
RÉGNARD Chablis 383 • Chablis premier cru 390
REGNARD Dom. Christian Bourgogne-hautes-côtes-de-beaune 437 • Chassagne-montrachet 483
REGNAUDOT ET FILS Jean-Claude Maranges 493 • Santenay 490
REGNAUDOT Bernard et Florian Santenay 490
REILLANNE Ch. Côtes-de-provence 863
REINE JULIETTE Dom. Picpoul-de-pinet 715
REINHART Vignobles Alsace gewurztraminer 37 • Alsace pinot noir 55 • Alsace riesling 62
REKENEIRE-PETIT De Champagne 611
RÉMÉJEANNE Dom. la Côtes-du-rhône 1144 • Côtes-du-rhône-villages 1158
REMIZIÈRES Dom. des Cornas 1181 • Crozes-hermitage 1176 • Hermitage 1179 • Saint-joseph 1172
REMORIQUET Henri et Gilles Bourgogne-hautes-côtes-de-nuits 402 • Nuits-saint-georges 431
REMPARTS Dom. les IGP Côtes de Gascogne 976
REMY Bernard Champagne 611
RÉMY Dom. Chantal Clos-de-la-roche 417
REMY Dom. Joël Aloxe-corton 441 • Chorey-lès-beaune 453
RENAISSANCE Ch. la Pomerol 211
RENARD MONDÉSIR Ch. Fronsac 202
RENARDIÈRE Dom. de la Arbois 635 • Macvin-du-jura 645
RENARDIÈRES Dom. des Haut-poitou 823
RENAUD Pascal et Mireille Mâcon et mâcon-villages 519 • Pouilly-fuissé 528
RENAUDAT Dom. Valéry Quincy 1102 • Reuilly 1105
RENAUDIE Ch. la Pécharmant 946
RENAUDIE Dom. de la Touraine 1042
RENCONTRE Dom. de la IGP Pays d'Hérault 754
RENÉ Julien Vin-de-savoie 651
RENJARDIÈRE La Côtes-du-rhône 1144
RENO Banyuls 797 • Rivesaltes 802
RENOMMÉE Ch. la Saint-émilion grand cru 249
RENOUD-GRAPPIN Pascal Pouilly-fuissé 528
RENTZ ET FILS Alsace gewurztraminer 37
RENTZ Edmond Alsace riesling 62
RENUCCI Dom. Corse ou vin-de-corse 894
RÉSERVE D'O Dom. de la Terrasses-du-larzac 706
RÉSERVE DE LA COMTESSE Pauillac 335
RÉSERVE DU PRÉSIDENT IGP Île de Beauté 900

RESTANQUES BLEUES Les Coteaux-varois-en-provence 853
RESTANQUES VERTES Les Coteaux-varois-en-provence 853
RETOUR AUX SOURCES Le Côte-roannaise 1090
RETOUT Ch. du Haut-médoc 318
RETY Dom. Côtes-du-roussillon-villages 785
REUMONT François Côtes-du-forez 1091
REVAOU Dom. du Côtes-de-provence 877
REVERCHON Xavier Crémant-du-jura 642 • Macvin-du-jura 645
REVERDY Dom. Hippolyte Sancerre 1117
REVERDY Frédéric Côtes-du-rhône 1145
REVERDY Jean-Marie Sancerre 1117
REVERDY Pascal et Nicolas Sancerre 1117
REVERDY ET FILS Bernard Sancerre 1117
REVERDY ET FILS Dom. Daniel Sancerre 1117
REVERDY ET FILS Jean Sancerre 1117
RÉVÉRENCE Ch. la Saint-émilion grand cru 249
REY Ch. de Côtes-du-roussillon 776
REY Dom. du IGP Côtes de Gascogne 976
REY Oh de IGP Côtes catalanes 816
REYNAUD Dom. Duché d'Uzès 1225
REYNE Ch. la Cahors 913
REYNON Ch. Bordeaux blanc 160
REYSSAC Ch. le Bergerac 935
REYSSE Ch. le Médoc 309
REYSSIERS Ch. des Régnié 128
REYSSON Ch. Haut-médoc 318
RHODES Ch. de Gaillac 919
RHONÉA Vacqueyras 1204
RIAUX Ch. des Côtes-de-provence 877
RIAUX Dom. de Pouilly-fumé 1099 • Pouilly-sur-loire 1100
RIBONNET Dom. de IGP Comté tolosan 972
RICARDELLE Ch. La Clape 712
RICAUD Grand Vin de Ch. de Cadillac-côtes-de-bordeaux 281
RICHARD Dom. Pierre Côtes-du-jura 641 • Crémant-du-jura 643
RICHARD Philippe Chinon 1064
RICHEMER IGP Côtes de Thau 748
RICHÈRES Dom. des Coteaux-du-layon 1024 • Rosé-d'anjou 1016 • Rosé-de-loire 984
RICHOU Dom. Anjou-gamay 1009 • Anjou-villages-brissac 1012
RIEFLÉ Alsace riesling 63
RIEFLÉ Christophe Alsace muscat 40 • Alsace pinot noir 56
RIÈRE-CADÈNE Dom. Côtes-du-roussillon 776
RIEUFRET Agapes de Graves 292
RIEUX Dom. René Gaillac 919
RIFFAUD Ch. Bordeaux 147
RIGAL IGP Comté tolosan 972
RIGOLLOT ET FILS Claude Champagne 611
RIGOULINE Dom. la Coteaux-d'aix-en-provence 847
RIMAURESQ Côtes-de-provence 877
RION Armelle et Bernard Nuits-saint-georges 431 • Vosne-romanée 425
RION Simon Champagne 612
RIOTOR Ch. Côtes-de-provence 878
RIPEAU Ch. Saint-émilion grand cru 249
RIPERTE Ch. la Coteaux-varois-en-provence 853
RIQUEWIHR Ch. de Alsace riesling 63
RIVAL Le Lussac-saint-émilion 255
RIVIER Côtes-du-rhône-villages 1158
RIVIÈRE Ch. de la Fronsac 202
RIVIÈRE Dom. J.P. Beaujolais 100
ROAIX-SÉGURET Les Vignerons de Côtes-du-rhône-villages 1158
ROBERT Blanquette méthode ancestrale 715 • Crémant-de-limoux 717
ROBERT André Champagne 612
ROBERT Dom. Philippe Fixin 406 • Marsannay 404
ROBERT Jean-Claude Champagne 612
ROBERT Vignoble Alain Vouvray 1075
ROBERT & MARCEL Cave de Saumur 1032
ROBERT-ALLAIT Champagne 612
ROBERTIE Ch. la Côtes-de-bergerac 940 • Monbazillac 942
ROBIN Dom. Guy Chablis grand cru 394 • Chablis premier cru 390
ROBIN Jacques Champagne 612
ROBIN Louis Chablis premier cru 390
ROBINEAU André Sancerre 1118
ROBINEAU Vignoble Michel Coteaux-du-layon 1025
ROBINEAU CHRISLOU Dom. Anjou-villages 1011
ROBLET-MONNOT Dom. Volnay 464
ROBLIN Florian Coteaux-du-giennois 1086
ROBLIN Matthias et Émile Sancerre 1118
ROC Le Fronton 925
ROC DE BOISSAC Ch. Puisseguin-saint-émilion 264
ROC DE CHÂTEAUVIEUX Touraine 1042
ROC FOLASSIÈRE Dom. Côtes-du-rhône-villages 1158
ROC MEYNARD Ch. Bordeaux supérieur 173
ROCA Ch. la Côtes-du-roussillon 768
ROCAILLES Les Vin-de-savoie 651
ROCALIÈRE Dom. la Tavel 1219
ROCANGUILLE Ch. Bordeaux 146
ROCCA MAURA IGP Gard 750
ROCHE AIGUË Dom. de la Auxey-duresses 469 • Bourgogne-hautes-côtes-de-beaune 437
ROCHE-AUDRAN Dom. Côtes-du-rhône-villages 1158
ROCHE BELFOND Bordeaux blanc 160
ROCHE BLONDE Dom. de Vouvray 1075
ROCHE BRÛLÉE La Bourgogne 367
ROCHE CATTIN Dom. de Beaujolais 100
ROCHE DE BELLENE Maison Échézeaux 422
ROCHE-GUILLON Dom. de Fleurie 116 • Moulin-à-vent 126
ROCHE LAMBERT Dom. de la Anjou 1007
ROCHE MOREAU Dom. de la Coteaux-du-layon 1025 • Quarts-de-chaume 1026
ROCHE REDONNE Dom. Bandol 839
ROCHE SAINT-AENS La Coteaux-du-layon 1025
ROCHE SAINT-MARTIN Dom. de la Beaujolais 100
ROCHE THULON Dom. de la Côte-de-brouilly 112 • Morgon 123
ROCHECOLOMBE Ch. Côtes-du-rhône 1145 • Côtes-du-rhône-villages 1159
ROCHELIERRE Dom. de la Fitou 684 • Muscat-de-rivesaltes 806
ROCHELLES Dom. des Anjou-villages-brissac 1012

ROCHEMOND Dom. de Côtes-du-rhône 1139 • Côtes-du-rhône-villages 1159
ROCHER CALON Ch. Montagne-saint-émilion 261
ROCHER DES BUIS Maury sec 793
ROCHER DES VIOLETTES Le Montlouis-sur-loire 1069
ROCHER Benoît Bonnezeaux 1028
ROCHERS Ch. des Castillon-côtes-de-bordeaux 269 • Sauternes 348
ROCHES BLEUES Les Côte-de-brouilly 112
ROCHES DE FERRAND Ch. les Fronsac 202
ROCHETTE Dom. de la Côte-roannaise 1090
ROCHETTES Ch. des Coteaux-du-layon 1025
ROCHETTES Fleuron des Muscadet-sèvre-et-maine 996
ROCHETTES Les Pouilly-fumé 1099
ROCHOUARD Dom. du Bourgueil 1054
RODET Antonin Mâcon et mâcon-villages 519
ROGER Dominique Sancerre 1118
ROGGE-CERESER Champagne 612
ROI DAGOBERT Cave du Alsace grand cru 78
ROIS MAGES Dom. des Rully 500
ROL VALENTIN Ch. Saint-émilion grand cru 249
ROLET PÈRE ET FILS Arbois 636
ROLLIN Champagne 613
ROLLIN PÈRE ET FILS Dom. Pernand-vergelesses 444
ROMAINE La Côtes-du-rhône 1145 • IGP Méditerranée 1243 • Ventoux 1231
ROMANCE Dom. la Côtes-du-rhône-villages 1159
ROMANÉE-CONTI Dom. de la Corton 446 • Échézeaux 422 • Grands-échézeaux 423 • La tâche 427 • Richebourg 426 • Romanée-conti 426 • Romanée-saint-vivant 427
ROMANES Les Languedoc 702
ROMANILE Galaxies 2 Saint-émilion grand cru 230
ROMANIN Ch. Les baux-de-provence 841
ROMARINS Dom. des Côtes-du-rhône 1145 • Côtes-du-rhône-villages 1159
ROMASSAN Ch. Bandol 839
ROMBEAU Ch. Côtes-du-roussillon 777 • Côtes-du-roussillon-villages 785 • Muscat-de-rivesaltes 806 • Rivesaltes 802
ROMBEAU Dom. de Côtes-du-roussillon 777 • IGP Côtes catalanes 816
ROMFORT Ch. Côtes-de-bourg 194
ROMINGER Éric Alsace edelzwicker 32 • Alsace grand cru 78
ROMY Dom. Beaujolais 100
RONCA A. Corse ou vin-de-corse 894
RONCHERAIE Ch. la Castillon-côtes-de-bordeaux 269
RONDEAU Bernard et Marjorie Bugey 656
RONDILLON Ch. de Loupiac 345
ROOY Ch. du Pécharmant 946
ROQUE LE MAYNE Ch. Castillon-côtes-de-bordeaux 269
ROQUE SESTIÈRE Corbières 672
ROQUEBRUN Cave de IGP Pays d'Oc 762 • Saint-chinian 738
ROQUEBRUNE Ch. de Lalande-de-pomerol 219
ROQUEFEUILLE Ch. Côtes-de-provence 878
ROQUEFORT RIVES Ch. Entre-deux-mers 274
ROQUEFORT Ch. Bordeaux blanc 160 • Bordeaux rosé 153
ROQUEHORT Ch. Jurançon 963
ROQUEMALE Dom. de Languedoc 700
ROQUES Ch. les Côtes-de-duras 950
ROQUES MAURIAC Ch. Bordeaux supérieur 173
ROQUETTES Ch. Saint-émilion grand cru 232
ROQUEVIEILLE Castillon-côtes-de-bordeaux 270
ROSAN Ch. Côtes-de-provence 878
ROSE BELLEVUE Ch. la Blaye-côtes-de-bordeaux 186
ROSE DES VENTS Dom. la Coteaux-varois-en-provence 853
ROSE DU PIN Ch. la Entre-deux-mers 272
ROSE FIGEAC Ch. la Pomerol 212
ROSE GADIS Ch. la Bordeaux 147
ROSE MONTAURAN Ch. la Bordeaux 147
ROSE PAUILLAC La Pauillac 332
ROSE PERRIÈRE Ch. la Lussac-saint-émilion 257
ROSE PINEY Ch. la Saint-émilion grand cru 249
ROSE SAINTE-CROIX Ch. Listrac-médoc 320
ROSE SAINT-GERMAIN Ch. la Bordeaux 147
ROSE SARRON Ch. la Graves 292
ROSERAIE Dom. de la Beaune 456
ROSIER Dom. Blanquette-de-limoux 716 • Crémant-de-limoux 718
ROSIER Dom. des Grignan-les-adhémar 1188
ROSIERS Dom. de Côte-rôtie 1165
ROSSIGNOL Dom. Côtes-du-roussillon-villages 785 • Rivesaltes 802
ROSSIGNOL-CHANGARNIER Dom. Régis Volnay 464
ROTH Robert Alsace pinot gris 48 • Alsace riesling 63
ROTIER Dom. Gaillac 919
ROTISSON Dom. de Bourgogne 367 • Coteaux bourguignons 360
ROTY Ch. du Muscadet-coteaux-de-la-loire 997
ROUBINE Ch. Côtes-de-provence 878
ROUCAS DE SAINT-PIERRE Dom. du Gigondas 1200
ROUCAS Dom. de Côtes-de-provence 878
ROUËT Ch. du Côtes-de-provence 878
ROUETTE Dom. de la Côtes-du-rhône 1145
ROUGE GORGE Dom. du Faugères 680
ROUGEMONT Ch. Graves 292
ROUGEON Ch. de Bourgogne-aligoté 371
ROUGET Ch. Pomerol 212
ROUGEYRON Dom. Côtes-d'auvergne 1088
ROUÏRE-SÉGUR Dom. Corbières 672
ROULERIE Ch. de la Anjou 1007
ROUMAGNAC Dom. Fronton 925
ROUMANIÈRES Ch. Languedoc 700
ROUMAUD Ch. Loupiac 345
ROUMIEU Ch. Sauternes 351
ROUQUETTE SUR MER Ch. La Clape 713
ROUSDELLARO Côtes-du-roussillon 777 • IGP Côtes catalanes 816
ROUSSE Ch. de Jurançon 965
ROUSSE Wilfrid Chinon 1064
ROUSSEAU Anjou 1007

ROUSSEAU Vignoble Coteaux-du-layon 1025
ROUSSEAUX Olivier Champagne 613
ROUSSEAUX-BATTEUX Champagne 613
ROUSSILLE Pineau-des-charentes 827
ROUSTAN Ch. Costières-de-nîmes 1221
ROUVIÈRE Ch. la Bandol 833
ROUX Ch. de Duché d'Uzès 1225
ROUX Dom. Meursault 475 • Quincy 1102
ROUX PÈRE ET FILS Chambolle-musigny 420 • Saint-aubin 486 • Vougeot 421
ROUZAN Dom. de Crémant-de-savoie 655
ROUZÉ Dom. Adèle Quincy 1102
ROUZÉ Jacques Châteaumeillant 1084 • Quincy 1102
ROUZEROL Ch. Castillon-côtes-de-bordeaux 270
ROY Dom. Chablis grand cru 394 • Chablis premier cru 390
ROY Dom. des Touraine 1043
ROY Dom. Georges Aloxe-corton 441 • Chorey-lès-beaune 453
ROY Jean-François Valençay 1082
ROYAL Saint-émilion 223
ROYAL DE JARRAS Dom. IGP Sable de Camargue 764
ROYER PÈRE ET FILS Champagne 613
ROYER Richard Champagne 613
ROYLLAND Ch. Saint-émilion grand cru 250
ROZIER Ch. Saint-émilion grand cru 241
ROZIERS-MORILLONS Ch. Premières-côtes-de-bordeaux 345
RUAT PETIT POUJEAUX Ch. Moulis-en-médoc 329
RUDLOFF Joseph Alsace riesling 63
RUET Dom. Brouilly 108 • Côte-de-brouilly 112 • Morgon 123
RUFF Daniel Alsace klevener-de-heiligenstein 39 • Alsace pinot gris 48 • Alsace sylvaner 66
RUHLMANN FILS Gilbert Crémant-d'alsace 86
RUINART Champagne 613
RULLY Ch. de Rully 500
RUNNER Dom. Alsace sylvaner 66
RUNNER Sélection de Alsace pinot gris 48
RUPPERT Dom. Henri Moselle luxembourgeoise 1251
RUTAT René Champagne 614

S

SABBAT Dom. de Côtes-du-roussillon 777
SABLARD Ch. le Côtes-de-bourg 194
SABLIÈRE FONGRAVE Ch. de la Entre-deux-mers 274
SABLONNIÈRES Dom. des Anjou 1007 • Coteaux-du-layon 1025 • Crémant-de-loire 988
SABLONS Dom. des Grignan-les-adhémar 1188
SABOTS DE VÉNUS Dom. des Vin-de-savoie 651
SABOURIN Famille Blaye-côtes-de-bordeaux 186
SACRÉ CŒUR Pomerol 206
SACRÉ-CŒUR Dom. du Saint-chinian 738
SAGET Guy Pouilly-fumé 1099
SAILLANT Dom. Muscadet-sèvre-et-maine 996
SAINCRIT Ch. Bordeaux supérieur 173
SAINT-AGRÈVES Ch. Graves 293
SAINT-ALBAN Dom. IGP Cévennes 744
SAINT-ANDÉOL Dom. Cairanne 1196
SAINT-ANDRÉ CORBIN Ch. Saint-georges-saint-émilion 265
SAINT-ANDRÉ Cave Coteaux-varois-en-provence 854 • IGP Var 888
SAINT-ANDRÉ Dom. IGP Haute-Vallée de l'Orb 751
SAINT-ANDRIEU Coteaux-varois-en-provence 854
SAINT-ANTOINE DES ÉCHARDS Maranges 493
SAINT-ANTOINE DES ÉCHARDS Dom. Bourgogne-hautes-côtes-de-beaune 437
SAINT-ANTOINE Cave de IGP Île de Beauté 901
SAINT-ARNOUL Dom. Cabernet-d'anjou 1015
SAINT-AULAYE LA VALLETE Ch. Blaye-côtes-de-bordeaux 186
SAINT-AURIOL Corbières 673
SAINT-AVIT Dom. Orléans 1079 • Orléans-cléry 1080
SAINT-BÉNÉZET Ch. Costières-de-nîmes 1220
SAINT-BERNARD Ch. Canon-fronsac 198
SAINT-CHRISTOPHE Ch. Saint-émilion grand cru 250
SAINT-CHRISTOPHE Les Terrasses de Saint-émilion grand cru 252
SAINT-CLAIR Dom. Crozes-hermitage 1176
SAINT-DAMIEN Dom. Gigondas 1200
SAINT-DÉSIRAT Cave IGP Collines rhodaniennes 1240 • Saint-joseph 1172
SAINT-DÉZÉRY Les Vignerons de IGP Pays d'Oc 762
SAINT-ESPRIT Ch. Côtes-de-provence 880
SAINT-ESTÈVE D'UCHAUX Ch. Côtes-du-rhône-villages 1159
SAINT-ESTÈVE Ch. Corbières 673 • Corbières-boutenac 675 • Côtes-du-rhône 1145 • Côtes-du-rhône-villages 1159
SAINT-FIRMIN Dom. Duché d'Uzès 1225
SAINT-GALL De Champagne 614
SAINT-GEORGES D'IBRY Dom. IGP Côtes de Thongue 749
SAINT-GO Ch. Saint-mont 957
SAINT-HILAIRE Ch. Coteaux-d'aix-en-provence 847 • Médoc 309
SAINT-HILAIRE Dom. IGP Pays d'Oc 762
SAINT-JACQUES D'ALBAS Ch. Minervois 729
SAINT-JACQUES Dom. Côtes-du-rhône 1145
SAINT-JEAN D'AUMIÈRES Ch. Terrasses-du-larzac 706
SAINT-JEAN DE L'ARBOUSIER Dom. Languedoc 701
SAINT-JEAN DE LA GINESTE Ch. Corbières 673
SAINT-JEAN DE VILLECROZE Coteaux-varois-en-provence 854
SAINT-JEAN DE VILLECROZE Dom. Côtes-de-provence 880
SAINT-JEAN LEZ DURANCE Ch. Pierrevert 1236
SAINT-JEAN Les Vignerons de Minervois 729
SAINT-JEAN-LE-VIEUX Dom. Coteaux-varois-en-provence 854
SAINT-JULIEN Cave de Beaujolais 100 • Beaujolais-villages 105 • Brouilly 108
SAINT-JULIEN Ch. Coteaux-varois-en-provence 854
SAINT-LAGER Ch. de Brouilly 108
SAINT-LANNES Dom. Floc-de-gascogne 969
SAINT-MARC Ventoux 1231
SAINT-MARC Cave IGP Vaucluse 1245
SAINT-MARC Ch. Côtes-de-provence 880
SAINT-MARTIN DE LA GARRIGUE Ch. Languedoc 701

SAINT-MARTIN Caves Moselle luxembourgeoise 1250
SAINT-MARTIN Ch. Loupiac 345
SAINT-MARTIN Ch. de Côtes-de-provence 880
SAINT-MARTIN Dom. IGP Cité de Carcassonne 746
SAINT-MAUR Ch. Côtes-de-provence 880
SAINT-MAUR Dom. de Anjou-villages 1011
SAINT-MÉDIÉ Dom. Luberon 1235
SAINT-MÉRY Ch. Minervois 729
SAINT-MICHEL Dom. Côtes-du-rhône 1146
SAINT-MITRE Dom. Coteaux-varois-en-provence 854
SAINT-NABOR Ch. Côtes-du-rhône 1146
SAINT-OURENS Ch. Côtes-de-Bordeaux 284
SAINT-PANCRACE Dom. Bourgogne 367
SAINT-PAUL Dom. de Châteauneuf-du-pape 1212
SAINT-PIERRE Ch. Saint-julien 342
SAINT-PIERRE Dom. Anjou 1007 • Côtes-du-rhône 1146 • Vacqueyras 1204
SAINT-PIERRE Dom. de Cornas 1181
SAINT-PRÉFERT Dom. Châteauneuf-du-pape 1213
SAINT-REMY-DESOM Caves Crémant-de-luxembourg 1253
SAINT-ROBERT Ch. Graves 293
SAINT-ROCH Ch. Côtes-du-rhône 1146 • Côtes-du-roussillon-villages 785 • Lirac 1217
SAINT-ROCH Dom. Beaumes-de-venise 1206 • Côtes-du-rhône 1146 • Vacqueyras 1204
SAINT-ROCH-LES-VIGNES Côtes-de-provence 880
SAINT-ROMAN D'ESCLANS Dom. Côtes-de-provence 881
SAINT-SATURNIN Les Vins de Languedoc 701
SAINT-SER Dom. de Côtes-de-provence 881
SAINT-SERNIN Dom. IGP Côtes du Lot 978
SAINT-SIDOINE Côtes-de-provence 881
SAINT-VERNY IGP Puy-de-Dôme 1121
SAINT-VINCENT Ch. Fronsac 202
SAINT-VINCENT Cour Languedoc 701
SAINT-VINCENT Dom. Saumur 1032 • Saumur-champigny 1036 • Vinsobres 1189
SAINTE-ANNE Côtes-de-provence 879
SAINTE-ANNE Dom. Côtes-du-rhône-villages 1159
SAINTE-ANNE Dom. de Anjou-villages-brissac 1012
SAINTE-BARBE Ch. Bordeaux 147 • Bordeaux supérieur 174
SAINTE-CATHERINE Ch. Bordeaux blanc 160 • Bordeaux rosé 153
SAINTE-CÉCILE DU PARC Dom. IGP Pays d'Hérault 754 • Languedoc 700
SAINTE-CROIX Ch. Côtes-de-provence 879 • IGP Var 888
SAINTE-HÉLÈNE Ch. Languedoc 700
SAINTE-LUCIE D'AUSSOU Corbières-boutenac 675
SAINTE-LUCIE Dom. Côtes-de-provence 879
SAINTE-MARGUERITE Ch. Côtes-de-provence 879
SAINTE-MARGUERITE Dom. Alsace pinot gris 49
SAINTE-MARIE DES CROZES Corbières 673
SAINTE-MARIE Ch. Côtes-de-Bordeaux 284 • Entre-deux-mers 274
SAINTE-MARTHE Ch. Languedoc 700
SAINT-ENNEMOND Dom. de Beaujolais-villages 105
SAINTE-OCTIME Dom. IGP Cévennes 744
SAINTE-PHILOMÈNE Dom. Coteaux-d'aix-en-provence 847
SAINTE-ROSELINE Ch. Côtes-de-provence 879
SALADE SAINT-HENRI Ch. de la Pic-saint-loup 710
SALAGRE Ch. la Bergerac 935
SALES Ch. de Pomerol 212
SALETTES Ch. Bandol 839
SALISQUET Dom. Buzet 928
SALITIS Dom. IGP Pays d'Oc 763
SALLET Raphaël Mâcon et mâcon-villages 519 • Viré-clessé 522
SALMON Champagne 614
SALMON Dom. Muscadet-sèvre-et-maine 996
SALMON Dom. Christian Sancerre 1118
SALOMON Christelle Champagne 614
SALOMON Denis Champagne 614
SALON Champagne 615
SALVARD Dom. du Cheverny 1078
SALVY Dom. Gaillac 919
SAMION Ch. Lalande-de-pomerol 219
SAMPIERE CORSO Corse ou vin-de-corse 894
SAN MICHELI Corse ou vin-de-corse 894
SANCTUS Ch. Saint-émilion grand cru 250
SANCTUS La Bienfaisance du Ch. Saint-émilion grand cru 250
SANGER Champagne 615
SANGLIÈRE Dom. de la Côtes-de-provence 881
SANGOUARD-GUYOT Dom. Mâcon et mâcon-villages 519 • Pouilly-fuissé 528
SANS MARCHE Les Côte-rôtie 1163
SANSONNET Ch. Saint-émilion grand cru 250
SANT ANTONE Corse ou vin-de-corse 894
SANTENAY Ch. de Bourgogne-hautes-côtes-de-beaune 437 • Chassagne-montrachet 483 • Mercurey 504
SAPARALE Dom. Corse ou vin-de-corse 895
SAPINIÈRE Dom. de la Malepère 721
SARRAT D'EN SOL Fitou 684
SARRAT DE GOUNDY Dom. La Clape 713
SARRAZIN ET FILS Michel Givry 508
SARRINS Ch. des Côtes-de-provence 881
SARROS Dom. de Jurançon 965
SASSANGY Ch. de Crémant-de-bourgogne 374
SAULAIES Dom. des Coteaux-du-layon 1026
SAUMAREZ Dom. de Languedoc 701
SAURS Ch. de Gaillac 919
SAUTA ROC Languedoc 702
SAUVAGE Ch. de Graves 293
SAUVAGEONNE Ch. la Languedoc 691 • Terrasses-du-larzac 707
SAUVAT Dom. Côtes-d'auvergne 1088 • IGP Puy-de-Dôme 1121
SAUVEGARDE Ch. la Bordeaux 147
SAUVEROY Dom. Anjou 1007 • Anjou-villages 1011
SAUVÈTE Dom. Touraine 1043
SAVAGNY Dom. de Château-chalon 638 • Crémant-du-jura 643
SAVÈS Camille Champagne 615

SAVIGNAC Julien de Bergerac 935 • Rosette 947
SAVOYE Dom. Christian et Michèle Chiroubles 114
SAVOYE Dom. Christophe Chiroubles 115 • Régnié 129
SCHAFFHAUSER Jean-Paul Alsace grand cru 78 • Alsace muscat 40
SCHALLER S de Alsace pinot gris 49 • Crémant-d'alsace 86
SCHALLER Camille et Laurent Chablis 383 • Chablis premier cru 390
SCHARSCH Dom. Joseph Alsace grand cru 78 • Alsace riesling 63
SCHEIDECKER Alsace pinot gris 49 • Alsace riesling 64
SCHENGEN Ch. de Moselle luxembourgeoise 1251
SCHERB ET FILS Louis Alsace grand cru 78
SCHERRER Thierry Alsace pinot noir 56
SCHISTES Dom. des Côtes-du-roussillon 777 • Côtes-du-roussillon-villages 786 • IGP Rancio sec 819 • Muscat-de-rivesaltes 807 • Rivesaltes 802
SCHLATTER Dom. Olivier Pouilly-fumé 1100
SCHLEGEL-BOEGLIN Alsace grand cru 79
SCHLUMBERGER Domaines Alsace gewurztraminer 37 • Alsace riesling 64
SCHMITT François Alsace grand cru 79 • Alsace pinot gris 49
SCHOECH Albert Alsace grand cru 79
SCHOECH Dom. Maurice Alsace grand cru 79
SCHOEPFER Dom. Alsace pinot gris 49 • Alsace pinot noir 56
SCHOEPFER Jean-Louis Crémant-d'alsace 86
SCHOFFIT Dom. Alsace grand cru 80
SCHUELLER Edmond Alsace pinot gris 49
SCHUELLER Maurice Alsace grand cru 80
SCHUMACHER-KNEPPER Dom. Moselle luxembourgeoise 1251
SCHUMACHER-LETHAL Crémant-de-luxembourg 1253 • Moselle luxembourgeoise 1251
SCHUTZ Jean-Victor Alsace riesling 64
SCHWARTZ Christian Alsace pinot noir 56
SÉBASTIANNE Dom. de la Buzet 927
SECONDÉ François Champagne 615
SECONDÉ-SIMON Champagne 616
SECRET DES MARCHANDS Le IGP Côtes catalanes 817
SÉDUCTION D'AUTOMNE Jurançon 965
SÉGRIÈS Ch. de Tavel 1219
SEGUALA Ch. Côtes-du-roussillon-villages 786
SEGUIN Ch. Pessac-léognan 301
SEGUIN Ch. de Bordeaux supérieur 174
SEGUIN Dom. Pouilly-fumé 1100
SEGUIN Gérard Fixin 406 • Gevrey-chambertin 411
SEGUIN-MANUEL Bourgogne 368 • Givry 508 • Montagny 510
SÉGUINOT ET FILLES Daniel Chablis 383 • Chablis premier cru 390
SÉGUINOT-BORDET Bourgogne 368 • Chablis 383 • Chablis grand cru 394 • Chablis premier cru 390
SÉGUR DE CABANAC Ch. Saint-estèphe 339
SEIGNEUR DES DEUX VIERGES Languedoc 701
SEIGNEURIE DES TOURELLES Dom. de la Saumur 1032
SEIGNEURS DE POMMYERS Ch. des Entre-deux-mers 274
SEIGNORET LES TOURS Ch. Bergerac 935
SEILLY Alsace gewurztraminer 37
SÉLECTION PETIT GRAIN Muscat-de-saint-jean-de-minervois 741
SÉLÈQUE J.-M. Champagne 616
SÉLÈQUE Jean Champagne 616
SELETTE Dom. la Minervois 729
SELLE Ch. de Côtes-de-provence 881
SELLES-SUR-CHER Ch. de Touraine 1043
SELTZ Dom. Fernand Alsace grand cru 80
SEMELLERIE Dom. de la Chinon 1065
SEMELLES DE VENT Dom. les Vacqueyras 1204
SEMPER Côtes-du-roussillon-villages 786 • Maury sec 793
SÈPE Ch. le Entre-deux-mers 274
SEPTY Ch. Monbazillac 943
SERESNES Dom. de Reuilly 1105
SERGENT Dom. Madiran 953 • Pacherenc-du-vic-bilh 956
SÉROL Dom. Côte-roannaise 1090
SERPE Ch. la Saumur-champigny 1036
SERRALS Dom. les Faugères 680
SERRE DE BOVILA Cahors 913
SERRE DES VIGNES Dom. du Grignan-les-adhémar 1188
SERRES Dom. de IGP Cité de Carcassonne 746
SERVEAUX FILS Champagne 616
SERVELIÈRE Dom. la Saint-chinian 738
SERVIN Dom. Chablis premier cru 391
SESCASSOTS Cru des Graves 293
SÈVE Dom. Beaujolais 101
SÈVE Dom. Jean-Pierre Pouilly-fuissé 528
SICARD Dom. Minervois 730
SIEGLER Jean Alsace gewurztraminer 34
SIFFLE MERLE Ch. Blaye-côtes-de-bordeaux 186
SIGAUT Dom. Anne et Hervé Chambolle-musigny 420 • Morey-saint-denis 416
SIGNAC Ch. Côtes-du-rhône-villages 1159
SIGNÉ VIGNERONS Beaujolais-villages 106 • Brouilly 109 • Coteaux-du-Lyonnais 133 • Côtes-du-forez 1091
SIGOULÈS Cave de Bergerac 936 • Saussignac 947
SILÈNE DES PEYRALS Dom. Languedoc 695
SIMARD Ch. Saint-émilion grand cru 242
SIMON Aline et Rémy Alsace gewurztraminer 37 • Alsace pinot gris 50 • Alsace riesling 64
SIMON Ch. Sauternes 351
SIMONDE Dom. de la Beaujolais 101
SIMON-DEVAUX Champagne 616
SIMONIN Dom. Pouilly-fuissé 528 • Saint-véran 534
SIMONIS Étienne Alsace grand cru 80
SIMONIS Jean-Marc Alsace grand cru 80
SIMONNET-FEBVRE Bourgogne 368 • Chablis premier cru 391 • Irancy 397
SIMONNOT Dom. du Côtes-de-provence 874
SINGLA Dom. Côtes-du-roussillon-villages 786
SINSON Hubert et Olivier Valençay 1082
SIOUVIETTE Dom. Côtes-de-provence 881
SIPP Jean Alsace grand cru 81 • Crémant-d'alsace 86
SIRAN Ch. Bordeaux supérieur 174 • Margaux 326

SIRET-COURTAUD Dom. Quincy 1102
SIRIUS Bordeaux 148 • Bordeaux blanc 161
SISSAN Ch. Bordeaux clairet 150
SIX TERRES Ch. Muscat-de-frontignan 740
SIXTINE Ch. Châteauneuf-du-pape 1213
SMITH HAUT LAFITTE Ch. Pessac-léognan 301-302
SOCIANDO-MALLET Ch. Haut-médoc 318-319
SOHLER Dom. Philippe Alsace riesling 64
SOHLER J.-M. Crémant-d'alsace 86
SOLEIL Ch. Puisseguin-saint-émilion 264
SOLEIL Les Vignobles du Côtes-du-roussillon 777
SOLENCE Dom. Ventoux 1231
SOLITUDE Dom. de la Châteauneuf-du-pape 1213
SOL-PAYRÉ Dom. Côtes-du-roussillon 777 • Muscat-de-rivesaltes 807
SOMMÉRÉ Vignoble de Mâcon et mâcon-villages 519
SOMMIÉROIS Les Vignerons du Languedoc 702
SONNETTE Jacques Champagne 616
SONTAG Dom. Moselle 90
SORBA Dom. de la Ajaccio 891
SORBE Jean-Michel Reuilly 1105
SORIN DE FRANCE Dom. Bourgogne 368 • Saint-bris 399
SOUCHERIE Ch. Anjou-villages 1011
SOUCHONS Dom. des Morgon 123
SOULANE Dom. la Côtes-du-roussillon 778
SOULANES Dom. des Côtes-du-roussillon-villages 786 • IGP Côtes catalanes 817
SOULEILLES Dom. des Malepère 721
SOUNIT Albert Crémant-de-bourgogne 374 • Mercurey 505 • Rully 501
SOURCE Dom. de la Bellet 842
SOURDAIS Pierre Chinon 1065
SOUSA Stéphane de Bourgogne-hautes-côtes-de-beaune 437 • Pommard 461
SOUSTO La Châteauneuf-du-pape 1213
SOUTARD Ch. Saint-émilion grand cru 251
SOUTARD Les Jardins de Saint-émilion grand cru 251
SOUTARD-CADET Ch. Saint-émilion grand cru 251
SOUTERRAINS Touraine-chenonceaux 1046
SOUTIEN-GORGE ROUGE Le Castillon-côtes-de-bordeaux 270
SOUTIRAN Champagne 617
SOUTIRAN Patrick Champagne 617
SPANNAGEL Paul Alsace pinot blanc ou klevner 42
SPARR Pierre Alsace pinot gris 50 • Crémant-d'alsace 87
SPENCER LA PUJADE Ch. Corbières 673
STENTZ Aimé Alsace pinot gris 50 • Alsace pinot noir 56
STENTZ André Alsace grand cru 81 • Alsace riesling 64
STINTZI Alsace pinot gris 50 • Alsace pinot noir 56
STIRN Dom. Alsace grand cru 81
STOEFFLER Dom. Crémant-d'alsace 87
STOFFEL Antoine Alsace pinot blanc ou klevner 42
STRAUB Alsace muscat 40
STRAUB Jean-Marie Crémant-d'alsace 87
STROMBERG Dom. du Moselle 90
SUAU Bordeaux 148
SUAU Ch. Cadillac-côtes-de-bordeaux 281
SUDUIRAUT Ch. Sauternes 351
SUFFRÈNE Dom. la Bandol 839
SUIRE Isabelle Coteaux-de-saumur 1033 • Saumur 1032
SUMEIRE Elie Côtes-de-provence 856
SUMMUM Côtes-du-roussillon-villages 784
SUNNEN-HOFFMANN Crémant-de-luxembourg 1253 • Moselle luxembourgeoise 1251
SUREMAIN Dom. de Mercurey 505
SUZIENNE Cave la Grignan-les-adhémar 1188
SYLLA Luberon 1235 • Ventoux 1231

T

TABORDET Dom. Pouilly-fumé 1100 • Sancerre 1118
TABUTEAU Ch. de Lussac-saint-émilion 257
TAILLAN Ch. du Haut-médoc 319
TAILLEFER Ch. Pomerol 212
TAIN Cave de Cornas 1181 • Crozes-hermitage 1176 • Hermitage 1179 • IGP Collines rhodaniennes 1240 • Saint-joseph 1172 • Saint-péray 1183
TAITTINGER Champagne 617
TALANCÉ Ch. Beaujolais 101
TALBOT Ch. Saint-julien 342
TALMARD Gérald Mâcon et mâcon-villages 519
TALMONT Ch. Bordeaux blanc 160
TALUAU Joël Saint-nicolas-de-bourgueil 1059
TAMBOUR Dom. Collioure 790
TANELLA Dom. de Corse ou vin-de-corse 895
TANESSE Ch. Cadillac 344
TANO PÉCHARD Dom. Régnié 129
TAPON Ch. Raymond Saint-émilion grand cru 251
TAPRAY Sébastien Champagne 617
TARADEAU Les Vignerons de Côtes-de-provence 882
TARDIEU FERRAND Dom. IGP Coteaux du Pont du Gard 747
TARGÉ Ch. de Coteaux-de-saumur 1033 • Saumur 1033
TARIQUET Dom. du Floc-de-gascogne 969 • IGP Côtes de Gascogne 976
TARLANT Champagne 618
TASSIN Emmanuel Champagne 618
TASTE Ch. de Côtes-de-bourg 194
TASTET Dom. Denis IGP Côtes de Gascogne 976
TATRAUX ET FILS Dom. Jean Givry 509
TAUPENOT-MERME Morey-saint-denis 416
TAUPENOT-MERME Dom. Charmes-chambertin 413 • Mazoyères-chambertin 414
TAUSSIN Ch. Bordeaux supérieur 174
TAUTAVEL VINGRAU Vignerons Côtes-du-roussillon-villages 786
TAVANS Dom. des Côtes-du-rhône-villages 1155
TAVEL Les Vignerons de Lirac 1217 • Tavel 1219
TAVERNEL Dom. de IGP Gard 750
TAVIAN Agnès et Franck Côte-de-brouilly 112
TAYAC Ch. Côtes-de-bourg 194
TÉCOU Cave de Gaillac 915
TEILLER Dom. Jean Menetou-salon 1094
TELMONT J. de Champagne 618
TEMPLIERS Cuvée des Coteaux-du-quercy 914
TEMPS DES PLAISIRS Le IGP Méditerranée 1243
TEMPS DES VALEURS Le Luberon 1235
TERME Dom. du Côtes-du-rhône-villages 1160

TERRA NOBILIS Côtes-du-roussillon 778 • IGP Côtes catalanes 818 • Maury 810 • Maury sec 793
TERRA VECCHIA Dom. Corse ou vin-de-corse 895 • IGP Île de Beauté 901
TERRANEA Côtes-du-rhône-villages 1160 • Ventoux 1232
TERRASSES SARRAZINES Luberon 1232
TERRASSOUS Côtes-du-roussillon 775 • Muscat-de-rivesaltes 807
TERRAVENTOUX Cave Ventoux 1232
TERRAZZA D'ISULA IGP Île de Beauté 900-901
TERRE BLANCHE Ch. Médoc 309
TERRE D'EXPRESSION Corbières-boutenac 675
TERRE DE GAULHEM Côtes-du-rhône 1146
TERRE DE GEMMES Côtes-du-rhône-villages 1160
TERRE DE MISTRAL Côtes-de-provence 882
TERRE VIEILLE Ch. Pécharmant 946
TERRE-BLANQUE Ch. Blaye-côtes-de-bordeaux 186
TERREBRUNE Dom. de Bandol 839 • Crémant-de-loire 988 • Rosé-de-loire 985
TERREFORT-BELLEGRAVE Ch. Côtes-de-bourg 195
TERRES BLANCHES Dom. des Les baux-de-provence 841
TERRES D'ÉMOTIONS Dom. Grignan-les-adhémar 1188
TERRES DE CHATENAY Dom. des Mâcon et mâcon-villages 520 • Viré-clessé 522
TERRES DE SAINT-HILAIRE Les Coteaux-varois-en-provence 855
TERRES DES TEMPLIERS Banyuls 797 • Collioure 790
TERRES GEORGES Dom. Minervois 730
TERRES NOIRES Dom. des Touraine-mesland 1047
TERRES ROMANES Vignerons en IGP Côtes catalanes 817
TERRES ROUGES Ventoux 1230
TERRES ROUGES Les Côtes-de-provence 882
TERRES SECRÈTES Vignerons des Saint-véran 534
TERRES VALDÈZE IGP Vaucluse 1245
TERRESSENCE Brulhois 926
TERRIDE Ch. de Gaillac 920
TERRIERS Les Côtes-du-vivarais 1237 • IGP Ardèche 1239
TERRIMBO Collioure 791
TERRISSES Dom. des Gaillac 920
TERROIR LA BAUME Crémant-de-limoux 718
TERROIRS DE SAVOIE Vignerons des Roussette-de-savoie 654
TERROIRS DU VERTIGE Les Corbières 674
TERTRE DU BOILON Ch. Blaye-côtes-de-bordeaux 186
TERTRE DU RENARD Ch. Bordeaux supérieur 174
TERTRE Ch. du Margaux 326
TERTRE Dom. du Anjou 1008
TESTE MOLÉON Ch. de Graves 291
TESTE Ch. de Cadillac 344
TESTULAT V. Champagne 618
TÊTE DANS LES ÉTOILES La Terrasses-du-larzac 707
TÊTE Louis Beaujolais 101 • Beaujolais-villages 105 • Côtes-du-forez 1091
TÉVENOT Vignoble Cheverny 1078
TEYSSIER Ch. Montagne-saint-émilion 261 • Puisseguin-saint-émilion 264
THÉNAC Ch. Bergerac 936 • Côtes-de-bergerac 940
THÉNAC Fleur de Bergerac 936
THENOUX Ch. Bergerac 936
THEREZ Nicolas Blanquette-de-limoux 716
THERMES Dom. des Côtes-de-provence 882
THEULOT JUILLOT Dom. Mercurey 505
THEVENET ET FILS Saint-véran 534
THÉVENET-DELOUVIN Champagne 618
THÉVENOT-LE BRUN ET FILS Dom. Bourgogne-hautes-côtes-de-nuits 402
THIBAUT Dom. Michel Côtes-du-jura 641
THIBERT PÈRE ET FILS Dom. Mâcon et mâcon-villages 520 • Pouilly-loché 529
THIÉNOT Champagne 619
THIEULEY Ch. Bordeaux 148 • Bordeaux clairet 150 • Entre-deux-mers 275
THILL Dom. Crémant-de-luxembourg 1253
THOLOMIES Crémant-de-limoux 718
THOMAS Paul Sancerre 1118
THOMAS ET FILLES Dom. Gérard Saint-aubin 486
THOMAS ET FILS Dom. Sancerre 1119
THOMAS ET FILS Dom. Michel Sancerre 1119
THOMAS-COLLARDOT Dom. Bourgogne 368
THORIGNY Christophe Vouvray 1075
THORIN Morgon 123
THORIN Esprit Juliénas 119
THOU Ch. le Languedoc 702
THUERRY Coteaux-varois-en-provence 855 • Côtes-de-provence 882
THULON Dom. de Régnié 129
THUVENIN-CALVET Côtes-du-roussillon-villages 787
TILLEULS Dom. des Muscadet-sèvre-et-maine 996
TIMBERLAY Ch. Bordeaux supérieur 174
TINEL-BLONDELET Dom. Pouilly-fumé 1100 • Sancerre 1119
TIRECUL LA GRAVIÈRE Ch. Bergerac 936
TISSIER ET FILS Roland Sancerre 1119
TISSIER J.-M. Champagne 619
TISSOT Dom. Jacques Arbois 636 • Côtes-du-jura 641 • Crémant-du-jura 643
TISSOT Dom. Jean-Louis Arbois 636
TISSOT Thierry Bugey 657
TIXIER Guy Champagne 619
TIXIER Michel Champagne 619
TOASC Dom. de Bellet 842 • IGP Alpes-Maritimes 885
TONNELLE DE GRILLET Ch. la Blaye-côtes-de-bordeaux 187
TONNELLERIE Dom. de la Sancerre 1119
TOQUE ROUGE Côtes-du-rhône-villages 1160 • Rasteau sec 1193
TOQUES ET CLOCHERS Limoux 719
TORNAC Vignerons de IGP Cévennes 744
TORNAY Bernard Champagne 619
TORRACCIA Dom. de Corse ou vin-de-corse 895
TORTIGUE Nicolas IGP Comté tolosan 972
TORTOCHOT Dom. Charmes-chambertin 414 • Mazis-chambertin 414
TOULOIS Les Vignerons du Côtes-de-toul 89
TOULONS Dom. les Coteaux-d'aix-en-provence 847
TOULOUZE Ch. Graves-de-vayres 277
TOUMALIN Ch. Canon-fronsac 198
TOUMALIN MT de Canon-fronsac 198

TOUPIE Dom. la Côtes-du-roussillon 778 • Côtes-du-roussillon-villages 787 • IGP Côtes catalanes 817 • Maury sec 793
TOUR Dom. de la Alsace pinot gris 50 • Chinon 1065
TOUR Vignoble de la Anjou 1008
TOUR BALADOZ Ch. Saint-émilion grand cru 232
TOUR BAYARD Ch. Montagne-saint-émilion 262
TOUR BEAUMONT Dom. la Haut-poitou 824 • IGP Val de Loire 1125
TOUR BLANCHE Ch. la Sauternes 351
TOUR BOISÉE Ch. Minervois 730
TOUR BOISÉE Dom. Coteaux de Peyriac 766
TOUR CHAPOUX Ch. Bordeaux supérieur 175
TOUR DE BESSAN Ch. la Margaux 326
TOUR DE BIOT Ch. Bordeaux 148
TOUR DE BONNET Ch. Bordeaux rosé 153 • Entre-deux-mers 275
TOUR DE BY La Médoc 309
TOUR DE CALENS Ch. Graves 293
TOUR DE CAPET Ch. Saint-émilion grand cru 227
TOUR DE GÂTIGNE Dom. la Duché d'Uzès 1226 • IGP Cévennes 745
TOUR DE GRANGEMONT Ch. Bergerac 936
TOUR DE MIRAMBEAU Ch. Bordeaux 139 • Entre-deux-mers 275
TOUR DE PIERRE La Côtes-d'auvergne 1088 • IGP Puy-de-Dôme 1121
TOUR DE PRESSAC Ch. Saint-émilion grand cru 248
TOUR DES BANS La Morgon 123
TOUR DES GENDRES Ch. Bergerac 936 • Côtes-de-bergerac 940
TOUR DES GRAVES Ch. Côtes-de-bourg 195
TOUR DU HAUT MOULIN Ch. Haut-médoc 319
TOUR DU MOULIN DU BRIC Ch. Bordeaux 148
TOUR FIGEAC Ch. la Saint-émilion grand cru 251
TOUR GRAND MAYNE Ch. Castillon-côtes-de-bordeaux 270
TOUR MAILLET Ch. Pomerol 212
TOUR MONTBRUN Ch. Bergerac 937
TOUR PEYRONNEAU Ch. Saint-émilion grand cru 251
TOUR PUYBLANQUET Ch. Saint-émilion 224
TOUR SAINT-CHRISTOPHE Ch. Saint-émilion grand cru 252
TOUR SAINT-GERMAIN Ch. Blaye-côtes-de-bordeaux 187
TOUR SAINT-HONORÉ Ch. Côtes-de-provence 883
TOUR SAINT-MARTIN La Menetou-salon 1094
TOUR SAINT-MICHEL Dom. Châteauneuf-du-pape 1213
TOUR SIEUJEAN Ch. Pauillac 335
TOUR VIEILLE Dom. de la Banyuls 797
TOUR VIEILLE Dom. la Collioure 791
TOURADE Dom. de la Vacqueyras 1204
TOURAIZE Dom. de la Arbois 636
TOURANGELLE Les Caves de la Touraine 1043
TOURBEILLE La Bordeaux supérieur 175
TOURELLES Ch. des Médoc 310
TOURELS Dom. des Minervois 730
TOURETTES Dom. des Hermitage 1179
TOURLONIAS Isabelle et Michel Côtes-d'auvergne 1088
TOURMENTINE Ch. Bergerac 937
TOURNEFEUILLE Ch. Lalande-de-pomerol 219
TOURNIER Ch. Guilhem Bandol 839
TOURRAQUE Dom. la Côtes-de-provence 883
TOURRIL Ch. Minervois 730
TOURS DE PEYRAT Ch. les Blaye-côtes-de-bordeaux 187
TOURS DE PIERREUX Les Brouilly 109
TOURS DES VERDOTS Ch. les Bergerac 937 • Côtes-de-bergerac 940
TOURS SEGUY Ch. les Côtes-de-bourg 195
TOURS Ch. des Brouilly 109
TOURTEAU CHOLLET Ch. Graves 293
TOURTES Ch. des Blaye-côtes-de-bordeaux 187
TOURTEYRON Ch. de Médoc 310
TOUZOT Dom. Jean Mâcon et mâcon-villages 520
TRAHAN Dom. des Anjou 1008
TRAMIER & FILS L. Mercurey 505
TRAMIER ET FILS L. Coteaux bourguignons 360 • Gevrey-chambertin 411
TRAMIER Dom. Lucien Côtes-du-rhône 1147
TRANCHÉE Dom. de la Chinon 1065
TRAPADIS Rasteau sec 1193
TRAPADIS Dom. du Cairanne 1196
TRAPET-ROCHELANDET Dom. Gevrey-chambertin 411
TREILLE Dom. de Limoux 720
TRÉLINS Cave de Côtes-du-forez 1091
TREMBLAY Dom. du Quincy 1103
TRÉMOINE Rivesaltes 802
TRÉMOINE DE RASIGUÈRES Côtes-du-roussillon 778
TRÉMOINE Les Vignerons de Muscat-de-rivesaltes 807
TRENET PÈRE ET FILS Dom. Bourgogne-hautes-côtes-de-beaune 438
TRÉPALOUP Dom. de Languedoc 702
TRESBAUDON Dom. de IGP Hautes-Alpes 886
TRESQUES Ch. de Côtes-du-rhône 1135
TRESQUOTS Ch. les Médoc 304
TRIANON Ch. Saint-émilion grand cru 252
TRIANS Ch. Coteaux-varois-en-provence 855
TRIBALLE Dom. de la Languedoc 702
TRICHARD Dom. Benoît Brouilly 109 • Moulin-à-vent 126
TRICHON Dom. Bugey 657
TRICON Maison Olivier Chablis premier cru 391
TRIGNON Ch. du Côtes-du-rhône 1147 • Côtes-du-rhône-villages 1160 • Rasteau sec 1194 • Vacqueyras 1205
TRILLES Dom. Côtes-du-roussillon-villages 787 • IGP Côtes catalanes 817
TRILLOL Ch. Corbières 674
TRINQUEVEDEL Ch. de Tavel 1219
TRIPOZ Dom. Catherine et Didier Bourgogne 368 • Mâcon et mâcon-villages 520
TRITANT Alfred Champagne 619
TROIS CELLIER Dom. des Châteauneuf-du-pape 1213
TROIS CHÊNES Dom. des Côtes-de-provence 883
TROIS CROIX Ch. les Fronsac 202
TROIS DOMAINES Les Floc-de-gascogne 970

TROIS FILLES Dom. des Bandol 840
TROIS FONDS Ch. Sainte-foy-bordeaux 279
TROIS PUECHS PÉZENAS Les Languedoc 702
TROIS TERRES Dom. les Côtes-de-provence 883
TROMPE TONNEAU Dom. de Cabernet-d'anjou 1015
TROPEZ Dom. Côtes-de-provence 883
TROPLONG-MONDOT Ch. Saint-émilion grand cru 252
TROSSET Fabien Vin-de-savoie 652
TROTANOY Ch. Pomerol 213
TROTTEVIEILLE Ch. Saint-émilion grand cru 252
TROTTIÈRES Dom. des Anjou-villages 1011
TROUILLARD Champagne 620
TROUILLET Dom. Pouilly-fuissé 528
TROUSSELLE David Bourgogne-hautes-côtes-de-beaune 438
TRUCHETET Dom. Côte-de-nuits-villages 433 • Nuits-saint-georges 431
TRUDON Champagne 620
TSARINE Champagne 620
TUILERIE DU PUY Ch. la Entre-deux-mers 275
TUILERIE LA BREILLE Dom. de la Côtes-de-duras 950
TUILERIES Ch. les Médoc 309
TULIPE NOIRE Ch. la Côtes-de-provence 883
TUNNEL Dom. du Cornas 1181 • Saint-péray 1183
TUPINIER-BAUTISTA Dom. Mercurey 505
TURCAUD Ch. Bordeaux 148 • Bordeaux blanc 161 • Bordeaux clairet 150 • Bordeaux rosé 153 • Bordeaux supérieur 175 • Entre-deux-mers 275
TURCKHEIM Cave de Alsace grand cru 81
TURPIN Christophe et Guy Menetou-salon 1094
TURQUE La Côte-rôtie 1165
TUTIAC Côtes-de-bourg 195
TUTIAC SÉLECTION Bordeaux rosé 154
TUTIAC Les Vignerons de Bordeaux 148 • Bordeaux blanc 161 • Bordeaux rosé 153
TUYTTENS Ch. Sauternes 352

U

UBY IGP Côtes de Gascogne 977
UGHETTO-AUDOIN Maison Côtes-du-rhône 1147
UNION DES JEUNES VITICULTEURS RÉCOLTANTS Clairette-de-die 1184
USSEGLIO ET FILS Dom. Pierre Châteauneuf-du-pape 1213 • Lirac 1217
USSEGLIO ET FILS Dom. Raymond Châteauneuf-du-pape 1214
UZA Ch. d' Graves 287

V

VACHER ET FILS Dom. Jean-Pierre Sancerre 1119
VACHER Adrien Vin-de-savoie 652
VACHERON VIGNERONS Dom. Sancerre 1119
VACQUES Ch. de Sainte-foy-bordeaux 279
VAILLANT Sébastien Valençay 1082
VAILLÈRE Dom. de la IGP Cévennes 745
VAISSIÈRE Dom. IGP Pays d'Oc 763
VAISSIÈRE Dom. de Gaillac 920
VAL D'ASTIER Dom. Côtes-de-provence 884
VAL D'IRIS IGP Var 888
VAL D'OR Ch. du Saint-émilion grand cru 237
VAL DE CAIRE Dom. Coteaux-d'aix-en-provence 847
VAL DE FRANCE Caves du Vouvray 1076
VAL DE MERCY Ch. du Chorey-lès-beaune 453 • Côte-de-beaune-villages 494 • Pommard 462 • Saint-romain 471
VAL JOANIS Ch. Luberon 1235
VAL RHODANIA Côtes-du-rhône-villages 1160
VALADE Ch. Bordeaux 149 • Bordeaux supérieur 175
VALAMBELLE Dom. Faugères 680
VALANDRAUD Ch. Saint-émilion grand cru 253
VALANGES Dom. des Saint-véran 534
VALCOMBE Ch. de Costières-de-nîmes 1223
VALDITION Dom. de IGP Alpilles 886
VALENTIN Ch. Sainte-croix-du-mont 347
VALENTIN Jean Champagne 620
VALENTINE PAR VALENTINE Bordeaux blanc 161 • Cadillac-côtes-de-bordeaux 281
VALÉRIANE Dom. de la Côtes-du-rhône 1147 • Côtes-du-rhône-villages 1160
VALETANNE Ch. la Côtes-de-provence 884
VALFAURÈS Ch. Fitou 684
VALFLAUNÈS Ch. de Languedoc 703 • Pic-saint-loup 711
VALGUY Ch. Sauternes 352
VALIÈRE Dom. de la Gaillac 920
VALLÉE DES ROIS Touraine 1043
VALLET Dom. Saint-joseph 1172
VALLETTE Dom. Robert Brouilly 109
VALLETTES Dom. des Saint-nicolas-de-bourgueil 1059
VALLIÈRES Dom. de Régnié 129
VALLOIS Jean-Claude Champagne 620
VALLON Les Vignerons du Marcillac 922
VALLONGUE Dom. de la Les baux-de-provence 841
VALLONS DE FONTFRESQUE Dom. les Coteaux-varois-en-provence 855
VALMY DUBOURDIEU LANGE Castillon-côtes-de-bordeaux 270
VALMY Ch. Côtes-du-roussillon 778 • IGP Côtes catalanes 817
VALOIS Ch. de Pomerol 213
VALOIS L'Éclat de Pomerol 213
VAN GYSEL-LIÉBART Champagne 620
VANDELLE Dom. Philippe Crémant-du-jura 643 • L'Étoile 644
VAQUER Dom. Côtes-du-roussillon 779 • Côtes-du-roussillon-villages 787 • IGP Côtes catalanes 818
VARENNES Ch. de Savennières 1019
VARI Ch. Côtes-de-bergerac 941
VARIÈRE Ch. la Anjou-villages-brissac 1012 • Coteaux-de-l'aubance 1017
VARNIER-FANNIÈRE Champagne 621
VAROILLES Dom. des Charmes-chambertin 414 • Clos-de-vougeot 422 • Gevrey-chambertin 411
VARRY-LEFÈVRE Champagne 621
VARUA MAOHI Cahors 913
VATAN Arielle IGP Val de Loire 1126
VATAN Dom. André Sancerre 1120
VAUCOULEURS Ch. de Côtes-de-provence 884
VAUDOISEY Christophe Meursault 475 • Pommard 462 • Volnay 464
VAUDOISEY Dom. Jean Bourgogne 369 • Volnay 464

VAUDOISEY-CREUSEFOND Bourgogne 369 • Pommard 462
VAUGELAS Ch. Corbières 674
VAUROUX Dom. de Chablis premier cru 391
VAUTRIN PÈRE ET FILS Champagne 621
VAUX Ch. de Beaujolais-villages 106 • Moselle 90
VAVRIL Dom. de Côte-de-brouilly 112
VAYSSETTE Dom. Gaillac 920
VAZART-COQUART ET FILS Champagne 621
VELUT Jean Champagne 621
VÉLY-PRODHOMME Champagne 622
VENDANGE Dom. Vin-de-savoie 652
VENDÔMOIS Coteaux du Coteaux-du-vendômois 1080
VENISE PROVENÇALE La Coteaux-d'aix-en-provence 847
VENOGE De Champagne 622
VENON ET FILS Chablis 383
VENTAILLAC Dom. Côtes-du-rhône 1147
VENTAJOL Dom. Côtes-du-rhône 1147
VENTENAC Ch. Cabardès 664 • IGP Pays d'Oc 763
VERDIER-LOGEL Côtes-du-forez 1091
VERGNON J. -L. Champagne 622
VERMEIL DU CRÈS IGP Pays d'Oc 763 • Languedoc 703
VERMONT Ch. Bordeaux rosé 154 • Entre-deux-mers 275
VERNES Dom. des Saumur-champigny 1036
VERNOUS Ch. Médoc 310
VERQUIÈRE Dom. de Côtes-du-rhône 1147
VERRERIE Ch. la Luberon 1236
VERRET Dom. Bourgogne-aligoté 371 • Chablis 383 • Chablis premier cru 391 • Irancy 397 • Saint-bris 399
VERRIER ET FILS Champagne 622
VERRIÈRE Ch. la Bordeaux supérieur 175
VERRIÈRE Dom. de la IGP Vaucluse 1245 • Ventoux 1232
VERTHEUIL Ch. de Bordeaux supérieur 175
VERTUS D'ÉLISE Les Champagne 622
VESSELLE Alain Champagne 623 • Coteaux-champenois 626
VESSELLE Georges Champagne 623
VESSIÈRE Philippe de Costières-de-nîmes 1223
VESSIGAUD Pierre Mâcon et mâcon-villages 520 • Pouilly-fuissé 528
VEUVE AMBAL Crémant-de-bourgogne 374
VEUVE CHEURLIN Champagne 623
VEUVE DOUSSOT Champagne 623
VEUVE MAÎTRE-GEOFFROY Champagne 623
VEUVE OLIVIER ET FILS Champagne 623
VEYRES Ch. de Sauternes 352
VEYRON Adrien Roussette-de-savoie 654 • Vin-de-savoie 652
VÉZIEN Marcel Champagne 624
VIAL Philippe et Jean-Marie Côte-roannaise 1090
VIAL-MAGNÈRES Dom. Banyuls 797 • Banyuls grand cru 798 • Collioure 791 • IGP Rancio sec 819
VIARD Florent Champagne 624
VIAUD Ch. de Lalande-de-pomerol 220
VIAUD Dom. Jean-Luc Gros-plant-du-pays-nantais 999
VICO Dom. Corse ou vin-de-corse 895
VIDAL Pierre Cairanne 1196 • Châteauneuf-du-pape 1214 • Condrieu 1168 • Costières-de-nîmes 1224 • Côte-rôtie 1165 • Côtes-du-rhône-villages 1161 • Crozes-hermitage 1177 • Gigondas 1201 • Lirac 1217 • Rasteau sec 1194 • Saint-joseph 1173 • Vinsobres 1189
VIDAL-FLEURY Cornas 1182 • Crozes-hermitage 1177 • Gigondas 1201
VIEIL ARMAND Cave du Alsace pinot gris 50
VIEIL ARMAND La Cave du Alsace riesling 65
VIEILLE CURE Ch. la Fronsac 203
VIEILLE FONTAINE Dom. de la Bourgogne 369 • Mercurey 505
VIEILLE FORGE Dom. de la Alsace grand cru 81 • Alsace riesling 65
VIEILLE TOUR Ch. de la Bordeaux blanc 161
VIELLA Ch. Madiran 954 • Pacherenc-du-vic-bilh 956
VIENAIS Dom. des Bourgueil 1054
VIENNE Les Vins de Cornas 1182 • Côte-rôtie 1165 • Crozes-hermitage 1177
VIENS Ch. de Côtes-de-bourg 195
VIEUX BOURG Dom. du Côtes-de-duras 950
VIEUX CARDINAL LAFAURIE Ch. Lalande-de-pomerol 220
VIEUX CH. GACHET Lalande-de-pomerol 220
VIEUX CHAIGNEAU Ch. Lalande-de-pomerol 220
VIEUX CHASTYS Dom. des Régnié 129
VIEUX CHÂTEAU BAYARD Montagne-saint-émilion 262
VIEUX CHÂTEAU CALON Montagne-saint-émilion 262
VIEUX CHÂTEAU DES ROCHERS Montagne-saint-émilion 262
VIEUX CHÂTEAU GAUBERT Benjamin de Graves 294
VIEUX CHÂTEAU PALON Montagne-saint-émilion 262
VIEUX CLOS CHAMBRUN Lalande-de-pomerol 220
VIEUX CLOS Les Savennières 1019
VIEUX FOURNAY Ch. Lussac-saint-émilion 257
VIEUX GABAREY Ch. Haut-médoc 319
VIEUX GRAND FAURIE Ch. Saint-émilion grand cru 227
VIEUX LARMANDE Ch. Saint-émilion grand cru 253
VIEUX LAVOIR Dom. le Côtes-du-rhône 1148 • IGP Gard 751
VIEUX LONGA Ch. Saint-émilion 224
VIEUX MANOIR DU FRIGOULAS Côtes-du-rhône-villages 1161
VIEUX MOULIN Ch. Corbières 674
VIEUX MOULIN Dom. Fitou 682
VIEUX PRESSOIR Dom. du Bourgogne-hautes-côtes-de-beaune 438
VIEUX PRUNIERS Dom. des Sancerre 1120
VIEUX PUIT Ch. du Blaye-côtes-de-bordeaux 183
VIEUX ROBIN Ch. Médoc 310
VIEUX SAPIN Dom. du Pécharmant 946
VIEUX TAILLEFER Dom. Pomerol 213
VIGIER Dom. de IGP Ardèche 1239
VIGIER Les Hauts de Côtes-du-vivarais 1237
VIGNAL Dom. Valérie Côtes-du-rhône-villages 1161
VIGNALS Ch. les Gaillac 920
VIGNARET Dom. du Coteaux-varois-en-provence 855

VIGNAU LA JUSCLE Dom. Jurançon 966
VIGNE ROMAINE Dom. de la Moulin-à-vent 127
VIGNELAURE Ch. Coteaux-d'aix-en-provence 848 • IGP Méditerranée 1243
VIGNERET Bandol 840 • Côtes-de-provence 884
VIGNÉRIAS Dom. de Châteaumeillant 1084
VIGNERONS ARDÉCHOIS IGP Ardèche 1239
VIGNERONS CATALANS Banyuls grand cru 798 • Côtes-du-roussillon 778 • Côtes-du-roussillon-villages 787 • IGP Côtes catalanes 818 • Rivesaltes 802
VIGNERONS LANDAIS Les Tursan 958
VIGNERONS DE SAINT-POURÇAIN Union des Saint-pourçain 1107
VIGNES DE L'ALMA Muscadet-coteaux-de-la-loire 998
VIGNES DE L'ARQUE Les IGP Cévennes 745 • IGP Pays d'Oc 763
VIGNES ROYALES Saint-chinian 738
VIGNOBLES ET COMPAGNIE Costières-de-nîmes 1224 • Côtes-du-rhône 1148
VIGNON Xavier Rasteau sec 1194
VIGOT Dom. Fabrice Échézeaux 423 • Gevrey-chambertin 412 • Nuits-saint-georges 431 • Vosne-romanée 426
VIGUERIE DE BEULAYGUE Ch. Fronton 926
VIGUIER Jean-Marc Vins-d'entraygues-le-Fel 921
VIKING Dom. du Vouvray 1076
VILLA ANGELI Dom. la Corse ou vin-de-corse 895
VILLA BEL-AIR Ch. Graves 294
VILLA DELMAS IGP Côtes de Thongue 749
VILLA DONDONA Languedoc 703
VILLA NORIA IGP Pays d'Oc 763
VILLA PONCIAGO Fleurie 116 • Moulin-à-vent 127
VILLAINE Dom. de Bourgogne-côte-chalonnaise 496
VILLALIN Dom. de Quincy 1103
VILLAMONT Henri de Chambolle-musigny 420
VILLARD François Condrieu 1168 • Cornas 1182 • Côte-rôtie 1165 • Crozes-hermitage 1177 • Saint-joseph 1173
VILLARGEAU Dom. de Coteaux-du-giennois 1086
VILLATADE La IGP Aude 742
VILLE ROUGE Dom. de la Crozes-hermitage 1177
VILLEBOIS J. de IGP Val de Loire 1126
VILLECLARE Ch. de Côtes-du-roussillon 779
VILLEGEORGE Ch. de Haut-médoc 319
VILLEMAINE Jean-Marc Touraine-chenonceaux 1047
VILLEMAJOU Ch. de Corbières-boutenac 676
VILLEMONT Dom. de Haut-poitou 824
VILLENEUVE Arnaud de Côtes-du-roussillon 779 • Côtes-du-roussillon-villages 787 • Rivesaltes 803
VILLENEUVE Dom. de IGP Val de Loire 1126 • Pic-saint-loup 711
VILLERAMBERT IGP Pays d'Oc 761
VILLESENIÈRE La Champagne 624
VILLESSÈCHE Dom. Duché d'Uzès 1226
VIMART ET CIE Champagne 624 • Ratafia champenois 628
VIMIÈRES Ch. les Margaux 327
VIN NOIR Le Brulhois 926
VINCENS Ch. Cahors 913
VINCENT Reuilly 1105
VINCENT Cédric Moulin-à-vent 127
VINOVALIE IGP Côtes du Tarn 978
VINS DE SANCERRE La Cave des Sancerre 1120
VINS DE VIENNE Les Condrieu 1168 • Saint-joseph 1173 • Saint-péray 1183
VINSMOSELLE Domaines Moselle luxembourgeoise 1251-1252
VINSOBRAISE Cave la Côtes-du-rhône 1148 • Vinsobres 1189
VINSON ET FILS Denis Vinsobres 1190
VIOT ET FILS A. Champagne 624
VIRAMIÈRE Ch. Saint-émilion grand cru 224
VIRANEL Ch. Dom. de IGP Pays d'Hérault 754 • Saint-chinian 738
VIRANT Ch. Coteaux-d'aix-en-provence 848
VIRCOULON Ch. Bordeaux supérieur 176
VIRÉ Cave de Crémant-de-bourgogne 374 • Viré-clessé 522
VIROU Ch. le Blaye-côtes-de-bordeaux 187
VISTRE Dom. du Costières-de-nîmes 1224
VITALIS Dom. Côtes-de-provence 884
VITTEAUT-ALBERTI Crémant-de-bourgogne 374
VIVIERS Ch. de Chablis grand cru 394
VOCORET ET FILS Dom. Chablis premier cru 391 • Petit-chablis 378
VOCORET Dom. Yvon et Laurent Chablis premier cru 391
VODANIS Dom. de Vouvray 1076
VOGE Alain Cornas 1182 • Saint-péray 1183
VOGT Dom. Laurent Alsace grand cru 82
VOIGNY Grain d'Or du Ch. Sauternes 348
VOIRIN-DESMOULINS Champagne 624
VOIRIN-JUMEL Champagne 625
VOISIN Ch. Jean Saint-émilion grand cru 253
VOITEUR Fruitière de Côtes-du-jura 641
VONVILLE Alsace pinot noir 57
VORBURGER Alsace riesling 65
VOULTE-GASPARETS Ch. la Corbières 674
VOÛTE DU VERDUS Dom. la Languedoc 703
VRAI CANON BOUCHÉ Ch. Canon-fronsac 198
VRANKEN Champagne 625
VRAY CROIX DE GAY Ch. Bordeaux blanc 161 • Pomerol 213
VRAYET Daniel Champagne 625
VRIGNAUD Guillaume Chablis 383 • Chablis grand cru 395 • Chablis premier cru 392 • Petit-chablis 378
VRILLONNIÈRE Dom. de la Muscadet-sèvre-et-maine 996
VULLIEN ET FILS Dom. Jean Roussette-de-savoie 654

W

WACH Guy Alsace grand cru 82
WACH Jean Crémant-d'alsace 87
WAGENBOURG Ch. Alsace gewurztraminer 38
WARIS-HUBERT Champagne 625
WASSLER Anne et Marc Alsace pinot gris 51 • Alsace pinot noir 57
WASSLER J.-P. Alsace pinot gris 51
WEINBACH Dom. Alsace grand cru 82 • Alsace pinot gris 51
WELTY Alsace gewurztraminer 38
WIALA Ch. Fitou 684

WILLM Alsace grand cru 82 • Crémant-d'alsace 87
WOLFBERGER Alsace grand cru 82 • Alsace riesling 65
WUNSCH ET MANN Alsace grand cru 82
WYMANN Xavier Alsace muscat 41
YEUSES Ô d' IGP Pays d'Oc 764
YON-FIGEAC Ch. Saint-émilion grand cru 253
YQUEM Ch. d' Sauternes 352
ZEYSSOLFF G. Alsace muscat 41 • Alsace pinot noir 57
ZIEGLER Albert Alsace grand cru 83 • Crémant-d'alsace 87
ZIEGLER Fernand Alsace riesling 65
ZINCK Dom. Alsace gewurztraminer 38 • Alsace pinot gris 51
ZINK Alsace pinot gris 51 • Alsace riesling 66
ZOELLER Maison Alsace riesling 66

Notes de dégustations

Notes de dégustations

Notes de dégustations

Notes de dégustations

De véritables écrins pour les vins
LIEBHERR

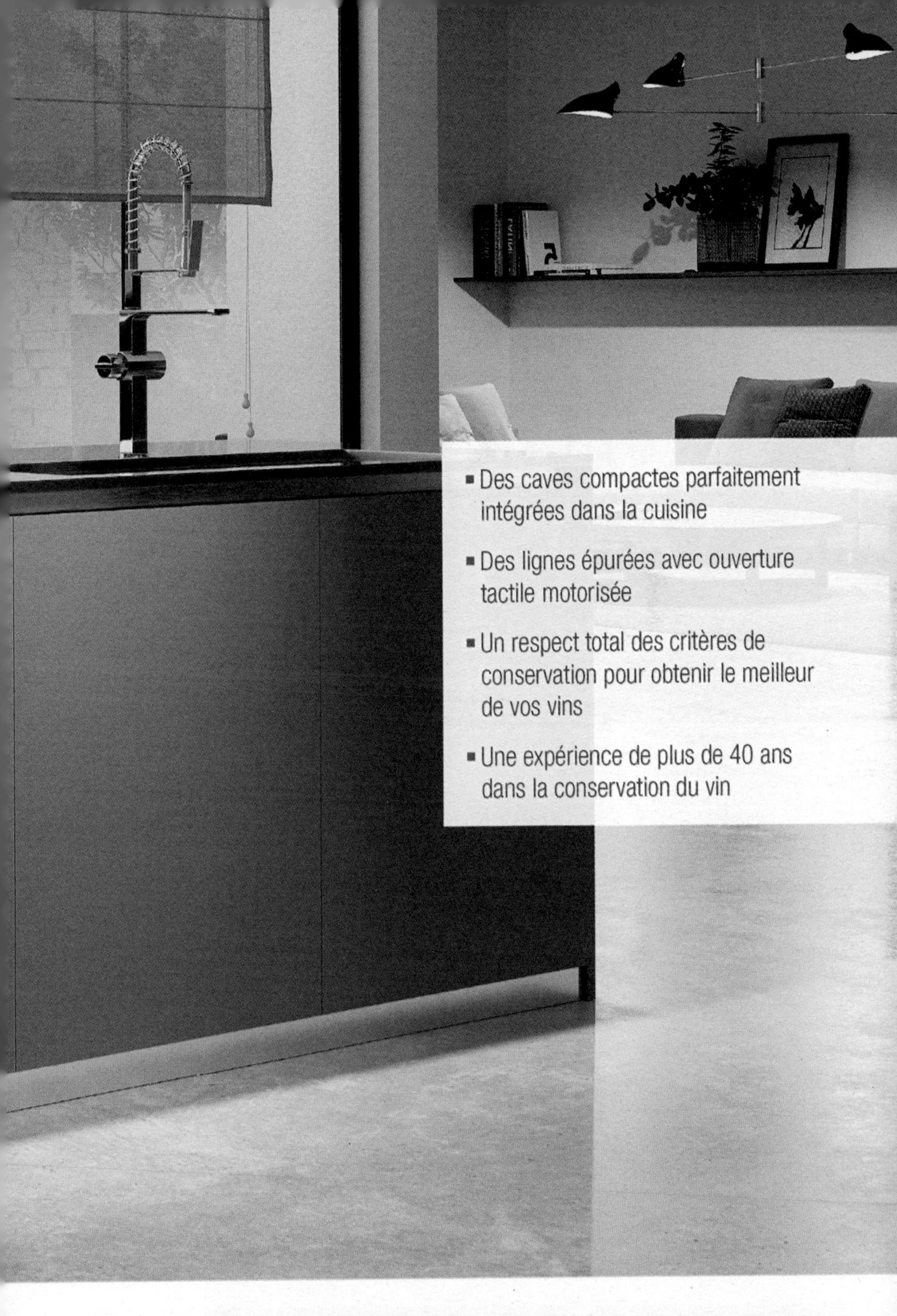

▪ Des caves compactes parfaitement intégrées dans la cuisine
▪ Des lignes épurées avec ouverture tactile motorisée
▪ Un respect total des critères de conservation pour obtenir le meilleur de vos vins
▪ Une expérience de plus de 40 ans dans la conservation du vin

hachette s'engage pour l'environnement en réduisant l'empreinte carbone de ses livres. Celle de cet exemplaire est de :
1,5 kg. éq. CO_2
Rendez-vous sur www.hachette-durable.fr

Imprimé en Italie par la NIIAG
Achevé d'imprimer en août 2018
Dépôt légal : août 2018
978-2-01-704698-1
81-1387-6 / 01

IGP régionale
Val de loire
Comtés rhodaniens
Méditerranée
Pays d'oc
Comté tolosan
Atlantique
VAR IGP départementale
1 à 38 IGP de zone
Rouen
Seine
Caen
CALVADOS
Brest
Rennes
Le Mans
Orléans
Loir
Blois
Angers
Tours
Nantes
Loire
VAL DE LOIRE
Poitiers
Vienne
La Rochelle
HAUTE-VIENNE
CHARENTAIS
Angoulême
PAYS DE BRIVE
ATLANTIQUE
PÉRIGORD
Dordogne
Bordeaux
Bergerac
38
CÔTES DU LOT
AGENAIS
34
35
LANDES
33
36
37
COMTÉ TOLOSAN
GERS
Toulouse
Bayonne
Pau
Garonne
Carcass
ARIÈGE
31
Dénominations des IGP de zone
1 Côtes de Meuse
2 Coteaux de Coiffy
3 Sainte-Marie-la-Blanche
4 Coteaux de l'Auxois
5 Coteaux de Tannay
6 Côtes de la Charité
7 Coteaux du Cher et de l'Arnon
8 Vin des Allobroges
9 Urfé
10 Collines rhodaniennes
11 Coteaux des Baronnies
12 Maures
13 Mont Caume
14 Alpilles
15 Cévennes
16 Coteaux du Pont du Gard
17 Sable de Camargue
18 Côtes de Thongue
19 Côtes de Thau
20 Coteaux de Béziers
21 Coteaux d'Ensérune
22 Vicomté d'Aumelas
23 Saint-Guilhem-le-Désert
24 Haute Vallée de l'Orb
25 Coteaux de Narbonne
26 Cité de Carcassonne
27 Vallée du Paradis
28 Vallée du Torgan
29 Haute Vallée de l'Aude
30 Coteaux de Peyriac
31 Le Pays Cathare
32 Côte Vermeille
33 Côtes de Gascogne
34 Thézac-Perricard
35 Agenais
36 Lavilledieu
37 Côtes du Tarn
38 Coteaux de Glanes